THE
HEBREW - ENGLISH
OLD TESTAMENT

THE
HEBREW - ENGLISH
OLD TESTAMENT

FROM THE

BAGSTER POLYGLOT

BIBLE

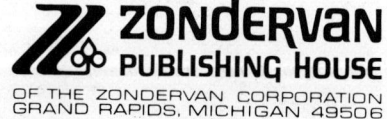

ZONDERVAN
PUBLISHING HOUSE
OF THE ZONDERVAN CORPORATION
GRAND RAPIDS, MICHIGAN 49506

SBN 85150 159 1

Biblia Hebraica, exeditione celeberrima
Everardi Van der Hooght, quae AD 1705
lucem vidit, punctis vocalibus et accenti-
bus instructa.
Versionem Anglicanam lectionibus mar-
ginalibus,   numerisque   loca   parallela
indicantibus adornatam.

First printing of the Zondervan edition—1972
Seventh printing 1979

Published by special arrangement with
Samuel Bagster and Sons, Ltd., London

Catalog Number 6238
ISBN 0-310-20370-8

Printed in the United States of America

THE
HEBREW - ENGLISH
OLD TESTAMENT

בראשית

LIBER GENESIS.

1 בְּרֵאשִׁית בָּרָא אֱלֹהִים אֵת הַשָּׁמַיִם וְאֵת
2 הָאָרֶץ: וְהָאָרֶץ הָיְתָה תֹהוּ וָבֹהוּ וְחֹשֶׁךְ עַל־פְּנֵי תְהוֹם וְרוּחַ אֱלֹהִים מְרַחֶפֶת עַל־פְּנֵי
3 הַמָּיִם: וַיֹּאמֶר אֱלֹהִים יְהִי אוֹר וַיְהִי־אוֹר
4 וַיַּרְא אֱלֹהִים אֶת־הָאוֹר כִּי־טוֹב וַיַּבְדֵּל אֱלֹהִים
5 בֵּין הָאוֹר וּבֵין הַחֹשֶׁךְ: וַיִּקְרָא אֱלֹהִים ׀ לָאוֹר יוֹם וְלַחֹשֶׁךְ קָרָא לָיְלָה וַיְהִי־עֶרֶב וַיְהִי־בֹקֶר יוֹם
6 אֶחָד: פ וַיֹּאמֶר אֱלֹהִים יְהִי רָקִיעַ בְּתוֹךְ הַמָּיִם
7 וִיהִי מַבְדִּיל בֵּין מַיִם לָמָיִם: וַיַּעַשׂ אֱלֹהִים אֶת־הָרָקִיעַ וַיַּבְדֵּל בֵּין הַמַּיִם אֲשֶׁר מִתַּחַת לָרָקִיעַ
8 וּבֵין הַמַּיִם אֲשֶׁר מֵעַל לָרָקִיעַ וַיְהִי־כֵן: וַיִּקְרָא אֱלֹהִים לָרָקִיעַ שָׁמָיִם וַיְהִי־עֶרֶב וַיְהִי־בֹקֶר יוֹם
9 שֵׁנִי: פ וַיֹּאמֶר אֱלֹהִים יִקָּווּ הַמַּיִם מִתַּחַת הַשָּׁמַיִם
10 אֶל־מָקוֹם אֶחָד וְתֵרָאֶה הַיַּבָּשָׁה וַיְהִי־כֵן: וַיִּקְרָא אֱלֹהִים ׀ לַיַּבָּשָׁה אֶרֶץ וּלְמִקְוֵה הַמַּיִם קָרָא יַמִּים
11 וַיַּרְא אֱלֹהִים כִּי־טוֹב: וַיֹּאמֶר אֱלֹהִים תַּדְשֵׁא הָאָרֶץ דֶּשֶׁא עֵשֶׂב מַזְרִיעַ זֶרַע עֵץ פְּרִי עֹשֶׂה פְּרִי
12 לְמִינוֹ אֲשֶׁר זַרְעוֹ־בוֹ עַל־הָאָרֶץ וַיְהִי־כֵן: וַתּוֹצֵא הָאָרֶץ דֶּשֶׁא עֵשֶׂב מַזְרִיעַ זֶרַע לְמִינֵהוּ וְעֵץ עֹשֶׂה פְּרִי אֲשֶׁר זַרְעוֹ־בוֹ לְמִינֵהוּ וַיַּרְא אֱלֹהִים כִּי־טוֹב:
13 וַיְהִי־עֶרֶב וַיְהִי־בֹקֶר יוֹם שְׁלִישִׁי: פ וַיֹּאמֶר אֱלֹהִים
14 יְהִי מְאֹרֹת בִּרְקִיעַ הַשָּׁמַיִם לְהַבְדִּיל בֵּין הַיּוֹם וּבֵין הַלָּיְלָה וְהָיוּ לְאֹתֹת וּלְמוֹעֲדִים וּלְיָמִים וְשָׁנִים:
15 וְהָיוּ לִמְאוֹרֹת בִּרְקִיעַ הַשָּׁמַיִם לְהָאִיר עַל־הָאָרֶץ
16 וַיְהִי־כֵן: וַיַּעַשׂ אֱלֹהִים אֶת־שְׁנֵי הַמְּאֹרֹת הַגְּדֹלִים אֶת־הַמָּאוֹר הַגָּדֹל לְמֶמְשֶׁלֶת הַיּוֹם וְאֶת־הַמָּאוֹר הַקָּטֹן לְמֶמְשֶׁלֶת הַלַּיְלָה וְאֵת
17 הַכּוֹכָבִים: וַיִּתֵּן אֹתָם אֱלֹהִים בִּרְקִיעַ הַשָּׁמָיִם
18 לְהָאִיר עַל־הָאָרֶץ: וְלִמְשֹׁל בַּיּוֹם וּבַלַּיְלָה וּלֲהַבְדִּיל בֵּין הָאוֹר וּבֵין הַחֹשֶׁךְ וַיַּרְא אֱלֹהִים
19 כִּי־טוֹב: וַיְהִי־עֶרֶב וַיְהִי־בֹקֶר יוֹם רְבִיעִי: פ
20 וַיֹּאמֶר אֱלֹהִים יִשְׁרְצוּ הַמַּיִם שֶׁרֶץ נֶפֶשׁ חַיָּה וְעוֹף יְעוֹפֵף עַל־הָאָרֶץ עַל־פְּנֵי רְקִיעַ הַשָּׁמָיִם:
21 וַיִּבְרָא אֱלֹהִים אֶת־הַתַּנִּינִם הַגְּדֹלִים וְאֵת כָּל־נֶפֶשׁ הַחַיָּה ׀ הָרֹמֶשֶׂת אֲשֶׁר שָׁרְצוּ הַמַּיִם לְמִינֵהֶם וְאֵת כָּל־עוֹף כָּנָף לְמִינֵהוּ וַיַּרְא אֱלֹהִים כִּי־טוֹב:
22 וַיְבָרֶךְ אֹתָם אֱלֹהִים לֵאמֹר פְּרוּ וּרְבוּ וּמִלְאוּ אֶת־הַמַּיִם בַּיַּמִּים וְהָעוֹף יִרֶב בָּאָרֶץ: וַיְהִי־עֶרֶב וַיְהִי־
23 בֹקֶר יוֹם חֲמִישִׁי: פ וַיֹּאמֶר אֱלֹהִים תּוֹצֵא הָאָרֶץ
24 נֶפֶשׁ חַיָּה לְמִינָהּ בְּהֵמָה וָרֶמֶשׂ וְחַיְתוֹ־אֶרֶץ לְמִינָהּ וַיְהִי־כֵן: וַיַּעַשׂ אֱלֹהִים אֶת־חַיַּת הָאָרֶץ
25 לְמִינָהּ וְאֶת־הַבְּהֵמָה לְמִינָהּ וְאֵת כָּל־רֶמֶשׂ הָאֲדָמָה לְמִינֵהוּ וַיַּרְא אֱלֹהִים כִּי־טוֹב: וַיֹּאמֶר
26 אֱלֹהִים נַעֲשֶׂה אָדָם בְּצַלְמֵנוּ כִּדְמוּתֵנוּ וְיִרְדּוּ בִדְגַת הַיָּם וּבְעוֹף הַשָּׁמַיִם וּבַבְּהֵמָה וּבְכָל־הָאָרֶץ
27 וּבְכָל־הָרֶמֶשׂ הָרֹמֵשׂ עַל־הָאָרֶץ: וַיִּבְרָא אֱלֹהִים אֶת־הָאָדָם בְּצַלְמוֹ בְּצֶלֶם אֱלֹהִים בָּרָא אֹתוֹ זָכָר
28 וּנְקֵבָה בָּרָא אֹתָם: וַיְבָרֶךְ אֹתָם אֱלֹהִים וַיֹּאמֶר לָהֶם אֱלֹהִים פְּרוּ וּרְבוּ וּמִלְאוּ אֶת־הָאָרֶץ וְכִבְשֻׁהָ וּרְדוּ בִּדְגַת הַיָּם וּבְעוֹף הַשָּׁמַיִם וּבְכָל־חַיָּה הָרֹמֶשֶׂת
29 עַל־הָאָרֶץ: וַיֹּאמֶר אֱלֹהִים הִנֵּה נָתַתִּי לָכֶם אֶת־כָּל־עֵשֶׂב ׀ זֹרֵעַ זֶרַע אֲשֶׁר עַל־פְּנֵי כָל־הָאָרֶץ וְאֶת־כָּל־הָעֵץ אֲשֶׁר־בּוֹ פְרִי־עֵץ זֹרֵעַ זָרַע לָכֶם יִהְיֶה
30 לְאָכְלָה: וּלְכָל־חַיַּת הָאָרֶץ וּלְכָל־עוֹף הַשָּׁמַיִם וּלְכֹל ׀ רוֹמֵשׂ עַל־הָאָרֶץ אֲשֶׁר־בּוֹ נֶפֶשׁ חַיָּה אֶת־
31 כָּל־יֶרֶק עֵשֶׂב לְאָכְלָה וַיְהִי־כֵן: וַיַּרְא אֱלֹהִים אֶת־כָּל־אֲשֶׁר עָשָׂה וְהִנֵּה־טוֹב מְאֹד וַיְהִי־עֶרֶב וַיְהִי־בֹקֶר יוֹם הַשִּׁשִּׁי: פ

CAP. II. ב

1 וַיְכֻלּוּ הַשָּׁמַיִם וְהָאָרֶץ וְכָל־צְבָאָם: וַיְכַל אֱלֹהִים
2 בַּיּוֹם הַשְּׁבִיעִי מְלַאכְתּוֹ אֲשֶׁר עָשָׂה וַיִּשְׁבֹּת בַּיּוֹם
3 הַשְּׁבִיעִי מִכָּל־מְלַאכְתּוֹ אֲשֶׁר עָשָׂה: וַיְבָרֶךְ אֱלֹהִים אֶת־יוֹם הַשְּׁבִיעִי וַיְקַדֵּשׁ אֹתוֹ כִּי בוֹ שָׁבַת מִכָּל־
4 מְלַאכְתּוֹ אֲשֶׁר־בָּרָא אֱלֹהִים לַעֲשׂוֹת: אֵלֶּה תוֹלְדוֹת הַשָּׁמַיִם וְהָאָרֶץ בְּהִבָּרְאָם בְּיוֹם עֲשׂוֹת

1

א

THE FIRST BOOK OF MOSES,

CALLED

GENESIS.

YEAR BEFORE THE COMMON YEAR OF CHRIST, 4004.

JULIAN PERIOD, 710.	CYCLE OF THE MOON, 7.
CYCLE OF THE SUN, 10.	INDICTION, 5.
DOMINICAL LETTER, B.	CREATION FROM TISRI OR SEPT. 1.

CHAP. I.

IN the beginning *a* God created *b* the heaven and the earth.

2 And the earth was *c* without form, and void ; and darkness *was* upon the face of the deep. And the Spirit *d* of God moved upon the face of the waters.

3 And God said,*e* Let there be light :*f* and there was light.

4 And God saw the light, that *it was* good : and God divided ζ the light from the darkness.

5 And God called the light*g* Day, and the darkness he called Night. And the evening and the morning were η the first day.

6 And God said,*h* Let there be a θ firmament in the midst of the waters, and let it divide the waters from the waters.

7 And God made the firmament,*i* and divided the waters which *were* under the firmament from the waters which *were* above *k* the firmament : and it was so.

8 And God called the firmament Heaven. And the evening and the morning were the second day.

9 And God said, *l* Let the waters under the heaven be gathered together unto one place, and let the dry *land* appear : and it was so.

10 And God called the dry *land* Earth ; & the gathering together of the waters called he Seas : and God saw that *it was* good.

11 And God said, Let the earth*m* bring forth κ grass, the herb yielding seed, *and* the fruit-tree yielding *o* fruit after his kind, whose seed *is* in itself, upon the earth : and it was so.

12 And the earth brought forth grass, *and* herb yielding seed after his kind, and the tree yielding fruit, whose seed *was* in itself, after his kind : and God saw that *it was* good.

13 And the evening and the morning were the third day.

14 And God said, Let there be *q* lights in the firmament of the heaven, to divide the ν day from the night ; and let them *be* for signs and *r* for seasons, and for days, and years :

15 And let them be for lights in the firmament of the heaven, to give light upon the earth : and it was so.

16 And God made two great lights ; the greater light ρ to rule the day, and the lesser light to rule the night : *he made* the stars also.

17 And God set them in the firmament of the heaven, to give light upon the earth,

18 And to *s* rule over the day and over the night, and to divide the light from the darkness : and God saw that *it was* good.

19 And the evening and the morning were the fourth day.

20 And God said, Let the waters bring forth abundantly the τ moving creature

B. C. 4004.

a Pr. 8. 23.
Jnᵒ. 1. 1, 2.
Heb. 1. 10.
b Job 38. 4.
Ps. 33. 6.
Is. 40. 26.
Je. 51. 15.
Zec. 12. 1.
Ac. 14, 15.
Ro. 1. 20.
Col. 1. 16.
g living soul.
γ *let fowl fly.*
δ *face of the firmament of heaven.*
c Job 26. 7.
Je. 4. 23.
d Job 26. 13.
Ps. 104. 30.
e Ps. 33. 9.
Mat. 8. 3.
f 2 Co. 4. 6.
Ep. 5. 14.
ζ *between the light, & between the darkness.*
g Ps. 74. 16.
Is. 45. 7.
η *and the evening was & the morning was.*
h Job 37. 18.
i Je. 10. 12.
θ *expansion.*
k Pr. 8. 28.
l Job 38. 8.
m Mat. 6. 30.
κ *tender grass.*
n Ec. 7. 29.
Ep. 4. 24.
o Lu. 6. 44.
λ *creepeth.*
μ *seeding seed.*
p ch. 9. 3.
q Ps. 136. 7.
ν *between the day and between the night.*
π *a living soul.*
r Ps. 104. 19.
ρ *for the rule of the day.*
s Je. 31. 35.
t Ex. 20. 11.
Heb. 4. 4.
σ *created to make.*
τ *creeping.*

that hath β life, and fowl γ *that* may fly above the earth in the δ open firmament of heaven.

21 And God created great whales, and every living creature that moveth, which the waters brought forth abundantly, after their kind, and every winged fowl after his kind : and God saw that *it was* good.

22 And God blessed them, saying, Befruitful, and multiply, and fill the waters in the seas ; and let fowl multiply in the earth.

23 And the evening and the morning were the fifth day.

24 And God said, Let the earth bring forth the living creature after his kind, cattle, and creeping thing, and beast of the earth after his kind : and it was so.

25 And God made the beast of the earth after his kind, and cattle after their kind, and every thing that creepeth upon the earth after his kind : and God saw that *it was* good.

26 And God said, Let us make man in our image, after our likeness : and let them have dominion over the fish of the sea, and over the fowl of the air, and over the cattle, and over all the earth, and over every creeping thing that creepeth upon the earth.

27 So God created man in his *own* image,*z* in the image of God created he him ; male and female created he them.

28 And God blessed them, and God said unto them, Be fruitful, and multiply, and replenish the earth, and subdue it ; and have dominion over the fish of the sea, and over the fowl of the air, and over every living thing that λ moveth upon the earth.

29 And God said, Behold, I have given you every herb μ bearing seed, which *is* upon the face of all the earth, and every tree, in the which *is* the fruit of a tree yielding seed ;*p* to you it shall be for meat.

30 And to every beast of the earth, and to every fowl of the air, and to every thing that creepeth upon the earth, wherein *there is* π life, *I have given* every green herb for meat : and it was so.

31 And God saw every thing that he had made, and, behold, *it was* very good. And the evening and the morning were the sixth day.

CHAP. II.

THUS the heavens and the earth were finished, and all the host of them.

2 And *t* on the seventh day God ended his work which he had made ; and he rested on the seventh day from all his work which he had made.

3 And God blessed the seventh day, and sanctified it ; because that in it he had rested from all his work which God created σ and made.

4 These *are* the generations of the heavens and of the earth when they were

1

5 יְהוָֹה אֱלֹהִים אֶרֶץ וְשָׁמָיִם: וְכֹל ׀ שִׂיחַ הַשָּׂדֶה
טֶרֶם יִהְיֶה בָאָרֶץ וְכָל־עֵשֶׂב הַשָּׂדֶה טֶרֶם יִצְמָח
כִּי לֹא הִמְטִיר יְהוָֹה אֱלֹהִים עַל־הָאָרֶץ וְאָדָם
6 אַיִן לַעֲבֹד אֶת־הָאֲדָמָה: וְאֵד יַעֲלֶה מִן־הָאָרֶץ
7 וְהִשְׁקָה אֶת־כָּל־פְּנֵי הָאֲדָמָה: וַיִּיצֶר יְהוָֹה
אֱלֹהִים אֶת־הָאָדָם עָפָר מִן־הָאֲדָמָה וַיִּפַּח
בְּאַפָּיו נִשְׁמַת חַיִּים וַיְהִי הָאָדָם לְנֶפֶשׁ חַיָּה:
8 וַיִּטַּע יְהוָֹה אֱלֹהִים גַּן־בְּעֵדֶן מִקֶּדֶם וַיָּשֶׂם
9 שָׁם אֶת־הָאָדָם אֲשֶׁר יָצָר: וַיַּצְמַח יְהוָֹה
אֱלֹהִים מִן־הָאֲדָמָה כָּל־עֵץ נֶחְמָד לְמַרְאֶה
וְטוֹב לְמַאֲכָל וְעֵץ הַחַיִּים בְּתוֹךְ הַגָּן וְעֵץ הַדַּעַת
10 טוֹב וָרָע: וְנָהָר יֹצֵא מֵעֵדֶן לְהַשְׁקוֹת אֶת־הַגָּן
11 וּמִשָּׁם יִפָּרֵד וְהָיָה לְאַרְבָּעָה רָאשִׁים: שֵׁם
הָאֶחָד פִּישׁוֹן הוּא הַסֹּבֵב אֵת כָּל־אֶרֶץ הַחֲוִילָה
12 אֲשֶׁר־שָׁם הַזָּהָב: וּזֲהַב הָאָרֶץ הַהִוא טוֹב
13 שָׁם הַבְּדֹלַח וְאֶבֶן הַשֹּׁהַם: וְשֵׁם־הַנָּהָר הַשֵּׁנִי
14 גִּיחוֹן הוּא הַסּוֹבֵב אֵת כָּל־אֶרֶץ כּוּשׁ: וְשֵׁם
הַנָּהָר הַשְּׁלִישִׁי חִדֶּקֶל הוּא הַהֹלֵךְ קִדְמַת
15 אַשּׁוּר וְהַנָּהָר הָרְבִיעִי הוּא פְרָת: וַיִּקַּח יְהוָֹה
אֱלֹהִים אֶת־הָאָדָם וַיַּנִּחֵהוּ בְגַן־עֵדֶן לְעָבְדָהּ
16 וּלְשָׁמְרָהּ: וַיְצַו יְהוָֹה אֱלֹהִים עַל־הָאָדָם
17 לֵאמֹר מִכֹּל עֵץ־הַגָּן אָכֹל תֹּאכֵל: וּמֵעֵץ הַדַּעַת
טוֹב וָרָע לֹא תֹאכַל מִמֶּנּוּ כִּי בְּיוֹם אֲכָלְךָ מִמֶּנּוּ
18 מוֹת תָּמוּת: וַיֹּאמֶר יְהוָֹה אֱלֹהִים לֹא־טוֹב
הֱיוֹת הָאָדָם לְבַדּוֹ אֶעֱשֶׂה־לּוֹ עֵזֶר כְּנֶגְדּוֹ:
19 וַיִּצֶר יְהוָֹה אֱלֹהִים מִן־הָאֲדָמָה כָּל־חַיַּת
הַשָּׂדֶה וְאֵת כָּל־עוֹף הַשָּׁמַיִם וַיָּבֵא אֶל־הָאָדָם
לִרְאוֹת מַה־יִּקְרָא־לוֹ וְכֹל אֲשֶׁר יִקְרָא־לוֹ הָאָדָם
20 נֶפֶשׁ חַיָּה הוּא שְׁמוֹ: וַיִּקְרָא הָאָדָם שֵׁמוֹת
לְכָל־הַבְּהֵמָה וּלְעוֹף הַשָּׁמַיִם וּלְכֹל חַיַּת הַשָּׂדֶה
21 וּלְאָדָם לֹא־מָצָא עֵזֶר כְּנֶגְדּוֹ: וַיַּפֵּל יְהוָֹה
אֱלֹהִים ׀ תַּרְדֵּמָה עַל־הָאָדָם וַיִּישָׁן וַיִּקַּח אַחַת
22 מִצַּלְעֹתָיו וַיִּסְגֹּר בָּשָׂר תַּחְתֶּנָּה: וַיִּבֶן יְהוָֹה
אֱלֹהִים ׀ אֶת־הַצֵּלָע אֲשֶׁר־לָקַח מִן־הָאָדָם לְאִשָּׁה
23 וַיְבִאֶהָ אֶל־הָאָדָם: וַיֹּאמֶר הָאָדָם זֹאת
הַפַּעַם עֶצֶם מֵעֲצָמַי וּבָשָׂר מִבְּשָׂרִי לְזֹאת
24 יִקָּרֵא אִשָּׁה כִּי מֵאִישׁ לֻקֳחָה־זֹּאת: עַל־כֵּן
יַעֲזָב־אִישׁ אֶת־אָבִיו וְאֶת־אִמּוֹ וְדָבַק בְּאִשְׁתּוֹ
25 וְהָיוּ לְבָשָׂר אֶחָד: וַיִּהְיוּ שְׁנֵיהֶם עֲרוּמִּים
הָאָדָם וְאִשְׁתּוֹ וְלֹא יִתְבֹּשָׁשׁוּ:

CAP. III.

1 וְהַנָּחָשׁ הָיָה עָרוּם מִכֹּל חַיַּת הַשָּׂדֶה אֲשֶׁר עָשָׂה
יְהוָֹה אֱלֹהִים וַיֹּאמֶר אֶל־הָאִשָּׁה אַף כִּי־אָמַר אֱלֹהִים
2 לֹא תֹאכְלוּ מִכֹּל עֵץ הַגָּן: וַתֹּאמֶר הָאִשָּׁה
3 אֶל־הַנָּחָשׁ מִפְּרִי עֵץ־הַגָּן נֹאכֵל: וּמִפְּרִי הָעֵץ
אֲשֶׁר בְּתוֹךְ־הַגָּן אָמַר אֱלֹהִים לֹא תֹאכְלוּ
4 מִמֶּנּוּ וְלֹא תִגְּעוּ בּוֹ פֶּן־תְּמֻתוּן: וַיֹּאמֶר
5 הַנָּחָשׁ אֶל־הָאִשָּׁה לֹא־מוֹת תְּמֻתוּן: כִּי יֹדֵעַ
אֱלֹהִים כִּי בְּיוֹם אֲכָלְכֶם מִמֶּנּוּ וְנִפְקְחוּ עֵינֵיכֶם
6 וִהְיִיתֶם כֵּאלֹהִים יֹדְעֵי טוֹב וָרָע: וַתֵּרֶא הָאִשָּׁה
כִּי טוֹב הָעֵץ לְמַאֲכָל וְכִי תַאֲוָה־הוּא לָעֵינַיִם
וְנֶחְמָד הָעֵץ לְהַשְׂכִּיל וַתִּקַּח מִפִּרְיוֹ וַתֹּאכַל
7 וַתִּתֵּן גַּם־לְאִישָׁהּ עִמָּהּ וַיֹּאכַל: וַתִּפָּקַחְנָה
עֵינֵי שְׁנֵיהֶם וַיֵּדְעוּ כִּי עֵירֻמִּם הֵם וַיִּתְפְּרוּ
8 עֲלֵה תְאֵנָה וַיַּעֲשׂוּ לָהֶם חֲגֹרֹת: וַיִּשְׁמְעוּ אֶת־
קוֹל יְהוָֹה אֱלֹהִים מִתְהַלֵּךְ בַּגָּן לְרוּחַ הַיּוֹם
וַיִּתְחַבֵּא הָאָדָם וְאִשְׁתּוֹ מִפְּנֵי יְהוָֹה אֱלֹהִים
9 בְּתוֹךְ עֵץ הַגָּן: וַיִּקְרָא יְהוָֹה אֱלֹהִים אֶל־
10 הָאָדָם וַיֹּאמֶר לוֹ אַיֶּכָּה: וַיֹּאמֶר אֶת־קֹלְךָ
שָׁמַעְתִּי בַּגָּן וָאִירָא כִּי־עֵירֹם אָנֹכִי וָאֵחָבֵא:
11 וַיֹּאמֶר מִי הִגִּיד לְךָ כִּי עֵירֹם אָתָּה הֲמִן־הָעֵץ
12 אֲשֶׁר צִוִּיתִיךָ לְבִלְתִּי אֲכָל־מִמֶּנּוּ אָכָלְתָּ: וַיֹּאמֶר
הָאָדָם הָאִשָּׁה אֲשֶׁר נָתַתָּה עִמָּדִי הִוא נָתְנָה־
13 לִּי מִן־הָעֵץ וָאֹכֵל: וַיֹּאמֶר יְהוָֹה אֱלֹהִים לָאִשָּׁה
מַה־זֹּאת עָשִׂית וַתֹּאמֶר הָאִשָּׁה הַנָּחָשׁ הִשִּׁיאַנִי
14 וָאֹכֵל: וַיֹּאמֶר יְהוָֹה אֱלֹהִים אֶל־הַנָּחָשׁ כִּי
עָשִׂיתָ זֹּאת אָרוּר אַתָּה מִכָּל־הַבְּהֵמָה וּמִכֹּל
חַיַּת הַשָּׂדֶה עַל־גְּחֹנְךָ תֵלֵךְ וְעָפָר תֹּאכַל כָּל־יְמֵי
15 חַיֶּיךָ: וְאֵיבָה ׀ אָשִׁית בֵּינְךָ וּבֵין הָאִשָּׁה וּבֵין זַרְעֲךָ
וּבֵין זַרְעָהּ הוּא יְשׁוּפְךָ רֹאשׁ וְאַתָּה תְּשׁוּפֶנּוּ
16 עָקֵב: ס אֶל־הָאִשָּׁה אָמַר הַרְבָּה אַרְבֶּה
עִצְּבוֹנֵךְ וְהֵרֹנֵךְ בְּעֶצֶב תֵּלְדִי בָנִים וְאֶל־אִישֵׁךְ
תְּשׁוּקָתֵךְ וְהוּא יִמְשָׁל־בָּךְ: ס וּלְאָדָם אָמַר
17 כִּי שָׁמַעְתָּ לְקוֹל אִשְׁתֶּךָ וַתֹּאכַל מִן־הָעֵץ
אֲשֶׁר צִוִּיתִיךָ לֵאמֹר לֹא תֹאכַל מִמֶּנּוּ אֲרוּרָה
הָאֲדָמָה בַּעֲבוּרֶךָ בְּעִצָּבוֹן תֹּאכֲלֶנָּה כֹּל יְמֵי
18 חַיֶּיךָ: וְקוֹץ וְדַרְדַּר תַּצְמִיחַ לָךְ וְאָכַלְתָּ אֶת־
19 עֵשֶׂב הַשָּׂדֶה: בְּזֵעַת אַפֶּיךָ תֹּאכַל לֶחֶם עַד
שׁוּבְךָ אֶל־הָאֲדָמָה כִּי מִמֶּנָּה לֻקָּחְתָּ כִּי־עָפָר
20 אַתָּה וְאֶל־עָפָר תָּשׁוּב: וַיִּקְרָא הָאָדָם

created, in the day that the LORD God made the earth and the heavens.

5 And every plant of the field before it was in the earth, and every herb of the field before it grew : for the LORD God had not caused it to rain upon the earth, and *there was* not a man to till the ground.

6 But γ there went up a mist from the earth, and watered the whole face of the ground.

7 And the LORD God formed man δ *of* the *d* dust of the ground, and *e* breathed into his *f* nostrils the breath of life ; and *g* man became a living soul.

8 And the LORD God planted *h* a garden eastward in Eden ; and there he put the man whom he had formed.

9 And out of the ground made the LORD God to grow every tree that is pleasant to the sight, and good for food; the *i* tree of life also in the midst of the garden, and the *k* tree of knowledge of good and evil.

10 And a river went out of Eden to water the garden ; and from thence it was parted, and became into four heads.

11 The name of the first *is* Pison : that *is* it which compasseth*m* the whole land of Havilah, where *there is* gold ;

12 And the gold of that land *is* good : there *is* bdellium and the onyx stone.

13 And the name of the second river *is* Gihon : the same *is* it that compasseth the whole land of κ Ethiopia.

14 And the name of the third river is Hiddekel : *o* that *is* it which goeth λ toward the east of Assyria. And the fourth river *is* Euphrates.

15 And the LORD God took μ the man, and *q* put him into the garden of Eden, to dress it and to keep it.

16 And the LORD God commanded the man, saying, Of every tree of the garden ν thou mayest freely eat.

17 But of the tree of the knowledge of good and evil,*s* thou shalt not eat of it : for in the day that thou eatest thereof thou π shalt surely die.

18 And the LORD God said, It is not good that the man should be alone ; *t* I will make him an help ρ meet for him.

19 And out of the ground the LORD God formed every beast of the field, and every fowl of the air ; and *u* brought *them* unto Adam σ to see what he would call them : and whatsoever Adam called every living creature, that *was* the name thereof.

20 And Adam gave φ names to all cattle, and to the fowl of the air, and to every beast of the field ; but for Adam there was not found an help meet for him.

21 And the LORD God caused a *x* deep sleep to fall upon Adam, and he slept : and he took one of his ribs, and closed up the flesh instead thereof ;

22 And the rib, which the LORD God had taken from man, ψ made he a woman, and *b* brought her unto the man.

23 And Adam said, This *is* now bone *e* of my bones, and flesh of my flesh : she shall be called ω Woman, because she was taken out of β Man.

24 Therefore shall a man leave *d* his father and his mother, and shall cleave unto his wife : and they shall be one flesh.

25 And they were both naked, the man and his wife, and were not ashamed.

CHAP. III.

NOW the *e* serpent was more *f* subtle

B. C. 4004.

β *yea, because, &c.*
γ *or, a mist which went up from.*
δ *dust of the ground.*
a ch. 2. 17.
b Jn°. 8. 44.
c 1 Ti. 2. 14.
d ch. 3. 19.
Ps. 103. 14.
Is. 64. 8.
1 Co. 15. 47.
e Job 33. 4.
f Is. 2. 22.
g 1 Co. 15. 45.
h Eze. 31. 8, 9.
i ch. 3. 22.
Pr. 3. 18.
Re. 2. 7.
ζ *a desire.*
k ver. 17.
l ch. 2. 25.
η *or, things to gird about.*
m ch. 25. 18.
θ *wind.*
n Je. 23. 24.
Am. 9. 2, 3.
κ *Cush.*
o Da. 10. 4.
λ *or, eastward to Assyria.*
p 1 Jn°. 3. 20.
μ *or, Adam.*
q ver. 8.
ν *eating thou shalt eat.*
r Job 31. 33.
Pr. 28. 13.
s ch. 3. 1, 3, 11, 17.
Ro. 6. 23.
1 Co. 15. 56.
π *dying thou shalt die.*
t 1 Co. 11. 9.
1 Ti. 2. 13.
ρ *as before him.*
u Ps. 8. 6.
σ *or the man.*
φ *called.*
v Is. 65. 25.
Mi. 7. 17.
w Mat. 13. 38.
Jn°. 8. 44.
1 Jn°. 3. 8.
x Is. 7. 14.
Mat. 1. 23.
Lu. 1. 35.
y Ro. 16. 20.
Ep. 4. 8.
Re. 12. 7, 8.
z ch. 15. 12.
a 1 Co. 14. 34.
χ *or, subject to thy husband.*
ψ *builded.*
b Pr. 18. 22.
c Ep. 5. 30.
ω *Isha.*
β *Ish.*
d Mar. 10. 7.
γ *cause to bud.*
e Re. 12. 9.
f 2 Co. 11. 3.

---

than any beast of the field which the LORD God had made. And he said unto the woman, β Yea, hath God said, Ye shall not eat of every tree of the garden ?

2 And the woman said unto the serpent, We may eat of the fruit of the trees of the garden :

3 But of the fruit of the tree which *is* in the midst of the garden, God hath said,*a* Ye shall not eat of it, neither shall ye touch it, lest ye die.

4 And the serpent *b* said unto the *c* woman, Ye shall not surely die :

5 For God doth know that in the day ye eat thereof, then your eyes shall be opened ; and ye shall be as gods, knowing good and evil.

6 And when the woman saw that the tree *was* good for food, and that it *was* pleasant ζ to the eyes, and a tree to be desired to make *one* wise, she took of the fruit thereof, and did eat ; and gave also unto her husband with her, and he did eat.

7 And the eyes of them both were opened, and they knew that they *were* naked : *l* and they sewed fig-leaves together, and made themselves η aprons.

8 And they heard the voice of the LORD God walking in the garden in the θ cool of the day : and Adam and his wife *n* hid themselves from the presence of the LORD God, amongst the trees of the garden.

9 And the LORD God called unto Adam, and said unto him, Where *art* thou?

10 And he said, I heard thy voice in the garden, and I was afraid,*p* because I *was* naked ; and I hid myself.

11 And he said, Who told thee that thou *wast* naked ? Hast thou eaten of the tree, whereof I commanded thee that thou shouldest not eat ?

12 And the man said,*r* The woman, whom thou gavest *to be* with me, she gave me of the tree, and I did eat.

13 And the LORD God said unto the woman, What *is* this *that* thou hast done? And the woman said, The serpent beguiled me, and I did eat.

14 And the LORD God said unto the serpent, Because thou hast done this, thou *art* cursed above all cattle, and above every beast of the field : upon thy belly shalt thou go, and *v* dust shalt thou eat all the days of thy life :

15 And I will put enmity between thee and the woman, and between *w* thy seed and *x* her seed ; *y* it shall bruise thy head, and thou shalt bruise his heel.

16 Unto the woman he said, I will greatly multiply thy sorrow, and thy conception : in sorrow thou shalt bring forth children ; and thy desire *shall be* χ to thy husband, and he shall *a* rule over thee.

17 And unto Adam he said, Because thou hast hearkened unto the voice of thy wife, and hast eaten of the tree of which I commanded thee, saying, Thou shalt not eat of it : cursed *is* the ground for thy sake ; in sorrow shalt thou eat *of* it all the days of thy life :

18 Thorns also and thistles shall it bring γ forth to thee ; and thou shalt eat the herb of the field :

19 In the sweat of thy face shalt thou eat bread, till thou return unto the ground ; for out of it wast thou taken : for dust thou *art*, and unto dust shalt thou return.

20 And Adam called his wife's name

שֵׁם אִשְׁתּוֹ חַוָּה כִּי הִוא הָֽיְתָה אֵם 20 לֶמֶךְ שְׁתֵּי נָשִׁים שֵׁם הָֽאַחַת עָדָה וְשֵׁם הַשֵּׁנִית
21 כָּל־חָֽי׃ וַיַּעַשׂ יְהוָֹה אֱלֹהִים לְאָדָם וּלְאִשְׁתּוֹ צִלָּה׃ וַתֵּלֶד עָדָה אֶת־יָבָל הוּא הָיָה אֲבִי יֹשֵׁב 20
22 כָּתְנוֹת עוֹר וַיַּלְבִּשֵׁם׃ פ וַיֹּאמֶר יְהוָֹה אֹהֶל וּמִקְנֶה׃ וְשֵׁם אָחִיו יוּבָל הוּא הָיָה אֲבִי 21
אֱלֹהִים הֵן הָֽאָדָם הָיָה כְּאַחַד מִמֶּנּוּ לָדַעַת כָּל־תֹּפֵשׂ כִּנּוֹר וְעוּגָב׃ וְצִלָּה גַם־הִוא יָֽלְדָה 22
טוֹב וָרָע וְעַתָּה ׀ פֶּן־יִשְׁלַח יָדוֹ וְלָקַח גַּם מֵעֵץ אֶת־תּוּבַל קַיִן לֹטֵשׁ כָּל־חֹרֵשׁ נְחֹשֶׁת וּבַרְזֶל
23 הַֽחַיִּים וְאָכַל וָחַי לְעֹלָם׃ וַיְשַׁלְּחֵהוּ יְהוָֹה אֱלֹהִים וַֽאֲחוֹת תּֽוּבַל־קַיִן נַֽעֲמָה׃ וַיֹּאמֶר לֶמֶךְ לְנָשָׁיו 23
מִגַּן־עֵדֶן לַֽעֲבֹד אֶת־הָ֣אֲדָמָה אֲשֶׁר לֻקַּח מִשָּׁם׃ עָדָה וְצִלָּה שְׁמַעַן קוֹלִי נְשֵׁי לֶמֶךְ הַֽאֲזֵנָּה אִמְרָתִי
24 וַיְגָרֶשׁ אֶת־הָֽאָדָם וַיַּשְׁכֵּן מִקֶּדֶם לְגַן־עֵדֶן אֶת־ כִּי אִישׁ הָרַגְתִּי לְפִצְעִי וְיֶלֶד לְחַבֻּֽרָתִי׃ כִּי 24
הַכְּרֻבִים וְאֵת לַהַט הַחֶרֶב הַמִּתְהַפֶּכֶת לִשְׁמֹר שִׁבְעָתַיִם יֻקַּם־קָיִן וְלֶמֶךְ שִׁבְעִים וְשִׁבְעָה׃ וַיֵּדַע 25
אֶת־דֶּרֶךְ עֵץ הַֽחַיִּים׃ ס ד CAP. IV. אָדָם עוֹד אֶת־אִשְׁתּוֹ וַתֵּלֶד בֵּן וַתִּקְרָא אֶת־שְׁמוֹ
1 וְהָ֣אָדָם יָדַע אֶת־חַוָּה אִשְׁתּוֹ וַתַּהַר וַתֵּלֶד אֶת־קַיִן שֵׁת כִּי שָֽׁת־לִי אֱלֹהִים זֶרַע אַחֵר תַּחַת הֶבֶל כִּי הֲרָגוֹ
2 וַתֹּאמֶר קָנִיתִי אִישׁ אֶת־יְהוָֹה׃ וַתֹּסֶף לָלֶדֶת אֶת־ קָיִן׃ וּלְשֵׁת גַּם־הוּא יֻלַּד־בֵּן וַיִּקְרָא אֶת־שְׁמוֹ 26
אָחִיו אֶת־הָ֑בֶל וַֽיְהִי־הֶבֶל רֹעֵה צֹאן וְקַיִן הָיָה עֹבֵד אֱנוֹשׁ אָז הוּחַל לִקְרֹא בְּשֵׁם יְהוָֹה׃ ס ה CAP. V.
3 אֲדָמָה׃ וַֽיְהִי מִקֵּץ יָמִים וַיָּבֵא קַיִן מִפְּרִי זֶה סֵפֶר תּֽוֹלְדֹת אָדָם בְּיוֹם בְּרֹא אֱלֹהִים אָדָם 1
4 הָֽאֲדָמָה מִנְחָה לַֽיהוָֹה׃ וְהֶבֶל הֵבִיא גַם־הוּא בִּדְמוּת אֱלֹהִים עָשָׂה אֹתוֹ׃ זָכָר וּנְקֵבָה בְּרָאָם 2
מִבְּכֹרוֹת צֹאנוֹ וּמֵֽחֶלְבֵהֶן וַיִּשַׁע יְהוָֹה אֶל־הֶבֶל וַיְבָרֶךְ אֹתָם וַיִּקְרָא אֶת־שְׁמָם אָדָם בְּיוֹם
5 וְאֶל־מִנְחָתוֹ׃ וְאֶל־קַיִן וְאֶל־מִנְחָתוֹ לֹא שָׁעָה הִבָּֽרְאָם׃ וַיְחִי אָדָם שְׁלֹשִׁים וּמְאַת שָׁנָה וַיּוֹלֶד 3
6 וַיִּחַר לְקַיִן מְאֹד וַיִּפְּלוּ פָּנָיו׃ וַיֹּאמֶר יְהוָֹה בִּדְמוּתוֹ כְּצַלְמוֹ וַיִּקְרָא אֶת־שְׁמוֹ שֵׁת׃ וַיִּהְיוּ 4
אֶל־קָיִן לָמָּה חָרָה לָךְ וְלָמָּה נָֽפְלוּ פָנֶיךָ׃ יְמֵֽי־אָדָם אַֽחֲרֵי הֽוֹלִידוֹ אֶת־שֵׁת שְׁמֹנֶה מֵאֹת
7 הֲלוֹא אִם־תֵּיטִיב שְׂאֵת וְאִם לֹא תֵיטִיב לַפֶּתַח שָׁנָה וַיּוֹלֶד בָּנִים וּבָנוֹת׃ וַיִּֽהְיוּ כָּל־יְמֵי אָדָם 5
חַטָּאת רֹבֵץ וְאֵלֶיךָ תְּשׁוּקָתוֹ וְאַתָּה תִּמְשָׁל־בּֽוֹ׃ אֲשֶׁר־חַי תְּשַׁע מֵאוֹת שָׁנָה וּשְׁלֹשִׁים שָׁנָה 6
8 וַיֹּאמֶר קַיִן אֶל־הֶבֶל אָחִיו וַֽיְהִי בִּהְיוֹתָם בַּשָּׂדֶה וַיָּמֹת׃ ס וַֽיְחִי־שֵׁת חָמֵשׁ שָׁנִים וּמְאַת שָׁנָה 7
9 וַיָּקָם קַיִן אֶל־הֶבֶל אָחִיו וַיַּֽהַרְגֵהוּ׃ וַיֹּאמֶר יְהוָֹה וַיּוֹלֶד אֶת־אֱנוֹשׁ׃ וַֽיְחִי־שֵׁת אַֽחֲרֵי הֽוֹלִידוֹ אֶת־
אֶל־קַיִן אֵי הֶבֶל אָחִיךָ וַיֹּאמֶר לֹא יָדַעְתִּי אֱנוֹשׁ שֶׁבַע שָׁנִים וּשְׁמֹנֶה מֵאוֹת שָׁנָה וַיּוֹלֶד 8
10 הֲשֹׁמֵר אָחִי אָנֹֽכִי׃ וַיֹּאמֶר מֶה עָשִׂיתָ קוֹל בָּנִים וּבָנוֹת׃ וַיִּֽהְיוּ כָּל־יְמֵי־שֵׁת שְׁתֵּים עֶשְׂרֵה
11 דְּמֵי אָחִיךָ צֹֽעֲקִים אֵלַי מִן־הָֽאֲדָמָה׃ וְעַתָּה שָׁנָה וּתְשַׁע מֵאוֹת שָׁנָה וַיָּמֹת׃ ס וַֽיְחִי 9
אָרוּר אָתָּה מִן־הָֽאֲדָמָה אֲשֶׁר פָּֽצְתָה אֶת־פִּיהָ אֱנוֹשׁ תִּשְׁעִים שָׁנָה וַיּוֹלֶד אֶת־קֵינָֽן׃ וַֽיְחִי 10
12 לָקַחַת אֶת־דְּמֵי אָחִיךָ מִיָּדֶֽךָ׃ כִּי תַֽעֲבֹד אֶת־ אֱנוֹשׁ אַֽחֲרֵי הֽוֹלִידוֹ אֶת־קֵינָן חֲמֵשׁ עֶשְׂרֵה שָׁנָה
הָֽאֲדָמָה לֹֽא־תֹסֵף תֵּת־כֹּחָהּ לָךְ נָע וָנָד תִּֽהְיֶה וּשְׁמֹנֶה מֵאוֹת שָׁנָה וַיּוֹלֶד בָּנִים וּבָנוֹת׃ וַיִּֽהְיוּ 11
13 בָאָֽרֶץ׃ וַיֹּאמֶר קַיִן אֶל־יְהוָֹה גָּדוֹל עֲוֹנִי מִנְּשֹֽׂא׃ כָּל־יְמֵי אֱנוֹשׁ חָמֵשׁ שָׁנִים וּתְשַׁע מֵאוֹת שָׁנָה
14 הֵן גֵּרַשְׁתָּ אֹתִי הַיּוֹם מֵעַל פְּנֵי הָֽאֲדָמָה וּמִפָּנֶיךָ וַיָּמֹת׃ ס וַֽיְחִי קֵינָן שִׁבְעִים שָׁנָה וַיּוֹלֶד 12
אֶסָּתֵר וְהָיִיתִי נָע וָנָד בָּאָרֶץ וְהָיָה כָל־מֹצְאִי אֶת־מַֽהֲלַלְאֵֽל׃ וַֽיְחִי קֵינָן אַֽחֲרֵי הֽוֹלִידוֹ אֶת־ 13
15 יַֽהַרְגֵֽנִי׃ וַיֹּאמֶר לוֹ יְהוָֹה לָכֵן כָּל־הֹרֵג קַיִן מַֽהֲלַלְאֵל אַרְבָּעִים שָׁנָה וּשְׁמֹנֶה מֵאוֹת שָׁנָה וַיּוֹלֶד
שִׁבְעָתַיִם יֻקָּם וַיָּשֶׂם יְהוָֹה לְקַיִן אוֹת לְבִלְתִּי הַכּוֹת־ בָּנִים וּבָנֽוֹת׃ וַיִּֽהְיוּ כָּל־יְמֵי קֵינָן עֶשֶׂר שָׁנִים 14
16 אֹתוֹ כָּל־מֹֽצְאֽוֹ׃ וַיֵּצֵא קַיִן מִלִּפְנֵי יְהוָֹה וַיֵּשֶׁב וּתְשַׁע מֵאוֹת שָׁנָה וַיָּמֹֽת׃ ס וַֽיְחִי 15
17 בְּאֶֽרֶץ־נוֹד קִדְמַת־עֵֽדֶן׃ וַיֵּדַע קַיִן אֶת־אִשְׁתּוֹ מַֽהֲלַלְאֵל חָמֵשׁ שָׁנִים וְשִׁשִּׁים שָׁנָה וַיּוֹלֶד אֶת־יָֽרֶד׃ וַֽיְחִי 16
וַתַּהַר וַתֵּלֶד אֶת־חֲנוֹךְ וַֽיְהִי בֹּנֶה עִיר וַיִּקְרָא שֵׁם מַֽהֲלַלְאֵל אַֽחֲרֵי הֽוֹלִידוֹ אֶת־יֶרֶד שְׁלֹשִׁים שָׁנָה
18 הָעִיר כְּשֵׁם בְּנוֹ חֲנֽוֹךְ׃ וַיִּוָּלֵד לַֽחֲנוֹךְ אֶת־עִירָד וּשְׁמֹנֶה מֵאוֹת שָׁנָה וַיּוֹלֶד בָּנִים וּבָנֽוֹת׃ וַיִּֽהְיוּ 17
וְעִירָד יָלַד אֶת־מְחֽוּיָאֵל וּמְחִיָּיאֵל יָלַד אֶת־ כָּל־יְמֵי מַֽהֲלַלְאֵל חָמֵשׁ וְתִשְׁעִים שָׁנָה וּשְׁמֹנֶה
19 מְתֽוּשָׁאֵל וּמְתֽוּשָׁאֵל יָלַד אֶת־לָֽמֶךְ׃ וַיִּֽקַּֽח־לוֹ מֵאוֹת שָׁנָה וַיָּמֹֽת׃ ס וַֽיְחִי־יֶרֶד שְׁתַּיִם 18

3
ב

Eve; β because she was the mother of all living.a

21 Unto Adam also, and to his wife, did the LORD God make coats of skins, and b clothed them.

22 And the LORD God said,c Behold, the man is become as one of us, to know good and evil: and now, lest he put forth his hand, and take also of the tree of life,d and eat, and live for ever;

23 Therefore the LORD God sent him forth from the garden of Eden,e to till the ground from whence he was taken.

24 So he drove out the man: and he placed at the east of the garden of Eden, cherubims,f and a flaming swordg which turned every way, to keep the way h of the tree of life.

CHAP. IV.

AND Adam knew Eve his wife; and she conceived, and bare θ Cain, and said, I have gotten a man from the LORD.

2 And she again bare his brother κ Abel. And Abel was λ a keeper of sheep, but Cain was a tiller of the ground.

3 And μ in process of time it came to pass, that Cain brought i of the fruit of the ground an offering unto the LORD.

4 And Abel, he also brought i of the firstlings of his flock,σ and of the k fat thereof. And the LORD had l respect unto Abel, and to his offering:

5 But unto Cain, and to his offering, he had not respect. And Cain was very wroth, and his countenance fell.

6 And the LORD said unto Cain, Why art thou wroth? and why is thy countenance fallen?

7 If thou doest well, shalt thou not τ be accepted? and if thou doest not well,o sin lieth at the door. And χ unto thee shall be his desire,and thou shalt rule over him.

8 And Cain talked with Abel his brother: and it came to pass, when they were in the field, that Cain rose up against Abel his brother, and q slew him.

9 And the LORD said unto Cain,r Where is Abel thy brother? And he said, I know not: Am I my brother's keeper?

10 And he said, What hast thou done? the voice of thy brother's ψ blood t crieth unto me from the ground.

11 And now art thou cursed from the earth, which hath opened her mouth to receive thy brother's blood from thy hand:

12 When thou tillest the ground, it shall not henceforth yield unto thee her strength; a fugitive and a vagabond shalt thou be in the earth.

13 And Cain said unto the LORD, My punishment ω is greater than I can bear.

14 Behold, thou hast driven me out this day from the face of the earth; and from thy face shall I be hid; and I shall be a fugitive and a vagabond in the earth; and it shall come to pass, u that every one that findeth me shall slay me.

15 And the LORD said unto him,Therefore whosoever slayeth Cain, vengeance shall be taken on him seven-fold. And the LORD set a mark upon Cain, lest any finding him should kill him.

16 And Cainv went out from the presence of the LORD, and dwelt in the land of Nod, on the east of Eden.

17 And Cain knew his wife; and she conceived, and bare ζ Enoch: and he builded a city, and called the name of the city, after the name of his son, Enoch.

18 And unto Enoch was born Irad: and Irad begat Mehujael: and Mehujael begat Methusael: & Methusael begat γ Lamech.

19 And Lamech took unto him two wives: the name of the one was Adah, and the name of the other Zillah.

20 And Adah bare Jabal: he was the father of such as dwell in tents, and of such as have cattle.

21 And his brother's name was Jubal: he was the father of all such as handle the harp and organ.

22 And Zillah, she also bare Tubal-cain, an δ instructor of every artificer in brass and iron: and the sister of Tubal-cain was Naamah.

23 And Lamech said unto his wives, Adah and Zillah, Hear my voice, ye wives of Lamech,hearken unto my speech: for ζ I have slain a man to my wounding, and a young man η to my hurt:

24 If Cain shall be avenged seven-fold, truly Lamech seventy and seven-fold.

25 And Adam knew his wife again; and she bare a son, and called his name Seth: v For God, said she, hath appointed me another seed instead of Abel, whom Cain slew.

26 And to Seth, to him also there was born a son; and he called his name Enos: π then began men ρ to call upon the name of the LORD.

CHAP. V.

THIS is the book of the generations of Adam. In the day that God created man, in m the likeness of God made he him;

2 Male n and female created he them; and blessed them, and called their name Adam, in the day when they were created.

3 And Adam lived an hundred and thirty years, and begat a son in his own likeness,p after his image; and called his name Seth:

4 And the days of Adam, after he had begotten Seth, were eight hundred years; and he begat sons and daughters:

5 And all the days that Adam lived were nine hundred & thirty years :* & he died.

6 And Seth lived an hundred and five years, and begat Enos:

7 And Seth lived, after he begat Enos, eight hundred and seven years, and begat sons and daughters:

8 And all the days of Seth were nine hundred and twelve years: and he died.

9 And Enos lived ninety years, and begat β Cainan:

10 And Enos lived, after he begat Cainan, eight hundred and fifteen years, and begat sons and daughters:

11 And all the days of Enos were nine hundred and five years: and he died.

12 And Cainan lived seventy years, and begat γ Mahalaleel:

13 And Cainan lived, after he begat Mahalaleel, eight hundred and forty years, and begat sons and daughters:

14 And all the days of Cainan were nine hundred and ten years: and he died.

15 And Mahalaleel lived sixty and five years, and begat δ Jared:

16 And Mahalaleel lived, after he begat Jared, eight hundred and thirty years, and begat sons and daughters:

17 And all the days of Mahalaleel were eight hundred ninety and five years: and he died.

Marginal references and notes

B. C. 4003.

β Chavah, i.e. living.
γ Lemech.
a Ac.17.26.
b Is.61.10.
Phi.3.9.
c ver.5.
d Re.2.7.
e ver.19.
f Ps.80.1,&c. 99.1.
g 1Ch.21.16.
h He.10.29.
δ whetter.
ζ or, I would slay a man in my wound, &c.
η or, in my hurt.
θ i.e.gotten, or, acquired.
κ Hebel.
λ a feeder.
μ at the end of days.
v Sheth, i.e. appointed, or, put.
i Nu.18.12.
π Enosh.
ρ or, to call themselves by the name of the LORD.
De.26.17.
Ps.116.17.
Is.44.5.
Joel 2.32.
1Co.1.2.
σ sheep, or, goats.
k Le.3.16,17.
l He.11.4.
τ or,have the excellency.
m ch.1.27.
1Co.11.7.
2Co.3.18.
n Mal.2.15.
o 1Ju°.3.12.
χ or,subject unto thee.
p Job 25.4.
Jn°.3.6.
1Co.15.39.
q 1Jn°.3.12.
Jude 11.
r Ps.9.12.
s He.9.27.
ψ bloods.
t He.12.24.
Re.6.10.
ω or, mine iniquity is greater than that it may be forgiven.
Mat.12.31.
uJob15.20.24
Pr.28.1.
v 2Ki.13.23. 24.20.
Ps.51.11.
β Kenan.
γ Maleleel.
δ Jered.
χ Chanoch.

19 וַיְחִי־יֶ֗רֶד אַֽחֲרֵי֙ הוֹלִיד֣וֹ אֶת־חֲנ֔וֹךְ שְׁמֹנֶ֥ה מֵא֖וֹת

20 שָׁנָ֑ה וַיּ֥וֹלֶד בָּנִ֖ים וּבָנֽוֹת: וַיִּֽהְיוּ֙ כָּל־יְמֵי־יֶ֔רֶד שְׁתַּ֤יִם

21 וְשִׁשִּׁים֙ שָׁנָ֔ה וּתְשַׁ֥ע מֵא֖וֹת שָׁנָ֑ה וַיָּמֹֽת: ס וַֽיְחִ֣י

22 חֲנ֔וֹךְ חָמֵ֥שׁ וְשִׁשִּׁ֖ים שָׁנָ֑ה וַיּ֖וֹלֶד אֶת־מְתוּשָֽׁלַח: וַיִּתְהַלֵּ֨ךְ חֲנ֜וֹךְ אֶת־הָֽאֱלֹהִ֗ים אַֽחֲרֵי֙ הֽוֹלִיד֣וֹ אֶת־

23 מְתוּשֶׁ֔לַח שְׁלֹ֥שׁ מֵא֖וֹת שָׁנָ֑ה וַיּ֥וֹלֶד בָּנִ֖ים וּבָנֽוֹת: וַֽיְהִ֖י כָּל־יְמֵ֣י חֲנ֑וֹךְ חָמֵ֤שׁ וְשִׁשִּׁים֙ שָׁנָ֔ה וּשְׁלֹ֥שׁ

24 מֵא֖וֹת שָׁנָֽה: וַיִּתְהַלֵּ֥ךְ חֲנ֖וֹךְ אֶת־הָֽאֱלֹהִ֑ים וְאֵינֶ֕נּוּ

25 כִּֽי־לָקַ֥ח אֹת֖וֹ אֱלֹהִֽים: ס וַֽיְחִ֣י מְתוּשֶׁ֔לַח שֶׁ֣בַע

26 וּשְׁמֹנִ֥ים שָׁנָ֖ה וּמְאַ֣ת שָׁנָ֑ה וַיּ֖וֹלֶד אֶת־לָֽמֶךְ: וַֽיְחִ֣י מְתוּשֶׁ֗לַח אַֽחֲרֵי֙ הֽוֹלִיד֣וֹ אֶת־לֶ֔מֶךְ שְׁתַּ֤יִם וּשְׁמוֹנִים֙

27 שָׁנָ֔ה וּשְׁבַ֥ע מֵא֖וֹת שָׁנָ֑ה וַיּ֥וֹלֶד בָּנִ֖ים וּבָנֽוֹת: וַיִּֽהְיוּ֙ כָּל־יְמֵ֣י מְתוּשֶׁ֔לַח תֵּ֤שַׁע וְשִׁשִּׁים֙ שָׁנָ֔ה וּתְשַׁ֥ע

28 מֵא֖וֹת שָׁנָ֑ה וַיָּמֹֽת: ס וַֽיְחִי־לֶ֕מֶךְ שְׁתַּ֧יִם וּשְׁמֹנִ֛ים

29 שָׁנָ֖ה וּמְאַ֣ת שָׁנָ֑ה וַיּ֖וֹלֶד בֵּֽן: וַיִּקְרָ֧א אֶת־שְׁמ֛וֹ נֹ֖חַ לֵאמֹ֑ר זֶ֞ה יְנַֽחֲמֵ֤נוּ מִֽמַּעֲשֵׂ֨נוּ֙ וּמֵֽעִצְּב֣וֹן יָדֵ֔ינוּ מִן־

30 הָ֣אֲדָמָ֔ה אֲשֶׁ֥ר אֵֽרְרָ֖הּ יְהֹוָֽה: וַֽיְחִי־לֶ֗מֶךְ אַֽחֲרֵי֙ הֽוֹלִיד֣וֹ אֶת־נֹ֔חַ חָמֵ֤שׁ וְתִשְׁעִים֙ שָׁנָ֔ה וַֽחֲמֵ֥שׁ מֵא֖וֹת

31 שָׁנָ֑ה וַיּ֥וֹלֶד בָּנִ֖ים וּבָנֽוֹת: וַֽיְהִי֙ כָּל־יְמֵי־לֶ֔מֶךְ שֶׁ֤בַע

32 וְשִׁבְעִים֙ שָׁנָ֔ה וּשְׁבַ֥ע מֵא֖וֹת שָׁנָ֑ה וַיָּמֹֽת: ס וַֽיְהִי־נֹ֕חַ בֶּן־חֲמֵ֥שׁ מֵא֖וֹת שָׁנָ֑ה וַיּ֣וֹלֶד נֹ֔חַ אֶת־שֵׁ֖ם אֶת־

חָ֥ם וְאֶת־יָֽפֶת:

CAP. VI. ו

1 וַֽיְהִי֙ כִּֽי־הֵחֵ֣ל הָֽאָדָ֔ם לָרֹ֖ב עַל־פְּנֵ֣י הָֽאֲדָמָ֑ה וּבָנ֖וֹת

2 יֻלְּד֥וּ לָהֶֽם: וַיִּרְא֤וּ בְנֵי־הָֽאֱלֹהִים֙ אֶת־בְּנ֣וֹת הָֽאָדָ֔ם כִּ֥י טֹבֹ֖ת הֵ֑נָּה וַיִּקְח֤וּ לָהֶם֙ נָשִׁ֔ים מִכֹּ֖ל אֲשֶׁ֥ר בָּחָֽרוּ:

3 וַיֹּ֣אמֶר יְהֹוָ֗ה לֹֽא־יָד֨וֹן רוּחִ֤י בָֽאָדָם֙ לְעֹלָ֔ם בְּשַׁגַּ֖ם ה֣וּא בָשָׂ֑ר וְהָי֣וּ יָמָ֔יו מֵאָ֥ה וְעֶשְׂרִ֖ים שָׁנָֽה:

4 הַנְּפִלִ֞ים הָי֣וּ בָאָרֶץ֮ בַּיָּמִ֣ים הָהֵם֒ וְגַ֣ם אַֽחֲרֵי־כֵ֗ן אֲשֶׁ֨ר יָבֹ֜אוּ בְּנֵ֤י הָֽאֱלֹהִים֙ אֶל־בְּנ֣וֹת הָֽאָדָ֔ם וְיָֽלְד֖וּ לָהֶ֑ם הֵ֧מָּה הַגִּבֹּרִ֛ים אֲשֶׁ֥ר מֵֽעוֹלָ֖ם אַנְשֵׁ֥י הַשֵּֽׁם: פ

5 וַיַּ֣רְא יְהֹוָ֔ה כִּ֥י רַבָּ֛ה רָעַ֥ת הָֽאָדָ֖ם בָּאָ֑רֶץ וְכָל־יֵ֨צֶר֙

6 מַחְשְׁבֹ֣ת לִבּ֔וֹ רַ֥ק רַ֖ע כָּל־הַיּֽוֹם: וַיִּנָּ֣חֶם יְהֹוָ֔ה כִּֽי־עָשָׂ֥ה אֶת־הָֽאָדָ֖ם בָּאָ֑רֶץ וַיִּתְעַצֵּ֖ב אֶל־לִבּֽוֹ:

7 וַיֹּ֣אמֶר יְהֹוָ֗ה אֶמְחֶ֨ה אֶת־הָֽאָדָ֤ם אֲשֶׁר־בָּרָ֨אתִי֙ מֵעַל֙ פְּנֵ֣י הָֽאֲדָמָ֔ה מֵֽאָדָם֙ עַד־בְּהֵמָ֔ה עַד־רֶ֖מֶשׂ וְעַד־ע֣וֹף

8 הַשָּׁמָ֑יִם כִּ֥י נִחַ֖מְתִּי כִּ֥י עֲשִׂיתִֽם: וְנֹ֕חַ מָ֥צָא חֵ֖ן בְּעֵינֵ֥י יְהֹוָֽה:

פ פ פ   ב

9 אֵ֚לֶּה תּֽוֹלְדֹ֣ת נֹ֔חַ נֹ֗חַ אִ֥ישׁ צַדִּ֛יק תָּמִ֥ים הָיָ֖ה

10 בְּדֹֽרֹתָ֑יו אֶת־הָֽאֱלֹהִ֖ים הִֽתְהַלֶּךְ־נֹֽחַ: וַיּ֥וֹלֶד נֹ֖חַ

שְׁלֹשָׁ֣ה בָנִ֔ים אֶת־שֵׁ֖ם אֶת־חָ֥ם וְאֶת־יָֽפֶת:

11 וַתִּשָּׁחֵ֥ת הָאָ֖רֶץ לִפְנֵ֣י הָֽאֱלֹהִ֑ים וַתִּמָּלֵ֥א הָאָ֖רֶץ חָמָֽס:

12 וַיַּ֧רְא אֱלֹהִ֛ים אֶת־הָאָ֖רֶץ וְהִנֵּ֣ה נִשְׁחָ֑תָה כִּֽי־הִשְׁחִ֧ית כָּל־

13 בָּשָׂ֛ר אֶת־דַּרְכּ֖וֹ עַל־הָאָֽרֶץ: ס וַיֹּ֨אמֶר אֱלֹהִ֜ים לְנֹ֗חַ קֵ֤ץ כָּל־בָּשָׂר֙ בָּ֣א לְפָנַ֔י כִּֽי־מָֽלְאָ֥ה הָאָ֛רֶץ חָמָ֖ס

14 מִפְּנֵיהֶ֑ם וְהִנְנִ֥י מַשְׁחִיתָ֖ם אֶת־הָאָֽרֶץ: עֲשֵׂ֤ה לְךָ֙ תֵּבַ֣ת עֲצֵי־גֹ֔פֶר קִנִּ֖ים תַּֽעֲשֶׂ֣ה אֶת־הַתֵּבָ֑ה וְכָֽפַרְתָּ֥

15 אֹתָ֛הּ מִבַּ֥יִת וּמִח֖וּץ בַּכֹּֽפֶר: וְזֶ֕ה אֲשֶׁ֥ר תַּֽעֲשֶׂ֖ה אֹתָ֑הּ שְׁלֹ֧שׁ מֵא֣וֹת אַמָּ֗ה אֹ֚רֶךְ הַתֵּבָ֔ה חֲמִשִּׁ֤ים אַמָּה֙ רָחְבָּ֔הּ

16 וּשְׁלֹשִׁ֥ים אַמָּ֖ה קֽוֹמָתָֽהּ: צֹ֣הַר ׀ תַּֽעֲשֶׂ֣ה לַתֵּבָ֗ה וְאֶל־אַמָּה֙ תְּכַלֶּ֣נָּה מִלְמַ֔עְלָה וּפֶ֥תַח הַתֵּבָ֖ה בְּצִדָּ֣הּ תָּשִׂ֑ים תַּחְתִּיִּ֛ם שְׁנִיִּ֥ם וּשְׁלִשִׁ֖ים תַּֽעֲשֶֽׂהָ:

17 וַֽאֲנִ֗י הִנְנִי֩ מֵבִ֨יא אֶת־הַמַּבּ֥וּל מַ֨יִם֙ עַל־הָאָ֔רֶץ לְשַׁחֵ֣ת כָּל־בָּשָׂ֗ר אֲשֶׁר־בּוֹ֙ ר֣וּחַ חַיִּ֔ים מִתַּ֖חַת הַשָּׁמָ֑יִם

18 כֹּ֥ל אֲשֶׁר־בָּאָ֖רֶץ יִגְוָֽע: וַֽהֲקִמֹתִ֥י אֶת־בְּרִיתִ֖י אִתָּ֑ךְ וּבָאתָ֙ אֶל־הַתֵּבָ֔ה אַתָּ֕ה וּבָנֶ֛יךָ וְאִשְׁתְּךָ֥ וּנְשֵֽׁי־בָנֶ֖יךָ

19 אִתָּֽךְ: וּמִכָּל־הָ֠חַי מִֽכָּל־בָּשָׂ֞ר שְׁנַ֧יִם מִכֹּ֛ל תָּבִ֥יא אֶל־הַתֵּבָ֖ה לְהַֽחֲיֹ֣ת אִתָּ֑ךְ זָכָ֥ר וּנְקֵבָ֖ה יִֽהְיֽוּ:

20 מֵֽהָע֣וֹף לְמִינֵ֗הוּ וּמִן־הַבְּהֵמָה֙ לְמִינָ֔הּ מִכֹּ֛ל רֶ֥מֶשׂ הָֽאֲדָמָ֖ה לְמִינֵ֑הוּ שְׁנַ֧יִם מִכֹּ֛ל יָבֹ֥אוּ אֵלֶ֖יךָ לְהַֽחֲיֽוֹת:

21 וְאַתָּ֣ה קַח־לְךָ֗ מִכָּל־מַֽאֲכָל֙ אֲשֶׁ֣ר יֵֽאָכֵ֔ל וְאָֽסַפְתָּ֖ אֵלֶ֑יךָ וְהָיָ֥ה

22 לְךָ֛ וְלָהֶ֖ם לְאָכְלָֽה: וַיַּ֖עַשׂ נֹ֑חַ כְּ֠כֹל אֲשֶׁ֨ר צִוָּ֥ה אֹת֛וֹ אֱלֹהִ֖ים כֵּ֥ן עָשָֽׂה:

CAP. VII. ז

1 וַיֹּ֤אמֶר יְהֹוָה֙ לְנֹ֔חַ בֹּֽא־אַתָּ֥ה וְכָל־בֵּֽיתְךָ֖ אֶל־הַתֵּבָ֑ה כִּֽי־אֹֽתְךָ֥ רָאִ֛יתִי צַדִּ֥יק לְפָנַ֖י בַּדּ֥וֹר הַזֶּֽה:

2 מִכֹּ֣ל ׀ הַבְּהֵמָ֣ה הַטְּהוֹרָ֗ה תִּֽקַּח־לְךָ֛ שִׁבְעָ֥ה שִׁבְעָ֖ה אִ֣ישׁ וְאִשְׁתּ֑וֹ וּמִן־הַבְּהֵמָ֡ה אֲ֠שֶׁר לֹ֣א טְהֹרָ֥ה הִ֛וא שְׁנַ֖יִם

3 אִ֥ישׁ וְאִשְׁתּֽוֹ: גַּ֣ם מֵע֧וֹף הַשָּׁמַ֛יִם שִׁבְעָ֥ה שִׁבְעָ֖ה זָכָ֣ר וּנְקֵבָ֑ה לְחַיּ֥וֹת זֶ֖רַע עַל־פְּנֵ֥י כָל־הָאָֽרֶץ:

4 כִּי֩ לְיָמִ֨ים ע֜וֹד שִׁבְעָ֗ה אָֽנֹכִי֙ מַמְטִ֣יר עַל־הָאָ֔רֶץ אַרְבָּעִ֣ים י֔וֹם וְאַרְבָּעִ֖ים לָ֑יְלָה וּמָחִ֗יתִי אֶֽת־כָּל־

5 הַיְקוּם֙ אֲשֶׁ֣ר עָשִׂ֔יתִי מֵעַ֖ל פְּנֵ֥י הָֽאֲדָמָֽה: וַיַּ֖עַשׂ

6 נֹ֑חַ כְּכֹ֥ל אֲשֶׁר־צִוָּ֖הוּ יְהֹוָֽה: וְנֹ֕חַ בֶּן־שֵׁ֥שׁ מֵא֖וֹת

7 שָׁנָ֑ה וְהַמַּבּ֣וּל הָיָ֔ה מַ֖יִם עַל־הָאָֽרֶץ: וַיָּ֣בֹא נֹ֗חַ

8 וּ֠בָנָיו וְאִשְׁתּ֧וֹ וּנְשֵֽׁי־בָנָ֛יו אִתּ֖וֹ אֶל־הַתֵּבָ֑ה מִפְּנֵ֖י מֵ֥י הַמַּבּֽוּל: מִן־הַבְּהֵמָה֙ הַטְּהוֹרָ֔ה וּמִ֨ן־הַבְּהֵמָ֔ה אֲשֶׁ֥ר אֵינֶ֖נָּה טְהֹרָ֑ה וּמִ֨ן־הָע֔וֹף וְכֹ֥ל אֲשֶׁר־רֹמֵ֖שׂ עַל־

9 הָֽאֲדָמָֽה: שְׁנַ֨יִם שְׁנַ֜יִם בָּ֧אוּ אֶל־נֹ֛חַ אֶל־הַתֵּבָ֖ה

10 זָכָ֣ר וּנְקֵבָ֑ה כַּֽאֲשֶׁ֛ר צִוָּ֥ה אֱלֹהִ֖ים אֶת־נֹֽחַ: וַֽיְהִ֖י

לְשִׁבְעַ֣ת הַיָּמִ֑ים וּמֵ֣י הַמַּבּ֔וּל הָי֖וּ עַל־הָאָֽרֶץ:

18 And Jared lived an hundred sixty and two years, and he begat Enoch :

19 And Jared lived after he begat Enoch eight hundred years, and begat sons and daughters :

20 And all the days of Jared were nine hundred sixty and two years: and he died.

21 And Enoch lived sixty and five years, and begat γ Methuselah :

22 And Enoch*b* walked with God after he begat Methuselah, three hundred years, and begat sons and daughters :

23 And all the days of Enoch were three hundred sixty and five years :

24 And Enoch walked with God ; and he *was* not,*c* for God took him.

25 And Methuselah lived an hundred eightyand seven years,andbegat δ Lamech:

26 And Methuselah lived after he begat Lamech seven hundred eighty and two years, and begat sons and daughters :

27 And all the days of Methuselah were nine hundred sixty and nine years: and he died.

28 And Lamech lived an hundredeighty and two years, and begat a son ;

29 And he called his name є Noah, saying,This *same* shall comfort us concerning our work and toil of our hands,because of the ground*f* which the LORD hath cursed.

30 And Lamech lived after he begat Noah five hundred ninety and five years, and begat sons and daughters :

31 And all the days of Lamech were seven hundred seventy and seven years : and he died.

32And Noahwas five hundred years old: and Noah begat*g* Shem,Ham, andJapheth.

CHAP. VI.

AND it came to pass,*h* when men began to multiply on the face of the earth, and daughters were born unto them,

2 That the sons of God saw the daughters of men*i* that they *were* fair ; and they*m* took them wives of all which they chose.

3 And the LORD said, *n* My Spirit shall not always strive with man, for that he also *is* flesh:*o* yet his days shall be an hundred and twenty years.

4 There were giants in the earth in those days ; and also after that, when the sons of God came in unto the daughters of men, and they bare *children* to them, the same *became* mighty men, which *were* of old, men of renown.

5 And GOD saw*p* that the wickedness of man *was* great in the earth, and *that* every θ imagination *q* of the thoughts of his heart *was* only evil κ continually.

6 And it repented the LORD that he had made man on the earth,and it grieved him at his heart.

7 And the LORD said,I will destroy man, whom I have created, from the face of the earth; λboth man, and beast,and the creeping thing, and the fowls of the air ; for it repenteth me that I have made them.

8 But Noah found grace in the eyes of the LORD.

9 These *are* the generations of Noah: Noah was a just man, *and* μperfect in his generations, *and* Noah walked with God :

10 And Noah begat three sons, Shem, Ham, and Japheth.

11 The earth also was corrupt before God, and the earth was filled with violence.

12 And God looked upon the earth, and, behold, it was corrupt ; for all flesh had corrupted his way upon the earth.

B. C. 3317.
———
a 1 Pe. 4. 7.
a or, *from the earth.*
β *nests.*
γ Gr. *Mathusala.*
b ch. 6. 9.
17. 1.
De. 13. 4.
2 Ki. 20. 3.
Ps. 16. 8.
Am. 3. 3.
Mal. 2. 6.
c He. 11. 5.
δ *Lemech.*
d Ps. 93. 3, 4.
Am. 9. 6.
e ch. 7. 8, 9.
є Gr. *Noe;*
i. e. *rest, or, comfort.*
f ch. 3. 17.
4. 11.
g ch. 6. 10.
7. 13.
1Ch.1.4.34.
h ch. 1. 28.
i He. 11. 7.
j 1 Pe. 3. 20.
2 Pe. 2. 5.
k Le. XI.
ζ *seven, seven.*
l Job 31. 1.
m De. 7. 3, 4.
Ezr. 9. 2.
Ne.13.26,27
2 Co. 6. 14.
n Ne. 9. 30.
Is. 5. 4.
63. 10.
Je. 11. 7, 11.
1 Pe. 3. 20.
o Ps. 78. 39.
p Ps. 14. 2.
53. 2.
Ro. 3. 9.
η *blot out.*
θ or, *the whole imagination:*
The Hebrew word signifies not only *the imagination,*but also *the purposes & desires.*
q ch. 8. 21.
De. 29. 19.
Eze.8.9,12.
Mat. 15.19.
κ *every day.*
λ *from man unto beast.*
μor.*upright.*
ν or, *on the seventh day.*
r ch. 8. 2.
Pr. 8. 28.
Mat. 24. 38.
1 Th. 5. 3.
π or, *floodgates.*

---

13 And God said unto Noah,*a*The end of all flesh is come before me, for the earth is filled with violence through them: and, behold, I will destroy them *a* with the earth.

14 Make thee an ark of gopher-wood : β rooms shalt thou make in the ark, and shalt pitch it within and without with pitch.

15 And this *is the fashion* which thou shalt make it *of:* The length of the ark *shall be* three hundred cubits, the breadth of it fifty cubits, and the height of it thirty cubits.

16 A window shalt thou make to the ark, and in a cubit shalt thou finish it above ; and the door of the ark shalt thou set in the side thereof : *with* lower, second, and third *stories* shalt thou make it.

17 And, behold, I, even I, *d* do bring a flood of waters upon the earth, to destroy all flesh, wherein *is* the breath of life, from under heaven ; *and* every thing that *is* in the earth shall die.

18 But with thee will I establish my covenant : and thou shalt come into the ark ; thou, and thy sons, and thy wife, and thy sons' wives, with thee.

19 And of every living thing of all flesh, two*e* of every *sort* shalt thou bring into the ark, to keep *them* alive with thee ; they shall be male and female.

20 Of fowls after theirkind,and of cattle after their kind ; of every creeping thing of the earth after his kind ; two of every*sort* shall come unto thee, to keep *them* alive.

21 And take thou unto thee of all food that is eaten, and thou shalt gather *it* to thee ; and it shall be for food for thee and for them.

22 Thus did Noah; *i* according to all that God commanded him, so did he.

CHAP. VII.

AND the LORD said unto Noah, Come thou and all thy house into the ark ; for *j* thee have I seen righteous before me in this generation.

2 Of every *k* clean beast thou shalt take to thee by ζ sevens, the male and his female ; and of beasts that *are* not clean by two, the male and his female.

3 Of fowls also of the air by sevens, the male and the female ; to keep seed alive upon the face of all the earth.

4 For yet seven days, and 1 will cause it to rain upon the earth forty days and forty nights ; and every living substance that I have made will I η destroy from off the face of the earth.

5 And Noah did according unto all that the LORD commanded him.

6 And Noah *was* six hundred years old when the floodof waterswasuponthe earth.

7 And Noahwent in,and his sons,and his wife,and his sons'wives,with him, into the ark, because of the waters of the flood.

8 Of clean beasts, and of beasts that *are* not clean, and of fowls, and of every thing that creepeth upon the earth,

9 There went in two and two unto Noah into the ark, the male and the female, as God had commanded Noah.

10 And it came to pass, after *v* seven days, that the waters of the flood were upon the earth.

11 In the six hundredth year of Noah's life, in the second month, the seventeenth day of the month, the same day were all the fountains*r* of the great deep broken up, and the π windows of heaven were opened.

4

11 בִּשְׁנַת שֵׁשׁ־מֵאוֹת שָׁנָה לְחַיֵּי־נֹחַ בַּחֹדֶשׁ הַשֵּׁנִי בְּשִׁבְעָה־עָשָׂר יוֹם לַחֹדֶשׁ בַּיּוֹם הַזֶּה נִבְקְעוּ כָּל־מַעְיְנֹת תְּהוֹם רַבָּה וַאֲרֻבֹּת הַשָּׁמַיִם נִפְתָּחוּ׃

12 וַיְהִי הַגֶּשֶׁם עַל־הָאָרֶץ אַרְבָּעִים יוֹם וְאַרְבָּעִים לָיְלָה׃

13 בְּעֶצֶם הַיּוֹם הַזֶּה בָּא נֹחַ וְשֵׁם־וְחָם וָיֶפֶת בְּנֵי־נֹחַ וְאֵשֶׁת נֹחַ וּשְׁלֹשֶׁת נְשֵׁי־בָנָיו אִתָּם אֶל־הַתֵּבָה׃

14 הֵמָּה וְכָל־הַחַיָּה לְמִינָהּ וְכָל־הַבְּהֵמָה לְמִינָהּ וְכָל־הָרֶמֶשׂ הָרֹמֵשׂ עַל־הָאָרֶץ לְמִינֵהוּ וְכָל־הָעוֹף לְמִינֵהוּ כֹּל צִפּוֹר כָּל־כָּנָף׃

15 וַיָּבֹאוּ אֶל־נֹחַ אֶל־הַתֵּבָה שְׁנַיִם שְׁנַיִם מִכָּל־הַבָּשָׂר אֲשֶׁר־בּוֹ רוּחַ חַיִּים׃

16 וְהַבָּאִים זָכָר וּנְקֵבָה מִכָּל־בָּשָׂר בָּאוּ כַּאֲשֶׁר צִוָּה אֹתוֹ אֱלֹהִים וַיִּסְגֹּר יְהוָה בַּעֲדוֹ׃

17 וַיְהִי הַמַּבּוּל אַרְבָּעִים יוֹם עַל־הָאָרֶץ וַיִּרְבּוּ הַמַּיִם וַיִּשְׂאוּ אֶת־הַתֵּבָה וַתָּרָם מֵעַל הָאָרֶץ׃

18 וַיִּגְבְּרוּ הַמַּיִם וַיִּרְבּוּ מְאֹד עַל־הָאָרֶץ וַתֵּלֶךְ הַתֵּבָה עַל־פְּנֵי הַמָּיִם׃

19 וְהַמַּיִם גָּבְרוּ מְאֹד מְאֹד עַל־הָאָרֶץ וַיְכֻסּוּ כָּל־הֶהָרִים הַגְּבֹהִים אֲשֶׁר־תַּחַת כָּל־הַשָּׁמָיִם׃

20 חֲמֵשׁ עֶשְׂרֵה אַמָּה מִלְמַעְלָה גָּבְרוּ הַמָּיִם וַיְכֻסּוּ הֶהָרִים׃

21 וַיִּגְוַע כָּל־בָּשָׂר הָרֹמֵשׂ עַל־הָאָרֶץ בָּעוֹף וּבַבְּהֵמָה וּבַחַיָּה וּבְכָל־הַשֶּׁרֶץ הַשֹּׁרֵץ עַל־הָאָרֶץ וְכֹל הָאָדָם׃

22 כֹּל אֲשֶׁר נִשְׁמַת־רוּחַ חַיִּים בְּאַפָּיו מִכֹּל אֲשֶׁר בֶּחָרָבָה מֵתוּ׃

23 וַיִּמַח אֶת־כָּל־הַיְקוּם אֲשֶׁר עַל־פְּנֵי הָאֲדָמָה מֵאָדָם עַד־בְּהֵמָה עַד־רֶמֶשׂ וְעַד־עוֹף הַשָּׁמַיִם וַיִּמָּחוּ מִן־הָאָרֶץ וַיִּשָּׁאֶר אַךְ־נֹחַ וַאֲשֶׁר אִתּוֹ בַּתֵּבָה׃

24 וַיִּגְבְּרוּ הַמַּיִם עַל־הָאָרֶץ חֲמִשִּׁים וּמְאַת יוֹם׃

CAP. VIII. ח

1 וַיִּזְכֹּר אֱלֹהִים אֶת־נֹחַ וְאֵת כָּל־הַחַיָּה וְאֶת־כָּל־הַבְּהֵמָה אֲשֶׁר אִתּוֹ בַּתֵּבָה וַיַּעֲבֵר אֱלֹהִים רוּחַ עַל־הָאָרֶץ וַיָּשֹׁכּוּ הַמָּיִם׃

2 וַיִּסָּכְרוּ מַעְיְנֹת תְּהוֹם וַאֲרֻבֹּת הַשָּׁמָיִם וַיִּכָּלֵא הַגֶּשֶׁם מִן־הַשָּׁמָיִם׃

3 וַיָּשֻׁבוּ הַמַּיִם מֵעַל הָאָרֶץ הָלוֹךְ וָשׁוֹב וַיַּחְסְרוּ הַמַּיִם מִקְצֵה חֲמִשִּׁים וּמְאַת יוֹם׃

4 וַתָּנַח הַתֵּבָה בַּחֹדֶשׁ הַשְּׁבִיעִי בְּשִׁבְעָה־עָשָׂר יוֹם לַחֹדֶשׁ עַל הָרֵי אֲרָרָט׃

5 וְהַמַּיִם הָיוּ הָלוֹךְ וְחָסוֹר עַד הַחֹדֶשׁ הָעֲשִׂירִי בָּעֲשִׂירִי בְּאֶחָד לַחֹדֶשׁ נִרְאוּ רָאשֵׁי הֶהָרִים׃

6 וַיְהִי מִקֵּץ אַרְבָּעִים יוֹם וַיִּפְתַּח נֹחַ אֶת־חַלּוֹן הַתֵּבָה אֲשֶׁר עָשָׂה׃

7 וַיְשַׁלַּח אֶת־הָעֹרֵב וַיֵּצֵא יָצוֹא וָשׁוֹב עַד־יְבֹשֶׁת הַמַּיִם מֵעַל הָאָרֶץ׃

8 וַיְשַׁלַּח אֶת־הַיּוֹנָה מֵאִתּוֹ לִרְאוֹת הֲקַלּוּ הַמַּיִם מֵעַל פְּנֵי הָאֲדָמָה׃

9 וְלֹא־מָצְאָה הַיּוֹנָה מָנוֹחַ לְכַף־רַגְלָהּ וַתָּשָׁב אֵלָיו אֶל־הַתֵּבָה כִּי־מַיִם עַל־פְּנֵי כָל־הָאָרֶץ וַיִּשְׁלַח יָדוֹ וַיִּקָּחֶהָ וַיָּבֵא אֹתָהּ אֵלָיו אֶל־הַתֵּבָה׃

10 וַיָּחֶל עוֹד שִׁבְעַת יָמִים אֲחֵרִים וַיֹּסֶף שַׁלַּח אֶת־הַיּוֹנָה מִן־הַתֵּבָה׃

11 וַתָּבֹא אֵלָיו הַיּוֹנָה לְעֵת עֶרֶב וְהִנֵּה עֲלֵה־זַיִת טָרָף בְּפִיהָ וַיֵּדַע נֹחַ כִּי־קַלּוּ הַמַּיִם מֵעַל הָאָרֶץ׃

12 וַיִּיָּחֶל עוֹד שִׁבְעַת יָמִים אֲחֵרִים וַיְשַׁלַּח אֶת־הַיּוֹנָה וְלֹא־יָסְפָה שׁוּב־אֵלָיו עוֹד׃

13 וַיְהִי בְּאַחַת וְשֵׁשׁ־מֵאוֹת שָׁנָה בָּרִאשׁוֹן בְּאֶחָד לַחֹדֶשׁ חָרְבוּ הַמַּיִם מֵעַל הָאָרֶץ וַיָּסַר נֹחַ אֶת־מִכְסֵה הַתֵּבָה וַיַּרְא וְהִנֵּה חָרְבוּ פְּנֵי הָאֲדָמָה׃

14 וּבַחֹדֶשׁ הַשֵּׁנִי בְּשִׁבְעָה וְעֶשְׂרִים יוֹם לַחֹדֶשׁ יָבְשָׁה הָאָרֶץ׃

15 וַיְדַבֵּר אֱלֹהִים אֶל־נֹחַ לֵאמֹר׃

16 צֵא מִן־הַתֵּבָה אַתָּה וְאִשְׁתְּךָ וּבָנֶיךָ וּנְשֵׁי־בָנֶיךָ אִתָּךְ׃

17 כָּל־הַחַיָּה אֲשֶׁר־אִתְּךָ מִכָּל־בָּשָׂר בָּעוֹף וּבַבְּהֵמָה וּבְכָל־הָרֶמֶשׂ הָרֹמֵשׂ עַל־הָאָרֶץ הוצא אִתָּךְ וְשָׁרְצוּ בָאָרֶץ וּפָרוּ וְרָבוּ עַל־הָאָרֶץ׃

18 וַיֵּצֵא־נֹחַ וּבָנָיו וְאִשְׁתּוֹ וּנְשֵׁי־בָנָיו אִתּוֹ׃

19 כָּל־הַחַיָּה כָּל־הָרֶמֶשׂ וְכָל־הָעוֹף כֹּל רוֹמֵשׂ עַל־הָאָרֶץ לְמִשְׁפְּחֹתֵיהֶם יָצְאוּ מִן־הַתֵּבָה׃

20 וַיִּבֶן נֹחַ מִזְבֵּחַ לַיהוָה וַיִּקַּח מִכֹּל הַבְּהֵמָה הַטְּהֹרָה וּמִכֹּל הָעוֹף הַטָּהוֹר וַיַּעַל עֹלֹת בַּמִּזְבֵּחַ׃

21 וַיָּרַח יְהוָה אֶת־רֵיחַ הַנִּיחֹחַ וַיֹּאמֶר יְהוָה אֶל־לִבּוֹ לֹא־אֹסִף לְקַלֵּל עוֹד אֶת־הָאֲדָמָה בַּעֲבוּר הָאָדָם כִּי יֵצֶר לֵב הָאָדָם רַע מִנְּעֻרָיו וְלֹא־אֹסִף עוֹד לְהַכּוֹת אֶת־כָּל־חַי כַּאֲשֶׁר עָשִׂיתִי׃

22 עֹד כָּל־יְמֵי הָאָרֶץ זֶרַע וְקָצִיר וְקֹר וָחֹם וְקַיִץ וָחֹרֶף וְיוֹם וָלַיְלָה לֹא יִשְׁבֹּתוּ׃

CAP. IX. ס

1 וַיְבָרֶךְ אֱלֹהִים אֶת־נֹחַ וְאֶת־בָּנָיו וַיֹּאמֶר לָהֶם פְּרוּ וּרְבוּ וּמִלְאוּ אֶת־הָאָרֶץ׃

2 וּמוֹרַאֲכֶם וְחִתְּכֶם יִהְיֶה עַל כָּל־חַיַּת הָאָרֶץ וְעַל כָּל־עוֹף הַשָּׁמָיִם בְּכֹל אֲשֶׁר תִּרְמֹשׂ הָאֲדָמָה וּבְכָל־דְּגֵי הַיָּם בְּיֶדְכֶם נִתָּנוּ׃

3 כָּל־רֶמֶשׂ אֲשֶׁר הוּא־חַי לָכֶם יִהְיֶה לְאָכְלָה כְּיֶרֶק עֵשֶׂב נָתַתִּי לָכֶם אֶת־כֹּל׃

4 אַךְ־בָּשָׂר בְּנַפְשׁוֹ דָמוֹ לֹא תֹאכֵלוּ׃

5 וְאַךְ אֶת־דִּמְכֶם לְנַפְשֹׁתֵיכֶם אֶדְרֹשׁ מִיַּד כָּל־חַיָּה אֶדְרְשֶׁנּוּ וּמִיַּד הָאָדָם מִיַּד אִישׁ אָחִיו אֶדְרֹשׁ אֶת־נֶפֶשׁ הָאָדָם׃

6 שֹׁפֵךְ דַּם הָאָדָם בָּאָדָם דָּמוֹ יִשָּׁפֵךְ כִּי בְּצֶלֶם אֱלֹהִים עָשָׂה אֶת־הָאָדָם׃

7 וְאַתֶּם פְּרוּ וּרְבוּ שִׁרְצוּ בָאָרֶץ וּרְבוּ־בָהּ׃

8 וַיֹּאמֶר אֱלֹהִים אֶל־נֹחַ וְאֶל־בָּנָיו אִתּוֹ לֵאמֹר׃

9 וַאֲנִי הִנְנִי מֵקִים אֶת־בְּרִיתִי אִתְּכֶם וְאֶת־זַרְעֲכֶם אַחֲרֵיכֶם׃

12 And the rain was upon the earth forty days and forty nights.

13 In the self-same day entered Noah, and Shem, and Ham, and Japheth, the sons of Noah, and Noah's wife, and the three wives of his sons with them,[a] into the ark ;

14 They, and every beast after his kind, and all the cattle after their kind, and every creeping thing that creepeth upon the earth after his kind, and every fowl after his kind, every bird of every β sort.

15 And they went in unto Noah into the ark, two and two of all flesh, wherein *is* the breath of life.

16 And they that went in, went in male and female of all flesh, as God had commanded him : and the LORD shut him in.[b]

17 And the flood was forty days upon the earth ; & the waters increased, & bare up the ark,& it was lift up above the earth.

18 And the waters prevailed, and were increased greatly upon the earth ; and the ark went upon the face of the waters.

19 And the waters prevailed exceedingly upon the earth ;[c] & all the high hills, that *were* under y[e] whole heaven, were covered.

20 Fifteen cubits upward did the waters prevail ; & the mountains[d] were covered.

21 And all flesh died that moved upon the earth, both of fowl, and of cattle, and of beast, and of every creeping thing that creepeth upon the earth, and every man :[f]

22 All in whose nostrils *was* γ the breath of life,of all that *was* in the dry *land*, died.

23 And every living substance was destroyed which was upon the face of the ground, both man, and cattle, and the creeping things,and the fowl of the heaven; and they were destroyed from the earth : and Noah[h] only remained *alive*, and they that *were* with him in the ark.

24 And *j* the waters prevailed upon the earth an hundred and fifty days.

CHAP. VIII.

AND God[n] remembered Noah, and every living thing, and all the[o] cattle that *was* with him in the ark : and God made a wind[p] to pass over the earth ; and the waters assuaged ;

2 The fountains[q] also of the deep and the windows[r] of heaven were stopped, and the rain from heaven was restrained ;

3 And the waters returned from off the earth κ continually : and after the end of the hundred and fifty days the waters were abated.

4 And the ark rested in the seventh month, on the seventeenth day of the month, upon the mountains of Ararat.[a]

5 And the waters λ decreased continually until the tenth month : in the tenth *month*, on the first *day* of the month, were the tops of the mountains seen.

6 And it came to pass, at the end of forty days, that Noah opened[c] the window of the ark which he had made :

7 And he sent forth a raven, which went forth μ to and fro, until the waters were dried up from off the earth.

8 Also he sent forth a dove from him, to see if the waters were abated from off the face of the ground :

9 But the dove found no rest for the sole of her foot, and she returned unto him into the ark, for the waters *were* on the face of the whole earth : then he put forth his hand, and took her, and ν pulled her in unto him into the ark.

B. C. 2318.

a ch. 6. 18.
β *wing.*
b De. 33. 27.
Ps. 46. 2.
91. 9.
Pr. 3. 23.
c Job 12. 15.
Ps. 104. 6.
2 Pet. 3. 6.
d Je. 3. 23.
e ch. 1. 22.
f Job 22.15..17
γ *the breath of the spirit of life.*
δ *families.*
g Le. 1.XI.
h Ez.14.14,20.
Mal.3.17,18.
ζ *a savour of rest.*
i Le. 1. 9.
Is. 65. 5.
Ez. 20. 41.
2 Co. 2. 15.
j ch. 8. 3.
k ch. 3. 17.
6. 17.
η or,*though.*
l ch. 6. 5.
Job 15. 14.
Je. 17. 9.
Ro. 1. 21.
m ch.9.11,15.
θ *as yet all the days of the earth.*
n ch. 19. 29.
Ex. 2. 24.
Ps. 106. 4.
o Ps. 36. 6.
p Ex. 14. 21.
q Pr. 8. 28.
r Job 38. 37.
Mat. 8. 27.
κ *in going and re-turning.*
s Is. 54. 9.
Je.33.20,25.
t ver. 7, 19.
ch. 10. 32.
u Ps. 8. 6.
Hos. 2. 18.
Ja. 3. 7.
v De. 12. 15.
14. 4, &c.
Ac.10.12..14.
1 Tim.4.3,4.
x ch. 1. 29.
y Ro. 14. 3.
z Le.17.10..14
19. 26.
De. 12. 23.
1 Sa. 14.34.
a Je. 51. 27.
λ *were in going and decreasing.*
b Ex.21.12,28.
c ch. 6. 16.
μ *in going forth and returning.*
d Le. 24. 17.
1 Ki.2.5,6,32.
e ch. 1. 27.
ν *caused her to come.*
f ver. 11, 17.
ch. 6. 18.

---

10 And he stayed yet other seven days,& again he sent forth y[e] dove out of y[e] ark :

11 And the dove came in to him in the evening ; and, lo, in her mouth *was* an olive-leaf, pluckt off : so Noah knew that the waters were abated from off the earth.

12 And he stayed yet other seven days, and sent forth the dove, which returned not again unto him any more.

13 And it came to pass, in the six hundredth & first year, in the first *month*, the first *day* of y[e] month, y[e] waters were dried up from off the earth : and Noah removed the covering of the ark, and looked, and behold, the face of the ground was dry.

14 And in the second month, on the seven and twentieth day of the month, was the earth dried.

15 And God spake unto Noah, saying,

16 Go forth of the ark, thou, & thy wife, and thy sons,and thy sons'wives with thee.

17 Bring forth with thee every living thing that *is* with thee, of all flesh, *both* of fowl, and of cattle, and of every creeping thing that creepeth upon the earth ; that they may breed abundantly in the earth, &[e] be fruitful,and multiply upon y[e] earth.

18 And Noah went forth, and his sons, and his wife, and his sons' wives with him :

19 Every beast, every creeping thing, and every fowl, *and* whatsoever creepeth upon the earth, after their δ kinds, went forth out of the ark.

20 And Noah builded an altar unto the LORD ; and took of[g] every clean beast, and of every clean fowl, and offered burnt-offerings on the altar.

21 And the LORD smelled a ζ sweet savour :[i] and the LORD said in his heart, I will not again[k] curse the ground any more for man's sake ; η for the[l] imagination of man's heart *is* evil from his youth : neither will I again[m] smite any more every thing living, as I have done.

22 While θ the earth remaineth,[s] seedtime and harvest, and cold and heat, and summer and winter, and day and night, shall not cease.

CHAP. IX.

AND God blessed Noah and his sons, and said unto them,[t] Be fruitful, and multiply, and replenish the earth.

2 And the fear of you,[u] and the dread of you, shall be upon every beast of the earth, and upon every fowl of the air, upon all that moveth *upon* the earth, and upon all the fishes of the sea ; into your hand are they delivered.

3 Every[v] moving thing that liveth shall be meat for you ; even as the[x] green herb have I given you[y] all things.

4 But flesh[z] with the life thereof. *which is* the blood thereof, shall ye not eat.

5 And surely your blood of your lives will I require ; at the hand of every beast will I require it,[b] and at the hand of man ; at the hand of every man's brother will I require the life of man.

6 Whoso sheddeth man's blood,[d] by man shall his blood be shed :[e] for in the image of God made he man.

7 And you, be ye fruitful, and multiply ; bring forth abundantly in the earth, and multiply therein.

8 And God spake unto Noah, and to his sons with him, saying,

9 And I, behold, I establish[f] my covenant with you,& with your seed after you :

5

10 וְאֵת כָּל־נֶפֶשׁ הַחַיָּה אֲשֶׁר אִתְּכֶם בָּעוֹף בַּבְּהֵמָה וּבְכָל־חַיַּת הָאָרֶץ אִתְּכֶם מִכֹּל יֹצְאֵי הַתֵּבָה לְכֹל
11 חַיַּת הָאָרֶץ׃ וַהֲקִמֹתִי אֶת־בְּרִיתִי אִתְּכֶם וְלֹא־יִכָּרֵת כָּל־בָּשָׂר עוֹד מִמֵּי הַמַּבּוּל וְלֹא־יִהְיֶה עוֹד
12 מַבּוּל לְשַׁחֵת הָאָרֶץ׃ וַיֹּאמֶר אֱלֹהִים זֹאת אוֹת־הַבְּרִית אֲשֶׁר־אֲנִי נֹתֵן בֵּינִי וּבֵינֵיכֶם וּבֵין כָּל־נֶפֶשׁ
13 חַיָּה אֲשֶׁר אִתְּכֶם לְדֹרֹת עוֹלָם׃ אֶת־קַשְׁתִּי נָתַתִּי בֶּעָנָן וְהָיְתָה לְאוֹת בְּרִית בֵּינִי וּבֵין הָאָרֶץ׃
14 וְהָיָה בְּעַנְנִי עָנָן עַל־הָאָרֶץ וְנִרְאֲתָה הַקֶּשֶׁת בֶּעָנָן׃
15 וְזָכַרְתִּי אֶת־בְּרִיתִי אֲשֶׁר בֵּינִי וּבֵינֵיכֶם וּבֵין כָּל־נֶפֶשׁ חַיָּה בְּכָל־בָּשָׂר וְלֹא־יִהְיֶה עוֹד הַמַּיִם לְמַבּוּל לְשַׁחֵת
16 כָּל־בָּשָׂר׃ וְהָיְתָה הַקֶּשֶׁת בֶּעָנָן וּרְאִיתִיהָ לִזְכֹּר בְּרִית עוֹלָם בֵּין אֱלֹהִים וּבֵין כָּל־נֶפֶשׁ חַיָּה בְּכָל־
17 בָּשָׂר אֲשֶׁר עַל־הָאָרֶץ׃ וַיֹּאמֶר אֱלֹהִים אֶל־נֹחַ זֹאת אוֹת־הַבְּרִית אֲשֶׁר הֲקִמֹתִי בֵּינִי וּבֵין כָּל־בָּשָׂר
אֲשֶׁר עַל־הָאָרֶץ׃ פ
18 וַיִּהְיוּ בְנֵי־נֹחַ הַיֹּצְאִים מִן־הַתֵּבָה שֵׁם וְחָם וָיָפֶת
19 וְחָם הוּא אֲבִי כְנָעַן׃ שְׁלֹשָׁה אֵלֶּה בְּנֵי־נֹחַ
20 וּמֵאֵלֶּה נָפְצָה כָל־הָאָרֶץ׃ וַיָּחֶל נֹחַ אִישׁ הָאֲדָמָה
21 וַיִּטַּע כָּרֶם׃ וַיֵּשְׁתְּ מִן־הַיַּיִן וַיִּשְׁכָּר וַיִּתְגַּל בְּתוֹךְ
22 אָהֳלֹה׃ וַיַּרְא חָם אֲבִי כְנַעַן אֵת עֶרְוַת אָבִיו וַיַּגֵּד
23 לִשְׁנֵי־אֶחָיו בַּחוּץ׃ וַיִּקַּח שֵׁם וָיֶפֶת אֶת־הַשִּׂמְלָה
וַיָּשִׂימוּ עַל־שְׁכֶם שְׁנֵיהֶם וַיֵּלְכוּ אֲחֹרַנִּית וַיְכַסּוּ אֵת
עֶרְוַת אֲבִיהֶם וּפְנֵיהֶם אֲחֹרַנִּית וְעֶרְוַת אֲבִיהֶם לֹא
24 רָאוּ׃ וַיִּיקֶץ נֹחַ מִיֵּינוֹ וַיֵּדַע אֵת אֲשֶׁר־עָשָׂה־לוֹ בְּנוֹ
25 הַקָּטָן׃ וַיֹּאמֶר אָרוּר כְּנָעַן עֶבֶד עֲבָדִים יִהְיֶה
26 לְאֶחָיו׃ וַיֹּאמֶר בָּרוּךְ יְהֹוָה אֱלֹהֵי שֵׁם וִיהִי כְנַעַן
27 עֶבֶד לָמוֹ׃ יַפְתְּ אֱלֹהִים לְיֶפֶת וְיִשְׁכֹּן בְּאָהֳלֵי־שֵׁם
28 וִיהִי כְנַעַן עֶבֶד לָמוֹ׃ וַיְחִי־נֹחַ אַחַר הַמַּבּוּל שְׁלֹשׁ
29 מֵאוֹת שָׁנָה וַחֲמִשִּׁים שָׁנָה׃ וַיִּהְיוּ כָּל־יְמֵי־נֹחַ
תְּשַׁע מֵאוֹת שָׁנָה וַחֲמִשִּׁים שָׁנָה וַיָּמֹת׃ פ

CAP. X. י
1 וְאֵלֶּה תּוֹלְדֹת בְּנֵי־נֹחַ שֵׁם חָם וָיָפֶת וַיִּוָּלְדוּ לָהֶם
2 בָּנִים אַחַר הַמַּבּוּל׃ בְּנֵי יֶפֶת גֹּמֶר וּמָגוֹג וּמָדַי
3 וְיָוָן וְתֻבָל וּמֶשֶׁךְ וְתִירָס׃ וּבְנֵי גֹּמֶר אַשְׁכְּנַז
4 וְרִיפַת וְתֹגַרְמָה׃ וּבְנֵי יָוָן אֱלִישָׁה וְתַרְשִׁישׁ כִּתִּים
5 וְדֹדָנִים׃ מֵאֵלֶּה נִפְרְדוּ אִיֵּי הַגּוֹיִם בְּאַרְצֹתָם
6 אִישׁ לִלְשֹׁנוֹ לְמִשְׁפְּחֹתָם בְּגוֹיֵהֶם׃ וּבְנֵי חָם כּוּשׁ

7 וּמִצְרַיִם וּפוּט וּכְנָעַן׃ וּבְנֵי כוּשׁ סְבָא וַחֲוִילָה
וְסַבְתָּה וְרַעְמָה וְסַבְתְּכָא וּבְנֵי רַעְמָה שְׁבָא וּדְדָן׃
8 וְכוּשׁ יָלַד אֶת־נִמְרֹד הוּא הֵחֵל לִהְיוֹת גִּבֹּר בָּאָרֶץ׃
9 הוּא־הָיָה גִבֹּר־צַיִד לִפְנֵי יְהֹוָה עַל־כֵּן יֵאָמַר כְּנִמְרֹד
10 גִּבּוֹר צַיִד לִפְנֵי יְהֹוָה׃ וַתְּהִי רֵאשִׁית מַמְלַכְתּוֹ
11 בָּבֶל וְאֶרֶךְ וְאַכַּד וְכַלְנֵה בְּאֶרֶץ שִׁנְעָר׃ מִן־הָאָרֶץ
הַהִוא יָצָא אַשּׁוּר וַיִּבֶן אֶת־נִינְוֵה וְאֶת־רְחֹבֹת עִיר
12 וְאֶת־כָּלַח׃ וְאֶת־רֶסֶן בֵּין נִינְוֵה וּבֵין כָּלַח הִוא
13 הָעִיר הַגְּדֹלָה׃ וּמִצְרַיִם יָלַד אֶת־לוּדִים וְאֶת־
14 עֲנָמִים וְאֶת־לְהָבִים וְאֶת־נַפְתֻּחִים׃ וְאֶת־פַּתְרֻסִים
וְאֶת־כַּסְלֻחִים אֲשֶׁר יָצְאוּ מִשָּׁם פְּלִשְׁתִּים וְאֶת־
15 כַּפְתֹּרִים׃ ס וּכְנַעַן יָלַד אֶת־צִידֹן בְּכֹרוֹ
16 וְאֶת־חֵת׃ וְאֶת־הַיְבוּסִי וְאֶת־הָאֱמֹרִי וְאֵת
17 הַגִּרְגָּשִׁי׃ וְאֶת־הַחִוִּי וְאֶת־הָעַרְקִי וְאֶת־הַסִּינִי
18 וְאֶת־הָאַרְוָדִי וְאֶת־הַצְּמָרִי וְאֶת־הַחֲמָתִי וְאַחַר
19 נָפֹצוּ מִשְׁפְּחוֹת הַכְּנַעֲנִי׃ וַיְהִי גְּבוּל הַכְּנַעֲנִי
מִצִּידֹן בֹּאֲכָה גְרָרָה עַד־עַזָּה בֹּאֲכָה סְדֹמָה
20 וַעֲמֹרָה וְאַדְמָה וּצְבֹיִם עַד־לָשַׁע׃ אֵלֶּה בְנֵי־חָם
לְמִשְׁפְּחֹתָם לִלְשֹׁנֹתָם בְּאַרְצֹתָם בְּגוֹיֵהֶם׃ ס
21 וּלְשֵׁם יֻלַּד גַּם־הוּא אֲבִי כָּל־בְּנֵי־עֵבֶר אֲחִי יֶפֶת
22 הַגָּדוֹל׃ בְּנֵי שֵׁם עֵילָם וְאַשּׁוּר וְאַרְפַּכְשַׁד וְלוּד
23 וַאֲרָם׃ וּבְנֵי אֲרָם עוּץ וְחוּל וְגֶתֶר וָמַשׁ׃
24 וְאַרְפַּכְשַׁד יָלַד אֶת־שָׁלַח וְשֶׁלַח יָלַד אֶת־עֵבֶר׃
25 וּלְעֵבֶר יֻלַּד שְׁנֵי בָנִים שֵׁם הָאֶחָד פֶּלֶג כִּי בְיָמָיו
26 נִפְלְגָה הָאָרֶץ וְשֵׁם אָחִיו יָקְטָן׃ וְיָקְטָן יָלַד
אֶת־אַלְמוֹדָד וְאֶת־שָׁלֶף וְאֶת־חֲצַרְמָוֶת וְאֶת־
27 יָרַח׃ וְאֶת־הֲדוֹרָם וְאֶת־אוּזָל וְאֶת־דִּקְלָה׃
28 וְאֶת־עוֹבָל וְאֶת־אֲבִימָאֵל וְאֶת־שְׁבָא׃ וְאֶת־
29 אוֹפִר וְאֶת־חֲוִילָה וְאֶת־יוֹבָב כָּל־אֵלֶּה בְּנֵי
30 יָקְטָן׃ וַיְהִי מוֹשָׁבָם מִמֵּשָׁא בֹּאֲכָה סְפָרָה הַר
31 הַקֶּדֶם׃ אֵלֶּה בְנֵי־שֵׁם לְמִשְׁפְּחֹתָם לִלְשֹׁנֹתָם
32 בְּאַרְצֹתָם לְגוֹיֵהֶם׃ אֵלֶּה מִשְׁפְּחֹת בְּנֵי־נֹחַ
לְתוֹלְדֹתָם בְּגוֹיֵהֶם וּמֵאֵלֶּה נִפְרְדוּ הַגּוֹיִם בָּאָרֶץ אַחַר
הַמַּבּוּל׃ פ

CAP. XI. יא
1 וַיְהִי כָל־הָאָרֶץ שָׂפָה אֶחָת וּדְבָרִים אֲחָדִים׃
2 וַיְהִי בְּנָסְעָם מִקֶּדֶם וַיִּמְצְאוּ בִקְעָה בְּאֶרֶץ
3 שִׁנְעָר וַיֵּשְׁבוּ שָׁם׃ וַיֹּאמְרוּ אִישׁ אֶל־רֵעֵהוּ

10 And^a with every living creature that *is* with you, of the fowl, of the cattle, and of every beast of the earth with you ; from all that go out of the ark, to every beast of the earth :

11 And I will establish my covenant with you ; neither shall all flesh be cut off any more by the waters of a flood ; neither shall there any more be a^d flood to destroy the earth.

12 And God said, This *is* the token^g of the covenant which I make between me and you, and every living creature that *is* with you, for perpetual generations :

13 I do set^h my bow in the cloud, and it shall be for a token of a covenant between me and the earth.

14 And it shall come to pass, when I bring a cloud over the earth, that the bow shall be seen in the cloud :

15 Andⁱ I will remember my covenant, which *is* between me & you,& every living creature of all flesh ; & the waters shall no more become a flood to destroy all flesh.

16 And the bow shall be in the cloud ; and I will look upon it, that I may remember^k the everlasting covenant between God and every living creature of all flesh that *is* upon the earth.

17 And God said unto Noah, This *is* the token of the covenant, which I have established between me and all flesh that *is* upon the earth.

18 And the sons of Noah,that went forth of the ark,were Shem,& Ham, & Japheth : and^m Ham *is* the father of θ Canaan.

19 These *are* the three sons of Noah :ⁿ & of them was the whole earth overspread.

20 And Noah began *to be* an husbandman, and he planted^o a vineyard :

21 And he drank of the wine,^p and was drunken ; and he was uncovered within his tent.

22 And Ham, the father of Canaan, saw ^q the nakedness of his father,^r and told his two brethren without.

23 And Shem and Japheth took a garment, and laid *it* upon both their shoulders, and went backward,^s and covered the nakedness of their father ; and their faces *were* backward, and they saw not their father's nakedness.

24 And Noah awoke from his wine, and knew what his younger son had done unto him :

25 And he said,^t Cursed *be* Canaan ; a servant of servants shall he be unto his brethren.

26 And he said,Blessed *be* the LORD God of Shem ; & Canaan shall ξ be his servant.

27 God shall π enlarge Japheth,^v and he shall dwell in the tents of Shem ; and Canaan shall be his servant.

28 And Noah lived after the flood three hundred and fifty years.

29 And all the days of Noah were nine hundred and fifty years : and he died.

CHAP. X.

NOW these *are* the generations of the sons of Noah : Shem, Ham, and Japheth ; & unto them were sons born after the flood.

2 The sons of Japheth ; Gomer, and Magog, and Madai, and Javan, and Tubal, and Mesheck, and Tiras.

3 And the sons of Gomer ; Ashkenaz, and Riphath, and Togarmah.

4 And the sons of Javan ; Elishah, and Tarshish, Kittim, and ρ Dodanim.

B. C. 2348.
---
a ch. 8. 1.
Ps. 145. 9.
b Je. 2. 10.
Zep. 2. 11.
c Ps. 72. 10.
d 2 Pet. 3. 7.
e Mi. 5. 6.
f Mi. 7. 2.
g ch. 17. 11.
h Eze. 1. 28.
Re. 4. 3.
10. 1.
γ Gr. *Baby-lon.*
δ or, *he went out* into *Assyria.*
ζ or, *the streets of the city.*
i Le.26.42,45.
De. 7. 9.
1 Ki. 8. 23.
Ne. 9. 32.
Ps. 106. 45.
Eze. 16. 60.
Lu. 1. 72.
j 1 Ch. 1. 12.
k ch.17.13,19
2 Sa. 23. 5.
Is. 55. 3.
Je. 32. 40.
He. 13. 20.
η *Tzidon.*
l ch.15.18,21.
Nu.34.2.12.
Jos. 12.7,8.
m ch. 10. 1,6.
θ *Chenaan.*
n ch. 10. 32.
1 Ch. 1. 4.
κ *Azzah.*
o De. 20. 6.
28. 30.
Pr. 24. 30.
Ca. 1. 6.
1 Co. 9. 7.
p Pr. 20. 1.
Lu. 21. 34.
1 Co.10.12.
Tit. 2. 2.
q Hab. 2. 15.
Re. 3. 18.
r Ps. 35. 20.
40. 15.
70. 3.
Ob. 12, 13.
λ *Arpach-shad.*
s Ex. 20. 12.
Ga. 6. 1.
1 Pet. 4. 8.
μ *Shelah.*
t De. 27. 16.
Jo. 9.23,27.
Ju. 1.28,30.
2 Ch. 8. 7,8.
u 1 Ch. 1. 19.
vi.e.*division.*
ξ or,*servant to them.*
π or, *per-suade.*
v Ep. 2. 13.
ρ or, as some read it, *Rodanim.*
σ *lip.*
φ *words.*
χ or, *east-ward.*

---

5 By these were the isles^b of the Gentiles divided in their lands ; every one after his tongue, after their families, in their nations.

6 And the sons of Ham ; Cush, and Mizraim, and Phut, and Canaan.

7 And the sons of Cush ; Seba,^c & Havilah,& Sabtah,& Raamah,& Sabtechah ; & the sons of Raamah ; Sheba & Dedan.

8 And Cush begat Nimrod ;^e he began to be a mighty one in the earth :

9 He was a mighty hunter^f before the LORD : wherefore it is said,Even as Nimrod the mighty hunter before the LORD.

10 And the beginning of his kingdom was γ Babel, and Erech, and Accad, and Calneh, in the land of Shinar.

11 Out of that land δ went forth Asshur, and builded Nineveh, and ζ the city Rehoboth, and Calah,

12 And Resen, between Nineveh and Calah ; the same *is* a great city.

13 And Mizraim begat Ludim, and Anamim, and Lehabim, and Naphtuhim,

14 And^l Pathrusim, and Casluhim, (out of whom came Philistim,)and Caphtorim.

15 And Canaan begat η Sidon his firstborn, and Heth,

16 And the Jebusite, and the Amorite, and the Girgasite,

17 And the Hivite, and the Arkite, and the Sinite,

18 And the Arvadite, and the Zemarite, and the Hamathite : & afterward were the families of the Canaanites spread abroad.

19 And the border ^l of the Canaanites was from Sidon, as thou comest to Gerar, unto κ Gaza : as thou goest unto Sodom, and Gomorrah, and Admah, and Zeboim, even unto Lasha.

20 These *are* the sons of Ham, after their families, after their tongues, in their countries, *and* in their nations.

21 Unto Shem also, the father of all the children of Eber, the brother of Japheth the elder, even to him were *children* born.

22 The children of Shem ; Elam, and Asshur, & λ Arphaxad, & Lud, & Aram.

23 And the children of Aram ; Uz, and Hul, and Gether, and Mash.

24 And Arphaxad begat μ Salah ; and Salah begat Eber.

25 And unto Eber^u were born two sons ; the name of one *was* ν Peleg ; for in his days was the earth divided ; and his brother's name *was* Joktan.

26 And Joktan begat Almodad, and Sheleph, and Hazarmaveth, and Jerah,

27 And Hadoram,and Uzal, and Diklah,

28 And Obal, and Abimael, and Sheba,

29 And Ophir, and Havilah, and Jobab: all these *were* the sons of Joktan.

30 And their dwelling was from Mesha, as thou goest unto Sephar, a mount of the east.

31 These *are* the sons of Shem, after their families, after their tongues, in their lands, after their nations.

32 These *are* the families of the sons of Noah, after their generations, in their nations : and by these were the nations divided in the earth after the flood.

CHAP. XI.

AND the whole earth was of one σ language, and of one φ speech.

2 And it came to pass,as they journeyed from χ the east, that they found a plain in the land of Shinar ; and they dwelt there.

הֵבָה נִלְבְּנָה לְבֵנִים וְנִשְׂרְפָה לִשְׂרֵפָה וַתְּהִי לָהֶם

4 הַלְּבֵנָה לְאָבֶן וְהַחֵמָר הָיָה לָהֶם לַחֹמֶר: וַיֹּאמְרוּ
הָבָה ׀ נִבְנֶה־לָּנוּ עִיר וּמִגְדָּל וְרֹאשׁוֹ בַשָּׁמַיִם
וְנַעֲשֶׂה־לָּנוּ שֵׁם פֶּן־נָפוּץ עַל־פְּנֵי כָל־הָאָרֶץ:

5 וַיֵּרֶד יְהוָה לִרְאֹת אֶת־הָעִיר וְאֶת־הַמִּגְדָּל אֲשֶׁר בָּנוּ

6 בְּנֵי הָאָדָם: וַיֹּאמֶר יְהוָה הֵן עַם אֶחָד וְשָׂפָה
אַחַת לְכֻלָּם וְזֶה הַחִלָּם לַעֲשׂוֹת וְעַתָּה לֹא־יִבָּצֵר

7 מֵהֶם כֹּל אֲשֶׁר יָזְמוּ לַעֲשׂוֹת: הָבָה נֵרְדָה וְנָבְלָה
שָׁם שְׂפָתָם אֲשֶׁר לֹא יִשְׁמְעוּ אִישׁ שְׂפַת רֵעֵהוּ:

8 וַיָּפֶץ יְהוָה אֹתָם מִשָּׁם עַל־פְּנֵי כָל־הָאָרֶץ וַיַּחְדְּלוּ

9 לִבְנֹת הָעִיר: עַל־כֵּן קָרָא שְׁמָהּ בָּבֶל כִּי־שָׁם בָּלַל
יְהוָה שְׂפַת כָּל־הָאָרֶץ וּמִשָּׁם הֱפִיצָם יְהוָה עַל־פְּנֵי
כָּל־הָאָרֶץ:

10 אֵלֶּה תּוֹלְדֹת שֵׁם שֵׁם בֶּן־מְאַת שָׁנָה וַיּוֹלֶד אֶת־

11 אַרְפַּכְשָׁד שְׁנָתַיִם אַחַר הַמַּבּוּל: וַיְחִי־שֵׁם אַחֲרֵי
הוֹלִידוֹ אֶת־אַרְפַּכְשָׁד חֲמֵשׁ מֵאוֹת שָׁנָה וַיּוֹלֶד

12 בָּנִים וּבָנוֹת: וְאַרְפַּכְשַׁד חַי חָמֵשׁ וּשְׁלֹשִׁים

13 שָׁנָה וַיּוֹלֶד אֶת־שָׁלַח: וַיְחִי אַרְפַּכְשַׁד אַחֲרֵי
הוֹלִידוֹ אֶת־שֶׁלַח שָׁלֹשׁ שָׁנִים וְאַרְבַּע מֵאוֹת שָׁנָה

14 וַיּוֹלֶד בָּנִים וּבָנוֹת: וְשֶׁלַח חַי שְׁלֹשִׁים שָׁנָה

15 וַיּוֹלֶד אֶת־עֵבֶר: וַיְחִי־שֶׁלַח אַחֲרֵי הוֹלִידוֹ אֶת־עֵבֶר
שָׁלֹשׁ שָׁנִים וְאַרְבַּע מֵאוֹת שָׁנָה וַיּוֹלֶד בָּנִים וּבָנוֹת:

16 וַיְחִי־עֵבֶר אַרְבַּע וּשְׁלֹשִׁים שָׁנָה וַיּוֹלֶד אֶת־

17 פָּלֶג: וַיְחִי־עֵבֶר אַחֲרֵי הוֹלִידוֹ אֶת־פֶּלֶג שְׁלֹשִׁים
שָׁנָה וְאַרְבַּע מֵאוֹת שָׁנָה וַיּוֹלֶד בָּנִים וּבָנוֹת:

18 וַיְחִי־פֶלֶג שְׁלֹשִׁים שָׁנָה וַיּוֹלֶד אֶת־רְעוּ:

19 וַיְחִי־פֶלֶג אַחֲרֵי הוֹלִידוֹ אֶת־רְעוּ תֵּשַׁע שָׁנִים וּמָאתַיִם שָׁנָה

20 וַיּוֹלֶד בָּנִים וּבָנוֹת: וַיְחִי רְעוּ שְׁתַּיִם

21 וּשְׁלֹשִׁים שָׁנָה וַיּוֹלֶד אֶת־שְׂרוּג: וַיְחִי רְעוּ אַחֲרֵי
הוֹלִידוֹ אֶת־שְׂרוּג שֶׁבַע שָׁנִים וּמָאתַיִם שָׁנָה וַיּוֹלֶד

22 בָּנִים וּבָנוֹת: וַיְחִי שְׂרוּג שְׁלֹשִׁים שָׁנָה וַיּוֹלֶד

23 אֶת־נָחוֹר: וַיְחִי שְׂרוּג אַחֲרֵי הוֹלִידוֹ אֶת־נָחוֹר

24 מָאתַיִם שָׁנָה וַיּוֹלֶד בָּנִים וּבָנוֹת: וַיְחִי נָחוֹר

25 תֵּשַׁע וְעֶשְׂרִים שָׁנָה וַיּוֹלֶד אֶת־תָּרַח: וַיְחִי נָחוֹר
אַחֲרֵי הוֹלִידוֹ אֶת־תֶּרַח תְּשַׁע־עֶשְׂרֵה שָׁנָה וּמְאַת

26 שָׁנָה וַיּוֹלֶד בָּנִים וּבָנוֹת: וַיְחִי־תֶרַח שִׁבְעִים

27 שָׁנָה וַיּוֹלֶד אֶת־אַבְרָם אֶת־נָחוֹר וְאֶת־הָרָן: וְאֵלֶּה
תּוֹלְדֹת תֶּרַח תֶּרַח הוֹלִיד אֶת־אַבְרָם אֶת־נָחוֹר

28 וְאֶת־הָרָן וְהָרָן הוֹלִיד אֶת־לוֹט: וַיָּמָת הָרָן עַל־

29 פְּנֵי תֶּרַח אָבִיו בְּאֶרֶץ מוֹלַדְתּוֹ בְּאוּר כַּשְׂדִּים:
וַיִּקַּח אַבְרָם וְנָחוֹר לָהֶם נָשִׁים שֵׁם אֵשֶׁת־אַבְרָם
שָׂרָי וְשֵׁם אֵשֶׁת־נָחוֹר מִלְכָּה בַּת־הָרָן אֲבִי־מִלְכָּה

30 וַאֲבִי יִסְכָּה: וַתְּהִי שָׂרַי עֲקָרָה אֵין לָהּ וָלָד:

31 וַיִּקַּח תֶּרַח אֶת־אַבְרָם בְּנוֹ וְאֶת־לוֹט בֶּן־הָרָן בֶּן־
בְּנוֹ וְאֵת שָׂרַי כַּלָּתוֹ אֵשֶׁת אַבְרָם בְּנוֹ וַיֵּצְאוּ אִתָּם
מֵאוּר כַּשְׂדִּים לָלֶכֶת אַרְצָה כְּנַעַן וַיָּבֹאוּ עַד־חָרָן

32 וַיֵּשְׁבוּ שָׁם: וַיִּהְיוּ יְמֵי־תֶרַח חָמֵשׁ שָׁנִים וּמָאתַיִם
שָׁנָה וַיָּמָת תֶּרַח בְּחָרָן:

CAP. XII. יב

פ פ פ   3

1 וַיֹּאמֶר יְהוָה אֶל־אַבְרָם לֶךְ־לְךָ מֵאַרְצְךָ וּמִמּוֹלַדְתְּךָ

2 וּמִבֵּית אָבִיךָ אֶל־הָאָרֶץ אֲשֶׁר אַרְאֶךָּ: וְאֶעֶשְׂךָ
לְגוֹי גָּדוֹל וַאֲבָרֶכְךָ וַאֲגַדְּלָה שְׁמֶךָ וֶהְיֵה בְּרָכָה:

3 וַאֲבָרְכָה מְבָרְכֶיךָ וּמְקַלֶּלְךָ אָאֹר וְנִבְרְכוּ בְךָ כֹּל

4 מִשְׁפְּחֹת הָאֲדָמָה: וַיֵּלֶךְ אַבְרָם כַּאֲשֶׁר דִּבֶּר
אֵלָיו יְהוָה וַיֵּלֶךְ אִתּוֹ לוֹט וְאַבְרָם בֶּן־חָמֵשׁ שָׁנִים

5 וְשִׁבְעִים שָׁנָה בְּצֵאתוֹ מֵחָרָן: וַיִּקַּח אַבְרָם אֶת־
שָׂרַי אִשְׁתּוֹ וְאֶת־לוֹט בֶּן־אָחִיו וְאֶת־כָּל־רְכוּשָׁם
אֲשֶׁר רָכָשׁוּ וְאֶת־הַנֶּפֶשׁ אֲשֶׁר־עָשׂוּ בְחָרָן וַיֵּצְאוּ

6 לָלֶכֶת אַרְצָה כְּנַעַן וַיָּבֹאוּ אַרְצָה כְּנָעַן: וַיַּעֲבֹר
אַבְרָם בָּאָרֶץ עַד מְקוֹם שְׁכֶם עַד אֵלוֹן מוֹרֶה

7 וְהַכְּנַעֲנִי אָז בָּאָרֶץ: וַיֵּרָא יְהוָה אֶל־אַבְרָם וַיֹּאמֶר
לְזַרְעֲךָ אֶתֵּן אֶת־הָאָרֶץ הַזֹּאת וַיִּבֶן שָׁם מִזְבֵּחַ

8 לַיהוָה הַנִּרְאֶה אֵלָיו: וַיַּעְתֵּק מִשָּׁם הָהָרָה מִקֶּדֶם
לְבֵית־אֵל וַיֵּט אָהֳלֹה בֵּית־אֵל מִיָּם וְהָעַי מִקֶּדֶם

9 וַיִּבֶן שָׁם מִזְבֵּחַ לַיהוָה וַיִּקְרָא בְּשֵׁם יְהוָה: וַיִּסַּע
אַבְרָם הָלוֹךְ וְנָסוֹעַ הַנֶּגְבָּה:

10 וַיְהִי רָעָב בָּאָרֶץ וַיֵּרֶד אַבְרָם מִצְרַיְמָה לָגוּר שָׁם

11 כִּי־כָבֵד הָרָעָב בָּאָרֶץ: וַיְהִי כַּאֲשֶׁר הִקְרִיב לָבוֹא
מִצְרָיְמָה וַיֹּאמֶר אֶל־שָׂרַי אִשְׁתּוֹ הִנֵּה־נָא יָדַעְתִּי

12 כִּי אִשָּׁה יְפַת־מַרְאֶה אָתְּ: וְהָיָה כִּי־יִרְאוּ אֹתָךְ
הַמִּצְרִים וְאָמְרוּ אִשְׁתּוֹ זֹאת וְהָרְגוּ אֹתִי וְאֹתָךְ

13 יְחַיּוּ: אִמְרִי־נָא אֲחֹתִי אָתְּ לְמַעַן יִיטַב־לִי בַעֲבוּרֵךְ

14 וְחָיְתָה נַפְשִׁי בִּגְלָלֵךְ: וַיְהִי כְּבוֹא אַבְרָם מִצְרָיְמָה
וַיִּרְאוּ הַמִּצְרִים אֶת־הָאִשָּׁה כִּי־יָפָה הִוא מְאֹד:

15 וַיִּרְאוּ אֹתָהּ שָׂרֵי פַרְעֹה וַיְהַלְלוּ אֹתָהּ אֶל־פַּרְעֹה

16 וַתֻּקַּח הָאִשָּׁה בֵּית פַּרְעֹה: וּלְאַבְרָם הֵיטִיב
בַּעֲבוּרָהּ וַיְהִי־לוֹ צֹאן־וּבָקָר וַחֲמֹרִים

3 And β they said one to another, Go to, let us make brick, and γ burn them thoroughly. And they had brick for stone, and slime had they for mortar.

4 And they said, Go to, let us build us a city, and a tower[d] whose top *may reach* unto heaven; and let us make us a[e] name, lest we be scattered[f] abroad upon the face of the whole earth.

5 And the LORD came down[g] to see the city and the tower, which the children of men builded.

6 And the LORD said, Behold, the people *is* one, and they have all one language; and this they begin to do: and now nothing will be restrained from them, which they have[i] imagined to do.

7 Go to, let us go down, and there confound[k] their language, that they may not understand one another's speech.

8 So the LORD scattered them abroad from thence upon the face of all the earth: and they left off to build the city.

9 Therefore is the name of it called Babel;[δ] because the LORD did there confound the language of all the earth: and from thence did the LORD scatter them abroad upon the face[q] of all the earth.

10 These *are* the generations of Shem: Shem *was* an hundred years old,and begat Arphaxad two years after the flood:

11 And Shem lived after he begat Arphaxad five hundred years, and begat sons and daughters.

12 And Arphaxad lived five and thirty years, and begat Salah:

13 And Arphaxad lived after he begat Salah four hundred and three years, and begat sons and daughters.

14 And Salah lived thirty years, and begat Eber:

15 And Salah lived after he begat Eber four hundred and three years, and begat sons and daughters.

16 And Eber lived four and thirty years, and begat ζ Peleg:

17 And Eber lived after he begat Peleg four hundred and thirty years, and begat sons and daughters.

18 And Peleg lived thirty years, and begat Reu:

19 And Peleg lived after he begat Reu two hundred and nine years, and begat sons and daughters.

20 And Reu lived two and thirty years, and begat κ Serug:

21 And Reu lived after he begat Serug two hundred and seven years, and begat sons and daughters.

22 And Serug lived thirty years, and begat Nahor:

23 And Serug lived after he begat Nahor two hundred years, and begat sons and daughters.

24 And Nahor lived nine and twenty years, and begat λ Terah:

25 And Nahor lived after he begat Terah an hundred and nineteen years, and begat sons and daughters.

26 And Terah lived seventy years, and begat Abram,[b] Nahor, and Haran.

27 Now these *are* the generations of Terah: Terah begat Abram, Nahor, and Haran; and Haran begat Lot.

28 And Haran died before his father Terah, in the land of his nativity, in[e] Ur of the Chaldees.

29 And Abram and Nahor took them wives: the name of Abram's wife *was*

Sarai;[a] and the name of Nahor's wife Milcah,[b] the daughter of Haran, the father of Milcah, and the father of Iscah.

30 But Sarai was barren;[c] she *had* no child.

31 And Terah took Abram his son, and Lot the son of Haran his son's son, and Sarai his daughter-in-law,his son Abram's wife; and they went forth with them from Ur[h] of the Chaldees, to go into the land of Canaan: and they came unto Haran, and dwelt there.

32 And the days of Terah were two hundred and five years: and Terah died in Haran.

CHAP. XII.

NOW the LORD had said unto[l] Abram, Get thee out of thy country, and from thy kindred, and from thy father's house, unto a land that I will shew thee:

2 And I will make of thee a great[m] nation, and I will bless thee, and make thy name great;[n] and thou shalt be a blessing:

3 And I will bless them[o] that bless thee, and curse him that curseth thee; and in thee shall all families of the earth be blessed.[p]

4 So Abram departed, as the LORD had spoken unto him; and Lot went with him: and Abram *was* seventy and five years old when he departed out of Haran.

5 And Abram took Sarai his wife, and Lot his brother's son, and all their substance that they had gathered,and the souls that they had gotten in Haran: and they went forth to go into the land of Canaan:[r] and into the land of Canaan they came.

6 And Abram passed through the land unto the place of Sichem,[s] unto the plain of Moreh. And the Canaanite[t] *was* then in the land.

7 And the LORD appeared[u] unto Abram, and said, Unto thy seed will I give this land:[v] and there builded he an[x] altar unto the LORD, who appeared unto him.

8 And he removed from thence unto a mountain on the east of Beth-el,[y] and pitched his tent, *having* Beth-el on the west, and η Hai on the east; and there he builded an altar unto the LORD, and called[z] upon the name of the LORD.

9 And Abram journeyed, θ going on still toward the south.

10 And there was a famine in the land: and Abram went down into Egypt to sojourn there; for the famine *was* grievous in the land.

11 And it came to pass, when he was come near to enter into Egypt, that he said unto Sarai his wife, Behold now, I know that thou *art* a fair woman to look upon:

12 Therefore it shall come to pass, when the Egyptians shall see thee, that they shall say, This *is* his wife: and they will kill me, but they will save thee alive.

13 Say, I pray thee, thou *art* my[a] sister: that it may be well with me for thy sake; and my soul shall live because of thee.

14 And it came to pass, that, when Abram was come into Egypt,the Egyptians beheld the woman that she *was* very fair.

15 The princes also of Pharaoh saw her, and commended her before Pharaoh;[c] and the woman *was*[d] taken into Pharaoh's house.

16 And he entreated Abram well for her sake: and he had sheep, and oxen, and he-asses, and men-servants,and maid-servants, and she-asses, and camels.

B. C. 2247.

β *a man said to his neighbour.*
γ *burn them to a burning.*
a ch. 17. 15.
b ch. 22. 20.
   24. 15.
c ch. 16. 1.
   18. 11.
   21. 1, 2.
Ps. 113. 9.
Lu. 1. 36.
d De. 1. 28.
e Ps.49.11..13.
Pr. 10. 7.
Dan. 4. 30.
f ver. 9
Ps. 92. 9.
Lu. 1. 51.
g ch. 18. 21.
h ch. 12. 1.
i Ps. 2. 1.
k Ps. 55. 9.
Ac. 2. 6.
1 Co. 14. 23.
l ch. 11. 31.
   15. 7.
Ne. 9. 7.
Is. 41. 2.
Ac. 7. 3.
He. 11. 8.
m ch. 17. 6.
   24. 35.
n ch. 18. 18.
   28. 4.
δ i. e. *confusion.*
o Nu. 24. 9.
p Ps. 72. 17.
Ac. 3. 25.
Ga. 3. 8.
q Ac. 17. 26.
r He. 11. 8.
s De. 11. 30.
Ju. 7. 1.
t ch.10.18,19.
u ch.17.1-18.1
v ch. 13. 15.
   17. 8.
   26. 3.
   28. 13.
Ps.105.9..11.
Ro. 9. 8.
Ga. 3. 16.
   4. 28.
x ch. 13.4,18.
   26. 25.
   33. 20.
ζ Lu. 3. 35,
Phalec.
y ch. 28. 19.
η *Ai.*Jos.7.2.
z ch. 21. 33.
θ *in going and journeying.*
κ Lu. 3. 35,
Saruch.
λ Lu. 3. 34,
Thara.
a ch. 20. 2.
   26. 7.
b Jos. 24. 2.
1 Ch. 1. 26.
c Mat. 5. 28.
d Ps. 105. 14.
Pr. 6. 29.
He. 13. 4.
e ch. 15. 7.

7

17 וַיְנַגַּע יְהוָה אֶת־פַּרְעֹה נְגָעִים גְּדֹלִים וְאֶת־בֵּיתוֹ עַל־דְּבַר שָׂרַי אֵשֶׁת אַבְרָם׃

18 וַיִּקְרָא פַרְעֹה לְאַבְרָם וַיֹּאמֶר מַה־זֹּאת עָשִׂיתָ לִּי לָמָּה לֹא־הִגַּדְתָּ לִּי כִּי אִשְׁתְּךָ הִוא׃

19 לָמָה אָמַרְתָּ אֲחֹתִי הִוא וָאֶקַּח אֹתָהּ לִי לְאִשָּׁה וְעַתָּה הִנֵּה אִשְׁתְּךָ קַח וָלֵךְ׃

20 וַיְצַו עָלָיו פַּרְעֹה אֲנָשִׁים וַיְשַׁלְּחוּ אֹתוֹ וְאֶת־אִשְׁתּוֹ וְאֶת־כָּל־אֲשֶׁר־לוֹ׃

CAP. XIII. יג

1 וַיַּעַל אַבְרָם מִמִּצְרַיִם הוּא וְאִשְׁתּוֹ וְכָל־אֲשֶׁר־לוֹ וְלוֹט עִמּוֹ הַנֶּגְבָּה׃

2 וְאַבְרָם כָּבֵד מְאֹד בַּמִּקְנֶה בַּכֶּסֶף וּבַזָּהָב׃

3 וַיֵּלֶךְ לְמַסָּעָיו מִנֶּגֶב וְעַד־בֵּית־אֵל עַד־הַמָּקוֹם אֲשֶׁר־הָיָה שָׁם אָהֳלֹה בַּתְּחִלָּה בֵּין בֵּית־אֵל וּבֵין הָעָי׃

4 אֶל־מְקוֹם הַמִּזְבֵּחַ אֲשֶׁר־עָשָׂה שָׁם בָּרִאשֹׁנָה וַיִּקְרָא שָׁם אַבְרָם בְּשֵׁם יְהוָה׃

5 וְגַם־לְלוֹט הַהֹלֵךְ אֶת־אַבְרָם הָיָה צֹאן־וּבָקָר וְאֹהָלִים׃

6 וְלֹא־נָשָׂא אֹתָם הָאָרֶץ לָשֶׁבֶת יַחְדָּו כִּי־הָיָה רְכוּשָׁם רָב וְלֹא יָכְלוּ לָשֶׁבֶת יַחְדָּו׃

7 וַיְהִי־רִיב בֵּין רֹעֵי מִקְנֵה־אַבְרָם וּבֵין רֹעֵי מִקְנֵה־לוֹט וְהַכְּנַעֲנִי וְהַפְּרִזִּי אָז יֹשֵׁב בָּאָרֶץ׃

8 וַיֹּאמֶר אַבְרָם אֶל־לוֹט אַל־נָא תְהִי מְרִיבָה בֵּינִי וּבֵינֶךָ וּבֵין רֹעַי וּבֵין רֹעֶיךָ כִּי־אֲנָשִׁים אַחִים אֲנָחְנוּ׃

9 הֲלֹא כָל־הָאָרֶץ לְפָנֶיךָ הִפָּרֶד נָא מֵעָלָי אִם־הַשְּׂמֹאל וְאֵימִנָה וְאִם־הַיָּמִין וְאַשְׂמְאִילָה׃

10 וַיִּשָּׂא־לוֹט אֶת־עֵינָיו וַיַּרְא אֶת־כָּל־כִּכַּר הַיַּרְדֵּן כִּי כֻלָּהּ מַשְׁקֶה לִפְנֵי שַׁחֵת יְהוָה אֶת־סְדֹם וְאֶת־עֲמֹרָה כְּגַן־יְהוָה כְּאֶרֶץ מִצְרַיִם בֹּאֲכָה צֹעַר׃

11 וַיִּבְחַר־לוֹ לוֹט אֵת כָּל־כִּכַּר הַיַּרְדֵּן וַיִּסַּע לוֹט מִקֶּדֶם וַיִּפָּרְדוּ אִישׁ מֵעַל אָחִיו׃

12 אַבְרָם יָשַׁב בְּאֶרֶץ־כְּנָעַן וְלוֹט יָשַׁב בְּעָרֵי הַכִּכָּר וַיֶּאֱהַל עַד־סְדֹם׃

13 וְאַנְשֵׁי סְדֹם רָעִים וְחַטָּאִים לַיהוָה מְאֹד׃

14 וַיהוָה אָמַר אֶל־אַבְרָם אַחֲרֵי הִפָּרֶד־לוֹט מֵעִמּוֹ שָׂא נָא עֵינֶיךָ וּרְאֵה מִן־הַמָּקוֹם אֲשֶׁר־אַתָּה שָׁם צָפֹנָה וָנֶגְבָּה וָקֵדְמָה וָיָמָּה׃

15 כִּי אֶת־כָּל־הָאָרֶץ אֲשֶׁר־אַתָּה רֹאֶה לְךָ אֶתְּנֶנָּה וּלְזַרְעֲךָ עַד־עוֹלָם׃

16 וְשַׂמְתִּי אֶת־זַרְעֲךָ כַּעֲפַר הָאָרֶץ אֲשֶׁר אִם־יוּכַל אִישׁ לִמְנוֹת אֶת־עֲפַר הָאָרֶץ גַּם־זַרְעֲךָ יִמָּנֶה׃

17 קוּם הִתְהַלֵּךְ בָּאָרֶץ לְאָרְכָּהּ וּלְרָחְבָּהּ כִּי לְךָ אֶתְּנֶנָּה׃

18 וַיֶּאֱהַל אַבְרָם וַיָּבֹא וַיֵּשֶׁב בְּאֵלֹנֵי מַמְרֵא אֲשֶׁר בְּחֶבְרוֹן וַיִּבֶן־שָׁם מִזְבֵּחַ לַיהוָה׃ פ

CAP. XIV. יד

1 וַיְהִי בִּימֵי אַמְרָפֶל מֶלֶךְ־שִׁנְעָר אַרְיוֹךְ מֶלֶךְ אֶלָּסָר כְּדָרְלָעֹמֶר מֶלֶךְ עֵילָם וְתִדְעָל מֶלֶךְ גּוֹיִם׃

2 עָשׂוּ מִלְחָמָה אֶת־בֶּרַע מֶלֶךְ סְדֹם וְאֶת־בִּרְשַׁע מֶלֶךְ עֲמֹרָה שִׁנְאָב מֶלֶךְ אַדְמָה וְשֶׁמְאֵבֶר מֶלֶךְ צְבוֹיִם וּמֶלֶךְ בֶּלַע הִיא־צֹעַר׃

3 כָּל־אֵלֶּה חָבְרוּ אֶל־עֵמֶק הַשִּׂדִּים הוּא יָם הַמֶּלַח׃

4 שְׁתֵּים עֶשְׂרֵה שָׁנָה עָבְדוּ אֶת־כְּדָרְלָעֹמֶר וּשְׁלֹשׁ־עֶשְׂרֵה שָׁנָה מָרָדוּ׃

5 וּבְאַרְבַּע עֶשְׂרֵה שָׁנָה בָּא כְדָרְלָעֹמֶר וְהַמְּלָכִים אֲשֶׁר אִתּוֹ וַיַּכּוּ אֶת־רְפָאִים בְּעַשְׁתְּרֹת קַרְנַיִם וְאֶת־הַזּוּזִים בְּהָם וְאֵת הָאֵימִים בְּשָׁוֵה קִרְיָתָיִם׃

6 וְאֶת־הַחֹרִי בְּהַרְרָם שֵׂעִיר עַד אֵיל פָּארָן אֲשֶׁר עַל־הַמִּדְבָּר׃

7 וַיָּשֻׁבוּ וַיָּבֹאוּ אֶל־עֵין מִשְׁפָּט הִוא קָדֵשׁ וַיַּכּוּ אֶת־כָּל־שְׂדֵה הָעֲמָלֵקִי וְגַם אֶת־הָאֱמֹרִי הַיֹּשֵׁב בְּחַצְצֹן תָּמָר׃

8 וַיֵּצֵא מֶלֶךְ־סְדֹם וּמֶלֶךְ עֲמֹרָה וּמֶלֶךְ אַדְמָה וּמֶלֶךְ צְבוֹיִם וּמֶלֶךְ בֶּלַע הִוא־צֹעַר וַיַּעַרְכוּ אִתָּם מִלְחָמָה בְּעֵמֶק הַשִּׂדִּים׃

9 אֵת כְּדָרְלָעֹמֶר מֶלֶךְ עֵילָם וְתִדְעָל מֶלֶךְ גּוֹיִם וְאַמְרָפֶל מֶלֶךְ שִׁנְעָר וְאַרְיוֹךְ מֶלֶךְ אֶלָּסָר אַרְבָּעָה מְלָכִים אֶת־הַחֲמִשָּׁה׃

10 וְעֵמֶק הַשִּׂדִּים בֶּאֱרֹת בֶּאֱרֹת חֵמָר וַיָּנֻסוּ מֶלֶךְ־סְדֹם וַעֲמֹרָה וַיִּפְּלוּ־שָׁמָּה וְהַנִּשְׁאָרִים הֶרָה נָּסוּ׃

11 וַיִּקְחוּ אֶת־כָּל־רְכֻשׁ סְדֹם וַעֲמֹרָה וְאֶת־כָּל־אָכְלָם וַיֵּלֵכוּ׃

12 וַיִּקְחוּ אֶת־לוֹט וְאֶת־רְכֻשׁוֹ בֶּן־אֲחִי אַבְרָם וַיֵּלֵכוּ וְהוּא יֹשֵׁב בִּסְדֹם׃

13 וַיָּבֹא הַפָּלִיט וַיַּגֵּד לְאַבְרָם הָעִבְרִי וְהוּא שֹׁכֵן בְּאֵלֹנֵי מַמְרֵא הָאֱמֹרִי אֲחִי אֶשְׁכֹּל וַאֲחִי עָנֵר וְהֵם בַּעֲלֵי בְרִית־אַבְרָם׃

14 וַיִּשְׁמַע אַבְרָם כִּי נִשְׁבָּה אָחִיו וַיָּרֶק אֶת־חֲנִיכָיו יְלִידֵי בֵיתוֹ שְׁמֹנָה עָשָׂר וּשְׁלֹשׁ מֵאוֹת וַיִּרְדֹּף עַד־דָּן׃

15 וַיֵּחָלֵק עֲלֵיהֶם לַיְלָה הוּא וַעֲבָדָיו וַיַּכֵּם וַיִּרְדְּפֵם עַד־חוֹבָה אֲשֶׁר מִשְּׂמֹאל לְדַמָּשֶׂק׃

16 וַיָּשֶׁב אֵת כָּל־הָרְכֻשׁ וְגַם אֶת־לוֹט אָחִיו וּרְכֻשׁוֹ הֵשִׁיב וְגַם אֶת־הַנָּשִׁים וְאֶת־הָעָם׃

17 וַיֵּצֵא מֶלֶךְ־סְדֹם לִקְרָאתוֹ אַחֲרֵי שׁוּבוֹ מֵהַכּוֹת אֶת־כְּדָרְלָעֹמֶר וְאֶת־הַמְּלָכִים אֲשֶׁר אִתּוֹ אֶל־עֵמֶק שָׁוֵה הוּא עֵמֶק הַמֶּלֶךְ׃

18 וּמַלְכִּי־צֶדֶק מֶלֶךְ שָׁלֵם הוֹצִיא לֶחֶם וָיָיִן וְהוּא כֹהֵן לְאֵל עֶלְיוֹן׃

19 וַיְבָרֲכֵהוּ וַיֹּאמַר בָּרוּךְ אַבְרָם לְאֵל עֶלְיוֹן קֹנֵה שָׁמַיִם וָאָרֶץ׃

20 וּבָרוּךְ אֵל עֶלְיוֹן אֲשֶׁר־

17 And the LORD plagued Pharaoh and his house with great plagues, because of Sarai, Abram's wife.

18 And Pharaoh called Abram, and said, What *is that* thou hast done unto me?*a* why didst thou not tell me that she *was* thy wife?

19 Why saidst thou, She *is* my sister? so I might have taken her to me to wife: now, therefore, behold thy wife, take *her,* and go thy way.

20 And Pharaoh commanded *c his* men concerning him: and they sent him away, and his wife, and all that he had.

CHAP. XIII.

AND Abram went up out of Egypt, he, and his wife, and all that he had, and Lot with him, into the south.*g*

2 And Abram *was* very rich,*h* in cattle, in silver, and in gold.

3 And he went on his journeys from the south even to Beth el, unto the place where his tent had been at the beginning, between Beth-el and Hai;

4 Unto the place of the altar,*n* which he had made there at the first: and there Abram called *o* on the name of the LORD.

5 And Lot also, which went with Abram, had flocks, and herds, and tents.

6 And the land was not able *q* to bear them, that they might dwell together: for their substance was great, so that they could not dwell together.

7 And there was a strife between the herdmen of Abram's cattle, and the herdmen of Lot's cattle: and the Canaanite and the Perizzite dwelled *r* then in the land.

8 And Abram said unto Lot, Let there be no strife.*s* I pray thee, between me and thee, and between my herdmen and thy herdmen; for we *be* ζbrethren.*t*

9 *Is* not the whole land before *v* thee? Separate thyself, I pray thee, from me: If *thou wilt take* the left hand, then I will go to the right; or if *thou depart* to the right hand, then I will go to the left.*x*

10 And Lot lifted up his eyes, and beheld all the plain of Jordan, that it *was* well watered every where, before the LORD destroyed *z* Sodom and Gomorrah, *even* as the garden *b* of the LORD, like the land of Egypt, as thou comest unto Zoar.*c*

11 Then Lot chose him all the plain of Jordan; and Lot journeyed east; and they separated *d* themselves the one from the other.

12 Abram dwelled in the land of Canaan, and Lot dwelled in the cities of the plain, and pitched *his* tent toward Sodom.

13 But the men of Sodom *were* wicked, & sinners *g* before the LORD exceedingly.

14 And the LORD said unto Abram, after that Lot was separated from him, Lift up now thine eyes, and look from the place where thou art, northward, and southward, and eastward, and westward:

15 For all the land which thou seest, to thee will I give it, and*k* to thy seed for ever.

16 And I will make thy seed as the dust of the earth: so that if a man can number the dust of the earth, *then* shall thy seed also be numbered.

17 Arise, walk through the land in the length of it, and in the breadth of it; for I will give it unto thee.

18 Then Abram removed *his* tent, and came and dwelt in the κplain of Mamre,*q* which *is* in Hebron, and built there an altar unto the LORD.

B. C. 1918.
a ch. 20. 10
26. 10.
Ex. 32. 21.
b ch. 11. 2.
Is. 11. 11.
Ze. 5. 11.
c Pr. 21. 1.
d De. 29. 23.
Ho. 11. 8.
e ch. 19. 22.
f De. 3. 17.
Jos. 3. 16.
g ch.12.9,&c.
h ch. 24. 35.
1 Sa. 2. 7.
Job 1. 10.
Ps. 112. 3.
Pr. 3. 9, 10.
10. 22.
Mat. 6. 33.
i ch. 15. 20.
k Jos. 12. 4.
l De. 2.10,20.
β or, the plain of Kiriathaim.
γ or, plain of Paran.
m ch. 21. 21. Nu. 12. 16.
n ch. 12. 7,8. Ps. 42. 1, 2. 84. 10.
o Ps. 116. 17. 145. 18.
p 2 Ch. 20. 2.
q ch. 36. 7.
r ch. 34. 30.
s Ph. 2. 14. He. 12. 14.
ζ men, brethren.
t ch. 11. 27.
u ch.19.17,30.
v ch. 20. 15.
x 1Pe.3.8.,12.
y ch. 13. 12. Nu. 16. 26. 1 Tim. 6. 9.
z ch. 19. 25. 1 Jn°. 2.15.
a ch. 13. 18.
b ch. 2. 10. Is. 51. 3. Joel 2. 3.
c ch. 14. 2.
η or, led forth.
θ or, instructed.
d Pr. 27. 10.
e De. 34. 1.
f Is. 41. 2, 3.
g ch. 18. 20. Eze. 16. 49. 2 Pe. 2. 7,8.
h 1Sa.30.8,18.
i 1 Sa. 18. 6.
k ch. 12. 7.
l 2 Sa. 18. 18.
m He. 7. 1.
n Ps. 110. 4. He. 5. 6. 7. 3, 11.
o Mi. 6. 6.
p ver. 22. Ps. 24. 1. 50. 10.
κ plains.
q ch. 35. 27.
r He. 7.1...10.

CHAP. XIV.

AND it came to pass in the days of Amraphel king*b* of Shinar, Arioch king of Ellasar, Chedorlaomer king of Elam, and Tidal king of nations;

2 *That these* made war with Bera king of Sodom, and with Birsha king of Gomorrah, Shinab king of Admah,*d* and Shemeber king of Zeboiim, and the king of Bela, which is *c* Zoar.

3 All these were joined together in the vale of Siddim,*f* which is the salt sea.

4 Twelve years they served Chedorlaomer, and in the thirteenth year they rebelled.

5 And in the fourteenth year came Chedorlaomer, and the kings that *were* with him, and smote *i* the Rephaims *k* in Ashteroth-karnaim, and *l* the Zuzims in Ham, and the Emims in βShaveh-kiriathaim;

6 And the Horites in their mount Seir, unto γEl-paran,*m* which *is* by the wilderness.

7 And they returned, and came to Enmishpat, which is Kadesh, and smote all the country of the Amalekites, and also the Amorites, that dwelt*p* in Hazezon-tamar.

8 And there went out the king of Sodom, and the king of Gomorrah, and the king of Admah, & the king of Zeboiim, & the king of Bela, (the same *is* Zoar;) and they joined battle with them in the vale of Siddim,

9 With Chedorlaomer the king of Elam, and with Tidal king of nations, and Amraphel king of Shinar, and Arioch king of Ellasar; four kings with five.

10 And the vale of Siddim *was full of* slime-pits; and the kings of Sodom and Gomorrah fled, and fell there; and they that remained fled to the mountain.

11 And they took all the goods of Sodom and Gomorrah, and all their victuals, and went their way.

12 And they took Lot, Abram's brother's son, (who dwelt *y* in Sodom,) and his goods, and departed.

13 And there came one that had escaped, and told Abram the Hebrew;*a* for he dwelt in the plain of Mamre the Amorite, brother of Eshcol, and brother of Aner: and these *were* confederate with Abram.

14 And when Abram heard that his brother was taken captive, he ηarmed his θtrained *servants,* born in his own house, three hundred and eighteen, and pursued *them*e unto Dan.

15 And he divided himself against them, he and his servants, by night, and*f* smote them, and pursued them unto Hobah, which *is* on the left hand of Damascus.

16 And he brought back *h* all the goods, and also brought again his brother Lot, and his goods, and the women also, and the people.

17 And the king of Sodom *i* went out to meet him, (after his return from the slaughter of Chedorlaomer, and of the kings that *were* with him,) at the valley of Shaveh, which *is* the king's*l* dale.

18 And *m* Melchizedek king of Salem brought forth bread and wine: and he *was* the *n* priest of the most high *o* God.

19 And he blessed him, and said, Blessed *be* Abram of the most high God,*p* possessor of heaven and earth;

20 And blessed *be* the most high God, which hath delivered thine enemies into thy hand. And he gave him *r* tithes of all.

21 And the king of Sodom said unto

8

אֲשֶׁר־מִמֶּן צֵרֶיךָ בְּיָרֶךְ וַיִּהְדְּלוֹ מְמֶּשֶׁר מִכָּל׃
21 וַיֹּאמֶר מֶלֶךְ־סְדֹם אֶל־אַבְרָם תֶּן־לִי הַנֶּפֶשׁ וְהָרְכֻשׁ
22 קַח־לָךְ׃ וַיֹּאמֶר אַבְרָם אֶל־מֶלֶךְ סְדֹם הֲרִמֹתִי יָדִי
23 אֶל־יְהֹוָה אֵל עֶלְיוֹן קֹנֵה שָׁמַיִם וָאָרֶץ׃ אִם־
מִחוּט וְעַד שְׂרוֹךְ־נַעַל וְאִם־אֶקַּח מִכָּל־אֲשֶׁר־לָךְ
24 וְלֹא תֹאמַר אֲנִי הֶעֱשַׁרְתִּי אֶת־אַבְרָם׃ בִּלְעָדַי
רַק אֲשֶׁר אָכְלוּ הַנְּעָרִים וְחֵלֶק הָאֲנָשִׁים אֲשֶׁר הָלְכוּ
אִתִּי עָנֵר אֶשְׁכֹּל וּמַמְרֵא הֵם יִקְחוּ חֶלְקָם׃ ס

19 לֵאמֹר לְזַרְעֲךָ נָתַתִּי אֶת־הָאָרֶץ הַזֹּאת מִנְּהַר
מִצְרַיִם עַד־הַנָּהָר הַגָּדֹל נְהַר־פְּרָת׃ אֶת־
20 הַקֵּינִי וְאֶת־הַקְּנִזִּי וְאֵת הַקַּדְמֹנִי׃ וְאֶת־
21 הַחִתִּי וְאֶת־הַפְּרִזִּי וְאֶת־הָרְפָאִים׃ וְאֶת־
הָאֱמֹרִי וְאֶת־הַכְּנַעֲנִי וְאֶת־הַגִּרְגָּשִׁי וְאֶת־
הַיְבוּסִי׃ ס

CAP. XV. טו

1 אַחַר ׀ הַדְּבָרִים הָאֵלֶּה הָיָה דְבַר־יְהֹוָה אֶל־אַבְרָם
בַּמַּחֲזֶה לֵאמֹר אַל־תִּירָא אַבְרָם אָנֹכִי מָגֵן לָךְ
2 שְׂכָרְךָ הַרְבֵּה מְאֹד׃ וַיֹּאמֶר אַבְרָם אֲדֹנָי יֱהֹוִה
מַה־תִּתֶּן־לִי וְאָנֹכִי הוֹלֵךְ עֲרִירִי וּבֶן־מֶשֶׁק בֵּיתִי
3 הוּא דַּמֶּשֶׂק אֱלִיעֶזֶר׃ וַיֹּאמֶר אַבְרָם הֵן לִי לֹא
4 נָתַתָּה זָרַע וְהִנֵּה בֶן־בֵּיתִי יוֹרֵשׁ אֹתִי׃ וְהִנֵּה דְבַר־
יְהֹוָה אֵלָיו לֵאמֹר לֹא יִירָשְׁךָ זֶה כִּי־אִם אֲשֶׁר יֵצֵא
5 מִמֵּעֶיךָ הוּא יִירָשֶׁךָ׃ וַיּוֹצֵא אֹתוֹ הַחוּצָה וַיֹּאמֶר
הַבֶּט־נָא הַשָּׁמַיְמָה וּסְפֹר הַכּוֹכָבִים אִם־תּוּכַל
6 לִסְפֹּר אֹתָם וַיֹּאמֶר לוֹ כֹּה יִהְיֶה זַרְעֶךָ׃ וְהֶאֱמִן
7 בַּיהֹוָה וַיַּחְשְׁבֶהָ לּוֹ צְדָקָה׃ וַיֹּאמֶר אֵלָיו אֲנִי יְהֹוָה
אֲשֶׁר הוֹצֵאתִיךָ מֵאוּר כַּשְׂדִּים לָתֶת לְךָ אֶת־הָאָרֶץ
8 הַזֹּאת לְרִשְׁתָּהּ׃ וַיֹּאמַר אֲדֹנָי יֱהֹוִה בַּמָּה אֵדַע כִּי
9 אִירָשֶׁנָּה׃ וַיֹּאמֶר אֵלָיו קְחָה לִי עֶגְלָה מְשֻׁלֶּשֶׁת
10 וְעֵז מְשֻׁלֶּשֶׁת וְאַיִל מְשֻׁלָּשׁ וְתֹר וְגוֹזָל׃ וַיִּקַּח־לוֹ
אֶת־כָּל־אֵלֶּה וַיְבַתֵּר אֹתָם בַּתָּוֶךְ וַיִּתֵּן אִישׁ־בִּתְרוֹ
11 לִקְרַאת רֵעֵהוּ וְאֶת־הַצִּפֹּר לֹא בָתָר׃ וַיֵּרֶד הָעַיִט
12 עַל־הַפְּגָרִים וַיַּשֵּׁב אֹתָם אַבְרָם׃ וַיְהִי הַשֶּׁמֶשׁ
לָבוֹא וְתַרְדֵּמָה נָפְלָה עַל־אַבְרָם וְהִנֵּה אֵימָה חֲשֵׁכָה
13 גְדֹלָה נֹפֶלֶת עָלָיו׃ וַיֹּאמֶר לְאַבְרָם יָדֹעַ תֵּדַע כִּי־
גֵר ׀ יִהְיֶה זַרְעֲךָ בְּאֶרֶץ לֹא לָהֶם וַעֲבָדוּם וְעִנּוּ אֹתָם
14 אַרְבַּע מֵאוֹת שָׁנָה׃ וְגַם אֶת־הַגּוֹי אֲשֶׁר יַעֲבֹדוּ
15 דָּן אָנֹכִי וְאַחֲרֵי־כֵן יֵצְאוּ בִּרְכֻשׁ גָּדוֹל׃ וְאַתָּה
תָּבוֹא אֶל־אֲבֹתֶיךָ בְּשָׁלוֹם תִּקָּבֵר בְּשֵׂיבָה טוֹבָה׃
16 וְדוֹר רְבִיעִי יָשׁוּבוּ הֵנָּה כִּי לֹא־שָׁלֵם עֲוֹן הָאֱמֹרִי
17 עַד־הֵנָּה׃ וַיְהִי הַשֶּׁמֶשׁ בָּאָה וַעֲלָטָה הָיָה וְהִנֵּה
תַנּוּר עָשָׁן וְלַפִּיד אֵשׁ אֲשֶׁר עָבַר בֵּין הַגְּזָרִים
18 הָאֵלֶּה׃ בַּיּוֹם הַהוּא כָּרַת יְהֹוָה אֶת־אַבְרָם בְּרִית

CAP. XVI. יו

1 וְשָׂרַי אֵשֶׁת אַבְרָם לֹא יָלְדָה לוֹ וְלָהּ שִׁפְחָה
2 מִצְרִית וּשְׁמָהּ הָגָר׃ וַתֹּאמֶר שָׂרַי אֶל־אַבְרָם
הִנֵּה־נָא עֲצָרַנִי יְהֹוָה מִלֶּדֶת בֹּא־נָא אֶל־שִׁפְחָתִי
אוּלַי אִבָּנֶה מִמֶּנָּה וַיִּשְׁמַע אַבְרָם לְקוֹל שָׂרָי׃
3 וַתִּקַּח שָׂרַי ׀ אֵשֶׁת אַבְרָם אֶת־הָגָר הַמִּצְרִית
שִׁפְחָתָהּ מִקֵּץ עֶשֶׂר שָׁנִים לְשֶׁבֶת אַבְרָם בְּאֶרֶץ
כְּנָעַן וַתִּתֵּן אֹתָהּ לְאַבְרָם אִישָׁהּ לוֹ לְאִשָּׁה׃
4 וַיָּבֹא אֶל־הָגָר וַתַּהַר וַתֵּרֶא כִּי הָרָתָה וַתֵּקַל
5 גְּבִרְתָּהּ בְּעֵינֶיהָ׃ וַתֹּאמֶר שָׂרַי אֶל־אַבְרָם חֲמָסִי
עָלֶיךָ אָנֹכִי נָתַתִּי שִׁפְחָתִי בְּחֵיקֶךָ וַתֵּרֶא כִּי הָרָתָה
וָאֵקַל בְּעֵינֶיהָ יִשְׁפֹּט יְהֹוָה בֵּינִי וּבֵינֶיךָ׃ וַיֹּאמֶר
6 אַבְרָם אֶל־שָׂרַי הִנֵּה שִׁפְחָתֵךְ בְּיָדֵךְ עֲשִׂי־לָהּ
הַטּוֹב בְּעֵינָיִךְ וַתְּעַנֶּהָ שָׂרַי וַתִּבְרַח מִפָּנֶיהָ׃
7 וַיִּמְצָאָהּ מַלְאַךְ יְהֹוָה עַל־עֵין הַמַּיִם בַּמִּדְבָּר עַל־
8 הָעַיִן בְּדֶרֶךְ שׁוּר׃ וַיֹּאמַר הָגָר שִׁפְחַת שָׂרַי אֵי־
מִזֶּה בָאת וְאָנָה תֵלֵכִי וַתֹּאמֶר מִפְּנֵי שָׂרַי גְּבִרְתִּי
9 אָנֹכִי בֹּרַחַת׃ וַיֹּאמֶר לָהּ מַלְאַךְ יְהֹוָה שׁוּבִי
10 אֶל־גְּבִרְתֵּךְ וְהִתְעַנִּי תַּחַת יָדֶיהָ׃ וַיֹּאמֶר לָהּ
מַלְאַךְ יְהֹוָה הַרְבָּה אַרְבֶּה אֶת־זַרְעֵךְ וְלֹא יִסָּפֵר
11 מֵרֹב׃ וַיֹּאמֶר לָהּ מַלְאַךְ יְהֹוָה הִנָּךְ הָרָה וְיֹלַדְתְּ
בֵּן וְקָרָאת שְׁמוֹ יִשְׁמָעֵאל כִּי־שָׁמַע יְהֹוָה אֶל־עָנְיֵךְ׃
12 וְהוּא יִהְיֶה פֶּרֶא אָדָם יָדוֹ בַכֹּל וְיַד כֹּל בּוֹ וְעַל־פְּנֵי
13 כָל־אֶחָיו יִשְׁכֹּן׃ וַתִּקְרָא שֵׁם־יְהֹוָה הַדֹּבֵר אֵלֶיהָ
אַתָּה אֵל רֳאִי כִּי אָמְרָה הֲגַם הֲלֹם רָאִיתִי אַחֲרֵי
14 רֹאִי׃ עַל־כֵּן קָרָא לַבְּאֵר בְּאֵר לַחַי רֹאִי הִנֵּה בֵין־
15 קָדֵשׁ וּבֵין בָּרֶד׃ וַתֵּלֶד הָגָר לְאַבְרָם בֵּן וַיִּקְרָא
אַבְרָם שֶׁם־בְּנוֹ אֲשֶׁר־יָלְדָה הָגָר יִשְׁמָעֵאל׃
16 וְאַבְרָם בֶּן־שְׁמֹנִים שָׁנָה וְשֵׁשׁ שָׁנִים בְּלֶדֶת־הָגָר
אֶת־יִשְׁמָעֵאל לְאַבְרָם׃ ס

CAP. XVII. יז

1 וַיְהִי אַבְרָם בֶּן־תִּשְׁעִים שָׁנָה וְתֵשַׁע שָׁנִים וַיֵּרָא ׀

Abram, Give me the β persons, and take the goods to thyself.

22 And Abram said to the king of Sodom, I ^a have lift up mine hand unto the LORD, the most high God, the ^b possessor of heaven and earth,

23 That ^c I will not take from a thread even to a shoe-latchet, and that I will not take any thing that is thine, lest thou shouldest say, I have made Abram rich:

24 Save only that which the young men have eaten, and the portion of the men which went with me, Aner, Eshcol, and Mamre ; let them take their portion.^d

CHAP. XV.

AFTER these things the word of the LORD came unto Abram in a ⁱ vision, saying,^k Fear not, Abram : I am thy ^l shield, and thy exceeding ^m great reward.

2 And Abram said, Lord GOD, what wilt thou give me, seeing I go ^F childless, and the steward of my house is this Eliezer of Damascus?

3 And Abram said, Behold, to me thou hast given no seed : and, lo, one born in my house ^q is mine heir.

4 And, behold, the word of the LORD came unto him, saying, This shall not be thine heir; but he that shall come forth out of thine ^r own bowels, shall be thine heir.

5 And he brought him forth abroad, and said, Look now toward heaven, and tell the stars,^t if thou be able to number them. And he said unto him,^u So shall thy seed be.

6 And he believed in the LORD ; and he ^v counted it to him for righteousness.

7 And he said unto him, I am the LORD that brought thee ^x out of Ur of the Chaldees, to give thee this land to inherit it.

8 And he said, Lord GOD, ^y whereby shall I know that I shall inherit it?

9 And he said unto him, Take me an heifer of three years old, and a she-goat of three years old, & a ram of three years old, and a turtle-dove, and a young pigeon.

10 And he took unto him all these, and divided ^b them in the midst, and laid each piece one against another : but ^c the birds divided he not.

11 And when the fowls came down upon the carcases, Abram drove them away.

12 And when the sun was going down, a deep sleep^d fell upon Abram ; and, lo, an horror of great darkness fell upon him.

13 And he said unto Abram, Know of a surety that thy seed shall be a stranger in a land that is not their's, and shall serve them ; and they shall afflict^e them four hundred years :

14 And also that nation, whom they shall serve, will I ^f judge : and afterward shall they come out with great ^g substance.

15 And thou shalt go to thy fathers in peace ; thou shalt be buried in a good old age.^l

16 But in the fourth generation they shall come hither again ; for the iniquity of the Amorites is not yet^m full.

17 And it came to pass, that, when the sun went down, and it was dark, behold, a smoking furnace, and ^κ a burning lamp that passed between those pieces.

18 In the same day, the LORD made a covenant with Abram, saying, Unto thy seed have I given this land, from the river of Egypt unto the great river, the river Euphrates :

B. C. 1913.
β souls.
a Ex. 6. 8.
b ver. 19.
ch. 21. 33.
c Est.9.15,16.
d 1 Ti. 5. 18.
e c. 21. 9.
f Ga. 4. 24.
g ch. 20. 18.
h ch.30.3.9.
γ be builded by her.
i ch. 46. 2.
Nu. 12. 6.
Da. 10. 1.
Ac.10.11,22.
k Lu. 1. 13.
l De. 33. 29.
Ps. 3. 3.
84. 11.
91. 4.
119. 114.
Pr. 30. 5.
m Ps. 142. 5.
La. 3. 24.
He. 13. 5.
n 1 Sa. 1.6,8.
Pr. 30. 23.
o ch. 31. 53.
1 Sa. 24.15.
2 Ch. 24.22.
p ch. 30. 1.
Is. 56. 5.
Ac. 7. 5.
q Pr. 29. 21.
r ch. 17. 16.
s 1 Pe. 3. 7.
δ that which is good in thine eyes.
ζ afflicted her.
t De. 1. 10.
He. 11. 12.
u Ro. 4. 18.
vRo.4.3,6,&c
Ga. 3. 6.
Ja. 2. 23.
x ch. 12. 1.
y Ju. 6. 17.
2 Ki. 20. 8.
Lu. 1. 18.
z ch. 25. 18.
a 1 Pe. 2. 18.
η i. e. God shall hear.
b Je.34.18,19.
c Le. 1. 17.
d ch. 2. 21.
1 Sa. 26.12.
Job 4. 13.
e Ex. 12. 40.
f Ex. 6. 6.
g Ex. 12. 36.
h ch. 21. 20.
i ch. 25. 18.
k Pr. 5. 21.
l ch. 25. 8.
Job 5. 26.
θ i.e. the well of him that liveth and seeth me.
m Ma. 23. 32.
1 Th. 2. 16.
κ a lamp of fire.

---

19 The Kenites, and the Kenizzites, and the Kadmonites,

20 And the Hittites, and the Perizzites, and the Rephaims,

21 And the Amorites, and the Canaanites, and the Girgashites, and the Jebusites.

CHAP. XVI.

NOW Sarai, Abram's wife, bare him no children : and she had an handmaid, an ^a Egyptian, whose name was ^f Hagar.

2 And Sarai said unto Abram, Behold now, the LORD ^g hath restrained me from bearing : I pray thee,^h go in unto my maid ; it may be that I may ^γ obtain children by her. And Abram hearkened to the voice of Sarai.

3 And Sarai, Abram's wife, took Hagar her maid, the Egyptian, after Abram had dwelt ten years in the land of Canaan, and gave her to her husband Abram to be his wife.

4 And he went in unto Hagar, and she conceived : and when she saw that she had conceived, her mistress was ⁿ despised in her eyes.

5 And Sarai said unto Abram, My wrong be upon thee : I have given my maid into thy bosom ; and when she saw that she had conceived, I was despised in her eyes : the LORD judge^o between me and thee.

6 But Abram said unto Sarai,^p Behold, thy maid is in thy hand ; do to her δ as it pleaseth thee. And when Sarai ζ dealt hardly with her, she fled from her face.

7 And the angel of the LORD found her by a fountain of water in the wilderness, by the fountain in the way to Shur.^z

8 And he said, Hagar, Sarai's maid, whence camest thou ? and whither wilt thou go ? And she said, I flee from the face of my mistress Sarai.

9 And the angel of the LORD said unto her, Return to thy mistress, and ^a submit thyself under her hands.

10 And the angel of the LORD said unto her, I will multiply thy seed exceedingly, that it shall not be numbered for multitude.

11 And the angel of the LORD said unto her, Behold, thou art with child, and shalt bear a son, and shalt call his name ^η Ishmael ; because the LORD hath heard thy affliction.

12 And he will be a wild ^k man ; his hand will be against every man, and every man's hand against him ; and he shall dwell ⁱ in the presence of all his brethren.

13 And she called the name of the LORD that spake unto her, Thou δ God seest me : for she said, Have I also here looked after him that seeth me ?

14 Wherefore the well was called θ Beer-lahai-roi : behold, it is between Kadesh and Bered.

15 And Hagar bare Abram a son ; and Abram called his son's name, which Hagar bare, Ishmael.

16 And Abram was fourscore and six years old, when Hagar bare Ishmael to Abram.

CHAP. XVII.

AND when Abram was ninety years old and nine, the LORD appeared to

Right column (Genesis 17)

2 לְפָנַי וֶהְיֵה תָמִים: וְאֶתְּנָה בְרִיתִי בֵּינִי וּבֵינֶךָ
3 וַיִּפֹּל אַבְרָם עַל־פָּנָיו וַיְדַבֵּר אִתּוֹ אֱלֹהִים לֵאמֹר:
4 אֲנִי הִנֵּה בְרִיתִי אִתָּךְ
5 וְהָיִיתָ לְאַב הֲמוֹן גּוֹיִם: וְלֹא־יִקָּרֵא עוֹד אֶת־שִׁמְךָ אַבְרָם וְהָיָה שִׁמְךָ אַבְרָהָם כִּי אַב־הֲמוֹן גּוֹיִם
6 נְתַתִּיךָ: וְהִפְרֵתִי אֹתְךָ בִּמְאֹד מְאֹד וּנְתַתִּיךָ לְגוֹיִם
7 וּמְלָכִים מִמְּךָ יֵצֵאוּ: וַהֲקִמֹתִי אֶת־בְּרִיתִי בֵּינִי וּבֵינֶךָ וּבֵין זַרְעֲךָ אַחֲרֶיךָ לְדֹרֹתָם לִבְרִית עוֹלָם
8 לִהְיוֹת לְךָ לֵאלֹהִים וּלְזַרְעֲךָ אַחֲרֶיךָ: וְנָתַתִּי לְךָ וּלְזַרְעֲךָ אַחֲרֶיךָ אֵת אֶרֶץ מְגֻרֶיךָ אֵת כָּל־אֶרֶץ
9 כְּנַעַן לַאֲחֻזַּת עוֹלָם וְהָיִיתִי לָהֶם לֵאלֹהִים: וַיֹּאמֶר
10 אֱלֹהִים אֶל־אַבְרָהָם וְאַתָּה אֶת־בְּרִיתִי תִשְׁמֹר אַתָּה וְזַרְעֲךָ אַחֲרֶיךָ לְדֹרֹתָם: זֹאת בְּרִיתִי אֲשֶׁר תִּשְׁמְרוּ בֵּינִי וּבֵינֵיכֶם וּבֵין זַרְעֲךָ אַחֲרֶיךָ הִמּוֹל לָכֶם כָּל־
11 זָכָר: וּנְמַלְתֶּם אֵת בְּשַׂר עָרְלַתְכֶם וְהָיָה לְאוֹת
12 בְּרִית בֵּינִי וּבֵינֵיכֶם: וּבֶן־שְׁמֹנַת יָמִים יִמּוֹל לָכֶם כָּל־זָכָר לְדֹרֹתֵיכֶם יְלִיד בָּיִת וּמִקְנַת־כֶּסֶף מִכֹּל בֶּן
13 נֵכָר אֲשֶׁר לֹא מִזַּרְעֲךָ הוּא: הִמּוֹל יִמּוֹל יְלִיד בֵּיתְךָ וּמִקְנַת כַּסְפֶּךָ וְהָיְתָה בְרִיתִי בִּבְשַׂרְכֶם
14 לִבְרִית עוֹלָם: וְעָרֵל זָכָר אֲשֶׁר לֹא־יִמּוֹל אֶת בְּשַׂר עָרְלָתוֹ וְנִכְרְתָה הַנֶּפֶשׁ הַהִוא מֵעַמֶּיהָ אֶת
15 בְּרִיתִי הֵפַר: ס וַיֹּאמֶר אֱלֹהִים אֶל־אַבְרָהָם שָׂרַי אִשְׁתְּךָ לֹא־תִקְרָא אֶת־שְׁמָהּ שָׂרָי כִּי שָׂרָה
16 שְׁמָהּ: וּבֵרַכְתִּי אֹתָהּ וְגַם נָתַתִּי מִמֶּנָּה לְךָ בֵּן וּבֵרַכְתִּיהָ וְהָיְתָה לְגוֹיִם מַלְכֵי עַמִּים מִמֶּנָּה יִהְיוּ:
17 וַיִּפֹּל אַבְרָהָם עַל־פָּנָיו וַיִּצְחָק וַיֹּאמֶר בְּלִבּוֹ הַלְּבֶן מֵאָה־שָׁנָה יִוָּלֵד וְאִם־שָׂרָה הֲבַת־תִּשְׁעִים שָׁנָה
18 תֵּלֵד: וַיֹּאמֶר אַבְרָהָם אֶל־הָאֱלֹהִים לוּ יִשְׁמָעֵאל
19 יִחְיֶה לְפָנֶיךָ: וַיֹּאמֶר אֱלֹהִים אֲבָל שָׂרָה אִשְׁתְּךָ יֹלֶדֶת לְךָ בֵּן וְקָרָאתָ אֶת־שְׁמוֹ יִצְחָק וַהֲקִמֹתִי אֶת־בְּרִיתִי אִתּוֹ לִבְרִית עוֹלָם לְזַרְעוֹ אַחֲרָיו
20 וּלְיִשְׁמָעֵאל שְׁמַעְתִּיךָ הִנֵּה בֵּרַכְתִּי אֹתוֹ וְהִפְרֵיתִי אֹתוֹ וְהִרְבֵּיתִי אֹתוֹ בִּמְאֹד מְאֹד שְׁנֵים־עָשָׂר
21 נְשִׂיאִם יוֹלִיד וּנְתַתִּיו לְגוֹי גָּדוֹל: וְאֶת־בְּרִיתִי אָקִים אֶת־יִצְחָק אֲשֶׁר תֵּלֵד לְךָ שָׂרָה לַמּוֹעֵד הַזֶּה

Left column (Genesis 17–18)

22 בַּשָּׁנָה הָאַחֶרֶת: וַיְכַל לְדַבֵּר אִתּוֹ וַיַּעַל אֱלֹהִים
23 מֵעַל אַבְרָהָם: וַיִּקַּח אַבְרָהָם אֶת־יִשְׁמָעֵאל בְּנוֹ וְאֵת כָּל־יְלִידֵי בֵיתוֹ וְאֵת כָּל־מִקְנַת כַּסְפּוֹ כָּל־זָכָר בְּאַנְשֵׁי בֵּית אַבְרָהָם וַיָּמָל אֶת־בְּשַׂר עָרְלָתָם בְּעֶצֶם
24 הַיּוֹם הַזֶּה כַּאֲשֶׁר דִּבֶּר אִתּוֹ אֱלֹהִים: וְאַבְרָהָם בֶּן־תִּשְׁעִים וָתֵשַׁע שָׁנָה בְּהִמֹּלוֹ בְּשַׂר עָרְלָתוֹ:
25 וְיִשְׁמָעֵאל בְּנוֹ בֶּן־שָׁלֹשׁ עֶשְׂרֵה שָׁנָה בְּהִמֹּלוֹ אֵת
26 בְּשַׂר עָרְלָתוֹ: בְּעֶצֶם הַיּוֹם הַזֶּה נִמּוֹל אַבְרָהָם
27 וְיִשְׁמָעֵאל בְּנוֹ: וְכָל־אַנְשֵׁי בֵיתוֹ יְלִיד בָּיִת וּמִקְנַת־כֶּסֶף מֵאֵת בֶּן־נֵכָר נִמֹּלוּ אִתּוֹ:

פ פ פ ד
4

CAP. XVIII. יח

1 וַיֵּרָא אֵלָיו יְהוָה בְּאֵלֹנֵי מַמְרֵא וְהוּא יֹשֵׁב פֶּתַח־
2 הָאֹהֶל כְּחֹם הַיּוֹם: וַיִּשָּׂא עֵינָיו וַיַּרְא וְהִנֵּה שְׁלֹשָׁה אֲנָשִׁים נִצָּבִים עָלָיו וַיַּרְא וַיָּרָץ לִקְרָאתָם
3 מִפֶּתַח הָאֹהֶל וַיִּשְׁתַּחוּ אָרְצָה: וַיֹּאמַר אֲדֹנָי אִם־נָא מָצָאתִי חֵן בְּעֵינֶיךָ אַל־נָא תַעֲבֹר מֵעַל
4 עַבְדֶּךָ: יֻקַּח־נָא מְעַט־מַיִם וְרַחֲצוּ רַגְלֵיכֶם וְהִשָּׁעֲנוּ
5 תַּחַת הָעֵץ: וְאֶקְחָה פַת־לֶחֶם וְסַעֲדוּ לִבְּכֶם אַחַר תַּעֲבֹרוּ כִּי־עַל־כֵּן עֲבַרְתֶּם עַל־עַבְדְּכֶם וַיֹּאמְרוּ כֵּן
6 תַּעֲשֶׂה כַּאֲשֶׁר דִּבַּרְתָּ: וַיְמַהֵר אַבְרָהָם הָאֹהֱלָה אֶל־שָׂרָה וַיֹּאמֶר מַהֲרִי שְׁלֹשׁ סְאִים קֶמַח סֹלֶת
7 לוּשִׁי וַעֲשִׂי עֻגוֹת: וְאֶל־הַבָּקָר רָץ אַבְרָהָם וַיִּקַּח בֶּן־בָּקָר רַךְ וָטוֹב וַיִּתֵּן אֶל־הַנַּעַר וַיְמַהֵר
8 לַעֲשׂוֹת אֹתוֹ: וַיִּקַּח חֶמְאָה וְחָלָב וּבֶן־הַבָּקָר אֲשֶׁר עָשָׂה וַיִּתֵּן לִפְנֵיהֶם וְהוּא־עֹמֵד עֲלֵיהֶם תַּחַת
9 הָעֵץ וַיֹּאכֵלוּ: וַיֹּאמְרוּ אֵלָיו אַיֵּה שָׂרָה אִשְׁתֶּךָ
10 וַיֹּאמֶר הִנֵּה בָאֹהֶל: וַיֹּאמֶר שׁוֹב אָשׁוּב אֵלֶיךָ כָּעֵת חַיָּה וְהִנֵּה־בֵן לְשָׂרָה אִשְׁתֶּךָ וְשָׂרָה שֹׁמַעַת
11 פֶּתַח הָאֹהֶל וְהוּא אַחֲרָיו: וְאַבְרָהָם וְשָׂרָה זְקֵנִים בָּאִים בַּיָּמִים חָדַל לִהְיוֹת לְשָׂרָה אֹרַח כַּנָּשִׁים:
12 וַתִּצְחַק שָׂרָה בְּקִרְבָּהּ לֵאמֹר אַחֲרֵי בְלֹתִי הָיְתָה־לִּי
13 עֶדְנָה וַאדֹנִי זָקֵן: וַיֹּאמֶר יְהוָה אֶל־אַבְרָהָם לָמָּה זֶּה צָחֲקָה שָׂרָה לֵאמֹר הַאַף אֻמְנָם אֵלֵד וַאֲנִי
14 זָקַנְתִּי: הֲיִפָּלֵא מֵיְהוָה דָּבָר לַמּוֹעֵד אָשׁוּב אֵלֶיךָ
15 כָּעֵת חַיָּה וּלְשָׂרָה בֵן: וַתְּכַחֵשׁ שָׂרָה לֵאמֹר

Abram, and said unto him,[a] I *am* the Almighty God :[c] walk before me, and be thou βperfect.

2 And I will make my[d] covenant between me and thee, and will multiply thee exceedingly.

3 And Abram fell on his face : and God talked with him, saying,

4 As for me, behold, my covenant *is* with thee, and thou shalt be [e] a father of many γ nations.

5 Neither shall thy name any more be called Abram, but[f] thy name shall be Abraham ; δ for[g] a father of many nations have I made thee.

6 And I will make thee exceeding fruitful, and I will make[h] nations of thee, and kings shall come out of thee.

7 And I will establish my covenant between me and thee, and thy seed after thee, in their generations, for an everlasting covenant,[i] to be a God unto thee, and to thy seed after thee.

8 And I will give unto thee, and to thy seed after thee, the land ζwherein thou art a stranger, all the land of Canaan, for an everlasting [m] possession ; and [n] I will be their God.

9 And God said unto Abraham, Thou shalt keep my covenant, therefore, thou, and thy seed after thee, in their generations.

10 This *is* my covenant, which ye shall keep, between me and you, and thy seed after thee ; Every man-child among you shall be circumcised.

11 And ye shall circumcise the flesh of your foreskin ; and it shall be a token[q] of the covenant betwixt me and you.

12 And θ he that is eight days old shall be circumcised among you, every man-child in your generations ; he that is born[r] in the house, or bought with money of any stranger, which *is* not of thy seed.

13 He that is born in thy house, and he that is bought with thy money, must needs be circumcised : and my covenant shall be in your flesh for an everlasting covenant.

14 And the uncircumcised man-child, whose flesh of his foreskin is not circumcised, that soul shall be cut off [s] from his people ; he hath broken my covenant.

15 And God said unto Abraham, As for Sarai thy wife, thou shalt not call her name Sarai, but μSarah *shall* her name *be.*

16 And I will bless her,[u] and give thee a son also of her ; yea, I will bless her, and ν she shall be *a mother* of nations ; kings of people shall be of her.

17 Then Abraham fell upon his face, and laughed,[y] and said in his heart, Shall *a child* be born unto him that is an hundred years old[z] and shall Sarah, that is ninety years old, bear.

18 And Abraham said unto God, O that Ishmael might live before thee!

19 And God said, Sarah thy wife shall bear thee a son indeed ; and thou shalt call his name Isaac : and I will establish my covenant with him for an everlasting covenant, *and* with his seed after him.

20 And as for Ishmael, I have heard thee : Behold,I have blessed him, and will make him fruitful, and will multiply him exceedingly :[f] twelve princes shall he beget : and I will make him a great nation.

21 But my covenant will I establish

with Isaac, which Sarah shall bear unto thee at this set time[b] in the next year.

22 And he left off talking with him, and God went up from Abraham.

23 And Abraham took Ishmael his son, and all that were born in his house, and all that were bought with his money, every male among the men of Abraham's house, and circumcised the flesh of their foreskin in the self-same day, as God had said unto him.

24 And Abraham *was* ninety years old and nine, when he was circumcised in the flesh of his foreskin.

25 And Ishmael his son *was* thirteen years old when he was circumcised in the flesh of his foreskin.

26 In the self-same day was Abraham circumcised, and Ishmael his son ;

27 And all the men of his house,born in the house, and bought with money of the stranger, were circumcised with him.

CHAP. XVIII.

AND the LORD appeared unto him in the[k] plains of Mamre : and he sat in the tent-door in the heat of the day :

2 And he lift up his eyes and looked, and, lo, three men[l] stood by him : and when he saw *them*, he ran to meet them from the tent-door, and bowed himself toward the ground,

3 And said, My Lord, if now I have found favour in thy sight,[o] pass not away, I pray thee, from thy servant :

4 Let a little [p] water, I pray you, be fetched, and wash your feet, and rest yourselves under the tree :

5 And I will fetch a morsel of bread, and η comfort ye your hearts ; after that ye shall pass on : for therefore κ are ye come to your servant. And they said, So do, as thou hast said.

6 And Abraham hastened into the tent unto Sarah, and said, λMake ready quickly three measures of fine meal, knead *it*, and make cakes upon the hearth.

7 And Abraham ran unto the herd, and fetched a calf tender and good, and gave *it* unto a young man ; and he hasted to dress it.

8 And he took butter,[t] and milk, and the calf which he had dressed, and set *it* before them ; and he stood by them under the tree, and they did eat.

9 And they said unto him, Where *is* Sarah thy wife ? And he said, Behold, in the tent.

10 And he said, I will certainly return unto thee ν according to the time of life ; and, lo, Sarah[v] thy wife shall have a son. And Sarah heard *it* in the tent-door, which *was* behind him.

11 Now Abraham and Sarah *were* [s] old *and* well stricken in age ; *and* it ceased to be with Sarah[a] after the manner of women.

12 Therefore Sarah [b] laughed within herself, saying, After I am waxed [c] old shall I have pleasure, my [d] lord being old also ?

13 And the LORD said unto Abraham, Wherefore did Sarah laugh, saying, Shall I of a surety bear a child, which am old ?

14 Is any thing too hard for the LORD ?[e] At the time appointed I will return unto thee, according to the time of life,[g] and Sarah shall have a son.

15 Then Sarah denied,saying,I laughed

B. C. 1898.	
a ch. 18. 14.	
Ex. 6. 3.	
Da. 4. 35.	
Ep. 3. 20.	
b ch. 21. 2.	
c ch. 48. 15.	
1 Ki. 2. 4.	
2 Ki. 20. 3.	
β or,*upright*	
or,*sincere.*	
ch. 6. 9.	
De. 18. 13.	
Job 1. 1.	
d ch. 9. 9.	
Ps.105.8.11.	
Ga.3.17,18.	
e ch. 13. 16.	
22. 17.	
γ *multitude of nations.*	
f Ne. 9. 7.	
δ i. e. *father of a great multitude.*	
g Ro. 4. 17.	
h ver. 16, 20.	
ch. 35. 11.	
i ch. 28. 13.	
Le. 26. 12.	
He. 11. 16.	
k ch. 13. 18.	
14. 13.	
ζ *of thy sojournings.*	
l ch. 19. 1.	
m ch. 48. 4.	
De. 32. 8.	
n Ex. 6. 7.	
Je. 24. 7.	
Eze. 37. 23.	
Re. 21. 3.	
o He. 13. 2.	
1 Pe. 4. 9.	
p ch. 43. 24.	
q Ac. 7. 8.	
Ro. 4. 11.	
η *stay.*	
θ *a son of eight days.*	
κ *ye have passed.*	
λ *hasten.*	
r Ex. 12. 44.	
s Ex. 4. 24.	
Jos.5.2, &c.	
μ i. e. *Princess.*	
t Ju. 5. 25.	
ν *she shall become nations.*	
u ch. 18. 10.	
v ver. 14.	
2 Ki. 4. 16.	
x ch.17.19,21.	
Ro. 9. 9.	
Ga. 4. 23.	
y ch. 18. 12.	
21. 6.	
z Ro. 4. 19.	
He.11.11,12	
a ch. 31. 35.	
b ch. 21. 6.	
Ps. 126. 2.	
c Lu. 1. 18.	
d 1 Pe. 3. 6.	
e Nu. 11. 23.	
Je. 32. 17.	
Mat. 19. 26.	
f ch.25.13,&c.	
g 2 Ki. 4. 16.	

עמודה ימנית (עברית):

16 וַיָּקֻמוּ מִשָּׁם הָאֲנָשִׁים וַיַּשְׁקִפוּ עַל־פְּנֵי סְדֹם
17 וְאַבְרָהָם הֹלֵךְ עִמָּם לְשַׁלְּחָם: וַיהוָֹה אָמָר הַמְכַסֶּה
18 אֲנִי מֵאַבְרָהָם אֲשֶׁר אֲנִי עֹשֶׂה: וְאַבְרָהָם הָיוֹ
יִהְיֶה לְגוֹי גָּדוֹל וְעָצוּם וְנִבְרְכוּ־בוֹ כֹּל גּוֹיֵי הָאָרֶץ:
19 כִּי יְדַעְתִּיו לְמַעַן אֲשֶׁר יְצַוֶּה אֶת־בָּנָיו וְאֶת־
בֵּיתוֹ אַחֲרָיו וְשָׁמְרוּ דֶּרֶךְ יְהוָֹה לַעֲשׂוֹת צְדָקָה
וּמִשְׁפָּט לְמַעַן הָבִיא יְהוָֹה עַל־אַבְרָהָם אֵת אֲשֶׁר־
20 דִּבֶּר עָלָיו: וַיֹּאמֶר יְהוָֹה זַעֲקַת סְדֹם וַעֲמֹרָה כִּי־
21 רָבָּה וְחַטָּאתָם כִּי כָבְדָה מְאֹד: אֵרֲדָה־נָּא
וְאֶרְאֶה הַכְּצַעֲקָתָהּ הַבָּאָה אֵלַי עָשׂוּ כָּלָה וְאִם־
22 לֹא אֵדָעָה: וַיִּפְנוּ מִשָּׁם הָאֲנָשִׁים וַיֵּלְכוּ סְדֹמָה
23 וְאַבְרָהָם עוֹדֶנּוּ עֹמֵד לִפְנֵי יְהוָֹה: וַיִּגַּשׁ אַבְרָהָם
24 וַיֹּאמַר הַאַף תִּסְפֶּה צַדִּיק עִם־רָשָׁע: אוּלַי יֵשׁ
חֲמִשִּׁים צַדִּיקִם בְּתוֹךְ הָעִיר הַאַף תִּסְפֶּה וְלֹא־
25 תִשָּׂא לַמָּקוֹם לְמַעַן חֲמִשִּׁים הַצַּדִּיקִם אֲשֶׁר
בְּקִרְבָּהּ: חָלִלָה לְּךָ מֵעֲשֹׂת הַדָּבָר הַזֶּה לְהָמִית
צַדִּיק עִם־רָשָׁע וְהָיָה כַצַּדִּיק כָּרָשָׁע חָלִלָה לָּךְ
26 הֲשֹׁפֵט כָּל־הָאָרֶץ לֹא יַעֲשֶׂה מִשְׁפָּט: וַיֹּאמֶר
יְהוָֹה אִם־אֶמְצָא בִסְדֹם חֲמִשִּׁים צַדִּיקִם בְּתוֹךְ
27 הָעִיר וְנָשָׂאתִי לְכָל־הַמָּקוֹם בַּעֲבוּרָם: וַיַּעַן
אַבְרָהָם וַיֹּאמַר הִנֵּה־נָא הוֹאַלְתִּי לְדַבֵּר אֶל־אֲדֹנָי
28 וְאָנֹכִי עָפָר וָאֵפֶר: אוּלַי יַחְסְרוּן חֲמִשִּׁים הַצַּדִּיקִם
חֲמִשָּׁה הֲתַשְׁחִית בַּחֲמִשָּׁה אֶת־כָּל־הָעִיר וַיֹּאמֶר
29 לֹא אַשְׁחִית אִם־אֶמְצָא שָׁם אַרְבָּעִים וַחֲמִשָּׁה: וַיֹּסֶף עוֹד לְדַבֵּר אֵלָיו וַיֹּאמַר אוּלַי יִמָּצְאוּן שָׁם
אַרְבָּעִים וַיֹּאמֶר לֹא אֶעֱשֶׂה בַּעֲבוּר הָאַרְבָּעִים:
30 וַיֹּאמֶר אַל־נָא יִחַר לַאדֹנָי וַאֲדַבֵּרָה אוּלַי יִמָּצְאוּן
שָׁם שְׁלֹשִׁים וַיֹּאמֶר לֹא אֶעֱשֶׂה אִם־אֶמְצָא שָׁם
31 שְׁלֹשִׁים: וַיֹּאמֶר הִנֵּה־נָא הוֹאַלְתִּי לְדַבֵּר אֶל־
אֲדֹנָי אוּלַי יִמָּצְאוּן שָׁם עֶשְׂרִים וַיֹּאמֶר לֹא
32 אַשְׁחִית בַּעֲבוּר הָעֶשְׂרִים: וַיֹּאמֶר אַל־נָא יִחַר
לַאדֹנָי וַאֲדַבְּרָה אַךְ־הַפַּעַם אוּלַי יִמָּצְאוּן שָׁם
33 עֲשָׂרָה וַיֹּאמֶר לֹא אַשְׁחִית בַּעֲבוּר הָעֲשָׂרָה: וַיֵּלֶךְ
יְהוָֹה כַּאֲשֶׁר כִּלָּה לְדַבֵּר אֶל־אַבְרָהָם וְאַבְרָהָם
שָׁב לִמְקֹמוֹ:

CAP. XIX. יט

1 וַיָּבֹאוּ שְׁנֵי הַמַּלְאָכִים סְדֹמָה בָּעֶרֶב וְלוֹט יֹשֵׁב

עמודה שמאלית (תרגום אונקלוס):

16 וְקָמוּ מִתַּמָּן גֻּבְרַיָּא וְאִסְתְּכִיאוּ עַל אַפֵּי סְדֹם
17 וְאַבְרָהָם אָזֵיל עִמְּהוֹן לְאַלְוָיוּתְהוֹן: וַיְיָ אֲמַר הַמְכַסֵּי
18 אֲנָא מֵאַבְרָהָם דִּי אֲנָא עָבֵיד: וְאַבְרָהָם מֶהֱוָא
יְהֵי לְעַם רַב וְתַקִּיף וְיִתְבָּרְכוּן בְּדִילֵיהּ כֹּל עַמְמֵי אַרְעָא:
19 אֲרֵי גְלֵי קֳדָמַי בְּדִיל דִּי יְפַקֵּיד יָת בְּנוֹהִי וְיָת
אֱנָשׁ בֵּיתֵיהּ בַּתְרוֹהִי וְיִטְּרוּן אָרְחָן דְּתַקְנָן קֳדָם יְיָ
לְמֶעְבַּד צִדְקְתָא וְדִינָא בְּדִיל דְּיַיְתֵי יְיָ עַל אַבְרָהָם
20 יָת דִּי מַלֵּיל עֲלוֹהִי: וַאֲמַר יְיָ קְבִילַת סְדֹם וַעֲמֹרָה
21 אֲרֵי סְגִיאַת וְחוֹבַתְהוֹן אֲרֵי תְקֵיפַת לַחֲדָא: אִתְגְּלֵי כְעַן
וְאִדּוּן הַכִּקְבִילְתְהוֹן דְּעָלַת לְקָדָמַי עֲבָדוּ גְּמִירָא וְאִם
22 לָא אֶדָּע: וְאִתְפְּנִיאוּ מִתַּמָּן גֻּבְרַיָּא וַאֲזַלוּ לִסְדֹם
23 וְאַבְרָהָם עַד כְּעַן קָאֵים קֳדָם יְיָ: וְקָרֵיב אַבְרָהָם
24 וַאֲמַר הַבִּרְגַּז תְּשֵׁיצֵי זַכָּאָה עִם חַיָּבָא: מָאִם אִית
חַמְשִׁין זַכָּאִין בְּגוֹ קַרְתָּא הַבִּרְגַּז תְּשֵׁיצֵי וְלָא
25 תִשְׁבּוֹק לְאַתְרָא בְּדִיל חַמְשִׁין זַכָּאִין דִּי
בְגַוַּהּ: קוּשְׁטָא הִיא לָךְ מִלְּמֶעְבַּד כְּפִתְגָמָא הָדֵין לְמִקְטַל
זַכָּאָה עִם חַיָּבָא וִיהֵי כְזַכָּאָה כְחַיָּבָא קוּשְׁטָא לָךְ
26 הֲדַיָּן כָּל אַרְעָא לָא יַעֲבֵיד דִּינָא: וַאֲמַר
יְיָ אִם אַשְׁכַּח בִּסְדֹם חַמְשִׁין זַכָּאִין בְּגוֹ
27 קַרְתָּא וְאֶשְׁבּוֹק לְכָל אַתְרָא בְּדִילְהוֹן: וַאֲתֵיב
אַבְרָהָם וַאֲמַר הָא כְעַן שָׁרֵיתִי לְמַלָּלָא קֳדָם יְיָ
28 וַאֲנָא עֲפַר וְקִטְמָא: מָאִם יַחְסְרוּן חַמְשִׁין זַכָּאִין
חַמְשָׁה הַתְחַבֵּל בְּחַמְשָׁה יָת כָּל קַרְתָּא וַאֲמַר
29 לָא אֲחַבֵּל אִם אַשְׁכַּח תַּמָּן אַרְבְּעִין וְחַמְשָׁה: וְאוֹסֵיף עוֹד לְמַלָּלָא קֳדָמוֹהִי וַאֲמַר מָאִם יִשְׁתַּכְחוּן תַּמָּן
אַרְבְּעִין וַאֲמַר לָא אֶעְבֵּיד בְּדִיל אַרְבְּעִין:
30 וַאֲמַר לָא כְעַן יִתְקַף לַייָ וֶאֱמַלֵּיל מָאִם יִשְׁתַּכְחוּן תַּמָּן
31 תְּלָתִין: וַאֲמַר הָא כְעַן שָׁרֵיתִי לְמַלָּלָא קֳדָם
יְיָ מָאִם יִשְׁתַּכְחוּן תַּמָּן עֶשְׂרִין וַאֲמַר לָא
32 אֲחַבֵּל בְּדִיל עֶשְׂרִין: וַאֲמַר לָא כְעַן יִתְקַף
לַייָ וֶאֱמַלֵּיל בְּרַם זִמְנָא הָדָא מָאִם יִשְׁתַּכְחוּן תַּמָּן
33 עַשְׂרָה וַאֲמַר לָא אֲחַבֵּל בְּדִיל עַשְׂרָה: וַאֲזַל
יְיָ כַּד שֵׁיצֵי לְמַלָּלָא עִם אַבְרָהָם וְאַבְרָהָם
תָּב לְאַתְרֵיהּ:

1 וַאֲתוֹ תְּרֵין מַלְאָכַיָּא לִסְדֹם בְּרַמְשָׁא וְלוֹט יָתֵיב בִּתְרַע סְדֹם וַחֲזָא לוֹט וְקָם לָקֳדָמוּתְהוֹן וּסְגֵיד

Lot; for she was afraid. And he said, Nay; but thou didst laugh.*b*

16 And the men rose up from thence, and looked toward Sodom: and Abraham went with them to bring them on the way.*c*

17 And the LORD said, Shall I *d* hide from Abraham that thing which I do ;

18 Seeing that Abraham shall surely become a great & mighty nation, & all the nations of the earth shall be *f* blessed in him?

19 For I know him, that he will command his children *h* and his household after him, and they shall keep the way of the LORD, to do justice and judgment; that the LORD may bring upon Abraham that which he hath spoken of him.*i*

20 And the LORD said, Because the *k* cry of Sodom and Gomorrah is great, and because their sin is very grievous ;

21 I will go down *m* now, and see whether they have done altogether according to the cry of it, which is come unto me ; and if not,*n* I will know.

22 And the men turned their faces from thence, and went toward Sodom ; but Abraham stood yet before the LORD.

23 And Abraham *p* drew near and said, Wilt *q* thou also destroy the righteous with the wicked ?

24 Peradventure there be fifty righteous within the city : wilt thou also destroy and not spare the place for the fifty righteous that *are* therein ?

25 That be far from thee to do after this manner, to slay the righteous with the wicked : and that the righteous should be as the wicked, that be far from thee:*r* Shall not the Judge of all the earth do right ?

26 And the LORD said,*u* If I find in Sodom fifty righteous within the city, then I will spare all the place for their sakes.

27 And Abraham answered and said, Behold now, I have taken upon me to speak unto the Lord, which *am v but* dust and ashes :

28 Peradventure there shall lack five of the fifty righteous: wilt thou destroy all the city for *lack of* five? And he said, if I find there forty and five, I will not destroy *it.*

29 And he spake unto him yet again, and said, Peradventure there shall be forty found there. And he said, I will not do *it* for forty's sake.

30 And he said *unto him,* Oh let not the Lord be angry, and I will speak : Peradventure there shall thirty be found there. And he said, I will not do *it,* if I find thirty there.

31 And he said, Behold now, I have taken upon me to speak unto the Lord : Peradventure there shall be twenty found there. And he said, I will not destroy *it* for twenty's sake.

32 And he said, Oh let not the Lord be angry, and I will speak yet but this once:*c* Peradventure ten shall be found there. And he said, I will not destroy *it* for ten's sake.*g*

33 And the LORD went his way, as soon as he had left communing with Abraham: and Abraham returned unto his place.

CHAP. XIX.

AND there *h* came two angels to Sodom at even ; and Lot sat in the gate of Sodom : and Lot seeing *them,* rose up to meet them ; and he bowed himself with his face toward the ground ;

2 And he said, Behold now, my lords

B. C. 1898.

a He. 13. 2.
b Ps. 44. 21.
  Pr. 12. 19.
c Ac. 15. 3.
  Ro. 15. 24.
  3 Jnᵒ. 6.
d Ps. 25. 14.
  Am. 3. 7.
  Jnᵒ. 15. 15.
e Lu. 24. 28.
f ch. 12. 3.
  22. 18.
  Ps. 72. 17.
  Ac. 3. 25.
  Ga. 3. 8.
g ch. 18. 8.
h De. 4. 9. 10.
  6. 7.
  Ps. 78. 5. 8.
  Ep. 6. 4.
i 1 Sa. 2. 30.
k ch. 13. 13.
  19. 13.
l Ju. 19. 22.
m ch. 11. 5.
  Ex. 3. 8.
n Jos. 22. 22.
  Ps. 139. 1.
  Je. 17. 10.
  Lu. 16. 15.
o Le. 18. 22.
  20. 13.
  De. 23. 17.
  Ro. 1. 24.
  1 Co. 6. 9. 11.
  Jude 7.
p Je. 30. 21.
  He. 10. 22.
  Ja. 5. 17.
q Nu. 16. 22.
r Job 8. 3.
  34. 17.
  Ps. 58. 11.
  94. 2.
s Ro. 3. 8.
t Ex. 2. 14.
  2 Pe. 2. 7, 8.
u Is. 10. 22.
  Je. 5. 1.
  Eze. 22. 30.
v Job 4. 19.
x 2 Ki. 6. 18.
  Ac. 13. 11.
y ch. 18. 20.
z 1 Ch. 21. 15.
  Is. 36. 10.
a Nu 16. 26.
  Je. 51. 6.
  Re. 18. 4.
b Ex. 9. 21.
  2 Ch. 36. 16.
  Is. 28. 22.
  Lu. 17. 28.
  24. 11.
β are found.
γ or, *punishment.*
c Ju. 6. 39.
d Ps. 34. 12.
  Ro. 9. 16.
e 1 Sa. 19. 11.
  1 Ki. 19. 3.
f ver. 26.
g Job 33. 23.
h ch. 18. 22.

turn *a* in, I pray you, into your servant's house, and tarry all night, and wash your feet ; and ye shall rise up early, and go on your ways. And they said, Nay ;*e* but we will abide in the street all night.

3 And he pressed upon them greatly ; and they turned in unto him, and entered into his house :*g* and he made them a feast, and did bake unleavened bread, and they did eat.

4 But before they lay down, the men of the city, *even* the men of Sodom compassed the house round, both old and young, all the people from every quarter :

5 And they called unto Lot, and said unto him, Where *are* the men which came in to thee this night ?*l* bring them out unto us, that we may know them.

6 And Lot went out at the door unto them, and shut the door after him ;

7 And said, I pray you, brethren, do not so wickedly.*o*

8 Behold now, I have two daughters which have not known man ; let me, I pray you, bring them out unto you,*s* and do ye to them as *is* good in your eyes : only unto these men do nothing ; for therefore came they under the shadow of my roof.

9 And they said, Stand back. And they said *again,* This one *fellow* came in to sojourn,*t* and he will needs be a judge: now will we deal worse with thee than with them. And they pressed sore upon the man, *even* Lot, and came near to break the door.

10 But the men put forth their hand, and pulled Lot into the house to them, and shut to the door.

11 And they smote the men that *were* at the door of the house, with *x* blindness, both small and great ; so that they wearied themselves to find the door.

12 And the men said unto Lot, Hast thou here any besides ? son-in-law, and thy sons, and thy daughters, and whatsoever thou hast in the city, bring *them* out of this place :

13 For we will destroy this place, because the *y* cry of them is waxen great before the face of the LORD ; and *z* the LORD hath sent us to destroy it.

14 And Lot went out, and spake unto his sons-in-law, which married his daughters, and said,*a* Up, get you out of this place ; for the LORD will destroy this city. But he seemed as one that mocked*b* unto his sons-in-law.

15 And when the morning arose, then the angels hastened Lot, saying, Arise, take thy wife, and thy two daughters, which *β* are here ; lest thou be consumed in the *γ* iniquity of the city.

16 And while he lingered, the men laid hold upon his hand, and upon the hand of his wife, and upon the hand of his two daughters ; the LORD being merciful*d* unto him : and they brought him forth, and set him without the city.

17 And it came to pass, when they had brought them forth abroad, that he said, Escape*e* for thy life ;*f* look not behind thee, neither stay thou in all the plain ; escape to the mountain, lest thou be consumed.

18 And Lot said unto them, Oh not so, my lord :

19 Behold now, thy servant hath found

11

עָפְרִי לְהַחֲיוֹת אֶת־נַפְשִׁי וְאָנֹכִי לֹא אוּכַל לְהִמָּלֵט
20 הָהָרָה פֶּן־תִּדְבָּקַנִי הָרָעָה וָמַתִּי׃ הִנֵּה־נָא הָעִיר הַזֹּאת קְרֹבָה לָנוּס שָׁמָּה וְהִוא מִצְעָר אִמָּלְטָה
21 נָּא שָׁמָּה הֲלֹא מִצְעָר הִוא וּתְחִי נַפְשִׁי׃ וַיֹּאמֶר אֵלָיו הִנֵּה נָשָׂאתִי פָנֶיךָ גַּם לַדָּבָר הַזֶּה לְבִלְתִּי
22 הָפְכִּי אֶת־הָעִיר אֲשֶׁר דִּבַּרְתָּ׃ מַהֵר הִמָּלֵט שָׁמָּה כִּי לֹא אוּכַל לַעֲשׂוֹת דָּבָר עַד־בֹּאֲךָ שָׁמָּה עַל־
23 כֵּן קָרָא שֵׁם־הָעִיר צוֹעַר׃ הַשֶּׁמֶשׁ יָצָא עַל־
24 הָאָרֶץ וְלוֹט בָּא צֹעֲרָה׃ וַיהֹוָה הִמְטִיר עַל־סְדֹם וְעַל־עֲמֹרָה גָּפְרִית וָאֵשׁ מֵאֵת יְהֹוָה מִן־הַשָּׁמָיִם׃
25 וַיַּהֲפֹךְ אֶת־הֶעָרִים הָאֵל וְאֵת כָּל־הַכִּכָּר וְאֵת כָּל־
26 יֹשְׁבֵי הֶעָרִים וְצֶמַח הָאֲדָמָה׃ וַתַּבֵּט אִשְׁתּוֹ
27 מֵאַחֲרָיו וַתְּהִי נְצִיב מֶלַח׃ וַיַּשְׁכֵּם אַבְרָהָם בַּבֹּקֶר
28 אֶל־הַמָּקוֹם אֲשֶׁר־עָמַד שָׁם אֶת־פְּנֵי יְהֹוָה׃ וַיַּשְׁקֵף
עַל־פְּנֵי סְדֹם וַעֲמֹרָה וְעַל־כָּל־פְּנֵי אֶרֶץ הַכִּכָּר וַיַּרְא
29 וְהִנֵּה עָלָה קִיטֹר הָאָרֶץ כְּקִיטֹר הַכִּבְשָׁן׃ וַיְהִי
בְּשַׁחֵת אֱלֹהִים אֶת־עָרֵי הַכִּכָּר וַיִּזְכֹּר אֱלֹהִים אֶת־
אַבְרָהָם וַיְשַׁלַּח אֶת־לוֹט מִתּוֹךְ הַהֲפֵכָה בַּהֲפֹךְ אֶת־
30 הֶעָרִים אֲשֶׁר־יָשַׁב בָּהֵן לוֹט׃ וַיַּעַל לוֹט מִצּוֹעַר
וַיֵּשֶׁב בָּהָר וּשְׁתֵּי בְנֹתָיו עִמּוֹ כִּי יָרֵא לָשֶׁבֶת בְּצוֹעַר
31 וַיֵּשֶׁב בַּמְּעָרָה הוּא וּשְׁתֵּי בְנֹתָיו׃ וַתֹּאמֶר הַבְּכִירָה
אֶל־הַצְּעִירָה אָבִינוּ זָקֵן וְאִישׁ אֵין בָּאָרֶץ לָבוֹא
32 עָלֵינוּ כְּדֶרֶךְ כָּל־הָאָרֶץ׃ לְכָה נַשְׁקֶה אֶת־אָבִינוּ
33 יַיִן וְנִשְׁכְּבָה עִמּוֹ וּנְחַיֶּה מֵאָבִינוּ זָרַע׃ וַתַּשְׁקֶיןָ
אֶת־אֲבִיהֶן יַיִן בַּלַּיְלָה הוּא וַתָּבֹא הַבְּכִירָה
וַתִּשְׁכַּב אֶת־אָבִיהָ וְלֹא־יָדַע בְּשִׁכְבָהּ וּבְקוּמָהּ׃
34 וַיְהִי מִמָּחֳרָת וַתֹּאמֶר הַבְּכִירָה אֶל־הַצְּעִירָה הֵן־
שָׁכַבְתִּי אֶמֶשׁ אֶת־אָבִי נַשְׁקֶנּוּ יַיִן גַּם־הַלַּיְלָה וּבֹאִי
35 שִׁכְבִי עִמּוֹ וּנְחַיֶּה מֵאָבִינוּ זָרַע׃ וַתַּשְׁקֶיןָ גַּם
בַּלַּיְלָה הַהוּא אֶת־אֲבִיהֶן יָיִן וַתָּקָם הַצְּעִירָה
36 וַתִּשְׁכַּב עִמּוֹ וְלֹא־יָדַע בְּשִׁכְבָהּ וּבְקֻמָהּ׃ וַתַּהֲרֶיןָ
37 שְׁתֵּי בְנוֹת־לוֹט מֵאֲבִיהֶן׃ וַתֵּלֶד הַבְּכִירָה בֵּן
וַתִּקְרָא שְׁמוֹ מוֹאָב הוּא אֲבִי־מוֹאָב עַד־הַיּוֹם׃
38 וְהַצְּעִירָה גַם־הִוא יָלְדָה בֵּן וַתִּקְרָא שְׁמוֹ בֶּן־עַמִּי
הוּא אֲבִי בְנֵי־עַמּוֹן עַד־הַיּוֹם׃ ס

CAP. XX. כ

1 וַיִּסַּע מִשָּׁם אַבְרָהָם אַרְצָה הַנֶּגֶב וַיֵּשֶׁב בֵּין־קָדֵשׁ

2 וּבֵין שׁוּר וַיָּגָר בִּגְרָר׃ וַיֹּאמֶר אַבְרָהָם אֶל־שָׂרָה אִשְׁתּוֹ אֲחֹתִי הִוא וַיִּשְׁלַח אֲבִימֶלֶךְ מֶלֶךְ גְּרָר וַיִּקַּח אֶת־שָׂרָה׃
3 וַיָּבֹא אֱלֹהִים אֶל־אֲבִימֶלֶךְ בַּחֲלוֹם הַלָּיְלָה וַיֹּאמֶר לוֹ הִנְּךָ מֵת עַל־הָאִשָּׁה אֲשֶׁר־לָקַחְתָּ וְהִוא בְּעֻלַת בָּעַל׃
4 וַאֲבִימֶלֶךְ לֹא קָרַב אֵלֶיהָ וַיֹּאמַר אֲדֹנָי הֲגוֹי גַּם־צַדִּיק תַּהֲרֹג׃
5 הֲלֹא הוּא אָמַר־לִי אֲחֹתִי הִוא וְהִיא־גַם־הִוא אָמְרָה אָחִי הוּא בְּתָם־לְבָבִי וּבְנִקְיֹן כַּפַּי עָשִׂיתִי זֹאת׃
6 וַיֹּאמֶר אֵלָיו הָאֱלֹהִים בַּחֲלֹם גַּם אָנֹכִי יָדַעְתִּי כִּי בְתָם־לְבָבְךָ עָשִׂיתָ זֹּאת וָאֶחְשֹׂךְ גַּם־אָנֹכִי אוֹתְךָ מֵחֲטוֹ־
7 לִי עַל־כֵּן לֹא־נְתַתִּיךָ לִנְגֹּעַ אֵלֶיהָ׃ וְעַתָּה הָשֵׁב אֵשֶׁת־הָאִישׁ כִּי־נָבִיא הוּא וְיִתְפַּלֵּל בַּעַדְךָ וֶחְיֵה וְאִם־אֵינְךָ מֵשִׁיב דַּע כִּי־מוֹת תָּמוּת אַתָּה וְכָל־אֲשֶׁר־לָךְ׃
8 וַיַּשְׁכֵּם אֲבִימֶלֶךְ בַּבֹּקֶר וַיִּקְרָא לְכָל־עֲבָדָיו וַיְדַבֵּר אֶת־כָּל־הַדְּבָרִים הָאֵלֶּה בְּאָזְנֵיהֶם וַיִּירְאוּ הָאֲנָשִׁים מְאֹד׃
9 וַיִּקְרָא אֲבִימֶלֶךְ לְאַבְרָהָם וַיֹּאמֶר לוֹ מֶה־עָשִׂיתָ לָּנוּ וּמֶה־חָטָאתִי לָךְ כִּי־הֵבֵאתָ עָלַי וְעַל־מַמְלַכְתִּי חֲטָאָה גְדֹלָה מַעֲשִׂים אֲשֶׁר לֹא־יֵעָשׂוּ עָשִׂיתָ עִמָּדִי׃
10 וַיֹּאמֶר אֲבִימֶלֶךְ אֶל־אַבְרָהָם מָה רָאִיתָ כִּי עָשִׂיתָ אֶת־הַדָּבָר הַזֶּה׃
11 וַיֹּאמֶר אַבְרָהָם כִּי אָמַרְתִּי רַק אֵין־יִרְאַת אֱלֹהִים בַּמָּקוֹם הַזֶּה וַהֲרָגוּנִי עַל־דְּבַר אִשְׁתִּי׃
12 וְגַם־אָמְנָה אֲחֹתִי בַת־אָבִי הִוא אַךְ לֹא בַת־אִמִּי וַתְּהִי־לִי לְאִשָּׁה׃
13 וַיְהִי כַּאֲשֶׁר הִתְעוּ אֹתִי אֱלֹהִים מִבֵּית אָבִי וָאֹמַר לָהּ זֶה חַסְדֵּךְ אֲשֶׁר תַּעֲשִׂי עִמָּדִי אֶל כָּל־הַמָּקוֹם אֲשֶׁר נָבוֹא שָׁמָּה אִמְרִי־לִי אָחִי הוּא׃
14 וַיִּקַּח אֲבִימֶלֶךְ צֹאן וּבָקָר וַעֲבָדִים וּשְׁפָחֹת וַיִּתֵּן לְאַבְרָהָם וַיָּשֶׁב לוֹ אֵת שָׂרָה אִשְׁתּוֹ׃
15 וַיֹּאמֶר אֲבִימֶלֶךְ הִנֵּה אַרְצִי לְפָנֶיךָ בַּטּוֹב בְּעֵינֶיךָ שֵׁב׃
16 וּלְשָׂרָה אָמַר הִנֵּה נָתַתִּי אֶלֶף כֶּסֶף לְאָחִיךְ הִנֵּה הוּא־לָךְ כְּסוּת עֵינַיִם לְכֹל אֲשֶׁר אִתָּךְ וְאֵת כֹּל וְנֹכָחַת׃
17 וַיִּתְפַּלֵּל אַבְרָהָם אֶל־הָאֱלֹהִים וַיִּרְפָּא אֱלֹהִים אֶת־אֲבִימֶלֶךְ וְאֶת־אִשְׁתּוֹ וְאַמְהֹתָיו וַיֵּלֵדוּ׃
18 כִּי־עָצֹר עָצַר יְהֹוָה בְּעַד כָּל־רֶחֶם לְבֵית אֲבִימֶלֶךְ עַל־דְּבַר שָׂרָה אֵשֶׁת אַבְרָהָם׃ ס

CAP. XXI. כא

1 וַיהֹוָה פָּקַד אֶת־שָׂרָה כַּאֲשֶׁר אָמָר וַיַּעַשׂ יְהֹוָה

grace in thy sight, and thou hast *a* magnified thy mercy, which thou hast shewed unto me in saving my life; and I cannot escape to the mountain,*d* lest some evil take me, and I die:

20 Behold now, this city *is* near to flee unto, and it *is* a little one:*g* Oh, let me escape thither, (*is* it not a little one?) and my soul shall live.*h*

21 And he said unto him, See, I have accepted *β* thee *i* concerning this thing also, that I will not overthrow this city, for the which thou hast spoken.

22 Haste thee, escape thither; for *j* I cannot do any thing till thou be come thither: therefore the name of the city was called *δ* Zoar.

23 The sun was *ζ* risen upon the earth when Lot entered into Zoar.

24 Then the LORD rained upon Sodom, and upon Gomorrah, brimstone *m* and fire from the LORD out of heaven;

25 And he overthrew those cities, and all the plain, and all the inhabitants of the cities, and that which grew*p* upon the ground.

26 But his wife looked back from behind him, and she became *q* a pillar of salt.

27 And Abraham gat up early in the morning to the place where *s* he stood before the LORD:

28 And he looked toward Sodom and Gomorrah, and toward all the land of the plain, and beheld, and, lo, the smoke of the country went up as the *t* smoke of a furnace.

29 And it came to pass, when God destroyed the cities of the plain, that God remembered Abraham, and sent Lot out of the midst of the overthrow,*u* when he overthrew the cities in the which Lot dwelt.

30 And Lot went up out of Zoar, and dwelt in the *y* mountain, and his two daughters with him; for he feared to dwell in Zoar: and he dwelt in a cave, he and his two daughters.

31 And the first-born said unto the younger, Our father *is* old, and *there is* not a man in the earth to come in unto us after the manner of all the earth:

32 Come, let us make our father drink wine, and we will lie with him, that we may preserve seed of our father.

33 And they made their father drink wine that night:*b* and the first-born went in, and lay with her father; and he perceived not when she lay down, nor when she arose.

34 And it came to pass on the morrow, that the first-born said unto the younger, Behold, I lay yesternight with my father: let us make him drink wine this night also; and go thou in, *and* lie with him, that we may preserve seed of our father.

35 And they made their father drink wine that night also: and the younger arose,and lay with him; and he perceived not when she lay down,nor when she arose.

36 Thus were both the daughters of Lot with child by their father. *d*

37 And the first-born bare a son, and called his name Moab: the same *is* the father of the Moabites*f* unto this day.

38 And the younger, she also bare a son, and called his name Ben-ammi: the same *is* the father of the *h* children of Ammon unto this day.

B. C. 1898.

a 1 Ti. 1. 14.
b ch. 16. 7, 14.
c ch. 26. 6.
d 1 Sa. 27. 1.
e ch. 12. 13. 26, 7.
f Job 33 15.
Ps. 105. 14.
g Pr. 3. 5, 7.
h Ps. 119. 175.
Is. 55. 3.
β thy face.
i ch. 4. 7.
Job 42. 8, 9.
Je. 14. 10.
j ch. 32. 26.
Ex. 32 10.
De. 9. 14.
Mar. 6. 5.
γ married to an husband.
k 1 Ch. 21. 17.
δ i.e. little.
ζ gone forth.
θ or, simplicity, or sincerity.
l 2 Ki. 20. 3.
2 Co. 1. 12.
1 Ti. 1. 13.
m De. 29. 23.
Job 18. 15.
Ps. 11. 6.
Is. 13. 19.
Je. 49. 18.
50. 40.
La. 4. 6.
Eze. 16. 49.
Am. 4. 11.
Zec. 2. 9.
Mat. 11. 23.
2 Pe. 2. 6.
Jude 7.
n ch. 31. 7. 35. 5.
o Ps. 51. 4.
p Ps. 107. 34.
q Lu. 17. 32.
r 1 Sa. 7. 5.
Job 42. 8.
Ja. 5. 16.
s ch. 18. 22.
t Re. 19. 3.
u Ps. 145. 20.
v Ex. 32. 21.
Jos. 7. 25.
x ch. 34. 7.
y ver. 17, 19.
z Ne. 5. 15.
Ps. 36. 1.
Pr. 16. 6.
a ch. 11. 29.
b Pr. 23. 31. 33.
c ch. 47. 6.
κ as is good in thine eyes.
d Le. 18. 6, 7.
Hab. 2. 15.
e Pr. 12. 1.
25. 12.
Re. 3. 19.
f De. 2. 9, 19.
23. 3.
g ch. 12. 17.
1 Sa. 1. 6.
h Ne. 13. 1.
Is. 11. 14.
Zep. 2. 9.

CHAP. XX.

AND Abraham journeyed from thence toward the south country, and dwelled between Kadesh and *b* Shur, and sojourned in Gerar.*c*

2 And Abraham said of Sarah his wife, She *e* *is* my sister: and Abimelech king of Gerar sent, and took Sarah.

3 But*f* God came to Abimelech in a dream by night, and said to him, Behold, thou *art but* a dead man, for the woman which thou hast taken; for she *is* *γ* a man's wife.

4 But Abimelech had not come near her: and he said, LORD,*k* wilt thou slay also a righteous nation?

5 Said he not unto me, She *is* my sister? and she, even she herself, said, He *is* my brother: In the *θ* integrity*l* of my heart, and innocency of my hands, have I done this.

6 And God said unto him in a dream, Yea, I know that thou didst this in the integrity of thy heart; for I also *n* withheld thee from sinning*o*against me: therefore suffered I thee not to touch her.

7 Now, therefore, restore the man *his* wife; for he *is* a prophet, and he shall pray for thee, and thou shalt live: and if thou restore *her* not, know thou that thou shalt surely die, thou, and all that *are* thine.

8 Therefore Abimelech rose early in the morning, and called all his servants, and told all these things in their ears: and the men were sore afraid.

9 Then Abimelech calledAbraham,and said unto him, What hast thou done unto us? and what have I offended thee, that thou hast brought on me and on my kingdom *v* a great sin? thou hast done deeds unto me that ought not *x* to be done.

10 And Abimelech said unto Abraham, What sawest thou, that thou hast done this thing?

11 And Abraham said, Because I thought, Surely the fear of God *z* *is* not in this place; and they will slay me for my wife's sake.

12 And yet indeed *she is* my *a* sister; she *is* the daughter of my father, but not the daughter of my mother; and she became my wife.

13 And it came to pass,whenGod caused me to wander from my father's house, that I said unto her, This *is* thy kindness which thou shalt shew unto me; at every place whither we shall come, say of me, He *is* my brother.

14 And Abimelech took sheep, and oxen, and men-servants, and women-servants, and gave *them* unto Abraham, and restored him Sarah his wife.

15 And Abimelech said, Behold,*c* my land *is* before thee: dwell *κ* where it pleaseth thee.

16 And unto Sarah he said, Behold, I have given thy brother a thousand *pieces* of silver; behold, he *is* to thee a covering of the eyes, unto all that *are* with thee, and with all *other*: thus she was*e*reproved.

17 So Abraham prayed unto God: and God healed Abimelech, and his wife, and his maid-servants; and they bare *children.*

18 For the LORD*g* had fast closed up all the wombs of the house of Abimelech, because of Sarah, Abraham's wife.

12

2 וַתַּהַר וַתֵּלֶד שָׂרָה לְאַבְרָהָם

3 בֵּן לִזְקֻנָיו לַמּוֹעֵד אֲשֶׁר־דִּבֶּר אֹתוֹ אֱלֹהִים: וַיִּקְרָא אַבְרָהָם אֶת־שֶׁם־בְּנוֹ הַנּוֹלַד־לוֹ אֲשֶׁר־יָלְדָה־לּוֹ שָׂרָה

4 יִצְחָק: וַיָּמָל אַבְרָהָם אֶת־יִצְחָק בְּנוֹ בֶּן־שְׁמֹנַת

5 יָמִים כַּאֲשֶׁר צִוָּה אֹתוֹ אֱלֹהִים: וְאַבְרָהָם בֶּן־

6 מְאַת שָׁנָה בְּהִוָּלֶד לוֹ אֵת יִצְחָק בְּנוֹ: וַתֹּאמֶר שָׂרָה צְחֹק עָשָׂה לִי אֱלֹהִים כָּל־הַשֹּׁמֵעַ יִצְחַק־לִי:

7 וַתֹּאמֶר מִי מִלֵּל לְאַבְרָהָם הֵינִיקָה בָנִים שָׂרָה כִּי־

8 יָלַדְתִּי בֵן לִזְקֻנָיו: וַיִּגְדַּל הַיֶּלֶד וַיִּגָּמַל וַיַּעַשׂ אַבְרָהָם מִשְׁתֶּה גָדוֹל בְּיוֹם הִגָּמֵל אֶת־יִצְחָק:

9 וַתֵּרֶא שָׂרָה אֶת־בֶּן־הָגָר הַמִּצְרִית אֲשֶׁר־יָלְדָה

10 לְאַבְרָהָם מְצַחֵק: וַתֹּאמֶר לְאַבְרָהָם גָּרֵשׁ הָאָמָה הַזֹּאת וְאֶת־בְּנָהּ כִּי לֹא יִירַשׁ בֶּן־הָאָמָה הַזֹּאת

11 עִם־בְּנִי עִם־יִצְחָק: וַיֵּרַע הַדָּבָר מְאֹד בְּעֵינֵי אַבְרָהָם

12 עַל אוֹדֹת בְּנוֹ: וַיֹּאמֶר אֱלֹהִים אֶל־אַבְרָהָם אַל־יֵרַע בְּעֵינֶיךָ עַל־הַנַּעַר וְעַל־אֲמָתֶךָ כֹּל אֲשֶׁר תֹּאמַר אֵלֶיךָ שָׂרָה שְׁמַע בְּקֹלָהּ כִּי בְיִצְחָק יִקָּרֵא לְךָ זָרַע:

13 וְגַם אֶת־בֶּן־הָאָמָה לְגוֹי אֲשִׂימֶנּוּ כִּי זַרְעֲךָ הוּא:

14 וַיַּשְׁכֵּם אַבְרָהָם בַּבֹּקֶר וַיִּקַּח־לֶחֶם וְחֵמַת מַיִם וַיִּתֵּן אֶל־הָגָר שָׂם עַל־שִׁכְמָהּ וְאֶת־הַיֶּלֶד

15 וַיְשַׁלְּחֶהָ וַתֵּלֶךְ וַתֵּתַע בְּמִדְבַּר בְּאֵר שָׁבַע: וַיִּכְלוּ הַמַּיִם מִן־הַחֵמֶת וַתַּשְׁלֵךְ אֶת־הַיֶּלֶד תַּחַת אַחַד

16 הַשִּׂיחִם: וַתֵּלֶךְ וַתֵּשֶׁב לָהּ מִנֶּגֶד הַרְחֵק כִּמְטַחֲוֵי קֶשֶׁת כִּי אָמְרָה אַל־אֶרְאֶה בְּמוֹת הַיָּלֶד וַתֵּשֶׁב

17 מִנֶּגֶד וַתִּשָּׂא אֶת־קֹלָהּ וַתֵּבְךְּ: וַיִּשְׁמַע אֱלֹהִים אֶת־קוֹל הַנַּעַר וַיִּקְרָא מַלְאַךְ אֱלֹהִים אֶל־הָגָר מִן־הַשָּׁמַיִם וַיֹּאמֶר לָהּ מַה־לָּךְ הָגָר אַל־תִּירְאִי כִּי־שָׁמַע אֱלֹהִים אֶל־קוֹל הַנַּעַר בַּאֲשֶׁר הוּא־שָׁם:

18 קוּמִי שְׂאִי אֶת־הַנַּעַר וְהַחֲזִיקִי אֶת־יָדֵךְ בּוֹ כִּי־לְגוֹי

19 גָּדוֹל אֲשִׂימֶנּוּ: וַיִּפְקַח אֱלֹהִים אֶת־עֵינֶיהָ וַתֵּרֶא בְּאֵר מָיִם וַתֵּלֶךְ וַתְּמַלֵּא אֶת־הַחֵמֶת מַיִם וַתַּשְׁקְ

20 אֶת־הַנָּעַר: וַיְהִי אֱלֹהִים אֶת־הַנַּעַר וַיִּגְדָּל וַיֵּשֶׁב

21 בַּמִּדְבָּר וַיְהִי רֹבֶה קַשָּׁת: וַיֵּשֶׁב בְּמִדְבַּר פָּארָן וַתִּקַּח־לוֹ אִמּוֹ אִשָּׁה מֵאֶרֶץ מִצְרָיִם: פ

22 וַיְהִי בָּעֵת הַהִוא וַיֹּאמֶר אֲבִימֶלֶךְ וּפִיכֹל שַׂר־צְבָאוֹ אֶל־אַבְרָהָם לֵאמֹר אֱלֹהִים עִמְּךָ בְּכֹל אֲשֶׁר־אַתָּה

23 עֹשֶׂה: וְעַתָּה הִשָּׁבְעָה לִּי בֵאלֹהִים הֵנָּה אִם־תִּשְׁקֹר לִי וּלְנִינִי וּלְנֶכְדִּי כַּחֶסֶד אֲשֶׁר־עָשִׂיתִי עִמְּךָ תַּעֲשֶׂה עִמָּדִי וְעִם־הָאָרֶץ אֲשֶׁר־גַּרְתָּה בָּהּ:

24 וַיֹּאמֶר אַבְרָהָם אָנֹכִי אִשָּׁבֵעַ:

25 וְהוֹכִחַ אַבְרָהָם אֶת־אֲבִימֶלֶךְ עַל־אֹדוֹת בְּאֵר הַמַּיִם אֲשֶׁר גָּזְלוּ עַבְדֵי אֲבִימֶלֶךְ:

26 וַיֹּאמֶר אֲבִימֶלֶךְ לֹא יָדַעְתִּי מִי עָשָׂה אֶת־הַדָּבָר הַזֶּה וְגַם־אַתָּה לֹא־הִגַּדְתָּ לִּי וְגַם אָנֹכִי לֹא שָׁמַעְתִּי בִּלְתִּי הַיּוֹם:

27 וַיִּקַּח אַבְרָהָם צֹאן וּבָקָר וַיִּתֵּן לַאֲבִימֶלֶךְ וַיִּכְרְתוּ שְׁנֵיהֶם בְּרִית:

28 וַיַּצֵּב אַבְרָהָם אֶת־שֶׁבַע כִּבְשֹׂת הַצֹּאן לְבַדְּהֶן:

29 וַיֹּאמֶר אֲבִימֶלֶךְ אֶל־אַבְרָהָם מָה הֵנָּה שֶׁבַע כְּבָשֹׂת

30 הָאֵלֶּה אֲשֶׁר הִצַּבְתָּ לְבַדָּנָה: וַיֹּאמֶר כִּי אֶת־שֶׁבַע כְּבָשֹׂת תִּקַּח מִיָּדִי בַּעֲבוּר תִּהְיֶה־לִּי לְעֵדָה כִּי

31 חָפַרְתִּי אֶת־הַבְּאֵר הַזֹּאת: עַל־כֵּן קָרָא לַמָּקוֹם

32 הַהוּא בְּאֵר שָׁבַע כִּי שָׁם נִשְׁבְּעוּ שְׁנֵיהֶם: וַיִּכְרְתוּ בְרִית בִּבְאֵר שָׁבַע וַיָּקָם אֲבִימֶלֶךְ וּפִיכֹל שַׂר־

33 צְבָאוֹ וַיָּשֻׁבוּ אֶל־אֶרֶץ פְּלִשְׁתִּים: וַיִּטַּע אֶשֶׁל בִּבְאֵר שָׁבַע וַיִּקְרָא־שָׁם בְּשֵׁם יְהוָה אֵל עוֹלָם:

34 וַיָּגָר אַבְרָהָם בְּאֶרֶץ פְּלִשְׁתִּים יָמִים רַבִּים: פ

CAP. XXII.   כב

1 וַיְהִי אַחַר הַדְּבָרִים הָאֵלֶּה וְהָאֱלֹהִים נִסָּה אֶת־אַבְרָהָם וַיֹּאמֶר אֵלָיו אַבְרָהָם וַיֹּאמֶר הִנֵּנִי:

2 וַיֹּאמֶר קַח־נָא אֶת־בִּנְךָ אֶת־יְחִידְךָ אֲשֶׁר־אָהַבְתָּ אֶת־יִצְחָק וְלֶךְ־לְךָ אֶל־אֶרֶץ הַמֹּרִיָּה וְהַעֲלֵהוּ שָׁם לְעֹלָה עַל אַחַד הֶהָרִים אֲשֶׁר אֹמַר אֵלֶיךָ:

3 וַיַּשְׁכֵּם אַבְרָהָם בַּבֹּקֶר וַיַּחֲבֹשׁ אֶת־חֲמֹרוֹ וַיִּקַּח אֶת־שְׁנֵי נְעָרָיו אִתּוֹ וְאֵת יִצְחָק בְּנוֹ וַיְבַקַּע עֲצֵי עֹלָה וַיָּקָם

4 וַיֵּלֶךְ אֶל־הַמָּקוֹם אֲשֶׁר־אָמַר־לוֹ הָאֱלֹהִים: בַּיּוֹם

5 הַשְּׁלִישִׁי וַיִּשָּׂא אַבְרָהָם אֶת־עֵינָיו וַיַּרְא אֶת־הַמָּקוֹם מֵרָחֹק: וַיֹּאמֶר אַבְרָהָם אֶל־נְעָרָיו שְׁבוּ־לָכֶם פֹּה עִם־הַחֲמוֹר וַאֲנִי וְהַנַּעַר נֵלְכָה עַד־כֹּה

6 וְנִשְׁתַּחֲוֶה וְנָשׁוּבָה אֲלֵיכֶם: וַיִּקַּח אַבְרָהָם אֶת־עֲצֵי הָעֹלָה וַיָּשֶׂם עַל־יִצְחָק בְּנוֹ וַיִּקַּח בְּיָדוֹ אֶת־הָאֵשׁ וְאֶת־הַמַּאֲכֶלֶת וַיֵּלְכוּ שְׁנֵיהֶם יַחְדָּו:

7 וַיֹּאמֶר יִצְחָק אֶל־אַבְרָהָם אָבִיו וַיֹּאמֶר אָבִי וַיֹּאמֶר הִנֶּנִּי בְנִי וַיֹּאמֶר הִנֵּה הָאֵשׁ וְהָעֵצִים וְאַיֵּה הַשֶּׂה

CHAP. XXI.

AND the LORD [a] visited Sarah as he had said; and the LORD did unto Sarah as [c] he had spoken.

2 For Sarah[e] conceived, and bare Abraham a son in his old age, at the set time of which God had spoken to him.

3 And Abraham called the name of his son that was born unto him, whom Sarah bare to him,[f] Isaac.

4 And Abraham circumcised his son Isaac, being eight days old, as God had commanded him.[h]

5 And Abraham was an hundred years old, when his son Isaac was born unto him.

6 And Sarah said, God hath made me to laugh,[i] *so that* all that hear will laugh with me.

7 And she said, Who would have[l] said unto Abraham, that Sarah should have given children suck? for I have born *him* a son in his old age.

8 And the child grew, and was weaned: and Abraham made a great feast the *same* day that Isaac was weaned.

9 And Sarah saw the son of Hagar the Egyptian,[o] which she had born unto Abraham, mocking.

10 Wherefore she said unto Abraham, Cast out this bond-woman and her son:[p] for the son of this bond-woman shall not be heir with my son, *even* with Isaac.

11 And the thing was very grievous in Abraham's sight,[q] because of his son.

12 And God said unto Abraham, Let it not be grievous in thy sight, because of the lad, and because of thy bond-woman: in all that Sarah hath said unto thee, hearken unto her voice; for [u] in Isaac shall thy seed be called.

13 And also of the son of the bond-woman will I make a [v] nation, because he *is* thy seed.

14 And Abraham rose up early in the morning, and took bread, and a bottle of water, and gave *it* unto Hagar, putting *it* on her shoulder, and the child, and sent[w] her away: and she departed, and wandered in the wilderness of Beer-sheba.

15 And the water was spent in the bottle, and she cast the child under one of the shrubs.

16 And she went, and sat her down over against *him* a good way off, as it were a bow-shot: for she said, Let me not see the death of the child. And she sat over against *him*, and lift up her voice, and wept.

17 And[y] God heard the voice of the lad: and the angel of God called to Hagar out of heaven, and said unto her, What aileth thee, Hagar? fear not;[z] for God hath heard the voice of the lad where he *is*.

18 Arise, lift up the lad, and hold him in thine hand; for [b] I will make him a great nation.

19 And God opened her[c] eyes, and she saw a well of water; and she went, and filled the bottle with water, and gave the lad drink.

20 And God was with the lad;[e] and he grew, and dwelt in the wilderness, and became an archer.[f]

21 And he dwelt in the wilderness of Paran:[g] and his mother[h] took him a wife out of the land of Egypt.

22 And it came to pass at that time, that Abimelech and Phichol the chief

captain of his host, spake unto Abraham, saying, God *is* with thee [b] in all that thou doest:

23 Now, therefore, [d] swear unto me here by God, [β] that thou wilt not deal falsely with me, nor with my son, nor with my son's son: *but* according to the kindness that I have done unto thee, thou shalt do unto me, and to the land wherein thou hast sojourned.

24 And Abraham said, I will swear.

25 And Abraham reproved Abimelech because of a well of water, which Abimelech's servants [ε] had violently taken away.

26 And Abimelech said, I wot not who hath done this thing: neither didst thou tell me, neither yet heard I [of] *it* but to-day.

27 And Abraham took sheep and oxen, and gave them unto Abimelech; and both of them [k] made a covenant.

28 And Abraham set seven ewe-lambs of the flock by themselves.

29 And Abimelech said unto Abraham, What [m] *mean* these seven ewe-lambs, which thou hast set by themselves?

30 And he said, For *these* seven ewe-lambs shalt thou take of my hand, that they may be a [n] witness unto me that I have digged this well.

31 Wherefore he called that place, Beer-sheba; [γ] because there they sware both of them.

32 Thus they made a covenant at Beer-sheba: then Abimelech rose up, and Phichol the chief captain of his host, and they returned into the land of the Philistines.

33 And *Abraham* planted a [δ] grove [r] in Beer-sheba, and[s] called there on the name of the LORD, the everlasting God.[t]

34 And Abraham sojourned in the Philistines' land many days.

CHAP. XXII.

AND it came to pass, after these things, that God did tempt [x] Abraham, and said unto him, Abraham: and he said, [ζ] Behold, *here* I am.

2 And he said, Take now thy son, thine only *son* Isaac, whom thou lovest, and get thee into the land of [a] Moriah; and offer him there for a burnt-offering upon one of the mountains which I will tell thee of.

3 And Abraham rose up early in the morning, and saddled his ass, and took two of his young men with him, and Isaac his son, and clave the wood for the burnt-offering, and rose up, and went unto the place of which God had told him.

4 Then on the third day Abraham lifted up his eyes, and saw the place afar off.

5 And Abraham said unto his young men, Abide ye here with the ass; and I and the lad will go yonder and worship, and come again to you.

6 And Abraham took the wood of the burnt-offering, and [d] laid *it* upon Isaac his son; and he took the fire in his hand, and a knife: and they went both of them together.

7 And Isaac spake unto Abraham his father, and said, My father: and he said, Here *am* I, my son. And he said, Behold the fire and the wood; but where *is* the [θ] lamb for a burnt-offering?

Center column references

B. C. 1897.

a 1 Sa. 2. 21.
Lu. 1. 68.
b ch. 26. 28.
28. 15.
39. 2.
Jos. 1. 5,9.
c ch. 17. 19.
18. 10,14.
d ch. 24. 3.
Jos. 2.12.
β if thou shalt lie unto me.
e He. 11. 11.
f ch. 17. 19.
g ch.26.15..22.
h Ex. 12. 48.
Le. 12. 3.
Ac. 7. 8.
i Ps. 126. 2.
Is. 54. 1.
k ch. 31. 44.
1 Sa. 18. 3.
l Nu. 23. 23.
Ps. 86. 10.
Ep. 3. 20.
m ch. 33. 8.
n ch.31.44..52
Jos.22.27.
o ch. 16. 1,15.
Ga. 4. 22.
p Ga. 4. 30.
q ch. 17. 18.
γ i. e. the well of the oath.
ch. 26. 33.
δ or, tree.
r De. 16. 21.
Ju. 3. 7.
2Ki. 17. 16.
s ch. 4. 26.
t Ps. 90. 2.
Is. 40. 28.
u Ro. 9. 7, 8.
He. 11. 18.
v ver. 18.
ch. 16. 10.
w Jn°. 8. 35.
x De. 8. 2.
2Ch. 32. 31.
Pr. 17. 3.
He. 11. 17.
Ja. 1. 12.
1 Pe. 1. 7.
ζ behold me.
y Ex. 3. 7.
z Ps.107. 4,6.
a 2 Ch. 3. 1.
b ver. 13.
c Nu. 22. 31.
2Ki.6.17,20.
Lu.24.16,31.
d Jn°. 19. 17.
e ch. 17. 20.
f ch. 25. 27.
27. 3.
g Nu. 10. 12.
h ch. 24. 4.
27. 46.
28. 2.
η behold me.
θ or, kid.
ver. 2,8,13.

13

<table>
<tr><td>

8 לְעֵינֵי: וַיֹּאמֶר אַבְרָהָם אֱלֹהִים וְרָאֵה־לוֹ הַשָּׂדֶה
9 לְעֵינֵי בְּנֵי וַיֵּלֶךְ שְׁנֵיהֶם יַחְדָּו: וַיָּבֹא אֶל־הַמָּקוֹם
אֲשֶׁר אָמַר־לוֹ הָאֱלֹהִים וַיִּבֶן שָׁם אַבְרָהָם אֶת־
הַמִּזְבֵּחַ וַיַּעֲרֹךְ אֶת־הָעֵצִים וַיַּעֲקֹד אֶת־יִצְחָק בְּנוֹ
10 וַיָּשֶׂם אֹתוֹ עַל־הַמִּזְבֵּחַ מִמַּעַל לָעֵצִים: וַיִּשְׁלַח
אַבְרָהָם אֶת־יָדוֹ וַיִּקַּח אֶת־הַמַּאֲכֶלֶת לִשְׁחֹט אֶת־
11 בְּנוֹ: וַיִּקְרָא אֵלָיו מַלְאַךְ יְהוָה מִן־הַשָּׁמַיִם
12 וַיֹּאמֶר אַבְרָהָם אַבְרָהָם וַיֹּאמֶר הִנֵּנִי: וַיֹּאמֶר
אַל־תִּשְׁלַח יָדְךָ אֶל־הַנַּעַר וְאַל־תַּעַשׂ לוֹ מְאוּמָה
כִּי עַתָּה יָדַעְתִּי כִּי־יְרֵא אֱלֹהִים אַתָּה וְלֹא חָשַׂכְתָּ
13 אֶת־בִּנְךָ אֶת־יְחִידְךָ מִמֶּנִּי: וַיִּשָּׂא אַבְרָהָם אֶת־
עֵינָיו וַיַּרְא וְהִנֵּה־אַיִל אַחַר נֶאֱחַז בַּסְּבַךְ בְּקַרְנָיו
וַיֵּלֶךְ אַבְרָהָם וַיִּקַּח אֶת־הָאַיִל וַיַּעֲלֵהוּ לְעֹלָה
14 תַּחַת בְּנוֹ: וַיִּקְרָא אַבְרָהָם שֵׁם־הַמָּקוֹם הַהוּא
יְהוָה יִרְאֶה אֲשֶׁר יֵאָמֵר הַיּוֹם בְּהַר יְהוָה יֵרָאֶה:
15 וַיִּקְרָא מַלְאַךְ יְהוָה אֶל־אַבְרָהָם שֵׁנִית מִן־הַשָּׁמָיִם:
16 וַיֹּאמֶר בִּי נִשְׁבַּעְתִּי נְאֻם־יְהוָה כִּי יַעַן אֲשֶׁר עָשִׂיתָ
אֶת־הַדָּבָר הַזֶּה וְלֹא חָשַׂכְתָּ אֶת־בִּנְךָ אֶת־יְחִידֶךָ:
17 כִּי־בָרֵךְ אֲבָרֶכְךָ וְהַרְבָּה אַרְבֶּה אֶת־זַרְעֲךָ כְּכוֹכְבֵי
הַשָּׁמַיִם וְכַחוֹל אֲשֶׁר עַל־שְׂפַת הַיָּם וְיִרַשׁ זַרְעֲךָ
18 אֵת שַׁעַר אֹיְבָיו: וְהִתְבָּרֲכוּ בְזַרְעֲךָ כֹּל גּוֹיֵי הָאָרֶץ
19 עֵקֶב אֲשֶׁר שָׁמַעְתָּ בְּקֹלִי: וַיָּשָׁב אַבְרָהָם אֶל־
נְעָרָיו וַיָּקֻמוּ וַיֵּלְכוּ יַחְדָּו אֶל־בְּאֵר שָׁבַע וַיֵּשֶׁב
אַבְרָהָם בִּבְאֵר שָׁבַע:

פ

20 וַיְהִי אַחֲרֵי הַדְּבָרִים הָאֵלֶּה וַיֻּגַּד לְאַבְרָהָם לֵאמֹר
הִנֵּה יָלְדָה מִלְכָּה גַם־הִוא בָּנִים לְנָחוֹר אָחִיךָ:
21 אֶת־עוּץ בְּכֹרוֹ וְאֶת־בּוּז אָחִיו וְאֶת־קְמוּאֵל אֲבִי
22 אֲרָם: וְאֶת־כֶּשֶׂד וְאֶת־חֲזוֹ וְאֶת־פִּלְדָּשׁ וְאֶת־יִדְלָף
23 וְאֵת בְּתוּאֵל: וּבְתוּאֵל יָלַד אֶת־רִבְקָה שְׁמֹנָה
24 אֵלֶּה יָלְדָה מִלְכָּה לְנָחוֹר אֲחִי אַבְרָהָם: וּפִילַגְשׁוֹ
וּשְׁמָהּ רְאוּמָה וַתֵּלֶד גַּם־הִוא אֶת־טֶבַח וְאֶת־גַּחַם
וְאֶת־תַּחַשׁ וְאֶת־מַעֲכָה:

</td><td>

4 וַיְדַבֵּר אֶל־עֶפְרוֹן בְּאָזְנֵי עַם־הָאָרֶץ לֵאמֹר אַךְ אִם־אַתָּה לוּ שְׁמָעֵנִי נָתַתִּי כֶּסֶף הַשָּׂדֶה קַח מִמֶּנִּי וְאֶקְבְּרָה אֶת־מֵתִי שָׁמָּה:
5 גֵּר־וְתוֹשָׁב אָנֹכִי עִמָּכֶם תְּנוּ לִי אֲחֻזַּת־קֶבֶר עִמָּכֶם וְאֶקְבְּרָה מֵתִי מִלְּפָנָי: שְׁמָעֵנוּ
6 אֲדֹנִי נְשִׂיא אֱלֹהִים אַתָּה בְּתוֹכֵנוּ בְּמִבְחַר קְבָרֵינוּ קְבֹר אֶת־מֵתֶךָ אִישׁ מִמֶּנּוּ אֶת־קִבְרוֹ לֹא־יִכְלֶה
7 מִמְּךָ מִקְּבֹר מֵתֶךָ: וַיָּקָם אַבְרָהָם וַיִּשְׁתַּחוּ
8 לְעַם־הָאָרֶץ לִבְנֵי־חֵת: וַיְדַבֵּר אִתָּם לֵאמֹר אִם־ יֵשׁ אֶת־נַפְשְׁכֶם לִקְבֹּר אֶת־מֵתִי מִלְּפָנַי שְׁמָעוּנִי
9 וּפִגְעוּ־לִי בְּעֶפְרוֹן בֶּן־צֹחַר: וְיִתֶּן־לִי אֶת־מְעָרַת הַמַּכְפֵּלָה אֲשֶׁר־לוֹ אֲשֶׁר בִּקְצֵה שָׂדֵהוּ בְּכֶסֶף מָלֵא
10 יִתְּנֶנָּה לִי בְּתוֹכְכֶם לַאֲחֻזַּת־קָבֶר: וְעֶפְרוֹן יֹשֵׁב בְּתוֹךְ בְּנֵי־חֵת וַיַּעַן עֶפְרוֹן הַחִתִּי אֶת־אַבְרָהָם בְּאָזְנֵי
11 בְנֵי־חֵת לְכֹל בָּאֵי שַׁעַר־עִירוֹ לֵאמֹר: לֹא־אֲדֹנִי שְׁמָעֵנִי הַשָּׂדֶה נָתַתִּי לָךְ וְהַמְּעָרָה אֲשֶׁר־בּוֹ לְךָ נְתַתִּיהָ לְעֵינֵי בְנֵי־עַמִּי נְתַתִּיהָ לָּךְ קְבֹר מֵתֶךָ:
12 וַיִּשְׁתַּחוּ אַבְרָהָם לִפְנֵי עַם־הָאָרֶץ: וַיְדַבֵּר אֶל־עֶפְרוֹן
13 בְּאָזְנֵי עַם־הָאָרֶץ לֵאמֹר אַךְ אִם־אַתָּה לוּ שְׁמָעֵנִי נָתַתִּי כֶּסֶף הַשָּׂדֶה קַח מִמֶּנִּי וְאֶקְבְּרָה אֶת־מֵתִי
14 שָׁמָּה: וַיַּעַן עֶפְרוֹן אֶת־אַבְרָהָם לֵאמֹר לוֹ:
15 אֲדֹנִי שְׁמָעֵנִי אֶרֶץ אַרְבַּע מֵאֹת שֶׁקֶל־כֶּסֶף בֵּינִי
16 וּבֵינְךָ מַה־הִוא וְאֶת־מֵתְךָ קְבֹר: וַיִּשְׁמַע אַבְרָהָם אֶל־עֶפְרוֹן וַיִּשְׁקֹל אַבְרָהָם לְעֶפְרֹן אֶת־הַכֶּסֶף אֲשֶׁר דִּבֶּר בְּאָזְנֵי בְנֵי־חֵת אַרְבַּע מֵאוֹת שֶׁקֶל כֶּסֶף עֹבֵר
17 לַסֹּחֵר: וַיָּקָם שְׂדֵה עֶפְרוֹן אֲשֶׁר בַּמַּכְפֵּלָה אֲשֶׁר לִפְנֵי מַמְרֵא הַשָּׂדֶה וְהַמְּעָרָה אֲשֶׁר־בּוֹ וְכָל־הָעֵץ
18 אֲשֶׁר בַּשָּׂדֶה אֲשֶׁר בְּכָל־גְּבֻלוֹ סָבִיב: לְאַבְרָהָם לְמִקְנָה לְעֵינֵי בְנֵי־חֵת בְּכֹל בָּאֵי שַׁעַר־עִירוֹ:
19 וְאַחֲרֵי־כֵן קָבַר אַבְרָהָם אֶת־שָׂרָה אִשְׁתּוֹ אֶל־ מְעָרַת שְׂדֵה הַמַּכְפֵּלָה עַל־פְּנֵי מַמְרֵא הִוא חֶבְרוֹן
20 בְּאֶרֶץ כְּנָעַן: וַיָּקָם הַשָּׂדֶה וְהַמְּעָרָה אֲשֶׁר־בּוֹ לְאַבְרָהָם לַאֲחֻזַּת־קָבֶר מֵאֵת בְּנֵי־חֵת:

ס

ה   פ פ פ

5

1 וַיִּהְיוּ חַיֵּי שָׂרָה מֵאָה שָׁנָה וְעֶשְׂרִים שָׁנָה וְשֶׁבַע
2 שָׁנִים שְׁנֵי חַיֵּי שָׂרָה: וַתָּמָת שָׂרָה בְּקִרְיַת אַרְבַּע הִוא חֶבְרוֹן בְּאֶרֶץ כְּנָעַן וַיָּבֹא אַבְרָהָם לִסְפֹּד
3 לְשָׂרָה וְלִבְכֹּתָהּ: וַיָּקָם אַבְרָהָם מֵעַל פְּנֵי מֵתוֹ

</td></tr>
</table>

1 וְאַבְרָהָם זָקֵן בָּא בַּיָּמִים וַיהוָה בֵּרַךְ אֶת־אַבְרָהָם
2 בַּכֹּל: וַיֹּאמֶר אַבְרָהָם אֶל־עַבְדּוֹ זְקַן בֵּיתוֹ הַמֹּשֵׁל
3 בְּכָל־אֲשֶׁר־לוֹ שִׂים־נָא יָדְךָ תַּחַת יְרֵכִי: וְאַשְׁבִּיעֲךָ בַּיהוָה אֱלֹהֵי הַשָּׁמַיִם וֵאלֹהֵי הָאָרֶץ אֲשֶׁר לֹא־תִקַּח אִשָּׁה לִבְנִי מִבְּנוֹת הַכְּנַעֲנִי אֲשֶׁר אָנֹכִי יוֹשֵׁב בְּקִרְבּוֹ:
4 כִּי אֶל־אַרְצִי וְאֶל־מוֹלַדְתִּי תֵּלֵךְ וְלָקַחְתָּ אִשָּׁה

8 And Abraham said, My son, God will provide himself a lamb[a] for a burnt-offering : so they went both of them together.

9 And they came to the place which God had told him of ; and Abraham built an altar there, and laid the wood in order ; and bound[c] Isaac his son, and[d] laid him on the altar upon the wood.

10 And Abraham stretched forth his hand, and took the knife to slay his son.

11 And the angel of the LORD called unto him out of heaven, and said, Abraham, Abraham :[e] and he said, Here *am* I.

12 And he said, Lay not thine hand upon the lad, neither do thou any thing unto him :[f] for now I know that thou fearest God,[g] seeing thou hast not withheld thy son, thine only *son*, from me.

13 And Abraham lifted up his eyes, and looked, and, behold, behind *him* a ram caught in a thicket by his horns ;[h] and Abraham went and took the ram, and offered him up for a burnt-offering in the stead of his son.

14 And Abraham called the name of that place ζ Jehovah-jireh : as it is said *to* this day, In the mount of the LORD it shall be seen.[k]

15 And the angel of the LORD called unto Abraham out of heaven[l] the second time,

16 And said, By myself have I[m] sworn, saith the LORD ; for because thou hast done this thing, and hast not withheld thy son, thine only *son ;*

17 That in blessing I will bless thee,and in multiplying I will multiply thy seed as the stars[o] of the heaven, and as the sand which *is* upon the η sea-shore ; and thy seed shall possess the gate of his enemies :

18 And in thy seed shall all the nations of the earth be blessed ;[p] because thou hast obeyed[q] my voice.

19 So Abraham returned unto his young men ; and they rose up, and went together to Beer-sheba : and Abraham dwelt at Beer-sheba.

20 And it came to pass after these things, that it was told Abraham, saying, Behold, Milcah, she hath also born children unto thy brother Nahor ;

21 Huz[s] his first-born, and Buz[t] his brother, and Kemuel the father of Aram,

22 And Chesed, and Hazo, and Pildash, and Jidlaph, and Bethuel.

23 And Bethuel begat[u] θ Rebekah : these eight Milcah did bear to Nahor, Abraham's brother.

24 And his concubine, whose name *was* Reumah, she bare also Tebah, and Gaham, and Thahash, and Maachah.

CHAP. XXIII.

AND Sarah was an hundred and seven and twenty years old : *these were* the years of the life of Sarah.

2 And Sarah died in Kirjath-arba ;[x] the same *is* Hebron[y] in the land of Canaan : and Abraham came to mourn for Sarah, and to weep for her.

3 And Abraham stood up from before his dead, and spake unto the sons of Heth, saying,

4 I *am* a stranger[e] and a sojourner with you : give me a possession of a burying-place with you, that I may[f] bury my dead out of my sight.

5 And the children of Heth answered Abraham, saying unto him,

---

B. C. 1872.

a Jnᵒ. 1. 29.
Re. 5. 6.
β *a prince of God.*
b ch. 13. 2.
14. 14.
c Ps. 118. 27.
Jnᵒ.10.17,18.
d He. 11. 17.
Ja. 2. 21.
e Ex. 3. 4.
1 Sa. 3. 10.
f Mi. 6. 7, 8.
γ *full money.*
g ch. 26. 5.
1 Sa. 15. 22.
Ps. 25. 12.
147. 11.
Mal. 4. 2.
δ *ears.*
h 1 Co. 10 13.
2Co.1.9,10.
i ch 34.20,24.
ζ i. e. *the LORD will see,* or *provide.*
k Ps. 22. 4, 5.
Da.3.17,&c.
2Co.1. 9,10.
l ver. 11.
m Ps. 105. 9.
Is. 45. 23.
Lu. 1. 73.
He.6.13,14.
n 2 Sa. 24. 24.
o De. 1. 10.
Je. 33. 22.
η *lip.*
p ch. 12. 3.
q 1 Sa. 2. 30.
Je. 7. 23.
r ch. 25. 9.
49. 30.
50. 13.
Ac. 7. 16.
s Job 1. 1.
t Job 32. 2.
u ch. 24. 15.
θ *Rebecca.*
Ro. 9. 10.
v Je. 32. 10.
x Jos. 14. 15.
Ju. 1. 10.
y ver. 19.
ch. 13. 18.
2 Sa. 5. 3.
κ *gone into days.*
z ver. 35.
ch. 13. 2.
Ps.112.1,3.
a ch. 15. 2.
b ver. 10.
ch. 39. 5.
c ch. 47. 29.
1Ch.29.24.
d De. 6. 13.
e 1Ch.29.15.
Ps. 39. 12.
105. 12.
He. 11. 9.
1 Pe. 2. 11.
f Ac. 7. 5.
g ch. 6. 2, &c.
De. 7. 3.
2 Co. 6. 14.

---

6 Hear us, my lord : thou β *art* a mighty prince[b] among us : in the choice of our sepulchres bury thy dead : none of us shall withhold from thee his sepulchre, but that thou mayest bury thy dead.

7 And Abraham stood up, and bowed himself to the people of the land, *even* to the children of Heth.

8 And he communed with them, saying, If it be your mind that I should bury my dead out of my sight, hear me, and entreat for me to Ephron the son of Zohar,

9 That he may give me the cave of Machpelah, which he hath, which *is* in the end of his field : for γ as much money as it is worth he shall give it me, for a possession of a burying-place amongst you.

10 And Ephron dwelt among the children of Heth. And Ephron the Hittite answered Abraham in the δ audience of the children of Heth, *even* of all that went in at the gate[i] of his city, saying,

11 Nay, my lord, hear me : the field give I thee, and the cave that *is* therein, I give it thee ; in the presence of the sons of my people give I it thee : bury thy dead.

12 And Abraham bowed down himself before the people of the land.

13 And he spake unto Ephron, in the audience of the people of the land, saying, But if thou *wilt* give *it,* I pray thee, hear me : I will give thee money[n] for the field ; take *it* of me, and I will bury my dead there.

14 And Ephron answered Abraham, saying unto him,

15 My lord, hearken unto me : the land *is worth* four hundred shekels of silver ; what *is* that betwixt me and thee ? bury therefore thy dead.

16 And Abraham hearkened unto Ephron ; and Abraham weighed to Ephron the silver, which he had named in the audience of the sons of Heth, four hundred shekels of silver, current *money* with the merchant.

17 And the field of Ephron,[r] which *was* in Machpelah, which *was* before Mamre, the field, and the cave which *was* therein, and all the trees that *were* in the field, that *were* in all the borders round about, were made sure

18 Unto Abraham for a possession, in the presence of the children of Heth, before all that went in at the gate of his city.

19 And after this, Abraham buried Sarah his wife in the cave of the field of Machpelah, before Mamre : the same *is* Hebron in the land of Canaan.

20 And the field, and the cave that *is* therein, were made sure[v] unto Abraham, for a possession of a burying-place, by the sons of Heth.

CHAP. XXIV.

AND Abraham was old, *and* κ well stricken in age : and the LORD had blessed[z] Abraham in all things.

2 And Abraham said unto his eldest servant[a] of his house, that ruled[b] over all that he had, Put,[c] I pray thee, thy hand under my thigh ;

3 And I will make thee swear[d] by the LORD, the God of heaven, and the God of the earth, that thou shalt not take[g] a wife unto my son of the daughters of the Canaanites, among whom I dwell :

14

5 לְבָנֶי לְיִצְחָק : וַיֹּאמֶר אֵלָיו הָעֶבֶד אוּלַי לֹא־תֹאבֶה
הָאִשָּׁה לָלֶכֶת אַחֲרַי אֶל־הָאָרֶץ הַזֹּאת הֶהָשֵׁב
אָשִׁיב אֶת־בִּנְךָ אֶל־הָאָרֶץ אֲשֶׁר־יָצָאתָ מִשָּׁם :

6 וַיֹּאמֶר אֵלָיו אַבְרָהָם הִשָּׁמֶר לְךָ פֶּן־תָּשִׁיב אֶת־בְּנִי

7 שָׁמָּה : יְהֹוָה אֱלֹהֵי הַשָּׁמַיִם אֲשֶׁר לְקָחַנִי מִבֵּית
אָבִי וּמֵאֶרֶץ מוֹלַדְתִּי וַאֲשֶׁר דִּבֶּר־לִי וַאֲשֶׁר נִשְׁבַּע־
לִי לֵאמֹר לְזַרְעֲךָ אֶתֵּן אֶת־הָאָרֶץ הַזֹּאת הוּא
יִשְׁלַח מַלְאָכוֹ לְפָנֶיךָ וְלָקַחְתָּ אִשָּׁה לִבְנִי מִשָּׁם :

8 וְאִם־לֹא תֹאבֶה הָאִשָּׁה לָלֶכֶת אַחֲרֶיךָ וְנִקִּיתָ
מִשְּׁבֻעָתִי זֹאת רַק אֶת־בְּנִי לֹא תָשֵׁב שָׁמָּה : וַיָּשֶׂם

9 הָעֶבֶד אֶת־יָדוֹ תַּחַת יֶרֶךְ אַבְרָהָם אֲדֹנָיו וַיִּשָּׁבַע
לוֹ עַל־הַדָּבָר הַזֶּה : וַיִּקַּח הָעֶבֶד עֲשָׂרָה גְמַלִּים

10 מִגְּמַלֵּי אֲדֹנָיו וַיֵּלֶךְ וְכָל־טוּב אֲדֹנָיו בְּיָדוֹ וַיָּקָם
וַיֵּלֶךְ אֶל־אֲרַם נַהֲרַיִם אֶל־עִיר נָחוֹר : וַיַּבְרֵךְ

11 הַגְּמַלִּים מִחוּץ לָעִיר אֶל־בְּאֵר הַמָּיִם לְעֵת עֶרֶב
לְעֵת צֵאת הַשֹּׁאֲבֹת : וַיֹּאמַר יְהֹוָה אֱלֹהֵי אֲדֹנִי

12 אַבְרָהָם הַקְרֵה־נָא לְפָנַי הַיּוֹם וַעֲשֵׂה־חֶסֶד עִם
אֲדֹנִי אַבְרָהָם : הִנֵּה אָנֹכִי נִצָּב עַל־עֵין הַמָּיִם

13 וּבְנוֹת אַנְשֵׁי הָעִיר יֹצְאֹת לִשְׁאֹב מָיִם : וְהָיָה

14 הַנַּעֲרָ אֲשֶׁר אֹמַר אֵלֶיהָ הַטִּי־נָא כַדֵּךְ וְאֶשְׁתֶּה
וְאָמְרָה שְׁתֵה וְגַם־גְּמַלֶּיךָ אַשְׁקֶה אֹתָהּ הֹכַחְתָּ
לְעַבְדְּךָ לְיִצְחָק וּבָהּ אֵדַע כִּי־עָשִׂיתָ חֶסֶד עִם־אֲדֹנִי :

15 וַיְהִי־הוּא טֶרֶם כִּלָּה לְדַבֵּר וְהִנֵּה רִבְקָה יֹצֵאת
אֲשֶׁר יֻלְּדָה לִבְתוּאֵל בֶּן־מִלְכָּה אֵשֶׁת נָחוֹר אֲחִי

16 אַבְרָהָם וְכַדָּהּ עַל־שִׁכְמָהּ : וְהַנַּעֲרָ טֹבַת מַרְאֶה
מְאֹד בְּתוּלָה וְאִישׁ לֹא יְדָעָהּ וַתֵּרֶד הָעַיְנָה וַתְּמַלֵּא

17 כַדָּהּ וַתָּעַל : וַיָּרָץ הָעֶבֶד לִקְרָאתָהּ וַיֹּאמֶר
הַגְמִיאִינִי נָא מְעַט־מַיִם מִכַּדֵּךְ : וַתֹּאמֶר שְׁתֵה

18 אֲדֹנִי וַתְּמַהֵר וַתֹּרֶד כַּדָּהּ עַל־יָדָהּ וַתַּשְׁקֵהוּ :

19 וַתְּכַל לְהַשְׁקֹתוֹ וַתֹּאמֶר גַּם לִגְמַלֶּיךָ אֶשְׁאָב עַד

20 אִם־כִּלּוּ לִשְׁתֹּת : וַתְּמַהֵר וַתְּעַר כַּדָּהּ אֶל־הַשֹּׁקֶת
וַתָּרָץ עוֹד אֶל־הַבְּאֵר לִשְׁאֹב וַתִּשְׁאַב לְכָל־גְּמַלָּיו :

21 וְהָאִישׁ מִשְׁתָּאֵה לָהּ מַחֲרִישׁ לָדַעַת הַהִצְלִיחַ יְהֹוָה

22 דַּרְכּוֹ אִם־לֹא : וַיְהִי כַּאֲשֶׁר כִּלּוּ הַגְּמַלִּים לִשְׁתּוֹת
וַיִּקַּח הָאִישׁ נֶזֶם זָהָב בֶּקַע מִשְׁקָלוֹ וּשְׁנֵי צְמִידִים
עַל־יָדֶיהָ עֲשָׂרָה זָהָב מִשְׁקָלָם : וַיֹּאמֶר בַּת־מִי

23 אַתְּ הַגִּידִי נָא לִי הֲיֵשׁ בֵּית־אָבִיךְ מָקוֹם לָנוּ לָלִין :

24 וַתֹּאמֶר אֵלָיו בַּת־בְּתוּאֵל אָנֹכִי בֶּן־מִלְכָּה אֲשֶׁר יָלְדָה

25 לְנָחוֹר : וַתֹּאמֶר אֵלָיו גַּם־תֶּבֶן גַּם־מִסְפּוֹא רַב

26 עִמָּנוּ גַּם־מָקוֹם לָלוּן : וַיִּקֹּד הָאִישׁ וַיִּשְׁתַּחוּ

27 לַיהֹוָה : וַיֹּאמֶר בָּרוּךְ יְהֹוָה אֱלֹהֵי אֲדֹנִי אַבְרָהָם
אֲשֶׁר לֹא־עָזַב חַסְדּוֹ וַאֲמִתּוֹ מֵעִם אֲדֹנִי אָנֹכִי

28 בַּדֶּרֶךְ נָחַנִי יְהֹוָה בֵּית אֲחֵי אֲדֹנִי : וַתָּרָץ הַנַּעֲרָ

29 וַתַּגֵּד לְבֵית אִמָּהּ כַּדְּבָרִים הָאֵלֶּה : וּלְרִבְקָה אָח
וּשְׁמוֹ לָבָן וַיָּרָץ לָבָן אֶל־הָאִישׁ הַחוּצָה אֶל־הָעָיִן :

30 וַיְהִי כִּרְאֹת אֶת־הַנֶּזֶם וְאֶת־הַצְּמִדִים עַל־יְדֵי
אֲחֹתוֹ וּכְשָׁמְעוֹ אֶת־דִּבְרֵי רִבְקָה אֲחֹתוֹ לֵאמֹר
כֹּה־דִבֶּר אֵלַי הָאִישׁ וַיָּבֹא אֶל־הָאִישׁ וְהִנֵּה עֹמֵד

31 עַל־הַגְּמַלִּים עַל־הָעָיִן : וַיֹּאמֶר בּוֹא בְּרוּךְ יְהֹוָה
לָמָּה תַעֲמֹד בַּחוּץ וְאָנֹכִי פִּנִּיתִי הַבַּיִת וּמָקוֹם

32 לַגְּמַלִּים : וַיָּבֹא הָאִישׁ הַבַּיְתָה וַיְפַתַּח הַגְּמַלִּים
וַיִּתֵּן תֶּבֶן וּמִסְפּוֹא לַגְּמַלִּים וּמַיִם לִרְחֹץ רַגְלָיו

33 וְרַגְלֵי הָאֲנָשִׁים אֲשֶׁר אִתּוֹ : וַיּוּשַׂם לְפָנָיו לֶאֱכֹל
וַיֹּאמֶר לֹא אֹכַל עַד אִם־דִּבַּרְתִּי דְּבָרָי וַיֹּאמֶר דַּבֵּר :

34 וַיֹּאמַר עֶבֶד אַבְרָהָם אָנֹכִי : וַיהֹוָה בֵּרַךְ אֶת־

35 אֲדֹנִי מְאֹד וַיִּגְדָּל וַיִּתֶּן־לוֹ צֹאן וּבָקָר וְכֶסֶף וְזָהָב
וַעֲבָדִם וּשְׁפָחֹת וּגְמַלִּים וַחֲמֹרִים : וַתֵּלֶד שָׂרָה

36 אֵשֶׁת אֲדֹנִי בֵן לַאדֹנִי אַחֲרֵי זִקְנָתָהּ וַיִּתֶּן־לוֹ אֶת־

37 כָּל־אֲשֶׁר־לוֹ : וַיַּשְׁבִּעֵנִי אֲדֹנִי לֵאמֹר לֹא־תִקַּח אִשָּׁה
לִבְנִי מִבְּנוֹת הַכְּנַעֲנִי אֲשֶׁר אָנֹכִי יֹשֵׁב

38 בְּאַרְצוֹ : אִם־לֹא אֶל־בֵּית־אָבִי תֵּלֵךְ וְאֶל־

39 מִשְׁפַּחְתִּי וְלָקַחְתָּ אִשָּׁה לִבְנִי : וָאֹמַר אֶל־

40 אֲדֹנִי אֻלַי לֹא־תֵלֵךְ הָאִשָּׁה אַחֲרָי : וַיֹּאמֶר
אֵלַי יְהֹוָה אֲשֶׁר־הִתְהַלַּכְתִּי לְפָנָיו יִשְׁלַח מַלְאָכוֹ
אִתָּךְ וְהִצְלִיחַ דַּרְכֶּךָ וְלָקַחְתָּ אִשָּׁה לִבְנִי

41 מִמִּשְׁפַּחְתִּי וּמִבֵּית אָבִי : אָז תִּנָּקֶה מֵאָלָתִי כִּי
תָבוֹא אֶל־מִשְׁפַּחְתִּי וְאִם־לֹא יִתְּנוּ לָךְ וְהָיִיתָ

42 נָקִי מֵאָלָתִי : וָאָבֹא הַיּוֹם אֶל־הָעָיִן וָאֹמַר יְהֹוָה
אֱלֹהֵי אֲדֹנִי אַבְרָהָם אִם־יֶשְׁךָ־נָּא מַצְלִיחַ דַּרְכִּי

43 אֲשֶׁר אָנֹכִי הֹלֵךְ עָלֶיהָ : הִנֵּה אָנֹכִי נִצָּב
עַל־עֵין הַמָּיִם וְהָיָה הָעַלְמָה הַיֹּצֵאת לִשְׁאֹב
וְאָמַרְתִּי אֵלֶיהָ הַשְׁקִינִי־נָא מְעַט־מַיִם מִכַּדֵּךְ :

4 But thou shalt go unto my *a* country, and to my kindred, and take a wife unto my son Isaac.

5 And the servant said unto him, Peradventure the woman will not be willing to follow me unto this land: must I needs bring thy son again unto the land from whence thou camest?

6 And Abraham said unto him, Beware thou, that thou bring not my son thither again.

7 The LORD God of heaven,*d* which took me*f* from my father's house, and from the land of my kindred, and which spake unto me, and that sware unto me, saying, Unto thy seed will I give this land, he shall send his angel*i* before thee; and thou shalt take a wife unto my son from thence.

8 And if the woman will not be willing to follow thee, then thou shalt be clear*k* from this my oath : only bring not my son thither again.

9 And the servant put his hand under the thigh of Abraham his master, and sware to him concerning that matter.

10 And the servant took ten camels, of the camels of his master, and departed ; (for *β* all the goods of his master *were* in his hand ;) and he arose, and went to Mesopotamia,*m* unto the city of*n* Nahor.

11 And he made his camels to kneel down without the city, by a well of water, at the time of the evening, *even* the time that *γ* women go out to draw *water.P*

12 And he said, O LORD God of my master Abraham,*q* I pray thee, send me good speed*r* this day, and shew kindness unto my master Abraham.

13 Behold, I stand *here* by the*s* well of water ; and the daughters of the men of the city come out to draw water :

14 And let it come to pass, that the damsel to whom I shall say, Let down thy pitcher, I pray thee,that I may drink ; and she shall say, Drink ; and I will give thy camels drink also : *let the same be* she *that* thou hast appointed for thy servant Isaac ; and thereby*x* shall I know that thou hast shewed kindness unto my master.

15 And it came to pass, before he had done*y* speaking, that, behold, Rebekah came out, who was born to Bethuel, son of Milcah, the wife of Nahor, Abraham's brother, with her pitcher upon her shoulder.

16 And the damsel *was δ* very fair to look upon, a virgin, neither had any man known her ; and she went down to the well, and filled her pitcher, and came up.

17 And the servant ran to meet her, and said, Let me, I pray thee, drink a little water of thy pitcher.

18 And she said, Drink, my lord : and she hasted, and let down her pitcher upon her hand, and gave him drink.

19 And when she had done giving him drink, she said, I will draw *water* for thy camels also,*α* until they have done drinking.

20 And she hasted, and emptied her pitcher into the trough, and ran again unto the well to draw *water*, and drew for all his camels.

21 And the man, wondering*δ* at her, held his peace, to wit whether the LORD had made his journey prosperous or not.

22 And it came to pass, as the camels had done drinking, that the man took a

---

golden *η* ear-ring of half a shekel weight, and two bracelets*b* for her hands of ten *shekels* weight of gold ;

23 And said, Whose daughter *art* thou ! tell me, I pray thee ; is there room *in* thy father's house for us to lodge in?

24 And she said unto him, I *am* the daughter of Bethuel,*c* the son of Milcah:, which she bare unto Nahor.

25 She said moreover unto him, We have both straw and provender enough, and room to lodge in.

26 And the man*e* bowed down his head, and worshipped the LORD.

27 And he said, Blessed *be* the LORD God*g* of my master Abraham, who hath not left destitute my master of*h* his mercy and his truth : I *being* in the way, the LORD led me to the house of my master's brethren.

28 And the damsel ran, and told *them* of her mother's house these things.

29 And Rebekah had a brother, and his name *was i* Laban : and Laban ran out unto the man, unto the well.

30 And it came to pass, when he saw the ear-ring, and bracelets upon his sister's hands, and when he heard the words of Rebekah his sister, saying, Thus spake the man unto me ; that he came unto the man ; and, behold, he stood by the camels at the well.

31 And he said, Come in,*o* thou blessed of the LORD ; wherefore standest thou without? for I have prepared the house, and room for the camels.

32 And the man came into the house : and he ungirded his camels, and gave straw and provender for the camels, and water to wash his feet, and the men's feet that *were* with him.

33 And there was set *meat* before him to eat : but he said,*t* I will not eat until I have told mine errand. And he said, Speak on.

34 And he said, I *am* Abraham's servant.

35 And the LORD hath blessed my master greatly,*u* and he is become great ;*v* and he hath given him flocks, and herds, and silver, and gold, and men-servants, and maid-servants, and camels, and asses.

36 And Sarah, my master's wife, bare a son to my master when she was old : and unto him hath he given all that he hath.

37 And my master made*z* me swear, saying, Thou shalt not take a wife to my son of the daughters of the Canaanites, in whose land I dwell :

38 But thou shalt go unto my father's house, and to my kindred, and take a wife unto my son.

39 And I said unto my master, Peradventure the woman will not follow me.

40 And he said unto me, The LORD, before whom I walk, will send his angel with thee, and prosper thy way ; and thou shalt take a wife for my son of my kindred, and of my father's house :

41 Then shalt thou be clear from *this* my oath, when thou comest to my kindred : and if they give not thee *one*, thou shalt be clear from my oath.

42 And I came this day unto the well, and said, O LORD God*c* of my master Abraham, if now thou do prosper*d* my way which I go ;

43 Behold, I stand by the well of water,

B. C 1857.

ach.11.25,&c.
22. 20.
28. 2.
η or, *jewel for the forehead.*
*b*Ez.16.11,12.
1 Pe. 3. 3.
c ch. 22. 23.
d Ezra 1. 2.
Da. 2. 44.
Jon. 1. 9.
Re. 11. 13.
e ver. 52.
Ex. 4. 31.
34. 8.
Ne. 8. 6.
Ps. 95. 6.
f ch. 12. 1, 7.
13. 15.
De. 1. 8.
34. 4.
Ac. 7. 5.
g Ex. 18. 10.
Ru. 4. 14.
h ch. 32. 10.
Ps. 98. 3.
Lu. 1. 68.
i Ex. 23. 23.
33. 2.
Ps. 34. 7.
Is. 63. 9.
He. 1. 14.
k Jos.2.17-20.
l ch. 29. 5.
β or, *and.*
m De. 23. 4.
Ju. 3. 8, 10.
Ac. 2. 9.
n ch. 11. 31.
o ch. 26. 29.
Ju. 17. 2.
Ru. 3. 10.
Ps. 115. 15.
γ that wo-men which draw water go forth.
p Ex. 2. 16.
1 Sa. 9. 11.
q ver. 27.
ch. 26. 24.
Ex. 3. 6.
Mat. 22. 32.
r Ne. 1. 11.
Pr. 3. 6.
s ver. 43.
t Ps. 132.3..5.
Jn⁰. 4. 34.
Ep. 6. 5..7.
u v. 1. ch.12.2.
13. 2.
Pr. 10. 22.
22. 4.
v Ps. 18. 35.
x Ju. 6.17,37.
2 Ki. 20. 9.
y Is. 65. 24.
Da. 9. 21.
δ good of countenance.
z ver. 3.
a 1 Pe. 4. 9.
b Lu. 2.19.51.
c ver. 12.
d ch. 39. 3.
Ezra 8. 21.
Ne. 1. 11.
Ps. 90. 17.
Ro. 1. 11.

15

44 וְאָמְרָה אֵלַי גַּם־אַתָּה שְׁתֵה וְגַם לִגְמַלֶּיךָ אֶשְׁאָב הִוא הָאִשָּׁה אֲשֶׁר־הֹכִיחַ יְהוָה לְבֶן־אֲדֹנִי׃

45 אֲנִי טֶרֶם אֲכַלֶּה לְדַבֵּר אֶל־לִבִּי וְהִנֵּה רִבְקָה יֹצֵאת וְכַדָּהּ עַל־שִׁכְמָהּ וַתֵּרֶד הָעַיְנָה וַתִּשְׁאָב וָאֹמַר אֵלֶיהָ הַשְׁקִינִי נָא׃

46 וַתְּמַהֵר וַתּוֹרֶד כַּדָּהּ מֵעָלֶיהָ וַתֹּאמֶר שְׁתֵה וְגַם־גְּמַלֶּיךָ אַשְׁקֶה וָאֵשְׁתְּ וְגַם הַגְּמַלִּים הִשְׁקָתָה׃

47 וָאֶשְׁאַל אֹתָהּ וָאֹמַר בַּת־מִי אַתְּ וַתֹּאמֶר בַּת־בְּתוּאֵל בֶּן־נָחוֹר אֲשֶׁר יָלְדָה־לּוֹ מִלְכָּה וָאָשִׂם הַנֶּזֶם עַל־אַפָּהּ וְהַצְּמִידִים עַל־יָדֶיהָ׃

48 וָאֶקֹּד וָאֶשְׁתַּחֲוֶה לַיהוָה וָאֲבָרֵךְ אֶת־יְהוָה אֱלֹהֵי אֲדֹנִי אַבְרָהָם אֲשֶׁר הִנְחַנִי בְּדֶרֶךְ אֱמֶת לָקַחַת אֶת־בַּת־אֲחִי אֲדֹנִי לִבְנוֹ׃

49 וְעַתָּה אִם־יֶשְׁכֶם עֹשִׂים חֶסֶד וֶאֱמֶת אֶת־אֲדֹנִי הַגִּידוּ לִי וְאִם־לֹא הַגִּידוּ לִי וְאֶפְנֶה עַל־יָמִין אוֹ עַל־שְׂמֹאל׃

50 וַיַּעַן לָבָן וּבְתוּאֵל וַיֹּאמְרוּ מֵיְהוָה יָצָא הַדָּבָר לֹא נוּכַל דַּבֵּר אֵלֶיךָ רַע אוֹ־טוֹב׃

51 הִנֵּה־רִבְקָה לְפָנֶיךָ קַח וָלֵךְ וּתְהִי אִשָּׁה לְבֶן־אֲדֹנֶיךָ כַּאֲשֶׁר דִּבֶּר יְהוָה׃

52 וַיְהִי כַּאֲשֶׁר שָׁמַע עֶבֶד אַבְרָהָם אֶת־דִּבְרֵיהֶם וַיִּשְׁתַּחוּ אַרְצָה לַיהוָה׃

53 וַיּוֹצֵא הָעֶבֶד כְּלֵי־כֶסֶף וּכְלֵי זָהָב וּבְגָדִים וַיִּתֵּן לְרִבְקָה וּמִגְדָּנֹת נָתַן לְאָחִיהָ וּלְאִמָּהּ׃

54 וַיֹּאכְלוּ וַיִּשְׁתּוּ הוּא וְהָאֲנָשִׁים אֲשֶׁר־עִמּוֹ וַיָּלִינוּ וַיָּקוּמוּ בַבֹּקֶר וַיֹּאמֶר שַׁלְּחֻנִי לַאדֹנִי׃

55 וַיֹּאמֶר אָחִיהָ וְאִמָּהּ תֵּשֵׁב הַנַּעֲרָ אִתָּנוּ יָמִים אוֹ עָשׂוֹר אַחַר תֵּלֵךְ׃

56 וַיֹּאמֶר אֲלֵהֶם אַל־תְּאַחֲרוּ אֹתִי וַיהוָה הִצְלִיחַ דַּרְכִּי שַׁלְּחוּנִי וְאֵלְכָה לַאדֹנִי׃

57 וַיֹּאמְרוּ נִקְרָא לַנַּעֲרָ וְנִשְׁאֲלָה אֶת־פִּיהָ׃

58 וַיִּקְרְאוּ לְרִבְקָה וַיֹּאמְרוּ אֵלֶיהָ הֲתֵלְכִי עִם־הָאִישׁ הַזֶּה וַתֹּאמֶר אֵלֵךְ׃

59 וַיְשַׁלְּחוּ אֶת־רִבְקָה אֲחֹתָם וְאֶת־מֵנִקְתָּהּ וְאֶת־עֶבֶד אַבְרָהָם וְאֶת־אֲנָשָׁיו׃

60 וַיְבָרֲכוּ אֶת־רִבְקָה וַיֹּאמְרוּ לָהּ אֲחֹתֵנוּ אַתְּ הֲיִי לְאַלְפֵי רְבָבָה וְיִירַשׁ זַרְעֵךְ אֵת שַׁעַר שֹׂנְאָיו׃

61 וַתָּקָם רִבְקָה וְנַעֲרֹתֶיהָ וַתִּרְכַּבְנָה עַל־הַגְּמַלִּים וַתֵּלַכְנָה אַחֲרֵי הָאִישׁ וַיִּקַּח הָעֶבֶד אֶת־רִבְקָה וַיֵּלַךְ׃

62 וְיִצְחָק בָּא מִבּוֹא בְּאֵר לַחַי רֹאִי וְהוּא יוֹשֵׁב בְּאֶרֶץ הַנֶּגֶב׃

63 וַיֵּצֵא יִצְחָק לָשׂוּחַ בַּשָּׂדֶה לִפְנוֹת עָרֶב וַיִּשָּׂא עֵינָיו וַיַּרְא וְהִנֵּה גְמַלִּים בָּאִים׃

64 וַתִּשָּׂא רִבְקָה אֶת־עֵינֶיהָ וַתֵּרֶא אֶת־יִצְחָק וַתִּפֹּל מֵעַל הַגָּמָל׃

65 וַתֹּאמֶר אֶל־הָעֶבֶד מִי־הָאִישׁ הַלָּזֶה הַהֹלֵךְ בַּשָּׂדֶה לִקְרָאתֵנוּ וַיֹּאמֶר הָעֶבֶד הוּא אֲדֹנִי וַתִּקַּח הַצָּעִיף וַתִּתְכָּס׃

66 וַיְסַפֵּר הָעֶבֶד לְיִצְחָק אֵת כָּל־הַדְּבָרִים אֲשֶׁר עָשָׂה׃

67 וַיְבִאֶהָ יִצְחָק הָאֹהֱלָה שָׂרָה אִמּוֹ וַיִּקַּח אֶת־רִבְקָה וַתְּהִי־לוֹ לְאִשָּׁה וַיֶּאֱהָבֶהָ וַיִּנָּחֵם יִצְחָק אַחֲרֵי אִמּוֹ׃ פ

CAP. XXV. כה

1 וַיֹּסֶף אַבְרָהָם וַיִּקַּח אִשָּׁה וּשְׁמָהּ קְטוּרָה׃

2 וַתֵּלֶד לוֹ אֶת־זִמְרָן וְאֶת־יָקְשָׁן וְאֶת־מְדָן וְאֶת־מִדְיָן וְאֶת־יִשְׁבָּק וְאֶת־שׁוּחַ׃

3 וְיָקְשָׁן יָלַד אֶת־שְׁבָא וְאֶת־דְּדָן וּבְנֵי דְדָן הָיוּ אַשּׁוּרִם וּלְטוּשִׁם וּלְאֻמִּים׃

4 וּבְנֵי מִדְיָן עֵיפָה וָעֵפֶר וַחֲנֹךְ וַאֲבִידָע וְאֶלְדָּעָה כָּל־אֵלֶּה בְּנֵי קְטוּרָה׃

5 וַיִּתֵּן אַבְרָהָם אֶת־כָּל־אֲשֶׁר־לוֹ לְיִצְחָק׃

6 וְלִבְנֵי הַפִּילַגְשִׁים אֲשֶׁר לְאַבְרָהָם נָתַן אַבְרָהָם מַתָּנֹת וַיְשַׁלְּחֵם מֵעַל יִצְחָק בְּנוֹ בְּעוֹדֶנּוּ חַי קֵדְמָה אֶל־אֶרֶץ קֶדֶם׃

7 וְאֵלֶּה יְמֵי שְׁנֵי־חַיֵּי אַבְרָהָם אֲשֶׁר־חָי מְאַת שָׁנָה וְשִׁבְעִים שָׁנָה וְחָמֵשׁ שָׁנִים׃

8 וַיִּגְוַע וַיָּמָת אַבְרָהָם בְּשֵׂיבָה טוֹבָה זָקֵן וְשָׂבֵעַ וַיֵּאָסֶף אֶל־עַמָּיו׃

9 וַיִּקְבְּרוּ אֹתוֹ יִצְחָק וְיִשְׁמָעֵאל בָּנָיו אֶל־מְעָרַת הַמַּכְפֵּלָה אֶל־שְׂדֵה עֶפְרֹן בֶּן־צֹחַר הַחִתִּי אֲשֶׁר עַל־פְּנֵי מַמְרֵא׃

10 הַשָּׂדֶה אֲשֶׁר־קָנָה אַבְרָהָם מֵאֵת בְּנֵי־חֵת שָׁמָּה קֻבַּר אַבְרָהָם וְשָׂרָה אִשְׁתּוֹ׃

11 וַיְהִי אַחֲרֵי מוֹת אַבְרָהָם וַיְבָרֶךְ אֱלֹהִים אֶת־יִצְחָק בְּנוֹ וַיֵּשֶׁב יִצְחָק עִם־בְּאֵר לַחַי רֹאִי׃ פ

12 וְאֵלֶּה תֹּלְדֹת יִשְׁמָעֵאל בֶּן־אַבְרָהָם אֲשֶׁר יָלְדָה הָגָר הַמִּצְרִית שִׁפְחַת שָׂרָה לְאַבְרָהָם׃

13 וְאֵלֶּה שְׁמוֹת בְּנֵי יִשְׁמָעֵאל בִּשְׁמֹתָם לְתוֹלְדֹתָם בְּכֹר יִשְׁמָעֵאל נְבָיֹת וְקֵדָר וְאַדְבְּאֵל וּמִבְשָׂם׃

14 וּמִשְׁמָע וְדוּמָה וּמַשָּׂא׃

15 חֲדַד וְתֵימָא יְטוּר נָפִישׁ וָקֵדְמָה׃

16 אֵלֶּה הֵם בְּנֵי יִשְׁמָעֵאל וְאֵלֶּה שְׁמֹתָם בְּחַצְרֵיהֶם וּבְטִירֹתָם שְׁנֵים־עָשָׂר נְשִׂיאִם לְאֻמֹּתָם׃

17 וְאֵלֶּה שְׁנֵי חַיֵּי יִשְׁמָעֵאל מְאַת שָׁנָה וּשְׁלֹשִׁים שָׁנָה וְשֶׁבַע שָׁנִים וַיִּגְוַע וַיָּמָת וַיֵּאָסֶף אֶל־עַמָּיו׃

18 וַיִּשְׁכְּנוּ

and it shall come to pass, that when the virgin cometh forth to draw *water*, and I say to her, Give me, I pray thee, a little water of thy pitcher to drink ;

44 And she say to me, Both drink thou, and I will also draw for thy camels : *let* the same *be* the woman whom the LORD hath appointed out[c] for my master's son.

45 And before I had done speaking in mine heart,[d] behold, Rebekah came forth with her pitcher on her shoulder ; and she went down unto the well, and drew *water :* and I said unto her, Let me drink, I pray thee.

46 And she made haste, and let down her pitcher from her *shoulder,* and said, Drink ; and I will give thy camels drink also. So I drank, and she made the camels drink also.

47 And I asked her, and said, Whose daughter *art* thou ? And she said, The daughter of Bethuel, Nahor's son, whom Milcah bare unto him : and I put the earring upon her face,[i] and the bracelets upon her hands.

48 And I bowed down my head,[l] and worshipped the LORD, and blessed the LORD God of my master Abraham, which had led me in the right way[p] to take my master's brother's daughter unto his son.

49 And now if ye will deal[q] kindly and truly with my master, tell me : and if not, tell me ; that I may turn to the right hand, or to the left.

50 Then Laban and Bethuel answered and said, The thing proceedeth from the LORD ;[t] we cannot speak[u] unto thee bad or good.

51 Behold, Rebekah *is* before thee; take *her,* and go, and let her be thy master's son's wife, as the LORD hath spoken.

52 And it came to pass, that when Abraham's servant heard their words, he worshipped the LORD,[x] *bowing himself* to the earth.

53 And the servant brought forth jewels γ of silver, and jewels [z] of gold, and raiment, and gave *them* to Rebekah : he gave also to her brother and to her mother precious[c] things.

54 And they did eat and drink, he and the men that *were* with him, and tarried all night: and they rose up in the morning, and he said, Send me away unto my master.

55 And her brother and her mother said, Let the damsel abide with us δ *a few* days, at the least ten ; after that, she shall go.

56 And he said unto them Hinder me not,[e] seeing the LORD hath[f] prospered my way ; send me away, that I may go to my master.

57 And they said, we will call the damsel, and inquire at her mouth.

58 And they called Rebekah, and said unto her, Wilt thou go with this man ?[g] And she said, I will go.

59 And they sent away Rebekah their sister, and her nurse,[h] and Abraham's servant, and his men.

60 And they blessed[i] Rebekah, and said unto her, Thou *art* our sister, be thou *the mother* of thousands of millions, and let thy seed possess the gate of those which hate them.

61 And Rebekah arose, and her damsels, and they rode upon the camels, and followed the man : and the servant took Rebekah, and went his way.

B. C. 1857.
___

a ch. 16. 14.
25. 11.

β or, *to pray.*

b Jos. 1. 8.
Ps. 1. 2.
77. 12.
119. 15.
143. 5.

c Pr. 19. 14.

d 1 Sa. 1. 13.
Ne. 2. 4.

e Jos. 15. 18.
Ju. 1. 14.

f 1 Ti. 2. 9.

g ch. 18. 6.

h ch. 38. 12.
1 Th. 4. 13.

i Eze.16.10..12

k 1 Ch. 1. 32.

l ver. 26.

m Nu. 22. 4.
25. 17.
Ju. VI.

n Job 2. 11.

o 1 Ki. 10. 1.
Ps. 72. 10.

p Ps. 32. 8.
48. 14.
107. 7.
Pr. 3. 6.
Is. 48. 17.

q ch. 47. 29.
Jos. 2. 14.

r Je. 25. 23.

s Is. 60. 6.

t Ps. 118. 23.

u ch. 31. 24.
2 Sa. 13. 22.
Ac. 11. 17.

v Ps. 17. 14.

x ver. 26, 48.
Ps. 95. 6.

y Ju. 6. 3.

γ *vessels.*

z Ex. 3. 22.
11. 2.
12. 35.

a ch. 15. 15.
49. 29.
Job 5. 26.

b ch. 35. 29.
49. 33.

c De.33.13..16
2 Ch. 21. 3.
Ezr. 1. 6.

d ch. 23. 16.

δ or, *a full year,* or, *ten* months.

e ch. 45. 9.
Is. 48. 15.

f Jos. 1. 8.

g Ps. 45. 10.

h ch. 35. 8.

i ch. 22. 17.
Ru.4.11,12.

ζ or, *Hadad.*
1 Ch. 1. 30.

k ch. 17. 20.

---

62 And Isaac came from the way of the well[a] Lahai-roi ; for he dwelt in the south country.

63 And Isaac went out β to[b] meditate in the field at the even-tide : and he lifted up his eyes, and saw, and, behold, the camels *were* coming.

64 And Rebekah lifted up her eyes, and when she saw Isaac, she lighted[e] off the camel.

65 For she *had* said unto the servant, What man *is* this that walketh in the field to meet us ? And the servant *had* said, It *is* my master : therefore she took a vail,[f] and covered herself.

66 And the servant told Isaac all things that he had done.

67 And Isaac brought her into his mother Sarah's tent,[g] and took Rebekah, and she became his wife ; and he loved her : and Isaac[h] was comforted after his mother's *death.*

CHAP. XXV.

THEN again Abraham took a wife, and her name *was*[k] Keturah.

2 And she bare him Zimran, and Jokshan, and Medan, and Midian,[m] and Ishbak, and Shuah.[n]

3 And Jokshan begat Sheba,[o] and Dedan.[r] And the sons of Dedan were Asshurim, and Letushim, and Leummim.

4 And the sons of Midian ; Ephah,[s] and Epher, and Hanoch, and Abidah, and Eldaah. All these *were* the children of Keturah.

5 And Abraham gave all that he had unto Isaac.

6 But unto the sons of the concubines, which Abraham had, Abraham gave gifts, and sent them away[v] from Isaac his son (while he yet lived), eastward, unto[y] the east country.

7 And these *are* the days of the years of Abraham's life which he lived, an hundred threescore and fifteen years.

8 Then Abraham gave up the ghost, and died in a good[a] old age, an old man, & full *of years;* and was gathered[b] to his people.

9 And his sons Isaac and Ishmael buried him in the cave of Machpelah, in the field of Ephron the son of Zohar the Hittite, which *is* before Mamre ;

10 The field which Abraham purchased of the sons of Heth :[d] there was Abraham buried, and Sarah his wife.

11 And it came to pass after the death of Abraham, that God blessed his son Isaac : and Isaac dwelt by the well Lahai-roi.

12 Now these *are* the generations of Ishmael, Abraham's son, whom Hagar the Egyptian, Sarah's handmaid, bare unto Abraham.

13 And these *are* the names of the sons of Ishmael, by their names, according to their generations : the first-born of Ishmael, Nebajoth ; and Kedar, and Adbeel, and Mibsam,

14 And Mishma, and Dumah, and Massa,

15 ζ Hadar, and Tema, Jetur, Naphish, and Kedemah :

16 These *are* the sons of Ishmael, and these *are* their names, by their towns, and by their castles ; twelve[k] princes according to their nations.

17 And these *are* the years of the life of Ishmael, an hundred and thirty and seven years : and he gave up the ghost and died, and was gathered unto his people.

מֵחֲוִילָה עַד־שׁוּר אֲשֶׁר עַל־פְּנֵי מִצְרַיִם בֹּאֲכָה
אַשּׁוּרָה עַל־פְּנֵי כָל־אֶחָיו נָפָל׃

פ פ פ   ו

19 וְאֵלֶּה תּוֹלְדֹת יִצְחָק בֶּן־אַבְרָהָם אַבְרָהָם הוֹלִיד
20 אֶת־יִצְחָק׃ וַיְהִי יִצְחָק בֶּן־אַרְבָּעִים שָׁנָה
בְּקַחְתּוֹ אֶת־רִבְקָה בַּת־בְּתוּאֵל הָאֲרַמִּי מִפַּדַּן אֲרָם
21 אֲחוֹת לָבָן הָאֲרַמִּי לוֹ לְאִשָּׁה׃ וַיֶּעְתַּר יִצְחָק
לַיהֹוָה לְנֹכַח אִשְׁתּוֹ כִּי עֲקָרָה הִוא וַיֵּעָתֶר
22 לוֹ יְהֹוָה וַתַּהַר רִבְקָה אִשְׁתּוֹ׃ וַיִּתְרֹצֲצוּ הַבָּנִים
בְּקִרְבָּהּ וַתֹּאמֶר אִם־כֵּן לָמָּה זֶּה אָנֹכִי וַתֵּלֶךְ
23 לִדְרֹשׁ אֶת־יְהֹוָה׃ וַיֹּאמֶר יְהֹוָה לָהּ שְׁנֵי גֹיִים
בְּבִטְנֵךְ וּשְׁנֵי לְאֻמִּים מִמֵּעַיִךְ יִפָּרֵדוּ וּלְאֹם מִלְאֹם
24 יֶאֱמָץ וְרַב יַעֲבֹד צָעִיר׃ וַיִּמְלְאוּ יָמֶיהָ לָלֶדֶת
25 וְהִנֵּה תוֹמִם בְּבִטְנָהּ׃ וַיֵּצֵא הָרִאשׁוֹן אַדְמוֹנִי
26 כֻּלּוֹ כְּאַדֶּרֶת שֵׂעָר וַיִּקְרְאוּ שְׁמוֹ עֵשָׂו׃ וְאַחֲרֵי־
כֵן יָצָא אָחִיו וְיָדוֹ אֹחֶזֶת בַּעֲקֵב עֵשָׂו וַיִּקְרָא
שְׁמוֹ יַעֲקֹב וְיִצְחָק בֶּן־שִׁשִּׁים שָׁנָה בְּלֶדֶת אֹתָם׃
27 וַיִּגְדְּלוּ הַנְּעָרִים וַיְהִי עֵשָׂו אִישׁ יֹדֵעַ צַיִד אִישׁ
28 שָׂדֶה וְיַעֲקֹב אִישׁ תָּם יֹשֵׁב אֹהָלִים׃ וַיֶּאֱהַב יִצְחָק
אֶת־עֵשָׂו כִּי־צַיִד בְּפִיו וְרִבְקָה אֹהֶבֶת אֶת־יַעֲקֹב׃
29 וַיָּזֶד יַעֲקֹב נָזִיד וַיָּבֹא עֵשָׂו מִן־הַשָּׂדֶה וְהוּא עָיֵף׃
30 וַיֹּאמֶר עֵשָׂו אֶל־יַעֲקֹב הַלְעִיטֵנִי נָא מִן־
הָאָדֹם הָאָדֹם הַזֶּה כִּי עָיֵף אָנֹכִי עַל־כֵּן קָרָא־
31 שְׁמוֹ אֱדוֹם׃ וַיֹּאמֶר יַעֲקֹב מִכְרָה כַיּוֹם אֶת־
32 בְּכֹרָתְךָ לִי׃ וַיֹּאמֶר עֵשָׂו הִנֵּה אָנֹכִי הוֹלֵךְ
33 לָמוּת וְלָמָּה־זֶּה לִי בְּכֹרָה׃ וַיֹּאמֶר יַעֲקֹב הִשָּׁבְעָה
לִּי כַּיּוֹם וַיִּשָּׁבַע לוֹ וַיִּמְכֹּר אֶת־בְּכֹרָתוֹ לְיַעֲקֹב׃
34 וְיַעֲקֹב נָתַן לְעֵשָׂו לֶחֶם וּנְזִיד עֲדָשִׁים וַיֹּאכַל
וַיֵּשְׁתְּ וַיָּקָם וַיֵּלַךְ וַיִּבֶז עֵשָׂו אֶת־הַבְּכֹרָה׃ פ

CAP. XXVI. כו

1 וַיְהִי רָעָב בָּאָרֶץ מִלְּבַד הָרָעָב הָרִאשׁוֹן אֲשֶׁר
הָיָה בִּימֵי אַבְרָהָם וַיֵּלֶךְ יִצְחָק אֶל־אֲבִימֶלֶךְ מֶלֶךְ
2 פְּלִשְׁתִּים גְּרָרָה׃ וַיֵּרָא אֵלָיו יְהֹוָה וַיֹּאמֶר אַל־
תֵּרֵד מִצְרָיְמָה שְׁכֹן בָּאָרֶץ אֲשֶׁר אֹמַר אֵלֶיךָ׃
3 גּוּר בָּאָרֶץ הַזֹּאת וְאֶהְיֶה עִמְּךָ וַאֲבָרְכֶךָּ כִּי־לְךָ
וּלְזַרְעֲךָ אֶתֵּן אֶת־כָּל־הָאֲרָצֹת הָאֵל וַהֲקִמֹתִי אֶת־
4 הַשְּׁבֻעָה אֲשֶׁר נִשְׁבַּעְתִּי לְאַבְרָהָם אָבִיךָ׃ וְהִרְבֵּיתִי
אֶת־זַרְעֲךָ כְּכוֹכְבֵי הַשָּׁמַיִם וְנָתַתִּי לְזַרְעֲךָ אֶת

כָּל־הָאֲרָצֹת הָאֵל וְהִתְבָּרֲכוּ בְזַרְעֲךָ כֹּל גּוֹיֵי
5 הָאָרֶץ׃ עֵקֶב אֲשֶׁר־שָׁמַע אַבְרָהָם בְּקֹלִי וַיִּשְׁמֹר
6 מִשְׁמַרְתִּי מִצְוֹתַי חֻקּוֹתַי וְתוֹרֹתָי׃ וַיֵּשֶׁב יִצְחָק
7 בִּגְרָר׃ וַיִּשְׁאֲלוּ אַנְשֵׁי הַמָּקוֹם לְאִשְׁתּוֹ וַיֹּאמֶר
אֲחֹתִי הִוא כִּי יָרֵא לֵאמֹר אִשְׁתִּי פֶּן־יַהַרְגֻנִי
אַנְשֵׁי הַמָּקוֹם עַל־רִבְקָה כִּי־טוֹבַת מַרְאֶה הִוא׃
8 וַיְהִי כִּי אָרְכוּ־לוֹ שָׁם הַיָּמִים וַיַּשְׁקֵף אֲבִימֶלֶךְ
מֶלֶךְ פְּלִשְׁתִּים בְּעַד הַחַלּוֹן וַיַּרְא וְהִנֵּה יִצְחָק
9 מְצַחֵק אֵת רִבְקָה אִשְׁתּוֹ׃ וַיִּקְרָא אֲבִימֶלֶךְ לְיִצְחָק
וַיֹּאמֶר אַךְ הִנֵּה אִשְׁתְּךָ הִוא וְאֵיךְ אָמַרְתָּ אֲחֹתִי
הִוא וַיֹּאמֶר אֵלָיו יִצְחָק כִּי אָמַרְתִּי פֶּן־אָמוּת
10 עָלֶיהָ׃ וַיֹּאמֶר אֲבִימֶלֶךְ מַה־זֹּאת עָשִׂיתָ לָּנוּ
כִּמְעַט שָׁכַב אַחַד הָעָם אֶת־אִשְׁתֶּךָ וְהֵבֵאתָ
11 עָלֵינוּ אָשָׁם׃ וַיְצַו אֲבִימֶלֶךְ אֶת־כָּל־הָעָם לֵאמֹר
הַנֹּגֵעַ בָּאִישׁ הַזֶּה וּבְאִשְׁתּוֹ מוֹת יוּמָת׃ וַיִּזְרַע
12 יִצְחָק בָּאָרֶץ הַהִוא וַיִּמְצָא בַּשָּׁנָה הַהִוא מֵאָה
13 שְׁעָרִים וַיְבָרֲכֵהוּ יְהֹוָה׃ וַיִּגְדַּל הָאִישׁ וַיֵּלֶךְ הָלוֹךְ
14 וְגָדֵל עַד כִּי־גָדַל מְאֹד׃ וַיְהִי־לוֹ מִקְנֵה־צֹאן
וּמִקְנֵה בָקָר וַעֲבֻדָּה רַבָּה וַיְקַנְאוּ אֹתוֹ פְּלִשְׁתִּים׃
15 וְכָל־הַבְּאֵרֹת אֲשֶׁר חָפְרוּ עַבְדֵי אָבִיו בִּימֵי אַבְרָהָם
16 אָבִיו סִתְּמוּם פְּלִשְׁתִּים וַיְמַלְאוּם עָפָר׃ וַיֹּאמֶר
אֲבִימֶלֶךְ אֶל־יִצְחָק לֵךְ מֵעִמָּנוּ כִּי־עָצַמְתָּ מִמֶּנּוּ
17 מְאֹד׃ וַיֵּלֶךְ מִשָּׁם יִצְחָק וַיִּחַן בְּנַחַל־גְּרָר
18 וַיֵּשֶׁב שָׁם׃ וַיָּשָׁב יִצְחָק וַיַּחְפֹּר אֶת־בְּאֵרֹת
הַמַּיִם אֲשֶׁר חָפְרוּ בִּימֵי אַבְרָהָם אָבִיו וַיְסַתְּמוּם
פְּלִשְׁתִּים אַחֲרֵי מוֹת אַבְרָהָם וַיִּקְרָא לָהֶן שֵׁמוֹת
19 כַּשֵּׁמֹת אֲשֶׁר־קָרָא לָהֶן אָבִיו׃ וַיַּחְפְּרוּ עַבְדֵי־יִצְחָק
20 בַּנָּחַל וַיִּמְצְאוּ־שָׁם בְּאֵר מַיִם חַיִּים׃ וַיָּרִיבוּ רֹעֵי
גְרָר עִם־רֹעֵי יִצְחָק לֵאמֹר לָנוּ הַמָּיִם וַיִּקְרָא
21 שֵׁם־הַבְּאֵר עֵשֶׂק כִּי הִתְעַשְּׂקוּ עִמּוֹ׃ וַיַּחְפְּרוּ
בְּאֵר אַחֶרֶת וַיָּרִיבוּ גַּם־עָלֶיהָ וַיִּקְרָא שְׁמָהּ שִׂטְנָה׃
22 וַיַּעְתֵּק מִשָּׁם וַיַּחְפֹּר בְּאֵר אַחֶרֶת וְלֹא רָבוּ עָלֶיהָ
וַיִּקְרָא שְׁמָהּ רְחֹבוֹת וַיֹּאמֶר כִּי־עַתָּה הִרְחִיב
23 יְהֹוָה לָנוּ וּפָרִינוּ בָאָרֶץ׃ וַיַּעַל מִשָּׁם בְּאֵר שָׁבַע׃
24 וַיֵּרָא אֵלָיו יְהֹוָה בַּלַּיְלָה הַהוּא וַיֹּאמֶר אָנֹכִי אֱלֹהֵי
אַבְרָהָם אָבִיךָ אַל־תִּירָא כִּי־אִתְּךָ אָנֹכִי וּבֵרַכְתִּיךָ
25 וְהִרְבֵּיתִי אֶת־זַרְעֲךָ בַּעֲבוּר אַבְרָהָם עַבְדִּי׃ וַיִּבֶן
שָׁם מִזְבֵּחַ וַיִּקְרָא בְּשֵׁם יְהֹוָה וַיֶּט־שָׁם אָהֳלוֹ

18 And they dwelt from *a* Havilah unto Shur, that *is* before Egypt, as thou goest toward Assyria: *and* he β died in the presence of all his brethren.

19 And these *are* the generations of Isaac, Abraham's son: Abraham begat Isaac:

20 And Isaac was forty years old when he took Rebekah to wife,*e* the daughter of Bethuel *f* the Syrian of Padan-aram, the sister to Laban the Syrian.

21 And Isaac entreated the LORD *g* for his wife, because she *was* barren: and the LORD was entreated of *h* him, and Rebekah his wife conceived.

22 And the children struggled together within her: and she said, If *it be* so, why *am* I thus? And she went to inquire *i* of the LORD.

23 And the LORD said unto her, Two nations *are* in thy womb, and two manner of people shall be separated from thy bowels; and *the one* people shall be stronger than *the other* people; and the elder shall serve *l* the younger.

24 And when her days to be delivered were fulfilled, behold, *there were* twins in her womb.

25 And the first came out red, all over like an hairy garment; and they called his name Esau.

26 And after that came his brother out, and his hand took hold on Esau's heel; *n* and his name was called Jacob: and Isaac *was* threescore years old when she bare them.

27 And the boys grew: and Esau was a cunning *p* hunter, a man of the field; and Jacob *was* a plain man, dwelling in *q* tents.

28 And Isaac loved Esau, because η he did eat of *his* venison; *r* but Rebekah loved Jacob.

29 And Jacob sod pottage: and Esau came from the field, and he *was* faint:

30 And Esau said to Jacob, Feed me, I pray thee, θ with that same red *pottage;* for I *am* faint: therefore was his name called κ Edom.

31 And Jacob said, Sell me this day thy birth-right.

32 And Esau said, Behold, I *am* λ at the point to die; and what profit *t* shall this birth-right do to me?

33 And Jacob said, Swear to me this day; and he sware unto him: and he sold his birth-right *u* unto Jacob.

34 Then Jacob gave Esau bread and pottage of lentiles; and he did eat *v* and drink, and rose up, and went his way. Thus Esau despised *x his* birth-right.

CHAP. XXVI.

AND there was a famine in the land, beside the first famine *y* that was in the days of Abraham. And Isaac went unto Abimelech *z* king of the Philistines, unto Gerar.

2 And the LORD appeared unto him, and said, Go not down into Egypt; dwell in the land which I shall tell thee of.

3 Sojourn *a* in this land, and I will be with thee,*b* and will bless thee: for unto thee, and unto thy seed, I will give all *c* these countries; and I will perform the oath *d* which I sware unto Abraham thy father.

4 And I will make thy seed to multiply as the stars of heaven, and will give unto thy seed all these countries; and in thy seed *f* shall all the nations of the earth be blessed;

5 Because that Abraham obeyed my

B. C. 1773.

a 1 Sa. 15. 7.
b ch. 22. 16.
β *fell.*
c ch. 20. 2, 13.
d Pr. 29. 25.
e ch. 24. 67.
f ch. 28. 5.
g 1 Sa. 1. 11.
  Lu. 1. 13.
h 1 Ch. 5. 20.
  2 Ch. 33. 13.
  Ezr. 8. 23.
  Ps. 145. 19.
  Pr. 10. 24.
  Ro. 9. 10.
i 1 Sa. 22. 15.
  Eze. 20. 31.
  36. 37.
k ch. 20. 9.
l ch. 27. 29.
  Ps. 60. 8.
  Is. 63. 1., 6.
  Ob. 1., 16.
  Mal. 1. 2. 4.
  Ro. 9. 10. .12.
m Ps. 105. 15.
  Pr. 6. 29.
γ *found.*
δ *went going*
n Ho. 12. 3.
ζ or, *husbandry.*
o Ec. 4. 4.
p ch. 27. 3.
q He. 11. 9.
η *venison was in his mouth.*
r ch. 27. 19.
s Ex. 1. 9.
θ *with that red,* with that *red* pottage.
κ i. e. *red.*
λ *going to die.*
t Job 21. 15.
  Mal. 3. 14.
u ch. 27. 36.
  36. 6.
  He. 12. 16.
μ *living.*
v Is. 22. 13.
  1 Co. 15. 32.
x Ps. 106. 24.
  Mat. 22. 5.
  Ac. 13. 41.
v i. e. *contention.*
y ch. 12. 10.
π i. e. *hatred.*
z ch. 20. 2.
ρ i. e. *room.*
a Ps. 39. 12.
  He. 11. 9.
  13. 16.
b ch. 28. 15.
  Is. 43. 2, 5.
c ch. 13. 15.
  15. 18.
  22. 16.
d Ps. 105. 9.
  Mi. 7. 20.
e Ps. 27. 1, 3.
  Is. 41. 10.
  51. 12.
f ch. 22. 18.
  Ps. 72. 17.
g ch. 35. 1.

---

voice,*b* and kept my charge, my commandments, my statutes, and my laws.

6 And Isaac dwelt in Gerar.

7 And the men of the place asked *him* of his wife: and he said,*c* She *is* my sister: for he feared *d* to say, She *is* my wife; lest, *said he,* the men of the place should kill me for Rebekah, because she *was* fair to look upon.

8 And it came to pass, when he had been there a long time, that Abimelech, king of the Philistines, looked out at a window, and saw, and, behold, Isaac *was* sporting with Rebekah his wife.

9 And Abimelech called Isaac, and said, Behold, of a surety she *is* thy wife: and how saidst thou, She *is* my sister? And Isaac said unto him, Because I said, Lest I die for her.

10 And Abimelech said, What *is* this thou hast done *k* unto us? one of the people might lightly have lien with thy wife, and thou shouldest have brought guiltiness upon us.

11 And Abimelech charged all *his* people, saying, He that toucheth *m* this man, or his wife, shall surely be put to death.

12 Then Isaac sowed in that land, and received γ in the same year an hundredfold: and the LORD blessed him.

13 And the man waxed great, and went forward,δ and grew until he became very great.

14 For he had possession of flocks, and possession of herds, and great store of ζ servants. And the Philistines *o* envied him.

15 For all the wells which his father's servants had digged, in the days of Abraham his father, the Philistines had stopped them, and filled them with earth.

16 And Abimelech said unto Isaac, Go from us; for thou art much *s* mightier than we.

17 And Isaac departed thence, and pitched his tent in the valley of Gerar, and dwelt there.

18 And Isaac digged again the wells of water which they had digged in the days of Abraham his father; for the Philistines had stopped them after the death of Abraham: and he called their names after the names by which his father had called them.

19 And Isaac's servants digged in the valley, and found there a well of μ springing water.

20 And the herdmen of Gerar did strive with Isaac's herdmen, saying, The water *is* our's: and he called the name of the well Esek; *v* because they strove with him.

21 And they digged another well, and strove for that also: and he called the name of it π Sitnah.

22 And he removed from thence, and digged another well; and for that they strove not: and he called the name of it ρ Rehoboth; and he said, For now the LORD hath made room for us, and we shall be fruitful in the land.

23 And he went up from thence to Beer-sheba.

24 And the LORD appeared unto him the same night, and said, I *am* the God of Abraham thy father; fear not,*e* for I *am* with thee, and will bless thee, and multiply thy seed, for my servant Abraham's sake.

25 And he *g* builded an altar there, and

17

26 וַיִּכְרְתֵֽשָׁם עַבְדֵֽי־יִצְחָק בְּאֵֽר׃ וַאֲבִימֶלֶךְ הָלַךְ
אֵלָיו מִמִּצְרָיִם וַאֲחֻזַּת מֵרֵעֵהוּ וּפִיכֹל שַׂר־צְבָאֽוֹ׃
27 וַיֹּאמֶר אֲלֵהֶם יִצְחָק מַדּוּעַ בָּאתֶם אֵלָי וְאַתֶּם
28 שְׂנֵאתֶם אֹתִי וַתְּשַׁלְּחוּנִי מֵאִתְּכֶם׃ וַיֹּאמְרוּ
רָאוֹ רָאִינוּ כִּי־הָיָה יְהוָה עִמָּךְ וַנֹּאמֶר תְּהִי נָא
אָלָה בֵּינוֹתֵינוּ בֵּינֵינוּ וּבֵינֶךָ וְנִכְרְתָה בְרִית עִמָּךְ׃
29 אִם־תַּעֲשֵׂה עִמָּנוּ רָעָה כַּאֲשֶׁר לֹא נְגַעֲנוּךָ
וְכַאֲשֶׁר עָשִׂינוּ עִמְּךָ רַק־טוֹב וַנְּשַׁלֵּחֲךָ בְּשָׁלוֹם
30 אַתָּה עַתָּה בְּרוּךְ יְהוָה׃ וַיַּעַשׂ לָהֶם מִשְׁתֶּה
31 וַיֹּאכְלוּ וַיִּשְׁתּוּ׃ וַיַּשְׁכִּימוּ בַבֹּקֶר וַיִּשָּׁבְעוּ אִישׁ
לְאָחִיו וַיְשַׁלְּחֵם יִצְחָק וַיֵּלְכוּ מֵאִתּוֹ בְּשָׁלֽוֹם׃
32 וַיְהִי בַּיּוֹם הַהוּא וַיָּבֹאוּ עַבְדֵי יִצְחָק וַיַּגִּדוּ לוֹ
עַל־אֹדוֹת הַבְּאֵר אֲשֶׁר חָפָרוּ וַיֹּאמְרוּ לוֹ מָצָאנוּ
33 מָיִם׃ וַיִּקְרָא אֹתָהּ שִׁבְעָה עַל־כֵּן שֵׁם־הָעִיר
34 בְּאֵר שֶׁבַע עַד הַיּוֹם הַזֶּה׃ ס וַיְהִי
עֵשָׂו בֶּן־אַרְבָּעִים שָׁנָה וַיִּקַּח אִשָּׁה אֶת־יְהוּדִית
בַּת־בְּאֵרִי הַחִתִּי וְאֶת־בָּשְׂמַת בַּת־אֵילֹן הַחִתִּֽי׃
35 וַתִּהְיֶיןָ מֹרַת רוּחַ לְיִצְחָק וּלְרִבְקָֽה׃ ס

CAP. XXVII. כז

1 וַיְהִי כִּי־זָקֵן יִצְחָק וַתִּכְהֶיןָ עֵינָיו מֵרְאֹת וַיִּקְרָא
אֶת־עֵשָׂו ׀ בְּנוֹ הַגָּדֹל וַיֹּאמֶר אֵלָיו בְּנִי וַיֹּאמֶר
2 אֵלָיו הִנֵּֽנִי׃ וַיֹּאמֶר הִנֵּה־נָא זָקַנְתִּי לֹא יָדַעְתִּי
3 יוֹם מוֹתִֽי׃ וְעַתָּה שָׂא־נָא כֵלֶיךָ תֶּלְיְךָ וְקַשְׁתֶּךָ
4 וְצֵא הַשָּׂדֶה וְצוּדָה לִּי צָיִד׃ וַעֲשֵׂה־לִי
מַטְעַמִּים כַּאֲשֶׁר אָהַבְתִּי וְהָבִיאָה לִּי וְאֹכֵלָה
5 בַּעֲבוּר תְּבָרֶכְךָ נַפְשִׁי בְּטֶרֶם אָמֽוּת׃ וְרִבְקָה
שֹׁמַעַת בְּדַבֵּר יִצְחָק אֶל־עֵשָׂו בְּנוֹ וַיֵּלֶךְ עֵשָׂו
6 הַשָּׂדֶה לָצוּד צַיִד לְהָבִֽיא׃ וְרִבְקָה אָמְרָה אֶל־
יַעֲקֹב בְּנָהּ לֵאמֹר הִנֵּה שָׁמַעְתִּי אֶת־אָבִיךָ מְדַבֵּר
7 אֶל־עֵשָׂו אָחִיךָ לֵאמֹֽר׃ הָבִיאָה לִּי צַיִד וַעֲשֵׂה־
לִי מַטְעַמִּים וְאֹכֵלָה וַאֲבָרֶכְכָה לִפְנֵי יְהוָה לִפְנֵי
8 מוֹתִֽי׃ וְעַתָּה בְנִי שְׁמַע בְּקֹלִי לַאֲשֶׁר אֲנִי מְצַוָּה
9 אֹתָֽךְ׃ לֶךְ־נָא אֶל־הַצֹּאן וְקַח־לִי מִשָּׁם שְׁנֵי
גְּדָיֵי עִזִּים טֹבִים וְאֶעֱשֶׂה אֹתָם מַטְעַמִּים לְאָבִיךָ
10 כַּאֲשֶׁר אָהֵֽב׃ וְהֵבֵאתָ לְאָבִיךָ וְאָכָל בַּעֲבֻר אֲשֶׁר
11 יְבָרֶכְךָ לִפְנֵי מוֹתֽוֹ׃ וַיֹּאמֶר יַעֲקֹב אֶל־רִבְקָה אִמּוֹ
הֵן עֵשָׂו אָחִי אִישׁ שָׂעִר וְאָנֹכִי אִישׁ חָלָֽק׃

---

12 אוּלַי יְמֻשֵּׁנִי אָבִי וְהָיִיתִי בְעֵינָיו כִּמְתַעְתֵּעַ
13 וְהֵבֵאתִי עָלַי קְלָלָה וְלֹא בְרָכָֽה׃ וַתֹּאמֶר לוֹ אִמּוֹ
עָלַי קִלְלָתְךָ בְּנִי אַךְ שְׁמַע בְּקֹלִי וְלֵךְ קַח־לִֽי׃
14 וַיֵּלֶךְ וַיִּקַּח וַיָּבֵא לְאִמּוֹ וַתַּעַשׂ אִמּוֹ מַטְעַמִּים
15 כַּאֲשֶׁר אָהֵב אָבִֽיו׃ וַתִּקַּח רִבְקָה אֶת־בִּגְדֵי עֵשָׂו
בְּנָהּ הַגָּדֹל הַחֲמֻדֹת אֲשֶׁר אִתָּהּ בַּבָּיִת וַתַּלְבֵּשׁ
16 אֶת־יַעֲקֹב בְּנָהּ הַקָּטָֽן׃ וְאֵת עֹרֹת גְּדָיֵי הָעִזִּים
17 הִלְבִּישָׁה עַל־יָדָיו וְעַל חֶלְקַת צַוָּארָֽיו׃ וַתִּתֵּן
אֶת־הַמַּטְעַמִּים וְאֶת־הַלֶּחֶם אֲשֶׁר עָשָׂתָה בְּיַד
18 יַעֲקֹב בְּנָֽהּ׃ וַיָּבֹא אֶל־אָבִיו וַיֹּאמֶר אָבִי וַיֹּאמֶר
19 הִנֶּנִּי מִי אַתָּה בְּנִֽי׃ וַיֹּאמֶר יַעֲקֹב אֶל־אָבִיו אָנֹכִי
עֵשָׂו בְּכֹרֶךָ עָשִׂיתִי כַּאֲשֶׁר דִּבַּרְתָּ אֵלָי קֽוּם־נָא
שְׁבָה וְאָכְלָה מִצֵּידִי בַּעֲבוּר תְּבָרֲכַנִּי נַפְשֶֽׁךָ׃
20 וַיֹּאמֶר יִצְחָק אֶל־בְּנוֹ מַה־זֶּה מִהַרְתָּ לִמְצֹא בְּנִי
21 וַיֹּאמֶר כִּי הִקְרָה יְהוָה אֱלֹהֶיךָ לְפָנָֽי׃ וַיֹּאמֶר
יִצְחָק אֶל־יַעֲקֹב גְּשָׁה־נָּא וַאֲמֻֽשְׁךָ בְּנִי הַאַתָּה זֶה
22 בְּנִי עֵשָׂו אִם־לֹֽא׃ וַיִּגַּשׁ יַעֲקֹב אֶל־יִצְחָק אָבִיו
וַיְמֻשֵּׁהוּ וַיֹּאמֶר הַקֹּל קוֹל יַעֲקֹב וְהַיָּדַיִם יְדֵי
23 עֵשָֽׂו׃ וְלֹא הִכִּירוֹ כִּי־הָיוּ יָדָיו כִּידֵי עֵשָׂו אָחִיו
24 שְׂעִרֹת וַֽיְבָרֲכֵֽהוּ׃ וַיֹּאמֶר אַתָּה זֶה בְּנִי עֵשָׂו
25 וַיֹּאמֶר אָֽנִי׃ וַיֹּאמֶר הַגִּשָׁה לִּי וְאֹכְלָה מִצֵּיד
בְּנִי לְמַעַן תְּבָרֶכְךָ נַפְשִׁי וַיַּגֶּשׁ־לוֹ וַיֹּאכַל וַיָּבֵא
26 לוֹ יַיִן וַיֵּֽשְׁתְּ׃ וַיֹּאמֶר אֵלָיו יִצְחָק אָבִיו גְּשָׁה־נָּא
27 וּשְׁקָה־לִּי בְּנִֽי׃ וַיִּגַּשׁ וַיִּשַּׁק־לוֹ וַיָּרַח אֶת־רֵיחַ
בְּגָדָיו וַֽיְבָרֲכֵהוּ וַיֹּאמֶר רְאֵה רֵיחַ בְּנִי כְּרֵיחַ
28 שָׂדֶה אֲשֶׁר בֵּרֲכוֹ יְהוָֽה׃ וְיִֽתֶּן־לְךָ הָאֱלֹהִים
מִטַּל הַשָּׁמַיִם וּמִשְׁמַנֵּי הָאָרֶץ וְרֹב דָּגָן וְתִירֹֽשׁ׃
29 יַֽעַבְדוּךָ עַמִּים וְיִֽשְׁתַּֽחֲווּ לְךָ לְאֻמִּים הֱוֵה גְבִיר
לְאַחֶיךָ וְיִשְׁתַּחֲווּ לְךָ בְּנֵי אִמֶּךָ אֹרְרֶיךָ אָרוּר
30 וּמְבָרֲכֶיךָ בָּרֽוּךְ׃ וַיְהִי כַּאֲשֶׁר כִּלָּה יִצְחָק לְבָרֵךְ
אֶת־יַעֲקֹב וַיְהִי אַךְ יָצֹא יָצָא יַעֲקֹב מֵאֵת פְּנֵי
31 יִצְחָק אָבִיו וְעֵשָׂו אָחִיו בָּא מִצֵּידֽוֹ׃ וַיַּעַשׂ
גַּם־הוּא מַטְעַמִּים וַיָּבֵא לְאָבִיו וַיֹּאמֶר לְאָבִיו
יָקֻם אָבִי וְיֹאכַל מִצֵּיד בְּנוֹ בַּעֲבֻר תְּבָרֲכַנִּי נַפְשֶֽׁךָ׃
32 וַיֹּאמֶר לוֹ יִצְחָק אָבִיו מִי־אָתָּה וַיֹּאמֶר אֲנִי בִּנְךָ
33 בְכֹרְךָ עֵשָֽׂו׃ וַיֶּחֱרַד יִצְחָק חֲרָדָה גְּדֹלָה עַד־
מְאֹד וַיֹּאמֶר מִֽי־אֵפוֹא הוּא הַצָּֽד־צַיִד וַיָּבֵא לִי

called upon the name of the LORD, and pitched his tent there: and there Isaac's servants digged a well.

26 Then Abimelech went to him from Gerar, and Ahuzzath one of his friends, and Phichol [b] the chief captain of his army.

27 And Isaac said unto them, Wherefore come ye to me, seeing ye hate [d] me, and have sent me away [e] from you?

28 And they said, [γ] We saw certainly that the LORD was with thee: and we said, Let there be now an oath [f] betwixt us, *even* betwixt us and thee, and let us make a covenant with thee;

29 That [δ] thou wilt do us no hurt, as we have not touched thee, and as we have done unto thee nothing but good, and have sent thee away in peace: thou *art* now the blessed [g] of the LORD.

30 And he made them [h] a feast, and they did eat and drink.

31 And they rose up betimes in the morning, and sware one to another: and Isaac sent them away, and they departed from him in peace.

32 And it came to pass the same day, that Isaac's servants came, and told him concerning the well which they had digged, and said unto him, We have found water.

33 And he called it [θ] Shebah: therefore the name of the city *is* [θ] Beer-sheba unto this day.

34 And Esau was forty years old when he took to wife Judith the daughter of Beeri the Hittite, and Bashemath [m] the daughter of Elon the Hittite:

35 Which were [κ] a grief of mind unto Isaac and to Rebekah.

CHAP. XXVII.

AND it came to pass, that when Isaac was old, and his eyes were dim, [o] so that he could not see, he called Esau his eldest son, and said unto him, My son: And he said unto him, Behold, here *am* I.

2 And he said, Behold now, I am old, I know not [q] the day of my death:

3 Now therefore take, I pray thee, thy weapons, thy quiver and thy bow, and go out to the field, and take [λ] me *some* venison;

4 And make me savoury meat, such as I love, and bring *it* to me, that I may eat; that my soul [t] may bless thee before I die.

5 And Rebekah heard when Isaac spake to Esau his son. And Esau went to the field to hunt *for* venison, *and* to bring *it*.

6 And Rebekah spake unto Jacob her son, saying, Behold, I heard thy father speak unto Esau thy brother, saying,

7 Bring me venison, and make me savoury meat, that I may eat, and bless thee before the LORD, before my death.

8 Now therefore, my son, obey my voice, [z] according to that which I command thee.

9 Go now to the flock, and fetch me from thence two good kids of the goats: and I will make them savoury meat [a] for thy father, such as he loveth:

10 And thou shalt bring *it* to thy father, that he may eat, and that he may bless thee before his death.

11 And Jacob said to Rebekah his mother, Behold, Esau my brother *is* a hairy [b] man, and I *am* a smooth man:

12 My father peradventure will [c] feel me, and I shall seem to him as a deceiver; and I shall bring a [d] curse upon me, and not a blessing.

B. C. 1800.

a 1 Sa. 25. 24.
2 Sa. 14. 9.
Mat. 27. 25.
b ch. 21. 22.
c ch. 25. 28.
Pr. 23. 3.
Lu. 21. 34.
β desirable.
d Ju. 11. 7.
e ver. 16.
γ seeing we saw.
f ch. 21. 23.
δ if thou shalt, &c.
g ch. 24. 31.
Ps. 115. 15.
h ch. 19. 3.
31. 54.
i 1 Ki. 13. 18.
14. 2.
Is. 28. 15.
Zec. 13. 4.
k Ex. 20. 7.
Job 13. 7.
ζ before me.
η i. e. an oath.
θ i. e. the well of the oath.
l ver. 12
m ch. 36. 2.
κ bitterness of spirit.
n ver. 16.
o ch. 48. 10.
1 Sa. 3. 2.
Ec. 12. 3.
p 2 Sa. 14. 5.
Pr. 13. 19, 22.
Ep. 4. 25.
q Pr. 27. 1.
Lu. 12. 40.
Jn. 4. 14.
λ hunt.
r He. 11. 20.
s Ca. 4. 11.
Ho. 14. 6.
t c. 48. 9; 49. 28.
De. 33. 1.
u He. 6. 7.
v De. 33. 13, 28.
2 Sa. 1. 21.
Ps. 133. 3.
Mi. 5. 7.
x ch. 49. 8.
y Nu. 24. 9.
Zep. 2. 8.
z ver. 13.
a ver. 4.
b ch. 25. 25.
c ver. 22.
d ch. 9. 25.
De. 27. 18.
μ trembled with a great trembling greatly.
ν hunted.
e ver. 25.

---

13 And his mother said unto him, Upon me [a] *be* thy curse, my son: only obey my voice, and go fetch me *them.*

14 And he went, and fetched, and brought *them* to his mother: and his mother made savoury meat, [c] such as his father loved.

15 And Rebekah took [β] goodly raiment of her eldest son Esau, which *were* with her in the house, and put them upon Jacob her younger son:

16 And she put the skins of the kids of the goats upon his hands, and upon the smooth of his neck:

17 And she gave the savoury meat, and the bread, which she had prepared, into the hand of her son Jacob.

18 And he came unto his father, and said, My father: And he said, Here *am* I; who *art* thou, my son?

19 And Jacob said unto his father, I *am* Esau thy first-born; [i] I have done according as thou badest me: arise, I pray thee, sit and eat of my venison, that thy soul may bless me.

20 And Isaac said unto his son, How *is it* that thou hast found *it* so quickly, my son? And he said, Because [k] the LORD thy God brought *it* [ζ] to me.

21 And Isaac said unto Jacob, Come near, I pray thee, that I may feel [l] thee, my son, whether thou *be* my very son Esau, or not.

22 And Jacob went near unto Isaac his father; and he felt him, and said, The voice *is* Jacob's voice, but the hands *are* the hands of Esau.

23 And he discerned him not, because his hands [n] were hairy, as his brother Esau's hands: so he blessed him.

24 And he said, *Art* thou my very son Esau? And he said, [p] I *am.*

25 And he said, Bring *it* near to me, and I will eat of my son's venison, that my soul may bless thee. And he brought *it* near to him, and he did eat: and he brought him wine, and he drank.

26 And his father Isaac said unto him, Come near now, and kiss me, my son.

27 And he came near, and kissed him: and he smelled the smell of his raiment, and blessed [r] him, and said, See, [s] the smell of my son *is* as the smell of a field which the LORD hath blessed: [u]

28 Therefore God give thee of [v] the dew of heaven, and the fatness of the earth, and plenty of corn and wine:

29 Let people serve thee, and nations bow down to thee: be lord over thy brethren, and let thy mother's sons [x] bow down to thee: cursed *be* every one that curseth thee; [y] and blessed *be* he that blesseth thee.

30 And it came to pass, as soon as Isaac had made an end of blessing Jacob, and Jacob was yet scarce gone out from the presence of Isaac his father, that Esau his brother came in from his hunting.

31 And he also had made savoury meat, and brought it unto his father, and said unto his father, Let my father arise, and eat of his son's venison, that thy soul may bless me.

32 And Isaac his father said unto him, Who *art* thou? And he said, I *am* thy son, thy first-born, Esau.

33 And Isaac [μ] trembled very exceedingly, and said, Who? where *is* he that hath taken [ν] venison, and brought *it* me, and I have eaten of all before [e] thou camest, and

34 כִּשְׁמֹעַ עֵשָׂו אֶת־דִּבְרֵי אָבִיו וַיִּצְעַק צְעָקָה גְּדֹלָה וּמָרָה עַד־מְאֹד וַיֹּאמֶר לְאָבִיו בָּרֲכֵנִי גַם־אָנִי אָבִי׃

35 וַיֹּאמֶר בָּא אָחִיךָ בְּמִרְמָה וַיִּקַּח בִּרְכָתֶךָ׃

36 וַיֹּאמֶר הֲכִי קָרָא שְׁמוֹ יַעֲקֹב וַיַּעְקְבֵנִי זֶה פַעֲמַיִם אֶת־בְּכֹרָתִי לָקָח וְהִנֵּה עַתָּה לָקַח בִּרְכָתִי וַיֹּאמַר הֲלֹא־אָצַלְתָּ לִּי בְּרָכָה׃

37 וַיַּעַן יִצְחָק וַיֹּאמֶר לְעֵשָׂו הֵן גְּבִיר שַׂמְתִּיו לָךְ וְאֶת־כָּל־אֶחָיו נָתַתִּי לוֹ לַעֲבָדִים וְדָגָן וְתִירֹשׁ סְמַכְתִּיו וּלְכָה אֵפוֹא מָה אֶעֱשֶׂה בְּנִי׃

38 וַיֹּאמֶר עֵשָׂו אֶל־אָבִיו הַבְרָכָה אַחַת הִוא־לְךָ אָבִי בָּרֲכֵנִי גַם־אָנִי אָבִי וַיִּשָּׂא עֵשָׂו קֹלוֹ וַיֵּבְךְּ׃

39 וַיַּעַן יִצְחָק אָבִיו וַיֹּאמֶר אֵלָיו הִנֵּה מִשְׁמַנֵּי הָאָרֶץ יִהְיֶה מוֹשָׁבֶךָ וּמִטַּל הַשָּׁמַיִם מֵעָל׃

40 וְעַל־חַרְבְּךָ תִחְיֶה וְאֶת־אָחִיךָ תַּעֲבֹד וְהָיָה כַּאֲשֶׁר תָּרִיד וּפָרַקְתָּ עֻלּוֹ מֵעַל צַוָּארֶךָ׃

41 וַיִּשְׂטֹם עֵשָׂו אֶת־יַעֲקֹב עַל־הַבְּרָכָה אֲשֶׁר בֵּרֲכוֹ אָבִיו וַיֹּאמֶר עֵשָׂו בְּלִבּוֹ יִקְרְבוּ יְמֵי אֵבֶל אָבִי וְאַהַרְגָה אֶת־יַעֲקֹב אָחִי׃

42 וַיֻּגַּד לְרִבְקָה אֶת־דִּבְרֵי עֵשָׂו בְּנָהּ הַגָּדֹל וַתִּשְׁלַח וַתִּקְרָא לְיַעֲקֹב בְּנָהּ הַקָּטָן וַתֹּאמֶר אֵלָיו הִנֵּה עֵשָׂו אָחִיךָ מִתְנַחֵם לְךָ לְהָרְגֶךָ׃

43 וְעַתָּה בְנִי שְׁמַע בְּקֹלִי וְקוּם בְּרַח־לְךָ אֶל־לָבָן אָחִי חָרָנָה׃

44 וְיָשַׁבְתָּ עִמּוֹ יָמִים אֲחָדִים עַד אֲשֶׁר־תָּשׁוּב חֲמַת אָחִיךָ׃

45 עַד־שׁוּב אַף־אָחִיךָ מִמְּךָ וְשָׁכַח אֵת אֲשֶׁר־עָשִׂיתָ לּוֹ וְשָׁלַחְתִּי וּלְקַחְתִּיךָ מִשָּׁם לָמָה אֶשְׁכַּל גַּם־שְׁנֵיכֶם יוֹם אֶחָד׃

46 וַתֹּאמֶר רִבְקָה אֶל־יִצְחָק קַצְתִּי בְחַיַּי מִפְּנֵי בְּנוֹת חֵת אִם־לֹקֵחַ יַעֲקֹב אִשָּׁה מִבְּנוֹת־חֵת כָּאֵלֶּה מִבְּנוֹת הָאָרֶץ לָמָה לִּי חַיִּים׃

CAP. XXVIII. כח

1 וַיִּקְרָא יִצְחָק אֶל־יַעֲקֹב וַיְבָרֶךְ אֹתוֹ וַיְצַוֵּהוּ וַיֹּאמֶר לוֹ לֹא־תִקַּח אִשָּׁה מִבְּנוֹת כְּנָעַן׃

2 קוּם לֵךְ פַּדֶּנָה אֲרָם בֵּיתָה בְתוּאֵל אֲבִי אִמֶּךָ וְקַח־לְךָ מִשָּׁם אִשָּׁה מִבְּנוֹת לָבָן אֲחִי אִמֶּךָ׃

3 וְאֵל שַׁדַּי יְבָרֵךְ אֹתְךָ וְיַפְרְךָ וְיַרְבֶּךָ וְהָיִיתָ לִקְהַל עַמִּים׃

4 וְיִתֶּן־לְךָ אֶת־בִּרְכַּת אַבְרָהָם לְךָ וּלְזַרְעֲךָ אִתָּךְ לְרִשְׁתְּךָ אֶת־אֶרֶץ מְגֻרֶיךָ אֲשֶׁר־נָתַן אֱלֹהִים לְאַבְרָהָם׃

5 וַיִּשְׁלַח יִצְחָק אֶת־יַעֲקֹב וַיֵּלֶךְ פַּדֶּנָה אֲרָם אֶל־לָבָן בֶּן־בְּתוּאֵל הָאֲרַמִּי אֲחִי רִבְקָה אֵם יַעֲקֹב וְעֵשָׂו׃

6 וַיַּרְא עֵשָׂו כִּי־בֵרַךְ יִצְחָק אֶת־יַעֲקֹב וְשִׁלַּח אֹתוֹ פַּדֶּנָה אֲרָם לָקַחַת־לוֹ מִשָּׁם אִשָּׁה בְּבָרֲכוֹ אֹתוֹ וַיְצַו עָלָיו לֵאמֹר לֹא־תִקַּח אִשָּׁה מִבְּנוֹת כְּנָעַן׃

7 וַיִּשְׁמַע יַעֲקֹב אֶל־אָבִיו וְאֶל־אִמּוֹ וַיֵּלֶךְ פַּדֶּנָה אֲרָם׃

8 וַיַּרְא עֵשָׂו כִּי רָעוֹת בְּנוֹת כְּנָעַן בְּעֵינֵי יִצְחָק אָבִיו׃

9 וַיֵּלֶךְ עֵשָׂו אֶל־יִשְׁמָעֵאל וַיִּקַּח אֶת־מָחֲלַת בַּת־יִשְׁמָעֵאל בֶּן־אַבְרָהָם אֲחוֹת נְבָיוֹת עַל־נָשָׁיו לוֹ לְאִשָּׁה׃

ס ס ס 7

10 וַיֵּצֵא יַעֲקֹב מִבְּאֵר שָׁבַע וַיֵּלֶךְ חָרָנָה׃

11 וַיִּפְגַּע בַּמָּקוֹם וַיָּלֶן שָׁם כִּי־בָא הַשֶּׁמֶשׁ וַיִּקַּח מֵאַבְנֵי הַמָּקוֹם וַיָּשֶׂם מְרַאֲשֹׁתָיו וַיִּשְׁכַּב בַּמָּקוֹם הַהוּא׃

12 וַיַּחֲלֹם וְהִנֵּה סֻלָּם מֻצָּב אַרְצָה וְרֹאשׁוֹ מַגִּיעַ הַשָּׁמָיְמָה וְהִנֵּה מַלְאֲכֵי אֱלֹהִים עֹלִים וְיֹרְדִים בּוֹ׃

13 וְהִנֵּה יְהוָה נִצָּב עָלָיו וַיֹּאמַר אֲנִי יְהוָה אֱלֹהֵי אַבְרָהָם אָבִיךָ וֵאלֹהֵי יִצְחָק הָאָרֶץ אֲשֶׁר אַתָּה שֹׁכֵב עָלֶיהָ לְךָ אֶתְּנֶנָּה וּלְזַרְעֶךָ׃

14 וְהָיָה זַרְעֲךָ כַּעֲפַר הָאָרֶץ וּפָרַצְתָּ יָמָּה וָקֵדְמָה וְצָפֹנָה וָנֶגְבָּה וְנִבְרֲכוּ בְךָ כָּל־מִשְׁפְּחֹת הָאֲדָמָה וּבְזַרְעֶךָ׃

15 וְהִנֵּה אָנֹכִי עִמָּךְ וּשְׁמַרְתִּיךָ בְּכֹל אֲשֶׁר־תֵּלֵךְ וַהֲשִׁבֹתִיךָ אֶל־הָאֲדָמָה הַזֹּאת כִּי לֹא אֶעֱזָבְךָ עַד אֲשֶׁר אִם־עָשִׂיתִי אֵת אֲשֶׁר־דִּבַּרְתִּי לָךְ׃

16 וַיִּיקַץ יַעֲקֹב מִשְּׁנָתוֹ וַיֹּאמֶר אָכֵן יֵשׁ יְהוָה בַּמָּקוֹם הַזֶּה וְאָנֹכִי לֹא יָדָעְתִּי׃

17 וַיִּירָא וַיֹּאמַר מַה־נּוֹרָא הַמָּקוֹם הַזֶּה אֵין זֶה כִּי אִם־בֵּית אֱלֹהִים וְזֶה שַׁעַר הַשָּׁמָיִם׃

18 וַיַּשְׁכֵּם יַעֲקֹב בַּבֹּקֶר וַיִּקַּח אֶת־הָאֶבֶן אֲשֶׁר־שָׂם מְרַאֲשֹׁתָיו וַיָּשֶׂם אֹתָהּ מַצֵּבָה וַיִּצֹק שֶׁמֶן עַל־רֹאשָׁהּ׃

19 וַיִּקְרָא אֶת־שֵׁם־הַמָּקוֹם הַהוּא בֵּית־אֵל וְאוּלָם לוּז שֵׁם־הָעִיר לָרִאשֹׁנָה׃

20 וַיִּדַּר יַעֲקֹב נֶדֶר לֵאמֹר אִם־יִהְיֶה אֱלֹהִים עִמָּדִי וּשְׁמָרַנִי בַּדֶּרֶךְ הַזֶּה אֲשֶׁר אָנֹכִי הוֹלֵךְ וְנָתַן־לִי לֶחֶם לֶאֱכֹל וּבֶגֶד לִלְבֹּשׁ׃

21 וְשַׁבְתִּי בְשָׁלוֹם אֶל־בֵּית אָבִי וְהָיָה יְהוָה לִי לֵאלֹהִים׃

22 וְהָאֶבֶן הַזֹּאת אֲשֶׁר־שַׂמְתִּי מַצֵּבָה יִהְיֶה בֵּית אֱלֹהִים וְכֹל אֲשֶׁר תִּתֶּן־לִי עַשֵּׂר אֲעַשְּׂרֶנּוּ לָךְ׃

CAP. XXIX. כט

1 וַיִּשָּׂא יַעֲקֹב רַגְלָיו וַיֵּלֶךְ אַרְצָה בְנֵי־קֶדֶם׃

2 וַיַּרְא וְהִנֵּה בְאֵר בַּשָּׂדֶה וְהִנֵּה־שָׁם שְׁלֹשָׁה עֶדְרֵי־

have blessed him? yea,[a] *and* he shall be blessed.

34 And when Esau heard the words of his father, he cried with a great and exceeding bitter cry, and said unto his father, Bless me, *even* me also,[b] O my father!

35 And he said, Thy brother came with subtlety,[d] and hath taken away thy blessing.

36 And he said, Is not he rightly named Jacob?[β] for he hath supplanted me these two times: he took away my birth-right;[e] and, behold, now he hath taken away my blessing. And he said, Hast thou not reserved a blessing for me?

37 And Isaac answered and said unto Esau, Behold, I have made him thy lord,[g] and all his brethren have I given to him for servants; and with corn and wine have I [ζ] sustained him: and what shall I do now unto thee, my son?

38 And Esau said unto his father, Hast thou but one blessing, my father? bless me, *even* me also, O my father! And Esau lifted up his voice, and [i] wept.

39 And Isaac his father answered and said unto him, Behold, thy dwelling shall be [θ] the fatness of the earth, and of the dew of heaven from above:

40 And by thy sword shalt thou live, and[l] shalt serve thy brother: and it shall come to pass when thou shalt have the dominion, that thou[n] shalt break his yoke from off thy neck.

41 And Esau[p] hated Jacob because of the blessing wherewith his father blessed him: and Esau said in his heart, The days of mourning[r] for my father are at hand, then will I slay[s] my brother Jacob.

42 And these words of Esau her elder son were told to Rebekah. And she sent and called Jacob her younger son, and said unto him, Behold, thy brother Esau, as touching thee, doth[u] comfort himself, *purposing* to kill thee.

43 Now therefore, my son, obey my voice; and arise, flee thou to Laban my brother,[z] to Haran:

44 And tarry with him a few days, until thy brother's fury turn away;

45 Until thy brother's anger turn away from thee, and he forget *that* which thou hast done to him: then I will send, and fetch 'thee from thence. Why should I be deprived also of you both in one day?

46 And Rebekah said to Isaac, I am weary of my life[b] because of the daughters of Heth: if Jacob take a wife of the daughters of Heth, such as these *which are* of the daughters of the land, what good shall my life do me?

CHAP. XXVIII.

AND Isaac called Jacob, and blessed him, and charged him, and said unto him, Thou shalt not take a wife of the daughters of Canaan.[h]

2 Arise, go to Padan-aram,[i] to the house of Bethuel,[k] thy mother's father; and take thee a wife from thence of the daughters of Laban,[l] thy mother's brother.

3 And God Almighty bless thee, and make thee fruitful, and multiply thee, that thou mayest be [μ] a multitude of people;

4 And give thee[n] the blessing of Abraham, to thee, and to thy seed with thee; that thou mayest inherit[v] the land wherein thou art a stranger, which God gave

---

B. C. 1760.

a Ro. 11. 29.
b Pr. 1. 31.
  He. 12. 17.
c ch. 27. 33.
d 2 Ki. 10. 19.
  Mal. 2. 10.
  1 Th. 4. 6.
β i.e. *a supplanter.*
e ch. 25.26.34.
f ch. 27. 43.
g ver. 29.
  2 Sa. 8. 14.
γ were *evil in the eyes.*
δ ch. 36. 3,
  is called *Bashemath.*
ζ or, *supported.*
h Hos.12.12.
η called.
  Acts 7. 2.
  Charran.
i Is. 65. 14.
θ or, *of the fatness.*
k ch. 41. 1.
  Nu. 12. 6.
  Job 4. 13.
l ch. 25. 23.
  Ps. 60. 9,10.
  Ob. 18..20.
m Jnº. 1. 51.
  He. 1. 14.
n 2 Ki. 8. 20.
  2 Ch. 21. 8.
o ch. 26. 24.
  Ex. 3. 6.
  Mat. 22.32.
p ch. 4. 5.
  37. 4, 8.
q ch. 13. 16.
r ch. 50. 3.
κ *break forth.*
s ch. 32. 6.
  Ob. 10.
t ch. 18. 18.
  Ps. 64. 5.
u Job 20. 12.
v Jos. 1. 5.
  Ju. 6. 16.
w Ps.121.5..8.
x ch. 35. 6.
y He. 13. 5.
z ch. 11. 31.
a Ex.3. 5.
  Jos. 5. 15.
b ch. 26. 35.
c Nu. 7. 1.
λ *the house of God.*
d Ju.1.23,26.
  Hos.12.4.
e 2 Sa. 15. 8.
f De. 26. 17.
g ch.35.7,14.
h ch. 24. 3.
i Hos.12. 12.
k ch. 25. 20.
l ch. 24. 29.
m Le. 27. 30.
μ *assembly of people.*
n ch. 12. 2.
v *of thy sojournings.*
π *lift up his feet.*
ρ *children.*

---

unto Abraham.

5 And Isaac sent away Jacob: and he went to Padan-aram, unto Laban, son of Bethuel the Syrian, the brother of Rebekah, Jacob's and Esau's mother.

6 When Esau saw that Isaac had blessed[c] Jacob, and sent him away to Padan-aram, to take him a wife from thence; and that as he blessed him he gave him a charge, saying, Thou shalt not take a wife of the daughters of Canaan;

7 And that Jacob obeyed[f] his father and his mother, and was gone to Padan-aram;

8 And Esau seeing that the daughters of Canaan[γ] pleased not Isaac his father:

9 Then went Esau unto Ishmael, and took unto the wives which he had, [δ] Mahalath the daughter of Ishmael, Abraham's son, the sister of Nebajoth, to be his wife.

10 And Jacob[h] went out from Beersheba, and went toward[η] Haran.

11 And he lighted upon a certain place, and tarried there all night, because the sun was set: and he took of the stones of that place, and put *them for* his pillows, and lay down in that place to sleep.

12 And he[k] dreamed, and, behold, a ladder set up on the earth, and the top of it reached to heaven: and,[m] behold, the angels of God ascending and descending on it.

13 And, behold, the LORD stood above it, and said, I *am* the LORD God of Abraham thy father,[o] and the God of Isaac: the land whereon thou liest, to thee will I give it, and to thy seed;

14 And thy seed[q] shall be as the dust of the earth; and thou shalt[κ] spread abroad to the west, and to the east, and to the north, and to the south: and in thee and in thy seed[s] shall all the families of the earth be blessed.

15 And, behold, I *am* with thee,[v] and will keep[w] thee in all *places* whither thou goest, and will bring thee again[x] into this land; for I will not leave[y] thee, until I have done *that* which I have spoken to thee of.

16 And Jacob awaked out of his sleep, and he said, Surely the LORD is in[a] this place, and I knew *it* not.

17 And he was afraid, and said, How dreadful *is* this place! this *is* none other but the house of God, and this *is* the gate of heaven.

18 And Jacob rose up early in the morning, and took the stone that he had put *for* his pillows, and set it up *for* a pillar, and poured oil[c] upon the top of it.

19 And he called the name of that place Beth-el:[λ] but the name of that[d] city *was called* Luz at the first.

20 And Jacob vowed a vow, saying, If God will be with me,[e] and will keep me in this way that I go, and will give me bread to eat, and raiment to put on,

21 So that I come again to my father's house in peace; then shall the[f] LORD be my God:

22 And this stone, which I have set *for* a pillar,[g] shall be God's house: and of all that thou shalt give me, I will surely give the tenth[m] unto thee.

CHAP. XXIX.

THEN Jacob[π] went on his journey, and came to the land of the[ρ] people of the east.

19

25 וַיְהִי בַבֹּקֶר וְהִנֵּה־הִוא לֵאָה וַיֹּאמֶר אֶל־לָבָן מַה־זֹּאת עָשִׂיתָ לִּי הֲלֹא בְרָחֵל עָבַדְתִּי עִמָּךְ וְלָמָּה רִמִּיתָנִי׃

26 וַיֹּאמֶר לָבָן לֹא־יֵעָשֶׂה כֵן בִּמְקוֹמֵנוּ לָתֵת הַצְּעִירָה לִפְנֵי הַבְּכִירָה׃

27 מַלֵּא שְׁבֻעַ זֹאת וְנִתְּנָה לְךָ גַּם־אֶת־זֹאת בַּעֲבֹדָה אֲשֶׁר תַּעֲבֹד עִמָּדִי עוֹד שֶׁבַע־שָׁנִים אֲחֵרוֹת׃

28 וַיַּעַשׂ יַעֲקֹב כֵּן וַיְמַלֵּא שְׁבֻעַ זֹאת וַיִּתֶּן־לוֹ אֶת־רָחֵל בִּתּוֹ לוֹ לְאִשָּׁה׃

29 וַיִּתֵּן לָבָן לְרָחֵל בִּתּוֹ אֶת־בִּלְהָה שִׁפְחָתוֹ לָהּ לְשִׁפְחָה׃

30 וַיָּבֹא גַּם אֶל־רָחֵל וַיֶּאֱהַב גַּם־אֶת־רָחֵל מִלֵּאָה וַיַּעֲבֹד עִמּוֹ עוֹד שֶׁבַע־שָׁנִים אֲחֵרוֹת׃

31 וַיַּרְא יְהוָה כִּי־שְׂנוּאָה לֵאָה וַיִּפְתַּח אֶת־רַחְמָהּ וְרָחֵל עֲקָרָה׃

32 וַתַּהַר לֵאָה וַתֵּלֶד בֵּן וַתִּקְרָא שְׁמוֹ רְאוּבֵן כִּי אָמְרָה כִּי־רָאָה יְהוָה בְּעָנְיִי כִּי עַתָּה יֶאֱהָבַנִי אִישִׁי׃

33 וַתַּהַר עוֹד וַתֵּלֶד בֵּן וַתֹּאמֶר כִּי־שָׁמַע יְהוָה כִּי־שְׂנוּאָה אָנֹכִי וַיִּתֶּן־לִי גַּם־אֶת־זֶה וַתִּקְרָא שְׁמוֹ שִׁמְעוֹן׃

34 וַתַּהַר עוֹד וַתֵּלֶד בֵּן וַתֹּאמֶר עַתָּה הַפַּעַם יִלָּוֶה אִישִׁי אֵלַי כִּי־יָלַדְתִּי לוֹ שְׁלֹשָׁה בָנִים עַל־כֵּן קָרָא־שְׁמוֹ לֵוִי׃

35 וַתַּהַר עוֹד וַתֵּלֶד בֵּן וַתֹּאמֶר הַפַּעַם אוֹדֶה אֶת־יְהוָה עַל־כֵּן קָרְאָה שְׁמוֹ יְהוּדָה וַתַּעֲמֹד מִלֶּדֶת׃

CAP. XXX. ל

1 וַתֵּרֶא רָחֵל כִּי לֹא יָלְדָה לְיַעֲקֹב וַתְּקַנֵּא רָחֵל בַּאֲחֹתָהּ וַתֹּאמֶר אֶל־יַעֲקֹב הָבָה־לִּי בָנִים וְאִם־אַיִן מֵתָה אָנֹכִי׃

2 וַיִּחַר־אַף יַעֲקֹב בְּרָחֵל וַיֹּאמֶר הֲתַחַת אֱלֹהִים אָנֹכִי אֲשֶׁר־מָנַע מִמֵּךְ פְּרִי־בָטֶן׃

3 וַתֹּאמֶר הִנֵּה אֲמָתִי בִלְהָה בֹּא אֵלֶיהָ וְתֵלֵד עַל־בִּרְכַּי וְאִבָּנֶה גַם־אָנֹכִי מִמֶּנָּה׃

4 וַתִּתֶּן־לוֹ אֶת־בִּלְהָה שִׁפְחָתָהּ לְאִשָּׁה וַיָּבֹא אֵלֶיהָ יַעֲקֹב׃

5 וַתַּהַר בִּלְהָה וַתֵּלֶד לְיַעֲקֹב בֵּן׃

6 וַתֹּאמֶר רָחֵל דָּנַנִּי אֱלֹהִים וְגַם שָׁמַע בְּקֹלִי וַיִּתֶּן־לִי בֵּן עַל־כֵּן קָרְאָה שְׁמוֹ דָּן׃

7 וַתַּהַר עוֹד וַתֵּלֶד בִּלְהָה שִׁפְחַת רָחֵל בֵּן שֵׁנִי לְיַעֲקֹב׃

8 וַתֹּאמֶר רָחֵל נַפְתּוּלֵי אֱלֹהִים נִפְתַּלְתִּי עִם־אֲחֹתִי גַּם־יָכֹלְתִּי וַתִּקְרָא שְׁמוֹ נַפְתָּלִי׃

9 וַתֵּרֶא לֵאָה כִּי עָמְדָה מִלֶּדֶת וַתִּקַּח אֶת־זִלְפָּה שִׁפְחָתָהּ וַתִּתֵּן אֹתָהּ לְיַעֲקֹב לְאִשָּׁה׃

10 וַתֵּלֶד זִלְפָּה שִׁפְחַת לֵאָה לְיַעֲקֹב בֵּן׃

11 וַתֹּאמֶר לֵאָה בָּא גָד וַתִּקְרָא אֶת־שְׁמוֹ גָּד׃

12 וַתֵּלֶד זִלְפָּה שִׁפְחַת לֵאָה בֵּן שֵׁנִי לְיַעֲקֹב׃

13 וַתֹּאמֶר לֵאָה בְּאָשְׁרִי כִּי אִשְּׁרוּנִי בָּנוֹת וַתִּקְרָא אֶת־שְׁמוֹ אָשֵׁר׃

14 וַיֵּלֶךְ רְאוּבֵן בִּימֵי קְצִיר־חִטִּים וַיִּמְצָא דוּדָאִים בַּשָּׂדֶה וַיָּבֵא אֹתָם אֶל־לֵאָה אִמּוֹ וַתֹּאמֶר רָחֵל אֶל־לֵאָה תְּנִי־נָא לִי מִדּוּדָאֵי בְּנֵךְ׃

15 וַתֹּאמֶר לָהּ הַמְעַט קַחְתֵּךְ אֶת־אִישִׁי וְלָקַחַת גַּם אֶת־דּוּדָאֵי בְּנִי וַתֹּאמֶר רָחֵל לָכֵן יִשְׁכַּב עִמָּךְ הַלַּיְלָה תַּחַת דּוּדָאֵי בְנֵךְ׃

16 וַיָּבֹא יַעֲקֹב מִן־הַשָּׂדֶה בָּעֶרֶב וַתֵּצֵא לֵאָה לִקְרָאתוֹ וַתֹּאמֶר אֵלַי תָּבוֹא כִּי שָׂכֹר שְׂכַרְתִּיךָ בְּדוּדָאֵי בְּנִי וַיִּשְׁכַּב עִמָּהּ בַּלַּיְלָה הוּא׃

17 וַיִּשְׁמַע אֱלֹהִים אֶל־לֵאָה וַתַּהַר וַתֵּלֶד לְיַעֲקֹב בֵּן חֲמִישִׁי׃

18 וַתֹּאמֶר לֵאָה נָתַן אֱלֹהִים שְׂכָרִי אֲשֶׁר־נָתַתִּי שִׁפְחָתִי לְאִישִׁי וַתִּקְרָא שְׁמוֹ יִשָּׂשכָר׃

19 וַתַּהַר עוֹד לֵאָה וַתֵּלֶד בֵּן־שִׁשִּׁי לְיַעֲקֹב׃

20 וַתֹּאמֶר לֵאָה זְבָדַנִי אֱלֹהִים אֹתִי זֵבֶד טוֹב הַפַּעַם יִזְבְּלֵנִי אִישִׁי כִּי־יָלַדְתִּי לוֹ שִׁשָּׁה בָנִים וַתִּקְרָא אֶת־שְׁמוֹ זְבֻלוּן׃

21 וְאַחַר יָלְדָה בַּת וַתִּקְרָא אֶת־שְׁמָהּ דִּינָה׃

22 וַיִּזְכֹּר אֱלֹהִים אֶת־רָחֵל וַיִּשְׁמַע אֵלֶיהָ אֱלֹהִים וַיִּפְתַּח אֶת־רַחְמָהּ׃

23 וַתַּהַר וַתֵּלֶד בֵּן וַתֹּאמֶר אָסַף אֱלֹהִים אֶת־חֶרְפָּתִי׃

24 וַתִּקְרָא אֶת־שְׁמוֹ יוֹסֵף לֵאמֹר יֹסֵף יְהוָה לִי בֵּן אַחֵר׃

2 And he looked, and, behold, a well in the field, and, lo, there *were* three flocks of sheep lying by it ;^b for out of that well they watered the flocks : and a great stone *was* upon the well's mouth.

3 And thither were all the flocks gathered : and they rolled the stone from the well's mouth, and watered the sheep, and put the stone again upon the well's mouth in his place.

4 And Jacob said unto them, My brethren, whence *be* ye ! And they said, Of Haran^d *are* we.

5 And he said unto them, Know ye Laban the son of Nahor? And they said, We know *him.*

6 And he said unto them, γ *Is* he well?^e And they said, *He is* well ; and, behold, Rachel his daughter cometh with the sheep.

7 And he said, Lo, δ *it is* yet high day, neither *is it* time that the cattle should be gathered together : water ye the sheep, and go *and* feed *them.*

8 And they said, We cannot, until all the flocks be gathered together, and *till* they roll the stone ^k from the well's mouth ; then we water the sheep.

9 And while he yet spake with them, Rachel came with her father's sheep: for she kept them.

10 And it came to pass, when Jacob saw Rachel the daughter of Laban his mother's brother, and the sheep of Laban his mother's brother, that Jacob went near, and rolled the stone from the well's mouth,^m and watered the flock of Laban his mother's brother.

11 And Jacob kissed Rachel, and lifted up his voice,ⁿ and wept.

12 And Jacob told Rachel that he *was* her father's brother,^o and that he *was* Rebekah's son :^p and she ran and told her father.

13 And it came to pass, when Laban heard the μ tidings of Jacob his sister's son, that he ran to meet him, and embraced him, and kissed^q him, and brought him to his house. And he told Laban all these things.

14 And Laban said to him, Surely thou *art* my bone^r and my flesh. And he abode with him *v* the space of a month.

15 And Laban said unto Jacob, Because thou *art* my brother, shouldest thou therefore serve me for nought? tell me, what *shall* thy wages *be?*

16 And Laban had two daughters : the name of the elder *was* Leah, and the name of the younger *was* Rachel.^v

17 Leah *was* tender-eyed ; but Rachel was beautiful and well-favoured.

18 And Jacob loved Rachel ; and said, I will serve thee seven years for Rachel thy younger daughter.

19 And Laban said, *It is* better that I give her to thee, than that I should give her to another man: abide with me.

20 And Jacob served ^x seven years for Rachel ; and they seemed unto him *but* a few days, for the love he had to her.^y

21 And Jacob said unto Laban, Give *me* my wife, for my days are fulfilled, that I may go in unto her.

22 And Laban gathered together all the men of the place, and made a feast.^b

23 And it came to pass in the evening, that he took Leah his daughter, & brought

B. C. 1760.

a ch. 30. 9.
   46. 18.
b Ps. 23. 2.
   Ca. 1. 7.
   Eze. 34. 14.
β *place.*
c Ju. 14. 12.
d ch. 27. 43.
γ Is there
   peace to
   him ?
e ch. 43. 27.
f ch. 35. 22.
   37. 2.
δ *yet the day*
   is great.
g ver. 20.
   De. 21. 15.
h Ps. 127. 3.
i ch. 30. 1.

ζ i.e. *see a*
   son.
k Mar. 16. 3.
   Lu. 24. 2.
l De. 26. 7.
 1 Sa. 1. 20.
   Lu. 1. 25.
η i. e. *hear-*
   ing.
m Ex. 2. 17.
n ch. 33. 4.
   45 .14.
θ i.e. *joined.*
   Nu. 18. 2,4.
o ch. 13. 8.
   14.14,16.
p ch. 24. 28.
κ i.e. *praise.*
   ch. 49. 8.
λ Heb.*stood*
   from bear-
   ing :
μ *hearing.*
q Ro. 16. 16.
r Ju. 9. 2.
 2 Sa. 5. 1.
   19. 12.
ν *a month of*
   days.
s ch. 29. 31.
t 1 Co. 3. 3.
   Ja. 4. 5.
u Job 5. 2.
v Ru. 4. 11.
w 1 Sa. 1. 5.
π *be built by*
   her.
x Hos.12.12.
y Ca. 8. 7.
z ch. 16. 3.
a Ps. 35. 24.
   43. 1.
   La. 3. 59.
ρi.e.*judging.*
σ *wrestlings*
   of God.
τ i.e. *my*
   wrestling.
b Ju. 14. 10.
 Ju^o. 2. 1, 2.
v i.e. *a troop*
   or *com-*
   pany.
c ch. 49. 19.

her to him ; and he went in unto her.

24 And Laban gave unto his daughter Leah, Zilpah^a his maid, *for* an handmaid.

25 And it came to pass, that in the morning, behold, it *was* Leah : and he said to Laban, What *is* this thou hast done unto me? Did not I serve with thee for Rachel? Wherefore then hast thou beguiled me?

26 And Laban said, It must be so done in our country, β to give the younger before the first-born.

27 Fulfil her week,^c and we will give thee this also, for the service which thou shalt serve with me yet seven other years.

28 And Jacob did so, and fulfilled her week : and he gave him Rachel his daughter to wife also.

29 And Laban gave to Rachel his daughter, Bilhah^f his handmaid, to be her maid.

30 And he went in also unto Rachel, and he loved also Rachel^g more than Leah, and served with him yet seven other years.

31 And when the LORD saw that Leah *was* hated, he^h opened her womb : but Rachel *was* barren.ⁱ

32 And Leah conceived, and bare a son, and she called his name ζ Reuben : for she said, Surely the LORD hath looked ^l upon my affliction : now, therefore, my husband will love me.

33 And she conceived again, and bare a son ; and said, Because the LORD hath heard that I *was* hated, he hath therefore given me this *son* also : and she called his name η Simeon.

34 And she conceived again, and bare a son ; and said, Now this time will my husband be joined unto me, because I have born him three sons : therefore was his name called θ Levi.

35 And she conceived again, and bare a son ; and she said, Now will I praise the LORD : therefore she called his name Judah ; κ and λ left bearing.

CHAP. XXX.

AND when Rachel saw that she bare Jacob no children,^s Rachel envied ^t her sister ; and said unto Jacob, Give me children,^u or else I die.

2 And Jacob's anger was kindled against Rachel : and he said, *Am* I in God's stead, who hath withheld ^w from thee the fruit of the womb?

3 And she said, Behold my maid Bilhah, go in unto her ; and she shall bear upon my knees, that I may also π have children by her.

4 And she gave him Bilhah her handmaid^z to wife : and Jacob went in unto her.

5 And Bilhah conceived, and bare Jacob a son.

6 And Rachel said, God hath ^a judged me, and hath also heard my voice, and hath given me a son : therefore called she his name ρ Dan.

7 And Bilhah, Rachel's maid, conceived again, and bare Jacob a second son.

8 And Rachel said, With σ great wrestlings have I wrestled with my sister, and I have prevailed : and she called his name τ Naphtali.

9 When Leah saw that she had left bearing, she took Zilpah her maid, and gave her Jacob to wife.

10 And Zilpah, Leah's maid, bare Jacob a son.

11 And Leah said, A troop cometh : and she called his name υ Gad.^c

20

11 לֵאָה בְּגָד וַתִּקְרָא אֶת־שְׁמוֹ גָּד: וַתֵּלֶד זִלְפָּה
12,13 שִׁפְחַת לֵאָה בֵּן שֵׁנִי לְיַעֲקֹב: וַתֹּאמֶר לֵאָה
בְּאָשְׁרִי כִּי אִשְּׁרוּנִי בָּנוֹת וַתִּקְרָא אֶת־שְׁמוֹ אָשֵׁר:
14 וַיֵּלֶךְ רְאוּבֵן בִּימֵי קְצִיר־חִטִּים וַיִּמְצָא דוּדָאִים
בַּשָּׂדֶה וַיָּבֵא אֹתָם אֶל־לֵאָה אִמּוֹ וַתֹּאמֶר רָחֵל
15 אֶל־לֵאָה תְּנִי־נָא לִי מִדּוּדָאֵי בְּנֵךְ: וַתֹּאמֶר לָהּ
הַמְעַט קַחְתֵּךְ אֶת־אִישִׁי וְלָקַחַת גַּם אֶת־דּוּדָאֵי
בְּנִי וַתֹּאמֶר רָחֵל לָכֵן יִשְׁכַּב עִמָּךְ הַלַּיְלָה תַּחַת
16 דוּדָאֵי בְנֵךְ: וַיָּבֹא יַעֲקֹב מִן־הַשָּׂדֶה בָּעֶרֶב
וַתֵּצֵא לֵאָה לִקְרָאתוֹ וַתֹּאמֶר אֵלַי תָּבוֹא כִּי שָׂכֹר
שְׂכַרְתִּיךָ בְּדוּדָאֵי בְּנִי וַיִּשְׁכַּב עִמָּהּ בַּלַּיְלָה הוּא:
17 וַיִּשְׁמַע אֱלֹהִים אֶל־לֵאָה וַתַּהַר וַתֵּלֶד לְיַעֲקֹב
18 בֵּן חֲמִישִׁי: וַתֹּאמֶר לֵאָה נָתַן אֱלֹהִים שְׂכָרִי
אֲשֶׁר־נָתַתִּי שִׁפְחָתִי לְאִישִׁי וַתִּקְרָא שְׁמוֹ יִשָּׂשכָר:
19 וַתַּהַר עוֹד לֵאָה וַתֵּלֶד בֵּן־שִׁשִּׁי לְיַעֲקֹב: וַתֹּאמֶר
20 לֵאָה זְבָדַנִי אֱלֹהִים אֹתִי זֵבֶד טוֹב הַפַּעַם
יִזְבְּלֵנִי אִישִׁי כִּי־יָלַדְתִּי לוֹ שִׁשָּׁה בָנִים וַתִּקְרָא
21 אֶת־שְׁמוֹ זְבֻלוּן: וְאַחַר יָלְדָה בַּת וַתִּקְרָא אֶת־
22 שְׁמָהּ דִּינָה: וַיִּזְכֹּר אֱלֹהִים אֶת־רָחֵל וַיִּשְׁמַע
23 אֵלֶיהָ אֱלֹהִים וַיִּפְתַּח אֶת־רַחְמָהּ: וַתַּהַר וַתֵּלֶד
24 בֵּן וַתֹּאמֶר אָסַף אֱלֹהִים אֶת־חֶרְפָּתִי: וַתִּקְרָא
אֶת־שְׁמוֹ יוֹסֵף לֵאמֹר יֹסֵף יְהֹוָה לִי בֵּן אַחֵר:
25 וַיְהִי כַּאֲשֶׁר יָלְדָה רָחֵל אֶת־יוֹסֵף וַיֹּאמֶר יַעֲקֹב
26 אֶל־לָבָן שַׁלְּחֵנִי וְאֵלְכָה אֶל־מְקוֹמִי וּלְאַרְצִי: תְּנָה
אֶת־נָשַׁי וְאֶת־יְלָדַי אֲשֶׁר עָבַדְתִּי אֹתְךָ בָּהֵן
וְאֵלֵכָה כִּי אַתָּה יָדַעְתָּ אֶת־עֲבֹדָתִי אֲשֶׁר עֲבַדְתִּיךָ:
27 וַיֹּאמֶר אֵלָיו לָבָן אִם־נָא מָצָאתִי חֵן בְּעֵינֶיךָ נִחַשְׁתִּי
28 וַיְבָרֲכֵנִי יְהֹוָה בִּגְלָלֶךָ: וַיֹּאמַר נָקְבָה שְׂכָרְךָ עָלַי
29 וְאֶתֵּנָה: וַיֹּאמֶר אֵלָיו אַתָּה יָדַעְתָּ אֵת אֲשֶׁר
30 עֲבַדְתִּיךָ וְאֵת אֲשֶׁר־הָיָה מִקְנְךָ אִתִּי: כִּי מְעַט
אֲשֶׁר־הָיָה לְךָ לְפָנַי וַיִּפְרֹץ לָרֹב וַיְבָרֶךְ יְהֹוָה אֹתְךָ
לְרַגְלִי וְעַתָּה מָתַי אֶעֱשֶׂה גַם־אָנֹכִי לְבֵיתִי:
31 וַיֹּאמֶר מָה אֶתֶּן־לָךְ וַיֹּאמֶר יַעֲקֹב לֹא־תִתֶּן־לִי
מְאוּמָה אִם־תַּעֲשֶׂה־לִּי הַדָּבָר הַזֶּה אָשׁוּבָה אֶרְעֶה
32 צֹאנְךָ אֶשְׁמֹר: אֶעֱבֹר בְּכָל־צֹאנְךָ הַיּוֹם הָסֵר מִשָּׁם
כָּל־שֶׂה נָקֹד וְטָלוּא וְכָל־שֶׂה־חוּם
בַּכְּשָׂבִים וְטָלוּא וְנָקֹד בָּעִזִּים וְהָיָה שְׂכָרִי:

33 וְעָנְתָה־בִּי צִדְקָתִי בְּיוֹם מָחָר כִּי־תָבוֹא עַל־שְׂכָרִי
לְפָנֶיךָ כֹּל אֲשֶׁר־אֵינֶנּוּ נָקֹד וְטָלוּא בָּעִזִּים וְחוּם
34 בַּכְּשָׂבִים גָּנוּב הוּא אִתִּי: וַיֹּאמֶר לָבָן הֵן לוּ יְהִי
35 כִדְבָרֶךָ: וַיָּסַר בַּיּוֹם הַהוּא אֶת־הַתְּיָשִׁים
הָעֲקֻדִּים וְהַטְּלֻאִים וְאֵת כָּל־הָעִזִּים הַנְּקֻדּוֹת
וְהַטְּלֻאֹת כֹּל אֲשֶׁר־לָבָן בּוֹ וְכָל־חוּם בַּכְּשָׂבִים
36 וַיִּתֵּן בְּיַד־בָּנָיו: וַיָּשֶׂם דֶּרֶךְ שְׁלֹשֶׁת יָמִים בֵּינוֹ
וּבֵין יַעֲקֹב וְיַעֲקֹב רֹעֶה אֶת־צֹאן לָבָן הַנּוֹתָרֹת:
37 וַיִּקַּח־לוֹ יַעֲקֹב מַקַּל לִבְנֶה לַח וְלוּז וְעַרְמוֹן וַיְפַצֵּל
בָּהֵן פְּצָלוֹת לְבָנוֹת מַחְשֹׂף הַלָּבָן אֲשֶׁר עַל־
38 הַמַּקְלוֹת: וַיַּצֵּג אֶת־הַמַּקְלוֹת אֲשֶׁר פִּצֵּל בָּרְהָטִים
בְּשִׁקֲתוֹת הַמָּיִם אֲשֶׁר תָּבֹאןָ הַצֹּאן לִשְׁתּוֹת לְנֹכַח
הַצֹּאן וַיֵּחַמְנָה בְּבֹאָן לִשְׁתּוֹת: וַיֶּחֱמוּ הַצֹּאן אֶל־
39 הַמַּקְלוֹת וַתֵּלַדְןָ הַצֹּאן עֲקֻדִּים נְקֻדִּים וּטְלֻאִים:
40 וְהַכְּשָׂבִים הִפְרִיד יַעֲקֹב וַיִּתֵּן פְּנֵי הַצֹּאן אֶל־עָקֹד
וְכָל־חוּם בְּצֹאן לָבָן וַיָּשֶׁת לוֹ עֲדָרִים לְבַדּוֹ וְלֹא
41 שָׁתָם עַל־צֹאן לָבָן: וְהָיָה בְּכָל־יַחֵם הַצֹּאן
הַמְקֻשָּׁרוֹת וְשָׂם יַעֲקֹב אֶת־הַמַּקְלוֹת לְעֵינֵי הַצֹּאן
42 בָּרְהָטִים לְיַחֲמֵנָּה בַּמַּקְלוֹת: וּבְהַעֲטִיף הַצֹּאן לֹא
יָשִׂים וְהָיָה הָעֲטֻפִים לְלָבָן וְהַקְּשֻׁרִים לְיַעֲקֹב:
43 וַיִּפְרֹץ הָאִישׁ מְאֹד מְאֹד וַיְהִי־לוֹ צֹאן רַבּוֹת
וּשְׁפָחוֹת וַעֲבָדִים וּגְמַלִּים וַחֲמֹרִים:

CAP. XXXI. לא

1 וַיִּשְׁמַע אֶת־דִּבְרֵי בְנֵי־לָבָן לֵאמֹר לָקַח יַעֲקֹב אֵת
כָּל־אֲשֶׁר לְאָבִינוּ וּמֵאֲשֶׁר לְאָבִינוּ עָשָׂה אֵת כָּל־
2 הַכָּבֹד הַזֶּה: וַיַּרְא יַעֲקֹב אֶת־פְּנֵי לָבָן וְהִנֵּה
3 אֵינֶנּוּ עִמּוֹ כִּתְמוֹל שִׁלְשׁוֹם: וַיֹּאמֶר יְהֹוָה אֶל־
יַעֲקֹב שׁוּב אֶל־אֶרֶץ אֲבוֹתֶיךָ וּלְמוֹלַדְתֶּךָ וְאֶהְיֶה
4 עִמָּךְ: וַיִּשְׁלַח יַעֲקֹב וַיִּקְרָא לְרָחֵל וּלְלֵאָה הַשָּׂדֶה
5 אֶל־צֹאנוֹ: וַיֹּאמֶר לָהֶן רֹאֶה אָנֹכִי אֶת־פְּנֵי אֲבִיכֶן
כִּי־אֵינֶנּוּ אֵלַי כִּתְמֹל שִׁלְשֹׁם וֵאלֹהֵי אָבִי הָיָה
6 עִמָּדִי: וְאַתֵּנָה יְדַעְתֶּן כִּי בְּכָל־כֹּחִי עָבַדְתִּי אֶת־
7 אֲבִיכֶן: וַאֲבִיכֶן הֵתֶל בִּי וְהֶחֱלִף אֶת־מַשְׂכֻּרְתִּי
עֲשֶׂרֶת מֹנִים וְלֹא־נְתָנוֹ אֱלֹהִים לְהָרַע עִמָּדִי:
8 אִם־כֹּה יֹאמַר נְקֻדִּים יִהְיֶה שְׂכָרֶךָ וְיָלְדוּ כָל־
הַצֹּאן נְקֻדִּים וְאִם־כֹּה יֹאמַר עֲקֻדִּים יִהְיֶה שְׂכָרֶךָ
9 וְיָלְדוּ כָל־הַצֹּאן עֲקֻדִּים: וַיַּצֵּל אֱלֹהִים אֶת־מִקְנֵה־

12 And Zilpah, Leah's maid, bare Jacob a second son.

13 And Leah said, γ Happy am I, for the daughters *b* will call me blessed: and she called his name δ Asher.

14 And Reuben went in the days of wheat-harvest, and found mandrakes in the field, and brought them unto his mother Leah. Then Rachel said to Leah, Give me, I pray thee, of thy son's mandrakes.*c*

15 And she said unto her, *Is it* a small matter *d* that thou hast taken my husband? and wouldest thou take away my son's mandrakes also? And Rachel said, Therefore he shall lie with thee to-night for thy son's mandrakes.

16 And Jacob came out of the field in the evening, and Leah went out to meet him, and said, Thou must come in unto me; for surely I have hired thee with my son's mandrakes. And he lay with her that night.

17 And God hearkened *e* unto Leah, and she conceived, and bare Jacob the fifth son.

18 And Leah said, God hath given me my hire, because I have given my maiden to my husband: and she called his name ζ Issachar.*f*

19 And Leah conceived again, and bare Jacob the sixth son.

20 And Leah said, God hath endued me *with* a good dowry; now will my husband dwell with me,*h* because I have born him six sons: and she called his name η Zebulun.

21 And afterwards she bare a daughter, and called her name θ Dinah.

22 And God remembered *i* Rachel, and God hearkened to her, and opened her womb.

23 And she conceived, and bare a son; and said, God hath taken away *k* my reproach:

24 And she called his name κ Joseph; and said, The LORD shall add to me another son.

25 And it came to pass, when Rachel had born Joseph, that Jacob said unto Laban, Send me away,*n* that I may go unto mine own place,*o* and to my country.

26 Give *me* my wives and my children, for whom I have served thee, and let me go: for thou knowest my service*p* which I have done thee.

27 And Laban said unto him, I pray thee, if I have found favour *q* in thine eyes, *tarry:* for I have learned by experience that the LORD hath blessed me *u* for thy sake.

28 And he said, Appoint me thy wages,*x* and I will give *it.*

29 And he said unto him, Thou knowest how I have served thee,*y* and how thy cattle was with me.

30 For *it was* little which thou hadst before I *came,* and it is *now* μ increased unto a multitude; and the LORD hath blessed thee *v* since my coming: and now, when shall I provide for mine own house*b* also?

31 And he said, What shall I give thee? And Jacob said, Thou shalt not give me any thing: if thou wilt do this thing for me, I will again feed *and* keep thy flock:

32 I will pass through all thy flock to-day, removing from thence all the speckled and spotted cattle, and all the brown cattle among the sheep, and the spotted and speckled among the goats: and *of such* shall be my hire.*e*

B. C. 1747.
a Ps. 18.24. 37. 6.
β tomorrow. Ex. 13. 14.
γ *in my happiness.*
b Ca. 6. 9. Lu. 1. 48.
δ i.e. *happy.*
c Ca. 7. 13.
d Nu.16.9,13. Is. 7. 13. Eze. 16. 47.
e Ex. 3.7. 1 Sa. 1. 20. Lu. 1. 13.
ε i.e. *an hire.*
f ch. 49. 14. De. 33. 18. 1Ch.12. 32.
g ch. 31.9,12.
h ch. 29. 34.
η i.e. *dwelling.*
θ i.e. *judgment.*
i ch. 29. 31. 1 Sa. 1. 19.
k 1 Sa. 1. 6. Is. 4. 1.
l ver. 30.
m ch. 13. 2. 24. 35. 26.13,14. Job 42. 12.
κ i.e.*adding.*
n ch. 24. 54. *o* ch. 31. 55. *p* ch.31. 6.
q Ex. 3. 21. Ne. 1. 11. Da. 1. 9. Ac. 7. 10.
r Ps. 49. 16. Ec. 4. 4. 1 Ti. 6. 4.
s ch. 4. 5. *t* De. 28. 54.
λ *as yesterday and the day before.*
u ch. 39. 3, 5. Ps. 1. 3. Is. 61. 9.
v ch. 28. 15. *x* ch. 29. 15.
y Mat. 24.45. Tit. 2. 10.
μ *broken forth.*
v at my *foot.*
z ver. 2, 3. *a* ver. 4½. *b* 1 Ti. 5. 8.
c ver. 41. Nu. 14. 22. Ne. 4. 12. Job 19. 3. Zec. 8. 23.
d ch. 20. 6. Job 1. 10. Ps. 37. 28. 105. 14.
e ch. 31. 8.

33 So shall my *a* righteousness answer for me β in time to come, when it shall come for my hire before thy face: every one that *is* not speckled and spotted among the goats, and brown among the sheep, that shall be counted stolen with me.

34 And Laban said, Behold, I would it might be according to thy word.

35 And he removed that day the he-goats that were ring-straked and spotted, and all the she-goats that were speckled and spotted, *and* every one that had *some* white in it, and all the brown among the sheep, and gave *them* into the hands of his sons.

36 And he set three days' journey betwixt himself and Jacob: and Jacob fed the rest of Laban's flocks.

37 And Jacob took him rods of green poplar, and of the hasel and chesnut-tree; and pilled white strakes in them, and made the white appear which *was* in the rods.

38 And he set the rods, which he had pilled, before the flocks in the gutters in the watering-troughs, when the flocks came to drink, that they should conceive when they came to drink.

39 And the flocks conceived before the rods, and brought forth cattle ring-straked,*g* speckled, and spotted.

40 And Jacob did separate the lambs, and set the faces of the flocks toward the ring-straked, and all the brown in the flock of Laban: and he put his own flocks by themselves, and put them not unto Laban's cattle.

41 And it came to pass, whensoever the stronger cattle did conceive, that Jacob laid the rods before the eyes of the cattle in the gutters, that they might conceive among the rods.

42 But when the cattle were feeble, he put *them* not in: so the feebler were Laban's, and the stronger Jacob's.

43 And the man *i* increased exceedingly, and had much cattle,*m* and maid-servants, and men-servants, and camels, and asses.

CHAP. XXXI.

AND he heard the words of Laban's sons, saying, Jacob hath taken away all that *was* our father's; and of *that* which *was* our father's hath he gotten all this glory.*r*

2 And Jacob beheld *s* the countenance of Laban, and, behold, it *was* not *t* toward him λ as before.

3 And the LORD said unto Jacob, Return unto the land of thy fathers, and to thy kindred; and I will be *v* with thee.

4 And Jacob sent and called Rachel and Leah to the field unto his flock,

5 And said unto them, I see your father's countenance, that it *is* not toward me as before; but the God of my father hath been with me.*s*

6 And ye know, that with all my power I have served *a* your father.

7 And your father hath deceived me, and changed my wages*c* ten times: but God suffered him not to hurt me. *d*

8 If he said thus, The speckled shall be thy wages; then all the cattle bare speckled: and if he said thus, The ring-straked shall be thy hire; then bare all the cattle ring-straked.

9 Thus God hath taken away the cattle of your father, and given *them* to me.

10 וַיְהִי בְּעֵת יַחֵם הַצֹּאן וָאֶשָּׂא עֵינַי וָאֵרֶא בַּחֲלוֹם וְהִנֵּה הָעַתֻּדִים הָעֹלִים עַל־הַצֹּאן עֲקֻדִּים נְקֻדִּים וּבְרֻדִּים׃

11 וַיֹּאמֶר אֵלַי מַלְאַךְ הָאֱלֹהִים בַּחֲלוֹם יַעֲקֹב וָאֹמַר הִנֵּנִי׃

12 וַיֹּאמֶר שָׂא־נָא עֵינֶיךָ וּרְאֵה כָּל־הָעַתֻּדִים הָעֹלִים עַל־הַצֹּאן עֲקֻדִּים נְקֻדִּים וּבְרֻדִּים כִּי רָאִיתִי אֵת כָּל־אֲשֶׁר לָבָן עֹשֶׂה לָּךְ׃

13 אָנֹכִי הָאֵל בֵּית־אֵל אֲשֶׁר מָשַׁחְתָּ שָּׁם מַצֵּבָה אֲשֶׁר נָדַרְתָּ לִּי שָׁם נֶדֶר עַתָּה קוּם צֵא מִן־הָאָרֶץ הַזֹּאת וְשׁוּב אֶל־אֶרֶץ מוֹלַדְתֶּךָ׃

14 וַתַּעַן רָחֵל וְלֵאָה וַתֹּאמַרְנָה לוֹ הַעוֹד לָנוּ חֵלֶק וְנַחֲלָה בְּבֵית אָבִינוּ׃

15 הֲלוֹא נָכְרִיּוֹת נֶחְשַׁבְנוּ לוֹ כִּי מְכָרָנוּ וַיֹּאכַל גַּם־אָכוֹל אֶת־כַּסְפֵּנוּ׃

16 כִּי כָל־הָעֹשֶׁר אֲשֶׁר הִצִּיל אֱלֹהִים מֵאָבִינוּ לָנוּ הוּא וּלְבָנֵינוּ וְעַתָּה כֹּל אֲשֶׁר אָמַר אֱלֹהִים אֵלֶיךָ עֲשֵׂה׃

17 וַיָּקָם יַעֲקֹב וַיִּשָּׂא אֶת־בָּנָיו וְאֶת־נָשָׁיו עַל־הַגְּמַלִּים׃

18 וַיִּנְהַג אֶת־כָּל־מִקְנֵהוּ וְאֶת־כָּל־רְכֻשׁוֹ אֲשֶׁר רָכָשׁ מִקְנֵה קִנְיָנוֹ אֲשֶׁר רָכַשׁ בְּפַדַּן אֲרָם לָבוֹא אֶל־יִצְחָק אָבִיו אַרְצָה כְּנָעַן׃

19 וְלָבָן הָלַךְ לִגְזֹז אֶת־צֹאנוֹ וַתִּגְנֹב רָחֵל אֶת־הַתְּרָפִים אֲשֶׁר לְאָבִיהָ׃

20 וַיִּגְנֹב יַעֲקֹב אֶת־לֵב לָבָן הָאֲרַמִּי עַל־בְּלִי הִגִּיד לוֹ כִּי בֹרֵחַ הוּא׃

21 וַיִּבְרַח הוּא וְכָל־אֲשֶׁר־לוֹ וַיָּקָם וַיַּעֲבֹר אֶת־הַנָּהָר וַיָּשֶׂם אֶת־פָּנָיו הַר הַגִּלְעָד׃

22 וַיֻּגַּד לְלָבָן בַּיּוֹם הַשְּׁלִישִׁי כִּי בָרַח יַעֲקֹב׃

23 וַיִּקַּח אֶת־אֶחָיו עִמּוֹ וַיִּרְדֹּף אַחֲרָיו דֶּרֶךְ שִׁבְעַת יָמִים וַיַּדְבֵּק אֹתוֹ בְּהַר הַגִּלְעָד׃

24 וַיָּבֹא אֱלֹהִים אֶל־לָבָן הָאֲרַמִּי בַּחֲלֹם הַלָּיְלָה וַיֹּאמֶר לוֹ הִשָּׁמֶר לְךָ פֶּן־תְּדַבֵּר עִם־יַעֲקֹב מִטּוֹב עַד־רָע׃

25 וַיַּשֵּׂג לָבָן אֶת־יַעֲקֹב וְיַעֲקֹב תָּקַע אֶת־אָהֳלוֹ בָּהָר וְלָבָן תָּקַע אֶת־אֶחָיו בְּהַר הַגִּלְעָד׃

26 וַיֹּאמֶר לָבָן לְיַעֲקֹב מֶה עָשִׂיתָ וַתִּגְנֹב אֶת־לְבָבִי וַתְּנַהֵג אֶת־בְּנֹתַי כִּשְׁבֻיוֹת חָרֶב׃

27 לָמָּה נַחְבֵּאתָ לִבְרֹחַ וַתִּגְנֹב אֹתִי וְלֹא־הִגַּדְתָּ לִּי וָאֲשַׁלֵּחֲךָ בְּשִׂמְחָה וּבְשִׁרִים בְּתֹף וּבְכִנּוֹר׃

28 וְלֹא נְטַשְׁתַּנִי לְנַשֵּׁק לְבָנַי וְלִבְנֹתָי עַתָּה הִסְכַּלְתָּ עֲשׂוֹ׃

29 יֶשׁ־לְאֵל יָדִי לַעֲשׂוֹת עִמָּכֶם רָע וֵאלֹהֵי אֲבִיכֶם אֶמֶשׁ אָמַר אֵלַי לֵאמֹר הִשָּׁמֶר לְךָ מִדַּבֵּר עִם־יַעֲקֹב מִטּוֹב עַד־רָע׃

30 וְעַתָּה הָלֹךְ הָלַכְתָּ כִּי־נִכְסֹף נִכְסַפְתָּה לְבֵית אָבִיךָ לָמָּה גָנַבְתָּ אֶת־אֱלֹהָי׃

31 וַיַּעַן יַעֲקֹב וַיֹּאמֶר לְלָבָן כִּי יָרֵאתִי כִּי אָמַרְתִּי פֶּן־תִּגְזֹל אֶת־בְּנוֹתֶיךָ מֵעִמִּי׃

32 עִם אֲשֶׁר תִּמְצָא אֶת־אֱלֹהֶיךָ לֹא יִחְיֶה נֶגֶד אַחֵינוּ הַכֶּר־לְךָ מָה עִמָּדִי וְקַח־לָךְ וְלֹא־יָדַע יַעֲקֹב כִּי רָחֵל גְּנָבָתַם׃

33 וַיָּבֹא לָבָן בְּאֹהֶל יַעֲקֹב וּבְאֹהֶל לֵאָה וּבְאֹהֶל שְׁתֵּי הָאֲמָהֹת וְלֹא מָצָא וַיֵּצֵא מֵאֹהֶל לֵאָה וַיָּבֹא בְּאֹהֶל רָחֵל׃

34 וְרָחֵל לָקְחָה אֶת־הַתְּרָפִים וַתְּשִׂמֵם בְּכַר הַגָּמָל וַתֵּשֶׁב עֲלֵיהֶם וַיְמַשֵּׁשׁ לָבָן אֶת־כָּל־הָאֹהֶל וְלֹא מָצָא׃

35 וַתֹּאמֶר אֶל־אָבִיהָ אַל־יִחַר בְּעֵינֵי אֲדֹנִי כִּי לוֹא אוּכַל לָקוּם מִפָּנֶיךָ כִּי־דֶרֶךְ נָשִׁים לִי וַיְחַפֵּשׂ וְלֹא מָצָא אֶת־הַתְּרָפִים׃

36 וַיִּחַר לְיַעֲקֹב וַיָּרֶב בְּלָבָן וַיַּעַן יַעֲקֹב וַיֹּאמֶר לְלָבָן מַה־פִּשְׁעִי מַה חַטָּאתִי כִּי דָלַקְתָּ אַחֲרָי׃

37 כִּי־מִשַּׁשְׁתָּ אֶת־כָּל־כֵּלַי מַה־מָּצָאתָ מִכֹּל כְּלֵי־בֵיתֶךָ שִׂים כֹּה נֶגֶד אַחַי וְאַחֶיךָ וְיוֹכִיחוּ בֵּין שְׁנֵינוּ׃

38 זֶה עֶשְׂרִים שָׁנָה אָנֹכִי עִמָּךְ רְחֵלֶיךָ וְעִזֶּיךָ לֹא שִׁכֵּלוּ וְאֵילֵי צֹאנְךָ לֹא אָכָלְתִּי׃

39 טְרֵפָה לֹא־הֵבֵאתִי אֵלֶיךָ אָנֹכִי אֲחַטֶּנָּה מִיָּדִי תְּבַקְשֶׁנָּה גְּנֻבְתִי יוֹם וּגְנֻבְתִי לָיְלָה׃

40 הָיִיתִי בַיּוֹם אֲכָלַנִי חֹרֶב וְקֶרַח בַּלָּיְלָה וַתִּדַּד שְׁנָתִי מֵעֵינָי׃

41 זֶה־לִּי עֶשְׂרִים שָׁנָה בְּבֵיתֶךָ עֲבַדְתִּיךָ אַרְבַּע־עֶשְׂרֵה שָׁנָה בִּשְׁתֵּי בְנֹתֶיךָ וְשֵׁשׁ שָׁנִים בְּצֹאנֶךָ וַתַּחֲלֵף אֶת־מַשְׂכֻּרְתִּי עֲשֶׂרֶת מֹנִים׃

42 לוּלֵי אֱלֹהֵי אָבִי אֱלֹהֵי אַבְרָהָם וּפַחַד יִצְחָק הָיָה לִי כִּי עַתָּה רֵיקָם שִׁלַּחְתָּנִי אֶת־עָנְיִי וְאֶת־יְגִיעַ כַּפַּי רָאָה אֱלֹהִים וַיּוֹכַח אָמֶשׁ׃

43 וַיַּעַן לָבָן וַיֹּאמֶר אֶל־יַעֲקֹב הַבָּנוֹת בְּנֹתַי וְהַבָּנִים בָּנַי וְהַצֹּאן צֹאנִי וְכֹל אֲשֶׁר־אַתָּה רֹאֶה לִי־הוּא וְלִבְנֹתַי מָה־אֶעֱשֶׂה לָאֵלֶּה הַיּוֹם אוֹ לִבְנֵיהֶן אֲשֶׁר יָלָדוּ׃

44 וְעַתָּה לְכָה נִכְרְתָה בְרִית אֲנִי וָאָתָּה וְהָיָה לְעֵד בֵּינִי וּבֵינֶךָ׃

45 וַיִּקַּח יַעֲקֹב אָבֶן וַיְרִימֶהָ מַצֵּבָה׃

46 וַיֹּאמֶר יַעֲקֹב לְאֶחָיו לִקְטוּ אֲבָנִים וַיִּקְחוּ אֲבָנִים וַיַּעֲשׂוּ־גָל וַיֹּאכְלוּ שָׁם עַל־הַגָּל׃

47 וַיִּקְרָא־לוֹ לָבָן יְגַר שָׂהֲדוּתָא וְיַעֲקֹב קָרָא לוֹ גַּלְעֵד׃

48 וַיֹּאמֶר לָבָן הַגַּל הַזֶּה עֵד בֵּינִי וּבֵינְךָ הַיּוֹם עַל־כֵּן קָרָא־שְׁמוֹ גַּלְעֵד׃

49 וְהַמִּצְפָּה אֲשֶׁר אָמַר יִצֶף יְהוָה בֵּינִי וּבֵינֶךָ כִּי נִסָּתֵר אִישׁ מֵרֵעֵהוּ׃

10 And it came to pass at the time that the cattle conceived, that I lifted up mine eyes, and saw in a dream, and, behold, the β rams which leaped upon the cattle *were* ring-straked, speckled, and grisled.[b]

11 And the angel of God[c] spake unto me in a dream, *saying,* Jacob: And I said, Here *am* I.[e]

12 And he said, Lift up now thine eyes, and see, all the rams which leap upon the cattle *are* ring-straked, speckled, and grisled: for I have seen[f] all that Laban doeth unto thee.

13 I *am* the God of Beth-el,[g] where thou anointedst the pillar, *and* where thou vowedst a vow unto me: now arise, get thee out from this land, and return[i] unto the land of thy kindred.

14 And Rachel and Leah answered and said unto him, *Is there* yet any portion or inheritance for us in our father's house?

15 Are we not counted of him strangers? for he hath sold us,[k] and hath quite devoured also our money.

16 For all the riches which God hath taken from our father, that *is* our's, and our children's: now then, whatsoever God hath said unto thee, do.

17 Then Jacob rose up, and set his sons and his wives upon camels.[m]

18 And he carried away all his cattle, and all his goods which he had gotten, the cattle of his getting, which he had gotten in Padan-aram, for to go to Isaac his[o] father in the land of Canaan.

19 And Laban went to shear his sheep: and Rachel had stolen the δ images[p] that *were* her father's.

20 And Jacob stole away ζ unawares to Laban the Syrian, in that he told him not that he fled.

21 So he fled with all that he had; and he rose up, and passed over the river,[r] and set his face[s] *toward* the mount Gilead.

22 And it was told Laban on the third day, that Jacob was fled.

23 And he took his brethren with him, and pursued after him seven days' journey; and they overtook him in the mount of Gilead.

24 And God came to Laban the Syrian in a dream[y] by night, and said unto him, Take heed that thou speak not to Jacob either η good or bad.

25 Then Laban overtook Jacob. Now Jacob had pitched his tent in the mount; and Laban with his brethren pitched in the mount of Gilead.

26 And Laban said to Jacob, What hast thou done, that thou hast stolen away unawares to me, and carried away my daughters, as captives[b] *taken* with the sword?

27 Wherefore didst thou flee away secretly, and θ steal away from me; and didst not tell me, that I might have sent thee away with mirth, and with songs,[d] with tabret, and with harp?

28 And hast not suffered me to kiss my sons[f] and my daughters? thou hast now done foolishly in *so* doing.

29 It is in the power of my hand to do you hurt: but the God of your father spake unto me yesternight, saying, Take thou heed that thou speak not to Jacob either good or bad.

30 And now, *though* thou wouldest needs be gone, because thou sore longedst after thy father's house, *yet* where-

	B. C. 1739.
a ver. 19.	Ju. 18. 24.
β or, *he goats.*	
b ch. 30. 39.	
c ch. 48. 16.	
d ch. 44. 9.	
e Ex. 3. 4.	1 Sa. 3. 4, &c.
	Is. 58. 9.
f Ex. 3. 7.	Ps. 139. 3.
	Ec. 5. 8.
g ch. 28. 18.	
h ver. 19.	
γ *felt.*	
i ver. 3.	ch. 32. 9.
j Ex. 20. 12.	Le. 19. 32.
k ch. 29. 27.	Ne. 5. 8.
l Ep. 4. 26.	
m ch. 24. 10.	
n 1 Co. 6. 5.	
o ch. 28. 21.	
δ *teraphim.*	
p Ju. 17. 5.	1 Sa. 19. 13.
	Ho. 3. 4.
ζ *the heart of Laban.*	
q Ex. 22. 10.	
r ch. 15. 18.	
s ch. 46. 28.	2 Ki. 12. 17.
	Lu. 9. 51.
t ch. 29. 18, 30.	
u ver. 7.	
v Ps. 124. 1, 2.	
x ver. 53.	
y ch. 20. 3.	Job 33. 15.
η *from good to bad.*	
z Ex. 3. 7.	
a 1 Ch. 12. 17.	Jude 9.
b 1 Sa. 30. 2.	
θ *hast stolen me.*	
c ch. 26. 28.	
d Job 21. 11, 12	
e Jos. 22. 27.	24. 27.
f 1 Ki 19. 20.	
g ch. 28. 18.	
κ Chald. *the heap of witness.*	
λ Heb. *the heap of witness.*	
μ i.e. *a beacon,* or, *watch-tower.*	
h Ju. 11. 29.	1 Sa. 7. 5.

fore hast thou stolen[a] my gods?

31 And Jacob answered and said to Laban, Because I was afraid: for I said, Peradventure thou wouldest take by force thy daughters from me.

32 With whomsoever thou findest thy gods, let him not live:[d] before our brethren discern thou what *is* thine with me, and take *it* to thee. For Jacob knew not that Rachel had stolen them.

33 And Laban went into Jacob's tent, and into Leah's tent, and into the two maid-servants' tents; but he found *them* not. Then went he out of Leah's tent, and entered into Rachel's tent.

34 Now Rachel had taken[h] the images, and put them in the camel's furniture, and sat upon them. And Laban γ searched all the tent, but found *them* not.

35 And she said to her father, Let it not displease my lord that I cannot rise up *j* before thee; for the custom of women *is* upon me. And he searched, but found not the images.

36 And Jacob was wroth,[l] and chode with Laban: and Jacob answered and said to Laban, What *is* my trespass, what *is* my sin, that thou hast so hotly pursued after me?

37 Whereas thou hast searched all my stuff, what hast thou found of all thy household-stuff? set *it* here before my brethren, and thy brethren, that they may judge[n] betwixt us both.

38 This twenty years *have* I *been* with thee; thy ewes and thy she-goats have not cast their young, and the rams or thy flock have I not eaten.

39 That which was torn *of beasts* I brought not unto thee; I bare the loss of it;[q] of my hand didst thou require it, *whether* stolen by day, or stolen by night.

40 *Thus* I was; in the day the drought consumed me, and the frost by night; and my sleep departed from mine eyes.

41 Thus have I been twenty years in thy house; I served thee fourteen[t] years for thy two daughters, and six years for thy cattle: and thou hast changed my wages[u] ten times.

42 Except[v] the God of my father, the God of Abraham, and the fear of Isaac, had been with me, surely thou hadst sent me away now empty. God hath seen mine affliction[z] and the labour of my hands, and rebuked[a] *thee* yesternight.

43 And Laban answered and said unto Jacob, *These* daughters *are* my daughters, and *these* children *are* my children, and *these* cattle *are* my cattle, and all that thou seest *is* mine: and what can I do this day unto these my daughters, or unto their children which they have born?

44 Now, therefore, come thou, let us make a covenant,[e] I and thou; and let it be for a witness[e] between me and thee.

45 And Jacob took a stone,[g] and set it up *for* a pillar.

46 And Jacob said unto his brethren, Gather stones; and they took stones, and made an heap: and they did eat there upon the heap.

47 And Laban called it κ Jegar-saha-dutha: but Jacob called it λ Galeed.

48 And Laban said, This heap *is* a witness between me and thee this day. Therefore was the name of it called Galeed;

49 And μ Mizpah;[h] for he said, The

50 אִם־תְּעַנֶּה אֶת־בְּנֹתַי וְאִם־תִּקַּח נָשִׁים עַל־בְּנֹתַי אֵין אִישׁ עִמָּנוּ רְאֵה אֱלֹהִים עֵד בֵּינִי וּבֵינֶךָ׃

51 וַיֹּאמֶר לָבָן לְיַעֲקֹב הִנֵּה ׀ הַגַּל הַזֶּה וְהִנֵּה הַמַּצֵּבָה אֲשֶׁר יָרִיתִי בֵּינִי וּבֵינֶךָ׃

52 עֵד הַגַּל הַזֶּה וְעֵדָה הַמַּצֵּבָה אִם־אָנִי לֹא־אֶעֱבֹר אֵלֶיךָ אֶת־הַגַּל הַזֶּה וְאִם־אַתָּה לֹא־תַעֲבֹר אֵלַי אֶת־הַגַּל הַזֶּה וְאֶת־הַמַּצֵּבָה הַזֹּאת לְרָעָה׃

53 אֱלֹהֵי אַבְרָהָם וֵאלֹהֵי נָחוֹר יִשְׁפְּטוּ בֵינֵינוּ אֱלֹהֵי אֲבִיהֶם וַיִּשָּׁבַע יַעֲקֹב בְּפַחַד אָבִיו יִצְחָק׃

54 וַיִּזְבַּח יַעֲקֹב זֶבַח בָּהָר וַיִּקְרָא לְאֶחָיו לֶאֱכָל־לָחֶם וַיֹּאכְלוּ לֶחֶם וַיָּלִינוּ בָּהָר׃

CAP. XXXII. לב

1 וַיַּשְׁכֵּם לָבָן בַּבֹּקֶר וַיְנַשֵּׁק לְבָנָיו וְלִבְנוֹתָיו וַיְבָרֶךְ אֶתְהֶם וַיֵּלֶךְ וַיָּשָׁב לָבָן לִמְקֹמוֹ׃

2 וְיַעֲקֹב הָלַךְ לְדַרְכּוֹ וַיִּפְגְּעוּ־בוֹ מַלְאֲכֵי אֱלֹהִים׃

3 וַיֹּאמֶר יַעֲקֹב כַּאֲשֶׁר רָאָם מַחֲנֵה אֱלֹהִים זֶה וַיִּקְרָא שֵׁם־הַמָּקוֹם הַהוּא מַחֲנָיִם׃

ס ס ס פ ח ח 8

4 וַיִּשְׁלַח יַעֲקֹב מַלְאָכִים לְפָנָיו אֶל־עֵשָׂו אָחִיו אַרְצָה שֵׂעִיר שְׂדֵה אֱדוֹם׃

5 וַיְצַו אֹתָם לֵאמֹר כֹּה תֹאמְרוּן לַאדֹנִי לְעֵשָׂו כֹּה אָמַר עַבְדְּךָ יַעֲקֹב עִם־לָבָן גַּרְתִּי וָאֵחַר עַד־עָתָּה׃

6 וַיְהִי־לִי שׁוֹר וַחֲמוֹר צֹאן וְעֶבֶד וְשִׁפְחָה וָאֶשְׁלְחָה לְהַגִּיד לַאדֹנִי לִמְצֹא־חֵן בְּעֵינֶיךָ׃

7 וַיָּשֻׁבוּ הַמַּלְאָכִים אֶל־יַעֲקֹב לֵאמֹר בָּאנוּ אֶל־אָחִיךָ אֶל־עֵשָׂו וְגַם הֹלֵךְ לִקְרָאתְךָ וְאַרְבַּע־מֵאוֹת אִישׁ עִמּוֹ׃

8 וַיִּירָא יַעֲקֹב מְאֹד וַיֵּצֶר לוֹ וַיַּחַץ אֶת־הָעָם אֲשֶׁר־אִתּוֹ וְאֶת־הַצֹּאן וְאֶת־הַבָּקָר וְהַגְּמַלִּים לִשְׁנֵי מַחֲנוֹת׃

9 וַיֹּאמֶר אִם־יָבוֹא עֵשָׂו אֶל־הַמַּחֲנֶה הָאַחַת וְהִכָּהוּ וְהָיָה הַמַּחֲנֶה הַנִּשְׁאָר לִפְלֵיטָה׃

10 וַיֹּאמֶר יַעֲקֹב אֱלֹהֵי אָבִי אַבְרָהָם וֵאלֹהֵי אָבִי יִצְחָק יְהוָה הָאֹמֵר אֵלַי שׁוּב לְאַרְצְךָ וּלְמוֹלַדְתְּךָ וְאֵיטִיבָה עִמָּךְ׃

11 קָטֹנְתִּי מִכֹּל הַחֲסָדִים וּמִכָּל־הָאֱמֶת אֲשֶׁר עָשִׂיתָ אֶת־עַבְדֶּךָ כִּי בְמַקְלִי עָבַרְתִּי אֶת־הַיַּרְדֵּן הַזֶּה וְעַתָּה הָיִיתִי לִשְׁנֵי מַחֲנוֹת׃

12 הַצִּילֵנִי נָא מִיַּד אָחִי מִיַּד עֵשָׂו כִּי־יָרֵא אָנֹכִי אֹתוֹ פֶּן־יָבוֹא וְהִכַּנִי אֵם עַל־בָּנִים׃

13 וְאַתָּה אָמַרְתָּ הֵיטֵב אֵיטִיב עִמָּךְ וְשַׂמְתִּי אֶת־זַרְעֲךָ כְּחוֹל הַיָּם אֲשֶׁר לֹא־יִסָּפֵר מֵרֹב׃

14 וַיָּלֶן שָׁם בַּלַּיְלָה הַהוּא וַיִּקַּח מִן־הַבָּא בְיָדוֹ מִנְחָה לְעֵשָׂו אָחִיו׃

15 עִזִּים מָאתַיִם וּתְיָשִׁים עֶשְׂרִים רְחֵלִים מָאתַיִם וְאֵילִים עֶשְׂרִים׃

16 גְּמַלִּים מֵינִיקוֹת וּבְנֵיהֶם שְׁלֹשִׁים פָּרוֹת אַרְבָּעִים וּפָרִים עֲשָׂרָה אֲתֹנֹת עֶשְׂרִים וַעְיָרִם עֲשָׂרָה׃

17 וַיִּתֵּן בְּיַד־עֲבָדָיו עֵדֶר עֵדֶר לְבַדּוֹ וַיֹּאמֶר אֶל־עֲבָדָיו עִבְרוּ לְפָנַי וְרֶוַח תָּשִׂימוּ בֵּין עֵדֶר וּבֵין עֵדֶר׃

18 וַיְצַו אֶת־הָרִאשׁוֹן לֵאמֹר כִּי יִפְגָּשְׁךָ עֵשָׂו אָחִי וּשְׁאֵלְךָ לֵאמֹר לְמִי־אַתָּה וְאָנָה תֵלֵךְ וּלְמִי אֵלֶּה לְפָנֶיךָ׃

19 וְאָמַרְתָּ לְעַבְדְּךָ לְיַעֲקֹב מִנְחָה הִוא שְׁלוּחָה לַאדֹנִי לְעֵשָׂו וְהִנֵּה גַם־הוּא אַחֲרֵינוּ׃

20 וַיְצַו גַּם אֶת־הַשֵּׁנִי גַּם אֶת־הַשְּׁלִישִׁי גַּם אֶת־כָּל־הַהֹלְכִים אַחֲרֵי הָעֲדָרִים לֵאמֹר כַּדָּבָר הַזֶּה תְּדַבְּרוּן אֶל־עֵשָׂו בְּמֹצַאֲכֶם אֹתוֹ׃

21 וַאֲמַרְתֶּם גַּם הִנֵּה עַבְדְּךָ יַעֲקֹב אַחֲרֵינוּ כִּי־אָמַר אֲכַפְּרָה פָנָיו בַּמִּנְחָה הַהֹלֶכֶת לְפָנָי וְאַחֲרֵי־כֵן אֶרְאֶה פָנָיו אוּלַי יִשָּׂא פָנָי׃

22 וַתַּעֲבֹר הַמִּנְחָה עַל־פָּנָיו וְהוּא לָן בַּלַּיְלָה־הַהוּא בַּמַּחֲנֶה׃

23 וַיָּקָם ׀ בַּלַּיְלָה הוּא וַיִּקַּח אֶת־שְׁתֵּי נָשָׁיו וְאֶת־שְׁתֵּי שִׁפְחֹתָיו וְאֶת־אַחַד עָשָׂר יְלָדָיו וַיַּעֲבֹר אֵת מַעֲבַר יַבֹּק׃

24 וַיִּקָּחֵם וַיַּעֲבִרֵם אֶת־הַנָּחַל וַיַּעֲבֵר אֶת־אֲשֶׁר־לוֹ׃

25 וַיִּוָּתֵר יַעֲקֹב לְבַדּוֹ וַיֵּאָבֵק אִישׁ עִמּוֹ עַד עֲלוֹת הַשָּׁחַר׃

26 וַיַּרְא כִּי לֹא יָכֹל לוֹ וַיִּגַּע בְּכַף־יְרֵכוֹ וַתֵּקַע כַּף־יֶרֶךְ יַעֲקֹב בְּהֵאָבְקוֹ עִמּוֹ׃

27 וַיֹּאמֶר שַׁלְּחֵנִי כִּי עָלָה הַשָּׁחַר וַיֹּאמֶר לֹא אֲשַׁלֵּחֲךָ כִּי אִם־בֵּרַכְתָּנִי׃

28 וַיֹּאמֶר אֵלָיו מַה־שְּׁמֶךָ וַיֹּאמֶר יַעֲקֹב׃

29 וַיֹּאמֶר לֹא יַעֲקֹב יֵאָמֵר עוֹד שִׁמְךָ כִּי אִם־יִשְׂרָאֵל כִּי־שָׂרִיתָ עִם־אֱלֹהִים וְעִם־אֲנָשִׁים וַתּוּכָל׃

30 וַיִּשְׁאַל יַעֲקֹב וַיֹּאמֶר הַגִּידָה־נָּא שְׁמֶךָ וַיֹּאמֶר לָמָּה זֶּה תִּשְׁאַל לִשְׁמִי וַיְבָרֶךְ אֹתוֹ שָׁם׃

31 וַיִּקְרָא יַעֲקֹב שֵׁם הַמָּקוֹם פְּנִיאֵל כִּי־רָאִיתִי אֱלֹהִים פָּנִים אֶל־פָּנִים וַתִּנָּצֵל נַפְשִׁי׃

32 וַיִּזְרַח־לוֹ הַשֶּׁמֶשׁ כַּאֲשֶׁר עָבַר אֶת־פְּנוּאֵל וְהוּא צֹלֵעַ עַל־יְרֵכוֹ׃

33 עַל־כֵּן לֹא־יֹאכְלוּ בְנֵי־יִשְׂרָאֵל אֶת־גִּיד הַנָּשֶׁה אֲשֶׁר עַל־כַּף הַיָּרֵךְ עַד הַיּוֹם הַזֶּה כִּי נָגַע בְּכַף־יֶרֶךְ יַעֲקֹב בְּגִיד הַנָּשֶׁה׃

CAP. XXXIII. לג

1 וַיִּשָּׂא יַעֲקֹב עֵינָיו וַיַּרְא וְהִנֵּה עֵשָׂו בָּא וְעִמּוֹ אַרְבַּע מֵאוֹת אִישׁ וַיַּחַץ אֶת־הַיְלָדִים עַל־לֵאָה וְעַל־רָחֵל וְעַל שְׁתֵּי הַשְּׁפָחוֹת׃

2 וַיָּשֶׂם אֶת־הַשְּׁפָחוֹת וְאֶת־יַלְדֵיהֶן רִאשֹׁנָה וְאֶת־לֵאָה וִילָדֶיהָ אַחֲרֹנִים וְאֶת־רָחֵל וְאֶת־יוֹסֵף אַחֲרֹנִים׃

3 וְהוּא עָבַר לִפְנֵיהֶם

LORD watch between me and thee, when we are absent one from another.

50 If thou shalt afflict my daughters, or if thou shalt take *other* wives beside my daughters, no man *is* with us: see, God *is* [a] witness betwixt me and thee.

51 And Laban said to Jacob, Behold this heap, and behold *this* pillar, which I have cast betwixt me and thee;

52 This heap *be* witness,[b] and *this* pillar *be* witness, that I will not pass over this heap to thee, and that thou shalt not pass over this heap and this pillar unto me, for harm.

53 The God of Abraham, and the God of Nahor, the God of their father,[c] judge betwixt us.[d] And Jacob sware by the fear[e] of his father Isaac.

54 Then Jacob β offered sacrifice upon the mount, and called his brethren to eat bread: and they did eat bread, and tarried all night in the mount.

55 And early in the morning Laban rose up, and kissed his sons and his daughters, and blessed[f] them: and Laban departed, and returned unto his place.[g]

CHAP. XXXII.

AND Jacob went on his way, and the angels of God[i] met him.

2 And when Jacob saw them, he said, This *is* God's[k] host: and he called the name of that place ζ Mahanaim.[m]

3 And Jacob sent messengers before him[n] to Esau his brother, unto the land of[o] Seir, the θ country of Edom.

4 And he commanded them, saying, Thus shall ye speak unto my [q] lord Esau; Thy servant Jacob saith thus, I have sojourned with Laban, and stayed there until now:

5 And I have oxen, and asses, flocks, and men-servants, and women-servants; and I have sent to tell my lord, that I may find grace[r] in thy sight.

6 And the messengers returned to Jacob, saying, We came to thy brother Esau, and also he cometh to meet thee, and four hundred men with him.

7 Then Jacob was greatly afraid and distressed:[v] and he divided the people that *was* with him, and the flocks, and herds, and the camels, into two bands:

8 And said, If Esau come to the one company, and smite it, then the other company which is left shall escape.

9 And Jacob said,[y] O God of my father Abraham, and God of my father Isaac, the LORD which saidst unto me,[a] Return unto thy country, and to thy kindred, and I will deal well with thee:

10 I am μ not worthy of the least of all the mercies,[b] and of all the truth,[c] which thou hast shewed unto thy servant: for with my staff I passed over this Jordan; and now I am[d] become two bands.

11 Deliver me,[e] I pray thee, from the hand of my brother, from the hand of Esau: for I fear him, lest he will come and smite me, *and* the mother ν with the[f] children.

12 And thou[g] saidst, I will surely do thee good, and make thy seed as the sand of the sea, which cannot be numbered for multitude.

13 And he lodged there that same night: and took of that which came to his hand a present[i] for Esau his brother:

14 Two hundred she-goats, & twenty he-goats, two hundred ewes, & twenty rams,

B. C. 1739.

a Ju. 11. 10.
1 Sa. 12. 5.
Je. 42. 5.
b ver. 45, 48.
c Jos. 24. 2.
d ch. 16. 5.
e ver. 42.
β or, *killed beasts.*
f ch. 28. 1.
g ch. 30. 25.
Nu. 24. 25.
h Pr. 21. 14.
γ *my face.*
Job. 42. 8, 9.
i Ps. 91. 11.
He. 1. 14.
j De. 3. 16.
δ *caused to pass.*
k Jos. 5. 14.
Ps. 34. 7.
103. 21.
148. 2.
Lu. 2. 13.
ζ i. e. *two hosts.*
l Hos. 12. 3, 4.
η *ascending of the morning.*
m Jos. 21. 38.
n Lu. 14. 31, 32.
o De. 2. 5.
θ *field.*
p Lu. 18. 1.
1 Co. 15. 58.
q Pr. 15. 1.
r ch. 33. 8, 15.
s ch. 35. 10.
2 Ki. 17. 3, 4.
κ *a prince of God.*
t Hos. 12. 3, 4.
u ch. 31. 24.
33. 4.
v ch. 35. 3.
Ps. 107. 6.
x Ju. 13. 18.
λ i. e. *the face of God.*
y Ps. 50. 15.
91. 15.
z Ex. 24. 11.
33. 20.
De. 5. 24.
34. 10.
Ju. 6. 22.
13. 22, 23.
Is. 6. 5.
Jnᵒ. 1. 18.
Col. 1. 15.
He. 11. 27.
a ch. 31. 3, 13.
μ *I am less than all, &c.*
b ch. 24. 27.
Ps. 86. 5.
c Ps. 61. 7.
85. 10.
d Job 8. 7.
Ps. 18. 35.
e Ps. 59. 1, 2.
ν *upon.*
f Hos. 10. 14.
g ch. 28. 13. 15
h ch. 32. 6.
i Pr. 18. 16.
k ch. 18. 2.
42. 6.
43. 26.

15 Thirty milch camels with their colts, forty kine, and ten bulls, twenty she-asses, and ten foals.

16 And he delivered *them* into the hand of his servants, every drove by themselves; and said unto his servants, Pass over before me, and put a space betwixt drove and drove.

17 And he commanded the foremost, saying, When Esau my brother meeteth thee, and asketh thee, saying, Whose *art* thou? and whither goest thou? and whose *are* these before thee?

18 Then thou shalt say, *They be* thy servant Jacob's; it *is* a present sent unto my lord Esau: &, behold, also he is behind us.

19 And so commanded he the second, and the third, and all that followed the droves, saying, On this manner shall ye speak unto Esau, when ye find him.

20 And say ye moreover, Behold, thy servant Jacob is behind us. For he said, I will appease[h] him with the present that goeth before me, and afterward I will see his face; peradventure he will accept of γ me.

21 So went the present over before him: and himself lodged that night in the company.

22 And he rose up that night, and took his two wives, and his two women-servants, and his eleven sons, and passed over the ford Jabbok.[j]

23 And he took them, and δ sent them over the brook, and sent over that he had.

24 And Jacob was left alone; and there wrestled[l] a man with him until the η breaking of the day.

25 And when he saw that he prevailed not against him, he touched the hollow of his thigh; and the hollow of Jacob's thigh was out of joint, as he wrestled with him.

26 And he said, Let me go, for the day breaketh. And he said, I will not let[p] thee go, except thou bless me.

27 And he said unto him, What *is* thy name? And he said, Jacob.

28 And he said, Thy name shall be called no more[s] Jacob, but κ Israel: for as a prince hast thou power with[t] God and with men,[u] and hast prevailed.

29 And Jacob asked *him*, and said, Tell me, I pray thee, thy name. And he said, Wherefore *is* it *that* thou dost ask[x] after my name? And he blessed him there.

30 And Jacob called the name of the place λ Peniel: for I have seen God face to[z] face, and my life is preserved.

31 And as he passed over Penuel the sun rose upon him, & he halted upon his thigh.

32 Therefore the children of Israel eat not *of* the sinew which shrank, which *is* upon the hollow of the thigh, unto this day: because he touched the hollow of Jacob's thigh in the sinew that shrank.

CHAP. XXXIII.

AND Jacob lifted up his eyes, and looked, and, behold, Esau came,[h] and with him four hundred men. And he divided the children unto Leah, and unto Rachel, and unto the two handmaids.

2 And he put the handmaids and their children foremost, and Leah and her children after, and Rachel and Joseph hindermost.

3 And he passed over before them, and bowed himself to the ground[k] seven times, until he came near to his brother.

Hebrew column (right):

5 וַיִּשָּׂא אֶת־עֵינָיו וַיַּרְא אֶת־הַנָּשִׁים וְאֶת־הַיְלָדִים וַיֹּאמֶר מִי־אֵלֶּה לָּךְ וַיֹּאמַר הַיְלָדִים אֲשֶׁר־חָנַן אֱלֹהִים אֶת־עַבְדֶּךָ׃

6 וַתִּגַּשְׁןָ הַשְּׁפָחוֹת הֵנָּה וְיַלְדֵיהֶן וַתִּשְׁתַּחֲוֶיןָ׃

7 וַתִּגַּשׁ גַּם־לֵאָה וִילָדֶיהָ וַיִּשְׁתַּחֲווּ וְאַחַר נִגַּשׁ יוֹסֵף וְרָחֵל וַיִּשְׁתַּחֲווּ׃

8 וַיֹּאמֶר מִי לְךָ כָּל־הַמַּחֲנֶה הַזֶּה אֲשֶׁר פָּגָשְׁתִּי וַיֹּאמֶר לִמְצֹא־חֵן בְּעֵינֵי אֲדֹנִי׃

9 וַיֹּאמֶר עֵשָׂו יֶשׁ־לִי רָב אָחִי יְהִי לְךָ אֲשֶׁר־לָךְ׃

10 וַיֹּאמֶר יַעֲקֹב אַל־נָא אִם־נָא מָצָאתִי חֵן בְּעֵינֶיךָ וְלָקַחְתָּ מִנְחָתִי מִיָּדִי כִּי עַל־כֵּן רָאִיתִי פָנֶיךָ כִּרְאֹת פְּנֵי אֱלֹהִים וַתִּרְצֵנִי׃

11 קַח־נָא אֶת־בִּרְכָתִי אֲשֶׁר הֻבָאת לָךְ כִּי־חַנַּנִי אֱלֹהִים וְכִי יֶשׁ־לִי־כֹל וַיִּפְצַר־בּוֹ וַיִּקָּח׃

12 וַיֹּאמֶר נִסְעָה וְנֵלֵכָה וְאֵלְכָה לְנֶגְדֶּךָ׃

13 וַיֹּאמֶר אֵלָיו אֲדֹנִי יֹדֵעַ כִּי־הַיְלָדִים רַכִּים וְהַצֹּאן וְהַבָּקָר עָלוֹת עָלָי וּדְפָקוּם יוֹם אֶחָד וָמֵתוּ כָּל־הַצֹּאן׃

14 יַעֲבָר־נָא אֲדֹנִי לִפְנֵי עַבְדּוֹ וַאֲנִי אֶתְנָהֲלָה לְאִטִּי לְרֶגֶל הַמְּלָאכָה אֲשֶׁר־לְפָנַי וּלְרֶגֶל הַיְלָדִים עַד אֲשֶׁר־אָבֹא אֶל־אֲדֹנִי שֵׂעִירָה׃

15 וַיֹּאמֶר עֵשָׂו אַצִּיגָה־נָּא עִמְּךָ מִן־הָעָם אֲשֶׁר אִתִּי וַיֹּאמֶר לָמָּה זֶּה אֶמְצָא־חֵן בְּעֵינֵי אֲדֹנִי׃

16 וַיָּשָׁב בַּיּוֹם הַהוּא עֵשָׂו לְדַרְכּוֹ שֵׂעִירָה׃

17 וְיַעֲקֹב נָסַע סֻכֹּתָה וַיִּבֶן לוֹ בָּיִת וּלְמִקְנֵהוּ עָשָׂה סֻכֹּת עַל־כֵּן קָרָא שֵׁם־הַמָּקוֹם סֻכּוֹת׃ ס

18 וַיָּבֹא יַעֲקֹב שָׁלֵם עִיר שְׁכֶם אֲשֶׁר בְּאֶרֶץ כְּנַעַן בְּבֹאוֹ מִפַּדַּן אֲרָם וַיִּחַן אֶת־פְּנֵי הָעִיר׃

19 וַיִּקֶן אֶת־חֶלְקַת הַשָּׂדֶה אֲשֶׁר נָטָה־שָׁם אָהֳלוֹ מִיַּד בְּנֵי־חֲמוֹר אֲבִי שְׁכֶם בְּמֵאָה קְשִׂיטָה׃

20 וַיַּצֶּב־שָׁם מִזְבֵּחַ וַיִּקְרָא־לוֹ אֵל אֱלֹהֵי יִשְׂרָאֵל׃ ס

CAP. XXXIV. לד

1 וַתֵּצֵא דִינָה בַּת־לֵאָה אֲשֶׁר יָלְדָה לְיַעֲקֹב לִרְאוֹת בִּבְנוֹת הָאָרֶץ׃

2 וַיַּרְא אֹתָהּ שְׁכֶם בֶּן־חֲמוֹר הַחִוִּי נְשִׂיא הָאָרֶץ וַיִּקַּח אֹתָהּ וַיִּשְׁכַּב אֹתָהּ וַיְעַנֶּהָ׃

3 וַתִּדְבַּק נַפְשׁוֹ בְּדִינָה בַּת־יַעֲקֹב וַיֶּאֱהַב אֶת־הַנַּעֲרָ וַיְדַבֵּר עַל־לֵב הַנַּעֲרָ׃

4 וַיֹּאמֶר שְׁכֶם אֶל־חֲמוֹר אָבִיו לֵאמֹר קַח־לִי אֶת־הַיַּלְדָּה הַזֹּאת לְאִשָּׁה׃

Targum Onkelos column (left):

5 וּזְקַף יָת עֵינוֹהִי וַחֲזָא יָת נְשַׁיָּא וְיָת בְּנַיָּא וַאֲמַר מַן אִלֵּין לָךְ וַאֲמַר בְּנַיָּא דְּחַן יְיָ יָת עַבְדָּךְ׃

6 וּקְרִיבָא שִׁפְחָתָא אִנִּין וּבְנֵיהֶן וּסְגִידָא׃

7 וּקְרִיבַת אַף לֵאָה וּבְנַהָא וּסְגִידוּ וּבָתַר כֵּן קְרִיב יוֹסֵף וְרָחֵל וּסְגִידוּ׃

8 וַאֲמַר מַן לָךְ כָּל מַשְׁרִיתָא הָדָא דַּעֲרַעִית וַאֲמַר לְאַשְׁכָּחָא רַחֲמִין בְּעֵינֵי רִבּוֹנִי׃

9 וַאֲמַר עֵשָׂו אִית לִי סַגִּי אֲחִי יְהֵי דִּילָךְ דִּילָךְ׃

10 וַאֲמַר יַעֲקֹב בְּבָעוּ אִם כְּעַן אַשְׁכָּחִית רַחֲמִין בְּעֵינָךְ וּתְקַבֵּל תִּקְרֻבְתִּי מִן יְדִי אֲרֵי עַל כֵּן חֲזֵיתִי אַפָּךְ כְּמֶחֱזֵי אַפֵּי רַבְרְבַיָּא וְאִתְרְעִיתָא לִי׃

11 קַבֵּל כְּעַן יָת תִּקְרֻבְתִּי דְּאִתָּיְתִיאַת לָךְ אֲרֵי חַנַּנִי יְיָ וַאֲרֵי אִית לִי כֹּלָּא וְאַתְקֵיף בֵּיהּ וְקַבֵּל׃

12 וַאֲמַר נִטַּל וּנְהָךְ וֶאֱהָךְ לְקִבְלָךְ׃

13 וַאֲמַר לֵיהּ רִבּוֹנִי יָדַע אֲרֵי בְנַיָּא רַכִּיכִין וְעָנָא וְתוֹרֵי דְּמֵינְקָן עֲלָי וְיִדְחֲקֻנּוּן יוֹמָא חַד וִימוּתוּן כָּל עָנָא׃

14 יְעִבַּר כְּעַן רִבּוֹנִי קֳדָם עַבְדֵּיהּ וַאֲנָא אֲדַבַּר בִּנְיָח לְרֶגֶל עֲבִידְתָּא דִּקְדָמַי וּלְרֶגֶל בְּנַיָּא עַד דְּאֵיתֵי לְוָת רִבּוֹנִי לְשֵׂעִיר׃

15 וַאֲמַר עֵשָׂו אַשְׁאַר כְּעַן עִמָּךְ מִן עַמָּא דְּעִמִּי וַאֲמַר לְמָא דְּנָן אַשְׁכַּח רַחֲמִין בְּעֵינֵי רִבּוֹנִי׃

16 וְתָב בְּיוֹמָא הַהוּא עֵשָׂו לְאָרְחֵיהּ לְשֵׂעִיר׃

17 וְיַעֲקֹב נְטַל לְסֻכּוֹת וּבְנָא לֵיהּ בֵּיתָא וְלִבְעִירֵיהּ עֲבַד מְטַלָּן עַל כֵּן קְרָא שְׁמָא דְּאַתְרָא סֻכּוֹת׃ ס

18 וַאֲתָא יַעֲקֹב שְׁלַם לִקְרַת שְׁכֶם דִּבְאַרְעָא דִּכְנַעַן בְּמֵיתֵיהּ מִפַּדַּן אֲרָם וּשְׁרָא לָקֳבֵל קַרְתָּא׃

19 וּזְבַן יָת אַחְסָנַת חַקְלָא דִּפְרַס תַּמָּן מַשְׁכְּנֵיהּ מִן יְדָא דִּבְנֵי חֲמוֹר אֲבוּהִי דִּשְׁכֶם בְּמָאָה חוּרְפָן׃

20 וַאֲקֵים תַּמָּן מַדְבְּחָא וּפְלַח עֲלוֹהִי קֳדָם אֵל אֱלָהָא דְיִשְׂרָאֵל׃ ס

CAP. XXXIV. לד

1 וּנְפַקַת דִּינָה בַּת לֵאָה דִּילֵידַת לְיַעֲקֹב לְמִחְזֵי בִּבְנַת אַרְעָא׃

2 וַחֲזָא יָתַהּ שְׁכֶם בַּר חֲמוֹר חִוָּאָה רַבָּא דְאַרְעָא וּדְבַר יָתַהּ וּשְׁכֵיב יָתַהּ וְעַנְּיַהּ׃

3 וְאִתְדַּבְּקַת נַפְשֵׁיהּ בְּדִינָה בַּת יַעֲקֹב וּרְחֵים יָת עוּלֶמְתָּא וּמַלֵּיל עַל לִבָּא דְעוּלֶמְתָּא׃

4 וַאֲמַר שְׁכֶם לַחֲמוֹר אֲבוּהִי לְמֵימַר סַב לִי יָת עוּלֶמְתָּא הָדָא לְאִנְתּוּ׃

4 And Esau ran to meet him, and embraced him,[b] and fell on his neck,[c] and kissed him : and they wept.

5 And he lifted up his eyes, and saw the women and the children; and said, Who *are* those *β* with thee ? And he said, The children which God hath graciously given [d] thy servant.

6 Then the handmaidens came near, they and their children, and they bowed themselves.

7 And Leah also with her children came near, and bowed themselves : and after came Joseph near and Rachel, and they bowed themselves.

8 And he said, What *γ meanest* thou by all this drove which I met ? And he said, *These are* to find grace [h] in the sight of my lord.

9 And Esau said, I have enough, my brother; keep δ that thou hast unto thyself.[i]

10 And Jacob said, Nay, I pray thee, if now I have found grace in thy sight, then receive my present at my hand : for therefore I have seen thy face,[l] as though I had seen the face of God, and thou wast pleased with me.

11 Take, I pray thee, my blessing [m] that is brought to thee ; because God hath dealt graciously with me, and because I have ϵ enough.[p] And he urged him,[q] and he took *it*.

12 And he said, Let us take our journey ; and let us go, and I will go before thee.

13 And he said unto him, My lord knoweth that the children *are* tender,[r] and the flocks and herds with young *are* with me ; and if men should over-drive them one day, all the flock will die.

14 Let my lord, I pray thee, pass over before his servant: and I will lead on softly, *η* according as the cattle that goeth before me and the children be able to endure, until I come unto my lord unto Seir.[u]

15 And Esau said, Let me now *θ* leave with thee *some* of the folk that *are* with me. And he said, [κ] What needeth it ? let me find grace in the sight [v] of my lord.

16 So Esau returned that day on his way unto Seir.

17 And Jacob journeyed to Succoth,[z] and built him an house, and made booths for his cattle : therefore the name of the place is called [λ] Succoth.

18 And Jacob came to Shalem,[a] a city of *μ* Shechem, which *is* in the land of Canaan, when he came from Padan-aram; and pitched his tent before the city.

19 And he bought[b] a parcel of a field, where he had spread his tent, at the hand of the children of *ν* Hamor, Shechem's father, for an hundred *π* pieces of money.

20 And he erected there an altar,[c] and called it ρ El-elohe-Israel.

CHAP. XXXIV.

AND Dinah[g] the daughter of Leah, *which* she bare unto Jacob, went out [h] to see the daughters of the land.

2 And when Shechem the son of Hamor the Hivite, prince of the country, saw her,[i] he took her, and lay with her, and defiled *τ* her.

3 And his soul clave [k] unto Dinah the daughter of Jacob, and he loved the damsel, and spake *φ* kindly unto the damsel.

4 And Shechem spake unto his father Hamor, saying, Get me this damsel [l] to wife.

5 And Jacob heard that he had defiled

B. C. 1739.

a 1 Sa. 10. 27.
 2 Sa. 13. 22.
b ch. 32. 28.
c ch. 45. 14.
β *to thee.*
d ch. 48. 9.
 Ps. 127. 3.
e ch. 49. 7.
f Jos. 7. 15.
 Ju. 20. 6.
 2 Sa. 13. 12.
g De. 23. 17.
γ *what is all this band to thee ?*
h ch. 32. 5, 16.
δ *be that to thee that is thine.*
i Pr. 16. 7.
k ch. 13. 9.
l ch. 43. 3.
 2 Sa. 3. 13.
m 1 Sa. 25. 27.
 2 Ki. 5. 15.
n Ex. 22. 17.
o Pr. 26. 25.
ϵ *all things.*
p Ph. 4. 18.
q 2 Ki. 5. 16, 23.
r 1 Ch. 22. 5.
s Jos. 5. 9.
η *according to the foot of the work, &c. and according to the foot of the children*
t Ga. 4. 12.
u ch. 32. 3.
θ *set or place*
κ *Wherefore is this ?*
v ch. 34. 11.
 Ru. 2. 13.
 2 Sa. 16. 4.
x ch. 29. 30.
 2 Ki. 5. 1.
y 2 Jos. 13. 27.
 Ju. 8. 5.
λ i.e. *booths.*
z Jn⁰. 3. 23.
μ called
 Acts 7. 15.
 Sychem.
b ch. 23. 17.
 Jos. 24. 32.
ν called
 Acts 7. 16.
 Emmor.
π or *lambs.*
c ch. 35. 7.
d ver. 15...17.
ρ *God yᵉ God of Israel.*
e Pr. 1. 12, 13.
g ch. 30. 21.
h Tit. 2. 5.
i Ju. 14. 1.
 2 Sa. 11. 2.
τ *humbled her.*
k Ru. 1. 14.
 1 Sa. 18. 1.
φ *to the heart of the damsel.*
l Ju. 14. 2.
m ch. 49. 5...7.

Dinah his daughter : now his sons were with his cattle in the field ; and Jacob held his peace [a] until they were come.

6 And Hamor the father of Shechem went out unto Jacob, to commune with him.

7 And the sons of Jacob came out of the field when they heard *it :* and the men were grieved, and they were [e] very wroth, because he had wrought folly[f] in Israel, in lying with Jacob's daughter ; which thing ought not to be done.[g]

8 And Hamor communed with them, saying, The soul of my son Shechem longeth for your daughter : I pray you give her him to wife.

9 And make ye marriages with us, *and* give your daughters unto us, and take our daughters unto you.

10 And ye shall dwell with us : and the land shall be before you ;[k] dwell and trade ye therein, & get you possessions therein.

11 And Shechem said unto her father and unto her brethren, Let me find grace in your eyes, and what ye shall say unto me I will give.

12 Ask me never so much dowry[n] & gift, and I will give according as ye shall say unto me : but give me the damsel to wife.

13 And the sons of Jacob answered Shechem and Hamor his father deceitfully,[o] and said, because he had defiled Dinah their sister :

14 And they said unto them, We cannot do this thing, to give our sister to one that is uncircumcised ; for that *were* a reproach [s] unto us :

15 But in this will we consent unto you, If ye will be as we *be*, that every male of you be circumcised,[t]

16 Then will we give our daughters unto you, and we will take your daughters to us, and we will dwell with you, and we will become one people.

17 But if ye will not hearken unto us, to be circumcised : then will we take our daughter, and we will be gone.

18 And their words pleased Hamor, and Shechem, Hamor's son.

19 And the young man deferred not to do the thing, because he had delight [x] in Jacob's daughter : and he *was* more honourable[y] than all the house of his father.

20 And Hamor and Shechem his son came unto the gate of their city, and communed with the men of their city, saying,

21 These men *are* peaceable with us ; therefore let them dwell in the land, and trade therein ; for the land, behold, *it is* large enough for them ; let us take their daughters to us for wives, and let us give them our daughters.

22 Only herein [d] will the men consent unto us for to dwell with us, to be one people, if every male among us be circumcised, as they *are* circumcised.

23 *Shall* not their cattle, and their substance, and every beast of their's,[e] *be* our's ? only let us consent unto them, and they will dwell with us.

24 And unto Hamor and unto Shechem his son hearkened all that[f] went out of the gate of his city ; and every male was circumcised, all that went out of the gate of his city.

25 And it came to pass on the third day, when they were sore, that two of the sons of Jacob, Simeon and Levi, Dinah's brethren, took each man his sword, and [m] came

24

26 וְאֶת־חֲמוֹר וְאֶת־שְׁכֶם בְּנוֹ הָרְגוּ לְפִי־חָרֶב וַיִּקְחוּ אֶת־דִּינָה מִבֵּית שְׁכֶם וַיֵּצֵאוּ׃
27 בְּנֵי יַעֲקֹב בָּאוּ עַל־הַחֲלָלִים וַיָּבֹזּוּ הָעִיר אֲשֶׁר טִמְּאוּ אֲחוֹתָם׃
28 אֶת־צֹאנָם וְאֶת־בְּקָרָם וְאֶת־חֲמֹרֵיהֶם וְאֵת אֲשֶׁר־בָּעִיר וְאֶת־אֲשֶׁר בַּשָּׂדֶה לָקָחוּ׃
29 וְאֶת־כָּל־חֵילָם וְאֶת־כָּל־טַפָּם וְאֶת־נְשֵׁיהֶם שָׁבוּ וַיָּבֹזּוּ וְאֵת כָּל־אֲשֶׁר בַּבָּיִת׃
30 וַיֹּאמֶר יַעֲקֹב אֶל־שִׁמְעוֹן וְאֶל־לֵוִי עֲכַרְתֶּם אֹתִי לְהַבְאִישֵׁנִי בְּיֹשֵׁב הָאָרֶץ בַּכְּנַעֲנִי וּבַפְּרִזִּי וַאֲנִי מְתֵי מִסְפָּר וְנֶאֶסְפוּ עָלַי וְהִכּוּנִי וְנִשְׁמַדְתִּי אֲנִי וּבֵיתִי׃
31 וַיֹּאמְרוּ הַכְזוֹנָה יַעֲשֶׂה אֶת־אֲחוֹתֵנוּ׃ פ

CAP. XXXV. לה

1 וַיֹּאמֶר אֱלֹהִים אֶל־יַעֲקֹב קוּם עֲלֵה בֵית־אֵל וְשֶׁב־שָׁם וַעֲשֵׂה־שָׁם מִזְבֵּחַ לָאֵל הַנִּרְאֶה אֵלֶיךָ בְּבָרְחֲךָ מִפְּנֵי עֵשָׂו אָחִיךָ׃
2 וַיֹּאמֶר יַעֲקֹב אֶל־בֵּיתוֹ וְאֶל כָּל־אֲשֶׁר עִמּוֹ הָסִרוּ אֶת־אֱלֹהֵי הַנֵּכָר אֲשֶׁר בְּתֹכְכֶם וְהִטַּהֲרוּ וְהַחֲלִיפוּ שִׂמְלֹתֵיכֶם׃
3 וְנָקוּמָה וְנַעֲלֶה בֵּית־אֵל וְאֶעֱשֶׂה־שָּׁם מִזְבֵּחַ לָאֵל הָעֹנֶה אֹתִי בְּיוֹם צָרָתִי וַיְהִי עִמָּדִי בַּדֶּרֶךְ אֲשֶׁר הָלָכְתִּי׃
4 וַיִּתְּנוּ אֶל־יַעֲקֹב אֵת כָּל־אֱלֹהֵי הַנֵּכָר אֲשֶׁר בְּיָדָם וְאֶת־הַנְּזָמִים אֲשֶׁר בְּאָזְנֵיהֶם וַיִּטְמֹן אֹתָם יַעֲקֹב תַּחַת הָאֵלָה אֲשֶׁר עִם־שְׁכֶם׃
5 וַיִּסָּעוּ וַיְהִי חִתַּת אֱלֹהִים עַל־הֶעָרִים אֲשֶׁר סְבִיבֹתֵיהֶם וְלֹא רָדְפוּ אַחֲרֵי בְּנֵי יַעֲקֹב׃
6 וַיָּבֹא יַעֲקֹב לוּזָה אֲשֶׁר בְּאֶרֶץ כְּנַעַן הִוא בֵּית־אֵל הוּא וְכָל־הָעָם אֲשֶׁר־עִמּוֹ׃
7 וַיִּבֶן שָׁם מִזְבֵּחַ וַיִּקְרָא לַמָּקוֹם אֵל בֵּית־אֵל כִּי שָׁם נִגְלוּ אֵלָיו הָאֱלֹהִים בְּבָרְחוֹ מִפְּנֵי אָחִיו׃
8 וַתָּמָת דְּבֹרָה מֵינֶקֶת רִבְקָה וַתִּקָּבֵר מִתַּחַת לְבֵית־אֵל תַּחַת הָאַלּוֹן וַיִּקְרָא שְׁמוֹ אַלּוֹן בָּכוּת׃ פ
9 וַיֵּרָא אֱלֹהִים אֶל־יַעֲקֹב עוֹד בְּבֹאוֹ מִפַּדַּן אֲרָם וַיְבָרֶךְ אֹתוֹ׃
10 וַיֹּאמֶר־לוֹ אֱלֹהִים שִׁמְךָ יַעֲקֹב לֹא־יִקָּרֵא שִׁמְךָ עוֹד יַעֲקֹב כִּי אִם־יִשְׂרָאֵל יִהְיֶה שְׁמֶךָ וַיִּקְרָא אֶת־שְׁמוֹ יִשְׂרָאֵל׃
11 וַיֹּאמֶר לוֹ אֱלֹהִים אֲנִי אֵל שַׁדַּי פְּרֵה וּרְבֵה גּוֹי וּקְהַל גּוֹיִם יִהְיֶה מִמֶּךָּ וּמְלָכִים מֵחֲלָצֶיךָ יֵצֵאוּ׃
12 וְאֶת־הָאָרֶץ אֲשֶׁר נָתַתִּי לְאַבְרָהָם וּלְיִצְחָק לְךָ אֶתְּנֶנָּה וּלְזַרְעֲךָ אַחֲרֶיךָ אֶתֵּן אֶת־הָאָרֶץ׃
13 וַיַּעַל מֵעָלָיו אֱלֹהִים בַּמָּקוֹם אֲשֶׁר־דִּבֶּר אִתּוֹ׃
14 וַיַּצֵּב יַעֲקֹב מַצֵּבָה בַּמָּקוֹם אֲשֶׁר־דִּבֶּר אִתּוֹ מַצֶּבֶת אֶבֶן וַיַּסֵּךְ עָלֶיהָ נֶסֶךְ וַיִּצֹק עָלֶיהָ שָׁמֶן׃
15 וַיִּקְרָא יַעֲקֹב אֶת־שֵׁם הַמָּקוֹם אֲשֶׁר דִּבֶּר אִתּוֹ שָׁם אֱלֹהִים בֵּית־אֵל׃
16 וַיִּסְעוּ מִבֵּית אֵל וַיְהִי־עוֹד כִּבְרַת־הָאָרֶץ לָבוֹא אֶפְרָתָה וַתֵּלֶד רָחֵל וַתְּקַשׁ בְּלִדְתָּהּ׃
17 וַיְהִי בְהַקְשֹׁתָהּ בְּלִדְתָּהּ וַתֹּאמֶר לָהּ הַמְיַלֶּדֶת אַל־תִּירְאִי כִּי־גַם־זֶה לָךְ בֵּן׃
18 וַיְהִי בְּצֵאת נַפְשָׁהּ כִּי מֵתָה וַתִּקְרָא שְׁמוֹ בֶּן־אוֹנִי וְאָבִיו קָרָא־לוֹ בִנְיָמִין׃
19 וַתָּמָת רָחֵל וַתִּקָּבֵר בְּדֶרֶךְ אֶפְרָתָה הִוא בֵּית לָחֶם׃
20 וַיַּצֵּב יַעֲקֹב מַצֵּבָה עַל־קְבֻרָתָהּ הִוא מַצֶּבֶת קְבֻרַת־רָחֵל עַד־הַיּוֹם׃
21 וַיִּסַּע יִשְׂרָאֵל וַיֵּט אָהֳלֹה מֵהָלְאָה לְמִגְדַּל־עֵדֶר׃
22 וַיְהִי בִּשְׁכֹּן יִשְׂרָאֵל בָּאָרֶץ הַהִוא וַיֵּלֶךְ רְאוּבֵן וַיִּשְׁכַּב אֶת־בִּלְהָה פִּילֶגֶשׁ אָבִיו וַיִּשְׁמַע יִשְׂרָאֵל פ וַיִּהְיוּ בְנֵי־יַעֲקֹב שְׁנֵים עָשָׂר׃
23 בְּנֵי לֵאָה בְּכוֹר יַעֲקֹב רְאוּבֵן וְשִׁמְעוֹן וְלֵוִי וִיהוּדָה וְיִשָּׂשכָר וּזְבוּלֻן׃
24 בְּנֵי רָחֵל יוֹסֵף וּבִנְיָמִן׃
25 וּבְנֵי בִלְהָה שִׁפְחַת רָחֵל דָּן וְנַפְתָּלִי׃
26 וּבְנֵי זִלְפָּה שִׁפְחַת לֵאָה גָּד וְאָשֵׁר אֵלֶּה בְּנֵי יַעֲקֹב אֲשֶׁר יֻלַּד־לוֹ בְּפַדַּן אֲרָם׃
27 וַיָּבֹא יַעֲקֹב אֶל־יִצְחָק אָבִיו מַמְרֵא קִרְיַת הָאַרְבַּע הִוא חֶבְרוֹן אֲשֶׁר־גָּר־שָׁם אַבְרָהָם וְיִצְחָק׃
28 וַיִּהְיוּ יְמֵי יִצְחָק מְאַת שָׁנָה וּשְׁמֹנִים שָׁנָה׃
29 וַיִּגְוַע יִצְחָק וַיָּמָת וַיֵּאָסֶף אֶל־עַמָּיו זָקֵן וּשְׂבַע יָמִים וַיִּקְבְּרוּ אֹתוֹ עֵשָׂו וְיַעֲקֹב בָּנָיו׃ פ

CAP. XXXVI. לו

1 וְאֵלֶּה תֹּלְדוֹת עֵשָׂו הוּא אֱדוֹם׃
2 עֵשָׂו לָקַח אֶת־נָשָׁיו מִבְּנוֹת כְּנָעַן אֶת־עָדָה בַּת־אֵילוֹן הַחִתִּי וְאֶת־אָהֳלִיבָמָה בַּת־עֲנָה בַּת־צִבְעוֹן הַחִוִּי׃
3 וְאֶת־בָּשְׂמַת בַּת־יִשְׁמָעֵאל אֲחוֹת נְבָיוֹת׃
4 וַתֵּלֶד עָדָה לְעֵשָׂו אֶת־אֱלִיפָז וּבָשְׂמַת יָלְדָה אֶת־רְעוּאֵל׃
5 וְאָהֳלִיבָמָה יָלְדָה אֶת־יְעוּשׁ וְאֶת־יַעְלָם וְאֶת־קֹרַח אֵלֶּה בְּנֵי עֵשָׂו אֲשֶׁר יֻלְּדוּ־לוֹ בְּאֶרֶץ כְּנָעַן׃
6 וַיִּקַּח עֵשָׂו אֶת־נָשָׁיו וְאֶת־בָּנָיו וְאֶת־בְּנֹתָיו וְאֶת־כָּל־נַפְשׁוֹת בֵּיתוֹ וְאֶת־מִקְנֵהוּ וְאֶת־כָּל־בְּהֶמְתּוֹ וְאֵת כָּל־קִנְיָנוֹ אֲשֶׁר רָכַשׁ בְּאֶרֶץ כְּנָעַן וַיֵּלֶךְ אֶל־אֶרֶץ מִפְּנֵי יַעֲקֹב אָחִיו׃
7 כִּי־הָיָה רְכוּשָׁם רָב מִשֶּׁבֶת יַחְדָּו וְלֹא יָכְלָה אֶרֶץ מְגוּרֵיהֶם לָשֵׂאת אֹתָם מִפְּנֵי מִקְנֵיהֶם׃
8 וַיֵּשֶׁב עֵשָׂו בְּהַר שֵׂעִיר עֵשָׂו הוּא אֱדוֹם׃
9 וְאֵלֶּה תֹּלְדוֹת

upon the city boldly, & slew all the males.

26 And they slew Hamor & Shechem his son with β the edge*a* of the sword, and took Dinah out of Shechem's house,& went out.

27 The sons of Jacob came upon the slain,*b* and spoiled the city, because they had defiled their sister.

28 They took their sheep, and their oxen, and their asses, and that which *was* in the city, and that which *was* in the field,

29 And all their wealth, and all their little ones, and their wives took they captive, and spoiled even all that *was* in the house.

30 And Jacob said to Simeon and Levi, Ye have troubled me,*c* to make me to stink among*f* the inhabitants of the land, among the Canaanites and the Perizzites : and I *being* few*i* in number, they shall gather themselves together against me, and slay me; and I shall be destroyed, I and my house.

31 And they said, Should he deal with our sister as with an harlot?

CHAP. XXXV.

AND God said unto Jacob, Arise, go up to Beth-el, and dwell there ;*o* and make there an altar unto God, that appeared unto thee when thou fleddest*p* from the face of Esau thy brother.

2 Then Jacob said unto his*q* household, and to all that *were* with him, Put away the strange gods*r* that *are* among*s* you, and be*y* clean, and change your garments:

3 And let us arise, and go up to Beth-el ; and I will make there an altar unto God, who answered me in the day*z* of my distress, and was with me*a* in the way which I went.

4 And they gave unto Jacob all the strange gods which *were* in their hand, and *all their* ear-rings *b* which *were* in their ears ; and Jacob hid them under the oak which *was* by*c* Shechem.

5 And they journeyed : and the terror of God*d* was upon the cities that *were* round about them, and they did not pursue after the sons of Jacob.

6 So Jacob came to Luz, which *is* in the land of Canaan, that *is,* Beth-el, he and all the people that *were* with him.

7 And he built there an altar, and called the place ζ El-beth-el : because there God*g* appeared unto him, when he fled from the face of his brother.

8 But Deborah, Rebekah's nurse, died, and she was buried beneath Beth-el, under an oak ; and the name of it was called η Allon-bachuth.

9 And God appeared unto Jacob again, when he came out of Padan-aram, and blessed him.

10 And God said unto him, Thy name *is* Jacob : thy name shall not be called any more Jacob, but Israel shall be thy name : and he called his name Israel.*i*

11 And God said unto him,*k* I *am* God Almighty : be fruitful and multiply; a nation and a company of nations shall be of thee, and kings shall come out of thy loins;

12 And the land which I gave*l* Abraham and Isaac, to thee I will give it, and to thy seed after thee will I give the land.

13 And God went up from him,*n* in the place where he talked with him.

14 And Jacob set up a pillar*p* in the place where he talked with him, *even* a pillar of stone ; and he poured a drink-offering thereon, and he poured oil thereon :

15 And Jacob called the name of the

center column references
B. C. 1732.

β *mouth.*
a De. 32. 42.
γ *a little piece of ground.*
b ch. 49. 7.
c ch. 30. 24.
1 Sa. 4. 20.
d La. 2. 12.
δ i. e. *the son of my sorrow.*
ε i. e. *the son of the right hand.*
e Jos. 7. 25.
f Ex. 5. 21.
1 Sa. 13. 4.
27. 12.
g ch. 48. 7.
h Ru. 1. 2.
4. 11.
Mi. 5. 2.
Mat. 2. 6.
i De. 4. 27.
Ps. 105. 12.
k 1 Sa. 10. 2.
l Mi. 4. 8.
m ch. 49. 4.
1 Ch. 5. 1.
1 Cor. 5. 1.
n ch. 46. 8.
o Ps. 47. 4.
p ch. 27. 43.
28. 13,19.
q ch. 18. 19.
r Jos. 24. 15.
Ps. 101.2.,7.
s ch. 13. 18.
t Jos. 14. 15.
15. 13.
u ch. 25. 8.
v ch. 25. 9.
Job 5. 26.
x ch. 31. 19.
Jos. 24. 23.
1 Sa. 7. 3.
y Ex. 19. 10.
z ch. 32. 7,24.
Ps. 107. 6.
a ch. 28. 20.
31. 3, 42.
b Ex. 32. 3, 4.
Hos. 2. 13.
c Ju. 9. 6.
d Ex. 23. 27.
De. 11. 25.
Jos. 2. 9.
2 Ch. 14. 14.
e ch. 25. 30.
f ch. 26. 34.
ζ i.e. *the God of Bethel.*
g ch. 28. 13.
h 1 Ch. 1. 35.
η i e. *the oak of weeping.*
i ch. 32. 28.
θ *souls.*
k ch. 17. 1.
48. 3, 4.
Ex. 6. 3.
l ch. 12. 7.
13. 15.
28. 13.
m ch.13.6,11.
n ch. 17. 22.
o De. 2. 5.
p ch. 28. 18.
κ *Edom.*

place where God spake with him, Beth-el.

16 And they journeyed from Beth-el ; and there was but γ a little way to come to Ephrath : and Rachel travailed, and she had hard labour.

17 And it came to pass, when she was in hard labour, that the midwife said unto her, Fear not ;*c* thou shalt have this son also.

18 And it came to pass, as her*d* soul was in departing, (for she died,) that she called his name δ Ben-oni : but his father called him ε Benjamin.

19 And Rachel died,*g* and was buried in the way to Ephrath,*h* which *is* Beth-lehem.

20 And Jacob set a pillar upon her grave : that *is* the pillar of Rachel's grave *k* unto this day.

21 And Israel journeyed, and spread his tent beyond the tower*l* of Edar.

22 And it came to pass, when Israel dwelt in that land, that Reuben *m* went and lay with Bilhah his father's concubine : and Israel heard *it.* Now the sons of Jacob were twelve :*n*

23 The sons of Leah ; Reuben, Jacob's first-born, and Simeon, and Levi, and Judah, and Issachar, and Zebulun :

24 The sons of Rachel ; Joseph, and Benjamin :

25 And the sons of Bilhah, Rachel's handmaid ; Dan, and Naphtali :

26 And the sons of Zilpah, Leah's handmaid ; Gad, and Asher : these *are* the sons of Jacob, which were born to him in Padan-aram.

27 And Jacob came unto Isaac his father unto*s* Mamre, unto the city of Arbah,*t* which *is* Hebron, where Abraham and Isaac sojourned.

28 And the days of Isaac were an hundred and fourscore years.

29 And Isaac gave up the ghost, and died, and was*u* gathered unto his people, *being* old and full of days : and his sons Esau*v* and Jacob buried him.

CHAP. XXXVI.

NOW these *are* the generations of Esau, who *is* Edom.*e*

2 Esau took his wives of the daughters of Canaan ;*f* Adah the daughter of Elon the Hittite, and Aholibamah the daughter of Anah, the daughter of Zibeon the Hivite ;

3 And Bashemath, Ishmael's daughter, sister of Nebajoth.

4 And Adah bare to Esau,*h* Eliphaz ; and Bashemath bare Reuel ;

5 And Aholibamah bare Jeush, and Jaalam, and Korah. These *are* the sons of Esau, which were born unto him in the land of Canaan.

6 And Esau took his wives, and his sons, and his daughters, and all θ the persons of his house, and his cattle, and all his beasts, and all his substance, which he had got in the land of Canaan ; and went into the country from the face of his brother Jacob :

7 For their riches were more than that they might dwell together ; and the land wherein they were strangers could no bear*m* them, because of their cattle.

8 Thus dwelt Esau in mount Seir.*o* Esau *is* Edom.

9 And these *are* the generations of Esau the father of κ the Edomites in mount Seir.

10 These *are* the names of Esau's sons ; Eliphaz the son of Adah the wife of Esau,

10 אֵלֶּה שְׁמוֹת בְּנֵי־עֵשָׂו אֱלִיפַז בֶּן־עָדָה אֵשֶׁת עֵשָׂו רְעוּאֵל בֶּן־בָּשְׂמַת אֵשֶׁת עֵשָׂו׃

11 וַיִּהְיוּ בְּנֵי אֱלִיפָז תֵּימָן אוֹמָר צְפוֹ וְגַעְתָּם וּקְנַז׃

12 וְתִמְנַע הָיְתָה פִילֶגֶשׁ לֶאֱלִיפַז בֶּן־עֵשָׂו וַתֵּלֶד לֶאֱלִיפַז אֶת־עֲמָלֵק אֵלֶּה בְּנֵי עָדָה אֵשֶׁת עֵשָׂו׃

13 וְאֵלֶּה בְּנֵי רְעוּאֵל נַחַת וָזֶרַח שַׁמָּה וּמִזָּה אֵלֶּה הָיוּ בְּנֵי בָשְׂמַת אֵשֶׁת עֵשָׂו׃

14 וְאֵלֶּה הָיוּ בְּנֵי אָהֳלִיבָמָה בַת־עֲנָה בַּת־צִבְעוֹן אֵשֶׁת עֵשָׂו וַתֵּלֶד לְעֵשָׂו אֶת־יְעוּשׁ וְאֶת־יַעְלָם וְאֶת־קֹרַח׃

15 אֵלֶּה אַלּוּפֵי בְנֵי־עֵשָׂו בְּנֵי אֱלִיפַז בְּכוֹר עֵשָׂו אַלּוּף תֵּימָן אַלּוּף אוֹמָר אַלּוּף צְפוֹ אַלּוּף קְנַז׃

16 אַלּוּף קֹרַח אַלּוּף גַּעְתָּם אַלּוּף עֲמָלֵק אֵלֶּה אַלּוּפֵי אֱלִיפַז בְּאֶרֶץ אֱדוֹם אֵלֶּה בְּנֵי עָדָה׃

17 וְאֵלֶּה בְּנֵי רְעוּאֵל בֶּן־עֵשָׂו אַלּוּף נַחַת אַלּוּף זֶרַח אַלּוּף שַׁמָּה אַלּוּף מִזָּה אֵלֶּה אַלּוּפֵי רְעוּאֵל בְּאֶרֶץ אֱדוֹם אֵלֶּה בְּנֵי בָשְׂמַת אֵשֶׁת עֵשָׂו׃

18 וְאֵלֶּה בְּנֵי אָהֳלִיבָמָה אֵשֶׁת עֵשָׂו אַלּוּף יְעוּשׁ אַלּוּף יַעְלָם אַלּוּף קֹרַח אֵלֶּה אַלּוּפֵי אָהֳלִיבָמָה בַּת־עֲנָה אֵשֶׁת עֵשָׂו׃

19 אֵלֶּה בְנֵי־עֵשָׂו וְאֵלֶּה אַלּוּפֵיהֶם הוּא אֱדוֹם׃ ס

20 אֵלֶּה בְנֵי־שֵׂעִיר הַחֹרִי יֹשְׁבֵי הָאָרֶץ לוֹטָן וְשׁוֹבָל וְצִבְעוֹן וַעֲנָה׃

21 וְדִשׁוֹן וְאֵצֶר וְדִישָׁן אֵלֶּה אַלּוּפֵי הַחֹרִי בְּנֵי שֵׂעִיר בְּאֶרֶץ אֱדוֹם׃

22 וַיִּהְיוּ בְנֵי־לוֹטָן חֹרִי וְהֵימָם וַאֲחוֹת לוֹטָן תִּמְנָע׃

23 וְאֵלֶּה בְּנֵי שׁוֹבָל עַלְוָן וּמָנַחַת וְעֵיבָל שְׁפוֹ וְאוֹנָם׃

24 וְאֵלֶּה בְנֵי־צִבְעוֹן וְאַיָּה וַעֲנָה הוּא עֲנָה אֲשֶׁר מָצָא אֶת־הַיֵּמִם בַּמִּדְבָּר בִּרְעֹתוֹ אֶת־הַחֲמֹרִים לְצִבְעוֹן אָבִיו׃

25 וְאֵלֶּה בְנֵי־עֲנָה דִּשֹׁן וְאָהֳלִיבָמָה בַּת־עֲנָה׃

26 וְאֵלֶּה בְּנֵי דִישָׁן חֶמְדָּן וְאֶשְׁבָּן וְיִתְרָן וּכְרָן׃

27 אֵלֶּה בְּנֵי־אֵצֶר בִּלְהָן וְזַעֲוָן וַעֲקָן׃

28 אֵלֶּה בְנֵי־דִישָׁן עוּץ וַאֲרָן׃

29 אֵלֶּה אַלּוּפֵי הַחֹרִי אַלּוּף לוֹטָן אַלּוּף שׁוֹבָל אַלּוּף צִבְעוֹן אַלּוּף עֲנָה׃

30 אַלּוּף דִּשֹׁן אַלּוּף אֵצֶר אַלּוּף דִּישָׁן אֵלֶּה אַלּוּפֵי הַחֹרִי לְאַלֻּפֵיהֶם בְּאֶרֶץ שֵׂעִיר׃ פ

31 וְאֵלֶּה הַמְּלָכִים אֲשֶׁר מָלְכוּ בְּאֶרֶץ אֱדוֹם לִפְנֵי מְלָךְ־מֶלֶךְ לִבְנֵי יִשְׂרָאֵל׃

32 וַיִּמְלֹךְ בֶּאֱדוֹם בֶּלַע בֶּן־בְּעוֹר וְשֵׁם עִירוֹ דִּנְהָבָה׃

33 וַיָּמָת בָּלַע וַיִּמְלֹךְ תַּחְתָּיו יוֹבָב בֶּן־זֶרַח מִבָּצְרָה׃

34 וַיָּמָת יוֹבָב וַיִּמְלֹךְ תַּחְתָּיו חֻשָׁם מֵאֶרֶץ הַתֵּימָנִי׃

35 וַיָּמָת חֻשָׁם וַיִּמְלֹךְ תַּחְתָּיו הֲדַד בֶּן־בְּדַד הַמַּכֶּה אֶת־מִדְיָן

36 בִּשְׂדֵה מוֹאָב וְשֵׁם עִירוֹ עֲוִית׃ וַיָּמָת הֲדָד וַיִּמְלֹךְ

37 תַּחְתָּיו שַׂמְלָה מִמַּשְׂרֵקָה׃ וַיָּמָת שַׂמְלָה וַיִּמְלֹךְ

38 תַּחְתָּיו שָׁאוּל מֵרְחֹבוֹת הַנָּהָר׃ וַיָּמָת שָׁאוּל

39 וַיִּמְלֹךְ תַּחְתָּיו בַּעַל חָנָן בֶּן־עַכְבּוֹר׃ וַיָּמָת בַּעַל חָנָן בֶּן־עַכְבּוֹר וַיִּמְלֹךְ תַּחְתָּיו הֲדַר וְשֵׁם עִירוֹ פָּעוּ וְשֵׁם אִשְׁתּוֹ מְהֵיטַבְאֵל בַּת־מַטְרֵד בַּת מֵי זָהָב׃

40 וְאֵלֶּה שְׁמוֹת אַלּוּפֵי עֵשָׂו לְמִשְׁפְּחֹתָם לִמְקֹמֹתָם בִּשְׁמֹתָם אַלּוּף תִּמְנָע אַלּוּף עַלְוָה אַלּוּף יְתֵת׃

41 אַלּוּף אָהֳלִיבָמָה אַלּוּף אֵלָה אַלּוּף פִּינֹן׃

42 אַלּוּף קְנַז אַלּוּף תֵּימָן אַלּוּף מִבְצָר׃

43 אַלּוּף מַגְדִּיאֵל אַלּוּף עִירָם אֵלֶּה אַלּוּפֵי אֱדוֹם לְמֹשְׁבֹתָם בְּאֶרֶץ אֲחֻזָּתָם הוּא עֵשָׂו אֲבִי אֱדוֹם׃

פ פ פ   ט מ 9

CAP. XXXVII. לז

1 וַיֵּשֶׁב יַעֲקֹב בְּאֶרֶץ מְגוּרֵי אָבִיו בְּאֶרֶץ כְּנָעַן׃

2 אֵלֶּה תֹּלְדוֹת יַעֲקֹב יוֹסֵף בֶּן־שְׁבַע־עֶשְׂרֵה שָׁנָה הָיָה רֹעֶה אֶת־אֶחָיו בַּצֹּאן וְהוּא נַעַר אֶת־בְּנֵי בִלְהָה וְאֶת־בְּנֵי זִלְפָּה נְשֵׁי אָבִיו וַיָּבֵא יוֹסֵף אֶת־דִּבָּתָם רָעָה אֶל־אֲבִיהֶם׃

3 וְיִשְׂרָאֵל אָהַב אֶת־יוֹסֵף מִכָּל־בָּנָיו כִּי־בֶן־זְקֻנִים הוּא לוֹ וְעָשָׂה לוֹ כְּתֹנֶת פַּסִּים׃

4 וַיִּרְאוּ אֶחָיו כִּי־אֹתוֹ אָהַב אֲבִיהֶם מִכָּל־אֶחָיו וַיִּשְׂנְאוּ אֹתוֹ וְלֹא יָכְלוּ דַּבְּרוֹ לְשָׁלֹם׃

5 וַיַּחֲלֹם יוֹסֵף חֲלוֹם וַיַּגֵּד לְאֶחָיו וַיּוֹסִפוּ עוֹד שְׂנֹא אֹתוֹ׃

6 וַיֹּאמֶר אֲלֵיהֶם שִׁמְעוּ־נָא הַחֲלוֹם הַזֶּה אֲשֶׁר חָלָמְתִּי׃

7 וְהִנֵּה אֲנַחְנוּ מְאַלְּמִים אֲלֻמִּים בְּתוֹךְ הַשָּׂדֶה וְהִנֵּה קָמָה אֲלֻמָּתִי וְגַם־נִצָּבָה וְהִנֵּה תְסֻבֶּינָה אֲלֻמֹּתֵיכֶם וַתִּשְׁתַּחֲוֶיןָ לַאֲלֻמָּתִי׃

8 וַיֹּאמְרוּ לוֹ אֶחָיו הֲמָלֹךְ תִּמְלֹךְ עָלֵינוּ אִם־מָשׁוֹל תִּמְשֹׁל בָּנוּ וַיּוֹסִפוּ עוֹד שְׂנֹא אֹתוֹ עַל־חֲלֹמֹתָיו וְעַל־דְּבָרָיו׃

9 וַיַּחֲלֹם עוֹד חֲלוֹם אַחֵר וַיְסַפֵּר אֹתוֹ לְאֶחָיו וַיֹּאמֶר הִנֵּה חָלַמְתִּי חֲלוֹם עוֹד וְהִנֵּה הַשֶּׁמֶשׁ וְהַיָּרֵחַ

10 וְאַחַד עָשָׂר כּוֹכָבִים מִשְׁתַּחֲוִים לִי׃ וַיְסַפֵּר אֶל־אָבִיו וְאֶל־אֶחָיו וַיִּגְעַר־בּוֹ אָבִיו וַיֹּאמֶר לוֹ מָה הַחֲלוֹם הַזֶּה אֲשֶׁר חָלָמְתָּ הֲבוֹא נָבוֹא אֲנִי וְאִמְּךָ

11 וְאַחֶיךָ לְהִשְׁתַּחֲוֹת לְךָ אָרְצָה׃ וַיְקַנְאוּ־בוֹ אֶחָיו

12 וְאָבִיו שָׁמַר אֶת־הַדָּבָר׃ וַיֵּלְכוּ אֶחָיו לִרְעוֹת אֶת־צֹאן אֲבִיהֶם בִּשְׁכֶם׃

13 וַיֹּאמֶר יִשְׂרָאֵל אֶל־יוֹסֵף הֲלוֹא אַחֶיךָ רֹעִים בִּשְׁכֶם לְכָה וְאֶשְׁלָחֲךָ

Reuel the son of Bashemath the wife of Esau.

11 And the sons of Eliphaz were Teman, Omar, β Zepho, and Gatam, and Kenaz.

12 And Timna was concubine to Eliphaz, Esau's son ; and she bare to Eliphaz,[a] Amalek : these *were* the sons of Adah, Esau's wife.

13 And these *are* the sons of Reuel ; Nahath, and Zerah, Shammah, and Mizzah: these were the sons of Bashemath, Esau's wife.

14 And these were the sons of Aholibamah, the daughter of Anah, the daughter of Zibeon, Esau's wife : and she bare to Esau, Jeush, and Jaalam, and Korah.

15 These *were* dukes of the sons of Esau : the sons of Eliphaz, the first-born *son* of Esau ; duke Teman, duke Omar, duke Zepho, duke Kenaz,

16 Duke Korah, duke Gatam, *and* duke Amalek : these *are* the dukes *that came* of Eliphaz in the land of Edom ; these *were* the sons of Adah.

17 And these *are* the sons of Reuel, Esau's son ; duke Nahath, duke Zerah, duke Shammah, duke Mizzah : these *are* the dukes *that came* of Reuel in the land of Edom : these *are* the sons of Bashemath, Esau's wife.

18 And these *are* the sons of Aholibamah, Esau's wife ; duke Jeush, duke Jaalam, duke Korah : these *were* the dukes *that came* of Aholibamah, the daughter of Anah, Esau's wife.

19 These *are* the sons of Esau, who *is* Edom, and these *are* their dukes.

20 These *are* the sons of Seir[d] the Horite, who inhabited the land ; Lotan, and Shobal, and Zibeon, and Anah,

21 And Dishon, and Ezer, and Dishan : these *are* the dukes of the Horites, the children of Seir in the land of Edom.

22 And the children of Lotan were Hori & κ Hemam : & Lotan's sister *was* Timna.

23 And the children of Shobal *were* these ; λ Alvan, and Manahath, and Ebal, Shepho,μ and Onam.

24 And these *are* the children of Zibeon ; both Ajah and Anah : this *was that* Anah that found the mules in the wilderness, as he fed the asses of Zibeon his father.

25 And the children of Anah *were* these ; Dishon, and Aholibamah the daughter of Anah.

26 And these *are* the children of Dishon ; ν Hemdan, and Eshban, and Ithran, and Cheran.

27 The children of Ezer *are* these ; Bilhan, and Zaavan, and π Akan.

28 The children of Dishan *are* these ; Uz, and Aran.

29 These *are* the dukes *that came* of the Horites ; duke Lotan, duke Shobal, duke Zibeon, duke Anah,

30 Duke Dishon, duke Ezer,duke Dishan: these *are* the dukes *that came* of Hori, among their dukes in the land of Seir.

31 And these *are* the kings that reigned in the land of Edom,[n] before there reigned any king over the children of Israel.

32 And Bela the son of Beor reigned in Edom : and the name of his city *was* Dinhabah.

33 And Bela died, and Jobab the son of Zerah of Bozrah reigned in his stead.

34 And Jobab died, and Husham of the land of Temani reigned in his stead.

35 And Husham died, and Hadad the

B. C. 1716.

β *or, Zephi,*
1 Ch. 1. 36.

a Ex.17.8,14.
Nu. 24. 20.
1 Sa. 15. 2.

γ 1 Ch. 1. 50.
Hadad Pai.
After his
death was
an aristo-
cracy.

b Ex. 15. 15.

δ *or, Aliah.*

ζ *Edom.*

η *of his fa-
ther's so-
journings.*

c ch. 17. 8.
23. 4.
28. 4.
36. 7.
He.11.9..16.

d ch. 14. 6.
De.2.12,22.

e 1Sa.2.22..24
1 Co.1. 11.
5. 1.
11. 18.

θ *or, pieces.*

κ *or Homam.*

λ *or, Alian.*

μ *or,Shephi.*

f ch. 44. 20.

g Ju. 5. 30.
2 Sa. 13. 18
Eze. 16. 16.

h ch. 49. 23.
Ps. 38. 19.
69. 4.
Tit. 3. 3.

ν *or Amram.*

i ch. 42. 6..9.
43. 26.
44. 14.

π *or, Jakan.*

k Ps. 118. 22.
Lu.19.14,27.

l ch. 44. 14.
46. 29.
50. 18.

m ch. 27. 29.

n 1 Ch. 1. 43.

o Ac. 7. 9.

p Da. 7. 28.
Lu. 2.19,51.

q 1 Sa.17.17.
Lu. 20. 13.

---

son of Bedad, who smote Midian in the field of Moab, reigned in his stead : and the name of his city *was* Avith.

36 And Hadad died, and Samlah of Masrekah reigned in his stead.

37 And Samlah died, and Saul of Rehoboth *by* the river reigned in his stead.

38 And Saul died, and Baal-hanan the son of Achbor reigned in his stead.

39 And Baal-hanan the son of Achbor died, and γ Hadar reigned in his stead : and the name of his city *was* Pau ; and his wife's name *was* Mehetabel, the daughter of Matred, the daughter of Mezahab.

40 And these *are* the names of the[b] dukes *that came* of Esau, according to their families, after their places, by their names; duke Timnah, duke δ Alvah,duke Jetheth,

41 Duke Aholibamah, duke Elah, duke Pinon,

42 Duke Kenaz, duke Teman, duke Mibzar,

43 Duke Magdiel, duke Iram : these *be* the dukes of Edom, according to their habitations in the land of their possession : he *is* Esau, the father of ζ the Edomites.

CHAP. XXXVII.

AND Jacob dwelt in the land η where-in his father was[c] a stranger, in the land of Canaan.

2 These *are* the generations of Jacob. Joseph, *being* seventeen years old, was feeding the flock with his brethren ; and the lad *was* with the sons of Bilhah, and with the sons of Zilpah, his father's wives: and Joseph brought unto his father their[e] evil report.

3 Now Israel loved Joseph, more than all his children, because he *was* the[f] son of his old age : and he made him a coat of θ *many* colours.[g]

4 And when his brethren saw that their father loved him more than all his brethren, they hated[h] him, and could not speak peaceably unto him.

5 And Joseph dreamed a dream, and he told *it* his brethren ; and they hated him yet the more.

6 And he said unto them, Hear, I pray you, this dream which I have dreamed :

7 For, behold, we *were* binding sheaves in the field, and, lo, my sheaf arose, and also stood upright ; and, behold, your sheaves stood round about, and made obeisance[i] to my sheaf.

8 And his brethren said to him, Shalt thou indeed reign over[k] us ? or shalt thou indeed have dominion over us ? and they hated him yet the more for his dreams, and for his words.

9 And he dreamed yet another dream, and told *it* his brethren, and said, Behold, I have dreamed a dream more ; and, behold, the sun, and the moon, and the eleven stars, made obeisance[l] to me.

10 And he told *it* to his father, and to his brethren : and his father rebuked him, and said unto him, What *is* this dream that thou hast dreamed ? Shall I and thy mother and thy brethren indeed come to bow down[m] ourselves to thee to the earth ?

11 And his brethren envied[o] him ; but his father[p] observed the saying.

12 And his brethren went to feed their father's flock in Shechem.

13 And Israel said unto Joseph, Do not thy brethren feed *the flock* in Shechem? come, and I will[q] send thee unto them. And he said to him, Here *am I.*

14 וַיֹּאמֶר לוֹ לֶךְ־נָא רְאֵה אֶת־שְׁלוֹם אַחֶיךָ וְאֶת־שְׁלוֹם הַצֹּאן וַהֲשִׁבֵנִי דָּבָר וַיִּשְׁלָחֵהוּ מֵעֵמֶק חֶבְרוֹן וַיָּבֹא שְׁכֶמָה:

15 וַיִּמְצָאֵהוּ אִישׁ וְהִנֵּה תֹעֶה בַּשָּׂדֶה וַיִּשְׁאָלֵהוּ הָאִישׁ לֵאמֹר מַה־תְּבַקֵּשׁ:

16 וַיֹּאמֶר אֶת־אַחַי אָנֹכִי מְבַקֵּשׁ הַגִּידָה־נָּא לִי אֵיפֹה הֵם רֹעִים:

17 וַיֹּאמֶר הָאִישׁ נָסְעוּ מִזֶּה כִּי שָׁמַעְתִּי אֹמְרִים נֵלְכָה דֹּתָיְנָה וַיֵּלֶךְ יוֹסֵף אַחַר אֶחָיו וַיִּמְצָאֵם בְּדֹתָן:

18 וַיִּרְאוּ אֹתוֹ מֵרָחֹק וּבְטֶרֶם יִקְרַב אֲלֵיהֶם וַיִּתְנַכְּלוּ אֹתוֹ לַהֲמִיתוֹ:

19 וַיֹּאמְרוּ אִישׁ אֶל־אָחִיו הִנֵּה בַּעַל הַחֲלֹמוֹת הַלָּזֶה בָּא:

20 וְעַתָּה לְכוּ וְנַהַרְגֵהוּ וְנַשְׁלִכֵהוּ בְּאַחַד הַבֹּרוֹת וְאָמַרְנוּ חַיָּה רָעָה אֲכָלָתְהוּ וְנִרְאֶה מַה־יִּהְיוּ חֲלֹמֹתָיו:

21 וַיִּשְׁמַע רְאוּבֵן וַיַּצִּלֵהוּ מִיָּדָם וַיֹּאמֶר לֹא נַכֶּנּוּ נָפֶשׁ:

22 וַיֹּאמֶר אֲלֵהֶם רְאוּבֵן אַל־תִּשְׁפְּכוּ־דָם הַשְׁלִיכוּ אֹתוֹ אֶל־הַבּוֹר הַזֶּה אֲשֶׁר בַּמִּדְבָּר וְיָד אַל־תִּשְׁלְחוּ־בוֹ לְמַעַן הַצִּיל אֹתוֹ מִיָּדָם לַהֲשִׁיבוֹ אֶל־אָבִיו:

23 וַיְהִי כַּאֲשֶׁר־בָּא יוֹסֵף אֶל־אֶחָיו וַיַּפְשִׁיטוּ אֶת־יוֹסֵף אֶת־כֻּתָּנְתּוֹ אֶת־כְּתֹנֶת הַפַּסִּים אֲשֶׁר עָלָיו:

24 וַיִּקָּחֻהוּ וַיַּשְׁלִכוּ אֹתוֹ הַבֹּרָה וְהַבּוֹר רֵק אֵין בּוֹ מָיִם:

25 וַיֵּשְׁבוּ לֶאֱכָל־לֶחֶם וַיִּשְׂאוּ עֵינֵיהֶם וַיִּרְאוּ וְהִנֵּה אֹרְחַת יִשְׁמְעֵאלִים בָּאָה מִגִּלְעָד וּגְמַלֵּיהֶם נֹשְׂאִים נְכֹאת וּצְרִי וָלֹט הוֹלְכִים לְהוֹרִיד מִצְרָיְמָה:

26 וַיֹּאמֶר יְהוּדָה אֶל־אֶחָיו מַה־בֶּצַע כִּי נַהֲרֹג אֶת־אָחִינוּ וְכִסִּינוּ אֶת־דָּמוֹ:

27 לְכוּ וְנִמְכְּרֶנּוּ לַיִּשְׁמְעֵאלִים וְיָדֵנוּ אַל־תְּהִי־בוֹ כִּי־אָחִינוּ בְשָׂרֵנוּ הוּא וַיִּשְׁמְעוּ אֶחָיו:

28 וַיַּעַבְרוּ אֲנָשִׁים מִדְיָנִים סֹחֲרִים וַיִּמְשְׁכוּ וַיַּעֲלוּ אֶת־יוֹסֵף מִן־הַבּוֹר וַיִּמְכְּרוּ אֶת־יוֹסֵף לַיִּשְׁמְעֵאלִים בְּעֶשְׂרִים כָּסֶף וַיָּבִיאוּ אֶת־יוֹסֵף מִצְרָיְמָה:

29 וַיָּשָׁב רְאוּבֵן אֶל־הַבּוֹר וְהִנֵּה אֵין־יוֹסֵף בַּבּוֹר וַיִּקְרַע אֶת־בְּגָדָיו:

30 וַיָּשָׁב אֶל־אֶחָיו וַיֹּאמַר הַיֶּלֶד אֵינֶנּוּ וַאֲנִי אָנָה אֲנִי־בָא:

31 וַיִּקְחוּ אֶת־כְּתֹנֶת יוֹסֵף וַיִּשְׁחֲטוּ שְׂעִיר עִזִּים וַיִּטְבְּלוּ אֶת־הַכֻּתֹּנֶת בַּדָּם:

32 וַיְשַׁלְּחוּ אֶת־כְּתֹנֶת הַפַּסִּים וַיָּבִיאוּ אֶל־אֲבִיהֶם וַיֹּאמְרוּ זֹאת מָצָאנוּ הַכֶּר־נָא הַכְּתֹנֶת בִּנְךָ הִוא אִם־לֹא:

33 וַיַּכִּירָהּ וַיֹּאמֶר כְּתֹנֶת בְּנִי חַיָּה רָעָה אֲכָלָתְהוּ טָרֹף טֹרַף יוֹסֵף:

34 וַיִּקְרַע יַעֲקֹב שִׂמְלֹתָיו וַיָּשֶׂם שַׂק בְּמָתְנָיו וַיִּתְאַבֵּל עַל־בְּנוֹ יָמִים רַבִּים:

35 וַיָּקֻמוּ כָל־בָּנָיו וְכָל־בְּנֹתָיו לְנַחֲמוֹ וַיְמָאֵן לְהִתְנַחֵם וַיֹּאמֶר כִּי־אֵרֵד אֶל־בְּנִי אָבֵל שְׁאֹלָה וַיֵּבְךְּ אֹתוֹ אָבִיו:

36 וְהַמְּדָנִים מָכְרוּ אֹתוֹ אֶל־מִצְרָיִם לְפוֹטִיפַר סְרִיס פַּרְעֹה שַׂר הַטַּבָּחִים:

פ

CAP. XXXVIII. לח

1 וַיְהִי בָּעֵת הַהִוא וַיֵּרֶד יְהוּדָה מֵאֵת אֶחָיו וַיֵּט עַד־אִישׁ עֲדֻלָּמִי וּשְׁמוֹ חִירָה:

2 וַיַּרְא־שָׁם יְהוּדָה בַּת־אִישׁ כְּנַעֲנִי וּשְׁמוֹ שׁוּעַ וַיִּקָּחֶהָ וַיָּבֹא אֵלֶיהָ:

3 וַתַּהַר וַתֵּלֶד בֵּן וַיִּקְרָא אֶת־שְׁמוֹ עֵר:

4 וַתַּהַר עוֹד וַתֵּלֶד בֵּן וַתִּקְרָא אֶת־שְׁמוֹ אוֹנָן:

5 וַתֹּסֶף עוֹד וַתֵּלֶד בֵּן וַתִּקְרָא אֶת־שְׁמוֹ שֵׁלָה וְהָיָה בִכְזִיב בְּלִדְתָּהּ אֹתוֹ:

6 וַיִּקַּח יְהוּדָה אִשָּׁה לְעֵר בְּכוֹרוֹ וּשְׁמָהּ תָּמָר:

7 וַיְהִי עֵר בְּכוֹר יְהוּדָה רַע בְּעֵינֵי יְהֹוָה וַיְמִתֵהוּ יְהֹוָה:

8 וַיֹּאמֶר יְהוּדָה לְאוֹנָן בֹּא אֶל־אֵשֶׁת אָחִיךָ וְיַבֵּם אֹתָהּ וְהָקֵם זֶרַע לְאָחִיךָ:

9 וַיֵּדַע אוֹנָן כִּי לֹא לוֹ יִהְיֶה הַזָּרַע וְהָיָה אִם־בָּא אֶל־אֵשֶׁת אָחִיו וְשִׁחֵת אַרְצָה לְבִלְתִּי נְתָן־זֶרַע לְאָחִיו:

10 וַיֵּרַע בְּעֵינֵי יְהֹוָה אֲשֶׁר עָשָׂה וַיָּמֶת גַּם אֹתוֹ:

11 וַיֹּאמֶר יְהוּדָה לְתָמָר כַּלָּתוֹ שְׁבִי אַלְמָנָה בֵית־אָבִיךְ עַד־יִגְדַּל שֵׁלָה בְנִי כִּי אָמַר פֶּן־יָמוּת גַּם־הוּא כְּאֶחָיו וַתֵּלֶךְ תָּמָר וַתֵּשֶׁב בֵּית אָבִיהָ:

12 וַיִּרְבּוּ הַיָּמִים וַתָּמָת בַּת־שׁוּעַ אֵשֶׁת־יְהוּדָה וַיִּנָּחֶם יְהוּדָה וַיַּעַל עַל־גֹּזֲזֵי צֹאנוֹ הוּא וְחִירָה רֵעֵהוּ הָעֲדֻלָּמִי תִּמְנָתָה:

13 וַיֻּגַּד לְתָמָר לֵאמֹר הִנֵּה חָמִיךְ עֹלֶה תִמְנָתָה לָגֹז צֹאנוֹ:

14 וַתָּסַר בִּגְדֵי אַלְמְנוּתָהּ מֵעָלֶיהָ וַתְּכַס בַּצָּעִיף וַתִּתְעַלָּף וַתֵּשֶׁב בְּפֶתַח עֵינַיִם אֲשֶׁר עַל־דֶּרֶךְ תִּמְנָתָה כִּי רָאֲתָה כִּי־גָדַל שֵׁלָה וְהִוא לֹא־נִתְּנָה לוֹ לְאִשָּׁה:

15 וַיִּרְאֶהָ יְהוּדָה וַיַּחְשְׁבֶהָ לְזוֹנָה כִּי כִסְּתָה פָּנֶיהָ:

16 וַיֵּט אֵלֶיהָ אֶל־הַדֶּרֶךְ וַיֹּאמֶר הָבָה־נָּא אָבוֹא אֵלַיִךְ כִּי לֹא יָדַע כִּי כַלָּתוֹ הִוא וַתֹּאמֶר מַה־תִּתֶּן־לִי כִּי תָבוֹא אֵלָי:

17 וַיֹּאמֶר אָנֹכִי אֲשַׁלַּח גְּדִי־עִזִּים מִן־הַצֹּאן וַתֹּאמֶר אִם־תִּתֵּן עֵרָבוֹן עַד שָׁלְחֶךָ:

18 וַיֹּאמֶר מָה הָעֵרָבוֹן אֲשֶׁר אֶתֶּן־לָךְ וַתֹּאמֶר חֹתָמְךָ וּפְתִילֶךָ וּמַטְּךָ אֲשֶׁר בְּיָדֶךָ וַיִּתֶּן־לָהּ וַיָּבֹא אֵלֶיהָ וַתַּהַר לוֹ:

14 And he said to him, Go, I pray thee, see β whether it be well with thy brethren, and well with the flocks ; and bring me word again. So he sent him out of the vale of *b* Hebron, and he came to Shechem.

15 And a certain man found him, and, behold, *he was* wandering in the field : and the man asked him, saying, What seekest thou ?*c*

16 And he said, I seek my brethren : tell *d* me, I pray thee, where they feed their flocks.

17 And the man said, They are departed hence ; for I heard them say, Let us go to Dothan. And Joseph went after his brethren, and found them in *e* Dothan.

18 And when they saw him afar off, even before he came near unto them, they conspired*f* against him to slay him.

19 And they said one to another, Behold, this є dreamer cometh.

20 Come now, therefore, and let us slay him,*g* and cast him into some pit ; and we will say, Some evil beast hath devoured him : and we shall see what will become of his dreams.

21 And Reuben heard *it,* and he delivered him out of their hands ; and said, Let us not kill him.

22 And Reuben said unto them, Shed no blood,*h but* cast him into this pit that *is* in the wilderness, and lay no hand upon him ; that he might rid him out of their hands, to deliver him to his father again.

23 And it came to pass, when Joseph was come unto his brethren, that they stripped Joseph*i* out of his coat, *his* coat of *many* ζ colours *k* that *was* on him :

24 And they took him, and cast him into a pit :*n* and the pit *was* empty, *there was* no water in it.

25 And they sat down to eat*o* bread : and they lifted up their eyes and looked, and, behold, a company of*q* Ishmeelites came from Gilead, with their camels bearing spicery and*r* balm and myrrh, going to carry *it* down to Egypt.

26 And Judah said unto his brethren, What profit *is it* if we slay our brother, and conceal*s* his blood ?

27 Come, and let us sell him to the Ishmeelites, and let not our hand*t* be upon him ; for he *is* our brother, *and* our flesh : And his brethren λ were content.

28 Then there passed by Midianites,*u* merchantmen ; and they drew and lifted up Joseph out of the pit, and sold Joseph*v* to the Ishmeelites for twenty *pieces* of silver : and they brought Joseph into Egypt.

29 And Reuben returned unto the pit ; and, behold, Joseph *was* not in the pit ; and he rent*y* his clothes.

30 And he returned unto his brethren, and said, The child*a is* not ; and I, whither shall I go ?

31 And they took Joseph's coat,*b* and killed a kid of the goats, and dipped the coat in the blood :

32 And they sent the coat of *many* colours, and they brought *it* to their father ; and said, This have we found : know now whether it *be* thy son's coat or no.

33 And he knew it, and said, *It is* my son's coat ; an evil beast*c* hath devoured him : Joseph is without doubt rent in pieces.

34 And Jacob rent his clothes, and put sackcloth*d* upon his loins, and mourned

B. C. 1729.

β *see the peace of thy brethren,&c* a 2 Sa. 12. 17.
b ch. 35. 27.
c Ju. 4. 22.
2 Ki. 6. 19.
d Ca. 1. 7.
γ Heb. *eunuch, chamberlain,* or, *courtier.* Es. 1. 10.
δ or, *chief marshal.* Heb. *chief of the slaughter-men* or *ex-ecutioners*
e 2 Ki. 6. 13.
f Ps. 31. 13.
37. 12, 32.
94. 21.
Mat. 21, 38.
27. 1.
Jnº. 11. 53.
Ac. 23. 12.
є *master of dreams.*
g Pr. 1. 11, 16.
27. 4.
h ch. 42. 22.
i Mat. 27. 28.
ζ or, *pieces.*
k ver. 3.
l 1 Ch. 2. 3.
m De. 25. 5.
Mat. 22. 24.
n Ps. 35. 7.
La. 4. 20.
o Pr. 30. 20.
Am. 6. 6.
q ver. 28, 36.
r Je. 8. 22.
θ *was evil in the eyes of theLORD.*
s ch. 4. 10.
Job 16. 18.
κ *the days were multiplied.*
t 1 Sa. 18. 17.
2 Sa. 12. 9.
λ *hearkened*
u Ju. 6. 3.
v Ps. 105. 17.
Zec. 11. 12.
Mat. 27. 9.
Ac. 7. 9.
x Jos. 15. 10.
Ju. 14. 1.
μ *the door of eyes,* or *of Enajim.*
y Nu. 14. 6.
Ju. 11. 35.
Job 1. 20.
Joel 2. 13.
z Pr. 7. 12.
a ch. 42. 13, 36.
Je. 31. 15.
b ver. 23.
c ch. 44. 28.
v *a kid of the goats.*
d 2 Ki. 19. 1.
Es. 4. 1.
Is. 32. 11.
Jon. 3. 5.
e ver. 25.

for his son many days.

35 And all his sons and all his daughters*a* rose up to comfort him ; but he refused to be comforted : and he said, For I will go down into the grave unto my son mourning. Thus his father wept for him.

36 And the Midianites sold him into Egypt, unto Potiphar, an γ officer of Pharaoh's, *and* δ captain of the guard.

CHAP. XXXVIII.

AND it came to pass at that time, that Judah went down from his brethren, and turned in to a certain Adullamite, whose name *was* Hirah.

2 And Judah saw there a daughter of a certain Canaanite, whose name *was* Shuah ; and he took her, and went in unto her.

3 And she conceived, and bare a son ; and he called his name Er.

4 And she conceived again, and bare a son ; and she called his name Onan.

5 And she yet again conceived, and bare a son ; and called his name Shelah : and he was at Chezib, when she bare him.

6 And Judah took a wife for Er his first-born, whose name *was* Tamar.

7 And Er, Judah's first-born, *was* wicked in the sight of the LORD ;*l* and the LORD slew him.

8 And Judah said unto Onan, Go in unto*m* thy brother's wife, and marry her, and raise up seed to thy brother.

9 And Onan knew that the seed should not be his : and it came to pass, when he went in unto his brother's wife, that he spilled *it* on the ground, lest that he should give seed to his brother.

10 And the thing which he did θ displeased the LORD : wherefore he slew him also.

11 Then said Judah to Tamar his daughter-in-law, Remain a widow at thy father's house, till Shelah my son be grown : for he said, Lest peradventure he die also, as his brethren *did.* And Tamar went and dwelt in her father's house.

12 And κ in process of time the daughter of Shuah, Judah's wife, died ; and Judah was comforted, and went up unto his sheep-shearers to Timnath, he and his friend Hirah the Adullamite.

13 And it was told Tamar, saying, Behold, thy father-in-law goeth up *x* to Timnath to shear his sheep.

14 And she put her widow's garments off from her, and covered her with a vail, and wrapped herself, and sat in μ an open place,*z* which *is* by the way to Timnath : for she saw that Shelah was grown, and she was not given unto him to wife.

15 When Judah saw her, he thought her *to be* an harlot ; because she had covered her face.

16 And he turned unto her by the way, and said, Go to, I pray thee, let me come in unto thee ; (for he knew not that she *was* his daughter-in-law.) And she said, What wilt thou give me, that thou mayest come in unto me ?

17 And he said, I will send *thee* v a kid from the flock. And she said, Wilt thou give *me* a pledge, till thou send *it ?*

18 And he said, What pledge shall I give thee ? And she said, Thy signet,*e* and thy bracelets, and thy staff that *is* in thine hand. And he gave *it* her, and came in unto her ; and she conceived by him.

19 And she arose, and went away, and

19 וַתָּקָם וַתֵּלֶךְ וַתָּסַר צְעִיפָהּ מֵעָלֶיהָ וַתִּלְבַּשׁ בִּגְדֵי אַלְמְנוּתָהּ׃

20 וַיִּשְׁלַח יְהוּדָה אֶת־גְּדִי הָעִזִּים בְּיַד רֵעֵהוּ הָעֲדֻלָּמִי לָקַחַת הָעֵרָבוֹן מִיַּד הָאִשָּׁה וְלֹא מְצָאָהּ׃

21 וַיִּשְׁאַל אֶת־אַנְשֵׁי מְקֹמָהּ לֵאמֹר אַיֵּה הַקְּדֵשָׁה הִוא בָעֵינַיִם עַל־הַדָּרֶךְ וַיֹּאמְרוּ לֹא־הָיְתָה בָזֶה קְדֵשָׁה׃

22 וַיָּשָׁב אֶל־יְהוּדָה וַיֹּאמֶר לֹא מְצָאתִיהָ וְגַם אַנְשֵׁי הַמָּקוֹם אָמְרוּ לֹא־הָיְתָה בָזֶה קְדֵשָׁה׃

23 וַיֹּאמֶר יְהוּדָה תִּקַּח־לָהּ פֶּן נִהְיֶה לָבוּז הִנֵּה שָׁלַחְתִּי הַגְּדִי הַזֶּה וְאַתָּה לֹא מְצָאתָהּ׃

24 וַיְהִי כְּמִשְׁלֹשׁ חֳדָשִׁים וַיֻּגַּד לִיהוּדָה לֵאמֹר זָנְתָה תָּמָר כַּלָּתֶךָ וְגַם הִנֵּה הָרָה לִזְנוּנִים וַיֹּאמֶר יְהוּדָה הוֹצִיאוּהָ וְתִשָּׂרֵף׃

25 הִוא מוּצֵאת וְהִיא שָׁלְחָה אֶל־חָמִיהָ לֵאמֹר לְאִישׁ אֲשֶׁר־אֵלֶּה לּוֹ אָנֹכִי הָרָה וַתֹּאמֶר הַכֶּר־נָא לְמִי הַחֹתֶמֶת וְהַפְּתִילִים וְהַמַּטֶּה הָאֵלֶּה׃

26 וַיַּכֵּר יְהוּדָה וַיֹּאמֶר צָדְקָה מִמֶּנִּי כִּי־עַל־כֵּן לֹא־נְתַתִּיהָ לְשֵׁלָה בְנִי וְלֹא־יָסַף עוֹד לְדַעְתָּהּ׃

27 וַיְהִי בְּעֵת לִדְתָּהּ וְהִנֵּה תְאוֹמִים בְּבִטְנָהּ׃

28 וַיְהִי בְלִדְתָּהּ וַיִּתֶּן־יָד וַתִּקַּח הַמְיַלֶּדֶת וַתִּקְשֹׁר עַל־יָדוֹ שָׁנִי לֵאמֹר זֶה יָצָא רִאשֹׁנָה׃

29 וַיְהִי כְּמֵשִׁיב יָדוֹ וְהִנֵּה יָצָא אָחִיו וַתֹּאמֶר מַה־פָּרַצְתָּ עָלֶיךָ פָּרֶץ וַיִּקְרָא שְׁמוֹ פָּרֶץ׃

30 וְאַחַר יָצָא אָחִיו אֲשֶׁר עַל־יָדוֹ הַשָּׁנִי וַיִּקְרָא שְׁמוֹ זָרַח׃ ס

CAP. XXXIX. לט

1 וְיוֹסֵף הוּרַד מִצְרָיְמָה וַיִּקְנֵהוּ פּוֹטִיפַר סְרִיס פַּרְעֹה שַׂר הַטַּבָּחִים אִישׁ מִצְרִי מִיַּד הַיִּשְׁמְעֵאלִים אֲשֶׁר הוֹרִדֻהוּ שָׁמָּה׃

2 וַיְהִי יְהוָה אֶת־יוֹסֵף וַיְהִי אִישׁ מַצְלִיחַ וַיְהִי בְּבֵית אֲדֹנָיו הַמִּצְרִי׃

3 וַיַּרְא אֲדֹנָיו כִּי יְהוָה אִתּוֹ וְכֹל אֲשֶׁר־הוּא עֹשֶׂה יְהוָה מַצְלִיחַ בְּיָדוֹ׃

4 וַיִּמְצָא יוֹסֵף חֵן בְּעֵינָיו וַיְשָׁרֶת אֹתוֹ וַיַּפְקִדֵהוּ עַל־בֵּיתוֹ וְכָל־יֶשׁ־לוֹ נָתַן בְּיָדוֹ׃

5 וַיְהִי מֵאָז הִפְקִיד אֹתוֹ בְּבֵיתוֹ וְעַל כָּל־אֲשֶׁר יֶשׁ־לוֹ וַיְבָרֶךְ יְהוָה אֶת־בֵּית הַמִּצְרִי בִּגְלַל יוֹסֵף וַיְהִי בִּרְכַּת יְהוָה בְּכָל־אֲשֶׁר יֶשׁ־לוֹ בַּבַּיִת וּבַשָּׂדֶה׃

6 וַיַּעֲזֹב כָּל־אֲשֶׁר־לוֹ בְּיַד־יוֹסֵף וְלֹא־יָדַע אִתּוֹ מְאוּמָה כִּי אִם־הַלֶּחֶם אֲשֶׁר־הוּא אוֹכֵל וַיְהִי יוֹסֵף יְפֵה־תֹאַר וִיפֵה מַרְאֶה׃

7 וַיְהִי אַחַר הַדְּבָרִים הָאֵלֶּה וַתִּשָּׂא אֵשֶׁת־אֲדֹנָיו אֶת־עֵינֶיהָ אֶל־יוֹסֵף וַתֹּאמֶר שִׁכְבָה עִמִּי׃

8 וַיְמָאֵן וַיֹּאמֶר אֶל־אֵשֶׁת אֲדֹנָיו הֵן אֲדֹנִי לֹא־יָדַע אִתִּי מַה־בַּבָּיִת וְכֹל אֲשֶׁר־יֶשׁ־לוֹ נָתַן בְּיָדִי׃

9 אֵינֶנּוּ גָדוֹל בַּבַּיִת הַזֶּה מִמֶּנִּי וְלֹא־חָשַׂךְ מִמֶּנִּי מְאוּמָה כִּי אִם־אוֹתָךְ בַּאֲשֶׁר אַתְּ־אִשְׁתּוֹ וְאֵיךְ אֶעֱשֶׂה הָרָעָה הַגְּדֹלָה הַזֹּאת וְחָטָאתִי לֵאלֹהִים׃

10 וַיְהִי כְּדַבְּרָהּ אֶל־יוֹסֵף יוֹם יוֹם וְלֹא־שָׁמַע אֵלֶיהָ לִשְׁכַּב אֶצְלָהּ לִהְיוֹת עִמָּהּ׃

11 וַיְהִי כְּהַיּוֹם הַזֶּה וַיָּבֹא הַבַּיְתָה לַעֲשׂוֹת מְלַאכְתּוֹ וְאֵין אִישׁ מֵאַנְשֵׁי הַבַּיִת שָׁם בַּבָּיִת׃

12 וַתִּתְפְּשֵׂהוּ בְּבִגְדוֹ לֵאמֹר שִׁכְבָה עִמִּי וַיַּעֲזֹב בִּגְדוֹ בְּיָדָהּ וַיָּנָס וַיֵּצֵא הַחוּצָה׃

13 וַיְהִי כִּרְאוֹתָהּ כִּי־עָזַב בִּגְדוֹ בְּיָדָהּ וַיָּנָס הַחוּצָה׃

14 וַתִּקְרָא לְאַנְשֵׁי בֵיתָהּ וַתֹּאמֶר לָהֶם לֵאמֹר רְאוּ הֵבִיא לָנוּ אִישׁ עִבְרִי לְצַחֶק בָּנוּ בָּא אֵלַי לִשְׁכַּב עִמִּי וָאֶקְרָא בְּקוֹל גָּדוֹל׃

15 וַיְהִי כְשָׁמְעוֹ כִּי־הֲרִימֹתִי קוֹלִי וָאֶקְרָא וַיַּעֲזֹב בִּגְדוֹ אֶצְלִי וַיָּנָס וַיֵּצֵא הַחוּצָה׃

16 וַתַּנַּח בִּגְדוֹ אֶצְלָהּ עַד־בּוֹא אֲדֹנָיו אֶל־בֵּיתוֹ׃

17 וַתְּדַבֵּר אֵלָיו כַּדְּבָרִים הָאֵלֶּה לֵאמֹר בָּא־אֵלַי הָעֶבֶד הָעִבְרִי אֲשֶׁר־הֵבֵאתָ לָּנוּ לְצַחֶק בִּי׃

18 וַיְהִי כַּהֲרִימִי קוֹלִי וָאֶקְרָא וַיַּעֲזֹב בִּגְדוֹ אֶצְלִי וַיָּנָס הַחוּצָה׃

19 וַיְהִי כִשְׁמֹעַ אֲדֹנָיו אֶת־דִּבְרֵי אִשְׁתּוֹ אֲשֶׁר דִּבְּרָה אֵלָיו לֵאמֹר כַּדְּבָרִים הָאֵלֶּה עָשָׂה לִי עַבְדֶּךָ וַיִּחַר אַפּוֹ׃

20 וַיִּקַּח אֲדֹנֵי יוֹסֵף אֹתוֹ וַיִּתְּנֵהוּ אֶל־בֵּית הַסֹּהַר מְקוֹם אֲשֶׁר־אֲסִירֵי הַמֶּלֶךְ אֲסוּרִים וַיְהִי־שָׁם בְּבֵית הַסֹּהַר׃

21 וַיְהִי יְהוָה אֶת־יוֹסֵף וַיֵּט אֵלָיו חָסֶד וַיִּתֵּן חִנּוֹ בְּעֵינֵי שַׂר בֵּית־הַסֹּהַר׃

22 וַיִּתֵּן שַׂר בֵּית־הַסֹּהַר בְּיַד־יוֹסֵף אֵת כָּל־הָאֲסִירִם אֲשֶׁר בְּבֵית הַסֹּהַר וְאֵת כָּל־אֲשֶׁר עֹשִׂים שָׁם הוּא הָיָה עֹשֶׂה׃

23 אֵין שַׂר בֵּית־הַסֹּהַר רֹאֶה אֶת־כָּל־מְאוּמָה בְּיָדוֹ בַּאֲשֶׁר יְהוָה אִתּוֹ וַאֲשֶׁר־הוּא עֹשֶׂה יְהוָה מַצְלִיחַ׃ פ

CAP. XL. מ

1 וַיְהִי אַחַר הַדְּבָרִים הָאֵלֶּה חָטְאוּ מַשְׁקֵה מֶלֶךְ־מִצְרַיִם וְהָאֹפֶה לַאֲדֹנֵיהֶם לְמֶלֶךְ מִצְרָיִם׃

2 וַיִּקְצֹף פַּרְעֹה עַל שְׁנֵי סָרִיסָיו עַל שַׂר הַמַּשְׁקִים וְעַל שַׂר הָאוֹפִים׃

3 וַיִּתֵּן אֹתָם בְּמִשְׁמַר בֵּית שַׂר הַטַּבָּחִים אֶל־בֵּית הַסֹּהַר מְקוֹם אֲשֶׁר יוֹסֵף אָסוּר שָׁם׃

4 וַיִּפְקֹד שַׂר הַטַּבָּחִים אֶת־יוֹסֵף אִתָּם וַיְשָׁרֶת אֹתָם וַיִּהְיוּ יָמִים בְּמִשְׁמָר׃

5 וַיַּחַלְמוּ חֲלוֹם שְׁנֵיהֶם אִישׁ חֲלֹמוֹ בְּלַיְלָה אֶחָד אִישׁ כְּפִתְרוֹן חֲלֹמוֹ הַמַּשְׁקֶה וְהָאֹפֶה אֲשֶׁר לְמֶלֶךְ מִצְרַיִם אֲשֶׁר אֲסוּרִים בְּבֵית הַסֹּהַר׃

laid by her vail from her, and put on the garments *b* of her widowhood.

20 And Judah sent the kid by the hand of his friend the Adullamite, to receive *his* pledge from the woman's hand; but he found her not.

21 Then he asked the men of that place, saying, Where *is* the harlot, that openly *β* by the way-side? And they said, There was no harlot in this *place.*

22 And he returned to Judah, and said, I cannot find her; and also the men of the place said, *that* there was no harlot in this *place.*

23 And Judah said, Let her take *it* to her, lest we *γ* be shamed: *g* behold, I sent this kid, and thou hast not found her.

24 And it came to pass about three months after, that it was told Judah, saying, Tamar thy daughter-in-law hath played the harlot; *k* and also, behold, she *is* with child by whoredom. And Judah said, Bring her forth, and let her be burnt.*m*

25 When she *was* brought forth, she sent to her father-in-law, saying, By the man, whose these *are, am* I with child: and she said, Discern,*n* I pray thee, whose *are* these, the signet, and bracelets,*o* and staff.

26 And Judah acknowledged *them,* and said, She hath been more *q* righteous than I; because that I gave her not to *r* Shelah my son. And he knew her again no *s* more.

27 And it came to pass in the time of her travail, that, behold, twins *were* in her womb.

28 And it came to pass, when she travailed, that *the one* put out *his* hand: and the midwife took and bound upon his hand a scarlet thread, saying, This came out first.

29 And it came to pass, as he drew back his hand, that, behold, his brother came out: and she said, *ζ* How hast thou broken forth? *this* breach *be* upon thee: therefore his name was called *η* Pharez.*η*

30 And afterward came out his brother, that had the scarlet thread upon his hand: and his name was called Zarah.

CHAP. XXXIX.

AND Joseph was brought down to Egypt; and Potiphar,*z* an officer of Pharaoh, captain of the guard, an Egyptian, bought him of the hands of the Ishmeelites, which had brought him down thither.

2 And the LORD was with *a* Joseph, and he was a prosperous man; and he was in the house of his master the Egyptian.

3 And his master saw that the LORD *was* with him, and that the LORD made all that he did to prosper *b* in his hand.

4 And Joseph found grace *c* in his sight, and he served him: and he made him overseer *d* over his house, and all *that* he had he put into his hand.

5 And it came to pass from the time that he had made him overseer in his house, and over all that he had, that the LORD blessed the Egyptian's house *e* for Joseph's sake; and the blessing of the LORD was upon all that he had, in the house,*k* and in the field.

6 And he left all that he had in Joseph's hand; and he knew not ought he had, save the bread which he did eat. And Joseph was a goodly *k person,* and well favoured.

7 And it came to pass after these things,

(center reference column)

B. C. 1729.

a Job 31. 1.
Ps. 119. 37.
b 2 Sa.14.2,5.
c 2 Sa.13. 11.
d Pr. 1.10.
β or, *in Enajim.*
e Le. 20. 10.
Pr.6.29,32.
f 2 Sa. 12. 13.
Ps. 51. 4.
Je. 28. 16.
γ become a contempt.
g Pr. 6. 33.
Ro.6. 21.
Ep.5. 12.
h Pr. 22. 14.
23. 27.
i Pr. 7. 13.
k Ju. 19. 2.
Ho. 3. 3.
l Ec. 7. 26.
m Le. 21. 9.
De. 22. 21.
2 Sa. 12. 5.
n ch. 37. 32.
o ver. 18.
p Eze. 22. 5.
δ great.
q 1 Sa. 24. 17.
r ver. 14.
s Job34.31,32.
Ro. 13. 12.
Tit.2.11,12.
t Ex. 23. 1.
Ps. 37. 14.
120. 3.
Pr. 12. 19.
ζ or, *wherefore hast thou made this breach against thee ?*
η i.e.a *breach*
u Nu. 26. 20.
1 Ch. 2. 4.
Mat. 1. 3.
v Pr. 6. 34,35.
Ca. 8. 6.
w ch. 41. 14.
Ps. 105. 18.
θ extended kindness unto him.
x Ex. 12. 36.
Ps. 106. 46.
Pr. 16. 7.
Da. 1. 9.
Ac. 7. 10.
y ver. 2, 3.
z ch. 37. 36.
Ps. 105. 17.
a 1 Sa. 16. 18.
18. 14,28.
Ac. 7. 9.
b Jos. 1. 7, 8.
1 Ch. 22. 13.
Ps. 1. 3.
c ver. 21.
1 Sa. 16. 22.
d ch. 24. 2.
e ch. 30. 27.
f Ne. 1. 11.
g Pr. 16. 14.
19. 19.
h De. 28. 3. 6.
i ch.39.20,23.
k 1 Sa. 16. 12.
17. 42.

that his master's wife cast her eyes *a* upon Joseph; and she said, Lie *c* with me.

8 But he refused,*d* and said unto his master's wife, Behold, my master wotteth not what *is* with me in the house, and he hath committed all that he hath to my hand;

9 *There is* none greater in this house than I; neither hath he kept back any thing from me but thee, because thou *art* his wife: how then can I do this great wickedness,*e* and sin *f* against God?

10 And it came to pass, as she spake to Joseph day by day,*k* that he hearkened not unto her, to lie by her, *or* to be with her.

11 And it came to pass about this time, that *Joseph* went into the house to do his business; and *there was* none of the men of the house there within.

12 And she caught him *i* by his garment, saying, Lie with me: and he left his garment in her hand,and fled,*j* and got him out.

13 And it came to pass, when she saw that he had left his garment in her hand, and was fled forth,

14 That she called unto the men of her house, and spake unto them, saying, See, he hath brought in an Hebrew unto us to mock *p* us: he came in unto me to lie with me, and I cried with a *δ* loud voice:

15 And it came to pass, when he heard that I lifted up my voice and cried, that he left his garment with me, and fled, and got him out.

16 And she laid up his garment by her, until his lord came home.

17 And she spake unto him *t* according to these words, saying, The Hebrew servant, which thou hast brought unto us, came in unto me to mock me:

18 And it came to pass, as I lifted up my voice, and cried, that he left his garment with me, and fled out.

19 And it came to pass, when his master heard the words of his wife, which she spake unto him, saying, After this manner did thy servant to me, that his wrath *v* was kindled.

20 And Joseph's master took him, and put him into the *w* prison, a place where the king's prisoners *were* bound: and he was there in the prison.

21 But the LORD was with Joseph, and shewed *θ* him mercy, and gave him *x* favour in the sight of the keeper of the prison.

22 And the keeper of the prison committed to Joseph's hand all the prisoners that *were* in the prison; and whatsoever they did there, he was the doer of *it.*

23 The keeper of the prison looked not to any thing *that* was under his hand; because the LORD *was* with him, and *that* which he did, the LORD *y* made *it* to prosper.

CHAP. XL.

AND it came to pass after these things, *that* the butler *f* of the king of Egypt and his baker had offended their lord the king of Egypt.

2 And Pharaoh was wroth *g* against two of his officers, against the chief of the butlers, and against the chief of the bakers.

3 And he put them in ward in the house of the captain of the guard, into the prison, *i* the place where Joseph *was* bound.

4 And the captain of the guard charged Joseph with them, and he served them: and they continued a season in ward.

5 And they dreamed a dream both

Genesis 40

6 וַיָּבֹא אֲלֵיהֶם יוֹסֵף בַּבֹּקֶר וַיַּרְא אֹתָם וְהִנָּם זֹעֲפִים׃
7 וַיִּשְׁאַל אֶת־סְרִיסֵי פַרְעֹה אֲשֶׁר אִתּוֹ בְמִשְׁמַר בֵּית אֲדֹנָיו לֵאמֹר מַדּוּעַ פְּנֵיכֶם רָעִים הַיּוֹם׃
8 וַיֹּאמְרוּ אֵלָיו חֲלוֹם חָלַמְנוּ וּפֹתֵר אֵין אֹתוֹ וַיֹּאמֶר אֲלֵהֶם יוֹסֵף הֲלוֹא לֵאלֹהִים פִּתְרֹנִים סַפְּרוּ־נָא לִי׃
9 וַיְסַפֵּר שַׂר־הַמַּשְׁקִים אֶת־חֲלֹמוֹ לְיוֹסֵף וַיֹּאמֶר לוֹ בַּחֲלוֹמִי וְהִנֵּה־גֶפֶן לְפָנָי׃
10 וּבַגֶּפֶן שְׁלֹשָׁה שָׂרִיגִם וְהִוא כְפֹרַחַת עָלְתָה נִצָּהּ הִבְשִׁילוּ אַשְׁכְּלֹתֶיהָ עֲנָבִים׃
11 וְכוֹס פַּרְעֹה בְּיָדִי וָאֶקַּח אֶת־הָעֲנָבִים וָאֶשְׂחַט אֹתָם אֶל־כּוֹס פַּרְעֹה וָאֶתֵּן אֶת־הַכּוֹס עַל־כַּף פַּרְעֹה׃
12 וַיֹּאמֶר לוֹ יוֹסֵף זֶה פִּתְרֹנוֹ שְׁלֹשֶׁת הַשָּׂרִגִים שְׁלֹשֶׁת יָמִים הֵם׃
13 בְּעוֹד שְׁלֹשֶׁת יָמִים יִשָּׂא פַרְעֹה אֶת־רֹאשֶׁךָ וַהֲשִׁיבְךָ עַל־כַּנֶּךָ וְנָתַתָּ כוֹס־פַּרְעֹה בְּיָדוֹ כַּמִּשְׁפָּט הָרִאשׁוֹן אֲשֶׁר הָיִיתָ מַשְׁקֵהוּ׃
14 כִּי אִם־זְכַרְתַּנִי אִתְּךָ כַּאֲשֶׁר יִיטַב לָךְ וְעָשִׂיתָ־נָּא עִמָּדִי חָסֶד וְהִזְכַּרְתַּנִי אֶל־פַּרְעֹה וְהוֹצֵאתַנִי מִן־הַבַּיִת הַזֶּה׃
15 כִּי־גֻנֹּב גֻּנַּבְתִּי מֵאֶרֶץ הָעִבְרִים וְגַם־פֹּה לֹא־עָשִׂיתִי מְאוּמָה כִּי־שָׂמוּ אֹתִי בַּבּוֹר׃
16 וַיַּרְא שַׂר־הָאֹפִים כִּי טוֹב פָּתָר וַיֹּאמֶר אֶל־יוֹסֵף אַף־אֲנִי בַּחֲלוֹמִי וְהִנֵּה שְׁלֹשָׁה סַלֵּי חֹרִי עַל־רֹאשִׁי׃
17 וּבַסַּל הָעֶלְיוֹן מִכֹּל מַאֲכַל פַּרְעֹה מַעֲשֵׂה אֹפֶה וְהָעוֹף אֹכֵל אֹתָם מִן־הַסַּל מֵעַל רֹאשִׁי׃
18 וַיַּעַן יוֹסֵף וַיֹּאמֶר זֶה פִּתְרֹנוֹ שְׁלֹשֶׁת הַסַּלִּים שְׁלֹשֶׁת יָמִים הֵם׃
19 בְּעוֹד שְׁלֹשֶׁת יָמִים יִשָּׂא פַרְעֹה אֶת־רֹאשְׁךָ מֵעָלֶיךָ וְתָלָה אוֹתְךָ עַל־עֵץ וְאָכַל הָעוֹף אֶת־בְּשָׂרְךָ מֵעָלֶיךָ׃
20 וַיְהִי בַּיּוֹם הַשְּׁלִישִׁי יוֹם הֻלֶּדֶת אֶת־פַּרְעֹה וַיַּעַשׂ מִשְׁתֶּה לְכָל־עֲבָדָיו וַיִּשָּׂא אֶת־רֹאשׁ שַׂר הַמַּשְׁקִים וְאֶת־רֹאשׁ שַׂר הָאֹפִים בְּתוֹךְ עֲבָדָיו׃
21 וַיָּשֶׁב אֶת־שַׂר הַמַּשְׁקִים עַל־מַשְׁקֵהוּ וַיִּתֵּן הַכּוֹס עַל־כַּף פַּרְעֹה׃
22 וְאֵת שַׂר הָאֹפִים תָּלָה כַּאֲשֶׁר פָּתַר לָהֶם יוֹסֵף׃
23 וְלֹא־זָכַר שַׂר־הַמַּשְׁקִים אֶת־יוֹסֵף וַיִּשְׁכָּחֵהוּ׃

10　י

פ　פ　פ

CAP. XLI. מא

1 וַיְהִי מִקֵּץ שְׁנָתַיִם יָמִים וּפַרְעֹה חֹלֵם וְהִנֵּה עֹמֵד עַל־הַיְאֹר׃
2 וְהִנֵּה מִן־הַיְאֹר עֹלֹת שֶׁבַע פָּרוֹת יְפוֹת מַרְאֶה וּבְרִיאֹת בָּשָׂר וַתִּרְעֶינָה בָּאָחוּ׃
3 וְהִנֵּה שֶׁבַע פָּרוֹת אֲחֵרוֹת עֹלוֹת אַחֲרֵיהֶן מִן־הַיְאֹר רָעוֹת מַרְאֶה וְדַקּוֹת בָּשָׂר וַתַּעֲמֹדְנָה אֵצֶל הַפָּרוֹת עַל־שְׂפַת הַיְאֹר׃
4 וַתֹּאכַלְנָה הַפָּרוֹת רָעוֹת הַמַּרְאֶה וְדַקֹּת הַבָּשָׂר אֵת שֶׁבַע הַפָּרוֹת יְפֹת הַמַּרְאֶה וְהַבְּרִיאֹת וַיִּיקַץ פַּרְעֹה׃
5 וַיִּישָׁן וַיַּחֲלֹם שֵׁנִית וְהִנֵּה שֶׁבַע שִׁבֳּלִים עֹלוֹת בְּקָנֶה אֶחָד בְּרִיאוֹת וְטֹבוֹת׃
6 וְהִנֵּה שֶׁבַע שִׁבֳּלִים דַּקּוֹת וּשְׁדוּפֹת קָדִים צֹמְחוֹת אַחֲרֵיהֶן׃
7 וַתִּבְלַעְנָה הַשִּׁבֳּלִים הַדַּקּוֹת אֵת שֶׁבַע הַשִּׁבֳּלִים הַבְּרִיאוֹת וְהַמְּלֵאוֹת וַיִּיקַץ פַּרְעֹה וְהִנֵּה חֲלוֹם׃
8 וַיְהִי בַבֹּקֶר וַתִּפָּעֶם רוּחוֹ וַיִּשְׁלַח וַיִּקְרָא אֶת־כָּל־חַרְטֻמֵּי מִצְרַיִם וְאֶת־כָּל־חֲכָמֶיהָ וַיְסַפֵּר פַּרְעֹה לָהֶם אֶת־חֲלֹמוֹ וְאֵין־פּוֹתֵר אוֹתָם לְפַרְעֹה׃
9 וַיְדַבֵּר שַׂר הַמַּשְׁקִים אֶת־פַּרְעֹה לֵאמֹר אֶת־חֲטָאַי אֲנִי מַזְכִּיר הַיּוֹם׃
10 פַּרְעֹה קָצַף עַל־עֲבָדָיו וַיִּתֵּן אֹתִי בְּמִשְׁמַר בֵּית שַׂר הַטַּבָּחִים אֹתִי וְאֵת שַׂר הָאֹפִים׃
11 וַנַּחַלְמָה חֲלוֹם בְּלַיְלָה אֶחָד אֲנִי וָהוּא אִישׁ כְּפִתְרוֹן חֲלֹמוֹ חָלָמְנוּ׃
12 וְשָׁם אִתָּנוּ נַעַר עִבְרִי עֶבֶד לְשַׂר הַטַּבָּחִים וַנְּסַפֶּר־לוֹ וַיִּפְתָּר־לָנוּ אֶת־חֲלֹמֹתֵינוּ אִישׁ כַּחֲלֹמוֹ פָּתָר׃
13 וַיְהִי כַּאֲשֶׁר פָּתַר־לָנוּ כֵּן הָיָה אֹתִי הֵשִׁיב עַל־כַּנִּי וְאֹתוֹ תָלָה׃
14 וַיִּשְׁלַח פַּרְעֹה וַיִּקְרָא אֶת־יוֹסֵף וַיְרִיצֻהוּ מִן־הַבּוֹר וַיְגַלַּח וַיְחַלֵּף שִׂמְלֹתָיו וַיָּבֹא אֶל־פַּרְעֹה׃
15 וַיֹּאמֶר פַּרְעֹה אֶל־יוֹסֵף חֲלוֹם חָלַמְתִּי וּפֹתֵר אֵין אֹתוֹ וַאֲנִי שָׁמַעְתִּי עָלֶיךָ לֵאמֹר תִּשְׁמַע חֲלוֹם לִפְתֹּר אֹתוֹ׃
16 וַיַּעַן יוֹסֵף אֶת־פַּרְעֹה לֵאמֹר בִּלְעָדָי אֱלֹהִים יַעֲנֶה אֶת־שְׁלוֹם פַּרְעֹה׃
17 וַיְדַבֵּר פַּרְעֹה אֶל־יוֹסֵף בַּחֲלֹמִי הִנְנִי עֹמֵד עַל־שְׂפַת הַיְאֹר׃
18 וְהִנֵּה מִן־הַיְאֹר עֹלֹת שֶׁבַע פָּרוֹת בְּרִיאוֹת בָּשָׂר וִיפֹת תֹּאַר וַתִּרְעֶינָה בָּאָחוּ׃
19 וְהִנֵּה שֶׁבַע־פָּרוֹת אֲחֵרוֹת עֹלוֹת אַחֲרֵיהֶן דַּלּוֹת וְרָעוֹת תֹּאַר מְאֹד וְרַקּוֹת בָּשָׂר לֹא־רָאִיתִי כָהֵנָּה בְּכָל־אֶרֶץ מִצְרַיִם לָרֹעַ׃
20 וַתֹּאכַלְנָה הַפָּרוֹת הָרַקּוֹת וְהָרָעוֹת אֵת שֶׁבַע הַפָּרוֹת הָרִאשֹׁנוֹת הַבְּרִיאֹת׃
21 וַתָּבֹאנָה אֶל־קִרְבֶּנָה וְלֹא נוֹדַע כִּי־בָאוּ אֶל־קִרְבֶּנָה וּמַרְאֵיהֶן רַע כַּאֲשֶׁר בַּתְּחִלָּה וָאִיקָץ׃
22 וָאֵרֶא בַּחֲלֹמִי וְהִנֵּה שֶׁבַע שִׁבֳּלִים עֹלֹת בְּקָנֶה אֶחָד מְלֵאֹת וְטֹבוֹת׃

B. C. 1718.

of them, each man his dream[a] in one night, each man according to the interpretation of his dream, the butler and the baker of the king of Egypt, which *were* bound in the prison.

6 And Joseph came in unto them in the morning, and looked upon them, and, behold, they *were* sad.[b]

7 And he asked Pharaoh's officers that *were* with him in the ward of his lord's house, saying, Wherefore [γ] look ye *so* sadly[c] to-day?

8 And they said unto him, We have dreamed a dream, and *there is* no[d] interpreter of it. And Joseph said unto them, *Do* not interpretations *belong*[e] to God? tell me *them*, I pray you.

9 And the chief butler told his dream to Joseph, and said to him, In my dream,[h] behold, a vine *was* before me;

10 And in the vine *were* three branches: and *it was* as though it budded, *and* her blossoms shot forth; *and* the clusters thereof brought forth ripe grapes:

11 And Pharaoh's cup *was* in my hand; and I took the grapes, and pressed them into Pharaoh's cup, and I gave the cup into Pharaoh's hand.

12 And Joseph said unto him, This *is* the interpretation of it:[l] The three branches *are* three days:

13 Yet within three days shall Pharaoh [δ] lift up thine head,[m] and restore thee unto thy place: and thou shalt deliver Pharaoh's cup into his hand, after the former manner when thou wast his butler.

14 But [ζ] think on me when it shall be well with thee, and shew kindness,[n] I pray thee unto me; and make mention of me unto Pharaoh, and bring me out of this house:

15 For indeed I was stolen away out of the land of the Hebrews; and here also have I done nothing[p] that they should put me into the dungeon.

16 When the chief baker saw that the interpretation was good, he said unto Joseph, I also *was* in my dream, and, behold, *I had* three [κ] white baskets on my head:

17 And in the uppermost basket *there was* of all manner of [λ] bake-meats for Pharaoh; and the birds did eat them out of the basket upon my head.

18 And Joseph answered and said, This *is* the interpretation thereof: The three baskets[s] *are* three days:

19 Yet within three[t] days shall Pharaoh [μ] lift up thy head from off thee, and shall hang thee on a tree; and the birds shall eat thy flesh[v] from off thee.

20 And it came to pass the third day, *which was* Pharaoh's birth-day,[x] that he made a feast unto all his servants: and he lifted [ν] up the head of the chief butler and of the chief baker among his servants.

21 And he restored the chief butler unto his butlership again; and he gave the cup[y] into Pharaoh's hand:

22 But he hanged the chief baker; as Joseph had interpreted[z] to them.

23 Yet did not the chief butler remember Joseph, but[a] forgat him.

CHAP. XLI.

AND it came to pass, at the end of two full years, that Pharaoh[b] dreamed; and, behold, he stood by the river.

2 And, behold, there came up out of the river seven well-favoured kine, and fat-fleshed; and they fed in a meadow.

---

3 And, behold, seven other kine came up after them out of the river, ill-favoured and lean-fleshed, and stood by the *other* kine upon the brink of the river.

4 And the ill-favoured and lean-fleshed kine did eat up the seven well-favoured and fat kine. So Pharaoh awoke.

5 And he slept and dreamed the second time: and, behold, seven ears of corn came up upon one stalk, [β] rank and good.

6 And, behold, seven thin ears, and blasted with the east wind, sprung up after them.

7 And the seven thin ears devoured the seven rank and full ears. And Pharaoh awoke, and, behold, *it was* a dream.

8 And it came to pass in the morning, that his spirit[f] was troubled; and he sent and called for all[g] the magicians of Egypt, and all the wise men thereof: and Pharaoh told them his dream; but *there was* none that could interpret[i] them unto Pharaoh.

9 Then spake the chief butler unto Pharaoh, saying, I do remember my faults this day.

10 Pharaoh was wroth[j] with his servants, and put me in ward in the captain of the guard's house, *both* me and the chief baker.

11 And we dreamed a dream in one night, I and he;[k] we dreamed each man according to the interpretation of his dream.

12 And *there was* there with us a young man, an Hebrew, servant to the captain of the guard; and we told him, and he interpreted to us our dreams; to each man according to his dream he did interpret.

13 And it came to pass, as he interpreted to us, so it was; me he restored unto mine office, and him he hanged.

14 Then Pharaoh sent and called Joseph, and they [η] brought him hastily out of[θ] the dungeon: and he shaved *himself,* and changed his raiment, and came in unto Pharaoh.

15 And Pharaoh said unto[q] Joseph, I have dreamed a dream, and *there is* none that can interpret it: and I have heard say of thee, *that* [θ] thou canst understand[r] a dream to interpret it.

16 And Joseph answered Pharaoh, saying, *It is* not in me: God shall give Pharaoh an answer of peace.

17 And Pharaoh said unto Joseph, In my dream, behold, I stood upon the bank of the river:[u]

18 And, behold, there came up out of the river seven kine, fat-fleshed and well-favoured; and they fed in a meadow.

19 And, behold, seven other kine came up after them, poor, and very ill-favoured and lean-fleshed, such as I never saw in all the land of Egypt for badness:

20 And the lean and the ill-favoured kine did eat up the first seven fat kine:

21 And when they had [π] eaten them up, it could not be known that they had eaten them; but they *were* still ill-favoured, as at the beginning. So I awoke.

22 And I saw in my dream, and, behold, seven ears came up in one stalk, full and good:

23 And, behold, seven ears, [ρ] withered, thin, *and* blasted with the east wind, sprung up after them:

24 And the thin ears devoured the seven good ears. And I told *this* unto the[c] magicians; but *there was* none

---

Center reference column:

a Job 33.15..17
b Da. 4. 5.
β *fat.*
γ *are your faces evil?*
c Ne. 2. 2.
d ch. 41. 15.
e Da. 2. 11, 28.
f Da. 4. 5, 19.
7. 28.
8. 27.
g Ex. 7. 11.
Is. 29. 14.
Da. 2. 2.
h Ju. 7. 13.
i 1 Co. 1. 19.
j ch. 40. 2.
k ch. 40. 5.
l ch. 41. 25.
Da. 2. 36.
d or, reckon
m 2 Ki. 25.27.
Je. 52. 31.
ζ *remember me with thee.*
n 1 Sa. 20.14,15
1 Ki. 2. 7.
Lu. 23. 42.
η *made him run.*
o 1 Sa. 2. 8.
Ps. 105. 20.
p 1 Sa. 24.11.
Ps. 59. 3, 4.
Da. 6. 22.
q Ps. 25. 14.
Da. 5. 16.
θ *or, when thou hearest a dream thou canst interpret it.*
r ch. 40. 8.
Da. 2. 30.
2 Co. 3. 5.
κ *or, full of holes.*
λ *meat of Pharaoh, the work of a baker, or, cook.*
s ch. 41. 26.
t ver. 13.
u ver. 1.
μ *or, reckon thee, and take thy office from thee.*
v 1 Sa. 17.44.
2 Sa. 21. 10.
x Mat. 14. 6.
Mar. 6. 21.
ν *or, reckoned.*
π *come to the inward parts of them.*
y Ne. 2. 1.
z ver. 19.
a Ps. 31. 12.
Ec.9.15,16.
Am. 6. 6.
ρ *or, small.*
b Es. 6. 1.
Da. 2. 1.
c ver. 8.
Da. 4. 7.

29

23 וְהִנֵּה שֶׁבַע שִׁבֳּלִים צְנֻמוֹת
דַּקּוֹת שְׁדֻפוֹת קָדִים צֹמְחוֹת אַחֲרֵיהֶם: וַתִּבְלַעְןָ 24
הַשִּׁבֳּלִים הַדַּקֹּת אֵת שֶׁבַע הַשִּׁבֳּלִים הַטֹּבוֹת וָאֹמַר
25 אֶל־הַחַרְטֻמִּים וְאֵין מַגִּיד לִי: וַיֹּאמֶר יוֹסֵף אֶל־
פַּרְעֹה חֲלוֹם פַּרְעֹה אֶחָד הוּא אֵת אֲשֶׁר הָאֱלֹהִים
26 עֹשֶׂה הִגִּיד לְפַרְעֹה: שֶׁבַע פָּרֹת הַטֹּבֹת שֶׁבַע
שָׁנִים הֵנָּה וְשֶׁבַע הַשִּׁבֳּלִים הַטֹּבֹת שֶׁבַע שָׁנִים
27 הֵנָּה חֲלוֹם אֶחָד הוּא: וְשֶׁבַע הַפָּרוֹת הָרַקּוֹת
וְהָרָעֹת הָעֹלֹת אַחֲרֵיהֶן שֶׁבַע שָׁנִים הֵנָּה וְשֶׁבַע
הַשִּׁבֳּלִים הָרֵקוֹת שְׁדֻפוֹת הַקָּדִים יִהְיוּ שֶׁבַע שְׁנֵי
28 רָעָב: הוּא הַדָּבָר אֲשֶׁר דִּבַּרְתִּי אֶל־פַּרְעֹה אֲשֶׁר
29 הָאֱלֹהִים עֹשֶׂה הֶרְאָה אֶת־פַּרְעֹה: הִנֵּה שֶׁבַע
30 שָׁנִים בָּאוֹת שָׂבָע גָּדוֹל בְּכָל־אֶרֶץ מִצְרָיִם: וְקָמוּ
שֶׁבַע שְׁנֵי רָעָב אַחֲרֵיהֶן וְנִשְׁכַּח כָּל־הַשָּׂבָע בְּאֶרֶץ
31 מִצְרָיִם וְכִלָּה הָרָעָב אֶת־הָאָרֶץ: וְלֹא־יִוָּדַע הַשָּׂבָע
בָּאָרֶץ מִפְּנֵי הָרָעָב הַהוּא אַחֲרֵי־כֵן כִּי־כָבֵד הוּא
32 מְאֹד: וְעַל הִשָּׁנוֹת הַחֲלוֹם אֶל־פַּרְעֹה פַּעֲמָיִם כִּי־
נָכוֹן הַדָּבָר מֵעִם הָאֱלֹהִים וּמְמַהֵר הָאֱלֹהִים
33 לַעֲשֹׂתוֹ: וְעַתָּה יֵרֶא פַרְעֹה אִישׁ נָבוֹן וְחָכָם
34 וִישִׁיתֵהוּ עַל־אֶרֶץ מִצְרָיִם: יַעֲשֶׂה פַרְעֹה וְיַפְקֵד
פְּקִדִים עַל־הָאָרֶץ וְחִמֵּשׁ אֶת־אֶרֶץ מִצְרַיִם בְּשֶׁבַע
35 שְׁנֵי הַשָּׂבָע: וְיִקְבְּצוּ אֶת־כָּל־אֹכֶל הַשָּׁנִים הַטֹּבוֹת
הַבָּאֹת הָאֵלֶּה וְיִצְבְּרוּ־בָר תַּחַת יַד־פַּרְעֹה אֹכֶל בֶּעָרִים
36 וְשָׁמָרוּ: וְהָיָה הָאֹכֶל לְפִקָּדוֹן לָאָרֶץ לְשֶׁבַע שְׁנֵי
הָרָעָב אֲשֶׁר תִּהְיֶיןָ בְּאֶרֶץ מִצְרָיִם וְלֹא־תִכָּרֵת
הָאָרֶץ בָּרָעָב:
37 וַיִּיטַב הַדָּבָר בְּעֵינֵי פַרְעֹה וּבְעֵינֵי
38 כָּל־עֲבָדָיו: וַיֹּאמֶר פַּרְעֹה אֶל־עֲבָדָיו הֲנִמְצָא כָזֶה
39 אִישׁ אֲשֶׁר רוּחַ אֱלֹהִים בּוֹ: וַיֹּאמֶר פַּרְעֹה אֶל־
יוֹסֵף אַחֲרֵי הוֹדִיעַ אֱלֹהִים אוֹתְךָ אֶת־כָּל־זֹאת אֵין
40 נָבוֹן וְחָכָם כָּמוֹךָ: אַתָּה תִּהְיֶה עַל־בֵּיתִי וְעַל־פִּיךָ
41 יִשַּׁק כָּל־עַמִּי רַק הַכִּסֵּא אֶגְדַּל מִמֶּךָּ: וַיֹּאמֶר פַּרְעֹה
אֶל־יוֹסֵף רְאֵה נָתַתִּי אֹתְךָ עַל כָּל־אֶרֶץ מִצְרָיִם:
42 וַיָּסַר פַּרְעֹה אֶת־טַבַּעְתּוֹ מֵעַל יָדוֹ וַיִּתֵּן אֹתָהּ עַל־
יַד יוֹסֵף וַיַּלְבֵּשׁ אֹתוֹ בִּגְדֵי־שֵׁשׁ וַיָּשֶׂם רְבִד הַזָּהָב
43 עַל־צַוָּארוֹ: וַיַּרְכֵּב אֹתוֹ בְּמִרְכֶּבֶת הַמִּשְׁנֶה אֲשֶׁר־
לוֹ וַיִּקְרְאוּ לְפָנָיו אַבְרֵךְ וְנָתוֹן אֹתוֹ עַל כָּל־אֶרֶץ
44 מִצְרָיִם: וַיֹּאמֶר פַּרְעֹה אֶל־יוֹסֵף אֲנִי פַרְעֹה וּבִלְעָדֶיךָ
לֹא־יָרִים אִישׁ אֶת־יָדוֹ וְאֶת־רַגְלוֹ בְּכָל־אֶרֶץ מִצְרָיִם:

45 וַיִּקְרָא פַרְעֹה שֵׁם־יוֹסֵף צָפְנַת פַּעְנֵחַ וַיִּתֶּן־לוֹ אֶת־
אָסְנַת בַּת־פּוֹטִי פֶרַע כֹּהֵן אֹן לְאִשָּׁה וַיֵּצֵא יוֹסֵף
46 עַל־אֶרֶץ מִצְרָיִם: וְיוֹסֵף בֶּן־שְׁלֹשִׁים שָׁנָה בְּעָמְדוֹ
לִפְנֵי פַּרְעֹה מֶלֶךְ־מִצְרָיִם וַיֵּצֵא יוֹסֵף מִלִּפְנֵי פַרְעֹה
47 וַיַּעֲבֹר בְּכָל־אֶרֶץ מִצְרָיִם: וַתַּעַשׂ הָאָרֶץ בְּשֶׁבַע
48 שְׁנֵי הַשָּׂבָע לִקְמָצִים: וַיִּקְבֹּץ אֶת־כָּל־אֹכֶל שֶׁבַע
שָׁנִים אֲשֶׁר הָיוּ בְּאֶרֶץ מִצְרַיִם וַיִּתֶּן־אֹכֶל בֶּעָרִים
אֹכֶל שְׂדֵה־הָעִיר אֲשֶׁר סְבִיבֹתֶיהָ נָתַן בְּתוֹכָהּ:
49 וַיִּצְבֹּר יוֹסֵף בָּר כְּחוֹל הַיָּם הַרְבֵּה מְאֹד עַד כִּי־חָדַל
50 לִסְפֹּר כִּי־אֵין מִסְפָּר: וּלְיוֹסֵף יֻלַּד שְׁנֵי בָנִים בְּטֶרֶם
תָּבוֹא שְׁנַת הָרָעָב אֲשֶׁר יָלְדָה־לּוֹ אָסְנַת בַּת־פּוֹטִי
51 פֶרַע כֹּהֵן אוֹן: וַיִּקְרָא יוֹסֵף אֶת־שֵׁם הַבְּכוֹר מְנַשֶּׁה
כִּי־נַשַּׁנִי אֱלֹהִים אֶת־כָּל־עֲמָלִי וְאֵת כָּל־בֵּית
52 אָבִי: וְאֵת שֵׁם הַשֵּׁנִי קָרָא אֶפְרָיִם כִּי־הִפְרַנִי אֱלֹהִים
53 בְּאֶרֶץ עָנְיִי: וַתִּכְלֶינָה שֶׁבַע שְׁנֵי הַשָּׂבָע אֲשֶׁר הָיָה
54 בְּאֶרֶץ מִצְרָיִם: וַתְּחִלֶּינָה שֶׁבַע שְׁנֵי הָרָעָב לָבוֹא
כַּאֲשֶׁר אָמַר יוֹסֵף וַיְהִי רָעָב בְּכָל־הָאֲרָצוֹת וּבְכָל־
55 אֶרֶץ מִצְרַיִם הָיָה לָחֶם: וַתִּרְעַב כָּל־אֶרֶץ מִצְרַיִם
וַיִּצְעַק הָעָם אֶל־פַּרְעֹה לַלָּחֶם וַיֹּאמֶר פַּרְעֹה לְכָל־
מִצְרַיִם לְכוּ אֶל־יוֹסֵף אֲשֶׁר־יֹאמַר לָכֶם תַּעֲשׂוּ:
56 וְהָרָעָב הָיָה עַל כָּל־פְּנֵי הָאָרֶץ וַיִּפְתַּח יוֹסֵף אֶת־כָּל־
אֲשֶׁר בָּהֶם וַיִּשְׁבֹּר לְמִצְרַיִם וַיֶּחֱזַק הָרָעָב בְּאֶרֶץ
57 מִצְרָיִם: וְכָל־הָאָרֶץ בָּאוּ מִצְרַיְמָה לִשְׁבֹּר אֶל־
יוֹסֵף כִּי־חָזַק הָרָעָב בְּכָל־הָאָרֶץ:

CAP. XLII. מב

1 וַיַּרְא יַעֲקֹב כִּי יֶשׁ־שֶׁבֶר בְּמִצְרָיִם וַיֹּאמֶר יַעֲקֹב לְבָנָיו
2 לָמָּה תִּתְרָאוּ: וַיֹּאמֶר הִנֵּה שָׁמַעְתִּי כִּי יֶשׁ־שֶׁבֶר
בְּמִצְרָיִם רְדוּ־שָׁמָּה וְשִׁבְרוּ־לָנוּ מִשָּׁם וְנִחְיֶה וְלֹא
3 נָמוּת: וַיֵּרְדוּ אֲחֵי־יוֹסֵף עֲשָׂרָה לִשְׁבֹּר בָּר מִמִּצְרָיִם:
4 וְאֶת־בִּנְיָמִין אֲחִי יוֹסֵף לֹא־שָׁלַח יַעֲקֹב אֶת־אֶחָיו
5 כִּי אָמַר פֶּן־יִקְרָאֶנּוּ אָסוֹן: וַיָּבֹאוּ בְּנֵי יִשְׂרָאֵל לִשְׁבֹּר
6 בְּתוֹךְ הַבָּאִים כִּי־הָיָה הָרָעָב בְּאֶרֶץ כְּנָעַן: וְיוֹסֵף
הוּא הַשַּׁלִּיט עַל־הָאָרֶץ הוּא הַמַּשְׁבִּיר לְכָל־עַם
הָאָרֶץ וַיָּבֹאוּ אֲחֵי יוֹסֵף וַיִּשְׁתַּחֲווּ־לוֹ אַפַּיִם אָרְצָה:
7 וַיַּרְא יוֹסֵף אֶת־אֶחָיו וַיַּכִּרֵם וַיִּתְנַכֵּר אֲלֵיהֶם וַיְדַבֵּר
אִתָּם קָשׁוֹת וַיֹּאמֶר אֲלֵהֶם מֵאַיִן בָּאתֶם וַיֹּאמְרוּ
8 מֵאֶרֶץ כְּנַעַן לִשְׁבָּר־אֹכֶל: וַיַּכֵּר יוֹסֵף אֶת־אֶחָיו
9 וְהֵם לֹא הִכִּרֻהוּ: וַיִּזְכֹּר יוֹסֵף אֵת הַחֲלֹמוֹת אֲשֶׁר

that could declare it to me.

25 And Joseph said unto Pharaoh, The dream of Pharaoh is one: God hath shewed Pharaoh what he is about *a* to do.

26 The seven good kine *are* seven years; and the seven good ears *are* seven years: the dream is one.

27 And the seven thin & ill-favoured kine, that came up after them, *are* seven years; and the seven empty ears, blasted with the east-wind, shall be seven *b* years of famine.

28 This *is* the thing which I have spoken unto Pharaoh: what God *is* about to do, he sheweth unto Pharaoh.

29 Behold, there come seven *c* years of great plenty throughout all the land of Egypt:

30 And there shall arise after them seven years of famine; *f* and all the plenty shall be forgotten in the land of Egypt; and the famine shall consume *g* the land:

31 And the plenty shall not be known in the land, by reason of that famine following; for it *shall be* very *ζ* grievous.

32 And for that the dream was doubled unto Pharaoh twice; *i it is* because the thing *is* *η* established by God, and God will shortly bring it to pass. *k*

33 Now, therefore, let Pharaoh look out a man discreet and wise, and set him over the land of Egypt.

34 Let Pharaoh do *this*, and let him appoint *θ* officers over the land, and take up the fifth part of the land of Egypt in the seven plenteous years. *n*

35 And let them gather all the food of those good years that come, and lay up corn under the hand of Pharaoh, and let them keep food in the cities.

36 And that food shall be for store to the land against the seven years of famine, which shall be in the land of Egypt; that the land *λ* perish not through the famine.

37 And the thing was good in the eyes of Pharaoh, *q* & in the eyes of all his servants.

38 And Pharaoh said unto his servants, Can we find *such a one* as this *is*, a man in whom *r* the Spirit of God *is?*

39 And Pharaoh said unto Joseph, Forasmuch as God hath shewed thee all this, *there is* none so discreet and wise as thou *art:*

40 Thou shalt be over my house, *t* and according unto thy word shall all my people *μ* be ruled: only in the throne will I be greater than thou.

41 And Pharaoh said unto Joseph, See, I have set thee *v* over all the land of Egypt.

42 And Pharaoh took off his ring *z* from his hand, and put it upon Joseph's hand, and arrayed him in vestures of *ν* fine linen, and put a gold chain *z* about his neck:

43 And he made him to ride in the second chariot which he had: and they cried before him, *π ρ* Bow the knee: and he made him *ruler* over all the land *a* of Egypt.

44 And Pharaoh said unto Joseph, I *am* Pharaoh, and without thee shall no man lift up his hand or foot in all the land of Egypt.

45 And Pharaoh called Joseph's name Zaphnath-paaneah; *τ* and he gave him to wife Asenath, the daughter of Potipherah, *φ* priest *c* of On. And Joseph went out over *all* the land of Egypt.

46 And Joseph *was* thirty years old when he stood before *d* Pharaoh king of Egypt. And Joseph went out from the

B. C. 1715.

a Da.2.29,45. Re. 4. 1.
b 2 Ki. 8. 1.
c ch. 22. 17. Ju. 7. 12. 1 Sa. 13. 5. Ps. 78. 27.
d ch. 46. 20. 48. 5.
e ver. 47.
β or, *prince.*
γ i. e. *forgetting.*
f ver. 54.
g ch. 47. 13.
δ i. e. *fruitful.*
h ch. 49. 22.
ζ *heavy.*
i ch. 37. 7, 9.
η or, *prepared of God.*
k Nu. 23. 19. Is. 46. 10.
l ver. 30.
m Je. 14. 1, 2. La. 4. 4.
θ or, *overseers.*
n Pr. 6. 6..8. 22. 3.
κ *all wherein was.*
o ch. 42. 6. 47. 14, 24.
λ *be not cut off.*
p Ac. 7. 12.
q Ac. 7. 10.
r Nu. 27. 18. Job 32. 8. Pr. 2. 6. Da 4. 8,18. 5. 11.
s ch. 43. 8. Ps. 118. 17.
t Ps. 105. 21.
μ *be armed,* or, *kiss.*
u ver. 38.
v Da. 6. 3.
x Es. 3. 10. 8. 2, 8, 15.
y ch. 41. 41.
v or, *silk.*
z Da. 5. 7, 29.
π or, *tender father.*
ρ *Abrech.*
a ch. 45. 8, 26. Ac. 7. 10.
σ *hard things with them.*
τ *which in the Coptic signifies, a revealer of secrets, or the man to whom secrets are revealed.*
b ch. 37. 5, 9.
φ or, *prince.*
c Ex. 2. 16. 2 Sa. 8. 18.
d 1 Sa. 16. 21. Da. 1. 19. Lu. 21. 36.

presence of Pharaoh, and went throughout all the land of Egypt.

47 And in the seven plenteous years the earth brought forth by handfuls.

48 And he gathered up all the food of the seven years, which were in the land of Egypt, and laid up the food in the cities: the food of the field which *was* round about every city laid he up in the same.

49 And Joseph gathered corn as the sand of the sea, *e* very much, until he left numbering; for *it was* without number.

50 And unto Joseph were born two sons *d* before the years of famine came; which Asenath, the daughter of Potipherah *β* priest of On, bare unto him.

51 And Joseph called the name of the first-born *γ* Manasseh: For God, *said he,* hath made me forget all my toil, and all my father's house.

52 And the name of the second called he *δ* Ephraim: For God hath caused me to be fruitful *h* in the land of my affliction.

53 And the seven years of plenteousness that was in the land of Egypt were ended.

54 And the seven years of dearth began to come, according as Joseph had said: *i* and the dearth was in all lands; but in all the land of Egypt there was bread.

55 And when all the land of Egypt was famished, *m* the people cried to Pharaoh for bread: and Pharaoh said unto all the Egyptians, Go unto Joseph; what he saith to you, do.

56 And the famine was over all the face of the earth. And Joseph *κ* opened all the store-houses, and sold *o* unto the Egyptians; and the famine waxed sore in the land of Egypt.

57 And all countries came into Egypt to Joseph for to buy *corn;* because that the famine was *so* sore in all lands.

CHAP. XLII.

NOW when *p* Jacob saw that there was corn in Egypt, Jacob said unto his sons, Why do ye look one upon another?

2 And he said, Behold, I have heard that there is corn in Egypt: get you down thither, and buy for us from thence; that we may *s* live, and not die.

3 And Joseph's ten brethren went down to buy corn in Egypt.

4 But Benjamin, Joseph's brother, Jacob sent not with his brethren: for he said, Lest peradventure mischief *u* befall him.

5 And the sons of Israel came to buy *corn* among those that came: for the famine was in the land of Canaan.

6 And Joseph *was* the governor *y* over the land, *and he it was* that sold to all the people of the land: and Joseph's brethren came, and bowed down themselves before him *with* their faces to the earth.

7 And Joseph saw his brethren, and he knew them, but made himself strange unto them, and spake *σ* roughly unto them; and he said unto them, Whence come ye? And they said, From the land of Canaan, to buy food.

8 And Joseph knew his brethren, but they knew not him.

9 And Joseph remembered the dreams which he dreamed *b* of them, and said unto them, Ye *are* spies; to see the nakedness of the land ye are come.

10 And they said unto him, Nay, my lord, but to buy food are thy servants come.

10 וַיֹּאמְרוּ אֵלָיו לֹא אֲדֹנִי וַעֲבָדֶיךָ בָּאוּ לִשְׁבָּר־אֹכֶל:

11 כֻּלָּנוּ בְּנֵי אִישׁ־אֶחָד נָחְנוּ כֵּנִים אֲנַחְנוּ לֹא־הָיוּ עֲבָדֶיךָ מְרַגְּלִים:

12 וַיֹּאמֶר אֲלֵהֶם לֹא כִּי־עֶרְוַת הָאָרֶץ בָּאתֶם לִרְאוֹת:

13 וַיֹּאמְרוּ שְׁנֵים עָשָׂר עֲבָדֶיךָ אַחִים אֲנַחְנוּ בְּנֵי אִישׁ־אֶחָד בְּאֶרֶץ כְּנָעַן וְהִנֵּה הַקָּטֹן אֶת־אָבִינוּ הַיּוֹם וְהָאֶחָד אֵינֶנּוּ:

14 וַיֹּאמֶר אֲלֵהֶם יוֹסֵף הוּא אֲשֶׁר דִּבַּרְתִּי אֲלֵכֶם לֵאמֹר מְרַגְּלִים אַתֶּם:

15 בְּזֹאת תִּבָּחֵנוּ חֵי פַרְעֹה אִם־תֵּצְאוּ מִזֶּה כִּי אִם־בְּבוֹא אֲחִיכֶם הַקָּטֹן הֵנָּה:

16 שִׁלְחוּ מִכֶּם אֶחָד וְיִקַּח אֶת־אֲחִיכֶם וְאַתֶּם הֵאָסְרוּ וְיִבָּחֲנוּ דִּבְרֵיכֶם הַאֱמֶת אִתְּכֶם וְאִם־לֹא חֵי פַרְעֹה כִּי מְרַגְּלִים אַתֶּם:

17 וַיֶּאֱסֹף אֹתָם אֶל־מִשְׁמָר שְׁלֹשֶׁת יָמִים:
18 וַיֹּאמֶר אֲלֵהֶם יוֹסֵף בַּיּוֹם הַשְּׁלִישִׁי זֹאת עֲשׂוּ וִחְיוּ אֶת־הָאֱלֹהִים אֲנִי יָרֵא:

19 אִם־כֵּנִים אַתֶּם אֲחִיכֶם אֶחָד יֵאָסֵר בְּבֵית מִשְׁמַרְכֶם וְאַתֶּם לְכוּ הָבִיאוּ שֶׁבֶר רַעֲבוֹן בָּתֵּיכֶם:

20 וְאֶת־אֲחִיכֶם הַקָּטֹן תָּבִיאוּ אֵלַי וְיֵאָמְנוּ דִבְרֵיכֶם וְלֹא תָמוּתוּ וַיַּעֲשׂוּ־כֵן:

21 וַיֹּאמְרוּ אִישׁ אֶל־אָחִיו אֲבָל אֲשֵׁמִים אֲנַחְנוּ עַל־אָחִינוּ אֲשֶׁר רָאִינוּ צָרַת נַפְשׁוֹ בְּהִתְחַנְנוֹ אֵלֵינוּ וְלֹא שָׁמָעְנוּ עַל־כֵּן בָּאָה אֵלֵינוּ הַצָּרָה הַזֹּאת:

22 וַיַּעַן רְאוּבֵן אֹתָם לֵאמֹר הֲלוֹא אָמַרְתִּי אֲלֵיכֶם לֵאמֹר אַל־תֶּחֶטְאוּ בַיֶּלֶד וְלֹא שְׁמַעְתֶּם וְגַם־דָּמוֹ הִנֵּה נִדְרָשׁ:

23 וְהֵם לֹא יָדְעוּ כִּי שֹׁמֵעַ יוֹסֵף כִּי הַמֵּלִיץ בֵּינֹתָם:

24 וַיִּסֹּב מֵעֲלֵיהֶם וַיֵּבְךְּ וַיָּשָׁב אֲלֵהֶם וַיְדַבֵּר אֲלֵהֶם וַיִּקַּח מֵאִתָּם אֶת־שִׁמְעוֹן וַיֶּאֱסֹר אֹתוֹ לְעֵינֵיהֶם:

25 וַיְצַו יוֹסֵף וַיְמַלְאוּ אֶת־כְּלֵיהֶם בָּר וּלְהָשִׁיב כַּסְפֵּיהֶם אִישׁ אֶל־שַׂקּוֹ וְלָתֵת לָהֶם צֵדָה לַדָּרֶךְ וַיַּעַשׂ לָהֶם כֵּן:

26 וַיִּשְׂאוּ אֶת־שִׁבְרָם עַל־חֲמֹרֵיהֶם וַיֵּלְכוּ מִשָּׁם:

27 וַיִּפְתַּח הָאֶחָד אֶת־שַׂקּוֹ לָתֵת מִסְפּוֹא לַחֲמֹרוֹ בַּמָּלוֹן וַיַּרְא אֶת־כַּסְפּוֹ וְהִנֵּה־הוּא בְּפִי אַמְתַּחְתּוֹ:

28 וַיֹּאמֶר אֶל־אֶחָיו הוּשַׁב כַּסְפִּי וְגַם הִנֵּה בְאַמְתַּחְתִּי וַיֵּצֵא לִבָּם וַיֶּחֶרְדוּ אִישׁ אֶל־אָחִיו לֵאמֹר מַה־זֹּאת עָשָׂה אֱלֹהִים לָנוּ:

29 וַיָּבֹאוּ אֶל־יַעֲקֹב אֲבִיהֶם אַרְצָה כְּנָעַן וַיַּגִּידוּ לוֹ אֵת כָּל־הַקֹּרֹת אֹתָם לֵאמֹר:

30 דִּבֶּר הָאִישׁ אֲדֹנֵי הָאָרֶץ אִתָּנוּ קָשׁוֹת וַיִּתֵּן אֹתָנוּ כִּמְרַגְּלִים אֶת־הָאָרֶץ:

31 וַנֹּאמֶר אֵלָיו כֵּנִים אֲנָחְנוּ לֹא הָיִינוּ מְרַגְּלִים:

32 שְׁנֵים־עָשָׂר אֲנַחְנוּ אַחִים בְּנֵי אָבִינוּ הָאֶחָד אֵינֶנּוּ וְהַקָּטֹן הַיּוֹם אֶת־אָבִינוּ בְּאֶרֶץ כְּנָעַן:

33 וַיֹּאמֶר אֵלֵינוּ הָאִישׁ אֲדֹנֵי הָאָרֶץ בְּזֹאת אֵדַע כִּי כֵנִים אַתֶּם אֲחִיכֶם הָאֶחָד הַנִּיחוּ אִתִּי וְאֶת־רַעֲבוֹן בָּתֵּיכֶם קְחוּ וָלֵכוּ:

34 וְהָבִיאוּ אֶת־אֲחִיכֶם הַקָּטֹן אֵלַי וְאֵדְעָה כִּי לֹא מְרַגְּלִים אַתֶּם כִּי כֵנִים אַתֶּם אֶת־אֲחִיכֶם אֶתֵּן לָכֶם וְאֶת־הָאָרֶץ תִּסְחָרוּ:

35 וַיְהִי הֵם מְרִיקִים שַׂקֵּיהֶם וְהִנֵּה־אִישׁ צְרוֹר־כַּסְפּוֹ בְּשַׂקּוֹ וַיִּרְאוּ אֶת־צְרֹרוֹת כַּסְפֵּיהֶם הֵמָּה וַאֲבִיהֶם וַיִּירָאוּ:

36 וַיֹּאמֶר אֲלֵהֶם יַעֲקֹב אֲבִיהֶם אֹתִי שִׁכַּלְתֶּם יוֹסֵף אֵינֶנּוּ וְשִׁמְעוֹן אֵינֶנּוּ וְאֶת־בִּנְיָמִן תִּקָּחוּ עָלַי הָיוּ כֻלָּנָה:

37 וַיֹּאמֶר רְאוּבֵן אֶל־אָבִיו לֵאמֹר אֶת־שְׁנֵי בָנַי תָּמִית אִם־לֹא אֲבִיאֶנּוּ אֵלֶיךָ תְּנָה אֹתוֹ עַל־יָדִי וַאֲנִי אֲשִׁיבֶנּוּ אֵלֶיךָ:

38 וַיֹּאמֶר לֹא־יֵרֵד בְּנִי עִמָּכֶם כִּי־אָחִיו מֵת וְהוּא לְבַדּוֹ נִשְׁאָר וּקְרָאָהוּ אָסוֹן בַּדֶּרֶךְ אֲשֶׁר תֵּלְכוּ־בָהּ וְהוֹרַדְתֶּם אֶת־שֵׂיבָתִי בְּיָגוֹן שְׁאוֹלָה׃

CAP. XLIII. מג

1 וְהָרָעָב כָּבֵד בָּאָרֶץ:
2 וַיְהִי כַּאֲשֶׁר כִּלּוּ לֶאֱכֹל אֶת־הַשֶּׁבֶר אֲשֶׁר הֵבִיאוּ מִמִּצְרָיִם וַיֹּאמֶר אֲלֵיהֶם אֲבִיהֶם שֻׁבוּ שִׁבְרוּ־לָנוּ מְעַט־אֹכֶל:

3 וַיֹּאמֶר אֵלָיו יְהוּדָה לֵאמֹר הָעֵד הֵעִד בָּנוּ הָאִישׁ לֵאמֹר לֹא־תִרְאוּ פָנַי בִּלְתִּי אֲחִיכֶם אִתְּכֶם:

4 אִם־יֶשְׁךָ מְשַׁלֵּחַ אֶת־אָחִינוּ אִתָּנוּ נֵרְדָה וְנִשְׁבְּרָה לְךָ אֹכֶל:

5 וְאִם־אֵינְךָ מְשַׁלֵּחַ לֹא נֵרֵד כִּי־הָאִישׁ אָמַר אֵלֵינוּ לֹא־תִרְאוּ פָנַי בִּלְתִּי אֲחִיכֶם אִתְּכֶם:

6 וַיֹּאמֶר יִשְׂרָאֵל לָמָה הֲרֵעֹתֶם לִי לְהַגִּיד לָאִישׁ הַעוֹד לָכֶם אָח:

7 וַיֹּאמְרוּ שָׁאוֹל שָׁאַל־הָאִישׁ לָנוּ וּלְמוֹלַדְתֵּנוּ לֵאמֹר הַעוֹד אֲבִיכֶם חַי הֲיֵשׁ לָכֶם אָח וַנַּגֶּד־לוֹ עַל־פִּי הַדְּבָרִים הָאֵלֶּה הֲיָדוֹעַ נֵדַע כִּי יֹאמַר הוֹרִידוּ אֶת־אֲחִיכֶם:

8 וַיֹּאמֶר יְהוּדָה אֶל־יִשְׂרָאֵל אָבִיו שִׁלְחָה הַנַּעַר אִתִּי וְנָקוּמָה וְנֵלֵכָה וְנִחְיֶה וְלֹא נָמוּת גַּם־אֲנַחְנוּ גַם־אַתָּה גַּם־טַפֵּנוּ:

9 אָנֹכִי אֶעֶרְבֶנּוּ מִיָּדִי תְּבַקְשֶׁנּוּ אִם־לֹא הֲבִיאֹתִיו אֵלֶיךָ וְהִצַּגְתִּיו לְפָנֶיךָ וְחָטָאתִי לְךָ כָּל־הַיָּמִים:

10 כִּי לוּלֵא הִתְמַהְמָהְנוּ כִּי־עַתָּה שַׁבְנוּ זֶה פַעֲמָיִם:

11 וַיֹּאמֶר אֲלֵהֶם יִשְׂרָאֵל אֲבִיהֶם אִם־כֵּן אֵפוֹא זֹאת עֲשׂוּ קְחוּ מִזִּמְרַת הָאָרֶץ בִּכְלֵיכֶם וְהוֹרִידוּ לָאִישׁ מִנְחָה מְעַט צֳרִי וּמְעַט דְּבַשׁ נְכֹאת וָלֹט בָּטְנִים וּשְׁקֵדִים:

12 וְכֶסֶף מִשְׁנֶה קְחוּ בְיֶדְכֶם וְאֶת־הַכֶּסֶף הַמּוּשָׁב בְּפִי

11 We *are* all one man's sons; we *are* true *men;* thy servants are no spies.

12 And he said unto them, Nay, but to see the nakedness of the land ye are come.

13 And they said, Thy servants *are* twelve brethren, the sons of one man in the land of Canaan; and, behold, the youngest *is* this day with our father, and one *a is* not.

14 And Joseph said unto them, That *is it* that I spake unto you, saying, Ye *are* spies:

15 Hereby ye shall be proved; By the life of Pharaoh *c* ye shall not go forth hence, except your youngest brother come hither.

16 Send one of you, and let him fetch your brother, and ye shall be β kept in prison, that your words may be proved, whether *there be any* truth in you: or else, by the life of Pharaoh surely ye *are* spies.

17 And he γ put them all together into ward three days.

18 And Joseph said unto them the third day, This do, and live; *for* I fear*g* God.

19 If ye *be* true *men,* let one of your brethren be bound in the house of your prison: go ye, carry corn for the famine of your houses:

20 But bring* your youngest brother unto me; so shall your words be verified, and ye shall not die. And they did so.

21 And they said one to another, We *are* verily guilty *l* concerning our brother, in that we saw the anguish of his soul, when he besought us, and we would not hear;* therefore is this distress come upon us.

22 And Reuben answered them, saying, Spake I not unto you,*o* saying, Do not sin against the child: and ye would not hear? therefore, behold, also his blood is*p* required.

23 And they knew not that Joseph understood *them;* for ζhe spake unto them by an interpreter.

24 And he turned himself about from them, and wept; and returned to them again, and communed with them, and took from them Simeon, and bound him before their eyes.

25 Then Joseph commanded to fill their sacks with corn, and to restore every man's money into his sack, and to give them provision for the way:*q* and thus did he unto them.

26 And they laded their asses with the corn, and departed thence.

27 And as one of them opened his sack,*r* to give his ass provender in the inn, he espied his money; for, behold, it *was* in his sack's mouth.

28 And he said unto his brethren, My money is restored; and lo, *it is* even in my sack: and their heart failed λ *them,* and they were afraid, saying one to another, What *is* this *that* God hath done unto us?

29 And they came unto Jacob their father unto the land of Canaan, and told him all that befell unto them, saying,

30 The man, *who is* the lord of the land, spake ν roughly*t* to us, and took us for spies of the country.

31 And we said unto him, We *are* true *men;* we are no spies:

32 We *be* twelve brethren, sons of our father: one *is* not, and the youngest *is* this day with our father in the land of Canaan.

33 And the man, the lord of the country,

B. C. 1706.
———
a ch. 37. 30.
Je. 31. 15.
b La. 5. 7.
b ch. 34. 10.
c De. 6. 13.
1 Sa. 1. 26.
17. 55.
Ja. 5. 12.
d ch. 43. 21.

β *bound.*

γ *gathered.*

e ch. 43. 14.
f 1 Sa. 27. 1.
Job 7. 7.
Ec. 7. 8.
Ro. 8. 28.
g ch. 20. 11.
Le. 25. 43.
Ne. 5. 15.
Lu. 18. 2, 4.
h ch. 37. 33.
i ver. 34.
ch. 43. 5.
44. 23.
k ch. 44. 29.
l Nu. 32. 23.
1 Ki. 17. 18.
Job 36. 8, 9.
Hos. 5. 15.
m ch. 41. 54.
La. 5. 10.
n Pr. 21. 13.
24, 11, 12.
Je. 34. 17.
Mat. 7. 2.

δ *protesting,*
protested.

o ch. 37. 21.
ch. 9. 5.
1 Ki. 2. 32.
2 Ch. 24. 22.
Ps. 9 12.

ζ *an interpreter was between them.*

η *asking asked us.*

θ *mouth.*

q Mat. 5. 44.
Ro. 12. 17, 20.
Ep. 4. 2.

κ *knowing could we know?*

r ch. 43. 21.
s ch. 44. 32.
Ps. 119. 122.
Phil. 18, 19.

λ *went forth.*

μ *or, twice by this.*

ν *with us hard things.*

t ver. 7, 12.
u Pr. 18. 16.
v ch. 37. 25.
x ch. 42. 25.

---

said unto us, Hereby shall I know that ye *are* true *men:* leave one of your brethren *here* with me, and take *food for* the famine of your households, and be gone;

34 And bring your youngest brother unto me: then shall I know that ye *are* no spies, but *that* ye *are* true *men:* so will I deliver you your brother, and ye shall traffic*b* in the land.

35 And it came to pass, as they emptied their sacks, that, behold, every man's bundle of money *was* in his sack :*d* and when *both* they and their father saw the bundles of money, they were afraid.

36 And Jacob their father said unto them, Me have ye bereaved*e of my children:* Joseph *is* not, and Simeon *is* not, and ye will take Benjamin *away:* all these things*f* are against me.

37 And Reuben spake unto his father, saying, Slay my two sons, if I bring him not to thee: deliver him into my hand, and I will bring him to thee again.

38 And he said, My son shall not go down with you; for his brother is*h* dead, and he is left alone: if mischief befall him by the way in the which ye go, then shall ye bring down my grey hairs*k* with sorrow to the grave.

CHAP. XLIII.

AND the famine *was* sore *m* in the land.

2 And it came to pass, when they had eaten up the corn which they had brought out of Egypt, their father said unto them, Go again, buy us a little food.

3 And Judah spake unto him, saying, The man δdid solemnly protest unto us, saying, Ye shall not see my face, except your brother *be* with you.

4 If thou wilt send our brother with us, we will go down and buy thee food.

5 But if thou wilt not send *him,* we will not go down: for the man said unto us, Ye shall not see my face, except your brother *be* with you.

6 And Israel said, Wherefore dealt ye *so* ill with me, *as* to tell the man whether ye had yet a brother?

7 And they said, The man η asked us straitly of our state, and of our kindred, saying, *Is* your father yet alive? have ye *another* brother? and we told him according to the θtenor of these words: κcould we certainly know that he would say, Bring your brother down?

8 And Judah said unto Israel his father, Send the lad with me, and we will arise and go; that we may live, and not die, both we, and thou, *and* also our little ones.

9 I will be surety*s* for him; of my hand shalt thou require him: If I bring him not unto thee, and set him before thee, then let me bear the blame for ever:

10 For except we had lingered, surely now we had returned μ this second time.

11 And their father Israel said unto them, If *it must be* so now, do this; take of the best fruits in the land in your vessels, and carry down the man a present,*u* a little balm,*v* and a little honey, spices, and myrrh, nuts, and almonds:

12 And take double money in your hand: and the money that was brought again *x* in the mouth of your sacks, carry *it* again in your hand; peradventure it *was* an oversight.

13 Take also your brother, and arise, go again unto the man:

14 And God Almighty give you mercy

עמוד ימין

13 וְאֶת־אֲחִיכֶם קָחוּ וְקוּמוּ שׁוּבוּ אֶל־הָאִישׁ׃ 14 וְאֵל שַׁדַּי יִתֵּן לָכֶם רַחֲמִים לִפְנֵי הָאִישׁ וְשִׁלַּח לָכֶם אֶת־אֲחִיכֶם אַחֵר וְאֶת־בִּנְיָמִין וַאֲנִי כַּאֲשֶׁר שָׁכֹלְתִּי שָׁכָלְתִּי׃ 15 וַיִּקְחוּ הָאֲנָשִׁים אֶת־הַמִּנְחָה הַזֹּאת וּמִשְׁנֶה־כֶּסֶף לָקְחוּ בְיָדָם וְאֶת־בִּנְיָמִן וַיָּקֻמוּ וַיֵּרְדוּ מִצְרַיִם וַיַּעַמְדוּ לִפְנֵי יוֹסֵף׃ 16 וַיַּרְא יוֹסֵף אִתָּם אֶת־בִּנְיָמִין וַיֹּאמֶר לַאֲשֶׁר עַל־בֵּיתוֹ הָבֵא אֶת־הָאֲנָשִׁים הַבָּיְתָה וּטְבֹחַ טֶבַח וְהָכֵן כִּי אִתִּי יֹאכְלוּ הָאֲנָשִׁים בַּצָּהֳרָיִם׃ 17 וַיַּעַשׂ הָאִישׁ כַּאֲשֶׁר אָמַר יוֹסֵף וַיָּבֵא הָאִישׁ אֶת־הָאֲנָשִׁים בֵּיתָה יוֹסֵף׃ 18 וַיִּירְאוּ הָאֲנָשִׁים כִּי הוּבְאוּ בֵּית יוֹסֵף וַיֹּאמְרוּ עַל־דְּבַר הַכֶּסֶף הַשָּׁב בְּאַמְתְּחֹתֵינוּ בַּתְּחִלָּה אֲנַחְנוּ מוּבָאִים לְהִתְגֹּלֵל עָלֵינוּ וּלְהִתְנַפֵּל עָלֵינוּ וְלָקַחַת אֹתָנוּ לַעֲבָדִים וְאֶת־חֲמֹרֵינוּ׃ 19 וַיִּגְּשׁוּ אֶל־הָאִישׁ אֲשֶׁר עַל־בֵּית יוֹסֵף וַיְדַבְּרוּ אֵלָיו פֶּתַח הַבָּיִת׃ 20 וַיֹּאמְרוּ בִּי אֲדֹנִי יָרֹד יָרַדְנוּ בַּתְּחִלָּה לִשְׁבָּר־אֹכֶל׃ 21 וַיְהִי כִּי־בָאנוּ אֶל־הַמָּלוֹן וַנִּפְתְּחָה אֶת־אַמְתְּחֹתֵינוּ וְהִנֵּה כֶסֶף־אִישׁ בְּפִי אַמְתַּחְתּוֹ כַּסְפֵּנוּ בְּמִשְׁקָלוֹ וַנָּשֶׁב אֹתוֹ בְּיָדֵנוּ׃ 22 וְכֶסֶף אַחֵר הוֹרַדְנוּ בְיָדֵנוּ לִשְׁבָּר־אֹכֶל לֹא יָדַעְנוּ מִי־שָׂם כַּסְפֵּנוּ בְּאַמְתְּחֹתֵינוּ׃ 23 וַיֹּאמֶר שָׁלוֹם לָכֶם אַל־תִּירָאוּ אֱלֹהֵיכֶם וֵאלֹהֵי אֲבִיכֶם נָתַן לָכֶם מַטְמוֹן בְּאַמְתְּחֹתֵיכֶם כַּסְפְּכֶם בָּא אֵלָי וַיּוֹצֵא אֲלֵהֶם אֶת־שִׁמְעוֹן׃ 24 וַיָּבֵא הָאִישׁ אֶת־הָאֲנָשִׁים בֵּיתָה יוֹסֵף וַיִּתֶּן־מַיִם וַיִּרְחֲצוּ רַגְלֵיהֶם וַיִּתֵּן מִסְפּוֹא לַחֲמֹרֵיהֶם׃ 25 וַיָּכִינוּ אֶת־הַמִּנְחָה עַד־בּוֹא יוֹסֵף בַּצָּהֳרָיִם כִּי שָׁמְעוּ כִּי־שָׁם יֹאכְלוּ לָחֶם׃ 26 וַיָּבֹא יוֹסֵף הַבַּיְתָה וַיָּבִיאּוּ לוֹ אֶת־הַמִּנְחָה אֲשֶׁר־בְּיָדָם הַבָּיְתָה וַיִּשְׁתַּחֲווּ־לוֹ אָרְצָה׃ 27 וַיִּשְׁאַל לָהֶם לְשָׁלוֹם וַיֹּאמֶר הֲשָׁלוֹם אֲבִיכֶם הַזָּקֵן אֲשֶׁר אֲמַרְתֶּם הַעוֹדֶנּוּ חָי׃ 28 וַיֹּאמְרוּ שָׁלוֹם לְעַבְדְּךָ לְאָבִינוּ עוֹדֶנּוּ חָי וַיִּקְּדוּ וַיִּשְׁתַּחֲווּ׃ 29 וַיִּשָּׂא עֵינָיו וַיַּרְא אֶת־בִּנְיָמִין אָחִיו בֶּן־אִמּוֹ וַיֹּאמֶר הֲזֶה אֲחִיכֶם הַקָּטֹן אֲשֶׁר אֲמַרְתֶּם אֵלָי וַיֹּאמַר אֱלֹהִים יָחְנְךָ בְּנִי׃ 30 וַיְמַהֵר יוֹסֵף כִּי־נִכְמְרוּ רַחֲמָיו אֶל־אָחִיו וַיְבַקֵּשׁ לִבְכּוֹת וַיָּבֹא הַחַדְרָה וַיֵּבְךְּ שָׁמָּה׃ 31 וַיִּרְחַץ פָּנָיו וַיֵּצֵא וַיִּתְאַפַּק וַיֹּאמֶר שִׂימוּ לָחֶם׃ 32 וַיָּשִׂימוּ לוֹ לְבַדּוֹ וְלָהֶם לְבַדָּם וְלַמִּצְרִים הָאֹכְלִים אִתּוֹ לְבַדָּם כִּי לֹא יוּכְלוּן הַמִּצְרִים לֶאֱכֹל

עמוד שמאל

אֶת־הָעִבְרִים לֶחֶם כִּי־תוֹעֵבָה הִוא לְמִצְרָיִם׃ 33 וַיֵּשְׁבוּ לְפָנָיו הַבְּכֹר כִּבְכֹרָתוֹ וְהַצָּעִיר כִּצְעִרָתוֹ וַיִּתְמְהוּ הָאֲנָשִׁים אִישׁ אֶל־רֵעֵהוּ׃ 34 וַיִּשָּׂא מַשְׂאֹת מֵאֵת פָּנָיו אֲלֵהֶם וַתֵּרֶב מַשְׂאַת בִּנְיָמִן מִמַּשְׂאֹת כֻּלָּם חָמֵשׁ יָדוֹת וַיִּשְׁתּוּ וַיִּשְׁכְּרוּ עִמּוֹ׃

CAP. XLIV. מד

1 וַיְצַו אֶת־אֲשֶׁר עַל־בֵּיתוֹ לֵאמֹר מַלֵּא אֶת־אַמְתְּחֹת הָאֲנָשִׁים אֹכֶל כַּאֲשֶׁר יוּכְלוּן שְׂאֵת וְשִׂים כֶּסֶף־אִישׁ בְּפִי אַמְתַּחְתּוֹ׃ 2 וְאֶת־גְּבִיעִי גְּבִיעַ הַכֶּסֶף תָּשִׂים בְּפִי אַמְתַּחַת הַקָּטֹן וְאֵת כֶּסֶף שִׁבְרוֹ וַיַּעַשׂ כִּדְבַר יוֹסֵף אֲשֶׁר דִּבֵּר׃ 3 הַבֹּקֶר אוֹר וְהָאֲנָשִׁים שֻׁלְּחוּ הֵמָּה וַחֲמֹרֵיהֶם׃ 4 הֵם יָצְאוּ אֶת־הָעִיר לֹא הִרְחִיקוּ וְיוֹסֵף אָמַר לַאֲשֶׁר עַל־בֵּיתוֹ קוּם רְדֹף אַחֲרֵי הָאֲנָשִׁים וְהִשַּׂגְתָּם וְאָמַרְתָּ אֲלֵהֶם לָמָּה שִׁלַּמְתֶּם רָעָה תַּחַת טוֹבָה׃ 5 הֲלוֹא זֶה אֲשֶׁר יִשְׁתֶּה אֲדֹנִי בּוֹ וְהוּא נַחֵשׁ יְנַחֵשׁ בּוֹ הֲרֵעֹתֶם אֲשֶׁר עֲשִׂיתֶם׃ 6 וַיַּשִּׂגֵם וַיְדַבֵּר אֲלֵהֶם אֶת־הַדְּבָרִים הָאֵלֶּה׃ 7 וַיֹּאמְרוּ אֵלָיו לָמָּה יְדַבֵּר אֲדֹנִי כַּדְּבָרִים הָאֵלֶּה חָלִילָה לַעֲבָדֶיךָ מֵעֲשׂוֹת כַּדָּבָר הַזֶּה׃ 8 הֵן כֶּסֶף אֲשֶׁר מָצָאנוּ בְּפִי אַמְתְּחֹתֵינוּ הֱשִׁיבֹנוּ אֵלֶיךָ מֵאֶרֶץ כְּנָעַן וְאֵיךְ נִגְנֹב מִבֵּית אֲדֹנֶיךָ כֶּסֶף אוֹ זָהָב׃ 9 אֲשֶׁר יִמָּצֵא אִתּוֹ מֵעֲבָדֶיךָ וָמֵת וְגַם־אֲנַחְנוּ נִהְיֶה לַאדֹנִי לַעֲבָדִים׃ 10 וַיֹּאמֶר גַּם־עַתָּה כְדִבְרֵיכֶם כֶּן־הוּא אֲשֶׁר יִמָּצֵא אִתּוֹ יִהְיֶה־לִּי עָבֶד וְאַתֶּם תִּהְיוּ נְקִיִּם׃ 11 וַיְמַהֲרוּ וַיּוֹרִדוּ אִישׁ אֶת־אַמְתַּחְתּוֹ אָרְצָה וַיִּפְתְּחוּ אִישׁ אַמְתַּחְתּוֹ׃ 12 וַיְחַפֵּשׂ בַּגָּדוֹל הֵחֵל וּבַקָּטֹן כִּלָּה וַיִּמָּצֵא הַגָּבִיעַ בְּאַמְתַּחַת בִּנְיָמִן׃ 13 וַיִּקְרְעוּ שִׂמְלֹתָם וַיַּעֲמֹס אִישׁ עַל־חֲמֹרוֹ וַיָּשֻׁבוּ הָעִירָה׃ 14 וַיָּבֹא יְהוּדָה וְאֶחָיו בֵּיתָה יוֹסֵף וְהוּא עוֹדֶנּוּ שָׁם וַיִּפְּלוּ לְפָנָיו אָרְצָה׃ 15 וַיֹּאמֶר לָהֶם יוֹסֵף מָה־הַמַּעֲשֶׂה הַזֶּה אֲשֶׁר עֲשִׂיתֶם הֲלוֹא יְדַעְתֶּם כִּי־נַחֵשׁ יְנַחֵשׁ אִישׁ אֲשֶׁר כָּמֹנִי׃ 16 וַיֹּאמֶר יְהוּדָה מַה־נֹּאמַר לַאדֹנִי מַה־נְּדַבֵּר וּמַה־נִּצְטַדָּק הָאֱלֹהִים מָצָא אֶת־עֲוֺן עֲבָדֶיךָ הִנֶּנּוּ עֲבָדִים לַאדֹנִי גַּם־אֲנַחְנוּ גַּם אֲשֶׁר־נִמְצָא הַגָּבִיעַ בְּיָדוֹ׃ 17 וַיֹּאמֶר חָלִילָה לִּי מֵעֲשׂוֹת זֹאת הָאִישׁ אֲשֶׁר נִמְצָא הַגָּבִיעַ בְּיָדוֹ הוּא יִהְיֶה־לִּי עָבֶד וְאַתֶּם עֲלוּ לְשָׁלוֹם אֶל־אֲבִיכֶם׃

יא ס ס ס

18 וַיִּגַּשׁ אֵלָיו יְהוּדָה וַיֹּאמֶר בִּי אֲדֹנִי יְדַבֶּר־נָא עַבְדְּךָ

before *a* the man, that he may send away your other brother, and Benjamin. β If I be bereaved *b* *of my children*, I am bereaved.

15 And the men took that present, and they took double money in their hand, and Benjamin; and rose up, and went down to Egypt, and stood before Joseph.

16 And when Joseph saw Benjamin with them, he said to the ruler *e* of his house, Bring *these* men home, and *e* slay, and make ready; for *these* men shall dine ζ with me at noon.

17 And the man did as Joseph bade; and the man brought the men into Joseph's house.

18 And the men were afraid, because they were brought into Joseph's house; and they said, Because of the money that was returned in our sacks at the first time are we brought in, that he *η* may seek *f* occasion against us, and fall upon us, and take us for bondmen, and our asses.

19 And they came near to the steward of Joseph's house, and they communed with him at the door of the house,

20 And said, O sir, *θ* we came indeed down at the first time to buy food:

21 And it came to pass, when we came to the inn, that we opened our sacks, and, behold, *every* man's money *was* in the mouth of his sack, our money in full weight: and we have brought it again in our hand.

22 And other money have we brought down in our hands, to buy food: we cannot tell who put our money in our sacks.

23 And he said, Peace *k* *be* to you! fear not: your God, and the God of your father, hath given you treasure in your sacks: λ I had your money. And he brought Simeon out unto them.

24 And the man brought the men into Joseph's house, and gave *them* *n* water, and they washed their feet; and he gave their asses provender.

25 And they made ready the *p* present against Joseph came at noon: for they heard that they should eat bread there.

26 And when Joseph came home, they brought him the present which *was* in their hand into the house, and *q* bowed themselves to him to the earth.

27 And he asked them of their *μ* welfare, and said, *v* *Is* your father well, the old man of whom ye *s* spake? *Is* he yet alive?

28 And they answered, Thy servant our father *is* in good health, he *is* yet alive. And they bowed down their heads, and made obeisance.

29 And he lifted up his eyes, and saw his brother Benjamin, his *u* mother's son, and said, *Is* this your younger brother, of whom ye spake unto me? And he said, God be gracious unto thee, my son.*x*

30 And Joseph made haste; for his bowels did yearn *y* upon his brother: and he sought *where* to weep; and he entered into *his* chamber, and wept there.

31 And he washed his face, and went out, and refrained himself, and said, Set on bread.

32 And they set on for him by himself, and for them by themselves, and for the Egyptians which did eat with him by themselves: because the Egyptians might not eat bread with the Hebrews; for that *is* an *b* abomination unto the Egyptians.

33 And they sat before him, the firstborn according to his birth-right, and the

B. C. 1705.

a Ne 1. 11.
Ps. 37. 5.
β or, *and I,*
as I have
been, &c.
b Est. 4. 16.
c 2 Sa. 11. 8.
γ *drank*
largely.
d Pr. 31. 6.
Ec. 9. 7.
10. 19.
Ca. 5. 1.
Mat.11.19.
Jnᵒ. 2. 10.
e ch. 44. 1.
δ *him that*
was over
his house.
e *kill a*
killing.
ζ *eat.*
η *roll him-*
self upon
us.
f Job 30. 14.
g De. 2. 13.
h Pr. 17. 13.
θ *coming*
down, we
came
down.
κ or, *maketh*
trial.
i Jos. 22. 22.
2 Ki. 8. 13.
19. 20.
k Ju. 6. 23.
1 Sa. 25. 6.
Lu. 24. 36.
l ch. 43. 22.
λ *your mo-*
ney came
to me.
m ch. 31. 32.
n ch. 18. 4.
24. 32.
o Ex. 22. 3.
p ver. 11.
q ch.37.7,10.
μ *peace.*
r ch.37.29,34.
Nu. 14. 6.
2 Sa. 1. 11.
v Is there
peace to
your fa-
ther?
s ch.42.11,13.
t ch. 37. 7.
u ch.35.17,18.
π or, *make*
trial.
ver. 5.
v Ezr. 9. 10.
Job 40. 4.
x Jos. 7. 19.
2 Ch. 29.11.
Mat. 9. 2.
y Nu. 32.23.
Jos. 7. 18.
Pr. 28. 17.
Lu. 12. 2.
z 1 Ki. 3. 26.
Je. 31. 20.
Ph. 1. 8.
2. 1.
Col. 3. 12.
a Pr. 17. 15.
b ch. 46. 34.
Ex. 8. 26.
c ch.18.30,32.

youngest according to his youth: and the men marvelled one at another.

34 And he took and sent messes *c* unto them from before him: but Benjamin's mess was five times so much as any of their's. And they drank, and γ were merry *d* with him.

CHAP. XLIV.

AND he commanded the δ steward of his house, saying, Fill the men's sacks *with* food, as much as they can carry, and put every man's money in his sack's mouth:

2 And put my cup, the silver cup, in the sack's mouth of the youngest, and his corn-money. And he did according to the word that Joseph had spoken.

3 As soon as the morning was light, the men were sent away, they and their asses.

4 *And* when they were gone out of the city, *and* not *yet* far off, Joseph said unto his steward, Up, follow after the men; *g* and when thou dost overtake them, say unto them, Wherefore have ye rewarded evil *h* for good?

5 *Is* not this *it* in which my lord drinketh, and whereby indeed he κ divineth? Ye have done evil in so doing.

6 And he overtook them, and he spake unto them these same words.

7 And they said unto him, Wherefore saith my lord these words? God forbid • that thy servants should do according to this thing.

8 Behold, the money which we found in our sacks' mouths we brought again unto *l* thee out of the land of Canaan: how then should we steal out of thy lord's house silver or gold?

9 With whomsoever of thy servants it be found, both let him *m* die, and we also will be my lord's bondmen.

10 And he said, Now also *let* it *be* according unto your words: he with whom it is found shall be my servant; *o* and ye shall be blameless.

11 Then they speedily took down every man his sack to the ground, and opened every man his sack.

12 And he searched, *and* began at the eldest, and left at the youngest: and the cup was found in Benjamin's sack.

13 Then they rent their *r* clothes, and laded every man his ass, and returned to the city.

14 And Judah and his brethren came to Joseph's house; for he *was* yet there: and they fell before him *t* on the ground.

15 And Joseph said unto them, What deed *is* this that ye have done? Wot ye not that such a man as I can certainly π divine?

16 And Judah said, What shall we say unto my lord? what shall we *v* speak? or how shall we clear ourselves? God hath found out the *y* iniquity of thy servants: behold, we *are* my lord's servants, both we, and *he* also with whom the cup is found.

17 And he said, God forbid that I should do *a* so: *but* the man in whose hand the cup is found, he shall be my servant; and as for you, get you up in peace unto your father.

18 Then Judah came near unto him, and said, Oh, my lord, let thy servant, I pray thee, speak a word in my lord's ears, and let not thine anger *e* burn against thy servant: for thou *art* even as Pharaoh.

דָּבָר בְּאָזְנֵי אֲדֹנִי וְאַל־יִחַר אַפְּךָ בְּעַבְדֶּךָ כִּי כָמוֹךָ
כְּפַרְעֹה׃ 19 אֲדֹנִי שָׁאַל אֶת־עֲבָדָיו לֵאמֹר הֲיֵשׁ־לָכֶם אָב
אוֹ־אָח׃ 20 וַנֹּאמֶר אֶל־אֲדֹנִי יֶשׁ־לָנוּ אָב זָקֵן וְיֶלֶד זְקֻנִים
קָטָן וְאָחִיו מֵת וַיִּוָּתֵר הוּא לְבַדּוֹ לְאִמּוֹ וְאָבִיו אֲהֵבוֹ׃
21 וַתֹּאמֶר אֶל־עֲבָדֶיךָ הוֹרִדֻהוּ אֵלָי וְאָשִׂימָה עֵינִי
עָלָיו׃ 22 וַנֹּאמֶר אֶל־אֲדֹנִי לֹא־יוּכַל הַנַּעַר לַעֲזֹב אֶת־אָבִיו
וְעָזַב אֶת־אָבִיו וָמֵת׃ 23 וַתֹּאמֶר אֶל־עֲבָדֶיךָ אִם־לֹא יֵרֵד
אֲחִיכֶם הַקָּטֹן אִתְּכֶם לֹא תֹסִפוּן לִרְאוֹת פָּנָי׃ 24 וַיְהִי כִּי
עָלִינוּ אֶל־עַבְדְּךָ אָבִי וַנַּגֶּד־לוֹ אֵת דִּבְרֵי אֲדֹנִי׃ 25 וַיֹּאמֶר
אָבִינוּ שֻׁבוּ שִׁבְרוּ־לָנוּ מְעַט־אֹכֶל׃ 26 וַנֹּאמֶר לֹא נוּכַל לָרֶדֶת
אִם־יֵשׁ אָחִינוּ הַקָּטֹן אִתָּנוּ וְיָרַדְנוּ כִּי־לֹא נוּכַל לִרְאוֹת
פְּנֵי הָאִישׁ וְאָחִינוּ הַקָּטֹן אֵינֶנּוּ אִתָּנוּ׃ 27 וַיֹּאמֶר עַבְדְּךָ אָבִי
אֵלֵינוּ אַתֶּם יְדַעְתֶּם כִּי שְׁנַיִם יָלְדָה־לִּי אִשְׁתִּי׃ 28 וַיֵּצֵא הָאֶחָד
מֵאִתִּי וָאֹמַר אַךְ טָרֹף טֹרָף וְלֹא רְאִיתִיו עַד־הֵנָּה׃ 29 וּלְקַחְתֶּם גַּם־
אֶת־זֶה מֵעִם פָּנַי וְקָרָהוּ אָסוֹן וְהוֹרַדְתֶּם אֶת־
שֵׂיבָתִי בְּרָעָה שְׁאֹלָה׃ 30 וְעַתָּה כְּבֹאִי אֶל־עַבְדְּךָ אָבִי
וְהַנַּעַר אֵינֶנּוּ אִתָּנוּ וְנַפְשׁוֹ קְשׁוּרָה בְנַפְשׁוֹ׃ 31 וְהָיָה
כִּרְאוֹתוֹ כִּי־אֵין הַנַּעַר וָמֵת וְהוֹרִידוּ עֲבָדֶיךָ אֶת־
שֵׂיבַת עַבְדְּךָ אָבִינוּ בְּיָגוֹן שְׁאֹלָה׃ 32 כִּי עַבְדְּךָ עָרַב
אֶת־הַנַּעַר מֵעִם אָבִי לֵאמֹר אִם־לֹא אֲבִיאֶנּוּ אֵלֶיךָ
וְחָטָאתִי לְאָבִי כָּל־הַיָּמִים׃ 33 וְעַתָּה יֵשֶׁב־נָא עַבְדְּךָ
תַּחַת הַנַּעַר עֶבֶד לַאדֹנִי וְהַנַּעַר יַעַל עִם־אֶחָיו׃
34 כִּי־אֵיךְ אֶעֱלֶה אֶל־אָבִי וְהַנַּעַר אֵינֶנּוּ אִתִּי פֶּן אֶרְאֶה
בָרָע אֲשֶׁר יִמְצָא אֶת־אָבִי׃

CAP. XLV. מה

1 וְלֹא־יָכֹל יוֹסֵף לְהִתְאַפֵּק לְכֹל הַנִּצָּבִים עָלָיו וַיִּקְרָא
הוֹצִיאוּ כָל־אִישׁ מֵעָלָי וְלֹא־עָמַד אִישׁ אִתּוֹ
בְּהִתְוַדַּע יוֹסֵף אֶל־אֶחָיו׃ 2 וַיִּתֵּן אֶת־קֹלוֹ בִּבְכִי
וַיִּשְׁמְעוּ מִצְרַיִם וַיִּשְׁמַע בֵּית פַּרְעֹה׃ 3 וַיֹּאמֶר יוֹסֵף
אֶל־אֶחָיו אֲנִי יוֹסֵף הַעוֹד אָבִי חָי וְלֹא־יָכְלוּ אֶחָיו
לַעֲנוֹת אֹתוֹ כִּי נִבְהֲלוּ מִפָּנָיו׃ 4 וַיֹּאמֶר יוֹסֵף אֶל־
אֶחָיו גְּשׁוּ־נָא אֵלַי וַיִּגָּשׁוּ וַיֹּאמֶר אֲנִי יוֹסֵף אֲחִיכֶם
אֲשֶׁר־מְכַרְתֶּם אֹתִי מִצְרָיְמָה׃ 5 וְעַתָּה אַל־תֵּעָצְבוּ
וְאַל־יִחַר בְּעֵינֵיכֶם כִּי־מְכַרְתֶּם אֹתִי הֵנָּה כִּי לְמִחְיָה

6 שְׁלָחַנִי אֱלֹהִים לִפְנֵיכֶם׃ כִּי־זֶה שְׁנָתַיִם הָרָעָב
בְּקֶרֶב הָאָרֶץ וְעוֹד חָמֵשׁ שָׁנִים אֲשֶׁר אֵין חָרִישׁ
וְקָצִיר׃ 7 וַיִּשְׁלָחֵנִי אֱלֹהִים לִפְנֵיכֶם לָשׂוּם לָכֶם
שְׁאֵרִית בָּאָרֶץ וּלְהַחֲיוֹת לָכֶם לִפְלֵיטָה גְּדֹלָה׃
8 וְעַתָּה לֹא־אַתֶּם שְׁלַחְתֶּם אֹתִי הֵנָּה כִּי הָאֱלֹהִים
וַיְשִׂימֵנִי לְאָב לְפַרְעֹה וּלְאָדוֹן לְכָל־בֵּיתוֹ וּמֹשֵׁל
בְּכָל־אֶרֶץ מִצְרָיִם׃ 9 מַהֲרוּ וַעֲלוּ אֶל־אָבִי וַאֲמַרְתֶּם
אֵלָיו כֹּה אָמַר בִּנְךָ יוֹסֵף שָׂמַנִי אֱלֹהִים לְאָדוֹן
לְכָל־מִצְרָיִם רְדָה אֵלַי אַל־תַּעֲמֹד׃ 10 וְיָשַׁבְתָּ בְאֶרֶץ־
גֹּשֶׁן וְהָיִיתָ קָרוֹב אֵלַי אַתָּה וּבָנֶיךָ וּבְנֵי בָנֶיךָ
וְצֹאנְךָ וּבְקָרְךָ וְכָל־אֲשֶׁר־לָךְ׃ 11 וְכִלְכַּלְתִּי אֹתְךָ שָׁם כִּי־עוֹד
חָמֵשׁ שָׁנִים רָעָב פֶּן־תִּוָּרֵשׁ אַתָּה וּבֵיתְךָ וְכָל־אֲשֶׁר־
לָךְ׃ 12 וְהִנֵּה עֵינֵיכֶם רֹאוֹת וְעֵינֵי אָחִי בִנְיָמִין כִּי־פִי
הַמְדַבֵּר אֲלֵיכֶם׃ 13 וְהִגַּדְתֶּם לְאָבִי אֶת־כָּל־כְּבוֹדִי
בְּמִצְרַיִם וְאֵת כָּל־אֲשֶׁר רְאִיתֶם וּמִהַרְתֶּם וְהוֹרַדְתֶּם
אֶת־אָבִי הֵנָּה׃ 14 וַיִּפֹּל עַל־צַוְּארֵי בִנְיָמִן־אָחִיו וַיֵּבְךְּ
וּבִנְיָמִן בָּכָה עַל־צַוָּארָיו׃ 15 וַיְנַשֵּׁק לְכָל־אֶחָיו וַיֵּבְךְּ
עֲלֵהֶם וְאַחֲרֵי כֵן דִּבְּרוּ אֶחָיו אִתּוֹ׃ 16 וְהַקֹּל נִשְׁמַע
בֵּית פַּרְעֹה לֵאמֹר בָּאוּ אֲחֵי יוֹסֵף וַיִּיטַב בְּעֵינֵי
פַרְעֹה וּבְעֵינֵי עֲבָדָיו׃ 17 וַיֹּאמֶר פַּרְעֹה אֶל־יוֹסֵף אֱמֹר
אֶל־אַחֶיךָ זֹאת עֲשׂוּ טַעֲנוּ אֶת־בְּעִירְכֶם וּלְכוּ־בֹאוּ
אַרְצָה כְּנָעַן׃ 18 וּקְחוּ אֶת־אֲבִיכֶם וְאֶת־בָּתֵּיכֶם וּבֹאוּ
אֵלָי וְאֶתְּנָה לָכֶם אֶת־טוּב אֶרֶץ מִצְרַיִם וְאִכְלוּ אֶת־
חֵלֶב הָאָרֶץ׃ 19 וְאַתָּה צֻוֵּיתָה זֹאת עֲשׂוּ קְחוּ־לָכֶם
מֵאֶרֶץ מִצְרַיִם עֲגָלוֹת לְטַפְּכֶם וְלִנְשֵׁיכֶם וּנְשָׂאתֶם
20 אֶת־אֲבִיכֶם וּבָאתֶם׃ וְעֵינְכֶם אַל־תָּחֹס עַל־כְּלֵיכֶם
21 כִּי־טוּב כָּל־אֶרֶץ מִצְרַיִם לָכֶם הוּא׃ וַיַּעֲשׂוּ־כֵן
בְּנֵי יִשְׂרָאֵל וַיִּתֵּן לָהֶם יוֹסֵף עֲגָלוֹת עַל־פִּי פַרְעֹה
22 וַיִּתֵּן לָהֶם צֵדָה לַדָּרֶךְ׃ לְכֻלָּם נָתַן לָאִישׁ חֲלִפוֹת
שְׂמָלֹת וּלְבִנְיָמִן נָתַן שְׁלֹשׁ מֵאוֹת כֶּסֶף וְחָמֵשׁ
23 חֲלִפֹת שְׂמָלֹת׃ וּלְאָבִיו שָׁלַח כְּזֹאת עֲשָׂרָה חֲמֹרִים
נֹשְׂאִים מִטּוּב מִצְרָיִם וְעֶשֶׂר אֲתֹנֹת נֹשְׂאֹת בָּר
24 וָלֶחֶם וּמָזוֹן לְאָבִיו לַדָּרֶךְ׃ וַיְשַׁלַּח אֶת־אֶחָיו
וַיֵּלֵכוּ וַיֹּאמֶר אֲלֵהֶם אַל־תִּרְגְּזוּ בַּדָּרֶךְ׃ 25 וַיַּעֲלוּ
מִמִּצְרָיִם וַיָּבֹאוּ אֶרֶץ כְּנַעַן אֶל־יַעֲקֹב אֲבִיהֶם׃
26 וַיַּגִּדוּ לוֹ לֵאמֹר עוֹד יוֹסֵף חַי וְכִי־הוּא מֹשֵׁל

19 My lord asked his servants, saying, Have ye a father, or a brother?

20 And we said unto my lord, We have a father, an old man, and a child of his old age, a little one; and his brother is dead, and he alone is left of his mother, and his father*c* loveth him.

21 And thou saidst unto thy servants, Bring him down unto me,*e* that I may set mine eyes upon him.

22 And we said unto my lord, The lad cannot leave his father: for *if* he should leave his father, *his father* would die.

23 And thou saidst unto thy servants, Except your youngest brother come down with you, ye shall see my face no more.

24 And it came to pass, when we came up unto thy servant my father, we told him the words of my lord.

25 And our father said, Go again,*i and* buy us a little food.

26 And we said, We cannot go down:*k* if our youngest brother be with us, then will we go down: for we may not see the man's face, except our youngest brother *be* with us.

27 And thy servant my father said unto us, Ye know that my wife bare me two*m* *sons:*

28 And the one went out from me, and I said, Surely he is*n* torn in pieces; and I saw him not since:

29 And if ye take this also from me, and mischief befall him, ye shall bring down my grey hairs with sorrow to the grave.

30 Now, therefore, when I come to thy servant my father, and the lad *be* not with us; seeing that his life is*q* bound up in the lad's life;

31 It shall come to pass, when he seeth that the lad is not *with us,* that he will die: and thy servants shall bring down the grey hairs of thy servant our father with sorrow to the grave.

32 For thy servant became surety*r* for the lad unto my father, saying, If I bring him not unto thee, then I shall bear the blame to my father for ever.

33 Now therefore, I pray thee, let thy servant abide instead of the lad,*s* a bondman to my lord; and let the lad go up with his brethren.

34 For how shall I go up to my father, and the lad *be* not with me? lest peradventure I see the evil*u* that shall come *δ* on*v* my father.

CHAP. XLV.

THEN Joseph could not refrain himself before all them that stood by him; and he cried, Cause every man to go out from me. And there stood no man with him, while Joseph made himself known unto his brethren.

2 And he *θ* wept aloud:*z* and the Egyptians and the house of Pharaoh heard.

3 And Joseph said unto his brethren, I *am* Joseph: doth my father yet live? And his brethren could not answer him; for they were *λ* troubled*a* at his presence.

4 And Joseph said unto his brethren, Come near to me, I pray you. And they came near. And he said, I *am* Joseph your brother, whom ye sold*b* into Egypt.

5 Now therefore be not*c* grieved, *μ* nor angry with yourselves, that ye sold me hither; for God did send me*d* before you, to preserve life.

B. C. 1705.

a ch. 47. 18.
b Ex. 34. 21.
β to put for you a remnant.
c ch. 37. 3.
d 1Ch. 11. 14.
Ps. 18. 50.
44. 4.
e ch.42.15,20.
f Jn°. 19. 11.
g ch. 41. 43.
Ju. 17. 10.
Job 29. 16.
h ch. 46. 29.
47. 1.6.
Ex. 8. 22.
9. 26.
i ch. 43. 2.
k Lu. 11. 7.
l ch. 42. 23.
Lu. 24. 39.
m ch. 30. 23.
35.18.
46. 19.
n ch. 37. 33.
42. 36.
o Ac. 7. 14.
p ch. 33. 4.
46. 29.
q 1 Sa. 18. 1.
2 Sa. 25. 29.
γ was good in the eyes of Pharaoh.
r ch. 43. 9.
s Ex. 32. 32.
Ro. 5. 7. 10.
9. 3.
t ch. 27. 28.
47. 6.
Nu. 18. 29.
De. 32. 14.
u 2Ch. 34. 28.
δ find my father.
v Ex. 18. 8.
Job 31. 29.
Ps. 116. 3.
119. 143.
: let not your eye spare, &c.
η mouth.
x Nu. 3. 16.
y ch. 43. 34.
θ gave forth his voice in weeping.
z Nu. 14. 1.
κ carrying.
λ or, terrified.
a Job 4. 5.
23. 15.
Mat. 14. 26.
b ch. 37. 28.
c 2 Co. 2. 7.
μ neither let there be anger in your eyes.
d ch. 50. 20.
Ps.105.16,17.
v his.

6 For these two years*a* *hath* the famine *been* in the land; and yet *there are* five years, in the which *there shall* neither *be* earing*b* nor harvest.

7 And God sent me before you, *β* to preserve you a posterity in the earth, and to save your lives by a great*d* deliverance.

8 So now *it was* not you *that* sent me hither, but*f* God: and he hath made me a father*g* to Pharaoh, and lord of all his house, and a ruler throughout all the land of Egypt.

9 Haste ye, and go up to my father, and say unto him, Thus saith thy son Joseph, God hath made me lord of all Egypt: come down unto me, tarry not:

10 And thou shalt dwell in the land of Goshen,*h* and thou shalt be near unto me, thou, and thy children, and thy children's children, and thy flocks, and thy herds, and all that thou hast:

11 And there will I nourish thee, (for yet *there are* five years of famine,) lest thou, and thy household, and all that thou hast, come to poverty.

12 And, behold, your eyes see,*l* and the eyes of my brother Benjamin, that *it is* my mouth that speaketh unto you.

13 And ye shall tell my father of all my glory in Egypt, and of all that ye have seen; and ye shall haste, and bring down*o* my father hither.

14 And he fell upon his brother Benjamin's neck,*p* and wept; and Benjamin wept upon his neck.

15 Moreover, he kissed all his brethren, and wept upon them: and after that, his brethren talked with him.

16 And the fame thereof was heard in Pharaoh's house, saying, Joseph's brethren are come: and it *γ* pleased Pharaoh well, and his servants.

17 And Pharaoh said unto Joseph, Say unto thy brethren, This do ye: lade your beasts, and go, get you unto the land of Canaan.

18 And take your father, and your households, and come unto me: and I will give you the good of the land of Egypt, and ye shall eat*t* the fat of the land.

19 Now thou art commanded, this do ye: take you waggons out of the land of Egypt for your little ones, and for your wives, and bring your father, and come.

20 Also *ζ* regard not your stuff: for the good of all the land of Egypt *is* your's.

21 And the children of Israel did so: and Joseph gave them waggons, according to the *η* commandment*x* of Pharaoh, and gave them provision for the way.

22 To all of them he gave each man changes of raiment; but to Benjamin he gave three hundred *pieces* of silver, and five*y* changes of raiment.

23 And to his father he sent after this *manner;* ten asses *κ* laden with the good things of Egypt, and ten she-asses laden with corn and bread and meat for his father by the way.

24 So he sent his brethren away, and they departed: and he said unto them, See that ye fall not out by the way.

25 And they went up out of Egypt, and came into the land of Canaan unto Jacob their father,

26 And told him, saying, Joseph *is* yet alive, and he *is* governor over all the land of Egypt. And *v* Jacob's heart

33

בְּכָל־אֶרֶץ מִצְרַיִם וַיֵּפֶן לַבּוֹ כִּי לֹא־הֶאֱמִין לָהֶם ׃
27 וַיְדַבְּרוּ אֵלָיו אֵת כָּל־דִּבְרֵי יוֹסֵף אֲשֶׁר דִּבֶּר אֲלֵהֶם
וַיַּרְא אֶת־הָעֲגָלוֹת אֲשֶׁר־שָׁלַח יוֹסֵף לָשֵׂאת אֹתוֹ
28 וַתְּחִי רוּחַ יַעֲקֹב אֲבִיהֶם ׃ וַיֹּאמֶר יִשְׂרָאֵל רַב
עוֹד־יוֹסֵף בְּנִי חָי אֵלְכָה וְאֶרְאֶנּוּ בְּטֶרֶם אָמוּת ׃

CAP. XLVI. מו

1 וַיִּסַּע יִשְׂרָאֵל וְכָל־אֲשֶׁר־לוֹ וַיָּבֹא בְּאֵרָה שָּׁבַע
2 וַיִּזְבַּח זְבָחִים לֵאלֹהֵי אָבִיו יִצְחָק ׃ וַיֹּאמֶר אֱלֹהִים
לְיִשְׂרָאֵל בְּמַרְאֹת הַלַּיְלָה וַיֹּאמֶר יַעֲקֹב ׀ יַעֲקֹב
3 וַיֹּאמֶר הִנֵּנִי ׃ וַיֹּאמֶר אָנֹכִי הָאֵל אֱלֹהֵי אָבִיךָ אַל־
תִּירָא מֵרְדָה מִצְרַיְמָה כִּי־לְגוֹי גָּדוֹל אֲשִׂימְךָ שָׁם ׃
4 אָנֹכִי אֵרֵד עִמְּךָ מִצְרַיְמָה וְאָנֹכִי אַעַלְךָ גַם־עָלֹה
5 וְיוֹסֵף יָשִׁית יָדוֹ עַל־עֵינֶיךָ ׃ וַיָּקָם יַעֲקֹב מִבְּאֵר
שָׁבַע וַיִּשְׂאוּ בְנֵי־יִשְׂרָאֵל אֶת־יַעֲקֹב אֲבִיהֶם וְאֶת־
טַפָּם וְאֶת־נְשֵׁיהֶם בָּעֲגָלוֹת אֲשֶׁר־שָׁלַח פַּרְעֹה
6 לָשֵׂאת אֹתוֹ ׃ וַיִּקְחוּ אֶת־מִקְנֵיהֶם וְאֶת־רְכוּשָׁם
אֲשֶׁר רָכְשׁוּ בְּאֶרֶץ כְּנַעַן וַיָּבֹאוּ מִצְרָיְמָה יַעֲקֹב
7 וְכָל־זַרְעוֹ אִתּוֹ ׃ בָּנָיו וּבְנֵי בָנָיו אִתּוֹ בְּנֹתָיו וּבְנוֹת
בָּנָיו וְכָל־זַרְעוֹ הֵבִיא אִתּוֹ מִצְרָיְמָה ׃ ס
8 וְאֵלֶּה שְׁמוֹת בְּנֵי־יִשְׂרָאֵל הַבָּאִים מִצְרַיְמָה יַעֲקֹב
9 וּבָנָיו בְּכֹר יַעֲקֹב רְאוּבֵן ׃ וּבְנֵי רְאוּבֵן חֲנוֹךְ וּפַלּוּא
10 וְחֶצְרֹן וְכַרְמִי ׃ וּבְנֵי שִׁמְעוֹן יְמוּאֵל וְיָמִין וְאֹהַד
11 וְיָכִין וְצֹחַר וְשָׁאוּל בֶּן־הַכְּנַעֲנִית ׃ וּבְנֵי לֵוִי גֵּרְשׁוֹן
12 קְהָת וּמְרָרִי ׃ וּבְנֵי יְהוּדָה עֵר וְאוֹנָן וְשֵׁלָה וָפֶרֶץ
וָזָרַח וַיָּמָת עֵר וְאוֹנָן בְּאֶרֶץ כְּנַעַן וַיִּהְיוּ בְנֵי־פֶרֶץ
13 חֶצְרֹן וְחָמוּל ׃ וּבְנֵי יִשָּׂשכָר תּוֹלָע וּפֻוָּה וְיוֹב
14 וְשִׁמְרֹן ׃ וּבְנֵי זְבוּלֻן סֶרֶד וְאֵלוֹן וְיַחְלְאֵל ׃ אֵלֶּה ׀
15 בְּנֵי לֵאָה אֲשֶׁר יָלְדָה לְיַעֲקֹב בְּפַדַּן אֲרָם וְאֵת
דִּינָה בִתּוֹ כָּל־נֶפֶשׁ בָּנָיו וּבְנוֹתָיו שְׁלֹשִׁים וְשָׁלֹשׁ ׃
16 וּבְנֵי גָד צִפְיוֹן וְחַגִּי שׁוּנִי וְאֶצְבֹּן עֵרִי וַאֲרוֹדִי
17 וְאַרְאֵלִי ׃ וּבְנֵי אָשֵׁר יִמְנָה וְיִשְׁוָה וְיִשְׁוִי וּבְרִיעָה ׃ אֵלֶּה
18 וְשֶׂרַח אֲחֹתָם וּבְנֵי בְרִיעָה חֶבֶר וּמַלְכִּיאֵל ׃ אֵלֶּה
בְּנֵי זִלְפָּה אֲשֶׁר־נָתַן לָבָן לְלֵאָה בִתּוֹ וַתֵּלֶד אֶת־
19 אֵלֶּה לְיַעֲקֹב שֵׁשׁ עֶשְׂרֵה נָפֶשׁ ׃ בְּנֵי רָחֵל אֵשֶׁת
20 יַעֲקֹב יוֹסֵף וּבִנְיָמִן ׃ וַיִּוָּלֵד לְיוֹסֵף בְּאֶרֶץ מִצְרַיִם
אֲשֶׁר יָלְדָה־לּוֹ אָסְנַת בַּת־פּוֹטִי פֶרַע כֹּהֵן אֹן אֶת־
21 מְנַשֶּׁה וְאֶת־אֶפְרָיִם ׃ וּבְנֵי בִנְיָמִן בֶּלַע וָבֶכֶר

22 אֵלֶּה בְּנֵי רָחֵל אֲשֶׁר יֻלַּד לְיַעֲקֹב כָּל־נֶפֶשׁ אַרְבָּעָה
23 עָשָׂר ׃ וּבְנֵי דָן חֻשִׁים ׃ וּבְנֵי נַפְתָּלִי יַחְצְאֵל וְגוּנִי
24,25 וְיֵצֶר וְשִׁלֵּם ׃ אֵלֶּה בְּנֵי בִלְהָה אֲשֶׁר־נָתַן לָבָן
לְרָחֵל בִּתּוֹ וַתֵּלֶד אֶת־אֵלֶּה לְיַעֲקֹב כָּל־נֶפֶשׁ
26 שִׁבְעָה ׃ כָּל־הַנֶּפֶשׁ הַבָּאָה לְיַעֲקֹב מִצְרַיְמָה יֹצְאֵי
יְרֵכוֹ מִלְּבַד נְשֵׁי בְנֵי־יַעֲקֹב כָּל־נֶפֶשׁ שִׁשִּׁים וָשֵׁשׁ ׃
27 וּבְנֵי יוֹסֵף אֲשֶׁר־יֻלַּד־לוֹ בְמִצְרַיִם נֶפֶשׁ שְׁנָיִם כָּל־
הַנֶּפֶשׁ לְבֵית־יַעֲקֹב הַבָּאָה מִצְרַיְמָה שִׁבְעִים ׃ ס
28 וְאֶת־יְהוּדָה שָׁלַח לְפָנָיו אֶל־יוֹסֵף לְהוֹרֹת לְפָנָיו
29 גֹּשְׁנָה וַיָּבֹאוּ אַרְצָה גֹּשֶׁן ׃ וַיֶּאְסֹר יוֹסֵף מֶרְכַּבְתּוֹ
וַיַּעַל לִקְרַאת־יִשְׂרָאֵל אָבִיו גֹּשְׁנָה וַיֵּרָא אֵלָיו וַיִּפֹּל
30 עַל־צַוָּארָיו וַיֵּבְךְּ עַל־צַוָּארָיו עוֹד ׃ וַיֹּאמֶר יִשְׂרָאֵל
אֶל־יוֹסֵף אָמוּתָה הַפָּעַם אַחֲרֵי רְאוֹתִי אֶת־פָּנֶיךָ
31 כִּי עוֹדְךָ חָי ׃ וַיֹּאמֶר יוֹסֵף אֶל־אֶחָיו וְאֶל־בֵּית־
אָבִיו אֶעֱלֶה וְאַגִּידָה לְפַרְעֹה וְאֹמְרָה אֵלָיו אַחַי
32 וּבֵית־אָבִי אֲשֶׁר בְּאֶרֶץ־כְּנַעַן בָּאוּ אֵלָי ׃ וְהָאֲנָשִׁים
רֹעֵי צֹאן כִּי־אַנְשֵׁי מִקְנֶה הָיוּ וְצֹאנָם וּבְקָרָם וְכָל־
33 אֲשֶׁר לָהֶם הֵבִיאוּ ׃ וְהָיָה כִּי־יִקְרָא לָכֶם פַּרְעֹה
34 וְאָמַר מַה־מַּעֲשֵׂיכֶם ׃ וַאֲמַרְתֶּם אַנְשֵׁי מִקְנֶה הָיוּ
עֲבָדֶיךָ מִנְּעוּרֵינוּ וְעַד־עַתָּה גַּם־אֲנַחְנוּ גַּם־אֲבֹתֵינוּ
בַּעֲבוּר תֵּשְׁבוּ בְּאֶרֶץ גֹּשֶׁן כִּי־תוֹעֲבַת מִצְרַיִם
כָּל־רֹעֵה צֹאן ׃

CAP. XLVII. מו

1 וַיָּבֹא יוֹסֵף וַיַּגֵּד לְפַרְעֹה וַיֹּאמֶר אָבִי וְאַחַי וְצֹאנָם
וּבְקָרָם וְכָל־אֲשֶׁר לָהֶם בָּאוּ מֵאֶרֶץ כְּנַעַן וְהִנָּם
2 בְּאֶרֶץ גֹּשֶׁן ׃ וּמִקְצֵה אֶחָיו לָקַח חֲמִשָּׁה אֲנָשִׁים
3 וַיַּצִּגֵם לִפְנֵי פַרְעֹה ׃ וַיֹּאמֶר פַּרְעֹה אֶל־אֶחָיו מַה־
מַּעֲשֵׂיכֶם וַיֹּאמְרוּ אֶל־פַּרְעֹה רֹעֵה צֹאן עֲבָדֶיךָ גַּם־
4 אֲנַחְנוּ גַּם־אֲבוֹתֵינוּ ׃ וַיֹּאמְרוּ אֶל־פַּרְעֹה לָגוּר בָּאָרֶץ
בָּאנוּ כִּי־אֵין מִרְעֶה לַצֹּאן אֲשֶׁר לַעֲבָדֶיךָ כִּי־כָבֵד
הָרָעָב בְּאֶרֶץ כְּנָעַן וְעַתָּה יֵשְׁבוּ־נָא עֲבָדֶיךָ בְּאֶרֶץ
5 גֹּשֶׁן ׃ וַיֹּאמֶר פַּרְעֹה אֶל־יוֹסֵף לֵאמֹר אָבִיךָ וְאַחֶיךָ
6 בָּאוּ אֵלֶיךָ ׃ אֶרֶץ מִצְרַיִם לְפָנֶיךָ הִוא בְּמֵיטַב
הָאָרֶץ הוֹשֵׁב אֶת־אָבִיךָ וְאֶת־אַחֶיךָ יֵשְׁבוּ בְּאֶרֶץ
גֹּשֶׁן וְאִם־יָדַעְתָּ וְיֶשׁ־בָּם אַנְשֵׁי־חַיִל וְשַׂמְתָּם שָׂרֵי
7 מִקְנֶה עַל־אֲשֶׁר־לִי ׃ וַיָּבֵא יוֹסֵף אֶת־יַעֲקֹב אָבִיו

fainted, for he believed *a* them not.

27 And they told him all the words of Joseph, which he had said unto them: and when he saw the waggons which Joseph had sent to carry him, the spirit of Jacob their father revived: *b*

28 And Israel said, *It is* enough : Joseph my son *is* yet alive : I will go and see him before I die.

CHAP. XLVI.

AND Israel took his journey with all that he had, and came to *d* Beer-sheba, and offered sacrifices unto the God *e* of his father Isaac.

2 And God spake unto Israel *f* in the visions of the night, and said, Jacob, Jacob.*g* And he said, Here *am* I.

3 And he said, I *am* God, the God of thy father : fear not to go down into Egypt; for I will there *i* make of thee a great nation.

4 I will go down with thee into Egypt ; and I will also surely bring thee up *m* *again :* and Joseph shall put his hand *n* upon thine eyes.

5 And Jacob rose up from Beer-sheba: and the sons of Israel carried Jacob their father, and their little ones, and their wives, in the waggons which Pharaoh had sent *q* to carry him.

6 And they took their cattle, and their goods, which they had gotten in the land of Canaan, and came into Egypt,*r* Jacob, and all his seed with him.

7 His sons, and his sons' sons with him, his daughters, and his sons' daughters, and all his seed brought he with him into Egypt.

8 And these *are* the names of the children of Israel *s* which came into Egypt: Jacob and his sons: Reuben, Jacob's first-born.

9 And the sons of Reuben ; Hanoch, and Phallu, and Hezron, and Carmi.

10 And the sons of Simeon ; *e* Jemuel, and Jamin, and Ohad, and *z* Jachin, and *η* Zohar, and Shaul, the son of a Canaanitish woman.

11 And the sons of Levi ; *θ* Gershon, Kohath, and Merari.

12 And the sons of Judah; Er, & Onan, & Shelah, and Pharez, and Zarah: but Er and Onan died *w* in the land of Canaan. And the sons of Pharez were Hezron and Hamul.

13 And the sons of Issachar ; Tola, and Phuvah,*κ* and Job, and Shimron.

14 And the sons of Zebulun ; Sered, and Elon, and Jahleel.

15 These *be* the sons of Leah, which she bare unto Jacob in Padan-aram, with his daughter Dinah : all the souls of his sons and his daughters *were* thirty and three.

16 And the sons of Gad ; *λ* Ziphion, and Haggi, Shuni, and *μ* Ezbon, Eri, and Arodi,*ν* and Areli.

17 And the sons of Asher ; Jimnah, and Ishuah, and Isui, and Beriah, and Serah their sister : And the sons of Beriah ; Heber, and Malchiel.

18 These *are* the sons of Zilpah, whom Laban gave *d* to Leah his daughter : and these she bare unto Jacob, *even* sixteen souls.

19 The sons of Rachel, Jacob's wife ; Joseph, and Benjamin.

20 And unto Joseph, in the land of Egypt, were born *e* Manasseh and Ephraim, which Asenath the daughter of Poti-phe-rah *π* priest of On, bare unto him.

21 And the sons of Benjamin *were* Belah, and Becher, and Ashbel, Gera, and Naaman, *ρ* Ehi, and Rosh, *σ* Muppim, and *τ* Huppim, and Ard.

B. C. 1705.
a Job 9. 16.
29. 24.
Ps. 126. 1.
Lu. 24. 11, 41.
β or, *Shuham.*
Nu. 26. 42.
b Ps. 85. 6.
c ch. 29. 29.
γ thigh.
d ch. 21. 33.
28. 10.
e ch. 31. 42, 53.
f ch. 15. 1.
Job 33. 15.
g 1 Sa. 3. 4, 10.
h De. 10. 22.
Ac. 7. 14.
i ch. 12. 2.
De. 26. 5.
k ch. 31. 21.
l ch. 47. 1.
m ch. 15. 16.
50. 13, 25.
Ex. 3. 8.
n ch. 50. 1.
Ac. 7. 15.
o ch. 45. 14.
p Lu. 2. 29, 30.
q ch. 45. 19, 27.
δ they are men of cattle.
r Nu. 20. 15.
De. 26. 5.
Jos. 24. 4.
Ps. 105. 23.
Is. 52. 4.
s Ex. 1. 1.
6. 14.
t ch. 47. 3.
u ch. 30. 35.
37. 12.
e or, *Nemuel.*
ζ or, *Jarib.*
η or, *Zerah.*
θ or, *Gershom.*
v ch. 43. 32.
Ex. 8. 26.
w ch. 38. 3, 7, 10.
x ch. 46. 31.
y ch. 46. 28.
κ or, *Puah, & Jashub.*
z Ac. 7. 13.
a Jon. 1. 8.
b Am. 7. 14.
λ Zephon, Nu. 26. 15.
μ or, *Ozni.*
ν or, *Arod.*
c ch. 15. 13.
De. 26. 5.
Ps. 105. 23.
Is. 52. 4.
d ch. 29. 24.
e ch. 41. 50.
π or, *prince.*
f 1 Ch. 27. 29.
Pr. 22. 29.
ρ Ahiram. Nu. 26. 38.
σ Shupham. Nu. 26. 39.
Shuppim. 1 Ch. 7. 12.
τ Hupham. Nu. 26. 39.

22 These *are* the sons of Rachel, which were born to Jacob : all the souls *were* fourteen.

23 And the sons of Dan ; *β* Hushim.

24 And the sons of Naphtali ; Jahzeel, and Guni, and Jezer, and Shillem.

25 These *are* the sons of Bilhah, which Laban gave *c* unto Rachel his daughter and she bare these unto Jacob : all the souls *were* seven.

26 All the souls that came with Jacob into Egypt, which came out of his *γ* loins, besides Jacob's sons' wives, all the souls *were* threescore and six.

27 And the sons of Joseph, which were born him in Egypt, *were* two souls : all the souls of the house of Jacob, which came into Egypt, *were* threescore and ten.*h*

28 And he sent Judah before him unto Joseph, to direct his face *k* unto Goshen ; and they came into the land of *f* Goshen.

29 And Joseph made ready his chariot, and went up to meet Israel his father, to Goshen ; and presented himself unto him : and he fell on his neck,*o* and wept on his neck a good while.

30 And Israel said unto Joseph, Now let me die,*p* since I have seen thy face, because thou *art* yet alive.

31 And Joseph said unto his brethren, and unto his father's house, I will go up, and shew Pharaoh, and say unto him, My brethren, and my father's house, which *were* in the land of Canaan, are come unto me ;

32 And the men *are* shepherds, for their *δ* trade hath been to feed cattle ; and they have brought their flocks, and their herds, and all that they have.

33 And it shall come to pass, when Pharaoh shall call you, and shall say, What *t is* your occupation ?

34 That ye shall say, Thy servants' trade hath been about cattle *u* from our youth even until now, both we, *and* also our fathers : that ye may dwell in the land of Goshen ; for every shepherd *is* an abomination *v* unto the Egyptians.

CHAP. XLVII.

THEN Joseph came and told *x* Pharaoh, and said, My father, and my brethren, and their flocks, and their herds, and all that they have, are come out of the land of Canaan ; and, behold, they are in the *y* land of Goshen.

2 And he took some of his brethren, *even* five men,*z* and presented them unto Pharaoh.

3 And Pharaoh said unto his brethren, What *is* your occupation ?*a* And they said unto Pharaoh, Thy servants *are* shepherds,*b* both we, *and* also our fathers.

4 They said moreover unto Pharaoh, For to sojourn *c* in the land are we come : for thy servants have no pasture for their flocks ; for the famine *is* sore in the land of Canaan : now therefore, we pray thee, let thy servants dwell in the land of Goshen.

5 And Pharaoh spake unto Joseph, saying, Thy father and thy brethren are come unto thee :

6 The land of Egypt *is* before thee : in the best of the land make thy father and brethren to dwell : in the land of Goshen let them dwell : and if thou knowest *any* men of activity among them, then make them rulers over *f* my cattle.

7 And Joseph brought in Jacob his

וַיַּעֲמִדֵהוּ לִפְנֵי פַרְעֹה וַיְבָרֶךְ יַעֲקֹב אֶת־פַּרְעֹה:

8 וַיֹּאמֶר פַּרְעֹה אֶל־יַעֲקֹב כַּמָּה יְמֵי שְׁנֵי חַיֶּיךָ:

9 וַיֹּאמֶר יַעֲקֹב אֶל־פַּרְעֹה יְמֵי שְׁנֵי מְגוּרַי שְׁלֹשִׁים וּמְאַת שָׁנָה מְעַט וְרָעִים הָיוּ יְמֵי שְׁנֵי חַיַּי וְלֹא הִשִּׂיגוּ אֶת־יְמֵי שְׁנֵי חַיֵּי אֲבֹתַי בִּימֵי מְגוּרֵיהֶם:

10 וַיְבָרֶךְ יַעֲקֹב אֶת־פַּרְעֹה וַיֵּצֵא מִלִּפְנֵי פַרְעֹה:

11 וַיּוֹשֵׁב יוֹסֵף אֶת־אָבִיו וְאֶת־אֶחָיו וַיִּתֵּן לָהֶם אֲחֻזָּה בְּאֶרֶץ מִצְרַיִם בְּמֵיטַב הָאָרֶץ בְּאֶרֶץ רַעְמְסֵס כַּאֲשֶׁר צִוָּה פַרְעֹה:

12 וַיְכַלְכֵּל יוֹסֵף אֶת־אָבִיו וְאֶת־אֶחָיו וְאֵת כָּל־בֵּית אָבִיו לֶחֶם לְפִי הַטָּף:

13 וְלֶחֶם אֵין בְּכָל־הָאָרֶץ כִּי־כָבֵד הָרָעָב מְאֹד וַתֵּלַהּ אֶרֶץ מִצְרַיִם וְאֶרֶץ כְּנַעַן מִפְּנֵי הָרָעָב:

14 וַיְלַקֵּט יוֹסֵף אֶת־כָּל־הַכֶּסֶף הַנִּמְצָא בְאֶרֶץ־מִצְרַיִם וּבְאֶרֶץ כְּנַעַן בַּשֶּׁבֶר אֲשֶׁר־הֵם שֹׁבְרִים וַיָּבֵא יוֹסֵף אֶת־הַכֶּסֶף בֵּיתָה פַרְעֹה:

15 וַיִּתֹּם הַכֶּסֶף מֵאֶרֶץ מִצְרַיִם וּמֵאֶרֶץ כְּנַעַן וַיָּבֹאוּ כָל־מִצְרַיִם אֶל־יוֹסֵף לֵאמֹר הָבָה־לָּנוּ לֶחֶם וְלָמָּה נָמוּת נֶגְדֶּךָ כִּי אָפֵס כָּסֶף:

16 וַיֹּאמֶר יוֹסֵף הָבוּ מִקְנֵיכֶם וְאֶתְּנָה לָכֶם בְּמִקְנֵיכֶם אִם־אָפֵס כָּסֶף:

17 וַיָּבִיאוּ אֶת־מִקְנֵיהֶם אֶל־יוֹסֵף וַיִּתֵּן לָהֶם יוֹסֵף לֶחֶם בַּסּוּסִים וּבְמִקְנֵה הַצֹּאן וּבְמִקְנֵה הַבָּקָר וּבַחֲמֹרִים וַיְנַהֲלֵם בַּלֶּחֶם בְּכָל־מִקְנֵהֶם בַּשָּׁנָה הַהִוא:

18 וַתִּתֹּם הַשָּׁנָה הַהִוא וַיָּבֹאוּ אֵלָיו בַּשָּׁנָה הַשֵּׁנִית וַיֹּאמְרוּ לוֹ לֹא־נְכַחֵד מֵאֲדֹנִי כִּי אִם־תַּם הַכֶּסֶף וּמִקְנֵה הַבְּהֵמָה אֶל־אֲדֹנִי לֹא נִשְׁאַר לִפְנֵי אֲדֹנִי בִּלְתִּי אִם־גְּוִיָּתֵנוּ וְאַדְמָתֵנוּ:

19 לָמָּה נָמוּת לְעֵינֶיךָ גַּם־אֲנַחְנוּ גַּם אַדְמָתֵנוּ קְנֵה־אֹתָנוּ וְאֶת־אַדְמָתֵנוּ בַּלָּחֶם וְנִהְיֶה אֲנַחְנוּ וְאַדְמָתֵנוּ עֲבָדִים לְפַרְעֹה וְתֶן־זֶרַע וְנִחְיֶה וְלֹא נָמוּת וְהָאֲדָמָה לֹא תֵשָׁם:

20 וַיִּקֶן יוֹסֵף אֶת־כָּל־אַדְמַת מִצְרַיִם לְפַרְעֹה כִּי־מָכְרוּ מִצְרַיִם אִישׁ שָׂדֵהוּ כִּי־חָזַק עֲלֵהֶם הָרָעָב וַתְּהִי הָאָרֶץ לְפַרְעֹה:

21 וְאֶת־הָעָם הֶעֱבִיר אֹתוֹ לֶעָרִים מִקְצֵה גְבוּל־מִצְרַיִם וְעַד־קָצֵהוּ:

22 רַק אַדְמַת הַכֹּהֲנִים לֹא קָנָה כִּי חֹק לַכֹּהֲנִים מֵאֵת פַּרְעֹה וְאָכְלוּ אֶת־חֻקָּם אֲשֶׁר נָתַן לָהֶם פַּרְעֹה עַל־כֵּן לֹא מָכְרוּ אֶת־אַדְמָתָם:

23 וַיֹּאמֶר יוֹסֵף אֶל־הָעָם הֵן קָנִיתִי אֶתְכֶם הַיּוֹם וְאֶת־אַדְמַתְכֶם לְפַרְעֹה הֵא־לָכֶם זֶרַע וּזְרַעְתֶּם אֶת־הָאֲדָמָה:

24 וְהָיָה בַּתְּבוּאֹת וּנְתַתֶּם חֲמִישִׁית לִפְרָעֹה וְאַרְבַּע הַיָּדֹת יִהְיֶה לָכֶם לְזֶרַע הַשָּׂדֶה וּלְאָכְלְכֶם וְלַאֲשֶׁר בְּבָתֵּיכֶם וְלֶאֱכֹל לְטַפְּכֶם:

25 וַיֹּאמְרוּ הֶחֱיִתָנוּ נִמְצָא־חֵן בְּעֵינֵי אֲדֹנִי וְהָיִינוּ עֲבָדִים לְפַרְעֹה:

26 וַיָּשֶׂם אֹתָהּ יוֹסֵף לְחֹק עַד־הַיּוֹם הַזֶּה עַל־אַדְמַת מִצְרַיִם לְפַרְעֹה לַחֹמֶשׁ רַק אַדְמַת הַכֹּהֲנִים לְבַדָּם לֹא הָיְתָה לְפַרְעֹה:

27 וַיֵּשֶׁב יִשְׂרָאֵל בְּאֶרֶץ מִצְרַיִם בְּאֶרֶץ גֹּשֶׁן וַיֵּאָחֲזוּ בָהּ וַיִּפְרוּ וַיִּרְבּוּ מְאֹד:

יב   12

28 וַיְחִי יַעֲקֹב בְּאֶרֶץ מִצְרַיִם שְׁבַע עֶשְׂרֵה שָׁנָה וַיְהִי יְמֵי־יַעֲקֹב שְׁנֵי חַיָּיו שֶׁבַע שָׁנִים וְאַרְבָּעִים וּמְאַת שָׁנָה:

29 וַיִּקְרְבוּ יְמֵי־יִשְׂרָאֵל לָמוּת וַיִּקְרָא לִבְנוֹ לְיוֹסֵף וַיֹּאמֶר לוֹ אִם־נָא מָצָאתִי חֵן בְּעֵינֶיךָ שִׂים־נָא יָדְךָ תַּחַת יְרֵכִי וְעָשִׂיתָ עִמָּדִי חֶסֶד וֶאֱמֶת אַל־נָא תִקְבְּרֵנִי בְּמִצְרָיִם:

30 וְשָׁכַבְתִּי עִם־אֲבֹתַי וּנְשָׂאתַנִי מִמִּצְרַיִם וּקְבַרְתַּנִי בִּקְבֻרָתָם וַיֹּאמַר אָנֹכִי אֶעֱשֶׂה כִדְבָרֶךָ:

31 וַיֹּאמֶר הִשָּׁבְעָה לִי וַיִּשָּׁבַע לוֹ וַיִּשְׁתַּחוּ יִשְׂרָאֵל עַל־רֹאשׁ הַמִּטָּה: פ

CAP. XLVIII. מח

1 וַיְהִי אַחֲרֵי הַדְּבָרִים הָאֵלֶּה וַיֹּאמֶר לְיוֹסֵף הִנֵּה אָבִיךָ חֹלֶה וַיִּקַּח אֶת־שְׁנֵי בָנָיו עִמּוֹ אֶת־מְנַשֶּׁה וְאֶת־אֶפְרָיִם:

2 וַיַּגֵּד לְיַעֲקֹב וַיֹּאמֶר הִנֵּה בִּנְךָ יוֹסֵף בָּא אֵלֶיךָ וַיִּתְחַזֵּק יִשְׂרָאֵל וַיֵּשֶׁב עַל־הַמִּטָּה:

3 וַיֹּאמֶר יַעֲקֹב אֶל־יוֹסֵף אֵל שַׁדַּי נִרְאָה־אֵלַי בְּלוּז בְּאֶרֶץ כְּנָעַן וַיְבָרֶךְ אֹתִי:

4 וַיֹּאמֶר אֵלַי הִנְנִי מַפְרְךָ וְהִרְבִּיתִךָ וּנְתַתִּיךָ לִקְהַל עַמִּים וְנָתַתִּי אֶת־הָאָרֶץ הַזֹּאת לְזַרְעֲךָ אַחֲרֶיךָ אֲחֻזַּת עוֹלָם:

5 וְעַתָּה שְׁנֵי־בָנֶיךָ הַנּוֹלָדִים לְךָ בְּאֶרֶץ מִצְרַיִם עַד־בֹּאִי אֵלֶיךָ מִצְרַיְמָה לִי־הֵם אֶפְרַיִם וּמְנַשֶּׁה כִּרְאוּבֵן וְשִׁמְעוֹן יִהְיוּ־לִי:

6 וּמוֹלַדְתְּךָ אֲשֶׁר־הוֹלַדְתָּ אַחֲרֵיהֶם לְךָ יִהְיוּ עַל שֵׁם אֲחֵיהֶם יִקָּרְאוּ בְּנַחֲלָתָם:

7 וַאֲנִי בְּבֹאִי מִפַּדָּן מֵתָה עָלַי רָחֵל בְּאֶרֶץ כְּנַעַן בַּדֶּרֶךְ בְּעוֹד כִּבְרַת־אֶרֶץ לָבֹא אֶפְרָתָה וָאֶקְבְּרֶהָ שָּׁם בְּדֶרֶךְ אֶפְרָת הִוא בֵּית לָחֶם:

8 וַיַּרְא יִשְׂרָאֵל אֶת־בְּנֵי יוֹסֵף וַיֹּאמֶר מִי־אֵלֶּה:

9 וַיֹּאמֶר יוֹסֵף אֶל־אָבִיו בָּנַי הֵם אֲשֶׁר־נָתַן־לִי אֱלֹהִים בָּזֶה וַיֹּאמַר קָחֶם־נָא אֵלַי וַאֲבָרֲכֵם:

10 וְעֵינֵי יִשְׂרָאֵל כָּבְדוּ מִזֹּקֶן לֹא יוּכַל לִרְאוֹת וַיַּגֵּשׁ אֹתָם אֵלָיו וַיִּשַּׁק לָהֶם וַיְחַבֵּק לָהֶם:

11 וַיֹּאמֶר יִשְׂרָאֵל אֶל־יוֹסֵף רְאֹה

father, and set him before Pharaoh : and Jacob blessed *a* Pharaoh.

8 And Pharaoh said unto Jacob, How old *β art* thou?

9 And Jacob said unto Pharaoh, The days of the years of my pilgrimage *are* an hundred and thirty years : few and evil have the days of the years of my life been, and *c* have not attained unto the days of the years of the life of my fathers in the days of their pilgrimage.

10 And Jacob blessed Pharaoh, and went out from before Pharaoh.

11 And Joseph placed his father and his brethren, and gave them a possession in the land of Egypt, in the best of the land, in the land of Rameses, as *e* Pharaoh had commanded.

12 And Joseph nourished his father, and his brethren, and all his father's household, with bread, *ζ according to their* families.

13 And *h there was* no bread in all the land : for the famine *was* very sore, so that the land of Egypt, and *all* the land of Canaan, fainted by reason of the famine.

14 And Joseph gathered up all the money that was found in the land of Egypt, and in the land of Canaan, for the corn which they bought : and Joseph brought the money into Pharaoh's house.

15 And when money failed in the land of Egypt, and in the land of Canaan, all the Egyptians came unto Joseph, and said, Give us bread : for why should we die in thy presence? for the money faileth.

16 And Joseph said, Give your cattle ; and I will give you for your cattle, if money fail.

17 And they brought their cattle unto Joseph : and Joseph gave them bread *in exchange* for horses, and for the flocks, and for the cattle of the herds, and for the asses ; and he *η* fed them with bread for all their cattle for that year.

18 When that year was ended, they came unto him the second year, and said unto him, We will not hide *it* from my lord, how that our money is spent ; my lord also hath our herds of cattle : there is nought left in the sight of my lord, but our bodies and our lands :

19 Wherefore shall we die before thine eyes, both we and our land? buy us *o* and our land for bread, and we and our land will be servants unto Pharaoh ; and give *us* seed, that we may live and not die, that the land be not desolate.

20 And Joseph bought all the land of Egypt for Pharaoh ; for the Egyptians sold every man his field, because the famine prevailed over them : so the land became Pharaoh's.

21 And as for the people, he removed them to cities from *one* end of the borders of Egypt even to the *other* end thereof.

22 Only the land of the *θ* priests bought he not ; for the priests had a portion *assigned them* of Pharaoh, and did eat their portion which Pharaoh gave them ; wherefore they sold not their lands.

23 Then Joseph said unto the people, Behold, I have bought you this day, and your land, for Pharaoh : lo, *here is* seed for you, and ye shall sow the land.

24 And it shall come to pass, in the increase, that ye shall give the fifth *part* unto Pharaoh ; and four parts shall be your own, for seed of the field, and for

your food, and for them of your households, and for food for your little ones.

25 And they said, Thou hast saved our lives ; let us find grace in the sight of my lord, and we will be Pharaoh's servants.

26 And Joseph made it a law over the land of Egypt unto this day, *that* Pharaoh should have the fifth *part,b* except the land of the *γ* priests only, *which* became not Pharaoh's.

27 And Israel dwelt in the land of Egypt, in the country of Goshen ; and they had possessions therein, and grew, and multiplied *d* exceedingly.

28 And Jacob lived in the land of Egypt seventeen years : so the *δ* whole age of Jacob was an hundred forty and seven years.

29 And the time *f* drew nigh that Israel must die : and he called his son Joseph, and said unto him, If now I have found grace in thy sight, put,*g* I pray thee, thy hand under my thigh, and deal kindly and truly with me ; bury me not, I pray thee, in Egypt :

30 But *i* I will lie with my fathers ; and thou shalt carry me out of Egypt, and bury me in their burying-place. And he said, I will do as thou hast said.

31 And he said, Swear unto me. And he sware unto him. And Israel *k* bowed himself upon the bed's head.

CHAP. XLVIII.

AND it came to pass, after these things, that *one* told Joseph, Behold, thy father *is* sick : and he took with him his two sons, Manasseh and Ephraim.

2 And *one* told Jacob, and said, Behold, thy son Joseph cometh unto thee : and Israel strengthened himself, and sat upon the bed.

3 And Jacob said unto Joseph, God Almighty appeared *l* unto me at Luz in the land of Canaan, and blessed me,

4 And said unto me, Behold, I will make thee fruitful, and multiply thee, and I will make of thee a multitude of people ; and will give this land to thy seed after thee *for m* an everlasting possession.

5 And now thy two sons, Ephraim and Manasseh, which *n* were born unto thee in the land of Egypt before I came unto thee into Egypt, *are* mine : as Reuben and Simeon, they shall be mine.

6 And thy issue, which thou begettest after them, shall be thine, *and p* shall be called after the name of their brethren in their inheritance.

7 And as for me, when I came from Padan, Rachel *q* died by me in the land of Canaan, in the way, when yet *there was* but a little way to come unto Ephrath : and I buried her there in the way of Ephrath ; the same *is* Beth-lehem.

8 And Israel beheld Joseph's sons, and said, Who *are* these?

9 And Joseph said unto his father, They *are* my sons, whom God hath given *r* me in this *place.* And he said, Bring them, I pray thee, unto me, and I will bless *s* them.

10 (Now the eyes of Israel were *κ* dim for age, *so that* he could not see.) And he brought them near unto him ; and he kissed them, and embraced them.

11 And Israel said unto Joseph, I *t* had not thought to see thy face ; and, lo, God *u* hath shewed me also thy seed.

12 And Joseph brought them out from between his knees, and he bowed *v* himself with his face to the earth.

B. C. 1705.

a 1 Sa.15.30.
1 Ch.29.20.
1 Pe. 2. 17.

β many are the days of the years of thy life?

b Ez. 7. 24.

c ch. 25. 7, 8.
35. 28.

γ or, *princes.*

d Ex.1.7,12.
De. 10. 22.
Ne. 9. 23.

δ days of the years of his life.

e ver. 6.
Ex. 1. 11.

f De. 31. 14.
1 Ki. 2. 1.
Job 7. 1.
14. 14.

ζ according to the little ones; or, as a little child is nourished.

g ch. 24. 2.

h ch.41.30,31.

i ch.50.5..13.
He. 11. 22.

k 1 Ki. 1. 47.
He.11. 21.

l ch.28.13..19.
35. 6, &c.

η led.

m ch. 17. 8.
De. 32. 8.
Am. 9. 14,
15.

n ch.41.50..52

o Job 2. 4.
La. 1. 11.

p Jos. 14. 4.

q ch.35.16..19

θ or, *princes.*

r ch. 33. 5.

s ch. 27. 4.
He. 11. 21.

κ heavy.

t ch.37.33,35.
45. 26.

u Ep. 3. 20.

v Ex. 20. 12.
Le. 19. 32.

35

פָּנֶיךָ לֹא פִלָּלְתִּי וְהִנֵּה הֶרְאָה אֹתִי אֱלֹהִים גַּם
אֶת־זַרְעֶךָ׃ 12 וַיּוֹצֵא יוֹסֵף אֹתָם מֵעִם בִּרְכָּיו וַיִּשְׁתַּחוּ
לְאַפָּיו אָרְצָה׃ 13 וַיִּקַּח יוֹסֵף אֶת־שְׁנֵיהֶם אֶת־אֶפְרַיִם
בִּימִינוֹ מִשְּׂמֹאל יִשְׂרָאֵל וְאֶת־מְנַשֶּׁה בִשְׂמֹאלוֹ
מִימִין יִשְׂרָאֵל וַיַּגֵּשׁ אֵלָיו׃ 14 וַיִּשְׁלַח יִשְׂרָאֵל אֶת־
יְמִינוֹ וַיָּשֶׁת עַל־רֹאשׁ אֶפְרַיִם וְהוּא הַצָּעִיר וְאֶת־
שְׂמֹאלוֹ עַל־רֹאשׁ מְנַשֶּׁה שִׂכֵּל אֶת־יָדָיו כִּי מְנַשֶּׁה
הַבְּכוֹר׃ 15 וַיְבָרֶךְ אֶת־יוֹסֵף וַיֹּאמַר הָאֱלֹהִים אֲשֶׁר
הִתְהַלְּכוּ אֲבֹתַי לְפָנָיו אַבְרָהָם וְיִצְחָק הָאֱלֹהִים
הָרֹעֶה אֹתִי מֵעוֹדִי עַד־הַיּוֹם הַזֶּה׃ 16 הַמַּלְאָךְ הַגֹּאֵל
אֹתִי מִכָּל־רָע יְבָרֵךְ אֶת־הַנְּעָרִים וְיִקָּרֵא בָהֶם שְׁמִי
וְשֵׁם אֲבֹתַי אַבְרָהָם וְיִצְחָק וְיִדְגּוּ לָרֹב בְּקֶרֶב
הָאָרֶץ׃ 17 וַיַּרְא יוֹסֵף כִּי־יָשִׁית אָבִיו יַד־יְמִינוֹ עַל־
רֹאשׁ אֶפְרַיִם וַיֵּרַע בְּעֵינָיו וַיִּתְמֹךְ יַד־אָבִיו לְהָסִיר
אֹתָהּ מֵעַל רֹאשׁ־אֶפְרַיִם עַל־רֹאשׁ מְנַשֶּׁה׃ 18 וַיֹּאמֶר
יוֹסֵף אֶל־אָבִיו לֹא־כֵן אָבִי כִּי־זֶה הַבְּכֹר שִׂים יְמִינְךָ
עַל־רֹאשׁוֹ׃ 19 וַיְמָאֵן אָבִיו וַיֹּאמֶר יָדַעְתִּי בְנִי יָדַעְתִּי
גַּם־הוּא יִהְיֶה־לְּעָם וְגַם־הוּא יִגְדָּל וְאוּלָם אָחִיו
הַקָּטֹן יִגְדַּל מִמֶּנּוּ וְזַרְעוֹ יִהְיֶה מְלֹא־הַגּוֹיִם׃ 20 וַיְבָרֲכֵם בַּיּוֹם הַהוּא לֵאמוֹר בְּךָ יְבָרֵךְ יִשְׂרָאֵל
לֵאמֹר יְשִׂמְךָ אֱלֹהִים כְּאֶפְרַיִם וְכִמְנַשֶּׁה וַיָּשֶׂם
אֶת־אֶפְרַיִם לִפְנֵי מְנַשֶּׁה׃ 21 וַיֹּאמֶר יִשְׂרָאֵל אֶל־יוֹסֵף
הִנֵּה אָנֹכִי מֵת וְהָיָה אֱלֹהִים עִמָּכֶם וְהֵשִׁיב אֶתְכֶם
אֶל־אֶרֶץ אֲבֹתֵיכֶם׃ 22 וַאֲנִי נָתַתִּי לְךָ שְׁכֶם אַחַד
עַל־אַחֶיךָ אֲשֶׁר לָקַחְתִּי מִיַּד הָאֱמֹרִי בְּחַרְבִּי
וּבְקַשְׁתִּי׃ פ

CAP. XLIX. מט

1 וַיִּקְרָא יַעֲקֹב אֶל־בָּנָיו וַיֹּאמֶר הֵאָסְפוּ וְאַגִּידָה לָכֶם
2 אֵת אֲשֶׁר־יִקְרָא אֶתְכֶם בְּאַחֲרִית הַיָּמִים׃ הִקָּבְצוּ
וְשִׁמְעוּ בְּנֵי יַעֲקֹב וְשִׁמְעוּ אֶל־יִשְׂרָאֵל אֲבִיכֶם׃
3 רְאוּבֵן בְּכֹרִי אַתָּה כֹּחִי וְרֵאשִׁית אוֹנִי יֶתֶר שְׂאֵת
4 וְיֶתֶר עָז׃ פַּחַז כַּמַּיִם אַל־תּוֹתַר כִּי עָלִיתָ
מִשְׁכְּבֵי אָבִיךָ אָז חִלַּלְתָּ יְצוּעִי עָלָה׃ פ
5 שִׁמְעוֹן וְלֵוִי אַחִים כְּלֵי חָמָס מְכֵרֹתֵיהֶם׃
6 בְּסֹדָם אַל־תָּבֹא נַפְשִׁי בִּקְהָלָם אַל־תֵּחַד כְּבֹדִי כִּי בְאַפָּם
7 הָרְגוּ אִישׁ וּבִרְצֹנָם עִקְּרוּ־שׁוֹר׃ אָרוּר אַפָּם כִּי
עָז וְעֶבְרָתָם כִּי קָשָׁתָה אֲחַלְּקֵם בְּיַעֲקֹב וַאֲפִיצֵם
בְּיִשְׂרָאֵל׃ פ

Left column (Targum)

8 יְהוּדָה אַתָּה יוֹדוּךָ אַחֶיךָ יָדְךָ בְּעֹרֶף אֹיְבֶיךָ
9 יִשְׁתַּחֲווּ לְךָ בְּנֵי אָבִיךָ׃ גּוּר אַרְיֵה יְהוּדָה מִטֶּרֶף
10 בְּנִי עָלִיתָ כָּרַע רָבַץ כְּאַרְיֵה וּכְלָבִיא מִי יְקִימֶנּוּ׃
לֹא־יָסוּר שֵׁבֶט מִיהוּדָה וּמְחֹקֵק מִבֵּין רַגְלָיו עַד
11 כִּי־יָבֹא שִׁילֹה וְלוֹ יִקְּהַת עַמִּים׃ אֹסְרִי לַגֶּפֶן
עִירֹה וְלַשֹּׂרֵקָה בְּנִי אֲתֹנוֹ כִּבֵּס בַּיַּיִן לְבֻשׁוֹ וּבְדַם־
12 עֲנָבִים סוּתֹה׃ חַכְלִילִי עֵינַיִם מִיַּיִן וּלְבֶן־שִׁנַּיִם
מֵחָלָב׃ פ
13 וְבוּלֻן לְחוֹף יַמִּים יִשְׁכֹּן וְהוּא לְחוֹף אֳנִיֹּת וְיַרְכָתוֹ
עַל־צִידֹן׃ פ
14 יִשָּׂשכָר חֲמֹר גָּרֶם רֹבֵץ בֵּין הַמִּשְׁפְּתָיִם׃
15 וַיַּרְא מְנֻחָה כִּי טוֹב וְאֶת־הָאָרֶץ כִּי נָעֵמָה וַיֵּט שִׁכְמוֹ
16 לִסְבֹּל וַיְהִי לְמַס־עֹבֵד׃ ס דָּן יָדִין עַמּוֹ
17 כְּאַחַד שִׁבְטֵי יִשְׂרָאֵל׃ יְהִי־דָן נָחָשׁ עֲלֵי־דֶרֶךְ
שְׁפִיפֹן עֲלֵי־אֹרַח הַנֹּשֵׁךְ עִקְּבֵי־סוּס וַיִּפֹּל רֹכְבוֹ
18 אָחוֹר׃ לִישׁוּעָתְךָ קִוִּיתִי יְהוָה׃
19 ס גָּד
20 גְּדוּד יְגוּדֶנּוּ וְהוּא יָגֻד עָקֵב׃ ס מֵאָשֵׁר
שְׁמֵנָה לַחְמוֹ וְהוּא יִתֵּן מַעֲדַנֵּי־מֶלֶךְ׃
21 נַפְתָּלִי אַיָּלָה שְׁלֻחָה הַנֹּתֵן אִמְרֵי־שָׁפֶר׃ ס
22 בֵּן פֹּרָת יוֹסֵף בֵּן פֹּרָת עֲלֵי־
23 עָיִן בָּנוֹת צָעֲדָה עֲלֵי־שׁוּר׃ וַיְמָרֲרֻהוּ וָרֹבּוּ
24 וַיִּשְׂטְמֻהוּ בַּעֲלֵי חִצִּים׃ וַתֵּשֶׁב בְּאֵיתָן קַשְׁתּוֹ
וַיָּפֹזּוּ זְרֹעֵי יָדָיו מִידֵי אֲבִיר יַעֲקֹב מִשָּׁם רֹעֶה אֶבֶן
25 יִשְׂרָאֵל׃ מֵאֵל אָבִיךָ וְיַעְזְרֶךָּ וְאֵת שַׁדַּי וִיבָרֲכֶךָּ
בִּרְכֹת שָׁמַיִם מֵעָל בִּרְכֹת תְּהוֹם רֹבֶצֶת תָּחַת
26 בִּרְכֹת שָׁדַיִם וָרָחַם׃ בִּרְכֹת אָבִיךָ גָּבְרוּ עַל־
בִּרְכֹת הוֹרַי עַד־תַּאֲוַת גִּבְעֹת עוֹלָם תִּהְיֶיןָ לְרֹאשׁ
יוֹסֵף וּלְקָדְקֹד נְזִיר אֶחָיו׃ פ
27 בִּנְיָמִין זְאֵב יִטְרָף בַּבֹּקֶר יֹאכַל עַד וְלָעֶרֶב יְחַלֵּק
28 שָׁלָל׃ כָּל־אֵלֶּה שִׁבְטֵי יִשְׂרָאֵל שְׁנֵים עָשָׂר וְזֹאת
אֲשֶׁר־דִּבֶּר לָהֶם אֲבִיהֶם וַיְבָרֶךְ אוֹתָם אִישׁ אֲשֶׁר
29 כְּבִרְכָתוֹ בֵּרַךְ אֹתָם׃ וַיְצַו אוֹתָם וַיֹּאמֶר אֲלֵהֶם
אֲנִי נֶאֱסָף אֶל־עַמִּי קִבְרוּ אֹתִי אֶל־אֲבֹתָי אֶל־
30 הַמְּעָרָה אֲשֶׁר בִּשְׂדֵה עֶפְרוֹן הַחִתִּי׃ בַּמְּעָרָה
אֲשֶׁר בִּשְׂדֵה הַמַּכְפֵּלָה אֲשֶׁר עַל־פְּנֵי מַמְרֵא בְּאֶרֶץ
כְּנָעַן אֲשֶׁר קָנָה אַבְרָהָם אֶת־הַשָּׂדֶה מֵאֵת עֶפְרֹן
31 הַחִתִּי לַאֲחֻזַּת־קָבֶר׃ שָׁמָּה קָבְרוּ אֶת־אַבְרָהָם וְאֵת
שָׂרָה אִשְׁתּוֹ שָׁמָּה קָבְרוּ אֶת־יִצְחָק וְאֵת

13 And Joseph took them both, Ephraim in his right hand toward Israel's left hand, and Manasseh in his left hand toward Israel's right hand, and brought *them* near unto him.

14 And Israel stretched out his right hand, and laid *it* upon Ephraim's head, who *was* the younger, and his left hand upon Manasseh's head, guiding his hands wittingly;*g* for Manasseh *was* the first-born.

15 And he blessed Joseph, and said, God, before whom *k* my fathers Abraham and Isaac did walk, the God which *m* fed me all my life long, unto this day,

16 The Angel *o* which redeemed *p* me from all evil, bless the lads; and let my name be named on them, and the name of my fathers Abraham and Isaac; and let them *β* grow into a multitude *q* in the midst of the earth.

17 And when Joseph saw that his father laid his right hand upon the head of Ephraim, it displeased him; and he held up his father's hand, to remove it from Ephraim's head unto Manasseh's head.

18 And Joseph said unto his father, Not so, my father: for this *is* the first-born; put thy right hand upon his head,

19 And his father refused, and said, I know *it*, my son, I know *it*: he also shall become a people, and he also shall be great: but *t* truly his younger *u* brother shall be greater than he, and his seed shall become a *δ* multitude of nations.

20 And he blessed them that day, saying, In thee *w* shall Israel bless, saying, God make thee as Ephraim and as Manasseh: and he set Ephraim before Manasseh.

21 And Israel said unto Joseph, Behold, I die; but *y* God shall be with you, and bring you again unto the land of your fathers.

22 Moreover, I have given to thee one portion above *b* thy brethren, which I took out of the hand of the Amorite with my sword and with my bow.

CHAP. XLIX.

A ND *f* Jacob called unto his sons, and said, Gather yourselves together, that I may tell you *that g* which shall befall you in the last days.*h*

2 Gather yourselves together, and hear, ye sons of Jacob; and hearken unto Israel your father.

3 Reuben, thou *art* my first-born, my might, and the beginning *k* of my strength, the excellency of dignity, and the excellency of power:

4 Unstable as water, *n* thou shalt not excel; because *n* thou wentest up to thy father's bed; then defiledst thou *it*: *θ* he went up to my couch.

5 Simeon *q* and Levi *are* brethren; *κ* instruments of cruelty *r are* in their habitations.

6 O *s* my soul, come not thou into their secret; unto their assembly, mine honour, be not thou united: for in their anger they slew a man, and in their self-will they *λ* digged down a wall.

7 Cursed *be* their anger, for *it was* fierce; and their wrath, for it was cruel: I will divide *w* them in Jacob, and scatter them in Israel.

8 Judah, thou *x art he* whom thy brethren shall praise; thy hand *shall be* in the neck of thine enemies: thy father's children shall bow down *y* before thee.

B. C. 1689.

a Nu. 23. 24.
     Re. 5. 5.
b Nu. 24. 17.
c Ps. 60. 7.
     Is. 33. 22.
d De. 28. 57.
e Is. 11. 1.5.
     Eze. 21. 27.
f Jn°. 11. 52.
     12. 32.
g ver. 19.
h Mat. 21. 2.
i Is. 63. 1..3,
k ch. 17. 1.
     24. 40.
l Ca.5.10..16.
m Ps. 103.4,5.
n Jos. 19. 10.
o ch. 31. 11.
     Is. 63. 9.
p Ps. 34. 22.
β as fishes do increase.
q Nu.26.34,37
r Ju.13.2,&c.
γ arrow-snake.
s Ps. 40. 1.
     Is.25.9; 26.8.
t Nu.1.33,35.
     De. 33. 17.
u ch. 25. 23.
v 1 Ch. 5. 18.
δ fulness.
w Ru 4.11,12.
ζ daughters.
x ch.37.4,&c.
     39. 20.
y ch. 50. 24.
     Jos. 23. 14.
z Job 29. 20.
     Ps.37.14,15.
a Ps.18.32,34.
b Jos. 17. 14.
c ch.45.10,11.
     50. 21.
d Is. 28. 16.
e De. 33. 27.
f De.33.1,&c.
g Nu. 24. 14.
     De. 4. 30.
h Is. 2. 2.
     Je. 23. 20.
i Ep. 1. 3.
k De. 21. 17.
l Hab. 3. 6.
m Is. 66. 5.
η do not thou.
n ch. 35. 22.
     De. 5. 21.
o Ju.20.21,25.
θ or, my conch is gone.
p Eze.39.8.10.
q ch.29.33,34.
κ or, their swords are weapons of violence.
r ch.34.25..29.
s Ps. 26. 9.
     Pr. 1.15,16.
t Ro.12.6,&c.
λ or, hough-ed oxen.
u ch. 47. 30.
     2 Sa. 19. 37.
v ch.23.3,&c.
w Jos. 21. 3
x ch. 29. 35.
     Ps. 76. 1.
y 1 Ch. 5. 2.
     Re. 3. 9.

9 Judah *is* a lion's whelp; from the prey, my son, thou art gone up: he stooped down, he couched as a lion,*a* and as an old lion; who shall rouse him up?

10 The sceptre *b* shall not depart from Judah, nor a lawgiver *c* from *d* between his feet, until Shiloh *e* come; and unto him *f shall* the gathering of the people *be:*

11 Binding his foal unto the vine, and his ass's colt *h* unto the choice vine; he washed his garments in wine,*i* and his clothes in the blood of grapes:

12 His *l* eyes *shall be* red with wine, and his teeth white with milk.

13 Zebulun *n* shall dwell at the haven of the sea; and he *shall be* for an haven of ships; and his border *shall be* unto Zidon.

14 Issachar *is* a strong ass, couching down between two burdens:

15 And he saw that rest *was* good, and the land that *it was* pleasant; and bowed his shoulder to bear, and became a servant unto tribute.

16 Dan *r* shall judge his people, as one of the tribes of Israel.

17 Dan shall be a serpent by the way, an *γ* adder in the path, that biteth the horse heels, so that his rider shall fall backward.

18 I *s* have waited for thy salvation, O LORD!

19 Gad, a troop shall overcome him; but he *v* shall overcome at the last.

20 Out of Asher his bread *shall be* fat, and he shall yield royal dainties.

21 Naphtali *is* a hind let loose: he giveth goodly words.

22 Joseph *is* a fruitful bough, *even* a fruitful bough by a well, *whose ζ* branches run over the wall.

23 The *x* archers have sorely grieved him, and shot at *him*, and hated him:

24 But his bow *z* abode in strength, and the arms *a* of his hands were made strong by the hands of the mighty *God* of Jacob; (from thence *is* the shepherd,*c* the stone *d* of Israel :)

25 *Even* by the God of thy father,*e* who shall help thee; and by the Almighty, who shall bless thee with blessings of heaven above, blessings of the deep that lieth under, blessings of the breasts and of the womb:

26 The blessings of thy father have prevailed above the blessings of my progenitors, unto *i* the utmost bound of the everlasting hills:*l* they shall be on the head of Joseph, and on the crown of the head of him that was separate *m* from his brethren.

27 Benjamin shall ravin *o as* a wolf; in the morning he shall devour the prey, and at night he shall divide the spoil.*p*

28 All these *are* the twelve tribes of Israel: and this *is it* that their father spake unto them, and blessed them; every one according *t* to his blessing he blessed them.

29 And he charged them, and said unto them, I am to be gathered unto my people: bury me with my fathers *u* in the cave that *is* in the field of Ephron the Hittite;

30 In the cave *v* that *is* in the field of Machpelah, which *is* before Mamre, in the land of Canaan, which Abraham bought with the field of Ephron the Hittite for a possession of a burying-place.

31 There they buried Abraham and Sarah his wife; there they buried Isaac and

רִבְקָה אִשְׁתֹּו וְשָׁמָּה קָבַרְתִּי אֶת־לֵאָה: 32

מִקְנֵה הַשָּׂדֶה וְהַמְּעָרָה אֲשֶׁר־בֹּו מֵאֵת בְּנֵי־חֵת: 33

וַיְכַל יַעֲקֹב לְצַוֹּת אֶת־בָּנָיו וַיֶּאֱסֹף רַגְלָיו אֶל־הַמִּטָּה וַיִּגְוַע וַיֵּאָסֶף אֶל־עַמָּיו:

CAP. L. נ

1 וַיִּפֹּל יֹוסֵף עַל־פְּנֵי אָבִיו וַיֵּבְךְּ עָלָיו וַיִּשַּׁק־לֹו:

2 וַיְצַו יֹוסֵף אֶת־עֲבָדָיו אֶת־הָרֹפְאִים לַחֲנֹט אֶת־אָבִיו וַיַּחַנְטוּ הָרֹפְאִים אֶת־יִשְׂרָאֵל:

3 וַיִּמְלְאוּ־לֹו אַרְבָּעִים יֹום כִּי כֵּן יִמְלְאוּ יְמֵי הַחֲנֻטִים וַיִּבְכּוּ אֹתֹו מִצְרַיִם שִׁבְעִים יֹום:

4 וַיַּעַבְרוּ יְמֵי בְכִיתֹו וַיְדַבֵּר יֹוסֵף אֶל־בֵּית פַּרְעֹה לֵאמֹר אִם־נָא מָצָאתִי חֵן בְּעֵינֵיכֶם דַּבְּרוּ־נָא בְּאָזְנֵי פַרְעֹה לֵאמֹר:

5 אָבִי הִשְׁבִּיעַנִי לֵאמֹר הִנֵּה אָנֹכִי מֵת בְּקִבְרִי אֲשֶׁר כָּרִיתִי לִי בְּאֶרֶץ כְּנַעַן שָׁמָּה תִּקְבְּרֵנִי וְעַתָּה אֶעֱלֶה־נָּא וְאֶקְבְּרָה אֶת־אָבִי וְאָשׁוּבָה:

6 וַיֹּאמֶר פַּרְעֹה עֲלֵה וּקְבֹר אֶת־אָבִיךָ כַּאֲשֶׁר הִשְׁבִּיעֶךָ:

7 וַיַּעַל יֹוסֵף לִקְבֹּר אֶת־אָבִיו וַיַּעֲלוּ אִתֹּו כָּל־עַבְדֵי פַרְעֹה זִקְנֵי בֵיתֹו וְכֹל זִקְנֵי אֶרֶץ־מִצְרָיִם:

8 וְכֹל בֵּית יֹוסֵף וְאֶחָיו וּבֵית אָבִיו רַק טַפָּם וְצֹאנָם וּבְקָרָם עָזְבוּ בְּאֶרֶץ גֹּשֶׁן:

9 וַיַּעַל עִמֹּו גַּם־רֶכֶב גַּם־פָּרָשִׁים וַיְהִי הַמַּחֲנֶה כָּבֵד מְאֹד:

10 וַיָּבֹאוּ עַד־גֹּרֶן הָאָטָד אֲשֶׁר בְּעֵבֶר הַיַּרְדֵּן וַיִּסְפְּדוּ־שָׁם מִסְפֵּד גָּדֹול וְכָבֵד מְאֹד וַיַּעַשׂ לְאָבִיו אֵבֶל שִׁבְעַת יָמִים:

11 וַיַּרְא יֹושֵׁב הָאָרֶץ הַכְּנַעֲנִי אֶת־הָאֵבֶל בְּגֹרֶן הָאָטָד וַיֹּאמְרוּ אֵבֶל־כָּבֵד זֶה לְמִצְרָיִם עַל־כֵּן קָרָא שְׁמָהּ אָבֵל מִצְרַיִם אֲשֶׁר בְּעֵבֶר הַיַּרְדֵּן:

12 וַיַּעֲשׂוּ בָנָיו לֹו כֵּן כַּאֲשֶׁר צִוָּם:

13 וַיִּשְׂאוּ אֹתֹו בָנָיו אַרְצָה כְּנַעַן וַיִּקְבְּרוּ אֹתֹו בִּמְעָרַת שְׂדֵה הַמַּכְפֵּלָה אֲשֶׁר קָנָה אַבְרָהָם אֶת־הַשָּׂדֶה לַאֲחֻזַּת־קֶבֶר מֵאֵת עֶפְרֹן הַחִתִּי עַל־פְּנֵי מַמְרֵא:

14 וַיָּשָׁב יֹוסֵף מִצְרַיְמָה הוּא וְאֶחָיו וְכָל־הָעֹלִים אִתֹּו לִקְבֹּר אֶת־אָבִיו אַחֲרֵי קָבְרֹו אֶת־אָבִיו:

15 וַיִּרְאוּ אֲחֵי־יֹוסֵף כִּי־מֵת אֲבִיהֶם וַיֹּאמְרוּ לוּ יִשְׂטְמֵנוּ יֹוסֵף וְהָשֵׁב יָשִׁיב לָנוּ אֵת כָּל־הָרָעָה אֲשֶׁר גָּמַלְנוּ אֹתֹו:

16 וַיְצַוּוּ אֶל־יֹוסֵף לֵאמֹר אָבִיךָ צִוָּה לִפְנֵי מֹותֹו לֵאמֹר:

17 כֹּה־תֹאמְרוּ לְיֹוסֵף אָנָּא שָׂא נָא פֶּשַׁע אַחֶיךָ וְחַטָּאתָם כִּי־רָעָה גְמָלוּךָ וְעַתָּה שָׂא נָא לְפֶשַׁע עַבְדֵי אֱלֹהֵי אָבִיךָ וַיֵּבְךְּ יֹוסֵף בְּדַבְּרָם אֵלָיו:

18 וַיֵּלְכוּ גַּם־אֶחָיו וַיִּפְּלוּ לְפָנָיו וַיֹּאמְרוּ הִנֶּנּוּ לְךָ לַעֲבָדִים:

19 וַיֹּאמֶר אֲלֵהֶם יֹוסֵף אַל־תִּירָאוּ כִּי הֲתַחַת אֱלֹהִים אָנִי:

20 וְאַתֶּם חֲשַׁבְתֶּם עָלַי רָעָה אֱלֹהִים חֲשָׁבָהּ לְטֹבָה לְמַעַן עֲשֹׂה כַּיֹּום הַזֶּה לְהַחֲיֹת עַם־רָב:

21 וְעַתָּה אַל־תִּירָאוּ אָנֹכִי אֲכַלְכֵּל אֶתְכֶם וְאֶת־טַפְּכֶם וַיְנַחֵם אֹותָם וַיְדַבֵּר עַל־לִבָּם:

22 וַיֵּשֶׁב יֹוסֵף בְּמִצְרַיִם הוּא וּבֵית אָבִיו וַיְחִי יֹוסֵף מֵאָה וָעֶשֶׂר שָׁנִים:

23 וַיַּרְא יֹוסֵף לְאֶפְרַיִם בְּנֵי שִׁלֵּשִׁים גַּם בְּנֵי מָכִיר בֶּן־מְנַשֶּׁה יֻלְּדוּ עַל־בִּרְכֵּי יֹוסֵף:

24 וַיֹּאמֶר יֹוסֵף אֶל־אֶחָיו אָנֹכִי מֵת וֵאלֹהִים פָּקֹד יִפְקֹד אֶתְכֶם וְהֶעֱלָה אֶתְכֶם מִן־הָאָרֶץ הַזֹּאת אֶל־הָאָרֶץ אֲשֶׁר נִשְׁבַּע לְאַבְרָהָם לְיִצְחָק וּלְיַעֲקֹב:

25 וַיַּשְׁבַּע יֹוסֵף אֶת־בְּנֵי יִשְׂרָאֵל לֵאמֹר פָּקֹד יִפְקֹד אֱלֹהִים אֶתְכֶם וְהַעֲלִתֶם אֶת־עַצְמֹתַי מִזֶּה:

26 וַיָּמָת יֹוסֵף בֶּן־מֵאָה וָעֶשֶׂר שָׁנִים וַיַּחַנְטוּ אֹתֹו וַיִּישֶׂם בָּאָרֹון בְּמִצְרָיִם:

חֲזַק

סכום פסוקי דספר בראשית אלף וחמש מאות ושלשים וארבעה • אַךְ לֹד סימן: וחציו על

הרבן תחיה • ופרשיותיו י"ב • זֶה שמו לעלם סימן: וסדריו מ"ג בריך יהיה סימן: ופרקיו

נ • י' הַנּוּ לֹךְ קינו סימן: מנין הפתוחות שלשה וארבעים והסתומות

שמנה וארבעים • הכל תשעים ואחת פרשיות • צֵא אַתָּה

וכל העם אשר ברגליך סימן:

Rebekah his wife; and there I buried Leah.

32 The purchase of the field and of the cave that *is* therein *was* from the children of Heth.

33 And when Jacob had made an end of commanding his sons, he gathered up his feet into the bed, and yielded up the[b] ghost, and was gathered[c] unto his people.

CHAP. L.

AND Joseph fell upon his father's face, and wept upon him, and kissed him.

2 And Joseph commanded his servants the physicians to[e] embalm his father: and the physicians embalmed Israel.

3 And forty days were fulfilled for him; for so are fulfilled the days of those which are embalmed; and the Egyptians mourned γ for him[f] threescore & ten days.

4 And when the days of his mourning were past, Joseph spake unto the house of Pharaoh, saying, If now I have found grace in your eyes, speak, I pray you, in the ears of Pharaoh, saying,

5 My father made me swear,[h] saying, Lo, I die: in my grave which I[i] have digged for me in the land of Canaan, there shalt thou bury me. Now therefore let me go up, I pray thee, and bury my father, and I will come again.

6 And Pharaoh said, Go up and bury thy father, according as he made thee swear.

7 And Joseph went up to bury his father: and with him went up all the servants of Pharaoh, the elders of his house, and all the elders of the land of Egypt,

8 And all the house of Joseph, and his brethren, and his father's house: only their little ones,[o] and their flocks, and their herds, they left in the land of Goshen.

9 And there went up with him both chariots and horsemen; and it was a very great company.

10 And they came to the threshing-floor of Atad, which *is* beyond Jordan, and there they mourned with a great and very sore lamentation: and he made a mourning[s] for his father seven days.

11 And when the inhabitants of the land, the Canaanites, saw the mourning in the floor of Atad, they said, This *is* a grievous mourning to the Egyptians: wherefore the name of it was called Abel-mizraim, η which *is* beyond Jordan.

12 And his sons did unto him according as he commanded[u] them:

B. C. 1688.

a ch. 23. 16.
b Job 14. 10.
c ver. 29.
d ch. 27. 41.
Le. 26. 36.
Job 15. 21.
Pr. 28. 1.
e ver. 26.
2Ch. 16. 14.
Mat. 26. 12.
Mar. 14. 8.
16. 1.
Jno. 12. 7.
β *charged.*
γ *wept.*
f Nu. 20. 29.
De. 34. 8.
g Pr. 28. 13.
Mat.6.12,14
18. 35.
Lu. 17. 3, 4.
Ep. 4. 32.
Col. 3. 13.
Ja. 5. 16.
h ch. 47. 29.
i Is. 22. 16.
Mat. 27.60.
k De. 32. 35.
2 Ki. 5. 7.
Job 34. 29.
Ro. 12. 19.
He. 10. 30.
l Ps. 56. 5.
m ch. 45.5.7.
n Mat. 5. 44.
δ *to their hearts.*
o Ex.10.9,26.
p Job 42. 16.
q Nu. 32. 39.
ζ *born.*
r Ex. 3. 16.
s De. 34. 8.
1Sa. 31. 13.
2 Sa. 1. 17.
Job 2. 13.
Ac. 8. 2.
t Ex. 13. 19.
Jos. 24. 32.
Ac. 7. 16.
He. 11. 22.
η i. e. *the mourning of the Egyptians*
u ch. 49. 29.

37

---

13 For his sons carried him into the land of Canaan, and buried him in the cave of the field of Machpelah, which Abraham bought[a] with the field for a possession of a burying-place of Ephron the Hittite, before Mamre.

14 And Joseph returned into Egypt, he, and his brethren, and all that went up with him to bury his father, after he had buried his father.

15 And when Joseph's brethren saw that their father[d] was dead, they said, Joseph will peradventure hate us, and will certainly requite us all the evil which we did unto him.

16 And they β sent a messenger unto Joseph, saying, Thy father did command before he died, saying,

17 So shall ye say unto Joseph, Forgive, I pray thee[g] now, the trespass of thy brethren, and their sin; for they did unto thee evil: and now, we pray thee, forgive the trespass of the servants of the God of thy father. And Joseph wept when they spake unto him.

18 And his brethren also went and fell down before his face: and they said, Behold, we *be* thy servants.

19 And Joseph said unto them, Fear not: for *am* I in the place[k] of God?

20 But as for you, ye thought[l] evil against me; *but* God meant[m] it unto good, to bring to pass, as *it is* this day, to save much people alive.

21 Now therefore fear ye not: I will nourish you,[n] and your little ones. And he comforted them, and spake δ kindly unto them.

22 And Joseph dwelt in Egypt, he, and his father's house: and Joseph lived an hundred and ten years.

23 And Joseph saw Ephraim's[p] children of the third *generation:* the children also of Machir[q] the son of Manasseh were ζ brought up upon Joseph's knees.

24 And Joseph said unto his brethren, I die: and God will surely visit you,[r] and bring you out of this land unto the land which he sware to Abraham, to Isaac, and to Jacob.

25 And Joseph took an oath[t] of the children of Israel, saying, God will surely visit you, and ye shall carry up my bones from hence.

26 So Joseph died, *being* an hundred and ten years old; and they embalmed him, and he was put in a coffin in Egypt.

ואלה שמות
LIBER EXODUS.

1 וְאֵלֶּה שְׁמוֹת בְּנֵי יִשְׂרָאֵל הַבָּאִים מִצְרָיְמָה אֵת
2 יַעֲקֹב אִישׁ וּבֵיתוֹ בָּאוּ: רְאוּבֵן שִׁמְעוֹן לֵוִי וִיהוּדָה:
3 יִשָּׂשכָר זְבוּלֻן וּבִנְיָמִן: דָּן וְנַפְתָּלִי גָּד וְאָשֵׁר:
4 וַיְהִי כָּל־נֶפֶשׁ יֹצְאֵי יֶרֶךְ־יַעֲקֹב שִׁבְעִים נָפֶשׁ וְיוֹסֵף
5 הָיָה בְמִצְרָיִם: וַיָּמָת יוֹסֵף וְכָל־אֶחָיו וְכֹל הַדּוֹר
6 הַהוּא: וּבְנֵי יִשְׂרָאֵל פָּרוּ וַיִּשְׁרְצוּ וַיִּרְבּוּ וַיַּעַצְמוּ
7 בִּמְאֹד מְאֹד וַתִּמָּלֵא הָאָרֶץ אֹתָם: פ
8 וַיָּקָם מֶלֶךְ־חָדָשׁ עַל־מִצְרָיִם אֲשֶׁר לֹא־יָדַע אֶת־
9 יוֹסֵף: וַיֹּאמֶר אֶל־עַמּוֹ הִנֵּה עַם בְּנֵי יִשְׂרָאֵל רַב
10 וְעָצוּם מִמֶּנּוּ: הָבָה נִתְחַכְּמָה לוֹ פֶּן־יִרְבֶּה וְהָיָה
כִּי־תִקְרֶאנָה מִלְחָמָה וְנוֹסַף גַּם־הוּא עַל־שֹׂנְאֵינוּ
11 וְנִלְחַם־בָּנוּ וְעָלָה מִן־הָאָרֶץ: וַיָּשִׂימוּ עָלָיו שָׂרֵי
מִסִּים לְמַעַן עַנֹּתוֹ בְּסִבְלֹתָם וַיִּבֶן עָרֵי מִסְכְּנוֹת
12 לְפַרְעֹה אֶת־פִּתֹם וְאֶת־רַעַמְסֵס: וְכַאֲשֶׁר יְעַנּוּ
אֹתוֹ כֵּן יִרְבֶּה וְכֵן יִפְרֹץ וַיָּקֻצוּ מִפְּנֵי בְּנֵי יִשְׂרָאֵל:
13,14 וַיַּעֲבִדוּ מִצְרַיִם אֶת־בְּנֵי יִשְׂרָאֵל בְּפָרֶךְ: וַיְמָרְרוּ
אֶת־חַיֵּיהֶם בַּעֲבֹדָה קָשָׁה בְּחֹמֶר וּבִלְבֵנִים וּבְכָל־
עֲבֹדָה בַּשָּׂדֶה אֵת כָּל־עֲבֹדָתָם אֲשֶׁר־עָבְדוּ בָהֶם בְּפָרֶךְ:
15 וַיֹּאמֶר מֶלֶךְ מִצְרַיִם לַמְיַלְּדֹת הָעִבְרִיֹּת
אֲשֶׁר שֵׁם הָאַחַת שִׁפְרָה וְשֵׁם הַשֵּׁנִית פּוּעָה:
16 וַיֹּאמֶר בְּיַלֶּדְכֶן אֶת־הָעִבְרִיּוֹת וּרְאִיתֶן עַל־הָאָבְנָיִם
אִם־בֵּן הוּא וַהֲמִתֶּן אֹתוֹ וְאִם־בַּת הִוא וָחָיָה:
17 וַתִּירֶאןָ הַמְיַלְּדֹת אֶת־הָאֱלֹהִים וְלֹא עָשׂוּ כַּאֲשֶׁר
דִּבֶּר אֲלֵיהֶן מֶלֶךְ מִצְרָיִם וַתְּחַיֶּיןָ אֶת־הַיְלָדִים:
18 וַיִּקְרָא מֶלֶךְ־מִצְרַיִם לַמְיַלְּדֹת וַיֹּאמֶר לָהֶן מַדּוּעַ
19 עֲשִׂיתֶן הַדָּבָר הַזֶּה וַתְּחַיֶּיןָ אֶת־הַיְלָדִים: וַתֹּאמַרְןָ
הַמְיַלְּדֹת אֶל־פַּרְעֹה כִּי לֹא כַנָּשִׁים הַמִּצְרִיֹּת
הָעִבְרִיֹּת כִּי־חָיוֹת הֵנָּה בְּטֶרֶם תָּבוֹא אֲלֵהֶן
20 הַמְיַלֶּדֶת וְיָלָדוּ: וַיֵּיטֶב אֱלֹהִים לַמְיַלְּדֹת וַיִּרֶב
21 הָעָם וַיַּעַצְמוּ מְאֹד: וַיְהִי כִּי־יָרְאוּ הַמְיַלְּדֹת
אֶת־הָאֱלֹהִים וַיַּעַשׂ לָהֶם בָּתִּים: וַיְצַו פַּרְעֹה
23 לְכָל־עַמּוֹ לֵאמֹר כָּל־הַבֵּן הַיִּלּוֹד הַיְאֹרָה תַּשְׁלִיכֻהוּ
וְכָל־הַבַּת תְּחַיּוּן: פ

1 וַיֵּלֶךְ אִישׁ מִבֵּית לֵוִי וַיִּקַּח אֶת־בַּת־לֵוִי: וַתַּהַר
2 הָאִשָּׁה וַתֵּלֶד בֵּן וַתֵּרֶא אֹתוֹ כִּי־טוֹב הוּא
3 וַתִּצְפְּנֵהוּ שְׁלֹשָׁה יְרָחִים: וְלֹא־יָכְלָה עוֹד הַצְּפִינוֹ
וַתִּקַּח־לוֹ תֵּבַת גֹּמֶא וַתַּחְמְרָה בַחֵמָר וּבַזָּפֶת
4 וַתָּשֶׂם בָּהּ אֶת־הַיֶּלֶד וַתָּשֶׂם בַּסּוּף עַל־שְׂפַת
5 הַיְאֹר: וַתֵּתַצַּב אֲחֹתוֹ מֵרָחֹק לְדֵעָה מַה־יֵּעָשֶׂה
לוֹ: וַתֵּרֶד בַּת־פַּרְעֹה לִרְחֹץ עַל־הַיְאֹר וְנַעֲרֹתֶיהָ
6 הֹלְכֹת עַל־יַד הַיְאֹר וַתֵּרֶא אֶת־הַתֵּבָה בְּתוֹךְ
הַסּוּף וַתִּשְׁלַח אֶת־אֲמָתָהּ וַתִּקָּחֶהָ: וַתִּפְתַּח
וַתִּרְאֵהוּ אֶת־הַיֶּלֶד וְהִנֵּה־נַעַר בֹּכֶה וַתַּחְמֹל עָלָיו
7 וַתֹּאמֶר מִיַּלְדֵי הָעִבְרִים זֶה: וַתֹּאמֶר אֲחֹתוֹ
אֶל־בַּת־פַּרְעֹה הַאֵלֵךְ וְקָרָאתִי לָךְ אִשָּׁה מֵינֶקֶת
8 מִן הָעִבְרִיֹּת וְתֵינִק לָךְ אֶת־הַיָּלֶד: וַתֹּאמֶר־לָהּ
בַּת־פַּרְעֹה לֵכִי וַתֵּלֶךְ הָעַלְמָה וַתִּקְרָא אֶת־אֵם
9 הַיָּלֶד: וַתֹּאמֶר לָהּ בַּת־פַּרְעֹה הֵילִיכִי אֶת־הַיֶּלֶד הַזֶּה
וְהֵינִקִהוּ לִי וַאֲנִי אֶתֵּן אֶת־שְׂכָרֵךְ וַתִּקַּח
10 הָאִשָּׁה הַיֶּלֶד וַתְּנִיקֵהוּ: וַיִּגְדַּל הַיֶּלֶד וַתְּבִאֵהוּ
לְבַת־פַּרְעֹה וַיְהִי־לָהּ לְבֵן וַתִּקְרָא שְׁמוֹ מֹשֶׁה
11 וַתֹּאמֶר כִּי מִן־הַמַּיִם מְשִׁיתִהוּ: וַיְהִי בַּיָּמִים
הָהֵם וַיִּגְדַּל מֹשֶׁה וַיֵּצֵא אֶל־אֶחָיו וַיַּרְא בְּסִבְלֹתָם
12 וַיַּרְא אִישׁ מִצְרִי מַכֶּה אִישׁ־עִבְרִי מֵאֶחָיו: וַיִּפֶן
כֹּה וָכֹה וַיַּרְא כִּי אֵין אִישׁ וַיַּךְ אֶת־הַמִּצְרִי
13 וַיִּטְמְנֵהוּ בַּחוֹל: וַיֵּצֵא בַּיּוֹם הַשֵּׁנִי וְהִנֵּה שְׁנֵי־
אֲנָשִׁים עִבְרִים נִצִּים וַיֹּאמֶר לָרָשָׁע לָמָּה תַכֶּה
14 רֵעֶךָ: וַיֹּאמֶר מִי שָׂמְךָ לְאִישׁ שַׂר וְשֹׁפֵט עָלֵינוּ
הַלְהָרְגֵנִי אַתָּה אֹמֵר כַּאֲשֶׁר הָרַגְתָּ אֶת־הַמִּצְרִי
15 וַיִּירָא מֹשֶׁה וַיֹּאמַר אָכֵן נוֹדַע הַדָּבָר: וַיִּשְׁמַע
פַּרְעֹה אֶת־הַדָּבָר הַזֶּה וַיְבַקֵּשׁ לַהֲרֹג אֶת־מֹשֶׁה
וַיִּבְרַח מֹשֶׁה מִפְּנֵי פַרְעֹה וַיֵּשֶׁב בְּאֶרֶץ־מִדְיָן וַיֵּשֶׁב
16 עַל־הַבְּאֵר: וּלְכֹהֵן מִדְיָן שֶׁבַע בָּנוֹת וַתָּבֹאנָה
וַתִּדְלֶנָה וַתְּמַלֶּאנָה אֶת־הָרְהָטִים לְהַשְׁקוֹת צֹאן
17 אֲבִיהֶן: וַיָּבֹאוּ הָרֹעִים וַיְגָרְשׁוּם וַיָּקָם מֹשֶׁה
18 וַיּוֹשִׁעָן וַיַּשְׁקְ אֶת־צֹאנָם: וַתָּבֹאנָה אֶל־רְעוּאֵל
19 אֲבִיהֶן וַיֹּאמֶר מַדּוּעַ מִהַרְתֶּן בֹּא הַיּוֹם: וַתֹּאמַרְןָ

The Second Book of MOSES, called EXODUS.

CHAP. I.

Now these *are* the names of the children of Israel, which came into[b] Egypt; every man and his household came with Jacob.

2 Reuben, Simeon, Levi, and Judah,

3 Issachar, Zebulun, and Benjamin,

4 Dan, and Naphtali, Gad, and Asher.

5 And all the souls that came out of the loins β of Jacob were seventy[d] souls: for Joseph was in Egypt *already*.

6 And Joseph died,[e] and all his brethren, and all that generation.

7 And the children of Israel were fruitful, and increased abundantly,[f] and multiplied, and waxed exceeding mighty; and the land was filled with them.

8 Now there arose up a new king over Egypt, which knew[g] not Joseph.

9 And he said unto his people, Behold, the people of the children of Israel *are* more and mightier than we:

10 Come on, let us deal wisely[i] with them; lest they multiply, and it come to pass, that, when there falleth out any war, they join also unto our enemies, and fight against us, and *so* get them up out of the land.

11 Therefore they did set over them task-masters, to afflict them[k] with their burdens. And they built for Pharaoh treasure-cities, Pithom and[l] Raamses.

12 γ But the more they afflicted them, the more they multiplied and grew. And they were grieved because of the children of Israel.

13 And the Egyptians made the children of Israel to serve with rigour:

14 And they made their lives[n] bitter with hard bondage, in mortar, and in brick,[o] and in all manner of service in the field: all their service, wherein they made them serve, *was* with rigour.[q]

15 And the king of Egypt spake to the Hebrew midwives; of which the name of the one *was* Shiphrah, and the name of the other Puah;

16 And he said, When ye do the office of a midwife to the Hebrew women, and see *them* upon the stools, if it *be* a son, then ye shall kill him: but if it *be* a daughter, then she shall live.

17 But the midwives feared[r] God, and did not as the king of Egypt commanded them, but saved the men-children alive.

18 And the king of Egypt called for the midwives, and said unto them, Why have ye done this thing, and have saved the men-children alive?

19 And the midwives said unto[s] Pharaoh, Because the Hebrew women *are* not as the Egyptian women; for they *are* lively, and are delivered ere the midwives come in unto them.

20 Therefore God dealt well[u] with the midwives: and the people multiplied, and waxed very mighty.

21 And it came to pass, because the midwives feared God, that he[v] made them houses.

22 And Pharaoh charged all his people, saying, Every son that is born ye shall cast into the river, and every daughter ye shall save alive.

very lowB. C. 1706.

a ch. 6. 20.
b Ge. 46. 8.
c Ac. 7. 20.
    He. 11. 23.

β thigh.

d De. 10. 22.
e Ge. 50. 26.
f Ge. 46. 3.
    De. 26. 5.
    Ps. 105. 24.
g Ec. 2. 19.
    Ac. 7. 18.
h Ps. 106. 46.
i Ps. 83. 3, 4.
    Pr. 1. 11.
    21. 30.
    Ac. 23. 12.
    1 Co. 3. 19.
    Ja. 3. 15.
k ch. 3. 7.
    Ge. 15. 13.
    De. 26. 6.
    Ps. 81. 6.
l Ge. 47. 11.
m Ps. 27. 10.

γ and as they
    afflicted
    them, so
    they multiplied.

δ that is,
    drawn out.

n ch. 2. 23.
    6. 9.
    Nu. 20. 15.
    Ru. 1. 20.
    Ac. 7. 19, 34.
o Ps. 81. 6.
    Na. 3. 14.
p ch. 1. 11.
    Ac. 7. 23, 24.
    He. 11. 24-26
q Le. 25. 43.
    1s. 58. 6.
    Je. 50. 33.
r Ne. 5. 15.
    Pr. 16. 6.
    Da. 3. 18.
    6. 13.
    Ac. 5. 29.

ζ a man, a
    prince.

s Jos. 2. 4.
    2 Sa. 17. 19.

η or, prince.

t Ge. 24. 11.
    29. 10.
    1 Sa. 9. 11.
u Pr. 11. 18.
    Ec. 8. 12.
    Is. 3. 10.
    He. 6. 10.

θ called also
    Jethro, or,
    Jether.
    Nu. 10. 29.

v 1 Sa. 2. 35.
    2 Sa. 7. 11.
    1 Ki. 2. 24.
    Ps. 127. 1.

CHAP. II.

And there went a man[a] of the house of Levi, and took *to wife* a daughter of Levi.

2 And the woman conceived, and bare a son; and when she saw him that he *was a* goodly *child*, she hid[c] him three months.

3 And when she could not longer hide him, she took for him an ark of bulrushes, and daubed it with slime and with pitch, and put the child therein; and she laid *it* in the flags by the river's brink.

4 And his sister stood afar off, to wit what would be done to him.

5 And the daughter of Pharaoh came down to wash *herself* at the river; and her maidens walked along by the river's side; and when she saw the ark among the flags, she sent her maid to fetch it.

6 And when she had opened *it*, she saw the child: and, behold, the babe wept. And she had compassion[h] on him, and said, This *is one* of the Hebrews' children.

7 Then said his sister to Pharaoh's daughter, Shall I go and call to thee a nurse of the Hebrew women, that she may nurse the child for thee?

8 And Pharaoh's daughter said to her, Go. And the maid went and called the child's mother.

9 And Pharaoh's daughter said unto her, Take this child away, and nurse it for me,[m] and I will give *thee* thy wages. And the woman took the child, and nursed it.

10 And the child grew, and she brought him unto Pharaoh's daughter, and he became her son. And she called his name Moses: δ and she said, Because I drew him out of the water.

11 And it came to pass in those days, when Moses was grown, that he went out unto his brethren, and looked on their burdens:[p] and he spied an Egyptian smiting an Hebrew, one of his brethren.

12 And he looked this way and that way, and, when he saw that *there was* no man, he slew the Egyptian, and hid him in the sand.

13 And when he went out the second day, behold, two men of the Hebrews strove together: and he said to him that did the wrong, Wherefore smitest thou thy fellow?

14 And he said, Who made thee a prince ζ and a judge over us? in.endeavor thou to kill me, as thou killedst the Egyptian? And Moses feared, and said, Surely this thing is known.

15 Now when Pharaoh heard this thing, he sought to slay Moses. But Moses fled from the face of Pharaoh, and dwelt in the land of Midian: and he sat down by a well.

16 Now the priest of η Midian had seven daughters: and they came and[t] drew *water*, and filled the troughs to water their father's flock.

17 And the shepherds came and drove them away: but Moses stood up and helped them, and watered their flock.

18 And when they came to θ Reuel their father, he said, How *is it that* ye are come so soon to-day?

19 And they said, An Egyptian delivered us out of the hand of the shepherds, and also drew *water* enough for us, and watered the flock.

38

20 וַיֹּאמֶר אֶל־בְּנֹתָיו וְאַיּוֹ לָמָּה זֶּה עֲזַבְתֶּן אֶת־הָאִישׁ קִרְאֶן לוֹ וְיֹאכַל לָחֶם׃

21 וַיּוֹאֶל מֹשֶׁה לָשֶׁבֶת אֶת־הָאִישׁ וַיִּתֵּן אֶת־צִפֹּרָה בִתּוֹ לְמֹשֶׁה׃

22 וַתֵּלֶד בֵּן וַיִּקְרָא אֶת־שְׁמוֹ גֵּרְשֹׁם כִּי אָמַר גֵּר הָיִיתִי בְּאֶרֶץ נָכְרִיָּה׃ פ

23 וַיְהִי בַיָּמִים הָרַבִּים הָהֵם וַיָּמָת מֶלֶךְ מִצְרַיִם וַיֵּאָנְחוּ בְנֵי־יִשְׂרָאֵל מִן־הָעֲבֹדָה וַיִּזְעָקוּ וַתַּעַל שַׁוְעָתָם אֶל־הָאֱלֹהִים מִן־הָעֲבֹדָה׃

24 וַיִּשְׁמַע אֱלֹהִים אֶת־נַאֲקָתָם וַיִּזְכֹּר אֱלֹהִים אֶת־בְּרִיתוֹ אֶת־אַבְרָהָם אֶת־יִצְחָק וְאֶת־יַעֲקֹב׃

25 וַיַּרְא אֱלֹהִים אֶת־בְּנֵי יִשְׂרָאֵל וַיֵּדַע אֱלֹהִים׃ ס

CAP. III. ג

1 וּמֹשֶׁה הָיָה רֹעֶה אֶת־צֹאן יִתְרוֹ חֹתְנוֹ כֹּהֵן מִדְיָן וַיִּנְהַג אֶת־הַצֹּאן אַחַר הַמִּדְבָּר וַיָּבֹא אֶל־הַר הָאֱלֹהִים חֹרֵבָה׃

2 וַיֵּרָא מַלְאַךְ יְהֹוָה אֵלָיו בְּלַבַּת־אֵשׁ מִתּוֹךְ הַסְּנֶה וַיַּרְא וְהִנֵּה הַסְּנֶה בֹּעֵר בָּאֵשׁ וְהַסְּנֶה אֵינֶנּוּ אֻכָּל׃

3 וַיֹּאמֶר מֹשֶׁה אָסֻרָה־נָּא וְאֶרְאֶה אֶת־הַמַּרְאֶה הַגָּדֹל הַזֶּה מַדּוּעַ לֹא־יִבְעַר הַסְּנֶה׃

4 וַיַּרְא יְהֹוָה כִּי סָר לִרְאוֹת וַיִּקְרָא אֵלָיו אֱלֹהִים מִתּוֹךְ הַסְּנֶה וַיֹּאמֶר מֹשֶׁה מֹשֶׁה וַיֹּאמֶר הִנֵּנִי׃

5 וַיֹּאמֶר אַל־תִּקְרַב הֲלֹם שַׁל־נְעָלֶיךָ מֵעַל רַגְלֶיךָ כִּי הַמָּקוֹם אֲשֶׁר אַתָּה עוֹמֵד עָלָיו אַדְמַת־קֹדֶשׁ הוּא׃

6 וַיֹּאמֶר אָנֹכִי אֱלֹהֵי אָבִיךָ אֱלֹהֵי אַבְרָהָם אֱלֹהֵי יִצְחָק וֵאלֹהֵי יַעֲקֹב וַיַּסְתֵּר מֹשֶׁה פָּנָיו כִּי יָרֵא מֵהַבִּיט אֶל־הָאֱלֹהִים׃

7 וַיֹּאמֶר יְהֹוָה רָאֹה רָאִיתִי אֶת־עֳנִי עַמִּי אֲשֶׁר בְּמִצְרָיִם וְאֶת־צַעֲקָתָם שָׁמַעְתִּי מִפְּנֵי נֹגְשָׂיו כִּי יָדַעְתִּי אֶת־מַכְאֹבָיו׃

8 וָאֵרֵד לְהַצִּילוֹ מִיַּד מִצְרַיִם וּלְהַעֲלֹתוֹ מִן־הָאָרֶץ הַהִוא אֶל־אֶרֶץ טוֹבָה וּרְחָבָה אֶל־אֶרֶץ זָבַת חָלָב וּדְבָשׁ אֶל־מְקוֹם הַכְּנַעֲנִי וְהַחִתִּי וְהָאֱמֹרִי וְהַפְּרִזִּי וְהַחִוִּי וְהַיְבוּסִי׃

9 וְעַתָּה הִנֵּה צַעֲקַת בְּנֵי־יִשְׂרָאֵל בָּאָה אֵלָי וְגַם־רָאִיתִי אֶת־הַלַּחַץ אֲשֶׁר מִצְרַיִם לֹחֲצִים אֹתָם׃

10 וְעַתָּה לְכָה וְאֶשְׁלָחֲךָ אֶל־פַּרְעֹה וְהוֹצֵא אֶת־עַמִּי בְנֵי־יִשְׂרָאֵל מִמִּצְרָיִם׃

11 וַיֹּאמֶר מֹשֶׁה אֶל־הָאֱלֹהִים מִי אָנֹכִי כִּי אֵלֵךְ אֶל־פַּרְעֹה וְכִי אוֹצִיא אֶת־בְּנֵי יִשְׂרָאֵל מִמִּצְרָיִם׃

12 וַיֹּאמֶר כִּי־אֶהְיֶה עִמָּךְ וְזֶה־לְּךָ הָאוֹת כִּי אָנֹכִי שְׁלַחְתִּיךָ

---

13 וַיֹּאמֶר מֹשֶׁה אֶל־הָאֱלֹהִים הִנֵּה אָנֹכִי בָא אֶל־בְּנֵי יִשְׂרָאֵל וְאָמַרְתִּי לָהֶם אֱלֹהֵי אֲבוֹתֵיכֶם שְׁלָחַנִי אֲלֵיכֶם וְאָמְרוּ־לִי מַה־שְּׁמוֹ מָה אֹמַר אֲלֵהֶם׃

14 וַיֹּאמֶר אֱלֹהִים אֶל־מֹשֶׁה אֶהְיֶה אֲשֶׁר אֶהְיֶה וַיֹּאמֶר כֹּה תֹאמַר לִבְנֵי יִשְׂרָאֵל אֶהְיֶה שְׁלָחַנִי אֲלֵיכֶם׃

15 וַיֹּאמֶר עוֹד אֱלֹהִים אֶל־מֹשֶׁה כֹּה תֹאמַר אֶל־בְּנֵי יִשְׂרָאֵל יְהֹוָה אֱלֹהֵי אֲבֹתֵיכֶם אֱלֹהֵי אַבְרָהָם אֱלֹהֵי יִצְחָק וֵאלֹהֵי יַעֲקֹב שְׁלָחַנִי אֲלֵיכֶם זֶה־שְּׁמִי לְעֹלָם וְזֶה זִכְרִי לְדֹר דֹּר׃

16 לֵךְ וְאָסַפְתָּ אֶת־זִקְנֵי יִשְׂרָאֵל וְאָמַרְתָּ אֲלֵהֶם יְהֹוָה אֱלֹהֵי אֲבֹתֵיכֶם נִרְאָה אֵלַי אֱלֹהֵי אַבְרָהָם יִצְחָק וְיַעֲקֹב לֵאמֹר פָּקֹד פָּקַדְתִּי אֶתְכֶם וְאֶת־הֶעָשׂוּי לָכֶם בְּמִצְרָיִם׃

17 וָאֹמַר אַעֲלֶה אֶתְכֶם מֵעֳנִי מִצְרַיִם אֶל־אֶרֶץ הַכְּנַעֲנִי וְהַחִתִּי וְהָאֱמֹרִי וְהַפְּרִזִּי וְהַחִוִּי וְהַיְבוּסִי אֶל־אֶרֶץ זָבַת חָלָב וּדְבָשׁ׃

18 וְשָׁמְעוּ לְקֹלֶךָ וּבָאתָ אַתָּה וְזִקְנֵי יִשְׂרָאֵל אֶל־מֶלֶךְ מִצְרַיִם וַאֲמַרְתֶּם אֵלָיו יְהֹוָה אֱלֹהֵי הָעִבְרִיִּים נִקְרָה עָלֵינוּ וְעַתָּה נֵלֲכָה־נָּא דֶּרֶךְ שְׁלֹשֶׁת יָמִים בַּמִּדְבָּר וְנִזְבְּחָה לַיהֹוָה אֱלֹהֵינוּ׃

19 וַאֲנִי יָדַעְתִּי כִּי לֹא־יִתֵּן אֶתְכֶם מֶלֶךְ מִצְרַיִם לַהֲלֹךְ וְלֹא בְּיָד חֲזָקָה׃

20 וְשָׁלַחְתִּי אֶת־יָדִי וְהִכֵּיתִי אֶת־מִצְרַיִם בְּכֹל נִפְלְאֹתַי אֲשֶׁר אֶעֱשֶׂה בְּקִרְבּוֹ וְאַחֲרֵי־כֵן יְשַׁלַּח אֶתְכֶם׃

21 וְנָתַתִּי אֶת־חֵן הָעָם־הַזֶּה בְּעֵינֵי מִצְרָיִם וְהָיָה כִּי תֵלֵכוּן לֹא תֵלְכוּ רֵיקָם׃

22 וְשָׁאֲלָה אִשָּׁה מִשְּׁכֶנְתָּהּ וּמִגָּרַת בֵּיתָהּ כְּלֵי־כֶסֶף וּכְלֵי זָהָב וּשְׂמָלֹת וְשַׂמְתֶּם עַל־בְּנֵיכֶם וְעַל־בְּנֹתֵיכֶם וְנִצַּלְתֶּם אֶת־מִצְרָיִם׃

CAP. IV. ד

1 וַיַּעַן מֹשֶׁה וַיֹּאמֶר וְהֵן לֹא־יַאֲמִינוּ לִי וְלֹא יִשְׁמְעוּ בְּקֹלִי כִּי יֹאמְרוּ לֹא־נִרְאָה אֵלֶיךָ יְהֹוָה׃

2 וַיֹּאמֶר אֵלָיו יְהֹוָה מַזֶּה בְיָדֶךָ וַיֹּאמֶר מַטֶּה׃

3 וַיֹּאמֶר הַשְׁלִיכֵהוּ אַרְצָה וַיַּשְׁלִכֵהוּ אַרְצָה וַיְהִי לְנָחָשׁ וַיָּנָס מֹשֶׁה מִפָּנָיו׃

4 וַיֹּאמֶר יְהֹוָה אֶל־מֹשֶׁה שְׁלַח יָדְךָ וֶאֱחֹז בִּזְנָבוֹ וַיִּשְׁלַח יָדוֹ וַיַּחֲזֶק בּוֹ וַיְהִי לְמַטֶּה בְּכַפּוֹ׃

5 לְמַעַן יַאֲמִינוּ כִּי־נִרְאָה אֵלֶיךָ יְהֹוָה אֱלֹהֵי אֲבֹתָם אֱלֹהֵי אַבְרָהָם אֱלֹהֵי יִצְחָק וֵאלֹהֵי יַעֲקֹב׃

6 וַיֹּאמֶר יְהֹוָה לוֹ עוֹד הָבֵא־נָא יָדְךָ בְּחֵיקֶךָ וַיָּבֵא יָדוֹ בְּחֵיקוֹ וַיּוֹצִאָהּ וְהִנֵּה יָדוֹ מְצֹרַעַת כַּשָּׁלֶג׃

20 And he said unto his daughters, And where *is* he? why *is* it *that* ye have left the man? call him, that he may *a* eat bread.

21 And Moses was content *b* to dwell with the man : and he gave Moses *c* Zipporah his daughter.

22 And she bare *him* a son, and he called his name β Gershom : for he said, I have been a stranger in a strange land.

23 And it came to pass, in process of time, that the king of Egypt died; and the children of Israel *e* sighed by reason of the bondage, and they cried, and their cry came up unto God, *f* by reason of the bondage.

24 And God heard their groaning, and God remembered his covenant *h* with Abraham, with Isaac, and with Jacob.

25 And God looked upon the children of Israel, and God γ had respect unto *them.*

CHAP. III.

NOW Moses kept the flock of Jethro his father-in-law, the priest of Midian : and he led the flock to the back side of the desert, and came to the mountain of God, *l* even to Horeb.

2 And the angel of the LORD appeared unto him in a flame of fire, out of the midst of a bush :*m* and he looked, and, behold, the bush burned with fire, and the bush *was* not consumed.

3 And Moses said, I will now turn aside, and see this great sight, why the bush is not burnt.

4 And when the LORD saw that he turned aside to see, God called unto him out of the midst of the bush, and said,*o* Moses, Moses. And he said, Here *am* I.

5 And he said, Draw not nigh hither : put off thy shoes *q* from off thy feet, for the place whereon thou standest *is* holy ground.

6 Moreover he said,*t* I *am* the God of thy father, the God of Abraham, the God of Isaac, and the God of Jacob. And Moses hid his face; for he was afraid *u* to look upon God.

7 And the LORD said, I have surely seen the affliction of my people *x* which *are* in Egypt, and have heard their *y* cry by reason of their task-masters; for I know *z* their sorrows;

8 And I am come down to deliver them out of the hand of the Egyptians,*b* and to bring them up out of that land unto a good land *c* and a large, unto a land *d* flowing with milk and honey; unto the place of the Canaanites, and the Hittites, and the Amorites, and the Perizzites, and the Hivites, and the Jebusites.

9 Now therefore, behold, the cry of the children of Israel is come unto me : and I have also seen the oppression wherewith the Egyptians oppress them.

10 Come now, therefore, and I will send *e* thee unto Pharaoh, that thou mayest bring forth my people, the children of Israel, out of Egypt.

11 And Moses said unto God, Who *am* I,*g* that I should go unto Pharaoh, and that I should bring forth the children of Israel, out of Egypt?

12 And he said, Certainly I will be with *h* thee : and this *shall be* a token unto thee, that I have sent thee : When thou hast brought forth the people out of Egypt, ye shall serve God upon this mountain.

13 And Moses said unto God, Behold, *when* I come unto the children of Israel, and shall say unto them, The God of your

B. C. 1533.

a Ge. 31. 54.
b Ph. 4. 11.
c ch. 18. 2.
d ch. 6. 3.
Jnº. 8. 58.
He. 13. 8.
β i. e. *a stranger here.*
e Nu. 20. 16.
De. 26. 7.
Ps. 12. 5.
f ch. 3. 9.
22.23,27.
Ge. 18. 20.
De. 24. 15.
Is. 5. 7.
g Ps. 102. 12.
135. 13.
Ho. 12. 5.
h Ge. 15. 14.
46. 4.
Lu.1.72..74.
γ *knew.*
i Ge. 50. 24.
Lu. 1. 68.
k Ge.15.13..20
46. 4.
l ch. 18. 5.
1 Ki. 19. 8.
m De. 33. 16.
Is. 63. 9.
Ac. 7. 30.
n Nu.23.3,&c
o Ge.22.1,11.
46. 2.
p ch. 5. 2.
δ or, *but by strong hand.*
q ch. 19. 12.
Jos. 5. 15.
Ec. 5. 1.
r ch.7.3;11.9.
De. 6. 22.
Ne. 9. 10.
Ps. 105. 27.
Je. 32. 20.
Ac. 7. 36.
s ch. 12. 31.
t Ge. 28. 13.
1 Ki. 18. 36.
Mat. 22. 32.
u Ju. 13. 22.
Is. 6. 5.
v ch. 11. 3.
w ch. 12. 36.
x Ne. 9. 9.
Ps. 106. 44.
Is. 63. 9.
y ch. 22. 23.
Ps. 145. 19.
z Ps. 142. 3.
a Job 27. 17.
Pr. 13. 22.
Is. 33. 1.
ε or, *Egypt.*
b ch.6.6..8;
12. 51.
c Nu. 13. 19.
De. 1. 25.
d De. 26. 9.
Je. 11. 5.
Eze. 20. 6.
e Ps. 105. 26.
Mi. 6. 4.
f ch. 19. 9.
ζ Je. 1. 6.
h Ge. 31. 3.
Jos. 1. 5.
Ro. 8. 31.
i Nu. 12. 10.
2 Ki. 5. 27.
k Mat. 8. 3.

fathers hath sent me unto you; and they shall say to me, What *is* his name? what shall I say unto them?

14 And God said unto Moses, I AM THAT I AM :*d* and he said, Thus shalt thou say unto the children of Israel, I AM hath sent me unto you.

15 And God said moreover unto Moses, Thus shalt thou say unto the children of Israel, The LORD God of your fathers, the God of Abraham, the God of Isaac, and the God of Jacob, hath sent me unto you : this *is* my name for ever, and this *is* my memorial *g* unto all generations.

16 Go, and gather the elders of Israel together, and say unto them, the LORD God of your fathers, the God of Abraham, of Isaac, and of Jacob, appeared unto me, saying, I have surely visited *i* you, and seen that which is done to you in Egypt :

17 And I have said, I will bring *k* you up out of the affliction of Egypt unto the land of the Canaanites, and the Hittites, and the Amorites, and the Perizzites, and the Hivites, and the Jebusites, unto a land flowing with milk and honey.

18 And they shall hearken to thy voice : and thou shalt come, thou and the elders of Israel, unto the king of Egypt, and ye shall say unto him, The LORD God of the Hebrews hath *n* met with us : and now let us go, we beseech thee, three days' journey into the wilderness, that we may sacrifice to the LORD our God.

19 And I am sure that the king of Egypt will not let you *p* go, δ no, not by a mighty hand.

20 And I will stretch out my hand, and smite Egypt with all my *r* wonders which I will do in the midst thereof : and after that *s* he will let you go.

21 And I will give this people *v* favour in the sight of the Egyptians : and it shall come to pass, that, when ye go, ye shall not go empty;

22 But every woman shall borrow *w* of her neighbour, and of her that sojourneth in her house, jewels of silver, and jewels of gold, and raiment : and ye shall put *them* upon your sons, and upon your daughters; and ye shall *a* spoil the ζ Egyptians.

CHAP. IV.

AND Moses answered and said, But, behold, they will not believe me, nor hearken unto my voice : for they will say, The LORD hath not appeared unto thee.

2 And the LORD said unto him, What *is* that in thine hand? And he said, A rod.

3 And he said, Cast it on the ground. And he cast it on the ground, and it became a serpent; and Moses fled from before it.

4 And the LORD said unto Moses, Put forth thine hand, and take it by the tail. And he put forth his hand, and caught it, and it became a rod in his hand :

5 That they may *f* believe that the LORD God of their fathers, the God of Abraham, the God of Isaac, and the God of Jacob, hath appeared unto thee.

6 And the LORD said furthermore unto him, Put now thine hand into thy bosom. And he put his hand into his bosom; and when he took it out, behold, his hand *was* leprous *i* as snow.

7 And he said, Put thine hand into thy bosom again. And he put his hand into his bosom again, and plucked it out of his bosom; and, behold, it was *k* turned again as his *other* flesh.

7 וַיֹּאמֶר הָשֵׁב יָדְךָ אֶל־חֵיקֶךָ וַיָּשֶׁב יָדוֹ אֶל־חֵיקוֹ

8 וַיּוֹצִאָהּ מֵחֵיקוֹ וְהִנֵּה־שָׁבָה כִּבְשָׂרוֹ׃ וְהָיָה אִם־

לֹא יַאֲמִינוּ לָךְ וְלֹא יִשְׁמְעוּ לְקֹל הָאֹת הָרִאשׁוֹן

9 וְהֶאֱמִינוּ לְקֹל הָאֹת הָאַחֲרוֹן׃ וְהָיָה אִם־לֹא

יַאֲמִינוּ גַּם לִשְׁנֵי הָאֹתוֹת הָאֵלֶּה וְלֹא יִשְׁמְעוּן

לְקֹלֶךָ וְלָקַחְתָּ מִמֵּימֵי הַיְאֹר וְשָׁפַכְתָּ הַיַּבָּשָׁה וְהָיוּ

הַמַּיִם אֲשֶׁר תִּקַּח מִן־הַיְאֹר וְהָיוּ לְדָם בַּיַּבָּשֶׁת׃

10 וַיֹּאמֶר מֹשֶׁה אֶל־יְהוָה בִּי אֲדֹנָי לֹא אִישׁ דְּבָרִים

אָנֹכִי גַּם מִתְּמוֹל גַּם מִשִּׁלְשֹׁם גַּם מֵאָז דַּבֶּרְךָ

11 אֶל־עַבְדֶּךָ כִּי כְבַד־פֶּה וּכְבַד לָשׁוֹן אָנֹכִי׃ וַיֹּאמֶר

יְהוָה אֵלָיו מִי שָׂם פֶּה לָאָדָם אוֹ מִי־יָשׂוּם אִלֵּם אוֹ

12 חֵרֵשׁ אוֹ פִקֵּחַ אוֹ עִוֵּר הֲלֹא אָנֹכִי יְהוָה׃ וְעַתָּה

לֵךְ וְאָנֹכִי אֶהְיֶה עִם־פִּיךָ וְהוֹרֵיתִיךָ אֲשֶׁר תְּדַבֵּר׃

13 וַיֹּאמֶר בִּי אֲדֹנָי שְׁלַח־נָא בְּיַד־תִּשְׁלָח׃ וַיִּחַר־אַף
14

יְהוָה בְּמֹשֶׁה וַיֹּאמֶר הֲלֹא אַהֲרֹן אָחִיךָ הַלֵּוִי יָדַעְתִּי

כִּי־דַבֵּר יְדַבֵּר הוּא וְגַם הִנֵּה־הוּא יֹצֵא לִקְרָאתֶךָ

15 וְרָאֲךָ וְשָׂמַח בְּלִבּוֹ׃ וְדִבַּרְתָּ אֵלָיו וְשַׂמְתָּ אֶת־

הַדְּבָרִים בְּפִיו וְאָנֹכִי אֶהְיֶה עִם־פִּיךָ וְעִם־פִּיהוּ

16 וְהוֹרֵיתִי אֶתְכֶם אֵת אֲשֶׁר תַּעֲשׂוּן׃ וְדִבֶּר־הוּא

לְךָ אֶל־הָעָם וְהָיָה הוּא יִהְיֶה־לְּךָ לְפֶה וְאַתָּה

17 תִּהְיֶה־לּוֹ לֵאלֹהִים׃ וְאֶת־הַמַּטֶּה הַזֶּה תִּקַּח

בְּיָדֶךָ אֲשֶׁר תַּעֲשֶׂה־בּוֹ אֶת־הָאֹתֹת׃ פ

18 וַיֵּלֶךְ מֹשֶׁה וַיָּשָׁב אֶל־יֶתֶר חֹתְנוֹ וַיֹּאמֶר לוֹ אֵלְכָה

נָּא וְאָשׁוּבָה אֶל־אַחַי אֲשֶׁר־בְּמִצְרַיִם וְאֶרְאֶה

הַעוֹדָם חַיִּים וַיֹּאמֶר יִתְרוֹ לְמֹשֶׁה לֵךְ לְשָׁלוֹם׃

19 וַיֹּאמֶר יְהוָה אֶל־מֹשֶׁה בְּמִדְיָן לֵךְ שֻׁב מִצְרָיִם

כִּי־מֵתוּ כָּל־הָאֲנָשִׁים הַמְבַקְשִׁים אֶת־נַפְשֶׁךָ׃

20 וַיִּקַּח מֹשֶׁה אֶת־אִשְׁתּוֹ וְאֶת־בָּנָיו וַיַּרְכִּבֵם עַל־

הַחֲמֹר וַיָּשָׁב אַרְצָה מִצְרָיִם וַיִּקַּח מֹשֶׁה אֶת־

21 מַטֵּה הָאֱלֹהִים בְּיָדוֹ׃ וַיֹּאמֶר יְהוָה אֶל־מֹשֶׁה

בְּלֶכְתְּךָ לָשׁוּב מִצְרַיְמָה רְאֵה כָּל־הַמֹּפְתִים אֲשֶׁר־

שַׂמְתִּי בְיָדֶךָ וַעֲשִׂיתָם לִפְנֵי פַרְעֹה וַאֲנִי אֲחַזֵּק אֶת־

22 לִבּוֹ וְלֹא יְשַׁלַּח אֶת־הָעָם׃ וְאָמַרְתָּ אֶל־פַּרְעֹה

23 כֹּה אָמַר יְהוָה בְּנִי בְכֹרִי יִשְׂרָאֵל׃ וָאֹמַר אֵלֶיךָ

שַׁלַּח אֶת־בְּנִי וְיַעַבְדֵנִי וַתְּמָאֵן לְשַׁלְּחוֹ הִנֵּה אָנֹכִי

24 הֹרֵג אֶת־בִּנְךָ בְּכֹרֶךָ׃ וַיְהִי בַדֶּרֶךְ בַּמָּלוֹן וַיִּפְגְּשֵׁהוּ

25 יְהוָה וַיְבַקֵּשׁ הֲמִיתוֹ׃ וַתִּקַּח צִפֹּרָה צֹר וַתִּכְרֹת

אֶת־עָרְלַת בְּנָהּ וַתַּגַּע לְרַגְלָיו וַתֹּאמֶר כִּי חֲתַן־

---

26 דָּמִים אַתָּה לִי׃ וַיִּרֶף מִמֶּנּוּ אָז אָמְרָה חֲתַן

דָּמִים לַמּוּלֹת׃ פ

27 וַיֹּאמֶר יְהוָה אֶל־אַהֲרֹן לֵךְ לִקְרַאת מֹשֶׁה

הַמִּדְבָּרָה וַיֵּלֶךְ וַיִּפְגְּשֵׁהוּ בְּהַר הָאֱלֹהִים וַיִּשַּׁק־לוֹ׃

28 וַיַּגֵּד מֹשֶׁה לְאַהֲרֹן אֵת כָּל־דִּבְרֵי יְהוָה אֲשֶׁר

29 שְׁלָחוֹ וְאֵת כָּל־הָאֹתֹת אֲשֶׁר צִוָּהוּ׃ וַיֵּלֶךְ מֹשֶׁה

30 וְאַהֲרֹן וַיַּאַסְפוּ אֶת־כָּל־זִקְנֵי בְּנֵי יִשְׂרָאֵל׃ וַיְדַבֵּר

אַהֲרֹן אֵת כָּל־הַדְּבָרִים אֲשֶׁר־דִּבֶּר יְהוָה אֶל־מֹשֶׁה

31 וַיַּעַשׂ הָאֹתֹת לְעֵינֵי הָעָם׃ וַיַּאֲמֵן הָעָם וַיִּשְׁמְעוּ

כִּי־פָקַד יְהוָה אֶת־בְּנֵי יִשְׂרָאֵל וְכִי רָאָה אֶת־עָנְיָם

וַיִּקְּדוּ וַיִּשְׁתַּחֲווּ׃

CAP. V. ה

1 וְאַחַר בָּאוּ מֹשֶׁה וְאַהֲרֹן וַיֹּאמְרוּ אֶל־פַּרְעֹה כֹּה־

אָמַר יְהוָה אֱלֹהֵי יִשְׂרָאֵל שַׁלַּח אֶת־עַמִּי וְיָחֹגּוּ לִי

2 בַּמִּדְבָּר׃ וַיֹּאמֶר פַּרְעֹה מִי יְהוָה אֲשֶׁר אֶשְׁמַע

בְּקֹלוֹ לְשַׁלַּח אֶת־יִשְׂרָאֵל לֹא יָדַעְתִּי אֶת־יְהוָה וְגַם

3 אֶת־יִשְׂרָאֵל לֹא אֲשַׁלֵּחַ׃ וַיֹּאמְרוּ אֱלֹהֵי הָעִבְרִים

נִקְרָא עָלֵינוּ נֵלֲכָה נָּא דֶּרֶךְ שְׁלֹשֶׁת יָמִים בַּמִּדְבָּר

וְנִזְבְּחָה לַיהוָה אֱלֹהֵינוּ פֶּן־יִפְגָּעֵנוּ בַּדֶּבֶר אוֹ בֶחָרֶב׃

4 וַיֹּאמֶר אֲלֵהֶם מֶלֶךְ מִצְרַיִם לָמָּה מֹשֶׁה וְאַהֲרֹן

תַּפְרִיעוּ אֶת־הָעָם מִמַּעֲשָׂיו לְכוּ לְסִבְלֹתֵיכֶם׃

5 וַיֹּאמֶר פַּרְעֹה הֵן־רַבִּים עַתָּה עַם הָאָרֶץ וְהִשְׁבַּתֶּם

6 אֹתָם מִסִּבְלֹתָם׃ וַיְצַו פַּרְעֹה בַּיּוֹם הַהוּא אֶת־

7 הַנֹּגְשִׂים בָּעָם וְאֶת־שֹׁטְרָיו לֵאמֹר׃ לֹא תֹאסִפוּן

לָתֵת תֶּבֶן לָעָם לִלְבֹּן הַלְּבֵנִים כִּתְמוֹל שִׁלְשֹׁם הֵם

8 יֵלְכוּ וְקֹשְׁשׁוּ לָהֶם תֶּבֶן׃ וְאֶת־מַתְכֹּנֶת הַלְּבֵנִים

אֲשֶׁר הֵם עֹשִׂים תְּמוֹל שִׁלְשֹׁם תָּשִׂימוּ עֲלֵיהֶם לֹא

תִגְרְעוּ מִמֶּנּוּ כִּי־נִרְפִּים הֵם עַל־כֵּן הֵם צֹעֲקִים

9 לֵאמֹר נֵלֲכָה נִזְבְּחָה לֵאלֹהֵינוּ׃ תִּכְבַּד הָעֲבֹדָה

עַל־הָאֲנָשִׁים וְיַעֲשׂוּ־בָהּ וְאַל־יִשְׁעוּ בְּדִבְרֵי־שָׁקֶר׃

10 וַיֵּצְאוּ נֹגְשֵׂי הָעָם וְשֹׁטְרָיו וַיֹּאמְרוּ אֶל־הָעָם לֵאמֹר

11 כֹּה אָמַר פַּרְעֹה אֵינֶנִּי נֹתֵן לָכֶם תֶּבֶן׃ אַתֶּם לְכוּ

קְחוּ לָכֶם תֶּבֶן מֵאֲשֶׁר תִּמְצָאוּ כִּי אֵין נִגְרָע

12 מֵעֲבֹדַתְכֶם דָּבָר׃ וַיָּפֶץ הָעָם בְּכָל־אֶרֶץ מִצְרָיִם

13 לְקֹשֵׁשׁ קַשׁ לַתֶּבֶן׃ וְהַנֹּגְשִׂים אָצִים לֵאמֹר כַּלּוּ

מַעֲשֵׂיכֶם דְּבַר־יוֹם בְּיוֹמוֹ כַּאֲשֶׁר בִּהְיוֹת הַתֶּבֶן׃

14 וַיֻּכּוּ שֹׁטְרֵי בְּנֵי יִשְׂרָאֵל אֲשֶׁר־שָׂמוּ עֲלֵהֶם נֹגְשֵׂי

פַרְעֹה לֵאמֹר מַדּוּעַ לֹא כִלִּיתֶם חָקְכֶם לִלְבֹּן כִּתְמוֹל

8 And it shall come to pass, if they will not believe thee, neither hearken to the voice of the first sign, that they will believe the voice of the latter sign.

9 And it shall come to pass, if they will not believe also these two signs, neither hearken unto thy voice, that thou shalt take of the water of the river, and pour *it* upon the dry *land :* and the water which thou takest out of the river β shall become^e blood upon the dry *land.*

10 And Moses said unto the LORD, O my Lord, I *am* not γ eloquent, neither δ heretofore, nor since thou hast spoken unto thy servant: but I *am* slow of speech, and of a slow tongue.

11 And the LORD said unto him, Who hath made man's mouth ? *f* or who maketh the dumb, or deaf, or the seeing, or the blind ? have not I the LORD ?

12 Now therefore go, and I will be with thy mouth, and teach thee what^g thou shalt say.

13 And he said, O my Lord, send, I pray thee, by the hand *of him whom* thou ζ wilt send.

14 And the anger of the LORD was kindled against Moses ; and he said, *Is* not Aaron the Levite thy brother ? I know that he can speak well. And also, behold, he cometh forth to meet thee ; and when he seeth thee,^m he will be glad in his heart.

15 And thou shalt speak unto him, and put words ⁿ in his mouth : and I will be with thy mouth, and with his mouth, and will teach you what ye shall do.

16 And he shall be thy spokesman unto the people : and he shall be, *even* he shall be to thee instead of a mouth, and thou shalt be to him instead ^o of God.

17 And thou shalt take this rod ^p in thine hand, wherewith thou shalt do signs.

18 And Moses went, and returned to η Jethro his father-in-law, and said unto him, Let me go, I pray thee, and return unto my brethren which *are* in Egypt, and see whether they be yet alive. And Jethro said to Moses, Go in peace.

19 And the LORD said unto Moses in Midian, Go, return into Egypt : for all the men ^r are dead which sought thy life.

20 And Moses took his wife and his sons, and set them upon an ass, and he returned to the land of Egypt : and Moses took the rod ^t of God in his hand.

21 And the LORD said unto Moses, When thou goest to return into Egypt, see *that* thou do all those ^u wonders before Pharaoh, which I have put in thine hand : but I will harden ^v his heart, that he shall not let the people go.

22 And thou shalt say unto Pharaoh. Thus saith the LORD, Israel *is* my son,^w *even* my first-born :

23 And I say unto thee, Let my son go, that he may serve me : and if thou refuse to let him go, behold, I will slay ^x thy son, *even* thy first-born.

24 And it came to pass, by the way in the inn, that the LORD ^y met him, and sought to kill ^z him.

25 Then Zipporah took a sharp λ stone, and ^a cut off the foreskin of her son, and cast μ *it* at his feet, and said, Surely a bloody husband *art* thou to me.

26 So he let him go : then she said, A bloody husband *thou art,* because of the circumcision.

27 And the LORD said to Aaron, Go

B. C. 1491.

a ch. 3. 1.
β *shall be and shall be.*
b ver. 16.
c ch. 7. 20.
 Ps. 78. 44.
γ *a man of words.*
d ch. 3. 18.
 ver. 8, 9.
δ *since yesterday, nor since the third day.*
e Ge. 17. 3.
 24. 26.
 ch. 12. 27.
 1 Ch. 29.20.
 2 Ch. 20.18.
f Ps. 94. 9.
 Je. 1. 6, 9.
g Is. 50. 4.
 Mat. 10. 19.
h ch. 10. 9.
i 2 Ki. 18. 35.
 Job 21. 15.
 Ps. 12. 4.
ζ or, *should-est.*
k ch. 3. 18.
l De. 28. 21.
 Eze. 6. 11.
m ver. 27.
n Nu. 22. 38.
 23. 5, &c.
 De. 18. 18.
 Is. 51. 16.
 Je. 1. 9.
 Lu. 21. 15.
o ch. 7. 1.
 18. 19.
p ver. 2.
η *Jether.*
q Ps. 106. 41.
θ *Let the work be heavy upon the men.*
r ch. 2. 15.23.
 Mat. 2. 20.
s 2 Ki. 18. 20.
t ch. 17. 9.
 Nu. 20.8,9.
u ch. 3. 20.
v ch. 7. 3, &c.
 De. 2. 30.
 Jos. 11. 20.
 Is. 6. 10.
 63. 17.
 Jnº. 12. 40.
 Ro. 9. 18.
 2Th.2.10..12.
w De. 14. 1.
 Je. 31. 9.
 Ho. 11. 1.
 Ro. 9. 4.
x *a matter of a day in his day.*
x ch. 11. 5.
 12. 29.
y Nu. 22. 22.
z Ge. 17. 14.
λ or, *knife.*
a Jos. 5. 2, 3.
μ *made it touch.*

---

into the wilderness to meet Moses. And he went, and met him in the mount^a of God, and kissed him.

28 And Moses told Aaron all the words of the LORD who had sent him, and all the signs which he had commanded him.

29 And Moses and Aaron went and gathered together all the elders of the children of Israel :

30 And Aaron spake ^b all the words which the LORD had spoken unto Moses, and did the signs in the sight of the people.

31 And the people believed :^d and when they heard that the LORD had visited the children of Israel, and that he had looked upon their affliction, then they bowed their heads ^e and worshipped.

CHAP. V.

AND afterward Moses & Aaron went in, & told Pharaoh, Thus saith the LORD God of Israel, Let my people go, that they may hold a feast ^h unto me in the wilderness.

2 And Pharaoh said,ⁱ Who *is* the LORD, that I should obey his voice to let Israel go ? I know not the LORD, neither will I let Israel go.

3 And they said, The God of the^k Hebrews hath met with us : let us go, we pray thee, three days' journey into the desert, and sacrifice unto the LORD our God ; lest he fall upon us with pestilence,^l or with the sword.

4 And the king of Egypt said unto them, Wherefore do ye, Moses and Aaron, let the people from their works ? get you unto your burdens.

5 And Pharaoh said, Behold, the people of the land now *are* many, and ye make them rest from their burdens.

6 And Pharaoh commanded the same day the task-masters of the people, and their officers, saying,

7 Ye shall no more give the people straw to make brick, as heretofore : let them go and gather straw for themselves.

8 And the tale of the bricks, which they did make heretofore, ye shall lay ^q upon them ; ye shall not diminish *ought* thereof : for they *be* idle ; therefore they cry, saying, Let us go *and* sacrifice to our God.

9 Let θ there more work be laid upon the men, that they may labour therein : and let them not regard vain^s words.

10 And the task-masters of the people went out, and their officers, and they spake to the people, saying, Thus saith Pharaoh, I will not give you straw.

11 Go ye, get you straw where ye can find it : yet not ought of your work shall be diminished.

12 So the people were scattered abroad throughout all the land of Egypt, to gather stubble instead of straw.

13 And the task-masters hasted *them,* saying, Fulfil your works, *your* κ daily tasks, as when there was straw.

14 And the officers of the children of Israel, which Pharaoh's task-masters had set over them, were beaten, and demanded, Wherefore have ye not fulfilled your task in making brick, both yesterday and to day, as heretofore ?

15 Then ye officers of ye children of Israel came & cried unto Pharaoh, saying, Wherefore dealest thou thus with thy servants ?

16 There is no straw given unto thy servants, and they say to us, Make brick : and, behold, thy servants *are* beaten ; but the fault *is* in thine own people.

17 But he said, Ye *are* idle, ye *are* idle

15 וַיָּבֹאוּ שֹׁטְרֵי בְּנֵי יִשְׂרָאֵל וַיִּצְעֲקוּ אֶל־פַּרְעֹה לֵאמֹר לָמָּה תַעֲשֶׂה כֹה לַעֲבָדֶיךָ׃

16 תֶּבֶן אֵין נִתָּן לַעֲבָדֶיךָ וּלְבֵנִים אֹמְרִים לָנוּ עֲשׂוּ וְהִנֵּה עֲבָדֶיךָ מֻכִּים וְחָטָאת עַמֶּךָ׃

17 וַיֹּאמֶר נִרְפִּים אַתֶּם נִרְפִּים עַל־כֵּן אַתֶּם אֹמְרִים נֵלְכָה נִזְבְּחָה לַיהוָה׃

18 וְעַתָּה לְכוּ עִבְדוּ וְתֶבֶן לֹא־יִנָּתֵן לָכֶם וְתֹכֶן לְבֵנִים תִּתֵּנּוּ׃

19 וַיִּרְאוּ שֹׁטְרֵי בְנֵי־יִשְׂרָאֵל אֹתָם בְּרָע לֵאמֹר לֹא־תִגְרְעוּ מִלִּבְנֵיכֶם דְּבַר־יוֹם בְּיוֹמוֹ׃

20 וַיִּפְגְּעוּ אֶת־מֹשֶׁה וְאֶת־אַהֲרֹן נִצָּבִים לִקְרָאתָם בְּצֵאתָם מֵאֵת פַּרְעֹה׃

21 וַיֹּאמְרוּ אֲלֵהֶם יֵרֶא יְהוָה עֲלֵיכֶם וְיִשְׁפֹּט אֲשֶׁר הִבְאַשְׁתֶּם אֶת־רֵיחֵנוּ בְּעֵינֵי פַרְעֹה וּבְעֵינֵי עֲבָדָיו לָתֶת־חֶרֶב בְּיָדָם לְהָרְגֵנוּ׃

22 וַיָּשָׁב מֹשֶׁה אֶל־יְהוָה וַיֹּאמַר אֲדֹנָי לָמָה הֲרֵעֹתָה לָעָם הַזֶּה לָמָּה זֶּה שְׁלַחְתָּנִי׃

23 וּמֵאָז בָּאתִי אֶל־פַּרְעֹה לְדַבֵּר בִּשְׁמֶךָ הֵרַע לָעָם הַזֶּה וְהַצֵּל לֹא־הִצַּלְתָּ אֶת־עַמֶּךָ׃

CAP. VI. ו

1 וַיֹּאמֶר יְהוָה אֶל־מֹשֶׁה עַתָּה תִרְאֶה אֲשֶׁר אֶעֱשֶׂה לְפַרְעֹה כִּי בְיָד חֲזָקָה יְשַׁלְּחֵם וּבְיָד חֲזָקָה יְגָרְשֵׁם מֵאַרְצוֹ׃

14 ד ס ס ס

2 וַיְדַבֵּר אֱלֹהִים אֶל־מֹשֶׁה וַיֹּאמֶר אֵלָיו אֲנִי יְהוָה׃

3 וָאֵרָא אֶל־אַבְרָהָם אֶל־יִצְחָק וְאֶל־יַעֲקֹב בְּאֵל שַׁדָּי וּשְׁמִי יְהוָה לֹא נוֹדַעְתִּי לָהֶם׃

4 וְגַם הֲקִמֹתִי אֶת־בְּרִיתִי אִתָּם לָתֵת לָהֶם אֶת־אֶרֶץ כְּנָעַן אֵת אֶרֶץ מְגֻרֵיהֶם אֲשֶׁר־גָּרוּ בָהּ׃

5 וְגַם אֲנִי שָׁמַעְתִּי אֶת־נַאֲקַת בְּנֵי יִשְׂרָאֵל אֲשֶׁר מִצְרַיִם מַעֲבִדִים אֹתָם וָאֶזְכֹּר אֶת־בְּרִיתִי׃

6 לָכֵן אֱמֹר לִבְנֵי־יִשְׂרָאֵל אֲנִי יְהוָה וְהוֹצֵאתִי אֶתְכֶם מִתַּחַת סִבְלֹת מִצְרַיִם וְהִצַּלְתִּי אֶתְכֶם מֵעֲבֹדָתָם וְגָאַלְתִּי אֶתְכֶם בִּזְרוֹעַ נְטוּיָה וּבִשְׁפָטִים גְּדֹלִים׃

7 וְלָקַחְתִּי אֶתְכֶם לִי לְעָם וְהָיִיתִי לָכֶם לֵאלֹהִים וִידַעְתֶּם כִּי אֲנִי יְהוָה אֱלֹהֵיכֶם הַמּוֹצִיא אֶתְכֶם מִתַּחַת סִבְלוֹת מִצְרָיִם׃

8 וְהֵבֵאתִי אֶתְכֶם אֶל־הָאָרֶץ אֲשֶׁר נָשָׂאתִי אֶת־יָדִי לָתֵת אֹתָהּ לְאַבְרָהָם לְיִצְחָק וּלְיַעֲקֹב וְנָתַתִּי אֹתָהּ לָכֶם מוֹרָשָׁה אֲנִי יְהוָה׃

9 וַיְדַבֵּר מֹשֶׁה כֵּן אֶל־בְּנֵי יִשְׂרָאֵל וְלֹא שָׁמְעוּ אֶל־מֹשֶׁה מִקֹּצֶר רוּחַ וּמֵעֲבֹדָה קָשָׁה׃

10 וַיְדַבֵּר יְהוָה אֶל־מֹשֶׁה לֵּאמֹר׃

11 בֹּא דַבֵּר אֶל־פַּרְעֹה מֶלֶךְ מִצְרָיִם וִישַׁלַּח אֶת־בְּנֵי־יִשְׂרָאֵל מֵאַרְצוֹ׃

12 וַיְדַבֵּר מֹשֶׁה לִפְנֵי יְהוָה לֵאמֹר הֵן בְּנֵי־יִשְׂרָאֵל לֹא־שָׁמְעוּ אֵלַי וְאֵיךְ יִשְׁמָעֵנִי פַרְעֹה וַאֲנִי עֲרַל שְׂפָתָיִם׃

13 וַיְדַבֵּר יְהוָה אֶל־מֹשֶׁה וְאֶל־אַהֲרֹן וַיְצַוֵּם אֶל־בְּנֵי יִשְׂרָאֵל וְאֶל־פַּרְעֹה מֶלֶךְ מִצְרָיִם לְהוֹצִיא אֶת־בְּנֵי־יִשְׂרָאֵל מֵאֶרֶץ מִצְרָיִם׃

14 אֵלֶּה רָאשֵׁי בֵית־אֲבֹתָם בְּנֵי רְאוּבֵן בְּכֹר יִשְׂרָאֵל חֲנוֹךְ וּפַלּוּא חֶצְרֹן וְכַרְמִי אֵלֶּה מִשְׁפְּחֹת רְאוּבֵן׃

15 וּבְנֵי שִׁמְעוֹן יְמוּאֵל וְיָמִין וְאֹהַד וְיָכִין וְצֹחַר וְשָׁאוּל בֶּן־הַכְּנַעֲנִית אֵלֶּה מִשְׁפְּחֹת שִׁמְעוֹן׃

16 וְאֵלֶּה שְׁמוֹת בְּנֵי־לֵוִי לְתֹלְדֹתָם גֵּרְשׁוֹן וּקְהָת וּמְרָרִי וּשְׁנֵי חַיֵּי לֵוִי שֶׁבַע וּשְׁלֹשִׁים וּמְאַת שָׁנָה׃

17 בְּנֵי גֵרְשׁוֹן לִבְנִי וְשִׁמְעִי לְמִשְׁפְּחֹתָם׃

18 וּבְנֵי קְהָת עַמְרָם וְיִצְהָר וְחֶבְרוֹן וְעֻזִּיאֵל וּשְׁנֵי חַיֵּי קְהָת שָׁלֹשׁ וּשְׁלֹשִׁים וּמְאַת שָׁנָה׃

19 וּבְנֵי מְרָרִי מַחְלִי וּמוּשִׁי אֵלֶּה מִשְׁפְּחֹת הַלֵּוִי לְתֹלְדֹתָם׃

20 וַיִּקַּח עַמְרָם אֶת־יוֹכֶבֶד דֹּדָתוֹ לוֹ לְאִשָּׁה וַתֵּלֶד לוֹ אֶת־אַהֲרֹן וְאֶת־מֹשֶׁה וּשְׁנֵי חַיֵּי עַמְרָם שֶׁבַע וּשְׁלֹשִׁים וּמְאַת שָׁנָה׃

21 וּבְנֵי יִצְהָר קֹרַח וָנֶפֶג וְזִכְרִי׃

22 וּבְנֵי עֻזִּיאֵל מִישָׁאֵל וְאֶלְצָפָן וְסִתְרִי׃

23 וַיִּקַּח אַהֲרֹן אֶת־אֱלִישֶׁבַע בַּת־עַמִּינָדָב אֲחוֹת נַחְשׁוֹן לוֹ לְאִשָּׁה וַתֵּלֶד לוֹ אֶת־נָדָב וְאֶת־אֲבִיהוּא אֶת־אֶלְעָזָר וְאֶת־אִיתָמָר׃

24 וּבְנֵי קֹרַח אַסִּיר וְאֶלְקָנָה וַאֲבִיאָסָף אֵלֶּה מִשְׁפְּחֹת הַקָּרְחִי׃

25 וְאֶלְעָזָר בֶּן־אַהֲרֹן לָקַח־לוֹ מִבְּנוֹת פּוּטִיאֵל לוֹ לְאִשָּׁה וַתֵּלֶד לוֹ אֶת־פִּינְחָס אֵלֶּה רָאשֵׁי אֲבוֹת הַלְוִיִּם לְמִשְׁפְּחֹתָם׃

26 הוּא אַהֲרֹן וּמֹשֶׁה אֲשֶׁר אָמַר יְהוָה לָהֶם הוֹצִיאוּ אֶת־בְּנֵי יִשְׂרָאֵל מֵאֶרֶץ מִצְרַיִם עַל־צִבְאֹתָם׃

27 הֵם הַמְדַבְּרִים אֶל־פַּרְעֹה מֶלֶךְ־מִצְרַיִם לְהוֹצִיא אֶת־בְּנֵי־יִשְׂרָאֵל מִמִּצְרָיִם הוּא מֹשֶׁה וְאַהֲרֹן׃

28 וַיְהִי בְּיוֹם דִּבֶּר יְהוָה אֶל־מֹשֶׁה בְּאֶרֶץ מִצְרָיִם׃

29 וַיְדַבֵּר יְהוָה אֶל־מֹשֶׁה לֵּאמֹר אֲנִי יְהוָה דַּבֵּר אֶל־פַּרְעֹה מֶלֶךְ מִצְרַיִם אֵת כָּל־אֲשֶׁר אֲנִי דֹּבֵר אֵלֶיךָ׃

30 וַיֹּאמֶר מֹשֶׁה לִפְנֵי יְהוָה הֵן אֲנִי עֲרַל שְׂפָתַיִם וְאֵיךְ יִשְׁמַע אֵלַי פַּרְעֹה׃

CAP. VII. ז

1 וַיֹּאמֶר יְהוָה אֶל־מֹשֶׁה רְאֵה נְתַתִּיךָ אֱלֹהִים לְפַרְעֹה וְאַהֲרֹן אָחִיךָ יִהְיֶה נְבִיאֶךָ׃

2 אַתָּה תְדַבֵּר אֵת כָּל־אֲשֶׁר אֲצַוֶּךָּ וְאַהֲרֹן אָחִיךָ יְדַבֵּר אֶל־פַּרְעֹה וְשִׁלַּח אֶת־בְּנֵי־יִשְׂרָאֵל מֵאַרְצוֹ׃

3 וַאֲנִי אַקְשֶׁה אֶת־לֵב

therefore ye say, Let us go *and* do sacrifice to the LORD.

18 Go therefore now, *and* work ; for there shall no straw be given you, yet shall ye deliver the tale of bricks.

19 And the officers of the children of Israel did see *that* they *were* in evil *b* case, after it was said, Ye shall not minish *ought* from your bricks of your daily task.

20 And they met Moses and Aaron, who stood in the way, as they came forth from Pharaoh ;

21 And they said unto them, The LORD look upon you, and judge ; because ye have made our savour β to be abhorred *e* in the eyes of Pharaoh, and in the eyes of his servants, to put a sword in their hand to slay us.

22 And Moses returned unto the LORD, and said, Lord, wherefore hast thou *so* evil-entreated*g* this people ? why *is* it *that* thou hast sent me ?

23 For since I came to Pharaoh to speak in thy name, he hath done evil to this people ; γ neither hast thou delivered thy people at all.

CHAP. VI.

THEN the LORD said unto Moses, Now shalt thou see what *h* I will do to Pharaoh : for with a strong hand *i* shall he let them go, and with a strong hand shall he drive them *k* out of his land.

2 And God spake unto Moses, and said unto him, I *am* the δ LORD :

3 And I appeared unto Abraham, unto Isaac, and unto Jacob, by *the name of* God *o* Almighty ; but by my name*p* JE-HOVAH was I not known to them.

4 And I have also established my covenant*q* with them, to give them the land of Canaan, the land of their pilgrimage, wherein they were strangers.

5 And I have also heard the*r* groaning of the children of Israel, whom the Egyptians keep in bondage ; and I have *t* remembered my covenant.

6 Wherefore say unto the children of Israel, I *am* the LORD, and I will bring you out*u* from under the burdens of the Egyptians, and I will rid you out of their bondage,and I will*w* redeem you with a stretched-out arm, and with great judgments :

7 And I will take you to me*y* for a people, and I will be to you a God : and ye shall know that I *am* the LORD your God, which bringeth you out from under the burdens of the Egyptians.

8 And I will bring you in unto the land, concerning the which I did ζ swear to give it to Abraham, to Isaac, and to Jacob ; and I will give it you for an heritage : I *am* the LORD.

9 And Moses spake so unto the children of Israel : but they hearkened not*b* unto Moses for η anguish of spirit, and for cruel bondage.

10 And the LORD spake unto Moses, saying,

11 Go in, speak unto Pharaoh king of Egypt, that he let the children of Israel go out of his land.

12 And Moses spake before the LORD, saying, Behold, the children of Israel have*f* not hearkened unto me ; how then shall Pharaoh hear me, who *am* of*g* uncircumcised lips ?

13 And the LORD spake unto Moses and unto Aaron, and gave them a*h* charge unto the children of Israel, and unto

---

B. C. 1491.

---

a Ge.46.9,&c.
1 Ch. 5. 3.
b De. 32. 36.
Ec.41; 5.8.
c 1 Ch. 4. 24.
d Nu. 3. 17.
1 Ch. 6. 1.
β *to stink.*
e Ge. 34. 30.
1 Sa. 13. 4.
27. 12.
2 Sa. 10. 6.
1 Ch. 19. 6.
f Nu. 26. 57.
g Je. 20. 7.
Hab. 2. 3.
γ *delivering thou hast not delivered.*
h 2 Ch.20.17.
Ps. 12. 5.
i Ps. 89. 13.
j Nu. 16. 1.
k ch. 11. 1.
l Le. 10. 4.
δ or, JEHO-VAH.
m Ru. 4. 19.
n 1 Ch. 6. 3.
24. 1.
o Ge.17. 1.
35.11; 48.3.
p ch. 3. 14.
Ps. 68. 4.
83. 18.
Is.42. 8.
Jnᵒ. 8. 58.
Re. 1. 4.
q Ge.17.7,8.
r ch. 2. 24.
Ps. 106. 44.
s Jos. 24. 33.
t Ps. 105. 8.
u De. 26. 8.
Ps. 81. 6.
v ch.5.1;7.10.
w ch. 15. 13.
De. 7. 8.
1 Ch. 17.21.
Ne. 1. 10.
x ch 33. 1.
Ps.77. 20.
Mi. 6. 4.
y De.4.20;7,6.
2 Sa. 7. 24.
Je. 31. 33.
Ho. 1. 10.
Re. 21.3,7.
ζ *lift up my hand.*
z Je.1.7,8,17.
23.28; 26.2.
Eze. 2. 6,7.
3. 11.
Mat.28. 20.
a ver. 12.
b ch. 5. 21.
η *shortness, or, straitness.*
c Ps. 82. 6.
Jnᵒ. 10. 35.
d ch. 6. 29.
e ch. 11. 9.
f ver. 9.
g ver. 30.
Le. 26. 41.
Je. 9. 26.
Ac. 7. 51.
h Nu.27.19,23
De. 31. 14.

Pharaoh king of Egypt, to bring the children of Israel out of the land of Egypt.

14 These *be* the heads of their fathers' houses:*a* the sons of Reuben, the first-born of Israel ; Hanoch, and Pallu, Hezron,and Carmi : these *be* the families of Reuben.

15 And *c* the sons of Simeon ; Jemuel, & Jamin, and Ohad, and Jachin, and Zohar, and Shaul, the son of a Canaanitish woman : these *are* the families of Simeon.

16 And these *are* the names of the sons of *d* Levi, according to their generations; Gershon, and Kohath, and Merari. And the years of the life of Levi, *were* an hundred thirty and seven years.

17 The sons of Gershon ; Libni, and Shimi, according to their families.

18 And the sons of Kohath ; *f* Amram, and Izhar, and Hebron, and Uzziel. And the years of the life of Kohath *were* an hundred thirty and three years.

19 And the sons of Merari ; Mahali, and Mushi : these *are* the families of Levi, according to their generations.

20 And Amram took him Jochebed, his father's sister, to wife ; and she bare him Aaron and Moses. And the years of the life of Amram *were* an hundred and thirty and seven years.

21 And the sons of Izhar ;*j* Korah, and Nepheg, and Zithri.

22 And the sons of Uzziel ;*l* Mishael, and Elzaphan, and Zithri.

23 And Aaron took him Elisheba, daughter of*m* Amminadab, sister of Naashon, to wife ; and she bare him*n* Nadab, and Abihu, Eleazar, and Ithamar.

24 And the sons of Korah ; Assir, and Elkanah,& Abiasaph:these *are* the families of the Korhites.

25 And Eleazar, Aaron's son, took him one of the daughters of Putiel to wife ; and she bare him Phinehas :*c* these *are* the heads of the fathers of the Levites, according to their families.

26 These *are* that Aaron and Moses, to whom the LORD said, Bring out the children of Israel from the land of Egypt, according to their armies.

27 These *are* they which spake to*v* Pharaoh king of Egypt, to bring out the children of Israel *x* from Egypt : these *are* that Moses and Aaron.

28 And it came to pass, on the day *when* the LORD spake unto Moses in the land of Egypt,

29 That the LORD spake unto Moses, saying, I *am* the LORD : speak thou unto Pharaoh king of Egypt all *z* that I say unto thee.

30 And Moses said before the LORD, Behold, I *am* of uncircumcised *a* lips, and how shall Pharaoh hearken unto me ?

CHAP. VII.

AND the LORD said unto Moses, See, I have made thee a god *c* to Pharaoh ; and Aaron thy brother shall be thy prophet.

2 Thou shalt speak all *d* that I command thee ; and Aaron thy brother shall speak unto Pharaoh, that he send the children of Israel out of his land.

3 And I will *e* harden Pharaoh's heart, and multiply my signs and my wonders in the land of Egypt.

4 But Pharaoh shall not hearken unto you, that I may lay my hand upon Egypt, and bring forth mine armies, *and* my people the children of Israel, out of the land of Egypt by great judgments.

פַּרְעֹה וְהִרְבֵּיתִי אֶת־אֹתֹתַי וְאֶת־מוֹפְתַי בְּאֶרֶץ 22

4 מִצְרָיִם : וְלֹא־יִשְׁמַע אֲלֵכֶם פַּרְעֹה וְנָתַתִּי אֶת־יָדִי

בְּמִצְרָיִם וְהוֹצֵאתִי אֶת־צִבְאֹתַי אֶת־עַמִּי בְנֵי 23

5 יִשְׂרָאֵל מֵאֶרֶץ מִצְרַיִם בִּשְׁפָטִים גְּדֹלִים : וְיָדְעוּ 24

מִצְרַיִם כִּי־אֲנִי יְהֹוָה בִּנְטֹתִי אֶת־יָדִי עַל־מִצְרָיִם 25

6 וְהוֹצֵאתִי אֶת־בְּנֵי־יִשְׂרָאֵל מִתּוֹכָם : וַיַּעַשׂ מֹשֶׁה

7 וְאַהֲרֹן כַּאֲשֶׁר צִוָּה יְהֹוָה אֹתָם כֵּן עָשׂוּ : וּמֹשֶׁה 26

בֶּן־שְׁמֹנִים שָׁנָה וְאַהֲרֹן בֶּן־שָׁלֹשׁ וּשְׁמֹנִים שָׁנָה 27

בְּדַבְּרָם אֶל־פַּרְעֹה :   פ

9/8 וַיֹּאמֶר יְהֹוָה אֶל־מֹשֶׁה וְאֶל־אַהֲרֹן לֵאמֹר : כִּי 28

יְדַבֵּר אֲלֵכֶם פַּרְעֹה לֵאמֹר תְּנוּ לָכֶם מוֹפֵת וְאָמַרְתָּ

אֶל־אַהֲרֹן קַח אֶת־מַטְּךָ וְהַשְׁלֵךְ לִפְנֵי־פַרְעֹה יְהִי 29

10 לְתַנִּין : וַיָּבֹא מֹשֶׁה וְאַהֲרֹן אֶל־פַּרְעֹה וַיַּעֲשׂוּ כֵן

כַּאֲשֶׁר צִוָּה יְהֹוָה וַיַּשְׁלֵךְ אַהֲרֹן אֶת־מַטֵּהוּ לִפְנֵי

CAP. VIII. ח

1 וַיֹּאמֶר יְהֹוָה אֶל־מֹשֶׁה אֱמֹר אֶל־אַהֲרֹן נְטֵה אֶת־

יָדְךָ בְּמַטֶּךָ עַל־הַנְּהָרֹת עַל־הַיְאֹרִים וְעַל־הָאֲגַמִּים

2 וְהַעַל אֶת־הַצְפַרְדְּעִים עַל־אֶרֶץ מִצְרָיִם : וַיֵּט

אַהֲרֹן אֶת־יָדוֹ עַל מֵימֵי מִצְרָיִם וַתַּעַל הַצְּפַרְדֵּעַ

3 וַתְּכַס אֶת־אֶרֶץ מִצְרָיִם : וַיַּעֲשׂוּ־כֵן הַחַרְטֻמִּים

בְּלָטֵיהֶם וַיַּעֲלוּ אֶת־הַצְפַרְדְּעִים עַל־אֶרֶץ מִצְרָיִם :

4 וַיִּקְרָא פַרְעֹה לְמֹשֶׁה וּלְאַהֲרֹן וַיֹּאמֶר הַעְתִּירוּ אֶל־

יְהֹוָה וְיָסֵר הַצְפַרְדְּעִים מִמֶּנִּי וּמֵעַמִּי וַאֲשַׁלְּחָה אֶת־

5 הָעָם וְיִזְבְּחוּ לַיהֹוָה : וַיֹּאמֶר מֹשֶׁה לְפַרְעֹה הִתְפָּאֵר

עָלַי לְמָתַי אַעְתִּיר לְךָ וְלַעֲבָדֶיךָ וּלְעַמְּךָ לְהַכְרִית

6 הַצְפַרְדְּעִים מִמְּךָ וּמִבָּתֶּיךָ רַק בַּיְאֹר תִּשָּׁאַרְנָה :

וַיֹּאמֶר לְמָחָר וַיֹּאמֶר כִּדְבָרְךָ לְמַעַן תֵּדַע כִּי־אֵין 7

כַּיהֹוָה אֱלֹהֵינוּ : וְסָרוּ הַצְפַרְדְּעִים מִמְּךָ וּמִבָּתֶּיךָ

8 וּמֵעֲבָדֶיךָ וּמֵעַמֶּךָ רַק בַּיְאֹר תִּשָּׁאַרְנָה : וַיֵּצֵא מֹשֶׁה

וְאַהֲרֹן מֵעִם פַּרְעֹה וַיִּצְעַק מֹשֶׁה אֶל־יְהֹוָה עַל־דְּבַר

9 הַצְפַרְדְּעִים אֲשֶׁר־שָׂם לְפַרְעֹה : וַיַּעַשׂ יְהֹוָה כִּדְבַר

מֹשֶׁה וַיָּמֻתוּ הַצְפַרְדְּעִים מִן־הַבָּתִּים מִן־הַחֲצֵרֹת

10 וּמִן־הַשָּׂדֹת : וַיִּצְבְּרוּ אֹתָם חֳמָרִם חֳמָרִם וַתִּבְאַשׁ

11 הָאָרֶץ : וַיַּרְא פַּרְעֹה כִּי הָיְתָה הָרְוָחָה וְהַכְבֵּד

אֶת־לִבּוֹ וְלֹא שָׁמַע אֲלֵהֶם כַּאֲשֶׁר דִּבֶּר יְהֹוָה :   ס

12 וַיֹּאמֶר יְהֹוָה אֶל־מֹשֶׁה אֱמֹר אֶל־אַהֲרֹן נְטֵה אֶת־

מַטְּךָ וְהַךְ אֶת־עֲפַר הָאָרֶץ וְהָיָה לְכִנִּם בְּכָל־אֶרֶץ

13 מִצְרָיִם : וַיַּעֲשׂוּ־כֵן וַיֵּט אַהֲרֹן אֶת־יָדוֹ בְמַטֵּהוּ וַיַּךְ

אֶת־עֲפַר הָאָרֶץ וַתְּהִי הַכִּנָּם בָּאָדָם וּבַבְּהֵמָה כָּל־

14 וְלֹא שָׁמַע אֲלֵכֶם כַּאֲשֶׁר דִּבֶּר יְהֹוָה :   ס   וַיֹּאמֶר

יְהֹוָה אֶל־מֹשֶׁה כָּבֵד לֵב פַּרְעֹה מֵאֵן לְשַׁלַּח הָעָם :

15 לֵךְ אֶל־פַּרְעֹה בַּבֹּקֶר הִנֵּה יֹצֵא הַמַּיְמָה וְנִצַּבְתָּ

לִקְרָאתוֹ עַל־שְׂפַת הַיְאֹר וְהַמַּטֶּה אֲשֶׁר־נֶהְפַּךְ לְנָחָשׁ

16 תִּקַּח בְּיָדֶךָ : וְאָמַרְתָּ אֵלָיו יְהֹוָה אֱלֹהֵי הָעִבְרִים

שְׁלָחַנִי אֵלֶיךָ לֵאמֹר שַׁלַּח אֶת־עַמִּי וְיַעַבְדֻנִי בַּמִּדְבָּר

17 וְהִנֵּה לֹא־שָׁמַעְתָּ עַד־כֹּה : כֹּה אָמַר יְהֹוָה בְּזֹאת

תֵּדַע כִּי אֲנִי יְהֹוָה הִנֵּה אָנֹכִי מַכֶּה בַּמַּטֶּה אֲשֶׁר־

18 בְּיָדִי עַל־הַמַּיִם אֲשֶׁר בַּיְאֹר וְנֶהֶפְכוּ לְדָם : וְהַדָּגָה

אֲשֶׁר־בַּיְאֹר תָּמוּת וּבָאַשׁ הַיְאֹר וְנִלְאוּ מִצְרַיִם

19 לִשְׁתּוֹת מַיִם מִן־הַיְאֹר :   ס   וַיֹּאמֶר יְהֹוָה אֶל־

מֹשֶׁה אֱמֹר אֶל־אַהֲרֹן קַח מַטְּךָ וּנְטֵה־יָדְךָ עַל־

מֵימֵי מִצְרַיִם עַל־נַהֲרֹתָם עַל־יְאֹרֵיהֶם וְעַל־

אַגְמֵיהֶם וְעַל כָּל־מִקְוֵה מֵימֵיהֶם וְיִהְיוּ־דָם וְהָיָה

20 דָם בְּכָל־אֶרֶץ מִצְרַיִם וּבָעֵצִים וּבָאֲבָנִים : וַיַּעֲשׂוּ־כֵן

מֹשֶׁה וְאַהֲרֹן כַּאֲשֶׁר צִוָּה יְהֹוָה וַיָּרֶם בַּמַּטֶּה

21 וַיַּךְ אֶת־הַמַּיִם אֲשֶׁר בַּיְאֹר לְעֵינֵי פַרְעֹה וּלְעֵינֵי

עֲבָדָיו וַיֵּהָפְכוּ כָּל־הַמַּיִם אֲשֶׁר־בַּיְאֹר לְדָם : וְהַדָּגָה

אֲשֶׁר־בַּיְאֹר מֵתָה וַיִּבְאַשׁ הַיְאֹר וְלֹא־יָכְלוּ מִצְרַיִם

לִשְׁתּוֹת מַיִם מִן־הַיְאֹר וַיְהִי הַדָּם בְּכָל־אֶרֶץ

5 And the Egyptians shall know that I *am* the LORD,[a] when 1 stretch forth mine hand upon Egypt, and bring out the children of Israel from among them.

6 And Moses and Aaron did as the LORD commanded them, so did they.

7 And Moses *was* fourscore years old, and Aaron fourscore and three years old, when they spake unto Pharaoh.

8 And the LORD spake unto Moses and unto Aaron, saying,

9 When Pharaoh shall speak unto you, saying, Shew a miracle[b] for you: then thou shalt say unto Aaron, Take thy rod, and cast *it* before Pharaoh, *and* it shall become a serpent.

10 And Moses and Aaron went in unto Pharaoh, and they did so as the LORD had commanded: and Aaron cast down his rod before Pharaoh, and before his servants, and it became a serpent.

11 Then Pharaoh also called the wise men and[c] the sorcerers: now the magicians of Egypt, they also did in like manner with their enchantments.

12 For they cast down every man his rod, and they became serpents: but Aaron's rod swallowed up their rods.

13 And he hardened Pharaoh's heart, that he hearkened not unto them; as the LORD[e] had said.

14 And the LORD said unto Moses, Pharaoh's heart *is* hardened,[f] he refuseth[g] to let the people go.

15 Get thee unto Pharaoh in the morning; lo, he goeth out unto the water; and thou shalt stand by the river's brink against he come; and the rod which was turned to a serpent[i] shalt thou take in thine hand.

16 And thou shalt say unto him, The LORD God of the[k] Hebrews hath sent me unto thee, saying, Let my people go,[l] that they may serve me in the wilderness: and, behold, hitherto thou wouldest not hear.

17 Thus saith the LORD, In this thou shalt know that I am[m] the LORD: behold, I will smite with the rod that *is* in mine hand upon the waters which *are* in the river, and they shall be turned[o] to blood.

18 And the fish that *is* in the river shall die, and the river shall stink; and the Egyptians shall loath to drink of the water of the river.

19 And the LORD spake unto Moses, Say unto Aaron, Take thy rod, and stretch out thine hand upon the waters of Egypt, upon their streams, upon their rivers, and upon their ponds, and upon all their θ pools of water, that they may become blood; and *that* there may be blood throughout all the land of Egypt, both in *vessels of* wood, and in *vessels of* stone.

20 And Moses and Aaron did so, as the LORD commanded; and he lifted up the rod, and smote[s] the waters that *were* in the river, in the sight of Pharaoh, and in the sight of his servants; and all the waters that *were* in the river were turned to blood.

21 And the fish that *was* in the river died; and the river stank, and the Egyptians could not drink[u] of the water of the river: and there was blood throughout all the land of Egypt.

22 And the magicians of Egypt did[w] so with their enchantments: and Pharaoh's heart was hardened, neither did he hearken unto them; as the LORD had said.

23 And Pharaoh turned and went into his house, neither did he set his[y] heart

---

Center reference column

B. C. 1491.

a ch.14,4,18.
Ps. 9. 16.
b Mat. 12.39.
Jnº. 2. 18.
β or, *dough.*
c Da. 2. 2.
2 Ti. 3. 8.
d Ps. 78.45.
105. 30.
Re. 16. 13.
e ver. 4.
f ch. 8. 15.
10. 1, 27.
g Je. 8. 5.
He. 12. 25.
h ch. 9. 28,
10. 17.
Nu. 21. 7.
1 Ki. 13. 6.
Ac. 8. 24.
i ver. 10.
γ or, *have this honour over me.*
k ch. 3. 18.
δ or, *against when.*
l ch. 8. 1, &c.
ζ *to cut off.*
η or, *against to-morrow.*
m ver. 5.
1 Sa. 17. 46.
1 Ki. 20. 28.
2 Ki. 19. 19.
Eze. 29. 9.
30. 8.
38. 23.
n De. 32. 31.
33. 26.
2 Sa. 7. 22.
1 Ch. 17.20.
Ps. 83. 18.
86. 8.
Is. 40. 25.
46. 9.
Je. 10. 6, 7.
o Ps. 78. 44.
105. 29.
Re. 8. 8.
16. 4..6.
p Ja. 5.16,18.
q De.34.10..12
θ *gathering of their waters.*
r Ec. 8. 11.
s ch. 17. 5.
Nu. 20. 11.
t ch. 7. 4.
u ver. 18.
v Ps. 105. 31.
w 2 Ti. 3. 8.
x Ge. 41. 8.
Is. 19. 12.
47. 12.
Da. 2. 10.
y Is. 26. 11.
Je. 5. 3.
36. 24.
Hag. 1. 5.

---

to this also.

24 And all the Egyptians digged round about the river for water to drink; for they could not drink of the water of the river.

25 And seven days were fulfilled, after that the LORD had smitten the river.

CHAP. VIII.

AND the LORD spake unto Moses, Go unto Pharaoh, and say unto him, Thus saith the LORD, Let my people go, that they may serve me.

2 And if thou refuse to let *them* go,behold, I will smite all thy borders with frogs:

3 And the river shall bring forth frogs abundantly, which shall go up and come into thine house, and into thy bed-chamber, and upon thy bed, and into the house, of thy servants, and upon thy people, and into thine ovens, and into thy β kneading-troughs;

4 And the frogs shall come up, both on thee, and upon thy people, and upon all thy servants.

5 And the LORD spake unto Moses, Say unto Aaron, Stretch forth thine hand with thy rod over the streams, over the rivers, and over the ponds, and cause frogs to come up upon the land of Egypt.

6 And Aaron stretched out his hand over the waters of Egypt; and the frogs[d] came up, and covered the land of Egypt.

7 And the magicians did so with their enchantments, and brought up frogs upon the land of Egypt.

8 Then Pharaoh called for Moses and Aaron, & said,[h] Intreat the LORD, that he may take away the frogs from me, & from my people; and I will let the people go, that they may do sacrifice unto the LORD.

9 And Moses said unto Pharaoh, γGlory over me: δ when shall I intreat for thee, & for thy servants, & for thy people, ζ to destroy the frogs from thee and thy houses, *that* they may remain in the river only?

10 And he said,η To-morrow. And he said, *Be it* according to thy word; that thou mayest know that[n] *there is* none like unto the LORD our God.

11 And the frogs shall depart from thee, and from thy houses, and from thy servants, and from thy people; they shall remain in the river only.

12 And Moses and Aaron went out from Pharaoh: and Moses[p] cried unto the LORD because of the frogs which he had brought against Pharaoh.

13 And the LORD did[q] according to the word of Moses; and the frogs died out of the houses, out of the villages, and out of the fields.

14 And they gathered them together upon heaps; and the land stank.

15 But when Pharaoh saw that there was respite, he[r] hardened his heart, and hearkened not unto them; as the LORD had said.[t]

16 And the LORD said unto Moses, Say unto Aaron, Stretch out thy rod, and smite the dust of the land, that it may become lice throughout all the land of Egypt.

17 And they did so: for Aaron stretched out his hand with his rod, and smote the dust of the earth, & it became[v] lice in man & in beast; all the dust of the land became lice throughout all the land of Egypt.

18 And the magicians did so with their enchantments to bring forth lice, but they could not:[x] so there were lice upon man, and upon beast.

14 וַיַּעֲשׂוּ־כֵן הַחַרְטֻמִּים בְּלָטֵיהֶם לְהוֹצִיא אֶת־הַכִּנִּים וְלֹא יָכֹלוּ וַתְּהִי הַכִּנָּם בָּאָדָם וּבַבְּהֵמָה׃

15 וַיֹּאמְרוּ הַחַרְטֻמִּם אֶל־פַּרְעֹה אֶצְבַּע אֱלֹהִים הִוא וַיֶּחֱזַק לֵב־פַּרְעֹה וְלֹא־שָׁמַע אֲלֵהֶם כַּאֲשֶׁר דִּבֶּר יְהוָה׃ ס

16 וַיֹּאמֶר יְהוָה אֶל־מֹשֶׁה הַשְׁכֵּם בַּבֹּקֶר וְהִתְיַצֵּב לִפְנֵי פַרְעֹה הִנֵּה יוֹצֵא הַמָּיְמָה וְאָמַרְתָּ אֵלָיו כֹּה אָמַר יְהוָה שַׁלַּח עַמִּי וְיַעַבְדֻנִי׃

17 כִּי אִם־אֵינְךָ מְשַׁלֵּחַ אֶת־עַמִּי הִנְנִי מַשְׁלִיחַ בְּךָ וּבַעֲבָדֶיךָ וּבְעַמְּךָ וּבְבָתֶּיךָ אֶת־הֶעָרֹב וּמָלְאוּ בָּתֵּי מִצְרַיִם אֶת־הֶעָרֹב וְגַם הָאֲדָמָה אֲשֶׁר־הֵם עָלֶיהָ׃

18 וְהִפְלֵיתִי בַיּוֹם הַהוּא אֶת־אֶרֶץ גֹּשֶׁן אֲשֶׁר עַמִּי עֹמֵד עָלֶיהָ לְבִלְתִּי הֱיוֹת־שָׁם עָרֹב לְמַעַן תֵּדַע כִּי אֲנִי יְהוָה בְּקֶרֶב הָאָרֶץ׃

19 וְשַׂמְתִּי פְדֻת בֵּין עַמִּי וּבֵין עַמֶּךָ לְמָחָר יִהְיֶה הָאֹת הַזֶּה׃

20 וַיַּעַשׂ יְהוָה כֵּן וַיָּבֹא עָרֹב כָּבֵד בֵּיתָה פַרְעֹה וּבֵית עֲבָדָיו וּבְכָל־אֶרֶץ מִצְרַיִם תִּשָּׁחֵת הָאָרֶץ מִפְּנֵי הֶעָרֹב׃

21 וַיִּקְרָא פַרְעֹה אֶל־מֹשֶׁה וּלְאַהֲרֹן וַיֹּאמֶר לְכוּ זִבְחוּ לֵאלֹהֵיכֶם בָּאָרֶץ׃

22 וַיֹּאמֶר מֹשֶׁה לֹא נָכוֹן לַעֲשׂוֹת כֵּן כִּי תּוֹעֲבַת מִצְרַיִם נִזְבַּח לַיהוָה אֱלֹהֵינוּ הֵן נִזְבַּח אֶת־תּוֹעֲבַת מִצְרַיִם לְעֵינֵיהֶם וְלֹא יִסְקְלֻנוּ׃

23 דֶּרֶךְ שְׁלֹשֶׁת יָמִים נֵלֵךְ בַּמִּדְבָּר וְזָבַחְנוּ לַיהוָה אֱלֹהֵינוּ כַּאֲשֶׁר יֹאמַר אֵלֵינוּ׃

24 וַיֹּאמֶר פַּרְעֹה אָנֹכִי אֲשַׁלַּח אֶתְכֶם וּזְבַחְתֶּם לַיהוָה אֱלֹהֵיכֶם בַּמִּדְבָּר רַק הַרְחֵק לֹא־תַרְחִיקוּ לָלֶכֶת הַעְתִּירוּ בַּעֲדִי׃

25 וַיֹּאמֶר מֹשֶׁה הִנֵּה אָנֹכִי יוֹצֵא מֵעִמָּךְ וְהַעְתַּרְתִּי אֶל־יְהוָה וְסָר הֶעָרֹב מִפַּרְעֹה מֵעֲבָדָיו וּמֵעַמּוֹ מָחָר רַק אַל־יֹסֵף פַּרְעֹה הָתֵל לְבִלְתִּי שַׁלַּח אֶת־הָעָם לִזְבֹּחַ לַיהוָה׃

26 וַיֵּצֵא מֹשֶׁה מֵעִם פַּרְעֹה וַיֶּעְתַּר אֶל־יְהוָה׃

27 וַיַּעַשׂ יְהוָה כִּדְבַר מֹשֶׁה וַיָּסַר הֶעָרֹב מִפַּרְעֹה מֵעֲבָדָיו וּמֵעַמּוֹ לֹא נִשְׁאַר אֶחָד׃

28 וַיַּכְבֵּד פַּרְעֹה אֶת־לִבּוֹ גַּם בַּפַּעַם הַזֹּאת וְלֹא שִׁלַּח אֶת־הָעָם׃ פ

CAP. IX. ט

1 וַיֹּאמֶר יְהוָה אֶל־מֹשֶׁה בֹּא אֶל־פַּרְעֹה וְדִבַּרְתָּ אֵלָיו כֹּה־אָמַר יְהוָה אֱלֹהֵי הָעִבְרִים שַׁלַּח אֶת־עַמִּי וְיַעַבְדֻנִי׃

2 כִּי אִם־מָאֵן אַתָּה לְשַׁלֵּחַ וְעוֹדְךָ מַחֲזִיק בָּם׃

3 הִנֵּה יַד־יְהוָה הוֹיָה בְּמִקְנְךָ אֲשֶׁר בַּשָּׂדֶה בַּסּוּסִים בַּחֲמֹרִים בַּגְּמַלִּים בַּבָּקָר וּבַצֹּאן דֶּבֶר כָּבֵד מְאֹד׃

4 וְהִפְלָה יְהוָה בֵּין מִקְנֵה יִשְׂרָאֵל וּבֵין מִקְנֵה מִצְרָיִם

5 וַיָּשֶׂם יְהוָה מוֹעֵד לֵאמֹר מָחָר יַעֲשֶׂה יְהוָה הַדָּבָר הַזֶּה בָּאָרֶץ׃

6 וַיַּעַשׂ יְהוָה אֶת־הַדָּבָר הַזֶּה מִמָּחֳרָת וַיָּמָת כֹּל מִקְנֵה מִצְרָיִם וּמִמִּקְנֵה בְנֵי־יִשְׂרָאֵל לֹא־מֵת אֶחָד׃

7 וַיִּשְׁלַח פַּרְעֹה וְהִנֵּה לֹא־מֵת מִמִּקְנֵה יִשְׂרָאֵל עַד־אֶחָד וַיִּכְבַּד לֵב פַּרְעֹה וְלֹא שִׁלַּח אֶת־הָעָם׃ פ

8 וַיֹּאמֶר יְהוָה אֶל־מֹשֶׁה וְאֶל־אַהֲרֹן קְחוּ לָכֶם מְלֹא חָפְנֵיכֶם פִּיחַ כִּבְשָׁן וּזְרָקוֹ מֹשֶׁה הַשָּׁמַיְמָה לְעֵינֵי פַרְעֹה׃

9 וְהָיָה לְאָבָק עַל כָּל־אֶרֶץ מִצְרָיִם וְהָיָה עַל־הָאָדָם וְעַל־הַבְּהֵמָה לִשְׁחִין פֹּרֵחַ אֲבַעְבֻּעֹת בְּכָל־אֶרֶץ מִצְרָיִם׃

10 וַיִּקְחוּ אֶת־פִּיחַ הַכִּבְשָׁן וַיַּעַמְדוּ לִפְנֵי פַרְעֹה וַיִּזְרֹק אֹתוֹ מֹשֶׁה הַשָּׁמָיְמָה וַיְהִי שְׁחִין אֲבַעְבֻּעֹת פֹּרֵחַ בָּאָדָם וּבַבְּהֵמָה׃

11 וְלֹא־יָכְלוּ הַחַרְטֻמִּים לַעֲמֹד לִפְנֵי מֹשֶׁה מִפְּנֵי הַשְּׁחִין כִּי־הָיָה הַשְּׁחִין בַּחַרְטֻמִּם וּבְכָל־מִצְרָיִם׃

12 וַיְחַזֵּק יְהוָה אֶת־לֵב פַּרְעֹה וְלֹא שָׁמַע אֲלֵהֶם כַּאֲשֶׁר דִּבֶּר יְהוָה אֶל־מֹשֶׁה׃ ס

13 וַיֹּאמֶר יְהוָה אֶל־מֹשֶׁה הַשְׁכֵּם בַּבֹּקֶר וְהִתְיַצֵּב לִפְנֵי פַרְעֹה וְאָמַרְתָּ אֵלָיו כֹּה־אָמַר יְהוָה אֱלֹהֵי הָעִבְרִים שַׁלַּח אֶת־עַמִּי וְיַעַבְדֻנִי׃

14 כִּי בַּפַּעַם הַזֹּאת אֲנִי שֹׁלֵחַ אֶת־כָּל־מַגֵּפֹתַי אֶל־לִבְּךָ וּבַעֲבָדֶיךָ וּבְעַמֶּךָ בַּעֲבוּר תֵּדַע כִּי אֵין כָּמֹנִי בְּכָל־הָאָרֶץ׃

15 כִּי עַתָּה שָׁלַחְתִּי אֶת־יָדִי וָאַךְ אוֹתְךָ וְאֶת־עַמְּךָ בַּדָּבֶר וַתִּכָּחֵד מִן־הָאָרֶץ׃

16 וְאוּלָם בַּעֲבוּר זֹאת הֶעֱמַדְתִּיךָ בַּעֲבוּר הַרְאֹתְךָ אֶת־כֹּחִי וּלְמַעַן סַפֵּר שְׁמִי בְּכָל־הָאָרֶץ׃

17 עוֹדְךָ מִסְתּוֹלֵל בְּעַמִּי לְבִלְתִּי שַׁלְּחָם׃

18 הִנְנִי מַמְטִיר כָּעֵת מָחָר בָּרָד כָּבֵד מְאֹד אֲשֶׁר לֹא־הָיָה כָמֹהוּ בְּמִצְרַיִם לְמִן־הַיּוֹם הִוָּסְדָה וְעַד־עָתָּה׃

19 וְעַתָּה שְׁלַח הָעֵז אֶת־מִקְנְךָ וְאֵת כָּל־אֲשֶׁר לְךָ בַּשָּׂדֶה כָּל־הָאָדָם וְהַבְּהֵמָה אֲשֶׁר־יִמָּצֵא בַשָּׂדֶה וְלֹא יֵאָסֵף הַבַּיְתָה וְיָרַד עֲלֵהֶם הַבָּרָד וָמֵתוּ׃

20 הַיָּרֵא אֶת־דְּבַר יְהוָה מֵעַבְדֵי פַּרְעֹה הֵנִיס אֶת־עֲבָדָיו וְאֶת־מִקְנֵהוּ אֶל־הַבָּתִּים׃

21 וַאֲשֶׁר לֹא־שָׂם לִבּוֹ אֶל־דְּבַר יְהוָה וַיַּעֲזֹב אֶת־עֲבָדָיו וְאֶת־מִקְנֵהוּ בַּשָּׂדֶה׃ פ

22 וַיֹּאמֶר יְהוָה אֶל־מֹשֶׁה נְטֵה אֶת־יָדְךָ עַל־הַשָּׁמַיִם וִיהִי בָרָד בְּכָל־אֶרֶץ מִצְרָיִם עַל־הָאָדָם וְעַל־הַבְּהֵמָה וְעַל כָּל־עֵשֶׂב הַשָּׂדֶה בְּאֶרֶץ מִצְרָיִם׃

23 וַיֵּט מֹשֶׁה

19 Then the magicians said unto Pharaoh, This *is* the *a* finger of God : and Pharaoh's heart was hardened, and he hearkened not unto them ; as the LORD had said.

20 And the LORD said unto Moses, Rise up early in the morning, and stand before Pharaoh ; lo, he cometh forth to the water ; and say unto him, Thus saith the LORD, Let my people go, that they may serve me :

21 Else, if thou wilt not let my people go, behold, I will send β swarms *of flies* upon thee, and upon thy servants, and upon thy people, and into thy houses ; and the houses of the Egyptians shall be full of swarms *of flies*, and also the ground whereon they *are*.

22 And I will sever *d* in that day the land of Goshen, in which my people dwell, that no swarms *of flies* shall be there ; to the end thou mayest know that I *am* the LORD in the midst of the earth.

23 And I will put a γ division between my people and thy people : δ to-morrow shall this sign be.

24 And the LORD did so : and there came a grievous swarm *of flies* into the house of Pharaoh, and *into* his servants' houses, and into all the land of Egypt ; the land was corrupted ζ by reason of the swarm *of flies*.

25 And Pharaoh called for Moses and for Aaron, and said, Go ye, sacrifice to your God in the land.

26 And Moses said, It is not meet so to do ; for we shall sacrifice the abomination *h* of the Egyptians to the LORD our God : lo, shall we sacrifice the abomination of the Egyptians before their eyes, and will they not stone us?

27 We will go *k* three days' journey into the wilderness, and sacrifice to the LORD our God, as he shall *l* command us.

28 And Pharaoh said, I will let you go, that ye may sacrifice to the LORD your God in the wilderness ; only ye shall not go very far away : *n* intreat for me.

29 And Moses said, Behold, I go out from thee, and I will intreat the LORD that the swarms *of flies* may depart from Pharaoh, from his servants, and from his people, to-morrow : but let not Pharaoh deal *q* deceitfully any more in not letting the people go to sacrifice to the LORD.

30 And Moses went out from Pharaoh, and intreated the LORD.

31 And the LORD did according to the word of Moses ; and he removed the swarms *of flies* from Pharaoh, from his servants, and from his people : there remained not one.

32 And Pharaoh *u* hardened his heart at this time also, neither would he let the people go.

CHAP. IX.

THEN the LORD said unto Moses, Go in unto Pharaoh, and tell him, Thus saith the LORD God of the Hebrews, Let my people go, that they may serve me.

2 For if thou refuse to let *them* go, and will hold them still,

3 Behold, the hand of the LORD is upon thy cattle which *is* in the field, upon the horses, upon the asses, upon the camels, upon the oxen, and upon the sheep : *there shall be* a very grievous murrain.

4 And the LORD shall sever between the cattle of Israel, and the cattle of Egypt : and there shall nothing die of all *that is* the children's of Israel.

5 And the LORD appointed a set time,

B. C. 1491.

a 1Sa. 6. 3, 9.
Ps. 8. 3.
Mat.12. 28.
Lu. 11. 20.
b Ps. 78. 50.
β or, *a mixture of* noisome beasts, &c.
c De. 28. 27.
Job 2. 7.
Re. 16. 2.
d ch.9.4, &c.
10. 23.
11. 6,7.
12. 13.
γ *a redemption.*
δ or, *by to-morrow.*
e Is.47.12,14.
ζ or, *destroyed.*
f Ps. 81. 11.
g ch. 4. 21.
h Ge. 43. 32.
46. 34.
De. 7. 25.
12. 31.
1Ki.11.5.7.
2Ki. 23. 13.
i Le. 26. 18.
De. 28. 15.
29. 20.
32. 39.
1 Sa. 4. 8.
Je. 19. 8.
Re. 18. 8.
22. 18.
k ch. 3. 18.
l ch. 34. 11.
Le. 10. 1.
Mat. 28. 20.
m Pr. 2. 22.
n ver. 8.
ch. 9. 28.
1 Ki. 13. 6.
o Pr. 16. 4.
Ro. 9. 17.
1 Pe. 2. 8.
η *made thee stand.*
p Job 9. 4.
15. 25, 26.
q Ps.78.34.37
Je. 42. 20.
r 1 Ki. 19. 2.
20. 6.
s Ps. 83. 15.
t ver. 25.
u ver. 15.
ch. 4. 21.
Ro. 2. 5.
v Pr. 16. 20.
22. 3.
θ *set not his heart unto.*
w ch. 7. 23.
x Jos. 10. 11.
1Sa.12.17,18
Job 38. 22.
Ps. 18. 13.
78. 47.
105. 32.
Is. 30. 30.
Eze. 38. 22.
Re. 8. 7.

saying, To-morrow the LORD shall do this thing in the land.

6 And the LORD did that thing on the morrow, and *b* all the cattle of Egypt died : but of the cattle of the children of Israel died not one.

7 And Pharaoh sent, and, behold, there was not one of the cattle of the Israelites dead. And the heart of Pharaoh was hardened, and he did not let the people go.

8 And the LORD said unto Moses and unto Aaron, Take to you handfuls of ashes of the furnace, and let Moses sprinkle it toward heaven in the sight of Pharaoh.

9 And it shall become small dust in all the land of Egypt,and shall be a boil *c* breaking forth *with* blains upon man, and upon beast, throughout all the land of Egypt.

10 And they took ashes of the furnace, and stood before Pharaoh ; and Moses sprinkled it up toward heaven ; and it became a boil breaking forth *with* blains upon man, and upon beast.

11 And the magicians could not *e* stand before Moses because of the boils ; for the boil was upon the magicians, and upon all the Egyptians.

12 And the LORD hardened the heart of Pharaoh, & he hearkened *f* not unto them ; as the LORD had spoken *g* unto Moses.

13 And the LORD said unto Moses, Rise up early in the morning, and stand before Pharaoh, and say unto him, Thus saith the LORD God of the Hebrews, Let my people go, that they may serve me.

14 For I will at this time send all *i* my plagues upon thine heart, and upon thy servants, and upon thy people ; that thou mayest know that *there is* none like me in all the earth.

15 For now I will stretch out my hand, that I may smite thee and *m* thy people with pestilence ; and thou shalt be cut off from the earth.

16 And in very deed for *o* this *cause* have I *n* raised thee up, for to shew *in* thee my power ; and that my name may be declared throughout all the earth.

17 As yet exaltest thou thyself *p* against my people, that thou wilt not let them go?

18 Behold, to-morrow *r* about this time, I will cause it to rain *s* a very grievous hail, such as hath not been in Egypt since the foundation thereof even until now.

19 Send therefore now, *and* gather thy cattle, and all that thou hast in the field ; *for upon* every man and beast which shall be found in the field, and shall not be brought home, the hail shall come *t* down upon them, and they shall die.

20 He that feared the word *v* of the LORD among the servants of Pharaoh made his servants and his cattle flee into the houses :

21 And he that θ regarded *w* not the word of the LORD left his servants and his cattle in the field.

22 And the LORD said unto Moses, Stretch forth thine hand toward heaven, that there may be hail in all the land of Egypt, upon man, and upon beast, and upon every herb of the field, throughout the land of Egypt.

23 And Moses stretched forth his rod toward heaven ; and the LORD sent thunder and *x* hail, and the fire ran along upon the ground : and the LORD rained hail upon the land of Egypt.

24 So there was hail, and fire mingled with the hail, very grievous, such as

אֶת־מַטֵּהוּ עַל־הַשָּׁמַיִם וַיהוָה נָתַן קֹלֹת וּבָרָד
וַתִּהֲלַךְ־אֵשׁ אָרְצָה וַיַּמְטֵר יְהוָה בָּרָד עַל־אֶרֶץ
מִצְרָיִם: 24 וַיְהִי בָרָד וְאֵשׁ מִתְלַקַּחַת בְּתוֹךְ הַבָּרָד
כָּבֵד מְאֹד אֲשֶׁר לֹא־הָיָה כָמֹהוּ בְּכָל־אֶרֶץ מִצְרַיִם
מֵאָז הָיְתָה לְגוֹי: 25 וַיַּךְ הַבָּרָד בְּכָל־אֶרֶץ מִצְרַיִם
אֵת כָּל־אֲשֶׁר בַּשָּׂדֶה מֵאָדָם וְעַד־בְּהֵמָה וְאֵת כָּל־
עֵשֶׂב הַשָּׂדֶה הִכָּה הַבָּרָד וְאֶת־כָּל־עֵץ הַשָּׂדֶה שִׁבֵּר:
26 רַק בְּאֶרֶץ גֹּשֶׁן אֲשֶׁר־שָׁם בְּנֵי יִשְׂרָאֵל לֹא הָיָה בָּרָד:
27 וַיִּשְׁלַח פַּרְעֹה וַיִּקְרָא לְמֹשֶׁה וּלְאַהֲרֹן וַיֹּאמֶר אֲלֵהֶם
חָטָאתִי הַפָּעַם יְהוָה הַצַּדִּיק וַאֲנִי וְעַמִּי הָרְשָׁעִים:
28 הַעְתִּירוּ אֶל־יְהוָה וְרַב מִהְיֹת קֹלֹת אֱלֹהִים וּבָרָד
וַאֲשַׁלְּחָה אֶתְכֶם וְלֹא תֹסִפוּן לַעֲמֹד: 29 וַיֹּאמֶר אֵלָיו
מֹשֶׁה כְּצֵאתִי אֶת־הָעִיר אֶפְרֹשׂ אֶת־כַּפַּי אֶל־יְהוָה
הַקֹּלוֹת יֶחְדָּלוּן וְהַבָּרָד לֹא יִהְיֶה־עוֹד לְמַעַן תֵּדַע כִּי
לַיהוָה הָאָרֶץ: 30 וְאַתָּה וַעֲבָדֶיךָ יָדַעְתִּי כִּי טֶרֶם תִּירְאוּן
מִפְּנֵי יְהוָה אֱלֹהִים: 31 וְהַפִּשְׁתָּה וְהַשְּׂעֹרָה נֻכָּתָה כִּי
הַשְּׂעֹרָה אָבִיב וְהַפִּשְׁתָּה גִּבְעֹל: 32 וְהַחִטָּה וְהַכֻּסֶּמֶת
לֹא נֻכּוּ כִּי אֲפִילֹת הֵנָּה: 33 וַיֵּצֵא מֹשֶׁה מֵעִם פַּרְעֹה
אֶת־הָעִיר וַיִּפְרֹשׂ כַּפָּיו אֶל־יְהוָה וַיַּחְדְּלוּ הַקֹּלוֹת
וְהַבָּרָד וּמָטָר לֹא־נִתַּךְ אָרְצָה: 34 וַיַּרְא פַּרְעֹה כִּי־חָדַל
הַמָּטָר וְהַבָּרָד וְהַקֹּלֹת וַיֹּסֶף לַחֲטֹא וַיַּכְבֵּד לִבּוֹ הוּא
וַעֲבָדָיו: 35 וַיֶּחֱזַק לֵב פַּרְעֹה וְלֹא שִׁלַּח אֶת־בְּנֵי יִשְׂרָאֵל
כַּאֲשֶׁר דִּבֶּר יְהוָה בְּיַד־מֹשֶׁה:

פ פ פ   מו 15

CAP. X. י

1 וַיֹּאמֶר יְהוָה אֶל־מֹשֶׁה בֹּא אֶל־פַּרְעֹה כִּי־אֲנִי הִכְבַּדְתִּי
אֶת־לִבּוֹ וְאֶת־לֵב עֲבָדָיו לְמַעַן שִׁתִי אֹתֹתַי אֵלֶּה
2 בְּקִרְבּוֹ: וּלְמַעַן תְּסַפֵּר בְּאָזְנֵי בִנְךָ וּבֶן־בִּנְךָ אֵת אֲשֶׁר
הִתְעַלַּלְתִּי בְּמִצְרַיִם וְאֶת־אֹתֹתַי אֲשֶׁר־שַׂמְתִּי בָם
וִידַעְתֶּם כִּי־אֲנִי יְהוָה: 3 וַיָּבֹא מֹשֶׁה וְאַהֲרֹן אֶל־
פַּרְעֹה וַיֹּאמְרוּ אֵלָיו כֹּה־אָמַר יְהוָה אֱלֹהֵי הָעִבְרִים
עַד־מָתַי מֵאַנְתָּ לֵעָנֹת מִפָּנָי שַׁלַּח עַמִּי וְיַעַבְדֻנִי:
4 כִּי אִם־מָאֵן אַתָּה לְשַׁלֵּחַ אֶת־עַמִּי הִנְנִי מֵבִיא מָחָר
5 אַרְבֶּה בִּגְבֻלֶךָ: וְכִסָּה אֶת־עֵין הָאָרֶץ וְלֹא יוּכַל
לִרְאֹת אֶת־הָאָרֶץ וְאָכַל אֶת־יֶתֶר הַפְּלֵטָה
הַנִּשְׁאֶרֶת לָכֶם מִן־הַבָּרָד וְאָכַל אֶת־כָּל־הָעֵץ הַצֹּמֵחַ
6 לָכֶם מִן־הַשָּׂדֶה: וּמָלְאוּ בָתֶּיךָ וּבָתֵּי כָל־עֲבָדֶיךָ
וּבָתֵּי כָל־מִצְרַיִם אֲשֶׁר לֹא־רָאוּ אֲבֹתֶיךָ וַאֲבוֹת

אֲבֹתֶיךָ מִיּוֹם הֱיוֹתָם עַל־הָאֲדָמָה עַד הַיּוֹם הַזֶּה
וַיִּפֶן וַיֵּצֵא מֵעִם פַּרְעֹה: 7 וַיֹּאמְרוּ עַבְדֵי פַרְעֹה אֵלָיו
עַד־מָתַי יִהְיֶה זֶה לָנוּ לְמוֹקֵשׁ שַׁלַּח אֶת־הָאֲנָשִׁים
וְיַעַבְדוּ אֶת־יְהוָה אֱלֹהֵיהֶם הֲטֶרֶם תֵּדַע כִּי אָבְדָה
מִצְרָיִם: 8 וַיּוּשַׁב אֶת־מֹשֶׁה וְאֶת־אַהֲרֹן אֶל־פַּרְעֹה
וַיֹּאמֶר אֲלֵהֶם לְכוּ עִבְדוּ אֶת־יְהוָה אֱלֹהֵיכֶם מִי וָמִי
9 הַהֹלְכִים: וַיֹּאמֶר מֹשֶׁה בִּנְעָרֵינוּ וּבִזְקֵנֵינוּ נֵלֵךְ בְּבָנֵינוּ
וּבִבְנוֹתֵנוּ בְּצֹאנֵנוּ וּבִבְקָרֵנוּ נֵלֵךְ כִּי חַג־יְהוָה לָנוּ:
10 וַיֹּאמֶר אֲלֵהֶם יְהִי כֵן יְהוָה עִמָּכֶם כַּאֲשֶׁר אֲשַׁלַּח
אֶתְכֶם וְאֶת־טַפְּכֶם רְאוּ כִּי רָעָה נֶגֶד פְּנֵיכֶם: 11 לֹא
כֵן לְכוּ־נָא הַגְּבָרִים וְעִבְדוּ אֶת־יְהוָה כִּי אֹתָהּ אַתֶּם
מְבַקְשִׁים וַיְגָרֶשׁ אֹתָם מֵאֵת פְּנֵי פַרְעֹה: ס
12 וַיֹּאמֶר יְהוָה אֶל־מֹשֶׁה נְטֵה יָדְךָ עַל־אֶרֶץ מִצְרַיִם
בָּאַרְבֶּה וְיַעַל עַל־אֶרֶץ מִצְרָיִם וְיֹאכַל אֶת־כָּל־עֵשֶׂב
הָאָרֶץ אֵת כָּל־אֲשֶׁר הִשְׁאִיר הַבָּרָד: 13 וַיֵּט מֹשֶׁה אֶת־
מַטֵּהוּ עַל־אֶרֶץ מִצְרַיִם וַיהוָה נִהַג רוּחַ־קָדִים
בָּאָרֶץ כָּל־הַיּוֹם הַהוּא וְכָל־הַלָּיְלָה הַבֹּקֶר הָיָה
וְרוּחַ הַקָּדִים נָשָׂא אֶת־הָאַרְבֶּה: 14 וַיַּעַל הָאַרְבֶּה עַל
כָּל־אֶרֶץ מִצְרַיִם וַיָּנַח בְּכֹל גְּבוּל מִצְרָיִם כָּבֵד מְאֹד
לְפָנָיו לֹא־הָיָה כֵן אַרְבֶּה כָּמֹהוּ וְאַחֲרָיו לֹא יִהְיֶה־
כֵּן: 15 וַיְכַס אֶת־עֵין כָּל־הָאָרֶץ וַתֶּחְשַׁךְ הָאָרֶץ וַיֹּאכַל
אֶת־כָּל־עֵשֶׂב הָאָרֶץ וְאֵת כָּל־פְּרִי הָעֵץ אֲשֶׁר הוֹתִיר
הַבָּרָד וְלֹא־נוֹתַר כָּל־יֶרֶק בָּעֵץ וּבְעֵשֶׂב הַשָּׂדֶה בְּכָל־
16 אֶרֶץ מִצְרָיִם: וַיְמַהֵר פַּרְעֹה לִקְרֹא לְמֹשֶׁה וּלְאַהֲרֹן
17 וַיֹּאמֶר חָטָאתִי לַיהוָה אֱלֹהֵיכֶם וְלָכֶם: וְעַתָּה שָׂא
נָא חַטָּאתִי אַךְ הַפַּעַם וְהַעְתִּירוּ לַיהוָה אֱלֹהֵיכֶם
18 וְיָסֵר מֵעָלַי רַק אֶת־הַמָּוֶת הַזֶּה: וַיֵּצֵא מֵעִם
19 פַּרְעֹה וַיֶּעְתַּר אֶל־יְהוָה: וַיַּהֲפֹךְ יְהוָה רוּחַ־יָם חָזָק
מְאֹד וַיִּשָּׂא אֶת־הָאַרְבֶּה וַיִּתְקָעֵהוּ יָמָּה סּוּף לֹא
20 נִשְׁאַר אַרְבֶּה אֶחָד בְּכֹל גְּבוּל מִצְרָיִם: וַיְחַזֵּק יְהוָה
אֶת־לֵב פַּרְעֹה וְלֹא שִׁלַּח אֶת־בְּנֵי יִשְׂרָאֵל: פ
21 וַיֹּאמֶר יְהוָה אֶל־מֹשֶׁה נְטֵה יָדְךָ עַל־הַשָּׁמַיִם וִיהִי
חֹשֶׁךְ עַל־אֶרֶץ מִצְרַיִם וְיָמֵשׁ חֹשֶׁךְ: 22 וַיֵּט מֹשֶׁה
אֶת־יָדוֹ עַל־הַשָּׁמָיִם וַיְהִי חֹשֶׁךְ־אֲפֵלָה בְּכָל־אֶרֶץ
23 מִצְרַיִם שְׁלֹשֶׁת יָמִים: לֹא־רָאוּ אִישׁ אֶת־אָחִיו
וְלֹא־קָמוּ אִישׁ מִתַּחְתָּיו שְׁלֹשֶׁת יָמִים וּלְכָל־בְּנֵי
24 יִשְׂרָאֵל הָיָה אוֹר בְּמוֹשְׁבֹתָם: וַיִּקְרָא פַרְעֹה אֶל־
מֹשֶׁה וַיֹּאמֶר לְכוּ עִבְדוּ אֶת־יְהוָה רַק צֹאנְכֶם

there was none like it in all the land of Egypt since it became a nation.

25 And the hail smote throughout all the land of Egypt all that *was* in the field, both man and beast; and the hail *a* smote every herb of the field, and brake every tree of the field.

26 Only in the land of Goshen,*b* where the children of Israel *were*, was there no hail.

27 And Pharaoh sent, and called for Moses and Aaron, and said unto them, I have sinned this time: the LORD *is* righteous,*c* and I and my people *are* wicked.

28 Intreat the LORD (for *d it is* enough) that there be no *more* γ mighty thunderings and hail; and I will let you go, and ye shall stay no longer.

29 And Moses said unto him, As soon as I am gone out of the city, I will spread abroad my hands*f* unto the LORD; *and* the thunder shall cease, neither shall there be any more hail; that thou mayest know how that the earth *is* the LORD's.*g*

30 But as for thee and thy servants, I know that ye will not yet *h* fear the LORD God.

31 And the flax and the barley was smitten; *k* for the barley *was* in the ear, and the flax *was* bolled.

32 But the wheat and the rye were not smitten; for they *were* not δ grown up.

33 And Moses went out of the city from Pharaoh, and spread abroad his hands unto the LORD; & the thunders and hail ceased, and the rain was not poured upon the earth.

34 And when Pharaoh saw that the rain and hail and the thunders were ceased, he sinned yet *n* more, and hardened his heart, he and his servants.

35 And the heart of Pharaoh was hardened, neither would he let the children of Israel go; as the LORD had spoken by η Moses.

CHAP. X.

AND the LORD said unto Moses, Go in unto Pharaoh: for I have*p* hardened his heart, and the heart of his servants, that I might shew these my signs before him:

2 And that thou mayest tell in the ears of thy son, *r* and of thy son's son, what things I have wrought in Egypt, and my signs which I have done among them; that ye may know how*s* that I am the LORD.

3 And Moses and Aaron came in unto Pharaoh, and said unto him, Thus saith the LORD God of the Hebrews, How long wilt thou refuse to humble *u* thyself before me? let my people go, that they may serve me.

4 Else, if thou refuse to let my people go, behold, to-morrow will I bring the locusts *v* into thy coast:

5 And they shall cover the κ face of the earth, that one cannot be able to see the earth: and they shall eat the *x* residue of that which is escaped, which remaineth unto you from the hail, and shall eat every tree which groweth for you out of the field:

6 And they shall fill thy houses,*y* and the houses of all thy servants, and the houses of all the Egyptians; which neither thy fathers, nor thy fathers' fathers have seen, since the day that they were upon the earth unto this day. And he turned himself, and went out from Pharaoh.

7 And Pharaoh's servants said unto him, How long shall this man be *a* a snare unto us? Let the men go, that they may serve the LORD their God: Knowest thou not yet that Egypt is destroyed?

8 And Moses and Aaron were brought again unto Pharaoh: and he said unto

---

B. C. 1491.

β *who, and who,* &c.
a Ps. 105. 33.
b ch.8.22,&c.
Is.32.18,19.
c 2 Ch. 12. 6.
Ps. 9. 16.
129. 4.
145. 17.
La. 1. 18.
Da. 9. 14.
d Ac. 8. 24.
γ *voices of God.*
e ch. 7. 19.
f 1 Ki. 8. 38.
Ps. 143. 6.
Is. 1. 15.
g Ps. 24. 1.
1Co. 10. 26.
h Is. 26. 10.
i Ps. 78. 26.
107. 25.
Mat. 8. 27.
k Am. 4. 9.
Hab. 3. 17.
l Ps. 78. 46.
105. 34.
δ *hidden,* or, *dark.*
m Joel 2. 2.
n 2Ch. 33. 23.
36. 13.
Ro. 2. 4, 5.
ζ *hastened to call.*
η *by the hand of Moses.*
o ch. 9. 27.
p ch. 7. 13, 14.
q 1 Ki. 13. 6.
Is. 26. 16.
r De. 4. 9.—6. 20
Ps. 44. 1.
71.18.—78.5.
Joel 1. 3.
s Ps. 58. 11.
θ *fastened.*
t Joel 2. 20.
u 1 Ki. 21. 29.
2 Ch. 7. 14.
33.12,19.
Job 42. 6.
Je. 13. 18.
Ja. 4. 10.
v Pr. 30. 27.
Re. 9. 3.
w Ps. 35. 6.
105. 28.
Pr. 4. 19.
Ec.2.14.—6.4.
Is. 8. 22.
κ *eye.*
λ *that one may feel darkness.*
x ch. 9. 32.
Joel 1. 4.
2. 25.
y ver. 14, 15.
ch. 8. 3.
z Is. 42. 16.
Col. 1. 13.
1 Pe. 2. 9.
μ *into our hands.*
a ch. 23. 33.
Jos. 23. 13.
1 Sa. 18. 21.
Pr. 29. 6.
Ec. 7. 26.
b Ho. 5. 6.
Zec. 14. 20.

---

them, Go, serve the LORD your God: *but* β who *are* they that shall go?

9 And Moses said, We will go with our young and with our old, with our sons and with our daughters, with our flocks and with our herds will we go: for we *must* hold a feast unto the LORD.

10 And he said unto them, Let the LORD be so with you, as I will let you go, and your little ones: look *to it;* for evil *is* before you.

11 Not so: go now ye *that are* men, and serve the LORD; for that ye did desire. And they were driven out from Pharaoh's presence.

12 And the LORD said unto Moses, Stretch *e* out thine hand over the land of Egypt for the locusts, that they may come up upon the land of Egypt, and eat every herb of the land, *even* all that the hail hath left.

13 And Moses stretched forth his rod over the land of Egypt, and the LORD brought an east wind upon the land all that day, and all *that* night; *and* when it was morning, the *i* east wind brought the locusts.

14 And the locusts *l* went up over all the land of Egypt, and rested in all the coasts of Egypt: very grievous *were they;* before them there were no such locusts *m* as they, neither after them shall be such.

15 For they covered the face of the whole earth, so that the land was darkened; and they did eat every herb of the land, and all the fruit of the trees which the hail had left: and there remained not any green thing in the trees, or in the herbs of the field, through all the land of Egypt.

16 Then Pharaoh ζ called for Moses and Aaron in haste; and he said, I have sinned against*o* ye*c* LORD your God, & against you.

17 Now, therefore, forgive, I pray thee, my sin only*q* this once, and intreat the LORD your God, that he may take away from me this death only.

18 And he went out from Pharaoh, and intreated the LORD.

19 And the LORD turned a mighty strong west wind, which took away the locusts, and θ cast them *t* into the Red Sea; there remained not one locust in all the coasts of Egypt.

20 But the LORD hardened Pharaoh's heart, so that he would not let the children of Israel go.

21 And the LORD said unto Moses, Stretch out thine hand toward heaven, that there may be darkness *w* over the land of Egypt, λ even darkness *which* may be felt.

22 And Moses stretched forth his hand toward heaven; and there was a thick darkness in all the land of Egypt three days:

23 They saw not one another, neither rose any from his place for three days: but all the children of Israel had *z* light in their dwellings.

24 And Pharaoh called unto Moses, and said, Go ye, serve the LORD; only let your flocks and your herds be stayed: let your little ones also go with you.

25 And Moses said, Thou must μ give us also sacrifices and burnt-offerings, that we may sacrifice unto the LORD our God.

26 Our cattle *b* also shall go with us; there shall not an hoof be left behind: for thereof must we take to serve the LORD our God; and we know not with what we

---

44

מִהְיוֹת מֹשֶׁה וְלָקַח הוּא וּשְׁכֵנוֹ הַקָּרֹב אֶל־בֵּיתוֹ
בְּמִכְסַת נְפָשֹׁת אִישׁ לְפִי אָכְלוֹ תָּכֹסּוּ עַל־הַשֶּׂה׃
5 שֶׂה תָמִים זָכָר בֶּן־שָׁנָה יִהְיֶה לָכֶם מִן־הַכְּבָשִׂים
6 וּמִן־הָעִזִּים תִּקָּחוּ׃ וְהָיָה לָכֶם לְמִשְׁמֶרֶת עַד
אַרְבָּעָה עָשָׂר יוֹם לַחֹדֶשׁ הַזֶּה וְשָׁחֲטוּ אֹתוֹ כֹּל
7 קְהַל עֲדַת־יִשְׂרָאֵל בֵּין הָעַרְבָּיִם׃ וְלָקְחוּ מִן־הַדָּם
וְנָתְנוּ עַל־שְׁתֵּי הַמְּזוּזֹת וְעַל־הַמַּשְׁקוֹף עַל הַבָּתִּים
8 אֲשֶׁר־יֹאכְלוּ אֹתוֹ בָּהֶם׃ וְאָכְלוּ אֶת־הַבָּשָׂר בַּלַּיְלָה
9 הַזֶּה צְלִי־אֵשׁ וּמַצּוֹת עַל־מְרֹרִים יֹאכְלֻהוּ׃ אַל־
תֹּאכְלוּ מִמֶּנּוּ נָא וּבָשֵׁל מְבֻשָּׁל בַּמָּיִם כִּי אִם־צְלִי־
10 אֵשׁ רֹאשׁוֹ עַל־כְּרָעָיו וְעַל־קִרְבּוֹ׃ וְלֹא־תוֹתִירוּ
מִמֶּנּוּ עַד־בֹּקֶר וְהַנֹּתָר מִמֶּנּוּ עַד־בֹּקֶר בָּאֵשׁ תִּשְׂרֹפוּ׃
11 וְכָכָה תֹּאכְלוּ אֹתוֹ מָתְנֵיכֶם חֲגֻרִים נַעֲלֵיכֶם
בְּרַגְלֵיכֶם וּמַקֶּלְכֶם בְּיֶדְכֶם וַאֲכַלְתֶּם אֹתוֹ בְּחִפָּזוֹן
12 פֶּסַח הוּא לַיהוָה׃ וְעָבַרְתִּי בְאֶרֶץ־מִצְרַיִם בַּלַּיְלָה
הַזֶּה וְהִכֵּיתִי כָל־בְּכוֹר בְּאֶרֶץ מִצְרַיִם מֵאָדָם וְעַד
בְּהֵמָה וּבְכָל־אֱלֹהֵי מִצְרַיִם אֶעֱשֶׂה שְׁפָטִים אֲנִי
13 יהוה׃ וְהָיָה הַדָּם לָכֶם לְאֹת עַל הַבָּתִּים אֲשֶׁר
אַתֶּם שָׁם וְרָאִיתִי אֶת־הַדָּם וּפָסַחְתִּי עֲלֵכֶם וְלֹא־
יִהְיֶה בָכֶם נֶגֶף לְמַשְׁחִית בְּהַכֹּתִי בְּאֶרֶץ מִצְרָיִם׃
14 וְהָיָה הַיּוֹם הַזֶּה לָכֶם לְזִכָּרוֹן וְחַגֹּתֶם אֹתוֹ חַג
15 לַיהוָה לְדֹרֹתֵיכֶם חֻקַּת עוֹלָם תְּחָגֻּהוּ׃ שִׁבְעַת
יָמִים מַצּוֹת תֹּאכֵלוּ אַךְ בַּיּוֹם הָרִאשׁוֹן תַּשְׁבִּיתוּ
שְּׂאֹר מִבָּתֵּיכֶם כִּי כָּל־אֹכֵל חָמֵץ וְנִכְרְתָה הַנֶּפֶשׁ
הַהִוא מִיִּשְׂרָאֵל מִיּוֹם הָרִאשֹׁן עַד־יוֹם הַשְּׁבִעִי׃
16 וּבַיּוֹם הָרִאשׁוֹן מִקְרָא־קֹדֶשׁ וּבַיּוֹם הַשְּׁבִיעִי מִקְרָא־
קֹדֶשׁ יִהְיֶה לָכֶם כָּל־מְלָאכָה לֹא־יֵעָשֶׂה בָהֶם אַךְ
אֲשֶׁר יֵאָכֵל לְכָל־נֶפֶשׁ הוּא לְבַדּוֹ יֵעָשֶׂה לָכֶם׃
17 וּשְׁמַרְתֶּם אֶת־הַמַּצּוֹת כִּי בְּעֶצֶם הַיּוֹם הַזֶּה
הוֹצֵאתִי אֶת־צִבְאוֹתֵיכֶם מֵאֶרֶץ מִצְרָיִם וּשְׁמַרְתֶּם
18 אֶת־הַיּוֹם הַזֶּה לְדֹרֹתֵיכֶם חֻקַּת עוֹלָם׃ בָּרִאשֹׁן
בְּאַרְבָּעָה עָשָׂר יוֹם לַחֹדֶשׁ בָּעֶרֶב תֹּאכְלוּ מַצֹּת עַד
19 יוֹם הָאֶחָד וְעֶשְׂרִים לַחֹדֶשׁ בָּעָרֶב׃ שִׁבְעַת יָמִים
שְׂאֹר לֹא יִמָּצֵא בְּבָתֵּיכֶם כִּי כָּל־אֹכֵל מַחְמֶצֶת
וְנִכְרְתָה הַנֶּפֶשׁ הַהִוא מֵעֲדַת יִשְׂרָאֵל בַּגֵּר וּבְאֶזְרַח
20 הָאָרֶץ׃ כָּל־מַחְמֶצֶת לֹא תֹאכֵלוּ בְּכֹל מוֹשְׁבֹתֵיכֶם
תֹּאכְלוּ מַצּוֹת׃   פ
21 וַיִּקְרָא מֹשֶׁה לְכָל־זִקְנֵי יִשְׂרָאֵל וַיֹּאמֶר אֲלֵהֶם מִשְׁכוּ

25 וַיֹּאמֶר   וּבְקַרְכֶם יָעֵץ גַּם־טַפְּכֶם לֵךְ עִמָּכֶם׃
מֹשֶׁה גַּם־אַתָּה תִּתֵּן בְּיָדֵנוּ זְבָחִים וְעֹלֹת וְעָשִׂינוּ
26 לַיהוָה אֱלֹהֵינוּ׃ וְגַם־מִקְנֵנוּ יֵלֵךְ עִמָּנוּ לֹא תִשָּׁאֵר
פַּרְסָה כִּי מִמֶּנּוּ נִקַּח לַעֲבֹד אֶת־יְהוָה אֱלֹהֵינוּ
וַאֲנַחְנוּ לֹא־נֵדַע מַה־נַּעֲבֹד אֶת־יְהוָה עַד־בֹּאֵנוּ
27 שָׁמָּה׃ וַיְחַזֵּק יְהוָה אֶת־לֵב פַּרְעֹה וְלֹא אָבָה
28 לְשַׁלְּחָם׃ וַיֹּאמֶר־לוֹ פַרְעֹה לֵךְ מֵעָלָי הִשָּׁמֶר לְךָ
אַל־תֹּסֶף רְאוֹת פָּנַי כִּי בְּיוֹם רְאֹתְךָ פָנַי תָּמוּת׃
29 וַיֹּאמֶר מֹשֶׁה כֵּן דִּבַּרְתָּ לֹא־אֹסִף עוֹד רְאוֹת
פָּנֶיךָ׃

CAP. XI. יא   ס   פ

1 וַיֹּאמֶר יְהוָה אֶל־מֹשֶׁה עוֹד נֶגַע אֶחָד אָבִיא עַל־
פַּרְעֹה וְעַל־מִצְרַיִם אַחֲרֵי־כֵן יְשַׁלַּח אֶתְכֶם מִזֶּה
2 כְּשַׁלְּחוֹ כָּלָה גָּרֵשׁ יְגָרֵשׁ אֶתְכֶם מִזֶּה׃ דַּבֶּר־נָא
בְּאָזְנֵי הָעָם וְיִשְׁאֲלוּ אִישׁ מֵאֵת רֵעֵהוּ וְאִשָּׁה
3 מֵאֵת רְעוּתָהּ כְּלֵי־כֶסֶף וּכְלֵי זָהָב׃ וַיִּתֵּן יְהוָה
אֶת־חֵן הָעָם בְּעֵינֵי מִצְרָיִם גַּם הָאִישׁ מֹשֶׁה
גָּדוֹל מְאֹד בְּאֶרֶץ מִצְרַיִם בְּעֵינֵי עַבְדֵי־פַרְעֹה וּבְעֵינֵי
4 הָעָם׃   ס   וַיֹּאמֶר מֹשֶׁה כֹּה אָמַר יְהוָה כַּחֲצֹת
5 הַלַּיְלָה אֲנִי יוֹצֵא בְּתוֹךְ מִצְרָיִם׃ וּמֵת כָּל־בְּכוֹר
בְּאֶרֶץ מִצְרַיִם מִבְּכוֹר פַּרְעֹה הַיֹּשֵׁב עַל־כִּסְאוֹ עַד
בְּכוֹר הַשִּׁפְחָה אֲשֶׁר אַחַר הָרֵחָיִם וְכֹל בְּכוֹר
6 בְּהֵמָה׃ וְהָיְתָה צְעָקָה גְדֹלָה בְּכָל־אֶרֶץ מִצְרָיִם
7 אֲשֶׁר כָּמֹהוּ לֹא נִהְיָתָה וְכָמֹהוּ לֹא תֹסִף׃ וּלְכֹל
בְּנֵי יִשְׂרָאֵל לֹא יֶחֱרַץ־כֶּלֶב לְשֹׁנוֹ לְמֵאִישׁ וְעַד־בְּהֵמָה
לְמַעַן תֵּדְעוּן אֲשֶׁר יַפְלֶה יְהוָה בֵּין מִצְרַיִם וּבֵין
8 יִשְׂרָאֵל׃ וְיָרְדוּ כָל־עֲבָדֶיךָ אֵלֶּה אֵלַי וְהִשְׁתַּחֲווּ־לִי
לֵאמֹר צֵא אַתָּה וְכָל־הָעָם אֲשֶׁר־בְּרַגְלֶיךָ וְאַחֲרֵי־
כֵן אֵצֵא וַיֵּצֵא מֵעִם־פַּרְעֹה בָּחֳרִי־אָף׃   ס
9 וַיֹּאמֶר יְהוָה אֶל־מֹשֶׁה לֹא־יִשְׁמַע אֲלֵיכֶם פַּרְעֹה
10 לְמַעַן רְבוֹת מוֹפְתַי בְּאֶרֶץ מִצְרָיִם׃ וּמֹשֶׁה
וְאַהֲרֹן עָשׂוּ אֶת־כָּל־הַמֹּפְתִים הָאֵלֶּה לִפְנֵי פַרְעֹה
וַיְחַזֵּק יְהוָה אֶת־לֵב פַּרְעֹה וְלֹא־שִׁלַּח אֶת־בְּנֵי־
יִשְׂרָאֵל מֵאַרְצוֹ׃   ס

CAP. XII. יב   ס   פ

1 וַיֹּאמֶר יְהוָה אֶל־מֹשֶׁה וְאֶל־אַהֲרֹן בְּאֶרֶץ מִצְרַיִם
2 לֵאמֹר׃ הַחֹדֶשׁ הַזֶּה לָכֶם רֹאשׁ חֳדָשִׁים רִאשׁוֹן
3 הוּא לָכֶם לְחָדְשֵׁי הַשָּׁנָה׃ דַּבְּרוּ אֶל־כָּל־עֲדַת
יִשְׂרָאֵל לֵאמֹר בֶּעָשֹׂר לַחֹדֶשׁ הַזֶּה וְיִקְחוּ לָהֶם אִישׁ
4 שֶׂה לְבֵית־אָבֹת שֶׂה לַבָּיִת׃ וְאִם־יִמְעַט הַבַּיִת

must serve yᵉ LORD until we come thither.

27 But the LORD hardened *a* Pharaoh's heart, and he would not let them go.

28 And Pharaoh said unto him, Get thee from me, take heed to thyself, see my face no more : *c* for in *that* day thou seest my face thou shalt die.

29 And Moses said, Thou hast spoken well,*e* I will see thy face again no more.

CHAP. XI.

AND the LORD said unto Moses, Yet will I bring one plague *more* upon Pharaoh, and upon Egypt ; afterwards he will let you go hence : when he shall let *you* go, he shall surely thrust you out hence*g* altogether.

2 Speak now in the ears of the people, and let every man borrow of his neighbour, and every woman of her neighbour, jewels of silver, and jewels of gold.

3 And the LORD gave the people *h* favour in the sight of the Egyptians. Moreover, the man Moses *was* very great*i* in the land of Egypt, in the sight of Pharaoh's servants, and in the sight of the people.

4 And Moses said, Thus saith the LORD, About midnight*l* will I go out into the midst of Egypt :

5 And all the first-born in the land of Egypt shall die,*m* from the first-born of Pharaoh that sitteth upon his throne, even unto the first-born of the maid-servant that *is* behind the mill ; and all the first-born of beasts.

6 And there shall be a great cry*o* throughout all the land of Egypt, such as there was none like it, nor shall be like it any more.

7 But against any of the children of Israel shall not a dog move his*q* tongue, against man or beast ; that ye may know how that the LORD doth put a difference between the Egyptians and Israel.

8 And all these thy servants*s* shall come down unto me, and bow down themselves unto me, saying, Get thee out, and all the people ζthat follow thee : and after that I will go out. And he went out from Pharaoh in θ a great anger.

9 And the LORD said unto Moses, Pharaoh shall not hearken unto you ; that my wonders may*u* be multiplied in the land of Egypt.

10 And Moses and Aaron did all these wonders before Pharaoh : and the LORD hardened*v* Pharaoh's heart, so that he would not let the children of Israel go out of his land.

CHAP. XII.

AND the LORD spake unto Moses and Aaron in the land of Egypt, saying,

2 This*x* month *shall be* unto you the beginning of months : it *shall be* the first month of the year to you.

3 Speak ye unto all the congregation of Israel, saying, In the tenth *day* of this month they shall take to them every man a κ lamb, according to the house of *their* fathers, a lamb for an house :

4 And if the household be too little for the lamb, let him and his neighbour next unto his house take *it* according to the number of the souls : every man, according to his eating, shall make your count for the lamb.

5 Your lamb shall be *a* without blemish, a male μ of the first year ; ye shall take *it* out from the sheep, or from the goats :

6 And ye shall keep it up until the*b* fourteenth day of the same month : and

---

B. C. 1491.

a ver. 1, 20.
ch. 14. 4, 8.
β between the two evenings.
b ch. 16. 12.
c 2 Ch. 16.10.
      25.16.
Am. 7. 13.
d ch. 34. 25.
De. 16. 3.
1 Co. 5. 8.
e He. 11. 27.
f ch. 23. 18.
g ch.12.31.39
h ch. 12. 36.
Ps. 106, 46.
i 2 Sa. 7. 9.
Est. 9. 4.
Re. 3. 9.
γ or, *princes.*
k Nu. 33. 4.
Ps. 82. 1.
l Job 34. 20.
Mi. 2. 10.
Zec. 14. 3.
δ *for a destruction.*
m Am. 4. 10.
n Le. 23. 4, 5.
2 Ki. 23. 21.
1 Co. 5. 8.
o ch. 12. 30.
Am. 5. 17.
p ch.13.6,&c.
Nu. 28. 17.
q Jos. 10. 21.
r Nu. 9. 13.
s ch.12.31,33.
t Nu. 29. 12.
ζ i. e. *at thy feet.*
1 Ki. 20. 10.
η *soul.*
θ *heat of anger.*
u ch. 7. 3.
v ch.10,20,27.
1 Sa. 6. 6.
Ro. 2. 5.
w ch. 23. 15.
    34. 18.
De. 16. 3.
x ch. 13. 4.
    34. 18.
De. 16. 1.
κ or, *kid.*
λ or, *kid.*
y Jos. 5. 10.
2 Ki. 23. 21.
Ezr. 6. 20.
Mat. 26.18.
Mar. 14.12.
Lu.22.7,&c
z Le. 14. 6, 7.
Ps. 51. 7.
He. 9. 19.
    11.28.
a Le.22.19,21.
De. 17. 1.
Mal.1.8,14.
1 Pe. 1. 19.
μ *son of a year.*
Le. 23. 12.
b Le. 23. 5.
Nu. 9. 3.
    28.16.
De. 16. 1, 6.
c He. 12. 24.

---

the whole assembly of the congregation of Israel shall kill *β* it in the evening.*b*

7 And they shall take of the blood, and strike *it* on the two side-posts and on the upper door-post of the houses, wherein they shall eat it.

8 And they shall eat the flesh in that night, roast with fire, and *d* unleavened bread;*and* with bitter *herbs* they shall eat it.

9 Eat not of it raw, nor sodden at all with water, but roast *with* fire ; his head with his legs, and with the purtenance thereof.

10 And ye shall let nothing of it*f* remain until the morning ; and that which remaineth of it until the morning ye shall burn with fire.

11 And thus shall ye eat it ; *With* your loins girded, your shoes on your feet, and your staff in your hand ; and ye shall eat it in haste ; it *is* the LORD's passover.

12 For I will pass through the land of Egypt this night,and will smite all the first-born in the land of Egypt, both man and beast ; and against all the γ gods of Egypt *k* I will execute judgment : I *am* the LORD.

13 And the blood shall be to you for a token upon the houses where ye *are* : & when I see the blood, I will pass over you, and the plague shall not be upon you to δ destroy *you,* when I smite the land of Egypt.

14 And this day shall be unto you for a memorial ; and ye shall keep it a feast *n* to the LORD throughout your generations ; ye shall keep it a feast by an ordinance for ever.

15 Seven days*p* shall ye eat unleavened bread ; even the first day ye shall put away leaven out of your houses : for whosoever eateth leavened bread from the first day until the seventh day,*r* that soul shall be cut off from Israel.

16 And in the first day *there shall be* an holy *t* convocation, and in the seventh day there shall be an holy convocation to you ; no manner of work shall be done in them, save *that* which every η man must eat, that only may be done of you.

17 And ye shall observe *the feast of* unleavened bread ; for in this self-same day have I brought your armies out of the land of Egypt : therefore shall ye observe this day in your generations by an ordinance for ever.

18 In the first *month,* on the fourteenth day of the month at even, ye shall eat unleavened bread, until the one and twentieth day of the month at even.

19 Seven days shall there be no leaven *w* found in your houses : for whosoever eateth that which is leavened, even that soul shall be cut off from the congregation of Israel, whether he be a stranger, or born in the land.

20 Ye shall eat nothing leavened ; in all your habitations shall ye eat unleavened bread.

21 Then Moses called for all the elders of Israel, and said unto them, Draw out and take you a λ lamb according to your families, and kill the passover.*y*

22 And ye shall take a bunch of hyssop, and dip *it* in the blood that *is* in the bason, and strike*z* the lintel and the two side-posts with the blood that *is* in the bason ; and none of you shall go out at the door of his house until the morning.

23 For the LORD will pass through to smite the Egyptians ; and when he seeth the blood*c* upon the lintel, and on the two

---

[Right column — verses 21–40]

וּקְחוּ לָכֶם צֹאן לְמִשְׁפְּחֹתֵיכֶם וְשַׁחֲטוּ הַפָּסַח׃

22 וּלְקַחְתֶּם אֲגֻדַּת אֵזוֹב וּטְבַלְתֶּם בַּדָּם אֲשֶׁר־בַּסַּף וְהִגַּעְתֶּם אֶל־הַמַּשְׁקוֹף וְאֶל־שְׁתֵּי הַמְּזוּזֹת מִן־הַדָּם אֲשֶׁר בַּסָּף וְאַתֶּם לֹא תֵצְאוּ אִישׁ מִפֶּתַח־בֵּיתוֹ עַד־בֹּקֶר׃

23 וְעָבַר יְהוָה לִנְגֹּף אֶת־מִצְרַיִם וְרָאָה אֶת־הַדָּם עַל־הַמַּשְׁקוֹף וְעַל שְׁתֵּי הַמְּזוּזֹת וּפָסַח יְהוָה עַל־הַפֶּתַח וְלֹא יִתֵּן הַמַּשְׁחִית לָבֹא אֶל־בָּתֵּיכֶם לִנְגֹּף׃

24 וּשְׁמַרְתֶּם אֶת־הַדָּבָר הַזֶּה לְחָק־לְךָ וּלְבָנֶיךָ עַד־עוֹלָם׃

25 וְהָיָה כִּי־תָבֹאוּ אֶל־הָאָרֶץ אֲשֶׁר יִתֵּן יְהוָה לָכֶם כַּאֲשֶׁר דִּבֵּר וּשְׁמַרְתֶּם אֶת־הָעֲבֹדָה הַזֹּאת׃

26 וְהָיָה כִּי־יֹאמְרוּ אֲלֵיכֶם בְּנֵיכֶם מָה הָעֲבֹדָה הַזֹּאת לָכֶם׃

27 וַאֲמַרְתֶּם זֶבַח־פֶּסַח הוּא לַיהוָה אֲשֶׁר פָּסַח עַל־בָּתֵּי בְנֵי־יִשְׂרָאֵל בְּמִצְרַיִם בְּנָגְפּוֹ אֶת־מִצְרַיִם וְאֶת־בָּתֵּינוּ הִצִּיל וַיִּקֹּד הָעָם וַיִּשְׁתַּחֲווּ׃

28 וַיֵּלְכוּ וַיַּעֲשׂוּ בְּנֵי יִשְׂרָאֵל כַּאֲשֶׁר צִוָּה יְהוָה אֶת־מֹשֶׁה וְאַהֲרֹן כֵּן עָשׂוּ׃ ס

29 וַיְהִי בַּחֲצִי הַלַּיְלָה וַיהוָה הִכָּה כָל־בְּכוֹר בְּאֶרֶץ מִצְרַיִם מִבְּכֹר פַּרְעֹה הַיֹּשֵׁב עַל־כִּסְאוֹ עַד בְּכוֹר הַשְּׁבִי אֲשֶׁר

30 בְּבֵית הַבּוֹר וְכֹל בְּכוֹר בְּהֵמָה׃ וַיָּקָם פַּרְעֹה לַיְלָה הוּא וְכָל־עֲבָדָיו וְכָל־מִצְרַיִם וַתְּהִי צְעָקָה גְדֹלָה

31 בְּמִצְרָיִם כִּי־אֵין בַּיִת אֲשֶׁר אֵין־שָׁם מֵת׃ וַיִּקְרָא לְמֹשֶׁה וּלְאַהֲרֹן לַיְלָה וַיֹּאמֶר קוּמוּ צְּאוּ מִתּוֹךְ עַמִּי גַּם־אַתֶּם גַּם־בְּנֵי יִשְׂרָאֵל וּלְכוּ עִבְדוּ אֶת־יְהוָה כְּדַבֶּרְכֶם׃

32 גַּם־צֹאנְכֶם גַּם־בְּקַרְכֶם קְחוּ כַּאֲשֶׁר דִּבַּרְתֶּם וָלֵכוּ וּבֵרַכְתֶּם גַּם־אֹתִי׃

33 וַתֶּחֱזַק מִצְרַיִם עַל־הָעָם לְמַהֵר לְשַׁלְּחָם מִן־הָאָרֶץ כִּי אָמְרוּ כֻּלָּנוּ

34 מֵתִים׃ וַיִּשָּׂא הָעָם אֶת־בְּצֵקוֹ טֶרֶם יֶחְמָץ מִשְׁאֲרֹתָם צְרֻרֹת בְּשִׂמְלֹתָם עַל־שִׁכְמָם׃

35 וּבְנֵי־יִשְׂרָאֵל עָשׂוּ כִּדְבַר מֹשֶׁה וַיִּשְׁאֲלוּ מִמִּצְרַיִם כְּלֵי־

36 כֶסֶף וּכְלֵי זָהָב וּשְׂמָלֹת׃ וַיהוָה נָתַן אֶת־חֵן הָעָם בְּעֵינֵי מִצְרַיִם וַיַּשְׁאִלוּם וַיְנַצְּלוּ אֶת־מִצְרָיִם׃ פ

37 וַיִּסְעוּ בְנֵי־יִשְׂרָאֵל מֵרַעְמְסֵס סֻכֹּתָה כְּשֵׁשׁ־מֵאוֹת

38 אֶלֶף רַגְלִי הַגְּבָרִים לְבַד מִטָּף׃ וְגַם־עֵרֶב רַב עָלָה

39 אִתָּם וְצֹאן וּבָקָר מִקְנֶה כָּבֵד מְאֹד׃ וַיֹּאפוּ אֶת־הַבָּצֵק אֲשֶׁר הוֹצִיאוּ מִמִּצְרַיִם עֻגֹת מַצּוֹת כִּי לֹא חָמֵץ כִּי־גֹרְשׁוּ מִמִּצְרַיִם וְלֹא יָכְלוּ לְהִתְמַהְמֵהַּ וְגַם־

40 צֵדָה לֹא־עָשׂוּ לָהֶם׃ וּמוֹשַׁב בְּנֵי יִשְׂרָאֵל אֲשֶׁר יָשְׁבוּ בְּמִצְרָיִם שְׁלֹשִׁים שָׁנָה וְאַרְבַּע מֵאוֹת שָׁנָה׃

[Left column — verses 41–51, CAP. XIII 1–12]

41 וַיְהִי מִקֵּץ שְׁלֹשִׁים שָׁנָה וְאַרְבַּע מֵאוֹת שָׁנָה וַיְהִי בְּעֶצֶם הַיּוֹם הַזֶּה יָצְאוּ כָּל־צִבְאוֹת יְהוָה מֵאֶרֶץ מִצְרָיִם׃

42 לֵיל שִׁמֻּרִים הוּא לַיהוָה לְהוֹצִיאָם מֵאֶרֶץ מִצְרָיִם הוּא־הַלַּיְלָה הַזֶּה לַיהוָה שִׁמֻּרִים לְכָל־בְּנֵי יִשְׂרָאֵל לְדֹרֹתָם׃ ס

43 וַיֹּאמֶר יְהוָה אֶל־מֹשֶׁה וְאַהֲרֹן זֹאת חֻקַּת הַפָּסַח כָּל־בֶּן־נֵכָר לֹא־יֹאכַל בּוֹ׃

44 וְכָל־עֶבֶד אִישׁ מִקְנַת־כָּסֶף וּמַלְתָּה אֹתוֹ אָז יֹאכַל בּוֹ׃

45 תּוֹשָׁב וְשָׂכִיר לֹא־יֹאכַל בּוֹ׃

46 בְּבַיִת אֶחָד יֵאָכֵל לֹא־תוֹצִיא מִן־הַבַּיִת מִן־הַבָּשָׂר חוּצָה וְעֶצֶם לֹא תִשְׁבְּרוּ־בוֹ׃

47 כָּל־עֲדַת יִשְׂרָאֵל יַעֲשׂוּ אֹתוֹ׃

48 וְכִי־יָגוּר אִתְּךָ גֵּר וְעָשָׂה פֶסַח לַיהוָה הִמּוֹל לוֹ כָל־זָכָר וְאָז יִקְרַב לַעֲשֹׂתוֹ וְהָיָה כְּאֶזְרַח הָאָרֶץ וְכָל־עָרֵל לֹא־יֹאכַל בּוֹ׃

49 תּוֹרָה אַחַת יִהְיֶה לָאֶזְרָח וְלַגֵּר הַגָּר בְּתוֹכְכֶם׃

50 וַיַּעֲשׂוּ כָּל־בְּנֵי יִשְׂרָאֵל כַּאֲשֶׁר צִוָּה יְהוָה אֶת־מֹשֶׁה וְאֶת־אַהֲרֹן כֵּן עָשׂוּ׃ ס

51 וַיְהִי בְּעֶצֶם הַיּוֹם הַזֶּה הוֹצִיא יְהוָה אֶת־בְּנֵי יִשְׂרָאֵל מֵאֶרֶץ מִצְרַיִם עַל־צִבְאֹתָם׃ פ

CAP. XIII. יג

1 וַיְדַבֵּר יְהוָה אֶל־מֹשֶׁה לֵּאמֹר׃

2 קַדֶּשׁ־לִי כָל־בְּכוֹר פֶּטֶר כָּל־רֶחֶם בִּבְנֵי יִשְׂרָאֵל בָּאָדָם וּבַבְּהֵמָה לִי הוּא׃

3 וַיֹּאמֶר מֹשֶׁה אֶל־הָעָם זָכוֹר אֶת־הַיּוֹם הַזֶּה אֲשֶׁר יְצָאתֶם מִמִּצְרַיִם מִבֵּית עֲבָדִים כִּי בְּחֹזֶק יָד הוֹצִיא יְהוָה אֶתְכֶם מִזֶּה וְלֹא יֵאָכֵל חָמֵץ׃

4 הַיּוֹם אַתֶּם יֹצְאִים בְּחֹדֶשׁ הָאָבִיב׃

5 וְהָיָה כִי־יְבִיאֲךָ יְהוָה אֶל־אֶרֶץ הַכְּנַעֲנִי וְהַחִתִּי וְהָאֱמֹרִי וְהַחִוִּי וְהַיְבוּסִי אֲשֶׁר נִשְׁבַּע לַאֲבֹתֶיךָ לָתֶת לָךְ אֶרֶץ זָבַת חָלָב וּדְבָשׁ וְעָבַדְתָּ אֶת־הָעֲבֹדָה הַזֹּאת בַּחֹדֶשׁ הַזֶּה׃

6 שִׁבְעַת יָמִים תֹּאכַל מַצֹּת וּבַיּוֹם הַשְּׁבִיעִי חַג לַיהוָה׃

7 מַצּוֹת יֵאָכֵל אֵת שִׁבְעַת הַיָּמִים וְלֹא־יֵרָאֶה לְךָ חָמֵץ וְלֹא־יֵרָאֶה לְךָ שְׂאֹר בְּכָל־גְּבֻלֶךָ׃

8 וְהִגַּדְתָּ לְבִנְךָ בַּיּוֹם הַהוּא לֵאמֹר בַּעֲבוּר זֶה עָשָׂה יְהוָה לִי בְּצֵאתִי מִמִּצְרָיִם׃

9 וְהָיָה לְךָ לְאוֹת עַל־יָדְךָ וּלְזִכָּרוֹן בֵּין עֵינֶיךָ לְמַעַן תִּהְיֶה תּוֹרַת יְהוָה בְּפִיךָ כִּי בְּיָד

10 חֲזָקָה הוֹצִאֲךָ יְהוָה מִמִּצְרָיִם׃ וְשָׁמַרְתָּ אֶת־הַחֻקָּה הַזֹּאת לְמוֹעֲדָהּ מִיָּמִים יָמִימָה׃ פ

11 וְהָיָה כִּי־יְבִאֲךָ יְהוָה אֶל־אֶרֶץ הַכְּנַעֲנִי כַּאֲשֶׁר נִשְׁבַּע לְךָ וְלַאֲבֹתֶיךָ וּנְתָנָהּ לָךְ׃

12 וְהַעֲבַרְתָּ כָל־פֶּטֶר־רֶחֶם לַיהוָה וְכָל־פֶּטֶר שֶׁגֶר בְּהֵמָה אֲשֶׁר יִהְיֶה לְךָ

side-posts, the LORD will pass over the door, and[a] will not suffer the destroyer to come in unto your houses to smite *you*.

24 And ye shall observe this thing for an ordinance to thee and to thy sons for ever.

25 And it shall come to pass, when ye be come to the land which the LORD will give you, according as he hath promised, that ye shall keep this service.

26 And it shall come to pass, when your children shall say unto you,[e] What mean ye by this service?

27 That ye shall say, It *is* the sacrifice of the LORD's passover, who passed over the houses of the children of Israel in Egypt, when he smote the Egyptians, and delivered our houses. And the people bowed the head, and[g] worshipped.

28 And the children of Israel went away, and did as the LORD had commanded Moses and Aaron, so did they.

29 And it came to pass, that at midnight, the LORD smote[h] all the first-born in the land of Egypt, from the first-born of Pharaoh that sat on his throne, unto the first-born of the captive that *was* in the dungeon;[γ] and all the first-born of cattle.

30 And Pharaoh rose up in the night, he, and all his servants, and all the Egyptians; and there was a great cry[k] in Egypt; for *there was* not a house where *there was* not one dead.

31 And he called[n] for Moses and Aaron by night, and said, Rise up, *and* get you forth from among my people, both ye and the children of Israel; and go, serve the LORD, as ye have said.

32 Also take your flocks & your herds, as ye have said, & be gone; &[p] bless me also.

33 And the Egyptians were urgent[q] upon the people, that they might send them out of the land in haste; for they said, We *be* all dead *men*.

34 And the people took their dough before it was leavened, their [ζ] kneading-troughs being bound up in their clothes upon their shoulders.

35 And the children of Israel did according to the word of Moses; and they borrowed of the Egyptians jewels of silver, and jewels of gold, and raiment:

36 And the LORD[u] gave the people favour in the sight of the Egyptians, so that they lent unto them *such things as they required:* and they spoiled the Egyptians.

37 And the children of Israel journeyed from Rameses[w] to Succoth, about[x] six hundred thousand on foot *that were* men, besides children.

38 And[η] a mixed multitude[z] went up also with them; and flocks, and herds, *even* very much cattle.

39 And they baked unleavened cakes of the dough which they brought forth out of Egypt, for it was not leavened; because they were thrust out of Egypt, and could not tarry, neither had they prepared for themselves any victual.

40 Now the sojourning of the children of Israel, who dwelt in Egypt, *was*[c] four hundred and thirty years.

41 And it came to pass at the end of the four hundred and thirty years, even the self-same day it came to pass, that all the hosts of the LORD went out from the land of Egypt.

42 It *is*[θ] a night to be much[e] observed unto the LORD for bringing them out from the land of Egypt: this *is* that night

of the LORD to be observed of· all the children of Israel in their generations.

43 And the LORD said unto Moses and Aaron, This *is* the ordinance[b] of the passover: There shall no stranger eat thereof:

44 But every man's servant that is bought for money, when thou hast[c] circumcised him, then shall he eat thereof.

45 A[d] foreigner and an hired servant shall not eat thereof.

46 In one house shall it be eaten: thou shalt not carry forth ought of the flesh abroad out of the house; neither shall ye break a bone thereof.[f]

47 All the congregation of Israel shall keep [β] it.

48 And when a stranger shall sojourn with thee, and will keep the passover to the LORD, let all his males be circumcised, and then let him come near and keep it: and he shall be as one that is born in the land: for no uncircumcised person shall eat thereof.

49 One law[i] shall be to him that is home-born, and unto the stranger that sojourneth among you.

50 Thus did all the children of Israel; as the LORD commanded Moses and Aaron, so did they.

51 And it came to pass, the self-same[l] day, *that* the LORD did bring the children of Israel out of the land of Egypt[m] by their armies.

CHAP. XIII.

AND[e] ye LORD spake unto Moses, saying,

2 Sanctify unto me all the[o] first-born, whatsoever openeth the womb among the children of Israel, *both* of man and of beast: it *is* mine.

3 And Moses said unto the people, Remember this[r] day, in which ye came out from Egypt, out of the house of bondage; for by strength of hand the LORD brought you out from this *place:* there shall no leavened bread be eaten.

4 This day came ye out,[s] in the month Abib.

5 And it shall be, when the LORD shall bring thee into the land of the Canaanites, and the Hittites, and the Amorites, and the Hivites, and the Jebusites, which he[t] sware unto thy fathers to give thee, a land flowing with milk and honey, that thou shalt keep this service in this month.

6 Seven days[v] thou shalt eat unleavened bread, and in the seventh day *shall be* a feast to the LORD.

7 Unleavened bread shall be eaten seven days: and there shall[y] no leavened bread be seen with thee; neither shall there be leaven seen with thee in all thy quarters.

8 And thou shalt shew thy son[a] in that day, saying, *This is done* because of that *which* the LORD did unto me when I came forth out of Egypt.

9 And it shall be for[b] a sign unto thee upon thine hand, and for a memorial between thine eyes; that the LORD's law may be in thy mouth: for with a strong hand hath the LORD brought thee out of Egypt.

10 Thou shalt therefore keep this ordinance[d] in his season from year to year.

11 And it shall be, when the LORD shall bring thee into the land of the Canaanites, as he sware unto thee and to thy fathers, and shall give it thee,

12 That thou shalt[κ] set apart unto the LORD all that openeth the matrix, and every firstling that cometh of a beast which

B. C. 1491.

a 2 Sa.24. 16.
Eze. 9. 4, 6.
Re.7.3.–9.4
b Nu. 9. 14.
c Ge. 17. 12.
d Le. 22. 10.
Ep. 2. 12.
e ch. 13.8,14.
De. 32. 7.
Jos. 4. 6.
Ps. 78. 6.
f Nu. 9. 12.
Jn°.19.33,36.
β do it.
g ch. 4. 31.
h Nu. 3. 13.
8. 17.
33. 4.
Ps. 78. 51.
105. 36.
135. 8.
136. 10.
He. 11. 28.
i Nu. 9. 14.
15. 15, 16.
Ga. 3. 28.
Co. 3. 11.
γ house of the pit.
k ch. 11. 6.
Pr. 21. 13.
Am. 5. 17.
Mat. 25. 6.
Ja. 2. 13.
l ver. 41.
m ch. 6. 26.
n ch. 11. 1.
o ver. 12.
ch. 22. 29.
34. 19.
Nu. 3. 13.
De. 15. 19.
Lu. 2. 23.
p Ge.27. 34.
q Ps.105. 38.
r ch. 12. 42.
δ servants.
ch. 20. 2.
s ch. 23. 15.
De.16.1.3.
t Ge. 17. 8.
22. 16.
u Ge. 39. 21.
ch. 3. 21.
11. 3.
v ch. 12. 15.
w Nu. 33.3,5.
x Nu. 1. 46.
11. 21.
y ch. 12. 19.
η a great mixture.
z Nu. 11. 4.
a ch. 12. 26.
ver. 14.
b ver. 16.
De. 6. 8.
11. 18.
Pr. 1. 9.
6. 21.
Ca. 8. 6.
c Ge. 15. 13.
Ac. 7. 6.
Ga. 3. 17.
d ch.12.14,24.
θ a night of observations.
e De. 16. 1,6.
κ cause to pass over.

וְכָל־פֶּטֶר חֲמֹר תִּפְדֶּה בְשֶׂה וְאִם־לֹא תִפְדֶּה וַעֲרַפְתּוֹ וְכֹל בְּכוֹר אָדָם בְּבָנֶיךָ תִּפְדֶּה׃ 13

וְהָיָה כִּי־יִשְׁאָלְךָ בִנְךָ מָחָר לֵאמֹר מַה־זֹּאת וְאָמַרְתָּ אֵלָיו בְּחֹזֶק יָד הוֹצִיאָנוּ יְהוָה מִמִּצְרַיִם מִבֵּית עֲבָדִים׃ 14

וַיְהִי כִּי־הִקְשָׁה פַרְעֹה לְשַׁלְּחֵנוּ וַיַּהֲרֹג יְהוָה כָּל־בְּכוֹר בְּאֶרֶץ מִצְרַיִם מִבְּכֹר אָדָם וְעַד־בְּכוֹר בְּהֵמָה עַל־כֵּן אֲנִי זֹבֵחַ לַיהוָה כָּל־פֶּטֶר רֶחֶם הַזְּכָרִים וְכָל־בְּכוֹר בָּנַי אֶפְדֶּה׃ 15

וְהָיָה לְאוֹת עַל־יָדְכָה וּלְטוֹטָפֹת בֵּין עֵינֶיךָ כִּי בְּחֹזֶק יָד הוֹצִיאָנוּ יְהוָה מִמִּצְרָיִם׃ ס ס ס יד 16

וַיְהִי בְּשַׁלַּח פַּרְעֹה אֶת־הָעָם וְלֹא־נָחָם אֱלֹהִים דֶּרֶךְ אֶרֶץ פְּלִשְׁתִּים כִּי קָרוֹב הוּא כִּי אָמַר אֱלֹהִים פֶּן־יִנָּחֵם הָעָם בִּרְאֹתָם מִלְחָמָה וְשָׁבוּ מִצְרָיְמָה׃ 17

וַיַּסֵּב אֱלֹהִים אֶת־הָעָם דֶּרֶךְ הַמִּדְבָּר יַם־סוּף וַחֲמֻשִׁים עָלוּ בְנֵי־יִשְׂרָאֵל מֵאֶרֶץ מִצְרָיִם׃ 18

וַיִּקַּח מֹשֶׁה אֶת־עַצְמוֹת יוֹסֵף עִמּוֹ כִּי הַשְׁבֵּעַ הִשְׁבִּיעַ אֶת־בְּנֵי יִשְׂרָאֵל לֵאמֹר פָּקֹד יִפְקֹד אֱלֹהִים אֶתְכֶם וְהַעֲלִיתֶם אֶת־עַצְמֹתַי מִזֶּה אִתְּכֶם׃ 19

וַיִּסְעוּ מִסֻּכֹּת וַיַּחֲנוּ בְאֵתָם בִּקְצֵה הַמִּדְבָּר׃ 20

וַיהוָה הֹלֵךְ לִפְנֵיהֶם יוֹמָם בְּעַמּוּד עָנָן לַנְחֹתָם הַדֶּרֶךְ וְלַיְלָה בְּעַמּוּד אֵשׁ לְהָאִיר לָהֶם לָלֶכֶת יוֹמָם וָלָיְלָה׃ 21

לֹא־יָמִישׁ עַמּוּד הֶעָנָן יוֹמָם וְעַמּוּד הָאֵשׁ לָיְלָה לִפְנֵי הָעָם׃ פ 22

CAP. XIV. יד

וַיְדַבֵּר יְהוָה אֶל־מֹשֶׁה לֵּאמֹר׃

דַּבֵּר אֶל־בְּנֵי יִשְׂרָאֵל וְיָשֻׁבוּ וְיַחֲנוּ לִפְנֵי פִּי הַחִירֹת בֵּין מִגְדֹּל וּבֵין הַיָּם לִפְנֵי בַּעַל צְפֹן נִכְחוֹ תַחֲנוּ עַל־הַיָּם׃ 2

וְאָמַר פַּרְעֹה לִבְנֵי יִשְׂרָאֵל נְבֻכִים הֵם בָּאָרֶץ סָגַר עֲלֵיהֶם הַמִּדְבָּר׃ 3

וְחִזַּקְתִּי אֶת־לֵב־פַּרְעֹה וְרָדַף אַחֲרֵיהֶם וְאִכָּבְדָה בְּפַרְעֹה וּבְכָל־חֵילוֹ וְיָדְעוּ מִצְרַיִם כִּי־אֲנִי יְהוָה וַיַּעֲשׂוּ־כֵן׃ 4

וַיֻּגַּד לְמֶלֶךְ מִצְרַיִם כִּי בָרַח הָעָם וַיֵּהָפֵךְ לְבַב פַּרְעֹה וַעֲבָדָיו אֶל־הָעָם וַיֹּאמְרוּ מַה־זֹּאת עָשִׂינוּ כִּי־שִׁלַּחְנוּ אֶת־יִשְׂרָאֵל מֵעָבְדֵנוּ׃ 5

וַיֶּאְסֹר אֶת־רִכְבּוֹ וְאֶת־עַמּוֹ לָקַח עִמּוֹ׃ 6

וַיִּקַּח שֵׁשׁ־מֵאוֹת רֶכֶב בָּחוּר וְכֹל רֶכֶב מִצְרָיִם וְשָׁלִשִׁם עַל־כֻּלּוֹ׃ 7

וַיְחַזֵּק יְהוָה אֶת־לֵב־פַּרְעֹה מֶלֶךְ מִצְרַיִם וַיִּרְדֹּף אַחֲרֵי בְּנֵי יִשְׂרָאֵל וּבְנֵי יִשְׂרָאֵל יֹצְאִים בְּיָד רָמָה׃ 8

וַיִּרְדְּפוּ מִצְרַיִם אַחֲרֵיהֶם וַיַּשִּׂיגוּ אוֹתָם חֹנִים עַל־הַיָּם כָּל־סוּס רֶכֶב פַּרְעֹה 9

וּפַרְעֹה הִקְרִיב וַיִּשְׂאוּ בְנֵי־יִשְׂרָאֵל אֶת־עֵינֵיהֶם וְהִנֵּה מִצְרַיִם נֹסֵעַ אַחֲרֵיהֶם וַיִּירְאוּ מְאֹד וַיִּצְעֲקוּ בְנֵי־יִשְׂרָאֵל אֶל־יְהוָה׃ 10

וַיֹּאמְרוּ אֶל־מֹשֶׁה הֲמִבְּלִי אֵין־קְבָרִים בְּמִצְרַיִם לְקַחְתָּנוּ לָמוּת בַּמִּדְבָּר מַה־זֹּאת עָשִׂיתָ לָּנוּ לְהוֹצִיאָנוּ מִמִּצְרָיִם׃ 11

הֲלֹא־זֶה הַדָּבָר אֲשֶׁר דִּבַּרְנוּ אֵלֶיךָ בְמִצְרַיִם לֵאמֹר חֲדַל מִמֶּנּוּ וְנַעַבְדָה אֶת־מִצְרָיִם כִּי טוֹב לָנוּ עֲבֹד אֶת־מִצְרַיִם מִמֻּתֵנוּ בַּמִּדְבָּר׃ 12

וַיֹּאמֶר מֹשֶׁה אֶל־הָעָם אַל־תִּירָאוּ הִתְיַצְּבוּ וּרְאוּ אֶת־יְשׁוּעַת יְהוָה אֲשֶׁר־יַעֲשֶׂה לָכֶם הַיּוֹם כִּי אֲשֶׁר רְאִיתֶם אֶת־מִצְרַיִם הַיּוֹם לֹא תֹסִפוּ לִרְאֹתָם עוֹד עַד־עוֹלָם׃ 13

יְהוָה יִלָּחֵם לָכֶם וְאַתֶּם תַּחֲרִישׁוּן׃ פ 14

וַיֹּאמֶר יְהוָה אֶל־מֹשֶׁה מַה־תִּצְעַק אֵלָי דַּבֵּר אֶל־בְּנֵי־יִשְׂרָאֵל וְיִסָּעוּ׃ 15

וְאַתָּה הָרֵם אֶת־מַטְּךָ וּנְטֵה אֶת־יָדְךָ עַל־הַיָּם וּבְקָעֵהוּ וְיָבֹאוּ בְנֵי־יִשְׂרָאֵל בְּתוֹךְ הַיָּם בַּיַּבָּשָׁה׃ 16

וַאֲנִי הִנְנִי מְחַזֵּק אֶת־לֵב מִצְרַיִם וְיָבֹאוּ אַחֲרֵיהֶם וְאִכָּבְדָה בְּפַרְעֹה וּבְכָל־חֵילוֹ בְּרִכְבּוֹ וּבְפָרָשָׁיו׃ 17

וְיָדְעוּ מִצְרַיִם כִּי־אֲנִי יְהוָה בְּהִכָּבְדִי בְּפַרְעֹה בְּרִכְבּוֹ וּבְפָרָשָׁיו׃ 18

וַיִּסַּע מַלְאַךְ הָאֱלֹהִים הַהֹלֵךְ לִפְנֵי מַחֲנֵה יִשְׂרָאֵל וַיֵּלֶךְ מֵאַחֲרֵיהֶם וַיִּסַּע עַמּוּד הֶעָנָן מִפְּנֵיהֶם וַיַּעֲמֹד מֵאַחֲרֵיהֶם׃ 19

וַיָּבֹא בֵּין מַחֲנֵה מִצְרַיִם וּבֵין מַחֲנֵה יִשְׂרָאֵל וַיְהִי הֶעָנָן וְהַחֹשֶׁךְ וַיָּאֶר אֶת־הַלָּיְלָה וְלֹא־קָרַב זֶה אֶל־זֶה כָּל־הַלָּיְלָה׃ 20

וַיֵּט מֹשֶׁה אֶת־יָדוֹ עַל־הַיָּם וַיּוֹלֶךְ יְהוָה אֶת־הַיָּם בְּרוּחַ קָדִים עַזָּה כָּל־הַלַּיְלָה וַיָּשֶׂם אֶת־הַיָּם לֶחָרָבָה וַיִּבָּקְעוּ הַמָּיִם׃ 21

וַיָּבֹאוּ בְנֵי־יִשְׂרָאֵל בְּתוֹךְ הַיָּם בַּיַּבָּשָׁה וְהַמַּיִם לָהֶם חוֹמָה מִימִינָם וּמִשְּׂמֹאלָם׃ 22

וַיִּרְדְּפוּ מִצְרַיִם וַיָּבֹאוּ אַחֲרֵיהֶם כֹּל סוּס פַּרְעֹה רִכְבּוֹ וּפָרָשָׁיו אֶל־תּוֹךְ הַיָּם׃ 23

וַיְהִי בְּאַשְׁמֹרֶת הַבֹּקֶר וַיַּשְׁקֵף יְהוָה אֶל־מַחֲנֵה מִצְרַיִם בְּעַמּוּד אֵשׁ וְעָנָן וַיָּהָם אֵת מַחֲנֵה מִצְרָיִם׃ 24

וַיָּסַר אֵת אֹפַן מַרְכְּבֹתָיו וַיְנַהֲגֵהוּ בִּכְבֵדֻת וַיֹּאמֶר מִצְרַיִם אָנוּסָה מִפְּנֵי יִשְׂרָאֵל כִּי יְהוָה נִלְחָם לָהֶם בְּמִצְרָיִם׃ פ 25

וַיֹּאמֶר יְהוָה אֶל־מֹשֶׁה נְטֵה אֶת־יָדְךָ עַל־הַיָּם וְיָשֻׁבוּ 26

הַמַּיִם עַל־מִצְרַיִם עַל־רִכְבּוֹ וְעַל־פָּרָשָׁיו׃ וַיֵּט מֹשֶׁה 27

אֶת־יָדוֹ עַל־הַיָּם וַיָּשָׁב הַיָּם לִפְנוֹת בֹּקֶר לְאֵיתָנוֹ

thou hast; the males *shall be* the LORD's.

13 And every firstling of an ass thou shalt redeem with a β lamb; and if thou wilt not redeem it, then thou shalt break his neck: and all the first-born of man among thy children shalt thou redeem.

14 And it shall be, when thy son [a] asketh thee γ in time to come, saying, What *is* this? that thou shalt say unto him, By strength of hand the LORD brought us out from Egypt, from the house of bondage:

15 And it came to pass, when Pharaoh would hardly let us go, that the LORD slew all the first-born in the land of Egypt, both the first-born of man, and the first-born of beast: therefore I sacrifice to the LORD all that openeth the matrix, being males; but all the first-born of my children I redeem.

16 And it shall be for a token upon thine hand, and for frontlets between thine eyes: for by strength of hand [d] the LORD brought us forth out of Egypt.

17 And it came to pass, when Pharaoh had let the people go, that God led them not *through* the way of the land of the Philistines, although that *was* near; for God said, Lest peradventure the people [g] repent: when they see war, and they return [h] to Egypt:

18 But God [i] led the people about, *through* the way of the wilderness of the Red Sea. And the children of Israel went up ζ harnessed out of the land of Egypt.

19 And Moses took the bones of Joseph with him; for he had straitly sworn the children of Israel, saying, [k] God will surely visit you; and ye shall carry up my bones away hence with you.

20 And they took their journey [l] from Succoth, and encamped in Etham, in the edge of the wilderness.

21 And the LORD went before them [m] by day in a pillar of a cloud, to lead them the way; and by night in a pillar of fire, to give them light; to go by day and night:

22 He took not away the pillar of the cloud by day, nor the pillar of fire by night, *from* before the people.

CHAP. XIV.

AND the LORD spake unto Moses, saying,

2 Speak unto the children of Israel, that they turn and encamp before [o] Pi-hahiroth, between [p] Migdol and the sea, over against Baal-zephon: before it shall ye encamp by the sea.

3 For Pharaoh will say of the children of Israel,[q] They *are* entangled in the land, the wilderness hath shut them in.

4 And I will harden [s] Pharaoh's heart, that he shall follow after them: and I will be honoured upon Pharaoh, and upon all his host; that the Egyptians may know that I *am* the LORD. And they did so.

5 And it was told the king of Egypt that the people fled: and the heart of Pharaoh and of his servants was turned [u] against the people, and they said, Why have we done this, that we have let Israel go from serving us?

6 And he made ready his chariot, and took his people with him:

7 And he took six hundred chosen chariots,[w] and all the chariots of Egypt, and captains over every one of them.

8 And the LORD hardened the heart of Pharaoh king of Egypt, and he pursued after the children of Israel: and the children of Israel went out with an high [x] hand.

B. C. 1491.

β or, *kid.*

a De. 6. 20.
Jos. 4.6,21.

γ *to-morrow*

b Jos. 24. 7.
Ne. 9. 9.
Ps. 34. 17.
106. 44.
107. 6.
c ch. 5. 21.
6. 9
d De. 26. 8.
e Nu. 14. 9.
De. 20. 3.
2 Ki. 6. 16.
2Ch.20.15,17
Ps. 27 1, 2.
46. 1..3.
Is.41.10.14.

δ or, *for whereas ye have seen the Egyptians to-day.*

f De. 1. 30.
3. 22.
20. 4.
Jos. 10. 14.
23. 3, 10.
2Ch. 20. 29.
Ne. 4. 20.
1s. 30. 15.
g ch.14.11,12.
Nu.14. 1.4.
h De. 17. 16.
i De. 32. 20.

ζ or, *by five in a rank.*

k Ge. 50. 25.
Jos. 24. 32.
Ac. 7. 16.
l Nu. 33. 6.
*m*Nu.9.15..23.
10. 34.
14. 14.
De. 1. 33.
Ne.9.12,19.
Ps. 78. 14.
99. 7.
105. 39.
Is. 4. 5.
1 Co. 10. 2.
Re. 10. 1.
n Nu. 20. 16.
1s. 63. 9.
o Nu. 33. 7.
p Je. 44. 1.
q Ps. 3. 2.
71. 11.
Je.20.10,11.
r Jos. 3. 16.
4. 23.
Ps. 66. 6.
s ch.4.21,&c.
t 1 Co. 10. 1.
He. 11. 29.
u Ps. 105. 25.
w ch. 15. 4.

θ or, *and made them to go heavily.*

x Nu. 33. 3.
De. 26. 8.

---

9 But the Egyptians pursued after them, all the horses *and* chariots of Pharaoh, and his horsemen, and his army, and overtook them encamping by the sea, beside Pi-hahiroth, before Baal-zephon.

10 And when Pharaoh drew nigh, the children of Israel lifted up their eyes, and, behold, the Egyptians marched after them; and they were sore [b] afraid: and the children of Israel cried out unto the LORD.

11 And they said unto Moses, Because *there were* no graves in Egypt, hast thou taken us away to die in the wilderness? wherefore hast thou dealt thus with us, to carry us forth out of Egypt?

12 *Is* not this the word that we did tell thee in [c] Egypt, saying, Let us alone, that we may serve the Egyptians? For *it had been* better for us to serve the Egyptians, than that we should die in the wilderness.

13 And Moses said unto the people, Fear ye not,[e] stand still, and see the salvation of the LORD, which he will shew to you to-day: δ for the Egyptians whom ye have seen to-day, ye shall see them again no more for ever.

14 The LORD shall fight [f] for you, and ye shall hold your peace.

15 And the LORD said unto Moses, Wherefore criest thou unto me? speak unto the children of Israel, that they go forward:

16 But lift thou up thy rod, and stretch out thine hand over the sea, and divide it; and the children of Israel shall go on dry *ground* through the midst of the sea.

17 And I, behold, I will harden the hearts of the Egyptians, and they shall follow them: and I will get me honour upon Pharaoh, and upon all his host, upon his chariots, and upon his horsemen.

18 And the Egyptians shall know that I *am* the LORD, when I have gotten me honour upon Pharaoh, upon his chariots, and upon his horsemen.

19 And the angel [n] of God, which went before the camp of Israel, removed and went behind them; and the pillar of the cloud went from before their face, and stood behind them:

20 And it came between the camp of the Egyptians and the camp of Israel; and it was a cloud and darkness *to them*, but it gave light by night *to these*: so that the one came not near the other all the night.

21 And Moses stretched out his hand over the sea; and the LORD caused the sea to go *back* by a strong east wind all that night, and made the sea [r] dry *land*, and the waters were divided.

22 And the children of Israel went into the midst [t] of the sea upon the dry *ground*: and the waters *were* a wall unto them on their right hand and on their left.

23 And the Egyptians pursued, and went in after them to the midst of the sea, *even* all Pharaoh's horses, his chariots, and his horsemen.

24 And it came to pass, that in the morning watch the LORD looked unto the host of the Egyptians through the pillar of fire and of the cloud, and troubled the host of the Egyptians,

25 And took off their chariot-wheels, that θ they drave them heavily: so that the Egyptians said, Let us flee from the face of Israel; for the LORD fighteth for them against the Egyptians.

26 And the LORD said unto Moses, Stretch out thine hand over the sea, that

בָּ֣א סוּס פַּרְעֹ֤ה בְּרִכְבּ֣וֹ וּבְפָרָשָׁ֔יו בַּיָּ֖ם וַיָּ֧שֶׁב יְהֹוָ֛ה
עֲלֵהֶ֖ם אֶת־מֵ֣י הַיָּ֑ם   וּבְנֵ֧י יִשְׂרָאֵ֛ל הָֽלְכ֥וּ בַיַּבָּשָׁ֖ה
בְּת֥וֹךְ   הַיָּֽם ׃   פ

28 וַיָּשֻׁ֤בוּ הַמַּ֨יִם֙ וַיְכַסּ֤וּ אֶת־הָרֶ֨כֶב֙ וְאֶת־
הַפָּ֣רָשִׁ֔ים לְכֹל֙ חֵ֣יל פַּרְעֹ֔ה הַבָּאִ֥ים אַחֲרֵיהֶ֖ם בַּיָּ֑ם
29 לֹֽא־נִשְׁאַ֥ר בָּהֶ֖ם עַד־אֶחָֽד ׃   וּבְנֵ֧י יִשְׂרָאֵ֛ל הָֽלְכ֥וּ
בַיַּבָּשָׁ֖ה בְּת֣וֹךְ הַיָּ֑ם וְהַמַּ֤יִם לָהֶם֙ חֹמָ֔ה מִֽימִינָ֖ם
30 וּמִשְּׂמֹאלָֽם ׃   וַיּ֨וֹשַׁע יְהֹוָ֜ה בַּיּ֥וֹם הַה֛וּא אֶת־יִשְׂרָאֵ֖ל
מִיַּ֣ד מִצְרָ֑יִם וַיַּ֤רְא יִשְׂרָאֵל֙ אֶת־מִצְרַ֔יִם מֵ֖ת עַל־שְׂפַ֥ת
31 הַיָּֽם ׃   וַיַּ֨רְא יִשְׂרָאֵ֜ל אֶת־הַיָּ֣ד הַגְּדֹלָ֗ה אֲשֶׁ֨ר עָשָׂ֤ה
יְהֹוָה֙ בְּמִצְרַ֔יִם וַיִּֽירְא֥וּ הָעָ֖ם אֶת־יְהֹוָ֑ה וַיַּֽאֲמִ֨ינוּ֙
בַּֽיהֹוָ֔ה וּבְמֹשֶׁ֖ה עַבְדּֽוֹ ׃

CAP. XV. טו   פ ס

1 אָ֣ז יָֽשִׁיר־מֹשֶׁה֩ וּבְנֵ֨י יִשְׂרָאֵ֜ל אֶת־הַשִּׁירָ֤ה הַזֹּאת֙
לַֽיהֹוָ֔ה וַיֹּֽאמְר֖וּ לֵאמֹ֑ר   אָשִׁ֤ירָה לַֽיהֹוָה֙ כִּֽי־גָאֹ֣ה גָּאָ֔ה
2 ס֥וּס וְרֹכְב֖וֹ רָמָ֥ה בַיָּֽם ׃   עָזִּ֤י וְזִמְרָת֙ יָ֔הּ וַֽיְהִי־לִ֖י
לִֽישׁוּעָ֑ה   זֶ֤ה אֵלִי֙ וְאַנְוֵ֔הוּ אֱלֹהֵ֥י
3 אָבִ֖י וַֽאֲרֹֽמְמֶֽנְהוּ ׃   יְהֹוָ֖ה אִ֣ישׁ מִלְחָמָ֑ה יְהֹוָ֖ה
4 שְׁמֽוֹ ׃   מַרְכְּבֹ֥ת פַּרְעֹ֛ה וְחֵיל֖וֹ יָרָ֣ה בַיָּ֑ם וּמִבְחַ֥ר
5 שָֽׁלִשָׁ֖יו טֻבְּע֥וּ בְיַם־סֽוּף ׃   תְּהֹמֹ֖ת יְכַסְיֻ֑מוּ יָֽרְד֥וּ
6 בִמְצוֹלֹ֖ת כְּמוֹ־אָֽבֶן ׃   יְמִֽינְךָ֣ יְהֹוָ֔ה נֶאְדָּרִ֖י בַּכֹּ֑חַ יְמִֽינְךָ֥
7 יְהֹוָ֖ה תִּרְעַ֥ץ אוֹיֵֽב ׃   וּבְרֹ֥ב גְּאֽוֹנְךָ֖ תַּֽהֲרֹ֣ס
8 קָמֶ֑יךָ   תְּשַׁלַּח֙ חֲרֹ֣נְךָ֔ יֹֽאכְלֵ֖מוֹ כַּקַּֽשׁ ׃   וּבְר֤וּחַ
אַפֶּ֨יךָ֙ נֶ֣עֶרְמוּ מַ֔יִם   נִצְּב֥וּ כְמוֹ־נֵ֖ד
9 נֹֽזְלִ֑ים   קָֽפְא֥וּ תְהֹמֹ֖ת בְּלֶב־יָֽם ׃   אָמַ֥ר
אוֹיֵ֛ב אֶרְדֹּ֥ף אַשִּׂ֖יג   אֲחַלֵּ֣ק שָׁלָ֑ל תִּמְלָאֵ֣מוֹ
10 נַפְשִׁ֔י   אָרִ֣יק חַרְבִּ֔י תּֽוֹרִישֵׁ֖מוֹ יָדִֽי ׃   נָשַׁ֥פְתָּ
בְרֽוּחֲךָ֖ כִּסָּ֣מוֹ יָ֑ם   צָֽלְלוּ֙ כַּֽעוֹפֶ֔רֶת בְּמַ֖יִם
11 אַדִּירִֽים ׃   מִֽי־כָמֹ֤כָה בָּֽאֵלִם֙ יְהֹוָ֔ה מִ֥י
כָּמֹ֖כָה נֶאְדָּ֣ר בַּקֹּ֑דֶשׁ   נוֹרָ֥א תְהִלֹּ֖ת עֹ֥שֵׂה
12 פֶֽלֶא ׃   נָטִ֨יתָ֙ יְמִ֣ינְךָ֔ תִּבְלָעֵ֖מוֹ אָֽרֶץ ׃   נָחִ֥יתָ
13 בְחַסְדְּךָ֖ עַם־ז֣וּ גָּאָ֑לְתָּ   נֵהַ֥לְתָּ בְעׇזְּךָ֖ אֶל־נְוֵ֥ה
14 קׇדְשֶֽׁךָ ׃   שָֽׁמְע֥וּ עַמִּ֖ים יִרְגָּז֑וּן   חִ֣יל
15 אָחַ֔ז יֹֽשְׁבֵ֖י פְּלָֽשֶׁת ׃   אָ֤ז נִבְהֲלוּ֙ אַלּוּפֵ֣י
אֱד֔וֹם   אֵילֵ֣י מוֹאָ֔ב יֹֽאחֲזֵ֖מוֹ רָ֑עַד נָמֹ֕גוּ
16 כֹּ֖ל יֹֽשְׁבֵ֥י כְנָֽעַן ׃   תִּפֹּ֨ל עֲלֵיהֶ֤ם אֵימָ֨תָה֙
וָפַ֔חַד   בִּגְדֹ֥ל זְרֽוֹעֲךָ֖ יִדְּמ֣וּ כָּאָ֑בֶן עַד־
17 יַֽעֲבֹ֤ר עַמְּךָ֙ יְהֹוָ֔ה עַד־יַֽעֲבֹ֖ר עַם־ז֥וּ קָנִֽיתָ ׃   תְּבִאֵ֗מוֹ וְתִטָּעֵ֨מוֹ֙ בְּהַ֣ר נַֽחֲלָֽתְךָ֔ מָכ֧וֹן
לְשִׁבְתְּךָ֛ פָּעַ֖לְתָּ יְהֹוָ֑ה מִקְּדָ֕שׁ אֲדֹנָ֖י כּֽוֹנְנ֥וּ
18 יָדֶֽיךָ ׃   יְהֹוָ֥ה ׀ יִמְלֹ֖ךְ לְעֹלָ֥ם וָעֶֽד ׃
19 כִּ֣י

20 וַתִּקַּח֩ מִרְיָ֨ם הַנְּבִיאָ֜ה אֲח֧וֹת אַֽהֲרֹ֛ן אֶת־הַתֹּ֖ף בְּיָדָ֑הּ
21 וַתֵּצֶ֤אןָ כׇל־הַנָּשִׁים֙ אַֽחֲרֶ֔יהָ בְּתֻפִּ֖ים וּבִמְחֹלֹֽת ׃   וַתַּ֥עַן
לָהֶ֖ם מִרְיָ֑ם שִׁ֤ירוּ לַֽיהֹוָה֙ כִּֽי־גָאֹ֣ה גָּאָ֔ה ס֥וּס וְרֹֽכְב֖וֹ
22 רָמָ֥ה בַיָּֽם ׃ ס   וַיַּסַּ֨ע מֹשֶׁ֤ה אֶת־יִשְׂרָאֵל֙ מִיַּם־ס֔וּף
וַיֵּֽצְא֖וּ אֶל־מִדְבַּר־שׁ֑וּר וַיֵּֽלְכ֧וּ שְׁלֹֽשֶׁת־יָמִ֛ים בַּמִּדְבָּ֖ר
23 וְלֹא־מָ֥צְאוּ מָֽיִם ׃   וַיָּבֹ֣אוּ מָרָ֔תָה וְלֹ֣א יָֽכְל֗וּ לִשְׁתֹּ֥ת
מַ֨יִם֙ מִמָּרָ֔ה כִּ֥י מָרִ֖ים הֵ֑ם עַל־כֵּ֥ן קָֽרָא־שְׁמָ֖הּ מָרָֽה ׃
24 וַיִּלֹּ֧נוּ הָעָ֛ם עַל־מֹשֶׁ֖ה לֵּאמֹ֑ר מַה־נִּשְׁתֶּֽה ׃   וַיִּצְעַ֣ק
25 אֶל־יְהֹוָ֗ה וַיּוֹרֵ֤הוּ יְהֹוָה֙ עֵ֔ץ וַיַּשְׁלֵךְ֙ אֶל־הַמַּ֔יִם וַֽיִּמְתְּק֖וּ
הַמָּ֑יִם שָׁ֣ם שָׂ֥ם ל֛וֹ חֹ֥ק וּמִשְׁפָּ֖ט וְשָׁ֥ם נִסָּֽהוּ ׃   וַיֹּ֩אמֶר֩
26 אִם־שָׁמ֨וֹעַ תִּשְׁמַ֜ע לְק֣וֹל ׀ יְהֹוָ֣ה אֱלֹהֶ֗יךָ וְהַיָּשָׁ֤ר
בְּעֵינָיו֙ תַּֽעֲשֶׂ֔ה וְהַֽאֲזַנְתָּ֙ לְמִצְוֺתָ֔יו וְשָֽׁמַרְתָּ֖ כׇּל־חֻקָּ֑יו
כׇּֽל־הַמַּֽחֲלָ֞ה אֲשֶׁר־שַׂ֤מְתִּי בְמִצְרַ֨יִם֙ לֹֽא־אָשִׂ֣ים
27 עָלֶ֔יךָ כִּ֛י אֲנִ֥י יְהֹוָ֖ה רֹֽפְאֶֽךָ ׃ ס   וַיָּבֹ֣אוּ אֵילִ֔מָה
וְשָׁ֗ם שְׁתֵּ֥ים עֶשְׂרֵ֛ה עֵינֹ֥ת מַ֖יִם וְשִׁבְעִ֣ים תְּמָרִ֑ים
וַיַּֽחֲנוּ־שָׁ֖ם עַל־הַמָּֽיִם ׃

CAP. XVI. טז

1 וַיִּסְעוּ֙ מֵֽאֵילִ֔ם וַיָּבֹ֜אוּ כׇּל־עֲדַ֤ת בְּנֵֽי־יִשְׂרָאֵל֙ אֶל־מִדְבַּר־
סִ֔ין אֲשֶׁ֥ר בֵּֽין־אֵילִ֖ם וּבֵ֣ין סִינָ֑י בַּֽחֲמִשָּׁ֨ה עָשָׂ֥ר יוֹם֙
2 לַחֹ֣דֶשׁ הַשֵּׁנִ֔י לְצֵאתָ֖ם מֵאֶ֥רֶץ מִצְרָֽיִם ׃   וַיִּלּ֜וֹנוּ כׇּל־
עֲדַ֧ת בְּנֵֽי־יִשְׂרָאֵ֛ל עַל־מֹשֶׁ֥ה וְעַֽל־אַֽהֲרֹ֖ן בַּמִּדְבָּֽר ׃
3 וַיֹּֽאמְר֨וּ אֲלֵהֶ֜ם בְּנֵ֣י יִשְׂרָאֵ֗ל מִֽי־יִתֵּ֨ן מוּתֵ֤נוּ בְיַד־יְהֹוָה֙
בְּאֶ֣רֶץ מִצְרַ֔יִם בְּשִׁבְתֵּ֨נוּ֙ עַל־סִ֣יר הַבָּשָׂ֔ר בְּאׇכְלֵ֥נוּ
לֶ֖חֶם לָשֹׂ֑בַע כִּֽי־הֽוֹצֵאתֶ֤ם אֹתָ֨נוּ֙ אֶל־הַמִּדְבָּ֣ר הַזֶּ֔ה
4 לְהָמִ֛ית אֶת־כׇּל־הַקָּהָ֥ל הַזֶּ֖ה בָּֽרָעָֽב ׃ ס   וַיֹּ֤אמֶר
יְהֹוָה֙ אֶל־מֹשֶׁ֔ה הִֽנְנִ֨י מַמְטִ֥יר לָכֶ֛ם לֶ֖חֶם מִן־הַשָּׁמָ֑יִם
וְיָצָ֨א הָעָ֤ם וְלָֽקְטוּ֙ דְּבַר־י֣וֹם בְּיוֹמ֔וֹ לְמַ֧עַן אֲנַסֶּ֛נּוּ
5 הֲיֵלֵ֥ךְ בְּתֽוֹרָתִ֖י אִם־לֹֽא ׃   וְהָיָה֙ בַּיּ֣וֹם הַשִּׁשִּׁ֔י וְהֵכִ֖ינוּ
אֵ֣ת אֲשֶׁר־יָבִ֑יאוּ וְהָיָ֣ה מִשְׁנֶ֔ה עַ֥ל אֲשֶֽׁר־יִלְקְט֖וּ
6 י֥וֹם ׀ יֽוֹם ׃   וַיֹּ֤אמֶר מֹשֶׁה֙ וְאַֽהֲרֹ֔ן אֶֽל־כׇּל־בְּנֵ֖י
יִשְׂרָאֵ֑ל עֶ֕רֶב וִֽידַעְתֶּ֕ם כִּ֧י יְהֹוָ֛ה הוֹצִ֥יא אֶתְכֶ֖ם
7 מֵאֶ֥רֶץ מִצְרָֽיִם ׃   וּבֹ֗קֶר וּרְאִיתֶם֙ אֶת־כְּב֣וֹד יְהֹוָ֔ה
בְּשׇׁמְע֥וֹ אֶת־תְּלֻנֹּֽתֵיכֶ֖ם עַל־יְהֹוָ֑ה וְנַ֣חְנוּ מָ֔ה כִּ֥י
8 תלִּ֖ינוּ עָלֵֽינוּ ׃   וַיֹּ֣אמֶר מֹשֶׁ֗ה בְּתֵ֣ת יְהֹוָה֩ לָכֶ֨ם
בָּעֶ֜רֶב בָּשָׂ֣ר לֶֽאֱכֹ֗ל וְלֶ֤חֶם בַּבֹּ֨קֶר֙ לִשְׂבֹּ֔עַ בִּשְׁמֹ֤עַ

the waters may come again upon the Egyptians, upon their chariots, and upon their horsemen.

27 And Moses stretched forth his hand over the sea, and the sea returned to his strength when ye morning appeared; & the Egyptians fled against it; & the LORD overthrew β the Egyptians in the midst of ye sea.

28 And the waters returned, and covered *e* the chariots, and the horsemen, *and* all the host of Pharaoh that came into the sea after them: there remained not so much as one of them.

29 But the children of Israel walked upon dry *land* in the midst of the sea; and the waters *were* a wall unto them on their right hand, and on their left.

30 Thus the LORD saved Israel that day out of the hand of the Egyptians; & Israel saw the Egyptians dead upon the sea-shore.

31 And Israel saw that great γ work which the LORD did upon the Egyptians: and the people feared the LORD, and believed *h* the LORD, and his servant Moses.

CHAP. XV.

THEN sang *i* Moses and the children of Israel this song unto the LORD, and spake, saying, I will sing unto the LORD, for he hath triumphed gloriously: the horse and his rider hath he thrown into the sea.

2 The LORD *is* my strength and *m* song, and he is become my salvation: he *is* my God, and I will prepare him an *n* habitation; my father's God, and I will exalt him.

3 The LORD *is* a man of *o* war: the LORD *is* his name.

4 Pharaoh's chariots and his host hath he cast into the sea: his chosen captains also are drowned in the Red Sea.

5 The depths have covered them: they sank into the bottom as a stone.

6 Thy right hand, *q* O LORD, is become glorious in power: thy right hand, O LORD, hath dashed in pieces the enemy.

7 And in the greatness of thine *r* excellency thou hast overthrown them that rose up against thee: thou sentest forth thy wrath, *which* consumed them *u* as stubble.

8 And with the blast of *v* thy nostrils the waters were gathered together: the floods stood upright as an heap, *and* the depths were congealed in the heart of the sea.

9 The enemy said, I will pursue, I will overtake, I will divide the spoil; my lust shall be satisfied upon them; I will draw my sword, my hand shall ζ destroy them.

10 Thou didst blow with thy *y* wind, the sea covered them: they sank as lead in the mighty waters.

11 Who *is* like *z* unto thee, O LORD, among the η gods? who *is* like thee, glorious in holiness, fearful *in* praises, doing wonders?

12 Thou stretchedst out thy right hand, the earth swallowed them.

13 Thou in thy mercy hast *b* led forth the people *which* thou hast redeemed: thou hast guided *them* in thy strength unto thy holy habitation.

14 The people shall hear, *and* be afraid: sorrow shall take hold on the inhabitants of Palestina.

15 Then the dukes of Edom shall be amazed; the mighty men of Moab, trembling shall take hold upon them: all the inhabitants of Canaan shall melt *f* away.

16 Fear and dread shall *g* fall upon them: by the greatness of thine arm they shall be *as* still *h* as a stone; till thy people pass

Center references

B. C. 1491.

a Ps. 74. 2.
Ac. 20. 28.
b Ps. 44. 2.
c Ps. 78. 54.
β *shook off.*
d Ps. 146. 10.
Da. 4. 3.
7. 27.
e ch. 15. 10.
Ps. 78. 53.
106. 11.
f Ju. 11. 34.
2 Sa. 15.
Ps. 68. 25.
81. 2.
149. 3.
150. 4.
γ *hand.*
g ver. 1.
h ch. 4. 13.
19. 9.
Jno. 2. 11.
11. 45.
i Ju. 5. 1.
2 Sa. 22. 1.
Ps. 106. 12.
k Ge. 16. 7.
l Nu. 33. 8.
m Ps. 18. 2.
27. 1.
62. 6.
118. 14.
Is. 12. 2.
d that is,
bitterness.
n 1 Ki. 8. 13, 27.
o Ps. 24. 8.
45. 3.
Re. 19. 11.
p 2 Ki. 2. 21.
4. 41.
q Ps. 118. 15, 16
r De. 33. 26.
Ps. 68. 33.
s De. 28. 27, 68.
t Ps. 41. 4.
103. 3.
u Ps. 59. 13.
Is. 5. 24.
47. 14.
Mat. 3. 12.
v 2 Sa. 22. 16.
Job 4. 9.
2 Th. 2. 8.
w Nu. 33. 10.
ζ or, *repossess.*
x Eze. 30. 15.
y ch. 14. 21.
Ps. 147. 18.
z Is. 40. 18.
η or, *mighty ones.*
a ch. 15. 24.
Ps. 106. 25.
1 Co. 10. 10.
b Is. 63. 13.
c Nu. 11. 4, 5.
d Ps. 78. 24.
Jno. 6. 31, 32.
θ *the portion of a day in his day.*
e De. 8. 16.
f Jos. 5. 1.
g De. 2. 25.
11. 25.
Jos. 2. 9.
h 1 Sa. 25. 37.
j ver. 22.

over, O LORD, till the people pass over, which *a* thou hast purchased.

17 Thou shalt bring them in, and *b* plant them in the mountain of thine inheritance, *in* the place, O LORD, *which* thou hast made for thee to dwell in; *in* the *c* sanctuary, O LORD, *which* thy hands have established.

18 The LORD shall reign *d* for ever & ever.

19 For the horse of Pharaoh went in with his chariots and with his horsemen into the sea, and the LORD brought again the waters of the sea upon them: but the children of Israel went on dry *land* in the midst of the sea.

20 And Miriam the prophetess, the sister of Aaron, *f* took a timbrel in her hand; and all the women went out after her with timbrels and with dances.

21 And Miriam answered them, Sing ye to the LORD, *g* for he hath triumphed gloriously; the horse and his rider hath he thrown into the sea.

22 So Moses brought Israel from the Red Sea; and they went out into the wilderness of *k* Shur: and they went three days in the wilderness, and found no water.

23 And when they came to *l* Marah, they could not drink of the waters of Marah, for they *were* bitter: therefore the name of it was called ô Marah.

24 And the people murmured against Moses, saying, What shall we drink?

25 And he cried unto the LORD; and the LORD shewed him a tree, *which* when he had cast into *p* the waters, the waters were made sweet: there he made for them a statute and an ordinance, and there he proved them,

26 And said, If thou wilt diligently hearken to the voice of the LORD thy God, and wilt do that which is right in his sight, and wilt give ear to his commandments, and keep all his statutes, I will put none of these diseases upon thee, which I have brought upon the Egyptians: *s* for I *am* the LORD *t* that healeth thee.

27 And they came to Elim, where *were* twelve wells of water, and threescore and ten palm-trees: and they encamped there by the waters.

CHAP. XVI.

AND they took their journey from Elim, *w* and all the congregation of the children of Israel came unto the wilderness of *x* Sin, which *is* between Elim and Sinai, on the fifteenth day of the second month after their departing out of the land of Egypt.

2 And the whole congregation of the children of Israel *a* murmured against Moses and Aaron in the wilderness:

3 And the children of Israel said unto them, Would to God we had died by the hand of the LORD in the land of Egypt, when *c* we sat by the flesh-pots, *and* when we did eat bread to the full! for ye have brought us forth into this wilderness, to kill this whole assembly with hunger.

4 Then said the LORD unto Moses, Behold, I will rain *d* bread from heaven for you; and the people shall go out and gather θ a certain rate every day, that I may *e* prove them, whether they will walk in my law, or no.

5 And it shall come to pass, that on the sixth day they shall prepare *that* which they bring in; and it shall be twice *i* as much as they gather daily.

9 וַיֹּאמֶר מֹשֶׁה אֶל־אַהֲרֹן אֱמֹר אֶל־כָּל־עֲדַת בְּנֵי יִשְׂרָאֵל קִרְבוּ לִפְנֵי יְהוָה כִּי שָׁמַע אֵת תְּלֻנֹּתֵיכֶם׃

10 וַיְהִי כְּדַבֵּר אַהֲרֹן אֶל־כָּל־עֲדַת בְּנֵי־יִשְׂרָאֵל וַיִּפְנוּ אֶל־הַמִּדְבָּר וְהִנֵּה כְּבוֹד יְהוָה נִרְאָה בֶּעָנָן׃ פ

11 וַיְדַבֵּר יְהוָה אֶל־מֹשֶׁה לֵּאמֹר׃

12 שָׁמַעְתִּי אֶת־תְּלוּנֹּת בְּנֵי יִשְׂרָאֵל דַּבֵּר אֲלֵהֶם לֵאמֹר בֵּין הָעַרְבַּיִם תֹּאכְלוּ בָשָׂר וּבַבֹּקֶר תִּשְׂבְּעוּ־לָחֶם וִידַעְתֶּם כִּי אֲנִי יְהוָה אֱלֹהֵיכֶם׃

13 וַיְהִי בָעֶרֶב וַתַּעַל הַשְּׂלָו וַתְּכַס אֶת־הַמַּחֲנֶה וּבַבֹּקֶר הָיְתָה שִׁכְבַת הַטַּל סָבִיב לַמַּחֲנֶה׃

14 וַתַּעַל שִׁכְבַת הַטָּל וְהִנֵּה עַל־פְּנֵי הַמִּדְבָּר דַּק מְחֻסְפָּס דַּק כַּכְּפֹר עַל־הָאָרֶץ׃

15 וַיִּרְאוּ בְנֵי־יִשְׂרָאֵל וַיֹּאמְרוּ אִישׁ אֶל־אָחִיו מָן הוּא כִּי לֹא יָדְעוּ מַה־הוּא וַיֹּאמֶר מֹשֶׁה אֲלֵהֶם הוּא הַלֶּחֶם אֲשֶׁר נָתַן יְהוָה לָכֶם לְאָכְלָה׃

16 זֶה הַדָּבָר אֲשֶׁר צִוָּה יְהוָה לִקְטוּ מִמֶּנּוּ אִישׁ לְפִי אָכְלוֹ עֹמֶר לַגֻּלְגֹּלֶת מִסְפַּר נַפְשֹׁתֵיכֶם אִישׁ לַאֲשֶׁר בְּאָהֳלוֹ תִּקָּחוּ׃

17 וַיַּעֲשׂוּ־כֵן בְּנֵי יִשְׂרָאֵל וַיִּלְקְטוּ הַמַּרְבֶּה וְהַמַּמְעִיט׃

18 וַיָּמֹדּוּ בָעֹמֶר וְלֹא הֶעְדִּיף הַמַּרְבֶּה וְהַמַּמְעִיט לֹא הֶחְסִיר אִישׁ לְפִי־אָכְלוֹ לָקָטוּ׃

19 וַיֹּאמֶר מֹשֶׁה אֲלֵהֶם אִישׁ אַל־יוֹתֵר מִמֶּנּוּ עַד־בֹּקֶר׃

20 וְלֹא־שָׁמְעוּ אֶל־מֹשֶׁה וַיּוֹתִרוּ אֲנָשִׁים מִמֶּנּוּ עַד־בֹּקֶר וַיָּרֻם תּוֹלָעִים וַיִּבְאַשׁ וַיִּקְצֹף עֲלֵהֶם מֹשֶׁה׃

21 וַיִּלְקְטוּ אֹתוֹ בַּבֹּקֶר בַּבֹּקֶר אִישׁ כְּפִי אָכְלוֹ וְחַם הַשֶּׁמֶשׁ וְנָמָס׃

22 וַיְהִי בַּיּוֹם הַשִּׁשִּׁי לָקְטוּ לֶחֶם מִשְׁנֶה שְׁנֵי הָעֹמֶר לָאֶחָד וַיָּבֹאוּ כָּל־נְשִׂיאֵי הָעֵדָה וַיַּגִּידוּ לְמֹשֶׁה׃

23 וַיֹּאמֶר אֲלֵהֶם הוּא אֲשֶׁר דִּבֶּר יְהוָה שַׁבָּתוֹן שַׁבַּת־קֹדֶשׁ לַיהוָה מָחָר אֵת אֲשֶׁר־תֹּאפוּ אֵפוּ וְאֵת אֲשֶׁר־תְּבַשְּׁלוּ בַּשֵּׁלוּ וְאֵת כָּל־הָעֹדֵף הַנִּיחוּ לָכֶם לְמִשְׁמֶרֶת עַד־הַבֹּקֶר׃

24 וַיַּנִּיחוּ אֹתוֹ עַד־הַבֹּקֶר כַּאֲשֶׁר צִוָּה מֹשֶׁה וְלֹא הִבְאִישׁ וְרִמָּה לֹא־הָיְתָה בּוֹ׃

25 וַיֹּאמֶר מֹשֶׁה אִכְלֻהוּ הַיּוֹם כִּי־שַׁבָּת הַיּוֹם לַיהוָה הַיּוֹם לֹא תִמְצָאֻהוּ בַּשָּׂדֶה׃

26 שֵׁשֶׁת יָמִים תִּלְקְטֻהוּ וּבַיּוֹם הַשְּׁבִיעִי שַׁבָּת לֹא יִהְיֶה־בּוֹ׃

27 וַיְהִי בַּיּוֹם הַשְּׁבִיעִי יָצְאוּ מִן־הָעָם לִלְקֹט וְלֹא מָצָאוּ׃ ס

28 וַיֹּאמֶר יְהוָה אֶל־מֹשֶׁה עַד־אָנָה מֵאַנְתֶּם לִשְׁמֹר מִצְוֹתַי וְתוֹרֹתָי׃

29 רְאוּ כִּי־יְהוָה נָתַן לָכֶם הַשַּׁבָּת עַל־כֵּן הוּא נֹתֵן לָכֶם בַּיּוֹם הַשִּׁשִּׁי לֶחֶם יוֹמָיִם שְׁבוּ אִישׁ תַּחְתָּיו אַל־יֵצֵא אִישׁ

30 מִמְּקֹמוֹ בַּיּוֹם הַשְּׁבִיעִי וַיִּשְׁבְּתוּ הָעָם בַּיּוֹם הַשְּׁבִעִי׃

31 וַיִּקְרְאוּ בֵית־יִשְׂרָאֵל אֶת־שְׁמוֹ מָן וְהוּא כְּזֶרַע גַּד לָבָן וְטַעְמוֹ כְּצַפִּיחִת בִּדְבָשׁ׃

32 וַיֹּאמֶר מֹשֶׁה זֶה הַדָּבָר אֲשֶׁר צִוָּה יְהוָה מְלֹא הָעֹמֶר מִמֶּנּוּ לְמִשְׁמֶרֶת לְדֹרֹתֵיכֶם לְמַעַן יִרְאוּ אֶת־הַלֶּחֶם אֲשֶׁר הֶאֱכַלְתִּי אֶתְכֶם בַּמִּדְבָּר בְּהוֹצִיאִי אֶתְכֶם מֵאֶרֶץ מִצְרָיִם׃

33 וַיֹּאמֶר מֹשֶׁה אֶל־אַהֲרֹן קַח צִנְצֶנֶת אַחַת וְתֶן־שָׁמָּה מְלֹא־הָעֹמֶר מָן וְהַנַּח אֹתוֹ לִפְנֵי יְהוָה לְמִשְׁמֶרֶת לְדֹרֹתֵיכֶם׃

34 כַּאֲשֶׁר צִוָּה יְהוָה אֶל־מֹשֶׁה וַיַּנִּיחֵהוּ אַהֲרֹן לִפְנֵי הָעֵדֻת לְמִשְׁמָרֶת׃

35 וּבְנֵי יִשְׂרָאֵל אָכְלוּ אֶת־הַמָּן אַרְבָּעִים שָׁנָה עַד־בֹּאָם אֶל־אֶרֶץ נוֹשָׁבֶת אֶת־הַמָּן אָכְלוּ עַד־בֹּאָם אֶל־קְצֵה אֶרֶץ כְּנָעַן׃

36 וְהָעֹמֶר עֲשִׂרִית הָאֵיפָה הוּא׃ פ

CAP. XVII. יז

1 וַיִּסְעוּ כָּל־עֲדַת בְּנֵי־יִשְׂרָאֵל מִמִּדְבַּר־סִין לְמַסְעֵיהֶם עַל־פִּי יְהוָה וַיַּחֲנוּ בִּרְפִידִים וְאֵין מַיִם לִשְׁתֹּת הָעָם׃

2 וַיָּרֶב הָעָם עִם־מֹשֶׁה וַיֹּאמְרוּ תְּנוּ־לָנוּ מַיִם וְנִשְׁתֶּה וַיֹּאמֶר לָהֶם מֹשֶׁה מַה־תְּרִיבוּן עִמָּדִי מַה־תְּנַסּוּן אֶת־יְהוָה׃

3 וַיִּצְמָא שָׁם הָעָם לַמַּיִם וַיָּלֶן הָעָם עַל־מֹשֶׁה וַיֹּאמֶר לָמָּה זֶּה הֶעֱלִיתָנוּ מִמִּצְרַיִם לְהָמִית אֹתִי וְאֶת־בָּנַי וְאֶת־מִקְנַי בַּצָּמָא׃

4 וַיִּצְעַק מֹשֶׁה אֶל־יְהוָה לֵאמֹר מָה אֶעֱשֶׂה לָעָם הַזֶּה עוֹד מְעַט וּסְקָלֻנִי׃

5 וַיֹּאמֶר יְהוָה אֶל־מֹשֶׁה עֲבֹר לִפְנֵי הָעָם וְקַח אִתְּךָ מִזִּקְנֵי יִשְׂרָאֵל וּמַטְּךָ אֲשֶׁר הִכִּיתָ בּוֹ אֶת־הַיְאֹר קַח בְּיָדְךָ וְהָלָכְתָּ׃

6 הִנְנִי עֹמֵד לְפָנֶיךָ שָּׁם עַל־הַצּוּר בְּחֹרֵב וְהִכִּיתָ בַצּוּר וְיָצְאוּ מִמֶּנּוּ מַיִם וְשָׁתָה הָעָם וַיַּעַשׂ כֵּן מֹשֶׁה לְעֵינֵי זִקְנֵי יִשְׂרָאֵל׃

7 וַיִּקְרָא שֵׁם הַמָּקוֹם מַסָּה וּמְרִיבָה עַל־רִיב בְּנֵי יִשְׂרָאֵל וְעַל נַסֹּתָם אֶת־יְהוָה לֵאמֹר הֲיֵשׁ יְהוָה בְּקִרְבֵּנוּ אִם־אָיִן׃

8 וַיָּבֹא עֲמָלֵק וַיִּלָּחֶם עִם־יִשְׂרָאֵל בִּרְפִידִם׃

9 וַיֹּאמֶר מֹשֶׁה אֶל־יְהוֹשֻׁעַ בְּחַר־לָנוּ אֲנָשִׁים וְצֵא הִלָּחֵם בַּעֲמָלֵק מָחָר אָנֹכִי נִצָּב עַל־רֹאשׁ הַגִּבְעָה וּמַטֵּה הָאֱלֹהִים בְּיָדִי׃

10 וַיַּעַשׂ יְהוֹשֻׁעַ כַּאֲשֶׁר אָמַר־לוֹ מֹשֶׁה לְהִלָּחֵם בַּעֲמָלֵק וּמֹשֶׁה אַהֲרֹן וְחוּר עָלוּ רֹאשׁ הַגִּבְעָה׃

11 וְהָיָה כַּאֲשֶׁר יָרִים מֹשֶׁה יָדוֹ וְגָבַר

6 And Moses and Aaron said unto all the children of Israel, At even, then ye shall know that the LORD hath brought you out from the land of Egypt;

7 And in the morning, then ye shall see the glory *b* of the LORD; for that he heareth your murmurings against the LORD: and what *are* we, that ye murmur against us?

8 And Moses said, *This shall be,* when the LORD shall give you in the evening flesh to eat, and in the morning bread to the full; for that the LORD heareth your murmurings which ye murmur against him: and what *are* we? your murmurings *are* not against us,*d* but against the LORD.

9 And Moses spake unto Aaron, Say unto all the congregation of the children of Israel, Come *e* near before the LORD; for he hath heard your murmurings.

10 And it came to pass, As Aaron spake unto the whole congregation of the children of Israel, that they looked toward the wilderness, and, behold, the glory of the LORD *g* appeared in the cloud.

11 And the LORD spake unto Moses, saying,

12 I have heard the *h* murmurings of the children of Israel: speak unto them, saying, At even ye shall eat flesh, and in the morning ye shall be filled with bread; and ye shall know that I am ye LORD your God.

13 And it came to pass, that at even the quails *k* came up, and covered the camp; and in the morning the dew lay round about the host.

14 And when the dew that lay was gone up, behold, upon the face of the wilderness *there lay* a small round thing, *as* small as the hoar-frost on the ground.

15 And when the children of Israel saw *it,* they said one to another, *β* It *is* manna:*o* for they wist not what *it was.* And Moses said unto them, This *is* the bread which the LORD hath given you to eat.

16 This *is* the thing which the LORD hath commanded, Gather of it every man according to his eating; an omer *γ* for every man, *according to* the number of your *δ* persons: take ye every man for *them* which *are* in his tents.

17 And the children of Israel did so, and gathered, some more, some less.

18 And when they did mete *it* with an omer,*ε* he that gathered much had nothing over, and he that gathered little had no lack: they gathered every man according to his eating.

19 And Moses said, Let no man *iε* leave of it till the morning.

20 Notwithstanding they hearkened not unto Moses; but some of them left of it until the morning, and it bred worms, and stank: and Moses was wroth with them.

21 And they gathered it every morning, every man according to his eating: and when the sun waxed hot, it melted.

22 And it came to pass, *that* on the sixth day they gathered twice as much bread, two omers for one *man:* and all the rulers of the congregation came and told Moses.

23 And he said unto them, This *is that* which the LORD hath said, To-morrow *is* the *y* rest of the holy sabbath unto the LORD: bake *that* which ye will bake *to-day,* and seethe that ye will seethe; and that which remaineth over lay up for you, to be kept until the morning.

24 And they laid it up till the morning, as Moses bade: and it did not *x* stink,

neither was there any worm therein.

25 And Moses said, Eat that to-day, for to-day *is* a sabbath unto the LORD: to-day ye shall not find it in the field.

26 Six *a* days ye shall gather it; but on the seventh day, *which is* the sabbath, in it there shall be none.

27 And it came to pass, *that* there went out *some* of the people on the seventh day for to gather, and they found none.

28 And the LORD said unto Moses, How long refuse *c* ye to keep my commandments and my laws?

29 See, for that the LORD hath given you the sabbath, therefore he giveth you on the sixth day the bread of two days: abide ye every man in his place; let no man go out of his place on the seventh day.

30 So ye *e* people rested on ye seventh day.

31 And the house of Israel called the name thereof Manna: and it *was* like *f* coriander-seed, white; and the taste of it *was* like wafers *made* with honey.

32 And Moses said, This *is* the thing which ye *e* LORD commandeth, Fill an omer of it to be kept for your generations; that they may see the bread wherewith I have fed you in the wilderness, when I brought you forth from the land of Egypt.

33 And Moses said unto Aaron, *i* Take a pot, and put an omer full of manna therein, and lay it up before the LORD, to be kept for your generations.

34 As the LORD commanded Moses, so Aaron laid it up *l* before the Testimony, to be kept.

35 And the children of Israel did eat manna *m* forty years, until they came to a land inhabited: they did eat manna, until they came unto the borders *n* of the land of Canaan.

36 Now an omer *p* is the tenth *part* of an ephah.

CHAP. XVII.

AND all the congregation of the children of Israel journeyed from the wilderness of Sin,*q* after their journeys, according to the commandment of the LORD, and pitched in Rephidim: and *there was* no water for the people to drink.

2 Wherefore the people did chide *r* with Moses, and said, Give us water that we may drink. And Moses said unto them, Why chide ye with me? wherefore do ye tempt *t* the LORD?

3 And the people thirsted there for water; and the people murmured against Moses, and said, Wherefore *is* this *that* thou hast brought us up out of Egypt, to kill us and our children and our cattle with thirst?

4 And Moses cried unto the LORD, saying, What shall I do unto this people? they be almost ready to stone *v* me.

5 And the LORD said unto Moses, Go on before the people, and take with thee of the elders of Israel; and thy rod, wherewith thou smotest *w* the river, take in thine hand, and go:

6 Behold, I will stand before thee there upon the rock in Horeb; & thou shalt smite the rock, & there shall *x* come water out of it, that the people may drink. And Moses did so in the sight of the elders of Israel.

7 And he called the name of the place *ζ* Massah, and *η* Meribah, because of the chiding of the children of Israel, and because they tempted the LORD, saying, Is the LORD among us, or not?

B. C. 1491.

a ch. 20.9,10.
b ver. 10.
ch. 40. 34.
Nu. 14. 10.
c Nu. 14. 11.
2 Ki. 17. 14.
Ps.78.10,22.
106. 13.
Je. 9. 6.
Eze. 5. 6.
d 1 Sa. 8. 7.
Mat. 10.40.
e Nu. 16. 16.
f Nu.11. 7, 8.
g Nu. 14. 10.
1 Ki. 8. 10.
h ver. 7.
i He. 9. 4.
k Nu. 11. 31.
Ps.78.27.-31
105. 40.
l ch. 25. 16.
Nu. 1. 50.
17. 10.
1 Ki. 8. 9.
m Nu. 33. 38.
De.8. 2, 3.
Ne. 9. 21.
Jn°.6.31,49.
n Jos. 5. 12.
Ne. 9. 15.
β or, *What is this?* or, *It is a portion.*
o ver. 31, 33.
Nu. 11. 7.
De. 8. 3, 16.
Jos. 5. 12.
Ne. 9. 15.
Ps. 78. 24.
105. 40.
Jn°. 6. 31.
49, 58.
1 Co. 10. 3.
He. 9. 4.
Re. 2. 17.
pver.16.32,33
γ by the poll, or, head.
q ch. 16. 1.
Nu.33.12,14
δ souls.
r Nu. 20. 3, 4.
s 2 Co. 8. 15.
t De. 6. 16.
Ps.78.18,41
95. 8, 9.
Is. 7. 12.
Mat. 4. 7.
1 Co. 10. 9.
u Mat. 6. 34.
v 1 Sa. 30. 6.
Jn°. 8. 59.
10. 31.
Ac. 7. 59.
14. 19.
w ch. 7. 20.
Nu.20.8..11
x Ps.105. 41.
114. 8.
1 Co. 10. 4.
y ch. 20. 8;
31.15; 35.3.
Ge. 2. 3.
Le. 23. 3.
ζ i.e. *Temptation.*
η i.e. *chiding,* or, *strife.*
z ver. 20.

11 וְהָיָה כַּאֲשֶׁר יָרִים מֹשֶׁה יָדוֹ וְגָבַר יִשְׂרָאֵל וְכַאֲשֶׁר יָנִיחַ יָדוֹ וְגָבַר עֲמָלֵק׃

12 וִידֵי מֹשֶׁה כְּבֵדִים וַיִּקְחוּ־אֶבֶן וַיָּשִׂימוּ תַחְתָּיו וַיֵּשֶׁב עָלֶיהָ וְאַהֲרֹן וְחוּר תָּמְכוּ בְיָדָיו מִזֶּה אֶחָד וּמִזֶּה אֶחָד וַיְהִי יָדָיו אֱמוּנָה עַד־בֹּא הַשָּׁמֶשׁ׃

13 וַיַּחֲלֹשׁ יְהוֹשֻׁעַ אֶת־עֲמָלֵק וְאֶת־עַמּוֹ לְפִי־חָרֶב׃ פ

14 וַיֹּאמֶר יְהוָה אֶל־מֹשֶׁה כְּתֹב זֹאת זִכָּרוֹן בַּסֵּפֶר וְשִׂים בְּאָזְנֵי יְהוֹשֻׁעַ כִּי־מָחֹה אֶמְחֶה אֶת־זֵכֶר עֲמָלֵק מִתַּחַת הַשָּׁמָיִם׃

15 וַיִּבֶן מֹשֶׁה מִזְבֵּחַ וַיִּקְרָא שְׁמוֹ יְהוָה ׀ נִסִּי׃

16 וַיֹּאמֶר כִּי־יָד עַל־כֵּס יָהּ מִלְחָמָה לַיהוָה בַּעֲמָלֵק מִדֹּר דֹּר׃ פ פ פ

17   יז   ס ס ס

CAP. XVIII. יח

1 וַיִּשְׁמַע יִתְרוֹ כֹהֵן מִדְיָן חֹתֵן מֹשֶׁה אֵת כָּל־אֲשֶׁר עָשָׂה אֱלֹהִים לְמֹשֶׁה וּלְיִשְׂרָאֵל עַמּוֹ כִּי־הוֹצִיא יְהוָה אֶת־יִשְׂרָאֵל מִמִּצְרָיִם׃

2 וַיִּקַּח יִתְרוֹ חֹתֵן מֹשֶׁה אֶת־צִפֹּרָה אֵשֶׁת מֹשֶׁה אַחַר שִׁלּוּחֶיהָ׃

3 וְאֵת שְׁנֵי בָנֶיהָ אֲשֶׁר שֵׁם הָאֶחָד גֵּרְשֹׁם כִּי אָמַר גֵּר הָיִיתִי בְּאֶרֶץ נָכְרִיָּה׃

4 וְשֵׁם הָאֶחָד אֱלִיעֶזֶר כִּי־אֱלֹהֵי אָבִי בְּעֶזְרִי וַיַּצִּלֵנִי מֵחֶרֶב פַּרְעֹה׃

5 וַיָּבֹא יִתְרוֹ חֹתֵן מֹשֶׁה וּבָנָיו וְאִשְׁתּוֹ אֶל־מֹשֶׁה אֶל־הַמִּדְבָּר אֲשֶׁר־הוּא חֹנֶה שָׁם הַר הָאֱלֹהִים׃

6 וַיֹּאמֶר אֶל־מֹשֶׁה אֲנִי חֹתֶנְךָ יִתְרוֹ בָּא אֵלֶיךָ וְאִשְׁתְּךָ וּשְׁנֵי בָנֶיהָ עִמָּהּ׃

7 וַיֵּצֵא מֹשֶׁה לִקְרַאת חֹתְנוֹ וַיִּשְׁתַּחוּ וַיִּשַּׁק־לוֹ וַיִּשְׁאֲלוּ אִישׁ־לְרֵעֵהוּ לְשָׁלוֹם וַיָּבֹאוּ הָאֹהֱלָה׃

8 וַיְסַפֵּר מֹשֶׁה לְחֹתְנוֹ אֵת כָּל־אֲשֶׁר עָשָׂה יְהוָה לְפַרְעֹה וּלְמִצְרַיִם עַל אוֹדֹת יִשְׂרָאֵל אֵת כָּל־הַתְּלָאָה אֲשֶׁר מְצָאָתַם בַּדֶּרֶךְ וַיַּצִּלֵם יְהוָה׃

9 וַיִּחַדְּ יִתְרוֹ עַל כָּל־הַטּוֹבָה אֲשֶׁר־עָשָׂה יְהוָה לְיִשְׂרָאֵל אֲשֶׁר הִצִּילוֹ מִיַּד מִצְרָיִם׃

10 וַיֹּאמֶר יִתְרוֹ בָּרוּךְ יְהוָה אֲשֶׁר הִצִּיל אֶתְכֶם מִיַּד מִצְרַיִם וּמִיַּד פַּרְעֹה אֲשֶׁר הִצִּיל אֶת־הָעָם מִתַּחַת יַד־מִצְרָיִם׃

11 עַתָּה יָדַעְתִּי כִּי־גָדוֹל יְהוָה מִכָּל־הָאֱלֹהִים כִּי בַדָּבָר אֲשֶׁר זָדוּ עֲלֵיהֶם׃

12 וַיִּקַּח יִתְרוֹ חֹתֵן מֹשֶׁה עֹלָה וּזְבָחִים לֵאלֹהִים וַיָּבֹא אַהֲרֹן וְכֹל ׀ זִקְנֵי יִשְׂרָאֵל לֶאֱכָל־לֶחֶם עִם־חֹתֵן מֹשֶׁה לִפְנֵי הָאֱלֹהִים׃

13 וַיְהִי מִמָּחֳרָת וַיֵּשֶׁב מֹשֶׁה לִשְׁפֹּט אֶת־הָעָם וַיַּעֲמֹד הָעָם עַל־מֹשֶׁה מִן־הַבֹּקֶר עַד־הָעָרֶב׃

14 וַיַּרְא חֹתֵן מֹשֶׁה אֵת כָּל־אֲשֶׁר־הוּא עֹשֶׂה לָעָם וַיֹּאמֶר מָה־הַדָּבָר הַזֶּה אֲשֶׁר אַתָּה עֹשֶׂה לָעָם מַדּוּעַ אַתָּה יוֹשֵׁב לְבַדֶּךָ וְכָל־הָעָם נִצָּב עָלֶיךָ מִן־בֹּקֶר עַד־עָרֶב׃

15 וַיֹּאמֶר מֹשֶׁה לְחֹתְנוֹ כִּי־יָבֹא אֵלַי הָעָם לִדְרֹשׁ אֱלֹהִים׃

16 כִּי־יִהְיֶה לָהֶם דָּבָר בָּא אֵלַי וְשָׁפַטְתִּי בֵּין אִישׁ וּבֵין רֵעֵהוּ וְהוֹדַעְתִּי אֶת־חֻקֵּי הָאֱלֹהִים וְאֶת־תּוֹרֹתָיו׃

17 וַיֹּאמֶר חֹתֵן מֹשֶׁה אֵלָיו לֹא־טוֹב הַדָּבָר אֲשֶׁר אַתָּה עֹשֶׂה׃

18 נָבֹל תִּבֹּל גַּם־אַתָּה גַּם־הָעָם הַזֶּה אֲשֶׁר עִמָּךְ כִּי־כָבֵד מִמְּךָ הַדָּבָר לֹא־תוּכַל עֲשֹׂהוּ לְבַדֶּךָ׃

19 עַתָּה שְׁמַע בְּקֹלִי אִיעָצְךָ וִיהִי אֱלֹהִים עִמָּךְ הֱיֵה אַתָּה לָעָם מוּל הָאֱלֹהִים וְהֵבֵאתָ אַתָּה אֶת־הַדְּבָרִים אֶל־הָאֱלֹהִים׃

20 וְהִזְהַרְתָּה אֶתְהֶם אֶת־הַחֻקִּים וְאֶת־הַתּוֹרֹת וְהוֹדַעְתָּ לָהֶם אֶת־הַדֶּרֶךְ יֵלְכוּ בָהּ וְאֶת־הַמַּעֲשֶׂה אֲשֶׁר יַעֲשׂוּן׃

21 וְאַתָּה תֶחֱזֶה מִכָּל־הָעָם אַנְשֵׁי־חַיִל יִרְאֵי אֱלֹהִים אַנְשֵׁי אֱמֶת שֹׂנְאֵי בָצַע וְשַׂמְתָּ עֲלֵהֶם שָׂרֵי אֲלָפִים שָׂרֵי מֵאוֹת שָׂרֵי חֲמִשִּׁים וְשָׂרֵי עֲשָׂרֹת׃

22 וְשָׁפְטוּ אֶת־הָעָם בְּכָל־עֵת וְהָיָה כָּל־הַדָּבָר הַגָּדֹל יָבִיאוּ אֵלֶיךָ וְכָל־הַדָּבָר הַקָּטֹן יִשְׁפְּטוּ־הֵם וְהָקֵל מֵעָלֶיךָ וְנָשְׂאוּ אִתָּךְ׃

23 אִם אֶת־הַדָּבָר הַזֶּה תַּעֲשֶׂה וְצִוְּךָ אֱלֹהִים וְיָכָלְתָּ עֲמֹד וְגַם כָּל־הָעָם הַזֶּה עַל־מְקֹמוֹ יָבֹא בְשָׁלוֹם׃

24 וַיִּשְׁמַע מֹשֶׁה לְקוֹל חֹתְנוֹ וַיַּעַשׂ כֹּל אֲשֶׁר אָמָר׃

25 וַיִּבְחַר מֹשֶׁה אַנְשֵׁי־חַיִל מִכָּל־יִשְׂרָאֵל וַיִּתֵּן אֹתָם רָאשִׁים עַל־הָעָם שָׂרֵי אֲלָפִים שָׂרֵי מֵאוֹת שָׂרֵי חֲמִשִּׁים וְשָׂרֵי עֲשָׂרֹת׃

26 וְשָׁפְטוּ אֶת־הָעָם בְּכָל־עֵת אֶת־הַדָּבָר הַקָּשֶׁה יְבִיאוּן אֶל־מֹשֶׁה וְכָל־הַדָּבָר הַקָּטֹן יִשְׁפּוּטוּ הֵם׃

27 וַיְשַׁלַּח מֹשֶׁה אֶת־חֹתְנוֹ וַיֵּלֶךְ לוֹ אֶל־אַרְצוֹ׃ פ

CAP. XIX. יט

1 בַּחֹדֶשׁ הַשְּׁלִישִׁי לְצֵאת בְּנֵי־יִשְׂרָאֵל מֵאֶרֶץ מִצְרָיִם בַּיּוֹם הַזֶּה בָּאוּ מִדְבַּר סִינָי׃

2 וַיִּסְעוּ מֵרְפִידִים וַיָּבֹאוּ מִדְבַּר סִינַי וַיַּחֲנוּ בַּמִּדְבָּר וַיִּחַן־שָׁם יִשְׂרָאֵל נֶגֶד הָהָר׃

3 וּמֹשֶׁה עָלָה אֶל־הָאֱלֹהִים וַיִּקְרָא אֵלָיו יְהוָה מִן־הָהָר לֵאמֹר כֹּה תֹאמַר לְבֵית יַעֲקֹב וְתַגֵּיד לִבְנֵי יִשְׂרָאֵל׃

4 אַתֶּם רְאִיתֶם אֲשֶׁר עָשִׂיתִי לְמִצְרָיִם וָאֶשָּׂא אֶתְכֶם עַל־כַּנְפֵי נְשָׁרִים וָאָבִא אֶתְכֶם אֵלָי׃

5 וְעַתָּה אִם־שָׁמוֹעַ תִּשְׁמְעוּ בְּקֹלִי וּשְׁמַרְתֶּם אֶת־בְּרִיתִי וִהְיִיתֶם לִי סְגֻלָּה מִכָּל־הָעַמִּים כִּי־לִי כָּל־הָאָרֶץ׃

6 וְאַתֶּם תִּהְיוּ־לִ[י]

5

8 Then came *a* Amalek, and fought with Israel in Rephidim.

9 And Moses said unto *β* Joshua, Choose us out men, and go out, fight with Amalek: to-morrow I will stand on the top of the hill with the rod of God in mine hand.

10 So Joshua did as Moses had said to him, and fought with Amalek : and Moses, Aaron, & Hur, went up to the top of ye hill.

11 And it came to pass, when Moses held up his hand, that Israel prevailed ; & when he let down his hand, Amalek prevailed.

12 But Moses' hands *were* heavy ; and they took a stone, and put *it* under him, and he sat thereon : and Aaron and Hur stayed up his hands, the one on the one side, and the other on the other side : and his hands were steady until the going down of the sun.

13 And Joshua discomfited Amalek and his people with' the edge of the sword.

14 And the LORD said unto Moses, Write this *for* a memorial in a book, and rehearse *it* in the ears of Joshua : for I will utterly put out the remembrance of Amalek *e* from under heaven.

15 And Moses built an altar, and called the name of it *ζ* JEHOVAH-nissi :

16 For he said, *η* Because the *θ* LORD hath sworn *that* the LORD *will have* war with Amalek from generation to generation.

CHAP. XVIII.

WHEN *k* Jethro, the priest of Midian, Moses' father-in-law, heard of all that God had done for Moses, and for Israel *h*is people, *and* that the LORD had brought Israel out of Egypt,

2 Then Jethro, Moses' father-in-law, took Zipporah, Moses' wife, after he had sent her back,

3 And her two sons ; of which the name of the one *was* *κ* Gershom ; for he said, I have been an alien in a strange land :

4 And the name of the other *was* *λ* Eliezer ; For the God of my father, *said he, was* mine help, and delivered me from the sword of Pharaoh.

5 And Jethro, Moses' father-in-law, came with his sons and his wife unto Moses into the wilderness, where he encamped at the *n* mount of God :

6 And he said unto Moses, I thy father-in-law Jethro am come unto thee, and thy wife, and her two sons with her.

7 And Moses went out to meet his father-in-law, and did obeisance,*o* and kissed him : and they asked each other of *their* welfare ; *μ* and they came into the tent.

8 And Moses told his father-in-law all that the LORD had done unto Pharaoh and to the Egyptians for Israel's sake, *and* all the travail that had *v* come upon them by the way, & *how* the LORD *q* delivered them.

9 And Jethro rejoiced *r* for all the goodness which the LORD had done to Israel, whom he had delivered out of the hand of the Egyptians.

10 And Jethro said,*u* Blessed *be* the LORD, who hath delivered you out of the hand of the Egyptians, and out of the hand of Pharaoh ; who hath delivered the people from under the hand of the Egyptians.

11 Now I know that the LORD *is* greater than all *v* gods : for in the thing wherein they dealt proudly *w* *he was* above them.

12 And Jethro, Moses' father-in-law, took a burnt-offering and sacrifices for God : and Aaron came, and all the elders of Israel, to eat bread with Moses' father-

in-law *b* before God.

13 And it came to pass on the morrow, that Moses sat to judge the people : and the people stood by Moses from the morning unto the evening.

14 And when Moses' father-in-law saw all that he did to the people, he said, What *is* this thing that thou doest to the people ? why sittest thou thyself alone, and all the people stand by thee from morning unto even ?

15 And Moses said unto his father-in-law, Because the people come unto *c* me to inquire of God :

16 When they have a matter, they come unto me ; and I judge between *γ* one and another ; and I do make *them* know the statutes of God, and his laws.

17 And Moses' father-in-law said unto him, The thing that thou doest *is* not good.

18 Thou *δ* wilt surely wear away, both thou, and this people that *is* with thee : for this thing *is* too heavy *d* for thee ; thou art not able to perform it thyself alone.

19 Hearken now unto my voice, I will give thee counsel, and God shall be with thee : be thou for the people *f* to God-ward, that thou mayest bring the causes unto God :

20 And thou shalt teach them *g* ordi-nances and laws, and shalt shew them the way wherein they must walk, and the work that they must do.

21 Moreover, thou shalt provide out of all the people able men, such as *i* fear God, men of truth, hating covetousness : and place such over them, *to be* rulers of thousands, *and* rulers of hundreds, rulers of fifties, and rulers of tens :

22 And let them judge the people at all seasons : and it shall be, *that* every great matter they shall bring unto thee, but every small matter they shall judge : so shall it be easier for thyself, and they shall bear *the burden k* with thee.

23 If thou shalt do this thing, and God command *l* thee *so*, then thou shalt be able to endure, and all this people shall also go to *m* their place in peace.

24 So Moses hearkened to the voice of his father-in-law, and did all that he had said.

25 And Moses chose able men out of all Israel, and made them heads over the people, rulers of thousands, rulers of hun-dreds, rulers of fifties, and rulers of tens.

26 And they judged the people at all seasons : the hard causes they brought unto Moses, but every small matter they judged themselves.

27 And Moses let his father-in-law de-part; & *p* he went his way into his own land.

CHAP. XIX.

IN the third month, when the children of Israel were gone forth out of the land of Egypt, the same day came they *into* the wilderness *s* of Sinai.

2 For they were departed from *t* Rephi-dim, and were come *to* the desert of Sinai, and had pitched in the wilderness ; and there Israel camped before the mount.

3 And Moses went up unto God, and the LORD called unto him out of ye mountain, saying, Thus shalt thou say to the house of Jacob, and tell the children of Israel :

4 Ye have seen what I did *x* unto the Egyptians, and *how* I bare you on eagles' wings,*y* and brought you unto myself.

5 Now therefore, if ye will obey my voice indeed, and keep my covenant, then

---

B. C. 1491.

a Ge. 36. 12.
Nu. 24. 20.
b De. 12. 7.
1 Ch. 29.22.
1 Co. 10.21.
β called Jesus.
Ac. 7. 45.
He. 4. 8.
c Nu. 15. 34.
27. 5.
De. 17. 8,9.
γ a man and his fellow.
δ fading thou wilt fade.
d De. 1. 9,12.
e Nu. 24. 20.
De. 25. 19.
f ch. 20. 19.
De. 5. 5.
ζ i. e. the LORD my banner. Ps. 60. 4.
η or, Because the hand of Amalek is against the throne of the LORD, therefore, &c.
θ the hand upon the throne of theLORD.
g De. 4. 1.
6. 1, 2.
Ne. 9. 14.
h ch. 2. 16.
i De.1.15..17.
16. 18.
2 Sa. 23. 3.
Job 29. 16.
31. 13.
κ i. e. a stranger there.
λ i. e. my GOD is an help.
k Nu. 11. 17.
l 1 Sa. 8. 7.
m Ge. 30. 25.
n ch. 3. 1, 12.
o Ge. 29. 13.
33. 4.
μ peace.
p Nu.10.29,30
v found them.
q Ps. 106. 43.
107. 2.
r Ro. 12. 15.
s Nu. 33. 15.
t ch. 17. 1, 8.
u 2 Sa. 18. 28.
Lu. 1. 68.
v Ps. 95. 3.
97. 9.
w Job 40. 11.
Da. 4. 37.
x ch. 7, &c.
y De. 32. 11.
Is. 40. 31.
63. 9.

מַמְלֶכֶת כֹּהֲנִים וְגֹוי קָדֹושׁ אֵלֶּה הַדְּבָרִים אֲשֶׁר
7 תְּדַבֵּר אֶל־בְּנֵי יִשְׂרָאֵל׃ וַיָּבֹא מֹשֶׁה וַיִּקְרָא לְזִקְנֵי
הָעָם וַיָּשֶׂם לִפְנֵיהֶם אֵת כָּל־הַדְּבָרִים הָאֵלֶּה אֲשֶׁר
8 צִוָּהוּ יְהוָה׃ וַיַּעֲנוּ כָל־הָעָם יַחְדָּו וַיֹּאמְרוּ כֹּל
אֲשֶׁר־דִּבֶּר יְהוָה נַעֲשֶׂה וַיָּשֶׁב מֹשֶׁה אֶת־דִּבְרֵי הָעָם
9 אֶל־יְהוָה׃ וַיֹּאמֶר יְהוָה אֶל־מֹשֶׁה הִנֵּה אָנֹכִי בָּא
אֵלֶיךָ בְּעַב הֶעָנָן בַּעֲבוּר יִשְׁמַע הָעָם בְּדַבְּרִי עִמָּךְ
וְגַם־בְּךָ יַאֲמִינוּ לְעֹולָם וַיַּגֵּד מֹשֶׁה אֶת־דִּבְרֵי הָעָם
10 אֶל־יְהוָה׃ וַיֹּאמֶר יְהוָה אֶל־מֹשֶׁה לֵךְ אֶל־הָעָם
11 וְקִדַּשְׁתָּם הַיֹּום וּמָחָר וְכִבְּסוּ שִׂמְלֹתָם׃ וְהָיוּ
נְכֹנִים לַיֹּום הַשְּׁלִישִׁי כִּי בַּיֹּום הַשְּׁלִשִׁי יֵרֵד יְהוָה
12 לְעֵינֵי כָל־הָעָם עַל־הַר סִינָי׃ וְהִגְבַּלְתָּ אֶת־הָעָם
סָבִיב לֵאמֹר הִשָּׁמְרוּ לָכֶם עֲלֹות בָּהָר וּנְגֹעַ בְּקָצֵהוּ
13 כָּל־הַנֹּגֵעַ בָּהָר מֹות יוּמָת׃ לֹא־תִגַּע בֹּו יָד כִּי
סָקֹול יִסָּקֵל אֹו־יָרֹה יִיָּרֶה אִם־בְּהֵמָה אִם־אִישׁ לֹא
14 יִחְיֶה בִּמְשֹׁךְ הַיֹּבֵל הֵמָּה יַעֲלוּ בָהָר׃ וַיֵּרֶד מֹשֶׁה
מִן־הָהָר אֶל־הָעָם וַיְקַדֵּשׁ אֶת־הָעָם וַיְכַבְּסוּ
15 שִׂמְלֹתָם׃ וַיֹּאמֶר אֶל־הָעָם הֱיוּ נְכֹנִים לִשְׁלֹשֶׁת
16 יָמִים אַל־תִּגְּשׁוּ אֶל־אִשָּׁה׃ וַיְהִי בַיֹּום הַשְּׁלִישִׁי
בִּהְיֹת הַבֹּקֶר וַיְהִי קֹלֹת וּבְרָקִים וְעָנָן כָּבֵד עַל־הָהָר
וְקֹל שֹׁפָר חָזָק מְאֹד וַיֶּחֱרַד כָּל־הָעָם אֲשֶׁר בַּמַּחֲנֶה׃
17 וַיֹּוצֵא מֹשֶׁה אֶת־הָעָם לִקְרַאת הָאֱלֹהִים מִן־הַמַּחֲנֶה
18 וַיִּתְיַצְּבוּ בְּתַחְתִּית הָהָר׃ וְהַר סִינַי עָשַׁן כֻּלֹּו
מִפְּנֵי אֲשֶׁר יָרַד עָלָיו יְהוָה בָּאֵשׁ וַיַּעַל עֲשָׁנֹו כְּעֶשֶׁן
19 הַכִּבְשָׁן וַיֶּחֱרַד כָּל־הָהָר מְאֹד׃ וַיְהִי קֹול הַשֹּׁפָר
הֹולֵךְ וְחָזֵק מְאֹד מֹשֶׁה יְדַבֵּר וְהָאֱלֹהִים יַעֲנֶנּוּ
20 בְקֹול׃ וַיֵּרֶד יְהוָה עַל־הַר סִינַי אֶל־רֹאשׁ הָהָר
וַיִּקְרָא יְהוָה לְמֹשֶׁה אֶל־רֹאשׁ הָהָר וַיַּעַל מֹשֶׁה׃
21 וַיֹּאמֶר יְהוָה אֶל־מֹשֶׁה רֵד הָעֵד בָּעָם פֶּן־יֶהֶרְסוּ
22 אֶל־יְהוָה לִרְאֹות וְנָפַל מִמֶּנּוּ רָב׃ וְגַם הַכֹּהֲנִים
הַנִּגָּשִׁים אֶל־יְהוָה יִתְקַדָּשׁוּ פֶּן־יִפְרֹץ בָּהֶם יְהוָה׃
23 וַיֹּאמֶר מֹשֶׁה אֶל־יְהוָה לֹא־יוּכַל הָעָם לַעֲלֹת אֶל־
הַר סִינָי כִּי־אַתָּה הַעֵדֹתָה בָּנוּ לֵאמֹר הַגְבֵּל אֶת־
24 הָהָר וְקִדַּשְׁתֹּו׃ וַיֹּאמֶר אֵלָיו יְהוָה לֶךְ־רֵד וְעָלִיתָ
אַתָּה וְאַהֲרֹן עִמָּךְ וְהַכֹּהֲנִים וְהָעָם אַל־יֶהֶרְסוּ
25 לַעֲלֹת אֶל־יְהוָה פֶּן־יִפְרָץ־בָּם׃ וַיֵּרֶד מֹשֶׁה אֶל־
הָעָם וַיֹּאמֶר אֲלֵהֶם׃ ס

CAP. XX. ס

1 וַיְדַבֵּר אֱלֹהִים אֵת כָּל־הַדְּבָרִים הָאֵלֶּה לֵאמֹר׃

2 אָנֹכִי יְהוָה אֱלֹהֶיךָ אֲשֶׁר הֹוצֵאתִיךָ מֵאֶרֶץ מִצְרַיִם
3 מִבֵּית עֲבָדִים׃ לֹא־יִהְיֶה לְךָ אֱלֹהִים אֲחֵרִים עַל־
4 פָּנָי׃ לֹא־תַעֲשֶׂה לְךָ פֶסֶל וְכָל־תְּמוּנָה אֲשֶׁר
בַּשָּׁמַיִם מִמַּעַל וַאֲשֶׁר בָּאָרֶץ מִתַּחַת וַאֲשֶׁר בַּמַּיִם
5 מִתַּחַת לָאָרֶץ׃ לֹא־תִשְׁתַּחֲוֶה לָהֶם וְלֹא תָעָבְדֵם
כִּי אָנֹכִי יְהוָה אֱלֹהֶיךָ אֵל קַנָּא פֹּקֵד עֲוֹן אָבֹת
עַל־בָּנִים עַל־שִׁלֵּשִׁים וְעַל־רִבֵּעִים לְשֹׂנְאָי׃
6 וְעֹשֶׂה חֶסֶד לַאֲלָפִים לְאֹהֲבַי וּלְשֹׁמְרֵי מִצְוֹתָי׃ ס
7 לֹא תִשָּׂא אֶת־שֵׁם־יְהוָה אֱלֹהֶיךָ לַשָּׁוְא כִּי לֹא
יְנַקֶּה יְהוָה אֵת אֲשֶׁר־יִשָּׂא אֶת־שְׁמֹו לַשָּׁוְא׃ פ
8 זָכֹור אֶת־יֹום הַשַּׁבָּת לְקַדְּשֹׁו׃ שֵׁשֶׁת יָמִים תַּעֲבֹד
9 וְעָשִׂיתָ כָּל־מְלַאכְתֶּךָ׃ וְיֹום הַשְּׁבִיעִי שַׁבָּת לַיהוָה
10 אֱלֹהֶיךָ לֹא־תַעֲשֶׂה כָל־מְלָאכָה אַתָּה וּבִנְךָ וּבִתֶּךָ
11 עַבְדְּךָ וַאֲמָתְךָ וּבְהֶמְתֶּךָ וְגֵרְךָ אֲשֶׁר בִּשְׁעָרֶיךָ׃ כִּי
שֵׁשֶׁת־יָמִים עָשָׂה יְהוָה אֶת־הַשָּׁמַיִם וְאֶת־הָאָרֶץ
אֶת־הַיָּם וְאֶת־כָּל־אֲשֶׁר־בָּם וַיָּנַח בַּיֹּום הַשְּׁבִיעִי
עַל־כֵּן בֵּרַךְ יְהוָה אֶת־יֹום הַשַּׁבָּת וַיְקַדְּשֵׁהוּ׃ ס
12 כַּבֵּד אֶת־אָבִיךָ וְאֶת־אִמֶּךָ לְמַעַן יַאֲרִכוּן יָמֶיךָ עַל
הָאֲדָמָה אֲשֶׁר־יְהוָה אֱלֹהֶיךָ נֹתֵן לָךְ׃ ס
13 לֹא תִּרְצָח׃ ס לֹא תִּנְאָף׃ ס לֹא תִּגְנֹב׃ ס
14 לֹא־תַעֲנֶה בְרֵעֲךָ עֵד שָׁקֶר׃ ס לֹא תַחְמֹד בֵּית
15,16 רֵעֶךָ׃ ס לֹא־תַחְמֹד אֵשֶׁת רֵעֶךָ וְעַבְדֹּו וַאֲמָתֹו
17 וְשֹׁורֹו וַחֲמֹרֹו וְכֹל אֲשֶׁר לְרֵעֶךָ׃ פ
וְכָל־הָעָם רֹאִים אֶת־הַקֹּולֹת וְאֶת־הַלַּפִּידִם וְאֵת
18 קֹול הַשֹּׁפָר וְאֶת־הָהָר עָשֵׁן וַיַּרְא הָעָם וַיָּנֻעוּ
וַיַּעַמְדוּ מֵרָחֹק׃ וַיֹּאמְרוּ אֶל־מֹשֶׁה דַּבֵּר־אַתָּה
19 עִמָּנוּ וְנִשְׁמָעָה וְאַל־יְדַבֵּר עִמָּנוּ אֱלֹהִים פֶּן־נָמוּת׃
וַיֹּאמֶר מֹשֶׁה אֶל־הָעָם אַל־תִּירָאוּ כִּי לְבַעֲבוּר נַסֹּות
20 אֶתְכֶם בָּא הָאֱלֹהִים וּבַעֲבוּר תִּהְיֶה יִרְאָתֹו עַל־
21 פְּנֵיכֶם לְבִלְתִּי תֶחֱטָאוּ׃ וַיַּעֲמֹד הָעָם מֵרָחֹק
וּמֹשֶׁה נִגַּשׁ אֶל־הָעֲרָפֶל אֲשֶׁר־שָׁם הָאֱלֹהִים׃ ס
22 וַיֹּאמֶר יְהוָה אֶל־מֹשֶׁה כֹּה תֹאמַר אֶל־בְּנֵי יִשְׂרָאֵל
23 אַתֶּם רְאִיתֶם כִּי מִן־הַשָּׁמַיִם דִּבַּרְתִּי עִמָּכֶם׃ לֹא
תַעֲשׂוּן אִתִּי אֱלֹהֵי כֶסֶף וֵאלֹהֵי זָהָב לֹא תַעֲשׂוּ
24 לָכֶם׃ מִזְבַּח אֲדָמָה תַּעֲשֶׂה־לִּי וְזָבַחְתָּ עָלָיו אֶת־
עֹלֹתֶיךָ וְאֶת־שְׁלָמֶיךָ אֶת־צֹאנְךָ וְאֶת־בְּקָרֶךָ בְּכָל־
הַמָּקֹום אֲשֶׁר אַזְכִּיר אֶת־שְׁמִי אָבֹוא אֵלֶיךָ
25 וּבֵרַכְתִּיךָ׃ וְאִם־מִזְבַּח אֲבָנִים תַּעֲשֶׂה־לִּי לֹא־

ye shall be a peculiar *a* treasure unto me above all people : for all the earth *is* mine.

6 And ye shall be unto me a kingdom of priests,*b* and an holy nation. These *are* the words which thou shalt speak unto the children of Israel.

7 And Moses came, and called for the elders of the people, and laid before their faces all these words which the LORD commanded him.

8 And all the people answered together, and said, All *f* that the LORD hath spoken we will do. And Moses returned the words of the people unto the LORD.

9 And the LORD said unto Moses, Lo, I come unto thee *h* in a thick cloud, that the people may hear when I speak with thee, and believe thee for ever. And Moses told the words of the people unto the LORD.

10 And the LORD said unto Moses, Go unto the people, & sanctify *l* them to-day & to-morrow, and let them wash their clothes,

11 And be ready against y*e* third day: for y*e* third day the LORD will come*o* down in y*e* sight of all y*e* people upon mount Sinai.

12 And thou shalt set bounds unto the people round about, saying, Take heed to yourselves, *that ye go not* up into the mount, or touch the border of it: whosoever toucheth *r* the mount shall be surely put to death:

13 There shall not an hand touch it, but he shall surely be stoned, or shot through: whether *it be* beast or man, it shall not live: when the γ trumpet soundeth long, they shall come up to the mount.

14 And Moses went down from the mount unto the people, and sanctified the people; and they washed their clothes.

15 And he said unto the people, Be ready against the third day : come *v* not at *your* wives.

16 And it came to pass on the third day, in the morning, that there were thunders and lightnings, and a thick cloud upon the mount, and the voice of the trumpet exceeding loud ; so that all the people that *was* in the camp *y* trembled.

17 And Moses brought forth the people out of the camp to meet with God ; & they stood at the nether part of the mount.

18 And mount Sinai was altogether on a smoke, because the LORD descended upon it *e* in fire : and the smoke thereof ascended as the smoke of a furnace, and the whole mount quaked greatly.

19 And when the voice of the trumpet sounded long, and waxed louder and louder, Moses spake, and God answered him by a voice.

20 And the LORD came down *f* upon mount Sinai, on the top of the mount : and the LORD called Moses *up* to the top of the mount ; and Moses went up.

21 And the LORD said unto Moses, Go down, δ charge the people, lest they break through unto the LORD *g* to gaze, and many of them perish.

22 And let the priests also, which come near to the LORD, sanctify themselves, lest the LORD break forth upon them.

23 And Moses said unto the LORD, The people cannot come up to mount Sinai : for thou chargedst us, saying, Set bounds about the mount, and sanctify it.

24 And the LORD said unto him, Away, get thee down ; and thou shalt come up, thou, and Aaron with thee, but let not the priests and the people break through

B. C. 1491.

a De.7.6.
32.9.
1 Ki.8.53.
Ps.135.4.
Is.41.8.
43.1.
Tit.2.14.
b Re.1.6.-5.10
c De.5.4,&c.
d Le.26.13.
Ps.81.10.
β *servants.*
e 2 Ki.17.35.
Je.25.6.
Mat.14.10.
f ch.24.3.
De.5.27..29
Jos.24.24.
Ne.10.29.
g Le.26.1.
De.4.16.
h ch.20.21.
24.15,16.
De.4.11.
Ps.18.11,12
Is.19.1.
i ch.23.24.
Jos 23.7.
Is.44.15,19.
k Jos.24.19.
Na.1.2.
l Le.11.44.
m ch.34.7.
Nu.14.18.
Job 21.19.
Je.2.9.
32.18.
n De.7.9.
Ro.11.28.
o ver.16,18.
p Le.19.12.
De.28.58.
q Le.24.16.
Ps.139.20.
r He.12.20.
s ch.31.13,14.
Is.58.13.
γ or, *cornet.*
t Le.23.3.
Eze.20.12.
u Ne.13.15,19.
Mat.12.1..12
v 1 Sa.21.4,5.
Joel 2.16.
w Ge.2.2,3.
x De.27.16.
Pr.1.8.
Je.35.18,19.
Mat.15.4,6.
Ep.6.2.
y He.12.21.
z Ge.9.6.
a Mat.5.27.28
19.18.
Ro.13.9.
b Ep.4.28.
1 Th.4.6.
c Ps.52.3,5.
Re.22.15.
d Hab.2.9.
Ro.7.7.
1 Co.6.10.
Col.3.5.
e De.4.11.
33.2.
Ju.5.5.
Ps.68.8.
Hab.3.3.
f Ne.9.13.
δ *contest.*
g ch.33.20.
1 Sa.6.19.

to come up unto the LORD, lest he break forth upon them.

25 So Moses went down to the people, and spake unto them.

CHAP. XX.

AND God spake all these*c* words, saying,

2 I *am* the LORD thy God, which have brought thee out of the land of *d* Egypt, out of the house of β bondage.

3 Thou shalt have no other *e* gods before me.

4 Thou shalt not make unto thee any graven *g* image, or any likeness *of any thing* that *is* in heaven above, or that *is* in the earth beneath, or that *is* in the water under the earth :

5 Thou shalt not bow *i* down thyself to them, nor serve them : for I the LORD thy God *am* a jealous *k* God, visiting the iniquity of the fathers upon the children unto *m* the third and fourth *generation* of them that hate me ;

6 And shewing mercy *n* unto thousands of them that love me, and keep my commandments.

7 Thou shalt not take the name *p* of the LORD thy God in vain ; for the LORD will not hold him guiltless *q* that taketh his name in vain.

8 Remember the sabbath-day, to keep it holy.

9 Six days shalt thou labour, and do all thy work :

10 But the seventh *s* day *is* the sabbath of the LORD thy God : *in it* thou shalt not do any *t* work, thou, nor thy son, nor thy daughter, thy man-servant, nor thy maid-servant, nor thy cattle, nor thy stranger that *is* within thy gates :

11 For *in* six days *u* the LORD made heaven and earth, the sea, and all that in them *is*, and rested the seventh day : wherefore the LORD blessed the sabbath day,*w* and hallowed it.

12 Honour *x* thy father and thy mother ; that thy days may be long upon the land which the LORD thy God giveth thee.

13 Thou shalt not *z* kill.

14 Thou shalt not commit *a* adultery.

15 Thou shalt not *b* steal.

16 Thou shalt not bear false *c* witness against thy neighbour.

17 Thou shalt not covet thy *d* neighbour's house, thou shalt not covet thy neighbour's wife, nor his man-servant, nor his maid-servant, nor his ox, nor his ass, nor any thing that *is* thy neighbour's.

18 And all the people saw the thunderings, and the lightnings, and the noise of the trumpet, and the mountain smoking : and when the people saw *it*, they removed, and stood afar off.

19 And they said unto Moses, Speak thou with us, and we will hear : but let not God speak with us, lest we die.

20 And Moses said unto the people, Fear not : for God is come to prove you, and that his fear may be before your faces, that ye sin not.

21 And the people stood afar off : and Moses drew near unto the thick darkness where God *was*.

22 And the LORD said unto Moses, Thus thou shalt say unto the children of Israel, Ye have seen that I have talked with you from heaven.

23 Ye shall not make with me gods of silver, neither shall ye make unto you gods of gold.

51

תִּבְנֶה אֶתְהֶן גָּזִית כִּי חַרְבְּךָ הֵנַפְתָּ עָלֶיהָ וַתְּחַלְלֶהָ׃
26 וְלֹא־תַעֲלֶה בְמַעֲלֹת עַל־מִזְבְּחִי אֲשֶׁר לֹא־תִגָּלֶה עֶרְוָתְךָ עָלָיו׃

פ פ פ פ 18

CAP. XXI. כא

1 וְאֵלֶּה הַמִּשְׁפָּטִים אֲשֶׁר תָּשִׂים לִפְנֵיהֶם׃
2 כִּי תִקְנֶה עֶבֶד עִבְרִי שֵׁשׁ שָׁנִים יַעֲבֹד וּבַשְּׁבִעִת יֵצֵא לַחָפְשִׁי חִנָּם׃
3 אִם־בְּגַפּוֹ יָבֹא בְּגַפּוֹ יֵצֵא אִם־בַּעַל אִשָּׁה הוּא וְיָצְאָה אִשְׁתּוֹ עִמּוֹ׃
4 אִם־אֲדֹנָיו יִתֶּן־לוֹ אִשָּׁה וְיָלְדָה־לוֹ בָנִים אוֹ בָנוֹת הָאִשָּׁה וִילָדֶיהָ תִּהְיֶה לַאדֹנֶיהָ וְהוּא יֵצֵא בְגַפּוֹ׃
5 וְאִם־אָמֹר יֹאמַר הָעֶבֶד אָהַבְתִּי אֶת־אֲדֹנִי אֶת־אִשְׁתִּי וְאֶת־בָּנָי לֹא אֵצֵא חָפְשִׁי׃
6 וְהִגִּישׁוֹ אֲדֹנָיו אֶל־הָאֱלֹהִים וְהִגִּישׁוֹ אֶל־הַדֶּלֶת אוֹ אֶל־הַמְּזוּזָה וְרָצַע אֲדֹנָיו אֶת־אָזְנוֹ בַּמַּרְצֵעַ וַעֲבָדוֹ לְעֹלָם׃
7 וְכִי־יִמְכֹּר אִישׁ אֶת־בִּתּוֹ לְאָמָה לֹא תֵצֵא כְּצֵאת הָעֲבָדִים׃
8 אִם־רָעָה בְּעֵינֵי אֲדֹנֶיהָ אֲשֶׁר־לֹא יְעָדָהּ וְהֶפְדָּהּ לְעַם נָכְרִי לֹא־יִמְשֹׁל לְמָכְרָהּ בְּבִגְדוֹ־בָהּ׃
9 וְאִם־לִבְנוֹ יִיעָדֶנָּה כְּמִשְׁפַּט הַבָּנוֹת יַעֲשֶׂה־לָּהּ׃
10 אִם־אַחֶרֶת יִקַּח־לוֹ שְׁאֵרָהּ כְּסוּתָהּ וְעֹנָתָהּ לֹא יִגְרָע׃
11 וְאִם־שְׁלָשׁ־אֵלֶּה לֹא יַעֲשֶׂה לָהּ וְיָצְאָה חִנָּם אֵין כָּסֶף׃
12 מַכֵּה אִישׁ וָמֵת מוֹת יוּמָת׃
13 וַאֲשֶׁר לֹא צָדָה וְהָאֱלֹהִים אִנָּה לְיָדוֹ וְשַׂמְתִּי לְךָ מָקוֹם אֲשֶׁר יָנוּס שָׁמָּה׃
14 וְכִי־יָזִד אִישׁ עַל־רֵעֵהוּ לְהָרְגוֹ בְעָרְמָה מֵעִם מִזְבְּחִי תִּקָּחֶנּוּ לָמוּת׃
15 וּמַכֵּה אָבִיו וְאִמּוֹ מוֹת יוּמָת׃
16 וְגֹנֵב אִישׁ וּמְכָרוֹ וְנִמְצָא בְיָדוֹ מוֹת יוּמָת׃
17 וּמְקַלֵּל אָבִיו וְאִמּוֹ מוֹת יוּמָת׃
18 וְכִי־יְרִיבֻן אֲנָשִׁים וְהִכָּה־אִישׁ אֶת־רֵעֵהוּ בְּאֶבֶן אוֹ בְאֶגְרֹף וְלֹא יָמוּת וְנָפַל לְמִשְׁכָּב׃
19 אִם־יָקוּם וְהִתְהַלֵּךְ בַּחוּץ עַל־מִשְׁעַנְתּוֹ וְנִקָּה הַמַּכֶּה רַק שִׁבְתּוֹ יִתֵּן וְרַפֹּא יְרַפֵּא׃
20 וְכִי־יַכֶּה אִישׁ אֶת־עַבְדּוֹ אוֹ אֶת־אֲמָתוֹ בַּשֵּׁבֶט וּמֵת תַּחַת יָדוֹ נָקֹם יִנָּקֵם׃
21 אַךְ אִם־יוֹם אוֹ יוֹמַיִם יַעֲמֹד לֹא יֻקַּם כִּי כַסְפּוֹ הוּא׃
22 וְכִי־יִנָּצוּ אֲנָשִׁים וְנָגְפוּ אִשָּׁה הָרָה וְיָצְאוּ יְלָדֶיהָ וְלֹא יִהְיֶה אָסוֹן עָנוֹשׁ יֵעָנֵשׁ כַּאֲשֶׁר יָשִׁית עָלָיו בַּעַל הָאִשָּׁה וְנָתַן בִּפְלִלִים׃
23 וְאִם־אָסוֹן יִהְיֶה וְנָתַתָּה נֶפֶשׁ תַּחַת נָפֶשׁ׃
24 עַיִן תַּחַת עַיִן שֵׁן תַּחַת שֵׁן יָד תַּחַת יָד רֶגֶל תַּחַת רָגֶל׃
25 כְּוִיָּה תַּחַת כְּוִיָּה פֶּצַע תַּחַת פָּצַע חַבּוּרָה תַּחַת חַבּוּרָה׃

26 וְכִי־יַכֶּה אִישׁ אֶת־עֵין עַבְדּוֹ אוֹ־אֶת־עֵין אֲמָתוֹ וְשִׁחֲתָהּ לַחָפְשִׁי יְשַׁלְּחֶנּוּ תַּחַת עֵינוֹ׃
27 וְאִם־שֵׁן עַבְדּוֹ אוֹ־שֵׁן אֲמָתוֹ יַפִּיל לַחָפְשִׁי יְשַׁלְּחֶנּוּ תַּחַת שִׁנּוֹ׃
28 וְכִי־יִגַּח שׁוֹר אֶת־אִישׁ אוֹ אֶת־אִשָּׁה וָמֵת סָקוֹל יִסָּקֵל הַשּׁוֹר וְלֹא יֵאָכֵל אֶת־בְּשָׂרוֹ וּבַעַל הַשּׁוֹר נָקִי׃
29 וְאִם שׁוֹר נַגָּח הוּא מִתְּמֹל שִׁלְשֹׁם וְהוּעַד בִּבְעָלָיו וְלֹא יִשְׁמְרֶנּוּ וְהֵמִית אִישׁ אוֹ אִשָּׁה הַשּׁוֹר יִסָּקֵל וְגַם־בְּעָלָיו יוּמָת׃
30 אִם־כֹּפֶר יוּשַׁת עָלָיו וְנָתַן פִּדְיֹן נַפְשׁוֹ כְּכֹל אֲשֶׁר־יוּשַׁת עָלָיו׃
31 אוֹ־בֵן יִגָּח אוֹ־בַת יִגָּח כַּמִּשְׁפָּט הַזֶּה יֵעָשֶׂה לּוֹ׃
32 אִם־עֶבֶד יִגַּח הַשּׁוֹר אוֹ אָמָה כֶּסֶף שְׁלֹשִׁים שְׁקָלִים יִתֵּן לַאדֹנָיו וְהַשּׁוֹר יִסָּקֵל׃
33 וְכִי־יִפְתַּח אִישׁ בּוֹר אוֹ כִּי־יִכְרֶה אִישׁ בֹּר וְלֹא יְכַסֶּנּוּ וְנָפַל־שָׁמָּה שּׁוֹר אוֹ חֲמוֹר׃
34 בַּעַל הַבּוֹר יְשַׁלֵּם כֶּסֶף יָשִׁיב לִבְעָלָיו וְהַמֵּת יִהְיֶה־לּוֹ׃
35 וְכִי־יִגֹּף שׁוֹר־אִישׁ אֶת־שׁוֹר רֵעֵהוּ וָמֵת וּמָכְרוּ אֶת־הַשּׁוֹר הַחַי וְחָצוּ אֶת־כַּסְפּוֹ וְגַם אֶת־הַמֵּת יֶחֱצוּן׃
36 אוֹ נוֹדַע כִּי שׁוֹר נַגָּח הוּא מִתְּמוֹל שִׁלְשֹׁם וְלֹא יִשְׁמְרֶנּוּ בְּעָלָיו שַׁלֵּם יְשַׁלֵּם שׁוֹר תַּחַת הַשּׁוֹר וְהַמֵּת יִהְיֶה־לּוֹ׃
37 כִּי יִגְנֹב־אִישׁ שׁוֹר אוֹ־שֶׂה וּטְבָחוֹ אוֹ מְכָרוֹ חֲמִשָּׁה בָקָר יְשַׁלֵּם תַּחַת הַשּׁוֹר וְאַרְבַּע־צֹאן תַּחַת הַשֶּׂה׃

CAP. XXII. כב

1 אִם־בַּמַּחְתֶּרֶת יִמָּצֵא הַגַּנָּב וְהֻכָּה וָמֵת אֵין לוֹ דָּמִים׃
2 אִם־זָרְחָה הַשֶּׁמֶשׁ עָלָיו דָּמִים לוֹ שַׁלֵּם יְשַׁלֵּם אִם־אֵין לוֹ וְנִמְכַּר בִּגְנֵבָתוֹ׃
3 אִם־הִמָּצֵא תִמָּצֵא בְיָדוֹ הַגְּנֵבָה מִשּׁוֹר עַד־חֲמוֹר עַד־שֶׂה חַיִּים שְׁנַיִם יְשַׁלֵּם׃
4 כִּי יַבְעֶר־אִישׁ שָׂדֶה אוֹ־כֶרֶם וְשִׁלַּח אֶת־בְּעִירֹה וּבִעֵר בִּשְׂדֵה אַחֵר מֵיטַב שָׂדֵהוּ וּמֵיטַב כַּרְמוֹ יְשַׁלֵּם׃
5 כִּי־תֵצֵא אֵשׁ וּמָצְאָה קֹצִים וְנֶאֱכַל גָּדִישׁ אוֹ הַקָּמָה אוֹ הַשָּׂדֶה שַׁלֵּם יְשַׁלֵּם הַמַּבְעִר אֶת־הַבְּעֵרָה׃
6 כִּי־יִתֵּן אִישׁ אֶל־רֵעֵהוּ כֶּסֶף אוֹ־כֵלִים לִשְׁמֹר וְגֻנַּב מִבֵּית הָאִישׁ אִם־יִמָּצֵא הַגַּנָּב יְשַׁלֵּם שְׁנָיִם׃
7 אִם־לֹא יִמָּצֵא הַגַּנָּב וְנִקְרַב בַּעַל־הַבַּיִת אֶל־הָאֱלֹהִים אִם־לֹא שָׁלַח יָדוֹ בִּמְלֶאכֶת רֵעֵהוּ׃
8 עַל־כָּל־דְּבַר־פֶּשַׁע עַל־שׁוֹר עַל־חֲמוֹר עַל־שֶׂה עַל־שַׂלְמָה עַל־כָּל־אֲבֵדָה אֲשֶׁר יֹאמַר כִּי־הוּא זֶה עַד הָאֱלֹהִים

24 An altar of earth thou shalt make unto me, and shalt sacrifice thereon thy burnt-offerings, and thy peace-offerings, thy sheep, and thine oxen: in all places where I record my name *a* I will come unto thee, and I will bless thee.

25 And if thou wilt make me an altar of stone, thou shalt not *β* build it of hewn stone: for if thou lift up thy tool upon it, thou hast polluted it.

26 Neither shalt thou go up by steps unto mine altar, that thy nakedness be not discovered thereon.

CHAP. XXI.

NOW these *are* the judgments which thou shalt *e* set before them.

2 If thou buy an Hebrew servant, six years *g* he shall serve : and in the seventh he shall go out free for nothing.

3 If he came in *γ* by himself, he shall go out by himself : if he were married, then his wife shall go out with him.

4 If his master have given him a wife, and she have born him sons or daughters ; the wife and her children shall be her master's, and he shall go out by himself.

5 And if the servant *δ* shall plainly say, I love my master, my wife, and my children ; I will not go out free :

6 Then his master shall bring him unto the judges ; he shall also bring him to the door, or unto the door-post ; and his master shall bore his ear through with an awl ; and he shall serve him for ever.

7 And if a man *k* sell his daughter to be a maid-servant, she shall not go out as *l* the men-servants do.

8 If she *ζ* please not her master, who hath betrothed her to himself, then shall he let her be redeemed : to sell *n* her unto a strange nation he shall have no power, seeing he hath dealt deceitfully *o* with her.

9 And if he have betrothed her unto his son, he shall deal with her after the manner of daughters.

10 If he take him another *wife ;* her food, her raiment, and her duty *q* of marriage, shall he not diminish.

11 And if he do not these three unto her, then shall she go out free without money.

12 He that smiteth *r* a man, so that he die, shall be surely put to death.

13 And *t* it a man lie not in wait, but God deliver *him* into his hand ; then I will appoint thee a place *u* whither he shall flee.

14 But if a man come *v* presumptuously upon his neighbour, to slay him with guile ; thou shalt take him from mine altar, *y* that he may die.

15 And he that smiteth his *a* father, or his mother, shall be surely put to death.

16 And he that stealeth *b* a man, and selleth *c* him, or if he be found in his hand, he shall surely be put to death.

17 And he that *θ* curseth his father, *d* or his mother, shall surely be put to death.

18 And if men strive together, and one smite *κ* another with a stone, or with *his* fist, and he die not, but keepeth *his* bed :

19 If he rise again, and walk abroad upon his staff, then shall he that smote *him* be quit ; only he shall pay *for* *λ* the loss of his time, and shall cause him to be thoroughly healed.

20 And if a man smite his servant, or his maid, with a rod, and he die under his hand ; he shall be surely *μ* punished.

21 Notwithstanding, if he continue a day or two, he shall not be punished :

B. C. 1491.

a 2 Ch. 7. 16.
    Mat. 18. 20.

b ver. 30.
    De. 16. 18.

β build them with *hewing.*

c Le. 24. 20.
    De. 19. 21.
    Mat. 5. 38.

d Ep. 6. 9.

e De. 6. 1.

f Col. 4. 1.

g De. 15. 12.
    Je. 34.8.,17.

γ with his body.

h Ge. 9. 5.

δ saying shall say.

i ch. 30. 12.
    Pr. 13. 8.

k Ne. 5. 5.

l ver. 2, 3.

ζ be evil in the eyes of.

m Ze.11.12,13
    Mat. 26. 15.
    Phi. 2. 7.

n De. 21. 14.

o Mal.2.14,15

p ch.22.6,14.

q 1 Co. 7. 5.

r Le. 24. 17.
    Nu.35.30,31
    Mat. 26. 52.

s ver. 29.

t De. 19. 4, 5.

u Nu. 35. 11.

η or, *goat.*

v Nu. 15. 30.

w 2 Sa. 12. 6.
    Pr. 6. 31.
    Lu. 19. 8.

x Job 24. 14.
    Joel 2. 9.
    Mat. 24. 43.

y Ge. 9. 6.
    De.19.11..13
    1 Ki.2.29..34

z Nu. 35. 27.

a 1 Ti. 1. 9.

b Re.18.12,13

c De. 24. 7.

θ or,*revileth.*

d Pr. 20. 20.
    30.11,17.
    Mat. 15. 4.

e Je. 16. 18.
    Re. 18. 6.

κ or, *his neighbour.*

λ his ceasing.

f ch. 21. 34.

μ avenged.

for he *is* his money.

22 If men strive, and hurt a woman with child, so that her fruit depart *from her,* and yet no mischief follow ; he shall be surely punished, according as the woman's husband will lay upon him ; and he shall pay as the *b* judges *determine.*

23 And if *any* mischief follow, then thou shalt give life for life,

24 Eye *c* for eye, tooth for tooth, hand for hand, foot for foot,

25 Burning for burning, wound for wound, stripe for stripe.

26 And if a man smite *d* the eye of his servant, or the eye of his maid, that it perish ; he shall let him go free *f* for his eye's sake.

27 And if he smite out his man-servant's tooth, or his maid-servant's tooth ; he shall let him go free for his tooth's sake.

28 If an ox gore a man or a woman, that they die ; then *h* the ox shall be surely stoned, and his flesh shall not be eaten ; but the owner of the ox *shall be* quit :

29 But if the ox were wont to push with his horn in time past, and it hath been testified to his owner, and he hath not kept him in, but that he hath killed a man or a woman ; the ox shall be stoned, and his owner also shall be put to death.

30 If there be laid on him a sum of money, then he shall give, for the *i* ransom of his life, whatsoever is laid upon him.

31 Whether he have gored a son, or have gored a daughter, according to this judgment shall it be done unto him.

32 If the ox shall push a man-servant or a maid-servant ; he shall give unto their master thirty *m* shekels of silver, and the ox shall be stoned.

33 And if a man shall open a pit, or if a man shall dig a pit, and not cover it, and an ox or an ass fall therein ;

34 The owner of the pit shall make *it p* good, *and* give money unto the owner of them ; and the dead *beast* shall be his.

35 And if one man's ox hurt another's, that he die, then they shall sell the live ox, and divide the money of it ; and the dead *ox* also they shall divide.

36 Or if it be known that the ox hath used to *s* push in time past, and his owner hath not kept him in ; he shall surely pay ox for ox ; and the dead shall be his own.

CHAP. XXII.

IF a man shall steal an ox, or a *η* sheep, and kill it, or sell it ; he shall restore five oxen for an ox, and four *w* sheep for a sheep.

2 If a thief be found *x* breaking up, and be smitten that he die, *there shall z* no blood *be shed* for him.

3 If the sun be risen upon him, *there shall be* blood *shed* for him ; *for* he should make full restitution ; if he have nothing, then he shall be sold for his theft.

4 If the theft be certainly found in his hand alive, whether it be ox, or ass, or sheep, he shall *e* restore double.

5 If a man shall cause a field or vineyard to be eaten, and shall put in his beast, and shall feed in another man's field ; of the best of his own field, and of the best of his own vineyard, shall he make *f* restitution.

6 If fire break out, and catch in thorns, so that the stacks of corn, or the standing corn, or the field, be consumed *therewith,* he that kindled the fire shall surely make restitution.

7 If a man shall deliver unto his

6 כִּי־יִתֵּן אִישׁ אֶל־רֵעֵהוּ כֶּסֶף אוֹ־כֵלִים לִשְׁמֹר וְגֻנַּב מִבֵּית הָאִישׁ אִם־יִמָּצֵא הַגַּנָּב יְשַׁלֵּם שְׁנָיִם׃

7 אִם־לֹא יִמָּצֵא הַגַּנָּב וְנִקְרַב בַּעַל־הַבַּיִת אֶל־הָאֱלֹהִים אִם־לֹא שָׁלַח יָדוֹ בִּמְלֶאכֶת רֵעֵהוּ׃

8 עַל־כָּל־דְּבַר־פֶּשַׁע עַל־שׁוֹר עַל־חֲמוֹר עַל־שֶׂה עַל־שַׂלְמָה עַל־כָּל־אֲבֵדָה אֲשֶׁר יֹאמַר כִּי־הוּא זֶה עַד הָאֱלֹהִים יָבֹא דְּבַר־שְׁנֵיהֶם אֲשֶׁר יַרְשִׁיעֻן אֱלֹהִים יְשַׁלֵּם שְׁנַיִם לְרֵעֵהוּ׃

9 כִּי־יִתֵּן אִישׁ אֶל־רֵעֵהוּ חֲמוֹר אוֹ־שׁוֹר אוֹ־שֶׂה וְכָל־בְּהֵמָה לִשְׁמֹר וּמֵת אוֹ־נִשְׁבַּר אוֹ־נִשְׁבָּה אֵין רֹאֶה׃

10 שְׁבֻעַת יְהוָה תִּהְיֶה בֵּין שְׁנֵיהֶם אִם־לֹא שָׁלַח יָדוֹ בִּמְלֶאכֶת רֵעֵהוּ וְלָקַח בְּעָלָיו וְלֹא יְשַׁלֵּם׃

11 וְאִם־גָּנֹב יִגָּנֵב מֵעִמּוֹ יְשַׁלֵּם לִבְעָלָיו׃

12 אִם־טָרֹף יִטָּרֵף יְבִאֵהוּ עֵד הַטְּרֵפָה לֹא יְשַׁלֵּם׃

13 וְכִי־יִשְׁאַל אִישׁ מֵעִם רֵעֵהוּ וְנִשְׁבַּר אוֹ־מֵת בְּעָלָיו אֵין־עִמּוֹ שַׁלֵּם יְשַׁלֵּם׃

14 אִם־בְּעָלָיו עִמּוֹ לֹא יְשַׁלֵּם אִם־שָׂכִיר הוּא בָּא בִּשְׂכָרוֹ׃

15 וְכִי־יְפַתֶּה אִישׁ בְּתוּלָה אֲשֶׁר לֹא־אֹרָשָׂה וְשָׁכַב עִמָּהּ מָהֹר יִמְהָרֶנָּה לּוֹ לְאִשָּׁה׃

16 אִם־מָאֵן יְמָאֵן אָבִיהָ לְתִתָּהּ לוֹ כֶּסֶף יִשְׁקֹל כְּמֹהַר הַבְּתוּלֹת׃

17 מְכַשֵּׁפָה לֹא תְחַיֶּה׃

18 כָּל־שֹׁכֵב עִם־בְּהֵמָה מוֹת יוּמָת׃

19 זֹבֵחַ לָאֱלֹהִים יׇחֳרָם בִּלְתִּי לַיהוָה לְבַדּוֹ׃

20 וְגֵר לֹא־תוֹנֶה וְלֹא תִלְחָצֶנּוּ כִּי־גֵרִים הֱיִיתֶם בְּאֶרֶץ מִצְרָיִם׃

21 כָּל־אַלְמָנָה וְיָתוֹם לֹא תְעַנּוּן׃

22 אִם־עַנֵּה תְעַנֶּה אֹתוֹ כִּי אִם־צָעֹק יִצְעַק אֵלַי שָׁמֹעַ אֶשְׁמַע צַעֲקָתוֹ׃

23 וְחָרָה אַפִּי וְהָרַגְתִּי אֶתְכֶם בֶּחָרֶב וְהָיוּ נְשֵׁיכֶם אַלְמָנוֹת וּבְנֵיכֶם יְתֹמִים׃

24 אִם־כֶּסֶף תַּלְוֶה אֶת־עַמִּי אֶת־הֶעָנִי עִמָּךְ לֹא־תִהְיֶה לוֹ כְּנֹשֶׁה לֹא־תְשִׂימוּן עָלָיו נֶשֶׁךְ׃

25 אִם־חָבֹל תַּחְבֹּל שַׂלְמַת רֵעֶךָ עַד־בֹּא הַשֶּׁמֶשׁ תְּשִׁיבֶנּוּ לוֹ׃

26 כִּי הִוא כְסוּתֹה לְבַדָּהּ הִוא שִׂמְלָתוֹ לְעֹרוֹ בַּמֶּה יִשְׁכָּב וְהָיָה כִּי־יִצְעַק אֵלַי וְשָׁמַעְתִּי כִּי־חַנּוּן אָנִי׃

27 אֱלֹהִים לֹא תְקַלֵּל וְנָשִׂיא בְעַמְּךָ לֹא תָאֹר׃

28 מְלֵאָתְךָ וְדִמְעֲךָ לֹא תְאַחֵר בְּכוֹר בָּנֶיךָ תִּתֶּן־לִי׃

29 כֵּן־תַּעֲשֶׂה לְשֹׁרְךָ לְצֹאנֶךָ שִׁבְעַת יָמִים יִהְיֶה עִם־אִמּוֹ בַּיּוֹם הַשְּׁמִינִי תִּתְּנוֹ־לִי׃

30 וְאַנְשֵׁי־קֹדֶשׁ תִּהְיוּן לִי וּבָשָׂר בַּשָּׂדֶה טְרֵפָה לֹא תֹאכֵלוּ לַכֶּלֶב תַּשְׁלִכוּן אֹתוֹ׃

CAP. XXIII. כג

1 לֹא תִשָּׂא שֵׁמַע שָׁוְא אַל־תָּשֶׁת יָדְךָ עִם־רָשָׁע לִהְיֹת עֵד חָמָס׃

2 לֹא־תִהְיֶה אַחֲרֵי־רַבִּים לְרָעֹת וְלֹא־תַעֲנֶה עַל־רִב לִנְטֹת אַחֲרֵי רַבִּים לְהַטֹּת׃

3 וְדָל לֹא תֶהְדַּר בְּרִיבוֹ׃

4 כִּי תִפְגַּע שׁוֹר אֹיִבְךָ אוֹ חֲמֹרוֹ תֹּעֶה הָשֵׁב תְּשִׁיבֶנּוּ לוֹ׃

5 כִּי־תִרְאֶה חֲמוֹר שֹׂנַאֲךָ רֹבֵץ תַּחַת מַשָּׂאוֹ וְחָדַלְתָּ מֵעֲזֹב לוֹ עָזֹב תַּעֲזֹב עִמּוֹ׃

neighbour money or stuff to keep, and it be stolen out of the man's house ; if the thief be found, let him pay double.

8 If the thief be not found, then the master of the house shall be brought unto the judges, *to see* whether he have put his hand unto his neighbour's goods.

9 For all manner of trespass, *whether it be* for ox, for ass, for sheep, for raiment, or for any manner of lost thing, which *another* challengeth to be his, the cause of both parties shall come*f* before the judges; *and* whom the judges shall condemn, he shall pay double unto his neighbour.

10 If a man deliver unto his neighbour an ass, or an ox, or a sheep, or any beast, to keep ; and it die, or be hurt, or driven away, no man seeing *it:*

11 *Then* shall an *i* oath of the LORD be between them both, that he hath not put his hand unto his neighbour's goods ; and the owner of it shall accept *thereof*, and he shall not make *it* good.

12 And if it be stolen from him, he shall make restitution unto the owner thereof.

13 If it be torn in pieces, *then* let him bring it *for* witness, *and* he shall not make good that which was torn.

14 And if a man borrow *ought* of his neighbour, and it be hurt, or die, the owner thereof *being* not with it, he shall surely make *it* good.

15 *But* if the owner thereof *be* with it, he shall not make *it* good : if it *be* an hired *thing*, it came for his hire.

16 And if a man entice a maid that is not betrothed, and lie with her, he shall surely endow her*n* to be his wife.

17 If her father utterly refuse to give her unto him, he shall *k* pay money according to the dowry of virgins.

18 Thou shalt not suffer a witch*o* to live.

19 Whosoever lieth with*p* a beast shall surely be put to death.

20 He that sacrificeth unto*q* any god, save unto the LORD only, he shall be utterly destroyed.

21 Thou shalt neither vex a*t* stranger, nor oppress him : for ye were strangers in the land of Egypt.

22 Ye shall not afflict any*u* widow, or fatherless child.

23 If thou afflict them in any wise, and they cry at all unto me, I will surely hear their cry ;

24 And my wrath shall wax hot, & I will kill you with the sword; & your wives shall be widows,*v* and your children fatherless.

25 If thou lend money to *any of* my people *that is* poor by thee, thou shalt not be to him as an usurer,*w* neither shalt thou lay upon him usury.

26 If thou at all take thy neighbour's raiment to *x* pledge, thou shalt deliver it unto him by that the sun goeth down :

27 For that *is* his covering only : it *is* his raiment for his skin : wherein shall he sleep? and it shall come to pass, when he crieth unto me, that I will hear :*y* for I am*z* gracious.

28 Thou shalt not revile*a* the *µ* gods, nor curse the ruler of thy people.

29 Thou shalt not delay *to offer v* ye*c* first of thy ripe fruits,*e* & of thy *π* liquors: the firstborn of thy*e* sons shalt thou give unto me.

30 Likewise shalt thou do with thine oxen, *and* with thy sheep : seven*f* days it shall be with his dam ; on the eighth day thou shalt give it me.

B. C. 1491

a Le. 19. 2.
1Pe.1.15,16
b Le. 22. 8.
Eze. 4. 14.
44. 31.
β or. receive.
c Ps. 15. 3.
d Pr. 19. 5.
Ep. 4. 25.
e 1 Ki. 19.10.
Job 31. 34.
γ answer.
f De. 25. 1.
2 Ch. 19.10.
g ver. 6.
h Mat. 5. 44.
δ or, wilt thou cease to help him? or, wouldest cease to leave thy business for him ; thou shalt surely leave it to join with him.
i He. 6. 16.
j ver. 3.
k ch. 34. 7.
l Pr. 17. 23.
Is. 33. 15.
ζ the seeing.
η soul.
m Le.25.3, 4.
26. 34.
n De.22.28,29
θ or, olive-trees.
κ weigh.
o Le. 20. 27.
De. 18. 10.
1 Sa. 28.3,9.
Re. 22. 15.
p Le.18,23,25.
q De.13.1,11.
r De. 4. 9.
Ep. 5. 15.
s Jos. 23. 7.
Ps. 16. 4.
Ho. 2. 17.
t Le. 19. 33.
Zec. 7. 10.
u De. 24. 17.
Ps. 94. 6,7.
Is. 1. 17.
Eze. 22. 7.
Ja. 1. 27.
v Je. 15. 8.
18. 21.
La. 5. 3.
w Ne. 5. 7.
Ps. 15. 5.
Eze.18.8,17.
x De.24.6,&c.
Job 22. 6.
λ or, feast.
y ver. 23.
z 2 Ch. 30. 9.
a Ac. 23.3,5.
Jude 8.
µ or judges.
v thy fulness.
b ch. 34. 26.
c Mi. 7. 1.
π tear.
d Ge. 48. 16.
Is. 63. 9.
e ch. 13. 2.
f Le. 22. 27.

31 And ye shall*a* be holy men unto me : neither shall ye eat *any* flesh *that is* torn of*b* beasts in the field ; ye shall cast it to the dogs.

CHAP. XXIII.

THOU shalt not *β* raise a false*c* report: put not thine hand with the wicked to be an *d* unrighteous witness.

2 Thou shalt not follow a multitude*e* to *do* evil: neither shalt thou *γ* speak in a cause to decline after many to wrest *judgment*.

3 Neither shalt thou countenance a poor*g* man in his cause.

4 If thou meet thine enemy's *h* ox or his ass going astray, thou shalt surely bring it back to him again.

5 If thou see the ass of him that hateth thee, lying under his burden, and *δ* wouldest forbear to help him ; thou shalt surely help with him.

6 Thou shalt not wrest the judgment of thy poor*j* in his cause.

7 Keep thee far from a false matter; and the innocent and righteous slay thou not : for I will not justify*k* the wicked.

8 And thou shalt take*l* no gift ; for the gift blindeth *ζ* the wise, and perverteth the words of the righteous.

9 Also thou shalt not oppress a stranger: for ye know the *η* heart of a stranger, seeing ye were strangers in the land of Egypt.

10 And six years*m* thou shalt sow thy land, and shalt gather in the fruits thereof:

11 But the seventh *year* thou shalt let it rest and lie still ; that the poor of thy people may eat : and what they leave, the beasts of the field shall eat. In like manner thou shalt deal with thy vineyard, *and* with thy *θ* olive-yard.

12 Six days thou shalt do thy work, and on the seventh day thou shalt rest ; that thine ox and thine ass may rest, and the son of thy handmaid and the stranger may be refreshed.

13 And in all *things* that I have said unto you, be*r* circumspect : and make no mention of the name of*s* other gods, neither let it be heard out of thy mouth.

14 Three times thou shalt keep a feast unto me in the year.

15 Thou shalt keep the feast of unleavened bread : (thou shalt eat unleavened bread seven days, as I commanded thee, in the time appointed of the month Abib; for in it thou camest out from Egypt ; and none shall appear before me empty :)

16 And the feast of harvest, the first-fruits of thy labours, which thou hast sown in thy field : & the feast of ingathering, *which is* in the end of the year, when thou hast gathered in thy labours out of the field.

17 Three times in the year all thy males shall appear before the LORD God.

18 Thou shalt not offer the blood of my sacrifice with leavened bread ; neither shall the fat of my *λ* sacrifice remain until the morning.

19 The first of the first-fruits of thy land thou shalt bring into the house of the LORD thy God. Thou shalt not seethe*b* a kid in his mother's milk.*l*

20 Behold, I send an*d* Angel before thee, to keep thee in the way, and to bring thee into the place which I have prepared.

21 Beware of him, & obey his voice, provoke him not: for he will not pardon your transgressions : for my name *is* in him.

22 But if thou shalt indeed obey his

את־הַצִּרְעָה לְפָנֶיךָ וְגֵרְשָׁה אֶת־הַחִוִּי אֶת־הַכְּנַעֲנִי וְאֶת־הַחִתִּי מִלְּפָנֶיךָ׃
29 לֹא אֲגָרְשֶׁנּוּ מִפָּנֶיךָ בְּשָׁנָה אֶחָת פֶּן־תִּהְיֶה הָאָרֶץ שְׁמָמָה וְרַבָּה עָלֶיךָ חַיַּת הַשָּׂדֶה׃
30 מְעַט מְעַט אֲגָרְשֶׁנּוּ מִפָּנֶיךָ עַד אֲשֶׁר תִּפְרֶה וְנָחַלְתָּ אֶת־הָאָרֶץ׃
31 וְשַׁתִּי אֶת־גְּבֻלְךָ מִיַּם־סוּף וְעַד־יָם פְּלִשְׁתִּים וּמִמִּדְבָּר עַד־הַנָּהָר כִּי אֶתֵּן בְּיֶדְכֶם אֵת יֹשְׁבֵי הָאָרֶץ וְגֵרַשְׁתָּמוֹ מִפָּנֶיךָ׃
32 לֹא־תִכְרֹת לָהֶם וְלֵאלֹהֵיהֶם בְּרִית׃
33 לֹא יֵשְׁבוּ בְּאַרְצְךָ פֶּן־יַחֲטִיאוּ אֹתְךָ לִי כִּי תַעֲבֹד אֶת־אֱלֹהֵיהֶם כִּי־יִהְיֶה לְךָ לְמוֹקֵשׁ׃ ס

CAP. XXIV. כד
1 וְאֶל־מֹשֶׁה אָמַר עֲלֵה אֶל־יְהוָה אַתָּה וְאַהֲרֹן נָדָב וַאֲבִיהוּא וְשִׁבְעִים מִזִּקְנֵי יִשְׂרָאֵל וְהִשְׁתַּחֲוִיתֶם מֵרָחֹק׃
2 וְנִגַּשׁ מֹשֶׁה לְבַדּוֹ אֶל־יְהוָה וְהֵם לֹא יִגָּשׁוּ וְהָעָם לֹא יַעֲלוּ עִמּוֹ׃
3 וַיָּבֹא מֹשֶׁה וַיְסַפֵּר לָעָם אֵת כָּל־דִּבְרֵי יְהוָה וְאֵת כָּל־הַמִּשְׁפָּטִים וַיַּעַן כָּל־הָעָם קוֹל אֶחָד וַיֹּאמְרוּ כָּל־הַדְּבָרִים אֲשֶׁר־דִּבֶּר יְהוָה נַעֲשֶׂה׃
4 וַיִּכְתֹּב מֹשֶׁה אֵת כָּל־דִּבְרֵי יְהוָה וַיַּשְׁכֵּם בַּבֹּקֶר וַיִּבֶן מִזְבֵּחַ תַּחַת הָהָר וּשְׁתֵּים עֶשְׂרֵה מַצֵּבָה לִשְׁנֵים עָשָׂר שִׁבְטֵי יִשְׂרָאֵל׃
5 וַיִּשְׁלַח אֶת־נַעֲרֵי בְּנֵי יִשְׂרָאֵל וַיַּעֲלוּ עֹלֹת וַיִּזְבְּחוּ זְבָחִים שְׁלָמִים לַיהוָה פָּרִים׃
6 וַיִּקַּח מֹשֶׁה חֲצִי הַדָּם וַיָּשֶׂם בָּאַגָּנֹת וַחֲצִי הַדָּם זָרַק עַל־הַמִּזְבֵּחַ׃
7 וַיִּקַּח סֵפֶר הַבְּרִית וַיִּקְרָא בְּאָזְנֵי הָעָם וַיֹּאמְרוּ כֹּל אֲשֶׁר־דִּבֶּר יְהוָה נַעֲשֶׂה וְנִשְׁמָע׃
8 וַיִּקַּח מֹשֶׁה אֶת־הַדָּם וַיִּזְרֹק עַל־הָעָם וַיֹּאמֶר הִנֵּה דַם־הַבְּרִית אֲשֶׁר כָּרַת יְהוָה עִמָּכֶם עַל כָּל־הַדְּבָרִים הָאֵלֶּה׃
9 וַיַּעַל מֹשֶׁה וְאַהֲרֹן נָדָב וַאֲבִיהוּא וְשִׁבְעִים מִזִּקְנֵי יִשְׂרָאֵל׃
10 וַיִּרְאוּ אֵת אֱלֹהֵי יִשְׂרָאֵל וְתַחַת רַגְלָיו כְּמַעֲשֵׂה לִבְנַת הַסַּפִּיר וּכְעֶצֶם הַשָּׁמַיִם לָטֹהַר׃
11 וְאֶל־אֲצִילֵי בְּנֵי יִשְׂרָאֵל לֹא שָׁלַח יָדוֹ וַיֶּחֱזוּ אֶת־הָאֱלֹהִים וַיֹּאכְלוּ וַיִּשְׁתּוּ׃ ס
12 וַיֹּאמֶר יְהוָה אֶל־מֹשֶׁה עֲלֵה אֵלַי הָהָרָה וֶהְיֵה־שָׁם וְאֶתְּנָה לְךָ אֶת־לֻחֹת הָאֶבֶן וְהַתּוֹרָה וְהַמִּצְוָה אֲשֶׁר כָּתַבְתִּי לְהוֹרֹתָם׃
13 וַיָּקָם מֹשֶׁה וִיהוֹשֻׁעַ מְשָׁרְתוֹ וַיַּעַל מֹשֶׁה אֶל־הַר הָאֱלֹהִים׃
14 וְאֶל־הַזְּקֵנִים אָמַר שְׁבוּ־לָנוּ בָזֶה עַד אֲשֶׁר־נָשׁוּב אֲלֵיכֶם וְהִנֵּה אַהֲרֹן וְחוּר עִמָּכֶם מִי־בַעַל דְּבָרִים יִגַּשׁ אֲלֵהֶם׃
15 וַיַּעַל מֹשֶׁה אֶל־הָהָר וַיְכַס הֶעָנָן אֶת־הָהָר׃

---

16 וַיִּשְׁכֹּן כְּבוֹד־יְהוָה עַל־הַר סִינַי וַיְכַסֵּהוּ הֶעָנָן שֵׁשֶׁת יָמִים וַיִּקְרָא אֶל־מֹשֶׁה בַּיּוֹם הַשְּׁבִיעִי מִתּוֹךְ הֶעָנָן׃
17 וּמַרְאֵה כְּבוֹד יְהוָה כְּאֵשׁ אֹכֶלֶת בְּרֹאשׁ הָהָר לְעֵינֵי בְּנֵי יִשְׂרָאֵל׃
18 וַיָּבֹא מֹשֶׁה בְּתוֹךְ הֶעָנָן וַיַּעַל אֶל־הָהָר וַיְהִי מֹשֶׁה בָּהָר אַרְבָּעִים יוֹם וְאַרְבָּעִים לָיְלָה׃

פ פ פ
19 יט

CAP. XXV. כה
1 וַיְדַבֵּר יְהוָה אֶל־מֹשֶׁה לֵּאמֹר׃
2 דַּבֵּר אֶל־בְּנֵי יִשְׂרָאֵל וְיִקְחוּ־לִי תְּרוּמָה מֵאֵת כָּל־אִישׁ אֲשֶׁר יִדְּבֶנּוּ לִבּוֹ תִּקְחוּ אֶת־תְּרוּמָתִי׃
3 וְזֹאת הַתְּרוּמָה אֲשֶׁר תִּקְחוּ מֵאִתָּם זָהָב וָכֶסֶף וּנְחֹשֶׁת׃
4 וּתְכֵלֶת וְאַרְגָּמָן וְתוֹלַעַת שָׁנִי וְשֵׁשׁ וְעִזִּים׃
5 וְעֹרֹת אֵילִם מְאָדָּמִים וְעֹרֹת תְּחָשִׁים וַעֲצֵי שִׁטִּים׃
6 שֶׁמֶן לַמָּאֹר בְּשָׂמִים לְשֶׁמֶן הַמִּשְׁחָה וְלִקְטֹרֶת הַסַּמִּים׃
7 אַבְנֵי־שֹׁהַם וְאַבְנֵי מִלֻּאִים לָאֵפֹד וְלַחֹשֶׁן׃
8 וְעָשׂוּ לִי מִקְדָּשׁ וְשָׁכַנְתִּי בְּתוֹכָם׃
9 כְּכֹל אֲשֶׁר אֲנִי מַרְאֶה אוֹתְךָ אֵת תַּבְנִית הַמִּשְׁכָּן וְאֵת תַּבְנִית כָּל־כֵּלָיו וְכֵן תַּעֲשׂוּ׃ ס
10 וְעָשׂוּ אֲרוֹן עֲצֵי שִׁטִּים אַמָּתַיִם וָחֵצִי אָרְכּוֹ וְאַמָּה וָחֵצִי רָחְבּוֹ וְאַמָּה וָחֵצִי קֹמָתוֹ׃
11 וְצִפִּיתָ אֹתוֹ זָהָב טָהוֹר מִבַּיִת וּמִחוּץ תְּצַפֶּנּוּ וְעָשִׂיתָ עָלָיו זֵר זָהָב סָבִיב׃
12 וְיָצַקְתָּ לּוֹ אַרְבַּע טַבְּעֹת זָהָב וְנָתַתָּה עַל אַרְבַּע פַּעֲמֹתָיו וּשְׁתֵּי טַבָּעֹת עַל־צַלְעוֹ הָאֶחָת וּשְׁתֵּי טַבָּעֹת עַל־צַלְעוֹ הַשֵּׁנִית׃
13 וְעָשִׂיתָ בַדֵּי עֲצֵי שִׁטִּים וְצִפִּיתָ אֹתָם זָהָב׃
14 וְהֵבֵאתָ אֶת־הַבַּדִּים בַּטַּבָּעֹת עַל צַלְעֹת הָאָרֹן לָשֵׂאת אֶת־הָאָרֹן בָּהֶם׃
15 בְּטַבְּעֹת הָאָרֹן יִהְיוּ הַבַּדִּים לֹא יָסֻרוּ מִמֶּנּוּ׃
16 וְנָתַתָּ אֶל־הָאָרֹן אֵת הָעֵדֻת אֲשֶׁר אֶתֵּן אֵלֶיךָ׃
17 וְעָשִׂיתָ כַפֹּרֶת זָהָב טָהוֹר אַמָּתַיִם וָחֵצִי אָרְכָּהּ וְאַמָּה וָחֵצִי רָחְבָּהּ׃
18 וְעָשִׂיתָ שְׁנַיִם כְּרֻבִים זָהָב מִקְשָׁה תַּעֲשֶׂה אֹתָם מִשְּׁנֵי קְצוֹת הַכַּפֹּרֶת׃
19 וַעֲשֵׂה כְּרוּב אֶחָד מִקָּצָה מִזֶּה וּכְרוּב־אֶחָד מִקָּצָה מִזֶּה מִן־הַכַּפֹּרֶת תַּעֲשׂוּ אֶת־הַכְּרֻבִים עַל־שְׁנֵי קְצוֹתָיו׃
20 וְהָיוּ הַכְּרֻבִים פֹּרְשֵׂי כְנָפַיִם לְמַעְלָה סֹכְכִים בְּכַנְפֵיהֶם עַל־הַכַּפֹּרֶת וּפְנֵיהֶם אִישׁ אֶל־אָחִיו אֶל־הַכַּפֹּרֶת יִהְיוּ פְּנֵי הַכְּרֻבִים׃
21 וְנָתַתָּ אֶת־הַכַּפֹּרֶת עַל־הָאָרֹן מִלְמָעְלָה וְאֶל־הָאָרֹן תִּתֵּן אֶת־הָעֵדֻת אֲשֶׁר אֶתֵּן אֵלֶיךָ׃

voice, and do all that I speak ; then I will be an enemy[a] unto thine enemies, and an β adversary unto thine adversaries.

23 For mine Angel[b] shall go before thee, and bring thee in unto the Amorites, and the Hittites, and the Perizzites, and the Canaanites, the Hivites, and the Jebusites ; and I will cut them off.

24 Thou shalt not bow down[f] to their gods, nor serve them, nor do[g] after their works ; but thou shalt utterly overthrow them, and quite break down[i] their images.

25 And ye shall serve the LORD[l] your God, and he shall bless[n] thy bread, and thy water ; and I will take sickness[p] away from the midst of thee.

26 There shall nothing cast their young, nor be[q] barren, in thy land : the number of thy days I will fulfil.

27 I will send my fear[r] before thee, and will destroy all the people to whom thou shalt come ; and I will make all thine enemies turn their γ backs unto thee.

28 And I will send hornets[s] before thee, which shall drive out the Hivite, the Canaanite, and the Hittite, from before thee.

29 I will not drive them out from before thee in one year ; lest the land become desolate, and the beast of the field multiply against thee.

30 By little and little I will drive them out from before thee, until thou be increased, and inherit the land.

31 And I will set thy[w] bounds from the Red Sea[x] even unto the sea of the Philistines, and from the desert unto the river : for I will deliver the inhabitants of the land[z] into your hand ; and thou shalt drive them out before thee.

32 Thou shalt make no covenant[s] with them, nor with their gods.

33 They shall not dwell in thy land, lest they make thee sin against me : for if thou serve their gods, it will[c] surely be a snare unto thee.

CHAP. XXIV.

AND he said unto Moses, Come up unto[d] the LORD, thou, and Aaron, Nadab, and[e] Abihu, and seventy[f] of the elders of Israel ; and worship ye afar off.

2 And Moses alone shall come near the LORD ; but they shall not come nigh, neither shall the people go up with him.

3 And Moses came and told the people all the words of the LORD, and all the judgments : and all the people answered with one voice, and said, All the words which the LORD hath said[i] will we do.

4 And Moses wrote[k] all the words of the LORD, and rose up early in the morning, and builded an altar under the hill, and twelve pillars, according to the twelve tribes of Israel.

5 And he sent young men of the children of Israel, which offered burnt-offerings, and sacrificed peace offerings of oxen unto the LORD.

6 And Moses took half of the blood, and put *it* in basons ; and half of the blood he sprinkled on the altar.

7 And he took the book of the covenant, and read in the audience of the people : and they said, All that the LORD hath said will we do, and be obedient.

8 And Moses took the blood, & sprinkled it[m] on the people, & said, Behold the blood of the covenant, which ye LORD hath made with you concerning all these words.

9 Then went up Moses, and Aaron,

B. C. 1491.

a Ge. 12. 3.
De. 30. 7.
Zec. 2. 8.
β or, *I will afflict them that afflict thee.*
b ch. 33. 2.
Jos. 5. 13.
c 1 Ki. 22. 19.
Is. 6. 1, 5.
d Eze. 1. 26.
10. 1.
Re. 4. 3.
21. 19.
e Mat. 17. 2.
Re. 1. 16.
f ch. 20. 5.
g Le. 18. 3.
De. 12. 30.
Ps. 101. 3.
h Ge. 18. 8.
i ch. 32. 20.
Nu. 33. 52.
2 Ch. 34. 7
k ver. 2. 18.
l Jos. 22. 5.
m De. 5. 22.
n De. 7. 13.
Is. 33. 16.
Mal.3.10,11.
o Ne. 9. 13.
p Ps. 103. 3.
q De. 28. 4.
r Jos.2.9,11.
1 Sa. 14.15.
2 Ch. 14.14.
γ *neck.*
Ps. 18. 40.
s De. 7. 20.
Jos. 24. 12.
t ch. 19. 9.
u Le. 9. 23.
Nu. 14. 10.
v De. 4. 36.
Eze. 1. 27.
Na. 1. 6.
Hab. 3. 4, 5.
He.12.18,29.
w Nu.34.3,&c.
1 e. 11. 24.
x Nu. 34. 3.
Jos. 1. 4.
Ps. 72. 8.
y ch. 34. 28.
De. 9. 9.
z Jos. 21. 44.
a ch.34.12,15
Ps. 106. 35.
2 Co. 6. 15.
ε *take for me*
ζ or, *heave-offering.*
b 2 Co. 8. 12.
9. 7.
c Ju. 2. 3.
η or, *silk.*
d ver. 15.
ch. 34. 2.
e ch. 28. 1.
f Nu. 11. 16.
g ch. 29. 45.
2 Co. 6. 16.
Re. 21. 3.
h He. 8. 5.
i De. 5. 27.
Jos. 24. 22.
k De. 31. 9.
l He. 9. 4.
m He.9.19,.21
13. 20.
1 Pe. 1. 2.

Nadab, and Abihu, and seventy of the elders of Israel ;

10 And they saw[c] the God of Israel: and *there was* under his feet as it were a paved work of a[d] sapphire-stone, and as it were the body of heaven[e] in *his* clearness.

11 And upon the nobles of the children of Israel he laid not his hand : also they saw God, and did eat[h] and drink.

12 And the LORD said unto Moses, Come up to me into the[k] mount, and be there : and I will give thee the tables[m] of stone, and a law, and δ commandments which I have written ; that thou mayest teach them.

13 And Moses rose up, and his minister Joshua ; and Moses went up into the mount of God.

14 And he said unto the elders, Tarry ye here for us, until we come again unto you : and, behold, Aaron and Hur *are* with you ; if any man have any matters to do, let him come unto them.

15 And Moses went up into the mount, and a cloud[t] covered the mount.

16 And the glory[u] of the LORD abode upon mount Sinai, and the cloud covered it six days : and the seventh day he called unto Moses out of the midst of the cloud.

17 And the sight of the glory of the LORD *was* like[v] devouring fire on the top of the mount in the eyes of the children of Israel.

18 And Moses went into the midst of the cloud, and gat him up into the mount ; and Moses was in the mount[y] forty days and forty nights.

CHAP. XXV.

AND ye LORD spake unto Moses, saying,

2 Speak unto the children of Israel, that they δ bring me an ζ offering : of every man that giveth it willingly[b] with his heart ye shall take my offering.

3 And this *is* the offering which ye shall take of them ; gold, and silver, and brass,

4 And blue, and purple, and scarlet, and η fine linen, and goats' *hair*,

5 And rams' skins dyed red, and badgers' skins, and shittim-wood,

6 Oil for the light, spices for anointing oil, and for sweet incense,

7 Onyx-stones, and stones to be set in the ephod, and in the breastplate.

8 And let them make me a sanctuary ; that I may dwell[g] among them.

9 According to all that I shew[h] thee, *after* the pattern of the tabernacle, and the pattern of all the instruments thereof, even so shall ye make *it*.

10 And they shall make an ark[l] of shittim-wood : two cubits and a half *shall be* the length thereof, and a cubit and a half the breadth thereof, and a cubit and a half the height thereof.

11 And thou shalt overlay it with pure gold ; within and without shalt thou overlay it, and shalt make upon it a crown of gold round about.

12 And thou shalt cast four rings of gold for it, & put *them* in the four corners thereof ; and two rings *shall be* in the one side of it, and two rings in the other side of it.

13 And thou shalt make staves *of* shittim-wood, and overlay them with gold.

14 And thou shalt put the staves into the rings by the sides of the ark, that the ark may be borne with them.

15 The staves shall be in the rings of the ark ; they shall not be taken from it.

22 אֵלֶ֑יךָ ׃ וְנוֹעַדְתִּ֨י לְךָ֜ שָׁ֗ם וְדִבַּרְתִּ֤י אִתְּךָ֙ מֵעַ֣ל הַכַּפֹּ֔רֶת מִבֵּין֙ שְׁנֵ֣י הַכְּרֻבִ֔ים אֲשֶׁ֖ר עַל־אֲר֣וֹן הָעֵדֻ֑ת אֵ֣ת כָּל־אֲשֶׁ֧ר אֲצַוֶּ֛ה אוֹתְךָ֖ אֶל־בְּנֵ֥י יִשְׂרָאֵֽל ׃ פ

23 וְעָשִׂ֥יתָ שֻׁלְחָ֖ן עֲצֵ֣י שִׁטִּ֑ים אַמָּתַ֤יִם אׇרְכּוֹ֙ וְאַמָּ֣ה רׇחְבּ֔וֹ וְאַמָּ֥ה וָחֵ֖צִי קֹמָתֽוֹ ׃

24 וְצִפִּיתָ֥ אֹת֖וֹ זָהָ֣ב טָה֑וֹר וְעָשִׂ֥יתָ לּ֛וֹ זֵ֥ר זָהָ֖ב סָבִֽיב ׃

25 וְעָשִׂ֨יתָ לּ֥וֹ מִסְגֶּ֛רֶת טֹ֖פַח סָבִ֑יב וְעָשִׂ֧יתָ זֵר־זָהָ֛ב לְמִסְגַּרְתּ֖וֹ סָבִֽיב ׃

26 וְעָשִׂ֣יתָ לּ֔וֹ אַרְבַּ֖ע טַבְּעֹ֣ת זָהָ֑ב וְנָתַתָּ֙ אֶת־הַטַּבָּעֹ֔ת עַ֚ל אַרְבַּ֣ע הַפֵּאֹ֔ת אֲשֶׁ֖ר לְאַרְבַּ֥ע רַגְלָֽיו ׃

27 לְעֻמַּת֙ הַמִּסְגֶּ֔רֶת תִּהְיֶ֖יןָ הַטַּבָּעֹ֑ת לְבָתִּ֣ים לְבַדִּ֔ים לָשֵׂ֖את אֶת־הַשֻּׁלְחָֽן ׃

28 וְעָשִׂ֤יתָ אֶת־הַבַּדִּים֙ עֲצֵ֣י שִׁטִּ֔ים וְצִפִּיתָ֥ אֹתָ֖ם זָהָ֑ב וְנִשָּׂא־בָ֖ם אֶת־הַשֻּׁלְחָֽן ׃

29 וְעָשִׂ֜יתָ קְּעָרֹתָ֣יו וְכַפֹּתָ֗יו וּקְשׂוֹתָיו֙ וּמְנַקִּיֹּתָ֔יו אֲשֶׁ֥ר יֻסַּ֖ךְ בָּהֵ֑ן זָהָ֥ב טָה֖וֹר תַּעֲשֶׂ֥ה אֹתָֽם ׃

30 וְנָתַתָּ֧ עַֽל־הַשֻּׁלְחָ֛ן לֶ֥חֶם פָּנִ֖ים לְפָנַ֥י תָּמִֽיד ׃ פ

31 וְעָשִׂ֥יתָ מְנֹרַ֖ת זָהָ֣ב טָה֑וֹר מִקְשָׁ֞ה תֵּעָשֶׂ֤ה הַמְּנוֹרָה֙ יְרֵכָ֣הּ וְקָנָ֔הּ גְּבִיעֶ֛יהָ כַּפְתֹּרֶ֥יהָ וּפְרָחֶ֖יהָ מִמֶּ֥נָּה יִהְיֽוּ ׃

32 וְשִׁשָּׁ֣ה קָנִ֔ים יֹצְאִ֖ים מִצִּדֶּ֑יהָ שְׁלֹשָׁ֣ה ׀ קְנֵ֣י מְנֹרָ֗ה מִצִּדָּהּ֙ הָֽאֶחָ֔ד וּשְׁלֹשָׁה֙ קְנֵ֣י מְנֹרָ֔ה מִצִּדָּ֖הּ הַשֵּׁנִֽי ׃

33 שְׁלֹשָׁ֣ה גְ֠בִעִ֠ים מְֽשֻׁקָּדִ֞ים בַּקָּנֶ֣ה הָאֶחָד֮ כַּפְתֹּ֣ר וָפֶרַח֒ וּשְׁלֹשָׁ֣ה גְבִעִ֗ים מְשֻׁקָּדִ֛ים בַּקָּנֶ֥ה הָאֶחָ֖ד כַּפְתֹּ֣ר וָפָ֑רַח כֵּ֚ן לְשֵׁ֣שֶׁת הַקָּנִ֔ים הַיֹּצְאִ֖ים מִן־הַמְּנֹרָֽה ׃

34 וּבַמְּנֹרָ֖ה אַרְבָּעָ֣ה גְבִעִ֑ים מְשֻׁ֨קָּדִ֔ים כַּפְתֹּרֶ֖יהָ וּפְרָחֶֽיהָ ׃

35 וְכַפְתֹּ֡ר תַּחַת֩ שְׁנֵ֨י הַקָּנִ֜ים מִמֶּ֗נָּה וְכַפְתֹּר֙ תַּ֣חַת שְׁנֵ֤י הַקָּנִים֙ מִמֶּ֔נָּה וְכַפְתֹּ֕ר תַּֽחַת־שְׁנֵ֥י הַקָּנִ֖ים מִמֶּ֑נָּה לְשֵׁ֙שֶׁת֙ הַקָּנִ֔ים הַיֹּצְאִ֖ים מִן־הַמְּנֹרָֽה ׃

36 כַּפְתֹּרֵיהֶ֥ם וּקְנֹתָ֖ם מִמֶּ֣נָּה יִהְי֑וּ כֻּלָּ֛הּ מִקְשָׁ֥ה אַחַ֖ת זָהָ֥ב טָהֽוֹר ׃

37 וְעָשִׂ֥יתָ אֶת־נֵרֹתֶ֖יהָ שִׁבְעָ֑ה וְהֶֽעֱלָה֙ אֶת־נֵ֣רֹתֶ֔יהָ וְהֵאִ֖יר עַל־עֵ֥בֶר פָּנֶֽיהָ ׃

38 וּמַלְקָחֶ֥יהָ וּמַחְתֹּתֶ֖יהָ זָהָ֥ב טָהֽוֹר ׃

39 כִּכָּ֛ר זָהָ֥ב טָה֖וֹר יַעֲשֶׂ֣ה אֹתָ֑הּ אֵ֥ת כָּל־הַכֵּלִ֖ים הָאֵֽלֶּה ׃

40 וּרְאֵ֖ה וַעֲשֵׂ֑ה בְּתַ֨בְנִיתָ֔ם אֲשֶׁר־אַתָּ֥ה מׇרְאֶ֖ה בָּהָֽר ׃ ס

CAP. XXVI. כו

1 וְאֶת־הַמִּשְׁכָּ֥ן תַּעֲשֶׂ֖ה עֶ֣שֶׂר יְרִיעֹ֑ת שֵׁ֣שׁ מׇשְׁזָ֗ר וּתְכֵ֤לֶת וְאַרְגָּמָן֙ וְתֹלַ֣עַת שָׁנִ֔י כְּרֻבִ֛ים מַעֲשֵׂ֥ה חֹשֵׁ֖ב תַּעֲשֶׂ֥ה אֹתָֽם ׃

2 אֹ֣רֶךְ ׀ הַיְרִיעָ֣ה הָֽאַחַ֗ת שְׁמֹנֶ֤ה וְעֶשְׂרִים֙ בָּֽאַמָּ֔ה וְרֹ֙חַב֙ אַרְבַּ֣ע בָּֽאַמָּ֔ה הַיְרִיעָ֖ה הָאֶחָ֑ת מִדָּ֥ה אַחַ֖ת לְכָל־הַיְרִיעֹֽת ׃

3 חֲמֵ֣שׁ הַיְרִיעֹ֗ת תִּֽהְיֶ֙יןָ֙ חֹֽבְרֹ֔ת אִשָּׁ֖ה אֶל־אֲחֹתָ֑הּ וְחָמֵ֤שׁ יְרִיעֹ֔ת חֹבְרֹ֖ת אִשָּׁ֣ה אֶל־אֲחֹתָֽהּ ׃

4 וְעָשִׂ֜יתָ לֻֽלְאֹ֣ת תְּכֵ֗לֶת עַ֣ל שְׂפַ֤ת הַיְרִיעָה֙ הָֽאֶחָ֔ת מִקָּצָ֖ה בַּחֹבָ֑רֶת וְכֵ֤ן תַּעֲשֶׂה֙ בִּשְׂפַ֣ת הַיְרִיעָ֔ה הַקִּיצוֹנָ֖ה בַּמַּחְבֶּ֥רֶת הַשֵּׁנִֽית ׃

5 חֲמִשִּׁ֣ים לֻֽלָאֹ֗ת תַּעֲשֶׂה֮ בַּיְרִיעָ֣ה הָאֶחָת֒ וַחֲמִשִּׁ֣ים לֻֽלָאֹ֗ת תַּעֲשֶׂה֙ בִּקְצֵ֣ה הַיְרִיעָ֔ה אֲשֶׁ֖ר בַּמַּחְבֶּ֣רֶת הַשֵּׁנִ֑ית מַקְבִּילֹת֙ הַלֻּ֣לָאֹ֔ת אִשָּׁ֖ה אֶל־אֲחֹתָֽהּ ׃

6 וְעָשִׂ֕יתָ חֲמִשִּׁ֖ים קַרְסֵ֣י זָהָ֑ב וְחִבַּרְתָּ֙ אֶת־הַיְרִיעֹ֜ת אִשָּׁ֤ה אֶל־אֲחֹתָהּ֙ בַּקְּרָסִ֔ים וְהָיָ֥ה הַמִּשְׁכָּ֖ן אֶחָֽד ׃

7 וְעָשִׂ֙יתָ֙ יְרִיעֹ֣ת עִזִּ֔ים לְאֹ֖הֶל עַל־הַמִּשְׁכָּ֑ן עַשְׁתֵּֽי־עֶשְׂרֵ֥ה יְרִיעֹ֖ת תַּעֲשֶׂ֥ה אֹתָֽם ׃

8 אֹ֣רֶךְ ׀ הַיְרִיעָ֣ה הָֽאַחַ֗ת שְׁלֹשִׁים֙ בָּֽאַמָּ֔ה וְרֹ֙חַב֙ אַרְבַּ֣ע בָּֽאַמָּ֔ה הַיְרִיעָ֖ה הָאֶחָ֑ת מִדָּ֣ה אַחַ֔ת לְעַשְׁתֵּ֥י עֶשְׂרֵ֖ה יְרִיעֹֽת ׃

9 וְחִבַּרְתָּ֞ אֶת־חֲמֵ֤שׁ הַיְרִיעֹת֙ לְבָ֔ד וְאֶת־שֵׁ֥שׁ הַיְרִיעֹ֖ת לְבָ֑ד וְכָפַלְתָּ֙ אֶת־הַיְרִיעָ֣ה הַשִּׁשִּׁ֔ית אֶל־מ֖וּל פְּנֵ֥י הָאֹֽהֶל ׃

10 וְעָשִׂ֜יתָ חֲמִשִּׁ֣ים לֻֽלָאֹ֗ת עַ֣ל שְׂפַ֤ת הַיְרִיעָה֙ הָֽאֶחָ֔ת הַקִּיצֹנָ֖ה בַּחֹבָ֑רֶת וַחֲמִשִּׁ֣ים לֻֽלָאֹ֗ת עַ֚ל שְׂפַ֣ת הַיְרִיעָ֔ה הַחֹבֶ֖רֶת הַשֵּׁנִֽית ׃

11 וְעָשִׂ֛יתָ קַרְסֵ֥י נְחֹ֖שֶׁת חֲמִשִּׁ֑ים וְהֵבֵאתָ֤ אֶת־הַקְּרָסִים֙ בַּלֻּ֣לָאֹ֔ת וְחִבַּרְתָּ֥ אֶת־הָאֹ֖הֶל וְהָיָ֥ה אֶחָֽד ׃

12 וְסֶ֙רַח֙ הָעֹדֵ֔ף בִּירִיעֹ֖ת הָאֹ֑הֶל חֲצִ֤י הַיְרִיעָה֙ הָעֹדֶ֔פֶת תִּסְרַ֕ח עַ֖ל אֲחֹרֵ֥י הַמִּשְׁכָּֽן ׃

13 וְהָאַמָּ֨ה מִזֶּ֜ה וְהָאַמָּ֤ה מִזֶּה֙ בָּעֹדֵ֔ף בְּאֹ֖רֶךְ יְרִיעֹ֣ת הָאֹ֑הֶל יִהְיֶ֨ה סָר֜וּחַ עַל־צִדֵּ֧י הַמִּשְׁכָּ֛ן מִזֶּ֥ה וּמִזֶּ֖ה לְכַסֹּתֽוֹ ׃

14 וְעָשִׂ֤יתָ מִכְסֶה֙ לָאֹ֔הֶל עֹרֹ֥ת אֵילִ֖ם מְאׇדָּמִ֑ים וּמִכְסֵ֛ה עֹרֹ֥ת תְּחָשִׁ֖ים מִלְמָֽעְלָה ׃ פ

15 וְעָשִׂ֥יתָ אֶת־הַקְּרָשִׁ֖ים לַמִּשְׁכָּ֑ן עֲצֵ֥י שִׁטִּ֖ים עֹמְדִֽים ׃

16 עֶ֥שֶׂר אַמּ֖וֹת אֹ֣רֶךְ הַקָּ֑רֶשׁ וְאַמָּה֙ וַחֲצִ֣י הָֽאַמָּ֔ה רֹ֖חַב הַקֶּ֥רֶשׁ הָאֶחָֽד ׃

17 שְׁתֵּ֣י יָד֗וֹת לַקֶּ֙רֶשׁ֙ הָֽאֶחָ֔ד מְשֻׁלָּבֹ֔ת אִשָּׁ֖ה אֶל־אֲחֹתָ֑הּ כֵּ֣ן תַּעֲשֶׂ֔ה לְכֹ֖ל קַרְשֵׁ֥י הַמִּשְׁכָּֽן ׃

18 וְעָשִׂ֥יתָ אֶת־הַקְּרָשִׁ֖ים לַמִּשְׁכָּ֑ן עֶשְׂרִ֣ים קֶ֔רֶשׁ לִפְאַ֖ת נֶ֥גְבָּה תֵימָֽנָה ׃

19 וְאַרְבָּעִים֙ אַדְנֵי־כֶ֔סֶף תַּעֲשֶׂ֕ה תַּ֖חַת עֶשְׂרִ֣ים הַקָּ֑רֶשׁ שְׁנֵ֨י אֲדָנִ֜ים תַּֽחַת־הַקֶּ֤רֶשׁ הָֽאֶחָד֙ לִשְׁתֵּ֣י יְדֹתָ֔יו וּשְׁנֵ֧י אֲדָנִ֛ים תַּֽחַת־הַקֶּ֥רֶשׁ הָאֶחָ֖ד לִשְׁתֵּ֥י יְדֹתָֽיו ׃

20 וּלְצֶ֧לַע הַמִּשְׁכָּ֛ן הַשֵּׁנִ֖ית לִפְאַ֣ת צָפ֑וֹן עֶשְׂרִ֖ים קָֽרֶשׁ ׃

21 וְאַרְבָּעִ֥ים אַדְנֵיהֶ֖ם כָּ֑סֶף שְׁנֵ֣י אֲדָנִ֗ים תַּ֚חַת הַקֶּ֣רֶשׁ הָֽאֶחָ֔ד וּשְׁנֵ֣י אֲדָנִ֔ים תַּ֖חַת הַקֶּ֥רֶשׁ הָאֶחָֽד ׃

22 וּֽלְיַרְכְּתֵ֥י הַמִּשְׁכָּ֖ן יָ֑מָּה תַּעֲשֶׂ֖ה שִׁשָּׁ֥ה קְרָשִֽׁים ׃

23 וּשְׁנֵ֣י קְרָשִׁ֔ים תַּעֲשֶׂ֖ה לִמְקֻצְעֹ֣ת הַמִּשְׁכָּ֑ן בַּיַּרְכָתָֽיִם ׃

16 And thou shalt put into the ark *a* the testimony which I shall give thee.

17 And thou shalt make a *b* mercy-seat *of* pure gold: two cubits and a half *shall be* the length thereof, and a cubit and a half the breadth thereof.

18 And thou shalt make two cherubims *of* gold, *of* beaten work shalt thou make them, in the two ends of the mercy-seat.

19 And make one cherub on the one end, and the other cherub on the other end; *even* δ of the mercy-seat shall ye make the cherubims on the two ends thereof.

20 And the cherubims shall stretch forth *their* wings*f* on high, covering the mercy-seat with their wings, and their faces *shall look* one to another; toward the mercy-seat shall the faces of the cherubims be.

21 And thou shalt put the mercy-seat above *h* upon the ark; and *i* in the ark thou shalt put the testimony that I shall give thee.

22 And there I will meet with thee, and I will commune with thee from above the mercy-seat, from *k* between the two cherubims which *are* upon the ark of the testimony, of all *things* which I will give thee in commandment unto the children of Israel.

23 Thou shalt also make *l* a table *of* shittim-wood: two cubits *shall be* the length thereof, and a cubit the breadth thereof, and a cubit and a half the height thereof.

24 And thou shalt overlay it with *m* pure gold, and make thereto a crown of gold round about.

25 And thou shalt make unto it a border of an hand breadth round about, and thou shalt make a golden crown to the border thereof round about.

26 And thou shalt make for it four rings of gold, and put the rings in the four corners that *are* on the four feet thereof.

27 Over against the border shall the rings be for places of the staves to bear the table.

28 And thou shalt make the staves *of* shittim-wood, and overlay them with gold, that the table may be borne with them.

29 And thou shalt make the *o* dishes thereof, and spoons thereof, and covers thereof, and bowls thereof, θ to cover withal; *of* pure gold shalt thou make them.

30 And thou shalt set upon the table shew-bread *p* before me alway.

31 And thou shalt make a *q* candlestick *of* pure gold; *of* beaten work shall the candlestick be made: his shaft, and his branches, his bowls, his knops, and his flowers, shall be of the same.

32 And six branches shall come out of the sides of it: three branches of the candlestick out of the one side, and three branches of the candlestick out of the other side:

33 Three bowls made like unto almonds, *with* a knop and a flower in one branch; and three bowls made like almonds in the other branch, *with* a knop and a flower; so in the six branches that come out of the candlestick.

34 And in the candlestick *shall be* four bowls made like unto almonds, *with* their knops and their flowers.

35 And *there shall be* a knop under two branches of the same, and a knop under two branches of the same, and a knop under two branches of the same, according to the six branches that proceed out of the candlestick.

36 Their knops and their branches shall be of the same; all of it *shall be* one beaten work *of* pure gold.

37 And thou shalt make the *c* seven lamps thereof; and *d* they shall β light the lamps thereof, that they may give light over against γ it.

38 And the tongs thereof, and the snuffdishes thereof, *shall be of* pure gold.

39 *Of* a talent of pure gold shall he make it, with all these vessels.

40 And look that thou make *them e* after their pattern, ζ which was shewed thee in the mount.

CHAP. XXVI.

MOREOVER, thou shalt make the tabernacle *with* ten *g* curtains *of* fine twined linen, and blue, and purple, and scarlet: *with* cherubims η of cunning work shalt thou make them.

2 The length of one curtain *shall be* eight and twenty cubits, and the breadth of one curtain four cubits: and every one of the curtains shall have one measure.

3 The five curtains shall be coupled together one to another; and *other* five curtains *shall be* coupled one to another.

4 And thou shalt make loops of blue upon the edge of the one curtain, from the selvedge in the coupling; & likewise shalt thou make in the uttermost edge of *another* curtain, in the coupling of the second.

5 Fifty loops shalt thou make in the one curtain, and fifty loops shalt thou make in the edge of the curtain that *is* in the coupling of the second, that the loops may take hold one of another.

6 And thou shalt make fifty taches of gold, and couple the curtains together with the taches; and it shall be one tabernacle.

7 And thou shalt make curtains *of* goats, hair,*n* to be a covering upon the tabernacle: eleven curtains shalt thou make.

8 The length of one curtain *shall be* thirty cubits, and the breadth of one curtain four cubits: and the eleven curtains *shall be* all of one measure.

9 And thou shalt couple five curtains by themselves, and six curtains by themselves, and shalt double the sixth curtain in the fore front of the tabernacle.

10 And thou shalt make fifty loops on the edge of the one curtain *that is* outmost in the coupling, and fifty loops in the edge of the curtain which coupleth the second.

11 And thou shalt make fifty taches of brass, and put the taches into the loops, and couple the κ tent together, that it may be one.

12 And the remnant that remaineth of the curtains of the tent, the half-curtain that remaineth, shall hang over the backside of the tabernacle.

13 And a cubit on the one side, and a cubit on the other side, λ of that which remaineth in the length of the curtains of the tent, it shall hang over the sides of the tabernacle on this side and on that side, to cover it.

14 And thou shalt make a covering for the tent *of* rams' skins dyed red, and a covering above *of* badgers' skins.

15 And thou shalt make boards for the tabernacle *of* shittim-wood standing up.

16 Ten cubits *shall be* the length of a board, and a cubit and a half *shall be* the breadth of one board.

17 Two μ tenons *shall there be* in one board, set in order one against another;

B. C. 1491.

---

a ch. 16. 34.
　31. 18.
　34. 29.
Nu. 17. 4.
De. 10. 2, 5.
1 Ki. 8. 9.
2 Ki. 11. 12.
2Ch. 34. 14.
Ro. 3. 2.
He. 9. 4.
b ch. 37. 6.
　40. 20.
Le. 16. 13.
Ro. 3. 25.
He. 9. 5.
c Zec. 4. 2.
Re. 1. 4, 12.
d ch. 27. 20, 21.
　30. 7, 8.
Le. 24. 3, 4.
Nu. 8. 2.
2Ch. 13. 11.
β or, *cause to ascend.*
γ *the face of it.*
δ or, of the matter *of the mercy-seat.*
e ch. 26. 30.
Nu. 8. 4.
1Ch. 28. 11.
Ac. 7. 44.
He. 8. 5.
ε *which thou wast caused to see.*
f 2 Ch. 3. 10.
g 1 Ch. 17. 1.
η *the work of a cunning workman* or *embroiderer.*
h ch. 26. 34.
i ver. 16.
k ch. 30. 6.
Le. 16. 2.
Nu. 7. 89.
　17. 4.
1 Sa. 4. 4.
2 Sa. 6. 2.
2 Ki. 19. 15.
Ps. 80. 1.
　99. 1.
Is. 37. 16.
l ch. 37. 10.
1 Ki. 7. 48.
He. 9. 2.
m 1 Ki. 6. 20.
n ch. 36. 14, &c.
o ch. 37. 16.
Nu. 4. 7.
θ or, *to pour out withal.*
p Le. 24. 5, 6.
1 Sa. 21. 6.
Mal. 1. 7, 12.
Mat. 12. 4.
q ch. 37. 17.
1 Ki. 7. 49.
2Ch. 13. 11.
Zec. 4. 2.
He. 9. 2.
Re. 1. 12.
κ or, *covering*
λ *in the remainder* or *surplusage.*
μ *hands.*

55

24 וְיִהְיוּ תֹאֲמִים מִלְּמַטָּה וְיַחְדָּו יִהְיוּ תַמִּים עַל־רֹאשׁוֹ אֶל־הַטַּבַּעַת הָאֶחָת כֵּן יִהְיֶה לִשְׁנֵיהֶם לִשְׁנֵי הַמִּקְצֹעֹת יִהְיוּ:

25 וְהָיוּ שְׁמֹנָה קְרָשִׁים וְאַדְנֵיהֶם כֶּסֶף שִׁשָּׁה עָשָׂר אֲדָנִים שְׁנֵי אֲדָנִים תַּחַת הַקֶּרֶשׁ הָאֶחָד וּשְׁנֵי אֲדָנִים תַּחַת הַקֶּרֶשׁ הָאֶחָד:

26 וְעָשִׂיתָ בְרִיחִם עֲצֵי שִׁטִּים חֲמִשָּׁה לְקַרְשֵׁי צֶלַע־הַמִּשְׁכָּן הָאֶחָד:

27 וַחֲמִשָּׁה בְרִיחִם לְקַרְשֵׁי צֶלַע־הַמִּשְׁכָּן הַשֵּׁנִית וַחֲמִשָּׁה בְרִיחִם לְקַרְשֵׁי צֶלַע הַמִּשְׁכָּן לַיַּרְכָתַיִם יָמָּה:

28 וְהַבְּרִיחַ הַתִּיכֹן בְּתוֹךְ הַקְּרָשִׁים מַבְרִחַ מִן־הַקָּצֶה אֶל־הַקָּצֶה:

29 וְאֶת־הַקְּרָשִׁים תְּצַפֶּה זָהָב וְאֶת־טַבְּעֹתֵיהֶם תַּעֲשֶׂה זָהָב בָּתִּים לַבְּרִיחִם וְצִפִּיתָ אֶת־הַבְּרִיחִם זָהָב:

30 וַהֲקֵמֹתָ אֶת־הַמִּשְׁכָּן כְּמִשְׁפָּטוֹ אֲשֶׁר הָרְאֵיתָ בָּהָר: ס

31 וְעָשִׂיתָ פָרֹכֶת תְּכֵלֶת וְאַרְגָּמָן וְתוֹלַעַת שָׁנִי וְשֵׁשׁ מָשְׁזָר מַעֲשֵׂה חֹשֵׁב יַעֲשֶׂה אֹתָהּ כְּרֻבִים:

32 וְנָתַתָּה אֹתָהּ עַל־אַרְבָּעָה עַמּוּדֵי שִׁטִּים מְצֻפִּים זָהָב וָוֵיהֶם זָהָב עַל־אַרְבָּעָה אַדְנֵי־כָסֶף:

33 וְנָתַתָּה אֶת־הַפָּרֹכֶת תַּחַת הַקְּרָסִים וְהֵבֵאתָ שָׁמָּה מִבֵּית לַפָּרֹכֶת אֵת אֲרוֹן הָעֵדוּת וְהִבְדִּילָה הַפָּרֹכֶת לָכֶם בֵּין הַקֹּדֶשׁ וּבֵין קֹדֶשׁ הַקֳּדָשִׁים:

34 וְנָתַתָּ אֶת־הַכַּפֹּרֶת עַל אֲרוֹן הָעֵדֻת בְּקֹדֶשׁ הַקֳּדָשִׁים:

35 וְשַׂמְתָּ אֶת־הַשֻּׁלְחָן מִחוּץ לַפָּרֹכֶת וְאֶת־הַמְּנֹרָה נֹכַח הַשֻּׁלְחָן עַל צֶלַע הַמִּשְׁכָּן תֵּימָנָה וְהַשֻּׁלְחָן תִּתֵּן עַל־צֶלַע צָפוֹן:

36 וְעָשִׂיתָ מָסָךְ לְפֶתַח הָאֹהֶל תְּכֵלֶת וְאַרְגָּמָן וְתוֹלַעַת שָׁנִי וְשֵׁשׁ מָשְׁזָר מַעֲשֵׂה רֹקֵם:

37 וְעָשִׂיתָ לַמָּסָךְ חֲמִשָּׁה עַמּוּדֵי שִׁטִּים וְצִפִּיתָ אֹתָם זָהָב וָוֵיהֶם זָהָב וְיָצַקְתָּ לָהֶם חֲמִשָּׁה אַדְנֵי נְחֹשֶׁת: ס

CAP. XXVII. כז

1 וְעָשִׂיתָ אֶת־הַמִּזְבֵּחַ עֲצֵי שִׁטִּים חָמֵשׁ אַמּוֹת אֹרֶךְ וְחָמֵשׁ אַמּוֹת רֹחַב רָבוּעַ יִהְיֶה הַמִּזְבֵּחַ וְשָׁלֹשׁ אַמּוֹת קֹמָתוֹ:

2 וְעָשִׂיתָ קַרְנֹתָיו עַל אַרְבַּע פִּנֹּתָיו מִמֶּנּוּ תִּהְיֶיןָ קַרְנֹתָיו וְצִפִּיתָ אֹתוֹ נְחֹשֶׁת:

3 וְעָשִׂיתָ סִּירֹתָיו לְדַשְּׁנוֹ וְיָעָיו וּמִזְרְקֹתָיו וּמִזְלְגֹתָיו וּמַחְתֹּתָיו לְכָל־כֵּלָיו תַּעֲשֶׂה נְחֹשֶׁת:

4 וְעָשִׂיתָ לּוֹ מִכְבָּר מַעֲשֵׂה רֶשֶׁת נְחֹשֶׁת וְעָשִׂיתָ עַל־הָרֶשֶׁת אַרְבַּע טַבְּעֹת נְחֹשֶׁת עַל אַרְבַּע קְצוֹתָיו:

5 וְנָתַתָּה אֹתָהּ תַּחַת כַּרְכֹּב הַמִּזְבֵּחַ מִלְּמָטָּה וְהָיְתָה הָרֶשֶׁת עַד

6 וְעָשִׂיתָ בַדִּים לַמִּזְבֵּחַ בַּדֵּי עֲצֵי שִׁטִּים וְצִפִּיתָ אֹתָם נְחֹשֶׁת:

7 וְהוּבָא אֶת־בַּדָּיו בַּטַּבָּעֹת וְהָיוּ הַבַּדִּים עַל־שְׁתֵּי צַלְעֹת הַמִּזְבֵּחַ בִּשְׂאֵת אֹתוֹ:

8 נְבוּב לֻחֹת תַּעֲשֶׂה אֹתוֹ כַּאֲשֶׁר הֶרְאָה אֹתְךָ בָּהָר כֵּן יַעֲשׂוּ: ס

9 וְעָשִׂיתָ אֵת חֲצַר הַמִּשְׁכָּן לִפְאַת נֶגֶב־תֵּימָנָה קְלָעִים לֶחָצֵר שֵׁשׁ מָשְׁזָר מֵאָה בָאַמָּה אֹרֶךְ לַפֵּאָה הָאֶחָת:

10 וְעַמֻּדָיו עֶשְׂרִים וְאַדְנֵיהֶם עֶשְׂרִים נְחֹשֶׁת וָוֵי הָעַמֻּדִים וַחֲשֻׁקֵיהֶם כָּסֶף:

11 וְכֵן לִפְאַת צָפוֹן בָּאֹרֶךְ קְלָעִים מֵאָה אֹרֶךְ וְעַמֻּדָו עֶשְׂרִים וְאַדְנֵיהֶם

12 עֶשְׂרִים נְחֹשֶׁת וָוֵי הָעַמֻּדִים וַחֲשֻׁקֵיהֶם כָּסֶף: וְרֹחַב הֶחָצֵר לִפְאַת־יָם קְלָעִים חֲמִשִּׁים אַמָּה עַמֻּדֵיהֶם עֲשָׂרָה וְאַדְנֵיהֶם עֲשָׂרָה:

13 וְרֹחַב הֶחָצֵר לִפְאַת קֵדְמָה מִזְרָחָה חֲמִשִּׁים אַמָּה:

14 וַחֲמֵשׁ עֶשְׂרֵה אַמָּה קְלָעִים לַכָּתֵף עַמֻּדֵיהֶם שְׁלֹשָׁה וְאַדְנֵיהֶם שְׁלֹשָׁה:

15 וְלַכָּתֵף הַשֵּׁנִית חֲמֵשׁ עֶשְׂרֵה קְלָעִים עַמֻּדֵיהֶם שְׁלֹשָׁה וְאַדְנֵיהֶם שְׁלֹשָׁה:

16 וּלְשַׁעַר הֶחָצֵר מָסָךְ עֶשְׂרִים אַמָּה תְּכֵלֶת וְאַרְגָּמָן וְתוֹלַעַת שָׁנִי וְשֵׁשׁ מָשְׁזָר מַעֲשֵׂה רֹקֵם עַמֻּדֵיהֶם אַרְבָּעָה וְאַדְנֵיהֶם אַרְבָּעָה:

17 כָּל־עַמּוּדֵי הֶחָצֵר סָבִיב מְחֻשָּׁקִים כֶּסֶף וָוֵיהֶם כָּסֶף וְאַדְנֵיהֶם נְחֹשֶׁת:

18 אֹרֶךְ הֶחָצֵר מֵאָה בָאַמָּה וְרֹחַב חֲמִשִּׁים בַּחֲמִשִּׁים וְקֹמָה חָמֵשׁ אַמּוֹת שֵׁשׁ מָשְׁזָר וְאַדְנֵיהֶם נְחֹשֶׁת:

19 לְכֹל כְּלֵי הַמִּשְׁכָּן בְּכֹל עֲבֹדָתוֹ וְכָל־יְתֵדֹתָיו וְכָל־יִתְדֹת הֶחָצֵר נְחֹשֶׁת:

ס ס ס 20

20 וְאַתָּה תְּצַוֶּה אֶת־בְּנֵי יִשְׂרָאֵל וְיִקְחוּ אֵלֶיךָ שֶׁמֶן זַיִת זָךְ כָּתִית לַמָּאוֹר לְהַעֲלֹת נֵר תָּמִיד:

21 בְּאֹהֶל מוֹעֵד מִחוּץ לַפָּרֹכֶת אֲשֶׁר עַל־הָעֵדֻת יַעֲרֹךְ אֹתוֹ אַהֲרֹן וּבָנָיו מֵעֶרֶב עַד־בֹּקֶר לִפְנֵי יְהוָה חֻקַּת עוֹלָם לְדֹרֹתָם מֵאֵת בְּנֵי יִשְׂרָאֵל: ס

CAP. XXVIII. כח

1 וְאַתָּה הַקְרֵב אֵלֶיךָ אֶת־אַהֲרֹן אָחִיךָ וְאֶת־בָּנָיו אִתּוֹ מִתּוֹךְ בְּנֵי יִשְׂרָאֵל לְכַהֲנוֹ־לִי אַהֲרֹן נָדָב וַאֲבִיהוּא אֶלְעָזָר וְאִיתָמָר בְּנֵי אַהֲרֹן:

2 וְעָשִׂיתָ בִגְדֵי־קֹדֶשׁ לְאַהֲרֹן אָחִיךָ לְכָבוֹד וּלְתִפְאָרֶת:

3 וְאַתָּה תְּדַבֵּר אֶל־כָּל־חַכְמֵי־לֵב אֲשֶׁר מִלֵּאתִיו רוּחַ חָכְמָה וְעָשׂוּ אֶת־בִּגְדֵי אַהֲרֹן לְקַדְּשׁוֹ לְכַהֲנוֹ־לִי:

4 וְאֵלֶּה הַבְּגָדִים

thus shalt thou make for all the boards of the tabernacle.

18 And thou shalt make the *b* boards for the tabernacle, twenty boards on the south side southward.

19 And thou shalt make *c* forty sockets of silver under the twenty boards; two sockets under one board for his two tenons, and two sockets under another board for his two tenons.

20 And for the second side of the tabernacle on the north side *there shall be* twenty boards,

21 And their forty sockets *of* silver; two sockets under one board, and two sockets under another board.

22 And for the sides of the tabernacle westward thou shalt make six boards.

23 And two boards shalt thou make for ye corners of ye tabernacle in ye two sides.

24 And they shall be *β* coupled together beneath, and they shall be coupled *f* together above the head of it unto *g* one ring: thus shall it be for them both; they shall be for the two corners.

25 And they shall be eight boards, and their sockets *of* silver, sixteen sockets; two sockets under one board, and two sockets under another board.

26 And thou shalt make bars *of* shittim-wood; five for the boards of the one side of the tabernacle,

27 And five bars for the boards of the other side of the tabernacle, and five bars for the boards of the side of the tabernacle, for the two sides westward.

28 And the middle bar in the midst of the boards shall reach from end to end.

29 And thou shalt overlay the boards with gold, and make their rings of gold *for* places for the bars: and thou shalt overlay the bars with gold.

30 And thou shalt rear up the tabernacle according to the fashion *k* thereof which was shewed thee in the mount.

31 And thou shalt make a *l* vail *of* blue, and purple, and scarlet, and fine twined linen, of cunning work: with cherubims shall it be made.

32 And thou shalt hang it upon four pillars of shittim-*wood* overlaid with gold: their hooks *shall be of* gold, upon the four sockets of silver.

33 And thou shalt hang up the vail under the taches, that thou mayest bring in thither within the vail the ark of the testimony: and the vail shall divide unto you between the *o* holy *place* and the most holy.

34 And thou shalt put the mercy-seat upon the ark of the testimony in the most holy *place*.

35 And thou shalt *p* set the table without the vail, and the candlestick over against the table on the side of the tabernacle toward the south: and thou shalt put the table on the north side.

36 And thou shalt make an *q* hanging for the door of the tent, *of* blue, and purple, and scarlet, and fine twined linen, wrought with needle-work.

37 And thou shalt make for the hanging five pillars *of* shittim-*wood*, and overlay them with gold, *and* their hooks *shall be of* gold: and thou shalt cast five sockets of brass for them.

CHAP. XXVII.

AND thou shalt make *u* an altar *of* shittim-wood, five cubits long, and five cubits broad; the *altar* shall be foursquare; and

the height thereof *shall be* three cubits.

2 And thou shalt make the *a* horns of it upon the four corners thereof: his horns shall be of the same: and thou shalt overlay it with brass.

3 And thou shalt make his pans to receive his ashes, and his shovels, and his basons, and his flesh-hooks, and his firepans: all the vessels thereof thou shalt make *d* of brass.

4 And thou shalt make for it a grate of net-work *of* brass; and upon the net shalt thou make four brazen rings in the four corners thereof.

5 And thou shalt put it under the compass of the altar beneath, that the net may be even to the midst of the altar.

6 And thou shalt make *e* staves for the altar, staves *of* shittim-wood, and overlay them with brass.

7 And the staves shall be put into the rings, and the staves shall be upon the two sides of the altar, to bear it.

8 Hollow with boards shalt thou make it; as *γ* it was shewed thee in the mount, so *h* shall they make *it*.

9 And thou shalt make the *i* court of the tabernacle: for the south side southward *there shall be* hangings for the court *of* fine twined linen of an hundred cubits long for one side.

10 And the twenty pillars thereof and their twenty sockets *shall be of* brass; the hooks of the pillars and their fillets *shall be of* silver.

11 And likewise for the north side in length *there shall be* hangings of an hundred *cubits* long, and his twenty pillars and their twenty sockets *of* brass; the hooks of the pillars and their fillets *of* silver.

12 And *for* the breadth of the court on the west side *shall be* hangings of fifty cubits; their pillars ten, and their sockets ten.

13 And the breadth of the court on the east side eastward *shall be* fifty cubits.

14 The hangings of one side *of the gate shall be* fifteen cubits: their pillars three, and their sockets three.

15 And on the other side *shall be* hangings fifteen *cubits:* their pillars three, and their sockets three.

16 And for the gate of the court *shall be* an *m* hanging of twenty cubits, *of* blue, and purple, and scarlet, and fine twined linen, wrought with *n* needle-work: *and* their pillars *shall be* four, and their sockets four.

17 All the pillars round about the court *shall be* filleted with silver; their hooks *shall be of* silver, and their sockets *of* brass.

18 The length of the court *shall be* an hundred cubits, and the breadth *δ* fifty everywhere, and the height five cubits *of* fine twined linen, and their sockets *of* brass.

19 All the vessels of the tabernacle in all the service thereof, and all the pins thereof, and all the pins of the court, *shall be of r* brass.

20 And thou shalt command the children of Israel, that they bring thee *s* pure oil-olive beaten for the light, to cause the lamp *ζ* to burn always.

21 In the tabernacle of the congregation without the vail, which *is* before the testimony, Aaron and his sons shall *t* order it from evening to morning before the LORD. *It shall be* a statute *v* for ever unto their generations on the behalf of the children of Israel.

B. C. 1491.

a ch. 29. 12.
Le. 4. 7, 18.
16. 18.
1 Ki. 1. 50.
2. 28.
Ps. 118. 27.
He. 6. 18.
b Nu. 3. 36.
4. 31, 32.
c ch. 27. 10.
d 1 Ki. 7. 45.
Je. 52. 20.
e ch. 30. 4.
Nu. 4. 14.
β twined
f Ps. 133. 1.
1 Co. 3. 16.
1 Pe. 2. 5.
g Ep. 4. 16.
Col. 2. 19.
γ he shewed
h ch. 26. 30, &c.
He. 8. 5.
i ch. 38. 9.
1 Ki. 6. 36.
8. 64.
Ps. 92. 13.
Eze. 40. 20,
&c.
k ch. 25. 9, 40.
27. 8.
Ac. 7. 44.
He. 8. 5.
9. 23.
l ch. 36. 35.
Le. 16. 2.
2 Ch. 3. 14.
Mat. 27. 51.
He. 9. 3, 8.
10. 20.
m ch. 36. 37.
n ch. 28. 39.
39. 29.
Ps. 45. 14.
o 1 Ki. 8. 8. 10.
2 Ch. 5. 7.. 10.
δ fifty by fifty.
p ch. 40. 22.
q ch. 36. 37.
r ver. 3.
s Le. 24. 2.
ζ to ascend up.
t ch. 30. 8.
1 Sa. 3. 3.
2 Ch. 13. 11.
Lu. 12. 35.
u ch. 38. 1.
2 Ch. 4. 1.
Eze. 43. 13.
He. 13. 10.
v ch. 28. 43.
29. 9, 28.
Le. 3. 17.
16. 34.
24. 9.
Nu. 18. 23.
19. 21.
1 Sa. 30. 25.

אֲשֶׁר יַעֲשׂוּ חֹשֶׁן וְאֵפוֹד וּמְעִיל וּכְתֹנֶת תַּשְׁבֵּץ מִצְנֶפֶת וְאַבְנֵט וְעָשׂוּ בִגְדֵי־קֹדֶשׁ לְאַהֲרֹן אָחִיךָ

5 וּלְבָנָיו לְכַהֲנוֹ־לִי ׃ וְהֵם יִקְחוּ אֶת־הַזָּהָב וְאֶת־הַתְּכֵלֶת וְאֶת־הָאַרְגָּמָן וְאֶת־תּוֹלַעַת הַשָּׁנִי וְאֶת־הַשֵּׁשׁ ׃ פ

6 וְעָשׂוּ אֶת־הָאֵפֹד זָהָב תְּכֵלֶת וְאַרְגָּמָן תּוֹלַעַת שָׁנִי

7 וְשֵׁשׁ מָשְׁזָר מַעֲשֵׂה חֹשֵׁב ׃ שְׁתֵּי כְתֵפֹת חֹבְרֹת

8 יִהְיֶה־לּוֹ אֶל־שְׁנֵי קְצוֹתָיו וְחֻבָּר ׃ וְחֵשֶׁב אֲפֻדָּתוֹ אֲשֶׁר עָלָיו כְּמַעֲשֵׂהוּ מִמֶּנּוּ יִהְיֶה זָהָב תְּכֵלֶת

9 וְאַרְגָּמָן וְתוֹלַעַת שָׁנִי וְשֵׁשׁ מָשְׁזָר ׃ וְלָקַחְתָּ אֶת־שְׁתֵּי אַבְנֵי־שֹׁהַם וּפִתַּחְתָּ עֲלֵיהֶם שְׁמוֹת בְּנֵי יִשְׂרָאֵל ׃

10 שִׁשָּׁה מִשְּׁמֹתָם עַל הָאֶבֶן הָאֶחָת וְאֶת־שְׁמוֹת הַשִּׁשָּׁה הַנּוֹתָרִים עַל־הָאֶבֶן הַשֵּׁנִית כְּתוֹלְדֹתָם ׃

11 מַעֲשֵׂה חָרַשׁ אֶבֶן פִּתּוּחֵי חֹתָם תְּפַתַּח אֶת־שְׁתֵּי הָאֲבָנִים עַל־שְׁמֹת בְּנֵי יִשְׂרָאֵל מֻסַבֹּת מִשְׁבְּצוֹת

12 זָהָב תַּעֲשֶׂה אֹתָם ׃ וְשַׂמְתָּ אֶת־שְׁתֵּי הָאֲבָנִים עַל כִּתְפֹת הָאֵפֹד אַבְנֵי זִכָּרֹן לִבְנֵי יִשְׂרָאֵל וְנָשָׂא אַהֲרֹן אֶת־שְׁמוֹתָם לִפְנֵי יְהוָה עַל־שְׁתֵּי כְתֵפָיו לְזִכָּרֹן ׃ ס

13,14 וְעָשִׂיתָ מִשְׁבְּצֹת זָהָב ׃ וּשְׁתֵּי שַׁרְשְׁרֹת זָהָב טָהוֹר מִגְבָּלֹת תַּעֲשֶׂה אֹתָם מַעֲשֵׂה עֲבֹת וְנָתַתָּה אֶת־שַׁרְשְׁרֹת הָעֲבֹתֹת עַל־

15 הַמִּשְׁבְּצֹת ׃ ס וְעָשִׂיתָ חֹשֶׁן מִשְׁפָּט מַעֲשֵׂה חֹשֵׁב כְּמַעֲשֵׂה אֵפֹד תַּעֲשֶׂנּוּ זָהָב תְּכֵלֶת וְאַרְגָּמָן

16 וְתוֹלַעַת שָׁנִי וְשֵׁשׁ מָשְׁזָר תַּעֲשֶׂה אֹתוֹ ׃ רָבוּעַ

17 יִהְיֶה כָּפוּל זֶרֶת אָרְכּוֹ וְזֶרֶת רָחְבּוֹ ׃ וּמִלֵּאתָ בוֹ מִלֻּאַת אֶבֶן אַרְבָּעָה טוּרִים אָבֶן טוּר אֹדֶם

18 פִּטְדָה וּבָרֶקֶת הַטּוּר הָאֶחָד ׃ וְהַטּוּר הַשֵּׁנִי

19 נֹפֶךְ סַפִּיר וְיָהֲלֹם ׃ וְהַטּוּר הַשְּׁלִישִׁי לֶשֶׁם שְׁבוֹ

20 וְאַחְלָמָה ׃ וְהַטּוּר הָרְבִיעִי תַּרְשִׁישׁ וְשֹׁהַם וְיָשְׁפֵה

21 מְשֻׁבָּצִים זָהָב יִהְיוּ בְּמִלּוּאֹתָם ׃ וְהָאֲבָנִים תִּהְיֶיןָ עַל־שְׁמֹת בְּנֵי־יִשְׂרָאֵל שְׁתֵּים עֶשְׂרֵה עַל־שְׁמֹתָם פִּתּוּחֵי חוֹתָם אִישׁ עַל־שְׁמוֹ תִּהְיֶיןָ לִשְׁנֵי עָשָׂר

22 שָׁבֶט ׃ וְעָשִׂיתָ עַל־הַחֹשֶׁן שַׁרְשֹׁת גַּבְלֻת מַעֲשֵׂה

23 עֲבֹת זָהָב טָהוֹר ׃ וְעָשִׂיתָ עַל־הַחֹשֶׁן שְׁתֵּי טַבְּעוֹת זָהָב וְנָתַתָּ אֶת־שְׁתֵּי הַטַּבָּעוֹת עַל־שְׁנֵי קְצוֹת הַחֹשֶׁן ׃

24 וְנָתַתָּה אֶת־שְׁתֵּי עֲבֹתֹת הַזָּהָב עַל־שְׁתֵּי הַטַּבָּעֹת

25 אֶל־קְצוֹת הַחֹשֶׁן ׃ וְאֵת שְׁתֵּי קְצוֹת שְׁתֵּי הָעֲבֹתֹת תִּתֵּן עַל־שְׁתֵּי הַמִּשְׁבְּצוֹת וְנָתַתָּה עַל־כִּתְפוֹת

26 הָאֵפֹד אֶל־מוּל פָּנָיו ׃ וְעָשִׂיתָ שְׁתֵּי טַבְּעוֹת זָהָב וְשַׂמְתָּ אֹתָם עַל־שְׁנֵי קְצוֹת הַחֹשֶׁן עַל־שְׂפָתוֹ

27 אֲשֶׁר אֶל־עֵבֶר הָאֵפוֹד בָּיְתָה ׃ וְעָשִׂיתָ שְׁתֵּי טַבְּעוֹת זָהָב וְנָתַתָּה אֹתָם עַל־שְׁתֵּי כִתְפוֹת הָאֵפוֹד מִלְמַטָּה מִמּוּל פָּנָיו לְעֻמַּת מֶחְבַּרְתּוֹ מִמַּעַל לְחֵשֶׁב

28 הָאֵפוֹד ׃ וְיִרְכְּסוּ אֶת־הַחֹשֶׁן מִטַּבְּעֹתָו אֶל־טַבְּעֹת הָאֵפוֹד בִּפְתִיל תְּכֵלֶת לִהְיוֹת עַל־חֵשֶׁב הָאֵפוֹד וְלֹא־

29 יִזַּח הַחֹשֶׁן מֵעַל הָאֵפוֹד ׃ וְנָשָׂא אַהֲרֹן אֶת־שְׁמוֹת בְּנֵי־יִשְׂרָאֵל בְּחֹשֶׁן הַמִּשְׁפָּט עַל־לִבּוֹ בְּבֹאוֹ

30 אֶל־הַקֹּדֶשׁ לְזִכָּרֹן לִפְנֵי־יְהוָה תָּמִיד ׃ וְנָתַתָּ אֶל־חֹשֶׁן הַמִּשְׁפָּט אֶת־הָאוּרִים וְאֶת־הַתֻּמִּים וְהָיוּ עַל־לֵב אַהֲרֹן בְּבֹאוֹ לִפְנֵי יְהוָה וְנָשָׂא אַהֲרֹן אֶת־מִשְׁפַּט בְּנֵי־יִשְׂרָאֵל עַל־לִבּוֹ לִפְנֵי יְהוָה תָּמִיד ׃ ס

31,32 וְעָשִׂיתָ אֶת־מְעִיל הָאֵפוֹד כְּלִיל תְּכֵלֶת ׃ וְהָיָה פִי־רֹאשׁוֹ בְּתוֹכוֹ שָׂפָה יִהְיֶה לְפִיו סָבִיב מַעֲשֵׂה

33 אֹרֵג כְּפִי תַחְרָא יִהְיֶה־לּוֹ לֹא יִקָּרֵעַ ׃ וְעָשִׂיתָ עַל־שׁוּלָיו רִמֹּנֵי תְּכֵלֶת וְאַרְגָּמָן וְתוֹלַעַת שָׁנִי עַל־שׁוּלָיו

34 סָבִיב וּפַעֲמֹנֵי זָהָב בְּתוֹכָם סָבִיב ׃ פַּעֲמֹן זָהָב וְרִמּוֹן פַּעֲמֹן זָהָב וְרִמּוֹן עַל־שׁוּלֵי הַמְּעִיל סָבִיב ׃

35 וְהָיָה עַל־אַהֲרֹן לְשָׁרֵת וְנִשְׁמַע קוֹלוֹ בְּבֹאוֹ אֶל־הַקֹּדֶשׁ לִפְנֵי יְהוָה וּבְצֵאתוֹ וְלֹא יָמוּת ׃ ס

36 וְעָשִׂיתָ צִּיץ זָהָב טָהוֹר וּפִתַּחְתָּ עָלָיו פִּתּוּחֵי חֹתָם

37 קֹדֶשׁ לַיהוָה ׃ וְשַׂמְתָּ אֹתוֹ עַל־פְּתִיל תְּכֵלֶת וְהָיָה עַל־הַמִּצְנָפֶת אֶל־מוּל פְּנֵי־הַמִּצְנֶפֶת יִהְיֶה ׃

38 וְהָיָה עַל־מֵצַח אַהֲרֹן וְנָשָׂא אַהֲרֹן אֶת־עֲוֹן הַקֳּדָשִׁים אֲשֶׁר יַקְדִּישׁוּ בְּנֵי יִשְׂרָאֵל לְכָל־מַתְּנֹת קָדְשֵׁיהֶם וְהָיָה עַל־מִצְחוֹ תָּמִיד לְרָצוֹן לָהֶם לִפְנֵי

39 יְהוָה ׃ וְשִׁבַּצְתָּ הַכְּתֹנֶת שֵׁשׁ וְעָשִׂיתָ מִצְנֶפֶת

40 שֵׁשׁ וְאַבְנֵט תַּעֲשֶׂה מַעֲשֵׂה רֹקֵם ׃ וְלִבְנֵי אַהֲרֹן תַּעֲשֶׂה כֻתֳּנֹת וְעָשִׂיתָ לָהֶם אַבְנֵטִים וּמִגְבָּעוֹת

41 תַּעֲשֶׂה לָהֶם לְכָבוֹד וּלְתִפְאָרֶת ׃ וְהִלְבַּשְׁתָּ אֹתָם אֶת־אַהֲרֹן אָחִיךָ וְאֶת־בָּנָיו אִתּוֹ וּמָשַׁחְתָּ אֹתָם

42 וּמִלֵּאתָ אֶת־יָדָם וְקִדַּשְׁתָּ אֹתָם וְכִהֲנוּ־לִי ׃ וַעֲשֵׂה לָהֶם מִכְנְסֵי־בָד לְכַסּוֹת בְּשַׂר עֶרְוָה מִמָּתְנַיִם וְעַד־

43 יְרֵכַיִם יִהְיוּ ׃ וְהָיוּ עַל־אַהֲרֹן וְעַל־בָּנָיו בְּבֹאָם אֶל־אֹהֶל מוֹעֵד אוֹ בְגִשְׁתָּם אֶל־הַמִּזְבֵּחַ לְשָׁרֵת בַּקֹּדֶשׁ וְלֹא־יִשְׂאוּ עָוֹן וָמֵתוּ חֻקַּת עוֹלָם לוֹ וּלְזַרְעוֹ אַחֲרָיו ׃ ס

CHAP. XXVIII.

AND take thou unto thee[a] Aaron thy brother, and his sons with him, from among the children of Israel, that he may minister unto me in the priest's office, *even* Aaron, Nadab and Abihu, Eleazar and Ithamar, Aaron's sons.

2 And thou shalt make[b] holy garments for Aaron thy brother, for glory[c] and for beauty.

3 And thou shalt speak unto all *that are* wise-hearted,[d] whom I have filled with the spirit of wisdom, that they may make Aaron's garments to consecrate him, that he may minister unto me in the priest's office.

4 And these *are* the garments which they shall make ;[e] a breastplate, and[f] an ephod, and[g] a robe, and[h] a broidered coat,[i] a mitre, and a[k] girdle: and they shall make holy garments for Aaron thy brother, and his sons, that he may minister unto me in the priest's office.

5 And they shall take gold, and blue, and purple, and scarlet, and fine linen.

6 And they shall make the ephod *of* gold, *of* blue, and *of* purple, *of* scarlet, and fine twined linen, with cunning work.

7 It shall have the two shoulder-pieces thereof joined at the two edges thereof ; and *so* it shall be joined together.

8 And the β curious girdle of the ephod, which *is* upon it, shall be of the same, according to the work thereof ; *even of* gold, *of* blue, and purple, and scarlet, and fine twined linen.

9 And thou shalt take two onyx-stones, and grave on them the names of the children of Israel :

10 Six of their names on one stone, and *the other* six names of the rest on the other stone, according to their birth.

11 With the work of an engraver in stone, *like* the engravings[n] of a signet, shalt thou engrave the two stones with the names of the children of Israel : thou shalt make them to be set in ouches of gold.

12 And thou shalt put the two stones upon the shoulders of the ephod *for* stones of memorial unto the children of Israel : and Aaron shall[p] bear their names before the LORD upon his two shoulders for a[q] memorial.

13 And thou shalt make ouches *of* gold ;

14 And two chains *of* pure gold at the ends ; *of* wreathen-work shalt thou make them, and fasten the wreathen chains to the ouches.

15 And thou shalt make[s] the breastplate of judgment with cunning work ; after the work of the ephod thou shalt make it ; *of* gold, *of* blue, and *of* purple, and *of* scarlet, and *of* fine twined linen, shalt thou make it.

16 Foursquare it shall be, *being* doubled ; a span *shall be* the length thereof, and a span *shall be* the breadth thereof.

17 And thou shalt δ set in it settings of stones, *even* four rows of stones : *the first* row *shall be* a ζ sardius, a topaz, and a carbuncle : *this shall be* the first row.

18 And the second row *shall be* an emerald, a sapphire, and a diamond.

19 And the third row a ligure, an agate, and an amethyst.

20 And the fourth row a beryl, and an onyx, and[x] a jasper : they shall be set in gold in their η inclosings.

21 And the stones shall be with[y] the

names of the children of Israel, twelve, according to their names, *like* the engravings of a signet ; every one with his name shall they be according to the twelve tribes.

22 And thou shalt make upon the breastplate chains at the ends *of* wreath en-work *of* pure gold.

23 And thou shalt make upon the breastplate two rings of gold, & shalt put the two rings on the two ends of the breastplate.

24 And thou shalt put the two wreathen *chains* of gold in the two rings *which are* on the ends of the breastplate.

25 And *the other* two ends of the two wreathen *chains* thou shalt fasten in the two ouches, and put *them* on the shoulder-pieces of the ephod before it.

26 And thou shalt make two rings of gold, and thou shalt put them upon the two ends of the breastplate, in the border thereof, which *is* in the side of the ephod inward.

27 And two *other* rings of gold thou shalt make, and shalt put them on the two sides of the ephod underneath, toward the forepart thereof, over against the *other* coupling thereof, above the curious girdle of the ephod.

28 And they shall bind the breastplate by the rings thereof unto the rings of the ephod with a lace of blue, that *it* may be above the curious girdle of the ephod, and that the breastplate be not loosed from the ephod.

29 And Aaron shall bear the names of the children of Israel in the breastplate of judgment upon his heart, when he goeth in unto the holy *place*, for a[l] memorial before the LORD continually.

30 And thou shalt put in the breastplate of judgment the[m] Urim and the Thummim ; and they shall be upon Aaron's heart, when he goeth in before the LORD : and Aaron shall bear the judgment of the children of Israel upon his heart[o] before the LORD continually.

31 And thou shalt make the robe of the ephod all *of* blue.

32 And there shall be an hole in the top of it, in the midst thereof : it shall have a binding of woven work round about the hole of it, as it were the hole of an[r] habergeon, that it be not rent.

33 And *beneath*, upon the γ hem of it, thou shalt make pomegranates *of* blue, and *of* purple, and *of* scarlet, round about the hem thereof ; and bells of gold between them round about :

34 A golden bell and a pomegranate, a golden bell and a pomegranate, upon the hem of the robe round about.

35 And it shall be upon Aaron to minister ; and his sound shall be heard when he goeth in[t] unto the holy *place* before the LORD, and when he cometh out, that he die not.

36 And thou shalt make a[u] plate *of* pure gold, and grave upon it, *like* the engravings of a signet, HOLINESS TO THE LORD.

37 And thou shalt put it on a[v] blue lace, that it may be upon the mitre, upon the fore-front of the mitre it shall be.

38 And it shall be upon Aaron's forehead, that Aaron may bear[w] the iniquity of the holy things, which the children of Israel shall hallow in all their holy gifts ; and it shall be always upon his forehead, that

---

B. C. 1491.

a Le. 8. 2.
  Nu. 18. 7.
  2 Ch.26.18..
      21.
  He. 5. 1, 4.
b ch. 29.5,29.
  I.e. 8. 7, 30.
  Nu.20.26,28
  Ps. 132. 16.
c Is. 61. 3,10.
  Re. 5. 10.
      19. 8.
d ch. 31. 3.
      35.30,35.
  Pr. 2. 6.
  1Cor.12.11.
e ver. 15.
  ch.39. 8,21.
  Is. 59. 17.
  Ep. 6. 14.
f ver. 6.
g ver. 31.
  ch. 39. 22.
h Le. 8. 7.
i ch. 39. 28.
  Zec. 3. 5.
k Is. 11. 5.
β or, *embroidered.*
l ver. 12.
m Le. 8. 8.
  Nu. 27. 21.
  De. 33. 8.
  1 Sa. 28. 6.
  Ezr. 2. 63.
  Ne.7. 65.
n ver. 36.
o He. 9. 24.
p ver. 29.
  ch. 39. 6, 7.
q Jos. 4. 7.
  Zec. 6. 14.
r Ne. 4. 16.
  Job 41. 26.
γ or, *skirts.*
s ch. 39. 8.
  Le. 8. 8.
t He. 9. 12.
δ *fill in it fillings of stone.*
u ch. 39. 30.
  Zec.14.20.
  He. 7. 26.
      12. 14.
  Re. 21. 27.
ζ or, *ruby.*
v ver. 28, 31.
  Nu. 15. 58.
w ver. 43.
  Le. 10. 17.
      22. 9.
  Nu. 18. 1.
  Is. 53. 6,11.
  Eze. 4. 4..6.
  Jn°. 1. 29.
  2 Cor.5.21.
  He.9. 28.
  1 Pe. 2. 24.
x Re. 4. 3.
      21. 19, 20.
η *fillings.*
y Re. 21. 12.

CAP. XXIX. כט

1 וְזֶה הַדָּבָר אֲשֶׁר־תַּעֲשֶׂה לָהֶם לְקַדֵּשׁ אֹתָם לְכַהֵן לִי לְקַח פַּר אֶחָד בֶּן־בָּקָר וְאֵילִם שְׁנַיִם תְּמִימִם׃

2 וְלֶחֶם מַצּוֹת וְחַלֹּת מַצֹּת בְּלוּלֹת בַּשֶּׁמֶן וּרְקִיקֵי מַצּוֹת מְשֻׁחִים בַּשָּׁמֶן סֹלֶת חִטִּים תַּעֲשֶׂה אֹתָם׃

3 וְנָתַתָּ אוֹתָם עַל־סַל אֶחָד וְהִקְרַבְתָּ אֹתָם בַּסָּל וְאֶת־הַפָּר וְאֵת שְׁנֵי הָאֵילִם׃

4 וְאֶת־אַהֲרֹן וְאֶת־בָּנָיו תַּקְרִיב אֶל־פֶּתַח אֹהֶל מוֹעֵד וְרָחַצְתָּ אֹתָם בַּמָּיִם׃

5 וְלָקַחְתָּ אֶת־הַבְּגָדִים וְהִלְבַּשְׁתָּ אֶת־אַהֲרֹן אֶת־הַכֻּתֹּנֶת וְאֵת מְעִיל הָאֵפֹד וְאֶת־הָאֵפֹד וְאֶת־הַחֹשֶׁן וְאָפַדְתָּ לוֹ בְּחֵשֶׁב הָאֵפֹד׃

6 וְשַׂמְתָּ הַמִּצְנֶפֶת עַל־רֹאשׁוֹ וְנָתַתָּ אֶת־נֵזֶר הַקֹּדֶשׁ עַל־הַמִּצְנָפֶת׃

7 וְלָקַחְתָּ אֶת־שֶׁמֶן הַמִּשְׁחָה וְיָצַקְתָּ עַל־רֹאשׁוֹ וּמָשַׁחְתָּ אֹתוֹ׃

8 וְאֶת־בָּנָיו תַּקְרִיב וְהִלְבַּשְׁתָּם כֻּתֳּנֹת׃

9 וְחָגַרְתָּ אֹתָם אַבְנֵט אַהֲרֹן וּבָנָיו וְחָבַשְׁתָּ לָהֶם מִגְבָּעֹת וְהָיְתָה לָהֶם כְּהֻנָּה לְחֻקַּת עוֹלָם וּמִלֵּאתָ יַד־אַהֲרֹן וְיַד־בָּנָיו׃

10 וְהִקְרַבְתָּ אֶת־הַפָּר לִפְנֵי אֹהֶל מוֹעֵד וְסָמַךְ אַהֲרֹן וּבָנָיו אֶת־יְדֵיהֶם עַל־רֹאשׁ הַפָּר׃

11 וְשָׁחַטְתָּ אֶת־הַפָּר לִפְנֵי יְהוָה פֶּתַח אֹהֶל מוֹעֵד׃

12 וְלָקַחְתָּ מִדַּם הַפָּר וְנָתַתָּה עַל־קַרְנֹת הַמִּזְבֵּחַ בְּאֶצְבָּעֶךָ וְאֶת־כָּל־הַדָּם תִּשְׁפֹּךְ אֶל־יְסוֹד הַמִּזְבֵּחַ׃

13 וְלָקַחְתָּ אֶת־כָּל־הַחֵלֶב הַמְכַסֶּה אֶת־הַקֶּרֶב וְאֵת הַיֹּתֶרֶת עַל־הַכָּבֵד וְאֵת שְׁתֵּי הַכְּלָיֹת וְאֶת־הַחֵלֶב אֲשֶׁר עֲלֵיהֶן וְהִקְטַרְתָּ הַמִּזְבֵּחָה׃

14 וְאֶת־בְּשַׂר הַפָּר וְאֶת־עֹרוֹ וְאֶת־פִּרְשׁוֹ תִּשְׂרֹף בָּאֵשׁ מִחוּץ לַמַּחֲנֶה חַטָּאת הוּא׃

15 וְאֶת־הָאַיִל הָאֶחָד תִּקָּח וְסָמְכוּ אַהֲרֹן וּבָנָיו אֶת־יְדֵיהֶם עַל־רֹאשׁ הָאָיִל׃

16 וְשָׁחַטְתָּ אֶת־הָאָיִל וְלָקַחְתָּ אֶת־דָּמוֹ וְזָרַקְתָּ עַל־הַמִּזְבֵּחַ סָבִיב׃

17 וְאֶת־הָאַיִל תְּנַתֵּחַ לִנְתָחָיו וְרָחַצְתָּ קִרְבּוֹ וּכְרָעָיו וְנָתַתָּ עַל־נְתָחָיו וְעַל־רֹאשׁוֹ׃

18 וְהִקְטַרְתָּ אֶת־כָּל־הָאַיִל הַמִּזְבֵּחָה עֹלָה הוּא לַיהוָה רֵיחַ נִיחוֹחַ אִשֶּׁה לַיהוָה הוּא׃

19 וְלָקַחְתָּ אֵת הָאַיִל הַשֵּׁנִי וְסָמַךְ אַהֲרֹן וּבָנָיו אֶת־יְדֵיהֶם עַל־רֹאשׁ הָאָיִל׃

20 וְשָׁחַטְתָּ אֶת־הָאַיִל וְלָקַחְתָּ מִדָּמוֹ וְנָתַתָּה עַל־תְּנוּךְ אֹזֶן אַהֲרֹן וְעַל־תְּנוּךְ אֹזֶן בָּנָיו הַיְמָנִית וְעַל־בֹּהֶן יָדָם הַיְמָנִית וְעַל־בֹּהֶן רַגְלָם הַיְמָנִית וְזָרַקְתָּ אֶת־הַדָּם עַל־הַמִּזְבֵּחַ סָבִיב׃

21 וְלָקַחְתָּ מִן־הַדָּם אֲשֶׁר עַל־הַמִּזְבֵּחַ וּמִשֶּׁמֶן

22 וְלָקַחְתָּ מִן־הָאַיִל הַחֵלֶב וְהָאַלְיָה וְאֶת־הַחֵלֶב הַמְכַסֶּה אֶת־הַקֶּרֶב וְאֵת יֹתֶרֶת הַכָּבֵד וְאֵת שְׁתֵּי הַכְּלָיֹת וְאֶת־הַחֵלֶב אֲשֶׁר עֲלֵיהֶן וְאֵת שׁוֹק הַיָּמִין כִּי אֵיל מִלֻּאִים הוּא׃

23 וְכִכַּר לֶחֶם אַחַת וַחַלַּת לֶחֶם שֶׁמֶן אַחַת וְרָקִיק אֶחָד מִסַּל הַמַּצּוֹת אֲשֶׁר לִפְנֵי יְהוָה׃

24 וְשַׂמְתָּ הַכֹּל עַל כַּפֵּי אַהֲרֹן וְעַל כַּפֵּי בָנָיו וְהֵנַפְתָּ אֹתָם תְּנוּפָה לִפְנֵי יְהוָה׃

25 וְלָקַחְתָּ אֹתָם מִיָּדָם וְהִקְטַרְתָּ הַמִּזְבֵּחָה עַל־הָעֹלָה לְרֵיחַ נִיחוֹחַ לִפְנֵי יְהוָה אִשֶּׁה הוּא לַיהוָה׃

26 וְלָקַחְתָּ אֶת־הֶחָזֶה מֵאֵיל הַמִּלֻּאִים אֲשֶׁר לְאַהֲרֹן וְהֵנַפְתָּ אֹתוֹ תְּנוּפָה לִפְנֵי יְהוָה וְהָיָה לְךָ לְמָנָה׃

27 וְקִדַּשְׁתָּ אֵת חֲזֵה הַתְּנוּפָה וְאֵת שׁוֹק הַתְּרוּמָה אֲשֶׁר הוּנַף וַאֲשֶׁר הוּרָם מֵאֵיל הַמִּלֻּאִים מֵאֲשֶׁר לְאַהֲרֹן וּמֵאֲשֶׁר לְבָנָיו׃

28 וְהָיָה לְאַהֲרֹן וּלְבָנָיו לְחָק־עוֹלָם מֵאֵת בְּנֵי יִשְׂרָאֵל כִּי תְרוּמָה הוּא וּתְרוּמָה יִהְיֶה מֵאֵת בְּנֵי־יִשְׂרָאֵל מִזִּבְחֵי שַׁלְמֵיהֶם תְּרוּמָתָם לַיהוָה׃

29 וּבִגְדֵי הַקֹּדֶשׁ אֲשֶׁר לְאַהֲרֹן יִהְיוּ לְבָנָיו אַחֲרָיו לְמָשְׁחָה בָהֶם וּלְמַלֵּא־בָם אֶת־יָדָם׃

30 שִׁבְעַת יָמִים יִלְבָּשָׁם הַכֹּהֵן תַּחְתָּיו מִבָּנָיו אֲשֶׁר יָבֹא אֶל־אֹהֶל מוֹעֵד לְשָׁרֵת בַּקֹּדֶשׁ׃

31 וְאֵת אֵיל הַמִּלֻּאִים תִּקָּח וּבִשַּׁלְתָּ אֶת־בְּשָׂרוֹ בְּמָקֹם קָדֹשׁ׃

32 וְאָכַל אַהֲרֹן וּבָנָיו אֶת־בְּשַׂר הָאַיִל וְאֶת־הַלֶּחֶם אֲשֶׁר בַּסָּל פֶּתַח אֹהֶל מוֹעֵד׃

33 וְאָכְלוּ אֹתָם אֲשֶׁר כֻּפַּר בָּהֶם לְמַלֵּא אֶת־יָדָם לְקַדֵּשׁ אֹתָם וְזָר לֹא־יֹאכַל כִּי־קֹדֶשׁ הֵם׃

34 וְאִם־יִוָּתֵר מִבְּשַׂר הַמִּלֻּאִים וּמִן־הַלֶּחֶם עַד־הַבֹּקֶר וְשָׂרַפְתָּ אֶת־הַנּוֹתָר בָּאֵשׁ לֹא יֵאָכֵל כִּי־קֹדֶשׁ הוּא׃

35 וְעָשִׂיתָ לְאַהֲרֹן וּלְבָנָיו כָּכָה כְּכֹל אֲשֶׁר־צִוִּיתִי אֹתָכָה שִׁבְעַת יָמִים תְּמַלֵּא יָדָם׃

36 וּפַר חַטָּאת תַּעֲשֶׂה לַיּוֹם עַל־הַכִּפֻּרִים וְחִטֵּאתָ עַל־הַמִּזְבֵּחַ בְּכַפֶּרְךָ עָלָיו וּמָשַׁחְתָּ אֹתוֹ לְקַדְּשׁוֹ׃

37 שִׁבְעַת יָמִים תְּכַפֵּר עַל־הַמִּזְבֵּחַ וְקִדַּשְׁתָּ אֹתוֹ וְהָיָה הַמִּזְבֵּחַ קֹדֶשׁ קָדָשִׁים כָּל־הַנֹּגֵעַ בַּמִּזְבֵּחַ יִקְדָּשׁ׃ ס

38 וְזֶה אֲשֶׁר תַּעֲשֶׂה עַל־הַמִּזְבֵּחַ כְּבָשִׂים בְּנֵי־שָׁנָה שְׁנַיִם לַיּוֹם תָּמִיד׃

39 אֶת־הַכֶּבֶשׂ הָאֶחָד תַּעֲשֶׂה בַבֹּקֶר וְאֵת הַכֶּבֶשׂ הַשֵּׁנִי תַּעֲשֶׂה בֵּין הָעַרְבָּיִם׃

40 וְעִשָּׂרֹן סֹלֶת בָּלוּל בְּשֶׁמֶן כָּתִית

they may be [a] accepted before the LORD.

39 And thou shalt embroider the coat of fine linen, and thou shalt make the mitre *of* fine linen, and thou shalt make the girdle *of* [c] needle-work.

40 And for Aaron's sons thou shalt make coats, and thou shalt make for them girdles, and bonnets shalt thou make for them, for [d] glory and for beauty.

41 And thou shalt put them upon Aaron thy brother, and his sons with him; and shalt [f] anoint them, and [γ] consecrate them,[g] and sanctify them, that they may minister unto me in the priest's office.

42 And thou shalt make them [i] linen breeches to cover [δ] their nakedness; from the loins even unto the thighs they shall reach.[ζ]

43 And they shall be upon Aaron, and upon his sons, when they come in unto the tabernacle of the congregation, or when they come near unto [l] the altar to minister in the holy *place ;* that they [m] bear not iniquity, and die. *It shall be* a [n] statute for ever unto him, and his seed after him.

CHAP. XXIX.

AND this *is* the thing that thou shalt do unto [p] them to hallow them, to minister unto me in the priest's office : Take one young bullock, and two rams without blemish,

2 And [q] unleavened bread, and cakes unleavened tempered with oil, and wafers unleavened anointed with oil : *of* wheaten flour shalt thou make them.

3 And thou shalt put them into one basket, and bring them in the basket, with the bullock and the two rams.

4 And Aaron and his sons thou shalt bring unto the door of the tabernacle of the congregation, and shalt [r] wash them with water.

5 And thou shalt take the [t] garments, and put upon Aaron the coat, and the robe of the ephod, and the ephod, and the breastplate, and gird him with the curious girdle of the ephod.

6 And thou shalt put the mitre upon his head,& put the holy crown upon the mitre.

7 Then shalt thou take the anointing oil, and pour *it* upon [w] his head,and anoint him.

8 And thou shalt bring his [x] sons, and put coats upon them.

9 And thou shalt gird them with girdles, Aaron and his sons, and [θ] put the bonnets on them : and the priest's office [z] shall be theirs for a perpetual statute : and thou shalt [κ] consecrate Aaron and his sons.

10 And thou shalt cause a bullock to be brought before the tabernacle of the congregation : & Aaron and his sons shall put their hands[a] upon the head of the bullock.

11 And thou shalt kill the bullock before the LORD, *by* the door of the tabernacle of the congregation.

12 And thou shalt take of the [b] blood of the bullock, and put *it* upon the horns of the altar with thy finger, and pour all the blood beside the bottom of the altar.

13 And thou shalt take all the fat that covereth the inwards, and [μ] the caul *that is* above the liver, and the two kidneys, and the fat that *is* upon them, and burn *them* upon the altar.

14 But the flesh of the bullock, and his skin, and his dung, shalt thou burn with fire [e] without the camp : it *is* a sin-offering.

15 Thou shalt also take one ram ; and

B. C. 1491.

a Le. 1. 4.
22. 27.
23. 11.
Is. 56. 7.
60. 7.
Ep. 1. 6.
1 Pe. 2. 5.
b ver. 10.
c Ps. 45. 14.
β or, *upon.*
d ver. 2.
e Ge. 8. 21.
Ep. 5. 2.
Ph. 4. 18.
f ch. 29. 7.
30. 30.
40. 15.
Is. 61. 1.
γ fill their hand.
g Le. VIII.
He. 5. 4.
h ver. 3.
i Le. 16. 4.
Eze. 44. 18.
δ flesh of their nakedness.
k Le. 8. 24.
He. 9. 22.
ε be.
l Le. 20. 26.
m Le. 5. 1,17.
20. 19, 20.
22. 9.
Nu. 9. 13.
18. 22.
n ch. 27. 21.
Le. 17. 7.
o ch 30.25,&c
p Le.8,2,&c.
q Le. 2. 4.
6. 20.22.
r ch.30.19.21.
40. 12.
Le. 8. 6.
He. 10. 22.
1 Pe. 3. 21.
η shake to and fro.
s Le. 7. 30.
t cn. 28. 2,3.
u ver. 18.
v Le. 8. 29.
w Le. 10. 7.
Ps. 133. 2.
x ch.28.40,&c
y Nu.18.11,18
De. 18. 3.
θ hind.
z Nu. 18. 7.
He. 5. 4.
κ fill the hand of.
a Le. 1. 4.
3. 2.
8. 14.
Is. 53. 6.
2 Cor. 5. 21.
b Le. 8. 15.
c Nu. 18. 8.
λ he *of his sons.*
d Le. 8. 35.
9. 1.
μ or, *midriff.*
e Le. 4. 11,12.
He. 13. 11.
f ver.2,3,23.

Aaron and his sons shall put their hands upon the [b] head of the ram.

16 And thou shalt slay the ram, and thou shalt take his blood, and sprinkle *it* round about upon the altar.

17 And thou shalt cut the ram in pieces, and wash the inwards of him,and his legs,& put *them* unto his pieces,& [β] unto his head.

18 And thou shalt burn the whole ram upon the altar : it *is* a burnt-offering unto the LORD : it *is* a [e] sweet savour, an offering made by fire unto the LORD.

19 And thou shalt take the [h] other ram, and Aaron and his sons shall put their hands upon the head of the ram.

20 Then shalt thou kill the ram, and take of his blood, and put *it* [k] upon the tip of the right ear of Aaron, and upon the tip of the right ear of his sons, and upon the thumb of their right hand, and upon the great toe of their right foot, and sprinkle the blood upon the altar round about.

21 And thou shalt take of the blood that *is* upon the altar,and of the anointing [o] oil, and sprinkle *it* upon Aaron, and upon his garments, and upon his sons, and upon the garments of his sons with him : and he shall be hallowed, and his garments, and his sons, and his sons' garments with him.

22 Also thou shalt take of the ram fat and the rump, and the fat that covereth the inwards, and the caul *above* the liver, and the two kidneys, and the fat that *is* upon them, and the right shoulder ; for it *is* a ram of consecration.

23 And one loaf of bread, and one cake of oiled bread, and one wafer out of the basket of the unleavened bread that *is* before the LORD :

24 And thou shalt put all in the hands of Aaron, and in the hands of his sons; and shalt [η] wave them *for* a [s] wave-offering before the LORD.

25 And thou shalt receive them of their hands, and burn *them* upon the altar for a burnt-offering, for a [u] sweet savour before the LORD : it *is* an offering made by fire unto the LORD.

26 And thou shalt take [v] the breast of the ram of Aaron's consecration, and wave it *for* a wave-offering before the LORD : and it shall be thy part.

27 And thou shalt sanctify [y] the breast of the wave-offering, and the shoulder of the heave-offering, which is waved, and which is heaved up, of the ram of the consecration, *even of that* which *is* for Aaron, and of *that* which *is* for his sons :

28 And it shall be Aaron's and his sons' by a statute for ever from the children of Israel ; for it *is* an heave-offering : and it shall be an heave-offering from the children of Israel of the sacrifice of their peace-offerings, *even* their heave-offering unto the LORD.

29 And the holy garments of [c] Aaron shall be his sons' after him, to be anointed therein, and to be consecrated in them.

30 *And* [λ] that son that is priest in his stead shall put them on [d] seven days, when he cometh into the tabernacle of the congregation, to minister in the holy *place.*

31 And thou shalt take the ram of the consecration, and seethe his flesh in the holy place.

32 And Aaron and his sons shall eat the flesh of the ram, and the [f] bread that *is* in the basket, *by* the door of the tabernacle

וְאֵת הַכֶּבֶשׂ הַשֵּׁנִי תַּעֲשֶׂה בֵּין הָעַרְבָּיִם כְּמִנְחַת 41
הַבֹּקֶר וּכְנִסְכָּהּ תַּעֲשֶׂה־לָּהּ לְרֵיחַ נִיחֹחַ אִשֶּׁה לַיהוָה:
עֹלַת תָּמִיד לְדֹרֹתֵיכֶם פֶּתַח אֹהֶל־מוֹעֵד לִפְנֵי יְהוָה 42
אֲשֶׁר אִוָּעֵד לָכֶם שָׁמָּה לְדַבֵּר אֵלֶיךָ שָׁם: וְנֹעַדְתִּי 43
שָׁמָּה לִבְנֵי יִשְׂרָאֵל וְנִקְדַּשׁ בִּכְבֹדִי: וְקִדַּשְׁתִּי 44
אֶת־אֹהֶל מוֹעֵד וְאֶת־הַמִּזְבֵּחַ וְאֶת־אַהֲרֹן וְאֶת־בָּנָיו
אֲקַדֵּשׁ לְכַהֵן לִי: וְשָׁכַנְתִּי בְּתוֹךְ בְּנֵי יִשְׂרָאֵל 45
וְהָיִיתִי לָהֶם לֵאלֹהִים: וְיָדְעוּ כִּי אֲנִי יְהוָה 46
אֱלֹהֵיהֶם אֲשֶׁר הוֹצֵאתִי אֹתָם מֵאֶרֶץ מִצְרַיִם
לְשָׁכְנִי בְתוֹכָם אֲנִי יְהוָה אֱלֹהֵיהֶם:

CAP. XXX. ל

וְעָשִׂיתָ מִזְבֵּחַ מִקְטַר קְטֹרֶת עֲצֵי שִׁטִּים תַּעֲשֶׂה 1
אֹתוֹ: אַמָּה אָרְכּוֹ וְאַמָּה רָחְבּוֹ רָבוּעַ יִהְיֶה וְאַמָּתַיִם 2
קֹמָתוֹ מִמֶּנּוּ קַרְנֹתָיו: וְצִפִּיתָ אֹתוֹ 3
זָהָב טָהוֹר אֶת־גַּגּוֹ וְאֶת־קִירֹתָיו סָבִיב וְאֶת־
קַרְנֹתָיו וְעָשִׂיתָ לּוֹ זֵר זָהָב סָבִיב: וּשְׁתֵּי טַבְּעֹת 4
זָהָב תַּעֲשֶׂה־לּוֹ מִתַּחַת לְזֵרוֹ עַל שְׁתֵּי צַלְעֹתָיו
תַּעֲשֶׂה עַל־שְׁנֵי צִדָּיו וְהָיָה לְבָתִּים לְבַדִּים לָשֵׂאת
אֹתוֹ בָּהֵמָּה: וְעָשִׂיתָ אֶת־הַבַּדִּים עֲצֵי שִׁטִּים 5
וְצִפִּיתָ אֹתָם זָהָב: וְנָתַתָּה אֹתוֹ לִפְנֵי הַפָּרֹכֶת 6
אֲשֶׁר עַל־אֲרֹן הָעֵדֻת לִפְנֵי הַכַּפֹּרֶת אֲשֶׁר עַל־
הָעֵדֻת אֲשֶׁר אִוָּעֵד לְךָ שָׁמָּה: וְהִקְטִיר עָלָיו 7
אַהֲרֹן קְטֹרֶת סַמִּים בַּבֹּקֶר בַּבֹּקֶר בְּהֵיטִיבוֹ אֶת־
הַנֵּרֹת יַקְטִירֶנָּה: וּבְהַעֲלֹת אַהֲרֹן אֶת־הַנֵּרֹת בֵּין 8
הָעַרְבַּיִם יַקְטִירֶנָּה קְטֹרֶת תָּמִיד לִפְנֵי יְהוָה
לְדֹרֹתֵיכֶם: לֹא־תַעֲלוּ עָלָיו קְטֹרֶת זָרָה וְעֹלָה וּמִנְחָה 9
וְנֵסֶךְ לֹא תִסְּכוּ עָלָיו: וְכִפֶּר אַהֲרֹן עַל־קַרְנֹתָיו 10
אַחַת בַּשָּׁנָה מִדַּם חַטַּאת הַכִּפֻּרִים אַחַת בַּשָּׁנָה
יְכַפֵּר עָלָיו לְדֹרֹתֵיכֶם קֹדֶשׁ־קָדָשִׁים הוּא לַיהוָה:

פ פ פ   21 כא

וַיְדַבֵּר יְהוָה אֶל־מֹשֶׁה לֵּאמֹר: כִּי תִשָּׂא אֶת־ 11/12
רֹאשׁ בְּנֵי־יִשְׂרָאֵל לִפְקֻדֵיהֶם וְנָתְנוּ אִישׁ כֹּפֶר נַפְשׁוֹ
לַיהוָה בִּפְקֹד אֹתָם וְלֹא־יִהְיֶה בָהֶם נֶגֶף בִּפְקֹד
אֹתָם: זֶה יִתְּנוּ כָּל־הָעֹבֵר עַל־הַפְּקֻדִים מַחֲצִית 13
הַשֶּׁקֶל בְּשֶׁקֶל הַקֹּדֶשׁ עֶשְׂרִים גֵּרָה הַשֶּׁקֶל מַחֲצִית
הַשֶּׁקֶל תְּרוּמָה לַיהוָה: כֹּל הָעֹבֵר עַל־הַפְּקֻדִים 14
מִבֶּן עֶשְׂרִים שָׁנָה וָמַעְלָה יִתֵּן תְּרוּמַת יְהוָה:

הֶעָשִׁיר לֹא־יַרְבֶּה וְהַדַּל לֹא יַמְעִיט מִמַּחֲצִית 15
הַשָּׁקֶל לָתֵת אֶת־תְּרוּמַת יְהוָה לְכַפֵּר עַל־נַפְשֹׁתֵיכֶם:
וְלָקַחְתָּ אֶת־כֶּסֶף הַכִּפֻּרִים מֵאֵת בְּנֵי יִשְׂרָאֵל וְנָתַתָּ 16
אֹתוֹ עַל־עֲבֹדַת אֹהֶל מוֹעֵד וְהָיָה לִבְנֵי יִשְׂרָאֵל
לְזִכָּרוֹן לִפְנֵי יְהוָה לְכַפֵּר עַל־נַפְשֹׁתֵיכֶם:
וַיְדַבֵּר יְהוָה אֶל־מֹשֶׁה לֵּאמֹר: וְעָשִׂיתָ כִּיּוֹר 17/18
נְחֹשֶׁת וְכַנּוֹ נְחֹשֶׁת לְרָחְצָה וְנָתַתָּ אֹתוֹ בֵּין־אֹהֶל
מוֹעֵד וּבֵין הַמִּזְבֵּחַ וְנָתַתָּ שָׁמָּה מָיִם: וְרָחֲצוּ 19
אַהֲרֹן וּבָנָיו מִמֶּנּוּ אֶת־יְדֵיהֶם וְאֶת־רַגְלֵיהֶם:
בְּבֹאָם אֶל־אֹהֶל מוֹעֵד יִרְחֲצוּ־מַיִם וְלֹא יָמֻתוּ אוֹ 20
בְגִשְׁתָּם אֶל־הַמִּזְבֵּחַ לְשָׁרֵת לְהַקְטִיר אִשֶּׁה לַיהוָה:
וְרָחֲצוּ יְדֵיהֶם וְרַגְלֵיהֶם וְלֹא יָמֻתוּ וְהָיְתָה לָהֶם חָק־ 21
עוֹלָם לוֹ וּלְזַרְעוֹ לְדֹרֹתָם:

פ

וַיְדַבֵּר יְהוָה אֶל־מֹשֶׁה לֵּאמֹר: וְאַתָּה קַח־לְךָ 22/23
בְּשָׂמִים רֹאשׁ מָר־דְּרוֹר חֲמֵשׁ מֵאוֹת וְקִנְּמָן־
בֶּשֶׂם מַחֲצִיתוֹ חֲמִשִּׁים וּמָאתָיִם וּקְנֵה־בֹשֶׂם
חֲמִשִּׁים וּמָאתָיִם: וְקִדָּה חֲמֵשׁ מֵאוֹת בְּשֶׁקֶל 24
הַקֹּדֶשׁ וְשֶׁמֶן זַיִת הִין: וְעָשִׂיתָ אֹתוֹ שֶׁמֶן מִשְׁחַת־ 25
קֹדֶשׁ רֹקַח מִרְקַחַת מַעֲשֵׂה רֹקֵחַ שֶׁמֶן מִשְׁחַת־
קֹדֶשׁ יִהְיֶה: וּמָשַׁחְתָּ בוֹ אֶת־אֹהֶל מוֹעֵד וְאֵת 26
אֲרוֹן הָעֵדֻת: וְאֶת־הַשֻּׁלְחָן וְאֶת־כָּל־כֵּלָיו וְאֶת־ 27
הַמְּנֹרָה וְאֶת־כֵּלֶיהָ וְאֵת מִזְבַּח הַקְּטֹרֶת: וְאֶת־ 28
מִזְבַּח הָעֹלָה וְאֶת־כָּל־כֵּלָיו וְאֶת־הַכִּיֹּר וְאֶת־כַּנּוֹ:
וְקִדַּשְׁתָּ אֹתָם וְהָיוּ קֹדֶשׁ קָדָשִׁים כָּל־הַנֹּגֵעַ בָּהֶם 29
יִקְדָּשׁ: וְאֶת־אַהֲרֹן וְאֶת־בָּנָיו תִּמְשָׁח וְקִדַּשְׁתָּ 30
אֹתָם לְכַהֵן לִי: וְאֶל־בְּנֵי יִשְׂרָאֵל תְּדַבֵּר לֵאמֹר 31
שֶׁמֶן מִשְׁחַת־קֹדֶשׁ יִהְיֶה זֶה לִי לְדֹרֹתֵיכֶם: עַל־ 32
בְּשַׂר אָדָם לֹא יִיסָךְ וּבְמַתְכֻּנְתּוֹ לֹא תַעֲשׂוּ כָּמֹהוּ
קֹדֶשׁ הוּא קֹדֶשׁ יִהְיֶה לָכֶם: אִישׁ אֲשֶׁר יִרְקַח 33
כָּמֹהוּ וַאֲשֶׁר יִתֵּן מִמֶּנּוּ עַל־זָר וְנִכְרַת מֵעַמָּיו: ס
וַיֹּאמֶר יְהוָה אֶל־מֹשֶׁה קַח־לְךָ סַמִּים נָטָף 34
וּשְׁחֵלֶת וְחֶלְבְּנָה סַמִּים וּלְבֹנָה זַכָּה בַּד בְּבַד
יִהְיֶה: וְעָשִׂיתָ אֹתָהּ קְטֹרֶת רֹקַח מַעֲשֵׂה רוֹקֵחַ 35
מְמֻלָּח טָהוֹר קֹדֶשׁ: וְשָׁחַקְתָּ מִמֶּנָּה הָדֵק וְנָתַתָּה 36
מִמֶּנָּה לִפְנֵי הָעֵדֻת בְּאֹהֶל מוֹעֵד אֲשֶׁר אִוָּעֵד לְךָ
שָׁמָּה קֹדֶשׁ קָדָשִׁים תִּהְיֶה לָכֶם: וְהַקְּטֹרֶת 37
אֲשֶׁר תַּעֲשֶׂה בְּמַתְכֻּנְתָּהּ לֹא תַעֲשׂוּ לָכֶם קֹדֶשׁ
תִּהְיֶה לְךָ לַיהוָה: אִישׁ אֲשֶׁר־יַעֲשֶׂה כָמוֹהָ 38

of the congregation.

33 And they shall eat [b] those things wherewith the atonement was made, to consecrate *and* to sanctify them: but a stranger shall [d] not eat *thereof*, because they *are* holy.

34 And if ought of the flesh of the consecrations, or of the bread, remain unto the morning, then thou shalt [f] burn the remainder with fire: it shall not be eaten, because it *is* holy.

35 And thus shalt thou do unto Aaron, and to his sons, according to all *things* which I have commanded them: seven days shalt thou consecrate them.

36 And thou shalt offer [h] every day a bullock *for* a sin-offering for atonement: and thou shalt cleanse the altar, when thou hast made an atonement for it, and thou shalt anoint it, [i] to sanctify it.

37 Seven days thou shalt make an atonement for the altar, and sanctify it; and it shall be an altar most holy: whatsoever [m] toucheth the altar shall be holy.

38 Now this *is that* which thou shalt offer upon the altar; [o] two lambs of the first year, day by day continually.

39 The one lamb thou shalt offer in the morning, and the other lamb thou shalt offer at even:

40 And with the one lamb a tenth-deal of flour mingled with the fourth part of an hin of beaten oil; and the fourth part of an hin of wine *for* a drink-offering.

41 And the other lamb thou shalt offer at even, and shalt do thereto according to the meat-offering of the morning, and according to the drink-offering thereof, for a sweet savour, an offering made by fire unto the LORD.

42 *This shall be* a continual burnt-offering throughout your generations, *at* the door of the tabernacle of the congregation, before the LORD; where I will [r] meet you, to speak there unto thee.

43 And there I will meet with the children of Israel, and [k] *the tabernacle* shall be sanctified [s] by my glory.

44 And I will sanctify the tabernacle of the congregation, and the altar: I will sanctify also both Aaron and his sons, to minister to me in the priest's office.

45 And I will [u] dwell among the children of Israel, and will be their God.

46 And they shall know that [v] I *am* the LORD their God, that brought them forth out of the land of Egypt, that I may dwell among them: I *am* the LORD their God.

CHAP. XXX.

AND thou shalt make [x] an altar to burn incense upon; *of* shittim-wood shalt thou make it.

2 A cubit *shall be* the length thereof, and a cubit the breadth thereof; foursquare shall it be: and two cubits *shall be* the height thereof: the horns thereof *shall be* of the same.

3 And thou shalt [y] overlay it with pure gold, the λ top thereof, and the μ sides thereof round about, and the horns thereof: and thou shalt make unto it a crown of gold round about.

4 And two golden rings shalt thou make to it under the crown of it, by the two corners ν thereof, upon the two sides of it shalt thou make *it;* and they shall be for places for the staves to bear it withal.

5 And thou shalt make the [a] staves *of* shittim-wood, and overlay them with gold.

B. C. 1491.

a ch. 26. 31.
     40. 3.
Mat. 27. 51.
He. 9. 3.
b Le. 10. 13. 18
Jn°. 6. 53. 55.
c ch. 25. 21.
d Le. 22. 10.
β *incense of spices.*
e ver. 34.
1 Sa. 2. 28.
1 Ch. 23. 13.
Lu. 1. 9.
f Le. 7. 18.
     8. 32.
γ *causeth to ascend, or, setteth up.*
δ *between the two evens.*
g Le. 10. 1.
h Eze. 43. 27.
He. 10. 11.
i ch. 30. 26. 29.
     40. 10.
k Le. 16. 18.
     23. 27.
He. 9. 7, 25
m ch. 30. 29.
Mat. 23. 19.
n Nu. 1. 2.
     26. 2.
ζ *them that are to be numbered.*
o Nu. 28. 3, 4.
1 Ch. 16. 40.
2 Ch. 2. 4.
     31. 3.
Ezr. 3. 3.
Da. 9. 21, 27.
     12. 11.
Jn°. 1. 29.
Re. 5. 9. 12.
p Nu. 31. 50.
q 2Sa. 24. 2. 15
η *multiply.*
θ *diminish.*
r ch. 25. 22.
     30. 6, 26.
Nu. 17. 4.
κ or, Israel.
s ch. 40. 34.
2 Ch. 5. 14.
     7. 1. 3.
Eze. 43. 5.
Hag. 2. 7, 9.
Mal. 3. 1.
t ch. 38. 8.
1 Ki. 7. 38.
u ch. 25. 8.
Le. 26. 12.
Ps. 68. 18.
Zec. 2. 10.
Jn°. 14. 17,
     20.
2 Co. 6. 16.
Re. 21. 3.
v ch. 20. 2.
w Ps. 26. 6.
x ch. 37. 25.
y ch. 25. 11.
λ *roof.*
μ *walls.*
z Ps. 45. 8.
ν *ribs.*
a ch. 25. 13.

---

6 And thou shalt put it before the [a] vail that *is* by the ark of the testimony, before the [c] mercy-seat that *is* over the testimony, where I will meet with thee.

7 And Aaron shall burn thereon [β] sweet incense [e] every morning: when he dresseth the lamps, he shall burn incense upon it.

8 And when Aaron [γ] lighteth the lamps at [δ] even, he shall burn incense upon it; a perpetual incense before the LORD throughout your generations.

9 Ye shall offer no [g] strange incense thereon, nor burnt-sacrifice, nor meat-offering; neither shall ye pour drink-offering thereon.

10 And Aaron shall make an atonement upon the horns of it [k] once in a year with the blood of the sin-offering of atonements: once in the year shall he make atonement upon it, throughout your generations: it *is* most holy unto the LORD.

11 And the LORD spake unto Moses, saying,

12 When thou takest the [n] sum of the children of Israel, after [ζ] their number, then shall they give every man a [p] ransom for his soul unto the LORD, when thou numberest them; that there be no [q] plague among them when *thou* numberest them.

13 This they shall give, every one that passeth among them that are numbered, half a shekel after the shekel of the sanctuary: (a shekel *is* twenty gerahs:) an half shekel *shall be* the offering of the LORD.

14 Every one that passeth among them that are numbered, from twenty years old and above, shall give an offering unto the LORD.

15 The rich shall not [η] give more, and the poor shall not [θ] give less, than half a shekel, when *they* give an offering unto the LORD, to make an atonement for your souls.

16 And thou shalt take the atonement-money of the children of Israel, and shalt appoint it for the service of the tabernacle of the congregation; that it may be a memorial unto the children of Israel before the LORD, to make an atonement for your souls.

17 And the LORD spake unto Moses, saying,

18 Thou shalt also make a [t] laver *of* brass, and his foot *also of* brass, to wash *withal:* and thou shalt put it between the tabernacle of the congregation and the altar, and thou shalt put water therein:

19 For Aaron and his sons shall [w] wash their hands and their feet thereat.

20 When they go into the tabernacle of the congregation, they shall wash with water, that they die not: or when they come near to the altar to minister, to burn offering made by fire unto the LORD:

21 So they shall wash their hands and their feet, that they die not: and it shall be a statute for ever to them, *even* to him and to his seed throughout their generations.

22 Moreover, the LORD spake unto Moses, saying,

23 Take thou also unto thee principal spices, of pure [z] myrrh five hundred *shekels,* and of sweet cinnamon half so much, *even* two hundred and fifty *shekels,* and of sweet calamus two hundred & fifty *shekels,*

24 And of cassia five hundred *shekels,* after the shekel of the sanctuary, and of oil-olive an hin:

25 And thou shalt make it an oil of holy ointment, an ointment compound

לְחֹרָֽיב בָּהּ וְנִבְרַת מֵעַמָּֽיו ׃

CAP. XXXI. לא

וַיְדַבֵּר יְהֹוָה אֶל־מֹשֶׁה לֵּאמֹֽר ׃ רְאֵה קָרָ֣אתִי 1
בְשֵׁ֑ם בְּצַלְאֵ֣ל בֶּן־אוּרִ֛י בֶן־חוּ֖ר לְמַטֵּ֥ה יְהוּדָֽה ׃
וָאֲמַלֵּ֥א אֹת֖וֹ ר֣וּחַ אֱלֹהִ֑ים בְּחׇכְמָ֛ה וּבִתְבוּנָ֥ה וּבְדַ֖עַת 3
וּבְכׇל־מְלָאכָֽה ׃ לַחְשֹׁ֖ב מַחֲשָׁבֹ֑ת לַעֲשׂ֛וֹת בַּזָּהָ֥ב 4
וּבַכֶּ֖סֶף וּבַנְּחֹֽשֶׁת ׃ וּבַחֲרֹ֤שֶׁת אֶ֙בֶן֙ לְמַלֹּ֔את 5
וּבַחֲרֹ֥שֶׁת עֵ֖ץ לַעֲשׂ֥וֹת בְּכׇל־מְלָאכָֽה ׃ וַאֲנִ֞י הִנֵּ֧ה 6
נָתַ֣תִּי אִתּ֗וֹ אֵ֣ת אׇהֳלִיאָ֞ב בֶּן־אֲחִֽיסָמָךְ֙ לְמַטֵּה־דָ֔ן
וּבְלֵ֥ב כׇּל־חֲכַם־לֵ֖ב נָתַ֣תִּי חׇכְמָ֑ה וְעָשׂ֕וּ אֵ֖ת כׇּל־
אֲשֶׁ֥ר צִוִּיתִֽךָ ׃ אֵ֣ת ׀ אֹ֣הֶל מוֹעֵ֗ד וְאֶת־הָֽאָרֹן֙ לָֽעֵדֻ֔ת 7
וְאֶת־הַכַּפֹּ֖רֶת אֲשֶׁ֣ר עָלָ֑יו וְאֵ֖ת כׇּל־כְּלֵ֥י הָאֹֽהֶל ׃
וְאֶת־הַשֻּׁלְחָ֣ן וְאֶת־כֵּלָ֔יו וְאֶת־הַמְּנֹרָ֥ה הַטְּהֹרָ֖ה 8
וְאֶת־כׇּל־כֵּלֶ֑יהָ וְאֵ֖ת מִזְבַּ֥ח הַקְּטֹֽרֶת ׃ וְאֶת־ 9
מִזְבַּ֤ח הָֽעֹלָה֙ וְאֶת־כׇּל־כֵּלָ֔יו וְאֶת־הַכִּיּ֖וֹר וְאֶת־כַּנּֽוֹ ׃ וְאֵ֖ת 10
בִּגְדֵ֣י הַשְּׂרָ֑ד וְאֶת־בִּגְדֵ֤י הַקֹּ֙דֶשׁ֙ לְאַהֲרֹ֣ן הַכֹּהֵ֔ן וְאֶת־
בִּגְדֵ֥י בָנָ֖יו לְכַהֵֽן ׃ וְאֵ֨ת שֶׁ֤מֶן הַמִּשְׁחָה֙ וְאֶת־קְטֹ֣רֶת 11
הַסַּמִּ֖ים לַקֹּ֑דֶשׁ כְּכֹ֥ל אֲשֶׁר־צִוִּיתִ֖ךָ יַעֲשֽׂוּ ׃ פ

וַיֹּ֥אמֶר יְהֹוָ֖ה אֶל־מֹשֶׁ֥ה לֵּאמֹֽר ׃ וְאַתָּ֞ה דַּבֵּ֨ר אֶל־ 12
13
בְּנֵ֤י יִשְׂרָאֵל֙ לֵאמֹ֔ר אַ֥ךְ אֶת־שַׁבְּתֹתַ֖י תִּשְׁמֹ֑רוּ כִּ֣י
א֞וֹת הִ֗וא בֵּינִ֤י וּבֵֽינֵיכֶם֙ לְדֹרֹ֣תֵיכֶ֔ם לָדַ֕עַת כִּ֛י אֲנִ֥י
יְהֹוָ֖ה מְקַדִּשְׁכֶֽם ׃ וּשְׁמַרְתֶּם֙ אֶת־הַשַּׁבָּ֔ת כִּ֛י קֹ֥דֶשׁ 14
הִ֖וא לָכֶ֑ם מְחַֽלְלֶ֙יהָ֙ מ֣וֹת יוּמָ֔ת כִּ֗י כׇּל־הָעֹשֶׂ֥ה בָהּ֙
מְלָאכָ֔ה וְנִכְרְתָ֛ה הַנֶּ֥פֶשׁ הַהִ֖וא מִקֶּ֥רֶב עַמֶּֽיהָ ׃
שֵׁ֣שֶׁת יָמִים֮ יֵעָשֶׂ֣ה מְלָאכָה֒ וּבַיּ֣וֹם הַשְּׁבִיעִ֗י שַׁבַּ֧ת 15
שַׁבָּת֛וֹן קֹ֖דֶשׁ לַיהֹוָ֑ה כׇּל־הָעֹשֶׂ֧ה מְלָאכָ֛ה בְּי֥וֹם
הַשַּׁבָּ֖ת מ֥וֹת יוּמָֽת ׃ וְשָׁמְר֥וּ בְנֵֽי־יִשְׂרָאֵ֖ל אֶת־ 16
הַשַּׁבָּ֑ת לַעֲשׂ֧וֹת אֶת־הַשַּׁבָּ֛ת לְדֹרֹתָ֖ם בְּרִ֥ית עוֹלָֽם ׃
בֵּינִ֗י וּבֵין֙ בְּנֵ֣י יִשְׂרָאֵ֔ל א֥וֹת הִ֖וא לְעֹלָ֑ם כִּי־שֵׁ֣שֶׁת 17
יָמִ֗ים עָשָׂ֤ה יְהֹוָה֙ אֶת־הַשָּׁמַ֣יִם וְאֶת־הָאָ֔רֶץ
וּבַיּוֹם֙ הַשְּׁבִיעִ֔י שָׁבַ֖ת וַיִּנָּפַֽשׁ ׃ ס וַיִּתֵּ֣ן אֶל־ 18
מֹשֶׁ֗ה כְּכַלֹּתוֹ֙ לְדַבֵּ֤ר אִתּוֹ֙ בְּהַ֣ר סִינַ֔י שְׁנֵ֖י לֻחֹ֣ת
הָעֵדֻ֑ת לֻחֹ֣ת אֶ֔בֶן כְּתֻבִ֖ים בְּאֶצְבַּ֥ע אֱלֹהִֽים ׃

CAP. XXXII. לב

וַיַּ֣רְא הָעָ֔ם כִּֽי־בֹשֵׁ֥שׁ מֹשֶׁ֖ה לָרֶ֣דֶת מִן־הָהָ֑ר וַיִּקָּהֵ֨ל 1
הָעָ֜ם עַֽל־אַהֲרֹ֗ן וַיֹּאמְר֤וּ אֵלָיו֙ ק֣וּם ׀ עֲשֵׂה־לָ֣נוּ
אֱלֹהִ֗ים אֲשֶׁ֤ר יֵֽלְכוּ֙ לְפָנֵ֔ינוּ כִּי־זֶ֣ה ׀ מֹשֶׁ֣ה הָאִ֗ישׁ
אֲשֶׁ֤ר הֶֽעֱלָ֙נוּ֙ מֵאֶ֣רֶץ מִצְרַ֔יִם לֹ֥א יָדַ֖עְנוּ מֶה־הָ֥יָה

ל֑וֹ ׃ וַיֹּ֙אמֶר֙ אֲלֵהֶ֣ם אַהֲרֹ֔ן פָּֽרְקוּ֙ נִזְמֵ֣י הַזָּהָ֔ב 2
אֲשֶׁר֙ בְּאׇזְנֵ֣י נְשֵׁיכֶ֔ם בְּנֵיכֶ֖ם וּבְנֹתֵיכֶ֑ם וְהָבִ֖יאוּ אֵלָֽי ׃
וַיִּתְפָּֽרְקוּ֙ כׇּל־הָעָ֔ם אֶת־נִזְמֵ֥י הַזָּהָ֖ב אֲשֶׁ֣ר בְּאׇזְנֵיהֶ֑ם 3
וַיָּבִ֖יאוּ אֶֽל־אַהֲרֹֽן ׃ וַיִּקַּ֣ח מִיָּדָ֗ם וַיָּ֤צַר אֹתוֹ֙ בַּחֶ֔רֶט 4
וַֽיַּעֲשֵׂ֖הוּ עֵ֣גֶל מַסֵּכָ֑ה וַיֹּ֣אמְר֔וּ אֵ֤לֶּה אֱלֹהֶ֙יךָ֙ יִשְׂרָאֵ֔ל
אֲשֶׁ֥ר הֶעֱל֖וּךָ מֵאֶ֥רֶץ מִצְרָֽיִם ׃ וַיַּ֣רְא אַהֲרֹ֔ן וַיִּ֥בֶן 5
מִזְבֵּ֖חַ לְפָנָ֑יו וַיִּקְרָ֤א אַהֲרֹן֙ וַיֹּאמַ֔ר חַ֥ג לַיהֹוָ֖ה מָחָֽר ׃
וַיַּשְׁכִּ֙ימוּ֙ מִֽמׇּחֳרָ֔ת וַיַּעֲל֣וּ עֹלֹ֔ת וַיַּגִּ֖שׁוּ שְׁלָמִ֑ים 6
וַיֵּ֤שֶׁב הָעָם֙ לֶֽאֱכֹ֣ל וְשָׁת֔וֹ וַיָּקֻ֖מוּ לְצַחֵֽק ׃ פ
וַיְדַבֵּ֥ר יְהֹוָ֖ה אֶל־מֹשֶׁ֑ה לֶךְ־רֵ֕ד כִּ֚י שִׁחֵ֣ת עַמְּךָ֔ 7
אֲשֶׁ֥ר הֶעֱלֵ֖יתָ מֵאֶ֥רֶץ מִצְרָֽיִם ׃ סָ֣רוּ מַהֵ֗ר מִן־ 8
הַדֶּ֙רֶךְ֙ אֲשֶׁ֣ר צִוִּיתִ֔ם עָשׂ֣וּ לָהֶ֔ם עֵ֖גֶל מַסֵּכָ֑ה וַיִּשְׁתַּֽחֲווּ־
ל֗וֹ וַיִּזְבְּחוּ־לוֹ֙ וַיֹּ֣אמְר֔וּ אֵ֤לֶּה אֱלֹהֶ֙יךָ֙ יִשְׂרָאֵ֔ל אֲשֶׁ֥ר
הֶעֱל֖וּךָ מֵאֶ֥רֶץ מִצְרָֽיִם ׃ וַיֹּ֥אמֶר יְהֹוָ֖ה אֶל־מֹשֶׁ֑ה 9
רָאִ֙יתִי֙ אֶת־הָעָ֣ם הַזֶּ֔ה וְהִנֵּ֥ה עַם־קְשֵׁה־עֹ֖רֶף הֽוּא ׃
וְעַתָּה֙ הַנִּ֣יחָה לִּ֔י וְיִֽחַר־אַפִּ֥י בָהֶ֖ם וַאֲכַלֵּ֑ם וְאֶֽעֱשֶׂ֥ה 10
אוֹתְךָ֖ לְג֥וֹי גָּדֽוֹל ׃ וַיְחַ֣ל מֹשֶׁ֔ה אֶת־פְּנֵ֖י יְהֹוָ֣ה אֱלֹהָ֑יו 11
וַיֹּ֗אמֶר לָמָ֤ה יְהֹוָה֙ יֶחֱרֶ֤ה אַפְּךָ֙ בְּעַמֶּ֔ךָ אֲשֶׁ֤ר
הוֹצֵ֙אתָ֙ מֵאֶ֣רֶץ מִצְרַ֔יִם בְּכֹ֥חַ גָּד֖וֹל וּבְיָ֥ד חֲזָקָֽה ׃
לָ֩מָּה֩ יֹאמְר֨וּ מִצְרַ֜יִם לֵאמֹ֗ר בְּרָעָ֤ה הֽוֹצִיאָם֙ לַהֲרֹ֤ג 12
אֹתָם֙ בֶּֽהָרִ֔ים וּ֨לְכַלֹּתָ֔ם מֵעַ֖ל פְּנֵ֣י הָֽאֲדָמָ֑ה שׁ֚וּב
מֵחֲר֣וֹן אַפֶּ֔ךָ וְהִנָּחֵ֥ם עַל־הָרָעָ֖ה לְעַמֶּֽךָ ׃ זְכֹ֡ר 13
לְאַבְרָהָם֩ לְיִצְחָ֨ק וּלְיִשְׂרָאֵ֜ל עֲבָדֶ֗יךָ אֲשֶׁ֨ר נִשְׁבַּ֣עְתָּ
לָהֶם֮ בָּךְ֒ וַתְּדַבֵּ֣ר אֲלֵהֶ֔ם אַרְבֶּה֙ אֶֽת־זַרְעֲכֶ֔ם כְּכוֹכְבֵ֖י
הַשָּׁמָ֑יִם וְכׇל־הָאָ֣רֶץ הַזֹּ֗את אֲשֶׁ֤ר אָמַ֙רְתִּי֙ אֶתֵּ֣ן
לְזַרְעֲכֶ֔ם וְנָחֲל֖וּ לְעֹלָֽם ׃ וַיִּנָּ֖חֶם יְהֹוָ֑ה עַל־הָ֣רָעָ֔ה 14
אֲשֶׁ֥ר דִּבֶּ֖ר לַעֲשׂ֥וֹת לְעַמּֽוֹ ׃ פ
וַיִּ֜פֶן וַיֵּ֤רֶד מֹשֶׁה֙ מִן־הָהָ֔ר וּשְׁנֵ֛י לֻחֹ֥ת הָעֵדֻ֖ת 15
בְּיָד֑וֹ לֻחֹ֗ת כְּתֻבִים֙ מִשְּׁנֵ֣י עֶבְרֵיהֶ֔ם מִזֶּ֥ה וּמִזֶּ֖ה הֵ֥ם
כְּתֻבִֽים ׃ וְהַ֨לֻּחֹ֔ת מַעֲשֵׂ֥ה אֱלֹהִ֖ים הֵ֑מָּה וְהַמִּכְתָּ֗ב 16
מִכְתַּ֤ב אֱלֹהִים֙ ה֔וּא חָר֖וּת עַל־הַלֻּחֹֽת ׃ וַיִּשְׁמַ֧ע 17
יְהוֹשֻׁ֛עַ אֶת־ק֥וֹל הָעָ֖ם בְּרֵעֹ֑ה וַיֹּ֙אמֶר֙ אֶל־מֹשֶׁ֔ה ק֥וֹל
מִלְחָמָ֖ה בַּֽמַּחֲנֶֽה ׃ וַיֹּ֗אמֶר אֵ֥ין קוֹל֙ עֲנ֣וֹת גְּבוּרָ֔ה 18
וְאֵ֥ין ק֖וֹל עֲנ֣וֹת חֲלוּשָׁ֑ה ק֣וֹל עַנּ֔וֹת אָנֹכִ֖י שֹׁמֵֽעַ ׃
וַֽיְהִ֗י כַּאֲשֶׁ֤ר קָרַב֙ אֶל־הַֽמַּחֲנֶ֔ה וַיַּ֥רְא אֶת־הָעֵ֖גֶל 19
וּמְחֹלֹ֑ת וַיִּֽחַר־אַ֣ף מֹשֶׁ֗ה וַיַּשְׁלֵ֤ךְ מִיָּדָו֙ אֶת־הַלֻּחֹ֔ת
וַיְשַׁבֵּ֥ר אֹתָ֖ם תַּ֥חַת הָהָֽר ׃ וַיִּקַּ֞ח אֶת־הָעֵ֛גֶל אֲשֶׁ֥ר 20
עָשׂ֖וּ וַיִּשְׂרֹ֣ף בָּאֵ֑שׁ וַיִּטְחַ֙ן֙ עַ֣ד אֲשֶׁר־דָּ֔ק וַיִּ֖זֶר עַל־

after the art of the β apothecary: it shall be an ^a holy anointing oil.

26 And thou shalt^b anoint the tabernacle of the congregation therewith, and the ark of the testimony,

27 And the table and all his vessels, and the candlestick and his vessels, and the altar of incense,

28 And the altar of burnt-offering with all his vessels, and the laver and his foot.

29 And thou shalt sanctify them, that they may be most holy: ^cwhatsoever toucheth them shall be holy.

30 And thou shalt anoint Aaron and his sons, and consecrate them, that *they* may minister unto me in the priest's office.

31 And thou shalt speak unto the children of Israel, saying, This shall be an holy anointing oil unto me throughout your generations.

32 Upon man's flesh shall it not be poured; neither shall ye make *any other* like it, after the composition of it: it *is* holy,ⁱ and it shall be holy unto you.

33 Whosoever compoundeth *any* like it, or whosoever putteth *any* of it upon a stranger, shall even be cut off from his people.

34 And the LORD said unto Moses, Take unto thee sweet^m spices, stacte, and onycha, and galbanum; *these* sweet spices, with pure frankincense: of each shall there be a like *weight:*

35 And thou shalt make it a perfume, a confection after the art of the apothecary, δ tempered together, pure *and* holy:

36 And thou shalt beat *some* of it very small, and put of it before the testimony in the tabernacle of the congregation, where^q I will meet with thee: it shall be unto you most holy.

37 And *as for* the perfume which thou shalt make, ye shall not make to yourselves according to the composition thereof: it shall be unto thee holy for the LORD.

38 Whosoever shall make like unto that, to smell thereto,^u shall even be cut off from his people.

CHAP. XXXI.

AND^ye LORD spake unto Moses, saying,

2 See, I have called by^v name Bezaleel^w the son of Uri, the son of Hur, of the tribe of Judah:

3 And I have^y filled him with the spirit of God, in wisdom, and in understanding, and in knowledge, and in all manner of workmanship,

4 To devise cunning works, to work in gold, and in silver, and in brass,

5 And in cutting of stones, to set *them,* and in carving of timber, to work in all manner of workmanship.

6 And I, behold, I have given with him^b Aholiab the son of Ahisamach, of the tribe of Dan: and in the hearts of all that are wise-hearted^c I have put wisdom, that they may make^d all that I have commanded thee:

7 The tabernacle of the congregation, and the ark of the testimony, and the mercy-seat that *is* thereupon, and all the ζ furniture of the tabernacle,

8 And the table and his furniture, and the pure candlestick with all his furniture, and the altar of incense,

9 And the altar of burnt-offering with all his furniture, and the laver and his foot,

10 And the cloths of service, and the holy garments for Aaron the priest, and

---

B. C. 1491.

β or, *perfumer.*
a Ps. 89. 20.
b ch. 40. 9.
Le. 8. 10.
c Le. 19. 3,30.
26. 2.
d Ne. 9. 14.
Eze.20.12 20
e ch. 29. 37
f ch. 20. 8.
De. 5. 12.
Is. 58. 13.
Eze. 44.24.
g ch. 35. 2.
γ *holiness.*
h Nu. 15. 35.
i ver. 38.
k ver. 13.
l Ge. 1. 31.
2. 2.
He.4.3,4,10
m ver. 23.
1 Ch.9.29 30.
n Job 38. 7.
Ps. 104. 31.
o ch. 24. 12.
32. 15, 16.
34. 28, 29.
De. 4. 13.
5. 22.
9. 9..11.
2 Co. 3. 3.
δ *salted.*
Le. 2. 13.
p ch. 24. 18.
De. 9. 9.
q ch. 29. 42.
Le. 16. 2.
r Ac. 7. 40.
s Mat. 24. 48.
2 Pe. 3. 4.
t Ge. 24. 22.
Ju.8. 24..27.
Eze.16.12,17
Hos. 2. 8.
u ver. 33.
v Is. 45. 3, 4.
w 1 Ch.2.20.
x ch. 20. 23.
De. 9. 16.
Ju. 17. 3, 4.
1 Ki. 12. 28.
Ne. 9. 18.
Ps. 106. 19.
Is. 40.18,19.
40. 6.
Ro. 1. 23.
y ch. 35. 31.
1 Ki. 3. 9.
7. 14.
z 2 Ki. 10. 20.
a 1 Co. 10. 7.
b ch. 35. 34.
c Pr. 2. 6, 7.
d ch. xxxvii.
xxxviii.
Nu. iv.
1 Ki.vi.vii.
viii.
2 Ch. iii. iv.
Eze. xliii.
e Ge. 6.11,12.
De. 4. 16.
Ju. 2. 19.
Hos. 9. 9.
ζ *vessels.*
f 2 Ch. 30. 8.
Is. 48. 4.
g ch. 22. 24.

---

the garments of his sons, to minister in the priest's office,

11 And the anointing oil, and sweet incense for the holy *place:* according to all that I have commanded thee shall they do.

12 And ye^e LORD spake unto Moses, saying,

13 Speak thou also unto the children of Israel, saying, Verily my^c sabbaths ye shall keep: for it *is* a^d sign between me and you throughout your generations; that *ye* may know that I *am* the LORD that doth sanctify you.

14 Ye shall keep^f the sabbath therefore, for it *is* holy unto you: every one that defileth it shall surely be put to death: for whosoever^g doeth *any* work therein, that soul shall be cut off from among his people.

15 Six days may work be done; but in the seventh *is* the sabbath of rest, holy γ to the LORD: whosoever doeth *any* work in the sabbath-day, he^h shall surely be put to death.

16 Wherefore the children of Israel shall keep the sabbath, to observe the sabbath throughout their generations, *for* a perpetual covenant.

17 It is^k a sign between me and the children of Israel for ever: for in^l six days the LORD made heaven and earth, and on the seventh day he rested, and wasⁿ refreshed.

18 And he gave unto Moses, when he had made an end of communing with him upon mount Sinai,^o two tables of testimony, tables of stone, written with the finger of God.

CHAP. XXXII.

AND when the people saw that Moses delayed^p to come down out of the mount, the people gathered themselves together unto Aaron, and said unto him, Up, make us gods,^r which shall go before us; for *as for* this Moses, the man that brought us up out of the land of Egypt,^s we wot not what is become of him.

2 And Aaron said unto them, Break off the^t golden ear-rings, which *are* in the ears of your wives, of your sons, and of your daughters, and bring *them* unto me.

3 And all the people brake off the golden ear-rings which *were* in their ears, and brought *them* unto Aaron.

4 And he received *them* at their hand, and fashioned it with a graving tool, after he had made it a^x molten calf: and they said, These *be* thy gods, O Israel, which brought thee up out of the land of Egypt.

5 And when Aaron saw *it,* he built an altar before it; and Aaron made^z proclamation, and said, To-morrow *is* a feast to the LORD.

6 And they rose up early on the morrow, and offered burnt-offerings, and brought peace-offerings; and the people^a sat down to eat and to drink, and rose up to play.

7 And the LORD said unto Moses, Go, get thee down; for thy people, which thou broughtest out of the land of Egypt, have^e corrupted *themselves:*

8 They have turned aside quickly out of the way which I commanded them: they have made them a molten calf, and have worshipped it, and have sacrificed thereunto, and said, These *be* thy gods, O Israel, which have brought thee up out of the land of Egypt.

9 And the LORD said unto Moses, I have seen this people, and, behold,^f it *is* a stiff-necked people:

10 Now therefore let me alone, that my wrath may^g wax hot against them, and

מֹשֶׁה ׃ וַיֹּאמֶר מֹשֶׁה אֶל־אַהֲרֹן מֶה־עָשָׂה לְךָ הָעָם הַזֶּה כִּי־הֵבֵאתָ 21
עָלָיו חֲטָאָה גְדֹלָה ׃ וַיֹּאמֶר אַהֲרֹן אַל־יִחַר אַף 22
אֲדֹנִי אַתָּה יָדַעְתָּ אֶת־הָעָם כִּי בְרָע הוּא ׃
וַיֹּאמְרוּ לִי עֲשֵׂה־לָנוּ אֱלֹהִים אֲשֶׁר יֵלְכוּ לְפָנֵינוּ כִּי־ 23
זֶה ׀ מֹשֶׁה הָאִישׁ אֲשֶׁר הֶעֱלָנוּ מֵאֶרֶץ מִצְרַיִם לֹא
יָדַעְנוּ מֶה־הָיָה לוֹ ׃ וָאֹמַר לָהֶם לְמִי זָהָב הִתְפָּרָקוּ 24
וַיִּתְּנוּ־לִי וָאַשְׁלִכֵהוּ בָאֵשׁ וַיֵּצֵא הָעֵגֶל הַזֶּה ׃
וַיַּרְא מֹשֶׁה אֶת־הָעָם כִּי פָרֻעַ הוּא כִּי־פְרָעֹה 25
אַהֲרֹן לְשִׁמְצָה בְּקָמֵיהֶם ׃ וַיַּעֲמֹד מֹשֶׁה בְּשַׁעַר 26
הַמַּחֲנֶה וַיֹּאמֶר מִי לַיהוָֹה אֵלָי וַיֵּאָסְפוּ אֵלָיו כָּל־בְּנֵי
לֵוִי ׃ וַיֹּאמֶר לָהֶם כֹּה־אָמַר יְהוָֹה אֱלֹהֵי יִשְׂרָאֵל 27
שִׂימוּ אִישׁ־חַרְבּוֹ עַל־יְרֵכוֹ עִבְרוּ וָשׁוּבוּ מִשַּׁעַר
לָשַׁעַר בַּמַּחֲנֶה וְהִרְגוּ אִישׁ־אֶת־אָחִיו וְאִישׁ אֶת־
רֵעֵהוּ וְאִישׁ אֶת־קְרֹבוֹ ׃ וַיַּעֲשׂוּ בְנֵי־לֵוִי כִּדְבַר 28
מֹשֶׁה וַיִּפֹּל מִן־הָעָם בַּיּוֹם הַהוּא כִּשְׁלֹשֶׁת אַלְפֵי
אִישׁ ׃ וַיֹּאמֶר מֹשֶׁה מִלְאוּ יֶדְכֶם הַיּוֹם לַיהוָֹה 29
כִּי אִישׁ בִּבְנוֹ וּבְאָחִיו וְלָתֵת עֲלֵיכֶם הַיּוֹם
בְּרָכָה ׃ וַיְהִי מִמָּחֳרָת וַיֹּאמֶר מֹשֶׁה אֶל־הָעָם 30
אַתֶּם חֲטָאתֶם חֲטָאָה גְדֹלָה וְעַתָּה אֶעֱלֶה
אֶל־יְהוָֹה אוּלַי אֲכַפְּרָה בְּעַד חַטַּאתְכֶם ׃ וַיָּשָׁב 31
מֹשֶׁה אֶל־יְהוָֹה וַיֹּאמַר אָנָּא חָטָא הָעָם הַזֶּה
חֲטָאָה גְדֹלָה וַיַּעֲשׂוּ לָהֶם אֱלֹהֵי זָהָב ׃ וְעַתָּה 32
אִם־תִּשָּׂא חַטָּאתָם וְאִם־אַיִן מְחֵנִי נָא מִסִּפְרְךָ
אֲשֶׁר כָּתָבְתָּ ׃ וַיֹּאמֶר יְהוָֹה אֶל־מֹשֶׁה מִי אֲשֶׁר 33
חָטָא־לִי אֶמְחֶנּוּ מִסִּפְרִי ׃ וְעַתָּה לֵךְ ׀ נְחֵה 34
אֶת־הָעָם אֶל אֲשֶׁר־דִּבַּרְתִּי לָךְ הִנֵּה מַלְאָכִי יֵלֵךְ
לְפָנֶיךָ וּבְיוֹם פָּקְדִי וּפָקַדְתִּי עֲלֵיהֶם חַטָּאתָם ׃
וַיִּגֹּף יְהוָֹה אֶת־הָעָם עַל אֲשֶׁר עָשׂוּ אֶת־הָעֵגֶל 35
אֲשֶׁר עָשָׂה אַהֲרֹן ׃ ס

CAP. XXXIII. לג

וַיְדַבֵּר יְהוָֹה אֶל־מֹשֶׁה לֵךְ עֲלֵה מִזֶּה אַתָּה וְהָעָם 1
אֲשֶׁר הֶעֱלִיתָ מֵאֶרֶץ מִצְרָיִם אֶל־הָאָרֶץ אֲשֶׁר
נִשְׁבַּעְתִּי לְאַבְרָהָם לְיִצְחָק וּלְיַעֲקֹב לֵאמֹר לְזַרְעֲךָ
אֶתְּנֶנָּה ׃ וְשָׁלַחְתִּי לְפָנֶיךָ מַלְאָךְ וְגֵרַשְׁתִּי אֶת־ 2
הַכְּנַעֲנִי הָאֱמֹרִי וְהַחִתִּי וְהַפְּרִזִּי הַחִוִּי וְהַיְבוּסִי ׃
אֶל־אֶרֶץ זָבַת חָלָב וּדְבָשׁ כִּי לֹא אֶעֱלֶה בְּקִרְבְּךָ 3
כִּי עַם־קְשֵׁה־עֹרֶף אַתָּה פֶּן־אֲכֶלְךָ בַּדָּרֶךְ ׃

וַיִּשְׁמַע הָעָם אֶת־הַדָּבָר הָרָע הַזֶּה וַיִּתְאַבָּלוּ 4
וְלֹא־שָׁתוּ אִישׁ עֶדְיוֹ עָלָיו ׃ וַיֹּאמֶר יְהוָֹה אֶל־ 5
מֹשֶׁה אֱמֹר אֶל־בְּנֵי־יִשְׂרָאֵל אַתֶּם עַם־קְשֵׁה־עֹרֶף
רֶגַע אֶחָד אֶעֱלֶה בְקִרְבְּךָ וְכִלִּיתִיךָ וְעַתָּה הוֹרֵד
עֶדְיְךָ מֵעָלֶיךָ וְאֵדְעָה מָה אֶעֱשֶׂה־לָּךְ ׃ וַיִּתְנַצְּלוּ 6
בְנֵי־יִשְׂרָאֵל אֶת־עֶדְיָם מֵהַר חוֹרֵב ׃ וּמֹשֶׁה יִקַּח 7
אֶת־הָאֹהֶל וְנָטָה־לוֹ ׀ מִחוּץ לַמַּחֲנֶה הַרְחֵק מִן־
הַמַּחֲנֶה וְקָרָא לוֹ אֹהֶל מוֹעֵד וְהָיָה כָּל־מְבַקֵּשׁ
יְהוָֹה יֵצֵא אֶל־אֹהֶל מוֹעֵד אֲשֶׁר מִחוּץ לַמַּחֲנֶה ׃
וְהָיָה כְּצֵאת מֹשֶׁה אֶל־הָאֹהֶל יָקוּמוּ כָּל־הָעָם וְנִצְּבוּ 8
אִישׁ פֶּתַח אָהֳלוֹ וְהִבִּיטוּ אַחֲרֵי מֹשֶׁה עַד־בֹּאוֹ
הָאֹהֱלָה ׃ וְהָיָה כְּבֹא מֹשֶׁה הָאֹהֱלָה יֵרֵד עַמּוּד 9
הֶעָנָן וְעָמַד פֶּתַח הָאֹהֶל וְדִבֶּר עִם־מֹשֶׁה ׃ וְרָאָה 10
כָל־הָעָם אֶת־עַמּוּד הֶעָנָן עֹמֵד פֶּתַח הָאֹהֶל וְקָם
כָּל־הָעָם וְהִשְׁתַּחֲווּ אִישׁ פֶּתַח אָהֳלוֹ ׃ וְדִבֶּר יְהוָֹה 11
אֶל־מֹשֶׁה פָּנִים אֶל־פָּנִים כַּאֲשֶׁר יְדַבֵּר אִישׁ אֶל־
רֵעֵהוּ וְשָׁב אֶל־הַמַּחֲנֶה וּמְשָׁרְתוֹ יְהוֹשֻׁעַ בִּן־נוּן
נַעַר לֹא יָמִישׁ מִתּוֹךְ הָאֹהֶל ׃ ס

that I may consume them; and [a] I will make of thee a great nation.

11 And Moses besought [b] the LORD his God, and said, LORD, why [b] doth thy wrath wax hot against thy people, which thou hast brought forth out of the land of Egypt with great power, and with a mighty hand?

12 Wherefore should the [e] Egyptians speak and say, For mischief did he bring them out, to slay them in the mountains, and to consume them from the face of the earth? Turn from [g] thy fierce wrath, and repent [h] of this evil against thy people.

13 Remember Abraham, Isaac, and Israel, thy servants, to whom thou [k] swarest by thine own self, and saidst unto them, I will multiply your seed as the stars of heaven; and all this land that I have spoken of will I give unto your seed, and they shall inherit it for ever.

14 And the LORD [o] repented of the evil which he thought to do unto his people.

15 And Moses turned, and went down from the mount, and the two tables of the testimony were in his hand: the tables were written on both their sides: on the one side and on the other were they written.

16 And the tables were the work of God, and the writing was [r] the writing of God, graven upon the tables.

17 And when Joshua heard the noise of the people as they shouted, he said unto Moses, There is a noise of war in the camp.

18 And he said, It is not the voice of them that shout for mastery, neither is it [ζ] voice of them that cry for [ζ] being overcome; but the noise of them that sing do I hear.

19 And it came to pass, as soon as he came nigh unto the camp, that he saw the calf, and the dancing: and Moses' anger waxed hot, and he cast the tables out of his hands, and brake them beneath the mount.

20 And he took the calf which they had made, and [s] burnt it in the fire, and ground it to powder, and strawed it upon the water, and made the children of Israel drink of it.

21 And Moses said unto Aaron, [t] What did this people unto thee, that thou hast brought so great a sin upon them?

22 And Aaron said, Let not the anger of my lord wax hot: thou knowest the people, that they are set [v] on mischief.

23 For they said unto me, [w] Make us gods, which shall go before us: for as for this Moses, the man that brought us up out of the land of Egypt, we wot not what is become of him.

24 And I said unto them, Whosoever hath any gold, let them break it off. So they gave it me: then I cast it into the fire, [y] and there came out this calf.

25 And when Moses saw that the people were naked; (for Aaron had made them naked [z] unto their shame among their [η] enemies,)

26 Then Moses stood in the gate of the camp, and said, Who is on the LORD's side; let him come unto me. And all the sons of Levi gathered themselves together unto him.

27 And he said unto them, Thus saith the LORD God of Israel, Put every man his sword by his side, and go in and out from gate to gate throughout the camp, and [b] slay every man his brother, and every man his companion, and every man his neighbour.

28 And ye children of Levi [d] did according to the word of Moses: and there fell of the people that day about three thousand men.

29 [β] For Moses had said, [γ] Consecrate yourselves to-day to the LORD, even every man upon his son, and upon his brother, that he may bestow upon you [e] a blessing this day.

30 And it came to pass on the morrow, that Moses said unto the people, [d] Ye have sinned a great sin: and now I will go up unto the LORD; peradventure I shall [f] make an atonement for your sin.

31 And Moses returned unto the LORD, and said, Oh, this people have sinned a great sin, & have made them [i] gods of gold;

32 Yet now, if thou wilt forgive their sin—; and if not, [l] blot me, I pray thee, out of [m] thy book which thou hast written.

33 And the LORD said unto Moses, Whosoever hath sinned against me, [n] him will I blot out of my book.

34 Therefore now go, lead the people un to the place of which I have spoken unto thee: behold, mine Angel [p] shall go before thee: nevertheless in the day when I visit [q] I will visit their sin upon them.

35 And the LORD plagued the people, because they made the calf, which Aaron made.

CHAP. XXXIII.

AND the LORD said unto Moses, Depart, and go up hence, thou and the people which thou hast brought up out of the land of Egypt, unto the land which I sware unto Abraham, to Isaac, and to Jacob, saying, Unto thy seed will I give it:

2 And I will send an angel before thee; and I will drive out the Canaanite, the Amorite, and the Hittite, and the Perizzite, the Hivite, and the Jebusite:

3 Unto a land flowing with milk and honey: for I will not go up in the midst of thee; for thou art a stiff-necked people; lest I consume thee in the way.

4 And when the people heard these evil tidings, they mourned; and no man did put on him his ornaments.

5 For the LORD had said unto Moses, Say unto the children of Israel, Ye are a stiff-necked people: I will come up into the midst of thee in a moment, and con sume thee: therefore now put off [u] thy ornaments from thee, that I may know what to do unto thee.

6 And the children of Israel stripped themselves of their ornaments by the mount Horeb.

7 And Moses took the [x] tabernacle, and pitched it without the camp, afar off from the camp, and called it The Tabernacle of the Congregation. And it came to pass, that every one which sought the LORD went out unto the tabernacle of the congregation, which was without the camp.

8 And it came to pass, when Moses went out unto the tabernacle, that all the people rose up, and stood every man at his tent-door, and looked after Moses, until he was gone into the tabernacle.

9 And it came to pass, as Moses entered into the tabernacle, the cloudy pillar descended, and stood at the door of the tabernacle, and the LORD [a] talked with Moses.

10 And all the people saw the cloudy pillar stand at the tabernacle-door: and all the people rose up and worshipped, every man in his tent-door.

11 And the LORD spake unto [c] Moses face to face, as a man speaketh unto his friend. And he turned again into the camp: but his servant Joshua, the son of Nun, a young

Center references

B. C. 1491.

a Nu. 14. 12.
Ps. 106. 23.
β or, And Moses said, Consecrate yourselves to-day to the LORD, because every man hath been against his son, and against his brother, &c.
γ Fill your hands.
δ the face of the LORD.
b De.9.18.-29.
Ps. 74. 1, 2.
c Joel 2.12.-14
d 1Sa.12.20,23
e De.32.26,27.
f Nu. 25. 13.
Job 42.7,8.
Am. 5. 15.
Ja. 5. 16.
g De. 13. 17.
Jos. 7. 26.
Ezr. 10. 14.
Ps. 78. 38.
h Ps. 90. 13.
i ch. 20. 23.
k Ge. 22. 16.
He. 6. 13.
l Ro 9. 3.
m Ps. 56. 8.
Da. 12. 1.
Phi. 4. 3.
Re. 3. 5.
n Ps. 69. 28.
o 2Sa.24.16.
1Ch.21.15.
Ps. 106. 45.
Je. 18. 8.
Joel 2. 13.
p ch. 23. 20.
Nu. 20. 16.
Is. 63 9.
q De. 32. 35.
Am. 3. 14.
r ch. 31 18.
De. 9. 10.
He. 8. 10.
ζ weakness.
s De. 9. 21.
t Ge. 20. 9.
u Job 1. 20.
Is. 32. 11.
Eze. 26. 16.
v De. 31. 27.
w ver. 1.
x ch.29.42,43.
y ver. 4.
z ch. 33. 4, 5.
2Ch. 28. 19.
Is. 47. 3.
Mi. 1. 11.
Ite. 3. 18.
η those that rose up against them.
a Ps. 99. 7.
b Nu. 25. 5.
c De. 34 10.
d De. 33. 9.
Mal. 2. 4.-6.

הָאָבִיב כִּי בְּחֹדֶשׁ הָאָבִיב יָצָאתָ מִמִּצְרָיִם: 23 הַזָּכוּר וְשָׁלֹשׁ כַּם עָלֶיךָ עַד־עָנְךָ: וַהֲסִרֹתִי אֶת־

כָּל־פֶּטֶר רֶחֶם לִי וְכָל־מִקְנְךָ תִּזָּכָר פֶּטֶר שׁוֹר 19 כָּל־וְרָאִיתָ אֶת־אֲחֹרָי וּפָנַי לֹא יֵרָאוּ: פ

וָשֶׂה: וּפֶטֶר חֲמוֹר תִּפְדֶּה בְשֶׂה וְאִם־לֹא 20 CAP. XXXIV. לד

תִפְדֶּה וַעֲרַפְתּוֹ כֹּל בְּכוֹר בָּנֶיךָ תִּפְדֶּה וְלֹא־ 1 וַיֹּאמֶר יְהוָה אֶל־מֹשֶׁה פְּסָל־לְךָ שְׁנֵי־לֻחֹת אֲבָנִים

יֵרָאוּ פָנַי רֵיקָם: שֵׁשֶׁת יָמִים תַּעֲבֹד וּבַיּוֹם 21 כָּרִאשֹׁנִים וְכָתַבְתִּי עַל־הַלֻּחֹת אֶת־הַדְּבָרִים אֲשֶׁר

הַשְּׁבִיעִי תִּשְׁבֹּת בֶּחָרִישׁ וּבַקָּצִיר תִּשְׁבֹּת: וְחַג 22 הָיוּ עַל־הַלֻּחֹת הָרִאשֹׁנִים אֲשֶׁר שִׁבַּרְתָּ: וֶהְיֵה 2

שָׁבֻעֹת תַּעֲשֶׂה לְךָ בִּכּוּרֵי קְצִיר חִטִּים וְחַג נָכוֹן לַבֹּקֶר וְעָלִיתָ בַבֹּקֶר אֶל־הַר סִינַי וְנִצַּבְתָּ לִי שָׁם

הָאָסִיף תְּקוּפַת הַשָּׁנָה: שָׁלֹשׁ פְּעָמִים בַּשָּׁנָה 23 עַל־רֹאשׁ הָהָר: וְאִישׁ לֹא־יַעֲלֶה עִמָּךְ וְגַם־אִישׁ 3

יֵרָאֶה כָּל־זְכוּרְךָ אֶת־פְּנֵי הָאָדֹן יְהוָה אֱלֹהֵי אַל־יֵרָא בְּכָל־הָהָר גַּם־הַצֹּאן וְהַבָּקָר אַל־יִרְעוּ אֶל־

יִשְׂרָאֵל: כִּי־אוֹרִישׁ גּוֹיִם מִפָּנֶיךָ וְהִרְחַבְתִּי אֶת־ 24 מוּל הָהָר הַהוּא: וַיִּפְסֹל שְׁנֵי־לֻחֹת אֲבָנִים 4

גְּבֻלֶךָ וְלֹא־יַחְמֹד אִישׁ אֶת־אַרְצְךָ בַּעֲלֹתְךָ כָּרִאשֹׁנִים וַיַּשְׁכֵּם מֹשֶׁה בַבֹּקֶר וַיַּעַל אֶל־הַר סִינַי

לֵרָאוֹת אֶת־פְּנֵי יְהוָה אֱלֹהֶיךָ שָׁלֹשׁ פְּעָמִים כַּאֲשֶׁר צִוָּה יְהוָה אֹתוֹ וַיִּקַּח בְּיָדוֹ שְׁנֵי לֻחֹת

בַּשָּׁנָה: לֹא־תִשְׁחַט עַל־חָמֵץ דַּם־זִבְחִי וְלֹא־ 25 אֲבָנִים: וַיֵּרֶד יְהוָה בֶּעָנָן וַיִּתְיַצֵּב עִמּוֹ שָׁם 5

יָלִין לַבֹּקֶר זֶבַח חַג הַפָּסַח: רֵאשִׁית בִּכּוּרֵי 26 וַיִּקְרָא בְשֵׁם יְהוָה: וַיַּעֲבֹר יְהוָה עַל־פָּנָיו 6

אַדְמָתְךָ תָּבִיא בֵּית יְהוָה אֱלֹהֶיךָ לֹא־תְבַשֵּׁל גְּדִי וַיִּקְרָא יְהוָה יְהוָה אֵל רַחוּם וְחַנּוּן אֶרֶךְ אַפַּיִם

בַּחֲלֵב אִמּוֹ: פ וְרַב־חֶסֶד וֶאֱמֶת: נֹצֵר חֶסֶד לָאֲלָפִים נֹשֵׂא 7

וַיֹּאמֶר יְהוָה אֶל־מֹשֶׁה כְּתָב־לְךָ אֶת־הַדְּבָרִים 27 עָוֹן וָפֶשַׁע וְחַטָּאָה וְנַקֵּה לֹא יְנַקֶּה פֹּקֵד עֲוֹן

הָאֵלֶּה כִּי עַל־פִּי הַדְּבָרִים הָאֵלֶּה כָּרַתִּי אִתְּךָ בְּרִית אָבוֹת עַל־בָּנִים וְעַל־בְּנֵי בָנִים עַל־שִׁלֵּשִׁים וְעַל־

וְאֶת־יִשְׂרָאֵל: וַיְהִי־שָׁם עִם־יְהוָה אַרְבָּעִים יוֹם 28 רִבֵּעִים: וַיְמַהֵר מֹשֶׁה וַיִּקֹּד אַרְצָה וַיִּשְׁתָּחוּ: 8

וְאַרְבָּעִים לַיְלָה לֶחֶם לֹא אָכַל וּמַיִם לֹא שָׁתָה וַיֹּאמֶר אִם־נָא מָצָאתִי חֵן בְּעֵינֶיךָ אֲדֹנָי יֵלֶךְ־ 9

וַיִּכְתֹּב עַל־הַלֻּחֹת אֵת דִּבְרֵי הַבְּרִית עֲשֶׂרֶת הַדְּבָרִים: נָא אֲדֹנָי בְּקִרְבֵּנוּ כִּי עַם־קְשֵׁה־עֹרֶף הוּא

וַיְהִי בְּרֶדֶת מֹשֶׁה מֵהַר סִינַי וּשְׁנֵי לֻחֹת הָעֵדֻת 29 וְסָלַחְתָּ לַעֲוֹנֵנוּ וּלְחַטָּאתֵנוּ וּנְחַלְתָּנוּ: וַיֹּאמֶר הִנֵּה 10

בְּיַד־מֹשֶׁה בְּרִדְתּוֹ מִן־הָהָר וּמֹשֶׁה לֹא־יָדַע כִּי קָרַן אָנֹכִי כֹּרֵת בְּרִית נֶגֶד כָּל־עַמְּךָ אֶעֱשֶׂה נִפְלָאֹת

עוֹר פָּנָיו בְּדַבְּרוֹ אִתּוֹ: וַיַּרְא אַהֲרֹן וְכָל־בְּנֵי 30 אֲשֶׁר לֹא־נִבְרְאוּ בְכָל־הָאָרֶץ וּבְכָל־הַגּוֹיִם וְרָאָה

יִשְׂרָאֵל אֶת־מֹשֶׁה וְהִנֵּה קָרַן עוֹר פָּנָיו וַיִּירְאוּ כָל־הָעָם אֲשֶׁר־אַתָּה בְקִרְבּוֹ אֶת־מַעֲשֵׂה

מִגֶּשֶׁת אֵלָיו: וַיִּקְרָא אֲלֵהֶם מֹשֶׁה וַיָּשֻׁבוּ אֵלָיו 31 יְהוָה כִּי־נוֹרָא הוּא אֲשֶׁר אֲנִי עֹשֶׂה עִמָּךְ:

אַהֲרֹן וְכָל־הַנְּשִׂאִים בָּעֵדָה וַיְדַבֵּר מֹשֶׁה אֲלֵהֶם: שְׁמָר־לְךָ אֵת אֲשֶׁר אָנֹכִי מְצַוְּךָ הַיּוֹם הִנְנִי 11

וְאַחֲרֵי־כֵן נִגְּשׁוּ כָּל־בְּנֵי יִשְׂרָאֵל וַיְצַוֵּם אֵת כָּל־ 32 גֹּרֵשׁ מִפָּנֶיךָ אֶת־הָאֱמֹרִי וְהַכְּנַעֲנִי וְהַחִתִּי

אֲשֶׁר דִּבֶּר יְהוָה אִתּוֹ בְּהַר סִינַי: וַיְכַל מֹשֶׁה 33 וְהַפְּרִזִּי וְהַחִוִּי וְהַיְבוּסִי: הִשָּׁמֶר לְךָ פֶּן־תִּכְרֹת בְּרִית 12

מִדַּבֵּר אִתָּם וַיִּתֵּן עַל־פָּנָיו מַסְוֶה: וּבְבֹא 34 לְיוֹשֵׁב הָאָרֶץ אֲשֶׁר אַתָּה בָּא עָלֶיהָ פֶּן־יִהְיֶה

מֹשֶׁה לִפְנֵי יְהוָה לְדַבֵּר אִתּוֹ יָסִיר אֶת־הַמַּסְוֶה לְמוֹקֵשׁ בְּקִרְבֶּךָ: כִּי אֶת־מִזְבְּחֹתָם תִּתֹּצוּן 13

עַד־צֵאתוֹ וְיָצָא וְדִבֶּר אֶל־בְּנֵי יִשְׂרָאֵל אֵת אֲשֶׁר וְאֶת־מַצֵּבֹתָם תְּשַׁבֵּרוּן וְאֶת־אֲשֵׁרָיו תִּכְרֹתוּן:

יְצֻוֶּה: וְרָאוּ בְנֵי־יִשְׂרָאֵל אֶת־פְּנֵי מֹשֶׁה כִּי 35 כִּי לֹא תִשְׁתַּחֲוֶה לְאֵל אַחֵר כִּי יְהוָה קַנָּא 14

קָרַן עוֹר פְּנֵי מֹשֶׁה וְהֵשִׁיב מֹשֶׁה אֶת־הַמַּסְוֶה עַל־ שְׁמוֹ אֵל קַנָּא הוּא: פֶּן־תִּכְרֹת בְּרִית לְיוֹשֵׁב 15

פָּנָיו עַד־בֹּאוֹ לְדַבֵּר אִתּוֹ: ס ס ס כב 22 הָאָרֶץ וְזָנוּ אַחֲרֵי אֱלֹהֵיהֶם וְזָבְחוּ לֵאלֹהֵיהֶם

CAP. XXXV. לה וְקָרָא לְךָ וְאָכַלְתָּ מִזִּבְחוֹ: וְלָקַחְתָּ מִבְּנֹתָיו 16

וַיַּקְהֵל מֹשֶׁה אֶת־כָּל־עֲדַת בְּנֵי יִשְׂרָאֵל וַיֹּאמֶר 1 לְבָנֶיךָ וְזָנוּ בְנֹתָיו אַחֲרֵי אֱלֹהֵיהֶן וְהִזְנוּ אֶת־

אֲלֵהֶם אֵלֶּה הַדְּבָרִים אֲשֶׁר־צִוָּה יְהוָה לַעֲשֹׂת בָּנֶיךָ אַחֲרֵי אֱלֹהֵיהֶן: אֱלֹהֵי מַסֵּכָה לֹא תַעֲשֶׂה־ 17

אֹתָם: שֵׁשֶׁת יָמִים תֵּעָשֶׂה מְלָאכָה וּבַיּוֹם 2 לָּךְ: אֶת־חַג הַמַּצּוֹת תִּשְׁמֹר שִׁבְעַת יָמִים 18

הַשְּׁבִיעִי יִהְיֶה לָכֶם קֹדֶשׁ שַׁבַּת שַׁבָּתוֹן לַיהוָה תֹּאכַל מַצּוֹת אֲשֶׁר צִוִּיתִךָ לְמוֹעֵד חֹדֶשׁ

tnan, departed not out of the tabernacle.

12 And Moses said unto the LORD, See, thou sayest unto me, [a] Bring up this people: and thou hast not let me know whom thou wilt send with me. Yet thou hast said, I know thee [d] by name, and thou hast also found grace in my sight.

13 Now therefore, I pray thee, if I have found grace in thy sight, [b] shew me now thy way, that I may know thee, that I may find grace in thy sight; and consider [i] that this nation *is* thy people.

14 And he said, My presence [l] shall go *with thee*, and I will give thee [m] rest.

15 And he said unto him, If thy presence go not [o] *with me*, carry us not up hence.

16 For wherein shall it be known here that I and thy people have found grace in thy sight? *is it* not in that thou goest with us? so [p] shall we be separated, I and thy people, from all the people that *are* upon the face of the earth.

17 And the LORD said unto Moses, I will do this thing also that thou hast spoken: for thou hast found grace in my sight, and I know thee by name.

18 And he said, I beseech thee, shew me thy glory.

19 And he said, I will make all my goodness [s] pass before thee, and I will proclaim the name of the LORD before thee; and will be gracious [t] to whom I will be gracious, and will shew mercy on whom I will shew mercy.

20 And he said, Thou canst not see [v] my face; for there shall no man see me, & live.

21 And the LORD said, Behold, *there is* a place by me, and thou shalt stand upon a rock:

22 And it shall come to pass, while my glory passeth by, that I will put thee in a clift of the rock, and will cover thee with my hand while I pass by:

23 And I will take away mine hand, and thou shalt see my back parts; but my face shall not be seen.

CHAP. XXXIV.

AND the LORD said unto Moses, Hew thee two tables of stone like unto the first; and I will write [y] upon *these* tables the words that were in the first tables, which thou brakest.

2 And be ready in the morning, and come up in the morning unto mount Sinai, and present thyself there to me in the top of the mount.

3 And no man shall [a] come up with thee, neither let any man be seen throughout all the mount; neither let the flocks nor herds feed before that mount.

4 And he hewed two tables of stone like unto the first: and Moses rose up early in the morning, & went up unto mount Sinai, as the LORD had commanded him, and took in his hand the two tables of stone.

5 And the LORD descended in the cloud, and stood with him there, and proclaimed the name [e] of the LORD.

6 And the LORD passed by before him, and proclaimed, The LORD, The LORD God, [g] merciful and gracious, longsuffering, and abundant in goodness [h] and truth,

7 Keeping mercy for thousands, [i] forgiving iniquity and transgression and sin, and that will by no means clear *the guilty*; visiting the iniquity [m] of the fathers upon the children, and upon the children's children, unto the third and to the fourth *generation.*

8 And Moses made haste, and bowed his

B. C. 1491.	
a ch. 32. 34.	
b ch.33.15.16.	
c ch. 33. 3.	
d Is. 43. 1.	
Je. 1. 5.	
2 Ti. 2. 19.	
e De. 32. 9.	
Ps. 33. 12.	
94. 14.	
135. 4.	
Je. 10. 16.	
Zec. 2. 12.	
f De. 5. 2, 3.	
29. 12, 14.	
g De.4.32..37.	
Ps. 78. 12.	
h Ps. 86. 11.	
119. 33.	
Jn°.14.21..23	
i De.9.26, 29.	
Joel 2. 17.	
k Ps. 65. 5.	
l ch.40.34..38.	
Is. 63. 9.	
m Jos. 23. 1.	
Je. 6. 16.	
n De. 7. 1, 19.	
9. 4, 5.	
o Ps. 4. 6.	
p Nu. 14. 14.	
De.4.7, 34.	
2 Sa. 7. 23.	
1 Ki. 8. 53.	
Ps. 147. 20.	
2 Co. 6. 17.	
q Jos.23.12,13	
β statues.	
r Mat. 4. 10.	
s ch. 34. 5..7.	
t Ro.9.15,18.	
u Nu. 25. 1, 2.	
Ezr. 9. 2.	
2 Co. 6. 14.	
v Jn°. 1. 18.	
1 Ti. 6. 16.	
He. 1. 1..3.	
w ch. 12. 15.	
23. 15.	
x ch. 13. 2.	
γ or, kid.	
y De. 10. 1..4.	
z ch. 35. 2.	
a ch.19.12,13.	
δ revolution	
of the year.	
b ch.23.14,17.	
c ver. 11.	
d 2Ch. 17. 10.	
Job 1. 10.	
e Pr. 18. 10.	
f De.26.2,10.	
g Nu. 14. 18.	
2 Ch. 30. 9.	
Ne. 9. 17.	
Ps. 86. 15.	
103. 8.	
116. 5.	
145. 8.	
Joel 2. 13.	
Jon. 4. 2.	
Ro. 2. 4.	
h Ps. 57. 10.	
i Mi. 7. 18.	
k De. 14. 21.	
l De. 31. 9.	
m ch.20.5, 6.	
n De. 9. 9, 13.	

head toward the earth, and worshipped.

9 And he said, If now I have found grace in thy sight, O LORD, let my Lord, I pray thee, [b] go among us; for it *is a* [c] stiff-necked people; and pardon our iniquity and our sin, and take us for [e] thine inheritance.

10 And he said, Behold, I make [f] a covenant: before all thy people I will [g] do marvels, such as have not been done in all the earth, nor in any nation: and all the people among which thou *art* shall see the work of the LORD; for it *is a* [k] terrible thing that I will do with thee.

11 Observe thou that which I command thee this day: behold, I drive [n] out before thee the Amorite, and the Canaanite, and the Hittite, and the Perizzite, and the Hivite, and the Jebusite.

12 Take heed to thyself, lest thou make a covenant with the inhabitants of the land whither thou goest, lest it be for [q] a snare in the midst of thee:

13 But ye shall destroy their altars, break their β images, and cut down their groves:

14 For thou shalt worship [r] no other god: for the LORD, whose name *is* Jealous, *is* a jealous God:

15 Lest thou make a covenant with the inhabitants of the land, and they go a whoring after their gods, and do sacrifice unto their gods, and *one* call thee, and thou eat of his sacrifice;

16 And thou take of [u] their daughters unto thy sons, and their daughters go a whoring after their gods, and make thy sons go a whoring after their gods.

17 Thou shalt make thee no molten gods.

18 The feast of unleavened bread shalt thou keep. Seven days thou shalt eat unleavened bread, [w] as I commanded thee, in the time of the month Abib: for in the month Abib thou camest out from Egypt.

19 All [x] that openeth the matrix *is* mine; and every firstling among thy cattle, *whether* ox or sheep, *that is* male.

20 But the firstling of an ass thou shalt redeem with a γ lamb: and if thou redeem *him* not, then shalt thou break his neck. All the first-born of thy sons thou shalt redeem. And none shall appear before me empty.

21 Six days [z] thou shalt work, but on the seventh day thou shalt rest: in earing time and in harvest thou shalt rest.

22 And thou shalt observe the feast of weeks, of the first-fruits of wheat harvest, & y [c] feast of ingathering at y [e] δ year's end.

23 Thrice [b] in the year shall all your men-children appear before the LORD God, the God of Israel.

24 For I will cast out the nations [c] before thee, and enlarge thy borders: neither shall any man [d] desire thy land, when thou shalt go up to appear before the LORD thy God thrice in the year.

25 Thou shalt not offer the blood of my sacrifice with leaven; neither shall the sacrifice of the feast of the passover be left unto the morning.

26 The first of the [f] first-fruits of thy land thou shalt bring unto the house of the LORD thy God. Thou shalt not seethe [k] a kid in his mother's milk.

27 And the LORD said unto Moses, Write thou [l] these words: for after the tenor of these words I have made a covenant with thee and with Israel.

28 And he was there with the LORD forty days [n] and forty nights; he did neither eat

3 לֹ֣א־תְבַעֲר֥וּ אֵ֖שׁ בְּכֹ֣ל מֹשְׁבֹֽתֵיכֶ֑ם בְּיֹ֖ום הַשַּׁבָּֽת׃ פ

4 וַיֹּ֣אמֶר מֹשֶׁ֔ה אֶל־כָּל־עֲדַ֥ת בְּנֵֽי־יִשְׂרָאֵ֖ל לֵאמֹ֑ר

5 זֶ֣ה הַדָּבָ֞ר אֲשֶׁר־צִוָּ֤ה יְהוָה֙ לֵאמֹ֔ר קְח֨וּ מֵֽאִתְּכֶ֤ם תְּרוּמָה֙ לַֽיהוָ֔ה כֹּ֚ל נְדִ֣יב לִבֹּ֔ו יְבִיאֶ֕הָ אֵ֖ת תְּרוּמַ֣ת יְהוָ֑ה זָהָ֥ב וָכֶ֖סֶף וּנְחֹֽשֶׁת׃

6 וּתְכֵ֧לֶת וְאַרְגָּמָ֛ן וְתֹולַ֥עַת שָׁנִ֖י וְשֵׁ֥שׁ וְעִזִּֽים׃

7 וְעֹרֹ֨ת אֵילִ֧ם מְאָדָּמִ֛ים וְעֹרֹ֥ת תְּחָשִׁ֖ים וַעֲצֵ֥י שִׁטִּֽים׃

8 וְשֶׁ֖מֶן לַמָּאֹ֑ור וּבְשָׂמִים֙ לְשֶׁ֣מֶן הַמִּשְׁחָ֔ה וְלִקְטֹ֖רֶת הַסַּמִּֽים׃

9 וְאַ֨בְנֵי־שֹׁ֔הַם וְאַבְנֵ֖י מִלֻּאִ֑ים לָאֵפֹ֖וד וְלַחֹֽשֶׁן׃

10 וְכָל־חֲכַם־לֵ֖ב בָּכֶ֑ם יָבֹ֣אוּ וְיַעֲשׂ֔וּ אֵ֛ת כָּל־אֲשֶׁ֥ר צִוָּ֖ה יְהוָֽה׃

11 אֶת־הַ֨מִּשְׁכָּ֔ן אֶֽת־אָהֳלֹ֖ו וְאֶת־מִכְסֵ֑הוּ אֶת־קְרָסָיו֙ וְאֶת־קְרָשָׁ֔יו אֶת־בְּרִיחָ֕ו אֶת־עַמֻּדָ֖יו וְאֶת־אֲדָנָֽיו׃

12 אֶת־הָאָרֹ֥ן וְאֶת־בַּדָּ֖יו אֶת־הַכַּפֹּ֑רֶת וְאֵ֖ת פָּרֹ֥כֶת הַמָּסָֽךְ׃

13 אֶת־הַשֻּׁלְחָ֥ן וְאֶת־בַּדָּ֖יו וְאֶת־כָּל־כֵּלָ֑יו וְאֵ֖ת לֶ֥חֶם הַפָּנִֽים׃

14 וְאֶת־מְנֹרַ֧ת הַמָּאֹ֛ור וְאֶת־כֵּלֶ֖יהָ וְאֶת־נֵרֹתֶ֑יהָ וְאֵ֖ת שֶׁ֥מֶן הַמָּאֹֽור׃

15 וְאֶת־מִזְבַּ֤ח הַקְּטֹ֙רֶת֙ וְאֶת־בַּדָּ֔יו וְאֵת֙ שֶׁ֣מֶן הַמִּשְׁחָ֔ה וְאֵ֖ת קְטֹ֣רֶת הַסַּמִּ֑ים וְאֶת־מָסַ֥ךְ הַפֶּ֖תַח לְפֶ֥תַח הַמִּשְׁכָּֽן׃

16 אֵ֣ת ׀ מִזְבַּ֣ח הָעֹלָ֗ה וְאֶת־מִכְבַּ֤ר הַנְּחֹ֙שֶׁת֙ אֲשֶׁר־לֹ֔ו אֶת־בַּדָּ֖יו וְאֶת־כָּל־כֵּלָ֑יו אֶת־הַכִּיֹּ֖ר וְאֶת־כַּנֹּֽו׃

17 אֵ֚ת קַלְעֵ֣י הֶחָצֵ֔ר אֶת־עַמֻּדָ֖יו וְאֶת־אֲדָנֶ֑יהָ וְאֵ֕ת מָסַ֖ךְ שַׁ֥עַר הֶחָצֵֽר׃

18 אֶת־יִתְדֹ֧ת הַמִּשְׁכָּ֛ן וְאֶת־יִתְדֹ֥ת הֶחָצֵ֖ר וְאֶת־מֵיתְרֵיהֶֽם׃

19 אֶת־בִּגְדֵ֥י הַשְּׂרָ֖ד לְשָׁרֵ֣ת בַּקֹּ֑דֶשׁ אֶת־בִּגְדֵ֤י הַקֹּ֙דֶשׁ֙ לְאַהֲרֹ֣ן הַכֹּהֵ֔ן וְאֶת־בִּגְדֵ֥י בָנָ֖יו לְכַהֵֽן׃

20 וַיֵּ֥צְא֛וּ כָּל־עֲדַ֥ת בְּנֵֽי־יִשְׂרָאֵ֖ל מִלִּפְנֵ֥י מֹשֶֽׁה׃

21 וַיָּבֹ֕אוּ כָּל־אִ֖ישׁ אֲשֶׁר־נְשָׂאֹ֣ו לִבֹּ֑ו וְכֹ֡ל אֲשֶׁר֩ נָדְבָ֨ה רוּחֹ֜ו אֹתֹ֗ו הֵ֠בִיאוּ אֶת־תְּרוּמַ֨ת יְהוָ֜ה לִמְלֶ֨אכֶת אֹ֤הֶל מֹועֵד֙ וּלְכָל־עֲבֹ֣דָתֹ֔ו וּלְבִגְדֵ֖י הַקֹּֽדֶשׁ׃

22 וַיָּבֹ֥אוּ הָאֲנָשִׁ֖ים עַל־הַנָּשִׁ֑ים כֹּ֣ל ׀ נְדִ֣יב לֵ֗ב הֵבִ֜יאוּ חָ֣ח וָנֶ֜זֶם וְטַבַּ֤עַת וְכוּמָז֙ כָּל־כְּלִ֣י זָהָ֔ב וְכָל־אִ֕ישׁ אֲשֶׁ֥ר הֵנִ֛יף תְּנוּפַ֥ת זָהָ֖ב לַיהוָֽה׃

23 וְכָל־אִ֞ישׁ אֲשֶׁר־נִמְצָ֣א אִתֹּ֗ו תְּכֵ֧לֶת וְאַרְגָּמָ֛ן וְתֹולַ֥עַת שָׁנִ֖י וְשֵׁ֣שׁ וְעִזִּ֑ים וְעֹרֹ֨ת אֵילִ֧ם מְאָדָּמִ֛ים וְעֹרֹ֥ת תְּחָשִׁ֖ים הֵבִֽיאוּ׃

24 כָּל־מֵרִ֗ים תְּר֤וּמַת כֶּ֙סֶף֙ וּנְחֹ֔שֶׁת הֵבִ֕יאוּ אֵ֖ת תְּרוּמַ֣ת יְהוָ֑ה וְכֹ֡ל אֲשֶׁר֩ נִמְצָ֨א אִתֹּ֜ו עֲצֵ֥י שִׁטִּ֛ים לְכָל־מְלֶ֥אכֶת הָעֲבֹדָ֖ה הֵבִֽיאוּ׃

25 וְכָל־אִשָּׁ֥ה חַכְמַת־לֵ֖ב בְּיָדֶ֣יהָ טָו֑וּ וַיָּבִ֣יאוּ מַטְוֶ֗ה אֶֽת־הַתְּכֵ֙לֶת֙ וְאֶת־הָֽאַרְגָּמָ֔ן אֶת־תֹּולַ֥עַת הַשָּׁנִ֖י וְאֶת־הַשֵּֽׁשׁ׃

26 וְכָל־הַ֨נָּשִׁ֔ים אֲשֶׁ֨ר נָשָׂ֥א לִבָּ֛ן אֹתָ֖נָה בְּחָכְמָ֑ה טָו֖וּ אֶת־הָעִזִּֽים׃

27 וְהַנְּשִׂאִ֣ם הֵבִ֔יאוּ אֵ֚ת אַבְנֵ֣י הַשֹּׁ֔הַם וְאֵ֖ת אַבְנֵ֣י הַמִּלֻּאִ֑ים לָאֵפֹ֖וד וְלַחֹֽשֶׁן׃

28 וְאֶת־הַבֹּ֖שֶׂם וְאֶת־הַשָּׁ֑מֶן לְמָאֹ֕ור וּלְשֶׁ֙מֶן֙ הַמִּשְׁחָ֔ה וְלִקְטֹ֖רֶת הַסַּמִּֽים׃

29 כָּל־אִ֣ישׁ וְאִשָּׁ֗ה אֲשֶׁ֨ר נָדַ֣ב לִבָּם֮ אֹתָם֒ לְהָבִיא֙ לְכָל־הַמְּלָאכָ֔ה אֲשֶׁ֨ר צִוָּ֧ה יְהוָ֛ה לַעֲשֹׂ֖ות בְּיַד־מֹשֶׁ֑ה הֵבִ֧יאוּ בְנֵֽי־יִשְׂרָאֵ֛ל נְדָבָ֖ה לַיהוָֽה׃ פ

30 וַיֹּ֤אמֶר מֹשֶׁה֙ אֶל־בְּנֵ֣י יִשְׂרָאֵ֔ל רְא֛וּ קָרָ֥א יְהוָ֖ה בְּשֵׁ֑ם בְּצַלְאֵ֛ל בֶּן־אוּרִ֥י בֶן־ח֖וּר לְמַטֵּ֥ה יְהוּדָֽה׃

31 וַיְמַלֵּ֥א אֹתֹ֖ו ר֣וּחַ אֱלֹהִ֑ים בְּחָכְמָ֛ה בִּתְבוּנָ֥ה וּבְדַ֖עַת וּבְכָל־מְלָאכָֽה׃

32 וְלַחְשֹׁ֖ב מַֽחֲשָׁבֹ֑ת לַעֲשֹׂ֛ת בַּזָּהָ֥ב וּבַכֶּ֖סֶף וּבַנְּחֹֽשֶׁת׃

33 וּבַחֲרֹ֤שֶׁת אֶ֙בֶן֙ לְמַלֹּ֔את וּבַחֲרֹ֖שֶׁת עֵ֑ץ לַעֲשֹׂ֖ות בְּכָל־מְלֶ֥אכֶת מַחֲשָֽׁבֶת׃

34 וּלְהֹורֹ֖ת נָתַ֣ן בְּלִבֹּ֑ו ה֕וּא וְאָהֳלִיאָ֥ב בֶּן־אֲחִיסָמָ֖ךְ לְמַטֵּה־דָֽן׃

35 מִלֵּ֨א אֹתָ֜ם חָכְמַת־לֵ֗ב לַעֲשֹׂות֮ כָּל־מְלֶ֣אכֶת חָרָ֣שׁ ׀ וְחֹשֵׁב֒ וְרֹקֵ֞ם בַּתְּכֵ֣לֶת וּבָֽאַרְגָּמָ֗ן בְּתֹולַ֧עַת הַשָּׁנִ֛י וּבַשֵּׁ֖שׁ וְאֹרֵ֑ג עֹשֵׂי֙ כָּל־מְלָאכָ֔ה וְחֹשְׁבֵ֖י מַחֲשָׁבֹֽת׃

CAP. XXXVI. לו

1 וְעָשָׂה֩ בְצַלְאֵ֨ל וְאָהֳלִיאָ֜ב וְכֹ֣ל ׀ אִ֣ישׁ חֲכַם־לֵ֗ב אֲשֶׁר֩ נָתַ֨ן יְהוָ֜ה חָכְמָ֤ה וּתְבוּנָה֙ בָּהֵ֔מָּה לָדַ֣עַת לַעֲשֹׂ֔ת אֶֽת־כָּל־מְלֶ֖אכֶת עֲבֹדַ֣ת הַקֹּ֑דֶשׁ לְכֹ֥ל אֲשֶׁר־צִוָּ֖ה יְהוָֽה׃

2 וַיִּקְרָ֣א מֹשֶׁ֗ה אֶל־בְּצַלְאֵל֮ וְאֶל־אָֽהֳלִיאָב֒ וְאֶל֙ כָּל־אִ֣ישׁ חֲכַם־לֵ֔ב אֲשֶׁ֨ר נָתַ֧ן יְהוָ֛ה חָכְמָ֖ה בְּלִבֹּ֑ו כֹּ֚ל אֲשֶׁ֣ר נְשָׂאֹ֣ו לִבֹּ֔ו לְקָרְבָ֥ה אֶל־הַמְּלָאכָ֖ה לַעֲשֹׂ֥ת אֹתָֽהּ׃

3 וַיִּקְח֞וּ מִלִּפְנֵ֣י מֹשֶׁ֗ה אֵ֤ת כָּל־הַתְּרוּמָה֙ אֲשֶׁ֨ר הֵבִ֜יאוּ בְּנֵ֣י יִשְׂרָאֵ֗ל לִמְלֶ֛אכֶת עֲבֹדַ֥ת הַקֹּ֖דֶשׁ לַעֲשֹׂ֣ת אֹתָ֑הּ וְ֠הֵם הֵבִ֨יאוּ אֵלָ֥יו עֹ֛וד נְדָבָ֖ה בַּבֹּ֥קֶר בַּבֹּֽקֶר׃

4 וַיָּבֹ֙אוּ֙ כָּל־הַ֣חֲכָמִ֔ים הָעֹשִׂ֕ים אֵ֖ת כָּל־מְלֶ֣אכֶת הַקֹּ֑דֶשׁ אִֽישׁ־אִ֥ישׁ מִמְּלַאכְתֹּ֖ו אֲשֶׁר־הֵ֥מָּה עֹשִֽׂים׃

5 וַיֹּאמְרוּ֙ אֶל־מֹשֶׁ֣ה לֵּאמֹ֔ר מַרְבִּ֥ים הָעָ֖ם לְהָבִ֑יא מִדֵּ֤י הָֽעֲבֹדָה֙ לַמְּלָאכָ֔ה אֲשֶׁר־צִוָּ֥ה יְהוָ֖ה לַעֲשֹׂ֥ת אֹתָֽהּ׃

6 וַיְצַ֣ו מֹשֶׁ֗ה וַיַּעֲבִ֨ירוּ קֹ֥ול בַּֽמַּחֲנֶה֮ לֵאמֹר֒ אִ֣ישׁ וְאִשָּׁ֗ה אַל־יַעֲשׂוּ־עֹ֛וד מְלָאכָ֖ה לִתְרוּמַ֣ת הַקֹּ֑דֶשׁ וַיִּכָּלֵ֥א הָעָ֖ם מֵהָבִֽיא׃

7 וְהַמְּלָאכָ֗ה הָיְתָ֥ה דַיָּ֛ם לְכָל־הַמְּלָאכָ֖ה לַעֲשֹׂ֣ות אֹתָ֑הּ וְהֹותֵֽר׃ ס

8 וַיַּעֲשׂ֨וּ כָל־חֲכַם־לֵ֜ב בְּעֹשֵׂ֧י הַמְּלָאכָ֛ה אֶת־הַמִּשְׁכָּ֖ן עֶ֣שֶׂר יְרִיעֹ֑ת שֵׁ֣שׁ מָשְׁזָ֗ר וּתְכֵ֤לֶת וְאַרְגָּמָן֙ וְתֹלַ֣עַת שָׁנִ֔י כְּרֻבִ֛ים מַעֲשֵׂ֥ה חֹשֵׁ֖ב עָשָׂ֥ה אֹתָֽם׃

bread, nor drink water. And he *a* wrote upon the tables the words of the covenant, the ten *β* commandments.

29 And it came to pass, when Moses came down from mount Sinai with the two tables of testimony in Moses' hand, when he came down from the mount, that Moses wist not that the skin of his face shone *d* while he talked with him.

30 And when Aaron and all the children of Israel saw Moses, behold, the skin of his face shone : and they were afraid to come nigh him.

31 And Moses called unto them ; and Aaron and all the rulers of the congregation returned unto him : and Moses talked with them.

32 And afterward all the children of Israel came nigh : and he gave them in commandment *f* all that the LORD had spoken with him in mount Sinai.

33 And *till* Moses had done speaking with them, he put a vail *g* on his face.

34 But when Moses went in before the LORD, to speak with him, he took the vail off, until he came out. And he came out, and spake unto the children of Israel *that* which he was commanded.

35 And the children of Israel saw the face of Moses, that the skin of Moses' face shone: and Moses put the vail upon his face again, until he went in to speak with him.

CHAP. XXXV.

AND Moses gathered all the congregation of the children of Israel together, and said unto them, *k* These *are* the words which the LORD hath commanded, that *ye* should do them.

2 Six days *j* shall work be done, but on the seventh day there shall be to you *γ* an holy day, a sabbath of rest to the LORD : whosoever doeth work therein *k* shall be put to death.

3 Ye shall kindle no *m* fire throughout your habitations upon the sabbath-day.

4 And Moses spake unto all the congregation of the children of Israel, saying, This *is* the thing which the LORD commanded, saying,

5 Take ye from among you an offering unto the LORD : whosoever *is* of a *p* willing heart, let him bring it, an offering of the LORD ; gold, and silver, and brass,

6 And blue, and purple, and scarlet, and fine linen, and goats' *hair*,

7 And rams' skins dyed red, and badgers' skins, and shittim-wood,

8 And oil for the light, and spices for anointing oil, and for the sweet incense,

9 And onyx-stones, and stones to be set for the ephod, and for the breastplate.

10 And every wise-hearted among you shall come, *r* and make all that the LORD hath commanded ;

11 The tabernacle, his tent, and his covering, his taches, and his boards, his bars, his pillars, and his sockets,

12 The *t* ark and the staves thereof, *with* the mercy-seat, and the vail of the covering,

13 The table, and his staves, and all his vessels, and the *v* shew-bread,

14 The candlestick also for the light, and his furniture, and his lamps, with the oil for the light,

15 And the *w* incense-altar, and his staves, and the anointing oil, and the sweet incense, and the hanging for the door at the entering in of the tabernacle,

16 The altar of burnt-offering, with his

B. C. 1491.	
a ver. 1.	
De. 4. 13.	
10. 2, 4.	
2 Co. 3. 7.	
β words.	
b ch. 27. 9.	
2 Sa. 7. 2.	
c ch. 31. 10.	
39. 1, 41.	
Nu. 4. 5, 7,	
&c.	
d Mat. 17. 2.	
Lu. 9. 29.	
Ac. 6. 15.	
2Co.3.7.13.	
Re. 1. 16.	
e ver.5.22,&c	
ch. 25. 2.	
36. 2.	
1 Ch.28.2,9.	
29. 9.	
Ezr. 7. 27.	
f ch. 21. 1.	
Nu. 15. 40.	
g 2 Co. 3. 13.	
16.	
h ch. 34. 32.	
i ch. 28. 3.	
2 Ki. 23. 7.	
Pr. 31. 19.	
j Le. 23. 3.	
γ holiness.	
k De.5.12..14	
Lu. 13. 14,	
15.	
l 1 Ch. 29. 6.	
Ezr. 2. 68.	
m Nu. 15. 32,	
&c.	
n ch. 30. 23.	
o ver. 21.	
1 Ch. 29. 9.	
p ch. 25. 2.	
Mar.12.41..	
44.	
2 Co. 8. 11,	
9. 7.	
q ch.31.2,&c.	
r ch. 31. 6.	
s Ne. 2. 12.	
t ch.25.10,&c	
u ver. 31.	
ch. 31. 3, 6	
1 Ki. 3. 12.	
7. 14.	
2 Ch. 2. 14.	
Is. 28. 26.	
54. 16.	
v Le. 24. 5, 6.	
w ch.30.1,&c.	
x ch. 28. 3.	
31. 6.	
35.10,35	

brazen grate, his staves, and all his vessels, the laver and his foot,

17 The hangings *b* of the court, his pillars, and their sockets, and the hanging for the door of the court,

18 The pins of the tabernacle, and the pins of the court, and their cords,

19 The cloths *c* of service, to do service in the holy *place*, the holy garments for Aaron the priest, and the garments of his sons, to minister in the priest's office.

20 And all the congregation of the children of Israel departed from the presence of Moses.

21 And they came, every one *e* whose heart stirred him up, and every one whom his spirit made willing, *and* they brought the LORD's offering to the work of the tabernacle of the congregation, and for all his service, and for the holy garments.

22 And they came, both men and women, as many as were willing-hearted, *and* brought bracelets, and ear-rings, and rings, and tablets, all jewels of gold : and every man that offered, *offered* an offering of gold unto the LORD.

23 And every man with whom was found blue, and purple, and scarlet, and fine linen, and goats' *hair*, and red skins of rams, and badgers' skins, brought *them*.

24 Every one that did offer an offering of silver and brass, brought the LORD's offering : and every man with whom was found shittim-wood, for any work of the service, brought *it*.

25 And all the women that were wise hearted did *i* spin with their hands, and brought that which they had spun, *both* of blue, and of purple, and of scarlet, and of fine linen.

26 And all the women whose heart stir red them up in wisdom spun goats' *hair*.

27 And *l* the rulers brought onyx-stones, and stones to be set, for the ephod, and for the breastplate :

28 And *n* spice, and oil for the light, & for the anointing oil, and for the sweet incense.

29 The children of Israel brought a willing *o* offering unto the LORD, every man and woman, whose heart made them willing to bring, for all manner of work which the LORD had commanded to be made by the hand of Moses.

30 And Moses said unto the children of Israel, See, *q* the LORD hath called by name Bezaleel the son of Uri, the son of Hur, of the tribe of Judah :

31 And he hath filled him with the spirit of God, in wisdom, in understanding, and in knowledge, and in all manner of workmanship ;

32 And to devise curious works, to work in gold, and in silver, and in brass,

33 And in the cutting of stones to set *them*, and in carving of wood, to make any manner of cunning work.

34 And he hath *u* put in his heart that he may teach, *both* he and Aholiab the son of Ahisamach, of the tribe of Dan.

35 Them hath he filled *u* with wisdom of heart, to work all manner of work, of the engraver, and of the cunning workman, and of the embroiderer, in blue, and in purple, in scarlet, and in fine linen, and of the weaver, *even* of them that do any work, and of those that devise cunning work.

CHAP. XXXVI.

THEN wrought Bezaleel and Aholiab, and every *x* wise-hearted man, in whom

9 אֹרֶךְ הַיְרִיעָה הָאַחַת שְׁמֹנֶה וְעֶשְׂרִים בָּאַמָּה וְרֹחַב אַרְבַּע בָּאַמָּה הַיְרִיעָה הָאֶחָת מִדָּה אַחַת
10 לְכָל־הַיְרִיעֹת׃ וַיְחַבֵּר אֶת־חֲמֵשׁ הַיְרִיעֹת אַחַת אֶל־אֶחָת וְחָמֵשׁ יְרִיעֹת חִבַּר אַחַת אֶל־
11 אֶחָת׃ וַיַּעַשׂ לֻלְאֹת תְּכֵלֶת עַל שְׂפַת הַיְרִיעָה הָאֶחָת מִקָּצָה בַּמַּחְבָּרֶת כֵּן עָשָׂה בִּשְׂפַת
12 הַיְרִיעָה הַקִּיצוֹנָה בַּמַּחְבֶּרֶת הַשֵּׁנִית׃ חֲמִשִּׁים לֻלָאֹת עָשָׂה בַּיְרִיעָה הָאֶחָת וַחֲמִשִּׁים לֻלָאֹת עָשָׂה בִּקְצֵה הַיְרִיעָה אֲשֶׁר בַּמַּחְבֶּרֶת הַשֵּׁנִית
13 מַקְבִּילֹת הַלֻּלָאֹת אַחַת אֶל־אֶחָת׃ וַיַּעַשׂ חֲמִשִּׁים קַרְסֵי זָהָב וַיְחַבֵּר אֶת־הַיְרִיעֹת אַחַת אֶל־אַחַת בַּקְּרָסִים וַיְהִי הַמִּשְׁכָּן אֶחָד׃ פ
14 וַיַּעַשׂ יְרִיעֹת עִזִּים לְאֹהֶל עַל־הַמִּשְׁכָּן עַשְׁתֵּי עֶשְׂרֵה יְרִיעֹת עָשָׂה אֹתָם׃
15 אֹרֶךְ הַיְרִיעָה הָאַחַת שְׁלֹשִׁים בָּאַמָּה וְאַרְבַּע אַמּוֹת רֹחַב הַיְרִיעָה הָאֶחָת מִדָּה אַחַת
16 לְעַשְׁתֵּי עֶשְׂרֵה יְרִיעֹת׃ וַיְחַבֵּר אֶת־חֲמֵשׁ הַיְרִיעֹת לְבָד וְאֶת־שֵׁשׁ הַיְרִיעֹת לְבָד׃
17 וַיַּעַשׂ לֻלָאֹת חֲמִשִּׁים עַל שְׂפַת הַיְרִיעָה הַקִּיצֹנָה בַּמַּחְבָּרֶת וַחֲמִשִּׁים לֻלָאֹת עָשָׂה עַל־שְׂפַת הַיְרִיעָה
18 הַחֹבֶרֶת הַשֵּׁנִית׃ וַיַּעַשׂ קַרְסֵי נְחֹשֶׁת חֲמִשִּׁים לְחַבֵּר אֶת־הָאֹהֶל לִהְיֹת אֶחָד׃
19 וַיַּעַשׂ מִכְסֶה לָאֹהֶל עֹרֹת אֵילִם מְאָדָּמִים וּמִכְסֵה עֹרֹת תְּחָשִׁים מִלְמָעְלָה׃ ס
20 וַיַּעַשׂ אֶת־הַקְּרָשִׁים לַמִּשְׁכָּן עֲצֵי שִׁטִּים עֹמְדִים׃
21 עֶשֶׂר אַמֹּת אֹרֶךְ הַקָּרֶשׁ וְאַמָּה וַחֲצִי הָאַמָּה רֹחַב הַקֶּרֶשׁ הָאֶחָד׃
22 שְׁתֵּי יָדֹת לַקֶּרֶשׁ הָאֶחָד מְשֻׁלָּבֹת אַחַת אֶל־אֶחָת כֵּן עָשָׂה לְכֹל קַרְשֵׁי הַמִּשְׁכָּן׃
23 וַיַּעַשׂ אֶת־הַקְּרָשִׁים לַמִּשְׁכָּן עֶשְׂרִים קְרָשִׁים לִפְאַת נֶגֶב תֵּימָנָה׃
24 וְאַרְבָּעִים אַדְנֵי־כֶסֶף עָשָׂה תַּחַת עֶשְׂרִים הַקְּרָשִׁים שְׁנֵי אֲדָנִים תַּחַת־הַקֶּרֶשׁ הָאֶחָד לִשְׁתֵּי יְדֹתָיו וּשְׁנֵי אֲדָנִים תַּחַת־הַקֶּרֶשׁ הָאֶחָד לִשְׁתֵּי יְדֹתָיו׃
25 וּלְצֶלַע הַמִּשְׁכָּן הַשֵּׁנִית לִפְאַת צָפוֹן עָשָׂה עֶשְׂרִים
26 קְרָשִׁים׃ וְאַרְבָּעִים אַדְנֵיהֶם כָּסֶף שְׁנֵי אֲדָנִים תַּחַת הַקֶּרֶשׁ הָאֶחָד וּשְׁנֵי אֲדָנִים תַּחַת הַקֶּרֶשׁ
27 הָאֶחָד׃ וּלְיַרְכְּתֵי הַמִּשְׁכָּן יָמָּה עָשָׂה שִׁשָּׁה
28 קְרָשִׁים׃ וּשְׁנֵי קְרָשִׁים עָשָׂה לִמְקֻצְעֹת הַמִּשְׁכָּן בַּיַּרְכָתָיִם׃
29 וְהָיוּ תוֹאֲמִם מִלְּמַטָּה וְיַחְדָּו יִהְיוּ תַמִּים אֶל־רֹאשׁוֹ אֶל־הַטַּבַּעַת הָאֶחָת כֵּן עָשָׂה
30 לִשְׁנֵיהֶם לִשְׁנֵי הַמִּקְצֹעֹת׃ וְהָיוּ שְׁמֹנָה קְרָשִׁים

31 וְאַדְנֵיהֶם כֶּסֶף שִׁשָּׁה עָשָׂר אֲדָנִים שְׁנֵי אֲדָנִים שְׁנֵי אֲדָנִים תַּחַת הַקֶּרֶשׁ הָאֶחָד׃ וַיַּעַשׂ בְּרִיחֵי
32 עֲצֵי שִׁטִּים חֲמִשָּׁה לְקַרְשֵׁי צֶלַע־הַמִּשְׁכָּן הָאֶחָת׃ וַחֲמִשָּׁה בְרִיחִם לְקַרְשֵׁי צֶלַע־הַמִּשְׁכָּן הַשֵּׁנִית וַחֲמִשָּׁה בְרִיחִם לְקַרְשֵׁי הַמִּשְׁכָּן לַיַּרְכָתַיִם יָמָּה׃
33 וַיַּעַשׂ אֶת־הַבְּרִיחַ הַתִּיכֹן לִבְרֹחַ בְּתוֹךְ הַקְּרָשִׁים
34 מִן־הַקָּצֶה אֶל־הַקָּצֶה׃ וְאֶת־הַקְּרָשִׁים צִפָּה זָהָב וְאֶת־טַבְּעֹתָם עָשָׂה זָהָב בָּתִּים לַבְּרִיחִם וַיְצַף אֶת־הַבְּרִיחִם זָהָב׃
35 וַיַּעַשׂ אֶת־הַפָּרֹכֶת תְּכֵלֶת וְאַרְגָּמָן וְתוֹלַעַת שָׁנִי וְשֵׁשׁ מָשְׁזָר מַעֲשֵׂה חֹשֵׁב
36 עָשָׂה אֹתָהּ כְּרֻבִים׃ וַיַּעַשׂ לָהּ אַרְבָּעָה עַמּוּדֵי שִׁטִּים וַיְצַפֵּם זָהָב וָוֵיהֶם זָהָב וַיִּצֹק לָהֶם אַרְבָּעָה אַדְנֵי־כָסֶף׃
37 וַיַּעַשׂ מָסָךְ לְפֶתַח הָאֹהֶל תְּכֵלֶת וְאַרְגָּמָן וְתוֹלַעַת שָׁנִי וְשֵׁשׁ מָשְׁזָר מַעֲשֵׂה רֹקֵם׃
38 וְאֶת־עַמּוּדָיו חֲמִשָּׁה וְאֶת־וָוֵיהֶם וְצִפָּה רָאשֵׁיהֶם וַחֲשֻׁקֵיהֶם זָהָב וְאַדְנֵיהֶם חֲמִשָּׁה נְחֹשֶׁת׃ פ

CAP. XXXVII. לז

1 וַיַּעַשׂ בְּצַלְאֵל אֶת־הָאָרֹן עֲצֵי שִׁטִּים אַמָּתַיִם וָחֵצִי אָרְכּוֹ וְאַמָּה וָחֵצִי רָחְבּוֹ וְאַמָּה וָחֵצִי קֹמָתוֹ׃
2 וַיְצַפֵּהוּ זָהָב טָהוֹר מִבַּיִת וּמִחוּץ וַיַּעַשׂ לוֹ זֵר זָהָב סָבִיב׃
3 וַיִּצֹק לוֹ אַרְבַּע טַבְּעֹת זָהָב עַל אַרְבַּע פַּעֲמֹתָיו וּשְׁתֵּי טַבָּעֹת עַל־צַלְעוֹ הָאֶחָת
4 וּשְׁתֵּי טַבָּעֹת עַל־צַלְעוֹ הַשֵּׁנִית׃ וַיַּעַשׂ בַּדֵּי עֲצֵי שִׁטִּים וַיְצַף אֹתָם זָהָב׃
5 וַיָּבֵא אֶת־הַבַּדִּים בַּטַּבָּעֹת עַל צַלְעֹת הָאָרֹן לָשֵׂאת אֶת־הָאָרֹן׃
6 וַיַּעַשׂ כַּפֹּרֶת זָהָב טָהוֹר אַמָּתַיִם וָחֵצִי אָרְכָּהּ וְאַמָּה וָחֵצִי רָחְבָּהּ׃
7 וַיַּעַשׂ שְׁנֵי כְרֻבִים זָהָב מִקְשָׁה עָשָׂה אֹתָם מִשְּׁנֵי קְצוֹת הַכַּפֹּרֶת׃
8 כְּרוּב אֶחָד מִקָּצָה מִזֶּה וּכְרוּב־אֶחָד מִקָּצָה מִזֶּה מִן־הַכַּפֹּרֶת עָשָׂה אֶת־הַכְּרֻבִים מִשְּׁנֵי קְצוֹתָיו
9 וַיִּהְיוּ הַכְּרֻבִים פֹּרְשֵׂי כְנָפַיִם לְמַעְלָה סֹכְכִים בְּכַנְפֵיהֶם עַל־הַכַּפֹּרֶת וּפְנֵיהֶם אִישׁ אֶל־אָחִיו אֶל־הַכַּפֹּרֶת הָיוּ פְּנֵי הַכְּרֻבִים׃ פ
10 וַיַּעַשׂ אֶת־הַשֻּׁלְחָן עֲצֵי שִׁטִּים אַמָּתַיִם אָרְכּוֹ
11 וְאַמָּה רָחְבּוֹ וְאַמָּה וָחֵצִי קֹמָתוֹ׃ וַיְצַף אֹתוֹ זָהָב טָהוֹר וַיַּעַשׂ לוֹ זֵר זָהָב סָבִיב׃
12 וַיַּעַשׂ לוֹ מִסְגֶּרֶת טֹפַח סָבִיב וַיַּעַשׂ זֵר־זָהָב לְמִסְגַּרְתּוֹ סָבִיב׃
13 וַיִּצֹק לוֹ אַרְבַּע טַבְּעֹת זָהָב וַיִּתֵּן אֶת־הַטַּבָּעֹת עַל אַרְבַּע הַפֵּאֹת אֲשֶׁר לְאַרְבַּע רַגְלָיו׃

the LORD put wisdom and understanding, to know how to work all manner of work for the service of the *a* sanctuary, according to all that the LORD had commanded.

2 And Moses called Bezaleel and Aholiab, and every wise-hearted man, in whose heart the LORD had put wisdom, *even* every one whose heart *b* stirred him up to come unto the work to do it:

3 And they received of Moses all the offering which the children of Israel had brought for the work of the service of the sanctuary, to make it *withal.* And they brought yet unto him free-offerings every morning.

4 And all the wise *c* men, that wrought all the work *d* of the sanctuary, came every man from his work which they made;

5 And they spake unto Moses, saying, The people bring much *e* more than enough for the service of the work, which the LORD commanded to make.

6 And Moses gave commandment, and they caused it to be proclaimed throughout the camp, saying, Let neither man nor woman make any more work for the offering of the sanctuary. So the people were restrained from bringing.

7 For the stuff they had was sufficient for all the work to make it, *g* and too much.

8 And every wise-hearted man among them that wrought the work of the tabernacle made ten *h* curtains *of* fine twined linen, and blue, and purple, & scarlet: *with* cherubims of cunning work made he them.

9 The length of one curtain *was* twenty and eight cubits, and the breadth of one curtain four cubits: the curtains *were* all of one size.

10 And he coupled the five curtains one unto another; and *the other* five curtains he coupled one unto another.

11 And he made loops of blue on the edge of one curtain from the selvedge in the coupling: likewise he made in the uttermost side of *another* curtain, in the coupling of the second.

12 Fifty *l* loops made he in one curtain, & fifty loops made he in the edge of *y*e curtain which *was* in *y*e coupling of the second. The loops held one *curtain* to another.

13 And he made fifty taches of gold, and coupled *y*e curtains one unto another with the taches: so it became *n* one tabernacle.

14 And he made curtains *of* *o* goats' *hair* for the tent over the tabernacle: eleven curtains he made them.

15 The length of one curtain *was* thirty cubits, and four cubits *was* the breadth of one curtain: the eleven curtains *were* of one size.

16 And he coupled five curtains by themselves, and six curtains by themselves.

17 And he made fifty loops upon the uttermost edge of the curtain in the coupling, and fifty loops made he upon the edge of the curtain which coupleth the second.

18 And he made fifty taches *of* brass to couple the tent together, that it might be one.

19 And he made a covering *r* for the tent *of* rams' skins dyed red, and a covering of badgers' skins above *that.*

20 And he made *s* boards for the tabernacle *of* shittim-wood, *u* standing up.

21 The length of a board *was* ten cubits, & the breadth of a board one cubit & a half.

22 One board had two tenons, equally distant one from another: thus did he

B. C. 1491.	
◆━━━	
a ch. 25. 8.	
Nu. 7. 9.	
He. 8. 2.	
b ch.35.25,26.	
1 Ch. 29. 5.	
c 1 Co. 3. 10.	
d 2 Ch. 24.13.	
e 2 Co.8.2 3.	
Ph. 4.17,18.	
β twined.	
γ two sockets, two sockets *under one board.*	
f ch. 26. 26.	
g 2 Ch.31.10.	
h ch.26.1,&c.	
i ch. 26. 31. 30. 6. Mat. 27. 51. He. 10. 20.	
k ch. 26. 36.	
l ch. 26. 5.	
δ the work of a needle-worker, or, embroiderer.	
m Ps. 45. 14.	
n 1 Co.12 20. Ep.2.20..22 1 Pe. 2. 4,5.	
o ch. 26. 7.	
p ch. 25. 10. 40. 3, 21. Nu. 10. 33, 35.	
q ch. 25. 17.	
r ch. 26. 14.	
s ch. 26. 15.	
t 1 Ki. 6. 23. Ps. 80. 1.	
u ch. 25.5,10. Nu. 25. 1. De. 10. 3.	
ζ or, out of.	
η or, out of.	

make for all the boards of the tabernacle.

23 And he made boards for the tabernacle; twenty boards for the south side southward.

24 And forty sockets of silver he made under the twenty boards; two sockets under one board for his two tenons, and two sockets under another board for his two tenons.

25 And for the other side of the tabernacle, *which is* toward the north corner, he made twenty boards,

26 And their forty sockets of silver: two sockets under one board, and two sockets under another board.

27 And for the sides of the tabernacle westward he made six boards.

28 And two boards made he for the corners of the tabernacle in the two sides.

29 And they were *β* coupled beneath, and coupled together at the head thereof, to one ring: thus he did to both of them in both the corners.

30 And there were eight boards; and their sockets *were* sixteen sockets of silver, *γ* under every board two sockets.

31 And he made *f* bars of shittim-wood: five for the boards of the one side of the tabernacle,

32 And five bars for the boards of the other side of the tabernacle, and five bars for the boards of the tabernacle for the sides westward.

33 And he made the middle bar to shoot through the boards from the one end to the other.

34 And he overlaid the boards with gold, and made their rings *of* gold *to be* places for the bars, and overlaid the bars with gold.

35 And he made a *i* vail of blue, and purple, & scarlet, and fine twined linen: *with* cherubims made he it of cunning work.

36 And he made thereunto four pillars *of* shittim-*wood,* and overlaid them with gold: their hooks *were of* gold; and he cast for them four sockets of silver.

37 And he made an *k* hanging for the tabernacle door *of* blue, & purple, & scarlet, and fine twined linen, *δ* of *m* needlework;

38 And the five pillars of it with their hooks: and he overlaid their chapiters and their fillets with gold; but their five sockets *were of* brass.

CHAP. XXXVII.

AND Bezaleel made the *p* ark *of* shittim-wood: two cubits and a half *was* the length of it, and a cubit and a half the breadth of it, and a cubit and a half the height of it:

2 And he overlaid it with pure gold within and without, and made a crown of gold to it round about.

3 And he cast for it four rings of gold, *to be set* by the four corners of it; even two rings upon the one side of it, and two rings upon the other side of it.

4 And he made staves *of* shittim-wood, and overlaid them with gold.

5 And he put the staves into the rings by the sides of the ark, to bear the ark.

6 And he made the mercy-seat *q of* pure gold: two cubits and a half *was* the length thereof, and one cubit and a half the breadth thereof.

7 And he made two *t* cherubims *of* gold, beaten out of one piece made he them, on the two ends of the mercy-seat:

8 One cherub *ζ* on the end on this side; and another cherub *η* on the *other* end on that side: out of the mercy-seat made he

14 לְעֻמַּת הַמִּסְגֶּרֶת הָיוּ הַטַּבָּעֹת בָּתִּים לַבַּדִּים לָשֵׂאת אֶת־הַשֻּׁלְחָן׃

15 וַיַּעַשׂ אֶת־הַבַּדִּים עֲצֵי שִׁטִּים וַיְצַף אֹתָם זָהָב לָשֵׂאת אֶת־הַשֻּׁלְחָן׃

16 וַיַּעַשׂ אֶת־הַכֵּלִים אֲשֶׁר עַל־הַשֻּׁלְחָן אֶת־קְעָרֹתָיו וְאֶת־כַּפֹּתָיו וְאֵת מְנַקִּיֹּתָיו וְאֶת־הַקְּשָׂוֺת אֲשֶׁר יֻסַּךְ בָּהֵן זָהָב טָהוֹר׃ פ

17 וַיַּעַשׂ אֶת־הַמְּנֹרָה זָהָב טָהוֹר מִקְשָׁה עָשָׂה אֶת־הַמְּנֹרָה יְרֵכָהּ וְקָנָהּ גְּבִיעֶיהָ כַּפְתֹּרֶיהָ וּפְרָחֶיהָ מִמֶּנָּה הָיוּ׃

18 וְשִׁשָּׁה קָנִים יֹצְאִים מִצִּדֶּיהָ שְׁלֹשָׁה קְנֵי מְנֹרָה מִצִּדָּהּ הָאֶחָד וּשְׁלֹשָׁה קְנֵי מְנֹרָה מִצִּדָּהּ הַשֵּׁנִי׃

19 שְׁלֹשָׁה גְבִעִים מְשֻׁקָּדִים בַּקָּנֶה הָאֶחָד כַּפְתֹּר וָפֶרַח וּשְׁלֹשָׁה גְבִעִים מְשֻׁקָּדִים בְּקָנֶה אֶחָד כַּפְתֹּר וָפָרַח כֵּן לְשֵׁשֶׁת הַקָּנִים הַיֹּצְאִים מִן־הַמְּנֹרָה׃

20 וּבַמְּנֹרָה אַרְבָּעָה גְבִעִים מְשֻׁקָּדִים כַּפְתֹּרֶיהָ וּפְרָחֶיהָ׃

21 וְכַפְתֹּר תַּחַת שְׁנֵי הַקָּנִים מִמֶּנָּה וְכַפְתֹּר תַּחַת שְׁנֵי הַקָּנִים מִמֶּנָּה וְכַפְתֹּר תַּחַת־שְׁנֵי הַקָּנִים מִמֶּנָּה לְשֵׁשֶׁת הַקָּנִים הַיֹּצְאִים מִמֶּנָּה׃

22 כַּפְתֹּרֵיהֶם וּקְנֹתָם מִמֶּנָּה הָיוּ כֻּלָּהּ מִקְשָׁה אַחַת זָהָב טָהוֹר׃

23 וַיַּעַשׂ אֶת־נֵרֹתֶיהָ שִׁבְעָה וּמַלְקָחֶיהָ וּמַחְתֹּתֶיהָ זָהָב טָהוֹר׃

24 כִּכָּר זָהָב טָהוֹר עָשָׂה אֹתָהּ וְאֵת כָּל־כֵּלֶיהָ׃ פ

25 וַיַּעַשׂ אֶת־מִזְבַּח הַקְּטֹרֶת עֲצֵי שִׁטִּים אַמָּה אָרְכּוֹ וְאַמָּה רָחְבּוֹ רָבוּעַ וְאַמָּתַיִם קֹמָתוֹ מִמֶּנּוּ הָיוּ קַרְנֹתָיו׃

26 וַיְצַף אֹתוֹ זָהָב טָהוֹר אֶת־גַּגּוֹ וְאֶת־קִירֹתָיו סָבִיב וְאֶת־קַרְנֹתָיו וַיַּעַשׂ לוֹ זֵר זָהָב סָבִיב׃

27 וּשְׁתֵּי טַבְּעֹת זָהָב עָשָׂה־לוֹ מִתַּחַת לְזֵרוֹ עַל שְׁתֵּי צַלְעֹתָיו עַל שְׁנֵי צִדָּיו לְבָתִּים לְבַדִּים לָשֵׂאת אֹתוֹ בָּהֶם׃

28 וַיַּעַשׂ אֶת־הַבַּדִּים עֲצֵי שִׁטִּים וַיְצַף אֹתָם זָהָב׃

29 וַיַּעַשׂ אֶת־שֶׁמֶן הַמִּשְׁחָה קֹדֶשׁ וְאֶת־קְטֹרֶת הַסַּמִּים טָהוֹר מַעֲשֵׂה רֹקֵחַ׃ ס

CAP. XXXVIII. לח

1 וַיַּעַשׂ אֶת־מִזְבַּח הָעֹלָה עֲצֵי שִׁטִּים חָמֵשׁ אַמּוֹת אָרְכּוֹ וְחָמֵשׁ־אַמּוֹת רָחְבּוֹ רָבוּעַ וְשָׁלֹשׁ אַמּוֹת קֹמָתוֹ׃

2 וַיַּעַשׂ קַרְנֹתָיו עַל אַרְבַּע פִּנֹּתָיו מִמֶּנּוּ הָיוּ קַרְנֹתָיו וַיְצַף אֹתוֹ נְחֹשֶׁת׃

3 וַיַּעַשׂ אֶת־כָּל־כְּלֵי הַמִּזְבֵּחַ אֶת־הַסִּירֹת וְאֶת־הַיָּעִים וְאֶת־הַמִּזְרָקֹת אֶת־הַמִּזְלָגֹת וְאֶת־הַמַּחְתֹּת כָּל־כֵּלָיו עָשָׂה נְחֹשֶׁת׃

4 וַיַּעַשׂ לַמִּזְבֵּחַ מִכְבָּר מַעֲשֵׂה רֶשֶׁת נְחֹשֶׁת תַּחַת כַּרְכֻּבּוֹ מִלְּמַטָּה עַד־חֶצְיוֹ׃

5 וַיִּצֹק אַרְבַּע טַבָּעֹת בְּאַרְבַּע הַקְּצָוֺת לְמִכְבַּר הַנְּחֹשֶׁת בָּתִּים לַבַּדִּים׃

6 וַיַּעַשׂ אֶת־הַבַּדִּים עֲצֵי שִׁטִּים וַיְצַף אֹתָם נְחֹשֶׁת׃

7 וַיָּבֵא אֶת־הַבַּדִּים בַּטַּבָּעֹת עַל צַלְעֹת הַמִּזְבֵּחַ לָשֵׂאת אֹתוֹ בָּהֶם נְבוּב לֻחֹת עָשָׂה אֹתוֹ׃ ס

8 וַיַּעַשׂ אֵת הַכִּיּוֹר נְחֹשֶׁת וְאֵת כַּנּוֹ נְחֹשֶׁת בְּמַרְאֹת הַצֹּבְאֹת אֲשֶׁר צָבְאוּ פֶּתַח אֹהֶל מוֹעֵד׃ ס

9 וַיַּעַשׂ אֶת־הֶחָצֵר לִפְאַת נֶגֶב תֵּימָנָה קַלְעֵי הֶחָצֵר שֵׁשׁ מָשְׁזָר מֵאָה בָּאַמָּה׃

10 עַמּוּדֵיהֶם עֶשְׂרִים וְאַדְנֵיהֶם עֶשְׂרִים נְחֹשֶׁת וָוֵי הָעַמֻּדִים וַחֲשֻׁקֵיהֶם כָּסֶף׃

11 וְלִפְאַת צָפוֹן מֵאָה בָאַמָּה עַמּוּדֵיהֶם עֶשְׂרִים וְאַדְנֵיהֶם עֶשְׂרִים נְחֹשֶׁת וָוֵי הָעַמּוּדִים וַחֲשֻׁקֵיהֶם כָּסֶף׃

12 וְלִפְאַת־יָם קְלָעִים חֲמִשִּׁים בָּאַמָּה עַמּוּדֵיהֶם עֲשָׂרָה וְאַדְנֵיהֶם עֲשָׂרָה וָוֵי הָעַמֻּדִים וַחֲשׁוּקֵיהֶם כָּסֶף׃

13 וְלִפְאַת קֵדְמָה מִזְרָחָה חֲמִשִּׁים אַמָּה׃

14 קְלָעִים חֲמֵשׁ־עֶשְׂרֵה אַמָּה אֶל־הַכָּתֵף עַמּוּדֵיהֶם שְׁלֹשָׁה וְאַדְנֵיהֶם שְׁלֹשָׁה׃

15 וְלַכָּתֵף הַשֵּׁנִית מִזֶּה וּמִזֶּה לְשַׁעַר הֶחָצֵר קְלָעִים חֲמֵשׁ עֶשְׂרֵה אַמָּה עַמֻּדֵיהֶם שְׁלֹשָׁה וְאַדְנֵיהֶם שְׁלֹשָׁה׃

16 כָּל־קַלְעֵי הֶחָצֵר סָבִיב שֵׁשׁ מָשְׁזָר׃

17 וְהָאֲדָנִים לָעַמֻּדִים נְחֹשֶׁת וָוֵי הָעַמּוּדִים וַחֲשׁוּקֵיהֶם כֶּסֶף וְצִפּוּי רָאשֵׁיהֶם כָּסֶף וְהֵם מְחֻשָּׁקִים כֶּסֶף כֹּל עַמֻּדֵי הֶחָצֵר׃

18 וּמָסַךְ שַׁעַר הֶחָצֵר מַעֲשֵׂה רֹקֵם תְּכֵלֶת וְאַרְגָּמָן וְתוֹלַעַת שָׁנִי וְשֵׁשׁ מָשְׁזָר וְעֶשְׂרִים אַמָּה אֹרֶךְ וְקוֹמָה בְרֹחַב חָמֵשׁ אַמּוֹת לְעֻמַּת קַלְעֵי הֶחָצֵר׃

19 וְעַמֻּדֵיהֶם אַרְבָּעָה וְאַדְנֵיהֶם אַרְבָּעָה נְחֹשֶׁת וָוֵיהֶם כֶּסֶף וְצִפּוּי רָאשֵׁיהֶם וַחֲשֻׁקֵיהֶם כָּסֶף׃

20 וְכָל־הַיְתֵדֹת לַמִּשְׁכָּן וְלֶחָצֵר סָבִיב נְחֹשֶׁת׃

כב   ס ס ס   23

21 אֵלֶּה פְקוּדֵי הַמִּשְׁכָּן מִשְׁכַּן הָעֵדֻת אֲשֶׁר פֻּקַּד עַל־פִּי מֹשֶׁה עֲבֹדַת הַלְוִיִּם בְּיַד אִיתָמָר בֶּן־אַהֲרֹן הַכֹּהֵן׃

22 וּבְצַלְאֵל בֶּן־אוּרִי בֶן־חוּר לְמַטֵּה יְהוּדָה עָשָׂה אֵת כָּל־אֲשֶׁר־צִוָּה יְהוָה אֶת־מֹשֶׁה׃

23 וְאִתּוֹ אָהֳלִיאָב בֶּן־אֲחִיסָמָךְ לְמַטֵּה־דָן חָרָשׁ וְחֹשֵׁב וְרֹקֵם בַּתְּכֵלֶת וּבָאַרְגָּמָן וּבְתוֹלַעַת הַשָּׁנִי וּבַשֵּׁשׁ׃ ס

24 כָּל־הַזָּהָב הֶעָשׂוּי לַמְּלָאכָה בְּכֹל מְלֶאכֶת הַקֹּדֶשׁ וַיְהִי זְהַב הַתְּנוּפָה תֵּשַׁע וְעֶשְׂרִים כִּכָּר וּשְׁבַע מֵאוֹת וּשְׁלֹשִׁים שֶׁקֶל בְּשֶׁקֶל הַקֹּדֶשׁ׃

25 וְכֶסֶף פְּקוּדֵי הָעֵדָה מְאַת כִּכָּר וְאֶלֶף וּשְׁבַע מֵאוֹת וַחֲמִשָּׁה וְשִׁבְעִים שֶׁקֶל בְּשֶׁקֶל הַקֹּדֶשׁ׃

26 בֶּקַע לַגֻּלְגֹּלֶת מַחֲצִית הַשֶּׁקֶל בְּשֶׁקֶל הַקֹּדֶשׁ לְכֹל

the cherubims on the two ends thereof.

9 And the cherubims *a* spread out *their* wings on high, *and* covered with their wings over the mercy-seat, with their faces one to another; *even* to the *b* mercy-seat-ward were the faces of the cherubims.

10 And he made the *e* table *of* shittim-wood : two cubits *was* the length thereof, and a cubit the breadth thereof, and a cubit and a half the height thereof :

11 And he overlaid it with pure gold, and made thereunto a crown of gold round about.

12 Also he made thereunto a border of an hand breadth round about ; and made a crown of gold for the border thereof, round about.

13 And he cast for it four rings of gold, and put the rings upon the four corners that *were* in the four feet thereof.

14 Over against the border were the rings, the places for the staves to bear the table.

15 And he made the staves *of* shittim-wood, and overlaid them with gold, to bear the table.

16 And he made the vessels which *were* upon the table, his *e* dishes, and his spoons, and his bowls, and his covers *δ* to cover withal, *of* pure gold.

17 And he made the *δ* candlestick *of* pure gold : *of* beaten work made he the candle-stick ; his shaft, and his branch, his bowls, his knops, and his flowers, were of the same:

18 And six branches going out of the sides thereof ; three branches of the candlestick out of the one side thereof, and three branches of the candlestick out of the other side thereof :

19 Three bowls made after the fashion of almonds in one branch, a knop and a flower ; and three bowls made like almonds in another branch, a knop and a flower ; so throughout the six branches going out of the candlestick.

20 And in the candlestick *were* four bowls made like almonds, his knops, and his flowers :

21 And a knop under two branches of the same, and a knop under two branches of the same, and a knop under two branches of the same, according to the six branches going out of it.

22 Their knops and their branches were of the same : all of it *was* one beaten work *of* pure gold.

23 And he made his seven lamps, and his snuffers, and his snuff-dishes, *of* pure gold.

24 *Of* a talent of pure gold made he it, and all the vessels thereof.

25 And he made the incense *h* altar *of* shittim-wood : the length of it *was* a cubit, and the breadth of it a cubit ; *it was* four-square, and two cubits *was* the height of it ; the horns thereof were of the same.

26 And he overlaid it with pure gold, *both* the top of it, and the sides thereof round about, and the horns of it : also he made unto it a crown of gold round about.

27 And he made two rings of gold for it under the crown thereof, by the two cor-ners of it, upon the two sides thereof, to be places for the staves to bear it withal.

28 And he made the staves *of* shittim-wood, and overlaid them with gold.

29 And he made *m* the holy anointing oil, and the pure *n* incense of sweet spices, according to the work of the apothecary.

CHAP. XXXVIII.

AND he made the *q* altar of burnt-offer-

B. C. 1491.

a Ge. 3. 24.
Is. 6. 2.
Eze. X.

b ch. 25. 20.

c ch. 25. 23.
35. 13.
40.4,22.
Eze. 40. 39.
Mal. 1. 12.

d ch. 30. 18.

β or, *brazen glasses.*

γ *assembling by troops.*

e ch. 25. 29.
2 Ti. 2. 20.

δ or, *to pour out withal.*

f ch. 27. 9.
40. 8, 33.
1 Ki. 6. 36.
Ps. 84.2,10.

g ch. 25. 31.
40. 24, 25.
1 Ch. 28. 15.
2 Ch. 13. 11.
Zec. 4.2,11.
He. 9. 2.
Re.1.12..20.
2. 1..5.

h ch. 30. 1.
40. 27.
Lu. 1. 9,10.
Re. 8. 3, 4.

i 2 Ch. 3. 14.

k ch. 27. 19.
2 Ch. 3. 9.
Ezr. 9. 8.
Is. 22. 23.

l Nu.1.50,53.
9. 15.
10. 11.
17. 7, 8.
18. 2.
2 Ch. 24. 6.
Ac. 7. 44.
Re. 11. 19.

m ch. 30. 23.
Ps. 23. 5.
92. 10.
Is. 61. 1, 3.

n ch. 30. 34.

o Nu.4.28,33.

p ch. 31. 1, 6.
35. 30.

q ch. 27. 1.

---

ing *of* shittim-wood : five cubits *was* the length thereof, and five cubits the breadth thereof ; *it was* foursquare ; and three cubits the height thereof.

2 And he made the horns thereof on the four corners of it : the horns thereof were of the same : and he overlaid it with brass.

3 And he made all the vessels of the altar, the pots, and the shovels, and the basons, *and* the flesh-hooks, and the fire-pans : all the vessels thereof made he *of* brass.

4 And he made for the altar a brazen grate of net-work under the compass thereof beneath unto the midst of it.

5 And he cast four rings for the four ends of the grate of brass, *to be* places for the staves.

6 And he made the staves *of* shittim-wood, and overlaid them with brass.

7 And he put the staves into the rings on the sides of the altar, to bear it withal : he made the altar hollow with boards.

8 And he made the *d* laver *of* brass, and the foot of it *of* brass, of the *β* looking-glasses of *the women γ* assembling, which assembled *at* the door of the tabernacle of the congregation.

9 And he made *f* the court : on the south side southward the hangings of the court *were of* fine twined linen, an hundred cubits :

10 Their pillars *were* twenty, and their brazen sockets twenty ; the hooks of the pillars and their fillets *were of* silver.

11 And for the north side *the hangings were* an hundred cubits, their pillars *were* twenty, and their sockets of brass twenty ; the hooks of the pillars and their fillets *of* silver.

12 And for the west side *were* hangings of fifty cubits, their pillars ten, and their sockets ten ; the hooks of the pillars and their fillets *of* silver.

13 And for the east side eastward fifty cubits.

14 The hangings of the one side *of the gate were* fifteen cubits ; their pillars three, and their sockets three.

15 And for the other side of the court gate, on this hand and that hand, *were* hangings of fifteen cubits ; their pillars three, and their sockets three.

16 All the hangings of the court round about *were of* fine twined linen.

17 And the sockets for the pillars *were of* brass ; the hooks of the pillars and their fillets *of* silver ; and the overlaying of their chapiters *of* silver : and all the pillars of the court *were* filleted with silver.

18 And the hanging for the gate of the court *was* needle-work, *of i* blue, and pur-ple, and scarlet, and fine twined linen ; and twenty cubits *was* the length, and the height in the breadth *was* five cubits, an-swerable to the hangings of the court.

19 And their pillars *were* four, and their sockets *of* brass four ; their hooks *of* sil-ver, and the overlaying of their chapiters and their fillets *of* silver.

20 And all the *k* pins of the tabernacle, and of the court round about, *were of* brass.

21 This is the sum of the tabernacle, *even* of the *l* tabernacle of testimony, as it was counted, according to the com mandment of Moses, *for* the service of the Levites, by the hand of *o* Ithamar, son to Aaron the priest.

22 And *p* Bezaleel the son of Uri, the son of Hur, of the tribe of Judah, made

הָעֹ֫מֶר עַל־הָאֶחָ֔ד מִבֶּ֛ן עֶשְׂרִ֥ים שָׁנָ֖ה וָמַ֑עְלָה
לְשֵׁשׁ־מֵא֣וֹת אֶ֔לֶף וּשְׁלֹ֥שֶׁת אֲלָפִ֖ים וַחֲמֵ֣שׁ

27 מֵא֖וֹת וַחֲמִשִּֽׁים׃ וַיְהִ֗י מְאַת֙ כִּכַּ֣ר הַכֶּ֔סֶף
לָצֶ֗קֶת אֵ֚ת אַדְנֵ֣י הַקֹּ֔דֶשׁ וְאֵ֖ת אַדְנֵ֣י הַפָּרֹ֑כֶת מְאַ֣ת

28 אֲדָנִ֛ים לִמְאַ֥ת הַכִּכָּ֖ר כִּכָּ֥ר לָאָֽדֶן׃ וְאֶת־הָאֶ֜לֶף
וּשְׁבַ֤ע הַמֵּאוֹת֙ וַחֲמִשָּׁ֣ה וְשִׁבְעִ֔ים עָשָׂ֥ה וָוִ֖ים

29 לָעַמּוּדִ֑ים וְצִפָּ֥ה רָאשֵׁיהֶ֖ם וְחִשַּׁ֥ק אֹתָֽם׃ וּנְחֹ֥שֶׁת
הַתְּנוּפָ֖ה שִׁבְעִ֣ים כִּכָּ֑ר וְאַלְפַּ֥יִם וְאַרְבַּע־מֵא֖וֹת

30 שָֽׁקֶל׃ וַיַּ֣עַשׂ בָּ֗הּ אֶת־אַדְנֵי֙ פֶּ֚תַח אֹ֣הֶל מוֹעֵ֔ד
וְאֵת֙ מִזְבַּ֣ח הַנְּחֹ֔שֶׁת וְאֶת־מִכְבַּ֥ר הַנְּחֹ֖שֶׁת אֲשֶׁר־

31 ל֑וֹ וְאֵ֖ת כָּל־כְּלֵ֥י הַמִּזְבֵּֽחַ׃ וְאֶת־אַדְנֵ֤י הֶֽחָצֵר֙
סָבִ֔יב וְאֶת־אַדְנֵ֖י שַׁ֣עַר הֶחָצֵ֑ר וְאֵ֨ת כָּל־יִתְדֹ֧ת
הַמִּשְׁכָּ֛ן וְאֶת־כָּל־יִתְדֹ֥ת הֶחָצֵ֖ר סָבִֽיב׃

CAP. XXXIX. לט

1 וּמִן־הַתְּכֵ֤לֶת וְהָֽאַרְגָּמָן֙ וְתוֹלַ֣עַת הַשָּׁנִ֔י עָשׂ֥וּ בִגְדֵי־
שְׂרָ֖ד לְשָׁרֵ֣ת בַּקֹּ֑דֶשׁ וַֽיַּעֲשׂ֞וּ אֶת־בִּגְדֵ֤י הַקֹּ֨דֶשׁ֙ אֲשֶׁ֣ר

2 לְאַהֲרֹ֔ן כַּאֲשֶׁ֛ר צִוָּ֥ה יְהוָ֖ה אֶת־מֹשֶֽׁה׃ ס
וַיַּ֖עַשׂ אֶת־הָאֵפֹ֑ד זָהָ֗ב תְּכֵ֧לֶת וְאַרְגָּמָ֛ן וְתוֹלַ֥עַת

3 שָׁנִ֖י וְשֵׁ֥שׁ מָשְׁזָֽר׃ וַֽיְרַקְּע֞וּ אֶת־פַּחֵ֣י הַזָּהָב֮
וְקִצֵּ֣ץ פְּתִילִם֒ לַעֲשׂ֗וֹת בְּת֤וֹךְ הַתְּכֵ֨לֶת֙ וּבְת֣וֹךְ
הָֽאַרְגָּמָ֔ן וּבְת֛וֹךְ תּוֹלַ֥עַת הַשָּׁנִ֖י וּבְת֣וֹךְ הַשֵּׁ֑שׁ

4 מַעֲשֵׂ֖ה חֹשֵֽׁב׃ כְּתֵפֹ֥ת עָֽשׂוּ־ל֖וֹ חֹבְרֹ֑ת עַל־

5 שְׁנֵ֥י קְצוֹתָ֖יו חֻבָּֽר׃ וְחֵ֨שֶׁב אֲפֻדָּת֜וֹ אֲשֶׁ֣ר עָלָ֗יו
מִמֶּ֣נּוּ הוּא֮ כְּמַעֲשֵׂהוּ֒ זָהָ֗ב תְּכֵ֧לֶת וְאַרְגָּמָ֛ן וְתוֹלַ֥עַת
שָׁנִ֖י וְשֵׁ֣שׁ מָשְׁזָ֑ר כַּאֲשֶׁ֛ר צִוָּ֥ה יְהוָ֖ה אֶת־מֹשֶֽׁה׃

6 ס וַֽיַּעֲשׂוּ֙ אֶת־אַבְנֵ֣י הַשֹּׁ֔הַם מֻֽסַבֹּ֖ת מִשְׁבְּצֹ֣ת
זָהָ֑ב מְפֻתָּחֹת֙ פִּתּוּחֵ֣י חוֹתָ֔ם עַל־שְׁמ֖וֹת בְּנֵ֥י יִשְׂרָאֵֽל׃

7 וַיָּ֣שֶׂם אֹתָ֗ם עַ֚ל כִּתְפֹ֣ת הָאֵפֹ֔ד אַבְנֵ֥י זִכָּר֖וֹן לִבְנֵ֣י
יִשְׂרָאֵ֑ל כַּאֲשֶׁ֛ר צִוָּ֥ה יְהוָ֖ה אֶת־מֹשֶֽׁה׃ ס

8 וַיַּ֧עַשׂ אֶת־הַחֹ֛שֶׁן מַעֲשֵׂ֥ה חֹשֵׁ֖ב כְּמַעֲשֵׂ֣ה אֵפֹ֑ד
זָהָ֗ב תְּכֵ֧לֶת וְאַרְגָּמָ֛ן וְתוֹלַ֥עַת שָׁנִ֖י וְשֵׁ֥שׁ מָשְׁזָֽר׃

9 רָב֧וּעַ הָיָ֛ה כָּפ֖וּל עָשׂ֣וּ אֶת־הַחֹ֑שֶׁן זֶ֧רֶת אָרְכּ֛וֹ וְזֶ֥רֶת

10 רָחְבּ֖וֹ כָּפֽוּל׃ וַיְמַלְאוּ־ב֔וֹ אַרְבָּעָ֖ה ט֣וּרֵי אָ֑בֶן
ט֗וּר אֹ֤דֶם פִּטְדָה֙ וּבָרֶ֔קֶת הַטּ֖וּר הָאֶחָֽד׃

11 וְהַטּ֖וּר הַשֵּׁנִ֑י נֹ֥פֶךְ סַפִּ֖יר וְיָהֲלֹֽם׃

12 וְהַטּ֖וּר הַשְּׁלִישִׁ֑י לֶ֥שֶׁם שְׁב֖וֹ וְאַחְלָֽמָה׃

13 וְהַטּוּר֙ הָֽרְבִיעִ֔י תַּרְשִׁ֥ישׁ שֹׁ֖הַם וְיָשְׁפֵ֑ה מֽוּסַבֹּ֛ת מִשְׁבְּצ֥וֹת זָהָ֖ב בְּמִלֻּאֹתָֽם׃

14 וְ֠הָאֲבָנִים עַל־שְׁמֹ֨ת בְּנֵֽי־יִשְׂרָאֵ֥ל הֵ֛נָּה שְׁתֵּ֥ים עֶשְׂרֵ֖ה עַל־שְׁמֹתָ֑ם פִּתּוּחֵ֤י חֹתָם֙ אִ֣ישׁ עַל־שְׁמ֔וֹ לִשְׁנֵ֥ים עָשָׂ֖ר שָֽׁבֶט׃

15 וַיַּעֲשׂ֧וּ עַל־הַחֹ֛שֶׁן שַׁרְשְׁרֹ֥ת גַּבְלֻ֖ת

16 וַֽיַּעֲשׂ֗וּ שְׁתֵּי֙ מִשְׁבְּצֹ֣ת זָהָ֔ב וּשְׁתֵּ֖י טַבְּעֹ֣ת זָהָ֑ב
וַֽיִּתְּנ֗וּ אֶת־שְׁתֵּי֙ הַטַּבָּעֹ֔ת עַל־שְׁנֵ֖י קְצ֥וֹת הַחֹֽשֶׁן׃

17 וַֽיִּתְּנ֗וּ שְׁתֵּי֙ הָעֲבֹתֹ֣ת הַזָּהָ֔ב עַל־שְׁתֵּ֖י הַטַּבָּעֹ֑ת עַל־קְצ֖וֹת הַחֹֽשֶׁן׃

18 וְאֵ֨ת שְׁתֵּ֤י קְצוֹת֙ שְׁתֵּ֣י הָֽעֲבֹתֹ֔ת נָתְנ֖וּ עַל־שְׁתֵּ֣י הַֽמִּשְׁבְּצֹ֑ת וַֽיִּתְּנֻ֛ם עַל־כִּתְפֹ֥ת הָאֵפֹ֖ד אֶל־מ֥וּל פָּנָֽיו׃

19 וַֽיַּעֲשׂ֗וּ שְׁתֵּי֙ טַבְּעֹ֣ת זָהָ֔ב וַיָּשִׂ֕ימוּ עַל־שְׁנֵ֖י קְצ֣וֹת הַחֹ֑שֶׁן עַל־שְׂפָת֕וֹ אֲשֶׁ֛ר אֶל־עֵ֥בֶר הָאֵפֹ֖ד בָּֽיְתָה׃

20 וַֽיַּעֲשׂוּ֮ שְׁתֵּ֣י טַבְּעֹ֣ת זָהָב֒ וַֽיִּתְּנֻ֡ם עַל־שְׁתֵּי֩ כִתְפֹ֨ת הָאֵפֹ֤ד מִלְמַ֨טָּה֙ מִמּ֣וּל פָּנָ֔יו לְעֻמַּ֖ת מֶחְבַּרְתּ֑וֹ מִמַּ֕עַל לְחֵ֖שֶׁב הָאֵפֹֽד׃

21 וַיִּרְכְּס֣וּ אֶת־הַחֹ֡שֶׁן מִטַּבְּעֹתָיו֩ אֶל־טַבְּעֹ֨ת הָאֵפֹ֜ד בִּפְתִ֣יל תְּכֵ֗לֶת לִֽהְיֹת֙ עַל־חֵ֣שֶׁב הָאֵפֹ֔ד וְלֹֽא־יִזַּ֣ח הַחֹ֔שֶׁן מֵעַ֖ל הָאֵפֹ֑ד כַּאֲשֶׁ֛ר צִוָּ֥ה יְהוָ֖ה אֶת־מֹשֶֽׁה׃ פ

22 וַיַּ֛עַשׂ אֶת־מְעִ֥יל הָאֵפֹ֖ד מַעֲשֵׂ֣ה אֹרֵ֑ג כְּלִ֖יל תְּכֵֽלֶת׃

23 וּפִֽי־הַמְּעִ֥יל בְּתוֹכ֖וֹ כְּפִ֣י תַחְרָ֑א שָׂפָ֥ה לְפִ֛יו סָבִ֖יב לֹ֥א יִקָּרֵֽעַ׃

24 וַֽיַּעֲשׂוּ֙ עַל־שׁוּלֵ֣י הַמְּעִ֔יל רִמּוֹנֵ֕י תְּכֵ֥לֶת וְאַרְגָּמָ֖ן וְתוֹלַ֣עַת שָׁנִ֑י מָשְׁזָֽר׃

25 וַיַּעֲשׂ֥וּ פַעֲמֹנֵ֖י זָהָ֣ב טָה֑וֹר וַיִּתְּנ֨וּ אֶת־הַפַּֽעֲמֹנִ֜ים בְּת֣וֹךְ הָרִמֹּנִ֗ים עַל־שׁוּלֵ֤י הַמְּעִיל֙ סָבִ֔יב בְּת֖וֹךְ הָרִמֹּנִֽים׃

26 פַּעֲמֹ֤ן וְרִמֹּן֙ פַּעֲמֹ֣ן וְרִמֹּ֔ן עַל־שׁוּלֵ֥י הַמְּעִ֖יל סָבִ֑יב לְשָׁרֵ֕ת כַּאֲשֶׁ֛ר צִוָּ֥ה יְהוָ֖ה אֶת־מֹשֶֽׁה׃

27 וַֽיַּעֲשׂ֛וּ אֶת־הַכָּתְנֹ֥ת שֵׁ֖שׁ מַעֲשֵׂ֣ה אֹרֵ֑ג לְאַהֲרֹ֖ן וּלְבָנָֽיו׃

28 וְאֵת֙ הַמִּצְנֶ֣פֶת שֵׁ֔שׁ וְאֶת־פַּאֲרֵ֥י הַמִּגְבָּעֹ֖ת שֵׁ֑שׁ וְאֶת־מִכְנְסֵ֥י הַבָּ֖ד שֵׁ֥שׁ מָשְׁזָֽר׃

29 וְֽאֶת־הָאַבְנֵ֞ט שֵׁ֣שׁ מָשְׁזָ֗ר וּתְכֵ֧לֶת וְאַרְגָּמָ֛ן וְתוֹלַ֥עַת שָׁנִ֖י מַעֲשֵׂ֣ה רֹקֵ֑ם כַּאֲשֶׁ֛ר צִוָּ֥ה יְהוָ֖ה אֶת־מֹשֶֽׁה׃ ס

30 וַֽיַּעֲשׂ֛וּ אֶת־צִ֥יץ נֵֽזֶר־הַקֹּ֖דֶשׁ זָהָ֣ב טָה֑וֹר וַיִּכְתְּב֣וּ עָלָ֗יו מִכְתַּב֙ פִּתּוּחֵ֣י חוֹתָ֔ם קֹ֖דֶשׁ לַֽיהוָֽה׃

31 וַיִּתְּנ֤וּ עָלָיו֙ פְּתִ֣יל תְּכֵ֔לֶת לָתֵ֥ת עַל־הַמִּצְנֶ֖פֶת מִלְמָ֑עְלָה כַּאֲשֶׁ֛ר צִוָּ֥ה יְהוָ֖ה אֶת־מֹשֶֽׁה׃ ס

32 וַתֵּ֕כֶל כָּל־עֲבֹדַ֕ת מִשְׁכַּ֖ן אֹ֣הֶל מוֹעֵ֑ד וַֽיַּעֲשׂוּ֙ בְּנֵ֣י יִשְׂרָאֵ֔ל כְּ֠כֹל אֲשֶׁ֨ר צִוָּ֧ה יְהוָ֛ה אֶת־מֹשֶׁ֖ה כֵּ֥ן עָשֽׂוּ׃ פ

33 וַיָּבִ֤יאוּ אֶת־הַמִּשְׁכָּן֙ אֶל־מֹשֶׁ֔ה אֶת־הָאֹ֖הֶל וְאֶת־כָּל־כֵּלָ֑יו קְרָסָ֣יו קְרָשָׁ֔יו בְּרִיחָ֖יו וְעַמֻּדָ֥יו וַאֲדָנָֽיו׃

34 וְאֶת־מִכְסֵ֞ה עוֹרֹ֤ת הָֽאֵילִם֙ הַמְאָדָּמִ֔ים וְאֶת־מִכְסֵ֖ה עֹרֹ֣ת הַתְּחָשִׁ֑ים וְאֵ֖ת פָּרֹ֥כֶת הַמָּסָֽךְ׃

35 אֶת־אֲרֹ֥ן הָעֵדֻ֖ת וְאֶת־בַּדָּ֑יו וְאֵ֖ת הַכַּפֹּֽרֶת׃

36 אֶת־הַשֻּׁלְחָן֙ אֶת־כָּל־כֵּלָ֔יו וְאֵ֖ת לֶ֥חֶם הַפָּנִֽים׃

37 אֶת־הַמְּנֹרָ֨ה הַטְּהֹרָ֜ה אֶת־נֵרֹתֶ֗יהָ נֵרֹ֛ת הַֽמַּעֲרָכָ֖ה וְאֶת־כָּל־

all that the LORD commanded Moses.

23 And with him *was* ^a Aholiab, son of Ahisamach, of the tribe of Dan, an engraver, and a cunning workman, and an embroiderer in blue, and in purple, and in scarlet, and fine linen.

24 All the gold ^b that was occupied for the work in all the work of the holy *place,* even the gold of the offering, was twenty & nine talents, and seven hundred and thirty shekels, after the shekel ^d of the sanctuary.

25 And the silver of them that were numbered of the congregation *was* an hundred talents, and a thousand seven hundred and threescore and fifteen shekels, after the shekel of the sanctuary:

26 A bekah for *β* every man, *that is,* half a shekel, after the shekel of the sanctuary, for ^e every one that went to be numbered, from twenty years old and upward, ^f for six hundred thousand and three thousand and five hundred and fifty *men.*

27 And of the hundred talents of silver were cast ^h the sockets of the sanctuary, and the sockets of the vail; an hundred sockets of the hundred talents, a talent for a socket.

28 And of the thousand seven hundred seventy and five *shekels* he made hooks for the pillars, and overlaid their chapiters, and ⁱ filleted them.

29 And the brass of the offering *was* seventy talents, and two thousand and four hundred shekels.

30 And therewith he made the sockets to the door of the tabernacle of the congregation, and the brazen altar, and the brazen grate for it, and all the vessels of the altar,

31 And the sockets of the court round about, and the sockets of the court gate, and all the pins of the tabernacle, and all the pins of the court round about.

CHAP. XXXIX.

AND of ^l the blue, and purple, and scarlet, they made ^m clothes of service, to do service in the holy *place,* and made the holy garments for Aaron; as the LORD ⁿ commanded Moses.

2 And he made the ephod ^o *of* gold, blue, and purple, & scarlet, & fine twined linen.

3 And they did beat the gold into thin plates, and cut *it into* wires, to work *it* in the blue, and in the purple, & in the scarlet, and in the fine linen, *with* cunning work.

4 They made shoulder-pieces for it, to couple *it* together: by the two edges was it coupled together.

5 And the curious girdle of his ephod, that *was* upon it, *was* of the same, according to the work thereof; *of* gold, blue, and purple, and scarlet, and fine twined linen; as the LORD commanded Moses.

6 And they wrought onyx-stones inclosed in ouches of gold, graven, as signets are graven, ^u with the names of the children of Israel.

7 And he put them on the shoulders of the ephod, *that they should be* stones for a memorial ^w to the children of Israel; as the LORD commanded Moses.

8 And he made the ^x breastplate *of* cunning work, like the work of the ephod; *of* gold, blue, and purple, and scarlet, and fine twined linen.

9 It was foursquare; they made the breastplate double: a span *was* the length thereof, and a span the breadth thereof, *being* doubled.

10 And they set in it four rows ^a of stones: *the first* row *was* a *γ* sardius, a to-

---

B. C. 1491.

a ch. 35. 34.

b 1Ch. 22. 14.
   29. 2, 7.
Hag. 2. 8.

c Re. 21. 12.

d ch.30.13,24.
Le. 5. 15.
   27. 3, 25.
Nu. 3. 47.
18. 16.

β a poll.

e ch.30.13,15.

f Nu. 1. 46.
   26. 51.

g Ca. 1. 10.

h ch.26.19,32.

i ch. 27. 17.

k ch. 28. 31.

l ch. 25. 4.
   35. 23.

m ch. 31. 10.
   35. 19.

n ch. 28. 4.
Eze. 42. 14.

o ch. 28. 6.
Le. 8. 7.

p ch. 28. 33.

q Ca. 4. 13.

r ch.28.39,40.

s ch. 28. 4, 39.

t ch. 28. 42.
Eze. 44. 18.

u ch.28.9,.12.

v ch. 28. 39.

w ch. 28. 29.
Jos. 4. 7.

x ch.28.15,&c.

y Zec. 14. 20.

z ver. 42, 43.
ch. 25. 40.
De. 12. 32.
1 Sa. 15. 22.
1Ch. 28. 19.
Mat. 28. 20.
He. 8. 5.

a Re.21.19,20.

γ or, *ruby.*

---

paz, and a carbuncle: this *was* the first row.

11 And the second row, an emerald, a sapphire, and a diamond.

12 And the third row, a ligure, an agate, and an amethyst.

13 And the fourth row, a beryl, an onyx, and a jasper: *they were* inclosed in ouches of gold in their inclosings.

14 And the stones *were* according to the names of the children of Israel, ^c twelve, according to their names, *like* the engravings of a signet, every one with his name, according to the twelve tribes.

15 And they made upon the breastplate chains at the ends, *of* wreathen work *of* pure gold.

16 And they made two ouches *of* gold, and two gold rings, and put the two rings in the two ends of the breastplate.

17 And they put the two ^g wreathen chains of gold in the two rings on the ends of the breastplate.

18 And the two ends of the two wreathen chains they fastened in the two ouches, and put them on the shoulder-pieces of the ephod, before it.

19 And they made two rings of gold, and put *them* on the two ends of the breastplate, upon the border of it, which *was* on the side of the ephod inward.

20 And they made two *other* golden rings, and put them on the two sides of the ephod underneath, toward the fore-part of it, over against the *other* coupling thereof, above the curious girdle of the ephod.

21 And they did bind the breastplate by his rings unto the rings of the ephod with a lace of blue, that it might be above the curious girdle of the ephod, and that the breastplate might not be loosed from the ephod: as the LORD commanded Moses.

22 And he made the robe ^k of the ephod *of* woven work, all *of* blue.

23 And *there was* an hole in the midst of the robe, as the hole of an habergeon, *with* a band round about the hole, that it should not rend.

24 And they made upon the hems of the robe pomegranates *of* blue, and purple, and scarlet, *and* twined *linen.*

25 And they made ^p bells *of* pure gold, and put the bells between the ^q pomegranates upon the hem of the robe, round about between the pomegranates;

26 A bell and a pomegranate, a bell and a pomegranate, round about the hem of the robe to minister *in;* as the LORD commanded Moses.

27 And they made ^r coats of fine linen, *of* woven work, for Aaron and for his sons,

28 And a ^s mitre *of* fine linen, and goodly bonnets *of* fine linen, and ^t linen breeches *of* fine twined linen.

29 And a ^v girdle *of* fine twined linen, and blue, and purple, and scarlet, *of* needlework; as the LORD commanded Moses.

30 And they made the plate of the holy crown *of* pure gold, and wrote upon it a writing, *like to* the engravings of a signet, HOLINESS ^y TO THE LORD.

31 And they tied unto it a lace of blue, to fasten *it* on high upon the mitre; as the LORD commanded Moses.

32 Thus was all the work of the tabernacle of the tent of the congregation finished: and the children of Israel ^z did according to all that the LORD commanded Moses, so did they.

33 And they brought the tabernacle

וְאֵת מִזְבַּח הַזָּהָב וְאֵת שֶׁמֶן הַמִּשְׁחָה וְאֵת קְטֹרֶת הַסַּמִּים וְאֵת
38 מָסַךְ פֶּתַח הָאֹהֶל׃ 39 אֵת מִזְבַּח הַנְּחֹשֶׁת וְאֶת־מִכְבַּר הַנְּחֹשֶׁת אֲשֶׁר־לוֹ אֶת־בַּדָּיו וְאֶת־כָּל־כֵּלָיו
אֶת־הַכִּיֹּר וְאֶת־כַּנּוֹ׃ 40 אֵת קַלְעֵי הֶחָצֵר אֶת־עַמֻּדֶיהָ וְאֶת־אֲדָנֶיהָ וְאֶת־הַמָּסָךְ לְשַׁעַר הֶחָצֵר אֶת־מֵיתָרָיו וִיתֵדֹתֶיהָ וְאֵת כָּל־כְּלֵי עֲבֹדַת
הַמִּשְׁכָּן לְאֹהֶל מוֹעֵד׃ 41 אֶת־בִּגְדֵי הַשְּׂרָד לְשָׁרֵת בַּקֹּדֶשׁ אֶת־בִּגְדֵי הַקֹּדֶשׁ לְאַהֲרֹן הַכֹּהֵן וְאֶת־בִּגְדֵי בָנָיו לְכַהֵן׃
42 כְּכֹל אֲשֶׁר־צִוָּה יְהוָה אֶת־מֹשֶׁה כֵּן
43 עָשׂוּ בְּנֵי יִשְׂרָאֵל אֵת כָּל־הָעֲבֹדָה׃ וַיַּרְא מֹשֶׁה אֶת־כָּל־הַמְּלָאכָה וְהִנֵּה עָשׂוּ אֹתָהּ כַּאֲשֶׁר צִוָּה יְהוָה כֵּן עָשׂוּ וַיְבָרֶךְ אֹתָם מֹשֶׁה׃ פ

CAP. XL. מ

1 וַיְדַבֵּר יְהוָה אֶל־מֹשֶׁה לֵּאמֹר׃ 2 בְּיוֹם־הַחֹדֶשׁ
הָרִאשׁוֹן בְּאֶחָד לַחֹדֶשׁ תָּקִים אֶת־מִשְׁכַּן אֹהֶל
3 מוֹעֵד׃ וְשַׂמְתָּ שָׁם אֵת אֲרוֹן הָעֵדוּת וְסַכֹּתָ
4 עַל־הָאָרֹן אֶת־הַפָּרֹכֶת׃ וְהֵבֵאתָ אֶת־הַשֻּׁלְחָן וְעָרַכְתָּ אֶת־עֶרְכּוֹ וְהֵבֵאתָ אֶת־הַמְּנֹרָה וְהַעֲלֵיתָ
5 אֶת־נֵרֹתֶיהָ׃ וְנָתַתָּה אֶת־מִזְבַּח הַזָּהָב לִקְטֹרֶת לִפְנֵי אֲרוֹן הָעֵדֻת וְשַׂמְתָּ אֶת־מָסַךְ הַפֶּתַח לַמִּשְׁכָּן׃
6 וְנָתַתָּה אֵת מִזְבַּח הָעֹלָה לִפְנֵי פֶּתַח מִשְׁכַּן אֹהֶל
7 מוֹעֵד׃ וְנָתַתָּ אֶת־הַכִּיֹּר בֵּין־אֹהֶל מוֹעֵד וּבֵין
8 הַמִּזְבֵּחַ וְנָתַתָּ שָׁם מָיִם׃ וְשַׂמְתָּ אֶת־הֶחָצֵר סָבִיב וְנָתַתָּ אֶת־מָסַךְ שַׁעַר הֶחָצֵר׃ 9 וְלָקַחְתָּ
אֶת־שֶׁמֶן הַמִּשְׁחָה וּמָשַׁחְתָּ אֶת־הַמִּשְׁכָּן וְאֶת־כָּל־אֲשֶׁר־בּוֹ וְקִדַּשְׁתָּ אֹתוֹ וְאֶת־כָּל־כֵּלָיו וְהָיָה קֹדֶשׁ׃
10 וּמָשַׁחְתָּ אֶת־מִזְבַּח הָעֹלָה וְאֶת־כָּל־כֵּלָיו וְקִדַּשְׁתָּ אֶת־הַמִּזְבֵּחַ וְהָיָה הַמִּזְבֵּחַ קֹדֶשׁ קָדָשִׁים׃
11 וּמָשַׁחְתָּ אֶת־הַכִּיֹּר וְאֶת־כַּנּוֹ וְקִדַּשְׁתָּ אֹתוֹ׃ 12 וְהִקְרַבְתָּ אֶת־
אַהֲרֹן וְאֶת־בָּנָיו אֶל־פֶּתַח אֹהֶל מוֹעֵד וְרָחַצְתָּ
13 אֹתָם בַּמָּיִם׃ וְהִלְבַּשְׁתָּ אֶת־אַהֲרֹן אֵת בִּגְדֵי הַקֹּדֶשׁ וּמָשַׁחְתָּ אֹתוֹ וְקִדַּשְׁתָּ אֹתוֹ וְכִהֵן לִי׃ 14 וְאֶת־
בָּנָיו תַּקְרִיב וְהִלְבַּשְׁתָּ אֹתָם כֻּתֳּנֹת׃ 15 וּמָשַׁחְתָּ אֹתָם
כַּאֲשֶׁר מָשַׁחְתָּ אֶת־אֲבִיהֶם וְכִהֲנוּ לִי וְהָיְתָה לִהְיֹת
16 לָהֶם מָשְׁחָתָם לִכְהֻנַּת עוֹלָם לְדֹרֹתָם׃ וַיַּעַשׂ מֹשֶׁה
17 כְּכֹל אֲשֶׁר צִוָּה יְהוָה אֹתוֹ כֵּן עָשָׂה׃ ס וַיְהִי

18 בַּחֹדֶשׁ הָרִאשׁוֹן בַּשָּׁנָה הַשֵּׁנִית בְּאֶחָד לַחֹדֶשׁ הוּקַם הַמִּשְׁכָּן׃ וַיָּקֶם מֹשֶׁה אֶת־הַמִּשְׁכָּן וַיִּתֵּן אֶת־אֲדָנָיו וַיָּשֶׂם אֶת־קְרָשָׁיו וַיִּתֵּן אֶת־בְּרִיחָיו וַיָּקֶם
19 אֶת־עַמּוּדָיו׃ וַיִּפְרֹשׂ אֶת־הָאֹהֶל עַל־הַמִּשְׁכָּן וַיָּשֶׂם אֶת־מִכְסֵה הָאֹהֶל עָלָיו מִלְמָעְלָה כַּאֲשֶׁר
20 צִוָּה יְהוָה אֶת־מֹשֶׁה׃ ס וַיִּקַּח וַיִּתֵּן אֶת־הָעֵדֻת אֶל־הָאָרֹן וַיָּשֶׂם אֶת־הַבַּדִּים עַל־הָאָרֹן
21 וַיִּתֵּן אֶת־הַכַּפֹּרֶת עַל־הָאָרֹן מִלְמָעְלָה׃ וַיָּבֵא אֶת־הָאָרֹן אֶל־הַמִּשְׁכָּן וַיָּשֶׂם אֵת פָּרֹכֶת הַמָּסָךְ וַיָּסֶךְ עַל אֲרוֹן הָעֵדוּת כַּאֲשֶׁר צִוָּה יְהוָה אֶת־
22 מֹשֶׁה׃ ס וַיִּתֵּן אֶת־הַשֻּׁלְחָן בְּאֹהֶל מוֹעֵד עַל
23 יֶרֶךְ הַמִּשְׁכָּן צָפֹנָה מִחוּץ לַפָּרֹכֶת׃ וַיַּעֲרֹךְ עָלָיו עֵרֶךְ לֶחֶם לִפְנֵי יְהוָה כַּאֲשֶׁר צִוָּה יְהוָה
24 אֶת־מֹשֶׁה׃ ס וַיָּשֶׂם אֶת־הַמְּנֹרָה בְּאֹהֶל מוֹעֵד
25 נֹכַח הַשֻּׁלְחָן עַל יֶרֶךְ הַמִּשְׁכָּן נֶגְבָּה׃ וַיַּעַל הַנֵּרֹת לִפְנֵי יְהוָה כַּאֲשֶׁר צִוָּה יְהוָה אֶת־מֹשֶׁה׃
26 וַיָּשֶׂם אֶת־מִזְבַּח הַזָּהָב בְּאֹהֶל מוֹעֵד
27 לִפְנֵי הַפָּרֹכֶת׃ וַיַּקְטֵר עָלָיו קְטֹרֶת סַמִּים כַּאֲשֶׁר
28 צִוָּה יְהוָה אֶת־מֹשֶׁה׃ ס וַיָּשֶׂם אֶת־מָסַךְ
29 הַפֶּתַח לַמִּשְׁכָּן׃ וְאֵת מִזְבַּח הָעֹלָה שָׂם פֶּתַח מִשְׁכַּן אֹהֶל־מוֹעֵד וַיַּעַל עָלָיו אֶת־הָעֹלָה וְאֶת־
30 הַמִּנְחָה כַּאֲשֶׁר צִוָּה יְהוָה אֶת־מֹשֶׁה׃ ס וַיָּשֶׂם אֶת־הַכִּיֹּר בֵּין־אֹהֶל מוֹעֵד וּבֵין הַמִּזְבֵּחַ וַיִּתֵּן
31 שָׁמָּה מַיִם לְרָחְצָה׃ וְרָחֲצוּ מִמֶּנּוּ מֹשֶׁה וְאַהֲרֹן
32 וּבָנָיו אֶת־יְדֵיהֶם וְאֶת־רַגְלֵיהֶם׃ בְּבֹאָם אֶל־אֹהֶל מוֹעֵד וּבְקָרְבָתָם אֶל־הַמִּזְבֵּחַ יִרְחָצוּ כַּאֲשֶׁר צִוָּה
33 יְהוָה אֶת־מֹשֶׁה׃ ס וַיָּקֶם אֶת־הֶחָצֵר סָבִיב לַמִּשְׁכָּן וְלַמִּזְבֵּחַ וַיִּתֵּן אֶת־מָסַךְ שַׁעַר הֶחָצֵר וַיְכַל מֹשֶׁה אֶת־הַמְּלָאכָה׃ פ

34 וַיְכַס הֶעָנָן אֶת־אֹהֶל מוֹעֵד וּכְבוֹד יְהוָה מָלֵא אֶת־הַמִּשְׁכָּן׃
35 וְלֹא־יָכֹל מֹשֶׁה לָבוֹא אֶל־אֹהֶל מוֹעֵד כִּי־שָׁכַן עָלָיו הֶעָנָן וּכְבוֹד יְהוָה מָלֵא אֶת־הַמִּשְׁכָּן׃
36 וּבְהֵעָלוֹת הֶעָנָן מֵעַל הַמִּשְׁכָּן
37 יִסְעוּ בְּנֵי יִשְׂרָאֵל בְּכֹל מַסְעֵיהֶם׃ וְאִם־לֹא
38 יֵעָלֶה הֶעָנָן וְלֹא יִסְעוּ עַד־יוֹם הֵעָלֹתוֹ׃ כִּי עֲנַן יְהוָה עַל־הַמִּשְׁכָּן יוֹמָם וְאֵשׁ תִּהְיֶה לַיְלָה בּוֹ לְעֵינֵי כָל־בֵּית־יִשְׂרָאֵל בְּכָל־מַסְעֵיהֶם׃

חזק

unto Moses, the tent, and all his furniture, his taches, his boards, his bars, and his pillars, and his sockets,

34 And the covering of rams' skins dyed red, and the covering of badgers' skins, and the vail of the covering,

35 The ark of the testimony, and the staves thereof, and the mercy-seat,

36 The table, *and* all the vessels thereof, and the shew-bread,

37 The pure candlestick, *with* the lamps thereof, *even with* the lamps to be set in order, and all the vessels thereof, and the oil for light,

38 And the golden altar, and the anointing oil, and β the sweet incense, and the hanging for the tabernacle-door,

39 The brazen altar, and his grate of brass, his staves, and all his vessels, the laver and his foot,

40 The hangings of the court, his pillars, and his sockets, and the hanging for the court gate, his cords, and his pins, and all the vessels of the service of the tabernacle, for the tent of the congregation,

41 The cloths ƒ of service to do service in the holy *place*, and the holy garments for Aaron the priest, and his sons' garments, to minister in the priest's office.

42 According to all that the LORD commanded Moses, ⁱ so the children of Israel made all the work.

43 And Moses did look upon all the work, and, behold, they had done it as the LORD had commanded, even so had they done it: and Moses ⱼ blessed them.

CHAP. XL.

AND yᵉ LORD spake unto Moses, saying,

2 On the first day ˡ of the first month shalt thou set up the tabernacle of the tent of the congregation.

3 And thou shalt put therein the ark of the testimony, and cover the ark with the vail.

4 And thou shalt bring in the table, & set in order γ the things that are to be ᵒ set in order upon it; and thou shalt bring in the candlestick, and light the lamps thereof.

5 And thou shalt set the altar of gold for the incense before the ark of the testimony, and put the hanging of the door to the tabernacle.

6 And thou shalt set the altar of the burnt-offering before the door of the tabernacle of the tent of the congregation.

7 And thou shalt set the �q laver between the tent of the congregation and the altar, and shalt put water therein.

8 And thou shalt set up the court round about, and hang up the hanging at the court gate.

9 And thou shalt take the anointing oil, and ᵗ anoint the tabernacle, and all that *is* therein, and shalt hallow it, and all the vessels thereof: and it shall be holy.

10 And thou shalt anoint the altar of the burnt-offering, and all his vessels, and sanctify the altar: and ᵛ it shall be an altar δ most holy.

11 And thou shalt anoint the laver and his foot, and sanctify it.

12 And thou shalt bring ˣ Aaron and his sons unto the door of the tabernacle of the congregation, and wash them with water.

13 And thou shalt put upon Aaron the holy garments, and ᶻ anoint him, ᵃ and sanctify him; that he may minister unto me in the priest's office.

14 And thou shalt bring his sons, and

B. C. 1491.

a Nu. 25. 13.
Ps. 110. 4.
He.7.17..24
b ver. 2.
Nu. 7. 1.
β the incense
of sweet
spices.
c ch. 25. 16.
d ch. 37.6..9.
e ch. 26. 33.
35. 12.
ƒ ch. 31. 10.
g ver. 4.
h ch. 26. 35.
i ch. 35. 10.
j Ge. 14. 19.
Le.9. 22.23.
Nu.6.23..27
Jos. 22. 6.
2 Sa. 6. 18.
1 Ki. 8. 14.
2 Ch.30.27.
Ne. 11. 2.
Lu. 2. 34.
k ver. 4.
ch. 25. 37.
l ver. 17.
ch. 12. 2.
13. 4.
Nu. 7. 1.
m ch. 30. 7.
n ver. 6.
ch. 27. 1, 2.
γ the order
thereof.
o Le. 24. 8.
p ver. 7.
ch. 30. 18.
q ver. 30.
ch. 30. 18.
r ch.30.19,20.
Ps. 73. 13.
s ver. 8.
ch.27.9,16.
t ch. 30. 26.
u ch.13.21,22
29. 43.
33. 9.
Le. 16. 2.
Nu. 9. 15.
1 Ki. 8. 10.
2 Ch. 5. 13.
7. 2.
Ps.18.10..12
Is. 6. 4.
Hag. 2.7,9.
Re. 15. 8.
v ch.29.36,37.
δ holiness of
holinesses.
w Ne. 9. 19.
x Le. 8.1..13.
ζ journeyed.
y Ps. 31. 15.
z ch. 28. 41.
Is. 61. 1.
1 Jnᵒ.2. 20.
a Jnᵒ.17. 19.
b Ps. 78. 14.
105. 39.
Is. 4. 5.

clothe them with coats:

15 And thou shalt anoint them, as thou didst anoint their father, that they may minister unto me in the priest's office: for their anointing shall surely be ᵃ an everlasting priesthood throughout their generations.

16 Thus did Moses: according to all that the LORD commanded him, so did he.

17 And it came to pass in the ᵇ first month in the second year, on the first *day* of the month, *that* the tabernacle was reared up.

18 And Moses reared up the tabernacle, and fastened his sockets, and set up the boards thereof, and put in the bars thereof, and reared up his pillars.

19 And he spread abroad the tent over the tabernacle, and put the covering of the tent above upon it; as the LORD commanded Moses.

20 And he took and put ᶜ the testimony into the ark, and set the staves on the ark, & put the ᵈ mercy-seat above upon the ark.

21 And he brought the ark into the tabernacle, and set up the ᵉ vail of the covering, and covered the ark of the testimony; as the LORD commanded Moses.

22 And he put the ᵍ table in the tent of the congregation, upon the side of the tabernacle ʰ northward, without the vail.

23 And he set the bread in order upon it before the LORD; as the LORD had commanded Moses.

24 And he put the candlestick in the tent of the congregation, over against the table, on the side of the tabernacle southward.

25 And he lighted ᵏ the lamps before the LORD; as the LORD commanded Moses.

26 And he put the golden altar in the tent of the congregation before the vail:

27 And he burnt ᵐ sweet incense thereon; as the LORD commanded Moses.

28 And he set up the hanging *at* the door of the tabernacle.

29 And he put the ⁿ altar of burnt-offering *by* the door of the tabernacle of the tent of the congregation, and offered upon it the burnt-offering and the meat-offering; as the LORD commanded Moses.

30 And he set the ᵖ laver between the tent of the congregation and the altar, and put water there, to wash *withal.*

31 And Moses, and Aaron, and his sons, washed their hands and their feet thereat:

32 When they went into the tent of the congregation, and when they came near unto the altar, they washed; ʳ as the LORD commanded Moses.

33 And he reared up ˢ the court round about the tabernacle and the altar, and set up the hanging of the court gate. So Moses finished the work.

34 Then a cloud ᵘ covered the tent of the congregation, and the glory of the LORD filled the tabernacle.

35 And Moses was not able to enter into the tent of the congregation, because the cloud abode thereon, and the glory of the LORD filled the tabernacle.

36 And when the cloud ʷ was taken up from over the tabernacle, the children of Israel ζ went onward in all their journeys:

37 But if the cloud were not taken up, then they journeyed not ʸ till the day that it was taken up.

38 For the cloud of the LORD ᵇ *was* upon the tabernacle by day, and fire was on it by night, in the sight of all the house of Israel, throughout all their journey.

ויקרא
LIBER LEVITICUS.

פרשה כד 24

CAP. I. א

1 וַיִּקְרָא אֶל־מֹשֶׁה וַיְדַבֵּר יְהוָה אֵלָיו מֵאֹהֶל מוֹעֵד
2 לֵאמֹר: דַּבֵּר אֶל־בְּנֵי יִשְׂרָאֵל וְאָמַרְתָּ אֲלֵהֶם אָדָם כִּי־יַקְרִיב מִכֶּם קָרְבָּן לַיהוָה מִן־הַבְּהֵמָה מִן־הַבָּקָר וּמִן־הַצֹּאן תַּקְרִיבוּ אֶת־קָרְבַּנְכֶם: אִם־
3 עֹלָה קָרְבָּנוֹ מִן־הַבָּקָר זָכָר תָּמִים יַקְרִיבֶנּוּ אֶל־פֶּתַח אֹהֶל מוֹעֵד יַקְרִיב אֹתוֹ לִרְצֹנוֹ לִפְנֵי יְהוָה: וְסָמַךְ יָדוֹ עַל רֹאשׁ הָעֹלָה וְנִרְצָה לוֹ
4 לְכַפֵּר עָלָיו: וְשָׁחַט אֶת־בֶּן הַבָּקָר לִפְנֵי יְהוָה וְהִקְרִיבוּ בְּנֵי אַהֲרֹן הַכֹּהֲנִים אֶת־הַדָּם וְזָרְקוּ אֶת־
5 הַדָּם עַל־הַמִּזְבֵּחַ סָבִיב אֲשֶׁר־פֶּתַח אֹהֶל מוֹעֵד:
6 וְהִפְשִׁיט אֶת־הָעֹלָה וְנִתַּח אֹתָהּ לִנְתָחֶיהָ: וְנָתְנוּ
7 בְּנֵי אַהֲרֹן הַכֹּהֵן אֵשׁ עַל־הַמִּזְבֵּחַ וְעָרְכוּ עֵצִים עַל־הָאֵשׁ: וְעָרְכוּ בְּנֵי אַהֲרֹן הַכֹּהֲנִים
8 אֵת הַנְּתָחִים אֶת־הָרֹאשׁ וְאֶת־הַפָּדֶר עַל־הָעֵצִים אֲשֶׁר עַל־הָאֵשׁ אֲשֶׁר עַל־הַמִּזְבֵּחַ:
9 וְקִרְבּוֹ וּכְרָעָיו יִרְחַץ בַּמָּיִם וְהִקְטִיר הַכֹּהֵן אֶת־הַכֹּל הַמִּזְבֵּחָה עֹלָה אִשֵּׁה רֵיחַ־נִיחוֹחַ לַיהוָה: ס
10 וְאִם־מִן־הַצֹּאן קָרְבָּנוֹ מִן־הַכְּשָׂבִים אוֹ מִן־
11 הָעִזִּים לְעֹלָה זָכָר תָּמִים יַקְרִיבֶנּוּ: וְשָׁחַט אֹתוֹ עַל יֶרֶךְ הַמִּזְבֵּחַ צָפֹנָה לִפְנֵי יְהוָה וְזָרְקוּ בְּנֵי
12 אַהֲרֹן הַכֹּהֲנִים אֶת־דָּמוֹ עַל־הַמִּזְבֵּחַ סָבִיב: וְנִתַּח אֹתוֹ לִנְתָחָיו וְאֶת־רֹאשׁוֹ וְאֶת־פִּדְרוֹ וְעָרַךְ הַכֹּהֵן אֹתָם עַל־
13 הָאֵשׁ אֲשֶׁר עַל־הַמִּזְבֵּחַ: וְהַקֶּרֶב וְהַכְּרָעַיִם יִרְחַץ בַּמָּיִם וְהִקְרִיב הַכֹּהֵן אֶת־הַכֹּל וְהִקְטִיר הַמִּזְבֵּחָה עֹלָה הוּא אִשֵּׁה רֵיחַ נִיחֹחַ לַיהוָה: פ
14 וְאִם מִן־הָעוֹף עֹלָה קָרְבָּנוֹ לַיהוָה וְהִקְרִיב מִן־
15 הַתֹּרִים אוֹ מִן־בְּנֵי הַיּוֹנָה אֶת־קָרְבָּנוֹ: וְהִקְרִיבוֹ הַכֹּהֵן אֶל־הַמִּזְבֵּחַ וּמָלַק אֶת־רֹאשׁוֹ וְהִקְטִיר הַמִּזְבֵּחָה וְנִמְצָה דָמוֹ עַל קִיר הַמִּזְבֵּחַ:
16 וְהֵסִיר אֶת־מֻרְאָתוֹ בְּנֹצָתָהּ וְהִשְׁלִיךְ אֹתָהּ אֵצֶל הַמִּזְבֵּחַ
17 קֵדְמָה אֶל־מְקוֹם הַדָּשֶׁן: וְשִׁסַּע אֹתוֹ בִכְנָפָיו לֹא יַבְדִּיל וְהִקְטִיר אֹתוֹ הַכֹּהֵן הַמִּזְבֵּחָה עַל־הָעֵצִים אֲשֶׁר עַל הָאֵשׁ עֹלָה הוּא אִשֵּׁה רֵיחַ נִיחֹחַ ס לַיהוָה:

CAP. II. ב

1 וְנֶפֶשׁ כִּי־תַקְרִיב קָרְבַּן מִנְחָה לַיהוָה סֹלֶת יִהְיֶה קָרְבָּנוֹ וְיָצַק עָלֶיהָ שֶׁמֶן וְנָתַן עָלֶיהָ לְבֹנָה: וֶהֱבִיאָהּ
2 אֶל־בְּנֵי אַהֲרֹן הַכֹּהֲנִים וְקָמַץ מִשָּׁם מְלֹא קֻמְצוֹ מִסָּלְתָּהּ וּמִשַּׁמְנָהּ עַל כָּל־לְבֹנָתָהּ וְהִקְטִיר הַכֹּהֵן אֶת־אַזְכָּרָתָהּ הַמִּזְבֵּחָה אִשֵּׁה רֵיחַ נִיחֹחַ לַיהוָה:
3 וְהַנּוֹתֶרֶת מִן־הַמִּנְחָה לְאַהֲרֹן וּלְבָנָיו קֹדֶשׁ קָדָשִׁים מֵאִשֵּׁי יְהוָה: ס
4 וְכִי תַקְרִב קָרְבַּן מִנְחָה מַאֲפֵה תַנּוּר סֹלֶת חַלּוֹת מַצֹּת בְּלוּלֹת בַּשֶּׁמֶן
5 וּרְקִיקֵי מַצּוֹת מְשֻׁחִים בַּשָּׁמֶן: ס וְאִם־מִנְחָה עַל־הַמַּחֲבַת קָרְבָּנֶךָ סֹלֶת בְּלוּלָה בַשֶּׁמֶן מַצָּה
6 תִהְיֶה: פָּתוֹת אֹתָהּ פִּתִּים וְיָצַקְתָּ עָלֶיהָ שָׁמֶן מִנְחָה הִוא: ס
7 וְאִם־מִנְחַת מַרְחֶשֶׁת קָרְבָּנֶךָ סֹלֶת בַּשֶּׁמֶן תֵּעָשֶׂה:
8 וְהֵבֵאתָ אֶת־הַמִּנְחָה אֲשֶׁר יֵעָשֶׂה מֵאֵלֶּה לַיהוָה וְהִקְרִיבָהּ אֶל־הַכֹּהֵן וְהִגִּישָׁהּ אֶל־הַמִּזְבֵּחַ:
9 וְהֵרִים הַכֹּהֵן מִן־הַמִּנְחָה אֶת־אַזְכָּרָתָהּ וְהִקְטִיר הַמִּזְבֵּחָה אִשֵּׁה רֵיחַ נִיחֹחַ לַיהוָה:
10 וְהַנּוֹתֶרֶת מִן־הַמִּנְחָה לְאַהֲרֹן
11 וּלְבָנָיו קֹדֶשׁ קָדָשִׁים מֵאִשֵּׁי יְהוָה: כָּל־הַמִּנְחָה אֲשֶׁר תַּקְרִיבוּ לַיהוָה לֹא תֵעָשֶׂה חָמֵץ כִּי כָל־שְׂאֹר וְכָל־דְּבַשׁ לֹא־תַקְטִירוּ מִמֶּנּוּ אִשֶּׁה לַיהוָה:
12 קָרְבַּן רֵאשִׁית תַּקְרִיבוּ אֹתָם לַיהוָה וְאֶל־הַמִּזְבֵּחַ
13 לֹא־יַעֲלוּ לְרֵיחַ נִיחֹחַ: וְכָל־קָרְבַּן מִנְחָתְךָ בַּמֶּלַח תִּמְלָח וְלֹא תַשְׁבִּית מֶלַח בְּרִית אֱלֹהֶיךָ מֵעַל מִנְחָתֶךָ עַל כָּל־קָרְבָּנְךָ תַּקְרִיב מֶלַח: ס
14 וְאִם־תַּקְרִיב מִנְחַת בִּכּוּרִים לַיהוָה אָבִיב קָלוּי בָּאֵשׁ גֶּרֶשׂ כַּרְמֶל תַּקְרִיב אֵת מִנְחַת בִּכּוּרֶיךָ:
15 וְנָתַתָּ עָלֶיהָ שֶׁמֶן וְשַׂמְתָּ עָלֶיהָ לְבֹנָה מִנְחָה
16 הִוא: וְהִקְטִיר הַכֹּהֵן אֶת־אַזְכָּרָתָהּ מִגִּרְשָׂהּ וּמִשַּׁמְנָהּ עַל כָּל־לְבֹנָתָהּ אִשֶּׁה לַיהוָה: פ

CAP. III. ג

1 וְאִם־זֶבַח שְׁלָמִים קָרְבָּנוֹ אִם מִן־הַבָּקָר הוּא מַקְרִיב

The Third Book of MOSES, called LEVITICUS.

CHAP. I.

AND the LORD called unto Moses, and spake unto him[b] out of the tabernacle of the congregation, saying,

2 Speak unto the children of Israel, and say unto them, If any man of you[c] bring an offering unto the LORD, ye shall bring your offering of the cattle, even of the herd, and of the flock.

3 If his offering be a burnt-sacrifice of the herd, let him offer a male[e] without blemish: he shall offer it of his own voluntary will at the door of the tabernacle of the congregation before the LORD.

4 And he shall put his hand[f] upon the head of the burnt-offering; and it shall be[g] accepted for him, to make[h] atonement for him.

5 And he shall kill the bullock before the LORD: and the priests, Aaron's sons, shall bring the blood, and sprinkle[k] the blood round about upon the altar that is by the door of the tabernacle of the congregation.

6 And he shall flay the burnt-offering, and cut it into his pieces.

7 And the sons of Aaron the priest shall put fire upon the altar, and lay the wood in order upon the fire:

8 And the priests, Aaron's sons, shall lay the parts, the head, and the fat, in order upon the wood that is on the fire which is upon the altar:

9 But his inwards and his legs shall he wash in water: and the priest shall burn all on the altar, to be a burnt-sacrifice, an offering made by fire, of a[m] sweet savour unto the LORD.

10 And if his offering be of the flocks, namely, of the sheep, or of the goats, for a burnt-sacrifice; he shall bring it a male without blemish.

11 And he shall kill it on the side of the altar[n] northward before the LORD: and the priests, Aaron's sons, shall sprinkle his blood round about upon the altar:

12 And he shall cut it into his pieces, with his head and his fat: and the priest shall lay them in order on the wood that is on the fire which is upon the altar.

13 But he shall wash the inwards and the legs with water: and the priest shall bring it all, and burn it upon the altar: it is a burnt-sacrifice, an offering made by fire, of a sweet savour unto the LORD.

14 And if the burnt-sacrifice for his offering to the LORD be of fowls, then he shall bring his offering of[r] turtle-doves, or of young pigeons.

15 And the priest shall bring it unto the altar, and δ wring off his head, and burn it on the altar; and the blood thereof shall be wrung out at the side of the altar:

16 And he shall pluck away his crop with his ζ feathers, and cast it beside the altar on the east part, by the place of the ashes:

17 And he shall cleave it with the wings thereof, but shall not[ϵ] divide it asunder: and the priest shall burn it upon the altar, upon the wood that is upon the fire: it is a burnt-sacrifice, an offering made by fire, of a sweet savour[v] unto the LORD.

---

a ch. 6. 14.
  9. 17.
b Ex. 19. 3.
Nu. 12. 4,5.
c ch. 22. 18.
d ver. 9.
  ch.5.12—24.7
Ac. 10. 4.
e ch. 3. 1.
  22, 20, 21.
Ex. 12. 5.
De. 15. 21.
Mal. 1. 14.
Lu. 1. 35.
Jnº. 1. 36.
Ep. 5. 27.
He. 9. 14.
1 Pe. 1. 19.
f ch.3.2,8,13.
  4. 15.
  8. 14,22.
  16. 21.
Ex.29.10,15
  19.
Nu. 8. 12.
Is. 53. 4.,6.
2 Co. 5. 21.
g ch.22.21,27.
Is. 56. 7.
h ch.4.20,26.
  9,7.—16,24.
Nu. 15. 25.
2 Ch.29.23,24.
He. 10. 4.
1 Jnº. 2. 2.
i Ex. 29. 2.
k ch. 3. 8.
2 Ch.35.11.
Is. 52. 15.
He. 12. 24.
β or, on a
flat plate,
or, slice.
l ch. 6. 15.
m Ge. 8. 21.
Eze.20.28,41
Ep. 5. 2.
Ph. 4. 18.
n Ex. 40. 22.
Eze. 8. 5.
o ch. 6. 17.
Ex.12.19,20
Mat. 16.11.
Mar. 8. 15.
Lu. 12. 1
1 Co.5.6.,8.
p ch.23. 10,11
Ex. 22. 29
γ ascend.
q Nu. 18. 19.
Ezr. 7. 22.
Eze. 43. 24.
Mar. 9. 49.
r ch.5.7—12.8.
Lu. 2. 24.
δ or, pinch
off the head
with the nail
s 2 Kl. 4. 42.
ζ or, the filth
thereof.
t Ge. 15. 10.
u ch. 7.11,29.
  22. 21.
v ver. 9, 13.

CHAP. II.

AND when any will offer[a] a meat-offering unto the LORD, his offering shall be of fine flour; and he shall pour oil upon it, and put frankincense thereon:

2 And he shall bring it to Aaron's sons, the priests: and he shall take thereout his handful of the flour thereof, and of the oil thereof, with all the frankincense thereof; and the priest shall burn[d] the memorial of it upon the altar, to be an offering made by fire, of a sweet savour unto the LORD:

3 And the remnant of the meat-offering shall be Aaron's and his sons': it is a thing most holy of the offerings of the LORD made by fire.

4 And if thou bring an oblation of a meat-offering baken in the oven, it shall be unleavened cakes of fine flour mingled with oil, or unleavened wafers[i] anointed with oil.

5 And if thy oblation be a meat-offering baken β in a pan, it shall be of fine flour unleavened, mingled with oil.

6 Thou shalt part it in pieces, and pour oil thereon: it is a meat-offering.

7 And if thy oblation be a meat-offering baken in the frying-pan, it shall be made of fine flour with oil.

8 And thou shalt bring the meat-offering that is made of these things unto the LORD: and when it is presented unto the priest, he shall bring it unto the altar.

9 And the priest shall take from the meat-offering a[l] memorial thereof, & shall burn it upon the altar: it is an offering made by fire, of a sweet savour unto the LORD.

10 And that which is left of the meat-offering shall be Aaron's and his sons': it is a thing most holy of the offerings of the LORD made by fire.

11 No meat-offering, which ye shall bring unto the LORD, shall be made with leaven:[o] for ye shall burn no leaven, nor any honey, in any offering of the LORD made by fire.

12 As for the oblation of the[p] first fruits, ye shall offer them unto the LORD: but they shall not γ be burnt on the altar for a sweet savour.

13 And every oblation of thy meat-offering shalt thou season with[q] salt; neither shalt thou suffer the salt of the covenant of thy God to be lacking from thy meat-offering: with all thine offerings thou shalt offer salt.

14 And if thou offer a meat-offering of thy first-fruits unto the LORD, thou shalt offer for the meat-offering of thy first-fruits green ears of corn dried by the fire, even corn beaten out[s] of full ears.

15 And thou shalt put oil upon it, and lay frankincense thereon: it is a meat-offering.

16 And the priest shall burn the memorial of it, part of the beaten corn thereof, and part of the oil thereof, with all the frankincense thereof: it is an offering made by fire unto the LORD.

CHAP. III.

AND if his oblation be a sacrifice of peace-offering,[u] if he offer it of the herd, whether it be a male or female, he shall

מַקְרִיב אִם־זָכָר אִם־נְקֵבָה תָּמִים יַקְרִיבֶנּוּ לִפְנֵי
2 יְהֹוָה: וְסָמַךְ יָדוֹ עַל־רֹאשׁ קָרְבָּנוֹ וּשְׁחָטוֹ
פֶּתַח אֹהֶל מוֹעֵד וְזָרְקוּ בְּנֵי אַהֲרֹן הַכֹּהֲנִים אֶת־
3 הַדָּם עַל־הַמִּזְבֵּחַ סָבִיב: וְהִקְרִיב מִזֶּבַח
הַשְּׁלָמִים אִשֶּׁה לַיהֹוָה אֶת־הַחֵלֶב הַמְכַסֶּה
אֶת־הַקֶּרֶב וְאֵת כָּל־הַחֵלֶב אֲשֶׁר עַל־הַקֶּרֶב:
4 וְאֵת שְׁתֵּי הַכְּלָיֹת וְאֶת־הַחֵלֶב אֲשֶׁר עֲלֵהֶן אֲשֶׁר
עַל־הַכְּסָלִים וְאֶת־הַיֹּתֶרֶת עַל־הַכָּבֵד עַל־הַכְּלָיוֹת
5 יְסִירֶנָּה: וְהִקְטִירוּ אֹתוֹ בְנֵי־אַהֲרֹן הַמִּזְבֵּחָה עַל־
הָעֹלָה אֲשֶׁר עַל־הָעֵצִים אֲשֶׁר עַל־הָאֵשׁ אִשֵּׁה
רֵיחַ נִיחֹחַ לַיהֹוָה: פ

6 וְאִם־מִן־הַצֹּאן קָרְבָּנוֹ לְזֶבַח שְׁלָמִים לַיהֹוָה זָכָר
7 אוֹ נְקֵבָה תָּמִים יַקְרִיבֶנּוּ: אִם־כֶּשֶׂב הוּא־
מַקְרִיב אֶת־קָרְבָּנוֹ וְהִקְרִיב אֹתוֹ לִפְנֵי יְהֹוָה:
8 וְסָמַךְ אֶת־יָדוֹ עַל־רֹאשׁ קָרְבָּנוֹ וְשָׁחַט אֹתוֹ
לִפְנֵי אֹהֶל מוֹעֵד וְזָרְקוּ בְּנֵי אַהֲרֹן אֶת־דָּמוֹ עַל־
9 הַמִּזְבֵּחַ סָבִיב: וְהִקְרִיב מִזֶּבַח הַשְּׁלָמִים
אִשֶּׁה לַיהֹוָה חֶלְבּוֹ הָאַלְיָה תְמִימָה לְעֻמַּת
הֶעָצֶה יְסִירֶנָּה וְאֶת־הַחֵלֶב הַמְכַסֶּה אֶת־הַקֶּרֶב
10 וְאֵת כָּל־הַחֵלֶב אֲשֶׁר עַל־הַקֶּרֶב: וְאֵת שְׁתֵּי
הַכְּלָיֹת וְאֶת־הַחֵלֶב אֲשֶׁר עֲלֵהֶן אֲשֶׁר עַל־
הַכְּסָלִים וְאֶת־הַיֹּתֶרֶת עַל־הַכָּבֵד עַל־הַכְּלָיֹת אֲשֶׁה
11 יְסִירֶנָּה: וְהִקְטִירוֹ הַכֹּהֵן הַמִּזְבֵּחָה לֶחֶם אִשֶּׁה
לַיהֹוָה: פ

12 וְאִם־עֵז קָרְבָּנוֹ וְהִקְרִיבוֹ לִפְנֵי יְהֹוָה: וְסָמַךְ
13 אֶת־יָדוֹ עַל־רֹאשׁוֹ וְשָׁחַט אֹתוֹ לִפְנֵי אֹהֶל מוֹעֵד
וְזָרְקוּ בְּנֵי אַהֲרֹן אֶת־דָּמוֹ עַל־הַמִּזְבֵּחַ סָבִיב:
14 וְהִקְרִיב מִמֶּנּוּ קָרְבָּנוֹ אִשֶּׁה לַיהֹוָה אֶת־הַחֵלֶב
הַמְכַסֶּה אֶת־הַקֶּרֶב וְאֵת כָּל־הַחֵלֶב אֲשֶׁר עַל־
15 הַקֶּרֶב: וְאֵת שְׁתֵּי הַכְּלָיֹת וְאֶת־הַחֵלֶב אֲשֶׁר
עֲלֵהֶן אֲשֶׁר עַל־הַכְּסָלִים וְאֶת־הַיֹּתֶרֶת עַל־הַכָּבֵד
16 עַל־הַכְּלָיֹת יְסִירֶנָּה: וְהִקְטִירָם הַכֹּהֵן הַמִּזְבֵּחָה
17 לֶחֶם אִשֶּׁה לְרֵיחַ נִיחֹחַ כָּל־חֵלֶב לַיהֹוָה: חֻקַּת
עוֹלָם לְדֹרֹתֵיכֶם בְּכֹל מוֹשְׁבֹתֵיכֶם כָּל־חֵלֶב וְכָל־
דָּם לֹא תֹאכֵלוּ: פ

CAP. IV. ד

1 וַיְדַבֵּר יְהֹוָה אֶל־מֹשֶׁה לֵּאמֹר: דַּבֵּר אֶל־בְּנֵי
2 יִשְׂרָאֵל לֵאמֹר נֶפֶשׁ כִּי־תֶחֱטָא בִשְׁגָגָה מִכֹּל

מִצְוֹת יְהֹוָה אֲשֶׁר לֹא תֵעָשֶׂינָה וְעָשָׂה מֵאַחַת
3 מֵהֵנָּה: אִם הַכֹּהֵן הַמָּשִׁיחַ יֶחֱטָא לְאַשְׁמַת
הָעָם וְהִקְרִיב עַל חַטָּאתוֹ אֲשֶׁר חָטָא פַּר בֶּן־בָּקָר
4 תָּמִים לַיהֹוָה לְחַטָּאת: וְהֵבִיא אֶת־הַפָּר אֶל־
פֶּתַח אֹהֶל־מוֹעֵד לִפְנֵי יְהֹוָה וְסָמַךְ אֶת־יָדוֹ עַל־
5 רֹאשׁ הַפָּר וְשָׁחַט אֶת־הַפָּר לִפְנֵי יְהֹוָה: וְלָקַח
הַכֹּהֵן הַמָּשִׁיחַ מִדַּם הַפָּר וְהֵבִיא אֹתוֹ אֶל־אֹהֶל
6 מוֹעֵד: וְטָבַל הַכֹּהֵן אֶת־אֶצְבָּעוֹ בַּדָּם וְהִזָּה מִן־
הַדָּם שֶׁבַע פְּעָמִים לִפְנֵי יְהֹוָה אֶת־פְּנֵי פָּרֹכֶת
7 הַקֹּדֶשׁ: וְנָתַן הַכֹּהֵן מִן־הַדָּם עַל־קַרְנוֹת מִזְבַּח
קְטֹרֶת הַסַּמִּים לִפְנֵי יְהֹוָה אֲשֶׁר בְּאֹהֶל מוֹעֵד
וְאֵת כָּל־דַּם הַפָּר יִשְׁפֹּךְ אֶל־יְסוֹד מִזְבַּח הָעֹלָה
8 אֲשֶׁר־פֶּתַח אֹהֶל מוֹעֵד: וְאֶת־כָּל־חֵלֶב פַּר
הַחַטָּאת יָרִים מִמֶּנּוּ אֶת־הַחֵלֶב הַמְכַסֶּה עַל־
9 הַקֶּרֶב וְאֵת כָּל־הַחֵלֶב אֲשֶׁר עַל־הַקֶּרֶב: וְאֵת
שְׁתֵּי הַכְּלָיֹת וְאֶת־הַחֵלֶב אֲשֶׁר עֲלֵיהֶן אֲשֶׁר עַל־
10 הַכְּסָלִים וְאֶת־הַיֹּתֶרֶת עַל־הַכָּבֵד עַל־הַכְּלָיוֹת
יְסִירֶנָּה: כַּאֲשֶׁר יוּרַם מִשּׁוֹר זֶבַח הַשְּׁלָמִים
11 וְהִקְטִירָם הַכֹּהֵן עַל מִזְבַּח הָעֹלָה: וְאֶת־עוֹר
הַפָּר וְאֶת־כָּל־בְּשָׂרוֹ עַל־רֹאשׁוֹ וְעַל־כְּרָעָיו וְקִרְבּוֹ
12 וּפִרְשׁוֹ: וְהוֹצִיא אֶת־כָּל־הַפָּר אֶל־מִחוּץ לַמַּחֲנֶה
אֶל־מָקוֹם טָהוֹר אֶל־שֶׁפֶךְ הַדֶּשֶׁן וְשָׂרַף אֹתוֹ
עַל־עֵצִים בָּאֵשׁ עַל־שֶׁפֶךְ הַדֶּשֶׁן יִשָּׂרֵף: פ

13 וְאִם כָּל־עֲדַת יִשְׂרָאֵל יִשְׁגּוּ וְנֶעְלַם דָּבָר מֵעֵינֵי
הַקָּהָל וְעָשׂוּ אַחַת מִכָּל־מִצְוֹת יְהֹוָה אֲשֶׁר
14 לֹא־תֵעָשֶׂינָה וְאָשֵׁמוּ: וְנוֹדְעָה הַחַטָּאת אֲשֶׁר
חָטְאוּ עָלֶיהָ וְהִקְרִיבוּ הַקָּהָל פַּר בֶּן־בָּקָר
15 לְחַטָּאת וְהֵבִיאוּ אֹתוֹ לִפְנֵי אֹהֶל מוֹעֵד: וְסָמְכוּ
זִקְנֵי הָעֵדָה אֶת־יְדֵיהֶם עַל־רֹאשׁ הַפָּר לִפְנֵי
16 יְהֹוָה וְשָׁחַט אֶת־הַפָּר לִפְנֵי יְהֹוָה: וְהֵבִיא הַכֹּהֵן
17 הַמָּשִׁיחַ מִדַּם הַפָּר אֶל־אֹהֶל מוֹעֵד: וְטָבַל
הַכֹּהֵן אֶצְבָּעוֹ מִן־הַדָּם וְהִזָּה שֶׁבַע פְּעָמִים לִפְנֵי
18 יְהֹוָה אֵת פְּנֵי הַפָּרֹכֶת: וּמִן־הַדָּם יִתֵּן עַל־
קַרְנֹת הַמִּזְבֵּחַ אֲשֶׁר לִפְנֵי יְהֹוָה אֲשֶׁר בְּאֹהֶל
מוֹעֵד וְאֵת כָּל־הַדָּם יִשְׁפֹּךְ אֶל־יְסוֹד מִזְבַּח
19 הָעֹלָה אֲשֶׁר־פֶּתַח אֹהֶל מוֹעֵד: וְאֵת כָּל־חֶלְבּוֹ
20 יָרִים מִמֶּנּוּ וְהִקְטִיר הַמִּזְבֵּחָה: וְעָשָׂה לַפָּר
כַּאֲשֶׁר עָשָׂה לְפַר הַחַטָּאת כֵּן יַעֲשֶׂה־לּוֹ וְכִפֶּר

offer it without*a* blemish before the LORD.

2 And he shall*b* lay his hand upon the head of his offering, and kill it *at* the door of the tabernacle of the congregation: and Aaron's sons, the priests, shall sprinkle the blood upon the altar round about.

3 And he shall offer of the sacrifice of the peace-offering, an offering made by fire unto the LORD; the β fat that*e* covereth the inwards, and all the fat that *is* upon the inwards,

4 And the two kidneys, and the fat that *is* on them, which *is* by the flanks, and the γ caul above the liver, with the kidneys, it shall he take away.

5 And Aaron's sons shall*h* burn it on the altar upon the burnt-sacrifice, which *is* upon the wood that *is* on the fire: *it is* an offering made by fire, of a sweet savour unto the LORD.

6 And if his offering for a sacrifice of peace-offering unto the LORD *be* of the flock, male or female, he shall offer it without*k* blemish.

7 If he offer a lamb for his offering, then shall he offer it*l* before the LORD.

8 And he shall lay his hand*m* upon the head of his offering, and kill it before the tabernacle of the congregation: and Aaron's sons shall sprinkle the blood thereof round about upon the altar.

9 And he shall offer of the sacrifice of the peace offering, an offering made by fire unto the LORD; the fat*n* thereof, *and* the whole rump, it shall he take off hard by the backbone; and the fat that covereth the inwards, and all the fat that *is* upon the inwards,

10 And the two kidneys, and the fat that *is* upon them, which *is* by the flanks, and the*p* caul above the liver, with the kidneys, it shall he take away.

11 And the priest shall burn it upon the altar: *it is* the food*r* of the offering made by fire unto the LORD.

12 And if his offering *be* a goat, then he shall offer it before the LORD.

13 And he shall lay his hand upon the head of it, and kill it before the tabernacle of the congregation: and the sons of Aaron shall sprinkle the blood thereof upon the altar round about.

14 And he shall offer thereof his offering, *even* an offering made by fire unto the LORD; the fat that covereth the inwards, and all the fat that *is* upon the inwards,

15 And the two kidneys, and the fat that *is* upon them, which *is* by the flanks, and the caul above the liver, with the kidneys, it shall he take away.

16 And the priest shall burn them upon the altar: *it is* the food of the offering made by fire, for a sweet savour. All the*w* fat *is* the LORD's.

17 *It shall* be a perpetual*x* statute for your generations, throughout all your dwellings, that ye eat neither fat nor blood.*z*

CHAP. IV.

AND ye LORD spake unto Moses, saying,

2 Speak unto the children of Israel, saying, If a soul shall sin*a* through ignorance against any of the commandments of the LORD, *concerning things* which ought not to be done, & shall do against any of them:

3 If the priest that is anointed do sin according to the sin of the people; then let him bring, for his sin which he hath sinned, a*d* young bullock without ble-

---

B. C. 1490.

a Nu. 6. 14.
Mal.1.8,14.
He. 10. 22.
b ch. 1. 4,5.–
8.22.–16.21.
Ex. 29. 10.
c Ex.29.10,11.
d ch. 16. 14.
Nu. 19. 4.
β or, *suet.*
e ch. 4. 8, 9.
Ex.29.13,22.
f ch.14.16,27.
γ or, *midriff over the liver,* and *over the kidneys.*
g ch.8.15.–9.9.
16. 18.
Ex.30.1.–10.
Ps. 118. 27.
h ch. 6. 12.
2Ch.35.14.
Eze.44.15.
i ch. 5. 9.
k ver. 1.
l 1 Ki. 8. 62.
m c.4.4,15,24.
n Ex. 29. 22.
δ to *without the camp.*
o Ex. 29. 14.
Nu. 19. 5.
He. 13. 11.
ζ at the *pouring out of the ashes.*
p ver. 4.
q Nu. 15. 24.
Jos. 7. 11.
1 Ti. 1. 13.
r ch.21.6,22.
Nu. 28. 2.
Eze. 44. 7.
Mal.1.7,12.
1Co. 10. 21.
s ch.5.2.4,17.
t Ezr. 10. 19.
u ch. 1. 4.
v ver. 5.
He.9.12,14.
w ch.7.23,25.
1 Sa. 2. 15.
2 Ch. 7. 7.
x c.6.18.–7.36.
17.7.–23.14.
y ver. 7.
z Ge. 9. 4.
De. 12. 16.
1Sa.14.32,33
Eze.44.7,15
Ac.15.20,29
a ch.5. 15,17.
Nu. 15. 22.
Ps. 19. 12.
He. 5. 2.
b ver. 3.
c Nu. 15. 25.
Da. 9. 24.
Ro. 5. 11.
Ga. 3. 13.
He.2. 17.
10.10,12.
1 Jnº. 1. 7.
2. 2.
Re. 1. 5.
d ch. 16. 6.

---

mish unto the LORD for a sin-offering.

4 And he shall bring the bullock*c* unto the door of the tabernacle of the congregation before the LORD; and shall lay his hand upon the bullock's head, and kill the bullock before the LORD.

5 And the priest that is anointed*d* shall take of the bullock's blood, and bring it to the tabernacle of the congregation:

6 And the priest shall dip his finger in the blood, and sprinkle of the*f* blood seven times before the LORD, before the vail of the sanctuary.

7 And the priest shall put *some* of the blood upon the*g* horns of the altar of sweet incense before the LORD, which *is* in the tabernacle of the congregation; and shall pour all the blood of the bullock at the bottom*i* of the altar of the burnt-offering, which *is at* the door of the tabernacle of the congregation.

8 And he shall take off from it all the fat of the bullock for the sin-offering; the fat that covereth the inwards, and all the fat that *is* upon the inwards,

9 And the two kidneys, and the fat that *is* upon them, which *is* by the flanks, and the caul above the liver, with the kidneys, it shall he take away,

10 As it was taken off from the bullock of the sacrifice of peace-offerings; and the priest shall burn them upon the altar of the burnt-offering.

11 And the skin of the bullock, and all his flesh, with his head, and with his legs, and his inwards, and his dung,

12 Even the whole bullock shall he carry forth δ without the camp unto a clean place, where the ashes are poured out, and burn*b* him on the wood with fire: ζ where the ashes are poured out shall he be burnt.

13 And if the*q* whole congregation of Israel sin through ignorance, and the thing be*s* hid from the eyes of the assembly, and they have done *somewhat against* any of the commandments of the LORD, *concerning things* which should not be done, and*t* are guilty;

14 When the sin, which they have sinned against it, is known, then the congregation shall offer a young bullock for the sin, and bring him before the tabernacle of the congregation.

15 And the elders of the congregation shall lay their hands*u* upon the head of the bullock before the LORD; and the bullock shall be killed before the LORD.

16 And the priest*v* that is anointed shall bring of the bullock's blood to the tabernacle of the congregation:

17 And the priest shall dip his finger *in some* of the blood, and sprinkle *it* seven times before the LORD, *even* before the vail.

18 And he shall put *some* of the blood upon the*y* horns of the altar which *is* before the LORD, that *is* in the tabernacle of the congregation, and shall pour out all the blood at the bottom of the altar of the burnt-offering, which *is at* the door of the tabernacle of the congregation.

19 And he shall take all his fat from him, and burn *it* upon the altar.

20 And he shall do with the bullock as he did*b* with the bullock for a sin-offering, so shall he do with this: and the priest shall! make*c* an atonement for them, and it shall be forgiven them.

21 And he shall carry forth the bullock without the camp, and burn him as he

21 וְהוֹצִיא אֶת־הַפָּר אֶל־מִחוּץ לַמַּחֲנֶה וְשָׂרַף אֹתוֹ כַּאֲשֶׁר שָׂרַף אֵת הַפָּר הָרִאשׁוֹן חַטַּאת הַקָּהָל הוּא׃ פ

22 אֲשֶׁר נָשִׂיא יֶחֱטָא וְעָשָׂה אַחַת מִכָּל־מִצְוֹת יְהוָה אֱלֹהָיו אֲשֶׁר לֹא־תֵעָשֶׂינָה בִּשְׁגָגָה וְאָשֵׁם׃

23 אוֹ־הוֹדַע אֵלָיו חַטָּאתוֹ אֲשֶׁר חָטָא בָּהּ וְהֵבִיא אֶת־קָרְבָּנוֹ שְׂעִיר עִזִּים זָכָר תָּמִים׃

24 וְסָמַךְ יָדוֹ עַל־רֹאשׁ הַשָּׂעִיר וְשָׁחַט אֹתוֹ בִּמְקוֹם אֲשֶׁר יִשְׁחַט אֶת־הָעֹלָה לִפְנֵי יְהוָה חַטָּאת הוּא׃

25 וְלָקַח הַכֹּהֵן מִדַּם הַחַטָּאת בְּאֶצְבָּעוֹ וְנָתַן עַל־קַרְנֹת מִזְבַּח הָעֹלָה וְאֶת־דָּמוֹ יִשְׁפֹּךְ אֶל־יְסוֹד מִזְבַּח הָעֹלָה׃

26 וְאֶת־כָּל־חֶלְבּוֹ יַקְטִיר הַמִּזְבֵּחָה כְּחֵלֶב זֶבַח הַשְּׁלָמִים וְכִפֶּר עָלָיו הַכֹּהֵן מֵחַטָּאתוֹ וְנִסְלַח לוֹ׃ פ

27 וְאִם־נֶפֶשׁ אַחַת תֶּחֱטָא בִשְׁגָגָה מֵעַם הָאָרֶץ בַּעֲשֹׂתָהּ אַחַת מִמִּצְוֹת יְהוָה אֲשֶׁר לֹא־תֵעָשֶׂינָה וְאָשֵׁם׃

28 אוֹ הוֹדַע אֵלָיו חַטָּאתוֹ אֲשֶׁר חָטָא וְהֵבִיא קָרְבָּנוֹ שְׂעִירַת עִזִּים תְּמִימָה נְקֵבָה עַל־חַטָּאתוֹ אֲשֶׁר חָטָא׃

29 וְסָמַךְ אֶת־יָדוֹ עַל רֹאשׁ הַחַטָּאת וְשָׁחַט אֶת־הַחַטָּאת בִּמְקוֹם הָעֹלָה׃

30 וְלָקַח הַכֹּהֵן מִדָּמָהּ בְּאֶצְבָּעוֹ וְנָתַן עַל־קַרְנֹת מִזְבַּח הָעֹלָה וְאֶת־כָּל־דָּמָהּ יִשְׁפֹּךְ אֶל־יְסוֹד הַמִּזְבֵּחַ׃

31 וְאֶת־כָּל־חֶלְבָּהּ יָסִיר כַּאֲשֶׁר הוּסַר חֵלֶב מֵעַל זֶבַח הַשְּׁלָמִים וְהִקְטִיר הַכֹּהֵן הַמִּזְבֵּחָה לְרֵיחַ נִיחֹחַ לַיהוָה וְכִפֶּר עָלָיו הַכֹּהֵן וְנִסְלַח לוֹ׃ פ

32 וְאִם־כֶּבֶשׂ יָבִיא קָרְבָּנוֹ לְחַטָּאת נְקֵבָה תְמִימָה יְבִיאֶנָּה׃

33 וְסָמַךְ אֶת־יָדוֹ עַל רֹאשׁ הַחַטָּאת וְשָׁחַט אֹתָהּ לְחַטָּאת בִּמְקוֹם אֲשֶׁר יִשְׁחַט אֶת־הָעֹלָה׃

34 וְלָקַח הַכֹּהֵן מִדַּם הַחַטָּאת בְּאֶצְבָּעוֹ וְנָתַן עַל־קַרְנֹת מִזְבַּח הָעֹלָה וְאֶת־כָּל־דָּמָהּ יִשְׁפֹּךְ אֶל־יְסוֹד הַמִּזְבֵּחַ׃

35 וְאֶת־כָּל־חֶלְבָּהּ יָסִיר כַּאֲשֶׁר יוּסַר חֵלֶב הַכֶּשֶׂב מִזֶּבַח הַשְּׁלָמִים וְהִקְטִיר הַכֹּהֵן אֹתָם הַמִּזְבֵּחָה עַל אִשֵּׁי יְהוָה וְכִפֶּר עָלָיו הַכֹּהֵן עַל־חַטָּאתוֹ אֲשֶׁר־חָטָא וְנִסְלַח לוֹ׃ פ

CAP. V. ה

1 וְנֶפֶשׁ כִּי־תֶחֱטָא וְשָׁמְעָה קוֹל אָלָה וְהוּא עֵד אוֹ רָאָה אוֹ יָדָע אִם־לוֹא יַגִּיד וְנָשָׂא עֲוֹנוֹ׃

2 אוֹ נֶפֶשׁ אֲשֶׁר תִּגַּע בְּכָל־דָּבָר טָמֵא אוֹ בְנִבְלַת חַיָּה טְמֵאָה אוֹ בְּנִבְלַת בְּהֵמָה טְמֵאָה אוֹ בְּנִבְלַת שֶׁרֶץ טָמֵא וְנֶעְלַם מִמֶּנּוּ וְהוּא טָמֵא וְאָשֵׁם׃

3 אוֹ כִי יִגַּע בְּטֻמְאַת אָדָם לְכֹל טֻמְאָתוֹ אֲשֶׁר יִטְמָא בָּהּ וְנֶעְלַם מִמֶּנּוּ וְהוּא יָדַע וְאָשֵׁם׃

4 אוֹ נֶפֶשׁ כִּי תִשָּׁבַע לְבַטֵּא בִשְׂפָתַיִם לְהָרַע אוֹ לְהֵיטִיב לְכֹל אֲשֶׁר יְבַטֵּא הָאָדָם בִּשְׁבֻעָה וְנֶעְלַם מִמֶּנּוּ וְהוּא־יָדַע וְאָשֵׁם לְאַחַת מֵאֵלֶּה׃

5 וְהָיָה כִי־יֶאְשַׁם לְאַחַת מֵאֵלֶּה וְהִתְוַדָּה אֲשֶׁר חָטָא עָלֶיהָ׃

6 וְהֵבִיא אֶת־אֲשָׁמוֹ לַיהוָה עַל חַטָּאתוֹ אֲשֶׁר חָטָא נְקֵבָה מִן־הַצֹּאן כִּשְׂבָּה אוֹ־שְׂעִירַת עִזִּים לְחַטָּאת וְכִפֶּר עָלָיו הַכֹּהֵן מֵחַטָּאתוֹ׃

7 וְאִם־לֹא תַגִּיעַ יָדוֹ דֵּי שֶׂה וְהֵבִיא אֶת־אֲשָׁמוֹ אֲשֶׁר חָטָא שְׁתֵּי תֹרִים אוֹ־שְׁנֵי בְנֵי־יוֹנָה לַיהוָה אֶחָד לְחַטָּאת וְאֶחָד לְעֹלָה׃

8 וְהֵבִיא אֹתָם אֶל־הַכֹּהֵן וְהִקְרִיב אֶת־אֲשֶׁר לַחַטָּאת רִאשׁוֹנָה וּמָלַק אֶת־רֹאשׁוֹ מִמּוּל עָרְפּוֹ וְלֹא יַבְדִּיל׃

9 וְהִזָּה מִדַּם הַחַטָּאת עַל־קִיר הַמִּזְבֵּחַ וְהַנִּשְׁאָר בַּדָּם יִמָּצֵה אֶל־יְסוֹד הַמִּזְבֵּחַ חַטָּאת הוּא׃

10 וְאֶת־הַשֵּׁנִי יַעֲשֶׂה עֹלָה כַּמִּשְׁפָּט וְכִפֶּר עָלָיו הַכֹּהֵן מֵחַטָּאתוֹ אֲשֶׁר־חָטָא וְנִסְלַח לוֹ׃ ס

11 וְאִם־לֹא תַשִּׂיג יָדוֹ לִשְׁתֵּי תֹרִים אוֹ לִשְׁנֵי בְנֵי־יוֹנָה וְהֵבִיא אֶת־קָרְבָּנוֹ אֲשֶׁר חָטָא עֲשִׂירִת הָאֵפָה סֹלֶת לְחַטָּאת לֹא־יָשִׂים עָלֶיהָ שֶׁמֶן וְלֹא־יִתֵּן עָלֶיהָ לְבֹנָה כִּי חַטָּאת הִוא׃

12 וֶהֱבִיאָהּ אֶל־הַכֹּהֵן וְקָמַץ הַכֹּהֵן מִמֶּנָּה מְלוֹא קֻמְצוֹ אֶת־אַזְכָּרָתָהּ וְהִקְטִיר הַמִּזְבֵּחָה עַל אִשֵּׁי יְהוָה חַטָּאת הִוא׃

13 וְכִפֶּר עָלָיו הַכֹּהֵן עַל־חַטָּאתוֹ אֲשֶׁר־חָטָא מֵאַחַת מֵאֵלֶּה וְנִסְלַח לוֹ וְהָיְתָה לַכֹּהֵן כַּמִּנְחָה׃ ס

14 וַיְדַבֵּר יְהוָה אֶל־מֹשֶׁה לֵּאמֹר׃

15 נֶפֶשׁ כִּי־תִמְעֹל מַעַל וְחָטְאָה בִּשְׁגָגָה מִקָּדְשֵׁי יְהוָה וְהֵבִיא אֶת־אֲשָׁמוֹ לַיהוָה אַיִל תָּמִים מִן־הַצֹּאן בְּעֶרְכְּךָ כֶּסֶף־שְׁקָלִים בְּשֶׁקֶל־הַקֹּדֶשׁ לְאָשָׁם׃

16 וְאֵת אֲשֶׁר חָטָא מִן־הַקֹּדֶשׁ יְשַׁלֵּם וְאֶת־חֲמִישִׁתוֹ יוֹסֵף עָלָיו וְנָתַן אֹתוֹ לַכֹּהֵן וְהַכֹּהֵן יְכַפֵּר עָלָיו בְּאֵיל הָאָשָׁם וְנִסְלַח לוֹ׃ פ

17 וְאִם־נֶפֶשׁ כִּי תֶחֱטָא וְעָשְׂתָה אַחַת מִכָּל־מִצְוֹת

turned the *a* first bullock : it *is* a sin-offering for the congregation.

22 When a ruler hath sinned, and done *somewhat* through *c* ignorance *against* any of the commandments of the LORD his God, *concerning things* which should not be done, and is guilty ;

23 Or if his sin, wherein he hath sinned, come *f* to his knowledge ; he shall bring his offering, a kid of the goats, a male without blemish :

24 And he shall lay his hand *h* upon the head of the goat, and kill it in the place where they kill the burnt-offering before the LORD : it *is* a sin-offering.

25 And the priest shall take of the blood of the sin-offering *k* with his finger, and put *it* upon the horns of the altar of burnt-offering, and shall pour out his blood at the bottom of the altar of burnt-offering.

26 And he shall burn all his fat upon the altar, as the fat of the sacrifice *l* of peace-offerings : and the priest shall make an *m* atonement for him as concerning his sin, and it shall be forgiven him.

27 And if *γ* any one of the *δ* common people *o* sin through ignorance, while he doeth *somewhat against* any of the commandments of the LORD *concerning things* which ought not to be done,*p* and be guilty ;

28 Or if his sin, which he hath sinned,*q* come to his knowledge ; then he shall bring his offering, a kid of the goats, a female without blemish, for his sin which he hath sinned.

29 And he shall lay his hand *t* upon the head of the sin-offering, and slay the sin-offering in the place of the burnt-offering.

30 And the priest shall take of the blood thereof with his finger, and put *it* upon the horns of the altar of burnt-offering, and shall pour out all the blood thereof at the bottom of the altar.

31 And he shall take away all the fat thereof,*x* as the fat is taken away from off the sacrifice of peace-offerings ; and the priest shall burn *it* upon the altar for a *y* sweet savour unto the LORD : and the priest shall make an atonement for him, and it shall be forgiven him.

32 And if he bring a lamb for a sin-offering, he shall bring it a *a* female without blemish.

33 And he shall lay his hand upon the head of the sin-offering, and slay it for a sin-offering in the place where they kill the burnt-offering.

34 And the priest shall take of the blood of the sin-offering with his finger, and put *it* upon the horns of the altar of burnt-offering, and shall pour out all the blood thereof at the bottom of the altar :

35 And he shall take away all the fat thereof,as the fat of the lamb is taken away from the sacrifice of the peace-offerings ; and the priest shall burn them upon the altar, according to the *f* offerings made by fire unto the LORD : and the priest shall make an *h* atonement for his sin that he hath committed, and it shall be forgiven him.

CHAP. V.

AND if a soul *i* sin, and hear the voice of *k* swearing, and *is* a witness, whether he hath seen or known *of it ;* if he do not utter *it,* then he shall *m* bear his iniquity.

2 Or if a soul touch any *n* unclean thing, whether *it be* a carcase of an unclean beast, or a carcase of unclean cattle, or

B. C. 1490.

a ver. 11, 12.
b ver. 17.
c ver. 2, 13.
d ch. XII.
XIII. XV.
e ver. 4.
f ver. 14.
ch. 5. 4.
g Ju. 11. 31.
1Sa. 25. 22.
2 Ki. 6. 31.
Mar. 6. 23.
Ac. 23. 12.
h ver. 4, &c.
Is. 53. 6.
i ch. 26. 40.
Nu. 5. 7.
Jos. 7. 19.
Ezr. 10. 11.
Ps. 32. 5.
Da. 9. 4.
Ro. 10. 10.
k ver. 7, 30.
l ch. 3. 5.
m ver. 20.
Nu. 15. 28.
β his hand cannot reach to the sufficiency of a lamb.
n ch. 12. 8.
14. 21.
γ any soul.
δ people of the land.
o Nu. 15. 27.
p Nu. 5. 6.
q ver. 23.
r ch. 1. 15.
s Ex.12.22,23.
He. 12. 24.
t ver. 4, 24.
z ordinance.
u ch. 4. 26.
v Ja. 5. 15.
w ver. 7.
x ch. 3. 3, 14.
y ch. 1. 9.
Ex. 29. 18.
Ezr. 6. 10.
Is. 42. 21.
z Nu. 5. 15.
a ver. 28.
b ch. 2. 2.
Nu. 5. 26.
Ac. 10. 4.
c ch. 7. 6.
d ch. 22. 14.
e Ezr. 10. 19.
f ch. 3. 5.
g ch. 27. 25.
Ex. 30. 13.
h ver. 26, 31.
i Eze.18.4,20.
k 1 Ki. 8. 31.
Pr. 29. 24.
Mat. 26. 63.
l ver. 10.
m ver. 17.
ch. 7. 18.
17. 16.
19. 8.
20. 17.
Nu. 9. 13.
Ps. 38. 4.
Is. 53. 11.
1 Pe. 2. 24.
*n*Nu.19.11..16
Hag. 2. 13.
o ch. 4. 2, 22.

the carcase of unclean creeping things, and *if* it be hidden from him ; he also shall be unclean, and *b* guilty.

3 Or if he touch *d* the uncleanness of man, whatsoever uncleanness *it be* that a man shall be defiled withal, and it be hid from him ; when *e* he knoweth *of it,* then he shall be guilty.

4 Or if a soul swear, pronouncing with *his* lips *g* to do evil, or to do good, whatsoever *it be* that a man shall pronounce with an oath, and it be hid from him ; when he knoweth *of it,* then he shall be guilty in one of these.

5 And it shall be,when he shall be guilty in one of these *things,* that he shall *i* confess that he hath sinned in that *thing :*

6 And he shall bring his trespass-offering unto the LORD, for his sin which he hath sinned, a female from the flock, a lamb or a kid of the goats, for a sin-offering ; and the priest shall make an atonement for him concerning his sin.

7 And if *β* he be not *n* able to bring a lamb, then he shall bring for his trespass, which he hath committed, two turtle-doves, or two young pigeons, unto the LORD ; one for a sin-offering, and the other for a burnt-offering.

8 And he shall bring them unto the priest, who shall offer *that* which *is* for the sin-offering first, and *r* wring off his head from his neck, but shall not divide it asunder :

9 And he shall sprinkle *s* of the blood of the sin-offering upon the side of the altar ; and the rest of the blood shall be wrung out at the bottom of the altar : it *is* a sin-offering.

10 And he shall offer the second *for* a burnt-offering, according to the *ζ* manner : and the priest shall *u* make an atonement for him for his sin which he hath sinned, and it shall be *v* forgiven him.

11 But if he be not *w* able to bring two turtle-doves, or two young pigeons, then he that sinned shall bring for his offering the tenth part of an ephah of fine flour for a sin-offering ; he shall put *x* no oil upon it, neither shall he put *any* frankincense thereon : for it *is* a sin-offering.

12 Then shall he bring it to the priest, and the priest shall take his handful of it, *even* a *b* memorial thereof, and burn *it* on the altar, according to the offerings made by fire unto the LORD : it *is* a sin-offering.

13 And the priest shall make an atonement for him as touching his sin that he hath sinned in one of these, and it shall be forgiven him : and *the remnant c* shall be the priest's, as a meat-offering.

14 And the LORD spake unto Moses, saying,

15 If a soul commit a trespass, and sin through ignorance,*d* in the holy things of the LORD ; then he shall bring, for his trespass unto the LORD,*e* a ram without blemish out of the flocks, with thy estimation by shekels of silver, after *g* the shekel of the sanctuary, for a trespass-offering :

16 And he shall make amends for the harm that he hath done in the holy thing, and shall add the fifth part thereto, and give it unto the priest : and the priest *l* shall make an atonement for him with the ram of the trespass-offering, and it shall be forgiven him.

17 And if a *o* soul sin, and commit any of these things which are forbidden to be done by the commandments of the LORD ;

יְהוָֹה לֹא הֵעִידֹתָה וְלֹא־יָדַע וְאָשֵׁם וְנָשָׂא
18 עֲוֹנוֹ׃ וְהֵבִיא אַיִל תָּמִים מִן־הַצֹּאן בְּעֶרְכְּךָ
לְאָשָׁם אֶל־הַכֹּהֵן וְכִפֶּר עָלָיו הַכֹּהֵן עַל שִׁגְגָתוֹ
19 אֲשֶׁר־שָׁגָג וְהוּא לֹא־יָדַע וְנִסְלַח לוֹ׃ אָשָׁם הוּא
אָשֹׁם אָשַׁם לַיהוָֹה׃ פ
20 וַיְדַבֵּר יְהוָֹה אֶל־מֹשֶׁה לֵּאמֹר׃ נֶפֶשׁ כִּי תֶחֱטָא
21 וּמָעֲלָה מַעַל בַּיהוָֹה וְכִחֵשׁ בַּעֲמִיתוֹ בְּפִקָּדוֹן אוֹ
22 בִתְשׂוּמֶת יָד אוֹ בְגָזֵל אוֹ עָשַׁק אֶת־עֲמִיתוֹ׃ אוֹ־
מָצָא אֲבֵדָה וְכִחֶשׁ בָּהּ וְנִשְׁבַּע עַל־שָׁקֶר עַל־אַחַת
23 מִכֹּל אֲשֶׁר־יַעֲשֶׂה הָאָדָם לַחֲטֹא בָהֵנָּה׃ וְהָיָה
כִּי־יֶחֱטָא וְאָשֵׁם וְהֵשִׁיב אֶת־הַגְּזֵלָה אֲשֶׁר גָּזָל אוֹ
אֶת־הָעֹשֶׁק אֲשֶׁר עָשָׁק אוֹ אֶת־הַפִּקָּדוֹן אֲשֶׁר הָפְקַד
24 אִתּוֹ אוֹ אֶת־הָאֲבֵדָה אֲשֶׁר מָצָא׃ אוֹ מִכֹּל
אֲשֶׁר־יִשָּׁבַע עָלָיו לַשֶּׁקֶר וְשִׁלַּם אֹתוֹ בְּרֹאשׁוֹ
וַחֲמִשִׁתָיו יֹסֵף עָלָיו לַאֲשֶׁר הוּא לוֹ יִתְּנֶנּוּ בְּיוֹם
25 אַשְׁמָתוֹ׃ וְאֶת־אֲשָׁמוֹ יָבִיא לַיהוָֹה אַיִל תָּמִים
26 מִן־הַצֹּאן בְּעֶרְכְּךָ לְאָשָׁם אֶל־הַכֹּהֵן׃ וְכִפֶּר עָלָיו
הַכֹּהֵן לִפְנֵי יְהוָֹה וְנִסְלַח לוֹ עַל־אַחַת מִכֹּל אֲשֶׁר־יַעֲשֶׂה
לְאַשְׁמָה בָהּ׃

סה   ם ם ם   25
CAP. VI. ו

1 וַיְדַבֵּר יְהוָֹה אֶל־מֹשֶׁה לֵּאמֹר׃ צַו אֶת־אַהֲרֹן
2 וְאֶת־בָּנָיו לֵאמֹר זֹאת תּוֹרַת הָעֹלָה הִוא הָעֹלָה
עַל מוֹקְדָה עַל־הַמִּזְבֵּחַ כָּל־הַלַּיְלָה עַד־הַבֹּקֶר וְאֵשׁ
3 הַמִּזְבֵּחַ תּוּקַד בּוֹ׃ וְלָבַשׁ הַכֹּהֵן מִדּוֹ בַד וּמִכְנְסֵי־
בַד יִלְבַּשׁ עַל־בְּשָׂרוֹ וְהֵרִים אֶת־הַדֶּשֶׁן אֲשֶׁר תֹּאכַל
הָאֵשׁ אֶת־הָעֹלָה עַל־הַמִּזְבֵּחַ וְשָׂמוֹ אֵצֶל הַמִּזְבֵּחַ׃
4 וּפָשַׁט אֶת־בְּגָדָיו וְלָבַשׁ בְּגָדִים אֲחֵרִים וְהוֹצִיא
אֶת־הַדֶּשֶׁן אֶל־מִחוּץ לַמַּחֲנֶה אֶל־מָקוֹם טָהוֹר׃
5 וְהָאֵשׁ עַל־הַמִּזְבֵּחַ תּוּקַד־בּוֹ לֹא תִכְבֶּה וּבִעֵר עָלֶיהָ
הַכֹּהֵן עֵצִים בַּבֹּקֶר בַּבֹּקֶר וְעָרַךְ עָלֶיהָ הָעֹלָה
6 וְהִקְטִיר עָלֶיהָ חֶלְבֵי הַשְּׁלָמִים׃ אֵשׁ תָּמִיד תּוּקַד
7 עַל־הַמִּזְבֵּחַ לֹא תִכְבֶּה׃ ס וְזֹאת תּוֹרַת הַמִּנְחָה
הַקְרֵב אֹתָהּ בְּנֵי־אַהֲרֹן לִפְנֵי יְהוָֹה אֶל־פְּנֵי הַמִּזְבֵּחַ׃
8 וְהֵרִים מִמֶּנּוּ בְּקֻמְצוֹ מִסֹּלֶת הַמִּנְחָה וּמִשַּׁמְנָהּ
וְאֵת כָּל־הַלְּבֹנָה אֲשֶׁר עַל־הַמִּנְחָה וְהִקְטִיר הַמִּזְבֵּחַ
9 רֵיחַ נִיחֹחַ אַזְכָּרָתָהּ לַיהוָֹה׃ וְהַנּוֹתֶרֶת מִמֶּנָּה

10 יֹאכְלוּ אַהֲרֹן וּבָנָיו מַצּוֹת תֵּאָכֵל בְּמָקוֹם קָדֹשׁ
בַּחֲצַר אֹהֶל־מוֹעֵד יֹאכְלוּהָ׃ לֹא תֵאָפֶה חָמֵץ
חֶלְקָם נָתַתִּי אֹתָהּ מֵאִשָּׁי קֹדֶשׁ קָדָשִׁים הִוא
11 כַּחַטָּאת וְכָאָשָׁם׃ כָּל־זָכָר בִּבְנֵי אַהֲרֹן יֹאכְלֶנָּה
חָק־עוֹלָם לְדֹרֹתֵיכֶם מֵאִשֵּׁי יְהוָֹה כֹּל אֲשֶׁר־יִגַּע בָּהֶם
יִקְדָּשׁ׃ פ
12
13 וַיְדַבֵּר יְהוָֹה אֶל־מֹשֶׁה לֵּאמֹר׃ זֶה קָרְבַּן אַהֲרֹן
וּבָנָיו אֲשֶׁר־יַקְרִיבוּ לַיהוָֹה בְּיוֹם הִמָּשַׁח אֹתוֹ
עֲשִׂירִת הָאֵפָה סֹלֶת מִנְחָה תָּמִיד מַחֲצִיתָהּ בַּבֹּקֶר
14 וּמַחֲצִיתָהּ בָּעָרֶב׃ עַל־מַחֲבַת בַּשֶּׁמֶן תֵּעָשֶׂה
מֻרְבֶּכֶת תְּבִיאֶנָּה תֻּפִינֵי מִנְחַת פִּתִּים תַּקְרִיב
15 רֵיחַ־נִיחֹחַ לַיהוָֹה׃ וְהַכֹּהֵן הַמָּשִׁיחַ תַּחְתָּיו
מִבָּנָיו יַעֲשֶׂה אֹתָהּ חָק־עוֹלָם לַיהוָֹה כָּלִיל
16 תָּקְטָר׃ וְכָל־מִנְחַת כֹּהֵן כָּלִיל תִּהְיֶה לֹא
תֵאָכֵל׃ פ
17
18 וַיְדַבֵּר יְהוָֹה אֶל־מֹשֶׁה לֵּאמֹר׃ דַּבֵּר אֶל־אַהֲרֹן
וְאֶל־בָּנָיו לֵאמֹר זֹאת תּוֹרַת הַחַטָּאת בִּמְקוֹם
אֲשֶׁר תִּשָּׁחֵט הָעֹלָה תִּשָּׁחֵט הַחַטָּאת לִפְנֵי יְהוָֹה
19 קֹדֶשׁ קָדָשִׁים הִוא׃ הַכֹּהֵן הַמְחַטֵּא אֹתָהּ
יֹאכְלֶנָּה בְּמָקוֹם קָדֹשׁ תֵּאָכֵל בַּחֲצַר אֹהֶל
20 מוֹעֵד׃ כֹּל אֲשֶׁר־יִגַּע בִּבְשָׂרָהּ יִקְדָּשׁ וַאֲשֶׁר יִזֶּה
מִדָּמָהּ עַל־הַבֶּגֶד אֲשֶׁר יִזֶּה עָלֶיהָ תְּכַבֵּס בְּמָקוֹם
21 קָדֹשׁ׃ וּכְלִי־חֶרֶשׂ אֲשֶׁר תְּבֻשַּׁל־בּוֹ יִשָּׁבֵר וְאִם־
22 בִּכְלִי נְחֹשֶׁת בֻּשָּׁלָה וּמֹרַק וְשֻׁטַּף בַּמָּיִם׃ כָּל־
זָכָר בַּכֹּהֲנִים יֹאכַל אֹתָהּ קֹדֶשׁ קָדָשִׁים הִוא׃ וְכָל־
23 חַטָּאת אֲשֶׁר יוּבָא מִדָּמָהּ אֶל־אֹהֶל מוֹעֵד לְכַפֵּר
בַּקֹּדֶשׁ לֹא תֵאָכֵל בָּאֵשׁ תִּשָּׂרֵף׃ פ

CAP. VII. ז

1 וְזֹאת תּוֹרַת הָאָשָׁם קֹדֶשׁ קָדָשִׁים הוּא׃ בִּמְקוֹם
2 אֲשֶׁר יִשְׁחֲטוּ אֶת־הָעֹלָה יִשְׁחֲטוּ אֶת־הָאָשָׁם וְאֶת־
3 דָּמוֹ יִזְרֹק עַל־הַמִּזְבֵּחַ סָבִיב׃ וְאֵת כָּל־חֶלְבּוֹ יַקְרִיב
מִמֶּנּוּ אֵת הָאַלְיָה וְאֶת־הַחֵלֶב הַמְכַסֶּה אֶת־הַקֶּרֶב׃
4 וְאֵת שְׁתֵּי הַכְּלָיֹת וְאֶת־הַחֵלֶב אֲשֶׁר עֲלֵיהֶן אֲשֶׁר
עַל־הַכְּסָלִים וְאֶת־הַיֹּתֶרֶת עַל־הַכָּבֵד עַל־הַכְּלָיֹת
5 יְסִירֶנָּה׃ וְהִקְטִיר אֹתָם הַכֹּהֵן הַמִּזְבֵּחָה אִשֶּׁה
6 לַיהוָֹה אָשָׁם הוּא׃ כָּל־זָכָר בַּכֹּהֲנִים יֹאכְלֶנּוּ בְּמָקוֹם
7 קָדוֹשׁ יֵאָכֵל קֹדֶשׁ קָדָשִׁים הוּא׃ כַּחַטָּאת כָּאָשָׁם

though he wist *it* not,[a] yet is he guilty, and shall bear his iniquity.

18 And he shall bring a ram without blemish out of the flock, with thy estimation, for a trespass-offering, unto the priest: and the priest shall make an atonement for him concerning his ignorance wherein he erred & wist *it* not; & it shall be forgiven him.

19 It *is* a trespass-offering: he hath certainly [b] trespassed against the LORD.

CHAP. VI.

AND ye LORD spake unto Moses, saying,

2 If a soul sin, and commit a trespass against the LORD, and [d] lie unto his neighbour in that which was[e] delivered him to keep, or in β fellowship, or in a thing taken away by violence, or [g] hath deceived his neighbour;

3 Or have found [h] that which was lost, and lieth concerning it, and [i] sweareth falsely; in any of all these that a man doeth, sinning therein:

4 Then it shall be, because he hath sinned, and is guilty, that he shall restore that which he took violently away, or the thing which he hath deceitfully gotten, or that which was delivered him to keep, or the lost thing which he found,

5 Or all that about which he hath sworn falsely; he shall even [l] restore it in the principal, and shall add the fifth part more thereto, *and* give it unto him to whom it appertaineth, γ in the day of his trespass-offering.

6 And he shall bring his trespass-offering unto the LORD, a ram without blemish out of the flock, with thy estimation, for a trespass-offering, unto the priest:

7 And the priest shall [n] make an atonement for him before the LORD: and it shall be forgiven him for any thing of [p] all that he hath done in trespassing therein.

8 And the LORD spake unto Moses, saying,

9 Command Aaron and his sons, saying, This *is* the law of the burnt-offering: (it *is* the burnt-offering, δ because of the burning upon the altar all night[s] unto the morning, and the fire of the altar shall be burning in it.)

10 And the priest shall put on [t] his linen garment, and his linen breeches shall he put upon his flesh, and take up the ashes which the fire hath consumed with the burnt-offering on the altar, and he shall put them beside the altar.

11 And he shall put off his garments, and put on[v] other garments, and carry forth the ashes without the camp unto a clean place.

12 And the fire upon the altar shall be burning in it, it shall not be put out: and the priest shall burn wood on it every morning, and lay the burnt-offering in order upon it, and he shall burn thereon the fat of the peace-offerings.

13 The fire shall ever be burning upon the altar: it shall never go out.

14 And this *is* the[a] law of the meat-offering: the sons of Aaron shall offer it before the LORD, before the altar.

15 And he shall take of it this handful, of the flour of the meat-offering, and of the oil thereof, and all the frankincense which *is* upon the meat-offering, and shall burn *it* upon the altar for a sweet savour, *even* the memorial of it, unto the LORD.

16 And the remainder thereof[b] shall Aaron and his sons eat: with unleavened bread shall it be eaten in the holy place;

B. C. 1190.

a ch.4.2,13,27
Ps. 19. 12.
Lu. 12. 48.
b Ezr. 10. 2.
c ch. 22. 3.7.
Ex. 29. 37.
d ch. 19. 11.
Ac. 5. 4.
Col. 3. 9.
e Ex. 22.7,10.

β *putting of the hand, or, dealing.*
f Ex. 29.1,2.
He. 7. 27.
g Pr. 24. 28.
26. 29.
Je. 9. 5.
h De. 22.1.3.
i ch. 19. 12.
Je. 5. 2.
7. 9.
Zec. 5. 4.
k Ex.29.23..25
l ch. 5. 16.
Nu. 5. 7.
1 Sa. 12. 3.
2 Sa. 12. 6.
Lu. 19. 8.
γ *in the day of his trespass, or, in the day of his being found guilty.*
m ch. 4. 33.
n ch. 5.15,16.
o ver. 17.
ch. 21. 22.
p 1s. 1. 18.
Mat. 12. 31.
1 Co.6.9..11.
q ch.10.17,18.
Nu. 18. 10.
Eze 44. 29.
r Ex. 29. 37.
30. 29.
Mat. 9. 21.
14. 36.
δ *or, for the burning.*
s ver. 12, 13.
t ch. 16. 4.
Ex. 28. 39..
43.
Eze. 44. 17,
18.
u ch. 10. 18.
16. 27.
He. 9. 12.
v Eze. 44.19.
w ch. 6.17,25.
21.22.
x Nu. 6. 12.
Eze. 40. 39.
y ch. 3. 2.
5. 9.
z ch. 4.8, 9.
Ex. 29. 13.
a ch. 2. 1.
Nu. 15. 4.
b Nu. 18. 10.
Eze. 44.29.
1 Co. 9. 13,
14.
c ch. 6.16,18.

in the court of the tabernacle of the congregation they shall eat it.

17 It shall not be baken with leaven. I have given it *unto them for* their portion of my offerings made by fire; it *is* most holy, as *is* the sin-offering, and as the trespass-offering.

18 All the males among the children of Aaron shall eat of it: *it shall be* a statute for ever in your generations, concerning the offerings of the LORD made by fire: every one that toucheth them shall[c] be holy.

19 And the LORD spake unto Moses, saying,

20 This *is* the offering of [f] Aaron and of his sons, which they shall offer unto the LORD in the day when he is anointed; the tenth part of an ephah of fine flour for a meat-offering perpetual, half of it in the morning, and half thereof at night.

21 In a pan it shall be made with oil; *and when it is* baken, thou shalt bring it in: *and* the baken pieces of the meat-offering shalt thou offer *for* a sweet savour unto the LORD.

22 And the priest of his sons that is anointed in his stead shall offer it: *it is* a statute for ever unto the LORD;[k] it shall be wholly burnt:

23 For every meat-offering for the priest shall be wholly burnt: it shall not be eaten.

24 And the LORD spake unto Moses, saying,

25 Speak unto Aaron and to his sons, saying, This *is* the law of the [m] sin-offering: In the place where the burnt-offering is killed shall the sin-offering be killed before the LORD: it *is*[o] most holy.

26 The priest that offereth it for sin shall eat it: in the holy place[q] shall it be eaten, in the court of the tabernacle of the congregation.

27 Whatsoever shall touch the flesh thereof[r] shall be holy: and when there is sprinkled of the blood thereof upon any garment, thou shalt wash that whereon it was sprinkled in the holy place.

28 But the earthen vessel wherein it is sodden shall be broken; and if it be sodden in a brazen pot, it shall be both scoured, and rinsed in water.

29 All the males among the priests shall eat thereof: it *is* most holy.

30 And no sin-offering, whereof *any* of the blood[u] is brought into the tabernacle of the congregation, to reconcile *withal* in the holy *place,* shall be eaten: it shall be burnt in the fire.

CHAP. VII.

LIKEWISE this *is* the law of the trespass-offering:[w] it *is* most holy.

2 In the place where they kill the burnt-offering shall they kill [x] the trespass-offering: and the blood thereof shall be sprinkle round about[y] upon the altar.

3 And he shall offer of it [z] all the fat thereof; the rump, and the fat that covereth the inwards,

4 And the two kidneys, and the fat that *is* on them, which *is* by the flanks, and the caul *that is* above the liver, with the kidneys, it shall he take away:

5 And the priest shall burn them upon the altar for an offering made by fire unto the LORD: it *is* a trespass-offering.

6 Every male among the priests[c] shall eat thereof: it shall be eaten in the holy place: it *is* most holy.

כַּחַטָּאת כָּאָשָׁם תּוֹרָה אַחַת לָהֶם הַכֹּהֵן אֲשֶׁר יְכַפֶּר־בּוֹ לוֹ יִהְיֶה :

8 וְהַכֹּהֵן הַמַּקְרִיב אֶת־עֹלַת אִישׁ עוֹר הָעֹלָה אֲשֶׁר הִקְרִיב לַכֹּהֵן לוֹ יִהְיֶה :

9 וְכָל־מִנְחָה אֲשֶׁר תֵּאָפֶה בַּתַּנּוּר וְכָל־נַעֲשָׂה בַמַּרְחֶשֶׁת וְעַל־מַחֲבַת לַכֹּהֵן הַמַּקְרִיב אֹתָהּ לוֹ תִהְיֶה :

10 וְכָל־מִנְחָה בְלוּלָה־בַשֶּׁמֶן וַחֲרֵבָה לְכָל־בְּנֵי אַהֲרֹן תִּהְיֶה אִישׁ כְּאָחִיו : פ

11 וְזֹאת תּוֹרַת זֶבַח הַשְּׁלָמִים אֲשֶׁר יַקְרִיב לַיהוָה :

12 אִם עַל־תּוֹדָה יַקְרִיבֶנּוּ וְהִקְרִיב עַל־זֶבַח הַתּוֹדָה חַלּוֹת מַצּוֹת בְּלוּלֹת בַּשֶּׁמֶן וּרְקִיקֵי מַצּוֹת מְשֻׁחִים בַּשָּׁמֶן וְסֹלֶת מֻרְבֶּכֶת חַלֹּת בְּלוּלֹת בַּשָּׁמֶן :

13 עַל־חַלֹּת לֶחֶם חָמֵץ יַקְרִיב קָרְבָּנוֹ עַל־זֶבַח תּוֹדַת שְׁלָמָיו :

14 וְהִקְרִיב מִמֶּנּוּ אֶחָד מִכָּל־קָרְבָּן תְּרוּמָה לַיהוָה לַכֹּהֵן הַזֹּרֵק אֶת־דַּם הַשְּׁלָמִים לוֹ יִהְיֶה :

15 וּבְשַׂר זֶבַח תּוֹדַת שְׁלָמָיו בְּיוֹם קָרְבָּנוֹ יֵאָכֵל לֹא־יַנִּיחַ מִמֶּנּוּ עַד־בֹּקֶר :

16 וְאִם־נֶדֶר אוֹ נְדָבָה זֶבַח קָרְבָּנוֹ בְּיוֹם הַקְרִיבוֹ אֶת־זִבְחוֹ יֵאָכֵל וּמִמָּחֳרָת וְהַנּוֹתָר מִמֶּנּוּ יֵאָכֵל :

17 וְהַנּוֹתָר מִבְּשַׂר הַזָּבַח בַּיּוֹם הַשְּׁלִישִׁי בָּאֵשׁ יִשָּׂרֵף :

18 וְאִם הֵאָכֹל יֵאָכֵל מִבְּשַׂר־זֶבַח שְׁלָמָיו בַּיּוֹם הַשְּׁלִישִׁי לֹא יֵרָצֶה הַמַּקְרִיב אֹתוֹ לֹא יֵחָשֵׁב לוֹ פִּגּוּל יִהְיֶה וְהַנֶּפֶשׁ הָאֹכֶלֶת מִמֶּנּוּ עֲוֺנָהּ תִּשָּׂא :

19 וְהַבָּשָׂר אֲשֶׁר־יִגַּע בְּכָל־טָמֵא לֹא יֵאָכֵל בָּאֵשׁ יִשָּׂרֵף וְהַבָּשָׂר כָּל־טָהוֹר יֹאכַל בָּשָׂר :

20 וְהַנֶּפֶשׁ אֲשֶׁר־תֹּאכַל בָּשָׂר מִזֶּבַח הַשְּׁלָמִים אֲשֶׁר לַיהוָה וְטֻמְאָתוֹ עָלָיו וְנִכְרְתָה הַנֶּפֶשׁ הַהִוא מֵעַמֶּיהָ :

21 וְנֶפֶשׁ כִּי־תִגַּע בְּכָל־טָמֵא בְּטֻמְאַת אָדָם אוֹ בִּבְהֵמָה טְמֵאָה אוֹ בְּכָל־שֶׁקֶץ טָמֵא וְאָכַל מִבְּשַׂר־זֶבַח הַשְּׁלָמִים אֲשֶׁר לַיהוָה וְנִכְרְתָה הַנֶּפֶשׁ הַהִוא מֵעַמֶּיהָ :

22 וַיְדַבֵּר יְהוָה אֶל־מֹשֶׁה לֵּאמֹר :

23 דַּבֵּר אֶל־בְּנֵי יִשְׂרָאֵל לֵאמֹר כָּל־חֵלֶב שׁוֹר וְכֶשֶׂב וָעֵז לֹא תֹאכֵלוּ :

24 וְחֵלֶב נְבֵלָה וְחֵלֶב טְרֵפָה יֵעָשֶׂה לְכָל־מְלָאכָה וְאָכֹל לֹא תֹאכְלֻהוּ :

25 כִּי כָּל־אֹכֵל חֵלֶב מִן־הַבְּהֵמָה אֲשֶׁר יַקְרִיב מִמֶּנָּה אִשֶּׁה לַיהוָה וְנִכְרְתָה הַנֶּפֶשׁ הָאֹכֶלֶת מֵעַמֶּיהָ :

26 וְכָל־דָּם לֹא תֹאכְלוּ בְּכֹל מוֹשְׁבֹתֵיכֶם לָעוֹף וְלַבְּהֵמָה :

27 כָּל־נֶפֶשׁ אֲשֶׁר־תֹּאכַל כָּל־דָּם וְנִכְרְתָה :

הַנֶּפֶשׁ הַהִוא מֵעַמֶּיהָ : פ

28 וַיְדַבֵּר יְהוָה אֶל־מֹשֶׁה לֵּאמֹר :

29 דַּבֵּר אֶל־בְּנֵי יִשְׂרָאֵל לֵאמֹר הַמַּקְרִיב אֶת־זֶבַח שְׁלָמָיו לַיהוָה יָבִיא אֶת־קָרְבָּנוֹ לַיהוָה מִזֶּבַח שְׁלָמָיו :

30 יָדָיו תְּבִיאֶינָה אֵת אִשֵּׁי יְהוָה אֶת־הַחֵלֶב עַל־הֶחָזֶה יְבִיאֶנּוּ אֵת הֶחָזֶה לְהָנִיף אֹתוֹ תְּנוּפָה לִפְנֵי יְהוָה :

31 וְהִקְטִיר הַכֹּהֵן אֶת־הַחֵלֶב הַמִּזְבֵּחָה וְהָיָה הֶחָזֶה לְאַהֲרֹן וּלְבָנָיו :

32 וְאֵת שׁוֹק הַיָּמִין תִּתְּנוּ תְרוּמָה לַכֹּהֵן מִזִּבְחֵי שַׁלְמֵיכֶם :

33 הַמַּקְרִיב אֶת־דַּם הַשְּׁלָמִים וְאֶת־הַחֵלֶב מִבְּנֵי אַהֲרֹן לוֹ תִהְיֶה שׁוֹק הַיָּמִין לְמָנָה :

34 כִּי אֶת־חֲזֵה הַתְּנוּפָה וְאֵת שׁוֹק הַתְּרוּמָה לָקַחְתִּי מֵאֵת בְּנֵי־יִשְׂרָאֵל מִזִּבְחֵי שַׁלְמֵיהֶם וָאֶתֵּן אֹתָם לְאַהֲרֹן הַכֹּהֵן וּלְבָנָיו לְחָק־עוֹלָם מֵאֵת בְּנֵי יִשְׂרָאֵל :

35 זֹאת מִשְׁחַת אַהֲרֹן וּמִשְׁחַת בָּנָיו מֵאִשֵּׁי יְהוָה בְּיוֹם הִקְרִיב אֹתָם לְכַהֵן לַיהוָה :

36 אֲשֶׁר צִוָּה יְהוָה לָתֵת לָהֶם בְּיוֹם מָשְׁחוֹ אֹתָם מֵאֵת בְּנֵי יִשְׂרָאֵל חֻקַּת עוֹלָם לְדֹרֹתָם :

37 זֹאת הַתּוֹרָה לָעֹלָה לַמִּנְחָה וְלַחַטָּאת וְלָאָשָׁם וְלַמִּלּוּאִים וּלְזֶבַח הַשְּׁלָמִים :

38 אֲשֶׁר צִוָּה יְהוָה אֶת־מֹשֶׁה בְּהַר סִינָי בְּיוֹם צַוֺּתוֹ אֶת־בְּנֵי יִשְׂרָאֵל לְהַקְרִיב אֶת־קָרְבְּנֵיהֶם לַיהוָה בְּמִדְבַּר סִינָי : פ

CAP. VIII. ח

1 וַיְדַבֵּר יְהוָה אֶל־מֹשֶׁה לֵּאמֹר :
2 קַח אֶת־אַהֲרֹן וְאֶת־בָּנָיו אִתּוֹ וְאֵת הַבְּגָדִים וְאֵת שֶׁמֶן הַמִּשְׁחָה וְאֵת פַּר הַחַטָּאת וְאֵת שְׁנֵי הָאֵילִים וְאֵת סַל הַמַּצּוֹת :

3 וְאֵת כָּל־הָעֵדָה הַקְהֵל אֶל־פֶּתַח אֹהֶל מוֹעֵד :

4 וַיַּעַשׂ מֹשֶׁה כַּאֲשֶׁר צִוָּה יְהוָה אֹתוֹ וַתִּקָּהֵל הָעֵדָה אֶל־פֶּתַח אֹהֶל מוֹעֵד :

5 וַיֹּאמֶר מֹשֶׁה אֶל־הָעֵדָה זֶה הַדָּבָר אֲשֶׁר־צִוָּה יְהוָה לַעֲשׂוֹת :

6 וַיַּקְרֵב מֹשֶׁה אֶת־אַהֲרֹן וְאֶת־בָּנָיו וַיִּרְחַץ אֹתָם בַּמָּיִם :

7 וַיִּתֵּן עָלָיו אֶת־הַכֻּתֹּנֶת וַיַּחְגֹּר אֹתוֹ בָּאַבְנֵט וַיַּלְבֵּשׁ אֹתוֹ אֶת־הַמְּעִיל וַיִּתֵּן עָלָיו אֶת־הָאֵפֹד וַיַּחְגֹּר אֹתוֹ בְּחֵשֶׁב הָאֵפֹד וַיֶּאְפֹּד לוֹ בּוֹ :

8 וַיָּשֶׂם עָלָיו אֶת־הַחֹשֶׁן וַיִּתֵּן אֶל־הַחֹשֶׁן אֶת־

7 As the sin-offering *is*, so *is* the *a* tres-pass-offering : *there is* one law for them : the priest that maketh atonement there-with shall have *it*.

8 And the priest that offereth any man's burnt-offering, *even* the priest shall have to himself the skin of the burnt-offering which he hath offered.

9 And all the meat-offering that is baken in the oven, and all that is dressed in the frying-pan, and *β* in the pan, shall be the priest's that offereth it.

10 And every meat-offering, mingled with oil, and dry, shall all the sons of Aaron have, one *as much* as another.

11 And this *is* the law of the sacrifice of *c* peace-offerings, which he shall offer unto the LORD.

12 If he offer it for a thanksgiving, then he shall offer with the sacrifice of thanksgiving unleavened cakes mingled with oil, and unleavened wafers *g* anointed with oil, and cakes mingled with oil, of fine flour, fried.

13 Besides the cakes, he shall offer *for* his offering leavened bread*i* with the sacrifice of thanksgiving of his peace-offerings.

14 And of it he shall offer one out of the whole oblation *for* an*k* heave-offering unto the LORD, *and* it shall be the priest's that sprinkleth the blood of the peace-offerings.

15 And the flesh of the sacrifice of his peace-offerings for thanksgiving shall be eaten*l* the same day that it is offered ; he shall not leave any of it until the morning.

16 But if the sacrifice of his offering *be* a vow, or a voluntary offering, it shall be eaten the same day that he offereth his sacrifice: and on the morrow also the remainder of it shall be eaten :

17 But the remainder of the flesh *m* of the sacrifice on the third day shall be burnt with fire.

18 And if *any* of the flesh of the sacrifice of his peace-offerings be eaten at all on the third day, it shall not be accepted, neither shall it be imputed unto him that offereth it : it shall be an*q* abomination,and the soul that eateth of it shall bear his iniquity.

19 And the flesh that toucheth any un-clean *thing* shall not be eaten ; it shall be burnt with fire : and as for the flesh, all that be clean shall eat thereof.

20 But the soul that eateth *of* the flesh of the sacrifice of peace-offerings, that *pertain* unto the LORD,*s* having his un-cleanness upon him, even that soul shall be cut off from his people.

21 Moreover, the soul that shall *u* touch any unclean *thing*, as *x* the uncleanness of man, or *any* unclean beast, or any *y* abominable unclean *thing*, and eat of the flesh of the sacrifice of peace-offerings, which *pertain* unto the LORD, even that soul shall be*z* cut off from his people.

22 And the LORD spake unto Moses, saying,

23 Speak unto the children of Israel, saying, Ye shall eat no manner of fat, of ox, or of sheep, or of goat.

24 And the fat of the *γ* beast that dieth of itself, and the fat of that which is torn with beasts, may be used in any other use ; but ye shall in no wise *d* eat of it.

25 For whosoever eateth the fat of the beast, of which men offer an offering made by fire unto the LORD, even the soul that eateth *it* shall be cut off from his people.

26 Moreover, ye shall eat no manner of blood,*b* *whether it be* of fowl, or of beast, in any of your **dwellings**.

27 Whatsoever soul *it be* that eateth any manner of blood, even that soul shall be cut off from his people.

28 And the LORD spake unto Moses, saying,

29 Speak unto the children of Israel, saying, He that offereth the sacrifice of his *c* peace-offerings unto the LORD shall bring his oblation unto the LORD of the sacrifice of his peace-offerings.

30 His own hands*d* shall bring the offer-ings of the LORD made by fire ; the fat with the breast, it shall he bring, that the breast may be waved *for* a wave-offer-ing before the LORD.

31 And the priest shall burn the fat upon the altar ; but the breast shall be Aaron's and his sons'.

32 And the right shoulder shall ye give unto the priest*k* *for* an heave-offering of the sacrifices of your peace-offerings.

33 He among the sons of Aaron, that offereth the blood of the peace-offerings, and the fat, shall have the right shoulder for *his* part.

34 For the wave-breast and the heave-shoulder have I taken of the children of Israel from off the sacrifices of their peace-offerings,and have given them unto Aaron the priest and unto his sons,by a statute for ever from among the children of Israel.

35 This *is the portion* of the anointing of Aaron, and of the anointing of his sons, out of the offerings of the LORD made by fire, in the day *when* he pre-sented them to minister unto the LORD in the priest's office ;

36 Which the LORD commanded to be given them of the children of Israel, in the day that he *n* anointed them, *by* a statute for ever throughout their generations.

37 This *is* the law*o* of the burnt-offer-ing, of the meat-offering, and of the sin-offering, and of the*p* trespass-offering, and of the consecrations, and *r* of the sacrifice of the peace-offerings ;

38 Which the LORD commanded Moses in mount Sinai, in the day that he com-manded the children of Israel to offer their oblations unto the LORD, in the wilderness of Sinai.

CHAP. VIII.

AND the LORD spake unto Moses, say-ing,

2 Take Aaron *t* and his sons with him, and *v* the garments, and *w* the anointing oil, and a bullock for the sin-offering, and two rams, and a basket of unleaven-ed bread ;

3 And gather thou all the congregation together unto the door of the tabernacle of the congregation.

4 And Moses did as the LORD com-manded him ; and the assembly was ga-thered together unto the door of the tabernacle of the congregation.

5 And Moses said unto the congrega-tion, This *is* the thing which the LORD commanded to be done.

6 And Moses brought Aaron and his sons,*b* and washed them with water.

7 And he put upon him the coat, and girded him with the girdle, and clothed him with the robe, and put the ephod upon him, and he girded him with the curious girdle of the ephod, and bound *it*

B. C. 1490.

a ch.6.25,26.
14. 13.
b ch. 3. 17.
17.10.14.
Ge. 9. 4.
1 Sa. 14.34.
Eze. 33. 25.
Jn°. 6. 53.
Ac. 15. 20,
29.
β or, *on the flat plate,* or, *slice.*
c ch. III.
d Jn°. 10. 18.
e ch. 3. 1.
22. 21.
Eze. 45. 15.
f ch. 8. 27.
9. 21.
Ex. 29. 24,
27.
g ch. 2. 4.
Nu. 6. 15.
h Nu. 6. 20.
i Am. 4. 5.
k Nu. 18. 8,
11, 19.
l ch. 22. 30.
m ch. 19. 7.
n ch. 8.12,30.
Ex. 40. 13,
15.
o ch.6.9,14,25
p ver. 1.
q ch.11.10,41.
19. 7.
r ch. 6. 20.
Ex. 29. 1.
ver. 11.
s ch. 15. 3.
1 Co.11.28.
t Ex. 29. 1.3.
u ch.11.24,28
v Ex. 28. 2,4.
w Ex. 30. 24,
25.
x ch. XII.
XIII. XV.
y Eze. 4. 14.
z ver. 20.
γ carcase.
a ch. 17. 15.
De. 14. 21.
Eze. 44. 31.
b Ex. 29. 4.

9 וַיָּשֶׂם אֶת-הַמִּצְנֶפֶת עַל־רֹאשׁוֹ וַיָּשֶׂם עַל־הַמִּצְנֶפֶת אֶל־מוּל פָּנָיו אֵת צִיץ הַזָּהָב נֵזֶר הַקֹּדֶשׁ כַּאֲשֶׁר צִוָּה יְהוָה אֶת־מֹשֶׁה׃

10 וַיִּקַּח מֹשֶׁה אֶת־שֶׁמֶן הַמִּשְׁחָה וַיִּמְשַׁח אֶת־הַמִּשְׁכָּן וְאֶת־כָּל־אֲשֶׁר־בּוֹ וַיְקַדֵּשׁ אֹתָם׃

11 וַיַּז מִמֶּנּוּ עַל־הַמִּזְבֵּחַ שֶׁבַע פְּעָמִים וַיִּמְשַׁח אֶת־הַמִּזְבֵּחַ וְאֶת־כָּל־כֵּלָיו וְאֶת־הַכִּיֹּר וְאֶת־כַּנּוֹ לְקַדְּשָׁם׃

12 וַיִּצֹק מִשֶּׁמֶן הַמִּשְׁחָה עַל רֹאשׁ אַהֲרֹן וַיִּמְשַׁח אֹתוֹ לְקַדְּשׁוֹ׃

13 וַיַּקְרֵב מֹשֶׁה אֶת־בְּנֵי אַהֲרֹן וַיַּלְבִּשֵׁם כֻּתֳּנֹת וַיַּחְגֹּר אֹתָם אַבְנֵט וַיַּחֲבֹשׁ לָהֶם מִגְבָּעוֹת כַּאֲשֶׁר צִוָּה יְהוָה אֶת־מֹשֶׁה׃

14 וַיַּגֵּשׁ אֵת פַּר הַחַטָּאת וַיִּסְמֹךְ אַהֲרֹן וּבָנָיו אֶת־יְדֵיהֶם עַל־רֹאשׁ פַּר הַחַטָּאת׃

15 וַיִּשְׁחָט וַיִּקַּח מֹשֶׁה אֶת־הַדָּם וַיִּתֵּן עַל־קַרְנוֹת הַמִּזְבֵּחַ סָבִיב בְּאֶצְבָּעוֹ וַיְחַטֵּא אֶת־הַמִּזְבֵּחַ וְאֶת־הַדָּם יָצַק אֶל־יְסוֹד הַמִּזְבֵּחַ וַיְקַדְּשֵׁהוּ לְכַפֵּר עָלָיו׃

16 וַיִּקַּח אֶת־כָּל־הַחֵלֶב אֲשֶׁר עַל־הַקֶּרֶב וְאֵת יֹתֶרֶת הַכָּבֵד וְאֶת־שְׁתֵּי הַכְּלָיֹת וְאֶת־חֶלְבְּהֶן וַיַּקְטֵר מֹשֶׁה הַמִּזְבֵּחָה׃

17 וְאֶת־הַפָּר וְאֶת־עֹרוֹ וְאֶת־בְּשָׂרוֹ וְאֶת־פִּרְשׁוֹ שָׂרַף בָּאֵשׁ מִחוּץ לַמַּחֲנֶה כַּאֲשֶׁר צִוָּה יְהוָה אֶת־מֹשֶׁה׃

18 וַיַּקְרֵב אֵת אֵיל הָעֹלָה וַיִּסְמְכוּ אַהֲרֹן וּבָנָיו אֶת־יְדֵיהֶם עַל־רֹאשׁ הָאָיִל׃

19 וַיִּשְׁחָט וַיִּזְרֹק מֹשֶׁה אֶת־הַדָּם עַל־הַמִּזְבֵּחַ סָבִיב׃

20 וְאֶת־הָאַיִל נִתַּח לִנְתָחָיו וַיַּקְטֵר מֹשֶׁה אֶת־הָרֹאשׁ וְאֶת־הַנְּתָחִים וְאֶת־הַפָּדֶר׃

21 וְאֶת־הַקֶּרֶב וְאֶת־הַכְּרָעַיִם רָחַץ בַּמָּיִם וַיַּקְטֵר מֹשֶׁה אֶת־כָּל־הָאַיִל הַמִּזְבֵּחָה עֹלָה הוּא לְרֵיחַ־נִיחֹחַ אִשֶּׁה הוּא לַיהוָה כַּאֲשֶׁר צִוָּה יְהוָה אֶת־מֹשֶׁה׃

22 וַיַּקְרֵב אֶת־הָאַיִל הַשֵּׁנִי אֵיל הַמִּלֻּאִים וַיִּסְמְכוּ אַהֲרֹן וּבָנָיו אֶת־יְדֵיהֶם עַל־רֹאשׁ הָאָיִל׃

23 וַיִּשְׁחָט וַיִּקַּח מֹשֶׁה מִדָּמוֹ וַיִּתֵּן עַל־תְּנוּךְ אֹזֶן־אַהֲרֹן הַיְמָנִית וְעַל־בֹּהֶן יָדוֹ הַיְמָנִית וְעַל־בֹּהֶן רַגְלוֹ הַיְמָנִית׃

24 וַיַּקְרֵב אֶת־בְּנֵי אַהֲרֹן וַיִּתֵּן מֹשֶׁה מִן־הַדָּם עַל־תְּנוּךְ אָזְנָם הַיְמָנִית וְעַל־בֹּהֶן יָדָם הַיְמָנִית וְעַל־בֹּהֶן רַגְלָם הַיְמָנִית וַיִּזְרֹק מֹשֶׁה אֶת־הַדָּם עַל־הַמִּזְבֵּחַ סָבִיב׃

25 וַיִּקַּח אֶת־הַחֵלֶב וְאֶת־הָאַלְיָה וְאֶת־כָּל־הַחֵלֶב אֲשֶׁר עַל־הַקֶּרֶב וְאֵת יֹתֶרֶת הַכָּבֵד וְאֶת־שְׁתֵּי הַכְּלָיֹת וְאֶת־חֶלְבְּהֶן וְאֵת שׁוֹק הַיָּמִין׃

26 וּמִסַּל הַמַּצּוֹת אֲשֶׁר לִפְנֵי יְהוָה לָקַח חַלַּת מַצָּה אַחַת וְחַלַּת לֶחֶם שֶׁמֶן אַחַת וְרָקִיק אֶחָד וַיָּשֶׂם עַל־הַחֲלָבִים וְעַל שׁוֹק הַיָּמִין׃

27 וַיִּתֵּן אֶת־הַכֹּל עַל כַּפֵּי אַהֲרֹן וְעַל כַּפֵּי בָנָיו וַיָּנֶף אֹתָם תְּנוּפָה לִפְנֵי יְהוָה׃

28 וַיִּקַּח מֹשֶׁה אֹתָם מֵעַל כַּפֵּיהֶם וַיַּקְטֵר הַמִּזְבֵּחָה עַל־הָעֹלָה מִלֻּאִים הֵם לְרֵיחַ נִיחֹחַ אִשֶּׁה הוּא לַיהוָה׃

29 וַיִּקַּח מֹשֶׁה אֶת־הֶחָזֶה וַיְנִיפֵהוּ תְנוּפָה לִפְנֵי יְהוָה מֵאֵיל הַמִּלֻּאִים לְמֹשֶׁה הָיָה לְמָנָה כַּאֲשֶׁר צִוָּה יְהוָה אֶת־מֹשֶׁה׃

30 וַיִּקַּח מֹשֶׁה מִשֶּׁמֶן הַמִּשְׁחָה וּמִן־הַדָּם אֲשֶׁר עַל־הַמִּזְבֵּחַ וַיַּז עַל־אַהֲרֹן עַל־בְּגָדָיו וְעַל־בָּנָיו וְעַל־בִּגְדֵי בָנָיו אִתּוֹ וַיְקַדֵּשׁ אֶת־אַהֲרֹן אֶת־בְּגָדָיו וְאֶת־בָּנָיו וְאֶת־בִּגְדֵי בָנָיו אִתּוֹ׃

31 וַיֹּאמֶר מֹשֶׁה אֶל־אַהֲרֹן וְאֶל־בָּנָיו בַּשְּׁלוּ אֶת־הַבָּשָׂר פֶּתַח אֹהֶל מוֹעֵד וְשָׁם תֹּאכְלוּ אֹתוֹ וְאֶת־הַלֶּחֶם אֲשֶׁר בְּסַל הַמִּלֻּאִים כַּאֲשֶׁר צִוֵּיתִי לֵאמֹר אַהֲרֹן וּבָנָיו יֹאכְלֻהוּ׃

32 וְהַנּוֹתָר בַּבָּשָׂר וּבַלָּחֶם בָּאֵשׁ תִּשְׂרֹפוּ׃

33 וּמִפֶּתַח אֹהֶל מוֹעֵד לֹא תֵצְאוּ שִׁבְעַת יָמִים עַד יוֹם מְלֹאת יְמֵי מִלֻּאֵיכֶם כִּי שִׁבְעַת יָמִים יְמַלֵּא אֶת־יֶדְכֶם׃

34 כַּאֲשֶׁר עָשָׂה בַּיּוֹם הַזֶּה צִוָּה יְהוָה לַעֲשֹׂת לְכַפֵּר עֲלֵיכֶם׃

35 וּפֶתַח אֹהֶל מוֹעֵד תֵּשְׁבוּ יוֹמָם וָלַיְלָה שִׁבְעַת יָמִים וּשְׁמַרְתֶּם אֶת־מִשְׁמֶרֶת יְהוָה וְלֹא תָמוּתוּ כִּי־כֵן צֻוֵּיתִי׃

36 וַיַּעַשׂ אַהֲרֹן וּבָנָיו אֵת כָּל־הַדְּבָרִים אֲשֶׁר־צִוָּה יְהוָה בְּיַד־מֹשֶׁה׃

26   כו   ס ס ס

CAP. IX. ט

1 וַיְהִי בַּיּוֹם הַשְּׁמִינִי קָרָא מֹשֶׁה לְאַהֲרֹן וּלְבָנָיו וּלְזִקְנֵי יִשְׂרָאֵל׃

2 וַיֹּאמֶר אֶל־אַהֲרֹן קַח־לְךָ עֵגֶל בֶּן־בָּקָר לְחַטָּאת וְאַיִל לְעֹלָה תְּמִימִם וְהַקְרֵב לִפְנֵי יְהוָה׃

3 וְאֶל־בְּנֵי יִשְׂרָאֵל תְּדַבֵּר לֵאמֹר קְחוּ שְׂעִיר־עִזִּים לְחַטָּאת וְעֵגֶל וָכֶבֶשׂ בְּנֵי־שָׁנָה תְּמִימִם לְעֹלָה׃

4 וְשׁוֹר וָאַיִל לִשְׁלָמִים לִזְבֹּחַ לִפְנֵי יְהוָה וּמִנְחָה בְּלוּלָה בַשָּׁמֶן כִּי הַיּוֹם יְהוָה נִרְאָה אֲלֵיכֶם׃

5 וַיִּקְחוּ אֵת אֲשֶׁר צִוָּה מֹשֶׁה אֶל־פְּנֵי אֹהֶל מוֹעֵד וַיִּקְרְבוּ כָּל־הָעֵדָה וַיַּעַמְדוּ לִפְנֵי יְהוָה׃

6 וַיֹּאמֶר מֹשֶׁה זֶה הַדָּבָר אֲשֶׁר־צִוָּה יְהוָה תַּעֲשׂוּ וְיֵרָא אֲלֵיכֶם כְּבוֹד יְהוָה׃

7 וַיֹּאמֶר מֹשֶׁה אֶל־אַהֲרֹן קְרַב אֶל־הַמִּזְבֵּחַ וַעֲשֵׂה אֶת־חַטָּאתְךָ וְאֶת־

unto him therewith.

8 And he put the breastplate upon him; also he[b] put in the breastplate the Urim and the Thummim.

9 And he put the[c] mitre upon his head: also upon the mitre, *even* upon his fore-front, did he put the golden plate, the holy crown; as the LORD[e] commanded Moses.

10 And Moses took the[f] anointing oil, and anointed the tabernacle, and all that *was* therein, and sanctified them.

11 And he sprinkled[g] thereof upon the altar seven times, and anointed the altar and all his vessels, both the laver and his foot, to sanctify them.

12 And he poured of the anointing oil upon Aaron's head, and[i] anointed him, to sanctify him.

13 And Moses brought Aaron's sons, and put coats[l] upon them, and girded them with girdles, and [β] put bonnets upon them; as the LORD commanded Moses.

14 And he brought the bullock for the sin-offering: and Aaron and his sons laid their hands upon the head of the bullock for the sin-offering.

15 And he slew *it;* and Moses[m] took the blood, and put *it* upon the horns of the altar round about with his finger, and purified the altar, and poured the blood at the bottom of the altar, and sanctified it, to make[o] reconciliation upon it.

16 And he took all the fat that *was* upon the inwards, and the caul *above* the liver, and the two kidneys, and their fat, and Moses burned *it* upon the altar.

17 But the bullock,and his hide,his flesh, and his dung, he burnt with fire[q] without the camp; as the LORD commanded Moses.

18 And he brought the ram for the burnt-offering: and Aaron and his sons laid their hands upon the head of the ram.

19 And he killed *it;* and Moses sprinkled the blood upon the altar round about.

20 And he cut the ram into pieces; and Moses burnt the head, and the pieces, and the fat.

21 And he washed the inwards and the legs in water; and Moses burnt the whole ram upon the altar: it *was* a burnt-sacrifice for[u] a sweet savour, *and* an offering made by fire unto the LORD; as the LORD commanded Moses.

22 And he brought the[x] other ram,y[e] ram of consecration: and Aaron and his sons laid their hands upon the head of the ram.

23 And he slew *it;* and Moses took of the[z] blood of it, and put *it* upon the tip of Aaron's right ear, and upon the thumb of his right hand, and upon the great toe of his right foot.

24 And he brought Aaron's sons, and Moses put of the blood upon the tip of their right ear, and upon the thumbs of their right hands, and upon the great toes of their right feet; and Moses sprinkled the blood[b] upon the altar round about.

25 And he took[c] the fat,and the rump,and all the fat that *was* upon the inwards, and the caul *above* the liver, and the two kidneys, and their fat, and the right shoulder:

26 And out of the basket of unleavened bread, that *was* before the LORD, he took one unleavened cake, and a cake of oiled bread, and one wafer, and put *them* on the fat, and upon the right shoulder:

27 And he put all upon Aaron's hands, and upon his sons' hands, and waved

---

B. C. 1490.

b Ex.28.15.30
    39.8..21.
Ezr. 2. 63.

c Ex. 29. 6.
Zec. 3. 5.

d Ex. 29. 26.

e Ex. 28. 37,
    &c.

f Ex.30.26..29

g ch. 4. 6.
Is. 52. 15.
Eze. 36. 25.
Tit. 3. 6.

h ch. 10. 3.
Nu. 3. 3.

i ch.21.10,12.
Ex. 29. 7.
    30. 30.
Ps. 133. 2.

k Ex.29.31,32
1Sa.2.13..17.

l Ex. 29. 8, 9.
3 bound.

m ch. 4. 7.
Eze.43.20,26
He. 9. 18..23.

n Eze.43.25,26

o ch. 16. 20.
2 Ch. 29. 24.
Eze. 45. 20.
Da. 9. 24.
2Co.5.18,21.
Ep. 2. 16.
Col.1.21,22
He. 2. 17.

p Nu. 3. 7.
    9. 19.
De.11. 1.
1 Ki. 2. 3.
1 Ti. 1. 18.
    5. 21.
2 Ti. 4. 1.

q ch. 4.11,12.
Ex. 29. 14.
He.13.11..13

r Eze. 43. 27.

s ch. 4. 3.
    8. 14.
Ex. 29. 1.

t ch. 8. 18.

u Ge. 8. 20,21.
Ep. 5. 2.

v ch. 4. 23.
Ezr. 6. 17.

w Is. 53. 10.
He. 9. 26.

x Ex.29.19..31

y Nu. 15. 9.

z ch.14.14,17,
    28.

a ver. 23.
Ex. 24. 16.
2Ch.5.13,14

b He. 9. 22.

c Ex. 29. 22,
    &c.

d ver. 2.
1 Sa. 3. 14.

e He. 5. 3.
    7. 27.
    9. 7.

f He. 5. 1.

---

them *for* a wave-offering before the LORD.

28 And Moses took them from off their hands, and burnt *them* on the altar upon the burnt-offering: they *were* consecrations for a sweet savour: it *is* an offering made by fire unto the LORD.

29 And Moses took the breast,[d]and waved it *for* a wave-offering before the LORD: for of the ram of consecration it was Moses' part; as the LORD commanded Moses.

30 And Moses took of the anointing oil, and of the blood which *was* upon the altar, and sprinkled *it* upon Aaron, *and* upon his garments, and upon his sons, and upon his sons' garments with him; and sanctified[h] Aaron, *and* his garments, and his sons, and his sons' garments with him.

31 And Moses said unto Aaron and to his sons,[k] Boil the flesh *at* the door of the tabernacle of the congregation; and there eat it with the bread that *is* in the basket of consecrations, as I commanded, saying, Aaron and his sons shall eat it.

32 And that which remaineth of the flesh and of the bread shall ye burn with fire.

33 And ye shall not go out of the door of the tabernacle of the congregation *in* seven days, until the days of your consecration be at an end: for seven days[n] shall he consecrate you.

34 As he hath done this day, *so* the LORD hath commanded to do, to make an atonement for you.

35 Therefore shall ye abide *at* the door of the tabernacle of the congregation day and night, seven days, and[p] keep the charge of the LORD, that ye die not: for so I am commanded.

36 So Aaron and his sons did all things which the LORD commanded by the hand of Moses.

CHAP. IX.

AND it came to pass on the[r] eighth day, *that* Moses called Aaron and his sons, and the elders of Israel;

2 And he said unto Aaron, Take thee a young calf for a[s] sin-offering, and a ram for a[t] burnt-offering, without blemish, and offer *them* before the LORD.

3 And unto the children of Israel thou shalt speak, saying, Take ye[v] a kid of the goats for a[w] sin-offering; and a calf and a lamb, *both* of the first year, without blemish, for a burnt-offering;

4 Also a bullock and a ram for peace-offerings, to sacrifice before the LORD; and[y] a meat-offering mingled with oil: for to-day the LORD will appear unto you.

5 And they brought *that* which Moses commanded before the tabernacle of the congregation: and all the congregation drew near and stood before the LORD.

6 And Moses said, This *is* the thing which the LORD commanded that ye should do; and the glory of the[a] LORD shall appear unto you.

7 And Moses said unto Aaron, Go unto the altar, and offer thy[d] sin-offering, and thy burnt-offering, and make an atonement for thyself,[d] and for the people: and offer the offering of the people, and make an atonement[f] for them; as the LORD commanded.

8 Aaron therefore went unto the altar, and slew the calf of the sin-offering, which *was* for himself.

9 And the sons of Aaron brought the blood unto him; and he dipped his finger

עֹלָה֙ וַיְכַפֵּ֣ר בַּֽעֲדֹ֔ו וּבְעַ֖ד הָעָ֑ם וַיַּ֙עַשׂ֙ אֶת־
קָרְבַּ֣ן הָעָ֔ם וַיְכַפֵּ֖ר בַּֽעֲדָ֑ם כַּאֲשֶׁ֖ר צִוָּ֥ה יְהוָֽה׃

8 וַיִּקְרַ֤ב אַהֲרֹן֙ אֶל־הַמִּזְבֵּ֔חַ וַיִּשְׁחַ֖ט אֶת־עֵ֥גֶל
9 הַֽחַטָּ֖את אֲשֶׁר־לֹֽו׃ וַ֠יַּקְרִבוּ בְּנֵ֨י אַהֲרֹ֣ן אֶת־
הַדָּם֮ אֵלָיו֒ וַיִּטְבֹּ֤ל אֶצְבָּעֹו֙ בַּדָּ֔ם וַיִּתֵּ֖ן עַל־
קַרְנֹ֣ות הַמִּזְבֵּ֑חַ וְאֶת־הַדָּ֣ם יָצַ֔ק אֶל־יְסֹ֖וד הַמִּזְבֵּֽחַ׃

10 וְאֶת־הַחֵ֨לֶב וְאֶת־הַכְּלָיֹ֜ת וְאֶת־הַיֹּתֶ֤רֶת מִן־
הַכָּבֵד֙ מִן־הַ֣חַטָּ֔את הִקְטִ֖יר הַמִּזְבֵּ֑חָה כַּאֲשֶׁ֛ר
11 צִוָּ֥ה יְהוָ֖ה אֶת־מֹשֶֽׁה׃ וְאֶת־הַבָּשָׂ֖ר וְאֶת־
12 הָעֹ֑ור שָׂרַ֣ף בָּאֵ֔שׁ מִח֖וּץ לַֽמַּחֲנֶֽה׃ וַיִּשְׁחַ֖ט
אֶת־הָעֹלָ֑ה וַ֠יַּמְצִאוּ בְּנֵ֨י אַהֲרֹ֤ן אֵלָיו֙ אֶת־הַדָּ֔ם
13 וַיִּזְרְקֵ֥הוּ עַל־הַמִּזְבֵּ֖חַ סָבִֽיב׃ וְאֶת־הָעֹלָ֕ה הִמְצִ֥יאוּ
אֵלָ֖יו לִנְתָחֶ֑יהָ וְאֶת־הָרֹ֑אשׁ וַיַּקְטֵ֖ר עַל־הַמִּזְבֵּֽחַ׃

14 וַיִּרְחַ֥ץ אֶת־הַקֶּ֖רֶב וְאֶת־הַכְּרָעָ֑יִם וַיַּקְטֵ֥ר עַל־
15 הָעֹלָ֖ה הַמִּזְבֵּֽחָה׃ וַ֠יַּקְרֵב אֵ֣ת קָרְבַּ֣ן הָעָ֗ם וַיִּקַּ֞ח
אֶת־שְׂעִ֤יר הַֽחַטָּאת֙ אֲשֶׁ֣ר לָעָ֔ם וַיִּשְׁחָטֵ֥הוּ
16 וַֽיְחַטְּאֵ֖הוּ כָּרִאשֹֽׁון׃ וַיַּקְרֵב֙ אֶת־הָ֣עֹלָ֔ה וַֽיַּעֲשֶׂ֖הָ
17 כַּמִּשְׁפָּֽט׃ וַיַּקְרֵב֮ אֶת־הַמִּנְחָה֒ וַיְמַלֵּ֤א כַפֹּו֙ מִמֶּ֔נָּה
וַיַּקְטֵ֖ר עַל־הַמִּזְבֵּ֑חַ מִלְּבַ֖ד עֹלַ֥ת הַבֹּֽקֶר׃

18 וַיִּשְׁחַ֤ט אֶת־הַשֹּׁור֙ וְאֶת־הָאַ֔יִל זֶ֥בַח הַשְּׁלָמִ֖ים
אֲשֶׁ֣ר לָעָ֑ם וַ֠יַּמְצִאוּ בְּנֵ֨י אַהֲרֹ֤ן אֶת־הַדָּם֙ אֵלָ֔יו
19 וַיִּזְרְקֵ֥הוּ עַל־הַמִּזְבֵּ֖חַ סָבִֽיב׃ וְאֶת־הַחֲלָבִ֖ים מִן־
הַשֹּׁ֑ור וּמִן־הָאַ֔יִל הָֽאַלְיָ֤ה וְהַֽמְכַסֶּה֙ וְהַכְּלָיֹ֔ת וְיֹתֶ֖רֶת
20 הַכָּבֵֽד׃ וַיָּשִׂ֥ימוּ אֶת־הַחֲלָבִ֖ים עַל־הֶחָזֹ֑ות וַיַּקְטֵ֥ר
21 הַחֲלָבִ֖ים הַמִּזְבֵּֽחָה׃ וְאֵ֣ת הֶחָזֹ֗ות וְאֵת֙ שֹׁ֣וק
הַיָּמִ֔ין הֵנִ֧יף אַהֲרֹ֛ן תְּנוּפָ֖ה לִפְנֵ֣י יְהוָ֑ה כַּאֲשֶׁ֖ר
22 צִוָּ֥ה מֹשֶֽׁה׃ וַיִּשָּׂ֨א אַהֲרֹ֤ן אֶת־יָדֹו֙ אֶל־הָעָ֔ם
וַֽיְבָרְכֵ֑ם וַיֵּ֗רֶד מֵעֲשֹׂ֧ת הַֽחַטָּ֛את וְהָעֹלָ֖ה
23 וְהַשְּׁלָמִֽים׃ וַיָּבֹ֨א מֹשֶׁ֤ה וְאַהֲרֹן֙ אֶל־אֹ֣הֶל מֹועֵ֔ד
וַיֵּ֣צְא֔וּ וַֽיְבָרְכ֖וּ אֶת־הָעָ֑ם וַיֵּרָ֥א כְבֹוד־יְהוָ֖ה אֶל־
24 כָּל־הָעָֽם׃ וַתֵּ֤צֵא אֵשׁ֙ מִלִּפְנֵ֣י יְהוָ֔ה וַתֹּ֙אכַל֙ עַל־
הַמִּזְבֵּ֔חַ אֶת־הָעֹלָ֖ה וְאֶת־הַחֲלָבִ֑ים וַיַּ֤רְא כָּל־הָעָם֙
וַיָּרֹ֔נּוּ וַֽיִּפְּל֖וּ עַל־פְּנֵיהֶֽם׃

CAP. X. י

1 וַיִּקְח֣וּ בְנֵֽי־אַ֠הֲרֹן נָדָ֨ב וַאֲבִיה֜וּא אִ֣ישׁ מַחְתָּתֹ֗ו
וַיִּתְּנ֤וּ בָהֵן֙ אֵ֔שׁ וַיָּשִׂ֥ימוּ עָלֶ֖יהָ קְטֹ֑רֶת וַיַּקְרִ֜יבוּ לִפְנֵ֤י
יְהוָה֙ אֵ֣שׁ זָרָ֔ה אֲשֶׁ֧ר לֹ֦א צִוָּ֖ה אֹתָֽם׃ וַתֵּ֥צֵא אֵ֛שׁ
2 מִלִּפְנֵ֥י יְהוָ֖ה וַתֹּ֣אכַל אֹותָ֑ם וַיָּמֻ֖תוּ לִפְנֵ֥י יְהוָֽה׃

3 וַיֹּ֨אמֶר מֹשֶׁ֜ה אֶֽל־אַהֲרֹ֗ן הוּא֩ אֲשֶׁר־דִּבֶּ֨ר יְהוָ֥ה ׀
לֵאמֹר֙ בִּקְרֹבַ֣י אֶקָּדֵ֔שׁ וְעַל־פְּנֵ֥י כָל־הָעָ֖ם אֶכָּבֵ֑ד וַיִּדֹּ֖ם
4 אַהֲרֹֽן׃ וַיִּקְרָ֣א מֹשֶׁ֗ה אֶל־מִֽישָׁאֵל֙ וְאֶ֣ל אֶלְצָפָ֔ן
בְּנֵ֥י עֻזִּיאֵ֖ל דֹּ֣ד אַהֲרֹ֑ן וַיֹּ֣אמֶר אֲלֵהֶ֗ם קִ֠רְב֞וּ שְׂא֤וּ
אֶת־אֲחֵיכֶם֙ מֵאֵ֣ת פְּנֵי־הַקֹּ֔דֶשׁ אֶל־מִח֖וּץ לַֽמַּחֲנֶֽה׃
5 וַֽיִּקְרְב֗וּ וַיִּשָּׂאֻם֙ בְּכֻתֳּנֹתָ֔ם אֶל־מִח֖וּץ לַֽמַּחֲנֶ֑ה כַּאֲשֶׁ֖ר
6 דִּבֶּ֥ר מֹשֶֽׁה׃ וַיֹּ֣אמֶר מֹשֶׁ֣ה אֶֽל־אַהֲרֹ֡ן וּלְאֶלְעָזָר֩
וּלְאִֽיתָמָ֨ר ׀ בָּנָ֜יו רָֽאשֵׁיכֶ֣ם אַל־תִּפְרָ֗עוּ וּבִגְדֵיכֶ֤ם לֹֽא־
תִפְרֹ֨מוּ֙ וְלֹ֣א תָמֻ֔תוּ וְעַ֥ל כָּל־הָעֵדָ֖ה יִקְצֹ֑ף וַאֲחֵיכֶם֙
7 כָּל־בֵּ֣ית יִשְׂרָאֵ֔ל יִבְכּוּ֙ אֶת־הַשְּׂרֵפָ֔ה אֲשֶׁ֖ר שָׂרַ֥ף
יְהוָֽה׃ וּמִפֶּתַח֩ אֹ֨הֶל מֹועֵ֜ד לֹ֣א תֵֽצְא֗וּ פֶּן־תָּמֻ֔תוּ
כִּי־שֶׁ֛מֶן מִשְׁחַ֥ת יְהוָ֖ה עֲלֵיכֶ֑ם וַֽיַּעֲשׂ֖וּ כִּדְבַ֥ר
מֹשֶֽׁה׃ פ

8,9 וַיְדַבֵּ֣ר יְהוָ֔ה אֶֽל־אַהֲרֹ֖ן לֵאמֹֽר׃ יַ֣יִן וְשֵׁכָ֞ר אַל־
תֵּ֣שְׁתְּ ׀ אַתָּ֣ה ׀ וּבָנֶ֣יךָ אִתָּ֗ךְ בְּבֹאֲכֶ֛ם אֶל־אֹ֥הֶל מֹועֵ֖ד
10 וְלֹ֣א תָמֻ֑תוּ חֻקַּ֥ת עֹולָ֖ם לְדֹרֹתֵיכֶֽם׃ וּֽלֲהַבְדִּ֔יל בֵּ֥ין
הַקֹּ֖דֶשׁ וּבֵ֣ין הַחֹ֑ל וּבֵ֥ין הַטָּמֵ֖א וּבֵ֥ין הַטָּהֹֽור׃
11 וּלְהֹורֹ֖ת אֶת־בְּנֵ֣י יִשְׂרָאֵ֑ל אֵ֚ת כָּל־הַ֣חֻקִּ֔ים אֲשֶׁ֨ר דִּבֶּ֧ר
יְהוָ֛ה אֲלֵיהֶ֖ם בְּיַד־מֹשֶֽׁה׃ פ

12 וַיְדַבֵּ֨ר מֹשֶׁ֜ה אֶֽל־אַהֲרֹ֗ן וְאֶ֣ל אֶ֠לְעָזָר וְאֶל־אִֽיתָמָ֣ר ׀
בָּנָיו֮ הַנֹּֽותָרִים֒ קְח֣וּ אֶת־הַמִּנְחָ֗ה הַנֹּותֶ֙רֶת֙ מֵאִשֵּׁ֣י
יְהוָ֔ה וְאִכְל֥וּהָ מַצֹּ֖ות אֵ֣צֶל הַמִּזְבֵּ֑חַ כִּ֥י קֹ֥דֶשׁ קָֽדָשִׁ֖ים
13 הִֽוא׃ וַאֲכַלְתֶּ֤ם אֹתָהּ֙ בְּמָקֹ֣ום קָדֹ֔שׁ כִּ֣י חָקְךָ֤
וְחָק־בָּנֶ֙יךָ֙ הִ֔וא מֵאִשֵּׁ֖י יְהוָ֑ה כִּי־כֵ֖ן צֻוֵּֽיתִי׃ וְאֵת֩
14 חֲזֵ֨ה הַתְּנוּפָ֜ה וְאֵ֣ת ׀ שֹׁ֣וק הַתְּרוּמָ֗ה תֹּֽאכְלוּ֙ בְּמָקֹ֣ום
טָהֹ֔ור אַתָּ֕ה וּבָנֶ֥יךָ וּבְנֹתֶ֖יךָ אִתָּ֑ךְ כִּֽי־חָקְךָ֤ וְחָק־
15 בָּנֶ֙יךָ֙ נִתְּנ֔וּ מִזִּבְחֵ֖י שַׁלְמֵ֣י בְּנֵ֣י יִשְׂרָאֵֽל׃ שֹׁ֣וק
הַתְּרוּמָ֞ה וַחֲזֵ֣ה הַתְּנוּפָ֗ה עַ֣ל אִשֵּׁ֤י הַחֲלָבִים֙ יָבִ֔יאוּ
לְהָנִ֥יף תְּנוּפָ֖ה לִפְנֵ֣י יְהוָ֑ה וְהָיָ֨ה לְךָ֜ וּלְבָנֶ֤יךָ אִתְּךָ֙
16 לְחָק־עֹולָ֔ם כַּאֲשֶׁ֖ר צִוָּ֥ה יְהוָֽה׃ וְאֵ֣ת ׀ שְׂעִ֣יר
הַֽחַטָּ֗את דָּרֹ֥שׁ דָּרַ֛שׁ מֹשֶׁ֖ה וְהִנֵּ֣ה שֹׂרָ֑ף וַ֠יִּקְצֹף עַל־
אֶלְעָזָ֤ר וְעַל־אִֽיתָמָר֙ בְּנֵ֣י אַהֲרֹ֔ן הַנֹּותָרִ֖ם לֵאמֹֽר׃
17 מַדּ֗וּעַ לֹֽא־אֲכַלְתֶּ֤ם אֶת־הַֽחַטָּאת֙ בִּמְקֹ֣ום הַקֹּ֔דֶשׁ
כִּ֛י קֹ֥דֶשׁ קָֽדָשִׁ֖ים הִ֑וא וְאֹתָ֣הּ ׀ נָתַ֣ן לָכֶ֗ם לָשֵׂאת֙
18 אֶת־עֲוֹ֣ן הָֽעֵדָ֔ה לְכַפֵּ֥ר עֲלֵיהֶ֖ם לִפְנֵ֣י יְהוָֽה׃ הֵ֠ן
לֹא־הוּבָ֤א אֶת־דָּמָהּ֙ אֶל־הַקֹּ֣דֶשׁ פְּנִ֔ימָה אָכֹ֨ול
19 תֹּאכְל֥וּ אֹתָ֛הּ בַּקֹּ֖דֶשׁ כַּאֲשֶׁ֥ר צִוֵּֽיתִי׃ וַיְדַבֵּ֨ר אַהֲרֹ֜ן
אֶל־מֹשֶׁ֗ה הֵ֣ן הַ֠יֹּום הִקְרִ֨יבוּ אֶת־חַטָּאתָ֤ם וְאֶת־

in the blood, and *a* put *it* upon the horns of the altar, and poured out the blood at the bottom of the altar.

10 But the fat, *b* and the kidneys, and the caul above the liver of the sin-offering, he burnt upon the altar; as the LORD commanded Moses.

11 And the flesh and the hide he burnt with fire without the camp.

12 And he slew the burnt-offering; and Aaron's sons presented unto him the blood, which he sprinkled *f* round about upon the altar.

13 And they presented the burnt-offering unto him, with the pieces thereof, and the head: and he burnt *them* upon the altar.

14 And he did wash the inwards and the legs, and burnt *them* upon the burnt-offering on the altar.

15 And he brought the people's offering, and took the goat, which *was* the sin-offering for the people, and slew it, and offered it *k* for sin, as the first.

16 And he brought the burnt-offering, and offered it according to the *β* manner.

17 And he brought the meat-offering, and *γ* took an handful thereof, and burnt *it* upon the altar, beside the burnt-sacrifice *m* of the morning.

18 He slew also the bullock and the ram *for* a sacrifice of peace-offerings,*n* which *was* for the people: and Aaron's sons presented unto him the blood, which he sprinkled upon the altar round about,

19 And the fat of the bullock, and of the ram, the rump, and that which covereth *the inwards,* and the kidneys, and the caul *above* the liver:

20 And they put the fat upon the breasts, and he burnt the fat upon the altar:

21 And the breasts and the right shoulder Aaron waved *for* a wave-offering *p* before the LORD; as Moses commanded.

22 And Aaron lifted up his hand toward the people, & *q* blessed them, & came down from offering of the sin-offering,and the burnt-offering, and peace-offerings.

23 And Moses and Aaron went into the tabernacle of the congregation, and came out, and blessed the people : and the glory of the LORD *r* appeared unto all the people.

24 And there came a fire *s* out from before the LORD, and consumed upon the altar the burnt-offering and the fat : *which* when all the people saw, they *t* shouted, and fell on their faces.

CHAP. X.

AND Nadab and Abihu, the sons of Aaron, took either of them his censer, and put fire therein, and put incense thereon, and offered *u* strange fire before the LORD, which he commanded them not.

2 And there went out fire *v* from the LORD, and devoured them; and *x* they died before the LORD.

3 Then Moses said unto Aaron, This *is it* that the LORD spake, saying, I will be sanctified *y* in them that come nigh me, and before all the people I will be *z* glorified. And Aaron *b* held his peace.

4 And Moses called Mishael and Elzaphan, the sons of Uzziel the uncle of Aaron, and said unto them, Come near, carry your brethren from before the sanctuary out of the camp.

5 So they went near, and *c* carried them in their coats out of the camp; as Moses

---

B. C. 1490.

a ch. 4. 7.
He.9.22,23.
b ch. 8. 16.
c ch. 21. 10.
Eze. 24. 17.
d Nu.16. 46.
Jos. 7. 1.
22. 18, 20.
2Sa.24.11,15.
e ch. 21. 12.
f ch. 1. 5.
8. 19.
g Ex. 28. 41.
40. 15.
h Is. 28. 7.
Eze. 44. 21.
Lu. 1. 15.
1 Ti. 3. 3.
Tit. 1. 7.
i ch. 11. 47.
20.25,26.
Je. 15. 19.
Eze. 44. 23.
k Is. 53. 10.
He. 2. 17.
5. 3.
l Ne. 8. 2, 8.
Mal. 2. 7.
β or, *ordinance.*
γ *filled his hand out of it.*
m Ex. 29. 38.
n ch.3,1,3,&c.
o Nu. 18. 10.
p ch.7.30..34.
q Nu.6.23..27.
De. 21. 5.
2 Ch. 6. 3.
Ps. 72. 17.
Lu. 24. 50.
r ver. 6.
Nu. 14. 10.
16.19, 42.
s Ju. 6. 21.
13. 19, 20.
1 Ki.18. 38.
2 Ch. 7. 1..3.
t Ezr. 3. 11.
u ch. 16. 12.
Ex. 30. 9.
Nu.16.6,&c.
v ch. 9. 24.
Nu. 16. 35.
2Ki.1.10,12.
w ch. 6.26,30.
x Nu. 3. 3, 4.
26. 61.
*y*ch.21,6,8,15.
Ex. 19. 22.
1 Sa. 6. 20.
1Ch.15.12,13.
Ps. 89. 7.
Is. 52. 11.
He. 12. 28.
z Is. 49. 3.
Eze. 28. 22.
Jn°. 12. 28.
a Is.1.11..15.
Je. 6. 20.
14. 12.
Hos. 9. 4.
Mal.1.10,13.
b Ps. 39. 9.
46. 10.
c Ac. 5. 6,10.

---

had said.

6 And Moses said unto Aaron,and unto Eleazar and unto Ithamar, his sons, Uncover *c* not your heads, neither rend your clothes ; lest ye die, and lest *d* wrath come upon all the people : but let your brethren, the whole house of Israel,bewail the burning which the LORD hath kindled.

7 And ye shall not go out *e* from the door of the tabernacle of the congregation, lest ye die : for the anointing oil of the LORD *is* *g* upon you. And they did according to the word of Moses.

8 And the LORD spake unto Aaron, saying,

9 Do not drink *h* wine nor strong drink, thou, nor thy sons with thee, when ye go into the tabernacle of the congregation, lest ye die : *it shall be* a statute for ever throughout your generations ;

10 And that ye may put *i* difference between holy and unholy, and between unclean and clean ;

11 And that ye may teach *l* the children of Israel all the statutes which the LORD hath spoken unto them by the hand of Moses.

12 And Moses spake unto Aaron, and unto Eleazar and unto Ithamar, his sons that were left, Take the meat-offering that remaineth of the offerings of the LORD made by fire, and eat it without leaven beside the altar : for it *is* most holy :

13 And ye shall eat it in the *b* holy place, because it *is* thy due, and thy sons' due, of the sacrifices of the LORD made by fire : for so I am commanded.

14 And the wave-breast and heave-shoulder shall ye eat in a clean place ; thou, and thy sons, and thy daughters with thee : for *they be* thy due, and thy sons' due, *which* are given out of the sacrifices of peace-offerings of the children of Israel.

15 The heave-shoulder and the wave-breast shall they bring, with the offerings made by fire of the fat, to wave *it for* a wave-offering before the LORD; and it shall be thine, and thy sons' with thee, by a statute for ever ; as the LORD hath commanded.

16 And Moses diligently sought the goat of the sin-offering, and, behold, it was burnt : and he was angry with Eleazar and Ithamar, the sons of Aaron *which were* left *alive,* saying,

17 Wherefore have ye not eaten the sin-offering in the holy place, seeing it *is* most holy, and *God* hath given it you to bear the iniquity of the congregation, to make atonement for them before the LORD?

18 Behold, the blood of it was not brought in within the holy *place :* ye should indeed have eaten it in the holy *place,* *w* as I commanded.

19 And Aaron said unto Moses,Behold, this day have they offered their sin-offering and their burnt-offering before the LORD; and such things have befallen me : and *if* I had eaten the sin-offering to-day, should it have been accepted *a* in the sight of the LORD?

20 And when Moses heard *that,* he was content.

CHAP. XI.

AND the LORD spake unto Moses and to Aaron, saying unto them,

2 Speak unto the children of Israel, saying, These *are* the beasts which ye

עֹלֹתָם לִפְנֵי יְהוָה וַתִּקְרֶאנָה אֹתִי כָּאֵלֶּה וְאָכַלְתִּי
חַטָּאת הַיּוֹם הַיִּיטַב בְּעֵינֵי יְהוָה׃ 20 וַיִּשְׁמַע מֹשֶׁה
וַיִּיטַב בְּעֵינָיו׃ פ

CAP. XI. יא

1 וַיְדַבֵּר יְהוָה אֶל־מֹשֶׁה וְאֶל־אַהֲרֹן לֵאמֹר אֲלֵהֶם׃
2 דַּבְּרוּ אֶל־בְּנֵי יִשְׂרָאֵל לֵאמֹר זֹאת הַחַיָּה אֲשֶׁר
3 תֹּאכְלוּ מִכָּל־הַבְּהֵמָה אֲשֶׁר עַל־הָאָרֶץ׃ כֹּל
מַפְרֶסֶת פַּרְסָה וְשֹׁסַעַת שֶׁסַע פְּרָסֹת מַעֲלַת גֵּרָה
4 בַּבְּהֵמָה אֹתָהּ תֹּאכֵלוּ׃ אַךְ אֶת־זֶה לֹא תֹאכְלוּ
מִמַּעֲלֵי הַגֵּרָה וּמִמַּפְרִיסֵי הַפַּרְסָה אֶת־הַגָּמָל כִּי־
מַעֲלֵה גֵרָה הוּא וּפַרְסָה אֵינֶנּוּ מַפְרִיס טָמֵא הוּא
5 לָכֶם׃ וְאֶת־הַשָּׁפָן כִּי־מַעֲלֵה גֵרָה הוּא וּפַרְסָה
6 לֹא יַפְרִיס טָמֵא הוּא לָכֶם׃ וְאֶת־הָאַרְנֶבֶת כִּי־
מַעֲלַת גֵּרָה הִוא וּפַרְסָה לֹא הִפְרִיסָה טְמֵאָה הִוא
7 לָכֶם׃ וְאֶת־הַחֲזִיר כִּי־מַפְרִיס פַּרְסָה הוּא
וְשֹׁסַע שֶׁסַע פַּרְסָה וְהוּא גֵּרָה לֹא־יִגָּר טָמֵא הוּא
8 לָכֶם׃ מִבְּשָׂרָם לֹא תֹאכֵלוּ וּבְנִבְלָתָם לֹא תִגָּעוּ
9 טְמֵאִים הֵם לָכֶם׃ אֶת־זֶה תֹּאכְלוּ מִכֹּל אֲשֶׁר
בַּמָּיִם כֹּל אֲשֶׁר־לוֹ סְנַפִּיר וְקַשְׂקֶשֶׂת בַּמַּיִם
10 בַּיַּמִּים וּבַנְּחָלִים אֹתָם תֹּאכֵלוּ׃ וְכֹל אֲשֶׁר אֵין־
לוֹ סְנַפִּיר וְקַשְׂקֶשֶׂת בַּיַּמִּים וּבַנְּחָלִים מִכֹּל שֶׁרֶץ
הַמַּיִם וּמִכֹּל נֶפֶשׁ הַחַיָּה אֲשֶׁר בַּמָּיִם שֶׁקֶץ הֵם
11 לָכֶם׃ וְשֶׁקֶץ יִהְיוּ לָכֶם מִבְּשָׂרָם לֹא תֹאכֵלוּ וְאֶת־
12 נִבְלָתָם תְּשַׁקֵּצוּ׃ כֹּל אֲשֶׁר אֵין־לוֹ סְנַפִּיר
13 וְקַשְׂקֶשֶׂת בַּמָּיִם שֶׁקֶץ הוּא לָכֶם׃ וְאֶת־אֵלֶּה
תְּשַׁקְּצוּ מִן־הָעוֹף לֹא יֵאָכְלוּ שֶׁקֶץ הֵם אֶת־הַנֶּשֶׁר
14 וְאֶת־הַפֶּרֶס וְאֵת הָעָזְנִיָּה׃ וְאֶת־הַדָּאָה וְאֶת־
15 הָאַיָּה לְמִינָהּ׃ אֵת כָּל־עֹרֵב לְמִינוֹ׃ וְאֵת בַּת
16 הַיַּעֲנָה וְאֶת־הַתַּחְמָס וְאֶת־הַשָּׁחַף וְאֶת־הַנֵּץ
17 לְמִינֵהוּ׃ וְאֶת־הַכּוֹס וְאֶת־הַשָּׁלָךְ וְאֶת־הַיַּנְשׁוּף׃
18,19 וְאֶת־הַתִּנְשֶׁמֶת וְאֶת־הַקָּאָת וְאֶת־הָרָחָם׃ וְאֵת
הַחֲסִידָה הָאֲנָפָה לְמִינָהּ וְאֶת־הַדּוּכִיפַת וְאֶת־
20 הָעֲטַלֵּף׃ כֹּל שֶׁרֶץ הָעוֹף הַהֹלֵךְ עַל־אַרְבַּע
21 שֶׁקֶץ הוּא לָכֶם׃ אַךְ אֶת־זֶה תֹּאכְלוּ מִכֹּל
שֶׁרֶץ הָעוֹף הַהֹלֵךְ עַל־אַרְבַּע אֲשֶׁר־לֹא כְרָעַיִם
מִמַּעַל לְרַגְלָיו לְנַתֵּר בָּהֵן עַל־הָאָרֶץ׃
22 אֶת־אֵלֶּה מֵהֶם תֹּאכֵלוּ אֶת־הָאַרְבֶּה לְמִינוֹ וְאֶת־הַסָּלְעָם
לְמִינֵהוּ וְאֶת־הַחַרְגֹּל לְמִינֵהוּ וְאֶת־הֶחָגָב לְמִינֵהוּ׃

23 וְכֹל שֶׁרֶץ הָעוֹף אֲשֶׁר־לוֹ אַרְבַּע רַגְלָיִם שֶׁקֶץ הוּא
24 לָכֶם׃ וּלְאֵלֶּה תִּטַּמָּאוּ כָּל־הַנֹּגֵעַ בְּנִבְלָתָם יִטְמָא
25 עַד־הָעָרֶב׃ וְכָל־הַנֹּשֵׂא מִנִּבְלָתָם יְכַבֵּס בְּגָדָיו
26 וְטָמֵא עַד־הָעָרֶב׃ לְכָל־הַבְּהֵמָה אֲשֶׁר הִוא
מַפְרֶסֶת פַּרְסָה וְשֶׁסַע אֵינֶנָּה שֹׁסַעַת וְגֵרָה אֵינֶנָּה
מַעֲלָה טְמֵאִים הֵם לָכֶם כָּל־הַנֹּגֵעַ בָּהֶם יִטְמָא׃
27 וְכֹל הוֹלֵךְ עַל־כַּפָּיו בְּכָל־הַחַיָּה הַהֹלֶכֶת עַל־אַרְבַּע
טְמֵאִים הֵם לָכֶם כָּל־הַנֹּגֵעַ בְּנִבְלָתָם יִטְמָא עַד־
28 הָעָרֶב׃ וְהַנֹּשֵׂא אֶת־נִבְלָתָם יְכַבֵּס בְּגָדָיו וְטָמֵא
29 עַד־הָעָרֶב טְמֵאִים הֵמָּה לָכֶם׃ ס וְזֶה לָכֶם
הַטָּמֵא בַּשֶּׁרֶץ הַשֹּׁרֵץ עַל־הָאָרֶץ הַחֹלֶד וְהָעַכְבָּר
30 וְהַצָּב לְמִינֵהוּ׃ וְהָאֲנָקָה וְהַכֹּחַ וְהַלְּטָאָה
31 וְהַחֹמֶט וְהַתִּנְשָׁמֶת׃ אֵלֶּה הַטְּמֵאִים לָכֶם
בְּכָל־הַשָּׁרֶץ כָּל־הַנֹּגֵעַ בָּהֶם בְּמֹתָם יִטְמָא עַד־
32 הָעָרֶב׃ וְכֹל אֲשֶׁר־יִפֹּל עָלָיו מֵהֶם בְּמֹתָם
יִטְמָא מִכָּל־כְּלִי־עֵץ אוֹ בֶגֶד אוֹ־עוֹר אוֹ שָׂק כָּל־
כְּלִי אֲשֶׁר־יֵעָשֶׂה מְלָאכָה בָּהֶם בַּמַּיִם יוּבָא
33 וְטָמֵא עַד־הָעֶרֶב וְטָהֵר׃ וְכָל־כְּלִי־חֶרֶשׂ אֲשֶׁר־
יִפֹּל מֵהֶם אֶל־תּוֹכוֹ כֹּל אֲשֶׁר בְּתוֹכוֹ יִטְמָא וְאֹתוֹ
34 תִשְׁבֹּרוּ׃ מִכָּל־הָאֹכֶל אֲשֶׁר יֵאָכֵל אֲשֶׁר יָבוֹא
עָלָיו מַיִם יִטְמָא וְכָל־מַשְׁקֶה אֲשֶׁר יִשָּׁתֶה בְּכָל־
35 כְּלִי יִטְמָא׃ וְכֹל אֲשֶׁר־יִפֹּל מִנִּבְלָתָם עָלָיו
יִטְמָא תַּנּוּר וְכִירַיִם יֻתָּץ טְמֵאִים הֵם וּטְמֵאִים
36 יִהְיוּ לָכֶם׃ אַךְ מַעְיָן וּבוֹר מִקְוֵה־מַיִם יִהְיֶה
37 טָהוֹר וְנֹגֵעַ בְּנִבְלָתָם יִטְמָא׃ וְכִי יִפֹּל מִנִּבְלָתָם
38 עַל־כָּל־זֶרַע זֵרוּעַ אֲשֶׁר יִזָּרֵעַ טָהוֹר הוּא׃ וְכִי
יֻתַּן־מַיִם עַל־זֶרַע וְנָפַל מִנִּבְלָתָם עָלָיו טָמֵא
39 הוּא לָכֶם׃ ס וְכִי יָמוּת מִן־הַבְּהֵמָה אֲשֶׁר־
הִיא לָכֶם לְאָכְלָה הַנֹּגֵעַ בְּנִבְלָתָהּ יִטְמָא עַד־
40 הָעָרֶב׃ וְהָאֹכֵל מִנִּבְלָתָהּ יְכַבֵּס בְּגָדָיו וְטָמֵא
עַד־הָעָרֶב וְהַנֹּשֵׂא אֶת־נִבְלָתָהּ יְכַבֵּס בְּגָדָיו
41 וְטָמֵא עַד־הָעָרֶב׃ וְכָל־הַשֶּׁרֶץ הַשֹּׁרֵץ עַל־
42 הָאָרֶץ שֶׁקֶץ הוּא לֹא יֵאָכֵל׃ כֹּל הוֹלֵךְ עַל־
גָּחוֹן וְכֹל הוֹלֵךְ עַל־אַרְבַּע עַד כָּל־מַרְבֵּה רַגְלַיִם
לְכָל־הַשֶּׁרֶץ הַשֹּׁרֵץ עַל־הָאָרֶץ לֹא תֹאכְלוּם כִּי־
43 שֶׁקֶץ הֵם׃ אַל־תְּשַׁקְּצוּ אֶת־נַפְשֹׁתֵיכֶם בְּכָל־
הַשֶּׁרֶץ הַשֹּׁרֵץ וְלֹא תִטַּמְּאוּ בָּהֶם וְנִטְמֵתֶם
44 בָּם׃ כִּי אֲנִי יְהוָה אֱלֹהֵיכֶם וְהִתְקַדִּשְׁתֶּם

shall eat[a] among all the beasts that *are* on the earth.

3 Whatsoever parteth the hoof, and is cloven-footed,[b] *and* cheweth the cud among the beasts, that shall ye eat.

4 Nevertheless, these shall ye not eat, of them that chew the cud, or of them that divide the hoof: *as* the camel, because he cheweth the cud, but divideth not the hoof; he *is* unclean unto you.

5 And the coney, because he cheweth the cud, but divideth not the hoof; he *is* unclean unto you.

6 And the hare, because he cheweth the cud, but divideth not the hoof; he *is* unclean unto you.

7 And the swine, though he divide the hoof, and be cloven-footed, yet he cheweth not the cud; he *is* unclean to you.

8 Of their flesh shall ye not eat, and their carcase shall ye not touch:[f] they *are* unclean to you.

9 These shall ye eat, of all that *are* in the waters:[h] whatsoever hath fins and scales in the waters, in the seas, and in the rivers, them shall ye eat.

10 And all that have not fins and scales in the seas, and in the rivers, of all that move in the waters, and of any living thing which *is* in the waters, they *shall be* an[k] abomination unto you:

11 They shall be even an abomination unto you; ye shall not eat of their flesh, but ye shall have their carcases in abomination.

12 Whatsoever hath no fins nor scales in the waters, that *shall be* an abomination unto you.

13 And these *are they which* ye shall have in abomination among the[l] fowls; they shall not be eaten, they *are* an abomination; the eagle, and the ossifrage, and the ospray,

14 And the vulture, and the kite after his kind;

15 Every raven after his kind;

16 And the owl, and the night-hawk, and the cuckow, and the hawk after his kind,

17 And the little owl, and the cormorant, and the great owl,

18 And the swan, and the pelican, and the gier-eagle,

19 And the stork, the heron after her kind, and the lapwing, and the bat.

20 All fowls that creep, going upon *all* four, *shall be* an abomination unto you.

21 Yet these may ye eat, of every flying creeping thing that goeth upon *all* four, which have legs above their feet, to leap withal upon the earth;

22 *Even* these of them ye may eat;[n] the locust after his kind, and the bald locust after his kind, and the beetle after his kind, and the grasshopper after his kind.

23 But all *other* flying creeping things, which have four feet, *shall be* an abomination unto you.

24 And for these ye shall be unclean: whosoever toucheth[p] the carcase of them shall be unclean until the even.

25 And whosoever beareth *ought* of the carcase of them shall wash[r] his clothes, and be unclean until the even.

26 *The* carcases of every beast which divideth the hoof, and *is* not cloven-footed, nor cheweth the cud, *are* unclean unto you: every one that toucheth them shall be unclean.

27 And whatsoever goeth upon his paws, among all manner of beasts that go on *all* four, those *are* unclean unto you: whoso toucheth their carcase shall be unclean until the even.

28 And he that beareth the carcase of them shall wash[c] his clothes, & be unclean until the even: they *are* unclean unto you.

29 These also *shall be* unclean unto you among the creeping things that creep upon the earth: the weasel, and the mouse,[d] and the tortoise after his kind,

30 And the ferret, and the chameleon, and the lizard, and the snail, and the mole.

31 These *are* unclean to you among all that creep: whosoever doth[e] touch them, when they be dead, shall be unclean until the even.

32 And upon whatsoever *any* of them, when they are dead, doth fall, it shall be unclean; whether *it be* any vessel of wood, or raiment, or skin, or sack, whatsoever vessel *it be*, wherein *any* work is done,[g] it must be put into water, and it shall be unclean until the even; so it shall be cleansed.

33 And every earthen vessel, whereinto *any* of them falleth, whatsoever *is* in it shall be unclean; and[i] ye shall break it.

34 Of all meat which may be eaten, *that* on which *such* water cometh shall be unclean: and all drink that may be drunk in every *such* vessel shall be unclean.

35 And every *thing* whereupon *any part* of their carcase falleth shall be unclean; whether *it be* oven, or ranges for pots, they shall be broken down: *for* they *are* unclean, and shall be unclean unto you.

36 Nevertheless, a fountain or pit, wherein β *there is* plenty of water, shall be clean: but that which toucheth their carcase shall be unclean.

37 And if *any part* of their carcase fall upon any sowing seed which is to be sown, it *shall be* clean.

38 But if *any* water be put upon the seed, and *any part* of their carcase fall thereon, it *shall be* unclean unto you.

39 And if any beast, of which ye may eat, die; he that toucheth the carcase thereof shall be unclean until the even.

40 And he that eateth[m] of the carcase of it shall wash his clothes, and be unclean until the even: he also that beareth the carcase of it shall wash his clothes, and be unclean until the even.

41 And every creeping thing that creepeth upon the earth *shall be* an abomination; it shall not be eaten.

42 Whatsoever goeth upon the belly, and whatsoever goeth upon *all* four, or whatsoever γ hath more feet among all creeping things that creep upon the earth, them ye shall not eat; for they *are* an abomination.

43 Ye shall not[o] make δ yourselves abominable with any creeping thing that creepeth, neither shall ye make yourselves unclean with them, that ye should be defiled thereby.

44 For I *am* the LORD your God: ye shall therefore sanctify yourselves, and[q] ye shall be holy; for I *am* holy: neither shall ye defile yourselves with any manner of creeping thing that creepeth upon the earth.

45 For I *am* the LORD that[s] bringeth you up out of the land of Egypt, to be your God: ye shall therefore be holy, for I *am* holy.

B. C. 1490.

a De. 14. 3, &c.
Eze. 4. 14.
Da. 1. 8.
Mat. 15. 11.
Ro. 14. 14.
He. 9. 10.
13. 9.
b Ps. 1. 1, 2.
c ver. 24.
d Is. 66. 17.
e ver. 8.
Hag. 2. 13.
f Is. 52. 11.
Ac. 10. 10..
15.
2 Co. 6. 17.
Col. 2. 21.
g ch. 15. 12.
h De. 14. 9.
i ch. 6. 28.
Ps. 2. 9.
Jer. 48. 38.
2 Ti. 2. 21.
Re. 2. 27.
k ch. 7. 18.
β a gathering together of waters.
l De. 14. 12.
m ch. 17. 15.
22. 8.
De. 14. 21.
Eze. 4. 14.
44. 31.
1 Co. 10. 21.
n Mat. 3. 4.
Mar. 1. 6.
γ doth multiply feet.
o ch. 20. 25.
δ your souls.
p ver. 8.
ch. 17. 15, 16.
q ch. 19. 2.
20. 7, 26.
Ex. 19. 6.
Am. 3. 3.
Mat. 5. 48.
1 Th. 4. 7.
1 Pe. 1. 15,
16.
Re. 22. 11,
14.
r ch. 14. 8.
15. 5.
Nu. 19. 10,
22.
31. 24.
Ps. 51. 2, 7.
Zec. 13. 1.
Jn". 13. 8.
Ac. 22. 16.
He. 9. 10.
10. 22.
1 Pe. 3. 21.
Re. 7. 14.
s Ex. 6. 7.
20. 2.
Ps. 105. 43..
45.
Hos. 11. 1.

כִּי אֲנִי יְהוָה אֱלֹהֵיכֶם וְהִתְקַדִּשְׁתֶּם וִהְיִיתֶם קְדֹשִׁים כִּי קָדוֹשׁ אָנִי וְלֹא תְטַמְּאוּ אֶת־נַפְשֹׁתֵיכֶם בְּכָל־הַשֶּׁרֶץ הָרֹמֵשׂ עַל־הָאָרֶץ׃

45 כִּי אֲנִי יְהוָה הַמַּעֲלֶה אֶתְכֶם מֵאֶרֶץ מִצְרַיִם לִהְיֹת לָכֶם לֵאלֹהִים וִהְיִיתֶם קְדֹשִׁים כִּי קָדוֹשׁ׃

46 אֲנִי זֹאת תּוֹרַת הַבְּהֵמָה וְהָעוֹף וְכֹל נֶפֶשׁ הַחַיָּה הָרֹמֶשֶׂת בַּמָּיִם וּלְכָל־נֶפֶשׁ הַשֹּׁרֶצֶת עַל־הָאָרֶץ׃

47 לְהַבְדִּיל בֵּין הַטָּמֵא וּבֵין הַטָּהֹר וּבֵין הַחַיָּה הַנֶּאֱכֶלֶת וּבֵין הַחַיָּה אֲשֶׁר לֹא תֵאָכֵל׃

פ

CAP. XII. יב

1 וַיְדַבֵּר יְהוָה אֶל־מֹשֶׁה לֵּאמֹר׃ דַּבֵּר אֶל־בְּנֵי
2 יִשְׂרָאֵל לֵאמֹר אִשָּׁה כִּי תַזְרִיעַ וְיָלְדָה זָכָר וְטָמְאָה שִׁבְעַת יָמִים כִּימֵי נִדַּת דְּוֹתָהּ תִּטְמָא׃
3,4 וּבַיּוֹם הַשְּׁמִינִי יִמּוֹל בְּשַׂר עָרְלָתוֹ׃ וּשְׁלֹשִׁים יוֹם וּשְׁלֹשֶׁת יָמִים תֵּשֵׁב בִּדְמֵי טָהֳרָה בְּכָל־קֹדֶשׁ לֹא־תִגָּע וְאֶל־הַמִּקְדָּשׁ לֹא תָבֹא עַד־מְלֹאת יְמֵי
5 טָהֳרָהּ׃ וְאִם־נְקֵבָה תֵלֵד וְטָמְאָה שְׁבֻעַיִם כְּנִדָּתָהּ וְשִׁשִּׁים יוֹם וְשֵׁשֶׁת יָמִים תֵּשֵׁב עַל־דְּמֵי טָהֳרָה׃
6 וּבִמְלֹאת יְמֵי טָהֳרָהּ לְבֵן אוֹ לְבַת תָּבִיא כֶּבֶשׂ בֶּן־שְׁנָתוֹ לְעֹלָה וּבֶן־יוֹנָה אוֹ־תֹר לְחַטָּאת אֶל־פֶּתַח
7 אֹהֶל־מוֹעֵד אֶל־הַכֹּהֵן׃ וְהִקְרִיבוֹ לִפְנֵי יְהוָה וְכִפֶּר עָלֶיהָ וְטָהֲרָה מִמְּקֹר דָּמֶיהָ זֹאת תּוֹרַת
8 הַיֹּלֶדֶת לַזָּכָר אוֹ לַנְּקֵבָה׃ וְאִם־לֹא תִמְצָא יָדָהּ דֵּי שֶׂה וְלָקְחָה שְׁתֵּי־תֹרִים אוֹ שְׁנֵי בְּנֵי יוֹנָה אֶחָד לְעֹלָה וְאֶחָד לְחַטָּאת וְכִפֶּר עָלֶיהָ הַכֹּהֵן וְטָהֵרָה׃

פ

CAP. XIII. יג

1,2 וַיְדַבֵּר יְהוָה אֶל־מֹשֶׁה וְאֶל־אַהֲרֹן לֵאמֹר׃ אָדָם כִּי־יִהְיֶה בְעוֹר־בְּשָׂרוֹ שְׂאֵת אוֹ־סַפַּחַת אוֹ בַהֶרֶת וְהָיָה בְעוֹר־בְּשָׂרוֹ לְנֶגַע צָרָעַת וְהוּבָא אֶל־אַהֲרֹן
3 הַכֹּהֵן אוֹ אֶל־אַחַד מִבָּנָיו הַכֹּהֲנִים׃ וְרָאָה הַכֹּהֵן אֶת־הַנֶּגַע בְּעוֹר־הַבָּשָׂר וְשֵׂעָר בַּנֶּגַע הָפַךְ לָבָן וּמַרְאֵה הַנֶּגַע עָמֹק מֵעוֹר בְּשָׂרוֹ נֶגַע צָרַעַת הוּא וְרָאָהוּ הַכֹּהֵן וְטִמֵּא אֹתוֹ׃
4 וְאִם־בַּהֶרֶת לְבָנָה הִוא בְּעוֹר בְּשָׂרוֹ וְעָמֹק אֵין־מַרְאֶהָ מִן־הָעוֹר וּשְׂעָרָה לֹא־הָפַךְ לָבָן וְהִסְגִּיר הַכֹּהֵן אֶת־הַנֶּגַע שִׁבְעַת יָמִים׃
5 וְרָאָהוּ הַכֹּהֵן בַּיּוֹם הַשְּׁבִיעִי וְהִנֵּה הַנֶּגַע עָמַד בְּעֵינָיו לֹא־פָשָׂה הַנֶּגַע בָּעוֹר

6 וְהִסְגִּירוֹ הַכֹּהֵן שִׁבְעַת יָמִים שֵׁנִית וְרָאָה הַכֹּהֵן אֹתוֹ בַּיּוֹם הַשְּׁבִיעִי שֵׁנִית וְהִנֵּה כֵּהָה הַנֶּגַע וְלֹא־פָשָׂה הַנֶּגַע בָּעוֹר וְטִהֲרוֹ הַכֹּהֵן מִסְפַּחַת
7 הִיא וְכִבֶּס בְּגָדָיו וְטָהֵר׃ וְאִם־פָּשֹׂה תִפְשֶׂה הַמִּסְפַּחַת בָּעוֹר אַחֲרֵי הֵרָאֹתוֹ אֶל־הַכֹּהֵן לְטָהֳרָתוֹ
8 וְנִרְאָה שֵׁנִית אֶל־הַכֹּהֵן׃ וְרָאָה הַכֹּהֵן וְהִנֵּה פָּשְׂתָה הַמִּסְפַּחַת בָּעוֹר וְטִמְּאוֹ הַכֹּהֵן צָרַעַת הִוא׃

פ

9 נֶגַע צָרַעַת כִּי תִהְיֶה בְּאָדָם וְהוּבָא אֶל־הַכֹּהֵן׃
10 וְרָאָה הַכֹּהֵן וְהִנֵּה שְׂאֵת־לְבָנָה בָּעוֹר וְהִיא הָפְכָה
11 שֵׂעָר לָבָן וּמִחְיַת בָּשָׂר חַי בַּשְׂאֵת׃ צָרַעַת נוֹשֶׁנֶת הִוא בְּעוֹר בְּשָׂרוֹ וְטִמְּאוֹ הַכֹּהֵן לֹא
12 יַסְגִּרֶנּוּ כִּי טָמֵא הוּא׃ וְאִם־פָּרוֹחַ תִּפְרַח הַצָּרַעַת בָּעוֹר וְכִסְּתָה הַצָּרַעַת אֵת כָּל־עוֹר
13 הַנֶּגַע מֵרֹאשׁוֹ וְעַד־רַגְלָיו לְכָל־מַרְאֵה עֵינֵי הַכֹּהֵן׃ וְרָאָה הַכֹּהֵן וְהִנֵּה כִסְּתָה הַצָּרַעַת אֶת־כָּל־בְּשָׂרוֹ וְטִהַר אֶת־הַנָּגַע כֻּלּוֹ הָפַךְ לָבָן טָהוֹר הוּא׃
14,15 וּבְיוֹם הֵרָאוֹת בּוֹ בָּשָׂר חַי יִטְמָא׃ וְרָאָה הַכֹּהֵן אֶת־הַבָּשָׂר הַחַי וְטִמְּאוֹ הַבָּשָׂר הַחַי
16 טָמֵא הוּא צָרַעַת הוּא׃ אוֹ כִי יָשׁוּב הַבָּשָׂר
17 הַחַי וְנֶהְפַּךְ לְלָבָן וּבָא אֶל־הַכֹּהֵן׃ וְרָאָהוּ הַכֹּהֵן וְהִנֵּה נֶהְפַּךְ הַנֶּגַע לְלָבָן וְטִהַר הַכֹּהֵן אֶת־הַנֶּגַע טָהוֹר הוּא׃

פ

18,19 וּבָשָׂר כִּי־יִהְיֶה בוֹ־בְעֹרוֹ שְׁחִין וְנִרְפָּא׃ וְהָיָה בִּמְקוֹם הַשְּׁחִין שְׂאֵת לְבָנָה אוֹ בַהֶרֶת לְבָנָה
20 אֲדַמְדָּמֶת וְנִרְאָה אֶל־הַכֹּהֵן׃ וְרָאָה הַכֹּהֵן וְהִנֵּה מַרְאֶהָ שָׁפָל מִן־הָעוֹר וּשְׂעָרָהּ הָפַךְ לָבָן וְטִמְּאוֹ
21 הַכֹּהֵן נֶגַע־צָרַעַת הִוא בַּשְּׁחִין פָּרָחָה׃ וְאִם יִרְאֶנָּה הַכֹּהֵן וְהִנֵּה אֵין־בָּהּ שֵׂעָר לָבָן וּשְׁפָלָה אֵינֶנָּה מִן־הָעוֹר וְהִיא כֵהָה וְהִסְגִּירוֹ הַכֹּהֵן
22 שִׁבְעַת יָמִים׃ וְאִם־פָּשֹׂה תִפְשֶׂה בָּעוֹר וְטִמֵּא
23 הַכֹּהֵן אֹתוֹ נֶגַע הִוא׃ וְאִם־תַּחְתֶּיהָ תַּעֲמֹד הַבַּהֶרֶת לֹא פָשָׂתָה צָרֶבֶת הַשְּׁחִין הִוא וְטִהֲרוֹ
24 הַכֹּהֵן׃ ס אוֹ בָשָׂר כִּי־יִהְיֶה בְעֹרוֹ מִכְוַת־אֵשׁ וְהָיְתָה מִחְיַת הַמִּכְוָה בַּהֶרֶת לְבָנָה אֲדַמְדֶּמֶת
25 אוֹ לְבָנָה׃ וְרָאָה אֹתָהּ הַכֹּהֵן וְהִנֵּה נֶהְפַּךְ שֵׂעָר לָבָן בַּבַּהֶרֶת וּמַרְאֶהָ עָמֹק מִן־הָעוֹר צָרַעַת הִוא בַּמִּכְוָה פָּרָחָה וְטִמֵּא אֹתוֹ הַכֹּהֵן נֶגַע צָרַעַת

46 This *is* the law of the beasts, and of the fowl, and of every living creature that moveth in the waters, and of every creature that creepeth upon the earth ;

47 To make a difference *a* between the unclean and the clean, and between the beast that may be eaten and the beast that may not be eaten.

CHAP. XII.

AND the LORD spake unto Moses, saying,

2 Speak unto the children of Israel, saying, If a woman have conceived seed, and born a man child; then *c* she shall be unclean seven days ; according to the days of the separation for her *d* infirmity shall she be unclean.

3 And in the *e* eighth day the flesh of his foreskin shall be circumcised.

4 And she shall then continue in the blood of her purifying three and thirty days : she shall touch no hallowed thing, nor come into the sanctuary, until the days of her purifying be fulfilled.

5 But if she bear a maid-child, then she shall be unclean two weeks, as in her separation : & she shall continue in the blood of her purifying threescore and six days.

6 And when the days of her *f* purifying are fulfilled, for a son, or for a daughter, she shall bring a lamb *γ* of the first year for a burnt-offering, and a young pigeon, or a turtle-dove, for a sin-offering, unto the door of the tabernacle of the congregation, unto the priest ;

7 Who shall offer it before the LORD, and make an atonement for her ; and she shall be cleansed from the issue of her blood. This *is* the law for her that hath born a male or a female.

8 And *h* if *δ* she be not able to bring a lamb, then she shall bring two turtles, or two young pigeons ; the one for the burnt-offering, and the other for a sin-offering ; and the priest shall make an atonement for her, and she shall be clean.

CHAP. XIII.

AND the LORD spake unto Moses and Aaron, saying,

2 When a man shall have in the skin of his flesh a *ζ* rising,*k* a scab, or bright spot, and it be in the skin of his flesh *like* the plague of leprosy ; then he shall be brought unto Aaron the priest,*l* or unto one of his sons the priests :

3 And the priest shall look on the plague in the skin of the flesh ; and *when* the hair in the plague is turned white, and the plague in sight *be* deeper than the skin of his flesh, it *is* a plague of leprosy : and the priest shall look on him, and pronounce him unclean.

4 If the bright spot *be* white in the skin of his flesh, and in sight *be* not deeper than the skin, and the hair thereof be not turned white ; then the priest shall *l* shut up *him that hath* the plague seven days :

5 And the priest shall look on him the seventh day : and, behold, if the plague in his sight be at a stay, *and* the plague spread not in the skin, then the priest shall shut him up seven days more :

6 And the priest shall look on him again the seventh day ; and, behold, if the plague *be* somewhat dark, *and* the plague spread not in the skin, the priest shall pronounce him clean ; it *is but* a scab : and he shall wash his clothes, and be clean.

7 But if the scab spread much abroad in the skin, after that he hath been seen of the priest for his cleansing, he shall be seen of the priest again :

8 And *if* the priest see that, behold, the scab spreadeth in the skin, then the priest shall pronounce him unclean : it *is* a leprosy.

9 When the plague of leprosy is in a man, then he shall be brought unto the priest ;

10 And the priest *b* shall see *him :* and, behold, *if* the rising *be* white in the skin, and it have turned the hair white, and *there be β* quick raw flesh in the rising ;

11 It *is* an old leprosy in the skin of his flesh ; and the priest shall pronounce him unclean, and shall not shut him up : for he *is* unclean.

12 And if a leprosy break out abroad in the skin, and the leprosy cover all the skin of *him that hath* the plague from his head even to his foot, wheresoever the priest looketh ;

13 Then the priest shall consider : and, behold, *if* the leprosy have covered all his flesh, he shall pronounce *him* clean *that hath* the plague : it is all turned white :*δ* he *is* clean.

14 But when raw flesh appeareth in him, he shall be unclean.

15 And the priest shall see the raw flesh, and pronounce him to be unclean ; *for* the raw flesh *is* unclean : it *is* a leprosy.

16 Or if the raw flesh turn again and be changed unto white, he shall come unto the priest ;

17 And the priest shall see him : and, behold, *if* the plague be turned into white, then the priest shall pronounce *him* clean *that hath* the plague : he *is* clean.

18 The flesh also, in which, *even* in the skin thereof, was a *i* boil, and is healed,

19 And in the place of the boil there be a white rising, or a bright spot, white, and somewhat reddish, and it be shewed to the priest ;

20 And if, when the priest seeth it, behold, it *be* in sight lower than the skin, and the hair thereof be turned white ; the priest shall pronounce him unclean : it *is* a plague of leprosy broken out of the boil.

21 But if the priest look on it, and, behold, *there be* no white hairs therein, and *if* it *be* not lower than the skin, but *be* somewhat dark, then the priest shall shut him *m* up seven days :

22 And if it spread much abroad in the skin, then the priest shall pronounce him unclean : it *is* a plague.

23 But if the bright spot stay *n* in his place, *and* spread not, it *is* a burning boil ; and the priest shall pronounce him *o* clean.

24 Or if there be *any* flesh, in the skin whereof *there is η* a hot burning,*p* and the quick *flesh* that burneth have a white bright spot, somewhat reddish, or white,

25 Then the priest shall look upon it : and, behold, *if* the hair in the bright spot be turned white, and it *be in* sight deeper than the skin, it *is* a leprosy broken out of the burning ; wherefore the priest shall pronounce him unclean : it *is* the plague of leprosy.

26 But if the priest look on it, and, behold, *there be* no white hair in the bright spot, and it *be* no lower than the *other* skin, but *be* somewhat dark ; then the

---

B. C. 1490.

a ch. 10. 10.
Eze. 44. 23.
Mal. 3. 18.

b Nu.12.10,12
2 Ki. 5. 27.
2 Ch. 26.19,
20.

c Job 14. 4.
Ps. 51. 5.
Lu. 2. 22.

β the quickening of living flesh.

d ch. 15. 19.

e Ge. 17.12.
Lu. 2. 21.
Jn°.7.22,23.
Ro. 3. 19.
Ga. 5. 3.

f Lu. 2. 22.

g Is. 64 6.
Jn°. 9. 41.

γ a son of his year.

h ch. 5. 7.

δ her hand find not sufficiency of a lamb.

i Ex. 9. 9.
15. 26.

ζ or, swelling.

k De. 28. 27.
Is. 3. 17.

l De. 17. 8, 9.
24. 8.
Mal. 2. 7.
Lu. 17. 14.

m 1 Co. 5. 5.

n Job 34. 31.
Pr. 28. 13.
1 Pe. 4. 3.

o 2 Co. 2. 7.

η a burning of fire.

p Is. 3. 24.

q Nu. 12. 15.

26 הַהוּא : וְאִם־יְרָאֶה הַכֹּהֵן וְהִנֵּה אֶין־בַּבַּהֶרֶת
שֵׂעָר לָבָן וּשְׁפָלָה אֵינֶנָּה מִן־הָעוֹר וְהִוא כֵהָה
27 וְהִסְגִּירוֹ הַכֹּהֵן שִׁבְעַת יָמִים : פָּלִיֵּמִ אֲשֶׁר הַנֶּגַע בּוֹ 46
בַּיּוֹם הַשְּׁבִיעִי אִם־פָּשֹׂה תִפְשֶׂה בָּעוֹר וְטִמֵּא יִטְמָא טָמֵא יִקְרָא
28 הַכֹּהֵן אֹתוֹ נֶגַע צָרַעַת הִוא : וְאִם־תַּחְתֶּיהָ תְּזֻבַּח יָהְזֶה כִּי־יִהְיֶה בוֹ נֶגַע צָרָעַת 47
תַעֲמֹד הַבַּהֶרֶת לֹא־פָשָׂתָה בָּעוֹר וְהִוא כֵהָה בִּגְבֵד צֶמֶר אוֹ בְּגֶבֶד פִּשְׁתִּים : אוֹ בִשְׁתִי אוֹ 48
שְׂאֵת הַמִּכְוָה הִוא וְטִהֲרוֹ הַכֹּהֵן כִּי־צָרֶבֶת בְעֵרֶב לַפִּשְׁתִּים וְלַצֶּמֶר אוֹ בְעוֹר אוֹ בְּכָל־מְלֶאכֶת
המכוה הוא :   ס   עוֹר : וְהָיָה הַנֶּגַע יְרַקְרַק אוֹ אֲדַמְדָּם בַּבֶּגֶד אוֹ 49
29 וְאִישׁ אוֹ אִשָּׁה כִּי־יִהְיֶה בוֹ נֶגַע בְּרֹאשׁ אוֹ בְזָקָן : בָעוֹר אוֹ־בַשְּׁתִי אוֹ־בָעֵרֶב אוֹ בְכָל־כְּלִי־עוֹר נֶגַע
30 וְרָאָה הַכֹּהֵן אֶת־הַנֶּגַע וְהִנֵּה מַרְאֵהוּ עָמֹק מִן־ צָרַעַת הוּא וְהָרְאָה אֶת־הַכֹּהֵן : וְרָאָה הַכֹּהֵן 50
הָעוֹר וּבוֹ שֵׂעָר צָהֹב דָּק וְטִמֵּא אֹתוֹ הַכֹּהֵן נֶתֶק אֶת־הַנֶּגַע וְהִסְגִּיר אֶת־הַנֶּגַע שִׁבְעַת יָמִים :
31 הוּא צָרַעַת הָרֹאשׁ אוֹ הַזָּקָן הוּא : וְכִי־יִרְאֶה וְרָאָה אֶת־הַנֶּגַע בַּיּוֹם הַשְּׁבִיעִי כִּי־פָשָׂה הַנֶּגַע 51
הַכֹּהֵן אֶת־נֶגַע הַנֶּתֶק וְהִנֵּה אֵין־מַרְאֵהוּ עָמֹק בַּבֶּגֶד אוֹ־בַשְּׁתִי אוֹ־בָעֵרֶב אוֹ בָעוֹר לְכֹל אֲשֶׁר־יֵעָשֶׂה
מִן־הָעוֹר וְשֵׂעָר שָׁחֹר אֵין בּוֹ וְהִסְגִּיר אֶת־הַכֹּהֵן אֶת־ הָעוֹר לִמְלָאכָה צָרַעַת מַמְאֶרֶת הַנֶּגַע טָמֵא
32 נֶגַע הַנֶּתֶק שִׁבְעַת יָמִים : וְרָאָה הַכֹּהֵן אֶת־ הוּא : וְשָׂרַף אֶת־הַבֶּגֶד אוֹ אֶת־הַשְּׁתִי אוֹ 52
הַנֶּגַע בַּיּוֹם הַשְּׁבִיעִי וְהִנֵּה לֹא־פָשָׂה הַנֶּתֶק וְלֹא־ אֶת־הָעֵרֶב בַּצֶּמֶר אוֹ בַפִּשְׁתִּים אוֹ אֶת־כָּל־כְּלִי
הָיָה בוֹ שֵׂעָר צָהֹב וּמַרְאֵה הַנֶּתֶק אֵין עָמֹק מִן־ הָעוֹר אֲשֶׁר־יִהְיֶה בוֹ הַנֶּגַע כִּי־צָרַעַת מַמְאֶרֶת
33 הָעוֹר : וְהִתְגַּלָּח וְאֶת־הַנֶּתֶק לֹא יְגַלֵּחַ וְהִסְגִּיר הוּא בָּאֵשׁ תִּשָּׂרֵף : וְאִם רָאָה הַכֹּהֵן וְהִנֵּה 53
34 הַכֹּהֵן אֶת־הַנֶּתֶק שִׁבְעַת יָמִים שֵׁנִית : וְרָאָה לֹא־פָשָׂה הַנֶּגַע בַּבֶּגֶד אוֹ בַשְּׁתִי אוֹ בָעֵרֶב אוֹ
הַכֹּהֵן אֶת־הַנֶּתֶק בַּיּוֹם הַשְּׁבִיעִי וְהִנֵּה לֹא־פָשָׂה בְּכָל־כְּלִי־עוֹר : וְצִוָּה הַכֹּהֵן וְכִבְּסוּ אֵת אֲשֶׁר־בּוֹ 54
הַנֶּתֶק בָּעוֹר וּמַרְאֵהוּ אֵינֶנּוּ עָמֹק מִן־הָעוֹר וְטִהַר הַנָּגַע וְהִסְגִּירוֹ שִׁבְעַת־יָמִים שֵׁנִית : וְרָאָה 55
35 אֹתוֹ הַכֹּהֵן וְכִבֶּס בְּגָדָיו וְטָהֵר : וְאִם־פָּשֹׂה הַכֹּהֵן אַחֲרֵי הֻכַּבֵּס אֶת־הַנֶּגַע וְהִנֵּה לֹא־הָפַךְ
36 יִפְשֶׂה הַנֶּתֶק בָּעוֹר אַחֲרֵי טָהֳרָתוֹ : וְרָאָהוּ הַנֶּגַע אֶת־עֵינוֹ וְהַנֶּגַע לֹא־פָשָׂה טָמֵא הוּא
הַכֹּהֵן וְהִנֵּה פָשָׂה הַנֶּתֶק בָּעוֹר לֹא־יְבַקֵּר הַכֹּהֵן בָּאֵשׁ תִּשְׂרְפֶנּוּ פְּחֶתֶת הִוא בְּקָרַחְתּוֹ אוֹ בְגַבַּחְתּוֹ :
37 לַשֵּׂעָר הַצָּהֹב טָמֵא הוּא : וְאִם־בְּעֵינָיו עָמַד וְאִם רָאָה הַכֹּהֵן וְהִנֵּה כֵהָה הַנֶּגַע אַחֲרֵי הֻכַּבֵּס 56
הַנֶּתֶק וְשֵׂעָר שָׁחֹר צָמַח־בּוֹ נִרְפָּא הַנֶּתֶק טָהוֹר אֹתוֹ וְקָרַע אֹתוֹ מִן־הַבֶּגֶד אוֹ מִן־הָעוֹר אוֹ מִן־
38 הוּא וְטִהֲרוֹ הַכֹּהֵן : ס וְאִישׁ אוֹ־אִשָּׁה כִּי־ הַשְּׁתִי אוֹ מִן־הָעֵרֶב : וְאִם־תֵּרָאֶה עוֹד בַּבֶּגֶד 57
39 יִהְיֶה בְעוֹר־בְּשָׂרָם בֶּהָרֹת בֶּהָרֹת לְבָנֹת : וְרָאָה אוֹ־בַשְּׁתִי אוֹ־בָעֵרֶב אוֹ בְכָל־כְּלִי־עוֹר פֹּרַחַת הִוא
הַכֹּהֵן וְהִנֵּה בְעוֹר־בְּשָׂרָם בֶּהָרֹת כֵּהוֹת לְבָנֹת בֹּהַק בָּאֵשׁ תִּשְׂרְפֶנּוּ אֵת אֲשֶׁר־בּוֹ הַנָּגַע : וְהַבֶּגֶד אוֹ־ 58
40 הוּא פָּרַח בָּעוֹר טָהוֹר הוּא : וְאִישׁ כִּי הַשְּׁתִי אוֹ־הָעֵרֶב אוֹ־כָל־כְּלִי הָעוֹר אֲשֶׁר תְּכַבֵּס
41 יִמָּרֵט רֹאשׁוֹ קֵרֵחַ הוּא טָהוֹר הוּא : וְאִם מִפְּאַת וְסָר מֵהֶם הַנָּגַע וְכֻבַּס שֵׁנִית וְטָהֵר : זֹאת 59
42 פָּנָיו יִמָּרֵט רֹאשׁוֹ גִּבֵּחַ הוּא טָהוֹר הוּא : וְכִי־ תּוֹרַת נֶגַע־צָרַעַת בֶּגֶד הַצֶּמֶר אוֹ הַפִּשְׁתִּים אוֹ
יִהְיֶה בַקָּרַחַת אוֹ בַגַּבַּחַת נֶגַע לָבָן אֲדַמְדָּם צָרַעַת הַשְּׁתִי אוֹ הָעֵרֶב אוֹ כָּל־כְּלִי־עוֹר לְטַהֲרוֹ אוֹ
43 פֹּרַחַת הִוא בְּקָרַחְתּוֹ אוֹ בְגַבַּחְתּוֹ : וְרָאָה אֹתוֹ לְטַמְּאוֹ :
הַכֹּהֵן וְהִנֵּה שְׂאֵת־הַנֶּגַע לְבָנָה אֲדַמְדֶּמֶת בְּקָרַחְתּוֹ

פ פ פ כח ‏28

44 אוֹ בְגַבַּחְתּוֹ כְּמַרְאֵה צָרַעַת עוֹר בָּשָׂר : אִישׁ 1 וַיְדַבֵּר יְהֹוָה אֶל־מֹשֶׁה לֵּאמֹר : זֹאת תִּהְיֶה
צָרוּעַ הוּא טָמֵא הוּא טַמֵּא יְטַמְּאֶנּוּ הַכֹּהֵן 2 תּוֹרַת הַמְּצֹרָע בְּיוֹם טָהֳרָתוֹ וְהוּבָא אֶל־הַכֹּהֵן :
45 בְּרֹאשׁוֹ נִגְעוֹ : וְהַצָּרוּעַ אֲשֶׁר־בּוֹ הַנֶּגַע בְּגָדָיו 3 וְיָצָא הַכֹּהֵן אֶל־מִחוּץ לַמַּחֲנֶה וְרָאָה הַכֹּהֵן

priest shall shut him up seven days:

27 And the priest shall look upon him the seventh day; *and* if it be spread much abroad in the skin, then the priest shall pronounce him unclean: it *is* the plague of leprosy.

28 And if the bright spot stay in his place, *and* spread not in the skin, but it *be* somewhat dark; it *is* a rising of the burning, and the priest shall pronounce him clean: for it *is* an inflammation of the burning.

29 If a man or woman have a *d* plague upon the head or the beard;

30 Then the priest shall see the plague: and, behold, if it *be* in sight deeper than the skin; *and there be* in it a yellow thin hair; then the priest shall pronounce him unclean: it *is* a dry scall, *even* a leprosy upon the head or beard.

31 And if the priest look on the plague of the scall, and, behold, it *be* not in sight deeper than the skin, and *that there is* no black hair in it, then the priest shall shut up *him that hath* the plague of the scall seven *g* days:

32 And in the seventh day the priest shall look on the plague: and, behold, *if* the scall spread not, and there be in it no yellow hair, and the scall *be* not in sight deeper than the skin;

33 He shall be shaven, but the scall shall he not shave; and the priest shall shut up *him that hath* the scall seven days more:

34 And in the seventh day the priest shall look on the scall; and, behold, *if* the scall be not spread in the skin, nor *be* in sight deeper than the skin, then the priest shall pronounce him clean; and he shall wash his clothes, and be clean.

35 But if the scall spread much *i* in the skin after his cleansing;

36 Then the priest shall look on him: and, behold, if the scall be spread in the skin, the priest shall not seek for yellow hair; he *is* unclean.

37 But if the scall be in his sight at a stay, and *that* there is black hair grown up therein, the scall is healed, he *is* clean: and the priest shall pronounce him clean.

38 If a man also or a woman have in the skin of their flesh bright spots, *k even* white bright spots,

39 Then the priest shall look: and, behold, *if* the bright spots in the skin of their flesh *be* darkish white; it *is* a freckled spot *that* groweth in the skin; he *is* clean.

40 And the man whose ζ hair is fallen off his head, he *is* bald; *yet is* he clean.

41 And he that hath his hair fallen off from the part of his head toward his face, he *is* forehead bald; *yet is* he clean.

42 And if there be in the bald head, or bald forehead, a white reddish sore; it *is* a leprosy sprung up in his bald head, or his bald forehead.

43 Then the priest shall look upon it: and, behold, *if* the rising of the sore *be* white reddish in his bald head, or in his bald forehead, as the leprosy appeareth in the skin of the flesh;

44 He is a leprous man, he *is* unclean: the priest shall pronounce him utterly unclean; his plague *is* in his *n* head.

45 And the leper in whom the plague *is*, his clothes shall be *o* rent, and *p* his head bare, and he shall put a covering upon his upper lip, *r* and shall cry, Unclean, *t* unclean.

B. C. 1490.

a Pr. 30. 12.
b Nu. 5. 2.
   12. 14.
   2 Ki. 7. 3.
   15. 5.
   2 Ch. 26. 21.
   Ps. 38. 11.
   La. 1. 1.
   Lu. 17. 12.
   1 Co.5.5,13.
   2 Th. 3. 6.
   1 Ti. 6. 5.
   Re. 21. 27.
   22. 15.
c Jos. 7. 21.
   Ec. 9. 8.
   Is. 61. 10.
   64. 6.
   Zec. 3. 3, 4.
   Ja. 5. 2.
   Jude 23.
   Re. 4. 4.
   16. 15.
β work of.
d 1 Ki. 8. 38.
   2 Ch. 6. 29.
   Is. 1. 5.
γ vessel, or,
instrument.
e ch. 14. 44.
f ch. 11.33.
   De. 7.25 26.
   Is. 30. 22.
   Ac.19.19,20
g ver. 4.6.
h Eze. 24. 13.
   He. 6. 4. 8.
   2 Pe. 1. 9.
   2. 20,22.
i ver. 7, 27.
   2 Ti. 2. 17.
   3. 13.
δ bald in
the head
thereof, or,
in the fore-
head there-
of.
k Ec. 7. 20.
   Ro.7.22,23.
   Ja. 3. 2.
l Is. 33. 14.
   Mat. 3. 12.
   25. 41.
   Re. 21. 8.
ζ head is
pilled.
m Mat.8.2,4.
   Mar. 1. 44.
   Lu.5.12,14.
   17. 14.
n Is. 1. 5.
o 2 Sa. 13. 19.
   Ezr. 9. 3.
   Job 1. 20.
   Je. 36. 24.
   Joel 2. 13.
p ch. 10. 6.
   21. 10.
η or, *spar-*
rows.
q Nu. 19. 6.
   He. 9. 19.
r Eze.24.17,22
   Mi. 3. 7.
s Ps. 51. 7.
t Job 42. 6.
   Ps. 51. 3, 5.
   Is. 6. 5.
   64. 6.
   Ro. 3. 23.
   1 Co. 6. 11.

46 All the days *a* wherein the plague *shall be* in him he shall be defiled; he *is* unclean: he shall dwell alone; *b* without the camp *shall* his habitation *be.*

47 The garment *c* also that the plague of leprosy is in, *whether it be* a woollen garment, or a linen garment;

48 Whether *it be* in the warp, or woof; of linen, or of woollen; whether in a skin, or in any *β* thing made of skin;

49 And if the plague be greenish or reddish in the garment, or in the skin, either in the warp, or in the woof, or in any thing *γ* of skin; it *is* a plague of leprosy, and shall be shewed unto the priest:

50 And the priest shall look upon the plague, and shut up *it that hath* the plague seven days:

51 And he shall look on the plague on the seventh day: if the plague be spread in the garment, either in the warp, or in the woof, or in a skin, *or* in any work that is made of skin; the plague is*δ* a fretting leprosy; it *is* unclean.

52 He shall therefore burn*f* that garment, whether warp or woof, in woollen or in linen, or any thing of skin, wherein the plague is: for it *is* a fretting leprosy: it shall be burnt in the fire.

53 And if the priest shall look, and, behold, the plague be not spread in the garment, either in the warp, or in the woof, or in any thing of skin;

54 Then the priest shall command that they wash *the thing* wherein the plague *is,* and he shall shut it up seven days more:

55 And the priest shall look on the plague, after that it is washed: *h* and, behold, *if* the plague have not changed his colour, and the plague be not spread, it *is* unclean; thou shalt burn it in the fire; it *is* fret inward, *whether* it *be δ* bare within or without.

56 And if the priest look, and, behold, the plague *be* somewhat dark after the washing of it; then he shall rend it out of the garment, or out of the skin, or out of the warp, or out of the woof:

57 And if it appear still in the garment, either in the warp, or in the woof, or in any thing of skin; it *is* a spreading *plague;* thou shalt burn*i* that wherein the plague *is* with fire.

58 And the garment, either warp, or woof, or whatsoever thing of skin *it be,* which thou shalt wash, if the plague be departed from them, then it shall be washed the second time, and shall be clean.

59 This *is* the law of the plague of leprosy in a garment of woollen or linen, either in the warp, or woof, or any thing of skins, to pronounce it clean, or to pronounce it unclean.

CHAP. XIV.

AND the LORD spake unto Moses, saying,

2 This shall be the law of the leper in the day of his cleansing: He shall be brought *m* unto the priest:

3 And the priest shall go forth out of the camp; and the priest shall look, and, behold, *if* the plague of leprosy be healed in the leper,

4 Then shall the priest command to take for him that is to be cleansed two *n* birds alive *and* clean, and *q* cedar-wood, and scarlet, and *s* hyssop:

5 And the priest shall command that

וְהִנֵּה נִרְפָּא נֶגַע־הַצָּרַעַת מִן־הַצָּרוּעַ׃ וְצִוָּה 4 וְהֶעֱלָה הַכֹּהֵן אֶת־הָעֹלָה וְאֶת־הַמִּנְחָה 20

הַכֹּהֵן וְלָקַח לַמִּטַּהֵר שְׁתֵּי־צִפֳּרִים חַיּוֹת טְהֹרוֹת הַמִּזְבֵּחָה וְכִפֶּר עָלָיו הַכֹּהֵן וְטָהֵר׃ ס וְאִם 21

וְעֵץ אֶרֶז וּשְׁנִי תוֹלַעַת וְאֵזֹב׃ וְצִוָּה הַכֹּהֵן וְשָׁחַט 5 דַּל הוּא וְאֵין יָדוֹ מַשֶּׂגֶת וְלָקַח כֶּבֶשׂ אֶחָד

אֶת־הַצִּפּוֹר הָאֶחָת אֶל־כְּלִי־חֶרֶשׂ עַל־מַיִם חַיִּים׃ אָשָׁם לִתְנוּפָה לְכַפֵּר עָלָיו וְעִשָּׂרוֹן סֹלֶת אֶחָד

אֶת־הַצִּפֹּר הַחַיָּה יִקַּח אֹתָהּ וְאֶת־עֵץ הָאֶרֶז וְאֶת־ 6 בָּלוּל בַּשֶּׁמֶן לְמִנְחָה וְלֹג שָׁמֶן׃ וּשְׁתֵּי תֹרִים אוֹ 22

שְׁנִי הַתּוֹלַעַת וְאֶת־הָאֵזֹב וְטָבַל אוֹתָם וְאֵת שְׁנֵי בְנֵי יוֹנָה אֲשֶׁר תַּשִּׂיג יָדוֹ וְהָיָה אֶחָד חַטָּאת

הַצִּפֹּר הַחַיָּה בְּדַם הַצִּפֹּר הַשְּׁחֻטָה עַל הַמַּיִם וְהָאֶחָד עֹלָה׃ וְהֵבִיא אֹתָם בַּיּוֹם הַשְּׁמִינִי 23

הַחַיִּים׃ וְהִזָּה עַל הַמִּטַּהֵר מִן־הַצָּרַעַת שֶׁבַע 7 לְטָהֳרָתוֹ אֶל־הַכֹּהֵן אֶל־פֶּתַח אֹהֶל־מוֹעֵד לִפְנֵי

פְּעָמִים וְטִהֲרוֹ וְשִׁלַּח אֶת־הַצִּפֹּר הַחַיָּה עַל־ יְהוָה׃ וְלָקַח הַכֹּהֵן אֶת־כֶּבֶשׂ הָאָשָׁם וְאֶת־לֹג 24

פְּנֵי הַשָּׂדֶה׃ וְכִבֶּס הַמִּטַּהֵר אֶת־בְּגָדָיו וְגִלַּח 8 הַשֶּׁמֶן וְהֵנִיף אֹתָם הַכֹּהֵן תְּנוּפָה לִפְנֵי יְהוָה׃

אֶת־כָּל־שְׂעָרוֹ וְרָחַץ בַּמַּיִם וְטָהֵר וְאַחַר יָבוֹא וְשָׁחַט אֶת־כֶּבֶשׂ הָאָשָׁם וְלָקַח הַכֹּהֵן מִדַּם הָאָשָׁם 25

אֶל־הַמַּחֲנֶה וְיָשַׁב מִחוּץ לְאָהֳלוֹ שִׁבְעַת יָמִים׃ וְנָתַן עַל־תְּנוּךְ אֹזֶן הַמִּטַּהֵר הַיְמָנִית וְעַל־בֹּהֶן

וְהָיָה בַיּוֹם הַשְּׁבִיעִי יְגַלַּח אֶת־כָּל־שְׂעָרוֹ אֶת־ 9 יָדוֹ הַיְמָנִית וְעַל־בֹּהֶן רַגְלוֹ הַיְמָנִית׃ וּמִן־ 26

רֹאשׁוֹ וְאֶת־זְקָנוֹ וְאֵת גַּבֹּת עֵינָיו וְאֶת־כָּל־שְׂעָרוֹ הַשֶּׁמֶן יִצֹק הַכֹּהֵן עַל־כַּף הַכֹּהֵן הַשְּׂמָאלִית׃

יְגַלֵּחַ וְכִבֶּס אֶת־בְּגָדָיו וְרָחַץ אֶת־בְּשָׂרוֹ בַּמַּיִם וְהִזָּה הַכֹּהֵן בְּאֶצְבָּעוֹ הַיְמָנִית מִן־הַשֶּׁמֶן אֲשֶׁר 27

וְטָהֵר׃ וּבַיּוֹם הַשְּׁמִינִי יִקַּח שְׁנֵי־כְבָשִׂים תְּמִימִם 10 עַל־כַּפּוֹ הַשְּׂמָאלִית שֶׁבַע פְּעָמִים לִפְנֵי יְהוָה׃

וְכַבְשָׂה אַחַת בַּת־שְׁנָתָהּ תְּמִימָה וּשְׁלֹשָׁה עֶשְׂרֹנִים וְנָתַן הַכֹּהֵן מִן־הַשֶּׁמֶן אֲשֶׁר עַל־כַּפּוֹ עַל־ 28

סֹלֶת מִנְחָה בְּלוּלָה בַשֶּׁמֶן וְלֹג אֶחָד שָׁמֶן׃ תְּנוּךְ אֹזֶן הַמִּטַּהֵר הַיְמָנִית וְעַל־בֹּהֶן יָדוֹ הַיְמָנִית

וְהֶעֱמִיד הַכֹּהֵן הַמְטַהֵר אֵת הָאִישׁ הַמִּטַּהֵר 11 וְעַל־בֹּהֶן רַגְלוֹ הַיְמָנִית עַל־מְקוֹם דַּם הָאָשָׁם׃

וְאֹתָם לִפְנֵי יְהוָה פֶּתַח אֹהֶל מוֹעֵד׃ וְלָקַח 12 וְהַנּוֹתָר מִן־הַשֶּׁמֶן אֲשֶׁר עַל־כַּף הַכֹּהֵן יִתֵּן עַל־ 29

הַכֹּהֵן אֶת־הַכֶּבֶשׂ הָאֶחָד וְהִקְרִיב אֹתוֹ לְאָשָׁם רֹאשׁ הַמִּטַּהֵר לְכַפֵּר עָלָיו לִפְנֵי יְהוָה׃ וְעָשָׂה 30

וְאֶת־לֹג הַשָּׁמֶן וְהֵנִיף אֹתָם תְּנוּפָה לִפְנֵי יְהוָה׃ אֶת־הָאֶחָד מִן־הַתֹּרִים אוֹ מִן־בְּנֵי הַיּוֹנָה מֵאֲשֶׁר

וְשָׁחַט אֶת־הַכֶּבֶשׂ בִּמְקוֹם אֲשֶׁר יִשְׁחַט אֶת־ 13 תַּשִּׂיג יָדוֹ׃ אֵת אֲשֶׁר־תַּשִּׂיג יָדוֹ אֶת־הָאֶחָד 31

הַחַטָּאת וְאֶת־הָעֹלָה בִּמְקוֹם הַקֹּדֶשׁ כִּי כַּחַטָּאת חַטָּאת וְאֶת־הָאֶחָד עֹלָה עַל־הַמִּנְחָה וְכִפֶּר

הָאָשָׁם הוּא לַכֹּהֵן קֹדֶשׁ קָדָשִׁים הוּא׃ וְלָקַח 14 הַכֹּהֵן עַל הַמִּטַּהֵר לִפְנֵי יְהוָה׃ זֹאת תּוֹרַת 32

הַכֹּהֵן מִדַּם הָאָשָׁם וְנָתַן הַכֹּהֵן עַל־תְּנוּךְ אֹזֶן אֲשֶׁר־בּוֹ נֶגַע צָרָעַת אֲשֶׁר לֹא־תַשִּׂיג יָדוֹ

הַמִּטַּהֵר הַיְמָנִית וְעַל־בֹּהֶן יָדוֹ הַיְמָנִית וְעַל־בֹּהֶן בְּטָהֳרָתוֹ׃ פ

רַגְלוֹ הַיְמָנִית׃ וְלָקַח הַכֹּהֵן מִלֹּג הַשֶּׁמֶן וְיָצַק 15 וַיְדַבֵּר יְהוָה אֶל־מֹשֶׁה וְאֶל־אַהֲרֹן לֵאמֹר׃ כִּי 33

עַל־כַּף הַכֹּהֵן הַשְּׂמָאלִית׃ וְטָבַל הַכֹּהֵן אֶת־ 16 תָבֹאוּ אֶל־אֶרֶץ כְּנַעַן אֲשֶׁר אֲנִי נֹתֵן לָכֶם לַאֲחֻזָּה 34

אֶצְבָּעוֹ הַיְמָנִית מִן־הַשֶּׁמֶן אֲשֶׁר עַל־כַּפּוֹ וְנָתַתִּי נֶגַע צָרַעַת בְּבֵית אֶרֶץ אֲחֻזַּתְכֶם׃ וּבָא 35

הַשְּׂמָאלִית וְהִזָּה מִן־הַשֶּׁמֶן בְּאֶצְבָּעוֹ שֶׁבַע אֲשֶׁר־לוֹ הַבַּיִת וְהִגִּיד לַכֹּהֵן לֵאמֹר כְּנֶגַע נִרְאָה לִי

פְּעָמִים לִפְנֵי יְהוָה׃ וּמִיֶּתֶר הַשֶּׁמֶן אֲשֶׁר עַל־ 17 בַּבָּיִת׃ וְצִוָּה הַכֹּהֵן וּפִנּוּ אֶת־הַבַּיִת בְּטֶרֶם יָבֹא 36

כַּפּוֹ יִתֵּן הַכֹּהֵן עַל־תְּנוּךְ אֹזֶן הַמִּטַּהֵר הַיְמָנִית הַכֹּהֵן לִרְאוֹת אֶת־הַנֶּגַע וְלֹא יִטְמָא כָּל־אֲשֶׁר

וְעַל־בֹּהֶן יָדוֹ הַיְמָנִית וְעַל־בֹּהֶן רַגְלוֹ הַיְמָנִית בַּבָּיִת וְאַחַר כֵּן יָבֹא הַכֹּהֵן לִרְאוֹת אֶת־הַבָּיִת׃

עַל דַּם הָאָשָׁם׃ וְהַנּוֹתָר בַּשֶּׁמֶן אֲשֶׁר עַל־ 18 וְרָאָה אֶת־הַנֶּגַע וְהִנֵּה הַנֶּגַע בְּקִירֹת הַבַּיִת 37

כַּף הַכֹּהֵן יִתֵּן עַל־רֹאשׁ הַמִּטַּהֵר וְכִפֶּר עָלָיו שְׁקַעֲרוּרֹת יְרַקְרַקֹּת אוֹ אֲדַמְדַּמֹּת וּמַרְאֵיהֶן שָׁפָל

הַכֹּהֵן לִפְנֵי יְהוָה׃ וְעָשָׂה הַכֹּהֵן אֶת־הַחַטָּאת 19 מִן־הַקִּיר׃ וְיָצָא הַכֹּהֵן מִן־הַבַּיִת אֶל־פֶּתַח 38

וְכִפֶּר עַל־הַמִּטַּהֵר מִטֻּמְאָתוֹ וְאַחַר יִשְׁחַט אֶת־ הַבָּיִת וְהִסְגִּיר אֶת־הַבַּיִת שִׁבְעַת יָמִים׃ וְשָׁב 39

one of the birds be killed in an earthen vessel over ^a running water:

6 As for the living bird, he shall take it, and the cedar-wood, and the scarlet, and the hyssop, and shall dip them and the living bird in the blood of the bird *that was* killed over the running water:

7 And he shall ^b sprinkle upon him that is to be cleansed from the leprosy^c seven times, and shall pronounce him clean, and shall let the living bird loose γ into the open field.

8 And he that is to be cleansed shall wash^d his clothes, and shave off all his hair, and wash himself^e in water, that he may be clean: and after that he shall come into the camp, and shall tarry abroad out of his tent seven days.

9 But it shall be on the seventh day, that he shall shave all his hair off his head, and his beard, and his eyebrows,^h even all his hair he shall shave off: and he shall wash his clothes, also he shall wash his flesh in water, and he shall be clean.

10 And on the eighth dayⁱ he shall take two he-lambs without blemish, and one ewe-lamb δ of the first year without blemish, and three tenth deals of fine flour for^k a meat-offering, mingled with oil, and one log of oil.

11 And the priest that maketh *him* clean shall present^l the man that is to be made clean, and those things, before the LORD, at the door of the tabernacle of the congregation:

12 And the priest shall take one he-lamb, and offer him for a^m trespass-offering, and the log of oil, and wave them for aⁿ wave-offering before the LORD:

13 And he shall slay the lamb in the place where he shall kill the sin-offering and the burnt-offering, in the holy place: for^p as the sin-offering *is* the priest's, so *is* the trespass-offering: it *is* most holy.

14 And the priest shall take *some* of the blood of the trespass-offering, and the priest shall put *it*^q upon the tip of the right ear of him that is to be cleansed, and upon the thumb of his right hand, and upon the great toe of his right foot:

15 And the priest shall take *some* of the log of oil, and pour *it* into the palm of his own left hand:

16 And the priest shall dip his right finger in the oil that *is* in his left hand, and shall sprinkle of the oil with his finger seven times before the LORD:

17 And of the rest of the oil that *is* in his hand shall the priest put upon^u the tip of the right ear of him that is to be cleansed, and upon the thumb of his right hand, and upon the great toe of his right foot, upon the blood of the trespass-offering:

18 And the remnant of the oil that *is* in the priest's hand he shall pour upon the head of him that is to be cleansed; and the priest shall make^w an atonement for him before the LORD.

19 And the priest shall offer the sin-offering, and make an atonement for him that is to be cleansed from his uncleanness; and afterward he shall kill the burnt-offering.

20 And the priest shall offer the burnt-offering and the meat-offering upon the altar: and the priest shall make an atonement for him, and he shall be clean.

21 And^y if he *be* poor, and η cannot get

so much; then he shall take one lamb for a trespass-offering β to be waved, to make an atonement for him, and one tenth deal of fine flour mingled with oil for a meat-offering, and a log of oil;

22 And two turtle-doves, or two young pigeons, such as he is able to get; and the one shall be a sin-offering, and the other a burnt-offering.

23 And he shall bring them on the eighth day for his cleansing unto the priest, unto the door of the tabernacle of the congregation, before the LORD.

24 And the priest shall take the lamb of the trespass-offering, and the log of oil, and the priest^f shall wave them for a wave-offering before the LORD.

25 And he shall kill the lamb of the trespass-offering, and the priest shall take *some* of the^δ blood of the trespass-offering, and put *it* upon the tip of the right ear of him that is to be cleansed, and upon the thumb of his right hand, and upon the great toe of his right foot:

26 And the priest shall pour of the oil into the palm of his own left hand:

27 And the priest shall sprinkle with his right finger *some* of the oil that *is* in his left hand seven times before the LORD:

28 And the priest shall put of the oil that *is* in his hand upon the tip of the right ear of him that is to be cleansed, and upon the thumb of his right hand, and upon the great toe of his right foot, upon the place of the blood of the trespass-offering:

29 And the rest of the oil that *is* in the priest's hand he shall put upon the head of him that is to be cleansed, to make an atonement for him before the LORD.

30 And he shall offer the one of^o the turtle-doves, or of the young pigeons, such as he can get;

31 *Even* such as he is able to get, the one for a sin-offering, and the other for a burnt-offering, with the meat-offering: and the priest shall make an atonement for him that is to be cleansed before the LORD.

32 This *is* the law of him in whom *is* the plague of leprosy, whose hand is not able^r to get *that which pertaineth* to his cleansing.

33 And the LORD spake unto Moses and unto Aaron, saying,

34 When ye be come into the land of Canaan, which I give to you^s for a possession, and I put^z the plague of leprosy in a house of the land of your possession;

35 And he that owneth the house shall come and tell the priest, saying, It seemeth to me *there is* as it were^v a plague in the house;

36 Then the priest shall command that they ζ empty the house, before the priest go *into it* to see the plague, that all that *is* in the house be not made unclean; and afterward the priest shall go in to see the house:

37 And he shall look on the plague, and, behold, *if* the plague *be* in the walls of the house with hollow strakes, greenish or reddish, which in sight *are* lower than the wall;

38 Then the priest shall go out of the house to the door of the house, and shut up the house^x seven days:

39 And the priest shall come again the seventh day, and shall look: and, behold, if the plague be spread in the walls of the house;

Marginal references

B. C. 1490.

a ver. 50.

β for a waving.

b Nu.19.18,19
Is. 52. 15.
Eze. 36. 25.
Jn⁰. 19. 34.
He.9.13,21.
12. 24.
1 Jn⁰. 5. 6.

c 2Ki.5.10.14.
Ps. 51. 2.

γ upon the face of the field.

d ch. 13. 6.

e ch. 11. 25.
Ep. 5. 26.
He. 10. 22.
1 Pe. 3. 21.
Re. 1. 5, 6.

f ver. 12.

g ver. 14, 17.

h Nu. 6. 9.
8. 7.

i ver. 23.

δ the daughter of her year.

k ch. 2. 1.
Nu.15.4,15.

l Nu.8.11,21.
Ep.5.26,27.
Jude 24.

m ch. 5. 18.
6. 6.

n Ex. 29. 24.

o ver. 22.
ch.15.14,15.

p ch. 7. 7.

q ch. 8. 23.

r Ps.72.12..14.
Mat. 11. 5.

s Ge. 12. 7.
13. 17.
17. 8.
De. 32. 49.

t Am. 6. 11.
Pr. 3. 33.

u ver. 14.

v Ps. 91. 10.
Pr. 3. 33.
Zec. 5. 4.

ζ or, prepare

w ch. 4. 26.
5. 6.

x ch. 13. 50.

y ch. 5. 7.
12. 8.

η his hand reach not.

הַכֹּהֵן בַּיּוֹם הַשְּׁבִיעִי וְרָאָה וְהִנֵּה פָּשָׂה הַנֶּגַע   הַחֵתִים בְּשֵׂרוֹ מְזוֹבוֹ טֻמְאָתוֹ הִוא :   פַּל־ 4

40 בְּקִירֹת הַבָּיִת : וְצִוָּה הַכֹּהֵן וְחִלְּצוּ אֶת־הָאֲבָנִים   הַמִּשְׁכָּב אֲשֶׁר יִשְׁכַּב עָלָיו הַזָּב יִטְמָא וְכָל־הַכְּלִי

אֲשֶׁר בָּהֵן הַנֶּגַע וְהִשְׁלִיכוּ אֶתְהֶן אֶל־מִחוּץ לָעִיר   אֲשֶׁר־יֵשֵׁב עָלָיו יִטְמָא :   וְאִישׁ אֲשֶׁר יִגַּע 5

41 אֶל־מָקוֹם טָמֵא :   וְאֶת־הַבַּיִת יַקְצִעַ מִבַּיִת סָבִיב   בְּמִשְׁכָּבוֹ יְכַבֵּס בְּגָדָיו וְרָחַץ בַּמַּיִם וְטָמֵא עַד־

וְשָׁפְכוּ אֶת־הֶעָפָר אֲשֶׁר הִקְצוּ אֶל־מִחוּץ לָעִיר אֶל־   הָעָרֶב :   וְהַיֹּשֵׁב עַל־הַכְּלִי אֲשֶׁר־יֵשֵׁב עָלָיו הַזָּב 6

42 מָקוֹם טָמֵא :   וְלָקְחוּ אֲבָנִים אֲחֵרוֹת וְהֵבִיאוּ אֶת־   יְכַבֵּס בְּגָדָיו וְרָחַץ בַּמַּיִם וְטָמֵא עַד־הָעָרֶב : 7

אֶל־תַּחַת הָאֲבָנִים וְעָפָר אַחֵר יִקַּח וְטָח אֶת־   וְהַנֹּגֵעַ בִּבְשַׂר הַזָּב יְכַבֵּס בְּגָדָיו וְרָחַץ בַּמַּיִם וְטָמֵא

43 הַבָּיִת :   וְאִם־יָשׁוּב הַנֶּגַע וּפָרַח בַּבַּיִת אַחַר   עַד־הָעָרֶב :   וְכִי־יָרֹק הַזָּב בַּטָּהוֹר וְכִבֶּס בְּגָדָיו 8

חִלֵּץ אֶת־הָאֲבָנִים וְאַחֲרֵי הִקְצוֹת אֶת־הַבָּיִת   וְרָחַץ בַּמַּיִם וְטָמֵא עַד־הָעָרֶב :   וְכָל־הַמֶּרְכָּב 9

44 וְאַחֲרֵי הִטּוֹחַ :   וּבָא הַכֹּהֵן וְרָאָה וְהִנֵּה פָּשָׂה   אֲשֶׁר יִרְכַּב עָלָיו הַזָּב יִטְמָא :   וְכָל־הַנֹּגֵעַ בְּכֹל 10

הַנֶּגַע בַּבָּיִת צָרַעַת מַמְאֶרֶת הִוא בַּבַּיִת טָמֵא   אֲשֶׁר יִהְיֶה תַחְתָּיו יִטְמָא עַד־הָעָרֶב וְהַנּוֹשֵׂא

45 הוּא :   וְנָתַץ אֶת־הַבַּיִת אֶת־אֲבָנָיו וְאֶת־עֵצָיו   אוֹתָם יְכַבֵּס בְּגָדָיו וְרָחַץ בַּמַּיִם וְטָמֵא עַד־

וְאֵת כָּל־עֲפַר הַבָּיִת וְהוֹצִיא אֶל־מִחוּץ לָעִיר   הָעָרֶב :   וְכֹל אֲשֶׁר יִגַּע־בּוֹ הַזָּב וְיָדָיו לֹא־ 11

46 אֶל־מָקוֹם טָמֵא :   וְהַבָּא אֶל־הַבַּיִת כָּל־יְמֵי   שָׁטַף בַּמָּיִם וְכִבֶּס בְּגָדָיו וְרָחַץ בַּמַּיִם וְטָמֵא

47 הִסְגִּיר אֹתוֹ יִטְמָא עַד־הָעָרֶב :   וְהַשֹּׁכֵב בַּבַּיִת   עַד־הָעָרֶב :   וּכְלִי־חֶרֶשׂ אֲשֶׁר־יִגַּע־בּוֹ הַזָּב יִשָּׁבֵר 12

יְכַבֵּס אֶת־בְּגָדָיו וְהָאֹכֵל בַּבַּיִת יְכַבֵּס אֶת־בְּגָדָיו :   וְכָל־כְּלִי־עֵץ יִשָּׁטֵף בַּמָּיִם :   וְכִי־יִטְהַר הַזָּב 13

48 וְאִם־בֹּא יָבֹא הַכֹּהֵן וְרָאָה וְהִנֵּה לֹא־פָשָׂה   מִזּוֹבוֹ וְסָפַר לוֹ שִׁבְעַת יָמִים לְטָהֳרָתוֹ וְכִבֶּס בְּגָדָיו

הַנֶּגַע בַּבַּיִת אַחֲרֵי הִטֹּחַ אֶת־הַבָּיִת וְטִהַר הַכֹּהֵן   וְרָחַץ בְּשָׂרוֹ בְּמַיִם חַיִּים וְטָהֵר :   וּבַיּוֹם 14

49 אֶת־הַבָּיִת כִּי נִרְפָּא הַנָּגַע :   וְלָקַח לְחַטֵּא אֶת־   הַשְּׁבִיעִי יִקַּח־לוֹ שְׁתֵּי תֹרִים אוֹ שְׁנֵי בְּנֵי יוֹנָה

הַבָּיִת שְׁתֵּי צִפֳּרִים וְעֵץ אֶרֶז וּשְׁנִי תוֹלַעַת   וּבָא לִפְנֵי יְהוָֹה אֶל־פֶּתַח אֹהֶל מוֹעֵד וּנְתָנָם אֶל־

50 וְאֵזֹב :   וְשָׁחַט אֶת־הַצִּפֹּר הָאֶחָת אֶל־כְּלִי־חֶרֶשׂ   הַכֹּהֵן :   וְעָשָׂה אֹתָם הַכֹּהֵן אֶחָד חַטָּאת וְהָאֶחָד 15

51 עַל־מַיִם חַיִּים :   וְלָקַח אֶת־עֵץ־הָאֶרֶז וְאֶת־   וְהַאֶחָד עֹלָה וְכִפֶּר עָלָיו הַכֹּהֵן לִפְנֵי יְהוָֹה מִזּוֹבוֹ :

הָאֵזֹב וְאֵת שְׁנִי הַתּוֹלַעַת וְאֵת הַצִּפֹּר הַחַיָּה   וְאִישׁ כִּי־תֵצֵא מִמֶּנּוּ שִׁכְבַת־זָרַע וְרָחַץ 16

וְטָבַל אֹתָם בְּדַם הַצִּפֹּר הַשְּׁחוּטָה וּבַמַּיִם   בַּמַּיִם אֶת־כָּל־בְּשָׂרוֹ וְטָמֵא עַד־הָעָרֶב :   וְכָל־ 17

52 הַחַיִּים וְהִזָּה אֶל־הַבַּיִת שֶׁבַע פְּעָמִים :   וְחִטֵּא   בֶּגֶד וְכָל־עוֹר אֲשֶׁר־יִהְיֶה עָלָיו שִׁכְבַת־זָרַע וְכֻבַּס

אֶת־הַבַּיִת בְּדַם הַצִּפּוֹר וּבַמַּיִם הַחַיִּים וּבַצִּפֹּר   בַּמַּיִם וְטָמֵא עַד־הָעָרֶב :   וְאִשָּׁה אֲשֶׁר יִשְׁכַּב 18

הַחַיָּה וּבְעֵץ הָאֶרֶז וּבָאֵזֹב וּבִשְׁנִי הַתּוֹלָעַת :   אִישׁ אֹתָהּ שִׁכְבַת־זָרַע וְרָחֲצוּ בַמַּיִם וְטָמְאוּ עַד־

53 וְשִׁלַּח אֶת־הַצִּפֹּר הַחַיָּה אֶל־מִחוּץ לָעִיר אֶל־   הָעָרֶב : ס

54 פְּנֵי הַשָּׂדֶה וְכִפֶּר עַל־הַבַּיִת וְטָהֵר :   זֹאת   וְאִשָּׁה כִּי־תִהְיֶה זָבָה דָּם יִהְיֶה זֹבָהּ בִּבְשָׂרָהּ 19

55 הַתּוֹרָה לְכָל־נֶגַע הַצָּרַעַת וְלַנָּתֶק :   וּלְצָרַעַת   שִׁבְעַת יָמִים תִּהְיֶה בְנִדָּתָהּ וְכָל־הַנֹּגֵעַ בָּהּ יִטְמָא

56 הַבֶּגֶד וְלַבָּיִת :   וְלַשְׂאֵת וְלַסַּפַּחַת וְלַבֶּהָרֶת :   עַד־הָעָרֶב :   וְכֹל אֲשֶׁר תִּשְׁכַּב עָלָיו בְּנִדָּתָהּ 20

57 לְהוֹרֹת בְּיוֹם הַטָּמֵא וּבְיוֹם הַטָּהֹר זֹאת תּוֹרַת   יִטְמָא וְכֹל אֲשֶׁר־תֵּשֵׁב עָלָיו יִטְמָא :   וְכָל־הַנֹּגֵעַ 21

הַצָּרָעַת : ס   בְּמִשְׁכָּבָהּ יְכַבֵּס בְּגָדָיו וְרָחַץ בַּמַּיִם וְטָמֵא עַד־

CAP. XV. טו   הָעָרֶב :   וְכָל־הַנֹּגֵעַ בְּכָל־כְּלִי אֲשֶׁר־תֵּשֵׁב עָלָיו 22

1, 2 וַיְדַבֵּר יְהוָֹה אֶל־מֹשֶׁה וְאֶל־אַהֲרֹן לֵאמֹר :   דַּבְּרוּ   יְכַבֵּס בְּגָדָיו וְרָחַץ בַּמַּיִם וְטָמֵא עַד־הָעָרֶב :   וְאִם 23

אֶל־בְּנֵי יִשְׂרָאֵל וַאֲמַרְתֶּם אֲלֵהֶם אִישׁ אִישׁ   עַל־הַמִּשְׁכָּב הוּא אוֹ עַל־הַכְּלִי אֲשֶׁר־הִוא יֹשֶׁבֶת־

3 כִּי יִהְיֶה זָב מִבְּשָׂרוֹ זוֹבוֹ טָמֵא הוּא :   וְזֹאת   עָלָיו בְּנָגְעוֹ־בוֹ יִטְמָא עַד־הָעָרֶב :   וְאִם שָׁכֹב 24

תִּהְיֶה טֻמְאָתוֹ בְּזוֹבוֹ רָר בְּשָׂרוֹ אֶת־זוֹבוֹ אוֹ   יִשְׁכַּב אִישׁ אֹתָהּ וּתְהִי נִדָּתָהּ עָלָיו וְטָמֵא שִׁבְעַת

40 Then the priest shall command that they take away the stones in which the plague *is*, and they shall cast them into an unclean place[b] without the city:

41 And he shall cause the house to be scraped within round about, and they shall pour out the dust that they scrape off without the city into an unclean place :

42 And they shall take other stones, and put *them* in the place of those stones : and he shall take other mortar, and shall plaister the house.

43 And if the plague come[d] again, and break out in the house, after that he hath taken away the stones, and after he hath scraped the house, and after it is plaistered;

44 Then the priest shall come and look, and, behold, *if* the plague be spread in the house, it *is*[e] a fretting leprosy in the house : it *is* unclean.

45 And he shall break down[f] the house, the stones of it, and the timber thereof, and all the mortar of the house ; and he shall carry *them* forth out of the city into an unclean place.

46 Moreover, he that goeth into the house all the while that it is shut[g] up shall be unclean until the even.

47 And he that lieth in the house shall wash his clothes ; and he that eateth in the house shall wash his clothes.

48 And if the priest β shall come in, and look *upon it*, and, behold, the plague hath not spread in the house, after the house was plaistered ; then the priest shall pronounce the house clean,[i] because the plague is healed.

49 And he shall take[m] to cleanse the house two birds, and cedar-wood, and scarlet, and hyssop :

50 And he shall kill the one of the birds in an earthen vessel over running water:

51 And he shall take the cedar-wood, and the hyssop, anu the scarlet, and the living bird, and dip them in the blood of the slain bird, and in the running water, and sprinkle the house seven times:

52 And he shall cleanse the house with the blood of the bird, and with the running water, and with the living bird, and with the cedar-wood, and with the hyssop, and with the scarlet :

53 But he shall let go the living bird out of the city into the open fields, and make[p] an atonement for the house: and it shall be clean.

54 This *is* the[q] law for all manner of plague of leprosy, and[s] scall,

55 And for the leprosy of a[t] garment, and of[u] a house,

56 And for a[w] rising, and for a scab, and for a bright spot ;

57 To[x] teach δ when *it is* unclean, and when *it is* clean : this *is* the law of leprosy.

CHAP. XV.

AND the LORD spake unto Moses and to Aaron, saying,

2 Speak unto the children of Israel, and say unto them, When any man hath a running ζ issue[y] out of his flesh, *because* of his issue he *is* unclean.

3 And this shall be his uncleanness in his issue : whether his flesh run with his issue, or his flesh be stopped from his issue, it *is* his uncleanness.

4 Every bed whereon he lieth that hath the issue, is unclean : and every η thing, whereon he sitteth, shall be unclean.

5 And whosoever toucheth his bed shall

wash his clothes,[a] and bathe *himself* in water, and be unclean until the even.

6 And he that sitteth on *any* thing whereon he sat that hath the issue shall wash his clothes,[c] and bathe *himself* in water, and be unclean until the even.

7 And he that toucheth the flesh of him that hath the issue shall wash his clothes, and bathe *himself* in water, and be unclean until the even.

8 And if he that hath the issue spit upon him that is clean ; then he shall wash his clothes, and bathe *himself* in water, and be unclean until the even.

9 And what saddle soever he rideth upon that hath the issue shall be unclean.

10 And whosoever toucheth any thing that was under him shall be unclean until the even : and he that beareth *any of* those things shall wash his clothes, and bathe *himself* in water, and be unclean until the even.

11 And whomsoever he toucheth that hath the issue, and hath not rinsed his hands in water, he shall wash his clothes, and bathe *himself* in water, and be unclean until the even.

12 And the[h] vessel of earth, that he toucheth which hath the issue, shall be broken :[i] and every vessel of wood shall be rinsed in water.

13 And when he that hath an issue is cleansed of his issue ; then he shall number to himself[r] seven days for his cleansing, and wash his clothes, and bathe his flesh in running water, and shall be clean.

14 And on the eighth day he shall take to him[n] two turtle-doves, or two young pigeons, and come before the LORD unto the door of the tabernacle of the congregation, and give them unto the priest.

15 And the priest shall offer them, the one *for* a sin-offering, and the other *for* a burnt-offering ; and the priest shall make an atonement for him before the LORD for his issue.

16 And[o] if any man's seed of copulation go out from him, then he shall wash all his flesh in water, and be unclean until the even.

17 And every garment, and every skin, whereon is the seed of copulation, shall be washed with water, and be unclean until the even.

18 The woman also with whom man shall lie *with* seed of copulation, they shall *both* bathe *themselves* in water,[r] and be unclean until the even.

19 And[u] if a woman have an issue, *and* her issue in her flesh be blood, she shall be γ put apart seven days ; and whosoever toucheth her shall be unclean until the even.

20 And every thing that she lieth upon in her separation shall be unclean ; every thing also that she sitteth upon shall be unclean.

21 And whosoever toucheth her bed shall wash his clothes, and bathe *himself* in water, and be unclean until the even.

22 And whosoever toucheth any thing that she sat upon shall wash his clothes, and bathe *himself* in water, and be unclean until the even.

23 And if *it be* on *her* bed, or on any thing whereon she sitteth, when he toucheth it, he shall be unclean until the even.

24 And if any man lie with her at all, and[z] her flowers be upon him, he shall be

B. C. 1490.

a ch. 11. 25. 17. 15.

b Re. 22. 15.

c Is. 1. 16. Ja. 4. 8.

d He. 6. 4..8. 2 Pe. 2. 20, 22 Jude 12.

e ch. 13. 51. Zec. 5. 4.

f 1 Ki. 9. 6..9. 2 Ki. 10. 27. 18. 4. Je. 52. 13. Mat. 24. 2.

g ch. 22. 6. Nu. 19. 22.

h ch. 6. 28. 11. 33.

i Ps. 2. 9.

β *in coming in shall come in, &c.*

k ver. 28. ch. 14. 8. Nu. 19. 11, 12.

l 1 Co. 6. 11.

m ver. 4.

n ch. 14. 22..31

o ch. 22. 4. De. 23. 10.

p ver. 20.

q De. 24. 8.

r Ex. 19. 15. 1 Sa. 21. 4. Ps. 51. 5. 1 Co. 6. 18. 1 Th. 4.3..5. He. 13. 4.

s ch. 13. 30.

t ch. 13. 47.

u ch. 12. 2.

v ver. 34.

w ch. 13. 2.

γ *in her separation.*

x Eze. 44. 23.

δ *in the day of the unclean, and in the day of the clean.*

ζ *or, running of the reins.*

y ch. 22. 4. Nu. 5. 2. 2 Sa. 3. 29. Mat. 9. 20. Mar. 7. 20.. 23.

η *vessel.*

z ch. 20. 18. Eze. 18. 6. 22. 10.

ס עֹלֶה עָלָיו אֲשֶׁר־יִשְׁכַּב עָלָיו יִטְמָא׃   יָמִים וְכָל־הַמִּשְׁכָּב

25 וְאִשָּׁה כִּי־יָזוּב זוֹב דָּמָהּ יָמִים רַבִּים בְּלֹא עֶת־   10 וְהַשָּׂעִיר אֲשֶׁר עָלָה עָלָיו הַגּוֹרָל לַעֲזָאזֵל
נִדָּתָהּ אוֹ כִי־תָזוּב עַל־נִדָּתָהּ כָּל־יְמֵי זוֹב טֻמְאָתָהּ   יָעֳמַד־חַי לִפְנֵי יְהוָה לְכַפֵּר עָלָיו לְשַׁלַּח אֹתוֹ

26 כִּימֵי נִדָּתָהּ תִּהְיֶה טְמֵאָה הִוא׃ כָּל־הַמִּשְׁכָּב   11 לַעֲזָאזֵל הַמִּדְבָּרָה׃ וְהִקְרִיב אַהֲרֹן אֶת־פַּר
אֲשֶׁר־תִּשְׁכַּב עָלָיו כָּל־יְמֵי זוֹבָהּ כְּמִשְׁכַּב נִדָּתָהּ   הַחַטָּאת אֲשֶׁר־לוֹ וְכִפֶּר בַּעֲדוֹ וּבְעַד בֵּיתוֹ

27 יִהְיֶה־לָּהּ וְכָל־הַכְּלִי אֲשֶׁר תֵּשֵׁב עָלָיו טָמֵא יִהְיֶה   12 וְשָׁחַט אֶת־פַּר הַחַטָּאת אֲשֶׁר־לוֹ׃ וְלָקַח
כְּטֻמְאַת נִדָּתָהּ׃ וְכָל־הַנֹּגֵעַ בָּם יִטְמָא וְכִבֶּס   מְלֹא־הַמַּחְתָּה גַּחֲלֵי־אֵשׁ מֵעַל הַמִּזְבֵּחַ מִלִּפְנֵי

28 בְּגָדָיו וְרָחַץ בַּמַּיִם וְטָמֵא עַד־הָעָרֶב׃ וְאִם־   יְהוָה וּמְלֹא חָפְנָיו קְטֹרֶת סַמִּים דַּקָּה וְהֵבִיא
טָהֲרָה מִזּוֹבָהּ וְסָפְרָה לָּהּ שִׁבְעַת יָמִים וְאַחַר   13 מִבֵּית לַפָּרֹכֶת׃ וְנָתַן אֶת־הַקְּטֹרֶת עַל־הָאֵשׁ

29 תִּטְהָר׃ וּבַיּוֹם הַשְּׁמִינִי תִּקַּח־לָהּ שְׁתֵּי תֹרִים   לִפְנֵי יְהוָה וְכִסָּה עֲנַן הַקְּטֹרֶת אֶת־הַכַּפֹּרֶת
אוֹ שְׁנֵי בְּנֵי יוֹנָה וְהֵבִיאָה אוֹתָם אֶל־הַכֹּהֵן אֶל־   14 אֲשֶׁר עַל־הָעֵדוּת וְלֹא יָמוּת׃ וְלָקַח מִדַּם

30 פֶּתַח אֹהֶל מוֹעֵד׃ וְעָשָׂה הַכֹּהֵן אֶת־הָאֶחָד   הַפָּר וְהִזָּה בְאֶצְבָּעוֹ עַל־פְּנֵי הַכַּפֹּרֶת קֵדְמָה
חַטָּאת וְאֶת־הָאֶחָד עֹלָה וְכִפֶּר עָלֶיהָ הַכֹּהֵן לִפְנֵי   וְלִפְנֵי הַכַּפֹּרֶת יַזֶּה שֶׁבַע־פְּעָמִים מִן־הַדָּם

31 יְהוָה מִזּוֹב טֻמְאָתָהּ׃ וְהִזַּרְתֶּם אֶת־בְּנֵי־יִשְׂרָאֵל   15 בְּאֶצְבָּעוֹ׃ וְשָׁחַט אֶת־שְׂעִיר הַחַטָּאת אֲשֶׁר
מִטֻּמְאָתָם וְלֹא יָמֻתוּ בְּטֻמְאָתָם בְּטַמְּאָם אֶת־   לָעָם וְהֵבִיא אֶת־דָּמוֹ אֶל־מִבֵּית לַפָּרֹכֶת וְעָשָׂה

32 מִשְׁכָּנִי אֲשֶׁר בְּתוֹכָם׃ זֹאת תּוֹרַת הַזָּב וַאֲשֶׁר   אֶת־דָּמוֹ כַּאֲשֶׁר עָשָׂה לְדַם הַפָּר וְהִזָּה אֹתוֹ

33 תֵּצֵא מִמֶּנּוּ שִׁכְבַת־זֶרַע לְטָמְאָה־בָהּ׃ וְהַדָּוָה   16 עַל־הַכַּפֹּרֶת וְלִפְנֵי הַכַּפֹּרֶת׃ וְכִפֶּר עַל־הַקֹּדֶשׁ
בְּנִדָּתָהּ וְהַזָּב אֶת־זוֹבוֹ לַזָּכָר וְלַנְּקֵבָה וּלְאִישׁ אֲשֶׁר   מִטֻּמְאֹת בְּנֵי יִשְׂרָאֵל וּמִפִּשְׁעֵיהֶם לְכָל־חַטֹּאתָם
יִשְׁכַּב עִם־טְמֵאָה׃   וְכֵן יַעֲשֶׂה לְאֹהֶל מוֹעֵד הַשֹּׁכֵן אִתָּם בְּתוֹךְ
17 טֻמְאֹתָם׃ וְכָל־אָדָם לֹא־יִהְיֶה בְּאֹהֶל מוֹעֵד

1 וַיְדַבֵּר יְהוָה אֶל־מֹשֶׁה אַחֲרֵי מוֹת שְׁנֵי בְּנֵי   בְּבֹאוֹ לְכַפֵּר בַּקֹּדֶשׁ עַד־צֵאתוֹ וְכִפֶּר בַּעֲדוֹ וּבְעַד

2 אַהֲרֹן בְּקָרְבָתָם לִפְנֵי־יְהוָה וַיָּמֻתוּ׃ וַיֹּאמֶר   18 בֵּיתוֹ וּבְעַד כָּל־קְהַל יִשְׂרָאֵל׃ וְיָצָא אֶל־הַמִּזְבֵּחַ
יְהוָה אֶל־מֹשֶׁה דַּבֵּר אֶל־אַהֲרֹן אָחִיךָ וְאַל־   אֲשֶׁר לִפְנֵי־יְהוָה וְכִפֶּר עָלָיו וְלָקַח מִדַּם הַפָּר
יָבֹא בְכָל־עֵת אֶל־הַקֹּדֶשׁ מִבֵּית לַפָּרֹכֶת אֶל־   19 וּמִדַּם הַשָּׂעִיר וְנָתַן עַל־קַרְנוֹת הַמִּזְבֵּחַ סָבִיב׃
פְּנֵי הַכַּפֹּרֶת אֲשֶׁר עַל־הָאָרֹן וְלֹא יָמוּת כִּי   וְהִזָּה עָלָיו מִן־הַדָּם בְּאֶצְבָּעוֹ שֶׁבַע פְּעָמִים

3 בֶּעָנָן אֵרָאֶה עַל־הַכַּפֹּרֶת׃ בְּזֹאת יָבֹא אַהֲרֹן   20 וְטִהֲרוֹ וְקִדְּשׁוֹ מִטֻּמְאֹת בְּנֵי יִשְׂרָאֵל׃ וְכִלָּה
אֶל־הַקֹּדֶשׁ בְּפַר בֶּן־בָּקָר לְחַטָּאת וְאַיִל לְעֹלָה׃   מִכַּפֵּר אֶת־הַקֹּדֶשׁ וְאֶת־אֹהֶל מוֹעֵד וְאֶת־הַמִּזְבֵּחַ

4 כְּתֹנֶת־בַּד קֹדֶשׁ יִלְבָּשׁ וּמִכְנְסֵי־בַד יִהְיוּ עַל־   21 וְהִקְרִיב אֶת־הַשָּׂעִיר הֶחָי׃ וְסָמַךְ אַהֲרֹן אֶת־
בְּשָׂרוֹ וּבְאַבְנֵט בַּד יַחְגֹּר וּבְמִצְנֶפֶת בַּד יִצְנֹף   שְׁתֵּי יָדָו עַל־רֹאשׁ הַשָּׂעִיר הַחַי וְהִתְוַדָּה עָלָיו
בִּגְדֵי־קֹדֶשׁ הֵם וְרָחַץ בַּמַּיִם אֶת־בְּשָׂרוֹ וּלְבֵשָׁם׃   אֶת־כָּל־עֲוֹנֹת בְּנֵי יִשְׂרָאֵל וְאֶת־כָּל־פִּשְׁעֵיהֶם

5 וּמֵאֵת עֲדַת בְּנֵי יִשְׂרָאֵל יִקַּח שְׁנֵי־שְׂעִירֵי עִזִּים   לְכָל־חַטֹּאתָם וְנָתַן אֹתָם עַל־רֹאשׁ הַשָּׂעִיר וְשִׁלַּח

6 לְחַטָּאת וְאַיִל אֶחָד לְעֹלָה׃ וְהִקְרִיב אַהֲרֹן אֶת־   22 בְּיַד־אִישׁ עִתִּי הַמִּדְבָּרָה׃ וְנָשָׂא הַשָּׂעִיר עָלָיו
פַּר הַחַטָּאת אֲשֶׁר־לוֹ וְכִפֶּר בַּעֲדוֹ וּבְעַד בֵּיתוֹ׃   אֶת־כָּל־עֲוֹנֹתָם אֶל־אֶרֶץ גְּזֵרָה וְשִׁלַּח אֶת־

7 וְלָקַח אֶת־שְׁנֵי הַשְּׂעִירִם וְהֶעֱמִיד אֹתָם לִפְנֵי יְהוָה   23 הַשָּׂעִיר בַּמִּדְבָּר׃ וּבָא אַהֲרֹן אֶל־אֹהֶל מוֹעֵד

8 פֶּתַח אֹהֶל מוֹעֵד׃ וְנָתַן אַהֲרֹן עַל־שְׁנֵי   וּפָשַׁט אֶת־בִּגְדֵי הַבָּד אֲשֶׁר לָבַשׁ בְּבֹאוֹ אֶל־
הַשְּׂעִירִם גֹּרָלוֹת גּוֹרָל אֶחָד לַיהוָה וְגוֹרָל אֶחָד   24 הַקֹּדֶשׁ וְהִנִּיחָם שָׁם׃ וְרָחַץ אֶת־בְּשָׂרוֹ בַמַּיִם

9 לַעֲזָאזֵל׃ וְהִקְרִיב אַהֲרֹן אֶת־הַשָּׂעִיר אֲשֶׁר   בְּמָקוֹם קָדוֹשׁ וְלָבַשׁ אֶת־בְּגָדָיו וְיָצָא וְעָשָׂה אֶת־עֹלָתוֹ וְאֶת־עֹלַת הָעָם

unclean seven days; and all the bed whereon he lieth shall be unclean.

25 And if a woman have an issue *a* of her blood many days out of the time of her separation, or if it run beyond the time of her separation; all the days of the issue of her uncleanness shall be as the days of her separation : she *shall be* unclean.

26 Every bed whereon she lieth all the days of her issue shall be unto her as the bed of her separation : and whatsoever she sitteth upon shall be unclean, as the uncleanness of her separation.

27 And whosoever toucheth those things shall be unclean, and shall wash his clothes, and bathe *himself* in water, and be unclean until the even.

28 But *h* if she be cleansed of her issue, then she shall number to herself seven days, and after that she shall be clean.

29 And on the eighth day she shall take unto her two turtles, or two young pigeons, and bring them unto the priest, to the door of the tabernacle of the congregation.

30 And the priest shall offer the one *for* a sin-offering, and the other *for* a burnt-offering; and the priest shall make an atonement for her before the LORD, for the issue of her uncleanness.

31 Thus shall ye *n* separate the children of Israel from their uncleanness, that they die not in their uncleanness, when they *o* defile my tabernacle that *is* among them.

32 This *is* the law of him that hath an issue, and *of him* whose seed goeth from him, and is defiled therewith ;

33 And of her that is sick of her flowers, and of him that hath an issue, of the man, and of the woman, and of him that lieth with her that is unclean.

CHAP. XVI.

AND the LORD spake unto Moses after the death of the two sons of Aaron, *q* when they offered before the LORD, and died ;

2 And the LORD said unto Moses, Speak unto Aaron thy brother, that he come not at all times *s* into the holy *place* within the vail, before the mercy-seat which *is* upon the ark, that he die not : for I will appear in the cloud *t* upon the mercy-seat.

3 Thus shall Aaron come *v* into the holy *place* : *w* with a young bullock for a sin-offering, and a ram for a burnt-offering.

4 He shall put on the *y* holy linen coat, and he shall have the linen breeches upon his flesh, and shall be girded with a linen girdle, and with the linen mitre shall he be attired : these *are* holy garments ; therefore shall he wash *a* his flesh in water, and *so* put them on.

5 And he shall take of the congregation of the children of Israel *b* two kids of the goats for a sin-offering, and one ram for a burnt-offering.

6 And Aaron shall offer his bullock of *y*e sin-offering which *is* for himself, and make an atonement for *f* himself,& for his house.

7 And he shall take the two goats, and present them before the LORD *at* the door of the tabernacle of the congregation.

8 And Aaron shall cast lots upon the two goats; one lot for the LORD, and the other lot for the *ζ*scape-goat.

9 And Aaron shall bring the goat upon which the LORD's lot *η*fell, and offer him *for* a sin-offering :

10 But the goat, on which the lot fell to be the scape-goat, shall be presented alive before the LORD, to make *b* an atonement with him, *and* to let him go for a scape-goat into the wilderness.

11 And Aaron shall bring the bullock of the sin-offering which *is* for himself, and shall make an atonement for himself, and for his house, and shall kill the bullock of the sin-offering which *is* for himself.

12 And he shall take a censer *c* full of burning coals of fire *d* from off the altar before the LORD, and his hands-full of sweet *e* incense beaten small, and bring *it* within the vail :

13 And he shall put the incense *f* upon the fire before the LORD, that the cloud of the incense may cover the mercy-seat *g* that *is* upon the testimony, that he die not.

14 And he shall take of the blood of the bullock, *i* and sprinkle *it* with his finger upon the mercy-seat eastward ; and before the mercy-seat shall he sprinkle of the blood with his finger seven times.

15 Then shall he kill the goat of the sin-offering, *k* that *is* for the people, and bring his blood within *l* the vail, and do with that blood as he did with the blood of the bullock, and sprinkle it upon the mercy-seat, and before the mercy-seat.

16 And he shall make an atonement *m* for the holy *place*, because of the uncleanness of the children of Israel, and because of their transgressions in all their sins : and so shall he do for the tabernacle of the congregation that *β* remaineth among them in the midst of their uncleanness.

17 And there shall be no man in the tabernacle of the congregation *p* when he goeth in to make an atonement in the holy *place*, until he come out, and have made an atonement for himself, and for his household, and for all the congregation of Israel.

18 And he shall go out unto the altar that *is* before the LORD, and make *r* an atonement for it ; and shall take of the blood of the bullock, and of the blood of the goat, and put *it* upon the horns of the altar round about.

19 And he shall sprinkle of the blood upon it with his finger seven times, and cleanse it, and hallow it *u* from the uncleanness of the children of Israel.

20 And when he hath made an end of reconciling *x* the holy *place*, and the tabernacle of the congregation, and the altar, he shall bring the live goat :

21 And Aaron shall lay both his hands upon the head of the live goat, and confess over *z* him all the iniquities of the children of Israel, and all their transgressions in all their sins, putting them *c* upon the head of the goat, and shall send *him* away by the hand of *γ* a fit man into the wilderness.

22 And the goat shall bear *d* upon him all their iniquities unto a land *δ* not inhabited : *e* and he shall let go the goat in the wilderness.

23 And Aaron shall come into the tabernacle of the congregation, and shall put off the linen garments which he put on when he went into the holy *place*, and shall leave them there :

24 And he shall wash his flesh with water in the holy place, and put on his garments, and come forth, and offer his burnt-offering, and the burnt-offering of the people, and make an atonement for

B. C. 1490.

a Mar. 5. 25.
Lu. 8. 43.
b Is.53. 5, 6.
2 Co. 5. 21.
He. 7. 27.
9.23,24.
c ch. 10. 1.
Nu.16.18.46
d Is. 6. 6,7.
e Ex. 30. 34..
38.
Re. 8. 3, 4.
f Ex. 30. 8.
g Ex. 25. 21.
h ver. 13..15.
i ch. 4. 5, 6.
He.9.13..25
k ver. 5..9.
l ver. 2.
He. 6. 19.
9.3,7,12.
m Ex. 29. 36.
Eze. 45. 18.
He.9.22,23.
n ch. 11. 47.
Eze. 44. 23.
He. 12. 15.
o ch. 19. 30.
21. 23.
Nu. 5. 3.
19.13,20.
Eze. 5. 11.
23. 38.
44. 5..7.
Da. 9. 27.
1 Co. 3. 17.
β dwelleth.
p Ex. 34. 3.
He. 9. 7.
q ch. 10. 1, 2.
r Ex. 30. 10.
s Ex. 30. 10.
He. 9. 7, 8.
10. 19.
t Ex. 25. 22.
1 Ki. 8. 10.
Ps. 18. 11.
u Eze. 43. 18..
22.
v He.9.7,&c.
w ch. 4. 3.
x Eze. 45. 20.
Col. 1. 20.
y ch. 6. 10.
Ex.28.39..43
Eze. 44. 17.
Mat. 22. 11,
12.
z ch. 26. 40.
Ps. 32. 5.
Pr. 28. 13.
Ro. 10. 10.
a ch. 8. 6.
Ex. 30. 20.
b ch. 4. 14.
c Is. 53. 6.
γ a man
of oppor-
tunity.
δ Is.53.11.12.
Jn°. 1. 29.
He. 9. 28.
1 Pe. 2. 24.
δ of separa-
tion.
e Ps. 103. 12.
f ch. 9. 7.
He.5.2, 3.
7. 27, 28.
9. 7.
ζ Azazel.
η went up.

25 וְאֵת חֵלֶב הַחַטָּאת יַקְטִיר הַמִּזְבֵּחָה׃

26 וְהַמְשַׁלֵּחַ אֶת־הַשָּׂעִיר לַעֲזָאזֵל יְכַבֵּס בְּגָדָיו וְרָחַץ אֶת־בְּשָׂרוֹ בַּמָּיִם וְאַחֲרֵי־כֵן יָבוֹא אֶל־הַמַּחֲנֶה׃

27 וְאֵת פַּר הַחַטָּאת וְאֵת שְׂעִיר הַחַטָּאת אֲשֶׁר הוּבָא אֶת־דָּמָם לְכַפֵּר בַּקֹּדֶשׁ יוֹצִיא אֶל־מִחוּץ לַמַּחֲנֶה וְשָׂרְפוּ בָאֵשׁ אֶת־עֹרֹתָם וְאֶת־בְּשָׂרָם וְאֶת־פִּרְשָׁם׃

28 וְהַשֹּׂרֵף אֹתָם יְכַבֵּס בְּגָדָיו וְרָחַץ אֶת־בְּשָׂרוֹ בַּמָּיִם וְאַחֲרֵי־כֵן יָבוֹא אֶל־הַמַּחֲנֶה׃

29 וְהָיְתָה לָכֶם לְחֻקַּת עוֹלָם בַּחֹדֶשׁ הַשְּׁבִיעִי בֶּעָשׂוֹר לַחֹדֶשׁ תְּעַנּוּ אֶת־נַפְשֹׁתֵיכֶם וְכָל־מְלָאכָה לֹא תַעֲשׂוּ הָאֶזְרָח וְהַגֵּר הַגָּר בְּתוֹכְכֶם׃

30 כִּי־בַיּוֹם הַזֶּה יְכַפֵּר עֲלֵיכֶם לְטַהֵר אֶתְכֶם מִכֹּל חַטֹּאתֵיכֶם לִפְנֵי יְהוָה תִּטְהָרוּ׃

31 שַׁבַּת שַׁבָּתוֹן הִיא לָכֶם וְעִנִּיתֶם אֶת־נַפְשֹׁתֵיכֶם חֻקַּת עוֹלָם׃

32 וְכִפֶּר הַכֹּהֵן אֲשֶׁר־יִמְשַׁח אֹתוֹ וַאֲשֶׁר יְמַלֵּא אֶת־יָדוֹ לְכַהֵן תַּחַת אָבִיו וְלָבַשׁ אֶת־בִּגְדֵי הַבָּד בִּגְדֵי הַקֹּדֶשׁ׃

33 וְכִפֶּר אֶת־מִקְדַּשׁ הַקֹּדֶשׁ וְאֶת־אֹהֶל מוֹעֵד וְאֶת־הַמִּזְבֵּחַ יְכַפֵּר וְעַל הַכֹּהֲנִים וְעַל־כָּל־עַם הַקָּהָל יְכַפֵּר׃

34 וְהָיְתָה־זֹּאת לָכֶם לְחֻקַּת עוֹלָם לְכַפֵּר עַל־בְּנֵי יִשְׂרָאֵל מִכָּל־חַטֹּאתָם אַחַת בַּשָּׁנָה וַיַּעַשׂ כַּאֲשֶׁר צִוָּה יְהוָה אֶת־מֹשֶׁה׃ פ

CAP. XVII. ז

1 וַיְדַבֵּר יְהוָה אֶל־מֹשֶׁה לֵּאמֹר׃

2 דַּבֵּר אֶל־אַהֲרֹן וְאֶל־בָּנָיו וְאֶל כָּל־בְּנֵי יִשְׂרָאֵל וְאָמַרְתָּ אֲלֵיהֶם זֶה הַדָּבָר אֲשֶׁר־צִוָּה יְהוָה לֵאמֹר׃

3 אִישׁ אִישׁ מִבֵּית יִשְׂרָאֵל אֲשֶׁר יִשְׁחַט שׁוֹר אוֹ־כֶשֶׂב אוֹ־עֵז בַּמַּחֲנֶה אוֹ אֲשֶׁר יִשְׁחַט מִחוּץ לַמַּחֲנֶה׃

4 וְאֶל־פֶּתַח אֹהֶל מוֹעֵד לֹא הֱבִיאוֹ לְהַקְרִיב קָרְבָּן לַיהוָה לִפְנֵי מִשְׁכַּן יְהוָה דָּם יֵחָשֵׁב לָאִישׁ הַהוּא דָּם שָׁפָךְ וְנִכְרַת הָאִישׁ הַהוּא מִקֶּרֶב עַמּוֹ׃

5 לְמַעַן אֲשֶׁר יָבִיאוּ בְּנֵי יִשְׂרָאֵל אֶת־זִבְחֵיהֶם אֲשֶׁר הֵם זֹבְחִים עַל־פְּנֵי הַשָּׂדֶה וֶהֱבִיאֻם לַיהוָה אֶל־פֶּתַח אֹהֶל מוֹעֵד אֶל־הַכֹּהֵן וְזָבְחוּ זִבְחֵי שְׁלָמִים לַיהוָה אוֹתָם׃

6 וְזָרַק הַכֹּהֵן אֶת־הַדָּם עַל־מִזְבַּח יְהוָה פֶּתַח אֹהֶל מוֹעֵד וְהִקְטִיר הַחֵלֶב לְרֵיחַ נִיחֹחַ לַיהוָה׃

7 וְלֹא־יִזְבְּחוּ עוֹד אֶת־זִבְחֵיהֶם לַשְּׂעִירִם אֲשֶׁר הֵם זֹנִים אַחֲרֵיהֶם חֻקַּת עוֹלָם תִּהְיֶה־זֹּאת לָהֶם לְדֹרֹתָם׃

8 וַאֲלֵהֶם תֹּאמַר אִישׁ אִישׁ מִבֵּית יִשְׂרָאֵל וּמִן־הַגֵּר אֲשֶׁר־יָגוּר בְּתוֹכָם אֲשֶׁר־יַעֲלֶה עֹלָה אוֹ־זָבַח׃

9 וְאֶל־פֶּתַח אֹהֶל מוֹעֵד לֹא יְבִיאֶנּוּ לַעֲשׂוֹת אֹתוֹ לַיהוָה וְנִכְרַת הָאִישׁ הַהוּא מֵעַמָּיו׃

10 וְאִישׁ אִישׁ מִבֵּית יִשְׂרָאֵל וּמִן־הַגֵּר הַגָּר בְּתוֹכָם אֲשֶׁר יֹאכַל כָּל־דָּם וְנָתַתִּי פָנַי בַּנֶּפֶשׁ הָאֹכֶלֶת אֶת־הַדָּם וְהִכְרַתִּי אֹתָהּ מִקֶּרֶב עַמָּהּ׃

11 כִּי נֶפֶשׁ הַבָּשָׂר בַּדָּם הִוא וַאֲנִי נְתַתִּיו לָכֶם עַל־הַמִּזְבֵּחַ לְכַפֵּר עַל־נַפְשֹׁתֵיכֶם כִּי־הַדָּם הוּא בַּנֶּפֶשׁ יְכַפֵּר׃

12 עַל־כֵּן אָמַרְתִּי לִבְנֵי יִשְׂרָאֵל כָּל־נֶפֶשׁ מִכֶּם לֹא־תֹאכַל דָּם וְהַגֵּר הַגָּר בְּתוֹכְכֶם לֹא־יֹאכַל דָּם׃

13 וְאִישׁ אִישׁ מִבְּנֵי יִשְׂרָאֵל וּמִן־הַגֵּר הַגָּר בְּתוֹכָם אֲשֶׁר יָצוּד צֵיד חַיָּה אוֹ־עוֹף אֲשֶׁר יֵאָכֵל וְשָׁפַךְ אֶת־דָּמוֹ וְכִסָּהוּ בֶּעָפָר׃

14 כִּי־נֶפֶשׁ כָּל־בָּשָׂר דָּמוֹ בְנַפְשׁוֹ הוּא וָאֹמַר לִבְנֵי יִשְׂרָאֵל דַּם כָּל־בָּשָׂר לֹא תֹאכֵלוּ כִּי נֶפֶשׁ כָּל־בָּשָׂר דָּמוֹ הִוא כָּל־אֹכְלָיו יִכָּרֵת׃

15 וְכָל־נֶפֶשׁ אֲשֶׁר תֹּאכַל נְבֵלָה וּטְרֵפָה בָּאֶזְרָח וּבַגֵּר וְכִבֶּס בְּגָדָיו וְרָחַץ בַּמַּיִם וְטָמֵא עַד־הָעֶרֶב וְטָהֵר׃

16 וְאִם לֹא יְכַבֵּס וּבְשָׂרוֹ לֹא יִרְחָץ וְנָשָׂא עֲוֹנוֹ׃ פ

CAP. XVIII. יח

1 וַיְדַבֵּר יְהוָה אֶל־מֹשֶׁה לֵּאמֹר׃

2 דַּבֵּר אֶל־בְּנֵי יִשְׂרָאֵל וְאָמַרְתָּ אֲלֵהֶם אֲנִי יְהוָה אֱלֹהֵיכֶם׃

3 כְּמַעֲשֵׂה אֶרֶץ־מִצְרַיִם אֲשֶׁר יְשַׁבְתֶּם־בָּהּ לֹא תַעֲשׂוּ וּכְמַעֲשֵׂה אֶרֶץ־כְּנַעַן אֲשֶׁר אֲנִי מֵבִיא אֶתְכֶם שָׁמָּה לֹא תַעֲשׂוּ וּבְחֻקֹּתֵיהֶם לֹא תֵלֵכוּ׃

4 אֶת־מִשְׁפָּטַי תַּעֲשׂוּ וְאֶת־חֻקֹּתַי תִּשְׁמְרוּ לָלֶכֶת בָּהֶם אֲנִי יְהוָה אֱלֹהֵיכֶם׃

5 וּשְׁמַרְתֶּם אֶת־חֻקֹּתַי וְאֶת־מִשְׁפָּטַי אֲשֶׁר יַעֲשֶׂה אֹתָם הָאָדָם וָחַי בָּהֶם אֲנִי יְהוָה׃ ס

6 אִישׁ אִישׁ אֶל־כָּל־שְׁאֵר בְּשָׂרוֹ לֹא תִקְרְבוּ לְגַלּוֹת עֶרְוָה אֲנִי יְהוָה׃

7 עֶרְוַת אָבִיךָ וְעֶרְוַת אִמְּךָ לֹא תְגַלֵּה אִמְּךָ הִוא לֹא תְגַלֶּה עֶרְוָתָהּ׃ ס

himself, and for the people.

25 And *b* the fat of the sin-offering shall he burn upon the altar.

26 And he that let go the goat for the scape-goat shall wash his clothes, and bathe *e* his flesh in water, and afterward come into the camp.

27 And the bullock *for* the sin-offering, and the goat for the sin-offering, whose blood was brought in to make atonement in the holy *place,* shall one carry *g* forth without the camp; and they shall burn in the fire their skins, and their flesh, and their dung.

28 And he that burneth them shall wash his clothes, and bathe his flesh in water, and afterward he shall come into the camp.

29 And *this* shall be a statute for ever unto you, *that* in *i* the seventh month, on the tenth *day* of the month, ye shall afflict *l* your souls, and do no work at all, *whether it be* one of your own country, or a stranger that sojourneth among you:

30 For on that day shall *the priest* make an atonement for you, to cleanse *P* you, *that* ye may be clean from all your sins before the LORD.

31 It *shall be* a sabbath *q* of rest unto you, and ye shall afflict your souls, by a statute for ever.

32 And *r* the priest, whom he shall anoint, and whom he shall *β* consecrate to minister in the priest's office in his father's stead, shall make the atonement, and shall put on the linen clothes, *even* the holy garments:

33 And *u* he shall make an atonement for the holy sanctuary, and he shall make an atonement for the tabernacle of the congregation, and for the altar; and he shall make an atonement for the priests, and for all the people of the congregation.

34 And this *w* shall be an everlasting statute unto you, to make an atonement for the children of Israel, for all their sins, once *y* a year. And he did as the LORD commanded Moses.

CHAP. XVII.

AND the LORD spake unto Moses, saying,

2 Speak unto Aaron, and unto his sons, and unto all the children of Israel, and say unto them, This *is* the thing which the LORD hath commanded, saying,

3 What *b* man soever *there be* of the house of Israel that killeth an ox, or lamb, or goat, in the camp, or that killeth *it* out of the camp.

4 And bringeth it not unto the door of the tabernacle of the congregation, to offer an offering unto the LORD, before the tabernacle of the LORD; blood shall be imputed *e* unto that man; he hath shed blood; and that man shall be cut off from among his people:

5 To the end that the children of Israel may bring their sacrifices, which *g* they offer in the open field, even that they may bring them unto the LORD, unto the door of the tabernacle of the congregation, unto the priest, and offer them *for* peace-offerings unto the LORD.

6 And the priest shall sprinkle *h* the blood upon the altar of the LORD, *at* the door of the tabernacle of the con-

B. C. 1490.

a Ex. 29. 13.
b ch. 4. 8.10.
c De. 32. 17.
2 Ch. 11.15.
Ps. 106. 37.
1Co. 10. 20.
Re. 9. 20.
d ch. 20. 5.
Eze. 23. 8.
e ver. 28.
ch. 15. 5.
f ver. 4.
g ch. 4.12,21.
6. 30.
He. 13. 11.
h ch.7. 26,27.
Ge. 9. 4.
De.12.16,23.
Eze. 44. 7.
i ch. 23. 27.
Ex. 30. 10.
Nu. 29. 7.
k Eze. 14. 8.
l Is. 58. 3, 5.
Da.10.3,12.
m ver. 14.
n Mat. 26. 28.
Ro. 5. 9.
Ep. 1. 7.
He. 13. 12.
Re. 1. 5.
o He. 9. 22.
p Ps. 51. 2.
Je. 33. 8.
Eze. 36. 25.
Ep. 5. 26.
He.9,13,14.
10. 1, 2.
1Jn⁰.1.7,9.
q ch. 23. 32.
r ch. 4. 3.16.
*β fill his
hand.*
*γ that hunt-
eth any
hunting.*
s De. 15. 23.
t Eze. 24. 7.
u ver. 16.
Ex.29.36,37.
v ver. 11.
w ch. 23. 31.
x ch. 22. 8.
De. 14. 21.
Eze. 4. 14.
44. 31.
δ a carcase.
y Ex. 30. 10.
He. 9.7, 25.
z ch. 11. 25.
a Nu.19.19,20
b De.12, 5, 6,
21.
c Ex. 6. 7.
d Ps. 106. 35.
Eze. 20,7,8.
Ep. 5. 11.
e Ro. 5. 13.
f De. 4. 1, 2.
6. 1.
Ps. 119. 4.
Eze. 36. 27.
g Ge. 31. 54.
2 Ch. 28. 4.
Eze. 20. 28.
22. 9.
*ζ remainder
of his flesh.*
h ch. 3. 2.
i ch.20.11,&c.
k Eze. 22. 10.

gregation, and *a* burn the fat for a sweet savour unto the LORD.

7 And they shall no more offer their sacrifices unto *c* devils, after whom they have gone *d* a whoring. This shall be a statute for ever unto them throughout their generations.

8 And thou shalt say unto them, Whatsoever *f* man *there be* of the house of Israel, or of the strangers which sojourn among you, that offereth a burnt-offering or sacrifice,

9 And bringeth it not unto the door of the tabernacle of the congregation, to offer it unto the LORD: even that man shall be cut off from among his people.

10 And whatsoever man *there be* of the house of Israel, or of the strangers that sojourn among you, that *h* eateth any manner of blood, I will even set *k* my face against that soul that eateth blood, and will cut him off from among his people.

11 For *m* the life of the flesh *is* in the blood: and I have given it to you upon the altar, to make *n* an atonement for your souls: for it *is* the blood *o that* maketh an atonement for the soul.

12 Therefore I said unto the children of Israel, No soul of you shall eat blood, neither shall any stranger that sojourneth among you eat blood.

13 And whatsoever man *there be* of the children of Israel, or of the strangers that sojourn among you, *γ* which hunteth and catcheth any beast or fowl that may be eaten; he shall even pour *s* out the blood thereof, and cover *t* it with dust.

14 For *v it is* the life of all flesh; the blood of it *is* for the life thereof: therefore I said unto the children of Israel, Ye shall eat the blood of no manner of flesh: for the life of all flesh *is* the blood thereof: whosoever eateth it shall be cut off.

15 And *x* every soul that eateth *δ* that which died *of itself,* or that which was torn *with beasts, whether it be* one of your own country, or a stranger, he *z* shall both wash his clothes, and bathe *himself* in water, and be unclean until the even; then shall he be clean.

16 But if he wash *them* not, nor bathe his flesh, then *a* he shall bear his iniquity.

CHAP. XVIII.

AND the LORD spake unto Moses, saying,

2 Speak unto the children of Israel, and say unto them, I *c am* the LORD your God.

3 After *d* the doings of the land of Egypt, wherein ye dwelt, shall ye not do: and after the doings of the land of Canaan, whither I bring you, shall ye not do; neither shall ye walk in their ordinances.

4 Ye *f* shall do my judgments, and keep mine ordinances, to walk therein: I *am* the LORD your God.

5 Ye shall therefore keep my statutes, and my judgments; which if a man do, he shall live in them: I *am* the LORD.

6 None of you shall approach to any that is *ζ* near of kin to him, to uncover *their* nakedness: I *am* the LORD.

7 The nakedness *i* of thy father, *k* or the nakedness of thy mother, shalt thou not uncover: she *is* thy mother; thou

8 עֶרְוַת אֵשֶׁת־אָבִיךָ לֹא תְגַלֵּה עֶרְוַת אָבִיךָ הִוא׃ ס

9 עֶרְוַת אֲחוֹתְךָ בַת־אָבִיךָ אוֹ בַת־אִמֶּךָ מוֹלֶדֶת בַּיִת אוֹ מוֹלֶדֶת חוּץ לֹא תְגַלֶּה עֶרְוָתָן׃ ס

10 עֶרְוַת בַּת־בִּנְךָ אוֹ בַת־בִּתְּךָ לֹא תְגַלֶּה עֶרְוָתָן כִּי עֶרְוָתְךָ הֵנָּה׃ ס

11 עֶרְוַת בַּת־אֵשֶׁת אָבִיךָ מוֹלֶדֶת אָבִיךָ אֲחוֹתְךָ הִוא לֹא תְגַלֶּה עֶרְוָתָהּ׃ ס

12 עֶרְוַת אֲחוֹת־אָבִיךָ לֹא תְגַלֵּה שְׁאֵר אָבִיךָ הִוא׃ ס

13 עֶרְוַת אֲחוֹת־אִמְּךָ לֹא תְגַלֵּה כִּי־שְׁאֵר אִמְּךָ הִוא׃

14 עֶרְוַת אֲחִי־אָבִיךָ לֹא תְגַלֵּה אֶל־אִשְׁתּוֹ לֹא תִקְרָב דֹּדָתְךָ הִוא׃ ס

15 עֶרְוַת כַּלָּתְךָ לֹא תְגַלֵּה אֵשֶׁת בִּנְךָ הִוא לֹא תְגַלֶּה עֶרְוָתָהּ׃ ס

16 עֶרְוַת אֵשֶׁת־אָחִיךָ לֹא תְגַלֵּה עֶרְוַת אָחִיךָ הִוא׃ ס

17 עֶרְוַת אִשָּׁה וּבִתָּהּ לֹא תְגַלֵּה אֶת־בַּת־בְּנָהּ וְאֶת־בַּת־בִּתָּהּ לֹא תִקַּח לְגַלּוֹת עֶרְוָתָהּ שַׁאֲרָה הֵנָּה זִמָּה הִוא׃

18 וְאִשָּׁה אֶל־אֲחֹתָהּ לֹא תִקָּח לִצְרֹר לְגַלּוֹת עֶרְוָתָהּ עָלֶיהָ בְּחַיֶּיהָ׃

19 וְאֶל־אִשָּׁה בְּנִדַּת טֻמְאָתָהּ לֹא תִקְרַב לְגַלּוֹת עֶרְוָתָהּ׃

20 וְאֶל־אֵשֶׁת עֲמִיתְךָ לֹא־תִתֵּן שְׁכָבְתְּךָ לְזָרַע לְטָמְאָה־בָהּ׃

21 וּמִזַּרְעֲךָ לֹא־תִתֵּן לְהַעֲבִיר לַמֹּלֶךְ וְלֹא תְחַלֵּל אֶת־שֵׁם אֱלֹהֶיךָ אֲנִי יְהוָה׃

22 וְאֶת־זָכָר לֹא תִשְׁכַּב מִשְׁכְּבֵי אִשָּׁה תּוֹעֵבָה הִוא׃

23 וּבְכָל־בְּהֵמָה לֹא־תִתֵּן שְׁכָבְתְּךָ לְטָמְאָה־בָהּ וְאִשָּׁה לֹא־תַעֲמֹד לִפְנֵי בְהֵמָה לְרִבְעָהּ תֶּבֶל הוּא׃

24 אַל־תִּטַּמְּאוּ בְּכָל־אֵלֶּה כִּי בְכָל־אֵלֶּה נִטְמְאוּ הַגּוֹיִם אֲשֶׁר־אֲנִי מְשַׁלֵּחַ מִפְּנֵיכֶם׃

25 וַתִּטְמָא הָאָרֶץ וָאֶפְקֹד עֲוֺנָהּ עָלֶיהָ וַתָּקִא הָאָרֶץ אֶת־יֹשְׁבֶיהָ׃

26 וּשְׁמַרְתֶּם אַתֶּם אֶת־חֻקֹּתַי וְאֶת־מִשְׁפָּטַי וְלֹא תַעֲשׂוּ מִכֹּל הַתּוֹעֵבֹת הָאֵלֶּה הָאֶזְרָח וְהַגֵּר הַגָּר בְּתוֹכְכֶם׃

27 כִּי אֶת־כָּל־הַתּוֹעֵבֹת הָאֵל עָשׂוּ אַנְשֵׁי־הָאָרֶץ אֲשֶׁר לִפְנֵיכֶם וַתִּטְמָא הָאָרֶץ׃

28 וְלֹא־תָקִיא הָאָרֶץ אֶתְכֶם בְּטַמַּאֲכֶם אֹתָהּ כַּאֲשֶׁר קָאָה אֶת־הַגּוֹי אֲשֶׁר לִפְנֵיכֶם׃

29 כִּי כָּל־אֲשֶׁר יַעֲשֶׂה מִכֹּל הַתּוֹעֵבֹת הָאֵלֶּה וְנִכְרְתוּ הַנְּפָשׁוֹת הָעֹשֹׂת מִקֶּרֶב עַמָּם׃

30 וּשְׁמַרְתֶּם אֶת־מִשְׁמַרְתִּי לְבִלְתִּי עֲשׂוֹת מֵחֻקּוֹת הַתּוֹעֵבֹת אֲשֶׁר נַעֲשׂוּ לִפְנֵיכֶם וְלֹא תִטַּמְּאוּ בָּהֶם אֲנִי יְהוָה אֱלֹהֵיכֶם׃

ל   פ פ פ   30   יש

CAP. XIX.   יט

1 וַיְדַבֵּר יְהוָה אֶל־מֹשֶׁה לֵּאמֹר׃

2 דַּבֵּר אֶל־כָּל־עֲדַת בְּנֵי־יִשְׂרָאֵל וְאָמַרְתָּ אֲלֵהֶם קְדֹשִׁים תִּהְיוּ כִּי קָדוֹשׁ אֲנִי יְהוָה אֱלֹהֵיכֶם׃

3 אִישׁ אִמּוֹ וְאָבִיו תִּירָאוּ וְאֶת־שַׁבְּתֹתַי תִּשְׁמֹרוּ אֲנִי יְהוָה אֱלֹהֵיכֶם׃

4 אַל־תִּפְנוּ אֶל־הָאֱלִילִים וֵאלֹהֵי מַסֵּכָה לֹא תַעֲשׂוּ לָכֶם אֲנִי יְהוָה אֱלֹהֵיכֶם׃

5 וְכִי תִזְבְּחוּ זֶבַח שְׁלָמִים לַיהוָה לִרְצֹנְכֶם תִּזְבָּחֻהוּ׃

6 בְּיוֹם זִבְחֲכֶם יֵאָכֵל וּמִמָּחֳרָת וְהַנּוֹתָר עַד־יוֹם הַשְּׁלִישִׁי בָּאֵשׁ יִשָּׂרֵף׃

7 וְאִם הֵאָכֹל יֵאָכֵל בַּיּוֹם הַשְּׁלִישִׁי פִּגּוּל הוּא לֹא יֵרָצֶה׃

8 וְאֹכְלָיו עֲוֺנוֹ יִשָּׂא כִּי־אֶת־קֹדֶשׁ יְהוָה חִלֵּל וְנִכְרְתָה הַנֶּפֶשׁ הַהִוא מֵעַמֶּיהָ׃

9 וּבְקֻצְרְכֶם אֶת־קְצִיר אַרְצְכֶם לֹא תְכַלֶּה פְּאַת שָׂדְךָ לִקְצֹר וְלֶקֶט קְצִירְךָ לֹא תְלַקֵּט׃

10 וְכַרְמְךָ לֹא תְעוֹלֵל וּפֶרֶט כַּרְמְךָ לֹא תְלַקֵּט לֶעָנִי וְלַגֵּר תַּעֲזֹב אֹתָם אֲנִי יְהוָה אֱלֹהֵיכֶם׃

11 לֹא תִּגְנֹבוּ וְלֹא־תְכַחֲשׁוּ וְלֹא־תְשַׁקְּרוּ אִישׁ בַּעֲמִיתוֹ׃

12 וְלֹא־תִשָּׁבְעוּ בִשְׁמִי לַשָּׁקֶר וְחִלַּלְתָּ אֶת־שֵׁם אֱלֹהֶיךָ אֲנִי יְהוָה׃

13 לֹא־תַעֲשֹׁק אֶת־רֵעֲךָ וְלֹא תִגְזֹל לֹא־תָלִין פְּעֻלַּת שָׂכִיר אִתְּךָ עַד־בֹּקֶר׃

14 לֹא־תְקַלֵּל חֵרֵשׁ וְלִפְנֵי עִוֵּר לֹא תִתֵּן מִכְשֹׁל וְיָרֵאתָ מֵּאֱלֹהֶיךָ אֲנִי יְהוָה׃

15 לֹא־תַעֲשׂוּ עָוֶל בַּמִּשְׁפָּט לֹא־תִשָּׂא פְנֵי־דָל וְלֹא תֶהְדַּר פְּנֵי גָדוֹל בְּצֶדֶק תִּשְׁפֹּט עֲמִיתֶךָ׃

16 לֹא־תֵלֵךְ רָכִיל בְּעַמֶּיךָ לֹא תַעֲמֹד עַל־דַּם רֵעֶךָ אֲנִי יְהוָה׃

17 לֹא־תִשְׂנָא אֶת־אָחִיךָ בִּלְבָבֶךָ הוֹכֵחַ תּוֹכִיחַ אֶת־עֲמִיתֶךָ וְלֹא־תִשָּׂא עָלָיו חֵטְא׃

18 לֹא־תִקֹּם וְלֹא־תִטֹּר אֶת־בְּנֵי עַמֶּךָ וְאָהַבְתָּ לְרֵעֲךָ כָּמוֹךָ אֲנִי יְהוָה׃

shalt not uncover her nakedness.

8 The nakedness of thy father's ^a wife shalt thou not uncover: it *is* thy father's nakedness.

9 The nakedness of thy sister,^b the daughter of thy father, or daughter of thy mother, *whether she be* born at home, or born abroad, *even* their nakedness thou shalt not uncover.

10 The nakedness of thy son's daughter, or of thy daughter's daughter, *even* their nakedness thou shalt not uncover: for their's *is* thine own nakedness.

11 The nakedness of thy father's wife's daughter, begotten of thy father, (she *is* thy sister,) thou shall not uncover her nakedness.

12 Thou shalt not uncover the nakedness of thy father's sister: she *is* thy father's near kinswoman.

13 Thou shalt not uncover the nakedness of thy mother's sister: for she *is* thy mother's near kinswoman.

14 Thou shalt not uncover the nakedness of thy father's brother, thou shalt not approach to his wife: she *is* thine aunt.

15 Thou shalt not uncover the nakedness of thy daughter-in-law: ^k she *is* thy son's wife; thou shalt not uncover her nakedness.

16 Thou ^l shalt not uncover the nakedness of thy brother's wife: it *is* thy brother's nakedness.

17 Thou shalt not uncover the nakedness of a woman and her daughter, neither shalt thou take her son's daughter, or her daughter's daughter, to uncover her nakedness; *for* they *are* her near kinswomen: it *is* wickedness.

18 Neither shalt thou take β a wife to her sister, to vexⁿ *her*, to uncover her nakedness, besides the other, in her life-*time*.

19 Also, thou shalt not approach unto a woman to uncover her nakedness, as long^o as she is put apart for her uncleanness.

20 Moreover^p thou shalt not lie carnally with thy neighbour's wife, to defile thyself with her.

21 And thou shalt not let any of thy seed pass through *the fire* ^u to γ Molech, neither shalt thou profane the name of thy God: I *am* the LORD.

22 Thou shalt not lie with mankind,^w as with womankind: it *is* abomination.

23 Neither shalt thou lie with any beast, to defile thyself therewith: neither shall any woman stand before a beast to lie down thereto: it *is* confusion.

24 Defile not ye yourselves in any of these ^b things: for in all these the nations are defiled which I cast out before you:

25 And the land is defiled: ^c therefore I do visit ^d the iniquity thereof upon it, and the land itself vomiteth ^e out her inhabitants.

26 Ye shall therefore keep my statutes and my judgments, and shall not commit *any* of these abominations; *neither* any of your own nation, nor any stranger that sojourneth among you;

27 (For all these abominations have the men of the land done, which *were* before you, and the land is defiled;)

28 That ⁿ the land spue not you out also, when ye defile it, as it spued out the nations that *were* before you.

B. C. 1490.

a 1 Co. 5. 1.
b 2 Sa. 13. 11,12
c De. 18. 9.
d ver. 24.
e ver. 2, 4.
f ch. 11. 44.
   20. 7,26.
Am. 3. 3.
1 Pe. 1. 16.
g Ex. 20. 12.
h Ex. 20. 8.
   31. 13.
Is. 58. 13.
i ch. 26. 1.
Ex. 20. 4.
1 Co. 10.14.
1 Jno. 5. 21.
j a. 7. 16,17.
k Ge. 38. 18.
l De. 25. 5.
Mat. 22. 24.
m ch. 23. 22.
De.24.19..21.
Ru. 2.15..17.
β or, one
wife to
another.
n 1 Sa. 1.6..8.
Mal.2.14,15.
o Eze. 18. 6.
    22. 10.
p Ex. 20. 14.
Pr. 6.25,33.
Mat. 5. 27.
q Ex. 20. 15.
r Ep. 4. 25.
Col. 3. 9.
s ch. 6. 3.
Ex. 20. 7.
Ja. 5. 12.
t ch. 18. 21.
Eze.36.20..23
u De. 12. 31.
    18. 10.
2 Ki. 16. 3.
Ps. 106. 37.
Je. 7. 31.
γ called
Moloch,
Ac. 7. 43.
v Mal. 3. 5.
Ja. 5. 4.
w Ro. 1. 27.
x De. 27. 18.
y ch. 25. 17.
z De. 16. 19.
a Pr. 24. 23.
Ja. 2. 9.
b ver. 6, &c.
c De. 18. 12.
d Je. 5. 9,29.
Ho.2.13.—9.9
e ver. 28.
f Pr. 20. 19.
g Ex. 23. 7.
h 1 Jno.2.9,11.
    3. 15.
i Pr. 27. 5.
Ep. 5. 11.
1 Ti. 5. 20.
k 1 Co. 5. 2.
δ or, that
thou bear
not sin for
him.
l Ro.12.17,19
m Mat.22.39,
     40.
n ver. 25.
ch. 20. 22.
o De.22.9..11.

---

29 For whosoever shall commit any of these abominations, even the souls that commit *them* shall be cut off from among their people.

30 Therefore shall ye keep mine ordinance, that *ye* commit not *any one* of these abominable customs, which were committed before you, and that ye defile^d not yourselves therein: I^e *am* the LORD your God.

CHAP. XIX.

AND the LORD spake unto Moses, saying,

2 Speak unto all the congregation of the children of Israel, and say unto them, Ye *f* shall be holy: for I the LORD your God *am* holy.

3 Ye shall fear every man his mother,^g and his father, and keep ^h my sabbaths: I *am* the LORD your God.

4 Turn ye not unto idols,ⁱ nor make to yourselves molten gods: I *am* the LORD your God.

5 And *j* if ye offer a sacrifice of peace-offerings unto the LORD, ye shall offer it at your own will.

6 It shall be eaten the same day ye offer it, and on the morrow: and it ought remain until the third day, it shall be burnt in the fire.

7 And if it be eaten at all on the third day, it *is* abominable; it shall not be accepted.

8 Therefore *every one* that eateth it shall bear his iniquity, because he hath profaned the hallowed thing of the LORD; and that soul shall be cut off from among his people.

9 And ^m when ye reap the harvest of your land, thou shalt not wholly reap the corners of thy field, neither shalt thou gather the gleanings of thy harvest.

10 And thou shalt not glean thy vineyard, neither shalt thou gather *every* grape of thy vineyard; thou shalt leave them for the poor and stranger: I *am* the LORD your God.

11 Ye shall not steal,^q neither deal falsely, neither lie^r one to another.

12 And ye shall not swear ^s by my name falsely, neither shalt thou profane^t the name of thy God: I *am* the LORD.

13 Thou shalt not defraud thy neighbour, neither rob *him:* the wages ^v of him that is hired shall not abide with thee all night until the morning.

14 Thou shalt not curse the deaf, nor put a stumbling-block before the blind,^x but shalt fear ^y thy God: I *am* the LORD.

15 Ye ^z shall do no unrighteousness in judgment: thou shalt not respect ^a the person of the poor, nor honour the person of the mighty: *but* in righteousness shalt thou judge thy neighbour.

16 Thou shalt not go up and down *as* a tale-bearer *f* among thy people: neither shalt thou stand against the blood ^g of thy neighbour: I *am* the LORD.

17 Thou shalt not hate ^h thy brother in thine heart: thou shalt in any wise rebuke ⁱ thy δ neighbour, and not suffer sin ^k upon him.

18 Thou shalt not avenge,^l nor bear any grudge against the children of thy people, but thou shalt love ^m thy neighbour as thyself: I *am* the LORD.

19 Ye shall keep my statutes. Thou^o shalt not let thy cattle gender with a

3 אִישׁ אִמּוֹ וְאָבִיו תִּירָאוּ וְאֶת־שַׁבְּתֹתַי תִּשְׁמֹרוּ אֲנִי יְהוָֹה אֱלֹהֵיכֶם׃

4 אַל־תִּפְנוּ אֶל־הָאֱלִילִים וֵאלֹהֵי מַסֵּכָה לֹא תַעֲשׂוּ לָכֶם אֲנִי יְהוָֹה אֱלֹהֵיכֶם׃

5 וְכִי תִזְבְּחוּ זֶבַח שְׁלָמִים לַיהוָֹה לִרְצֹנְכֶם תִּזְבָּחֻהוּ׃

6 בְּיוֹם זִבְחֲכֶם יֵאָכֵל וּמִמָּחֳרָת וְהַנּוֹתָר עַד־יוֹם הַשְּׁלִישִׁי בָּאֵשׁ יִשָּׂרֵף׃

7 וְאִם הֵאָכֹל יֵאָכֵל בַּיּוֹם הַשְּׁלִישִׁי פִּגּוּל הוּא לֹא יֵרָצֶה׃

8 וְאֹכְלָיו עֲוֺנוֹ יִשָּׂא כִּי־אֶת־קֹדֶשׁ יְהוָֹה חִלֵּל וְנִכְרְתָה הַנֶּפֶשׁ הַהִוא מֵעַמֶּיהָ׃

9 וּבְקֻצְרְכֶם אֶת־קְצִיר אַרְצְכֶם לֹא תְכַלֶּה פְּאַת שָׂדְךָ לִקְצֹר וְלֶקֶט קְצִירְךָ לֹא תְלַקֵּט׃

10 וְכַרְמְךָ לֹא תְעוֹלֵל וּפֶרֶט כַּרְמְךָ לֹא תְלַקֵּט לֶעָנִי וְלַגֵּר תַּעֲזֹב אֹתָם אֲנִי יְהוָֹה אֱלֹהֵיכֶם׃

11 לֹא תִּגְנֹבוּ וְלֹא־תְכַחֲשׁוּ וְלֹא־תְשַׁקְּרוּ אִישׁ בַּעֲמִיתוֹ׃

12 וְלֹא־תִשָּׁבְעוּ בִשְׁמִי לַשָּׁקֶר וְחִלַּלְתָּ אֶת־שֵׁם אֱלֹהֶיךָ אֲנִי יְהוָֹה׃

13 לֹא־תַעֲשֹׁק אֶת־רֵעֲךָ וְלֹא תִגְזֹל לֹא־תָלִין פְּעֻלַּת שָׂכִיר אִתְּךָ עַד־בֹּקֶר׃

14 לֹא־תְקַלֵּל חֵרֵשׁ וְלִפְנֵי עִוֵּר לֹא תִתֵּן מִכְשֹׁל וְיָרֵאתָ מֵּאֱלֹהֶיךָ אֲנִי יְהוָֹה׃

15 לֹא־תַעֲשׂוּ עָוֶל בַּמִּשְׁפָּט לֹא־תִשָּׂא פְנֵי־דָל וְלֹא תֶהְדַּר פְּנֵי גָדוֹל בְּצֶדֶק תִּשְׁפֹּט עֲמִיתֶךָ׃

16 לֹא־תֵלֵךְ רָכִיל בְּעַמֶּיךָ לֹא תַעֲמֹד עַל־דַּם רֵעֶךָ אֲנִי יְהוָֹה׃

17 לֹא־תִשְׂנָא אֶת־אָחִיךָ בִּלְבָבֶךָ הוֹכֵחַ תּוֹכִיחַ אֶת־עֲמִיתֶךָ וְלֹא־תִשָּׂא עָלָיו חֵטְא׃

18 לֹא־תִקֹּם וְלֹא־תִטֹּר אֶת־בְּנֵי עַמֶּךָ וְאָהַבְתָּ לְרֵעֲךָ כָּמוֹךָ אֲנִי יְהוָֹה אֶת־חֻקֹּתַי תִּשְׁמֹרוּ׃

19 בְּהֶמְתְּךָ לֹא־תַרְבִּיעַ כִּלְאַיִם שָׂדְךָ לֹא־תִזְרַע כִּלְאָיִם וּבֶגֶד כִּלְאַיִם שַׁעַטְנֵז לֹא יַעֲלֶה עָלֶיךָ׃

20 וְאִישׁ כִּי־יִשְׁכַּב אֶת־אִשָּׁה שִׁכְבַת־זֶרַע וְהִוא שִׁפְחָה נֶחֱרֶפֶת לְאִישׁ וְהָפְדֵּה לֹא נִפְדָּתָה אוֹ חֻפְשָׁה לֹא נִתַּן־לָהּ בִּקֹּרֶת תִּהְיֶה לֹא יוּמְתוּ כִּי־לֹא חֻפָּשָׁה׃

21 וְהֵבִיא אֶת־אֲשָׁמוֹ לַיהוָֹה אֶל־פֶּתַח אֹהֶל מוֹעֵד אֵיל אָשָׁם׃

22 וְכִפֶּר עָלָיו הַכֹּהֵן בְּאֵיל הָאָשָׁם לִפְנֵי יְהוָֹה עַל־חַטָּאתוֹ אֲשֶׁר חָטָא וְנִסְלַח לוֹ מֵחַטָּאתוֹ אֲשֶׁר חָטָא׃ פ

23 וְכִי־תָבֹאוּ אֶל־הָאָרֶץ וּנְטַעְתֶּם כָּל־עֵץ מַאֲכָל וַעֲרַלְתֶּם עָרְלָתוֹ אֶת־פִּרְיוֹ שָׁלֹשׁ שָׁנִים יִהְיֶה לָכֶם עֲרֵלִים לֹא יֵאָכֵל׃

24 וּבַשָּׁנָה הָרְבִיעִת יִהְיֶה כָּל־פִּרְיוֹ קֹדֶשׁ הִלּוּלִים לַיהוָֹה׃

25 וּבַשָּׁנָה הַחֲמִישִׁת תֹּאכְלוּ אֶת־פִּרְיוֹ לְהוֹסִיף לָכֶם תְּבוּאָתוֹ אֲנִי יְהוָֹה אֱלֹהֵיכֶם׃

26 לֹא תֹאכְלוּ עַל־הַדָּם לֹא תְנַחֲשׁוּ וְלֹא תְעוֹנֵנוּ׃

27 לֹא תַקִּפוּ פְּאַת רֹאשְׁכֶם וְלֹא תַשְׁחִית אֵת פְּאַת זְקָנֶךָ׃

28 וְשֶׂרֶט לָנֶפֶשׁ לֹא תִתְּנוּ בִּבְשַׂרְכֶם וּכְתֹבֶת קַעֲקַע לֹא תִתְּנוּ בָּכֶם אֲנִי יְהוָֹה׃

29 אַל־תְּחַלֵּל אֶת־בִּתְּךָ לְהַזְנוֹתָהּ וְלֹא־תִזְנֶה הָאָרֶץ וּמָלְאָה הָאָרֶץ זִמָּה׃

30 אֶת־שַׁבְּתֹתַי תִּשְׁמֹרוּ וּמִקְדָּשִׁי תִּירָאוּ אֲנִי יְהוָֹה׃

31 אַל־תִּפְנוּ אֶל־הָאֹבֹת וְאֶל־הַיִּדְּעֹנִים אַל־תְּבַקְשׁוּ לְטָמְאָה בָהֶם אֲנִי יְהוָֹה אֱלֹהֵיכֶם׃

32 מִפְּנֵי שֵׂיבָה תָּקוּם וְהָדַרְתָּ פְּנֵי זָקֵן וְיָרֵאתָ מֵּאֱלֹהֶיךָ אֲנִי יְהוָֹה׃ ס

33 וְכִי־יָגוּר אִתְּךָ גֵּר בְּאַרְצְכֶם לֹא תוֹנוּ אֹתוֹ׃

34 כְּאֶזְרָח מִכֶּם יִהְיֶה לָכֶם הַגֵּר הַגָּר אִתְּכֶם וְאָהַבְתָּ לוֹ כָּמוֹךָ כִּי־גֵרִים הֱיִיתֶם בְּאֶרֶץ מִצְרָיִם אֲנִי יְהוָֹה אֱלֹהֵיכֶם׃

35 לֹא־תַעֲשׂוּ עָוֶל בַּמִּשְׁפָּט בַּמִּדָּה בַּמִּשְׁקָל וּבַמְּשׂוּרָה׃

36 מֹאזְנֵי צֶדֶק אַבְנֵי־צֶדֶק אֵיפַת צֶדֶק וְהִין צֶדֶק יִהְיֶה לָכֶם אֲנִי יְהוָֹה אֱלֹהֵיכֶם אֲשֶׁר־הוֹצֵאתִי אֶתְכֶם מֵאֶרֶץ מִצְרָיִם׃

37 וּשְׁמַרְתֶּם אֶת־כָּל־חֻקֹּתַי וְאֶת־כָּל־מִשְׁפָּטַי וַעֲשִׂיתֶם אֹתָם אֲנִי יְהוָֹה׃ פ

CAP. XX. כ

1,2 וַיְדַבֵּר יְהוָֹה אֶל־מֹשֶׁה לֵּאמֹר׃ וְאֶל־בְּנֵי יִשְׂרָאֵל תֹּאמַר אִישׁ אִישׁ מִבְּנֵי יִשְׂרָאֵל וּמִן

diverse kind. Thou shalt not sow thy field with mingled seed: neither shall a garment mingled of linen and woollen come upon thee.

20 And whosoever lieth carnally with a woman that *is* a bond-maid, β betrothed to an husband, and not at all redeemed, nor freedom given her, γ she δ shall be scourged: they shall not be put to death, because she was not free.

21 And [b] he shall bring his trespass-offering unto the LORD, unto the door of the tabernacle of the congregation, *even* a ram for a trespass-offering.

22 And the priest shall make an atonement for him, with the ram of the trespass-offering, before the LORD, for his sin which he hath done: and the sin which he hath done shall be forgiven him.

23 And when ye shall come into the land, and shall have planted all manner of trees for food, then ye shall count the fruit thereof as uncircumcised: three years shall it be as uncircumcised unto you; it shall not be eaten of.

24 But in the fourth year all the fruit thereof shall be ζholy, to praise [i] the LORD *withal.*

25 And in the fifth year shall ye eat of the fruit thereof, that it may yield unto you the increase thereof: I *am* the LORD your God.

26 Ye shall not eat *any thing* with the blood; [m] neither shall ye use enchantment,θ nor observe times.

27 YeP shall not round the corners of your heads, neither shalt thou mar the corners of thy beard.

28 Ye shall not make any cuttings in your flesh for the dead, nor print any marks upon you: I *am* the LORD.

29 Do not η prostitute thy daughter, to cause her to be a whore; lest the land fall to whoredom, and the land become full of wickedness.

30 Ye shall keep my sabbaths, and reverence my sanctuary: [t] I *am* the LORD.

31 Regard u not them that have familiar spirits, neither seek after wizards, to be defiled by them: I *am* the LORD your God.

32 Thou shalt rise up before the hoary head, and honour w the face of the old man, and fear x thy God: I *am* the LORD.

33 And if a stranger z sojourn with thee in your land, ye shall not θ vex him.

34 *But* the stranger that dwelleth with you shall be unto you as one born amongst you, and thou shalt love him as thyself; for ye were strangers in the land of Egypt: I *am* the LORD your God.

35 Ye shall do no unrighteousness in judgment, in mete-yard, in weight, or in measure.

36 Just balances,b just κ weights, a just ephah, and a just hin, shall ye have: I *am* the LORD your God, which brought you out of the land of Egypt.

37 Therefore shall ye observe d all my statutes, and all my judgments, and do them: I *am* the LORD.

CHAP. XX.

AND the LORD spake unto Moses, saying,

2 Again, thou shalt say to the children of Israel, Whosoeverf *he be* of the chil-

---

B. C. 1490.

β *reproached by,* or, *for man,* or, *abused by any.*

a ch. 17. 10.
Eze. 14. 8.

γ or, *they.*

δ *there shall be a scourging.*

b ch. 6. 6.
c De. 17. 2..5.
d Ex. 20. 5.
e ch. 17. 7.
Je. 3. 2.
Ho. 2. 5,13.
f ch. 19. 31.
g Re. 22. 15.
h ch. 19. 2.

ζ *holiness of praises to the LORD.*

i Pr. 3. 9.
j ch. 19. 37.
k ch. 21. 8.
Ex. 31. 13.
Eze. 37. 28.
1 Co. 1. 30.
l Ex. 21. 17.
Pr. 20. 20.
m De. 12. 23.
n ver. 11, 13.
o De.18.10..14
p ch. 21. 5.
q De. 22. 22.
r De. 27. 20.

η *profane.*

s ch. 18. 15.
t Ec. 5. 1.
u De.18.10,11
v ch. 18. 22.
De. 13. 17.
w Job 32.4,6.
x 1 Pe. 2. 17.
y ch. 18. 17.
z Ex. 22. 21.

θ or, *oppress.*

a ch. 18. 23.
De. 27. 21.

b Pr. 11. 1.

κ *stones.*

c De. 27. 22.
d De. 5. 1.
Ps.119.4.34.
e ch. 15. 24.
18. 19.
Eze. 18. 6.

λ *made naked.*

f ch. 18. 21.

---

dren of Israel, or of the strangers that sojourn in Israel, that giveth *any* of his seed unto Molech, he shall surely be put to death; the people of the land shall stone him with stones.

3 And I will set a my face against that man, and will cut him off from among his people; because he hath given of his seed unto Molech, to defile my sanctuary, and to profane my holy name.

4 And if the people of the land do any ways hide their eyes from the man, when he giveth of his seed unto Molech, and kill e him not;

5 Then I will set my face against that man, and against his family,d and will cut him off, and all that go a e whoring after him, to commit whoredom with Molech, from among their people.

6 Andf the soul that turneth after such as have familiar spirits, and after wizards, to go a whoring after them, I will even set my face against that soul, and will cut him offg from among his people.

7 Sanctify h yourselves, therefore, and be ye holy: for I *am* the LORD your God.

8 And j ye shall keep my statutes, and do them: I k *am* the LORD which sanctify you.

9 For every one l that curseth his father or his mother shall be surely put to death: he hath cursed his father or his mother; his blood n *shall be* upon him.

10 And the man that committeth adultery with *another* man's wife, *even he* that committeth adultery with his neighbour's wife, theq adulterer and the adulteress shall surely be put to death.

11 And the man that lieth with his father's wifer hath uncovered his father's nakedness: both of them shall surely be put to death; their blood *shall be* upon them.

12 And if a man lie with his daughter-in-law,s both of them shall surely be put to death: they have wrought confusion; their blood *shall be* upon them.

13 If a man also lie with v mankind as he lieth with a woman, both of them have committed an abomination: they shall surely be put to death; their blood *shall be* upon them.

14 And if a man take a wife and her mother,y it *is* wickedness: they shall be burnt with fire, both he and they; that there be no wickedness among you.

15 And if a man lie with a beast,a he shall surely be put to death; and ye shall slay the beast.

16 And if a woman approach unto any beast, and lie down thereto, thou shalt kill the woman and the beast; they shall surely be put to death; their blood *shall be* upon them.

17 And if a man shall take his e sister, his father's daughter, or his mother's daughter, and see her nakedness, and she see his nakedness, it *is* a wicked thing; and they shall be cut off in the sight of their people: he hath uncovered his sister's nakedness; he shall bear his iniquity.

18 And if a man shall lie with a woman having her sickness,e and shall uncover her nakedness; he hath λ discovered her fountain, and she hath unco-

הַשָּׂדֶה וְהוּא גִלָּה אֶת־מְקֹרָהּ דָּמֶהָ וְנִכְרְתוּ

19 שְׁנֵיהֶם מִקֶּרֶב עַמָּם ׃ וְעֶרְוַת אֲחוֹת אִמְּךָ
20 וַאֲחוֹת אָבִיךָ לֹא תְגַלֵּה כִּי אֶת־שְׁאֵרוֹ הֶעֱרָה
עֲוֹנָם יִשָּׂאוּ ׃ וְאִישׁ אֲשֶׁר יִשְׁכַּב אֶת־דֹּדָתוֹ
21 עֶרְוַת דֹּדוֹ גִּלָּה חֶטְאָם יִשָּׂאוּ עֲרִירִים יָמֻתוּ ׃
וְאִישׁ אֲשֶׁר יִקַּח אֶת־אֵשֶׁת אָחִיו נִדָּה הִוא
22 עֶרְוַת אָחִיו גִּלָּה עֲרִירִים יִהְיוּ ׃ וּשְׁמַרְתֶּם אֶת־
כָּל־חֻקֹּתַי וְאֶת־כָּל־מִשְׁפָּטַי וַעֲשִׂיתֶם אֹתָם וְלֹא־
23 תָקִיא אֶתְכֶם הָאָרֶץ אֲשֶׁר אֲנִי מֵבִיא אֶתְכֶם
שָׁמָּה לָשֶׁבֶת בָּהּ ׃ וְלֹא תֵלְכוּ בְּחֻקֹּת הַגּוֹי
אֲשֶׁר־אֲנִי מְשַׁלֵּחַ מִפְּנֵיכֶם כִּי אֶת־כָּל־אֵלֶּה עָשׂוּ
24 וָאָקֻץ בָּם ׃ וָאֹמַר לָכֶם אַתֶּם תִּירְשׁוּ אֶת־
אַדְמָתָם וַאֲנִי אֶתְּנֶנָּה לָכֶם לָרֶשֶׁת אֹתָהּ אֶרֶץ
זָבַת חָלָב וּדְבָשׁ אֲנִי יְהוָה אֱלֹהֵיכֶם אֲשֶׁר־
25 הִבְדַּלְתִּי אֶתְכֶם מִן־הָעַמִּים ׃ וְהִבְדַּלְתֶּם בֵּין־
הַבְּהֵמָה הַטְּהֹרָה לַטְּמֵאָה וּבֵין־הָעוֹף הַטָּמֵא
לַטָּהֹר וְלֹא־תְשַׁקְּצוּ אֶת־נַפְשֹׁתֵיכֶם בַּבְּהֵמָה וּבָעוֹף
וּבְכֹל אֲשֶׁר תִּרְמֹשׂ הָאֲדָמָה אֲשֶׁר־הִבְדַּלְתִּי לָכֶם
26 לְטַמֵּא ׃ וִהְיִיתֶם לִי קְדֹשִׁים כִּי קָדוֹשׁ אֲנִי יְהוָה
27 וָאַבְדִּל אֶתְכֶם מִן־הָעַמִּים לִהְיוֹת לִי ׃ וְאִישׁ
אוֹ־אִשָּׁה כִּי־יִהְיֶה בָהֶם אוֹב אוֹ יִדְּעֹנִי מוֹת יוּמָתוּ
בָּאֶבֶן יִרְגְּמוּ אֹתָם דְּמֵיהֶם בָּם ׃

פ פ פ   לא 31

CAP. XXI. כא

1 וַיֹּאמֶר יְהוָה אֶל־מֹשֶׁה אֱמֹר אֶל־הַכֹּהֲנִים בְּנֵי
אַהֲרֹן וְאָמַרְתָּ אֲלֵהֶם לְנֶפֶשׁ לֹא־יִטַּמָּא בְּעַמָּיו ׃
2 כִּי אִם־לִשְׁאֵרוֹ הַקָּרֹב אֵלָיו לְאִמּוֹ וּלְאָבִיו וְלִבְנוֹ
3 וּלְבִתּוֹ וּלְאָחִיו ׃ וְלַאֲחֹתוֹ הַבְּתוּלָה הַקְּרוֹבָה אֵלָיו
4 אֲשֶׁר לֹא־הָיְתָה לְאִישׁ לָהּ יִטַּמָּא ׃ לֹא יִטַּמָּא
5 בַּעַל בְּעַמָּיו לְהֵחַלּוֹ ׃ לֹא־יִקְרְחֻה קָרְחָה בְּרֹאשָׁם
וּפְאַת זְקָנָם לֹא יְגַלֵּחוּ וּבִבְשָׂרָם לֹא יִשְׂרְטוּ
6 שָׂרָטֶת ׃ קְדֹשִׁים יִהְיוּ לֵאלֹהֵיהֶם וְלֹא יְחַלְּלוּ
שֵׁם אֱלֹהֵיהֶם כִּי אֶת־אִשֵּׁי יְהוָה לֶחֶם אֱלֹהֵיהֶם
7 הֵם מַקְרִיבִם וְהָיוּ קֹדֶשׁ ׃ אִשָּׁה זֹנָה וַחֲלָלָה לֹא
יִקָּחוּ וְאִשָּׁה גְּרוּשָׁה מֵאִישָׁהּ לֹא יִקָּחוּ כִּי־קָדֹשׁ הוּא
8 לֵאלֹהָיו ׃ וְקִדַּשְׁתּוֹ כִּי אֶת־לֶחֶם אֱלֹהֶיךָ הוּא

---

9 הִיא מַקְרִיב קֹדֶשׁ יִהְיֶה־לָּךְ כִּי קָדוֹשׁ אֲנִי יְהוָה
מְקַדִּשְׁכֶם ׃ וּבַת אִישׁ כֹּהֵן כִּי תֵחֵל לִזְנוֹת אֶת־
10 אָבִיהָ הִיא מְחַלֶּלֶת בָּאֵשׁ תִּשָּׂרֵף ׃ ס וְהַכֹּהֵן
הַגָּדוֹל מֵאֶחָיו אֲשֶׁר־יוּצַק עַל־רֹאשׁוֹ שֶׁמֶן
הַמִּשְׁחָה וּמִלֵּא אֶת־יָדוֹ לִלְבֹּשׁ אֶת־הַבְּגָדִים אֶת־
11 רֹאשׁוֹ לֹא יִפְרָע וּבְגָדָיו לֹא יִפְרֹם ׃ וְעַל כָּל־נַפְשֹׁת
12 מֵת לֹא יָבֹא לְאָבִיו וּלְאִמּוֹ לֹא יִטַּמָּא ׃ וּמִן
הַמִּקְדָּשׁ לֹא יֵצֵא וְלֹא יְחַלֵּל אֵת מִקְדַּשׁ אֱלֹהָיו
כִּי נֵזֶר שֶׁמֶן מִשְׁחַת אֱלֹהָיו עָלָיו אֲנִי יְהוָה ׃
13 וְהוּא אִשָּׁה בִבְתוּלֶיהָ יִקָּח ׃ אַלְמָנָה וּגְרוּשָׁה
14 וַחֲלָלָה זֹנָה אֶת־אֵלֶּה לֹא יִקָּח כִּי אִם־בְּתוּלָה
15 מֵעַמָּיו יִקַּח אִשָּׁה ׃ וְלֹא־יְחַלֵּל זַרְעוֹ בְּעַמָּיו
16 כִּי אֲנִי יְהוָה מְקַדְּשׁוֹ ׃ ס וַיְדַבֵּר יְהוָה אֶל־
17 מֹשֶׁה לֵּאמֹר ׃ דַּבֵּר אֶל־אַהֲרֹן לֵאמֹר אִישׁ
מִזַּרְעֲךָ לְדֹרֹתָם אֲשֶׁר יִהְיֶה בוֹ מוּם לֹא יִקְרַב
18 לְהַקְרִיב לֶחֶם אֱלֹהָיו ׃ כִּי כָל־אִישׁ אֲשֶׁר־בּוֹ מוּם
לֹא יִקְרָב אִישׁ עִוֵּר אוֹ פִסֵּחַ אוֹ חָרֻם אוֹ שָׂרוּעַ ׃
19 אוֹ אִישׁ אֲשֶׁר־יִהְיֶה בוֹ שֶׁבֶר רָגֶל אוֹ שֶׁבֶר יָד ׃
20 אוֹ־גִבֵּן אוֹ־דַק אוֹ תְּבַלֻּל בְּעֵינוֹ אוֹ גָרָב אוֹ יַלֶּפֶת
21 אוֹ מְרוֹחַ אָשֶׁךְ ׃ כָּל־אִישׁ אֲשֶׁר־בּוֹ מוּם מִזֶּרַע
אַהֲרֹן הַכֹּהֵן לֹא יִגַּשׁ לְהַקְרִיב אֶת־אִשֵּׁי יְהוָה
מוּם בּוֹ אֵת לֶחֶם אֱלֹהָיו לֹא יִגַּשׁ לְהַקְרִיב ׃
22 לֶחֶם אֱלֹהָיו מִקָּדְשֵׁי הַקֳּדָשִׁים וּמִן־הַקֳּדָשִׁים
23 יֹאכֵל ׃ אַךְ אֶל־הַפָּרֹכֶת לֹא יָבֹא וְאֶל־הַמִּזְבֵּחַ
לֹא יִגַּשׁ כִּי־מוּם בּוֹ וְלֹא יְחַלֵּל אֶת־מִקְדָּשַׁי כִּי
24 אֲנִי יְהוָה מְקַדְּשָׁם ׃ וַיְדַבֵּר מֹשֶׁה אֶל־אַהֲרֹן
וְאֶל־בָּנָיו וְאֶל־כָּל־בְּנֵי יִשְׂרָאֵל ׃
פ

CAP. XXII. כב

1 וַיְדַבֵּר יְהוָה אֶל־מֹשֶׁה לֵּאמֹר ׃ דַּבֵּר אֶל־אַהֲרֹן
2 וְאֶל־בָּנָיו וְיִנָּזְרוּ מִקָּדְשֵׁי בְנֵי־יִשְׂרָאֵל וְלֹא יְחַלְּלוּ
אֶת־שֵׁם קָדְשִׁי אֲשֶׁר הֵם מַקְדִּשִׁים לִי אֲנִי
3 יְהוָה ׃ אֱמֹר אֲלֵהֶם לְדֹרֹתֵיכֶם כָּל־אִישׁ אֲשֶׁר־
יִקְרַב מִכָּל־זַרְעֲכֶם אֶל־הַקֳּדָשִׁים אֲשֶׁר יַקְדִּישׁוּ
בְנֵי־יִשְׂרָאֵל לַיהוָה וְטֻמְאָתוֹ עָלָיו וְנִכְרְתָה הַנֶּפֶשׁ
הַהִוא מִלְּפָנַי אֲנִי יְהוָה ׃ אִישׁ אִישׁ מִזֶּרַע אַהֲרֹן
4 וְהוּא צָרוּעַ אוֹ זָב בַּקֳּדָשִׁים לֹא יֹאכַל עַד אֲשֶׁר

vered the fountain of her blood; and both of them shall be cut off from among their people.

19 And ^a thou shalt not uncover the nakedness of thy mother's sister, nor of thy father's sister: for he uncovereth his near kin; they shall bear their iniquity.

20 And if a man shall lie with his uncle's wife, he hath uncovered his uncle's nakedness: they shall bear their sin; they shall die childless.^f

21 And if a man shall take his brother's wife,^g it *is* β an unclean thing: he hath uncovered his brother's nakedness; they shall be childless.

22 Ye shall therefore keep all ⁱ my statutes, and all my judgments, and do them; that the land, whither I bring you to dwell therein, spue ^l you not out.

23 And ye shall not walk in the manners of the nation which I cast out before you: for they committed all these things, and therefore ^m I abhorred them.

24 But I have said ⁿ unto you, Ye shall inherit their land, and I will give it unto you to possess it, a land that floweth with milk and honey: I *am* the LORD your God, which have^p separated you from *other* people.

25 Ye shall therefore put^q difference between clean beasts and unclean, and between unclean fowls and clean: and ye shall not make your souls abominable by beast, or by fowl, or by any manner of living thing that δ creepeth on the ground, which I have separated from you as unclean.

26 And ye shall be holy unto me; for^u I the LORD *am* holy, and have severed^v you from *other* people, that ye should be mine.

27 A man also, or woman, that hath a familiar spirit,^x or that is a wizard, shall surely be put to death: they shall stone them with stones; their blood *shall be* upon them.

CHAP. XXI.

AND the LORD said unto Moses, Speak unto the priests the sons of Aaron, and say unto them, There^y shall none be defiled for the dead among his people:

2 But for his kin that is near unto him, *that is,* for his mother, and for his father, and for his son, and for his daughter, and for his brother,

3 And for his sister a virgin, that is nigh unto him, which hath had no husband, for her may he be defiled.

4 *But* he shall not defile himself, *being* a chief man among his people, to profane himself.

5 They shall not make baldness upon their head; neither shall they shave off the corner of their beard; nor make any cuttings in their flesh.

6 They shall be holy unto their God, and not profane^g the name of their God: for the offerings of the LORD made by fire, *and* the bread of their God, they do offer; therefore^h they shall be holy.

7 They shallⁱ not take a wife *that is* a whore, or profane; neither shall they take a woman put away^l from her husband: for he *is* holy unto his God.

8 Thou shalt sanctify him therefore; for he offereth the bread of thy God; he shall be holy unto thee: forⁿ I the LORD, which sanctify you, *am* holy.

---

9 And the daughter of any priest, if she profane herself by playing the whore, she profaneth her father: she shall be burnt^b with fire.

10 And *he that is* the high priest among his brethren, upon whose head the anointing oil was poured, and that is consecrated to put on the garments,^c shall not uncover^d his head, nor rend his clothes;

11 Neither shall he go in^e to any dead body, nor defile himself for his father, or for his mother;

12 Neither shall he go out of the sanctuary, nor profane the sanctuary of his God; for the crown^h of the anointing oil of his God *is* upon him: I *am* the LORD.

13 And he shall take a wife^k in her virginity.

14 A widow, or a divorced woman, or profane, or an harlot, these shall he not take: but he shall take a virgin of his own people to wife.

15 Neither shall he profane his^o seed among his people; for I the LORD do sanctify him.

16 And the LORD spake unto Moses, saying,

17 Speak unto Aaron, saying, Whosoever *he be* of thy seed in their generations that hath *any* blemish,^r let him not approach^s to offer the γ bread of his God:

18 For whatsoever man *he be* that hath a blemish, he shall not approach: a blind man, or a lame, or he that hath a flat nose, or any thing superfluous,^t

19 Or a man that is broken-footed, or broken-handed,

20 Or crook-backt, or ζa dwarf, or that hath a blemish in his eye, or be scurvy or scabbed, or ^w hath his stones broken:

21 No man that hath a blemish of the seed of Aaron the priest shall come nigh to offer the offerings of the LORD made by fire: he hath a blemish: he shall not come nigh to offer the bread of his God.

22 He shall eat the bread of his God, *both* of the most^z holy, and of the holy;^a

23 Only he shall not go in unto the vail, nor come nigh unto the altar, because he hath a blemish; that^b he profane not my sanctuaries: for^c I the LORD do sanctify them.

24 And Moses told *it* unto Aaron, and to his sons, and unto all the children of Israel.

CHAP. XXII.

AND the LORD spake unto Moses, saying,

2 Speak unto Aaron and to his sons, that they separate^d themselves from the holy things of the children of Israel, and that^e they profane not my holy name *in those things* which they hallow^f unto me: I *am* the LORD.

3 Say unto them, Whosoever *he be* of all your seed, among your generations, that goeth unto the holy things, which the children of Israel hallow unto the LORD, having^k his uncleanness upon him, that soul shall be cut off from my presence: I *am* the LORD.

4 What man soever of the seed of Aaron is a leper, or^m hath a running θ issue, he shall not eat of the holy things until he be clean.^o And whoso^p toucheth any

---

B. C. 1490.

a ch. 18. 12, &c.
b Ge. 38. 24.
c Ex.29.29,30
d ch. 10. 6, 7.
e Nu. 19. 14.
f Je. 22. 30.
g Mat.14.3,4.
β *a separation.*
h ch. 8. 9..12.
Ex. 29. 6,7.
i ch. 19. 37.
k ver. 7.
l ch.18.25,28.
m De. 9. 5.
n Ex. 3. 17.
6. 8.
o Ge. 18. 19.
Ezr. 2. 62.
p ver. 26.
Ex. 19. 5.
33. 16.
1 Ki. 8. 53.
q ch. 11. 47.
r ch. 22. 25.
s ch. 10. 3.
γ or, *food.*
ch. 3. 11.
δ or, *moveth.*
t ch. 22. 23.
u ver. 7.
ch. 19. 2.
1 Pe. 1. 16.
v ver. 24.
De. 7. 6.
14. 2.
26.18,19.
Tit. 2. 14.

ζ or, *too slender.*

w De. 23. 1.
x ver. 6.
1 Sa. 28. 9.
y Eze. 44. 25.
z ch. 2. 3, 10.
6. 17, 29.
7.1.—24.9
Nu. 18. 9.
a ch.22.10..12
Nu. 18. 19.
b ver. 12.
c ver. 8.

η or, *being an husband among his people, he shall not defile himself for his wife,* &c. SeeEze.24. 16, 17.

d Nu. 6. 3.
e ch. 18. 21.
f Ex. 28. 38.
De. 15. 19.
g ch. 19. 12.
h Is. 52. 11.
i Eze. 44. 22.
k ch. 7. 20.
l De. 24. 1..4.
m ch. 15. 2.
θ *of the reins.*
n ch. 20. 7, 8.
o ch. 15. 13.
p Nu.19.11,12

אֶת־לָהֶם אֱלֹהֵיכֶם מִפְּנֵי־אֵלֶּה כִּי מִשְׁחָתָם בָּהֶם

יִטְהָר וְחָטְנֵ֥עַ בְּכָל־טָמֵא־נֶפֶשׁ אוֹ אִישׁ אֲשֶׁר־

26 תֵּצֵא מִמֶּ֫נּוּ שִׁכְבַת־זָרַע ׃ ס וַיְדַבֵּר יְהֹוָה

מַיִם פָּם לֹא יֹאכַל כִּי־יַעֲזֹב לָכֶם ׃ 5

27 אֶל־מֹשֶׁה לֵּאמֹר ׃ שׁוֹר אוֹ־כֶ֫שֶׂב אוֹ־עֵז כִּי יִוָּלֵד

בְּכָל־שֶׁ֫רֶץ אֲשֶׁר יִטְמָא־לוֹ אוֹ בְאָדָם אֲשֶׁר יִטְמָא

וְהָיָה שִׁבְעַת יָמִים תַּחַת אִמּוֹ וּמִיּוֹם הַשְּׁמִינִי

6 לוֹ לְכֹל טֻמְאָתוֹ ׃ נֶפֶשׁ אֲשֶׁר תִּגַּע־בּוֹ וְטָמְאָה

28 וָהָלְאָה יֵרָצֶה לְקָרְבַּן אִשֶּׁה לַיהֹוָה ׃ וְשׁוֹר אוֹ־

עַד־הָעָ֫רֶב וְלֹא יֹאכַל מִן־הַקֳּדָשִׁים כִּי אִם־רָחַץ

שֶׂה אֹתוֹ וְאֶת־בְּנוֹ לֹא תִשְׁחֲטוּ בְּיוֹם אֶחָד ׃ וְכִי־ 29

7 בְּשָׂרוֹ בַּמָּ֫יִם ׃ וּבָא הַשֶּׁ֫מֶשׁ וְטָהֵר וְאַחַר יֹאכַל

תִּזְבְּחוּ זֶבַח־תּוֹדָה לַיהֹוָה לִרְצֹנְכֶם תִּזְבָּחוּ ׃

8 מִן־הַקֳּדָשִׁים כִּי לַחְמוֹ הוּא ׃ נְבֵלָה וּטְרֵפָה לֹא

בַּיּוֹם הַהוּא יֵאָכֵל לֹא־תוֹתִ֫ירוּ מִמֶּ֫נּוּ עַד־בֹּ֫קֶר אֲנִי 30

9 יֹאכַל לְטָמְאָה־בָהּ אֲנִי יְהֹוָה ׃ וְשָׁמְרוּ אֶת־

יְהֹוָה ׃ וּשְׁמַרְתֶּם מִצְוֹתַי וַעֲשִׂיתֶם אֹתָם אֲנִי 31

מִשְׁמַרְתִּי וְלֹא־יִשְׂאוּ עָלָיו חֵטְא וּמֵ֫תוּ בוֹ כִּי

10 יְחַלְּלֻ֫הוּ אֲנִי יְהֹוָה מְקַדְּשָׁם ׃ וְכָל־זָר לֹא־יֹאכַל

יְהֹוָה ׃ וְלֹא תְחַלְּלוּ אֶת־שֵׁם קָדְשִׁי וְנִקְדַּשְׁתִּי 32

11 קֹ֫דֶשׁ תּוֹשַׁב כֹּהֵן וְשָׂכִיר לֹא־יֹאכַל קֹ֫דֶשׁ ׃ וְכֹהֵן

בְּתוֹךְ בְּנֵי יִשְׂרָאֵל אֲנִי יְהֹוָה מְקַדִּשְׁכֶם ׃ הַמּוֹצִיא 33

כִּי־יִקְנֶה נֶ֫פֶשׁ קִנְיַן כַּסְפּוֹ הוּא יֹאכַל בּוֹ וִילִיד בֵּיתוֹ

אֶתְכֶם מֵאֶ֫רֶץ מִצְרַ֫יִם לִהְיוֹת לָכֶם לֵאלֹהִים אֲנִי

12 הֵם יֹאכְלוּ בְלַחְמוֹ ׃ וּבַת־כֹּהֵן כִּי תִהְיֶה לְאִישׁ

יְהֹוָה ׃ ס

13 זָר הִוא בִּתְרוּמַת הַקֳּדָשִׁים לֹא תֹאכֵל ׃ וּבַת־

CAP. XXIII. כג

כֹּהֵן כִּי תִהְיֶה אַלְמָנָה וּגְרוּשָׁה וְזֶ֫רַע אֵין לָהּ

וַיְדַבֵּר יְהֹוָה אֶל־מֹשֶׁה לֵּאמֹר ׃ דַּבֵּר אֶל־בְּנֵי 1

וְשָׁבָה אֶל־בֵּית אָבִ֫יהָ כִּנְעוּרֶ֫יהָ מִלֶּ֫חֶם אָבִ֫יהָ 2

יִשְׂרָאֵל וְאָמַרְתָּ אֲלֵהֶם מוֹעֲדֵי יְהֹוָה אֲשֶׁר־תִּקְרְאוּ

14 תֹּאכֵל וְכָל־זָר לֹא־יֹאכַל בּוֹ ׃ וְאִישׁ כִּי־יֹאכַל קֹ֫דֶשׁ

אֹתָם מִקְרָאֵי קֹ֫דֶשׁ אֵ֫לֶּה הֵם מוֹעֲדָי ׃ שֵׁ֫שֶׁת 3

בִּשְׁגָגָה וְיָסַף חֲמִשִׁיתוֹ עָלָיו וְנָתַן לַכֹּהֵן אֶת־

יָמִים תֵּעָשֶׂה מְלָאכָה וּבַיּוֹם הַשְּׁבִיעִי שַׁבַּת

15 הַקֹּ֫דֶשׁ ׃ וְלֹא יְחַלְּלוּ אֶת־קָדְשֵׁי בְּנֵי יִשְׂרָאֵל אֵת

שַׁבָּתוֹן מִקְרָא־קֹ֫דֶשׁ כָּל־מְלָאכָה לֹא תַעֲשׂוּ שַׁבָּת

16 אֲשֶׁר־יָרִ֫ימוּ לַיהֹוָה ׃ וְהִשִּׂיאוּ אוֹתָם עֲוֹן אַשְׁמָה

הִוא לַיהֹוָה בְּכֹל מוֹשְׁבֹתֵיכֶם ׃ ס

בְּאָכְלָם אֶת־קָדְשֵׁיהֶם כִּי אֲנִי יְהֹוָה מְקַדְּשָׁם ׃ פ

אֵ֫לֶּה מוֹעֲדֵי יְהֹוָה מִקְרָאֵי קֹ֫דֶשׁ אֲשֶׁר־תִּקְרְאוּ 4

17 וַיְדַבֵּר יְהֹוָה אֶל־מֹשֶׁה לֵּאמֹר ׃ דַּבֵּר אֶל־אַהֲרֹן

18 אֹתָם בְּמוֹעֲדָם ׃ בַּחֹ֫דֶשׁ הָרִאשׁוֹן בְּאַרְבָּעָה 5

וְאֶל־בָּנָיו וְאֶל כָּל־בְּנֵי יִשְׂרָאֵל וְאָמַרְתָּ אֲלֵהֶם אִישׁ

עָשָׂר לַחֹ֫דֶשׁ בֵּין הָעַרְבָּ֫יִם פֶּ֫סַח לַיהֹוָה ׃

אִישׁ מִבֵּית יִשְׂרָאֵל וּמִן־הַגֵּר בְּיִשְׂרָאֵל אֲשֶׁר יַקְרִיב

וּבַחֲמִשָּׁה עָשָׂר יוֹם לַחֹ֫דֶשׁ הַזֶּה חַג הַמַּצּוֹת 6

19 קָרְבָּנוֹ לְכָל־נִדְרֵיהֶם וּלְכָל־נִדְבוֹתָם אֲשֶׁר־יַקְרִיבוּ

לַיהֹוָה שִׁבְעַת יָמִים מַצּוֹת תֹּאכֵ֫לוּ ׃ בַּיּוֹם 7

20 לַיהֹוָה לְעֹלָה ׃ לִרְצֹנְכֶם תָּמִים זָכָר בַּבָּקָר

הָרִאשׁוֹן מִקְרָא־קֹ֫דֶשׁ יִהְיֶה לָכֶם כָּל־מְלֶ֫אכֶת

21 בַּכְּשָׂבִים וּבָעִזִּים ׃ כֹּל אֲשֶׁר־בּוֹ מוּם לֹא תַקְרִ֫יבוּ

עֲבֹדָה לֹא תַעֲשׂוּ ׃ וְהִקְרַבְתֶּם אִשֶּׁה לַיהֹוָה 8

שִׁבְעַת יָמִים בַּיּוֹם הַשְּׁבִיעִי מִקְרָא־קֹ֫דֶשׁ כָּל־

כִּי־לֹא לְרָצוֹן יִהְיֶה לָכֶם ׃ וְאִישׁ כִּי־יַקְרִיב זֶ֫בַח־

מְלֶ֫אכֶת עֲבֹדָה לֹא תַעֲשׂוּ ׃ פ

שְׁלָמִים לַיהֹוָה לְפַלֵּא־נֶ֫דֶר אוֹ לִנְדָבָה בַּבָּקָר אוֹ

בַצֹּאן תָּמִים יִהְיֶה לְרָצוֹן כָּל־מוּם לֹא יִהְיֶה־בּוֹ ׃

וַיְדַבֵּר יְהֹוָה אֶל־מֹשֶׁה לֵּאמֹר ׃ דַּבֵּר אֶל־בְּנֵי 9-10

22 עַוֶּ֫רֶת אוֹ שָׁבוּר אוֹ־חָרוּץ אוֹ־יַבֶּ֫לֶת אוֹ גָרָב אוֹ

יִשְׂרָאֵל וְאָמַרְתָּ אֲלֵהֶם כִּי־תָבֹ֫אוּ אֶל־הָאָ֫רֶץ

יַלֶּ֫פֶת לֹא־תַקְרִ֫יבוּ אֵ֫לֶּה לַיהֹוָה וְאִשֶּׁה לֹא־תִתְּנוּ

אֲשֶׁר אֲנִי נֹתֵן לָכֶם וּקְצַרְתֶּם אֶת־קְצִירָהּ

23 מֵהֶם עַל־הַמִּזְבֵּ֫חַ לַיהֹוָה ׃ וְשׁוֹר וָשֶׂה שָׂרוּעַ

וַהֲבֵאתֶם אֶת־עֹ֫מֶר רֵאשִׁית קְצִירְכֶם אֶל־

וְקָלוּט נְדָבָה תַּעֲשֶׂה אֹתוֹ וּלְנֵ֫דֶר לֹא יֵרָצֶה ׃

24 הַכֹּהֵן ׃ וְהֵנִיף אֶת־הָעֹ֫מֶר לִפְנֵי יְהֹוָה לִרְצֹנְכֶם

25 וּמָעוּךְ וְכָתוּת וְנָתוּק וְכָרוּת לֹא תַקְרִ֫יבוּ לַיהֹוָה

מִמָּחֳרַת הַשַּׁבָּת יְנִיפֶ֫נּוּ הַכֹּהֵן ׃ וַעֲשִׂיתֶם 11-12

וּבְאַרְצְכֶם לֹא תַעֲשׂוּ ׃ וּמִיַּד בֶּן־נֵכָר לֹא תַקְרִ֫יבוּ

בְּיוֹם הֲנִיפְכֶם אֶת־הָעֹ֫מֶר כֶּ֫בֶשׂ תָּמִים בֶּן־

thing *that is* unclean *by* the dead, or a man[a] whose seed goeth from him;

5 Or whosoever[b] toucheth any creeping thing, whereby he may be made unclean, or[c] a man of whom he may take uncleanness, whatsoever uncleanness he hath;

6 The soul which hath touched[e] any such shall be unclean until even, and shall not eat of the holy things, unless he wash[g] his flesh with water.

7 And when the sun is down he shall be clean, and shall afterward eat of the holy things, because[h] it *is* his food.

8 That which dieth[k] of itself, or is torn *with beasts,* he shall not eat to defile himself therewith: I *am* the LORD.

9 They shall therefore keep mine ordinance, lest[l] they bear sin for it, and die therefore, if they profane it: I the LORD do sanctify them.

10 There shall no stranger eat *of* the holy thing: a sojourner of the priest, or an hired servant, shall not eat *of* the holy thing.

11 But if the priest buy *any* soul with his γmoney, he shall eat of it, and he that is born in his house; they[o] shall eat of his meat.

12 If the priest's daughter also be *married* unto δa stranger, she may not eat of an offering of the holy things.

13 But if the priest's daughter be a widow, or divorced, and have no child, and is returned[t] unto her father's house, as in her youth, she shall eat of her father's meat; but there shall no stranger eat thereof.

14 And if a man eat *of* the holy thing unwittingly,[v] then he shall put the fifth *part* thereof unto it, and shall give *it* unto the priest with the holy thing.

15 And they shall not profane the holy things[y] of the children of Israel, which they offer unto the LORD;

16 Or ζsuffer them to bear[z] the iniquity of trespass, when they eat their holy things: for I the LORD do sanctify them.

17 And the LORD spake unto Moses, saying,

18 Speak unto Aaron, and to his sons, and unto all the children of Israel, and say unto them, Whatsoever *he be* of the house of Israel, or of the strangers[c] in Israel, that will offer his oblation for all his vows, and for all his free-will-offerings, which they will offer unto the LORD for a burnt-offering;

19 *Ye shall offer* at your own will a male without blemish,[d] of the beeves, of the sheep, or of the goats.

20 *But* whatsoever[e] hath a blemish, *that* shall ye not offer; for it shall not be acceptable for you.

21 And whosoever offereth a sacrifice of peace-offerings[f] unto the LORD to accomplish *his* vow,[g] or a free-will-offering in beeves or ηsheep, it shall be perfect to be accepted; there shall be no blemish therein.

22 Blind, or broken, or maimed, or having a wen, or scurvy, or scabbed, ye shall not offer these unto the LORD, nor make an offering by fire of them upon the altar unto the LORD.

23 Either a bullock or a κlamb that hath any thing superfluous[k] or lacking in his parts, that mayest thou offer *for* a

free-will-offering; but for a vow it shall not be accepted.

24 Ye shall not offer unto the LORD that which is bruised, or crushed, or broken, or cut; neither shall ye make *any offering thereof* in your land.

25 Neither from a stranger's[d] hand shall ye offer the bread of your God ot any of these; because their[f] corruption *is* in them, *and* blemishes *be* in them; they shall not be accepted for you.

26 And the LORD spake unto Moses, saying,

27 When[i] a bullock, or a sheep, or a goat, is brought forth, then it shall be seven days under the dam; and from the eighth day, and thenceforth, it shall be accepted for an offering made by fire unto the LORD.

28 And *whether it be* cow or βewe, ye shall not kill it and her young[m] both in one day.

29 And when ye will offer a sacrifice of thanksgiving[n] unto the LORD, offer *it* at your own will.

30 On the same day it shall be eaten up; ye shall leave none of it until the morrow: I *am* the LORD.

31 Therefore[p] shall ye keep my commandments, and do them: I *am* the LORD.

32 Neither shall ye profane[q] my holy name; but[r] I will be hallowed among the children of Israel: I[s] *am* the LORD which hallow you,

33 That[u] brought you out of the land ot Egypt, to be your God: I *am* the LORD.

CHAP. XXIII.

AND the LORD spake unto Moses, saying,

2 Speak unto the children of Israel, and say unto them, *Concerning* the feasts[w] of the LORD, which ye shall proclaim[x] *to be* holy convocations, *even* these *are* my feasts.

3 Six days[a] shall work be done; but the seventh day *is* the sabbath of rest, an holy convocation; ye shall do no work *therein*: it *is* the sabbath of the LORD in all your dwellings.

4 These *are* the feasts of the LORD, *even* holy convocations, which ye shall proclaim in their seasons.

5 In[b] the fourteenth *day* of the first month at even *is* the LORD's passover.

6 And on the fifteenth day of the same month *is* the feast of unleavened bread unto the LORD: seven days ye must eat unleavened bread.

7 In the first day ye shall have an holy convocation: ye shall do no servile work therein.

8 But ye shall offer an offering made by fire unto the LORD seven days: in the seventh day *is* an holy convocation: ye shall do no servile work *therein*.

9 And the LORD spake unto Moses, saying,

10 Speak unto the children of Israel, and say unto them, When ye be come into the land which I give unto you, and shall reap the harvest thereof, then ye shall bring a θsheaf of the first-fruits[h] of your harvest unto the priest;

11 And he shall wave[i] the sheaf before the LORD, to be accepted for you: on the morrow after the sabbath the priest shall wave it.

12 And ye shall offer that day, when ye

Margin notes (center column):

B. C. 1490.

a ch. 15. 16.
b ch.11.24,43.
c ch.15.7,19.
d Nu. 16. 40.
e Hag. 2. 13.
f Ep. 2. 12.
1 Jn[o]. 5. 19.
g ch. 15. 5.
He. 10. 22.
h ch. 21. 22.
Nu.18.11,13.
i Ex. 22. 30.
k Ex. 22. 31.
Eze. 44. 31
l Ex. 28. 43.
β or, she-goat.
m De. 22. 6.
n ch. 7.12.,15.
Ps. 107. 22.
Am. 4. 5.
γ the purchase of his money.
oNu.18.11,13.
p ch. 19. 37.
Nu. 15. 40.
De. 4. 40.
δ a man, a stranger.
q ch. 18. 21.
r ch 10. 3.
s ch. 20. 8.
t Ge. 38. 11.
u ch. 11. 45.
v ch. 5.15,16.
w ver. 4, 37.
x Ex. 32. 5.
Ps. 81. 3.
y Nu. 18. 32.
ζ or, lade themselves with the iniquity of trespass in their eating.
z ver. 9.
a ch. 19. 3.
Ex. 20. 9.
b Ex.12.6,&c.
13. 3, 10.
34. 18.
Nu. 9. 2, 3.
De. 16. 1.8.
Jos. 5. 10.
c Nu. 15 14.
d ch. 1. 3.
e De. 15. 21.
Mal.1.8,14.
Ep. 5. 27.
1 Pe. 1. 19.
f ch. 3. 1, 6.
g Nu.15.3,8.
η or, goats.
θ omer, or, handful.
h Ex. 22. 29.
23. 19
34. 26.
Pr. 3. 9.
Eze. 44. 30.
i Ex. 29. 24.
κ or, kid.
k ch. 21. 18.

13 וּמִנְחָתוֹ שְׁנֵי עֶשְׂרֹנִים סֹלֶת בְּלוּלָה בַשֶּׁמֶן אִשֶּׁה לַיהוָה רֵיחַ נִיחֹחַ וְנִסְכֹּה יַיִן רְבִיעִת הַהִין׃

14 וְלֶחֶם וְקָלִי וְכַרְמֶל לֹא תֹאכְלוּ עַד־עֶצֶם הַיּוֹם הַזֶּה עַד הֲבִיאֲכֶם אֶת־קָרְבַּן אֱלֹהֵיכֶם חֻקַּת עוֹלָם לְדֹרֹתֵיכֶם בְּכֹל מֹשְׁבֹתֵיכֶם׃ ס

15 וּסְפַרְתֶּם לָכֶם מִמָּחֳרַת הַשַּׁבָּת מִיּוֹם הֲבִיאֲכֶם אֶת־עֹמֶר הַתְּנוּפָה

16 שֶׁבַע שַׁבָּתוֹת תְּמִימֹת תִּהְיֶינָה׃ עַד מִמָּחֳרַת הַשַּׁבָּת הַשְּׁבִיעִת תִּסְפְּרוּ חֲמִשִּׁים יוֹם וְהִקְרַבְתֶּם מִנְחָה חֲדָשָׁה לַיהוָה׃

17 מִמּוֹשְׁבֹתֵיכֶם תָּבִיאּוּ לֶחֶם תְּנוּפָה שְׁתַּיִם שְׁנֵי עֶשְׂרֹנִים סֹלֶת תִּהְיֶינָה חָמֵץ תֵּאָפֶינָה בִּכּוּרִים לַיהוָה׃

18 וְהִקְרַבְתֶּם עַל־הַלֶּחֶם שִׁבְעַת כְּבָשִׂים תְּמִימִם בְּנֵי שָׁנָה וּפַר בֶּן־בָּקָר אֶחָד וְאֵילִם שְׁנָיִם יִהְיוּ עֹלָה לַיהוָה וּמִנְחָתָם וְנִסְכֵּיהֶם אִשֵּׁה רֵיחַ־נִיחֹחַ לַיהוָה׃

19 וַעֲשִׂיתֶם שְׂעִיר־עִזִּים אֶחָד לְחַטָּאת וּשְׁנֵי כְבָשִׂים בְּנֵי שָׁנָה לְזֶבַח שְׁלָמִים׃

20 וְהֵנִיף הַכֹּהֵן אֹתָם עַל לֶחֶם הַבִּכּוּרִים תְּנוּפָה לִפְנֵי יְהוָה עַל־שְׁנֵי כְּבָשִׂים קֹדֶשׁ יִהְיוּ לַיהוָה לַכֹּהֵן׃

21 וּקְרָאתֶם בְּעֶצֶם הַיּוֹם הַזֶּה מִקְרָא־קֹדֶשׁ יִהְיֶה לָכֶם כָּל־מְלֶאכֶת עֲבֹדָה לֹא תַעֲשׂוּ חֻקַּת עוֹלָם בְּכָל־מוֹשְׁבֹתֵיכֶם לְדֹרֹתֵיכֶם׃

22 וּבְקֻצְרְכֶם אֶת־קְצִיר אַרְצְכֶם לֹא־תְכַלֶּה פְּאַת שָׂדְךָ בְּקֻצְרֶךָ וְלֶקֶט קְצִירְךָ לֹא תְלַקֵּט לֶעָנִי וְלַגֵּר תַּעֲזֹב אֹתָם אֲנִי יְהוָה אֱלֹהֵיכֶם׃ פ

23 וַיְדַבֵּר יְהוָה אֶל־מֹשֶׁה לֵּאמֹר׃
24 דַּבֵּר אֶל־בְּנֵי יִשְׂרָאֵל לֵאמֹר בַּחֹדֶשׁ הַשְּׁבִיעִי בְּאֶחָד לַחֹדֶשׁ יִהְיֶה לָכֶם שַׁבָּתוֹן זִכְרוֹן תְּרוּעָה מִקְרָא־קֹדֶשׁ׃

25 כָּל־מְלֶאכֶת עֲבֹדָה לֹא תַעֲשׂוּ וְהִקְרַבְתֶּם אִשֶּׁה לַיהוָה׃

26 וַיְדַבֵּר יְהוָה אֶל־מֹשֶׁה לֵּאמֹר׃ ס

27 אַךְ בֶּעָשׂוֹר לַחֹדֶשׁ הַשְּׁבִיעִי הַזֶּה יוֹם הַכִּפֻּרִים הוּא מִקְרָא־קֹדֶשׁ יִהְיֶה לָכֶם וְעִנִּיתֶם אֶת־נַפְשֹׁתֵיכֶם וְהִקְרַבְתֶּם אִשֶּׁה לַיהוָה׃

28 וְכָל־מְלָאכָה לֹא תַעֲשׂוּ בְּעֶצֶם הַיּוֹם הַזֶּה כִּי יוֹם כִּפֻּרִים הוּא לְכַפֵּר עֲלֵיכֶם לִפְנֵי יְהוָה אֱלֹהֵיכֶם׃

29 כִּי כָל־הַנֶּפֶשׁ אֲשֶׁר לֹא־תְעֻנֶּה בְּעֶצֶם הַיּוֹם הַזֶּה וְנִכְרְתָה מֵעַמֶּיהָ׃

30 וְכָל־הַנֶּפֶשׁ אֲשֶׁר תַּעֲשֶׂה כָּל־מְלָאכָה בְּעֶצֶם הַיּוֹם הַזֶּה וְהַאֲבַדְתִּי אֶת־הַנֶּפֶשׁ הַהִוא מִקֶּרֶב עַמָּהּ׃

31 כָּל־מְלָאכָה לֹא תַעֲשׂוּ חֻקַּת עוֹלָם לְדֹרֹתֵיכֶם בְּכֹל מֹשְׁבֹתֵיכֶם׃

32 שַׁבַּת שַׁבָּתוֹן הוּא לָכֶם וְעִנִּיתֶם אֶת־נַפְשֹׁתֵיכֶם בְּתִשְׁעָה לַחֹדֶשׁ בָּעֶרֶב מֵעֶרֶב עַד־עֶרֶב תִּשְׁבְּתוּ שַׁבַּתְּכֶם׃ פ

33 וַיְדַבֵּר יְהוָה אֶל־מֹשֶׁה לֵּאמֹר׃
34 דַּבֵּר אֶל־בְּנֵי יִשְׂרָאֵל לֵאמֹר בַּחֲמִשָּׁה עָשָׂר יוֹם לַחֹדֶשׁ הַשְּׁבִיעִי הַזֶּה חַג הַסֻּכּוֹת שִׁבְעַת יָמִים לַיהוָה׃

35 בַּיּוֹם הָרִאשׁוֹן מִקְרָא־קֹדֶשׁ כָּל־מְלֶאכֶת עֲבֹדָה לֹא תַעֲשׂוּ׃

36 שִׁבְעַת יָמִים תַּקְרִיבוּ אִשֶּׁה לַיהוָה בַּיּוֹם הַשְּׁמִינִי מִקְרָא־קֹדֶשׁ יִהְיֶה לָכֶם וְהִקְרַבְתֶּם אִשֶּׁה לַיהוָה עֲצֶרֶת הִוא כָּל־מְלֶאכֶת עֲבֹדָה לֹא תַעֲשׂוּ׃

37 אֵלֶּה מוֹעֲדֵי יְהוָה אֲשֶׁר־תִּקְרְאוּ אֹתָם מִקְרָאֵי קֹדֶשׁ לְהַקְרִיב אִשֶּׁה לַיהוָה עֹלָה וּמִנְחָה זֶבַח וּנְסָכִים דְּבַר־יוֹם בְּיוֹמוֹ׃

38 מִלְּבַד שַׁבְּתֹת יְהוָה וּמִלְּבַד מַתְּנוֹתֵיכֶם וּמִלְּבַד כָּל־נִדְרֵיכֶם וּמִלְּבַד כָּל־נִדְבוֹתֵיכֶם אֲשֶׁר תִּתְּנוּ לַיהוָה׃

39 אַךְ בַּחֲמִשָּׁה עָשָׂר יוֹם לַחֹדֶשׁ הַשְּׁבִיעִי בְּאָסְפְּכֶם אֶת־תְּבוּאַת הָאָרֶץ תָּחֹגּוּ אֶת־חַג־יְהוָה שִׁבְעַת יָמִים בַּיּוֹם הָרִאשׁוֹן שַׁבָּתוֹן וּבַיּוֹם הַשְּׁמִינִי שַׁבָּתוֹן׃

40 וּלְקַחְתֶּם לָכֶם בַּיּוֹם הָרִאשׁוֹן פְּרִי עֵץ הָדָר כַּפֹּת תְּמָרִים וַעֲנַף עֵץ־עָבֹת וְעַרְבֵי־נָחַל וּשְׂמַחְתֶּם לִפְנֵי יְהוָה אֱלֹהֵיכֶם שִׁבְעַת יָמִים׃

41 וְחַגֹּתֶם אֹתוֹ חַג לַיהוָה שִׁבְעַת יָמִים בַּשָּׁנָה חֻקַּת עוֹלָם לְדֹרֹתֵיכֶם בַּחֹדֶשׁ הַשְּׁבִיעִי תָּחֹגּוּ אֹתוֹ׃

42 בַּסֻּכֹּת תֵּשְׁבוּ שִׁבְעַת יָמִים כָּל־הָאֶזְרָח בְּיִשְׂרָאֵל יֵשְׁבוּ בַּסֻּכֹּת׃

43 לְמַעַן יֵדְעוּ דֹרֹתֵיכֶם כִּי בַסֻּכּוֹת הוֹשַׁבְתִּי אֶת־בְּנֵי יִשְׂרָאֵל בְּהוֹצִיאִי אוֹתָם מֵאֶרֶץ מִצְרָיִם אֲנִי יְהוָה אֱלֹהֵיכֶם׃

44 וַיְדַבֵּר מֹשֶׁה אֶת־מֹעֲדֵי יְהוָה אֶל־בְּנֵי יִשְׂרָאֵל׃ פ

CAP. XXIV. כד

1 וַיְדַבֵּר יְהוָה אֶל־מֹשֶׁה לֵּאמֹר׃
2 צַו אֶת־בְּנֵי יִשְׂרָאֵל וְיִקְחוּ אֵלֶיךָ שֶׁמֶן זַיִת זָךְ כָּתִית לַמָּאוֹר לְהַעֲלֹת נֵר תָּמִיד׃

3 מִחוּץ לְפָרֹכֶת הָעֵדֻת בְּאֹהֶל מוֹעֵד יַעֲרֹךְ אֹתוֹ אַהֲרֹן מֵעֶרֶב עַד־בֹּקֶר לִפְנֵי יְהוָה תָּמִיד חֻקַּת עוֹלָם לְדֹרֹתֵיכֶם׃

4 עַל הַמְּנֹרָה הַטְּהֹרָה יַעֲרֹךְ אֶת־הַנֵּרוֹת לִפְנֵי יְהוָה תָּמִיד׃

wave the sheaf, an he-lamb without blemish of the first year, for a burnt-offering unto the LORD.

13 And the meat-offering *c* thereof *shall be* two tenth deals of fine flour mingled with oil, an offering made by fire unto the LORD *for* a sweet savour: and the drink-offering thereof *shall be* of wine, the fourth *part* of an hin.

14 And ye shall eat neither bread, nor parched corn, nor green ears, until the selfsame day that ye have brought an offering unto your God: *it shall be* a statute for ever throughout your generations, in all your dwellings.

15 And ye shall count unto you from the morrow after the sabbath, from the day that ye brought the sheaf of the wave-offering ; seven *f* sabbaths shall be complete :

16 Even unto the morrow after the seventh sabbath shall ye number *g* fifty days ; and ye shall offer a new meat-offering unto the LORD.

17 Ye shall bring out of your habitations two wave-loaves, of two tenth deals : they shall be of fine flour ; they shall be baken with leaven ; *they are* the first-fruits *k* unto the LORD.

18 And ye shall offer with the bread seven lambs without *l* blemish, of the first year, and one young bullock, and two rams : they shall be *for* a burnt-offering unto the LORD, with their meat-offering, and their drink-offerings, *even* an offering made by fire, of sweet savour unto the LORD.

19 Then ye shall sacrifice one kid *o* of the goats for a sin-offering, and two lambs of the first year for a sacrifice of peace-offerings.

20 And the priest shall wave them with the bread of the first-fruits, *for* a wave-offering before the LORD, with the two lambs : they *q* shall be holy to the LORD for the priest.

21 And ye shall proclaim on the selfsame day, *that* it may be an holy convocation unto you ; ye shall do no servile work *therein : it shall be* a statute for ever in all your dwellings throughout your generations.

22 And when ye reap *t* the harvest of your land, thou shalt not make clean riddance of the corners of thy field when thou reapest, neither shalt thou gather any gleaning of thy harvest ; thou shalt leave them unto the poor,*u* and to the stranger : I *am* the LORD your God.

23 And the LORD spake unto Moses, saying,

24 Speak unto the children of Israel, saying, In the seventh *x* month, in the first *day* of the month, shall ye have a sabbath, a memorial of blowing of trumpets,*y* an holy convocation.

25 Ye shall do no servile work *therein ;* but ye shall offer an offering made by fire unto the LORD.

26 And the LORD spake unto Moses, saying,

27 Also on the tenth *day* of this seventh month *there shall be* a day of atonement : *b* it shall be an holy convocation unto you ; and ye shall afflict *c* your souls, and offer an offering made by fire unto the LORD.

28 And ye shall do no work in that same day ; for it *is* a day of atonement, to make an atonement for you before the LORD your God.

29 For whatsoever soul *it be* that shall

B. C. 1490.

a Is. 22. 12.
Je. 31. 9.
Eze. 7. 16.
b Ge. 17. 14.
c ch.2.14..16.
d ch. 20. 3..6.
β rest.
e Ex. 23. 16.
34. 22.
Nu. 29. 12.
De. 16. 13.
Ezr. 3. 4.
Ne. 8. 14.
Zec. 14. 16..
19.
Jn°. 7. 2.
He. 11. 9.
f ch. 25. 8.
Ex. 34. 22.
De. 16. 9.
g Ac. 2. 1.
h Nu. 29. 35.
Ne. 8. 18.
Jn°. 7. 37.
γ day of restraint.
i De. 16. 8.
2 Ch. 7. 9.
Joel 1. 14.
2. 15.
k ver. 10.
Nu. 15. 20.
28. 26, &c.
l Mal.1.13,14.
m Ec. 3. 1.
n Nu. 29. 39.
o ch. 4. 23.
p Ex. 23. 16.
q Nu. 18. 12.
De. 18. 4.
1 Co. 9. 14.
δ fruit.
r De.16.14,15.
s Nu. 29. 12.
t ch. 19. 9.
De. 24. 19.
u Ru.2.15,&c.
Ps 41. 1..3.
12. 9.
Pr.11.24,25.
Is.58.7,8,10.
Lu. 11. 41.
2Co.9.5..12.
v Ex. 13. 14.
De. 31. 13.
Ps. 78. 5, 6.
w ver. 2.
x Nu. 10. 10.
29. 1.
Ps. 81. 3, 4.
98. 6.
y ch. 25. 9.
Is. 27. 13.
z Ex.27.20,21.
η to cause to ascend.
a Mat.25.3..8.
Lu. 12. 35.
b ch. 16. 30.
Nu. 29. 7.
c Ezr. 8. 21.
Da. 10. 3.
d Ex. 21. 8.
37. 17..24.
39. 37.
Zec. 4.2,11.
Re. 1. 20.
e Ex. 25. 30.

not be afflicted *a* in that same day, he shall *b* be cut off from among his people.

30 And whatsoever soul *it be* that doeth any work in that same day, the same soul will I destroy *d* from among his people.

31 Ye shall do no manner of work ; *it shall be* a statute for ever throughout your generations, in all your dwellings.

32 It *shall be* unto you a sabbath of rest, and ye shall afflict your souls : in the ninth *day* of the month at even, from even unto even, shall ye *β* celebrate your sabbath.

33 And ye LORD spake unto Moses,saying,

34 Speak unto the children of Israel, saying, The fifteenth day of this seventh month *shall be* the feast *e* of tabernacles *for* seven days unto the LORD.

35 On the first day *shall be* an holy convocation ; ye shall do no servile work *therein.*

36 Seven days ye shall offer an offering made by fire unto the LORD : on the eighth *h* day shall be an holy convocation unto you, and ye shall offer an offering made by fire unto the LORD : it *is* a solemn *γ* assembly ; *i and* ye shall do no servile work *therein.*

37 These *are* the feasts of the LORD, which ye shall proclaim *to be* holy convocations, to offer an offering made by fire unto the LORD, a burnt-offering, and a meat-offering, a sacrifice, and drink-offerings, every thing upon his day : *m*

38 Beside *n* the sabbaths of the LORD, and beside your gifts, and beside all your vows, and beside all your free-will-offerings, which ye give unto the LORD.

39 Also in the fifteenth day of the seventh month, when ye have *p* gathered in the fruit of the land, ye shall keep a feast unto the LORD seven days : on the first day *shall be* a sabbath, and on the eighth day *shall be* a sabbath.

40 And ye shall take you on the first day the *δ* boughs of goodly trees, branches of palm-trees, and the boughs of thick trees, and willows of the brook ; and *r* ye shall rejoice before ye LORD your God seven days.

41 And ye shall keep it a feast unto the LORD seven *s* days in the year : *it shall be* a statute for ever in your generations ; ye shall celebrate it in the seventh month.

42 Ye shall dwell in booths seven days : all that are Israelites born shall dwell in booths ;

43 That *v* your generations may know that I made the children of Israel to dwell in booths, when I brought them out of the land of Egypt : I *am* the LORD your God.

44 And Moses *w* declared unto the children of Israel the feasts of the LORD.

CHAP. XXIV.

AND ye LORD spake unto Moses, saying,

2 Command *z* the children of Israel, that they bring unto thee pure oil-olive, beaten for the light, *η* to cause the lamps to burn continually.*a*

3 Without the vail of the testimony, in the tabernacle of the congregation, shall Aaron order it from the evening unto the morning, before the LORD continually : *it shall be* a statute for ever in your generations.

4 He shall order the lamps upon the pure candlestick *d* before ye LORD continually.

5 And thou shalt take fine flour, and bake twelve *e* cakes thereof : two tenth deals shall be in one cake.

6 And thou shalt set them in two rows,

(Right column — Leviticus 24:5–23; 25:1–2)

5 וְלָקַחְתָּ סֹלֶת וְאָפִיתָ אֹתָהּ שְׁתֵּים עֶשְׂרֵה חַלּוֹת שְׁנֵי עֶשְׂרֹנִים יִהְיֶה הַחַלָּה הָאֶחָת:

6 וְשַׂמְתָּ אוֹתָם שְׁתַּיִם מַעֲרָכוֹת שֵׁשׁ הַמַּעֲרָכֶת עַל הַשֻּׁלְחָן הַטָּהֹר לִפְנֵי יְהֹוָה:

7 וְנָתַתָּ עַל־הַמַּעֲרֶכֶת לְבֹנָה זַכָּה וְהָיְתָה לַלֶּחֶם לְאַזְכָּרָה אִשֶּׁה לַיהֹוָה:

8 בְּיוֹם הַשַּׁבָּת בְּיוֹם הַשַּׁבָּת יַעַרְכֶנּוּ לִפְנֵי יְהֹוָה תָּמִיד מֵאֵת בְּנֵי־יִשְׂרָאֵל בְּרִית עוֹלָם:

9 וְהָיְתָה לְאַהֲרֹן וּלְבָנָיו וַאֲכָלֻהוּ בְּמָקוֹם קָדֹשׁ כִּי קֹדֶשׁ קָדָשִׁים הוּא לוֹ מֵאִשֵּׁי יְהֹוָה חָק־עוֹלָם: ס

10 וַיֵּצֵא בֶּן־אִשָּׁה יִשְׂרְאֵלִית וְהוּא בֶּן־אִישׁ מִצְרִי בְּתוֹךְ בְּנֵי יִשְׂרָאֵל וַיִּנָּצוּ בַּמַּחֲנֶה בֶּן הַיִּשְׂרְאֵלִית וְאִישׁ הַיִּשְׂרְאֵלִי:

11 וַיִּקֹּב בֶּן־הָאִשָּׁה הַיִּשְׂרְאֵלִית אֶת־הַשֵּׁם וַיְקַלֵּל וַיָּבִיאוּ אֹתוֹ אֶל־מֹשֶׁה וְשֵׁם אִמּוֹ שְׁלֹמִית בַּת־דִּבְרִי לְמַטֵּה־דָן:

12 וַיַּנִּיחֻהוּ בַּמִּשְׁמָר לִפְרֹשׁ לָהֶם עַל־פִּי יְהֹוָה: פ

13
14 וַיְדַבֵּר יְהֹוָה אֶל־מֹשֶׁה לֵּאמֹר: הוֹצֵא אֶת־הַמְקַלֵּל אֶל־מִחוּץ לַמַּחֲנֶה וְסָמְכוּ כָל־הַשֹּׁמְעִים אֶת־יְדֵיהֶם עַל־רֹאשׁוֹ וְרָגְמוּ אֹתוֹ כָּל־הָעֵדָה:

15 וְאֶל־בְּנֵי יִשְׂרָאֵל תְּדַבֵּר לֵאמֹר אִישׁ אִישׁ כִּי־יְקַלֵּל אֱלֹהָיו וְנָשָׂא חֶטְאוֹ:

16 וְנֹקֵב שֵׁם־יְהֹוָה מוֹת יוּמָת רָגוֹם יִרְגְּמוּ־בוֹ כָּל־הָעֵדָה כַּגֵּר כָּאֶזְרָח בְּנָקְבוֹ־שֵׁם יוּמָת:

17 וְאִישׁ כִּי יַכֶּה כָּל־נֶפֶשׁ אָדָם מוֹת יוּמָת:

18 וּמַכֵּה נֶפֶשׁ־בְּהֵמָה יְשַׁלְּמֶנָּה נֶפֶשׁ תַּחַת נָפֶשׁ:

19 וְאִישׁ כִּי־יִתֵּן מוּם בַּעֲמִיתוֹ כַּאֲשֶׁר עָשָׂה כֵּן יֵעָשֶׂה לּוֹ:

20 שֶׁבֶר תַּחַת שֶׁבֶר עַיִן תַּחַת עַיִן שֵׁן תַּחַת שֵׁן כַּאֲשֶׁר יִתֵּן מוּם בָּאָדָם כֵּן יִנָּתֶן בּוֹ:

21 וּמַכֵּה בְהֵמָה יְשַׁלְּמֶנָּה וּמַכֵּה אָדָם יוּמָת:

22 מִשְׁפַּט אֶחָד יִהְיֶה לָכֶם כַּגֵּר כָּאֶזְרָח יִהְיֶה כִּי אֲנִי יְהֹוָה אֱלֹהֵיכֶם:

23 וַיְדַבֵּר מֹשֶׁה אֶל־בְּנֵי יִשְׂרָאֵל וַיּוֹצִיאוּ אֶת־הַמְקַלֵּל אֶל־מִחוּץ לַמַּחֲנֶה וַיִּרְגְּמוּ אֹתוֹ אָבֶן וּבְנֵי־יִשְׂרָאֵל עָשׂוּ כַּאֲשֶׁר צִוָּה יְהֹוָה אֶת־מֹשֶׁה:

פ פ פ   לב 32

CAP. XXV. מה

1 וַיְדַבֵּר יְהֹוָה אֶל־מֹשֶׁה בְּהַר סִינַי לֵאמֹר:

2 דַּבֵּר אֶל־בְּנֵי יִשְׂרָאֵל וְאָמַרְתָּ אֲלֵהֶם כִּי תָבֹאוּ אֶל־הָאָרֶץ אֲשֶׁר אֲנִי נֹתֵן לָכֶם וְשָׁבְתָה הָאָרֶץ שַׁבָּת לַיהֹוָה:

(Left column — Leviticus 25:3–23)

3 שֵׁשׁ שָׁנִים תִּזְרַע שָׂדֶךָ וְשֵׁשׁ שָׁנִים תִּזְמֹר כַּרְמֶךָ וְאָסַפְתָּ אֶת־תְּבוּאָתָהּ:

4 וּבַשָּׁנָה הַשְּׁבִיעִת שַׁבַּת שַׁבָּתוֹן יִהְיֶה לָאָרֶץ שַׁבָּת לַיהֹוָה שָׂדְךָ לֹא תִזְרָע וְכַרְמְךָ לֹא תִזְמֹר:

5 אֵת סְפִיחַ קְצִירְךָ לֹא תִקְצוֹר וְאֶת־עִנְּבֵי נְזִירֶךָ לֹא תִבְצֹר שְׁנַת שַׁבָּתוֹן יִהְיֶה לָאָרֶץ:

6 וְהָיְתָה שַׁבַּת הָאָרֶץ לָכֶם לְאָכְלָה לְךָ וּלְעַבְדְּךָ וְלַאֲמָתֶךָ וְלִשְׂכִירְךָ וּלְתוֹשָׁבְךָ הַגָּרִים עִמָּךְ:

7 וְלִבְהֶמְתְּךָ וְלַחַיָּה אֲשֶׁר בְּאַרְצֶךָ תִּהְיֶה כָל־תְּבוּאָתָהּ לֶאֱכֹל: ס

8 וְסָפַרְתָּ לְךָ שֶׁבַע שַׁבְּתֹת שָׁנִים שֶׁבַע שָׁנִים שֶׁבַע פְּעָמִים וְהָיוּ לְךָ יְמֵי שֶׁבַע שַׁבְּתֹת הַשָּׁנִים תֵּשַׁע וְאַרְבָּעִים שָׁנָה:

9 וְהַעֲבַרְתָּ שׁוֹפַר תְּרוּעָה בַּחֹדֶשׁ הַשְּׁבִעִי בֶּעָשׂוֹר לַחֹדֶשׁ בְּיוֹם הַכִּפֻּרִים תַּעֲבִירוּ שׁוֹפָר בְּכָל־אַרְצְכֶם:

10 וְקִדַּשְׁתֶּם אֵת שְׁנַת הַחֲמִשִּׁים שָׁנָה וּקְרָאתֶם דְּרוֹר בָּאָרֶץ לְכָל־יֹשְׁבֶיהָ יוֹבֵל הִוא תִּהְיֶה לָכֶם וְשַׁבְתֶּם אִישׁ אֶל־אֲחֻזָּתוֹ וְאִישׁ אֶל־מִשְׁפַּחְתּוֹ תָּשֻׁבוּ:

11 יוֹבֵל הִוא שְׁנַת הַחֲמִשִּׁים שָׁנָה תִּהְיֶה לָכֶם לֹא תִזְרָעוּ וְלֹא תִקְצְרוּ אֶת־סְפִיחֶיהָ וְלֹא תִבְצְרוּ אֶת־נְזִרֶיהָ:

12 כִּי יוֹבֵל הִוא קֹדֶשׁ תִּהְיֶה לָכֶם מִן־הַשָּׂדֶה תֹּאכְלוּ אֶת־תְּבוּאָתָהּ:

13 בִּשְׁנַת הַיּוֹבֵל הַזֹּאת תָּשֻׁבוּ אִישׁ אֶל־אֲחֻזָּתוֹ:

14 וְכִי־תִמְכְּרוּ מִמְכָּר לַעֲמִיתֶךָ אוֹ קָנֹה מִיַּד עֲמִיתֶךָ אַל־תּוֹנוּ אִישׁ אֶת־אָחִיו:

15 בְּמִסְפַּר שָׁנִים אַחַר הַיּוֹבֵל תִּקְנֶה מֵאֵת עֲמִיתֶךָ בְּמִסְפַּר שְׁנֵי־תְבוּאֹת יִמְכָּר־לָךְ:

16 לְפִי רֹב הַשָּׁנִים תַּרְבֶּה מִקְנָתוֹ וּלְפִי מְעֹט הַשָּׁנִים תַּמְעִיט מִקְנָתוֹ כִּי מִסְפַּר תְּבוּאֹת הוּא מֹכֵר לָךְ:

17 וְלֹא תוֹנוּ אִישׁ אֶת־עֲמִיתוֹ וְיָרֵאתָ מֵאֱלֹהֶיךָ כִּי אֲנִי יְהֹוָה אֱלֹהֵיכֶם:

18 וַעֲשִׂיתֶם אֶת־חֻקֹּתַי וְאֶת־מִשְׁפָּטַי תִּשְׁמְרוּ וַעֲשִׂיתֶם אֹתָם וִישַׁבְתֶּם עַל־הָאָרֶץ לָבֶטַח:

19 וְנָתְנָה הָאָרֶץ פִּרְיָהּ וַאֲכַלְתֶּם לָשֹׂבַע וִישַׁבְתֶּם לָבֶטַח עָלֶיהָ:

20 וְכִי תֹאמְרוּ מַה־נֹּאכַל בַּשָּׁנָה הַשְּׁבִיעִת הֵן לֹא נִזְרָע וְלֹא נֶאֱסֹף אֶת־תְּבוּאָתֵנוּ:

21 וְצִוִּיתִי אֶת־בִּרְכָתִי לָכֶם בַּשָּׁנָה הַשִּׁשִּׁית וְעָשָׂת אֶת־הַתְּבוּאָה לִשְׁלֹשׁ הַשָּׁנִים:

22 וּזְרַעְתֶּם אֵת הַשָּׁנָה הַשְּׁמִינִת וַאֲכַלְתֶּם מִן־הַתְּבוּאָה יָשָׁן עַד הַשָּׁנָה הַתְּשִׁיעִת עַד־בּוֹא תְּבוּאָתָהּ תֹּאכְלוּ יָשָׁן:

23 וְהָאָרֶץ לֹא תִמָּכֵר לִצְמִתֻת כִּי־לִי הָאָרֶץ כִּי־

six on a row, upon the pure table *a* before the LORD.

7 And thou shalt put pure frankincense upon *each* row, that it may be on the bread for a memorial, *even* an offering made by fire unto the LORD.

8 Every *c* sabbath he shall set it in order before the LORD continually, *being taken* from the children of Israel by an everlasting covenant.

9 And it shall be Aaron's & his sons; & they *d* shall eat it in the holy place: for it *is* most holy unto him of the offerings of the LORD made by fire, by a perpetual statute.

10 And the son of an Israelitish woman, whose father *was* an Egyptian, went out among the children of Israel; and this son of the Israelitish *woman* and a man of Israel strove together in the camp;

11 And the Israelitish woman's son blasphemed *e* the name *of the LORD*, and cursed. And they brought *h* him unto Moses; (and his mother's name *was* Shelomith, the daughter of Dibri, of the tribe of Dan;)

12 And they *k* put him in ward, *δ* that the mind *l* of the LORD might be shewed them.

13 And the LORD spake unto Moses, saying,

14 Bring forth him that hath cursed without the camp; and let all that heard *him* lay their hands *n* upon his head, and let all the congregation stone him.

15 And thou shalt speak unto the children of Israel, saying, Whosoever curseth his God shall bear his sin.

16 And he *p* that blasphemeth the name of the LORD, he shall surely be put to death, *and* all the congregation shall certainly stone him: as well the stranger, as he that is born in the land, when he blasphemeth the name *of the LORD*, shall be put to death.

17 And he that *ζ* killeth any *r* man shall surely be put to death.

18 And he that killeth a beast *s* shall make it good; *η* beast for beast.

19 And if a man cause a blemish in his neighbour; as *t* he hath done, so shall it be done to him;

20 Breach for breach, eye for eye, tooth for tooth; as he hath caused a blemish in a man, so shall it be done to him *again*.

21 And he that killeth a beast, he shall restore it: and he that killeth a man, he shall be put to death.

22 Ye shall have one *w* manner of law, as well for the stranger, as for one of your own country: for I *am* the LORD your God.

23 And Moses spake to the children of Israel, that they should bring forth him that had cursed out of the camp, and stone him with stones. And the children of Israel did as the LORD commanded Moses.

CHAP. XXV.

AND the LORD spake unto Moses in mount Sinai, saying,

2 Speak unto the children of Israel, and say unto them, When ye come into the land which I give you, then shall the land *θ* keep a sabbath unto the LORD.

3 Six *a* years thou shalt sow thy field, and six years thou shalt prune thy vineyard, and gather in the fruit thereof;

4 But in the seventh year shall be a sabbath of rest unto the land, a sabbath for the LORD: thou shalt neither sow thy field, nor prune thy vineyard.

B. C. 1490.

a 1 Ki. 7. 48.
He. 9. 2.
b 2 Ki. 19.29.
β separation.
c 1 Ch. 9. 32.
2 Ch. 2. 4.
d ch. 8. 31.
Ex. 29. 32.
1 Sa. 21. 6.
Mat. 12. 4.
e Job 1.5,11, 22.
Is. 8. 21.
γ loud of sound.
f ch.23.24,27.
g Nu. 10. 10.
h Ex. 18. 26.
i Is. 61. 1, 2.
63. 4.
Je.34.15..17
Zec.9.11,12
Lu.4.16..21.
k Nu. 15. 34.
δ to expound unto them according to the mouth of the LORD.
l Nu. 27. 5.
m ver. 13.
Nu. 36. 4.
n De. 13. 9.
17. 7.
o ver. 10.
ch.27.17,24
p Ex. 20. 7.
1 Ki.21.10..
13.
Ps.74.10,18
139. 20.
Mat. 12.31.
q ver. 17.
ch. 19. 13.
Mi. 2, 2, 3.
1 Co. 6, 8.
ζ smiteth the life of a man.
r Ex. 21. 12.
Nu. 35. 31.
De.19.11,12
s ver. 21.
η life for life.
t De. 19. 21.
Mat. 5. 38.
7. 2.
u Ge. 42. 18.
Je. 22. 16.
v Ps. 103. 18.
w Nu. 15. 16.
x De. 12. 10.
Ps.4. 8.
Pr. 1. 33.
Je. 23. 6.
Eze. 34.25..
28.
y De. 28. 8.
z 2 Ki. 19.29.
θ rest.
κ for cutting off, or, to be quite cut off.
a Ex. 23. 10.
2 Ch. 36.21.
b 2 Ch. 7. 20.
c Ps. 39. 12.

---

5 That *b* which groweth of its own accord of thy harvest thou shalt not reap, neither gather the grapes of thy *β* vine undressed: *for* it is a year of rest unto the land.

6 And the sabbath of the land shall be meat for you; for thee, and for thy servant, and for thy maid, and for thy hired servant, and for thy stranger that sojourneth with thee,

7 And for thy cattle, and for the beast that *are* in thy land, shall all the increase thereof be meat.

8 And thou shalt number seven sabbaths of years unto thee, seven times seven years; and the space of the seven sabbaths of years shall be unto thee forty and nine years.

9 Then shalt thou cause the trumpet of the *γ* jubilee to sound on the tenth *day* of the seventh month; in the day *f* of atonement shall ye make the *g* trumpet sound throughout all your land.

10 And ye shall hallow the fiftieth year, and proclaim *i* liberty throughout *all* the land unto all the inhabitants thereof: it shall be a jubilee unto you; and ye shall return *m* every man unto his possession, and ye shall return every man unto his family.

11 A jubilee shall that fiftieth year be unto you: ye shall not sow, neither reap that which groweth of itself in it, nor gather *the grapes* in it of thy vine undressed.

12 For it *is* the jubilee, it shall be holy unto you: ye shall eat the increase thereof out of the field.

13 In *o* the year of this jubilee ye shall return every man unto his possession.

14 And if thou sell ought unto thy neighbour, or buyest *ought* of thy neighbour's hand, ye *q* shall not oppress one another:

15 According to the number of years after the jubilee thou shalt buy of thy neighbour, *and* according unto the number of years of the fruits he shall sell unto thee:

16 According to the multitude of years thou shalt increase the price thereof, and according to the fewness of years thou shalt diminish the price of it: for *according* to the number *of the years* of the fruits doth he sell unto thee.

17 Ye shall not therefore oppress one another; but thou shalt fear *u* thy God: for I *am* the LORD your God.

18 Wherefore ye shall do *v* my statutes, and keep my judgments, and do them; and *x* ye shall dwell in the land in safety.

19 And the land shall yield her fruit, and ye shall eat your fill, and dwell therein in safety.

20 And if ye shall say, What shall we eat the seventh year? behold, we shall not sow, nor gather in our increase:

21 Then I will command *y* my blessing upon you in the sixth year, and it shall bring forth fruit for three years.

22 And *z* ye shall sow the eighth year, and eat *yet* of old fruit until the ninth year; until her fruits come in ye shall eat *of* the old *store*.

23 The land shall not be sold *κ* for ever: for the land *is* mine; *b* for ye *are* strangers *c* and sojourners with me.

24 And in all the land of your possession ye shall grant a redemption for the land.

25 If thy brother be waxen poor, and hath sold away *some* of his possession,

[24] וּבְכֹל אֶרֶץ אֲחֻזַּתְכֶם גְּאֻלָּה תִּתְּנוּ לָאָרֶץ׃ ס

[25] כִּי־יָמוּךְ אָחִיךָ וּמָכַר מֵאֲחֻזָּתוֹ וּבָא גֹאֲלוֹ הַקָּרֹב אֵלָיו וְגָאַל אֵת מִמְכַּר אָחִיו׃

[26] וְאִישׁ כִּי לֹא יִהְיֶה־לּוֹ גֹּאֵל וְהִשִּׂיגָה יָדוֹ וּמָצָא כְּדֵי גְאֻלָּתוֹ׃

[27] וְחִשַּׁב אֶת־שְׁנֵי מִמְכָּרוֹ וְהֵשִׁיב אֶת־הָעֹדֵף לָאִישׁ אֲשֶׁר מָכַר־לוֹ וְשָׁב לַאֲחֻזָּתוֹ׃

[28] וְאִם לֹא־מָצְאָה יָדוֹ דֵּי הָשִׁיב לוֹ וְהָיָה מִמְכָּרוֹ בְּיַד הַקֹּנֶה אֹתוֹ עַד שְׁנַת הַיּוֹבֵל וְיָצָא בַּיֹּבֵל וְשָׁב לַאֲחֻזָּתוֹ׃

[29] וְאִישׁ כִּי־יִמְכֹּר בֵּית־מוֹשַׁב עִיר חוֹמָה וְהָיְתָה גְּאֻלָּתוֹ עַד־תֹּם שְׁנַת מִמְכָּרוֹ יָמִים תִּהְיֶה גְאֻלָּתוֹ׃

[30] וְאִם לֹא־יִגָּאֵל עַד־מְלֹאת לוֹ שָׁנָה תְמִימָה וְקָם הַבַּיִת אֲשֶׁר־בָּעִיר אֲשֶׁר־לוֹ חֹמָה לַצְּמִיתֻת לַקֹּנֶה אֹתוֹ לְדֹרֹתָיו לֹא יֵצֵא בַּיֹּבֵל׃

[31] וּבָתֵּי הַחֲצֵרִים אֲשֶׁר אֵין־לָהֶם חֹמָה סָבִיב עַל־שְׂדֵה הָאָרֶץ יֵחָשֵׁב גְּאֻלָּה תִּהְיֶה־לּוֹ וּבַיֹּבֵל יֵצֵא׃

[32] וְעָרֵי הַלְוִיִּם בָּתֵּי עָרֵי אֲחֻזָּתָם גְּאֻלַּת עוֹלָם תִּהְיֶה לַלְוִיִּם׃

[33] וַאֲשֶׁר יִגְאַל מִן־הַלְוִיִּם וְיָצָא מִמְכַּר־בַּיִת וְעִיר אֲחֻזָּתוֹ בַּיֹּבֵל כִּי בָתֵּי עָרֵי הַלְוִיִּם הִוא אֲחֻזָּתָם בְּתוֹךְ בְּנֵי יִשְׂרָאֵל׃

[34] וּשְׂדֵה מִגְרַשׁ עָרֵיהֶם לֹא יִמָּכֵר כִּי־אֲחֻזַּת עוֹלָם הוּא לָהֶם׃ ס

[35] וְכִי־יָמוּךְ אָחִיךָ וּמָטָה יָדוֹ עִמָּךְ וְהֶחֱזַקְתָּ בּוֹ גֵּר וְתוֹשָׁב וָחַי עִמָּךְ׃

[36] אַל־תִּקַּח מֵאִתּוֹ נֶשֶׁךְ וְתַרְבִּית וְיָרֵאתָ מֵאֱלֹהֶיךָ וְחֵי אָחִיךָ עִמָּךְ׃

[37] אֶת־כַּסְפְּךָ לֹא־תִתֵּן לוֹ בְּנֶשֶׁךְ וּבְמַרְבִּית לֹא־תִתֵּן אָכְלֶךָ׃

[38] אֲנִי יְהוָה אֱלֹהֵיכֶם אֲשֶׁר־הוֹצֵאתִי אֶתְכֶם מֵאֶרֶץ מִצְרָיִם לָתֵת לָכֶם אֶת־אֶרֶץ כְּנַעַן לִהְיוֹת לָכֶם לֵאלֹהִים׃ ס

[39] וְכִי־יָמוּךְ אָחִיךָ עִמָּךְ וְנִמְכַּר־לָךְ לֹא־תַעֲבֹד בּוֹ עֲבֹדַת עָבֶד׃

[40] כְּשָׂכִיר כְּתוֹשָׁב יִהְיֶה עִמָּךְ עַד־שְׁנַת הַיֹּבֵל יַעֲבֹד עִמָּךְ׃

[41] וְיָצָא מֵעִמָּךְ הוּא וּבָנָיו עִמּוֹ וְשָׁב אֶל־מִשְׁפַּחְתּוֹ וְאֶל־אֲחֻזַּת אֲבֹתָיו יָשׁוּב׃

[42] כִּי־עֲבָדַי הֵם אֲשֶׁר־הוֹצֵאתִי אֹתָם מֵאֶרֶץ מִצְרָיִם לֹא יִמָּכְרוּ מִמְכֶּרֶת עָבֶד׃

[43] לֹא־תִרְדֶּה בוֹ בְּפָרֶךְ וְיָרֵאתָ מֵאֱלֹהֶיךָ׃

[44] וְעַבְדְּךָ וַאֲמָתְךָ אֲשֶׁר יִהְיוּ־לָךְ מֵאֵת הַגּוֹיִם אֲשֶׁר סְבִיבֹתֵיכֶם מֵהֶם תִּקְנוּ עֶבֶד וְאָמָה׃

[45] וְגַם מִבְּנֵי הַתּוֹשָׁבִים הַגָּרִים עִמָּכֶם מֵהֶם תִּקְנוּ וּמִמִּשְׁפַּחְתָּם אֲשֶׁר עִמָּכֶם אֲשֶׁר הוֹלִידוּ בְּאַרְצְכֶם וְהָיוּ לָכֶם לַאֲחֻזָּה׃

[46] וְהִתְנַחַלְתֶּם אֹתָם לִבְנֵיכֶם אַחֲרֵיכֶם לָרֶשֶׁת אֲחֻזָּה לְעֹלָם בָּהֶם תַּעֲבֹדוּ וּבְאַחֵיכֶם בְּנֵי־יִשְׂרָאֵל אִישׁ בְּאָחִיו לֹא־תִרְדֶּה בוֹ בְּפָרֶךְ׃ ס

[47] וְכִי תַשִּׂיג יַד גֵּר וְתוֹשָׁב עִמָּךְ וּמָךְ אָחִיךָ עִמּוֹ וְנִמְכַּר לְגֵר תּוֹשָׁב עִמָּךְ אוֹ לְעֵקֶר מִשְׁפַּחַת גֵּר׃

[48] אַחֲרֵי נִמְכַּר גְּאֻלָּה תִּהְיֶה־לּוֹ אֶחָד מֵאֶחָיו יִגְאָלֶנּוּ׃

[49] אוֹ־דֹדוֹ אוֹ בֶן־דֹּדוֹ יִגְאָלֶנּוּ אוֹ־מִשְּׁאֵר בְּשָׂרוֹ מִמִּשְׁפַּחְתּוֹ יִגְאָלֶנּוּ אוֹ־הִשִּׂיגָה יָדוֹ וְנִגְאָל׃

[50] וְחִשַּׁב עִם־קֹנֵהוּ מִשְּׁנַת הִמָּכְרוֹ לוֹ עַד שְׁנַת הַיֹּבֵל וְהָיָה כֶּסֶף מִמְכָּרוֹ בְּמִסְפַּר שָׁנִים כִּימֵי שָׂכִיר יִהְיֶה עִמּוֹ׃

[51] אִם־עוֹד רַבּוֹת בַּשָּׁנִים לְפִיהֶן יָשִׁיב גְּאֻלָּתוֹ מִכֶּסֶף מִקְנָתוֹ׃

[52] וְאִם־מְעַט נִשְׁאַר בַּשָּׁנִים עַד־שְׁנַת הַיֹּבֵל וְחִשַּׁב־לוֹ כְּפִי שָׁנָיו יָשִׁיב אֶת־גְּאֻלָּתוֹ׃

[53] כִּשְׂכִיר שָׁנָה בְּשָׁנָה יִהְיֶה עִמּוֹ לֹא־יִרְדֶּנּוּ בְּפֶרֶךְ לְעֵינֶיךָ׃

[54] וְאִם־לֹא יִגָּאֵל בְּאֵלֶּה וְיָצָא בִּשְׁנַת הַיֹּבֵל הוּא וּבָנָיו עִמּוֹ׃

[55] כִּי־לִי בְנֵי־יִשְׂרָאֵל עֲבָדִים עֲבָדַי הֵם אֲשֶׁר־הוֹצֵאתִי אוֹתָם מֵאֶרֶץ מִצְרָיִם אֲנִי יְהוָה אֱלֹהֵיכֶם׃

CAP. XXVI. כו

[1] לֹא־תַעֲשׂוּ לָכֶם אֱלִילִם וּפֶסֶל וּמַצֵּבָה לֹא־תָקִימוּ לָכֶם וְאֶבֶן מַשְׂכִּית לֹא תִתְּנוּ בְּאַרְצְכֶם לְהִשְׁתַּחֲוֹת עָלֶיהָ כִּי אֲנִי יְהוָה אֱלֹהֵיכֶם׃

[2] אֶת־שַׁבְּתֹתַי תִּשְׁמֹרוּ וּמִקְדָּשִׁי תִּירָאוּ אֲנִי יְהוָה׃

פ פ פ   לג

[3] אִם־בְּחֻקֹּתַי תֵּלֵכוּ וְאֶת־מִצְוֹתַי תִּשְׁמְרוּ וַעֲשִׂיתֶם אֹתָם׃

[4] וְנָתַתִּי גִשְׁמֵיכֶם בְּעִתָּם וְנָתְנָה הָאָרֶץ יְבוּלָהּ וְעֵץ הַשָּׂדֶה יִתֵּן פִּרְיוֹ׃

[5] וְהִשִּׂיג לָכֶם דַּיִשׁ אֶת־בָּצִיר וּבָצִיר יַשִּׂיג אֶת־זָרַע וַאֲכַלְתֶּם לַחְמְכֶם לָשֹׂבַע וִישַׁבְתֶּם לָבֶטַח בְּאַרְצְכֶם׃

[6] וְנָתַתִּי שָׁלוֹם בָּאָרֶץ וּשְׁכַבְתֶּם וְאֵין מַחֲרִיד וְהִשְׁבַּתִּי חַיָּה רָעָה מִן־הָאָרֶץ וְחֶרֶב לֹא־תַעֲבֹר בְּאַרְצְכֶם׃

[7] וּרְדַפְתֶּם אֶת־אֹיְבֵיכֶם וְנָפְלוּ לִפְנֵיכֶם לֶחָרֶב׃

[8] וְרָדְפוּ מִכֶּם חֲמִשָּׁה מֵאָה וּמֵאָה מִכֶּם רְבָבָה יִרְדֹּפוּ וְנָפְלוּ אֹיְבֵיכֶם לִפְנֵיכֶם לֶחָרֶב׃

and *a* if any of his kin come to redeem it, then shall he redeem that which his brother sold.

26 And if the man have none to redeem it, and *β* himself be able to redeem it;

27 Then let him count *c* the years of the sale thereof, and restore the overplus unto the man to whom he sold it, that he may return unto his possession.

28 But if he be not able to restore *it* to him, then that which is sold shall remain in the hand of him that hath bought it, until the year of jubilee: and in the jubilee it shall go out,*e* and he shall return unto his possession.

29 And if a man sell a dwelling-house in a walled city, then he may redeem it within a whole year after it is sold; *within* a full year may he redeem it.

30 And if it be not redeemed within the space of a full year, then the house that *is* in the walled city shall be established for ever to him that bought it, throughout his generations: it shall not go out in the jubilee.

31 But the houses of the villages which have no wall round about them shall be counted as the fields of the country: they *ζ* may be redeemed, and they shall go out in the jubilee.

32 Notwithstanding, the cities *h* of the Levites, *and* the houses of the cities of their possession, may the Levites redeem at any time.

33 And if *η* a man purchase of the Levites, then the house that was sold, and the city of his possession, shall go out in *the year of* jubilee: for the houses of the cities of the Levites *are* their possession among the children of Israel.

34 But the field *k* of the suburbs of their cities may not be sold; for it *is* their perpetual possession.

35 And if thy brother be waxen*l* poor, and *θ* fallen in decay with thee, then thou shalt *λ* relieve*m* him: *yea, though he be* a stranger,*n* or a sojourner; that he may live with thee.

36 Take thou no usury*o* of him, or increase: but fear*p* thy God; that thy brother may live with thee.

37 Thou shalt not give him thy money upon usury, nor lend him thy victuals for increase.

38 I *r* am the LORD your God, which brought you forth out of the land of Egypt, to give you the land of Canaan, *and* to be your God.

39 And if thy brother *that dwelleth* by thee be waxen poor, and be sold unto thee, thou shalt not *p* compel him to serve as a bond-servant:

40 *But v* as an hired servant, *and* as a sojourner, he shall be with thee, *and* shall serve thee unto the year of jubilee:

41 And *then* shall he depart from thee, *both* he and his children with him, and shall return unto his own family, and unto the possession of his fathers shall he return.

42 For they *are* my *x* servants, which I brought forth out of the land of Egypt: they shall not be sold *σ* as servants.

43 Thou shalt not rule over him with rigour,*c* but shalt fear *d* thy God.

44 Both thy bondmen, and thy bondmaids, which thou shalt have, *shall be* of the heathen that are round about you;

of them shall ye buy bondmen and bondmaids.

45 Moreover, of the children of the strangers *b* that do sojourn among you, of them shall ye buy, and of their families that *are* with you, which they begat in your land: and they shall be your possession.

46 And ye shall take them as an inheritance *d* for your children after you, to inherit *them for* a possession; *γ* they shall be your bondmen for ever: but over your brethren, the children of Israel, ye shall not rule one over another with rigour.*f*

47 And if a sojourner or stranger *δ* wax rich by thee, and thy brother *that dwelleth* by him wax poor, and sell *g* himself unto the stranger *or* sojourner by thee, or to the stock of the stranger's family:

48 After that he is sold he may be redeemed again; one of his brethren may redeem him:

49 Either his uncle, or his uncle's son, may redeem him, or *any* that is nigh of kin unto him of his family may redeem him; or, if he be able, he may redeem himself.

50 And he shall reckon with him that bought him from the year that he was sold to him unto the year of jubilee: and the price of his sale shall be according unto the number of years; according to the time *i* of an hired servant shall it be with him.

51 If *there be* yet many years *behind,* according unto them he shall give again the price of his redemption out of the money that he was bought for.

52 And if there remain but few years unto the year of jubilee, then he shall count with him, *and* according unto his years shall he give him again the price of his redemption.

53 *And* as a yearly hired servant shall he be with him: *and the other* shall not rule with rigour over him in thy sight.

54 And if he be not redeemed *μ* in these *years,* then he shall go out in the year of jubilee, *both* he,and his children with him.

55 For unto me the children of Israel *are* servants; they*q are* my servants, whom I brought forth out of the land of Egypt: I *am* the LORD your God.

CHAP. XXVI.

YE *s* shall make you no idols nor graven image, neither rear you up a *v* standing image, neither shall ye set up *any π* image of stone in your land, to bow down unto it: for I *am* the LORD your God.

2 Ye *t* shall keep my sabbaths, and reverence my sanctuary: I *am* the LORD.

3 If *u* ye walk in my statutes, and keep my commandments, and do them;

4 Then I will give you rain *w* in due season, and the land*x* shall yield her increase, & the trees of ye*e* field shall yield their fruit.

5 And your threshing*y* shall reach unto the vintage,& the vintage shall reach unto the sowing time; & ye shall eat your bread to the full, and dwell in your land safely.

6 And I will give peace *a* in the land, and ye shall lie down, and none shall make *you* afraid: and I will *τ* rid evil beasts *b* out of the land, neither shall the sword go through your land.

7 And ye shall chase your enemies, and they shall fall before you by the sword.

8 And *e* five of you shall chase an hun-

B. C. 1490.

a Ru. 2. 20.
Je. 32. 7, 8.
b Is. 56. 6.
β his hand hath attained and found sufficiency.
ch. 5. 7.
c ver. 50..52.
d Is. 14. 2.
γ ye shall serve yourselves with them. ver. 39.
e ver. 13.
f ver. 43.
δ his hand obtain. ver. 26.
g Ne. 5. 5, 8.
ζ redemption belongeth unto it.
h Nu. 35. 2.
i Job 7. 1.
Is. 16. 14.
η or, one of the Levites redeem them.
k Ac. 4. 36, 37.
l Ga. 2. 10.
1 Jnᵒ. 3. 17.
θ his hand faileth.
λ strengthen.
m De. 15. 7, 8.
n He. 13. 2.
μ or, by these means.
o De. 23. 19.
Ps. 15. 5.
p Ne. 5. 9, 15.
q ver. 42.
r ch. 22. 32, 33.
s De. 16. 22.
27. 15.
v or, pillar.
π a stone of picture, or, figured stone.
ϱ serve thyself with him with the service.
t ch. 19. 30.
uDe. 11. 13..15
28. 1..14.
v Ex. 21. 2, 3.
w Is. 30. 23.
Eze. 34. 26.
x Ps. 67. 6.
y Am. 9. 13.
z ver. 55.
1Co.7.22,23
a Ps. 147. 14.
σ with the sale of a bondman.
τ cause to cease.
b 2 Ki. 17. 25.
Eze. 5. 17.
c ver. 46.
Ep. 6. 9.
d Mal. 3. 5.
e De. 32. 30.

9 וּפָנִיתִי אֲלֵיכֶם וְהִפְרֵיתִי אֶתְכֶם וְהִרְבֵּיתִי אֶתְכֶם וַהֲקִימֹתִי אֶת־בְּרִיתִי אִתְּכֶם׃

10 וַאֲכַלְתֶּם יָשָׁן נוֹשָׁן וְיָשָׁן מִפְּנֵי חָדָשׁ תּוֹצִיאוּ׃

11 וְנָתַתִּי מִשְׁכָּנִי בְּתוֹכְכֶם וְלֹא־תִגְעַל נַפְשִׁי אֶתְכֶם׃

12 וְהִתְהַלַּכְתִּי בְּתוֹכְכֶם וְהָיִיתִי לָכֶם לֵאלֹהִים וְאַתֶּם תִּהְיוּ־לִי לְעָם׃

13 אֲנִי יְהוָה אֱלֹהֵיכֶם אֲשֶׁר הוֹצֵאתִי אֶתְכֶם מֵאֶרֶץ מִצְרַיִם מִהְיֹת לָהֶם עֲבָדִים וָאֶשְׁבֹּר מֹטֹת עֻלְּכֶם וָאוֹלֵךְ אֶתְכֶם קוֹמְמִיּוּת׃ פ

14 וְאִם־לֹא תִשְׁמְעוּ לִי וְלֹא תַעֲשׂוּ אֵת כָּל־הַמִּצְוֹת הָאֵלֶּה׃

15 וְאִם־בְּחֻקֹּתַי תִּמְאָסוּ וְאִם אֶת־מִשְׁפָּטַי תִּגְעַל נַפְשְׁכֶם לְבִלְתִּי עֲשׂוֹת אֶת־כָּל־מִצְוֹתַי לְהַפְרְכֶם אֶת־בְּרִיתִי׃

16 אַף־אֲנִי אֶעֱשֶׂה־זֹּאת לָכֶם וְהִפְקַדְתִּי עֲלֵיכֶם בֶּהָלָה אֶת־הַשַּׁחֶפֶת וְאֶת־הַקַּדַּחַת מְכַלּוֹת עֵינַיִם וּמְדִיבֹת נָפֶשׁ וּזְרַעְתֶּם לָרִיק זַרְעֲכֶם וַאֲכָלֻהוּ אֹיְבֵיכֶם׃

17 וְנָתַתִּי פָנַי בָּכֶם וְנִגַּפְתֶּם לִפְנֵי אֹיְבֵיכֶם וְרָדוּ בָכֶם שֹׂנְאֵיכֶם וְנַסְתֶּם וְאֵין־רֹדֵף אֶתְכֶם׃

18 וְאִם־עַד־אֵלֶּה לֹא תִשְׁמְעוּ לִי וְיָסַפְתִּי לְיַסְּרָה אֶתְכֶם שֶׁבַע עַל־חַטֹּאתֵיכֶם׃

19 וְשָׁבַרְתִּי אֶת־גְּאוֹן עֻזְּכֶם וְנָתַתִּי אֶת־שְׁמֵיכֶם כַּבַּרְזֶל וְאֶת־אַרְצְכֶם כַּנְּחֻשָׁה׃

20 וְתַם לָרִיק כֹּחֲכֶם וְלֹא־תִתֵּן אַרְצְכֶם אֶת־יְבוּלָהּ וְעֵץ הָאָרֶץ לֹא יִתֵּן פִּרְיוֹ׃

21 וְאִם־תֵּלְכוּ עִמִּי קֶרִי וְלֹא תֹאבוּ לִשְׁמֹעַ לִי וְיָסַפְתִּי עֲלֵיכֶם מַכָּה שֶׁבַע כְּחַטֹּאתֵיכֶם׃

22 וְהִשְׁלַחְתִּי בָכֶם אֶת־חַיַּת הַשָּׂדֶה וְשִׁכְּלָה אֶתְכֶם וְהִכְרִיתָה אֶת־בְּהֶמְתְּכֶם וְהִמְעִיטָה אֶתְכֶם וְנָשַׁמּוּ דַּרְכֵיכֶם׃

23 וְאִם־בְּאֵלֶּה לֹא תִוָּסְרוּ לִי וַהֲלַכְתֶּם עִמִּי קֶרִי׃

24 וְהָלַכְתִּי אַף־אֲנִי עִמָּכֶם בְּקֶרִי וְהִכֵּיתִי אֶתְכֶם גַּם־אָנִי שֶׁבַע עַל־חַטֹּאתֵיכֶם׃

25 וְהֵבֵאתִי עֲלֵיכֶם חֶרֶב נֹקֶמֶת נְקַם־בְּרִית וְנֶאֱסַפְתֶּם אֶל־עָרֵיכֶם וְשִׁלַּחְתִּי דֶבֶר בְּתוֹכְכֶם וְנִתַּתֶּם בְּיַד־אוֹיֵב׃

26 בְּשִׁבְרִי לָכֶם מַטֵּה־לֶחֶם וְאָפוּ עֶשֶׂר נָשִׁים לַחְמְכֶם בְּתַנּוּר אֶחָד וְהֵשִׁיבוּ לַחְמְכֶם בַּמִּשְׁקָל וַאֲכַלְתֶּם וְלֹא תִשְׂבָּעוּ׃ ס

27 וְאִם־בְּזֹאת לֹא תִשְׁמְעוּ לִי וַהֲלַכְתֶּם עִמִּי בְּקֶרִי׃

28 וְהָלַכְתִּי עִמָּכֶם בַּחֲמַת־קֶרִי וְיִסַּרְתִּי אֶתְכֶם אַף־אָנִי שֶׁבַע עַל־חַטֹּאתֵיכֶם׃

29 וַאֲכַלְתֶּם בְּשַׂר בְּנֵיכֶם וּבְשַׂר בְּנֹתֵיכֶם תֹּאכֵלוּ׃

30 וְהִשְׁמַדְתִּי אֶת־בָּמֹתֵיכֶם וְהִכְרַתִּי אֶת־חַמָּנֵיכֶם וְנָתַתִּי אֶת־פִּגְרֵיכֶם עַל־פִּגְרֵי גִּלּוּלֵיכֶם וְגָעֲלָה נַפְשִׁי אֶתְכֶם׃

31 וְנָתַתִּי אֶת־עָרֵיכֶם חָרְבָּה וַהֲשִׁמּוֹתִי אֶת־מִקְדְּשֵׁיכֶם וְלֹא אָרִיחַ בְּרֵיחַ נִיחֹחֲכֶם׃

32 וַהֲשִׁמֹּתִי אֲנִי אֶת־הָאָרֶץ וְשָׁמְמוּ עָלֶיהָ אֹיְבֵיכֶם הַיֹּשְׁבִים בָּהּ׃

33 וְאֶתְכֶם אֱזָרֶה בַגּוֹיִם וַהֲרִיקֹתִי אַחֲרֵיכֶם חָרֶב וְהָיְתָה אַרְצְכֶם שְׁמָמָה וְעָרֵיכֶם יִהְיוּ חָרְבָּה׃

34 אָז תִּרְצֶה הָאָרֶץ אֶת־שַׁבְּתֹתֶיהָ כֹּל יְמֵי הָשַּׁמָּה וְאַתֶּם בְּאֶרֶץ אֹיְבֵיכֶם אָז תִּשְׁבַּת הָאָרֶץ וְהִרְצָת אֶת־שַׁבְּתֹתֶיהָ׃

35 כָּל־יְמֵי הָשַּׁמָּה תִּשְׁבֹּת אֵת אֲשֶׁר לֹא־שָׁבְתָה בְּשַׁבְּתֹתֵיכֶם בְּשִׁבְתְּכֶם עָלֶיהָ׃

36 וְהַנִּשְׁאָרִים בָּכֶם וְהֵבֵאתִי מֹרֶךְ בִּלְבָבָם בְּאַרְצֹת אֹיְבֵיהֶם וְרָדַף אֹתָם קוֹל עָלֶה נִדָּף וְנָסוּ מְנֻסַת־חֶרֶב וְנָפְלוּ וְאֵין רֹדֵף׃

37 וְכָשְׁלוּ אִישׁ־בְּאָחִיו כְּמִפְּנֵי־חֶרֶב וְרֹדֵף אָיִן וְלֹא־תִהְיֶה לָכֶם תְּקוּמָה לִפְנֵי אֹיְבֵיכֶם׃

38 וַאֲבַדְתֶּם בַּגּוֹיִם וְאָכְלָה אֶתְכֶם אֶרֶץ אֹיְבֵיכֶם׃

39 וְהַנִּשְׁאָרִים בָּכֶם יִמַּקּוּ בַּעֲוֺנָם בְּאַרְצֹת אֹיְבֵיכֶם וְאַף בַּעֲוֺנֹת אֲבֹתָם אִתָּם יִמָּקּוּ׃

40 וְהִתְוַדּוּ אֶת־עֲוֺנָם וְאֶת־עֲוֺן אֲבֹתָם בְּמַעֲלָם אֲשֶׁר מָעֲלוּ־בִי וְאַף אֲשֶׁר־הָלְכוּ עִמִּי בְּקֶרִי׃

41 אַף־אֲנִי אֵלֵךְ עִמָּם בְּקֶרִי וְהֵבֵאתִי אֹתָם בְּאֶרֶץ אֹיְבֵיהֶם אוֹ־אָז יִכָּנַע לְבָבָם הֶעָרֵל וְאָז יִרְצוּ אֶת־עֲוֺנָם׃

42 וְזָכַרְתִּי אֶת־בְּרִיתִי יַעֲקוֹב וְאַף אֶת־בְּרִיתִי יִצְחָק וְאַף אֶת־בְּרִיתִי אַבְרָהָם אֶזְכֹּר וְהָאָרֶץ אֶזְכֹּר׃

43 וְהָאָרֶץ תֵּעָזֵב מֵהֶם וְתִרֶץ אֶת־שַׁבְּתֹתֶיהָ בָּהְשַׁמָּה מֵהֶם וְהֵם יִרְצוּ אֶת־עֲוֺנָם יַעַן וּבְיַעַן בְּמִשְׁפָּטַי מָאָסוּ וְאֶת־חֻקֹּתַי גָּעֲלָה נַפְשָׁם׃

44 וְאַף־גַּם־זֹאת בִּהְיוֹתָם בְּאֶרֶץ אֹיְבֵיהֶם לֹא־מְאַסְתִּים וְלֹא־גְעַלְתִּים לְכַלֹּתָם לְהָפֵר בְּרִיתִי אִתָּם כִּי אֲנִי יְהוָה אֱלֹהֵיהֶם׃

45 וְזָכַרְתִּי לָהֶם בְּרִית רִאשֹׁנִים אֲשֶׁר הוֹצֵאתִי אֹתָם מֵאֶרֶץ מִצְרַיִם לְעֵינֵי הַגּוֹיִם לִהְיוֹת לָהֶם לֵאלֹהִים אֲנִי יְהוָה׃

46 אֵלֶּה הַחֻקִּים וְהַמִּשְׁפָּטִים וְהַתּוֹרֹת אֲשֶׁר נָתַן יְהוָה בֵּינוֹ וּבֵין בְּנֵי יִשְׂרָאֵל בְּהַר סִינַי בְּיַד־מֹשֶׁה׃

ת

dred, and an hundred of you shall put ten thousand to flight: and your enemies shall fall before you by the sword.

9 For I will have respect unto *b* you, and make *d* you fruitful, and multiply *e* you, and establish my covenant with you.

10 And ye shall eat old *h* store, and bring forth the old because of the new.

11 And I will set my tabernacle *k* among you: and my soul shall not abhor *l* you.

12 And I will walk *n* among you, & *o* will be your God, and ye shall be my people.

13 I *q* am the LORD your God, which brought you forth out of the land of Egypt, that ye should not be their bondmen; and I have broken *s* the bands of your yoke, and made you go upright.

14 But *t* if ye will not hearken unto me, and will not do all these commandments;

15 And if ye shall despise my statutes, or if your soul abhor my judgments, so that ye will not do all my commandments, *but* that ye break *u* my covenant:

16 I also will do this unto you; I will even appoint *β* over you terror, consumption, and the burning ague, that shall consume the eyes, and cause sorrow of heart: and ye shall sow *x* your seed in vain, for your enemies *y* shall eat it.

17 And I will set my face against you, & ye shall be slain *a* before your enemies: they that hate you shall reign over you; and ye shall flee *w* when none pursueth you.

18 And if ye will not yet for all this hearken unto me, then I will punish you seven times more for your sins.

19 And I will break the pride *d* of your power; and I will make your heaven as iron, and your earth as brass:

20 And your strength shall be spent in vain :*f* for your land shall not yield her increase, neither shall the trees of the land yield their fruits.

21 And if ye walk *δ* contrary unto me, and will not hearken unto me ; I will bring seven times more plagues upon you according to your sins.

22 I will also send wild beasts *k* among you, which shall rob you of your children, and destroy your cattle, and make you few in number; and your *high*-ways shall *m* be desolate.

23 And if ye will not be reformed by me by these things, but will walk contrary unto me ;

24 Then will I also walk *o* contrary unto you, and will punish you yet seven times for your sins.

25 And I will bring a sword upon you, that shall avenge *r* the quarrel of *my* covenant: and when ye are gathered together within your cities, I will send the pestilence *u* among you; and ye shall be delivered into the hand of the enemy.

26 *And* when I have broken *v* the staff of your bread, ten women shall bake your bread in one oven, and they shall deliver *you* your bread again by weight: and ye shall eat, and not *y* be satisfied.

27 And if ye will not for all this hearken unto me, but walk contrary unto me ;

28 Then I will walk contrary unto you also in fury ; and I, even I, will chastise you seven times for your sins.

29 And ye shall eat *b* the flesh of your sons, and the flesh of your daughters shall ye eat.

30 And I will destroy *c* your high places,

B. C. 1490.

a ch. 20. 23.
b Ex. 2. 25.
  2 Ki. 13. 23.
c Ne. 2. 3.
d Ne. 9. 23.
e Ps. 107. 38.
f 2 Ch. 36. 19.
  Mat. 24. 2.
g Is. 1. 13.
h ch. 25. 22.
i Je. 25. 11, 18.
k Ps. 76. 2.
  Eze. 37. 26..
       28.
  Re. 21. 3.
l De. 32. 19.
  Ps. 78. 59.
  Je. 19. 8.
n 2 Co. 6. 16.
o Eze. 11. 20.
p Ps. 44. 11.
q ch. 25. 38, 42.
r 2 Ch. 36. 21.
s Je. 2. 20.
t De. 28. 15..68
u Eze. 16. 59.
v Eze. 21. 7, 15.
β *upon.*
w Job 15. 21.
γ *driven.*
x Mi. 6. 15.
y Ne. 9. 36, 37.
z Is. 10. 4.
a Je. 19. 7.
b Ju. 2. 14.
c Pr. 28. 1.
d Is. 25. 11.
e La. 4. 9.
  Eze. 4. 17.
f Ps. 127. 1.
g 1 Ki. 8. 33, &c
  Ne. 9. 2, &c.
  Pr. 28. 13.
  Lu. 15. 18.
  1 Jn°. 1. 9.
δ or, *at all adventures with me.*
h 2 Ki. 17. 25.
  Eze. 5. 17.
i Je. 9. 26.
  Ac. 7. 51.
  Ro. 2. 29.
k 2 Ch. 12. 6,
       7, 12.
l Ps. 39. 9
    51. 3, 4.
  Da. 9. 7.
m La. 1. 4.
n Ps. 105. 45.
  Eze. 16. 60.
o Ps. 18. 26.
  Is. 63. 10.
p Joel 2. 18.
q ver. 34, 35.
r De. 32. 35.
  Eze. 20. 37.
s ver. 41.
t 2 Ch. 36. 16.
u Je. 24. 10.
v Ps. 105. 16.
w Ps. 94. 14.
  La. 3. 31.
  Ro. 11. 2.
x Ps. 89. 33, 34.
y Hag. 1. 6.
z Ro. 11. 28.
b La. 4. 10.
c Eze. 6. 3..13.

---

and cut down your images, and cast your carcases upon the carcases of your idols, and my soul shall abhor *a* you.

31 And I will make your cities *c* waste, and bring your sanctuaries *f* unto desolation, and I will not smell *g* the savour of your sweet odours.

32 And I will bring the land *i* into desolation : and your enemies which dwell therein shall be astonished *m* at it.

33 And I will scatter *p* you among the heathen, and will draw out a sword after you: and your land shall be desolate, and your cities waste.

34 Then shall the land *r* enjoy her sabbaths, as long as it lieth desolate, and ye *be* in your enemies' land ; *even* then shall the land rest, and enjoy her sabbaths.

35 As long as it lieth desolate it shall rest; because it did not rest in your sabbaths, when ye dwelt upon it.

36 And upon them that are left *alive* of you I will send a faintness *v* into their hearts in the lands of their enemies ; and the sound *w* of a *γ* shaken leaf shall chase them ; and they shall flee, as fleeing from a sword ; and they shall fall when none pursueth.

37 And they shall fall *z* one upon another, as it were before a sword, when none pursueth : and ye shall have no power to stand *b* before your enemies.

38 And ye shall perish among the heathen, and the land of your enemies shall eat you up.

39 And they that are left of you shall pine *e* away in their iniquity in your enemies' lands ; and also in the iniquities of their fathers shall they pine away with them.

40 If *g* they shall confess their iniquity, and the iniquity of their fathers, with their trespass which they trespassed against me, and that also they have walked contrary unto me ;

41 And *that* I also have walked contrary unto them, and have brought them into the land of their enemies ; if then their uncircumcised *i* hearts be *k* humbled, and they then accept *l* of the punishment of their iniquity :

42 Then will I remember *n* my covenant with Jacob, and also my covenant with Isaac, and also my covenant with Abraham will I remember ; and I will remember the land. *p*

43 The land also shall be left of them, and shall enjoy her sabbaths, *q* while she lieth desolate without them : and they shall accept *s* of the punishment of their iniquity: because, even because they despised *t* my judgments, and because their soul abhorred my statutes.

44 And yet for all that, when they be in the land of their enemies, I will *w* not cast them away, neither will I abhor them, to destroy them utterly, and to break *x* my covenant with them: for I *am* the LORD their God.

45 But I will for their sakes *z* remember the covenant of their *a* ancestors, whom I brought forth out of the land of Egypt in the sight of the heathen, that I might be their God : I *am* the LORD.

46 These *are* the statutes and judgments and laws, which the LORD made between him and the children of Israel in mount Sinai by the hand of Moses.

CAP. XXVII. נ

וַיְדַבֵּר יְהֹוָה אֶל־מֹשֶׁה לֵּאמֹר׃ דַּבֵּר אֶל־בְּנֵי 1,2
יִשְׂרָאֵל וְאָמַרְתָּ אֲלֵהֶם אִישׁ כִּי יַפְלִא נֶדֶר
בְּעֶרְכְּךָ נְפָשֹׁת לַיהֹוָה׃ וְהָיָה עֶרְכְּךָ הַזָּכָר מִבֶּן 3
עֶשְׂרִים שָׁנָה וְעַד בֶּן־שִׁשִּׁים שָׁנָה וְהָיָה עֶרְכְּךָ
חֲמִשִּׁים שֶׁקֶל כֶּסֶף בְּשֶׁקֶל הַקֹּדֶשׁ׃ וְאִם־נְקֵבָה 4
הִוא וְהָיָה עֶרְכְּךָ שְׁלֹשִׁים שָׁקֶל׃ וְאִם מִבֶּן־ 5
חָמֵשׁ שָׁנִים וְעַד בֶּן־עֶשְׂרִים שָׁנָה וְהָיָה עֶרְכְּךָ
הַזָּכָר עֶשְׂרִים שְׁקָלִים וְלַנְּקֵבָה עֲשֶׂרֶת שְׁקָלִים׃
וְאִם מִבֶּן־חֹדֶשׁ וְעַד בֶּן־חָמֵשׁ שָׁנִים וְהָיָה 6
עֶרְכְּךָ הַזָּכָר חֲמִשָּׁה שְׁקָלִים כָּסֶף וְלַנְּקֵבָה
עֶרְכְּךָ שְׁלֹשֶׁת שְׁקָלִים כָּסֶף׃ וְאִם מִבֶּן־שִׁשִּׁים 7
שָׁנָה וָמַעְלָה אִם־זָכָר וְהָיָה עֶרְכְּךָ חֲמִשָּׁה
עָשָׂר שָׁקֶל וְלַנְּקֵבָה עֲשָׂרָה שְׁקָלִים׃ וְאִם־מָךְ 8
הוּא מֵעֶרְכֶּךָ וְהֶעֱמִידוֹ לִפְנֵי הַכֹּהֵן וְהֶעֱרִיךְ
אֹתוֹ הַכֹּהֵן עַל־פִּי אֲשֶׁר תַּשִּׂיג יַד הַנֹּדֵר יַעֲרִיכֶנּוּ
הַכֹּהֵן׃ ס וְאִם־בְּהֵמָה אֲשֶׁר יַקְרִיבוּ מִמֶּנָּה 9
קָרְבָּן לַיהֹוָה כֹּל אֲשֶׁר יִתֵּן מִמֶּנּוּ לַיהֹוָה יִהְיֶה־
קֹּדֶשׁ׃ לֹא יַחֲלִיפֶנּוּ וְלֹא־יָמִיר אֹתוֹ טוֹב בְּרָע 10
אוֹ־רַע בְּטוֹב וְאִם־הָמֵר יָמִיר בְּהֵמָה בִּבְהֵמָה
וְהָיָה־הוּא וּתְמוּרָתוֹ יִהְיֶה־קֹּדֶשׁ׃ וְאִם כָּל־ 11
בְּהֵמָה טְמֵאָה אֲשֶׁר לֹא־יַקְרִיבוּ מִמֶּנָּה קָרְבָּן
לַיהֹוָה וְהֶעֱמִיד אֶת־הַבְּהֵמָה לִפְנֵי הַכֹּהֵן׃
וְהֶעֱרִיךְ הַכֹּהֵן אֹתָהּ בֵּין טוֹב וּבֵין רָע בְּעֶרְכְּךָ 12
הַכֹּהֵן כֵּן יִהְיֶה׃ וְאִם־גָּאֹל יִגְאָלֶנָּה וְיָסַף 13
חֲמִישִׁתוֹ עַל־עֶרְכֶּךָ׃ וְאִישׁ כִּי־יַקְדִּשׁ אֶת־בֵּיתוֹ 14
קֹדֶשׁ לַיהֹוָה וְהֶעֱרִיכוֹ הַכֹּהֵן בֵּין טוֹב וּבֵין רָע
כַּאֲשֶׁר יַעֲרִיךְ אֹתוֹ הַכֹּהֵן כֵּן יָקוּם׃ וְאִם־ 15
הַמַּקְדִּישׁ יִגְאַל אֶת־בֵּיתוֹ וְיָסַף חֲמִישִׁית כֶּסֶף־
עֶרְכְּךָ עָלָיו וְהָיָה לוֹ׃ וְאִם מִשְּׂדֵה אֲחֻזָּתוֹ 16
יַקְדִּישׁ אִישׁ לַיהֹוָה וְהָיָה עֶרְכְּךָ לְפִי זַרְעוֹ זֶרַע
חֹמֶר שְׂעֹרִים בַּחֲמִשִּׁים שֶׁקֶל כָּסֶף׃ אִם־מִשְּׁנַת 17

הַיֹּבֵל יַקְדִּישׁ שָׂדֵהוּ כְּעֶרְכְּךָ יָקוּם׃ וְאִם־אַחַר 18
הַיֹּבֵל יַקְדִּישׁ שָׂדֵהוּ וְחִשַּׁב־לוֹ הַכֹּהֵן אֶת־הַכֶּסֶף
עַל־פִּי הַשָּׁנִים הַנּוֹתָרֹת עַד שְׁנַת הַיֹּבֵל וְנִגְרַע
מֵעֶרְכֶּךָ׃ וְאִם־גָּאֹל יִגְאַל אֶת־הַשָּׂדֶה הַמַּקְדִּישׁ 19
אֹתוֹ וְיָסַף חֲמִשִׁית כֶּסֶף־עֶרְכְּךָ עָלָיו וְקָם לוֹ׃
וְאִם־לֹא יִגְאַל אֶת־הַשָּׂדֶה וְאִם־מָכַר אֶת־הַשָּׂדֶה 20
לְאִישׁ אַחֵר לֹא־יִגָּאֵל עוֹד׃ וְהָיָה הַשָּׂדֶה 21
בְּצֵאתוֹ בַיֹּבֵל קֹדֶשׁ לַיהֹוָה כִּשְׂדֵה הַחֵרֶם לַכֹּהֵן
תִּהְיֶה אֲחֻזָּתוֹ׃ וְאִם אֶת־שְׂדֵה מִקְנָתוֹ אֲשֶׁר 22
לֹא מִשְּׂדֵה אֲחֻזָּתוֹ יַקְדִּישׁ לַיהֹוָה׃ וְחִשַּׁב־לוֹ 23
הַכֹּהֵן אֵת מִכְסַת הָעֶרְכְּךָ עַד שְׁנַת הַיֹּבֵל וְנָתַן
אֶת־הָעֶרְכְּךָ בַּיּוֹם הַהוּא קֹדֶשׁ לַיהֹוָה׃ בִּשְׁנַת 24
הַיֹּבֵל יָשׁוּב הַשָּׂדֶה לַאֲשֶׁר קָנָהוּ מֵאִתּוֹ לַאֲשֶׁר־
לוֹ אֲחֻזַּת הָאָרֶץ׃ וְכָל־עֶרְכְּךָ יִהְיֶה בְּשֶׁקֶל הַקֹּדֶשׁ 25
עֶשְׂרִים גֵּרָה יִהְיֶה הַשָּׁקֶל׃ אַךְ־בְּכוֹר אֲשֶׁר־ 26
יְבֻכַּר לַיהֹוָה בִּבְהֵמָה לֹא־יַקְדִּישׁ אִישׁ אֹתוֹ אִם־
שׁוֹר אִם־שֶׂה לַיהֹוָה הוּא׃ וְאִם בַּבְּהֵמָה 27
הַטְּמֵאָה וּפָדָה בְעֶרְכֶּךָ וְיָסַף חֲמִשִׁתוֹ עָלָיו וְאִם־
לֹא יִגָּאֵל וְנִמְכַּר בְּעֶרְכֶּךָ׃ אַךְ כָּל־חֵרֶם אֲשֶׁר 28
יַחֲרִם אִישׁ לַיהֹוָה מִכָּל־אֲשֶׁר־לוֹ מֵאָדָם וּבְהֵמָה
וּמִשְּׂדֵה אֲחֻזָּתוֹ לֹא יִמָּכֵר וְלֹא יִגָּאֵל כָּל־חֵרֶם
קֹדֶשׁ־קָדָשִׁים הוּא לַיהֹוָה׃ כָּל־חֵרֶם אֲשֶׁר 29
יָחֳרַם מִן־הָאָדָם לֹא יִפָּדֶה מוֹת יוּמָת׃ וְכָל־ 30
מַעְשַׂר הָאָרֶץ מִזֶּרַע הָאָרֶץ מִפְּרִי הָעֵץ לַיהֹוָה
הוּא קֹדֶשׁ לַיהֹוָה׃ וְאִם־גָּאֹל יִגְאַל אִישׁ 31
מִמַּעַשְׂרוֹ חֲמִשִׁיתוֹ יֹסֵף עָלָיו׃ וְכָל־מַעְשַׂר בָּקָר 32
וָצֹאן כֹּל אֲשֶׁר־יַעֲבֹר תַּחַת הַשָּׁבֶט הָעֲשִׂירִי
יִהְיֶה־קֹּדֶשׁ לַיהֹוָה׃ לֹא יְבַקֵּר בֵּין־טוֹב לָרַע וְלֹא 33
יְמִירֶנּוּ וְאִם־הָמֵר יְמִירֶנּוּ וְהָיָה־הוּא וּתְמוּרָתוֹ
יִהְיֶה־קֹּדֶשׁ לֹא יִגָּאֵל׃ אֵלֶּה הַמִּצְוֹת אֲשֶׁר 34
צִוָּה יְהֹוָה אֶת־מֹשֶׁה אֶל־בְּנֵי יִשְׂרָאֵל
בְּהַר סִינָי׃

חזק

CHAP. XXVII.

AND the LORD spake unto Moses, saying,

2 Speak unto the children of Israel, and say unto them, When [b] a man shall make a singular [c] vow, the persons shall be for the LORD by thy estimation.

3 And thy estimation [e] shall be of the male from twenty years old even unto sixty years old, even thy estimation shall be fifty shekels of silver, after [f] the shekel of the sanctuary.

4 And if it be a female, then thy estimation shall be thirty shekels.

5 And if it be from five years old even unto twenty years old, then thy estimation shall be of the male twenty shekels, and for the female ten shekels.

6 And if it be from a month old even unto five years old, then thy estimation shall be of the male five shekels of silver, and for the female thy estimation shall be three shekels of silver.

7 And if it be from sixty years old and above; if it be a male, then thy estimation shall be fifteen shekels, and for the female ten shekels.

8 But if he be poorer than thy estimation, then he shall present himself before the priest, and the priest shall value him; according to his ability [n] that vowed shall the priest value him.

9 And if it be a beast, whereof men bring an offering unto the LORD, all that any man giveth of such unto the LORD shall be holy.

10 He shall not alter it, nor change it, a good for a bad, or a bad for a good : and if he shall at all change beast for beast, then it and the exchange thereof shall be holy.

11 And if it be any unclean beast, of which they do not offer a sacrifice unto the LORD, then he shall present the beast before the priest :

12 And the priest shall value it, whether it be good or bad : [γ] as thou valuest it, who art the priest, so shall it be.

13 But [s] if he will at all redeem it, then he shall add a fifth part thereof unto thy estimation.

14 And when a man shall sanctify his house [u] to be holy unto the LORD, then the priest shall estimate it, whether it be good or bad : as [v] the priest shall estimate it, so shall it stand.

15 And if he that sanctified it will redeem his house, then he shall add the fifth [x] part of the money of thy estimation unto it, and it shall be his.

16 And if a man shall sanctify unto the LORD some part of a field of his possession, then thy estimation shall be according to the seed thereof : [δ] an homer of barley seed shall be valued at fifty shekels of silver.

17 If he sanctify his field from the year of jubilee, according to thy estimation it shall stand.

18 But if he sanctify his field after the

B. C. 1490.

a ch.25.15,16.

b Nu. 6. 2.
Ju. 11. 30,
&c.
1 Sa.1.11,28

c Ec. 5. 4, 5.

d ver. 13.

e Nu. 18. 16.

f Ex. 30. 13.

g ch.25.10,28.

h ver. 28.

i Nu. 18. 14.
Eze.44.29.

k ch. 25. 25.

l ver. 18.

m ch. 25. 28.

n Le. 5. 7.

β first-born.

o Ex.13.2,12.
22. 30.
Nu. 18. 17.
De. 15. 19.

p ver. 11..13.

q Jos. 6. 19.

γ according
to thy esti-
mation, O
priest.

r Nu. 21.2,3.
1 Sa. 15.18..
23.

s ver. 15, 19.

t Ge. 28. 22.
Nu. 18. 21,
24.
2 Ch. 31. 5,
6, 12.
Ne. 13. 12.
Mal.3.8,10.

u Ps.101.2..7.

v ver. 12.

w ver. 13.

x ver. 13.

y Je. 33. 13.
Eze. 20. 37.
Mi. 7. 14.

z ver. 10.

δ or, the
land of an
homer.

a ch. 26. 46.

b Mal. 4. 4.

c Ex. 19. 2, 3,
25.

jubilee, then the priest shall [a] reckon unto him the money according to the years that remain, even unto the year of the jubilee, and it shall be abated from thy estimation.

19 And if [d] he that sanctified the field will in any wise redeem it, then he shall add the fifth part of the money of thy estimation unto it, and it shall be assured to him.

20 And if he will not redeem the field, or if he have sold the field to another man, it shall not be redeemed any more.

21 But the field, when it [g] goeth out in the jubilee, shall be holy unto the LORD, as a field devoted, [h] the possession thereof shall be the priest's.[i]

22 And if a man sanctify unto the LORD a field which he hath bought, which is not of the fields of [k] his possession ;

23 Then [l] the priest shall reckon unto him the worth of thy estimation, even unto the year of the jubilee : and he shall give thine estimation in that day, as a holy thing unto the LORD.

24 In [m] the year of the jubilee the field shall return unto him of whom it was bought, even to him to whom the possession of the land did belong.

25 And all thy estimations shall be according to the shekel of the sanctuary : twenty gerahs shall be the shekel.

26 Only the [β] firstling of the beasts, which should be the LORD's [o] firstling, no man shall sanctify it ; whether it be ox or sheep : it is the LORD's.

27 And if it be of an unclean beast, then he shall redeem it according to thine estimation, and shall add a fifth [p] part of it thereto : or if it be not redeemed, then it shall be sold according to thy estimation.

28 Notwithstanding, no devoted thing that a man shall devote unto the LORD of all that he hath, both of man and beast, and of the field of his possession, shall be sold or redeemed : every [q] devoted thing is most holy unto the LORD.

29 None [r] devoted, which shall be devoted of men, shall be redeemed ; but shall surely be put to death.

30 And all the tithe [t] of the land, whether of the seed of the land, or of the fruit of the tree, is the LORD's : it is holy unto the LORD.

31 And if a man will at all redeem ought of his tithes, he shall add [w] thereto the fifth part thereof.

32 And concerning the tithe of the herd, or of the flock, even of whatsoever passeth [y] under the rod, the tenth shall be holy unto the LORD.

33 He shall not search whether it be good or bad, neither shall he change [z] it ; and if he change it at all, then both it and the change thereof shall be holy : it shall not be redeemed.

34 These [a] are the commandments, [b] which the LORD commanded Moses for the children of Israel, in mount Sinai.[c]

במדבר

LIBER NUMERI.

פרשה לך 34

CAP. I. א

1 וַיְדַבֵּר יְהוָה אֶל־מֹשֶׁה בְּמִדְבַּר סִינַי בְּאֹהֶל מוֹעֵד בְּאֶחָד לַחֹדֶשׁ הַשֵּׁנִי בַּשָּׁנָה הַשֵּׁנִית לְצֵאתָם

2 מֵאֶרֶץ מִצְרַיִם לֵאמֹר׃ שְׂאוּ אֶת־רֹאשׁ כָּל־עֲדַת בְּנֵי־יִשְׂרָאֵל לְמִשְׁפְּחֹתָם לְבֵית אֲבֹתָם בְּמִסְפַּר

3 שֵׁמוֹת כָּל־זָכָר לְגֻלְגְּלֹתָם׃ מִבֶּן עֶשְׂרִים שָׁנָה וָמַעְלָה כָּל־יֹצֵא צָבָא בְּיִשְׂרָאֵל תִּפְקְדוּ אֹתָם

4 לְצִבְאֹתָם אַתָּה וְאַהֲרֹן׃ וְאִתְּכֶם יִהְיוּ אִישׁ

5 אִישׁ לַמַּטֶּה אִישׁ רֹאשׁ לְבֵית־אֲבֹתָיו הוּא׃ וְאֵלֶּה שְׁמוֹת הָאֲנָשִׁים אֲשֶׁר יַעַמְדוּ אִתְּכֶם

6 לִרְאוּבֵן אֱלִיצוּר בֶּן־שְׁדֵיאוּר׃ לְשִׁמְעוֹן שְׁלֻמִיאֵל

7 בֶּן־צוּרִישַׁדָּי׃ לִיהוּדָה נַחְשׁוֹן בֶּן־עַמִּינָדָב׃

8,9 לְיִשָּׂשכָר נְתַנְאֵל בֶּן־צוּעָר׃ לִזְבוּלֻן אֱלִיאָב בֶּן־

10 חֵלֹן׃ לִבְנֵי יוֹסֵף לְאֶפְרַיִם אֱלִישָׁמָע בֶּן־עַמִּיהוּד

11 לִמְנַשֶּׁה גַּמְלִיאֵל בֶּן־פְּדָהצוּר׃ לְבִנְיָמִן אֲבִידָן

12,13 בֶּן־גִּדְעֹנִי׃ לְדָן אֲחִיעֶזֶר בֶּן־עַמִּישַׁדָּי׃ לְאָשֵׁר

14 פַּגְעִיאֵל בֶּן־עָכְרָן׃ לְגָד אֶלְיָסָף בֶּן־דְּעוּאֵל׃

15,16 לְנַפְתָּלִי אֲחִירַע בֶּן־עֵינָן׃ אֵלֶּה קְרוּאֵי הָעֵדָה

17 נְשִׂיאֵי מַטּוֹת אֲבוֹתָם רָאשֵׁי אַלְפֵי יִשְׂרָאֵל הֵם׃ וַיִּקַּח מֹשֶׁה וְאַהֲרֹן אֵת הָאֲנָשִׁים הָאֵלֶּה אֲשֶׁר

18 נִקְּבוּ בְּשֵׁמוֹת׃ וְאֵת כָּל־הָעֵדָה הִקְהִילוּ בְּאֶחָד לַחֹדֶשׁ הַשֵּׁנִי וַיִּתְיַלְדוּ עַל־מִשְׁפְּחֹתָם לְבֵית אֲבֹתָם בְּמִסְפַּר שֵׁמוֹת מִבֶּן עֶשְׂרִים שָׁנָה וָמַעְלָה

19 לְגֻלְגְּלֹתָם׃ כַּאֲשֶׁר צִוָּה יְהוָה אֶת־מֹשֶׁה

20 וַיִּפְקְדֵם בְּמִדְבַּר סִינָי׃ וַיִּהְיוּ בְנֵי־רְאוּבֵן בְּכֹר יִשְׂרָאֵל תּוֹלְדֹתָם לְמִשְׁפְּחֹתָם לְבֵית אֲבֹתָם בְּמִסְפַּר שֵׁמוֹת לְגֻלְגְּלֹתָם כָּל־זָכָר מִבֶּן עֶשְׂרִים

21 שָׁנָה וָמַעְלָה כֹּל יֹצֵא צָבָא׃ פְּקֻדֵיהֶם לְמַטֵּה רְאוּבֵן שִׁשָּׁה וְאַרְבָּעִים אֶלֶף וַחֲמֵשׁ מֵאוֹת׃

22 לִבְנֵי שִׁמְעוֹן תּוֹלְדֹתָם לְמִשְׁפְּחֹתָם לְבֵית אֲבֹתָם פְּקֻדָיו בְּמִסְפַּר שֵׁמוֹת לְגֻלְגְּלֹתָם כָּל־זָכָר מִבֶּן

עֶשְׂרִים שָׁנָה וָמַעְלָה כָּל יֹצֵא צָבָא׃

23 פְּקֻדֵיהֶם לְמַטֵּה שִׁמְעוֹן תִּשְׁעָה וַחֲמִשִּׁים אֶלֶף וּשְׁלֹשׁ מֵאוֹת׃

24 לִבְנֵי גָד תּוֹלְדֹתָם לְמִשְׁפְּחֹתָם לְבֵית אֲבֹתָם בְּמִסְפַּר שֵׁמוֹת מִבֶּן עֶשְׂרִים שָׁנָה וָמַעְלָה כָּל יֹצֵא צָבָא׃

25 פְּקֻדֵיהֶם לְמַטֵּה גָד חֲמִשָּׁה וְאַרְבָּעִים אֶלֶף וְשֵׁשׁ מֵאוֹת וַחֲמִשִּׁים׃

26 לִבְנֵי יְהוּדָה תּוֹלְדֹתָם לְמִשְׁפְּחֹתָם לְבֵית אֲבֹתָם בְּמִסְפַּר שֵׁמֹת מִבֶּן עֶשְׂרִים שָׁנָה וָמַעְלָה כָּל יֹצֵא

27 צָבָא׃ פְּקֻדֵיהֶם לְמַטֵּה יְהוּדָה אַרְבָּעָה וְשִׁבְעִים אֶלֶף וְשֵׁשׁ מֵאוֹת׃

28 לִבְנֵי יִשָּׂשכָר תּוֹלְדֹתָם לְמִשְׁפְּחֹתָם לְבֵית אֲבֹתָם בְּמִסְפַּר שֵׁמֹת מִבֶּן עֶשְׂרִים שָׁנָה וָמַעְלָה כָּל יֹצֵא

29 צָבָא׃ פְּקֻדֵיהֶם לְמַטֵּה יִשָּׂשכָר אַרְבָּעָה וַחֲמִשִּׁים אֶלֶף וְאַרְבַּע מֵאוֹת׃

30 לִבְנֵי זְבוּלֻן תּוֹלְדֹתָם לְמִשְׁפְּחֹתָם לְבֵית אֲבֹתָם בְּמִסְפַּר שֵׁמֹת מִבֶּן עֶשְׂרִים שָׁנָה וָמַעְלָה כֹּל

31 יֹצֵא צָבָא׃ פְּקֻדֵיהֶם לְמַטֵּה זְבוּלֻן שִׁבְעָה וַחֲמִשִּׁים אֶלֶף וְאַרְבַּע מֵאוֹת׃

32 לִבְנֵי יוֹסֵף לִבְנֵי אֶפְרַיִם תּוֹלְדֹתָם לְמִשְׁפְּחֹתָם לְבֵית אֲבֹתָם בְּמִסְפַּר שֵׁמֹת מִבֶּן עֶשְׂרִים שָׁנָה

33 וָמַעְלָה כָּל יֹצֵא צָבָא׃ פְּקֻדֵיהֶם לְמַטֵּה אֶפְרַיִם אַרְבָּעִים אֶלֶף וַחֲמֵשׁ מֵאוֹת׃

34 לִבְנֵי מְנַשֶּׁה תּוֹלְדֹתָם לְמִשְׁפְּחֹתָם לְבֵית אֲבֹתָם בְּמִסְפַּר שֵׁמוֹת מִבֶּן עֶשְׂרִים שָׁנָה וָמַעְלָה כָּל

35 יֹצֵא צָבָא׃ פְּקֻדֵיהֶם לְמַטֵּה מְנַשֶּׁה שְׁנַיִם

36 וּשְׁלֹשִׁים אֶלֶף וּמָאתָיִם׃ לִבְנֵי בִנְיָמִן תּוֹלְדֹתָם לְמִשְׁפְּחֹתָם לְבֵית אֲבֹתָם בְּמִסְפַּר שֵׁמֹת מִבֶּן עֶשְׂרִים שָׁנָה וָמַעְלָה כָּל

37 יֹצֵא צָבָא׃ פְּקֻדֵיהֶם לְמַטֵּה בִנְיָמִן חֲמִשָּׁה

The Fourth Book of MOSES, called NUMBERS.

B. C. 1490.

CHAP. I.

AND the LORD spake unto Moses in the wilderness of Sinai,[a] in the tabernacle of the congregation, on the first *day* of the second month, in the second year after they were come out of the land of Egypt, saying,

2 Take[b] ye the sum of all the congregation of the children of Israel, after their families, by the house of their fathers, with the number of *their* names, every male by their polls;

3 From twenty years old and upward, all that are able to go forth to war in Israel: thou and Aaron shall number them by their armies.

4 And with you there shall be a man of every tribe; every one head[c] of the house of his fathers.

5 And these *are* the names of the men that shall stand with you: of *the tribe of* Reuben; Elizur[d] the son of Shedeur.

6 Of Simeon; Shelumiel the son of Zurishaddai.

7 Of Judah; βNahshon[f] the son of Amminadab.

8 Of Issachar; Nethaneel the son of Zuar.

9 Of Zebulun; Eliab the son of Helon.

10 Of the children of Joseph: of Ephraim, Elishama the son of Ammihud: of Manasseh, Gamaliel the son of Pedahzur.

11 Of Benjamin; Abidan the son of Gideoni.

12 Of Dan; Ahiezer the son of Ammishaddai.

13 Of Asher, Pagiel the son of Ocran.

14 Of Gad; Eliasaph the son of γDeuel.

15 Of Naphtali; Ahira the son of Enan.

16 These[g] *were* the renowned of the congregation, princes of the tribes of their fathers, heads[h] of thousands in Israel.

17 And Moses and Aaron took these men which are expressed[k] by *their* names:[l]

18 And they assembled all the congregation together on the first *day* of the second month, and they declared their pedigrees after their families, by the house of their fathers; according[m] to the number of the names, from twenty years old and upward, by their polls.

19 As[n] the LORD commanded Moses, so he numbered them in the wilderness of Sinai.

20 And the children of Reuben, Israel's eldest son, by their generations, after their families, by the house of their fathers, according to the number of the names, by their polls, every male from twenty years old and upward, all that were able to go forth to war;

21 Those that were numbered of them, *even* of the tribe of Reuben, *were* forty and six thousand and five hundred.

22 Of the children of Simeon, by their generations, after their families, by the house of their fathers, those that were numbered of them, according to the number of the names, by their polls, every

male from twenty years old and upward, all that were able to go forth to war;

23 Those that were numbered of them, *even* of the tribe of Simeon, *were* fifty and nine thousand and three hundred.

24 Of the children of Gad, by their generations, after their families, by the house of their fathers, according to the number of the names, from twenty years old and upward, all that were able to go forth to war;

25 Of the children of Gad, *were* forty and five thousand six hundred and fifty.

26 Of the children of Judah, by their generations, after their families, by the house of their fathers, according to the number of the names, from twenty years old and upward, all that were able to go forth to war;

27 Those that were numbered of them, *even* of the tribe of Judah, *were* threescore and fourteen thousand and six hundred.[e]

28 Of the children of Issachar, by their generations, after their families, by the house of their fathers, according to the number of the names, from twenty years old and upward, all that were able to go forth to war;

29 Those that were numbered of them, *even* of the tribe of Issachar, *were* fifty and four thousand and four hundred.

30 Of the children of Zebulun, by their generations, after their families, by the house of their fathers, according to the number of the names, from twenty years old and upward, all that were able to go forth to war;

31 Those that were numbered of them, *even* of the tribe of Zebulun, *were* fifty and seven thousand and four hundred.

32 Of the children of Joseph,[i] *namely*, of the children of Ephraim, by their generations, after their families, by the house of their fathers, according to the number of the names, from twenty years old and upward, all that were able to go forth to war;

33 Those that were numbered of them, *even* of the tribe of Ephraim, *were* forty thousand and five hundred.

34 Of the children of Manasseh, by their generations, after their families, by the house of their fathers, according to the number of the names, from twenty years old and upward, all that were able to go forth to war;

35 Those that were numbered of them, *even* of the tribe of Manasseh, *were* thirty and two thousand and two hundred.

36 Of the children of Benjamin, by their generations, after their families, by the house of their fathers, according to the number of the names, from twenty years old and upward, all that were able to go forth to war;

37 Those that were numbered of them, *even* of the tribe of Benjamin, *were* thirty

Marginal references

a ch. 10. 12.
Ex. 19. 1.

b ch. 26. 2, 63.
Ex. 30. 12.
2 Sa. 24. 2.
1 Ch. 21. 2.

c Ex. 18. 25.
Jos. 22. 14.

d ch.2. 10, &c.
7. 30, &c.
10. 18, &c.

e 2 Ch. 17. 14.

β called
Naasson,
Mat. 1. 4.
Lu. 3. 32.

f Ru. 4. 20.

γ called
Reuel,
ch. 2. 14.

g ch. 7. 2.
1 Ch. 27. 16,
&c.

h Ex. 18. 21, 25.

i De. 33. 17.

k Re. 7. 4, &c.

l Is. 43. 1.
Jnº. 10. 3.

m ver. 20, &c.

n ver. 2.

וּשְׁלֹשִׁים אֶלֶף וְאַרְבַּע מֵאוֹת׃ פ

38 לִבְנֵי דָן תּוֹלְדֹתָם לְמִשְׁפְּחֹתָם לְבֵית אֲבֹתָם בְּמִסְפַּר שֵׁמֹת מִבֶּן עֶשְׂרִים שָׁנָה וָמַעְלָה כֹּל יֹצֵא צָבָא׃

39 פְּקֻדֵיהֶם לְמַטֵּה דָן שְׁנַיִם וְשִׁשִּׁים אֶלֶף וּשְׁבַע מֵאוֹת׃ פ

40 לִבְנֵי אָשֵׁר תּוֹלְדֹתָם לְמִשְׁפְּחֹתָם לְבֵית אֲבֹתָם בְּמִסְפַּר שֵׁמֹת מִבֶּן עֶשְׂרִים שָׁנָה וָמַעְלָה כֹּל יֹצֵא צָבָא׃

41 פְּקֻדֵיהֶם לְמַטֵּה אָשֵׁר אֶחָד וְאַרְבָּעִים אֶלֶף וַחֲמֵשׁ מֵאוֹת׃ פ

42 בְּנֵי נַפְתָּלִי תּוֹלְדֹתָם לְמִשְׁפְּחֹתָם לְבֵית אֲבֹתָם בְּמִסְפַּר שֵׁמֹת מִבֶּן עֶשְׂרִים שָׁנָה וָמַעְלָה כֹּל יֹצֵא צָבָא׃

43 פְּקֻדֵיהֶם לְמַטֵּה נַפְתָּלִי שְׁלֹשָׁה וַחֲמִשִּׁים אֶלֶף וְאַרְבַּע מֵאוֹת׃ פ

44 אֵלֶּה הַפְּקֻדִים אֲשֶׁר פָּקַד מֹשֶׁה וְאַהֲרֹן וּנְשִׂיאֵי יִשְׂרָאֵל שְׁנֵים עָשָׂר אִישׁ אִישׁ־אֶחָד לְבֵית־אֲבֹתָיו הָיוּ׃

45 וַיִּהְיוּ כָּל־פְּקוּדֵי בְנֵי־יִשְׂרָאֵל לְבֵית אֲבֹתָם מִבֶּן עֶשְׂרִים שָׁנָה וָמַעְלָה כָּל־יֹצֵא צָבָא בְּיִשְׂרָאֵל׃

46 וַיִּהְיוּ כָּל־הַפְּקֻדִים שֵׁשׁ־מֵאוֹת אֶלֶף וּשְׁלֹשֶׁת אֲלָפִים וַחֲמֵשׁ מֵאוֹת וַחֲמִשִּׁים׃

47 וְהַלְוִיִּם לְמַטֵּה אֲבֹתָם לֹא הָתְפָּקְדוּ בְּתוֹכָם׃ פ

48 וַיְדַבֵּר יְהוָה אֶל־מֹשֶׁה לֵּאמֹר׃

49 אַךְ אֶת־מַטֵּה לֵוִי לֹא תִפְקֹד וְאֶת־רֹאשָׁם לֹא תִשָּׂא בְּתוֹךְ בְּנֵי יִשְׂרָאֵל׃

50 וְאַתָּה הַפְקֵד אֶת־הַלְוִיִּם עַל־מִשְׁכַּן הָעֵדֻת וְעַל כָּל־כֵּלָיו וְעַל כָּל־אֲשֶׁר־לוֹ הֵמָּה יִשְׂאוּ אֶת־הַמִּשְׁכָּן וְאֶת־כָּל־כֵּלָיו וְהֵם יְשָׁרְתֻהוּ וְסָבִיב לַמִּשְׁכָּן יַחֲנוּ׃

51 וּבִנְסֹעַ הַמִּשְׁכָּן יוֹרִידוּ אֹתוֹ הַלְוִיִּם וּבַחֲנֹת הַמִּשְׁכָּן יָקִימוּ אֹתוֹ הַלְוִיִּם וְהַזָּר הַקָּרֵב יוּמָת׃

52 וְחָנוּ בְּנֵי יִשְׂרָאֵל אִישׁ עַל־מַחֲנֵהוּ וְאִישׁ עַל־דִּגְלוֹ לְצִבְאֹתָם׃

53 וְהַלְוִיִּם יַחֲנוּ סָבִיב לְמִשְׁכַּן הָעֵדֻת וְלֹא־יִהְיֶה קֶצֶף עַל־עֲדַת בְּנֵי יִשְׂרָאֵל וְשָׁמְרוּ הַלְוִיִּם אֶת־מִשְׁמֶרֶת מִשְׁכַּן הָעֵדוּת׃

54 וַיַּעֲשׂוּ בְּנֵי יִשְׂרָאֵל כְּכֹל אֲשֶׁר צִוָּה יְהוָה אֶת־מֹשֶׁה כֵּן עָשׂוּ׃ פ

CAP. II. ב

1 וַיְדַבֵּר יְהוָה אֶל־מֹשֶׁה וְאֶל־אַהֲרֹן לֵאמֹר׃

2 אִישׁ עַל־דִּגְלוֹ בְאֹתֹת לְבֵית אֲבֹתָם יַחֲנוּ בְּנֵי יִשְׂרָאֵל מִנֶּגֶד סָבִיב לְאֹהֶל־מוֹעֵד יַחֲנוּ׃

3 וְהַחֹנִים קֵדְמָה מִזְרָחָה דֶּגֶל מַחֲנֵה יְהוּדָה לְצִבְאֹתָם וְנָשִׂיא לִבְנֵי יְהוּדָה נַחְשׁוֹן בֶּן־עַמִּינָדָב׃

4 וּצְבָאוֹ וּפְקֻדֵיהֶם אַרְבָּעָה וְשִׁבְעִים אֶלֶף וְשֵׁשׁ מֵאוֹת׃

5 וְהַחֹנִים עָלָיו מַטֵּה יִשָּׂשכָר וְנָשִׂיא לִבְנֵי יִשָּׂשכָר נְתַנְאֵל בֶּן־צוּעָר׃

6 וּצְבָאוֹ וּפְקֻדָיו אַרְבָּעָה וַחֲמִשִּׁים אֶלֶף וְאַרְבַּע מֵאוֹת׃

7 מַטֵּה זְבוּלֻן וְנָשִׂיא לִבְנֵי זְבוּלֻן אֱלִיאָב בֶּן־חֵלֹן׃

8 וּצְבָאוֹ וּפְקֻדָיו שִׁבְעָה וַחֲמִשִּׁים אֶלֶף וְאַרְבַּע מֵאוֹת׃

9 כָּל־הַפְּקֻדִים לְמַחֲנֵה יְהוּדָה מְאַת אֶלֶף וּשְׁמֹנִים אֶלֶף וְשֵׁשֶׁת־אֲלָפִים וְאַרְבַּע־מֵאוֹת לְצִבְאֹתָם רִאשֹׁנָה יִסָּעוּ׃ ס

10 דֶּגֶל מַחֲנֵה רְאוּבֵן תֵּימָנָה לְצִבְאֹתָם וְנָשִׂיא לִבְנֵי רְאוּבֵן אֱלִיצוּר בֶּן־שְׁדֵיאוּר׃

11 וּצְבָאוֹ וּפְקֻדָיו שִׁשָּׁה וְאַרְבָּעִים אֶלֶף וַחֲמֵשׁ מֵאוֹת׃

12 וְהַחוֹנִם עָלָיו מַטֵּה שִׁמְעוֹן וְנָשִׂיא לִבְנֵי שִׁמְעוֹן שְׁלֻמִיאֵל בֶּן־צוּרִישַׁדָּי׃

13 וּצְבָאוֹ וּפְקֻדֵיהֶם תִּשְׁעָה וַחֲמִשִּׁים אֶלֶף וּשְׁלֹשׁ מֵאוֹת׃

14 וּמַטֵּה גָּד וְנָשִׂיא לִבְנֵי גָד אֶלְיָסָף בֶּן־רְעוּאֵל׃

15 וּצְבָאוֹ וּפְקֻדֵיהֶם חֲמִשָּׁה וְאַרְבָּעִים אֶלֶף וְשֵׁשׁ מֵאוֹת וַחֲמִשִּׁים׃

16 כָּל־הַפְּקֻדִים לְמַחֲנֵה רְאוּבֵן מְאַת אֶלֶף וְאֶחָד וַחֲמִשִּׁים אֶלֶף וְאַרְבַּע־מֵאוֹת וַחֲמִשִּׁים לְצִבְאֹתָם וּשְׁנִיִּם יִסָּעוּ׃ ס

17 וְנָסַע אֹהֶל־מוֹעֵד מַחֲנֵה הַלְוִיִּם בְּתוֹךְ הַמַּחֲנֹת כַּאֲשֶׁר יַחֲנוּ כֵּן יִסָּעוּ אִישׁ עַל־יָדוֹ לְדִגְלֵיהֶם׃ ס

18 דֶּגֶל מַחֲנֵה אֶפְרַיִם לְצִבְאֹתָם יָמָּה וְנָשִׂיא לִבְנֵי אֶפְרַיִם אֱלִישָׁמָע בֶּן־עַמִּיהוּד׃

19 וּצְבָאוֹ וּפְקֻדֵיהֶם אַרְבָּעִים אֶלֶף וַחֲמֵשׁ מֵאוֹת׃

20 וְעָלָיו מַטֵּה מְנַשֶּׁה וְנָשִׂיא לִבְנֵי מְנַשֶּׁה גַּמְלִיאֵל בֶּן־פְּדָהצוּר׃

21 וּצְבָאוֹ וּפְקֻדֵיהֶם שְׁנַיִם וּשְׁלֹשִׁים אֶלֶף וּמָאתָיִם׃

22 וּמַטֵּה בִּנְיָמִן וְנָשִׂיא לִבְנֵי בִנְיָמִן אֲבִידָן בֶּן־גִּדְעֹנִי׃

23 וּצְבָאוֹ וּפְקֻדֵיהֶם חֲמִשָּׁה וּשְׁלֹשִׁים אֶלֶף וְאַרְבַּע

and five thousand and four hundred.

38 Of the children of Dan, by their generations, after their families, by the house of their fathers, according to the number of the names, from twenty years old and upward, all that were able to go forth to war;

39 Those that were numbered of them, *even* of the tribe of Dan, *were* threescore and two thousand and seven hundred.

40 Of the children of Asher, by their generations, after their families, by the house of their fathers, according to the number of the names, from twenty years old and upward, all that were able to go forth to war;

41 Those that were numbered of them, *even* of the tribe of Asher, *were* forty and one thousand and five hundred.

42 Of the children of Naphtali, throughout their generations, after their families, by the house of their fathers, according to the number of the names, from twenty years old and upward, all that were able to go forth to war;

43 Those that were numbered of them, *even* of the tribe of Naphtali, *were* fifty and three thousand and four hundred.

44 These *b are* those that were numbered, which Moses and Aaron numbered, and the princes of Israel, *being* twelve men: each one was for the house of his fathers.

45 So were all those that were numbered of the children of Israel, by the house of their fathers, from twenty years old and upward, all that were able to go forth to war in Israel;

46 Even all they that were *d* numbered were six hundred thousand and three thousand and five hundred and fifty.

47 But *e* the Levites after the tribe of their fathers were not numbered among them.

48 For the LORD had spoken unto Moses, saying,

49 Only thou shalt not number the tribe of Levi, neither take the sum of them among the children of Israel:

50 But *f* thou shalt appoint the Levites over the tabernacle of testimony, and over all the vessels thereof, and over all things that *belong* to it: they shall bear the tabernacle, and all the vessels thereof; and they shall minister unto it, and shall encamp *g* round about the tabernacle.

51 And *i* when the tabernacle setteth forward, the Levites shall take it down: and when the tabernacle is to be pitched, the Levites shall set it up: and the *f* stranger that cometh nigh shall be put to death.

52 And the children of Israel shall pitch their tents, every man *m* by his own camp, and every man by his own standard, throughout their hosts.

53 But the Levites *n* shall pitch round about the tabernacle of testimony, that there be no wrath *o* upon the congregation of the children of Israel: and the Levites *p* shall keep the charge of the tabernacle of testimony.

54 And the children of Israel did according to all that the LORD commanded Moses, so did they.

CHAP. II.

AND the LORD spake unto Moses and unto Aaron, saying,

2 Every *q* man of the children of Israel shall pitch by his own standard, with the ensign of their father's house: *γ* far *r* off

B. C. 1490.

a ch. 1. 7, &c.
10. 14.
1 Ch. 2. 10.
Mat. 1. 4.
Lu. 3. 32, 33.

b ch. 26. 64.

c ch. 10. 14.

d ch. 2. 32.
26. 51.
Ex. 12. 37.
38. 26.
De. 10. 22.

e ch. 2. 33.
III. IV.
1 Ch. VI.
21. 6.

β called
Deuel,
ch. 1. 14.
7. 42, 47.
10. 20.

f ch. 3. 6, &c.
Ex. 38. 21.

g ver. 53.

h ch. 10. 18.

i ch. 10. 17. 21.

k ch. 10. 17, 21.

l ch. 18. 22.

m ch. 2. 2.
24. 2.

n ver. 50.

o ch. 8. 19.
16. 46.
18. 5.
1 Sa. 6. 19.

p ch. 3. 7, 8.
31. 30, 47.
1Ch. 23. 32.
2Ch. 13. 10.

q ch. 1. 52.

*γ over
against.*

r Jos. 3. 4.

about the tabernacle of the congregation shall they pitch.

3 And on the east side toward the rising of the sun shall they of the standard of the camp of Judah pitch throughout their armies: and Nahshon *a* the son of Amminadab *shall be* captain of the children of Judah.

4 And his host, and those that were numbered of them, *were* fourteen thousand and six hundred.

5 And those that do pitch next unto him *shall be* the tribe of Issachar: and Nethaneel the son of Zuar *shall be* captain of the children of Issachar.

6 And his host, and those that were numbered thereof, *were* fifty and four thousand and four hundred.

7 *Then* the tribe of Zebulun: and Eliab the son of Helon *shall be* captain of the children of Zebulun.

8 And his host, and those that were numbered thereof, *were* fifty and seven thousand and four hundred.

9 All that were numbered in the camp of Judah *were* an hundred thousand and fourscore thousand and six thousand and four hundred, throughout their armies. These shall first *c* set forth.

10 On the south side *shall be* the standard of the camp of Reuben according to their armies: and the captain of the children of Reuben *shall be* Elizur the son of Shedeur.

11 And his host, and those that were numbered thereof, *were* forty and six thousand and five hundred.

12 And those which pitch by him *shall be* the tribe of Simeon: and the captain of the children of Simeon *shall be* Shelumiel the son of Zurishaddai.

13 And his host, and those that were numbered of them, *were* fifty and nine thousand and three hundred.

14 Then the tribe of Gad: and the captain of the sons of Gad *shall be* Eliasaph the son of *β* Reuel.

15 And his host, and those that were numbered of them, *were* forty and five thousand and six hundred and fifty.

16 All that were numbered in the camp of Reuben *were* an hundred thousand and fifty and one thousand and four hundred and fifty, throughout their armies. And they shall set forth in the second *h* rank.

17 Then *k* the tabernacle of the congregation shall set forward with the camp of the Levites in the midst of the camp; as they encamp, so shall they set forward, every man in his place by their standards.

18 On the west side *shall be* the standard of the camp of Ephraim according to their armies: and the captain of the sons of Ephraim *shall be* Elishama the son of Ammihud.

19 And his host, and those that were numbered of them, *were* forty thousand and five hundred.

20 And by him *shall be* the tribe of Manasseh: and the captain of the children of Manasseh *shall be* Gamaliel the son of Pedahzur.

21 And his host, and those that were numbered of them, *were* thirty and two thousand and two hundred.

22 Then the tribe of Benjamin: and the captain of the sons of Benjamin *shall be* Abidan the son of Gideoni.

23 And his host, and those that were

מֵאֽוֹת ׃ כָּל־הַפְּקֻדִים לְמַחֲנֵה אֶפְרַיִם מְאַת אֶלֶף 24
וּשְׁמֹנַת־אֲלָפִים וּמֵאָה לְצִבְאֹתָם וּשְׁלִשִׁים יִסָּעוּ ׃
דֶּגֶל מַחֲנֵה דָן צָפֹנָה לְצִבְאֹתָם וְנָשִׂיא 25
לִבְנֵי דָן אֲחִיעֶזֶר בֶּן־עַמִּישַׁדָּי ׃ וּצְבָאוֹ וּפְקֻדֵיהֶם 26
שְׁנַיִם וְשִׁשִּׁים אֶלֶף וּשְׁבַע מֵאוֹת ׃ וְהַחֹנִים 27
עָלָיו מַטֵּה אָשֵׁר וְנָשִׂיא לִבְנֵי אָשֵׁר פַּגְעִיאֵל בֶּן־
עָכְרָן ׃ וּצְבָאוֹ וּפְקֻדֵיהֶם אֶחָד וְאַרְבָּעִים אֶלֶף 28
וַחֲמֵשׁ מֵאוֹת ׃ וּמַטֵּה נַפְתָּלִי וְנָשִׂיא לִבְנֵי 29
נַפְתָּלִי אֲחִירַע בֶּן־עֵינָן ׃ וּצְבָאוֹ וּפְקֻדֵיהֶם כָּל־ 30
שְׁלֹשָׁה וַחֲמִשִּׁים אֶלֶף וְאַרְבַּע מֵאוֹת ׃ כָּל־ 31
הַפְּקֻדִים לְמַחֲנֵה דָן מְאַת אֶלֶף וְשִׁבְעָה וַחֲמִשִּׁים
אֶלֶף וְשֵׁשׁ מֵאוֹת לָאַחֲרֹנָה יִסְעוּ לְדִגְלֵיהֶם ׃
אֵלֶּה פְקוּדֵי בְנֵי־יִשְׂרָאֵל לְבֵית אֲבֹתָם כָּל־פְּקוּדֵי 32
הַמַּחֲנֹת לְצִבְאֹתָם שֵׁשׁ־מֵאוֹת אֶלֶף וּשְׁלֹשֶׁת
אֲלָפִים וַחֲמֵשׁ מֵאוֹת וַחֲמִשִּׁים ׃ וְהַלְוִיִּם לֹא 33
הָתְפָּקְדוּ בְּתוֹךְ בְּנֵי יִשְׂרָאֵל כַּאֲשֶׁר צִוָּה יְהוָה
אֶת־מֹשֶׁה ׃ וַיַּעֲשׂוּ בְּנֵי יִשְׂרָאֵל כְּכֹל אֲשֶׁר־ 34
צִוָּה יְהוָה אֶת־מֹשֶׁה כֵּן חָנוּ לְדִגְלֵיהֶם וְכֵן
נָסָעוּ אִישׁ לְמִשְׁפְּחֹתָיו עַל־בֵּית אֲבֹתָיו ׃

CAP. III. ג

וְאֵלֶּה תּוֹלְדֹת אַהֲרֹן וּמֹשֶׁה בְּיוֹם דִּבֶּר יְהוָה אֶת־ 1
מֹשֶׁה בְּהַר סִינָי ׃ וְאֵלֶּה שְׁמוֹת בְּנֵי־אַהֲרֹן 2
הַבְּכוֹר נָדָב וַאֲבִיהוּא אֶלְעָזָר וְאִיתָמָר ׃ אֵלֶּה 3
שְׁמוֹת בְּנֵי אַהֲרֹן הַכֹּהֲנִים הַמְּשֻׁחִים אֲשֶׁר־מִלֵּא
יָדָם לְכַהֵן ׃ וַיָּמָת נָדָב וַאֲבִיהוּא לִפְנֵי יְהוָה 4
בְּהַקְרִבָם אֵשׁ זָרָה לִפְנֵי יְהוָה בְּמִדְבַּר סִינַי
וּבָנִים לֹא־הָיוּ לָהֶם וַיְכַהֵן אֶלְעָזָר וְאִיתָמָר עַל־
פְּנֵי אַהֲרֹן אֲבִיהֶם ׃
וַיְדַבֵּר יְהוָה אֶל־מֹשֶׁה לֵּאמֹר ׃ הַקְרֵב אֶת־ 5 6
מַטֵּה לֵוִי וְהַעֲמַדְתָּ אֹתוֹ לִפְנֵי אַהֲרֹן הַכֹּהֵן
וְשֵׁרְתוּ אֹתוֹ ׃ וְשָׁמְרוּ אֶת־מִשְׁמַרְתּוֹ וְאֶת־ 7
מִשְׁמֶרֶת כָּל־הָעֵדָה לִפְנֵי אֹהֶל מוֹעֵד לַעֲבֹד
אֶת־עֲבֹדַת הַמִּשְׁכָּן ׃ וְשָׁמְרוּ אֶת־כָּל־כְּלֵי אֹהֶל 8
מוֹעֵד וְאֶת־מִשְׁמֶרֶת בְּנֵי יִשְׂרָאֵל לַעֲבֹד אֶת־

עֲבֹדַת הַמִּשְׁכָּן ׃ וְנָתַתָּה אֶת־הַלְוִיִּם לְאַהֲרֹן 9
וּלְבָנָיו נְתוּנִם נְתוּנִם הֵמָּה לוֹ מֵאֵת בְּנֵי יִשְׂרָאֵל ׃
וְאֶת־אַהֲרֹן וְאֶת־בָּנָיו תִּפְקֹד וְשָׁמְרוּ אֶת־כְּהֻנָּתָם 10
וְהַזָּר הַקָּרֵב יוּמָת ׃
וַיְדַבֵּר יְהוָה אֶל־מֹשֶׁה לֵּאמֹר ׃ וַאֲנִי הִנֵּה 11 12
לָקַחְתִּי אֶת־הַלְוִיִּם מִתּוֹךְ בְּנֵי יִשְׂרָאֵל תַּחַת כָּל־
בְּכוֹר פֶּטֶר רֶחֶם מִבְּנֵי יִשְׂרָאֵל וְהָיוּ לִי הַלְוִיִּם ׃
כִּי לִי כָּל־בְּכוֹר בְּיוֹם הַכֹּתִי כָל־בְּכוֹר בְּאֶרֶץ 13
מִצְרַיִם הִקְדַּשְׁתִּי לִי כָל־בְּכוֹר בְּיִשְׂרָאֵל מֵאָדָם
עַד־בְּהֵמָה לִי יִהְיוּ אֲנִי יְהוָה ׃
וַיְדַבֵּר יְהוָה אֶל־מֹשֶׁה בְּמִדְבַּר סִינַי לֵאמֹר ׃ פְּקֹד 14 15
אֶת־בְּנֵי לֵוִי לְבֵית אֲבֹתָם לְמִשְׁפְּחֹתָם כָּל־זָכָר
מִבֶּן־חֹדֶשׁ וָמַעְלָה תִּפְקְדֵם ׃ וַיִּפְקֹד אֹתָם מֹשֶׁה 16
עַל־פִּי יְהוָה כַּאֲשֶׁר צֻוָּה ׃ וַיִּהְיוּ־אֵלֶּה בְנֵי־לֵוִי 17
בִּשְׁמֹתָם גֵּרְשׁוֹן וּקְהָת וּמְרָרִי ׃ וְאֵלֶּה שְׁמוֹת 18
בְּנֵי־גֵרְשׁוֹן לְמִשְׁפְּחֹתָם לִבְנִי וְשִׁמְעִי ׃ וּבְנֵי 19
קְהָת לְמִשְׁפְּחֹתָם עַמְרָם וְיִצְהָר חֶבְרוֹן וְעֻזִּיאֵל ׃ 20
וּבְנֵי מְרָרִי לְמִשְׁפְּחֹתָם מַחְלִי וּמוּשִׁי אֵלֶּה הֵם
מִשְׁפְּחֹת הַלֵּוִי לְבֵית אֲבֹתָם ׃ לְגֵרְשׁוֹן 21
מִשְׁפַּחַת הַלִּבְנִי וּמִשְׁפַּחַת הַשִּׁמְעִי אֵלֶּה
הֵם מִשְׁפְּחֹת הַגֵּרְשֻׁנִּי ׃ פְּקֻדֵיהֶם בְּמִסְפַּר כָּל־ 22
זָכָר מִבֶּן־חֹדֶשׁ וָמָעְלָה פְּקֻדֵיהֶם שִׁבְעַת אֲלָפִים
וַחֲמֵשׁ מֵאוֹת ׃ מִשְׁפְּחֹת הַגֵּרְשֻׁנִּי אַחֲרֵי הַמִּשְׁכָּן 23
יַחֲנוּ יָמָּה ׃ וּנְשִׂיא בֵית־אָב לַגֵּרְשֻׁנִּי אֶלְיָסָף בֶּן־ 24
לָאֵל ׃ וּמִשְׁמֶרֶת בְּנֵי־גֵרְשׁוֹן בְּאֹהֶל מוֹעֵד הַמִּשְׁכָּן 25
וְהָאֹהֶל מִכְסֵהוּ וּמָסַךְ פֶּתַח אֹהֶל מוֹעֵד ׃ וְקַלְעֵי 26
הֶחָצֵר וְאֶת־מָסַךְ פֶּתַח הֶחָצֵר אֲשֶׁר עַל־הַמִּשְׁכָּן
וְעַל־הַמִּזְבֵּחַ סָבִיב וְאֵת מֵיתָרָיו לְכֹל עֲבֹדָתוֹ ׃
וְלִקְהָת מִשְׁפַּחַת הָעַמְרָמִי וּמִשְׁפַּחַת הַיִּצְהָרִי 27
וּמִשְׁפַּחַת הַחֶבְרֹנִי וּמִשְׁפַּחַת הָעָזִּיאֵלִי אֵלֶּה הֵם
מִשְׁפְּחֹת הַקְּהָתִי ׃ בְּמִסְפַּר כָּל־זָכָר מִבֶּן־חֹדֶשׁ 28
וָמַעְלָה שְׁמֹנַת אֲלָפִים וְשֵׁשׁ מֵאוֹת שֹׁמְרֵי מִשְׁמֶרֶת
הַקֹּדֶשׁ ׃ מִשְׁפְּחֹת בְּנֵי־קְהָת יַחֲנוּ עַל יֶרֶךְ 29
הַמִּשְׁכָּן תֵּימָנָה ׃ וּנְשִׂיא בֵית־אָב לְמִשְׁפְּחֹת 30

numbered of them, *were* thirty and five thousand and four hundred.

24 All that were numbered of the camp of Ephraim *were* an hundred thousand, and eight thousand and an hundred, throughout their armies. And they shall go forward in the third *c* rank.

25 The standard of the camp of Dan *shall be* on the north side by their armies: and the captain of the children of Dan *shall be* Ahiezer, the son of Ammishaddai.

26 And his host, and those that were numbered of them, *were* threescore and two thousand and seven hundred.

27 And those that encamp by him *shall be* the tribe of Asher: and the captain of the children of Asher *shall be* Pagiel the son of Ocran.

28 And his host, and those that were numbered of them, *were* forty and one thousand and five hundred.

29 Then the tribe of Naphtali: and the captain of the children of Naphtali *shall be* Ahira, the son of Enan.

30 And his host, and those that were numbered of them, *were* fifty and three thousand and four hundred.

31 All they that were numbered in the camp of Dan *were* an hundred thousand, and fifty and seven thousand, and six hundred. They shall go *k* hindmost with their standards.

32 These *are* those which were numbered of the children of Israel by the house of their fathers: all *k* those that were numbered of the camps, throughout their hosts, *were* six hundred thousand, and three thousand, and five hundred and fifty.

33 But the Levites were not numbered among the children of Israel; as the LORD commanded Moses.

34 And the children of Israel did according to all *l* that the LORD commanded Moses: so *m* they pitched by their standards, and so they set forward, every one after their families, according to the house of their fathers.

CHAP. III.

THESE also *are* the generations of Aaron and Moses, in the day that *the* LORD spake with Moses in mount Sinai.

2 And these *are* the names of the sons of Aaron; Nadab*o* the first-born, and Abihu, Eleazar, and Ithamar.

3 These *are* the names of the sons of Aaron, the *s* priests which were anointed, whom γ he consecrated to minister in the priest's office.

4 And Nadab and Abihu died *u* before the LORD, when they offered strange fire before the LORD, in the wilderness of Sinai, and they had no children: and Eleazar and Ithamar ministered in the priest's office in the sight of Aaron their father.

5 And y*e* LORD spake unto Moses,saying,

6 Bring *x* the tribe of Levi near, and present them before Aaron the priest, that they may minister unto him.

7 And they *y* shall keep his charge, and the charge of the whole congregation before the tabernacle of the congregation, to do *z* the service of the tabernacle.

8 And they shall keep all the instruments of the tabernacle of the congregation, and the charge of the children of Israel, to do the service of the tabernacle.

9 And thou shalt give *b* the Levites unto Aaron, and to his sons: they *are*

B. C. 1490.

b ver. 38.
Ep. 2. 19.
He. 10. 19..
22.

c ch. 10. 22.

d ver. 41.
ch. 8. 16.

e Ex. 13. 2,12.
Le. 27. 26.
Lu. 2. 23.

f ver. 39.
ch. 26. 62.

β *mouth.*

g Ge. 46. 11.
Ex. 6. 16.

h ch. 10. 25.

i Ex. 6. 17..19.

k ch. 1. 46,47.
11. 21.
Ex. 38. 26.

l Ps. 119. 6.

m ch.24.2,5,6.

n ch. 1. 53.

o Ex. 6. 23.

p ch. 4.24..26.

q Ex. 25. 9.

r Ex.26.1,&c.

s Ex. 23. 41.
Le. 8. 2, &c.

γ *whose hand he filled.*

t Ex.27.9,&c.

u ch. 26. 61.
Le. 10. 1, 2.
1 Ch. 24. 2.

v Ex. 35. 18.

w 1 Ch.26.23.

x ch. 8. 6.
18. 2, &c.
De. 33. 10.
Mal. 2. 4.

y 1 Ch. 26. 20,
22.

z ch. 1. 50.

a ch. 1. 53.

b ch. 8. 19.
18. 6, 7.

c ch. 4. 15.

d Ex. 25. 10.

---

wholly given unto him out of the children of Israel.

10 And thou shalt appoint Aaron and his sons, and they shall wait on their priest's office: and the stranger *b* that cometh nigh shall be put to death.

11 And y*e* LORD spake untoMoses,saying,

12 And I, behold, I have taken the Levites *d* from among the children of Israel instead of all the first-born that openeth the matrix among the children of Israel; therefore the Levites shall be mine;

13 Because all the first-born *e* are* mine : *for* on the day that I smote all the firstborn in the land of Egypt I hallowed unto me all the first-born in Israel both man and beast; mine shall they be: I *am* the LORD.

14 And the LORD spake unto Moses in the wilderness of Sinai, saying,

15 Number the children of Levi after the house of their fathers, by their families: every male*f* from a month old and upward shalt thou number them.

16 And Moses numbered them, according to the β word of the LORD, as he was commanded.

17 And these *g* were the sons of Levi by their names; Gershon,&Kohath,& Merari.

18 And these *are* the names of the sons of Gershon, by their families; Libni, *i* and Shimei.

19 And the sons of Kohath, by their families; Amram, and Izehar, Hebron, and Uzziel.

20 And the sons of Merari by their families; Mahli, and Mushi. These *are* the families of the Levites according to the house of their fathers.

21 Of Gershon *was* the family of the Libnites, and the family of the Shimites: these *are* the families of the Gershonites.

22 Those that were numbered of them, according to the number of all the males, from a month old and upward, *even* those that were numbered of them, *were* seven thousand and five hundred.

23 The families of the Gershonites*n* shall pitch behind the tabernacle westward.

24 And the chief of the house of the father of the Gershonites *shall be* Eliasaph the son of Lael.

25 And the charge of the sons of Gershon,*p* in the tabernacle of the congregation, *shall be* the tabernacle,*q* and the tent,*r* the covering thereof, and the hanging for the door of the tabernacle of the congregation,

26 And the hangings *t* of the court, and the curtain for the door of the court, which *is* by the tabernacle, and by the altar round about, and the cords*v* of it, for all the service thereof.

27 And of Kohath *w* was* the family of the Amramites, and the family of the Izeharites, and the family of the Hebronites, and the family of the Uzzielites: these *are* the families of the Kohathites.

28 In the number of all the males, from a month old and upward, *were* eight thousand and six hundred, keeping the charge of the sanctuary.

29 The families of the sons of *a* Kohath shall pitch on the side of the tabernacle southward.

30 And the chief of the house of the father of the families of the Kohathites *shall be* Elizaphan the son of Uzziel.

31 And their *c* charge *shall be* the ark,*d*

31 וּמִשְׁמַרְתָּם הָאָרֹן וְהַשֻּׁלְחָן וְהַמְּנֹרָה וְהַֽמִּזְבְּחֹת וּכְלֵי הַקֹּדֶשׁ אֲשֶׁר יְשָׁרְתוּ בָּהֶם וְהַמָּסָךְ וְכֹל עֲבֹדָתֽוֹ׃

32 וּנְשִׂיא נְשִׂיאֵי הַלֵּוִי אֶלְעָזָר בֶּן־אַהֲרֹן הַכֹּהֵן פְּקֻדַּת שֹׁמְרֵי מִשְׁמֶרֶת הַקֹּֽדֶשׁ׃

33 לִמְרָרִי מִשְׁפַּחַת הַמַּחְלִי וּמִשְׁפַּחַת הַמּוּשִׁי אֵלֶּה הֵם מִשְׁפְּחֹת מְרָרִֽי׃

34 וּפְקֻדֵיהֶם בְּמִסְפַּר כָּל־זָכָר מִבֶּן־חֹדֶשׁ וָמָעְלָה שֵׁשֶׁת אֲלָפִים וּמָאתָֽיִם׃

35 וּנְשִׂיא בֵֽית־אָב לְמִשְׁפְּחֹת מְרָרִי צֽוּרִיאֵל בֶּן־אֲבִיחָיִל עַל יֶרֶךְ הַמִּשְׁכָּן יַחֲנוּ צָפֹֽנָה׃

36 וּפְקֻדַּת מִשְׁמֶרֶת בְּנֵי מְרָרִי קַרְשֵׁי הַמִּשְׁכָּן וּבְרִיחָיו וְעַמֻּדָיו וַאֲדָנָיו וְכָל־כֵּלָיו וְכֹל עֲבֹדָתֽוֹ׃

37 וְעַמֻּדֵי הֶחָצֵר סָבִיב וְאַדְנֵיהֶם וִיתֵדֹתָם וּמֵיתְרֵיהֶֽם׃

38 וְהַחֹנִים לִפְנֵי הַמִּשְׁכָּן קֵדְמָה לִפְנֵי אֹֽהֶל־מוֹעֵד מִזְרָחָה מֹשֶׁה וְאַהֲרֹן וּבָנָיו שֹֽׁמְרִים מִשְׁמֶרֶת הַמִּקְדָּשׁ לְמִשְׁמֶרֶת בְּנֵי יִשְׂרָאֵל וְהַזָּר הַקָּרֵב יוּמָֽת׃

39 כָּל־פְּקוּדֵי הַלְוִיִּם אֲשֶׁר פָּקַד מֹשֶׁה וְׄאַׄהֲׄרֹׄןׄ עַל־פִּי יְהוָה לְמִשְׁפְּחֹתָם כָּל־זָכָר מִבֶּן־חֹדֶשׁ וָמַעְלָה שְׁנַיִם וְעֶשְׂרִים אָֽלֶף׃

40 וַיֹּאמֶר יְהוָה אֶל־מֹשֶׁה פְּקֹד כָּל־בְּכֹר זָכָר לִבְנֵי יִשְׂרָאֵל מִבֶּן־חֹדֶשׁ וָמָעְלָה וְשָׂא אֵת מִסְפַּר שְׁמֹתָֽם׃

41 וְלָקַחְתָּ אֶת־הַלְוִיִּם לִי אֲנִי יְהוָה תַּחַת כָּל־בְּכֹר בִּבְנֵי יִשְׂרָאֵל וְאֵת בֶּהֱמַת הַלְוִיִּם תַּחַת כָּל־בְּכוֹר בְּבֶהֱמַת בְּנֵי יִשְׂרָאֵֽל׃

42 וַיִּפְקֹד מֹשֶׁה כַּאֲשֶׁר צִוָּה יְהוָה אֹתוֹ אֶת־כָּל־בְּכֹר בִּבְנֵי יִשְׂרָאֵֽל׃

43 וַיְהִי כָל־בְּכוֹר זָכָר בְּמִסְפַּר שֵׁמוֹת מִבֶּן־חֹדֶשׁ וָמַעְלָה לִפְקֻדֵיהֶם שְׁנַיִם וְעֶשְׂרִים אֶלֶף שְׁלֹשָׁה וְשִׁבְעִים וּמָאתָֽיִם׃

44 וַיְדַבֵּר יְהוָה אֶל־מֹשֶׁה לֵּאמֹֽר׃
45 קַח אֶת־הַלְוִיִּם תַּחַת כָּל־בְּכוֹר בִּבְנֵי יִשְׂרָאֵל וְאֶת־בֶּהֱמַת הַלְוִיִּם תַּחַת בְּהֶמְתָּם וְהָיוּ־לִי הַלְוִיִּם אֲנִי יְהוָֽה׃

46 וְאֵת פְּדוּיֵי הַשְּׁלֹשָׁה וְהַשִּׁבְעִים וְהַמָּאתָיִם הָעֹֽדְפִים עַל־הַלְוִיִּם מִבְּכוֹר בְּנֵי יִשְׂרָאֵֽל׃

47 וְלָקַחְתָּ חֲמֵשֶׁת חֲמֵשֶׁת שְׁקָלִים לַגֻּלְגֹּלֶת בְּשֶׁקֶל הַקֹּדֶשׁ תִּקָּח עֶשְׂרִים גֵּרָה הַשָּֽׁקֶל׃

48 וְנָתַתָּה הַכֶּסֶף לְאַהֲרֹן וּלְבָנָיו פְּדוּיֵי הָעֹדְפִים בָּהֶֽם׃

49 וַיִּקַּח מֹשֶׁה אֵת כֶּסֶף הַפִּדְיוֹם מֵאֵת הָעֹדְפִים עַל פְּדוּיֵי הַלְוִיִּם׃

50 מֵאֵת בְּכוֹר בְּנֵי יִשְׂרָאֵל לָקַח אֶת־הַכָּסֶף חֲמִשָּׁה וְשִׁשִּׁים וּשְׁלֹשׁ מֵאוֹת וָאֶלֶף בְּשֶׁקֶל הַקֹּֽדֶשׁ׃

51 וַיִּתֵּן מֹשֶׁה אֶת־כֶּסֶף הַפְּדֻיִם לְאַהֲרֹן וּלְבָנָיו עַל־פִּי יְהוָה כַּאֲשֶׁר צִוָּה יְהוָה אֶת־מֹשֶֽׁה׃ פ

CAP. IV. ד

1 וַיְדַבֵּר יְהוָה אֶל־מֹשֶׁה וְאֶֽל־אַהֲרֹן לֵאמֹֽר׃
2 נָשֹׂא אֶת־רֹאשׁ בְּנֵי קְהָת מִתּוֹךְ בְּנֵי לֵוִי לְמִשְׁפְּחֹתָם לְבֵית אֲבֹתָֽם׃

3 מִבֶּן שְׁלֹשִׁים שָׁנָה וָמַעְלָה וְעַד בֶּן־חֲמִשִּׁים שָׁנָה כָּל־בָּא לַצָּבָא לַעֲשׂוֹת מְלָאכָה בְּאֹהֶל מוֹעֵֽד׃

4 זֹאת עֲבֹדַת בְּנֵי־קְהָת בְּאֹהֶל מוֹעֵד קֹדֶשׁ הַקֳּדָשִֽׁים׃

5 וּבָא אַהֲרֹן וּבָנָיו בִּנְסֹעַ הַֽמַּחֲנֶה וְהוֹרִדוּ אֵת פָּרֹכֶת הַמָּסָךְ וְכִסּוּ־בָהּ אֵת אֲרֹן הָעֵדֻֽת׃

6 וְנָתְנוּ עָלָיו כְּסוּי עוֹר תַּחַשׁ וּפָרְשׂוּ בֶֽגֶד־כְּלִיל תְּכֵלֶת מִלְמָעְלָה וְשָׂמוּ בַּדָּֽיו׃

7 וְעַל שֻׁלְחַן הַפָּנִים יִפְרְשׂוּ בֶּגֶד תְּכֵלֶת וְנָתְנוּ עָלָיו אֶת־הַקְּעָרֹת וְאֶת־הַכַּפֹּת וְאֶת־הַמְּנַקִּיֹּת וְאֵת קְשׂוֹת הַנָּסֶךְ וְלֶחֶם הַתָּמִיד עָלָיו יִהְיֶֽה׃

8 וּפָרְשׂוּ עֲלֵיהֶם בֶּגֶד תּוֹלַעַת שָׁנִי וְכִסּוּ אֹתוֹ בְּמִכְסֵה עוֹר תָּחַשׁ וְשָׂמוּ אֶת־בַּדָּֽיו׃

9 וְלָקְחוּ בֶּגֶד תְּכֵלֶת וְכִסּוּ אֶת־מְנֹרַת הַמָּאוֹר וְאֶת־נֵרֹתֶיהָ וְאֶת־מַלְקָחֶיהָ וְאֶת־מַחְתֹּתֶיהָ וְאֵת כָּל־כְּלֵי שַׁמְנָהּ אֲשֶׁר יְשָׁרְתוּ־לָהּ בָּהֶֽם׃

10 וְנָתְנוּ אֹתָהּ וְאֶת־כָּל־כֵּלֶיהָ אֶל־מִכְסֵה עוֹר תָּחַשׁ וְנָתְנוּ עַל־הַמּֽוֹט׃

11 וְעַל מִזְבַּח הַזָּהָב יִפְרְשׂוּ בֶּגֶד תְּכֵלֶת וְכִסּוּ אֹתוֹ בְּמִכְסֵה עוֹר תָּחַשׁ וְשָׂמוּ אֶת־בַּדָּֽיו׃

12 וְלָקְחוּ אֶת־כָּל־כְּלֵי הַשָּׁרֵת אֲשֶׁר יְשָׁרְתוּ־בָם בַּקֹּדֶשׁ וְנָתְנוּ אֶל־בֶּגֶד תְּכֵלֶת וְכִסּוּ אוֹתָם בְּמִכְסֵה עוֹר תָּחַשׁ וְנָתְנוּ עַל־הַמּֽוֹט׃

13 וְדִשְּׁנוּ אֶת־הַמִּזְבֵּחַ וּפָרְשׂוּ עָלָיו בֶּגֶד אַרְגָּמָֽן׃

14 וְנָתְנוּ עָלָיו אֶֽת־כָּל־כֵּלָיו אֲשֶׁר יְשָׁרְתוּ עָלָיו בָּהֶם אֶת־הַמַּחְתֹּת אֶת־הַמִּזְלָגֹת וְאֶת־הַיָּעִים וְאֶת־הַמִּזְרָקֹת כֹּל כְּלֵי הַמִּזְבֵּחַ וּפָרְשׂוּ עָלָיו כְּסוּי עוֹר תַּחַשׁ וְשָׂמוּ בַדָּֽיו׃

15 וְכִלָּה אַֽהֲרֹן־וּבָנָיו לְכַסֹּת אֶת־הַקֹּדֶשׁ וְאֶת־כָּל־כְּלֵי הַקֹּדֶשׁ בִּנְסֹעַ הַֽמַּחֲנֶה וְאַחֲרֵי־כֵן יָבֹאוּ בְנֵי־קְהָת לָשֵׂאת וְלֹא־יִגְּעוּ אֶל־

and the table,ᵃ and the candlestick, and the altars,ᵇ and the vessels of the sanctuary wherewith they minister, and the hanging,ᶜ and all the service thereof.

32 And Eleazar the son of Aaron the priest *shall be* chief over the chief of the Levites, *and have* the oversight of them that keep the charge of the sanctuary.

33 Of Merariᵈ *was* the family of the Mahlites, and the family of the Mushites: these *are* the families of Merari.

34 And those that were numbered of them, according to the number of all the males, from a month old and upward, *were* six thousand and two hundred.

35 And the chief of the house of the father of the families of Merari *was* Zuriel the son of Abihail: these ʰ shall pitch on the side of the tabernacle northward.

36 And β *under* the custody and ⁱcharge of the sons of Merari *shall be* the boards of the tabernacle, and the bars thereof, and the pillars thereof, and the sockets thereof, and all the vessels thereof, and all that serveth thereto.

37 And the pillars of the court round about, and their sockets, and their pins, and their cords.

38 But those that encamp before the tabernacle toward the east, *even* before the tabernacle of the congregation eastward, *shall be* Moses, and Aaron and his sons, keepingᵖ the charge of the sanctuary for the charge of the children of Israel; and the strangerʳ that cometh nigh shall be put to death.

39 Allᵘ that were numbered of the Levites, which Moses and Aaron numbered at the commandment of the LORD, throughout their families, all the males from a month old and upward, *were* twenty and two thousand.

40 And the LORD said unto Moses, Numberᵛ all the first-born of the males of the children of Israel, from a month old and upward, and take the number of their names.

41 And ˣ thou shalt take the Levites for me (I *am* the LORD) instead of all the first-born among the children of Israel; and the cattle of the Levites instead of all the firstlings among the cattle of the children of Israel.

42 And Moses numbered, as the LORD commanded him, all the first-born among the children of Israel.

43 And all the first-born males, by the number of names, from a month old and upward, of those that were numbered of them, were twenty and two thousand, two hundred, and threescore and thirteen.

44 And the LORD spake unto Moses, saying,

45 Takeᵃ the Levites instead of all the first-born among the children of Israel, and the cattle of the Levites instead of their cattle; and the Levites shall be mine: I *am* the LORD.

46 And for those that are to be redeemedᶜ of the two hundred and threescore and thirteen of the first-born of the children of Israel, which are moreᵈ than the Levites;

47 Thou shalt even take fiveᵉ shekels apiece by the poll; after the shekel of the sanctuary shalt thou take *them:* (the shekel ᵍ *is* twenty gerahs:)

48 And thou shalt give the money,

B. C. 1490.

a Ex.25.23,31.
b Ex. 27. 1. 30. 1.
c Ex. 26. 32.
d 1 Ch. 6 19.
e ver. 46, 47.
f ver. 48.
g Mal. 4. 4.
h ch. 1. 53.
β *the office of the charge.*
i ch. 4. 31, 32.
k ch. 8. 24. 1 Ch.23.3,24, 27.
l ver. 15.
m ver. 19.
n Ex. 26. 31. 1s. 25. 7. He. 9. 3. 10. 20.
o Ex.25.10..16
p ver 7. 8.
q 1 Ki. 8. 7, 8.
r ver. 10.
s Ex.25.23..30
t Le. 24.5..8.
u ch. 26. 62.
γ or, *pour out.*
v ver. 15.
w Ex. 25. 31.. 38.
x ver. 12, 45.
y Ex. 30. 1..5.
z Ex. 25. 9. 1 Ch. 9. 29.
a ver. 41.
b Ex. 38. 3. 2 Ch. 4. 19.
δ or, *bowls.*
c ch. 18. 15. Ex. 13. 13.
d ver. 39..43.
e ch. 18. 16. Le. 27. 6.
f ch. 7. 9. 10. 21. De. 31. 9. Jos. 4. 10. 2 Sa. 6. 13. 1Ch.15.2,15
g Ex. 30. 13. Le. 27. 25. Eze. 45. 12.
h 2 Sa. 6. 6, 7. 1Ch.13,9,10.
i He. 12. 29.
k ch. 3. 31.

---

wherewith the odd number of them is to be redeemed, unto Aaron and to his sons.

49 And Moses took the redemption money of them that were over and above them that were redeemed by the Levites:

50 Of the first-born of the children of Israel took he the money; a thousand three hundred and threescore and five *shekels*, afterᵉ the shekel of the sanctuary:

51 And Moses gaveᶠ the money of them that were redeemed unto Aaron and to his sons, according to the word of the LORD, asᵍ the LORD commanded Moses.

CHAP. IV.

AND the LORD spake unto Moses and unto Aaron, saying,

2 Take the sum of the sons of Kohath from among the sons of Levi, after their families, by the house of their fathers,

3 Fromᵏ thirty years old and upward, even until fifty years old, all that enter into the host, to do the work in the tabernacle of the congregation.

4 This ˡ *shall be* the service of the sons of Kohath, in the tabernacle of the congregation, *about* the ᵐ most holy things.

5 And when the camp setteth forward, Aaron shall come, and his sons, and they shall take down the covering vail, ⁿ and cover the ark ᵒ of testimony with it;

6 And shall put thereon the covering of badgers' skins, and shall spread over *it* a cloth wholly of blue, and shall put in the staves �q thereof.

7 And upon the table ˢ of ᵗ shew-bread they shall spread a cloth of blue, and put thereon the dishes, and the spoons, and the bowls, and covers to γ cover withal: and the continual bread shall be thereon:

8 And they shall spread upon them a cloth of scarlet, and cover the same with a covering of badgers' skins, and shall put in the staves thereof.

9 And they shall take a cloth of blue, and cover the candlestick ʷ of the light, and his lamps, and his tongs, and his snuff-dishes, and all the oil vessels thereof, wherewith they minister unto it:

10 And they shall put it and all the vessels thereof within a covering of badgers' skins, and shall put *it* upon a bar.

11 And upon the golden altar ʸ they shall spread a cloth of blue, and cover it with a covering of badgers' skins, and shall put to the staves thereof:

12 And they shall take all the instruments ᶻ of ministry, wherewith they minister in the sanctuary, and put *them* in a cloth of blue, and cover them with a covering of badgers' skins, and shall put *them* on a bar:

13 And they shall take away the ashes from the altar, and spread a purple cloth thereon:

14 And they shall put upon it all the vessels ᵇ thereof, wherewith they minister about it, *even* the censers, the flesh-hooks, and the shovels, and the δ basons, all the vessels of the altar; and they shall spread upon it a covering of badgers' skins, and put to the staves of it.

15 And when Aaron and his sons have made an end of covering the sanctuary, and all the vessels of the sanctuary, as the camp is to set forward; after that, the sons of Kohathᶠ shall come to bear *it:* but they shall not touch ʰ *any* holy thing, lest they die. ⁱ Theseᵏ *things are* the

עֲבֹדַת מִשְׁפְּחֹת בְּנֵי מְרָרִי לְכָל־עֲבֹדָתָם בְּאֹהֶל
מוֹעֵד בְּיַד אִיתָמָר בֶּן־אַהֲרֹן הַכֹּהֵן: 34 וַיִּפְקֹד
מֹשֶׁה וְאַהֲרֹן וּנְשִׂיאֵי הָעֵדָה אֶת־בְּנֵי הַקְּהָתִי
לְמִשְׁפְּחֹתָם וּלְבֵית אֲבֹתָם: 35 מִבֶּן שְׁלֹשִׁים
שָׁנָה וָמַעְלָה וְעַד בֶּן־חֲמִשִּׁים שָׁנָה כָּל־
הַבָּא לַצָּבָא לַעֲבֹדָה בְּאֹהֶל מוֹעֵד: 36 וַיִּהְיוּ
פְקֻדֵיהֶם לְמִשְׁפְּחֹתָם אַלְפַּיִם שְׁבַע מֵאוֹת
וַחֲמִשִּׁים: 37 אֵלֶּה פְקוּדֵי מִשְׁפְּחֹת הַקְּהָתִי כָּל־
הָעֹבֵד בְּאֹהֶל מוֹעֵד אֲשֶׁר פָּקַד מֹשֶׁה וְאַהֲרֹן עַל־
פִּי יְהֹוָה בְּיַד־מֹשֶׁה: ס 38 וּפְקוּדֵי בְּנֵי גֵרְשׁוֹן
לְמִשְׁפְּחוֹתָם וּלְבֵית אֲבֹתָם: 39 מִבֶּן שְׁלֹשִׁים
שָׁנָה וָמַעְלָה וְעַד בֶּן־חֲמִשִּׁים שָׁנָה כָּל־הַבָּא
לַצָּבָא לַעֲבֹדָה בְּאֹהֶל מוֹעֵד: 40 וַיִּהְיוּ פְּקֻדֵיהֶם
לְמִשְׁפְּחֹתָם לְבֵית אֲבֹתָם אַלְפַּיִם וְשֵׁשׁ מֵאוֹת
וּשְׁלֹשִׁים: 41 אֵלֶּה פְקוּדֵי מִשְׁפְּחֹת בְּנֵי גֵרְשׁוֹן
כָּל־הָעֹבֵד בְּאֹהֶל מוֹעֵד אֲשֶׁר פָּקַד מֹשֶׁה וְאַהֲרֹן
עַל־פִּי יְהֹוָה: 42 וּפְקוּדֵי מִשְׁפְּחֹת בְּנֵי מְרָרִי
לְמִשְׁפְּחֹתָם לְבֵית אֲבֹתָם: 43 מִבֶּן שְׁלֹשִׁים שָׁנָה
וָמַעְלָה וְעַד בֶּן־חֲמִשִּׁים שָׁנָה כָּל־הַבָּא לַצָּבָא
לַעֲבֹדָה בְּאֹהֶל מוֹעֵד: 44 וַיִּהְיוּ פְקֻדֵיהֶם לְמִשְׁפְּחֹתָם
שְׁלֹשֶׁת אֲלָפִים וּמָאתָיִם: 45 אֵלֶּה פְקוּדֵי מִשְׁפְּחֹת
בְּנֵי מְרָרִי אֲשֶׁר פָּקַד מֹשֶׁה וְאַהֲרֹן עַל־פִּי יְהֹוָה
בְּיַד־מֹשֶׁה: 46 כָּל־הַפְּקֻדִים אֲשֶׁר פָּקַד מֹשֶׁה וְאַהֲרֹן
וּנְשִׂיאֵי יִשְׂרָאֵל אֶת־הַלְוִיִּם לְמִשְׁפְּחֹתָם וּלְבֵית
אֲבֹתָם: 47 מִבֶּן שְׁלֹשִׁים שָׁנָה וָמַעְלָה וְעַד בֶּן־
חֲמִשִּׁים שָׁנָה כָּל־הַבָּא לַעֲבֹד עֲבֹדַת עֲבֹדָה
וַעֲבֹדַת מַשָּׂא בְּאֹהֶל מוֹעֵד: 48 וַיִּהְיוּ פְּקֻדֵיהֶם
שְׁמֹנַת אֲלָפִים וַחֲמֵשׁ מֵאוֹת וּשְׁמֹנִים: 49 עַל־פִּי
יְהֹוָה פָּקַד אוֹתָם בְּיַד־מֹשֶׁה אִישׁ אִישׁ עַל־
עֲבֹדָתוֹ וְעַל־מַשָּׂאוֹ וּפְקֻדָיו אֲשֶׁר צִוָּה יְהֹוָה אֶת־
מֹשֶׁה: ס

CAP. V. ה

וַיְדַבֵּר יְהֹוָה אֶל־מֹשֶׁה לֵּאמֹר: 2 צַו אֶת־בְּנֵי
יִשְׂרָאֵל וִישַׁלְּחוּ מִן־הַמַּחֲנֶה כָּל־צָרוּעַ וְכָל־
זָב וְכֹל טָמֵא לָנָפֶשׁ: 3 מִזָּכָר עַד־נְקֵבָה תְּשַׁלֵּחוּ
אֶל־מִחוּץ לַמַּחֲנֶה תְּשַׁלְּחוּם וְלֹא יְטַמְּאוּ אֶת־

הַקֹּדֶשׁ וָמֵתוּ אֵלֶּה מַשָּׂא בְנֵי־קְהָת בְּאֹהֶל מוֹעֵד:
16 וּפְקֻדַּת אֶלְעָזָר בֶּן־אַהֲרֹן הַכֹּהֵן שֶׁמֶן הַמָּאוֹר
וּקְטֹרֶת הַסַּמִּים וּמִנְחַת הַתָּמִיד וְשֶׁמֶן הַמִּשְׁחָה
פְּקֻדַּת כָּל־הַמִּשְׁכָּן וְכָל־אֲשֶׁר־בּוֹ בְּקֹדֶשׁ וּבְכֵלָיו: פ
17 וַיְדַבֵּר יְהֹוָה אֶל־מֹשֶׁה וְאֶל־אַהֲרֹן לֵאמֹר: 18 אַל־
תַּכְרִיתוּ אֶת־שֵׁבֶט מִשְׁפְּחֹת הַקְּהָתִי מִתּוֹךְ
הַלְוִיִּם: 19 וְזֹאת עֲשׂוּ לָהֶם וְחָיוּ וְלֹא יָמֻתוּ
בְּגִשְׁתָּם אֶת־קֹדֶשׁ הַקֳּדָשִׁים אַהֲרֹן וּבָנָיו יָבֹאוּ
וְשָׂמוּ אוֹתָם אִישׁ אִישׁ עַל־עֲבֹדָתוֹ וְאֶל־מַשָּׂאוֹ:
20 וְלֹא־יָבֹאוּ לִרְאוֹת כְּבַלַּע אֶת־הַקֹּדֶשׁ וָמֵתוּ: פ

לה 35

21 וַיְדַבֵּר יְהֹוָה אֶל־מֹשֶׁה לֵּאמֹר: 22 נָשֹׂא אֶת־רֹאשׁ
בְּנֵי גֵרְשׁוֹן גַּם־הֵם לְבֵית אֲבֹתָם לְמִשְׁפְּחֹתָם:
23 מִבֶּן שְׁלֹשִׁים שָׁנָה וָמַעְלָה עַד בֶּן־חֲמִשִּׁים שָׁנָה
תִּפְקֹד אוֹתָם כָּל־הַבָּא לִצְבֹא צָבָא לַעֲבֹד
עֲבֹדָה בְּאֹהֶל מוֹעֵד: 24 זֹאת עֲבֹדַת מִשְׁפְּחֹת
הַגֵּרְשֻׁנִּי לַעֲבֹד וּלְמַשָּׂא: 25 וְנָשְׂאוּ אֶת־יְרִיעֹת
הַמִּשְׁכָּן וְאֶת־אֹהֶל מוֹעֵד מִכְסֵהוּ וּמִכְסֵה הַתַּחַשׁ
אֲשֶׁר־עָלָיו מִלְמָעְלָה וְאֶת־מָסַךְ פֶּתַח אֹהֶל
26 מוֹעֵד: וְאֵת קַלְעֵי הֶחָצֵר וְאֶת־מָסַךְ פֶּתַח
שַׁעַר הֶחָצֵר אֲשֶׁר עַל־הַמִּשְׁכָּן וְעַל־הַמִּזְבֵּחַ
סָבִיב וְאֵת מֵיתְרֵיהֶם וְאֶת־כָּל־כְּלֵי עֲבֹדָתָם
27 וְאֵת כָּל־אֲשֶׁר יֵעָשֶׂה לָהֶם וְעָבָדוּ: עַל־פִּי
אַהֲרֹן וּבָנָיו תִּהְיֶה כָּל־עֲבֹדַת בְּנֵי הַגֵּרְשֻׁנִּי
לְכָל־מַשָּׂאָם וּלְכֹל עֲבֹדָתָם וּפְקַדְתֶּם עֲלֵהֶם
28 בְּמִשְׁמֶרֶת אֵת כָּל־מַשָּׂאָם: זֹאת עֲבֹדַת
מִשְׁפְּחֹת בְּנֵי הַגֵּרְשֻׁנִּי בְּאֹהֶל מוֹעֵד וּמִשְׁמַרְתָּם
29 בְּיַד אִיתָמָר בֶּן־אַהֲרֹן הַכֹּהֵן: ס בְּנֵי
מְרָרִי לְמִשְׁפְּחֹתָם לְבֵית־אֲבֹתָם תִּפְקֹד אֹתָם:
30 מִבֶּן שְׁלֹשִׁים שָׁנָה וָמַעְלָה וְעַד בֶּן־חֲמִשִּׁים
שָׁנָה תִּפְקְדֵם כָּל־הַבָּא לַצָּבָא לַעֲבֹד אֶת־עֲבֹדַת
31 אֹהֶל מוֹעֵד: וְזֹאת מִשְׁמֶרֶת מַשָּׂאָם לְכָל־
עֲבֹדָתָם בְּאֹהֶל מוֹעֵד קַרְשֵׁי הַמִּשְׁכָּן וּבְרִיחָיו
32 וְעַמּוּדָיו וַאֲדָנָיו: וְעַמּוּדֵי הֶחָצֵר סָבִיב וְאַדְנֵיהֶם
וִיתֵדֹתָם וּמֵיתְרֵיהֶם לְכָל־כְּלֵיהֶם וּלְכֹל עֲבֹדָתָם
33 וּבְשֵׁמֹת תִּפְקְדוּ אֶת־כְּלֵי מִשְׁמֶרֶת מַשָּׂאָם: זֹאת

burden of the sons of Kohath in the tabernacle of the congregation.

16 And to the office of Eleazar, the son of Aaron the priest, *pertaineth* the oil *a* for the light, and the sweet *b* incense, and the daily meat-offering, *c* and the anointing oil, *c and* the oversight of all the tabernacle, and of all that therein *is*, in the sanctuary, and in the vessels thereof.

17 And the LORD spake unto Moses and unto Aaron, saying,

18 Cut ye not off the tribe of the families of the Kohathites from among the Levites:

19 But thus do unto them, that they may live, and not die, when they approach unto the most *f* holy things : Aaron and his sons shall go in, and appoint them every one to his service and to his burden :

20 But they shall not go in to *g* see when the holy things are covered, lest they die.

21 And ye*LORD*spake unto Moses, saying,

22 Take also the sum of the sons of Gershon, throughout the houses of their fathers, by their families ;

23 From thirty *h* years old and upward, until fifty years old, shalt thou number them ; all that enter in to *β* perform the service, to do the work in the tabernacle of the congregation.

24 This *is* the service of the families of the Gershonites, to serve, and for *γ* burdens.

25 And *k* they shall bear the curtains of the tabernacle, and the tabernacle of the congregation, his covering, and the covering of the badgers' skins *l* that *is* above upon it, and the hanging for the door of the tabernacle of the congregation,

26 And the hangings *m* of the court, and the hanging for the door of the gate of the court, which *is* by the tabernacle, and by the altar round about, and their cords, *n* and all the instruments of their service, and all that is made for them : so shall they serve.

27 At the *δ* appointment of Aaron and his sons shall be all the service of the sons of the Gershonites, in all their burdens, and in all their service : & ye shall appoint unto them in charge all their burdens.

28 This *is* the service of the families of the sons of Gershon in the tabernacle of the congregation : and their charge *shall be* under the hand of Ithamar, *p* the son of Aaron the priest.

29 As for the sons of Merari, thou shalt number them after their families, by the house of their fathers:

30 From thirty *s* years old and upward, even unto fifty years old, shalt thou number them, every one that entereth into *ζ* the service, to do the work of the tabernacle of the congregation.

31 And this *t is* the charge of their burden, according to all their service in the tabernacle of the congregation ; the boards *u* of the tabernacle, and the bars thereof, and the pillars thereof, and sockets thereof,

32 And the pillars of the court round about, and their sockets, and their pins, and their cords, with all their instruments, *x* and with all their service : and by name ye shall reckon the instruments of the charge of their burden.

33 This *is* the service of the families of the sons of Merari, according to all their service in the tabernacle of the congregation, under the hand *b* of Ithamar, the

B. C. 1490.

a Ex. 25. 6.
Le. 24. 2.

b Ex. 30.34.

c Ex. 29. 40.'

d ver. 47.

e Ex. 30. 23.

f ver. 4.

g Ex. 19. 21.
Le. 10. 2.
1 Sa. 6. 19.

h ver. 3.

β war the warfare.
1 Co. 9. 7.
1 Ti. 1. 18.

i ver. 22.

γ or, carriage.

k ch. 3.25,26.

l Ex. 26. 14.

m Ex. 27. 9.

n Ex. 35. 18.

δ mouth.

o ver. 29.

p ver. 33.

q ver.3.23.30.
1Ch.23 3,27

r Ro. 12. 6. 8.
1 Co. 12.4..
31.

s ver. 3.

ζ warfare.
ver. 23.

t ch. 3. 36,37.

u Ex. 26. 15.

v ver.15, 24,
31.

w ver. 1, 21.

x Ex. 25. 9.

y ch. 12. 14.
Le. 13.3,46.
De. 24. 8, 9.

z Le. 15. 2.

a ch. 9. 6, 10.
19.11..13.
31. 19.
Le. 21. 1.

b ver. 28.
Jos. 3. 6.

c 2 Ki. 7. 3.
2 Ch.26.21.

son of Aaron the priest.

34 And Moses and Aaron, and the chief of the congregation, numbered the sons of the Kohathites, after their families, and after the house of their fathers,

35 From thirty *d* years old and upward, even unto fifty years old, every one that entereth into the service, for the work in the tabernacle of the congregation :

36 And those that were numbered of them, by their families, were two thousand seven hundred and fifty.

37 These *were* they that were numbered of the families of the Kohathites, all that might do service in the tabernacle of the congregation, which Moses and Aaron did number, according to the commandment of the LORD by the hand of Moses.

38 And those that were numbered of the sons of Gershon, throughout their families, and by the house of their fathers,

39 From thirty years old and upward, even unto fifty years old, every one that entereth into the service, for the work in the tabernacle of the congregation,

40 Even those that were numbered of them, throughout their families, by the house of their fathers, were two thousand and six hundred and thirty.

41 These *i are* they that were numbered of the families of the sons of Gershon, of all that might do service in the tabernacle of the congregation, whom Moses and Aaron did number, according to the commandment of the LORD.

42 And those that were numbered of the families of the sons of Merari, throughout their families, by the house of their fathers,

43 From thirty years old and upward, even unto fifty years old, every one that entereth into the service, for the work in the tabernacle of the congregation,

44 Even those that were numbered of them, after their families, were three thousand and two hundred.

45 These *be* those that were numbered of the families of the sons of Merari, whom Moses and Aaron numbered, according to the word of the LORD *b* by the hand of Moses.

46 All those that were numbered of the Levites, whom Moses and Aaron and the chief of Israel numbered, after their families, and after the house of their fathers,

47 From *q* thirty years old and upward, even unto fifty years old, every *r* one that came to do the service of the ministry, and the service of the burden in the tabernacle of the congregation,

48 Even those that were numbered of them, were eight thousand and five hundred and fourscore.

49 According to the commandment of the LORD they were numbered by the hand of Moses, every one according to his service, *v* and according to his burden : thus were they numbered of him, as the *w* LORD commanded Moses.

CHAP. V.

AND ye*LORD spake unto Moses, saying,

2 Command the children of Israel, that they put out of the camp every *y* leper, and every one that hath an issue, *z* and whosoever is defiled by the dead.*a*

3 Both male and female shall ye put out, without *c* the camp shall ye put them,

מֵחֲנֵיהֶם אֲשֶׁר אֲנִי שֹׁכֵן בְּתוֹכָם׃ וַיַּעֲשׂוּ־כֵן 4
בְּנֵי יִשְׂרָאֵל וַיְשַׁלְּחוּ אוֹתָם אֶל־מִחוּץ לַמַּחֲנֶה
כַּאֲשֶׁר דִּבֶּר יְהֹוָה אֶל־מֹשֶׁה כֵּן עָשׂוּ בְּנֵי
יִשְׂרָאֵל׃ ס

וַיְדַבֵּר יְהֹוָה אֶל־מֹשֶׁה לֵּאמֹר׃ דַּבֵּר אֶל־בְּנֵי 5,6
יִשְׂרָאֵל אִישׁ אוֹ־אִשָּׁה כִּי יַעֲשׂוּ מִכָּל־חַטֹּאת הָאָדָם
לִמְעֹל מַעַל בַּיהֹוָה וְאָשְׁמָה הַנֶּפֶשׁ הַהִוא׃
וְהִתְוַדּוּ אֶת־חַטָּאתָם אֲשֶׁר עָשׂוּ וְהֵשִׁיב אֶת־ 7
אֲשָׁמוֹ בְּרֹאשׁוֹ וַחֲמִישִׁתוֹ יֹסֵף עָלָיו וְנָתַן לַאֲשֶׁר
אָשַׁם לוֹ׃ וְאִם־אֵין לָאִישׁ גֹּאֵל לְהָשִׁיב הָאָשָׁם 8
אֵלָיו הָאָשָׁם הַמּוּשָׁב לַיהֹוָה לַכֹּהֵן מִלְּבַד אֵיל
הַכִּפֻּרִים אֲשֶׁר יְכַפֶּר־בּוֹ עָלָיו׃ וְכָל־תְּרוּמָה לְכָל־ 9
קָדְשֵׁי בְנֵי־יִשְׂרָאֵל אֲשֶׁר־יַקְרִיבוּ לַכֹּהֵן לוֹ יִהְיֶה׃
וְאִישׁ אֶת־קֳדָשָׁיו לוֹ יִהְיֶה אִישׁ אֲשֶׁר־יִתֵּן לַכֹּהֵן לוֹ 10
יִהְיֶה׃ ס

וַיְדַבֵּר יְהֹוָה אֶל־מֹשֶׁה לֵּאמֹר׃ דַּבֵּר אֶל־בְּנֵי 11,12
יִשְׂרָאֵל וְאָמַרְתָּ אֲלֵהֶם אִישׁ אִישׁ כִּי־תִשְׂטֶה
אִשְׁתּוֹ וּמָעֲלָה בוֹ מָעַל׃ וְשָׁכַב אִישׁ אֹתָהּ 13
שִׁכְבַת־זֶרַע וְנֶעְלַם מֵעֵינֵי אִישָׁהּ וְנִסְתְּרָה וְהִיא
נִטְמָאָה וְעֵד אֵין בָּהּ וְהִוא לֹא נִתְפָּשָׂה׃
וְעָבַר עָלָיו רוּחַ־קִנְאָה וְקִנֵּא אֶת־אִשְׁתּוֹ וְהִוא 14
נִטְמָאָה אוֹ־עָבַר עָלָיו רוּחַ־קִנְאָה וְקִנֵּא אֶת־
אִשְׁתּוֹ וְהִיא לֹא נִטְמָאָה׃ וְהֵבִיא הָאִישׁ אֶת־ 15
אִשְׁתּוֹ אֶל־הַכֹּהֵן וְהֵבִיא אֶת־קָרְבָּנָהּ עָלֶיהָ
עֲשִׂירִת הָאֵיפָה קֶמַח שְׂעֹרִים לֹא־יִצֹק עָלָיו
שֶׁמֶן וְלֹא־יִתֵּן עָלָיו לְבֹנָה כִּי־מִנְחַת קְנָאֹת
הוּא מִנְחַת זִכָּרוֹן מַזְכֶּרֶת עָוֹן׃ וְהִקְרִיב אֹתָהּ 16
הַכֹּהֵן וְהֶעֱמִדָהּ לִפְנֵי יְהֹוָה׃ וְלָקַח הַכֹּהֵן מַיִם 17
קְדֹשִׁים בִּכְלִי־חָרֶשׂ וּמִן־הֶעָפָר אֲשֶׁר יִהְיֶה בְּקַרְקַע
הַמִּשְׁכָּן יִקַּח הַכֹּהֵן וְנָתַן אֶל־הַמָּיִם׃ וְהֶעֱמִיד 18
הַכֹּהֵן אֶת־הָאִשָּׁה לִפְנֵי יְהֹוָה וּפָרַע אֶת־רֹאשׁ
הָאִשָּׁה וְנָתַן עַל־כַּפֶּיהָ אֵת מִנְחַת הַזִּכָּרוֹן
מִנְחַת קְנָאֹת הִוא וּבְיַד הַכֹּהֵן יִהְיוּ מֵי הַמָּרִים
הַמְאָרְרִים׃ וְהִשְׁבִּיעַ אֹתָהּ הַכֹּהֵן וְאָמַר אֶל־ 19
הָאִשָּׁה אִם־לֹא שָׁכַב אִישׁ אֹתָךְ וְאִם־לֹא
שָׂטִית טֻמְאָה תַּחַת אִישֵׁךְ הִנָּקִי מִמֵּי הַמָּרִים
הַמְאָרְרִים הָאֵלֶּה׃ וְאַתְּ כִּי שָׂטִית תַּחַת אִישֵׁךְ 20
וְכִי נִטְמֵאת וַיִּתֵּן אִישׁ בָּךְ אֶת־שְׁכָבְתּוֹ מִבַּלְעֲדֵי

אִישֵׁךְ׃ וְהִשְׁבִּיעַ הַכֹּהֵן אֶת־הָאִשָּׁה בִּשְׁבֻעַת 21
הָאָלָה וְאָמַר הַכֹּהֵן לָאִשָּׁה יִתֵּן יְהֹוָה אוֹתָךְ
לְאָלָה וְלִשְׁבֻעָה בְּתוֹךְ עַמֵּךְ בְּתֵת יְהֹוָה אֶת־יְרֵכֵךְ
נֹפֶלֶת וְאֶת־בִּטְנֵךְ צָבָה׃ וּבָאוּ הַמַּיִם הַמְאָרְרִים 22
הָאֵלֶּה בְּמֵעַיִךְ לַצְבּוֹת בֶּטֶן וְלַנְפִּל יָרֵךְ וְאָמְרָה
הָאִשָּׁה אָמֵן אָמֵן׃ וְכָתַב אֶת־הָאָלֹת הָאֵלֶּה 23
הַכֹּהֵן בַּסֵּפֶר וּמָחָה אֶל־מֵי הַמָּרִים׃ וְהִשְׁקָה 24
אֶת־הָאִשָּׁה אֶת־מֵי הַמָּרִים הַמְאָרְרִים וּבָאוּ בָהּ
הַמַּיִם הַמְאָרְרִים לְמָרִים׃ וְלָקַח הַכֹּהֵן מִיַּד 25
הָאִשָּׁה אֵת מִנְחַת הַקְּנָאֹת וְהֵנִיף אֶת־הַמִּנְחָה
לִפְנֵי יְהֹוָה וְהִקְרִיב אֹתָהּ אֶל־הַמִּזְבֵּחַ׃ וְקָמַץ 26
הַכֹּהֵן מִן־הַמִּנְחָה אֶת־אַזְכָּרָתָהּ וְהִקְטִיר
הַמִּזְבֵּחָה וְאַחַר יַשְׁקֶה אֶת־הָאִשָּׁה אֶת־הַמָּיִם׃
וְהִשְׁקָהּ אֶת־הַמַּיִם וְהָיְתָה אִם־נִטְמְאָה וַתִּמְעֹל 27
מַעַל בְּאִישָׁהּ וּבָאוּ בָהּ הַמַּיִם הַמְאָרְרִים לְמָרִים
וְצָבְתָה בִטְנָהּ וְנָפְלָה יְרֵכָהּ וְהָיְתָה הָאִשָּׁה לְאָלָה
בְּקֶרֶב עַמָּהּ׃ וְאִם־לֹא נִטְמְאָה הָאִשָּׁה וּטְהֹרָה 28
הִוא וְנִקְּתָה וְנִזְרְעָה זָרַע׃ זֹאת תּוֹרַת הַקְּנָאֹת 29
אֲשֶׁר תִּשְׂטֶה אִשָּׁה תַּחַת אִישָׁהּ וְנִטְמָאָה׃
אוֹ אִישׁ אֲשֶׁר תַּעֲבֹר עָלָיו רוּחַ קִנְאָה וְקִנֵּא 30
אֶת־אִשְׁתּוֹ וְהֶעֱמִיד אֶת־הָאִשָּׁה לִפְנֵי יְהֹוָה
וְעָשָׂה לָהּ הַכֹּהֵן אֵת כָּל־הַתּוֹרָה הַזֹּאת׃
וְנִקָּה הָאִישׁ מֵעָוֹן וְהָאִשָּׁה הַהִוא תִּשָּׂא אֶת־ 31
עֲוֹנָהּ׃ ס

CAP. VI. ו

וַיְדַבֵּר יְהֹוָה אֶל־מֹשֶׁה לֵּאמֹר׃ דַּבֵּר אֶל־בְּנֵי 1,2
יִשְׂרָאֵל וְאָמַרְתָּ אֲלֵהֶם אִישׁ אוֹ־אִשָּׁה כִּי יַפְלִא
לִנְדֹּר נֶדֶר נָזִיר לְהַזִּיר לַיהֹוָה׃ מִיַּיִן וְשֵׁכָר יַזִּיר 3
חֹמֶץ יַיִן וְחֹמֶץ שֵׁכָר לֹא יִשְׁתֶּה וְכָל־מִשְׁרַת
עֲנָבִים לֹא יִשְׁתֶּה וַעֲנָבִים לַחִים וִיבֵשִׁים לֹא
יֹאכֵל׃ כֹּל יְמֵי נִזְרוֹ מִכֹּל אֲשֶׁר יֵעָשֶׂה מִגֶּפֶן 4
הַיַּיִן מֵחַרְצַנִּים וְעַד־זָג לֹא יֹאכֵל׃ כָּל־יְמֵי נֶדֶר 5
נִזְרוֹ תַּעַר לֹא־יַעֲבֹר עַל־רֹאשׁוֹ עַד־מְלֹאת הַיָּמִם
אֲשֶׁר־יַזִּיר לַיהֹוָה קָדֹשׁ יִהְיֶה גַּדֵּל פֶּרַע שְׂעַר
רֹאשׁוֹ׃ כָּל־יְמֵי הַזִּירוֹ לַיהֹוָה עַל־נֶפֶשׁ מֵת לֹא 6
יָבֹא׃ לְאָבִיו וּלְאִמּוֹ לְאָחִיו וּלְאַחֹתוֹ לֹא־יִטַּמָּא 7
לָהֶם בְּמֹתָם כִּי נֵזֶר אֱלֹהָיו עַל־רֹאשׁוֹ׃ כֹּל יְמֵי 8
נִזְרוֹ קָדֹשׁ הוּא לַיהֹוָה׃ וְכִי־יָמוּת מֵת עָלָיו 9

that they defile not their camps, in the midst whereof I [a] dwell.

4 And the children of Israel did so, and put them out without the camp: as the LORD spake unto Moses, so did the children of Israel.

5 And y[e]LORD spake unto Moses, saying,

6 Speak unto the children of Israel; When [d] a man or woman shall commit any sin that men commit, to do a trespass against the LORD, & that person be guilty;

7 Then they shall confess [e] their sin which they have done: and he shall recompense [f] his trespass with the principal thereof, and add unto it the fifth *part* thereof, and give *it* unto *him* against whom he hath trespassed.

8 But if the man have no kinsman to recompense the trespass unto, let the trespass be recompensed unto the LORD, *even* to the priest; beside the ram of the atonement, whereby an atonement shall be made for him.

9 And every [γ] offering of all the holy things of the children of Israel, which they bring unto the priest, shall [i] be his.

10 And every man's hallowed things shall be his: whatsoever any man giveth the priest, it shall be his.

11 And y[e]LORD spake unto Moses, saying,

12 Speak unto the children of Israel, and say unto them, If any man's wife go aside, and commit a trespass against him,

13 And a man [m] lie with her carnally, and it be hid from the eyes of her husband, and be kept close, and she be defiled, and *there be* no witness against her, neither she be taken *with the manner ;*

14 And the spirit of jealousy [o] come upon him, and he be jealous of his wife, and she be defiled : or if the spirit of jealousy come upon him, and he be jealous of his wife, and she be not defiled ;

15 Then shall the man bring his wife unto the priest, and he shall bring her offering [q] for her, the tenth *part* of an ephah of barley-meal; he shall pour no oil upon it, nor put frankincense thereon ; for it *is* an offering of jealousy, an offering of memorial, bringing [r] iniquity to remembrance.

16 And the priest shall bring her near, and set her before the LORD :

17 And the priest shall take holy water in an earthen vessel ; and of the dust that is in the floor of the tabernacle the priest shall take, and put *it* into the water :

18 And the priest shall set the woman before the LORD,[u] and uncover the woman's head, and put the offering of memorial in her hands, which *is* the jealousy-offering : and the priest shall have in his hand the bitter water that causeth the curse :

19 And the priest shall charge her by an oath,[w] and say unto the woman, If no man have lain with thee, and if thou hast not gone aside to uncleanness [θ] *with another* instead of thy husband, be thou free from this bitter water that causeth the curse :

20 But if thou hast gone aside *to another* instead of thy husband, and if thou be defiled, and some man have lain with thee beside thine husband :

21 Then the priest shall charge [z] the woman with an oath of cursing, and the priest shall say unto the woman, The LORD make thee a curse [a] and an oath among thy people, when the LORD doth make

B. C. 1490.

a Le.26.11,12.
2 Co. 6. 16.
β fall.
b Ps. 109. 18.
c De. 27. 15.
d Le. 6. 2.
e Le. 5. 5.
  26. 40.
Jos. 7. 19.
Job 33. 27.
Ps. 32. 5.
Pr. 28. 13.
1 Jn°. 1. 9.
f Le. 6. 5-7.
  7. 7.
g Le. 8. 27.
h Le. 2. 2, 9.
γ or, *heave-
  offering.*
i ch.18.8,9,19.
  Ex. 29. 28.
  Le. 6.17,18.
  7. 6-14.
  De. 18. 3, 4.
  Eze. 44. 29,
  30.
  Mal.3.8-10.
  1 Co. 9. 13.
k De. 28. 37.
  Is. 65. 15.
  Je. 24. 9.
  29.18,22.
  42. 18.
  Zec. 8. 13.
l Ps. 113. 9.
m Le. 18. 20.
n ver. 19.
  Is. 57. 8.
o Pr.6.34,35.
  Ca. 8. 6.
  Zep. 3. 8.
p Le.20.17.20.
q Le. 5. 11.
δ or, *make
  themselves
  Nazarites.*
r 1 Ki. 17. 18.
  Eze. 29. 16.
  He. 10. 3.
s Ju. 13. 5.
  Ac.21.23,24
t Je. 35. 6.8.
  Am. 2. 12.
  Lu. 1. 15.
ζ or, *Naza-
  riteship.*
*η vine of the
  wine.*
u He. 13. 4.
  Re.2.19.23.
v Ju.16.17,19.
  1 Sa. 1. 11.
w Mat. 26. 63.
θ under, *or,
  being in
  the power
  of, thy
  husband.*
x ch. 9. 6.
  19.11,16.
  Le.21.1,2,11.
κ separation.
y 2Co.6.17,18
z Jos. 6. 26.
  1 Sa. 14.24.
  Ne. 10. 29.
a Je. 29. 22.
b Ac. 18. 18.

thy thigh to [β] rot, and thy belly to swell ;

22 And this water that causeth the curse shall go into thy bowels,[b] to make *thy* belly to swell, and *thy* thigh to rot. And the[c] woman shall say, Amen, amen.

23 And the priest shall write these curses in a book, and he shall blot *them* out with the bitter water :

24 And he shall cause the woman to drink the bitter water that causeth the curse: and the water that causeth the curse shall enter into her, *and become* bitter.

25 Then the priest shall take the jealousy-offering out of the woman's hand, and shall wave [g] the offering before the LORD, and offer it upon the altar :

26 And the priest shall take an handful of the offering, *even* the [h] memorial thereof, and burn *it* upon the altar, and afterward shall cause the woman to drink the water.

27 And when he hath made her to drink the water, then it shall come to pass, *that*, if she be defiled, and have done trespass against her husband, that the water that causeth the curse shall enter into her, *and become* bitter, and her belly shall swell, and her thigh shall rot: and the woman shall be a curse [k] among her people.

28 And if the woman be not defiled, but be clean ; then she shall be free, and shall conceive [l] seed.

29 This *is* the law of jealousies, when a wife goeth aside [n] *to another* instead of her husband, and is defiled ;

30 Or when the spirit of jealousy cometh upon him, and he be jealous over his wife, and shall set the woman before the LORD, and the priest shall execute upon her all this law.

31 Then shall the man be guiltless from iniquity, and this woman shall bear [p] her iniquity.

CHAP. VI.

AND the LORD spake unto Moses, saying,

2 Speak unto the children of Israel, and say unto them, When either man or woman shall [δ] separate *themselves* to vow a vow of a Nazarite,[s] to separate *themselves* unto the LORD :

3 He shall separate *himself* from[t] wine, and strong drink, and shall drink no vinegar of wine, or vinegar of strong drink, neither shall he drink any liquor of grapes, nor eat moist grapes, or dried.

4 All the days of his [ζ] separation shall he eat nothing that is made of the [η] vine tree, from the kernels even to the husk.

5 All the days of the vow of his separation there shall no razor [v] come upon his head : until the days be fulfilled, in the which he separateth *himself* unto the LORD, he shall be holy, *and* shall let the locks of the hair of his head grow.

6 All the days that he separateth *himself* unto the LORD he shall come at no dead body.[x]

7 He shall not make himself unclean for his father, or for his mother, for his brother, or for his sister, when they die ; because the [κ] consecration of his God *is* upon his head.

8 All the days of his separation [y] he *is* holy unto the LORD.

9 And if any man die very suddenly by him, & he hath defiled the head of his consecration ; then he shall shave [b] his head in the day of his cleansing, on the seventh

בְּפֶרַע פִּתְאֹם וְטִמֵּא רֹאשׁ נִזְרוֹ וְגִלַּח רֹאשׁוֹ

בְּיוֹם טָהֳרָתוֹ בַּיּוֹם הַשְּׁבִיעִי יְגַלְּחֶנּוּ: וּבַיּוֹם 10

הַשְּׁמִינִי יָבִא שְׁתֵּי תֹרִים אוֹ שְׁנֵי בְּנֵי יוֹנָה אֶל־

הַכֹּהֵן אֶל־פֶּתַח אֹהֶל מוֹעֵד: וְעָשָׂה הַכֹּהֵן אֶחָד 11

לְחַטָּאת וְאֶחָד לְעֹלָה וְכִפֶּר עָלָיו מֵאֲשֶׁר חָטָא

עַל־הַנָּפֶשׁ וְקִדַּשׁ אֶת־רֹאשׁוֹ בַּיּוֹם הַהוּא: וְהִזִּיר 12

לַיהוָה אֶת־יְמֵי נִזְרוֹ וְהֵבִיא כֶּבֶשׂ בֶּן־שְׁנָתוֹ לְאָשָׁם

וְהַיָּמִים הָרִאשֹׁנִים יִפְּלוּ כִּי טָמֵא נִזְרוֹ: וְזֹאת 13

תּוֹרַת הַנָּזִיר בְּיוֹם מְלֹאת יְמֵי נִזְרוֹ יָבִיא אֹתוֹ אֶל־

פֶּתַח אֹהֶל מוֹעֵד: וְהִקְרִיב אֶת־קָרְבָּנוֹ לַיהוָה 14

כֶּבֶשׂ בֶּן־שְׁנָתוֹ תָמִים אֶחָד לְעֹלָה וְכַבְשָׂה אַחַת

בַּת־שְׁנָתָהּ תְּמִימָה לְחַטָּאת וְאַיִל־אֶחָד תָּמִים

לִשְׁלָמִים: וְסַל מַצּוֹת סֹלֶת חַלֹּת בְּלוּלֹת בַּשֶּׁמֶן 15

וּרְקִיקֵי מַצּוֹת מְשֻׁחִים בַּשָּׁמֶן וּמִנְחָתָם וְנִסְכֵּיהֶם:

וְהִקְרִיב הַכֹּהֵן לִפְנֵי יְהוָה וְעָשָׂה אֶת־חַטָּאתוֹ וְאֶת־ 16

עֹלָתוֹ: וְאֶת־הָאַיִל יַעֲשֶׂה זֶבַח שְׁלָמִים לַיהוָה 17

עַל סַל הַמַּצּוֹת וְעָשָׂה הַכֹּהֵן אֶת־מִנְחָתוֹ וְאֶת־

נִסְכּוֹ: וְגִלַּח הַנָּזִיר פֶּתַח אֹהֶל מוֹעֵד אֶת־רֹאשׁ 18

נִזְרוֹ וְלָקַח אֶת־שְׂעַר רֹאשׁ נִזְרוֹ וְנָתַן עַל־הָאֵשׁ

אֲשֶׁר־תַּחַת זֶבַח הַשְּׁלָמִים: וְלָקַח הַכֹּהֵן אֶת־ 19

הַזְּרֹעַ בְּשֵׁלָה מִן־הָאַיִל וְחַלַּת מַצָּה אַחַת מִן־הַסַּל

וּרְקִיק מַצָּה אֶחָד וְנָתַן עַל־כַּפֵּי הַנָּזִיר אַחַר

הִתְגַּלְּחוֹ אֶת־נִזְרוֹ: וְהֵנִיף אוֹתָם הַכֹּהֵן ׀ תְּנוּפָה 20

לִפְנֵי יְהוָה קֹדֶשׁ הוּא לַכֹּהֵן עַל חֲזֵה הַתְּנוּפָה וְעַל

שׁוֹק הַתְּרוּמָה וְאַחַר יִשְׁתֶּה הַנָּזִיר יָיִן: וְזֹאת תּוֹרַת 21

הַנָּזִיר אֲשֶׁר יִדֹּר קָרְבָּנוֹ לַיהוָה עַל־נִזְרוֹ מִלְּבַד אֲשֶׁר־

תַּשִּׂיג יָדוֹ כְּפִי נִדְרוֹ אֲשֶׁר יִדֹּר כֵּן יַעֲשֶׂה עַל תּוֹרַת

נִזְרוֹ: פ

וַיְדַבֵּר יְהוָה אֶל־מֹשֶׁה לֵּאמֹר: דַּבֵּר אֶל־אַהֲרֹן 22,23

וְאֶל־בָּנָיו לֵאמֹר כֹּה תְבָרֲכוּ אֶת־בְּנֵי יִשְׂרָאֵל אָמוֹר

לָהֶם: ס יְבָרֶכְךָ יְהוָה וְיִשְׁמְרֶךָ: ס יָאֵר יְהוָה ׀ 24,25

פָּנָיו אֵלֶיךָ וִיחֻנֶּךָּ: ס יִשָּׂא יְהוָה ׀ פָּנָיו אֵלֶיךָ 26

וְיָשֵׂם לְךָ שָׁלוֹם: ס וְשָׂמוּ אֶת־שְׁמִי עַל־בְּנֵי 27

יִשְׂרָאֵל וַאֲנִי אֲבָרֲכֵם: ס

CAP. VII. ז

וַיְהִי בְּיוֹם כַּלּוֹת מֹשֶׁה לְהָקִים אֶת־הַמִּשְׁכָּן וַיִּמְשַׁח 1

אֹתוֹ וַיְקַדֵּשׁ אֹתוֹ וְאֶת־כָּל־כֵּלָיו וְאֶת־הַמִּזְבֵּחַ וְאֶת־

כָּל־כֵּלָיו וַיִּמְשָׁחֵם וַיְקַדֵּשׁ אֹתָם: וַיַּקְרִיבוּ נְשִׂיאֵי 2

יִשְׂרָאֵל רָאשֵׁי בֵּית אֲבֹתָם הֵם נְשִׂיאֵי הַמַּטֹּת הֵם

הָעֹמְדִים עַל־הַפְּקֻדִים: וַיָּבִיאוּ אֶת־קָרְבָּנָם לִפְנֵי 3

יְהוָה שֵׁשׁ־עֶגְלֹת צָב וּשְׁנֵי עָשָׂר בָּקָר עֲגָלָה עַל־

שְׁנֵי הַנְּשִׂאִים וְשׁוֹר לְאֶחָד וַיַּקְרִיבוּ אוֹתָם לִפְנֵי

הַמִּשְׁכָּן: וַיֹּאמֶר יְהוָה אֶל־מֹשֶׁה לֵּאמֹר׃ קַח 4,5

מֵאִתָּם וְהָיוּ לַעֲבֹד אֶת־עֲבֹדַת אֹהֶל מוֹעֵד וְנָתַתָּה

אוֹתָם אֶל־הַלְוִיִּם אִישׁ כְּפִי עֲבֹדָתוֹ: וַיִּקַּח מֹשֶׁה 6

אֶת־הָעֲגָלֹת וְאֶת־הַבָּקָר וַיִּתֵּן אוֹתָם אֶל־הַלְוִיִּם:

אֵת ׀ שְׁתֵּי הָעֲגָלוֹת וְאֵת אַרְבַּעַת הַבָּקָר נָתַן לִבְנֵי 7

גֵרְשׁוֹן כְּפִי עֲבֹדָתָם: וְאֵת ׀ אַרְבַּע הָעֲגָלֹת וְאֵת 8

שְׁמֹנַת הַבָּקָר נָתַן לִבְנֵי מְרָרִי כְּפִי עֲבֹדָתָם בְּיַד

אִיתָמָר בֶּן־אַהֲרֹן הַכֹּהֵן: וְלִבְנֵי קְהָת לֹא נָתָן 9

כִּי־עֲבֹדַת הַקֹּדֶשׁ עֲלֵהֶם בַּכָּתֵף יִשָּׂאוּ: וַיַּקְרִיבוּ 10

הַנְּשִׂאִים אֵת חֲנֻכַּת הַמִּזְבֵּחַ בְּיוֹם הִמָּשַׁח אֹתוֹ

וַיַּקְרִיבוּ הַנְּשִׂיאִם אֶת־קָרְבָּנָם לִפְנֵי הַמִּזְבֵּחַ:

וַיֹּאמֶר יְהוָה אֶל־מֹשֶׁה נָשִׂיא אֶחָד לַיּוֹם נָשִׂיא 11

אֶחָד לַיּוֹם יַקְרִיבוּ אֶת־קָרְבָּנָם לַחֲנֻכַּת הַמִּזְבֵּחַ: ס

וַיְהִי הַמַּקְרִיב בַּיּוֹם הָרִאשׁוֹן אֶת־קָרְבָּנוֹ נַחְשׁוֹן 12

בֶּן־עַמִּינָדָב לְמַטֵּה יְהוּדָה: וְקָרְבָּנוֹ קַעֲרַת־כֶּסֶף 13

אַחַת שְׁלֹשִׁים וּמֵאָה מִשְׁקָלָהּ מִזְרָק אֶחָד כֶּסֶף

שִׁבְעִים שֶׁקֶל בְּשֶׁקֶל הַקֹּדֶשׁ שְׁנֵיהֶם ׀ מְלֵאִים סֹלֶת

בְּלוּלָה בַשֶּׁמֶן לְמִנְחָה: כַּף אַחַת עֲשָׂרָה זָהָב 14

מְלֵאָה קְטֹרֶת: פַּר אֶחָד בֶּן־בָּקָר אַיִל אֶחָד כֶּבֶשׂ־ 15

אֶחָד בֶּן־שְׁנָתוֹ לְעֹלָה: שְׂעִיר־עִזִּים אֶחָד 16

לְחַטָּאת: וּלְזֶבַח הַשְּׁלָמִים בָּקָר שְׁנַיִם אֵילִם 17

חֲמִשָּׁה עַתֻּדִים חֲמִשָּׁה כְּבָשִׂים בְּנֵי־שָׁנָה חֲמִשָּׁה

זֶה קָרְבַּן נַחְשׁוֹן בֶּן־עַמִּינָדָב: פ

בַּיּוֹם הַשֵּׁנִי הִקְרִיב נְתַנְאֵל בֶּן־צוּעָר נְשִׂיא יִשָּׂשכָר: 18

הִקְרִב אֶת־קָרְבָּנוֹ קַעֲרַת־כֶּסֶף אַחַת שְׁלֹשִׁים וּמֵאָה 19

מִשְׁקָלָהּ מִזְרָק אֶחָד כֶּסֶף שִׁבְעִים שֶׁקֶל בְּשֶׁקֶל

הַקֹּדֶשׁ שְׁנֵיהֶם ׀ מְלֵאִים סֹלֶת בְּלוּלָה בַשֶּׁמֶן

לְמִנְחָה: כַּף אַחַת עֲשָׂרָה זָהָב מְלֵאָה קְטֹרֶת: 20

פַּר אֶחָד בֶּן־בָּקָר אַיִל אֶחָד כֶּבֶשׂ־אֶחָד בֶּן־שְׁנָתוֹ 21

לְעֹלָה: שְׂעִיר־עִזִּים אֶחָד לְחַטָּאת: וּלְזֶבַח 22,23

הַשְּׁלָמִים בָּקָר שְׁנַיִם אֵילִם חֲמִשָּׁה עַתּוּדִים חֲמִשָּׁה

כְּבָשִׂים בְּנֵי־שָׁנָה חֲמִשָּׁה זֶה קָרְבַּן נְתַנְאֵל בֶּן־

צוּעָר: ס

בַּיּוֹם הַשְּׁלִישִׁי נָשִׂיא לִבְנֵי זְבוּלֻן אֱלִיאָב בֶּן־חֵלֹן: 24

day shall he shave it.

10 And on the eighth day he shall bring two ^{b} turtles, or two young pigeons, to the priest, to the door of the tabernacle of the congregation:

11 And the priest shall offer the one for a sin-offering, and the other for a burnt-offering, and make an atonement for him, for that he sinned by the dead, and shall hallow his head that same day.

12 And he shall consecrate unto the LORD the days of his separation, and shall bring a lamb of the first year for a trespass-offering: ^{d} but the days that were before shall γ be lost, because his separation was defiled.

13 And this *is* the law of the Nazarite, when the days of his separation are fulfilled: ^{e} he shall be brought unto the door of the tabernacle of the congregation;

14 And he shall offer his offering unto the LORD, one he-lamb of the first year without blemish for a burnt-offering, and one ewe-lamb of the first year without blemish ^{f} for a sin-offering, and one ram without blemish for ^{h} peace-offerings,

15 And a basket of unleavened bread, cakes ^{k} of fine flour mingled with oil, and wafers of unleavened bread ^{l} anointed with oil, and their meat-offering, and their ^{m} drink-offerings.

16 And the priest shall bring *them* before the LORD, and shall offer his sin-offering, and his burnt-offering:

17 And he shall offer the ram *for* a sacrifice of peace-offerings unto the LORD, with the basket of unleavened bread: the priest shall offer also his meat-offering, and his drink-offering.

18 And the Nazarite shall shave ^{p} the head of his separation *at* the door of the tabernacle of the congregation, and shall take the hair of the head of his separation, and put *it* in the fire which *is* under the sacrifice of the peace-offerings.

19 And the priest shall take the sodden ^{r} shoulder of the ram, and one ^{s} unleavened cake out of the basket, and one unleavened wafer, and shall put *them* upon the hands of the Nazarite, after *the hair* of his separation is shaven:

20 And the priest shall wave them *for* a wave-offering before the LORD: this *is* holy for the priest, with the wave-breast and heave-shoulder: and after that the Nazarite may drink wine.

21 This *is* the law of the Nazarite who hath vowed, *and of* his offering unto the LORD for his separation, beside *that* that his hand shall get: according to the vow which he vowed, so he must do after the law of his separation.

22 And the LORD spake unto Moses, saying,

23 Speak unto Aaron and unto his sons, saying, On this wise ye shall bless ^{b} the children of Israel, saying unto them,

24 The LORD bless ^{c} thee, and ^{d} keep thee;

25 The LORD make his face ^{e} shine upon thee, and be gracious ^{f} unto thee;

26 The LORD lift up ^{g} his countenance upon thee, and give thee peace. ^{h}

27 And they shall put my name ^{i} upon the children of Israel, and I will ^{k} bless them.

CHAP. VII.

AND it came to pass on the day that Moses had fully set up ^{m} the tabernacle,

Marginal references (center column)

B. C. 1490.

a Le.8.10,11.
b Le. 5. 7.
    14. 22.
    15.14,29.
c ch. 1. 4,&c.
β who stood.
d Le. 5. 6.
γ fall.
e Ac. 21. 26.
f Le.4.3,28,32
    Mal.1.13,14
    1 Pe. 1. 19.
g ch.4.24..28.
h Le. 3. 6.
i ch.4.29..33.
k Le. 2. 4.
l Ex. 29. 2.
mch.15.5,7,10
n ch. 4. 4..15.
o De. 20. 5.
    1 Ki. 8. 63.
    2 Ch. 7.5,9.
    Ezr. 6. 16.
    Ne. 12. 27.
    Ps.30.title.
p Ac. 21. 24.
q ch. 1. 7.
    2. 3.
r 1 Sa. 2. 15.
s Ex.29.23..28
t Ex. 30. 13.
u Le. 2. 1.
v Ex. 30. 34.
w Le. 1. 2, 3.
x Le. 4. 23.
y Le. 3. 1.
z ch. 1. 8.
    2. 5.
a ver. 13,&c.
b Le. 9. 22.
    De. 10. 8.
    21. 5.
    Jos. 8. 33.
    1 Ch. 23.13.
c Ps. 134. 3.
d Ps. 121. 7.
    Jn°. 17. 11.
e Ps. 31. 16.
    67. 1.
    80.3,7,19.
    119. 135.
    Da. 9. 17.
f Ge.43.29.
    Ex. 33. 19.
    Mal. 1. 9.
g Ps. 4. 6.
    89. 15.
h Ps. 29. 11.
    Is. 26. 3,12.
    Jn°. 14. 27.
    Ph. 4. 7.
    2 Th. 3. 16.
i De. 28. 10.
    2 Ch. 7. 14.
    Is. 43. 7.
    Da.9.18,19.
k ch. 23. 20.
    Ge. 12. 2, 3.
    Ps. 5. 12.
    67. 7.
    115.12 13.
    Ac. 3. 26.
    Ep. 1. 3.
l ch. 1. 9.
    2. 7.
m Ex. 40. 18.

and had anointed it, ^{a} and sanctified it, and all the instruments thereof, both the altar and all the vessels thereof, and had anointed them, and sanctified them,

2 That the princes ^{c} of Israel, heads of the house of their fathers, who *were* the princes of the tribes, β and were over them that were numbered, offered:

3 And they brought their offering before the LORD, six covered waggons, and twelve oxen; a waggon for two of the princes, and for each one an ox; and they brought them before the tabernacle.

4 And the LORD spake unto Moses, saying,

5 Take *it* of them, that they may be to do the service of the tabernacle of the congregation; and thou shalt give them unto the Levites, to every man according to his service.

6 And Moses took the waggons and the oxen, and gave them unto the Levites.

7 Two waggons and four oxen he gave unto the sons of Gershon, according to their service: ^{g}

8 And four waggons and eight oxen he gave unto the sons of Merari, ^{f} according unto their service, under the hand of Ithamar the son of Aaron the priest.

9 But unto the sons of Kohath he gave none; because ^{n} the service of the sanctuary belonging unto them *was that* they should bear upon their shoulders.

10 And the princes offered for dedicating ^{o} of the altar in the day that it was anointed, even the princes offered their offering before the altar.

11 And the LORD said unto Moses, They shall offer their offering, each prince on his day, for the dedicating of the altar.

12 And he that offered his offering the first day was Nahshon ^{q} the son of Amminadab, of the tribe of Judah;

13 And his offering *was* one silver charger, the weight thereof *was* an hundred and thirty *shekels*, one silver bowl of seventy shekels, after the shekel ^{t} of the sanctuary: both of them *were* full of fine flour mingled with oil, for a ^{u} meat-offering:

14 One spoon of ten *shekels* of gold, full of incense: ^{v}

15 One young bullock, one ram, one lamb of the first year,for a ^{w} burnt-offering:

16 One kid of the goats for a ^{x} sin-offering:

17 And for a sacrifice of ^{y} peace-offerings, two oxen, five rams, five he-goats, five lambs of the first year. This *was* the offering of Nahshon the son of Amminadab.

18 On the second day Nethaneel ^{z} the son of Zuar, prince of Issachar, did offer:

19 He offered ^{a} *for* his offering one silver charger, the weight whereof *was* an hundred and thirty *shekels*, one silver bowl of seventy shekels, after the shekel of the sanctuary; both of them full of fine flour mingled with oil, for a meat-offering:

20 One spoon of gold of ten *shekels*, full of incense:

21 One young bullock, one ram, one lamb of the first year, for a burnt-offering:

22 One kid of the goats for a sin-offering:

23 And for a sacrifice of peace-offerings, two oxen, five rams, five he-goats, five lambs of the first year. This *was* the offering of Nethaneel the son of Zuar.

24 On the third day Eliab ^{l} the son of Helon, prince of the children of Zebulun, *did offer:*

25 קָרְבָּנוֹ קַעֲרַת־כֶּסֶף אַחַת שְׁלֹשִׁים וּמֵאָה מִשְׁקָלָהּ מִזְרָק אֶחָד כֶּסֶף שִׁבְעִים שֶׁקֶל בְּשֶׁקֶל הַקֹּדֶשׁ

26 שְׁנֵיהֶם מְלֵאִים סֹלֶת בְּלוּלָה בַשֶּׁמֶן לְמִנְחָה : כַּף אַחַת עֲשָׂרָה זָהָב מְלֵאָה קְטֹרֶת :

27 פַּר אֶחָד בֶּן־בָּקָר

28 אַיִל אֶחָד כֶּבֶשׂ־אֶחָד בֶּן־שְׁנָתוֹ לְעֹלָה : שְׂעִיר־עִזִּים

29 אֶחָד לְחַטָּאת : וּלְזֶבַח הַשְּׁלָמִים בָּקָר שְׁנַיִם אֵילִם חֲמִשָּׁה עַתּוּדִים חֲמִשָּׁה כְּבָשִׂים בְּנֵי־שָׁנָה חֲמִשָּׁה זֶה קָרְבַּן אֱלִיאָב בֶּן־חֵלֹן :

30 בַּיּוֹם הָרְבִיעִי נָשִׂיא לִבְנֵי רְאוּבֵן אֱלִיצוּר בֶּן־

31 שְׁדֵיאוּר : קָרְבָּנוֹ קַעֲרַת־כֶּסֶף אַחַת שְׁלֹשִׁים וּמֵאָה מִשְׁקָלָהּ מִזְרָק אֶחָד כֶּסֶף שִׁבְעִים שֶׁקֶל בְּשֶׁקֶל הַקֹּדֶשׁ שְׁנֵיהֶם מְלֵאִים סֹלֶת בְּלוּלָה בַשֶּׁמֶן

32 לְמִנְחָה : כַּף אַחַת עֲשָׂרָה זָהָב מְלֵאָה קְטֹרֶת :

33 פַּר אֶחָד בֶּן־בָּקָר אַיִל אֶחָד כֶּבֶשׂ־אֶחָד בֶּן־שְׁנָתוֹ

34,35 לְעֹלָה : שְׂעִיר־עִזִּים אֶחָד לְחַטָּאת : וּלְזֶבַח הַשְּׁלָמִים בָּקָר שְׁנַיִם אֵילִם חֲמִשָּׁה עַתּוּדִים חֲמִשָּׁה כְּבָשִׂים בְּנֵי־שָׁנָה חֲמִשָּׁה זֶה קָרְבַּן אֱלִיצוּר בֶּן־שְׁדֵיאוּר :

פ

36 בַּיּוֹם הַחֲמִישִׁי נָשִׂיא לִבְנֵי שִׁמְעוֹן שְׁלֻמִיאֵל בֶּן־

37 צוּרִישַׁדָּי : קָרְבָּנוֹ קַעֲרַת־כֶּסֶף אַחַת שְׁלֹשִׁים וּמֵאָה מִשְׁקָלָהּ מִזְרָק אֶחָד כֶּסֶף שִׁבְעִים שֶׁקֶל בְּשֶׁקֶל הַקֹּדֶשׁ שְׁנֵיהֶם מְלֵאִים סֹלֶת בְּלוּלָה בַשֶּׁמֶן

38 לְמִנְחָה : כַּף אַחַת עֲשָׂרָה זָהָב מְלֵאָה קְטֹרֶת :

39 פַּר אֶחָד בֶּן־בָּקָר אַיִל אֶחָד כֶּבֶשׂ־אֶחָד בֶּן־שְׁנָתוֹ

40,41 לְעֹלָה : שְׂעִיר־עִזִּים אֶחָד לְחַטָּאת : וּלְזֶבַח הַשְּׁלָמִים בָּקָר שְׁנַיִם אֵילִם חֲמִשָּׁה עַתּוּדִים חֲמִשָּׁה כְּבָשִׂים בְּנֵי־שָׁנָה חֲמִשָּׁה זֶה קָרְבַּן שְׁלֻמִיאֵל בֶּן־צוּרִישַׁדָּי :

פ

42 בַּיּוֹם הַשִּׁשִּׁי נָשִׂיא לִבְנֵי גָד אֶלְיָסָף בֶּן־דְּעוּאֵל :

43 קָרְבָּנוֹ קַעֲרַת־כֶּסֶף אַחַת שְׁלֹשִׁים וּמֵאָה מִשְׁקָלָהּ מִזְרָק אֶחָד כֶּסֶף שִׁבְעִים שֶׁקֶל בְּשֶׁקֶל הַקֹּדֶשׁ שְׁנֵיהֶם מְלֵאִים סֹלֶת בְּלוּלָה בַשֶּׁמֶן לְמִנְחָה :

44,45 כַּף אַחַת עֲשָׂרָה זָהָב מְלֵאָה קְטֹרֶת : פַּר אֶחָד בֶּן־בָּקָר אַיִל אֶחָד כֶּבֶשׂ־אֶחָד בֶּן־שְׁנָתוֹ לְעֹלָה :

46,47 שְׂעִיר־עִזִּים אֶחָד לְחַטָּאת : וּלְזֶבַח הַשְּׁלָמִים בָּקָר שְׁנַיִם אֵילִם חֲמִשָּׁה עַתּוּדִים חֲמִשָּׁה כְּבָשִׂים בְּנֵי־שָׁנָה חֲמִשָּׁה זֶה קָרְבַּן אֶלְיָסָף בֶּן־דְּעוּאֵל :

פ

48 בַּיּוֹם הַשְּׁבִיעִי נָשִׂיא לִבְנֵי אֶפְרָיִם אֱלִישָׁמָע בֶּן־

49 עַמִּיהוּד : קָרְבָּנוֹ קַעֲרַת־כֶּסֶף אַחַת שְׁלֹשִׁים וּמֵאָה מִשְׁקָלָהּ מִזְרָק אֶחָד כֶּסֶף שִׁבְעִים שֶׁקֶל בְּשֶׁקֶל הַקֹּדֶשׁ שְׁנֵיהֶם מְלֵאִים סֹלֶת בְּלוּלָה בַשֶּׁמֶן

50 לְמִנְחָה : כַּף אַחַת עֲשָׂרָה זָהָב מְלֵאָה קְטֹרֶת :

51 פַּר אֶחָד בֶּן־בָּקָר אַיִל אֶחָד כֶּבֶשׂ־אֶחָד בֶּן־שְׁנָתוֹ

52,53 לְעֹלָה : שְׂעִיר־עִזִּים אֶחָד לְחַטָּאת : וּלְזֶבַח הַשְּׁלָמִים בָּקָר שְׁנַיִם אֵילִם חֲמִשָּׁה עַתּוּדִים חֲמִשָּׁה כְּבָשִׂים בְּנֵי־שָׁנָה חֲמִשָּׁה זֶה קָרְבַּן אֱלִישָׁמָע בֶּן־עַמִּיהוּד :

פ

54 בַּיּוֹם הַשְּׁמִינִי נָשִׂיא לִבְנֵי מְנַשֶּׁה גַּמְלִיאֵל בֶּן־

55 פְּדָהצוּר : קָרְבָּנוֹ קַעֲרַת־כֶּסֶף אַחַת שְׁלֹשִׁים וּמֵאָה מִשְׁקָלָהּ מִזְרָק אֶחָד כֶּסֶף שִׁבְעִים שֶׁקֶל בְּשֶׁקֶל הַקֹּדֶשׁ שְׁנֵיהֶם מְלֵאִים סֹלֶת בְּלוּלָה בַשֶּׁמֶן

56 לְמִנְחָה : כַּף אַחַת עֲשָׂרָה זָהָב מְלֵאָה קְטֹרֶת :

57 פַּר אֶחָד בֶּן־בָּקָר אַיִל אֶחָד כֶּבֶשׂ־אֶחָד בֶּן־שְׁנָתוֹ

58,59 לְעֹלָה : שְׂעִיר־עִזִּים אֶחָד לְחַטָּאת : וּלְזֶבַח הַשְּׁלָמִים בָּקָר שְׁנַיִם אֵילִם חֲמִשָּׁה עַתּוּדִים חֲמִשָּׁה כְּבָשִׂים בְּנֵי־שָׁנָה חֲמִשָּׁה זֶה קָרְבַּן גַּמְלִיאֵל בֶּן־פְּדָהצוּר :

פ

60 בַּיּוֹם הַתְּשִׁיעִי נָשִׂיא לִבְנֵי בִנְיָמִן אֲבִידָן בֶּן־גִּדְעֹנִי :

61 קָרְבָּנוֹ קַעֲרַת־כֶּסֶף אַחַת שְׁלֹשִׁים וּמֵאָה מִשְׁקָלָהּ מִזְרָק אֶחָד כֶּסֶף שִׁבְעִים שֶׁקֶל בְּשֶׁקֶל הַקֹּדֶשׁ שְׁנֵיהֶם מְלֵאִים סֹלֶת בְּלוּלָה בַשֶּׁמֶן לְמִנְחָה :

62,63 כַּף אַחַת עֲשָׂרָה זָהָב מְלֵאָה קְטֹרֶת : פַּר אֶחָד בֶּן־בָּקָר אַיִל אֶחָד כֶּבֶשׂ־אֶחָד בֶּן־שְׁנָתוֹ

64,65 לְעֹלָה : שְׂעִיר־עִזִּים אֶחָד לְחַטָּאת : וּלְזֶבַח הַשְּׁלָמִים בָּקָר שְׁנַיִם אֵילִם חֲמִשָּׁה עַתּוּדִים חֲמִשָּׁה כְּבָשִׂים בְּנֵי־שָׁנָה חֲמִשָּׁה זֶה קָרְבַּן אֲבִידָן בֶּן־גִּדְעֹנִי :

פ

66 בַּיּוֹם הָעֲשִׂירִי נָשִׂיא לִבְנֵי דָן אֲחִיעֶזֶר בֶּן־עַמִּישַׁדָּי :

67 קָרְבָּנוֹ קַעֲרַת־כֶּסֶף אַחַת שְׁלֹשִׁים וּמֵאָה מִשְׁקָלָהּ מִזְרָק אֶחָד כֶּסֶף שִׁבְעִים שֶׁקֶל בְּשֶׁקֶל הַקֹּדֶשׁ שְׁנֵיהֶם מְלֵאִים סֹלֶת בְּלוּלָה בַשֶּׁמֶן

68 לְמִנְחָה : כַּף אַחַת עֲשָׂרָה זָהָב מְלֵאָה קְטֹרֶת :

69 פַּר אֶחָד בֶּן־בָּקָר אַיִל אֶחָד כֶּבֶשׂ־אֶחָד בֶּן־שְׁנָתוֹ

70,71 לְעֹלָה : שְׂעִיר־עִזִּים אֶחָד לְחַטָּאת : וּלְזֶבַח הַשְּׁלָמִים בָּקָר שְׁנַיִם אֵילִם חֲמִשָּׁה עַתּוּדִים

25 His offering *was* one silver charger, the weight whereof *was* an hundred and thirty *shekels*, one silver bowl of seventy shekels, after the shekel of the sanctuary: both of them full of fine flour mingled with oil, for a meat-offering:

26 One golden spoon of ten *shekels*, full of incense:

27 One young bullock, one ram, one lamb of the first year, for a burnt-offering:

28 One kid of the goats for a sin-offering:

29 And for a sacrifice of peace-offerings, two oxen, five rams, five he-goats, five lambs of the first year. This *was* the offering of Eliab the son of Helon.

30 On the fourth day Elizur[e] the son of Shedeur, prince of the children of Reuben, *did offer:*

31 His offering[d] *was* one silver charger, of the weight of an hundred and thirty *shekels*, one silver bowl of seventy shekels, after the shekel of the sanctuary; both of them full of fine flour mingled with oil, for a meat-offering:

32 One golden spoon of ten *shekels*, full of incense:

33 One young bullock, one ram, one lamb of the first year, for a burnt-offering:

34 One kid of the goats for a sin-offering:

35 And for a sacrifice of peace-offerings, two oxen, five rams, five he-goats, five lambs of the first year. This *was* the offering of Elizur the son of Shedeur.

36 On the fifth day Shelumiel[g] the son of Zurishaddai, prince of the children of Simeon, *did offer:*

37 His offering[h] *was* one silver charger, the weight whereof *was* an hundred and thirty *shekels*, one silver bowl of seventy shekels, after the shekel of the sanctuary: both of them full of fine flour mingled with oil, for a meat-offering:

38 One golden spoon of ten *shekels*, full of incense:

39 One young bullock, one ram, one lamb of the first year, for a sin-offering:

40 One kid of the goats for a sin-offering:

41 And for a sacrifice of peace-offerings, two oxen, five rams, five he-goats; five lambs of the first year. This *was* the offering of Shelumiel the son of Zurishaddai.

42 On the sixth day Eliasaph[l] the son of β Deuel, prince of the children of Gad, *offered:*

43 His offering[m] *was* one silver charger, of the weight of an hundred and thirty *shekels*, a silver bowl of seventy shekels, after the shekel of the sanctuary; both of them full of fine flour mingled with oil, for a meat offering:

44 One golden spoon of ten *shekels*, full of incense:

45 One young bullock, one ram, one lamb of the first year, for a burnt-offering:

46 One kid of the goats for a sin-offering:

47 And for a sacrifice of peace-offerings, two oxen, five rams, five he-goats, five lambs of the first year. This *was* the offering of Eliasaph the son of Deuel.

48 On the seventh day Elishama[p] the son of Ammihud, prince of the children of Ephraim, *offered:*

49 His offering[q] *was* one silver charger, the weight whereof *was* an hundred and thirty *shekels*, one silver bowl of seventy shekels, after the shekel of the sanctuary; both of them full of fine flour mingled

---

B. C. 1490.

a ch. 1. 10.
2. 20.

b ver. 13, &c.

c ch. 1. 5.
2. 10.

d ver. 13, &c.

e ch. 1. 11.
2. 22.

f ver. 13, &c.

g ch. 1. 6.
2. 12.

h ver. 13, &c.

i ch. 1. 12.
2. 25.

k ver. 13, &c.

l ch. 1. 14.
2. 14.

β called
Reuel,
ch. 2. 14.

m ver. 13, &c.

n ch. 1. 13.
2. 27.

o ver. 13, &c.

p ch. 1. 10.
2. 18.

q ver. 13, &c.

---

with oil, for a meat-offering:

50 One golden spoon of ten *shekels*, full of incense:

51 One young bullock, one ram, one lamb of the first year, for a burnt-offering:

52 One kid of the goats for a sin-offering:

53 And for a sacrifice of peace-offerings, two oxen, five rams, five he-goats, five lambs of the first year. This *was* the offering of Elishama the son of Ammihud.

54 On the eighth day *offered*[a] Gamaliel the son of Pedahzur, prince of the children of Manasseh:

55 His offering[b] was one silver charger, of the weight of an hundred and thirty *shekels*, one silver bowl of seventy shekels, after the shekel of the sanctuary: both of them full of fine flour mingled with oil, for a meat-offering:

56 One golden spoon of ten *shekels*, full of incense:

57 One young bullock, one ram, one lamb of the first year, for a burnt-offering:

58 One kid of the goats for a sin-offering:

59 And for a sacrifice of peace-offerings, two oxen, five rams, five he-goats, five lambs of the first year. This *was* the offering of Gamaliel the son of Pedahzur.

60 On the ninth day Abidan[e] the son of Gideoni, prince of the children of Benjamin, *offered:*

61 His offering[f] *was* one silver charger, the weight whereof *was* an hundred and thirty *shekels*, one silver bowl of seventy shekels, after the shekel of the sanctuary; both of them full of fine flour mingled with oil, for a meat-offering:

62 One golden spoon of ten *shekels*, full of incense:

63 One young bullock, one ram, one lamb of the first year, for a burnt-offering:

64 One kid of the goats for a sin-offering:

65 And for a sacrifice of peace-offerings, two oxen, five rams, five he-goats, five lambs of the first year. This *was* the offering of Abidan the son of Gideoni.

66 On the tenth day Ahiezer[i] the son of Ammishaddai, prince of the children of Dan, *offered:*

67 His offering[k] *was* one silver charger, the weight whereof *was* an hundred and thirty *shekels*, one silver bowl of seventy shekels, after the shekel of the sanctuary; both of them full of fine flour mingled with oil, for a meat-offering:

68 One golden spoon of ten *shekels*, full of incense:

69 One young bullock, one ram, one lamb of the first year, for a burnt-offering:

70 One kid of the goats for a sin-offering:

71 And for a sacrifice of peace-offerings, two oxen, five rams, five he-goats, five lambs of the first year. This *was* the offering of Ahiezer the son of Ammishaddai.

72 On the eleventh day Pagiel[n] the son of Ocran, prince of the children of Asher, *offered:*

73 His offering[o] *was* one silver charger, the weight whereof *was* an hundred and thirty *shekels*, one silver bowl of seventy shekels, after the shekel of the sanctuary; both of them full of fine flour mingled with oil, for a meat-offering:

74 One golden spoon of ten *shekels*, full of incense:

75 One young bullock, one ram, one lamb of the first year, for a burnt-offering:

חֲמִשָּׁה כְּבָשִׂים בְּנֵי־שָׁנָה חֲמִשָּׁה זֶה קָרְבַּן
אֲחִיעֶזֶר בֶּן־עַמִּישַׁדָּי׃ פ

72 בְּיוֹם עַשְׁתֵּי עָשָׂר יוֹם נָשִׂיא לִבְנֵי אָשֵׁר פַּגְעִיאֵל

73 בֶּן־עָכְרָן׃ קָרְבָּנוֹ קַעֲרַת־כֶּסֶף אַחַת שְׁלֹשִׁים
וּמֵאָה מִשְׁקָלָהּ מִזְרָק אֶחָד כֶּסֶף שִׁבְעִים שֶׁקֶל
בְּשֶׁקֶל הַקֹּדֶשׁ שְׁנֵיהֶם מְלֵאִים סֹלֶת בְּלוּלָה בַשֶּׁמֶן

74 לְמִנְחָה׃ כַּף אַחַת עֲשָׂרָה זָהָב מְלֵאָה קְטֹרֶת׃

75 פַּר אֶחָד בֶּן־בָּקָר אַיִל אֶחָד כֶּבֶשׂ־אֶחָד בֶּן־שְׁנָתוֹ

76 לְעֹלָה׃ שְׂעִיר־עִזִּים אֶחָד לְחַטָּאת׃ וּלְזֶבַח

77 הַשְּׁלָמִים בָּקָר שְׁנַיִם אֵילִם חֲמִשָּׁה עַתּוּדִים
חֲמִשָּׁה כְּבָשִׂים בְּנֵי־שָׁנָה חֲמִשָּׁה זֶה קָרְבַּן
פַּגְעִיאֵל בֶּן־עָכְרָן׃ פ

78 בְּיוֹם שְׁנֵים עָשָׂר יוֹם נָשִׂיא לִבְנֵי נַפְתָּלִי אֲחִירַע

79 בֶּן־עֵינָן׃ קָרְבָּנוֹ קַעֲרַת־כֶּסֶף אַחַת שְׁלֹשִׁים וּמֵאָה
מִשְׁקָלָהּ מִזְרָק אֶחָד כֶּסֶף שִׁבְעִים שֶׁקֶל בְּשֶׁקֶל
הַקֹּדֶשׁ שְׁנֵיהֶם מְלֵאִים סֹלֶת בְּלוּלָה בַשֶּׁמֶן

80 לְמִנְחָה׃ כַּף אַחַת עֲשָׂרָה זָהָב מְלֵאָה קְטֹרֶת׃

81 פַּר אֶחָד בֶּן־בָּקָר אַיִל אֶחָד כֶּבֶשׂ־אֶחָד בֶּן־שְׁנָתוֹ

82 לְעֹלָה׃ שְׂעִיר־עִזִּים אֶחָד לְחַטָּאת׃ וּלְזֶבַח

83 הַשְּׁלָמִים בָּקָר שְׁנַיִם אֵילִם חֲמִשָּׁה עַתּוּדִים
חֲמִשָּׁה כְּבָשִׂים בְּנֵי־שָׁנָה חֲמִשָּׁה זֶה קָרְבַּן אֲחִירַע
בֶּן־עֵינָן׃ פ

84 זֹאת חֲנֻכַּת הַמִּזְבֵּחַ בְּיוֹם הִמָּשַׁח אֹתוֹ מֵאֵת
נְשִׂיאֵי יִשְׂרָאֵל קַעֲרֹת כֶּסֶף שְׁתֵּים עֶשְׂרֵה מִזְרְקֵי־
כֶסֶף שְׁנֵים עָשָׂר כַּפּוֹת זָהָב שְׁתֵּים עֶשְׂרֵה׃

85 שְׁלֹשִׁים וּמֵאָה הַקְּעָרָה הָאַחַת כֶּסֶף וְשִׁבְעִים
הַמִּזְרָק הָאֶחָד כֹּל כֶּסֶף הַכֵּלִים אַלְפַּיִם וְאַרְבַּע־

86 מֵאוֹת בְּשֶׁקֶל הַקֹּדֶשׁ׃ כַּפּוֹת זָהָב שְׁתֵּים־עֶשְׂרֵה
מְלֵאֹת קְטֹרֶת עֲשָׂרָה עֲשָׂרָה הַכַּף בְּשֶׁקֶל הַקֹּדֶשׁ

87 כָּל־זְהַב הַכַּפּוֹת עֶשְׂרִים וּמֵאָה׃ כָּל־הַבָּקָר לָעֹלָה
שְׁנֵים עָשָׂר פָּרִים אֵילִם שְׁנֵים־עָשָׂר כְּבָשִׂים בְּנֵי־
שָׁנָה שְׁנֵים עָשָׂר וּמִנְחָתָם וּשְׂעִירֵי עִזִּים שְׁנֵים

88 עָשָׂר לְחַטָּאת׃ וְכֹל בְּקַר׀ זֶבַח הַשְּׁלָמִים
עֶשְׂרִים וְאַרְבָּעָה פָּרִים אֵילִם שִׁשִּׁים עַתֻּדִים
שִׁשִּׁים כְּבָשִׂים בְּנֵי־שָׁנָה שִׁשִּׁים זֹאת חֲנֻכַּת

89 הַמִּזְבֵּחַ אַחֲרֵי הִמָּשַׁח אֹתוֹ׃ וּבְבֹא מֹשֶׁה אֶל־
אֹהֶל מוֹעֵד לְדַבֵּר אִתּוֹ וַיִּשְׁמַע אֶת־הַקּוֹל מִדַּבֵּר
אֵלָיו מֵעַל הַכַּפֹּרֶת אֲשֶׁר עַל־אֲרֹן הָעֵדֻת מִבֵּין

שְׁנֵי הַכְּרֻבִים וַיְדַבֵּר אֵלָיו׃

ל״ו 36 פ פ פ
CAP. VIII. ח

1 וַיְדַבֵּר יְהֹוָה אֶל־מֹשֶׁה לֵּאמֹר׃ דַּבֵּר אֶל־אַהֲרֹן

2 וְאָמַרְתָּ אֵלָיו בְּהַעֲלֹתְךָ אֶת־הַנֵּרֹת אֶל־מוּל פְּנֵי
הַמְּנוֹרָה יָאִירוּ שִׁבְעַת הַנֵּרוֹת׃

3 וַיַּעַשׂ כֵּן אַהֲרֹן אֶל־מוּל פְּנֵי הַמְּנוֹרָה הֶעֱלָה נֵרֹתֶיהָ כַּאֲשֶׁר צִוָּה

4 יְהֹוָה אֶת־מֹשֶׁה׃ וְזֶה מַעֲשֵׂה הַמְּנֹרָה מִקְשָׁה
זָהָב עַד־יְרֵכָהּ עַד־פִּרְחָהּ מִקְשָׁה הִוא כַּמַּרְאֶה
אֲשֶׁר הֶרְאָה יְהֹוָה אֶת־מֹשֶׁה כֵּן עָשָׂה אֶת־
הַמְּנֹרָה׃ פ

5 וַיְדַבֵּר יְהֹוָה אֶל־מֹשֶׁה לֵּאמֹר׃ קַח אֶת־הַלְוִיִּם

6 מִתּוֹךְ בְּנֵי יִשְׂרָאֵל וְטִהַרְתָּ אֹתָם׃ וְכֹה־תַעֲשֶׂה

7 לָהֶם לְטַהֲרָם הַזֵּה עֲלֵיהֶם מֵי חַטָּאת וְהֶעֱבִירוּ
תַעַר עַל־כָּל־בְּשָׂרָם וְכִבְּסוּ בִגְדֵיהֶם וְהִטֶּהָרוּ׃

8 וְלָקְחוּ פַּר בֶּן־בָּקָר וּמִנְחָתוֹ סֹלֶת בְּלוּלָה בַשָּׁמֶן

9 וּפַר־שֵׁנִי בֶן־בָּקָר תִּקַּח לְחַטָּאת׃ וְהִקְרַבְתָּ
אֶת־הַלְוִיִּם לִפְנֵי אֹהֶל מוֹעֵד וְהִקְהַלְתָּ אֶת־

10 כָּל־עֲדַת בְּנֵי יִשְׂרָאֵל׃ וְהִקְרַבְתָּ אֶת־הַלְוִיִּם
לִפְנֵי יְהֹוָה וְסָמְכוּ בְנֵי־יִשְׂרָאֵל אֶת־יְדֵיהֶם עַל־

11 הַלְוִיִּם׃ וְהֵנִיף אַהֲרֹן אֶת־הַלְוִיִּם תְּנוּפָה לִפְנֵי
יְהֹוָה מֵאֵת בְּנֵי יִשְׂרָאֵל וְהָיוּ לַעֲבֹד אֶת־עֲבֹדַת

12 יְהֹוָה׃ וְהַלְוִיִּם יִסְמְכוּ אֶת־יְדֵיהֶם עַל רֹאשׁ
הַפָּרִים וַעֲשֵׂה אֶת־הָאֶחָד חַטָּאת וְאֶת־הָאֶחָד

13 עֹלָה לַיהֹוָה לְכַפֵּר עַל־הַלְוִיִּם׃ וְהַעֲמַדְתָּ אֶת־
הַלְוִיִּם לִפְנֵי אַהֲרֹן וְלִפְנֵי בָנָיו וְהֵנַפְתָּ אֹתָם תְּנוּפָה

14 לַיהֹוָה׃ וְהִבְדַּלְתָּ אֶת־הַלְוִיִּם מִתּוֹךְ בְּנֵי יִשְׂרָאֵל

15 וְהָיוּ לִי הַלְוִיִּם׃ וְאַחֲרֵי־כֵן יָבֹאוּ הַלְוִיִּם לַעֲבֹד
אֶת־אֹהֶל מוֹעֵד וְטִהַרְתָּ אֹתָם וְהֵנַפְתָּ אֹתָם

16 תְּנוּפָה׃ כִּי נְתֻנִים נְתֻנִים הֵמָּה לִי מִתּוֹךְ בְּנֵי
יִשְׂרָאֵל תַּחַת פִּטְרַת כָּל־רֶחֶם בְּכוֹר כֹּל מִבְּנֵי יִשְׂרָאֵל

17 לָקַחְתִּי אֹתָם לִי׃ כִּי לִי כָל־בְּכוֹר בִּבְנֵי יִשְׂרָאֵל
בָּאָדָם וּבַבְּהֵמָה בְּיוֹם הַכֹּתִי כָל־בְּכוֹר בְּאֶרֶץ

18 מִצְרַיִם הִקְדַּשְׁתִּי אֹתָם לִי׃ וָאֶקַּח אֶת־הַלְוִיִּם

19 תַּחַת כָּל־בְּכוֹר בִּבְנֵי יִשְׂרָאֵל׃ וָאֶתְּנָה אֶת־הַלְוִיִּם
נְתֻנִים לְאַהֲרֹן וּלְבָנָיו מִתּוֹךְ בְּנֵי יִשְׂרָאֵל לַעֲבֹד
אֶת־עֲבֹדַת בְּנֵי־יִשְׂרָאֵל בְּאֹהֶל מוֹעֵד וּלְכַפֵּר עַל־בְּנֵי
יִשְׂרָאֵל וְלֹא יִהְיֶה בִּבְנֵי יִשְׂרָאֵל נֶגֶף בְּגֶשֶׁת בְּנֵי־

76 One kid of the goats for a sin-offering:
77 And for a sacrifice of peace-offerings, two oxen, five rams, five he-goats, five lambs of the first year. This *was* the offering of Pagiel the son of Ocran.

78 On the twelfth day Ahira[b] the son of Enan, prince of the children of Naphtali, *offered:*

79 His offering[d] *was* one silver charger, the weight whereof *was* an hundred and thirty *shekels*, one silver bowl of seventy shekels, after the shekel of the sanctuary; both of them full of fine flour mingled with oil, for a meat-offering:

80 One golden spoon of ten *shekels*, full of incense:

81 One young bullock, one ram, one lamb of the first year, for a burnt-offering:

82 One kid of the goats for a sin-offering:

83 And for a sacrifice of peace-offerings, two oxen, five rams, five he-goats, five lambs of the first year. This *was* the offering of Ahira the son of Enan.

84 This *was* the dedication of the altar, in the day when it was anointed, by the princes of Israel: twelve chargers of silver, twelve silver bowls, twelve spoons of gold:

85 Each charger of silver *weighing* an hundred and thirty *shekels*, each bowl seventy: all the silver vessels *weighed* two thousand and four hundred *shekels*, after the shekel of the sanctuary:

86 The golden spoons *were* twelve, full of incense, *weighing* ten *shekels* apiece, after the shekel of the sanctuary: all the gold of the spoons *was* an hundred and twenty *shekels*.

87 All the oxen for the burnt-offering *were* twelve bullocks, the rams twelve, the lambs of the first year twelve, with their meat-offering: and the kids of the goats for sin-offering, twelve.

88 And all the oxen for the sacrifice of the peace-offerings *were* twenty and four bullocks, the rams sixty, the he-goats sixty, the lambs of the first year sixty. This *was* the dedication of the altar, after that it was anointed.[o]

89 And when Moses was gone into the tabernacle of the congregation to[q] speak with η him, then he heard the voice of one speaking unto him from off the mercy-seat[r] that *was* upon the ark of testimony, from between the two cherubims: and he spake unto him.

CHAP. VIII.

AND the LORD spake unto Moses, saying,

2 Speak unto Aaron, and say unto him, When thou lightest the lamps,[s] the seven lamps shall give light over against the candlestick.

3 And Aaron did so; he lighted the lamps thereof over against the candlestick, as the LORD commanded Moses.

4 And this work of the[w] candlestick *was of* beaten gold, unto the shaft thereof, unto the flowers thereof, *was*[y] beaten work: according unto the pattern[z] which the LORD had shewed Moses, so he made the candlestick.

5 And the LORD spake unto Moses, saying,

6 Take the Levites from among the children of Israel, and cleanse them.

7 And thus shalt thou do unto them, to cleanse them: Sprinkle water[b] of purifying upon them, and[c] let them λ shave all

B. C. 1490.

a Le. 2. 1.
b ch. 1. 15.
2. 29.

c Ex. 29.4.&c.
40. 12.

d ver. 13, &c.

e Le. 8. 3.

f Le. 1. 4.

β *wave.*

g ver. 15

γ *wave-offering.*

δ *be to execute.*

h ch. 16. 9.

i ch. 3. 45.

k ver. 11, 13.

l ch. 3. 12, 45.

m ch. 3. 13.
Ex.13.2,12..
15.
Lu. 2. 23.

n ch. 3. 9.

ζ *given.*

o ver. 1.

p ch. 1. 53.
16. 46.
18. 5.
2 Ch. 26.16.

q ch. 12. 8.
Ex.33.9,11.

η *That is, God.*

r Ex. 25. 22.

s ver. 7.

t Ex. 25. 37.
40. 25.

u ver. 11, 12.

v ver. 15.

w Ex. 25. 31.

x ver. 5, &c.

y Ex. 25. 18.

z Ex. 25. 40.

a ch. 4. 3.
1Ch 23.3,27

θ *war the warfare.*
1 Co. 9. 7.

b ch. 19. 9,17,
&c.

κ *return from the warfare of the service.*
2 Ti. 4. 7.

c Le. 14. 8, 9.

λ *cause a razor to pass over.*

their flesh, and let them wash their clothes, and *so* make themselves clean.

8 Then let them take a young bullock with his meat-offering,[a] *even* fine flour mingled with oil, and another young bullock shalt thou take for a sin-offering.

9 And[c] thou shalt bring the Levites before the tabernacle of the congregation: and[e] thou shalt gather the whole assembly of the children of Israel together:

10 And thou shalt bring the Levites before the LORD: and the children of Israel shall put[f] their hands upon the Levites:

11 And Aaron shall β offer[g] the Levites before the LORD *for* an γ offering of the children of Israel, that they may execute δ the service of the LORD.

12 And the Levites shall lay their hands upon the heads of the bullocks: and thou shalt offer the one *for* a sin-offering,and the other *for* a burnt-offering, unto the LORD, to make an atonement for the Levites.

13 And thou shalt set the Levites before Aaron, and before his sons, and offer them *for* an offering unto the LORD.

14 Thus shalt thou separate[k] the Levites from among the children of Israel: and the Levites shall be mine.[i]

15 And after that shall the Levites go in to do the service of the tabernacle of the congregation: and thou shalt cleanse them, and offer[k] them *for* an offering.

16 For they *are* wholly given unto me from among the children of Israel; instead[l] of such as open every womb, *even* *instead of* the first-born of all the children of Israel, have I taken them unto me.

17 For all the first-born[m] of the children of Israel *are* mine, *both* man and beast: on the day that I smote every first-born in the land of Egypt I sanctified them for myself.

18 And I have taken the Levites for all the first-born of the children of Israel.

19 And I have given[n] the Levites as ζ a gift to Aaron and to his sons from among the children of Israel, to do the service of the children of Israel in the tabernacle of the congregation, and to make an atonement for the children of Israel: that[p] there be no plague among the children of Israel, when the children of Israel come nigh unto the sanctuary.

20 And Moses, and Aaron, and all the congregation of the children of Israel, did to the Levites according unto all that the LORD commanded Moses concerning the Levites, so did the children of Israel unto them.

21 And the Levites were[s] purified, and they washed their clothes; and Aaron offered[u] them *as* an offering before the LORD; and Aaron made an atonement for them to cleanse them.

22 And after[v] that went the Levites in to do their service in the tabernacle of the congregation before Aaron, and before his sons: as[x] the LORD had commanded Moses concerning the Levites, so did they unto them.

23 And the LORD spake unto Moses, saying,

24 This *is it* that *belongeth* unto the Levites: from[a] twenty and five years old and upward they shall go in to θ wait upon the service of the tabernacle of the congregation:

25 And from the age of fifty years they shall κ cease waiting upon the service *thereof*, and shall serve no more:

20 יִשְׂרָאֵל אֶל־הַקֹּדֶשׁ: וַיַּעַשׂ מֹשֶׁה וְאַהֲרֹן וְכָל־
עֲדַת בְּנֵי־יִשְׂרָאֵל לַלְוִיִּם כְּכֹל אֲשֶׁר־צִוָּה יְהוָֹה אֶת־
21 מֹשֶׁה לַלְוִיִּם כֵּן־עָשׂוּ לָהֶם בְּנֵי יִשְׂרָאֵל: וַיִּתְחַטְּאוּ
הַלְוִיִּם וַיְכַבְּסוּ בִּגְדֵיהֶם וַיָּנֶף אַהֲרֹן אֹתָם תְּנוּפָה
22 לִפְנֵי יְהוָֹה וַיְכַפֵּר עֲלֵיהֶם אַהֲרֹן לְטַהֲרָם: וְאַחֲרֵי־
כֵן בָּאוּ הַלְוִיִּם לַעֲבֹד אֶת־עֲבֹדָתָם בְּאֹהֶל מוֹעֵד
לִפְנֵי אַהֲרֹן וְלִפְנֵי בָנָיו כַּאֲשֶׁר צִוָּה יְהוָֹה אֶת־
23 מֹשֶׁה עַל־הַלְוִיִּם כֵּן עָשׂוּ לָהֶם: ס וַיְדַבֵּר
24 יְהוָֹה אֶל־מֹשֶׁה לֵּאמֹר: זֹאת אֲשֶׁר לַלְוִיִּם מִבֶּן
חָמֵשׁ וְעֶשְׂרִים שָׁנָה וָמַעְלָה יָבוֹא לִצְבֹא צָבָא
25 בַּעֲבֹדַת אֹהֶל מוֹעֵד: וּמִבֶּן חֲמִשִּׁים שָׁנָה יָשׁוּב
26 מִצְּבָא הָעֲבֹדָה וְלֹא יַעֲבֹד עוֹד: וְשֵׁרֵת אֶת־אֶחָיו
בְּאֹהֶל מוֹעֵד לִשְׁמֹר מִשְׁמֶרֶת וַעֲבֹדָה לֹא יַעֲבֹד כָּכָה
תַּעֲשֶׂה לַלְוִיִּם בְּמִשְׁמְרֹתָם: פ

CAP. IX. ט

1 וַיְדַבֵּר יְהוָֹה אֶל־מֹשֶׁה בְמִדְבַּר־סִינַי בַּשָּׁנָה הַשֵּׁנִית
לְצֵאתָם מֵאֶרֶץ מִצְרַיִם בַּחֹדֶשׁ הָרִאשׁוֹן לֵאמֹר:
2 וְיַעֲשׂוּ בְנֵי־יִשְׂרָאֵל אֶת־הַפָּסַח בְּמוֹעֲדוֹ: בְּאַרְבָּעָה
3 עָשָׂר־יוֹם בַּחֹדֶשׁ הַזֶּה בֵּין הָעַרְבַּיִם תַּעֲשׂוּ אֹתוֹ
בְּמֹעֲדוֹ כְּכָל־חֻקֹּתָיו וּכְכָל־מִשְׁפָּטָיו תַּעֲשׂוּ אֹתוֹ:
4 וַיְדַבֵּר מֹשֶׁה אֶל־בְּנֵי יִשְׂרָאֵל לַעֲשֹׂת הַפָּסַח: וַיַּעֲשׂוּ
5 אֶת־הַפֶּסַח בָּרִאשׁוֹן בְּאַרְבָּעָה עָשָׂר יוֹם לַחֹדֶשׁ
בֵּין הָעַרְבַּיִם בְּמִדְבַּר סִינָי כְּכֹל אֲשֶׁר צִוָּה יְהוָֹה
6 אֶת־מֹשֶׁה כֵּן עָשׂוּ בְּנֵי יִשְׂרָאֵל: וַיְהִי אֲנָשִׁים
אֲשֶׁר הָיוּ טְמֵאִים לְנֶפֶשׁ אָדָם וְלֹא־יָכְלוּ לַעֲשֹׂת־
הַפֶּסַח בַּיּוֹם הַהוּא וַיִּקְרְבוּ לִפְנֵי מֹשֶׁה וְלִפְנֵי
7 אַהֲרֹן בַּיּוֹם הַהוּא: וַיֹּאמְרוּ הָאֲנָשִׁים הָהֵמָּה
אֵלָיו אֲנַחְנוּ טְמֵאִים לְנֶפֶשׁ אָדָם לָמָּה נִגָּרַע
לְבִלְתִּי הַקְרִיב אֶת־קָרְבַּן יְהוָֹה בְּמֹעֲדוֹ בְּתוֹךְ בְּנֵי
8 יִשְׂרָאֵל: וַיֹּאמֶר אֲלֵהֶם מֹשֶׁה עִמְדוּ וְאֶשְׁמְעָה
מַה־יְצַוֶּה יְהוָֹה לָכֶם: פ
10 וַיְדַבֵּר יְהוָֹה אֶל־מֹשֶׁה לֵּאמֹר: דַּבֵּר אֶל־בְּנֵי
יִשְׂרָאֵל לֵאמֹר אִישׁ אִישׁ כִּי־יִהְיֶה־טָמֵא לָנֶפֶשׁ
אוֹ בְדֶרֶךְ רְחֹקָה לָכֶם אוֹ לְדֹרֹתֵיכֶם וְעָשָׂה פֶסַח
11 לַיהוָֹה: בַּחֹדֶשׁ הַשֵּׁנִי בְּאַרְבָּעָה עָשָׂר יוֹם בֵּין
הָעַרְבַּיִם יַעֲשׂוּ אֹתוֹ עַל־מַצּוֹת וּמְרֹרִים יֹאכְלֻהוּ:
12 לֹא־יַשְׁאִירוּ מִמֶּנּוּ עַד־בֹּקֶר וְעֶצֶם לֹא יִשְׁבְּרוּ־בוֹ
13 כְּכָל־חֻקַּת הַפֶּסַח יַעֲשׂוּ אֹתוֹ: וְהָאִישׁ אֲשֶׁר־

הוּא טָהוֹר וּבְדֶרֶךְ לֹא־הָיָה וְחָדַל לַעֲשׂוֹת הַפֶּסַח
וְנִכְרְתָה הַנֶּפֶשׁ הַהִוא מֵעַמֶּיהָ כִּי קָרְבַּן יְהוָֹה לֹא
14 הִקְרִיב בְּמֹעֲדוֹ חֶטְאוֹ יִשָּׂא הָאִישׁ הַהוּא: וְכִי־יָגוּר
אִתְּכֶם גֵּר וְעָשָׂה פֶסַח לַיהוָֹה כְּחֻקַּת הַפֶּסַח וּכְמִשְׁפָּטוֹ
כֵּן יַעֲשֶׂה חֻקָּה אַחַת יִהְיֶה לָכֶם וְלַגֵּר
15 וּלְאֶזְרַח הָאָרֶץ: ס וּבְיוֹם הָקִים אֶת־
הַמִּשְׁכָּן כִּסָּה הֶעָנָן אֶת־הַמִּשְׁכָּן לְאֹהֶל הָעֵדֻת
וּבָעֶרֶב יִהְיֶה עַל־הַמִּשְׁכָּן כְּמַרְאֵה־אֵשׁ עַד־בֹּקֶר:
16 כֵּן יִהְיֶה תָמִיד הֶעָנָן יְכַסֶּנּוּ וּמַרְאֵה־אֵשׁ לָיְלָה:
17 וּלְפִי הֵעָלוֹת הֶעָנָן מֵעַל הָאֹהֶל וְאַחֲרֵי כֵן יִסְעוּ
בְּנֵי יִשְׂרָאֵל וּבִמְקוֹם אֲשֶׁר יִשְׁכָּן־שָׁם הֶעָנָן שָׁם
18 יַחֲנוּ בְּנֵי יִשְׂרָאֵל: עַל־פִּי יְהוָֹה יִסְעוּ בְּנֵי יִשְׂרָאֵל
וְעַל־פִּי יְהוָֹה יַחֲנוּ כָּל־יְמֵי אֲשֶׁר יִשְׁכֹּן הֶעָנָן עַל־
19 הַמִּשְׁכָּן יַחֲנוּ: וּבְהַאֲרִיךְ הֶעָנָן עַל־הַמִּשְׁכָּן
יָמִים רַבִּים וְשָׁמְרוּ בְנֵי־יִשְׂרָאֵל אֶת־מִשְׁמֶרֶת
20 יְהוָֹה וְלֹא יִסָּעוּ: וְיֵשׁ אֲשֶׁר יִהְיֶה הֶעָנָן יָמִים
מִסְפָּר עַל־הַמִּשְׁכָּן עַל־פִּי יְהוָֹה יַחֲנוּ וְעַל־פִּי
21 יְהוָֹה יִסָּעוּ: וְיֵשׁ אֲשֶׁר יִהְיֶה הֶעָנָן מֵעֶרֶב עַד־
בֹּקֶר וְנַעֲלָה הֶעָנָן בַּבֹּקֶר וְנָסָעוּ אוֹ יוֹמָם וָלַיְלָה
22 וְנַעֲלָה הֶעָנָן וְנָסָעוּ: אוֹ־יֹמַיִם אוֹ־חֹדֶשׁ אוֹ־יָמִים
בְּהַאֲרִיךְ הֶעָנָן עַל־הַמִּשְׁכָּן לִשְׁכֹּן עָלָיו יַחֲנוּ בְנֵי־
23 יִשְׂרָאֵל וְלֹא יִסָּעוּ וּבְהֵעָלֹתוֹ יִסָּעוּ: עַל־פִּי יְהוָֹה
יַחֲנוּ וְעַל־פִּי יְהוָֹה יִסָּעוּ אֶת־מִשְׁמֶרֶת יְהוָֹה שָׁמָרוּ
עַל־פִּי יְהוָֹה בְּיַד־מֹשֶׁה: פ

CAP. X. י

1 וַיְדַבֵּר יְהוָֹה אֶל־מֹשֶׁה לֵּאמֹר: עֲשֵׂה לְךָ שְׁתֵּי
2 חֲצוֹצְרֹת כֶּסֶף מִקְשָׁה תַּעֲשֶׂה אֹתָם וְהָיוּ לְךָ
3 לְמִקְרָא הָעֵדָה וּלְמַסַּע אֶת־הַמַּחֲנוֹת: וְתָקְעוּ
בָּהֵן וְנוֹעֲדוּ אֵלֶיךָ כָּל־הָעֵדָה אֶל־פֶּתַח אֹהֶל
4 מוֹעֵד: וְאִם־בְּאַחַת יִתְקָעוּ וְנוֹעֲדוּ אֵלֶיךָ
5 הַנְּשִׂיאִים רָאשֵׁי אַלְפֵי יִשְׂרָאֵל: וּתְקַעְתֶּם תְּרוּעָה
6 וְנָסְעוּ הַמַּחֲנוֹת הַחֹנִים קֵדְמָה: וּתְקַעְתֶּם
תְּרוּעָה שֵׁנִית וְנָסְעוּ הַמַּחֲנוֹת הַחֹנִים תֵּימָנָה
7 תְּרוּעָה יִתְקְעוּ לְמַסְעֵיהֶם: וּבְהַקְהִיל אֶת־הַקָּהָל
8 תִּתְקְעוּ וְלֹא תָרִיעוּ: וּבְנֵי אַהֲרֹן הַכֹּהֲנִים יִתְקְעוּ
בַּחֲצֹצְרוֹת וְהָיוּ לָכֶם לְחֻקַּת עוֹלָם לְדֹרֹתֵיכֶם:
9 וְכִי־תָבֹאוּ מִלְחָמָה בְּאַרְצְכֶם עַל־הַצַּר הַצֹּרֵר
אֶתְכֶם וַהֲרֵעֹתֶם בַּחֲצֹצְרֹת וְנִזְכַּרְתֶּם לִפְנֵי יְהוָֹה

26 But shall minister with their brethren in the tabernacle of the congregation, to keep *a* the charge, and shall do no service.*b* Thus shalt thou do unto the Levites touching their charge.

CHAP. IX.

AND the LORD spake unto Moses in the wilderness of Sinai, in the first month of the second year after they were come out of the land of Egypt, saying,

2 Let the children of Israel also keep the passover at his appointed season.*c*

3 In the fourteenth *f* day of this month, at γ even, ye shall keep it in his appointed season: according to all the rites of it, and according to all the ceremonies thereof, shall ye keep it.

4 And Moses spake unto the children of Israel, that they should keep the passover.

5 And *g* they kept the passover on the fourteenth day of the first month, at even, in the wilderness of Sinai: according to all that the LORD commanded Moses, so did the children of Israel.

6 And there were certain men who were defiled *h* by the dead body of a man, that they could not keep the passover on that day: and *k* they came before Moses and before Aaron on that day:

7 And those men said unto him, We *are* defiled by the dead body of a man: wherefore are we kept back, that we may not offer an offering of the LORD in his appointed season among the children of Israel?

8 And Moses said unto them, Stand still, and I will hear what the LORD will command concerning you.

9 And the LORD spake unto Moses, saying,

10 Speak unto the children of Israel, saying, If any man of you or of your posterity shall be unclean by reason of a dead body, or *be* in a journey afar off, yet he shall keep the passover unto the LORD.

11 The fourteenth *p* day of the second month, at even, they shall keep it, *and* eat it with unleavened bread *q* and bitter *herbs*.

12 They shall leave none *r* of it unto the morning, nor break *s* any bone of it: according to all the ordinances of the passover they shall keep it.

13 But the man that *is* clean, and is not in a journey, and forbeareth to keep the passover, even the same soul *y* shall be cut off from among his people: because he brought not the offering of the LORD in his appointed *a* season, that man shall bear *b* his sin.

14 And if a stranger shall sojourn among you, and will keep the passover unto the LORD; according to the ordinance of the passover, and according to the manner thereof, so shall he do: ye shall have one *d* ordinance, both for the stranger, and for him that was born in the land.

15 And on the day that the tabernacle was reared up, the cloud covered *g* the tabernacle, *namely*, the tent of the testimony: and at even *i* there was upon the tabernacle as it were the appearance of fire, until the morning.

16 So it was alway: the cloud *m* covered it *by day*, and the appearance of fire by night.

17 And when *n* the cloud was taken up from the tabernacle, then after that the

[center column references]

B. C. 1490.

a ch. 1. 53.
18. 4.
1 Ch. 23. 32.
Eze.44.8,11
b 1 Ti. 4. 15.
c 1 Co. 10. 1.
β *prolonged.*
d ch. 1. 53.
3. 8.
Zec. 3. 7.
e Ex. 12. 3.
De. 16. 1.
f 2Ch.30.2,15
γ *between the two evenings.*
δ *was.*
g Jos. 5. 10.
h ch. 5. 2.
19.11,16.
Jn⁰. 18.28.
i Ex.40.36,37.
k ch. 27. 2, 5.
Ex.18.15,19
l ver. 19.
m Ps. 77. 20.
n Is. 1. 13.
o Je. 4. 5.
Joel 2. 15.
p ver. 3.
q Ex. 12. 8.
r Ex. 12. 10.
s ch. 1. 16.
Ex. 18. 21.
t Ex. 12. 46.
Jn⁰. 19. 36.
u Joel 2. 1.
x ch. 2. 3.
y Ex. 12. 15.
z ch. 2. 10.
a ver. 7.
b ch. 5. 31.
c ch. 31. 6.
Jos. 6. 4.
1 Ch. 15.24.
2Ch. 13. 12.
d Ex. 12. 49.
e 2 Ch. 13. 14.
f Ju. 2. 18.
10. 8, 12.
Ps. 106. 42.
g Ex. 40. 34.
h Ge. 8. 1.
Ps. 106. 4.
136. 23.
i Ex. 13. 21.
40. 38.
Ne. 9.12,19.
Ps. 78. 14.
k Lu. 1.70,71.
l ch. 29. 1.
Le. 23. 24.
1 Ch. 15.24.
2 Ch. 5. 12.
7. 6.
29. 26.
Ezr. 3. 10.
Ne. 12. 35.
Ps. 81. 3.
89. 15.
m De. 1. 33.
n ch.10.11,33.
Ex. 40. 36..
38.
o Ex. 28. 29.
Ac. 10. 4.

children of Israel journeyed: and in the place where the cloud abode, there the children of Israel pitched their tents.

18 At the commandment of the LORD the children of Israel journeyed, and at the commandment of the LORD they pitched: as long as the cloud abode upon the *e* tabernacle, they rested in their tents.

19 And when the cloud β tarried long upon the tabernacle many days, then the children of Israel kept the charge *d* of the LORD, and journeyed not.

20 And *so* it was, when the cloud was a few days upon the tabernacle; according to the commandment of the LORD they abode in their tents, and according to the commandment of the LORD they journeyed.

21 And *so* it was, when the cloud abode δ from even unto the morning, and *that* the cloud was taken up in the morning, then they journeyed; whether *it was* by day or by night that the cloud was taken up, they journeyed.

22 Or *whether* *it were* two days, or a month, or a year, that the cloud tarried upon the tabernacle, remaining thereon, the children of Israel abode *i* in their tents, and journeyed not: but when it was taken up, they journeyed.

23 At the commandment of the LORD they rested in the tents, and at the commandment of the LORD they journeyed: they kept *l* the charge of the LORD, at the *m* commandment of the LORD by the hand of Moses.

CHAP. X.

AND the LORD spake unto Moses, saying,

2 Make thee two trumpets of silver; of a whole piece shalt thou make them: that thou mayest use them for the calling *n* of the assembly, and for the journeying of the camps.

3 And when they shall blow *o* with them, all the assembly shall assemble themselves to thee at the door of the tabernacle of the congregation.

4 And if they blow *but* with one *trumpet*, then the princes, *which are* heads *s* of the thousands of Israel, shall gather themselves unto thee.

5 When ye blow an alarm,*u* then the camps that lie on the east *x* parts shall go forward.

6 When ye blow an alarm the second time, then the camps that lie on the south *z* side shall take their journey: they shall blow an alarm for their journeys.

7 But when the congregation is to be gathered together, ye shall blow, but ye shall not sound an alarm.

8 And the sons of Aaron, the *c* priests, shall blow with the trumpets; and they shall be to you for an ordinance for ever throughout your generations.

9 And if ye go to war *e* in your land against the enemy that oppresseth *f* you, then ye shall blow an alarm with the trumpets; and ye shall be remembered *h* before the LORD your God, and ye shall be saved *k* from your enemies.

10 Also *i* in the day of your gladness, and in your solemn days, and in the beginnings of your months, ye shall blow with the trumpets over your burnt-offerings, and over the sacrifices of your peace-offerings, that they may be to you for a *o* memorial before your God: I am y*e* LORD your God.

10 וּבְי֣וֹם שִׂמְחַתְכֶ֣ם וּֽבְמוֹעֲדֵיכֶם֮ וּבְרָאשֵׁ֣י חׇדְשֵׁיכֶם֒ וּתְקַעְתֶּ֣ם בַּחֲצֹ֣צְרֹ֗ת עַ֚ל עֹלֹ֣תֵיכֶ֔ם וְעַ֖ל זִבְחֵ֣י שַׁלְמֵיכֶ֑ם וְהָי֨וּ לָכֶ֤ם לְזִכָּרוֹן֙ לִפְנֵ֣י אֱלֹֽהֵיכֶ֔ם אֲנִ֖י יְהֹוָ֥ה אֱלֹהֵיכֶֽם׃ פ

11 וַיְהִ֞י בַּשָּׁנָ֧ה הַשֵּׁנִ֛ית בַּחֹ֥דֶשׁ הַשֵּׁנִ֖י בְּעֶשְׂרִ֣ים בַּחֹ֑דֶשׁ נַעֲלָה֙ הֶֽעָנָ֔ן מֵעַ֖ל מִשְׁכַּ֥ן הָעֵדֻֽת׃

12 וַיִּסְע֧וּ בְנֵֽי־יִשְׂרָאֵ֛ל לְמַסְעֵיהֶ֖ם מִמִּדְבַּ֣ר סִינָ֑י וַיִּשְׁכֹּ֥ן הֶעָנָ֖ן בְּמִדְבַּ֥ר פָּארָֽן׃

13 וַיִּסְע֖וּ בָּרִֽאשֹׁנָ֑ה עַל־פִּ֥י יְהֹוָ֖ה בְּיַד־מֹשֶֽׁה׃

14 וַיִּסַּ֞ע דֶּ֣גֶל מַחֲנֵ֧ה בְנֵֽי־יְהוּדָ֛ה בָּרִֽאשֹׁנָ֖ה לְצִבְאֹתָ֑ם וְעַ֨ל־צְבָא֔וֹ נַחְשׁ֖וֹן בֶּן־עַמִּינָדָֽב׃

15 וְעַ֨ל־צְבָ֔א מַטֵּ֖ה בְּנֵ֣י יִשָׂשכָ֑ר נְתַנְאֵ֖ל בֶּן־צוּעָֽר׃

16 וְעַ֨ל־צְבָ֔א מַטֵּ֖ה בְּנֵ֣י זְבוּלֻ֑ן אֱלִיאָ֖ב בֶּן־חֵלֹֽן׃

17 וְהוּרַ֖ד הַמִּשְׁכָּ֑ן וְנָסְע֤וּ בְנֵֽי־גֵרְשׁוֹן֙ וּבְנֵ֣י מְרָרִ֔י נֹשְׂאֵ֖י הַמִּשְׁכָּֽן׃

18 וְנָסַ֗ע דֶּ֛גֶל מַחֲנֵ֥ה רְאוּבֵ֖ן לְצִבְאֹתָ֑ם וְעַ֨ל־צְבָא֔וֹ אֱלִיצ֖וּר בֶּן־שְׁדֵיאֽוּר׃

19 וְעַ֨ל־צְבָ֔א מַטֵּ֖ה בְּנֵ֣י שִׁמְע֑וֹן שְׁלֻֽמִיאֵ֖ל בֶּן־צוּרִֽישַׁדָּֽי׃

20 וְעַ֨ל־צְבָ֔א מַטֵּ֖ה בְּנֵי־גָ֑ד אֶלְיָסָ֖ף בֶּן־דְּעוּאֵֽל׃

21 וְנָסְעוּ֙ הַקְּהָתִ֔ים נֹשְׂאֵ֖י הַמִּקְדָּ֑שׁ וְהֵקִ֥ימוּ אֶת־הַמִּשְׁכָּ֖ן עַד־בֹּאָֽם׃

22 וְנָסַ֗ע דֶּ֛גֶל מַחֲנֵ֥ה בְנֵֽי־אֶפְרַ֖יִם לְצִבְאֹתָ֑ם וְעַ֨ל־צְבָא֔וֹ אֱלִישָׁמָ֖ע בֶּן־עַמִּיהֽוּד׃

23 וְעַ֨ל־צְבָ֔א מַטֵּ֖ה בְּנֵ֣י מְנַשֶּׁ֑ה גַּמְלִיאֵ֖ל בֶּן־פְּדָהצֽוּר׃

24 וְעַ֨ל־צְבָ֔א מַטֵּ֖ה בְּנֵ֣י בִנְיָמִ֑ן אֲבִידָ֖ן בֶּן־גִּדְעוֹנִֽי׃

25 וְנָסַ֗ע דֶּ֚גֶל מַחֲנֵ֣ה בְנֵי־דָ֔ן מְאַסֵּ֥ף לְכָל־הַֽמַּחֲנֹ֖ת לְצִבְאֹתָ֑ם וְעַ֨ל־צְבָא֔וֹ אֲחִיעֶ֖זֶר בֶּן־עַמִּֽישַׁדָּֽי׃

26 וְעַ֨ל־צְבָ֔א מַטֵּ֖ה בְּנֵ֣י אָשֵׁ֑ר פַּגְעִיאֵ֖ל בֶּן־עׇכְרָֽן׃

27 וְעַ֨ל־צְבָ֔א מַטֵּ֖ה בְּנֵ֣י נַפְתָּלִ֑י אֲחִירַ֖ע בֶּן־עֵינָֽן׃

28 אֵ֛לֶּה מַסְעֵ֥י בְנֵֽי־יִשְׂרָאֵ֖ל לְצִבְאֹתָ֑ם וַיִּסָּֽעוּ׃ ס

29 וַיֹּ֣אמֶר מֹשֶׁ֗ה לְ֠חֹבָ֠ב בֶּן־רְעוּאֵ֣ל הַמִּדְיָנִי֮ חֹתֵ֣ן מֹשֶׁה֒ נֹסְעִ֣ים ׀ אֲנַ֗חְנוּ אֶל־הַמָּקוֹם֙ אֲשֶׁ֣ר אָמַ֣ר יְהֹוָ֔ה אֹת֖וֹ אֶתֵּ֣ן לָכֶ֑ם לְכָ֤ה אִתָּ֙נוּ֙ וְהֵטַ֣בְנוּ לָ֔ךְ כִּֽי־יְהֹוָ֥ה דִּבֶּר־ט֖וֹב עַל־יִשְׂרָאֵֽל׃

30 וַיֹּ֥אמֶר אֵלָ֖יו לֹ֣א אֵלֵ֑ךְ כִּ֧י אִם־אֶל־אַרְצִ֛י וְאֶל־מוֹלַדְתִּ֖י אֵלֵֽךְ׃

31 וַיֹּ֕אמֶר אַל־נָ֖א תַּעֲזֹ֣ב אֹתָ֑נוּ כִּ֣י ׀ עַל־כֵּ֣ן יָדַ֗עְתָּ חֲנֹתֵ֙נוּ֙ בַּמִּדְבָּ֔ר וְהָיִ֥יתָ לָּ֖נוּ לְעֵינָֽיִם׃

32 וְהָיָ֖ה כִּי־תֵלֵ֣ךְ עִמָּ֑נוּ וְהָיָ֣ה ׀ הַטּ֣וֹב הַה֗וּא אֲשֶׁ֨ר יֵיטִ֤יב יְהֹוָה֙ עִמָּ֔נוּ וְהֵטַ֖בְנוּ לָֽךְ׃

33 וַיִּסְעוּ֙ מֵהַ֣ר יְהֹוָ֔ה דֶּ֖רֶךְ שְׁלֹ֣שֶׁת יָמִ֑ים וַאֲר֨וֹן בְּרִית־יְהֹוָ֜ה נֹסֵ֣עַ לִפְנֵיהֶ֗ם דֶּ֚רֶךְ שְׁלֹ֣שֶׁת יָמִ֔ים לָת֥וּר לָהֶ֖ם מְנוּחָֽה׃

34 וַעֲנַ֧ן יְהֹוָ֛ה עֲלֵיהֶ֖ם יוֹמָ֑ם בְּנָסְעָ֖ם מִן־הַֽמַּחֲנֶֽה׃

35 וַיְהִ֛י בִּנְסֹ֥עַ הָאָרֹ֖ן וַיֹּ֣אמֶר מֹשֶׁ֑ה קוּמָ֣ה ׀ יְהֹוָ֗ה וְיָפֻ֙צוּ֙ אֹֽיְבֶ֔יךָ וְיָנֻ֥סוּ מְשַׂנְאֶ֖יךָ מִפָּנֶֽיךָ׃

36 וּבְנֻחֹ֖ה יֹאמַ֑ר שׁוּבָ֣ה יְהֹוָ֔ה רִֽבְב֖וֹת אַלְפֵ֥י יִשְׂרָאֵֽל׃ פ

CAP. XI. א

1 וַיְהִ֤י הָעָם֙ כְּמִתְאֹ֣נְנִ֔ים רַ֖ע בְּאָזְנֵ֣י יְהֹוָ֑ה וַיִּשְׁמַ֤ע יְהֹוָה֙ וַיִּ֣חַר אַפּ֔וֹ וַתִּבְעַר־בָּם֙ אֵ֣שׁ יְהֹוָ֔ה וַתֹּ֖אכַל בִּקְצֵ֥ה הַֽמַּחֲנֶֽה׃

2 וַיִּצְעַ֥ק הָעָ֖ם אֶל־מֹשֶׁ֑ה וַיִּתְפַּלֵּ֤ל מֹשֶׁה֙ אֶל־יְהֹוָ֔ה וַתִּשְׁקַ֖ע הָאֵֽשׁ׃

3 וַיִּקְרָ֛א שֵׁם־הַמָּק֥וֹם הַה֖וּא תַּבְעֵרָ֑ה כִּֽי־בָעֲרָ֥ה בָ֖ם אֵ֥שׁ יְהֹוָֽה׃

4 וְהָֽאסַפְסֻף֙ אֲשֶׁ֣ר בְּקִרְבּ֔וֹ הִתְאַוּ֖וּ תַּאֲוָ֑ה וַיָּשֻׁ֣בוּ וַיִּבְכּ֗וּ גַּ֚ם בְּנֵ֣י יִשְׂרָאֵ֔ל וַיֹּ֣אמְר֔וּ מִ֥י יַאֲכִלֵ֖נוּ בָּשָֽׂר׃

5 זָכַ֙רְנוּ֙ אֶת־הַדָּגָ֔ה אֲשֶׁר־נֹאכַ֥ל בְּמִצְרַ֖יִם חִנָּ֑ם אֵ֣ת הַקִּשֻּׁאִ֗ים וְאֵת֙ הָֽאֲבַטִּחִ֔ים וְאֶת־הֶחָצִ֥יר וְאֶת־הַבְּצָלִ֖ים וְאֶת־הַשּׁוּמִֽים׃

6 וְעַתָּ֛ה נַפְשֵׁ֥נוּ יְבֵשָׁ֖ה אֵ֣ין כֹּ֑ל בִּלְתִּ֖י אֶל־הַמָּ֥ן עֵינֵֽינוּ׃

7 וְהַמָּ֕ן כִּזְרַע־גַּ֖ד ה֑וּא וְעֵינ֖וֹ כְּעֵ֥ין הַבְּדֹֽלַח׃

8 שָׁטוּ֩ הָעָ֨ם וְלָֽקְט֜וּ וְטָחֲנ֣וּ בָרֵחַ֗יִם א֤וֹ דָכוּ֙ בַּמְּדֹכָ֔ה וּבִשְּׁלוּ֙ בַּפָּר֔וּר וְעָשׂ֥וּ אֹת֖וֹ עֻג֑וֹת וְהָיָ֣ה טַעְמ֔וֹ כְּטַ֖עַם לְשַׁ֥ד הַשָּֽׁמֶן׃

9 וּבְרֶ֧דֶת הַטַּ֛ל עַל־הַֽמַּחֲנֶ֖ה לָ֑יְלָה יֵרֵ֥ד הַמָּ֖ן עָלָֽיו׃

10 וַיִּשְׁמַ֨ע מֹשֶׁ֜ה אֶת־הָעָ֗ם בֹּכֶה֙ לְמִשְׁפְּחֹתָ֔יו אִ֖ישׁ לְפֶ֣תַח אׇהֳל֑וֹ וַיִּֽחַר־אַ֤ף יְהֹוָה֙ מְאֹ֔ד וּבְעֵינֵ֥י מֹשֶׁ֖ה רָֽע׃

11 וַיֹּ֨אמֶר מֹשֶׁ֜ה אֶל־יְהֹוָ֗ה לָמָ֤ה הֲרֵעֹ֙תָ֙ לְעַבְדֶּ֔ךָ וְלָ֛מָּה לֹא־מָצָ֥תִי חֵ֖ן בְּעֵינֶ֑יךָ לָשׂ֗וּם אֶת־מַשָּׂ֛א כׇּל־הָעָ֥ם הַזֶּ֖ה עָלָֽי׃

12 הֶאָנֹכִ֣י הָרִ֗יתִי אֵ֚ת כׇּל־הָעָ֣ם הַזֶּ֔ה אִם־אָנֹכִ֖י יְלִדְתִּ֑יהוּ כִּֽי־תֹאמַ֨ר אֵלַ֜י שָׂאֵ֣הוּ בְחֵיקֶ֗ךָ כַּאֲשֶׁ֨ר יִשָּׂ֤א הָאֹמֵן֙ אֶת־הַיֹּנֵ֔ק עַ֚ל הָֽאֲדָמָ֔ה אֲשֶׁ֥ר נִשְׁבַּ֖עְתָּ לַאֲבֹתָֽיו׃

13 מֵאַ֤יִן לִי֙ בָּשָׂ֔ר לָתֵ֖ת לְכׇל־הָעָ֣ם הַזֶּ֑ה כִּֽי־יִבְכּ֤וּ עָלַי֙ לֵאמֹ֔ר תְּנָה־לָּ֥נוּ בָשָׂ֖ר וְנֹאכֵֽלָה׃

14 לֹֽא־אוּכַ֤ל אָנֹכִי֙ לְבַדִּ֔י לָשֵׂ֖את אֶת־כׇּל־הָעָ֣ם הַזֶּ֑ה כִּ֥י כָבֵ֖ד מִמֶּֽנִּי׃

15 וְאִם־כָּ֣כָה ׀ אַתְּ־עֹ֣שֶׂה לִּ֗י הׇרְגֵ֤נִי נָא֙ הָרֹ֔ג אִם־מָצָ֥אתִי חֵ֖ן בְּעֵינֶ֑יךָ וְאַל־אֶרְאֶ֖ה בְּרָעָתִֽי׃ פ

16 וַיֹּ֨אמֶר יְהֹוָ֜ה אֶל־מֹשֶׁ֗ה אֶסְפָה־לִּ֞י שִׁבְעִ֣ים אִישׁ֮ מִזִּקְנֵ֣י יִשְׂרָאֵל֒ אֲשֶׁ֣ר יָדַ֔עְתָּ כִּי־הֵ֛ם זִקְנֵ֥י הָעָ֖ם וְשֹׁטְרָ֑יו וְלָקַחְתָּ֤ אֹתָם֙ אֶל־אֹ֣הֶל מוֹעֵ֔ד וְהִֽתְיַצְּב֥וּ שָׁ֖ם עִמָּֽךְ׃

11 And it came to pass on the twentieth *day* of the second month, in the second year, that the cloud *a* was taken up from off the tabernacle of the testimony.

12 And the children of Israel took their journeys out of the wilderness of Sinai ;*d* and the cloud rested in the wilderness of Paran.*e*

13 And they first took their journey according to the commandment of the LORD *g* by the hand of Moses.

14 In the first *place* went the *h* standard of the camp of the children of Judah according to their armies: and over his host *was* Nahshon the son of Amminadab.

15 And over the host of the tribe of the children of Issachar *was* Nethaneel the son of Zuar.

16 And over the host of the tribe of the children of Zebulun *was* Eliab the son of Helon.

17 And the tabernacle was taken *m* down; and the sons of Gershon & the sons of Merari set forward, bearing *n* the tabernacle.

18 And the standard *b* of the camp of Reuben set forward according to their armies: and over his host *was* Elizur the son of Shedeur.

19 And over the host of the tribe of the children of Simeon *was* Shelumiel the son of Zurishaddai.

20 And over the host of the tribe of *y*e children of Gad *was* Eliasaph the son of Deuel.

21 And the Kohathites set forward, bearing the sanctuary :*r* and λ*the other* did set up the tabernacle against they came.

22 And the standard *t* of the camp of the children of Ephraim set forward according to their armies: and over his host *was* Elishama the son of Ammihud.

23 And over the host of the tribe of the children of Manasseh *was* Gamaliel the son of Pedahzur.

24 And over the host of the tribe of the children of Benjamin *was* Abidan the son of Gideoni.

25 And the standard *w* of the camp of the children of Dan set forward, *which was* the rereward *y* of all the camps throughout their hosts: and over his host *was* Ahiezer the son of Ammishaddai.

26 And over the host of the tribe of the children of Asher *was* Pagiel the son of Ocran.

27 And over the host of the tribe of the children of Naphtali *was* Ahira the son of Enan.

28 Thus *v were* the journeyings of the children of Israel according to their armies, when they set forward.

29 And Moses said unto Hobab, the son of Raguel *c* the Midianite, Moses' father-in-law, We are journeying unto the place of which the LORD said, I*f* will give it you: come thou with us, and we will do thee good: for the LORD hath spoken good *h* concerning Israel.

30 And he said unto him, I will not go; but I will depart to mine own land, and to my kindred.

31 And he said, Leave us not, I pray thee: forasmuch as thou knowest how we are to encamp in the wilderness, and thou mayest be to us instead of eyes.*i*

32 And it shall be, if thou go with us, yea, it shall be, that what goodness the LORD shall do unto us, the same *n* will we do unto thee.

33 And they departed from the *o* mount

B. C. 1490.

a ch.9.17..20.
Ex.40.36 37.
b De. 1. 33.
Jos.3. 3..6.
c Ex. 13. 21.
Ne.9.12,19.
d Ex. 19. 1.
e ch. 12. 16.
f Ps. 68. 1, 2.
132. 8.
g ch. 2. 9..34.
h ch. 2. 3...9.
β *ten thousand thousands.*
De. 1. 10.
i De. 9. 22.
γ *or, were it were complainers.*
δ *it was evil in the ears of.*
k Ps. 78. 21.
l Le. 10. 2.
2 Ki. 1. 12.
m ch. 1. 51.
n ch. 4. 24.
7. 6..8.
ζ *sunk.*
o ch.2.10,16.
η *i.e. a burning.*
p Ex. 12. 38.
θ *lusted a lust.*
κ *returned and wept.*
q 1 Co. 10. 6.
r ch. 4. 4..15.
λ *i.e. the Gershonites and the Merarites.*
ver. 17.
s ch. 21. 5.
t ch. 2. 18,24.
μ *eye of it as the eye.*
u Ge. 2. 12.
v Ex. 16. 31.
w ch. 2.25,31.
x Ex. 16. 14.
y Jos. 6. 9.
Is. 58. 8.
z ver. 1.
Is. 5. 25.
a Ps. 139. 21.
ν *These.*
b Is. 40. 11.
c Ex. 2. 18.
Reuel.
d Is. 49. 23.
1 Th. 2. 7.
e Ge. 13. 15.
26. 3.
f Ge. 12. 7.
ξ Mat. 15. 33.
h Ex. 6. 7, 8.
i Ex. 18. 18.
De. 1. 9..12.
k 1 Ki. 19. 4.
Jon. 4. 3.
l Job 29. 15.
m Ex. 24. 1,9.
n Ju. 1. 16.
4. 11.
o Ex. 3. 1.

of the LORD three days' journey : and the ark of the covenant of the LORD went before *b* them in the three days' journey, to search out a resting-place for them.

34 And the cloud *a* of the LORD *was* upon them by day, when they went out of the camp.

35 And it came to pass, when the ark set forward, that Moses said, Rise*f* up, LORD, and let thine enemies be scattered, and let them that hate thee flee before thee.

36 And when it rested, he said, Return, O LORD, unto the β many thousands of Israel.

CHAP. XI.

AND *z when* the people γ complained, it δ displeased the LORD : and the LORD heard *it ;* and his anger *k* was kindled ; and the fire *l* of the LORD burnt among them, and consumed *them that were* in the uttermost parts of the camp.

2 And the people cried unto Moses ; and when Moses prayed unto the LORD, the fire ζ was quenched.

3 And he called the name of the place Taberah : η because the fire of the LORD burnt among them.

4 And the mixed *p* multitude that *was* among them θ fell a lusting : and the children of Israel also κ wept again, and said, Who *q* shall give us flesh to eat?

5 We remember the fish, which we did eat in Egypt freely ; the cucumbers, and the melons, and the leeks, and the onions, and the garlick :

6 But now *s* our soul *is* dried away : *there is* nothing at all, beside this manna, *before* our eyes.

7 And the manna *was* as coriander seed, and the μ colour thereof as the colour of bdellium.*u*

8 *And* the people went about, and ga thered *it,* and ground *it* in mills, or beat *it* in a mortar, and baked *it* in pans, and made cakes of it: and *v* the taste of it was as the taste of fresh oil.

9 And when the dew *x* fell upon the camp in the night, the manna fell upon it.

10 Then Moses heard the people weep throughout their families, every man in the door of his tent : and the anger of the LORD was kindled *z* greatly ; Moses also was displeased.*a*

11 And Moses said unto the LORD Wherefore hast thou afflicted thy servant? and wherefore have I not found favour in thy sight, that thou layest the burden of all this people upon me ?

12 Have I conceived all this people? have I begotten them, that thou shouldest say unto me, Carry *b* them in thy bosom, as a nursing father *d* beareth the sucking child, unto the land which thou *e* swarest unto their fathers?

13 Whence *g* should I have flesh to give unto all this people? for they weep unto me, saying, Give us flesh, that we may eat.

14 I*i* am not able to bear all this people alone, because *it is* too heavy for me.

15 And if thou deal thus with me,*k* kill me, I pray thee, out of hand, if I have found favour in thy sight; and let me not see my wretchedness.

16 And the LORD said unto Moses, Gather unto me seventy *m* men of the elders of Israel, whom thou knowest to be the elders of the people, and officers over them; and bring them unto the

17 וְיָרַדְתִּ֗י וְדִבַּרְתִּ֣י עִמְּךָ֮ שָׁם֒ וְאָצַלְתִּ֗י מִן־הָר֙וּחַ֙ אֲשֶׁ֣ר עָלֶ֔יךָ וְשַׂמְתִּ֖י עֲלֵיהֶ֑ם וְנָשְׂא֤וּ אִתְּךָ֙ בְּמַשָּׂ֣א הָעָ֔ם וְלֹא־תִשָּׂ֥א אַתָּ֖ה לְבַדֶּֽךָ׃

18 וְאֶל־הָעָ֞ם תֹּאמַ֗ר הִתְקַדְּשׁ֣וּ לְמָחָר֮ וַאֲכַלְתֶּ֣ם בָּשָׂר֒ כִּ֡י בְּכִיתֶם֩ בְּאָזְנֵ֨י יְהוָ֜ה לֵאמֹ֗ר מִ֤י יַאֲכִלֵ֙נוּ֙ בָּשָׂ֔ר כִּי־ט֥וֹב לָ֖נוּ בְּמִצְרָ֑יִם וְנָתַ֨ן יְהוָ֥ה לָכֶ֛ם בָּשָׂ֖ר וַאֲכַלְתֶּֽם׃

19 לֹ֣א י֥וֹם אֶחָ֛ד תֹּאכְל֖וּן וְלֹ֣א יוֹמָ֑יִם וְלֹ֣א ׀ חֲמִשָּׁ֣ה יָמִ֗ים וְלֹא֙ עֲשָׂרָ֣ה יָמִ֔ים וְלֹ֖א עֶשְׂרִ֥ים יֽוֹם׃

20 עַ֣ד ׀ חֹ֣דֶשׁ יָמִ֗ים עַ֤ד אֲשֶׁר־יֵצֵא֙ מֵֽאַפְּכֶ֔ם וְהָיָ֥ה לָכֶ֖ם לְזָרָ֑א יַ֗עַן כִּֽי־מְאַסְתֶּ֣ם אֶת־יְהוָ֗ה אֲשֶׁ֣ר בְּקִרְבְּכֶ֔ם וַתִּבְכּ֤וּ לְפָנָיו֙ לֵאמֹ֔ר לָ֥מָּה זֶּ֖ה יָצָ֥אנוּ מִמִּצְרָֽיִם׃

21 וַיֹּאמֶר֮ מֹשֶׁה֒ שֵׁשׁ־מֵא֥וֹת אֶ֙לֶף֙ רַגְלִ֔י הָעָ֕ם אֲשֶׁ֥ר אָנֹכִ֖י בְּקִרְבּ֑וֹ וְאַתָּ֣ה אָמַ֗רְתָּ בָּשָׂר֙ אֶתֵּ֣ן לָהֶ֔ם וְאָכְל֖וּ חֹ֥דֶשׁ יָמִֽים׃

22 הֲצֹ֧אן וּבָקָ֛ר יִשָּׁחֵ֥ט לָהֶ֖ם וּמָצָ֣א לָהֶ֑ם אִ֣ם אֶֽת־כָּל־דְּגֵ֥י הַיָּ֛ם יֵאָסֵ֥ף לָהֶ֖ם וּמָצָ֥א לָהֶֽם׃ ס

23 וַיֹּ֤אמֶר יְהוָה֙ אֶל־מֹשֶׁ֔ה הֲיַ֥ד יְהוָ֖ה תִּקְצָ֑ר עַתָּ֥ה תִרְאֶ֛ה הֲיִקְרְךָ֥ דְבָרִ֖י אִם־לֹֽא׃

24 וַיֵּצֵ֣א מֹשֶׁ֗ה וַיְדַבֵּר֙ אֶל־הָעָ֔ם אֵ֖ת דִּבְרֵ֣י יְהוָ֑ה וַיֶּאֱסֹ֞ף שִׁבְעִ֥ים אִישׁ֙ מִזִּקְנֵ֣י הָעָ֔ם וַֽיַּעֲמֵ֥ד אֹתָ֖ם סְבִיבֹ֥ת הָאֹֽהֶל׃

25 וַיֵּ֨רֶד יְהוָ֥ה ׀ בֶּעָנָן֮ וַיְדַבֵּ֣ר אֵלָיו֒ וַיָּ֗אצֶל מִן־הָר֙וּחַ֙ אֲשֶׁ֣ר עָלָ֔יו וַיִּתֵּ֕ן עַל־שִׁבְעִ֥ים אִ֖ישׁ הַזְּקֵנִ֑ים וַיְהִ֗י כְּנ֤וֹחַ עֲלֵיהֶם֙ הָר֔וּחַ וַיִּֽתְנַבְּא֖וּ וְלֹ֥א יָסָֽפוּ׃

26 וַיִּשָּׁאֲר֣וּ שְׁנֵֽי־אֲנָשִׁ֣ים ׀ בַּֽמַּחֲנֶ֡ה שֵׁ֣ם הָאֶחָ֣ד ׀ אֶלְדָּ֡ד וְשֵׁם֩ הַשֵּׁנִ֨י מֵידָ֜ד וַתָּ֧נַח עֲלֵיהֶ֣ם הָר֗וּחַ וְהֵ֙מָּה֙ בַּכְּתֻבִ֔ים וְלֹ֥א יָצְא֖וּ הָאֹ֑הֱלָה וַיִּֽתְנַבְּא֖וּ בַּֽמַּחֲנֶֽה׃

27 וַיָּ֣רָץ הַנַּ֔עַר וַיַּגֵּ֥ד לְמֹשֶׁ֖ה וַיֹּאמַ֑ר אֶלְדָּ֣ד וּמֵידָ֔ד מִֽתְנַבְּאִ֖ים בַּֽמַּחֲנֶֽה׃

28 וַיַּ֜עַן יְהוֹשֻׁ֣עַ בִּן־נ֗וּן מְשָׁרֵ֥ת מֹשֶׁ֛ה מִבְּחֻרָ֖יו וַיֹּאמַ֑ר אֲדֹנִ֥י מֹשֶׁ֖ה כְּלָאֵֽם׃

29 וַיֹּ֤אמֶר לוֹ֙ מֹשֶׁ֔ה הַֽמְקַנֵּ֥א אַתָּ֖ה לִ֑י וּמִ֨י יִתֵּ֜ן כָּל־עַ֤ם יְהוָה֙ נְבִיאִ֔ים כִּי־יִתֵּ֧ן יְהוָ֛ה אֶת־רוּח֖וֹ עֲלֵיהֶֽם׃

30 וַיֵּאָסֵ֥ף מֹשֶׁ֖ה אֶל־הַֽמַּחֲנֶ֑ה ה֖וּא וְזִקְנֵ֥י יִשְׂרָאֵֽל׃

31 וְר֜וּחַ נָסַ֣ע ׀ מֵאֵ֣ת יְהוָ֗ה וַיָּ֣גָז שַׂלְוִים֮ מִן־הַיָּם֒ וַיִּטֹּ֨שׁ עַל־הַֽמַּחֲנֶ֜ה כְּדֶ֧רֶךְ י֣וֹם כֹּ֗ה וּכְדֶ֤רֶךְ יוֹם֙ כֹּ֔ה סְבִיב֖וֹת הַֽמַּחֲנֶ֑ה וּכְאַמָּתַ֖יִם עַל־פְּנֵ֥י הָאָֽרֶץ׃

32 וַיָּ֣קָם הָעָ֡ם כָּל־הַיּוֹם֩ הַה֨וּא וְכָל־הַלַּ֜יְלָה וְכֹ֣ל ׀ י֣וֹם הַֽמָּחֳרָ֗ת וַיַּֽאַסְפוּ֙ אֶת־הַשְּׂלָ֔ו הַמַּמְעִ֕יט אָסַ֖ף עֲשָׂרָ֣ה חֳמָרִ֑ים וַיִּשְׁטְח֤וּ לָהֶם֙ שָׁט֔וֹחַ סְבִיב֖וֹת הַֽמַּחֲנֶֽה׃

33 הַבָּשָׂ֗ר עוֹדֶ֙נּוּ֙ בֵּ֣ין שִׁנֵּיהֶ֔ם טֶ֖רֶם יִכָּרֵ֑ת וְאַ֤ף יְהוָה֙ חָרָ֣ה בָעָ֔ם וַיַּ֤ךְ יְהוָה֙ בָּעָ֔ם מַכָּ֖ה רַבָּ֥ה מְאֹֽד׃

34 וַיִּקְרָ֛א אֶת־שֵֽׁם־הַמָּק֥וֹם הַה֖וּא קִבְר֣וֹת הַֽתַּאֲוָ֑ה כִּי־שָׁם֙ קָֽבְר֔וּ אֶת־הָעָ֖ם הַמִּתְאַוִּֽים׃

35 מִקִּבְר֧וֹת הַֽתַּאֲוָ֛ה נָסְע֥וּ הָעָ֖ם חֲצֵר֑וֹת וַיִּהְי֖וּ בַּחֲצֵרֽוֹת׃ ס

CAP. XII. יב

1 וַתְּדַבֵּ֨ר מִרְיָ֤ם וְאַהֲרֹן֙ בְּמֹשֶׁ֔ה עַל־אֹד֛וֹת הָאִשָּׁ֥ה הַכֻּשִׁ֖ית אֲשֶׁ֣ר לָקָ֑ח כִּֽי־אִשָּׁ֥ה כֻשִׁ֖ית לָקָֽח׃

2 וַיֹּאמְר֗וּ הֲרַ֤ק אַךְ־בְּמֹשֶׁה֙ דִּבֶּ֣ר יְהוָ֔ה הֲלֹ֖א גַּם־בָּ֣נוּ דִבֵּ֑ר וַיִּשְׁמַ֖ע יְהוָֽה׃

3 וְהָאִ֥ישׁ מֹשֶׁ֖ה עָנָ֣יו מְאֹ֑ד מִכֹּל֙ הָֽאָדָ֔ם אֲשֶׁ֖ר עַל־פְּנֵ֥י הָאֲדָמָֽה׃ ס

4 וַיֹּ֨אמֶר יְהוָ֜ה פִּתְאֹ֗ם אֶל־מֹשֶׁ֤ה וְאֶֽל־אַהֲרֹן֙ וְאֶל־מִרְיָ֔ם צְא֥וּ שְׁלָשְׁתְּכֶ֖ם אֶל־אֹ֣הֶל מוֹעֵ֑ד וַיֵּצְא֖וּ שְׁלָשְׁתָּֽם׃

5 וַיֵּ֤רֶד יְהוָה֙ בְּעַמּ֣וּד עָנָ֔ן וַֽיַּעֲמֹ֖ד פֶּ֣תַח הָאֹ֑הֶל וַיִּקְרָא֙ אַהֲרֹ֣ן וּמִרְיָ֔ם וַיֵּצְא֖וּ שְׁנֵיהֶֽם׃

6 וַיֹּ֖אמֶר שִׁמְעוּ־נָ֣א דְבָרָ֑י אִם־יִֽהְיֶה֙ נְבִ֣יאֲכֶ֔ם יְהוָ֗ה בַּמַּרְאָה֙ אֵלָ֣יו אֶתְוַדָּ֔ע בַּחֲל֖וֹם אֲדַבֶּר־בּֽוֹ׃

7 לֹא־כֵ֖ן עַבְדִּ֣י מֹשֶׁ֑ה בְּכָל־בֵּיתִ֖י נֶאֱמָ֥ן הֽוּא׃

8 פֶּ֣ה אֶל־פֶּ֞ה אֲדַבֶּר־בּ֗וֹ וּמַרְאֶה֙ וְלֹ֣א בְחִידֹ֔ת וּתְמֻנַ֥ת יְהוָ֖ה יַבִּ֑יט וּמַדּ֙וּעַ֙ לֹ֣א יְרֵאתֶ֔ם לְדַבֵּ֖ר בְּעַבְדִּ֥י בְמֹשֶֽׁה׃

9 וַיִּֽחַר־אַ֧ף יְהוָ֛ה בָּ֖ם וַיֵּלַֽךְ׃

10 וְהֶעָנָ֗ן סָ֚ר מֵעַ֣ל הָאֹ֔הֶל וְהִנֵּ֥ה מִרְיָ֖ם מְצֹרַ֣עַת כַּשָּׁ֑לֶג וַיִּ֧פֶן אַהֲרֹ֛ן אֶל־מִרְיָ֖ם וְהִנֵּ֥ה מְצֹרָֽעַת׃

11 וַיֹּ֥אמֶר אַהֲרֹ֖ן אֶל־מֹשֶׁ֑ה בִּ֣י אֲדֹנִ֔י אַל־נָ֨א תָשֵׁ֤ת עָלֵ֙ינוּ֙ חַטָּ֔את אֲשֶׁ֥ר נוֹאַ֖לְנוּ וַאֲשֶׁ֥ר חָטָֽאנוּ׃

12 אַל־נָ֥א תְהִ֖י כַּמֵּ֑ת אֲשֶׁ֤ר בְּצֵאתוֹ֙ מֵרֶ֣חֶם אִמּ֔וֹ וַיֵּאָכֵ֖ל חֲצִ֥י בְשָׂרֽוֹ׃

13 וַיִּצְעַ֣ק מֹשֶׁ֔ה אֶל־יְהוָ֖ה לֵאמֹ֑ר אֵ֕ל נָ֛א רְפָ֥א נָ֖א לָֽהּ׃ פ

14 וַיֹּ֨אמֶר יְהוָ֜ה אֶל־מֹשֶׁ֗ה וְאָבִ֙יהָ֙ יָרֹ֤ק יָרַק֙ בְּפָנֶ֔יהָ הֲלֹ֥א תִכָּלֵ֖ם שִׁבְעַ֣ת יָמִ֑ים תִּסָּגֵ֞ר שִׁבְעַ֤ת יָמִים֙ מִח֣וּץ לַֽמַּחֲנֶ֔ה וְאַחַ֖ר תֵּאָסֵֽף׃

15 וַתִּסָּגֵ֥ר מִרְיָ֛ם מִח֥וּץ לַֽמַּחֲנֶ֖ה שִׁבְעַ֣ת יָמִ֑ים וְהָעָם֙ לֹ֣א נָסַ֔ע עַד־הֵאָסֵ֖ף מִרְיָֽם׃

16 וְאַחַ֛ר נָסְע֥וּ הָעָ֖ם מֵחֲצֵר֑וֹת וַֽיַּחֲנ֖וּ בְּמִדְבַּ֥ר פָּארָֽן׃ פ פ פ

לז CAP. XIII. יג

1 וַיְדַבֵּ֥ר יְהוָ֖ה אֶל־מֹשֶׁ֥ה לֵּאמֹֽר׃

2 שְׁלַח־לְךָ֣ אֲנָשִׁ֗ים וְיָתֻ֙רוּ֙ אֶת־אֶ֣רֶץ כְּנַ֔עַן אֲשֶׁר־אֲנִ֥י נֹתֵ֖ן לִבְנֵ֣י יִשְׂרָאֵ֑ל אִ֣ישׁ אֶחָד֩ אִ֨ישׁ אֶחָ֜ד לְמַטֵּ֤ה אֲבֹתָיו֙ תִּשְׁלָ֔חוּ

tabernacle of the congregation, that they may stand there with thee.

17 And *a* I will come down and talk with thee there: and I will take of the spirit *c* which *is* upon thee, and will put *it* upon them; and they shall bear the burden of the people with thee, that thou bear *it* not thyself alone.

18 And say thou unto the people, Sanctify *d* yourselves against to-morrow, and ye shall eat flesh: for ye have wept in the ears *f* of the LORD, saying, Who *g* shall give us flesh to eat? for *it was* well with us in Egypt: therefore the LORD will give you flesh, and ye shall eat.

19 Ye shall not eat one day, nor two days, nor five days, neither ten days, nor twenty days;

20 *But* even a *η* whole month, *i* until it come out at your nostrils, and it be loathsome unto you: because that ye have despised the LORD which *is* among you, and have wept before him, saying, Why came we forth out of Egypt?

21 And Moses said, The people, among whom I *am, are* six hundred *m* thousand footmen; and thou hast said, I will give them flesh, that they may eat a whole month.

22 Shall *o* the flocks and the herds be slain for them, to suffice them? or shall all the fish of the sea be gathered together for them, to suffice them?

23 And the LORD said unto Moses, Is *q* the LORD's hand waxed short? thou shalt see now whether *r* my word shall come to pass unto thee or not.

24 And Moses went out, and told the people the words of the LORD, and gathered the seventy men of the elders of the people, and set them round about the tabernacle.

25 And the LORD came down *s* in a cloud, and spake unto him, and took of the spirit that *was* upon him, and gave *it* unto the seventy elders: and it came to pass, *that,* when *s* the spirit rested upon them, they prophesied, and did not cease.

26 But there remained two *of the* men in the camp, the name of the one *was* Eldad, and the name of the other Medad: and the spirit rested upon them; and they *were* of them that were written, but went not out unto the tabernacle: and *b* they prophesied in the camp.

27 And there ran a young man, and told Moses, and said, Eldad and Medad do prophesy in the camp.

28 And Joshua the son of Nun, the servant of Moses, *one* of his young men, answered and said, My lord Moses, forbid *d* them.

29 And Moses said unto him, Enviest thou for my sake? Would *f* God that all the LORD's people were prophets,*and* that the LORD would put his spirit upon them!

30 And Moses gat him into the camp, he and the elders of Israel.

31 And there went forth a wind from the LORD, and brought *h* quails from the sea, and let *them* fall by the camp, as it were *θ* a day's journey on this side, and as it were a day's journey on the other side, round about the camp, and as it were two cubits *high* upon the face of the earth.

32 And the people stood up all that day, and all *that* night, and all the next day, and they gathered the quails: he that gathered least gathered ten *k* homers:

B. C. 1490.

a ver. 25.
Ge. 11. 5.
      18. 21.
Ex. 19. 20.
b Ps.78.30,31.
c 2 Ki. 2.9,15.
Is. 44. 3.
Joel 2. 28.

β That is,
*The graves
of lust.*
De. 9. 22.

d Ex. 19. 10.
e ch. 33. 17.
f Ex. 16. 7.
g ver. 4, 5.

γ *they were
in.*
δ or, *Cushite.*
h Ex. 2. 21.
ζ taken.
*η month of
days.*
i Ps. 78. 29.
     106. 15.
k Ex. 15. 20.
Mi. 6. 4.
l ch. 11. 1.
Ps. 94. 7..9.
Is. 37. 4.
Eze. 35. 12,
      13.
m ch. 1. 46.
Ex. 12. 37.
n Ps. 76. 9.
o 2 Ki. 7. 2.
Mar. 8. 4.
Jnº. 6. 7, 9.
p ch. 11. 25.
q Is. 50. 2.
     59. 1.
r Eze. 12. 25.
      24. 14.
s Ge. 15. 1.
      46. 2.
Job 33. 15.
Eze. 1. 1.
Lu.1.11,22.
Ac.10.11,17
t Ge. 31. 11.
1 Ki. 3. 5.
Job 33. 15.
u He. 3. 2, 5.
v 1 Ti. 3. 15.
1 Pe. 2. 4,5.
w Ex. 33. 11.
De. 34. 10.
x ver. 17.
y 2 Pe. 2. 10.
z 1 Sa. 10. 5,
      6,&c.
a De. 24. 9.
2 Ki.5. 27.
2 Ch. 26.
     19..21.
b Je. 36. 5, 6.
c 2 Sa. 24. 10.
Pr. 30. 32.
d Lu. 9. 49.
Jnº. 3. 26.
e Ja. 5. 15.
f 1 Co. 14. 5.
g Le. 13. 46.
h Ex. 16. 13.
Ps.78 26..29.
     105. 40.
*θ the way of
a day.*
i ch. 32. 8.
k Ex. 16. 36.

---

and they spread *them* all abroad for themselves round about the camp.

33 And while *b* the flesh *was* yet between their teeth, ere it was chewed, the wrath of the LORD was kindled against the people, and the LORD smote the people with a very great plague.

34 And he called the name of that place Kibroth-hattaavah: *β* because there they buried the people that lusted.

35 *And* the people journeyed *e* from Kibroth-hattaavah unto Hazeroth; and abode *γ* at Hazeroth.

CHAP. XII.

AND Miriam and Aaron spake against Moses because of the *δ* Ethiopian woman whom he had married: for he *h* had married *ζ* an Ethiopian woman.

2 And they said, Hath the LORD indeed spoken only by Moses? hath he not spoken *k* also by us? And the LORD heard *l* it.

3 (Now the man Moses *was* very meek, above all the men which *were* upon the face of the earth.)

4 And *n* the LORD spake suddenly unto Moses, and unto Aaron, and unto Miriam, Come out ye three unto the tabernacle of the congregation. And they three came out.

5 And the LORD came down *p* in the pillar of the cloud, and stood *in* the door of the tabernacle, and called Aaron and Miriam: and they both came forth.

6 And he said, Hear now my words: If there be a prophet among you, *I* the LORD will make myself known unto him in a vision,*s* *and* will speak unto him in a *t* dream.

7 My servant Moses *is* not so, who *is* faithful *u* in all mine house."

8 With him will I speak mouth *w* to mouth, even apparently,*and* not in dark speeches; and the similitude of the LORD shall he behold: wherefore then were ye not *y* afraid to speak against my servant Moses?

9 And the anger of the LORD was kindled against them; and he departed.

10 And the cloud departed from off the tabernacle; and, behold, Miriam *became* leprous,*a* *white* as snow; and Aaron looked upon Miriam, and, behold, *she was* leprous.

11 And Aaron said unto Moses, Alas, my lord, I beseech thee, lay not the sin upon us, wherein we have done foolishly,*c* and wherein we have sinned.

12 Let her not be as one dead, of whom the flesh is half consumed when he cometh out of his mother's womb.

13 And Moses cried unto the LORD,saying, Heal *e* her now, O God, I beseech thee.

14 And the LORD said unto Moses, If her father had but spit in her face, should she not be ashamed seven days? let her be shut out *g* from the camp seven days, and after that let her be received in *again.*

15 And Miriam was shut out from the camp seven days: and the people journeyed not till Miriam was brought in *again.*

16 And afterward the people removed from Hazeroth, and pitched in the wilderness of Paran.

CHAP. XIII.

AND ye *e* LORD spake unto Moses,saying,

2 Send *i* thou men, that they may search the land of Canaan, which I give unto the children of Israel: of every tribe of their fathers shall ye send a man, every

כָּל נָשִׂיא בָהֶם : וַיִּשְׁלַח אֹתָם מֹשֶׁה מִמִּדְבַּר 3
פָּארָן עַל־פִּי יְהֹוָה כֻּלָּם אֲנָשִׁים רָאשֵׁי בְנֵי־
יִשְׂרָאֵל הֵמָּה : וְאֵלֶּה שְׁמוֹתָם לְמַטֵּה רְאוּבֵן 4
שַׁמּוּעַ בֶּן־זַכּוּר : לְמַטֵּה שִׁמְעוֹן שָׁפָט בֶּן־חוֹרִי : 5
לְמַטֵּה יְהוּדָה כָּלֵב בֶּן־יְפֻנֶּה : לְמַטֵּה יִשָּׂשׂכָר 6,7
יִגְאָל בֶּן־יוֹסֵף : לְמַטֵּה אֶפְרָיִם הוֹשֵׁעַ בִּן־נוּן : 8
לְמַטֵּה בִנְיָמִן פַּלְטִי בֶּן־רָפוּא : לְמַטֵּה זְבוּלֻן גַּדִּיאֵל 9,10
בֶּן־סוֹדִי : לְמַטֵּה יוֹסֵף לְמַטֵּה מְנַשֶּׁה גַּדִּי בֶּן־ 11
סוּסִי : לְמַטֵּה דָן עַמִּיאֵל בֶּן־גְּמַלִּי : לְמַטֵּה אָשֵׁר 12,13
סְתוּר בֶּן־מִיכָאֵל : לְמַטֵּה נַפְתָּלִי נַחְבִּי בֶּן־ 14
וָפְסִי : לְמַטֵּה גָד גְּאוּאֵל בֶּן־מָכִי : אֵלֶּה 15,16
שְׁמוֹת הָאֲנָשִׁים אֲשֶׁר־שָׁלַח מֹשֶׁה לָתוּר אֶת־
הָאָרֶץ וַיִּקְרָא מֹשֶׁה לְהוֹשֵׁעַ בִּן־נוּן יְהוֹשֻׁעַ :
וַיִּשְׁלַח אֹתָם מֹשֶׁה לָתוּר אֶת־אֶרֶץ כְּנָעַן וַיֹּאמֶר 17
אֲלֵהֶם עֲלוּ זֶה בַּנֶּגֶב וַעֲלִיתֶם אֶת־הָהָר : וּרְאִיתֶם 18
אֶת־הָאָרֶץ מַה־הִוא וְאֶת־הָעָם הַיֹּשֵׁב עָלֶיהָ
הֶחָזָק הוּא הֲרָפֶה הַמְעַט הוּא אִם־רָב : וּמָה 19
הָאָרֶץ אֲשֶׁר־הוּא יֹשֵׁב בָּהּ הֲטוֹבָה הִוא אִם־רָעָה
וּמָה הֶעָרִים אֲשֶׁר־הוּא יוֹשֵׁב בָּהֵנָּה הַבְּמַחֲנִים
אִם בְּמִבְצָרִים : וּמָה הָאָרֶץ הַשְּׁמֵנָה הִוא אִם־ 20
רָזָה הֲיֵשׁ־בָּהּ עֵץ אִם־אַיִן וְהִתְחַזַּקְתֶּם וּלְקַחְתֶּם
מִפְּרִי הָאָרֶץ וְהַיָּמִים יְמֵי בִּכּוּרֵי עֲנָבִים : וַיַּעֲלוּ 21
וַיָּתֻרוּ אֶת־הָאָרֶץ מִמִּדְבַּר־צִן עַד־רְחֹב לְבֹא חֲמָת :
וַיַּעֲלוּ בַנֶּגֶב וַיָּבֹא עַד־חֶבְרוֹן וְשָׁם אֲחִימָן שֵׁשַׁי 22
וְתַלְמַי יְלִידֵי הָעֲנָק וְחֶבְרוֹן שֶׁבַע שָׁנִים נִבְנְתָה
לִפְנֵי צֹעַן מִצְרָיִם : וַיָּבֹאוּ עַד־נַחַל אֶשְׁכֹּל וַיִּכְרְתוּ 23
מִשָּׁם זְמוֹרָה וְאֶשְׁכּוֹל עֲנָבִים אֶחָד וַיִּשָּׂאֻהוּ בַמּוֹט
בִּשְׁנָיִם וּמִן־הָרִמֹּנִים וּמִן־הַתְּאֵנִים : לַמָּקוֹם 24
הַהוּא קָרָא נַחַל אֶשְׁכּוֹל עַל אֹדוֹת הָאֶשְׁכּוֹל אֲשֶׁר־
כָּרְתוּ מִשָּׁם בְּנֵי יִשְׂרָאֵל : וַיָּשֻׁבוּ מִתּוּר הָאָרֶץ 25
מִקֵּץ אַרְבָּעִים יוֹם : וַיֵּלְכוּ וַיָּבֹאוּ אֶל־מֹשֶׁה וְאֶל־ 26
אַהֲרֹן וְאֶל־כָּל־עֲדַת בְּנֵי־יִשְׂרָאֵל אֶל־מִדְבַּר פָּארָן
קָדֵשָׁה וַיָּשִׁיבוּ אֹתָם דָּבָר וְאֶת־כָּל־הָעֵדָה וַיַּרְאוּם
אֶת־פְּרִי הָאָרֶץ : וַיְסַפְּרוּ־לוֹ וַיֹּאמְרוּ בָּאנוּ אֶל־ 27
הָאָרֶץ אֲשֶׁר שְׁלַחְתָּנוּ וְגַם זָבַת חָלָב וּדְבַשׁ הִוא
וְזֶה־פִּרְיָהּ : אֶפֶס כִּי־עַז הָעָם הַיֹּשֵׁב בָּאָרֶץ 28
וְהֶעָרִים בְּצֻרוֹת גְּדֹלֹת מְאֹד וְגַם־יְלִדֵי הָעֲנָק רָאִינוּ

עֲמָלֵק יוֹשֵׁב בְּאֶרֶץ הַנֶּגֶב וְהַחִתִּי וְהַיְבוּסִי 29
וְהָאֱמֹרִי יוֹשֵׁב בָּהָר וְהַכְּנַעֲנִי יֹשֵׁב עַל־הַיָּם וְעַל
יַד הַיַּרְדֵּן : וַיַּהַס כָּלֵב אֶת־הָעָם אֶל־מֹשֶׁה 30
וַיֹּאמֶר עָלֹה נַעֲלֶה וְיָרַשְׁנוּ אֹתָהּ כִּי־יָכוֹל נוּכַל לָהּ :
וְהָאֲנָשִׁים אֲשֶׁר־עָלוּ עִמּוֹ אָמְרוּ לֹא נוּכַל לַעֲלוֹת 31
אֶל־הָעָם כִּי־חָזָק הוּא מִמֶּנּוּ : וַיֹּצִיאוּ דִּבַּת הָאָרֶץ 32
אֲשֶׁר תָּרוּ אֹתָהּ אֶל־בְּנֵי יִשְׂרָאֵל לֵאמֹר הָאָרֶץ
אֲשֶׁר עָבַרְנוּ בָהּ לָתוּר אֹתָהּ אֶרֶץ אֹכֶלֶת יוֹשְׁבֶיהָ
הִוא וְכָל־הָעָם אֲשֶׁר־רָאִינוּ בְתוֹכָהּ אַנְשֵׁי מִדּוֹת :
וְשָׁם רָאִינוּ אֶת־הַנְּפִילִים בְּנֵי עֲנָק מִן־הַנְּפִלִים 33
וַנְּהִי בְעֵינֵינוּ כַּחֲגָבִים וְכֵן הָיִינוּ בְּעֵינֵיהֶם :

CAP. XIV. יד

וַתִּשָּׂא כָּל־הָעֵדָה וַיִּתְּנוּ אֶת־קוֹלָם וַיִּבְכּוּ הָעָם 1
בַּלַּיְלָה הַהוּא : וַיִּלֹּנוּ עַל־מֹשֶׁה וְעַל־אַהֲרֹן כֹּל 2
בְּנֵי יִשְׂרָאֵל וַיֹּאמְרוּ אֲלֵהֶם כָּל־הָעֵדָה לוּ־מַתְנוּ
בְּאֶרֶץ מִצְרַיִם אוֹ בַּמִּדְבָּר הַזֶּה לוּ־מָתְנוּ : וְלָמָה 3
יְהֹוָה מֵבִיא אֹתָנוּ אֶל־הָאָרֶץ הַזֹּאת לִנְפֹּל בַּחֶרֶב
נָשֵׁינוּ וְטַפֵּנוּ יִהְיוּ לָבַז הֲלוֹא טוֹב לָנוּ שׁוּב
מִצְרָיְמָה : וַיֹּאמְרוּ אִישׁ אֶל־אָחִיו נִתְּנָה רֹאשׁ 4
וְנָשׁוּבָה מִצְרָיְמָה : וַיִּפֹּל מֹשֶׁה וְאַהֲרֹן עַל־פְּנֵיהֶם 5
לִפְנֵי כָּל־קְהַל עֲדַת בְּנֵי יִשְׂרָאֵל : וִיהוֹשֻׁעַ בִּן־נוּן 6
וְכָלֵב בֶּן־יְפֻנֶּה מִן־הַתָּרִים אֶת־הָאָרֶץ קָרְעוּ
בִּגְדֵיהֶם : וַיֹּאמְרוּ אֶל־כָּל־עֲדַת בְּנֵי־יִשְׂרָאֵל לֵאמֹר 7
הָאָרֶץ אֲשֶׁר עָבַרְנוּ בָהּ לָתוּר אֹתָהּ טוֹבָה הָאָרֶץ
מְאֹד מְאֹד : אִם־חָפֵץ בָּנוּ יְהֹוָה וְהֵבִיא אֹתָנוּ 8
אֶל־הָאָרֶץ הַזֹּאת וּנְתָנָהּ לָנוּ אֶרֶץ אֲשֶׁר־הִוא זָבַת
חָלָב וּדְבָשׁ : אַךְ בַּיהֹוָה אַל־תִּמְרֹדוּ וְאַתֶּם אַל־ 9
תִּירְאוּ אֶת־עַם הָאָרֶץ כִּי לַחְמֵנוּ הֵם סָר צִלָּם
מֵעֲלֵיהֶם וַיהֹוָה אִתָּנוּ אַל־תִּירָאֻם : וַיֹּאמְרוּ כָּל־ 10
הָעֵדָה לִרְגּוֹם אֹתָם בָּאֲבָנִים וּכְבוֹד יְהֹוָה נִרְאָה
בְּאֹהֶל מוֹעֵד אֶל־כָּל־בְּנֵי יִשְׂרָאֵל :
פ

וַיֹּאמֶר יְהֹוָה אֶל־מֹשֶׁה עַד־אָנָה יְנַאֲצֻנִי הָעָם הַזֶּה 11
וְעַד־אָנָה לֹא־יַאֲמִינוּ בִי בְּכֹל הָאֹתוֹת אֲשֶׁר
עָשִׂיתִי בְּקִרְבּוֹ : אַכֶּנּוּ בַדֶּבֶר וְאוֹרִשֶׁנּוּ וְאֶעֱשֶׂה 12
אֹתְךָ לְגוֹי־גָדוֹל וְעָצוּם מִמֶּנּוּ : וַיֹּאמֶר מֹשֶׁה אֶל־ 13
יְהֹוָה וְשָׁמְעוּ מִצְרַיִם כִּי־הֶעֱלִיתָ בְכֹחֲךָ אֶת־
הָעָם הַזֶּה מִקִּרְבּוֹ : וְאָמְרוּ אֶל־יוֹשֵׁב הָאָרֶץ הַזֹּאת 14

one a ruler among them.

3 And Moses by the commandment of the LORD sent them[a] from the wilderness of Paran: all those men were heads of the children of Israel.

4 And these were their names: of the tribe of Reuben, Shammua the son of Zaccur.

5 Of the tribe of Simeon, Shaphat the son of Hori.

6 Of the tribe of Judah, Caleb the son of Jephunneh.

7 Of the tribe of Issachar, Igal the son of Joseph.

8 Of the tribe of Ephraim, Oshea[f] the son of Nun.

9 Of the tribe of Benjamin, Palti the son of Raphu.

10 Of the tribe of Zebulun, Gaddiel the son of Sodi.

11 Of the tribe of Joseph, namely, of the tribe of Manasseh, Gaddi the son of Susi.

12 Of the tribe of Dan, Ammiel the son of Gemalli.

13 Of the tribe of Asher, Sethur the son of Michael.

14 Of the tribe of Naphtali, Nahbi the son of Vophsi.

15 Of the tribe of Gad, Geuel the son of Machi.

16 These are the names of the men which Moses sent to spy out the land. And Moses called Oshea the son of Nun, Jehoshua.[n]

17 And Moses sent them to spy out the land of Canaan, and said unto them, Get you up this way southward,[o] and go up into the mountain:[p]

18 And see the land, what it is; and the people that dwelleth therein, whether they be strong or weak, few or many;

19 And what the land is that they dwell in, whether it be good or bad; and what cities they be that they dwell in, whether in tents, or in strong holds;

20 And what the land is, whether it be fat[r] or lean, whether there be wood therein or not: and be ye of good courage,[t] and bring of the fruit of the land. Now the time was the time of the first ripe grapes.

21 So they went up, and searched the land, from the wilderness of Zin[u] unto Rehob,[w] as men come to Hamath.

22 And they ascended by the south, and came unto Hebron, where Ahiman, Sheshai, and Talmai, the children of[x] Anak, were. (Now Hebron[z] was built seven years before Zoan[a] in Egypt.)

23 And they came unto the γ brook of Eshcol,[δ] & cut down from thence a branch with one cluster of grapes, and they bare it between two upon a staff; and they brought of the pomegranates, and of the figs.

24 The place was called the γ brook Eshcol, δ because of the cluster of grapes which the children of Israel cut down from thence.

25 And they returned from searching of the land after forty days.

26 And they went and came to Moses, and to Aaron, and to all the congregation of the children of Israel, unto the wilderness of Paran, to Kadesh;[m] & brought back word unto them, and unto all the congregation, and shewed them the fruit of the land.

27 And they told him, and said, We came unto the land whither thou sentest us, and surely it floweth[p] with milk and honey; and this[r] is the fruit of it.

28 Nevertheless the people[s] be strong

B. C. 1490.

a De. 1. 23.
b ver. 33.
c ch. 14. 43.
  Ex. 17. 8.
d Jos. 14. 7, 8.
e Ro. 8. 37.
f ver. 16.
g De. 1. 28.
β statures.
h De. 9. 2.
i ver. 22.
k Is. 40. 22.
l ch. 11. 4.
m Ps. 106. 24, 25
n ver. 8.
  Ex. 17. 9.
o ver. 22.
p Ge. 14. 10.
  De. 1. 24.
  Ju. 1. 9, 19.
q De. 17. 16.
  Ne. 9. 17.
  Ac. 7. 39.
r Ne. 9. 25, 35.
  Eze. 34. 14.
s ch. 16. 4, 22.
t De. 31. 6, 7, 23
u ver. 30, 38.
v Jos. 15. 1.
w Jos. 19. 28.
x Jos. 11. 21.
y De. 10. 15.
  2 Sa. 15. 25, 26
  22. 20.
  1 Ki. 10. 9.
  Ps. 147. 11.
z Jos. 21. 11.
a Ps. 78. 12.
  Is. 19. 11.
b ch. 13. 27.
γ or, valley.
c De. 9. 23.
d that is, a
  cluster of
  grapes.
d De. 20. 3.
e ch. 24. 8.
ζ shadow.
  Ps. 121. 5.
f Ge. 48. 21.
  De. 20. 1–4.
  31. 6, 8.
  Ju. 1. 22.
  2 Ch. 15. 2.
  32. 8.
  Ps. 46. 7, 11.
  Is. 8. 9, 10.
  41. 10.
  Am. 5. 14.
  Zec. 8. 23.
  Ro. 8. 31.
g Is. 41. 14.
h Ex. 17. 4.
i ch. 16. 19, 42.
  20. 6.
k Zec. 8. 14.
  He. 3. 16.
l Ps. 106. 24.
  Jnº. 12. 37.
m ch. 20. 1, 16.
n Ex. 32. 10.
o De. 9. 26. 28.
p Ex. 33. 3.
q De. 32. 27.
  Eze. 20. 9, 14.
r De. 1. 25, &c.
s De. 9. 1, 2.

---

that dwell in the land, and the cities are walled, and very great; and moreover we saw the children of Anak[b] there.

29 The Amalekites[c] dwell in the land of the south; and the Hittites, and the Jebusites, and the Amorites, dwell in the mountains; and the Canaanites dwell by the sea, and by the coast of Jordan.

30 And Caleb[d] stilled the people before Moses, and said, Let us go up at once and possess it; for we are well[e] able to overcome it.

31 But the men that went up with him said, We be not able to go up against the people; for they are stronger than we.

32 And[g] they brought up an evil report of the land which they had searched unto the children of Israel, saying, The land, through which we have gone to search it, is a land that eateth up the inhabitants thereof; and all the people that we saw in it are men of β a great stature.[h]

33 And there we saw the giants, the sons of Anak,[i] which come of the giants; and we were in our own sight as grasshoppers,[k] and so we were in their sight.

CHAP. XIV.

AND all the congregation lifted up their voice, and cried; and the people wept[l] that night.

2 And all the children of Israel murmured[m] against Moses & against Aaron: and the whole congregation said unto them, Would God that we had died in the land of Egypt! or would God we had died in this wilderness!

3 And wherefore hath the LORD brought us unto this land, to fall by the sword, that our wives and our children should be a prey? were it not better for us to return into Egypt?

4 And they said one to another, Let us make a captain, and let us return[q] into Egypt.

5 Then Moses and Aaron fell on their faces[s] before all the assembly of the congregation of the children of Israel.

6 And Joshua[u] the son of Nun, and Caleb the son of Jephunneh, which were of them that searched the land, rent their clothes:

7 And they spake unto all the company of the children of Israel, saying, The land, which we passed through to search it, is an exceeding good land.

8 If the LORD delight[y] in us, then he will bring us into this land, and give it us; a land which floweth with[b] milk & honey.

9 Only rebel[c] not ye against the LORD, neither fear[d] ye the people of the land; for they are bread[e] for us: their ζ defence is departed from them, and the LORD is with us:[f] fear[g] them not.

10 But all the congregation bade stone them[h] with stones. And[i] the glory of the LORD appeared in the tabernacle of the congregation before all the children of Israel.

11 And the LORD said unto Moses, How long will this people provoke[k] me? and how long will it be ere they believe me,[l] for all the signs which I have shewed among them?

12 I will smite them with the pestilence, and disinherit them, & will make of[n] thee a greater nation and mightier than they.

13 And Moses[o] said unto the LORD, Then[q] the Egyptians shall hear it, (for thou broughtest up this people in thy might from among them;)

וְאָמְרוּ אֶל־יוֹשֵׁב הָאָרֶץ הַזֹּאת שָׁמְעוּ כִּי־אַתָּה יְהוָה בְּקֶרֶב הָעָם הַזֶּה אֲשֶׁר־עַיִן בְּעַיִן נִרְאָה אַתָּה יְהוָה וַעֲנָנְךָ עֹמֵד עֲלֵהֶם וּבְעַמֻּד עָנָן אַתָּה הֹלֵךְ לִפְנֵיהֶם יוֹמָם וּבְעַמּוּד אֵשׁ לָיְלָה׃

15 וְהֵמַתָּה אֶת־הָעָם הַזֶּה כְּאִישׁ אֶחָד וְאָמְרוּ הַגּוֹיִם אֲשֶׁר־שָׁמְעוּ אֶת־שִׁמְעֲךָ לֵאמֹר׃

16 מִבִּלְתִּי יְכֹלֶת יְהוָה לְהָבִיא אֶת־הָעָם הַזֶּה אֶל־הָאָרֶץ אֲשֶׁר־נִשְׁבַּע לָהֶם וַיִּשְׁחָטֵם בַּמִּדְבָּר׃

17 וְעַתָּה יִגְדַּל־נָא כֹּחַ אֲדֹנָי כַּאֲשֶׁר דִּבַּרְתָּ לֵאמֹר׃

18 יְהוָה אֶרֶךְ אַפַּיִם וְרַב־חֶסֶד נֹשֵׂא עָוֺן וָפָשַׁע וְנַקֵּה לֹא יְנַקֶּה פֹּקֵד עֲוֺן אָבוֹת עַל־בָּנִים עַל־שִׁלֵּשִׁים וְעַל־רִבֵּעִים׃

19 סְלַח־נָא לַעֲוֺן הָעָם הַזֶּה כְּגֹדֶל חַסְדֶּךָ וְכַאֲשֶׁר נָשָׂאתָה לָעָם הַזֶּה מִמִּצְרַיִם וְעַד־הֵנָּה׃

20 וַיֹּאמֶר יְהוָה סָלַחְתִּי כִּדְבָרֶךָ׃

21 וְאוּלָם חַי־אָנִי וְיִמָּלֵא כְבוֹד־יְהוָה אֶת־כָּל־הָאָרֶץ׃

22 כִּי כָל־הָאֲנָשִׁים הָרֹאִים אֶת־כְּבֹדִי וְאֶת־אֹתֹתַי אֲשֶׁר־עָשִׂיתִי בְמִצְרַיִם וּבַמִּדְבָּר וַיְנַסּוּ אֹתִי זֶה עֶשֶׂר פְּעָמִים וְלֹא שָׁמְעוּ בְּקוֹלִי׃

23 אִם־יִרְאוּ אֶת־הָאָרֶץ אֲשֶׁר נִשְׁבַּעְתִּי לַאֲבֹתָם וְכָל־מְנַאֲצַי לֹא יִרְאוּהָ׃

24 וְעַבְדִּי כָלֵב עֵקֶב הָיְתָה רוּחַ אַחֶרֶת עִמּוֹ וַיְמַלֵּא אַחֲרָי וַהֲבִיאֹתִיו אֶל־הָאָרֶץ אֲשֶׁר־בָּא שָׁמָּה וְזַרְעוֹ יוֹרִשֶׁנָּה׃

25 וְהָעֲמָלֵקִי וְהַכְּנַעֲנִי יוֹשֵׁב בָּעֵמֶק מָחָר פְּנוּ וּסְעוּ לָכֶם הַמִּדְבָּר דֶּרֶךְ יַם־סוּף׃ פ

26 וַיְדַבֵּר יְהוָה אֶל־מֹשֶׁה וְאֶל־אַהֲרֹן לֵאמֹר׃

27 עַד־מָתַי לָעֵדָה הָרָעָה הַזֹּאת אֲשֶׁר הֵמָּה מַלִּינִים עָלָי אֶת־תְּלֻנּוֹת בְּנֵי יִשְׂרָאֵל אֲשֶׁר הֵמָּה מַלִּינִים עָלַי שָׁמָעְתִּי׃

28 אֱמֹר אֲלֵהֶם חַי־אָנִי נְאֻם־יְהוָה אִם־לֹא כַּאֲשֶׁר דִּבַּרְתֶּם בְּאָזְנָי כֵּן אֶעֱשֶׂה לָכֶם׃

29 בַּמִּדְבָּר הַזֶּה יִפְּלוּ פִגְרֵיכֶם וְכָל־פְּקֻדֵיכֶם לְכָל־מִסְפַּרְכֶם מִבֶּן עֶשְׂרִים שָׁנָה וָמָעְלָה אֲשֶׁר הֲלִינֹתֶם עָלָי׃

30 אִם־אַתֶּם תָּבֹאוּ אֶל־הָאָרֶץ אֲשֶׁר נָשָׂאתִי אֶת־יָדִי לְשַׁכֵּן אֶתְכֶם בָּהּ כִּי אִם־כָּלֵב בֶּן־יְפֻנֶּה וִיהוֹשֻׁעַ בִּן־נוּן׃

31 וְטַפְּכֶם אֲשֶׁר אֲמַרְתֶּם לָבַז יִהְיֶה וְהֵבֵיאתִי אֹתָם וְיָדְעוּ אֶת־הָאָרֶץ אֲשֶׁר מְאַסְתֶּם בָּהּ׃

32 וּפִגְרֵיכֶם אַתֶּם יִפְּלוּ בַּמִּדְבָּר הַזֶּה׃

33 וּבְנֵיכֶם יִהְיוּ רֹעִים בַּמִּדְבָּר אַרְבָּעִים שָׁנָה וְנָשְׂאוּ אֶת־זְנוּתֵיכֶם עַד־תֹּם פִּגְרֵיכֶם בַּמִּדְבָּר׃

34 בְּמִסְפַּר הַיָּמִים אֲשֶׁר־תַּרְתֶּם אֶת־הָאָרֶץ אַרְבָּעִים יוֹם יוֹם לַשָּׁנָה יוֹם לַשָּׁנָה תִּשְׂאוּ אֶת־עֲוֺנֹתֵיכֶם אַרְבָּעִים שָׁנָה וִידַעְתֶּם אֶת־תְּנוּאָתִי׃

35 אֲנִי יְהוָה דִּבַּרְתִּי אִם־לֹא זֹאת אֶעֱשֶׂה לְכָל־הָעֵדָה הָרָעָה הַזֹּאת הַנּוֹעָדִים עָלָי בַּמִּדְבָּר הַזֶּה יִתַּמּוּ וְשָׁם יָמֻתוּ׃

36 וְהָאֲנָשִׁים אֲשֶׁר־שָׁלַח מֹשֶׁה לָתוּר אֶת־הָאָרֶץ וַיָּשֻׁבוּ וַיַּלִּינוּ עָלָיו אֶת־כָּל־הָעֵדָה לְהוֹצִיא דִבָּה עַל־הָאָרֶץ׃

37 וַיָּמֻתוּ הָאֲנָשִׁים מוֹצִאֵי דִבַּת־הָאָרֶץ רָעָה בַּמַּגֵּפָה לִפְנֵי יְהוָה׃

38 וִיהוֹשֻׁעַ בִּן־נוּן וְכָלֵב בֶּן־יְפֻנֶּה חָיוּ מִן־הָאֲנָשִׁים הָהֵם הַהֹלְכִים לָתוּר אֶת־הָאָרֶץ׃

39 וַיְדַבֵּר מֹשֶׁה אֶת־הַדְּבָרִים הָאֵלֶּה אֶל־כָּל־בְּנֵי יִשְׂרָאֵל וַיִּתְאַבְּלוּ הָעָם מְאֹד׃

40 וַיַּשְׁכִּמוּ בַבֹּקֶר וַיַּעֲלוּ אֶל־רֹאשׁ־הָהָר לֵאמֹר הִנֶּנּוּ וְעָלִינוּ אֶל־הַמָּקוֹם אֲשֶׁר־אָמַר יְהוָה כִּי חָטָאנוּ׃

41 וַיֹּאמֶר מֹשֶׁה לָמָּה זֶּה אַתֶּם עֹבְרִים אֶת־פִּי יְהוָה וְהִוא לֹא תִצְלָח׃

42 אַל־תַּעֲלוּ כִּי אֵין יְהוָה בְּקִרְבְּכֶם וְלֹא תִּנָּגְפוּ לִפְנֵי אֹיְבֵיכֶם׃

43 כִּי הָעֲמָלֵקִי וְהַכְּנַעֲנִי שָׁם לִפְנֵיכֶם וּנְפַלְתֶּם בֶּחָרֶב כִּי־עַל־כֵּן שַׁבְתֶּם מֵאַחֲרֵי יְהוָה וְלֹא־יִהְיֶה יְהוָה עִמָּכֶם׃

44 וַיַּעְפִּלוּ לַעֲלוֹת אֶל־רֹאשׁ הָהָר וַאֲרוֹן בְּרִית־יְהוָה וּמֹשֶׁה לֹא־מָשׁוּ מִקֶּרֶב הַמַּחֲנֶה׃

45 וַיֵּרֶד הָעֲמָלֵקִי וְהַכְּנַעֲנִי הַיֹּשֵׁב בָּהָר הַהוּא וַיַּכּוּם וַיַּכְּתוּם עַד־הַחָרְמָה׃ פ

CAP. XV. מו

1 וַיְדַבֵּר יְהוָה אֶל־מֹשֶׁה לֵּאמֹר׃

2 דַּבֵּר אֶל־בְּנֵי יִשְׂרָאֵל וְאָמַרְתָּ אֲלֵהֶם כִּי תָבֹאוּ אֶל־אֶרֶץ מוֹשְׁבֹתֵיכֶם אֲשֶׁר אֲנִי נֹתֵן לָכֶם׃

3 וַעֲשִׂיתֶם אִשֶּׁה לַיהוָה עֹלָה אוֹ־זֶבַח לְפַלֵּא־נֶדֶר אוֹ בִנְדָבָה אוֹ בְּמֹעֲדֵיכֶם לַעֲשׂוֹת רֵיחַ נִיחֹחַ לַיהוָה מִן־הַבָּקָר אוֹ מִן־הַצֹּאן׃

4 וְהִקְרִיב הַמַּקְרִיב קָרְבָּנוֹ לַיהוָה מִנְחָה סֹלֶת עִשָּׂרוֹן בָּלוּל בִּרְבִעִית הַהִין שָׁמֶן׃

5 וְיַיִן לַנֶּסֶךְ רְבִיעִית הַהִין תַּעֲשֶׂה עַל־הָעֹלָה אוֹ לַזָּבַח לַכֶּבֶשׂ הָאֶחָד׃

6 אוֹ לָאַיִל תַּעֲשֶׂה מִנְחָה סֹלֶת שְׁנֵי עֶשְׂרֹנִים בְּלוּלָה בַשֶּׁמֶן שְׁלִשִׁית הַהִין׃

7 וְיַיִן לַנֶּסֶךְ שְׁלִשִׁית הַהִין תַּקְרִיב רֵיחַ־נִיחֹחַ לַיהוָה׃

8 וְכִי־תַעֲשֶׂה בֶן־בָּקָר עֹלָה אוֹ־זָבַח לְפַלֵּא־נֶדֶר אוֹ־שְׁלָמִים לַיהוָה׃

9 וְהִקְרִיב עַל־בֶּן־הַבָּקָר מִנְחָה סֹלֶת שְׁלֹשָׁה עֶשְׂרֹנִים

14 And they will tell *it* to the inhabitants of this land: *for* they have [a] heard that thou, LORD, *art* among this people; that thou, LORD, art seen [c] face to face; and *that* thy cloud [d] standeth over them; and *that* thou[f] goest before them, by day-time in a pillar of a cloud, and in a pillar of fire by night.

15 Now, *if* thou shalt kill *all* this people as one man, then the nations which have heard the fame of thee will speak, saying,

16 Because [k] the LORD was not able to bring this people into the land which he sware unto them, therefore he hath slain them in the wilderness.

17 And now, I beseech thee, let the power [m] of my Lord be great, according as thou hast spoken," saying,

18 The LORD *is* long-suffering, and of great mercy, forgiving[o] iniquity and transgression, and by no means clearing *the guilty;* visiting[q] the iniquity of the fathers upon the children unto the third and fourth *generation.*

19 Pardon,[r] I beseech thee, the iniquity of this people, according unto the greatness of thy mercy, & as thou hast forgiven this people, from Egypt even [gamma] until now.

20 And the LORD said, I have pardoned, according[t] to thy word:

21 But *as* truly *as* I live, all[v] the earth shall be filled with the glory of the LORD.

22 Because all those men which have seen my glory, and my miracles, which I did in Egypt and in the wilderness, have tempted me now these ten times, and have not hearkened to my voice;

23 [delta] Surely[x] they shall not see the land which I sware unto their fathers, neither shall any of them that provoked me see it:

24 But my servant Caleb,[y] because he had another spirit with him, and hath followed me fully, him will I bring into the land whereinto he went; and his seed shall possess it.

25 (Now the Amalekites and the Canaanites dwelt in the valley.) To-morrow turn you, and get you into the wilderness by the way of the Red sea.

26 And the LORD spake unto Moses and unto Aaron, saying,

27 How long [b] *shall I bear with* this evil congregation, which murmur against me? I have heard[c] the murmurings of the children of Israel, which they murmur against me.

28 Say unto them, *As truly as* I live, saith the LORD, as ye have spoken in mine ears, so will I do to you:

29 Your carcases shall fall in this wilderness; and all that were[h] numbered of you, according to your whole number, from twenty years old and upward, which have murmured against me,

30 Doubtless ye shall not come into the land *concerning* which I [eta] sware to make you dwell therein, save Caleb the son of Jephunneh, and Joshua the son of Nun.

31 But your little ones, which ye said should be a prey, them will I bring in, and they shall know the land which ye have despised.[l]

32 But *as for* you, your carcases,[m] they shall fall in this wilderness.

33 And your children shall [theta] wander in [n] the wilderness forty years, and bear your[p] whoredoms, until your carcases be wasted in the wilderness.

B. C. 1490.

a Jos.2.9,10.
b ch. 13. 25.
c Ex. 33. 11.
d ch. 10. 34.
β or, *altering of my purpose.*
e Je. 18.9,10. La.3.31..33.
f Ex.13.21,22 Ps. 78. 14.
g ch. 23. 19.
h ver. 27.
i ch. 13.31,32.
k De. 9. 28. Jos. 7. 9.
l 1 Co. 10. 10. He. 3. 17. Jude 5.
m Mi. 3. 8. Mat. 9. 6, 8.
n Ex. 34. 6, 7.
o Mi. 7. 18.
p ch.26. 65. Jos.14.6,10.
q Ex. 20. 5. Je. 23. 2.
r Ex. 33. 4. Is. 26. 16.
s Ps.78. 38.
y or,*hitherto.*
t Ps. 106. 23. Ja. 5. 16.
u ver. 25.
v Ps. 72. 19. Is.66.18,19.
w 2 Ch. 15. 2.
δ *if they see.*
x De.1.35,&c. Ps. 95. 11. Eze. 20. 15. He.3.17,18.
y ch.32.11,12.
z ch. 10. 33.
a ch. 21. 3. Ju. 1. 17.
b Mat.17.17.
c Ex. 16. 12.
d Le. 1. 2, 3.
ζ *separating.* Le. 27. 2.
e Le. 7. 16. 22. 18, 21.
f Le. 23. 8,12.
g Ex. 29. 18.
h ch. 1. 45.
η *lifted up my hand.* Ge. 14. 22.
i Ex. 29. 40. Le. 23. 13.
k ch.28,5,&c. Le. 14. 10.
l Ps. 106. 24.
m 1 Co. 10. 5.
θ or, *feed.*
n ch. 32. 13. Ps. 107. 40.
o Le. 7. 11.
p Je. 3. 1, 2. Eze. 23. 35. Hos. 9. 1.
q ch.28 12,&c.

34 After the number of the days in which ye searched the land, *even* forty [b] days, each day for a year, shall ye bear your iniquities, *even* forty years; and ye shall know my [β] breach[c] of promise:

35 I[g] the LORD have said, I will surely do it unto all this evil[h] congregation, that are gathered together against me; in this wilderness they shall be consumed, and there they shall die.

36 And the men [i] which Moses sent to search the land,who returned,and made all the congregation to murmur against him, by bringing up a slander upon the land,

37 Even those men, that did bring up the evil report upon the land, died[l] by the plague before the LORD.

38 But Joshua the son of Nun, and Caleb the son of Jephunneh, *which were* of the men that went to search the land, lived[p] *still.*

39 And Moses told these sayings unto all the children of Israel: and the people mourned[r] greatly.

40 And they rose up early in the morning, and gat them up into the top of the mountain, saying, Lo, we *be here,* and will go up unto the place which the LORD hath promised: for we have sinned.

41 And Moses said, Wherefore now do ye transgress the commandment[u] of the LORD? but it shall not prosper.

42 Go not up, for the LORD *is* not among you; that ye be not smitten before your enemies.

43 For the Amalekites and the Canaanites *are* there before you, and ye shall fall by the sword: because[w] ye are turned away from the LORD, therefore the LORD will not be with you.

44 But they presumed to go up unto the hill-top: nevertheless the ark[x] of the covenant of the LORD, and Moses, departed not out of the camp.

45 Then the Amalekites came down, and the Canaanites which dwelt in that hill, and smote them, and discomfited them, *even* unto Hormah.[a]

CHAP. XV.

AND ye[e] LORD spake unto Moses,saying,

2 Speak unto the children of Israel, and say unto them, When ye be come into the land of your habitations, which I give unto you,

3 And[d] will make an offering by fire unto the LORD, a burnt-offering, or a sacrifice in [ζ]performing a vow,[e] or in a free-will-offering, or in your solemn feasts,[f] to make a sweet savour[g] unto the LORD, of the herd, or of the flock;

4 Then shall he that offereth his offering unto the LORD bring a meat-offering [i] of a tenth deal of flour mingled with the fourth *part* of an hin of oil.[k]

5 And the fourth *part* of an hin of wine for a drink-offering shalt thou prepare, with the burnt-offering or sacrifice, for one lamb.

6 Or for a ram, thou shalt prepare *for* a meat-offering two tenth deals of flour mingled with the third *part* of an hin of oil.

7 And for a drink-offering thou shalt offer the third *part* of an hin of wine, *for* a sweet savour unto the LORD.

8 And when thou preparest a bullock *for* a burnt-offering, or *for* a sacrifice in performing a vow, or[o] peace-offerings unto the LORD;

9 Then shall he bring[q] with a bullock a

10 בָּלִיל בַּשֶּׁמֶן חֲצִי הַהִין : וְיַיִן לַנֶּסֶךְ חֲצִי

11 הַהִין אִשֵּׁה רֵיחַ־נִיחֹחַ לַיהוָה : כָּכָה יֵעָשֶׂה לַשּׁוֹר הָאֶחָד אוֹ לָאַיִל הָאֶחָד אוֹ־לַשֶּׂה בַכְּבָשִׂים

12 אוֹ בָעִזִּים : כַּמִּסְפָּר אֲשֶׁר תַּעֲשׂוּ כָּכָה תַּעֲשׂוּ

13 לָאֶחָד כְּמִסְפָּרָם : כָּל־הָאֶזְרָח יַעֲשֶׂה־כָּכָה אֶת־

14 אֵלֶּה לְהַקְרִיב אִשֵּׁה רֵיחַ־נִיחֹחַ לַיהוָה : וְכִי־יָגוּר אִתְּכֶם גֵּר אוֹ אֲשֶׁר־בְּתוֹכְכֶם לְדֹרֹתֵיכֶם וְעָשָׂה אִשֵּׁה רֵיחַ־נִיחֹחַ לַיהוָה כַּאֲשֶׁר תַּעֲשׂוּ כֵּן יַעֲשֶׂה :

15 הַקָּהָל חֻקָּה אַחַת לָכֶם וְלַגֵּר הַגָּר חֻקַּת עוֹלָם

16 לְדֹרֹתֵיכֶם כָּכֶם כַּגֵּר יִהְיֶה לִפְנֵי יְהוָה : תּוֹרָה אַחַת וּמִשְׁפָּט אֶחָד יִהְיֶה לָכֶם וְלַגֵּר הַגָּר אִתְּכֶם :

17/18 וַיְדַבֵּר יְהוָה אֶל־מֹשֶׁה לֵּאמֹר : דַּבֵּר אֶל־בְּנֵי יִשְׂרָאֵל וְאָמַרְתָּ אֲלֵהֶם בְּבֹאֲכֶם אֶל־הָאָרֶץ אֲשֶׁר

19 אֲנִי מֵבִיא אֶתְכֶם שָׁמָּה : וְהָיָה בַּאֲכָלְכֶם מִלֶּחֶם

20 הָאָרֶץ תָּרִימוּ תְרוּמָה לַיהוָה : רֵאשִׁית עֲרִסֹתֵכֶם חַלָּה תָּרִימוּ תְרוּמָה כִּתְרוּמַת גֹּרֶן כֵּן תָּרִימוּ

21 אֹתָהּ : מֵרֵאשִׁית עֲרִסֹתֵיכֶם תִּתְּנוּ לַיהוָה תְּרוּמָה

22 לְדֹרֹתֵיכֶם : וְכִי תִשְׁגּוּ וְלֹא תַעֲשׂוּ אֵת כָּל־הַמִּצְוֹת הָאֵלֶּה אֲשֶׁר־דִּבֶּר יְהוָה אֶל־מֹשֶׁה :

23 אֵת כָּל־אֲשֶׁר צִוָּה יְהוָה אֲלֵיכֶם בְּיַד־מֹשֶׁה מִן

24 הַיּוֹם אֲשֶׁר צִוָּה יְהוָה וָהָלְאָה לְדֹרֹתֵיכֶם : וְהָיָה אִם מֵעֵינֵי הָעֵדָה נֶעֶשְׂתָה לִשְׁגָגָה וְעָשׂוּ כָל־הָעֵדָה

25 פַּר בֶּן־בָּקָר אֶחָד לְעֹלָה לְרֵיחַ נִיחֹחַ לַיהוָה וּמִנְחָתוֹ וְנִסְכּוֹ כַּמִּשְׁפָּט וּשְׂעִיר־עִזִּים אֶחָד לְחַטָּת : וְכִפֶּר

26 הַכֹּהֵן עַל־כָּל־עֲדַת בְּנֵי יִשְׂרָאֵל וְנִסְלַח לָהֶם כִּי־שְׁגָגָה הִוא וְהֵם הֵבִיאוּ אֶת־קָרְבָּנָם אִשֶּׁה לַיהוָה וְחַטָּאתָם לִפְנֵי יְהוָה עַל־שִׁגְגָתָם : וְנִסְלַח לְכָל־

27 עֲדַת בְּנֵי יִשְׂרָאֵל וְלַגֵּר הַגָּר בְּתוֹכָם כִּי לְכָל־הָעָם בִּשְׁגָגָה : וְאִם־נֶפֶשׁ אַחַת תֶּחֱטָא בִשְׁגָגָה

28 וְהִקְרִיבָה עֵז בַּת־שְׁנָתָהּ לְחַטָּאת : וְכִפֶּר הַכֹּהֵן עַל־הַנֶּפֶשׁ הַשֹּׁגֶגֶת בְּחֶטְאָה בִשְׁגָגָה לִפְנֵי יְהוָה

29 לְכַפֵּר עָלָיו וְנִסְלַח לוֹ : הָאֶזְרָח בִּבְנֵי יִשְׂרָאֵל וְלַגֵּר הַגָּר בְּתוֹכָם תּוֹרָה אַחַת יִהְיֶה לָכֶם לָעֹשֶׂה

30 בִּשְׁגָגָה : וְהַנֶּפֶשׁ אֲשֶׁר־תַּעֲשֶׂה בְּיָד רָמָה מִן הָאֶזְרָח וּמִן־הַגֵּר אֶת־יְהוָה הוּא מְגַדֵּף וְנִכְרְתָה

31 הַנֶּפֶשׁ הַהִוא מִקֶּרֶב עַמָּהּ : כִּי דְבַר־יְהוָה בָּזָה

10 וְאֶת־מִצְוָתוֹ הֵפַר הִכָּרֵת תִּכָּרֵת הַנֶּפֶשׁ הַהִוא עֲוֹנָה בָהּ :

32 וַיִּהְיוּ בְנֵי־יִשְׂרָאֵל בַּמִּדְבָּר וַיִּמְצְאוּ אִישׁ מְקֹשֵׁשׁ

33 עֵצִים בְּיוֹם הַשַּׁבָּת : וַיַּקְרִיבוּ אֹתוֹ הַמֹּצְאִים

34 אֹתוֹ מְקֹשֵׁשׁ עֵצִים אֶל־מֹשֶׁה וְאֶל־אַהֲרֹן וְאֶל כָּל־הָעֵדָה : וַיַּנִּיחוּ אֹתוֹ בַּמִּשְׁמָר כִּי לֹא פֹרַשׁ מַה־

35 יֵּעָשֶׂה לוֹ : וַיֹּאמֶר יְהוָה אֶל־מֹשֶׁה מוֹת יוּמַת הָאִישׁ רָגוֹם אֹתוֹ בָאֲבָנִים כָּל־הָעֵדָה מִחוּץ

36 לַמַּחֲנֶה : וַיֹּצִיאוּ אֹתוֹ כָּל־הָעֵדָה אֶל־מִחוּץ לַמַּחֲנֶה וַיִּרְגְּמוּ אֹתוֹ בָּאֲבָנִים וַיָּמֹת כַּאֲשֶׁר צִוָּה יְהוָה אֶת־מֹשֶׁה :

37/38 וַיֹּאמֶר יְהוָה אֶל־מֹשֶׁה לֵּאמֹר : דַּבֵּר אֶל־בְּנֵי יִשְׂרָאֵל וְאָמַרְתָּ אֲלֵהֶם וְעָשׂוּ לָהֶם צִיצִת עַל־כַּנְפֵי בִגְדֵיהֶם לְדֹרֹתָם וְנָתְנוּ עַל־צִיצִת הַכָּנָף פְּתִיל

39 תְּכֵלֶת : וְהָיָה לָכֶם לְצִיצִת וּרְאִיתֶם אֹתוֹ וּזְכַרְתֶּם אֶת־כָּל־מִצְוֹת יְהוָה וַעֲשִׂיתֶם אֹתָם וְלֹא־תָתוּרוּ

40 אַחֲרֵי לְבַבְכֶם וְאַחֲרֵי עֵינֵיכֶם אֲשֶׁר־אַתֶּם זֹנִים אַחֲרֵיהֶם : לְמַעַן תִּזְכְּרוּ וַעֲשִׂיתֶם אֶת־כָּל־מִצְוֹתָי

41 וִהְיִיתֶם קְדֹשִׁים לֵאלֹהֵיכֶם : אֲנִי יְהוָה אֱלֹהֵיכֶם אֲשֶׁר הוֹצֵאתִי אֶתְכֶם מֵאֶרֶץ מִצְרַיִם לִהְיוֹת לָכֶם לֵאלֹהִים אֲנִי יְהוָה אֱלֹהֵיכֶם :

38 חל

CAP. XVI. ע

1 וַיִּקַּח קֹרַח בֶּן־יִצְהָר בֶּן־קְהָת בֶּן־לֵוִי וְדָתָן וַאֲבִירָם בְּנֵי אֱלִיאָב וְאוֹן בֶּן־פֶּלֶת בְּנֵי רְאוּבֵן :

2 וַיָּקֻמוּ לִפְנֵי מֹשֶׁה וַאֲנָשִׁים מִבְּנֵי־יִשְׂרָאֵל חֲמִשִּׁים וּמָאתָיִם נְשִׂיאֵי עֵדָה קְרִאֵי מוֹעֵד אַנְשֵׁי־שֵׁם :

3 וַיִּקָּהֲלוּ עַל־מֹשֶׁה וְעַל־אַהֲרֹן וַיֹּאמְרוּ אֲלֵהֶם רַב־לָכֶם כִּי כָל־הָעֵדָה כֻּלָּם קְדֹשִׁים וּבְתוֹכָם יְהוָה וּמַדּוּעַ תִּתְנַשְּׂאוּ עַל־קְהַל יְהוָה : וַיִּשְׁמַע

4 מֹשֶׁה וַיִּפֹּל עַל־פָּנָיו :

5 וַיְדַבֵּר אֶל־קֹרַח וְאֶל־כָּל־עֲדָתוֹ לֵאמֹר בֹּקֶר וְיֹדַע יְהוָה אֶת־אֲשֶׁר־לוֹ וְאֶת־הַקָּדוֹשׁ וְהִקְרִיב אֵלָיו וְאֵת אֲשֶׁר יִבְחַר־בּוֹ

6 יַקְרִיב אֵלָיו : זֹאת עֲשׂוּ קְחוּ־לָכֶם מַחְתּוֹת

7 קֹרַח וְכָל־עֲדָתוֹ : וּתְנוּ בָהֵן אֵשׁ וְשִׂימוּ עֲלֵיהֶן קְטֹרֶת לִפְנֵי יְהוָה מָחָר וְהָיָה הָאִישׁ אֲשֶׁר־יִבְחַר יְהוָה הוּא הַקָּדוֹשׁ רַב־לָכֶם בְּנֵי לֵוִי :

meat-offering of three tenth deals of flour mingled with half an hin of oil.

10 And thou shalt bring for a drink-offering half an hin of wine, *for* an offering made by fire, of a sweet savour unto the LORD.

11 Thus*c* shall it be done for one bullock, or for one ram, or for a lamb, or a kid.

12 According to the number that ye shall prepare, so shall ye do to every one according to their number.

13 All that are born of the country shall do these things after this manner, in offering an offering made by fire, of a sweet savour unto the LORD.

14 And if a stranger sojourn with you, or whosoever *be* among you in your generations, and will offer an offering made by fire, of a sweet savour unto the LORD; as ye do, so he shall do.

15 One*h* ordinance *shall be both* for you of the congregation, and also for the stranger that sojourneth *with you*, an ordinance for ever in your generations: as ye *are*, so shall the stranger be before the LORD.

16 One law and one manner shall be for you, and for the stranger that sojourneth with you.

17 And*y*e LORD spake unto Moses, saying,

18 Speak unto the children of Israel, and say unto them, When *m* ye come into the land whither I bring you,

19 Then it shall be, that, when ye eat of the bread of the land,*o* ye shall offer up an heave-offering unto the LORD.

20 Ye shall offer up a cake of the*p* first of your dough *for* an heave-offering: as *ye do* the heave-offering*q* of the threshing-floor, so shall ye heave it.

21 Of the first of your dough ye shall give unto the LORD an heave-offering in your generations.

22 And if ye have erred,*u* and not observed all these commandments, which the LORD hath spoken unto Moses,

23 *Even* all that the LORD hath commanded you by the hand of Moses, from the day that the LORD commanded *Moses,* & henceforward among your generations;

24 Then it shall be, if *ought* be committed by ignorance *γ* without the knowledge of the congregation, that all the congregation shall offer one young bullock for a burnt-offering, for a sweet savour unto the LORD, with*z* his meat-offering, and his drink-offering, according to the *δ* manner, and one kid*δ* of the goats for a sin-offering.

25 And the priest shall make an atonement for all the congregation of the children of Israel, and it shall be forgiven them; for it *is* ignorance:*ε* and they shall bring their offering, a sacrifice made by fire unto the LORD, and their sin-offering before the LORD, for their ignorance:

26 And it shall be forgiven all the congregation of the children of Israel, and the stranger that sojourneth among them; seeing all the people *were* in ignorance.

27 And if *h* any soul sin through ignorance, then he shall bring a she-goat of the first year for a sin-offering.

28 And *n* the priest shall make an atonement for the soul that sinneth ignorantly, when he sinneth by ignorance before the LORD, to make an atonement for him; and it shall be forgiven him.

29 Ye shall have one law for him that sinneth *η* through ignorance, *both for* him

---

B. C. 1490.

a Ro.3.29,30.
*β with an
high hand.*
b De. 17. 12.
Ps. 19. 13.
He. 10. 26.
2 Pe. 2. 10.
c ch. xxviii.
d 2 Sa. 12. 9.
Pr. 13. 13.
Ac. 13. 41.
He.10.28,29
e Le. 5. 1.
Ps. 38. 4.
Eze. 18. 20.
2 Pe. 2. 21.
f Ex. 35. 2, 3.
g Le. 24. 12.
h ver. 29.
ch. 9. 14.
Ex. 12. 49.
i Ex.31.14,15.
k Le. 24. 14.
l Jos. 7. 25.
m De.26.1,&c
n De. 22. 12.
Mat. 23. 5.
o Jos.5.11,12.
p Pr. 3. 9, 10.
q Le. 23. 10.
r De. 29. 19.
Job 31. 7.
Je. 9. 14.
Eze. 6. 9.
s Ps. 73. 27.
106. 39.
t Ps. 119. 4.
u Le. 4. 2,&c.
v Le.11.41,45
w Le. 22. 33.
x He. 11. 16.
y ch. 26. 9.
Ex. 6. 21.
Jude 11.
*γ from the
eyes.*
z ver. 8. 10.
*δ or, ordi-
nance.*
a ch. 26. 9.
b ch. 28. 15.
Le. 4. 23.
Ezr. 6. 17.
8. 35.
c Ps. 106. 16.
*ζ It is much
for you.*
d Ex. 19. 6.
e Ac.3.17,19.
1 Ti. 1. 13.
He. 5. 2.
f Ex. 29. 45.
g ch. 14. 5.
20. 6.
h Le. 4.27,28.
i Le.21.6,&c.
k He. 12. 14.
l ch. 17. 5.
m ch. 3. 10.
Le. 10. 3.
21.17,18.
Eze. 40. 46.
44.15,16.
n Le. 4. 35.
o Ep. 1. 4.
η doeth.
p He. 5. 4.

---

that is born among the children of Israel, and for the stranger *a* that sojourneth among them.

30 But the soul that doeth *ought β* presumptuously,*b whether he be* born in the land, or a stranger, the same reproacheth the LORD; and that soul shall be cut off from among his people.

31 Because he hath despised the*d* word of the LORD, and hath broken his commandment, that soul shall utterly be cut off; his iniquity*e shall be* upon him.

32 And while the children of Israel were in the wilderness, they found a man that gathered sticks*f* upon the sabbath-day.

33 And they that found him gathering sticks brought him unto Moses and Aaron, and unto all the congregation.

34 And they put him in ward,*g* because it was not declared what should be done to him.

35 And the LORD said unto Moses, The man *i* shall be surely put to death: all the congregation shall stone *k* him with stones without the camp.

36 And*l* all the congregation brought him without the camp, and stoned him with stones, and he died; as the LORD commanded Moses.

37 And*y*e LORD spake unto Moses, saying,

38 Speak unto the children of Israel, and bid them that they make them *n* fringes in the borders of their garments, throughout their generations, and that they put upon the fringe of the borders a ribband of blue:

39 And it shall be unto you for a fringe, that ye may look upon it, and remember all the commandments of the LORD, and do them; and that ye seek not after your *r* own heart, and your own eyes, after which ye use to go a *s* whoring:

40 That ye may remember, and do *t* all my commandments, and be holy *v* unto your God.

41 I *w am* the LORD your God, which brought you out of the land of Egypt, to be your *x* God: I *am* the LORD your God.

CHAP. XVI.

NOW Korah*y* the son of Izhar, the son of Kohath, the son of Levi, and Dathan and Abiram the sons of Eliab, and On the son of Peleth, sons of Reuben, took *men:*

2 And they rose up before Moses, with certain of the children of Israel, two hundred and fifty princes of the assembly, famous*a* in y*e* congregation, men of renown:

3 And *c* they gathered themselves together against Moses and against Aaron, and said unto them, *ζ Ye take* too much upon you, seeing all*d* the congregation *are* holy, every one of them, & the LORD*f is* among them: wherefore then lift ye up yourselves above the congregation of y*e* LORD?

4 And when Moses heard *it*, he *g* fell upon his face:

5 And he spake unto Korah and unto all his company, saying, Even to-morrow the LORD will shew who *are* his, and *who is* holy:*i* and will cause *him k* to come near unto him: even *him* whom he hath chosen will*l* he cause to come near *m* unto him.

6 This do: Take you censers, Korah, and all his company;

7 And put fire therein, and put incense in them before the LORD to-morrow: and it shall be *that* the man whom the LORD doth choose, he *shall be* holy:*o* ye *takṡ* too much upon you,*p* ye sons of Levi.

8 וַיֹּאמֶר מֹשֶׁה אֶל־קֹרַח שִׁמְעוּ־נָא בְּנֵי לֵוִי׃
9 הַמְעַט מִכֶּם כִּי־הִבְדִּיל אֱלֹהֵי יִשְׂרָאֵל אֶתְכֶם מֵעֲדַת יִשְׂרָאֵל לְהַקְרִיב אֶתְכֶם אֵלָיו לַעֲבֹד אֶת־עֲבֹדַת מִשְׁכַּן יְהוָה וְלַעֲמֹד לִפְנֵי הָעֵדָה לְשָׁרְתָם׃
10 וַיַּקְרֵב אֹתְךָ וְאֶת־כָּל־אַחֶיךָ בְנֵי־לֵוִי אִתָּךְ וּבִקַּשְׁתֶּם גַּם־כְּהֻנָּה׃
11 לָכֵן אַתָּה וְכָל־עֲדָתְךָ הַנֹּעָדִים עַל־יְהוָה וְאַהֲרֹן מַה־הוּא כִּי תַלִּינוּ עָלָיו׃
12 וַיִּשְׁלַח מֹשֶׁה לִקְרֹא לְדָתָן וְלַאֲבִירָם בְּנֵי אֱלִיאָב וַיֹּאמְרוּ לֹא נַעֲלֶה׃
13 הַמְעַט כִּי הֶעֱלִיתָנוּ מֵאֶרֶץ זָבַת חָלָב וּדְבַשׁ לַהֲמִיתֵנוּ בַּמִּדְבָּר כִּי־תִשְׂתָּרֵר עָלֵינוּ גַּם־הִשְׂתָּרֵר׃
14 אַף לֹא אֶל־אֶרֶץ זָבַת חָלָב וּדְבַשׁ הֲבִיאֹתָנוּ וַתִּתֶּן־לָנוּ נַחֲלַת שָׂדֶה וָכָרֶם הַעֵינֵי הָאֲנָשִׁים הָהֵם תְּנַקֵּר לֹא נַעֲלֶה׃
15 וַיִּחַר לְמֹשֶׁה מְאֹד וַיֹּאמֶר אֶל־יְהוָה אַל־תֵּפֶן אֶל־מִנְחָתָם לֹא חֲמוֹר אֶחָד מֵהֶם נָשָׂאתִי וְלֹא הֲרֵעֹתִי אֶת־אַחַד מֵהֶם׃
16 וַיֹּאמֶר מֹשֶׁה אֶל־קֹרַח אַתָּה וְכָל־עֲדָתְךָ הֱיוּ לִפְנֵי יְהוָה אַתָּה וָהֵם וְאַהֲרֹן מָחָר׃
17 וּקְחוּ אִישׁ מַחְתָּתוֹ וּנְתַתֶּם עֲלֵיהֶם קְטֹרֶת וְהִקְרַבְתֶּם לִפְנֵי יְהוָה אִישׁ מַחְתָּתוֹ חֲמִשִּׁים וּמָאתַיִם מַחְתֹּת וְאַתָּה וְאַהֲרֹן אִישׁ מַחְתָּתוֹ׃
18 וַיִּקְחוּ אִישׁ מַחְתָּתוֹ וַיִּתְּנוּ עֲלֵיהֶם אֵשׁ וַיָּשִׂימוּ עֲלֵיהֶם קְטֹרֶת וַיַּעַמְדוּ פֶּתַח אֹהֶל מוֹעֵד וּמֹשֶׁה וְאַהֲרֹן׃
19 וַיַּקְהֵל עֲלֵיהֶם קֹרַח אֶת־כָּל־הָעֵדָה אֶל־פֶּתַח אֹהֶל מוֹעֵד וַיֵּרָא כְבוֹד־יְהוָה אֶל־כָּל־הָעֵדָה׃ ס
20 וַיְדַבֵּר יְהוָה אֶל־מֹשֶׁה וְאֶל־אַהֲרֹן לֵאמֹר׃
21 הִבָּדְלוּ מִתּוֹךְ הָעֵדָה הַזֹּאת וַאֲכַלֶּה אֹתָם כְּרָגַע׃
22 וַיִּפְּלוּ עַל־פְּנֵיהֶם וַיֹּאמְרוּ אֵל אֱלֹהֵי הָרוּחֹת לְכָל־בָּשָׂר הָאִישׁ אֶחָד יֶחֱטָא וְעַל כָּל־הָעֵדָה תִּקְצֹף׃
23 וַיְדַבֵּר יְהוָה אֶל־מֹשֶׁה לֵּאמֹר׃
24 דַּבֵּר אֶל־הָעֵדָה לֵאמֹר הֵעָלוּ מִסָּבִיב לְמִשְׁכַּן־קֹרַח דָּתָן וַאֲבִירָם׃
25 וַיָּקָם מֹשֶׁה וַיֵּלֶךְ אֶל־דָּתָן וַאֲבִירָם וַיֵּלְכוּ אַחֲרָיו זִקְנֵי יִשְׂרָאֵל׃
26 וַיְדַבֵּר אֶל־הָעֵדָה לֵאמֹר סוּרוּ נָא מֵעַל אָהֳלֵי הָאֲנָשִׁים הָרְשָׁעִים הָאֵלֶּה וְאַל־תִּגְּעוּ בְּכָל־אֲשֶׁר לָהֶם פֶּן־תִּסָּפוּ בְּכָל־חַטֹּאתָם׃
27 וַיֵּעָלוּ מֵעַל מִשְׁכַּן־קֹרַח דָּתָן וַאֲבִירָם מִסָּבִיב וְדָתָן וַאֲבִירָם יָצְאוּ נִצָּבִים פֶּתַח אָהֳלֵיהֶם וּנְשֵׁיהֶם וּבְנֵיהֶם וְטַפָּם׃
28 וַיֹּאמֶר מֹשֶׁה בְּזֹאת תֵּדְעוּן כִּי־יְהוָה שְׁלָחַנִי לַעֲשׂוֹת אֵת כָּל־הַמַּעֲשִׂים הָאֵלֶּה כִּי־לֹא מִלִּבִּי׃

29 אִם־כְּמוֹת כָּל־הָאָדָם יְמֻתוּן אֵלֶּה וּפְקֻדַּת כָּל־הָאָדָם יִפָּקֵד עֲלֵיהֶם לֹא יְהוָה שְׁלָחָנִי׃
30 וְאִם־בְּרִיאָה יִבְרָא יְהוָה וּפָצְתָה הָאֲדָמָה אֶת־פִּיהָ וּבָלְעָה אֹתָם וְאֶת־כָּל־אֲשֶׁר לָהֶם וְיָרְדוּ חַיִּים שְׁאֹלָה וִידַעְתֶּם כִּי נִאֲצוּ הָאֲנָשִׁים הָאֵלֶּה אֶת־יְהוָה׃
31 וַיְהִי כְּכַלֹּתוֹ לְדַבֵּר אֵת כָּל־הַדְּבָרִים הָאֵלֶּה וַתִּבָּקַע הָאֲדָמָה אֲשֶׁר תַּחְתֵּיהֶם׃
32 וַתִּפְתַּח הָאָרֶץ אֶת־פִּיהָ וַתִּבְלַע אֹתָם וְאֶת־בָּתֵּיהֶם וְאֵת כָּל־הָאָדָם אֲשֶׁר לְקֹרַח וְאֵת כָּל־הָרְכוּשׁ׃
33 וַיֵּרְדוּ הֵם וְכָל־אֲשֶׁר לָהֶם חַיִּים שְׁאֹלָה וַתְּכַס עֲלֵיהֶם הָאָרֶץ וַיֹּאבְדוּ מִתּוֹךְ הַקָּהָל׃
34 וְכָל־יִשְׂרָאֵל אֲשֶׁר סְבִיבֹתֵיהֶם נָסוּ לְקֹלָם כִּי אָמְרוּ פֶּן־תִּבְלָעֵנוּ הָאָרֶץ׃
35 וְאֵשׁ יָצְאָה מֵאֵת יְהוָה וַתֹּאכַל אֵת הַחֲמִשִּׁים וּמָאתַיִם אִישׁ מַקְרִיבֵי הַקְּטֹרֶת׃ ס

CAP. XVII. ר

1 וַיְדַבֵּר יְהוָה אֶל־מֹשֶׁה לֵּאמֹר׃
2 אֱמֹר אֶל־אֶלְעָזָר בֶּן־אַהֲרֹן הַכֹּהֵן וְיָרֵם אֶת־הַמַּחְתֹּת מִבֵּין הַשְּׂרֵפָה וְאֶת־הָאֵשׁ זְרֵה־הָלְאָה כִּי קָדֵשׁוּ׃
3 אֵת מַחְתּוֹת הַחַטָּאִים הָאֵלֶּה בְּנַפְשֹׁתָם וְעָשׂוּ אֹתָם רִקֻּעֵי פַחִים צִפּוּי לַמִּזְבֵּחַ כִּי־הִקְרִיבֻם לִפְנֵי־יְהוָה וַיִּקְדָּשׁוּ וְיִהְיוּ לְאוֹת לִבְנֵי יִשְׂרָאֵל׃
4 וַיִּקַּח אֶלְעָזָר הַכֹּהֵן אֵת מַחְתּוֹת הַנְּחֹשֶׁת אֲשֶׁר הִקְרִיבוּ הַשְּׂרֻפִים וַיְרַקְּעוּם צִפּוּי לַמִּזְבֵּחַ׃
5 זִכָּרוֹן לִבְנֵי יִשְׂרָאֵל לְמַעַן אֲשֶׁר לֹא־יִקְרַב אִישׁ זָר אֲשֶׁר לֹא מִזֶּרַע אַהֲרֹן הוּא לְהַקְטִיר קְטֹרֶת לִפְנֵי יְהוָה וְלֹא־יִהְיֶה כְקֹרַח וְכַעֲדָתוֹ כַּאֲשֶׁר דִּבֶּר יְהוָה בְּיַד־מֹשֶׁה לוֹ׃ ס

6 וַיִּלֹּנוּ כָּל־עֲדַת בְּנֵי־יִשְׂרָאֵל מִמָּחֳרָת עַל־מֹשֶׁה וְעַל־אַהֲרֹן לֵאמֹר אַתֶּם הֲמִתֶּם אֶת־עַם יְהוָה׃
7 וַיְהִי בְּהִקָּהֵל הָעֵדָה עַל־מֹשֶׁה וְעַל־אַהֲרֹן וַיִּפְנוּ אֶל־אֹהֶל מוֹעֵד וְהִנֵּה כִסָּהוּ הֶעָנָן וַיֵּרָא כְּבוֹד יְהוָה׃
8 וַיָּבֹא מֹשֶׁה וְאַהֲרֹן אֶל־פְּנֵי אֹהֶל מוֹעֵד׃ ס
9 וַיְדַבֵּר יְהוָה אֶל־מֹשֶׁה לֵּאמֹר׃
10 הֵרֹמּוּ מִתּוֹךְ הָעֵדָה הַזֹּאת וַאֲכַלֶּה אֹתָם כְּרָגַע וַיִּפְּלוּ עַל־פְּנֵיהֶם׃
11 וַיֹּאמֶר מֹשֶׁה אֶל־אַהֲרֹן קַח אֶת־הַמַּחְתָּה וְתֶן־עָלֶיהָ אֵשׁ מֵעַל הַמִּזְבֵּחַ וְשִׂים קְטֹרֶת וְהוֹלֵךְ מְהֵרָה אֶל־הָעֵדָה וְכַפֵּר עֲלֵיהֶם כִּי־יָצָא הַקֶּצֶף

8 And Moses said unto Korah, Hear, I pray you, ye sons of Levi:

9 *Seemeth it but* a small *b* thing unto you, that the God of Israel hath separated*c* you from the congregation of Israel, to bring you near to himself to do the service of the tabernacle of the LORD, and to stand before the congregation to minister unto them?

10 And he hath brought thee near *to him*, and all thy brethren the sons of Levi with thee: and seek ye the priesthood also?

11 For which cause *both* thou and all thy company *are* gathered together against the LORD: and*g* what *is* Aaron, that ye murmur against him?

12 And Moses sent to call Dathan and Abiram, the sons of Eliab; which said, We will not come up:

13 *Is i it* a small thing that thou hast brought us up out of a land that floweth with milk and honey, to kill us in the wilderness, except thou make thyself altogether a prince*k* over us?

14 Moreover, thou hast not brought us into a land that floweth*l* with milk and honey, or given us inheritance of fields and vineyards: wilt thou δ put out the eyes of these men? we will not come up.

15 And Moses was very wroth, and said unto the LORD, Respect*n* not thou their offering: I*p* have not taken one ass from them, neither have I hurt one of them.

16 And Moses said unto Korah, Be thou and all thy company before the LORD, thou, and they, and Aaron, to-morrow:

17 And take every man his censer, and put incense in them, and bring ye*s* before the LORD every man his censer, two hundred and fifty censers; thou also, and Aaron, each *of you* his censer.

18 And they took every man his censer, & put fire in them, & laid incense thereon, and stood in the door of the tabernacle of the congregation with Moses and Aaron.

19 And Korah gathered all the congregation against them unto the door of the tabernacle of the congregation: and*u* the glory of the LORD appeared unto all the congregation.

20 And the LORD spake unto Moses and unto Aaron, saying,

21 Separate*w* yourselves from among this congregation, that I may*x* consume them in a moment.

22 And they fell*z* upon their faces, and said, O God, the God*a* of the spirits of all flesh, shall one*b* man sin, and wilt thou be wroth with all the congregation?

23 And the LORD spake unto Moses, saying,

24 Speak unto the congregation, saying, Get you up from about the tabernacle of Korah, Dathan, and Abiram.

25 And Moses rose up and went unto Dathan and Abiram; and the elders of Israel followed him.

26 And he spake unto the congregation, saying, Depart,*f* I pray you, from the tents of these wicked men, and touch nothing of their's, lest ye be consumed in all their sins.

27 So they gat up from the tabernacle of Korah, Dathan, and Abiram, on every side: and Dathan and Abiram came out, and stood in the door of their tents, and their wives, and their sons, and their little children.

28 And Moses said, Hereby ye*i* shall know that the LORD hath sent me to do all

---

B. C. 1471.

a Je. 23. 16.
b ver. 13.
 Is. 7. 13.
β *as every man dieth.*
c ch. 3. 41,45.
 8. 14.
 De. 10. 8.
d Is. 10. 3.
γ *create a creature.*
e Job 31. 3.
f ver. 33.
 Ps. 55. 15.
g Ex. 16. 8.
 1 Sa. 8. 7.
 Ac. 5. 4.
 1 Co. 3. 5.
h ch. 26.10,11.
 De. 11. 6.
 Ps. 106. 17,
 18.
i ver. 9.
k Ex. 2. 14.
l Ex. 3. 8.
 Le. 20. 24.
δ *bore out.*
m ch. 11. 1.
 Le. 10. 2.
n Ge. 4. 5.
 Is. 1.10..15.
o ver. 17.
p 1 Sa. 12. 3.
 Ac. 20. 33.
 2 Co. 7. 2.
q Le. 27. 28.
r Pr. 8. 36.
 20. 2.
 Hab. 2. 10.
s 1 Sa. 12. 7.
t ch. 17. 10.
 Eze. 14. 8.
u ch. 14. 10.
v ch. 3. 10.
 2 Ch. 26.18.
w ver. 45.
 Re. 18. 4.
x He. 12. 28,
 29.
y ch. 14. 2.
 Ps. 106. 25,
 &c.
z ch. 14. 5.
a ch. 27. 16.
 Job 12. 10.
 Ec. 12. 7.
 Is. 57. 16.
 Zec. 12. 1.
 He. 12. 9.
b Ge. 18. 32.
 Jos.7.1,&c.
 Ro. 5. 18.
c Ex. 40. 34.
d ver. 19.
e ver. 21, 24.
f Ge.19.12,14
 Is. 52. 11.
 2 Co. 6. 17.
 1 Ti. 5. 22.
 Re. 18. 4.
g ver. 22.
 ch. 20. 6.
h ch. 11. 33.
 18. 5.
 Le. 10. 6.
 1 Ch. 27.24.
i Ex. 3. 12.
 Zec. 2. 9
 Jnº. 5. 36.
k Ps. 106. 29.

---

these works; for *I have* not *done them* of mine own mind.*a*

29 If these men die β the common death of all men, or if they be visited after the visitation*d* of all men; *then* the LORD hath not sent me.

30 But if the LORD γ make a new*e* thing, and the earth open her mouth, and swallow them up, with all that *appertain* unto them, and they go down quick into the pit;*f* then ye shall understand that these men have provoked the LORD.

31 And it came to pass, as he had made an end of speaking all these words, that the ground clave asunder that *was* under them:

32 And*h* the earth opened her mouth, and swallowed them up, and their houses, and all the men that *appertained* unto Korah, and all *their* goods.

33 They, and all that *appertained* to them, went down alive into the pit, and the earth closed upon them: and they perished from among the congregation.

34 And all Israel that *were* round about them fled at the cry of them: for they said, Lest the earth swallow us up *also.*

35 And there came out a fire*m* from the LORD, and consumed the two hundred and fifty*o* men that offered incense.

36 And ye*e* LORD spake unto Moses, saying,

37 Speak unto Eleazar the son of Aaron the priest, that he take up the censers out of the burning, and scatter thou the fire yonder; for*q* they are hallowed.

38 The censers of these sinners*r* against their own souls, let them make them broad plates *for* a covering of the altar; for they offered them before the LORD, therefore they are hallowed: & they shall be a sign*t* unto the children of Israel.

39 And Eleazar the priest took the brazen censers, wherewith they that were burnt had offered; and they were made broad *plates for* a covering of the altar:

40 *To be* a memorial unto the children of Israel, that*v* no stranger, which *is* not of the seed of Aaron, come near to offer incense before the LORD; that he be not as Korah, and as his company: as the LORD said to him by the hand of Moses.

41 But, on the morrow, all the congregation of the children of Israel*y* murmured against Moses and against Aaron, saying, Ye have killed the people of the LORD.

42 And it came to pass, when the congregation was gathered against Moses and against Aaron, that they looked toward the tabernacle of the congregation: and, behold, the cloud*c* covered it, and the glory*d* of the LORD appeared.

43 And Moses and Aaron came before the tabernacle of the congregation.

44 And the LORD spake unto Moses, saying,

45 Get*e* you up from among this congregation, that I may consume them as in a moment. And*g* they fell upon their faces.

46 And Moses said unto Aaron, Take a censer, and put fire therein from off the altar, and put on incense, and go quickly unto the congregation, and make an atonement for them: for there is *h* wrath gone out from the LORD; the plague is begun.

47 And Aaron took as Moses commanded, and ran into the midst of the congregation; and, behold, the plague*k* was begun among the people: and he put on in-

---

106

מִלִּפְנֵי יְהוָה הֵחֵל הַנֶּגֶף וַיִּקַּח אַהֲרֹן כַּאֲשֶׁר
13 דִּבֶּר מֹשֶׁה וַיָּרָץ אֶל־תּוֹךְ הַקָּהָל וְהִנֵּה הֵחֵל הַנֶּגֶף
בָּעָם וַיִּתֵּן אֶת־הַקְּטֹרֶת וַיְכַפֵּר עַל־הָעָם: וַיַּעֲמֹד
14 בֵּין־הַמֵּתִים וּבֵין הַחַיִּים וַתֵּעָצַר הַמַּגֵּפָה: וַיִּהְיוּ
הַמֵּתִים בַּמַּגֵּפָה אַרְבָּעָה עָשָׂר אֶלֶף וּשְׁבַע מֵאוֹת
15 מִלְּבַד הַמֵּתִים עַל־דְּבַר־קֹרַח: וַיָּשָׁב אַהֲרֹן אֶל־
מֹשֶׁה אֶל־פֶּתַח אֹהֶל מוֹעֵד וְהַמַּגֵּפָה נֶעֱצָרָה: פ
16 וַיְדַבֵּר יְהוָה אֶל־מֹשֶׁה לֵּאמֹר: 17 דַּבֵּר אֶל־בְּנֵי
יִשְׂרָאֵל וְקַח מֵאִתָּם מַטֶּה מַטֶּה לְבֵית אָב מֵאֵת
כָּל־נְשִׂיאֵהֶם לְבֵית אֲבֹתָם שְׁנֵים עָשָׂר מַטּוֹת אִישׁ
18 אֶת־שְׁמוֹ תִּכְתֹּב עַל־מַטֵּהוּ: וְאֵת שֵׁם אַהֲרֹן
תִּכְתֹּב עַל־מַטֵּה לֵוִי כִּי מַטֶּה אֶחָד לְרֹאשׁ בֵּית
19 אֲבוֹתָם: וְהִנַּחְתָּם בְּאֹהֶל מוֹעֵד לִפְנֵי הָעֵדוּת
20 אֲשֶׁר אִוָּעֵד לָכֶם שָׁמָּה: וְהָיָה הָאִישׁ אֲשֶׁר
אֶבְחַר־בּוֹ מַטֵּהוּ יִפְרָח וַהֲשִׁכֹּתִי מֵעָלַי אֶת־תְּלֻנּוֹת
21 בְּנֵי יִשְׂרָאֵל אֲשֶׁר הֵם מַלִּינִם עֲלֵיכֶם: וַיְדַבֵּר
מֹשֶׁה אֶל־בְּנֵי יִשְׂרָאֵל וַיִּתְּנוּ אֵלָיו כָּל־נְשִׂיאֵיהֶם
מַטֶּה לְנָשִׂיא אֶחָד מַטֶּה לְנָשִׂיא אֶחָד לְבֵית אֲבֹתָם
שְׁנֵים עָשָׂר מַטּוֹת וּמַטֵּה אַהֲרֹן בְּתוֹךְ מַטּוֹתָם:
22 וַיַּנַּח מֹשֶׁה אֶת־הַמַּטֹּת לִפְנֵי יְהוָה בְּאֹהֶל הָעֵדֻת:
23 וַיְהִי מִמָּחֳרָת וַיָּבֹא מֹשֶׁה אֶל־אֹהֶל הָעֵדוּת וְהִנֵּה
פָּרַח מַטֵּה־אַהֲרֹן לְבֵית לֵוִי וַיֹּצֵא פֶרַח וַיָּצֵץ צִיץ
24 וַיִּגְמֹל שְׁקֵדִים: וַיֹּצֵא מֹשֶׁה אֶת־כָּל־הַמַּטֹּת
מִלִּפְנֵי יְהוָה אֶל־כָּל־בְּנֵי יִשְׂרָאֵל וַיִּרְאוּ וַיִּקְחוּ אִישׁ
מַטֵּהוּ: ס
25 וַיֹּאמֶר יְהוָה אֶל־מֹשֶׁה הָשֵׁב אֶת־מַטֵּה אַהֲרֹן לִפְנֵי
הָעֵדוּת לְמִשְׁמֶרֶת לְאוֹת לִבְנֵי־מֶרִי וּתְכַל תְּלוּנֹתָם
26 מֵעָלַי וְלֹא יָמֻתוּ: וַיַּעַשׂ מֹשֶׁה כַּאֲשֶׁר צִוָּה יְהוָה
אֹתוֹ כֵּן עָשָׂה: פ
27 וַיֹּאמְרוּ בְּנֵי יִשְׂרָאֵל אֶל־מֹשֶׁה לֵאמֹר הֵן גָּוַעְנוּ
28 אָבַדְנוּ כֻּלָּנוּ אָבָדְנוּ: כֹּל הַקָּרֵב הַקָּרֵב אֶל־
מִשְׁכַּן יְהוָה יָמוּת הַאִם תַּמְנוּ לִגְוֹעַ: ס

CAP. XVIII. יח

1 וַיֹּאמֶר יְהוָה אֶל־אַהֲרֹן אַתָּה וּבָנֶיךָ וּבֵית־אָבִיךָ
אִתָּךְ תִּשְׂאוּ אֶת־עֲוֹן הַמִּקְדָּשׁ וְאַתָּה וּבָנֶיךָ אִתָּךְ
2 תִּשְׂאוּ אֶת־עֲוֹן כְּהֻנַּתְכֶם: וְגַם אֶת־אַחֶיךָ מַטֵּה

לֵוִי שֶׁבֶט אָבִיךָ הַקְרֵב אִתָּךְ וְיִלָּווּ עָלֶיךָ וִישָׁרְתוּךָ
3 וְאַתָּה וּבָנֶיךָ אִתָּךְ לִפְנֵי אֹהֶל הָעֵדֻת: וְשָׁמְרוּ
מִשְׁמַרְתְּךָ וּמִשְׁמֶרֶת כָּל־הָאֹהֶל אַךְ אֶל־כְּלֵי הַקֹּדֶשׁ
וְאֶל־הַמִּזְבֵּחַ לֹא יִקְרָבוּ וְלֹא־יָמֻתוּ גַם־הֵם גַּם־
4 אַתֶּם: וְנִלְווּ עָלֶיךָ וְשָׁמְרוּ אֶת־מִשְׁמֶרֶת אֹהֶל
מוֹעֵד לְכֹל עֲבֹדַת הָאֹהֶל וְזָר לֹא־יִקְרַב אֲלֵיכֶם:
5 וּשְׁמַרְתֶּם אֵת מִשְׁמֶרֶת הַקֹּדֶשׁ וְאֵת מִשְׁמֶרֶת
6 הַמִּזְבֵּחַ וְלֹא־יִהְיֶה עוֹד קֶצֶף עַל־בְּנֵי יִשְׂרָאֵל: וַאֲנִי
הִנֵּה לָקַחְתִּי אֶת־אֲחֵיכֶם הַלְוִיִּם מִתּוֹךְ בְּנֵי יִשְׂרָאֵל
לָכֶם מַתָּנָה נְתֻנִים לַיהוָה לַעֲבֹד אֶת־עֲבֹדַת אֹהֶל
7 מוֹעֵד: וְאַתָּה וּבָנֶיךָ אִתְּךָ תִּשְׁמְרוּ אֶת־כְּהֻנַּתְכֶם
לְכָל־דְּבַר הַמִּזְבֵּחַ וּלְמִבֵּית לַפָּרֹכֶת וַעֲבַדְתֶּם עֲבֹדַת
מַתָּנָה אֶתֵּן אֶת־כְּהֻנַּתְכֶם וְהַזָּר הַקָּרֵב יוּמָת: פ
8 וַיְדַבֵּר יְהוָה אֶל־אַהֲרֹן וַאֲנִי הִנֵּה נָתַתִּי לְךָ אֶת־
מִשְׁמֶרֶת תְּרוּמֹתָי לְכָל־קָדְשֵׁי בְנֵי־יִשְׂרָאֵל לְךָ
9 נְתַתִּים לְמָשְׁחָה וּלְבָנֶיךָ לְחָק־עוֹלָם: זֶה־יִהְיֶה לְךָ
מִקֹּדֶשׁ הַקֳּדָשִׁים מִן־הָאֵשׁ כָּל־קָרְבָּנָם לְכָל־מִנְחָתָם
וּלְכָל־חַטָּאתָם וּלְכָל־אֲשָׁמָם אֲשֶׁר יָשִׁיבוּ לִי קֹדֶשׁ
10 קָדָשִׁים לְךָ הוּא וּלְבָנֶיךָ: בְּקֹדֶשׁ הַקֳּדָשִׁים
11 תֹּאכֲלֶנּוּ כָּל־זָכָר יֹאכַל אֹתוֹ קֹדֶשׁ יִהְיֶה־לָּךְ: וְזֶה־
לְךָ תְּרוּמַת מַתָּנָם לְכָל־תְּנוּפֹת בְּנֵי יִשְׂרָאֵל לְךָ
נְתַתִּים וּלְבָנֶיךָ וְלִבְנֹתֶיךָ אִתְּךָ לְחָק־עוֹלָם כָּל־
12 טָהוֹר בְּבֵיתְךָ יֹאכַל אֹתוֹ: כֹּל חֵלֶב יִצְהָר וְכָל־
חֵלֶב תִּירוֹשׁ וְדָגָן רֵאשִׁיתָם אֲשֶׁר־יִתְּנוּ לַיהוָה
13 לְךָ נְתַתִּים: בִּכּוּרֵי כָּל־אֲשֶׁר בְּאַרְצָם אֲשֶׁר־
יָבִיאוּ לַיהוָה לְךָ יִהְיֶה כָּל־טָהוֹר בְּבֵיתְךָ יֹאכֲלֶנּוּ:
14,15 כָּל־חֵרֶם בְּיִשְׂרָאֵל לְךָ יִהְיֶה: כָּל־פֶּטֶר רֶחֶם
לְכָל־בָּשָׂר אֲשֶׁר־יַקְרִיבוּ לַיהוָה בָּאָדָם וּבַבְּהֵמָה
יִהְיֶה־לָּךְ אַךְ פָּדֹה תִפְדֶּה אֵת בְּכוֹר הָאָדָם וְאֵת
16 בְּכוֹר־הַבְּהֵמָה הַטְּמֵאָה תִּפְדֶּה: וּפְדוּיָו מִבֶּן־
חֹדֶשׁ תִּפְדֶּה בְּעֶרְכְּךָ כֶּסֶף חֲמֵשֶׁת שְׁקָלִים בְּשֶׁקֶל
17 הַקֹּדֶשׁ עֶשְׂרִים גֵּרָה הוּא: אַךְ בְּכוֹר־שׁוֹר אוֹ־
בְכוֹר כֶּשֶׂב אוֹ־בְכוֹר עֵז לֹא תִפְדֶּה קֹדֶשׁ הֵם אֶת־
דָּמָם תִּזְרֹק עַל־הַמִּזְבֵּחַ וְאֶת־חֶלְבָּם תַּקְטִיר אִשֶּׁה
18 לְרֵיחַ נִיחֹחַ לַיהוָה: וּבְשָׂרָם יִהְיֶה־לָּךְ כַּחֲזֵה
19 הַתְּנוּפָה וּכְשׁוֹק הַיָּמִין לְךָ יִהְיֶה: כֹּל תְּרוּמֹת

cense,^a and made an atonement for the people.

48 And he stood between ^b the dead and the living; and the plague was ^c stayed.

49 Now they that died in the plague were fourteen thousand and seven hundred, beside them that died about the matter of Korah.

50 And Aaron returned unto Moses, unto the door of the tabernacle of the congregation; and the plague was stayed.

CHAP. XVII.

AND the LORD spake unto Moses, saying,

2 Speak unto the children of Israel, and take of every one of them a rod,^g according to the house of *their* fathers, of all their princes according to the house of their fathers, twelve rods: write thou every man's name upon his rod.

3 And thou shalt write Aaron's name upon the rod of Levi: for one rod *shall be* for the head of the house of their fathers.

4 And thou shalt lay them up in the tabernacle of the congregation, before the testimony, where ^k I will meet with you.

5 And it shall come to pass, *that* the man's rod, whom I shall choose,^m shall blossom: and I will make to cease from me the murmurings of the children of Israel, whereby ^o they murmur against you.

6 And Moses spake unto the children of Israel; and every one of their princes gave him ^β a rod apiece, for each prince one, according to their fathers' houses, *even* twelve rods: and the rod of Aaron *was* among their rods.

7 And Moses laid up the rods before the LORD in the tabernacle ^t of witness.

8 And it came to pass, that on the morrow, Moses went into the tabernacle of witness; and, behold, the rod ^u of Aaron for the house of Levi was budded, and brought forth buds, and bloomed blossoms, and yielded almonds.

9 And Moses brought out all the rods from before the LORD unto all the children of Israel: and they looked, and took every man his rod.

10 And the LORD said unto Moses, bring Aaron's rod again before the testimony, to be kept ^z for a token against the ^δ rebels; and thou shalt quite take away their murmurings from me, that they die not.

11 And Moses did *so:* as the LORD commanded him, so did he.

12 And the children of Israel spake unto Moses, saying, Behold, we die, we perish,^c we all perish.

13 Whosoever ^d cometh any thing ^e near unto the tabernacle of the LORD shall die: shall we be consumed with dying?

CHAP. XVIII.

AND the LORD said unto Aaron, Thou, and thy sons, and thy father's house with thee, shall bear ^a the iniquity of the sanctuary: and thou and thy sons with thee shall bear the iniquity of your priesthood.

2 And thy brethren also of the tribe of Levi, the tribe of thy father, bring thou with thee, that they may be joined ^m unto thee, and minister ^o unto thee: but thou and ^p thy sons with thee *shall minister* before the tabernacle of witness.

3 And they shall keep thy charge, and the charge of all the tabernacle: only they ^r shall not come nigh the vessels of

---

B. C. 1471.

a De. 33. 10.
b He. 7.24,25.
c 1Ch.21.26,27;
Ps. 106. 30.
d Ex.30,7,&c.
Le. 24. 3.
e ch. 16. 46.
f ch. 8. 19.
g Eze. 37. 16.
h ver. 5.
i He. 9.3, 6.
k Ex. 25. 22.
29. 42, 43.
30. 36.
l ch. 5. 9.
Le. 7. 32.
m ch. 16. 5.
n Ex. 29. 29.
40. 13, 15.
o ch. 16. 11.
p Le. 2. 2, 3.
10. 12, 13.
β a rod for
one prince,
a rod for
one prince.
q Le.6.25,26.
r Le. 7. 7.
14. 13.
s Le.6.16,&c.
t Ex. 38. 21.
Ac. 7. 44.
u Ps. 110. 2.
Eze.19.12,14
v ver. 8.
w De. 18. 3.
x Le. 22. 3.
γ fat.
y Ex. 23. 19.
De. 18. 4.
Ne.10.35,36
z He. 9. 4.
δ children of
rebellion.
a Le. 27. 28.
b Ex. 13. 2.
22. 29.
c Ps. 90. 7.
Is. 57. 16.
d ch. 1.51,53.
18. 4, 7.
e Ep. 2. 13.
He.10.19..22
f Ex. 13. 13.
34. 20.
g Ex. 28. 38.
Is.53. 6,11.
1 Pe. 2. 24.
h Le. 27. 2,6.
i ch. 3. 47.
k Eze. 45. 12.
l De. 15. 19.
m Ge. 29. 34.
n Ex. 29. 16.
Le. 3. 2, 5.
He. 12. 24.
o ch. 3. 6, 7.
p ch.3.10,&c.
q Ex.29.26,28
Le. 7. 34.
r ch. 16. 40.

---

the sanctuary and the altar, that neither they nor ye also die.

4 And they shall be joined unto thee, and keep the charge of the tabernacle of the congregation, for all the service of the tabernacle: and a stranger shall not come nigh unto you.

5 And ye shall keep the charge of the sanctuary, and the charge of the ^d altar; that there be no wrath ^e any more upon the children of Israel.

6 And I, behold, I have taken your brethren the Levites from among the children of Israel; to you *they are* ^f given *as* a gift for the LORD, to do the service of the tabernacle of the congregation.

7 Therefore thou ^h and thy sons with thee shall keep your priest's office for every thing of the altar, and within ⁱ the vail; and ye shall serve: I have given your priest's office *unto you as* a service of gift: and the stranger that cometh nigh shall be put to death.

8 And the LORD spake unto Aaron, Behold, I also have given thee the charge of mine heave-offerings ^l of all the hallowed things of the children of Israel; unto thee have I given them, by reason of the anointing,ⁿ and to thy sons, by an ordinance for ever.

9 This shall be thine of the most holy things, *reserved* from the fire: Every oblation of their's, every ^p meat-offering of their's, and every sin-offering ^q of their's, and every trespass-offering ^r of their's, which they shall render unto me, *shall be* most holy for thee and for thy sons.

10 In ^s the most holy *place* shalt thou eat it; every male shall eat it: it shall be holy unto thee.

11 And this *is* thine: the heave-offering ^v of their gift, with all the wave-offerings of the children of Israel: I have given them unto thee,^w and to thy sons, and to thy daughters with thee, by a statute for ever: every one that is ^x clean in thy house shall eat of it.

12 All the ^γ best of the oil, and all the best of the wine, and of the wheat, the first-fruits ^y of them which they shall offer unto the LORD, them have I given thee.

13 *And* whatsoever is first ripe in the land, which they shall bring unto the LORD, shall be thine: every one that is clean in thy house shall eat of it.

14 Every ^a thing devoted in Israel shall be thine.

15 Every ^b thing that openeth the matrix in all flesh, which they bring unto the LORD, *whether it be* of men or beasts, shall be thine: nevertheless the first-born of man shalt thou surely redeem,^f and the firstling of unclean beasts shalt thou redeem.

16 And those that are to be redeemed, from a month old shalt thou redeem, according to thine estimation,^h for the money of five ⁱ shekels, after the shekel of the sanctuary, which ^k *is* twenty gerahs.

17 But the firstling ^l of a cow, or the firstling of a sheep, or the firstling of a goat, thou shalt not redeem; they *are* holy: thou shalt sprinkle ⁿ their blood upon the altar, and shalt burn their fat *for* an offering made by fire, for a sweet savour unto the LORD.

18 And the flesh of them shall be thine, as ^q the wave-breast and as the right shoulder are thine.

הַקֳּדָשִׁים אֲשֶׁר יָרִימוּ בְנֵי־יִשְׂרָאֵל לַיהוָה נָתַתִּי
20 לְךָ וּלְבָנֶיךָ וְלִבְנֹתֶיךָ אִתְּךָ לְחָק־עוֹלָם בְּרִית מֶלַח
עוֹלָם הִוא לִפְנֵי יְהוָה לְךָ וּלְזַרְעֲךָ אִתָּךְ ׃ וַיֹּאמֶר
יְהוָה אֶל־אַהֲרֹן בְּאַרְצָם לֹא תִנְחָל וְחֵלֶק לֹא־יִהְיֶה
לְךָ בְּתוֹכָם אֲנִי חֶלְקְךָ וְנַחֲלָתְךָ בְּתוֹךְ בְּנֵי יִשְׂרָאֵל ׃
21 וְלִבְנֵי לֵוִי הִנֵּה נָתַתִּי כָּל־מַעֲשֵׂר בְּיִשְׂרָאֵל
לְנַחֲלָה חֵלֶף עֲבֹדָתָם אֲשֶׁר־הֵם עֹבְדִים אֶת־עֲבֹדַת
22 אֹהֶל מוֹעֵד ׃ וְלֹא־יִקְרְבוּ עוֹד בְּנֵי יִשְׂרָאֵל אֶל־
23 אֹהֶל מוֹעֵד לָשֵׂאת חֵטְא לָמוּת ׃ וְעָבַד הַלֵּוִי
הוּא אֶת־עֲבֹדַת אֹהֶל מוֹעֵד וְהֵם יִשְׂאוּ עֲוֹנָם חֻקַּת
עוֹלָם לְדֹרֹתֵיכֶם וּבְתוֹךְ בְּנֵי יִשְׂרָאֵל לֹא יִנְחֲלוּ
24 נַחֲלָה ׃ כִּי אֶת־מַעְשַׂר בְּנֵי־יִשְׂרָאֵל אֲשֶׁר
יָרִימוּ לַיהוָה תְּרוּמָה נָתַתִּי לַלְוִיִּם לְנַחֲלָה עַל־
כֵּן אָמַרְתִּי לָהֶם בְּתוֹךְ בְּנֵי יִשְׂרָאֵל לֹא יִנְחֲלוּ
נַחֲלָה ׃
פ

25 וַיְדַבֵּר יְהוָה אֶל־מֹשֶׁה לֵּאמֹר ׃ וְאֶל־הַלְוִיִּם תְּדַבֵּר
26 וְאָמַרְתָּ אֲלֵהֶם כִּי־תִקְחוּ מֵאֵת בְּנֵי־יִשְׂרָאֵל אֶת־
הַמַּעֲשֵׂר אֲשֶׁר נָתַתִּי לָכֶם מֵאִתָּם בְּנַחֲלַתְכֶם
וַהֲרֵמֹתֶם מִמֶּנּוּ תְּרוּמַת יְהוָה מַעֲשֵׂר מִן־הַמַּעֲשֵׂר ׃
27 וְנֶחְשַׁב לָכֶם תְּרוּמַתְכֶם כַּדָּגָן מִן־הַגֹּרֶן וְכַמְלֵאָה
28 מִן־הַיָּקֶב ׃ כֵּן תָּרִימוּ גַם־אַתֶּם תְּרוּמַת יְהוָה
מִכֹּל מַעְשְׂרֹתֵיכֶם אֲשֶׁר תִּקְחוּ מֵאֵת בְּנֵי יִשְׂרָאֵל
וּנְתַתֶּם מִמֶּנּוּ אֶת־תְּרוּמַת יְהוָה לְאַהֲרֹן הַכֹּהֵן ׃
29 מִכֹּל מַתְּנֹתֵיכֶם תָּרִימוּ אֵת כָּל־תְּרוּמַת יְהוָה מִכָּל־
30 חֶלְבּוֹ אֶת־מִקְדְּשׁוֹ מִמֶּנּוּ ׃ וְאָמַרְתָּ אֲלֵהֶם
בַּהֲרִימְכֶם אֶת־חֶלְבּוֹ מִמֶּנּוּ וְנֶחְשַׁב לַלְוִיִּם כִּתְבוּאַת
31 גֹּרֶן וְכִתְבוּאַת יָקֶב ׃ וַאֲכַלְתֶּם אֹתוֹ בְּכָל־מָקוֹם
אַתֶּם וּבֵיתְכֶם כִּי־שָׂכָר הוּא לָכֶם חֵלֶף עֲבֹדַתְכֶם
32 בְּאֹהֶל מוֹעֵד ׃ וְלֹא־תִשְׂאוּ עָלָיו חֵטְא בַּהֲרִימְכֶם
אֶת־חֶלְבּוֹ מִמֶּנּוּ וְאֶת־קָדְשֵׁי בְנֵי־יִשְׂרָאֵל לֹא תְחַלְּלוּ
וְלֹא תָמוּתוּ ׃

פ פ פ   לם 39

CAP. XIX. ט

1 וַיְדַבֵּר יְהוָה אֶל־מֹשֶׁה וְאֶל־אַהֲרֹן לֵאמֹר ׃ זֹאת
2 חֻקַּת הַתּוֹרָה אֲשֶׁר־צִוָּה יְהוָה לֵאמֹר דַּבֵּר אֶל־
בְּנֵי יִשְׂרָאֵל וְיִקְחוּ אֵלֶיךָ פָרָה אֲדֻמָּה תְּמִימָה
אֲשֶׁר אֵין־בָּהּ מוּם אֲשֶׁר לֹא־עָלָה עָלֶיהָ עֹל ׃

3 הַכֹּהֵן וְנָתַן אֹתָהּ אֶל־אֶלְעָזָר הַכֹּהֵן וְהוֹצִיא אֹתָהּ
4 אֶל־מִחוּץ לַמַּחֲנֶה וְשָׁחַט אֹתָהּ לְפָנָיו ׃ וְלָקַח
אֶלְעָזָר הַכֹּהֵן מִדָּמָהּ בְּאֶצְבָּעוֹ וְהִזָּה אֶל־נֹכַח
5 פְּנֵי אֹהֶל־מוֹעֵד מִדָּמָהּ שֶׁבַע פְּעָמִים ׃ וְשָׂרַף
אֶת־הַפָּרָה לְעֵינָיו אֶת־עֹרָהּ וְאֶת־בְּשָׂרָהּ וְאֶת־דָּמָהּ
6 עַל־פִּרְשָׁהּ יִשְׂרֹף ׃ וְלָקַח הַכֹּהֵן עֵץ אֶרֶז וְאֵזוֹב
וּשְׁנִי תוֹלָעַת וְהִשְׁלִיךְ אֶל־תּוֹךְ שְׂרֵפַת הַפָּרָה ׃
7 וְכִבֶּס בְּגָדָיו הַכֹּהֵן וְרָחַץ בְּשָׂרוֹ בַּמַּיִם וְאַחַר יָבֹא
8 אֶל־הַמַּחֲנֶה וְטָמֵא הַכֹּהֵן עַד־הָעָרֶב ׃ וְהַשֹּׂרֵף
אֹתָהּ יְכַבֵּס בְּגָדָיו בַּמַּיִם וְרָחַץ בְּשָׂרוֹ בַּמָּיִם וְטָמֵא
9 עַד־הָעָרֶב ׃ וְאָסַף אִישׁ טָהוֹר אֵת אֵפֶר הַפָּרָה
וְהִנִּיחַ מִחוּץ לַמַּחֲנֶה בְּמָקוֹם טָהוֹר וְהָיְתָה לַעֲדַת
בְּנֵי־יִשְׂרָאֵל לְמִשְׁמֶרֶת לְמֵי נִדָּה חַטָּאת הִוא ׃
10 וְכִבֶּס הָאֹסֵף אֶת־אֵפֶר הַפָּרָה אֶת־בְּגָדָיו וְטָמֵא
עַד־הָעָרֶב וְהָיְתָה לִבְנֵי יִשְׂרָאֵל וְלַגֵּר הַגָּר בְּתוֹכָם
11 לְחֻקַּת עוֹלָם ׃ הַנֹּגֵעַ בְּמֵת לְכָל־נֶפֶשׁ אָדָם וְטָמֵא
12 שִׁבְעַת יָמִים ׃ הוּא יִתְחַטָּא־בוֹ בַּיּוֹם הַשְּׁלִישִׁי
וּבַיּוֹם הַשְּׁבִיעִי יִטְהָר וְאִם־לֹא יִתְחַטָּא בַּיּוֹם
13 הַשְּׁלִישִׁי וּבַיּוֹם הַשְּׁבִיעִי לֹא יִטְהָר ׃ כָּל־הַנֹּגֵעַ
בְּמֵת בְּנֶפֶשׁ הָאָדָם אֲשֶׁר־יָמוּת וְלֹא יִתְחַטָּא אֶת־
מִשְׁכַּן יְהוָה טִמֵּא וְנִכְרְתָה הַנֶּפֶשׁ הַהִוא
מִיִּשְׂרָאֵל כִּי מֵי נִדָּה לֹא־זֹרַק עָלָיו טָמֵא יִהְיֶה
14 עוֹד טֻמְאָתוֹ בוֹ ׃ זֹאת הַתּוֹרָה אָדָם כִּי־יָמוּת
בְּאֹהֶל כָּל־הַבָּא אֶל־הָאֹהֶל וְכָל־אֲשֶׁר בָּאֹהֶל יִטְמָא
15 שִׁבְעַת יָמִים ׃ וְכֹל כְּלִי פָתוּחַ אֲשֶׁר אֵין־צָמִיד
16 פָּתִיל עָלָיו טָמֵא הוּא ׃ וְכֹל אֲשֶׁר־יִגַּע עַל־פְּנֵי
הַשָּׂדֶה בַּחֲלַל־חֶרֶב אוֹ בְמֵת אוֹ־בְעֶצֶם אָדָם אוֹ
17 בְקָבֶר יִטְמָא שִׁבְעַת יָמִים ׃ וְלָקְחוּ לַטָּמֵא
מֵעֲפַר שְׂרֵפַת הַחַטָּאת וְנָתַן עָלָיו מַיִם חַיִּים אֶל־
18 כֶּלִי ׃ וְלָקַח אֵזוֹב וְטָבַל בַּמַּיִם אִישׁ טָהוֹר וְהִזָּה
עַל־הָאֹהֶל וְעַל־כָּל־הַכֵּלִים וְעַל־הַנְּפָשׁוֹת אֲשֶׁר הָיוּ
שָׁם וְעַל־הַנֹּגֵעַ בַּעֶצֶם אוֹ בֶחָלָל אוֹ בַמֵּת אוֹ בַקָּבֶר ׃
19 וְהִזָּה הַטָּהֹר עַל־הַטָּמֵא בַּיּוֹם הַשְּׁלִישִׁי וּבַיּוֹם
הַשְּׁבִיעִי וְחִטְּאוֹ בַּיּוֹם הַשְּׁבִיעִי וְכִבֶּס בְּגָדָיו וְרָחַץ
20 בַּמַּיִם וְטָהֵר בָּעָרֶב ׃ וְאִישׁ אֲשֶׁר־יִטְמָא וְלֹא
יִתְחַטָּא וְנִכְרְתָה הַנֶּפֶשׁ הַהִוא מִתּוֹךְ הַקָּהָל כִּי
אֶת־מִקְדַּשׁ יְהוָה טִמֵּא מֵי נִדָּה לֹא־זֹרַק עָלָיו

19 All *a* the heave-offerings of the holy things, which the children of Israel offer unto the LORD, have I given thee, and thy sons and thy daughters with thee, by a statute for ever: it *is* a *d* covenant of salt for ever before the LORD unto thee, and to thy seed with thee.

20 And the LORD spake unto Aaron, Thou *f* shalt have no inheritance in their land, neither shalt thou have any part among them: I *h am* thy part and thine inheritance among the children of Israel.

21 And, behold, I have given the children of Levi all the tenth *k* in Israel for an inheritance, for their service which they serve, *even* the service of the tabernacle of the congregation.

22 Neither must the children of Israel henceforth come nigh the tabernacle of the congregation, lest they bear sin, and *β* die. *l*

23 But *m* the Levites shall do the service of the tabernacle of the congregation, and they shall bear their iniquity. It *shall be* a statute for ever throughout your generations, that among the children of Israel they have no inheritance.

24 But the tithes *p* of the children of Israel, which they offer *as* an heave-offering unto the LORD, I have given to the Levites to inherit: therefore I have said unto them, Among the children of Israel they shall have no inheritance.

25 And the LORD spake unto Moses, saying,

26 Thus speak unto the Levites, and say unto them, When ye take of the children of Israel the tithes which I have given you from them for your inheritance, then ye shall offer up an heave-offering of it for the LORD, *even* a tenth *part s* of the tithe.

27 And *this* your heave-offering shall be reckoned unto you, as though *u it were* the corn of the threshing-floor, and as the fulness of the wine-press.

28 Thus ye also shall offer an heave-offering unto the LORD of all your tithes which ye receive of the children of Israel, and ye shall give thereof the LORD's heave-offering to Aaron the priest.

29 Out of all your gifts ye shall offer every heave-offering of the LORD, of all the *o* best thereof, *even* the hallowed part thereof out of it.

30 Therefore thou shalt say unto them, When ye have heaved y *e* best thereof from it, then *y* it shall be counted unto the Levites as the increase of the threshing-floor, and as the increase of the wine-press.

31 And ye shall eat it in every place, ye and your households: for it *is* your reward *z* for your service in the tabernacle of the congregation.

32 And ye shall bear *b* no sin by reason of it, when ye have heaved from it the best of it: neither shall ye pollute *c* the holy things of the children of Israel, lest ye die.

CHAP. XIX.

AND the LORD spake unto Moses, and unto Aaron, saying,

2 This *is* the ordinance of the law which the LORD hath commanded, saying, Speak unto the children of Israel, that they bring thee a red heifer without spot, wherein *e is* no blemish, *and* upon which *g* never came yoke.

3 And ye shall give her unto Eleazar the priest, that he may bring her forth

B. C. 1491.
a ver. 11.
b Le. 4.12 21.
16. 27.
He. 13. 11.
c Le. 4. 6.
16.14,19.
He. 9. 13.
12. 24.
d Le. 2. 13.
2 Ch. 13. 5.
e Ex. 29. 14.
f ch. 26. 62.
g Le.14.4,6.49
h De. 10. 9.
12. 12.
14. 27, 29.
18. 1, 2.
Jos.13.14 33
14. 3.
18. 7.
Ps. 16. 5.
Eze. 44. 28.
i Le. 11. 25.
15. 5.
k Le.27.30,32
β to die.
l ch. 1. 51.
m ch. 3. 7.
n He. 9. 13.
o ver.13,20,21
ch. 31. 23.
p ver. 21.
Ne. 10. 37.
12. 44.
Mal. 3.8..10
He. 7. 5..9.
q ch. 5. 2.
9. 6, 10.
Le. 21. 1.
La. 4. 14.
Hag. 2. 13.
γ soul of man.
r ch. 31. 19.
s Ne. 10. 38.
t Le. 15. 31.
u ver. 30.
v ver. 9.
ch. 8. 7.
w Le.7.20.
22. 3.
x Le. 11. 32.
δ fat. ver. 12.
y ver. 27.
ζ dust.
η living waters shall be given.
Ge. 26. 19.
Jn⁰. 4. 10.
z Mat. 10. 10.
Lu. 10. 7.
1 Co. 9. 13.
2 Co. 12. 13.
1 Ti. 5. 18.
a Ps. 51. 7.
b Le. 19. 8.
22. 16.
c Le. 22. 2, 15.
Mal. 1. 7.
1 Co. 11. 27, 29.
d Le. 14. 9.
e Ex. 12. 5.
Mal.1.13,14
1 Pe. 1. 19.
f ver. 13.
g De. 21. 3.
1 Sa. 6. 7.

without *b* the camp, and *one* shall slay her before his face.

4 And Eleazar the priest shall take of her blood with his finger, and *c* sprinkle of her blood directly before the tabernacle of the congregation seven times.

5 And *one* shall burn the heifer in his sight; her *e* skin, and her flesh, and her blood, with her dung, shall he burn:

6 And the priest shall take cedar *g* wood, and hyssop, and scarlet, and cast *it* into the midst of the burning of the heifer.

7 Then the priest shall wash his *i* clothes, and he shall bathe his flesh in water, and afterward he shall come into the camp, and the priest shall be unclean until the even.

8 And he that burneth her shall wash his clothes in water, and bathe his flesh in water, and shall be unclean until the even.

9 And a man *that is* clean shall gather up the ashes *n* of the heifer, and lay *them* up without the camp in a clean place, and it shall be kept for the congregation of the children of Israel, for *o* a water of separation: it *is* a purification for sin.

10 And he that gathereth the ashes of the heifer shall wash his clothes, and be unclean until the even: and it shall be unto the children of Israel, and unto the stranger that sojourneth among them, for a statute for ever.

11 He *q* that toucheth the dead body of any *γ* man shall be unclean seven days.

12 He *r* shall purify himself with it on the third day, and on the seventh day he shall be clean: but if he purify not himself the third day, then the seventh day he shall not be clean.

13 Whosoever toucheth the dead body of any man that is dead, & purifieth not himself, defileth *t* the tabernacle of the LORD; and that soul shall be cut off from Israel: because the water *v* of separation was not sprinkled upon him, he shall be unclean; his uncleanness *w is* yet upon him.

14 This *is* the law when a man dieth in a tent; all that come into the tent, and all that *is* in the tent, shall be unclean seven days.

15 And every open vessel, *x* which hath no covering bound upon it, *is* unclean.

16 And whosoever toucheth one that is slain with a sword in the open fields, or a dead body, or a bone of a man, or a grave, shall be unclean seven days.

17 And for an unclean *person* they shall take of the *ζ* ashes of the burnt heifer of purification for sin, and *η* running water shall be put thereto in a vessel;

18 And a clean person shall take hyssop, *a* and dip *it* in the water, and sprinkle *it* upon the tent, and upon all the vessels, and upon the persons that were there, and upon him that touched a bone, or one slain, or one dead, or a grave:

19 And the clean *person* shall sprinkle upon the unclean on the third day, and on the seventh day; and on *d* the seventh day he shall purify himself, and wash his clothes, and bathe himself in water, and shall be clean at even.

20 But the man that shall be unclean, and shall not purify himself, that soul shall be cut off from among the congregation, because he hath defiled *f* the sanctuary of the LORD: the water of separation hath not been sprinkled upon him; he *is* unclean.

21 שָׁמֵא הֽוּא ׃ וְהִֽתְוַדָּה לָהֶם לְחַטַּת עוֹלָם וּמֵֽחַדֵּ
מֵֽרֹאַדָּה יָכַבֵּס בְּגָדָיו וְהַנֹּגֵעַ בְּמֵי הַנִּדָּה יִטְמָא עַד־
22 הָעָֽרֶב ׃ וְכֹל אֲשֶׁר־יִגַּע־בּוֹ הַטָּמֵא יִטְמָא וְהַנֶּפֶשׁ
הַנֹּגַעַת תִּטְמָא עַד־הָעָֽרֶב ׃ פ

CAP. XX. כ

1 וַיָּבֹאוּ בְנֵֽי־יִשְׂרָאֵל כָּל־הָֽעֵדָה מִדְבַּר־צִן בַּחֹדֶשׁ
הָֽרִאשׁוֹן וַיֵּשֶׁב הָעָם בְּקָדֵשׁ וַתָּמָת שָׁם מִרְיָם
2 וַתִּקָּבֵר שָׁם ׃ וְלֹא־הָיָה מַיִם לָעֵדָה וַיִּקָּהֲלוּ
3 עַל־מֹשֶׁה וְעַֽל־אַהֲרֹן ׃ וַיָּרֶב הָעָם עִם־מֹשֶׁה
וַיֹּאמְרוּ לֵאמֹר וְלוּ גָוַעְנוּ בִּגְוַע אַחֵינוּ לִפְנֵי יְהוָֹה ׃
4 וְלָמָה הֲבֵאתֶם אֶת־קְהַל יְהוָֹה אֶל־הַמִּדְבָּר הַזֶּה
5 לָמוּת שָׁם אֲנַחְנוּ וּבְעִירֵנוּ ׃ וְלָמָה הֶעֱלִיתֻנוּ
מִמִּצְרַיִם לְהָבִיא אֹתָנוּ אֶל־הַמָּקוֹם הָרָע הַזֶּה לֹא
מְקוֹם זֶרַע וּתְאֵנָה וְגֶפֶן וְרִמּוֹן וּמַיִם אַיִן לִשְׁתּוֹת ׃
6 וַיָּבֹא מֹשֶׁה וְאַהֲרֹן מִפְּנֵי הַקָּהָל אֶל־פֶּתַח אֹהֶל
מוֹעֵד וַיִּפְּלוּ עַל־פְּנֵיהֶם וַיֵּרָא כְבוֹד־יְהוָֹה
אֲלֵיהֶם ׃ פ
7,8 וַיְדַבֵּר יְהוָֹה אֶל־מֹשֶׁה לֵּאמֹר ׃ קַח אֶת־הַמַּטֶּה
וְהַקְהֵל אֶת־הָעֵדָה אַתָּה וְאַהֲרֹן אָחִיךָ וְדִבַּרְתֶּם
אֶל־הַסֶּלַע לְעֵינֵיהֶם וְנָתַן מֵימָיו וְהוֹצֵאתָ לָהֶם
מַיִם מִן־הַסֶּלַע וְהִשְׁקִיתָ אֶת־הָעֵדָה וְאֶת־בְּעִירָם ׃
9 וַיִּקַּח מֹשֶׁה אֶת־הַמַּטֶּה מִלִּפְנֵי יְהוָֹה כַּאֲשֶׁר
10 צִוָּהוּ ׃ וַיַּקְהִלוּ מֹשֶׁה וְאַהֲרֹן אֶת־הַקָּהָל אֶל־פְּנֵי
הַסָּלַע וַיֹּאמֶר לָהֶם שִׁמְעוּ־נָא הַמֹּרִים הֲמִן־הַסֶּלַע
11 הַזֶּה נוֹצִיא לָכֶם מָיִם ׃ וַיָּרֶם מֹשֶׁה אֶת־יָדוֹ
וַיַּךְ אֶת־הַסֶּלַע בְּמַטֵּהוּ פַּעֲמָיִם וַיֵּצְאוּ מַיִם רַבִּים
12 וַתֵּשְׁתְּ הָעֵדָה וּבְעִירָם ׃ ס וַיֹּאמֶר יְהוָֹה
אֶל־מֹשֶׁה וְאֶֽל־אַהֲרֹן יַעַן לֹא־הֶאֱמַנְתֶּם בִּי
לְהַקְדִּישֵׁנִי לְעֵינֵי בְּנֵי יִשְׂרָאֵל לָכֵן לֹא תָבִיאוּ אֶת־
13 הַקָּהָל הַזֶּה אֶל־הָאָרֶץ אֲשֶׁר־נָתַתִּי לָהֶם ׃ הֵמָּה
מֵי מְרִיבָה אֲשֶׁר־רָבוּ בְנֵֽי־יִשְׂרָאֵל אֶת־יְהוָֹה וַיִּקָּדֵשׁ
14 בָּם ׃ ס וַיִּשְׁלַח מֹשֶׁה מַלְאָכִים מִקָּדֵשׁ
אֶל־מֶלֶךְ אֱדוֹם כֹּה אָמַר אָחִיךָ יִשְׂרָאֵל אַתָּה
15 יָדַעְתָּ אֵת כָּל־הַתְּלָאָה אֲשֶׁר מְצָאָתְנוּ ׃ וַיֵּרְדוּ
אֲבֹתֵינוּ מִצְרַיְמָה וַנֵּשֶׁב בְּמִצְרַיִם יָמִים רַבִּים וַיָּרֵעוּ
16 לָנוּ מִצְרַיִם וְלַאֲבֹתֵינוּ ׃ וַנִּצְעַק אֶל־יְהוָֹה וַיִּשְׁמַע
קֹלֵנוּ וַיִּשְׁלַח מַלְאָךְ וַיֹּצִאֵנוּ מִמִּצְרָיִם וְהִנֵּה אֲנַחְנוּ
17 בְקָדֵשׁ עִיר קְצֵה גְבוּלֶךָ ׃ נַעְבְּרָה־נָּא בְאַרְצֶךָ

21 לֹא נַעֲבֹר בְּשָׂדֶה וּבְכֶרֶם וְלֹא נִשְׁתֶּה מֵי בְאֵר דֶּרֶךְ
הַמֶּלֶךְ נֵלֵךְ לֹא נִטֶּה יָמִין וּשְׂמֹאול עַד אֲשֶׁר־
18 נַעֲבֹר גְּבֻלֶךָ ׃ וַיֹּאמֶר אֵלָיו אֱדוֹם לֹא תַעֲבֹר בִּי
19 פֶּן־בַּחֶרֶב אֵצֵא לִקְרָאתֶךָ ׃ וַיֹּאמְרוּ אֵלָיו בְּנֵֽי־
יִשְׂרָאֵל בַּמְסִלָּה נַעֲלֶה וְאִם־מֵימֶיךָ נִשְׁתֶּה אֲנִי
20 וּמִקְנַי וְנָתַתִּי מִכְרָם רַק אֵין־דָּבָר בְּרַגְלַי אֶעֱבֹרָה ׃
וַיֹּאמֶר לֹא תַעֲבֹר וַיֵּצֵא אֱדוֹם לִקְרָאתוֹ בְּעַם כָּבֵד
21 וּבְיָד חֲזָקָה ׃ וַיְמָאֵן אֱדוֹם נְתֹן אֶת־יִשְׂרָאֵל עֲבֹר
בִּגְבֻלוֹ וַיֵּט יִשְׂרָאֵל מֵעָלָיו ׃ פ
22 וַיִּסְעוּ מִקָּדֵשׁ וַיָּבֹאוּ בְנֵֽי־יִשְׂרָאֵל כָּל־הָעֵדָה הֹר
23 הָהָר ׃ וַיֹּאמֶר יְהוָֹה אֶל־מֹשֶׁה וְאֶל־אַהֲרֹן בְּהֹר
24 הָהָר עַל־גְּבוּל אֶרֶץ־אֱדוֹם לֵאמֹר ׃ יֵאָסֵף אַהֲרֹן
אֶל־עַמָּיו כִּי לֹא יָבֹא אֶל־הָאָרֶץ אֲשֶׁר נָתַתִּי לִבְנֵי
יִשְׂרָאֵל עַל אֲשֶׁר־מְרִיתֶם אֶת־פִּי לְמֵי מְרִיבָה ׃
25 קַח אֶת־אַהֲרֹן וְאֶת־אֶלְעָזָר בְּנוֹ וְהַעַל אֹתָם הֹר
26 הָהָר ׃ וְהַפְשֵׁט אֶת־אַהֲרֹן אֶת־בְּגָדָיו וְהִלְבַּשְׁתָּם
אֶת־אֶלְעָזָר בְּנוֹ וְאַהֲרֹן יֵאָסֵף וּמֵת שָׁם ׃ וַיַּעַשׂ 27
מֹשֶׁה כַּאֲשֶׁר צִוָּה יְהוָֹה וַיַּעֲלוּ אֶל־הֹר הָהָר לְעֵינֵי
28 כָּל־הָעֵדָה ׃ וַיַּפְשֵׁט מֹשֶׁה אֶת־אַהֲרֹן אֶת־בְּגָדָיו
וַיַּלְבֵּשׁ אֹתָם אֶת־אֶלְעָזָר בְּנוֹ וַיָּמָת אַהֲרֹן שָׁם
בְּרֹאשׁ הָהָר וַיֵּרֶד מֹשֶׁה וְאֶלְעָזָר מִן־הָהָר ׃ וַיִּרְאוּ 29
כָּל־הָעֵדָה כִּי גָוַע אַהֲרֹן וַיִּבְכּוּ אֶת־אַהֲרֹן שְׁלֹשִׁים
יוֹם כֹּל בֵּית יִשְׂרָאֵל ׃ ס

CAP. XXI. כא

1 וַיִּשְׁמַע הַכְּנַעֲנִי מֶֽלֶךְ־עֲרָד יֹשֵׁב הַנֶּגֶב כִּי בָּא
יִשְׂרָאֵל דֶּרֶךְ הָאֲתָרִים וַיִּלָּחֶם בְּיִשְׂרָאֵל וַיִּשְׁבְּ
2 מִמֶּנּוּ שֶׁבִי ׃ וַיִּדַּר יִשְׂרָאֵל נֶדֶר לַיהוָֹה וַיֹּאמַר
אִם־נָתֹן תִּתֵּן אֶת־הָעָם הַזֶּה בְּיָדִי וְהַחֲרַמְתִּי
3 אֶת־עָרֵיהֶם ׃ וַיִּשְׁמַע יְהוָֹה בְּקוֹל יִשְׂרָאֵל וַיִּתֵּן
אֶת־הַכְּנַעֲנִי וַיַּחֲרֵם אֶתְהֶם וְאֶת־עָרֵיהֶם וַיִּקְרָא
שֵׁם־הַמָּקוֹם חָרְמָה ׃ פ
4 וַיִּסְעוּ מֵהֹר הָהָר דֶּרֶךְ יַם־סוּף לִסְבֹב אֶת־אֶרֶץ
5 אֱדוֹם וַתִּקְצַר נֶפֶשׁ־הָעָם בַּדָּרֶךְ ׃ וַיְדַבֵּר הָעָם
בֵּאלֹהִים וּבְמֹשֶׁה לָמָה הֶעֱלִיתֻנוּ מִמִּצְרַיִם לָמוּת
בַּמִּדְבָּר כִּי אֵין לֶחֶם וְאֵין מַיִם וְנַפְשֵׁנוּ קָצָה
6 בַּלֶּחֶם הַקְּלֹקֵל ׃ וַיְשַׁלַּח יְהוָֹה בָּעָם אֵת הַנְּחָשִׁים
הַשְּׂרָפִים וַיְנַשְּׁכוּ אֶת־הָעָם וַיָּמָת עַם־רָב מִיִּשְׂרָאֵל ׃
7 וַיָּבֹא הָעָם אֶל־מֹשֶׁה וַיֹּאמְרוּ חָטָאנוּ כִּי־דִבַּרְנוּ

21 And it shall be a perpetual statute unto them, that he that sprinkleth the water of separation shall wash his clothes; and he that toucheth the water of separation shall be unclean until even.

22 And whatsoever *a* the unclean *person* toucheth shall be unclean; and *b* the soul that toucheth *it* shall be unclean until even.

CHAP. XX.

THEN *d* came the children of Israel, *even* the whole congregation, into the desert of Zin, in the first month; and the people abode in Kadesh; and *e* Miriam died there, and was buried there.

2 And *h* there was no water for the congregation: and *i* they gathered themselves together against Moses and against Aaron.

3 And the people chode with Moses, and spake, saying, Would *j* God that we had died when our brethren died before the LORD!

4 And why have ye brought up the congregation of the LORD into this wilderness, that we and our cattle should die there?

5 And wherefore have ye made us to come up out of Egypt, to bring us in unto this evil place? it *m is* no place of seed, or of figs, or of vines, or of pomegranates; neither *is* there any water to drink.

6 And Moses and Aaron went from the presence of the assembly unto the door of the tabernacle of the congregation, and they fell upon their faces; and the glory of the LORD appeared unto them.

7 And the LORD spake unto Moses, saying,

8 Take the rod, and gather thou the assembly together, thou and Aaron thy brother, and speak ye unto the rock before their eyes; and it shall give forth his water, and thou shalt bring forth the water out of the rock: *p* so thou shalt give the congregation and their beasts drink.

9 And Moses took the rod from before the LORD, as he commanded him.

10 And Moses & Aaron gathered the congregation together before the rock; and he said unto them, Hear now, ye rebels; *γ* must we fetch you water out of this rock?

11 And Moses lift up his hand, and with his rod he smote the rock twice: and the *θ* water came out abundantly: and the congregation drank, and their beasts *also*.

12 And the LORD spake unto Moses and Aaron, Because *u* ye believed me not, to sanctify *w* me in the eyes of the children of Israel, therefore ye shall not bring this congregation into the land which I have given them.

13 This *is* the water of *γ* Meribah; because the children of Israel strove with the LORD, and he was sanctified *z* in them.

14 And *a* Moses sent messengers from Kadesh unto the king of Edom, Thus saith *c* thy brother Israel, Thou knowest all the travail that hath *ζ* befallen us.

15 How our fathers went down *e* into Egypt, and we have dwelt *f* in Egypt a long time; and the Egyptians vexed us and our fathers:

16 And when *i* we cried unto the LORD, he heard *j* our voice, and sent *k* an angel, and hath brought us forth out of Egypt; and, behold, we *are* in Kadesh, a city in the uttermost of thy border:

17 Let *n* us pass, I pray thee, through thy country: we will not pass through the fields, or through the vineyards, neither

---

B. C. 1452.

a Hag. 2. 13.
b Le. 15. 5.
c De. 2. 6, 28.
d ch. 33. 36.
e Ex. 15. 20.
f Ju. 11. 17.
g Ob. 10,15.
h Ex. 17. 1, &c.
i ch. 16. 42.
j ch.14.2,&c.
k ch. 33. 37.
l Ge. 25. 8.
De. 32. 50.
m ch. 16. 14.
u ver. 12.
β month.
o ch. 33. 38, &c.
p ver. 11.
Ne. 9. 15.
Ps.78.15,16.
105. 41.
114. 8.
Is. 43. 20.
48. 21.
q Ps. 106. 33.
r ch. 33. 40.
Ju. 1. 16.
s Ex. 17. 6.
De. 8. 15.
1 Co. 10. 4.
t ch. 13. 21.
u ch. 27. 14.
De. 3. 26.
32. 51.
v Ge. 28. 20.
Ju. 11. 30.
w Le. 10. 3.
Eze. 36. 23.
1 Pe. 3. 15.
x Le. 27. 28.
De. 13. 15.
y Ps. 22. 4, 5.
γ That is, strife.
Ex. 17. 7.
z Eze. 20.41.
a Ju.11.16,17
δ That is, utter destruction.
b ch. 20. 22.
33. 41.
c De. 2.4,&c.
ζ found us.
d Ju. 11. 18.
η or, grieved. Heb. shortened.
Ex. 6. 9.
e Ge. 46. 6.
f Ex. 12. 40.
g Ps. 78. 19.
h Ex. 16. 3.
17. 3.
i Ex. 2. 23.
j Ex. 3. 7.
k Ex. 3. 2.
14. 19.
23. 20.
33. 2.
l ch. 11. 6.
Ps. 68. 6.
m De. 8. 15.
1 Co.10. 9.
n ch. 21. 22.
De. 2. 27.
o Ps. 78. 34.

---

will we drink *of* the water of the wells: we will go by the king's *high*-way, we will not turn to the right hand nor to the left, until we have passed thy borders.

18 And Edom said unto him, Thou shalt not pass by me, lest I come out against thee with the sword.

19 And the children of Israel said unto him, We will go by the high-way; and *e* if I and my cattle drink of thy water, then I will pay for it: I will only, without *doing* any thing *else*, go through on my feet.

20 And he said, Thou *f* shalt not go through. And Edom came out *g* against him with much people, and with a strong hand.

21 Thus Edom refused to give Israel passage through his border: wherefore Israel turned away from him.

22 And *k* the children of Israel, *even* the whole congregation, journeyed from Kadesh, and came unto mount Hor.

23 And the LORD spake unto Moses and Aaron in mount Hor, by the coast of the land of Edom, saying,

24 Aaron shall be gathered *l* unto his people: for he shall not enter into the land which I have given unto the children of Israel, because ye rebelled *n* against my *β* word at the water of Meribah.

25 Take Aaron and Eleazar his son, and bring them up unto mount Hor;

26 And strip Aaron of his garments, and put them upon Eleazar his son: and Aaron shall be gathered *unto his people*, and shall die there.

27 And Moses did as the LORD commanded: and they went up into mount Hor, in the sight of all the congregation.

28 And *o* Moses stripped Aaron of his garments, and put them upon Eleazar his son; and Aaron died there in the top of the mount: and Moses and Eleazar came down from the mount.

29 And when all the congregation saw that Aaron was dead, they mourned for Aaron thirty days, *even* all the house of Israel.

CHAP. XXI.

AND *when* king Arad *r* the Canaanite, which dwelt in the south, heard tell that Israel came by the way *t* of the spies; then he fought against Israel, and took *some* of them prisoners.

2 And Israel vowed *v* a vow unto the LORD, and said, If thou wilt indeed deliver this people into my hand, then I will utterly *x* destroy their cities.

3 And the LORD hearkened *y* to the voice of Israel, and delivered up the Canaanites; and they utterly destroyed them and their cities: and he called the name of the place *δ* Hormah.

4 And *b* they journeyed from mount Hor by the way of the Red sea, to compass the land *d* of Edom: & the soul of y *e* people was much *η* discouraged because of the way.

5 And the people spake *g* against God, and against Moses, Wherefore *h* have ye brought us up out of Egypt, to die in the wilderness? for *there is* no bread, neither *is l* there any water; and our soul loatheth this light bread.

6 And *m* the LORD sent fiery serpents among the people, and they bit the people; and much people of Israel died.

7 Therefore *o* the people came to Moses, and said, We have sinned, for we have

109

‏[‎עמוד ימין — במדבר כא, ז–כט]

‏...חָטָאנוּ כִּי־דִבַּרְנוּ בַיהוָה וָבָךְ הִתְפַּלֵּל אֶל־יְהוָה וְיָסֵר מֵעָלֵינוּ אֶת־הַנָּחָשׁ וַיִּתְפַּלֵּל מֹשֶׁה בְּעַד הָעָם׃

8 וַיֹּאמֶר יְהוָה אֶל־מֹשֶׁה עֲשֵׂה לְךָ שָׂרָף וְשִׂים אֹתוֹ עַל־נֵס וְהָיָה כָּל־הַנָּשׁוּךְ וְרָאָה אֹתוֹ וָחָי׃

9 וַיַּעַשׂ מֹשֶׁה נְחַשׁ נְחֹשֶׁת וַיְשִׂמֵהוּ עַל־הַנֵּס וְהָיָה אִם־נָשַׁךְ הַנָּחָשׁ אֶת־אִישׁ וְהִבִּיט אֶל־נְחַשׁ הַנְּחֹשֶׁת וָחָי׃

10 וַיִּסְעוּ בְּנֵי יִשְׂרָאֵל וַיַּחֲנוּ בְּאֹבֹת׃

11 וַיִּסְעוּ מֵאֹבֹת וַיַּחֲנוּ בְּעִיֵּי הָעֲבָרִים בַּמִּדְבָּר אֲשֶׁר עַל־פְּנֵי מוֹאָב מִמִּזְרַח הַשָּׁמֶשׁ׃

12 מִשָּׁם נָסָעוּ וַיַּחֲנוּ בְּנַחַל זָרֶד׃

13 מִשָּׁם נָסָעוּ וַיַּחֲנוּ מֵעֵבֶר אַרְנוֹן אֲשֶׁר בַּמִּדְבָּר הַיֹּצֵא מִגְּבֻל הָאֱמֹרִי כִּי אַרְנוֹן גְּבוּל מוֹאָב בֵּין מוֹאָב וּבֵין הָאֱמֹרִי׃

14 עַל־כֵּן יֵאָמַר בְּסֵפֶר מִלְחֲמֹת יְהוָה אֶת־וָהֵב בְּסוּפָה וְאֶת־הַנְּחָלִים אַרְנוֹן׃

15 וְאֶשֶׁד הַנְּחָלִים אֲשֶׁר נָטָה לְשֶׁבֶת עָר וְנִשְׁעַן לִגְבוּל מוֹאָב׃

16 וּמִשָּׁם בְּאֵרָה הִוא הַבְּאֵר אֲשֶׁר אָמַר יְהוָה לְמֹשֶׁה אֱסֹף אֶת־הָעָם וְאֶתְּנָה לָהֶם מָיִם׃ ס

17 אָז יָשִׁיר יִשְׂרָאֵל אֶת־הַשִּׁירָה הַזֹּאת עֲלִי בְאֵר עֱנוּ־לָהּ׃

18 בְּאֵר חֲפָרוּהָ שָׂרִים כָּרוּהָ נְדִיבֵי הָעָם בִּמְחֹקֵק בְּמִשְׁעֲנֹתָם וּמִמִּדְבָּר מַתָּנָה׃

19 וּמִמַּתָּנָה נַחֲלִיאֵל וּמִנַּחֲלִיאֵל בָּמוֹת׃

20 וּמִבָּמוֹת הַגַּיְא אֲשֶׁר בִּשְׂדֵה מוֹאָב רֹאשׁ הַפִּסְגָּה וְנִשְׁקָפָה עַל־פְּנֵי הַיְשִׁימֹן׃ ס

21 וַיִּשְׁלַח יִשְׂרָאֵל מַלְאָכִים אֶל־סִיחֹן מֶלֶךְ־הָאֱמֹרִי לֵאמֹר׃

22 אֶעְבְּרָה בְאַרְצֶךָ לֹא נִטֶּה בְּשָׂדֶה וּבְכֶרֶם לֹא נִשְׁתֶּה מֵי בְאֵר בְּדֶרֶךְ הַמֶּלֶךְ נֵלֵךְ עַד אֲשֶׁר־נַעֲבֹר גְּבֻלֶךָ׃

23 וְלֹא־נָתַן סִיחֹן אֶת־יִשְׂרָאֵל עֲבֹר בִּגְבֻלוֹ וַיֶּאֱסֹף סִיחֹן אֶת־כָּל־עַמּוֹ וַיֵּצֵא לִקְרַאת יִשְׂרָאֵל הַמִּדְבָּרָה וַיָּבֹא יָהְצָה וַיִּלָּחֶם בְּיִשְׂרָאֵל׃

24 וַיַּכֵּהוּ יִשְׂרָאֵל לְפִי־חָרֶב וַיִּירַשׁ אֶת־אַרְצוֹ מֵאַרְנֹן עַד־יַבֹּק עַד־בְּנֵי עַמּוֹן כִּי עַז גְּבוּל בְּנֵי עַמּוֹן׃

25 וַיִּקַּח יִשְׂרָאֵל אֵת כָּל־הֶעָרִים הָאֵלֶּה וַיֵּשֶׁב יִשְׂרָאֵל בְּכָל־עָרֵי הָאֱמֹרִי בְּחֶשְׁבּוֹן וּבְכָל־בְּנֹתֶיהָ׃

26 כִּי חֶשְׁבּוֹן עִיר סִיחֹן מֶלֶךְ הָאֱמֹרִי הִוא וְהוּא נִלְחַם בְּמֶלֶךְ מוֹאָב הָרִאשׁוֹן וַיִּקַּח אֶת־כָּל־אַרְצוֹ מִיָּדוֹ עַד־אַרְנֹן׃

27 עַל־כֵּן יֹאמְרוּ הַמֹּשְׁלִים בֹּאוּ חֶשְׁבּוֹן תִּבָּנֶה וְתִכּוֹנֵן עִיר סִיחוֹן׃

28 כִּי־אֵשׁ יָצְאָה מֵחֶשְׁבּוֹן לֶהָבָה מִקִּרְיַת סִיחֹן אָכְלָה עָר מוֹאָב בַּעֲלֵי בָּמוֹת אַרְנֹן׃

29 אוֹי־לְךָ מוֹאָב אָבַדְתָּ עַם־כְּמוֹשׁ...

‏[‎עמוד שמאל — במדבר כא, כט (המשך) – כב, יב]

‏...נָתַן בָּנָיו פְּלֵיטִם וּבְנֹתָיו בַּשְּׁבִית לְמֶלֶךְ אֱמֹרִי סִיחוֹן׃

30 וַנִּירָם אָבַד חֶשְׁבּוֹן עַד־דִּיבוֹן וַנַּשִּׁים עַד־נֹפַח אֲשֶׁר עַד־מֵידְבָא׃

31 וַיֵּשֶׁב יִשְׂרָאֵל בְּאֶרֶץ הָאֱמֹרִי׃

32 וַיִּשְׁלַח מֹשֶׁה לְרַגֵּל אֶת־יַעְזֵר וַיִּלְכְּדוּ בְּנֹתֶיהָ וַיּוֹרֶשׁ אֶת־הָאֱמֹרִי אֲשֶׁר־שָׁם׃

33 וַיִּפְנוּ וַיַּעֲלוּ דֶּרֶךְ הַבָּשָׁן וַיֵּצֵא עוֹג מֶלֶךְ־הַבָּשָׁן לִקְרָאתָם הוּא וְכָל־עַמּוֹ לַמִּלְחָמָה אֶדְרֶעִי׃

34 וַיֹּאמֶר יְהוָה אֶל־מֹשֶׁה אַל־תִּירָא אֹתוֹ כִּי בְיָדְךָ נָתַתִּי אֹתוֹ וְאֶת־כָּל־עַמּוֹ וְאֶת־אַרְצוֹ וְעָשִׂיתָ לּוֹ כַּאֲשֶׁר עָשִׂיתָ לְסִיחֹן מֶלֶךְ הָאֱמֹרִי אֲשֶׁר יוֹשֵׁב בְּחֶשְׁבּוֹן׃

35 וַיַּכּוּ אֹתוֹ וְאֶת־בָּנָיו וְאֶת־כָּל־עַמּוֹ עַד־בִּלְתִּי הִשְׁאִיר־לוֹ שָׂרִיד וַיִּירְשׁוּ אֶת־אַרְצוֹ׃

CAP. XXII.   כב

1 וַיִּסְעוּ בְּנֵי יִשְׂרָאֵל וַיַּחֲנוּ בְּעַרְבוֹת מוֹאָב מֵעֵבֶר לְיַרְדֵּן יְרֵחוֹ׃

מ   40   ס   ס   ס

2 וַיַּרְא בָּלָק בֶּן־צִפּוֹר אֵת כָּל־אֲשֶׁר־עָשָׂה יִשְׂרָאֵל לָאֱמֹרִי׃

3 וַיָּגָר מוֹאָב מִפְּנֵי הָעָם מְאֹד כִּי רַב־הוּא וַיָּקָץ מוֹאָב מִפְּנֵי בְּנֵי יִשְׂרָאֵל׃

4 וַיֹּאמֶר מוֹאָב אֶל־זִקְנֵי מִדְיָן עַתָּה יְלַחֲכוּ הַקָּהָל אֶת־כָּל־סְבִיבֹתֵינוּ כִּלְחֹךְ הַשּׁוֹר אֵת יֶרֶק הַשָּׂדֶה וּבָלָק בֶּן־צִפּוֹר מֶלֶךְ לְמוֹאָב בָּעֵת הַהִוא׃

5 וַיִּשְׁלַח מַלְאָכִים אֶל־בִּלְעָם בֶּן־בְּעוֹר פְּתוֹרָה אֲשֶׁר עַל־הַנָּהָר אֶרֶץ בְּנֵי־עַמּוֹ לִקְרֹא־לוֹ לֵאמֹר הִנֵּה עַם יָצָא מִמִּצְרַיִם הִנֵּה כִסָּה אֶת־עֵין הָאָרֶץ וְהוּא יֹשֵׁב מִמֻּלִי׃

6 וְעַתָּה לְכָה־נָּא אָרָה־לִּי אֶת־הָעָם הַזֶּה כִּי־עָצוּם הוּא מִמֶּנִּי אוּלַי אוּכַל נַכֶּה־בּוֹ וַאֲגָרְשֶׁנּוּ מִן־הָאָרֶץ כִּי יָדַעְתִּי אֵת אֲשֶׁר־תְּבָרֵךְ מְבֹרָךְ וַאֲשֶׁר תָּאֹר יוּאָר׃

7 וַיֵּלְכוּ זִקְנֵי מוֹאָב וְזִקְנֵי מִדְיָן וּקְסָמִים בְּיָדָם וַיָּבֹאוּ אֶל־בִּלְעָם וַיְדַבְּרוּ אֵלָיו דִּבְרֵי בָלָק׃

8 וַיֹּאמֶר אֲלֵיהֶם לִינוּ פֹה הַלַּיְלָה וַהֲשִׁבֹתִי אֶתְכֶם דָּבָר כַּאֲשֶׁר יְדַבֵּר יְהוָה אֵלָי וַיֵּשְׁבוּ שָׂרֵי־מוֹאָב עִם־בִּלְעָם׃

9 וַיָּבֹא אֱלֹהִים אֶל־בִּלְעָם וַיֹּאמֶר מִי הָאֲנָשִׁים הָאֵלֶּה עִמָּךְ׃

10 וַיֹּאמֶר בִּלְעָם אֶל־הָאֱלֹהִים בָּלָק בֶּן־צִפֹּר מֶלֶךְ מוֹאָב שָׁלַח אֵלָי׃

11 הִנֵּה הָעָם הַיֹּצֵא מִמִּצְרַיִם וַיְכַס אֶת־עֵין הָאָרֶץ עַתָּה לְכָה קָבָה־לִּי אֹתוֹ אוּלַי אוּכַל לְהִלָּחֶם בּוֹ וְגֵרַשְׁתִּיו׃

12 וַיֹּאמֶר אֱלֹהִים...

spoken *a* against the LORD, and against thee; pray *b* unto the LORD, that he take away the serpents from us. And Moses prayed *d* for the people.

8 And the LORD said unto Moses, Make thee a fiery serpent, and set it upon a pole: and it shall come to pass, that every one that is bitten, when he looketh upon it, shall live.

9 And Moses made a serpent *f* of brass, and put it upon a pole: and it came to pass, that if a serpent had bitten any man, when he beheld the serpent of brass, he lived.

10 And the children of Israel set forward, and pitched in Oboth. *h*

11 And they journeyed from Oboth, and pitched at β Ije-abarim, in the wilderness which *is* before Moab, toward the sun-rising.

12 From thence they removed, and pitched in the valley of Zared. *l*

13 From thence they removed, and pitched on the other side of *m* Arnon, which *is* in the wilderness that cometh out of the coasts of the Amorites: for Arnon *is* the border of Moab, between Moab and the Amorites.

14 Wherefore it is said in the book of the wars of the LORD, γ What he did in the Red sea, and in the brooks of Arnon,

15 And at the stream of the brooks that goeth down to the dwelling of Ar, *o* and lieth δ upon the border of Moab.

16 And from thence *they went* to *q* Beer: that *is* the well whereof the LORD *r* spake unto Moses, Gather the people together, and I will give them water.

17 Then Israel sang *u* this song, ζ Spring up, O well; η sing ye unto it:

18 The princes digged the well, the nobles of the people digged it, by *the direction of* the law-giver, *w* with their staves. And from *θ* wilderness *they went* to Mattanah:

19 And from Mattanah to Nahaliel: and from Nahaliel to Bamoth:

20 And from Bamoth *in* the valley, that *is* in the *θ* country of Moab, to the top of κ Pisgah, which looketh *y* toward Jeshimon. λ

21 And *z* Israel sent messengers unto Sihon king of the Amorites, saying,

22 Let *a* me pass through thy land: we will not turn into the fields, or into the vineyards; we will not drink *of* the waters of y *e* well: *but* we will go along by y *e* king's *high*-way, until we be past thy borders.

23 And Sihon would not suffer Israel to pass through his border; but *e* Sihon gathered all his people together, and went out against Israel into the wilderness: and he came to Jahaz, and fought against Israel.

24 And *d* Israel smote him with the edge of the sword, and possessed his land from Arnon unto Jabbok, even unto the children of Ammon: for the border of the children of Ammon *was* strong.

25 And Israel took all these cities: and Israel dwelt in all the cities of the Amorites, in Heshbon, and in all the villages *v* thereof.

26 For Heshbon *f was* the city of Sihon the king of the Amorites, who had fought against the former king of Moab, and taken all his land out of his hand, even unto Arnon.

27 Wherefore they that speak in proverbs, *g* say, Come into Heshbon, let the city of Sihon be built and prepared:

28 For *h* there is a fire gone out of

B. C. 1452.

a ver. 5.
b Ex. 8. 8,28.
De.9.20,26.
1 Sa. 12.19.
1 Ki. 13. 6.
Job 42.8,10.
Je. 15. 1.
Ac. 8. 24.
Ja. 5. 16.
c De. 2. 9, 18.
Is. 15. 1,2.
d Ps. 106. 23.
e Ju. 11.24.
2 Ki. 23.13.
f 2 Ki. 18. 4.
Jn⁰.3.14,15.
g Je.48.18,22.
h ch.33.43,44
i ch. 32. 1.
β or, *heaps of Abarim.*
k De.3.1,&c.
l De. 2. 13.
m ch. 22. 36.
Ju. 11. 18.
n De. 29. 7.
Jos. 13. 12.
Ps. 135. 10,
11,
136. 20.
γ or, *Vaheb in Suphah.*
o De.2.18,29.
p ch. 33. 48.
δ *leaneth.*
q Ju. 9. 21.
r ch. 20. 8.
s Ju. 11. 25.
t Ex. 15. 15.
De. 2. 25.
u Ex. 15. 1.
Ju. 5. 1.
Ps. 106. 12.
ζ *Ascend.*
η or, *answer.*
v ch. 31. 8.
Jos.13.21,22.
w De. 33. 4.
Is. 33. 22.
θ or, *field.*
x De. 23. 4.
Jos. 24. 9.
Ne. 13. 1, 2.
Mi. 6. 5.
κ or, *the hill.*
y ch. 23. 28.
λ or, *the wilderness.*
z De.2.26,27.
Ju.11.19,20.
a ch. 20. 17.
μ *eye.*
b ch. 23. 7.
c De. 29. 7.
d Jos. 12.1,2.
24. 8.
v daughters.
e 1 Sa. 9.7,8.
Mi. 3. 11.
Jude 11.
f Ca. 7. 4.
Is. 15. 4.
g Hab. 2. 6.
π *I shall prevail in fighting against him.*
h Je.48.45,46.

Heshbon, a flame from the city of Sihon: it hath consumed Ar *c* of Moab, *and* the lords of the high places of Arnon.

29 Woe to thee, Moab! thou art undone, O people of Chemosh: *e* he hath given his sons that escaped, and his daughters, into captivity unto Sihon king of the Amorites.

30 We have shot at them: Heshbon is perished even unto Dibon, *g* and we have laid them waste even unto Nophah, which *reacheth* unto Medeba.

31 Thus Israel dwelt in the land of the Amorites.

32 And Moses sent to spy out *i* Jaazer; and they took the villages thereof, and drove out the Amorites that *were* there.

33 And *k* they turned and went up by the way of Bashan: and Og the king of Bashan went out against them, he and all his people, to the battle at Edrei.

34 And the LORD said unto Moses, Fear him not: for I have delivered him into thy hand, and all his people, and his land; and thou shalt do to him as thou didst unto Sihon king of the Amorites, which dwelt at Heshbon.

35 So *n* they smote him, and his sons, and all his people, until there was none left him alive: & they possessed his land.

CHAP. XXII.

AND *p* the children of Israel set forward, and pitched in the plains of Moab, on this side Jordan *by* Jericho.

2 And Balak, *s* the son of Zippor, saw all that Israel had done to the Amorites.

3 And *t* Moab was sore afraid of the people, because they *were* many: and Moab was distressed because of the children of Israel.

4 And Moab said unto the elders *v* of Midian, Now shall this company lick up all *that are* round about us, as the ox licketh up the grass of the field. And Balak, the son of Zippor, *was* king of the Moabites at that time.

5 He sent *x* messengers, therefore, unto Balaam, the son of Beor, to Pethor, which *is* by the river of the land of the children of his people, to call him, saying, Behold there is a people come out from Egypt: behold, they cover the μ face of the earth, and they abide over against me.

6 Come now, therefore, I pray thee, curse *b* me this people, for they *are* too mighty for me: peradventure I shall prevail, *that* we may smite them, and *that* I may drive them out of the land; for I wot that he whom thou blessest *is* blessed, and he whom thou cursest is cursed.

7 And the elders of Moab, and the elders of Midian, departed with the rewards *e* of divination in their hand; and they came unto Balaam, and spake unto him the words of Balak.

8 And he said unto them, Lodge here this night, and I will bring you word again, as the LORD shall speak unto me: And the princes of Moab abode with Balaam.

9 And God came unto Balaam, and said, What men *are* these with thee?

10 And Balaam said unto God, Balak the son of Zippor, king of Moab, hath sent unto me, *saying,*

11 Behold, *there is* a people come out of Egypt, which covereth the face of the earth: come now, curse me them; peradventure π I shall be able to overcome them, and drive them out.

אֶל־בִּלְעָם לֹא תֵלֵךְ עִמָּהֶם לֹא תָאֹר אֶת־הָעָם כִּי בָרוּךְ הוּא׃

13 וַיָּקָם בִּלְעָם בַּבֹּקֶר וַיֹּאמֶר אֶל־שָׂרֵי בָלָק לְכוּ אֶל־אַרְצְכֶם כִּי מֵאֵן יְהוָה לְתִתִּי לַהֲלֹךְ עִמָּכֶם׃

14 וַיָּקוּמוּ שָׂרֵי מוֹאָב וַיָּבֹאוּ אֶל־בָּלָק וַיֹּאמְרוּ מֵאֵן בִּלְעָם הֲלֹךְ עִמָּנוּ׃

15 וַיֹּסֶף עוֹד בָּלָק שְׁלֹחַ שָׂרִים רַבִּים וְנִכְבָּדִים מֵאֵלֶּה׃

16 וַיָּבֹאוּ אֶל־בִּלְעָם וַיֹּאמְרוּ לוֹ כֹּה אָמַר בָּלָק בֶּן־צִפּוֹר אַל־נָא תִמָּנַע מֵהֲלֹךְ אֵלָי׃

17 כִּי־כַבֵּד אֲכַבֶּדְךָ מְאֹד וְכֹל אֲשֶׁר־תֹּאמַר אֵלַי אֶעֱשֶׂה וּלְכָה־נָּא קָבָה־לִּי אֵת הָעָם הַזֶּה׃

18 וַיַּעַן בִּלְעָם וַיֹּאמֶר אֶל־עַבְדֵי בָלָק אִם־יִתֶּן־לִי בָלָק מְלֹא בֵיתוֹ כֶּסֶף וְזָהָב לֹא אוּכַל לַעֲבֹר אֶת־פִּי יְהוָה אֱלֹהָי לַעֲשׂוֹת קְטַנָּה אוֹ גְדוֹלָה׃

19 וְעַתָּה שְׁבוּ נָא בָזֶה גַּם־אַתֶּם הַלָּיְלָה וְאֵדְעָה מַה־יֹּסֵף יְהוָה דַּבֵּר עִמִּי׃

20 וַיָּבֹא אֱלֹהִים אֶל־בִּלְעָם לַיְלָה וַיֹּאמֶר לוֹ אִם־לִקְרֹא לְךָ בָּאוּ הָאֲנָשִׁים קוּם לֵךְ אִתָּם וְאַךְ אֶת־הַדָּבָר אֲשֶׁר־אֲדַבֵּר אֵלֶיךָ אֹתוֹ תַעֲשֶׂה׃

21 וַיָּקָם בִּלְעָם בַּבֹּקֶר וַיַּחֲבֹשׁ אֶת־אֲתֹנוֹ וַיֵּלֶךְ עִם־שָׂרֵי מוֹאָב׃

22 וַיִּחַר־אַף אֱלֹהִים כִּי־הוֹלֵךְ הוּא וַיִּתְיַצֵּב מַלְאַךְ יְהוָה בַּדֶּרֶךְ לְשָׂטָן לוֹ וְהוּא רֹכֵב עַל־אֲתֹנוֹ וּשְׁנֵי נְעָרָיו עִמּוֹ׃

23 וַתֵּרֶא הָאָתוֹן אֶת־מַלְאַךְ יְהוָה נִצָּב בַּדֶּרֶךְ וְחַרְבּוֹ שְׁלוּפָה בְּיָדוֹ וַתֵּט הָאָתוֹן מִן־הַדֶּרֶךְ וַתֵּלֶךְ בַּשָּׂדֶה וַיַּךְ בִּלְעָם אֶת־הָאָתוֹן לְהַטֹּתָהּ הַדָּרֶךְ׃

24 וַיַּעֲמֹד מַלְאַךְ יְהוָה בְּמִשְׁעוֹל הַכְּרָמִים גָּדֵר מִזֶּה וְגָדֵר מִזֶּה׃

25 וַתֵּרֶא הָאָתוֹן אֶת־מַלְאַךְ יְהוָה וַתִּלָּחֵץ אֶל־הַקִּיר וַתִּלְחַץ אֶת־רֶגֶל בִּלְעָם אֶל־הַקִּיר וַיֹּסֶף לְהַכֹּתָהּ׃

26 וַיּוֹסֶף מַלְאַךְ־יְהוָה עֲבוֹר וַיַּעֲמֹד בְּמָקוֹם צָר אֲשֶׁר אֵין־דֶּרֶךְ לִנְטוֹת יָמִין וּשְׂמֹאול׃

27 וַתֵּרֶא הָאָתוֹן אֶת־מַלְאַךְ יְהוָה וַתִּרְבַּץ תַּחַת בִּלְעָם וַיִּחַר־אַף בִּלְעָם וַיַּךְ אֶת־הָאָתוֹן בַּמַּקֵּל׃

28 וַיִּפְתַּח יְהוָה אֶת־פִּי הָאָתוֹן וַתֹּאמֶר לְבִלְעָם מֶה־עָשִׂיתִי לְךָ כִּי הִכִּיתַנִי זֶה שָׁלֹשׁ רְגָלִים׃

29 וַיֹּאמֶר בִּלְעָם לָאָתוֹן כִּי הִתְעַלַּלְתְּ בִּי לוּ יֶשׁ־חֶרֶב בְּיָדִי כִּי עַתָּה הֲרַגְתִּיךְ׃

30 וַתֹּאמֶר הָאָתוֹן אֶל־בִּלְעָם הֲלוֹא אָנֹכִי אֲתֹנְךָ אֲשֶׁר־רָכַבְתָּ עָלַי מֵעוֹדְךָ עַד־הַיּוֹם הַזֶּה הַהַסְכֵּן הִסְכַּנְתִּי לַעֲשׂוֹת לְךָ כֹּה וַיֹּאמֶר לֹא׃

31 וַיְגַל יְהוָה אֶת־עֵינֵי בִלְעָם וַיַּרְא אֶת־מַלְאַךְ יְהוָה נִצָּב בַּדֶּרֶךְ וְחַרְבּוֹ שְׁלֻפָה בְּיָדוֹ וַיִּקֹּד וַיִּשְׁתַּחוּ לְאַפָּיו׃

32 וַיֹּאמֶר אֵלָיו מַלְאַךְ יְהוָה עַל־מָה הִכִּיתָ אֶת־אֲתֹנְךָ זֶה שָׁלוֹשׁ רְגָלִים הִנֵּה אָנֹכִי יָצָאתִי לְשָׂטָן כִּי־יָרַט הַדֶּרֶךְ לְנֶגְדִּי׃

33 וַתִּרְאַנִי הָאָתוֹן וַתֵּט לְפָנַי זֶה שָׁלֹשׁ רְגָלִים אוּלַי נָטְתָה מִפָּנַי כִּי עַתָּה גַּם־אֹתְכָה הָרַגְתִּי וְאוֹתָהּ הֶחֱיֵיתִי׃

34 וַיֹּאמֶר בִּלְעָם אֶל־מַלְאַךְ יְהוָה חָטָאתִי כִּי לֹא יָדַעְתִּי כִּי אַתָּה נִצָּב לִקְרָאתִי בַּדָּרֶךְ׃

35 וְעַתָּה אִם־רַע בְּעֵינֶיךָ אָשׁוּבָה לִּי וַיֹּאמֶר מַלְאַךְ יְהוָה אֶל־בִּלְעָם לֵךְ עִם־הָאֲנָשִׁים וְאֶפֶס אֶת־הַדָּבָר אֲשֶׁר־אֲדַבֵּר אֵלֶיךָ אֹתוֹ תְדַבֵּר וַיֵּלֶךְ בִּלְעָם עִם־שָׂרֵי בָלָק׃

36 וַיִּשְׁמַע בָּלָק כִּי בָא בִלְעָם וַיֵּצֵא לִקְרָאתוֹ אֶל־עִיר מוֹאָב אֲשֶׁר עַל־גְּבוּל אַרְנֹן אֲשֶׁר בִּקְצֵה הַגְּבוּל׃

37 וַיֹּאמֶר בָּלָק אֶל־בִּלְעָם הֲלֹא שָׁלֹחַ שָׁלַחְתִּי אֵלֶיךָ לִקְרֹא־לָךְ לָמָּה לֹא־הָלַכְתָּ אֵלָי הַאֻמְנָם לֹא אוּכַל כַּבְּדֶךָ׃

38 וַיֹּאמֶר בִּלְעָם אֶל־בָּלָק הִנֵּה־בָאתִי אֵלֶיךָ עַתָּה הֲיָכֹל אוּכַל דַּבֵּר מְאוּמָה הַדָּבָר אֲשֶׁר יָשִׂים אֱלֹהִים בְּפִי אֹתוֹ אֲדַבֵּר׃

39 וַיֵּלֶךְ בִּלְעָם עִם־בָּלָק וַיָּבֹאוּ קִרְיַת חֻצוֹת׃ 40 וַיִּזְבַּח בָּלָק בָּקָר וָצֹאן וַיְשַׁלַּח לְבִלְעָם וְלַשָּׂרִים אֲשֶׁר אִתּוֹ׃

41 וַיְהִי בַבֹּקֶר וַיִּקַּח בָּלָק אֶת־בִּלְעָם וַיַּעֲלֵהוּ בָּמוֹת בָּעַל וַיַּרְא מִשָּׁם קְצֵה הָעָם׃

CAP. XXIII. כג

1 וַיֹּאמֶר בִּלְעָם אֶל־בָּלָק בְּנֵה־לִי בָזֶה שִׁבְעָה מִזְבְּחֹת וְהָכֵן לִי בָּזֶה שִׁבְעָה פָרִים וְשִׁבְעָה אֵילִים׃

2 וַיַּעַשׂ בָּלָק כַּאֲשֶׁר דִּבֶּר בִּלְעָם וַיַּעַל בָּלָק וּבִלְעָם פָּר וָאַיִל בַּמִּזְבֵּחַ׃

3 וַיֹּאמֶר בִּלְעָם לְבָלָק הִתְיַצֵּב עַל־עֹלָתֶךָ וְאֵלְכָה אוּלַי יִקָּרֵה יְהוָה לִקְרָאתִי וּדְבַר מַה־יַּרְאֵנִי וְהִגַּדְתִּי לָךְ וַיֵּלֶךְ שֶׁפִי׃

4 וַיִּקָּר אֱלֹהִים אֶל־בִּלְעָם וַיֹּאמֶר אֵלָיו אֶת־שִׁבְעַת הַמִּזְבְּחֹת עָרַכְתִּי וָאַעַל פָּר וָאַיִל בַּמִּזְבֵּחַ׃

5 וַיָּשֶׂם יְהוָה דָּבָר בְּפִי בִלְעָם וַיֹּאמֶר שׁוּב אֶל־בָּלָק וְכֹה תְדַבֵּר׃

6 וַיָּשָׁב אֵלָיו וְהִנֵּה נִצָּב עַל־עֹלָתוֹ הוּא וְכָל־שָׂרֵי מוֹאָב׃

7 וַיִּשָּׂא מְשָׁלוֹ וַיֹּאמַר מִן־אֲרָם יַנְחֵנִי בָלָק מֶלֶךְ־מוֹאָב מֵהַרְרֵי־קֶדֶם לְכָה אָרָה־לִּי יַעֲקֹב וּלְכָה זֹעֲמָה יִשְׂרָאֵל׃

8 מָה אֶקֹּב לֹא קַבֹּה אֵל וּמָה אֶזְעֹם לֹא זָעַם יְהוָה׃

9 כִּי־מֵרֹאשׁ צֻרִים אֶרְאֶנּוּ וּמִגְּבָעוֹת אֲשׁוּרֶנּוּ הֶן־עָם לְבָדָד יִשְׁכֹּן וּבַגּוֹיִם לֹא יִתְחַשָּׁב׃

12 And God said unto Balaam, Thou shalt not go with them; thou shalt not curse the people: for *b* they *are* blessed.

13 And Balaam rose up in the morning, and said unto the princes of Balak, Get you into your land: for the LORD refuseth *c* to give me leave to go with you.

14 And the princes of Moab rose up, and they went unto Balak, and said, Balaam refuseth to come with us.

15 And Balak sent yet again princes, more, and more honourable than they.

16 And they came to Balaam, and said to him, Thus saith Balak the son of Zippor, *δ* Let nothing, I pray thee, hinder thee from coming unto me:

17 For I will promote thee unto very great honour, and I will do whatsoever thou sayest unto me: come *l* therefore, I pray thee, curse me this people.

18 And Balaam answered and said unto the servants of Balak, If *m* Balak would give me his house full of silver and gold, I *n* cannot go beyond the word of the LORD my God, to do less or more.

19 Now therefore, I pray you, tarry ye also here this night, that I may know what the LORD will say unto me more.

20 And *o* God came unto Balaam at night, and said unto him, If the men come to call thee, rise up, *and* go with them; but yet *q* the word which I shall say unto thee, that shalt thou do.

21 And Balaam rose up in the morning, and saddled his ass, and went with the princes of Moab.

22 And God's anger was kindled because he went: and *s* the angel of the LORD stood in the way for an adversary against him. Now he was riding upon his ass, and his two servants *were* with him.

23 And the ass saw *t* the angel of the LORD standing in the way, and his sword drawn in his hand: and the ass turned aside out of the way, and went into the field: and Balaam smote the ass, to turn her into the way.

24 But the angel of the LORD stood in a path of the vineyards, a wall *being* on this side, and a wall on that side.

25 And when the ass saw the angel of the LORD, she thrust herself unto the wall, and crushed Balaam's foot against the wall: and he smote her again.

26 And the angel of the LORD went further, and stood in a narrow place, where *was* no way to turn either to the right hand or to the left.

27 And when the ass saw the angel of the LORD, she fell down under Balaam: and Balaam's anger was kindled, and he smote the ass with a staff.

28 And the LORD opened *a* the mouth of the ass, and she said unto Balaam, What have I done unto thee, that thou hast smitten me these three times?

29 And Balaam said unto the ass, Because thou hast mocked me: I would there were a sword in mine hand, *c* for now would I kill thee.

30 And the ass said unto Balaam, *Am* not I thine ass, *κ* upon which thou hast ridden ever since λ *I was* thine unto this day? was I ever wont to do so unto thee? And he said, Nay.

31 Then the LORD opened *g* the eyes o *c* Balaam, and he saw the angel of the LORD standing in the way, and his sword drawn

in his hand: and he bowed *a* down his head, and *β* fell flat on his face.

32 And the angel of the LORD said unto him, Wherefore hast thou smitten thine ass *c* these three times? behold, I went out *γ* to withstand thee, because *thy d* way is perverse *f* before me:

33 And the ass saw me, and turned from me these three times: unless she had turned from me, surely now also I had slain thee, and saved her alive.

34 And Balaam said unto the angel of the LORD, I *g* have sinned, for I knew not that thou stoodest in the way against me: now therefore, if it *ζ* displease thee, I *h* will get me back again.

35 And the angel of the LORD said unto Balaam, Go *i* with the men: but *k* only the word that I shall speak unto thee, that thou shalt speak. So Balaam went with the princes of Balak.

36 And when Balak heard that Balaam was come, he went out to meet him unto a city of Moab, which *is* in the border of Arnon, which *is* in the utmost coast.

37 And Balak said unto Balaam, Did I not earnestly send unto thee to call thee? wherefore camest thou not unto me? am I not able indeed to promote *p* thee to honour?

38 And Balaam said unto Balak, Lo, I am come unto thee: have I now any power at all to say any thing? the word *r* that God putteth in my mouth, that shall I speak.

39 And Balaam went with Balak, and they came unto *η* Kirjath-huzoth.

40 And Balak offered oxen and sheep, and sent to Balaam, and to the princes that *were* with him.

41 And it came to pass on the morrow, that Balak took Balaam, and brought him up into the high *u* places of Baal, that thence he might see the utmost *part* of the people.

CHAP. XXIII.

AND Balaam said unto Balak, *v* Build me here seven altars, and prepare me here seven oxen and seven rams.

2 And Balak did as Balaam had spoken; and Balak and Balaam offered *w* on *every* altar a bullock and a ram.

3 And Balaam said unto Balak, *x* Stand by thy burnt-offering, and I will go: peradventure the LORD will come to meet me: and whatsoever he sheweth me I will tell thee. And he went *θ* to an high place.

4 And *y* God met Balaam: and he said unto him, I have prepared seven altars, and I have offered upon *every* altar a bullock and a ram.

5 And the LORD put *z* a word in Balaam's mouth, and said, Return unto Balak, and thus thou shalt speak.

6 And he returned unto him; and, lo, he stood by his burnt-sacrifice, he, and all the princes of Moab.

7 And he took up his parable, *b* and said, Balak the king of Moab hath brought me from Aram, out of the mountains of the east, *saying*, Come, curse *d* me Jacob, and come, defy *e* Israel.

8 How *f* shall I curse, whom God hath not cursed? or how shall I defy, *whom* the LORD hath not defied?

9 For from the top of the rocks I see him, and from the hills I behold him: lo, the people shall dwell alone, *h* and shall *i* not be reckoned among the nations.

B. C. 1452.

a Ex. 34. 8.
β or, *bowed himself.*
b Ge.22.16..18
De. 33. 29.
c Ps. 145. 9.
γ to be an adversary unto thee.
d 2 Pe. 2. 15.
e De. 23. 5.
f Pr. 14. 2.
    28. 18.
g 1Sa.15.24 30
    26. 21.
δ Be not thou letted.
ζ be evil in thine eyes.
h Job 34.31,32
i Is. 47. 12.
k ver. 20.
l ver. 6.
m ch. 24. 13.
n ch. 23. 26.
    24. 13.
    1 Ki. 22.14.
o ver. 9.
p ver. 17.
    ch. 24. 11.
    Ps. 75. 6.
    Jn*o*. 5. 44.
q ver. 35.
    ch. 23. 12.
r ver. 18.
η or, *a city of streets.*
s Ex. 4. 24.
t 2 Ki. 6. 17.
    Da. 10. 7.
    Ac. 22. 9.
    1Co.1.27..29
u De. 12. 2.
v ver. 29.
w ver. 14, 30.
x ver. 15.
θ or, *solitary.*
y ver. 16.
z ch. 22. 35.
    De. 18. 18.
    Je. 1. 9.
a 2 Pe. 2. 16.
b ver. 18.
    c.24.3,15,23
    Job 27. 1.
    29. 1.
    Ps. 78. 2.
    Eze. 17. 2.
    Mi. 2. 4.
    Hab. 2. 6.
    Mat.13.33,
    35.
c Pr. 12. 10.
d Pr. 26. 2.
e 1 Sa. 17.10.
κ or, *who hast ridden upon me.*
f 1s.47.12,13.
λ or, *thou wast.*
g Ge. 21. 19.
    2 Ki. 6. 17.
    Lu.24.16,31
h De. 33. 28.
i Ex. 33. 16.
    Ezr. 9. 2.
    Ep. 2. 14.

‏23 כִּי לֹא־נַחַשׁ בְּיַעֲקֹב וְלֹא־קֶסֶם בְּיִשְׂרָאֵל תָּמוֹת
‏11 נַפְשִׁי מוֹת יְשָׁרִים וּתְהִי אַחֲרִיתִי כָּמֹהוּ : וַיֹּאמֶר
בָּלָק אֶל־בִּלְעָם מֶה עָשִׂיתָ לִי לָקֹב אֹיְבַי לְקַחְתִּיךָ
‏12 וְהִנֵּה בֵּרַכְתָּ בָרֵךְ : וַיַּעַן וַיֹּאמַר הֲלֹא אֵת אֲשֶׁר
‏13 יָשִׂים יְהוָה בְּפִי אֹתוֹ אֶשְׁמֹר לְדַבֵּר : וַיֹּאמֶר
אֵלָיו בָּלָק לך־נָא אִתִּי אֶל־מָקוֹם אַחֵר אֲשֶׁר תִּרְאֶנּוּ
מִשָּׁם אֶפֶס קָצֵהוּ תִרְאֶה וְכֻלּוֹ לֹא תִרְאֶה וְקָבְנוֹ־לִי
‏14 מִשָּׁם : וַיִּקָּחֵהוּ שְׂדֵה צֹפִים אֶל־רֹאשׁ הַפִּסְגָּה
וַיִּבֶן שִׁבְעָה מִזְבְּחֹת וַיַּעַל פָּר וָאַיִל בַּמִּזְבֵּחַ :
‏15 וַיֹּאמֶר אֶל־בָּלָק הִתְיַצֵּב כֹּה עַל־עֹלָתֶךָ וְאָנֹכִי אִקָּרֶה
‏16 כֹּה : וַיִּקָּר יְהוָה אֶל־בִּלְעָם וַיָּשֶׂם דָּבָר בְּפִיו
וַיֹּאמֶר שׁוּב אֶל־בָּלָק וְכֹה תְדַבֵּר : וַיָּבֹא אֵלָיו
‏17 וְהִנּוֹ נִצָּב עַל־עֹלָתוֹ וְשָׂרֵי מוֹאָב אִתּוֹ וַיֹּאמֶר לוֹ
‏18 בָּלָק מַה־דִּבֶּר יְהוָה : וַיִּשָּׂא מְשָׁלוֹ וַיֹּאמַר קוּם
‏19 בָּלָק וּשֲׁמָע הַאֲזִינָה עָדַי בְּנוֹ צִפֹּר : לֹא אִישׁ אֵל
וִיכַזֵּב וּבֶן־אָדָם וְיִתְנֶחָם הַהוּא אָמַר וְלֹא יַעֲשֶׂה
‏20 וְדִבֶּר וְלֹא יְקִימֶנָּה : הִנֵּה בָרֵךְ לָקָחְתִּי וּבֵרֵךְ וְלֹא
‏21 אֲשִׁיבֶנָּה : לֹא־הִבִּיט אָוֶן בְּיַעֲקֹב וְלֹא־רָאָה עָמָל
בְּיִשְׂרָאֵל יְהוָה אֱלֹהָיו עִמּוֹ וּתְרוּעַת מֶלֶךְ בּוֹ :
‏22 אֵל מוֹצִיאָם מִמִּצְרָיִם כְּתוֹעֲפֹת רְאֵם לוֹ : כִּי
‏23 לֹא־נַחַשׁ בְּיַעֲקֹב וְלֹא־קֶסֶם בְּיִשְׂרָאֵל כָּעֵת יֵאָמֵר
‏24 לְיַעֲקֹב וּלְיִשְׂרָאֵל מַה־פָּעַל אֵל : הֶן־עָם כְּלָבִיא
יָקוּם וְכַאֲרִי יִתְנַשָּׂא לֹא יִשְׁכַּב עַד־יֹאכַל טֶרֶף וְדַם־חֲלָלִים
‏25 יִשְׁתֶּה : וַיֹּאמֶר בָּלָק אֶל־בִּלְעָם גַּם־קֹב
‏26 לֹא תִקֳּבֶנּוּ גַּם־בָּרֵךְ לֹא תְבָרֲכֶנּוּ : וַיַּעַן בִּלְעָם
וַיֹּאמֶר אֶל־בָּלָק הֲלֹא דִּבַּרְתִּי אֵלֶיךָ לֵאמֹר כֹּל
‏27 אֲשֶׁר־יְדַבֵּר יְהוָה אֹתוֹ אֶעֱשֶׂה : וַיֹּאמֶר בָּלָק אֶל־
בִּלְעָם לְכָה־נָּא אֶקָּחֲךָ אֶל־מָקוֹם אַחֵר אוּלַי יִישַׁר
‏28 בְּעֵינֵי הָאֱלֹהִים וְקַבֹּתוֹ לִי מִשָּׁם : וַיִּקַּח בָּלָק
אֶת־בִּלְעָם רֹאשׁ הַפְּעוֹר הַנִּשְׁקָף עַל־פְּנֵי הַיְשִׁימֹן :
‏29 וַיֹּאמֶר בִּלְעָם אֶל־בָּלָק בְּנֵה־לִי בָזֶה שִׁבְעָה מִזְבְּחֹת
וְהָכֵן לִי בָּזֶה שִׁבְעָה פָרִים וְשִׁבְעָה אֵילִם :
‏30 וַיַּעַשׂ בָּלָק כַּאֲשֶׁר אָמַר בִּלְעָם וַיַּעַל פָּר וָאַיִל
בַּמִּזְבֵּחַ :

CAP. XXIV. כד

‏1 וַיַּרְא בִּלְעָם כִּי טוֹב בְּעֵינֵי יְהוָה לְבָרֵךְ אֶת־יִשְׂרָאֵל

וְלֹא־הָלַךְ כְּפַעַם־בְּפַעַם לִקְרַאת נְחָשִׁים וַיָּשֶׁת אֶל־
‏2 הַמִּדְבָּר פָּנָיו : וַיִּשָּׂא בִלְעָם אֶת־עֵינָיו וַיַּרְא אֶת־
יִשְׂרָאֵל שֹׁכֵן לִשְׁבָטָיו וַתְּהִי עָלָיו רוּחַ אֱלֹהִים :
‏3 וַיִּשָּׂא מְשָׁלוֹ וַיֹּאמַר נְאֻם בִּלְעָם בְּנוֹ בְעֹר וּנְאֻם
‏4 הַגֶּבֶר שְׁתֻם הָעָיִן : נְאֻם שֹׁמֵעַ אִמְרֵי־אֵל אֲשֶׁר
‏5 מַחֲזֵה שַׁדַּי יֶחֱזֶה נֹפֵל וּגְלוּי עֵינָיִם : מַה־טֹּבוּ
‏6 אֹהָלֶיךָ יַעֲקֹב מִשְׁכְּנֹתֶיךָ יִשְׂרָאֵל : כִּנְחָלִים נִטָּיוּ
כְּגַנֹּת עֲלֵי נָהָר כַּאֲהָלִים נָטַע יְהוָה כַּאֲרָזִים עֲלֵי־
‏7 מָיִם : יִזַּל־מַיִם מִדָּלְיָו וְזַרְעוֹ בְּמַיִם רַבִּים וְיָרֹם
מֵאֲגַג מַלְכּוֹ וְתִנַּשֵּׂא מַלְכֻתוֹ : אֵל מוֹצִיאוֹ
‏8 מִמִּצְרַיִם כְּתוֹעֲפֹת רְאֵם לוֹ יֹאכַל גּוֹיִם צָרָיו
וְעַצְמֹתֵיהֶם יְגָרֵם וְחִצָּיו יִמְחָץ : כָּרַע שָׁכַב
‏9 כַּאֲרִי וּכְלָבִיא מִי יְקִימֶנּוּ מְבָרֲכֶיךָ בָרוּךְ וְאֹרְרֶיךָ
‏10 אָרוּר : וַיִּחַר־אַף בָּלָק אֶל־בִּלְעָם וַיִּסְפֹּק אֶת־
כַּפָּיו וַיֹּאמֶר בָּלָק אֶל־בִּלְעָם לָקֹב אֹיְבַי קְרָאתִיךָ
‏11 וְהִנֵּה בֵּרַכְתָּ בָרֵךְ זֶה שָׁלֹשׁ פְּעָמִים : וְעַתָּה בְּרַח־
‏12 לְךָ אֶל־מְקוֹמֶךָ אָמַרְתִּי כַּבֵּד אֲכַבֶּדְךָ וְהִנֵּה מְנָעֲךָ
יְהוָה מִכָּבוֹד : וַיֹּאמֶר בִּלְעָם אֶל־בָּלָק הֲלֹא גַּם
‏13 אֶל־מַלְאָכֶיךָ אֲשֶׁר־שָׁלַחְתָּ אֵלַי דִּבַּרְתִּי לֵאמֹר :
אִם־יִתֶּן־לִי בָלָק מְלֹא בֵיתוֹ כֶּסֶף וְזָהָב לֹא אוּכַל
לַעֲבֹר אֶת־פִּי יְהוָה לַעֲשׂוֹת טוֹבָה אוֹ רָעָה מִלִּבִּי
‏14 אֲשֶׁר־יְדַבֵּר יְהוָה אֹתוֹ אֲדַבֵּר : וְעַתָּה הִנְנִי הוֹלֵךְ
לְעַמִּי לְכָה אִיעָצְךָ אֲשֶׁר יַעֲשֶׂה הָעָם הַזֶּה לְעַמְּךָ
‏15 בְּאַחֲרִית הַיָּמִים : וַיִּשָּׂא מְשָׁלוֹ וַיֹּאמַר נְאֻם
‏16 בִּלְעָם בְּנוֹ בְעֹר וּנְאֻם הַגֶּבֶר שְׁתֻם הָעָיִן : נְאֻם
שֹׁמֵעַ אִמְרֵי־אֵל וְיֹדֵעַ דַּעַת עֶלְיוֹן מַחֲזֵה שַׁדַּי
‏17 יֶחֱזֶה נֹפֵל וּגְלוּי עֵינָיִם : אֶרְאֶנּוּ וְלֹא עַתָּה
אֲשׁוּרֶנּוּ וְלֹא קָרוֹב דָּרַךְ כּוֹכָב מִיַּעֲקֹב וְקָם שֵׁבֶט
מִיִּשְׂרָאֵל וּמָחַץ פַּאֲתֵי מוֹאָב וְקַרְקַר כָּל־בְּנֵי־שֵׁת :
‏18 וְהָיָה אֱדוֹם יְרֵשָׁה וְהָיָה יְרֵשָׁה שֵׂעִיר אֹיְבָיו
‏19 וְיִשְׂרָאֵל עֹשֶׂה חָיִל : וְיֵרְדְּ מִיַּעֲקֹב וְהֶאֱבִיד שָׂרִיד
‏20 מֵעִיר : וַיַּרְא אֶת־עֲמָלֵק וַיִּשָּׂא מְשָׁלוֹ וַיֹּאמַר
רֵאשִׁית גּוֹיִם עֲמָלֵק וְאַחֲרִיתוֹ עֲדֵי אֹבֵד : וַיַּרְא
‏21 אֶת־הַקֵּינִי וַיִּשָּׂא מְשָׁלוֹ וַיֹּאמַר אֵיתָן מוֹשָׁבֶךָ וְשִׂים
בַּסֶּלַע קִנֶּךָ : כִּי אִם־יִהְיֶה לְבָעֵר קָיִן עַד־מָה
‏22 אַשּׁוּר תִּשְׁבֶּךָּ : וַיִּשָּׂא מְשָׁלוֹ וַיֹּאמַר אוֹי מִי
‏23

10 Who[a] can count the dust of Jacob, and the number of the fourth *part* of Israel? Let [β] me die the death[b] of the righteous, and let my last end be like his!

11 And Balak said unto Balaam, What hast thou done unto me? I[d] took thee to curse mine enemies, and, behold, thou hast blessed *them* altogether.

12 And he answered and said,[c] Must I not take heed to speak that which the LORD hath put in my mouth?

13 And Balak said unto him, Come, I pray thee, with me unto[f] another place, from whence thou mayest see them: thou shalt see but the utmost part of them, and shalt not see them all; and curse me them from thence.

14 And he brought him into the field of Zophim, to the top of δ Pisgah, and built[i] seven altars, and offered[k] a bullock and a ram on *every* altar.

15 And he said unto Balak, Stand here by thy burnt-offering, while I meet *the* LORD yonder.

16 And the LORD met Balaam, and put[l] a word in his mouth, and said, Go again unto Balak, and say thus.

17 And when he came to him, behold, he stood by his burnt-offering, and the princes of Moab with him. And Balak said unto him, What[p] hath the LORD spoken?

18 And he took up his parable, and said, Rise[r] up, Balak, and hear; hearken unto me, thou son of Zippor:

19 God[s] *is* not a man, that he should lie; neither the son of man, that he should repent: hath he said, and shall he not do *it?* or hath[u] he spoken, and shall he not make it good?

20 Behold, I have received command-*ment* to bless, and he[v] hath blessed; and I cannot[w] reverse it.

21 He[x] hath not beheld iniquity in Jacob, neither hath he seen perverseness in Israel: the LORD[y] his God *is* with him, and the shout[z] of a king *is* among them.

22 God[a] brought them out of Egypt: he hath[b] as it were the strength of an unicorn.

23 Surely *there is* no enchantment against [ζ] Jacob, neither *is there* any divination against Israel: according to this time it shall be said of Jacob and of Israel, What[c] hath God wrought!

24 Behold, the people shall rise up[d] as a great lion, and lift up himself as a young lion: he shall not lie down[e] until he eat *of* the prey, and drink the blood of the slain.

25 And Balak said unto Balaam, Neither curse them at all, nor bless them at all.

26 But Balaam answered[f] and said unto Balak, Told not I thee, saying, All that the LORD speaketh, that I must do?

27 And Balak said unto Balaam, Come, I pray thee, I will bring thee to another place: peradventure it will please God that thou mayest curse me them from thence.

28 And Balak brought Balaam unto the top of Peor, that looketh toward Jeshimon.

29 And Balaam said unto Balak, Build me here seven altars, and prepare me here seven bullocks and seven rams.

30 And Balak did as Balaam had said, and offered a bullock and a ram on *every* altar.

CHAP. XXIV.

AND when Balaam saw that it pleased the LORD to bless Israel, he went not, as at other times, [κ] to seek for enchantments,

---

but he set his face toward the wilderness.

2 And Balaam lifted up his eyes, and he saw Israel abiding *in his tents*, according to their tribes; and[c] the Spirit of God came upon him.

3 And he took up his parable, and said, Balaam the son of Beor hath said, and the man γ whose eyes are open hath said ;

4 He hath said, which heard the words of God, which saw the vision of the Almighty, falling *into a trance*, but having his eyes open:

5 How goodly are thy tents, O Jacob, *and* thy tabernacles, O Israel!

6 As the valleys are they spread forth, as gardens by δ the river's side, as the trees of lign-aloes which the LORD hath planted, *and* as[h] cedar trees beside the waters.

7 He shall pour the water out of his buckets, and his seed *shall be* in many waters, and his king shall be higher than Agag, and his kingdom shall be exalted.

8 God brought him forth out of Egypt; he hath as it were the strength of an unicorn: he shall eat up the nations his enemies, and shall break[m] their bones, and pierce[n] *them* through with his arrows.

9 He couched, he lay down as[o] a lion, and as a great lion: who shall stir him up? Blessed[q] *is* he that blesseth thee, and cursed *is* he that curseth thee.

10 And Balak's anger was kindled against Balaam, and he smote his hands together: and Balak said unto Balaam, I called thee to curse mine enemies, and, behold,[f] thou hast altogether blessed *them* these three times.

11 Therefore now flee thou to thy place: I thought to promote thee unto great honour; but, lo, the LORD hath kept thee back from honour.

12 And Balaam said unto Balak, Spake I not also to thy messengers which thou sentest unto me, saying,

13 If Balak would give me his house full of silver and gold, I cannot go beyond the commandment of the LORD, to do *either* good or bad of mine own mind; *but* what the LORD saith, that will I speak?

14 And now, behold, I go unto my people: come *therefore, and* I will advertise thee what this people shall do to thy people in the latter days.

15 And he took up his parable, and said, Balaam the son of Beor hath said, and the man whose eyes are open hath said;

16 He hath said, which heard the words of God, and knew the knowledge of the Most High, *which* saw the vision of the Almighty, falling *into a trance*, but having his eyes open:

17 I[g] shall see him, but not now; I shall behold him, but not nigh: there shall come a Star[h] out of Jacob, and a Sceptre[i] shall rise out of Israel, and shall smite η the corners of Moab, and destroy all the children of Sheth.

18 And Edom[k] shall be a possession, Seir also shall be a possession for his enemies: and Israel shall do valiantly.

19 Out of Jacob shall come he that shall have dominion, and shall destroy him that remaineth of the city.

20 And when he looked on Amalek, he took up his parable, and said, Amalek *was* the first of θ the nations: but his latter end *shall be* λ that he perish for ever.

B. C. 1452.

a Ge. 13. 16.
β *my soul,*
  or, *my life.*
b Ps. 37. 37.
  Pr. 14. 32.
  2 Co. 5. 1.
c 1 Sa. 10. 10.
d ch. 22. 11.
γ *who had his*
  eyes shut,
  but now
  opened.
e ch. 22. 38.
f 1 Ki. 20. 23.
g Ps. 1. 3.
  Je. 17. 8.
h Ps.92.12.14.
δ *or, the hill.*
i ver. 1, 2.
k Is. 1. 11.
l ver. 5.
m Ps. 2. 9.
n Ps. 45. 5.
o ch. 23. 24.
p 1 Sa. 3. 17.
  Je. 37. 17.
q Ge. 12. 3.
r Ju. 3 20.
s 1 Sa. 15. 29.
  Ps. 89. 35.
  Ro. 11. 29.
  Tit. 1. 2.
  He. 6. 18.
  Ja. 1. 17.
t Ne. 13. 2.
u 1 Ch.17.27.
  Mi. 7. 20.
v ch. 22. 12.
w Jn°.10.28,29
  Ro.8.38,39.
x Ps. 103. 12.
  Is. 1. 18.
  38. 17.
  Mi. 7. 19.
  Ro. 4. 7, 8.
  8. 1.
y Ex.29.45,46.
  33. 16.
  Ps. 46. 11.
z Ps. 118. 15.
a ch. 24. 8.
b De. 33. 17.
  Ps. 92. 10.
ζ or, *in.*
  Mat. 12. 25, 27.
c Ps. 31. 19.
d Ge. 49. 9.
  Mi. 5. 8.
e Ge. 49. 27.
f ver. 12, 13.
g Re. 1. 7.
h Re. 22. 16.
i Ps. 110. 2.
η or, *through*
  the princes.
k Ps.60 8.12.
θ or, *the na-*
  tions that
  warred
  against
  Israel.
  Ex.17.8,16.
κ *to the*
  meeting of.
λ or, *even*
  to destruc-
  tion.
  Ex. 17. 14.
  1 Sa. 15. 3.

נְשִׂיא בֵית־אָב לַשִּׁמְעֹנִי וְשֵׁם הָאִשָּׁה הַמֻּכָּה הַמִּדְיָנִית כָּזְבִּי בַת־צוּר רֹאשׁ אֻמּוֹת בֵּית־אָב בְּמִדְיָן הוּא ׃ פ

24 יָדְךָ מִשְׁלְמוֹ אֶל ׃ וְצִים מִיַּד כִּתִּים וְעִנּוּ אַשּׁוּר

25 וְעָנֹ עֵבֶר וְגַם־הוּא עֲדֵי אֹבֵד ׃ וַיָּקָם בִּלְעָם וַיֵּלֶךְ וַיָּשָׁב לִמְקֹמוֹ וְגַם־בָּלָק הָלַךְ לְדַרְכּוֹ ׃ פ

CAP. XXV. כה

1 וַיֵּשֶׁב יִשְׂרָאֵל בַּשִּׁטִּים וַיָּחֶל הָעָם לִזְנוֹת אֶל־בְּנוֹת

2 מוֹאָב ׃ וַתִּקְרֶאןָ לָעָם לְזִבְחֵי אֱלֹהֵיהֶן וַיֹּאכַל

3 הָעָם וַיִּשְׁתַּחֲוּוּ לֵאלֹהֵיהֶן ׃ וַיִּצָּמֶד יִשְׂרָאֵל לְבַעַל

4 פְּעוֹר וַיִּחַר־אַף יְהוָה בְּיִשְׂרָאֵל ׃ וַיֹּאמֶר יְהוָה אֶל־מֹשֶׁה קַח אֶת־כָּל־רָאשֵׁי הָעָם וְהוֹקַע אוֹתָם לַיהוָה נֶגֶד הַשָּׁמֶשׁ וְיָשֹׁב חֲרוֹן אַף־יְהוָה

5 מִיִּשְׂרָאֵל ׃ וַיֹּאמֶר מֹשֶׁה אֶל־שֹׁפְטֵי יִשְׂרָאֵל הִרְגוּ

6 אִישׁ אֲנָשָׁיו הַנִּצְמָדִים לְבַעַל פְּעוֹר ׃ וְהִנֵּה אִישׁ מִבְּנֵי יִשְׂרָאֵל בָּא וַיַּקְרֵב אֶל־אֶחָיו אֶת־הַמִּדְיָנִית לְעֵינֵי מֹשֶׁה וּלְעֵינֵי כָּל־עֲדַת בְּנֵי־

7 יִשְׂרָאֵל וְהֵמָּה בֹכִים פֶּתַח אֹהֶל מוֹעֵד ׃ וַיַּרְא פִּינְחָס בֶּן־אֶלְעָזָר בֶּן־אַהֲרֹן הַכֹּהֵן וַיָּקָם מִתּוֹךְ

8 הָעֵדָה וַיִּקַּח רֹמַח בְּיָדוֹ ׃ וַיָּבֹא אַחַר אִישׁ־יִשְׂרָאֵל אֶל־הַקֻּבָּה וַיִּדְקֹר אֶת־שְׁנֵיהֶם אֵת אִישׁ יִשְׂרָאֵל וְאֶת־הָאִשָּׁה אֶל־קֳבָתָהּ וַתֵּעָצַר הַמַּגֵּפָה

9 מֵעַל בְּנֵי יִשְׂרָאֵל ׃ וַיִּהְיוּ הַמֵּתִים בַּמַּגֵּפָה אַרְבָּעָה וְעֶשְׂרִים אָלֶף ׃

מא 41   פ פ פ ס

10 וַיְדַבֵּר יְהוָה אֶל־מֹשֶׁה לֵּאמֹר ׃ פִּינְחָס בֶּן־אֶלְעָזָר

11 בֶּן־אַהֲרֹן הַכֹּהֵן הֵשִׁיב אֶת־חֲמָתִי מֵעַל בְּנֵי־יִשְׂרָאֵל בְּקַנְאוֹ אֶת־קִנְאָתִי בְּתוֹכָם וְלֹא־כִלִּיתִי אֶת־בְּנֵי־

12 יִשְׂרָאֵל בְּקִנְאָתִי ׃ לָכֵן אֱמֹר הִנְנִי נֹתֵן לוֹ אֶת־

13 בְּרִיתִי שָׁלוֹם ׃ וְהָיְתָה לּוֹ וּלְזַרְעוֹ אַחֲרָיו בְּרִית כְּהֻנַּת עוֹלָם תַּחַת אֲשֶׁר קִנֵּא לֵאלֹהָיו וַיְכַפֵּר עַל־בְּנֵי

14 יִשְׂרָאֵל ׃ וְשֵׁם אִישׁ יִשְׂרָאֵל הַמֻּכֶּה אֲשֶׁר הֻכָּה אֶת־הַמִּדְיָנִית זִמְרִי בֶּן־סָלוּא נְשִׂיא בֵית־

15 אָב לַשִּׁמְעֹנִי ׃ וְשֵׁם הָאִשָּׁה הַמֻּכָּה הַמִּדְיָנִית כָּזְבִּי בַת־צוּר רֹאשׁ אֻמּוֹת בֵּית־אָב בְּמִדְיָן הוּא ׃ פ

16 וַיְדַבֵּר יְהוָה אֶל־מֹשֶׁה לֵּאמֹר ׃ צָרוֹר אֶת־הַמִּדְיָנִים

17 וְהִכִּיתֶם אוֹתָם ׃ כִּי צֹרְרִים הֵם לָכֶם בְּנִכְלֵיהֶם אֲשֶׁר־נִכְּלוּ לָכֶם עַל־דְּבַר פְּעוֹר וְעַל־דְּבַר כָּזְבִּי בַת־

18

19   פ

פָּעוֹר ׃ פ וַיְהִי אַחֲרֵי הַמַּגֵּפָה ׃ ס

CAP. XXVI. כו

1 וַיֹּאמֶר יְהוָה אֶל־מֹשֶׁה וְאֶל אֶלְעָזָר בֶּן־אַהֲרֹן הַכֹּהֵן

2 לֵאמֹר ׃ שְׂאוּ אֶת־רֹאשׁ כָּל־עֲדַת בְּנֵי־יִשְׂרָאֵל מִבֶּן עֶשְׂרִים שָׁנָה וָמַעְלָה לְבֵית אֲבֹתָם כָּל־יֹצֵא צָבָא

3 בְּיִשְׂרָאֵל ׃ וַיְדַבֵּר מֹשֶׁה וְאֶלְעָזָר הַכֹּהֵן אֹתָם בְּעַרְבֹת מוֹאָב עַל־יַרְדֵּן יְרֵחוֹ לֵאמֹר ׃ מִבֶּן עֶשְׂרִים שָׁנָה וָמָעְלָה כַּאֲשֶׁר צִוָּה יְהוָה אֶת־מֹשֶׁה וּבְנֵי יִשְׂרָאֵל

4

5 הַיֹּצְאִים מֵאֶרֶץ מִצְרָיִם ׃ רְאוּבֵן בְּכוֹר יִשְׂרָאֵל בְּנֵי רְאוּבֵן חֲנוֹךְ מִשְׁפַּחַת הַחֲנֹכִי לְפַלּוּא מִשְׁפַּחַת

6 הַפַּלֻּאִי ׃ לְחֶצְרֹן מִשְׁפַּחַת הַחֶצְרוֹנִי לְכַרְמִי מִשְׁפַּחַת

7 הַכַּרְמִי ׃ אֵלֶּה מִשְׁפְּחֹת הָראוּבֵנִי וַיִּהְיוּ פְקֻדֵיהֶם שְׁלֹשָׁה וְאַרְבָּעִים אֶלֶף וּשְׁבַע מֵאוֹת וּשְׁלֹשִׁים ׃

8
9 וּבְנֵי פַלּוּא אֱלִיאָב ׃ וּבְנֵי אֱלִיאָב נְמוּאֵל וְדָתָן וַאֲבִירָם הוּא־דָתָן וַאֲבִירָם קְרוּאֵי הָעֵדָה אֲשֶׁר הִצּוּ עַל־מֹשֶׁה וְעַל־אַהֲרֹן בַּעֲדַת־קֹרַח בְּהַצֹּתָם

10 עַל־יְהוָה ׃ וַתִּפְתַּח הָאָרֶץ אֶת־פִּיהָ וַתִּבְלַע אֹתָם וְאֶת־קֹרַח בְּמוֹת הָעֵדָה בַּאֲכֹל הָאֵשׁ אֵת חֲמִשִּׁים

11 וּמָאתַיִם אִישׁ וַיִּהְיוּ לְנֵס ׃ וּבְנֵי־קֹרַח לֹא־מֵתוּ ׃ ס

12 בְּנֵי שִׁמְעוֹן לְמִשְׁפְּחֹתָם לִנְמוּאֵל מִשְׁפַּחַת הַנְּמוּאֵלִי לְיָמִין מִשְׁפַּחַת הַיָּמִינִי לְיָכִין מִשְׁפַּחַת

13 הַיָּכִינִי ׃ לְזֶרַח מִשְׁפַּחַת הַזַּרְחִי לְשָׁאוּל מִשְׁפַּחַת

14 הַשָּׁאוּלִי ׃ אֵלֶּה מִשְׁפְּחֹת הַשִּׁמְעֹנִי שְׁנַיִם וְעֶשְׂרִים

15 אֶלֶף וּמָאתָיִם ׃ ס בְּנֵי גָד לְמִשְׁפְּחֹתָם לִצְפוֹן מִשְׁפַּחַת הַצְּפוֹנִי לְחַגִּי מִשְׁפַּחַת הַחַגִּי לְשׁוּנִי

16 מִשְׁפַּחַת הַשּׁוּנִי ׃ לְאָזְנִי מִשְׁפַּחַת הָאָזְנִי לְעֵרִי

17 מִשְׁפַּחַת הָעֵרִי ׃ לַאֲרוֹד מִשְׁפַּחַת הָאֲרוֹדִי

18 לְאַרְאֵלִי מִשְׁפַּחַת הָאַרְאֵלִי ׃ אֵלֶּה מִשְׁפְּחֹת בְּנֵי־ גָד לִפְקֻדֵיהֶם אַרְבָּעִים אֶלֶף וַחֲמֵשׁ מֵאוֹת ׃ ס

19 בְּנֵי יְהוּדָה עֵר וְאוֹנָן וַיָּמָת עֵר וְאוֹנָן בְּאֶרֶץ

20 כְּנָעַן ׃ וַיִּהְיוּ בְנֵי־יְהוּדָה לְמִשְׁפְּחֹתָם לְשֵׁלָה מִשְׁפַּחַת הַשֵּׁלָנִי לְפֶרֶץ מִשְׁפַּחַת הַפַּרְצִי לְזֶרַח

21 מִשְׁפַּחַת הַזַּרְחִי ׃ וַיִּהְיוּ בְנֵי־פֶרֶץ לְחֶצְרֹן מִשְׁפַּחַת הַחֶצְרֹנִי לְחָמוּל מִשְׁפַּחַת הֶחָמוּלִי ׃ אֵלֶּה

22 מִשְׁפְּחֹת יְהוּדָה לִפְקֻדֵיהֶם שִׁשָּׁה וְשִׁבְעִים אֶלֶף

21 And he looked on the Kenites,a and took up his parable, and said, Strong is thy dwelling-place, and thou puttest thy nest in a rock.

22 Nevertheless β the Kenite shall be wasted, γ until Asshur shall carry thee away captive.

23 And he took up his parable,and said, Alas,whod shall live whenGod doeth this!

24 And shipse shall come from the coast of Chittim, and shall afflictf Asshur, and shall afflict Eber,h and he also shall perish for ever.

25 And Balaam rose up, and went and returned to his place: and Balak also went his way.

CHAP. XXV.

AND Israel abode in Shittim,i and the people began to commit whoredomk with the daughters of Moab.

2 And m they called the people unto the sacrifices of their gods: and the people did eat, and bowed n down to their gods.

3 And Israel joinedo himself unto Baal-peor: and the anger of the LORD was kindled against Israel.

4 And the LORD said unto Moses,q Take all the heads of the people, and hang them up before the LORD against the sun, that the fiercer anger of the LORD may be turned away from Israel.

5 And Moses said unto the judges of Israel, Slays ye every one his men that were joined unto Baal-peor.

6 And, behold, one of the children of Israel came, and brought unto his brethren a Midianitish woman, in the sight of Moses, and in the sight of all the congregation of the children of Israel, who were weepingu before the door of the tabernacle of the congregation.

7 And when Phinehas,v the son of Eleazar, the son of Aaron the priest, saw it, he rose up from among the congregation, and took a javelin in his hand:

8 And he went after the man of Israel into the tent, and thrust both of them through, the man of Israel, and the woman through her belly. So the plague was stayed from the children of Israel.

9 And those z that died in the plague were twenty and four thousand.

10 And the LORD spake unto Moses, saying,

11 Phinehas, the son of Eleazar, the son of Aaron the priest, hath turnedc my wrath away from the children of Israel, (while he was zealous δ for my sake among them,) that I consumed not the children of Israel in my jealousy.e

12 Wherefore say, Behold, I give unto himf my covenant of peace:

13 And he shall have it, and his seed after him, even the covenant of an h everlasting priesthood; because he was j zealous for his God, and made an k atonement for the children of Israel.

14 Now the name of the Israelite that was slain, even that was slain with the Midianitish woman, was Zimri the son of Salu, a prince of a ζ chief house among the Simeonites.

15 And the name of the Midianitish woman that was slain was Cozbi, the daughter of Zur;m he was head over a people, and of a chief house in Midian.

16 And the LORD spake unto Moses, saying,

17 Vexn the Midianites, and smite them:

18 For they vex youb with their wiles, wherewith they have beguiled you in the matter of Peor, and in the matter of Cozbi, the daughter of a prince of Midian, their sister, which was slaino in the day of the plague for Peor's sake.

CHAP. XXVI.

AND it came to pass, after the plague, that the LORD spake unto Moses, and unto Eleazar the son of Aaron the priest, saying,

2 Take g the sum of all the congregation of the children of Israel, from twenty years old and upward, throughout their fathers' house, all that are able to go to war in Israel.

3 And Moses and Eleazar the priest spake with them in the plains l of Moab, by Jordan near Jericho, saying,

4 Take the sum of the people, from twenty years old and upward; as the LORD commanded Moses, and the children of Israel, which went forth out of the land of Egypt.

5 Reuben,p the eldest son of Israel: the children of Reuben; Hanoch,of whom cometh the family of the Hanochites: or Pallu, the family of the Palluites:

6 Of Hesron, the family of the Hesronites: of Carmi, the family of the Carmites.

7 These are the families of the Reubenites; and they that were numbered of them were forty and three thousand and seven hundred and thirty.

8 And the sons of Pallu; Eliab.

9 And the sons of Eliab; Nemuel, and Dathan, and Abiram. This is that Dathan and Abiram, which were famous in the congregation, who strovet against Moses and against Aaron in the company of Korah, when they strove against the LORD:

10 And the earth opened their mouth, and swallowed them up together with Korah, when that company died, what time the fire devoured two hundred and fifty men; and w they became a sign.

11 Notwithstanding, the children x of Korah died not.

12 The sons of Simeon after their families: of Nemuel,y ye family of ye Nemuelites: of Jamin, the family of the Jaminites: of Jachin,a the family of the Jachinites:

13 Of Zerah,b the family of the Zarhites: of Shaul, the family of the Shaulites.

14 These are the families of the Simeonites, twenty and two thousand and two hundred.

15 The children of Gad, after their families: of Zephon,d the family of the Zephonites: of Haggi, the family of the Haggites: of Shuni, the family of the Shunites.

16 Of Ozni,g the family of the Oznites: of Eri, the family of the Erites:

17 Of Arod,i the family of the Arodites: of Areli, the family of the Arelites.

18 These are the families of the children of Gad, according to those that were numbered of them, forty thousand and five hundred.

19 The sons of Judahl were Er and Onan: and Er and Onan died in the land of Canaan.

20 And the sons of Judah after their families were: of Shelah, the family of the Shelanites: of Pharez, the family of the Pharzites: of Zerah the family of the Zarhites.

21 And the sons of Pharez were; of Hezron, the family of the Hezronites: of

---

Marginal references

B. C. 1452.

a Ge. 15. 19.
b ch. 31. 16.
Re. 2. 14.
β Kain.
c ver. 8.
γ or, how long shall it be ere.
d Mal. 3. 2.
e Da. 11. 30.
f Ge. 10. 11.
g ch. 1. 2, 3.
Ex. 30. 12.
38.25,26.
h Ge.10.21,25
i ch. 33. 49.
Mi. 6. 5.
k ch. 31. 16.
1 Co. 10. 8.
l ver. 63.
ch. 35. 1.
m Ex. 34. 15, 16.
n Ex. 20. 5.
o Jos. 22. 17.
Ps. 106. 28, 29.
Hos. 9. 10.
p Ge. 46. 8.
q De. 13. 6,9.
r De. 13. 17.
s Ex. 32. 27.
t ch.16.1,&c.
u Joel 2. 17.
v Ps. 106. 30.
w ch. 16. 38.
1 Co. 10. 6.
2 Pe. 2. 6.
x Ex. 6. 24.
y Ge. 46. 10.
Ex. 6. 15.
Jemuel.
z De. 4. 3.
1 Co. 10. 8.
a 1 Ch. 4. 24.
Jarib.
b Ge. 46. 10.
Zohar.
c Ps. 106. 23.
Ju⁰. 3. 36.
δ with my zeal.
d Ge. 46. 16,
Ziphion.
e Ex. 20. 5.
De.32.16,21
1 Ki. 14. 22.
Ps. 78. 58.
Eze. 16. 33.
Zep. 1. 18.
3. 8.
f Mal. 2. 4,5.
ε or, Ezbon.
Ge. 46. 16.
h Ex. 40. 15.
i Ge. 46.16.
Arodi.
j Ps. 69. 9.
k He. 2.17.
l Ge. 38.2,10.
1Ch.2 3,&c
ζ house of a father.
m ch. 31. 8.
Jos. 13. 21.
n ch. 31. 2.

23 ס בְּנֵי יִשָּׂשכָר לְמִשְׁפְּחֹתָם תּוֹלָע מִשְׁפַּחַת הַתּוֹלָעִי לְפֻוָּה מִשְׁפַּחַת הַפּוּנִי׃

24 לְיָשׁוּב מִשְׁפַּחַת הַיָּשֻׁבִי לְשִׁמְרֹן מִשְׁפַּחַת הַשִּׁמְרֹנִי׃

25 אֵלֶּה מִשְׁפְּחֹת יִשָּׂשכָר לִפְקֻדֵיהֶם אַרְבָּעָה וְשִׁשִּׁים אֶלֶף וּשְׁלֹשׁ מֵאוֹת׃ ס

26 בְּנֵי זְבוּלֻן לְמִשְׁפְּחֹתָם לְסֶרֶד מִשְׁפַּחַת הַסַּרְדִּי לְאֵלוֹן מִשְׁפַּחַת הָאֵלֹנִי לְיַחְלְאֵל מִשְׁפַּחַת הַיַּחְלְאֵלִי׃

27 אֵלֶּה מִשְׁפְּחֹת הַזְּבוּלֹנִי לִפְקֻדֵיהֶם שִׁשִּׁים אֶלֶף וַחֲמֵשׁ מֵאוֹת׃ ס

28 בְּנֵי יוֹסֵף לְמִשְׁפְּחֹתָם מְנַשֶּׁה וְאֶפְרָיִם׃

29 בְּנֵי מְנַשֶּׁה לְמָכִיר מִשְׁפַּחַת הַמָּכִירִי וּמָכִיר הוֹלִיד אֶת־גִּלְעָד לְגִלְעָד מִשְׁפַּחַת הַגִּלְעָדִי׃

30 אֵלֶּה בְּנֵי גִלְעָד אִיעֶזֶר מִשְׁפַּחַת הָאִיעֶזְרִי לְחֵלֶק מִשְׁפַּחַת הַחֶלְקִי׃

31 וְאַשְׂרִיאֵל מִשְׁפַּחַת הָאַשְׂרִאֵלִי וְשֶׁכֶם מִשְׁפַּחַת הַשִּׁכְמִי׃

32 וּשְׁמִידָע מִשְׁפַּחַת הַשְּׁמִידָעִי וְחֵפֶר מִשְׁפַּחַת הַחֶפְרִי׃

33 וּצְלָפְחָד בֶּן־חֵפֶר לֹא־הָיוּ לוֹ בָּנִים כִּי אִם־בָּנוֹת וְשֵׁם בְּנוֹת צְלָפְחָד מַחְלָה וְנֹעָה חָגְלָה מִלְכָּה וְתִרְצָה׃

34 אֵלֶּה מִשְׁפְּחֹת מְנַשֶּׁה וּפְקֻדֵיהֶם שְׁנַיִם וַחֲמִשִּׁים אֶלֶף וּשְׁבַע מֵאוֹת׃ ס

35 אֵלֶּה בְנֵי־אֶפְרַיִם לְמִשְׁפְּחֹתָם לְשׁוּתֶלַח מִשְׁפַּחַת הַשֻּׁתַלְחִי לְבֶכֶר מִשְׁפַּחַת הַבַּכְרִי לְתַחַן מִשְׁפַּחַת הַתַּחֲנִי׃

36 וְאֵלֶּה בְּנֵי שׁוּתָלַח לְעֵרָן מִשְׁפַּחַת הָעֵרָנִי׃

37 אֵלֶּה מִשְׁפְּחֹת בְּנֵי־אֶפְרַיִם לִפְקֻדֵיהֶם שְׁנַיִם וּשְׁלֹשִׁים אֶלֶף וַחֲמֵשׁ מֵאוֹת אֵלֶּה בְנֵי־יוֹסֵף לְמִשְׁפְּחֹתָם׃ ס

38 בְּנֵי בִנְיָמִן לְמִשְׁפְּחֹתָם לְבֶלַע מִשְׁפַּחַת הַבַּלְעִי לְאַשְׁבֵּל מִשְׁפַּחַת הָאַשְׁבֵּלִי לַאֲחִירָם מִשְׁפַּחַת הָאֲחִירָמִי׃

39 לִשְׁפוּפָם מִשְׁפַּחַת הַשּׁוּפָמִי לְחוּפָם מִשְׁפַּחַת הַחוּפָמִי׃

40 וַיִּהְיוּ בְנֵי־בֶלַע אַרְדְּ וְנַעֲמָן מִשְׁפַּחַת הָאַרְדִּי לְנַעֲמָן מִשְׁפַּחַת הַנַּעֲמִי׃

41 אֵלֶּה בְנֵי־בִנְיָמִן לְמִשְׁפְּחֹתָם וּפְקֻדֵיהֶם חֲמִשָּׁה וְאַרְבָּעִים אֶלֶף וְשֵׁשׁ מֵאוֹת׃ ס

42 אֵלֶּה בְנֵי־דָן לְמִשְׁפְּחֹתָם לְשׁוּחָם מִשְׁפַּחַת הַשּׁוּחָמִי אֵלֶּה מִשְׁפְּחֹת דָּן לְמִשְׁפְּחֹתָם׃

43 כָּל־מִשְׁפְּחֹת הַשּׁוּחָמִי לִפְקֻדֵיהֶם אַרְבָּעָה וְשִׁשִּׁים אֶלֶף וְאַרְבַּע מֵאוֹת׃ ס

44 בְּנֵי אָשֵׁר לְמִשְׁפְּחֹתָם

45 לְיִמְנָה מִשְׁפַּחַת הַיִּמְנָה לְיִשְׁוִי מִשְׁפַּחַת הַיִּשְׁוִי לִבְרִיעָה מִשְׁפַּחַת הַבְּרִיעִי׃ לִבְנֵי בְרִיעָה לְחֶבֶר מִשְׁפַּחַת הַחֶבְרִי לְמַלְכִּיאֵל מִשְׁפַּחַת הַמַּלְכִּיאֵלִי׃

46 וְשֵׁם בַּת־אָשֵׁר שָׂרַח׃

47 אֵלֶּה מִשְׁפְּחֹת בְּנֵי־אָשֵׁר לִפְקֻדֵיהֶם שְׁלֹשָׁה וַחֲמִשִּׁים אֶלֶף וְאַרְבַּע מֵאוֹת׃ ס

48 בְּנֵי נַפְתָּלִי לְמִשְׁפְּחֹתָם לְיַחְצְאֵל מִשְׁפַּחַת הַיַּחְצְאֵלִי לְגוּנִי מִשְׁפַּחַת הַגּוּנִי׃

49 לְיֵצֶר מִשְׁפַּחַת הַיִּצְרִי לְשִׁלֵּם מִשְׁפַּחַת הַשִּׁלֵּמִי׃

50 אֵלֶּה מִשְׁפְּחֹת נַפְתָּלִי לְמִשְׁפְּחֹתָם וּפְקֻדֵיהֶם חֲמִשָּׁה וְאַרְבָּעִים אֶלֶף וְאַרְבַּע מֵאוֹת׃

51 אֵלֶּה פְּקוּדֵי בְּנֵי יִשְׂרָאֵל שֵׁשׁ־מֵאוֹת אֶלֶף וָאָלֶף שְׁבַע מֵאוֹת וּשְׁלֹשִׁים׃ פ

52 וַיְדַבֵּר יְהוָה אֶל־מֹשֶׁה לֵּאמֹר׃

53 לָאֵלֶּה תֵּחָלֵק הָאָרֶץ בְּנַחֲלָה בְּמִסְפַּר שֵׁמוֹת׃

54 לָרַב תַּרְבֶּה נַחֲלָתוֹ וְלַמְעַט תַּמְעִיט נַחֲלָתוֹ אִישׁ לְפִי פְקֻדָיו יֻתַּן נַחֲלָתוֹ׃

55 אַךְ־בְּגוֹרָל יֵחָלֵק אֶת־הָאָרֶץ לִשְׁמוֹת מַטּוֹת־אֲבֹתָם יִנְחָלוּ׃

56 עַל־פִּי הַגּוֹרָל תֵּחָלֵק נַחֲלָתוֹ בֵּין רַב לִמְעָט׃ ס

57 וְאֵלֶּה פְקוּדֵי הַלֵּוִי לְמִשְׁפְּחֹתָם לְגֵרְשׁוֹן מִשְׁפַּחַת הַגֵּרְשֻׁנִּי לִקְהָת מִשְׁפַּחַת הַקְּהָתִי לִמְרָרִי מִשְׁפַּחַת הַמְּרָרִי׃

58 אֵלֶּה מִשְׁפְּחֹת לֵוִי מִשְׁפַּחַת הַלִּבְנִי מִשְׁפַּחַת הַחֶבְרֹנִי מִשְׁפַּחַת הַמַּחְלִי מִשְׁפַּחַת הַמּוּשִׁי מִשְׁפַּחַת הַקָּרְחִי וּקְהָת הוֹלִד אֶת־עַמְרָם׃

59 וְשֵׁם אֵשֶׁת עַמְרָם יוֹכֶבֶד בַּת־לֵוִי אֲשֶׁר יָלְדָה אֹתָהּ לְלֵוִי בְּמִצְרָיִם וַתֵּלֶד לְעַמְרָם אֶת־אַהֲרֹן וְאֶת־מֹשֶׁה וְאֵת מִרְיָם אֲחֹתָם׃

60 וַיִּוָּלֵד לְאַהֲרֹן אֶת־נָדָב וְאֶת־אֲבִיהוּא אֶת־אֶלְעָזָר וְאֶת־אִיתָמָר׃

61 וַיָּמָת נָדָב וַאֲבִיהוּא בְּהַקְרִיבָם אֵשׁ־זָרָה לִפְנֵי יְהוָה׃

62 וַיִּהְיוּ פְקֻדֵיהֶם שְׁלֹשָׁה וְעֶשְׂרִים אֶלֶף כָּל־זָכָר מִבֶּן־חֹדֶשׁ וָמָעְלָה כִּי לֹא הָתְפָּקְדוּ בְּתוֹךְ בְּנֵי יִשְׂרָאֵל כִּי לֹא־נִתַּן לָהֶם נַחֲלָה בְּתוֹךְ בְּנֵי יִשְׂרָאֵל׃

63 אֵלֶּה פְּקוּדֵי מֹשֶׁה וְאֶלְעָזָר הַכֹּהֵן אֲשֶׁר פָּקְדוּ אֶת־בְּנֵי יִשְׂרָאֵל בְּעַרְבֹת מוֹאָב עַל יַרְדֵּן יְרֵחוֹ׃

64 וּבְאֵלֶּה לֹא־הָיָה אִישׁ מִפְּקוּדֵי מֹשֶׁה וְאַהֲרֹן הַכֹּהֵן אֲשֶׁר פָּקְדוּ אֶת־בְּנֵי יִשְׂרָאֵל בְּמִדְבַּר סִינָי׃

65 כִּי־אָמַר יְהוָה לָהֶם מוֹת יָמֻתוּ

Hamul, the family of the Hamulites.

22 These *are* the families of Judah according to those that were numbered of them, threescore and sixteen thousand and five hundred.

23 Of the sons of Issachar *b* after their families: *of* Tola, the family of the Tolaites: of β Pua, the family of the Punites:

24 Of γ Jashub, the family of the Jashubites: of Shimron, the family of the Shimronites.

25 These *are* the families of Issachar according to those that were numbered of them, threescore and four thousand and three hundred.

26 Of the sons of Zebulun *c* after their families: of Sered, the family of the Sardites: of Elon, the family of the Elonites: of Jahleel, the family of the Jahleelites.

27 These *are* the families of the Zebulunites, according to those that were numbered of them, threescore thousand and five hundred.

28 The sons of Joseph *f* after their families *were* Manasseh and Ephraim.

29 Of the sons of Manasseh: of *g* Machir, the family of the Machirites: and Machir begat Gilead: of Gilead *come* the family of the Gileadites.

30 These *are* the sons of Gilead: *of* Jeezer,*δ* the family of the Jeezerites: of Helek, the family of the Helekites:

31 And *of* Asriel, the family of the Asrielites: and *of* Shechem, the family of the Shechemites.

32 And *of* Shemida, the family of the Shemidaites: and *of* Hepher, the family of the Hepherites.

33 And Zelophehad *l* the son of Hepher had no sons, but daughters: and the names of the daughters of Zelophehad *were* Mahlah, and Noah, Hoglah, Milcah, and Tirzah.

34 These *are* the families of Manasseh, and those that were numbered of them, fifty and two thousand & seven hundred.

35 These *are* the sons of Ephraim after their families: of Shuthelah, the family of the Shuthalhites: of Becher,*n* the family of the Bachrites: of Tahan, the family of the Tahanites.

36 And these *are* the sons of Shuthelah: of Eran, the family of the Eranites.

37 These *are* the families of the sons of Ephraim, according to those that were numbered of them, thirty and two thousand and five hundred. These *are* the sons of Joseph after their families.

38 The sons of Benjamin *p* after their families: of Bela, the family of the Belaites: of Ashbel, the family of the Ashbelites: of Ahiram,*r* the family of the Ahiramites:

39 Of Shupham,*t* the family of the Shuphamites: of Hupham, the family of the Huphamites.

40 And the sons of Bela were *v* Ard and Naaman: *of* Ard, the family of the Ardites: *and* of Naaman, the family of the Naamites:

41 These *are* the sons of Benjamin, after their families: and they that were numbered of them *were* forty and five thousand and six hundred.

42 These *x* *are* the sons of Dan, after their families: of θ Shuham, the family of the Shuhamites. These *are* the families of Dan, after their families.

43 All the families of the Shuhamites, according to those that were numbered

B. C. 1452.

a Ge. 46. 17.
   1 Ch. 7. 30.

b Ge. 46. 13.
   1 Ch. 7. 1.

β or, *Phuvah.*

γ or, *Job.*

c Ge. 46. 14.

d Ge. 46. 24.
   1 Ch. 7. 13.

e 1 Ch. 7. 13.
   Shallum.

f Ge. 46. 20.

g Jos. 17. 1.
   1 Ch. 7. 14, 15.

h ch. 1. 46.

i Jos. 11. 23. 14. 1.

δ Called *Abiezer,* Jos. 17. 2. Ju. 6. 11,24, 34.

k ch. 33. 54.

ζ *multiply his.*

η *diminish his.*

l ch. 27. 1. 36. 11.

m Ge. 46. 11. Ex.6.16..19. 1 Ch.6.1,16.

n 1 Ch. 7. 20. *Bered.*

o Ex. 2. 1, 2. 6. 20.

p Ge. 46. 21. 1 Ch. 7. 6.

q ch. 3. 2.

r Ge. 46. 21. *Ehi.* 1 Ch. 8. 1. *Aharah.*

s ch. 3. 4. Le. 10. 1, 2. 1 Ch. 24. 2.

t Ge. 46. 21. *Muppim, and Huppim.*

u ch. 3. 39.

v 1 Ch. 8. 3. *Addar.*

w ch. 1. 49.

x ch.18.20..24 De. 10. 9. Jos. 13. 14, 33. 14. 3.

y ver. 3.

z Ge. 46. 23.

θ or,*Hushim.*

a De. 4. 3, 4.

b ch.14.28..30 1 Co.10.5,6. Jude 5.

of them, *were* threescore and four thousand and four hundred.

44 Of the children of Asher,*a* after their families: of Jimna, the family of the Jimnites: of Jesui, the family of the Jesuites: of Beriah, the family of the Beriites.

45 Of the sons of Beriah: of Heber, the family of the Heberites: of Malchiel, the family of the Malchielites.

46 And the name of the daughter of Asher *was* Sarah.

47 These *are* the families of the sons of Asher, according to those that were numbered of them, *who were* fifty and three thousand and four hundred.

48 Of the sons of Naphtali,*d* after their families: of Jahzeel, the family of the Jahzeelites: of Guni, the family of the Gunites:

49 Of Jezer, the family of the Jezerites: of Shillem,*e* the family of the Shillemites.

50 These *are* the families of Naphtali, according to their families: and they that were numbered of them *were* forty and five thousand and four hundred.

51 These *h* *were* the numbered of the children of Israel, six hundred thousand and a thousand seven hundred and thirty.

52 And the LORD spake unto Moses, saying,

53 Unto *i* these the land shall be divided for an inheritance, according to the number of names.

54 To *k* many thou shalt ζ give the more inheritance, and to few thou shalt η give the less inheritance: to every one shall his inheritance be given according to those that were numbered of him.

55 Notwithstanding the land shall be divided by lot: according to the names of the tribes of their fathers they shall inherit.

56 According to the lot shall the possession thereof be divided between many and few.

57 And *m* these *are* they that were numbered of the Levites, after their families: of Gershon, the family of the Gershonites: of Kohath, the family of the Kohathites: of Merari, the family of the Merarites.

58 These *are* the families of the Levites: the family of the Libnites, the family of the Hebronites,the family of the Mahlites, the family of the Mushites, the family of the Korathites: & Kohath begat Amram.

59 And the name of Amram's wife *was* Jochebed,*o* the daughter of Levi, whom *her mother* bare to Levi in Egypt: and she bare unto Amram, Aaron and Moses, and Miriam their sister.

60 And unto Aaron *q* was born Nadab, and Abihu, Eleazar, and Ithamar.

61 And *s* Nadab and Abihu died, when they offered strange fire before the LORD.

62 And *u* those that were numbered of them were twenty and three thousand, all males, from a month old and upward: for *w* they were not numbered among the children of Israel, because there was no inheritance *x* given them among the children of Israel.

63 These *are* they that were numbered by Moses and Eleazar the priest, who numbered the children of Israel in *y* the plains of Moab, by Jordan *near* Jericho.

64 But among these *a* there was not a man of them whom Moses and Aaron the priest numbered, when they numbered the children of Israel in the wilderness of Sinai:

65 For the LORD had said *b* of them, They

CAP. XXVII. מ

1 וַתִּקְרַבְנָה בְּנוֹת צְלָפְחָד בֶּן־חֵפֶר בֶּן־גִּלְעָד בֶּן־מָכִיר בֶּן־מְנַשֶּׁה לְמִשְׁפְּחֹת מְנַשֶּׁה בֶּן־יוֹסֵף וְאֵלֶּה שְׁמוֹת בְּנֹתָיו מַחְלָה נֹעָה וְחָגְלָה וּמִלְכָּה וְתִרְצָה׃

2 וַתַּעֲמֹדְנָה לִפְנֵי מֹשֶׁה וְלִפְנֵי אֶלְעָזָר הַכֹּהֵן וְלִפְנֵי הַנְּשִׂיאִם וְכָל־הָעֵדָה פֶּתַח אֹהֶל־מוֹעֵד לֵאמֹר׃

3 אָבִינוּ מֵת בַּמִּדְבָּר וְהוּא לֹא־הָיָה בְּתוֹךְ הָעֵדָה הַנּוֹעָדִים עַל־יְהוָה בַּעֲדַת־קֹרַח כִּי־בְחֶטְאוֹ מֵת וּבָנִים לֹא־הָיוּ לוֹ׃

4 לָמָּה יִגָּרַע שֵׁם־אָבִינוּ מִתּוֹךְ מִשְׁפַּחְתּוֹ כִּי אֵין לוֹ בֵּן תְּנָה־לָּנוּ אֲחֻזָּה בְּתוֹךְ אֲחֵי אָבִינוּ׃

5 וַיַּקְרֵב מֹשֶׁה אֶת־מִשְׁפָּטָן לִפְנֵי יְהוָה׃ ס

6 וַיֹּאמֶר יְהוָה אֶל־מֹשֶׁה לֵּאמֹר׃

7 כֵּן בְּנוֹת צְלָפְחָד דֹּבְרֹת נָתֹן תִּתֵּן לָהֶם אֲחֻזַּת נַחֲלָה בְּתוֹךְ אֲחֵי אֲבִיהֶם וְהַעֲבַרְתָּ אֶת־נַחֲלַת אֲבִיהֶן לָהֶן׃

8 וְאֶל־בְּנֵי יִשְׂרָאֵל תְּדַבֵּר לֵאמֹר אִישׁ כִּי־יָמוּת וּבֵן אֵין לוֹ וְהַעֲבַרְתֶּם אֶת־נַחֲלָתוֹ לְבִתּוֹ׃

9 וְאִם־אֵין לוֹ בַּת וּנְתַתֶּם אֶת־נַחֲלָתוֹ לְאֶחָיו׃

10 וְאִם־אֵין לוֹ אַחִים וּנְתַתֶּם אֶת־נַחֲלָתוֹ לַאֲחֵי אָבִיו׃

11 וְאִם־אֵין אַחִים לְאָבִיו וּנְתַתֶּם אֶת־נַחֲלָתוֹ לִשְׁאֵרוֹ הַקָּרֹב אֵלָיו מִמִּשְׁפַּחְתּוֹ וְיָרַשׁ אֹתָהּ וְהָיְתָה לִבְנֵי יִשְׂרָאֵל לְחֻקַּת מִשְׁפָּט כַּאֲשֶׁר צִוָּה יְהוָה אֶת־מֹשֶׁה׃ ס

12 וַיֹּאמֶר יְהוָה אֶל־מֹשֶׁה עֲלֵה אֶל־הַר הָעֲבָרִים הַזֶּה וּרְאֵה אֶת־הָאָרֶץ אֲשֶׁר נָתַתִּי לִבְנֵי יִשְׂרָאֵל׃

13 וְרָאִיתָה אֹתָהּ וְנֶאֱסַפְתָּ אֶל־עַמֶּיךָ גַּם־אָתָּה כַּאֲשֶׁר נֶאֱסַף אַהֲרֹן אָחִיךָ׃

14 כַּאֲשֶׁר מְרִיתֶם פִּי בְּמִדְבַּר־צִן בִּמְרִיבַת הָעֵדָה לְהַקְדִּישֵׁנִי בַמַּיִם לְעֵינֵיהֶם הֵם מֵי־מְרִיבַת קָדֵשׁ מִדְבַּר־צִן׃ ס

15 וַיְדַבֵּר מֹשֶׁה אֶל־יְהוָה לֵאמֹר׃

16 יִפְקֹד יְהוָה אֱלֹהֵי הָרוּחֹת לְכָל־בָּשָׂר אִישׁ עַל־הָעֵדָה׃

17 אֲשֶׁר־יֵצֵא לִפְנֵיהֶם וַאֲשֶׁר יָבֹא לִפְנֵיהֶם וַאֲשֶׁר יוֹצִיאֵם וַאֲשֶׁר יְבִיאֵם וְלֹא תִהְיֶה עֲדַת יְהוָה כַּצֹּאן אֲשֶׁר אֵין־לָהֶם רֹעֶה׃

18 וַיֹּאמֶר יְהוָה אֶל־מֹשֶׁה קַח־לְךָ אֶת־יְהוֹשֻׁעַ בִּן־נוּן אִישׁ אֲשֶׁר־רוּחַ בּוֹ וְסָמַכְתָּ אֶת־יָדְךָ עָלָיו׃

19 וְהַעֲמַדְתָּ אֹתוֹ לִפְנֵי אֶלְעָזָר הַכֹּהֵן

20 בְּמִדְבָּר וְלֹא־נֹתַר מֵהֶם אִישׁ כִּי אִם־כָּלֵב בֶּן־יְפֻנֶּה וִיהוֹשֻׁעַ בִּן־נוּן׃ ס

20 וְלִפְנֵי כָּל־הָעֵדָה וְצִוִּיתָה אֹתוֹ לְעֵינֵיהֶם׃ וְנָתַתָּה מֵהוֹדְךָ עָלָיו לְמַעַן יִשְׁמְעוּ כָּל־עֲדַת בְּנֵי יִשְׂרָאֵל׃

21 וְלִפְנֵי אֶלְעָזָר הַכֹּהֵן יַעֲמֹד וְשָׁאַל לוֹ בְּמִשְׁפַּט הָאוּרִים לִפְנֵי יְהוָה עַל־פִּיו יֵצְאוּ וְעַל־פִּיו יָבֹאוּ הוּא וְכָל־בְּנֵי־יִשְׂרָאֵל אִתּוֹ וְכָל־הָעֵדָה׃

22 וַיַּעַשׂ מֹשֶׁה כַּאֲשֶׁר צִוָּה יְהוָה אֹתוֹ וַיִּקַּח אֶת־יְהוֹשֻׁעַ וַיַּעֲמִדֵהוּ לִפְנֵי אֶלְעָזָר הַכֹּהֵן וְלִפְנֵי כָּל־הָעֵדָה׃

23 וַיִּסְמֹךְ אֶת־יָדָיו עָלָיו וַיְצַוֵּהוּ כַּאֲשֶׁר דִּבֶּר יְהוָה בְּיַד־מֹשֶׁה׃ ס

CAP. XXVIII. מח

1 וַיְדַבֵּר יְהוָה אֶל־מֹשֶׁה לֵּאמֹר׃

2 צַו אֶת־בְּנֵי יִשְׂרָאֵל וְאָמַרְתָּ אֲלֵהֶם אֶת־קָרְבָּנִי לַחְמִי לְאִשַּׁי רֵיחַ נִיחֹחִי תִּשְׁמְרוּ לְהַקְרִיב לִי בְּמוֹעֲדוֹ׃

3 וְאָמַרְתָּ לָהֶם זֶה הָאִשֶּׁה אֲשֶׁר תַּקְרִיבוּ לַיהוָה כְּבָשִׂים בְּנֵי־שָׁנָה תְמִימִם שְׁנַיִם לַיּוֹם עֹלָה תָמִיד׃

4 אֶת־הַכֶּבֶשׂ אֶחָד תַּעֲשֶׂה בַבֹּקֶר וְאֵת הַכֶּבֶשׂ הַשֵּׁנִי תַּעֲשֶׂה בֵּין הָעַרְבָּיִם׃

5 וַעֲשִׂירִית הָאֵיפָה סֹלֶת לְמִנְחָה בְּלוּלָה בְּשֶׁמֶן כָּתִית רְבִיעִת הַהִין׃

6 עֹלַת תָּמִיד הָעֲשֻׂיָה בְּהַר סִינַי לְרֵיחַ נִיחֹחַ אִשֶּׁה לַיהוָה׃

7 וְנִסְכּוֹ רְבִיעִת הַהִין לַכֶּבֶשׂ הָאֶחָד בַּקֹּדֶשׁ הַסֵּךְ נֶסֶךְ שֵׁכָר לַיהוָה׃

8 וְאֵת הַכֶּבֶשׂ הַשֵּׁנִי תַּעֲשֶׂה בֵּין הָעַרְבָּיִם כְּמִנְחַת הַבֹּקֶר וּכְנִסְכּוֹ תַּעֲשֶׂה אִשֵּׁה רֵיחַ נִיחֹחַ לַיהוָה׃ ס

9 וּבְיוֹם הַשַּׁבָּת שְׁנֵי־כְבָשִׂים בְּנֵי־שָׁנָה תְּמִימִם וּשְׁנֵי עֶשְׂרֹנִים סֹלֶת מִנְחָה בְּלוּלָה בַשֶּׁמֶן וְנִסְכּוֹ׃

10 עֹלַת שַׁבַּת בְּשַׁבַּתּוֹ עַל־עֹלַת הַתָּמִיד וְנִסְכָּהּ׃ ס

11 וּבְרָאשֵׁי חָדְשֵׁיכֶם תַּקְרִיבוּ עֹלָה לַיהוָה פָּרִים בְּנֵי־בָקָר שְׁנַיִם וְאַיִל אֶחָד כְּבָשִׂים בְּנֵי־שָׁנָה שִׁבְעָה תְּמִימִם׃

12 וּשְׁלֹשָׁה עֶשְׂרֹנִים סֹלֶת מִנְחָה בְּלוּלָה בַשֶּׁמֶן לַפָּר הָאֶחָד וּשְׁנֵי עֶשְׂרֹנִים סֹלֶת מִנְחָה בְּלוּלָה בַשֶּׁמֶן לָאַיִל הָאֶחָד׃

13 וְעִשָּׂרֹן עִשָּׂרוֹן סֹלֶת מִנְחָה בְּלוּלָה בַשֶּׁמֶן לַכֶּבֶשׂ הָאֶחָד עֹלָה רֵיחַ נִיחֹחַ אִשֶּׁה לַיהוָה׃

14 וְנִסְכֵּיהֶם חֲצִי הַהִין יִהְיֶה לַפָּר וּשְׁלִישִׁת הַהִין לָאַיִל וּרְבִיעִת הַהִין לַכֶּבֶשׂ יָיִן זֹאת עֹלַת חֹדֶשׁ בְּחָדְשׁוֹ לְחָדְשֵׁי הַשָּׁנָה׃

15 וּשְׂעִיר עִזִּים אֶחָד לְחַטָּאת לַיהוָה עַל־עֹלַת הַתָּמִיד יֵעָשֶׂה וְנִסְכּוֹ׃ ס

16 וּבַחֹדֶשׁ הָרִאשׁוֹן בְּאַרְבָּעָה עָשָׂר

shall surely die in the wilderness. And there was not left a man of them, save Caleb the son of Jephunneh, and Joshua the son of Nun.

CHAP. XXVII.

THEN came the daughters of *d* Zelophehad, the son of Hepher, the son of Gilead, the son of Machir, the son of Manasseh, of the families of Manasseh the son of Joseph: and these *are* the names of his daughters; Mahlah, Noah, and Hoglah, and Milcah, and Tirzah.

2 And they stood before Moses, and before Eleazar the priest, and before the princes and all the congregation, *by* the door of the tabernacle of the congregation, saying,

3 Our father died *g* in the wilderness, and he was not in the company of them that gathered *h* themselves together against the LORD in the company of Korah; but died in his own *i* sin, and had no sons.

4 Why should the name of our father be γ done away from among his family, because he hath no son? Give *k* unto us, *therefore*, a possession among the brethren of our father.

5 And Moses *m* brought their cause before the LORD.

6 And the LORD spake unto Moses, saying,

7 The daughters of Zelophehad speak right: thou *n* shalt surely give them a possession of an inheritance among their father's brethren; and thou shalt cause *y*e inheritance of their father to pass unto them.

8 And thou shalt speak unto the children of Israel, saying, If a man die, and have no son, then ye shall cause his inheritance to pass unto his daughter.

9 And if he have no daughter, then ye shall give his inheritance unto his brethren.

10 And if he have no brethren, then ye shall give his inheritance unto his father's brethren.

11 And if his father have no brethren, then ye shall give his inheritance unto his kinsman that is next to him of his family, and he shall possess it: and it shall be unto the children of Israel a statute *r* of judgment, as the LORD commanded Moses.

12 And the LORD said unto Moses, Get thee *s* up into this mount Abarim, and see the land which I have given unto the children of Israel.

13 And when thou hast seen it, thou also shalt be gathered *u* unto thy people, as *w* Aaron thy brother was gathered.

14 For *y* ye rebelled against my commandment in *y*e desert of Zin, in the strife of the congregation, to sanctify me at the water before their eyes: that *is* the water of Meribah *z* in Kadesh in the wilderness of Zin.

15 And Moses spake unto the LORD, saying,

16 Let the LORD, the God *a* of *y*e spirits of all flesh, set *b* a man over the congregation,

17 Which may go out *c* before them, and which may go in before them, and which may lead them out, and which may bring them in; that the congregation of *y*e LORD be not as sheep *d* which have no shepherd.

18 And the LORD said unto Moses, Take thee Joshua *y*e son of Nun, a man in *a* whom *is* the spirit, and lay *f* thine hand upon him;

19 And set him before Eleazar the priest, and before all the congregation; and give him *h* a charge in their sight.

B. C. 1452.

a 2 Ki.2.9,15.
b Jos.1.16,17.
c Ju.20.18,&c
  1 Sa. 22. 10.
  23. 9.
  30. 7.
d ch. 26. 33.
  36.1..11.
Jos. 17. 3.
e Ex. 28. 30.
f ver. 19.
g ch. 14. 35.
  26.64,65.
h ch.16. 1, 2.
i Eze. 18. 4.
  Jn°. 8.21,24
  Ro. 6. 23.
β *a savour of my rest.*
j Le. 3. 11.
γ *diminished.*
k Jos. 17. 4.
l Ex. 29 38.
m Ex.18.15,19
  Job 23. 4.
δ *in a day.*
n ch. 36. 2.
ζ *between the two evenings.*
o Ex. 12. 6.
p ch. 15. 4.
  Le. 2. 1.
q Ex.29.40,&c
r ch. 35. 29.
s ch. 33. 47.
  De.3. 27.
  32. 49.
  34. 1.
t Eze. 46. 4.
u ch. 20. 24.
  31. 2.
v ch. 10. 10.
  1 Ch.23. 31.
  2 Ch. 2. 4.
  Ne. 10. 33.
  Is. 1. 13, 14.
  Eze. 45.17.
  Col. 2. 16.
w ch. 20. 28.
  De. 10. 6.
x ch.15.3..11.
y ch 20.10..12
z Ex. 17. 7.
a ch. 16. 22.
  He. 12. 9.
b Je. 3. 15.
c De. 31. 2.
  1 Sa. 8. 20.
  18. 13.
  2 Ch. 1. 10.
  Jn°. 10. 9.
d 1 Ki. 22. 17.
  Zec. 10. 2.
  Mat. 9. 36.
  1 Pe. 2. 25.
e Ge. 41. 38.
  Ju. 3. 10.
  11. 29.
  1Sa.16,13,18
  Da. 5. 14.
  Ac. 6. 3.
f De. 34. 9.
  Ac. 6. 6.
g ch. 15. 24.
h De. 31. 7.
i ver. 10.

---

20 And *a* thou shalt put *some* of thine honour upon him, that all the congregation of the children of Israel may be *b* obedient.

21 And he shall stand before Eleazar the priest, who shall ask *c* counsel for him, after the judgment of *e* Urim before the LORD: at his word shall they go out, and at his word they shall come in, *both* he, and all the children of Israel with him, even all the congregation.

22 And Moses did as the LORD commanded him: and he took Joshua, and set him before Eleazar the priest, and before all the congregation.

23 And he laid his hands upon him, and gave him a charge, as the LORD commanded *f* by the hand of Moses.

CHAP. XXVIII.

AND the LORD spake unto Moses, saying,

2 Command the children of Israel, and say unto them, My offering, *and* my bread for my sacrifices made by fire, *j* β *for a* sweet savour unto me, shall ye observe to offer unto me in their due season.

3 And thou shalt say unto them, This *is* *l* the offering made by fire which ye shall offer unto the LORD; two lambs of the first year without spot, day δ by day, *for* a continual burnt-offering.

4 The one lamb shalt thou offer in the morning, and the other lamb shalt thou offer ζ at *o* even;

5 And a tenth *part* of an ephah of flour for a meat-offering, *p* mingled *q* with the fourth *part* of an hin of beaten oil.

6 *It is* a continual burnt-offering, which was ordained in mount Sinai for a sweet savour, a sacrifice made by fire unto the LORD.

7 And the drink-offering thereof *shall be* the fourth *part* of an hin for the one lamb: in the holy *place* shalt thou cause the strong wine to be poured unto the LORD *for* a drink-offering.

8 And the other lamb shalt thou offer at even: as the meat-offering of the morning, and as the drink-offering thereof, thou shalt offer *it*, a sacrifice made by fire, of a sweet savour unto the LORD.

9 And on the sabbath-day two lambs of the first year without spot, and two tenth deals of flour *for* a meat-offering, mingled with oil, and the drink-offering thereof.

10 *This is* the burnt-offering of every sabbath, *t* beside the continual burnt-offering, and his drink-offering.

11 And in the beginnings *v* of your months ye shall offer a burnt-offering *x* unto the LORD; two young bullocks, and one ram, seven lambs of the first year without spot;

12 And three tenth deals of flour *for* a meat-offering, mingled with oil, for one bullock; and two tenth deals of flour *for* a meat-offering, mingled with oil, for one ram;

13 And a several tenth deal of flour mingled with oil, *for* a meat-offering unto one lamb, *for* a burnt-offering of a sweet savour, a sacrifice made by fire unto the LORD.

14 And their drink-offerings shall be half an hin of wine unto a bullock, and the third *part* of an hin unto a ram, and a fourth *part* of an hin unto a lamb: this *is* the burnt-offering of every month throughout the months of the year.

15 And *g* one kid of the goats for a sin-offering unto the LORD shall be offered, beside *i* the continual burnt offering, and

17 וּבַחֲמִשָּׁה עָשָׂר יוֹם לַחֹדֶשׁ הַזֶּה חָג שִׁבְעַת יָמִים מַצּוֹת יֵאָכֵל:

18 בַּיּוֹם הָרִאשׁוֹן מִקְרָא־קֹדֶשׁ כָּל־מְלֶאכֶת עֲבֹדָה לֹא תַעֲשׂוּ:

19 וְהִקְרַבְתֶּם אִשֶּׁה עֹלָה לַיהוָֹה פָּרִים בְּנֵי־בָקָר שְׁנַיִם וְאַיִל אֶחָד וְשִׁבְעָה כְבָשִׂים בְּנֵי שָׁנָה תְּמִימִם יִהְיוּ לָכֶם:

20 וּמִנְחָתָם סֹלֶת בְּלוּלָה בַשָּׁמֶן שְׁלֹשָׁה עֶשְׂרֹנִים לַפָּר וּשְׁנֵי עֶשְׂרֹנִים לָאַיִל תַּעֲשׂוּ:

21 עִשָּׂרוֹן עִשָּׂרוֹן תַּעֲשֶׂה לַכֶּבֶשׂ הָאֶחָד לְשִׁבְעַת הַכְּבָשִׂים:

22 וּשְׂעִיר חַטָּאת אֶחָד לְכַפֵּר עֲלֵיכֶם:

23 מִלְּבַד עֹלַת הַבֹּקֶר אֲשֶׁר לְעֹלַת הַתָּמִיד תַּעֲשׂוּ אֶת־אֵלֶּה:

24 כָּאֵלֶּה תַּעֲשׂוּ לַיּוֹם שִׁבְעַת יָמִים לֶחֶם אִשֵּׁה רֵיחַ־נִיחֹחַ לַיהוָֹה עַל־עוֹלַת הַתָּמִיד יֵעָשֶׂה וְנִסְכּוֹ:

25 וּבַיּוֹם הַשְּׁבִיעִי מִקְרָא־קֹדֶשׁ יִהְיֶה לָכֶם כָּל־מְלֶאכֶת עֲבֹדָה לֹא תַעֲשׂוּ: ס

26 וּבְיוֹם הַבִּכּוּרִים בְּהַקְרִיבְכֶם מִנְחָה חֲדָשָׁה לַיהוָֹה בְּשָׁבֻעֹתֵיכֶם מִקְרָא־קֹדֶשׁ יִהְיֶה לָכֶם כָּל־מְלֶאכֶת עֲבֹדָה לֹא תַעֲשׂוּ:

27 וְהִקְרַבְתֶּם עוֹלָה לְרֵיחַ נִיחֹחַ לַיהוָֹה פָּרִים בְּנֵי־בָקָר שְׁנַיִם אַיִל אֶחָד שִׁבְעָה כְבָשִׂים בְּנֵי שָׁנָה:

28 וּמִנְחָתָם סֹלֶת בְּלוּלָה בַשָּׁמֶן שְׁלֹשָׁה עֶשְׂרֹנִים לַפָּר הָאֶחָד שְׁנֵי עֶשְׂרֹנִים לָאַיִל הָאֶחָד:

29 עִשָּׂרוֹן עִשָּׂרוֹן לַכֶּבֶשׂ הָאֶחָד לְשִׁבְעַת הַכְּבָשִׂים:

30 שְׂעִיר עִזִּים אֶחָד לְכַפֵּר עֲלֵיכֶם:

31 מִלְּבַד עֹלַת הַתָּמִיד וּמִנְחָתוֹ תַּעֲשׂוּ תְּמִימִם יִהְיוּ לָכֶם וְנִסְכֵּיהֶם: פ

CAP. XXIX. כט

1 וּבַחֹדֶשׁ הַשְּׁבִיעִי בְּאֶחָד לַחֹדֶשׁ מִקְרָא־קֹדֶשׁ יִהְיֶה לָכֶם כָּל־מְלֶאכֶת עֲבֹדָה לֹא תַעֲשׂוּ יוֹם תְּרוּעָה יִהְיֶה לָכֶם:

2 וַעֲשִׂיתֶם עֹלָה לְרֵיחַ נִיחֹחַ לַיהוָֹה פַּר בֶּן־בָּקָר אֶחָד אַיִל אֶחָד כְּבָשִׂים בְּנֵי־שָׁנָה שִׁבְעָה תְּמִימִם:

3 וּמִנְחָתָם סֹלֶת בְּלוּלָה בַשָּׁמֶן שְׁלֹשָׁה עֶשְׂרֹנִים לַפָּר שְׁנֵי עֶשְׂרֹנִים לָאָיִל:

4 וְעִשָּׂרוֹן אֶחָד לַכֶּבֶשׂ הָאֶחָד לְשִׁבְעַת הַכְּבָשִׂים:

5 וּשְׂעִיר־עִזִּים אֶחָד חַטָּאת לְכַפֵּר עֲלֵיכֶם:

6 מִלְּבַד עֹלַת הַחֹדֶשׁ וּמִנְחָתָהּ וְעֹלַת הַתָּמִיד וּמִנְחָתָהּ וְנִסְכֵּיהֶם כְּמִשְׁפָּטָם לְרֵיחַ נִיחֹחַ אִשֶּׁה לַיהוָֹה: ס

7 וּבֶעָשׂוֹר לַחֹדֶשׁ הַשְּׁבִיעִי הַזֶּה מִקְרָא־קֹדֶשׁ יִהְיֶה לָכֶם וְעִנִּיתֶם אֶת־נַפְשֹׁתֵיכֶם כָּל־מְלָאכָה לֹא תַעֲשׂוּ:

8 וְהִקְרַבְתֶּם עֹלָה לַיהוָֹה רֵיחַ נִיחֹחַ פַּר בֶּן־בָּקָר אֶחָד אַיִל אֶחָד כְּבָשִׂים בְּנֵי־שָׁנָה שִׁבְעָה תְּמִימִם יִהְיוּ לָכֶם:

9 וּמִנְחָתָם סֹלֶת בְּלוּלָה בַשֶּׁמֶן שְׁלֹשָׁה עֶשְׂרֹנִים לַפָּר שְׁנֵי עֶשְׂרֹנִים לָאַיִל הָאֶחָד:

10 עִשָּׂרוֹן עִשָּׂרוֹן לַכֶּבֶשׂ הָאֶחָד לְשִׁבְעַת הַכְּבָשִׂים:

11 שְׂעִיר־עִזִּים אֶחָד חַטָּאת מִלְּבַד חַטַּאת הַכִּפֻּרִים וְעֹלַת הַתָּמִיד וּמִנְחָתָהּ וְנִסְכֵּיהֶם: ס

12 וּבַחֲמִשָּׁה עָשָׂר יוֹם לַחֹדֶשׁ הַשְּׁבִיעִי מִקְרָא־קֹדֶשׁ יִהְיֶה לָכֶם כָּל־מְלֶאכֶת עֲבֹדָה לֹא תַעֲשׂוּ וְחַגֹּתֶם חַג לַיהוָֹה שִׁבְעַת יָמִים:

13 וְהִקְרַבְתֶּם עֹלָה אִשֵּׁה רֵיחַ נִיחֹחַ לַיהוָֹה פָּרִים בְּנֵי־בָקָר שְׁלֹשָׁה עָשָׂר אֵילִם שְׁנָיִם כְּבָשִׂים בְּנֵי־שָׁנָה אַרְבָּעָה עָשָׂר תְּמִימִם יִהְיוּ:

14 וּמִנְחָתָם סֹלֶת בְּלוּלָה בַשֶּׁמֶן שְׁלֹשָׁה עֶשְׂרֹנִים לַפָּר הָאֶחָד לִשְׁלֹשָׁה עָשָׂר פָּרִים שְׁנֵי עֶשְׂרֹנִים לָאַיִל הָאֶחָד לִשְׁנֵי הָאֵילִם:

15 וְעִשָּׂרוֹן עִשָּׂרוֹן לַכֶּבֶשׂ הָאֶחָד לְאַרְבָּעָה עָשָׂר כְּבָשִׂים:

16 וּשְׂעִיר־עִזִּים אֶחָד חַטָּאת מִלְּבַד עֹלַת הַתָּמִיד מִנְחָתָהּ וְנִסְכָּהּ: ס

17 וּבַיּוֹם הַשֵּׁנִי פָּרִים בְּנֵי־בָקָר שְׁנֵים עָשָׂר אֵילִם שְׁנָיִם כְּבָשִׂים בְּנֵי־שָׁנָה אַרְבָּעָה עָשָׂר תְּמִימִם:

18 וּמִנְחָתָם וְנִסְכֵּיהֶם לַפָּרִים לָאֵילִם וְלַכְּבָשִׂים בְּמִסְפָּרָם כַּמִּשְׁפָּט:

19 וּשְׂעִיר־עִזִּים אֶחָד חַטָּאת מִלְּבַד עֹלַת הַתָּמִיד וּמִנְחָתָהּ וְנִסְכֵּיהֶם:

20 וּבַיּוֹם הַשְּׁלִישִׁי פָּרִים עַשְׁתֵּי־עָשָׂר אֵילִם שְׁנָיִם כְּבָשִׂים בְּנֵי־שָׁנָה אַרְבָּעָה עָשָׂר תְּמִימִם: ס

21 וּמִנְחָתָם וְנִסְכֵּיהֶם לַפָּרִים לָאֵילִם וְלַכְּבָשִׂים בְּמִסְפָּרָם כַּמִּשְׁפָּט:

22 וּשְׂעִיר חַטָּאת אֶחָד מִלְּבַד עֹלַת הַתָּמִיד וּמִנְחָתָהּ וְנִסְכָּהּ: ס

23 וּבַיּוֹם הָרְבִיעִי פָּרִים עֲשָׂרָה אֵילִם שְׁנָיִם כְּבָשִׂים בְּנֵי־שָׁנָה אַרְבָּעָה עָשָׂר תְּמִימִם:

24 מִנְחָתָם וְנִסְכֵּיהֶם לַפָּרִים לָאֵילִם וְלַכְּבָשִׂים בְּמִסְפָּרָם כַּמִּשְׁפָּט:

25 וּשְׂעִיר־עִזִּים אֶחָד חַטָּאת מִלְּבַד עֹלַת הַתָּמִיד מִנְחָתָהּ וְנִסְכָּהּ: ס

26 וּבַיּוֹם הַחֲמִישִׁי פָּרִים תִּשְׁעָה אֵילִם שְׁנָיִם כְּבָשִׂים בְּנֵי־שָׁנָה אַרְבָּעָה עָשָׂר תְּמִימִם:

27 וּמִנְחָתָם וְנִסְכֵּיהֶם לַפָּרִים לָאֵילִם וְלַכְּבָשִׂים בְּמִסְפָּרָם כַּמִּשְׁפָּט:

28 וּשְׂעִיר חַטָּאת אֶחָד מִלְּבַד עֹלַת הַתָּמִיד וּמִנְחָתָהּ וְנִסְכָּהּ: ס

29 וּבַיּוֹם הַשִּׁשִּׁי פָּרִים שְׁמֹנָה אֵילִם

his drink-offering.

16 And in the fourteenth *b* day of the first month *is* the passover of the LORD.

17 And in the fifteenth day of this month *is* the feast: seven days shall unleavened bread be eaten.

18 In the first day *shall be* an holy convocation; ye shall do no manner of servile work *therein:*

19 But ye shall offer a sacrifice made by fire, *for* a burnt-offering unto the LORD; two young bullocks, and one ram, and seven lambs of the first year: they shall be unto you without *e* blemish:

20 And their meat-offering *shall be of* flour mingled with oil: three tenth deals shall ye offer for a bullock, and two tenth deals for a ram;

21 A several tenth deal shalt thou offer for every lamb, throughout the seven lambs:

22 And one goat *h for* a sin-offering, to make an atonement for you.

23 Ye shall offer these beside the burnt-offering in the morning, which *is* for a continual burnt-offering.

24 After this manner ye shall offer daily, throughout the seven days, the meat of the sacrifice made by fire, of a sweet savour unto the LORD: it shall be offered beside the continual burnt-offering, and his drink-offering.

25 And on the seventh day ye shall have an holy convocation; ye shall do no servile work.

26 Also in *k* the day of the first-fruits, when ye bring a new meat-offering unto the LORD, after your weeks *be out,* ye shall have an holy convocation; ye shall do no servile work:

27 But ye shall offer the burnt-offering for a sweet savour unto the LORD: two young bullocks, one ram, seven lambs of the first year:

28 And their meat-offering of flour mingled with oil, three tenth deals unto one bullock, two tenth deals unto one ram,

29 A several tenth deal unto one lamb, throughout the seven lambs;

30 *And* one kid of the goats, to make an atonement for you.

31 Ye shall offer *them* beside the continual burnt-offering, and his meat-offering, (they shall be unto you without blemish,) *m* and their drink-offerings.

CHAP. XXIX.

AND in the seventh month, on the first *day* of the month, ye shall have an holy convocation: ye shall do no servile work; it *o* is a day of blowing the trumpets unto you.

2 And ye shall offer a burnt-offering for a sweet savour unto the LORD; one young bullock, one ram, and seven lambs of the first year without blemish:

3 And their meat-offering *shall be of* flour mingled with oil, three tenth deals for a bullock, *and* two tenth deals for a ram,

4 And one tenth deal for one lamb, throughout the seven lambs;

5 And one kid of the goats *for* a sin-offering, to make an atonement for you:

6 Beside the *p* burnt-offering of the month, and his meat-offering, and *q* the daily burnt-offering, and his meat-offering, and their drink-offerings, according *r* unto their manner, for a sweet savour, a sacrifice made by fire unto the LORD.

B. C. 1452.

a Le. 16. 29.
23. 27.

b ch. 9. 3.
Ex. 12. 6,18.
Le. 23. 5, 6.
Eze. 45. 21.

c Ps. 35. 13.
Is. 58. 5.

d ch. 28. 19.

e ver. 31.
ch. 29. 8.
Le. 22. 20.
De. 15. 21.
Mal.1.13,14
1 Pe. 1. 19.

f Le.16.3,&c.

g Le. 23. 34.
De. 16. 13.
Eze. 45. 25.

h ver. 15.

i Ezr. 3. 4.

k Ex. 23. 16.
34. 22.
Le. 23. 10,
&c.
De. 16. 10.
Ac. 2. 1.

l ver.3,4,9,10.
ch. 15. 12.
28. 7, 14.

m ver. 19.

n Ps. 16. 4.
Joel 1.9,13.
2. 14.

o Le. 23. 24.
Ps. 81. 3, 4.

p ch. 28. 11.

q ch. 28. 3.
He. 10. 1.

r ch.15.11,12.
Ezr. 3. 4.
1 Co. 14.40.

7 And *a* ye shall have on the tenth *day* of this seventh month an holy convocation; and ye shall afflict *c* your souls: ye shall not do any work *therein:*

8 But ye shall offer a burnt-offering unto the LORD *for* a sweet savour; one young bullock, one ram, *and* seven lambs of the first year; they *d* shall be unto you without blemish.

9 And their meat-offering *shall be of* flour mingled with oil, three tenth deals to a bullock, *and* two tenth deals to one ram,

10 A several tenth deal for one lamb, throughout the seven lambs:

11 One kid of the goats *for* a sin-offering, beside the *f* sin-offering of atonement, and the continual burnt-offering, and the meat-offering of it, and their drink-offerings.

12 And *g* on the fifteenth day of the seventh month ye shall have an holy convocation; ye shall do no servile work, and ye shall keep a feast unto y*e*LOR Dseven days:

13 And *i* ye shall offer a burnt-offering, a sacrifice made by fire, of a sweet savour unto the LORD; thirteen young bullocks, two rams, *and* fourteen lambs of the first year; they shall be without blemish.

14 And their meat-offering *shall be of* flour mingled with oil, three tenth deals unto every bullock of the thirteen bullocks, two tenth deals to each ram of the two rams,

15 And a several tenth deal to each lamb of the fourteen lambs;

16 And one kid of the goats *for* a sin-offering,beside the continual burnt-offering, his meat-offering, and his drink-offering.

17 And on the second day *ye shall offer* twelve young bullocks, two rams, fourteen lambs of the first year, without spot:

18 And their meat-offering, and their drink-offerings, for the bullocks, for the rams, and for the lambs, *shall be* according to their number, after the manner: *l*

19 And one kid of the goats *for* a sin-offering; beside the continual burnt-offering, and the meat-offering thereof, and their drink-offerings.

20 And on the third day eleven bullocks, two rams, fourteen lambs of the first year without blemish;

21 And their meat-offering, and their drink-offerings, for the bullocks, for the rams, and for the lambs, *shall be* according to their number, after the manner:

22 And one goat *for* a sin-offering; beside the continual burnt-offering, and his meat-offering, and his drink-offering.*n*

23 And on the fourth day ten bullocks, two rams, *and* fourteen lambs of the first year without blemish:

24 Their meat-offering, and their drink-offerings, for the bullocks, for the rams, and for the lambs, *shall be* according to their number, after the manner :

25 And one kid of the goats *for* a sin-offering; beside the continual burnt-offering, his meat-offering, and his drink-offering.

26 And on the fifth day nine bullocks, two rams, *and* fourteen lambs of the first year without spot:

27 And their meat-offering, and their drink-offerings, for the bullocks, for the rams, and for the lambs, *shall be* according to their number, after the manner:

28 And one goat *for* a sin-offering; beside the continual burnt-offering, and his meat-offering, and his drink-offering.

29 And on the sixth day eight bullocks, two rams, *and* fourteen lambs of the first

שָׁנִים כְּבָשִׂים בְּנֵי־שָׁנָה אַרְבָּעָה עָשָׂר תְּמִימִם ׃

30 וּמִנְחָתָם וְנִסְכֵּיהֶם לַפָּרִים לָאֵילִם וְלַכְּבָשִׂים

31 בְּמִסְפָּרָם כַּמִּשְׁפָּט ׃ וּשְׂעִיר חַטָּאת אֶחָד מִלְּבַד

32 עֹלַת הַתָּמִיד מִנְחָתָהּ וְנִסְכָּהּ ׃ ס וּבַיּוֹם

הַשְּׁבִיעִי פָּרִים שִׁבְעָה אֵילִם שְׁנַיִם כְּבָשִׂים בְּנֵי־

33 שָׁנָה אַרְבָּעָה עָשָׂר תְּמִימִם ׃ וּמִנְחָתָם וְנִסְכֵּהֶם

לַפָּרִים לָאֵילִם וְלַכְּבָשִׂים בְּמִסְפָּרָם כְּמִשְׁפָּטָם ׃

34 וּשְׂעִיר חַטָּאת אֶחָד מִלְּבַד עֹלַת הַתָּמִיד מִנְחָתָהּ

35 וְנִסְכָּהּ ׃ בַּיּוֹם הַשְּׁמִינִי עֲצֶרֶת תִּהְיֶה לָכֶם

36 כָּל־מְלֶאכֶת עֲבֹדָה לֹא תַעֲשׂוּ ׃ וְהִקְרַבְתֶּם עֹלָה

אִשֵּׁה רֵיחַ נִיחֹחַ לַיהוָה פַּר אֶחָד אַיִל אֶחָד כְּבָשִׂים

37 בְּנֵי־שָׁנָה שִׁבְעָה תְּמִימִם ׃ מִנְחָתָם וְנִסְכֵּיהֶם

38 לַפָּר לָאַיִל וְלַכְּבָשִׂים בְּמִסְפָּרָם כַּמִּשְׁפָּט ׃ וּשְׂעִיר

חַטָּאת אֶחָד מִלְּבַד עֹלַת הַתָּמִיד וּמִנְחָתָהּ

39 וְנִסְכָּהּ ׃ אֵלֶּה תַּעֲשׂוּ לַיהוָה בְּמוֹעֲדֵיכֶם לְבַד

מִנִּדְרֵיכֶם וְנִדְבֹתֵיכֶם לְעֹלֹתֵיכֶם וּלְמִנְחֹתֵיכֶם

וּלְנִסְכֵּיכֶם וּלְשַׁלְמֵיכֶם ׃

CAP. XXX. ל

1 וַיֹּאמֶר מֹשֶׁה אֶל־בְּנֵי יִשְׂרָאֵל כְּכֹל אֲשֶׁר־צִוָּה יְהוָה אֶת־מֹשֶׁה ׃

מב 42 פ פ פ

2 וַיְדַבֵּר מֹשֶׁה אֶל־רָאשֵׁי הַמַּטּוֹת לִבְנֵי יִשְׂרָאֵל

3 לֵאמֹר זֶה הַדָּבָר אֲשֶׁר צִוָּה יְהוָה ׃ אִישׁ כִּי־יִדֹּר

נֶדֶר לַיהוָה אוֹ־הִשָּׁבַע שְׁבֻעָה לֶאְסֹר אִסָּר עַל־נַפְשׁוֹ

4 לֹא יַחֵל דְּבָרוֹ כְּכָל־הַיֹּצֵא מִפִּיו יַעֲשֶׂה ׃ וְאִשָּׁה

5 כִּי־תִדֹּר נֶדֶר לַיהוָה וְאָסְרָה אִסָּר בְּבֵית אָבִיהָ

בִּנְעֻרֶיהָ ׃ וְשָׁמַע אָבִיהָ אֶת־נִדְרָהּ וֶאֱסָרָהּ אֲשֶׁר

6 אָסְרָה עַל־נַפְשָׁהּ וְהֶחֱרִישׁ לָהּ אָבִיהָ וְקָמוּ כָּל־

נְדָרֶיהָ וְכָל־אִסָּר אֲשֶׁר־אָסְרָה עַל־נַפְשָׁהּ יָקוּם ׃

7 וְאִם־הֵנִיא אָבִיהָ אֹתָהּ בְּיוֹם שָׁמְעוֹ כָּל־נְדָרֶיהָ

וֶאֱסָרֶיהָ אֲשֶׁר־אָסְרָה עַל־נַפְשָׁהּ לֹא יָקוּם וַיהוָה

8 יִסְלַח־לָהּ כִּי־הֵנִיא אָבִיהָ אֹתָהּ ׃ וְאִם־הָיוֹ תִהְיֶה

לְאִישׁ וּנְדָרֶיהָ עָלֶיהָ אוֹ מִבְטָא שְׂפָתֶיהָ אֲשֶׁר

9 אָסְרָה עַל־נַפְשָׁהּ ׃ וְשָׁמַע אִישָׁהּ בְּיוֹם שָׁמְעוֹ

וְהֶחֱרִישׁ לָהּ וְקָמוּ נְדָרֶיהָ וֶאֱסָרֶהָ אֲשֶׁר־אָסְרָה

עַל־נַפְשָׁהּ יָקֻמוּ ׃ וְאִם בְּיוֹם שְׁמֹעַ אִישָׁהּ יָנִיא

אוֹתָהּ וְהֵפֵר אֶת־נִדְרָהּ אֲשֶׁר עָלֶיהָ וְאֵת מִבְטָא

שְׂפָתֶיהָ אֲשֶׁר אָסְרָה עַל־נַפְשָׁהּ וַיהוָה יִסְלַח־לָהּ ׃

10 וְנֵדֶר אַלְמָנָה וּגְרוּשָׁה כֹּל אֲשֶׁר־אָסְרָה עַל־נַפְשָׁהּ

11 יָקוּם עָלֶיהָ ׃ וְאִם־בֵּית אִישָׁהּ נָדָרָה אוֹ־אָסְרָה

12 אִסָּר עַל־נַפְשָׁהּ בִּשְׁבֻעָה ׃ וְשָׁמַע אִישָׁהּ וְהֶחֱרִשׁ

לָהּ לֹא הֵנִיא אֹתָהּ וְקָמוּ כָּל־נְדָרֶיהָ וְכָל־אִסָּר

13 אֲשֶׁר־אָסְרָה עַל־נַפְשָׁהּ יָקוּם ׃ וְאִם־הָפֵר יָפֵר

אֹתָם אִישָׁהּ בְּיוֹם שָׁמְעוֹ כָּל־מוֹצָא שְׂפָתֶיהָ

לִנְדָרֶיהָ וּלְאִסַּר נַפְשָׁהּ לֹא יָקוּם אִישָׁהּ הֲפֵרָם

14 וַיהוָה יִסְלַח־לָהּ ׃ כָּל־נֵדֶר וְכָל־שְׁבֻעַת אִסָּר לְעַנֹּת

15 נָפֶשׁ אִישָׁהּ יְקִימֶנּוּ וְאִישָׁהּ יְפֵרֶנּוּ ׃ וְאִם־הַחֲרֵשׁ

יַחֲרִישׁ לָהּ אִישָׁהּ מִיּוֹם אֶל־יוֹם וְהֵקִים אֶת־כָּל־

נְדָרֶיהָ אוֹ אֶת־כָּל־אֱסָרֶיהָ אֲשֶׁר עָלֶיהָ הֵקִים אֹתָם

16 כִּי־הֶחֱרִשׁ לָהּ בְּיוֹם שָׁמְעוֹ ׃ וְאִם־הָפֵר יָפֵר

אֹתָם אַחֲרֵי שָׁמְעוֹ וְנָשָׂא אֶת־עֲוֹנָהּ ׃ אֵלֶּה

17 הַחֻקִּים אֲשֶׁר צִוָּה יְהוָה אֶת־מֹשֶׁה בֵּין אִישׁ

לְאִשְׁתּוֹ בֵּין־אָב לְבִתּוֹ בִּנְעֻרֶיהָ בֵּית אָבִיהָ ׃ פ

CAP. XXXI. לא

1 וַיְדַבֵּר יְהוָה אֶל־מֹשֶׁה לֵּאמֹר ׃ נְקֹם נִקְמַת בְּנֵי

2 יִשְׂרָאֵל מֵאֵת הַמִּדְיָנִים אַחַר תֵּאָסֵף אֶל־עַמֶּיךָ ׃

3 וַיְדַבֵּר מֹשֶׁה אֶל־הָעָם לֵאמֹר הֵחָלְצוּ מֵאִתְּכֶם

אֲנָשִׁים לַצָּבָא וְיִהְיוּ עַל־מִדְיָן לָתֵת נִקְמַת־יְהוָה

4 בְּמִדְיָן ׃ אֶלֶף לַמַּטֶּה אֶלֶף לַמַּטֶּה לְכֹל מַטּוֹת

5 יִשְׂרָאֵל תִּשְׁלְחוּ לַצָּבָא ׃ וַיִּמָּסְרוּ מֵאַלְפֵי יִשְׂרָאֵל

אֶלֶף לַמַּטֶּה שְׁנֵים־עָשָׂר אֶלֶף חֲלוּצֵי צָבָא ׃

6 וַיִּשְׁלַח אֹתָם מֹשֶׁה אֶלֶף לַמַּטֶּה לַצָּבָא אֹתָם

וְאֶת־פִּינְחָס בֶּן־אֶלְעָזָר הַכֹּהֵן לַצָּבָא וּכְלֵי הַקֹּדֶשׁ

7 וַחֲצֹצְרוֹת הַתְּרוּעָה בְּיָדוֹ ׃ וַיִּצְבְּאוּ עַל־מִדְיָן

8 כַּאֲשֶׁר צִוָּה יְהוָה אֶת־מֹשֶׁה וַיַּהַרְגוּ כָּל־זָכָר ׃

וְאֶת־מַלְכֵי מִדְיָן הָרְגוּ עַל־חַלְלֵיהֶם אֶת־אֱוִי וְאֶת־

רֶקֶם וְאֶת־צוּר וְאֶת־חוּר וְאֶת־רֶבַע חֲמֵשֶׁת

9 מַלְכֵי מִדְיָן וְאֵת בִּלְעָם בֶּן־בְּעוֹר הָרְגוּ בֶּחָרֶב ׃

וַיִּשְׁבּוּ בְנֵי־יִשְׂרָאֵל אֶת־נְשֵׁי מִדְיָן וְאֶת־טַפָּם

10 וְאֵת כָּל־בְּהֶמְתָּם וְאֶת־כָּל־מִקְנֵהֶם וְאֶת־כָּל־

חֵילָם בָּזָזוּ ׃ וְאֵת כָּל־עָרֵיהֶם בְּמוֹשְׁבֹתָם וְאֵת

11 כָּל־טִירֹתָם שָׂרְפוּ בָּאֵשׁ ׃ וַיִּקְחוּ אֶת־כָּל־הַשָּׁלָל

12 וְאֵת כָּל־הַמַּלְקוֹחַ בָּאָדָם וּבַבְּהֵמָה ׃ וַיָּבִאוּ אֶל־

מֹשֶׁה וְאֶל־אֶלְעָזָר הַכֹּהֵן וְאֶל־עֲדַת בְּנֵי־יִשְׂרָאֵל

אֶת־הַשְּׁבִי וְאֶת־הַמַּלְקוֹחַ וְאֶת־הַשָּׁלָל אֶל־הַמַּחֲנֶה

אֶל־עַרְבֹת מוֹאָב אֲשֶׁר עַל־יַרְדֵּן יְרֵחוֹ ׃ ס

year without blemish :

30 And their meat-offering, and their drink-offerings, for the bullocks, for the rams, and for the lambs, *shall be* according to their number, after the manner :

31 And one goat *for* a sin-offering; beside the continual burnt-offering, his meat-offering, and his drink-offering.

32 And on the seventh day seven bullocks, two rams, *and* fourteen lambs of the first year without blemish :

33 And their meat-offering, and their drink-offerings, for the bullocks, for the rams, and for the lambs, *shall be* according to their number, after the manner :

34 And one goat *for* a sin-offering; beside the continual burnt-offering, his meat-offering, and his drink offering.

35 On the eighth *b* day ye shall have a solemn assembly ; ye shall do no servile work *therein :*

36 But ye shall offer a burnt-offering, a sacrifice made by fire, of a sweet savour unto the LORD ; one bullock, one ram, seven lambs of the first year without blemish :

37 Their meat-offering, and their drink-offerings, for the bullock, for the ram, and for the lambs, *shall be* according to their number, after the manner :

38 And one goat *for* a sin-offering; beside the continual burnt-offering, and his meat-offering, and his drink-offering.

39 These *things* ye shall *β* do unto the LORD in your set *d* feasts, beside your vows,*e* and your free-will-offerings, for your burnt-offerings, and for your meat-offerings, and for your drink-offerings, and for your peace-offerings.

40 And Moses told the children of Israel, according to all that the LORD commanded Moses.

CHAP. XXX.

AND Moses spake unto the heads *h* of the tribes concerning the children of Israel, saying, This *is* the thing which the LORD hath commanded.

2 If a man vow *i* a vow unto the LORD, or swear *k* an oath to bind his soul with a bond ; he shall not *δ* break his word, he shall do *l* according to all that proceedeth out of his mouth.

3 If a woman also vow a vow unto the LORD, and bind *herself* by a bond, *being* in her father's house in her youth ;

4 And her father hear her vow, and her bond wherewith she hath bound her soul, and her father shall hold his peace at her ; then all her vows shall stand, and every bond wherewith she hath bound her soul shall stand.

5 But if her father disallow her in the day that he heareth ; not any of her vows, or of her bonds, wherewith she hath bound her soul, shall stand : and the LORD shall forgive her, because her father disallowed her.

6 And if she had at all an husband, when she *ζ* vowed, or uttered ought out of her lips, wherewith she bound her soul ;

7 And her husband heard *it,* and held his peace at her in the day that he heard *it ;* then her vows shall stand, and her bonds wherewith she bound her soul shall stand.

8 But if her husband *r* disallowed her on the day that he heard *it ;* then he shall make her vow which she vowed, and that which she uttered with her lips, wherewith she bound her soul, of none effect :

and the LORD shall forgive her.

9 But every vow of a widow, and of her that is divorced, wherewith they have bound their souls, shall stand against her.

10 And if she vowed in her husband's house, or bound her soul by a bond with an oath :

11 And her husband heard *it,* and held his peace at her, *and* disallowed her not ; then all her vows shall stand, and every bond wherewith she bound her soul shall stand.

12 But if her husband hath utterly made them void on the day he heard *them ; then* whatsoever proceeded out of her lips concerning her vows, or concerning the bond of her soul, shall not stand ; her husband *a* hath made them void, and the LORD *c* shall forgive her.

13 Every vow, and every binding oath to afflict the soul, her husband may establish it, or her husband may make it void.

14 But if her husband altogether hold his peace at her, from day to day ; then he establisheth all her vows, or all her bonds, which *are* upon her : he confirmeth them, because he held his peace at her in the day that he heard *them.*

15 But if he shall any ways make them void, after that he hath heard *them ;* then he shall bear her iniquity.

16 These *are* the statutes which the LORD commanded Moses between a man and his wife ; between the father and his daughter, *being yet* in her youth in her father's house.

CHAP. XXXI.

AND *y* the LORD spake unto Moses, saying,

2 Avenge *f* the children of Israel of the Midianites : afterward shalt thou be gathered *g* unto thy people.

3 And Moses spake unto the people, saying, Arm some of yourselves unto the war, and let them go against the Midianites, and avenge the LORD of Midian.

4 Of *γ* every tribe a thousand, throughout all the tribes of Israel, shall ye send to the war.

5 So there were delivered out of the thousands of Israel, a thousand of *every* tribe, twelve thousand armed for war.

6 And Moses sent them to the war, a thousand of *every* tribe, them and Phinehas the son of Eleazar the priest, to the war, with the holy instruments, and the trumpets to *m* blow, in his hand.

7 And they warred against the Midianites, as the LORD commanded Moses ; and *n* they slew all the males.

8 And *o* they slew the kings of Midian, beside the rest of them that were slain ; *namely,* Evi, and Rekem, and Zur, and Hur, and Reba, five kings of Midian : Balaam also, the son of Beor, they slew with the sword.

9 And the children of Israel took *all* the women of Midian captives, and their little ones and took the spoil of all their cattle, and all their flocks, and all their goods.

10 And they *p* burnt all their cities wherein they dwelt, and all their goodly castles, with fire.

11 And they took all the spoil,*q* and all the prey, *both* of men and of beasts.

12 And they brought the captives, and the prey, and the spoil, unto Moses and Eleazar the priest, and unto the congregation of the children of Israel, unto the camp at the plains *s* of Moab, which *are*

B. C. 1452.

a 1 Co. 11. 3.

b Le. 23. 36. Jn⁰. 7. 37.

c ver. 5, 8. ch. 15. 25, 28.

β or, *offer.*

d Le. 23. 2, &c. 1 Ch. 23. 31. 2 Ch. 31. 3. Ezr. 3. 5. Ne. 10. 33. Is. 1. 14.

e Le. 7. 11, 16. 22. 21, 23. De. 12. 6.

f ch. 25. 17.

g ch. 27. 13.

h ch. 1. 4..16.

γ a thousand of a tribe, a thousand of a tribe.

i Le. 27. 2. De. 23. 21. Ju. 11. 35, 36. Ps. 15. 4. Ec. 5. 4.

k Le. 5. 4. Mat. 5. 33. 14. 7..9. Ac. 23. 14.

δ profane. Ps. 55. 20.

l Job 22. 27. Ps. 22. 25. 50. 14. 66. 13, 14. 116. 14, 18. Na. 1. 15.

m ch. 10. 9.

n De. 20. 13. Ju. 21. 11. 1 Ki. 11. 15, 16.

o Jos. 13. 21, 22.

ζ her vows were upon her. Ps. 56. 12.

p Jos. 6. 24. Re. 18. 8.

q De. 20. 14. Jos. 8. 2.

r Ge. 3. 16. 1 Co. 7. 4. 14. 34. Ep. 5. 22, 24.

s ch. 22. 1.

13 וַיֵּצְאוּ מֹשֶׁה וְאֶלְעָזָר הַכֹּהֵן וְכָל־נְשִׂיאֵי הָעֵדָה
14 לִקְרָאתָם אֶל־מִחוּץ לַמַּחֲנֶה: וַיִּקְצֹף מֹשֶׁה עַל
פְּקוּדֵי הֶחָיִל שָׂרֵי הָאֲלָפִים וְשָׂרֵי הַמֵּאוֹת הַבָּאִים
15 מִצְּבָא הַמִּלְחָמָה: וַיֹּאמֶר אֲלֵיהֶם מֹשֶׁה הַחִיִּיתֶם
16 כָּל־נְקֵבָה: הֵן הֵנָּה הָיוּ לִבְנֵי יִשְׂרָאֵל בִּדְבַר
בִּלְעָם לִמְסָר־מַעַל בַּיהוָה עַל־דְּבַר־פְּעוֹר וַתְּהִי
17 הַמַּגֵּפָה בַּעֲדַת יְהוָה: וְעַתָּה הִרְגוּ כָל־זָכָר בַּטָּף
18 וְכָל־אִשָּׁה יֹדַעַת אִישׁ לְמִשְׁכַּב זָכָר הֲרֹגוּ: וְכֹל
הַטַּף בַּנָּשִׁים אֲשֶׁר לֹא־יָדְעוּ מִשְׁכַּב זָכָר הַחֲיוּ
19 לָכֶם: וְאַתֶּם חֲנוּ מִחוּץ לַמַּחֲנֶה שִׁבְעַת יָמִים
כֹּל הֹרֵג נֶפֶשׁ וְכֹל נֹגֵעַ בֶּחָלָל תִּתְחַטְּאוּ בַּיּוֹם
20 הַשְּׁלִישִׁי וּבַיּוֹם הַשְּׁבִיעִי אַתֶּם וּשְׁבִיכֶם: וְכָל־בֶּגֶד
וְכָל־כְּלִי־עוֹר וְכָל־מַעֲשֵׂה עִזִּים וְכָל־כְּלִי־עֵץ
21 תִּתְחַטָּאוּ: ס וַיֹּאמֶר אֶלְעָזָר הַכֹּהֵן אֶל־אַנְשֵׁי
הַצָּבָא הַבָּאִים לַמִּלְחָמָה זֹאת חֻקַּת הַתּוֹרָה אֲשֶׁר
22 צִוָּה יְהוָה אֶת־מֹשֶׁה: אַךְ אֶת־הַזָּהָב וְאֶת־
הַכֶּסֶף אֶת־הַנְּחֹשֶׁת אֶת־הַבַּרְזֶל אֶת־הַבְּדִיל וְאֶת־
23 הָעֹפָרֶת: כָּל־דָּבָר אֲשֶׁר־יָבֹא בָאֵשׁ תַּעֲבִירוּ בָאֵשׁ
וְטָהֵר אַךְ בְּמֵי נִדָּה יִתְחַטָּא וְכֹל אֲשֶׁר לֹא־יָבֹא בָּאֵשׁ
24 תַּעֲבִירוּ בַמָּיִם: וְכִבַּסְתֶּם בִּגְדֵיכֶם בַּיּוֹם
הַשְּׁבִיעִי וּטְהַרְתֶּם וְאַחַר תָּבֹאוּ אֶל־הַמַּחֲנֶה: ס
25/26 וַיֹּאמֶר יְהוָה אֶל־מֹשֶׁה לֵּאמֹר: שָׂא אֵת רֹאשׁ
מַלְקוֹחַ הַשְּׁבִי בָּאָדָם וּבַבְּהֵמָה אַתָּה וְאֶלְעָזָר הַכֹּהֵן
27 וְרָאשֵׁי אֲבוֹת הָעֵדָה: וְחָצִיתָ אֶת־הַמַּלְקוֹחַ
בֵּין תֹּפְשֵׂי הַמִּלְחָמָה הַיֹּצְאִים לַצָּבָא וּבֵין כָּל־
28 הָעֵדָה: וַהֲרֵמֹתָ מֶכֶס לַיהוָה מֵאֵת אַנְשֵׁי הַמִּלְחָמָה
הַיֹּצְאִים לַצָּבָא אֶחָד נֶפֶשׁ מֵחֲמֵשׁ הַמֵּאוֹת מִן־
הָאָדָם וּמִן־הַבָּקָר וּמִן־הַחֲמֹרִים וּמִן־הַצֹּאן:
29 מִמַּחֲצִיתָם תִּקָּחוּ וְנָתַתָּה לְאֶלְעָזָר הַכֹּהֵן תְּרוּמַת
30 יְהוָה: וּמִמַּחֲצִת בְּנֵי־יִשְׂרָאֵל תִּקַּח אֶחָד אָחֻז מִן־
הַחֲמִשִּׁים מִן־הָאָדָם מִן־הַבָּקָר מִן־הַחֲמֹרִים
וּמִן־הַצֹּאן מִכָּל־הַבְּהֵמָה וְנָתַתָּה אֹתָם לַלְוִיִּם
31 שֹׁמְרֵי מִשְׁמֶרֶת מִשְׁכַּן יְהוָה: וַיַּעַשׂ מֹשֶׁה וְאֶלְעָזָר
32 הַכֹּהֵן כַּאֲשֶׁר צִוָּה יְהוָה אֶת־מֹשֶׁה: וַיְהִי הַמַּלְקוֹחַ
יֶתֶר הַבָּז אֲשֶׁר בָּזְזוּ עַם הַצָּבָא צֹאן שֵׁשׁ־מֵאוֹת
33 אֶלֶף וְשִׁבְעִים אֶלֶף וַחֲמֵשֶׁת אֲלָפִים: וּבָקָר שְׁנַיִם
34/35 וְשִׁבְעִים אָלֶף: וַחֲמֹרִים אֶחָד וְשִׁשִּׁים אָלֶף: וְנֶפֶשׁ
אָדָם מִן־הַנָּשִׁים אֲשֶׁר לֹא־יָדְעוּ מִשְׁכַּב זָכָר כָּל־

36 נֶפֶשׁ שְׁנַיִם וּשְׁלֹשִׁים אָלֶף: וַתְּהִי הַמֶּחֱצָה חֵלֶק
הַיֹּצְאִים בַּצָּבָא מִסְפַּר הַצֹּאן שְׁלֹשׁ־מֵאוֹת אֶלֶף
וּשְׁלֹשִׁים אֶלֶף וְשִׁבְעַת אֲלָפִים וַחֲמֵשׁ מֵאוֹת:
37 וַיְהִי הַמֶּכֶס לַיהוָה מִן־הַצֹּאן שֵׁשׁ מֵאוֹת חָמֵשׁ
38 וְשִׁבְעִים: וְהַבָּקָר שִׁשָּׁה וּשְׁלֹשִׁים אָלֶף וּמִכְסָם
39 לַיהוָה שְׁנַיִם וְשִׁבְעִים: וַחֲמֹרִים שְׁלֹשִׁים אֶלֶף
40 וַחֲמֵשׁ מֵאוֹת וּמִכְסָם לַיהוָה אֶחָד וְשִׁשִּׁים:
41 וְנֶפֶשׁ אָדָם שִׁשָּׁה עָשָׂר אָלֶף וּמִכְסָם לַיהוָה
שְׁנַיִם וּשְׁלֹשִׁים נָפֶשׁ: וַיִּתֵּן מֹשֶׁה אֶת־מֶכֶס
תְּרוּמַת יְהוָה לְאֶלְעָזָר הַכֹּהֵן כַּאֲשֶׁר צִוָּה יְהוָה
42 אֶת־מֹשֶׁה: וּמִמַּחֲצִית בְּנֵי יִשְׂרָאֵל אֲשֶׁר חָצָה
43 מֹשֶׁה מִן־הָאֲנָשִׁים הַצֹּבְאִים: וַתְּהִי מֶחֱצַת
הָעֵדָה מִן־הַצֹּאן שְׁלֹשׁ־מֵאוֹת אֶלֶף וּשְׁלֹשִׁים אֶלֶף
44 שִׁבְעַת אֲלָפִים וַחֲמֵשׁ מֵאוֹת: וּבָקָר שִׁשָּׁה
45 וּשְׁלֹשִׁים אָלֶף: וַחֲמֹרִים שְׁלֹשִׁים אֶלֶף וַחֲמֵשׁ
46/47 מֵאוֹת: וְנֶפֶשׁ אָדָם שִׁשָּׁה עָשָׂר אָלֶף: וַיִּקַּח
מֹשֶׁה מִמַּחֲצִת בְּנֵי־יִשְׂרָאֵל אֶת־הָאָחֻז אֶחָד מִן־
הַחֲמִשִּׁים מִן־הָאָדָם וּמִן־הַבְּהֵמָה וַיִּתֵּן אֹתָם
לַלְוִיִּם שֹׁמְרֵי מִשְׁמֶרֶת מִשְׁכַּן יְהוָה כַּאֲשֶׁר צִוָּה
48 יְהוָה אֶת־מֹשֶׁה: וַיִּקְרְבוּ אֶל־מֹשֶׁה הַפְּקֻדִים
אֲשֶׁר לְאַלְפֵי הַצָּבָא שָׂרֵי הָאֲלָפִים וְשָׂרֵי הַמֵּאוֹת:
49 וַיֹּאמְרוּ אֶל־מֹשֶׁה עֲבָדֶיךָ נָשְׂאוּ אֶת־רֹאשׁ אַנְשֵׁי
הַמִּלְחָמָה אֲשֶׁר בְּיָדֵנוּ וְלֹא־נִפְקַד מִמֶּנּוּ אִישׁ:
50 וַנַּקְרֵב אֶת־קָרְבַּן יְהוָה אִישׁ אֲשֶׁר מָצָא כְלִי־זָהָב
אֶצְעָדָה וְצָמִיד טַבַּעַת עָגִיל וְכוּמָז לְכַפֵּר עַל־
51 נַפְשֹׁתֵינוּ לִפְנֵי יְהוָה: וַיִּקַּח מֹשֶׁה וְאֶלְעָזָר הַכֹּהֵן
52 אֶת־הַזָּהָב מֵאִתָּם כֹּל כְּלִי מַעֲשֶׂה: וַיְהִי כָּל־
זְהַב הַתְּרוּמָה אֲשֶׁר הֵרִימוּ לַיהוָה שִׁשָּׁה עָשָׂר
אֶלֶף שְׁבַע־מֵאוֹת וַחֲמִשִּׁים שָׁקֶל מֵאֵת שָׂרֵי
53 הָאֲלָפִים וּמֵאֵת שָׂרֵי הַמֵּאוֹת: אַנְשֵׁי הַצָּבָא בָּזְזוּ
54 אִישׁ לוֹ: וַיִּקַּח מֹשֶׁה וְאֶלְעָזָר הַכֹּהֵן אֶת־הַזָּהָב
מֵאֵת שָׂרֵי הָאֲלָפִים וְהַמֵּאוֹת וַיָּבִאוּ אֹתוֹ אֶל־אֹהֶל
מוֹעֵד זִכָּרוֹן לִבְנֵי־יִשְׂרָאֵל לִפְנֵי יְהוָה: פ

CAP. XXXII. לב

1 וּמִקְנֶה רַב הָיָה לִבְנֵי רְאוּבֵן וְלִבְנֵי־גָד עָצוּם מְאֹד
וַיִּרְאוּ אֶת־אֶרֶץ יַעְזֵר וְאֶת־אֶרֶץ גִּלְעָד וְהִנֵּה
2 הַמָּקוֹם מְקוֹם מִקְנֶה: וַיָּבֹאוּ בְנֵי־גָד וּבְנֵי רְאוּבֵן
וַיֹּאמְרוּ אֶל־מֹשֶׁה וְאֶל־אֶלְעָזָר הַכֹּהֵן וְאֶל־נְשִׂיאֵי

by Jordan *near* Jericho.

13 And Moses, and Eleazar the priest, and all the princes of the congregation, went forth to meet them without the camp.

14 And Moses was wroth with the officers of the host, *with* the captains over thousands, and captains over hundreds, which came from the β battle.

15 And Moses said unto them, Have ye saved all the women *a* alive?

16 Behold, these *b* caused the children of Israel, through the counsel *c* of Balaam, to commit trespass against the LORD in the matter of Peor, and there was a plague among *d* the congregation of the LORD.

17 Now therefore *e* kill every male among the little ones, and kill every woman that hath known man by lying with γ him.

18 But all the women-children, that have not known a man by lying with him, keep alive for yourselves.

19 And do ye abide without the camp seven days: whosoever *g* hath killed any person, and whosoever hath touched any slain, purify *both* yourselves and your captives on the third day, & on y *e* seventh day.

20 And purify all *your* raiment, and all that δ is made of skins, and all work of goats' *hair*, and all things made of wood.

21 And Eleazar the priest said unto the men of war which went to the battle, This *is* the ordinance of the law which the LORD commanded Moses;

22 Only the gold, and the silver, the brass, the iron, the tin, and the lead,

23 Every thing that may abide the fire, ye shall make *it* go through the fire, and it shall be clean; nevertheless it shall be purified *i* with the water of separation: and all that abideth not the fire ye shall make go through the water.

24 And *k* ye shall wash your clothes on the seventh day, and ye shall be clean, and afterward ye shall come into the camp.

25 And the LORD spake unto Moses, saying,

26 Take the sum of the prey η that was taken, *both* of man and of beast, thou, and Eleazar the priest, and the chief fathers of the congregation;

27 And divide *l* the prey into two parts; between them that took the war upon them, who went out to battle, and between all the congregation.

28 And levy a tribute *n* unto the LORD of the men of war which went out to battle: one *o* soul of five hundred, *both* of the persons, and of the beeves, and of the asses, and of the sheep:

29 Take *it* of their half, and give *it* unto Eleazar the priest, *for* an heave-offering of the LORD.

30 And of the children of Israel's half, thou shalt take *q* one portion of fifty, of the persons, of the beeves, of the asses, and of the λ flocks, of all manner of beasts, and give *s* them unto the Levites, which *t* keep the charge of the tabernacle of the LORD.

31 And Moses and Eleazar the priest did as the LORD commanded Moses.

32 And the booty, *being* the rest of the prey which the men of war had caught, was six hundred thousand, and seventy thousand, and five thousand sheep,

33 And threescore and twelve thousand beeves,

34 And threescore and one thousand asses,

35 And thirty and two thousand persons

B. C. 1452.

β *host of war.*

a De. 20. 13.
1 Sa. 15. 3.

b ch. 25. 1..3.

c 2 Pe. 2. 15.
Re. 2. 14.

d ch. 25. 9.

e Ju. 21. 11.

γ *a male.*

f ch. 18. 8,19.

g ch. 5. 2.
19.11,&c.

δ *instrument, or, vessel of skins.*

h ver. 30.

i ch. 19. 9,17.

k Le. 11. 25.

ζ *hand.*

η *of the captivity.*

θ *found.*

l Jos. 22. 8.
1 Sa. 30.24.
Ps. 68. 12.

m Ex. 30. 12, 16.

n Ge. 14. 20.
Jos. 6. 19.
2Sa.8.11,12
Pr. 3. 9,10.

κ *heave-offering.*

o ver. 30,47.
ch. 18. 26.

p De. 20. 14.

q ver. 42..47.

λ *or, goats.*

r Ex. 30. 16.

s 1Co.9.13,14

t ch. 3. 7,&c.

u ver.35.
Jaazer.
ch. 21.32.
Jos. 13. 25.
2 Sa. 24. 5.
Is. 16. 8, 9.

v Jer. 50. 19.
Mi. 7. 14.

w Ge. 13. 2, 5.
47. 4.

x Is. 15. 2, 4.

---

in all, of women that had not known man by lying with him.

36 And the half, *which was* the portion of them that went out to war, was in number three hundred thousand, and seven and thirty thousand and five hundred sheep:

37 And the LORD's tribute of the sheep was six hundred and threescore & fifteen.

38 And the beeves *were* thirty and six thousand; of which the LORD's tribute *was* threescore and twelve.

39 And the asses *were* thirty thousand and five hundred; of which the LORD's tribute *was* threescore and one.

40 And the persons *were* sixteen thousand; of which the LORD's tribute *was* thirty and two persons.

41 And Moses gave the tribute, *which was* the LORD's heave-offering, unto Eleazar the priest, as *f* the LORD commanded Moses.

42 And of the children of Israel's half, which Moses divided from the men that warred,

43 (Now the half *that pertained unto* the congregation was three hundred thousand, and thirty thousand, *and* seven thousand and five hundred sheep,

44 And thirty and six thousand beeves,

45 And thirty thousand asses and five hundred,

46 And sixteen thousand persons,)

47 Even *h* of the children of Israel's half, Moses took one portion of fifty, *both* of man and of beast, and gave them unto the Levites, which kept the charge of the tabernacle of the LORD; as the LORD commanded Moses.

48 And the officers which *were* over thousands of the host, the captains of thousands, and captains of hundreds, came near unto Moses:

49 And they said unto Moses, Thy servants have taken the sum of the men of war which *are* under our ζ charge, and there lacketh not one man of us.

50 We have therefore brought an oblation for the LORD, what every man hath gotten, θ of jewels of gold, chains, and bracelets, rings, ear-rings, and tablets, to make *m* an atonement for our souls before the LORD.

51 And Moses and Eleazar the priest took the gold of them, *even* all wrought jewels.

52 And all the gold of the κ offering that they offered up to the LORD, of the captains of thousands, and of the captains of hundreds, was sixteen thousand seven hundred and fifty shekels.

53 (*For* the men of war had *p* taken spoil, every man for himself.)

54 And Moses and Eleazar the priest took the gold of the captains of thousands and of hundreds, and brought it into the tabernacle of the congregation, *for r* a memorial for the children of Israel before the LORD.

CHAP. XXXII.

NOW the children of Reuben, and the children of Gad, had a very great multitude of cattle: and when they saw the land of Jazer, *u* and the land of *v* Gilead, that, behold, the place *was* a place *w* for cattle;

2 The children of Gad, and the children of Reuben, came and spake unto Moses, and to Eleazar the priest, and unto the princes of the congregation saying,

3 Ataroth, and Dibon, *x* and Jazer, and

[Right column — Numbers 32:3–23]

3 הָעֵדָה לֵאמֹר : עֲטָרוֹת וְדִיבֹן וְיַעְזֵר וְנִמְרָה

4 וְחֶשְׁבּוֹן וְאֶלְעָלֵה וּשְׂבָם וּנְבוֹ וּבְעֹן : הָאָרֶץ אֲשֶׁר הִכָּה יְהוָה לִפְנֵי עֲדַת יִשְׂרָאֵל אֶרֶץ מִקְנֶה הִוא

5 וְלַעֲבָדֶיךָ מִקְנֶה : ס וַיֹּאמְרוּ אִם־מָצָאנוּ חֵן בְּעֵינֶיךָ יֻתַּן אֶת־הָאָרֶץ הַזֹּאת לַעֲבָדֶיךָ לַאֲחֻזָּה

6 אַל־תַּעֲבִרֵנוּ אֶת־הַיַּרְדֵּן : וַיֹּאמֶר מֹשֶׁה לִבְנֵי־גָד וְלִבְנֵי רְאוּבֵן הַאַחֵיכֶם יָבֹאוּ לַמִּלְחָמָה וְאַתֶּם

7 תֵּשְׁבוּ פֹה : וְלָמָּה תְנִיאוּן אֶת־לֵב בְּנֵי יִשְׂרָאֵל

8 מֵעֲבֹר אֶל־הָאָרֶץ אֲשֶׁר־נָתַן לָהֶם יְהוָה : כֹּה עָשׂוּ אֲבֹתֵיכֶם בְּשָׁלְחִי אֹתָם מִקָּדֵשׁ בַּרְנֵעַ לִרְאוֹת

9 אֶת־הָאָרֶץ : וַיַּעֲלוּ עַד־נַחַל אֶשְׁכּוֹל וַיִּרְאוּ אֶת־הָאָרֶץ וַיָּנִיאוּ אֶת־לֵב בְּנֵי יִשְׂרָאֵל לְבִלְתִּי־בֹא אֶל־

10 הָאָרֶץ אֲשֶׁר־נָתַן לָהֶם יְהוָה : וַיִּחַר־אַף יְהוָה

11 בַּיּוֹם הַהוּא וַיִּשָּׁבַע לֵאמֹר : אִם־יִרְאוּ הָאֲנָשִׁים הָעֹלִים מִמִּצְרַיִם מִבֶּן עֶשְׂרִים שָׁנָה וָמַעְלָה אֵת הָאֲדָמָה אֲשֶׁר נִשְׁבַּעְתִּי לְאַבְרָהָם לְיִצְחָק וּלְיַעֲקֹב

12 כִּי לֹא־מִלְאוּ אַחֲרָי : בִּלְתִּי כָּלֵב בֶּן־יְפֻנֶּה הַקְּנִזִּי

13 וִיהוֹשֻׁעַ בִּן־נוּן כִּי מִלְאוּ אַחֲרֵי יְהוָה : וַיִּחַר־אַף יְהוָה בְּיִשְׂרָאֵל וַיְנִעֵם בַּמִּדְבָּר אַרְבָּעִים שָׁנָה עַד־

14 תֹּם כָּל־הַדּוֹר הָעֹשֶׂה הָרַע בְּעֵינֵי יְהוָה : וְהִנֵּה קַמְתֶּם תַּחַת אֲבֹתֵיכֶם תַּרְבּוּת אֲנָשִׁים חַטָּאִים

15 לִסְפּוֹת עוֹד עַל חֲרוֹן אַף־יְהוָה אֶל־יִשְׂרָאֵל : כִּי תְשׁוּבֻן מֵאַחֲרָיו וְיָסַף עוֹד לְהַנִּיחוֹ בַּמִּדְבָּר וְשִׁחַתֶּם

16 לְכָל־הָעָם הַזֶּה : ס וַיִּגְּשׁוּ אֵלָיו וַיֹּאמְרוּ גִּדְרֹת צֹאן נִבְנֶה לְמִקְנֵנוּ פֹּה וְעָרִים

17 לְטַפֵּנוּ : וַאֲנַחְנוּ נֵחָלֵץ חֻשִׁים לִפְנֵי בְּנֵי יִשְׂרָאֵל עַד אֲשֶׁר אִם־הֲבִיאֹנֻם אֶל־מְקוֹמָם וְיָשַׁב טַפֵּנוּ

18 בְּעָרֵי הַמִּבְצָר מִפְּנֵי יֹשְׁבֵי הָאָרֶץ : לֹא נָשׁוּב אֶל־

19 בָּתֵּינוּ עַד הִתְנַחֵל בְּנֵי יִשְׂרָאֵל אִישׁ נַחֲלָתוֹ : כִּי לֹא נִנְחַל אִתָּם מֵעֵבֶר לַיַּרְדֵּן וָהָלְאָה כִּי בָאָה נַחֲלָתֵנוּ אֵלֵינוּ מֵעֵבֶר הַיַּרְדֵּן מִזְרָחָה : פ

20 וַיֹּאמֶר אֲלֵיהֶם מֹשֶׁה אִם־תַּעֲשׂוּן אֶת־הַדָּבָר

21 הַזֶּה אִם־תֵּחָלְצוּ לִפְנֵי יְהוָה לַמִּלְחָמָה : וְעָבַר לָכֶם כָּל־חָלוּץ אֶת־הַיַּרְדֵּן לִפְנֵי יְהוָה עַד הוֹרִישׁוֹ

22 אֶת־אֹיְבָיו מִפָּנָיו : וְנִכְבְּשָׁה הָאָרֶץ לִפְנֵי יְהוָה וְאַחַר תָּשֻׁבוּ וִהְיִיתֶם נְקִיִּם מֵיְהוָה וּמִיִּשְׂרָאֵל וְהָיְתָה הָאָרֶץ הַזֹּאת לָכֶם לַאֲחֻזָּה לִפְנֵי יְהוָה

23 וְאִם־לֹא תַעֲשׂוּן כֵּן הִנֵּה חֲטָאתֶם לַיהוָה וּדְעוּ

[Left column — Numbers 32:24–42; 33:1–3]

24 חַטַּאתְכֶם אֲשֶׁר תִּמְצָא אֶתְכֶם : בְּנוּ־לָכֶם עָרִים לְטַפְּכֶם וּגְדֵרֹת לְצֹנַאֲכֶם וְהַיֹּצֵא מִפִּיכֶם תַּעֲשׂוּ :

25 וַיֹּאמֶר בְּנֵי־גָד וּבְנֵי רְאוּבֵן אֶל־מֹשֶׁה לֵאמֹר עֲבָדֶיךָ

26 יַעֲשׂוּ כַּאֲשֶׁר אֲדֹנִי מְצַוֶּה : טַפֵּנוּ נָשֵׁינוּ מִקְנֵנוּ וְכָל־בְּהֶמְתֵּנוּ יִהְיוּ־שָׁם בְּעָרֵי הַגִּלְעָד :

27 וַעֲבָדֶיךָ יַעַבְרוּ כָּל־חֲלוּץ צָבָא לִפְנֵי יְהוָה לַמִּלְחָמָה כַּאֲשֶׁר אֲדֹנִי דֹּבֵר :

28 וַיְצַו לָהֶם מֹשֶׁה אֵת אֶלְעָזָר הַכֹּהֵן וְאֵת יְהוֹשֻׁעַ בִּן־נוּן וְאֶת־רָאשֵׁי אֲבוֹת הַמַּטּוֹת לִבְנֵי

29 יִשְׂרָאֵל : וַיֹּאמֶר מֹשֶׁה אֲלֵהֶם אִם־יַעַבְרוּ בְנֵי־גָד וּבְנֵי־רְאוּבֵן אִתְּכֶם אֶת־הַיַּרְדֵּן כָּל־חָלוּץ לַמִּלְחָמָה לִפְנֵי יְהוָה וְנִכְבְּשָׁה הָאָרֶץ לִפְנֵיכֶם וּנְתַתֶּם לָהֶם

30 אֶת־אֶרֶץ הַגִּלְעָד לַאֲחֻזָּה : וְאִם־לֹא יַעַבְרוּ חֲלוּצִים אִתְּכֶם

31 וְנֹאחֲזוּ בְתֹכְכֶם בְּאֶרֶץ כְּנָעַן : וַיַּעֲנוּ בְנֵי־גָד

32 וּבְנֵי רְאוּבֵן לֵאמֹר אֵת אֲשֶׁר דִּבֶּר יְהוָה אֶל־עֲבָדֶיךָ כֵּן נַעֲשֶׂה : נַחְנוּ נַעֲבֹר חֲלוּצִים לִפְנֵי יְהוָה אֶרֶץ כְּנָעַן

33 וְאִתָּנוּ אֲחֻזַּת נַחֲלָתֵנוּ מֵעֵבֶר לַיַּרְדֵּן : וַיִּתֵּן לָהֶם מֹשֶׁה לִבְנֵי־גָד וְלִבְנֵי רְאוּבֵן וְלַחֲצִי שֵׁבֶט מְנַשֶּׁה בֶן־יוֹסֵף אֶת־מַמְלֶכֶת סִיחֹן מֶלֶךְ הָאֱמֹרִי וְאֶת־מַמְלֶכֶת עוֹג מֶלֶךְ הַבָּשָׁן הָאָרֶץ לְעָרֶיהָ בִּגְבֻלֹת

34 עָרֵי הָאָרֶץ סָבִיב : וַיִּבְנוּ בְנֵי־גָד אֶת־דִּיבֹן וְאֶת־

35 עֲטָרֹת וְאֵת עֲרֹעֵר : וְאֶת־עַטְרֹת שׁוֹפָן וְאֶת־יַעְזֵר

36 וְאֶת־בֵּית נִמְרָה וְאֶת־בֵּית הָרָן עָרֵי מִבְצָר

37 וְגִדְרֹת צֹאן : וּבְנֵי רְאוּבֵן בָּנוּ אֶת־חֶשְׁבּוֹן וְאֶת־

38 אֶלְעָלֵא וְאֶת־קִרְיָתָיִם : וְאֶת־נְבוֹ וְאֶת־בַּעַל מְעוֹן מוּסַבֹּת שֵׁם וְאֶת־שִׂבְמָה וַיִּקְרְאוּ בְשֵׁמֹת אֶת־

39 שְׁמוֹת הֶעָרִים אֲשֶׁר בָּנוּ : וַיֵּלְכוּ בְּנֵי מָכִיר בֶּן־מְנַשֶּׁה גִּלְעָדָה וַיִּלְכְּדֻהָ וַיּוֹרֶשׁ אֶת־הָאֱמֹרִי אֲשֶׁר־

40 בָּהּ : וַיִּתֵּן מֹשֶׁה אֶת־הַגִּלְעָד לְמָכִיר בֶּן־מְנַשֶּׁה

41 וַיֵּשֶׁב בָּהּ : וְיָאִיר בֶּן־מְנַשֶּׁה הָלַךְ וַיִּלְכֹּד אֶת־

42 חַוֹּתֵיהֶם וַיִּקְרָא אֶתְהֶן חַוֹּת יָאִיר : וְנֹבַח הָלַךְ וַיִּלְכֹּד אֶת־קְנָת וְאֶת־בְּנֹתֶיהָ וַיִּקְרָא לָה נֹבַח בִּשְׁמוֹ : פ

מג 43
ס פ פ

CAP. XXXIII.   לג

1 אֵלֶּה מַסְעֵי בְנֵי־יִשְׂרָאֵל אֲשֶׁר יָצְאוּ מֵאֶרֶץ מִצְרַיִם לְצִבְאֹתָם בְּיַד־מֹשֶׁה וְאַהֲרֹן :

2 וַיִּכְתֹּב מֹשֶׁה אֶת־מוֹצָאֵיהֶם לְמַסְעֵיהֶם עַל־פִּי יְהוָה וְאֵלֶּה מַסְעֵיהֶם לְמוֹצָאֵיהֶם :

3 וַיִּסְעוּ מֵרַעְמְסֵס בַּחֹדֶשׁ הָרִאשׁוֹן בַּחֲמִשָּׁה עָשָׂר יוֹם לַחֹדֶשׁ הָרִאשׁוֹן מִמָּחֳרַת

Nimrah,[a] and Heshbon,[b] and Elealeh, and Shebam,[c] and Nebo, and Beon,[d]

4 *Even* the country*f* which the LORD smote before the congregation of Israel, *is* a land for cattle, and thy servants have cattle:

5 Wherefore, said they, if we have found grace in thy sight, let this land be given unto thy servants for a possession, *and* bring us not over Jordan.

6 And Moses said unto y[e] children of Gad and to the children of Reuben, Shall your brethren go to war, and shall ye sit here?

7 And wherefore *β* discourage ye the heart of the children of Israel from going over into the land which the LORD hath given them?

8 Thus did your fathers, when *i* I sent them from Kadesh-barnea to see the land.

9 For when they went up unto the valley of Eshcol, and saw the land, they discouraged the heart of the children of Israel, that they should not go into the land which the LORD had given them.

10 And[k] the LORD's anger was kindled the same time, and he sware, saying,

11 Surely none of the men that came up out of Egypt, from twenty years old and upward, shall see the land which I sware unto Abraham, unto Isaac, and unto Jacob; because*l* they have *γ* not wholly followed me;

12 Save Caleb the son of Jephunneh the Kenezite, and Joshua the son of Nun; for they have wholly followed the LORD.

13 And the LORD's anger was kindled against Israel, and he made them*o* wander in the wilderness forty years, until*p* all the generation that had done evil in the sight of the LORD was consumed.

14 And, behold, ye are risen up in your father's stead, an increase*q* of sinful men, to augment*r* yet the fierce anger of the LORD toward Israel.

15 For if*v* ye turn away from after him, he will yet again leave*w* them in the wilderness, and ye shall destroy all this people.

16 And they came near unto him, and said, We will build sheep-folds here for our cattle, and cities for our little ones;

17 But we*c* ourselves will go ready armed before the children of Israel, until we have brought them unto their place: and our little ones shall dwell in the fenced cities, because of the inhabitants of the land.

18 We*e* will not return unto our houses, until the children of Israel have inherited every man his inheritance:

19 For we will not inherit with them on yonder side Jordan, or forward; because*g* our inheritance is fallen to us on this side Jordan eastward.

20 And*i* Moses said unto them, If ye will do this thing, if ye will go armed before the LORD to war,

21 And will go all of you armed over Jordan before the LORD, until he hath driven out his enemies from before him,

22 And the land be subdued*k* before the LORD; then afterward*l* ye shall return, and be guiltless before the LORD, and this land shall be your possession before the LORD.

23 But if ye will not do so, behold, ye have sinned against the LORD: and be sure your sin*n* will find you out.

24 Build*p* you cities for your little ones, and folds for your sheep; and do that which hath proceeded out of your mouth.

25 And the children of Gad and the children of Reuben spake unto Moses, saying, Thy*e* servants will do as my lord commandeth.

26 Our little ones, our wives, our flocks, and all our cattle, shall be there in the cities of Gilead;

27 But*g* thy servants will pass over, every man armed for war, before the LORD to battle, as my lord saith.

28 So concerning them Moses commanded Eleazar the priest, and Joshua the son of Nun, and the chief fathers of the tribes of the children of Israel:

29 And[h] Moses said unto them, If the children of Gad and the children of Reuben will pass with you over Jordan, every man armed to battle, before the LORD, and the land shall be subdued before you, then ye shall give them the land of Gilead for a possession:

30 But if they will not pass over with you armed, they shall have possessions among you in the land of Canaan.

31 And the children of Gad and the children of Reuben answered, saying, As the LORD hath said unto thy servants, so will we do.

32 We will pass over armed before the LORD into the land of Canaan, that the possession of our inheritance on this side Jordan *may be* our's.

33 And[m] Moses gave unto them, *even* to the children of Gad, and to the children of Reuben, and unto half the tribe of Manasseh the son of Joseph,[n] the kingdom of Sihon king of the Amorites, and the kingdom of Og king of Bashan, the land, with the cities thereof in the coasts, *even* the cities of the country round about.

34 And the children of Gad built Dibon,*s* and Ataroth, and Aroer,*t*

35 And Atroth, Shophan, and *u* Jaazer, and Jogbehah,

36 And Beth-nimrah,[x] and Beth-haran, fenced*y* cities; and folds for sheep.

37 And the children of Reuben built Heshbon,[z] and Elealeh, and Kirjathaim,

38 And Nebo,[a] and Baal-meon,[b] (their names being changed,) and Shibmah: and *δ* gave other*d* names unto the cities which they builded.

39 And the children of Machir, the son of Manasseh, went to Gilead, and took it, and dispossessed the Amorite which *was* in it.

40 And Moses gave Gilead*f* unto Machir the son of Manasseh; and he dwelt therein.

41 And Jair, the son of Manasseh, went and took the small towns thereof, and called them Havoth-jair. *h*

42 And Nobah went and took Kenath, and the villages thereof, and called it Nobah, after his own name.

CHAP. XXXIII.

THESE *are* the journeys of the children of Israel, which went forth out of the land of Egypt with their armies, under the hand of Moses and Aaron.

2 And Moses wrote their goings out according to their journeys, by the commandment of the LORD: & these *are* their journeys according to their goings out.

3 And they departed*m* from Rameses in the first month, on the fifteenth*o* day of the first month: on the morrow after the passover the children of Israel went out with*q* an high hand in the sight of all the Egyptians.

Center reference column:

B. C. 1452.

a ver. 36.
Beth-nim-rah.
b Ju. 11. 26.
c ver. 38.
Shibmah.
d ver. 38.
Baal-meon.
e Jos.1.13,14.
f ch.21.24,34.
g Jos. 4. 12.

β break.
Ac. 21. 13.
h ver. 20.
i ch.13.3..26.
De 1. 22.
k ch.14.11,29.
De. 1. 35.
l ch.14.24,30.
Jos.14.8,9.
*γ fulfilled.
after me.*
*m*De.3.12..17.
29.8.
Jos. 12. 6.
n ch.21.24,33.
o ch.14.33..35.
p ch.26.64,65.
1 Co. 10. 5.
He.3.16..19
q Ps. 78. 57.
r Ne. 13. 18.
Is. 65. 6, 7.
s ch.33 45,46.
t De. 2. 36.
u ver. 1, 3.
Jazer.
v De. 30. 17.
Jos. 22. 16,
18.
2 Ch. 7. 19.
15. 2.
w ch. 14. 35.
x ver. 3.
Nimrah.
y ver. 24.
z ch. 21. 27.
a Is. 46. 1.
b ch. 22. 41.
c Jos.4.12,13.
*δ they called
by names
the names
of the cities.*
d See ver. 3.
Ex. 23. 13.
Jos. 23. 7.
e Jos. 22. 4.
f Jos.13.29,31
g ver. 33.
Jos. 13. 8.
h Ju. 10. 4.
i De.3.18,&c.
Jos.1.14,&c.
4. 12, 13.
k Jos. 18. 1.
l Jos. 22. 4, 9.
m Ex. 12. 37.
n Ge. 4. 7.
44. 16.
Ps. 90. 8.
139. 11.
Pr. 13. 21.
Is. 59. 12.
1 Co. 4. 5.
o Ex. 13. 4.
p ver. 16, 34,
&c.
q Ex. 14. 8.

הַפֶּסַח יָצְאוּ בְנֵי־יִשְׂרָאֵל בְּיָד רָמָה לְעֵינֵי כָּל־
מִצְרָיִם: וּמִצְרַיִם מְקַבְּרִים אֵת אֲשֶׁר הִכָּה יְהֹוָה
בָּהֶם כָּל־בְּכוֹר וּבֵאלֹהֵיהֶם עָשָׂה יְהֹוָה שְׁפָטִים: ⁵וַיִּסְעוּ
בְנֵי־יִשְׂרָאֵל מֵרַעְמְסֵס וַיַּחֲנוּ בְּסֻכֹּת: וַיִּסְעוּ
מִסֻּכֹּת וַיַּחֲנוּ בְאֵתָם אֲשֶׁר בִּקְצֵה הַמִּדְבָּר: ⁷וַיִּסְעוּ
מֵאֵתָם וַיָּשָׁב עַל־פִּי הַחִירֹת אֲשֶׁר עַל־פְּנֵי
בַּעַל צְפוֹן וַיַּחֲנוּ לִפְנֵי מִגְדֹּל: ⁸וַיִּסְעוּ מִפְּנֵי
הַחִירֹת וַיַּעַבְרוּ בְתוֹךְ־הַיָּם הַמִּדְבָּרָה וַיֵּלְכוּ דֶּרֶךְ
שְׁלֹשֶׁת יָמִים בְּמִדְבַּר אֵתָם וַיַּחֲנוּ בְּמָרָה: ⁹וַיִּסְעוּ
מִמָּרָה וַיָּבֹאוּ אֵילִמָה וּבְאֵילִם שְׁתֵּים עֶשְׂרֵה עֵינֹת
¹⁰מַיִם וְשִׁבְעִים תְּמָרִים וַיַּחֲנוּ־שָׁם: וַיִּסְעוּ מֵאֵילִם
¹¹וַיַּחֲנוּ עַל־יַם־סוּף: וַיִּסְעוּ מִיַּם־סוּף וַיַּחֲנוּ
¹²בְּמִדְבַּר־סִין: וַיִּסְעוּ מִמִּדְבַּר־סִין וַיַּחֲנוּ בְּדָפְקָה:
¹³וַיִּסְעוּ מִדָּפְקָה וַיַּחֲנוּ בְּאָלוּשׁ: ¹⁴וַיִּסְעוּ מֵאָלוּשׁ
וַיַּחֲנוּ בִּרְפִידִם וְלֹא־הָיָה שָׁם מַיִם לָעָם לִשְׁתּוֹת:
¹⁵וַיִּסְעוּ מֵרְפִידִם וַיַּחֲנוּ בְּמִדְבַּר סִינָי: ¹⁶וַיִּסְעוּ
מִמִּדְבַּר סִינַי וַיַּחֲנוּ בְּקִבְרֹת הַתַּאֲוָה: ¹⁷וַיִּסְעוּ
מִקִּבְרֹת הַתַּאֲוָה וַיַּחֲנוּ בַּחֲצֵרֹת: ¹⁸וַיִּסְעוּ מֵחֲצֵרֹת
¹⁹וַיַּחֲנוּ בְּרִתְמָה: וַיִּסְעוּ מֵרִתְמָה וַיַּחֲנוּ בְּרִמֹּן
²⁰פָּרֶץ: וַיִּסְעוּ מֵרִמֹּן פָּרֶץ וַיַּחֲנוּ בְּלִבְנָה: ²¹וַיִּסְעוּ
²²מִלִּבְנָה וַיַּחֲנוּ בְּרִסָּה: וַיִּסְעוּ מֵרִסָּה וַיַּחֲנוּ
²³בִּקְהֵלָתָה: וַיִּסְעוּ מִקְּהֵלָתָה וַיַּחֲנוּ בְּהַר־שָׁפֶר:
²⁵²⁴וַיִּסְעוּ מֵהַר־שָׁפֶר וַיַּחֲנוּ בַּחֲרָדָה: וַיִּסְעוּ מֵחֲרָדָה
²⁶וַיַּחֲנוּ בְּמַקְהֵלֹת: וַיִּסְעוּ מִמַּקְהֵלֹת וַיַּחֲנוּ
²⁸²⁷בְּתָחַת: וַיִּסְעוּ מִתָּחַת וַיַּחֲנוּ בְּתָרַח: וַיִּסְעוּ
²⁹מִתָּרַח וַיַּחֲנוּ בְּמִתְקָה: וַיִּסְעוּ מִמִּתְקָה וַיַּחֲנוּ
³⁰בְּחַשְׁמֹנָה: וַיִּסְעוּ מֵחַשְׁמֹנָה וַיַּחֲנוּ בְּמֹסֵרוֹת:
³¹³²וַיִּסְעוּ מִמֹּסֵרוֹת וַיַּחֲנוּ בִּבְנֵי יַעֲקָן: וַיִּסְעוּ מִבְּנֵי
³³יַעֲקָן וַיַּחֲנוּ בְּחֹר הַגִּדְגָּד: וַיִּסְעוּ מֵחֹר הַגִּדְגָּד
³⁴וַיַּחֲנוּ בְּיָטְבָתָה: וַיִּסְעוּ מִיָּטְבָתָה וַיַּחֲנוּ בְּעַבְרֹנָה:
³⁵וַיִּסְעוּ מֵעַבְרֹנָה וַיַּחֲנוּ בְּעֶצְיֹן גָּבֶר:
³⁶וַיִּסְעוּ מֵעֶצְיֹן גָּבֶר וַיַּחֲנוּ בְמִדְבַּר־צִן הִוא קָדֵשׁ:
³⁷וַיִּסְעוּ מִקָּדֵשׁ וַיַּחֲנוּ בְּהֹר הָהָר בִּקְצֵה אֶרֶץ
³⁸אֱדוֹם: וַיַּעַל אַהֲרֹן הַכֹּהֵן אֶל־הֹר הָהָר עַל־פִּי

³⁹יְהֹוָה וַיָּמָת שָׁם בִּשְׁנַת הָאַרְבָּעִים לְצֵאת בְּנֵי־
יִשְׂרָאֵל מֵאֶרֶץ מִצְרַיִם בַּחֹדֶשׁ הַחֲמִישִׁי בְּאֶחָד
לַחֹדֶשׁ: וְאַהֲרֹן בֶּן־שָׁלֹשׁ וְעֶשְׂרִים וּמְאַת שָׁנָה
⁴⁰בְּמֹתוֹ בְּהֹר הָהָר: וַיִּשְׁמַע הַכְּנַעֲנִי
מֶלֶךְ עֲרָד וְהוּא־יֹשֵׁב בַּנֶּגֶב בְּאֶרֶץ כְּנָעַן בְּבֹא בְּנֵי
⁴¹יִשְׂרָאֵל: וַיִּסְעוּ מֵהֹר הָהָר וַיַּחֲנוּ בְּצַלְמֹנָה:
⁴²⁴³וַיִּסְעוּ מִצַּלְמֹנָה וַיַּחֲנוּ בְּפוּנֹן: וַיִּסְעוּ מִפּוּנֹן
⁴⁴וַיַּחֲנוּ בְּאֹבֹת: וַיִּסְעוּ מֵאֹבֹת וַיַּחֲנוּ בְּעִיֵּי
⁴⁵הָעֲבָרִים בִּגְבוּל מוֹאָב: וַיִּסְעוּ מֵעִיִּים וַיַּחֲנוּ
⁴⁶בְּדִיבֹן גָּד: וַיִּסְעוּ מִדִּיבֹן גָּד וַיַּחֲנוּ בְּעַלְמֹן
⁴⁷דִּבְלָתָיְמָה: וַיִּסְעוּ מֵעַלְמֹן דִּבְלָתָיְמָה וַיַּחֲנוּ
⁴⁸בְּהָרֵי הָעֲבָרִים לִפְנֵי נְבוֹ: וַיִּסְעוּ מֵהָרֵי הָעֲבָרִים
⁴⁹וַיַּחֲנוּ בְּעַרְבֹת מוֹאָב עַל יַרְדֵּן יְרֵחוֹ: וַיַּחֲנוּ
עַל־הַיַּרְדֵּן מִבֵּית הַיְשִׁמֹת עַד אָבֵל הַשִּׁטִּים בְּעַרְבֹת
⁵⁰מוֹאָב: וַיְדַבֵּר יְהֹוָה אֶל־מֹשֶׁה בְּעַרְבֹת
⁵¹מוֹאָב עַל־יַרְדֵּן יְרֵחוֹ לֵאמֹר: דַּבֵּר אֶל־בְּנֵי
יִשְׂרָאֵל וְאָמַרְתָּ אֲלֵהֶם כִּי אַתֶּם עֹבְרִים אֶת־
⁵²הַיַּרְדֵּן אֶל־אֶרֶץ כְּנָעַן: וְהוֹרַשְׁתֶּם אֶת־כָּל־יֹשְׁבֵי
הָאָרֶץ מִפְּנֵיכֶם וְאִבַּדְתֶּם אֵת כָּל־מַשְׂכִּיֹּתָם וְאֵת
כָּל־צַלְמֵי מַסֵּכֹתָם תְּאַבֵּדוּ וְאֵת כָּל־בָּמֹתָם
⁵³תַּשְׁמִידוּ: וְהוֹרַשְׁתֶּם אֶת־הָאָרֶץ וִישַׁבְתֶּם־בָּהּ
כִּי לָכֶם נָתַתִּי אֶת־הָאָרֶץ לָרֶשֶׁת אֹתָהּ:
⁵⁴וְהִתְנַחַלְתֶּם אֶת־הָאָרֶץ בְּגוֹרָל לְמִשְׁפְּחֹתֵיכֶם
לָרַב תַּרְבּוּ אֶת־נַחֲלָתוֹ וְלַמְעַט תַּמְעִיט אֶת־
נַחֲלָתוֹ אֶל אֲשֶׁר־יֵצֵא לוֹ שָׁמָּה הַגּוֹרָל לוֹ יִהְיֶה
⁵⁵לְמַטּוֹת אֲבֹתֵיכֶם תִּתְנֶחָלוּ: וְאִם־לֹא תוֹרִישׁוּ אֶת־
יֹשְׁבֵי הָאָרֶץ מִפְּנֵיכֶם וְהָיָה אֲשֶׁר תּוֹתִירוּ מֵהֶם
לְשִׂכִּים בְּעֵינֵיכֶם וְלִצְנִינִם בְּצִדֵּיכֶם וְצָרֲרוּ אֶתְכֶם
⁵⁶עַל־הָאָרֶץ אֲשֶׁר אַתֶּם יֹשְׁבִים בָּהּ: וְהָיָה כַּאֲשֶׁר
דִּמִּיתִי לַעֲשׂוֹת לָהֶם אֶעֱשֶׂה לָכֶם:

CAP. XXXIV. לד

¹וַיְדַבֵּר יְהֹוָה אֶל־מֹשֶׁה לֵּאמֹר: ²צַו אֶת־בְּנֵי יִשְׂרָאֵל
וְאָמַרְתָּ אֲלֵהֶם כִּי־אַתֶּם בָּאִים אֶל־הָאָרֶץ כְּנָעַן
זֹאת הָאָרֶץ אֲשֶׁר תִּפֹּל לָכֶם בְּנַחֲלָה אֶרֶץ כְּנַעַן

4 For the Egyptians buried all *their* first-born, which *b* the Lord had smitten among them: upon their gods *c* also the Lord executed judgments.

5 And the children of Israel removed from *e* Rameses, and pitched in Succoth.

6 And *g* they departed from Succoth, and pitched in Etham, which *is* in the edge of the wilderness.

7 And *h* they removed from Etham, and turned again unto Pi-hahiroth, which *is* before Baal-zephon: and they pitched before Migdol.

8 And they departed from before Pi-hahiroth, and passed *k* through the midst of the sea into the wilderness, and went three days' journey in the wilderness of Etham, and pitched in Marah.

9 And they removed from Marah, and came *l* unto Elim: and in Elim *were* twelve fountains of water, and threescore and ten palm-trees; and they pitched there.

10 And they removed from Elim, and encamped by the Red sea.

11 And *o* they removed from the Red sea, and encamped in the wilderness of Sin.

12 And they took their journey out of the wilderness of Sin, and encamped in Dophkah.

13 And they departed from Dophkah, and encamped in Alush.

14 And they removed from Alush, and encamped *t* at Rephidim, where was no water for the people to drink.

15 And they departed from Rephidim, and pitched in the wilderness *o* of Sinai.

16 And they removed from the desert of Sinai, and pitched at *γ* Kibroth-hattaavah. *w*

17 And they departed from Kibroth-hattaavah, and *y* encamped at Hazeroth.

18 And they departed from Hazeroth, and pitched in Rithmah. *z*

19 And they departed from Rithmah, and pitched at Rimmon-parez.

20 And they departed from Rimmon-parez, and pitched in Libnah.

21 And they removed from Libnah, and pitched at Rissah.

22 And they journeyed from Rissah, and pitched in Kehelathah.

23 And they went from Kehelathah, and pitched in mount Shapher.

24 And they removed from mount Shapher, and encamped in Haradah.

25 And they removed from Haradah, and pitched in Makheloth.

26 And they removed from Makheloth, and encamped at Tahath.

27 And they departed from Tahath, and pitched at Tarah.

28 And they removed from Tarah, and pitched in Mithcah.

29 And they went from Mithcah, and pitched in Hashmonah.

30 And they departed from Hashmonah, and encamped at Moseroth. *e*

31 And they departed from Moseroth, and pitched in Bene-jaakan.

32 And they removed from Bene-jaakan, *f* and encamped at Hor-hagidgad. *g*

33 And they went from Hor-hagidgad, and pitched in Jotbathah. *h*

34 And they removed from Jotbathah, and encamped at Ebronah.

35 And they departed from Ebronah, and *i* encamped at Ezion-gaber.

36 And they removed from Ezion-gaber,

B. C. 1452.

a ch. 20. 1.
     27. 14.
b Ex. 12. 29.
c Ex. 12. 12.
     18. 11.
Is. 19. 1.
Re. 12.7.9
d ch.20.22,23.
     21. 4.
e Ex. 12. 37.
f ch.20.25..28.
De. 10. 6.
     32. 50.
g Ex. 13. 20.
h Ex. 14. 2, 9.
i ch. 21.1,&c.
k Ex. 14. 22.
     15. 22, 23.
l Ex. 15. 27.
m ch. 21. 4.
n ch. 21. 10.
o Ex. 16. 1.
β or, *heaps of Abarim.*
p ch. 21. 11.
q ch. 32. 34.
r Je. 48. 22.
Eze. 6. 14.
s De. 32. 49.
t Ex. 17. 1.
     19. 2.
u ch. 22. 1.
v Ex. 16. 1.
     19. 1, 2.
γ that is, *the graves of lust.*
δ or, *the plains of Shittim.*
w ch. 11. 34.
x ch. 25. 1.
Jos. 2. 1.
y ch. 11. 35.
z ch. 12. 16.
a De. 9. 1.
Jos. 3. 17.
b Ex.23.24,33
     34. 13.
De. 7. 2, 5.
     12. 3.
Jos. 11. 11.
Ju. 2. 2.
c ch.26.53..55.
ζ multiply *his inheritance.*
η diminish *his inheritance.*
d Ex. 23. 33.
Jos. 23. 12, 13.
Ju.1.21..36.
Ps.106.34..36.
Eze. 28. 24.
e De. 10. 6.
Mosera.
f 1 Ch. 1. 42.
g De. 10. 7.
Gudgodah.
h De. 10. 7.
Jotbath.
i De. 2. 8.
1 Ki. 9. 26.
Ezion-geber.
1 Ki. 22. 48.

and pitched in the wilderness *a* of Zin, which *is* Kadesh.

37 And *d* they removed from Kadesh, and pitched in mount Hor, in the edge of the land of Edom.

38 And *f* Aaron the priest went up into mount Hor, at the commandment of the Lord, and died there, in the fortieth year after the children of Israel were come out of the land of Egypt, in the first *day* of the fifth month.

39 And Aaron *was* an hundred and twenty and three years old when he died in mount Hor.

40 And king Arad *i* the Canaanite, which dwelt in the south, in the land of Canaan, heard of the coming of the children of Israel.

41 And they departed from mount Hor, *m* and pitched in Zalmonah.

42 And they departed from Zalmonah, and pitched in Punon.

43 And they departed from Punon, and pitched in Oboth. *n*

44 And they departed from Oboth, and pitched in β Ije-abarim, *p* in the border of Moab.

45 And they departed from Iim, and pitched in Dibon-gad. *q*

46 And they removed from Dibon-gad, and encamped in Almon-diblathaim. *r*

47 And they removed from Almon-diblathaim, and *s* pitched in the mountains of Abarim, before Nebo.

48 And they departed from the mountains of Abarim, *u* and pitched in the plains of Moab, by Jordan *near* Jericho.

49 And they pitched by Jordan, from Beth-jesimoth, *even* unto δ Abel-shittim in *x* the plains of Moab.

50 And the Lord spake unto Moses in the plains of Moab by Jordan *near* Jericho, saying,

51 Speak unto the children of Israel, and say unto them, When *a* ye are passed over Jordan, into the land of Canaan ;

52 Then *b* ye shall drive out all the inhabitants of the land from before you, and destroy all their pictures, and destroy all their molten images, and quite pluck down all their high places.

53 And ye shall dispossess *the inhabitants of* the land, and dwell therein: for I have given you the land to possess it.

54 And *c* ye shall divide the land by lot for an inheritance among your families ; *and* to the more ye shall ζ give the more inheritance, and to the fewer ye shall give η the less inheritance: every man's *inheritance* shall be in the place where his lot falleth ; according to the tribes of your fathers ye shall inherit.

55 But *d* if ye will not drive out the inhabitants of the land from before you ; then it shall come to pass, that those which ye let remain of them *shall be* pricks in your eyes, and thorns in your sides, and shall vex you in the land wherein ye dwell.

56 Moreover, it shall come to pass, *that* I shall do unto you, as I thought to do unto them.

CHAP. XXXIV.

AND ye *e* Lord spake unto Moses, saying,

2 Command the children of Israel, and say unto them, When ye come into the land of Canaan, (this *is* the land that shall fall unto you for an inheritance, *even* the land of Canaan, with the coasts thereof,)

עמוד ימין

3 וְהָיָה לָכֶם פְּאַת־נֶגֶב מִמִּדְבַּר־צִן עַל־יְדֵי אֱדוֹם וְהָיָה לָכֶם גְּבוּל נֶגֶב מִקְצֵה יָם־הַמֶּלַח קֵדְמָה׃

4 וְנָסַב לָכֶם הַגְּבוּל מִנֶּגֶב לְמַעֲלֵה עַקְרַבִּים וְעָבַר צִנָה וְהָיָה תּוֹצְאֹתָיו מִנֶּגֶב לְקָדֵשׁ בַּרְנֵעַ וְיָצָא חֲצַר־אַדָּר וְעָבַר עַצְמֹנָה׃

5 וְנָסַב הַגְּבוּל מֵעַצְמוֹן נַחְלָה מִצְרָיִם וְהָיוּ תוֹצְאֹתָיו הַיָּמָּה׃

6 וּגְבוּל יָם וְהָיָה לָכֶם הַיָּם הַגָּדוֹל וּגְבוּל זֶה־יִהְיֶה לָכֶם גְּבוּל יָם׃

7 וְזֶה־יִהְיֶה לָכֶם גְּבוּל צָפוֹן מִן־הַיָּם הַגָּדֹל תְּתָאוּ לָכֶם הֹר הָהָר׃

8 מֵהֹר הָהָר תְּתָאוּ לְבֹא חֲמָת וְהָיוּ תּוֹצְאֹת הַגְּבֻל צְדָדָה׃

9 וְיָצָא הַגְּבֻל זִפְרֹנָה וְהָיוּ תוֹצְאֹתָיו חֲצַר עֵינָן זֶה־יִהְיֶה לָכֶם גְּבוּל צָפוֹן׃

10 וְהִתְאַוִּיתֶם לָכֶם לִגְבוּל קֵדְמָה מֵחֲצַר עֵינָן שְׁפָמָה׃

11 וְיָרַד הַגְּבֻל מִשְּׁפָם הָרִבְלָה מִקֶּדֶם לָעָיִן וְיָרַד הַגְּבוּל וּמָחָה עַל־כֶּתֶף יָם־כִּנֶּרֶת קֵדְמָה׃

12 וְיָרַד הַגְּבוּל הַיַּרְדֵּנָה וְהָיוּ תוֹצְאֹתָיו יָם הַמֶּלַח זֹאת תִּהְיֶה לָכֶם הָאָרֶץ לִגְבֻלֹתֶיהָ סָבִיב׃

13 וַיְצַו מֹשֶׁה אֶת־בְּנֵי יִשְׂרָאֵל לֵאמֹר זֹאת הָאָרֶץ אֲשֶׁר תִּתְנַחֲלוּ אֹתָהּ בְּגוֹרָל אֲשֶׁר צִוָּה יְהוָה לָתֵת לְתִשְׁעַת הַמַּטּוֹת וַחֲצִי הַמַּטֶּה׃

14 כִּי לָקְחוּ מַטֵּה בְנֵי הָרֵאוּבֵנִי לְבֵית אֲבֹתָם וּמַטֵּה בְנֵי־הַגָּדִי לְבֵית אֲבֹתָם וַחֲצִי מַטֵּה מְנַשֶּׁה לָקְחוּ נַחֲלָתָם׃

15 שְׁנֵי הַמַּטּוֹת וַחֲצִי הַמַּטֶּה לָקְחוּ נַחֲלָתָם מֵעֵבֶר לְיַרְדֵּן יְרֵחוֹ קֵדְמָה מִזְרָחָה׃ פ

16 וַיְדַבֵּר יְהוָה אֶל־מֹשֶׁה לֵּאמֹר׃ אֵלֶּה שְׁמוֹת

17 הָאֲנָשִׁים אֲשֶׁר־יִנְחֲלוּ לָכֶם אֶת־הָאָרֶץ אֶלְעָזָר הַכֹּהֵן וִיהוֹשֻׁעַ בִּן־נוּן׃

18 וְנָשִׂיא אֶחָד נָשִׂיא אֶחָד מִמַּטֶּה תִּקְחוּ לִנְחֹל אֶת־הָאָרֶץ׃ וְאֵלֶּה שְׁמוֹת

19 הָאֲנָשִׁים לְמַטֵּה יְהוּדָה כָּלֵב בֶּן־יְפֻנֶּה׃ וּלְמַטֵּה

20 בְּנֵי שִׁמְעוֹן שְׁמוּאֵל בֶּן־עַמִּיהוּד׃ לְמַטֵּה בִנְיָמִן

21 אֱלִידָד בֶּן־כִּסְלוֹן׃ וּלְמַטֵּה בְנֵי־דָן נָשִׂיא בֻּקִּי בֶּן־

22 יָגְלִי׃ לִבְנֵי יוֹסֵף לְמַטֵּה בְנֵי־מְנַשֶּׁה נָשִׂיא חַנִּיאֵל בֶּן־

23 אֵפֹד׃ וּלְמַטֵּה בְנֵי־אֶפְרַיִם נָשִׂיא קְמוּאֵל בֶּן־

24 שִׁפְטָן׃ וּלְמַטֵּה בְנֵי־זְבוּלֻן נָשִׂיא אֱלִיצָפָן בֶּן־

25 פַּרְנָךְ׃ וּלְמַטֵּה בְנֵי־יִשָּׂשכָר נָשִׂיא פַּלְטִיאֵל בֶּן־

26

עמוד שמאל

27 וּלְמַטֵּה בְנֵי־אָשֵׁר נָשִׂיא אֲחִיהוּד בֶּן־שְׁלֹמִי׃

28 וּלְמַטֵּה בְנֵי־נַפְתָּלִי נָשִׂיא פְּדַהְאֵל בֶּן־עַמִּיהוּד׃

29 אֵלֶּה אֲשֶׁר צִוָּה יְהוָה לְנַחֵל אֶת־בְּנֵי־יִשְׂרָאֵל בְּאֶרֶץ כְּנָעַן׃ פ

CAP. XXXV. לה

1 וַיְדַבֵּר יְהוָה אֶל־מֹשֶׁה בְּעַרְבֹת מוֹאָב עַל־יַרְדֵּן יְרֵחוֹ לֵאמֹר׃

2 צַו אֶת־בְּנֵי יִשְׂרָאֵל וְנָתְנוּ לַלְוִיִּם מִנַּחֲלַת אֲחֻזָּתָם עָרִים לָשָׁבֶת וּמִגְרָשׁ

3 לֶעָרִים סְבִיבֹתֵיהֶם תִּתְּנוּ לַלְוִיִּם׃ וְהָיוּ הֶעָרִים לָהֶם לָשָׁבֶת וּמִגְרְשֵׁיהֶם יִהְיוּ לִבְהֶמְתָּם וְלִרְכֻשָׁם וּלְכֹל חַיָּתָם׃

4 וּמִגְרְשֵׁי הֶעָרִים אֲשֶׁר תִּתְּנוּ לַלְוִיִּם מִקִּיר הָעִיר וָחוּצָה אֶלֶף אַמָּה סָבִיב׃

5 וּמַדֹּתֶם מִחוּץ לָעִיר אֶת־פְּאַת־קֵדְמָה אַלְפַּיִם בָּאַמָּה וְאֶת־פְּאַת־נֶגֶב אַלְפַּיִם בָּאַמָּה וְאֶת־פְּאַת־יָם אַלְפַּיִם בָּאַמָּה וְאֵת פְּאַת צָפוֹן אַלְפַּיִם בָּאַמָּה וְהָעִיר בַּתָּוֶךְ זֶה יִהְיֶה לָהֶם מִגְרְשֵׁי הֶעָרִים׃

6 וְאֵת הֶעָרִים אֲשֶׁר תִּתְּנוּ לַלְוִיִּם אֵת שֵׁשׁ־עָרֵי הַמִּקְלָט אֲשֶׁר תִּתְּנוּ לָנֻס שָׁמָּה הָרֹצֵחַ וַעֲלֵיהֶם תִּתְּנוּ אַרְבָּעִים וּשְׁתַּיִם עִיר׃

7 כָּל־הֶעָרִים אֲשֶׁר תִּתְּנוּ לַלְוִיִּם אַרְבָּעִים וּשְׁמֹנֶה עִיר אֶתְהֶן וְאֶת־מִגְרְשֵׁיהֶן׃

8 וְהֶעָרִים אֲשֶׁר תִּתְּנוּ מֵאֲחֻזַּת בְּנֵי־יִשְׂרָאֵל מֵאֵת הָרַב תַּרְבּוּ וּמֵאֵת הַמְעַט תַּמְעִיטוּ אִישׁ כְּפִי נַחֲלָתוֹ אֲשֶׁר יִנְחָלוּ יִתֵּן מֵעָרָיו לַלְוִיִּם׃ פ

9 וַיְדַבֵּר יְהוָה אֶל־מֹשֶׁה לֵּאמֹר׃ דַּבֵּר אֶל־בְּנֵי יִשְׂרָאֵל

10 וְאָמַרְתָּ אֲלֵהֶם כִּי אַתֶּם עֹבְרִים אֶת־הַיַּרְדֵּן אַרְצָה כְּנָעַן׃

11 וְהִקְרִיתֶם לָכֶם עָרִים עָרֵי מִקְלָט תִּהְיֶינָה לָכֶם וְנָס שָׁמָּה רֹצֵחַ מַכֵּה־נֶפֶשׁ בִּשְׁגָגָה׃

12 וְהָיוּ לָכֶם הֶעָרִים לְמִקְלָט מִגֹּאֵל וְלֹא יָמוּת הָרֹצֵחַ עַד־עָמְדוֹ לִפְנֵי הָעֵדָה לַמִּשְׁפָּט׃

13 וְהֶעָרִים אֲשֶׁר תִּתֵּנוּ שֵׁשׁ־עָרֵי מִקְלָט תִּהְיֶינָה לָכֶם׃

14 אֵת שְׁלֹשׁ הֶעָרִים תִּתְּנוּ מֵעֵבֶר לַיַּרְדֵּן וְאֵת שְׁלֹשׁ הֶעָרִים תִּתְּנוּ בְּאֶרֶץ כְּנָעַן עָרֵי מִקְלָט תִּהְיֶינָה׃

15 לִבְנֵי יִשְׂרָאֵל וְלַגֵּר וְלַתּוֹשָׁב בְּתוֹכָם תִּהְיֶינָה שֵׁשׁ־הֶעָרִים הָאֵלֶּה לְמִקְלָט לָנוּס שָׁמָּה כָּל־מַכֵּה־נֶפֶשׁ בִּשְׁגָגָה׃

3 Then[a] your south quarter shall be from the wilderness of Zin, along by the coast of Edom; and your south border shall be the outmost coast of the salt sea[b] eastward.

4 And your border shall turn from the south to the ascent of Akrabbim, and pass on to Zin: and the going forth thereof shall be from the south to[d] Kadeshbarnea, and shall go on to Hazar-addar, and pass on to Azmon.

5 And the border shall fetch a compass from Azmon unto the river of Egypt,[e] and the goings out of it shall be at the sea.

6 And *as for* the western border, ye shall even have the great sea for a border: this shall be your west border.

7 And this shall be your north border: from the great sea ye shall point out for you mount[g] Hor:

8 From mount Hor ye shall point out *your border* unto the entrance of Hamath;[h] and the goings forth of the border shall be to[i] Zedad:

9 And the border shall go on to Ziphron, and the goings out of it shall be at Hazarenan:[l] this shall be your north border.

10 And ye shall point out your east border from Hazar-enan to Shepham:

11 And the coast shall go down from Shepham to Riblah,[m] on the east side of Ain; and the border shall descend, and shall reach unto the β side of the sea of Chinnereth[n] eastward.

12 And the border shall go down to Jordan, and the goings out of it shall be at the salt sea: this shall be your land, with the coasts thereof round about.

13 And Moses commanded the children of Israel, saying, This *is* the land which ye shall inherit by lot,[p] which the LORD commanded to give unto the nine tribes, and to the half tribe:

14 For[q] the tribe of the children of Reuben according to the house of their fathers, and the tribe of the children of Gad according to the house of their fathers, have received *their inheritance ;* and half the tribe of Manasseh have received *their inheritance :*

15 The two tribes and the half tribe have received their inheritance on this side Jordan *near* Jericho eastward, toward the sun-rising.

16 And ye[c] LORD spake unto Moses, saying,

17 These *are* the names of the men which shall divide the land unto you;[v] Eleazar the priest, and Joshua the son of Nun.

18 And ye shall take one prince[x] of every tribe, to divide the land by inheritance.

19 And the names of the men *are* these: of the tribe of Judah, Caleb the son of Jephunneh.

20 And of the tribe of the children of Simeon, Shemuel the son of Ammihud.

21 Of the tribe of Benjamin, Elidad the son of Chislon.

22 And the prince of the tribe of the children of Dan, Bukki the son of Jogli.

23 The prince of the children of Joseph, for the tribe of the children of Manasseh, Hanniel the son of Ephod.

24 And the prince of the tribe of the children of Ephraim, Kemuel the son of Shiphtan.

25 And the prince of the tribe of the children of Zebulun, Elizaphan the son of Parnach.

26 And the prince of the tribe of the chil-

B. C. 1452.

a Jos 15 1.&c
Eze. 47. 13,
&c.

b Ge. 14. 3.

c ver. 18.

d ch. 13. 26.
32. 8.

e Ge. 15. 18.
1 Ki. 8. 65.
Is. 27. 12.

f Jos. 14. 3,4.
21.2,&c.
Eze.45.1,&c.
48.8,&c.

g ch. 33. 37.

h ch. 13. 21.
2 Ki. 14. 25.
Eze.47. 16.

i Eze. 47. 15.

k 2 Ch. 11. 14.

l Eze. 47. 17.

m 2 Ki.23. 33.
Je. 39. 5, 6.

β shoulder.

n De. 3. 17.
Jos. 11. 2.
19. 35.
Lu. 5. 1.

o ver. 13, 14.
De.4.41..43.
Jos. 20.2..9.
21.3,13,
&c.
Ps. 62. 7, 8.
He. 6. 18.

p ver. 1.
Jos. 14. 2.

γ above them
ye shall
give.

q ch. 32. 23.

r Jos. 21. 41.

s Jos. 21. 3.

t ch. 26. 54.

δ they inherit.

u De. 19. 2.
Jos. 20. 2.

v Jos. 14. 1.
19. 51.

w Ex. 21. 13.

x ch. 1. 4..16.

ζ by error.

y De. 16. 6.
Jos.20.3..6.

z ver. 6.

a De. 4. 41.
Jos. 20. 8.

b ch. 15. 16.
Le. 24. 22.

c Ex.21.12..14
Le. 24. 17.
De.19.11,12

dren of Issachar, Paltiel the son of Azzan.

27 And the prince of the tribe of the children of Asher, Ahihud the son of Shelomi.

28 And the prince of the tribe of the children of Naphtali, Pedahel the son of Ammihud.

29 These[e] *are they* whom the LORD commanded to divide the inheritance unto the children of Israel in the land of Canaan.

CHAP. XXXV.

AND the LORD spake unto Moses in the plains of Moab, by Jordan *near* Jericho, saying,

2 Command[f] the children of Israel, that they give unto the Levites, of the inheritance of their possession, cities to dwell in; and ye shall give *also* unto the Levites suburbs for the cities round about them.

3 And the cities shall they have to dwell in; and the suburbs of them shall be for their cattle, and for their goods, and for all their beasts.

4 And the suburbs[k] of the cities, which ye shall give unto the Levites, *shall reach* from the wall of the city and outward, a thousand cubits round about.

5 And ye shall measure from without the city on the east side two thousand cubits, and on the south side two thousand cubits, and on the west side two thousand cubits, and on the north side two thousand cubits ; and the *city shall be* in the midst: this shall be to them the suburbs of the cities.

6 And among the cities which ye shall give unto the Levites, *there shall be* six cities[o] for refuge, which ye shall appoint for the man-slayer, that he may flee thither: and γ to them ye shall add forty and two cities.

7 *So* all the cities which ye shall give to the Levites *shall be* forty and eight[r] cities: them *shall ye give* with their suburbs.

8 And the cities which ye shall give *shall be* of the possession[s] of the children of Israel: from[t] *them that have* many ye shall give many; but from *them that have* few ye shall give few: every one shall give of his cities unto the Levites, according to his inheritance which δ he inheriteth.

9 And the LORD spake unto Moses, saying,

10 Speak unto the children of Israel, and say unto them, When[u] ye be come over Jordan into the land of Canaan;

11 Then[w] ye shall appoint you cities to be cities of refuge for you; that the slayer may flee thither, which killeth any person at ζ unawares.

12 And they shall be unto you cities for refuge from the avenger;[y] that the man-slayer die not, until he stand before the congregation in judgment.

13 And of these cities which ye shall give, six[z] cities shall ye have for refuge.

14 Ye shall give three[a] cities on this side Jordan, and three cities shall ye give in the land of Canaan, *which* shall be cities of refuge.

15 These six cities shall be a refuge *both* for the children of Israel, and for the stranger,[b] and for the sojourner among them; that every one that killeth any person unawares may flee thither.

16 And[c] if he smite him with an instrument of iron so that he die, he *is* a murderer: the murderer shall surely be

16 וְאִם־בִּכְלִי בַרְזֶל הִכָּהוּ וַיָּמֹת רֹצֵחַ הוּא מוֹת
17 יוּמַת הָרֹצֵחַ: וְאִם בְּאֶבֶן יָד אֲשֶׁר־יָמוּת בָּהּ
18 הִכָּהוּ וַיָּמֹת רֹצֵחַ הוּא מוֹת יוּמַת הָרֹצֵחַ: אוֹ
בִּכְלִי עֵץ־יָד אֲשֶׁר־יָמוּת בּוֹ הִכָּהוּ וַיָּמֹת רֹצֵחַ הוּא
19 מוֹת יוּמַת הָרֹצֵחַ: גֹּאֵל הַדָּם הוּא יָמִית אֶת־
20 הָרֹצֵחַ בְּפִגְעוֹ־בוֹ הוּא יְמִיתֶנּוּ: וְאִם־בְּשִׂנְאָה
21 יֶהְדָּפֶנּוּ אוֹ־הִשְׁלִיךְ עָלָיו בִּצְדִיָּה וַיָּמֹת: אוֹ
בְאֵיבָה הִכָּהוּ בְיָדוֹ וַיָּמֹת מוֹת־יוּמַת הַמַּכֶּה רֹצֵחַ
הוּא גֹּאֵל הַדָּם יָמִית אֶת־הָרֹצֵחַ בְּפִגְעוֹ־בוֹ:
22 וְאִם־בְּפֶתַע בְּלֹא־אֵיבָה הֲדָפוֹ אוֹ־הִשְׁלִיךְ עָלָיו כָּל־
23 כְּלִי בְּלֹא צְדִיָּה: אוֹ בְכָל־אֶבֶן אֲשֶׁר־יָמוּת בָּהּ
בְּלֹא רְאוֹת וַיַּפֵּל עָלָיו וַיָּמֹת וְהוּא לֹא־אוֹיֵב לוֹ וְלֹא
24 מְבַקֵּשׁ רָעָתוֹ: וְשָׁפְטוּ הָעֵדָה בֵּין הַמַּכֶּה וּבֵין
25 גֹּאֵל הַדָּם עַל הַמִּשְׁפָּטִים הָאֵלֶּה: וְהִצִּילוּ הָעֵדָה
אֶת־הָרֹצֵחַ מִיַּד גֹּאֵל הַדָּם וְהֵשִׁיבוּ אֹתוֹ הָעֵדָה
אֶל־עִיר מִקְלָטוֹ אֲשֶׁר־נָס שָׁמָּה וְיָשַׁב בָּהּ עַד־מוֹת
הַכֹּהֵן הַגָּדֹל אֲשֶׁר־מָשַׁח אֹתוֹ בְּשֶׁמֶן הַקֹּדֶשׁ:
26 וְאִם־יָצֹא יֵצֵא הָרֹצֵחַ אֶת־גְּבוּל עִיר מִקְלָטוֹ אֲשֶׁר
27 יָנוּס שָׁמָּה: וּמָצָא אֹתוֹ גֹּאֵל הַדָּם מִחוּץ
לִגְבוּל עִיר מִקְלָטוֹ וְרָצַח גֹּאֵל הַדָּם אֶת־הָרֹצֵחַ אֵין
28 לוֹ דָּם: כִּי בְעִיר מִקְלָטוֹ יֵשֵׁב עַד־מוֹת הַכֹּהֵן הַגָּדֹל
וְאַחֲרֵי מוֹת הַכֹּהֵן הַגָּדֹל יָשׁוּב הָרֹצֵחַ אֶל־אֶרֶץ
29 אֲחֻזָּתוֹ: וְהָיוּ אֵלֶּה לָכֶם לְחֻקַּת מִשְׁפָּט לְדֹרֹתֵיכֶם
30 בְּכֹל מוֹשְׁבֹתֵיכֶם: כָּל־מַכֵּה־נֶפֶשׁ לְפִי עֵדִים
יִרְצַח אֶת־הָרֹצֵחַ וְעֵד אֶחָד לֹא־יַעֲנֶה בְנֶפֶשׁ לָמוּת:
31 וְלֹא־תִקְחוּ כֹפֶר לְנֶפֶשׁ רֹצֵחַ אֲשֶׁר־הוּא רָשָׁע
32 לָמוּת כִּי־מוֹת יוּמָת: וְלֹא־תִקְחוּ כֹפֶר לָנוּס
אֶל־עִיר מִקְלָטוֹ לָשׁוּב לָשֶׁבֶת בָּאָרֶץ עַד־מוֹת
33 הַכֹּהֵן: וְלֹא־תַחֲנִיפוּ אֶת־הָאָרֶץ אֲשֶׁר אַתֶּם בָּהּ
כִּי הַדָּם הוּא יַחֲנִיף אֶת־הָאָרֶץ וְלָאָרֶץ לֹא־יְכֻפַּר
34 לַדָּם אֲשֶׁר שֻׁפַּךְ־בָּהּ כִּי־אִם בְּדַם שֹׁפְכוֹ: וְלֹא
תְטַמֵּא אֶת־הָאָרֶץ אֲשֶׁר אַתֶּם יֹשְׁבִים בָּהּ אֲשֶׁר
אֲנִי שֹׁכֵן בְּתוֹכָהּ כִּי אֲנִי יְהוָה שֹׁכֵן בְּתוֹךְ בְּנֵי
יִשְׂרָאֵל: ס

CAP. XXXVI. לו

1 וַיִּקְרְבוּ רָאשֵׁי הָאָבוֹת לְמִשְׁפַּחַת בְּנֵי־גִלְעָד בֶּן־
מָכִיר בֶּן־מְנַשֶּׁה מִמִּשְׁפְּחֹת בְּנֵי יוֹסֵף וַיְדַבְּרוּ לִפְנֵי
מֹשֶׁה וְלִפְנֵי הַנְּשִׂאִים רָאשֵׁי אָבוֹת לִבְנֵי יִשְׂרָאֵל:
2 וַיֹּאמְרוּ אֶת־אֲדֹנִי צִוָּה יְהוָה לָתֵת אֶת־הָאָרֶץ
בְּנַחֲלָה בְּגוֹרָל לִבְנֵי יִשְׂרָאֵל וַאדֹנִי צֻוָּה בַיהוָה
3 לָתֵת אֶת־נַחֲלַת צְלָפְחָד אָחִינוּ לִבְנֹתָיו: וְהָיוּ
לְאֶחָד מִבְּנֵי שִׁבְטֵי בְנֵי־יִשְׂרָאֵל לְנָשִׁים וְנִגְרְעָה
נַחֲלָתָן מִנַּחֲלַת אֲבֹתֵינוּ וְנוֹסַף עַל נַחֲלַת הַמַּטֶּה
4 אֲשֶׁר תִּהְיֶינָה לָהֶם וּמִגֹּרַל נַחֲלָתֵנוּ יִגָּרֵעַ: וְאִם־
יִהְיֶה הַיֹּבֵל לִבְנֵי יִשְׂרָאֵל וְנוֹסְפָה נַחֲלָתָן עַל
נַחֲלַת הַמַּטֶּה אֲשֶׁר תִּהְיֶינָה לָהֶם וּמִנַּחֲלַת מַטֵּה
5 אֲבֹתֵינוּ יִגָּרַע נַחֲלָתָן: וַיְצַו מֹשֶׁה אֶת־בְּנֵי יִשְׂרָאֵל
עַל־פִּי יְהוָה לֵאמֹר כֵּן מַטֵּה בְנֵי־יוֹסֵף דֹּבְרִים:
6 זֶה הַדָּבָר אֲשֶׁר־צִוָּה יְהוָה לִבְנוֹת צְלָפְחָד לֵאמֹר
לַטּוֹב בְּעֵינֵיהֶם תִּהְיֶינָה לְנָשִׁים אַךְ לְמִשְׁפַּחַת
7 מַטֵּה אֲבִיהֶם תִּהְיֶינָה לְנָשִׁים: וְלֹא־תִסֹּב נַחֲלָה
לִבְנֵי יִשְׂרָאֵל מִמַּטֶּה אֶל־מַטֶּה כִּי אִישׁ בְּנַחֲלַת
8 מַטֵּה אֲבֹתָיו יִדְבְּקוּ בְּנֵי יִשְׂרָאֵל: וְכָל־בַּת יֹרֶשֶׁת
נַחֲלָה מִמַּטּוֹת בְּנֵי יִשְׂרָאֵל לְאֶחָד מִמִּשְׁפַּחַת מַטֵּה
אָבִיהָ תִּהְיֶה לְאִשָּׁה לְמַעַן יִירְשׁוּ בְּנֵי יִשְׂרָאֵל אִישׁ
9 נַחֲלַת אֲבֹתָיו: וְלֹא־תִסֹּב נַחֲלָה מִמַּטֶּה לְמַטֶּה
אַחֵר כִּי־אִישׁ בְּנַחֲלָתוֹ יִדְבְּקוּ מַטּוֹת בְּנֵי יִשְׂרָאֵל:
10 כַּאֲשֶׁר צִוָּה יְהוָה אֶת־מֹשֶׁה כֵּן עָשׂוּ בְּנוֹת
11 צְלָפְחָד: וַתִּהְיֶינָה מַחְלָה תִרְצָה וְחָגְלָה וּמִלְכָּה
וְנֹעָה בְּנוֹת צְלָפְחָד לִבְנֵי דֹדֵיהֶן לְנָשִׁים:
12 מִמִּשְׁפְּחֹת בְּנֵי־מְנַשֶּׁה בֶן־יוֹסֵף הָיוּ לְנָשִׁים וַתְּהִי
13 נַחֲלָתָן עַל־מַטֵּה מִשְׁפַּחַת אֲבִיהֶן: אֵלֶּה הַמִּצְוֹת
וְהַמִּשְׁפָּטִים אֲשֶׁר צִוָּה יְהוָה בְּיַד־מֹשֶׁה אֶל־בְּנֵי
יִשְׂרָאֵל בְּעַרְבֹת מוֹאָב עַל יַרְדֵּן יְרֵחוֹ:

חזק

put to death.

17 And if he smite him β with throwing a stone, wherewith he may die, and he die, he *is* a murderer: the murderer shall surely be put to death.

18 Or *if* he smite him with an hand-weapon of wood, wherewith he may die, and he die, he *is* a murderer: the murderer shall surely be put to death.

19 The *c* revenger of blood himself shall slay the murderer: when he meeteth him, he shall slay him.

20 But if he thrust him of hatred, *e* or hurl at him by laying *f* of wait, that he die;

21 Or in enmity smite him with his hand, that he die; he that smote *him* shall surely be put to death; *for* he *is* a murderer: the revenger of blood shall slay the murderer, when he meeteth him.

22 But if he thrust him suddenly without enmity, or have cast upon him any thing without laying of wait,

23 Or with any stone, wherewith a man may die, seeing *him* not, and cast *it* upon him, that he die, and *was* not his enemy, neither sought his harm;

24 Then the congregation *i* shall judge between the slayer and the revenger of blood according to these judgments:

25 And the congregation shall deliver the slayer out of the hand of the revenger of blood, and the congregation shall restore him to the city of his refuge, whither he was fled: and he shall abide in it unto the death of the high priest, which was anointed *l* with the holy oil.

26 But if the slayer shall at any time come without the border of the city of his refuge, whither he was fled;

27 And the revenger of blood find him without the borders of the city of his refuge, and the revenger of blood kill the slayer; ζ he shall not be guilty of blood;

28 Because he should have remained in the city of his refuge until the death of the high priest; but after the death of the high priest the slayer shall return into the land of his possession.

29 So these *things* shall be for a statute of *p* judgment unto you, throughout your generations, in all your dwellings.

30 Whoso killeth any person, the murderer shall be put to death by the mouth of witnesses: *q* but one witness shall not testify against any person *to cause him to* die.

31 Moreover, ye shall take no satisfaction for the life of a murderer, which *is* guilty θ of death; but he shall be surely put to death.

32 And ye shall take no satisfaction for him that is fled to the city of his refuge, that he should come again to dwell in the land, until the death of the priest.

33 So ye shall not pollute the land wherein ye *are;* for blood it *t* defileth the land: and λ the land cannot be cleansed of the blood that is shed therein, but *u* by the blood of him that shed it.

34 Defile not *v* therefore the land which ye shall inhabit, wherein I dwell: for

---

B. C. 1451.

a Ex.29.45,46
1 Ki. 6. 13.
2 Co. 6. 16.
β a stone of the hand.
b ch. 26. 29.
c ver.21,24,27
De. 19.6,12.
Jos. 20.3,5.
d ch. 26. 55.
33. 54.
Jos. 17.3.
e Ge. 4. 5, 8.
2 Sa. 3. 27.
20. 10.
1Ki.2.31,32.
Pr. 26. 24.
f Ex. 21. 14.
De. 19. 11.
g ch. 27. 1, 7.
γ unto whom they shall be.
h Le.25.10.&c
i ver. 12.
Jos. 20. 6.
k ch. 27. 7.
l Ex. 29. 7.
Le. 21. 10.
δ be wives.
m ver. 12.
Ge. 24. 3.
2 Co. 6. 14.
ζ no blood shall be to him.
Ex. 22. 2.
η cleave to.
n 1 Ki. 21. 3.
o 1Ch. 23. 22.
p ch. 27. 11.
q De. 17. 6.
19. 15.
Mat. 18. 16.
2 Co. 13. 1.
He. 10. 28.
r 2 Ch. 30.12.
θ faulty to die.
s ch. 27. 1.
κ to some that were of the families.
t 2 Ki. 24. 4.
Ps. 106. 38.
Mi. 4. 11.
Mat.23.31..
35.
λ there can be no expiation for the land.
u Ge. 9. 6.
v Le. 18. 25.
De.21.23.
w ch. 26. 3.
33. 50.

I *a* the LORD dwell among the children of Israel.

CHAP. XXXVI.

AND the chief fathers of the families of the children of Gilead, *b* the son of Machir, the son of Manasseh, of the families of the sons of Joseph, came near, and spake before Moses, and before the princes, the chief fathers of the children of Israel:

2 And they said, The LORD *d* commanded my lord to give the land for an inheritance by lot to the children of Israel: and *g* my lord was commanded by the LORD to give the inheritance of Zelophehad our brother unto his daughters.

3 And if they be married to any of the sons of the *other* tribes of the children of Israel, then shall their inheritance be taken from the inheritance of our fathers, and shall be put to the inheritance of the tribe whereunto γ they are received: so shall it be taken from the lot of our inheritance.

4 And when the jubilee *h* of the children of Israel shall be, then shall their inheritance be put unto the inheritance of the tribe whereunto they are received: so shall their inheritance be taken away from the inheritance of the tribe of our fathers.

5 And Moses commanded the children of Israel, according to the word of the LORD, saying, The tribe of the sons of Joseph hath said *k* well.

6 This *is* the thing which the LORD doth command concerning the daughters of Zelophehad, saying, Let δ them marry to whom they think best; only *m* to the family of the tribe of their father shall they marry:

7 So shall not the inheritance of the children of Israel remove from tribe to tribe; for every one of the children of Israel shall η keep *n* himself to the inheritance of the tribe of his fathers.

8 And *o* every daughter, that possesseth an inheritance in any tribe of the children of Israel, shall be wife unto one of the family of the tribe of her father, that the children of Israel may enjoy every man the inheritance of his fathers.

9 Neither shall the inheritance remove from *one* tribe to another tribe; but every one of the tribes of the children of Israel shall keep himself to his own inheritance.

10 Even *r* as the LORD commanded Moses, so did the daughters of Zelophehad:

11 For *s* Mahlah, Tirzah, and Hoglah, and Milcah, and Noah, the daughters of Zelophehad, were married unto their father's brothers' sons.

12 *And* they were married κ into the families of the sons of Manasseh, the son of Joseph; and their inheritance remained in the tribe of the family of their father.

13 These *are* the commandments and the judgments which the LORD commanded, by the hand of Moses, unto the children of Israel, *w* in the plains of Moab, by Jordan *near* Jericho.

אלה הדברים
LIBER DEUTERONOMIUM.

CAP. I. א

1 אֵלֶּה הַדְּבָרִים אֲשֶׁר דִּבֶּר מֹשֶׁה אֶל־כָּל־יִשְׂרָאֵל בְּעֵבֶר הַיַּרְדֵּן בַּמִּדְבָּר בָּעֲרָבָה מוֹל סוּף בֵּין־פָּארָן וּבֵין־

2 תֹּפֶל וְלָבָן וַחֲצֵרֹת וְדִי זָהָב׃ אַחַד עָשָׂר יוֹם מֵחֹרֵב דֶּרֶךְ הַר־שֵׂעִיר עַד קָדֵשׁ בַּרְנֵעַ׃

3 וַיְהִי בְּאַרְבָּעִים שָׁנָה בְּעַשְׁתֵּי־עָשָׂר חֹדֶשׁ בְּאֶחָד לַחֹדֶשׁ דִּבֶּר מֹשֶׁה אֶל־בְּנֵי יִשְׂרָאֵל כְּכֹל אֲשֶׁר צִוָּה יְהוָה

4 אֹתוֹ אֲלֵהֶם׃ אַחֲרֵי הַכֹּתוֹ אֵת סִיחֹן מֶלֶךְ הָאֱמֹרִי אֲשֶׁר יוֹשֵׁב בְּחֶשְׁבּוֹן וְאֵת עוֹג מֶלֶךְ הַבָּשָׁן

5 אֲשֶׁר־יוֹשֵׁב בְּעַשְׁתָּרֹת בְּאֶדְרֶעִי׃ בְּעֵבֶר הַיַּרְדֵּן בְּאֶרֶץ מוֹאָב הוֹאִיל מֹשֶׁה בֵּאֵר אֶת־הַתּוֹרָה הַזֹּאת לֵאמֹר׃

6 יְהוָה אֱלֹהֵינוּ דִּבֶּר אֵלֵינוּ בְּחֹרֵב לֵאמֹר רַב־לָכֶם שֶׁבֶת בָּהָר הַזֶּה׃

7 פְּנוּ וּסְעוּ לָכֶם וּבֹאוּ הַר הָאֱמֹרִי וְאֶל־כָּל־שְׁכֵנָיו בָּעֲרָבָה בָהָר וּבַשְּׁפֵלָה וּבַנֶּגֶב וּבְחוֹף הַיָּם אֶרֶץ הַכְּנַעֲנִי וְהַלְּבָנוֹן עַד־הַנָּהָר הַגָּדֹל נְהַר־פְּרָת׃

8 רְאֵה נָתַתִּי לִפְנֵיכֶם אֶת־הָאָרֶץ בֹּאוּ וּרְשׁוּ אֶת־הָאָרֶץ אֲשֶׁר נִשְׁבַּע יְהוָה לַאֲבֹתֵיכֶם לְאַבְרָהָם לְיִצְחָק וּלְיַעֲקֹב לָתֵת לָהֶם וּלְזַרְעָם אַחֲרֵיהֶם׃

9 וָאֹמַר אֲלֵכֶם בָּעֵת הַהִוא לֵאמֹר לֹא־אוּכַל לְבַדִּי שְׂאֵת אֶתְכֶם׃

10 יְהוָה אֱלֹהֵיכֶם הִרְבָּה אֶתְכֶם וְהִנְּכֶם הַיּוֹם כְּכוֹכְבֵי הַשָּׁמַיִם לָרֹב׃

11 יְהוָה אֱלֹהֵי אֲבוֹתֵכֶם יֹסֵף עֲלֵיכֶם כָּכֶם אֶלֶף פְּעָמִים וִיבָרֵךְ אֶתְכֶם כַּאֲשֶׁר דִּבֶּר לָכֶם׃

12 אֵיכָה אֶשָּׂא לְבַדִּי טָרְחֲכֶם וּמַשַּׂאֲכֶם וְרִיבְכֶם׃

13 הָבוּ לָכֶם אֲנָשִׁים חֲכָמִים וּנְבֹנִים וִידֻעִים לְשִׁבְטֵיכֶם וַאֲשִׂימֵם בְּרָאשֵׁיכֶם׃

14 וַתַּעֲנוּ אֹתִי וַתֹּאמְרוּ טוֹב־הַדָּבָר אֲשֶׁר־דִּבַּרְתָּ לַעֲשׂוֹת׃

15 וָאֶקַּח אֶת־רָאשֵׁי שִׁבְטֵיכֶם אֲנָשִׁים חֲכָמִים וִידֻעִים וָאֶתֵּן אוֹתָם רָאשִׁים עֲלֵיכֶם שָׂרֵי אֲלָפִים וְשָׂרֵי מֵאוֹת וְשָׂרֵי חֲמִשִּׁים וְשָׂרֵי עֲשָׂרֹת וְשֹׁטְרִים לְשִׁבְטֵיכֶם׃

16 וָאֲצַוֶּה אֶת־שֹׁפְטֵיכֶם בָּעֵת הַהִוא לֵאמֹר שָׁמֹעַ בֵּין־אֲחֵיכֶם וּשְׁפַטְתֶּם צֶדֶק בֵּין־אִישׁ וּבֵין־אָחִיו וּבֵין גֵּרוֹ׃

17 לֹא־תַכִּירוּ פָנִים בַּמִּשְׁפָּט כַּקָּטֹן כַּגָּדֹל תִּשְׁמָעוּן לֹא תָגוּרוּ מִפְּנֵי־אִישׁ כִּי הַמִּשְׁפָּט לֵאלֹהִים הוּא וְהַדָּבָר אֲשֶׁר יִקְשֶׁה מִכֶּם תַּקְרִבוּן אֵלַי וּשְׁמַעְתִּיו׃

18 וָאֲצַוֶּה אֶתְכֶם בָּעֵת הַהִוא אֵת כָּל־הַדְּבָרִים אֲשֶׁר תַּעֲשׂוּן׃

19 וַנִּסַּע מֵחֹרֵב וַנֵּלֶךְ אֵת כָּל־

20 הַמִּדְבָּר הַגָּדוֹל וְהַנּוֹרָא הַהוּא אֲשֶׁר רְאִיתֶם דֶּרֶךְ הַר הָאֱמֹרִי כַּאֲשֶׁר צִוָּה יְהוָה אֱלֹהֵינוּ אֹתָנוּ וַנָּבֹא עַד קָדֵשׁ בַּרְנֵעַ׃ וָאֹמַר אֲלֵכֶם בָּאתֶם עַד־

21 הַר הָאֱמֹרִי אֲשֶׁר־יְהוָה אֱלֹהֵינוּ נֹתֵן לָנוּ׃ רְאֵה נָתַן יְהוָה אֱלֹהֶיךָ לְפָנֶיךָ אֶת־הָאָרֶץ עֲלֵה רֵשׁ כַּאֲשֶׁר דִּבֶּר יְהוָה אֱלֹהֵי אֲבֹתֶיךָ לָךְ אַל־תִּירָא וְאַל־

22 תֵּחָת׃ וַתִּקְרְבוּן אֵלַי כֻּלְּכֶם וַתֹּאמְרוּ נִשְׁלְחָה אֲנָשִׁים לְפָנֵינוּ וְיַחְפְּרוּ־לָנוּ אֶת־הָאָרֶץ וְיָשִׁבוּ אֹתָנוּ דָּבָר אֶת־הַדֶּרֶךְ אֲשֶׁר נַעֲלֶה־בָּהּ וְאֵת הֶעָרִים אֲשֶׁר

23 נָבֹא אֲלֵיהֶן׃ וַיִּיטַב בְּעֵינַי הַדָּבָר וָאֶקַּח מִכֶּם

24 שְׁנֵים עָשָׂר אֲנָשִׁים אִישׁ אֶחָד לַשָּׁבֶט׃ וַיִּפְנוּ וַיַּעֲלוּ הָהָרָה וַיָּבֹאוּ עַד־נַחַל אֶשְׁכֹּל וַיְרַגְּלוּ אֹתָהּ׃

25 וַיִּקְחוּ בְיָדָם מִפְּרִי הָאָרֶץ וַיּוֹרִדוּ אֵלֵינוּ וַיָּשִׁבוּ אֹתָנוּ דָבָר וַיֹּאמְרוּ טוֹבָה הָאָרֶץ אֲשֶׁר־יְהוָה אֱלֹהֵינוּ נֹתֵן

26 לָנוּ׃ וְלֹא אֲבִיתֶם לַעֲלֹת וַתַּמְרוּ אֶת־פִּי יְהוָה

27 אֱלֹהֵיכֶם׃ וַתֵּרָגְנוּ בְאָהֳלֵיכֶם וַתֹּאמְרוּ בְּשִׂנְאַת יְהוָה אֹתָנוּ הוֹצִיאָנוּ מֵאֶרֶץ מִצְרָיִם לָתֵת אֹתָנוּ

28 בְּיַד הָאֱמֹרִי לְהַשְׁמִידֵנוּ׃ אָנָה אֲנַחְנוּ עֹלִים אַחֵינוּ הֵמַסּוּ אֶת־לְבָבֵנוּ לֵאמֹר עַם גָּדוֹל וָרָם מִמֶּנּוּ עָרִים גְּדֹלֹת וּבְצוּרֹת בַּשָּׁמָיִם וְגַם־בְּנֵי עֲנָקִים

29 רָאִינוּ שָׁם׃ וָאֹמַר אֲלֵכֶם לֹא־תַעַרְצוּן וְלֹא־

30 תִירְאוּן מֵהֶם׃ יְהוָה אֱלֹהֵיכֶם הַהֹלֵךְ לִפְנֵיכֶם הוּא יִלָּחֵם לָכֶם כְּכֹל אֲשֶׁר עָשָׂה אִתְּכֶם בְּמִצְרַיִם

31 לְעֵינֵיכֶם׃ וּבַמִּדְבָּר אֲשֶׁר רָאִיתָ אֲשֶׁר נְשָׂאֲךָ יְהוָה אֱלֹהֶיךָ כַּאֲשֶׁר יִשָּׂא־אִישׁ אֶת־בְּנוֹ בְּכָל־הַדֶּרֶךְ אֲשֶׁר הֲלַכְתֶּם עַד־בֹּאֲכֶם עַד־הַמָּקוֹם הַזֶּה׃

32 וּבַדָּבָר הַזֶּה אֵינְכֶם מַאֲמִינִם בַּיהוָה אֱלֹהֵיכֶם׃

33 הַהֹלֵךְ לִפְנֵיכֶם בַּדֶּרֶךְ לָתוּר לָכֶם מָקוֹם לַחֲנֹתְכֶם בָּאֵשׁ לַיְלָה לַרְאֹתְכֶם בַּדֶּרֶךְ אֲשֶׁר תֵּלְכוּ־בָהּ וּבֶעָנָן יוֹמָם׃

34 וַיִּשְׁמַע יְהוָה אֶת־קוֹל דִּבְרֵיכֶם וַיִּקְצֹף וַיִּשָּׁבַע לֵאמֹר׃

35 אִם־יִרְאֶה אִישׁ בָּאֲנָשִׁים הָאֵלֶּה הַדּוֹר הָרָע הַזֶּה אֵת הָאָרֶץ הַטּוֹבָה אֲשֶׁר

36 נִשְׁבַּעְתִּי לָתֵת לַאֲבֹתֵיכֶם׃ זוּלָתִי כָּלֵב בֶּן־יְפֻנֶּה הוּא יִרְאֶנָּה וְלוֹ־אֶתֵּן אֶת־הָאָרֶץ אֲשֶׁר דָּרַךְ־בָּהּ וּלְבָנָיו יַעַן אֲשֶׁר מִלֵּא אַחֲרֵי יְהוָה׃

37 גַּם־בִּי הִתְאַנַּף יְהוָה בִּגְלַלְכֶם לֵאמֹר גַּם־אַתָּה לֹא־תָבֹא שָׁם׃

38 יְהוֹשֻׁעַ בִּן־נוּן הָעֹמֵד לְפָנֶיךָ הוּא יָבֹא

The Fifth Book of MOSES, called DEUTERONOMY.

CHAP. I.

THESE *be* the words which Moses spake unto all Israel on this *b* side Jordan, in the wilderness, in the plain over against the Red β sea, between Paran, and Tophel, and Laban, and Hazeroth, and Dizahab.

2 (*There are* eleven days' *journey* from Horeb, by the way of mount Seir, unto Kadesh-barnea.)

3 And it came to pass in the fortieth year, in the eleventh month, on the first *day* of the month, *that* Moses spake unto the children of Israel, according unto all that the LORD had given him in commandment unto them;

4 After he had slain *d* Sihon the king of the Amorites, which dwelt in Heshbon, and Og the king of Bashan, which dwelt at Astaroth in Edrei:

5 On this side Jordan, in the land of Moab, began Moses to declare this law, saying,

6 The LORD our God spake unto us in Horeb, *f* saying, Ye have dwelt long enough in this mount:

7 Turn *g* you, and take your journey, and go to the mount of the Amorites, and unto all γ *the places* nigh thereunto, in the plain, in the hills, and in the vale, and in the south, and by the sea-side, to the land of the Canaanites, and unto Lebanon, unto the great river, the river Euphrates.

8 Behold, I have δ set the land before you: go in and possess the land which the LORD sware *k* unto your fathers, Abraham, Isaac, and Jacob, to give unto them, and to their seed after them.

9 And I spake unto you at that time, saying, I am *m* not able to bear you myself alone:

10 The LORD your God hath multiplied you, and, behold, ye *are* this day as the stars *o* of heaven for multitude.

11 (The LORD *p* God of your fathers make you a thousand times so many more as ye *are*, and bless you, as he hath promised you!)

12 How *r* can I myself alone bear your cumbrance, & your burden, & your strife ?

13 Take *n* you wise men, & understanding, and known among your tribes, and I will make them rulers over you.

14 And ye answered me, and said, The thing which thou hast spoken *is* good *for us* to do.

15 So I took *u* the chief of your tribes, wise men, and known, and θ made them heads over you, captains over thousands, and captains over hundreds, and captains over fifties, and captains over tens, and officers among your tribes.

16 And I charged your judges at that time, saying, Hear *the causes* between your brethren, and judge *z* righteously between *every* man and his brother, and the stranger *a that is* with him.

17 Ye shall not κ respect persons *b* in judgment; *but* ye shall hear the small as well as the great ; ye shall not be *c* afraid of the face of man ; for the *d* judgment *is* God's : and the cause that is too hard for you, bring *it* unto me, and I will hear it.

18 And I commanded you at that time all the things which ye should do.

19 And when we departed from Horeb, we went *g* through all that great and ter-

B. C. 1451.

a ch. 8. 15.
  32. 10.
Je. 2. 6.
b Jos. 9.1,10.
c Nu. 13. 26.
β or, *Suph.*
d Nu. 21. 24,
  35.
Jos. 13. 12.
e Nu.13.3,&c
f Ex. 3. 1.
g Ex. 19. 1.
Nu. 10. 11.
γ *all his neighbours.*
h Nu.14.1,&c
  Ps.106.24,25
i ch. 9. 28.
δ *given.*
k Ge. 12. 7.
  22.16..18.
  26. 3, 4.
  28. 13, 14.
ε *melted.*
Jos. 2. 11.
l ch. 9. 1, 2.
m Ex. 18. 18.
Nu. 11. 14.
n Nu. 13. 28,
  33.
o ch. 10. 22.
Ge. 15. 5.
p 2 Sa. 24. 3.
q Ex.14.14,25
Ne. 4. 20.
Ro. 8. 37.
r 1 Ki. 3.7..9.
η *give.*
s ch.32.11,12.
Ex. 19. 4.
Is. 40. 11.
  46.3.--63.9
Hos. 11. 3.
Ac. 13. 18.
t Ps. 106. 24.
He. 3. 18.
Jude 5.
u Ex. 18. 25.
v Ex.13,21,22
θ *gave.*
w Nu. 10. 33.
Eze. 20. 6.
x ch. 2. 14,15.
y Nu. 14. 22,
\   &c.
z ch. 16. 18.
Jn°.7. 24.
a Le. 24. 22.
κ *acknowledge faces.*
b Le. 19. 15.
Pr. 24. 23.
Ja. 2. 1.
c Jer. 1. 17.
λ *fulfilled to go after.*
d 2 Ch. 19. 6.
e ch.3.23..26.
  4.21.--34.4
Nu. 20. 12.
  27.13,14.
Ps. 106. 32.
f Nu. 14. 30.
  27.18..23.
g Nu. 10. 12.
h ch.31.7,23.

rible wilderness,*a* which ye saw by the way of the mountain of the Amorites, as the LORD our God commanded us ; and we came *e* to Kadesh-barnea.

20 And I said unto you, Ye are come unto the mountain of the Amorites, which the LORD our God doth give unto us.

21 Behold, the LORD thy God hath set the land before thee : go up *and* possess *it*, as ye LORD God of thy fathers hath said unto thee ; fear not, neither be discouraged.

22 And ye came near unto me every one of you, and said, We will send men before us, & they shall search us out the land, and bring us word again by what way we must go up, and into what cities we shall come.

23 And the saying pleased me well : and I *e* took twelve men of you, one of a tribe :

24 And they turned, and went up into the mountain, and came unto the valley of Eshcol, and searched it out.

25 And they took of the fruit of the land in their hands, and brought *it* down unto us, and brought us word again, and said, *It is* a good land which the LORD our God doth give us.

26 Notwithstanding *h* ye would not go up, but rebelled against the commandment of the LORD your God :

27 And ye murmured in your tents, and said, Because the LORD hated *i* us, he hath brought us forth out of the land of Egypt, to deliver us into the hand of the Amorites, to destroy us.

28 Whither shall we go up? our brethren have ζ discouraged our heart, saying, The people *is* greater *l* and taller than we ; the cities *are* great and walled up to heaven : and, moreover, we have seen the sons of the *n* Anakims there.

29 Then I said unto you, Dread not, neither be afraid of them.

30 The LORD your God, which goeth before you, he *q* shall fight for you, according to all that he did for you in Egypt before your eyes ;

31 And in the wilderness, where thou hast seen how that the LORD thy God bare *s* thee, as a man doth bear his son, in all the way that ye went, until ye came into this place.

32 Yet in this thing ye did not *t* believe the LORD your God,

33 Who went *w* in the way before you, to search *w* you out a place to pitch your tents *in*, in fire by night, to shew you by what way ye should go, and in a cloud by day.

34 And the LORD heard the voice of your words, and was wroth, and *x* sware, saying,

35 Surely *y* there shall not one of these men of this evil generation see that good land, which I sware to give unto your fathers,

36 Save Caleb the son of Jephunneh ; he shall see it ; and to him will I give the land that he hath trodden upon, and to his children, because he hath λ wholly followed the LORD.

37 Also *e* the LORD was angry with me for your sakes, saying, Thou also shalt not go in thither.

38 *But* Joshua *f* the son of Nun, which standeth before thee, he shall go in thi ther: encourage *h* him ; for he shall cause

שָׁמָּה אֹתוֹ חַזֵּק כִּי־הוּא יַנְחִלֶנָּה אֶת־יִשְׂרָאֵֽל׃

39 וְטַפְּכֶם אֲשֶׁר אֲמַרְתֶּם לָבַז יִהְיֶה וּבְנֵיכֶם אֲשֶׁר לֹא־יָֽדְעוּ הַיּוֹם טוֹב וָרָע הֵמָּה יָבֹאוּ שָׁמָּה וְלָהֶם

40 אֶתְּנֶנָּה וְהֵם יִֽירָשׁוּהָ׃ וְאַתֶּם פְּנוּ לָכֶם וּסְעוּ

41 הַמִּדְבָּרָה דֶּרֶךְ יַם־סוּף׃ וַתַּעֲנוּ וַתֹּאמְרוּ אֵלַי חָטָאנוּ לַֽיהוָה אֲנַחְנוּ נַעֲלֶה וְנִלְחַמְנוּ כְּכֹל אֲשֶׁר צִוָּנוּ יְהוָה אֱלֹהֵינוּ וַתַּחְגְּרוּ אִישׁ אֶת־כְּלֵי מִלְחַמְתּוֹ

42 וַתָּהִינוּ לַעֲלֹת הָהָרָה׃ וַיֹּאמֶר יְהוָה אֵלַי אֱמֹר לָהֶם לֹא תַעֲלוּ וְלֹא־תִלָּחֲמוּ כִּי אֵינֶנִּי בְּקִרְבְּכֶם וְלֹא

43 תִּנָּגְפוּ לִפְנֵי אֹיְבֵיכֶם׃ וָאֲדַבֵּר אֲלֵיכֶם וְלֹא שְׁמַעְתֶּם וַתַּמְרוּ אֶת־פִּי יְהוָה וַתָּזִדוּ וַתַּעֲלוּ הָהָרָה׃

44 וַיֵּצֵא הָאֱמֹרִי הַיֹּשֵׁב בָּהָר הַהוּא לִקְרַאתְכֶם וַיִּרְדְּפוּ אֶתְכֶם כַּאֲשֶׁר תַּעֲשֶׂינָה הַדְּבֹרִים וַיַּכְּתוּ

45 אֶתְכֶם בְּשֵׂעִיר עַד־חָרְמָה׃ וַתָּשֻׁבוּ וַתִּבְכּוּ לִפְנֵי יְהוָה וְלֹא־שָׁמַע יְהוָה בְּקֹלְכֶם וְלֹא הֶאֱזִין

46 אֲלֵיכֶם׃ וַתֵּשְׁבוּ בְקָדֵשׁ יָמִים רַבִּים כַּיָּמִים אֲשֶׁר יְשַׁבְתֶּם׃

CAP. II. ב

1 וַנֵּפֶן וַנִּסַּע הַמִּדְבָּרָה דֶּרֶךְ יַם־סוּף כַּאֲשֶׁר דִּבֶּר יְהוָה אֵלָי וַנָּסָב אֶת־הַר־שֵׂעִיר יָמִים רַבִּים׃ ס

2 וַיֹּאמֶר יְהוָה אֵלַי לֵאמֹר׃

3 רַב־לָכֶם סֹב אֶת־הָהָר הַזֶּה פְּנוּ לָכֶם צָפֹנָה׃ וְאֶת־הָעָם צַו לֵאמֹר

4 אַתֶּם עֹבְרִים בִּגְבוּל אֲחֵיכֶם בְּנֵי־עֵשָׂו הַיֹּשְׁבִים

5 בְּשֵׂעִיר וְיִירְאוּ מִכֶּם וְנִשְׁמַרְתֶּם מְאֹד׃ אַל־תִּתְגָּרוּ בָם כִּי לֹא־אֶתֵּן לָכֶם מֵאַרְצָם עַד מִדְרַךְ כַּף־רָגֶל כִּי־יְרֻשָּׁה לְעֵשָׂו נָתַתִּי אֶת־הַר שֵׂעִיר׃

6 אֹכֶל תִּשְׁבְּרוּ מֵאִתָּם בַּכֶּסֶף וַאֲכַלְתֶּם וְגַם־מַיִם תִּכְרוּ מֵאִתָּם בַּכֶּסֶף וּשְׁתִיתֶם׃

7 כִּי יְהוָה אֱלֹהֶיךָ בֵּרַכְךָ בְּכֹל מַעֲשֵׂה יָדֶךָ יָדַע לֶכְתְּךָ אֶת־הַמִּדְבָּר הַגָּדֹל הַזֶּה זֶה אַרְבָּעִים שָׁנָה יְהוָה אֱלֹהֶיךָ עִמָּךְ לֹא חָסַרְתָּ דָּבָר׃

8 וַנַּעֲבֹר מֵאֵת אַחֵינוּ בְנֵי־עֵשָׂו הַיֹּשְׁבִים בְּשֵׂעִיר מִדֶּרֶךְ הָעֲרָבָה מֵאֵילַת וּמֵעֶצְיֹן גָּבֶר ס וַנֵּפֶן וַנַּעֲבֹר דֶּרֶךְ מִדְבַּר מוֹאָב׃

9 וַיֹּאמֶר יְהוָה אֵלַי אַל־תָּצַר אֶת־מוֹאָב וְאַל־תִּתְגָּר בָּם מִלְחָמָה כִּי לֹא־אֶתֵּן לְךָ מֵאַרְצוֹ יְרֻשָּׁה כִּי לִבְנֵי־לוֹט נָתַתִּי אֶת־עָר יְרֻשָּׁה׃

10 הָאֵמִים לְפָנִים יָשְׁבוּ בָהּ עַם גָּדוֹל וְרַב וָרָם כָּעֲנָקִים׃

11 רְפָאִים יֵחָשְׁבוּ אַף־הֵם כַּעֲנָקִים וְהַמֹּאָבִים יִקְרְאוּ לָהֶם אֵמִים׃

12 וּבְשֵׂעִיר יָשְׁבוּ הַחֹרִים לְפָנִים וּבְנֵי עֵשָׂו יִירָשׁוּם וַיַּשְׁמִידוּם מִפְּנֵיהֶם וַיֵּשְׁבוּ תַּחְתָּם כַּאֲשֶׁר עָשָׂה יִשְׂרָאֵל לְאֶרֶץ יְרֻשָּׁתוֹ אֲשֶׁר־נָתַן יְהוָה לָהֶם׃

13 עַתָּה קֻמוּ וְעִבְרוּ לָכֶם אֶת־נַחַל זָרֶד וַנַּעֲבֹר אֶת־נַחַל זָרֶד׃

14 וְהַיָּמִים אֲשֶׁר־הָלַכְנוּ מִקָּדֵשׁ בַּרְנֵעַ עַד אֲשֶׁר־עָבַרְנוּ אֶת־נַחַל זֶרֶד שְׁלֹשִׁים וּשְׁמֹנֶה שָׁנָה עַד־תֹּם כָּל־הַדּוֹר אַנְשֵׁי הַמִּלְחָמָה מִקֶּרֶב

15 הַמַּחֲנֶה כַּאֲשֶׁר נִשְׁבַּע יְהוָה לָהֶם׃ וְגַם יַד־יְהוָה הָיְתָה בָּם לְהֻמָּם מִקֶּרֶב הַמַּחֲנֶה עַד תֻּמָּם׃

16 וַיְהִי כַאֲשֶׁר־תַּמּוּ כָּל־אַנְשֵׁי הַמִּלְחָמָה לָמוּת מִקֶּרֶב הָעָם׃ ס

17 וַיְדַבֵּר יְהוָה אֵלַי לֵאמֹר׃

18 אַתָּה עֹבֵר הַיּוֹם אֶת־גְּבוּל מוֹאָב אֶת־עָר׃

19 וְקָרַבְתָּ מוּל בְּנֵי עַמּוֹן אַל־תְּצֻרֵם וְאַל־תִּתְגָּר בָּם כִּי לֹא־אֶתֵּן מֵאֶרֶץ בְּנֵי־עַמּוֹן לְךָ יְרֻשָּׁה כִּי לִבְנֵי־לוֹט נְתַתִּיהָ יְרֻשָּׁה׃

20 אֶרֶץ־רְפָאִים תֵּחָשֵׁב אַף־הִוא רְפָאִים יָשְׁבוּ־בָהּ לְפָנִים וְהָעַמֹּנִים יִקְרְאוּ לָהֶם זַמְזֻמִּים׃

21 עַם גָּדוֹל וְרַב וָרָם כָּעֲנָקִים וַיַּשְׁמִידֵם יְהוָה מִפְּנֵיהֶם וַיִּירָשֻׁם וַיֵּשְׁבוּ תַחְתָּם׃

22 כַּאֲשֶׁר עָשָׂה לִבְנֵי עֵשָׂו הַיֹּשְׁבִים בְּשֵׂעִיר אֲשֶׁר הִשְׁמִיד אֶת־הַחֹרִי מִפְּנֵיהֶם וַיִּירָשֻׁם וַיֵּשְׁבוּ תַחְתָּם עַד הַיּוֹם הַזֶּה׃

23 וְהָעַוִּים הַיֹּשְׁבִים בַּחֲצֵרִים עַד־עַזָּה כַּפְתֹּרִים הַיֹּצְאִים מִכַּפְתֹּר הִשְׁמִידֻם וַיֵּשְׁבוּ תַחְתָּם׃

24 קוּמוּ סְּעוּ וְעִבְרוּ אֶת־נַחַל אַרְנֹן רְאֵה נָתַתִּי בְיָדְךָ אֶת־סִיחֹן מֶלֶךְ־חֶשְׁבּוֹן הָאֱמֹרִי וְאֶת־

25 אַרְצוֹ הָחֵל רָשׁ וְהִתְגָּר בּוֹ מִלְחָמָה׃ הַיּוֹם הַזֶּה אָחֵל תֵּת פַּחְדְּךָ וְיִרְאָתְךָ עַל־פְּנֵי הָעַמִּים תַּחַת כָּל־הַשָּׁמָיִם אֲשֶׁר יִשְׁמְעוּן שִׁמְעֲךָ וְרָגְזוּ וְחָלוּ

26 מִפָּנֶיךָ׃ וָאֶשְׁלַח מַלְאָכִים מִמִּדְבַּר קְדֵמוֹת אֶל־סִיחוֹן מֶלֶךְ חֶשְׁבּוֹן דִּבְרֵי שָׁלוֹם לֵאמֹר׃

27 אֶעְבְּרָה בְאַרְצֶךָ בַּדֶּרֶךְ בַּדֶּרֶךְ אֵלֵךְ לֹא אָסוּר יָמִין וּשְׂמֹאול׃

28 אֹכֶל בַּכֶּסֶף תַּשְׁבִּרֵנִי וְאָכַלְתִּי וּמַיִם בַּכֶּסֶף תִּתֶּן־לִי וְשָׁתִיתִי רַק אֶעְבְּרָה בְרַגְלָי׃

29 כַּאֲשֶׁר עָשׂוּ־לִי בְּנֵי עֵשָׂו הַיֹּשְׁבִים בְּשֵׂעִיר וְהַמּוֹאָבִים הַיֹּשְׁבִים בְּעָר עַד אֲשֶׁר־אֶעֱבֹר אֶת־הַיַּרְדֵּן אֶל־

30 הָאָרֶץ אֲשֶׁר־יְהוָה אֱלֹהֵינוּ נֹתֵן לָנוּ׃ וְלֹא אָבָה סִיחֹן מֶלֶךְ חֶשְׁבּוֹן הַעֲבִרֵנוּ בּוֹ כִּי־הִקְשָׁה יְהוָה

Israel to inherit it.

39 Moreover,[a] your little ones, which ye said should be a prey, and your children, which in that day had no knowledge[c] between good and evil, they shall go in thither, and unto them will I give it, and they shall possess it.

40 But *as for* you, turn[d] you, and take your journey into the wilderness, by the way of the Red sea.

41 Then[f] ye answered and said unto me, We have sinned against the LORD; we will go up and fight, according to all that the LORD our God commanded us. And when ye had girded on every man his weapons of war, ye were ready to go up into the hill.

42 And the LORD said unto me, Say unto them, Go not up, neither fight; for I *am* not among[m] you; lest ye be smitten before your enemies.

43 So I spake unto you; and ye would not hear, but rebelled against the commandment of the LORD, and went ζ presumptuously up into the hill.

44 And the Amorites, which dwelt in that mountain, came out against you, and chased you, as bees[n] do, and destroyed you in Seir, *even* unto Hormah.

45 And ye returned,and wept before the LORD; but the LORD would not hearken to your voice, nor give ear unto you.

46 So[p] ye abode in Kadesh many days, according unto the days that ye abode *there.*

CHAP. II.

THEN we turned, and took our journey into the wilderness, by the way of the Red sea, as[s] the LORD spake unto me: and we compassed mount Seir many days.

2 And the LORD spake unto me, saying,

3 Ye have compassed this mountain long[t] enough: turn you northward.

4 And command thou the people, saying, Ye[v] *are* to pass through the coast of your brethren the children of Esau, which dwell in Seir; and they shall be afraid of you: take ye good heed unto yourselves therefore:

5 Meddle not with them; for I will not give you of their land, η no, not so much as a foot -breadth, because[a] I have given mount Seir unto Esau *for* a possession.

6 Ye shall buy meat of them for money, that ye may eat; and ye shall also buy water of them for money, that ye may drink.

7 For the LORD thy God hath blessed thee in all the works[c] of thy hand; he knoweth thy walking through this great wilderness: these[d] forty years the LORD thy God *hath been* with thee, thou hast lacked nothing.

8 And[f] when we passed by from our brethren the children of Esau, which dwelt in Seir, through the way of the plain from Elath,[h] and from Ezion-gaber, we turned, and passed by the way of the wilderness of Moab.

9 And the LORD said unto me, Distress not the Moabites, neither contend with them in battle; for I will not give thee of their land *for* a possession, because I have given[k] Ar unto the[l] children of Lot *for* a possession.

10 The Emims[m] dwelt therein in times past, a people great, and many, and tall, as the[o] Anakims;

11 Which also were accounted giants, as the Anakims; but the Moabites call

them Emims.

12 The Horims[b] also dwelt in Seir before time; but the children of Esau βsucceeded them, when they had destroyed them from before them, and dwelt in their γ stead; as Israel did unto the land of his possession, which the LORD gave unto them.

13 Now rise up, *said* I, and get you over the δbrook Zered :[e] and we went over the brook Zered.

14 And the space in which we came[g] from Kadesh-barnea, until we were come over the δ brook Zered, *was* thirty and eight years; until all[h] the generation of the men of war were wasted out from among the host, as[i] the LORD sware unto them.

15 For indeed the hand[k] of the LORD was against them,to destroy[l] them from among the host, until they were consumed.

16 So it came to pass, when all the men of war were consumed and dead from among the people,

17 That the LORD spake unto me, saying,

18 Thou art to pass over through Ar, the coast of Moab, this day:

19 And *when* thou comest nigh over against the children of Ammon, distress them not, nor meddle with them : for I will not give thee of the land of the children of Ammon *any* possession ; because I have given it unto the children of Lot[o] *for* a possession.

20 (That also was accounted a land of giants : giants dwelt therein in old time, and the Ammonites call them Zamzummims ; l

21 A people great,[r] and many, and tall, as the Anakims ; but the LORD destroyed them before them ; and they succeeded them, and dwelt in their stead :

22 As he did to the children of Esau, which dwelt in Seir, when he destroyed the[u] Horims from before them ; and they succeeded them, and dwelt in their stead even unto this day :

23 And the[w] Avims which dwelt in Hazerim, *even* unto Azzah,[x] the [y] Caphtorims, which came forth out of Caphtor, destroyed them, and dwelt in their stead.)

24 Rise ye up, take your journey, and pass[z] over the river Arnon: behold, I have given into thine hand Sihon the Amorite, king of Heshbon, and his land : θ begin to possess *it,* and contend with him in battle.

25 This day will I begin to put the dread of thee and the[b] fear of thee upon the nations *that are* under the whole heaven,who shall hear report of thee, and shall tremble, and be in anguish because of thee.

26 And I sent messengers out of the wilderness of Kedemoth, unto Sihon king of Heshbon, with words of peace,[e] saying,

27 Let[g] me pass through thy land: I will go along by the high-way; I will neither turn unto the right hand nor to the left.

28 Thou shalt sell me meat for money, that I may eat ; and give me water for money, that I may drink : only I will pass through on my feet ;

29 (As[i] the children of Esau which dwell in Seir, and the Moabites which dwell in Ar, did unto me ;) until I shall pass over Jordan, into the land which the LORD our God giveth us.

30 But Sihon[n] king of Heshbon would not let us pass by him : for the LORD thy God hardened[p] his spirit, and made his heart obstinate, that he might deliver

B. C. 1451.

a Nu. 14. 31.
b Ge. 14. 6.
β inherited them.
c Ro. 9. 11.
γ or, room.
d Nu. 14. 25.
δ or, valley.
e Nu. 21. 12.
f Nu. 14. 40, &c.
g Nu. 13. 26.
h Nu.14 32.33 26. 64.
i ch. 1.34,35. Nu. 14. 35. Ps. 95. 11. Eze. 20.15.
k Ps. 78. 33. 106. 26.
l 1 Co. 10. 5.
m Jos.7.12,13
ζ Ye were presumptuous and went up.
n Ps. 118. 12.
o Ge.19.36.38
p Nu.14. 25. 20. 1, 22. Ju. 11. 17.
q Ge. 14. 5. Zuzins.
r ver. 10.
s ch. 1. 40 Nu. 14. 25.
t ver. 7, 14.
u Ge. 36. 20, &c.
v Nu. 20. 14.
w Jos. 13. 3.
x Je. 25. 20.
y Ge. 10. 14. Am. 9. 7.
η even to the treading of the sole of the foot.
z Nu.21.13.14 Ju.11.18,21.
a Ge. 36. 8. Jos. 24. 4.
θ begin, possess.
b Ex.15.14.16 Jos.2.9,10.
c Ps. 90. 17.
d ch. 8. 2.4. 29. 5. Ne. 9. 21. Lu. 22. 35.
e ch. 20. 10.
f Ju. 11. 18.
g Nu. 21. 21, 22.
h 1 Ki. 9. 26.
κ or, use no hostility against Moab.
i Nu. 20. 18.
k Nu. 21. 28.
l Ge.19.36,37.
m Ge. 14. 5.
n Nu. 21. 23.
o ch. 9. 2.
Nu.13.22,23
p Ex. 4. 21. 11. 10. Jos. 11. 20. Ro.9.18,22.

124

אֵלֶיךָ אֶת־רוּחוֹ וְאִמֵּץ אֶת־לְבָבוֹ לְמַעַן תִּתּוֹ
31 בְיָדְךָ כַּיּוֹם הַזֶּה׃ ס וַיֹּאמֶר יְהוָה אֵלַי
רְאֵה הַחִלֹּתִי תֵּת לְפָנֶיךָ אֶת־סִיחֹן וְאֶת־אַרְצוֹ
32 הָחֵל רָשׁ לָרֶשֶׁת אֶת־אַרְצוֹ׃ וַיֵּצֵא סִיחֹן
לִקְרָאתֵנוּ הוּא וְכָל־עַמּוֹ לַמִּלְחָמָה יָהְצָה׃
33 וַיִּתְּנֵהוּ יְהוָה אֱלֹהֵינוּ לְפָנֵינוּ וַנַּךְ אֹתוֹ וְאֶת־בָּנוֹ
34 וְאֶת־כָּל־עַמּוֹ׃ וַנִּלְכֹּד אֶת־כָּל־עָרָיו בָּעֵת הַהִוא
וַנַּחֲרֵם אֶת־כָּל־עִיר מְתִם וְהַנָּשִׁים וְהַטָּף לֹא
35 הִשְׁאַרְנוּ שָׂרִיד׃ רַק הַבְּהֵמָה בָּזַזְנוּ לָנוּ וּשְׁלַל
36 הֶעָרִים אֲשֶׁר לָכָדְנוּ׃ מֵעֲרֹעֵר אֲשֶׁר עַל־שְׂפַת־
נַחַל אַרְנֹן וְהָעִיר אֲשֶׁר בַּנַּחַל וְעַד הַגִּלְעָד לֹא
הָיְתָה קִרְיָה אֲשֶׁר שָׂגְבָה מִמֶּנּוּ אֶת־הַכֹּל נָתַן
37 יְהוָה אֱלֹהֵינוּ לְפָנֵינוּ׃ רַק אֶל־אֶרֶץ בְּנֵי־עַמּוֹן לֹא
קָרָבְתָּ כָּל־יַד נַחַל יַבֹּק וְעָרֵי הָהָר וְכֹל אֲשֶׁר
צִוָּה יְהוָה אֱלֹהֵינוּ׃

CAP. III. ג

1 וַנֵּפֶן וַנַּעַל דֶּרֶךְ הַבָּשָׁן וַיֵּצֵא עוֹג מֶלֶךְ־הַבָּשָׁן
לִקְרָאתֵנוּ הוּא וְכָל־עַמּוֹ לַמִּלְחָמָה אֶדְרֶעִי׃
2 וַיֹּאמֶר יְהוָה אֵלַי אַל־תִּירָא אֹתוֹ כִּי בְיָדְךָ נָתַתִּי
אֹתוֹ וְאֶת־כָּל־עַמּוֹ וְאֶת־אַרְצוֹ וְעָשִׂיתָ לּוֹ
כַּאֲשֶׁר עָשִׂיתָ לְסִיחֹן מֶלֶךְ הָאֱמֹרִי אֲשֶׁר יוֹשֵׁב
3 בְּחֶשְׁבּוֹן׃ וַיִּתֵּן יְהוָה אֱלֹהֵינוּ בְּיָדֵנוּ גַּם אֶת־
עוֹג מֶלֶךְ־הַבָּשָׁן וְאֶת־כָּל־עַמּוֹ וַנַּכֵּהוּ עַד־בִּלְתִּי
4 הִשְׁאִיר־לוֹ שָׂרִיד׃ וַנִּלְכֹּד אֶת־כָּל־עָרָיו בָּעֵת
הַהִוא לֹא הָיְתָה קִרְיָה אֲשֶׁר לֹא־לָקַחְנוּ מֵאִתָּם
שִׁשִּׁים עִיר כָּל־חֶבֶל אַרְגֹּב מַמְלֶכֶת עוֹג בַּבָּשָׁן׃
5 כָּל־אֵלֶּה עָרִים בְּצֻרֹת חוֹמָה גְבֹהָה דְּלָתַיִם
6 וּבְרִיחַ לְבַד מֵעָרֵי הַפְּרָזִי הַרְבֵּה מְאֹד׃ וַנַּחֲרֵם
אוֹתָם כַּאֲשֶׁר עָשִׂינוּ לְסִיחֹן מֶלֶךְ חֶשְׁבּוֹן הַחֲרֵם
7 כָּל־עִיר מְתִם הַנָּשִׁים וְהַטָּף׃ וְכָל־הַבְּהֵמָה
8 וּשְׁלַל הֶעָרִים בַּזּוֹנוּ לָנוּ׃ וַנִּקַּח בָּעֵת הַהִוא
אֶת־הָאָרֶץ מִיַּד שְׁנֵי מַלְכֵי הָאֱמֹרִי אֲשֶׁר בְּעֵבֶר
9 הַיַּרְדֵּן מִנַּחַל אַרְנֹן עַד־הַר חֶרְמוֹן׃ צִידֹנִים
יִקְרְאוּ לְחֶרְמוֹן שִׂרְיֹן וְהָאֱמֹרִי יִקְרְאוּ־לוֹ שְׂנִיר׃
10 כֹּל עָרֵי הַמִּישֹׁר וְכָל־הַגִּלְעָד וְכָל־הַבָּשָׁן עַד־
סַלְכָה וְאֶדְרֶעִי עָרֵי מַמְלֶכֶת עוֹג בַּבָּשָׁן׃
11 כִּי רַק־עוֹג מֶלֶךְ הַבָּשָׁן נִשְׁאַר מִיֶּתֶר הָרְפָאִים
הִנֵּה עַרְשׂוֹ עֶרֶשׂ בַּרְזֶל הֲלֹה הִוא בְּרַבַּת בְּנֵי עַמּוֹן

---

12 הִשַׁעַ אַמּוֹת אָרְכָּהּ וְאַרְבַּע אַמּוֹת רָחְבָּהּ בְּאַמַּת־
אִישׁ׃ וְאֶת־הָאָרֶץ הַזֹּאת יָרַשְׁנוּ בָּעֵת הַהִוא
מֵעֲרֹעֵר אֲשֶׁר עַל־נַחַל אַרְנֹן וַחֲצִי הַר־הַגִּלְעָד וְעָרָיו
13 נָתַתִּי לָרֻאוּבֵנִי וְלַגָּדִי׃ וְיֶתֶר הַגִּלְעָד וְכָל־הַבָּשָׁן
מַמְלֶכֶת עוֹג נָתַתִּי לַחֲצִי שֵׁבֶט הַמְנַשֶּׁה כֹּל חֶבֶל
הָאַרְגֹּב לְכָל־הַבָּשָׁן הַהוּא יִקָּרֵא אֶרֶץ רְפָאִים׃
14 יָאִיר בֶּן־מְנַשֶּׁה לָקַח אֶת־כָּל־חֶבֶל אַרְגֹּב עַד־גְּבוּל
הַגְּשׁוּרִי וְהַמַּעֲכָתִי וַיִּקְרָא אֹתָם עַל־שְׁמוֹ אֶת־
15 הַבָּשָׁן חַוֺּת יָאִיר עַד הַיּוֹם הַזֶּה׃ וּלְמָכִיר נָתַתִּי
16 אֶת־הַגִּלְעָד׃ וְלָרֻאוּבֵנִי וְלַגָּדִי נָתַתִּי מִן־הַגִּלְעָד
וְעַד־נַחַל אַרְנֹן תּוֹךְ הַנַּחַל וּגְבֻל וְעַד יַבֹּק הַנַּחַל
17 גְּבוּל בְּנֵי עַמּוֹן׃ וְהָעֲרָבָה וְהַיַּרְדֵּן וּגְבֻל מִכִּנֶּרֶת
וְעַד יָם הָעֲרָבָה יָם הַמֶּלַח תַּחַת אַשְׁדֹּת הַפִּסְגָּה
18 מִזְרָחָה׃ וָאֲצַו אֶתְכֶם בָּעֵת הַהִוא לֵאמֹר יְהוָה
אֱלֹהֵיכֶם נָתַן לָכֶם אֶת־הָאָרֶץ הַזֹּאת לְרִשְׁתָּהּ
חֲלוּצִים תַּעַבְרוּ לִפְנֵי אֲחֵיכֶם בְּנֵי־יִשְׂרָאֵל כָּל־בְּנֵי־
19 חָיִל׃ רַק נְשֵׁיכֶם וְטַפְּכֶם וּמִקְנֵכֶם יָדַעְתִּי כִּי־מִקְנֶה
20 רַב לָכֶם יֵשְׁבוּ בְּעָרֵיכֶם אֲשֶׁר נָתַתִּי לָכֶם׃ עַד־
אֲשֶׁר־יָנִיחַ יְהוָה לַאֲחֵיכֶם כָּכֶם וְיָרְשׁוּ גַם־הֵם
אֶת־הָאָרֶץ אֲשֶׁר יְהוָה אֱלֹהֵיכֶם נֹתֵן לָהֶם בְּעֵבֶר
הַיַּרְדֵּן וְשַׁבְתֶּם אִישׁ לִירֻשָּׁתוֹ אֲשֶׁר נָתַתִּי לָכֶם׃
21 וְאֶת־יְהוֹשׁוּעַ צִוֵּיתִי בָּעֵת הַהִוא לֵאמֹר עֵינֶיךָ
הָרֹאֹת אֵת כָּל־אֲשֶׁר עָשָׂה יְהוָה אֱלֹהֵיכֶם לִשְׁנֵי
הַמְּלָכִים הָאֵלֶּה כֵּן־יַעֲשֶׂה יְהוָה לְכָל־הַמַּמְלָכוֹת
22 אֲשֶׁר אַתָּה עֹבֵר שָׁמָּה׃ לֹא תִּירָאוּם כִּי יְהוָה
אֱלֹהֵיכֶם הוּא הַנִּלְחָם לָכֶם׃

23 וָאֶתְחַנַּן אֶל־יְהוָה בָּעֵת הַהִוא לֵאמֹר׃ אֲדֹנָי
24 יְהוִֹה אַתָּה הַחִלּוֹתָ לְהַרְאוֹת אֶת־עַבְדְּךָ אֶת־גָּדְלְךָ
וְאֶת־יָדְךָ הַחֲזָקָה אֲשֶׁר מִי־אֵל בַּשָּׁמַיִם וּבָאָרֶץ
25 אֲשֶׁר־יַעֲשֶׂה כְמַעֲשֶׂיךָ וְכִגְבוּרֹתֶךָ׃ אֶעְבְּרָה־נָּא
וְאֶרְאֶה אֶת־הָאָרֶץ הַטּוֹבָה אֲשֶׁר בְּעֵבֶר הַיַּרְדֵּן
26 הָהָר הַטּוֹב הַזֶּה וְהַלְּבָנֹן׃ וַיִּתְעַבֵּר יְהוָה בִּי
לְמַעַנְכֶם וְלֹא שָׁמַע אֵלָי וַיֹּאמֶר יְהוָה אֵלַי רַב־לָךְ
27 אַל־תּוֹסֶף דַּבֵּר אֵלַי עוֹד בַּדָּבָר הַזֶּה׃ עֲלֵה רֹאשׁ
הַפִּסְגָּה וְשָׂא עֵינֶיךָ יָמָּה וְצָפֹנָה וְתֵימָנָה וּמִזְרָחָה
28 וּרְאֵה בְעֵינֶיךָ כִּי־לֹא תַעֲבֹר אֶת־הַיַּרְדֵּן הַזֶּה׃ וְצַו
אֶת־יְהוֹשׁוּעַ וְחַזְּקֵהוּ וְאַמְּצֵהוּ כִּי־הוּא יַעֲבֹר לִפְנֵי

him into thy hand, as *appeareth* this day.

31 And the LORD said unto me, Behold, I have begun to give Sihon and his land before thee: begin to possess, that thou mayest inherit his land.

32 Then *b* Sihon came out against us, he and all his people, to fight at Jahaz.

33 And the LORD our God delivered him before us; and *d* we smote him, and his sons, and all his people.

34 And we took all his cities at that time, and utterly *e* destroyed *β* the men, and the women, and the little ones, of every city, we left none *f* to remain:

35 Only the cattle we took for a prey unto ourselves, and the spoil of the cities which we took.

36 From *i* Aroer, which *is* by the brink of the river of Arnon, and *from* the city that *is* by the river, even unto Gilead, there was not one city too strong for us : the LORD *k* our God delivered all unto us :

37 Only unto the land of the children of Ammon thou camest not, *nor* unto any place of the river Jabbok, *m* nor unto the cities in the mountains, nor unto whatsoever the LORD our God forbad *n* us.

CHAP. III.

THEN we turned, and went up the way to Bashan : and *o* Og the king of Bashan came out against us, he and all his people, to battle at Edrei. *p*

2 And the LORD said unto me, *q* Fear him not : for I will deliver him, and all his people, and his land, into thy hand ; and thou shalt do unto him as thou didst unto Sihon *s* king of the Amorites, which dwelt at Heshbon.

3 So the LORD our God delivered into our hands Og also, the king of Bashan, and all his people : and we smote him until none was left to him remaining.

4 And we took all his cities at that time, there was not a city which we took not from them, threescore cities, all the region of Argob, *w* the kingdom of Og in Bashan.

5 All these cities *were* fenced with high walls, gates, and bars; beside unwalled towns a great many.

6 And *x* we utterly destroyed them, as we did unto Sihon king of Heshbon, utterly destroying the men, women, and children, of every city.

7 But *c* all the cattle, and the spoil of the cities, we took for a prey to ourselves.

8 And we took at that time out of the hand of the two kings of the Amorites the land that *was* on this side Jordan, from the river of Arnon unto mount Hermon ;

9 *C* Which Hermon *d* the Sidonians call Sirion ; *e* and the Amorites call it Shenir : *f*)

10 All the cities of the plain, and all Gilead, and all Bashan, unto Salchah, *h* and Edrei, cities of the kingdom of Og in Bashan.

11 For only Og king of Bashan remained of the remnant of giants ; *i* behold, his bedstead *was* a bedstead of iron ; *is* it not in Rabbath *l* of the children of Ammon ? nine cubits *was* the length thereof, & four cubits the breadth of it, after the cubit of a man.

12 And this land, *which* we possessed at that time, from Aroer, *o* which *is* by the river Arnon, and half mount Gilead, and the cities thereof, gave I unto the Reubenites and to the Gadites.

13 And *q* the rest of Gilead, and all

B. C. 1451.

a 1 Ch. 2. 22.
Nu.32.39..41
b Nu.21.23,24
c Jos. 13. 13.
2 Sa. 3. 3.
10. 6.
d ch. 29. 7.
e ch. 20. 16.
29. 7.
β every city of men, and women, and little ones.
f ch. 7. 2, 26.
g Jos. 12. 2.3.
h Nu. 34. 11.
ich.3.12.--4.48
Jos. 13. 9.
γ or, under the springs of Pisgah, or, the hill.
k Ps. 44. 3.
l Nu.32.20,&c
δ sons of power.
m Ge. 32. 22.
n ver. 5,9,19.
o ch. 29. 7.
Nu.21.33..35
p ch. 1. 4.
q 2 Ch. 20. 17.
r Jos. 22. 4.
s Nu. 21. 24.
t Nu.27.22,23
u Is. 43. 1, 2.
v ch. 1. 30.
20. 4.
Ex. 14. 14.
w 1 Ki.4. 13.
x ch 11. 2.
y Ex 15. 11.
2 Sa. 7. 22.
Ps. 71. 19.
86. 8.
89. 6, 8.
Is. 40. 28.
Da. 3. 29.
z ch. 2. 34.
Ps.135.10..12
136.19..21.
a Ex. 3. 8.
b Nu. 20. 12.
27. 13, 14.
c Jos.11,12.14
ζ or, the hill.
d ch. 4. 48,49.
e Ps. 29. 6.
f 1 Ch. 5. 23.
Eze. 27. 5.
g ch. 1. 38.
31. 3, 7.
Nu.27.18,23
h Jos. 12. 5.
13. 11.
i Am. 2. 9.
k ch. 4. 46.
l 2 Sa. 12. 26.
m Le. 19. 37.
Ps. 119. 4.
n Eze. 20. 11.
Ro. 10. 5.
o Jos.12.2,&c
13.9,&c.
p ch. 12. 32.
Re.22.18,19
q Jos. 13. 29.

Bashan, *being* the kingdom of Og, gave I unto the half tribe of Manasseh ; all the region of Argob, with all Bashan, which was called the land of giants.

14 Jair *a* the son of Manasseh took all the country of Argob unto the coasts of Geshuri *c* and Maachathi ; and called them after his own name, Bashan-havoth-jair, unto this day.

15 And I gave Gilead unto Machir.

16 And unto the Reubenites, and unto the Gadites, I gave from Gilead even unto the river Arnon, half the valley, and the border, even unto the river Jabbok, *which is g* the border of the children of Ammon :

17 The plain also, and Jordan, and the coast *thereof*, from Chinnereth *h* even unto the sea of the plain, *even* the salt sea, under *γ* Ashdoth-pisgah eastward.

18 And I commanded you at that time, saying, The LORD your God hath given you this land to possess it : ye *l* shall pass over armed before your brethren the children of Israel, all *that are δ* meet for the war.

19 But your wives, and your little ones, and your cattle, (*for* I know that ye have much cattle,) shall abide in your cities which I have given you ;

20 Until the LORD have given rest unto your brethren, as well as unto you, and *until* they also possess the land which the LORD your God hath given them beyond Jordan : and *then r* shall ye return every man unto his possession which I have given you.

21 And *t* I commanded Joshua at that time, saying, Thine eyes have seen all that the LORD your God hath done unto these two kings : so shall the LORD do unto all the kingdoms whither thou passest.

22 Ye shall not fear *u* them : for *v* the LORD your God he shall fight for you.

23 And I besought the LORD at that time, saying,

24 O Lord GOD, thou hast begun to shew thy servant thy greatness, *x* and thy mighty hand : for what *y* God *is there* in heaven or in earth that can do according to thy works, and according to thy might ?

25 I pray thee, let me go over, and see the good *a* land that *is* beyond Jordan, that goodly mountain, and Lebanon.

26 But *b* the LORD was wroth with me for your sakes, and would not hear me : and the LORD said unto me, Let it suffice thee ; speak no more unto me of this matter.

27 Get thee up into the top of *ζ* Pisgah, and lift up thine eyes westward, and northward, and southward, and eastward, and behold it with thine eyes : for thou shalt not go over this Jordan.

28 But *g* charge Joshua, and encourage him, and strengthen him : for he shall go over before this people, and he shall cause them to inherit the land which thou shalt see.

29 So we abode in the valley over against Beth-peor *k*

CHAP. IV.

NOW therefore hearken, O Israel, unto the statutes *m* and unto the judgments which I teach you, for to do *n* them, that ye may live, and go in and possess the land which the LORD God of your fathers giveth you.

2 Ye *p* shall not add unto the word which I command you, neither shall ye diminish

הָעָם הַזֶּה וְהוּא יַנְחִיל אוֹתָם אֶת־הָאָרֶץ אֲשֶׁר
29 תִּרְאֶה׃ וַיֵּשֶׁב בַּגַּיְא מוּל בֵּית פְּעוֹר׃ פ

CAP. IV. ד

1 וְעַתָּה יִשְׂרָאֵל שְׁמַע אֶל־הַחֻקִּים וְאֶל־הַמִּשְׁפָּטִים
אֲשֶׁר אָנֹכִי מְלַמֵּד אֶתְכֶם לַעֲשׂוֹת לְמַעַן תִּחְיוּ
וּבָאתֶם וִירִשְׁתֶּם אֶת־הָאָרֶץ אֲשֶׁר יְהוָה אֱלֹהֵי
2 אֲבֹתֵיכֶם נֹתֵן לָכֶם׃ לֹא תֹסִפוּ עַל־הַדָּבָר אֲשֶׁר
אָנֹכִי מְצַוֶּה אֶתְכֶם וְלֹא תִגְרְעוּ מִמֶּנּוּ לִשְׁמֹר אֶת־
מִצְוֺת יְהוָה אֱלֹהֵיכֶם אֲשֶׁר אָנֹכִי מְצַוֶּה אֶתְכֶם׃
3 עֵינֵיכֶם הָרֹאֹת אֵת אֲשֶׁר־עָשָׂה יְהוָה בְּבַעַל פְּעוֹר
כִּי כָל־הָאִישׁ אֲשֶׁר הָלַךְ אַחֲרֵי בַעַל־פְּעוֹר הִשְׁמִידוֹ
4 יְהוָה אֱלֹהֶיךָ מִקִּרְבֶּךָ׃ וְאַתֶּם הַדְּבֵקִים בַּיהוָה
5 אֱלֹהֵיכֶם חַיִּים כֻּלְּכֶם הַיּוֹם׃ רְאֵה לִמַּדְתִּי
אֶתְכֶם חֻקִּים וּמִשְׁפָּטִים כַּאֲשֶׁר צִוַּנִי יְהוָה אֱלֹהָי
לַעֲשׂוֹת כֵּן בְּקֶרֶב הָאָרֶץ אֲשֶׁר אַתֶּם בָּאִים שָׁמָּה
6 לְרִשְׁתָּהּ׃ וּשְׁמַרְתֶּם וַעֲשִׂיתֶם כִּי הִוא חָכְמַתְכֶם
וּבִינַתְכֶם לְעֵינֵי הָעַמִּים אֲשֶׁר יִשְׁמְעוּן אֵת כָּל־
הַחֻקִּים הָאֵלֶּה וְאָמְרוּ רַק עַם־חָכָם וְנָבוֹן הַגּוֹי
7 הַגָּדוֹל הַזֶּה׃ כִּי מִי־גוֹי גָּדוֹל אֲשֶׁר־לוֹ אֱלֹהִים
8 קְרֹבִים אֵלָיו כַּיהוָה אֱלֹהֵינוּ בְּכָל־קָרְאֵנוּ אֵלָיו׃ וּמִי
גּוֹי גָּדוֹל אֲשֶׁר־לוֹ חֻקִּים וּמִשְׁפָּטִים צַדִּיקִם כְּכֹל
9 הַתּוֹרָה הַזֹּאת אֲשֶׁר אָנֹכִי נֹתֵן לִפְנֵיכֶם הַיּוֹם׃ רַק
הִשָּׁמֶר לְךָ וּשְׁמֹר נַפְשְׁךָ מְאֹד פֶּן־תִּשְׁכַּח אֶת־
הַדְּבָרִים אֲשֶׁר־רָאוּ עֵינֶיךָ וּפֶן־יָסוּרוּ מִלְּבָבְךָ כֹּל יְמֵי
10 חַיֶּיךָ וְהוֹדַעְתָּם לְבָנֶיךָ וְלִבְנֵי בָנֶיךָ׃ יוֹם אֲשֶׁר
עָמַדְתָּ לִפְנֵי יְהוָה אֱלֹהֶיךָ בְּחֹרֵב בֶּאֱמֹר יְהוָה אֵלַי
הַקְהֶל־לִי אֶת־הָעָם וְאַשְׁמִעֵם אֶת־דְּבָרָי אֲשֶׁר
יִלְמְדוּן לְיִרְאָה אֹתִי כָּל־הַיָּמִים אֲשֶׁר הֵם חַיִּים
11 עַל־הָאֲדָמָה וְאֶת־בְּנֵיהֶם יְלַמֵּדוּן׃ וַתִּקְרְבוּן
וַתַּעַמְדוּן תַּחַת הָהָר וְהָהָר בֹּעֵר בָּאֵשׁ עַד־לֵב
12 הַשָּׁמַיִם חֹשֶׁךְ עָנָן וַעֲרָפֶל׃ וַיְדַבֵּר יְהוָה אֲלֵיכֶם
מִתּוֹךְ הָאֵשׁ קוֹל דְּבָרִים אַתֶּם שֹׁמְעִים וּתְמוּנָה
13 אֵינְכֶם רֹאִים זוּלָתִי קוֹל׃ וַיַּגֵּד לָכֶם אֶת־בְּרִיתוֹ
אֲשֶׁר צִוָּה אֶתְכֶם לַעֲשׂוֹת עֲשֶׂרֶת הַדְּבָרִים וַיִּכְתְּבֵם
14 עַל־שְׁנֵי לֻחוֹת אֲבָנִים׃ וְאֹתִי צִוָּה יְהוָה בָּעֵת
הַהִוא לְלַמֵּד אֶתְכֶם חֻקִּים וּמִשְׁפָּטִים לַעֲשֹׂתְכֶם
אֹתָם בָּאָרֶץ אֲשֶׁר אַתֶּם עֹבְרִים שָׁמָּה לְרִשְׁתָּהּ׃
15 וְנִשְׁמַרְתֶּם מְאֹד לְנַפְשֹׁתֵיכֶם כִּי לֹא רְאִיתֶם כָּל־

16 תְּמוּנָה בְּיוֹם דִּבֶּר יְהוָה אֲלֵיכֶם בְּחֹרֵב מִתּוֹךְ
הָאֵשׁ׃ פֶּן־תַּשְׁחִתוּן וַעֲשִׂיתֶם לָכֶם פֶּסֶל תְּמוּנַת
17 כָּל־סָמֶל תַּבְנִית זָכָר אוֹ נְקֵבָה׃ תַּבְנִית כָּל־בְּהֵמָה
אֲשֶׁר בָּאָרֶץ תַּבְנִית כָּל־צִפּוֹר כָּנָף אֲשֶׁר תָּעוּף
18 בַּשָּׁמָיִם׃ תַּבְנִית כָּל־רֹמֵשׂ בָּאֲדָמָה תַּבְנִית כָּל־
19 דָּגָה אֲשֶׁר־בַּמַּיִם מִתַּחַת לָאָרֶץ׃ וּפֶן־תִּשָּׂא
עֵינֶיךָ הַשָּׁמַיְמָה וְרָאִיתָ אֶת־הַשֶּׁמֶשׁ וְאֶת־הַיָּרֵחַ
וְאֶת־הַכּוֹכָבִים כֹּל צְבָא הַשָּׁמַיִם וְנִדַּחְתָּ
וְהִשְׁתַּחֲוִיתָ לָהֶם וַעֲבַדְתָּם אֲשֶׁר חָלַק יְהוָה אֱלֹהֶיךָ
20 אֹתָם לְכֹל הָעַמִּים תַּחַת כָּל־הַשָּׁמָיִם׃ וְאֶתְכֶם
לָקַח יְהוָה וַיּוֹצִא אֶתְכֶם מִכּוּר הַבַּרְזֶל מִמִּצְרָיִם
21 לִהְיוֹת לוֹ לְעַם נַחֲלָה כַּיּוֹם הַזֶּה׃ וַיהוָה
הִתְאַנֶּף־בִּי עַל־דִּבְרֵיכֶם וַיִּשָּׁבַע לְבִלְתִּי עָבְרִי אֶת־
הַיַּרְדֵּן וּלְבִלְתִּי־בֹא אֶל־הָאָרֶץ הַטּוֹבָה אֲשֶׁר יְהוָה
22 אֱלֹהֶיךָ נֹתֵן לְךָ נַחֲלָה׃ כִּי אָנֹכִי מֵת בָּאָרֶץ
הַזֹּאת אֵינֶנִּי עֹבֵר אֶת־הַיַּרְדֵּן וְאַתֶּם עֹבְרִים
23 וִירִשְׁתֶּם אֶת־הָאָרֶץ הַטּוֹבָה הַזֹּאת׃ הִשָּׁמְרוּ
לָכֶם פֶּן־תִּשְׁכְּחוּ אֶת־בְּרִית יְהוָה אֱלֹהֵיכֶם אֲשֶׁר
כָּרַת עִמָּכֶם וַעֲשִׂיתֶם לָכֶם פֶּסֶל תְּמוּנַת כֹּל אֲשֶׁר
24 צִוְּךָ יְהוָה אֱלֹהֶיךָ׃ כִּי יְהוָה אֱלֹהֶיךָ אֵשׁ אֹכְלָה
הוּא אֵל קַנָּא׃ פ
25 כִּי־תוֹלִיד בָּנִים וּבְנֵי בָנִים וְנוֹשַׁנְתֶּם בָּאָרֶץ
וְהִשְׁחַתֶּם וַעֲשִׂיתֶם פֶּסֶל תְּמוּנַת כֹּל וַעֲשִׂיתֶם הָרַע
26 בְּעֵינֵי יְהוָה־אֱלֹהֶיךָ לְהַכְעִיסוֹ׃ הַעִידֹתִי בָכֶם
הַיּוֹם אֶת־הַשָּׁמַיִם וְאֶת־הָאָרֶץ כִּי־אָבֹד תֹּאבֵדוּן
מַהֵר מֵעַל הָאָרֶץ אֲשֶׁר אַתֶּם עֹבְרִים אֶת־הַיַּרְדֵּן
שָׁמָּה לְרִשְׁתָּהּ לֹא־תַאֲרִיכֻן יָמִים עָלֶיהָ כִּי הִשָּׁמֵד
27 תִּשָּׁמֵדוּן׃ וְהֵפִיץ יְהוָה אֶתְכֶם בָּעַמִּים וְנִשְׁאַרְתֶּם
מְתֵי מִסְפָּר בַּגּוֹיִם אֲשֶׁר יְנַהֵג יְהוָה אֶתְכֶם שָׁמָּה׃
28 וַעֲבַדְתֶּם־שָׁם אֱלֹהִים מַעֲשֵׂה יְדֵי אָדָם עֵץ וָאֶבֶן
אֲשֶׁר לֹא־יִרְאוּן וְלֹא יִשְׁמְעוּן וְלֹא יֹאכְלוּן וְלֹא
29 יְרִיחֻן׃ וּבִקַּשְׁתֶּם מִשָּׁם אֶת־יְהוָה אֱלֹהֶיךָ וּמָצָאתָ
30 כִּי תִדְרְשֶׁנּוּ בְּכָל־לְבָבְךָ וּבְכָל־נַפְשֶׁךָ׃ בַּצַּר לְךָ
וּמְצָאוּךָ כֹּל הַדְּבָרִים הָאֵלֶּה בְּאַחֲרִית הַיָּמִים
31 וְשַׁבְתָּ עַד־יְהוָה אֱלֹהֶיךָ וְשָׁמַעְתָּ בְּקֹלוֹ׃ כִּי אֵל
רַחוּם יְהוָה אֱלֹהֶיךָ לֹא יַרְפְּךָ וְלֹא יַשְׁחִיתֶךָ וְלֹא
יִשְׁכַּח אֶת־בְּרִית אֲבֹתֶיךָ אֲשֶׁר נִשְׁבַּע לָהֶם׃ כִּי 32
שְׁאַל־נָא לְיָמִים רִאשֹׁנִים אֲשֶׁר־הָיוּ לְפָנֶיךָ לְמִן־

ought from it, that ye may keep the commandments of the LORD your God which I command you.

3 Your eyes have seen what the LORD did because [b] of Baal-peor: for all [c] the men that followed Baal-peor, the LORD thy God hath destroyed them from among you.

4 But ye that did cleave [f] unto the LORD your God *are* alive every one of you this day.

5 Behold, I [g] have taught you statutes and judgments, even as the LORD my God commanded me, that ye should do so in the land whither ye go to possess it.

6 Keep, therefore, and do *them:* for this *is* your wisdom [i] and your understanding in the sight of the nations, which shall hear all these statutes, and say, Surely [j] this great nation *is* a wise and understanding people.

7 For [k] what nation *is there so* great, who *hath* God *so* nigh unto them, as the LORD our God *is* in all *things that* we call upon him *for?*

8 And [n] what nation *is there so* great, that hath statutes and judgments *so* righteous as all this law, which I set before you this day?

9 Only take heed to thyself, and [o] keep thy soul diligently, lest [q] thou forget the things which thine eyes have seen, and lest they depart from thy heart all the days of thy life; but teach [s] them thy sons, and thy sons' sons;

10 *Specially* the day [t] that thou stoodest before the LORD thy God in Horeb, when the LORD said unto me, Gather me the people together, and I will make them hear my words, that they may learn to fear [v] me all the days that they shall live upon the earth, and *that* they may teach their children.

11 And ye came near and stood under the mountain; and the mountain burned with fire unto the β midst of heaven, with darkness, clouds, and thick darkness.

12 And the LORD spake unto you out of the midst of the fire: ye heard the voice of the words, but saw no similitude; only δ *ye heard* a voice. [a]

13 And he declared unto you his covenant, which he commanded you to perform, *even* [c] ten commandments; and he [d] wrote them upon two tables of stone.

14 And [e] the LORD commanded me at that time to teach you statutes and judgments, that ye might do them in the land whither ye go over to possess it.

15 Take [g] ye therefore good heed unto yourselves, (for ye saw no manner of similitude [h] on the day *that* the LORD spake unto you in Horeb out of the midst of the fire:)

16 Lest ye corrupt [k] *yourselves,* and make you a graven image, the similitude of any figure, the likeness [l] of male or female,

17 The likeness of any [o] beast that *is* on the earth, the likeness of any winged fowl that flieth in the air,

18 The likeness of any thing that creepeth on the ground, the likeness of any fish that *is* in the waters beneath the earth:

19 And lest thou lift [s] up thine eyes unto heaven, and when thou seest the sun, and the moon, and the stars, *even* all the host of heaven, shouldest be driven to worship [u] them, and serve them, which the LORD thy God hath ζ divided unto

---

B. C. 1451.

a 1 Ki. 8. 51.
  Je. 11. 4.
b Nu.25. 1..9.
  Ps.106.28,29
c Nu. 26. 64.
d ch. 9. 29.
  32. 9.
  Ep. 1. 18.
e Nu. 20. 12.
f Jos. 23. 8.
  Ac. 11. 23.
g Pr.22.19,20.
h ver. 15, 16.
i Job 28, 28.
  Ps. 19. 7.
  111. 10.
j Ps. 1. 7.
  Ps. 119. 99.
k 2 Sa. 7. 23.
l ch. 9. 3.
  He. 12. 29.
m Ex. 20. 5.
  Na. 1. 2.
  Zep. 3. 8.
nPs.147.19,20
o Pr. 4. 23.
p 2 Ki. 17.17,
   &c.
  1 Co. 10. 22.
q Pr. 3. 1.
  4. 21.
r ch.30.18,19.
  Is. 1. 2.
  Mi. 6. 2.
s ch. 6. 7.
  11. 19.
  Ps. 78. 5..7.
  Ep. 6. 4.
t Ex. XIX.
   XX.
u ch.28.62..64
  Le. 26. 33.
  Ne. 1. 8, 9.
v Ec. 12. 13.
w Je. 16. 13.
x Le.26.39,40
  Je. 3.12..14.
β *heart.*
y Joel 2. 12.
γ *have found thee.*
z Je. 23. 20.
δ *save a voice.*
a 1 Ki. 19. 12.
  Is. 30. 21.
b Ps. 116. 5.
  Jon. 4. 2
c Ex. 34. 28.
d Ex. 31. 18.
e Ex.XXI.&c
f Job 8. 8.
g Jos. 23. 11.
  Ps. 119. 9.
h Is. 40. 18.
i Ex.19.18,19.
k Ex. 32. 7.
l Ex. 20. 4, 5.
m ch. 29. 3.
n Ex. 7. 3.
o Ro. 1. 23.
p Ex. 13. 3.
q Ex. 6. 6.
r ch. 34. 12.
s Job31.26,27.
t He. 12. 25.
u ch. 17. 3.
  2 Ki. 17. 16.
ζ or, *imparted.*

---

all nations under the whole heaven.

20 But the LORD hath taken you, and brought you forth out of the [a] iron furnace, *even* out of Egypt, to be unto him a people of inheritance, [d] as *ye are* this day.

21 Furthermore [e] the LORD was angry with me for your sakes, and sware that I should not go over Jordan, and that I should not go in unto that good land which the LORD thy God giveth thee *for* an inheritance:

22 But I must die in this land, I must not go over Jordan: but ye shall go over and possess that good land.

23 Take heed [h] unto yourselves, lest ye forget the covenant of the LORD your God, which he made with you, and make you a graven image, *or* the likeness of any *thing,* which the LORD thy God hath forbidden thee.

24 For the LORD thy God *is* a consuming fire, [l] *even* a jealous [m] God.

25 When thou shalt beget children, and children's children, and ye shall have remained long in the land, and shall corrupt *yourselves,* and make a graven image, *or* the likeness of any *thing,* and shall do evil in the sight of the LORD thy God, to provoke [p] him to anger;

26 I [r] call heaven and earth to witness against you this day, that ye shall soon utterly perish from off the land whereunto ye go over Jordan to possess it; ye shall not prolong *your* days upon it, but shall utterly be destroyed.

27 And the LORD shall [u] scatter you among the nations, and ye shall be left few in number among the heathen, whither the LORD shall lead you.

28 And [w] there ye shall serve gods, the work of men's hands, wood & stone, which neither see, nor hear, nor eat, nor smell.

29 But [x] if from thence thou shalt seek the LORD thy God, thou shalt find *him,* if thou seek him with all [y] thy heart and with all thy soul.

30 When thou art in tribulation, and all these things γ are come upon thee, *even* in y [e] latter [z] days, if thou turn to y [e] LORD thy God, and shalt be obedient unto his voice;

31 (For the LORD thy God *is* a [b] merciful God,) he will not forsake thee, neither destroy thee, nor forget the covenant of thy fathers, which he sware unto them.

32 For [f] ask now of the days that are past, which were before thee, since the day that God created man upon the earth, and *ask* from the one side of heaven unto the other, whether there hath been *any such thing* as this great thing *is,* or hath been heard likeit?

33 Did *ever* people hear the voice of God speaking out of the midst of the fire, [i] as thou hast heard, and live?

34 Or hath God assayed to go *and* take him a nation from the midst of *another* nation, by temptations, [m] by signs, [n] and by wonders, and by war, and by a mighty [p] hand, and by a stretched-out [q] arm, and by great terrors, [r] according to all that the LORD your God did for you in Egypt before your eyes?

35 Unto thee it was shewed, that thou mightest know that the LORD he *is* God; *there is* none else beside him.

36 Out of heaven [t] he made thee to hear his voice, that he might instruct thee: and upon earth he shewed thee his great fire; and thou heardest his words

הַיּוֹם אֲשֶׁר בָּרָא אֱלֹהִים ׀ אָדָם עַל־הָאָרֶץ וּלְמִקְצֵה
הַשָּׁמַיִם וְעַד־קְצֵה הַשָּׁמָיִם הֲנִהְיָה כַּדָּבָר הַגָּדוֹל
33 הַזֶּה אוֹ הֲנִשְׁמַע כָּמֹהוּ ׃ הֲשָׁמַע עָם קוֹל אֱלֹהִים
מְדַבֵּר מִתּוֹךְ־הָאֵשׁ כַּאֲשֶׁר־שָׁמַעְתָּ אַתָּה וַיֶּחִי ׃
34 אוֹ ׀ הֲנִסָּה אֱלֹהִים לָבוֹא לָקַחַת לוֹ גוֹי מִקֶּרֶב
גּוֹי בְּמַסֹּת בְּאֹתֹת וּבְמוֹפְתִים וּבְמִלְחָמָה וּבְיָד
חֲזָקָה וּבִזְרוֹעַ נְטוּיָה וּבְמוֹרָאִים גְּדֹלִים כְּכֹל אֲשֶׁר־
עָשָׂה לָכֶם יְהוָה אֱלֹהֵיכֶם בְּמִצְרַיִם לְעֵינֶיךָ ׃
35 אַתָּה הָרְאֵתָ לָדַעַת כִּי יְהוָה הוּא הָאֱלֹהִים אֵין עוֹד
36 מִלְבַדּוֹ ׃ מִן־הַשָּׁמַיִם הִשְׁמִיעֲךָ אֶת־קֹלוֹ לְיַסְּרֶךָּ
וְעַל־הָאָרֶץ הֶרְאֲךָ אֶת־אִשּׁוֹ הַגְּדוֹלָה וּדְבָרָיו
37 שָׁמַעְתָּ מִתּוֹךְ הָאֵשׁ ׃ וְתַחַת כִּי אָהַב אֶת־
אֲבֹתֶיךָ וַיִּבְחַר בְּזַרְעוֹ אַחֲרָיו וַיּוֹצִאֲךָ בְּפָנָיו בְּכֹחוֹ
38 הַגָּדֹל מִמִּצְרָיִם ׃ לְהוֹרִישׁ גּוֹיִם גְּדֹלִים וַעֲצֻמִים
מִמְּךָ מִפָּנֶיךָ לַהֲבִיאֲךָ לָתֶת־לְךָ אֶת־אַרְצָם נַחֲלָה
39 כַּיּוֹם הַזֶּה ׃ וְיָדַעְתָּ הַיּוֹם וַהֲשֵׁבֹתָ אֶל־לְבָבֶךָ כִּי
יְהוָה הוּא הָאֱלֹהִים בַּשָּׁמַיִם מִמַּעַל וְעַל־הָאָרֶץ
40 מִתָּחַת אֵין עוֹד ׃ וְשָׁמַרְתָּ אֶת־חֻקָּיו וְאֶת־מִצְוֹתָיו
אֲשֶׁר אָנֹכִי מְצַוְּךָ הַיּוֹם אֲשֶׁר יִיטַב לְךָ וּלְבָנֶיךָ
אַחֲרֶיךָ וּלְמַעַן תַּאֲרִיךְ יָמִים עַל־הָאֲדָמָה אֲשֶׁר
יְהוָה אֱלֹהֶיךָ נֹתֵן לְךָ כָּל־הַיָּמִים ׃ פ
41 אָז יַבְדִּיל מֹשֶׁה שָׁלֹשׁ עָרִים בְּעֵבֶר הַיַּרְדֵּן מִזְרְחָה
42 שָׁמֶשׁ ׃ לָנֻס שָׁמָּה רוֹצֵחַ אֲשֶׁר יִרְצַח אֶת־רֵעֵהוּ
בִּבְלִי־דַעַת וְהוּא לֹא־שֹׂנֵא לוֹ מִתְּמֹל שִׁלְשֹׁם וְנָס
43 אֶל־אַחַת מִן־הֶעָרִים הָאֵל וָחָי ׃ אֶת־בֶּצֶר בַּמִּדְבָּר
בְּאֶרֶץ הַמִּישֹׁר לָראוּבֵנִי וְאֶת־רָאמֹת בַּגִּלְעָד לַגָּדִי
44 וְאֶת־גּוֹלָן בַּבָּשָׁן לַמְנַשִּׁי ׃ וְזֹאת הַתּוֹרָה אֲשֶׁר־
45 שָׂם מֹשֶׁה לִפְנֵי בְּנֵי יִשְׂרָאֵל ׃ אֵלֶּה הָעֵדֹת
וְהַחֻקִּים וְהַמִּשְׁפָּטִים אֲשֶׁר דִּבֶּר מֹשֶׁה אֶל־בְּנֵי
46 יִשְׂרָאֵל בְּצֵאתָם מִמִּצְרָיִם ׃ בְּעֵבֶר הַיַּרְדֵּן בַּגַּיְא
מוּל בֵּית פְּעוֹר בְּאֶרֶץ סִיחֹן מֶלֶךְ הָאֱמֹרִי אֲשֶׁר
יוֹשֵׁב בְּחֶשְׁבּוֹן אֲשֶׁר הִכָּה מֹשֶׁה וּבְנֵי יִשְׂרָאֵל
47 בְּצֵאתָם מִמִּצְרָיִם ׃ וַיִּירְשׁוּ אֶת־אַרְצוֹ וְאֶת־
אֶרֶץ ׀ עוֹג מֶלֶךְ־הַבָּשָׁן שְׁנֵי מַלְכֵי הָאֱמֹרִי אֲשֶׁר
48 בְּעֵבֶר הַיַּרְדֵּן מִזְרַח שָׁמֶשׁ ׃ מֵעֲרֹעֵר אֲשֶׁר עַל־
שְׂפַת־נַחַל אַרְנֹן וְעַד־הַר שִׂיאֹן הוּא חֶרְמוֹן ׃ וְכָל־
49 הָעֲרָבָה עֵבֶר הַיַּרְדֵּן מִזְרָחָה וְעַד יָם הָעֲרָבָה תַּחַת
אַשְׁדֹּת הַפִּסְגָּה ׃ פ

CAP. V. ה

1 וַיִּקְרָא מֹשֶׁה אֶל־כָּל־יִשְׂרָאֵל וַיֹּאמֶר אֲלֵהֶם שְׁמַע
יִשְׂרָאֵל אֶת־הַחֻקִּים וְאֶת־הַמִּשְׁפָּטִים אֲשֶׁר אָנֹכִי
דֹּבֵר בְּאָזְנֵיכֶם הַיּוֹם וּלְמַדְתֶּם אֹתָם וּשְׁמַרְתֶּם
2 לַעֲשֹׂתָם ׃ יְהוָה אֱלֹהֵינוּ כָּרַת עִמָּנוּ בְּרִית בְּחֹרֵב ׃
3 לֹא אֶת־אֲבֹתֵינוּ כָּרַת יְהוָה אֶת־הַבְּרִית הַזֹּאת כִּי
4 אִתָּנוּ אֲנַחְנוּ אֵלֶּה פֹה הַיּוֹם כֻּלָּנוּ חַיִּים ׃ פָּנִים
בְּפָנִים דִּבֶּר יְהוָה עִמָּכֶם בָּהָר מִתּוֹךְ הָאֵשׁ ׃
5 אָנֹכִי עֹמֵד בֵּין־יְהוָה וּבֵינֵיכֶם בָּעֵת הַהִוא לְהַגִּיד
לָכֶם אֶת־דְּבַר יְהוָה כִּי יְרֵאתֶם מִפְּנֵי הָאֵשׁ וְלֹא־
6 עֲלִיתֶם בָּהָר לֵאמֹר ׃ ס אָנֹכִי יְהוָה אֱלֹהֶיךָ
אֲשֶׁר הוֹצֵאתִיךָ מֵאֶרֶץ מִצְרַיִם מִבֵּית עֲבָדִים ׃
7 לֹא־יִהְיֶה לְךָ אֱלֹהִים אֲחֵרִים עַל־פָּנָי ׃ לֹא־תַעֲשֶׂה
8 לְךָ ׀ פֶסֶל כָּל־תְּמוּנָה אֲשֶׁר בַּשָּׁמַיִם מִמַּעַל וַאֲשֶׁר
בָּאָרֶץ מִתָּחַת וַאֲשֶׁר בַּמַּיִם מִתַּחַת לָאָרֶץ ׃
9 לֹא־תִשְׁתַּחֲוֶה לָהֶם וְלֹא תָעָבְדֵם כִּי אָנֹכִי יְהוָה
אֱלֹהֶיךָ אֵל קַנָּא פֹּקֵד עֲוֹן אָבוֹת עַל־בָּנִים וְעַל־
10 שִׁלֵּשִׁים וְעַל־רִבֵּעִים לְשֹׂנְאָי ׃ וְעֹשֶׂה חֶסֶד לַאֲלָפִים
11 לְאֹהֲבַי וּלְשֹׁמְרֵי מִצְוֹתָי ׃ ס לֹא תִשָּׂא אֶת־
שֵׁם־יְהוָה אֱלֹהֶיךָ לַשָּׁוְא כִּי לֹא יְנַקֶּה יְהוָה אֵת
12 אֲשֶׁר־יִשָּׂא אֶת־שְׁמוֹ לַשָּׁוְא ׃ ס שָׁמוֹר אֶת־
יוֹם הַשַּׁבָּת לְקַדְּשׁוֹ כַּאֲשֶׁר צִוְּךָ יְהוָה אֱלֹהֶיךָ ׃
13,14 שֵׁשֶׁת יָמִים תַּעֲבֹד וְעָשִׂיתָ כָּל־מְלַאכְתֶּךָ ׃ וְיוֹם
הַשְּׁבִיעִי שַׁבָּת לַיהוָה אֱלֹהֶיךָ לֹא תַעֲשֶׂה כָל־
מְלָאכָה אַתָּה וּבִנְךָ־וּבִתֶּךָ וְעַבְדְּךָ־וַאֲמָתֶךָ וְשׁוֹרְךָ
וַחֲמֹרְךָ וְכָל־בְּהֶמְתֶּךָ וְגֵרְךָ אֲשֶׁר בִּשְׁעָרֶיךָ לְמַעַן
15 יָנוּחַ עַבְדְּךָ וַאֲמָתְךָ כָּמוֹךָ ׃ וְזָכַרְתָּ כִּי־עֶבֶד
הָיִיתָ ׀ בְּאֶרֶץ מִצְרַיִם וַיֹּצִאֲךָ יְהוָה אֱלֹהֶיךָ מִשָּׁם
בְּיָד חֲזָקָה וּבִזְרֹעַ נְטוּיָה עַל־כֵּן צִוְּךָ יְהוָה אֱלֹהֶיךָ
16 לַעֲשׂוֹת אֶת־יוֹם הַשַּׁבָּת ׃ ס כַּבֵּד אֶת־אָבִיךָ
וְאֶת־אִמֶּךָ כַּאֲשֶׁר צִוְּךָ יְהוָה אֱלֹהֶיךָ לְמַעַן ׀
יַאֲרִיכֻן יָמֶיךָ וּלְמַעַן יִיטַב לָךְ עַל הָאֲדָמָה אֲשֶׁר־
17 יְהוָה אֱלֹהֶיךָ נֹתֵן לָךְ ׃ ס לֹא תִּרְצָח ׃ ס
18,19 וְלֹא תִּנְאָף ׃ ס וְלֹא תִּגְנֹב ׃ ס
20 וְלֹא־תַעֲנֶה בְרֵעֲךָ עֵד שָׁוְא ׃ ס וְלֹא תַחְמֹד אֵשֶׁת
21 רֵעֶךָ ׃ ס וְלֹא תִתְאַוֶּה בֵּית רֵעֶךָ שָׂדֵהוּ וְעַבְדּוֹ
וַאֲמָתוֹ שׁוֹרוֹ וַחֲמֹרוֹ וְכֹל אֲשֶׁר לְרֵעֶךָ ׃
22 אֶת־הַדְּבָרִים הָאֵלֶּה דִּבֶּר יְהוָה אֶל־כָּל־ ס

out of the midst of the fire.

37 And because he[b] loved thy fathers, therefore he chose their seed after them, and brought thee out in his sight with his[c] mighty power out of Egypt;

38 To drive out nations from before thee greater[d] and mightier than thou *art*, to bring thee in, to give thee their land *for* an inheritance, as *it is* this day.

39 Know therefore this day, and consider[g] *it* in thine heart, that[h] the LORD he *is* God in heaven above, and upon the earth beneath: *there is* none else.

40 Thou[i] shalt keep therefore his statutes, and his commandments, which I command thee this day, that it may go well[l] with thee, and with thy children after thee, and that thou mayest prolong *thy* days upon the earth, which the LORD thy God giveth thee, for ever.

41 Then Moses severed three cities on this side Jordan toward the sun-rising;

42 That[o] the slayer might flee thither, which should kill his neighbour unawares, and hated him not in times past; and that fleeing unto one of these cities he might live:

43 *Namely*, Bezer[p] in the wilderness, in the plain country, of the Reubenites; and Ramoth in Gilead, of the Gadites; and Golan in Bashan, of the Manassites.

44 And this *is* the law which Moses set before the children of Israel:

45 These *are* the testimonies,[s] and the statutes,[t] and the judgments,[u] which Moses spake unto the children of Israel, after they came forth out of Egypt,

46 On this side Jordan, in the[w] valley over against Beth-peor, in the land of Sihon king of the Amorites, who dwelt at Heshbon, whom Moses and the children of Israel smote,[y] after they were come forth out of Egypt:

47 And they possessed his land, and the land of Og king of Bashan, two kings of the Amorites, which *were* on this side Jordan toward the sun-rising;

48 From Aroer,[d] which *is* by the bank of the river Arnon, even unto mount Sion, which *is* Hermon,[f]

49 And all the plain on this side Jordan eastward, even unto the sea of the plain, under the springs[g] of Pisgah.

CHAP. V.

AND Moses called all Israel, and said unto them, Hear, O Israel, the statutes and judgments which I speak in your ears this day, that ye may learn them, and [β] keep, and do them.

2 The LORD our God made a[k] covenant with us in Horeb.

3 The LORD made not this covenant with our fathers, but with us,[l] *even* us, who *are* all of us here alive this day.

4 The LORD[m] talked with you face to face in the mount, out of the midst of the fire,

5 (I[n] stood between the LORD and you at that time, to shew you the word of the LORD: for ye were afraid by reason of the fire, and went not up into the mount,) saying,

6 I[q] *am* the LORD thy God, which brought thee out of the land of Egypt, from the house of [δ] bondage.

7 Thou[r] shalt have none other gods before me.

B. C. 1451.

a ch. 4.15-19.
b ch. 10. 15.
  Je. 31. 3.
c Ex.13.3,9,14
d ch. 7. 1.
  9. 1, 2.
e Ex. 34. 14.
f Ex. 34. 7.
  Je. 32. 18.
  Da. 9. 4.,9.
  Mat. 23.35,
    36.
  Ro.11.28,29
g Is. 1. 3.
  Ho. 7. 2.
h Jos. 2. 11.
  1Ch. 29. 11.
i Le. 22. 31.
k Le. 19. 12.
  Ps. 139. 20.
  Ja. 5. 12.
l ch. 5. 16.
  Ep. 6. 3.
m Is. 58. 13.
  Eze. 20. 12.
n Ge. 2. 2.
  He. 4. 4.
o ch. 19. 4.
  Nu. 35. 11.
p Jos. 20. 8.
q Ex. 23. 12.
r ch. 15. 15.
  16. 12.
  24.18,22.
s Ps. 119. 2.
t Ps. 119. 5.
u Ps. 119. 7.
v Le. 19. 3.
  Mat.15.4..6.
  Ep. 6. 1..3.
w ch. 3. 29.
x ch. 4. 40.
y ch. 1. 4.
  Nu. 21. 24,
    &c.
z Mat.5.21,22.
a Pr. 6. 32, 33.
  Mat.5.27,28.
  Ja. 2. 11.
b Ro. 13. 9.
  Ep. 4. 28.
c Mal. 3. 5.
d ch. 2. 36.
e Hab. 2. 9.
  Lu. 12. 15.
  Ro. 7. 7.
  He. 13. 5.
f Ps. 133. 3.
g ch. 3. 17.
h Ex. 31. 18.
β *keep to do them.*
i Ex.20.18,19.
k Ex. 19. 5..8.
  He. 8. 9.
l ch.29.10..15.
m Ex.19.9,18,
    19.
  20.18..22.
n Ex. 24. 2, 3.
  Ga. 3. 19.
o ch. 4. 33.
  Ju. 13. 22.
p ch. 18. 16.
γ *add to hear*
q Ex.20.2..17.
  Ps. 81. 10.
δ *servants.*
r Mat. 4. 10.

8 Thou[a] shalt not make thee *any* graven image, *or* any likeness *of any thing* that *is* in heaven above, or that *is* in the earth beneath, or that *is* in the waters beneath the earth:

9 Thou shalt not bow down thyself unto them, nor serve them: for I the LORD thy God *am* a jealous[e] God, visiting[f] the iniquity of the fathers upon the children unto the third and fourth *generation* of them that hate me,

10 And shewing mercy unto thousands of them that love me, and keep my commandments.

11 Thou[k] shalt not take the name of the LORD thy God in vain: for the LORD will not hold *him* guiltless that taketh his name in vain.

12 Keep[m] the sabbath-day to sanctify it, as the LORD thy God hath commanded thee.

13 Six days thou shalt labour, and do all thy work;

14 But the seventh day *is* the[n] sabbath of the LORD thy God: *in it* thou shalt not do any work, thou, nor thy son, nor thy daughter, nor thy man-servant, nor thy maid-servant, nor thine ox, nor thine ass, nor any of thy cattle, nor the stranger that *is* within thy gates; that thy man-servant[q] and thy maid-servant may rest as well as thou.

15 And remember[r] that thou wast a servant in the land of Egypt, and *that* the LORD thy God brought thee out thence, through a mighty hand, and by a stretched-out arm: therefore the LORD thy God commanded thee to keep the sabbath-day.

16 Honour[u] thy father and thy mother, as the LORD thy God hath commanded thee; that thy days[x] may be prolonged, and that it may go well with thee, in the land which the LORD thy God giveth thee.

17 Thou shalt not[z] kill.

18 Neither shalt thou commit[a] adultery.

19 Neither shalt thou[b] steal.

20 Neither shalt thou bear false witness[c] against thy neighbour.

21 Neither shalt thou desire thy neighbour's wife, neither shalt thou covet[e] thy neighbour's house, his field, or his man-servant, or his maid-servant, his ox, or his ass, or any *thing* that *is* thy neighbour's.

22 These words the LORD spake unto all your assembly in the mount, out of the midst of the fire, of the cloud, and of the thick darkness, with a great voice; and he added no more: and he[h] wrote them in two tables of stone, and delivered them unto me.

23 And[i] it came to pass, when ye heard the voice out of the midst of the darkness, (for the mountain did burn with fire,) that ye came near unto me, *even* all the heads of your tribes, and your elders;

24 And ye said, Behold, the LORD our God hath shewed us his glory and his greatness, and we have heard his voice out of the midst of the fire: we have seen this day that God doth talk with man, and he[o] liveth.

25 Now[p] therefore why should we die? for this great fire will consume us: if we [γ] hear the voice of the LORD our God any more, then we shall die.

26 For who *is there of* all flesh that hath heard the voice of the living God speaking out of the midst of the fire, as we *have*, and lived?

127

וַיְהִ֗י כְּשׇׁמְעֲכֶ֤ם אֶת־הַקּוֹל֙ מִתּ֣וֹךְ הַחֹ֔שֶׁךְ 23
וְהָהָ֖ר בֹּעֵ֣ר בָּאֵ֑שׁ וַתִּקְרְב֣וּן אֵלַ֔י כׇּל־רָאשֵׁ֥י שִׁבְטֵיכֶ֖ם וְזִקְנֵיכֶֽם׃
וַתֹּאמְר֗וּ הֵ֣ן הֶרְאָ֜נוּ יְהֹוָ֤ה אֱלֹהֵ֙ינוּ֙ אֶת־ 24
כְּבֹד֣וֹ וְאֶת־גׇּדְל֔וֹ וְאֶת־קֹל֥וֹ שָׁמַ֖עְנוּ מִתּ֣וֹךְ הָאֵ֑שׁ
הַיּ֤וֹם הַזֶּה֙ רָאִ֔ינוּ כִּֽי־יְדַבֵּ֧ר אֱלֹהִ֛ים אֶת־הָֽאָדָ֖ם וָחָֽי׃
וְעַתָּה֙ לָ֣מָּה נָמ֔וּת כִּ֣י תֹֽאכְלֵ֔נוּ הָאֵ֥שׁ הַגְּדֹלָ֖ה הַזֹּ֑את 25
אִם־יֹסְפִ֣ים ׀ אֲנַ֗חְנוּ לִ֠שְׁמֹ֠עַ אֶת־ק֨וֹל יְהֹוָ֧ה אֱלֹהֵ֛ינוּ ע֖וֹד וָמָֽתְנוּ׃
כִּ֣י מִ֣י כׇל־בָּשָׂ֡ר אֲשֶׁ֣ר שָׁמַ֣ע קוֹל֩ 26
אֱלֹהִ֨ים חַיִּ֜ים מְדַבֵּ֧ר מִתּוֹךְ־הָאֵ֛שׁ כָּמֹ֖נוּ וַיֶּֽחִי׃
קְרַ֤ב אַתָּה֙ וּֽשְׁמָ֔ע אֵ֛ת כׇּל־אֲשֶׁ֥ר יֹאמַ֖ר יְהֹוָ֣ה אֱלֹהֵ֑ינוּ 27
וְאַ֣תְּ ׀ תְּדַבֵּ֣ר אֵלֵ֗ינוּ אֵת֩ כׇּל־אֲשֶׁ֨ר יְדַבֵּ֜ר יְהֹוָ֧ה אֱלֹהֵ֛ינוּ
אֵלֶ֖יךָ וְשָׁמַ֥עְנוּ וְעָשִֽׂינוּ׃ וַיִּשְׁמַ֤ע יְהֹוָה֙ אֶת־ק֣וֹל 28
דִּבְרֵיכֶ֔ם בְּדַבֶּרְכֶ֖ם אֵלָ֑י וַיֹּ֨אמֶר יְהֹוָ֜ה אֵלַ֗י שָׁ֠מַעְתִּי
אֶת־ק֨וֹל דִּבְרֵ֜י הָעָ֤ם הַזֶּה֙ אֲשֶׁ֣ר דִּבְּר֣וּ אֵלֶ֔יךָ הֵיטִ֖יבוּ
כׇּל־אֲשֶׁ֥ר דִּבֵּֽרוּ׃ מִֽי־יִתֵּ֡ן וְהָיָה֩ לְבָבָ֨ם זֶ֜ה לָהֶ֗ם 29
לְיִרְאָ֥ה אֹתִ֛י וְלִשְׁמֹ֥ר אֶת־כׇּל־מִצְוֺתַ֖י כׇּל־הַיָּמִ֑ים
לְמַ֨עַן יִיטַ֥ב לָהֶ֛ם וְלִבְנֵיהֶ֖ם לְעֹלָֽם׃ לֵ֖ךְ אֱמֹ֣ר לָהֶ֑ם 30
שׁ֥וּבוּ לָכֶ֖ם לְאׇהֳלֵיכֶֽם׃ וְאַתָּ֗ה פֹּה֮ עֲמֹ֣ד עִמָּדִי֒ 31
וַאֲדַבְּרָ֣ה אֵלֶ֗יךָ אֵ֧ת כׇּל־הַמִּצְוָ֛ה וְהַחֻקִּ֥ים
וְהַמִּשְׁפָּטִ֖ים אֲשֶׁ֣ר תְּלַמְּדֵ֑ם וְעָשׂ֣וּ בָאָ֔רֶץ אֲשֶׁ֧ר
אָנֹכִ֛י נֹתֵ֥ן לָהֶ֖ם לְרִשְׁתָּֽהּ׃ וּשְׁמַרְתֶּ֣ם לַעֲשׂ֔וֹת כַּאֲשֶׁ֥ר 32
צִוָּ֛ה יְהֹוָ֥ה אֱלֹהֵיכֶ֖ם אֶתְכֶ֑ם לֹ֥א תָסֻ֖רוּ יָמִ֥ין וּשְׂמֹֽאל׃
בְּכׇל־הַדֶּ֗רֶךְ אֲשֶׁ֨ר צִוָּ֜ה יְהֹוָ֧ה אֱלֹהֵיכֶ֛ם 33
אֶתְכֶ֖ם תֵּלֵ֑כוּ לְמַ֤עַן תִּֽחְיוּן֙ וְט֣וֹב לָכֶ֔ם וְהַאֲרַכְתֶּ֣ם
יָמִ֔ים בָּאָ֖רֶץ אֲשֶׁ֥ר תִּֽירָשֽׁוּן׃

CAP. VI. ו

וְזֹ֣את הַמִּצְוָ֗ה הַֽחֻקִּים֙ וְהַמִּשְׁפָּטִ֔ים אֲשֶׁ֥ר צִוָּ֛ה 1
יְהֹוָ֥ה אֱלֹהֵיכֶ֖ם לְלַמֵּ֣ד אֶתְכֶ֑ם לַעֲשׂ֣וֹת בָּאָ֔רֶץ אֲשֶׁ֛ר
אַתֶּ֥ם עֹבְרִ֥ים שָׁ֖מָּה לְרִשְׁתָּֽהּ׃ לְמַ֨עַן תִּירָ֜א אֶת־ 2
יְהֹוָ֣ה אֱלֹהֶ֗יךָ לִ֠שְׁמֹ֠ר אֶת־כׇּל־חֻקֹּתָ֣יו וּמִצְוֺתָיו֮ אֲשֶׁ֣ר
אָנֹכִ֣י מְצַוֶּךָ֒ אַתָּה֙ וּבִנְךָ֣ וּבֶן־בִּנְךָ֔ כֹּ֖ל יְמֵ֣י חַיֶּ֑יךָ
וּלְמַ֖עַן יַאֲרִכֻ֥ן יָמֶֽיךָ׃ וְשָׁמַעְתָּ֤ יִשְׂרָאֵל֙ וְשָׁמַרְתָּ֣ 3
לַעֲשׂ֔וֹת אֲשֶׁר֙ יִיטַ֣ב לְךָ֔ וַאֲשֶׁ֥ר תִּרְבּ֖וּן מְאֹ֑ד כַּאֲשֶׁר֩
דִּבֶּ֨ר יְהֹוָ֜ה אֱלֹהֵ֤י אֲבֹתֶ֙יךָ֙ לָ֔ךְ אֶ֛רֶץ זָבַ֥ת חָלָ֖ב
וּדְבָֽשׁ׃ ס

שְׁמַ֖ע יִשְׂרָאֵ֑ל יְהֹוָ֥ה אֱלֹהֵ֖ינוּ יְהֹוָ֥ה ׀ אֶחָֽד׃ 4/5   וְאָ֣הַבְתָּ֔

אֵ֖ת יְהֹוָ֣ה אֱלֹהֶ֑יךָ בְּכׇל־לְבָֽבְךָ֥ וּבְכׇל־נַפְשְׁךָ֖ 6
וּבְכׇל־מְאֹדֶֽךָ׃ וְהָי֞וּ הַדְּבָרִ֣ים הָאֵ֗לֶּה אֲשֶׁ֨ר אָנֹכִ֧י
מְצַוְּךָ֛ הַיּ֖וֹם עַל־לְבָבֶֽךָ׃ וְשִׁנַּנְתָּ֣ם לְבָנֶ֔יךָ וְדִבַּרְתָּ֖ 7
בָּ֑ם בְּשִׁבְתְּךָ֤ בְּבֵיתֶ֙ךָ֙ וּבְלֶכְתְּךָ֣ בַדֶּ֔רֶךְ וּֽבְשׇׁכְבְּךָ֖
וּבְקוּמֶֽךָ׃ וּקְשַׁרְתָּ֥ם לְא֖וֹת עַל־יָדֶ֑ךָ וְהָי֥וּ לְטֹטָפֹ֖ת 8
בֵּ֥ין עֵינֶֽיךָ׃ וּכְתַבְתָּ֛ם עַל־מְזֻז֥וֹת בֵּיתֶ֖ךָ וּבִשְׁעָרֶֽיךָ׃ ס 9
וְהָיָ֞ה כִּ֥י יְבִיאֲךָ֣ ׀ יְהֹוָ֣ה אֱלֹהֶ֗יךָ אֶל־הָאָ֜רֶץ אֲשֶׁ֨ר 10
נִשְׁבַּ֧ע לַאֲבֹתֶ֛יךָ לְאַבְרָהָ֛ם לְיִצְחָ֥ק וּֽלְיַעֲקֹ֖ב לָ֣תֶת
לָ֑ךְ עָרִ֛ים גְּדֹלֹ֥ת וְטֹבֹ֖ת אֲשֶׁ֥ר לֹא־בָנִֽיתָ׃ וּבָ֨תִּ֜ים 11
מְלֵאִ֣ים כׇּל־טוּב֮ אֲשֶׁ֣ר לֹא־מִלֵּ֒אתָ֒ וּבֹרֹ֤ת חֲצוּבִים֙
אֲשֶׁ֣ר לֹא־חָצַ֔בְתָּ כְּרָמִ֥ים וְזֵיתִ֖ים אֲשֶׁ֣ר לֹא־נָטָ֑עְתָּ
וְאָכַלְתָּ֖ וְשָׂבָֽעְתָּ׃ הִשָּׁ֣מֶר לְךָ֔ פֶּן־תִּשְׁכַּ֖ח אֶת־ 12
יְהֹוָ֑ה אֲשֶׁ֧ר הוֹצִֽיאֲךָ֛ מֵאֶ֥רֶץ מִצְרַ֖יִם מִבֵּ֥ית עֲבָדִֽים׃
אֶת־יְהֹוָ֧ה אֱלֹהֶ֛יךָ תִּירָ֖א וְאֹת֣וֹ תַעֲבֹ֑ד וּבִשְׁמ֖וֹ 13
תִּשָּׁבֵֽעַ׃ לֹ֣א תֵֽלְכ֔וּן אַחֲרֵ֖י אֱלֹהִ֣ים אֲחֵרִ֑ים 14
מֵאֱלֹהֵי֙ הָֽעַמִּ֔ים אֲשֶׁ֖ר סְבִיבֽוֹתֵיכֶֽם׃ כִּ֣י אֵ֥ל קַנָּ֛א 15
יְהֹוָ֥ה אֱלֹהֶ֖יךָ בְּקִרְבֶּ֑ךָ פֶּן־יֶ֠חֱרֶ֠ה אַף־יְהֹוָ֤ה אֱלֹהֶ֙יךָ֙
בָּ֔ךְ וְהִשְׁמִ֣ידְךָ֔ מֵעַ֖ל פְּנֵ֥י הָאֲדָמָֽה׃ ס לֹ֣א תְנַסּ֔וּ 16
אֶת־יְהֹוָ֖ה אֱלֹהֵיכֶ֑ם כַּאֲשֶׁ֥ר נִסִּיתֶ֖ם בַּמַּסָּֽה׃ שָׁמ֣וֹר 17
תִּשְׁמְר֔וּן אֶת־מִצְוֺ֖ת יְהֹוָ֣ה אֱלֹהֵיכֶ֑ם וְעֵדֹתָ֥יו וְחֻקָּ֖יו
אֲשֶׁ֥ר צִוָּֽךְ׃ וְעָשִׂ֛יתָ הַיָּשָׁ֥ר וְהַטּ֖וֹב בְּעֵינֵ֣י יְהֹוָ֑ה לְמַ֙עַן֙ 18
יִ֣יטַב לָ֔ךְ וּבָ֗אתָ וְיָֽרַשְׁתָּ֙ אֶת־הָאָ֣רֶץ הַטֹּבָ֔ה אֲשֶׁר־
נִשְׁבַּ֥ע יְהֹוָ֖ה לַאֲבֹתֶֽיךָ׃ לַהֲדֹ֥ף אֶת־כׇּל־אֹיְבֶ֖יךָ 19
מִפָּנֶ֑יךָ כַּאֲשֶׁ֖ר דִּבֶּ֥ר יְהֹוָֽה׃ ס כִּֽי־יִשְׁאָלְךָ֥ בִנְךָ֛ מָחָ֖ר לֵאמֹ֑ר 20
מָ֣ה הָעֵדֹ֗ת וְהַֽחֻקִּים֙ וְהַמִּשְׁפָּטִ֔ים אֲשֶׁ֥ר צִוָּ֛ה
יְהֹוָ֥ה אֱלֹהֵ֖ינוּ אֶתְכֶֽם׃ וְאָמַרְתָּ֣ לְבִנְךָ֔ עֲבָדִ֛ים 21
הָיִ֥ינוּ לְפַרְעֹ֖ה בְּמִצְרָ֑יִם וַיֹּצִיאֵ֧נוּ יְהֹוָ֛ה מִמִּצְרַ֖יִם
בְּיָ֥ד חֲזָקָֽה׃ וַיִּתֵּ֣ן יְהֹוָ֡ה אוֹתֹ֣ת וּ֠מֹפְתִ֠ים גְּדֹלִ֨ים 22
וְרָעִ֧ים ׀ בְּמִצְרַ֛יִם בְּפַרְעֹ֥ה וּבְכׇל־בֵּית֖וֹ לְעֵינֵֽינוּ׃
וְאוֹתָ֖נוּ הוֹצִ֣יא מִשָּׁ֑ם לְמַ֙עַן֙ הָבִ֣יא אֹתָ֔נוּ לָ֤תֶת לָ֙נוּ֙ 23
אֶת־הָאָ֔רֶץ אֲשֶׁ֥ר נִשְׁבַּ֖ע לַאֲבֹתֵֽינוּ׃ וַיְצַוֵּ֣נוּ יְהֹוָ֗ה 24
לַעֲשׂוֹת֙ אֶת־כׇּל־הַחֻקִּ֣ים הָאֵ֔לֶּה לְיִרְאָ֖ה אֶת־יְהֹוָ֣ה
אֱלֹהֵ֑ינוּ לְט֥וֹב לָ֙נוּ֙ כׇּל־הַיָּמִ֔ים לְחַיֹּתֵ֖נוּ כְּהַיּ֥וֹם הַזֶּֽה׃
וּצְדָקָ֖ה תִּֽהְיֶה־לָּ֑נוּ כִּֽי־נִשְׁמֹ֨ר לַעֲשׂ֜וֹת אֶת־כׇּל־ 25
הַמִּצְוָ֣ה הַזֹּ֗את לִפְנֵ֛י יְהֹוָ֥ה אֱלֹהֵ֖ינוּ כַּאֲשֶׁ֥ר צִוָּֽנוּ׃ ס

CAP. VII. ז

כִּ֤י יְבִֽיאֲךָ֙ יְהֹוָ֣ה אֱלֹהֶ֔יךָ אֶל־הָאָ֕רֶץ אֲשֶׁר־אַתָּ֥ה בָא־שָׁ֖מָּה 1

27 Go thou near, and hear all that the LORD our God shall say; and[a] speak thou unto us all that the LORD our God shall speak unto thee; and we will hear *it*, and do *it*.

28 And the LORD heard the voice of your words, when ye spake unto me; and the LORD said unto me, I have heard the voice of the words of this people, which they[c] have spoken unto thee: they have well said all that they have spoken.

29 O*f* that there were such an heart in them, that they would fear me, and[h] keep all my commandments always, that[i] it might be well with them, and with their children for ever!

30 Go say to them, Get you into your tents again:

31 But as for thee, stand thou here by me, and I[p] will speak unto thee all the commandments, and the statutes, and the judgments, which thou shalt teach them, that they may do *them* in the land which I give them to possess it.

32 Ye shall observe to do therefore as the LORD your God hath commanded you: ye shall not turn aside[r] to the right hand or to the left.

33 Ye shall walk in all[t] the ways which the LORD your God hath commanded you, that ye may live, and *that it may be* well with you, and[v] *that* ye may prolong *your* days in the land which ye shall possess.

CHAP. VI.

NOW these *are* the commandments, the statutes, and the judgments, which the LORD your God commanded to teach you, that ye might do[w] *them* in the land whither ye δ go to possess it:

2 That thou mightest fear[y] the LORD thy God, to keep all his statutes and his commandments, which I command thee: thou, and thy son, and thy son's son, all the days of thy life; and that thy days may be prolonged.[z]

3 Hear therefore, O Israel, and observe to do *it*, that it may be well[b] with thee, and that ye may increase mightily, as the[c] LORD God of thy fathers hath promised thee, in the land that floweth with milk and honey.

4 Hear,[g] O Israel: The LORD our God *is* one[h] LORD:

5 And thou shalt love the LORD thy God with[i] all thine heart, and with all thy soul, and with all thy might.

6 And these words, which I command thee this day, shall be in thine heart:[m]

7 And thou shalt[n] teach them diligently unto thy children,[n] and shalt talk of them when thou sittest in thine house, and when thou walkest by the way, and when thou liest down, and when thou risest up.

8 And thou shalt bind[o] them for a sign upon thine hand, and they shall be as frontlets between thine eyes.

9 And thou shalt[q] write them upon the posts of thy house, and on thy gates.

10 And it shall be, when the LORD thy God shall have brought thee into the land which he sware unto thy fathers, to Abraham, to Isaac, and to Jacob, to give thee great and goodly cities, which thou[s] buildedst not,

11 And houses full of all good *things*, which thou filledst not, and wells digged, which thou diggedst not, vineyards and

olive-trees, which thou plantedst not; when thou shalt have eaten, and be full;

12 *Then* beware lest thou forget the LORD, which brought thee forth out of the land of Egypt, from the house of βbondage.

13 Thou[b] shalt fear the LORD thy God, and serve him, and shalt swear[c] by his name.

14 Ye[d] shall not go after other gods, or the gods of the people which *are* round about you;

15 (For the LORD thy God *is* a[g] jealous God among you,[i]) lest the[k] anger of the LORD thy God be kindled against thee, and destroy thee from off the face of the earth.

16 Ye[m] shall not tempt the LORD your God, as ye tempted *him* in Massah.[n]

17 Ye shall diligently[o] keep the commandments of the LORD your God, and his testimonies, and his statutes, which he hath commanded thee.

18 And[q] thou shalt do *that which is* right and good in the sight of the LORD; that it may be well with thee, and that thou mayest go in and possess the good land which the LORD sware unto thy fathers;

19 To[s] cast out all thine enemies from before thee, as the LORD hath spoken.

20 *And* when thy son asketh thee γ in time to come, saying, What[u] *mean* the testimonies, and the statutes, and the judgments, which the LORD our God hath commanded you?

21 Then thou shalt say unto thy son, We were Pharaoh's bondmen in Egypt; and the LORD brought us out of Egypt with a mighty hand:

22 And the LORD shewed signs[x] and wonders, great and ζsore, upon Egypt, upon Pharaoh, and upon all his household, before our eyes:

23 And he brought us out from thence, that he might bring us in, to give us the land which he sware unto our fathers.

24 And the LORD commanded us to do all these statutes, to fear[a] the LORD our God, for[c] our good always, that he might preserve[d] us alive, as *it is* at this day.

25 And it shall be our righteousness,*f* if we observe to do all these commandments before the LORD our God, as he hath commanded us.

CHAP. VII.

WHEN the LORD thy God shall bring thee into the land whither thou goest to possess it, and hath cast out[k] many nations before thee, the[l] Hittites, and the Girgashites, and the Amorites, and the Canaanites, and the Perizzites, and the Hivites, and the Jebusites, seven nations greater and mightier than thou:

2 And when the LORD thy God shall deliver them before thee; thou shalt smite them, *and* utterly[p] destroy them: thou shalt make no covenant with them, nor shew mercy unto them:

3 Neither shalt thou make[r] marriages with them; thy daughter thou shalt not give unto his son, nor his daughter shalt thou take unto thy son.

4 For they will turn away thy son from following me, that they may serve other gods: so will the anger of the LORD be kindled against you, and destroy thee suddenly.

5 But thus shall ye deal with them, ye shall destroy their altars, and break down

B. C. 1451.

a He. 12. 19.
β bondmen, or, servants.
b ch.10.12,20.
c Is. 65. 16.
  Je. 5. 2.
  12. 16.
d Je. 25. 6.
e ch. 18. 17.
f ch. 32. 29.
  Ps. 81. 13.
  Is. 48. 18.
  Eze. 33. 31,
      32.
  Mat. 23. 37.
  Lu. 19. 42.
g Ex. 20. 5.
h ch. 11. 1.
i Am. 3. 2.
k ch. 7. 4.
  2Ch. 36. 16.
l ch. 4. 40.
m Mat. 4. 7.
n Ex. 17. 2, 7.
  1 Co. 10. 9.
o Ps. 119. 4.
p Ga. 3. 19.
q ch. 12. 28.
  Ex. 15. 26.
r ch. 17. 20.
  28. 14.
  Jos. 1. 7.
  Pr. 4. 27.
s Nu.33.52,53.
t Ps. 119. 6.
  Lu. 1. 6.
γ to-morrow.
u Ex. 13. 14.
v Je. 7. 23.
w Eze. 37. 24.
x Ex. VII..
    XII.
  Ps. 135. 9.
δ pass over.
ζ evil.
y Ec. 12. 13.
z Pr. 3. 1, 2.
a ver. 2.
b Ec. 8. 12.
  Is. 3. 10.
c ch. 10. 13.
  Job 35. 7, 8.
  Je. 32. 39.
d Ps. 41. 2.
  Pr. 22. 4.
e Ge. 22. 17.
f ch. 24. 13.
  Ro. 10. 3, 5.
g Mar.12.29..
     32.
  Jn⁰. 17. 3.
  1Co. 8. 4, 6.
h 2 Ki. 19. 15.
i 2 Ki. 23. 25.
k Ps. 44. 2, 3.
l Ge.15.19,21.
m Pr. 2.10,11.
  3. 3, 5.
η whet, or, sharpen.
n ch. 11. 19.
  Ps. 78. 4..6.
  Ep. 6. 4.
o Pr. 6. 21.
  7. 3.
p Nu. 33. 52.
q Hab. 2. 2.
r Ezr. 9. 1, 2.
s Jos. 24. 13.
  Ps. 105. 44.

CAP. VII.

שָׁמָּה לְרִשְׁתָּהּ וְנָשַׁל גּוֹיִם־רַבִּים מִפָּנֶיךָ הַחִתִּי וְהַגִּרְגָּשִׁי וְהָאֱמֹרִי וְהַכְּנַעֲנִי וְהַפְּרִזִּי וְהַחִוִּי וְהַיְבוּסִי שִׁבְעָה גוֹיִם רַבִּים וַעֲצוּמִים מִמֶּךָּ׃

2 וּנְתָנָם יְהוָה אֱלֹהֶיךָ לְפָנֶיךָ וְהִכִּיתָם הַחֲרֵם תַּחֲרִים אֹתָם לֹא־תִכְרֹת לָהֶם בְּרִית וְלֹא תְחָנֵּם׃

3 וְלֹא תִתְחַתֵּן בָּם בִּתְּךָ לֹא־תִתֵּן לִבְנוֹ וּבִתּוֹ לֹא־תִקַּח לִבְנֶךָ׃ 4 כִּי־יָסִיר אֶת־בִּנְךָ מֵאַחֲרַי וְעָבְדוּ אֱלֹהִים אֲחֵרִים וְחָרָה אַף־יְהוָה בָּכֶם וְהִשְׁמִידְךָ מַהֵר׃

5 כִּי־אִם־כֹּה תַעֲשׂוּ לָהֶם מִזְבְּחֹתֵיהֶם תִּתֹּצוּ וּמַצֵּבֹתָם תְּשַׁבֵּרוּ וַאֲשֵׁירֵהֶם תְּגַדֵּעוּן וּפְסִילֵיהֶם תִּשְׂרְפוּן בָּאֵשׁ׃

6 כִּי עַם קָדוֹשׁ אַתָּה לַיהוָה אֱלֹהֶיךָ בְּךָ בָּחַר יְהוָה אֱלֹהֶיךָ לִהְיוֹת לוֹ לְעַם סְגֻלָּה מִכֹּל הָעַמִּים אֲשֶׁר עַל־פְּנֵי הָאֲדָמָה׃

7 לֹא מֵרֻבְּכֶם מִכָּל־הָעַמִּים חָשַׁק יְהוָה בָּכֶם וַיִּבְחַר בָּכֶם כִּי־אַתֶּם הַמְעַט מִכָּל־הָעַמִּים׃

8 כִּי מֵאַהֲבַת יְהוָה אֶתְכֶם וּמִשָּׁמְרוֹ אֶת־הַשְּׁבֻעָה אֲשֶׁר נִשְׁבַּע לַאֲבֹתֵיכֶם הוֹצִיא יְהוָה אֶתְכֶם בְּיָד חֲזָקָה וַיִּפְדְּךָ מִבֵּית עֲבָדִים מִיַּד פַּרְעֹה מֶלֶךְ־מִצְרָיִם׃

9 וְיָדַעְתָּ כִּי־יְהוָה אֱלֹהֶיךָ הוּא הָאֱלֹהִים הָאֵל הַנֶּאֱמָן שֹׁמֵר הַבְּרִית וְהַחֶסֶד לְאֹהֲבָיו וּלְשֹׁמְרֵי מִצְוֹתָיו לְאֶלֶף דּוֹר׃ 10 וּמְשַׁלֵּם לְשֹׂנְאָיו אֶל־פָּנָיו לְהַאֲבִידוֹ לֹא יְאַחֵר לְשֹׂנְאוֹ אֶל־פָּנָיו יְשַׁלֶּם־לוֹ׃

11 וְשָׁמַרְתָּ אֶת־הַמִּצְוָה וְאֶת־הַחֻקִּים וְאֶת־הַמִּשְׁפָּטִים אֲשֶׁר אָנֹכִי מְצַוְּךָ הַיּוֹם לַעֲשׂוֹתָם׃

ס ס ס פ פ פ   מו 46

12 וְהָיָה עֵקֶב תִּשְׁמְעוּן אֵת הַמִּשְׁפָּטִים הָאֵלֶּה וּשְׁמַרְתֶּם וַעֲשִׂיתֶם אֹתָם וְשָׁמַר יְהוָה אֱלֹהֶיךָ לְךָ אֶת־הַבְּרִית וְאֶת־הַחֶסֶד אֲשֶׁר נִשְׁבַּע לַאֲבֹתֶיךָ׃

13 וַאֲהֵבְךָ וּבֵרַכְךָ וְהִרְבֶּךָ וּבֵרַךְ פְּרִי־בִטְנְךָ וּפְרִי־אַדְמָתֶךָ דְּגָנְךָ וְתִירֹשְׁךָ וְיִצְהָרֶךָ שְׁגַר־אֲלָפֶיךָ וְעַשְׁתְּרֹת צֹאנֶךָ עַל הָאֲדָמָה אֲשֶׁר־נִשְׁבַּע לַאֲבֹתֶיךָ לָתֶת לָךְ׃ 14 בָּרוּךְ תִּהְיֶה מִכָּל־הָעַמִּים לֹא־יִהְיֶה בְךָ עָקָר וַעֲקָרָה וּבִבְהֶמְתֶּךָ׃

15 וְהֵסִיר יְהוָה מִמְּךָ כָּל־חֹלִי וְכָל־מַדְוֵי מִצְרַיִם הָרָעִים אֲשֶׁר יָדַעְתָּ לֹא יְשִׂימָם בָּךְ וּנְתָנָם בְּכָל־שֹׂנְאֶיךָ׃

16 וְאָכַלְתָּ אֶת־כָּל־הָעַמִּים אֲשֶׁר יְהוָה אֱלֹהֶיךָ נֹתֵן לָךְ לֹא־תָחוֹס עֵינְךָ עֲלֵיהֶם וְלֹא תַעֲבֹד אֶת־אֱלֹהֵיהֶם כִּי־מוֹקֵשׁ הוּא לָךְ׃

17 כִּי תֹאמַר בִּלְבָבְךָ רַבִּים הַגּוֹיִם הָאֵלֶּה מִמֶּנִּי אֵיכָה אוּכַל לְהוֹרִישָׁם׃

18 לֹא תִירָא מֵהֶם זָכֹר תִּזְכֹּר אֵת אֲשֶׁר־עָשָׂה יְהוָה אֱלֹהֶיךָ לְפַרְעֹה וּלְכָל־מִצְרָיִם׃

19 הַמַּסֹּת הַגְּדֹלֹת אֲשֶׁר־רָאוּ עֵינֶיךָ וְהָאֹתֹת וְהַמֹּפְתִים וְהַיָּד הַחֲזָקָה וְהַזְּרֹעַ הַנְּטוּיָה אֲשֶׁר הוֹצִאֲךָ יְהוָה אֱלֹהֶיךָ כֵּן־יַעֲשֶׂה יְהוָה אֱלֹהֶיךָ לְכָל־הָעַמִּים אֲשֶׁר־אַתָּה יָרֵא מִפְּנֵיהֶם׃

20 וְגַם אֶת־הַצִּרְעָה יְשַׁלַּח יְהוָה אֱלֹהֶיךָ בָּם עַד־אֲבֹד הַנִּשְׁאָרִים וְהַנִּסְתָּרִים מִפָּנֶיךָ׃

21 לֹא תַעֲרֹץ מִפְּנֵיהֶם כִּי־יְהוָה אֱלֹהֶיךָ בְּקִרְבֶּךָ אֵל גָּדוֹל וְנוֹרָא׃

22 וְנָשַׁל יְהוָה אֱלֹהֶיךָ אֶת־הַגּוֹיִם הָאֵל מִפָּנֶיךָ מְעַט מְעָט לֹא תוּכַל כַּלֹּתָם מַהֵר פֶּן־תִּרְבֶּה עָלֶיךָ חַיַּת הַשָּׂדֶה׃

23 וּנְתָנָם יְהוָה אֱלֹהֶיךָ לְפָנֶיךָ וְהָמָם מְהוּמָה גְדֹלָה עַד הִשָּׁמְדָם׃

24 וְנָתַן מַלְכֵיהֶם בְּיָדֶךָ וְהַאֲבַדְתָּ אֶת־שְׁמָם מִתַּחַת הַשָּׁמָיִם לֹא־יִתְיַצֵּב אִישׁ בְּפָנֶיךָ עַד הִשְׁמִדְךָ אֹתָם׃

25 פְּסִילֵי אֱלֹהֵיהֶם תִּשְׂרְפוּן בָּאֵשׁ לֹא־תַחְמֹד כֶּסֶף וְזָהָב עֲלֵיהֶם וְלָקַחְתָּ לָךְ פֶּן תִּוָּקֵשׁ בּוֹ כִּי תוֹעֲבַת יְהוָה אֱלֹהֶיךָ הוּא׃

26 וְלֹא־תָבִיא תוֹעֵבָה אֶל־בֵּיתֶךָ וְהָיִיתָ חֵרֶם כָּמֹהוּ שַׁקֵּץ תְּשַׁקְּצֶנּוּ וְתַעֵב תְּתַעֲבֶנּוּ כִּי־חֵרֶם הוּא׃ פ

CAP. VIII. ח

1 כָּל־הַמִּצְוָה אֲשֶׁר אָנֹכִי מְצַוְּךָ הַיּוֹם תִּשְׁמְרוּן לַעֲשׂוֹת לְמַעַן תִּחְיוּן וּרְבִיתֶם וּבָאתֶם וִירִשְׁתֶּם אֶת־הָאָרֶץ אֲשֶׁר־נִשְׁבַּע יְהוָה לַאֲבֹתֵיכֶם׃

2 וְזָכַרְתָּ אֶת־כָּל־הַדֶּרֶךְ אֲשֶׁר הֹלִיכֲךָ יְהוָה אֱלֹהֶיךָ זֶה אַרְבָּעִים שָׁנָה בַּמִּדְבָּר לְמַעַן עַנֹּתְךָ לְנַסֹּתְךָ לָדַעַת אֶת־אֲשֶׁר בִּלְבָבְךָ הֲתִשְׁמֹר מִצְוֹתָיו אִם־לֹא׃

3 וַיְעַנְּךָ וַיַּרְעִבֶךָ וַיַּאֲכִלְךָ אֶת־הַמָּן אֲשֶׁר לֹא־יָדַעְתָּ וְלֹא יָדְעוּן אֲבֹתֶיךָ לְמַעַן הוֹדִעֲךָ כִּי לֹא עַל־הַלֶּחֶם לְבַדּוֹ יִחְיֶה הָאָדָם כִּי עַל־כָּל־מוֹצָא פִי־יְהוָה יִחְיֶה הָאָדָם׃

4 שִׂמְלָתְךָ לֹא בָלְתָה מֵעָלֶיךָ וְרַגְלְךָ לֹא בָצֵקָה זֶה אַרְבָּעִים שָׁנָה׃

5 וְיָדַעְתָּ עִם־לְבָבֶךָ כִּי כַּאֲשֶׁר יְיַסֵּר אִישׁ אֶת־בְּנוֹ יְהוָה אֱלֹהֶיךָ מְיַסְּרֶךָּ׃

6 וְשָׁמַרְתָּ אֶת־מִצְוֹת יְהוָה אֱלֹהֶיךָ לָלֶכֶת בִּדְרָכָיו וּלְיִרְאָה אֹתוֹ׃

7 כִּי יְהוָה אֱלֹהֶיךָ מְבִיאֲךָ אֶל־אֶרֶץ טוֹבָה אֶרֶץ נַחֲלֵי מָיִם עֲיָנֹת וּתְהֹמֹת יֹצְאִים בַּבִּקְעָה וּבָהָר׃

8 אֶרֶץ חִטָּה וּשְׂעֹרָה וְגֶפֶן וּתְאֵנָה וְרִמּוֹן אֶרֶץ־זֵית שֶׁמֶן וּדְבָשׁ׃

9 אֶרֶץ אֲשֶׁר לֹא

their β images, and cut down their groves, and burn their graven images with fire :

6 For thou *art* an holy *b* people unto the LORD thy God : the LORD thy God hath chosen thee to be a special *c* people unto himself, above all people that *are* upon the face of the earth.

7 The LORD did not set his love upon you, nor choose you, because ye were more in number than any people ; for ye *were* the fewest *e* of all people ;

8 But because the LORD loved you, and because he would keep the *h* oath which he had sworn unto your fathers, hath the LORD brought *i* you out with a mighty hand, and redeemed you out of the house *m* of bondmen, from the hand of Pharaoh king of Egypt.

9 Know therefore that the LORD thy God, he *is* God, the faithful *o* God,*p* which keepeth covenant and mercy with them that love him and keep his commandments, to a thousand generations;

10 And *r* repayeth them that hate him to their face, to destroy them : he will not be slack to him that hateth him, he will repay him to his face.

11 Thou shalt therefore keep the commandments, and the statutes, and the judgments, which I command thee this day, to do them :

12 Wherefore it shall come to pass, δ if ye hearken *v* to these judgments, and keep, and do them, that the LORD thy God shall keep unto thee the covenant and the mercy which he sware unto thy fathers:

13 And he will love thee, and bless thee, and multiply thee : he will also bless the fruit of thy womb, and the fruit of thy land, thy corn, and thy wine, and thine oil, the increase of thy kine, and the flocks of thy sheep, in the land which he sware unto thy fathers to give thee.

14 Thou shalt be blessed above all people : there*f* shall not be male or female barren among you, or among your cattle.

15 And the LORD will take away from thee all sickness, and will put none of the evil diseases *h* of Egypt, which thou knowest, upon thee ; but will lay them upon all *them* that hate thee.

16 And thou shalt consume all the people which the LORD thy God shall deliver thee : thine *k* eye shall have no pity upon them : neither shalt thou serve their gods ; for that *will be* a snare *l* unto thee.

17 If thou shalt say in thine heart, These nations *are* more than I ; how can I dispossess them ?

18 Thou *m* shalt not be afraid of them ; *but* shalt well remember *n* what the LORD thy God did unto Pharaoh, and unto all Egypt ;

19 The great temptations*p* which thine eyes saw, and the signs, and the wonders, and the mighty hand, and the stretched-out arm, whereby the LORD thy God brought thee out : so *s* shall the LORD thy God do unto all the people of whom thou art afraid.

20 Moreover, the LORD thy God will send the hornet *t* among them, until they that are left, and hide themselves from thee, be destroyed.

21 Thou shalt not be affrighted at them : for the LORD thy God *is* among you, a mighty *v* God and terrible.

22 And the LORD thy God will η put

out those nations before thee by *a* little and little : thou mayest not consume them at once, lest the beasts of the field increase upon thee.

23 But the LORD thy God shall deliver them unto γ thee, and shall destroy them with a mighty destruction, until they be destroyed.

24 And he shall deliver their*d* kings into thine hand, and thou shalt destroy their name from*f* under heaven : there shall*g* no man be able to stand before thee, until thou have destroyed them.

25 The graven images of their gods shall ye burn*k* with fire : thou shalt not desire *l* the silver or gold *that is* on them, nor take *it* unto thee, lest thou be *n*snared therein : for it *is* an abomination to the LORD thy God.

26 Neither *q* shalt thou bring an abomination into thine house, lest thou be a cursed thing like it : *but* thou shalt utterly detest it, and thou shalt utterly abhor it ; for it *is* a cursed *s* thing.

CHAP. VIII.

ALL *t* the commandments which I command thee this day shall *u* ye observe to do, that ye may live, and multiply, and go in and possess the land which the LORD sware unto your fathers.

2 And thou shalt remember all the way which the LORD thy God led thee these forty*w* years in the wilderness,*x* to humble thee,*y and* to prove *z* thee, to know *a* what *was* in thine heart, whether thou wouldest keep his commandments, or no.

3 And he humbled thee, and suffered thee to hunger, and fed thee with *b* manna, (which thou knewest not, neither did thy fathers know,) that he might make thee know that *c* man doth not live by bread only, but by every *word d* that proceedeth out of the mouth of the LORD doth man live.

4 Thy*e* raiment waxed not old upon thee, neither did thy foot swell, these forty years.

5 Thou shalt also consider in thine heart, that, as*g* a man chasteneth his son, *so* the LORD thy God chasteneth thee.

6 Therefore thou shalt keep the commandments of the LORD thy God, to walk in his ways, and to fear *i* him.

7 For the LORD thy God bringeth thee into a good land, a land of brooks of water, of fountains and depths that spring out of valleys and hills ;

8 A land of wheat, and barley, and vines, and fig trees, and pomegranates ; a land ζ of oil olive, and honey ;

9 A land wherein thou shalt eat bread without scarceness, thou shalt not lack any *thing* in it ; a land whose stones *are* iron,*o* and out of whose hills thou mayest dig brass.

10 When thou hast eaten*q* and art full, then thou shalt bless*r* the LORD thy God for the good land which he hath given thee.

11 Beware that thou forget not the LORD thy God, in not keeping his commandments, and his judgments, and his statutes, which I command thee this day :

12 Lest *u when* thou hast eaten and art full, and hast built goodly houses, and dwelt *therein :*

13 And *when* thy herds and thy flocks multiply, and thy silver and thy gold is

B. C. 1451.

β *statues, or pillars.*
a Ex.23.29,30
b ch. 14. 2.
Ex. 19. 6.
c 1 Pe. 2. 9.
γ *before thy face.*
d Jos. 10.24, 42.
12. 1.
e ch. 10. 22.
f ch. 25. 19.
g ch. 11. 25.
Is. 54. 17.
h Ge.22,16,17
Lu. 1.72,73.
i Ex.12.41,42
k Ex. 32. 20.
1Ch. 14. 12.
l Jos.7.1,21.
m Ex.13.3,14.
20. 2.
n Ju. 8. 27.
o Is. 49. 7.
1 Co. 10.13.
2 Th. 3. 3.
1 Jn*º*. 1. 9.
p Ne. 1.5.
Da. 9. 4.
q Eze. 14. 7.
r ch. 32. 35.
Is. 59. 18.
Ro. 12. 19.
s Jos.6.17,18.
t Ps. 119. 6.
u ch. 5.32,33.
δ *because.*
v ch.28.1,&c
Le.26.3,&c.
w ch. 2. 7.
29. 5.
Am. 2. 10.
x Ps. 136. 16.
y Job 33. 17.
z Ex. 16. 4.
a 2 Ch.32.31.
b Ex. 16. 15.
c Mat. 4. 4.
d Ps.104.27..
29.
e Ne. 9. 21.
f Ex. 23. 26, &c.
g Pr. 3. 12.
He.12.5,6.
Re. 3. 19.
h Ex. 9. 14.
i 1 Sa. 12. 24.
k ch. 13. 8.
19.13,21.
l ch. 12. 30.
Ex. 23. 33.
Ju. 8. 27.
Ps. 106. 36.
ζ *of olive tree of oil.*
m ch. 31. 6.
n Ps. 105. 5.
o ch. 33. 25.
p ch. 4. 34.
q 1 Co. 10. 31.
r 1 Ch. 29.14.
Ps. 103. 2.
Pr. 3. 9.
s Jos. 3. 10.
t Ex. 23. 28.
u Pr. 30. 9.
v ch. 10. 17.
η *pluck off.*

‫...בְּמִסְכֵּנֻת תֹּאכַל־בָּהּ לֶחֶם לֹא־תֶחְסַר כֹּל בָּהּ אֶרֶץ אֲשֶׁר אֲבָנֶיהָ בַרְזֶל וּמֵהֲרָרֶיהָ תַּחְצֹב נְחֹשֶׁת׃‬

‫10 וְאָכַלְתָּ וְשָׂבָעְתָּ וּבֵרַכְתָּ אֶת־יְהוָה אֱלֹהֶיךָ עַל־הָאָרֶץ הַטֹּבָה אֲשֶׁר נָתַן־לָךְ׃‬

‫11 הִשָּׁמֶר לְךָ פֶּן־תִּשְׁכַּח אֶת־יְהוָה אֱלֹהֶיךָ לְבִלְתִּי שְׁמֹר מִצְוֺתָיו וּמִשְׁפָּטָיו וְחֻקֹּתָיו אֲשֶׁר אָנֹכִי מְצַוְּךָ הַיּוֹם׃‬

‫12 פֶּן־תֹּאכַל וְשָׂבָעְתָּ וּבָתִּים טוֹבִים תִּבְנֶה וְיָשָׁבְתָּ׃‬

‫13 וּבְקָרְךָ וְצֹאנְךָ יִרְבְּיֻן וְכֶסֶף וְזָהָב יִרְבֶּה־לָּךְ וְכֹל אֲשֶׁר־לְךָ יִרְבֶּה׃‬

‫14 וְרָם לְבָבֶךָ וְשָׁכַחְתָּ אֶת־יְהוָה אֱלֹהֶיךָ הַמּוֹצִיאֲךָ מֵאֶרֶץ מִצְרַיִם מִבֵּית עֲבָדִים׃‬

‫15 הַמּוֹלִיכֲךָ בַּמִּדְבָּר הַגָּדֹל וְהַנּוֹרָא נָחָשׁ שָׂרָף וְעַקְרָב וְצִמָּאוֹן אֲשֶׁר אֵין־מָיִם הַמּוֹצִיא לְךָ מַיִם מִצּוּר הַחַלָּמִישׁ׃‬

‫16 הַמַּאֲכִלְךָ מָן בַּמִּדְבָּר אֲשֶׁר לֹא־יָדְעוּן אֲבֹתֶיךָ לְמַעַן עַנֹּתְךָ וּלְמַעַן נַסֹּתֶךָ לְהֵיטִבְךָ בְּאַחֲרִיתֶךָ׃‬

‫17 וְאָמַרְתָּ בִּלְבָבֶךָ כֹּחִי וְעֹצֶם יָדִי עָשָׂה לִי אֶת־הַחַיִל הַזֶּה׃‬

‫18 וְזָכַרְתָּ אֶת־יְהוָה אֱלֹהֶיךָ כִּי הוּא הַנֹּתֵן לְךָ כֹּחַ לַעֲשׂוֹת חָיִל לְמַעַן הָקִים אֶת־בְּרִיתוֹ אֲשֶׁר־נִשְׁבַּע לַאֲבֹתֶיךָ כַּיּוֹם הַזֶּה׃ פ‬

‫19 וְהָיָה אִם־שָׁכֹחַ תִּשְׁכַּח אֶת־יְהוָה אֱלֹהֶיךָ וְהָלַכְתָּ אַחֲרֵי אֱלֹהִים אֲחֵרִים וַעֲבַדְתָּם וְהִשְׁתַּחֲוִיתָ לָהֶם הַעִדֹתִי בָכֶם הַיּוֹם כִּי אָבֹד תֹּאבֵדוּן׃‬

‫20 כַּגּוֹיִם אֲשֶׁר יְהוָה מַאֲבִיד מִפְּנֵיכֶם כֵּן תֹּאבֵדוּן עֵקֶב לֹא תִשְׁמְעוּן בְּקוֹל יְהוָה אֱלֹהֵיכֶם׃ פ‬

CAP. IX. ס

‫1 שְׁמַע יִשְׂרָאֵל אַתָּה עֹבֵר הַיּוֹם אֶת־הַיַּרְדֵּן לָבֹא לָרֶשֶׁת גּוֹיִם גְּדֹלִים וַעֲצֻמִים מִמֶּךָּ עָרִים גְּדֹלֹת וּבְצֻרֹת בַּשָּׁמָיִם׃‬

‫2 עַם־גָּדוֹל וָרָם בְּנֵי עֲנָקִים אֲשֶׁר אַתָּה יָדַעְתָּ וְאַתָּה שָׁמַעְתָּ מִי יִתְיַצֵּב לִפְנֵי בְּנֵי עֲנָק׃‬

‫3 וְיָדַעְתָּ הַיּוֹם כִּי יְהוָה אֱלֹהֶיךָ הוּא־הָעֹבֵר לְפָנֶיךָ אֵשׁ אֹכְלָה הוּא יַשְׁמִידֵם וְהוּא יַכְנִיעֵם לְפָנֶיךָ וְהוֹרַשְׁתָּם וְהַאֲבַדְתָּם מַהֵר כַּאֲשֶׁר דִּבֶּר יְהוָה לָךְ׃‬

‫4 אַל־תֹּאמַר בִּלְבָבְךָ בַּהֲדֹף יְהוָה אֱלֹהֶיךָ אֹתָם מִלְּפָנֶיךָ לֵאמֹר בְּצִדְקָתִי הֱבִיאַנִי יְהוָה לָרֶשֶׁת אֶת־הָאָרֶץ הַזֹּאת וּבְרִשְׁעַת הַגּוֹיִם הָאֵלֶּה יְהוָה מוֹרִישָׁם מִפָּנֶיךָ׃‬

‫5 לֹא בְצִדְקָתְךָ וּבְיֹשֶׁר לְבָבְךָ אַתָּה בָא לָרֶשֶׁת אֶת־אַרְצָם כִּי בְּרִשְׁעַת הַגּוֹיִם הָאֵלֶּה יְהוָה אֱלֹהֶיךָ מוֹרִישָׁם מִפָּנֶיךָ וּלְמַעַן הָקִים אֶת־הַדָּבָר אֲשֶׁר נִשְׁבַּע יְהוָה לַאֲבֹתֶיךָ לְאַבְרָהָם לְיִצְחָק וּלְיַעֲקֹב׃‬

‫6 וְיָדַעְתָּ כִּי לֹא בְצִדְקָתְךָ יְהוָה אֱלֹהֶיךָ נֹתֵן לְךָ אֶת־הָאָרֶץ הַטּוֹבָה הַזֹּאת לְרִשְׁתָּהּ כִּי עַם־קְשֵׁה־עֹרֶף אָתָּה׃‬

‫7 זְכֹר אַל־תִּשְׁכַּח אֵת אֲשֶׁר־הִקְצַפְתָּ אֶת־יְהוָה אֱלֹהֶיךָ בַּמִּדְבָּר לְמִן־הַיּוֹם אֲשֶׁר־יָצָאתָ מֵאֶרֶץ מִצְרַיִם עַד־בֹּאֲכֶם עַד־הַמָּקוֹם הַזֶּה מַמְרִים הֱיִיתֶם עִם־יְהוָה׃‬

‫8 וּבְחֹרֵב הִקְצַפְתֶּם אֶת־יְהוָה וַיִּתְאַנַּף יְהוָה בָּכֶם לְהַשְׁמִיד אֶתְכֶם׃‬

‫9 בַּעֲלֹתִי הָהָרָה לָקַחַת לוּחֹת הָאֲבָנִים לוּחֹת הַבְּרִית אֲשֶׁר־כָּרַת יְהוָה עִמָּכֶם וָאֵשֵׁב בָּהָר אַרְבָּעִים יוֹם וְאַרְבָּעִים לַיְלָה לֶחֶם לֹא אָכַלְתִּי וּמַיִם לֹא שָׁתִיתִי׃‬

‫10 וַיִּתֵּן יְהוָה אֵלַי אֶת־שְׁנֵי לוּחֹת הָאֲבָנִים כְּתֻבִים בְּאֶצְבַּע אֱלֹהִים וַעֲלֵיהֶם כְּכָל־הַדְּבָרִים אֲשֶׁר דִּבֶּר יְהוָה עִמָּכֶם בָּהָר מִתּוֹךְ הָאֵשׁ בְּיוֹם הַקָּהָל׃‬

‫11 וַיְהִי מִקֵּץ אַרְבָּעִים יוֹם וְאַרְבָּעִים לָיְלָה נָתַן יְהוָה אֵלַי אֶת־שְׁנֵי לֻחֹת הָאֲבָנִים לֻחוֹת הַבְּרִית׃‬

‫12 וַיֹּאמֶר יְהוָה אֵלַי קוּם רֵד מַהֵר מִזֶּה כִּי שִׁחֵת עַמְּךָ אֲשֶׁר הוֹצֵאתָ מִמִּצְרָיִם סָרוּ מַהֵר מִן־הַדֶּרֶךְ אֲשֶׁר צִוִּיתִם עָשׂוּ לָהֶם מַסֵּכָה׃‬

‫13 וַיֹּאמֶר יְהוָה אֵלַי לֵאמֹר רָאִיתִי אֶת־הָעָם הַזֶּה וְהִנֵּה עַם־קְשֵׁה־עֹרֶף הוּא׃‬

‫14 הֶרֶף מִמֶּנִּי וְאַשְׁמִידֵם וְאֶמְחֶה אֶת־שְׁמָם מִתַּחַת הַשָּׁמָיִם וְאֶעֱשֶׂה אוֹתְךָ לְגוֹי־עָצוּם וָרָב מִמֶּנּוּ׃‬

‫15 וָאֵפֶן וָאֵרֵד מִן־הָהָר וְהָהָר בֹּעֵר בָּאֵשׁ וּשְׁנֵי לוּחֹת הַבְּרִית עַל שְׁתֵּי יָדָי׃‬

‫16 וָאֵרֶא וְהִנֵּה חֲטָאתֶם לַיהוָה אֱלֹהֵיכֶם עֲשִׂיתֶם לָכֶם עֵגֶל מַסֵּכָה סַרְתֶּם מַהֵר מִן־הַדֶּרֶךְ אֲשֶׁר־צִוָּה יְהוָה אֶתְכֶם׃‬

‫17 וָאֶתְפֹּשׂ בִּשְׁנֵי הַלֻּחֹת וָאַשְׁלִכֵם מֵעַל שְׁתֵּי יָדָי וָאֲשַׁבְּרֵם לְעֵינֵיכֶם׃‬

‫18 וָאֶתְנַפַּל לִפְנֵי יְהוָה כָּרִאשֹׁנָה אַרְבָּעִים יוֹם וְאַרְבָּעִים לַיְלָה לֶחֶם לֹא אָכַלְתִּי וּמַיִם לֹא שָׁתִיתִי עַל כָּל־חַטַּאתְכֶם אֲשֶׁר חֲטָאתֶם לַעֲשׂוֹת הָרַע בְּעֵינֵי יְהוָה לְהַכְעִיסוֹ׃‬

‫19 כִּי יָגֹרְתִּי מִפְּנֵי הָאַף וְהַחֵמָה אֲשֶׁר קָצַף יְהוָה עֲלֵיכֶם לְהַשְׁמִיד אֶתְכֶם וַיִּשְׁמַע יְהוָה אֵלַי גַּם בַּפַּעַם הַהִוא׃‬

‫20 וּבְאַהֲרֹן הִתְאַנַּף יְהוָה מְאֹד לְהַשְׁמִידוֹ וָאֶתְפַּלֵּל גַּם־בְּעַד אַהֲרֹן בָּעֵת הַהִוא׃‬

‫21 וְאֶת־חַטַּאתְכֶם אֲשֶׁר־עֲשִׂיתֶם אֶת־הָעֵגֶל לָקַחְתִּי וָאֶשְׂרֹף אֹתוֹ בָּאֵשׁ וָאֶכֹּת אֹתוֹ טָחוֹן הֵיטֵב עַד אֲשֶׁר־דַּק לְעָפָר וָאַשְׁלִךְ אֶת־עֲפָרוֹ אֶל־הַנַּחַל‬

multiplied, and all that thou hast is multiplied;

14 Then thine heart be lifted up, and thou forget *b* the LORD thy God, which brought thee forth out of the land of Egypt, from the house of bondage;

15 Who led thee through that great and terrible wilderness, *wherein were* fiery serpents,*d* and scorpions, and *e* drought; where *there was* no water; who brought thee forth water*g* out of the rock of flint;

16 Who fed thee in the wilderness with manna,*h* which thy fathers knew not, that*i* he might humble thee, and that he might prove thee, to*k* do thee good at thy latter end;

17 And thou say in thine heart, *m* My power, and the might of *mine* hand, hath gotten me this wealth.

18 But thou shalt remember the LORD thy God: for *it is* he*n* that giveth thee power to get wealth, that he may establish his covenant, which he sware unto thy fathers, as *it is* this day.

19 And it shall be, if thou do at all forget the LORD thy God, and walk after other gods, and serve them, and worship them, I*r* testify against you this day, that ye shall surely perish.

20 As the nations which the LORD destroyeth before your face, so *u* shall ye perish; because ye would not be obedient unto the voice of the LORD your God.

CHAP. IX.

HEAR, O Israel; Thou *art* to pass*x* over Jordan this day, to go in to possess nations greater *y* and mightier than thyself, cities great, and fenced up to heaven;

2 A people great and tall, the children of the Anakims, whom thou knowest, and *of whom* thou hast heard *say*, Who can stand before the children of Anak?

3 Understand therefore this day, that the LORD thy God *is* he which goeth over before *a* thee; *as* a consuming fire he shall destroy them, and he shall bring them down before thy face: so*b* shalt thou drive them out, and destroy them quickly, as the LORD hath said*c* unto thee.

4 Speak *e* not thou in thine heart, after that the LORD thy God hath cast them out from before thee, saying, For my righteousness the LORD hath brought me in to possess this land; but for the wickedness*g* of these nations the LORD doth drive them out from before thee.

5 Not*k* for thy righteousness, or for the uprightness of thine heart, dost thou go to possess their land; but for the wickedness of these nations the LORD thy God doth drive them out from before thee, and that he may perform the word which the LORD sware unto thy fathers, Abraham,*o* Isaac,*p* and Jacob.*q*

6 Understand therefore that the LORD thy God giveth thee not this good land to possess it for thy righteousness; for thou *art* a stiff-necked *s* people.

7 Remember, *and* forget not, how thou provokedst the LORD thy God to wrath in the wilderness: from *u* the day that thou didst depart out of the land of Egypt, until ye came unto this place, ye have been rebellious against the LORD.

8 Also*x* in Horeb ye provoked the LORD to wrath, so that the LORD was angry with you, to have destroyed you.

9 When I was gone up into the mount,

B. C. 1451.

a Ex. 34. 28.
b Je. 2. 6.
c Ex. 31. 18.
d Nu. 21. 6.
e Hos. 13. 5.
f Ex.19.18,19
g Nu. 20. 11.
　Ps.78.15,16.
　114. 8.
　1 Co. 10. 4.
h ver. 3.
i ver. 2.
k La.3.26..33.
　He.12.10,11
l He. 8. 6..10.
m ch. 9. 4.
　1 Co. 4. 7.
n Pr. 10. 22.
　Hos. 2. 8.
o Ju. 2. 17.
　Ps. 78. 57.
　Hos. 6. 4.
p Ex. 32. 9.
q ver. 6.
　Ac. 7. 51.
r ch. 4. 26.
　30. 18.
s ch. 29. 20.
t Nu. 14. 12.
u 2 Ch. 36.16,
　17.
　Da 9.11,12.
v Ex. 32. 15,
　&c.
w ch. 4. 11.
　5. 23.
　Ex. 19. 18.
x Jos. 4. 19.
y Nu. 13. 28..
　33.
z Ex.32.10..14
a ch. 31. 3..6.
　Jos. 3. 11.
b ch. 7. 24.
c Ex. 23. 31.
d Lu. 12. 4, 5.
e ch. 8. 17.
　Ro.11.6.20.
　1 Co. 4. 7.
f Ex. 33. 17.
　Ps. 106. 23.
g ch. 18. 12.
　Ge. 15. 16.
　Le.18.24,25
h Ex. 32. 20.
i Is 31. 7.
k Tit. 3. 5.
l Nu. 11.1,4.
m Ex. 17. 7.
n Nu. 11. 34.
o Ge. 12. 7.
　17. 8.
p Ge. 26. 4.
q Ge. 28. 13.
r Nu. XIII.
　XIV.
s Ex. 32. 9.
　33. 3.
　2 Ch. 30. 8.
t Ps. 78. 22.
　106.24,25.
u Ex. 14. 11.
　16. 2.
　17. 2.
　Nu. 11. 4.
　20. 2.
　25. 2.
v ch. 31. 27.
w ver. 18.
x Ex.32.1..6.
y Ex. 32. 11,
　&c.

to receive the tables of stone, *even* the tables of the covenant which the LORD made with you, then I*a* abode in the mount forty days and forty nights; I neither did eat bread nor drink water:

10 And the *c* LORD delivered unto me two tables of stone, written with the finger of God: and on them *was written* according to all the words which the LORD spake with you in the *f* mount, out of the midst of the fire, in the day of the assembly.

11 And it came to pass, at the end of forty days and forty nights, *that* the LORD gave me the two tables of stone, *even* the tables of the covenant.*l*

12 And the LORD said unto me, Arise, get thee down quickly from hence; for thy people which thou hast brought forth out of Egypt have corrupted *themselves:* they are quickly *o* turned aside out of the way which I commanded them; they have made them a molten image.

13 Furthermore, the LORD spake*p* unto me, saying, I have seen this people, and behold, it *is* a stiff-necked*q* people:

14 Let me alone, that I may destroy them, and blot*s* out their name from under heaven: and *t* I will make of thee a nation mightier and greater than they.

15 So *v* I turned, and came down from the mount, and *w* the mount burned with fire: and the two tables of the covenant *were* in my two hands.

16 And I looked, and, behold, ye had sinned against the LORD your God, *and* had made you a molten calf: ye had turned aside quickly out of the way which the LORD had commanded you.

17 And I took the two tables, and cast them out of my two hands, and brake them before your eyes.

18 And I*z* fell down before the LORD, as at the first, forty days and forty nights: I did neither eat bread, nor drink water, because of all your sins which ye sinned, in doing wickedly in the sight of the LORD, to provoke him to anger:

19 For I was afraid*d* of y*e* anger & hot displeasure wherewith the LORD was wroth against you to destroy you. But*f* the LORD hearkened unto me at that time also.

20 And the LORD was very angry with Aaron to have destroyed him: and I prayed for Aaron also the same time.

21 And *h* I took your sin,*i* the calf which ye had made, and burnt it with fire, and stamped it, *and* ground *it* very small, *even* until it was as small as dust: and I cast the dust thereof into the brook that descended out of the mount.

22 And at Taberah,*l* and at *m* Massah, and at Kibroth-hattaavah,*n* ye provoked the LORD to wrath.

23 Likewise, when *r* the LORD sent you from Kadesh-barnea, saying, Go up and possess the land which I have given you; then ye rebelled against the commandment of the LORD your God, and *t* ye believed him not, nor hearkened to his voice.

24 Ye have been rebellious *v* against the LORD from the day that I knew you.

25 Thus *w* I fell down before the LORD forty days and forty nights, as I fell down *at the first;* because the LORD had said he would destroy you.

26 I prayed *y* therefore unto the LORD, and said, O Lord GOD, destroy not thy

22 וּבְתַבְעֵרָה וּבְמַסָּה וּבְקִבְרֹת הַתַּאֲוָה מַקְצִפִים הֱיִיתֶם אֶת־יְהוָה׃

23 וּבִשְׁלֹחַ יְהוָה אֶתְכֶם מִקָּדֵשׁ בַּרְנֵעַ לֵאמֹר עֲלוּ וּרְשׁוּ אֶת־הָאָרֶץ אֲשֶׁר נָתַתִּי לָכֶם וַתַּמְרוּ אֶת־פִּי יְהוָה אֱלֹהֵיכֶם׃

24 וְלֹא הֶאֱמַנְתֶּם לוֹ וְלֹא שְׁמַעְתֶּם בְּקֹלוֹ׃ מַמְרִים הֱיִיתֶם עִם־יְהוָה מִיּוֹם דַּעְתִּי אֶתְכֶם׃

25 וָאֶתְנַפַּל לִפְנֵי יְהוָה אֵת אַרְבָּעִים הַיּוֹם וְאֶת־אַרְבָּעִים הַלַּיְלָה אֲשֶׁר הִתְנַפָּלְתִּי כִּי־אָמַר יְהוָה לְהַשְׁמִיד אֶתְכֶם׃

26 וָאֶתְפַּלֵּל אֶל־יְהוָה וָאֹמַר אֲדֹנָי יְהוִה אַל־תַּשְׁחֵת עַמְּךָ וְנַחֲלָתְךָ אֲשֶׁר פָּדִיתָ בְּגָדְלֶךָ אֲשֶׁר־הוֹצֵאתָ מִמִּצְרַיִם בְּיָד חֲזָקָה׃

27 זְכֹר לַעֲבָדֶיךָ לְאַבְרָהָם לְיִצְחָק וּלְיַעֲקֹב אַל־תֵּפֶן אֶל־קְשִׁי הָעָם הַזֶּה וְאֶל־רִשְׁעוֹ וְאֶל־חַטָּאתוֹ׃

28 פֶּן־יֹאמְרוּ הָאָרֶץ אֲשֶׁר הוֹצֵאתָנוּ מִשָּׁם מִבְּלִי יְכֹלֶת יְהוָה לַהֲבִיאָם אֶל־הָאָרֶץ אֲשֶׁר־דִּבֶּר לָהֶם וּמִשִּׂנְאָתוֹ אוֹתָם הוֹצִיאָם לַהֲמִתָם בַּמִּדְבָּר׃

29 וְהֵם עַמְּךָ וְנַחֲלָתֶךָ אֲשֶׁר הוֹצֵאתָ בְּכֹחֲךָ הַגָּדֹל וּבִזְרֹעֲךָ הַנְּטוּיָה׃ פ

CAP. X. י

1 בָּעֵת הַהִוא אָמַר יְהוָה אֵלַי פְּסָל־לְךָ שְׁנֵי־לוּחֹת אֲבָנִים כָּרִאשֹׁנִים וַעֲלֵה אֵלַי הָהָרָה וְעָשִׂיתָ לְּךָ אֲרוֹן עֵץ׃

2 וְאֶכְתֹּב עַל־הַלֻּחֹת אֶת־הַדְּבָרִים אֲשֶׁר הָיוּ עַל־הַלֻּחֹת הָרִאשֹׁנִים אֲשֶׁר שִׁבַּרְתָּ וְשַׂמְתָּם בָּאָרוֹן׃

3 וָאַעַשׂ אֲרוֹן עֲצֵי שִׁטִּים וָאֶפְסֹל שְׁנֵי־לֻחֹת אֲבָנִים כָּרִאשֹׁנִים וָאַעַל הָהָרָה וּשְׁנֵי הַלֻּחֹת בְּיָדִי׃

4 וַיִּכְתֹּב עַל־הַלֻּחֹת כַּמִּכְתָּב הָרִאשׁוֹן אֵת עֲשֶׂרֶת הַדְּבָרִים אֲשֶׁר דִּבֶּר יְהוָה אֲלֵיכֶם בָּהָר מִתּוֹךְ הָאֵשׁ בְּיוֹם הַקָּהָל וַיִּתְּנֵם יְהוָה אֵלָי׃

5 וָאֵפֶן וָאֵרֵד מִן־הָהָר וָאָשִׂם אֶת־הַלֻּחֹת בָּאָרוֹן אֲשֶׁר עָשִׂיתִי וַיִּהְיוּ שָׁם כַּאֲשֶׁר צִוַּנִי יְהוָה׃

6 וּבְנֵי יִשְׂרָאֵל נָסְעוּ מִבְּאֵרֹת בְּנֵי־יַעֲקָן מוֹסֵרָה שָׁם מֵת אַהֲרֹן וַיִּקָּבֵר שָׁם וַיְכַהֵן אֶלְעָזָר בְּנוֹ תַּחְתָּיו׃

7 מִשָּׁם נָסְעוּ הַגֻּדְגֹּדָה וּמִן־הַגֻּדְגֹּדָה יָטְבָתָה אֶרֶץ נַחֲלֵי מָיִם׃

8 בָּעֵת הַהִוא הִבְדִּיל יְהוָה אֶת־שֵׁבֶט הַלֵּוִי לָשֵׂאת אֶת־אֲרוֹן בְּרִית־יְהוָה לַעֲמֹד לִפְנֵי יְהוָה לְשָׁרְתוֹ וּלְבָרֵךְ בִּשְׁמוֹ עַד הַיּוֹם הַזֶּה׃

9 עַל־כֵּן לֹא־הָיָה לְלֵוִי חֵלֶק וְנַחֲלָה עִם־אֶחָיו יְהוָה הוּא נַחֲלָתוֹ כַּאֲשֶׁר דִּבֶּר יְהוָה אֱלֹהֶיךָ לוֹ׃

10 וְאָנֹכִי עָמַדְתִּי בָהָר כַּיָּמִים הָרִאשֹׁנִים אַרְבָּעִים יוֹם

11 וַיֹּאמֶר יְהוָה אֵלַי קוּם לֵךְ לְמַסַּע לִפְנֵי הָעָם וְיָבֹאוּ וְיִרְשׁוּ אֶת־הָאָרֶץ אֲשֶׁר־נִשְׁבַּעְתִּי לַאֲבֹתָם לָתֵת לָהֶם׃ פ

12 וְעַתָּה יִשְׂרָאֵל מָה יְהוָה אֱלֹהֶיךָ שֹׁאֵל מֵעִמָּךְ כִּי אִם־לְיִרְאָה אֶת־יְהוָה אֱלֹהֶיךָ לָלֶכֶת בְּכָל־דְּרָכָיו וּלְאַהֲבָה אֹתוֹ וְלַעֲבֹד אֶת־יְהוָה אֱלֹהֶיךָ בְּכָל־לְבָבְךָ וּבְכָל־נַפְשֶׁךָ׃

13 לִשְׁמֹר אֶת־מִצְוֺת יְהוָה וְאֶת־חֻקֹּתָיו אֲשֶׁר אָנֹכִי מְצַוְּךָ הַיּוֹם לְטוֹב לָךְ׃

14 הֵן לַיהוָה אֱלֹהֶיךָ הַשָּׁמַיִם וּשְׁמֵי הַשָּׁמָיִם הָאָרֶץ וְכָל־אֲשֶׁר־בָּהּ׃

15 רַק בַּאֲבֹתֶיךָ חָשַׁק יְהוָה לְאַהֲבָה אוֹתָם וַיִּבְחַר בְּזַרְעָם אַחֲרֵיהֶם בָּכֶם מִכָּל־הָעַמִּים כַּיּוֹם הַזֶּה׃

16 וּמַלְתֶּם אֵת עָרְלַת לְבַבְכֶם וְעָרְפְּכֶם לֹא תַקְשׁוּ עוֹד׃

17 כִּי יְהוָה אֱלֹהֵיכֶם הוּא אֱלֹהֵי הָאֱלֹהִים וַאֲדֹנֵי הָאֲדֹנִים הָאֵל הַגָּדֹל הַגִּבֹּר וְהַנּוֹרָא אֲשֶׁר לֹא־יִשָּׂא פָנִים וְלֹא יִקַּח שֹׁחַד׃

18 עֹשֶׂה מִשְׁפַּט יָתוֹם וְאַלְמָנָה וְאֹהֵב גֵּר לָתֶת לוֹ לֶחֶם וְשִׂמְלָה׃

19 וַאֲהַבְתֶּם אֶת־הַגֵּר כִּי־גֵרִים הֱיִיתֶם בְּאֶרֶץ מִצְרָיִם׃

20 אֶת־יְהוָה אֱלֹהֶיךָ תִּירָא אֹתוֹ תַעֲבֹד וּבוֹ תִדְבָּק וּבִשְׁמוֹ תִּשָּׁבֵעַ׃

21 הוּא תְהִלָּתְךָ וְהוּא אֱלֹהֶיךָ אֲשֶׁר־עָשָׂה אִתְּךָ אֶת־הַגְּדֹלֹת וְאֶת־הַנּוֹרָאֹת הָאֵלֶּה אֲשֶׁר רָאוּ עֵינֶיךָ׃

22 בְּשִׁבְעִים נֶפֶשׁ יָרְדוּ אֲבֹתֶיךָ מִצְרָיְמָה וְעַתָּה שָׂמְךָ יְהוָה אֱלֹהֶיךָ כְּכוֹכְבֵי הַשָּׁמַיִם לָרֹב׃

CAP. XI. יא

1 וְאָהַבְתָּ אֵת יְהוָה אֱלֹהֶיךָ וְשָׁמַרְתָּ מִשְׁמַרְתּוֹ וְחֻקֹּתָיו וּמִשְׁפָּטָיו וּמִצְוֺתָיו כָּל־הַיָּמִים׃

2 וִידַעְתֶּם הַיּוֹם כִּי לֹא אֶת־בְּנֵיכֶם אֲשֶׁר לֹא־יָדְעוּ וַאֲשֶׁר לֹא־רָאוּ אֶת־מוּסַר יְהוָה אֱלֹהֵיכֶם אֶת־גָּדְלוֹ אֶת־יָדוֹ הַחֲזָקָה וּזְרֹעוֹ הַנְּטוּיָה׃

3 וְאֶת־אֹתֹתָיו וְאֶת־מַעֲשָׂיו אֲשֶׁר עָשָׂה בְּתוֹךְ מִצְרָיִם לְפַרְעֹה מֶלֶךְ־מִצְרַיִם וּלְכָל־אַרְצוֹ׃

4 וַאֲשֶׁר עָשָׂה לְחֵיל מִצְרַיִם לְסוּסָיו וּלְרִכְבּוֹ אֲשֶׁר הֵצִיף אֶת־מֵי יַם־סוּף עַל־פְּנֵיהֶם בְּרָדְפָם אַחֲרֵיכֶם וַיְאַבְּדֵם יְהוָה עַד הַיּוֹם הַזֶּה׃

5 וַאֲשֶׁר עָשָׂה לָכֶם בַּמִּדְבָּר עַד־בֹּאֲכֶם עַד־הַמָּקוֹם הַזֶּה׃

6 וַאֲשֶׁר עָשָׂה לְדָתָן וְלַאֲבִירָם בְּנֵי אֱלִיאָב בֶּן־רְאוּבֵן אֲשֶׁר פָּצְתָה הָאָרֶץ אֶת־פִּיהָ וַתִּבְלָעֵם וְאֶת־בָּתֵּיהֶם וְאֶת־אָהֳלֵיהֶם וְאֵת כָּל־הַיְקוּם אֲשֶׁר בְּרַגְלֵיהֶם בְּקֶרֶב כָּל־יִשְׂרָאֵל׃

7 כִּי עֵינֵיכֶם הָרֹאֹת

people, and *a* thine inheritance, which thou hast redeemed through thy greatness, which thou hast brought forth out of Egypt with a mighty hand.

27 Remember thy servants, Abraham, Isaac, and Jacob: look not unto the stubbornness *e* of this people, nor to their wickedness,*f* nor to their sin : *g*

28 Lest the land *h* whence thou broughtest us out say, Because *k* the LORD was not able to bring them into the land which he promised them, and because he hated them, he hath brought them out to slay them in the wilderness.

29 Yet *q* they *are* thy people, and thine inheritance, which thou broughtest out by thy mighty power, and by thy stretched-out arm.

CHAP. X.

AT that time the LORD said unto me, Hew *s* thee two tables of stone like unto the first, and come up unto me into the mount, and make thee an ark *w* of·wood :

2 And I will write on the tables the words that were in the first tables which thou brakest, and thou shalt put them in the ark.

3 And I made an ark *of y* shittim-wood, and hewed two tables of stone like unto the first, and went up into the mount, having the two tables in mine hand.

4 And he wrote *z* on the tables, according to the first writing, the ten *β*commandments, which *a* the LORD spake unto you in the mount out of the midst of the fire, in the day of the assembly : and the LORD gave them unto me.

5 And I turned myself and came down from the mount, and put the tables in the ark which I had made; and *c* there they be, as the LORD commanded me.

6 And *d* the children of Israel took their journey from Beeroth of the children of Jaakan to Mosera : there Aaron died, and there he was buried ; and Eleazar his son ministered in the priest's office in his stead.

7 From thence they journeyed unto Gudgodah ; and from Gudgodah to Jotbath, a land of rivers of waters.

8 At that time *f* the LORD separated the tribe of Levi, to bear *g* the ark of the covenant of the LORD, to stand *h* before the LORD, to minister *i* unto him, and to bless *k* in his name, unto this day.

9 Wherefore *l* Levi hath no part nor inheritance with his brethren : the LORD *is* his inheritance, according as the LORD thy God promised him.

10 And I stayed in the mount, according to the *ζ*first time, forty days and forty nights , and the LORD hearkened *m* unto me at that time also, *and* the LORD would not destroy thee.

11 And the LORD said unto me, Arise, take *n thy* journey before the people, that they may go in and possess the land which I sware unto their fathers to give unto them.

12 And now, Israel, what *n* doth the LORD thy God require of thee, but to fear *o* the LORD thy God, to *p* walk in all his ways, and to love *q* him, and to *r* serve the LORD thy God with all thy heart and with all thy soul,

13 To keep the commandments of the LORD, and his statutes, which I command thee this day, for *t* thy good ?

B. C. 1151.

a 1 Ki. 8. 51.
b Ps. 115. 16.
c Ps. 148. 4.
d Ge. 14. 19.
   Ps. 24. 1.
   50. 12.
e Ps. 78. 8.
f Pr. 21. 12.
g Mi. 7. 18.
h Ex. 6. 6.,8.
i Je. 4. 4.
   Ro.2.28,29.
k Nu. 14. 16.
l Jos. 22. 22.
   Da. 2. 47.
m Re. 17. 14.
   19. 16.
n Ne. 9. 32.
o 2 Ch. 19. 7.
   Job 34. 19.
   Ep. 6. 9.
p Ps. 68. 5.
q ver. 26.
   Ne. 1. 10.
   Ps. 100. 3.
r Le. 19. 33.
s Ex.34.1.&c.
t Ac. 11. 23.
u 1s. 45. 23.
w Ex. 25. 10.
   He. 9. 4.
x Ge. 46. 27.
y Ex. 37. 1.
z Ex. 34. 28.
   words.
a Ex.20.1..17
b ch. 8. 5.
c 1 Ki. 8. 9.
d Nu. 33. 31..
   38.
e Ex. 14. 23.
   31.
f Nu. 3. 6.,9.
g Nu. 4. 15.
h Ps. 135. 2.
i ch. 18. 5.
   2 Ch. 29.11.
   Ro. 12. 7.
k ch. 21. 5.
   Nu. 6. 23.
l Nu.18.20.24
   Eze. 44.28.
γ or, *living substance which followed them.*
δ was *at their feet.*
ζ or, *former days.*
m Ex. 32. 14.
η go *in journey.*
n Mi. 6. 8.
o ch. 6 13.
   Ps. 34. q.
p ch. 5. 33.
q ch. 6. 5.
   11. 13.
   30.16,20.
   Ps. 18. 1.
   145. 20.
   Mat.22. 37.
r Job 36. 11.
   Zep. 3. 9.
   Ro. 1. 9.
   He. 12. 28.
s Zec. 14. 18.
t ch. 6. 24.

14 Behold, the *b* heaven and the heaven of *c* heavens *is* the LORD's thy God, the earth *d also*, with all that therein *is.*

15 Only the LORD had a delight in thy fathers to love them, and he chose their seed after them, *even* you above all people, as *it is* this day.

16 Circumcise therefore the foreskin of your heart,*i* and be no more stiff-necked.

17 For the LORD your God *is l* God of gods, and LORD *m* of lords, a great God, a mighty,*n* and a terrible, which *o* regardeth not persons, nor taketh *reward* :

18 He *p* doth execute the judgment of the fatherless and widow, and loveth the stranger, in giving him food and raiment.

19 Love *r* ye therefore the stranger : for ye were strangers in the land of Egypt.

20 Thou shalt fear the LORD thy God ; him shalt thou serve, and to him shalt thou cleave,*t* and swear *u* by his name.

21 He *is* thy praise,*v* and he *is* thy God, that hath done for thee these great and terrible things, which thine eyes have seen.

22 Thy fathers went down into *x* Egypt with threescore and ten persons ; and now the LORD thy God hath made thee as the stars of heaven for multitude.

CHAP. XI.

THEREFORE thou shalt love the LORD thy God, and keep his charge, and his statutes, and his judgments, and his commandments, alway.

2 And know ye this day : for *I speak* not with your children which have not known, and which have not seen the chastisement *b* of the LORD your God, his greatness, his mighty hand, and his stretched-out arm,

3 And his miracles, and his acts, which he did in the midst of Egypt unto Pharaoh the king of Egypt, and unto all his land ;

4 And what he did unto the army of Egypt, unto their horses, and to their chariots ; how he made the water *e* of the Red sea to overflow them as they pursued after you, and *how* the LORD hath destroyed them unto this day ;

5 And what he did unto you in the wilderness, until ye came into this place ;

6 And what he did unto Dathan and Abiram, the sons of Eliab, the son of Reuben : how the earth opened her mouth, and swallowed them up, and their households, and their tents, and all the *γ* substance that *δ was* in their possession, in the midst of all Israel :

7 But your eyes have seen all the great acts of the LORD which he did.

8 Therefore shall ye keep all the commandments which I command you this day, that ye may be strong, and go in and possess the land, whither ye go to possess it ;

9 And that ye may prolong *your* days in the land, which the LORD sware unto your fathers to give unto them and to their seed, a land that floweth with milk and honey.

10 For the land, whither thou goest in to possess it, *is* not as the land of Egypt, from whence ye came out, where *s* thou sowedst thy seed, and wateredst *it* with thy foot, as a garden of herbs :

11 But the land, whither ye go to possess it, *is* a land of hills and valleys, *and*

‏8 אֶת כָּל־מַעֲשֵׂה יְהֹוָה הַגָּדֹל אֲשֶׁר עָשָׂה׃ וּשְׁמַרְתֶּם
‏אֶת־כָּל־הַמִּצְוָה אֲשֶׁר אָנֹכִי מְצַוְּךָ הַיּוֹם לְמַעַן
‏תֶּחֶזְקוּ וּבָאתֶם וִירִשְׁתֶּם אֶת־הָאָרֶץ אֲשֶׁר אַתֶּם
פַּחְדְּכֶם וּמוֹרַאֲכֶם יִתֵּן ׀ יְהֹוָה אֱלֹהֵיכֶם עַל־פְּנֵי כָל־
הָאָרֶץ אֲשֶׁר תִּדְרְכוּ־בָהּ כַּאֲשֶׁר דִּבֶּר לָכֶם׃

מז   ס   ס   ס   47

‏9 עֹבְרִים שָׁמָּה לְרִשְׁתָּהּ׃ וּלְמַעַן תַּאֲרִיכוּ יָמִים
‏עַל־הָאֲדָמָה אֲשֶׁר נִשְׁבַּע יְהֹוָה לַאֲבֹתֵיכֶם לָתֵת
26 רְאֵה אָנֹכִי נֹתֵן לִפְנֵיכֶם הַיּוֹם בְּרָכָה וּקְלָלָה׃ אֶת־
27 הַבְּרָכָה אֲשֶׁר תִּשְׁמְעוּ אֶל־מִצְוֹת יְהֹוָה אֱלֹהֵיכֶם

‏10 לָהֶם וּלְזַרְעָם אֶרֶץ זָבַת חָלָב וּדְבָשׁ׃ כִּי
‏הָאָרֶץ אֲשֶׁר אַתָּה בָא־שָׁמָּה לְרִשְׁתָּהּ לֹא כְאֶרֶץ
‏מִצְרַיִם הִוא אֲשֶׁר יְצָאתֶם מִשָּׁם אֲשֶׁר תִּזְרַע אֶת־
28 אֲשֶׁר אָנֹכִי מְצַוֶּה אֶתְכֶם הַיּוֹם׃ וְהַקְּלָלָה אִם־
לֹא תִשְׁמְעוּ אֶל־מִצְוֹת יְהֹוָה אֱלֹהֵיכֶם וְסַרְתֶּם מִן־
הַדֶּרֶךְ אֲשֶׁר אָנֹכִי מְצַוֶּה אֶתְכֶם הַיּוֹם לָלֶכֶת אַחֲרֵי

‏11 זַרְעֲךָ וְהִשְׁקִיתָ בְרַגְלְךָ כְּגַן הַיָּרָק׃ וְהָאָרֶץ אֲשֶׁר
‏אַתֶּם עֹבְרִים שָׁמָּה לְרִשְׁתָּהּ אֶרֶץ הָרִים וּבְקָעֹת
29 אֱלֹהִים אֲחֵרִים אֲשֶׁר לֹא יְדַעְתֶּם׃ ס וְהָיָה כִּי
יְבִיאֲךָ יְהֹוָה אֱלֹהֶיךָ אֶל־הָאָרֶץ אֲשֶׁר־אַתָּה בָא־
שָׁמָּה לְרִשְׁתָּהּ וְנָתַתָּה אֶת־הַבְּרָכָה עַל־הַר גְּרִזִים

‏12 לִמְטַר הַשָּׁמַיִם תִּשְׁתֶּה־מָּיִם׃ אֶרֶץ אֲשֶׁר־יְהֹוָה
‏אֱלֹהֶיךָ דֹּרֵשׁ אֹתָהּ תָּמִיד עֵינֵי יְהֹוָה אֱלֹהֶיךָ בָּהּ
30 וְאֶת־הַקְּלָלָה עַל־הַר עֵיבָל׃ הֲלֹא־הֵמָּה בְּעֵבֶר
הַיַּרְדֵּן אַחֲרֵי דֶּרֶךְ מְבוֹא הַשֶּׁמֶשׁ בְּאֶרֶץ הַכְּנַעֲנִי

‏13 מֵרֵשִׁית הַשָּׁנָה וְעַד אַחֲרִית שָׁנָה׃ ס וְהָיָה
‏אִם־שָׁמֹעַ תִּשְׁמְעוּ אֶל־מִצְוֹתַי אֲשֶׁר אָנֹכִי מְצַוֶּה
31 הַיֹּשֵׁב בָּעֲרָבָה מוּל הַגִּלְגָּל אֵצֶל אֵלוֹנֵי מֹרֶה׃ כִּי
אַתֶּם עֹבְרִים אֶת־הַיַּרְדֵּן לָבֹא לָרֶשֶׁת אֶת־הָאָרֶץ
אֲשֶׁר־יְהֹוָה אֱלֹהֵיכֶם נֹתֵן לָכֶם וִירִשְׁתֶּם אֹתָהּ

‏14 אֶתְכֶם הַיּוֹם לְאַהֲבָה אֶת־יְהֹוָה אֱלֹהֵיכֶם וּלְעָבְדוֹ
‏בְּכָל־לְבַבְכֶם וּבְכָל־נַפְשְׁכֶם׃ וְנָתַתִּי מְטַר־
32 וִישַׁבְתֶּם־בָּהּ׃ וּשְׁמַרְתֶּם לַעֲשׂוֹת אֵת כָּל־הַחֻקִּים
וְאֶת־הַמִּשְׁפָּטִים אֲשֶׁר אָנֹכִי נֹתֵן לִפְנֵיכֶם הַיּוֹם׃

‏15 אַרְצְכֶם בְּעִתּוֹ יוֹרֶה וּמַלְקוֹשׁ וְאָסַפְתָּ דְגָנֶךָ וְתִירֹשְׁךָ
‏וְיִצְהָרֶךָ׃ וְנָתַתִּי עֵשֶׂב בְּשָׂדְךָ לִבְהֶמְתֶּךָ וְאָכַלְתָּ

CAP. XII.   יב

‏16 וְשָׂבָעְתָּ׃ הִשָּׁמְרוּ לָכֶם פֶּן יִפְתֶּה לְבַבְכֶם וְסַרְתֶּם
‏וַעֲבַדְתֶּם אֱלֹהִים אֲחֵרִים וְהִשְׁתַּחֲוִיתֶם לָהֶם׃
1 אֵלֶּה הַחֻקִּים וְהַמִּשְׁפָּטִים אֲשֶׁר תִּשְׁמְרוּן לַעֲשׂוֹת
בָּאָרֶץ אֲשֶׁר נָתַן יְהֹוָה אֱלֹהֵי אֲבֹתֶיךָ לְךָ לְרִשְׁתָּהּ

‏17 וְחָרָה אַף־יְהֹוָה בָּכֶם וְעָצַר אֶת־הַשָּׁמַיִם וְלֹא־יִהְיֶה
‏מָטָר וְהָאֲדָמָה לֹא תִתֵּן אֶת־יְבוּלָהּ וַאֲבַדְתֶּם
2 כָּל־הַיָּמִים אֲשֶׁר־אַתֶּם חַיִּים עַל־הָאֲדָמָה׃ אַבֵּד
תְּאַבְּדוּן אֶת־כָּל־הַמְּקֹמוֹת אֲשֶׁר עָבְדוּ־שָׁם הַגּוֹיִם

‏18 מְהֵרָה מֵעַל הָאָרֶץ הַטֹּבָה אֲשֶׁר יְהֹוָה נֹתֵן לָכֶם׃
‏וְשַׂמְתֶּם אֶת־דְּבָרַי אֵלֶּה עַל־לְבַבְכֶם וְעַל־נַפְשְׁכֶם
אֲשֶׁר אַתֶּם יֹרְשִׁים אֹתָם אֶת־אֱלֹהֵיהֶם עַל־הֶהָרִים
הָרָמִים וְעַל־הַגְּבָעוֹת וְתַחַת כָּל־עֵץ רַעֲנָן׃

‏19 וּקְשַׁרְתֶּם אֹתָם לְאוֹת עַל־יֶדְכֶם וְהָיוּ לְטוֹטָפֹת בֵּין
3 וְנִתַּצְתֶּם אֶת־מִזְבְּחֹתָם וְשִׁבַּרְתֶּם אֶת־מַצֵּבֹתָם
וַאֲשֵׁרֵיהֶם תִּשְׂרְפוּן בָּאֵשׁ וּפְסִילֵי אֱלֹהֵיהֶם תְּגַדֵּעוּן

‏20 עֵינֵיכֶם׃ וְלִמַּדְתֶּם אֹתָם אֶת־בְּנֵיכֶם לְדַבֵּר בָּם
‏בְּשִׁבְתְּךָ בְּבֵיתֶךָ וּבְלֶכְתְּךָ בַדֶּרֶךְ וּבְשָׁכְבְּךָ וּבְקוּמֶךָ׃
21 וְאִבַּדְתֶּם אֶת־שְׁמָם מִן־הַמָּקוֹם הַהוּא׃ לֹא־
‏22 וּכְתַבְתָּם עַל־מְזוּזוֹת בֵּיתֶךָ וּבִשְׁעָרֶיךָ׃ לְמַעַן
תַעֲשׂוּן כֵּן לַיהֹוָה אֱלֹהֵיכֶם׃ כִּי אִם־אֶל־הַמָּקוֹם
אֲשֶׁר־יִבְחַר יְהֹוָה אֱלֹהֵיכֶם מִכָּל־שִׁבְטֵיכֶם לָשׂוּם

‏22 יִרְבּוּ יְמֵיכֶם וִימֵי בְנֵיכֶם עַל הָאֲדָמָה אֲשֶׁר נִשְׁבַּע
‏יְהֹוָה לַאֲבֹתֵיכֶם לָתֵת לָהֶם כִּימֵי הַשָּׁמַיִם עַל־
אֶת־שְׁמוֹ שָׁם לְשִׁכְנוֹ תִדְרְשׁוּ וּבָאתָ שָׁמָּה׃

‏23 הָאָרֶץ׃ ס כִּי אִם־שָׁמֹר תִּשְׁמְרוּן אֶת־כָּל־
‏הַמִּצְוָה הַזֹּאת אֲשֶׁר אָנֹכִי מְצַוֶּה אֶתְכֶם לַעֲשֹׂתָהּ
6 וַהֲבֵאתֶם שָׁמָּה עֹלֹתֵיכֶם וְזִבְחֵיכֶם וְאֵת מַעְשְׂרֹתֵיכֶם
וְאֵת תְּרוּמַת יֶדְכֶם וְנִדְרֵיכֶם וְנִדְבֹתֵיכֶם וּבְכֹרֹת

‏23 לְאַהֲבָה אֶת־יְהֹוָה אֱלֹהֵיכֶם לָלֶכֶת בְּכָל־דְּרָכָיו
‏וּדְבָקָה־בוֹ׃ וְהוֹרִישׁ יְהֹוָה אֶת־כָּל־הַגּוֹיִם הָאֵלֶּה
7 בְּקַרְכֶם וְצֹאנְכֶם׃ וַאֲכַלְתֶּם־שָׁם לִפְנֵי יְהֹוָה אֱלֹהֵיכֶם
וּשְׂמַחְתֶּם בְּכֹל מִשְׁלַח יֶדְכֶם אַתֶּם וּבָתֵּיכֶם אֲשֶׁר

‏24 מִלִּפְנֵיכֶם וִירִשְׁתֶּם גּוֹיִם גְּדֹלִים וַעֲצֻמִים מִכֶּם׃
‏כָּל־הַמָּקוֹם אֲשֶׁר תִּדְרֹךְ כַּף־רַגְלְכֶם בּוֹ לָכֶם יִהְיֶה
8 בֵּרַכְךָ יְהֹוָה אֱלֹהֶיךָ׃ לֹא תַעֲשׂוּן כְּכֹל אֲשֶׁר אֲנַחְנוּ
עֹשִׂים פֹּה הַיּוֹם אִישׁ כָּל־הַיָּשָׁר בְּעֵינָיו׃

‏25 מִן־הַמִּדְבָּר וְהַלְּבָנוֹן מִן־הַנָּהָר נְהַר־פְּרָת וְעַד הַיָּם
‏הָאַחֲרוֹן יִהְיֶה גְּבֻלְכֶם׃ לֹא־יִתְיַצֵּב אִישׁ בִּפְנֵיכֶם
9 כִּי לֹא־
בָאתֶם עַד־עָתָּה אֶל־הַמְּנוּחָה וְאֶל־הַנַּחֲלָה אֲשֶׁר

drinketh water of the rain of heaven;

12 A land which the LORD thy God careth β for: the eyes *a* of the LORD thy God *are* always upon it, from the beginning of the year even unto the end of the year.

13 And it shall come to pass, if ye shall hearken diligently *b* unto my commandments which I command you this day, to *c* love the LORD your GOD, and to serve him with all your heart, and with all your soul,

14 That *e* I will give *you* the rain of your land in his due season, the *f* first rain and the latter rain, that thou mayest gather in thy corn, and thy wine, and thine oil.

15 And *h* I will γsend grass in thy fields for thy cattle, that thou mayest eat *i* and be full.

16 Take heed *l* to yourselves, that your heart *m* be not deceived, and ye turn aside, and serve other gods, and worship them;

17 And *then* the LORD's wrath *o* be kindled against you, and he shut *p* up the heaven, that there be no rain, and that the land yield not her fruit; and *lest* ye perish quickly from off the good land which the LORD giveth you.

18 Therefore shall ye lay up *t* these my words in your heart and in your soul, and *u* bind them for a sign upon your hand, that they may be as frontlets between your eyes.

19 And *x* ye shall teach them your children, speaking of them when thou sittest in thine house, and when thou walkest by the way, when thou liest down, and when thou risest up.

20 And thou shalt write them upon the door-posts of thine house, and upon thy gates;

21 That *a* your days may be multiplied, and the days of your children, in the land which the LORD sware unto your fathers to give them, as the days *b* of heaven upon the earth.

22 For if ye shall diligently keep all these commandments which I command you, to do them; to love the LORD your God, to walk in all his ways, and to cleave *e* unto him;

23 Then will the LORD drive *f* out all these nations from before you, and ye shall possess greater nations and mightier than yourselves.

24 Every place whereon *i* the soles of your feet shall tread shall be your's: from the *k* wilderness and Lebanon, from the river, the river Euphrates, even unto the uttermost sea, shall your coast be.

25 There *m* shall no man be able to stand before you: for the LORD your God shall lay the fear *n* of you and the dread of you upon all the land that ye shall tread upon, as he hath said *o* unto you.

26 Behold, I *p* set before you this day a blessing and a curse:

27 A blessing, *q* if ye obey the commandments of the LORD your God, which I command you this day;

28 And a curse, *s* if ye will not obey the commandments of the LORD your God, but turn aside *t* out of the way which I command you this day, to go after other gods, which ye have not known.

29 And it shall come to pass, when the LORD thy God hath brought thee in unto the land whither thou goest to possess it, that thou shalt put *x* the blessing upon mount Gerizim, and the curse upon mount Ebal.

B. C. 1451.

β *seeketh.*
a 1 Ki. 9. 3.
b ver. 22.
  ch. 6. 17.
c ch. 10. 12.
d ch. 12. 32.
e Le. 26. 4.
f Joel 2. 23.
  Ja. 5. 7.
g ch. 6. 1.
h Ps. 104. 14.
  Hos.2.21,22
γ *give.*
i Joel 2. 19.
k ch. 4. 10.
l Jos. 23. 11.
  16.
m ch. 29. 18.
  Je. 4. 18.
n Ex. 34. 13.
δ or, *inherit.*
o ch. 6. 15.
p 1 Ki. 8. 35.
  2 Ch. 7. 13.
q 2 Ki. 17. 10,
  11.
  Je. 3. 6.
ζ *break down.*
r Nu. 33. 52.
  Ju. 2. 2.
  2 Ch. 31. 1.
s 1 Ki. 15.13.
t ch. 6. 6.9.
  Pr. 3. 1.
u Pr. 3. 3.
v ver. 31.
w ver. 11.
  2 Ch. 7. 12.
  Ps. 78. 68.
x ch. 4. 9, 10.
y Le. 17. 3, 4.
z ch.14.22..26
a Pr. 4. 10.
  9. 11.
b Ps. 89. 29.
c ver. 12, 18.
  ch.6.11..15
  26. 11.
  Le. 23. 40.
d Ju. 17. 6.
  21. 25.
e ch. 10. 20.
  30. 20.
f ch. 9. 5.
  Ps. 78. 55.
g He. 4. 9.
h Jos. 3. 17.
i Jos. 1. 3.
k Ge. 15. 18.
  Nu. 34. 3.
l Jos. 18. 1.
  1 Ki. 8. 29.
m ch. 7. 24.
n Jos. 2.9.24.
o Ex. 23. 27.
p ch.30.1,15,
  19.
η *the choice of your vows.*
q ch.28.2..13.
r ver. 7.
s ch.28.15..68
t 1 Sa. 12.21.
u ch. 14. 29.
v Le. 17. 2..5.
w ver. 11.
x ch.27.12,13
  Jos. 8. 33.

30 *Are* they not on the other side Jordan, by the way where the sun goeth down, in the land of the Canaanites, which dwell in the champaign over against Gilgal, beside the plains of Moreh?

31 For ye shall pass over Jordan, to go in to possess the land which the LORD your God giveth you, and ye shall possess it, and dwell therein.

32 And ye shall observe *d* to do all the statutes and judgments which I set before you this day.

CHAP. XII.

THESE *g are* the statutes and judgments which ye shall observe to do in the land which the LORD God of thy fathers giveth thee to possess it, all *k* the days that ye live upon the earth.

2 Ye shall utterly destroy *n* all the places wherein the nations which ye shall possess δ served their gods, upon the high mountains, *q* and upon the hills, and under every green tree:

3 And ye shall ζoverthrow *r* their altars, and break their pillars, and burn their groves *s* with fire; and ye shall hew down the graven images of their gods, and destroy the names of them out of that place,

4 Ye *v* shall not do so unto the LORD your God.

5 But unto the place *w* which the LORD your God shall choose out of all your tribes to put his name there, *even* unto his habitation shall ye seek, and thither thou shalt come:

6 And thither *y* ye shall bring your burnt-offerings, and your sacrifices, and your tithes, *z* and heave-offerings of your hand, and your vows, and your free-will-offerings, and the firstlings of your herds and of your flocks:

7 And there ye shall eat before the LORD your God, and ye shall rejoice in *c* all that ye put your hand unto, ye and your households, wherein the LORD thy God hath blessed thee.

8 Ye shall not do after all *the things* that we do here this day, every *d* man whatsoever *is* right in his own eyes.

9 For ye are not *g* as yet come to the rest and to the inheritance, which the LORD your God giveth you.

10 But *when* ye go over Jordan, *h* and dwell in the land which the LORD your God giveth you to inherit, and *when* he giveth you rest from all your enemies round about, so that ye dwell in safety;

11 Then there shall be a place *i* which the LORD your God shall choose, to cause his name to dwell there; thither shall ye bring all that I command you; your burnt-offerings, and your sacrifices, your tithes, and the heave-offering of your hand, and all η your choice vows which ye vow unto the LORD:

12 And ye shall rejoice *r* before the LORD your God, ye, and your sons, and your daughters, and your men-servants, and your maid-servants, and the Levite that *is* within your gates; forasmuch as he hath no *u* part nor inheritance with you.

13 Take heed to thyself that thou offer not thy burnt-offerings in every *v* place that thou seest:

14 But in the place which the LORD shall choose in one of thy tribes, there *w* thou shalt offer thy burnt-offerings, and there thou shalt do all that I command thee.

15 Notwithstanding thou mayest kill

10 וַעֲבַרְתֶּם אֶת־הַיַּרְדֵּן וִישַׁבְתֶּם בָּאָרֶץ אֲשֶׁר־יְהֹוָה אֱלֹהֵיכֶם מַנְחִיל אֶתְכֶם וְהֵנִיחַ לָכֶם מִכָּל־אֹיְבֵיכֶם מִסָּבִיב וִישַׁבְתֶּם־בֶּטַח׃

11 וְהָיָה הַמָּקוֹם אֲשֶׁר־יִבְחַר יְהֹוָה אֱלֹהֵיכֶם בּוֹ לְשַׁכֵּן שְׁמוֹ שָׁם שָׁמָּה תָבִיאוּ אֵת כָּל־אֲשֶׁר אָנֹכִי מְצַוֶּה אֶתְכֶם עוֹלֹתֵיכֶם וְזִבְחֵיכֶם מַעְשְׂרֹתֵיכֶם וּתְרֻמַת יֶדְכֶם וְכֹל מִבְחַר נִדְרֵיכֶם אֲשֶׁר תִּדְּרוּ לַיהֹוָה׃

12 וּשְׂמַחְתֶּם לִפְנֵי יְהֹוָה אֱלֹהֵיכֶם אַתֶּם וּבְנֵיכֶם וּבְנֹתֵיכֶם וְעַבְדֵיכֶם וְאַמְהֹתֵיכֶם וְהַלֵּוִי אֲשֶׁר בְּשַׁעֲרֵיכֶם כִּי אֵין לוֹ חֵלֶק וְנַחֲלָה אִתְּכֶם׃

13 הִשָּׁמֶר לְךָ פֶּן־תַּעֲלֶה עֹלֹתֶיךָ בְּכָל־מָקוֹם אֲשֶׁר תִּרְאֶה׃

14 כִּי אִם־בַּמָּקוֹם אֲשֶׁר־יִבְחַר יְהֹוָה בְּאַחַד שְׁבָטֶיךָ שָׁם תַּעֲלֶה עֹלֹתֶיךָ וְשָׁם תַּעֲשֶׂה כֹּל אֲשֶׁר אָנֹכִי מְצַוֶּךָּ׃

15 רַק בְּכָל־אַוַּת נַפְשְׁךָ תִּזְבַּח וְאָכַלְתָּ בָשָׂר כְּבִרְכַּת יְהֹוָה אֱלֹהֶיךָ אֲשֶׁר נָתַן־לְךָ בְּכָל־שְׁעָרֶיךָ הַטָּמֵא וְהַטָּהוֹר יֹאכְלֶנּוּ כַּצְּבִי וְכָאַיָּל׃

16 רַק הַדָּם לֹא תֹאכֵלוּ עַל־הָאָרֶץ תִּשְׁפְּכֶנּוּ כַּמָּיִם׃

17 לֹא־תוּכַל לֶאֱכֹל בִּשְׁעָרֶיךָ מַעְשַׂר דְּגָנְךָ וְתִירֹשְׁךָ וְיִצְהָרֶךָ וּבְכֹרֹת בְּקָרְךָ וְצֹאנֶךָ וְכָל־נְדָרֶיךָ אֲשֶׁר תִּדֹּר וְנִדְבֹתֶיךָ וּתְרוּמַת יָדֶךָ׃

18 כִּי אִם־לִפְנֵי יְהֹוָה אֱלֹהֶיךָ תֹּאכְלֶנּוּ בַּמָּקוֹם אֲשֶׁר יִבְחַר יְהֹוָה אֱלֹהֶיךָ בּוֹ אַתָּה וּבִנְךָ וּבִתֶּךָ וְעַבְדְּךָ וַאֲמָתֶךָ וְהַלֵּוִי אֲשֶׁר בִּשְׁעָרֶיךָ וְשָׂמַחְתָּ לִפְנֵי יְהֹוָה אֱלֹהֶיךָ בְּכֹל מִשְׁלַח יָדֶךָ׃

19 הִשָּׁמֶר לְךָ פֶּן־תַּעֲזֹב אֶת־הַלֵּוִי כָּל־יָמֶיךָ עַל־אַדְמָתֶךָ׃

20 כִּי־יַרְחִיב יְהֹוָה אֱלֹהֶיךָ אֶת־גְּבֻלְךָ כַּאֲשֶׁר דִּבֶּר־לָךְ וְאָמַרְתָּ אֹכְלָה בָשָׂר כִּי־תְאַוֶּה נַפְשְׁךָ לֶאֱכֹל בָּשָׂר בְּכָל־אַוַּת נַפְשְׁךָ תֹּאכַל בָּשָׂר׃

21 כִּי־יִרְחַק מִמְּךָ הַמָּקוֹם אֲשֶׁר יִבְחַר יְהֹוָה אֱלֹהֶיךָ לָשׂוּם שְׁמוֹ שָׁם וְזָבַחְתָּ מִבְּקָרְךָ וּמִצֹּאנְךָ אֲשֶׁר נָתַן יְהֹוָה לְךָ כַּאֲשֶׁר צִוִּיתִךָ וְאָכַלְתָּ בִּשְׁעָרֶיךָ בְּכֹל אַוַּת נַפְשֶׁךָ׃

22 אַךְ כַּאֲשֶׁר יֵאָכֵל אֶת־הַצְּבִי וְאֶת־הָאַיָּל כֵּן תֹּאכְלֶנּוּ הַטָּמֵא וְהַטָּהוֹר יַחְדָּו יֹאכְלֶנּוּ׃

23 רַק חֲזַק לְבִלְתִּי אֲכֹל הַדָּם כִּי הַדָּם הוּא הַנָּפֶשׁ וְלֹא־תֹאכַל הַנֶּפֶשׁ עִם־הַבָּשָׂר׃

24 לֹא תֹּאכְלֶנּוּ עַל־הָאָרֶץ תִּשְׁפְּכֶנּוּ כַּמָּיִם׃

25 לֹא תֹּאכְלֶנּוּ לְמַעַן יִיטַב לְךָ וּלְבָנֶיךָ אַחֲרֶיךָ כִּי־תַעֲשֶׂה הַיָּשָׁר בְּעֵינֵי יְהֹוָה׃

26 רַק קָדָשֶׁיךָ אֲשֶׁר־יִהְיוּ לְךָ וּנְדָרֶיךָ תִּשָּׂא וּבָאתָ אֶל־הַמָּקוֹם אֲשֶׁר־יִבְחַר יְהֹוָה׃

27 וְעָשִׂיתָ עֹלֹתֶיךָ הַבָּשָׂר וְהַדָּם עַל־מִזְבַּח יְהֹוָה אֱלֹהֶיךָ וְדַם־זְבָחֶיךָ יִשָּׁפֵךְ עַל־מִזְבַּח יְהֹוָה אֱלֹהֶיךָ וְהַבָּשָׂר תֹּאכֵל׃

28 שְׁמֹר וְשָׁמַעְתָּ אֵת כָּל־הַדְּבָרִים הָאֵלֶּה אֲשֶׁר אָנֹכִי מְצַוֶּךָּ לְמַעַן יִיטַב לְךָ וּלְבָנֶיךָ אַחֲרֶיךָ עַד־עוֹלָם כִּי תַעֲשֶׂה הַטּוֹב וְהַיָּשָׁר בְּעֵינֵי יְהֹוָה אֱלֹהֶיךָ׃

29 כִּי־יַכְרִית יְהֹוָה אֱלֹהֶיךָ אֶת־הַגּוֹיִם אֲשֶׁר אַתָּה בָא־שָׁמָּה לָרֶשֶׁת אוֹתָם מִפָּנֶיךָ וְיָרַשְׁתָּ אֹתָם וְיָשַׁבְתָּ בְּאַרְצָם׃

30 הִשָּׁמֶר לְךָ פֶּן־תִּנָּקֵשׁ אַחֲרֵיהֶם אַחֲרֵי הִשָּׁמְדָם מִפָּנֶיךָ וּפֶן־תִּדְרֹשׁ לֵאלֹהֵיהֶם לֵאמֹר אֵיכָה יַעַבְדוּ הַגּוֹיִם הָאֵלֶּה אֶת־אֱלֹהֵיהֶם וְאֶעֱשֶׂה־כֵּן גַּם־אָנִי׃

31 לֹא־תַעֲשֶׂה כֵן לַיהֹוָה אֱלֹהֶיךָ כִּי כָל־תּוֹעֲבַת יְהֹוָה אֲשֶׁר שָׂנֵא עָשׂוּ לֵאלֹהֵיהֶם כִּי גַם אֶת־בְּנֵיהֶם וְאֶת־בְּנֹתֵיהֶם יִשְׂרְפוּ בָאֵשׁ לֵאלֹהֵיהֶם׃

CAP. XIII. יג

1 אֵת כָּל־הַדָּבָר אֲשֶׁר אָנֹכִי מְצַוֶּה אֶתְכֶם אֹתוֹ תִשְׁמְרוּן לַעֲשׂוֹת לֹא־תֹסֵף עָלָיו וְלֹא תִגְרַע מִמֶּנּוּ׃

2 כִּי־יָקוּם בְּקִרְבְּךָ נָבִיא אוֹ חֹלֵם חֲלוֹם וְנָתַן אֵלֶיךָ אוֹת אוֹ מוֹפֵת׃

3 וּבָא הָאוֹת וְהַמּוֹפֵת אֲשֶׁר־דִּבֶּר אֵלֶיךָ לֵאמֹר נֵלְכָה אַחֲרֵי אֱלֹהִים אֲחֵרִים אֲשֶׁר לֹא־יְדַעְתָּם וְנָעָבְדֵם׃

4 לֹא תִשְׁמַע אֶל־דִּבְרֵי הַנָּבִיא הַהוּא אוֹ אֶל־חוֹלֵם הַחֲלוֹם הַהוּא כִּי מְנַסֶּה יְהֹוָה אֱלֹהֵיכֶם אֶתְכֶם לָדַעַת הֲיִשְׁכֶם אֹהֲבִים אֶת־יְהֹוָה אֱלֹהֵיכֶם בְּכָל־לְבַבְכֶם וּבְכָל־נַפְשְׁכֶם׃

5 אַחֲרֵי יְהֹוָה אֱלֹהֵיכֶם תֵּלֵכוּ וְאֹתוֹ תִירָאוּ וְאֶת־מִצְוֺתָיו תִּשְׁמֹרוּ וּבְקֹלוֹ תִשְׁמָעוּ וְאֹתוֹ תַעֲבֹדוּ וּבוֹ תִדְבָּקוּן׃

6 וְהַנָּבִיא הַהוּא אוֹ חֹלֵם הַחֲלוֹם הַהוּא יוּמָת כִּי דִבֶּר־סָרָה עַל־יְהֹוָה אֱלֹהֵיכֶם הַמּוֹצִיא אֶתְכֶם מֵאֶרֶץ מִצְרַיִם וְהַפֹּדְךָ מִבֵּית עֲבָדִים לְהַדִּיחֲךָ מִן־הַדֶּרֶךְ אֲשֶׁר צִוְּךָ יְהֹוָה אֱלֹהֶיךָ לָלֶכֶת בָּהּ וּבִעַרְתָּ הָרָע מִקִּרְבֶּךָ׃

7 כִּי יְסִיתְךָ אָחִיךָ בֶן־אִמֶּךָ אוֹ־בִנְךָ אוֹ־בִתְּךָ אוֹ אֵשֶׁת חֵיקֶךָ אוֹ רֵעֲךָ אֲשֶׁר כְּנַפְשְׁךָ בַּסֵּתֶר לֵאמֹר נֵלְכָה וְנַעַבְדָה אֱלֹהִים אֲחֵרִים אֲשֶׁר לֹא יָדַעְתָּ אַתָּה וַאֲבֹתֶיךָ׃

8 מֵאֱלֹהֵי הָעַמִּים אֲשֶׁר סְבִיבֹתֵיכֶם הַקְּרֹבִים אֵלֶיךָ אוֹ הָרְחֹקִים מִמֶּךָּ מִקְצֵה הָאָרֶץ וְעַד־קְצֵה הָאָרֶץ׃

9 לֹא־תֹאבֶה לוֹ וְלֹא תִשְׁמַע אֵלָיו וְלֹא־תָחוֹס עֵינְךָ עָלָיו וְלֹא־תַחְמֹל וְלֹא־תְכַסֶּה עָלָיו׃

10 כִּי הָרֹג תַּהַרְגֶנּוּ יָדְךָ תִּהְיֶה־בּוֹ בָרִאשׁוֹנָה לַהֲמִיתוֹ וְיַד כָּל־הָעָם בָּאַחֲרֹנָה׃

and eat flesh in all thy gates, whatsoever thy *a* soul lusteth after, according to the blessing of the LORD thy God which he hath given thee: the *c* unclean and the clean may eat thereof, as of the roebuck, and as of the hart.

16 Only ye shall not eat the blood; *f* ye shall pour it upon the earth as water.

17 Thou mayest not eat within thy gates the tithe of thy corn, or of thy wine, or of thy oil, or the firstlings of thy herds or of thy flock, nor any of thy vows which thou vowest, nor thy free-will-offerings, or heave-offering of thine hand :

18 But *k* thou must eat them before the LORD thy God in the place which the LORD thy God shall choose, thou, and thy son, and thy daughter, and thy manservant, and thy maid-servant, and the Levite that *is* within thy gates: and thou shalt rejoice before the LORD thy God in all *n* that thou puttest thine hands unto.

19 Take *o* heed to thyself that thou forsake not the Levite *β* as long as thou livest upon the earth.

20 When the LORD thy God shall enlarge *q* thy border, as he hath *t* promised thee, and thou shalt say, I will eat flesh, (because thy soul longeth to eat flesh,) thou mayest eat flesh, whatsoever thy soul lusteth after.

21 If the place which the LORD thy God hath chosen to put his name there be too far from thee, then thou shalt kill of thy herd and of thy flock, which the LORD hath given thee, as I have commanded thee, and thou shalt eat in thy gates whatsoever thy soul lusteth after.

22 Even *x* as the roebuck and the hart is eaten, so thou shalt eat them; the unclean and the clean shall eat *of* them alike.

23 Only be *δ* sure that thou eat not the blood : for *y* the blood is the life ; and thou mayest not eat the life with the flesh.

24 Thou shalt not eat it; thou shalt pour it upon the earth as water.

25 Thou shalt not eat it; that *z* it may go well with thee, and with thy children after thee, when *b* thou shalt do *that which is* right in the sight of the LORD.

26 Only thy holy *c* things which thou hast, and thy vows, *d* thou shalt take, and go unto the place which the LORD shall choose :

27 And thou shalt offer thy burnt-offerings, the flesh and the blood, upon the altar *f* of the LORD thy God: and the blood of thy sacrifices shall be poured out upon the altar of the LORD thy God, and thou shalt eat the flesh.

28 Observe *g* and hear all these words which I command thee, that it may go well with thee, and with thy children after thee for ever, when thou doest *that which is* good and right in the sight of the LORD thy God.

29 When the LORD thy God shall cut off *k* the nations from before thee, whither thou goest to possess them, and thou *θ* succeedest them, and dwellest in their land ;

30 Take heed to thyself, that thou be not snared *κ* by following *m* them, after that they be destroyed from before thee ; and that thou inquire not after their gods, saying, How did these nations serve their gods? even so will I do likewise.

31 Thou *n* shalt not do so unto the LORD thy God : for every abomination *λ* to the

a ch. 14. 26.
b Le. 18. 21.
Je. 32. 35.
Eze. 20. 31.
23. 37.
Mi. 6. 7.
c ver 22.
ch. 15. 22.
d Jos. 1. 7.
e Re. 22. 18.
f Ge. 9. 4.
Le. 7. 26.
g Zec. 10. 2.
h Mat. 24. 24.
2 Th. 2. 9.
Re. 13. 14.
i ch. 18. 22.
Je. 28. 9.
Mat. 7. 22.
k ver. 11, 12.
ch. 14. 23.
1 Co. 11. 19.
m 2Ch. 34. 31.
n 1 Co. 10. 31.
o ch. 14. 27.
β all thy days.
p Je. 7. 23.
q ch. 10. 20.
r Zec. 13. 3.
s 1 Ch. 4. 10.
t Ge. 28. 14.
Ex. 34. 24.
γ revolt against him the LORD.
u ch. 17. 7.
1 Co. 5. 13.
v ch. 28. 54.
Mi. 7. 5.
w 1 Sa. 20. 17.
x ver. 15, 16.
δ strong.
y Le. 17. 11, 14.
z ch. 4. 40.
a Pr. 1. 10.
b Ex. 15. 26.
1 Ki. 11. 38.
Ec. 2. 26.
c Nu. 5. 9, 10.
d Le. 22. 18, &c.
1 Sa. 1. 21..24
e ch. 17. 7.
f Le. 15. 9, 13.
17. 11.
g Ex. 34. 11.
2 Ch. 7. 17.
Eze. 37. 24.
Jn°. 15. 10, 14
ζ bondmen.
h ch. 19. 20.
i Jos. 22. 11.
k ch. 19. 1.
Ex. 23. 23.
Jos. 23. 4.
η or, naughty men.
Ju. 19. 22.
1 K. 21. 10, 13
θ inheritest, or, possessest.
l Jude 19.
κ after them.
m 2 Ki. 17. 15.
Ps. 106. 34..38
n Ex. 23. 2.
λ of.

LORD, which he hateth, have they done unto their gods ; for *b* even their sons and their daughters they have burnt in the fire to their gods.

32 What *d* thing soever I command you, observe to do it: thou *e* shalt not add thereto, nor diminish from it.

CHAP. XIII.

IF there arise among you a prophet, or a dreamer *g* of dreams, and giveth thee a sign *h* or a wonder,

2 And the sign or the wonder come *i* to pass, whereof he spake unto thee, saying, Let us go after other gods, which thou hast not known, and let us serve them ;

3 Thou shalt not hearken unto the words of that prophet, or that dreamer of dreams: for the LORD your God proveth *l* you, to know whether ye love the LORD your God with all your heart and with all your soul.

4 Ye shall walk *m* after the LORD your God, and fear him, and keep his commandments, and obey his voice, *p* and ye shall serve him, and cleave *q* unto him.

5 And *r* that prophet, or that dreamer of dreams, shall be put to death; because he hath spoken *γ* to turn *you* away from the LORD your God, which brought you out of the land of Egypt, and redeemed you out of the house of bondage, to thrust thee out of the way which the LORD thy God commanded thee to walk in : So shalt *u* thou put the evil away from the midst of thee.

6 If thy brother, the son of thy mother, or thy son, or thy daughter, or the wife *v* of thy bosom, or thy friend, *w* which *is* as thine own soul, entice thee secretly, saying, Let us go and serve other gods, which thou hast not known, thou, nor thy fathers ;

7 *Namely*, of the gods of the people which *are* round about you, nigh unto thee, or far off from thee, from the *one* end of the earth even unto the *other* end of the earth ;

8 Thou shalt not consent *a* unto him, nor hearken unto him ; neither shall thine eye pity him, neither shalt thou spare, neither shalt thou conceal him ;

9 But thou shalt surely kill him ; thine hand *e* shall be first upon him to put him to death, and afterwards the hand of all the people.

10 And thou shalt stone him with stones, that he die; because he hath sought to thrust thee away from the LORD thy God, which brought thee out of the land of Egypt, from the house of *ζ* bondage.

11 And *h* all Israel shall hear, and fear, and shall do no more any such wickedness as this is among you.

12 If thou shalt hear *i* say in one of thy cities, which the LORD thy God hath given thee to dwell there, saying,

13 *Certain* men, *η* the children of Belial, are gone out from among you, and have withdrawn *l* the inhabitants of their city, saying, Let us go and serve other gods, which ye have not known ;

14 Then shalt thou inquire, and make search, and ask diligently ; and, behold, *if it be* truth, *and* the thing certain, *that* such abomination is wrought among you ;

15 Thou shalt surely smite the inhabi-

[Right column — Deut 13:16–19, CAP. XIV, 14:1–10]

16 הַכֵּה תַכֶּה אֶת־יֹשְׁבֵי הָעִיר הַהִוא לְפִי־חָרֶב הַחֲרֵם אֹתָהּ וְאֶת־כָּל־אֲשֶׁר־בָּהּ וְאֶת־בְּהֶמְתָּהּ לְפִי־חָרֶב׃

17 וְאֶת־כָּל־שְׁלָלָהּ תִּקְבֹּץ אֶל־תּוֹךְ רְחֹבָהּ וְשָׂרַפְתָּ בָאֵשׁ אֶת־הָעִיר וְאֶת־כָּל־שְׁלָלָהּ כָּלִיל לַיהוָה אֱלֹהֶיךָ וְהָיְתָה תֵּל עוֹלָם לֹא תִבָּנֶה עוֹד׃

18 וְלֹא־יִדְבַּק בְּיָדְךָ מְאוּמָה מִן־הַחֵרֶם לְמַעַן יָשׁוּב יְהוָה מֵחֲרוֹן אַפּוֹ וְנָתַן־לְךָ רַחֲמִים וְרִחַמְךָ וְהִרְבֶּךָ כַּאֲשֶׁר נִשְׁבַּע לַאֲבֹתֶיךָ׃

19 כִּי תִשְׁמַע בְּקוֹל יְהוָה אֱלֹהֶיךָ לִשְׁמֹר אֶת־כָּל־מִצְוֹתָיו אֲשֶׁר אָנֹכִי מְצַוְּךָ הַיּוֹם לַעֲשׂוֹת הַיָּשָׁר בְּעֵינֵי יְהוָה אֱלֹהֶיךָ׃ ס

CAP. XIV. יד

1 בָּנִים אַתֶּם לַיהוָה אֱלֹהֵיכֶם לֹא תִתְגֹּדְדוּ וְלֹא־תָשִׂימוּ קָרְחָה בֵּין עֵינֵיכֶם לָמֵת׃

2 כִּי עַם קָדוֹשׁ אַתָּה לַיהוָה אֱלֹהֶיךָ וּבְךָ בָּחַר יְהוָה לִהְיוֹת לוֹ לְעַם סְגֻלָּה מִכֹּל הָעַמִּים אֲשֶׁר עַל־פְּנֵי הָאֲדָמָה׃

3 לֹא תֹאכַל כָּל־תּוֹעֵבָה׃ ס

4 זֹאת הַבְּהֵמָה אֲשֶׁר תֹּאכֵלוּ שׁוֹר שֵׂה כְשָׂבִים וְשֵׂה עִזִּים׃

5 אַיָּל וּצְבִי וְיַחְמוּר וְאַקּוֹ וְדִישֹׁן וּתְאוֹ וָזָמֶר׃

6 וְכָל־בְּהֵמָה מַפְרֶסֶת פַּרְסָה וְשֹׁסַעַת שֶׁסַע שְׁתֵּי פְרָסוֹת מַעֲלַת גֵּרָה בַּבְּהֵמָה אֹתָהּ תֹּאכֵלוּ׃

7 אַךְ אֶת־זֶה לֹא תֹאכְלוּ מִמַּעֲלֵי הַגֵּרָה וּמִמַּפְרִיסֵי הַפַּרְסָה הַשְּׁסוּעָה אֶת־הַגָּמָל וְאֶת־הָאַרְנֶבֶת וְאֶת־הַשָּׁפָן כִּי־מַעֲלֵה גֵרָה הֵמָּה וּפַרְסָה לֹא הִפְרִיסוּ טְמֵאִים הֵם לָכֶם׃

8 וְאֶת־הַחֲזִיר כִּי־מַפְרִיס פַּרְסָה הוּא וְלֹא גֵרָה טָמֵא הוּא לָכֶם מִבְּשָׂרָם לֹא תֹאכֵלוּ וּבְנִבְלָתָם לֹא תִגָּעוּ׃ ס

9 אֶת־זֶה תֹּאכְלוּ מִכֹּל אֲשֶׁר בַּמָּיִם כֹּל אֲשֶׁר־לוֹ סְנַפִּיר וְקַשְׂקֶשֶׂת תֹּאכֵלוּ׃

10 וְכֹל אֲשֶׁר אֵין־לוֹ סְנַפִּיר וְקַשְׂקֶשֶׂת לֹא תֹאכֵלוּ טָמֵא הוּא לָכֶם׃ ס

[Left column — Deut 14:11–29, CAP. XV, 15:1–4]

11 כָּל־צִפּוֹר טְהֹרָה תֹּאכֵלוּ׃

12 וְזֶה אֲשֶׁר לֹא־תֹאכְלוּ מֵהֶם הַנֶּשֶׁר וְהַפֶּרֶס וְהָעָזְנִיָּה׃

13 וְהָרָאָה וְאֶת־הָאַיָּה וְהַדַּיָּה לְמִינָהּ׃

14 וְאֵת כָּל־עֹרֵב לְמִינוֹ׃

15 וְאֵת בַּת הַיַּעֲנָה וְאֶת־הַתַּחְמָס וְאֶת־הַשָּׁחַף וְאֶת־הַנֵּץ לְמִינֵהוּ׃

16 אֶת־הַכּוֹס וְאֶת־הַיַּנְשׁוּף וְהַתִּנְשָׁמֶת׃

17 וְהַקָּאָת וְאֶת־הָרָחָמָה וְאֶת־הַשָּׁלָךְ׃

18 וְהַחֲסִידָה וְהָאֲנָפָה לְמִינָהּ וְהַדּוּכִיפַת וְהָעֲטַלֵּף׃

19 וְכֹל שֶׁרֶץ הָעוֹף טָמֵא הוּא לָכֶם לֹא יֵאָכֵלוּ׃

20 כָּל־עוֹף טָהוֹר תֹּאכֵלוּ׃

21 לֹא תֹאכְלוּ כָל־נְבֵלָה לַגֵּר אֲשֶׁר־בִּשְׁעָרֶיךָ תִּתְּנֶנָּה וַאֲכָלָהּ אוֹ מָכֹר לְנָכְרִי כִּי עַם קָדוֹשׁ אַתָּה לַיהוָה אֱלֹהֶיךָ לֹא־תְבַשֵּׁל גְּדִי בַּחֲלֵב אִמּוֹ׃ ס

22 עַשֵּׂר תְּעַשֵּׂר אֵת כָּל־תְּבוּאַת זַרְעֶךָ הַיֹּצֵא הַשָּׂדֶה שָׁנָה שָׁנָה׃

23 וְאָכַלְתָּ לִפְנֵי יְהוָה אֱלֹהֶיךָ בַּמָּקוֹם אֲשֶׁר־יִבְחַר לְשַׁכֵּן שְׁמוֹ שָׁם מַעְשַׂר דְּגָנְךָ תִּירֹשְׁךָ וְיִצְהָרֶךָ וּבְכֹרֹת בְּקָרְךָ וְצֹאנֶךָ לְמַעַן תִּלְמַד לְיִרְאָה אֶת־יְהוָה אֱלֹהֶיךָ כָּל־הַיָּמִים׃

24 וְכִי־יִרְבֶּה מִמְּךָ הַדֶּרֶךְ כִּי לֹא תוּכַל שְׂאֵתוֹ כִּי־יִרְחַק מִמְּךָ הַמָּקוֹם אֲשֶׁר יִבְחַר יְהוָה אֱלֹהֶיךָ לָשׂוּם שְׁמוֹ שָׁם כִּי יְבָרֶכְךָ יְהוָה אֱלֹהֶיךָ׃

25 וְנָתַתָּה בַּכָּסֶף וְצַרְתָּ הַכֶּסֶף בְּיָדְךָ וְהָלַכְתָּ אֶל־הַמָּקוֹם אֲשֶׁר יִבְחַר יְהוָה אֱלֹהֶיךָ בּוֹ׃

26 וְנָתַתָּה הַכֶּסֶף בְּכֹל אֲשֶׁר־תְּאַוֶּה נַפְשְׁךָ בַּבָּקָר וּבַצֹּאן וּבַיַּיִן וּבַשֵּׁכָר וּבְכֹל אֲשֶׁר תִּשְׁאָלְךָ נַפְשֶׁךָ וְאָכַלְתָּ שָּׁם לִפְנֵי יְהוָה אֱלֹהֶיךָ וְשָׂמַחְתָּ אַתָּה וּבֵיתֶךָ׃

27 וְהַלֵּוִי אֲשֶׁר־בִּשְׁעָרֶיךָ לֹא תַעַזְבֶנּוּ כִּי אֵין לוֹ חֵלֶק וְנַחֲלָה עִמָּךְ׃

28 מִקְצֵה שָׁלֹשׁ שָׁנִים תּוֹצִיא אֶת־כָּל־מַעְשַׂר תְּבוּאָתְךָ בַּשָּׁנָה הַהִוא וְהִנַּחְתָּ בִּשְׁעָרֶיךָ׃

29 וּבָא הַלֵּוִי כִּי אֵין־לוֹ חֵלֶק וְנַחֲלָה עִמָּךְ וְהַגֵּר וְהַיָּתוֹם וְהָאַלְמָנָה אֲשֶׁר בִּשְׁעָרֶיךָ וְאָכְלוּ וְשָׂבֵעוּ לְמַעַן יְבָרֶכְךָ יְהוָה אֱלֹהֶיךָ בְּכָל־מַעֲשֵׂה יָדְךָ אֲשֶׁר תַּעֲשֶׂה׃ ס

CAP. XV. טו

1 מִקֵּץ שֶׁבַע־שָׁנִים תַּעֲשֶׂה שְׁמִטָּה׃

2 וְזֶה דְּבַר הַשְּׁמִטָּה שָׁמוֹט כָּל־בַּעַל מַשֵּׁה יָדוֹ אֲשֶׁר יַשֶּׁה בְּרֵעֵהוּ לֹא־יִגֹּשׂ אֶת־רֵעֵהוּ וְאֶת־אָחִיו כִּי־קָרָא שְׁמִטָּה לַיהוָה׃

3 אֶת־הַנָּכְרִי תִּגֹּשׂ וַאֲשֶׁר יִהְיֶה לְךָ אֶת־אָחִיךָ תַּשְׁמֵט יָדֶךָ׃

4 אֶפֶס כִּי לֹא יִהְיֶה־בְּךָ אֶבְיוֹן כִּי־בָרֵךְ יְבָרֶכְךָ יְהוָה

tants of that city with the edge of the sword, destroying[a] it utterly, and all that *is* therein, and the cattle thereof, with the edge of the sword.

16 And thou shalt gather all the spoil of it into the midst of the street thereof, and shalt burn with fire the city, and all the spoil thereof every whit, for the Lord thy God: and[f] it shall be an heap for ever; it shall not be built again.

17 And there shall cleave nought of the cursed[β] thing[g] to thine hand: that the Lord may turn[i] from the fierceness of his anger, and shew[k] thee mercy, and have compassion[l] upon thee, and multiply[m] thee, as he hath sworn[n] unto thy fathers;

18 When thou shalt hearken to the voice of the Lord thy God, to keep[p] all his commandments which I command thee this day, to do *that which is* right in the eyes of the Lord thy God.

CHAP. XIV.

YE *are* the children[q] of the Lord your God: ye shall not cut[r] yourselves, nor make any baldness between your eyes for the dead:

2 For thou *art* an holy[s] people unto the Lord thy God, and the Lord hath chosen thee to be a peculiar[t] people unto himself, above all the nations that *are* upon the earth.

3 Thou shalt not eat[w] any abominable thing.

4 These *are* the beasts which ye shall eat: the ox, the sheep, and the goat,

5 The hart, and the roebuck, and the fallow-deer, and the wild goat, and the δpygarg, and the wild ox, and the chamois.

6 And every beast that parteth[z] the hoof, and cleaveth the cleft into two claws, *and* cheweth the cud among the beasts, that ye shall eat.

7 Nevertheless these ye shall not eat of them that chew the cud, or of them that divide the cloven hoof; *as* the camel, and the hare, and the coney: for they chew the cud, but divide not the hoof; therefore they *are* unclean unto you.

8 And the swine, because it divideth the hoof, yet cheweth not the cud, it *is* unclean unto you: ye shall not eat of their flesh, nor touch[e] their dead carcase.

9 These[f] ye shall eat of all that *are* in the waters: all that have fins and scales shall ye eat:

10 And whatsoever hath not fins & scales ye may not eat; it *is* unclean unto you.

11 Of all clean birds ye shall eat.

12 But these[h] *are they* of which ye shall not eat: the eagle, and the ossifrage, and the ospray,

13 And the glede, and the kite, and the vulture after his kind,

14 And every raven after his kind,

15 And the owl, and the night-hawk, and the cuckow, and the hawk after his kind,

16 The little owl, and the great owl, and the swan,

17 And the pelican, and the gier-eagle, and the cormorant,

18 And the stork, and the heron after her kind, and the lapwing, and the bat.

19 And every creeping thing that flieth *is* unclean unto you: they shall not be eaten.

20 *But of* all clean fowls ye may eat.

21 Ye shall not eat *of* any thing that dieth[l] of itself: thou shalt give it unto the stranger that *is* in thy gates, that he

---

B. C. 1451.

a Ex. 22. 20.
  Jos.6.17. 24
b ver. 2.
c Ex. 23. 19.
  34. 26.
d ch. 12.6,17.
  Le. 27. 30.
  Nu. 18. 21.
  Ne. 10.37.
e ch.12.5,&c.
f Jos. 8. 28.
  Je. 49. 2.
β or,*devoted.*
g ch. 7. 26.
  Jos. 6. 18.
    7. 1.
h ch.15.19,20.
i Jos. 7. 26.
  Ps. 78. 38.
k Ex. 20. 6.
l La. 3. 32.
m Eze.37.26.
n Ge. 22. 17.
o ch. 12. 21.
p Ps. 119. 6.
q Je. 3. 19.
  Ro. 8. 16.
    9.8.26.
  Ga. 3. 26.
r Le. 19. 28.
  Je. 16. 6.
s Le. 20. 26.
t 1 Pe. 2. 9.
γ *asketh of thee.*
u ch.12.7,18.
v Ec. 9. 7.
w Eze. 4. 14.
  Ac.10.12,14
  1 Co. 10. 28.
x ch. 18. 1, 2.
  Nu. 18. 20.
y ch. 26. 12.
  Am. 4. 4.
δ *dishon,*
or, *bison.*
z Le. 11. 3, 4.
  Ps. 34. 14.
a ver. 27.
  ch. 12. 12.
b Ex.22.21,24
  Job31.16,22
  Lu.14.12–14
  He. 13. 2.
c ch. 15. 10.
  Pr. 3. 9, 10.
    19. 17.
  Mal. 3. 10.
d Ex.23,30,11
  Le. 25. 2..4.
  Je.34.14..17
e Le.11.26,27.
ζ *master of the lending of his hand.*
f Le. 11. 9.
g ch. 23. 20.
h Le. 11. 13.
η or, *to the end that there be.*
i ch.28.1..8,&c
k ch.28.12,44.
l Le. 17. 15.
    22. 8.
Eze. 4. 14.
m 1 Jn⁰.3 .17.

---

may eat it: or thou mayest sell it unto an alien: for[b] thou *art* an holy people unto the Lord thy God. Thou[c] shalt not seethe a kid in his mother's milk.

22 Thou shalt truly tithe[d] all the increase of thy seed, that the field bringeth forth year by year.

23 And[e] thou shalt eat before the Lord thy God, in the place which he shall choose to place his name there, the tithe of thy corn, of thy wine, and of thine oil, and the firstlings[h] of thy herds and of thy flocks; that thou mayest learn to fear the Lord thy God always.

24 And if the way be too long for thee, so that thou art not able to carry it; *or* if[o] the place be too far from thee, which the Lord thy God shall choose to set his name there, when the Lord thy God hath blessed thee;

25 Then shalt thou turn *it* into money, and bind up the money in thine hand, and shalt go unto the place which the Lord thy God shall choose:

26 And thou shalt bestow that money for whatsoever thy soul lusteth after, for oxen, or for sheep, or for wine, or for strong drink, or for whatsoever thy soul[γ] desireth: and thou[u] shalt eat there before the Lord thy God, and thou shalt rejoice,[v] thou, and thine household,

27 And the Levite that *is* within thy gates; thou shalt not forsake him; for he[x] hath no part nor inheritance with thee.

28 At[y] the end of three years thou shalt bring forth all the tithe of thine increase the same year, and shalt lay *it* up within thy gates:

29 And the Levite, (because[a] he hath no part nor inheritance with thee,) and the stranger,[b] and the fatherless, and the widow, which *are* within thy gates, shall come, and shall eat and be satisfied; that the[c] Lord thy God may bless thee in all the work of thine hand which thou doest.

CHAP. XV.

AT[d] the end of *every* seven years thou shalt make a release.

2 And this *is* the manner of the release: Every ζcreditor that lendeth *ought* unto his neighbour shall release *it; he* shall not exact *it* of his neighbour, or of his brother; because it is called the Lord's release.

3 Of a foreigner[g] thou mayest exact *it* again: but *that* which is thine with thy brother thine hand shall release;

4 Save η when there shall be no poor among you; for[i] the Lord shall greatly bless thee in the land which the Lord thy God giveth thee *for* an inheritance to possess it:

5 Only if thou carefully hearken unto the voice of the Lord thy God, to observe to do all these commandments which I command thee this day.

6 For the Lord thy God blesseth thee, as he promised thee: and thou shalt lend[k] unto many nations, but thou shalt not borrow; and thou shalt reign over many nations, but they shall not reign over thee.

7 If there be among you a poor man of one of thy brethren within any of thy gates, in thy land which the Lord thy God giveth thee, thou[m] shalt not harden thine heart, nor shut thine hand from thy

5 אֱלֹהֶיךָ נֹתֵן לְךָ נַחֲלָה לְרִשְׁתָּהּ ׃ רַק אִם־שָׁמוֹעַ תִּשְׁמַע בְּקוֹל יְהוָה אֱלֹהֶיךָ לִשְׁמֹר לַעֲשׂוֹת אֶת־

6 כָּל־הַמִּצְוָה הַזֹּאת אֲשֶׁר אָנֹכִי מְצַוְּךָ הַיּוֹם ׃ כִּי־יְהוָה אֱלֹהֶיךָ בֵּרַכְךָ כַּאֲשֶׁר דִּבֶּר־לָךְ וְהַעֲבַטְתָּ גּוֹיִם רַבִּים וְאַתָּה לֹא תַעֲבֹט וּמָשַׁלְתָּ בְּגוֹיִם רַבִּים

7 וּבְךָ לֹא יִמְשֹׁלוּ ׃ ס כִּי־יִהְיֶה בְךָ אֶבְיוֹן מֵאַחַד אַחֶיךָ בְּאַחַד שְׁעָרֶיךָ אֲשֶׁר־יְהוָה אֱלֹהֶיךָ נֹתֵן לָךְ לֹא תְאַמֵּץ אֶת־לְבָבְךָ וְלֹא תִקְפֹּץ אֶת־

8 יָדְךָ מֵאָחִיךָ הָאֶבְיוֹן ׃ כִּי־פָתֹחַ תִּפְתַּח אֶת־יָדְךָ לוֹ וְהַעֲבֵט תַּעֲבִיטֶנּוּ דֵּי מַחְסֹרוֹ אֲשֶׁר יֶחְסַר לוֹ ׃

9 הִשָּׁמֶר לְךָ פֶּן־יִהְיֶה דָבָר עִם־לְבָבְךָ בְלִיַּעַל לֵאמֹר קָרְבָה שְׁנַת־הַשֶּׁבַע שְׁנַת הַשְּׁמִטָּה וְרָעָה עֵינְךָ בְּאָחִיךָ הָאֶבְיוֹן וְלֹא תִתֵּן לוֹ וְקָרָא עָלֶיךָ אֶל־יְהוָה

10 וְהָיָה בְךָ חֵטְא ׃ נָתוֹן תִּתֵּן לוֹ וְלֹא־יֵרַע לְבָבְךָ בְּתִתְּךָ לוֹ כִּי בִּגְלַל הַדָּבָר הַזֶּה יְבָרֶכְךָ יְהוָה

11 אֱלֹהֶיךָ בְּכָל־מַעֲשֶׂךָ וּבְכֹל מִשְׁלַח יָדֶךָ ׃ כִּי לֹא־יֶחְדַּל אֶבְיוֹן מִקֶּרֶב הָאָרֶץ עַל־כֵּן אָנֹכִי מְצַוְּךָ לֵאמֹר פָּתֹחַ תִּפְתַּח אֶת־יָדְךָ לְאָחִיךָ לַעֲנִיֶּךָ

12 וּלְאֶבְיֹנְךָ בְּאַרְצֶךָ ׃ ס כִּי־יִמָּכֵר לְךָ אָחִיךָ הָעִבְרִי אוֹ הָעִבְרִיָּה וַעֲבָדְךָ שֵׁשׁ שָׁנִים וּבַשָּׁנָה

13 הַשְּׁבִיעִת תְּשַׁלְּחֶנּוּ חָפְשִׁי מֵעִמָּךְ ׃ וְכִי־תְשַׁלְּחֶנּוּ

14 חָפְשִׁי מֵעִמָּךְ לֹא תְשַׁלְּחֶנּוּ רֵיקָם ׃ הַעֲנֵיק תַּעֲנִיק לוֹ מִצֹּאנְךָ וּמִגָּרְנְךָ וּמִיִּקְבֶךָ אֲשֶׁר בֵּרַכְךָ יְהוָה

15 אֱלֹהֶיךָ תִּתֶּן־לוֹ ׃ וְזָכַרְתָּ כִּי עֶבֶד הָיִיתָ בְּאֶרֶץ מִצְרַיִם וַיִּפְדְּךָ יְהוָה אֱלֹהֶיךָ עַל־כֵּן אָנֹכִי מְצַוְּךָ אֶת־

16 הַדָּבָר הַזֶּה הַיּוֹם ׃ וְהָיָה כִּי־יֹאמַר אֵלֶיךָ לֹא אֵצֵא מֵעִמָּךְ כִּי אֲהֵבְךָ וְאֶת־בֵּיתֶךָ כִּי־טוֹב לוֹ

17 עִמָּךְ ׃ וְלָקַחְתָּ אֶת־הַמַּרְצֵעַ וְנָתַתָּה בְאָזְנוֹ וּבַדֶּלֶת וְהָיָה לְךָ עֶבֶד עוֹלָם וְאַף לַאֲמָתְךָ תַּעֲשֶׂה־כֵּן ׃

18 וְהָיָה לְךָ עֶבֶד עוֹלָם וְאַף לַאֲמָתְךָ תַּעֲשֶׂה־כֵּן ׃ לֹא־יִקְשֶׁה בְעֵינֶךָ בְּשַׁלֵּחֲךָ אֹתוֹ חָפְשִׁי מֵעִמָּךְ כִּי מִשְׁנֶה שְׂכַר שָׂכִיר עֲבָדְךָ שֵׁשׁ שָׁנִים וּבֵרַכְךָ יְהוָה אֱלֹהֶיךָ בְּכֹל אֲשֶׁר תַּעֲשֶׂה ׃ ס

19 כָּל־הַבְּכוֹר אֲשֶׁר יִוָּלֵד בִּבְקָרְךָ וּבְצֹאנְךָ הַזָּכָר תַּקְדִּישׁ לַיהוָה אֱלֹהֶיךָ לֹא תַעֲבֹד בִּבְכֹר שׁוֹרֶךָ וְלֹא

20 תָגֹז בְּכוֹר צֹאנֶךָ ׃ לִפְנֵי יְהוָה אֱלֹהֶיךָ תֹאכֲלֶנּוּ שָׁנָה

21 בְשָׁנָה בַּמָּקוֹם אֲשֶׁר־יִבְחַר יְהוָה אַתָּה וּבֵיתֶךָ ׃ וְכִי־יִהְיֶה בוֹ מוּם פִּסֵּחַ אוֹ עִוֵּר כֹּל מוּם רָע לֹא

22 תִזְבָּחֶנּוּ לַיהוָה אֱלֹהֶיךָ ׃ בִּשְׁעָרֶיךָ תֹּאכֲלֶנּוּ הַטָּמֵא וְהַטָּהוֹר יַחְדָּו כַּצְּבִי וְכָאַיָּל ׃

23 רַק אֶת־דָּמוֹ לֹא תֹאכֵל עַל־הָאָרֶץ תִּשְׁפְּכֶנּוּ כַּמָּיִם ׃ ס

CAP. XVI. טז

1 שָׁמוֹר אֶת־חֹדֶשׁ הָאָבִיב וְעָשִׂיתָ פֶּסַח לַיהוָה אֱלֹהֶיךָ כִּי בְּחֹדֶשׁ הָאָבִיב הוֹצִיאֲךָ יְהוָה אֱלֹהֶיךָ מִמִּצְרַיִם

2 לָיְלָה ׃ וְזָבַחְתָּ פֶּסַח לַיהוָה אֱלֹהֶיךָ צֹאן וּבָקָר

3 בַּמָּקוֹם אֲשֶׁר־יִבְחַר יְהוָה לְשַׁכֵּן שְׁמוֹ שָׁם ׃ לֹא־תֹאכַל עָלָיו חָמֵץ שִׁבְעַת יָמִים תֹּאכַל־עָלָיו מַצּוֹת לֶחֶם עֹנִי כִּי בְחִפָּזוֹן יָצָאתָ מֵאֶרֶץ מִצְרַיִם לְמַעַן תִּזְכֹּר אֶת־יוֹם צֵאתְךָ מֵאֶרֶץ מִצְרַיִם כֹּל יְמֵי

4 חַיֶּיךָ ׃ וְלֹא־יֵרָאֶה לְךָ שְׂאֹר בְּכָל־גְּבֻלְךָ שִׁבְעַת יָמִים וְלֹא־יָלִין מִן־הַבָּשָׂר אֲשֶׁר תִּזְבַּח בָּעֶרֶב בַּיּוֹם

5 הָרִאשׁוֹן לַבֹּקֶר ׃ לֹא תוּכַל לִזְבֹּחַ אֶת־הַפָּסַח בְּאַחַד

6 שְׁעָרֶיךָ אֲשֶׁר־יְהוָה אֱלֹהֶיךָ נֹתֵן לָךְ ׃ כִּי אִם־אֶל־הַמָּקוֹם אֲשֶׁר־יִבְחַר יְהוָה אֱלֹהֶיךָ לְשַׁכֵּן שְׁמוֹ שָׁם תִּזְבַּח אֶת־הַפֶּסַח בָּעָרֶב כְּבוֹא הַשֶּׁמֶשׁ מוֹעֵד

7 צֵאתְךָ מִמִּצְרָיִם ׃ וּבִשַּׁלְתָּ וְאָכַלְתָּ בַּמָּקוֹם אֲשֶׁר יִבְחַר יְהוָה אֱלֹהֶיךָ בּוֹ וּפָנִיתָ בַבֹּקֶר וְהָלַכְתָּ לְאֹהָלֶיךָ ׃

8 שֵׁשֶׁת יָמִים תֹּאכַל מַצּוֹת וּבַיּוֹם הַשְּׁבִיעִי עֲצֶרֶת

9 לַיהוָה אֱלֹהֶיךָ לֹא תַעֲשֶׂה מְלָאכָה ׃ ס שִׁבְעָה שָׁבֻעֹת תִּסְפָּר־לָךְ מֵהָחֵל חֶרְמֵשׁ בַּקָּמָה תָּחֵל

10 לִסְפֹּר שִׁבְעָה שָׁבֻעוֹת ׃ וְעָשִׂיתָ חַג שָׁבֻעוֹת לַיהוָה אֱלֹהֶיךָ מִסַּת נִדְבַת יָדְךָ אֲשֶׁר תִּתֵּן כַּאֲשֶׁר יְבָרֶכְךָ

11 יְהוָה אֱלֹהֶיךָ ׃ וְשָׂמַחְתָּ לִפְנֵי יְהוָה אֱלֹהֶיךָ אַתָּה וּבִנְךָ וּבִתֶּךָ וְעַבְדְּךָ וַאֲמָתֶךָ וְהַלֵּוִי אֲשֶׁר בִּשְׁעָרֶיךָ וְהַגֵּר וְהַיָּתוֹם וְהָאַלְמָנָה אֲשֶׁר בְּקִרְבֶּךָ בַּמָּקוֹם אֲשֶׁר יִבְחַר יְהוָה אֱלֹהֶיךָ לְשַׁכֵּן שְׁמוֹ שָׁם ׃

12 וְזָכַרְתָּ כִּי־עֶבֶד הָיִיתָ בְּמִצְרָיִם וְשָׁמַרְתָּ וְעָשִׂיתָ אֶת־הַחֻקִּים הָאֵלֶּה ׃ ס

13 חַג הַסֻּכֹּת תַּעֲשֶׂה לְךָ שִׁבְעַת יָמִים בְּאָסְפְּךָ

14 מִגָּרְנְךָ וּמִיִּקְבֶךָ ׃ וְשָׂמַחְתָּ בְּחַגֶּךָ אַתָּה וּבִנְךָ וּבִתֶּךָ וְעַבְדְּךָ וַאֲמָתֶךָ וְהַלֵּוִי וְהַגֵּר וְהַיָּתוֹם וְהָאַלְמָנָה

15 אֲשֶׁר בִּשְׁעָרֶיךָ ׃ שִׁבְעַת יָמִים תָּחֹג לַיהוָה אֱלֹהֶיךָ בַּמָּקוֹם אֲשֶׁר־יִבְחַר יְהוָה כִּי יְבָרֶכְךָ יְהוָה אֱלֹהֶיךָ בְּכֹל תְּבוּאָתְךָ וּבְכֹל מַעֲשֵׂה יָדֶיךָ וְהָיִיתָ אַךְ שָׂמֵחַ ׃

16 שָׁלוֹשׁ פְּעָמִים בַּשָּׁנָה יֵרָאֶה כָל־זְכוּרְךָ אֶת־פְּנֵי יְהוָה אֱלֹהֶיךָ בַּמָּקוֹם אֲשֶׁר יִבְחָר בְּחַג הַמַּצּוֹת וּבְחַג הַשָּׁבֻעוֹת וּבְחַג הַסֻּכּוֹת

poor brother;

8 But[a] thou shalt open thine hand wide unto him, and shalt surely lend him sufficient for his need, *in that* which he wanteth.

9 Beware that there be not a [β] thought in thy [γ] wicked heart, saying, The seventh year, the year of release, is at hand; and thine eye[f] be evil against thy poor brother, and thou givest him nought; and he cry[g] unto the LORD against thee, and it be sin[h] unto thee.

10 Thou shalt surely give him, and thine heart shall not be grieved[i] when thou givest unto him: because that for this thing the LORD thy God shall bless[k] thee in all thy works, and in all that thou puttest thine hand unto.

11 For the poor[m] shall never cease out of the land: therefore I command thee, saying, Thou shalt open thine hand wide unto thy brother, to thy poor, and to thy needy, in thy land.

12 And if[n] thy brother, an Hebrew man, or an Hebrew woman, be sold unto thee, and serve thee six years, then in the seventh year thou shalt let him go free from thee.

13 And when thou sendest him out free from thee, thou shalt not let him go away empty:

14 Thou shalt furnish him liberally out of thy flock, and out of thy floor, and out of thy wine-press: *of that* wherewith[s] the LORD thy God hath[t] blessed thee thou shalt give unto him.

15 And thou shalt remember[v] that thou wast a bondman in the land of Egypt, and the LORD thy God redeemed thee: therefore I command thee this thing to-day.

16 And it shall be, if[w] he say unto thee, I will not go away from thee, (because he loveth thee and thine house, because he is well with thee,)

17 Then thou shalt take an awl, and thrust *it* through his ear unto the door, and he shall be thy servant for ever: And also unto thy maid-servant thou shalt do likewise.

18 It shall not seem hard[z] unto thee, when thou sendest him away free from thee; for he hath been worth a double hired servant *to thee*, in serving thee six years: and the LORD thy God shall bless thee in all that thou doest.

19 All the firstling[b] males that come of thy herd and of thy flock thou shalt sanctify unto the LORD thy God: thou shalt do no work with the firstling of thy bullock, nor shear the firstling of thy sheep:

20 Thou[e] shalt eat *it* before the LORD thy God year by year, in the place which the LORD shall choose, thou and thy household.

21 And if[t] there be *any* blemish therein, *as if it be* lame, or blind, *or have* any ill blemish, thou shalt not sacrifice it unto the LORD thy God.

22 Thou shalt eat it within thy gates: the[h] unclean and the clean *person shall eat it* alike, as the roebuck, and as the hart.

23 Only thou shalt not eat the blood thereof; thou shalt pour it upon the ground as water.

CHAP. XVI.

OBSERVE[k] the month of Abib, and keep the passover unto the LORD thy God: for in the month of Abib the LORD

B. C. 1451.

a Le.25.35..37
Ga. 2. 10.
b Ex.12.31..42
c Nu.28.16..19
d ch. 15. 20.
β *word.*
γ *Belial.*
e Ex. 13. 6, 7.
f ch.28.54,56.
Pr. 23. 6.
Mat. 20.15.
g ch. 24. 15.
Ex. 22. 23.
h Mat.25.41..
45.
i 2 Co. 9. 5..7.
k ch. 24. 19.
Ps. 41. 1, 2.
Pr. 11. 25.
22. 9.
He. 13. 16.
l Ex. 12. 10.
34. 25.
m Mat. 26. 11.
s or, *kill.*
n Ex. 21. 2.
Le.25.39..41.
Je. 34. 14.
o Ex. 12. 6..9.
p 2Ch. 35. 13.
q 2Ki. 23. 23.
Jn°.2.13,23.
11. 55.
r Le. 23. 8.
t restraint.
Le. 23. 36.
s Ps. 68. 10.
t Pr. 10. 22.
Ac. 20. 35.
u Ex. 23. 16.
34. 22.
Le.23. 15.
Ac. 2. 1.
v ch. 5. 15.
16. 12.
Is. 51. 1.
η or, *sufficiency.*
w Ex.21.5, 6.
x ver. 17.
1 Co. 16. 2.
y ch. 12.7,12,
18.
z ver. 10.
a ch. 15. 15.
La. 3.19,20.
b Ex. 13. 2.
Nu. 3. 13.
18. 17.
c Le. 23. 34.
θ *floor, and thy wine-press.*
d Ne. 8. 9..12.
e ch.12.5,6,17.
f Le.23.39,40.
g ch. 17. 1.
Le. 22. 20.
Mal. 1.7,8.
h ch.12.15.&c
i Ex. 23. 14.
34. 23.
k Ex. 34. 18.
l Ex. 23. 15.
κ according to the gift of his hand.
m Mar.12.41..
44.
2 Co. 8. 12.

---

thy God brought thee forth out of Egypt by night.[b]

2 Thou shalt therefore sacrifice the passover unto the LORD thy God, of the[e] flock and the herd, in the place[d] which the LORD shall choose to place his name there.

3 Thou[e] shalt eat no leavened bread with it: seven days shalt thou eat unleavened bread therewith, *even* the bread of affliction; (for thou camest forth out of the land of Egypt in haste;) that thou mayest remember the day when thou camest forth out of the land of Egypt all the days of thy life.

4 And there shall be no leavened bread seen with thee in all thy coasts seven days; neither[f] shall there *any thing* of the flesh, which thou sacrificedst the first day at even, remain all night until the morning.

5 Thou mayest not [δ] sacrifice the passover within any of thy gates, which the LORD thy God giveth thee:

6 But at the place which the LORD thy God shall choose to place his name in, there thou shalt sacrifice the passover[o] at even, at the going down of the sun, at y[e]season that thou camest forth out of Egypt.

7 And thou shalt roast[p] and eat *it* in the place[q] which the LORD thy God shall choose: and thou shalt turn in the morning, and go unto thy tents.

8 Six days thou shalt eat unleavened bread: and on the seventh[r] day *shall be* a [ζ]solemn assembly to the LORD thy God: thou shalt do no work *therein.*

9 Seven[u] weeks shalt thou number unto thee: begin to number the seven weeks from *such time as* thou beginnest *to put* the sickle to the corn.

10 And thou shalt keep the feast ot weeks unto the LORD thy God with n[a] tribute of a free-will-offering of thine hand, which thou shalt give *unto the LORD thy God*, according[x] as the LORD thy God hath blessed thee:

11 And[y] thou shalt rejoice before the LORD thy God, thou, and thy son, and thy daughter, and thy man-servant, and thy maid-servant, and the Levite that *is* within thy gates, and the stranger, and the fatherless, and the widow, that *are* among you, in the place which the LORD thy God hath chosen to place his name there.

12 And[a] thou shalt remember that thou wast a bondman in Egypt: and thou shalt observe and do these statutes.

13 Thou shalt observe the feast of tabernacles[c] seven days, after that thou hast gathered in thy [θ]corn and thy wine:

14 And thou shalt rejoice[d] in thy feast, thou, and thy son, and thy daughter, and thy man-servant, and thy maid-servant, and the Levite, the stranger, and the fatherless, and the widow, that *are* within thy gates.

15 Seven[f] days shalt thou keep a solemn feast unto the LORD thy God in the place which the LORD shall choose: because the LORD thy God shall bless thee in all thine increase, and in all the works of thine hands, therefore thou shalt surely rejoice.

16 Three[i] times in a year shall all thy males appear before the LORD thy God in the place which he shall choose; in the feast of unleavened bread, and in the feast of weeks, and in the feast of tabernacles: and they shall not appear before the LORD empty:[l]

17 Every man *shall give* κ as he is able[m]

17 וְלֹא יֵרָאֶה אֶת־פְּנֵי יְהוָה רֵיקָם : אִישׁ כְּמַתְּנַת
יָדוֹ כְּבִרְכַּת יְהוָה אֱלֹהֶיךָ אֲשֶׁר נָתַן־לָךְ :

48 מח   ס ס ס

18 שֹׁפְטִים וְשֹׁטְרִים תִּתֶּן־לְךָ בְּכָל־שְׁעָרֶיךָ אֲשֶׁר יְהוָה
אֱלֹהֶיךָ נֹתֵן לְךָ לִשְׁבָטֶיךָ וְשָׁפְטוּ אֶת־הָעָם מִשְׁפַּט־

19 צֶדֶק : לֹא־תַטֶּה מִשְׁפָּט לֹא תַכִּיר פָּנִים וְלֹא־תִקַּח
שֹׁחַד כִּי הַשֹּׁחַד יְעַוֵּר עֵינֵי חֲכָמִים וִיסַלֵּף דִּבְרֵי

20 צַדִּיקִם : צֶדֶק צֶדֶק תִּרְדֹּף לְמַעַן תִּחְיֶה וְיָרַשְׁתָּ
אֶת־הָאָרֶץ אֲשֶׁר־יְהוָה אֱלֹהֶיךָ נֹתֵן לָךְ : ס

21 לֹא־תִטַּע לְךָ אֲשֵׁרָה כָּל־עֵץ אֵצֶל מִזְבַּח יְהוָה
אֱלֹהֶיךָ אֲשֶׁר תַּעֲשֶׂה־לָּךְ : וְלֹא־תָקִים לְךָ מַצֵּבָה

22 אֲשֶׁר שָׂנֵא יְהוָה אֱלֹהֶיךָ : ס

CAP. XVII. יז

1 לֹא־תִזְבַּח לַיהוָה אֱלֹהֶיךָ שׁוֹר וָשֶׂה אֲשֶׁר יִהְיֶה בוֹ
מוּם כֹּל דָּבָר רָע כִּי תוֹעֲבַת יְהוָה אֱלֹהֶיךָ הוּא :

2 ס כִּי־יִמָּצֵא בְקִרְבְּךָ בְּאַחַד שְׁעָרֶיךָ אֲשֶׁר־
יְהוָה אֱלֹהֶיךָ נֹתֵן לָךְ אִישׁ אוֹ־אִשָּׁה אֲשֶׁר יַעֲשֶׂה

3 אֶת־הָרַע בְּעֵינֵי יְהוָה־אֱלֹהֶיךָ לַעֲבֹר בְּרִיתוֹ : וַיֵּלֶךְ
וַיַּעֲבֹד אֱלֹהִים אֲחֵרִים וַיִּשְׁתַּחוּ לָהֶם וְלַשֶּׁמֶשׁ אוֹ
לַיָּרֵחַ אוֹ לְכָל־צְבָא הַשָּׁמַיִם אֲשֶׁר לֹא־צִוִּיתִי :

4 וְהֻגַּד־לְךָ וְשָׁמָעְתָּ וְדָרַשְׁתָּ הֵיטֵב וְהִנֵּה אֱמֶת נָכוֹן
הַדָּבָר נֶעֶשְׂתָה הַתּוֹעֵבָה הַזֹּאת בְּיִשְׂרָאֵל :

5 וְהוֹצֵאתָ אֶת־הָאִישׁ הַהוּא אוֹ אֶת־הָאִשָּׁה הַהִוא
אֲשֶׁר עָשׂוּ אֶת־הַדָּבָר הָרָע הַזֶּה אֶל־שְׁעָרֶיךָ אֶת־
הָאִישׁ אוֹ אֶת־הָאִשָּׁה וּסְקַלְתָּם בָּאֲבָנִים וָמֵתוּ :

6 עַל־פִּי שְׁנַיִם עֵדִים אוֹ שְׁלֹשָׁה עֵדִים יוּמַת הַמֵּת
7 לֹא יוּמַת עַל־פִּי עֵד אֶחָד : יַד הָעֵדִים תִּהְיֶה־בּוֹ
בָרִאשֹׁנָה לַהֲמִיתוֹ וְיַד כָּל־הָעָם בָּאַחֲרֹנָה וּבִעַרְתָּ
הָרָע מִקִּרְבֶּךָ : פ

8 כִּי יִפָּלֵא מִמְּךָ דָבָר לַמִּשְׁפָּט בֵּין־דָּם לְדָם בֵּין־דִּין
לְדִין וּבֵין נֶגַע לָנֶגַע דִּבְרֵי רִיבֹת בִּשְׁעָרֶיךָ וְקַמְתָּ
וְעָלִיתָ אֶל־הַמָּקוֹם אֲשֶׁר יִבְחַר יְהוָה אֱלֹהֶיךָ בּוֹ :

9 וּבָאתָ אֶל־הַכֹּהֲנִים הַלְוִיִּם וְאֶל־הַשֹּׁפֵט אֲשֶׁר יִהְיֶה
בַּיָּמִים הָהֵם וְדָרַשְׁתָּ וְהִגִּידוּ לְךָ אֵת דְּבַר הַמִּשְׁפָּט :

10 וְעָשִׂיתָ עַל־פִּי הַדָּבָר אֲשֶׁר יַגִּידוּ לְךָ מִן־הַמָּקוֹם
הַהוּא אֲשֶׁר יִבְחַר יְהוָה וְשָׁמַרְתָּ לַעֲשׂוֹת כְּכֹל

11 אֲשֶׁר יוֹרוּךָ : עַל־פִּי הַתּוֹרָה אֲשֶׁר יוֹרוּךָ וְעַל־
הַמִּשְׁפָּט אֲשֶׁר־יֹאמְרוּ לְךָ תַּעֲשֶׂה לֹא תָסוּר מִן־

12 הַדָּבָר אֲשֶׁר־יַגִּידוּ לְךָ יָמִין וּשְׂמֹאל : וְהָאִישׁ אֲשֶׁר
יַעֲשֶׂה בְזָדוֹן לְבִלְתִּי שְׁמֹעַ אֶל־הַכֹּהֵן הָעֹמֵד לְשָׁרֶת
שָׁם אֶת־יְהוָה אֱלֹהֶיךָ אוֹ אֶל־הַשֹּׁפֵט וּמֵת הָאִישׁ

13 הַהוּא וּבִעַרְתָּ הָרָע מִיִּשְׂרָאֵל : וְכָל־הָעָם יִשְׁמְעוּ
14 וְיִרָאוּ וְלֹא יְזִידוּן עוֹד : ס כִּי־תָבֹא אֶל־הָאָרֶץ
אֲשֶׁר יְהוָה אֱלֹהֶיךָ נֹתֵן לָךְ וִירִשְׁתָּהּ וְיָשַׁבְתָּה בָּהּ
וְאָמַרְתָּ אָשִׂימָה עָלַי מֶלֶךְ כְּכָל־הַגּוֹיִם אֲשֶׁר

15 סְבִיבֹתָי : שׂוֹם תָּשִׂים עָלֶיךָ מֶלֶךְ אֲשֶׁר יִבְחַר יְהוָה
אֱלֹהֶיךָ בּוֹ מִקֶּרֶב אַחֶיךָ תָּשִׂים עָלֶיךָ מֶלֶךְ לֹא תוּכַל

16 לָתֵת עָלֶיךָ אִישׁ נָכְרִי אֲשֶׁר לֹא־אָחִיךָ הוּא : רַק
לֹא־יַרְבֶּה־לּוֹ סוּסִים וְלֹא־יָשִׁיב אֶת־הָעָם מִצְרַיְמָה
לְמַעַן הַרְבּוֹת סוּס וַיהוָה אָמַר לָכֶם לֹא תֹסִפוּן

17 לָשׁוּב בַּדֶּרֶךְ הַזֶּה עוֹד : וְלֹא יַרְבֶּה־לּוֹ נָשִׁים וְלֹא
18 יָסוּר לְבָבוֹ וְכֶסֶף וְזָהָב לֹא יַרְבֶּה־לּוֹ מְאֹד : וְהָיָה
כְשִׁבְתּוֹ עַל כִּסֵּא מַמְלַכְתּוֹ וְכָתַב לוֹ אֶת־מִשְׁנֵה
הַתּוֹרָה הַזֹּאת עַל־סֵפֶר מִלִּפְנֵי הַכֹּהֲנִים הַלְוִיִּם :

19 וְהָיְתָה עִמּוֹ וְקָרָא בוֹ כָּל־יְמֵי חַיָּיו לְמַעַן יִלְמַד
לְיִרְאָה אֶת־יְהוָה אֱלֹהָיו לִשְׁמֹר אֶת־כָּל־דִּבְרֵי
הַתּוֹרָה הַזֹּאת וְאֶת־הַחֻקִּים הָאֵלֶּה לַעֲשֹׂתָם :

20 לְבִלְתִּי רוּם־לְבָבוֹ מֵאֶחָיו וּלְבִלְתִּי סוּר מִן־הַמִּצְוָה
יָמִין וּשְׂמֹאול לְמַעַן יַאֲרִיךְ יָמִים עַל־מַמְלַכְתּוֹ הוּא
וּבָנָיו בְּקֶרֶב יִשְׂרָאֵל : ס

CAP. XVIII. יח

1 לֹא־יִהְיֶה לַכֹּהֲנִים הַלְוִיִּם כָּל־שֵׁבֶט לֵוִי חֵלֶק
וְנַחֲלָה עִם־יִשְׂרָאֵל אִשֵּׁי יְהוָה וְנַחֲלָתוֹ יֹאכֵלוּן :

2 וְנַחֲלָה לֹא־יִהְיֶה־לּוֹ בְּקֶרֶב אֶחָיו יְהוָה הוּא
3 נַחֲלָתוֹ כַּאֲשֶׁר דִּבֶּר־לוֹ : ס וְזֶה יִהְיֶה
מִשְׁפַּט הַכֹּהֲנִים מֵאֵת הָעָם מֵאֵת זֹבְחֵי הַזֶּבַח אִם־
שׁוֹר אִם־שֶׂה וְנָתַן לַכֹּהֵן הַזְּרֹעַ וְהַלְּחָיַיִם וְהַקֵּבָה :

4 רֵאשִׁית דְּגָנְךָ תִּירֹשְׁךָ וְיִצְהָרֶךָ וְרֵאשִׁית גֵּז צֹאנְךָ
5 תִּתֶּן־לּוֹ : כִּי בוֹ בָּחַר יְהוָה אֱלֹהֶיךָ מִכָּל־שְׁבָטֶיךָ
לַעֲמֹד לְשָׁרֵת בְּשֵׁם־יְהוָה הוּא וּבָנָיו כָּל־הַיָּמִים :

6 וְכִי־יָבֹא הַלֵּוִי מֵאַחַד שְׁעָרֶיךָ מִכָּל־
יִשְׂרָאֵל אֲשֶׁר־הוּא גָּר שָׁם וּבָא בְּכָל־אַוַּת נַפְשׁוֹ

7 אֶל־הַמָּקוֹם אֲשֶׁר־יִבְחַר יְהוָה : וְשֵׁרֵת בְּשֵׁם יְהוָה
אֱלֹהָיו כְּכָל־אֶחָיו הַלְוִיִּם הָעֹמְדִים שָׁם לִפְנֵי יְהוָה :

8 חֵלֶק כְּחֵלֶק יֹאכֵלוּ לְבַד מִמְכָּרָיו עַל־הָאָבוֹת : ס

9 כִּי אַתָּה בָּא אֶל־הָאָרֶץ אֲשֶׁר־יְהוָה אֱלֹהֶיךָ נֹתֵן

according ^a to the blessing of the LORD thy God which he hath given thee.

18 Judges ^d and officers shalt thou make thee in all thy gates, which the LORD thy God giveth thee, throughout thy tribes: and they shall judge the people with just judgment.

19 Thou ^f shalt not wrest judgment; thou shalt not respect ^g persons, neither take a gift: for ⁱ a gift doth blind the eyes of the wise, & pervert y^e β words of ye righteous.

20 That γ which is altogether ^k just shalt thou follow, that thou mayest live, ^m and inherit the land which the LORD thy God giveth thee.

21 Thou shalt not plant thee a grove ^p of any trees near unto the altar of the LORD thy God, which thou shalt make thee.

22 Neither ^s shalt thou set thee up *any* image, ^δ which the LORD thy God hateth. ^t

CHAP. XVII.

THOU shalt not sacrifice unto the LORD thy God *any* bullock, or ζ sheep, wherein ^v is blemish, *or* any evil-favouredness: for that *is* an abomination unto the LORD thy God.

2 If ^x there be found among you, within any of thy gates which the LORD thy God giveth thee, man or woman, that hath wrought wickedness in the sight of the LORD thy God, in ^y transgressing his covenant,

3 And hath gone and served other gods, and worshipped them, either the sun, or moon, or any of the host of heaven, which I have not commanded;

4 And it be told thee, and thou hast heard *of it*, and inquired diligently, and, behold, *it be* true, *and* the thing certain, *that* such abomination is wrought in Israel:

5 Then shalt thou bring forth that man or that woman, which have committed that wicked thing, unto thy gates, *even* that man or that woman, and shalt stone them with stones, till they die.

6 At ^d the mouth of two witnesses, or three witnesses, shall he that is worthy of death be put to death; *but* at the mouth of one witness he shall not be put to death.

7 The hands ^f of the witnesses shall be first upon him to put him to death, and afterward the hands of all the people. So thou shalt put the evil away from among you.

8 If there arise a matter too hard for thee in judgment, between blood ⁱ and blood, between plea and plea, and between stroke and stroke, *being* matters of controversy within thy gates: then shalt thou arise, and get thee up into the ^l place which the LORD thy God shall choose;

9 And thou shalt come unto the ^m priests the Levites, & unto the judge ^o that shall be in those days, and inquire; and they shall shew thee the sentence of judgment.

10 And thou shalt do according to the sentence, which they of that place which the LORD shall choose shall shew thee; and thou shalt observe to do according to all that they inform thee:

11 According to the sentence of the law which they shall teach thee, and according to the judgment which they shall tell thee, thou shalt do: thou shalt not decline from the sentence which they shall shew thee, *to* the right hand, nor *to* the left.

12 And ^e the man that will do presumptuously, θ and will ^t not hearken unto the priest that standeth ^u to minister there

---

B. C. 1451.

a ver. 10.
b He. 10. 28.
c ch. 13. 5.
d ch. 1. 15.-17.
  Ex. 18. 25, 26.
  1 Ch. 23. 4.
  2 Ch. 19. 5.-11.
e ch. 13. 11.
f Le. 19. 15.
g Pr. 24. 23.
h 1 Sa. 8. 5, 19,
  20.
i Pr. 17. 23.
β or, *matters.*
γ *Justice,*
  justice.
k Mi. 6. 8.
  Phi. 4. 8.
l 1 Sa. 9. 15.-17.
  16, 12.
  1 Ch. 22. 10.
m Eze. 18. 5, 9.
n Je. 30. 21.
o Je. 2. 25.
p 1 Ki. 14. 15.
q 1 Ki. 10. 26.-
  28.
  Ps. 20. 7.
  Ho. 14. 3.
r Is. 31. 1.
  Eze. 17. 15.
s Le. 26. 1.
δ *statue,* or,
  pillar.
t Je. 44. 4.
u Ex. 13. 17.
  Ho. 11. 5.
v *or, goat.*
  Mal. 1. 8, 13,
  11.
w 1 Ki. 11. 3, 4.
x ch. 13. 6, &c.
y Jos. 7. 11, 15.
  Ju. 2. 20.
  2 Ki. 18. 12.
  Ho. 8. 1.
z Jos. 1. 8.
  Ps. 119. 97.
a 1 Ki. 15. 5.
b Pr. 10. 27.
c Nu. 18. 20.
d Nu. 35. 30.
  Jno. 8. 17.
  2 Co. 13. 1.
  1 Ti. 5. 19.
e 1 Co. 9. 13, 14.
f Ac. 7. 58, 59.
g Ps. 16. 5.
  La. 3. 24.
h Le. 7. 30.-34.
i Ex. 21. 12, &c.
k Ex. 22. 29.
l Ps. 122. 4, 5.
m Je. 18. 18.
  Hag. 2. 11.
  Mal. 2. 7.
n Nu. 3. 10.
o ch. 19. 17.
p Nu. 35. 2, 3.
q Ps. 84. 2.
r 2 Ch. 31. 4.
η *his sales by*
  the fathers.
s Nu. 15. 30.
  Ezr. 10. 8.
  Ho. 4. 4.
θ *not to*
  hearken.
t Je. 25. 3, &c.
u ch. 18. 5, 7.

---

before the LORD thy God, or unto the judge, even that man shall die: ^b and ^c thou shalt put away the evil from Israel.

13 And ^e all the people shall hear, and fear, and do no more presumptuously.

14 When thou art come unto the land which the LORD thy God giveth thee, and shalt possess it, and shalt dwell therein, and shalt say, I ^h will set a king over me, like as all the nations that *are* about me,

15 Thou shalt in any wise set *him* king over thee, whom ^l the LORD thy God shall choose: *one* from ⁿ among thy brethren shalt thou set king over thee: thou mayest not set a stranger ^o over thee, which *is* not thy brother.

16 But he shall not multiply ^q horses to himself, nor cause the people to ^r return to Egypt, to the end that he should multiply horses: forasmuch as the LORD hath said unto you, Ye ^u shall henceforth return no more that way.

17 Neither shall he multiply wives to himself, that his heart ^w turn not away: neither shall he greatly multiply to himself silver and gold.

18 And it shall be, when he sitteth upon the throne of his kingdom, that he shall write him a copy of this law in a book out of *that which is* before the priests the Levites:

19 And ^z it shall be with him, and he shall read therein all the days of his life: that he may learn to fear the LORD his God, to keep all the words of this law and these statutes, to do them:

20 That his heart be not lifted up above his brethren, and that he turn ^a not aside from the commandment, *to* the right hand, or *to* the left: to the end that he may prolong ^b *his* days in his kingdom, he, and his children, in the midst of Israel.

CHAP. XVIII.

THE priests ^c the Levites, *and* all the tribe of Levi, shall have no part nor inheritance with Israel; they shall eat the offerings ^e of the LORD made by fire, and his inheritance.

2 Therefore shall they have no inheritance among their brethren: the ^g LORD *is* their inheritance, as he hath said unto them.

3 And this ^h shall be the priest's due from the people, from them that offer a sacrifice, whether *it be* ox or sheep; and they shall give unto the priest the shoulder, and the two cheeks, and the maw.

4 The first-fruit ^k *also* of thy corn, of thy wine, and of thine oil, and the first of the fleece of thy sheep, shalt thou give him.

5 For the LORD thy God hath chosen him ⁿ out of all thy tribes, to stand to minister in the name of the LORD, him and his sons for ever.

6 And if a Levite come from any of thy gates out of all Israel, where ^p he sojourned, and come with all the ^q desire of his mind unto the place which the LORD shall choose;

7 Then he shall minister in the name of the LORD his God, as all his brethren the Levites *do*, which stand there before the LORD.

8 They shall have like portions ^r to eat, beside ^η that which cometh of the sale of his patrimony.

9 When thou art come into the land which the LORD thy God giveth thee, thou shalt not learn to do after the abomina-

לֹא־יִלְמַד לַעֲשׂוֹת כְּתוֹעֲבֹת הַגּוֹיִם הָהֵם׃

10 לֹא־יִמָּצֵא בְךָ מַעֲבִיר בְּנוֹ־וּבִתּוֹ בָּאֵשׁ קֹסֵם קְסָמִים

11 מְעוֹנֵן וּמְנַחֵשׁ וּמְכַשֵּׁף׃ וְחֹבֵר חָבֶר וְשֹׁאֵל אוֹב

12 וְיִדְּעֹנִי וְדֹרֵשׁ אֶל־הַמֵּתִים׃ כִּי־תוֹעֲבַת יְהוָה כָּל־עֹשֵׂה אֵלֶּה וּבִגְלַל הַתּוֹעֵבֹת הָאֵלֶּה יְהוָה אֱלֹהֶיךָ

13 מוֹרִישׁ אוֹתָם מִפָּנֶיךָ׃ תָּמִים תִּהְיֶה עִם יְהוָה

14 אֱלֹהֶיךָ׃ כִּי הַגּוֹיִם הָאֵלֶּה אֲשֶׁר אַתָּה יוֹרֵשׁ אוֹתָם אֶל־מְעֹנְנִים וְאֶל־קֹסְמִים יִשְׁמָעוּ וְאַתָּה לֹא

15 כֵן נָתַן לְךָ יְהוָה אֱלֹהֶיךָ׃ נָבִיא מִקִּרְבְּךָ מֵאַחֶיךָ

16 כָּמֹנִי יָקִים לְךָ יְהוָה אֱלֹהֶיךָ אֵלָיו תִּשְׁמָעוּן׃ כְּכֹל אֲשֶׁר־שָׁאַלְתָּ מֵעִם יְהוָה אֱלֹהֶיךָ בְּחֹרֵב בְּיוֹם הַקָּהָל לֵאמֹר לֹא אֹסֵף לִשְׁמֹעַ אֶת־קוֹל יְהוָה

17 אֱלֹהָי וְאֶת־הָאֵשׁ הַגְּדֹלָה הַזֹּאת לֹא־אֶרְאֶה עוֹד

18 וְלֹא אָמוּת׃ וַיֹּאמֶר יְהוָה אֵלָי הֵיטִיבוּ אֲשֶׁר דִּבֵּרוּ׃ נָבִיא אָקִים לָהֶם מִקֶּרֶב אֲחֵיהֶם כָּמוֹךָ וְנָתַתִּי דְבָרַי בְּפִיו וְדִבֶּר אֲלֵיהֶם אֵת כָּל־אֲשֶׁר

19 אֲצַוֶּנּוּ׃ וְהָיָה הָאִישׁ אֲשֶׁר לֹא־יִשְׁמַע אֶל־דְּבָרַי

20 אֲשֶׁר יְדַבֵּר בִּשְׁמִי אָנֹכִי אֶדְרֹשׁ מֵעִמּוֹ׃ אַךְ הַנָּבִיא אֲשֶׁר יָזִיד לְדַבֵּר דָּבָר בִּשְׁמִי אֵת אֲשֶׁר לֹא־צִוִּיתִיו לְדַבֵּר וַאֲשֶׁר יְדַבֵּר בְּשֵׁם אֱלֹהִים אֲחֵרִים וּמֵת הַנָּבִיא

21 הַהוּא׃ וְכִי תֹאמַר בִּלְבָבֶךָ אֵיכָה נֵדַע אֶת־הַדָּבָר

22 אֲשֶׁר לֹא־דִבְּרוֹ יְהוָה׃ אֲשֶׁר יְדַבֵּר הַנָּבִיא בְּשֵׁם יְהוָה וְלֹא־יִהְיֶה הַדָּבָר וְלֹא יָבֹא הוּא הַדָּבָר אֲשֶׁר לֹא־דִבְּרוֹ יְהוָה בְּזָדוֹן דִּבְּרוֹ הַנָּבִיא לֹא תָגוּר מִמֶּנּוּ׃ ס

CAP. XIX. יט

1 כִּי־יַכְרִית יְהוָה אֱלֹהֶיךָ אֶת־הַגּוֹיִם אֲשֶׁר יְהוָה אֱלֹהֶיךָ נֹתֵן לְךָ אֶת־אַרְצָם וִירִשְׁתָּם וְיָשַׁבְתָּ

2 בְעָרֵיהֶם וּבְבָתֵּיהֶם׃ שָׁלוֹשׁ עָרִים תַּבְדִּיל לָךְ בְּתוֹךְ

3 אַרְצְךָ אֲשֶׁר יְהוָה אֱלֹהֶיךָ נֹתֵן לְךָ לְרִשְׁתָּהּ׃ תָּכִין לְךָ הַדֶּרֶךְ וְשִׁלַּשְׁתָּ אֶת־גְּבוּל אַרְצְךָ אֲשֶׁר יַנְחִילְךָ

4 יְהוָה אֱלֹהֶיךָ וְהָיָה לָנוּס שָׁמָּה כָּל־רֹצֵחַ׃ וְזֶה דְּבַר הָרֹצֵחַ אֲשֶׁר יָנוּס שָׁמָּה וָחָי אֲשֶׁר יַכֶּה אֶת־רֵעֵהוּ בִּבְלִי־דַעַת וְהוּא לֹא־שֹׂנֵא לוֹ מִתְּמֹל שִׁלְשֹׁם׃

5 וַאֲשֶׁר יָבֹא אֶת־רֵעֵהוּ בַיַּעַר לַחְטֹב עֵצִים וְנִדְּחָה יָדוֹ בַגַּרְזֶן לִכְרֹת הָעֵץ וְנָשַׁל הַבַּרְזֶל מִן־הָעֵץ וּמָצָא אֶת־רֵעֵהוּ וָמֵת הוּא יָנוּס אֶל־אַחַת הֶעָרִים

6 הָאֵלֶּה וָחָי׃ פֶּן־יִרְדֹּף גֹּאֵל הַדָּם אַחֲרֵי הָרֹצֵחַ

כִּי יַחֵם לְבָבוֹ כִּי־יִרְדְּפֶנּוּ הַדֶּרֶךְ וְהִדְבִּיקוֹ נֶפֶשׁ וְלוֹ אֵין מִשְׁפַּט־מָוֶת כִּי לֹא שֹׂנֵא הוּא לוֹ

7 מִתְּמוֹל שִׁלְשׁוֹם׃ עַל־כֵּן אָנֹכִי מְצַוְּךָ לֵאמֹר שָׁלֹשׁ

8 עָרִים תַּבְדִּיל לָךְ׃ וְאִם־יַרְחִיב יְהוָה אֱלֹהֶיךָ אֶת־גְּבֻלְךָ כַּאֲשֶׁר נִשְׁבַּע לַאֲבֹתֶיךָ וְנָתַן לְךָ אֶת־כָּל־

9 הָאָרֶץ אֲשֶׁר דִּבֶּר לָתֵת לַאֲבֹתֶיךָ׃ כִּי־תִשְׁמֹר אֶת־כָּל־הַמִּצְוָה הַזֹּאת לַעֲשֹׂתָהּ אֲשֶׁר אָנֹכִי מְצַוְּךָ הַיּוֹם לְאַהֲבָה אֶת־יְהוָה אֱלֹהֶיךָ וְלָלֶכֶת בִּדְרָכָיו כָּל־הַיָּמִים וְיָסַפְתָּ לְךָ עוֹד שָׁלֹשׁ עָרִים עַל

10 הַשָּׁלֹשׁ הָאֵלֶּה׃ וְלֹא יִשָּׁפֵךְ דָּם נָקִי בְּקֶרֶב אַרְצְךָ אֲשֶׁר יְהוָה אֱלֹהֶיךָ נֹתֵן לְךָ נַחֲלָה וְהָיָה עָלֶיךָ דָּמִים׃ ס

11 וְכִי־יִהְיֶה אִישׁ שֹׂנֵא לְרֵעֵהוּ וְאָרַב לוֹ וְקָם עָלָיו וְהִכָּהוּ נֶפֶשׁ וָמֵת וְנָס אֶל־אַחַת הֶעָרִים הָאֵל׃

12 וְשָׁלְחוּ זִקְנֵי עִירוֹ וְלָקְחוּ אֹתוֹ מִשָּׁם וְנָתְנוּ אֹתוֹ

13 בְּיַד גֹּאֵל הַדָּם וָמֵת׃ לֹא־תָחוֹס עֵינְךָ עָלָיו וּבִעַרְתָּ

14 דַם־הַנָּקִי מִיִּשְׂרָאֵל וְטוֹב לָךְ׃ ס לֹא תַסִּיג גְּבוּל רֵעֲךָ אֲשֶׁר גָּבְלוּ רִאשֹׁנִים בְּנַחֲלָתְךָ אֲשֶׁר תִּנְחַל בָּאָרֶץ אֲשֶׁר יְהוָה אֱלֹהֶיךָ נֹתֵן לְךָ לְרִשְׁתָּהּ׃

15 לֹא־יָקוּם עֵד אֶחָד בְּאִישׁ לְכָל־עָוֹן וּלְכָל־חַטָּאת בְּכָל־חֵטְא אֲשֶׁר יֶחֱטָא עַל־פִּי שְׁנֵי עֵדִים אוֹ עַל־פִּי שְׁלֹשָׁה־עֵדִים יָקוּם דָּבָר׃ כִּי־יָקוּם עֵד־

16 חָמָס בְּאִישׁ לַעֲנוֹת בּוֹ סָרָה׃ וְעָמְדוּ שְׁנֵי־הָאֲנָשִׁים

17 אֲשֶׁר־לָהֶם הָרִיב לִפְנֵי יְהוָה לִפְנֵי הַכֹּהֲנִים

18 וְהַשֹּׁפְטִים אֲשֶׁר יִהְיוּ בַּיָּמִים הָהֵם׃ וְדָרְשׁוּ הַשֹּׁפְטִים הֵיטֵב וְהִנֵּה עֵד־שֶׁקֶר הָעֵד שֶׁקֶר עָנָה

19 בְאָחִיו׃ וַעֲשִׂיתֶם לוֹ כַּאֲשֶׁר זָמַם לַעֲשׂוֹת לְאָחִיו

20 וּבִעַרְתָּ הָרָע מִקִּרְבֶּךָ׃ וְהַנִּשְׁאָרִים יִשְׁמְעוּ וְיִרָאוּ וְלֹא־יֹסִפוּ לַעֲשׂוֹת עוֹד כַּדָּבָר הָרָע הַזֶּה בְּקִרְבֶּךָ׃

21 וְלֹא תָחוֹס עֵינֶךָ נֶפֶשׁ בְּנֶפֶשׁ עַיִן בְּעַיִן שֵׁן בְּשֵׁן יָד בְּיָד רֶגֶל בְּרָגֶל׃ ס

CAP. XX. כ

1 כִּי־תֵצֵא לַמִּלְחָמָה עַל־אֹיְבֶךָ וְרָאִיתָ סוּס וָרֶכֶב עַם רַב מִמְּךָ לֹא תִירָא מֵהֶם כִּי־יְהוָה אֱלֹהֶיךָ עִמָּךְ הַמַּעַלְךָ מֵאֶרֶץ מִצְרָיִם׃ וְהָיָה כְּקָרָבְכֶם

2 אֶל־הַמִּלְחָמָה וְנִגַּשׁ הַכֹּהֵן וְדִבֶּר אֶל־הָעָם׃

3 וְאָמַר אֲלֵהֶם שְׁמַע יִשְׂרָאֵל אַתֶּם קְרֵבִים הַיּוֹם לַמִּלְחָמָה עַל־אֹיְבֵיכֶם אַל־יֵרַךְ לְבַבְכֶם אַל־תִּירְאוּ

tions of those nations.

10 There^a shall not be found among you *any one* that maketh his son or his daughter to pass through the fire, *or* that useth divination, *or* an observer of times, or an enchanter, or a witch,

11 Or a charmer, or a consulter with familiar spirits, or a wizard, or a necromancer.

12 For all that do these things *are* an abomination unto the Lord: and because of these abominations^b the Lord thy God doth drive them out from before thee.

13 Thou shalt be δ perfect with the Lord thy God.

14 For these nations, which thou shalt possess,ζ hearkened unto observers of times, and unto diviners: but as for thee, the Lord thy God hath not suffered^e thee so *to do*.

15 The Lord thy God will raise up unto thee a Prophet^g from the midst of thee, of thy brethren, like unto me; unto him^h ye shall hearken;

16 According to all that thou desiredst of the Lord thy God in Horeb in the day^j of the assembly, saying, Let me not hear again the voice of the Lord my God, neither let me see this great fire any more, that I die not.

17 And the Lord said unto me, They have well *spoken that* which they have spoken.

18 I^k will raise them up a^l Prophet from among their brethren, like^m unto thee, and will put my words in his mouth; and he^n shall speak unto them all that I shall command him.

19 And it shall come to pass, *that* whosoever^p will not hearken unto my words which he shall speak in my name, I will require *it* of him.

20 But^q the prophet which shall presume to speak a word in my name, which I have not commanded him to speak, or that shall speak in the name of other gods, even that prophet shall die.^s

21 And if thou say in thine heart, How shall^t we know the word which the Lord hath not spoken?

22 When^u a prophet speaketh in the name of the Lord, if the thing follow not, nor come to pass, that *is* the thing which the Lord hath not spoken, *but* the prophet hath spoken it presumptuously: thou shalt not be afraid of him.^v

CHAP. XIX.

WHEN^w the Lord thy God hath cut off the nations, whose land the Lord thy God giveth thee, and thou κsucceedest them, and dwellest in their cities, and in their houses;

2 Thou shalt separate three^y cities for thee in the midst of thy land, which the Lord thy God giveth thee to possess it.

3 Thou shalt prepare thee a way, and divide the coasts of thy land, which the Lord thy God giveth thee to inherit, into three parts, that every slayer may flee thither.

4 And this *is* the case of the slayer which shall flee thither, that he may live: Whoso killeth his neighbour ignorantly, whom he hated not λin time past;

5 As when a man goeth into the wood with his neighbour to hew wood, and his hand fetcheth a stroke with the axe to cut down the tree, and the μ head slippeth from the ν helve, and π lighteth upon his

B. C. 1451.

a Le. 18.21, &c.
β smite him in life.
γ from yesterday the third day.
b Re. 22. 15.
c Ex. 34. 24.
δ or, upright, or, sincere.
Ge. 17. 1.
Job 1. 1.
d Ge.15.18,21.
ε or, inherit.
e Ge. 20. 6.
Ps. 147. 19, 20.
Ac. 14. 16.
f Jos. 20. 7,8.
g Jn°. 1. 45. 6. 14.
Ac.3.22,23.
h Mat. 17. 5.
He. 1. 1, 2. 2. 1..3.
1 Jn°.3. 23.
i Ge. 9. 6.
Ex. 21 12, &c.
Pr. 28. 17.
j Ex. 20. 19.
η in life.
k Is. 9. 6.
Zec.6.12,13
Mal. 3. 1.
l Lu. 24. 19.
m Nu.12.6..8.
He. 3. 2..6.
n Jn°. 4. 25. 8. 28.
12. 49,50. 15. 15.
o Ho. 5. 10.
p Mar. 16.16.
Ac.3.22,23.
He. 2. 3. 12. 25.
q ch. 13. 1..5.
Je.14.14.15.
Zec. 13. 3.
r 2 Co. 13. 1.
s Je.28.15..17
Re. 19 20.
t 1 Jn°.4.1..3.
θ or, falling away.
u Is. 41.22,23
Je. 28. 9.
v Pr. 26. 2.
w ch. 12. 29.
κ inheritest, or, possessest.
x Pr. 19. 5, 9.
Da. 6. 24.
y ch.4.41,42.
Ex. 21.13.
Nu. 35. 10, &c.
Jos. 20.2..7.
z Le.24.19,20
a Ps. 20. 7.
λ from yesterday the third day.
μ iron.
ν wood.
π findeth.

neighbour, that he die : he shall flee unto one of these cities, and live :

6 Lest the avenger of the blood pursue the slayer, while his heart is hot, and overtake him, because the way is long, and slay β him ; whereas he *was* not worthy of death, inasmuch as he hated him not in γ time past.

7 Wherefore I command thee, saying, Thou shalt separate three cities for thee.

8 And if the Lord thy God ^e enlarge thy coast, as he hath sworn unto thy fathers, and give thee all the land which he promised ^d to give unto thy fathers ;

9 If thou shalt keep all these commandments to do them, which I command thee this day, to love the Lord thy God, and to walk ever in his ways ; then shalt thou add^f three cities more for thee, beside these three :

10 That innocent blood be not shed in thy land, which the Lord thy God giveth thee *for* an inheritance, and *so* blood be upon thee.

11 But^i if any man hate his neighbour, and lie in wait for him, and rise up against him, and smite him η mortally that he die, and fleeth into one of these cities :

12 Then the elders of his city shall send and fetch him thence, and deliver him into the hand of the avenger of blood, that he may die.

13 Thine eye shall not pity him, but thou shalt put away *the guilt of* innocent blood from Israel, that it may go well with thee.

14 Thou shalt not remove thy neighbour's land-mark,^o which they of old time have set in thine inheritance, which thou shalt inherit in the land that the Lord thy God giveth thee **to possess it.**

15 One^r witness shall not rise up against a man for any iniquity, or for any sin, in any sin that he sinneth: at the mouth of two witnesses, or at the mouth of three witnesses, shall the matter be established.

16 If a false witness rise up^s against any man, to testify against him θ that *which is* wrong ;

17 Then both the men, between whom the controversy *is*, shall stand before the Lord, before the priests and the judges which shall be in those days ;

18 And the judges shall make diligent inquisition : and, behold, *if* the witness *be* a false witness, *and* hath testified falsely against his brother ;

19 Then^x shall ye do unto him as he had thought to have done unto his brother : so shalt thou put the evil away from among you.

20 And those which remain shall hear, and fear, and shall henceforth commit no more any such evil among you.

21 And thine eye shall not pity ; ^z but life *shall go* for life, eye for eye, tooth for tooth, hand for hand, foot for foot.

CHAP. XX.

WHEN thou goest out to battle against thine enemies, and seest horses,^a and chariots, *and* a people more than thou, be not afraid of them : for the Lord thy God *is* with thee, which brought thee up out of the land of Egypt.

2 And it shall be, when ye are come nigh unto the battle, that the priest shall approach, and speak unto the people,

4 וְאַל־תַּחְפְּזוּ וְאַל־תַּעַרְצוּ מִפְּנֵיהֶם׃ כִּי יְהוָה
אֱלֹהֵיכֶם הַהֹלֵךְ עִמָּכֶם לְהִלָּחֵם לָכֶם עִם־אֹיְבֵיכֶם
5 לְהוֹשִׁיעַ אֶתְכֶם׃ וְדִבְּרוּ הַשֹּׁטְרִים אֶל־הָעָם לֵאמֹר
מִי־הָאִישׁ אֲשֶׁר בָּנָה בַיִת־חָדָשׁ וְלֹא חֲנָכוֹ יֵלֵךְ וְיָשֹׁב
לְבֵיתוֹ פֶּן־יָמוּת בַּמִּלְחָמָה וְאִישׁ אַחֵר יַחְנְכֶנּוּ׃
6 וּמִי־הָאִישׁ אֲשֶׁר נָטַע כֶּרֶם וְלֹא חִלְּלוֹ יֵלֵךְ וְיָשֹׁב
לְבֵיתוֹ פֶּן־יָמוּת בַּמִּלְחָמָה וְאִישׁ אַחֵר יְחַלְּלֶנּוּ׃
7 וּמִי־הָאִישׁ אֲשֶׁר אֵרַשׂ אִשָּׁה וְלֹא לְקָחָהּ יֵלֵךְ
וְיָשֹׁב לְבֵיתוֹ פֶּן־יָמוּת בַּמִּלְחָמָה וְאִישׁ אַחֵר יִקָּחֶנָּה׃
8 וְיָסְפוּ הַשֹּׁטְרִים לְדַבֵּר אֶל־הָעָם וְאָמְרוּ מִי־הָאִישׁ
הַיָּרֵא וְרַךְ הַלֵּבָב יֵלֵךְ וְיָשֹׁב לְבֵיתוֹ וְלֹא יִמַּס אֶת־
9 לְבַב אֶחָיו כִּלְבָבוֹ׃ וְהָיָה כְּכַלֹּת הַשֹּׁטְרִים לְדַבֵּר
אֶל־הָעָם וּפָקְדוּ שָׂרֵי צְבָאוֹת בְּרֹאשׁ הָעָם׃ ס
10 כִּי־תִקְרַב אֶל־עִיר לְהִלָּחֵם עָלֶיהָ וְקָרָאתָ אֵלֶיהָ
11 לְשָׁלוֹם׃ וְהָיָה אִם־שָׁלוֹם תַּעַנְךָ וּפָתְחָה לָךְ וְהָיָה
כָּל־הָעָם הַנִּמְצָא־בָהּ יִהְיוּ לְךָ לָמַס וַעֲבָדוּךָ׃
12 וְאִם־לֹא תַשְׁלִים עִמָּךְ וְעָשְׂתָה עִמְּךָ מִלְחָמָה
13 וְצַרְתָּ עָלֶיהָ׃ וּנְתָנָהּ יְהוָה אֱלֹהֶיךָ בְּיָדֶךָ וְהִכִּיתָ
14 אֶת־כָּל־זְכוּרָהּ לְפִי־חָרֶב׃ רַק הַנָּשִׁים וְהַטַּף
וְהַבְּהֵמָה וְכֹל אֲשֶׁר יִהְיֶה בָעִיר כָּל־שְׁלָלָהּ תָּבֹז
לָךְ וְאָכַלְתָּ אֶת־שְׁלַל אֹיְבֶיךָ אֲשֶׁר נָתַן יְהוָה
15 אֱלֹהֶיךָ לָךְ׃ כֵּן תַּעֲשֶׂה לְכָל־הֶעָרִים הָרְחֹקֹת
מִמְּךָ מְאֹד אֲשֶׁר לֹא־מֵעָרֵי הַגּוֹיִם־הָאֵלֶּה הֵנָּה׃
16 רַק מֵעָרֵי הָעַמִּים הָאֵלֶּה אֲשֶׁר יְהוָה אֱלֹהֶיךָ נֹתֵן
17 לְךָ נַחֲלָה לֹא תְחַיֶּה כָּל־נְשָׁמָה׃ כִּי־הַחֲרֵם
תַּחֲרִימֵם הַחִתִּי וְהָאֱמֹרִי הַכְּנַעֲנִי וְהַפְּרִזִּי הַחִוִּי
18 וְהַיְבוּסִי כַּאֲשֶׁר צִוְּךָ יְהוָה אֱלֹהֶיךָ׃ לְמַעַן אֲשֶׁר
לֹא־יְלַמְּדוּ אֶתְכֶם לַעֲשׂוֹת כְּכֹל תּוֹעֲבֹתָם אֲשֶׁר עָשׂוּ
19 לֵאלֹהֵיהֶם וַחֲטָאתֶם לַיהוָה אֱלֹהֵיכֶם׃ ס כִּי־
תָצוּר אֶל־עִיר יָמִים רַבִּים לְהִלָּחֵם עָלֶיהָ לְתָפְשָׂהּ
לֹא־תַשְׁחִית אֶת־עֵצָהּ לִנְדֹּחַ עָלָיו גַּרְזֶן כִּי מִמֶּנּוּ
תֹאכֵל וְאֹתוֹ לֹא תִכְרֹת כִּי הָאָדָם עֵץ הַשָּׂדֶה לָבֹא
20 מִפָּנֶיךָ בַּמָּצוֹר׃ רַק עֵץ אֲשֶׁר־תֵּדַע כִּי־לֹא־עֵץ
מַאֲכָל הוּא אֹתוֹ תַשְׁחִית וְכָרָתָּ וּבָנִיתָ מָצוֹר עַל־
הָעִיר אֲשֶׁר־הִוא עֹשָׂה עִמְּךָ מִלְחָמָה עַד
רִדְתָּהּ׃ פ

CAP. XXI. כא

1 כִּי־יִמָּצֵא חָלָל בָּאֲדָמָה אֲשֶׁר יְהוָה אֱלֹהֶיךָ נֹתֵן
לְךָ לְרִשְׁתָּהּ נֹפֵל בַּשָּׂדֶה לֹא נוֹדַע מִי הִכָּהוּ׃
2 וְיָצְאוּ זְקֵנֶיךָ וְשֹׁפְטֶיךָ וּמָדְדוּ אֶל־הֶעָרִים אֲשֶׁר
3 סְבִיבֹת הֶחָלָל׃ וְהָיָה הָעִיר הַקְּרֹבָה אֶל־הֶחָלָל
וְלָקְחוּ זִקְנֵי הָעִיר הַהִוא עֶגְלַת בָּקָר אֲשֶׁר לֹא־
4 עֻבַּד בָּהּ אֲשֶׁר לֹא־מָשְׁכָה בְּעֹל׃ וְהוֹרִדוּ זִקְנֵי
הָעִיר הַהִוא אֶת־הָעֶגְלָה אֶל־נַחַל אֵיתָן אֲשֶׁר לֹא־
יֵעָבֵד בּוֹ וְלֹא יִזָּרֵעַ וְעָרְפוּ־שָׁם אֶת־הָעֶגְלָה בַּנָּחַל׃
5 וְנִגְּשׁוּ הַכֹּהֲנִים בְּנֵי לֵוִי כִּי בָם בָּחַר יְהוָה אֱלֹהֶיךָ
לְשָׁרְתוֹ וּלְבָרֵךְ בְּשֵׁם יְהוָה וְעַל־פִּיהֶם יִהְיֶה כָּל־רִיב
6 וְכָל־נָגַע׃ וְכֹל זִקְנֵי הָעִיר הַהִוא הַקְּרֹבִים אֶל־
הֶחָלָל יִרְחֲצוּ אֶת־יְדֵיהֶם עַל־הָעֶגְלָה הָעֲרוּפָה בַנָּחַל׃
7 וְעָנוּ וְאָמְרוּ יָדֵינוּ לֹא שָׁפְכֻה אֶת־הַדָּם הַזֶּה וְעֵינֵינוּ לֹא
8 רָאוּ׃ כַּפֵּר לְעַמְּךָ יִשְׂרָאֵל אֲשֶׁר־פָּדִיתָ יְהוָה
וְאַל־תִּתֵּן דָּם נָקִי בְּקֶרֶב עַמְּךָ יִשְׂרָאֵל וְנִכַּפֵּר לָהֶם
9 הַדָּם׃ וְאַתָּה תְּבַעֵר הַדָּם הַנָּקִי מִקִּרְבֶּךָ כִּי־
תַעֲשֶׂה הַיָּשָׁר בְּעֵינֵי יְהוָה׃

49 מט ס ס ס ס

10 כִּי־תֵצֵא לַמִּלְחָמָה עַל־אֹיְבֶיךָ וּנְתָנוֹ יְהוָה אֱלֹהֶיךָ
11 בְּיָדֶךָ וְשָׁבִיתָ שִׁבְיוֹ׃ וְרָאִיתָ בַּשִּׁבְיָה אֵשֶׁת יְפַת־תֹּאַר
12 וְחָשַׁקְתָּ בָהּ וְלָקַחְתָּ לְךָ לְאִשָּׁה׃ וַהֲבֵאתָהּ
אֶל־תּוֹךְ בֵּיתֶךָ וְגִלְּחָה אֶת־רֹאשָׁהּ וְעָשְׂתָה אֶת־
13 צִפָּרְנֶיהָ׃ וְהֵסִירָה אֶת־שִׂמְלַת שִׁבְיָהּ מֵעָלֶיהָ
וְיָשְׁבָה בְּבֵיתֶךָ וּבָכְתָה אֶת־אָבִיהָ וְאֶת־אִמָּהּ יֶרַח
יָמִים וְאַחַר כֵּן תָּבוֹא אֵלֶיהָ וּבְעַלְתָּהּ וְהָיְתָה לְךָ
14 לְאִשָּׁה׃ וְהָיָה אִם־לֹא חָפַצְתָּ בָּהּ וְשִׁלַּחְתָּהּ
לְנַפְשָׁהּ וּמָכֹר לֹא־תִמְכְּרֶנָּה בַּכָּסֶף לֹא־תִתְעַמֵּר בָּהּ
15 תַּחַת אֲשֶׁר עִנִּיתָהּ׃ ס כִּי־תִהְיֶיןָ לְאִישׁ
שְׁתֵּי נָשִׁים הָאַחַת אֲהוּבָה וְהָאַחַת שְׂנוּאָה וְיָלְדוּ־
לוֹ בָנִים הָאֲהוּבָה וְהַשְּׂנוּאָה וְהָיָה הַבֵּן הַבְּכוֹר
16 לַשְּׂנִיאָה׃ וְהָיָה בְּיוֹם הַנְחִילוֹ אֶת־בָּנָיו אֵת אֲשֶׁר
יִהְיֶה לוֹ לֹא יוּכַל לְבַכֵּר אֶת־בֶּן־הָאֲהוּבָה עַל־פְּנֵי בֶן־
17 הַשְּׂנוּאָה הַבְּכֹר׃ כִּי אֶת־הַבְּכֹר בֶּן־הַשְּׂנוּאָה יַכִּיר
לָתֶת לוֹ פִּי שְׁנַיִם בְּכֹל אֲשֶׁר־יִמָּצֵא לוֹ כִּי־הוּא
18 רֵאשִׁית אֹנוֹ לוֹ מִשְׁפַּט הַבְּכֹרָה׃ ס כִּי־
יִהְיֶה לְאִישׁ בֵּן סוֹרֵר וּמוֹרֶה אֵינֶנּוּ שֹׁמֵעַ בְּקוֹל אָבִיו
וּבְקוֹל אִמּוֹ וְיִסְּרוּ אֹתוֹ וְלֹא יִשְׁמַע אֲלֵיהֶם׃
19 וְתָפְשׂוּ בוֹ אָבִיו וְאִמּוֹ וְהוֹצִיאוּ אֹתוֹ אֶל־זִקְנֵי עִירוֹ
20 וְאֶל־שַׁעַר מְקֹמוֹ׃ וְאָמְרוּ אֶל־זִקְנֵי עִירוֹ בְּנֵנוּ זֶה

3 And shall say unto them, Hear, O Israel; ye approach this day unto battle against your enemies: let not your hearts β faint; fear not, and do not tremble,γ neither be ye terrified *b* because of them;

4 For *c* the LORD your God *is* he that goeth with you, to fight for you against your enemies, to save you.

5 And the officers shall speak unto the people, saying, What man *is there* that hath built a new house, and hath not dedicated *d* it? let him go and return to his house, lest he die in the battle, and another man dedicate it.

6 And what man *is he* that hath planted a vineyard, and hath not *yet* ζ eaten of it? let him *also* go and return unto his house, lest he die in the battle, and another man eat of it.

7 And what man *is there* that hath betrothed a wife, and hath not taken her? let *e* him go and return unto his house, lest he die in the battle, and *f* another man take her.

8 And the officers shall speak further unto the people, and they shall say, What *h* man *is there that is* fearful and faint-hearted? let him go and return unto his house, lest *k* his brethren's heart θ faint as well as his heart.

9 And it shall be, when the officers have made an end of speaking unto the people, that they shall make captains of the armies κ to lead the people.

10 When thou comest nigh unto a city to fight against it, then proclaim *n* peace unto it.

11 And it shall be, if it make thee answer of peace, and open unto thee, then it shall be, *that* all the people *that is* found therein shall be tributaries unto thee, and they *p* shall serve thee.

12 And if it will make no peace with thee, but will make war against thee, then thou shalt besiege it:

13 And when the LORD thy God hath delivered it into thine hands, thou *r* shalt smite every male thereof with the edge of the sword.

14 But the women, and the little ones, and the cattle,*s* and all that is in the city, *even* all the spoil thereof, shalt thou μ take unto thyself; and thou *u* shalt eat the spoil of thine enemies, which the LORD thy God hath given thee.

15 Thus shalt thou do unto all the cities *which are* very far off from thee, which *are* not of the cities of these nations.

16 But of the cities of these people, which the LORD thy God doth give thee for an inheritance, thou shalt save alive nothing *x* that breatheth:

17 But thou shalt utterly destroy them; *namely,* the Hittites, and the Amorites, the Canaanites, and the Perizzites, the Hivites, and the Jebusites; as the LORD thy God hath commanded thee:

18 That *z* they teach you not to do after all their abominations, which they have done unto their gods; so should ye sin against the LORD your God.

19 When thou shalt besiege a city a long time, in making war against it to take it, thou shalt not destroy the trees thereof by forcing an axe against them: for thou mayest eat of them, and thou shalt not cut them down (for π the tree of the field *is* man's *life*) ρ to employ

B. C. 1451.

a Je. 6. 6.
β *be tender.*
γ *make haste*
  Is. 28. 16.
b Is. 51. 7, 8.
c ch. 1. 30.
  3. 22.
Jos. 23. 10.
2 Ch. 13.12.
  32. 7, 8.
δ *come down.*
d Ne. 12. 27.
  Ps.30. title.
ζ *made it common.*
  Le.19.23,25
e ch. 24. 5.
f ch. 28. 30.
g 1 Ch.23.13.
h Ju. 7. 3.
i Nu.6.22..27
k Nu. 32. 9.
η *mouth.*
l ch. 17. 8..10.
θ *melt.*
m Ps. 26. 6.
  Mat. 27. 24.
κ *to be in the head of the people.*
n 2 Sa.20.19..
  22.
o 2 Ki. 24. 4.
Jon. 1. 14.
λ *in the midst.*
p Le. 25. 44..
  46.
q ch. 19. 13.
r Nu.31.7..9.
s Jos. 8. 2.
t Nu. 31. 18.
μ *spoil.*
u Jos. 22. 8.
v 1 Co. 11. 6.
ν *make, or dress, or suffer to grow.*
w Ps. 45. 10.
Lu. 14. 26.
x ch. 7. 1..4.
  Nu.21.2,3,
  35.
Jos. 11. 14.
y Ex. 21. 8.
z ch.12.30.31
  Ex. 23.33.
  Ps. 106. 34..
  40.
  1 Co. 15.33.
a ch. 22. 29.
  Ge. 34. 2.
b Ge. 29. 18,
  20.
c Ge. 29. 31..
  33.
π *or, for, O man, the tree of the field* is to be *employed in the siege.*
ρ *to go from before thee.*
d 1 Ch. 5. 2.
  26. 10.
  2 Ch.11.21,
  22.

them in the siege:

20 Only the trees which thou knowest that they *be* not trees for meat, thou shalt destroy and cut them down; *a* and thou shalt build bulwarks against the city that maketh war with thee, until it δ be subdued.

CHAP. XXI.

IF *one* be found slain in the land which the LORD thy God giveth thee to possess it, lying in the field, *and* it be not known who hath slain him;

2 Then thy elders and thy judges shall come forth, and they shall measure unto the cities which *are* round about him that is slain:

3 And it shall be, *that* the city which *is* next unto the slain man, even the elders of that city shall take an heifer, which hath not been wrought with, *and* which hath not drawn in the yoke;

4 And the elders of that city shall bring down the heifer unto a rough valley, which is neither eared nor sown, and shall strike off the heifer's neck there in the valley.

5 And the priests the sons of Levi shall come near; for them *g* the LORD thy God hath chosen to minister unto him, and to bless *i* in the name of the LORD; and by their η word shall every *l* controversy and every stroke be *tried:*

6 And all the elders of that city, *that are* next unto the slain *man,* shall *m* wash their hands over the heifer that is beheaded in the valley:

7 And they shall answer and say, Our hands have not shed this blood, neither have our eyes seen *it.*

8 Be merciful, O LORD, unto thy people Israel, whom thou hast redeemed, and lay not *o* innocent blood λ unto thy people of Israel's charge. And the blood shall be forgiven them.

9 So shalt thou put away *q* the *guilt of* innocent blood from among you, when thou shalt do *that which is* right in the sight of the LORD.

10 When thou goest forth to war against thine enemies, and the LORD thy God hath delivered them into thine hands, and thou hast taken them captive,

11 And seest among the captives a beautiful woman,*t* and hast a desire unto her, that thou wouldest have her to thy wife;

12 Then thou shalt bring her home to thine house; and she shall shave *v* her head, and ν pare her nails;

13 And she shall put the raiment of her captivity from off her, and shall remain in thine house, and bewail her *w* father and her mother a full month: and after that thou shalt go in unto her, and be her husband, and she shall be thy wife.

14 And it shall be, if thou have no delight in her, then thou shalt let her go whither she will; but thou shalt not *y* sell her at all for money, thou shalt not make merchandise of her, because thou hast humbled *a* her.

15 If a man have two wives, one beloved,*b* and another hated,*c* and they have born him children, *both* the beloved and the hated; and *if* the first-born son be her's that was hated:

16 Then it shall be, when he maketh his sons to inherit *that* which he hath, *that* he may not make the son of the beloved first-born before *d* the son of the hated, *which is* indeed the first-born:

סוֹרֵר וּמֹרֶה אֵינֶנּוּ שֹׁמֵעַ בְּקֹלֵנוּ זוֹלֵל וְסֹבֵא׃

21 וּרְגָמֻהוּ כָּל־אַנְשֵׁי עִירוֹ בָאֲבָנִים וָמֵת וּבִעַרְתָּ הָרָע

22 מִקִּרְבֶּךָ וְכָל־יִשְׂרָאֵל יִשְׁמְעוּ וְיִרָאוּ׃ ס כִּי־
יִהְיֶה בְאִישׁ חֵטְא מִשְׁפַּט־מָוֶת וְהוּמָת וְתָלִיתָ

23 אֹתוֹ עַל־עֵץ׃ לֹא־תָלִין נִבְלָתוֹ עַל־הָעֵץ כִּי־קָבוֹר
תִּקְבְּרֶנּוּ בַּיּוֹם הַהוּא כִּי־קִלְלַת אֱלֹהִים תָּלוּי וְלֹא
תְטַמֵּא אֶת־אַדְמָתְךָ אֲשֶׁר יְהוָה אֱלֹהֶיךָ נֹתֵן לְךָ
נַחֲלָה׃ ס

CAP. XXII. כב

1 לֹא־תִרְאֶה אֶת־שׁוֹר אָחִיךָ אוֹ אֶת־שֵׂיוֹ נִדָּחִים

2 וְהִתְעַלַּמְתָּ מֵהֶם הָשֵׁב תְּשִׁיבֵם לְאָחִיךָ׃ וְאִם־לֹא
קָרוֹב אָחִיךָ אֵלֶיךָ וְלֹא יְדַעְתּוֹ וַאֲסַפְתּוֹ אֶל־תּוֹךְ
בֵּיתֶךָ וְהָיָה עִמְּךָ עַד דְּרֹשׁ אָחִיךָ אֹתוֹ וַהֲשֵׁבֹתוֹ

3 לוֹ׃ וְכֵן תַּעֲשֶׂה לַחֲמֹרוֹ וְכֵן תַּעֲשֶׂה לְשִׂמְלָתוֹ וְכֵן
תַּעֲשֶׂה לְכָל־אֲבֵדַת אָחִיךָ אֲשֶׁר־תֹּאבַד מִמֶּנּוּ

4 וּמְצָאתָהּ לֹא תוּכַל לְהִתְעַלֵּם׃ ס לֹא־
תִרְאֶה אֶת־חֲמוֹר אָחִיךָ אוֹ שׁוֹרוֹ נֹפְלִים בַּדֶּרֶךְ

5 וְהִתְעַלַּמְתָּ מֵהֶם הָקֵם תָּקִים עִמּוֹ׃ ס לֹא־
יִהְיֶה כְלִי־גֶבֶר עַל־אִשָּׁה וְלֹא־יִלְבַּשׁ גֶּבֶר שִׂמְלַת
אִשָּׁה כִּי תוֹעֲבַת יְהוָה אֱלֹהֶיךָ כָּל־עֹשֵׂה אֵלֶּה׃ ס

6 כִּי יִקָּרֵא קַן־צִפּוֹר לְפָנֶיךָ בַּדֶּרֶךְ בְּכָל־עֵץ אוֹ עַל־
הָאָרֶץ אֶפְרֹחִים אוֹ בֵיצִים וְהָאֵם רֹבֶצֶת עַל־
הָאֶפְרֹחִים אוֹ עַל־הַבֵּיצִים לֹא־תִקַּח הָאֵם עַל־

7 הַבָּנִים׃ שַׁלֵּחַ תְּשַׁלַּח אֶת־הָאֵם וְאֶת־הַבָּנִים
תִּקַּח־לָךְ לְמַעַן יִיטַב לָךְ וְהַאֲרַכְתָּ יָמִים׃ ס

8 כִּי תִבְנֶה בַּיִת חָדָשׁ וְעָשִׂיתָ מַעֲקֶה לְגַגֶּךָ וְלֹא־

9 תָשִׂים דָּמִים בְּבֵיתֶךָ כִּי־יִפֹּל הַנֹּפֵל מִמֶּנּוּ׃ לֹא־
תִזְרַע כַּרְמְךָ כִּלְאָיִם פֶּן־תִּקְדַּשׁ הַמְלֵאָה הַזֶּרַע

10 אֲשֶׁר תִּזְרָע וּתְבוּאַת הַכָּרֶם׃ ס לֹא־תַחֲרֹשׁ

11 בְּשׁוֹר־וּבַחֲמֹר יַחְדָּו׃ לֹא תִלְבַּשׁ שַׁעַטְנֵז צֶמֶר

12 וּפִשְׁתִּים יַחְדָּו׃ ס גְּדִלִים תַּעֲשֶׂה־לָּךְ עַל־

13 אַרְבַּע כַּנְפוֹת כְּסוּתְךָ אֲשֶׁר תְּכַסֶּה־בָּהּ׃ ס כִּי־

14 יִקַּח אִישׁ אִשָּׁה וּבָא אֵלֶיהָ וּשְׂנֵאָהּ׃ וְשָׂם לָהּ
עֲלִילֹת דְּבָרִים וְהוֹצִיא עָלֶיהָ שֵׁם רָע וְאָמַר אֶת־
הָאִשָּׁה הַזֹּאת לָקַחְתִּי וָאֶקְרַב אֵלֶיהָ וְלֹא־מָצָאתִי

15 לָהּ בְּתוּלִים׃ וְלָקַח אֲבִי הַנַּעֲרָ וְאִמָּהּ וְהוֹצִיאוּ

16 אֶת־בְּתוּלֵי הַנַּעֲרָ אֶל־זִקְנֵי הָעִיר הַשָּׁעְרָה׃ וְאָמַר
אֲבִי הַנַּעֲרָ אֶל־הַזְּקֵנִים אֶת־בִּתִּי נָתַתִּי לָאִישׁ הַזֶּה

17 לְאִשָּׁה וַיִּשְׂנָאֶהָ׃ וְהִנֵּה־הוּא שָׂם עֲלִילֹת דְּבָרִים
לֵאמֹר לֹא־מָצָאתִי לְבִתְּךָ בְּתוּלִים וְאֵלֶּה בְּתוּלֵי

18 בִתִּי וּפָרְשׂוּ הַשִּׂמְלָה לִפְנֵי זִקְנֵי הָעִיר׃ וְלָקְחוּ

19 זִקְנֵי הָעִיר־הַהִוא אֶת־הָאִישׁ וְיִסְּרוּ אֹתוֹ׃ וְעָנְשׁוּ
אֹתוֹ מֵאָה כֶסֶף וְנָתְנוּ לַאֲבִי הַנַּעֲרָ כִּי הוֹצִיא
שֵׁם רָע עַל בְּתוּלַת יִשְׂרָאֵל וְלוֹ־תִהְיֶה לְאִשָּׁה לֹא

20 יוּכַל לְשַׁלְּחָהּ כָּל־יָמָיו׃ ס וְאִם־אֱמֶת
הָיָה הַדָּבָר הַזֶּה לֹא־נִמְצְאוּ בְתוּלִים לַנַּעֲרָ׃

21 וְהוֹצִיאוּ אֶת־הַנַּעֲרָ אֶל־פֶּתַח בֵּית־אָבִיהָ וּסְקָלוּהָ
אַנְשֵׁי עִירָהּ בָּאֲבָנִים וָמֵתָה כִּי־עָשְׂתָה נְבָלָה
בְּיִשְׂרָאֵל לִזְנוֹת בֵּית אָבִיהָ וּבִעַרְתָּ הָרָע מִקִּרְבֶּךָ׃

22 ס כִּי־יִמָּצֵא אִישׁ שֹׁכֵב עִם־אִשָּׁה בְעֻלַת־
בַּעַל וּמֵתוּ גַּם־שְׁנֵיהֶם הָאִישׁ הַשֹּׁכֵב עִם־הָאִשָּׁה

23 וְהָאִשָּׁה וּבִעַרְתָּ הָרָע מִיִּשְׂרָאֵל׃ ס כִּי יִהְיֶה
נַעֲרָ בְתוּלָה מְאֹרָשָׂה לְאִישׁ וּמְצָאָהּ אִישׁ בָּעִיר

24 וְשָׁכַב עִמָּהּ׃ וְהוֹצֵאתֶם אֶת־שְׁנֵיהֶם אֶל־שַׁעַר
הָעִיר הַהִוא וּסְקַלְתֶּם אֹתָם בָּאֲבָנִים וָמֵתוּ אֶת־
הַנַּעֲרָ עַל־דְּבַר אֲשֶׁר לֹא־צָעֲקָה בָעִיר וְאֶת־הָאִישׁ
עַל־דְּבַר אֲשֶׁר־עִנָּה אֶת־אֵשֶׁת רֵעֵהוּ וּבִעַרְתָּ הָרָע

25 מִקִּרְבֶּךָ׃ ס וְאִם־בַּשָּׂדֶה יִמְצָא הָאִישׁ
אֶת־הַנַּעֲרָ הַמְאֹרָשָׂה וְהֶחֱזִיק־בָּהּ הָאִישׁ וְשָׁכַב
עִמָּהּ וּמֵת הָאִישׁ אֲשֶׁר־שָׁכַב עִמָּהּ לְבַדּוֹ׃

26 וְלַנַּעֲרָ לֹא־תַעֲשֶׂה דָבָר אֵין לַנַּעֲרָ חֵטְא מָוֶת כִּי
כַּאֲשֶׁר יָקוּם אִישׁ עַל־רֵעֵהוּ וּרְצָחוֹ נֶפֶשׁ כֵּן

27 הַדָּבָר הַזֶּה׃ כִּי בַשָּׂדֶה מְצָאָהּ צָעֲקָה הַנַּעֲרָ

28 הַמְאֹרָשָׂה וְאֵין מוֹשִׁיעַ לָהּ׃ ס כִּי־יִמְצָא
אִישׁ נַעֲרָ בְתוּלָה אֲשֶׁר לֹא־אֹרָשָׂה וּתְפָשָׂהּ

29 וְשָׁכַב עִמָּהּ וְנִמְצָאוּ׃ וְנָתַן הָאִישׁ הַשֹּׁכֵב עִמָּהּ
לַאֲבִי הַנַּעֲרָ חֲמִשִּׁים כָּסֶף וְלוֹ־תִהְיֶה לְאִשָּׁה
תַּחַת אֲשֶׁר עִנָּהּ לֹא־יוּכַל שַׁלְּחָהּ כָּל־יָמָיו׃ ס

CAP. XXIII. כג

1 לֹא־יִקַּח אִישׁ אֶת־אֵשֶׁת אָבִיו וְלֹא יְגַלֶּה כְּנַף

2 אָבִיו׃ ס לֹא־יָבֹא פְצוּעַ־דַּכָּא וּכְרוּת

3 שָׁפְכָה בִּקְהַל יְהוָה׃ ס לֹא־יָבֹא מַמְזֵר
בִּקְהַל יְהוָה גַּם דּוֹר עֲשִׂירִי לֹא־יָבֹא לוֹ בִּקְהַל

4 יְהוָה׃ ס לֹא־יָבֹא עַמּוֹנִי וּמוֹאָבִי בִּקְהַל
יְהוָה גַּם דּוֹר עֲשִׂירִי לֹא־יָבֹא לָהֶם בִּקְהַל יְהוָה

5 עַד־עוֹלָם׃ עַל־דְּבַר אֲשֶׁר לֹא־קִדְּמוּ אֶתְכֶם

17 But he shall acknowledge the son of the hated *for* the first-born, by[a] giving him a double portion of all that *β*he hath: for he *is* the beginning of his strength; the right[c] of the first-born *is* his.

18 If a man have a stubborn and rebellious son, which will not obey[e] the voice of his father, or the voice of his mother, and *that*, when they have chastened[g] him, will not hearken unto them;

19 Then shall his father and his mother lay hold on him, and bring him out unto the elders of his city, and unto the gate of his place;

20 And they shall say unto the[h] elders of his city, This our son *is* stubborn and rebellious; he will not obey[i] our voice; *he is* a glutton,[k] and a drunkard.

21 And[l] all the men of his city shall stone him with stones, that he die:[m] so shalt thou put evil away from among you: and all Israel shall hear, and fear.

22 And if a man have committed a sin worthy[n] of death, and he be to be put to death, and thou hang him on a tree;

23 His[o] body shall not remain all night upon the tree, but thou shalt in any wise bury him that day; (for he that is hanged *is* δaccursed of God;) that thy land be not[p] defiled, which the LORD thy God giveth thee *for* an inheritance.

CHAP. XXII.

THOU[r] shalt not see thy brother's ox or his sheep go astray, and hide[s] thyself from them; thou shalt in any case bring them again unto thy brother.

2 And if thy brother *be* not nigh unto thee, or if thou know him not, then thou shalt bring it unto thine own house, and it shall be with thee until thy brother seek after it, and thou shalt restore it to him again.

3 In like manner shalt thou do with his ass; and so shalt thou do with his raiment; and with all lost thing of thy brother's, which he hath lost, and thou hast found, shalt thou do likewise: thou mayest not hide thyself.

4 Thou[x] shalt not see thy brother's ass or his ox fall down by the way, and hide thyself from them: thou shalt surely help him to lift[z] *them* up again.

5 The woman shall not wear that which pertaineth unto a man, neither shall a man put on a woman's garment: for all that do so *are* abomination[a] unto the LORD thy God.

6 If a bird's nest chance to be before thee in the way in any tree, or on the ground, *whether they be* young ones[d] or eggs, and the dam sitting upon the young or upon the eggs, thou shalt not take the dam[e] with the young:

7 *But* thou shalt in any wise let the dam go, and take the young to thee; that[f] it may be well with thee, and *that* thou mayest prolong[g] *thy* days.

8 When thou buildest a new house, then thou shalt make a battlement for thy roof,[h] that thou bring not blood upon thine house, if any man fall from thence.

9 Thou[k] shalt not sow thy vineyard with divers seeds: lest the ηfruit of thy seed which thou hast sown, and the fruit of thy vineyard, be defiled.

10 Thou shalt not plow[l] with an ox and an ass together.

11 Thou[n] shalt not wear a garment of divers sorts, *as* of woollen and linen together.

12 Thou shalt make thee fringes[b] upon the four γquarters of thy vesture, wherewith thou coverest *thyself.*

13 If any man take a wife, and go[d] in unto her, and hate her,

14 And give occasions[f] of speech against her, and bring up an evil name upon her, and say, I took this woman, and, when I came to her, I found her not a maid:

15 Then shall the father of the damsel, and her mother, take and bring forth *the tokens of* the damsel's virginity unto the elders of the city in the gate:

16 And the damsel's father shall say unto the elders, I gave my daughter unto this man to wife, and he hateth her;

17 And, lo, he hath given occasions of speech *against her,* saying, I found not thy daughter a maid; and yet these *are the tokens of* my daughter's virginity: And they shall spread the cloth before the elders of the city.

18 And the elders of that city shall take that man, and chastise him;

19 And they shall amerce him in an hundred *shekels* of silver, and give *them* unto the father of the damsel, because he hath brought up an evil name upon a virgin of Israel: and she shall be his wife; he[q] may not put her away all his days.

20 But if this thing be true, *and the tokens of* virginity be not found for the damsel:

21 Then they shall bring out the damsel to the door of her father's house, and the men of her city shall stone her with stones that she die; because she hath wrought folly[t] in Israel, to[u] play the whore in her father's house: so[v] shalt thou put evil away from among you.

22 If[w] a man be found lying with a woman married to an husband, then they shall both of them die, *both* the man that lay with the woman, and the woman: so shalt thou put away evil from Israel.

23 If a damsel *that is* a virgin be betrothed[y] unto an husband, and a man find her in the city, and lie with her;

24 Then ye shall bring them both out unto the gate of that city, and ye shall stone them with stones that they die; the damsel, because she cried not, *being* in the city; and the man, because he hath humbled[b] his neighbour's wife: so[c] thou shalt put away evil from among you.

25 But if a man find a betrothed damsel in the field, and the man ζforce her, and lie with her: then the man only that lay with her shall die:

26 But unto the damsel thou shalt do nothing; *there is* in the damsel no sin *worthy* of death: for as when a man riseth against his neighbour, and slayeth him, even so *is* this matter:

27 For he found her in the field, *and* the betrothed damsel cried, and *there was* none to save her.

28 If[i] a man find a damsel *that is* a virgin, which is not betrothed, and lay hold on her, and lie with her, and they be found;

29 Then the man that lay with her shall give unto the damsel's father fifty *shekels* of silver, and she shall be his wife: because he hath humbled her, he may not put her away all his days.

30 A[m] man shall not take his father's wife, nor discover[o] his father's skirt.

Center column references

B. C. 1451.

a 1 Ch.5.1,2.
β *is found with him.*
Ge. 49. 3.
b Nu. 15. 38.
Mat. 23. 5.
γ *wings.*
c Ge.25.31..34.
d Ge. 29. 21.
e Ex. 20. 12.
f 1 Ti. 5. 14.
g Pr. 13. 24.
19. 18.
h ch. 25. 7.
i Pr. 29. 17.
k Pr. 19. 26.
23. 19..21.
l Pr. 29. 1.
m ch.13.5,11.
n ch. 19. 6.
Ac.25.11,25.
o Jos. 8. 29.
10.26,27.
Jnº. 19. 31.
δ *the curse of God.*
Nu. 25. 4.
Ga. 3. 13.
p Nu.35.33,34
q Mat.19.8,9.
r Ex. 23. 4.
s Is. 58. 7.
t Ge. 34. 7.
Ju. 20. 6,10.
2 Sa.13.12,13
u Le. 21. 9.
v ch. 12 5.
w Le. 20. 10.
Nu.5.22..27.
Eze. 23. 45..
48.
Jnº. 8. 5.
He. 13. 4.
x Ex. 23. 5.
y Mat.1.18,19
z He.12.12,13
a ch. 18. 12.
b ch. 21. 14.
c ver. 21,22.
1 Co.5.2,13.
ζ or, *take strong hold of her.*
2 Sa.13.14.
d Lu. 12. 6.
e Le. 22. 28.
f ch. 4. 40.
g Pr. 22. 4.
h Is. 22. 1.
Je. 19. 13.
Mat.10.27.
i Ex.22.16,17.
k Le. 19. 19.
η *fulness.*
l 2Co.6.14..16
m ch. 27. 20.
Le.18. 8.
20. 11.
1Co.5.1..13.
n Le. 19. 19.
o Ru. 3. 9.
Eze. 16. 8.

בַּלֶּחֶם וּבַמַּיִם בַּדֶּרֶךְ בְּצֵאתְכֶם מִמִּצְרָיִם וַאֲשֶׁר שָׂכַר עָלֶיךָ אֶת־בִּלְעָם בֶּן־בְּעוֹר מִפְּתוֹר אֲרַם

6 נַהֲרַיִם לְקַלְלֶךָּ: וְלֹא־אָבָה יְהוָה אֱלֹהֶיךָ לִשְׁמֹעַ אֶל־בִּלְעָם וַיַּהֲפֹךְ יְהוָה אֱלֹהֶיךָ לְּךָ אֶת־הַקְּלָלָה

7 לִבְרָכָה כִּי אֲהֵבְךָ יְהוָה אֱלֹהֶיךָ: לֹא־תִדְרֹשׁ שְׁלֹמָם וְטֹבָתָם כָּל־יָמֶיךָ לְעוֹלָם: ס

8 לֹא־תְתַעֵב אֲדֹמִי כִּי אָחִיךָ הוּא לֹא־תְתַעֵב מִצְרִי כִּי־גֵר הָיִיתָ בְאַרְצוֹ:

9 בָּנִים אֲשֶׁר־יִוָּלְדוּ לָהֶם דּוֹר שְׁלִישִׁי יָבֹא לָהֶם בִּקְהַל יְהוָה: ס

10 כִּי־תֵצֵא מַחֲנֶה עַל־אֹיְבֶיךָ וְנִשְׁמַרְתָּ מִכֹּל דָּבָר רָע:

11 כִּי־יִהְיֶה בְךָ אִישׁ אֲשֶׁר לֹא־יִהְיֶה טָהוֹר מִקְּרֵה־לָיְלָה וְיָצָא אֶל־מִחוּץ לַמַּחֲנֶה לֹא יָבֹא אֶל־תּוֹךְ הַמַּחֲנֶה:

12 וְהָיָה לִפְנוֹת־עֶרֶב יִרְחַץ בַּמָּיִם וּכְבֹא הַשֶּׁמֶשׁ יָבֹא אֶל־תּוֹךְ הַמַּחֲנֶה: וְיָד תִּהְיֶה לְךָ

13 מִחוּץ לַמַּחֲנֶה וְיָצָאתָ שָּׁמָּה חוּץ: וְיָתֵד תִּהְיֶה לְךָ

14 עַל־אֲזֵנֶךָ וְהָיָה בְּשִׁבְתְּךָ חוּץ וְחָפַרְתָּה בָהּ וְשַׁבְתָּ וְכִסִּיתָ אֶת־צֵאָתֶךָ: כִּי יְהוָה אֱלֹהֶיךָ

15 מִתְהַלֵּךְ בְּקֶרֶב מַחֲנֶךָ לְהַצִּילְךָ וְלָתֵת אֹיְבֶיךָ לְפָנֶיךָ וְהָיָה מַחֲנֶיךָ קָדוֹשׁ וְלֹא־יִרְאֶה בְךָ עֶרְוַת דָּבָר וְשָׁב מֵאַחֲרֶיךָ: ס

16 לֹא־תַסְגִּיר עֶבֶד אֶל־אֲדֹנָיו אֲשֶׁר־יִנָּצֵל אֵלֶיךָ מֵעִם אֲדֹנָיו: עִמְּךָ

17 יֵשֵׁב בְּקִרְבְּךָ בַּמָּקוֹם אֲשֶׁר־יִבְחַר בְּאַחַד שְׁעָרֶיךָ בַּטּוֹב לוֹ לֹא תּוֹנֶנּוּ: ס

18 לֹא־תִהְיֶה קְדֵשָׁה מִבְּנוֹת יִשְׂרָאֵל וְלֹא־יִהְיֶה קָדֵשׁ מִבְּנֵי יִשְׂרָאֵל:

19 לֹא־תָבִיא אֶתְנַן זוֹנָה וּמְחִיר כֶּלֶב בֵּית יְהוָה אֱלֹהֶיךָ לְכָל־נֶדֶר כִּי תוֹעֲבַת יְהוָה אֱלֹהֶיךָ גַּם־שְׁנֵיהֶם: ס

20 לֹא־תַשִּׁיךְ לְאָחִיךָ נֶשֶׁךְ כֶּסֶף נֶשֶׁךְ אֹכֶל נֶשֶׁךְ כָּל־דָּבָר אֲשֶׁר יִשָּׁךְ: לַנָּכְרִי

21 תַשִּׁיךְ וּלְאָחִיךָ לֹא תַשִּׁיךְ לְמַעַן יְבָרֶכְךָ יְהוָה אֱלֹהֶיךָ בְּכֹל מִשְׁלַח יָדֶךָ עַל־הָאָרֶץ אֲשֶׁר־אַתָּה בָא־שָׁמָּה לְרִשְׁתָּהּ: ס

22 כִּי־תִדֹּר נֶדֶר לַיהוָה אֱלֹהֶיךָ לֹא תְאַחֵר לְשַׁלְּמוֹ כִּי־דָרֹשׁ יִדְרְשֶׁנּוּ יְהוָה אֱלֹהֶיךָ מֵעִמָּךְ וְהָיָה בְךָ חֵטְא:

23·24 וְכִי תֶחְדַּל לִנְדֹּר לֹא־יִהְיֶה בְךָ חֵטְא: מוֹצָא שְׂפָתֶיךָ תִּשְׁמֹר וְעָשִׂיתָ כַּאֲשֶׁר נָדַרְתָּ לַיהוָה אֱלֹהֶיךָ נְדָבָה אֲשֶׁר דִּבַּרְתָּ בְּפִיךָ: ס

25 כִּי תָבֹא בְּכֶרֶם רֵעֶךָ וְאָכַלְתָּ עֲנָבִים כְּנַפְשְׁךָ שָׂבְעֶךָ וְאֶל־כֶּלְיְךָ לֹא תִתֵּן: ס

26 כִּי תָבֹא בְּקָמַת

CAP. XXIV. כד

1 כִּי־יִקַּח אִישׁ אִשָּׁה וּבְעָלָהּ וְהָיָה אִם־לֹא תִמְצָא־חֵן בְּעֵינָיו כִּי־מָצָא בָהּ עֶרְוַת דָּבָר וְכָתַב לָהּ סֵפֶר

2 כְּרִיתֻת וְנָתַן בְּיָדָהּ וְשִׁלְּחָהּ מִבֵּיתוֹ: וְיָצְאָה

3 מִבֵּיתוֹ וְהָלְכָה וְהָיְתָה לְאִישׁ־אַחֵר: וּשְׂנֵאָהּ הָאִישׁ הָאַחֲרוֹן וְכָתַב לָהּ סֵפֶר כְּרִיתֻת וְנָתַן בְּיָדָהּ וְשִׁלְּחָהּ מִבֵּיתוֹ אוֹ כִי יָמוּת הָאִישׁ הָאַחֲרוֹן אֲשֶׁר־לְקָחָהּ לוֹ

4 לְאִשָּׁה: לֹא־יוּכַל בַּעְלָהּ הָרִאשׁוֹן אֲשֶׁר־שִׁלְּחָהּ לָשׁוּב לְקַחְתָּהּ לִהְיוֹת לוֹ לְאִשָּׁה אַחֲרֵי אֲשֶׁר הֻטַּמָּאָה כִּי־תוֹעֵבָה הִוא לִפְנֵי יְהוָה וְלֹא תַחֲטִיא אֶת־הָאָרֶץ אֲשֶׁר יְהוָה אֱלֹהֶיךָ נֹתֵן לְךָ נַחֲלָה: ס

5 כִּי־יִקַּח אִישׁ אִשָּׁה חֲדָשָׁה לֹא יֵצֵא בַּצָּבָא וְלֹא־יַעֲבֹר עָלָיו לְכָל־דָּבָר נָקִי יִהְיֶה לְבֵיתוֹ שָׁנָה אֶחָת וְשִׂמַּח אֶת־אִשְׁתּוֹ אֲשֶׁר־לָקָח: ס

6 לֹא־יַחֲבֹל רֵחַיִם וָרָכֶב כִּי־נֶפֶשׁ הוּא חֹבֵל:

7 כִּי־יִמָּצֵא אִישׁ גֹּנֵב נֶפֶשׁ מֵאֶחָיו מִבְּנֵי יִשְׂרָאֵל וְהִתְעַמֶּר־בּוֹ וּמְכָרוֹ וּמֵת הַגַּנָּב הַהוּא וּבִעַרְתָּ הָרָע מִקִּרְבֶּךָ: ס

8 הִשָּׁמֶר בְּנֶגַע־הַצָּרַעַת לִשְׁמֹר מְאֹד וְלַעֲשׂוֹת כְּכֹל אֲשֶׁר־יוֹרוּ אֶתְכֶם הַכֹּהֲנִים הַלְוִיִּם כַּאֲשֶׁר צִוִּיתִם תִּשְׁמְרוּ לַעֲשׂוֹת: זָכוֹר אֵת

9 אֲשֶׁר־עָשָׂה יְהוָה אֱלֹהֶיךָ לְמִרְיָם בַּדֶּרֶךְ בְּצֵאתְכֶם מִמִּצְרָיִם: ס

10 כִּי־תַשֶּׁה בְרֵעֲךָ מַשַּׁאת מְאוּמָה לֹא־תָבֹא אֶל־בֵּיתוֹ לַעֲבֹט עֲבֹטוֹ: בַּחוּץ תַּעֲמֹד

11 וְהָאִישׁ אֲשֶׁר אַתָּה נֹשֶׁה בוֹ יוֹצִיא אֵלֶיךָ אֶת־

12 הַעֲבוֹט הַחוּצָה: וְאִם־אִישׁ עָנִי הוּא לֹא תִשְׁכַּב

13 בַּעֲבֹטוֹ: הָשֵׁב תָּשִׁיב לוֹ אֶת־הַעֲבוֹט כְּבֹא הַשֶּׁמֶשׁ וְשָׁכַב בְּשַׂלְמָתוֹ וּבֵרֲכֶךָּ וּלְךָ תִּהְיֶה צְדָקָה לִפְנֵי יְהוָה אֱלֹהֶיךָ: ס

14 לֹא־תַעֲשֹׁק שָׂכִיר עָנִי וְאֶבְיוֹן מֵאַחֶיךָ אוֹ מִגֵּרְךָ אֲשֶׁר בְּאַרְצְךָ בִּשְׁעָרֶיךָ: בְּיוֹמוֹ

15 תִתֵּן שְׂכָרוֹ וְלֹא־תָבוֹא עָלָיו הַשֶּׁמֶשׁ כִּי עָנִי הוּא וְאֵלָיו הוּא נֹשֵׂא אֶת־נַפְשׁוֹ וְלֹא־יִקְרָא עָלֶיךָ אֶל־יְהוָה וְהָיָה בְךָ חֵטְא: ס

16 לֹא־יוּמְתוּ אָבוֹת עַל־בָּנִים וּבָנִים לֹא־יוּמְתוּ עַל־אָבוֹת אִישׁ בְּחֶטְאוֹ יוּמָתוּ: ס

17 לֹא תַטֶּה מִשְׁפַּט גֵּר יָתוֹם וְלֹא תַחֲבֹל בֶּגֶד אַלְמָנָה:

18 וְזָכַרְתָּ כִּי עֶבֶד הָיִיתָ בְּמִצְרַיִם וַיִּפְדְּךָ יְהוָה אֱלֹהֶיךָ

CHAP. XXIII.

HE[b] that is wounded in the stones, or hath his privy member cut off, shall not enter into the congregation of the LORD.

2 A bastard[c] shall not enter into the congregation of the LORD: even to his tenth generation shall he not enter into the congregation of the LORD.

3 An Ammonite[e] or Moabite[f] shall not enter into the congregation of the LORD; even to their tenth generation shall they not enter into the congregation of the LORD for ever:

4 Because[h] they met you not with bread and with water in the way, when ye came forth out of Egypt; and because they hired against thee Balaam[i] the son of Beor, of Pethor of Mesopotamia, to curse thee.

5 Nevertheless the LORD thy God would not hearken unto Balaam; but the LORD thy God turned[j] the curse into a blessing unto thee, because the LORD thy God loved thee.

6 Thou[l] shalt not seek their peace nor their β prosperity all thy days for ever.

7 Thou shalt not abhor an Edomite; for he *is* thy brother:[m] thou shalt not abhor an Egyptian, because thou[n] wast a stranger in his land.

8 The children that are begotten of them shall enter[o] into the congregation of the LORD in their third generation.

9 When the host goeth forth against thine enemies, then keep[q] thee from every wicked thing.

10 If[r] there be among you any man that is not clean by reason of uncleanness that chanceth him by night, then shall he go abroad out of the camp, he shall not come within the camp:

11 But it shall be, when evening ζ cometh on, he shall wash[s] *himself* with water: and when the sun is down, he shall come into the camp *again*.

12 Thou shalt have a place also without the camp, whither thou shalt go forth abroad:

13 And thou shalt have a paddle upon thy weapon; and it shall be, when thou wilt η ease thyself abroad, thou shalt dig therewith, and shalt turn back and cover that which cometh from thee:

14 For the LORD thy God walketh[w] in the midst of thy camp, to deliver thee, and to give up thine enemies before thee; therefore shall thy camp be holy; that he see no κ unclean thing in thee, and turn away from thee:

XIV.

15 Thou shalt not deliver unto his master[z] the servant which is escaped from his master unto thee:

16 He shall dwell with thee, *even* among you, in that place which he shall choose in one of thy gates, where it λ liketh him best: thou[c] shalt not oppress him.

17 There shall be no μ whore[d] of the daughters of Israel, nor a sodomite[e] of the sons of Israel.

18 Thou shalt not bring the hire of a whore, or the price of a dog, into the house of the LORD thy God for any vow: for even both these *are* abomination unto the LORD thy God.

19 Thou[g] shalt not lend upon usury to thy brother; usury of money, usury of victuals, usury of any thing that is lent upon usury.

20 Unto a stranger[h] thou mayest lend upon usury; but unto thy brother thou shalt not lend upon usury: that[a] the LORD thy God may bless thee in all that thou settest thine hand to in the land whither thou goest to possess it.

21 When thou shalt vow[d] a vow unto the LORD thy God, thou shalt not slack to pay it: for the LORD thy God will surely require it of thee; and it would be sin in thee.

22 But if thou shalt forbear to vow, it shall be no sin in thee.

23 That[g] which is gone out of thy lips thou shalt keep and perform: *even* a free-will-offering, according as thou hast vowed unto the LORD thy God, which thou hast promised with thy mouth.

24 When thou comest into thy neighbour's vineyard, then thou mayest eat grapes thy fill at thine own pleasure; but thou shalt not put *any* in thy vessel.

25 When thou comest into the standing corn of thy neighbour, then thou mayest pluck[k] the ears with thine hand; but thou shalt not move a sickle unto thy neighbour's standing corn.

CHAP. XXIV.

WHEN a man hath taken a wife, and married her, and it come to pass that she find no favour in his eyes, because he hath found γ some uncleanness in her; then let him write her a bill of δ divorcement,[p] and give *it* in her hand, and send her out of his house.

2 And when she is departed out of his house, she may go and be another man's *wife*.

3 And *if* the latter husband hate her, and write her a bill of divorcement, and giveth *it* in her hand, and sendeth her out of his house; or if the latter husband die, which took her *to be* his wife,

4 Her former husband, which sent her away, may not take her again[t] to be his wife, after that she is defiled; for that *is* abomination before the LORD: and thou shalt not cause the land[u] to sin, which the LORD thy God giveth thee *for* an inheritance.

5 When[v] a man hath taken a new wife, he shall not go out to war, θ neither shall he be charged with any business: *but* he shall be free at home one year, and shall cheer[x] up his wife which he hath taken.

6 No man shall take the nether or the upper millstone to pledge: for he taketh *a man's* life to pledge.

7 If[y] a man be found stealing any of his brethren of the children of Israel, and maketh merchandise of him, or selleth him; then that thief shall die; and thou shalt put[a] evil away from among you.

8 Take heed in the plague of leprosy,[b] that thou observe diligently, and do according to all that the priests the Levites shall teach you: as I commanded them, *so* ye shall observe to do.

9 Remember what the LORD thy God did unto Miriam[f] by the way, after that ye were come forth out of Egypt.

10 When thou dost ν lend thy brother any thing, thou shalt not go into his house to fetch his pledge.

11 Thou shalt stand abroad, and the man to whom thou dost lend shall bring out the pledge abroad unto thee.

12 And if the man *be* poor, thou shalt not sleep with his pledge:

13 In[i] any case thou shalt deliver him the pledge again when the sun goeth down,

---

B. C. 1451.

a ch. 15. 10.
Le. 19. 34.
b Le.21.17,21.
22.22.24.
c Zec. 9. 6.
d Nu. 30. 2.
Ec. 5. 4, 5.
e Ne. 13. 1, 2.
Is. 56. 3.
La. 1. 10.
f Ru.4.10,&c.
g Ps.66.13,14.
116. 18.
h ch. 2. 29.
i Nu.22.5,&c.
j Mi. 6. 5.
k Mat. 12. 1.
l Ezr. 9. 12.
β *good.*
*m*Ge.25.24..26
Ob. 10, 12.
Mal. 1. 2.
n ch. 10. 19.
Ex. 22. 21.
23. 9.
Le. 19. 34.
γ *matter of nakedness.*
o Ro. 3.29,30.
Ep. 2. 12.
δ *cutting off.*
p Mat.5.31,32
q Jos. 6. 18.
r Le. 15. 16.
ζ *turneth toward.*
s Le. 15. 5.
t Je. 3. 1.
u Le.18.25..28
v ch. 20. 7.
η *sittest down.*
θ *not any thing shall pass upon him.*
w Le. 26. 12.
2 Co. 6. 16.
x Pr. 5. 18.
κ *nakedness of any thing.*
y Ex. 21. 16.
z 1 Sa. 30. 15.
a ch. 19. 19.
b Le. XIII.
λ *is good for him.*
c Ex. 22. 21.
μ *or, sodomitess.*
Ro. 1. 26.
d Le. 19. 29.
e Ge. 19. 4, 5.
2 Ki. 23. 7.
Ro.1.27,28.
f Nu. 12. 10.
ν *lend the loan of any thing to.*
g Ex. 22. 25.
Le.25.35..37
Ne. 5. 2, 7.
Ps. 15. 5.
Eze.18.8,17
22. 12.
Lu. 6.34,35.
h ch. 15. 3.
i Ex.22.26,27.

מִשֶּׁם עַל כֵּן אָנֹכִי מְצַוְּךָ לַעֲשׂוֹת אֶת־הַדָּבָר הַזֶּה ׃ ס
19 כִּי תִקְצֹר קְצִירְךָ בְשָׂדֶךָ וְשָׁכַחְתָּ עֹמֶר בַּשָּׂדֶה לֹא תָשׁוּב לְקַחְתּוֹ לַגֵּר לַיָּתוֹם וְלָאַלְמָנָה יִהְיֶה לְמַעַן יְבָרֶכְךָ יְהוָה אֱלֹהֶיךָ בְּכֹל מַעֲשֵׂה יָדֶךָ ׃
20 כִּי תַחְבֹּט זֵיתְךָ לֹא תְפָאֵר אַחֲרֶיךָ לַגֵּר לַיָּתוֹם וְלָאַלְמָנָה יִהְיֶה ׃ ס
21 כִּי תִבְצֹר כַּרְמְךָ לֹא תְעוֹלֵל אַחֲרֶיךָ לַגֵּר לַיָּתוֹם וְלָאַלְמָנָה יִהְיֶה ׃
22 וְזָכַרְתָּ כִּי־עֶבֶד הָיִיתָ בְּאֶרֶץ מִצְרָיִם עַל־כֵּן אָנֹכִי מְצַוְּךָ לַעֲשׂוֹת אֶת־הַדָּבָר הַזֶּה ׃ ס

CAP. XXV. כה

1 כִּי־יִהְיֶה רִיב בֵּין אֲנָשִׁים וְנִגְּשׁוּ אֶל־הַמִּשְׁפָּט וּשְׁפָטוּם וְהִצְדִּיקוּ אֶת־הַצַּדִּיק וְהִרְשִׁיעוּ אֶת־הָרָשָׁע ׃
2 וְהָיָה אִם־בִּן הַכּוֹת הָרָשָׁע וְהִפִּילוֹ הַשֹּׁפֵט וְהִכָּהוּ לְפָנָיו כְּדֵי רִשְׁעָתוֹ בְּמִסְפָּר ׃
3 אַרְבָּעִים יַכֶּנּוּ לֹא יֹסִיף פֶּן־יֹסִיף לְהַכֹּתוֹ עַל־אֵלֶּה מַכָּה רַבָּה וְנִקְלָה אָחִיךָ לְעֵינֶיךָ ׃
4 לֹא־תַחְסֹם שׁוֹר בְּדִישׁוֹ ׃ ס
5 כִּי־יֵשְׁבוּ אַחִים יַחְדָּו וּמֵת אַחַד מֵהֶם וּבֵן אֵין־לוֹ לֹא־תִהְיֶה אֵשֶׁת־הַמֵּת הַחוּצָה לְאִישׁ זָר יְבָמָהּ יָבֹא עָלֶיהָ וּלְקָחָהּ לוֹ לְאִשָּׁה וְיִבְּמָהּ ׃
6 וְהָיָה הַבְּכוֹר אֲשֶׁר תֵּלֵד יָקוּם עַל־שֵׁם אָחִיו הַמֵּת וְלֹא־יִמָּחֶה שְׁמוֹ מִיִּשְׂרָאֵל ׃
7 וְאִם־לֹא יַחְפֹּץ הָאִישׁ לָקַחַת אֶת־יְבִמְתּוֹ וְעָלְתָה יְבִמְתּוֹ הַשַּׁעְרָה אֶל־הַזְּקֵנִים וְאָמְרָה מֵאֵן יְבָמִי לְהָקִים לְאָחִיו שֵׁם בְּיִשְׂרָאֵל לֹא אָבָה יַבְּמִי ׃
8 וְקָרְאוּ־לוֹ זִקְנֵי־עִירוֹ וְדִבְּרוּ אֵלָיו וְעָמַד וְאָמַר לֹא חָפַצְתִּי לְקַחְתָּהּ ׃
9 וְנִגְּשָׁה יְבִמְתּוֹ אֵלָיו לְעֵינֵי הַזְּקֵנִים וְחָלְצָה נַעֲלוֹ מֵעַל רַגְלוֹ וְיָרְקָה בְּפָנָיו וְעָנְתָה וְאָמְרָה כָּכָה יֵעָשֶׂה לָאִישׁ אֲשֶׁר לֹא־יִבְנֶה אֶת־בֵּית אָחִיו ׃
10 וְנִקְרָא שְׁמוֹ בְּיִשְׂרָאֵל בֵּית חֲלוּץ הַנָּעַל ׃ ס
11 כִּי־יִנָּצוּ אֲנָשִׁים יַחְדָּו אִישׁ וְאָחִיו וְקָרְבָה אֵשֶׁת הָאֶחָד לְהַצִּיל אֶת־אִישָׁהּ מִיַּד מַכֵּהוּ וְשָׁלְחָה יָדָהּ וְהֶחֱזִיקָה בִּמְבֻשָׁיו ׃
12 וְקַצֹּתָה אֶת־כַּפָּהּ לֹא תָחוֹס עֵינֶךָ ׃ ס
13 לֹא־יִהְיֶה לְךָ בְּכִיסְךָ אֶבֶן וָאָבֶן גְּדוֹלָה וּקְטַנָּה ׃
14 לֹא־יִהְיֶה לְךָ בְּבֵיתְךָ אֵיפָה וְאֵיפָה גְּדוֹלָה וּקְטַנָּה ׃

---

15 אֶבֶן שְׁלֵמָה וָצֶדֶק יִהְיֶה־לָּךְ אֵיפָה שְׁלֵמָה וָצֶדֶק יִהְיֶה־לָּךְ לְמַעַן יַאֲרִיכוּ יָמֶיךָ עַל הָאֲדָמָה אֲשֶׁר־יְהוָה אֱלֹהֶיךָ נֹתֵן לָךְ ׃
16 כִּי תוֹעֲבַת יְהוָה אֱלֹהֶיךָ כָּל־עֹשֵׂה אֵלֶּה כֹּל עֹשֵׂה עָוֶל ׃ פ
17 זָכוֹר אֵת אֲשֶׁר־עָשָׂה לְךָ עֲמָלֵק בַּדֶּרֶךְ בְּצֵאתְכֶם מִמִּצְרָיִם ׃
18 אֲשֶׁר קָרְךָ בַּדֶּרֶךְ וַיְזַנֵּב בְּךָ כָּל־הַנֶּחֱשָׁלִים אַחֲרֶיךָ וְאַתָּה עָיֵף וְיָגֵעַ וְלֹא יָרֵא אֱלֹהִים ׃
19 וְהָיָה בְּהָנִיחַ יְהוָה אֱלֹהֶיךָ לְךָ מִכָּל־אֹיְבֶיךָ מִסָּבִיב בָּאָרֶץ אֲשֶׁר יְהוָה־אֱלֹהֶיךָ נֹתֵן לְךָ נַחֲלָה לְרִשְׁתָּהּ תִּמְחֶה אֶת־זֵכֶר עֲמָלֵק מִתַּחַת הַשָּׁמָיִם לֹא תִּשְׁכָּח ׃ פ פ פ

נ 50

CAP. XXVI. כו

1 וְהָיָה כִּי־תָבוֹא אֶל־הָאָרֶץ אֲשֶׁר יְהוָה אֱלֹהֶיךָ נֹתֵן לְךָ נַחֲלָה וִירִשְׁתָּהּ וְיָשַׁבְתָּ בָּהּ ׃
2 וְלָקַחְתָּ מֵרֵאשִׁית כָּל־פְּרִי הָאֲדָמָה אֲשֶׁר תָּבִיא מֵאַרְצְךָ אֲשֶׁר יְהוָה אֱלֹהֶיךָ נֹתֵן לָךְ וְשַׂמְתָּ בַטֶּנֶא וְהָלַכְתָּ אֶל־הַמָּקוֹם אֲשֶׁר יִבְחַר יְהוָה אֱלֹהֶיךָ לְשַׁכֵּן שְׁמוֹ שָׁם ׃
3 וּבָאתָ אֶל־הַכֹּהֵן אֲשֶׁר יִהְיֶה בַּיָּמִים הָהֵם וְאָמַרְתָּ אֵלָיו הִגַּדְתִּי הַיּוֹם לַיהוָה אֱלֹהֶיךָ כִּי־בָאתִי אֶל־הָאָרֶץ אֲשֶׁר נִשְׁבַּע יְהוָה לַאֲבֹתֵינוּ לָתֶת לָנוּ ׃
4 וְלָקַח הַכֹּהֵן הַטֶּנֶא מִיָּדֶךָ וְהִנִּיחוֹ לִפְנֵי מִזְבַּח יְהוָה אֱלֹהֶיךָ ׃
5 וְעָנִיתָ וְאָמַרְתָּ לִפְנֵי יְהוָה אֱלֹהֶיךָ אֲרַמִּי אֹבֵד אָבִי וַיֵּרֶד מִצְרַיְמָה וַיָּגָר שָׁם בִּמְתֵי מְעָט וַיְהִי־שָׁם לְגוֹי גָּדוֹל עָצוּם וָרָב ׃
6 וַיָּרֵעוּ אֹתָנוּ הַמִּצְרִים וַיְעַנּוּנוּ וַיִּתְּנוּ עָלֵינוּ עֲבֹדָה קָשָׁה ׃
7 וַנִּצְעַק אֶל־יְהוָה אֱלֹהֵי אֲבֹתֵינוּ וַיִּשְׁמַע יְהוָה אֶת־קֹלֵנוּ וַיַּרְא אֶת־עָנְיֵנוּ וְאֶת־עֲמָלֵנוּ וְאֶת־לַחֲצֵנוּ ׃
8 וַיּוֹצִאֵנוּ יְהוָה מִמִּצְרַיִם בְּיָד חֲזָקָה וּבִזְרֹעַ נְטוּיָה וּבְמֹרָא גָּדֹל וּבְאֹתוֹת וּבְמֹפְתִים ׃
9 וַיְבִאֵנוּ אֶל־הַמָּקוֹם הַזֶּה וַיִּתֶּן־לָנוּ אֶת־הָאָרֶץ הַזֹּאת אֶרֶץ זָבַת חָלָב וּדְבָשׁ ׃
10 וְעַתָּה הִנֵּה הֵבֵאתִי אֶת־רֵאשִׁית פְּרִי הָאֲדָמָה אֲשֶׁר־נָתַתָּה לִּי יְהוָה וְהִנַּחְתּוֹ לִפְנֵי יְהוָה אֱלֹהֶיךָ וְהִשְׁתַּחֲוִיתָ לִפְנֵי יְהוָה אֱלֹהֶיךָ ׃
11 וְשָׂמַחְתָּ בְכָל־הַטּוֹב אֲשֶׁר נָתַן־לְךָ יְהוָה אֱלֹהֶיךָ וּלְבֵיתֶךָ אַתָּה וְהַלֵּוִי וְהַגֵּר אֲשֶׁר

that he may sleep in his own raiment, and bless*a* thee: and it shall be*b* righteousness unto thee before the LORD thy God.

14 Thou shalt not oppress an hired servant *that is* poor and needy, *whether he be* of thy brethren, or of thy strangers that *are* in thy land within thy gates:

15 At his day thou shalt give *him* his hire, neither shall the sun go down upon it; for he *is* poor, and β setteth his heart upon it: lest he cry*c* against thee unto the LORD, and it be sin unto thee.

16 The fathers*d* shall not be put to death for the children, neither shall the children be put to death for the fathers: every man shall be put to death for his own sin.

17 Thou shalt not pervert the judgment of the stranger, *nor* of the fatherless;*e* nor take the widow's raiment to pledge:

18 But*f* thou shalt remember that thou wast a bondman in Egypt, and the LORD thy God redeemed thee thence: therefore I command thee to do this thing.

19 When*h* thou cuttest down thine harvest in thy field, and hast forgot a sheaf in the field, thou shalt not go again to fetch it: it shall be for the stranger, for the fatherless, and for the widow; that the LORD thy God may bless thee in all the work of thine hands.

20 When thou beatest thine olive-tree, thou shalt not ζ go over the boughs again: it shall be for the stranger, for the fatherless, and for the widow.

21 When thou gatherest the grapes of thy vineyard, thou shalt not glean *it* afterward: η it shall be for the stranger, for the fatherless, and for the widow.

22 And*k* thou shalt remember that thou wast a bondman in the land of Egypt: therefore I command thee to do this thing.

CHAP. XXV.

IF there be a controversy*p* between men, and they come unto judgment, that *the judges* may judge them; then they shall justify*q* the righteous, and condemn the wicked.

2 And it shall be, if the wicked man *be* worthy to be beaten,*s* that the judge shall cause him to lie down, and to be beaten before his face, according to his fault, by a certain number.

3 Forty stripes he may give him, *and* not exceed: lest, *if* he should exceed, and beat him above these with many stripes, then thy brother should seem vile*t* unto thee.

4 Thou*u* shalt not muzzle the ox when he θ treadeth out *the corn.*

5 If brethren dwell together, and one of them die, and have no child, the wife of the dead shall not marry without unto a stranger: her κ husband's *v* brother shall go in unto her, and take her to him to wife, and perform the duty of an husband's brother unto her.

6 And it shall be, *that* the first-born which she beareth shall succeed *z* in the name of his brother *which is* dead,*b* that his name be not put out of Israel.

7 And if the man like not to take his brother's λ wife, then let his brother's wife go up to the gate unto the elders, and say, My husband's brother refuseth to raise up unto his brother a name in Israel, he will not perform the duty of my husband's brother.

8 Then the elders of his city shall call him, and speak unto him: and *if* he stand

Column B
B. C. 1451.

a Job 29.11.. 13.
31.19,20.
2 Co. 9. 13, 14.
b Ge. 15. 6.
Ps. 106. 31.
112. 9.
Da. 4. 27.
Ja.2.15..23.
β *lifteth his soul unto it.*
Ps. 25. 1.
86. 4.
c Ja. 5. 4.
d 2 Ki.14.5,6.
Je.31.29.30.
Eze. 18. 20.
γ *a stone and a stone.*
e Ex.22.22..27
Pr.22.22.23.
Je. 22. 3.
Zec. 7. 10.
Mal. 3. 5.
f ch. 16. 12.
δ *an ephah & an ephah.*
g Le.19.35,36
Pr. 11. 1.
Eze. 45. 10.
Am. 8. 5.
Mi. 6. 11.
h Le. 19.9,10.
23.22
Ps. 41. 1.
i 1 Th. 4. 6.
ζ *bough it after thee.*
k Ex. 17. 8, &c.
l Ps. 36. 1.
Pr. 16. 6.
m 1 Sa. 15. 3.
η *after thee.*
n ver. 18.
o Ex. 17. 14.
p ch. 19.17.
Eze. 44. 24.
q 2 Ch. 19. 8.
Pr. 17. 15.
r Ex. 23. 19.
Nu. 18. 13.
s Mat. 10. 17.
Lu. 12. 48.
2 Co. 11.24.
t Job 18. 3.
u 1 Co.9. 9.
1 Ti. 5. 18.
θ *thresheth.*
Hos. 10.11.
κ or, *next kinsman.*
Ge. 38. 8,9.
Ru.1.12,13.
v Mat. 22.24.
w Hos. 12.12.
x Ge. 43.1,2.
y Ge. 46. 1.,6.
z Ge. 38. 8.
a ch. 7. 7.
b Ru.4.10,&c
λ or, *next kinsman's.*
c Ex.1.11..14
d Ex. II..IV.
e Ex. 12. 37, 51.
13.3,16.

to it, and say, I like not to take her;

9 Then shall his brother's wife come unto him in the presence of the elders, and loose his shoe from off his foot, and spit in his face, and shall answer and say, So shall it be done unto that man that will not build up his brother's house.

10 And his name shall be called in Israel, The house of him that hath his shoe loosed.

11 When men strive together one with another,& the wife of the one draweth near for to deliver her husband out of the hand of him that smiteth him, and putteth forth her hand, and taketh him by the secrets;

12 Then thou shalt cut off her hand, thine eye shall not pity *her.*

13 Thou shalt not have in thy bag divers γ weights, a great and a small.

14 Thou shalt not have in thine house divers δ measures, a great and a small.

15 But*g* thou shalt have a perfect and just weight, a perfect and just measure shalt thou have; that thy days may be lengthened in the land which the LORD thy God giveth thee.

16 For all *i* that do such things, *and* all that do unrighteously, *are* an abomination unto the LORD thy God.

17 Remember what Amalek did unto thee by the way, when ye were come forth out of Egypt;

18 How he met thee by the way, and smote*k* the hindmost of thee, *even* all *that were* feeble behind thee, when thou *wast* faint and weary; and he feared *l* not God.

19 Therefore it shall be, when*m* the LORD thy God hath given thee rest from all thine enemies round about, in the land which the LORD thy God giveth thee *for* an inheritance to possess it, *that* thou shalt blot*o* out y*e* remembrance of Amalek from under heaven: thou shalt not forget *it.*

CHAP. XXVI.

AND it shall be, when thou *art* come in unto the land which the LORD thy God giveth thee *for* an inheritance, and possessest it, and dwellest therein,

2 That*r* thou shalt take of the first of all the fruit of the earth, which thou shalt bring of thy land that the LORD thy God giveth thee, and shalt put *it* in a basket, and shalt go unto the place which the LORD thy God shall choose to place his name there.

3 And thou shalt go unto the priest that shall be in those days, and say unto him, I profess this day unto the LORD thy God, that I am come unto the country which the LORD sware unto our fathers for to give us.

4 And the priest shall take the basket out of thine hand, and set it down before the altar of the LORD thy God.

5 And thou shalt speak, and say before the LORD thy God, A*w* Syrian ready to perish *x was* my father; and *y* he went down into Egypt, and sojourned there with a few,*a* and became there a nation, great, mighty, and populous:

6 And the Egyptians*e* evil-entreated us, and afflicted us, and laid upon us hard bondage:

7 And when we cried unto the LORD God of our fathers, the LORD heard *d* our voice, and looked on our affliction, and our labour, and our oppression:

8 And the LORD brought us forth*e* out of Egypt with a mighty hand, and with an out stretched arm, and with great terrible-

ס כִּי תְכַלֶּה לַעְשֵׂר אֶת־כָּל־ 12
מַעְשַׂר תְּבוּאָתְךָ בַּשָּׁנָה הַשְּׁלִישִׁת שְׁנַת הַמַּעֲשֵׂר
וְנָתַתָּה לַלֵּוִי לַגֵּר לַיָּתוֹם וְלָאַלְמָנָה וְאָכְלוּ בִשְׁעָרֶיךָ
וְשָׂבֵעוּ : וְאָמַרְתָּ לִפְנֵי יְהוָֹה אֱלֹהֶיךָ בִּעַרְתִּי 13
הַקֹּדֶשׁ מִן־הַבַּיִת וְגַם נְתַתִּיו לַלֵּוִי וְלַגֵּר לַיָּתוֹם
וְלָאַלְמָנָה כְּכָל־מִצְוָתְךָ אֲשֶׁר צִוִּיתָנִי לֹא־עָבַרְתִּי
מִמִּצְוֹתֶיךָ וְלֹא שָׁכָחְתִּי : לֹא־אָכַלְתִּי בְאֹנִי מִמֶּנּוּ 14
וְלֹא־בִעַרְתִּי מִמֶּנּוּ בְּטָמֵא וְלֹא־נָתַתִּי מִמֶּנּוּ לְמֵת
שָׁמַעְתִּי בְּקוֹל יְהוָֹה אֱלֹהָי עָשִׂיתִי כְּכֹל אֲשֶׁר
צִוִּיתָנִי : הַשְׁקִיפָה מִמְּעוֹן קָדְשְׁךָ מִן־הַשָּׁמַיִם 15
וּבָרֵךְ אֶת־עַמְּךָ אֶת־יִשְׂרָאֵל וְאֵת הָאֲדָמָה אֲשֶׁר
נָתַתָּה לָנוּ כַּאֲשֶׁר נִשְׁבַּעְתָּ לַאֲבֹתֵינוּ אֶרֶץ
זָבַת חָלָב וּדְבָשׁ : ס הַיּוֹם הַזֶּה יְהוָֹה 16
אֱלֹהֶיךָ מְצַוְּךָ לַעֲשׂוֹת אֶת־הַחֻקִּים הָאֵלֶּה
וְאֶת־הַמִּשְׁפָּטִים וְשָׁמַרְתָּ וְעָשִׂיתָ אוֹתָם בְּכָל־
לְבָבְךָ וּבְכָל־נַפְשֶׁךָ : אֶת־יְהוָֹה הֶאֱמַרְתָּ 17
הַיּוֹם לִהְיוֹת לְךָ לֵאלֹהִים וְלָלֶכֶת בִּדְרָכָיו
וְלִשְׁמֹר חֻקָּיו וּמִצְוֹתָיו וּמִשְׁפָּטָיו וְלִשְׁמֹעַ
בְּקֹלוֹ : וַיהוָֹה הֶאֱמִירְךָ הַיּוֹם לִהְיוֹת לוֹ 18
לְעַם סְגֻלָּה כַּאֲשֶׁר דִּבֶּר־לָךְ וְלִשְׁמֹר כָּל־
מִצְוֹתָיו : וּלְתִתְּךָ עֶלְיוֹן עַל כָּל־הַגּוֹיִם אֲשֶׁר 19
עָשָׂה לִתְהִלָּה וּלְשֵׁם וּלְתִפְאָרֶת וְלִהְיֹתְךָ עַם־
קָדֹשׁ לַיהוָֹה אֱלֹהֶיךָ כַּאֲשֶׁר דִּבֵּר : פ

CAP. XXVII. כז

וַיְצַו מֹשֶׁה וְזִקְנֵי יִשְׂרָאֵל אֶת־הָעָם לֵאמֹר שָׁמֹר 1
אֶת־כָּל־הַמִּצְוָה אֲשֶׁר אָנֹכִי מְצַוֶּה אֶתְכֶם הַיּוֹם :
וְהָיָה בַּיּוֹם אֲשֶׁר תַּעַבְרוּ אֶת־הַיַּרְדֵּן אֶל־הָאָרֶץ 2
אֲשֶׁר־יְהוָֹה אֱלֹהֶיךָ נֹתֵן לָךְ וַהֲקֵמֹתָ לְךָ אֲבָנִים
גְּדֹלוֹת וְשַׂדְתָּ אֹתָם בַּשִּׂיד : וְכָתַבְתָּ עֲלֵיהֶן אֶת־ 3
כָּל־דִּבְרֵי הַתּוֹרָה הַזֹּאת בְּעָבְרֶךָ לְמַעַן אֲשֶׁר
תָּבֹא אֶל־הָאָרֶץ אֲשֶׁר־יְהוָֹה אֱלֹהֶיךָ נֹתֵן לְךָ אֶרֶץ
זָבַת חָלָב וּדְבַשׁ כַּאֲשֶׁר דִּבֶּר יְהוָֹה אֱלֹהֵי־
אֲבֹתֶיךָ לָךְ : וְהָיָה בְּעָבְרְכֶם אֶת־הַיַּרְדֵּן תָּקִימוּ 4
אֶת־הָאֲבָנִים הָאֵלֶּה אֲשֶׁר אָנֹכִי מְצַוֶּה אֶתְכֶם
הַיּוֹם בְּהַר עֵיבָל וְשַׂדְתָּ אוֹתָם בַּשִּׂיד : וּבָנִיתָ שָּׁם 5

מִזְבֵּחַ לַיהוָֹה אֱלֹהֶיךָ מִזְבַּח אֲבָנִים לֹא־תָנִיף
עֲלֵיהֶם בַּרְזֶל : אֲבָנִים שְׁלֵמוֹת תִּבְנֶה אֶת־מִזְבַּח 6
יְהוָֹה אֱלֹהֶיךָ וְהַעֲלִיתָ עָלָיו עוֹלֹת לַיהוָֹה אֱלֹהֶיךָ :
וְזָבַחְתָּ שְׁלָמִים וְאָכַלְתָּ שָּׁם וְשָׂמַחְתָּ לִפְנֵי יְהוָֹה 7
אֱלֹהֶיךָ : וְכָתַבְתָּ עַל־הָאֲבָנִים אֶת־כָּל־דִּבְרֵי 8
הַתּוֹרָה הַזֹּאת בַּאֵר הֵיטֵב : ס וַיְדַבֵּר מֹשֶׁה 9
וְהַכֹּהֲנִים הַלְוִיִּם אֶל־כָּל־יִשְׂרָאֵל לֵאמֹר הַסְכֵּת
וּשְׁמַע יִשְׂרָאֵל הַיּוֹם הַזֶּה נִהְיֵיתָ לְעָם לַיהוָֹה
אֱלֹהֶיךָ : וְשָׁמַעְתָּ בְּקוֹל יְהוָֹה אֱלֹהֶיךָ וְעָשִׂיתָ 10
אֶת־מִצְוֹתָו וְאֶת־חֻקָּיו אֲשֶׁר אָנֹכִי מְצַוְּךָ הַיּוֹם :
ס וַיְצַו מֹשֶׁה אֶת־הָעָם בַּיּוֹם הַהוּא לֵאמֹר : 11
אֵלֶּה יַעַמְדוּ לְבָרֵךְ אֶת־הָעָם עַל־הַר גְּרִזִים 12
בְּעָבְרְכֶם אֶת־הַיַּרְדֵּן שִׁמְעוֹן וְלֵוִי וִיהוּדָה
וְיִשָּׂשכָר וְיוֹסֵף וּבִנְיָמִן : וְאֵלֶּה יַעַמְדוּ עַל־ 13
הַקְּלָלָה בְּהַר עֵיבָל רְאוּבֵן גָּד וְאָשֵׁר וּזְבוּלֻן דָּן
וְנַפְתָּלִי : וְעָנוּ הַלְוִיִּם וְאָמְרוּ אֶל־כָּל־אִישׁ יִשְׂרָאֵל 14
קוֹל רָם : ס אָרוּר הָאִישׁ אֲשֶׁר יַעֲשֶׂה 15
פֶסֶל וּמַסֵּכָה תּוֹעֲבַת יְהוָֹה מַעֲשֵׂה יְדֵי חָרָשׁ
וְשָׂם בַּסָּתֶר וְעָנוּ כָל־הָעָם וְאָמְרוּ אָמֵן : ס
אָרוּר מַקְלֶה אָבִיו וְאִמּוֹ וְאָמַר כָּל־הָעָם אָמֵן : 16
ס אָרוּר מַסִּיג גְּבוּל רֵעֵהוּ וְאָמַר כָּל־ 17
הָעָם אָמֵן : ס אָרוּר מַשְׁגֶּה עִוֵּר בַּדָּרֶךְ 18
וְאָמַר כָּל־הָעָם אָמֵן : ס אָרוּר מַטֶּה מִשְׁפַּט 19
גֵּר־יָתוֹם וְאַלְמָנָה וְאָמַר כָּל־הָעָם אָמֵן :
אָרוּר שֹׁכֵב עִם־אֵשֶׁת אָבִיו כִּי גִלָּה כְּנַף אָבִיו 20
וְאָמַר כָּל־הָעָם אָמֵן : ס אָרוּר שֹׁכֵב עִם־ 21
כָּל־בְּהֵמָה וְאָמַר כָּל־הָעָם אָמֵן : ס אָרוּר שֹׁכֵב 22
עִם־אֲחֹתוֹ בַּת־אָבִיו אוֹ בַת־אִמּוֹ וְאָמַר כָּל־הָעָם
אָמֵן : ס אָרוּר שֹׁכֵב עִם־חֹתַנְתּוֹ וְאָמַר כָּל־ 23
הָעָם אָמֵן : ס אָרוּר מַכֵּה רֵעֵהוּ 24
בַּסָּתֶר וְאָמַר כָּל־הָעָם אָמֵן : ס אָרוּר 25
לֹקֵחַ שֹׁחַד לְהַכּוֹת נֶפֶשׁ דָּם נָקִי וְאָמַר כָּל־
הָעָם אָמֵן : ס אָרוּר אֲשֶׁר לֹא־יָקִים אֶת־ 26
דִּבְרֵי הַתּוֹרָה־הַזֹּאת לַעֲשׂוֹת אוֹתָם וְאָמַר
כָּל־הָעָם אָמֵן : פ

ness, and with signs, and ^a with wonders;

9 And he hath brought us into this place, and hath given us this land, *even a* land that floweth ^c with milk and honey.

10 And now, behold, I have brought the first-fruits of the land, which thou, O LORD, hast given me. And thou shalt set it before the LORD thy God, and worship ^d before the LORD thy God:

11 And thou shalt rejoice ^e in every good *thing* which the LORD thy God hath given unto thee, and unto thine house, thou, and the Levite,^f and the stranger that *is* among you.

12 When thou hast made an end of tithing all the tithes ^h of thine increase the third year, *which is* the yearⁱ of tithing, and hast given *it* unto the Levite, the stranger, the fatherless, and the widow, that they may eat within thy gates, and be filled;

13 Then thou shalt say before the LORD thy God, I have brought away the hallowed things out of *mine* house, and also have given them unto the Levite, and unto the stranger, to the fatherless, and to the widow, according to all thy commandments, which thou hast commanded me: I have not transgressed ^l thy commandments, neither have I forgotten ^m *them*:

14 I have not eaten thereof in my mourning,ⁿ neither have I taken away *ought* thereof for *any* unclean *use*, nor given *ought* thereof for the dead: *but* I have hearkened to the voice of the LORD my God, *and* have done according to all that thou hast commanded me.

15 Look^p down from thy holy habitation, from heaven,^r and bless ^s thy people Israel, and the land which thou hast given us, as thou swarest^t unto our fathers, a land that floweth with milk and honey.

16 This ^v day the LORD thy God hath commanded thee to do these statutes and judgments: thou shalt therefore keep and do them with all thine heart, and with all thy soul.

17 Thou hast avouched ^y the LORD this day to be thy God, and to walk in his ways, and to keep his statutes,^z and his commandments, and his judgments, and to hearken unto his voice:

18 And the LORD ^b hath avouched thee this day to be his peculiar ^d people, as he hath promised thee, and that *thou* shouldest keep^e all his commandments;

19 And to make thee high^f above all nations which he hath made, in praise, and in name, and in honour; and that thou mayest be an holy ^h people unto the LORD thy God, as he hath spoken.

CHAP. XXVII.

AND Moses with the elders of Israel commanded the people, saying, Keep all the commandments which I command you this day.

2 And it shall be on the day^l when ye shall pass over Jordan unto the land which the LORD thy God giveth thee, that thou shalt set thee up great stones, and plaster them with plaster:

3 And ⁿ thou shalt write upon them all the words of this law, when thou art passed over, that thou mayest go in unto the land which the LORD thy God giveth thee, a land that floweth with milk and honey; as the LORD God of thy fathers hath promised thee.

4 Therefore it shall be, when ye be gone

B. C. 1451.

a ch. 4. 34.
b ch. 11. 29.
Jos.8.30.33
c Ex. 3. 8.
d Pr. 3. 9.
1 Co.10.31.
e ch. 12.7,12.
16. 11.
f 1 Co.9. 11.
g ch.26.10,11
h Le. 27. 30.
Nu.18. 24.
i ch.14.28,29.
k ch. 26. 18.
l Ps.18.21..24
26. 1, 6.
Ac. 24. 16.
1 Jn°. 3. 22.
m Ps.119.141.
n Le. 7. 20.
21. 1, 11.
Ho. 9. 4.
β for a cursing.
o ch. 33. 10.
p Is. 63. 15.
q Ex.20.4,23.
Is. 44. 9.
Ho. 13. 2,3.
r Is. 66. 1.
s Ps. 28. 9.
15. 18.
t He.6.13.18.
u 2Ki.17.9,10.
Jer. 23. 24.
v ch. 11. 8.
w Le. 19. 3.
Pr. 30. 17.
x ch. 19. 14.
y Ex. 24. 7.
2 Ch.34.31.
Is. 44. 5.
Zec. 13. 9.
2 Co.8. 5.
z Ps. 147. 19,
20.
a Le. 19. 14.
b ch. 14. 2.
28. 9.
c Ex. 22. 21..
24.
Mal. 3. 5.
d Ex. 19. 5,6.
Tit. 2. 14.
e Ps. 119. 6.
Ro. 16. 26.
f Ps. 148. 14.
g Le. 18. 8.
20. 11.
1 Co.5.1.
h 1 Pe. 2. 9.
i Le. 18. 23.
20. 15.
k Le. 18. 9.
20. 17.
l Jos.4.1,&c.
m Le. 18. 17.
20. 14.
n Jos. 8. 32.
o ch.19.11,12.
Ex.21.12..14
p Ex. 23. 7,8.
Pr.1.11..19.
Eze. 22. 12.
q ch.28.15,&c
Ps. 119. 21.
Ga. 3. 10.
r Ro. 10. 5.
s Je. 11. 3..5.
Ro. 3. 19.

over Jordan, *that* ye shall set up these stones, which I command you this day, in mount Ebal,^b and thou shalt plaster them with plaster.

5 And there shalt thou build an altar unto the LORD thy God, an altar of stones: thou shalt not lift up *any* iron *tool* upon them.

6 Thou shalt build the altar of the LORD thy God of whole stones; and thou shalt offer burnt-offerings thereon unto the LORD thy God:

7 And thou shalt offer peace-offerings, and shalt eat there, and rejoice^g before the LORD thy God.

8 And thou shalt write upon the stones all the words of this law very plainly.

9 And Moses, and the priests the Levites, spake unto all Israel, saying, Take heed, and hearken, O Israel; This ^k day thou art become the people of the LORD thy God.

10 Thou shalt therefore obey the voice of the LORD thy God, and do his commandments and his statutes, which I command thee this day.

11 And Moses charged the people the same day, saying,

12 These shall stand upon mount Gerizim to bless the people, when ye are come over Jordan; Simeon,and Levi,and Judah, and Issachar, and Joseph, and Benjamin.

13 And these shall stand upon mount Ebal *β* to curse; Reuben,Gad, and Asher, and Zebulun, Dan, and Naphtali.

14 And the Levites ^o shall speak, and say unto all the men of Israel with a loud voice,

15 Cursed *be* the man that maketh^q *any* graven or molten image, an abomination unto the LORD, the work of the hands of the craftsman, and putteth *it* in *a*^u secret *place*. And all the people shall answer and say, Amen.

16 Cursed *be* he that^w setteth light by his father or his mother. And all the people shall say, Amen.

17 Cursed *be* he that removeth^x his neighbour's land-mark. And all the people shall say, Amen.

18 Cursed *be* he that maketh the ^a blind to wander out of the way. And all the people shall say, Amen.

19 Cursed *be* he that perverteth ^c the judgment of the stranger, fatherless, and widow. And all the people shall say, Amen.

20 Cursed *be* he^g that lieth with his father's wife; because he uncovereth his father's skirt. And all the people shall say, Amen.

21 Cursed *be* he that lieth with any manner of beast.ⁱ And all the people shall say, Amen.

22 Cursed *be* he that lieth with his sister,^k the daughter of his father, or the daughter of his mother. And all the people shall say, Amen.

23 Cursed *be* he that lieth with his mother-in-law.^m And all the people shall say, Amen.

24 Cursed *be* he that smiteth his neighbour secretly.^o And all the people shall say, Amen.

25 Cursed *be* he that taketh reward to slay^p an innocent person. And all the people shall say, Amen.

26 Cursed ^q *be* he that confirmeth not *all* the words of this law to do^r them. And all ^s the people shall say, Amen.

CAP. XXVIII. כח

1 וְהָיָה אִם־שָׁמוֹעַ תִּשְׁמַע בְּקוֹל יְהוָֹה אֱלֹהֶיךָ לִשְׁמֹר
לַעֲשׂוֹת אֶת־כָּל־מִצְוֺתָיו אֲשֶׁר אָנֹכִי מְצַוְּךָ הַיּוֹם
וּנְתָנְךָ יְהוָֹה אֱלֹהֶיךָ עֶלְיוֹן עַל כָּל־גּוֹיֵ הָאָרֶץ

2 וּבָאוּ עָלֶיךָ כָּל־הַבְּרָכוֹת הָאֵלֶּה וְהִשִּׂיגֻךָ כִּי תִשְׁמַע

3 בְּקוֹל יְהוָֹה אֱלֹהֶיךָ : בָּרוּךְ אַתָּה בָּעִיר וּבָרוּךְ אַתָּה

4 בַּשָּׂדֶה : בָּרוּךְ פְּרִי־בִטְנְךָ וּפְרִי אַדְמָתְךָ וּפְרִי

5 בְהֶמְתֶּךָ שְׁגַר אֲלָפֶיךָ וְעַשְׁתְּרוֹת צֹאנֶךָ : בָּרוּךְ

6 טַנְאֲךָ וּמִשְׁאַרְתֶּךָ : בָּרוּךְ אַתָּה בְּבֹאֶךָ וּבָרוּךְ

7 אַתָּה בְּצֵאתֶךָ : יִתֵּן יְהוָֹה אֶת־אֹיְבֶיךָ הַקָּמִים
עָלֶיךָ נִגָּפִים לְפָנֶיךָ בְּדֶרֶךְ אֶחָד יֵצְאוּ אֵלֶיךָ

8 וּבְשִׁבְעָה דְרָכִים יָנוּסוּ לְפָנֶיךָ : יְצַו יְהוָֹה אִתְּךָ
אֶת־הַבְּרָכָה בַּאֲסָמֶיךָ וּבְכֹל מִשְׁלַח יָדֶךָ וּבֵרַכְךָ

9 בָּאָרֶץ אֲשֶׁר־יְהוָֹה אֱלֹהֶיךָ נֹתֵן לָךְ : יְקִימְךָ יְהוָֹה
לוֹ לְעַם קָדוֹשׁ כַּאֲשֶׁר נִשְׁבַּע־לָךְ כִּי תִשְׁמֹר אֶת־

10 מִצְוֺת יְהוָֹה אֱלֹהֶיךָ וְהָלַכְתָּ בִּדְרָכָיו : וְרָאוּ כָּל־
עַמֵּי הָאָרֶץ כִּי שֵׁם יְהוָֹה נִקְרָא עָלֶיךָ וְיָרְאוּ

11 מִמֶּךָּ : וְהוֹתִרְךָ יְהוָֹה לְטוֹבָה בִּפְרִי בִטְנְךָ וּבִפְרִי
בְהֶמְתְּךָ וּבִפְרִי אַדְמָתְךָ עַל הָאֲדָמָה אֲשֶׁר נִשְׁבַּע

12 יְהוָֹה לַאֲבֹתֶיךָ לָתֶת לָךְ : יִפְתַּח יְהוָֹה לְךָ
אֶת־אוֹצָרוֹ הַטּוֹב אֶת־הַשָּׁמַיִם לָתֵת מְטַר־אַרְצְךָ
בְּעִתּוֹ וּלְבָרֵךְ אֵת כָּל־מַעֲשֵׂה יָדֶךָ וְהִלְוִיתָ גּוֹיִם

13 רַבִּים וְאַתָּה לֹא תִלְוֶה : וּנְתָנְךָ יְהוָֹה לְרֹאשׁ וְלֹא
לְזָנָב וְהָיִיתָ רַק לְמַעְלָה וְלֹא תִהְיֶה לְמָטָּה כִּי־
תִשְׁמַע אֶל־מִצְוֺת יְהוָֹה אֱלֹהֶיךָ אֲשֶׁר אָנֹכִי מְצַוְּךָ

14 הַיּוֹם לִשְׁמֹר וְלַעֲשׂוֹת : וְלֹא תָסוּר מִכָּל־הַדְּבָרִים
אֲשֶׁר אָנֹכִי מְצַוֶּה אֶתְכֶם הַיּוֹם יָמִין וּשְׂמֹאול לָלֶכֶת
אַחֲרֵי אֱלֹהִים אֲחֵרִים לְעָבְדָם : ס

15 וְהָיָה אִם־לֹא תִשְׁמַע בְּקוֹל יְהוָֹה אֱלֹהֶיךָ לִשְׁמֹר
לַעֲשׂוֹת אֶת־כָּל־מִצְוֺתָיו וְחֻקֹּתָיו אֲשֶׁר אָנֹכִי מְצַוְּךָ
הַיּוֹם וּבָאוּ עָלֶיךָ כָּל־הַקְּלָלוֹת הָאֵלֶּה וְהִשִּׂיגוּךָ :

16 אָרוּר אַתָּה בָּעִיר וְאָרוּר אַתָּה בַּשָּׂדֶה :

17 אָרוּר טַנְאֲךָ וּמִשְׁאַרְתֶּךָ : אָרוּר פְּרִי־בִטְנְךָ וּפְרִי

18 אַדְמָתֶךָ שְׁגַר אֲלָפֶיךָ וְעַשְׁתְּרֹת צֹאנֶךָ : אָרוּר

19 אַתָּה בְּבֹאֶךָ וְאָרוּר אַתָּה בְּצֵאתֶךָ : יְשַׁלַּח יְהוָֹה'

20 בְּךָ אֶת־הַמְּאֵרָה אֶת־הַמְּהוּמָה וְאֶת־הַמִּגְעֶרֶת
בְּכָל־מִשְׁלַח יָדְךָ אֲשֶׁר תַּעֲשֶׂה עַד־
הִשָּׁמֶדְךָ וְעַד־אֲבָדְךָ מַהֵר מִפְּנֵי רֹעַ מַעֲלָלֶיךָ אֲשֶׁר עֲזַבְתָּנִי :

21 יַדְבֵּק יְהוָֹה בְּךָ אֶת־הַדָּבֶר עַד כַּלֹּתוֹ אֹתְךָ מֵעַל

22 הָאֲדָמָה אֲשֶׁר־אַתָּה בָא־שָׁמָּה לְרִשְׁתָּהּ : יַכְּכָה
יְהוָֹה בַּשַּׁחֶפֶת וּבַקַּדַּחַת וּבַדַּלֶּקֶת וּבַחַרְחֻר וּבַחֶרֶב
וּבַשִּׁדָּפוֹן וּבַיֵּרָקוֹן וּרְדָפוּךָ עַד אָבְדֶךָ :

23 וְהָיוּ שָׁמֶיךָ אֲשֶׁר עַל־רֹאשְׁךָ נְחֹשֶׁת וְהָאָרֶץ אֲשֶׁר־תַּחְתֶּיךָ

24 בַּרְזֶל : יִתֵּן יְהוָֹה אֶת־מְטַר אַרְצְךָ אָבָק וְעָפָר
מִן־הַשָּׁמַיִם יֵרֵד עָלֶיךָ עַד הִשָּׁמְדָךְ : יִתֶּנְךָ

25 יְהוָֹה נִגָּף לִפְנֵי אֹיְבֶיךָ בְּדֶרֶךְ אֶחָד תֵּצֵא אֵלָיו
וּבְשִׁבְעָה דְרָכִים תָּנוּס לְפָנָיו וְהָיִיתָ לְזַעֲוָה לְכֹל
מַמְלְכוֹת הָאָרֶץ :

26 וְהָיְתָה נִבְלָתְךָ לְמַאֲכָל לְכָל־
עוֹף הַשָּׁמַיִם וּלְבֶהֱמַת הָאָרֶץ וְאֵין מַחֲרִיד :

27 יַכְּכָה יְהוָֹה בִּשְׁחִין מִצְרַיִם וּבַעֳפָלִים וּבַגָּרָב וּבֶחָרֶס

28 אֲשֶׁר לֹא־תוּכַל לְהֵרָפֵא : יַכְּכָה יְהוָֹה בְּשִׁגָּעוֹן

29 וּבְעִוָּרוֹן וּבְתִמְהוֹן לֵבָב : וְהָיִיתָ מְמַשֵּׁשׁ בַּצָּהֳרַיִם
כַּאֲשֶׁר יְמַשֵּׁשׁ הַעִוֵּר בָּאֲפֵלָה וְלֹא תַצְלִיחַ אֶת־
דְּרָכֶיךָ וְהָיִיתָ אַךְ עָשׁוּק וְגָזוּל כָּל־הַיָּמִים וְאֵין

30 מוֹשִׁיעַ : אִשָּׁה תְאָרֵשׂ וְאִישׁ אַחֵר יִשְׁגָּלֶנָּה בַּיִת
תִּבְנֶה וְלֹא־תֵשֵׁב בּוֹ כֶּרֶם תִּטַּע וְלֹא תְחַלְּלֶנּוּ :

31 שׁוֹרְךָ טָבוּחַ לְעֵינֶיךָ וְלֹא תֹאכַל מִמֶּנּוּ חֲמֹרְךָ
גָּזוּל מִלְּפָנֶיךָ וְלֹא יָשׁוּב לָךְ צֹאנְךָ נְתֻנוֹת לְאֹיְבֶיךָ

32 וְאֵין לְךָ מוֹשִׁיעַ : בָּנֶיךָ וּבְנֹתֶיךָ נְתֻנִים לְעַם אַחֵר
וְעֵינֶיךָ רֹאוֹת וְכָלוֹת אֲלֵיהֶם כָּל־הַיּוֹם וְאֵין לְאֵל

33 יָדֶךָ : פְּרִי אַדְמָתְךָ וְכָל־יְגִיעֲךָ יֹאכַל עַם אֲשֶׁר לֹא־
יָדָעְתָּ וְהָיִיתָ רַק עָשׁוּק וְרָצוּץ כָּל־הַיָּמִים :

34 וְהָיִיתָ

35 מְשֻׁגָּע מִמַּרְאֵה עֵינֶיךָ אֲשֶׁר תִּרְאֶה : יַכְּכָה יְהוָֹה
בִּשְׁחִין רָע עַל־הַבִּרְכַּיִם וְעַל־הַשֹּׁקַיִם אֲשֶׁר לֹא־
תוּכַל לְהֵרָפֵא מִכַּף רַגְלְךָ וְעַד קָדְקֳדֶךָ :

36 יוֹלֵךְ
יְהוָֹה אֹתְךָ וְאֶת־מַלְכְּךָ אֲשֶׁר תָּקִים עָלֶיךָ אֶל־
גּוֹי אֲשֶׁר לֹא־יָדַעְתָּ אַתָּה וַאֲבֹתֶיךָ וְעָבַדְתָּ שָּׁם

37 אֱלֹהִים אֲחֵרִים עֵץ וָאָבֶן : וְהָיִיתָ לְשַׁמָּה לְמָשָׁל
וְלִשְׁנִינָה בְּכֹל הָעַמִּים אֲשֶׁר־יְנַהֶגְךָ יְהוָֹה שָׁמָּה :

38 זֶרַע רַב תּוֹצִיא הַשָּׂדֶה וּמְעַט תֶּאֱסֹף כִּי

CHAP. XXVIII.

AND it shall come to pass, if ^c thou shalt hearken diligently unto the voice of the LORD thy God, to observe *and* to do all his commandments which I command thee this day, that the LORD thy God will set thee on high^f above all nations of the earth:

2 And all these blessings shall come on thee, and overtake^g thee, if ^h thou shalt hearken unto the voice of the LORD thy God.

3 Blessed ⁱ *shalt* thou *be* in the city, and blessed *shalt* thou *be* in the field.

4 Blessed *shall be* the^l fruit of thy body, and the fruit of thy ground, and the fruit of thy cattle, the increase of thy kine, and the flocks of thy sheep.

5 Blessed *shall be* thy basket & thy δstore.

6 Blessed *shalt* thou *be* whenⁿ thou comest in, and blessed *shalt* thou *be* when thou goest out.

7 The LORD shall cause thine^p enemies that rise up against thee to be smitten before thy face: they shall come out against thee one way, and flee^r before thee seven ways.

8 The LORD shall command ^t the blessing upon thee in the η storehouses, and in all that thou settest thine hand unto; and he shall bless thee in the land which the LORD thy God giveth thee.

9 The LORD shall establish^v thee an holy people unto himself, as he hath sworn^x unto thee, if thou shalt keep the commandments of the LORD thy God, and walk in his ways.

10 And all people^z of the earth shall see that thou art called^a by the name of the LORD; and they shall be afraid^c of thee.

11 And^d the LORD shall make thee plenteous^θ in goods, in the fruit of thy κ body, and in the fruit of thy cattle, and in the fruit of thy ground, in the land which the LORD sware unto thy fathers to give thee.

12 The LORD shall open unto thee his good treasure, the heaven to give the rain unto^g thy land in his season, and to bless all the work of thine hand: and thou shalt lend^h unto many nations, and thou shalt not borrow.

13 And the LORD shall make thee the head,ⁱ and not the tail; and thou shalt be above only, and thou shalt not be beneath; if that thou hearken unto the commandments of the LORD thy God, which I command thee this day, to observe and to do *them:*

14 And^l thou shalt not go aside from any of the words which I command thee this day, to^m the right hand, or to the left, to go after other gods to serve them.

15 But it shall come to pass, if thou wilt not^o hearken unto the voice of the LORD thy God, to observe to do all his commandments and his statutes which I command thee this day: that all these curses shall^p come upon thee, and overtake thee:

16 Cursed^r *shalt* thou *be* in the city, and cursed *shalt* thou *be* in the field.

17 Cursed *shall be* thy basket & thy store.

18 Cursed *shall be* the fruit of thy body, and the fruit of thy land, the increase of thy kine, and the flocks of thy sheep.

19 Cursed *shalt* thou *be* when thou comest in, and cursed *shalt* thou *be* when thou goest out.

20 The LORD shall send upon thee curs-

ing, vexation,^a and rebuke,^b in all that thou settest thine hand unto β for to do,^d until thou be destroyed, and until thou perish quickly; because of the wickedness of thy doings, whereby thou hast forsaken me.

21 The LORD shall make the^e pestilence cleave unto thee, until he have consumed thee from off the land, whither thou goest to possess it.

22 The LORD shall smite thee with a consumption, and with a fever, and with an inflammation, and with an extreme burning, and with the^γ sword, and with blasting, ^k and with mildew, and they shall pursue thee until thou perish.

23 And^m thy heaven that *is* over thy head shall be brass, and the earth that *is* under thee *shall be* iron.

24 The LORD shall make the rain of thy land powder and dust: from heaven shall it come down upon thee,^o until thou be destroyed.

25 The LORD shall cause thee to be smitten^q before thine enemies: thou shalt go out one way against them, and flee seven ways before them; and shalt be ζremoved^s into all the kingdoms of the earth.

26 And thy carcase^u shall be meat unto all fowls of the air, and unto the beasts of the earth, and no man shall fray *them* away.

27 The LORD will smite thee with the botch of Egypt, and with the^w emerods, and with the scab, and with the itch, whereof thou canst not be healed.

28 The LORD shall smite thee with madness, and blindness, and^y astonishment of heart;

29 And thou shalt grope^b at noon-day, as the blind gropeth in darkness, and thou shalt not prosper in thy ways: and thou shalt be only oppressed and spoiled evermore, and no man shall save *thee.*

30 Thou^e shalt betroth a wife, and another man shall lie with her: thou shalt build^f an house, and thou shalt not dwell therein: thou shalt plant a vineyard, and shalt not λ gather the grapes thereof.

31 Thine ox *shall be* slain before thine eyes, and thou shalt not eat thereof: thine ass *shall be* violently taken away from before thy face, and shall not μ be restored to thee: thy sheep *shall be* given unto thine enemies, and thou shalt have none to rescue *them.*

32 Thy sons^k and thy daughters *shall be* given unto another people, and thine eyes shall look, and fail *with longing* for them all the day long: and *there shall be* no might in thine hand.

33 The fruitⁿ of thy land, and all thy labours, shall a nation which thou knowest not eat up; and thou shalt be only oppressed and crushed alway:

34 So that thou shalt be mad for the sight of thine eyes which thou shalt see.

35 The LORD shall smite thee in the knees, and in the legs, with a sore botch that cannot be healed, from^q the sole of thy foot unto the top of thy head.

36 The LORD shall bring^s thee, and thy king which thou shalt set over thee, unto a nation which neither thou nor thy fathers have known; and there shalt thou serve other gods, wood and stone,

37 And thou shalt become an astonishment, a proverb, and a^t bye-word, among all nations whither the LORD shall lead thee.

*Marginal references:*

B. C. 1451.

a Is. 28. 19.
b Is. 30. 17.
c Ex. 15. 26.
Le.26 3,&c.
β *which thou wouldest do.*
d 1 Sa. 14. 20.
Zec. 14. 13.
e Je. 24. 10.
f ch. 26. 19.
g ver. 15, 45.
h 1 Ti. 4. 8.
i Ge. 39. 5.
Ps. 128.1.4.
k Am. 4.9,10.
γ or, *drought.*
l ch. 7. 13.
Ge. 49. 25.
Ps. 107. 38.
127. 3.
m Je. 14. 1..6.
δ or, *dough,* or, *kneading troughs.*
n Ps. 121. 8.
o ver. 12.
Job18.15..21
p 2Sa. 22. 38..
41.
q ch. 32. 30.
r Jos. 8. 22.
2Ch.14.9..15.
ζ *for a removing.*
s Je. 15. 4.
t Le. 25. 21.
η or, *barns.*
u Ps. 79. 2.
Je. 7. 33.
v Ps. 87. 5.
2 Th. 3. 3.
1 Pe. 5. 10.
w Ex. 9. 9, 11.
1Sa. 5.6,12.
x Ex. 19. 5, 6.
y Je. 4. 9.
z Mal. 3. 12.
a Da.9.18,19.
b Job 5. 14.
Is. 59. 10.
c ch. 11. 25.
1Ch. 14. 17.
d Pr. 10. 22.
θ or, *for good.*
κ *belly.*
e Je. 8. 10.
f Am. 5. 11.
Mi. 6. 15.
g Joel 2. 23.
λ *prophane,* or, *use it as common meat,* as ch. 20. 6.
h ch. 15. 6.
μ *return.*
i Is. 9. 14, 15.
k 2 Ch. 29. 9.
l ch. 5. 32.
m Is. 30. 21.
n N.e.9 36,37.
Je. 5. 17.
o Le. 26. 14, &c.
p La. 2. 17.
q Is. 1. 6.
r Mal. 2. 2.
s 2Ch.36.6,17.
t Ps. 44. 14.

39 זֶרַע רַב תּוֹצִיא הַשָּׂדֶה וּמְעַט תֶּאֱסֹף כִּי יַחְסְלֶנּוּ הָאַרְבֶּה ׃

40 כְּרָמִים תִּטַּע וְעָבָדְתָּ וְיַיִן לֹא־תִשְׁתֶּה וְלֹא תֶאֱגֹר כִּי תִשָּׁלֶנּוּ הַתֹּלָעַת ׃

41 בָּנִים וּבָנוֹת תּוֹלִיד וְלֹא־יִהְיוּ לָךְ כִּי יֵלְכוּ בַּשֶּׁבִי ׃

42 כָּל־עֵצְךָ וּפְרִי אַדְמָתֶךָ יְיָרֵשׁ הַצְּלָצַל ׃

43 הַגֵּר אֲשֶׁר בְּקִרְבְּךָ יַעֲלֶה עָלֶיךָ מַעְלָה מָּעְלָה וְאַתָּה תֵרֵד מַטָּה מָּטָּה ׃

44 הוּא יַלְוְךָ וְאַתָּה לֹא תַלְוֶנּוּ הוּא יִהְיֶה לְרֹאשׁ וְאַתָּה תִּהְיֶה לְזָנָב ׃

45 וּבָאוּ עָלֶיךָ כָּל־הַקְּלָלוֹת הָאֵלֶּה וּרְדָפוּךָ וְהִשִּׂיגוּךָ עַד הִשָּׁמְדָךְ כִּי־לֹא שָׁמַעְתָּ בְּקוֹל יְהוָה אֱלֹהֶיךָ לִשְׁמֹר מִצְוֹתָיו וְחֻקֹּתָיו אֲשֶׁר צִוָּךְ ׃

46 וְהָיוּ בְךָ לְאוֹת וּלְמוֹפֵת וּבְזַרְעֲךָ עַד־עוֹלָם ׃

47 תַּחַת אֲשֶׁר לֹא־עָבַדְתָּ אֶת־יְהוָה אֱלֹהֶיךָ בְּשִׂמְחָה וּבְטוּב לֵבָב מֵרֹב כֹּל ׃

48 וְעָבַדְתָּ אֶת־אֹיְבֶיךָ אֲשֶׁר יְשַׁלְּחֶנּוּ יְהוָה בָּךְ בְּרָעָב וּבְצָמָא וּבְעֵירֹם וּבְחֹסֶר כֹּל וְנָתַן עֹל בַּרְזֶל עַל־צַוָּארֶךָ עַד הִשְׁמִידוֹ אֹתָךְ ׃

49 יִשָּׂא יְהוָה עָלֶיךָ גּוֹי מֵרָחֹק מִקְצֵה הָאָרֶץ כַּאֲשֶׁר יִדְאֶה הַנָּשֶׁר גּוֹי אֲשֶׁר לֹא־תִשְׁמַע לְשֹׁנוֹ ׃

50 גּוֹי עַז פָּנִים אֲשֶׁר לֹא־יִשָּׂא פָנִים לְזָקֵן וְנַעַר לֹא יָחֹן ׃

51 וְאָכַל פְּרִי בְהֶמְתְּךָ וּפְרִי־אַדְמָתְךָ עַד הִשָּׁמְדָךְ אֲשֶׁר לֹא־יַשְׁאִיר לְךָ דָּגָן תִּירוֹשׁ וְיִצְהָר שְׁגַר אֲלָפֶיךָ וְעַשְׁתְּרֹת צֹאנֶךָ עַד הַאֲבִידוֹ אֹתָךְ ׃

52 וְהֵצַר לְךָ בְּכָל־שְׁעָרֶיךָ עַד רֶדֶת חֹמֹתֶיךָ הַגְּבֹהֹת וְהַבְּצֻרוֹת אֲשֶׁר אַתָּה בֹּטֵחַ בָּהֵן בְּכָל־אַרְצֶךָ וְהֵצַר לְךָ בְּכָל־שְׁעָרֶיךָ בְּכָל־אַרְצְךָ אֲשֶׁר נָתַן יְהוָה אֱלֹהֶיךָ לָךְ ׃

53 וְאָכַלְתָּ פְרִי־בִטְנְךָ בְּשַׂר בָּנֶיךָ וּבְנֹתֶיךָ אֲשֶׁר נָתַן־לְךָ יְהוָה אֱלֹהֶיךָ בְּמָצוֹר וּבְמָצוֹק אֲשֶׁר־יָצִיק לְךָ אֹיְבֶךָ ׃

54 הָאִישׁ הָרַךְ בְּךָ וְהֶעָנֹג מְאֹד תֵּרַע עֵינוֹ בְאָחִיו וּבְאֵשֶׁת חֵיקוֹ וּבְיֶתֶר בָּנָיו אֲשֶׁר יוֹתִיר ׃

55 מִתֵּת לְאַחַד מֵהֶם מִבְּשַׂר בָּנָיו אֲשֶׁר יֹאכֵל מִבְּלִי הִשְׁאִיר־לוֹ כֹּל בְּמָצוֹר וּבְמָצוֹק אֲשֶׁר יָצִיק לְךָ אֹיִבְךָ בְּכָל־שְׁעָרֶיךָ ׃

56 הָרַכָּה בְךָ וְהָעֲנֻגָּה אֲשֶׁר לֹא־נִסְּתָה כַף־רַגְלָהּ הַצֵּג עַל־הָאָרֶץ מֵהִתְעַנֵּג וּמֵרֹךְ תֵּרַע עֵינָהּ בְּאִישׁ חֵיקָהּ וּבִבְנָהּ וּבְבִתָּהּ ׃

57 וּבְשִׁלְיָתָהּ הַיּוֹצֵת מִבֵּין רַגְלֶיהָ וּבְבָנֶיהָ אֲשֶׁר תֵּלֵד כִּי־תֹאכְלֵם בְּחֹסֶר־כֹּל בַּסָּתֶר בְּמָצוֹר וּבְמָצוֹק אֲשֶׁר יָצִיק לְךָ אֹיִבְךָ בִּשְׁעָרֶיךָ ׃

58 אִם־לֹא תִשְׁמֹר לַעֲשׂוֹת אֶת־כָּל־דִּבְרֵי הַתּוֹרָה הַזֹּאת הַכְּתֻבִים בַּסֵּפֶר הַזֶּה לְיִרְאָה אֶת־הַשֵּׁם הַנִּכְבָּד וְהַנּוֹרָא הַזֶּה אֵת יְהוָה אֱלֹהֶיךָ ׃

59 וְהִפְלָא יְהוָה אֶת־מַכֹּתְךָ וְאֵת מַכּוֹת זַרְעֶךָ מַכּוֹת גְּדֹלֹת וְנֶאֱמָנוֹת וָחֳלָיִם רָעִים וְנֶאֱמָנִים ׃

60 וְהֵשִׁיב בְּךָ אֵת כָּל־מַדְוֵה מִצְרַיִם אֲשֶׁר יָגֹרְתָּ מִפְּנֵיהֶם וְדָבְקוּ בָּךְ ׃

61 גַּם כָּל־חֳלִי וְכָל־מַכָּה אֲשֶׁר לֹא כָתוּב בְּסֵפֶר הַתּוֹרָה הַזֹּאת יַעְלֵם יְהוָה עָלֶיךָ עַד הִשָּׁמְדָךְ ׃

62 וְנִשְׁאַרְתֶּם בִּמְתֵי מְעָט תַּחַת אֲשֶׁר הֱיִיתֶם כְּכוֹכְבֵי הַשָּׁמַיִם לָרֹב כִּי־לֹא שָׁמַעְתָּ בְּקוֹל יְהוָה אֱלֹהֶיךָ ׃

63 וְהָיָה כַּאֲשֶׁר־שָׂשׂ יְהוָה עֲלֵיכֶם לְהֵיטִיב אֶתְכֶם וּלְהַרְבּוֹת אֶתְכֶם כֵּן יָשִׂישׂ יְהוָה עֲלֵיכֶם לְהַאֲבִיד אֶתְכֶם וּלְהַשְׁמִיד אֶתְכֶם וְנִסַּחְתֶּם מֵעַל הָאֲדָמָה אֲשֶׁר־אַתָּה בָא־שָׁמָּה לְרִשְׁתָּהּ ׃

64 וֶהֱפִיצְךָ יְהוָה בְּכָל־הָעַמִּים מִקְצֵה הָאָרֶץ וְעַד־קְצֵה הָאָרֶץ וְעָבַדְתָּ שָּׁם אֱלֹהִים אֲחֵרִים אֲשֶׁר לֹא־יָדַעְתָּ אַתָּה וַאֲבֹתֶיךָ עֵץ וָאָבֶן ׃

65 וּבַגּוֹיִם הָהֵם לֹא תַרְגִּיעַ וְלֹא־יִהְיֶה מָנוֹחַ לְכַף־רַגְלֶךָ וְנָתַן יְהוָה לְךָ שָׁם לֵב רַגָּז וְכִלְיוֹן עֵינַיִם וְדַאֲבוֹן נָפֶשׁ ׃

66 וְהָיוּ חַיֶּיךָ תְּלֻאִים לְךָ מִנֶּגֶד וּפָחַדְתָּ לַיְלָה וְיוֹמָם וְלֹא תַאֲמִין בְּחַיֶּיךָ ׃

67 בַּבֹּקֶר תֹּאמַר מִי־יִתֵּן עֶרֶב וּבָעֶרֶב תֹּאמַר מִי־יִתֵּן בֹּקֶר מִפַּחַד לְבָבְךָ אֲשֶׁר תִּפְחָד וּמִמַּרְאֵה עֵינֶיךָ אֲשֶׁר תִּרְאֶה ׃

68 וֶהֱשִׁיבְךָ יְהוָה מִצְרַיִם בָּאֳנִיּוֹת בַּדֶּרֶךְ אֲשֶׁר אָמַרְתִּי לְךָ לֹא־תֹסִיף עוֹד לִרְאֹתָהּ וְהִתְמַכַּרְתֶּם שָׁם לְאֹיְבֶיךָ לַעֲבָדִים וְלִשְׁפָחוֹת וְאֵין קֹנֶה ׃ ס

69 אֵלֶּה דִבְרֵי הַבְּרִית אֲשֶׁר־צִוָּה יְהוָה אֶת־מֹשֶׁה לִכְרֹת אֶת־בְּנֵי יִשְׂרָאֵל בְּאֶרֶץ מוֹאָב מִלְּבַד הַבְּרִית אֲשֶׁר־כָּרַת אִתָּם בְּחֹרֵב ׃ פ

CAP. XXIX.   כט

1 וַיִּקְרָא מֹשֶׁה אֶל־כָּל־יִשְׂרָאֵל וַיֹּאמֶר אֲלֵהֶם אַתֶּם רְאִיתֶם אֵת כָּל־אֲשֶׁר עָשָׂה יְהוָה לְעֵינֵיכֶם בְּאֶרֶץ מִצְרַיִם לְפַרְעֹה וּלְכָל־עֲבָדָיו וּלְכָל־אַרְצוֹ ׃

2 הַמַּסּוֹת הַגְּדֹלֹת אֲשֶׁר רָאוּ עֵינֶיךָ הָאֹתֹת וְהַמֹּפְתִים הַגְּדֹלִים הָהֵם ׃

3 וְלֹא־נָתַן יְהוָה לָכֶם לֵב לָדַעַת וְעֵינַיִם לִרְאוֹת וְאָזְנַיִם לִשְׁמֹעַ עַד הַיּוֹם הַזֶּה ׃

38 Thou shalt carry much[a] seed out into the field, and shalt gather *but* little in; for the locust[b] shall consume it.

39 Thou shalt plant vineyards, and dress *them*, but shalt neither drink *of* the wine, nor gather *the grapes;* for the worms[c] shall eat them.

40 Thou shalt have olive-trees throughout all thy coasts, but thou shalt not anoint *thyself* with the oil; for thine olive shall cast *his fruit.*

41 Thou shalt beget sons and daughters, but [γ]thou shalt not enjoy them; for they[f] shall go into captivity.

42 All thy trees and fruit of thy land shall the locust [δ]consume.

43 The[g] stranger that *is* within thee shall get up above thee very high; and thou shalt come down very low.

44 He[m] shall lend to thee, and thou shalt not lend to him: he shall be the head, and thou shalt be the tail.

45 Moreover, all these curses[o] shall come upon thee, and shall pursue thee, and overtake thee, till[p] thou be destroyed; because thou hearkenedst not unto the voice of the LORD thy God, to keep his commandments and his statutes which he commanded thee:

46 And they shall be upon thee for a sign[r] and for a wonder, and upon thy seed for ever.

47 Because[s] thou servedst not the LORD thy God with joyfulness, and with gladness of heart, for the abundance[v] of all *things;*

48 Therefore[w] shalt thou serve thine enemies which the LORD shall send against thee, in hunger,[x] and in thirst, and in nakedness, and in want of all *things:* and he shall put a yoke of iron[z] upon thy neck, until he have destroyed thee.

49 The LORD shall bring a[b] nation against thee from far, from the end of the earth, *as*[c] *swift* as the eagle flieth; a nation whose tongue thou shalt not understand;[η]

50 A nation [θ]of fierce countenance, which shall[e] not regard the person of the old, nor shew favour to the young:

51 And he shall eat the fruit of thy cattle, and the fruit of thy land, until thou be destroyed: which *also* shall not leave thee *either* corn, wine, or oil, *or* the increase of thy kine, or flocks of thy sheep, until he have destroyed thee.

52 And he shall besiege[g] thee in all thy gates, until thy high and fenced walls come down, wherein thou trustedst, throughout all thy land: and he shall besiege thee in all thy gates throughout all thy land, which the LORD thy God hath given thee.

53 And thou shalt eat[i] the fruit of thine own [κ]body, the flesh of thy sons and of thy daughters, which the LORD thy God hath given thee, in the siege, and in the straitness, wherewith thine enemies shall distress thee:

54 *So that* the man *that is* tender among you, and very delicate, his eye shall[m] be evil toward his brother, and toward the[n] wife of his bosom, and toward the remnant of his children which he shall leave:

55 So that he will not give to any of them of the flesh of his children whom he shall eat: because he hath nothing left him in the siege, and in the straitness wherewith thine enemies shall distress

thee in all thy gates.

56 The tender & delicate woman among you, which would not adventure to set the sole of her foot upon the ground for delicateness and tenderness, her eye shall be evil toward the husband of her bosom, and toward her son, and toward her daughter,

57 And toward her [β]young one that cometh out from between her feet, and toward her children[d] which she shall bear: for she shall eat[e] them for want of all *things* secretly in the siege and straitness wherewith thine enemy shall distress thee in thy gates.

58 If thou wilt not observe to do all the words of this law that are written in this book, that thou mayest fear this glorious[h] and fearful[i] name, THE[k] LORD THY[l] GOD;

59 Then the LORD will make thy plagues wonderful,[n] and the plagues of thy seed, *even* great plagues, and of long continuance, and sore sicknesses, and of long continuance.

60 Moreover, he will bring upon thee all the diseases[q] of Egypt, which thou wast afraid of; and they shall cleave unto thee.

61 Also every sickness, and every plague, which *is* not written in the book of this law, them will the LORD [ζ]bring upon thee, until thou be destroyed.

62 And ye shall be left few[t] in number, whereas ye were as the[u] stars of heaven for multitude; because thou wouldest not obey the voice of the LORD thy God.

63 And it shall come to pass, *that* as the LORD rejoiced over you to do you[y] good, and to multiply you; so the LORD will rejoice over you to destroy[a] you, and to bring you to nought; and ye shall be plucked from off the land whither thou goest to possess it.

64 And the LORD shall scatter[d] thee among all people, from the one end of the earth even unto the other; and there thou shalt serve other gods, which neither thou nor thy fathers have known, *even* wood and stone.

65 And[f] among these nations shalt thou find no ease, neither shall the sole of thy foot have rest: but the LORD shall give thee there a trembling heart, and failing of eyes, and sorrow of mind:

66 And thy life shall hang in doubt before thee: and thou shalt fear day and night, and shalt have none assurance of thy life:

67 In the morning[h] thou shalt say, Would God it were even! and at even thou shalt say, Would God it were morning! for the fear of thine heart wherewith thou shalt fear, and for the sight of thine eyes which thou shalt see.

68 And the LORD shall bring thee into Egypt[k] again with ships, by the way whereof I spake[l] unto thee, Thou shalt see it no more again: and there ye shall be sold unto your enemies for bondmen and bondwomen, and no man shall buy you.

CHAP. XXIX.

THESE *are* the words of the covenant, which the LORD commanded Moses to make with the children of Israel in the land of Moab, beside the covenant which he made[o] with them in Horeb.

2 And Moses called unto all Israel, and said unto them, Ye have seen all that the

Center column references

B. C. 1451.

a Mi. 6, 15.
Hag. 1. 6.
b Joel 1. 4.
c Am. 7. 1, 2.
β *afterbirth.*
d Is. 49. 15.
e ver. 53.
γ *they shall not be thine.*
f 2 Ki. 24. 14.
La. 1. 5.
δ *or, possess.*
g Ju. 2. 11..15.
h Ne. 9. 5.
Ps. 72. 19.
i Ps. 111. 9.
k Ex. 6. 2, 3.
Ps. 83. 18.
l Ex. 20. 2.
Ps. 50. 7.
Is. 41. 10.
m ver. 12, 13.
n Da. 9. 12.
o ver. 15.
p 2 Ki. 17. 20.
q ch. 7. 15.
r Eze. 14. 8.
1 Co. 10. 11.
ζ *cause to ascend.*
s Ne. 9. 35..37.
t Ne. 7. 4.
Is. 1. 9.
u Ne. 9. 23.
v ch. 32. 15.
w 2 Ch. 12. 8.
Je. 5. 19.
Eze. 17. 3, 7, 12.
x La. 5. 2..6.
y ch. 30. 9.
Je. 32. 41.
z Je. 28. 14.
a Pr. 1. 26.
Is. 1. 24.
b Je. 5. 15.
6. 22, 23.
c La. 4. 19.
d Je. 16. 13.
50. 17.
Eze. 11. 16, 17.
η *hear.*
θ *strong of face.*
Pr. 7. 13.
Ec. 8. 1.
Da. 8. 23.
e 2 Ch. 36. 17.
Is. 47. 6.
f Am. 9. 4.
g 2 Ki. 25. 1..4.
Is. 1. 7.
62. 8.
h Job 7. 4.
i 2 Ki. 6. 28, 29.
Je. 19. 9.
La. 2. 20.
4. 10.
κ *belly.*
k Ho. 8. 13.
9. 3.
l ch. 17. 16.
m ch. 15. 9.
Mat. 20. 15.
n ch. 13. 6.
Mi. 7. 5.
o ch. 5. 2, 3.

4 וָאוֹלֵךְ אֶתְכֶם אַרְבָּעִים שָׁנָה בַּמִּדְבָּר לֹא־בָלוּ שַׂלְמֹתֵיכֶם מֵעֲלֵיכֶם וְנַעַלְךָ לֹא־בָלְתָה מֵעַל רַגְלֶךָ׃

5 לֶחֶם לֹא אֲכַלְתֶּם וְיַיִן וְשֵׁכָר לֹא שְׁתִיתֶם לְמַעַן תֵּדְעוּ כִּי אֲנִי יְהוָה אֱלֹהֵיכֶם׃

6 וַתָּבֹאוּ אֶל־הַמָּקוֹם הַזֶּה וַיֵּצֵא סִיחֹן מֶלֶךְ־חֶשְׁבּוֹן וְעוֹג מֶלֶךְ־הַבָּשָׁן לִקְרָאתֵנוּ לַמִּלְחָמָה וַנַּכֵּם׃

7 וַנִּקַּח אֶת־אַרְצָם וַנִּתְּנָהּ לְנַחֲלָה לָראוּבֵנִי וְלַגָּדִי וְלַחֲצִי שֵׁבֶט הַמְנַשִּׁי׃

8 וּשְׁמַרְתֶּם אֶת־דִּבְרֵי הַבְּרִית הַזֹּאת וַעֲשִׂיתֶם אֹתָם לְמַעַן תַּשְׂכִּילוּ אֵת כָּל־אֲשֶׁר תַּעֲשׂוּן׃

ס ס ס   נ״א 51

9 אַתֶּם נִצָּבִים הַיּוֹם כֻּלְּכֶם לִפְנֵי יְהוָה אֱלֹהֵיכֶם רָאשֵׁיכֶם שִׁבְטֵיכֶם זִקְנֵיכֶם וְשֹׁטְרֵיכֶם כֹּל אִישׁ יִשְׂרָאֵל׃

10 טַפְּכֶם נְשֵׁיכֶם וְגֵרְךָ אֲשֶׁר בְּקֶרֶב מַחֲנֶיךָ מֵחֹטֵב עֵצֶיךָ עַד שֹׁאֵב מֵימֶיךָ׃

11 לְעָבְרְךָ בִּבְרִית יְהוָה אֱלֹהֶיךָ וּבְאָלָתוֹ אֲשֶׁר יְהוָה אֱלֹהֶיךָ כֹּרֵת עִמְּךָ הַיּוֹם׃

12 לְמַעַן הָקִים־אֹתְךָ הַיּוֹם לוֹ לְעָם וְהוּא יִהְיֶה־לְּךָ לֵאלֹהִים כַּאֲשֶׁר דִּבֶּר־לָךְ וְכַאֲשֶׁר נִשְׁבַּע לַאֲבֹתֶיךָ לְאַבְרָהָם לְיִצְחָק וּלְיַעֲקֹב׃

13 וְלֹא אִתְּכֶם לְבַדְּכֶם אָנֹכִי כֹּרֵת אֶת־הַבְּרִית הַזֹּאת וְאֶת־הָאָלָה הַזֹּאת׃

14 כִּי אֶת־אֲשֶׁר יֶשְׁנוֹ פֹּה עִמָּנוּ עֹמֵד הַיּוֹם לִפְנֵי יְהוָה אֱלֹהֵינוּ וְאֵת אֲשֶׁר אֵינֶנּוּ פֹּה עִמָּנוּ הַיּוֹם׃

15 כִּי־אַתֶּם יְדַעְתֶּם אֵת אֲשֶׁר־יָשַׁבְנוּ בְּאֶרֶץ מִצְרָיִם וְאֵת אֲשֶׁר־עָבַרְנוּ בְּקֶרֶב הַגּוֹיִם אֲשֶׁר עֲבַרְתֶּם׃

16 וַתִּרְאוּ אֶת־שִׁקּוּצֵיהֶם וְאֵת גִּלֻּלֵיהֶם עֵץ וָאֶבֶן כֶּסֶף וְזָהָב אֲשֶׁר עִמָּהֶם׃

17 פֶּן־יֵשׁ בָּכֶם אִישׁ אוֹ־אִשָּׁה אוֹ מִשְׁפָּחָה אוֹ־שֵׁבֶט אֲשֶׁר לְבָבוֹ פֹנֶה הַיּוֹם מֵעִם יְהוָה אֱלֹהֵינוּ לָלֶכֶת לַעֲבֹד אֶת־אֱלֹהֵי הַגּוֹיִם הָהֵם פֶּן־יֵשׁ בָּכֶם שֹׁרֶשׁ פֹּרֶה רֹאשׁ וְלַעֲנָה׃

18 וְהָיָה בְּשָׁמְעוֹ אֶת־דִּבְרֵי הָאָלָה הַזֹּאת וְהִתְבָּרֵךְ בִּלְבָבוֹ לֵאמֹר שָׁלוֹם יִהְיֶה־לִּי כִּי בִּשְׁרִרוּת לִבִּי אֵלֵךְ לְמַעַן סְפוֹת הָרָוָה אֶת־הַצְּמֵאָה׃

19 לֹא־יֹאבֶה יְהוָה סְלֹחַ לוֹ כִּי אָז יֶעְשַׁן אַף־יְהוָה וְקִנְאָתוֹ בָּאִישׁ הַהוּא וְרָבְצָה בּוֹ כָּל־הָאָלָה הַכְּתוּבָה בַּסֵּפֶר הַזֶּה וּמָחָה יְהוָה אֶת־שְׁמוֹ מִתַּחַת הַשָּׁמָיִם׃

20 וְהִבְדִּילוֹ יְהוָה לְרָעָה מִכֹּל שִׁבְטֵי יִשְׂרָאֵל כְּכֹל אָלוֹת הַבְּרִית הַכְּתוּבָה בְּסֵפֶר הַתּוֹרָה הַזֶּה׃

21 וְאָמַר הַדּוֹר הָאַחֲרוֹן בְּנֵיכֶם אֲשֶׁר יָקוּמוּ מֵאַחֲרֵיכֶם וְהַנָּכְרִי אֲשֶׁר יָבֹא מֵאֶרֶץ רְחוֹקָה וְרָאוּ אֶת־מַכּוֹת הָאָרֶץ הַהִוא וְאֶת־תַּחֲלֻאֶיהָ אֲשֶׁר־חִלָּה יְהוָה בָּהּ׃

22 גָּפְרִית וָמֶלַח שְׂרֵפָה כָל־אַרְצָהּ לֹא תִזָּרַע וְלֹא תַצְמִחַ וְלֹא־יַעֲלֶה בָהּ כָּל־עֵשֶׂב כְּמַהְפֵּכַת סְדֹם וַעֲמֹרָה אַדְמָה וּצְבֹיִים אֲשֶׁר הָפַךְ יְהוָה בְּאַפּוֹ וּבַחֲמָתוֹ׃

23 וְאָמְרוּ כָּל־הַגּוֹיִם עַל־מֶה עָשָׂה יְהוָה כָּכָה לָאָרֶץ הַזֹּאת מֶה חֳרִי הָאַף הַגָּדוֹל הַזֶּה׃

24 וְאָמְרוּ עַל אֲשֶׁר עָזְבוּ אֶת־בְּרִית יְהוָה אֱלֹהֵי אֲבֹתָם אֲשֶׁר כָּרַת עִמָּם בְּהוֹצִיאוֹ אֹתָם מֵאֶרֶץ מִצְרָיִם׃

25 וַיֵּלְכוּ וַיַּעַבְדוּ אֱלֹהִים אֲחֵרִים וַיִּשְׁתַּחֲווּ לָהֶם אֱלֹהִים אֲשֶׁר לֹא־יְדָעוּם וְלֹא חָלַק לָהֶם׃

26 וַיִּחַר־אַף יְהוָה בָּאָרֶץ הַהִוא לְהָבִיא עָלֶיהָ אֶת־כָּל־הַקְּלָלָה הַכְּתוּבָה בַּסֵּפֶר הַזֶּה׃

27 וַיִּתְּשֵׁם יְהוָה מֵעַל אַדְמָתָם בְּאַף וּבְחֵמָה וּבְקֶצֶף גָּדוֹל וַיַּשְׁלִכֵם אֶל־אֶרֶץ אַחֶרֶת כַּיּוֹם הַזֶּה׃

28 הַנִּסְתָּרֹת לַיהוָה אֱלֹהֵינוּ וְהַנִּגְלֹת לָנוּ וּלְבָנֵינוּ עַד־עוֹלָם לַעֲשׂוֹת אֶת־כָּל־דִּבְרֵי הַתּוֹרָה הַזֹּאת׃ ס

CAP. XXX. ל

1 וְהָיָה כִי־יָבֹאוּ עָלֶיךָ כָּל־הַדְּבָרִים הָאֵלֶּה הַבְּרָכָה וְהַקְּלָלָה אֲשֶׁר נָתַתִּי לְפָנֶיךָ וַהֲשֵׁבֹתָ אֶל־לְבָבֶךָ בְּכָל־הַגּוֹיִם אֲשֶׁר הִדִּיחֲךָ יְהוָה אֱלֹהֶיךָ שָׁמָּה׃

2 וְשַׁבְתָּ עַד־יְהוָה אֱלֹהֶיךָ וְשָׁמַעְתָּ בְקֹלוֹ כְּכֹל אֲשֶׁר־אָנֹכִי מְצַוְּךָ הַיּוֹם אַתָּה וּבָנֶיךָ בְּכָל־לְבָבְךָ וּבְכָל־נַפְשֶׁךָ׃

3 וְשָׁב יְהוָה אֱלֹהֶיךָ אֶת־שְׁבוּתְךָ וְרִחֲמֶךָ וְשָׁב וְקִבֶּצְךָ מִכָּל־הָעַמִּים אֲשֶׁר הֱפִיצְךָ יְהוָה אֱלֹהֶיךָ שָׁמָּה׃

4 אִם־יִהְיֶה נִדַּחֲךָ בִּקְצֵה הַשָּׁמָיִם מִשָּׁם יְקַבֶּצְךָ יְהוָה אֱלֹהֶיךָ וּמִשָּׁם יִקָּחֶךָ׃

5 וֶהֱבִיאֲךָ יְהוָה אֱלֹהֶיךָ אֶל־הָאָרֶץ אֲשֶׁר־יָרְשׁוּ אֲבֹתֶיךָ וִירִשְׁתָּהּ וְהֵיטִבְךָ וְהִרְבְּךָ מֵאֲבֹתֶיךָ׃

6 וּמָל יְהוָה אֱלֹהֶיךָ אֶת־לְבָבְךָ וְאֶת־לְבַב זַרְעֶךָ לְאַהֲבָה אֶת־יְהוָה אֱלֹהֶיךָ בְּכָל־לְבָבְךָ וּבְכָל־נַפְשְׁךָ לְמַעַן חַיֶּיךָ׃

7 וְנָתַן יְהוָה אֱלֹהֶיךָ אֵת כָּל־הָאָלוֹת הָאֵלֶּה עַל־אֹיְבֶיךָ וְעַל־שֹׂנְאֶיךָ אֲשֶׁר רְדָפוּךָ׃

8 וְאַתָּה תָשׁוּב וְשָׁמַעְתָּ בְּקוֹל יְהוָה וְעָשִׂיתָ אֶת־כָּל־מִצְוֹתָיו אֲשֶׁר אָנֹכִי מְצַוְּךָ הַיּוֹם׃

9 וְהוֹתִירְךָ יְהוָה אֱלֹהֶיךָ בְּכֹל מַעֲשֵׂה יָדֶךָ בִּפְרִי בִטְנְךָ וּבִפְרִי בְהֶמְתְּךָ וּבִפְרִי אַדְמָתְךָ לְטֹבָה כִּי

LORD did[a] before your eyes in the land of Egypt unto Pharaoh, and unto all his servants, and unto all his land;

3 The great temptations[b] which thine eyes have seen, ye[c] signs, & those great miracles:

4 Yet the LORD hath not given you an heart[d] to perceive, and eyes to see, and ears to hear, unto this day.

5 And I have led you forty years in the wilderness: your clothes[f] are not waxen old upon you, and thy shoe is not waxen old upon thy foot.

6 Ye have not[h] eaten bread,[i] neither have ye drunk wine or strong drink: that ye might know that I *am* the LORD your God.

7 And when ye came unto this place, Sihon[l] the king of Heshbon, and Og the king of Bashan, came out against us unto battle, and we smote them:

8 And we took their land, and gave it for an inheritance unto the Reubenites, and to the Gadites, and to the half tribe of Manasseh.

9 Keep[m] therefore the words of this covenant, and do them, that ye may prosper in all that ye do.

10 Ye stand this day all[o] of you before the LORD your God; your captains of your tribes, your elders, and your officers, *with* all the men of Israel,

11 Your little ones, your wives, and thy stranger that *is* in thy camp, from the hewer[r] of thy wood unto the drawer of thy water:

12 That thou shouldest ζ enter into covenant with the LORD thy God, and into his oath,[t] which the LORD thy God maketh with thee this day:

13 That he may establish[u] thee to-day for a people unto himself, and *that* he may be unto thee a God, as he hath said[v] unto thee, and as he hath sworn unto thy fathers, to Abraham,[x] to Isaac,[y] and to Jacob.[z]

14 Neither with you only do I make this covenant and this oath;

15 But[b] with *him* that standeth here with us this day before the LORD our God, and also with *him* that *is* not here with us this day:

16 (For ye know how we have dwelt in the land of Egypt; and how we came through the nations which ye passed by;

17 And ye have seen their abominations, and their η idols, wood and stone, silver and gold, which *were* among them:)

18 Lest there should be among you man, or woman, or family, or tribe, whose heart turneth away this day from the LORD our God, to go and serve the gods of these nations; lest there should be among you a root that beareth θ gall[e] and wormwood:[f]

19 And it come to pass, when he heareth the words of this curse, that he bless himself in his heart, saying, I shall have peace, though I walk in the κ imagination of mine heart, to add λ drunkenness[g] to thirst:

20 The LORD will not spare him, but then the anger[h] of the LORD and his jealousy[k] shall smoke against that man, and all the curses that are written in this book shall lie upon him, and the LORD shall blot out[l] his name from under heaven.

21 And the LORD shall separate[m] him unto evil out of all the tribes of Israel, according to all the curses of the covenant that μ are written in this book of the law:

22 So that the generation to come of your children, that shall rise up after you,

B. C. 1451.	
a Ex. 8. 12.	
b ch. 4. 34.	
β *wherewith the LORD hath made it sick.*	
c Je. 17. 6.	
Zep. 2. 9.	
d Is. 6. 9, 10.	
63. 17.	
Jn°. 8. 43.	
e Ps. 107. 34.	
f ch. 8. 4.	
g Ge. 19. 24.	
Je. 20. 16.	
h Ex. 16. 35.	
Ps. 78.24, 25.	
i 1 Co. 9. 25.	
k 1 Ki. 9. 8, 9.	
Je. 22. 8, 9.	
l Nu. 21. 23.	
γ or, *who had not given to them any portion.*	
δ *divided.*	
m Jos. 1. 7, 8.	
n Da.9.11..14.	
o 2 Ch. 23. 16.	
34.29..32.	
Ne. 8. 2.	
p 1 Ki. 14. 15.	
q Je. 23. 18.	
Da. 2.22,28.	
1 Co. 2. 16.	
r Jos.9.21,27.	
s Ps. 78. 2.	
2 Ti. 3. 16.	
ζ *pass.*	
t Ne. 10. 29.	
u ch. 28. 9.	
v Ex. 6. 7.	
w 1Ki.s.47,48.	
x Ge. 17. 7.	
y Ge. 26. 3, 4.	
z Ge.28.13..15	
a Is. 55. 7.	
1 Jn°. 1. 9.	
b Ac. 2. 39.	
c Je.32.37,&c	
Eze. 36. 24.	
d Ne. 1. 9.	
η *dungygods*	
θ *rosh*, or, *a poisonful herb.*	
e Ac. 8. 23.	
f He. 12. 15.	
κ or, *stubbornness.*	
Je. 3. 17.	
7. 24.	
λ *the drunken to the thirsty.*	
g Is. 30. 1.	
Ro. 2. 5.	
h Ps. 74. 1.	
i Is. 14. 1..27.	
Ob. 10.	
k Ps. 79. 5.	
l ch. 9. 14.	
Eze. 14.7,8.	
m Mat. 24. 51.	
n ch. 28. 11.	
μ *is written.*	
o Zep. 3. 17.	

and the stranger that shall come from a far land, shall say, when they see the plagues of that land, and the sicknesses which β the LORD hath laid upon it;

23 And *that* the whole land thereof *is* brimstone, and salt,[c] *and* burning, *that* it is not sown, nor beareth,[e] nor any grass groweth therein, like the overthrow of Sodom, and Gomorrah, Admah, and Zeboim, which the LORD overthrew[g] in his anger, and in his wrath;

24 Even all nations shall say, Wherefore[k] hath the LORD done thus unto this land? what *meaneth* the heat of this great anger?

25 Then men shall say, Because they have forsaken the covenant of the LORD God of their fathers, which he made with them when he brought them forth out of the land of Egypt:

26 For they went and served other gods, and worshipped them, gods whom they knew not, and γ *whom* he had not given δ unto them:

27 And[n] the anger of the LORD was kindled against this land, to bring upon it all the curses that are written in this book:

28 And the LORD rooted[p] them out of their land in anger, and in wrath, and in great indignation, and cast them into another land, as *it is* this day.

29 The secret[q] *things belong* unto the LORD our God: but those *things which are* revealed[r] *belong* unto us, and to our children for ever, that *we* may do all the words of this law.

CHAP. XXX.

AND it shall come to pass, when all these things are come upon thee, the blessing and the curse, which I have set before thee, and thou shalt call *them* to mind[w] among all the nations whither the LORD thy God hath driven thee,

2 And shalt return[a] unto the LORD thy God, and shalt obey his voice according to all that I command thee this day, thou and thy children, with all thine heart, and with all thy soul;

3 That then the LORD thy God will turn thy captivity, and have compassion upon thee, and will return and[c] gather thee from all the nations, whither the LORD thy God hath scattered thee.

4 If[d] *any* of thine be driven out unto the utmost *parts* of heaven, from thence will the LORD thy God gather thee, and from thence will he fetch thee:

5 And the LORD thy God will bring thee into the land which thy fathers possessed, and thou shalt possess it; and he will do thee good, and multiply thee above thy fathers.

6 And the LORD thy God will circumcise thine heart, and the heart of thy seed, to love the LORD thy God with all thine heart, and with all thy soul, that thou mayest live.

7 And the LORD thy God will put all these curses upon thine enemies,[i] and on them that hate thee, which persecuted thee.

8 And thou shalt return and obey the voice of the LORD, & do all his commandments, which I command thee this day.

9 And[n] the LORD thy God will make thee plenteous in every work of thine hand, in the fruit of thy body, and in the fruit of thy cattle, and in the fruit of thy land, for good: for the LORD will again[o] rejoice

שׁוּב יְהוָֹה לָשׂוּשׂ עָלֶיךָ לְטוֹב כַּאֲשֶׁר־שָׂשׂ עַל־
10 אֲבֹתֶיךָ:   כִּי תִשְׁמַע בְּקוֹל יְהוָֹה אֱלֹהֶיךָ לִשְׁמֹר
מִצְוֹתָיו וְחֻקֹּתָיו הַכְּתוּבָה בְּסֵפֶר הַתּוֹרָה הַזֶּה
כִּי תָשׁוּב אֶל־יְהוָֹה אֱלֹהֶיךָ בְּכָל־לְבָבְךָ וּבְכָל־
11 נַפְשֶׁךָ: ס   כִּי הַמִּצְוָה הַזֹּאת אֲשֶׁר אָנֹכִי
מְצַוְּךָ הַיּוֹם לֹא־נִפְלֵאת הִוא מִמְּךָ וְלֹא רְחֹקָה
12 הִוא: לֹא בַשָּׁמַיִם הִוא לֵאמֹר מִי יַעֲלֶה־לָּנוּ
הַשָּׁמַיְמָה וְיִקָּחֶהָ לָּנוּ וְיַשְׁמִעֵנוּ אֹתָהּ וְנַעֲשֶׂנָּה:
13 וְלֹא־מֵעֵבֶר לַיָּם הִוא לֵאמֹר מִי יַעֲבָר־לָנוּ אֶל־
עֵבֶר הַיָּם וְיִקָּחֶהָ לָּנוּ וְיַשְׁמִעֵנוּ אֹתָהּ וְנַעֲשֶׂנָּה:
14 כִּי־קָרוֹב אֵלֶיךָ הַדָּבָר מְאֹד בְּפִיךָ וּבִלְבָבְךָ לַעֲשֹׂתוֹ:
15 ס   רְאֵה נָתַתִּי לְפָנֶיךָ הַיּוֹם אֶת־הַחַיִּים
16 וְאֶת־הַטּוֹב וְאֶת־הַמָּוֶת וְאֶת־הָרָע: אֲשֶׁר אָנֹכִי
מְצַוְּךָ הַיּוֹם לְאַהֲבָה אֶת־יְהוָֹה אֱלֹהֶיךָ לָלֶכֶת
בִּדְרָכָיו וְלִשְׁמֹר מִצְוֹתָיו וְחֻקֹּתָיו וּמִשְׁפָּטָיו וְחָיִיתָ
וְרָבִיתָ וּבֵרַכְךָ יְהוָֹה אֱלֹהֶיךָ בָּאָרֶץ אֲשֶׁר־אַתָּה
17 בָא־שָׁמָּה לְרִשְׁתָּהּ: וְאִם־יִפְנֶה לְבָבְךָ וְלֹא
תִשְׁמָע וְנִדַּחְתָּ וְהִשְׁתַּחֲוִיתָ לֵאלֹהִים אֲחֵרִים
18 וַעֲבַדְתָּם: הִגַּדְתִּי לָכֶם הַיּוֹם כִּי אָבֹד תֹּאבֵדוּן
לֹא־תַאֲרִיכֻן יָמִים עַל־הָאֲדָמָה אֲשֶׁר אַתָּה עֹבֵר
19 אֶת־הַיַּרְדֵּן לָבוֹא שָׁמָּה לְרִשְׁתָּהּ: הַעִדֹתִי בָכֶם
הַיּוֹם אֶת־הַשָּׁמַיִם וְאֶת־הָאָרֶץ הַחַיִּים וְהַמָּוֶת
נָתַתִּי לְפָנֶיךָ הַבְּרָכָה וְהַקְּלָלָה וּבָחַרְתָּ בַּחַיִּים
20 לְמַעַן תִּחְיֶה אַתָּה וְזַרְעֶךָ: לְאַהֲבָה אֶת־יְהוָֹה
אֱלֹהֶיךָ לִשְׁמֹעַ בְּקֹלוֹ וּלְדָבְקָה־בוֹ כִּי הוּא חַיֶּיךָ
וְאֹרֶךְ יָמֶיךָ לָשֶׁבֶת עַל־הָאֲדָמָה אֲשֶׁר נִשְׁבַּע יְהוָֹה
לַאֲבֹתֶיךָ לְאַבְרָהָם לְיִצְחָק וּלְיַעֲקֹב לָתֵת לָהֶם: ס

60   נב   פ פ פ

CAP. XXXI. לא

1 וַיֵּלֶךְ מֹשֶׁה וַיְדַבֵּר אֶת־הַדְּבָרִים הָאֵלֶּה אֶל־כָּל־
2 יִשְׂרָאֵל: וַיֹּאמֶר אֲלֵהֶם בֶּן־מֵאָה וְעֶשְׂרִים שָׁנָה
אָנֹכִי הַיּוֹם לֹא־אוּכַל עוֹד לָצֵאת וְלָבוֹא וַיהוָֹה אָמַר
3 אֵלַי לֹא תַעֲבֹר אֶת־הַיַּרְדֵּן הַזֶּה: יְהוָֹה אֱלֹהֶיךָ
הוּא עֹבֵר לְפָנֶיךָ הוּא־יַשְׁמִיד אֶת־הַגּוֹיִם הָאֵלֶּה
מִלְּפָנֶיךָ וִירִשְׁתָּם יְהוֹשֻׁעַ הוּא עֹבֵר לְפָנֶיךָ כַּאֲשֶׁר
4 דִּבֶּר יְהוָֹה: וְעָשָׂה יְהוָֹה לָהֶם כַּאֲשֶׁר עָשָׂה
לְסִיחוֹן וּלְעוֹג מַלְכֵי הָאֱמֹרִי וּלְאַרְצָם אֲשֶׁר הִשְׁמִיד
5 אֹתָם: וּנְתָנָם יְהוָֹה לִפְנֵיכֶם וַעֲשִׂיתֶם לָהֶם בְּכָל־

6 הַמִּצְוָה אֲשֶׁר צִוִּיתִי אֶתְכֶם: חִזְקוּ וְאִמְצוּ אַל־
תִּירְאוּ וְאַל־תַּעַרְצוּ מִפְּנֵיהֶם כִּי יְהוָֹה אֱלֹהֶיךָ הוּא
הַהֹלֵךְ עִמָּךְ לֹא יַרְפְּךָ וְלֹא יַעַזְבֶךָּ: ס
7 וַיִּקְרָא מֹשֶׁה לִיהוֹשֻׁעַ וַיֹּאמֶר אֵלָיו לְעֵינֵי כָל־
יִשְׂרָאֵל חֲזַק וֶאֱמָץ כִּי אַתָּה תָּבוֹא אֶת־הָעָם הַזֶּה
אֶל־הָאָרֶץ אֲשֶׁר נִשְׁבַּע יְהוָֹה לַאֲבֹתָם לָתֵת לָהֶם
8 וְאַתָּה תַּנְחִילֶנָּה אוֹתָם: וַיהוָֹה הוּא הַהֹלֵךְ
לְפָנֶיךָ הוּא יִהְיֶה עִמָּךְ לֹא יַרְפְּךָ וְלֹא יַעַזְבֶךָּ לֹא
9 תִירָא וְלֹא תֵחָת: וַיִּכְתֹּב מֹשֶׁה אֶת־הַתּוֹרָה
הַזֹּאת וַיִּתְּנָהּ אֶל־הַכֹּהֲנִים בְּנֵי לֵוִי הַנֹּשְׂאִים אֶת־
10 אֲרוֹן בְּרִית יְהוָֹה וְאֶל־כָּל־זִקְנֵי יִשְׂרָאֵל: וַיְצַו
מֹשֶׁה אוֹתָם לֵאמֹר מִקֵּץ שֶׁבַע שָׁנִים בְּמֹעֵד שְׁנַת
11 הַשְּׁמִטָּה בְּחַג הַסֻּכּוֹת: בְּבוֹא כָל־יִשְׂרָאֵל לֵרָאוֹת
אֶת־פְּנֵי יְהוָֹה אֱלֹהֶיךָ בַּמָּקוֹם אֲשֶׁר יִבְחָר תִּקְרָא
אֶת־הַתּוֹרָה הַזֹּאת נֶגֶד כָּל־יִשְׂרָאֵל בְּאָזְנֵיהֶם:
12 הַקְהֵל אֶת־הָעָם הָאֲנָשִׁים וְהַנָּשִׁים וְהַטַּף וְגֵרְךָ
אֲשֶׁר בִּשְׁעָרֶיךָ לְמַעַן יִשְׁמְעוּ וּלְמַעַן יִלְמְדוּ וְיָרְאוּ
אֶת־יְהוָֹה אֱלֹהֵיכֶם וְשָׁמְרוּ לַעֲשׂוֹת אֶת־כָּל־דִּבְרֵי
13 הַתּוֹרָה הַזֹּאת: וּבְנֵיהֶם אֲשֶׁר לֹא־יָדְעוּ יִשְׁמְעוּ
וְלָמְדוּ לְיִרְאָה אֶת־יְהוָֹה אֱלֹהֵיכֶם כָּל־הַיָּמִים אֲשֶׁר
אַתֶּם חַיִּים עַל־הָאֲדָמָה אֲשֶׁר אַתֶּם עֹבְרִים אֶת־
הַיַּרְדֵּן שָׁמָּה לְרִשְׁתָּהּ: ס
14 וַיֹּאמֶר יְהוָֹה אֶל־מֹשֶׁה הֵן קָרְבוּ יָמֶיךָ לָמוּת קְרָא
אֶת־יְהוֹשֻׁעַ וְהִתְיַצְּבוּ בְּאֹהֶל מוֹעֵד וַאֲצַוֶּנּוּ וַיֵּלֶךְ
15 מֹשֶׁה וִיהוֹשֻׁעַ וַיִּתְיַצְּבוּ בְּאֹהֶל מוֹעֵד: וַיֵּרָא יְהוָֹה
בָּאֹהֶל בְּעַמּוּד עָנָן וַיַּעֲמֹד עַמּוּד הֶעָנָן עַל־פֶּתַח
16 הָאֹהֶל: וַיֹּאמֶר יְהוָֹה אֶל־מֹשֶׁה הִנְּךָ שֹׁכֵב עִם־
אֲבֹתֶיךָ וְקָם הָעָם הַזֶּה וְזָנָה אַחֲרֵי אֱלֹהֵי נֵכַר־
הָאָרֶץ אֲשֶׁר הוּא בָא־שָׁמָּה בְּקִרְבּוֹ וַעֲזָבַנִי וְהֵפֵר
17 אֶת־בְּרִיתִי אֲשֶׁר כָּרַתִּי אִתּוֹ: וְחָרָה אַפִּי בוֹ
בַיּוֹם־הַהוּא וַעֲזַבְתִּים וְהִסְתַּרְתִּי פָנַי מֵהֶם וְהָיָה
לֶאֱכֹל וּמְצָאֻהוּ רָעוֹת רַבּוֹת וְצָרוֹת וְאָמַר בַּיּוֹם
הַהוּא הֲלֹא עַל כִּי־אֵין אֱלֹהַי בְּקִרְבִּי מְצָאוּנִי הָרָעוֹת
18 הָאֵלֶּה: וְאָנֹכִי הַסְתֵּר אַסְתִּיר פָּנַי בַּיּוֹם הַהוּא עַל
כָּל־הָרָעָה אֲשֶׁר עָשָׂה כִּי פָנָה אֶל־אֱלֹהִים אֲחֵרִים:
19 וְעַתָּה כִּתְבוּ לָכֶם אֶת־הַשִּׁירָה הַזֹּאת וְלַמְּדָהּ אֶת־
בְּנֵי־יִשְׂרָאֵל שִׂימָהּ בְּפִיהֶם לְמַעַן תִּהְיֶה־לִּי הַשִּׁירָה
20 הַזֹּאת לְעֵד בִּבְנֵי יִשְׂרָאֵל: כִּי־אֲבִיאֶנּוּ אֶל־

over thee for good. as he rejoiced over thy fathers ;

10 If thou shalt hearken *a* unto the voice of the LORD thy God, to keep *b* his commandments and his statutes which are written in this book of the law, *and* if thou turn *d* unto the LORD thy God, with all thine heart, and with all thy soul.

11 For this commandment which I command thee this day, it *is* not *f* hidden from thee, neither *is* it far off.

12 It *h is* not in heaven, that thou shouldest say, Who shall go up for us to heaven, and bring it unto us, that we may hear it, and do it ?

13 Neither *is* it beyond the sea, that thou shouldest say, Who shall go over the sea for us, and bring it unto us, that we may hear it, and do it ?

14 But the word *is* very nigh unto thee, in thy mouth, and in thy heart, that thou mayest do it.

15 See, I *o* have set before thee this day life and good, and death and evil ;

16 In that I command thee this day to love *q* the LORD thy God, to walk in his ways, and to keep *r* his commandments and his statutes and his judgments, that thou mayest live and multiply : and the LORD thy God shall bless thee in the land whither thou goest to possess it.

17 But if thine heart *t* turn away, so that thou wilt not hear, but shalt be drawn away, and worship other gods, and serve them ;

18 I *u* denounce unto you this day, that ye shall surely perish, *and that* ye shall not prolong *your* days upon the land, whither thou passest over Jordan to go to possess it.

19 I *x* call heaven *y* and earth *z* to record this day against you, *that* I have set before you life and death, blessing and cursing : therefore choose life, that both thou and thy seed may live :

20 That thou mayest love the LORD thy God, *and* that thou mayest obey his voice, and that thou mayest cleave unto him ; (for he *is* thy life, *c* and the length of thy days ;) that thou mayest dwell in the land which the LORD sware unto thy fathers, to Abraham, to Isaac, and to Jacob, to give them.

CHAP. XXXI.

AND Moses went, and spake these words unto all Israel.

2 And he said unto them, I am *g* an hundred and twenty years old this day ; I can no more go out and come in : also the LORD hath said *h* unto me, Thou shalt not go over this Jordan.

3 The LORD thy God, he *k* will go over before thee, *and* he will destroy these nations from before thee, and thou shalt possess them : *and* Joshua, he shall go over before thee, as the LORD hath *l* said.

4 And the LORD shall do unto them as he did *m* to Sihon and to Og, kings of the Amorites, and unto the land of them whom he destroyed.

5 And the LORD shall give *n* them up before your face, that ye may do unto them according unto all the commandments which I have commanded you.

6 Be *p* strong and of a good courage, *q* fear not, nor be afraid of them : for the LORD thy God, he *it is* that doth go with thee ; he *r* will not fail thee, nor forsake thee.

7 And Moses called unto Joshua, and

B. C. 1451.
a Is. 55. 2, 3.
b ch. 3. 28.
Jos. 1. 6.
Ep. 6. 10.
c 1 Co. 7. 19.
d ver. 2.
La. 3. 40,41.
Eze. 33. 11,
&c.
e ver. 3.
Ex.13.21,22
f Ps. 147. 19.
Is. 45. 19.
g ver. 6.
h Ro.10.6,&c.
i ver. 25, 26.
k ch. 15. 1.
l Le. 23. 34.
m ch. 16. 16.
n Jos. 8. 34.
2 Ki. 23. 2.
Ne. 8. 1,8.
o ver. 1, 19.
ch. 11. 26.
p ch. 4. 10.
q Mat. 22. 37,
38.
r Jn°. 14. 21.
s Ps. 78. 4,8.
t Pr. 14. 14.
u ch. 8. 19.
v ch.34. 5.
w ver. 23.
Nu. 27. 19.
x ch. 4. 26.
31. 28.
y ch. 32. 1.
Is. 1. 2.
Je. 2. 12,13.
z Je. 22. 29.
Mi. 6. 1, 2.
a Ex. 33. 9.
β lie down.
2 Sa. 7. 12.
b Ex. 32. 6.
c Ps. 27. 1.
30. 5.
Jn°. 11. 25.
Ac. 17. 28.
d Ex. 34. 15.
Ju. 2.17..20.
Ps.73. 27.
Je. 3. 1.
Eze. 16. 15.
e 2 Ch. 15. 2.
f Is. 64. 7.
Eze.39.23,24
g ch. 34. 7.
Ex. 7. 7.
γ find.
h ch. 3. 27.
Nu. 20. 12.
i Nu. 14. 42.
Ju. 6. 13.
k ch. 9. 3.
Ps. 44. 2, 3.
l Nu.27.18,21
*m*Nu.21.24,33
n ch. 7. 2, 18.
o ch. 32. 15.
Ne.9.25,26.
Hos. 13. 6.
p Jos. 10. 25.
1 Ch. 22. 13.
q ch. 20. 4.
Is. 43. 1..5.
r Jos.1. 5.
He. 13. 5.
s ver. 17.

said unto him in the sight of all Israel, Be *b* strong and of a good courage : for thou must go with this people unto the land which the LORD hath sworn unto their fathers to give them ; and thou shalt cause them to inherit it.

8 And the LORD, he *e it is* that doth go before thee ; he will be with thee, he will *g* not fail thee, neither forsake thee : fear not, neither be dismayed.

9 And Moses wrote this law, and delivered *i* it unto the priests the sons of Levi, which bare the ark of the covenant of the LORD, and unto all the elders of Israel.

10 And Moses commanded them, saying, At the end of *every* seven years, in the solemnity of the year of *k* release, in the feast *l* of tabernacles,

11 When all Israel is come to *m* appear before the LORD thy God in the place which he shall choose, thou shalt *n* read this law before all Israel in their hearing.

12 Gather *p* the people together, men, and women, and children, and thy stranger that *is* within thy gates, that they may hear, and that they may learn, and fear the LORD your God, and observe to do all the words of this law ;

13 And *that* their children, *s* which have not known *any thing,* may hear, and learn to fear the LORD your God, as long as ye live in the land whither ye go over Jordan to possess it.

14 And the LORD said unto Moses, Behold, thy days approach that thou must die : *v* call Joshua, and present yourselves in the tabernacle of the congregation, that I may give him a charge. *w* And Moses and Joshua went and presented themselves in the tabernacle of the congregation.

15 And *a* the LORD appeared in the tabernacle in a pillar of a cloud : and the pillar of the cloud stood over the door of the tabernacle.

16 And the LORD said unto Moses, Behold, thou shalt *β* sleep with thy fathers ; and this people will rise *b* up and go a whoring *d* after the gods of the strangers of the land, whither they go *to be* among them, and will forsake me, and break my covenant which I have made with them.

17 Then my anger shall be kindled against them in that day, and I *e* will forsake them, and I will hide *f* my face from them, and they shall be devoured, and many evils and troubles shall *γ* befall them ; so that they will say in that day, Are not these evils come upon us, because our God *is* not *i* among us ?

18 And I will surely hide my face in that day, for all the evils which they shall have wrought, in that they are turned unto other gods.

19 Now therefore write ye this song for you, and teach it the children of Israel : put it in their mouths, that this song may be a witness for me against the children of Israel.

20 For when I shall have brought them into the land which I sware unto their fathers, that floweth with milk and honey ; and they shall have eaten and *o* filled themselves, and waxen fat ; then will they turn unto other gods, and serve them, and provoke me, and break my covenant.

21 And it shall come to pass, when *r* many

הָאֲדָמָ֔ה אֲשֶׁר־נִשְׁבַּ֥ע בַּעְתָּ֖י לַאֲבֹתָ֑יו נַ֥בַת חָלָ֖ב וּדְבָֽשׁ׃ שָׂאַל אָבִ֖יךָ וְיַגֵּ֑דְךָ   זְקֵנֶ֖יךָ וְיֹ֥אמְרוּ לָֽךְ׃

וְאָכַ֤ל וְשָׂבַע֙ וְדָשֵׁ֔ן וּפָנָ֖ה אֶל־אֱלֹהִ֣ים אֲחֵרִ֑ים בְּהַנְחֵ֤ל עֶלְיוֹן֙ גּוֹיִ֔ם   8 בְּהַפְרִיד֖וֹ בְּנֵ֣י אָדָ֑ם

21 וַעֲבָד֖וּם וַֽיְנַאֲצֻ֑נִי וְהֵ֖פֵר אֶת־בְּרִיתֽוֹ׃ יַצֵּב֙ גְּבֻלֹ֣ת עַמִּ֔ים   לְמִסְפַּ֖ר בְּנֵ֥י יִשְׂרָאֵֽל׃

הֵ֚ם קִנְא֣וּנִי בְלֹא־אֵ֔ל כִּ֥י חֵ֖לֶק יְהֹוָ֣ה עַמּ֑וֹ   9 יַעֲקֹ֖ב חֶ֥בֶל נַחֲלָתֽוֹ׃

תִּמְצָאֵ֙הוּ֙ אֶ֣רֶץ רַבּ֔וֹ וּצַ֣רוֹת וְשַׁ֖עֲתָה הַשִּׁירָ֑ה   יִמְצָאֵ֙הוּ֙ בְּאֶ֣רֶץ מִדְבָּ֔ר   10 יְסֹֽבְבֶ֙נְהוּ֙ יְב֣וֹנְנֵ֔הוּ

רֹזֵאת֩ לִפְנֵ֨י לָ֜עֹר כִּ֣י לֹ֣א תִשָּׁכַ֗ח מִפִּ֣י זַרְע֑וֹ כִּ֥י יְדַ֙עְתִּי֙ אֶת־יִצְר֔וֹ אֲשֶׁ֨ר ה֤וּא עֹשֶׂה֙ הַיּ֔וֹם בְּטֶ֖רֶם   יִשְׁרְנֶ֖הוּ כְּאִישׁ֥וֹן עֵינֽוֹ׃

22 אֲבִיאֶ֖נּוּ אֶל־הָאָ֑רֶץ אֲשֶׁ֣ר נִשְׁבַּ֔עְתִּי וַיִּכְתֹּ֥ב מֹשֶׁ֛ה   כְּנֶ֙שֶׁר֙ יָעִ֣יר קִנּ֔וֹ   11 עַל־גּֽוֹזָלָ֖יו יְרַחֵ֑ף

אֶת־הַשִּׁירָ֥ה הַזֹּ֖את בַּיּ֣וֹם הַה֑וּא וַֽיְלַמְּדָ֖הּ אֶת־בְּנֵ֥י   יִפְרֹ֤שׂ כְּנָפָיו֙ יִקָּחֵ֔הוּ

23 יִשְׂרָאֵֽל׃   וַיְצַ֞ו אֶת־יְהוֹשֻׁ֣עַ בִּן־נ֗וּן וַיֹּ֘אמֶר֒ חֲזַ֣ק   יִשָּׂאֵ֖הוּ עַל־אֶבְרָתֽוֹ׃

וֶֽאֱמָ֔ץ כִּ֣י אַתָּ֗ה תָּבִיא֙ אֶת־בְּנֵ֣י יִשְׂרָאֵ֔ל אֶל־הָאָ֖רֶץ   12 יְהֹוָ֖ה בָּדָ֣ד יַנְחֶ֑נּוּ   וְאֵ֥ין עִמּ֖וֹ אֵ֥ל נֵכָֽר׃

24 אֲשֶׁר־נִשְׁבַּ֣עְתִּי לָהֶ֑ם וְאָנֹכִ֖י אֶהְיֶ֥ה עִמָּֽךְ׃   וַיְהִ֣י ׀   13 יַרְכִּבֵ֙הוּ֙ עַל־בָּ֣מֳותֵי אָ֔רֶץ   וַיֹּאכַ֖ל תְּנוּבֹ֣ת שָׂדָ֑י

כְּכַלֹּ֣ות מֹשֶׁ֗ה לִכְתֹּ֛ב אֶת־דִּבְרֵ֥י הַתּוֹרָֽה־הַזֹּ֖את עַל־   וַיֵּנִקֵ֤הֽוּ דְבַשׁ֙ מִסֶּ֔לַע   וְשֶׁ֖מֶן מֵחַלְמִ֥ישׁ צֽוּר׃

25 סֵ֖פֶר עַד־תֻּמָּֽם׃   וַיְצַ֤ו מֹשֶׁה֙ אֶת־הַלְוִיִּ֔ם נֹשְׂאֵ֕י   14 חֶמְאַ֨ת בָּקָ֜ר וַחֲלֵ֣ב צֹ֗אן   עִם־חֵ֤לֶב כָּרִים֙

26 אֲרֹ֥ון בְּרִית־יְהֹוָ֖ה לֵאמֹֽר׃   לָקֹ֗חַ אֵ֣ת סֵ֤פֶר הַתּוֹרָה֙   וְאֵילִ֣ים בְּנֵי־בָשָׁ֔ן וְעַתּוּדִ֗ים   עִם־חֵ֖לֶב כִּלְיֹ֣ות חִטָּ֑ה

הַזֶּ֔ה וְשַׂמְתֶּ֣ם אֹת֔וֹ מִצַּ֛ד אֲרֹ֥ון בְּרִית־יְהֹוָ֖ה אֱלֹהֵיכֶ֑ם   וְדַם־עֵנָ֖ב תִּשְׁתֶּה־חָֽמֶר׃   15 וַיִּשְׁמַ֤ן יְשֻׁרוּן֙ וַיִּבְעָ֔ט   וַתִּפֹּ֖שׁ אֱלֹ֥הַ עָשָׂ֑הֽוּ

27 וְהָֽיָה־שָׁ֥ם בְּךָ֖ לְעֵֽד׃   כִּ֣י אָנֹכִ֤י יָדַ֙עְתִּי֙ אֶת־מֶרְיְךָ֔   וַיְנַבֵּ֖ל צ֥וּר יְשֻׁעָתֽוֹ׃   16 יַקְנִאֻ֖הֽוּ בְּזָרִ֑ים

וְאֶת־עָרְפְּךָ֖ הַקָּשֶׁ֑ה הֵ֣ן בְּעוֹדֶ֩נִּי֩ חַ֨י עִמָּכֶ֜ם הַיּ֗וֹם   17 בְּתוֹעֵבֹ֖ת יַכְעִיסֻֽהוּ׃   יִזְבְּח֗וּ לַשֵּׁדִים֙ לֹ֣א אֱלֹ֔הַ

מַמְרִ֤ים הֱיִתֶם֙ עִם־יְהֹוָ֔ה וְאַ֖ף כִּֽי־אַחֲרֵ֥י מוֹתֽי׃   אֱלֹהִ֖ים לֹ֣א יְדָע֑וּם   חֲדָשִׁים֙ מִקָּרֹ֣ב בָּ֔אוּ

28 הַקְהִ֥ילוּ אֵלַ֗י אֶת־כָּל־זִקְנֵ֛י שִׁבְטֵיכֶ֖ם וְשֹׁטְרֵיכֶ֑ם   לֹ֥א שְׂעָר֖וּם אֲבֹתֵיכֶֽם׃   18 צ֥וּר יְלָֽדְךָ֖ תֶּ֑שִׁי

וַאֲדַבְּרָ֣ה בְאָזְנֵיהֶ֗ם אֵ֚ת הַדְּבָרִ֣ים הָאֵ֔לֶּה וְאָעִ֥ידָה   19 וַתִּשְׁכַּ֖ח אֵ֥ל מְחֹלְלֶֽךָ׃   וַיַּ֥רְא יְהֹוָ֖ה וַיִּנְאָ֑ץ

29 בָּ֛ם אֶת־הַשָּׁמַ֖יִם וְאֶת־הָאָֽרֶץ׃   כִּ֣י יָדַ֗עְתִּי אַחֲרֵ֤י   20 מִכַּ֥עַס בָּנָ֖יו וּבְנֹתָֽיו׃   וַיֹּ֗אמֶר אַסְתִּ֤ירָה פָנַי֙ מֵהֶ֔ם

מוֹתִי֙ כִּֽי־הַשְׁחֵ֣ת תַּשְׁחִת֔וּן וְסַרְתֶּ֣ם מִן־הַדֶּ֔רֶךְ אֲשֶׁ֥ר   אֶרְאֶ֖ה מָ֣ה אַחֲרִיתָ֑ם   כִּ֣י ד֤וֹר תַּהְפֻּכֹת֙ הֵ֔מָּה

צִוִּ֖יתִי אֶתְכֶ֑ם וְקָרָ֥את אֶתְכֶ֛ם הָרָעָ֖ה בְּאַחֲרִ֣ית   21 בָּנִ֖ים לֹא־אֵמֻ֥ן בָּֽם׃   הֵ֚ם קִנְא֣וּנִי בְלֹא־אֵ֔ל

הַיָּמִ֔ים כִּֽי־תַעֲשׂ֤וּ אֶת־הָרַע֙ בְּעֵינֵ֣י יְהֹוָ֔ה לְהַכְעִיס֖וֹ   כִּעֲס֖וּנִי בְּהַבְלֵיהֶ֑ם   22 וַאֲנִ֤י אַקְנִיאֵם֙ בְּלֹא־עָ֔ם

33 בְּמַעֲשֵׂ֥ה יְדֵיכֶֽם׃   וַיְדַבֵּ֣ר מֹשֶׁ֗ה בְּאָזְנֵ֛י כָּל־קְהַ֥ל   בְּג֥וֹי נָבָ֖ל אַכְעִיסֵֽם׃   כִּי־אֵשׁ֙ קָֽדְחָ֣ה בְאַפִּ֔י

יִשְׂרָאֵ֖ל אֶת־דִּבְרֵ֣י הַשִּׁירָ֣ה הַזֹּ֑את עַד־תֻּמָּֽם׃   וַתִּיקַ֖ד עַד־שְׁאֹ֣ול תַּחְתִּ֑ית   וַתֹּ֙אכַל֙ אֶ֣רֶץ וִֽיבֻלָ֔הּ

53   נ נ   פ פ פ   23 וַתְּלַהֵ֖ט מֹֽוסְדֵ֥י הָרִֽים׃   אַסְפֶּ֤ה עָלֵ֙ימוֹ֙ רָע֔וֹת

CAP. XXXII. לב   24 חִצַּ֖י אֲכַלֶּה־בָּֽם׃   מְזֵ֥י רָעָ֛ב וּלְחֻ֥מֵי רֶ֖שֶׁף

1 הַאֲזִ֥ינוּ הַשָּׁמַ֖יִם וַאֲדַבֵּ֑רָה וְתִשְׁמַ֥ע הָאָ֖רֶץ אִמְרֵי־פִֽי׃   וְקֶ֣טֶב מְרִירִ֑י   וְשֶׁן־בְּהֵמֹת֙ אֲשַׁלַּח־בָּ֔ם   25 מִח֤וּץ תְּשַׁכֶּל־חֶ֙רֶב֙

2 יַעֲרֹ֤ף כַּמָּטָר֙ לִקְחִ֔י תִּזַּ֥ל כַּטַּ֖ל אִמְרָתִ֑י   עִם־חֲמַ֖ת זֹחֲלֵ֥י עָפָֽר׃   וּמֵחֲדָרִ֖ים אֵימָ֑ה   גַּם־בָּחוּר֙ גַּם־בְּתוּלָ֔ה

כִּשְׂעִירִ֣ם עֲלֵי־דֶ֔שֶׁא   וְכִרְבִיבִ֖ים עֲלֵי־עֵֽשֶׂב׃   26 יוֹנֵ֖ק עִם־אִ֥ישׁ שֵׂיבָֽה׃   אָמַ֖רְתִּי אַפְאֵיהֶ֑ם

3 כִּ֥י שֵׁ֥ם יְהֹוָ֖ה אֶקְרָ֑א   הָב֥וּ גֹ֖דֶל לֵאלֹהֵֽינוּ׃   27 אַשְׁבִּ֖יתָה מֵאֱנֹ֣ושׁ זִכְרָֽם׃   לוּלֵ֗י כַּ֤עַס אוֹיֵב֙ אָג֔וּר

4 הַצּוּר֙ תָּמִ֣ים פָּעֳל֔וֹ כִּ֥י כָל־דְּרָכָ֖יו מִשְׁפָּ֑ט   פֶּֽן־יְנַכְּר֖וּ יְדֵ֣ימוֹ   פֶּן־יֹֽאמְרוּ֙ יָדֵ֣ינוּ רָ֔מָה

אֵ֤ל אֱמוּנָה֙ וְאֵ֣ין עָ֔וֶל   צַדִּ֥יק וְיָשָׁ֖ר הֽוּא׃   28 וְלֹ֥א יְהֹוָ֖ה פָּעַ֥ל כָּל־זֹֽאת׃   כִּי־ג֛וֹי אֹבַ֥ד עֵצֹ֖ות הֵ֑מָּה

5 שִׁחֵ֥ת ל֛וֹ לֹ֥א בָּנָ֖יו מוּמָ֑ם   דּ֥וֹר עִקֵּ֖שׁ וּפְתַלְתֹּֽל׃   29 וְאֵ֥ין בָּהֶ֖ם תְּבוּנָֽה׃   ל֥וּ חָכְמ֖וּ יַשְׂכִּ֣ילוּ זֹ֑את

6 הֲלַ֣יְהֹוָה֙ תִּגְמְלוּ־זֹ֔את   עַ֥ם נָבָ֖ל וְלֹ֣א חָכָ֑ם   30 יָבִ֖ינוּ לְאַחֲרִיתָֽם׃   אֵיכָ֞ה יִרְדֹּ֤ף אֶחָד֙ אֶ֔לֶף

הֲלוֹא־הוּא֙ אָבִ֣יךָ קָּנֶ֔ךָ   ה֥וּא עָֽשְׂךָ֖ וַֽיְכֹנְנֶֽךָ׃   אִם־לֹ֣א כִּֽי־צוּרָ֖ם מְכָרָ֑ם

7 זְכֹר֙ יְמ֣וֹת עוֹלָ֔ם   בִּ֖ינוּ שְׁנ֣וֹת דֹּֽר־וָדֹ֑ר

evils and troubles are befallen them, that this song shall testify β against them as a witness; for it shall not be forgotten out of the mouths of their seed: for I [b] know their imagination which they γ go about, even now, before I have brought them into the land which I sware.

22 Moses therefore wrote this song the same day, and taught it the children of Israel.

23 And he gave Joshua the son of Nun a charge, and said, Be strong and of a good courage: for thou shalt bring the children of Israel into the land which I sware unto them: and I will be with thee.

24 And it came to pass, when Moses had made an end of writing the words of this law in a book, until they were finished,

25 That Moses commanded the Levites, which bare the ark of the covenant of the LORD, saying,

26 Take this book of the law, and put it in the side of the ark of the covenant of the LORD your God, that it may be there [k] for a witness against thee.

27 For I know thy rebellion, and thy stiff neck: behold, while I am yet alive with you this day, ye have been rebellious [m] against the LORD; and how much more after my death?

28 Gather [n] unto me all the elders of your tribes, and your officers, that I may speak these words in their ears, and [p] call heaven and earth to record against them.

29 For I know that after my death ye will utterly corrupt [q] *yourselves*, and turn aside from the way which I have commanded you; and evil [r] will befall you in the latter days; because ye will do evil in the sight of the LORD, to provoke him to anger through the work of your hands.

30 And Moses spake in the ears of all the congregation of Israel the words of this song, until they were ended.

CHAP. XXXII.

GIVE [t] ear, O ye heavens, and I will speak; and hear, O earth, the words of my mouth.

2 My doctrine shall drop [v] as the rain, my speech shall distil as the dew, as the small rain upon the tender herb, and as the showers upon the grass:

3 Because I will publish the name of the LORD: ascribe [y] ye greatness unto our God.

4 *He is* the [z] Rock, his work *is* [a] perfect; for all his ways [b] *are* judgment: a God of [c] truth and without iniquity, just and right *is* he.

5 λ They have corrupted themselves; their [v] spot *is* not *the spot* of his children: *they are* a perverse and crooked generation.

6 Do ye thus requite the LORD, O foolish people and unwise? *is* not he thy father[f] *that* hath bought[g] thee? hath he not made thee, and established thee?

7 Remember the days of old, consider the years of ρ many generations: ask thy father, and he will shew thee; thy elders, and they will tell thee;

8 When the Most High divided [h] to the nations their inheritance, when he separated[i] the sons of Adam, he set the bounds of the people according to the number of the children of Israel.

9 For [l] the LORD's portion *is* his people; Jacob *is* the τ lot of his [m] inheritance.

10 He found him in a desert land, and in the waste howling wilderness; he φ led

B. C. 1451.

a Zec. 2. 8.
β *before.*
b Ps. 139. 2.
  Hos. 5. 3.
γ *do.*
c Is. 63. 9.
d Is. 58. 14.
e Ps. 81. 16.
f Is. 44. 2.
g 1 Sa. 2. 29.
  Ac. 9. 5.
h Ne. 9. 25,26.
i 1 Co. 10. 22.
k 2 Ki. 22. 8,&c
l 1 Co. 10. 20.
δ or, *which were not God.* v. 21.
m Ex. 32. 9.
n Ge. 49. 1,2.
o Is. 17. 10.
p ch. 32. 1.
ζ or, *despised*
q Ju. 2. 19.
r 2 Ch. 34. 24.
s Ro. 10. 19.
t ch. 30. 19.
  Ps. 50. 4.
u La. 4. 11.
η or, *hath burned.*
v Ps. 72. 6.
  Is. 55. 10,11.
  Mi. 5. 7.
θ or, *hath consumed.*
w Zep. 3. 8.
x Eze. 5. 16.
y 1 Ch. 29. 11.
  Re. 7. 11,12.
z Ps. 18. 2.
a Ec. 3. 14.
κ *coals.*
  Hab. 3. 5.
b Da. 4. 37.
c Ps. 92. 15.
d Eze. 14. 21.
λ *He hath corrupted to himself.*
μ *from the chambers.*
ν or, *that they are not his children, that is, their blot.*
π *bereave.*
e Is. 63. 16
f Ex. 15. 16.
  1 Co. 6. 20.
g ch. 28. 64.
ρ *generation and generation.*
σ or, *our high hand, and not the LORD, hath done—*
h Ac. 17. 26.
i Ge. 11. 8.
k Ps. 81. 13.
l Ex. 19. 5.
  Ps. 135. 4.
τ *cord.*
m Ps. 78. 71.
  Ep. 1. 18.
φ or, *compassed.*

him about,[a] he instructed him, he kept him as the apple of his eye.

11 As an eagle stirreth up her nest, fluttereth over her young, spreadeth abroad her wings, taketh them,[c] beareth them on her wings;

12 *So* the LORD alone did lead him, and *there was* no strange god with him.

13 He[d] made him ride on the high places of the earth, that he might eat the increase of the fields; and he made him to suck honey[e] out of the rock, and oil out of the flinty rock;

14 Butter of kine, and milk of sheep, with fat of lambs, and rams of the breed of Bashan, and goats, with the fat of kidneys of wheat; and thou didst drink the pure blood of the grape.

15 But Jeshurun[f] waxed fat, and [g] kicked: thou art waxen fat, thou art grown thick, thou art covered *with fatness:* then he[h] forsook God *which* made him, & lightly esteemed the Rock of his salvation.

16 They provoked him to [i] jealousy with strange *gods*, with abominations provoked they him to anger.

17 They[l] sacrificed unto δ devils, not to God; to gods whom they knew not, to new *gods that* came newly up, whom your fathers feared not.

18 Of the Rock *that* begat thee thou art unmindful, and hast forgotten[o] God that formed thee.

19 And when the LORD saw *it*, he abhorred ζ *them*, because of the provoking of his sons, and of his daughters.

20 And he said, I will hide my face from them, I will see what their end *shall be:* for they *are* a very froward generation, children in whom *is* no faith.

21 They have moved me to jealousy with *that which is* not God; they have provoked me to anger with their vanities: and I will[a] move them to jealousy with *those which are* not a people; I will provoke them to anger with a foolish nation.

22 For a fire [u] is kindled in mine anger, and η shall burn unto the lowest hell, and shall θ consume the earth[w] with her increase, and set on fire the foundations of the mountains.

23 I will heap mischiefs upon them; I will spend mine arrows [x] upon them.

24 *They shall be* burnt with hunger, and devoured with burning κ heat, and with bitter destruction: I will also send the teeth[d] of beasts upon them, with the poison of serpents of the dust.

25 The sword without, and terror μ within, shall π destroy both the young man and the virgin, the suckling *also* with the man of gray hairs.

26 I said, I would scatter[e] them into corners, I would make the remembrance of them to cease from among men:

27 Were it not that I feared the wrath of the enemy, lest their adversaries should behave themselves strangely, *and* lest they should say, σ Our hand *is* high, and the LORD hath not done all this.

28 For they *are* a nation void of counsel, neither *is there any* understanding in them.

29 O [k] that they were wise, *that* they understood this, *that* they would consider their latter end!

30 How should one chase a thousand, and two put ten thousand to flight, except

147

(עמוד ימין — Right column: Deut. XXXII, 31–50)

31 כִּי לֹא כְצוּרֵנוּ צוּרָם וְאֹיְבֵינוּ פְּלִילִים ׃

32 כִּי־מִגֶּפֶן סְדֹם גַּפְנָם וּמִשַּׁדְמֹת עֲמֹרָה עֲנָבֵמוֹ עִנְּבֵי־רוֹשׁ אַשְׁכְּלֹת מְרֹרֹת לָמוֹ ׃

33 חֲמַת תַּנִּינִם יֵינָם וְרֹאשׁ פְּתָנִים אַכְזָר ׃

34 הֲלֹא־הוּא כָּמֻס עִמָּדִי חָתֻם בְּאוֹצְרֹתָי ׃

35 לִי נָקָם וְשִׁלֵּם לְעֵת תָּמוּט רַגְלָם כִּי קָרוֹב יוֹם אֵידָם וְחָשׁ עֲתִדֹת לָמוֹ ׃

36 כִּי־יָדִין יְהֹוָה עַמּוֹ וְעַל־עֲבָדָיו יִתְנֶחָם ׃

37 וְאָמַר אֵי אֱלֹהֵימוֹ צוּר חָסָיוּ בוֹ ׃

38 אֲשֶׁר חֵלֶב זְבָחֵימוֹ יֹאכֵלוּ יִשְׁתּוּ יֵין נְסִיכָם יָקוּמוּ וְיַעְזְרֻכֶם יְהִי עֲלֵיכֶם סִתְרָה ׃

39 רְאוּ ׀ עַתָּה כִּי אֲנִי אֲנִי הוּא וְאֵין אֱלֹהִים עִמָּדִי אֲנִי אָמִית וַאֲחַיֶּה מָחַצְתִּי וַאֲנִי אֶרְפָּא וְאֵין מִיָּדִי מַצִּיל ׃

40 כִּי־אֶשָּׂא אֶל־שָׁמַיִם יָדִי וְאָמַרְתִּי חַי אָנֹכִי לְעֹלָם ׃

41 אִם־שַׁנּוֹתִי בְּרַק חַרְבִּי וְתֹאחֵז בְּמִשְׁפָּט יָדִי אָשִׁיב נָקָם לְצָרָי וְלִמְשַׂנְאַי אֲשַׁלֵּם ׃

42 אַשְׁכִּיר חִצַּי מִדָּם וְחַרְבִּי תֹּאכַל בָּשָׂר מִדַּם חָלָל וְשִׁבְיָה מֵרֹאשׁ פַּרְעוֹת אוֹיֵב ׃

43 הַרְנִינוּ גוֹיִם עַמּוֹ כִּי דַם־עֲבָדָיו יִקּוֹם וְנָקָם יָשִׁיב לְצָרָיו וְכִפֶּר אַדְמָתוֹ עַמּוֹ ׃ פ

44 וַיָּבֹא מֹשֶׁה וַיְדַבֵּר אֶת־כָּל־דִּבְרֵי הַשִּׁירָה־הַזֹּאת בְּאָזְנֵי הָעָם הוּא וְהוֹשֵׁעַ בִּן־נוּן ׃

45 וַיְכַל מֹשֶׁה לְדַבֵּר אֶת־כָּל־הַדְּבָרִים הָאֵלֶּה אֶל־כָּל־יִשְׂרָאֵל ׃

46 וַיֹּאמֶר אֲלֵהֶם שִׂימוּ לְבַבְכֶם לְכָל־הַדְּבָרִים אֲשֶׁר אָנֹכִי מֵעִיד בָּכֶם הַיּוֹם אֲשֶׁר תְּצַוֻּם אֶת־בְּנֵיכֶם לִשְׁמֹר לַעֲשׂוֹת אֶת־כָּל־דִּבְרֵי הַתּוֹרָה הַזֹּאת ׃

47 כִּי לֹא־דָבָר רֵק הוּא מִכֶּם כִּי־הוּא חַיֵּיכֶם וּבַדָּבָר הַזֶּה תַּאֲרִיכוּ יָמִים עַל־הָאֲדָמָה אֲשֶׁר אַתֶּם עֹבְרִים אֶת־הַיַּרְדֵּן שָׁמָּה לְרִשְׁתָּהּ ׃ פ

48 וַיְדַבֵּר יְהֹוָה אֶל־מֹשֶׁה בְּעֶצֶם הַיּוֹם הַזֶּה לֵאמֹר ׃

49 עֲלֵה אֶל־הַר הָעֲבָרִים הַזֶּה הַר־נְבוֹ אֲשֶׁר בְּאֶרֶץ מוֹאָב אֲשֶׁר עַל־פְּנֵי יְרֵחוֹ וּרְאֵה אֶת־אֶרֶץ כְּנַעַן אֲשֶׁר אֲנִי נֹתֵן לִבְנֵי יִשְׂרָאֵל לַאֲחֻזָּה ׃

50 וּמֻת בָּהָר אֲשֶׁר אַתָּה עֹלֶה שָׁמָּה וְהֵאָסֵף אֶל־עַמֶּיךָ כַּאֲשֶׁר־מֵת אַהֲרֹן אָחִיךָ בְּהֹר הָהָר וַיֵּאָסֶף אֶל־עַמָּיו ׃

(עמוד שמאל — Left column: Deut. XXXII, 51–52; CAP. XXXIII, 1–19)

51 עַל אֲשֶׁר מְעַלְתֶּם בִּי בְּתוֹךְ בְּנֵי יִשְׂרָאֵל בְּמֵי־מְרִיבַת קָדֵשׁ מִדְבַּר־צִן עַל אֲשֶׁר לֹא־קִדַּשְׁתֶּם אוֹתִי בְּתוֹךְ בְּנֵי יִשְׂרָאֵל ׃

52 כִּי מִנֶּגֶד תִּרְאֶה אֶת־הָאָרֶץ וְשָׁמָּה לֹא תָבוֹא אֶל־הָאָרֶץ אֲשֶׁר־אֲנִי נֹתֵן לִבְנֵי יִשְׂרָאֵל ׃

נ ד   פ פ פ   54

CAP. XXXIII. לג

1 וְזֹאת הַבְּרָכָה אֲשֶׁר בֵּרַךְ מֹשֶׁה אִישׁ הָאֱלֹהִים אֶת־בְּנֵי יִשְׂרָאֵל לִפְנֵי מוֹתוֹ ׃

2 וַיֹּאמַר יְהֹוָה מִסִּינַי בָּא וְזָרַח מִשֵּׂעִיר לָמוֹ הוֹפִיעַ מֵהַר פָּארָן וְאָתָה מֵרִבְבֹת קֹדֶשׁ מִימִינוֹ אֵשׁ דָּת לָמוֹ ׃

3 אַף חֹבֵב עַמִּים כָּל־קְדֹשָׁיו בְּיָדֶךָ וְהֵם תֻּכּוּ לְרַגְלֶךָ יִשָּׂא מִדַּבְּרֹתֶיךָ ׃

4 תּוֹרָה צִוָּה־לָנוּ מֹשֶׁה מוֹרָשָׁה קְהִלַּת יַעֲקֹב ׃

5 וַיְהִי בִישֻׁרוּן מֶלֶךְ בְּהִתְאַסֵּף רָאשֵׁי עָם יַחַד שִׁבְטֵי יִשְׂרָאֵל ׃

6 יְחִי רְאוּבֵן וְאַל־יָמֹת וִיהִי מְתָיו מִסְפָּר ׃ ס

7 וְזֹאת לִיהוּדָה וַיֹּאמַר שְׁמַע יְהֹוָה קוֹל יְהוּדָה וְאֶל־עַמּוֹ תְּבִיאֶנּוּ יָדָיו רָב לוֹ וְעֵזֶר מִצָּרָיו תִּהְיֶה ׃ פ

8 וּלְלֵוִי אָמַר תֻּמֶּיךָ וְאוּרֶיךָ לְאִישׁ חֲסִידֶךָ אֲשֶׁר נִסִּיתוֹ בְּמַסָּה תְּרִיבֵהוּ עַל־מֵי מְרִיבָה ׃

9 הָאֹמֵר לְאָבִיו וּלְאִמּוֹ לֹא רְאִיתִיו וְאֶת־אֶחָיו לֹא הִכִּיר וְאֶת־בָּנָו לֹא יָדָע כִּי שָׁמְרוּ אִמְרָתֶךָ וּבְרִיתְךָ יִנְצֹרוּ ׃

10 יוֹרוּ מִשְׁפָּטֶיךָ לְיַעֲקֹב וְתוֹרָתְךָ לְיִשְׂרָאֵל יָשִׂימוּ קְטוֹרָה בְּאַפֶּךָ וְכָלִיל עַל־מִזְבְּחֶךָ ׃

11 בָּרֵךְ יְהֹוָה חֵילוֹ וּפֹעַל יָדָיו תִּרְצֶה מְחַץ מָתְנַיִם קָמָיו וּמְשַׂנְאָיו מִן־יְקוּמוּן ׃ ס

12 לְבִנְיָמִן אָמַר יְדִיד יְהֹוָה יִשְׁכֹּן לָבֶטַח עָלָיו חֹפֵף עָלָיו כָּל־הַיּוֹם וּבֵין כְּתֵפָיו שָׁכֵן ׃ ס

13 וּלְיוֹסֵף אָמַר מְבֹרֶכֶת יְהֹוָה אַרְצוֹ מִמֶּגֶד שָׁמַיִם מִטָּל וּמִתְּהוֹם רֹבֶצֶת תָּחַת ׃

14 וּמִמֶּגֶד תְּבוּאֹת שָׁמֶשׁ וּמִמֶּגֶד גֶּרֶשׁ יְרָחִים ׃

15 וּמֵרֹאשׁ הַרְרֵי־קֶדֶם וּמִמֶּגֶד גִּבְעוֹת עוֹלָם ׃

16 וּמִמֶּגֶד אֶרֶץ וּמְלֹאָהּ וּרְצוֹן שֹׁכְנִי סְנֶה תָּבוֹאתָה לְרֹאשׁ יוֹסֵף וּלְקָדְקֹד נְזִיר אֶחָיו ׃

17 בְּכוֹר שׁוֹרוֹ הָדָר לוֹ וְקַרְנֵי רְאֵם קַרְנָיו בָּהֶם עַמִּים יְנַגַּח יַחְדָּו אַפְסֵי־אָרֶץ וְהֵם רִבְבוֹת אֶפְרַיִם וְהֵם אַלְפֵי מְנַשֶּׁה ׃

18 וְלִזְבוּלֻן אָמַר שְׂמַח זְבוּלֻן בְּצֵאתֶךָ וְיִשָּׂשכָר בְּאֹהָלֶיךָ ׃

19 עַמִּים הַר־יִקְרָאוּ שָׁם יִזְבְּחוּ

their Rock had sold[a] them, and the LORD had shut them up?

31 For[c] their rock is not as our Rock, even[d] our enemies themselves being judges.

32 For their vine is β of the vine[e] of Sodom,[f] and of the fields of Gomorrah; their grapes are grapes of gall, their clusters are bitter:

33 Their wine is the poison[g] of dragons, and the cruel venom of asps.[i]

34 Is not this laid up[k] in store with me, and sealed up among my treasures?

35 To me[m] belongeth vengeance, and recompense; their foot[n] shall slide in due time: for the day of their calamity is at hand,[p] and the things that shall come upon them make haste.

36 For the LORD shall judge his people, and repent[o] himself for his servants, when he seeth that their δ power is gone, and there is none shut up or left.

37 And he shall say, Where are their gods, their rock in whom they trusted;

38 Which did eat the fat of their sacrifices, and drank the wine of their drink-offerings? let them[v] rise up and help you, and be ζ your protection.

39 See now that I,[w] even I, am he, and there is no god with me: I[x] kill,and I make alive; I wound,and I heal: neither is there any that can deliver out of my hand.

40 For I lift up my hand to heaven, and say, I live for ever.

41 If I whet my glittering sword,[a] and mine hand take hold on judgment, I will render vengeance to mine enemies, and will reward them that hate me.

42 I will make mine arrows[b] drunk with blood, and my sword shall devour flesh; and that with the blood of the slain and of the captives, from the beginning of revenges upon the enemy.

43 η Rejoice, O ye nations, with his people; for he will avenge[e] the blood of his servants, and will render vengeance to his adversaries, and[h] will be merciful unto his land, and to his people.

44 And Moses came and spake all the words of this song in the ears of the people, he, and λ Hoshea the son of Nun.

45 And Moses made an end of speaking all these words to all Israel:

46 And he said unto them, Set[k] your hearts unto all the words which I testify among you this day, which ye shall command your children to observe to do, all the words of this law.

47 For it is not a vain thing for you; because it is your life:[m] and through this thing ye shall prolong your days in the land, whither ye go over Jordan to possess it.

48 And the LORD spake unto Moses that self-same day, saying,

49 Get[n] thee up into this mountain Abarim, unto mount Nebo, which is in the land of Moab, that is over against Jericho; and behold the land of Canaan, which I give unto the children of Israel for a possession:

50 And die in the mount whither thou goest up, and be gathered unto thy people; as Aaron thy brother died[q] in mount Hor, and was gathered unto his people:

51 Because ye trespassed[t] against me among the children of Israel at the waters of ρ Meribah-Kadesh, in the wilderness of Zin, because ye sanctified[u] me

	B. C. 1451.
a	Is. 50. 1.
b	ch. 34. 1.4.
c	1 Sa. 2. 2.
d	1 Sa. 4. 8.
β	or, worse than.
f	Is. 1. 10.
g	Ps. 58. 4.
h	Ex.19.18,20 Ju. 5. 4, 5. Hab. 3. 3.
i	Ro. 3. 13.
k	Je. 2. 22. Ro. 2. 5.
l	Ps. 68. 17.
m	He. 10. 30.
γ	or, fire of.
n	Je. 13. 16.
o	Hos. 11. 1. 1 Jnº. 4. 19.
p	2 Pe. 2. 3.
q	1 Sa. 2. 9. Ps. 31. 15. Jnº. 17. 11. 15.
r	1 Th. 1. 6.
s	Ju.10.15,16.
δ	hand.
t	Ex.18.16,19
u	Ge.49.3,&c.
v	Ju. 10. 14.
ζ	an hiding for you.
w	Is.45.5, 18, 22.
x	Ps. 68. 20. Re.1.17,18.
y	Ps. 146. 5.
z	Ex. 28. 30.
a	Eze.21.9.15
b	Ps. 45. 5.
c	Ex.32.25.28
d	Mal. 2. 5.7.
η	or, sing ye, or, praise his people, ye nations.
θ	or,let them
e	Re. 19. 2.
κ	at thy nose
f	Ex. 30. 7,8.
g	Le. 1. 9,17. Ps. 51. 19.
h	Ps. 85. 1.
i	Job 42. 8. Eze. 20. 40, 41.
λ	or, Joshua.
k	Pr. 3. 1..4. Eze. 40. 4.
l	Ge. 27. 28.
m	Le. 18. 5. Pr. 4. 22.
μ	or, thrust.
ν	moons.
n	Nu. 27. 12, 13.
o	Ex. 3. 2, 4.
p	1 Ch. 5. 1.
q	Nu. 20. 24.. 29.
r	Ps. 92. 10.
π	an unicorn
s	Ps. 44. 5.
t	Nu.20.11,12
ρ	or, strife at Kadesh.
u	Le. 10. 3. Is. 8. 13.

not in the midst of the children of Israel.

52 Yet thou shalt see[b] the land before thee; but thou shalt not go thither unto the land which I give the children of Israel.

CHAP. XXXIII.

AND this is the blessing, wherewith Moses the man of God blessed the children of Israel before his death.

2 And he said, The LORD came[h] from Sinai, and rose up from Seir unto them; he shined forth from mount Paran, and he came[l] with ten thousands of saints: from his right hand went a γ fiery law for them.

3 Yea, he loved[o] the people; all his saints are in thy hand:[q] and they sat down at thy feet; every one shall[r] receive of thy words.

4 Moses commanded us a law, even the inheritance of the congregation of Jacob

5 And he was king[s] in Jeshurun, when the heads of the people and the tribes of Israel were gathered together.

6 Let[u] Reuben live, and not die; and let not his men be few.

7 And this is the blessing of Judah: and he said, Hear, LORD, the voice of Judah, and bring him unto his people: let his hands be sufficient for him; and be thou an help[y] to him from his enemies.

8 And of Levi he said, Let thy Thummim[z] and thy Urim be with thy holy one, whom thou didst prove at Massah, and with whom thou didst strive at the waters of Meribah;

9 Who said unto his father and to his mother, I have not seen him; neither[c] did he acknowledge his brethren, nor knew his own children: for they have observed thy word, and kept thy covenant.[d]

10 They shall teach Jacob thy judgments, and Israel thy law: θ they shall put[f] incense κ before thee, and[g] whole burnt-sacrifice upon thine altar.

11 Bless, LORD, his substance, and accept[i] the work of his hands: smite through the loins of them that rise against him, and of them that hate him, that they rise not again.

12 And of Benjamin he said, The beloved of the LORD shall dwell in safety by him; and the LORD shall cover him all the day long, and he shall dwell between his shoulders.

13 And of Joseph he said, Blessed of the LORD be his land, for the precious things of heaven, for the dew,[l] and for the deep that coucheth beneath,

14 And for the precious fruits brought forth by the sun, and for the precious things μ put forth by the ν moon,

15 And for the chief things of the ancient mountains, and for the precious things of the lasting hills,

16 And for the precious things of the earth and fulness thereof, and for the good will of him that dwelt in the[o] bush; let the blessing come upon the head of Joseph, and upon the top of the head of him that was separated from his brethren.

17 His[p] glory is like the firstling of his bullock, and his horns are like the[r] horns of π unicorns: with them he shall push[s] the people together to the ends of the earth: and they are the ten thousands of Ephraim, and they are the thousands of Manasseh.

18 And of Zebulun he said, Rejoice,

148

ס 20 וּלְגָד אָמַר בָּרוּךְ מַרְחִיב גָּד כְּלָבִיא

שָׁכֵן וְטָרַף זְרוֹעַ אַף־קָדְקֹד׃ 21 וַיַּרְא רֵאשִׁית לוֹ
כִּי־שָׁם חֶלְקַת מְחֹקֵק סָפוּן וַיֵּתֵא רָאשֵׁי עָם צִדְקַת
יְהוָה עָשָׂה וּמִשְׁפָּטָיו עִם־יִשְׂרָאֵל׃ ס

22 וּלְדָן אָמַר דָּן גּוּר אַרְיֵה יְזַנֵּק מִן־הַבָּשָׁן׃
23 וּלְנַפְתָּלִי אָמַר נַפְתָּלִי שְׂבַע רָצוֹן וּמָלֵא בִּרְכַּת יְהוָה יָם וְדָרוֹם
יְרָשָׁה׃ ס 24 וּלְאָשֵׁר אָמַר בָּרוּךְ מִבָּנִים אָשֵׁר
יְהִי רְצוּי אֶחָיו וְטֹבֵל בַּשֶּׁמֶן רַגְלוֹ׃ 25 בַּרְזֶל וּנְחֹשֶׁת
מִנְעָלֶךָ וּכְיָמֶיךָ דָּבְאֶךָ׃ 26 אֵין כָּאֵל יְשֻׁרוּן רֹכֵב

27 שָׁמַיִם בְּעֶזְרֶךָ וּבְגַאֲוָתוֹ שְׁחָקִים׃ מְעֹנָה אֱלֹהֵי קֶדֶם
וּמִתַּחַת זְרֹעֹת עוֹלָם וַיְגָרֶשׁ מִפָּנֶיךָ אוֹיֵב וַיֹּאמֶר

28 הַשְׁמֵד׃ וַיִּשְׁכֹּן יִשְׂרָאֵל בֶּטַח בָּדָד עֵין יַעֲקֹב אֶל־
אֶרֶץ דָּגָן וְתִירוֹשׁ אַף־שָׁמָיו יַעַרְפוּ־טָל׃ 29 אַשְׁרֶיךָ
יִשְׂרָאֵל מִי כָמוֹךָ עַם נוֹשַׁע בַּיהוָה מָגֵן עֶזְרֶךָ
וַאֲשֶׁר־חֶרֶב גַּאֲוָתֶךָ וְיִכָּחֲשׁוּ אֹיְבֶיךָ לָךְ וְאַתָּה עַל־
בָּמוֹתֵימוֹ תִדְרֹךְ׃ ס

CAP. XXXIV. לד

1 וַיַּעַל מֹשֶׁה מֵעַרְבֹת מוֹאָב אֶל־הַר נְבוֹ רֹאשׁ
הַפִּסְגָּה אֲשֶׁר עַל־פְּנֵי יְרֵחוֹ וַיַּרְאֵהוּ יְהוָה אֶת־כָּל־
2 הָאָרֶץ אֶת־הַגִּלְעָד עַד־דָּן׃ וְאֵת כָּל־נַפְתָּלִי וְאֶת־

אֶרֶץ אֶפְרַיִם וּמְנַשֶּׁה וְאֵת כָּל־אֶרֶץ יְהוּדָה עַד
הַיָּם הָאַחֲרוֹן׃ 3 וְאֶת־הַנֶּגֶב וְאֶת־הַכִּכָּר בִּקְעַת
יְרֵחוֹ עִיר הַתְּמָרִים עַד־צֹעַר׃ 4 וַיֹּאמֶר יְהוָה אֵלָיו
זֹאת הָאָרֶץ אֲשֶׁר נִשְׁבַּעְתִּי לְאַבְרָהָם לְיִצְחָק
וּלְיַעֲקֹב לֵאמֹר לְזַרְעֲךָ אֶתְּנֶנָּה הֶרְאִיתִיךָ בְעֵינֶיךָ
וְשָׁמָּה לֹא תַעֲבֹר׃ 5 וַיָּמָת שָׁם מֹשֶׁה עֶבֶד־יְהוָה
בְּאֶרֶץ מוֹאָב עַל־פִּי יְהוָה׃ 6 וַיִּקְבֹּר אֹתוֹ בַגַּי
בְּאֶרֶץ מוֹאָב מוּל בֵּית פְּעוֹר וְלֹא־יָדַע אִישׁ אֶת־
קְבֻרָתוֹ עַד הַיּוֹם הַזֶּה׃ 7 וּמֹשֶׁה בֶּן־מֵאָה וְעֶשְׂרִים
שָׁנָה בְּמֹתוֹ לֹא־כָהֲתָה עֵינוֹ וְלֹא־נָס לֵחֹה׃
8 וַיִּבְכּוּ בְנֵי יִשְׂרָאֵל אֶת־מֹשֶׁה בְּעַרְבֹת מוֹאָב שְׁלֹשִׁים
יוֹם וַיִּתְּמוּ יְמֵי בְכִי אֵבֶל מֹשֶׁה׃ 9 וִיהוֹשֻׁעַ בִּן־
נוּן מָלֵא רוּחַ חָכְמָה כִּי־סָמַךְ מֹשֶׁה אֶת־יָדָיו
עָלָיו וַיִּשְׁמְעוּ אֵלָיו בְּנֵי־יִשְׂרָאֵל וַיַּעֲשׂוּ כַּאֲשֶׁר צִוָּה
יְהוָה אֶת־מֹשֶׁה׃ 10 וְלֹא־קָם נָבִיא עוֹד בְּיִשְׂרָאֵל
כְּמֹשֶׁה אֲשֶׁר יְדָעוֹ יְהוָה פָּנִים אֶל־פָּנִים׃ 11 לְכָל־
הָאֹתֹת וְהַמּוֹפְתִים אֲשֶׁר שְׁלָחוֹ יְהוָה לַעֲשׂוֹת
בְּאֶרֶץ מִצְרָיִם לְפַרְעֹה וּלְכָל־עֲבָדָיו וּלְכָל־אַרְצוֹ׃
12 וּלְכֹל הַיָּד הַחֲזָקָה וּלְכֹל הַמּוֹרָא הַגָּדוֹל אֲשֶׁר עָשָׂה
מֹשֶׁה לְעֵינֵי כָּל־יִשְׂרָאֵל׃

נִשְׁלְמוּ חֲמִשָּׁה חוּמְשֵׁי תוֹרָה · תְּהִלָּה לְאֵל גָּדוֹל וְנוֹרָא

חֲזַק

Zebulun, in thy going out; and, Issachar, in thy tents.

19 They[a] shall call the people unto the mountain; there they shall offer[b] sacrifices of righteousness: for[c] they shall suck *of* the abundance of the seas, and *of* treasures hid in the sand.

20 And of Gad he said, Blessed *be* he that enlargeth Gad: he dwelleth as a lion,[d] and teareth the arm with the crown of the head.

21 And he provided the first[e] part for himself, because there, *in* a portion of the lawgiver, *was he* γ seated; and he came with the heads of the people, he executed[g] the justice of the LORD, and his judgments with Israel.

22 And of Dan he said, Dan *is* a lion's whelp; he[i] shall leap from Bashan.

23 And of Naphtali he said, O Naphtali, satisfied[k] with favour, and full with the blessing of the LORD: possess[l] thou the west and the south.

24 And of Asher he said, *Let* Asher *be* blessed with children; let him be acceptable to his brethren, and let him dip his foot in oil.[n]

25 Thy δ shoes *shall be* iron and brass; and[p] as thy days, *so shall* thy strength *be.*

26 *There is* none like[q] unto the God of Jeshurun, *who* rideth[r] upon the heaven in thy help, and in his excellency on the sky.

27 The eternal God *is thy* refuge,[t] and underneath *are* the everlasting arms: and he shall thrust out the enemy from before thee; and shall say, Destroy *them.*

28 Israel then shall dwell in[w] safety alone:[x] the fountain of Jacob *shall be* upon a land of corn and wine; also his heavens shall drop down dew.

29 Happy[z] *art* thou, O Israel: who *is* like unto thee, O people saved by the LORD, the shield[b] of thy help, and who *is* the sword[c] of thy excellency! and thine enemies shall be θ found liars unto thee; and thou shalt tread upon their high places.

B. C. 1451.

a Is. 2.3.
b Ps. 4. 5.
β or, *the hill.*
c Is. 60. 5,16.
d 1 Ch. 12. 8.
e Nu.32.1,&c.
γ cieled.
f Ge. 12. 7.
g Jos.4.12,13.
h ch.3.26,27.
i Jos. 19. 47.
k Ps. 36. 8.
  90. 14.
Je. 31. 14.
l Jos. 19. 32,
  &c.
m Jude 9.
n Job 29. 6.
o Jos.14.10,11
δ or, *under thy.*
  ch. 8. 9.
ζ moisture fled.
p Is. 41. 10.
  1Co. 10. 13.
q Je. 10. 6.
r Ps. 68. 4,33.
s Nu. 20. 29.
t Ps. 90. 1.
  Is. 25. 4.
u Da. 6. 3.
v Nu. 27. 18,
  23.
w Je. 23. 6.
x Nu. 23. 9.
y ch.18.15,18.
  He. 3. 5, 6.
z Ps. 144. 15.
a ch. 4. 34.
b Ps.115.9,11.
c Re. 1. 16.
θ or, *subdued.*
d ch. 7. 19.

CHAP. XXXIV.

AND Moses went up from the plains of Moab unto the mountain of Nebo, to the top of β Pisgah, that *is* over against Jericho. And the LORD shewed him all the land of Gilead, unto Dan,

2 And all Naphtali, and the land of Ephraim, and Manasseh, and all the land of Judah, unto the utmost sea,

3 And the south, and the plain of the valley of Jericho, the city of palm trees, unto Zoar.

4 And the LORD said unto him, This *is* the land which I sware[f] unto Abraham, unto Isaac, and unto Jacob, saying, I will give it unto thy seed: I have caused thee to see *it* with thine eyes, but[h] thou shalt not go over thither.

5 So Moses the servant of the LORD died there in the land of Moab, according to the word of the LORD.

6 And he buried him in a valley in the land of Moab, over against Beth-peor: but[m] no man knoweth of his sepulchre unto this day.

7 And Moses *was* an hundred and twenty years old when he died: his[o] eye was not dim, nor his ζ natural force abated.

8 And the children of Israel wept for Moses in the plains of Moab thirty[s] days: so the days of weeping *and* mourning for Moses were ended.

9 And Joshua the son of Nun was full of the spirit[u] of wisdom; for Moses[v] had laid his hands upon him: and the children of Israel hearkened unto him, and did as the LORD commanded Moses.

10 And there arose not a prophet since in Israel[y] like unto Moses, whom the LORD knew face to face,

11 In all the signs[a] and the wonders which the LORD sent him to do in the land of Egypt to Pharaoh, and to all his servants, and to all his land,

12 And in all that mighty[d] hand, and in all the great terror which Moses shewed in the sight of all Israel.

149

יהושע

LIBER JEHOSHUAH.

CAP. I. א

1 וַיְהִי אַחֲרֵי מוֹת מֹשֶׁה עֶבֶד יְהוָה וַיֹּאמֶר יְהוָה
2 אֶל־יְהוֹשֻׁעַ בִּן־נוּן מְשָׁרֵת מֹשֶׁה לֵאמֹר׃ מֹשֶׁה
עַבְדִּי מֵת וְעַתָּה קוּם עֲבֹר אֶת־הַיַּרְדֵּן הַזֶּה אַתָּה
וְכָל־הָעָם הַזֶּה אֶל־הָאָרֶץ אֲשֶׁר אָנֹכִי נֹתֵן לָהֶם לִבְנֵי
3 יִשְׂרָאֵל׃ כָּל־מָקוֹם אֲשֶׁר תִּדְרֹךְ כַּף־רַגְלְכֶם בּוֹ
4 לָכֶם נְתַתִּיו כַּאֲשֶׁר דִּבַּרְתִּי אֶל־מֹשֶׁה׃ מֵהַמִּדְבָּר
וְהַלְּבָנוֹן הַזֶּה וְעַד־הַנָּהָר הַגָּדוֹל נְהַר־פְּרָת כֹּל
אֶרֶץ הַחִתִּים וְעַד־הַיָּם הַגָּדוֹל מְבוֹא הַשָּׁמֶשׁ
5 יִהְיֶה גְּבוּלְכֶם׃ לֹא־יִתְיַצֵּב אִישׁ לְפָנֶיךָ כֹּל יְמֵי
חַיֶּיךָ כַּאֲשֶׁר הָיִיתִי עִם־מֹשֶׁה אֶהְיֶה עִמָּךְ לֹא
6 אַרְפְּךָ וְלֹא אֶעֶזְבֶךָּ׃ חֲזַק וֶאֱמָץ כִּי אַתָּה תַּנְחִיל
אֶת־הָעָם הַזֶּה אֶת־הָאָרֶץ אֲשֶׁר־נִשְׁבַּעְתִּי לַאֲבוֹתָם
7 לָתֵת לָהֶם׃ רַק חֲזַק וֶאֱמַץ מְאֹד לִשְׁמֹר לַעֲשׂוֹת
כְּכָל־הַתּוֹרָה אֲשֶׁר צִוְּךָ מֹשֶׁה עַבְדִּי אַל־תָּסוּר
מִמֶּנּוּ יָמִין וּשְׂמֹאול לְמַעַן תַּשְׂכִּיל בְּכֹל אֲשֶׁר
8 תֵּלֵךְ׃ לֹא־יָמוּשׁ סֵפֶר הַתּוֹרָה הַזֶּה מִפִּיךָ
וְהָגִיתָ בּוֹ יוֹמָם וָלַיְלָה לְמַעַן תִּשְׁמֹר לַעֲשׂוֹת
כְּכָל־הַכָּתוּב בּוֹ כִּי־אָז תַּצְלִיחַ אֶת־דְּרָכֶךָ וְאָז
9 תַּשְׂכִּיל׃ הֲלוֹא צִוִּיתִיךָ חֲזַק וֶאֱמָץ אַל־תַּעֲרֹץ
וְאַל־תֵּחָת כִּי עִמְּךָ יְהוָה אֱלֹהֶיךָ בְּכֹל אֲשֶׁר תֵּלֵךְ׃
10 וַיְצַו יְהוֹשֻׁעַ אֶת־שֹׁטְרֵי הָעָם לֵאמֹר׃ עִבְרוּ
11 בְּקֶרֶב הַמַּחֲנֶה וְצַוּוּ אֶת־הָעָם לֵאמֹר הָכִינוּ לָכֶם
צֵדָה כִּי בְּעוֹד שְׁלֹשֶׁת יָמִים אַתֶּם עֹבְרִים אֶת־
הַיַּרְדֵּן הַזֶּה לָבוֹא לָרֶשֶׁת אֶת־הָאָרֶץ אֲשֶׁר יְהוָה
12 אֱלֹהֵיכֶם נֹתֵן לָכֶם לְרִשְׁתָּהּ׃ וְלָראוּבֵנִי וְלַגָּדִי
וְלַחֲצִי שֵׁבֶט הַמְנַשֶּׁה אָמַר יְהוֹשֻׁעַ לֵאמֹר׃
13 זָכוֹר אֶת־הַדָּבָר אֲשֶׁר צִוָּה אֶתְכֶם מֹשֶׁה עֶבֶד־
יְהוָה לֵאמֹר יְהוָה אֱלֹהֵיכֶם מֵנִיחַ לָכֶם וְנָתַן
14 לָכֶם אֶת־הָאָרֶץ הַזֹּאת׃ נְשֵׁיכֶם טַפְּכֶם וּמִקְנֵיכֶם
יֵשְׁבוּ בָּאָרֶץ אֲשֶׁר נָתַן לָכֶם מֹשֶׁה בְּעֵבֶר הַיַּרְדֵּן
וְאַתֶּם תַּעַבְרוּ חֲמֻשִׁים לִפְנֵי אֲחֵיכֶם כֹּל גִּבּוֹרֵי
15 הַחַיִל וַעֲזַרְתֶּם אוֹתָם׃ עַד אֲשֶׁר־יָנִיחַ יְהוָה
לַאֲחֵיכֶם כָּכֶם וְיָרְשׁוּ גַם־הֵמָּה אֶת־הָאָרֶץ אֲשֶׁר־
יְהוָה אֱלֹהֵיכֶם נֹתֵן לָהֶם וְשַׁבְתֶּם לְאֶרֶץ יְרֻשַּׁתְכֶם
וִירִשְׁתֶּם אוֹתָהּ אֲשֶׁר נָתַן לָכֶם מֹשֶׁה עֶבֶד יְהוָה

16 בְּעֵבֶר הַיַּרְדֵּן מִזְרַח הַשָּׁמֶשׁ׃ וַיַּעֲנוּ אֶת־יְהוֹשֻׁעַ
לֵאמֹר כֹּל אֲשֶׁר־צִוִּיתָנוּ נַעֲשֶׂה וְאֶל־כָּל־אֲשֶׁר
17 תִּשְׁלָחֵנוּ נֵלֵךְ׃ כְּכֹל אֲשֶׁר־שָׁמַעְנוּ אֶל־מֹשֶׁה כֵּן
נִשְׁמַע אֵלֶיךָ רַק יִהְיֶה יְהוָה אֱלֹהֶיךָ עִמָּךְ כַּאֲשֶׁר
18 הָיָה עִם־מֹשֶׁה׃ כָּל־אִישׁ אֲשֶׁר־יַמְרֶה אֶת־פִּיךָ
וְלֹא־יִשְׁמַע אֶת־דְּבָרֶיךָ לְכֹל אֲשֶׁר־תְּצַוֶּנּוּ יוּמָת רַק
חֲזַק וֶאֱמָץ׃

CAP. II. ב

1 וַיִּשְׁלַח יְהוֹשֻׁעַ בִּן־נוּן מִן־הַשִּׁטִּים שְׁנַיִם־אֲנָשִׁים
מְרַגְּלִים חֶרֶשׁ לֵאמֹר לְכוּ רְאוּ אֶת־הָאָרֶץ
וְאֶת־יְרִיחוֹ וַיֵּלְכוּ וַיָּבֹאוּ בֵּית־אִשָּׁה זוֹנָה
2 וּשְׁמָהּ רָחָב וַיִּשְׁכְּבוּ־שָׁמָּה׃ וַיֵּאָמַר לְמֶלֶךְ
יְרִיחוֹ לֵאמֹר הִנֵּה אֲנָשִׁים בָּאוּ הֵנָּה הַלַּיְלָה
3 מִבְּנֵי יִשְׂרָאֵל לַחְפֹּר אֶת־הָאָרֶץ׃ וַיִּשְׁלַח מֶלֶךְ
יְרִיחוֹ אֶל־רָחָב לֵאמֹר הוֹצִיאִי הָאֲנָשִׁים הַבָּאִים
אֵלַיִךְ אֲשֶׁר־בָּאוּ לְבֵיתֵךְ כִּי לַחְפֹּר אֶת־כָּל־הָאָרֶץ
4 בָּאוּ׃ וַתִּקַּח הָאִשָּׁה אֶת־שְׁנֵי הָאֲנָשִׁים וַתִּצְפְּנוֹ
וַתֹּאמֶר כֵּן בָּאוּ אֵלַי הָאֲנָשִׁים וְלֹא יָדַעְתִּי מֵאַיִן
5 הֵמָּה׃ וַיְהִי הַשַּׁעַר לִסְגּוֹר בַּחֹשֶׁךְ וְהָאֲנָשִׁים
יָצָאוּ לֹא יָדַעְתִּי אָנָה הָלְכוּ הָאֲנָשִׁים רִדְפוּ
6 מַהֵר אַחֲרֵיהֶם כִּי תַּשִּׂיגוּם׃ וְהִיא הֶעֱלָתַם
הַגָּגָה וַתִּטְמְנֵם בְּפִשְׁתֵּי הָעֵץ הָעֲרֻכוֹת לָהּ עַל
7 הַגָּג׃ וְהָאֲנָשִׁים רָדְפוּ אַחֲרֵיהֶם דֶּרֶךְ הַיַּרְדֵּן עַל
הַמַּעְבְּרוֹת וְהַשַּׁעַר סָגָרוּ אַחֲרֵי כַּאֲשֶׁר יָצְאוּ
8 הָרֹדְפִים אַחֲרֵיהֶם׃ וְהֵמָּה טֶרֶם יִשְׁכָּבוּן וְהִיא
9 עָלְתָה עֲלֵיהֶם עַל־הַגָּג׃ וַתֹּאמֶר אֶל־הָאֲנָשִׁים
יָדַעְתִּי כִּי־נָתַן יְהוָה לָכֶם אֶת־הָאָרֶץ וְכִי־נָפְלָה
אֵימַתְכֶם עָלֵינוּ וְכִי נָמֹגוּ כָּל־יֹשְׁבֵי הָאָרֶץ
10 מִפְּנֵיכֶם׃ כִּי שָׁמַעְנוּ אֵת אֲשֶׁר־הוֹבִישׁ יְהוָה
אֶת־מֵי יַם־סוּף מִפְּנֵיכֶם בְּצֵאתְכֶם מִמִּצְרָיִם
וַאֲשֶׁר עֲשִׂיתֶם לִשְׁנֵי מַלְכֵי הָאֱמֹרִי אֲשֶׁר בְּעֵבֶר
הַיַּרְדֵּן לְסִיחֹן וּלְעוֹג אֲשֶׁר הֶחֱרַמְתֶּם אוֹתָם׃
11 וַנִּשְׁמַע וַיִּמַּס לְבָבֵנוּ וְלֹא־קָמָה עוֹד רוּחַ בְּאִישׁ
מִפְּנֵיכֶם כִּי יְהוָה אֱלֹהֵיכֶם הוּא אֱלֹהִים בַּשָּׁמַיִם
12 מִמַּעַל וְעַל־הָאָרֶץ מִתָּחַת׃ וְעַתָּה הִשָּׁבְעוּ־נָא
לִי בַּיהוָה כִּי־עָשִׂיתִי עִמָּכֶם חָסֶד וַעֲשִׂיתֶם גַּם־

The Book of JOSHUA.

CHAP. I.

NOW after the death[a] of Moses the servant of the LORD it came to pass, that the LORD spake unto Joshua the son of Nun, Moses' minister,[b] saying,

2 Moses my servant is dead; now therefore arise, go over this Jordan, thou, and all this people, unto the land which I do give to them, *even* to the children of Israel.

3 Every[d] place that the sole of your foot shall tread upon, that have I given unto you, as I said unto Moses.

4 From[f] the wilderness and this Lebanon, even unto the great river, the river Euphrates, all the land of the Hittites, and unto the great sea toward the going down of the sun, shall be your coast.

5 There[i] shall not any man be able to stand before thee all the days of thy life: as[k] I was with Moses, *so* I will be with thee: I[l] will not fail thee, nor forsake thee.

6 Be strong and of a good courage: for unto γ this people shalt thou divide for an inheritance the land, which I sware unto their fathers to give them.

7 Only be[o] thou strong and very courageous, that thou mayest observe to do according to all the law which Moses my servant commanded thee: turn not from it *to* the right hand or *to* the left, that thou mayest ζ prosper whithersoever thou goest.

8 This book of the law shall not depart out of thy mouth; but thou shalt meditate therein day and night, that thou mayest observe to do according to all that is written therein: for then thou shalt make thy way prosperous, and then thou shalt η have good success.

9 Have not I commanded thee?[q] Be strong and of a good courage; be[r] not afraid, neither be thou dismayed: for[s] the LORD thy God *is* with thee whithersoever thou goest.

10 Then Joshua commanded the officers of the people, saying,

11 Pass through the host, and command the people, saying, Prepare you victuals; for[u] within three days ye shall pass over this Jordan, to go in to possess the land, which the LORD your God giveth you to possess it.

12 And to the Reubenites, and to the Gadites, and to half the tribe of Manasseh, spake Joshua, saying,

13 Remember the word which Moses the servant of the LORD commanded you, saying,[w] The LORD your God hath given you rest, and hath given you this land.

14 Your wives, your little ones, and your cattle, shall remain in the land which Moses gave you on this side Jordan; but ye shall pass before your brethren κ armed, all the mighty men of valour, and help them;

15 Until the LORD have given your brethren rest, as *he hath given* you, and they also have possessed the land which the LORD your God giveth them: then

ye shall return unto the land of your possession, and enjoy it, which Moses, the LORD's servant, gave you on this side Jordan, toward the sun-rising.

16 And they answered Joshua, saying, All[c] that thou commandest us we will do, and whithersoever thou sendest us we will go.

17 According as we hearkened unto Moses in all things, so will we hearken unto thee: only the LORD thy God be with thee, as[e] he was with Moses.

18 Whosoever *he be* that doth rebel against thy commandment, and will not hearken unto thy words in all that thou commandest him, he[g] shall be put to death: only[h] be strong and of a good courage.

CHAP. II.

AND Joshua the son of Nun β sent out of Shittim two men to spy[m] secretly, saying, Go view the land, even Jericho. And they went, and came into an harlot's house, named Rahab,[n] and δ lodged there.

2 And it was told the king of Jericho, saying, Behold, there came men in hither to-night of the children of Israel, to search out the country.

3 And the king of Jericho sent unto Rahab, saying, Bring forth the men that are come to thee, which are entered into thine house: for they be come to search out all the country.

4 And[p] the woman took the two men, and hid them, and said thus, There came men unto me, but I wist not whence they *were:*

5 And it came to pass, *about the time* of shutting of the gate, when it was dark, that the men went out: whither the men went I wot not: pursue after them quickly; for ye shall overtake them.

6 But[t] she had brought them up to the roof of the house, and hid them with the stalks of flax, which she had laid in order upon the roof.

7 And the men pursued after them the way to Jordan, unto the fords: and as soon as they which pursued after them were gone out, they shut the gate.

8 And before they were laid down, she came up unto them upon the roof;

9 And she said unto the men, I know that the LORD hath given you the land, and that your terror[v] is fallen upon us, and that all the inhabitants of the land faint θ because of you.

10 For we have heard how the LORD dried[x] up the water of the Red sea for you, when ye came out of Egypt; and what[y] ye did unto the two kings of the Amorites, that *were* on the other side Jordan, Sihon and Og, whom ye utterly destroyed.

11 And as soon as we had heard *these things*, our hearts[z] did melt, neither λ did there remain any more courage in any man, because of you: for[a] the LORD your God, he *is* God in heaven above, and in earth beneath.

a De. 34. 5.
b Ex. 24. 13.
c De. 5. 27.
d De. 11. 24.
e ver. 5.
 1Sa. 20. 13.
 1 Ki. 1. 37.
f Ge. 15. 18.
 Nu.34.2..12
g Ro.13.1..5.
h ver. 6, 7, 9.
 1Co. 16. 13.
i De. 7. 24.
k ch. 3. 7.
 6. 27.
l De. 31. 6, 8.
 He. 13. 5.
β or, *had sent.*
m Nu. 13. 2.
γ or, *thou shalt cause this people to inherit.*
n Mat. 1. 5.
 He. 11. 31.
 Ja. 2. 25.
δ *lay.*
o De 31.7,23.
 Ep. 6. 10.
 2 Ti. 2. 1.
ζ or.*do wisely* De. 29. 9.
p 2 Sa. 17. 19, 20.
η or.*do wisely* ver. 7.
q 1Ch. 28. 20.
 Hag. 2. 4.
 Zec. 8. 9.
r Ge. 28. 15.
 Ps. 27. 1.
 Je. 1. 8.
s Ps. 46. 7.
 Is. 43. 1, 5.
t Ex. 1.15..21
u ch. 3. 2.
v Ge. 35. 5.
 Ex.15.15,16
 23. 27.
 De. 2. 25.
 11. 25.
θ *melt.*
 1 Sa. 14. 16.
 2 Sa. 17. 10.
w ch. 22. 1..4.
 Nu 32.20..28
x Ex. 14. 21.
y Nu. 21. 21..
 35.
κ *marshalled by fine.*
 Ex. 13. 18.
z ch. 5. 1.
 7. 5.
 Is. 13. 7.
λ *rose up.*
a De. 4. 39.

13 אַתֶּם עָם-בֵּית אָבִי וּנְתַתֶּם לִי אוֹת אֱמֶת:
וְהַחֲיִתֶם אֶת-אָבִי וְאֶת-אִמִּי וְאֶת-אַחַי וְאֶת-אַחְיוֹתַי
וְאֵת כָּל-אֲשֶׁר לָהֶם וְהִצַּלְתֶּם אֶת-נַפְשֹׁתֵינוּ מִמָּוֶת:
14 וַיֹּאמְרוּ לָהּ הָאֲנָשִׁים נַפְשֵׁנוּ תַחְתֵּיכֶם לָמוּת אִם
לֹא תַגִּידוּ אֶת-דְּבָרֵנוּ זֶה וְהָיָה בְּתֵת-יְהוָֹה לָנוּ אֶת-
15 הָאָרֶץ וְעָשִׂינוּ עִמָּךְ חֶסֶד וֶאֱמֶת: וַתּוֹרִדֵם
בַּחֶבֶל בְּעַד הַחַלּוֹן כִּי בֵיתָהּ בְּקִיר הַחוֹמָה וּבַחוֹמָה
16 הִיא יוֹשָׁבֶת: וַתֹּאמֶר לָהֶם הָהָרָה לֵּכוּ פֶּן-יִפְגְּעוּ
בָכֶם הָרֹדְפִים וְנַחְבֵּתֶם שָׁמָּה שְׁלֹשֶׁת יָמִים עַד
17 שׁוֹב הָרֹדְפִים וְאַחַר תֵּלְכוּ לְדַרְכְּכֶם: וַיֹּאמְרוּ אֵלֶיהָ
הָאֲנָשִׁים נְקִיִּם אֲנַחְנוּ מִשְּׁבֻעָתֵךְ הַזֶּה אֲשֶׁר
18 הִשְׁבַּעְתָּנוּ: הִנֵּה אֲנַחְנוּ בָאִים בָּאָרֶץ אֶת-תִּקְוַת
חוּט הַשָּׁנִי הַזֶּה תִּקְשְׁרִי בַּחַלּוֹן אֲשֶׁר הוֹרַדְתֵּנוּ בוֹ
וְאֶת-אָבִיךְ וְאֶת-אִמֵּךְ וְאֶת-אַחַיִךְ וְאֵת כָּל-בֵּית
19 אָבִיךְ תַּאַסְפִי אֵלַיִךְ הַבָּיְתָה: וְהָיָה כֹּל אֲשֶׁר-
יֵצֵא מִדַּלְתֵי בֵיתֵךְ הַחוּצָה דָּמוֹ בְרֹאשׁוֹ וַאֲנַחְנוּ
נְקִיִּם וְכֹל אֲשֶׁר יִהְיֶה אִתָּךְ בַּבָּיִת דָּמוֹ בְרֹאשֵׁנוּ
20 אִם-יָד תִּהְיֶה-בּוֹ: וְאִם-תַּגִּידִי אֶת-דְּבָרֵנוּ זֶה
21 וְהָיִינוּ נְקִיִּם מִשְּׁבֻעָתֵךְ אֲשֶׁר הִשְׁבַּעְתָּנוּ: וַתֹּאמֶר
כְּדִבְרֵיכֶם כֶּן-הוּא וַתְּשַׁלְּחֵם וַיֵּלֵכוּ וַתִּקְשֹׁר אֶת-
22 תִּקְוַת הַשָּׁנִי בַּחַלּוֹן: וַיֵּלְכוּ וַיָּבֹאוּ הָהָרָה וַיֵּשְׁבוּ
שָׁם שְׁלֹשֶׁת יָמִים עַד-שָׁבוּ הָרֹדְפִים וַיְבַקְשׁוּ
23 הָרֹדְפִים בְּכָל-הַדֶּרֶךְ וְלֹא מָצָאוּ: וַיָּשֻׁבוּ שְׁנֵי
הָאֲנָשִׁים וַיֵּרְדוּ מֵהָהָר וַיַּעַבְרוּ וַיָּבֹאוּ אֶל-יְהוֹשֻׁעַ בִּן-
24 נוּן וַיְסַפְּרוּ-לוֹ אֵת כָּל-הַמֹּצְאוֹת אוֹתָם: וַיֹּאמְרוּ
אֶל-יְהוֹשֻׁעַ כִּי-נָתַן יְהוָֹה בְּיָדֵנוּ אֶת-כָּל-הָאָרֶץ וְגַם-
נָמֹגוּ כָּל-יֹשְׁבֵי הָאָרֶץ מִפָּנֵינוּ:

CAP. III. ג

1 וַיַּשְׁכֵּם יְהוֹשֻׁעַ בַּבֹּקֶר וַיִּסְעוּ מֵהַשִּׁטִּים וַיָּבֹאוּ עַד-
הַיַּרְדֵּן הוּא וְכָל-בְּנֵי יִשְׂרָאֵל וַיָּלִנוּ שָׁם טֶרֶם
2 יַעֲבֹרוּ: וַיְהִי מִקְצֵה שְׁלֹשֶׁת יָמִים וַיַּעַבְרוּ
3 הַשֹּׁטְרִים בְּקֶרֶב הַמַּחֲנֶה: וַיְצַוּוּ אֶת-הָעָם לֵאמֹר
כִּרְאֹתְכֶם אֵת אֲרוֹן בְּרִית-יְהוָֹה אֱלֹהֵיכֶם וְהַכֹּהֲנִים
הַלְוִיִּם נֹשְׂאִים אֹתוֹ וְאַתֶּם תִּסְעוּ מִמְּקוֹמְכֶם
4 וַהֲלַכְתֶּם אַחֲרָיו: אַךְ רָחוֹק יִהְיֶה בֵּינֵיכֶם וּבֵינָו
כְּאַלְפַּיִם אַמָּה בַּמִּדָּה אַל-תִּקְרְבוּ אֵלָיו לְמַעַן אֲשֶׁר-
תֵּדְעוּ אֶת-הַדֶּרֶךְ אֲשֶׁר תֵּלְכוּ-בָהּ כִּי לֹא עֲבַרְתֶּם
5 בַּדֶּרֶךְ מִתְּמוֹל שִׁלְשׁוֹם: וַיֹּאמֶר יְהוֹשֻׁעַ אֶל-

6 הָעָם הִתְקַדָּשׁוּ כִּי מָחָר יַעֲשֶׂה יְהוָֹה בְּקִרְבְּכֶם
נִפְלָאוֹת: וַיֹּאמֶר יְהוֹשֻׁעַ אֶל-הַכֹּהֲנִים לֵאמֹר שְׂאוּ
אֶת-אֲרוֹן הַבְּרִית וְעִבְרוּ לִפְנֵי הָעָם וַיִּשְׂאוּ אֶת-אֲרוֹן
7 הַבְּרִית וַיֵּלְכוּ לִפְנֵי הָעָם: וַיֹּאמֶר יְהוָֹה אֶל-
יְהוֹשֻׁעַ הַיּוֹם הַזֶּה אָחֵל גַּדֶּלְךָ בְּעֵינֵי כָּל-יִשְׂרָאֵל
אֲשֶׁר יֵדְעוּן כִּי כַּאֲשֶׁר הָיִיתִי עִם-מֹשֶׁה אֶהְיֶה
8 עִמָּךְ: וְאַתָּה תְּצַוֶּה אֶת-הַכֹּהֲנִים נֹשְׂאֵי אֲרוֹן-
הַבְּרִית לֵאמֹר כְּבֹאֲכֶם עַד-קְצֵה מֵי הַיַּרְדֵּן בַּיַּרְדֵּן
9 תַּעֲמֹדוּ: וַיֹּאמֶר יְהוֹשֻׁעַ אֶל-בְּנֵי יִשְׂרָאֵל
גֹּשׁוּ הֵנָּה וְשִׁמְעוּ אֶת-דִּבְרֵי יְהוָֹה אֱלֹהֵיכֶם:
10 וַיֹּאמֶר יְהוֹשֻׁעַ בְּזֹאת תֵּדְעוּן כִּי אֵל חַי בְּקִרְבְּכֶם
וְהוֹרֵשׁ יוֹרִישׁ מִפְּנֵיכֶם אֶת-הַכְּנַעֲנִי וְאֶת-הַחִתִּי
וְאֶת-הַחִוִּי וְאֶת-הַפְּרִזִּי וְאֶת-הַגִּרְגָּשִׁי וְהָאֱמֹרִי
11 וְהַיְבוּסִי: הִנֵּה אֲרוֹן הַבְּרִית אֲדוֹן כָּל-הָאָרֶץ עֹבֵר
12 לִפְנֵיכֶם בַּיַּרְדֵּן: וְעַתָּה קְחוּ לָכֶם שְׁנֵי עָשָׂר
אִישׁ מִשִּׁבְטֵי יִשְׂרָאֵל אִישׁ-אֶחָד אִישׁ-אֶחָד לַשָּׁבֶט:
13 וְהָיָה כְּנוֹחַ כַּפּוֹת רַגְלֵי הַכֹּהֲנִים נֹשְׂאֵי אֲרוֹן יְהוָֹה
אֲדוֹן כָּל-הָאָרֶץ בְּמֵי הַיַּרְדֵּן מֵי הַיַּרְדֵּן יִכָּרֵתוּן
14 הַמַּיִם הַיֹּרְדִים מִלְמָעְלָה וְיַעַמְדוּ נֵד אֶחָד: וַיְהִי
בִּנְסֹעַ הָעָם מֵאָהֳלֵיהֶם לַעֲבֹר אֶת-הַיַּרְדֵּן וְהַכֹּהֲנִים
15 נֹשְׂאֵי הָאָרוֹן הַבְּרִית לִפְנֵי הָעָם: וּכְבוֹא נֹשְׂאֵי
הָאָרוֹן עַד-הַיַּרְדֵּן וְרַגְלֵי הַכֹּהֲנִים נֹשְׂאֵי הָאָרוֹן
נִטְבְּלוּ בִּקְצֵה הַמָּיִם וְהַיַּרְדֵּן מָלֵא עַל-כָּל-גְּדוֹתָיו
16 כֹּל יְמֵי קָצִיר: וַיַּעַמְדוּ הַמַּיִם הַיֹּרְדִים מִלְמַעְלָה
קָמוּ נֵד-אֶחָד הַרְחֵק מְאֹד בְּאָדָם הָעִיר אֲשֶׁר מִצַּד
צָרְתָן וְהַיֹּרְדִים עַל יָם הָעֲרָבָה יָם-הַמֶּלַח תַּמּוּ
17 נִכְרָתוּ וְהָעָם עָבְרוּ נֶגֶד יְרִיחוֹ: וַיַּעַמְדוּ
הַכֹּהֲנִים נֹשְׂאֵי הָאָרוֹן בְּרִית-יְהוָֹה בֶּחָרָבָה בְּתוֹךְ
הַיַּרְדֵּן הָכֵן וְכָל-יִשְׂרָאֵל עֹבְרִים בֶּחָרָבָה עַד אֲשֶׁר-
תַּמּוּ כָּל-הַגּוֹי לַעֲבוֹר אֶת-הַיַּרְדֵּן:

CAP. IV. ד

1 וַיְהִי כַּאֲשֶׁר-תַּמּוּ כָל-הַגּוֹי לַעֲבוֹר אֶת-הַיַּרְדֵּן
וַיֹּאמֶר יְהוָֹה אֶל-יְהוֹשֻׁעַ לֵאמֹר:
2 קְחוּ לָכֶם מִן-הָעָם שְׁנֵים עָשָׂר אֲנָשִׁים אִישׁ-אֶחָד
3 אִישׁ-אֶחָד מִשָּׁבֶט: וְצַוּוּ אוֹתָם לֵאמֹר שְׂאוּ-לָכֶם
מִזֶּה מִתּוֹךְ הַיַּרְדֵּן מִמַּצַּב רַגְלֵי הַכֹּהֲנִים הָכֵן
שְׁתֵּים-עֶשְׂרֵה אֲבָנִים וְהַעֲבַרְתֶּם אוֹתָם עִמָּכֶם
וְהִנַּחְתֶּם אוֹתָם בַּמָּלוֹן אֲשֶׁר-תָּלִינוּ בוֹ הַלָּיְלָה:

12 Now therefore, I pray you, swear unto me by the Lord, since I have shewed you kindness, that ye will also shew kindness unto my *b* father's house, and give me a true token: *c*

13 And *that* ye will save alive my father, and my mother, and my brethren, and my sisters, and all that they have, and deliver our lives from death.

14 And the men answered her, Our life *β* for your's, if ye utter not this our business. And it shall be, when the Lord hath given us the land, that we will deal kindly *f* and truly with thee.

15 Then she let *h* them down by a cord through the window: for her house *was* upon the town wall, and she dwelt upon the wall.

16 And she said unto them, Get you to the mountain, lest the pursuers meet you; and hide yourselves there three days, until the pursuers be returned; and afterward may ye go your way.

17 And the men said unto her, We *will be* blameless *l* of this thine oath which thou hast made us swear.

18 Behold, *when* we come into the land, thou shalt bind this line of scarlet thread in the window which thou didst let us down by; and *o* thou shalt *γ* bring thy father, and thy mother, & thy brethren, & all thy father's household, home unto thee.

19 And it shall be, *that* whosoever shall go out of the doors of thy house into the street, his blood *shall be* upon his head, and we *will be* guiltless: & whosoever shall be with thee in the house, his blood *shall be* on our head, *q* if *any* hand be upon him.

20 And if thou utter *s* this our business; then we will be quit of thine oath which thou hast made us to swear.

21 And she said, According unto your words, *u* so *be* it. And she sent them away, and they departed: and she bound the scarlet line in the window.

22 And they went, and came unto the mountain, and abode there three days, until the pursuers were returned: and the pursuers sought *them* throughout all the way, but found *them* not.

23 So the two men returned, and descended from the mountain, and passed over, and came to Joshua the son of Nun, and told him all *things* that befell them:

24 And they said unto Joshua, Truly the Lord hath delivered *a* into our hands all the land; for even all the inhabitants of the country do *δ* faint because of us.

CHAP. III.

AND Joshua rose early in the morning; and they removed from Shittim, *c* and came to Jordan, he and all the children of Israel, and lodged there before they passed over.

2 And it came to pass, after three days, that the officers went *d* through the host;

3 And they commanded the people, saying, When ye see the ark *e* of the covenant of the Lord your God, and the *f* priests the Levites bearing it, then ye shall remove from your place, and go after it.

4 Yet there shall be a space *h* between you and it, about two thousand cubits by measure: come not near unto it, that ye may know the way by which ye must go: for ye have not passed *this* way *ζ* heretofore.

5 And *i* Joshua said unto the people, Sanctify yourselves: for to-morrow the Lord will do wonders *k* among you.

B. C. 1451.

a Nu. 4. 15.
b Ge. 24. 3, 9.
1 Sa. 20. 16, 17.
Ro. 1. 31.
1 Ti. 5. 8.
c ver. 18.
Ex. 12. 13.
Eze. 9. 4, 6.
d ch. 4. 14.
1 Ch. 29. 25.
2 Ch. 1. 1.
Ps. 18. 35.
e ch. 1. 5.
β instead of you to die.
f Ge. 24. 49.
Ju. 1. 24.
1 Sa. 20. 8.
g ver. 17.
h Ac. 9. 25.
i Da. 5. 26.
Mat. 16. 16.
1 Th. 1. 9.
j ch. 21. 45.
k Ex. 33. 2.
De. 7. 1.
Ps. 44. 2.
l Le.19.11,12.
Nu. 30. 2.
2Sa.21.1,2,7.
m ver. 13.
Is. 54. 5.
Mi. 4. 13.
Zec. 4. 14.
6. 5.
n ch. 4. 2.
o ch. 6. 23.
γ gather.
p ver. 15, 16.
q 1 Ki. 2. 32.
Mat. 27. 25.
r Ps. 78. 13.
s Pr. 11. 13.
t De. 31. 26.
Je. 3. 16.
He. 9. 4.
u Mat. 7. 24.
v ver. 13.
w 1 Ch.12.15.
Je. 12. 5.
x Ps. 114. 3.
y 1 Ki. 4. 12.
Zartanah.
1 Ki. 7. 46.
Zarthan.
z De. 3. 17.
a ch. 21. 44.
Ex. 23. 31.
δ melt. v. 9.
b Ex. 14. 29.
c ch. 2. 1.
d ch. 1. 10, 11.
e Nu. 10. 33.
f De. 31.9,25.
g De. 27. 2.
h Ex. 19. 12.
ζ since yesterday and the third day.
i ch. 7. 13.
Ex.19.10,14
Le. 20. 7.
Nu. 11. 18.
1 Sa. 16. 5.
Job 1. 5.
Joel 2. 16.
Jn⁰. 17. 19.
k Ps. 86. 10.

6 And Joshua spake unto the priests, saying, Take *a* up the ark of the covenant, and pass over before the people. And they took up the ark of the covenant, and went before the people.

7 And the Lord said unto Joshua, This day will I begin to magnify *d* thee in the sight of all Israel, that they may know that, as *s* I was with Moses, so I will be with thee.

8 And thou shalt command the priests that bear the ark of the covenant, saying, When ye are come to the brink of the water of Jordan, ye shall stand *g* still in Jordan.

9 And Joshua said unto the children of Israel, Come hither, and hear the words of the Lord your God.

10 And Joshua said, Hereby ye shall know that the living *i* God *is* among you, and *that* he will without fail *j* drive *k* out from before you the Canaanites, and the Hittites, and the Hivites, and the Perizzites, and the Girgashites, and the Amorites, and the Jebusites.

11 Behold, the ark of the covenant of the *m* Lord of all the earth passeth over before you into Jordan.

12 Now therefore take you *n* twelve men out of the tribes of Israel, out of every tribe a man.

13 And it shall come to pass, as *p* soon as the soles of the feet of the priests that bear the ark of the Lord, the Lord of all the earth, shall rest in the waters of Jordan, *that* the waters of Jordan shall be cut off *from* the waters that come down from above; and they shall *r* stand upon an heap.

14 And it came to pass, when the people removed from their tents, to pass over Jordan, and the priests bearing the *t* ark of the covenant before the people;

15 And as they that bare the ark were come unto Jordan, and the feet *v* of the priests that bare the ark were dipped in the brim of the water, (for Jordan *w* overfloweth all his banks all the time of harvest,)

16 That the waters which came down from above stood *and* rose up *x* upon an heap very far from the city Adam, that *is* beside Zaretan: *y* and those that came down toward the *z* sea of the plain, *even* the salt sea, failed, *and* were cut off: and the people passed over right against Jericho.

17 And the priests that bare the ark of the covenant of the Lord stood firm on dry *b* ground in the midst of Jordan, and all the Israelites passed over on dry ground, until all the people were passed clean over Jordan.

CHAP. IV.

AND it came to pass, when all the people were clean passed over Jordan, that the Lord spake unto Joshua, saying,

2 Take you twelve men out of the people, out of every tribe a man,

3 And command ye them, saying, Take you hence out of the midst of Jordan, out of the place where the priests' feet stood firm, twelve stones; *g* and ye shall carry them over with you, and leave them in the lodging place where ye shall lodge this night.

4 Then Joshua called the twelve men whom he had prepared of the children of Israel, out of every tribe a man:

5 And Joshua said unto them, Pass over before the ark of the Lord your God

[4] ...יְהוֹשֻׁעַ אֶל־שְׁנֵים הֶעָשָׂר אִישׁ אֲשֶׁר הֵכִין מִבְּנֵי יִשְׂרָאֵל אִישׁ־אֶחָד אִישׁ־אֶחָד מִשָּׁבֶט׃
[5] וַיֹּאמֶר לָהֶם יְהוֹשֻׁעַ עִבְרוּ לִפְנֵי אֲרוֹן יְהֹוָה אֱלֹהֵיכֶם אֶל־תּוֹךְ הַיַּרְדֵּן וְהָרִימוּ לָכֶם אִישׁ אֶבֶן אַחַת עַל־שִׁכְמוֹ לְמִסְפַּר שִׁבְטֵי בְּנֵי־יִשְׂרָאֵל׃
[6] לְמַעַן תִּהְיֶה זֹאת אוֹת בְּקִרְבְּכֶם כִּי־יִשְׁאָלוּן בְּנֵיכֶם מָחָר לֵאמֹר מָה הָאֲבָנִים הָאֵלֶּה לָכֶם׃
[7] וַאֲמַרְתֶּם לָהֶם אֲשֶׁר נִכְרְתוּ מֵימֵי הַיַּרְדֵּן מִפְּנֵי אֲרוֹן בְּרִית־יְהֹוָה בְּעָבְרוֹ בַּיַּרְדֵּן נִכְרְתוּ מֵי הַיַּרְדֵּן וְהָיוּ הָאֲבָנִים הָאֵלֶּה לְזִכָּרוֹן לִבְנֵי יִשְׂרָאֵל עַד־עוֹלָם׃
[8] וַיַּעֲשׂוּ־כֵן בְּנֵי־יִשְׂרָאֵל כַּאֲשֶׁר צִוָּה יְהוֹשֻׁעַ וַיִּשְׂאוּ שְׁתֵּי־עֶשְׂרֵה אֲבָנִים מִתּוֹךְ הַיַּרְדֵּן כַּאֲשֶׁר דִּבֶּר יְהֹוָה אֶל־יְהוֹשֻׁעַ לְמִסְפַּר שִׁבְטֵי בְנֵי־יִשְׂרָאֵל וַיַּעֲבִרוּם עִמָּם אֶל־הַמָּלוֹן וַיַּנִּחוּם שָׁם׃
[9] וּשְׁתֵּים עֶשְׂרֵה אֲבָנִים הֵקִים יְהוֹשֻׁעַ בְּתוֹךְ הַיַּרְדֵּן תַּחַת מַצַּב רַגְלֵי הַכֹּהֲנִים נֹשְׂאֵי אֲרוֹן הַבְּרִית וַיִּהְיוּ שָׁם עַד הַיּוֹם הַזֶּה׃
[10] וְהַכֹּהֲנִים נֹשְׂאֵי הָאָרוֹן עֹמְדִים בְּתוֹךְ הַיַּרְדֵּן עַד תֹּם כָּל־הַדָּבָר אֲשֶׁר־צִוָּה יְהֹוָה אֶת־יְהוֹשֻׁעַ לְדַבֵּר אֶל־הָעָם כְּכֹל אֲשֶׁר־צִוָּה מֹשֶׁה אֶת־יְהוֹשֻׁעַ וַיְמַהֲרוּ הָעָם וַיַּעֲבֹרוּ׃
[11] וַיְהִי כַּאֲשֶׁר־תַּם כָּל־הָעָם לַעֲבוֹר וַיַּעֲבֹר אֲרוֹן־יְהֹוָה וְהַכֹּהֲנִים לִפְנֵי הָעָם׃
[12] וַיַּעַבְרוּ בְּנֵי־רְאוּבֵן וּבְנֵי־גָד וַחֲצִי שֵׁבֶט הַמְנַשֶּׁה חֲמֻשִׁים לִפְנֵי בְּנֵי יִשְׂרָאֵל כַּאֲשֶׁר דִּבֶּר אֲלֵיהֶם מֹשֶׁה׃
[13] כְּאַרְבָּעִים אֶלֶף חֲלוּצֵי הַצָּבָא עָבְרוּ לִפְנֵי יְהֹוָה לַמִּלְחָמָה אֶל עַרְבוֹת יְרִיחוֹ׃
[14] בַּיּוֹם הַהוּא גִּדַּל יְהֹוָה אֶת־יְהוֹשֻׁעַ בְּעֵינֵי כָּל־יִשְׂרָאֵל וַיִּרְאוּ אֹתוֹ כַּאֲשֶׁר יָרְאוּ אֶת־מֹשֶׁה כָּל־יְמֵי חַיָּיו׃
[15] וַיֹּאמֶר יְהֹוָה אֶל־יְהוֹשֻׁעַ לֵאמֹר׃
[16] צַוֵּה אֶת־הַכֹּהֲנִים נֹשְׂאֵי אֲרוֹן הָעֵדוּת וְיַעֲלוּ מִן־הַיַּרְדֵּן׃
[17] וַיְצַו יְהוֹשֻׁעַ אֶת־הַכֹּהֲנִים לֵאמֹר עֲלוּ מִן־הַיַּרְדֵּן׃
[18] וַיְהִי בַּעֲלוֹת הַכֹּהֲנִים נֹשְׂאֵי אֲרוֹן בְּרִית־יְהֹוָה מִתּוֹךְ הַיַּרְדֵּן נִתְּקוּ כַּפּוֹת רַגְלֵי הַכֹּהֲנִים אֶל הֶחָרָבָה וַיָּשֻׁבוּ מֵי־הַיַּרְדֵּן לִמְקוֹמָם וַיֵּלְכוּ כִתְמוֹל־שִׁלְשׁוֹם עַל־כָּל־גְּדוֹתָיו׃
[19] וְהָעָם עָלוּ מִן־הַיַּרְדֵּן בֶּעָשׂוֹר לַחֹדֶשׁ הָרִאשׁוֹן וַיַּחֲנוּ בַּגִּלְגָּל בִּקְצֵה מִזְרַח יְרִיחוֹ׃
[20] וְאֵת שְׁתֵּים עֶשְׂרֵה הָאֲבָנִים הָאֵלֶּה אֲשֶׁר לָקְחוּ מִן־הַיַּרְדֵּן הֵקִים יְהוֹשֻׁעַ בַּגִּלְגָּל׃
[21] וַיֹּאמֶר אֶל־בְּנֵי יִשְׂרָאֵל לֵאמֹר אֲשֶׁר יִשְׁאָלוּן בְּנֵיכֶם מָחָר אֶת־אֲבוֹתָם לֵאמֹר מָה הָאֲבָנִים הָאֵלֶּה׃
[22] אֶת־בְּנֵיכֶם לֵאמֹר בַּיַּבָּשָׁה עָבַר יִשְׂרָאֵל אֶת־הַיַּרְדֵּן הַזֶּה׃
[23] אֲשֶׁר־הוֹבִישׁ יְהֹוָה אֱלֹהֵיכֶם אֶת־מֵי הַיַּרְדֵּן מִפְּנֵיכֶם עַד־עָבְרְכֶם כַּאֲשֶׁר עָשָׂה יְהֹוָה אֱלֹהֵיכֶם לְיַם־סוּף אֲשֶׁר־הוֹבִישׁ מִפָּנֵינוּ עַד־עָבְרֵנוּ׃
[24] לְמַעַן דַּעַת כָּל־עַמֵּי הָאָרֶץ אֶת־יַד יְהֹוָה כִּי חֲזָקָה הִיא לְמַעַן יְרָאתֶם אֶת־יְהֹוָה אֱלֹהֵיכֶם כָּל־הַיָּמִים׃

CAP. V. ה

[1] וַיְהִי כִשְׁמֹעַ כָּל־מַלְכֵי הָאֱמֹרִי אֲשֶׁר בְּעֵבֶר הַיַּרְדֵּן יָמָּה וְכָל־מַלְכֵי הַכְּנַעֲנִי אֲשֶׁר עַל־הַיָּם אֵת אֲשֶׁר־הוֹבִישׁ יְהֹוָה אֶת־מֵי הַיַּרְדֵּן מִפְּנֵי בְנֵי־יִשְׂרָאֵל עַד־עָבְרָנוּ וַיִּמַּס לְבָבָם וְלֹא־הָיָה בָם עוֹד רוּחַ מִפְּנֵי בְּנֵי־יִשְׂרָאֵל׃
[2] בָּעֵת הַהִיא אָמַר יְהֹוָה אֶל־יְהוֹשֻׁעַ עֲשֵׂה לְךָ חַרְבוֹת צֻרִים וְשׁוּב מֹל אֶת־בְּנֵי־יִשְׂרָאֵל שֵׁנִית׃
[3] וַיַּעַשׂ־לוֹ יְהוֹשֻׁעַ חַרְבוֹת צֻרִים וַיָּמָל אֶת־בְּנֵי יִשְׂרָאֵל אֶל־גִּבְעַת הָעֲרָלוֹת׃
[4] וְזֶה הַדָּבָר אֲשֶׁר־מָל יְהוֹשֻׁעַ כָּל־הָעָם הַיֹּצֵא מִמִּצְרַיִם הַזְּכָרִים כֹּל אַנְשֵׁי הַמִּלְחָמָה מֵתוּ בַמִּדְבָּר בַּדֶּרֶךְ בְּצֵאתָם מִמִּצְרָיִם׃
[5] כִּי־מֻלִים הָיוּ כָּל־הָעָם הַיֹּצְאִים וְכָל־הָעָם הַיִּלֹּדִים בַּמִּדְבָּר בַּדֶּרֶךְ בְּצֵאתָם מִמִּצְרַיִם לֹא־מָלוּ׃
[6] כִּי אַרְבָּעִים שָׁנָה הָלְכוּ בְנֵי־יִשְׂרָאֵל בַּמִּדְבָּר עַד־תֹּם כָּל־הַגּוֹי אַנְשֵׁי הַמִּלְחָמָה הַיֹּצְאִים מִמִּצְרַיִם אֲשֶׁר לֹא־שָׁמְעוּ בְּקוֹל יְהֹוָה אֲשֶׁר נִשְׁבַּע יְהֹוָה לָהֶם לְבִלְתִּי הַרְאוֹתָם אֶת־הָאָרֶץ אֲשֶׁר נִשְׁבַּע יְהֹוָה לַאֲבוֹתָם לָתֶת לָנוּ אֶרֶץ זָבַת חָלָב וּדְבָשׁ׃
[7] וְאֶת־בְּנֵיהֶם הֵקִים תַּחְתָּם אֹתָם מָל יְהוֹשֻׁעַ כִּי־עֲרֵלִים הָיוּ כִּי לֹא־מָלוּ אוֹתָם בַּדָּרֶךְ׃
[8] וַיְהִי כַּאֲשֶׁר־תַּמּוּ כָל־הַגּוֹי לְהִמּוֹל וַיֵּשְׁבוּ תַחְתָּם בַּמַּחֲנֶה עַד חֲיוֹתָם׃
[9] וַיֹּאמֶר יְהֹוָה אֶל־יְהוֹשֻׁעַ הַיּוֹם גַּלּוֹתִי אֶת־חֶרְפַּת מִצְרַיִם מֵעֲלֵיכֶם וַיִּקְרָא שֵׁם הַמָּקוֹם הַהוּא גִּלְגָּל עַד הַיּוֹם הַזֶּה׃
[10] וַיַּחֲנוּ בְנֵי־יִשְׂרָאֵל בַּגִּלְגָּל וַיַּעֲשׂוּ אֶת־הַפֶּסַח בְּאַרְבָּעָה עָשָׂר יוֹם לַחֹדֶשׁ בָּעֶרֶב בְּעַרְבוֹת יְרִיחוֹ׃
[11] וַיֹּאכְלוּ מֵעֲבוּר הָאָרֶץ מִמָּחֳרַת הַפֶּסַח מַצּוֹת וְקָלוּי בְּעֶצֶם הַיּוֹם הַזֶּה׃
[12] וַיִּשְׁבֹּת הַמָּן מִמָּחֳרָת בְּאָכְלָם מֵעֲבוּר הָאָרֶץ וְלֹא־הָיָה עוֹד

into the midst of Jordan, and take you up every man of you a stone upon his shoulder, according unto the number of the tribes of the children of Israel:

6 That this may be a sign among you, *that* when [b] your children ask *their fathers* [β] in time to come, saying, What *mean* ye by these stones?

7 Then ye shall answer them, [d] That the waters of Jordan were cut off before the ark of the covenant of the LORD; when it passed over Jordan, the waters of Jordan were cut off: and these stones shall be for a memorial [e] unto the children of Israel for ever.

8 And the children of Israel did so as Joshua commanded, and took up twelve stones out of the midst of Jordan, as the LORD spake unto Joshua, according to the number of the tribes of the children of Israel, and carried them over with them unto the place where they lodged, and laid them down there.

9 And Joshua set up twelve [k] stones in the midst of Jordan, in the place where the feet of the priests which bare the ark of the covenant stood: and they are there unto this day.

10 For the priests which bare the ark stood [l] in the midst of Jordan, until every thing was finished that the LORD commanded Joshua to speak unto the people, according to all that Moses commanded Joshua: and the people hasted and passed over.

11 And it came to pass, when all the people were clean passed over, that the ark of the LORD passed over, and the priests, in the presence of the people.

12 And [o] the children of Reuben, and the children of Gad, and half the tribe of Manasseh, passed over armed before the children of Israel, as Moses spake unto them:

13 About forty thousand [η] prepared for war passed over before the LORD unto battle, to the plains of Jericho.

14 On that day the LORD [q] magnified Joshua in the sight of all Israel; and they feared him, as they feared [s] Moses, all the days of his life.

15 And the LORD spake unto Joshua, saying,

16 Command the priests that bear the ark [t] of the testimony, that they come up out of Jordan.

17 Joshua therefore commanded the priests, saying, Come ye up out of Jordan.

18 And it came to pass, when the priests that bare the ark of the covenant of the LORD were come up out of the midst of Jordan, *and* the soles of the priests' feet were [λ] lifted up unto the dry land, that the waters of Jordan returned unto their place, and [μ] flowed over [y] all his banks, as *they did* before.

19 And the people came up out of Jordan on the tenth *day* of the first month, and encamped in Gilgal, in the east border of Jericho.

20 And [a] those twelve stones, which they took out of Jordan, did Joshua pitch in Gilgal.

21 And he spake unto the children of Israel, saying, When [c] your children shall ask their fathers [v] in time to come, saying, What *mean* these stones?

22 Then ye shall let your children know, saying, Israel came [f] over this

---

B. C. 1451.

a Ex. 14. 21.
b ver. 21.
Ex. 13. 14.
De. 6. 20.
Ps. 44. 1.
78. 3. 8.
β to-morrow
c 1 Ki. 8. 42,43
2 Ki. 19. 19.
Ps. 106. 8.
Je. 10. 6, 7.
Da. 4. 34,35.
γ all days.
d ch. 3. 13,16.
e Nu. 16. 40.
Ps. 111. 4.
f Nu. 13. 29.
g Ex.15.14,15
h ch. 2. 9, 11.
Ps. 48. 6.
i 1 Ki. 10. 5.
Eze. 21. 7.
k Ex. 24. 12.
28, 21.
1 Ki. 18. 31.
δ or, knives of flints.
Ex. 4. 25.
l ch. 3. 13.
ζ or, Gibeah-haaraloth.
m Nu. 26. 64, 65.
n Nu. 14. 33.
De. 1. 3.
2. 7,14.
8. 4.
o Nu.32.20.29
p Ps.95.10,11
He. 3. 11.
η or, ready armed.
q ch. 3. 7.
r Nu. 14. 31.
De. 1. 39.
s Ex. 14. 31.
1 Sa. 12. 18.
1 Ki. 3. 28.
θ the people had made an end to be circumcised.
t Ex.25.16,21.
u Ge. 34. 14.
1 Sa. 17. 26.
v ch. 24. 14.
Eze. 20.7,8.
23. 3, 8.
κ that is, rolling.
w ch. 4. 19.
x Ex. 12. 6.
Nu. 9. 5.
λ plucked up.
μ went.
y ch. 3. 15.
z Ex. 16. 35.
Ne. 9. 20.
a ver. 8.
b Re. 7.16,17.
c ver. 6.
v to-morrow.
d Ge. 32. 24.
e Ex. 23. 23.
e Nu. 22. 23.
1 Ch.21.27,
30.
f ch. 3. 17.

Jordan on dry land.

23 For the LORD your God dried up the waters of Jordan from before you, until ye were passed over, as the LORD your God did [a] to the Red sea, which he dried up from before us, until we were gone over:

24 That [c] all the people of the earth might know the hand of the LORD, that it *is* mighty; that ye might fear the LORD your God [γ] for ever.

CHAP. V.

AND it came to pass when all the kings of the Amorites, which *were* on the side of Jordan westward, and all the kings of the Canaanites, which [f] *were* by the sea, heard [g] that the LORD had dried up the waters of Jordan from before the children of Israel, until we were passed over, that [h] their heart melted, neither was there spirit [i] in them any more, because of the children of Israel.

2 At that time the LORD said unto Joshua, Make thee sharp [δ] knives, and circumcise again the children of Israel the second time.

3 And Joshua made him sharp knives, and circumcised the children of Israel at [ζ] the hill of the foreskins.

4 And this *is* the cause why Joshua did circumcise: All [m] the people that came out of Egypt, *that were* males, *even* all the men of war, died in the wilderness by the way, after they came out of Egypt.

5 Now all the people that came out were circumcised: but all the people *that were* born in the wilderness by the way as they came forth out of Egypt, *them* they had not circumcised.

6 For ye [e] children of Israel walked [n] forty years in the wilderness, till all the people *that were* men of war, which came out of Egypt, were consumed, because they obeyed not the voice of the LORD: unto whom [p] the LORD sware that he would not shew them the land which the LORD sware unto their fathers that he would give us, a land that floweth with milk and honey.

7 And their children, [r] *whom* he raised up in their stead, them Joshua circumcised: for they were uncircumcised, because they had not circumcised them by the way.

8 And it came to pass, when [θ] they had done circumcising all the people, that they abode in their places in the camp till they were whole.

9 And the LORD said unto Joshua, This day have I rolled away the reproach [u] of Egypt [v] from off you. Wherefore the name of the place is called [κ] Gilgal unto this day.

10 And [w] the children of Israel encamped in Gilgal, and kept the passover on the fourteenth [x] day of the month, at even, in the plains of Jericho.

11 And they did eat of the old corn of the land on the morrow after the passover, unleavened cakes and parched *corn* in the self-same day.

12 And the manna [z] ceased on the morrow after they had eaten of the old corn of the land; neither had the children of Israel manna any more; [b] but they did eat of the fruit of ye [e] land of Canaan that year.

13 And it came to pass, when Joshua was by Jericho, that he lifted up his eyes and looked, and, behold, there stood a man [d] over against him with his [e] sword drawn in his hand: and Joshua went unto him, and said unto him, *Art* thou for us, or for our adversaries?

לִבְנֵי יִשְׂרָאֵל כֵּן וַיֹּאכְלוּ אֶרֶץ מִתְּבוּאַת אֶרֶץ כְּנַעַן
בַּשָּׁנָה הַהִיא :

13 וַיְהִי בִּהְיוֹת יְהוֹשֻׁעַ
בִּירִיחוֹ וַיִּשָּׂא עֵינָיו וַיַּרְא וְהִנֵּה־אִישׁ עֹמֵד לְנֶגְדּוֹ
וְחַרְבּוֹ שְׁלוּפָה בְּיָדוֹ וַיֵּלֶךְ יְהוֹשֻׁעַ אֵלָיו וַיֹּאמֶר לוֹ

14 הֲלָנוּ אַתָּה אִם־לְצָרֵינוּ : וַיֹּאמֶר לֹא כִּי אֲנִי
שַׂר־צְבָא־יְהוָה עַתָּה בָאתִי וַיִּפֹּל יְהוֹשֻׁעַ אֶל־פָּנָיו
אַרְצָה וַיִּשְׁתָּחוּ וַיֹּאמֶר לוֹ מָה אֲדֹנִי מְדַבֵּר אֶל־

15 עַבְדּוֹ : וַיֹּאמֶר שַׂר־צְבָא יְהוָה אֶל־יְהוֹשֻׁעַ שַׁל־
נַעַלְךָ מֵעַל רַגְלֶךָ כִּי הַמָּקוֹם אֲשֶׁר אַתָּה עֹמֵד עָלָיו
קֹדֶשׁ הוּא וַיַּעַשׂ יְהוֹשֻׁעַ כֵּן :

CAP. VI. ו

1 וִירִיחוֹ סֹגֶרֶת וּמְסֻגֶּרֶת מִפְּנֵי בְּנֵי יִשְׂרָאֵל אֵין
2 יוֹצֵא וְאֵין בָּא : וַיֹּאמֶר יְהוָה אֶל־
יְהוֹשֻׁעַ רְאֵה נָתַתִּי בְיָדְךָ אֶת־יְרִיחוֹ וְאֶת־
3 מַלְכָּהּ גִּבּוֹרֵי הֶחָיִל : וְסַבֹּתֶם אֶת־הָעִיר
כֹּל אַנְשֵׁי הַמִּלְחָמָה הַקֵּיף אֶת־הָעִיר פַּעַם
4 אֶחָת כֹּה תַעֲשֶׂה שֵׁשֶׁת יָמִים : וְשִׁבְעָה כֹהֲנִים
יִשְׂאוּ שִׁבְעָה שׁוֹפְרוֹת הַיּוֹבְלִים לִפְנֵי הָאָרוֹן וּבַיּוֹם
הַשְּׁבִיעִי תָּסֹבּוּ אֶת־הָעִיר שֶׁבַע פְּעָמִים וְהַכֹּהֲנִים
5 יִתְקְעוּ בַּשּׁוֹפָרוֹת : וְהָיָה בִּמְשֹׁךְ בְּקֶרֶן הַיּוֹבֵל
בְּשָׁמְעֲכֶם אֶת־קוֹל הַשּׁוֹפָר יָרִיעוּ כָל־הָעָם תְּרוּעָה
גְדוֹלָה וְנָפְלָה חוֹמַת הָעִיר תַּחְתֶּיהָ וְעָלוּ הָעָם
6 אִישׁ נֶגְדּוֹ : וַיִּקְרָא יְהוֹשֻׁעַ בִּן־נוּן אֶל־הַכֹּהֲנִים
וַיֹּאמֶר אֲלֵהֶם שְׂאוּ אֶת־אֲרוֹן הַבְּרִית וְשִׁבְעָה
כֹהֲנִים יִשְׂאוּ שִׁבְעָה שׁוֹפְרוֹת יוֹבְלִים לִפְנֵי אֲרוֹן
7 יְהוָה : וַיֹּאמְרוּ אֶל־הָעָם עִבְרוּ וְסֹבּוּ אֶת־הָעִיר
וְהֶחָלוּץ יַעֲבֹר לִפְנֵי אֲרוֹן יְהוָה : וַיְהִי כֶּאֱמֹר
8 יְהוֹשֻׁעַ אֶל־הָעָם וְשִׁבְעָה הַכֹּהֲנִים נֹשְׂאִים שִׁבְעָה
שׁוֹפְרוֹת הַיּוֹבְלִים לִפְנֵי יְהוָה עָבְרוּ וְתָקְעוּ
בַּשּׁוֹפָרוֹת וַאֲרוֹן בְּרִית יְהוָה הֹלֵךְ אַחֲרֵיהֶם :
9 וְהֶחָלוּץ הֹלֵךְ לִפְנֵי הַכֹּהֲנִים תֹּקְעֵי הַשּׁוֹפָרוֹת
וְהַמְאַסֵּף הֹלֵךְ אַחֲרֵי הָאָרוֹן הָלוֹךְ וְתָקוֹעַ
10 בַּשּׁוֹפָרוֹת : וְאֶת־הָעָם צִוָּה יְהוֹשֻׁעַ לֵאמֹר לֹא
תָרִיעוּ וְלֹא־תַשְׁמִיעוּ אֶת־קוֹלְכֶם וְלֹא־יֵצֵא מִפִּיכֶם
דָּבָר עַד יוֹם אָמְרִי אֲלֵיכֶם הָרִיעוּ וַהֲרִיעֹתֶם :
11 וַיַּסֵּב אֲרוֹן־יְהוָה אֶת־הָעִיר הַקֵּף פַּעַם אֶחָת
וַיָּבֹאוּ הַמַּחֲנֶה וַיָּלִינוּ בַּמַּחֲנֶה : וַיַּשְׁכֵּם
12 יְהוֹשֻׁעַ בַּבֹּקֶר וַיִּשְׂאוּ הַכֹּהֲנִים אֶת־אֲרוֹן יְהוָה :

13 וְשִׁבְעָה הַכֹּהֲנִים נֹשְׂאִים שִׁבְעָה שׁוֹפְרוֹת הַיּוֹבְלִים
לִפְנֵי אֲרוֹן יְהוָה הֹלְכִים הָלוֹךְ וְתָקְעוּ בַּשּׁוֹפָרוֹת
וְהֶחָלוּץ הֹלֵךְ לִפְנֵיהֶם וְהַמְאַסֵּף הֹלֵךְ אַחֲרֵי אֲרוֹן
14 יְהוָה הָלוֹךְ וְתָקוֹעַ בַּשּׁוֹפָרוֹת : וַיָּסֹבּוּ אֶת־הָעִיר
בַּיּוֹם הַשֵּׁנִי פַּעַם אַחַת וַיָּשֻׁבוּ הַמַּחֲנֶה כֹּה עָשׂוּ
15 שֵׁשֶׁת יָמִים : וַיְהִי בַּיּוֹם הַשְּׁבִיעִי וַיַּשְׁכִּמוּ כַּעֲלוֹת
הַשַּׁחַר וַיָּסֹבּוּ אֶת־הָעִיר כַּמִּשְׁפָּט הַזֶּה שֶׁבַע
פְּעָמִים רַק בַּיּוֹם הַהוּא סָבְבוּ אֶת־הָעִיר שֶׁבַע
16 פְּעָמִים : וַיְהִי בַּפַּעַם הַשְּׁבִיעִית תָּקְעוּ הַכֹּהֲנִים
בַּשּׁוֹפָרוֹת וַיֹּאמֶר יְהוֹשֻׁעַ אֶל־הָעָם הָרִיעוּ כִּי־נָתַן
17 יְהוָה לָכֶם אֶת־הָעִיר : וְהָיְתָה הָעִיר חֵרֶם הִיא
וְכָל־אֲשֶׁר־בָּהּ לַיהוָה רַק רָחָב הַזּוֹנָה תִּחְיֶה הִיא
וְכָל־אֲשֶׁר אִתָּהּ בַּבַּיִת כִּי הֶחְבְּאַתָה אֶת־הַמַּלְאָכִים
18 אֲשֶׁר שָׁלָחְנוּ : וְרַק־אַתֶּם שִׁמְרוּ מִן הַחֵרֶם פֶּן־
תַּחֲרִימוּ וּלְקַחְתֶּם מִן הַחֵרֶם וְשַׂמְתֶּם אֶת־מַחֲנֵה
19 יִשְׂרָאֵל לְחֵרֶם וַעֲכַרְתֶּם אוֹתוֹ : וְכֹל כֶּסֶף וְזָהָב
וּכְלֵי נְחֹשֶׁת וּבַרְזֶל קֹדֶשׁ הוּא לַיהוָה אוֹצַר יְהוָה
20 יָבוֹא : וַיָּרַע הָעָם וַיִּתְקְעוּ בַּשּׁוֹפָרוֹת וַיְהִי כִשְׁמֹעַ
הָעָם אֶת־קוֹל הַשּׁוֹפָר וַיָּרִיעוּ הָעָם תְּרוּעָה גְדוֹלָה
וַתִּפֹּל הַחוֹמָה תַּחְתֶּיהָ וַיַּעַל הָעָם הָעִירָה אִישׁ
21 נֶגְדּוֹ וַיִּלְכְּדוּ אֶת־הָעִיר : וַיַּחֲרִימוּ אֶת־כָּל־אֲשֶׁר
בָּעִיר מֵאִישׁ וְעַד־אִשָּׁה מִנַּעַר וְעַד־זָקֵן וְעַד שׁוֹר
22 וָשֶׂה וַחֲמוֹר לְפִי־חָרֶב : וְלִשְׁנַיִם הָאֲנָשִׁים
הַמְרַגְּלִים אֶת־הָאָרֶץ אָמַר יְהוֹשֻׁעַ בֹּאוּ בֵּית־
הָאִשָּׁה הַזּוֹנָה וְהוֹצִיאוּ מִשָּׁם אֶת־הָאִשָּׁה וְאֶת־
23 כָּל־אֲשֶׁר־לָהּ כַּאֲשֶׁר נִשְׁבַּעְתֶּם לָהּ : וַיָּבֹאוּ הַנְּעָרִים
הַמְרַגְּלִים וַיֹּצִיאוּ אֶת־רָחָב וְאֶת־אָבִיהָ וְאֶת־אִמָּהּ
וְאֶת־אַחֶיהָ וְאֶת־כָּל־אֲשֶׁר־לָהּ וְאֵת כָּל־מִשְׁפְּחוֹתֶיהָ
24 הוֹצִיאוּ וַיַּנִּיחוּם מִחוּץ לְמַחֲנֵה יִשְׂרָאֵל : וְהָעִיר
שָׂרְפוּ בָאֵשׁ וְכָל־אֲשֶׁר־בָּהּ רַק הַכֶּסֶף וְהַזָּהָב וּכְלֵי
25 הַנְּחֹשֶׁת וְהַבַּרְזֶל נָתְנוּ אוֹצַר בֵּית־יְהוָה : וְאֶת־
רָחָב הַזּוֹנָה וְאֶת־בֵּית אָבִיהָ וְאֶת־כָּל־אֲשֶׁר־לָהּ
הֶחֱיָה יְהוֹשֻׁעַ וַתֵּשֶׁב בְּקֶרֶב יִשְׂרָאֵל עַד הַיּוֹם הַזֶּה
כִּי הֶחְבִּיאָה אֶת־הַמַּלְאָכִים אֲשֶׁר־שָׁלַח יְהוֹשֻׁעַ לְרַגֵּל
26 אֶת־יְרִיחוֹ : וַיַּשְׁבַּע יְהוֹשֻׁעַ בָּעֵת הַהִיא לֵאמֹר
אָרוּר הָאִישׁ לִפְנֵי יְהוָה אֲשֶׁר יָקוּם וּבָנָה אֶת־הָעִיר
הַזֹּאת אֶת־יְרִיחוֹ בִּבְכֹרוֹ יְיַסְּדֶנָּה וּבִצְעִירוֹ יַצִּיב
27 דְּלָתֶיהָ : וַיְהִי יְהוָה אֶת־יְהוֹשֻׁעַ וַיְהִי שָׁמְעוֹ

14 And he said, Nay; but *as* β captain of the host of the LORD am I now come. And Joshua fell b on his face to the earth, and did worship, and said unto him, What e saith my lord unto his servant?

15 And the captain of the LORD's host said unto Joshua, Loose d thy shoe from off thy foot; for the place whereon thou standest *is* holy. And Joshua did so.

CHAP. VI.

NOW Jericho δ was straitly shut up, because of the children of Israel: none went out, and none came in.

2 And the LORD said unto Joshua, See, I h have given into thine hand Jericho, and the king thereof, *and* the mighty men of valour.

3 And ye shall compass the city, all *ye* men of war, *and* go round about the city once. Thus shalt thou do six days.

4 And seven priests shall bear before the ark seven trumpets m of rams' horns: and the seventh day ye shall compass the city seven times, and the n priests shall blow with the trumpets.

5 And it shall come to pass, that p when they make a long *blast* with the ram's horn, *and* when ye hear the sound of the trumpet, all the people shall shout q with a great shout: and the wall of the city shall fall down θ flat, and the people shall ascend up, every man straight before him.

6 And Joshua the son of Nun called the priests, and said unto them, s Take up the ark of the covenant, and let seven priests bear seven trumpets of rams' horns before the ark of the LORD.

7 And he said unto the people, Pass on, and compass u the city, and let him that is armed pass on before the ark of the LORD.

8 And it came to pass, when Joshua had spoken unto the people, that the seven priests bearing the seven trumpets of rams' horns passed on before the LORD, and blew with the trumpets; and the ark of the covenant of the LORD followed them.

9 And the armed men went before the priests that blew with the trumpets, and the λ rereward a came after the ark, *the priests* going on, and blowing with the trumpets.

10 And Joshua had commanded the people, saying, Ye shall not shout, nor make μ any noise with your voice, neither shall *any* word proceed out of your mouth, until the day I bid you shout; then shall ye shout.

11 So the ark of the LORD compassed the city, going about *it* once: and they came into the camp, and lodged in the camp.

12 And Joshua rose early in the morning, and the priests took up d the ark of the LORD.

13 And seven priests, bearing seven trumpets of rams' horns before the ark of the LORD, went on continually, and blew with the trumpets: and the armed men went before them; but the rereward came after the ark of the LORD, *the priests* going on, and blowing with the trumpets.

14 And the second day they compassed the city once, and returned into the camp: so they did six days.

15 And it came to pass on the f seventh day, that they rose early about the dawning of the day, and compassed the city after the same manner seven times: only on that day they compassed the city seven times.

16 And it came to pass at the seventh time, when the priests blew with the trum-

---

B. C. 1451.

β or, *prince.*
Ex. 23. 20.
Da.10.13,21
12. 1.
Re.19.11..14
a ver. 5.
b Ge. 17. 3.
Nu. 16. 22.
γ or, *devoted.*
Le. 27. 28.
Mi. 4. 13
c 1Sa.3.9,10.
1s. 6. 8.
Ac. 9. 6.
d Ex. 3. 5.
Ac. 7. 33.
e ch. 2. 4.
f ch. 7. 1.
De. 7. 26.
13. 17.
2 Co. 6. 17.
δ *did shut up, and was shut up.*
g ch. 7. 25
ζ *holiness.*
h ch. 2. 9, 24.
8. 1.
i De. 7. 24.
Ju. 11. 24.
k 1 Ki. 7. 51.
l ver. 5.
m Ju.7.16,22.
η *under it.*
n Nu. 10. 8.
o De.7.2, 16.
20. 16, 17.
1Sa.15.3,18.
1 Ki. 20. 42.
Ps. 137. 8,9.
Je. 48. 10.
Re. 18. 21.
p 2Ch. 20. 21,
22.
q 2 Ch. 13. 14,
15.
θ *under it.*
r ch. 2. 14
s ch. 3. 6.
t ch. 2. 18.
κ *families.*
u ver. 3.
v De. 13. 16.
w ver. 19.
x Ju.1.24,25.
He. 11. 31.
y Mat. 1. 5.
z Ja. 2. 25.
λ *gathering host.*
a Nu. 10. 25.
b 1Ki. 16. 34.
μ *your voice to be heard.*
c De.31.6.
d ver. 6.
e De. 31. 25.
e ver. 20, 21.
ν *Achar.*
1 Ch. 2. 7.
π or, *Zimri.*
1 Ch. 2. 6.
f ver. 4.
ρ *about two thousand men,* or, *about three thousand men.*
g Le. 26. 17.
De. 28. 25.

---

pets, Joshua said unto the people,^c Shout; for the LORD hath given you the city.

17 And the city shall be γ accursed, *even* it, and all that *are* therein, to the LORD: only Rahab the harlot shall live, she and all that *are* with her in the house, because she hid e the messengers that we sent.

18 And ye, in any wise keep f *yourselves* from the accursed thing, lest ye make *yourselves* accursed, when ye take of the accursed thing, and make the camp of Israel a curse, and trouble g it.

19 But all the silver, and gold, and vessels of brass and iron, *are* ζ consecrated unto the LORD; they shall come into the treasury k of the LORD.

20 So the people shouted when *the priests* blew with the trumpets: and it came to pass, when the people heard the sound of the trumpet, and the people shouted with a great shout, that the l wall fell down η flat, so that the people went up into the city, every man straight before him, and they took the city.

21 And they utterly o destroyed all that *was* in the city, both man and woman, young and old, and ox, and sheep, and ass, with the edge of the sword.

22 But Joshua had said unto the two men that had spied out the country, Go into the harlot's house, and bring out thence the woman, and all that she hath, as ye sware r unto her.

23 And the young men that were spies went in, and brought out Rahab, and t her father, and her mother, and her brethren, and all that she had; and they brought out all her κ kindred, and left them without the camp of Israel.

24 And they burnt v the city with fire, and all that *was* therein: only the w silver, and the gold, and the vessels of brass and of iron, they put into the treasury of the house of the LORD.

25 And Joshua saved Rahab x the harlot alive, and her father's household, and all that she had; and she dwelleth in Israel y *even* unto this day; because z she hid the messengers which Joshua sent to spy out Jericho.

26 And Joshua adjured *them* at that time, saying, Cursed b *be* the man before the LORD, that riseth up and buildeth this city Jericho: he shall lay the foundation thereof in his first-born, and in his youngest *son* shall he set up the gates of it.

27 So the LORD was with d Joshua; and his fame was *noised* throughout all the country.

CHAP. VII.

BUT the children of Israel committed a trespass e in the accursed thing: for Achan, ν the son of Carmi, the son of Zabdi, π the son of Zerah, of the tribe of Judah, took of the accursed thing: and the anger of the LORD was kindled against the children of Israel.

2 And Joshua sent men from Jericho to Ai, which *is* beside Beth-aven, on the east side of Beth-el, and spake unto them, saying, Go up and view the country. And the men went up and viewed Ai.

3 And they returned to Joshua, and said unto him, Let not all the people go up; but let ρ about two or three thousand men go up and smite Ai; *and* make not all the people to labour thither; for they *are but* few.

4 So there went up thither of the people about three thousand men: and they g fled

יהושע ז קנה

בְּכָל־הָאָרֶץ׃

1 וַיִּמְעֲלוּ בְנֵי־יִשְׂרָאֵל מַעַל בַּחֵרֶם וַיִּקַּח עָכָן בֶּן־
כַּרְמִי בֶן־זַבְדִּי בֶן־זֶרַח לְמַטֵּה יְהוּדָה מִן־הַחֵרֶם
2 וַיִּחַר־אַף יְהוָה בִּבְנֵי יִשְׂרָאֵל׃ וַיִּשְׁלַח
יְהוֹשֻׁעַ אֲנָשִׁים מִירִיחוֹ הָעַי אֲשֶׁר עִם־בֵּית אָוֶן
מִקֶּדֶם לְבֵית־אֵל וַיֹּאמֶר אֲלֵיהֶם לֵאמֹר עֲלוּ וְרַגְּלוּ
אֶת־הָאָרֶץ וַיַּעֲלוּ הָאֲנָשִׁים וַיְרַגְּלוּ אֶת־הָעָי׃
3 וַיָּשֻׁבוּ אֶל־יְהוֹשֻׁעַ וַיֹּאמְרוּ אֵלָיו אַל־יַעַל כָּל־הָעָם
כְּאַלְפַּיִם אִישׁ אוֹ כִּשְׁלֹשֶׁת אֲלָפִים אִישׁ יַעֲלוּ וְיַכּוּ
אֶת־הָעָי אַל־תְּיַגַּע־שָׁמָּה אֶת־כָּל־הָעָם כִּי מְעַט הֵמָּה׃
4 וַיַּעֲלוּ מִן־הָעָם שָׁמָּה כִּשְׁלֹשֶׁת אֲלָפִים אִישׁ
5 וַיָּנֻסוּ לִפְנֵי אַנְשֵׁי הָעָי׃ וַיַּכּוּ מֵהֶם אַנְשֵׁי
הָעַי כִּשְׁלֹשִׁים וְשִׁשָּׁה אִישׁ וַיִּרְדְּפוּם לִפְנֵי הַשַּׁעַר
עַד־הַשְּׁבָרִים וַיַּכּוּם בַּמּוֹרָד וַיִּמַּס לְבַב־הָעָם וַיְהִי
6 לְמָיִם׃ וַיִּקְרַע יְהוֹשֻׁעַ שִׂמְלֹתָיו וַיִּפֹּל עַל־פָּנָיו
אַרְצָה לִפְנֵי אֲרוֹן יְהוָה עַד־הָעֶרֶב הוּא וְזִקְנֵי
7 יִשְׂרָאֵל וַיַּעֲלוּ עָפָר עַל־רֹאשָׁם׃ וַיֹּאמֶר יְהוֹשֻׁעַ
אֲהָהּ אֲדֹנָי יְהוִה לָמָה הֵעֲבַרְתָּ הַעֲבִיר אֶת־הָעָם
הַזֶּה אֶת־הַיַּרְדֵּן לָתֵת אֹתָנוּ בְּיַד הָאֱמֹרִי לְהַאֲבִידֵנוּ וְלוּ
8 הוֹאַלְנוּ וַנֵּשֶׁב בְּעֵבֶר הַיַּרְדֵּן׃ בִּי אֲדֹנָי מָה
אֹמַר אַחֲרֵי אֲשֶׁר הָפַךְ יִשְׂרָאֵל עֹרֶף לִפְנֵי אֹיְבָיו׃
9 וְיִשְׁמְעוּ הַכְּנַעֲנִי וְכֹל יֹשְׁבֵי הָאָרֶץ וְנָסַבּוּ עָלֵינוּ
וְהִכְרִיתוּ אֶת־שְׁמֵנוּ מִן־הָאָרֶץ וּמַה־תַּעֲשֵׂה
10 לְשִׁמְךָ הַגָּדוֹל׃ וַיֹּאמֶר יְהוָה אֶל־
יְהוֹשֻׁעַ קֻם לָךְ לָמָּה זֶּה אַתָּה נֹפֵל עַל־פָּנֶיךָ׃
11 חָטָא יִשְׂרָאֵל וְגַם עָבְרוּ אֶת־בְּרִיתִי אֲשֶׁר צִוִּיתִי
אוֹתָם וְגַם לָקְחוּ מִן־הַחֵרֶם וְגַם גָּנְבוּ וְגַם כִּחֲשׁוּ
12 וְגַם שָׂמוּ בִכְלֵיהֶם׃ וְלֹא יֻכְלוּ בְּנֵי יִשְׂרָאֵל לָקוּם
לִפְנֵי אֹיְבֵיהֶם עֹרֶף יִפְנוּ לִפְנֵי אֹיְבֵיהֶם כִּי הָיוּ
לְחֵרֶם לֹא אוֹסִיף לִהְיוֹת עִמָּכֶם אִם־לֹא תַשְׁמִידוּ
13 הַחֵרֶם מִקִּרְבְּכֶם׃ קֻם קַדֵּשׁ אֶת־הָעָם וְאָמַרְתָּ
הִתְקַדְּשׁוּ לְמָחָר כִּי כֹה אָמַר יְהוָה אֱלֹהֵי יִשְׂרָאֵל
חֵרֶם בְּקִרְבְּךָ יִשְׂרָאֵל לֹא תוּכַל לָקוּם לִפְנֵי אֹיְבֶיךָ
14 עַד־הֲסִירְכֶם הַחֵרֶם מִקִּרְבְּכֶם׃ וְנִקְרַבְתֶּם בַּבֹּקֶר
לְשִׁבְטֵיכֶם וְהָיָה הַשֵּׁבֶט אֲשֶׁר־יִלְכְּדֶנּוּ יְהוָה יִקְרַב
לַמִּשְׁפָּחוֹת וְהַמִּשְׁפָּחָה אֲשֶׁר־יִלְכְּדֶנָּה יְהוָה תִּקְרַב
לַבָּתִּים וְהַבַּיִת אֲשֶׁר יִלְכְּדֶנּוּ יְהוָה יִקְרַב לַגְּבָרִים׃

15 וְהָיָה הַנִּלְכָּד בַּחֵרֶם יִשָּׂרֵף בָּאֵשׁ אֹתוֹ וְאֶת־כָּל־
אֲשֶׁר־לוֹ כִּי עָבַר אֶת־בְּרִית יְהוָה וְכִי־עָשָׂה נְבָלָה
16 בְּיִשְׂרָאֵל׃ וַיַּשְׁכֵּם יְהוֹשֻׁעַ בַּבֹּקֶר וַיַּקְרֵב אֶת־
17 יִשְׂרָאֵל לִשְׁבָטָיו וַיִּלָּכֵד שֵׁבֶט יְהוּדָה׃ וַיַּקְרֵב אֶת־
מִשְׁפַּחַת יְהוּדָה וַיִּלְכֹּד אֵת מִשְׁפַּחַת הַזַּרְחִי וַיַּקְרֵב
18 אֶת־מִשְׁפַּחַת הַזַּרְחִי לַגְּבָרִים וַיִּלָּכֵד זַבְדִּי׃ וַיַּקְרֵב
אֶת־בֵּיתוֹ לַגְּבָרִים וַיִּלָּכֵד עָכָן בֶּן־כַּרְמִי בֶן־זַבְדִּי בֶּן־
19 זֶרַח לְמַטֵּה יְהוּדָה׃ וַיֹּאמֶר יְהוֹשֻׁעַ אֶל־עָכָן בְּנִי
שִׂים־נָא כָבוֹד לַיהוָה אֱלֹהֵי יִשְׂרָאֵל וְתֶן־לוֹ תוֹדָה
וְהַגֶּד־נָא לִי מֶה עָשִׂיתָ אַל־תְּכַחֵד מִמֶּנִּי׃ 20 וַיַּעַן
עָכָן אֶת־יְהוֹשֻׁעַ וַיֹּאמַר אָמְנָה אָנֹכִי חָטָאתִי
21 לַיהוָה אֱלֹהֵי יִשְׂרָאֵל וְכָזֹאת וְכָזֹאת עָשִׂיתִי׃ וָאֵרֶא
בַשָּׁלָל אַדֶּרֶת שִׁנְעָר אַחַת טוֹבָה
וּמָאתַיִם שְׁקָלִים כֶּסֶף וּלְשׁוֹן זָהָב אֶחָד חֲמִשִּׁים
שְׁקָלִים מִשְׁקָלוֹ וָאֶחְמְדֵם וָאֶקָּחֵם וְהִנָּם טְמוּנִים
22 בָּאָרֶץ בְּתוֹךְ הָאָהֳלִי וְהַכֶּסֶף תַּחְתֶּיהָ׃ וַיִּשְׁלַח
יְהוֹשֻׁעַ מַלְאָכִים וַיָּרֻצוּ הָאֹהֱלָה וְהִנֵּה טְמוּנָה
23 בְּאָהֳלוֹ וְהַכֶּסֶף תַּחְתֶּיהָ׃ וַיִּקָּחוּם מִתּוֹךְ הָאֹהֶל
וַיְבִאוּם אֶל־יְהוֹשֻׁעַ וְאֶל כָּל־בְּנֵי יִשְׂרָאֵל וַיַּצִּקֻם לִפְנֵי
24 יְהוָה׃ וַיִּקַּח יְהוֹשֻׁעַ אֶת־עָכָן בֶּן־זֶרַח וְאֶת־
הַכֶּסֶף וְאֶת־הָאַדֶּרֶת וְאֶת־לְשׁוֹן הַזָּהָב וְאֶת־בָּנָיו
וְאֶת־בְּנֹתָיו וְאֶת־שׁוֹרוֹ וְאֶת־חֲמֹרוֹ וְאֶת־צֹאנוֹ
וְאֶת־אָהֳלוֹ וְאֶת־כָּל־אֲשֶׁר־לוֹ וְכָל־יִשְׂרָאֵל עִמּוֹ
25 וַיַּעֲלוּ אֹתָם עֵמֶק עָכוֹר׃ וַיֹּאמֶר יְהוֹשֻׁעַ מֶה
עֲכַרְתָּנוּ יַעְכָּרְךָ יְהוָה בַּיּוֹם הַזֶּה וַיִּרְגְּמוּ אֹתוֹ כָל־
יִשְׂרָאֵל אֶבֶן וַיִּשְׂרְפוּ אֹתָם בָּאֵשׁ וַיִּסְקְלוּ אֹתָם
26 בָּאֲבָנִים׃ וַיָּקִימוּ עָלָיו גַּל־אֲבָנִים גָּדוֹל עַד הַיּוֹם
הַזֶּה וַיָּשָׁב יְהוָה מֵחֲרוֹן אַפּוֹ עַל־כֵּן קָרָא שֵׁם
הַמָּקוֹם הַהוּא עֵמֶק עָכוֹר עַד הַיּוֹם הַזֶּה׃

1 וַיֹּאמֶר יְהוָה אֶל־יְהוֹשֻׁעַ אַל־תִּירָא וְאַל־תֵּחָת קַח
עִמְּךָ אֵת כָּל־עַם הַמִּלְחָמָה וְקוּם עֲלֵה הָעָי רְאֵה
נָתַתִּי בְיָדְךָ אֶת־מֶלֶךְ הָעַי וְאֶת־עַמּוֹ וְאֶת־עִירוֹ
2 וְאֶת־אַרְצוֹ׃ וְעָשִׂיתָ לָעַי וּלְמַלְכָּהּ כַּאֲשֶׁר עָשִׂיתָ
לִירִיחוֹ וּלְמַלְכָּהּ רַק־שְׁלָלָהּ וּבְהֶמְתָּהּ תָּבֹזּוּ לָכֶם
3 שִׂים־לְךָ אֹרֵב לָעִיר מֵאַחֲרֶיהָ׃ וַיָּקָם יְהוֹשֻׁעַ וְכָל־
עַם הַמִּלְחָמָה לַעֲלוֹת הָעָי וַיִּבְחַר יְהוֹשֻׁעַ שְׁלֹשִׁים
4 אֶלֶף אִישׁ גִּבּוֹרֵי הַחַיִל וַיִּשְׁלָחֵם לָיְלָה׃ וַיְצַו אֹתָם

before the men of Ai.

5 And the men of Ai smote of them about thirty and six men: for they chased *a* them *from* before the gate *even* unto Shebarim, and smote them *β* in the going down: wherefore the hearts of the people melted,*c* and became as water. *d*

6 And Joshua rent*e* his clothes, and fell to the earth upon his face before the ark of the Lord until the even-tide, he and the elders of Israel, and put dust *i* upon their heads.

7 And Joshua said, Alas! O Lord God, wherefore *k* hast thou at all brought this people over Jordan, to deliver us into the hand of the Amorites, to destroy us? Would to God we had been content, and dwelt on the other side Jordan!

8 O Lord, what*l* shall I say, when Israel turneth their *ζ* backs before their enemies!

9 For*m* the Canaanites, and all the inhabitants of the land, shall hear *of it*, and shall environ us round, and cut off *h* our name from the earth: and what wilt thou do unto thy great name?*θ*

10 And the Lord said unto Joshua, Get thee up; wherefore *η* liest thou thus upon thy face?

11 Israel hath sinned, and they have also transgressed my covenant which I commanded*s* them: for they have even taken *u* of the accursed thing, and have also stolen, and dissembled *θ* also, and they have put *it* even among their own stuff.

12 Therefore*x* the children of Israel could not stand before their enemies, *but* turned *their* backs before their enemies, because they were accursed:*y* neither will I be with you any more, except ye destroy the accursed thing from among you.

13 Up, sanctify the people, and say, Sanctify*z* yourselves against to-morrow: for thus saith the Lord God of Israel, *There is* an accursed thing in the midst of thee, O Israel: thou canst not stand before thine enemies, until ye take away the accursed thing from among you.

14 In the morning therefore ye shall be brought according*c* to your tribes: and it shall be, *that* the tribe which the*d* Lord taketh shall come according to the families *thereof;* and the family which the Lord shall take shall come by households; and the household which the Lord shall take shall come man by man.

15 And it shall be, *that* he that is taken with the accursed thing shall be burnt with fire, he and all that he hath: because he hath transgressed the covenant of the Lord, and because he hath wrought folly*λ* in*g* Israel.

16 So Joshua rose up early in the morning, and brought Israel by their tribes; and the tribe of Judah was taken:

17 And he brought the family of Judah: and he took the family of the Zarhites: and he brought the family of the Zarhites man by man; and Zabdi was taken:

18 And he brought his household man by man; and Achan, the son of Carmi, the son of Zabdi, the son of Zerah, of the tribe of Judah, was taken.

19 And Joshua said unto Achan, My son, give, I pray thee, glory*i* to the Lord God of Israel, and make confession*k* unto him; and tell me now what thou hast done; hide *it* not from me.

20 And Achan answered Joshua, and

B. C. 1451.

a De. 1. 44.
b Pr. 28. 22.

β or, *in Morad.*
γ *tongue.*

c Le. 26. 36.
d Ps. 22. 14.
e Ge.37.29,34.
f Hab. 2. 9.
  Ro. 7. 7.
  1 Ti. 6. 10.
  Ja. 1. 15.
g Mi. 2. 1.
h Is. 29. 15.
i 1 Sa. 4. 12.
  2 Sa. 1. 2.
    13. 19.
  Ne. 9. 1.
  Job 2. 12.
k Ex. 5. 22.
  2 Ki. 3. 10.

δ poured.
l Hab. 2. 1.
ζ necks.

m Ex. 32. 12.
  Nu. 14. 13.
n De.32.26,27.
  Ps. 83. 4.
*o*Eze.36.22,23
p 1 Ch. 2. 7.
  He. 12. 15.
q De. 17. 5.
η fullest.

r ch. 8. 29.
  2 Sa. 18. 17.
s ch. 6. 17,18.
t De. 13. 17.
u ver. 21.
v Ac. 5. 1, 2.
w ver. 24.
  Is. 65. 10.
  Ho. 2. 1ɔ.
x Nu. 14. 45.
  Ju. 2. 14.
θ that is, trouble.
y ch. 6. 18.
  De. 7. 26.
  Hag.2.13,14.
z ch. 3. 5.
a ch. 6. 21.
b De. 20. 14.
c 1 Sa. 10. 19.
    14. 38..42.
d Pr. 16. 33.
  Jon. 1. 7.
*e*Ju.20.29,&c.
f ch. 7. 5.
κ pulled.
λ or, *wickedness.*
g Ge. 34. 7.
  Ju. 20. 6.
  1 Sa. 26. 21.
h 2 Sa. 13. 28.
i 1 Sa. 6. 5.
  Je. 13. 16.
k Nu. 5. 6, 7.
  2 Ch.30. 22.
    33. 12, 13.
  Ezr. 10. 10,
      11.
  Ps. 32. 5.
    51. 3.
  Je.3.12,13.
  Da. 9. 4.
  Ro. 10. 10.
  1Jn°.1.8..10

---

said, Indeed I have sinned against the Lord God of Israel, and thus and thus have I done:

21 When I saw*b* among the spoils a goodly Babylonish garment, and two hundred shekels of silver, and a *γ* wedge of gold of fifty shekels weight, then I coveted*f* them, and took*g* them; and, behold, they *are* hid *h* in the earth in the midst of my tent, and the silver under it.

22 So Joshua sent messengers, and they ran unto the tent; and, behold, *it was* hid in his tent, and the silver under it.

23 And they took them out of the midst of the tent, and brought them unto Joshua, and unto all the children of Israel, and laid *δ* them out before the Lord.

24 And Joshua, and all Israel with him, took Achan the son of Zerah, and the silver, and the garment, and the wedge of gold, and his sons, and his daughters, and his oxen, and his asses, and his sheep, and his tent, and all that he had: and they brought them unto the valley of Achor.

25 And Joshua said, Why hast thou troubled*p* us? the Lord shall trouble thee this day. And all Israel stoned*q* him with stones, and burned them with fire, after they had stoned them with stones.

26 And they raised*r* over him a great heap of stones unto this day. So the Lord turned*t* from the fierceness of his anger. Wherefore the name of the place was called, The valley*w* of *θ*Achor, unto this day.

CHAP. VIII.

AND the Lord said unto Joshua, Fear not, neither be thou dismayed: take all the people of war with thee, and arise, go up to Ai: see, I have given into thy hand the king of Ai, and his people, and his city, and his land:

2 And thou shalt do to Ai and her king as thou didst unto Jericho*a* and her king: only the spoil*b* thereof, and the cattle thereof, shall ye take for a prey unto yourselves: lay thee an ambush for the city behind it.

3 So Joshua arose, and all the people of war, to go up against Ai: and Joshua chose out thirty thousand mighty men of valour, and sent them away by night.

4 And he commanded them, saying, Behold, ye shall lie*e* in wait against the city, *even* behind the city: go not very far from the city, but be ye all ready;

5 And I, and all the people that *are* with me, will approach unto the city: and it shall come to pass, when they come out against us, as at the first,*f* that we will flee before them,

6 (For they will come out after us,) till we have *κ* drawn them from the city; for they will say, They flee before us, as at the first: therefore we will flee before them.

7 Then ye shall rise up from the ambush, and seize upon the city: for the Lord your God will deliver it into your hand.

8 And it shall be, when ye have taken the city, *that* ye shall set the city on fire: according to the commandment of the Lord shall ye do. See,*h* I have commanded you.

9 Joshua therefore sent them forth: and they went to lie in ambush, and abode between Beth-el and Ai, on the west side of Ai: but Joshua lodged that night among the people.

10 And Joshua rose up early in the

לֵאמֹר רְאוּ אַתֶּם אֹרְבִים לָעִיר מֵאַחֲרֵי הָעִיר אַל־
תַּרְחִיקוּ מִן־הָעִיר מְאֹד וִהְיִיתֶם כֻּלְּכֶם נְכֹנִים׃
5 וַאֲנִי וְכָל־הָעָם אֲשֶׁר אִתִּי נִקְרַב אֶל־הָעִיר וְהָיָה כִּי־
יֵצְאוּ לִקְרָאתֵנוּ כַּאֲשֶׁר בָּרִאשֹׁנָה וְנַסְנוּ לִפְנֵיהֶם׃
6 וְיָצְאוּ אַחֲרֵינוּ עַד הַתִּיקֵנוּ אוֹתָם מִן־הָעִיר כִּי
יֹאמְרוּ נָסִים לְפָנֵינוּ כַּאֲשֶׁר בָּרִאשֹׁנָה וְנַסְנוּ אֶת־
7 לִפְנֵיהֶם׃ וְאַתֶּם תָּקֻמוּ מֵהָאוֹרֵב וְהוֹרַשְׁתֶּם אֶת־
8 הָעִיר וּנְתָנָהּ יְהוָה אֱלֹהֵיכֶם בְּיֶדְכֶם׃ וְהָיָה
כְּתָפְשְׂכֶם אֶת־הָעִיר תַּצִּיתוּ אֶת־הָעִיר בָּאֵשׁ כִּדְבַר
9 יְהוָה תַּעֲשׂוּ רְאוּ צִוִּיתִי אֶתְכֶם׃ וַיִּשְׁלָחֵם יְהוֹשֻׁעַ
וַיֵּלְכוּ אֶל־הַמַּאְרָב וַיֵּשְׁבוּ בֵּין בֵּית־אֵל וּבֵין הָעַי
10 מִיָּם לָעַי וַיָּלֶן יְהוֹשֻׁעַ בַּלַּיְלָה הַהוּא בְּתוֹךְ הָעָם׃
וַיַּשְׁכֵּם יְהוֹשֻׁעַ בַּבֹּקֶר וַיִּפְקֹד אֶת־הָעָם וַיַּעַל
11 הוּא וְזִקְנֵי יִשְׂרָאֵל לִפְנֵי הָעָם הָעָי׃ וְכָל־הָעָם
הַמִּלְחָמָה אֲשֶׁר אִתּוֹ עָלוּ וַיִּגְּשׁוּ וַיָּבֹאוּ נֶגֶד הָעִיר
12 וַיַּחֲנוּ מִצְּפוֹן לָעַי וְהַגַּי בֵּינוֹ וּבֵין הָעָי׃ וַיִּקַּח
כַּחֲמֵשֶׁת אֲלָפִים אִישׁ וַיָּשֶׂם אוֹתָם אֹרֵב בֵּין בֵּית־
13 אֵל וּבֵין הָעַי מִיָּם לָעִיר׃ וַיָּשִׂימוּ הָעָם אֶת־כָּל־
הַמַּחֲנֶה אֲשֶׁר מִצְּפוֹן לָעִיר וְאֶת־עֲקֵבוֹ מִיָּם לָעִיר
14 וַיֵּלֶךְ יְהוֹשֻׁעַ בַּלַּיְלָה הַהוּא בְּתוֹךְ הָעֵמֶק׃ וַיְהִי
כִּרְאוֹת מֶלֶךְ־הָעַי וַיְמַהֲרוּ וַיַּשְׁכִּימוּ וַיֵּצְאוּ אַנְשֵׁי־
הָעִיר לִקְרַאת־יִשְׂרָאֵל לַמִּלְחָמָה הוּא וְכָל־עַמּוֹ
לַמּוֹעֵד לִפְנֵי הָעֲרָבָה וְהוּא לֹא יָדַע כִּי־אֹרֵב לוֹ
15 מֵאַחֲרֵי הָעִיר׃ וַיִּנָּגְעוּ יְהוֹשֻׁעַ וְכָל־יִשְׂרָאֵל לִפְנֵיהֶם
16 וַיָּנֻסוּ דֶּרֶךְ הַמִּדְבָּר׃ וַיִּזָּעֲקוּ כָּל־הָעָם אֲשֶׁר
בָּעִיר לִרְדֹּף אַחֲרֵיהֶם וַיִּרְדְּפוּ אַחֲרֵי יְהוֹשֻׁעַ וַיִּנָּתְקוּ
17 מִן־הָעִיר׃ וְלֹא־נִשְׁאַר אִישׁ בָּעַי וּבֵית אֵל אֲשֶׁר
לֹא־יָצְאוּ אַחֲרֵי יִשְׂרָאֵל וַיַּעַזְבוּ אֶת־הָעִיר פְּתוּחָה
18 וַיִּרְדְּפוּ אַחֲרֵי יִשְׂרָאֵל׃ וַיֹּאמֶר יְהוָה אֶל־
יְהוֹשֻׁעַ נְטֵה בַּכִּידוֹן אֲשֶׁר־בְּיָדְךָ אֶל־הָעַי כִּי בְיָדְךָ
אֶתְּנֶנָּה וַיֵּט יְהוֹשֻׁעַ בַּכִּידוֹן אֲשֶׁר־בְּיָדוֹ אֶל־הָעִיר׃
19 וְהָאוֹרֵב קָם מְהֵרָה מִמְּקוֹמוֹ וַיָּרוּצוּ כִּנְטוֹת יָדוֹ
וַיָּבֹאוּ הָעִיר וַיִּלְכְּדוּהָ וַיְמַהֲרוּ וַיַּצִּיתוּ אֶת־הָעִיר
20 בָּאֵשׁ׃ וַיִּפְנוּ אַנְשֵׁי הָעַי אַחֲרֵיהֶם וַיִּרְאוּ וְהִנֵּה
עָלָה עֲשַׁן הָעִיר הַשָּׁמַיְמָה וְלֹא־הָיָה בָהֶם יָדַיִם
לָנוּס הֵנָּה וָהֵנָּה וְהָעָם הַנָּס הַמִּדְבָּר נֶהְפַּךְ אֶל־
21 הָרוֹדֵף׃ וִיהוֹשֻׁעַ וְכָל־יִשְׂרָאֵל רָאוּ כִּי־לָכַד הָאֹרֵב
אֶת־הָעִיר וְכִי עָלָה עֲשַׁן הָעִיר וַיָּשֻׁבוּ וַיַּכּוּ אֶת־
אַנְשֵׁי הָעָי׃

22 וְאֵלֶּה אַתֶּם רָאשֵׁי הָעָם׃
וַיְהִי לְיִשְׂרָאֵל בַּתָּוֶךְ אֵלֶּה מִזֶּה וְאֵלֶּה מִזֶּה וַיַּכּוּ
אוֹתָם עַד־בִּלְתִּי הִשְׁאִיר־לָהֶם שָׂרִיד וּפָלִיט׃
23 וְאֶת־מֶלֶךְ הָעַי תָּפְשׂוּ חָי וַיַּקְרִבוּ אֹתוֹ אֶל־יְהוֹשֻׁעַ׃
24 וַיְהִי כְּכַלּוֹת יִשְׂרָאֵל לַהֲרֹג אֶת־יֹשְׁבֵי הָעַי בַּשָּׂדֶה
בַּמִּדְבָּר אֲשֶׁר רְדָפוּם בּוֹ וַיִּפְּלוּ כֻלָּם לְפִי־חֶרֶב עַד־
תֻּמָּם וַיָּשֻׁבוּ כָל־יִשְׂרָאֵל הָעַי וַיַּכּוּ
25 אֹתָהּ לְפִי־חָרֶב׃ וַיְהִי כָל־הַנֹּפְלִים בַּיּוֹם הַהוּא
מֵאִישׁ וְעַד־אִשָּׁה שְׁנֵים עָשָׂר אָלֶף כֹּל אַנְשֵׁי הָעָי׃
26 וִיהוֹשֻׁעַ לֹא־הֵשִׁיב יָדוֹ אֲשֶׁר נָטָה בַּכִּידוֹן עַד אֲשֶׁר
27 הֶחֱרִים אֵת כָּל־יֹשְׁבֵי הָעָי׃ רַק הַבְּהֵמָה וּשְׁלַל
הָעִיר הַהִיא בָּזְזוּ לָהֶם יִשְׂרָאֵל כִּדְבַר יְהוָה אֲשֶׁר
28 צִוָּה אֶת־יְהוֹשֻׁעַ׃ וַיִּשְׂרֹף יְהוֹשֻׁעַ אֶת־הָעָי
29 וַיְשִׂימֶהָ תֵּל־עוֹלָם שְׁמָמָה עַד הַיּוֹם הַזֶּה׃ וְאֶת־
מֶלֶךְ הָעַי תָּלָה עַל־הָעֵץ עַד־עֵת הָעָרֶב וּכְבוֹא
הַשֶּׁמֶשׁ צִוָּה יְהוֹשֻׁעַ וַיֹּרִידוּ אֶת־נִבְלָתוֹ מִן־הָעֵץ
וַיַּשְׁלִיכוּ אוֹתָהּ אֶל־פֶּתַח שַׁעַר הָעִיר וַיָּקִימוּ עָלָיו
30 גַּל־אֲבָנִים גָּדוֹל עַד הַיּוֹם הַזֶּה׃ אָז
31 יִבְנֶה יְהוֹשֻׁעַ מִזְבֵּחַ לַיהוָה אֱלֹהֵי יִשְׂרָאֵל בְּהַר
עֵיבָל׃ כַּאֲשֶׁר צִוָּה מֹשֶׁה עֶבֶד־יְהוָה אֶת־בְּנֵי
יִשְׂרָאֵל כַּכָּתוּב בְּסֵפֶר תּוֹרַת מֹשֶׁה מִזְבַּח אֲבָנִים
שְׁלֵמוֹת אֲשֶׁר לֹא־הֵנִיף עֲלֵיהֶן בַּרְזֶל וַיַּעֲלוּ עָלָיו
32 עֹלוֹת לַיהוָה וַיִּזְבְּחוּ שְׁלָמִים׃ וַיִּכְתָּב־שָׁם עַל־
הָאֲבָנִים אֵת מִשְׁנֵה תּוֹרַת מֹשֶׁה אֲשֶׁר כָּתַב לִפְנֵי
33 בְּנֵי יִשְׂרָאֵל׃ וְכָל־יִשְׂרָאֵל וּזְקֵנָיו וְשֹׁטְרִים
וְשֹׁפְטָיו עֹמְדִים מִזֶּה וּמִזֶּה לָאָרוֹן נֶגֶד הַכֹּהֲנִים
הַלְוִיִּם נֹשְׂאֵי אֲרוֹן בְּרִית־יְהוָה כַּגֵּר כָּאֶזְרָח חֶצְיוֹ
אֶל־מוּל הַר־גְּרִזִים וְהַחֶצְיוֹ אֶל־מוּל הַר־עֵיבָל
כַּאֲשֶׁר צִוָּה מֹשֶׁה עֶבֶד־יְהוָה לְבָרֵךְ אֶת־הָעָם
34 יִשְׂרָאֵל בָּרִאשֹׁנָה׃ וְאַחֲרֵי־כֵן קָרָא אֶת־כָּל־דִּבְרֵי
הַתּוֹרָה הַבְּרָכָה וְהַקְּלָלָה כְּכָל־הַכָּתוּב בְּסֵפֶר
35 הַתּוֹרָה׃ לֹא־הָיָה דָבָר מִכֹּל אֲשֶׁר־צִוָּה מֹשֶׁה
אֲשֶׁר לֹא־קָרָא יְהוֹשֻׁעַ נֶגֶד כָּל־קְהַל יִשְׂרָאֵל וְהַנָּשִׁים
וְהַטַּף וְהַגֵּר הַהֹלֵךְ בְּקִרְבָּם׃

CAP. IX. ט

1 וַיְהִי כִשְׁמֹעַ כָּל־הַמְּלָכִים אֲשֶׁר בְּעֵבֶר הַיַּרְדֵּן בָּהָר
וּבַשְּׁפֵלָה וּבְכֹל חוֹף הַיָּם הַגָּדוֹל אֶל־מוּל הַלְּבָנוֹן
הַחִתִּי וְהָאֱמֹרִי הַכְּנַעֲנִי הַפְּרִזִּי הַחִוִּי וְהַיְבוּסִי׃

morning, and numbered the people, and went up, he and the elders of Israel, before the people to Ai.

11 And ^c all the people, *even the people* of war that *were* with him, went up, and drew nigh, and came before the city, and pitched on the north side of Ai: now *there was* a valley between them and Ai.

12 And he took about five thousand men, and set them to lie in ambush between Beth-el and Ai, on the west side of β the city.

13 And when they had set the people, *even* all the host that *was* on the north of the city, and their γ liers in wait on the west of the city, Joshua went that night into the midst of the valley.

14 And it came to pass, when the king of Ai saw *it*, that they hasted and rose up early, and the men of the city went out against Israel to battle, he and all his people, at a time appointed, before the plain: but he wist ^l not that *there were* liers in ambush against him behind the city.

15 And Joshua and all Israel made as if they were beaten before them, and fled by the way of the wilderness.

16 And all the people that *were* in Ai were called together to pursue after them: and they pursued after Joshua, and were drawn away from the city.

17 And there was not a man left in Ai or Beth-el that went not out after Israel: and they left the city open, and pursued after Israel.

18 And the LORD said unto Joshua, Stretch ^q out the spear that *is* in thy hand toward Ai; for I will give it into thine hand. And Joshua stretched out the spear that *he had* in his hand toward the city.

19 And the ambush arose quickly out of their place, and they ran as soon as he had stretched out his hand: and they entered into the city, and took it, and hasted and set the city on fire.

20 And when the men of Ai looked behind them, they saw, and, behold, the smoke of the city ascended ^s up to heaven, and they had no ζ power to flee this way or that way: and the people that fled to the wilderness turned back upon the pursuers.

21 And when Joshua and all Israel saw that the ambush had taken the city, and that the smoke of the city ascended, then they turned again, and slew the men of Ai.

22 And the other issued out of the city against them: so they were in the midst of Israel, some on this side, and some on that side: and they smote them, so that they let none ^y of them remain or escape.

23 And the king of Ai they took alive, and brought him to Joshua.

24 And it came to pass, when Israel had made an end of slaying all the inhabitants of Ai in the field, in the wilderness wherein they chased them, and when they were all fallen on the edge of the sword, until they were consumed, that all the Israelites returned unto Ai, and smote it with the edge of the sword.

25 And *so* it was, *that* all that fell that day, both of men and women, *were* twelve thousand, *even* all the men of Ai.

26 For Joshua drew ^t not his hand back, wherewith he stretched out the spear, until he had utterly destroyed all the inhabitants of Ai.

27 Only ^e the cattle, and the spoil of that city, Israel took for a prey unto them-

---

B. C. 1451.

a ver. 2.
b De. 13. 16.
c ver. 5.
d Ps. 110. 5.
e ch.10.26,27
f De.21.22,23
β or, *of Ai.*
g ch. 7. 26.
h De. 27.4..6.
γ *lying in wait,*ver.4.
i Ex. 20. 25.
k De.27.2,3,8.
l Ju. 20. 34, &c.
Ec. 9. 12.
Is.19.11,13.
1 Th. 5. 3.
m De.31.9,25. 1 Ch.15.11.. 15.
n De. 31. 12.
o De.11. 29. 27. 12.
p De.31.11. Ne. 8. 2, 3. 13. 1.
q Ex. 8. 5.
r Le.26.3,&c. De.29,15..26 XXVIII. XXIX. 30. 15..20.
δ *walked.*
s Ge. 19. 28. Is. 34. 10.
ζ *hand.*
t Nu. 34. 6.
u Ex. 3. 17. 23. 23.
v 2 Ch. 20. 1, &c. Ps. 83. 3, 5. Is. 8.9, 10. 54. 15.
η *mouth.*
w ch. 10. 2.
x ch. 6. 27.
y De. 7. 2.
z ch. 5. 10.
a ch. 11. 19.
b Ex.17.11,12
c Ex. 23. 32. De. 7. 2. Ju. 2. 2.
d De. 20. 11. 2 Ki. 10. 5.
e Nu.31.22,26
f De. 20. 15.
g 1 Ki. 8. 41. Is. 55. 5. Ac. 8. 27.

---

selves, according unto the word of the LORD, which ^a he commanded Joshua.

28 And Joshua burnt ^b Ai, and made it an heap for ever, *even* a desolation, unto this day.

29 And the king ^d of Ai he hanged ^e on a tree until even-tide: & as soon ^f as the sun was down, Joshua commanded that they should take his carcase down from the tree, and cast it at the entering of the gate of the city, and ^g raise thereon a great heap of stones, *that remaineth* unto this day.

30 Then Joshua built an altar unto the LORD God of Israel in mount Ebal, ^h

31 As Moses the servant of the LORD commanded the children of Israel, as it is written ⁱ in the book of the law of Moses, an altar of whole stones, over which no man hath lift up *any* iron: and they offered thereon burnt-offerings unto the LORD, and sacrificed peace-offerings.

32 And ^k he wrote there upon the stones a copy of the law of Moses, which he wrote in the presence of the children of Israel.

33 And all Israel, and their elders, and officers, and their judges, stood on this side the ark and on that side before the priests the Levites, which ^m bare the ark of the covenant of the LORD, as well the stranger ⁿ as he that was born among them; half of them over against mount Gerizim, and half of them over against mount Ebal ; as Moses the servant of the LORD had commanded ^o before, that they should bless the people of Israel.

34 And afterward he read ^p all the words of the law, the blessings ^r and cursings, according to all that is written in the book of the law.

35 There was not a word of all that Moses commanded which Joshua read not before all the congregation of Israel, with the women, and the little ones, and the strangers that δ were conversant among them.

CHAP. IX.

AND it came to pass, when all the kings which *were* on this side Jordan, in the hills, and in the valleys, and in all the coasts of the ^t great sea over against Lebanon, the ^u Hittite, and the Amorite, the Canaanite, the Perizzite, the Hivite, and the Jebusite, heard *thereof,*

2 That they gathered ^v themselves together, to fight with Joshua and with Israel, with one η accord.

3 And when the inhabitants of ^w Gibeon heard ^x what Joshua had done unto Jericho and to Ai,

4 They did work wilily, and went and made as if they had been ambassadors ; and took old sacks upon their asses, and wine-bottles, old, and rent, and bound up,

5 And old shoes and clouted upon their feet, and old garments upon them ; and all the bread of their provision was dry *and* mouldy.

6 And they went to Joshua unto ye ^z camp at Gilgal, & said unto him, and to the men of Israel, We be come from a far country : now therefore make ye a league with us.

7 And the men of Israel said unto ye ^a Hivites, Peradventure ye dwell among us ; & how shall we make a league ^c with you ?

8 And they said unto Joshua, We *are* thy servants. ^d And Joshua said unto them, Who *are* ye ? and from whence come ye ?

9 And they said unto him, From a very far ^f country thy servants are ^g come,

2 וַיִּֽתְקַבְּצ֣וּ יַחְדָּ֔ו לְהִלָּחֵ֥ם עִם־יְהוֹשֻׁ֖עַ וְעִם־יִשְׂרָאֵ֑ל פֶּ֖ה אֶחָֽד׃

3 וְיֹשְׁבֵ֨י גִבְע֜וֹן שָׁמְע֗וּ אֵת֩ אֲשֶׁ֨ר עָשָׂ֧ה יְהוֹשֻׁ֛עַ לִֽירִיח֖וֹ וְלָעָֽי׃

4 וַיַּעֲשׂ֤וּ גַם־הֵ֙מָּה֙ בְּעָרְמָ֔ה וַיֵּלְכ֖וּ וַיִּצְטַיָּ֑רוּ וַיִּקְח֞וּ שַׂקִּ֤ים בָּלִים֙ לַחֲמֹ֣ורֵיהֶ֔ם וְנֹאד֥וֹת יַ֙יִן֙ בָּלִ֔ים וּמְבֻקָּעִ֖ים וּמְצֹרָרִֽים׃

5 וּנְעָל֨וֹת בָּל֤וֹת וּמְטֻלָּאוֹת֙ בְּרַגְלֵיהֶ֔ם וּשְׂלָמ֥וֹת בָּל֖וֹת עֲלֵיהֶ֑ם וְכֹל֙ לֶ֣חֶם צֵידָ֔ם יָבֵ֖שׁ הָיָ֥ה נִקֻּדִֽים׃

6 וַיֵּלְכ֧וּ אֶל־יְהוֹשֻׁ֛עַ אֶל־הַֽמַּחֲנֶ֖ה הַגִּלְגָּ֑ל וַיֹּאמְר֨וּ אֵלָ֜יו וְאֶל־אִ֣ישׁ יִשְׂרָאֵ֗ל מֵאֶ֤רֶץ רְחוֹקָה֙ בָּ֔אנוּ וְעַתָּ֖ה כִּרְתוּ־לָ֥נוּ בְרִֽית׃

7 וַיֹּ֥אמֶר אִֽישׁ־יִשְׂרָאֵ֖ל אֶל־הַחִוִּ֑י אוּלַ֗י בְּקִרְבִּי֙ אַתָּ֣ה יוֹשֵׁ֔ב וְאֵ֖יךְ אֶכְרָת־לְךָ֥ בְרִֽית׃

8 וַיֹּאמְר֥וּ אֶל־יְהוֹשֻׁ֖עַ עֲבָדֶ֣יךָ אֲנָ֑חְנוּ וַיֹּ֨אמֶר אֲלֵהֶ֧ם יְהוֹשֻׁ֛עַ מִ֥י אַתֶּ֖ם וּמֵאַ֥יִן תָּבֹֽאוּ׃

9 וַיֹּאמְר֣וּ אֵלָ֗יו מֵאֶ֨רֶץ רְחוֹקָ֤ה מְאֹד֙ בָּ֣אוּ עֲבָדֶ֔יךָ לְשֵׁ֖ם יְהוָ֣ה אֱלֹהֶ֑יךָ כִּֽי־שָׁמַ֣עְנוּ שָׁמְע֔וֹ וְאֵ֛ת כָּל־אֲשֶׁ֥ר עָשָׂ֖ה בְּמִצְרָֽיִם׃

10 וְאֵ֣ת ׀ כָּל־אֲשֶׁ֣ר עָשָׂ֗ה לִשְׁנֵי֙ מַלְכֵ֣י הָאֱמֹרִ֔י אֲשֶׁ֖ר בְּעֵ֣בֶר הַיַּרְדֵּ֑ן לְסִיחוֹן֙ מֶ֣לֶךְ חֶשְׁבּ֔וֹן וּלְע֥וֹג מֶֽלֶךְ־הַבָּשָׁ֖ן אֲשֶׁ֥ר בְּעַשְׁתָּרֽוֹת׃

11 וַיֹּאמְר֣וּ אֵלֵ֡ינוּ זְֽקֵינֵינוּ֩ וְכָל־יֹשְׁבֵ֨י אַרְצֵ֜נוּ לֵאמֹ֗ר קְח֨וּ בְיֶדְכֶ֤ם צֵידָה֙ לַדֶּ֔רֶךְ וּלְכ֖וּ לִקְרָאתָ֑ם וַאֲמַרְתֶּ֤ם אֲלֵיהֶם֙ עַבְדֵיכֶ֣ם אֲנַ֔חְנוּ וְעַתָּ֖ה כִּרְתוּ־לָ֥נוּ בְרִֽית׃

12 זֶ֣ה ׀ לַחְמֵ֗נוּ חָ֞ם הִצְטַיַּ֤דְנוּ אֹתוֹ֙ מִבָּ֣תֵּ֔ינוּ בְּי֥וֹם צֵאתֵ֖נוּ לָלֶ֣כֶת אֲלֵיכֶ֑ם וְעַתָּה֙ הִנֵּ֣ה יָבֵ֔שׁ וְהָיָ֖ה נִקֻּדִֽים׃

13 וְאֵ֨לֶּה נֹאד֤וֹת הַיַּ֙יִן֙ אֲשֶׁ֣ר מִלֵּ֣אנוּ חֲדָשִׁ֔ים וְהִנֵּ֖ה הִתְבַּקָּ֑עוּ וְאֵ֤לֶּה שַׂלְמוֹתֵ֙ינוּ֙ וּנְעָלֵ֔ינוּ בָּל֕וּ מֵרֹ֥ב הַדֶּ֖רֶךְ מְאֹֽד׃

14 וַיִּקְח֥וּ הָֽאֲנָשִׁ֖ים מִצֵּידָ֑ם וְאֶת־פִּ֥י יְהוָ֖ה לֹ֥א שָׁאָֽלוּ׃

15 וַיַּ֨עַשׂ לָהֶ֤ם יְהוֹשֻׁ֙עַ֙ שָׁל֔וֹם וַיִּכְרֹ֥ת לָהֶ֛ם בְּרִ֖ית לְחַיּוֹתָ֑ם וַיִּשָּׁבְע֣וּ לָהֶ֔ם נְשִׂיאֵ֖י הָעֵדָֽה׃

16 וַיְהִ֗י מִקְצֵה֙ שְׁלֹ֣שֶׁת יָמִ֔ים אַחֲרֵ֕י אֲשֶׁר־כָּרְת֥וּ לָהֶ֖ם בְּרִ֑ית וַֽיִּשְׁמְע֗וּ כִּֽי־קְרֹבִ֥ים הֵם֙ אֵלָ֔יו וּבְקִרְבּ֖וֹ הֵ֥ם יֹשְׁבִֽים׃

17 וַיִּסְע֣וּ בְנֵֽי־יִשְׂרָאֵ֗ל וַיָּבֹ֛אוּ אֶל־עָרֵיהֶ֖ם בַּיּ֣וֹם הַשְּׁלִישִׁ֑י וְעָרֵיהֶם֙ גִּבְע֣וֹן וְהַכְּפִירָ֔ה וּבְאֵר֖וֹת וְקִרְיַ֥ת יְעָרִֽים׃

18 וְלֹ֤א הִכּוּם֙ בְּנֵ֣י יִשְׂרָאֵ֔ל כִּֽי־נִשְׁבְּע֤וּ לָהֶם֙ נְשִׂיאֵ֣י הָֽעֵדָ֔ה בַּֽיהוָ֖ה אֱלֹהֵ֣י יִשְׂרָאֵ֑ל וַיִּלֹּ֥נוּ כָל־הָעֵדָ֖ה עַל־הַנְּשִׂיאִֽים׃

19 וַיֹּאמְר֤וּ כָל־הַנְּשִׂיאִים֙ אֶל־כָּל־הָ֣עֵדָ֔ה אֲנַ֙חְנוּ֙ נִשְׁבַּ֣עְנוּ לָהֶ֔ם בַּֽיהוָ֖ה אֱלֹהֵ֣י יִשְׂרָאֵ֑ל וְעַתָּ֕ה לֹ֥א נוּכַ֖ל לִנְגֹּ֥עַ בָּהֶֽם׃

20 זֹ֛את נַעֲשֶׂ֥ה לָהֶ֖ם וְהַחֲיֵ֣ה אוֹתָ֑ם וְלֹֽא־יִֽהְיֶ֤ה עָלֵ֙ינוּ֙ קֶ֔צֶף עַל־הַשְּׁבוּעָ֖ה אֲשֶׁר־נִשְׁבַּ֥עְנוּ לָהֶֽם׃

21 וַיֹּאמְר֧וּ אֲלֵיהֶ֛ם הַנְּשִׂיאִ֖ים יִֽחְי֑וּ וַ֠יִּהְיוּ חֹטְבֵ֨י עֵצִ֤ים וְשֹֽׁאֲבֵי־מַ֙יִם֙ לְכָל־הָ֣עֵדָ֔ה כַּאֲשֶׁ֛ר דִּבְּר֥וּ לָהֶ֖ם הַנְּשִׂיאִֽים׃

22 וַיִּקְרָ֤א לָהֶם֙ יְהוֹשֻׁ֔עַ וַיְדַבֵּ֥ר אֲלֵיהֶ֖ם לֵאמֹ֑ר לָ֣מָּה רִמִּיתֶ֣ם אֹתָ֗נוּ לֵאמֹ֗ר רְחוֹקִ֨ים אֲנַ֤חְנוּ מִכֶּם֙ מְאֹ֔ד וְאַתֶּ֖ם בְּקִרְבֵּ֥נוּ יֹשְׁבִֽים׃

23 וְעַתָּ֖ה אֲרוּרִ֣ים אַתֶּ֑ם וְלֹֽא־יִכָּרֵ֨ת מִכֶּ֜ם עֶ֗בֶד וְחֹטְבֵ֥י עֵצִ֛ים וְשֹֽׁאֲבֵי־מַ֖יִם לְבֵ֥ית אֱלֹהָֽי׃

24 וַיַּעֲנ֨וּ אֶת־יְהוֹשֻׁ֜עַ וַיֹּאמְר֗וּ כִּי֩ הֻגֵּ֨ד הֻגַּ֤ד לַעֲבָדֶ֙יךָ֙ אֵת֩ אֲשֶׁ֨ר צִוָּ֜ה יְהוָ֤ה אֱלֹהֶ֙יךָ֙ אֶת־מֹשֶׁ֣ה עַבְדּ֔וֹ לָתֵ֥ת לָכֶ֛ם אֶת־כָּל־הָאָ֖רֶץ וּלְהַשְׁמִ֞יד אֶת־כָּל־יֹשְׁבֵ֤י הָאָ֙רֶץ֙ מִפְּנֵיכֶ֔ם וַנִּירָ֨א מְאֹ֤ד לְנַפְשֹׁתֵ֙ינוּ֙ מִפְּנֵיכֶ֔ם וַֽנַּעֲשֵׂ֖ה אֶת־הַדָּבָ֥ר הַזֶּֽה׃

25 וְעַתָּ֖ה הִנְנ֣וּ בְיָדֶ֑ךָ כַּטּ֨וֹב וְכַיָּשָׁ֧ר בְּעֵינֶ֛יךָ לַעֲשׂ֥וֹת לָ֖נוּ עֲשֵֽׂה׃

26 וַיַּ֥עַשׂ לָהֶ֖ם כֵּ֑ן וַיַּצֵּ֥ל אוֹתָ֛ם מִיַּ֥ד בְּנֵֽי־יִשְׂרָאֵ֖ל וְלֹ֥א הֲרָגֽוּם׃

27 וַיִּתְּנֵ֨ם יְהוֹשֻׁ֜עַ בַּיּ֣וֹם הַה֗וּא חֹטְבֵ֥י עֵצִ֛ים וְשֹׁ֥אֲבֵי מַ֖יִם לָֽעֵדָ֑ה וּלְמִזְבַּ֤ח יְהוָה֙ עַד־הַיּ֣וֹם הַזֶּ֔ה אֶל־הַמָּק֖וֹם אֲשֶׁ֥ר יִבְחָֽר׃

CAP. X. י

1 וַיְהִי֩ כִשְׁמֹ֨עַ אֲדֹֽנִי־צֶ֜דֶק מֶ֣לֶךְ יְרוּשָׁלִַ֗ם כִּֽי־לָכַ֨ד יְהוֹשֻׁ֣עַ אֶת־הָעַי֮ וַיַּחֲרִימָהּ֒ כַּאֲשֶׁ֨ר עָשָׂ֤ה לִֽירִיחוֹ֙ וּלְמַלְכָּ֔הּ כֵּן־עָשָׂ֥ה לָעַ֖י וּלְמַלְכָּ֑הּ וְכִ֨י הִשְׁלִ֜ימוּ יֹשְׁבֵ֤י גִבְעוֹן֙ אֶת־יִשְׂרָאֵ֔ל וַיִּהְי֖וּ בְּקִרְבָּֽם׃

2 וַיִּֽירְא֣וּ מְאֹ֔ד כִּ֣י עִ֤יר גְּדוֹלָה֙ גִּבְע֔וֹן כְּאַחַ֖ת עָרֵ֣י הַמַּמְלָכָ֑ה וְכִ֨י הִ֤יא גְדוֹלָה֙ מִן־הָעַ֔י וְכָל־אֲנָשֶׁ֖יהָ גִּבֹּרִֽים׃

3 וַיִּשְׁלַ֡ח אֲדֹנִי־צֶדֶק֩ מֶ֨לֶךְ יְרוּשָׁלִַ֜ם אֶל־הוֹהָ֣ם מֶֽלֶךְ־חֶבְר֗וֹן וְאֶל־פִּרְאָ֤ם מֶֽלֶךְ־יַרְמוּת֙ וְאֶל־יָפִ֤יעַ מֶֽלֶךְ־לָכִישׁ֙ וְאֶל־דְּבִ֥יר מֶֽלֶךְ־עֶגְל֖וֹן לֵאמֹֽר׃

4 עֲלֽוּ־אֵלַ֣י וְעִזְרֻ֔נִי וְנַכֶּ֖ה אֶת־גִּבְע֑וֹן כִּֽי־הִשְׁלִ֥ימָה אֶת־יְהוֹשֻׁ֖עַ וְאֶת־בְּנֵ֥י יִשְׂרָאֵֽל׃

5 וַיֵּאָסְפ֨וּ וַֽיַּעֲל֜וּ חֲמֵ֣שֶׁת ׀ מַלְכֵ֣י הָאֱמֹרִ֗י מֶ֣לֶךְ יְרוּשָׁלִַ֜ם מֶֽלֶךְ־חֶבְר֤וֹן מֶֽלֶךְ־יַרְמוּת֙ מֶֽלֶךְ־לָכִ֣ישׁ מֶֽלֶךְ־עֶגְל֔וֹן הֵ֖ם וְכָל־מַחֲנֵיהֶ֑ם וַֽיַּחֲנוּ֙ עַל־גִּבְע֔וֹן וַיִּֽלָּחֲמ֖וּ עָלֶֽיהָ׃

6 וַיִּשְׁלְח֣וּ אַנְשֵׁי֩ גִבְע֨וֹן אֶל־יְהוֹשֻׁ֤עַ אֶל־הַֽמַּחֲנֶה֙ הַגִּלְגָּ֣לָה לֵאמֹ֔ר אַל־תֶּ֥רֶף יָדֶ֖יךָ מֵֽעֲבָדֶ֑יךָ עֲלֵ֧ה אֵלֵ֣ינוּ מְהֵרָ֗ה וְהוֹשִׁ֤יעָה לָּ֙נוּ֙ וְעָזְרֵ֔נוּ כִּ֚י נִקְבְּצ֣וּ אֵלֵ֔ינוּ כָּל־מַלְכֵ֥י הָאֱמֹרִ֖י יֹשְׁבֵ֥י הָהָֽר׃

7 וַיַּ֨עַל יְהוֹשֻׁ֜עַ מִן־הַגִּלְגָּ֗ל ה֚וּא וְכָל־עַ֤ם הַמִּלְחָמָה֙ עִמּ֔וֹ וְכֹ֖ל גִּבּוֹרֵ֥י הֶחָֽיִל׃

8 וַיֹּ֨אמֶר יְהוָ֤ה אֶל־יְהוֹשֻׁ֙עַ֙ אַל־תִּירָ֣א מֵהֶ֔ם כִּ֥י בְיָדְךָ֖ נְתַתִּ֑ים לֹֽא־יַעֲמֹ֥ד אִ֛ישׁ מֵהֶ֖ם בְּפָנֶֽיךָ׃

9 וַיָּבֹ֧א אֲלֵיהֶ֛ם יְהוֹשֻׁ֖עַ פִּתְאֹ֑ם כָּל־הַלַּ֕יְלָה עָלָ֖ה מִן־הַגִּלְגָּֽל׃

because of the name of the LORD thy God: for we have heard [a] the fame of him, and all that he did in Egypt,

10 And all that he did to the two kings of the Amorites that *were* beyond Jordan, to Sihon king of Heshbon, and to Og king of Bashan, which *was* at Ashtaroth.

11 Wherefore [d] our elders and all the inhabitants of our country spake to us, saying, Take victuals [β] with you for the journey, and go to meet them, and say unto them, We *are* your servants: therefore now make ye a league with us.

12 This our bread we took hot *for* our provision out of our houses on the day we came forth to go unto you; but now, behold, it is dry, and it is mouldy:

13 And these bottles of wine, which we filled, *were* new; and, behold, they be rent: and these our garments and our shoes are become old by reason of the very long journey.

14 And [δ] the men took of their victuals, and asked not [g] *counsel* at [h] the mouth of the LORD.

15 And Joshua made peace [i] with them, and made a league with them, to let them live: and the princes of the congregation sware [k] unto them.

16 And it came to pass at the end of three days after they had made a league with them, that they heard that they *were* their neighbours,&[that] they dwelt among them.

17 And the children of Israel journeyed, and came unto their cities on the third day. Now their cities *were* Gibeon,[m] and Chephirah, and Beeroth, and Kirjath-jearim.

18 And the children of Israel smote them not, because of the princes of the congregation had sworn [o] unto them by the LORD God of Israel. And all the congregation murmured against the princes.

19 But all the princes said unto all the congregation, We have sworn unto them by the LORD God of Israel: now, therefore, we may not touch them.

20 This we will do to them; we will even let them live; lest [q] wrath be upon us, because of the oath which we sware unto them.

21 And the princes said unto them, Let them live; but let them be hewers [t] of wood and drawers of water unto all the congregation; as the princes had promised [u] them.

22 And Joshua called for them, and he spake unto them, saying, Wherefore have ye beguiled us, saying, We *are* very far from you; when ye dwell among us?

23 Now therefore ye *are* cursed; [w] and there shall [ζ] none of you be freed from being bondmen,and hewers [x] of wood and drawers of water for the house of my God.

24 And they answered Joshua and said, Because it was certainly told thy servants, how that the LORD thy God commanded [z] his servant Moses to give you all the land, and to destroy all the inhabitants of the land from before you, therefore we were sore afraid [b] of our lives because of you, and have done this thing.

25 And now, behold, we *are* in [d] thine hand: as it seemeth good and right unto thee to do unto us, do.

26 And so did he unto them, and delivered them out of the hand of the children of Israel, that they slew them not.

27 And Joshua [κ] made them that day hewers of wood and drawers of water for

B. C. 1451.

a ch. 2. 10.
Ex. 15. 14.
Nu. 21. 35.
b De. 12. 5.
Ps. 132. 13, 14.
c ch.8.22..28.
d Es. 8. 17.
e ch. 6. 21.
β *in your hand.*
f ch. 9. 15.
Ex.15.14..16
De. 11. 25.
γ *cities of the kingdom.*
δ *or, they received the men by reason of their victuals.*
g Nu. 27. 21.
1 Ch. 10.13, 14.
Is. 30. 1, 2.
h Ju. 1. 1.
20. 18, 28.
1Sa.23.10,11
30. 8.
2 Sa. 2. 1.
5. 19.
i ch. 11. 19.
k 2 Sa. 21. 2.
l ch. 9. 2.
Is. 8. 9, 10.
m ch. 9. 6.
n ch. 10. 2.
18. 25..28.
o Ps. 15. 4.
Ec. 5. 6.
p ch. 11. 6.
Ju. 4. 14,15.
q 2Sa.21.1..6.
Eze. 17.12..21.
Zec. 5. 3, 4.
Mal. 3. 5.
r Ju. 4. 15.
s Is. 28. 21.
t De. 29. 11.
2Ch.2.17,18
u ver. 15.
v Ex.9.22..26
Ps.18.13,14.
Is. 30. 30.
Re. 16. 21.
w Le.27.28,29
ζ *not be cut off from you.*
x ver. 21, 27.
η *be silent*
y Job 9. 7.
Hab. 3. 11.
z Ex. 23. 32.
De. 7. 1, 2.
a Ju. 12. 12.
b Ex.15,14..16
θ *or, the upright.*
c 2 Sa. 1. 18.
d 2 Sa.24.14.
Is. 47. 6.
κ *gave, or, delivered to be.*
Ezr. 8. 20.
e Is. 38. 8.
f De. 1. 30.

the congregation, and for the altar of the LORD, even unto this day, in the [b] place which he should choose.

CHAP. X.

NOW it came to pass, when Adonizedec king of Jerusalem had heard how Joshua had taken Ai, and [c] had utterly destroyed it; as he had done to Jericho and her king, so he had done to Ai [e] and her king; and how the inhabitants of Gibeon had made peace with Israel, and were among them;

2 That they feared [f] greatly, because Gibeon *was* a great city, as one of the royal cities,[γ] and because it *was* greater than Ai, and all the men thereof *were* mighty.

3 Wherefore Adoni-zedec king of Jerusalem sent unto Hoham king of Hebron, and unto Piram king of Jarmuth, and unto Japhia king of Lachish, and unto Debir king of Eglon, saying,

4 Come up unto me, and help me, that we may smite Gibeon: for it hath made peace with Joshua & with the children of Israel.

5 Therefore the five kings of the Amorites, the king of Jerusalem, the king of Hebron, the king of Jarmuth, the king of Lachish, the king of Eglon,[i] gathered themselves together, and went up, they and all their hosts, and encamped before Gibeon, and made war against it.

6 And the men of Gibeon sent unto Joshua to the camp [m] to Gilgal, saying, Slack not thy hand from thy servants; come up to us quickly, and save us, and help us: for all the kings of the Amorites that dwell in the mountains are gathered together against us.

7 So Joshua ascended from Gilgal, he, and all the people of war with him, and all the mighty men of valour.

8 And the LORD said unto Joshua, Fear [p] them not; for I have delivered them into thine hand: there shall not a man of them stand before thee.

9 Joshua therefore came unto them suddenly, *and* went up from Gilgal all night.

10 And the LORD discomfited [r] them before Israel, and slew them with a great slaughter at Gibeon,[s] and chased them along the way that goeth up to Beth-horon, and smote them to Azekah, and unto Makkedah.

11 And it came to pass, as they fled from before Israel, *and* were in the going down to Beth-horon, that the LORD cast down great stones [v] from heaven upon them unto Azekah, and they died: *they were* more which died with hailstones than *they* whom the children of Israel slew with the sword.

12 Then spake Joshua to the LORD in the day when the LORD delivered up the Amorites before the children of Israel, and he said in the sight of Israel, Sun, [η] stand thou still [y] upon Gibeon; and thou, Moon, in the valley of Ajalon.[a]

13 And the sun stood still, and the moon stayed, until the people had avenged themselves upon their enemies. *Is* not this written in the book of [θ]Jasher?[c] So the sun stood still in the midst of heaven, and hasted not to [e] go down about a whole day.

14 And there was no day like that before it or after it, that the LORD hearkened unto the voice of a man: for the LORD fought [f] for Israel.

15 And Joshua returned, and all Israel with him, unto the camp to Gilgal.

וַיְהֻמֵּם יְהוָֹה לִפְנֵי יִשְׂרָאֵל וַיַּכֵּם מַכָּה־גְדוֹלָה בְּגִבְעוֹן וַיִּרְדְּפֵם דֶּרֶךְ מַעֲלֵה בֵית־חוֹרֹן וַיַּכֵּם עַד־עֲזֵקָה וְעַד־ 10

מַקֵּדָה: וַיְהִי בְּנֻסָם מִפְּנֵי יִשְׂרָאֵל הֵם בְּמוֹרַד בֵּית־חוֹרֹן וַיהוָֹה הִשְׁלִיךְ עֲלֵיהֶם אֲבָנִים גְּדֹלוֹת מִן־הַשָּׁמַיִם עַד־עֲזֵקָה וַיָּמֻתוּ רַבִּים אֲשֶׁר־מֵתוּ בְּאַבְנֵי הַבָּרָד מֵאֲשֶׁר הָרְגוּ בְּנֵי יִשְׂרָאֵל בֶּחָרֶב: 11

אָז יְדַבֵּר יְהוֹשֻׁעַ לַיהוָֹה בְּיוֹם תֵּת יְהוָֹה אֶת־הָאֱמֹרִי לִפְנֵי בְּנֵי יִשְׂרָאֵל וַיֹּאמֶר לְעֵינֵי יִשְׂרָאֵל שֶׁמֶשׁ בְּגִבְעוֹן דּוֹם וְיָרֵחַ בְּעֵמֶק אַיָּלוֹן: וַיִּדֹּם 12

הַשֶּׁמֶשׁ וְיָרֵחַ עָמָד עַד־יִקֹּם גּוֹי אֹיְבָיו הֲלֹא־הִיא כְתוּבָה עַל־סֵפֶר הַיָּשָׁר וַיַּעֲמֹד הַשֶּׁמֶשׁ בַּחֲצִי 13

הַשָּׁמַיִם וְלֹא־אָץ לָבוֹא כְּיוֹם תָּמִים: וְלֹא הָיָה כַּיּוֹם הַהוּא לְפָנָיו וְאַחֲרָיו לִשְׁמֹעַ יְהוָֹה בְּקוֹל אִישׁ כִּי יְהוָֹה נִלְחָם לְיִשְׂרָאֵל: 14

וַיָּשָׁב יְהוֹשֻׁעַ וְכָל־יִשְׂרָאֵל עִמּוֹ אֶל־הַמַּחֲנֶה הַגִּלְגָּלָה: וַיָּנֻסוּ חֲמֵשֶׁת הַמְּלָכִים הָאֵלֶּה וַיֵּחָבְאוּ 15 16

בַמְּעָרָה בְּמַקֵּדָה: וַיֻּגַּד לִיהוֹשֻׁעַ לֵאמֹר נִמְצְאוּ חֲמֵשֶׁת הַמְּלָכִים נֶחְבְּאִים בַּמְּעָרָה בְּמַקֵּדָה: 17

וַיֹּאמֶר יְהוֹשֻׁעַ גֹּלּוּ אֲבָנִים גְּדֹלוֹת אֶל־פִּי הַמְּעָרָה וְהַפְקִידוּ עָלֶיהָ אֲנָשִׁים לְשָׁמְרָם: וְאַתֶּם אַל־ 18 19

תַּעֲמֹדוּ רִדְפוּ אַחֲרֵי אֹיְבֵיכֶם וְזִנַּבְתֶּם אוֹתָם אַל־תִּתְּנוּם לָבוֹא אֶל־עָרֵיהֶם כִּי נְתָנָם יְהוָֹה אֱלֹהֵיכֶם בְּיֶדְכֶם: וַיְהִי כְּכַלּוֹת יְהוֹשֻׁעַ וּבְנֵי יִשְׂרָאֵל לְהַכּוֹתָם 20

מַכָּה גְדוֹלָה־מְאֹד עַד־תֻּמָּם וְהַשְּׂרִידִים שָׂרְדוּ מֵהֶם וַיָּבֹאוּ אֶל־עָרֵי הַמִּבְצָר: וַיָּשֻׁבוּ כָל־הָעָם אֶל־ 21

הַמַּחֲנֶה אֶל־יְהוֹשֻׁעַ מַקֵּדָה בְּשָׁלוֹם לֹא־חָרַץ לִבְנֵי יִשְׂרָאֵל לְאִישׁ אֶת־לְשֹׁנוֹ: וַיֹּאמֶר יְהוֹשֻׁעַ פִּתְחוּ 22

אֶת־פִּי הַמְּעָרָה וְהוֹצִיאוּ אֵלַי אֶת חֲמֵשֶׁת הַמְּלָכִים הָאֵלֶּה מִן־הַמְּעָרָה: וַיַּעֲשׂוּ כֵן וַיֹּצִיאוּ אֵלָיו אֶת־ 23

חֲמֵשֶׁת הַמְּלָכִים הָאֵלֶּה מִן־הַמְּעָרָה אֵת מֶלֶךְ יְרוּשָׁלִַם אֶת־מֶלֶךְ חֶבְרוֹן אֶת־מֶלֶךְ יַרְמוּת אֶת־ 24

מֶלֶךְ לָכִישׁ אֶת־מֶלֶךְ עֶגְלוֹן: וַיְהִי כְּהוֹצִיאָם אֶת־הַמְּלָכִים הָאֵלֶּה אֶל־יְהוֹשֻׁעַ וַיִּקְרָא יְהוֹשֻׁעַ אֶל־ כָּל־אִישׁ יִשְׂרָאֵל וַיֹּאמֶר אֶל־קְצִינֵי אַנְשֵׁי הַמִּלְחָמָה הֶהָלְכוּא אִתּוֹ קִרְבוּ שִׂימוּ אֶת־רַגְלֵיכֶם עַל־צַוְּארֵי הַמְּלָכִים הָאֵלֶּה וַיִּקְרְבוּ וַיָּשִׂימוּ אֶת־רַגְלֵיהֶם עַל־ צַוְּארֵיהֶם: וַיֹּאמֶר אֲלֵיהֶם יְהוֹשֻׁעַ אַל־תִּירְאוּ 25

פִּתְאֹם כָּל־הַלַּיְלָה חֶזְקוּ וְאִמְצוּ כִּי כָכָה יַעֲשֶׂה יְהוָֹה לְכָל־ אֹיְבֵיכֶם אֲשֶׁר אַתֶּם נִלְחָמִים אוֹתָם: וַיַּכֵּם 26

יְהוֹשֻׁעַ אַחֲרֵי־כֵן וַיְמִיתֵם וַיִּתְלֵם עַל חֲמִשָּׁה עֵצִים וַיִּהְיוּ תְּלוּיִם עַל־הָעֵצִים עַד־הָעָרֶב: וַיְהִי לְעֵת בּוֹא הַשֶּׁמֶשׁ צִוָּה יְהוֹשֻׁעַ וַיֹּרִידוּם מֵעַל 27

הָעֵצִים וַיַּשְׁלִכֻם אֶל־הַמְּעָרָה אֲשֶׁר נֶחְבְּאוּ־שָׁם וַיָּשִׂמוּ אֲבָנִים גְּדֹלוֹת עַל־פִּי הַמְּעָרָה עַד־עֶצֶם הַיּוֹם הַזֶּה: וְאֶת־מַקֵּדָה לָכַד יְהוֹשֻׁעַ 28

בַּיּוֹם הַהוּא וַיַּכֶּהָ לְפִי־חֶרֶב וְאֶת־מַלְכָּהּ הֶחֱרִם אוֹתָם וְאֶת־כָּל־הַנֶּפֶשׁ אֲשֶׁר־בָּהּ לֹא הִשְׁאִיר שָׂרִיד וַיַּעַשׂ לְמֶלֶךְ מַקֵּדָה כַּאֲשֶׁר עָשָׂה לְמֶלֶךְ יְרִיחוֹ: וַיַּעֲבֹר יְהוֹשֻׁעַ וְכָל־יִשְׂרָאֵל עִמּוֹ מִמַּקֵּדָה 29

לִבְנָה וַיִּלָּחֶם עִם־לִבְנָה: וַיִּתֵּן יְהוָֹה גַּם־אוֹתָהּ בְּיַד 30

יִשְׂרָאֵל וְאֶת־מַלְכָּהּ וַיַּכֶּהָ לְפִי־חֶרֶב וְאֶת־כָּל־ הַנֶּפֶשׁ אֲשֶׁר־בָּהּ לֹא־הִשְׁאִיר בָּהּ שָׂרִיד וַיַּעַשׂ לְמַלְכָּהּ כַּאֲשֶׁר עָשָׂה לְמֶלֶךְ יְרִיחוֹ: וַיַּעֲבֹר 31

יְהוֹשֻׁעַ וְכָל־יִשְׂרָאֵל עִמּוֹ מִלִּבְנָה לָכִישָׁה וַיִּחַן עָלֶיהָ וַיִּלָּחֶם בָּהּ: וַיִּתֵּן יְהוָֹה אֶת־לָכִישׁ בְּיַד 32

יִשְׂרָאֵל וַיִּלְכְּדָהּ בַּיּוֹם הַשֵּׁנִי וַיַּכֶּהָ לְפִי־חֶרֶב וְאֶת־ כָּל־הַנֶּפֶשׁ אֲשֶׁר־בָּהּ כְּכֹל אֲשֶׁר־עָשָׂה לְלִבְנָה: אָז עָלָה הֹרָם מֶלֶךְ גֶּזֶר לַעֲזֹר אֶת־לָכִישׁ 33

וַיַּכֵּהוּ יְהוֹשֻׁעַ וְאֶת־עַמּוֹ עַד־בִּלְתִּי הִשְׁאִיר־לוֹ שָׂרִיד: וַיַּעֲבֹר יְהוֹשֻׁעַ וְכָל־יִשְׂרָאֵל עִמּוֹ מִלָּכִישׁ 34

עֶגְלוֹנָה וַיַּחֲנוּ עָלֶיהָ וַיִּלָּחֲמוּ עָלֶיהָ: וַיִּלְכְּדוּהָ 35

בַּיּוֹם הַהוּא וַיַּכּוּהָ לְפִי־חֶרֶב וְאֵת כָּל־הַנֶּפֶשׁ אֲשֶׁר־ בָּהּ בַּיּוֹם הַהוּא הֶחֱרִים כְּכֹל אֲשֶׁר־עָשָׂה לְלָכִישׁ: וַיַּעַל יְהוֹשֻׁעַ וְכָל־יִשְׂרָאֵל עִמּוֹ מֵעֶגְלוֹנָה 36

חֶבְרוֹנָה וַיִּלָּחֲמוּ עָלֶיהָ: וַיִּלְכְּדוּהָ וַיַּכּוּהָ־לְפִי־חֶרֶב 37

וְאֶת־מַלְכָּהּ וְאֶת־כָּל־עָרֶיהָ וְאֶת־כָּל־הַנֶּפֶשׁ אֲשֶׁר־ בָּהּ לֹא־הִשְׁאִיר שָׂרִיד כְּכֹל אֲשֶׁר־עָשָׂה לְעֶגְלוֹן וַיַּחֲרֵם אוֹתָהּ וְאֶת־כָּל־הַנֶּפֶשׁ אֲשֶׁר־בָּהּ: וַיָּשָׁב 38

יְהוֹשֻׁעַ וְכָל־יִשְׂרָאֵל עִמּוֹ דְּבִרָה וַיִּלָּחֶם עָלֶיהָ: וַיִּלְכְּדָהּ וְאֶת־מַלְכָּהּ וְאֶת־כָּל־עָרֶיהָ וַיַּכּוּם 39

לְפִי־חֶרֶב וַיַּחֲרִימוּ אֶת־כָּל־נֶפֶשׁ אֲשֶׁר־בָּהּ לֹא הִשְׁאִיר שָׂרִיד כַּאֲשֶׁר עָשָׂה לְחֶבְרוֹן כֵּן־עָשָׂה לִדְבִרָה וּלְמַלְכָּהּ וְכַאֲשֶׁר עָשָׂה לְלִבְנָה וּלְמַלְכָּהּ: וַיַּכֶּה יְהוֹשֻׁעַ אֶת־כָּל־הָאָרֶץ הָהָר 40

וְהַנֶּגֶב וְהַשְּׁפֵלָה וְהָאֲשֵׁדוֹת וְאֵת כָּל־מַלְכֵיהֶם לֹא

16 But these five kings fled, and hid themselves in a cave *a* at Makkedah.

17 And it was told Joshua, saying, The five kings are found hid in a cave at Makkedah.

18 And Joshua said, Roll great *b* stones upon the mouth of the cave, and set men by it for to keep them :

19 And stay ye not, *but* pursue *d* after your enemies, and *β* smite the hindmost of them ; suffer them not to enter into their cities : for the LORD your God hath delivered them into your hand.

20 And it came to pass, when Joshua and the children of Israel had made an end of slaying them with a very great slaughter, till they were consumed, that the rest *which* remained of them entered into *b* fenced cities.

21 And all the people returned to the camp at Makkedah in peace : none moved his tongue *i* against any of the children of Israel.

22 Then said Joshua, Open the mouth of the cave, and bring *l* out those five kings unto me out of the cave.

23 And they did so, and brought forth those five kings unto him out of the cave, the king of Jerusalem, the king of Hebron, the king of Jarmuth, the king of Lachish, *and* the king of Eglon.

24 And it came to pass, when they brought out those kings unto Joshua, that Joshua called for all the men of Israel, and said unto the captains of the men of war which went with him, Come near, put your feet *n* upon the necks *o* of these kings. And *p* they came near, and put their feet upon the necks of them.

25 And Joshua said unto them, Fear *r* not, nor be dismayed, be strong *u* and of good courage : for thus *x* shall the LORD do to all your enemies against whom ye fight.

26 And afterward Joshua smote them, and slew them, and hanged *z* them on five trees : and they were hanging upon the trees until the evening. *a*

27 And it came to pass at the time of the going down of the sun, *that* Joshua commanded, and they took them down off the trees, and cast them into the cave wherein they had been hid, and laid great stones in the cave's mouth, *which remain* until this very day.

28 And that day Joshua took Makkedah, and smote it with the edge of the sword, and the king thereof he utterly destroyed,*f* and all the souls that *were* therein ; he let none remain : and he did to the king of Makkedah as he did *h* unto the king of Jericho.

29 Then Joshua passed from Makkedah, and all Israel with him, unto *l* Libnah, and fought against it.

30 And the LORD delivered it also,& the king thereof, into the hand of Israel ; & he smote it with the edge of the sword, and all the souls that *were* therein ; he let none remain in it ; but did unto the king thereof as *n* he did unto the king of Jericho.

31 And Joshua passed from Libnah, and all Israel with him,unto Lachish,*p* and encamped against it, and fought against it :

32 And the LORD delivered Lachish into the hand of Israel, which took it on the second day, and smote it with the edge of the sword, and all the souls that *were* therein, according to all that he had done *v* to Libnah.

B. C. 1451.

a Ju. 6. 2.
　1 Sa. 13. 6.
　　24. 3, 8.
b Mat. 27. 60.
c ver. 3.
d Jer. 48. 10.
β cut off the tail.
e ver. 32.
f ch. 14. 13.
　　15. 13.
　Ju. 1. 10.
　2 Sa.5. 1.5.
　　15.9,10.
　1 Ch. 12.23,
　　38.
g 2 Sa. 20. 6.
　Je. 8. 14.
h ver. 35.
i Ex. 11. 7.
k ch. 15. 15.
　Ju. 1. 11.
l 1 Sa. 15. 32.
m ver. 37.
n Is. 26. 5, 6.
　Mal. 4. 3.
o Ps. 18. 40.
p Ps. 107. 40.
　　149. 8, 9.
q De.20.16,17.
r ch. 1. 9.
　De. 31. 6, 8.
s De. 9. 23.
t Ge. 10. 19.
　1 Sa. 6. 17.
u Ep. 6. 10.
v ch. 11. 16.
w ver. 2, 12.
　1 Ki. 3. 5.
x De. 3. 21.
　　7. 19.
　Ro. 8. 37.
y ver. 14.
z ch. 8. 29.
a De. 21. 23.
b ch. 10. 3.
c ch. 19. 15.
d Nu. 34. 11.
e ch. 17. 11.
　Ju. 1. 27.
　1 Ki. 4. 11.
f De. 7. 2, 16.
g Ju. 3. 3.
h ch. 6. 21.
i ch. 13. 11.
k Ge. 31. 49.
l ch. 15. 42.
　　21. 13.
　2 Ki. 8. 22.
　　19. 8.
m Ju. 7. 12.
　1 Sa. 13. 5.
γ assembled by appointment.
n ver. 28.
o ch. 10. 8.
p ver. 3, 5.
q 2 Sa. 8. 4.
r Ps. 20. 7.
　Is. 31. 1.
　Hos. 14. 3.
s Ps. 46. 9.
t ch. 10. 9.
　1 Th. 5. 3.
u ch. 21. 44.
v ver. 30.

---

33 Then Horam king of Gezer came up to help Lachish ; and Joshua smote him and his people, until he had left him none remaining.

34 And from Lachish Joshua passed unto Eglon,*c* and all Israel with him ; and they encamped against it,and fought against it :

35 And they took it on that day, and smote it with the edge of the sword ; and all the souls that *were* therein he utterly destroyed that day, according to all *e* that he had done to Lachish.

36 And Joshua went up from Eglon, and all Israel with him, unto Hebron ;*f* and they fought against it :

37 And they took it, and smote it with the edge of the sword,and the king thereof, and all the cities thereof, and all the souls that *were* therein ; he left none remaining, according to all *h* that he had done to Eglon ; but destroyed it utterly, and all the souls that *were* therein.

38 And Joshua returned, and all Israel with him, to Debir,*k* and fought against it :

39 And he took it, and the king thereof, and all the cities thereof ; and they smote them with the edge of the sword, and utterly destroyed all the souls that *were* therein ; he left none remaining : as *m* he had done to Hebron, so he did to Debir, and to the king thereof ; as he had done also to Libnah, and to her king.

40 So Joshua smote all the country of the hills, and of the south, and of the vale, and of the springs, and all their kings : he left none remaining, but utterly destroyed all that breathed, as the LORD God of Israel commanded.*q*

41 And Joshua smote them from Kadesh-barnea *s* even unto Gaza,*t* and all the country of Goshen *v* even unto Gibeon.*w*

42 And all these kings and their land did Joshua take at one time, because *y* the LORD God of Israel fought for Israel.

43 And Joshua returned, and all Israel with him, unto the camp to Gilgal.

CHAP. XI.

AND it came to pass, when Jabin king of Hazor had heard *those things*, that he sent *b* to Jobab king of Madon, and to the king of Shimron,*c* and to the king of Achshaph,

2 And to the kings that *were* on the north of the mountains, and of the plains south of Chinneroth,*d* and in the valley, and in the borders of Dor,*e* on the west.

3 *And to* the Canaanite on the east and on the west, and *to* the Amorite, and the Hittite, and the Perizzite,and the Jebusite in the mountains, and *to* the Hivite *g* under Hermon,*i* in the land of Mizpeh. *k*

4 And they went out, they and all their hosts with them, much people, even as the sand *m* that *is* upon the sea-shore in multitude, with horses and chariots very many.

5 And when all these kings were *γ* met together, they came and pitched together at the waters of Merom, to fight against Israel.

6 And the LORD said unto Joshua,Be*o* not afraid because of them : for to-morrow about this time will I deliver them up all slain before Israel: thou shalt hough*q* their horses,*r* and burn their chariots *s* with fire.

7 So Joshua came,& all the people of war with him, against them by the waters of Merom suddenly ;*t* & they fell upon them.

8 And the LORD *u* delivered them into the hand of Israel, who smote them, and

הִשְׁאִיר שָׂרִיד וְאֵת כָּל־הַנְּשָׁמָה הֶחֱרִים כַּאֲשֶׁר
41 צִוָּה יְהוָֹה אֱלֹהֵי יִשְׂרָאֵל׃ וַיַּכֵּם יְהוֹשֻׁעַ מִקָּדֵשׁ
בַּרְנֵעַ וְעַד־עַזָּה וְאֵת כָּל־אֶרֶץ גֹּשֶׁן וְעַד־גִּבְעוֹן׃
42 וְאֵת כָּל־הַמְּלָכִים הָאֵלֶּה וְאֶת־אַרְצָם לָכַד יְהוֹשֻׁעַ
פַּעַם אֶחָת כִּי יְהוָֹה אֱלֹהֵי יִשְׂרָאֵל נִלְחָם לְיִשְׂרָאֵל׃
43 וַיָּשָׁב יְהוֹשֻׁעַ וְכָל־יִשְׂרָאֵל עִמּוֹ אֶל־הַמַּחֲנֶה הַגִּלְגָּלָה׃

CAP. XI. יא

1 וַיְהִי כִּשְׁמֹעַ יָבִין מֶלֶךְ־חָצוֹר וַיִּשְׁלַח אֶל־יוֹבָב מֶלֶךְ
2 מָדוֹן וְאֶל־מֶלֶךְ שִׁמְרוֹן וְאֶל־מֶלֶךְ אַכְשָׁף׃ וְאֶל־
הַמְּלָכִים אֲשֶׁר מִצָּפוֹן בָּהָר וּבָעֲרָבָה נֶגֶב כִּנֲרוֹת
3 וּבַשְּׁפֵלָה וּבְנָפוֹת דּוֹר מִיָּם׃ הַכְּנַעֲנִי מִמִּזְרָח וּמִיָּם
וְהָאֱמֹרִי וְהַחִתִּי וְהַפְּרִזִּי וְהַיְבוּסִי בָּהָר וְהַחִוִּי תַּחַת
4 חֶרְמוֹן בְּאֶרֶץ הַמִּצְפָּה׃ וַיֵּצְאוּ הֵם וְכָל־מַחֲנֵיהֶם
עִמָּם עַם־רָב כַּחוֹל אֲשֶׁר עַל־שְׂפַת־הַיָּם לָרֹב וְסוּס
5 וָרֶכֶב רַב־מְאֹד׃ וַיִּוָּעֲדוּ כֹּל הַמְּלָכִים הָאֵלֶּה
וַיָּבֹאוּ וַיַּחֲנוּ יַחְדָּו אֶל־מֵי מֵרוֹם לְהִלָּחֵם עִם־
6 יִשְׂרָאֵל׃ וַיֹּאמֶר יְהוָֹה אֶל־יְהוֹשֻׁעַ אַל־תִּירָא
מִפְּנֵיהֶם כִּי־מָחָר כָּעֵת הַזֹּאת אָנֹכִי נֹתֵן אֶת־כֻּלָּם
חֲלָלִים לִפְנֵי יִשְׂרָאֵל אֶת־סוּסֵיהֶם תְּעַקֵּר וְאֶת־
7 מַרְכְּבֹתֵיהֶם תִּשְׂרֹף בָּאֵשׁ׃ וַיָּבֹא יְהוֹשֻׁעַ וְכָל־עַם
הַמִּלְחָמָה עִמּוֹ עֲלֵיהֶם עַל־מֵי מֵרוֹם פִּתְאֹם וַיִּפְּלוּ
8 בָּהֶם׃ וַיִּתְּנֵם יְהוָֹה בְּיַד־יִשְׂרָאֵל וַיַּכּוּם וַיִּרְדְּפוּם
עַד־צִידוֹן רַבָּה וְעַד מִשְׂרְפוֹת מַיִם וְעַד־בִּקְעַת
מִצְפֶּה מִזְרָחָה וַיַּכֻּם עַד־בִּלְתִּי הִשְׁאִיר־לָהֶם שָׂרִיד׃
9 וַיַּעַשׂ לָהֶם יְהוֹשֻׁעַ כַּאֲשֶׁר אָמַר־לוֹ יְהוָֹה אֶת־
סוּסֵיהֶם עִקֵּר וְאֶת־מַרְכְּבֹתֵיהֶם שָׂרַף בָּאֵשׁ׃
10 וַיָּשָׁב יְהוֹשֻׁעַ בָּעֵת הַהִיא וַיִּלְכֹּד אֶת־חָצוֹר וְאֶת־
מַלְכָּהּ הִכָּה בֶחָרֶב כִּי־חָצוֹר לְפָנִים הִיא רֹאשׁ כָּל־
11 הַמַּמְלָכוֹת הָאֵלֶּה׃ וַיַּכּוּ אֶת־כָּל־הַנֶּפֶשׁ אֲשֶׁר־
בָּהּ לְפִי־חֶרֶב הַחֲרֵם לֹא נוֹתַר כָּל־נְשָׁמָה וְאֶת־חָצוֹר
12 שָׂרַף בָּאֵשׁ׃ וְאֶת־כָּל־עָרֵי הַמְּלָכִים־הָאֵלֶּה וְאֶת־
כָּל־מַלְכֵיהֶם לָכַד יְהוֹשֻׁעַ וַיַּכֵּם לְפִי־חֶרֶב הֶחֱרִים
13 אוֹתָם כַּאֲשֶׁר צִוָּה מֹשֶׁה עֶבֶד יְהוָֹה׃ רַק כָּל־
הֶעָרִים הָעֹמְדוֹת עַל־תִּלָּם לֹא שְׂרָפָם יִשְׂרָאֵל זוּלָתִי
14 אֶת־חָצוֹר לְבַדָּהּ שָׂרַף יְהוֹשֻׁעַ׃ וְכֹל שְׁלַל הֶעָרִים
הָאֵלֶּה וְהַבְּהֵמָה בָּזְזוּ לָהֶם בְּנֵי יִשְׂרָאֵל רַק אֶת־
כָּל־הָאָדָם הִכּוּ לְפִי־חֶרֶב עַד־הִשְׁמִדָם אוֹתָם לֹא
15 הִשְׁאִירוּ כָּל־נְשָׁמָה׃ כַּאֲשֶׁר צִוָּה יְהוָֹה אֶת־מֹשֶׁה

עַבְדּוֹ כֵּן־צִוָּה מֹשֶׁה אֶת־יְהוֹשֻׁעַ וְכֵן עָשָׂה יְהוֹשֻׁעַ
לֹא־הֵסִיר דָּבָר מִכֹּל אֲשֶׁר־צִוָּה יְהוָֹה אֶת־מֹשֶׁה׃
16 וַיִּקַּח יְהוֹשֻׁעַ אֶת־כָּל־הָאָרֶץ הַזֹּאת הָהָר וְאֶת־כָּל־
הַנֶּגֶב וְאֵת כָּל־אֶרֶץ הַגֹּשֶׁן וְאֶת־הַשְּׁפֵלָה וְאֶת־
17 הָעֲרָבָה וְאֶת־הַר יִשְׂרָאֵל וּשְׁפֵלָתֹה׃ מִן־הָהָר
הֶחָלָק הָעוֹלֶה שֵׂעִיר וְעַד־בַּעַל גָּד בְּבִקְעַת הַלְּבָנוֹן
תַּחַת הַר־חֶרְמוֹן וְאֵת כָּל־מַלְכֵיהֶם לָכַד וַיַּכֵּם
18 וַיְמִיתֵם׃ יָמִים רַבִּים עָשָׂה יְהוֹשֻׁעַ אֶת־כָּל־
19 הַמְּלָכִים הָאֵלֶּה מִלְחָמָה׃ לֹא־הָיְתָה עִיר אֲשֶׁר
הִשְׁלִימָה אֶל־בְּנֵי יִשְׂרָאֵל בִּלְתִּי הַחִוִּי יֹשְׁבֵי גִבְעוֹן
20 אֶת־הַכֹּל לָקְחוּ בַמִּלְחָמָה׃ כִּי מֵאֵת יְהוָֹה
הָיְתָה לְחַזֵּק אֶת־לִבָּם לִקְרַאת הַמִּלְחָמָה אֶת־
יִשְׂרָאֵל לְמַעַן הַחֲרִימָם לְבִלְתִּי הֱיוֹת־לָהֶם תְּחִנָּה כִּי
לְמַעַן הַשְׁמִידָם כַּאֲשֶׁר צִוָּה יְהוָֹה אֶת־מֹשֶׁה׃
21 וַיָּבֹא יְהוֹשֻׁעַ בָּעֵת הַהִיא וַיַּכְרֵת אֶת־הָעֲנָקִים
מִן־הָהָר מִן־חֶבְרוֹן מִן־דְּבִר מִן־עֲנָב וּמִכֹּל הַר
יְהוּדָה וּמִכֹּל הַר יִשְׂרָאֵל עִם־עָרֵיהֶם הֶחֱרִימָם
22 יְהוֹשֻׁעַ׃ לֹא־נוֹתַר עֲנָקִים בְּאֶרֶץ בְּנֵי יִשְׂרָאֵל רַק
23 בְּעַזָּה בְּגַת וּבְאַשְׁדּוֹד נִשְׁאָרוּ׃ וַיִּקַּח יְהוֹשֻׁעַ אֶת־
כָּל־הָאָרֶץ כְּכֹל אֲשֶׁר דִּבֶּר יְהוָֹה אֶל־מֹשֶׁה וַיִּתְּנָהּ
יְהוֹשֻׁעַ לְנַחֲלָה לְיִשְׂרָאֵל כְּמַחְלְקֹתָם לְשִׁבְטֵיהֶם
וְהָאָרֶץ שָׁקְטָה מִמִּלְחָמָה׃

CAP. XII. יב

1 וְאֵלֶּה מַלְכֵי הָאָרֶץ אֲשֶׁר הִכּוּ בְנֵי־יִשְׂרָאֵל וַיִּרְשׁוּ
אֶת־אַרְצָם בְּעֵבֶר הַיַּרְדֵּן מִזְרְחָה הַשָּׁמֶשׁ מִנַּחַל
אַרְנוֹן עַד־הַר חֶרְמוֹן וְכָל־הָעֲרָבָה מִזְרָחָה׃ סִיחוֹן 2
מֶלֶךְ הָאֱמֹרִי הַיּוֹשֵׁב בְּחֶשְׁבּוֹן מֹשֵׁל מֵעֲרוֹעֵר אֲשֶׁר
עַל־שְׂפַת־נַחַל אַרְנוֹן וְתוֹךְ הַנַּחַל וַחֲצִי הַגִּלְעָד
3 וְעַד יַבֹּק הַנַּחַל גְּבוּל בְּנֵי עַמּוֹן׃ וְהָעֲרָבָה עַד־יָם
כִּנְּרוֹת מִזְרָחָה וְעַד יָם הָעֲרָבָה יָם־הַמֶּלַח מִזְרָחָה
הַדֶּרֶךְ בֵּית הַיְשִׁמוֹת וּמִתֵּימָן תַּחַת אַשְׁדּוֹת הַפִּסְגָּה׃
4 וּגְבוּל עוֹג מֶלֶךְ הַבָּשָׁן מִיֶּתֶר הָרְפָאִים הַיּוֹשֵׁב
5 בְּעַשְׁתָּרוֹת וּבְאֶדְרֶעִי׃ וּמֹשֵׁל בְּהַר חֶרְמוֹן וּבְסַלְכָה
וּבְכָל־הַבָּשָׁן עַד־גְּבוּל הַגְּשׁוּרִי וְהַמַּעֲכָתִי וַחֲצִי
6 הַגִּלְעָד גְּבוּל סִיחוֹן מֶלֶךְ חֶשְׁבּוֹן׃ מֹשֶׁה עֶבֶד־יְהוָֹה
וּבְנֵי יִשְׂרָאֵל הִכּוּם וַיִּתְּנָהּ מֹשֶׁה עֶבֶד־יְהוָֹה יְרֻשָּׁה
7 לָראוּבֵנִי וְלַגָּדִי וְלַחֲצִי שֵׁבֶט הַמְנַשֶּׁה׃ וְאֵלֶּה
מַלְכֵי הָאָרֶץ אֲשֶׁר הִכָּה יְהוֹשֻׁעַ וּבְנֵי יִשְׂרָאֵל בְּעֵבֶר

chased them unto β great Zidon, and unto γ Misrephoth-maim, and unto the valley of Mizpeh eastward ; and they smote them, until they left them none remaining.

9 And Joshua did unto them as the *b* LORD bade him : he houghed their horses, and burnt *c* their chariots with fire.

10 And Joshua at that time turned back, and took Hazor, and smote the king thereof with the sword : for Hazor beforetime was the head of all those kingdoms.

11 And they smote all the souls that *were* therein with the edge of the sword, utterly destroying *them :* there was not η any left to breathe : and he burnt Hazor with fire.

12 And all the cities of those kings, and all the kings of them, did Joshua take, and smote them with the edge of the sword, *and* he utterly destroyed them, *h* as Moses *y*e servant of *y*e LORD commanded.

13 But *as for* the cities that stood still θ in their strength, Israel burned none of them, save Hazor only ; *that* did Joshua burn.

14 And all the spoil of these cities, and the cattle, the children of Israel took for a prey unto themselves ; but every man they smote with the edge of the sword, until they had destroyed them, neither left they any to breathe.

15 As the LORD commanded Moses his servant, so did Moses command Joshua, and so did Joshua ; he κ left nothing undone of all that the LORD commanded Moses.

16 So Joshua took all that land, the hills, *k* and all the south country, and all the land of Goshen, *l* and the valley, and the plain, and the mountain of Israel, and the valley of the same ;

17 *Even* from λ the mount Halak, *n* that goeth up to Seir, even unto Baal-gad, in the valley of Lebanon, under mount Hermon : and all their kings *r* he took, and smote them, and slew them.

18 Joshua made war a long time μ with all those kings.

19 There was not a city that made peace with the children of Israel, save the Hivites, *s* the inhabitants of Gibeon : all *other* they took in battle.

20 For it was of *t* the LORD to *u* harden their hearts, that they should come against Israel in battle, that he might destroy them utterly, *and* that they might have no favour, but that he might destroy them, as the LORD *w* commanded Moses.

21 And at that time came Joshua, and cut off the *y* Anakims from the mountains, from Hebron, from Debir, from Anab, and from all the mountains of Judah, and from all the mountains of Israel : Joshua destroyed them utterly within their cities.

22 There was none of the Anakims left in the land of the children of Israel : only in Gaza, in Gath, *b* and in Ashdod, *c* there remained.

23 So Joshua took the whole land, according to all that the LORD said *d* unto Moses ; and Joshua gave it for an inheritance unto Israel, according to their divisions *e* by their tribes. And the land rested *f* from war.

CHAP. XII.

NOW these *are* the kings of the land, which the children of Israel smote, and possessed their land on the other side Jordan, toward the rising of the sun ; from the river Arnon *g* unto mount Hermon, and all the plain on the east ;

B. C. 1450.

β or, *Zidon-rabbah.*

a De. 2.33,36. 3.6,16,17.

γ *burnings,* or, *saltpits.*

b ver. 6.

c Eze.39.9,10.

δ or, *Teman.*

ζ or, *the springs of Pisgah,* or, *the hill.* De. 4. 49.

d Nu.21.33..35

η *any breath* ch. 10. 40.

e De. 3. 11.

f De. 1. 4.

g De. 3.8..14.

h Nu. 33. 52. De. 7. 2. 20.16,17.

θ *on their heap.* Je. 30. 18.

i Nu.32.29,33

κ *removed.*

k ch. 12. 8.

l ch. 10. 41.

m Ex. 23. 23.

λ or, *the smooth mountain.*

n ch. 12. 7.

o ch. 6. 2.

p ch.8.17,29.

q ch.10.23..43

r ch.12.9..24. De. 7. 24.

μ till 1445.

s ch. 9.3, 7.

t Ju. 14. 4. 1 Sa. 2. 25. 1 Ki.12. 15.

u De. 2. 30. Is. 6. 10. Ro. 9. 18.

v Ju. 1. 22.

w De.20.16,17

x 1 Ki. 4. 10.

y ch.15.13,14. Nu.13.22,33 De. 9. 2.

or Sharon. Is. 33. 9.

z ch. 11. 10.

a ch. 11. 1.

b 1 Sa. 17. 4. 2 Sa.21. 22. 1 Ch. 18. 1.

c ch. 15. 46. 2 Ch. 26. 6. Ne.13.23,24

d Nu.34.2,&c

e ch. XIV.. XVI. Nu. 26 52.. 55.

f ch.21.44,45.

π *to possess it* De. 31. 3.

g Nu. 21. 24. De.3. 8, 9.

h Ju. 3. 1.

---

2 Sihon *a* king of the Amorites, who dwelt in Heshbon, *and* ruled from Aroer, which *is* upon the bank of the river Arnon, and from the middle of the river, and from half Gilead, even unto the river Jabbok, *which is* the border of the children of Ammon ;

3 And from the plain to the sea of Chinneroth on the east, and unto the sea of the plain, *even* the salt sea on the east, the way to Beth-jeshimoth ; and from δ the south, under ζ Ashdoth-pisgah :

4 And the coast of Og *d* king of Bashan, *which was* of the *e* remnant of the giants, that dwelt *f* at Ashtaroth and at Edrei,

5 And reigned in mount *g* Hermon, and in Salcah, and in all Bashan, unto the border of the Geshurites, and the Maachathites, and half Gilead, the border of Sihon king of Heshbon.

6 Them did Moses the servant of the LORD & the children of Israel smite ; and Moses the servant of the LORD gave it *i for* a possession unto the Reubenites, and the Gadites, and the half tribe of Manasseh.

7 And these *are* the kings of the country which Joshua and the children of Israel smote on this side Jordan on the west, from Baal-gad in the valley of Lebanon even unto the mount Halak, that goeth up to Seir ; which Joshua gave unto the tribes of Israel *for* a possession, according to their divisions :

8 In the mountains, and in the valleys, and in the plains, and in the springs, and in the wilderness, and in the south country ; the *m* Hittites, the Amorites, and the Canaanites, the Perizzites, the Hivites and the Jebusites :

9 The king of Jericho, *o* one ; the king of Ai, *p* which *is* beside Beth-el, one ;

10 The king of Jerusalem, *q* one ; the king of Hebron, one ;

11 The king of Jarmuth, one ; the king of Lachish, one ;

12 The king of Eglon, one ; the king of Gezer, one ;

13 The king of Debir, one ; the king of Geder, one ;

14 The king of Hormah, one ; the king of Arad, one ;

15 The king of Libnah, one ; the king of Adullam, one ;

16 The king of Makkedah, one ; the king of Beth-el, *v* one ;

17 The king of Tappuah, one ; the king of Hepher, *x* one ;

18 The king of Aphek, one ; the king of *v* Lasharon, one ;

19 The king of Madon, one ; the king of *z* Hazor, one ;

20 The king of Shimron-meron, *a* one ; the king of Achshaph, one ;

21 The king of Taanach, one ; the king of Megiddo, one ;

22 The king of Kedesh, one ; the king of Jokneam of Carmel, one ;

23 The king of Dor in the coast of Dor, one ; the king of the nations of Gilgal, one ;

24 The king of Tirzah, one : all the kings thirty and one.

CHAP. XIII.

NOW Joshua was old *and* stricken in years ; and the LORD said unto him, Thou art old *and* stricken in years, and there remaineth yet very much land π to be possessed.

2 This *is* the land that yet *h* remaineth :

הַיַּרְדֵּן יָמָּה מִבַּעַל גָּד בְּבִקְעַת הַלְּבָנוֹן וְעַד־הָהָר
הֶחָלָק הָעֹלֶה שֵׂעִירָה וַיִּתְּנָהּ יְהוֹשֻׁעַ לְשִׁבְטֵי

8 יִשְׂרָאֵל יְרֻשָּׁה כְּמַחְלְקֹתָם: בָּהָר וּבַשְּׁפֵלָה
וּבָעֲרָבָה וּבָאֲשֵׁדוֹת וּבַמִּדְבָּר וּבַנֶּגֶב הַחִתִּי הָאֱמֹרִי

9 וְהַכְּנַעֲנִי הַפְּרִזִּי הַחִוִּי וְהַיְבוּסִי: מֶלֶךְ יְרִיחוֹ

10 אֶחָד מֶלֶךְ הָעַי אֲשֶׁר־מִצַּד בֵּית־אֵל אֶחָד: מֶלֶךְ יְרוּשָׁלַ͏ִם אֶחָד מֶלֶךְ חֶבְרוֹן אֶחָד:

11 מֶלֶךְ יַרְמוּת אֶחָד מֶלֶךְ לָכִישׁ אֶחָד:

12 מֶלֶךְ עֶגְלוֹן אֶחָד מֶלֶךְ גֶּזֶר אֶחָד:

13 מֶלֶךְ דְּבִר אֶחָד מֶלֶךְ גֶּדֶר אֶחָד:

14,15 מֶלֶךְ חָרְמָה אֶחָד מֶלֶךְ עֲרָד אֶחָד: מֶלֶךְ לִבְנָה אֶחָד מֶלֶךְ עֲדֻלָּם אֶחָד:

16 מֶלֶךְ מַקֵּדָה אֶחָד מֶלֶךְ בֵּית־אֵל אֶחָד:

17 מֶלֶךְ תַּפּוּחַ אֶחָד מֶלֶךְ חֵפֶר אֶחָד:

18,19 מֶלֶךְ אֲפֵק אֶחָד מֶלֶךְ לַשָּׁרוֹן אֶחָד: מֶלֶךְ מָדוֹן אֶחָד מֶלֶךְ חָצוֹר אֶחָד:

20 מֶלֶךְ שִׁמְרוֹן מְראוֹן אֶחָד מֶלֶךְ אַכְשָׁף אֶחָד:

21 מֶלֶךְ תַּעְנַךְ אֶחָד מֶלֶךְ מְגִדּוֹ אֶחָד:

22 מֶלֶךְ קֶדֶשׁ אֶחָד מֶלֶךְ יָקְנְעָם לַכַּרְמֶל אֶחָד:

23 מֶלֶךְ דּוֹר לְנָפַת דּוֹר אֶחָד מֶלֶךְ גּוֹיִם לְגִלְגָּל אֶחָד:

24 מֶלֶךְ תִּרְצָה אֶחָד כָּל־מְלָכִים שְׁלֹשִׁים וְאֶחָד:

CAP. XIII. יג

1 וִיהוֹשֻׁעַ זָקֵן בָּא בַּיָּמִים וַיֹּאמֶר יְהוָה אֵלָיו אַתָּה זָקַנְתָּה בָּאתָ בַיָּמִים וְהָאָרֶץ נִשְׁאֲרָה הַרְבֵּה־

2 מְאֹד לְרִשְׁתָּהּ: זֹאת הָאָרֶץ הַנִּשְׁאָרֶת כָּל־

3 גְּלִילוֹת הַפְּלִשְׁתִּים וְכָל־הַגְּשׁוּרִי: מִן־הַשִּׁיחוֹר אֲשֶׁר עַל־פְּנֵי מִצְרַיִם וְעַד גְּבוּל עֶקְרוֹן צָפוֹנָה לַכְּנַעֲנִי תֵּחָשֵׁב חֲמֵשֶׁת סַרְנֵי פְלִשְׁתִּים הָעַזָּתִי וְהָאַשְׁדּוֹדִי הָאֶשְׁקְלוֹנִי הַגִּתִּי וְהָעֶקְרוֹנִי וְהָעַוִּים:

4 מִתֵּימָן כָּל־אֶרֶץ הַכְּנַעֲנִי וּמְעָרָה אֲשֶׁר לַצִּידֹנִים

5 עַד־אֲפֵקָה עַד גְּבוּל הָאֱמֹרִי: וְהָאָרֶץ הַגִּבְלִי וְכָל־הַלְּבָנוֹן מִזְרַח הַשֶּׁמֶשׁ מִבַּעַל גָּד תַּחַת הַר־חֶרְמוֹן

6 עַד לְבוֹא חֲמָת: כָּל־יֹשְׁבֵי הָהָר מִן־הַלְּבָנוֹן עַד מִשְׂרְפֹת מַיִם כָּל־צִידֹנִים אָנֹכִי אוֹרִישֵׁם מִפְּנֵי בְּנֵי יִשְׂרָאֵל רַק הַפִּלֶהָ לְיִשְׂרָאֵל בְּנַחֲלָה כַּאֲשֶׁר צִוִּיתִיךָ:

7 וְעַתָּה חַלֵּק אֶת־הָאָרֶץ הַזֹּאת בְּנַחֲלָה לְתִשְׁעַת

8 הַשְּׁבָטִים וַחֲצִי הַשֵּׁבֶט הַמְנַשֶּׁה: עִמּוֹ הָראוּבֵנִי וְהַגָּדִי לָקְחוּ נַחֲלָתָם אֲשֶׁר נָתַן לָהֶם מֹשֶׁה בְּעֵבֶר הַיַּרְדֵּן מִזְרָחָה כַּאֲשֶׁר נָתַן לָהֶם מֹשֶׁה עֶבֶד יְהוָה:

9 מֵעֲרוֹעֵר אֲשֶׁר עַל־שְׂפַת־נַחַל אַרְנוֹן וְהָעִיר אֲשֶׁר בְּתוֹךְ־הַנַּחַל וְכָל־הַמִּישֹׁר מֵידְבָא עַד־דִּיבוֹן:

10 וְכֹל עָרֵי סִיחוֹן מֶלֶךְ הָאֱמֹרִי אֲשֶׁר מָלַךְ בְּחֶשְׁבּוֹן עַד־

11 גְּבוּל בְּנֵי עַמּוֹן: וְהַגִּלְעָד וּגְבוּל הַגְּשׁוּרִי וְהַמַּעֲכָתִי

12 וְכֹל הַר חֶרְמוֹן וְכָל־הַבָּשָׁן עַד־סַלְכָה: כָּל־מַמְלְכוּת עוֹג בַּבָּשָׁן אֲשֶׁר־מָלַךְ בְּעַשְׁתָּרוֹת וּבְאֶדְרֶעִי הוּא

13 נִשְׁאַר מִיֶּתֶר הָרְפָאִים וַיַּכֵּם מֹשֶׁה וַיֹּרִשֵׁם: וְלֹא הוֹרִישׁוּ בְּנֵי יִשְׂרָאֵל אֶת־הַגְּשׁוּרִי וְאֶת־הַמַּעֲכָתִי וַיֵּשֶׁב גְּשׁוּר וּמַעֲכָת בְּקֶרֶב יִשְׂרָאֵל עַד הַיּוֹם הַזֶּה:

14 רַק לְשֵׁבֶט הַלֵּוִי לֹא נָתַן נַחֲלָה אִשֵּׁי יְהוָה אֱלֹהֵי

15 יִשְׂרָאֵל הוּא נַחֲלָתוֹ כַּאֲשֶׁר דִּבֶּר־לוֹ: וַיִּתֵּן

16 מֹשֶׁה לְמַטֵּה בְנֵי־רְאוּבֵן לְמִשְׁפְּחוֹתָם: וַיְהִי לָהֶם הַגְּבוּל מֵעֲרוֹעֵר אֲשֶׁר עַל־שְׂפַת־נַחַל אַרְנוֹן וְהָעִיר

17 אֲשֶׁר בְּתוֹךְ־הַנַּחַל וְכָל־הַמִּישֹׁר עַל־מֵידְבָא: חֶשְׁבּוֹן וְכָל־עָרֶיהָ אֲשֶׁר בַּמִּישֹׁר דִּיבוֹן וּבָמוֹת בַּעַל וּבֵית

18,19 בַּעַל מְעוֹן: וְיַהְצָה וּקְדֵמֹת וּמֵפָעַת: וְקִרְיָתַיִם

20 וְשִׂבְמָה וְצֶרֶת הַשַּׁחַר בְּהַר הָעֵמֶק: וּבֵית פְּעוֹר

21 וְאַשְׁדּוֹת הַפִּסְגָּה וּבֵית הַיְשִׁמוֹת: וְכֹל עָרֵי הַמִּישֹׁר וְכָל־מַמְלְכוּת סִיחוֹן מֶלֶךְ הָאֱמֹרִי אֲשֶׁר מָלַךְ בְּחֶשְׁבּוֹן אֲשֶׁר הִכָּה מֹשֶׁה אֹתוֹ וְאֶת־נְשִׂיאֵי מִדְיָן אֶת־אֱוִי וְאֶת־רֶקֶם וְאֶת־צוּר וְאֶת־חוּר וְאֶת־

22 רֶבַע נְסִיכֵי סִיחוֹן יֹשְׁבֵי הָאָרֶץ: וְאֶת־בִּלְעָם בֶּן־בְּעוֹר הַקּוֹסֵם הָרְגוּ בְנֵי־יִשְׂרָאֵל בַּחֶרֶב אֶל־חַלְלֵיהֶם:

23 וַיְהִי גְּבוּל בְּנֵי רְאוּבֵן הַיַּרְדֵּן וּגְבוּל וְזֹאת נַחֲלַת בְּנֵי־רְאוּבֵן לְמִשְׁפְּחוֹתָם הֶעָרִים וְחַצְרֵיהֶן:

24 וַיִּתֵּן מֹשֶׁה לְמַטֵּה־גָד לִבְנֵי־גָד לְמִשְׁפְּחוֹתָם: וַיְהִי לָהֶם

25 הַגְּבוּל יַעְזֵר וְכָל־עָרֵי הַגִּלְעָד וַחֲצִי אֶרֶץ בְּנֵי עַמּוֹן עַד־עֲרוֹעֵר אֲשֶׁר עַל־פְּנֵי רַבָּה: וּמֵחֶשְׁבּוֹן עַד־

26 רָמַת הַמִּצְפֶּה וּבְטֹנִים וּמִמַּחֲנַיִם עַד־גְּבוּל לִדְבִר:

27 וּבָעֵמֶק בֵּית הָרָם וּבֵית נִמְרָה וְסֻכּוֹת וְצָפוֹן יֶתֶר מַמְלְכוּת סִיחוֹן מֶלֶךְ חֶשְׁבּוֹן הַיַּרְדֵּן וּגְבֻל עַד־קְצֵה

28 יָם־כִּנֶּרֶת עֵבֶר הַיַּרְדֵּן מִזְרָחָה: זֹאת נַחֲלַת בְּנֵי־גָד

29 לְמִשְׁפְּחֹתָם הֶעָרִים וְחַצְרֵיהֶם: וַיִּתֵּן מֹשֶׁה לַחֲצִי שֵׁבֶט מְנַשֶּׁה וַיְהִי לַחֲצִי מַטֵּה בְנֵי־מְנַשֶּׁה

30 לְמִשְׁפְּחוֹתָם: וַיְהִי גְּבוּלָם מִמַּחֲנַיִם כָּל־הַבָּשָׁן כָּל־מַמְלְכוּת עוֹג מֶלֶךְ־הַבָּשָׁן וְכָל־חַוֺּת יָאִיר אֲשֶׁר

31 בַּבָּשָׁן שִׁשִּׁים עִיר: וַחֲצִי הַגִּלְעָד וְעַשְׁתָּרוֹת וְאֶדְרֶעִי עָרֵי מַמְלְכוּת עוֹג בַּבָּשָׁן לִבְנֵי מָכִיר בֶּן־

32 מְנַשֶּׁה לַחֲצִי בְּנֵי־מָכִיר לְמִשְׁפְּחוֹתָם: אֵלֶּה אֲשֶׁר־נִחַל מֹשֶׁה בְּעַרְבוֹת מוֹאָב מֵעֵבֶר לְיַרְדֵּן יְרִיחוֹ

all the borders of the Philistines, and all Geshuri,[a]

3 From Sihor,[b] which *is* before Egypt, even unto the borders of Ekron northward, *which* is counted to the Canaanite: five[c] lords of the Philistines; the Gazathites, and the Ashdothites, the Eshkalonites, the Gittites,& the Ekronites; also the[d] Avites:

4 From the south, all the land of the Canaanites, and [β] Mearah that *is* beside the Sidonians, unto Aphek,[e] to the borders[g] of the Amorites:

5 And the land of the Giblites,[h] and all Lebanon, toward the sun-rising, from Baal-gad[k] under mount Hermon unto the entering into Hamath:

6 All the inhabitants of the hill country, from Lebanon unto Misrephoth-maim,[l] *and* all y[e]Sidonians,them will I drive[n]out from before the children of Israel: only[P] divide thou it by lot unto the Israelites for an inheritance, as I have commanded thee.

7 Now therefore divide this land for an inheritance unto the nine tribes, and the half tribe of Manasseh,

8 With whom the Reubenites and the Gadites have received their inheritance, which Moses[r] gave them, beyond Jordan eastward, *even* as Moses the servant of the LORD gave them;

9 From Aroer, that *is* upon the bank of the river Arnon, and the city that *is* in the midst of the river, and all the plain of Medeba[u] unto Dibon;

10 And all the cities of Sihon king of the Amorites, which reigned in Heshbon, unto the border of the children of Ammon;

11 And Gilead,[w] and the border of the Geshurites and Maachathites, and all mount Hermon, and all Bashan unto Salcah;

12 All the kingdom of Og in Bashan, which reigned in Ashtaroth and in Edrei, who remained of the remnant of the giants: for these[x] did Moses smite, and cast them out.

13 Nevertheless the children of Israel expelled not[z] the Geshurites, nor the Maachathites; but the Geshurites and the Maachathites dwell among the Israelites until this day.

14 Only unto the tribe of Levi he gave none[b] inheritance; the sacrifices[c] of the LORD God of Israel made by fire *are* their inheritance, as he said unto them.

15 And Moses gave unto the tribe of the children of Reuben *inheritance* according to their families:

16 And their coast was from[f] Aroer, that *is* on the bank of the river Arnon, and the city that *is* in the midst of the river, and all the plain by Medeba;

17 Heshbon,[g] and all her cities that *are* in the plain; Dibon, and [γ] Bamoth-baal, and Beth-baal-meon,

18 And Jahaza,[i] and Kedemoth, and Mephaath,

19 And Kirjathaim, and Sibmah, and Zareth-shahar in the mount of the valley,

20 And Beth-peor, and [δ]Ashdoth-pisgah, and Beth-jeshimoth,

21 And all[n] the cities of the plain, and all the kingdom of Sihon king of the Amorites, which reigned in Heshbon, whom Moses smote with the princes of Midian,[P] Evi, and Rekem, and Zur, and Hur, and Reba, *which were* dukes of Sihon, dwelling in the country.

22 Balaam[s] also the son of Beor, the soothsayer,[ζ] did the children of Israel

B. C. 1445.

a 2 Sa. 3. 3.
13. 37, 38.
b Je. 2. 18.
c Ju. 3. 3.
1Sa. 6. 4,16.
Zep. 2. 4, 5.
d De. 2. 23.
β or, *the cave.*
e 1 Sa. 4. 1.
f Nu. 32. 35.
g Ju. 1. 36.
h 1 Ki. 5. 18.
Ps. 83. 7.
i 2 Sa. 11. 1.
k ch. 12. 7.
l ch. 11. 8.
m Nu. 32. 36.
n Ex.23.30,31.
o Ge. 33. 17.
1 Ki. 7. 46.
p ch. 14. 1, 2.
q Nu. 34. 11.
r Nu. 32. 33.
s Nu. 32. 39..
41.
t 1 Ch. 2. 23.
u ver. 16.
Nu. 21. 30.
v ch. 12. 4.
w ch. 12. 5.
x Nu.21.34,35
y ver. 14.
z ch.23.12,13.
Nu. 33. 55.
Ju. 2. 1. 3.
a De. 18. 1.
b ch. 14. 3, 4.
cNu.18.20.24
dNu.34.17,18.
e Nu. 26. 55.
33. 54.
34. 13.
Ps. 16. 5, 6.
f ch. 12. 2.
gNu.21.28,30.
γ *the high places of Baal, and house of Baalmeon.*
Nu. 32. 38.
h Ge. 48. 5.
1Ch.5.1. 2.
i Nu. 21. 23.
k 1Ch.6.54..81
l Nu. 35. 3.
δ *springs of Pisgah,* or, *the hill.*
ch. 12. 3.
m Nu. 35. 2.
n De. 3. 10.
o Nu. 32. 12.
p Nu. 31. 8.
q Nu. 14. 30.
De 1.36,38.
r Nu. 12. 7,8.
s Nu. 22. 5.
31. 8.
ζ or, *diviner.*
t Nu.13.6,26.

slay with the sword among them that were slain by them.

23 And the border of the children of Reuben was Jordan, and the border *thereof.* This *was* the inheritance of the children of Reuben after their families, the cities and the villages thereof.

24 And Moses gave *inheritance* unto the tribe of Gad, *even* unto the children of Gad, according to their families:

25 And their coast was Jazer,[f] and all the cities of Gilead, and half the land of the children of Ammon, unto Aroer that *is* before Rabbah;[i]

26 And from Heshbon unto Ramath-mizpeh, and Betonim; and from Mahanaim unto the border of Debir;

27 And in the valley, Beth-aram,[m] and Beth-nimrah, and Succoth,[o] and Zaphon, the rest of the kingdom of Sihon king of Heshbon, Jordan and *his* border, *even* unto the edge of the sea of[q] Chinnereth, on the other side Jordan eastward.

28 This *is* the inheritance of the children of Gad after their families, the cities, and their villages.

29 And Moses gave *inheritance* unto the half tribe of Manasseh: and *this* was the possession of the half tribe of the children of Manasseh by their families:

30 And[s] their coast was from Mahanaim, all Bashan, and the kingdom of Og king of Bashan, and all the towns[t] of Jair, which *are* in Bashan, threescore cities;

31 And half Gilead, and[v] Ashtaroth, and Edrei, cities of the kingdom of Og in Bashan, *were* pertaining unto the children of Machir the son of Manasseh, *even* to the one half of the children of Machir by their families.

32 These *are the countries* which Moses did distribute for inheritance in the plains of Moab, on the other side Jordan, by Jericho, eastward.

33 But[y] unto the tribe of Levi, Moses gave not *any* inheritance: the LORD God of Israel *was* their inheritance, as he said[a] unto them.

CHAP. XIV.

AND these *are the countries* which the children of Israel inherited in the land of Canaan, which Eleazar[d] the priest, and Joshua the son of Nun, and the heads of the fathers of the tribes of the children of Israel, distributed for inheritance to them.

2 By lot[e] *was* their inheritance, as the LORD commanded by the hand of Moses, for the nine tribes, and *for* the half tribe.

3 For Moses had given the inheritance of two tribes and an half tribe on the other side Jordan: but unto the Levites he gave none inheritance among them.

4 For the children of Joseph were[h] two tribes, Manasseh and Ephraim: therefore they gave no part unto the Levites in the land, save cities[k] to dwell *in*, with their suburbs[l] for their cattle and for their substance.

5 As[m] the LORD commanded Moses, so the children of Israel did, and they divided the land.

6 Then the children of Judah came unto Joshua in Gilgal: and Caleb[e] the son of Jephunneh the Kenezite said unto him, Thou knowest the thing that the LORD said[q] unto Moses the man[r] of God concerning me and thee in Kadesh-barnea.

7 Forty years old *was* I when Moses the servant of the LORD sent[t] me from Kadesh-

33 וּלְשֵׁבֶט הַלֵּוִי לֹא־נָתַן מֹשֶׁה נַחֲלָה יְהוָה אֱלֹהֵי יִשְׂרָאֵל הוּא נַחֲלָתָם כַּאֲשֶׁר דִּבֶּר לָהֶם׃

CAP. XIV. יד

1 וְאֵלֶּה אֲשֶׁר־נָחֲלוּ בְנֵי־יִשְׂרָאֵל בְּאֶרֶץ כְּנָעַן אֲשֶׁר נִחֲלוּ אוֹתָם אֶלְעָזָר הַכֹּהֵן וִיהוֹשֻׁעַ בִּן־נוּן׃

2 בְּגוֹרַל נַחֲלָתָם כַּאֲשֶׁר צִוָּה יְהוָה בְּיַד־מֹשֶׁה לְתִשְׁעַת הַמַּטּוֹת וַחֲצִי הַמַּטֶּה׃ וְרָאשֵׁי אֲבוֹת הַמַּטּוֹת לִבְנֵי יִשְׂרָאֵל׃

3 כִּי־נָתַן מֹשֶׁה נַחֲלַת שְׁנֵי הַמַּטּוֹת וַחֲצִי הַמַּטֶּה מֵעֵבֶר לַיַּרְדֵּן וְלַלְוִיִּם לֹא־ הַמַּטּוֹת וַחֲצִי הַמַּטֶּה מֵעֵבֶר לַיַּרְדֵּן וְלַלְוִיִּם לֹא־נָתַן נַחֲלָה בְּתוֹכָם׃

4 כִּי־הָיוּ בְנֵי־יוֹסֵף שְׁנֵי מַטּוֹת מְנַשֶּׁה וְאֶפְרָיִם וְלֹא־נָתְנוּ חֵלֶק לַלְוִיִּם בָּאָרֶץ כִּי אִם־עָרִים לָשֶׁבֶת וּמִגְרְשֵׁיהֶם לְמִקְנֵיהֶם וּלְקִנְיָנָם׃

5 כַּאֲשֶׁר צִוָּה יְהוָה אֶת־מֹשֶׁה כֵּן עָשׂוּ בְּנֵי יִשְׂרָאֵל וַיַּחְלְקוּ אֶת־הָאָרֶץ׃

6 וַיִּגְּשׁוּ בְנֵי־יְהוּדָה אֶל־יְהוֹשֻׁעַ בַּגִּלְגָּל וַיֹּאמֶר אֵלָיו כָּלֵב בֶּן־יְפֻנֶּה הַקְּנִזִּי אַתָּה יָדַעְתָּ אֶת־הַדָּבָר אֲשֶׁר־דִּבֶּר יְהוָה אֶל־מֹשֶׁה אִישׁ־הָאֱלֹהִים עַל אֹדוֹתַי וְעַל אֹדוֹתֶיךָ בְּקָדֵשׁ בַּרְנֵעַ׃

7 בֶּן־אַרְבָּעִים שָׁנָה אָנֹכִי בִּשְׁלֹחַ מֹשֶׁה עֶבֶד־יְהוָה אֹתִי מִקָּדֵשׁ בַּרְנֵעַ לְרַגֵּל אֶת־הָאָרֶץ וָאָשֵׁב אֹתוֹ דָּבָר כַּאֲשֶׁר עִם־לְבָבִי׃

8 וְאַחַי אֲשֶׁר עָלוּ עִמִּי הִמְסִיו אֶת־לֵב הָעָם וְאָנֹכִי מִלֵּאתִי אַחֲרֵי יְהוָה אֱלֹהָי׃

9 וַיִּשָּׁבַע מֹשֶׁה בַּיּוֹם הַהוּא לֵאמֹר אִם־לֹא הָאָרֶץ אֲשֶׁר דָּרְכָה רַגְלְךָ בָּהּ לְךָ תִהְיֶה לְנַחֲלָה וּלְבָנֶיךָ עַד־עוֹלָם כִּי מִלֵּאתָ אַחֲרֵי יְהוָה אֱלֹהָי׃

10 וְעַתָּה הִנֵּה הֶחֱיָה יְהוָה אוֹתִי כַּאֲשֶׁר דִּבֵּר זֶה אַרְבָּעִים וְחָמֵשׁ שָׁנָה מֵאָז דִּבֶּר יְהוָה אֶת־הַדָּבָר הַזֶּה אֶל־מֹשֶׁה אֲשֶׁר־הָלַךְ יִשְׂרָאֵל בַּמִּדְבָּר וְעַתָּה הִנֵּה אָנֹכִי הַיּוֹם בֶּן־חָמֵשׁ וּשְׁמוֹנִים שָׁנָה׃

11 עוֹדֶנִּי הַיּוֹם חָזָק כַּאֲשֶׁר בְּיוֹם שְׁלֹחַ אוֹתִי מֹשֶׁה כְּכֹחִי אָז וּכְכֹחִי עָתָּה לַמִּלְחָמָה וְלָצֵאת וְלָבוֹא׃

12 וְעַתָּה תְּנָה־לִּי אֶת־הָהָר הַזֶּה אֲשֶׁר־דִּבֶּר יְהוָה בַּיּוֹם הַהוּא כִּי אַתָּה־שָׁמַעְתָּ בַיּוֹם הַהוּא כִּי־עֲנָקִים שָׁם וְעָרִים גְּדֹלוֹת בְּצֻרוֹת אוּלַי יְהוָה אוֹתִי וְהוֹרַשְׁתִּים כַּאֲשֶׁר דִּבֶּר יְהוָה׃

13 וַיְבָרְכֵהוּ יְהוֹשֻׁעַ וַיִּתֵּן אֶת־חֶבְרוֹן לְכָלֵב בֶּן־יְפֻנֶּה לְנַחֲלָה׃

14 עַל־כֵּן הָיְתָה־חֶבְרוֹן לְכָלֵב בֶּן־יְפֻנֶּה הַקְּנִזִּי לְנַחֲלָה עַד הַיּוֹם הַזֶּה יַעַן אֲשֶׁר מִלֵּא אַחֲרֵי יְהוָה אֱלֹהֵי יִשְׂרָאֵל׃

15 וְשֵׁם חֶבְרוֹן לְפָנִים קִרְיַת אַרְבַּע הָאָדָם הַגָּדוֹל בָּעֲנָקִים הוּא וְהָאָרֶץ שָׁקְטָה מִמִּלְחָמָה׃

CAP. XV. טו

1 וַיְהִי הַגּוֹרָל לְמַטֵּה בְּנֵי יְהוּדָה לְמִשְׁפְּחֹתָם אֶל־גְּבוּל אֱדוֹם מִדְבַּר־צִן נֶגְבָּה מִקְצֵה תֵימָן׃

2 וַיְהִי לָהֶם גְּבוּל נֶגֶב מִקְצֵה יָם הַמֶּלַח מִן־הַלָּשֹׁן הַפֹּנֶה נֶגְבָּה׃

3 וְיָצָא אֶל־מִנֶּגֶב לְמַעֲלֵה עַקְרַבִּים וְעָבַר צִנָה וְעָלָה מִנֶּגֶב לְקָדֵשׁ בַּרְנֵעַ וְעָבַר חֶצְרוֹן וְעָלָה אַדָּרָה וְנָסַב הַקַּרְקָעָה׃

4 וְעָבַר עַצְמוֹנָה וְיָצָא נַחַל מִצְרַיִם וְהָיָה תֹצְאוֹת הַגְּבוּל יָמָּה זֶה־יִהְיֶה לָכֶם גְּבוּל נֶגֶב׃

5 וּגְבוּל קֵדְמָה יָם הַמֶּלַח עַד־קְצֵה הַיַּרְדֵּן וּגְבוּל לִפְאַת צָפוֹנָה מִלְּשׁוֹן הַיָּם מִקְצֵה הַיַּרְדֵּן׃

6 וְעָלָה הַגְּבוּל בֵּית חָגְלָה וְעָבַר מִצְּפוֹן לְבֵית הָעֲרָבָה וְעָלָה הַגְּבוּל אֶבֶן בֹּהַן בֶּן־רְאוּבֵן׃

7 וְעָלָה הַגְּבוּל דְּבִרָה מֵעֵמֶק עָכוֹר וְצָפוֹנָה פֹּנֶה אֶל־הַגִּלְגָּל אֲשֶׁר־נֹכַח לְמַעֲלֵה אֲדֻמִּים אֲשֶׁר מִנֶּגֶב לַנָּחַל וְעָבַר הַגְּבוּל אֶל־מֵי־עֵין שֶׁמֶשׁ וְהָיוּ תֹצְאֹתָיו אֶל־עֵין רֹגֵל׃

8 וְעָלָה הַגְּבוּל גֵּי בֶן־הִנֹּם אֶל־כֶּתֶף הַיְבוּסִי מִנֶּגֶב הִיא יְרוּשָׁלִָם וְעָלָה הַגְּבוּל אֶל־רֹאשׁ הָהָר אֲשֶׁר עַל־פְּנֵי גֵי־הִנֹּם יָמָּה אֲשֶׁר בִּקְצֵה עֵמֶק־רְפָאִים צָפוֹנָה׃

9 וְתָאַר הַגְּבוּל מֵרֹאשׁ הָהָר אֶל־מַעְיַן מֵי נֶפְתּוֹחַ וְיָצָא אֶל־עָרֵי הַר־עֶפְרוֹן׃

10 וְנָסַב הַגְּבוּל מִבַּעֲלָה יָמָּה אֶל־הַר שֵׂעִיר וְעָבַר אֶל־כֶּתֶף הַר־יְעָרִים מִצָּפוֹנָה הִיא כְסָלוֹן וְיָרַד בֵּית־שֶׁמֶשׁ וְעָבַר תִּמְנָה׃

11 וְיָצָא הַגְּבוּל אֶל־כֶּתֶף עֶקְרוֹן צָפוֹנָה וְתָאַר הַגְּבוּל שִׁכְּרוֹנָה וְעָבַר הַר־הַבַּעֲלָה וְיָצָא יַבְנְאֵל וְהָיוּ תֹּצְאוֹת הַגְּבוּל יָמָּה׃

12 וּגְבוּל יָם הַיָּמָּה הַגָּדוֹל וּגְבוּל זֶה גְּבוּל בְּנֵי־יְהוּדָה סָבִיב לְמִשְׁפְּחֹתָם׃

13 וּלְכָלֵב בֶּן־יְפֻנֶּה נָתַן חֵלֶק בְּתוֹךְ בְּנֵי־יְהוּדָה אֶל־פִּי יְהוָה לִיהוֹשֻׁעַ אֶת־קִרְיַת אַרְבַּע אֲבִי הָעֲנָק הִיא חֶבְרוֹן׃

14 וַיֹּרֶשׁ מִשָּׁם כָּלֵב אֶת־שְׁלוֹשָׁה בְּנֵי הָעֲנָק אֶת־שֵׁשַׁי וְאֶת־אֲחִימַן וְאֶת־תַּלְמַי יְלִידֵי הָעֲנָק׃

15 וַיַּעַל מִשָּׁם אֶל־יֹשְׁבֵי דְּבִר וְשֵׁם־דְּבִר לְפָנִים קִרְיַת־סֵפֶר׃

16 וַיֹּאמֶר כָּלֵב אֲשֶׁר־יַכֶּה אֶת־קִרְיַת־סֵפֶר וּלְכָדָהּ וְנָתַתִּי לוֹ אֶת־עַכְסָה בִתִּי לְאִשָּׁה׃

17 וַיִּלְכְּדָהּ עָתְנִיאֵל בֶּן־קְנַז אֲחִי כָלֵב וַיִּתֶּן־לוֹ אֶת־עַכְסָה בִתּוֹ לְאִשָּׁה׃

18 וַיְהִי בְּבוֹאָהּ וַתְּסִיתֵהוּ לִשְׁאוֹל

barnea to espy out the land ; and I brought him word again as *it was*[a] in mine heart.

8 Nevertheless my brethren that went up with me made the heart of the people[c] melt: but I wholly [e]followed the LORD my God.

9 And Moses sware on that day, saying, Surely the land whereon[f] thy feet have trodden shall be thine inheritance, and thy children's for ever, because thou hast wholly followed the LORD my God.

10 And now, behold, the LORD hath kept me alive, as he said,[i] these forty and five years, even since the LORD spake this word unto Moses, while *the children of* Israel β wandered in the wilderness : and now, lo, I *am* this day fourscore and five years old.

11 As yet I *am as* strong this day as I *was* in the day that Moses sent me : as[m] my strength *was* then, even so *is* my strength now, for war, both to[o] go out, and to come in.

12 Now therefore give me this mountain, whereof the LORD spake in that day; for thou heardest in that day how[p] the Anakims *were* there, and *that* the cities *were* great *and* fenced : if[q] so be the LORD *will be* with me, then I shall be able to drive them out, as the LORD said.

13 And Joshua blessed[s] him, and[t] gave unto Caleb the son of Jephunneh, Hebron for an inheritance.

14 Hebron therefore became the inheritance of Caleb the son of Jephunneh the Kenezite unto this day, because that he wholly followed the LORD God of Israel.

15 And the name of Hebron before *was* Kirjath-arba ; [x] *which Arba*[y] *was* a great man among the Anakims. And[z] the land had rest from war.

CHAP. XV.

*T*HIS then was the lot[a] of the tribe of the children of Judah by their families, even[c] to the border of Edom ; the wilderness of Zin southward *was* the uttermost part of the south coast.

2 And their south border was from the shore of the salt sea, from the δ bay that looketh southward :

3 And it went out to the south side to Maaleh-acrabbim, ζ and passed along to Zin, and ascended up on the south side unto Kadesh-barnea ; and passed along to Hezron, and went up to Adar, and fetched a compass to Karkaa :

4 *From thence* it passed toward Azmon, and went out unto the river of Egypt; and the goings out of that coast were at the sea : this shall be your south coast.

5 And the east border *was* the salt sea, *even* unto the end of Jordan. And *their* border in the north quarter *was* from y[e] bay of the sea at the uttermost part of Jordan :

6 And the border went up to[g] Beth-hogla, and passed along by the north of Beth-arabah : and the border went up to the stone[k] of Bohan the son of Reuben :

7 And the border went up toward Debir from the valley of Achor,[m] and so northward, looking toward Gilgal,[o] that is before the going up to Adummim,which is on the south side of the river : and the border passed toward the waters of En-shemesh, & y[e] goings out thereof were at[?] En-rogel :

8 And the border went up by the valley of the son of Hinnom[r] unto the south side of the Jebusite ; the same is[u] " Jerusalem : and the border went up to the top of the mountain that *lieth* before the valley of

[center column — marginal references]

B. C. 1444.

a Nu. 13. 30.
14. 6.8.
b 2Sa.5.18,22.
c Nu.13.31,32.
De.1.28,36.
d ch. 18. 15.
e Nu. 14. 24.
f ch. 1. 3.
g 2 Sa. 6. 2.
1 Ch. 13. 6.
h Ju. 18. 12.
i Nu. 14. 30.
k Ge. 38. 13.
Ju. 14. 1.
β *walked.*
l 1 Sa. 5. 10.
7. 14.
2Ki.1.2 3,6,
16.
m De. 34. 7.
Ps. 103. 5.
n Nu. 34.6,7.
o De. 31. 2.
p Nu.13.28,33
γ *Kirjath-arba.*
q 1 Sa. 14. 6.
2Ch. 14. 11.
Ps.18.32..34
27. 1..3.
44. 3.
60. 12.
118. 10..12.
Ro. 8. 31.
Phi. 4. 13.
He. 11. 33.
r Nu. 13 22.
Ju.1.10,20.
s ch. 22. 6.
Ca. 6. 9.
t ch. 15. 13.
u ch. 10. 38.
v Ju. 1. 12.13.
w Nu. 32. 12.
x Ge. 23. 2.
y Ge. 35. 27.
z ch. 11. 23.
a Nu. 26. 55.
b Ge. 24. 64.
1Sa. 25. 23.
c Nu.34.3..5.
d Ge. 33. 11.
De. 33. 7.
δ *tongue.*
ζ or, *the going up to Acrabbim.*
e 1Sa. 23. 14,
24.
f Ne. 11. 26.
g ch. 18. 19.
h ver. 9.
i 1 Ch. 4. 29.
k ch. 18. 17.
l 1 Sa. 27. 6.
m ch. 7. 26.
n Nu. 34. 11.
o ch. 5. 9.
p Ju. 13. 25.
q 2Sa. 17. 17.
1 Ki. 1. 9.
r ch. 18. 16.
2 Ki. 23. 10.
Je. 19. 2, 6.
s 1 Sa. 22. 1.
Mi. 1. 15.
t 1Sa. 17. 1.
u ch. 18. 28.
Ju. 19. 10.
η or, *or.*

Hinnom westward, which *is* at the end of the valley of the giants[b] northward :

9 And the border was drawn from the top of the hill unto the fountain[d] of the water of Nephtoah, and went out to the cities of mount Ephron : and the border was drawn to Baalah,[g] which *is* Kirjath-jearim : [h]

10 And the border compassed from Baalah westward unto mount Seir, and passed along unto the side of mount Jearim, which *is* Chesalon, on the north side, and went down to Beth-shemesh, and passed on to Timnah : [k]

11 And y[e] border went out unto y[e] side of Ekron[l] northward : & y[e] border was drawn to Shicron,and passed along to mount Baalah, and went out unto Jabneel ; and the goings out of the border were at the sea.

12 And the west border *was* to the[n] great sea, and the coast *thereof*. This *is* the coast of the children of Judah round about, according to their families.

13 And unto Caleb the son of Jephunneh he gave a part among the children of Judah, according to the commandment of the LORD to Joshua, *even* γ the city of Arba the father of Anak, which *city is* Hebron.

14 And Caleb drove thence the[r] three sons of Anak, Sheshai, and Ahiman, and Talmai, the children of Anak.

15 And he went up thence to the inhabitants of Debir : [u] and the name of Debir before *was* Kirjath-sepher.

16 And Caleb said, He[v] that smiteth Kirjath-sepher, and taketh it, to him will I give Achsah my daughter to wife.

17 And Othniel the son[w] of Kenaz, the brother of Caleb, took it : and he gave him Achsah his daughter to wife.

18 And it came to pass, as she came *unto him*, that she moved him to ask of her father a field : and she[b] lighted off *her* ass; and Caleb said unto her, What wouldest thou ?

19 Who answered, Give me a[d] blessing ; for thou hast given me a south land ; give me also springs of water. And he gave her the upper springs, and the nether springs.

20 This *is* the inheritance of the tribe of the children of Judah according to their families.

21 And the uttermost cities of the tribe of the children of Judah, toward the coast of Edom southward, were Kabzeel, and Eder, and Jagur,

22 And Kinah, & Dimonah, & Adadah,

23 And Kedesh, and Hazor, and Ithnan,

24 Ziph,[e] and Telem, and Bealoth,

25 And Hazor, Hadattah, and Kerioth, *and* Hezron, which *is* Hazor,

26 Amam, and Shema, and Moladah,

27 And Hazar-gaddah, and Heshmon, and Beth-palet,[f]

28 And Hazar-shual, and Beer-sheba, and Bizjothjah,

29 Baalah,[h] and Iim, and Azem,[i]

30 And Eltolad, and Chesil, & Hormah,

31 And Ziklag,[l] and Madmannah, and Sansannah,

32 And Lebaoth, and Shilhim, and[n] Ain, and Rimmon: all the cities *are* twenty and nine, with their villages :

33 *And* in the valley, Eshtaol,[p] and Zoreah, and Ashnah,

34 And Zanoah, and En-gannim, Tappuah, and Enam,

35 Jarmuth, and Adullam,[s] Socoh,[t] and Azekah,

36 And Sharaim, and Adithaim, and Gederah, η and Gederothaim ; fourteen

מֵאֵת־אָבִיהָ שָׂדֶה וַתִּצְנַח מֵעַל הַחֲמוֹר וַיֹּאמֶר־לָהּ 19 כָּלֵב מַה־לָּךְ׃ וַתֹּאמֶר תְּנָה־לִּי בְרָכָה כִּי אֶרֶץ הַנֶּגֶב נְתַתָּנִי וְנָתַתָּה לִי גֻּלֹּת מָיִם וַיִּתֶּן־לָהּ אֵת גֻּלֹּת 20 עִלִּיֹּת וְאֵת גֻּלֹּת תַּחְתִּיֹּת׃ זֹאת נַחֲלַת

וְאֶת־הַיְבוּסִי יוֹשְׁבֵי יְרוּשָׁלַ͏ִם 63 לֹא־יָכְלוּ בְנֵי־יְהוּדָה לְהוֹרִישָׁם וַיֵּשֶׁב הַיְבוּסִי אֶת־ בְּנֵי יְהוּדָה בִּירוּשָׁלַ͏ִם עַד הַיּוֹם הַזֶּה׃

[Hebrew columns, Joshua ch. XVI verses 1–10 and ch. XVII verses 1–7]

1 וַיֵּצֵא הַגּוֹרָל לִבְנֵי יוֹסֵף מִיַּרְדֵּן יְרִיחוֹ לְמֵי יְרִיחוֹ מִזְרָחָה הַמִּדְבָּר עֹלֶה מִירִיחוֹ בָּהָר בֵּית־אֵל׃
2 וְיָצָא מִבֵּית־אֵל לוּזָה וְעָבַר אֶל־גְּבוּל הָאַרְכִּי עֲטָרוֹת׃
3 וְיָרַד־יָמָּה אֶל־גְּבוּל הַיַּפְלֵטִי עַד גְּבוּל בֵּית־חוֹרֹן תַּחְתּוֹן וְעַד־גָּזֶר וְהָיוּ תֹצְאֹתָו יָמָּה׃
4 וַיִּנְחֲלוּ בְנֵי־יוֹסֵף מְנַשֶּׁה וְאֶפְרָיִם׃
5 וַיְהִי גְּבוּל בְּנֵי־אֶפְרַיִם לְמִשְׁפְּחֹתָם וַיְהִי גְּבוּל נַחֲלָתָם מִזְרָחָה עַטְרוֹת אַדָּר עַד־בֵּית חוֹרֹן עֶלְיוֹן׃
6 וְיָצָא הַגְּבוּל הַיָּמָּה הַמִּכְמְתָת מִצָּפוֹן וְנָסַב הַגְּבוּל מִזְרָחָה תַּאֲנַת שִׁלֹה וְעָבַר
7 אוֹתוֹ מִמִּזְרַח יָנוֹחָה׃ וְיָרַד מִיָּנוֹחָה עֲטָרוֹת וְנַעֲרָתָה וּפָגַע בִּירִיחוֹ וְיָצָא הַיַּרְדֵּן׃
8 מִתַּפּוּחַ יֵלֵךְ הַגְּבוּל יָמָּה נַחַל קָנָה וְהָיוּ תֹצְאֹתָיו הַיָּמָּה זֹאת נַחֲלַת מַטֵּה בְנֵי־אֶפְרַיִם לְמִשְׁפְּחֹתָם׃
9 וְהֶעָרִים הַמִּבְדָּלוֹת לִבְנֵי אֶפְרַיִם בְּתוֹךְ נַחֲלַת בְּנֵי־
10 מְנַשֶּׁה כָּל־הֶעָרִים וְחַצְרֵיהֶן׃ וְלֹא הוֹרִישׁוּ אֶת־הַכְּנַעֲנִי הַיּוֹשֵׁב בְּגָזֶר וַיֵּשֶׁב הַכְּנַעֲנִי בְּקֶרֶב אֶפְרַיִם עַד־הַיּוֹם הַזֶּה וַיְהִי לְמַס־עֹבֵד׃

1 וַיְהִי הַגּוֹרָל לְמַטֵּה מְנַשֶּׁה כִּי־הוּא בְּכוֹר יוֹסֵף לְמָכִיר בְּכוֹר מְנַשֶּׁה אֲבִי הַגִּלְעָד כִּי הוּא הָיָה אִישׁ מִלְחָמָה וַיְהִי־לוֹ הַגִּלְעָד וְהַבָּשָׁן׃
2 וַיְהִי לִבְנֵי מְנַשֶּׁה הַנּוֹתָרִים לְמִשְׁפְּחֹתָם לִבְנֵי אֲבִיעֶזֶר וְלִבְנֵי־חֵלֶק וְלִבְנֵי אַשְׂרִיאֵל וְלִבְנֵי־שֶׁכֶם וְלִבְנֵי־חֵפֶר וְלִבְנֵי שְׁמִידָע אֵלֶּה בְּנֵי מְנַשֶּׁה בֶּן־יוֹסֵף הַזְּכָרִים לְמִשְׁפְּחֹתָם׃
3 וְלִצְלָפְחָד בֶּן־חֵפֶר בֶּן־גִּלְעָד בֶּן־מָכִיר בֶּן־מְנַשֶּׁה לֹא־הָיוּ לוֹ בָּנִים כִּי אִם־בָּנוֹת וְאֵלֶּה שְׁמוֹת בְּנֹתָיו מַחְלָה וְנֹעָה חָגְלָה מִלְכָּה וְתִרְצָה׃
4 וַתִּקְרַבְנָה לִפְנֵי אֶלְעָזָר הַכֹּהֵן וְלִפְנֵי יְהוֹשֻׁעַ בִּן־נוּן וְלִפְנֵי הַנְּשִׂיאִים לֵאמֹר יְהֹוָה צִוָּה אֶת־מֹשֶׁה לָתֶת־לָנוּ נַחֲלָה בְּתוֹךְ אַחֵינוּ וַיִּתֵּן לָהֶם אֶל־פִּי יְהֹוָה
5 נַחֲלָה בְּתוֹךְ אֲחֵי אֲבִיהֶן׃ וַיִּפְּלוּ חַבְלֵי־מְנַשֶּׁה עֲשָׂרָה לְבַד מֵאֶרֶץ הַגִּלְעָד וְהַבָּשָׁן אֲשֶׁר מֵעֵבֶר
6 לַיַּרְדֵּן׃ כִּי בְּנוֹת מְנַשֶּׁה נָחֲלוּ נַחֲלָה בְּתוֹךְ בָּנָיו
7 וְאֶרֶץ הַגִּלְעָד הָיְתָה לִבְנֵי־מְנַשֶּׁה הַנּוֹתָרִים׃ וַיְהִי

[Right-hand continuing columns, ch. XV-XVI boundary material:]

21 מַקְצֵה בְּנֵי־יְהוּדָה לְמִשְׁפְּחֹתָם׃ וַיִּהְיוּ הֶעָרִים מִקְצֵה לְמַטֵּה בְנֵי־יְהוּדָה אֶל־גְּבוּל אֱדוֹם בַּנֶּגְבָּה
22 קַבְצְאֵל וְעֵדֶר וְיָגוּר׃ וְקִינָה וְדִימוֹנָה וְעַדְעָדָה׃
23/24 וְקֶדֶשׁ וְחָצוֹר וְיִתְנָן׃ זִיף וָטֶלֶם וּבְעָלוֹת׃
25 וְחָצוֹר חֲדַתָּה וּקְרִיּוֹת חֶצְרוֹן הִיא חָצוֹר׃ אֲמָם
26/27 וּשְׁמַע וּמוֹלָדָה׃ וַחֲצַר גַּדָּה וְחֶשְׁמוֹן וּבֵית פָּלֶט׃
28 וַחֲצַר שׁוּעָל וּבְאֵר שֶׁבַע וּבִזְיוֹתְיָה׃ בַּעֲלָה וְעִיִּים
29/30 וָעָצֶם׃ וְאֶלְתּוֹלַד וּכְסִיל וְחָרְמָה׃ וְצִקְלַג וּמַדְמַנָּה
31/32 וְסַנְסַנָּה׃ וּלְבָאוֹת וְשִׁלְחִים וְעַיִן וְרִמּוֹן כָּל־עָרִים עֶשְׂרִים וָתֵשַׁע וְחַצְרֵיהֶן׃
33 בַּשְּׁפֵלָה אֶשְׁתָּאוֹל
34 וְצָרְעָה וְאַשְׁנָה׃ וְזָנוֹחַ וְעֵין גַּנִּים תַּפּוּחַ וְהָעֵינָם׃
35/36 יַרְמוּת וַעֲדֻלָּם שׂוֹכֹה וַעֲזֵקָה׃ וְשַׁעֲרַיִם וַעֲדִיתַיִם וְהַגְּדֵרָה וּגְדֵרֹתָיִם עָרִים אַרְבַּע־עֶשְׂרֵה וְחַצְרֵיהֶן׃
37/38 צְנָן וַחֲדָשָׁה וּמִגְדַּל־גָּד׃ וְדִלְעָן וְהַמִּצְפֶּה וְיָקְתְאֵל׃
39/40 לָכִישׁ וּבָצְקַת וְעֶגְלוֹן׃ וְכַבּוֹן וְלַחְמָס וְכִתְלִישׁ׃
41 וּגְדֵרוֹת בֵּית־דָּגוֹן וְנַעֲמָה וּמַקֵּדָה עָרִים
42/43 שֵׁשׁ־עֶשְׂרֵה וְחַצְרֵיהֶן׃ לִבְנָה וָעֶתֶר וְעָשָׁן׃
44 וְיִפְתָּח וְאַשְׁנָה וּנְצִיב׃ וּקְעִילָה וְאַכְזִיב וּמָרֵאשָׁה
45 עָרִים תֵּשַׁע וְחַצְרֵיהֶן׃ עֶקְרוֹן וּבְנֹתֶיהָ
46 וַחֲצֵרֶיהָ׃ מֵעֶקְרוֹן וָיָמָּה כֹּל אֲשֶׁר־עַל־יַד אַשְׁדּוֹד
47 וְחַצְרֵיהֶן׃ אַשְׁדּוֹד בְּנוֹתֶיהָ וַחֲצֵרֶיהָ עַזָּה בְּנוֹתֶיהָ וַחֲצֵרֶיהָ עַד־נַחַל מִצְרָיִם וְהַיָּם הַגְּבוּל וּגְבוּל׃
48 וּבָהָר שָׁמִיר וְיַתִּיר וְשׂוֹכֹה׃ וְדַנָּה וְקִרְיַת־
49/50 סַנָּה הִיא דְבִר׃ וַעֲנָב וְאֶשְׁתְּמֹה וְעָנִים׃ וְגֹשֶׁן
51 וְחֹלֹן וְגִלֹה עָרִים אַחַת־עֶשְׂרֵה וְחַצְרֵיהֶן׃
52/53 אֲרַב וְרוּמָה וְאֶשְׁעָן׃ וְיָנוּם וּבֵית־תַּפּוּחַ וַאֲפֵקָה׃
54 וְחֻמְטָה וְקִרְיַת אַרְבַּע הִיא חֶבְרוֹן וְצִיעֹר עָרִים
55 תֵּשַׁע וְחַצְרֵיהֶן׃ מָעוֹן כַּרְמֶל וָזִיף וְיוּטָּה׃
56/57 וְיִזְרְעֶאל וְיָקְדְעָם וְזָנוֹחַ׃ הַקַּיִן גִּבְעָה וְתִמְנָה עָרִים
58 עֶשֶׂר וְחַצְרֵיהֶן׃ חַלְחוּל בֵּית־צוּר וּגְדוֹר׃
59 וּמַעֲרָת וּבֵית־עֲנוֹת וְאֶלְתְּקֹן עָרִים שֵׁשׁ וְחַצְרֵיהֶן׃
60 קִרְיַת־בַּעַל הִיא קִרְיַת יְעָרִים וְהָרַבָּה עָרִים
61 שְׁתַּיִם וְחַצְרֵיהֶן׃ בַּמִּדְבָּר בֵּית הָעֲרָבָה מִדִּין
62 וּסְכָכָה׃ וְהַנִּבְשָׁן וְעִיר־הַמֶּלַח וְעֵין גֶּדִי עָרִים

cities with their villages :
37 Zenan, and Hadashah, & Migdalgad,
38 And Dilean, & Mizpeh,*b* & Joktheel,*c*
39 Lachish,*d* and Bozkath, and Eglon,
40 And Cabbon,& Lahmam,& Kithlish,
41 And Gederoth,Beth-dagon, and Naamah, and Makkedah; sixteen cities with their villages :
42 Libnah,*e* and Ether, and Ashan,
43 And Jiphtah,and Ashnah,and Nezib,
44 And Keilah,*g* and Achzib,*h* and Mareshah ; nine cities with their villages :
45 Ekron *i* with her towns and her villages :
46 From Ekron even unto the sea, all that *lay β near* Ashdod,with their villages:
47 Ashdod *l* with her towns and her villages, Gaza with her towns and her villages, unto the river of Egypt, and the great sea,*n* and the border *thereof :*
48 And in the mountains, Shamir, and Jattir, and Socoh,
49 And Dannah, and Kirjath-sannah, which *is* Debir,*q*
50 And Anab,and Eshtemoh,andAnim,
51 And Goshen,*r* and Holon, and Giloh; eleven cities with their villages :
52 Arab, and Dumah,*s* and Eshean,
53 And *δ* Janum, and Beth-tappuah, and Aphekah,
54 And Humtah, and *t* Kirjath-arba (which *is* Hebron), and Zior ; nine cities with their villages :
55 Maon,*u* Carmel,*v* and Ziph, & Juttah,
56 And Jezreel, & Jokdeam, & Zanoah,
57 Cain, Gibeah, and Timnah ; ten cities with their villages :
58 Halhul, Beth-zur, and Gedor,
59 And Maarath, and Beth-anoth, and Eltekon ; six cities with their villages :
60 Kirjath-baal*y* (which*is*Kirjath-jearim) andRabbah; two cities with their villages:
61 In the wilderness, Beth-arabah, Middin, and Secacah,
62 And Nibshan, and the city of Salt, and En-gedi;*z* six cities with their villages.
63 As for the Jebusites, the inhabitants of Jerusalem, the children of Judah could not drive them out : but the*a* Jebusites dwell with the children of Judah at Jerusalem unto this day.

CHAP. XVI.

AND the lot of the children of Joseph fell *ζ* from Jordan by Jericho, unto the water of Jericho on the east, to the wilderness that goeth up from Jericho throughout mount Beth-el,
2 And goeth out from Beth-el to *c* Luz, and passeth along unto the borders of Archi to Ataroth,
3 And goeth down westward to the coast of Japhleti, unto the coast of *e* Beth-horon the nether, and to Gezer :*f* and the goings out thereof are at the sea.
4 So *g* the children of Joseph, Manasseh and Ephraim, took their inheritance.
5 And the border of the children of Ephraim, according to their families, was *thus ;* even the border of their inheritance on the east side was Ataroth-addar, unto Beth-horon the upper:
6 And the border went out toward the sea to Michmethah*l* on the north side ; and the border went about eastward unto Taanath-shiloh, and passed by it on the east to Janohah ;
7 And it went down from Janohah to Ataroth, and to Naarath, and came to Jericho, and went out at Jordan.

B. C. 1444.
———
a ch. 17. 9.
b Ge. 31. 48, 49.
c 2 Ki. 14. 7.
d 2 Ki. 18.14, 17.
e 2 Ki. 8. 22.
f Ju. 1. 29. 1Ki.9.16,21.
g 1 Sa. 23. 1, &c.
h Mi.1.14,15.
i Am. 1. 8. Zep. 2. 4. Zec. 9. 5, 7.
β by the place of.
k Ge. 48. 51.
l 1 Sa. 5. 1, 6. 2 Ch. 26. 6. Ne. 13. 23, 24.
Is. 20. 1.
m Ge. 50. 23.
n Nu. 34.5,6.
o De. 3. 15.
p Nu. 26. 29., 32.
γ Nu. 26. 30. *Jeezer.*
q Ju. 1. 11.
r ch. 10. 41, 11. 16.
s Is. 21. 11.
δ or, Janus.
t ver. 13.
u 1 Sa. 23. 25.
v 1 Ki. 18. 42.
w ch. 14. 1.
x Nu. 27. 6,7.
y ch. 18. 14.
z 1 Sa. 23.29.
a Ju.1.8, 21. 2 Sa. 5. 6. Ro.7.14..21
b ch. 16.6..8.
ζ went forth.
c ch. 18. 13. Ge. 28. 19. Ju. 1. 26.
η or, brook of reeds.
d ch. 16. 9.
e 2 Ch. 8. 5.
f 1 Ch. 7. 28.
g ch. 17. 14.
h 1 Ch. 7. 29.
i 1 Sa. 31. 10. 1 Ki. 4. 12.
k 1 Sa. 28. 7. Ps. 83. 10.
l ch. 17. 7.
m Zec. 12.11.
n Ju.1.27,28.

8 The border went out from Tappuah westward unto the river*a* Kanah ; and the goings out thereof were at the sea. This *is* the inheritance of the tribe of the children of Ephraim by their families.
9 And the separate cities for the children of Ephraim *were* among the inheritance of the children of Manasseh, all the cities with their villages.
10 And*f* they drave not out the Canaanites that dwelt in Gezer : but the Canaanites dwell among the Ephraimites unto this day, and serve under tribute.

CHAP. XVII.

THERE was also a lot for the tribe of Manasseh, (for he *was* the first-born *k* of Joseph) ; *to wit,* for Machir *m* the first-born of Manasseh, the father of Gilead ; because he was a man of war, therefore he had Gilead *o* and Bashan.
2 There was also *a lot* for the rest*p* of the children of Manasseh by their families ; for the children of *γ* Abiezer, and for the children of Helek, and for the children of Asriel, and for the children of Shechem, and for the children of Hepher, and for the children of Shemida : these *were* the male children of Manasseh the son of Joseph by their families.
3 But Zelophehad the son of Hepher, the son of Gilead, the son of Machir, the son of Manasseh, had no sons, but daughters : and these *are* the names of his daughters, Mahlah, and Noah, Hoglah, Milcah, and Tirzah.
4 And they came near before *w* Eleazar the priest, and before Joshua the son of Nun, and before the princes, saying, The LORD commanded Moses *x* to give us an inheritance among our brethren. Therefore, according to the commandment of the LORD, he gave them an inheritance among the brethren of their father.
5 And there fell ten portions to Manasseh,beside the land of Gilead and Bashan, which *were* on the other side of Jordan ;
6 Because y*e* daughters of Manasseh had an inheritance among his sons : & the rest of Manasseh's sons had y*e* land of Gilead.
7 And the coast of Manasseh was from Asher to Michmethah,*b* that *lieth* before Shechem ; and the border went along on the right hand, unto the inhabitants of En-tappuah.
8 *Now* Manasseh had the land of Tappuah : but Tappuah, on the border of Manasseh, *belonged* to the children of Ephraim.
9 And the coast descended unto the *η* river Kanah, southward of the river : these cities*d* of Ephraim *are* among the cities of Manasseh : the coast of Manasseh also *was* on the north side of the river, and the out-goings of it were at the sea :
10 Southward *it was* Ephraim's, and northward *it was* Manasseh's, & the sea is his border; and they met together in Asher on the north, and in Issachar on the east.
11 And*h* Manasseh had in Issachar and in Asher,Beth-shean*i* & her towns, & Ibleam and her towns,& the inhabitants of Dor & her towns, & the inhabitants of En-dor*k* & her towns, & y*e* inhabitants*m* of Taanach & her towns, and the inhabitants of Megiddo and her towns, *even* three countries.
12 Yet*n* the children of Manasseh could not drive out *the inhabitants of* those cities ; but the Canaanites would dwell in that land.

גְּבוּל־מְנַשֶּׁה מֵאָשֵׁר הַמִּכְמְתָת אֲשֶׁר עַל־פְּנֵי שְׁכֶם
וְהָלַךְ הַגְּבוּל אֶל־הַיָּמִין אֶל־יֹשְׁבֵי עֵין תַּפּוּחַ׃
8 לִמְנַשֶּׁה הָיְתָה אֶרֶץ תַּפּוּחַ וְתַפּוּחַ אֶל־גְּבוּל מְנַשֶּׁה
9 לִבְנֵי אֶפְרָיִם׃ וְיָרַד הַגְּבוּל נַחַל קָנָה נֶגְבָּה לַנַּחַל
עָרִים הָאֵלֶּה לְאֶפְרַיִם בְּתוֹךְ עָרֵי מְנַשֶּׁה וּגְבוּל מְנַשֶּׁה
10 מִצְּפוֹן לַנַּחַל וַיְהִי תֹצְאֹתָיו הַיָּמָּה׃ נֶגְבָּה לְאֶפְרַיִם
וְצָפוֹנָה לִמְנַשֶּׁה וַיְהִי הַיָּם גְּבוּלוֹ וּבְאָשֵׁר יִפְגְּעוּן
11 מִצָּפוֹן וּבְיִשָּׂשכָר מִמִּזְרָח׃ וַיְהִי לִמְנַשֶּׁה בְּיִשָּׂשכָר
וּבְאָשֵׁר בֵּית־שְׁאָן וּבְנוֹתֶיהָ וְיִבְלְעָם וּבְנוֹתֶיהָ וְאֶת־
יֹשְׁבֵי דֹאר וּבְנוֹתֶיהָ וְיֹשְׁבֵי עֵין־דֹּר וּבְנֹתֶיהָ וְיֹשְׁבֵי
תַעְנַךְ וּבְנֹתֶיהָ וְיֹשְׁבֵי מְגִדּוֹ וּבְנוֹתֶיהָ שְׁלֹשֶׁת הַנָּפֶת׃
12 וְלֹא יָכְלוּ בְּנֵי מְנַשֶּׁה לְהוֹרִישׁ אֶת־הֶעָרִים הָאֵלֶּה
13 וַיּוֹאֶל הַכְּנַעֲנִי לָשֶׁבֶת בָּאָרֶץ הַזֹּאת׃ וַיְהִי כִּי חָזְקוּ
בְּנֵי יִשְׂרָאֵל וַיִּתְּנוּ אֶת־הַכְּנַעֲנִי לָמַס וְהוֹרֵשׁ לֹא
14 הוֹרִישׁוֹ׃ וַיְדַבְּרוּ בְּנֵי יוֹסֵף אֶת־יְהוֹשֻׁעַ לֵאמֹר
מַדּוּעַ נָתַתָּה לִּי נַחֲלָה גּוֹרָל אֶחָד וְחֶבֶל אֶחָד וַאֲנִי
15 עַם־רָב עַד אֲשֶׁר־עַד־כֹּה בֵּרְכַנִי יְהֹוָה׃ וַיֹּאמֶר
אֲלֵיהֶם יְהוֹשֻׁעַ אִם־עַם־רַב אַתָּה עֲלֵה לְךָ הַיַּעְרָה
וּבֵרֵאתָ לְךָ שָׁם בְּאֶרֶץ הַפְּרִזִּי וְהָרְפָאִים כִּי־אָץ לְךָ
16 הַר־אֶפְרָיִם׃ וַיֹּאמְרוּ בְּנֵי יוֹסֵף לֹא־יִמָּצֵא לָנוּ הָהָר
וְרֶכֶב בַּרְזֶל בְּכָל־הַכְּנַעֲנִי הַיֹּשֵׁב בְּאֶרֶץ־הָעֵמֶק לַאֲשֶׁר
17 בְּבֵית־שְׁאָן וּבְנוֹתֶיהָ וְלַאֲשֶׁר בְּעֵמֶק יִזְרְעֶאל׃ וַיֹּאמֶר
יְהוֹשֻׁעַ אֶל־בֵּית יוֹסֵף לְאֶפְרַיִם וְלִמְנַשֶּׁה לֵאמֹר עַם־
רַב אַתָּה וְכֹחַ גָּדוֹל לָךְ לֹא־יִהְיֶה לְךָ גּוֹרָל אֶחָד׃
18 כִּי הַר יִהְיֶה־לָּךְ כִּי־יַעַר הוּא וּבֵרֵאתוֹ וְהָיָה לְךָ
תֹּצְאֹתָיו כִּי־תוֹרִישׁ אֶת־הַכְּנַעֲנִי כִּי רֶכֶב בַּרְזֶל לוֹ כִּי
חָזָק הוּא׃

CAP. XVIII. יח

1 וַיִּקָּהֲלוּ כָּל־עֲדַת בְּנֵי־יִשְׂרָאֵל שִׁלֹה וַיַּשְׁכִּינוּ שָׁם אֶת־
2 אֹהֶל מוֹעֵד וְהָאָרֶץ נִכְבְּשָׁה לִפְנֵיהֶם׃ וַיִּוָּתְרוּ בִּבְנֵי
3 יִשְׂרָאֵל אֲשֶׁר לֹא־חָלְקוּ אֶת־נַחֲלָתָם שִׁבְעָה שְׁבָטִים׃
וַיֹּאמֶר יְהוֹשֻׁעַ אֶל־בְּנֵי יִשְׂרָאֵל עַד־אָנָה אַתֶּם
מִתְרַפִּים לָבוֹא לָרֶשֶׁת אֶת־הָאָרֶץ אֲשֶׁר נָתַן
4 לָכֶם יְהֹוָה אֱלֹהֵי אֲבוֹתֵיכֶם׃ הָבוּ לָכֶם שְׁלֹשָׁה
אֲנָשִׁים לַשָּׁבֶט וְאֶשְׁלָחֵם וְיָקֻמוּ וְיִתְהַלְּכוּ בָאָרֶץ
5 וְיִכְתְּבוּ אוֹתָהּ לְפִי נַחֲלָתָם וְיָבֹאוּ אֵלָי׃ וְהִתְחַלְּקוּ
אֹתָהּ לְשִׁבְעָה חֲלָקִים יְהוּדָה יַעֲמֹד עַל־גְּבוּלוֹ מִנֶּגֶב
6 וּבֵית יוֹסֵף יַעַמְדוּ עַל־גְּבוּלָם מִצָּפוֹן׃ וְאַתֶּם

13 Yet it came to pass, when the children of Israel were waxen strong, that they put the Canaanites to tribute;[a] but did not utterly drive them out.

14 And the children of Joseph spake unto Joshua, saying, Why hast thou given me *but* one lot and one portion to inherit, seeing I *am* a great people, forasmuch as the LORD hath blessed[b] me hitherto?

15 And Joshua answered them, If thou *be* a great people, *then* get thee up to the wood *country*, and cut down for thyself there in the land of the Perizzites and of the β giants, if mount Ephraim be too narrow for thee.

16 And the children of Joseph said, The hill is not enough for us: and all the Canaanites that dwell in the land of the valley have chariots of iron,[c] *both they* who *are* of Beth-shean[f] and her towns, and *they* who *are* of the valley of Jezreel.[g]

17 And Joshua spake unto the house of Joseph, *even* to Ephraim and to Manasseh, saying, Thou *art* a great people, and hast great power; thou shalt not have one lot *only ;*

18 But the mountain shall be thine : for it *is* a wood, and thou shalt cut it down : and the out-goings of it shall be thine : for[k] thou shalt drive out the Canaanites, though they have iron chariots, *and* though they *be* strong.

CHAP. XVIII.

AND the whole congregation of the children of Israel assembled together at Shiloh,[n] and set up the tabernacle[o] of the congregation there. And the land was subdued before them.

2 And there remained among the children of Israel seven tribes, which had not yet received their inheritance.

3 And Joshua said unto the children of Israel, How long *are* ye slack[q] to go to possess the land which the LORD God of your fathers hath given you?

4 Give out from among you three men for *each* tribe : and I will send them, and they shall rise and go[r] through the land, & describe it according to the inheritance of them ; and they shall come *again* to me.

5 And they shall divide it into seven parts: Judah[s] shall abide in their coast on the south, and the house of[t] Joseph shall abide in their coasts on the north.

6 Ye shall therefore describe the land *into* seven parts, and bring the *description* hither to me, that I may cast[u] lots for you here before the LORD our God.

7 But the Levites[w] have no part among you ; for the priesthood of the LORD *is* their inheritance : and[y] Gad, and Reuben, and half the tribe of Manasseh, have received their inheritance beyond Jordan on the east, which Moses the servant of the LORD gave them.

8 And the men arose, and went away : and Joshua charged them that went to describe the land, saying, Go and walk through[e] the land, and describe it, and come again to me, that I may here cast lots for you before the LORD in Shiloh.

9 And the men went, and passed through the land, and described it by cities, into seven[f] parts, in a book, and came *again* to Joshua to the host at Shiloh.

10 And Joshua cast lots[g] for them in Shiloh before the LORD : and there Joshua divided the land unto the children of Israel according to their divisions.

B. C. 1444.

a ch. 16. 10.

b Ge. 49. 22..
    26.
Nu. 26. 34..
    37.
De. 33. 13..
    17.

β or, *Rephaims.*
Ge. 14. 5.
  15. 20.
2 Sa. 5. 18,
    22.

c Ge. 28. 19.
Ju. 1. 23.

d ch. 16. 3.
e Ju. 1. 19.
  4. 3.

f 1 Ki. 4. 12.
g 2 Ki. 9. 10,
    37.

h 1 Ch.13.5,6.

i ch. 15. 9.

k De. 20. 1.
Is.41.14..16
Ro.8.31,37.
He. 13. 16.

l ch. 15. 8.
2 Ki. 23.10.
2 Ch. 28. 3.
    33. 6.
Je. 19. 2.
  32. 35.

m ch. 15. 7.

n ch. 19. 51.
Je. 7. 12.

o Ju. 18. 31.
1Sa.1.3,24.
  4. 3, 4.

p ch. 15. 6.

γ or, *the plain.*

δ *tongue.*
Is. 11. 15.

q Ju. 18. 9.

r ver. 8.

s ch.15.1,&c.

t ch. 16. 1..4.
u ver. 10.
  ch. 14. 2.

v Ge. 10. 18.
2 Ch. 13. 4.

w ch. 13. 33.

x 1 Ki. 12.29,
    32.

y ch. 13. 8.
z 1 Sa. 13.17.

a 1 Ki. 3. 4,5.
b Je. 31. 15.
c Ju. 10. 17.
d ch.15.8,63.
e Ge. 13. 17.
f Ac. 13. 19.
g Eze. 47. 22.
  48. 29.

h ver. 9.
i Ge. 21. 31.
1 Ch. 4. 28.

---

11 And the lot of the tribe of the children of Benjamin came up according to their families : and the coast of their lot came forth between the children of Judah and the children of Joseph.

12 And their border, on the north side, was from Jordan : and the border went up to the side of Jericho on the north side, and went up through the mountains westward ; and the goings out thereof were at the wilderness of Beth-aven.

13 And the border went over from thence toward Luz, to the side of Luz, (which[c] *is* Beth-el,) southward ; and the border descended to Ataroth-adar, near the hill that *lieth* on the south side of the nether Beth-horon.[d]

14 And the border was drawn *thence*, and compassed the corner of the sea southward, from the hill that *lieth* before Beth-horon southward ; and the goings out thereof were at Kirjath-baal (which *is* Kirjath-jearim,) a city of the children of Judah : this *was* the west quarter.

15 And the south quarter *was* from the end of Kirjath-jearim ;[h] and the border went out on the west, and went out to the well of waters[i] of Nephtoah :

16 And the border came down to the end of the mountain that *lieth* before the valley of the son of Hinnom,[l] *and* which *is* in the valley of the giants on the north, and descended to the valley of Hinnom, to the side of Jebusi on the south, and descended to En-rogel,[m]

17 And was drawn from the north, and went forth to En-shemesh, and went forth toward Geliloth, which *is* over against the going up of Adummim, and descended to the stone[p] of Bohan the son of Reuben,

18 And passed along toward the side over against γ Arabah northward, and went down unto Arabah :

19 And the border passed along to the side of Beth-hoglah northward : and the out-goings of the border were at the north δ bay of the salt sea, at the south end of Jordan : this *was* the south coast.

20 And Jordan was the border of it on the east side. This *was* the inheritance of the children of Benjamin, by the coasts thereof round about, according to their families.

21 Now the cities of the tribe of the children of Benjamin, according to their families, were Jericho, and Beth-hoglah, and the valley of Keziz,

22 And Beth-arabah, and[v] Zemaraim, and Beth-el,[x]

23 And Avim, and Parah, and[z] Ophrah,

24 And Chephar-haammonai,and Ophni, and Gaba; twelve cities with their villages:

25 Gibeon,[a] and Ramah,[b] and Beeroth,

26 And Mizpeh,[c] and Chephirah, and Mozah,

27 And Rekem,and Irpeel,and Taralah,

28 And Zelah, Eleph, and[d] Jebusi (which *is* Jerusalem), Gibeath, *and* Kirjath ; fourteen cities with their villages. This *is* the inheritance of the children of Benjamin, according to their families.

CHAP. XIX.

AND the second lot came forth to Simeon, *even* for the tribe of the children of Simeon according to their families : and their inheritance was[h] within the inheritance of the children of Judah.

2 And they had in their inheritance, Beer-sheba,[i] Sheba, and Moladah,

22 וּבֵית הָעֲרָבָה וּצְמָרַיִם וּבֵית־אֵל ׃ וְהָעַיִם וְהַפָּרָה

23 וְעָפְרָה ׃ וּכְפַר הָעַמֹּנָי וְהָעָפְנִי וָגָבַע עָרִים

שְׁתֵּים־עֶשְׂרֵה וְחַצְרֵיהֶן ׃ גִּבְעוֹן וְהָרָמָה וּבְאֵרוֹת

26 וְהַמִּצְפֶּה וְהַכְּפִירָה וְהַמֹּצָה ׃ וְרֶקֶם וְיִרְפְּאֵל

28 וְתַרְאֲלָה ׃ וְצֵלַע הָאֶלֶף וְהַיְבוּסִי הִיא יְרוּשָׁלַ͏ִם

גִּבְעַת קִרְיַת עָרִים אַרְבַּע־עֶשְׂרֵה וְחַצְרֵיהֶן זֹאת

נַחֲלַת בְּנֵי־בִנְיָמִן לְמִשְׁפְּחֹתָם ׃

CAP. XIX.   יט

1 וַיֵּצֵא הַגּוֹרָל הַשֵּׁנִי לְשִׁמְעוֹן לְמַטֵּה בְנֵי־שִׁמְעוֹן
לְמִשְׁפְּחוֹתָם וַיְהִי נַחֲלָתָם בְּתוֹךְ נַחֲלַת בְּנֵי־יְהוּדָה ׃

2 וַיְהִי לָהֶם בְּנַחֲלָתָם בְּאֵר־שֶׁבַע וְשֶׁבַע וּמוֹלָדָה ׃

3 וַחֲצַר שׁוּעָל וּבָלָה וָעָצֶם ׃ וְאֶלְתּוֹלַד וּבְתוּל

5 וְחָרְמָה ׃ וְצִקְלַג וּבֵית־הַמַּרְכָּבוֹת וַחֲצַר סוּסָה ׃

6 וּבֵית לְבָאוֹת וְשָׁרוּחֶן עָרִים שְׁלֹשׁ־עֶשְׂרֵה וְחַצְרֵיהֶן ׃

7 עַיִן רִמּוֹן וָעֶתֶר וְעָשָׁן עָרִים אַרְבַּע וְחַצְרֵיהֶן ׃

8 וְכָל־הַחֲצֵרִים אֲשֶׁר סְבִיבוֹת הֶעָרִים הָאֵלֶּה עַד־
בַּעֲלַת בְּאֵר רָאמַת נֶגֶב זֹאת נַחֲלַת מַטֵּה בְנֵי־שִׁמְעוֹן

9 לְמִשְׁפְּחֹתָם ׃ מֵחֶבֶל בְּנֵי יְהוּדָה נַחֲלַת בְּנֵי שִׁמְעוֹן
כִּי־הָיָה חֵלֶק בְּנֵי־יְהוּדָה רַב מֵהֶם וַיִּנְחֲלוּ בְנֵי־

10 שִׁמְעוֹן בְּתוֹךְ נַחֲלָתָם ׃ וַיַּעַל הַגּוֹרָל
הַשְּׁלִישִׁי לִבְנֵי זְבוּלֻן לְמִשְׁפְּחֹתָם וַיְהִי גְּבוּל נַחֲלָתָם

11 עַד־שָׂרִיד ׃ וְעָלָה גְבוּלָם לַיָּמָּה וּמַרְעֲלָה וּפָגַע
בְּדַבָּשֶׁת וּפָגַע אֶל־הַנַּחַל אֲשֶׁר עַל־פְּנֵי

12 יָקְנְעָם ׃ וְשָׁב מִשָּׂרִיד קֵדְמָה מִזְרַח הַשֶּׁמֶשׁ
עַל־גְּבוּל כִּסְלֹת תָּבֹר וְיָצָא אֶל־הַדָּבְרַת וְעָלָה

13 יָפִיעַ ׃ וּמִשָּׁם עָבַר קֵדְמָה מִזְרָחָה גִּתָּה חֵפֶר

14 עִתָּה קָצִין וְיָצָא רִמּוֹן הַמְּתֹאָר הַנֵּעָה ׃ וְנָסַב
אֹתוֹ הַגְּבוּל מִצְּפוֹן חַנָּתֹן וְהָיוּ תֹצְאֹתָיו גֵּי

15 יִפְתַּח־אֵל ׃ וְקַטָּת וְנַהֲלָל וְשִׁמְרוֹן וְיִדְאֲלָה וּבֵית

16 לָחֶם עָרִים שְׁתֵּים־עֶשְׂרֵה וְחַצְרֵיהֶן ׃ זֹאת נַחֲלַת
בְּנֵי־זְבוּלֻן לְמִשְׁפְּחוֹתָם הֶעָרִים הָאֵלֶּה וְחַצְרֵיהֶן ׃

17 לְיִשָׂשכָר יָצָא הַגּוֹרָל הָרְבִיעִי לִבְנֵי יִשָׂשכָר

18 לְמִשְׁפְּחוֹתָם ׃ וַיְהִי גְּבוּלָם יִזְרְעֶאלָה וְהַכְּסֻלּוֹת

19 וְשׁוּנֵם ׃ וַחֲפָרַיִם וְשִׁיאֹן וַאֲנָחֲרַת ׃ וְהָרַבִּית וְקִשְׁיוֹן

21 וָאָבֶץ ׃ וְרֶמֶת וְעֵין־גַּנִּים וְעֵין חַדָּה וּבֵית פַּצֵּץ ׃

22 וּפָגַע הַגְּבוּל בְּתָבוֹר וְשַׁחֲצוּמָה וּבֵית שֶׁמֶשׁ וְהָיוּ
תֹצְאוֹת גְּבוּלָם הַיַּרְדֵּן עָרִים שֵׁשׁ־עֶשְׂרֵה וְחַצְרֵיהֶן ׃

23 זֹאת נַחֲלַת מַטֵּה בְנֵי־יִשָׂשכָר לְמִשְׁפְּחוֹתָם הֶעָרִים

24 וַיֵּצֵא הַגּוֹרָל הַחֲמִישִׁי לְמַטֵּה

25 בְנֵי־אָשֵׁר לְמִשְׁפְּחוֹתָם ׃ וַיְהִי גְּבוּלָם חֶלְקַת וַחֲלִי

26 וָבֶטֶן וְאַכְשָׁף ׃ וְאַלַּמֶּלֶךְ וְעַמְעָד וּמִשְׁאָל וּפָגַע

27 בְּכַרְמֶל הַיָּמָּה וּבְשִׁיחוֹר לִבְנָת ׃ וְשָׁב מִזְרַח הַשֶּׁמֶשׁ
בֵּית דָּגֹן וּפָגַע בִּזְבֻלוּן וּבְגֵי יִפְתַּח־אֵל צָפוֹנָה בֵּית

28 הָעֵמֶק וּנְעִיאֵל וְיָצָא אֶל־כָּבוּל מִשְּׂמֹאל ׃ וְעֶבְרֹן

29 וּרְחֹב וְחַמּוֹן וְקָנָה עַד צִידוֹן רַבָּה ׃ וְשָׁב הַגְּבוּל
הָרָמָה וְעַד־עִיר מִבְצַר־צֹר וְשָׁב הַגְּבוּל חֹסָה

30 וַיְהִי תֹצְאֹתָיו הַיָּמָּה מֵחֶבֶל אַכְזִיבָה ׃ וְעֻמָּה

31 וַאֲפֵק וּרְחֹב עָרִים עֶשְׂרִים וּשְׁתַּיִם וְחַצְרֵיהֶן ׃ זֹאת
נַחֲלַת מַטֵּה בְנֵי־אָשֵׁר לְמִשְׁפְּחֹתָם הֶעָרִים הָאֵלֶּה

32 וְחַצְרֵיהֶן ׃ לִבְנֵי נַפְתָּלִי יָצָא הַגּוֹרָל הַשִּׁשִּׁי

33 לִבְנֵי נַפְתָּלִי לְמִשְׁפְּחֹתָם ׃ וַיְהִי גְּבוּלָם מֵחֵלֶף
מֵאֵלוֹן בְּצַעֲנַנִּים וַאֲדָמִי הַנֶּקֶב וְיַבְנְאֵל עַד־לַקּוּם

34 וַיְהִי תֹצְאֹתָיו הַיַּרְדֵּן ׃ וְשָׁב הַגְּבוּל יָמָּה אַזְנוֹת
תָּבוֹר וְיָצָא מִשָּׁם חוּקֹקָה וּפָגַע בִּזְבֻלוּן מִנֶּגֶב וּבְאָשֵׁר
פָּגַע מִיָּם וּבִיהוּדָה הַיַּרְדֵּן מִזְרַח הַשֶּׁמֶשׁ ׃ וְעָרֵי

35 מִבְצָר הַצִּדִּים צֵר וְחַמַּת רַקַּת וְכִנָּרֶת ׃ וַאֲדָמָה

37 וְהָרָמָה וְחָצוֹר ׃ וְקֶדֶשׁ וְאֶדְרֶעִי וְעֵין חָצוֹר ׃

38 וְיִרְאוֹן וּמִגְדַּל־אֵל חֳרֵם וּבֵית־עֲנָת וּבֵית שֶׁמֶשׁ עָרִים

39 תְּשַׁע־עֶשְׂרֵה וְחַצְרֵיהֶן ׃ זֹאת נַחֲלַת מַטֵּה בְנֵי־

40 נַפְתָּלִי לְמִשְׁפְּחֹתָם הֶעָרִים וְחַצְרֵיהֶן ׃ לְמַטֵּה

41 בְנֵי־דָן לְמִשְׁפְּחֹתָם יָצָא הַגּוֹרָל הַשְּׁבִיעִי ׃ וַיְהִי
גְּבוּל נַחֲלָתָם צָרְעָה וְאֶשְׁתָּאוֹל וְעִיר שָׁמֶשׁ ׃

42 וְשַׁעֲלַבִּין וְאַיָּלוֹן וְיִתְלָה ׃ וְאֵילוֹן וְתִמְנָתָה וְעֶקְרוֹן

44 וְאֶלְתְּקֵה וְגִבְּתוֹן וּבַעֲלָת ׃ וִיהֻד וּבְנֵי־בְרַק וְגַת־

45 רִמּוֹן ׃ וּמֵי הַיַּרְקוֹן וְהָרַקּוֹן עִם־הַגְּבוּל מוּל יָפוֹ ׃

47 וַיֵּצֵא גְבוּל בְּנֵי־דָן מֵהֶם וַיַּעֲלוּ בְנֵי־דָן וַיִּלָּחֲמוּ עִם־
לֶשֶׁם וַיִּלְכְּדוּ אוֹתָהּ וַיַּכּוּ אוֹתָהּ לְפִי־חֶרֶב וַיִּרְשׁוּ
אוֹתָהּ וַיֵּשְׁבוּ בָהּ וַיִּקְרְאוּ לְלֶשֶׁם דָּן כְּשֵׁם דָּן אֲבִיהֶם ׃

48 זֹאת נַחֲלַת מַטֵּה בְנֵי־דָן לְמִשְׁפְּחֹתָם הֶעָרִים הָאֵלֶּה

49 וְחַצְרֵיהֶן ׃ וַיְכַלּוּ לִנְחֹל אֶת־הָאָרֶץ לִגְבוּלֹתֶיהָ
וַיִּתְּנוּ בְנֵי־יִשְׂרָאֵל נַחֲלָה לִיהוֹשֻׁעַ בִּן־נוּן בְּתוֹכָם ׃

50 עַל־פִּי יְהוָה נָתְנוּ לוֹ אֶת־הָעִיר אֲשֶׁר שָׁאָל אֶת־
תִּמְנַת־סֶרַח בְּהַר אֶפְרָיִם וַיִּבְנֶה אֶת־הָעִיר

51 וַיֵּשֶׁב בָּהּ ׃ אֵלֶּה הַנְּחָלֹת אֲשֶׁר נִחֲלוּ אֶלְעָזָר הַכֹּהֵן
וִיהוֹשֻׁעַ בִּן־נוּן וְרָאשֵׁי הָאָבוֹת לְמַטּוֹת בְּנֵי־יִשְׂרָאֵל
בְּגוֹרָל בְּשִׁלֹה לִפְנֵי יְהוָה פֶּתַח אֹהֶל מוֹעֵד וַיְכַלּוּ

3 And [a] Hazar-shual, & Balah, & Azem,
4 And Eltolad, & Bethul, and [c] Hormah,
5 And Ziklag, [e] and Beth-marcaboth, and Hazar-susah,
6 And Beth-lebaoth, and Sharuhen; thirteen cities and their villages :
7 A in. Remmon, and Ether, and Ashan; four cities and their villages :
8 And all the villages that *were* round about these cities, to Baalath-beer, Ramath [g] of the south. This *is* the inheritance of the tribe of the children of Simeon according to their families.

9 Out of the portion of the children of Judah *was* the inheritance of the children of Simeon: for the part of the children of Judah was too much [h] for them; therefore [i] the children of Simeon had their inheritance within the inheritance of them.

10 And the third lot came up for the children of Zebulun, according to their families: and the border of their inheritance was unto Sarid :

11 And their border went up toward the sea, [m] and Maralah, and reached to Dabbasheth, and reached to the river that *is* before Jokneam ; [o]

12 And turned from Sarid eastward, toward the sun-rising, unto the border of Chisloth-tabor, [p] and then goeth out to Daberath, [q] and goeth up to Japhia,

13 And from thence passeth on along on the east to Gittah-hepher, [r] to Ittah-kazin, and goeth out to [β] Remmon-methoar to Neah :

14 And the border compasseth it on the north side to Hannathon: and y [e] outgoings thereof are in the valley of Jiphthah-el :

15 And Kattath, and Nahallal, [x] and Shimron, [y] and Idalah, and Beth-lehem : [z] twelve cities with their villages.

16 This *is* the inheritance of the children of Zebulun according to their families, these cities with their villages.

17 *And* the fourth lot came out to Issachar, for the children of Issachar according to their families.

18 And their border was toward Jezreel, [b] and Chesulloth, and Shunem, [c]

19 And Haphraim, and Shihon, and Anaharath,

20 And Rabbith, and Kishion, and Abez,

21 And Remeth, and En-gannim, [d] and En-haddah, and Beth-pazzez ;

22 And the coast reacheth to Tabor, [e] and Shahazimah, and Beth-shemesh : [f] and the outgoings of their border were at Jordan : sixteen cities with their villages.

23 This *is* the inheritance of the tribe of the children of Issachar according to their families, the cities and their villages.

24 And the fifth lot came out for the tribe of the children of Asher according to their families.

25 And their border was Helkath, [i] and Hali, and Beten, and Achshaph,

26 And Alammelech, and Amad, and Misheal ; and reacheth to Carmel [l] westward, and to Shihor-libnath ;

27 And turneth toward the sun-rising to Beth-dagon, [m] and reacheth to Zebulun, and to the valley of Jiphthah-el, toward the north side of Beth-emek, and Neiel, and goeth out to Cabul on the left hand,

28 And Hebron, and Rehob, and Hammon, and Kanah, *even* unto great Zidon ; [o]

29 And *then* the coast turneth to Ramah, and to the strong city [ζ] Tyre ; and the coast turneth to Hosah ; and the outgoings there-

B. C. 1444

a ch.15.28,32
b Ju. 1. 31.
Mi.1. 14.
c Ju. 1. 17.
d 1 Sa. 4. 1.
1Ki. 20. 30.
e 1 Sa. 27. 6.
30. 1.
f Ge. 49. 20.
De. 33. 24.
g 1 Sa. 30. 27.
h 2Co.8.14,15.
i ver. 1.
k De. 33. 23.
l Mar. 6. 53.
m Ge. 49. 13.
n ver. 22.
o ch. 12. 22.
p Ju. 4. 6, 12.
Ps. 89. 12.
q 1 Ch. 6. 72.
r 2 Ki. 14. 25.

β or, *which is drawn.*

s 2 Ch. 11.10.
t Ju. 18. 2.
u 1 Sa. 14. 31.
v 1 Sa. 5. 10.
Am. 1. 8.
w 1 Ki. 15. 27.
x Ju. 1. 30.
y ch. 11. 1.
z Ru. 1. 19.
2 Sa. 23. 15.
2 Ch. 11. 6.

γ or, *over against.*

δ or, *Joppa.*
Ac. 9. 36.

a Ju.18.1,27..
29.
b 1 Ki. 21. 1.
c 1 Sa. 28. 4.
2Ki. 4.8,12.
d ch. 21. 29.
e 1 Ch. 6. 77.
f 1Sa.6,9,&c.
2 Ki. 14.11.
g ch. 24. 30.
h ch. 14. 1.
Nu. 34. 17.
i 2 Sa. 2. 16.
k ch. 18. 10.
Ge. 49. 10.
Ju.21.19,21.
1 Sa. 1. 3.
Ps. 78. 60.
Je.7.12..14.
l 1 Sa. 15. 12.
1 Ki. 18. 20,
42.
Ca. 7. 5.
Is. 33. 9.
35. 2.
37. 24.
Je. 46. 18.
m 1 Sa. 5. 2.
n Ex. 21. 13.
Nu.35.6,11,
14.
De. 19. 2, 9.
o ch. 11. 8.
Ju. 1. 31.
ζ Tzor,
2 Sa. 5. 11.
Eze. 27. 2,
&c.

of are at the sea, from the coast to Achzib: [b]
30 Ummah also, and Aphek, [d] and Rehob: twenty and two cities with their villages.

31 This *is* the inheritance of the tribe or the children of Asher [f] according to their families, these cities with their villages.

32 The sixth lot came out to the children of Naphtali, *even* for the children of Naphtali according to their families.

33 And their coast was from Heleph, from Allon to Zaanannim, and Adami, Nekeb, and Jabneel, unto Lakum; and the outgoings thereof were at Jordan :

34 And *then* the coast turneth westward to Aznoth-tabor, and goeth out from thence to Hukkok, and reacheth to Zebulun on the south side, and reacheth to Asher on the west [k] side, and to Judah upon Jordan toward the sun-rising.

35 And the fenced cities *are* Ziddim, Zer. and Hammath, Rakkath, and Chinnereth, [l]

36 And Adamah, and Ramah, & Hazor,

37 And Kedesh, and Edrei, & En-hazor,

38 And Iron, and Migdal-el, Horem, and Beth-anath, and Beth-shemesh; [n] nineteen cities with their villages.

39 This *is* the inheritance of the tribe of the children of Naphtali according to their families, the cities and their villages.

40 *And* the seventh lot came out for the tribe of the children of Dan according to their families.

41 And the coast of their inheritance was Zorah, [s] and Eshtaol, [t] and Ir-shemesh,

42 And Shaalabbin, and Ajalon, [u] and Jethlah,

43 And Elon, & Thimnathah, & Ekron, [v]

44 And Eltekeh, and Gibbethon, [w] and Baalath,

45 And Jehud, and Bene-berak, and Gath-rimmon,

46 And Me-jarkon, and Rakkon, with the border γ before δ Japho.

47 And [a] the coast of the children of Dan went out *too little* for them; therefore the children of Dan went up to fight against Leshem, and took it, and smote it with the edge of the sword, and possessed it, and dwelt therein, and called Leshem, Dan, after the name of Dan their father.

48 This *is* the inheritance of the tribe of the children of Dan according to their families, these cities with their villages.

49 When they had made an end of dividing the land for inheritance by their coasts, the children of Israel gave an inheritance to Joshua the son of Nun among them :

50 According to the word of the LORD they gave him the city which he asked, *even* Timnath-serah [g] in mount Ephraim : and he built the city, and dwelt therein.

51 These *are* the inheritances which Eleazar [h] the priest, and Joshua the son of Nun, and the heads of the fathers of the tribes of the children of Israel, divided for an inheritance by lot in Shiloh [k] before the LORD, at the door of the tabernacle of the congregation. So they made an end of dividing the country.

CHAP. XX.

THE LORD also spake unto Joshua, saying,

2 Speak to the children of Israel, saying, Appoint [n] out for you cities of refuge, whereof I spake unto you by the hand of Moses :

3 That the slayer that killeth *any* person unawares *and* unwittingly may flee thither : and they shall be your refuge

מֵחַלֵּק אֶת־הָאָרֶץ :

CAP. XX. כ

1 וַיְדַבֵּר יְהֹוָה אֶל־יְהוֹשֻׁעַ לֵאמֹר :

2 דַּבֵּר אֶל־בְּנֵי יִשְׂרָאֵל לֵאמֹר תְּנוּ לָכֶם אֶת־עָרֵי הַמִּקְלָט אֲשֶׁר דִּבַּרְתִּי אֲלֵיכֶם בְּיַד־מֹשֶׁה :

3 לָנוּס שָׁמָּה רוֹצֵחַ מַכֵּה־נֶפֶשׁ בִּשְׁגָגָה בִּבְלִי־דָעַת וְהָיוּ לָכֶם לְמִקְלָט מִגֹּאֵל הַדָּם :

4 וְנָס אֶל־אַחַת מֵהֶעָרִים הָאֵלֶּה וְעָמַד פֶּתַח שַׁעַר הָעִיר וְדִבֶּר בְּאָזְנֵי זִקְנֵי הָעִיר הַהִיא אֶת־דְּבָרָיו וְאָסְפוּ אֹתוֹ הָעִירָה אֲלֵיהֶם וְנָתְנוּ־לוֹ מָקוֹם וְיָשַׁב עִמָּם :

5 וְכִי יִרְדֹּף גֹּאֵל הַדָּם אַחֲרָיו וְלֹא־יַסְגִּרוּ אֶת־הָרֹצֵחַ בְּיָדוֹ כִּי בִבְלִי־דַעַת הִכָּה אֶת־רֵעֵהוּ וְלֹא־שֹׂנֵא הוּא לוֹ מִתְּמוֹל שִׁלְשׁוֹם :

6 וְיָשַׁב בָּעִיר הַהִיא עַד־עָמְדוֹ לִפְנֵי הָעֵדָה לַמִּשְׁפָּט עַד־מוֹת הַכֹּהֵן הַגָּדוֹל אֲשֶׁר יִהְיֶה בַּיָּמִים הָהֵם אָז יָשׁוּב הָרוֹצֵחַ וּבָא אֶל־עִירוֹ וְאֶל־בֵּיתוֹ אֶל־הָעִיר אֲשֶׁר־נָס מִשָּׁם :

7 וַיַּקְדִּשׁוּ אֶת־קֶדֶשׁ בַּגָּלִיל בְּהַר נַפְתָּלִי וְאֶת־שְׁכֶם בְּהַר אֶפְרָיִם וְאֶת־קִרְיַת אַרְבַּע הִיא חֶבְרוֹן בְּהַר יְהוּדָה :

8 וּמֵעֵבֶר לְיַרְדֵּן יְרִיחוֹ מִזְרָחָה נָתְנוּ אֶת־בֶּצֶר בַּמִּדְבָּר בַּמִּישֹׁר מִמַּטֵּה רְאוּבֵן וְאֶת־רָאמֹת בַּגִּלְעָד מִמַּטֵּה־גָד וְאֶת־גּוֹלָן בַּבָּשָׁן מִמַּטֵּה מְנַשֶּׁה :

9 אֵלֶּה הָיוּ עָרֵי הַמּוּעָדָה לְכֹל בְּנֵי יִשְׂרָאֵל וְלַגֵּר הַגָּר בְּתוֹכָם לָנוּס שָׁמָּה כָּל־מַכֵּה־נֶפֶשׁ בִּשְׁגָגָה וְלֹא יָמוּת בְּיַד גֹּאֵל הַדָּם עַד־עָמְדוֹ לִפְנֵי הָעֵדָה :

CAP. XXI. כא

1 וַיִּגְּשׁוּ רָאשֵׁי אֲבוֹת הַלְוִיִּם אֶל־אֶלְעָזָר הַכֹּהֵן וְאֶל־יְהוֹשֻׁעַ בִּן־נוּן וְאֶל־רָאשֵׁי אֲבוֹת הַמַּטּוֹת לִבְנֵי יִשְׂרָאֵל :

2 וַיְדַבְּרוּ אֲלֵיהֶם בְּשִׁלֹה בְּאֶרֶץ כְּנַעַן לֵאמֹר יְהֹוָה צִוָּה בְיַד־מֹשֶׁה לָתֶת־לָנוּ עָרִים לָשָׁבֶת וּמִגְרְשֵׁיהֶן לִבְהֶמְתֵּנוּ :

3 וַיִּתְּנוּ בְנֵי־יִשְׂרָאֵל לַלְוִיִּם מִנַּחֲלָתָם אֶל־פִּי יְהֹוָה אֶת־הֶעָרִים הָאֵלֶּה וְאֶת־מִגְרְשֵׁיהֶן :

4 וַיֵּצֵא הַגּוֹרָל לְמִשְׁפְּחֹת הַקְּהָתִי וַיְהִי לִבְנֵי אַהֲרֹן הַכֹּהֵן מִן־הַלְוִיִּם מִמַּטֵּה יְהוּדָה וּמִמַּטֵּה הַשִּׁמְעֹנִי וּמִמַּטֵּה בִנְיָמִן בַּגּוֹרָל עָרִים שְׁלֹשׁ עֶשְׂרֵה :

5 וְלִבְנֵי קְהָת הַנּוֹתָרִים מִמִּשְׁפְּחֹת מַטֵּה־אֶפְרַיִם וּמִמַּטֵּה־דָן וּמֵחֲצִי מַטֵּה מְנַשֶּׁה בַּגּוֹרָל עָרִים עָשֶׂר :

6 וְלִבְנֵי גֵרְשׁוֹן מִמִּשְׁפְּחוֹת מַטֵּה־יִשָּׂשכָר וּמִמַּטֵּה־אָשֵׁר וּמִמַּטֵּה נַפְתָּלִי וּמֵחֲצִי מַטֵּה מְנַשֶּׁה בַבָּשָׁן בַּגּוֹרָל עָרִים שְׁלֹשׁ עֶשְׂרֵה :

7 לִבְנֵי מְרָרִי לְמִשְׁפְּחֹתָם מִמַּטֵּה רְאוּבֵן וּמִמַּטֵּה־גָד וּמִמַּטֵּה זְבוּלֻן עָרִים שְׁתֵּים עֶשְׂרֵה :

8 וַיִּתְּנוּ בְנֵי־יִשְׂרָאֵל לַלְוִיִּם אֶת־הֶעָרִים הָאֵלֶּה וְאֶת־מִגְרְשֵׁיהֶן כַּאֲשֶׁר צִוָּה יְהֹוָה בְּיַד־מֹשֶׁה בַּגּוֹרָל :

9 וַיִּתְּנוּ מִמַּטֵּה בְּנֵי יְהוּדָה וּמִמַּטֵּה בְּנֵי שִׁמְעוֹן אֵת הֶעָרִים הָאֵלֶּה אֲשֶׁר־יִקְרָא אֶתְהֶן בְּשֵׁם :

10 וַיְהִי לִבְנֵי אַהֲרֹן מִמִּשְׁפְּחוֹת הַקְּהָתִי מִבְּנֵי לֵוִי כִּי לָהֶם הָיָה הַגּוֹרָל רִיאשֹׁנָה :

11 וַיִּתְּנוּ לָהֶם אֶת־קִרְיַת אַרְבַּע אֲבִי הָעֲנוֹק הִיא חֶבְרוֹן בְּהַר יְהוּדָה וְאֶת־מִגְרָשֶׁהָ סְבִיבֹתֶיהָ :

12 וְאֶת־שְׂדֵה הָעִיר וְאֶת־חֲצֵרֶיהָ נָתְנוּ לְכָלֵב בֶּן־יְפֻנֶּה בַּאֲחֻזָּתוֹ :

13 וְלִבְנֵי אַהֲרֹן הַכֹּהֵן נָתְנוּ אֶת־עִיר מִקְלַט הָרֹצֵחַ אֶת־חֶבְרוֹן וְאֶת־מִגְרָשֶׁהָ וְאֶת־לִבְנָה וְאֶת־מִגְרָשֶׁהָ :

14 וְאֶת־יַתִּר וְאֶת־מִגְרָשֶׁהָ וְאֶת־אֶשְׁתְּמֹעַ וְאֶת־מִגְרָשֶׁהָ :

15 וְאֶת־חֹלֹן וְאֶת־מִגְרָשֶׁהָ וְאֶת־דְּבִר וְאֶת־מִגְרָשֶׁהָ :

16 וְאֶת־עַיִן וְאֶת־מִגְרָשֶׁהָ וְאֶת־יֻטָּה וְאֶת־מִגְרָשֶׁהָ וְאֶת־בֵּית שֶׁמֶשׁ וְאֶת־מִגְרָשֶׁהָ עָרִים תֵּשַׁע מֵאֵת שְׁנֵי הַשְּׁבָטִים הָאֵלֶּה :

17 וּמִמַּטֵּה בִנְיָמִן אֶת־גִּבְעוֹן וְאֶת־מִגְרָשֶׁהָ אֶת־גֶּבַע וְאֶת־מִגְרָשֶׁהָ :

18 אֶת־עֲנָתוֹת וְאֶת־מִגְרָשֶׁהָ וְאֶת־עַלְמוֹן וְאֶת־מִגְרָשֶׁהָ עָרִים אַרְבַּע :

19 כָּל־עָרֵי בְנֵי־אַהֲרֹן הַכֹּהֲנִים שְׁלֹשׁ־עֶשְׂרֵה עָרִים וּמִגְרְשֵׁיהֶן :

20 וּלְמִשְׁפְּחוֹת בְּנֵי־קְהָת הַלְוִיִּם הַנּוֹתָרִים מִבְּנֵי קְהָת וַיְהִי עָרֵי גוֹרָלָם מִמַּטֵּה אֶפְרָיִם :

21 וַיִּתְּנוּ לָהֶם אֶת־עִיר מִקְלַט הָרֹצֵחַ אֶת־שְׁכֶם וְאֶת־מִגְרָשֶׁהָ בְּהַר אֶפְרָיִם וְאֶת־גֶּזֶר וְאֶת־מִגְרָשֶׁהָ :

22 וְאֶת־קִבְצַיִם וְאֶת־מִגְרָשֶׁהָ וְאֶת־בֵּית חוֹרֹן וְאֶת־מִגְרָשֶׁהָ עָרִים אַרְבַּע :

23 וּמִמַּטֵּה־דָן אֶת־אֶלְתְּקֵא וְאֶת־מִגְרָשֶׁהָ אֶת־גִּבְּתוֹן וְאֶת־מִגְרָשֶׁהָ :

24 אֶת־אַיָּלוֹן וְאֶת־מִגְרָשֶׁהָ אֶת־גַּת־רִמּוֹן וְאֶת־מִגְרָשֶׁהָ עָרִים אַרְבַּע :

25 וּמִמַּחֲצִית מַטֵּה מְנַשֶּׁה אֶת־תַּעְנַךְ וְאֶת־מִגְרָשֶׁהָ וְאֶת־גַּת־רִמּוֹן וְאֶת־מִגְרָשֶׁהָ עָרִים שְׁתָּיִם :

26 כָּל־עָרִים עֶשֶׂר וּמִגְרְשֵׁיהֶן לְמִשְׁפְּחוֹת בְּנֵי־קְהָת הַנּוֹתָרִים :

27 וְלִבְנֵי גֵרְשׁוֹן מִמִּשְׁפְּחֹת הַלְוִיִּם מֵחֲצִי מַטֵּה מְנַשֶּׁה אֶת־עִיר מִקְלַט הָרֹצֵחַ אֶת־גֹּלָן בַּבָּשָׁן וְאֶת־מִגְרָשֶׁהָ וְאֶת־בְּעֶשְׁתְּרָה וְאֶת־מִגְרָשֶׁהָ עָרִים שְׁתָּיִם :

28 וּמִמַּטֵּה יִשָּׂשכָר אֶת־קִשְׁיוֹן וְאֶת־מִגְרָשֶׁהָ אֶת־דָּבְרַת וְאֶת־מִגְרָשֶׁהָ :

29 אֶת־יַרְמוּת וְאֶת־מִגְרָשֶׁהָ אֶת־עֵין גַּנִּים וְאֶת־מִגְרָשֶׁהָ עָרִים אַרְבַּע :

30 וּמִמַּטֵּה אָשֵׁר אֶת־מִשְׁאָל וְאֶת־מִגְרָשֶׁהָ אֶת־עַבְדּוֹן וְאֶת־מִגְרָשֶׁהָ :

from the avenger of blood.

4 And when he that doth flee unto one of those cities shall stand at the *a* entering of the gate of the city, and shall declare his cause in the ears of the elders of that city, they shall take him into the city unto them, and give him a place, that he may dwell *c* among them.

5 And if the avenger *e* of blood pursue after him, then they shall not deliver the slayer up into his hand; because he smote his neighbour unwittingly, and hated him not beforetime.

6 And he shall dwell in that city, until he stand before the congregation for judgment, *and* until the death of the high priest that shall be in those days: then shall the slayer return, and come unto his own city, and unto his own house, unto the city from whence he fled.

7 And they *d* appointed Kedesh *k* in Galilee in mount Naphtali, and Shechem *l* in mount Ephraim, and Kirjath-arba *n* (which *is* Hebron) in the mountain *o* of Judah.

8 And on the other side Jordan by Jericho eastward, they assigned Bezer *p* in the wilderness upon the plain out of the tribe of Reuben, and Ramoth *r* in Gilead out of the tribe of Gad, and Golan *s* in Bashan out of the tribe of Manasseh.

9 These were the cities appointed *u* for all the children of Israel, and for the stranger that sojourneth among them, that whosoever killeth *any* person at unawares might flee thither, and not die by the hand of the avenger of blood, until he *w* stood before the congregation.

CHAP. XXI.

THEN came near the heads of the fathers of the Levites unto Eleazar *x* the priest, and unto Joshua the son of Nun, and unto the heads of the fathers of the tribes of the children of Israel ;

2 And they spake unto them at *y* Shiloh in the land of Canaan, saying, The LORD commanded *z* by the hand of Moses to give us cities to dwell in, with the suburbs thereof for our cattle.

3 And the children of Israel gave unto the Levites out of their inheritance, at the commandment of the LORD, these cities and their suburbs.

4 And the lot came out for the families of the Kohathites : and the children of Aaron *a* the priest, *which were* of the Levites, had by lot out of the tribe of Judah, and out of the tribe of Simeon, and out of the tribe of Benjamin, thirteen cities.

5 And the rest of the children of Kohath *d* had by lot out of the families of the tribe of Ephraim, and out of the tribe of Dan, and out of the half tribe of Manasseh, ten cities.

6 And the children of Gershon *e had* by lot out of the families of the tribe of Issachar, and out of the tribe of Asher, and out of the tribe of Naphtali, and out of the half tribe of Manasseh in Bashan, thirteen cities.

7 The children of Merari *f* by their families *had* out of the tribe of Reuben, and out of the tribe of Gad, and out of the tribe of Zebulun, twelve cities.

8 And the children of Israel gave *h* by lot unto the Levites these cities with their suburbs, as the LORD commanded by the hand of Moses.

9 And they gave out of the tribe of the children of Judah, and out of the tribe of

the children of Simeon, these cities which are *here β* mentioned by name,

10 Which the children of Aaron, *being* of the families of the Kohathites, *who were* of the children of Levi, had : for their's was the first lot.

11 And they *b* gave them *γ* the city of Arba the father *d* of Anak, which *city is* Hebron, in the hill *f country* of Judah, with the suburbs thereof round about it.

12 But the fields of the city, and the villages thereof, gave they to Caleb *g* the son of Jephunneh for his possession.

13 Thus *h* they gave to the children of Aaron the priest, Hebron with her suburbs, *to be* a city of refuge for the slayer ; and Libnah with her suburbs,

14 And Jattir with her suburbs, and Eshtemoa with her suburbs,

15 And Holon *i* with her suburbs, and Debir with her suburbs,

16 And Ain *m* with her suburbs, and Juttah with her suburbs, *and* Beth-she-mesh with her suburbs ; nine cities out of those two tribes.

17 And out of the tribe of Benjamin, Gibeon with her suburbs, Geba *q* with her suburbs,

18 Anathoth with her suburbs, and Almon *t* with her suburbs ; four cities.

19 All the cities of the children of Aaron, the priests, *were* thirteen cities with their suburbs.

20 And the families of the children of Kohath, *v* the Levites which remained of the children of Kohath, even they had the cities of their lot out of the tribe of Ephraim.

21 For they gave them Shechem with her suburbs in mount Ephraim, *to be* a city of refuge for the slayer ; and Gezer with her suburbs,

22 And Kibzaim with her suburbs, and Beth-horon with her suburbs ; four cities.

23 And out of the tribe of Dan, Eltekeh with her suburbs, Gibbethon with her suburbs,

24 Aijalon with her suburbs, Gath-rimmon with her suburbs ; four cities.

25 And out of the half tribe of Manasseh, Tanach with her suburbs, and Gath-rimmon with her suburbs ; two cities.

26 All the cities *were* ten, with their suburbs, for the families of the children of Kohath that remained.

27 And unto the children of Gershon, *b* of the families of the Levites, out of the *other* half tribe of Manasseh, *they gave* Golan *c* in Bashan with her suburbs, *to be* a city of refuge for the slayer ; and Beeshterah with her suburbs ; two cities.

28 And out of the tribe of Issachar, Kishon with her suburbs, Dabareh with her suburbs,

29 Jarmuth with her suburbs, En-gannim with her suburbs ; four cities.

30 And out of the tribe of Asher, Mishal with her suburbs, Abdon with her suburbs,

31 Helkath with her suburbs, and Rehob with her suburbs ; four cities.

32 And out of the tribe of Naphtali, Kedesh *g* in Galilee with her suburbs, *to be* a city of refuge for the slayer ; and Hammoth-dor with her suburbs, and Kartan with her suburbs ; three cities.

33 All the cities of the Gershonites, according to their families, *were* thirteen cities with their suburbs.

34 And unto the families of the children of Merari, *i* the rest of the Levites, out of

B. C. 1444.

β called.

a Ru. 4. 1, 2.
Pr. 31. 23.

b 1 Ch. 6. 55.

γ or, *Kirjath-arba.*
Ge. 23. 2.

c He. 6. 18.

d ch.15.13,14.

e Nu.35.12,25

f ch.20.7, &c.
Lu. 1. 39.

g ch. 14. 14.

h 1 Ch. 6. 56,
&c.

i ch. 15. 51.
1 Ch. 6. 58.
Hilen.

δ *sanctified.*

k ch. 21. 32.
1 Ch. 6. 76.

l ch. 21. 21.
2 Ch. 10. 1.

m ch. 15. 42.
1 Ch. 6. 59.
Ashan.

n ch. 14. 15.
21.11,13.

o Lu. 1. 39.

p ch. 21. 36.
De. 4. 43.
1 Ch. 6. 78.

q ch. 18. 24.
Gaba.

r ch. 21. 38.
1 Ki.22.3,4,6.

s ch. 21. 27.

t 1 Ch. 6. 60.
Alemeth.

u Nu. 35. 15.

v ver. 5.
1 Ch. 6. 66.

w ver. 6.

x ch. 14. 1.
17. 4.

y ch. 18. 1.

z Nu. 35. 2.

a ver. 8, 19.
ch. 24. 33.

b ver. 6.
1 Ch. 6. 71.

c ch. 20. 8.

d ver. 20, &c.

e ver. 27, &c.

f ver. 34, &c.

g ch. 20. 7.

h ver. 3.

i ver. 7.
1 Ch. 6. 77.

32 וּמִמַּטֵּה נַפְתָּלִי אֶת־עִיר מִקְלַט הָרֹצֵחַ אֶת־קֶדֶשׁ בַּגָּלִיל וְאֶת־מִגְרָשֶׁהָ וְאֶת־חַמֹּת דֹּאר וְאֶת־מִגְרָשֶׁהָ וְאֶת־קַרְתָּן וְאֶת־מִגְרָשֶׁהָ עָרִים שָׁלֹשׁ׃

33 כָּל־עָרֵי הַגֵּרְשֻׁנִּי לְמִשְׁפְּחֹתָם שְׁלֹשׁ־עֶשְׂרֵה עִיר וּמִגְרְשֵׁיהֶן׃

34 וּלְמִשְׁפְּחוֹת בְּנֵי־מְרָרִי הַלְוִיִּם הַנּוֹתָרִים מֵאֵת מַטֵּה זְבוּלֻן אֶת־יָקְנְעָם וְאֶת־מִגְרָשֶׁהָ אֶת־קַרְתָּה וְאֶת־מִגְרָשֶׁהָ׃

35 אֶת־דִּמְנָה וְאֶת־מִגְרָשֶׁהָ אֶת־נַהֲלָל וְאֶת־מִגְרָשֶׁהָ עָרִים אַרְבַּע׃

36 ◦ וּמִמַּטֵּה־גָד אֶת־עִיר מִקְלַט הָרֹצֵחַ אֶת־רָמֹת בַּגִּלְעָד וְאֶת־מִגְרָשֶׁהָ וְאֶת־מַחֲנַיִם וְאֶת־מִגְרָשֶׁהָ׃

37 אֶת־חֶשְׁבּוֹן וְאֶת־מִגְרָשֶׁהָ אֶת־יַעְזֵר וְאֶת־מִגְרָשֶׁהָ כָּל־עָרִים אַרְבַּע׃

38 כָּל־הֶעָרִים לִבְנֵי מְרָרִי לְמִשְׁפְּחֹתָם הַנּוֹתָרִים מִמִּשְׁפְּחוֹת הַלְוִיִּם וַיְהִי גּוֹרָלָם עָרִים שְׁתֵּים עֶשְׂרֵה׃

39 כֹּל עָרֵי הַלְוִיִּם בְּתוֹךְ אֲחֻזַּת בְּנֵי־יִשְׂרָאֵל עָרִים אַרְבָּעִים וּשְׁמֹנֶה וּמִגְרְשֵׁיהֶן׃

40 תִּהְיֶינָה הֶעָרִים הָאֵלֶּה עִיר עִיר וּמִגְרָשֶׁיהָ סְבִיבֹתֶיהָ כֵּן לְכָל־הֶעָרִים הָאֵלֶּה׃

41 וַיִּתֵּן יְהוָה לְיִשְׂרָאֵל אֶת־כָּל־הָאָרֶץ אֲשֶׁר נִשְׁבַּע לָתֵת לַאֲבוֹתָם וַיִּרָשׁוּהָ וַיֵּשְׁבוּ בָהּ׃

42 וַיָּנַח יְהוָה לָהֶם מִסָּבִיב כְּכֹל אֲשֶׁר־נִשְׁבַּע לַאֲבוֹתָם וְלֹא־עָמַד אִישׁ בִּפְנֵיהֶם מִכָּל־אֹיְבֵיהֶם אֵת כָּל־אֹיְבֵיהֶם נָתַן יְהוָה בְּיָדָם׃

43 לֹא־נָפַל דָּבָר מִכֹּל הַדָּבָר הַטּוֹב אֲשֶׁר־דִּבֶּר יְהוָה אֶל־בֵּית יִשְׂרָאֵל הַכֹּל בָּא׃

CAP. XXII.   כב

1 אָז יִקְרָא יְהוֹשֻׁעַ לָראוּבֵנִי וְלַגָּדִי וְלַחֲצִי מַטֵּה מְנַשֶּׁה׃

2 וַיֹּאמֶר אֲלֵיהֶם אַתֶּם שְׁמַרְתֶּם אֵת כָּל־אֲשֶׁר צִוָּה אֶתְכֶם מֹשֶׁה עֶבֶד יְהוָה וַתִּשְׁמְעוּ בְקוֹלִי לְכֹל אֲשֶׁר־צִוִּיתִי אֶתְכֶם׃

3 לֹא־עֲזַבְתֶּם אֶת־אֲחֵיכֶם זֶה יָמִים רַבִּים עַד הַיּוֹם הַזֶּה וּשְׁמַרְתֶּם אֶת־מִשְׁמֶרֶת מִצְוַת יְהוָה אֱלֹהֵיכֶם׃

4 וְעַתָּה הֵנִיחַ יְהוָה אֱלֹהֵיכֶם לַאֲחֵיכֶם כַּאֲשֶׁר דִּבֶּר לָהֶם וְעַתָּה פְּנוּ וּלְכוּ לָכֶם לְאָהֳלֵיכֶם אֶל־אֶרֶץ אֲחֻזַּתְכֶם אֲשֶׁר נָתַן לָכֶם מֹשֶׁה עֶבֶד יְהוָה בְּעֵבֶר הַיַּרְדֵּן׃

5 רַק שִׁמְרוּ מְאֹד לַעֲשׂוֹת אֶת־הַמִּצְוָה וְאֶת־הַתּוֹרָה אֲשֶׁר צִוָּה אֶתְכֶם מֹשֶׁה עֶבֶד־יְהוָה לְאַהֲבָה אֶת־יְהוָה אֱלֹהֵיכֶם וְלָלֶכֶת בְּכָל־דְּרָכָיו וְלִשְׁמֹר מִצְוֹתָיו וּלְדָבְקָה־בוֹ וּלְעָבְדוֹ בְּכָל־לְבַבְכֶם וּבְכָל־נַפְשְׁכֶם׃

6 וַיְבָרֲכֵם יְהוֹשֻׁעַ וַיְשַׁלְּחֵם וַיֵּלְכוּ אֶל־אָהֳלֵיהֶם׃

7 וְלַחֲצִי שֵׁבֶט הַמְנַשֶּׁה נָתַן מֹשֶׁה בַּבָּשָׁן וּלְחֶצְיוֹ נָתַן יְהוֹשֻׁעַ עִם־אֲחֵיהֶם מֵעֵבֶר הַיַּרְדֵּן יָמָּה וְגַם כִּי שִׁלְּחָם

8 יְהוֹשֻׁעַ אֶל־אָהֳלֵיהֶם וַיְבָרֲכֵם׃ וַיֹּאמֶר אֲלֵיהֶם לֵאמֹר בִּנְכָסִים רַבִּים שׁוּבוּ אֶל־אָהֳלֵיכֶם וּבְמִקְנֶה רַב מְאֹד בְּכֶסֶף וּבְזָהָב וּבִנְחֹשֶׁת וּבְבַרְזֶל וּבִשְׂלָמוֹת הַרְבֵּה מְאֹד חִלְקוּ שְׁלַל־אֹיְבֵיכֶם עִם־אֲחֵיכֶם׃

9 וַיָּשֻׁבוּ וַיֵּלְכוּ בְּנֵי־רְאוּבֵן וּבְנֵי־גָד וַחֲצִי שֵׁבֶט הַמְנַשֶּׁה מֵאֵת בְּנֵי יִשְׂרָאֵל מִשִּׁלֹה אֲשֶׁר בְּאֶרֶץ כְּנָעַן לָלֶכֶת אֶל־אֶרֶץ הַגִּלְעָד אֶל־אֶרֶץ אֲחֻזָּתָם אֲשֶׁר נֹאחֲזוּ־בָהּ עַל־פִּי יְהוָה בְּיַד־מֹשֶׁה׃

10 וַיָּבֹאוּ אֶל־גְּלִילוֹת הַיַּרְדֵּן אֲשֶׁר בְּאֶרֶץ כְּנָעַן וַיִּבְנוּ בְנֵי־רְאוּבֵן וּבְנֵי־גָד וַחֲצִי שֵׁבֶט הַמְנַשֶּׁה שָׁם מִזְבֵּחַ עַל־הַיַּרְדֵּן מִזְבֵּחַ גָּדוֹל לְמַרְאֶה׃

11 וַיִּשְׁמְעוּ בְנֵי־יִשְׂרָאֵל לֵאמֹר הִנֵּה בָנוּ בְנֵי־רְאוּבֵן וּבְנֵי־גָד וַחֲצִי שֵׁבֶט הַמְנַשֶּׁה אֶת־הַמִּזְבֵּחַ אֶל־מוּל אֶרֶץ כְּנַעַן אֶל־גְּלִילוֹת הַיַּרְדֵּן אֶל־עֵבֶר בְּנֵי יִשְׂרָאֵל׃

12 וַיִּשְׁמְעוּ בְּנֵי יִשְׂרָאֵל וַיִּקָּהֲלוּ כָּל־עֲדַת בְּנֵי־יִשְׂרָאֵל שִׁלֹה לַעֲלוֹת עֲלֵיהֶם לַצָּבָא׃

13 וַיִּשְׁלְחוּ בְנֵי־יִשְׂרָאֵל אֶל־בְּנֵי־רְאוּבֵן וְאֶל־בְּנֵי־גָד וְאֶל־חֲצִי שֵׁבֶט־מְנַשֶּׁה אֶל־אֶרֶץ הַגִּלְעָד אֶת־פִּינְחָס בֶּן־

14 אֶלְעָזָר הַכֹּהֵן׃ וַעֲשָׂרָה נְשִׂאִים עִמּוֹ נָשִׂיא אֶחָד נָשִׂיא אֶחָד לְבֵית אָב לְכֹל מַטּוֹת יִשְׂרָאֵל וְאִישׁ

15 רֹאשׁ בֵּית־אֲבוֹתָם הֵמָּה לְאַלְפֵי יִשְׂרָאֵל׃ וַיָּבֹאוּ אֶל־בְּנֵי־רְאוּבֵן וְאֶל־בְּנֵי־גָד וְאֶל־חֲצִי שֵׁבֶט־מְנַשֶּׁה

16 אֶל־אֶרֶץ הַגִּלְעָד וַיְדַבְּרוּ אִתָּם לֵאמֹר׃ כֹּה אָמְרוּ כֹּל עֲדַת יְהוָה מָה־הַמַּעַל הַזֶּה אֲשֶׁר מְעַלְתֶּם בֵּאלֹהֵי יִשְׂרָאֵל לָשׁוּב הַיּוֹם מֵאַחֲרֵי יְהוָה בִּבְנוֹתְכֶם

17 לָכֶם מִזְבֵּחַ לִמְרָדְכֶם הַיּוֹם בַּיהוָה׃ הַמְעַט־לָנוּ אֶת־עֲוֹן פְּעוֹר אֲשֶׁר לֹא־הִטַּהַרְנוּ מִמֶּנּוּ עַד הַיּוֹם הַזֶּה

18 וַיְהִי הַנֶּגֶף בַּעֲדַת יְהוָה׃ וְאַתֶּם תָּשֻׁבוּ הַיּוֹם מֵאַחֲרֵי יְהוָה וְהָיָה אַתֶּם תִּמְרְדוּ הַיּוֹם בַּיהוָה וּמָחָר אֶל־כָּל־עֲדַת יִשְׂרָאֵל יִקְצֹף׃

19 וְאַךְ אִם־טְמֵאָה אֶרֶץ אֲחֻזַּתְכֶם עִבְרוּ לָכֶם אֶל־אֶרֶץ אֲחֻזַּת יְהוָה אֲשֶׁר שָׁכַן־שָׁם מִשְׁכַּן יְהוָה וְהֵאָחֲזוּ בְּתוֹכֵנוּ וּבַיהוָה אַל־תִּמְרֹדוּ וְאֹתָנוּ אַל־תִּמְרֹדוּ בִּבְנֹתְכֶם לָכֶם מִזְבֵּחַ מִבַּלְעֲדֵי מִזְבַּח יְהוָה אֱלֹהֵינוּ׃

20 הֲלוֹא עָכָן בֶּן־זֶרַח מָעַל מַעַל בַּחֵרֶם וְעַל כָּל־עֲדַת יִשְׂרָאֵל הָיָה קָצֶף וְהוּא אִישׁ אֶחָד לֹא גָוַע בַּעֲוֹנוֹ׃

21 וַיַּעֲנוּ בְּנֵי־רְאוּבֵן וּבְנֵי־גָד וַחֲצִי שֵׁבֶט הַמְנַשֶּׁה וַיְדַבְּרוּ אֶת־רָאשֵׁי אַלְפֵי יִשְׂרָאֵל׃

22 אֵל אֱלֹהִים יְהוָה אֵל אֱלֹהִים יְהוָה הוּא יֹדֵעַ וְיִשְׂרָאֵל הוּא יֵדָע אִם

the tribe of Zebulun, Jokneam with her suburbs, and Kartah with her suburbs,

35 Dimnah with her suburbs, Nahalal with her suburbs; four cities.

36 And out of the tribe of Reuben, Bezer*b* with her suburbs, and Jahazah with her suburbs,

37 Kedemoth with her suburbs, and Mephaath with her suburbs; four cities.

38 And out of the tribe of Gad, Ramoth in Gilead with her suburbs, *to be* a city of refuge for the slayer; and Mahanaim with her suburbs,

39 Heshbon with her suburbs; Jazer with her suburbs; four cities in all.

40 So all the cities for the children of Merari, by their families, which were remaining of the families of the Levites, were, *by* their lot, twelve cities.

41 All the cities of the Levites within the possession of the children of Israel *were* forty and eight*e* cities with their suburbs.

42 These cities were every one with their suburbs round about them: thus *were* all these cities.

43 And the LORD gave unto Israel all the land which he sware*f* to give unto their fathers; and they possessed it, and dwelt therein.

44 And*h* the LORD gave them rest round about, according to all that he sware unto their fathers: and*i* there stood not a man of all their enemies before them; ye LORD delivered all their enemies into their hand.

45 There*l* failed not ought of any good thing which the LORD had spoken unto the house of Israel; all came to pass.

CHAP. XXII.

THEN Joshua called the Reubenites, & the Gadites, and the half tribe of Manasseh,

2 And said unto them, Ye have kept all that Moses *m* the servant of the LORD commanded you, and have obeyed my voice in all that I*o* commanded you:

3 Ye have not left your brethren these many days unto this day, but have kept the charge of the commandment of the LORD your God.

4 And now the LORD your God hath given rest unto your brethren, as he promised them: therefore now return ye, and get you unto your tents, *and* unto the land of your possession, which Moses the servant of the LORD gave you*o* on the other side Jordan.

5 But take*t* diligent heed to do the commandment and the law, which Moses the servant of the LORD charged you, to*u* love the LORD your God, and to walk in all his ways, and to keep his commandments, and to cleave*w* unto him,and to serve*x* him with all your heart and with all your soul.

6 So Joshua blessed*z* them, & sent them away: and they went unto their tents.

7 Now, to the *one* half of the tribe of Manasseh, Moses had given *possession* in Bashan; but*a* unto the *other* half thereof gave Joshua among their brethren on this side Jordan westward. And when Joshua sent them away also unto their tents, then he blessed them;

8 And he spake unto them, saying, Return with much riches*f* unto your tents, and with very much cattle,with silver, and with gold, and with brass, and with iron, and with very much raiment; divide*g* the spoil of your enemies with your brethren.

9 And the children of Reuben, and the children of Gad, and the half tribe of Ma-

B. C. 1444.

a Nu.32.1,26, 29.
b ch. 20. 8.
c ch.24.26,27.
Ge. 28. 18.
31. 46..52.
d De. 13. 12, &c.
Ju.20.1,12.
e Nu. 35. 7.
f Ge. 12. 7.
13. 15.
15. 13..21.
26. 3, 4.
28.4,13.14.
g Ex. 6. 25.
Nu. 25. 7,
11..13.

β house of the father.
h ch. 11. 23.
22. 4.
i De.7.23,24.
k Nu. 1. 4.
l ch. 23.14.
Nu. 23. 19.
1 Ki. 8. 56.
1 Co. 1. 9.
Tit. 1. 2.
m Nu.32.20.
29.
De.3.16..20.
n Le. 17. 8, 9.
o ch.1.12..18.
p Nu.25.3,&c.
De. 4. 3.
q Ezr.9.13,14.
r Nu. 16. 22.
s De. 29. 8.
t De. 6. 6, 17.
11. 22.
1Ch.28.7,8.
Je. 12. 16.
u De. 10. 12.
v ch. 18. 1.
w Ac. 11. 23.
x ch. 24. 14.
1Sa. 12. 20, 24.
y ch.7.1,&c.
z Ge. 47. 7.
2 Sa. 6. 18.
Lu. 2. 34.
24. 50.
a ch. 17. 5.
b De. 10. 17.
Ps. 95. 3.
136. 2.
Da. 2. 47.
11. 36.
c 1 Ki. 8. 39.
Job 23. 10.
Ps. 44. 21.
139. 1,12.
Je. 12. 3.
Jn°.2.24,25.
21. 17.
Ac. 1. 24.
2Co. 11. 11, 31.
He. 4. 13.
Re. 2. 23.
d Mal. 3. 18.
e 1Sa. 15. 23.
f De.S.10.14.
g Nu. 31. 27.
1Sa. 30. 24.
Ps. 68. 12.
h De. 18. 19.
1 Sa. 20. 16.
2Ch. 24. 22.

nasseh, returned, and departed from the children of Israel out of Shiloh, which *is* in the land of Canaan, to go unto the country of Gilead,*a* to the land of their possession, whereof they were possessed, according to the word of the LORD by the hand of Moses.

10 And when they came unto the borders of Jordan, that *are* in the land of Canaan, the children of Reuben, and the children of Gad, and the half tribe of Manasseh, built there an altar by Jordan, a great altar*e* to see to.

11 And the children of Israel heard*d* say, Behold, the children of Reuben, and the children of Gad, and the half tribe of Manasseh, have built an altar over against the land of Canaan, in the borders of Jordan, at the passage of the children of Israel.

12 And when the children of Israel heard *of it,* the whole congregation of the children of Israel gathered themselves together at Shiloh, to go up to war against them.

13 And the children of Israel sent unto the children of Reuben, and to the children of Gad, and to the half tribe of Manasseh, into the land of Gilead,*g* Phinehas the son of Eleazar the priest,

14 And with him ten princes, of *β* each chief house a prince throughout all the tribes of Israel; and each one *was* an head*k* of the house of their fathers among the thousands of Israel.

15 And they came unto the children of Reuben, & to the children of Gad, & to the half tribe of Manasseh, unto the land of Gilead, and they spake with them, saying,

16 Thus saith the whole congregation of the LORD, What trespass *is* this that ye have committed against the God of Israel, to turn away this day from following the LORD, in that ye have builded you an altar, that ye might rebel*n* this day against the LORD?

17 *Is* the iniquity of Peor*p* too little for us, from which we are not cleansed until this day, although there was a plague in the congregation of the LORD,

18 But that ye must turn away this day from following the LORD? and*q* it will be, *seeing* ye rebel to-day against the LORD, that to-morrow he will be*r* wroth with the whole congregation of Israel.

19 Notwithstanding, if the land of your possession *be* unclean, *then* pass ye over unto the land of the possession of the LORD, wherein the LORD's tabernacle dwelleth,*a* and take possession among us: but rebel not against the LORD, nor rebel against us, in building you an altar, beside the altar of the LORD our God.

20 Did not Achan*y*e son of Zerah commit a trespass in the accursed thing, and wrath fell on all y*e* congregation of Israel? & that man perished not alone in his iniquity.

21 Then the children of Reuben, and the children of Gad, and the half tribe of Manasseh, answered and said unto the heads of the thousands of Israel,

22 The LORD God *b* of gods, the LORD God of gods, he knoweth,*c* and Israel*d* he shall know; if *it be* in rebellion,*e* or if in transgression against the LORD, (save us not this day,)

23 That we have built us an altar to turn from following the LORD, or if to offer thereon burnt-offering or meat-offering, or if to offer peace-offerings thereon, let the LORD himself require*h* *it;*

בְּמֶרֶד וְאִם־בְּמַעַל בַּיהוָֹה אַל־תּוֹשִׁיעֵנוּ הַיּוֹם הַזֶּה :

23 לִבְנוֹת לָנוּ מִזְבֵּחַ לָשׁוּב מֵאַחֲרֵי יְהוָֹה וְאִם־לְהַעֲלוֹת עָלָיו עוֹלָה וּמִנְחָה וְאִם־לַעֲשׂוֹת עָלָיו זִבְחֵי שְׁלָמִים

24 יְהוָֹה הוּא יְבַקֵּשׁ : וְאִם־לֹא מִדְּאָגָה מִדָּבָר עָשִׂינוּ אֶת־זֹאת לֵאמֹר מָחָר יֹאמְרוּ בְנֵיכֶם לְבָנֵינוּ לֵאמֹר

25 מַה־לָּכֶם וְלַיהוָֹה אֱלֹהֵי יִשְׂרָאֵל : וּגְבוּל נָתַן־יְהוָֹה בֵּינֵנוּ וּבֵינֵיכֶם בְּנֵי־רְאוּבֵן וּבְנֵי־גָד אֶת־הַיַּרְדֵּן אֵין־לָכֶם חֵלֶק בַּיהוָֹה וְהִשְׁבִּיתוּ בְנֵיכֶם אֶת־בָּנֵינוּ לְבִלְתִּי

26 יְרֹא אֶת־יְהוָֹה : וַנֹּאמֶר נַעֲשֶׂה־נָּא לָנוּ לִבְנוֹת אֶת־

27 הַמִּזְבֵּחַ לֹא לְעוֹלָה וְלֹא לְזָבַח : כִּי עֵד הוּא בֵּינֵינוּ וּבֵינֵיכֶם וּבֵין דֹּרוֹתֵינוּ אַחֲרֵינוּ לַעֲבֹד אֶת־עֲבֹדַת יְהוָֹה לְפָנָיו בְּעֹלוֹתֵינוּ וּבִזְבָחֵינוּ וּבִשְׁלָמֵינוּ וְלֹא־יֹאמְרוּ

28 בְנֵיכֶם מָחָר לְבָנֵינוּ אֵין־לָכֶם חֵלֶק בַּיהוָֹה : וַנֹּאמֶר וְהָיָה כִּי־יֹאמְרוּ אֵלֵינוּ וְאֶל־דֹּרֹתֵינוּ מָחָר וְאָמַרְנוּ רְאוּ אֶת־תַּבְנִית מִזְבַּח יְהוָֹה אֲשֶׁר־עָשׂוּ אֲבוֹתֵינוּ לֹא לְעוֹלָה וְלֹא לְזֶבַח כִּי־עֵד הוּא בֵּינֵינוּ וּבֵינֵיכֶם :

29 חָלִילָה לָּנוּ מִמֶּנּוּ לִמְרֹד בַּיהוָֹה וְלָשׁוּב הַיּוֹם מֵאַחֲרֵי יְהוָֹה לִבְנוֹת מִזְבֵּחַ לְעֹלָה לְמִנְחָה וּלְזָבַח מִלְּבַד מִזְבַּח יְהוָֹה אֱלֹהֵינוּ אֲשֶׁר לִפְנֵי מִשְׁכָּנוֹ :

30 וַיִּשְׁמַע פִּינְחָס הַכֹּהֵן וּנְשִׂיאֵי הָעֵדָה וְרָאשֵׁי אַלְפֵי יִשְׂרָאֵל אֲשֶׁר אִתּוֹ אֶת־הַדְּבָרִים אֲשֶׁר דִּבְּרוּ בְּנֵי־רְאוּבֵן וּבְנֵי־גָד וּבְנֵי מְנַשֶּׁה וַיִּיטַב בְּעֵינֵיהֶם :

31 וַיֹּאמֶר פִּינְחָס בֶּן־אֶלְעָזָר הַכֹּהֵן אֶל־בְּנֵי־רְאוּבֵן וְאֶל־בְּנֵי־גָד וְאֶל־בְּנֵי מְנַשֶּׁה הַיּוֹם יָדַעְנוּ כִּי־בְתוֹכֵנוּ יְהוָֹה אֲשֶׁר לֹא־מְעַלְתֶּם בַּיהוָֹה הַמַּעַל הַזֶּה אָז הִצַּלְתֶּם אֶת־בְּנֵי יִשְׂרָאֵל מִיַּד יְהוָֹה :

32 וַיָּשָׁב פִּינְחָס בֶּן־אֶלְעָזָר הַכֹּהֵן וְהַנְּשִׂיאִים מֵאֵת בְּנֵי־רְאוּבֵן וּמֵאֵת בְּנֵי־גָד מֵאֶרֶץ הַגִּלְעָד אֶל־אֶרֶץ כְּנַעַן אֶל־בְּנֵי יִשְׂרָאֵל וַיָּשִׁבוּ אוֹתָם דָּבָר :

33 וַיִּיטַב הַדָּבָר בְּעֵינֵי בְּנֵי יִשְׂרָאֵל וַיְבָרֲכוּ אֱלֹהִים בְּנֵי יִשְׂרָאֵל וְלֹא אָמְרוּ לַעֲלוֹת עֲלֵיהֶם לַצָּבָא לְשַׁחֵת אֶת־הָאָרֶץ אֲשֶׁר בְּנֵי־רְאוּבֵן וּבְנֵי־גָד יֹשְׁבִים בָּהּ :

34 וַיִּקְרְאוּ בְּנֵי־רְאוּבֵן וּבְנֵי־גָד לַמִּזְבֵּחַ כִּי עֵד הוּא בֵּינֹתֵינוּ כִּי יְהוָֹה הָאֱלֹהִים :

CAP. XXIII. כג

1 וַיְהִי מִיָּמִים רַבִּים אַחֲרֵי אֲשֶׁר־הֵנִיחַ יְהוָֹה לְיִשְׂרָאֵל מִכָּל־אֹיְבֵיהֶם מִסָּבִיב וִיהוֹשֻׁעַ זָקֵן בָּא בַּיָּמִים :

2 וַיִּקְרָא יְהוֹשֻׁעַ לְכָל־יִשְׂרָאֵל לִזְקֵנָיו וּלְרָאשָׁיו וּלְשֹׁפְטָיו וּלְשֹׁטְרָיו וַיֹּאמֶר אֲלֵהֶם אֲנִי זָקַנְתִּי בָּאתִי בַּיָּמִים :

3 וְאַתֶּם רְאִיתֶם אֵת כָּל־אֲשֶׁר עָשָׂה יְהוָֹה אֱלֹהֵיכֶם לְכָל־הַגּוֹיִם הָאֵלֶּה מִפְּנֵיכֶם כִּי יְהוָֹה

4 אֱלֹהֵיכֶם הוּא הַנִּלְחָם לָכֶם : רְאוּ הִפַּלְתִּי לָכֶם אֶת־הַגּוֹיִם הַנִּשְׁאָרִים הָאֵלֶּה בְּנַחֲלָה לְשִׁבְטֵיכֶם מִן־הַיַּרְדֵּן וְכָל־הַגּוֹיִם אֲשֶׁר הִכְרַתִּי וְהַיָּם הַגָּדוֹל מְבוֹא הַשָּׁמֶשׁ :

5 וַיהוָֹה אֱלֹהֵיכֶם הוּא יֶהְדֳּפֵם מִפְּנֵיכֶם וְהוֹרִישׁ אֹתָם מִלִּפְנֵיכֶם וִירִשְׁתֶּם אֶת־אַרְצָם כַּאֲשֶׁר דִּבֶּר יְהוָֹה אֱלֹהֵיכֶם לָכֶם :

6 וַחֲזַקְתֶּם מְאֹד לִשְׁמֹר וְלַעֲשׂוֹת אֵת כָּל־הַכָּתוּב בְּסֵפֶר תּוֹרַת מֹשֶׁה לְבִלְתִּי סוּר־מִמֶּנּוּ יָמִין וּשְׂמֹאול :

7 לְבִלְתִּי־בוֹא בַּגּוֹיִם הָאֵלֶּה הַנִּשְׁאָרִים הָאֵלֶּה אִתְּכֶם וּבְשֵׁם אֱלֹהֵיהֶם לֹא־תַזְכִּירוּ וְלֹא תַשְׁבִּיעוּ וְלֹא תַעַבְדוּם וְלֹא תִשְׁתַּחֲווּ לָהֶם :

8 כִּי אִם־בַּיהוָֹה אֱלֹהֵיכֶם תִּדְבָּקוּ כַּאֲשֶׁר עֲשִׂיתֶם עַד הַיּוֹם הַזֶּה :

9 וַיּוֹרֶשׁ יְהוָֹה מִפְּנֵיכֶם גּוֹיִם גְּדֹלִים וַעֲצוּמִים וְאַתֶּם לֹא־עָמַד אִישׁ בִּפְנֵיכֶם עַד הַיּוֹם הַזֶּה :

10 אִישׁ־אֶחָד מִכֶּם יִרְדָּף־אָלֶף כִּי יְהוָֹה אֱלֹהֵיכֶם הוּא הַנִּלְחָם לָכֶם כַּאֲשֶׁר דִּבֶּר לָכֶם :

11 וְנִשְׁמַרְתֶּם מְאֹד לְנַפְשֹׁתֵיכֶם לְאַהֲבָה אֶת־יְהוָֹה אֱלֹהֵיכֶם :

12 כִּי אִם־שׁוֹב תָּשׁוּבוּ וּדְבַקְתֶּם בְּיֶתֶר הַגּוֹיִם הָאֵלֶּה הַנִּשְׁאָרִים הָאֵלֶּה אִתְּכֶם וְהִתְחַתַּנְתֶּם בָּהֶם

13 וּבָאתֶם בָּהֶם וְהֵם בָּכֶם : יָדוֹעַ תֵּדְעוּ כִּי לֹא יוֹסִיף יְהוָֹה אֱלֹהֵיכֶם לְהוֹרִישׁ אֶת־הַגּוֹיִם הָאֵלֶּה מִלִּפְנֵיכֶם וְהָיוּ לָכֶם לְפַח וּלְמוֹקֵשׁ וּלְשֹׁטֵט בְּצִדֵּיכֶם וְלִצְנִנִים בְּעֵינֵיכֶם עַד־אֲבָדְכֶם מֵעַל הָאֲדָמָה הַטּוֹבָה הַזֹּאת

14 אֲשֶׁר נָתַן לָכֶם יְהוָֹה אֱלֹהֵיכֶם : וְהִנֵּה אָנֹכִי הוֹלֵךְ הַיּוֹם בְּדֶרֶךְ כָּל־הָאָרֶץ וִידַעְתֶּם בְּכָל־לְבַבְכֶם וּבְכָל־נַפְשְׁכֶם כִּי לֹא־נָפַל דָּבָר אֶחָד מִכֹּל הַדְּבָרִים הַטּוֹבִים אֲשֶׁר דִּבֶּר יְהוָֹה אֱלֹהֵיכֶם עֲלֵיכֶם הַכֹּל בָּאוּ לָכֶם לֹא־נָפַל מִמֶּנּוּ דָּבָר אֶחָד :

15 וְהָיָה כַּאֲשֶׁר־בָּא עֲלֵיכֶם כָּל־הַדָּבָר הַטּוֹב אֲשֶׁר דִּבֶּר יְהוָֹה אֱלֹהֵיכֶם אֲלֵיכֶם כֵּן יָבִיא יְהוָֹה עֲלֵיכֶם אֵת כָּל־הַדָּבָר הָרָע עַד־הַשְׁמִידוֹ אוֹתְכֶם מֵעַל הָאֲדָמָה הַטּוֹבָה הַזֹּאת

16 אֲשֶׁר נָתַן לָכֶם יְהוָֹה אֱלֹהֵיכֶם : בְּעָבְרְכֶם אֶת־בְּרִית יְהוָֹה אֱלֹהֵיכֶם אֲשֶׁר צִוָּה אֶתְכֶם וַהֲלַכְתֶּם וַעֲבַדְתֶּם אֱלֹהִים אֲחֵרִים וְהִשְׁתַּחֲוִיתֶם לָהֶם וְחָרָה אַף־יְהוָֹה בָּכֶם וַאֲבַדְתֶּם מְהֵרָה מֵעַל הָאָרֶץ הַטּוֹבָה אֲשֶׁר נָתַן לָכֶם :

CAP. XXIV. כד

1 וַיֶּאֱסֹף יְהוֹשֻׁעַ אֶת־כָּל־שִׁבְטֵי יִשְׂרָאֵל שְׁכֶמָה וַיִּקְרָא לְזִקְנֵי יִשְׂרָאֵל וּלְרָאשָׁיו וּלְשֹׁפְטָיו וּלְשֹׁטְרָיו

2 וַיִּתְיַצְּבוּ לִפְנֵי הָאֱלֹהִים : וַיֹּאמֶר יְהוֹשֻׁעַ אֶל־כָּל־הָעָם כֹּה־אָמַר יְהוָֹה אֱלֹהֵי יִשְׂרָאֵל בְּעֵבֶר הַנָּהָר יָשְׁבוּ

24 And if we have not *rather* done it for fear of *this* thing, saying, β In time to come your children might speak unto our children, saying, What have ye to do with the LORD God of Israel?

25 For the LORD hath made Jordan a border between us and you, ye children of Reuben, and children of Gad; ye*b* have no part in the LORD: so shall your children make our children cease*d* from fearing the LORD.

26 Therefore we said, Let us now prepare to build us an altar, not for burntoffering, nor for sacrifice:

27 But *that* it *may be* a witness*h* between us and you, and our generations after us, that we might do the service of the LORD before*i* him with our burnt-offerings, and with our sacrifices, and with our peaceofferings; that your children may not say to our children in time to come, Ye have no part in the LORD.

28 Therefore said we, that it shall be, when they should *so* say to us or to our generations in time to come, that we may say *again*, Behold the pattern*o* of the altar of the LORD, which our fathers made, not for burnt-offerings, nor for sacrifices; but it *is* a witness between us and you.

29 God forbid*q* that we should rebel against the LORD, and turn this day from following the LORD, to build an altar for burnt-offerings, for meat-offerings, or for sacrifices, beside the altar of the LORD our God that *is* before his tabernacle.

30 And when Phinehas the priest, and the princes of the congregation, and heads of the thousands of Israel which *were* with him, heard the words that the children of Reuben, and the children of Gad, and the children of Manasseh, spake, it θ pleased them.

31 And Phinehas the son of Eleazar the priest said unto the children of Reuben, and to the children of Gad, and to the children of Manasseh, This day we perceive that the LORD *is* among*x* us, because ye have not committed this trespass against the LORD: now ye have delivered*y*e children of Israel out of the hand of the LORD.

32 And Phinehas the son of Eleazar the priest, and the princes, returned from the children of Reuben, and from the children of Gad, out of the land of Gilead, unto the land of Canaan, to the children of Israel, and brought them word *z* again.

33 And the thing pleased the children of Israel; and the children of Israel*a* blessed God, and did not intend to go up against them in battle, to destroy the land wherein the children of Reuben and Gad dwelt.

34 And the children of Reuben and the children of Gad called the altar λ *Ed:* for it *shall be* a witness between us that the LORD *is* God.

CHAP. XXIII.

AND it came to pass a long time after that the LORD had given rest*c* unto Israel from all their enemies round about, that Joshua waxed old*e and μ* stricken in age.

2 And Joshua called*f* for all Israel, *and* for their elders, and for their heads, and for their judges, and for their officers, and said unto them, I am old *and* stricken in age:

3 And ye have seen all that the LORD your God hath done unto all these nations because of you: for the LORD*i* your God *is* he that hath fought for you.

4 Behold, I have divided*l* unto you by

B. C. 1444.

β *to-morrow.*
Ex. 13. 14.
γ *at the sunset.*
a De. 11. 23.
Ps. 44. 2.
b Ne. 2. 20.
c Nu. 33. 53.
d 1Ki.12.27,28
e ch. 1. 7.
f De. 5. 32.
g De. 7. 2, 3.
h ver. 34.
i Ps. 16. 4.
Ho. 2. 17.
k Zep. 1. 4..6.
l De.12.5,&c.
δ or, *For if ye will cleave.*
m ch. 22. 5.
ζ or, *Then the LORD will drive.*
n Le. 26. 8.
Ju.7.19..22.
15. 15.
o Ex. 25. 40.
Eze.43.10,11
p Ex. 23. 27, &c.
η *your souls.*
q Ge. 44. 7,17.
1Sa. 12. 23.
1 Ki. 21. 3.
Ro. 3. 6.
r Ps. 125. 5.
Is. 1. 4.
Zep. 1. 6.
He.10.38,39
2Pe.2.20,21
s 2 Co. 6. 14.
t Ju. 2. 2, 3.
u 1 Ki. 11. 4.
v 2 Ki. 17. 22, 23.
θ *was good in their eyes.*
w ch. 21. 45.
x Le.26.11,12.
Zec. 8. 23.
1Co. 14. 25.
κ *then.*
y Le.26.14,&c
De.28.15,63.
z Pr. 25. 13.
a 1Sa. 25. 32, 33.
1Ch. 29. 20.
Ne. 8. 6.
Da. 2. 19.
Ep. 1. 3.
λ i. e. a witness : So ch. 24. 27.
b 2 Ki. 24. 20.
c ch. 22. 4.
d ch. 23. 2.
e ch. 13. 1.
μ *come into days.*
f ch. 24. 1.
De. 31. 28.
1 Ch. 28. 1.
g 1 Sa. 10. 19.
h Ge.11.26,&c
i Ps. 44. 3.
k Ge. 12. 1.
l ch. 13. 6, 7.
18. 10.

---

lot these nations that remain, to be an inheritance for your tribes, from Jordan, with all the nations that I have cut off even unto the great sea γ westward.

5 And the LORD your God, he*a* shall expel them from before you, and drive them from out of your sight; and ye shall possess their land, as the LORD your God hath promised*c* unto you.

6 Be ye therefore very courageous*e* to keep & to do all that is written in the book of the law of Moses, that*f* ye turn not aside therefrom to the right hand or *to* the left;

7 That*g* ye come not among these nations, these that remain among you; neither make mention*i* of the name of their gods, nor cause to swear*k by them*, neither serve them,nor bow yourselves unto them:

8 But cleave*m* unto the LORD your God, as ye have done unto this day.

9 ζ For the LORD hath driven out from before you great nations and strong: but *as for* you, no man hath been able to stand before you unto this day. ‹

10 One*n* man of you shall chase a thousand: for the LORD your God, he *it is* that fighteth for you, as*p* he hath promised you.

11 Take good heed therefore unto η yourselves, that ye love the LORD your God.

12 Else if ye do in any wise go back,*r* and cleave unto the remnant of these nations, *even* these that remain among you, and shall make marriages*s* with them, and go in unto them, and they to you:

13 Know for a certainty that the LORD your God will no more*t* drive out *any of* these nations from before you; but they shall be snares*u* and traps unto you, and scourges in your sides, and thorns in your eyes, until ye perish from off*v* this good land which the LORD your God hath given you.

14 And, behold, this day I *am* going the way of all the earth; and ye know in all your hearts, and in all your souls,*w* that not one thing hath failed of all the good things which the LORD your God spake concerning you; all are come to pass unto you, *and* not one thing hath failed thereof.

15 Therefore it shall come to pass, *that* as all good things are come upon you, which the LORD your God promised you; so shall the LORD bring upon you*y* all evil things, until he have destroyed you from off this good land which the LORD your God hath given you.

16 When ye have transgressed the covenant of the LORD your God, which he commanded you, and have gone and served other gods, and bowed yourselves to them; then shall the anger*b* of the LORD be kindled against you, and ye shall perish quickly from off the good land which he hath given unto you.

CHAP. XXIV.

AND Joshua gathered all the tribes of Israel to Shechem, and called*d* for the elders of Israel, and for their heads, and for their judges, and for their officers; and they presented*g* themselves before God.

2 And Joshua said unto all the people, Thus saith the LORD God of Israel, Your fathers*h* dwelt on the other side of the flood in old time, *even* Terah, the father of Abraham, and the father of Nachor: and they served other gods.

3 And I took*k* your father Abraham from the other side of the flood, and led him

אֲבוֹתֵיכֶם מֵעוֹלָם תֶּרַח אֲבִי אַבְרָהָם וַאֲבִי נָחוֹר
3 וָאֶקַּח אֶת־אֲבִיכֶם אֶת־אַבְרָהָם מֵעֵבֶר הַנָּהָר וָאוֹלֵךְ אוֹתוֹ בְּכָל־אֶרֶץ כְּנָעַן
4 וָאֶתֵּן לְיִצְחָק אֶת־יַעֲקֹב וְאֶת־עֵשָׂו וָאֶתֵּן לְעֵשָׂו אֶת־הַר שֵׂעִיר לָרֶשֶׁת אוֹתוֹ וְיַעֲקֹב וּבָנָיו יָרְדוּ מִצְרָיִם
5 וָאֶשְׁלַח אֶת־מֹשֶׁה וְאֶת־אַהֲרֹן וָאֶגֹּף אֶת־מִצְרַיִם כַּאֲשֶׁר עָשִׂיתִי בְּקִרְבּוֹ וְאַחַר הוֹצֵאתִי אֶתְכֶם
6 וָאוֹצִיא אֶת־אֲבוֹתֵיכֶם מִמִּצְרַיִם וַתָּבֹאוּ הַיָּמָּה וַיִּרְדְּפוּ מִצְרַיִם אַחֲרֵי אֲבוֹתֵיכֶם בְּרֶכֶב וּבְפָרָשִׁים יַם־סוּף
7 וַיִּצְעֲקוּ אֶל־יְהוָה וַיָּשֶׂם מַאֲפֵל בֵּינֵיכֶם וּבֵין הַמִּצְרִים וַיָּבֵא עָלָיו אֶת־הַיָּם וַיְכַסֵּהוּ וַתִּרְאֶינָה עֵינֵיכֶם אֵת אֲשֶׁר־עָשִׂיתִי בְּמִצְרָיִם וַתֵּשְׁבוּ בַמִּדְבָּר יָמִים רַבִּים
8 וָאָבִאָה אֶתְכֶם אֶל־אֶרֶץ הָאֱמֹרִי הַיּוֹשֵׁב בְּעֵבֶר הַיַּרְדֵּן וַיִּלָּחֲמוּ אִתְּכֶם וָאֶתֵּן אוֹתָם בְּיֶדְכֶם וַתִּירְשׁוּ אֶת־אַרְצָם וָאַשְׁמִידֵם מִפְּנֵיכֶם
9 וַיָּקָם בָּלָק בֶּן־צִפּוֹר מֶלֶךְ מוֹאָב וַיִּלָּחֶם בְּיִשְׂרָאֵל וַיִּשְׁלַח וַיִּקְרָא לְבִלְעָם בֶּן־בְּעוֹר לְקַלֵּל אֶתְכֶם
10 וְלֹא אָבִיתִי לִשְׁמֹעַ לְבִלְעָם וַיְבָרֶךְ בָּרוֹךְ אֶתְכֶם וָאַצִּל אֶתְכֶם
11 מִיָּדוֹ וַתַּעַבְרוּ אֶת־הַיַּרְדֵּן וַתָּבֹאוּ אֶל־יְרִיחוֹ וַיִּלָּחֲמוּ בָכֶם בַּעֲלֵי־יְרִיחוֹ הָאֱמֹרִי וְהַפְּרִזִּי וְהַכְּנַעֲנִי וְהַחִתִּי וְהַגִּרְגָּשִׁי הַחִוִּי וְהַיְבוּסִי וָאֶתֵּן אוֹתָם בְּיֶדְכֶם
12 וָאֶשְׁלַח לִפְנֵיכֶם אֶת־הַצִּרְעָה וַתְּגָרֶשׁ אוֹתָם מִפְּנֵיכֶם שְׁנֵי מַלְכֵי הָאֱמֹרִי לֹא בְחַרְבְּךָ וְלֹא בְקַשְׁתֶּךָ
13 וָאֶתֵּן לָכֶם אֶרֶץ אֲשֶׁר לֹא־יָגַעְתָּ בָּהּ וְעָרִים אֲשֶׁר לֹא־בְנִיתֶם וַתֵּשְׁבוּ בָּהֶם כְּרָמִים וְזֵיתִים אֲשֶׁר לֹא־נְטַעְתֶּם אַתֶּם אֹכְלִים
14 וְעַתָּה יְראוּ אֶת־יְהוָה וְעִבְדוּ אֹתוֹ בְּתָמִים וּבֶאֱמֶת וְהָסִירוּ אֶת־אֱלֹהִים אֲשֶׁר עָבְדוּ אֲבוֹתֵיכֶם בְּעֵבֶר הַנָּהָר וּבְמִצְרַיִם וְעִבְדוּ אֶת־יְהוָה
15 וְאִם רַע בְּעֵינֵיכֶם לַעֲבֹד אֶת־יְהוָה בַּחֲרוּ לָכֶם הַיּוֹם אֶת־מִי תַעֲבֹדוּן אִם אֶת־אֱלֹהִים אֲשֶׁר־עָבְדוּ אֲבוֹתֵיכֶם אֲשֶׁר בְּעֵבֶר הַנָּהָר וְאִם אֶת־אֱלֹהֵי הָאֱמֹרִי אֲשֶׁר אַתֶּם יֹשְׁבִים בְּאַרְצָם וְאָנֹכִי וּבֵיתִי נַעֲבֹד אֶת־יְהוָה
16 וַיַּעַן הָעָם וַיֹּאמֶר חָלִילָה לָּנוּ מֵעֲזֹב אֶת־יְהוָה לַעֲבֹד אֱלֹהִים אֲחֵרִים
17 כִּי יְהוָה אֱלֹהֵינוּ הוּא הַמַּעֲלֶה אֹתָנוּ וְאֶת־אֲבוֹתֵינוּ

מֵאֶרֶץ מִצְרַיִם מִבֵּית עֲבָדִים וַאֲשֶׁר עָשָׂה לְעֵינֵינוּ אֶת־הָאֹתוֹת הַגְּדֹלוֹת הָאֵלֶּה וַיִּשְׁמְרֵנוּ בְּכָל־הַדֶּרֶךְ אֲשֶׁר הָלַכְנוּ בָהּ וּבְכֹל הָעַמִּים אֲשֶׁר עָבַרְנוּ בְּקִרְבָּם
18 וַיְגָרֶשׁ יְהוָה אֶת־כָּל־הָעַמִּים וְאֶת־הָאֱמֹרִי יֹשֵׁב הָאָרֶץ מִפָּנֵינוּ גַּם־אֲנַחְנוּ נַעֲבֹד אֶת־יְהוָה כִּי־הוּא אֱלֹהֵינוּ
19 וַיֹּאמֶר יְהוֹשֻׁעַ אֶל־הָעָם לֹא תוּכְלוּ לַעֲבֹד אֶת־יְהוָה כִּי־אֱלֹהִים קְדֹשִׁים הוּא אֵל־קַנּוֹא הוּא לֹא־יִשָּׂא לְפִשְׁעֲכֶם וּלְחַטֹּאותֵיכֶם
20 כִּי תַעַזְבוּ אֶת־יְהוָה וַעֲבַדְתֶּם אֱלֹהֵי נֵכָר וְשָׁב וְהֵרַע לָכֶם וְכִלָּה אֶתְכֶם אַחֲרֵי אֲשֶׁר־הֵיטִיב לָכֶם
21 וַיֹּאמֶר הָעָם אֶל־יְהוֹשֻׁעַ לֹא כִּי אֶת־יְהוָה נַעֲבֹד
22 וַיֹּאמֶר יְהוֹשֻׁעַ אֶל־הָעָם עֵדִים אַתֶּם בָּכֶם כִּי־אַתֶּם בְּחַרְתֶּם לָכֶם אֶת־יְהוָה לַעֲבֹד אוֹתוֹ וַיֹּאמְרוּ עֵדִים
23 וְעַתָּה הָסִירוּ אֶת־אֱלֹהֵי הַנֵּכָר אֲשֶׁר בְּקִרְבְּכֶם וְהַטּוּ אֶת־לְבַבְכֶם אֶל־יְהוָה אֱלֹהֵי יִשְׂרָאֵל
24 וַיֹּאמְרוּ הָעָם אֶל־יְהוֹשֻׁעַ אֶת־יְהוָה אֱלֹהֵינוּ נַעֲבֹד וּבְקוֹלוֹ נִשְׁמָע
25 וַיִּכְרֹת יְהוֹשֻׁעַ בְּרִית לָעָם בַּיּוֹם הַהוּא וַיָּשֶׂם לוֹ חֹק וּמִשְׁפָּט בִּשְׁכֶם
26 וַיִּכְתֹּב יְהוֹשֻׁעַ אֶת־הַדְּבָרִים הָאֵלֶּה בְּסֵפֶר תּוֹרַת אֱלֹהִים וַיִּקַּח אֶבֶן גְּדוֹלָה וַיְקִימֶהָ שָּׁם תַּחַת הָאַלָּה אֲשֶׁר בְּמִקְדַּשׁ יְהוָה
27 וַיֹּאמֶר יְהוֹשֻׁעַ אֶל־כָּל־הָעָם הִנֵּה הָאֶבֶן הַזֹּאת תִּהְיֶה־בָּנוּ לְעֵדָה כִּי־הִיא שָׁמְעָה אֵת כָּל־אִמְרֵי יְהוָה אֲשֶׁר דִּבֶּר עִמָּנוּ וְהָיְתָה בָכֶם לְעֵדָה פֶּן־תְּכַחֲשׁוּן בֵּאלֹהֵיכֶם
28 וַיְשַׁלַּח יְהוֹשֻׁעַ אֶת־הָעָם אִישׁ לְנַחֲלָתוֹ
29 וַיְהִי אַחֲרֵי הַדְּבָרִים הָאֵלֶּה וַיָּמָת יְהוֹשֻׁעַ בִּן־נוּן עֶבֶד יְהוָה בֶּן־מֵאָה וָעֶשֶׂר שָׁנִים
30 וַיִּקְבְּרוּ אֹתוֹ בִּגְבוּל נַחֲלָתוֹ בְּתִמְנַת־סֶרַח אֲשֶׁר בְּהַר־אֶפְרָיִם מִצְּפוֹן לְהַר־גָּעַשׁ
31 וַיַּעֲבֹד יִשְׂרָאֵל אֶת־יְהוָה כֹּל יְמֵי יְהוֹשֻׁעַ וְכֹל יְמֵי הַזְּקֵנִים אֲשֶׁר הֶאֱרִיכוּ יָמִים אַחֲרֵי יְהוֹשֻׁעַ וַאֲשֶׁר יָדְעוּ אֵת כָּל־מַעֲשֵׂה יְהוָה אֲשֶׁר עָשָׂה לְיִשְׂרָאֵל
32 וְאֶת־עַצְמוֹת יוֹסֵף אֲשֶׁר־הֶעֱלוּ בְנֵי־יִשְׂרָאֵל מִמִּצְרַיִם קָבְרוּ בִשְׁכֶם בְּחֶלְקַת הַשָּׂדֶה אֲשֶׁר קָנָה יַעֲקֹב מֵאֵת בְּנֵי־חֲמוֹר אֲבִי־שְׁכֶם בְּמֵאָה קְשִׂיטָה וַיִּהְיוּ לִבְנֵי־יוֹסֵף לְנַחֲלָה
33 וְאֶלְעָזָר בֶּן־אַהֲרֹן מֵת וַיִּקְבְּרוּ אֹתוֹ בְּגִבְעַת פִּינְחָס בְּנוֹ אֲשֶׁר נִתַּן־לוֹ בְּהַר אֶפְרָיִם

throughout all the land of Canaan, and multiplied his seed, and gave him[a] Isaac.

4 And[b] I gave unto Isaac, Jacob and Esau: and I gave unto Esau[c] mount Seir, to possess it: but Jacob[d] and his children went down into Egypt.

5 I sent Moses also and Aaron, and I plagued[f] Egypt, according to that which I did among them: and afterward I brought you out.

6 And I brought your fathers out of Egypt: and[l] ye came unto the sea: and the Egyptians pursued after your fathers with chariots and horsemen unto the Red sea.

7 And when they cried unto the LORD, he put darkness between you and the Egyptians, and brought the sea upon them, and covered them: and your eyes have seen what I have done in Egypt: and ye dwelt in the wilderness a long[p] season.

8 And I brought you into the land of the Amorites, which dwelt on the other side Jordan; and[s] they fought with you: and I gave them into your hand, that ye might possess their land; and I destroyed them from before you.

9 Then Balak the son of Zippor, king of Moab, arose and warred against Israel, and sent[v] and called Balaam the son of Beor to curse you:

10 But[w] I would not hearken unto Balaam; therefore he blessed you still: so I delivered you out of his hand.

11 And[x] ye went over Jordan, and came unto Jericho: and the men of[z] Jericho fought against you, the Amorites, and the Perizzites, and the Canaanites, and the Hittites, and the Girgashites, the Hivites, and the Jebusites; and I delivered them into your hand.

12 And I sent the hornet[b] before you, which drave them out from before you, even the two kings of the Amorites; but not[d] with thy sword, nor with thy bow.

13 And I have given[e] you a land for which ye did not labour, and cities[f] which ye built not, and ye dwell in them; of the vineyards and oliveyards which ye planted not do ye eat.

14 Now[g] therefore fear the LORD, and serve him in sincerity[i] and in truth: and put away[k] the gods which your fathers served on the other side of the flood, and in Egypt; and serve ye the LORD.

15 And if it seem evil unto you to serve the LORD, choose[m] you this day whom ye will serve; whether[o] the gods which your fathers served that were on the other side of the flood, or the gods of the Amorites, in whose land ye dwell: but[q] as for me and my house, we will serve the LORD.

16 And the people answered and said, God forbid that we should forsake the LORD, to serve other gods;

17 For the LORD our God, he it is that brought us up and our fathers out of the land of Egypt, from the house of bondage, and which did those great signs in

our sight, and preserved us in all the way wherein we went, and among all the people through whom we passed:

18 And the LORD drave out from before us all the people, even the Amorites which dwelt in the land: therefore[e] will we also serve the LORD; for he is our God.

19 And Joshua said unto the people, Ye cannot[g] serve the LORD: for[h] he is an holy God; he is a jealous[i] God; he[k] will not forgive your transgressions nor your sins.

20 If[m] ye forsake the LORD, and serve strange gods, then he will turn and do you hurt, and consume you, after[n] that he hath done you good.

21 And the people said unto Joshua, Nay, but we will serve the LORD.

22 And Joshua said unto the people, Ye[o] are witnesses against yourselves that ye have chosen[q] you the LORD, to serve him. And they said, We are witnesses.

23 Now therefore put[r] away, said he, the strange gods which are among you, and incline your heart[t] unto the LORD God of Israel.

24 And the people said[u] unto Joshua, The LORD our God will we serve, and his voice will we obey.

25 So Joshua made a covenant with the people that day, and set them a statute and an ordinance in Shechem.

26 And Joshua wrote these words in the book of the law of God, and took a great stone, and set it up there[y] under an oak, that was by the sanctuary of the LORD.

27 And Joshua said unto all the people, Behold, this stone shall be a witness unto us; for it hath heard[a] all the words of the LORD which he spake unto us: it shall[c] be therefore a witness unto you, lest ye deny your God.

28 So Joshua let the people depart, every man unto his inheritance.

29 And it came to pass after these things, that Joshua the son of Nun, the servant of the LORD, died, being an hundred and ten years old.

30 And they buried him in the border of his inheritance[h] in Timnath-serah, which is in mount Ephraim, on the north side of the hill of Gaash.

31 And Israel[i] served the LORD all the days of Joshua, and all the days of the elders that[β] overlived Joshua, and which had known[n] all the works of the LORD, that he had done for Israel.

32 And[p] the bones of Joseph, which the children of Israel brought up out of Egypt, buried they in Shechem, in a parcel of ground which Jacob bought[r] of the sons of Hamor the father of Shechem, for an hundred [γ] pieces of silver: and it became the inheritance of the children of Joseph.

33 And Eleazar the son of Aaron died; and they buried him in a hill that pertained to Phinehas his son, which was given him in mount Ephraim.

B. C. 1427.

a Ge. 21. 2, 3.
b Ge. 25. 24.
c Ge. 36. 8. De. 2. 5.
d Ge. 46. 1.7.
e Ps. 116. 16. Lu.1 74,75.
f Ex. VII.. XII.
g Mat. 6. 24.
h Le. 19. 2. 1 Sa. 6. 20. Is. 6. 3.
i Ex. 20. 5.
k Ex. 34. 7.
l Ex. XIV.
m 1 Ch. 28. 9. Ezr. 8. 22. Is.65.11,12.
n Eze. 18. 24.
o De. 26. 17.
p ch. 5. 6.
q Ps. 119.173.
r Ju.10.15,16. 1 Sa. 7. 3.
s Nu.21.21..35
t Pr. 2. 2. He. 12. 28, 29.
u De. 5.28,29.
v Nu.22.5,&c.
w De. 23. 4. Mi. 6. 5.
x ch. 3.14..17.
y Ju. 9. 6.
z ch. VI.
a De. 32. 1.
b Ex. 23. 28. De. 7. 20.
c ch.22.28,34.
d Ps.44.3, 6.
e ch. 21. 45.
f ch. 11. 13. De.6.10..12.
g 1Sa. 12. 24.
h ch. 19. 50.
i Ge. 17. 1. De. 18. 13. Ju°. 4. 24. 2 Co. 1. 12. Ep. 6. 24.
k Le. 17. 7. Eze. 20. 18.
l Ju. 2. 7.
β prolonged their days after.
m Ru.1.15,16. 1 Ki. 18. 21. Ju°. 6. 67.
n De. 11. 2, 7.
o Eze. 20. 39.
p Ge. 50. 25. Ex. 13. 19. He. 11. 22.
q Ps. 101. 2. 119. 106.
r Ge. 33. 19.
γ or, lambs.

שופטים

LIBER JUDICUM.

 וַיְהִי אַחֲרֵי מוֹת יְהוֹשֻׁעַ וַיִּשְׁאֲלוּ בְּנֵי יִשְׂרָאֵל בַּיהוָה 1
לֵאמֹר מִי־יַעֲלֶה־לָּנוּ אֶל־הַכְּנַעֲנִי בַּתְּחִלָּה לְהִלָּחֶם
בּוֹ : וַיֹּאמֶר יְהוָה יְהוּדָה יַעֲלֶה הִנֵּה נָתַתִּי אֶת־ 2
הָאָרֶץ בְּיָדוֹ : וַיֹּאמֶר יְהוּדָה לְשִׁמְעוֹן אָחִיו עֲלֵה 3
אִתִּי בְגֹרָלִי וְנִלָּחֲמָה בַּכְּנַעֲנִי וְהָלַכְתִּי גַם־אֲנִי אִתְּךָ
בְּגוֹרָלֶךָ וַיֵּלֶךְ אִתּוֹ שִׁמְעוֹן : וַיַּעַל יְהוּדָה וַיִּתֵּן יְהוָה 4
אֶת־הַכְּנַעֲנִי וְהַפְּרִזִּי בְּיָדָם וַיַּכּוּם בְּבֶזֶק עֲשֶׂרֶת
אֲלָפִים אִישׁ : וַיִּמְצְאוּ אֶת־אֲדֹנִי בֶזֶק בְּבֶזֶק וַיִּלָּחֲמוּ 5
בּוֹ וַיַּכּוּ אֶת־הַכְּנַעֲנִי וְאֶת־הַפְּרִזִּי : וַיָּנָס אֲדֹנִי 6
בֶזֶק וַיִּרְדְּפוּ אַחֲרָיו וַיֹּאחֲזוּ אֹתוֹ וַיְקַצְּצוּ אֶת־בְּהֹנוֹת
יָדָיו וְרַגְלָיו : וַיֹּאמֶר אֲדֹנִי־בֶזֶק שִׁבְעִים מְלָכִים 7
בְּהֹנוֹת יְדֵיהֶם וְרַגְלֵיהֶם מְקֻצָּצִים הָיוּ מְלַקְּטִים
תַּחַת שֻׁלְחָנִי כַּאֲשֶׁר עָשִׂיתִי כֵּן שִׁלַּם־לִי אֱלֹהִים
וַיְבִיאֻהוּ יְרוּשָׁלִַם וַיָּמָת שָׁם : וַיִּלָּחֲמוּ בְנֵי־ 8
יְהוּדָה בִּירוּשָׁלִַם וַיִּלְכְּדוּ אוֹתָהּ וַיַּכּוּהָ לְפִי־חָרֶב
וְאֶת־הָעִיר שִׁלְּחוּ בָאֵשׁ : וְאַחַר יָרְדוּ בְּנֵי יְהוּדָה 9
לְהִלָּחֵם בַּכְּנַעֲנִי יוֹשֵׁב הָהָר וְהַנֶּגֶב וְהַשְּׁפֵלָה : וַיֵּלֶךְ 10
יְהוּדָה אֶל־הַכְּנַעֲנִי הַיּוֹשֵׁב בְּחֶבְרוֹן וְשֵׁם־חֶבְרוֹן
לְפָנִים קִרְיַת אַרְבַּע וַיַּכּוּ אֶת־שֵׁשַׁי וְאֶת־אֲחִימַן וְאֶת־
תַּלְמָי : וַיֵּלֶךְ מִשָּׁם אֶל־יוֹשְׁבֵי דְּבִיר וְשֵׁם־דְּבִיר 11
לְפָנִים קִרְיַת־סֵפֶר : וַיֹּאמֶר כָּלֵב אֲשֶׁר־יַכֶּה אֶת־ 12
קִרְיַת־סֵפֶר וּלְכָדָהּ וְנָתַתִּי לוֹ אֶת־עַכְסָה בִתִּי לְאִשָּׁה
וַיִּלְכְּדָהּ עָתְנִיאֵל בֶּן־קְנַז אֲחִי כָלֵב הַקָּטֹן מִמֶּנּוּ וַיִּתֶּן־ 13
לוֹ אֶת־עַכְסָה בִתּוֹ לְאִשָּׁה : וַיְהִי בְּבוֹאָהּ וַתְּסִיתֵהוּ 14
לִשְׁאוֹל מֵאֵת־אָבִיהָ הַשָּׂדֶה וַתִּצְנַח מֵעַל הַחֲמוֹר
וַיֹּאמֶר־לָהּ כָּלֵב מַה־לָּךְ : וַתֹּאמֶר לוֹ הָבָה־לִּי 15
בְרָכָה כִּי אֶרֶץ הַנֶּגֶב נְתַתָּנִי וְנָתַתָּה לִי גֻּלֹּת מָיִם
וַיִּתֶּן־לָהּ כָּלֵב אֵת גֻּלֹּת עִלִּית וְאֵת גֻּלֹּת תַּחְתִּית :
וּבְנֵי קֵינִי חֹתֵן מֹשֶׁה עָלוּ מֵעִיר הַתְּמָרִים 16
אֶת־בְּנֵי יְהוּדָה מִדְבַּר יְהוּדָה אֲשֶׁר בְּנֶגֶב עֲרָד וַיֵּלֶךְ
וַיֵּשֶׁב אֶת־הָעָם : וַיֵּלֶךְ יְהוּדָה אֶת־שִׁמְעוֹן 17
אָחִיו וַיַּכּוּ אֶת־הַכְּנַעֲנִי יוֹשֵׁב צְפַת וַיַּחֲרִימוּ אוֹתָהּ
וַיִּקְרָא אֶת־שֵׁם־הָעִיר חָרְמָה : וַיִּלְכֹּד יְהוּדָה אֶת־ 18

עַזָּה וְאֶת־גְּבוּלָהּ וְאֶת־אַשְׁקְלוֹן וְאֶת־גְּבוּלָהּ וְאֶת־
עֶקְרוֹן וְאֶת־גְּבוּלָהּ : וַיְהִי יְהוָה אֶת־יְהוּדָה וַיֹּרֶשׁ 19
אֶת־הָהָר כִּי לֹא לְהוֹרִישׁ אֶת־יֹשְׁבֵי הָעֵמֶק כִּי־רֶכֶב
בַּרְזֶל לָהֶם : וַיִּתְּנוּ לְכָלֵב אֶת־חֶבְרוֹן כַּאֲשֶׁר דִּבֶּר 20
מֹשֶׁה וַיּוֹרֶשׁ מִשָּׁם אֶת־שְׁלֹשָׁה בְּנֵי הָעֲנָק : וְאֶת־ 21
הַיְבוּסִי יֹשֵׁב יְרוּשָׁלִַם לֹא הוֹרִישׁוּ בְּנֵי בִנְיָמִן וַיֵּשֶׁב
הַיְבוּסִי אֶת־בְּנֵי בִנְיָמִן בִּירוּשָׁלִַם עַד הַיּוֹם הַזֶּה :
וַיַּעֲלוּ בֵית־יוֹסֵף גַּם־הֵם בֵּית־אֵל וַיהוָה עִמָּם : 22
וַיָּתִירוּ בֵית־יוֹסֵף בְּבֵית־אֵל וְשֵׁם־הָעִיר לְפָנִים לוּז : 23
וַיִּרְאוּ הַשֹּׁמְרִים אִישׁ יוֹצֵא מִן־הָעִיר וַיֹּאמְרוּ לוֹ 24
הַרְאֵנוּ נָא אֶת־מְבוֹא הָעִיר וְעָשִׂינוּ עִמְּךָ חָסֶד :
וַיַּרְאֵם אֶת־מְבוֹא הָעִיר וַיַּכּוּ אֶת־הָעִיר לְפִי־חָרֶב 25
וְאֶת־הָאִישׁ וְאֶת־כָּל־מִשְׁפַּחְתּוֹ שִׁלֵּחוּ : וַיֵּלֶךְ 26
הָאִישׁ אֶרֶץ הַחִתִּים וַיִּבֶן עִיר וַיִּקְרָא שְׁמָהּ לוּז
הוּא שְׁמָהּ עַד הַיּוֹם הַזֶּה : וְלֹא־הוֹרִישׁ 27
מְנַשֶּׁה אֶת־בֵּית־שְׁאָן וְאֶת־בְּנוֹתֶיהָ וְאֶת־תַּעְנַךְ
וְאֶת־בְּנֹתֶיהָ וְאֶת־יֹשֵׁב דוֹר וְאֶת־בְּנוֹתֶיהָ וְאֶת־
יֹשְׁבֵי יִבְלְעָם וְאֶת־בְּנֹתֶיהָ וְאֶת־יוֹשְׁבֵי מְגִדּוֹ וְאֶת־
בְּנוֹתֶיהָ וַיּוֹאֶל הַכְּנַעֲנִי לָשֶׁבֶת בָּאָרֶץ הַזֹּאת : וַיְהִי 28
כִּי־חָזַק יִשְׂרָאֵל וַיָּשֶׂם אֶת־הַכְּנַעֲנִי לָמַס וְהוֹרֵישׁ לֹא
הוֹרִישׁוֹ : וְאֶפְרַיִם לֹא הוֹרִישׁ אֶת־הַכְּנַעֲנִי הַיּוֹשֵׁב 29
בְּגָזֶר וַיֵּשֶׁב הַכְּנַעֲנִי בְּקִרְבּוֹ בְּגָזֶר : זְבוּלֻן לֹא 30
הוֹרִישׁ אֶת־יוֹשְׁבֵי קִטְרוֹן וְאֶת־יוֹשְׁבֵי נַהֲלֹל וַיֵּשֶׁב
הַכְּנַעֲנִי בְּקִרְבּוֹ וַיִּהְיוּ לָמַס : אָשֵׁר לֹא 31
הוֹרִישׁ אֶת־יֹשְׁבֵי עַכּוֹ וְאֶת־יוֹשְׁבֵי צִידוֹן וְאֶת־אַחְלָב
וְאֶת־אַכְזִיב וְאֶת־חֶלְבָּה וְאֶת־אֲפִיק וְאֶת־רְחֹב :
וַיֵּשֶׁב הָאָשֵׁרִי בְּקֶרֶב הַכְּנַעֲנִי יֹשְׁבֵי הָאָרֶץ כִּי לֹא 32
הוֹרִישׁוֹ : נַפְתָּלִי לֹא־הוֹרִישׁ אֶת־יֹשְׁבֵי בֵית־ 33
שֶׁמֶשׁ וְאֶת־יֹשְׁבֵי בֵית־עֲנָת וַיֵּשֶׁב בְּקֶרֶב הַכְּנַעֲנִי
יֹשְׁבֵי הָאָרֶץ וְיֹשְׁבֵי בֵית־שֶׁמֶשׁ וּבֵית עֲנָת הָיוּ לָהֶם
לָמַס : וַיִּלְחֲצוּ הָאֱמֹרִי אֶת־בְּנֵי־דָן הָהָרָה כִּי־לֹא 34
נְתָנוֹ לָרֶדֶת לָעֵמֶק : וַיּוֹאֶל הָאֱמֹרִי לָשֶׁבֶת בְּהַר־ 35
חֶרֶס בְּאַיָּלוֹן וּבְשַׁעַלְבִים וַתִּכְבַּד יַד בֵּית־יוֹסֵף וַיִּהְיוּ
לָמַס : וּגְבוּל הָאֱמֹרִי מִמַּעֲלֵה עַקְרַבִּים מֵהַסֶּלַע 36

168

The Book of JUDGES.

CHAP. I.

NOW, after the death[b] of Joshua, it came to pass, that the children of Israel[c] asked the LORD, saying, Who shall go up for us against the Canaanites first, to fight against them?

2 And the LORD said, Judah[f] shall go up: behold, I have delivered the land into his hand.

3 And Judah said unto Simeon his brother, Come up with me into my lot, that we may fight against the Canaanites; and I likewise will go with thee[i] into thy lot. So Simeon went with him.

4 And Judah went up; and the LORD delivered the Canaanites and the Perizzites into their hand: and they slew of them in Bezek[n] ten thousand men.

5 And they found Adoni-bezek in Bezek; and they fought against him, and they slew the Canaanites and the Perizzites.

6 But Adoni-bezek fled; and they pursued after him, and caught him, and cut off his thumbs and his great toes.

7 And Adoni-bezek said, Threescore and ten kings, having γ their thumbs and their great toes cut off, δ gathered *their meat* under my table: as[r] I have done, so God hath requited me. And they brought him to Jerusalem, and there he died.

8 Now the children of Judah had[t] fought against Jerusalem, and had taken it, and smitten it with the edge of the sword, and set the city on fire.

9 And afterward[u] the children of Judah went down to fight against the Canaanites, that dwelt in the mountain, and in the south, and in the ζ valley.

10 And Judah went against the Canaanites that dwelt in[x] Hebron, (now the name of Hebron before *was* Kirjath-arba,) and they slew Sheshai, and Ahiman, and Talmai.

11 And from thence he went against the inhabitants of Debir; (and the name of Debir before *was* Kirjath-sepher:)

12 And[z] Caleb said, He that smiteth Kirjath-sepher, and taketh it, to him will I give Achsah my daughter to wife.

13 And Othniel the son of Kenaz, Caleb's younger brother, took it: and he gave him Achsah his daughter to wife.

14 And it came to pass, when she came *to him*, that she moved him to ask of her father a field: and she lighted from off her ass; and Caleb said unto her, What wilt thou?

15 And she said unto him, Give me a blessing:[d] for thou hast given me a south land; give me also springs of water. And Caleb gave her the upper springs and the nether springs.

16 And the children of the[e] Kenite, Moses' father-in-law, went up out of the[g] city of palm-trees with the children of Judah into the wilderness of Judah, which *lieth* in the south of[i] Arad; and[k] they went and dwelt among the people.

17 And Judah[a] went with Simeon his brother, and they slew the Canaanites that inhabited Zephath, and utterly destroyed it: (And the name of the city was called Hormah.[d])

18 Also Judah took Gaza[e] with the coast thereof, and Askelon with the coast thereof, and Ekron with the coast thereof.

19 And the LORD[g] was with Judah, and β he drave out *the inhabitants of* the mountain, but could not drive out the inhabitants of the valley, because they had chariots[h] of iron.

20 And they gave Hebron[k] unto Caleb, as Moses said:[l] and he expelled thence the three sons of Anak.

21 And the children of Benjamin[m] did not drive out the Jebusites that inhabited Jerusalem; but the Jebusites dwell with the children of Benjamin in Jerusalem unto this day.

22 And the house of Joseph, they also went up against Beth-el: and the[o] LORD *was* with them.

23 And the house of Joseph sent to descry[p] Beth-el: (Now the name of the city before *was* Luz.[q])

24 And the spies saw a man come forth out of the city, and they said unto him, Shew us, we pray thee, the entrance into the city, and we[ς] will shew thee mercy.

25 And when he shewed them the entrance into the city, they smote the city with the edge of the sword; but they let go the man and all his family.

26 And the man went into the land of the[v] Hittites, and built a city, and called the name thereof Luz: which *is* the name thereof unto this day.

27 Neither did Manasseh[w] drive out *the inhabitants of* Beth-shean and her towns, nor Taanach and her towns, nor the inhabitants of Dor and her towns, nor the inhabitants of Ibleam and her towns, nor the inhabitants of Megiddo and her towns: but the Canaanites would[y] dwell in that land.

28 And it came to pass, when Israel was strong, that they put the Canaanites to tribute, and did not utterly drive them out.

29 Neither did Ephraim drive out the Canaanites that dwelt in Gezer;[a] but the Canaanites dwelt in Gezer among them.

30 Neither did Zebulun drive out the inhabitants of Kitron, nor the inhabitants of Nahalol;[b] but the Canaanites dwelt among them, and became tributaries.

31 Neither did Asher[c] drive out the inhabitants of Accho, nor the inhabitants of Zidon, nor of Ahlab, nor of Achzib, nor of Helbah, nor of Aphik, nor of Rehob:

32 But the Asherites dwelt among the Canaanites, the inhabitants of the land; for they did[f] not drive them out.

33 Neither did Naphtali[h] drive out the inhabitants of Beth-shemesh, nor the inhabitants of Beth-anath; but he dwelt among the Canaanites, the inhabitants of the land: nevertheless the inhabitants of

B. C. 1425.

a ver. 3.
b Jos. 24. 29.
c ch. 20. 18.
Nu. 27. 21.
d Nu. 21. 3.
e Jos. 11. 22.
f Ge. 49. 8, 9.
g ver. 2.
2 Ki. 18. 7.
Ps. 60. 12.
Ec. 9. 11.
β or, *possessed the mountain*.
h Ex.14.7,&c.
Jos. 17. 16.
Ps. 46. 9.
i ver. 17.
k Jos.14.9..14.
l Nu. 14. 24.
De. 1. 36.
m Jos. 15. 63.
18. 28.
n 1 Sa. 11. 8.
o ver. 19.
Ge. 49. 24.
γ *the thumbs of their hands and of their feet.*
q Ge. 28. 19.
δ or,*gleaned*.
r Le. 24. 19.
1 Sa. 15. 33.
Is. 33. 1.
Mat.7.1,2.
Ja. 2. 13.
s Jos. 2. 12.
1 Sa. 30. 15.
t Jos. 15. 63.
u Jos. 11. 21.
v 2 Ki. 7. 6.
ζ or, *low country*.
w Jos. 17. 11..
13.
x Jos. 15. 13.
y Ro. 7. 21.
z Jos. 15, 15,
&c.
a Jos. 16. 10.
1 Ki. 9. 16.
b Jos. 19. 15.
c Jos. 19. 24..
30.
d Ge. 33. 11.
1 Pe. 3. 9.
e ch. 4. 11, 17.
1 Ch. 2. 55.
f Ps. 106. 35.
g De. 34. 3.
h Jos. 19. 32..
39.
i Nu. 21. 1.
k Nu. 10. 29..
32.
1 Sa. 15. 6.

CAP. II. ב

1 וַיַּ֣עַל מַלְאַךְ־יְהוָ�🇿ה מִן־הַגִּלְגָּ֖ל אֶל־הַבֹּכִ֑ים
וַיֹּ֡אמֶר אַעֲלֶ֣ה אֶתְכֶם֩ מִמִּצְרַ֨יִם וָאָבִ֜יא אֶתְכֶ֣ם אֶל־
הָאָ֗רֶץ אֲשֶׁ֤ר נִשְׁבַּ֙עְתִּי֙ לַאֲבֹ֣תֵיכֶ֔ם וָאֹמַ֕ר לֹא־אָפֵ֧ר
2 בְּרִיתִ֛י אִתְּכֶ֖ם לְעוֹלָֽם׃ וְאַתֶּ֗ם לֹֽא־תִכְרְת֤וּ בְרִית֙
לְיֽוֹשְׁבֵי֙ הָאָ֣רֶץ הַזֹּ֔את מִזְבְּחוֹתֵיהֶ֖ם תִּתֹּצ֑וּן וְלֹֽא־
3 שְׁמַעְתֶּ֥ם בְּקֹלִ֖י מַה־זֹּ֥את עֲשִׂיתֶֽם׃ וְגַ֣ם אָמַ֔רְתִּי
לֹֽא־אֲגָרֵ֥שׁ אוֹתָ֖ם מִפְּנֵיכֶ֑ם וְהָי֤וּ לָכֶם֙ לְצִדִּ֔ים
4 וֵאלֹ֣הֵיהֶ֔ם יִהְי֥וּ לָכֶ֖ם לְמוֹקֵֽשׁ׃ וַיְהִ֗י כְּדַבֵּ֞ר מַלְאַ֤ךְ
יְהוָה֙ אֶת־הַדְּבָרִ֣ים הָאֵ֔לֶּה אֶֽל־כָּל־בְּנֵ֖י יִשְׂרָאֵ֑ל וַיִּשְׂא֥וּ
5 הָעָ֛ם אֶת־קוֹלָ֖ם וַיִּבְכּֽוּ׃ וַֽיִּקְרְא֛וּ שֵֽׁם־הַמָּק֥וֹם
6 הַה֖וּא בֹּכִ֑ים וַיִּזְבְּחוּ־שָׁ֖ם לַיהוָֽה׃ וַיְשַׁלַּ֥ח יְהוֹשֻׁ֖עַ
אֶת־הָעָ֑ם וַיֵּלְכ֧וּ בְנֵֽי־יִשְׂרָאֵ֛ל אִ֥ישׁ לְנַחֲלָת֖וֹ לָרֶ֥שֶׁת
7 אֶת־הָאָֽרֶץ׃ וַיַּעַבְד֤וּ הָעָם֙ אֶת־יְהוָ֔ה כֹּ֖ל יְמֵ֣י
יְהוֹשֻׁ֑עַ וְכֹ֣ל ׀ יְמֵ֣י הַזְּקֵנִ֗ים אֲשֶׁ֨ר הֶאֱרִ֤יכוּ יָמִים֙ אַחֲרֵ֣י
יְהוֹשׁ֔וּעַ אֲשֶׁ֣ר רָא֗וּ אֵ֣ת כָּל־מַעֲשֵׂ֤ה יְהוָה֙ הַגָּד֔וֹל
8 אֲשֶׁ֥ר עָשָׂ֖ה לְיִשְׂרָאֵֽל׃ וַיָּ֛מָת יְהוֹשֻׁ֥עַ בִּן־נ֖וּן עֶ֣בֶד
9 יְהוָ֑ה בֶּן־מֵאָ֥ה וָעֶ֖שֶׂר שָׁנִֽים׃ וַיִּקְבְּר֤וּ אוֹתוֹ֙ בִּגְב֣וּל
נַחֲלָת֔וֹ בְּתִמְנַת־חֶ֖רֶס בְּהַ֣ר אֶפְרָ֑יִם מִצְּפ֖וֹן לְהַר־
10 גָּֽעַשׁ׃ וְגַם֙ כָּל־הַדּ֣וֹר הַה֔וּא נֶאֶסְפ֖וּ אֶל־אֲבוֹתָ֑יו
וַיָּ֩קָם֩ דּ֨וֹר אַחֵ֜ר אַחֲרֵיהֶ֗ם אֲשֶׁ֤ר לֹֽא־יָֽדְעוּ֙ אֶת־יְהוָ֔ה
11 וְגַם֙ אֶת־הַֽמַּעֲשֶׂ֔ה אֲשֶׁ֥ר עָשָׂ֖ה לְיִשְׂרָאֵֽל׃ וַיַּעֲשׂ֧וּ בְנֵֽי־יִשְׂרָאֵ֛ל אֶת־הָרַ֖ע בְּעֵינֵ֣י יְהוָ֑ה וַיַּעַבְד֖וּ
12 אֶת־הַבְּעָלִֽים׃ וַיַּעַזְב֞וּ אֶת־יְהוָ֣ה ׀ אֱלֹהֵ֣י אֲבוֹתָ֗ם
הַמּוֹצִ֣יא אוֹתָם֮ מֵאֶ֣רֶץ מִצְרַיִם֒ וַיֵּֽלְכ֞וּ אַחֲרֵ֣י ׀
אֱלֹהִ֣ים אֲחֵרִ֗ים מֵֽאֱלֹהֵ֤י הָֽעַמִּים֙ אֲשֶׁר֙ סְבִיב֣וֹתֵיהֶ֔ם
13 וַיִּֽשְׁתַּחֲו֖וּ לָהֶ֑ם וַיַּכְעִ֖סוּ אֶת־יְהוָֽה׃ וַיַּעַזְב֖וּ אֶת־
14 יְהוָ֑ה וַיַּעַבְד֥וּ לַבַּ֖עַל וְלָעַשְׁתָּרֽוֹת׃ וַיִּֽחַר־אַ֤ף יְהוָה֙
בְּיִשְׂרָאֵ֔ל וַֽיִּתְּנֵם֙ בְּיַד־שֹׁסִ֔ים וַיָּשֹׁ֖סּוּ אוֹתָ֑ם וַֽיִּמְכְּרֵ֞ם
בְּיַ֣ד אֽוֹיְבֵיהֶ֗ם מִסָּבִ֔יב וְלֹֽא־יָכְל֣וּ ע֔וֹד לַעֲמֹ֖ד לִפְנֵ֥י
15 אוֹיְבֵיהֶֽם׃ בְּכֹ֣ל ׀ אֲשֶׁ֣ר יָֽצְא֗וּ יַד־יְהוָה֙ הָיְתָה־בָּ֣ם
לְרָעָ֔ה כַּֽאֲשֶׁר֙ דִּבֶּ֣ר יְהוָ֔ה וְכַאֲשֶׁ֛ר נִשְׁבַּ֥ע יְהוָ֖ה לָהֶ֑ם
16 וַיֵּ֥צֶר לָהֶ֖ם מְאֹֽד׃ וַיָּ֥קֶם יְהוָ֖ה שֹֽׁפְטִ֑ים וַיּ֣וֹשִׁיע֔וּם
17 מִיַּ֖ד שֹֽׁסֵיהֶֽם׃ וְגַ֤ם אֶל־שֹֽׁפְטֵיהֶם֙ לֹ֣א שָׁמֵ֔עוּ כִּ֣י
זָנ֗וּ אַֽחֲרֵי֙ אֱלֹהִ֣ים אֲחֵרִ֔ים וַיִּֽשְׁתַּחֲו֖וּ לָהֶ֑ם סָ֣רוּ מַהֵ֗ר
מִן־הַדֶּ֜רֶךְ אֲשֶׁ֨ר הָלְכ֧וּ אֲבוֹתָ֛ם לִשְׁמֹ֥עַ מִצְוֺת־יְהוָ֖ה
18 לֹא־עָ֥שׂוּ כֵֽן׃ וְכִֽי־הֵקִ֣ים יְהוָ֣ה ׀ לָהֶם֮ שֹֽׁפְטִים֒
וְהָיָ֤ה יְהוָה֙ עִם־הַשֹּׁפֵ֔ט וְהֽוֹשִׁיעָם֙ מִיַּ֣ד אֹֽיְבֵיהֶ֔ם כֹּ֖ל

19 מִפְּנֵ֣י מַֽעֲשֵׂיהֶ֖ם יְהוָ֑ה כִּֽי־יִנָּחֵ֣ם ׀ יְמֵ֣י הַשּׁוֹפֵ֗ט
יְשֻׁ֤בוּ הַשּׁוֹפֵ֣ט ׀ בְּמ֣וֹת וְהָיָ֣ה ׀ וּבַחֲצֵיהֶֽם לֹ֣חֲצֵיהֶ֔ם
אֲחֵרִ֗ים אֱלֹהִ֣ים אַֽחֲרֵ֞י לָלֶ֣כֶת מֵאֲבוֹתָ֗ם וְֽהִשְׁחִ֜יתוּ
מִמַּֽעַלְלֵיהֶ֖ם הִפִּ֛ילוּ לֹ֥א לָהֶ֑ם וּלְהִֽשְׁתַּחֲוֺ֣ת לְעָבְדָ֣ם
20 וַיֹּ֗אמֶר בְּיִשְׂרָאֵ֑ל יְהוָ֖ה אַף־ וַיִּֽחַר־ הַקָּשָֽׁה׃ וּמִדַּרְכָּ֖ם
צִוִּ֛יתִי אֲשֶׁ֧ר בְּרִיתִ֔י אֶת־ הַזֶּה֙ הַגּ֤וֹי עָבְרוּ֩ אֲשֶׁ֨ר יַעַן֩
21 לֹ֣א אֲנִי֙ גַּם־ בְּקוֹלִֽי׃ שָׁמְע֖וּ וְלֹ֥א אֶת־אֲבוֹתָ֔ם
מִפְּנֵיהֶ֑ם מִן־הַגּוֹיִ֖ם אִ֔ישׁ לְהוֹרִ֣ישׁ אוֹסִ֗יף
22 בָּ֣ם לְמַ֛עַן נַסּ֥וֹת וַיָּֽמָת׃ יְהוֹשֻׁ֖עַ אֲשֶׁר־עָזַ֥ב
כַּאֲשֶׁ֥ר בָּ֔ם לָלֶ֣כֶת דֶּ֤רֶךְ יְהוָה֙ הֵ֗ם הֲשֹׁמְרִ֣ים אֶת־יִשְׂרָאֵ֑ל
23 הַגּוֹיִ֤ם הָאֵ֙לֶּה֙ יְהוָה֙ וַיַּנַּ֤ח אֲבוֹתָ֖ם אִם־לֹֽא׃ שָׁמְר֥וּ
בְּיַד־יְהוֹשֻֽׁעַ׃ נְתָנָ֖ם וְלֹ֥א מַהֵ֔ר הֽוֹרִישָׁם֙ לְבִלְתִּ֣י

CAP. III. ג

1 אֲשֶׁ֣ר יְהוָ֔ה הִנִּ֣יחַ הַגּוֹיִ֔ם וְאֵ֣לֶּה אֶת־ בָּ֖ם לְנַסּ֥וֹת
כָּל־מִלְחֲמ֥וֹת אֵ֛ת יָֽדְע֗וּ לֹ֣א אֲשֶׁ֣ר כָּל־ אֵ֚ת יִשְׂרָאֵ֑ל
2 לְמַ֗עַן דַּ֚עַת דֹּר֣וֹת רַ֚ק בְּנֵ֣י יִשְׂרָאֵ֔ל לְלַמְּדָ֖ם כְּנָֽעַן׃
3 חֲמֵ֣שֶׁת ׀ יְדָע֑וּם לֹ֣א לְפָנִ֖ים רַ֕ק מִלְחָמָ֔ה
יֹשֵׁ֣ב וְהַֽחִוִּ֗י וְהַצִּֽידֹנִ֔י פְּלִשְׁתִּ֔ים סַרְנֵ֣י
4 וַֽיִּהְי֕וּ לְנַסּ֥וֹת בָּ֖ם חֲמָֽת׃ לְב֥וֹא עַ֛ד בַּֽעַל חֶרְמ֔וֹן הַ֣ר הַלְּבָנ֑וֹן מֵהַ֖ר
מֹשֶֽׁה׃ בְּיַד־ אֶת־אֲבוֹתָ֖ם צִוָּ֥ה אֲשֶׁר־ מִצְוֺ֣ת יְהוָ֔ה לָדַ֗עַת הֲיִשְׁמְעוּ֙ אֶת־ יִשְׂרָאֵ֑ל
5 וֵאֱמֹרִ֔י׃ הַֽחִתִּ֣י בְּקֶ֣רֶב יָֽשְׁב֖וּ יִשְׂרָאֵ֔ל וּבְנֵ֣י
6 וַיִּקְח֤וּ אֶת־בְּנֽוֹתֵיהֶם֙ לָהֶ֣ם וְהַיְבוּסִֽי׃ וְהַֽחִוִּ֖י וְהַפְּרִזִּ֥י
אֶת־ וַיַּֽעַבְד֖וּ לִבְנֵיהֶ֑ם נָֽתְנ֣וּ וְאֶת־בְּנֽוֹתֵיהֶ֖ם לְנָשִׁ֔ים
7 בְּעֵינֵ֣י אֶת־הָרַע֙ בְנֵֽי־יִשְׂרָאֵ֤ל וַיַּעֲשׂ֨וּ אֱלֹהֵיהֶֽם׃
אֶת־ וַיַּֽעַבְד֖וּ אֱלֹהֵיהֶ֔ם אֶת־יְהוָ֣ה וַֽיִּשְׁכְּחוּ֙ יְהוָ֔ה
8 יִשְׂרָאֵ֗ל בְּ֠יִשְׂרָאֵל יְהוָ֜ה וַיִּֽחַר־אַ֨ף הָֽאֲשֵׁר֑וֹת׃ וְאֶת־הַבְּעָלִ֖ים
נַהֲרַ֑יִם אֲרַ֖ם מֶ֥לֶךְ רִשְׁעָתַ֔יִם כּוּשַׁ֣ן בְּיַד֙ וַֽיִּמְכְּרֵ֗ם
9 יְהוָ֖ה וַיִּזְעֲק֤וּ בְנֵֽי־יִשְׂרָאֵל֙ אֶל־ שָׁנִֽים׃ שְׁמֹנֶ֥ה רִשְׁעָתַ֖יִם כּוּשַׁ֥ן אֶת־ בְנֵֽי־יִשְׂרָאֵ֛ל וַיַּֽעַבְד֧וּ
בֶּן־קְנַ֔ז עָתְנִיאֵל֙ אֵ֤ת וַיּֽוֹשִׁיעֵ֑ם מוֹשִׁ֖יעַ לִבְנֵ֣י יִשְׂרָאֵ֔ל יְהוָ֤ה ׀ וַיָּ֨קֶם
10 וַיִּשְׁפֹּ֣ט יְהוָ֗ה רֽוּחַ עָלָ֜יו וַתְּהִ֨י מִמֶּֽנּוּ׃ הַקָּטֹ֖ן כָּלֵ֔ב אֲחִ֣י
יְהוָ֤ה בְּיָדוֹ֙ וַיִּתֵּ֨ן לַמִּלְחָמָ֗ה וַיֵּצֵ֣א ׀ אֶת־יִשְׂרָאֵל֒
עַל־ יָד֖וֹ וַתָּ֥עָז אֲרָ֔ם מֶ֣לֶךְ רִשְׁעָתַ֔יִם כּוּשַׁ֣ן אֶת־
11 שָׁנָ֑ה אַרְבָּעִ֣ים הָאָ֖רֶץ וַתִּשְׁקֹ֥ט רִשְׁעָתָֽן׃ כּוּשַׁ֥ן
12 בְנֵ֣י וַיֹּסִ֙פוּ֙ בֶּן־קְנַֽז׃ עָתְנִיאֵ֖ל וַיָּ֕מָת
וַיְחַזֵּ֨ק יְהוָ֔ה בְּעֵינֵ֣י אֶת־הָרַ֖ע לַעֲשׂ֥וֹת יִשְׂרָאֵ֔ל
עַל־יִשְׂרָאֵ֑ל מוֹאָב֙ אֶת־עֶגְל֤וֹן יְהוָ֞ה

Beth-shemesh and of Beth-anath became tributaries [c] unto them.

34 And the Amorites forced the children of Dan into the mountain: for they would not suffer them to come down to the valley:

35 But the Amorites would dwell in mount Heres in Aijalon,[e] and in Shaalbim: yet the hand of the house of Joseph γprevailed,so that they became tributaries.

36 And the coast of the Amorites was from δ the going up to Akrabbim, from the rock, and upward.

CHAP. II.

AND an ζangel of the LORD came up from Gilgal to Bochim,[h] and said, I made you to go up out of Egypt, and have brought you unto the land which I sware unto your fathers; and I said,[k] I will never break my covenant with you.

2 And [l] ye shall make no league with the inhabitants of this land; ye [m] shall throw down their altars: but [n] ye have not obeyed my voice: why have ye done this?

3 Wherefore I also said, I will not drive them out from before you; but they shall be as thorns[p] in your sides, and their gods[q] shall be a snare [r] unto you.

4 And it came to pass, when the angel of the LORD spake these words unto all the children of Israel, that the people lifted up their voice and wept.

5 And they called the name of that place κ Bochim, and they sacrificed there unto the LORD.

6 And when [t] Joshua had let the people go, the children of Israel went every man unto his inheritance to possess the land.

7 And the people served the LORD all the days of Joshua, and all the days of the elders that μ outlived Joshua, who had seen all the great works of the LORD, that he did for Israel.

8 And Joshua the son of Nun, the servant of the LORD, died, being an hundred and ten years old.

9 And they buried him in the border of his inheritance in Timnath-heres,[u] in the mount of Ephraim, on the north side of the hill Gaash.

10 And also all that generation were gathered unto their fathers: and there arose another generation after them, which knew [w] not the LORD, nor yet the works which he had done for Israel.

11 And the children of Israel did evil in the sight of the LORD, and served Baalim:

12 And they forsook [x] the LORD God of their fathers, which brought them out of the land of Egypt, and followed other gods, of the gods of the people that were round about them, and bowed [y] themselves unto them, and provoked the LORD to anger.

13 And they forsook the LORD, and served Baal and Ashtaroth.

14 And the anger[a] of the LORD was hot against Israel, and he delivered [b] them into the hands of spoilers that spoiled them, and he sold [c] them into the hands of their enemies round about, so that they could not any longer stand before their enemies.

15 Whithersoever [e] they went out, the hand of the LORD was against them for evil, as the LORD had said, and as the LORD had sworn unto them : and they were greatly distressed.

16 Nevertheless the LORD raised up

[center column notes]

B. C. 1406.

a Ac. 13. 20.
β saved.
b Ps. 106. 43.. 45.
c ver. 30.
Ps. 18. 44.
d Ex. 34. 15, 16.
e Jos. 10. 12. 19. 42.
γ was heavy.
f Jos. 1. 5.
δ or, Maaleh-Akrabbim.
Nu. 34. 4.
Jos. 15. 3.
g Ge. 6. 6.
De. 32. 36.
Ho. 11. 8.
ζ or, messenger.
h ver. 5.
i ch. 4. 1. 8. 33.
k Ge. 17. 7.
Ps. 89. 34.
η were corrupt.
l De. 7. 2.
θ let nothing fall of.
m De. 12. 3.
n ver. 20.
Ps. 106. 34.. 36.
o Jos. 23. 16.
p Jos. 23. 13.
q ch. 3. 6.
r Ex. 23. 33.
De. 7. 16.
s Ps. 66. 10.
κ i.e. weepers.
λ suffered.
t Jos. 24. 28, &c.
μ prolonged days after.
u Jos. 19. 50. 24. 30.
Timnath-serah.
v Jos. 13. 3.
w Ex. 5. 2.
1 Ch. 28. 9.
Ps. 92. 5, 6.
Je. 9. 3.
22. 16.
Ga. 4. 8.
2 Th. 1. 8.
Tit. 1. 16.
x De. 31. 16.
y De. 5. 9.
z De. 7. 3, 4.
a ch. 3. 7, 8.
10. 7.
Ps. 106. 40.. 42.
b 2 Ki. 17. 20.
c ch 4. 2.
Ps. 44. 12.
Is. 50. 1.
d Hab. 3. 7.
ν Aram-na-haraim.
e Le. 26. 17.
De. 28. 15.
f 1Sa. 12. 10.
Ne. 9. 27.
Ps. 107.13,19.
π saviour.
g ch. 1. 13.

judges [a] which βdelivered [b] them out of the hand of those that spoiled them.

17 And yet they would not hearken unto their judges, but they went a whoring [d] after other gods, and bowed themselves unto them : they turned quickly out of the way which their fathers walked in, obeying the commandments of the LORD ; but they did not so.

18 And when the LORD raised them up judges,then [f] the LORD was with the judge, and delivered them out of the hand of their enemies all the days of the judge: for it repented[g] the LORD because of their groanings by reason of them that oppressed them and vexed them.

19 And it came to pass, when[h] the judge was dead, that they returned, and ηcorrupted themselves more than their fathers, in following other gods to serve them, and to bow down unto them : they θceased not from their own doings, nor from their stubborn way.

20 And the anger of the LORD was hot against Israel ; and he said, Because[o] that this people hath transgressed my covenant which I commanded their fathers, and have not hearkened unto my voice,

21 I also will not henceforth drive out any from before them of the nations which Joshua left when he died ;

22 That through them I may prove[s] Israel, whether they will keep the way or the LORD, to walk therein, as their fathers did keep it, or not.

23 Therefore the LORD λ left those nations, without driving them out hastily ; neither delivered he them into the hands of Joshua.

CHAP. III.

NOW these are the nations which the LORD left, to prove Israel by them ; even as many of Israel as had not known all the wars of Canaan ;

2 Only that the generations of the children of Israel might know to teach them war, at the least such as before knew nothing thereof ;

3 Namely, five [v] lords of the Philistines, and all the Canaanites, and the Sidonians, and the Hivites that dwelt in mount Lebanon, from mount Baal-hermon unto the entering in of Hamath.

4 And they were to prove Israel by them, to know whether they would hearken unto the commandments of the LORD, which he commanded their fathers by the hand of Moses.

5 And the children of Israel dwelt among the Canaanites, Hittites, and Amorites, and Perizzites, and Hivites, and Jebusites :

6 And they took [x] their daughters to be their wives, and gave their daughters to their sons, and served their gods.

7 And the children of Israel did evil in the sight of the LORD, and forgat the LORD their God, and served Baalim and the groves.

8 Therefore the anger of the LORD was hot against Israel, and he sold them into the hand of [d] Chushan-rishathaim king of ν Mesopotamia : and the children of Israel served Chushan-rishathaim eight years.

9 And when the children of Israel[f] cried unto the LORD, the LORD raised up a π deliverer to the children of Israel, who delivered them, even Othniel [g] the son of

שופטים ג (right column)

13 וַיֶּאֱסֹף אֵלָיו אֶת־בְּנֵי עַמּוֹן וַעֲמָלֵק וַיֵּלֶךְ וַיַּךְ אֶת־יִשְׂרָאֵל וַיִּירְשׁוּ אֶת־עִיר הַתְּמָרִים׃

14 וַיַּעַבְדוּ בְנֵי־יִשְׂרָאֵל אֶת־עֶגְלוֹן מֶלֶךְ־מוֹאָב שְׁמוֹנֶה עֶשְׂרֵה שָׁנָה׃

15 וַיִּזְעֲקוּ בְנֵי־יִשְׂרָאֵל אֶל־יְהוָה וַיָּקֶם יְהוָה לָהֶם מוֹשִׁיעַ אֶת־אֵהוּד בֶּן־גֵּרָא בֶּן־הַיְמִינִי אִישׁ אִטֵּר יַד־יְמִינוֹ וַיִּשְׁלְחוּ בְנֵי־יִשְׂרָאֵל בְּיָדוֹ מִנְחָה לְעֶגְלוֹן מֶלֶךְ מוֹאָב׃

16 וַיַּעַשׂ לוֹ אֵהוּד חֶרֶב וְלָהּ שְׁנֵי פֵיוֹת גֹּמֶד אָרְכָּהּ וַיַּחְגֹּר אוֹתָהּ מִתַּחַת לְמַדָּיו עַל יֶרֶךְ יְמִינוֹ׃

17 וַיַּקְרֵב אֶת־הַמִּנְחָה לְעֶגְלוֹן מֶלֶךְ מוֹאָב וְעֶגְלוֹן אִישׁ בָּרִיא מְאֹד׃

18 וַיְהִי כַּאֲשֶׁר כִּלָּה לְהַקְרִיב אֶת־הַמִּנְחָה וַיְשַׁלַּח אֶת־הָעָם נֹשְׂאֵי הַמִּנְחָה׃

19 וְהוּא שָׁב מִן־הַפְּסִילִים אֲשֶׁר אֶת־הַגִּלְגָּל וַיֹּאמֶר דְּבַר־סֵתֶר לִי אֵלֶיךָ הַמֶּלֶךְ וַיֹּאמֶר הָס וַיֵּצְאוּ מֵעָלָיו כָּל־הָעֹמְדִים עָלָיו׃

20 וְאֵהוּד בָּא אֵלָיו וְהוּא יֹשֵׁב בַּעֲלִיַּת הַמְּקֵרָה אֲשֶׁר־לוֹ לְבַדּוֹ וַיֹּאמֶר אֵהוּד דְּבַר־אֱלֹהִים לִי אֵלֶיךָ וַיָּקָם מֵעַל הַכִּסֵּא׃

21 וַיִּשְׁלַח אֵהוּד אֶת־יַד שְׂמֹאלוֹ וַיִּקַּח אֶת־הַחֶרֶב מֵעַל יֶרֶךְ יְמִינוֹ וַיִּתְקָעֶהָ בְּבִטְנוֹ׃

22 וַיָּבֹא גַם־הַנִּצָּב אַחַר הַלַּהַב וַיִּסְגֹּר הַחֵלֶב בְּעַד הַלַּהַב כִּי לֹא שָׁלַף הַחֶרֶב מִבִּטְנוֹ וַיֵּצֵא הַפַּרְשְׁדֹנָה׃

23 וַיֵּצֵא אֵהוּד הַמִּסְדְּרוֹנָה וַיִּסְגֹּר דַּלְתוֹת הָעֲלִיָּה בַּעֲדוֹ וְנָעָל׃

24 וְהוּא יָצָא וַעֲבָדָיו בָּאוּ וַיִּרְאוּ וְהִנֵּה דַּלְתוֹת הָעֲלִיָּה נְעֻלוֹת וַיֹּאמְרוּ אַךְ מֵסִיךְ הוּא אֶת־רַגְלָיו בַּחֲדַר הַמְּקֵרָה׃

25 וַיָּחִילוּ עַד־בּוֹשׁ וְהִנֵּה אֵינֶנּוּ פֹּתֵחַ דַּלְתוֹת הָעֲלִיָּה וַיִּקְחוּ אֶת־הַמַּפְתֵּחַ וַיִּפְתָּחוּ וְהִנֵּה אֲדֹנֵיהֶם נֹפֵל אַרְצָה מֵת׃

26 וְאֵהוּד נִמְלַט עַד הִתְמַהְמְהָם וְהוּא עָבַר אֶת־הַפְּסִילִים וַיִּמָּלֵט הַשְּׂעִירָתָה׃

27 וַיְהִי בְּבוֹאוֹ וַיִּתְקַע בַּשּׁוֹפָר בְּהַר אֶפְרָיִם וַיֵּרְדוּ עִמּוֹ בְנֵי־יִשְׂרָאֵל מִן־הָהָר וְהוּא לִפְנֵיהֶם׃

28 וַיֹּאמֶר אֲלֵהֶם רִדְפוּ אַחֲרַי כִּי־נָתַן יְהוָה אֶת־אֹיְבֵיכֶם אֶת־מוֹאָב בְּיֶדְכֶם וַיֵּרְדוּ אַחֲרָיו וַיִּלְכְּדוּ אֶת־מַעְבְּרוֹת הַיַּרְדֵּן לְמוֹאָב וְלֹא־נָתְנוּ אִישׁ לַעֲבֹר׃

29 וַיַּכּוּ אֶת־מוֹאָב בָּעֵת הַהִיא כַּעֲשֶׂרֶת אֲלָפִים אִישׁ כָּל־שָׁמֵן וְכָל־אִישׁ חָיִל וְלֹא נִמְלַט אִישׁ׃

30 וַתִּכָּנַע מוֹאָב בַּיּוֹם הַהוּא תַּחַת יַד יִשְׂרָאֵל וַתִּשְׁקֹט הָאָרֶץ שְׁמוֹנִים שָׁנָה׃

31 וְאַחֲרָיו הָיָה שַׁמְגַּר בֶּן־עֲנָת וַיַּךְ אֶת־פְּלִשְׁתִּים שֵׁשׁ־מֵאוֹת אִישׁ בְּמַלְמַד הַבָּקָר וַיֹּשַׁע גַּם־הוּא אֶת־יִשְׂרָאֵל׃

CAP. IV. ד

1 וַיֹּסִפוּ בְּנֵי יִשְׂרָאֵל לַעֲשׂוֹת הָרַע בְּעֵינֵי יְהוָה וְאֵהוּד מֵת׃

2 וַיִּמְכְּרֵם יְהוָה בְּיַד יָבִין מֶלֶךְ־כְּנַעַן אֲשֶׁר מָלַךְ בְּחָצוֹר וְשַׂר־צְבָאוֹ סִיסְרָא וְהוּא יוֹשֵׁב בַּחֲרֹשֶׁת הַגּוֹיִם׃

3 וַיִּצְעֲקוּ בְנֵי־יִשְׂרָאֵל אֶל־יְהוָה כִּי תְּשַׁע מֵאוֹת רֶכֶב־בַּרְזֶל לוֹ וְהוּא לָחַץ אֶת־בְּנֵי יִשְׂרָאֵל בְּחָזְקָה עֶשְׂרִים שָׁנָה׃

4 וּדְבוֹרָה אִשָּׁה נְבִיאָה אֵשֶׁת לַפִּידוֹת הִיא שֹׁפְטָה אֶת־יִשְׂרָאֵל בָּעֵת הַהִיא׃

5 וְהִיא יוֹשֶׁבֶת תַּחַת־תֹּמֶר דְּבוֹרָה בֵּין הָרָמָה וּבֵין בֵּית־אֵל בְּהַר אֶפְרָיִם וַיַּעֲלוּ אֵלֶיהָ בְּנֵי יִשְׂרָאֵל לַמִּשְׁפָּט׃

6 וַתִּשְׁלַח וַתִּקְרָא לְבָרָק בֶּן־אֲבִינֹעַם מִקֶּדֶשׁ נַפְתָּלִי וַתֹּאמֶר אֵלָיו הֲלֹא צִוָּה יְהוָה אֱלֹהֵי־יִשְׂרָאֵל לֵךְ וּמָשַׁכְתָּ בְּהַר תָּבוֹר וְלָקַחְתָּ עִמְּךָ עֲשֶׂרֶת אֲלָפִים אִישׁ מִבְּנֵי נַפְתָּלִי וּמִבְּנֵי זְבֻלוּן׃

7 וּמָשַׁכְתִּי אֵלֶיךָ אֶל־נַחַל קִישׁוֹן אֶת־סִיסְרָא שַׂר־צְבָא יָבִין וְאֶת־רִכְבּוֹ וְאֶת־הֲמוֹנוֹ וּנְתַתִּיהוּ בְּיָדֶךָ׃

8 וַיֹּאמֶר אֵלֶיהָ בָּרָק אִם־תֵּלְכִי עִמִּי וְהָלָכְתִּי וְאִם־לֹא תֵלְכִי עִמִּי לֹא אֵלֵךְ׃

9 וַתֹּאמֶר הָלֹךְ אֵלֵךְ עִמָּךְ אֶפֶס כִּי לֹא תִהְיֶה תִּפְאַרְתְּךָ עַל־הַדֶּרֶךְ אֲשֶׁר אַתָּה הוֹלֵךְ כִּי בְיַד־אִשָּׁה יִמְכֹּר יְהוָה אֶת־סִיסְרָא וַתָּקָם דְּבוֹרָה וַתֵּלֶךְ עִם־בָּרָק קֶדְשָׁה׃

10 וַיַּזְעֵק בָּרָק אֶת־זְבוּלֻן וְאֶת־נַפְתָּלִי קֶדְשָׁה וַיַּעַל בְּרַגְלָיו עֲשֶׂרֶת אַלְפֵי אִישׁ וַתַּעַל עִמּוֹ דְּבוֹרָה׃

11 וְחֶבֶר הַקֵּינִי נִפְרָד מִקַּיִן מִבְּנֵי חֹבָב חֹתֵן מֹשֶׁה וַיֵּט אָהֳלוֹ עַד־אֵלוֹן בְּצַעֲנַנִּים אֲשֶׁר אֶת־קֶדֶשׁ׃

12 וַיַּגִּדוּ לְסִיסְרָא כִּי עָלָה בָּרָק בֶּן־אֲבִינֹעַם הַר־תָּבוֹר׃

13 וַיַּזְעֵק סִיסְרָא אֶת־כָּל־רִכְבּוֹ תְּשַׁע מֵאוֹת רֶכֶב בַּרְזֶל וְאֶת־כָּל־הָעָם אֲשֶׁר אִתּוֹ מֵחֲרֹשֶׁת הַגּוֹיִם אֶל־נַחַל קִישׁוֹן׃

14 וַתֹּאמֶר דְּבֹרָה אֶל־בָּרָק קוּם כִּי זֶה הַיּוֹם אֲשֶׁר נָתַן יְהוָה אֶת־סִיסְרָא בְּיָדֶךָ הֲלֹא יְהוָה יָצָא לְפָנֶיךָ וַיֵּרֶד בָּרָק מֵהַר תָּבוֹר וַעֲשֶׂרֶת אֲלָפִים אִישׁ אַחֲרָיו׃

15 וַיָּהָם יְהוָה אֶת־סִיסְרָא וְאֶת־כָּל־הָרֶכֶב וְאֶת־כָּל־הַמַּחֲנֶה לְפִי־חֶרֶב לִפְנֵי בָרָק וַיֵּרֶד סִיסְרָא מֵעַל הַמֶּרְכָּבָה וַיָּנָס בְּרַגְלָיו׃

16 וּבָרָק רָדַף אַחֲרֵי הָרֶכֶב וְאַחֲרֵי הַמַּחֲנֶה עַד חֲרֹשֶׁת הַגּוֹיִם וַיִּפֹּל כָּל־מַחֲנֵה סִיסְרָא לְפִי־חֶרֶב לֹא נִשְׁאַר עַד־אֶחָד׃

17 וְסִיסְרָא נָס בְּרַגְלָיו אֶל־אֹהֶל יָעֵל אֵשֶׁת חֶבֶר

Kenaz, Caleb's younger brother.

10 And the Spirit[a] of the LORD β came upon him, and he judged Israel, and went out to war: and the LORD delivered Chushan-rishathaim king of δ Mesopotamia into his hand; and his hand prevailed against Chushan-rishathaim.

11 And the land had rest forty years: and Othniel the son of Kenaz died.

12 And the children of Israel did evil again in the sight of the LORD: and the LORD strengthened Eglon the king of Moab against Israel, because they had done evil in the sight of the LORD.

13 And he gathered unto him the children of Ammon and Amalek, and went and smote Israel, and possessed the[f] city of palm-trees.

14 So the children of Israel served[h] Eglon the king of Moab eighteen years.

15 But when the children of Israel cried unto the LORD, the LORD raised them up a deliverer, Ehud the son of Gera, ζa Benjamite, a man η left-handed: and by him the children of Israel sent a present unto Eglon the king of Moab.

16 But Ehud made him a dagger which had two edges, of a cubit length; and he did gird it under his raiment upon his right thigh.

17 And he brought the present unto Eglon king of Moab: and Eglon *was* a very fat[n] man.

18 And when he had made an end to offer the present, he sent away the people that bare the present.

19 But he himself turned again from the quarries θ that[o] *were* by Gilgal, and said, I have a secret errand unto thee, O king: who said, Keep silence. And all that stood by him went out from him.

20 And Ehud came unto him; and he was sitting in κa summer parlour, which he had for himself alone: and Ehud said, I have a message from God unto thee. And he arose out of *his* seat.

21 And Ehud put forth his left hand, and took the dagger from his right thigh, and thrust it into his belly.

22 And the haft also went in after the blade; and the fat closed upon the blade, so that he could not draw the dagger out of his belly; and λ the dirt came out.

23 Then Ehud went forth through the porch, and shut the doors of the parlour upon him, and locked them.

24 When he was gone out, his servants came; and when they saw that, behold, the doors of the parlour *were* locked, they said, Surely he μ covereth his feet in his summer chamber.

25 And they tarried till they were ashamed; and, behold, he opened not the doors of the parlour; therefore they took a key, and opened *them*: and, behold, their lord *was* fallen down dead on the earth.

26 And Ehud escaped while they tarried, and passed beyond the quarries,[w] and escaped unto Seirath.

27 And it came to pass, when he was come, that he blew[x] a trumpet in the mountain[y] of Ephraim, and the children of Israel went down with him from the mount, and he before them.

28 And he said unto them, Follow after me; for the LORD hath delivered[a] your enemies the Moabites into your hand. And they went down after him, and took

---

B. C. 1394.

a ch. 6. 34.
    11. 29.

β *was.*

γ *fat.*
Ps. 17. 10.

δ *Aram.*

b ch. 5. 6.
c ch. 5. 8.
    15. 15.
1Sa. 17. 47.

d So part is called Israel.
ch.4.1,3,&c.
It seems to concern only the country next to the Philistines

e ch. 2. 19.
f ch. 1. 16.

g 1 Sa. 12. 9.
Ps. 83. 9.
It seems to concern only North Israel.

h De. 28. 48.
i Jos.11,1,10.
k ver. 13, 16.

ζ or, *the son of Jemini.*

η *shut of his right hand.*

l ch. 1. 19.
m Ge. 35. 8.
n Ps.73.7,19.

θ or, *graven images.*

o Jos. 4. 20.
p Ex. 14. 4.
q ch. 5. 21.

κ *a parlour of cooling.*
Am. 3. 15.

r ver. 18..20.

λ or, *it came out at the fundament.*

s ch. 5. 18.
t ch. 1. 16.
u Nu. 10. 29.

μ or,*doeth his easement.*
1 Sa. 24. 3.

v *Zaanannim.*
Jos.19.33 37

ν *gathered by cry,* or, *proclamation.*

w ver.19.
x ch. 6. 34.
    1 Sa. 13. 3.
y Jos. 17. 15.
z De. 9. 3.
    2 Sa. 5. 24.
Ps. 68. 7, 8.
Is. 52. 12.

a ch. 7. 9, 15.
b Ps. 83. 9,10.
Jos. 10. 10.
c He. 11. 32.

---

the fords of Jordan toward Moab, and suffered not a man to pass over.

29 And they slew of Moab at that time about ten thousand men, all γ lusty, and all men of valour; and there escaped not a man.

30 So Moab was subdued that day under the hand of Israel. And the land had rest fourscore years.

31 And after him was Shamgar[b] the son of Anath, which slew of the Philistines six hundred men with[c] an ox-goad; and he also delivered Israel.[d]

CHAP. IV.

AND the children of Israel again[e] did evil in the sight of the LORD, when Ehud was dead.

2 And the LORD sold[g] them into the hand of Jabin king of Canaan, that reigned in Hazor; i the captain of whose host *was* Sisera, which dwelt in Harosheth[k] of the Gentiles.

3 And the children of Israel cried unto the LORD; for he had nine hundred chariots[l] of iron; and twenty years he mightily oppressed the children of Israel.

4 And Deborah a prophetess, the wife of Lapidoth, she judged Israel at that time.

5 And she dwelt under the palm-tree of Deborah,[m] between Ramah and Beth-el in mount Ephraim; and the children of Israel came up to her for judgment.

6 And she sent and called Barak, the son of Abinoam, out of Kedesh-naphtali, and said unto him, Hath not the LORD God of Israel commanded, *saying,* Go, and draw toward mount Tabor, and take with thee ten thousand men of the children of Naphtali and of the children of Zebulun?

7 And I[p] will draw unto thee, to the river Kishon,[q] Sisera, the captain of Jabin's army, with his chariots and his multitude; and I will deliver him into thine hand.

8 And Barak said unto her, If thou wilt go with me, then I will go; but if thou wilt not go with me, *then* I will not go.

9 And she said, I will surely go with thee: notwithstanding the journey that thou takest shall not be for thine honour; for the LORD shall sell Sisera into the hand of a woman.[r] And Deborah arose, and went with Barak to Kedesh.

10 And[s] Barak called Zebulun and Naphtali to Kedesh; and he went up with ten thousand men at his feet: and Deborah went up with him.

11 Now Heber the Kenite,[t] *which was* of the children of Hobab,[u] the father-in-law of Moses, had severed himself from the Kenites, and pitched his tent unto the plain of Zaanaim,[v] which *is* by Kedesh.

12 And they shewed Sisera that Barak the son of Abinoam was gone up to mount Tabor.

13 And Sisera ν gathered together all his chariots, *even* nine hundred chariots of iron, and all the people that *were* with him, from Harosheth of the Gentiles unto the river of Kishon.

14 And Deborah said unto Barak, Up; for this *is* the day in which the LORD hath delivered Sisera into thine hand: *is* not the LORD gone out before thee? So Barak went down from mount Tabor, and ten thousand men after him.

15 And the LORD[b] discomfited Sisera, and all *his* chariots, and all *his* host, with the edge of the sword, before Barak; c so

צִדְקֹת   שָׁם יְתַנּוּ צִדְקוֹת יְהֹוָה   מִשָּׁאֲבִים חֲבֵר הַקֵּינִי כִּי שָׁלוֹם בֵּין יָבִין מֶלֶךְ־חָצוֹר וּבֵין בֵּית

עַם   אָז יָרְדוּ לַשְּׁעָרִים   פִּרְזוֹנוֹ בְּיִשְׂרָאֵל 18 חֶבֶר הַקֵּינִי: וַתַּעַל יָעֵל לִקְרַאת סִיסְרָא וַתֹּאמֶר

עוּרִי 12   עוּרִי עוּרָה דְּבוֹרָה   יְהֹוָה: אֵלָיו סוּרָה אֲדֹנִי סוּרָה אֵלַי אַל־תִּירָא וַיָּסַר

בָּךְ   קוּם בָּרָק וּשֲׁבֵה שֶׁבְיְךָ   עוּרִי דַּבְּרִי־שִׁיר 19 אֵלֶיהָ הָאֹהֱלָה וַתְּכַסֵּהוּ בַּשְּׂמִיכָה: וַיֹּאמֶר אֵלֶיהָ

יְהֹוָה 13   אָז יְרַד שָׂרִיד לְאַדִּירִים עָם   אֲבִינֹעַם: הַשְׁקִינִי־נָא מְעַט־מַיִם כִּי צָמֵאתִי וַתִּפְתַּח אֶת־

שָׁרְשָׁם 14   מִנִּי אֶפְרַיִם שָׁרְשָׁם   יָרַד־לִי בַּגִּבּוֹרִים: נֹאוד הֶחָלָב וַתַּשְׁקֵהוּ וַתְּכַסֵּהוּ: וַיֹּאמֶר אֵלֶיהָ

מִנִּי   בַּעֲמָלֵק אַחֲרֶיךָ בִנְיָמִין בַּעֲמָמֶיךָ   עֲמֹד פֶּתַח הָאֹהֶל וְהָיָה אִם־אִישׁ יָבֹא וּשְׁאֵלֵךְ

בְּשֵׁבֶט   מָכִיר יָרְדוּ מְחֹקְקִים וּמִזְּבוּלֻן מֹשְׁכִים 21 וְאָמַר הֲיֵשׁ־פֹּה אִישׁ וְאָמַרְתְּ אָיִן: וַתִּקַּח יָעֵל

וְיִשָּׂשכָר 15   וְשָׂרַי בְּיִשָּׂשכָר עִם־דְּבֹרָה   סֹפֵר: אֵשֶׁת־חֶבֶר אֶת־יְתַד הָאֹהֶל וַתָּשֶׂם אֶת־הַמַּקֶּבֶת

בְּעֵמֶק שֻׁלַּח   כֵּן בָּרָק   בְּיָדָהּ וַתָּבוֹא אֵלָיו בַּלָּאט וַתִּתְקַע אֶת־הַיָּתֵד

גְּדֹלִים   בִּפְלַגּוֹת רְאוּבֵן   בְּרַגְלָיו בְּרַקָּתוֹ וַתִּצְנַח בָּאָרֶץ וְהוּא־נִרְדָּם וַיָּעַף וַיָּמֹת:

לָמָּה יָשַׁבְתָּ בֵּין 16   חִקְקֵי־לֵב   וְהִנֵּה בָרָק רֹדֵף אֶת־סִיסְרָא וַתֵּצֵא יָעֵל לִקְרָאתוֹ

לִקְלַגּוֹת   הַמִּשְׁפְּתָיִם לִשְׁמֹעַ שְׁרִקוֹת עֲדָרִים 22 וַתֹּאמֶר לוֹ לֵךְ וְאַרְאֶךָּ אֶת־הָאִישׁ אֲשֶׁר־אַתָּה

הַיַּרְדֵּן 17   גִּלְעָד בְּעֵבֶר הַיַּרְדֵּן   רְאוּבֵן גְּדוֹלִים חִקְרֵי־לֵב: מְבַקֵּשׁ וַיָּבֹא אֵלֶיהָ וְהִנֵּה סִיסְרָא נֹפֵל מֵת וְהַיָּתֵד

אֲשֶׁר   שָׁכֵן   וְדָן לָמָּה יָגוּר אֳנִיּוֹת 23 בְּרַקָּתוֹ: וַיַּכְנַע אֱלֹהִים בַּיּוֹם הַהוּא אֵת יָבִין מֶלֶךְ־

וְעַל מִפְרָצָיו   אָשֵׁר יָשַׁב לְחוֹף יַמִּים 24 כְּנָעַן לִפְנֵי בְּנֵי יִשְׂרָאֵל: וַתֵּלֶךְ יַד־בְּנֵי־יִשְׂרָאֵל

יִשְׁכּוֹן: זְבֻלוּן עַם חֵרֵף נַפְשׁוֹ לָמוּת וְנַפְתָּלִי 18 הָלוֹךְ וְקָשֶׁה עַל יָבִין מֶלֶךְ־כְּנָעַן עַד אֲשֶׁר הִכְרִיתוּ

בָּאוּ מְלָכִים 19   עַל מְרוֹמֵי שָׂדֶה: אֵת יָבִין מֶלֶךְ־כְּנָעַן:

בְּתַעְנַךְ   אָז נִלְחָמוּ מַלְכֵי כְנַעַן   נִלְחָמוּ

בֶּצַע כֶּסֶף לֹא   עַל־מֵי מְגִדּוֹ   ## CAP. V. ה

הַכּוֹכָבִים 20   מִן־שָׁמַיִם נִלְחָמוּ   לָקָחוּ: 1 וַתָּשַׁר דְּבוֹרָה וּבָרָק בֶּן־אֲבִינֹעַם בַּיּוֹם הַהוּא

נַחַל קִישׁוֹן 21   מִמְּסִלּוֹתָם נִלְחֲמוּ עִם־סִיסְרָא 2 לֵאמֹר: בִּפְרֹעַ פְּרָעוֹת בְּיִשְׂרָאֵל בְּהִתְנַדֵּב

תִּדְרְכִי   נַחַל קְדוּמִים נַחַל קִישׁוֹן גְּרָפָם 3 עָם בָּרֲכוּ יְהֹוָה: שִׁמְעוּ מְלָכִים הַאֲזִינוּ

אָז הָלְמוּ עִקְּבֵי־ 22   נַפְשִׁי עֹז   רֹזְנִים אָנֹכִי לַיהֹוָה אָנֹכִי אָשִׁירָה אֲזַמֵּר

אוֹרוּ 23   מִדַּהֲרוֹת דַּהֲרוֹת אַבִּירָיו   סוּס 4 לַיהֹוָה אֱלֹהֵי יִשְׂרָאֵל: יְהֹוָה בְּצֵאתְךָ

אוֹרוּ אָרוֹר   מֵרוֹז אָמַר מַלְאַךְ יְהֹוָה   מִשֵּׂעִיר בְּצַעְדְּךָ מִשְּׂדֵה אֱדוֹם אֶרֶץ רָעָשָׁה גַּם־שָׁמַיִם נָטָפוּ

לְעֶזְרַת   יֹשְׁבֶיהָ כִּי לֹא־בָאוּ לְעֶזְרַת יְהֹוָה 5 גַּם־עָבִים נָטְפוּ מָיִם: הָרִים נָזְלוּ מִפְּנֵי יְהֹוָה

תְּבֹרַךְ מִנָּשִׁים 24   יְהֹוָה בַּגִּבּוֹרִים: זֶה סִינַי מִפְּנֵי יְהֹוָה אֱלֹהֵי יִשְׂרָאֵל: 6 בִּימֵי שַׁמְגַּר בֶּן־

מִנָּשִׁים   יָעֵל אֵשֶׁת חֶבֶר הַקֵּינִי   עֲנָת בִּימֵי יָעֵל חָדְלוּ אֳרָחוֹת וְהֹלְכֵי

מַיִם שָׁאַל חָלָב 25   בָּאֹהֶל תְּבֹרָךְ:   7 נְתִיבוֹת יֵלְכוּ אֳרָחוֹת עֲקַלְקַלּוֹת: חָדְלוּ פְרָזוֹן

יָדָהּ 26   נָתָנָה בְּסֵפֶל אַדִּירִים הִקְרִיבָה חֶמְאָה   בְּיִשְׂרָאֵל חָדֵלּוּ עַד שַׁקַּמְתִּי דְּבוֹרָה שַׁקַּמְתִּי

וִימִינָהּ לְהַלְמוּת   לַיָּתֵד תִּשְׁלַחְנָה   8 אֵם בְּיִשְׂרָאֵל: יִבְחַר אֱלֹהִים

וּמָחֲצָה   עֲמֵלִים וְהָלְמָה סִיסְרָא מָחֲקָה רֹאשׁוֹ   חֲדָשִׁים אָז לָחֶם שְׁעָרִים מָגֵן

בֵּין רַגְלֶיהָ כָּרַע נָפַל 27   וְחָלְפָה רַקָּתוֹ:   אִם־יֵרָאֶה וָרֹמַח בְּאַרְבָּעִים אֶלֶף

בַּאֲשֶׁר   בֵּין רַגְלֶיהָ כָּרַע נָפָל   שָׁכָב 9 בְּיִשְׂרָאֵל: לִבִּי לְחוֹקְקֵי יִשְׂרָאֵל הַמִּתְנַדְּבִים

בְּעַד הַחַלּוֹן נִשְׁקְפָה 28   כָּרַע שָׁם נָפַל שָׁדוּד: 10 בָּעָם בָּרֲכוּ יְהֹוָה: רֹכְבֵי אֲתֹנוֹת צְחֹרוֹת

מַדּוּעַ   וַתְּיַבֵּב אֵם סִיסְרָא בְּעַד הָאֶשְׁנָב   יֹשְׁבֵי עַל־מִדִּין וְהֹלְכֵי עַל־דֶּרֶךְ שִׂיחוּ:

מַדּוּעַ אֶחֱרוּ פַּעֲמֵי   בֹּשֵׁשׁ רִכְבּוֹ לָבוֹא   11 מִקּוֹל מְחַצְצִים בֵּין

that Sisera lighted down off *his* chariot, and fled away on his feet.

16 But Barak pursued after the chariots, and after the host, unto Harosheth of the Gentiles: and all the host of Sisera fell upon the edge of the sword; *and* [d] there was not γ a man left.

17 Howbeit, Sisera fled away on his feet to the tent of Jael the wife of Heber the Kenite: for *there was* peace between Jabin the king of Hazor and the house of Heber the Kenite.

18 And [g] Jael went out to meet Sisera, and said unto him, Turn in, my lord, turn in to me; fear not: and when he had turned in unto her into the tent, she covered him with a δ mantle.

19 And he said unto her, Give me, I pray thee, a little water to drink; for I am thirsty: and she opened a bottle of milk,[h] and gave him drink, and covered him.

20 Again he said unto her, Stand in the door of the tent, and it shall be, when any man doth come and inquire of thee, and say, Is there any man here? that thou shalt say, No.

21 Then Jael, Heber's wife, took a nail of the tent, and κ took an hammer in her hand, and went softly unto him, and smote the nail into his temples,[k] and fastened it into the ground; (for he was fast asleep, and weary :) so he died.

22 And, behold, as Barak pursued Sisera, Jael came out to meet him, and said unto him, Come, and I will shew thee the man whom thou seekest. And when he came into her *tent*, behold, Sisera lay dead, and the nail *was* in his temples.

23 So [n] God subdued on that day Jabin the king of Canaan before the children of Israel.

24 And the hand of the children of Israel ρ prospered, and prevailed against Jabin the king of Canaan, until they had destroyed Jabin king of Canaan.

CHAP. V.

THEN [r] sang Deborah, and Barak the son of Abinoam, on that day, saying,

2 Praise ye the LORD for the [s] avenging of Israel, when the people willingly [t] offered themselves.

3 Hear,[w] O ye kings; give ear, O ye princes: I, *even* I, will sing unto the LORD; I will sing *praise* unto the LORD God of Israel.

4 LORD, when [x] thou wentest out of Seir, when thou marchedst out of the field of Edom, the [a] earth trembled, & the heavens dropped, the clouds also dropped water.

5 The mountains τ melted [a] from before the LORD, *even* that Sinai [b] from before the LORD God of Israel.

6 In the days of Shamgar [c] the son of Anath, in the days of Jael,[d] the [e] highways were unoccupied, and the χ travellers walked through ω by-ways.

7 *The inhabitants of* the villages ceased, they ceased in Israel, until that I Deborah arose, that I arose a mother in Israel.

8 They chose new [g] gods; then *was* war in the gates: was [h] there a shield or spear seen among forty thousand in Israel?

9 My heart *is* toward the governors of Israel, that offered [k] themselves willingly among the people. Bless ye the LORD.

10 δ Speak, ye [l] that ride on white asses, ye that sit in judgment, and walk by the way.

11 *They that are delivered* from the noise of archers in the places of drawing water,

---

B. C. 1296.

---

a Ps. 145. 7.
β *righteousnesses.*
b 1 Sa. 12. 7.
c Ps. 57. 8.
d Is. 43. 17.
γ *unto one.*
e Ps. 68. 18.
f Ps. 75. 7.
g 2 Ki. 6. 19.
δ or, *rug,* or, *blanket.*
ε *draw with.*
h ch. 5. 25,26.
ζ *his feet.*
η or, *In.*
θ *impressions.*
i Ps. 4. 4.
77. 6.
La. 3. 40,41.
κ *put.*
k Ps. 3. 7.
λ or, *port.*
μ or, *creeks.*
ν *exposed to reproach.*
l Re. 12. 11.
m Ge. 14. 23.
n Ps. 18. 47.
o ch. 4. 15.
π *paths.*
p ch. 4. 7.
1 Ki. 18. 40.
Ps. 83.9,10.
ρ *going, went and was hard.*
q Ps. 44. 5.
σ *tramplings,* or, *plungings.*
r Ex. 15. 1.
Ps.18.*title.*
s De. 32. 43.
Ps. 18. 47.
t 2 Ch. 17. 16.
u Ne. 3. 5.
v 1 Sa. 18. 17.
w Ps. 2. 10.
x Ps. 68. 7, 8.
y ch. 4.19,&c.
z 2 Sa. 22. 8.
Is. 64. 3.
Hab.3.3,10.
τ *flowed.*
a Ps. 97. 5.
v *she hammered.*
b Ex. 19. 18.
c ch. 3. 31.
φ *Between.*
d ch. 4. 17.
e Le. 26. 22.
χ *walkers of paths.*
ψ *destroyed.*
ω *crooked ways.*
f Ca. 2. 9.
g De. 32. 17.
h 1 Sa.13.19,22
β *her words.*
i Ex. 15.9,10.
γ *to the head of a man.*
k ver. 2.
δ or, *meditate.*
l ch. 10. 4.
m Ps. 92. 9.

---

there shall they rehearse [a] the β righteous acts [b] of the LORD, *even* the righteous acts *toward the inhabitants* of his villages in Israel: then shall the people of the LORD go down to the gates.

12 Awake,[c] awake, Deborah; awake, awake, utter a song: arise, Barak, and lead [e] thy captivity captive, thou son of Abinoam.

13 Then he made him that remaineth have dominion over the nobles among the people: the LORD [f] made me have dominion over the mighty.

14 Out of Ephraim *was there* a root of them against Amalek; after thee, Benjamin, among thy people: out of Machir came down governors, and out of Zebulun they that ε handle the pen of the writer.

15 And the princes of Issachar *were* with Deborah; even Issachar, and also Barak: he was sent on ζfoot into the valley. η For the divisions of Reuben *there were* great θ thoughts of heart.

16 Why abodest thou among the sheepfolds, to hear the bleatings of the flocks? η For the divisions of Reuben *there were* great searchings [i] of heart.

17 Gilead abode beyond Jordan: and why did Dan remain in ships? Asher continued on the λ sea-shore, and abode in his μ breaches.

18 Zebulun and Naphtali *were* a people that ν jeoparded their lives unto [l] the death in the high places of the field.

19 The kings came *and* fought; then fought the kings of Canaan in Taanach by the waters of Megiddo: they [m] took no gain of money.

20 They fought from heaven,[o] the stars in their π courses fought against Sisera.

21 The river of Kishon [p] swept them away, that ancient river, the river Kishon. O my soul, thou hast [q] trodden down strength.

22 Then were the horse-hoofs broken by the means of the σ pransings, the pransings of their mighty ones.

23 Curse ye Meroz, said the angel of the LORD; curse ye bitterly the inhabitants thereof; because [u] they came not to the [v] help of the LORD, to the help of the LORD against the mighty.

24 Blessed above women shall Jael the wife of Heber the Kenite be; blessed shall she be above women in the tent.

25 He [y] asked water, & she gave *him* milk; she brought forth butter in a lordly dish.

26 She put her hand to the nail, and her right hand to the workman's hammer; and with ν the hammer she smote Sisera; she smote off his head, when she had pierced and stricken through his temples.

27 At φ her feet he bowed, he fell, he lay down: at her feet he bowed, he fell; where he bowed there he fell down ψ dead.

28 The mother of Sisera looked out at a window, and cried through the [f] lattice, Why is his chariot *so* long in coming? why tarry the wheels of his chariots?

29 Her wise ladies answered her, yea, she returned β answer to herself,

30 Have they not sped? have [i] they *not* divided the prey; to γ every man a damsel *or* two? to Sisera a prey of divers colours, a prey of divers colours of needle-work, of divers colours of needle-work on both sides, *meet* for the necks of *them that take* the spoil?

31 So let all thine enemies perish,[m] O

---

29 חַכְמוֹת שָׂרוֹתֶיהָ תַּעֲנֶינָּה אַף־
30 הִיא תָּשִׁיב אֲמָרֶיהָ לָהּ ׃ הֲלֹא יִמְצְאוּ יְחַלְּקוּ שָׁלָל רַחַם רַחֲמָתַיִם לְרֹאשׁ גֶּבֶר שְׁלַל צְבָעִים לְסִיסְרָא שְׁלַל צְבָעִים רִקְמָה
31 צֶבַע רִקְמָתַיִם לְצַוְּארֵי שָׁלָל ׃ כֵּן יֹאבְדוּ כָל־אוֹיְבֶיךָ יְהוָה וְאֹהֲבָיו כְּצֵאת הַשֶּׁמֶשׁ בִּגְבֻרָתוֹ וַתִּשְׁקֹט הָאָרֶץ אַרְבָּעִים שָׁנָה ׃

CAP. VI. ו

1 וַיַּעֲשׂוּ בְּנֵי יִשְׂרָאֵל הָרַע בְּעֵינֵי יְהוָה וַיִּתְּנֵם יְהוָה
2 בְּיַד־מִדְיָן שֶׁבַע שָׁנִים ׃ וַתָּעָז יַד־מִדְיָן עַל־יִשְׂרָאֵל מִפְּנֵי מִדְיָן עָשׂוּ לָהֶם ׀ בְּנֵי יִשְׂרָאֵל אֶת־הַמִּנְהָרוֹת אֲשֶׁר בֶּהָרִים וְאֶת־הַמְּעָרוֹת וְאֶת־
3 הַמְּצָדוֹת ׃ וְהָיָה אִם־זָרַע יִשְׂרָאֵל וְעָלָה מִדְיָן
4 וַעֲמָלֵק וּבְנֵי־קֶדֶם וְעָלוּ עָלָיו ׃ וַיַּחֲנוּ עֲלֵיהֶם וַיַּשְׁחִיתוּ אֶת־יְבוּל הָאָרֶץ עַד־בּוֹאֲךָ עַזָּה וְלֹא־יַשְׁאִירוּ מִחְיָה בְּיִשְׂרָאֵל וְשֶׂה וָשׁוֹר וַחֲמוֹר ׃
5 כִּי הֵם וּמִקְנֵיהֶם יַעֲלוּ וְאָהֳלֵיהֶם [יבאו] וּבָאוּ כְדֵי־אַרְבֶּה לָרֹב וְלָהֶם וְלִגְמַלֵּיהֶם אֵין מִסְפָּר וַיָּבֹאוּ בָאָרֶץ לְשַׁחֲתָהּ ׃
6 וַיִּדַּל יִשְׂרָאֵל מְאֹד מִפְּנֵי מִדְיָן וַיִּזְעֲקוּ בְנֵי־יִשְׂרָאֵל
7 אֶל־יְהוָה ׃ וַיְהִי כִּי־זָעֲקוּ בְנֵי־יִשְׂרָאֵל אֶל־
8 יְהוָה עַל אֹדוֹת מִדְיָן ׃ וַיִּשְׁלַח יְהוָה אִישׁ נָבִיא אֶל־בְּנֵי יִשְׂרָאֵל וַיֹּאמֶר לָהֶם כֹּה־אָמַר יְהוָה ׀ אֱלֹהֵי יִשְׂרָאֵל אָנֹכִי הֶעֱלֵיתִי אֶתְכֶם מִמִּצְרַיִם וָאֹצִיא
9 אֶתְכֶם מִבֵּית עֲבָדִים ׃ וָאַצִּל אֶתְכֶם מִיַּד מִצְרַיִם וּמִיַּד כָּל־לֹחֲצֵיכֶם וָאֲגָרֵשׁ אוֹתָם מִפְּנֵיכֶם וָאֶתְּנָה
10 לָכֶם אֶת־אַרְצָם ׃ וָאֹמְרָה לָכֶם אֲנִי יְהוָה אֱלֹהֵיכֶם לֹא תִירְאוּ אֶת־אֱלֹהֵי הָאֱמֹרִי אֲשֶׁר אַתֶּם יוֹשְׁבִים
11 בְּאַרְצָם וְלֹא שְׁמַעְתֶּם בְּקוֹלִי ׃ וַיָּבֹא מַלְאַךְ יְהוָה וַיֵּשֶׁב תַּחַת הָאֵלָה אֲשֶׁר בְּעָפְרָה אֲשֶׁר לְיוֹאָשׁ אֲבִי הָעֶזְרִי וְגִדְעוֹן בְּנוֹ חֹבֵט חִטִּים בַּגַּת לְהָנִיס מִפְּנֵי מִדְיָן ׃
12 וַיֵּרָא אֵלָיו מַלְאַךְ יְהוָה וַיֹּאמֶר
13 אֵלָיו יְהוָה עִמְּךָ גִּבּוֹר הֶחָיִל ׃ וַיֹּאמֶר אֵלָיו גִּדְעוֹן בִּי אֲדֹנִי וְיֵשׁ יְהוָה עִמָּנוּ וְלָמָּה מְצָאַתְנוּ כָּל־זֹאת וְאַיֵּה כָל־נִפְלְאֹתָיו אֲשֶׁר סִפְּרוּ־לָנוּ אֲבוֹתֵינוּ לֵאמֹר הֲלֹא מִמִּצְרַיִם הֶעֱלָנוּ יְהוָה וְעַתָּה נְטָשָׁנוּ יְהוָה
14 וַיִּתְּנֵנוּ בְּכַף־מִדְיָן ׃ וַיִּפֶן אֵלָיו יְהוָה וַיֹּאמֶר לֵךְ בְּכֹחֲךָ זֶה וְהוֹשַׁעְתָּ אֶת־יִשְׂרָאֵל מִכַּף מִדְיָן הֲלֹא
15 שְׁלַחְתִּיךָ ׃ וַיֹּאמֶר אֵלָיו בִּי אֲדֹנָי בַּמָּה אוֹשִׁיעַ אֶת־

16 יִשְׂרָאֵל הִנֵּה אַלְפִּי הַדַּל בִּמְנַשֶּׁה וְאָנֹכִי הַצָּעִיר בְּבֵית אָבִי ׃ וַיֹּאמֶר אֵלָיו יְהוָה כִּי אֶהְיֶה עִמָּךְ
17 וְהִכִּיתָ אֶת־מִדְיָן כְּאִישׁ אֶחָד ׃ וַיֹּאמֶר אֵלָיו אִם־נָא מָצָאתִי חֵן בְּעֵינֶיךָ וְעָשִׂיתָ לִּי אוֹת שָׁאַתָּה
18 מְדַבֵּר עִמִּי ׃ אַל־נָא תָמֻשׁ מִזֶּה עַד־בֹּאִי אֵלֶיךָ וְהֹצֵאתִי אֶת־מִנְחָתִי וְהִנַּחְתִּי לְפָנֶיךָ וַיֹּאמַר אָנֹכִי
19 אֵשֵׁב עַד שׁוּבֶךָ ׃ וְגִדְעוֹן בָּא וַיַּעַשׂ גְּדִי־עִזִּים וְאֵיפַת־קֶמַח מַצּוֹת הַבָּשָׂר שָׂם בַּסַּל וְהַמָּרַק שָׂם
20 בַּפָּרוּר וַיּוֹצֵא אֵלָיו אֶל־תַּחַת הָאֵלָה וַיַּגַּשׁ ׃ וַיֹּאמֶר אֵלָיו מַלְאַךְ הָאֱלֹהִים קַח אֶת־הַבָּשָׂר וְאֶת־הַמַּצּוֹת וְהַנַּח אֶל־הַסֶּלַע הַלָּז וְאֶת־הַמָּרַק שְׁפוֹךְ וַיַּעַשׂ
21 כֵּן ׃ וַיִּשְׁלַח מַלְאַךְ יְהוָה אֶת־קְצֵה הַמִּשְׁעֶנֶת אֲשֶׁר בְּיָדוֹ וַיִּגַּע בַּבָּשָׂר וּבַמַּצּוֹת וַתַּעַל הָאֵשׁ מִן־הַצּוּר וַתֹּאכַל אֶת־הַבָּשָׂר וְאֶת־הַמַּצּוֹת
22 וּמַלְאַךְ יְהוָה הָלַךְ מֵעֵינָיו ׃ וַיַּרְא גִּדְעוֹן כִּי־ מַלְאַךְ יְהוָה הוּא וַיֹּאמֶר גִּדְעוֹן אֲהָהּ אֲדֹנָי יְהוִה כִּי־עַל־כֵּן רָאִיתִי מַלְאַךְ יְהוָה פָּנִים אֶל־פָּנִים ׃
23 וַיֹּאמֶר לוֹ יְהוָה שָׁלוֹם לְךָ אַל־תִּירָא לֹא תָּמוּת ׃
24 וַיִּבֶן שָׁם גִּדְעוֹן מִזְבֵּחַ לַיהוָה וַיִּקְרָא־לוֹ יְהוָה שָׁלוֹם עַד הַיּוֹם הַזֶּה עוֹדֶנּוּ בְּעָפְרָת אֲבִי
25 הָעֶזְרִי ׃ וַיְהִי בַּלַּיְלָה הַהוּא וַיֹּאמֶר לוֹ יְהוָה קַח אֶת־פַּר־הַשּׁוֹר אֲשֶׁר לְאָבִיךָ וּפַר הַשֵּׁנִי שֶׁבַע שָׁנִים וְהָרַסְתָּ אֶת־מִזְבַּח הַבַּעַל אֲשֶׁר לְאָבִיךָ וְאֶת־
26 הָאֲשֵׁרָה אֲשֶׁר־עָלָיו תִּכְרֹת ׃ וּבָנִיתָ מִזְבֵּחַ לַיהוָה אֱלֹהֶיךָ עַל רֹאשׁ הַמָּעוֹז הַזֶּה בַּמַּעֲרָכָה וְלָקַחְתָּ אֶת־הַפָּר הַשֵּׁנִי וְהַעֲלִיתָ עוֹלָה בַּעֲצֵי הָאֲשֵׁרָה
27 אֲשֶׁר תִּכְרֹת ׃ וַיִּקַּח גִּדְעוֹן עֲשָׂרָה אֲנָשִׁים מֵעֲבָדָיו וַיַּעַשׂ כַּאֲשֶׁר דִּבֶּר אֵלָיו יְהוָה וַיְהִי כַּאֲשֶׁר יָרֵא אֶת־ בֵּית אָבִיו וְאֶת־אַנְשֵׁי הָעִיר מֵעֲשׂוֹת יוֹמָם וַיַּעַשׂ
28 לָיְלָה ׃ וַיַּשְׁכִּימוּ אַנְשֵׁי הָעִיר בַּבֹּקֶר וְהִנֵּה נֻתַּץ מִזְבַּח הַבַּעַל וְהָאֲשֵׁרָה אֲשֶׁר־עָלָיו כֹּרָתָה וְאֵת הַפָּר
29 הַשֵּׁנִי הֹעֲלָה עַל־הַמִּזְבֵּחַ הַבָּנוּי ׃ וַיֹּאמְרוּ אִישׁ אֶל־רֵעֵהוּ מִי עָשָׂה הַדָּבָר הַזֶּה וַיִּדְרְשׁוּ וַיְבַקְשׁוּ וַיֹּאמְרוּ גִּדְעוֹן בֶּן־יוֹאָשׁ עָשָׂה הַדָּבָר הַזֶּה ׃
30 וַיֹּאמְרוּ אַנְשֵׁי הָעִיר אֶל־יוֹאָשׁ הוֹצֵא אֶת־בִּנְךָ וְיָמֹת כִּי נָתַץ אֶת־מִזְבַּח הַבַּעַל וְכִי כָרַת הָאֲשֵׁרָה
31 אֲשֶׁר־עָלָיו ׃ וַיֹּאמֶר יוֹאָשׁ לְכֹל אֲשֶׁר־עָמְדוּ עָלָיו הַאַתֶּם ׀ תְּרִיבוּן לַבַּעַל אִם־אַתֶּם תּוֹשִׁיעוּן אוֹתוֹ

LORD: but *let* them that love him *be* as the sun [a] when he goeth forth in his [b] might. And the land had rest forty years.

CHAP. VI.

AND [c] the children of Israel did evil in the sight of the LORD; and the LORD delivered them into the hand of [d] Midian seven years.

2 And the hand of Midian δ prevailed against Israel: *and* because of the Midianites the children of Israel made them the dens [e] which *are* in the mountains, and caves, and strong holds.

3 And *so* it was, when Israel had sown, that the Midianites came up, and the Amalekites, and the children of the east, even they came up against them;

4 And they encamped against them, and destroyed [g] the increase of the earth, till thou come unto Gaza; and left no sustenance for Israel, neither ε sheep, nor ox, nor ass.

5 For they came up with their cattle, and their tents, and they came as grasshoppers [i] for multitude; *for* both they and their camels were without number: and they entered into the land to destroy it.

6 And Israel was greatly impoverished because of the Midianites; and the children of Israel cried [l] unto the LORD.

7 And it came to pass, when the children of Israel cried unto the LORD because of the Midianites,

8 That the LORD sent θ a prophet unto the children of Israel, which said unto them, Thus saith the LORD God of Israel, I brought you up from Egypt, and brought you forth out of the house of bondage;

9 And I delivered you out of the hand of the Egyptians, and out of the hand of all that oppressed you, and drave [n] them out from before you, and gave you their land:

10 And I said unto you, I *am* the LORD your God; fear [o] not the gods of the Amorites, in whose land ye dwell: but ye have not obeyed my voice.

11 And there came an angel of the LORD, and sat under an oak which *was* in Ophrah, that *pertained* unto Joash the Abi-ezrite: and his son Gideon [p] threshed wheat by the wine-press, to μ hide it from the Midianites.

12 And the angel [q] of the LORD appeared unto him, and said unto him, The LORD *is* with thee, thou mighty man of valour.

13 And Gideon said unto him, Oh my Lord, if [r] the LORD be with us, why then is all this befallen us? and where [s] *be* all his miracles which our fathers told us of, saying, Did not the LORD bring us up from Egypt? but now the LORD hath forsaken us, and delivered us into the hands of the Midianites.

14 And the LORD looked upon him, and said, Go in this thy might, [t] and thou shalt save Israel from the hand of the Midianites: have not I sent thee?

15 And he said unto him, Oh my Lord, wherewith shall I save Israel? behold, [v] my family *is* poor in Manasseh, and I *am* the least [π] in my father's house.

16 And the LORD said unto him, [w] Surely I will be with thee, and [x] thou shalt smite the Midianites as one man.

17 And he said unto him, If now I have found grace in thy sight, then shew [z] me a sign that thou talkest with me.

18 Depart [b] not hence, I pray thee, until I come unto thee, and bring forth my

---

B. C. 1256.

β or, *meat-offering.*
[a] 2 Sa. 23. 4.
　Ps. 37. 6.
　Pr. 4. 18.
[b] Ps. 19. 5.
γ *a kid of the goats.*
[c] ch. 2. 19.
[d] Hab. 3. 7.
δ *was strong.*
[e] 1 Sa. 13. 6.
[f] Le. 9. 24.
　1 Ki. 18. 38.
　2 Ch. 7. 1.
[g] Le. 26. 16.
　De. 28. 30.
ε or, *goat.*
[h] ch.13.22,23.
　Is. 6. 5.8.
[i] ch. 7. 12.
　Je. 46. 23.
[k] Ge. 32. 30.
ζ i. e. *The LORD send peace.*
　Ge. 22. 14.
　Ex. 17. 15.
　Je. 33. 16.
　Eze. 48. 35.
η or, *and.*
[l] Ho. 5. 15.
θ *a man, a prophet.*
[m] De. 7. 5.
κ *strong place.*
λ or, *an orderly manner.*
[n] Ps. 44. 2, 3.
[o] 2 Ki.17.35..
　　　39.
[p] He. 11. 32.
μ *cause it to flee.*
[q] ch. 13. 3.
[r] Ge. 25. 22.
[s] Ps. 77. 7..9.
　89. 49.
[t] He. 11. 32.
ν *my thousand is the meanest.*
　Mi. 5. 2.
π i. e. *Let Baal plead.*
[u] 1 Sa. 12. 11.
　2 Sa. 11. 21.
Jerubbe-sheth;
i. e. *Let the shameful thing plead.*
　Ho. 9. 10.
[v] 1 Sa. 9. 21.
[w] Ex. 3. 12.
[x] Is. 41.15,16.
[y] ver. 3.
[z] ver. 36..40.
　2 Ki. 20. 8.
　Ps. 86. 17.
　Is. 7. 11.
[a] ch. 3. 10.
ρ *clothed.*
[b] Ge. 18. 3, 5.
[c] Nu. 10. 3.
σ *called.*

---

present, β and set *it* before thee. And he said, I will tarry until thou come again.

19 And Gideon went in, and made ready a γ kid, and unleavened cakes of an ephah of flour: the flesh he put in a basket, and he put the broth in a pot, and brought *it* out unto him under the oak, and presented *it.*

20 And the angel of God said unto him, Take the flesh and the unleavened cakes, and lay *them* upon this rock, and pour out the broth. And he did so.

21 Then the angel of the LORD put forth the end of the staff that *was* in his hand, and touched the flesh and the unleavened cakes; and [f] there rose up fire out of the rock, and consumed the flesh and the unleavened cakes. Then the angel of the LORD departed out of his sight.

22 And when Gideon perceived that he *was* an angel of the LORD, Gideon said, Alas, O Lord GOD! for because [h] I have seen an angel of the LORD face to face.

23 And the LORD said unto him, Peace *be* unto thee; fear not: thou [k] shalt not die.

24 Then Gideon built an altar there unto the LORD, and called it ζ Jehovah-shalom: unto this day it *is* yet in Ophrah of the Abi-ezrites.

25 And it came to pass the same night, that the LORD said unto him, Take thy father's young bullock, η even the second bullock of seven years old, and throw down the altar of Baal that thy father hath, and cut down [m] the grove that *is* by it:

26 And build an altar unto the LORD thy God upon the top of this κ rock, in λ the ordered place, and take the second bullock, and offer a burnt sacrifice with the wood of the grove which thou shalt cut down.

27 Then Gideon took ten men of his servants, and did as the LORD had said unto him: and *so* it was, because he feared his father's household, and the men of the city, that he could not do *it* by day, that he did *it* by night.

28 And when the men of the city arose early in the morning, behold, the altar of Baal was cast down, and the grove was cut down that *was* by it, and the second bullock was offered upon the altar *that* was built.

29 And they said one to another, Who hath done this thing? And when they inquired and asked, they said, Gideon the son of Joash hath done this thing.

30 Then the men of the city said unto Joash, Bring out thy son, that he may die: because he hath cast down the altar of Baal, and because he hath cut down the grove that *was* by it.

31 And Joash said unto all that stood against him, Will ye plead for Baal? will ye save him? he that will plead for him, let him be put to death whilst *it is* yet morning: if he *be* a god, let him plead for himself, because *one* hath cast down his altar.

32 Therefore on that day he called him π Jerubbaal, [u] saying, Let Baal plead against him, because he hath thrown down his altar.

33 Then all [y] the Midianites and the Amalekites and the children of the east were gathered together, and went over and pitched in the valley of Jezreel.

34 But [a] the Spirit of the LORD ρ came upon Gideon, and he blew [c] a trumpet, and Abi-ezer was σ gathered after him.

אֲשֶׁר יָרִיב לוֹ יוּמַת עַד־הַבֹּקֶר אִם־אֱלֹהִים הוּא

32 יָרֶב לוֹ כִּי נָתַץ אֶת־מִזְבְּחוֹ ׃ וַיִּקְרָא־לוֹ בַיּוֹם־
הַהוּא יְרֻבַּעַל לֵאמֹר יָרֶב בּוֹ הַבַּעַל כִּי נָתַץ אֶת־

33 מִזְבְּחוֹ ׃ וְכָל־מִדְיָן וַעֲמָלֵק וּבְנֵי־קֶדֶם נֶאֶסְפוּ

34 יַחְדָּו וַיַּעַבְרוּ וַיַּחֲנוּ בְּעֵמֶק יִזְרְעֶאל ׃ וְרוּחַ יְהוָה
לָבְשָׁה אֶת־גִּדְעוֹן וַיִּתְקַע בַּשּׁוֹפָר וַיִּזָּעֵק אֲבִיעֶזֶר

35 אַחֲרָיו ׃ וּמַלְאָכִים שָׁלַח בְּכָל־מְנַשֶּׁה וַיִּזָּעֵק גַּם־
הוּא אַחֲרָיו וּמַלְאָכִים שָׁלַח בְּאָשֵׁר וּבִזְבֻלוּן וּבְנַפְתָּלִי

36 וַיַּעֲלוּ לִקְרָאתָם ׃ וַיֹּאמֶר גִּדְעוֹן אֶל־הָאֱלֹהִים
אִם־יֶשְׁךָ מוֹשִׁיעַ בְּיָדִי אֶת־יִשְׂרָאֵל כַּאֲשֶׁר דִּבַּרְתָּ ׃

37 הִנֵּה אָנֹכִי מַצִּיג אֶת־גִּזַּת הַצֶּמֶר בַּגֹּרֶן אִם טַל
יִהְיֶה עַל־הַגִּזָּה לְבַדָּהּ וְעַל־כָּל־הָאָרֶץ חֹרֶב וְיָדַעְתִּי

38 כִּי־תוֹשִׁיעַ בְּיָדִי אֶת־יִשְׂרָאֵל כַּאֲשֶׁר דִּבַּרְתָּ ׃ וַיְהִי־
כֵן וַיַּשְׁכֵּם מִמָּחֳרָת וַיָּזַר אֶת־הַגִּזָּה וַיִּמֶץ טַל מִן־

39 הַגִּזָּה מְלוֹא הַסֵּפֶל מָיִם ׃ וַיֹּאמֶר גִּדְעוֹן אֶל־
הָאֱלֹהִים אַל־יִחַר אַפְּךָ בִּי וַאֲדַבְּרָה אַךְ הַפָּעַם
אֲנַסֶּה־נָּא רַק־הַפַּעַם בַּגִּזָּה יְהִי־נָא חֹרֶב אֶל־הַגִּזָּה

40 לְבַדָּהּ וְעַל־כָּל־הָאָרֶץ יִהְיֶה־טָּל ׃ וַיַּעַשׂ אֱלֹהִים כֵּן
בַּלַּיְלָה הַהוּא וַיְהִי־חֹרֶב אֶל־הַגִּזָּה לְבַדָּהּ וְעַל־כָּל־
הָאָרֶץ הָיָה טָל ׃

CAP. VII.

1 וַיַּשְׁכֵּם יְרֻבַּעַל הוּא גִדְעוֹן וְכָל־הָעָם אֲשֶׁר אִתּוֹ
וַיַּחֲנוּ עַל־עֵין חֲרֹד וּמַחֲנֵה מִדְיָן הָיָה־לוֹ מִצָּפוֹן

2 מִגִּבְעַת הַמּוֹרֶה בָּעֵמֶק ׃ וַיֹּאמֶר יְהוָה אֶל־
גִּדְעוֹן רַב הָעָם אֲשֶׁר אִתָּךְ מִתִּתִּי אֶת־מִדְיָן בְּיָדָם
פֶּן־יִתְפָּאֵר עָלַי יִשְׂרָאֵל לֵאמֹר יָדִי הוֹשִׁיעָה לִּי ׃

3 וְעַתָּה קְרָא נָא בְּאָזְנֵי הָעָם לֵאמֹר מִי־יָרֵא וְחָרֵד
יָשֹׁב וְיִצְפֹּר מֵהַר הַגִּלְעָד וַיָּשָׁב מִן־הָעָם עֶשְׂרִים

4 וּשְׁנַיִם אֶלֶף וַעֲשֶׂרֶת אֲלָפִים נִשְׁאָרוּ ׃ וַיֹּאמֶר
יְהוָה אֶל־גִּדְעוֹן עוֹד הָעָם רָב הוֹרֵד אוֹתָם אֶל־
הַמַּיִם וְאֶצְרְפֶנּוּ לְךָ שָׁם וְהָיָה אֲשֶׁר אֹמַר אֵלֶיךָ
זֶה יֵלֵךְ אִתָּךְ הוּא יֵלֵךְ אִתָּךְ וְכֹל אֲשֶׁר־אֹמַר

5 אֵלֶיךָ זֶה לֹא־יֵלֵךְ עִמָּךְ הוּא לֹא יֵלֵךְ ׃ וַיּוֹרֶד
אֶת־הָעָם אֶל־הַמָּיִם וַיֹּאמֶר יְהוָה אֶל־גִּדְעוֹן כֹּל
אֲשֶׁר־יָלֹק בִּלְשׁוֹנוֹ מִן־הַמַּיִם כַּאֲשֶׁר יָלֹק הַכֶּלֶב
תַּצִּיג אוֹתוֹ לְבָד וְכֹל אֲשֶׁר־יִכְרַע עַל־בִּרְכָּיו

6 לִשְׁתּוֹת ׃ וַיְהִי מִסְפַּר הַמֲלַקְקִים בְּיָדָם אֶל־פִּיהֶם
שְׁלֹשׁ מֵאוֹת אִישׁ וְכֹל יֶתֶר הָעָם כָּרְעוּ עַל־

7 בְּרִכְבֵיהֶם לִשְׁתּוֹת מָיִם ׃ וַיֹּאמֶר
יְהוָה אֶל־גִּדְעוֹן בִּשְׁלֹשׁ מֵאוֹת הָאִישׁ הַמֲלַקְקִים
אוֹשִׁיעַ אֶתְכֶם וְנָתַתִּי אֶת־מִדְיָן בְּיָדֶךָ וְכָל־הָעָם

8 יֵלְכוּ אִישׁ לִמְקֹמוֹ ׃ וַיִּקְחוּ אֶת־צֵדָה הָעָם בְּיָדָם
וְאֵת שׁוֹפְרֹתֵיהֶם וְאֵת כָּל־אִישׁ יִשְׂרָאֵל שִׁלַּח אִישׁ
לְאֹהָלָיו וּבִשְׁלֹשׁ־מֵאוֹת הָאִישׁ הֶחֱזִיק וּמַחֲנֵה מִדְיָן

9 הָיָה לוֹ מִתַּחַת בָּעֵמֶק ׃ וַיְהִי בַּלַּיְלָה הַהוּא
וַיֹּאמֶר אֵלָיו יְהוָה קוּם רֵד בַּמַּחֲנֶה כִּי נְתַתִּיו בְּיָדֶךָ ׃

10 וְאִם־יָרֵא אַתָּה לָרֶדֶת רֵד אַתָּה וּפֻרָה נַעַרְךָ אֶל־

11 הַמַּחֲנֶה ׃ וְשָׁמַעְתָּ מַה־יְדַבֵּרוּ וְאַחַר תֶּחֱזַקְנָה יָדֶיךָ
וְיָרַדְתָּ בַּמַּחֲנֶה וַיֵּרֶד הוּא וּפֻרָה נַעֲרוֹ אֶל־קְצֵה

12 הַחֲמֻשִׁים אֲשֶׁר בַּמַּחֲנֶה ׃ וּמִדְיָן וַעֲמָלֵק וְכָל־בְּנֵי־
קֶדֶם נֹפְלִים בָּעֵמֶק כָּאַרְבֶּה לָרֹב וְלִגְמַלֵּיהֶם אֵין

13 מִסְפָּר כַּחוֹל שֶׁעַל־שְׂפַת הַיָּם לָרֹב ׃ וַיָּבֹא גִדְעוֹן
וְהִנֵּה־אִישׁ מְסַפֵּר לְרֵעֵהוּ חֲלוֹם וַיֹּאמֶר הִנֵּה חֲלוֹם
חָלַמְתִּי וְהִנֵּה צְלִיל לֶחֶם שְׂעֹרִים מִתְהַפֵּךְ בְּמַחֲנֵה
מִדְיָן וַיָּבֹא עַד־הָאֹהֶל וַיַּכֵּהוּ וַיִּפֹּל וַיַּהַפְכֵהוּ

14 לְמַעְלָה וְנָפַל הָאֹהֶל ׃ וַיַּעַן רֵעֵהוּ וַיֹּאמֶר אֵין זֹאת
בִּלְתִּי אִם־חֶרֶב גִּדְעוֹן בֶּן־יוֹאָשׁ אִישׁ יִשְׂרָאֵל נָתַן
הָאֱלֹהִים בְּיָדוֹ אֶת־מִדְיָן וְאֶת־כָּל־הַמַּחֲנֶה ׃

15 וַיְהִי כִשְׁמֹעַ גִּדְעוֹן אֶת־מִסְפַּר הַחֲלוֹם וְאֶת־שִׁבְרוֹ
וַיִּשְׁתָּחוּ וַיָּשָׁב אֶל־מַחֲנֵה יִשְׂרָאֵל וַיֹּאמֶר קוּמוּ כִּי־

16 נָתַן יְהוָה בְּיֶדְכֶם אֶת־מַחֲנֵה מִדְיָן ׃ וַיַּחַץ
אֶת־שְׁלֹשׁ־מֵאוֹת הָאִישׁ שְׁלֹשָׁה רָאשִׁים וַיִּתֵּן
שׁוֹפָרוֹת בְּיַד־כֻּלָּם וְכַדִּים רֵקִים וְלַפִּדִים בְּתוֹךְ

17 הַכַּדִּים ׃ וַיֹּאמֶר אֲלֵיהֶם מִמֶּנִּי תִרְאוּ וְכֵן תַּעֲשׂוּ
וְהִנֵּה אָנֹכִי בָא בִּקְצֵה הַמַּחֲנֶה וְהָיָה כַאֲשֶׁר־אֶעֱשֶׂה

18 כֵּן תַּעֲשׂוּן ׃ וְתָקַעְתִּי בַּשּׁוֹפָר אָנֹכִי וְכָל־אֲשֶׁר
אִתִּי וּתְקַעְתֶּם בַּשּׁוֹפָרוֹת גַּם־אַתֶּם סְבִיבוֹת כָּל־

19 הַמַּחֲנֶה וַאֲמַרְתֶּם לַיהוָה וּלְגִדְעוֹן ׃ וַיָּבֹא
גִדְעוֹן וּמֵאָה־אִישׁ אֲשֶׁר־אִתּוֹ בִּקְצֵה הַמַּחֲנֶה רֹאשׁ
הָאַשְׁמֹרֶת הַתִּיכוֹנָה אַךְ הָקֵם הֵקִימוּ אֶת־
הַשֹּׁמְרִים וַיִּתְקְעוּ בַּשּׁוֹפָרוֹת וְנָפוֹץ הַכַּדִּים אֲשֶׁר

20 בְּיָדָם ׃ וַיִּתְקְעוּ שְׁלֹשֶׁת הָרָאשִׁים בַּשּׁוֹפָרוֹת וַיִּשְׁבְּרוּ
הַכַּדִּים וַיַּחֲזִיקוּ בְיַד־שְׂמֹאולָם בַּלַּפִּדִים וּבְיַד־יְמִינָם
הַשּׁוֹפָרוֹת לִתְקוֹעַ וַיִּקְרְאוּ חֶרֶב לַיהוָה וּלְגִדְעוֹן ׃

21 וַיַּעַמְדוּ אִישׁ תַּחְתָּיו סָבִיב לַמַּחֲנֶה וַיָּרָץ כָּל־
הַמַּחֲנֶה וַיָּרִיעוּ וַיָּנֻיסוּ ׃

22 וַיִּתְקְעוּ שְׁלֹשׁ־מֵאוֹת

35 And he sent messengers throughout all Manasseh; who also was gathered after him: and he sent messengers unto Asher, and unto Zebulun, and unto Naphtali; and they came up to meet them.

36 And Gideon said unto God, If thou wilt save Israel by mine hand, as thou hast said,

37 Behold, I*c* will put a fleece of wool in the floor; *and* if the dew be on the fleece only, and *it be* dry upon all the earth *beside*, then shall I know that thou wilt save Israel by mine hand, as thou hast said.

38 And it was so: for he rose up early on the morrow, and thrust the fleece together, and wringed the dew out of the fleece, a bowl full of water.*e*

39 And Gideon said unto God, Let*f* not thine anger be hot against me, and I will speak but this once: Let me prove, I pray thee, but this once with the fleece; let it now be dry only upon the fleece, and upon all the ground let there be dew.

40 And God*h* did so that night: for it was dry upon the fleece only, and there was dew on all the ground.

CHAP. VII.

THEN Jerubbaal,*i* (who *is* Gideon,) and all the people that *were* with him, rose up early, and pitched beside the well of Harod: so that the host of the Midianites were on the north side of them, by the hill of Moreh, in the valley.

2 And the LORD said unto Gideon, The people that *are* with thee *are* too many for me to give the Midianites into their hands, lest Israel vaunt*k* themselves against me, saying, Mine own hand hath saved me.

3 Now, therefore, go to, proclaim in the ears of the people, saying, Whosoever*l is* fearful and afraid, let him return, and depart early from mount Gilead: and there returned of the people twenty and two thousand, and there remained ten thousand.

4 And the LORD said unto Gideon, The people *are* yet *too* many;*m* bring them down unto the water, and I will try them for thee there: and it shall be, *that* of whom I say unto thee, This shall go with thee, the same shall go with thee; and of whomsoever I say unto thee, This shall not go with thee, the same shall not go.

5 So he brought down the people unto the water: and the LORD said unto Gideon, Every one that lappeth of the water with his tongue, as a dog lappeth, him shalt thou set by himself; likewise every one that boweth down upon his knees to drink.

6 And the number of them that lapped, *putting* their hand to their mouth, were three hundred men: but all the rest of the people bowed down upon their knees to drink water.

7 And the LORD said unto Gideon,*n* By the three hundred men that lapped will I save you, and deliver the Midianites into thine hand: and let all the *other* people go every man unto his place.

8 So the people took victuals in their hand, and their trumpets: and he sent all *the rest of* Israel every man unto his tent, and retained those three hundred men. And the host of Midian was beneath him in the valley.

9 And it came to pass the same*x* night, that the LORD said unto him, Arise, get thee down unto the host; for*y* I have delivered it into thine hand.

10 But if thou fear to go down, go thou with Phurah thy servant down to the host:

11 And*a* thou shalt hear*b* what they say; and afterward shall thine hands be strengthened to go down to the host. Then went he down with Phurah his servant unto the outside of the *β* armed men that *were* in the host.

12 And the Midianites, and the Amalekites, and all the children of the east, lay along in the valley like grasshoppers*d* for multitude; and their camels *were* without number, as the sand by the seaside for multitude.

13 And when Gideon was come, behold, there *was* a man that told a dream unto his fellow, and said, Behold, I dreamed a dream, and, lo, a cake*g* of barley bread tumbled into the host of Midian, and came unto a tent, and smote it that it fell, and overturned it, that the tent lay along.

14 And his fellow answered and said, This *is* nothing else save the sword of Gideon the son of Joash, a man of Israel: *for* into his hand hath God delivered Midian, and all the host.

15 And it was so, when Gideon heard the telling of the dream, and the *γ* interpretation thereof, that he worshipped, and returned into the host of Israel, and said, Arise; for the LORD hath delivered into your hand the host of Midian.

16 And he divided the three hundred men *into* three companies, and he put δ a trumpet in every man's hand, with empty pitchers, and ζ lamps within the pitchers.

17 And he said unto them, Look on me, and do likewise: and, behold, when I come to the outside of the camp, it shall be, *that* as I do, so shall ye do.

18 When I blow with a trumpet, I and all that *are* with me, then blow ye the trumpets also on every side of all the camp, and say, The sword of the LORD, and of Gideon.

19 So Gideon, and the hundred men that *were* with him, came unto the outside of the camp, in the beginning of the middle watch; and they had but newly set*n* the watch: and they blew the trumpets,*o* and brake the pitchers*p* that *were* in their hands.

20 And the three companies blew the trumpets, and brake the pitchers, and held the lamps in their left hands, and the trumpets in their right hands to blow *withal;* and they cried, The sword of the LORD, and of Gideon.

21 And they stood*q* every man in his place round about the camp: and*r* all the host ran, and cried, and fled.

22 And the three hundred blew*s* the trumpets, and the LORD*t* set every man's sword against his*u* fellow, even throughout all the host: and the host fled to Beth-shittah *η* in Zererath, *and* to the θ border of Abel-meholah, unto Tabbath.

23 And the men of Israel gathered themselves together out of Naphtali, and out of Asher, and out of all Manasseh, and pursued after the Midianites.

24 And Gideon sent messengers throughout all mount Ephraim,*w* saying, Come down against the Midianites, and take before them the waters unto Beth-barah and Jordan. Then all the men of Ephraim gathered themselves together, and took the waters unto Beth-barah*z* and Jordan.

B. C. 1249.

a Ge. 24. 14.
1 Sa.14.9,10.
b ver. 13..15.
c Ex. 4.1,&c.
β or, *ranks by five.*
Ex. 13. 18.
d ch. 6. 5, 33.
8. 10.
Ps.118.10..12.
e Is. 35. 7.
f Ge. 18. 32.
g 1 Co. 1. 27.
h Ps. 107. 33, 35.
Is. 50. 2.
i ch. 6. 32.
γ breaking.
δ trumpets in the hand of all of them.
k De. 8. 17.
Is. 10. 13.
Ro. 11. 18.
1 Co. 1. 29.
2 Co. 4. 7.
ζ or, *firebrands,* or, *torches.*
l De. 20. 8.
m Ps. 33. 16.
n 1 Th. 5. 3.
o ver. 8.
p ver. 16.
q Ex.14.13,14.
2Ch. 20. 17.
r 2 Ki. 7. 6, 7.
s Jos.6.16,20.
t Ps. 83. 9.
Is. 9. 4.
u 1 Sa. 14. 20.
2Ch. 20. 23.
v 1 Sa. 14. 6.
η or, *toward.*
θ lip.
w ch.3. 27,28.
x Ge. 46.2,3.
y Jos. 1.5, 9.
z Jno. 1. 28.

הַשּׁוֹפָרוֹת וַיָּשֶׂם יְהוָה אֵת חֶרֶב אִישׁ בְּרֵעֵהוּ וּבְכָל־
הַמַּחֲנֶה וַיָּנָס הַמַּחֲנֶה עַד־בֵּית הַשִּׁטָּה צְרֵרָתָה עַד
23 שְׂפַת־אָבֵל מְחוֹלָה עַל־טַבָּת: וַיִּצָּעֵק אִישׁ־
יִשְׂרָאֵל מִנַּפְתָּלִי וּמִן־אָשֵׁר וּמִן־כָּל־מְנַשֶּׁה וַיִּרְדְּפוּ
24 אַחֲרֵי מִדְיָן: וּמַלְאָכִים שָׁלַח גִּדְעוֹן בְּכָל־הַר
אֶפְרַיִם לֵאמֹר רְדוּ לִקְרַאת מִדְיָן וְלִכְדוּ לָהֶם אֶת־
הַמַּיִם עַד בֵּית בָּרָה וְאֶת־הַיַּרְדֵּן וַיִּצָּעֵק כָּל־אִישׁ
אֶפְרַיִם וַיִּלְכְּדוּ אֶת־הַמַּיִם עַד בֵּית בָּרָה וְאֶת־
25 הַיַּרְדֵּן: וַיִּלְכְּדוּ שְׁנֵי־שָׂרֵי מִדְיָן אֶת־עֹרֵב וְאֶת־
זְאֵב וַיַּהַרְגוּ אֶת־עוֹרֵב בְּצוּר־עוֹרֵב וְאֶת־זְאֵב הָרְגוּ
בְיֶקֶב־זְאֵב וַיִּרְדְּפוּ אֶל־מִדְיָן וְרֹאשׁ־עֹרֵב וּזְאֵב הֵבִיאוּ
אֶל־גִּדְעוֹן מֵעֵבֶר לַיַּרְדֵּן:

CAP. VIII. ח

1 וַיֹּאמְרוּ אֵלָיו אִישׁ אֶפְרַיִם מָה־הַדָּבָר הַזֶּה עָשִׂיתָ
לָּנוּ לְבִלְתִּי קְרֹאות לָנוּ כִּי הָלַכְתָּ לְהִלָּחֵם בְּמִדְיָן
2 וַיְרִיבוּן אִתּוֹ בְּחָזְקָה: וַיֹּאמֶר אֲלֵיהֶם מֶה־עָשִׂיתִי
עַתָּה כָּכֶם הֲלֹא טוֹב עֹלְלוֹת אֶפְרַיִם מִבְצִיר
3 אֲבִיעֶזֶר: בְּיֶדְכֶם נָתַן אֱלֹהִים אֶת־שָׂרֵי מִדְיָן אֶת־
עֹרֵב וְאֶת־זְאֵב וּמַה־יָּכֹלְתִּי עֲשׂוֹת כָּכֶם אָז רָפְתָה
4 רוּחָם מֵעָלָיו בְּדַבְּרוֹ הַדָּבָר הַזֶּה: וַיָּבֹא גִּדְעוֹן
הַיַּרְדֵּנָה עֹבֵר הוּא וּשְׁלֹשׁ־מֵאוֹת הָאִישׁ אֲשֶׁר אִתּוֹ
5 עֲיֵפִים וְרֹדְפִים: וַיֹּאמֶר לְאַנְשֵׁי סֻכּוֹת תְּנוּ־נָא
כִּכְּרוֹת לֶחֶם לָעָם אֲשֶׁר בְּרַגְלָי כִּי־עֲיֵפִים הֵם וְאָנֹכִי
6 רֹדֵף אַחֲרֵי זֶבַח וְצַלְמֻנָּע מַלְכֵי מִדְיָן: וַיֹּאמֶר
שָׂרֵי סֻכּוֹת הֲכַף זֶבַח וְצַלְמֻנָּע עַתָּה בְּיָדֶךָ כִּי־נִתֵּן
7 לִצְבָאֲךָ לָחֶם: וַיֹּאמֶר גִּדְעוֹן לָכֵן בְּתֵת יְהוָה אֶת־
זֶבַח וְאֶת־צַלְמֻנָּע בְּיָדִי וְדַשְׁתִּי אֶת־בְּשַׂרְכֶם אֶת־
8 קוֹצֵי הַמִּדְבָּר וְאֶת־הַבַּרְקֳנִים: וַיַּעַל מִשָּׁם פְּנוּאֵל
וַיְדַבֵּר אֲלֵיהֶם כָּזֹאת וַיַּעֲנוּ אוֹתוֹ אַנְשֵׁי פְנוּאֵל
9 כַּאֲשֶׁר עָנוּ אַנְשֵׁי סֻכּוֹת: וַיֹּאמֶר גַּם־לְאַנְשֵׁי פְנוּאֵל
לֵאמֹר בְּשׁוּבִי בְשָׁלוֹם אֶתֹּץ אֶת־הַמִּגְדָּל הַזֶּה:
10 וְזֶבַח וְצַלְמֻנָּע בַּקַּרְקֹר וּמַחֲנֵיהֶם עִמָּם כַּחֲמֵשֶׁת
עָשָׂר אֶלֶף כֹּל הַנּוֹתָרִים מִכֹּל מַחֲנֵה בְנֵי־קֶדֶם
וְהַנֹּפְלִים מֵאָה וְעֶשְׂרִים אֶלֶף אִישׁ שֹׁלֵף חָרֶב:
11 וַיַּעַל גִּדְעוֹן דֶּרֶךְ הַשְּׁכוּנֵי בָאֳהָלִים מִקֶּדֶם לְנֹבַח
וְיָגְבְּהָה וַיַּךְ אֶת־הַמַּחֲנֶה וְהַמַּחֲנֶה הָיָה בֶטַח:
12 וַיָּנֻסוּ זֶבַח וְצַלְמֻנָּע וַיִּרְדֹּף אַחֲרֵיהֶם וַיִּלְכֹּד אֶת־
שְׁנֵי מַלְכֵי מִדְיָן אֶת־זֶבַח וְאֶת־צַלְמֻנָּע וְכָל־

13 הַמַּחֲנֶה הֶחֱרִיד: וַיָּשָׁב גִּדְעוֹן בֶּן־יוֹאָשׁ מִן־
14 הַמִּלְחָמָה מִלְמַעֲלֵה הֶחָרֶס: וַיִּלְכָּד־נַעַר מֵאַנְשֵׁי
סֻכּוֹת וַיִּשְׁאָלֵהוּ וַיִּכְתֹּב אֵלָיו אֶת־שָׂרֵי סֻכּוֹת וְאֶת־
15 זְקֵנֶיהָ שִׁבְעִים וְשִׁבְעָה אִישׁ: וַיָּבֹא אֶל־אַנְשֵׁי
סֻכּוֹת וַיֹּאמֶר הִנֵּה זֶבַח וְצַלְמֻנָּע אֲשֶׁר חֵרַפְתֶּם
אוֹתִי לֵאמֹר הֲכַף זֶבַח וְצַלְמֻנָּע עַתָּה בְּיָדֶךָ כִּי נִתֵּן
16 לַאֲנָשֶׁיךָ הַיְּעֵפִים לָחֶם: וַיִּקַּח אֶת־זִקְנֵי הָעִיר וְאֶת־
קוֹצֵי הַמִּדְבָּר וְאֶת־הַבַּרְקֳנִים וַיֹּדַע בָּהֶם אֵת אַנְשֵׁי
17 סֻכּוֹת: וְאֶת־מִגְדַּל פְּנוּאֵל נָתָץ וַיַּהֲרֹג אֶת־
18 אַנְשֵׁי הָעִיר: וַיֹּאמֶר אֶל־זֶבַח וְאֶל־צַלְמֻנָּע אֵיפֹה
הָאֲנָשִׁים אֲשֶׁר הֲרַגְתֶּם בְּתָבוֹר וַיֹּאמְרוּ כָּמוֹךָ
19 כְמוֹהֶם אֶחָד כְּתֹאַר בְּנֵי הַמֶּלֶךְ: וַיֹּאמַר אַחַי
בְּנֵי־אִמִּי הֵם חַי־יְהוָה לוּ הַחֲיִתֶם אוֹתָם לֹא הָרַגְתִּי
20 אֶתְכֶם: וַיֹּאמֶר לְיֶתֶר בְּכוֹרוֹ קוּם הֲרֹג אוֹתָם
וְלֹא־שָׁלַף הַנַּעַר חַרְבּוֹ כִּי יָרֵא כִּי עוֹדֶנּוּ נָעַר:
21 וַיֹּאמֶר זֶבַח וְצַלְמֻנָּע קוּם אַתָּה וּפְגַע־בָּנוּ כִּי כָאִישׁ
גְּבוּרָתוֹ וַיָּקָם גִּדְעוֹן וַיַּהֲרֹג אֶת־זֶבַח וְאֶת־צַלְמֻנָּע
וַיִּקַּח אֶת־הַשַּׂהֲרֹנִים אֲשֶׁר בְּצַוְּארֵי גְמַלֵּיהֶם:
22 וַיֹּאמְרוּ אִישׁ־יִשְׂרָאֵל אֶל־גִּדְעוֹן מְשָׁל־בָּנוּ גַּם־אַתָּה
גַּם־בִּנְךָ גַּם בֶּן־בְּנֶךָ כִּי הוֹשַׁעְתָּנוּ מִיַּד מִדְיָן:
23 וַיֹּאמֶר אֲלֵהֶם גִּדְעוֹן לֹא־אֶמְשֹׁל אֲנִי בָּכֶם וְלֹא־
יִמְשֹׁל בְּנִי בָּכֶם יְהוָה יִמְשֹׁל בָּכֶם: וַיֹּאמֶר אֲלֵהֶם
24 גִּדְעוֹן אֶשְׁאֲלָה מִכֶּם שְׁאֵלָה וּתְנוּ־לִי אִישׁ נֶזֶם
שְׁלָלוֹ כִּי־נִזְמֵי זָהָב לָהֶם כִּי יִשְׁמְעֵאלִים הֵם:
25 וַיֹּאמְרוּ נָתוֹן נִתֵּן וַיִּפְרְשׂוּ אֶת־הַשִּׂמְלָה וַיַּשְׁלִיכוּ
26 שָׁמָּה אִישׁ נֶזֶם שְׁלָלוֹ: וַיְהִי מִשְׁקַל נִזְמֵי הַזָּהָב
אֲשֶׁר שָׁאָל אֶלֶף וּשְׁבַע־מֵאוֹת זָהָב לְבַד מִן־
הַשַּׂהֲרֹנִים וְהַנְּטִפוֹת וּבִגְדֵי הָאַרְגָּמָן שֶׁעַל מַלְכֵי
מִדְיָן וּלְבַד מִן־הָעֲנָקוֹת אֲשֶׁר בְּצַוְּארֵי גְמַלֵּיהֶם:
27 וַיַּעַשׂ אוֹתוֹ גִדְעוֹן לְאֵפוֹד וַיַּצֵּג אוֹתוֹ בְעִירוֹ בְּעָפְרָה
וַיִּזְנוּ כָל־יִשְׂרָאֵל אַחֲרָיו שָׁם וַיְהִי לְגִדְעוֹן וּלְבֵיתוֹ
28 לְמוֹקֵשׁ: וַיִּכָּנַע מִדְיָן לִפְנֵי בְּנֵי יִשְׂרָאֵל וְלֹא יָסְפוּ
לָשֵׂאת רֹאשָׁם וַתִּשְׁקֹט הָאָרֶץ אַרְבָּעִים שָׁנָה בִּימֵי
29 גִדְעוֹן: וַיֵּלֶךְ יְרֻבַּעַל בֶּן־יוֹאָשׁ וַיֵּשֶׁב בְּבֵיתוֹ:
30 וּלְגִדְעוֹן הָיוּ שִׁבְעִים בָּנִים יֹצְאֵי יְרֵכוֹ כִּי־נָשִׁים
31 רַבּוֹת הָיוּ לוֹ: וּפִילַגְשׁוֹ אֲשֶׁר בִּשְׁכֶם יָלְדָה־לּוֹ גַם־
32 הִיא בֵּן וַיָּשֶׂם אֶת־שְׁמוֹ אֲבִימֶלֶךְ: וַיָּמָת גִּדְעוֹן
בֶּן־יוֹאָשׁ בְּשֵׂיבָה טוֹבָה וַיִּקָּבֵר בְּקֶבֶר יוֹאָשׁ אָבִיו

25 And they took *a* two princes of the Midianites, Oreb and Zeeb; and they slew Oreb upon the rock Oreb, and Zeeb they slew at the wine-press of Zeeb, and pursued Midian, and brought the heads of Oreb and Zeeb to Gideon on the other side Jordan.

CHAP. VIII.

AND the men *c* of Ephraim said unto him, *γ* Why hast thou served us thus, that thou calledst us not, when thou wentest to fight with the Midianites? and they did chide with him *δ* sharply.

2 And he said unto them, What have I done now in comparison of you? Is not the gleaning of the grapes of Ephraim better than the vintage of Abi-ezer?

3 God hath delivered into your hands the princes of Midian, Oreb and Zeeb: and what was I able to do in comparison of you? Then their *η* anger was abated toward *d* him, when he had said that.

4 And Gideon came to Jordan, *and* passed over, he and the three hundred men that *were* with him, faint, yet pursuing *them.*

5 And he said unto the men of *e* Succoth, Give, I pray you, loaves of bread unto the people that follow me; for they *be* faint, and I am pursuing after Zebah and Zalmunna, kings of Midian.

6 And the princes of Succoth said, *h* Are the hands of Zebah and Zalmunna now in thine hand, that we should give bread unto thine army?

7 And Gideon said, Therefore, when the LORD hath delivered Zebah and Zalmunna into my hand, then *i* I will *θ* tear your flesh with the thorns of the wilderness and with briers.

8 And he went up thence to Penuel, *k* and spake unto them likewise: and the men of Penuel answered him as the men of Succoth had answered *him.*

9 And he spake also unto the men of Penuel, saying, When I come *κ* again in peace, I *p* will break down this tower.

10 Now Zebah and Zalmunna *were* in Karkor, and their hosts with them, about fifteen thousand *men,* all that were left of all the hosts of the children of the east: for there fell *λ* an hundred and twenty thousand men that drew sword.

11 And Gideon went up by the way of them that dwelt in tents, on the east of Nobah *r* and Jogbehah, and smote the host: for the host was secure. *t*

12 And when Zebah and Zalmunna fled, he pursued after them, and took *μ* the two kings of Midian, Zebah and Zalmunna, and *ν* discomfited all the host.

13 And Gideon, the son of Joash, returned from battle before the sun *was up,*

14 And caught a young man of the men of Succoth, and inquired of him: and he described *ρ* unto him the princes of Succoth, and the elders thereof, *even* threescore and seventeen men.

15 And he came unto the men of Succoth, and said, Behold Zebah and Zalmunna, with whom *z* ye did upbraid me, saying, *Are* the hands of Zebah and Zalmunna now in thine hand, that we should give bread unto thy men *that are* weary?

16 And he took the elders of the city, and thorns of the wilderness, and briers, and with them he *σ* taught the men of Succoth.

17 And he beat down the *e* tower of Penuel, and slew the men of the city.

18 Then said he unto Zebah and Zal-

munna, What manner of men *were they* whom ye slew at Tabor? *b* And they answered, As thou *art,* so *were* they; each one *β* resembled the children of a king.

19 And he said, They *were* my brethren, *even* the sons of my mother: *as* the LORD liveth, if ye had saved them alive, I would not slay you.

20 And he said unto Jether his firstborn, Up, *and* slay them: but the youth drew not his sword: for he feared, because he *was* yet a youth.

21 Then Zebah and Zalmunna said, Rise thou, and fall upon us; for as the man *is, so is* his strength. And Gideon arose, and slew Zebah and Zalmunna, and took away the *ζ* ornaments that *were* on their camels' necks.

22 Then the men of Israel said unto Gideon, Rule thou over us, both thou, and thy son, and thy son's son also; for thou hast delivered us from the hand of Midian.

23 And Gideon said unto them, I will not rule over you, neither shall my son rule over you : the LORD *f* shall rule over you.

24 And Gideon said unto them, I would desire a request of you, that ye would give me every man the ear-rings of his prey: (for they had golden ear-rings, because they *were* Ishmaelites. *g*)

25 And they answered, We will willingly give *them.* And they spread a garment, and did cast therein every man the ear-rings of his prey.

26 And the weight of the golden earrings that he requested was a thousand and seven hundred *shekels* of gold, beside ornaments, and *κ* collars, and purple raiment that *was* on the kings of Midian, and beside the chains that *were* about their camels' necks.

27 And Gideon made *l* an ephod thereof and put it in his city, *even* in Ophrah : *m* and all Israel went thither a *o* whoring after it, which thing became a *q* snare unto Gideon, and to his house.

28 Thus was Midian subdued before the children of Israel, so that they lifted up their heads no more : and the country was in quietness forty years in the days of Gideon.

29 And Jerubbaal, the son of Joash, went and dwelt in his own house.

30 And Gideon had *s* threescore and ten sons *μ* of his body begotten : for he had many wives.

31 And his concubine, that *was* in Shechem, she also bare him a son, whose name he *π* called Abimelech. *v*

32 And Gideon, the son of Joash, died in a good *w* old age, and was buried in the sepulchre of Joash his father, in Ophrah of the Abi-ezrites.

33 And it came to pass, as soon *x* as Gideon was dead, that the children of Israel turned again, and went a whoring after Baalim, and made Baal-berith *y* their god.

34 And the children of Israel remembered not *a* the LORD their God, who had delivered them out of the hands of all their enemies on every side :

35 Neither *b* shewed they kindness to the house of Jerubbaal, *namely* Gideon, according to all the goodness which he had shewed unto Israel.

CHAP. IX.

AND Abimelech, the son of Jerubbaal, went to Shechem *d* unto his mother's

---

B. C. 1249.

a ch. 8. 3.
Ps 83.11,12.
b ch. 4. 6.
Ps. 89. 12.

β according to the form.
c ch. 12. 1.
2 Sa. 19. 41.
γ what thing is this thou hast done unto us.
δ strongly.
ζ or, ornaments like the moon. Is. 3. 18.
η spirit.
d Pr. 15. 1.
25. 15.
e Ge. 33. 17.
Ps. 60. 6.
f 1 Sa. 8. 7.
10. 19.
12. 12.
Is. 33. 22.
63. 19.
g 1 Sa. 25. 11.
1 Ki. 20. 11.
h Ge. 25. 13.
37. 25, 28.
i ver. 16.
θ thresh.
κ or, sweet jewels.
k Ge. 32. 30.
1 Ki. 12. 25.
l ch. 17. 5.
m ch. 6. 24.
n 1 Ki. 22. 27.
o Ps. 106. 39.
p ver. 17.
q De. 7. 16.
λ or, 120,000, every one drawing a sword.
r Nu.32.35,42
s ch. 9. 2, 5.
t ch. 18. 27.
1 Th. 5. 3.
μ going out of his thigh.
u Ps. 83. 11.
v terrified.
π set.
v ch. 9. 18.
w Ge. 25. 8.
Job 5. 26.
ρ writ.
x ch. 2. 17,19.
y ch. 9. 4.
z ver. 6, 7.
a Ps.78.11,42.
106. 13,21.
b ch. 9. 16..19.
e made to know.
c ver. 9.
d ch. 8. 31.

33 וַיְהִי כַּאֲשֶׁר מֵת גִּדְעוֹן וַיָּשׁוּבוּ בְּנֵי יִשְׂרָאֵל וַיִּזְנוּ אַחֲרֵי הַבְּעָלִים וַיָּשִׂימוּ לָהֶם בַּעַל בְּרִית לֵאלֹהִים׃ 34 וְלֹא זָכְרוּ בְּנֵי יִשְׂרָאֵל אֶת־יְהוָה אֱלֹהֵיהֶם הַמַּצִּיל אוֹתָם מִיַּד כָּל־אֹיְבֵיהֶם מִסָּבִיב׃ 35 וְלֹא־עָשׂוּ חֶסֶד עִם־בֵּית יְרֻבַּעַל גִּדְעוֹן כְּכָל־הַטּוֹבָה אֲשֶׁר עָשָׂה עִם־יִשְׂרָאֵל׃

CAP. IX. ט

1 וַיֵּלֶךְ אֲבִימֶלֶךְ בֶּן־יְרֻבַּעַל שְׁכֶמָה אֶל־אֲחֵי אִמּוֹ וַיְדַבֵּר אֲלֵיהֶם וְאֶל־כָּל־מִשְׁפַּחַת בֵּית־אֲבִי אִמּוֹ לֵאמֹר׃ 2 דַּבְּרוּ־נָא בְּאָזְנֵי כָל־בַּעֲלֵי שְׁכֶם מַה־טּוֹב לָכֶם הַמְשֹׁל בָּכֶם שִׁבְעִים אִישׁ כֹּל בְּנֵי יְרֻבַּעַל אִם־מְשֹׁל בָּכֶם אִישׁ אֶחָד וּזְכַרְתֶּם כִּי־עַצְמְכֶם וּבְשַׂרְכֶם אָנִי׃ 3 וַיְדַבְּרוּ אֲחֵי־אִמּוֹ עָלָיו בְּאָזְנֵי כָּל־בַּעֲלֵי שְׁכֶם אֵת כָּל־הַדְּבָרִים הָאֵלֶּה וַיֵּט לִבָּם אַחֲרֵי אֲבִימֶלֶךְ כִּי אָמְרוּ אָחִינוּ הוּא׃ 4 וַיִּתְּנוּ־לוֹ שִׁבְעִים כֶּסֶף מִבֵּית בַּעַל בְּרִית וַיִּשְׂכֹּר בָּהֶם אֲבִימֶלֶךְ אֲנָשִׁים רֵיקִים וּפֹחֲזִים וַיֵּלְכוּ אַחֲרָיו׃ 5 וַיָּבֹא בֵית־אָבִיו עָפְרָתָה וַיַּהֲרֹג אֶת־אֶחָיו בְּנֵי־יְרֻבַּעַל שִׁבְעִים אִישׁ עַל־אֶבֶן אֶחָת וַיִּוָּתֵר יוֹתָם בֶּן־יְרֻבַּעַל הַקָּטֹן כִּי נֶחְבָּא׃ 6 וַיֵּאָסְפוּ כָּל־בַּעֲלֵי שְׁכֶם וְכָל־בֵּית מִלּוֹא וַיֵּלְכוּ וַיַּמְלִיכוּ אֶת־אֲבִימֶלֶךְ לְמֶלֶךְ עִם־אֵלוֹן מֻצָּב אֲשֶׁר בִּשְׁכֶם׃ 7 וַיַּגִּדוּ לְיוֹתָם וַיֵּלֶךְ וַיַּעֲמֹד בְּרֹאשׁ הַר־גְּרִזִים וַיִּשָּׂא קוֹלוֹ וַיִּקְרָא וַיֹּאמֶר לָהֶם שִׁמְעוּ אֵלַי בַּעֲלֵי שְׁכֶם וְיִשְׁמַע אֲלֵיכֶם אֱלֹהִים׃ 8 הָלוֹךְ הָלְכוּ הָעֵצִים לִמְשֹׁחַ עֲלֵיהֶם מֶלֶךְ וַיֹּאמְרוּ לַזַּיִת מָלְכָה עָלֵינוּ׃ 9 וַיֹּאמֶר לָהֶם הַזַּיִת הֶחֳדַלְתִּי אֶת־דִּשְׁנִי אֲשֶׁר־בִּי יְכַבְּדוּ אֱלֹהִים וַאֲנָשִׁים וְהָלַכְתִּי לָנוּעַ עַל־הָעֵצִים׃ 10 וַיֹּאמְרוּ הָעֵצִים לַתְּאֵנָה לְכִי־אַתְּ מָלְכִי עָלֵינוּ׃ 11 וַתֹּאמֶר לָהֶם הַתְּאֵנָה הֶחֳדַלְתִּי אֶת־מָתְקִי וְאֶת־תְּנוּבָתִי הַטּוֹבָה וְהָלַכְתִּי לָנוּעַ עַל־הָעֵצִים׃ 12 וַיֹּאמְרוּ הָעֵצִים לַגָּפֶן לְכִי־אַתְּ מָלְכִי עָלֵינוּ׃ 13 וַתֹּאמֶר לָהֶם הַגֶּפֶן הֶחֳדַלְתִּי אֶת־תִּירוֹשִׁי הַמְשַׂמֵּחַ אֱלֹהִים וַאֲנָשִׁים וְהָלַכְתִּי לָנוּעַ עַל־הָעֵצִים׃ 14 וַיֹּאמְרוּ כָל־הָעֵצִים אֶל־הָאָטָד לֵךְ אַתָּה מְלָךְ־עָלֵינוּ׃ 15 וַיֹּאמֶר הָאָטָד אֶל־הָעֵצִים אִם בֶּאֱמֶת אַתֶּם מֹשְׁחִים אֹתִי לְמֶלֶךְ עֲלֵיכֶם בֹּאוּ חֲסוּ בְצִלִּי וְאִם־אַיִן תֵּצֵא אֵשׁ מִן־הָאָטָד וְתֹאכַל אֶת־אַרְזֵי הַלְּבָנוֹן׃ 16 וְעַתָּה אִם־בֶּאֱמֶת וּבְתָמִים

17 אֲשֶׁר־נִלְחַם אָבִי עֲלֵיכֶם וַיַּשְׁלֵךְ אֶת־נַפְשׁוֹ מִנֶּגֶד׃ 18 וְאַתֶּם קַמְתֶּם עַל־בֵּית אָבִי הַיּוֹם וַתַּהַרְגוּ אֶת־בָּנָיו שִׁבְעִים אִישׁ עַל־אֶבֶן אֶחָת וַתַּמְלִיכוּ אֶת־אֲבִימֶלֶךְ בֶּן־אֲמָתוֹ עַל־בַּעֲלֵי שְׁכֶם כִּי אֲחִיכֶם הוּא׃ 19 וְאִם־בֶּאֱמֶת וּבְתָמִים עֲשִׂיתֶם עִם־יְרֻבַּעַל וְעִם־בֵּיתוֹ הַיּוֹם הַזֶּה שִׂמְחוּ בַּאֲבִימֶלֶךְ וְיִשְׂמַח גַּם־הוּא בָּכֶם׃ 20 וְאִם־אַיִן תֵּצֵא אֵשׁ מֵאֲבִימֶלֶךְ וְתֹאכַל אֶת־בַּעֲלֵי שְׁכֶם וְאֶת־בֵּית מִלּוֹא וְתֵצֵא אֵשׁ מִבַּעֲלֵי שְׁכֶם וּמִבֵּית מִלּוֹא וְתֹאכַל אֶת־אֲבִימֶלֶךְ׃ 21 וַיָּנָס יוֹתָם וַיִּבְרַח וַיֵּלֶךְ בְּאֵרָה וַיֵּשֶׁב שָׁם מִפְּנֵי אֲבִימֶלֶךְ אָחִיו׃ 22 וַיָּשַׂר אֲבִימֶלֶךְ עַל־יִשְׂרָאֵל שָׁלֹשׁ שָׁנִים׃ 23 וַיִּשְׁלַח אֱלֹהִים רוּחַ רָעָה בֵּין אֲבִימֶלֶךְ וּבֵין בַּעֲלֵי שְׁכֶם וַיִּבְגְּדוּ בַעֲלֵי־שְׁכֶם בַּאֲבִימֶלֶךְ׃ 24 לָבוֹא חֲמַס שִׁבְעִים בְּנֵי־יְרֻבָּעַל וְדָמָם לָשׂוּם עַל־אֲבִימֶלֶךְ אֲחִיהֶם אֲשֶׁר הָרַג אוֹתָם וְעַל בַּעֲלֵי שְׁכֶם אֲשֶׁר־חִזְּקוּ אֶת־יָדָיו לַהֲרֹג אֶת־אֶחָיו׃ 25 וַיָּשִׂימוּ לוֹ בַעֲלֵי שְׁכֶם מְאָרְבִים עַל רָאשֵׁי הֶהָרִים וַיִּגְזְלוּ אֵת כָּל־אֲשֶׁר־יַעֲבֹר עֲלֵיהֶם בַּדָּרֶךְ וַיֻּגַּד לַאֲבִימֶלֶךְ׃ 26 וַיָּבֹא גַּעַל בֶּן־עֶבֶד וְאֶחָיו וַיַּעַבְרוּ בִּשְׁכֶם וַיִּבְטְחוּ־בוֹ בַּעֲלֵי שְׁכֶם׃ 27 וַיֵּצְאוּ הַשָּׂדֶה וַיִּבְצְרוּ אֶת־כַּרְמֵיהֶם וַיִּדְרְכוּ וַיַּעֲשׂוּ הִלּוּלִים וַיָּבֹאוּ בֵּית אֱלֹהֵיהֶם וַיֹּאכְלוּ וַיִּשְׁתּוּ וַיְקַלְלוּ אֶת־אֲבִימֶלֶךְ׃ 28 וַיֹּאמֶר גַּעַל בֶּן־עֶבֶד מִי־אֲבִימֶלֶךְ וּמִי־שְׁכֶם כִּי נַעַבְדֶנּוּ הֲלֹא בֶן־יְרֻבַּעַל וּזְבֻל פְּקִידוֹ עִבְדוּ אֶת־אַנְשֵׁי חֲמוֹר אֲבִי שְׁכֶם וּמַדּוּעַ נַעַבְדֶנּוּ אֲנָחְנוּ׃ 29 וּמִי יִתֵּן אֶת־הָעָם הַזֶּה בְּיָדִי וְאָסִירָה אֶת־אֲבִימֶלֶךְ וַיֹּאמֶר לַאֲבִימֶלֶךְ רַבֶּה צְבָאֲךָ וָצֵאָה׃ 30 וַיִּשְׁמַע זְבֻל שַׂר־הָעִיר אֶת־דִּבְרֵי גַּעַל בֶּן־עָבֶד וַיִּחַר אַפּוֹ׃ 31 וַיִּשְׁלַח מַלְאָכִים אֶל־אֲבִימֶלֶךְ בְּתָרְמָה לֵאמֹר הִנֵּה גַעַל בֶּן־עֶבֶד וְאֶחָיו בָּאִים שְׁכֶמָה וְהִנָּם צָרִים אֶת־הָעִיר עָלֶיךָ׃ 32 וְעַתָּה קוּם לַיְלָה אַתָּה וְהָעָם אֲשֶׁר־אִתָּךְ וֶאֱרֹב בַּשָּׂדֶה׃ 33 וְהָיָה בַבֹּקֶר כִּזְרֹחַ הַשֶּׁמֶשׁ תַּשְׁכִּים וּפָשַׁטְתָּ עַל־הָעִיר וְהִנֵּה־הוּא וְהָעָם אֲשֶׁר־אִתּוֹ יֹצְאִים אֵלֶיךָ וְעָשִׂיתָ לּוֹ כַּאֲשֶׁר תִּמְצָא יָדֶךָ׃ 34 וַיָּקָם אֲבִימֶלֶךְ וְכָל־הָעָם אֲשֶׁר־עִמּוֹ לָיְלָה

brethren, and communed with them, and with all the family of the house of his mother's father, saying,

2 Speak, I pray you, in the ears of all the men of Shechem, β Whether *is* better for you, either that all the sons of Jerubbaal, *which are* [b] threescore and ten persons, reign over you, or that one reign over you? remember also that I *am* your bone [d] and your flesh.

3 And his mother's brethren spake of him in the ears of all the men of Shechem all these words: and their hearts inclined γ to follow Abimelech; for they said, He *is* our brother.

4 And they gave him threescore and ten *pieces* of silver out of the house of Baal-berith, [h] wherewith Abimelech hired [i] vain and light persons, which followed him.

5 And he went unto his father's house at Ophrah, and slew [k] his brethren, the sons of Jerubbaal, *being* threescore and ten persons, upon one stone: notwithstanding yet Jotham the youngest son of Jerubbaal was left; for he hid himself.

6 And all the men of Shechem gathered together, and all the house of Millo, and went, and made Abimelech king, by the ζ plain of the pillar that *was* in Shechem.

7 And when they told *it* to Jotham, he went and stood in the top of mount Gerizim, [l] and lifted up his voice, and cried, and said unto them, Hearken unto me, ye men of Shechem, that God may hearken unto you.

8 The trees [n] went forth *on a time* to anoint a king over them; and they said unto the olive-tree, Reign thou over us.

9 But the olive-tree said unto them, Should I leave my fatness, [q] wherewith by me they honour God and man, and go θ to be promoted over the trees?

10 And the trees said to the fig-tree, Come thou, *and* reign over us.

11 But the fig-tree said unto them, Should I forsake my sweetness, and my good fruit, and go to be promoted over the trees?

12 Then said the trees unto the vine, Come thou, *and* reign over us.

13 And the vine said unto them, Should I leave my wine, which [s] cheereth God and man, and go to be promoted over the trees?

14 Then said all the trees unto the u bramble, Come thou, *and* reign over us.

15 And the bramble said unto the trees, If in truth ye anoint me king over you, *then* come *and* put your trust in my shadow; [t] and if not, let fire [u] come out of the bramble, and devour the cedars [v] of Lebanon.

16 Now therefore, if ye have done truly and sincerely in that ye have made Abimelech king, and if ye have dealt well with Jerubbaal and his house, and have done unto him according to the deserving of his hands;

17 (For my father [w] fought for you, and π adventured his life far, and delivered you out of the hand of Midian;

18 And ye [x] are risen up against my father's house this day, and have slain his sons, threescore and ten persons, upon one stone, and have made Abimelech, the [y] son of his maid-servant, king over the men of Shechem, because he *is* your brother;)

19 If ye then have dealt truly and sincerely with Jerubbaal and with his house this day, *then* rejoice [z] ye in Abimelech, and let him also rejoice in you;

B. C. 1209.

a v. 15,56,57.
β *what is good?* whe-*ther, &c.*
b ch. 8. 30.
c 2 Sa. 20. 14.
d Ge. 29. 14.
e 1 Sa. 16. 14.
1 Ki. 12. 15.
22. 22, 23.
Is. 19. 14.
2Th.2.11,12
γ *after.*
f Is. 33. 1.
g 1 Ki. 2. 32.
Es. 9. 25.
Ps. 7. 16.
h ch. 8. 33.
i ch. 11. 3.
2 Ch. 13. 7.
Pr. 12. 11.
Ac. 17. 5.
k 2Ki. 11. 1, 2.
δ *strengthen-ed his hands to kill.*
ζ or, *oak.*
Jos. 24. 26.
l Jos. 8. 33.
Jn'1. 4. 20.
η or, *songs.*
Is. 16. 9, 10.
Je. 25. 30.
m ver. 4.
n 2 Ki. 14. 9.
o 1 Sa. 25. 10.
1 Ki. 12. 16.
p Ge. 34. 2, 6.
q Ps. 104. 15.
r 2 Sa. 15. 4.
Ps. 10. 3.
θ *up and down for other trees.*
κ or, *hot.*
λ *craftily,* or, *to Tormah.*
s Pr. 31. 6.
Ec. 10. 19.
μ or, *thistle.*
t Is. 30. 2.
Da. 4. 12.
Ho. 14. 7.
u ver. 20.
Nu. 21. 28.
Eze. 19. 14.
v Is. 2. 13.
Eze. 31. 3.
r *thine hand shall find.*
1 Sa. 10. 7.
25. 8.
Ec. 9. 10.
w ch. VII.
π *cast.*
x ver. 5, 6.
ch. 8. 35.
y ch. 8. 31.
ρ *navel.*
z Is. 8. 6.
Phi. 3. 3.
Ja. 4. 16.
σ or, *the re-garders of the times.*
De. 18. 14.

20 But if not, let [a] fire come out from Abimelech, and devour the men of Shechem, and the house of Millo; and let fire come out from the men of Shechem, and from the house of Millo, and devour Abimelech.

21 And Jotham ran away, and fled, and went to Beer, [c] and dwelt there, for fear of Abimelech his brother.

22 When Abimelech had reigned three years over Israel,

23 Then God sent [e] an evil spirit between Abimelech and the men of Shechem; and the men of Shechem [f] dealt treacherously with Abimelech:

24 That [g] the cruelty *done* to the threescore and ten sons of Jerubbaal might come, and their blood he laid upon Abimelech their brother, which slew them; and upon the men of Shechem, which δ aided him in the killing of his brethren.

25 And the men of Shechem set liers in wait for him in the top of the mountains, and they robbed all that came along that way by them: and it was told Abimelech.

26 And Gaal, the son of Ebed, came with his brethren, and went over to Shechem: and the men of Shechem put their confidence in him.

27 And they went out into the fields, and gathered their vineyards, and trode *the grapes,* and made η merry, and went into the house [m] of their god, and did eat and drink, and cursed Abimelech.

28 And Gaal, the son of Ebed, said, Who *is* [o] Abimelech, and who *is* Shechem, that we should serve him? *is* not *he* the son of Jerubbaal? and Zebul his officer? serve the men of Hamor, [p] the father of Shechem; for why should we serve him?

29 And would [r] to God this people were under my hand! then would I remove Abimelech. And he said to Abimelech, Increase thine army, and come out.

30 And when Zebul, the ruler of the city, heard the words of Gaal, the son of Ebed, his anger was κ kindled.

31 And he sent messengers unto Abimelech λ privily, saying, Behold, Gaal, the son of Ebed, and his brethren, be come to Shechem; and, behold, they fortify the city against thee.

32 Now, therefore, up by night, thou and the people that *is* with thee, and lie in wait in the field:

33 And it shall be, *that* in the morning, as soon as the sun is up, thou shalt rise early, and set upon the city: and, behold, *when* he and the people that *is* with him come out against thee, then mayest thou do to them as *v* thou shalt find occasion.

34 And Abimelech rose up, and all the people that *were* with him, by night, and they laid wait against Shechem in four companies.

35 And Gaal, the son of Ebed, went out, and stood in the entering of the gate of the city: and Abimelech rose up, and the people that *were* with him, from lying in wait.

36 And when Gaal saw the people, he said to Zebul, Behold, there come people down from the top of the mountains. And Zebul said unto him, Thou seest the shadow of the mountains as *if they were* men.

37 And Gaal spake again, and said, See, there come people down by the ρ middle of the land, and another company come along by the plain of σ Meonenim.

33 וְהָיָ֣ה בַבֹּ֗קֶר כִּזְרֹ֣חַ הַשֶּׁ֔מֶשׁ תַּשְׁכִּ֖ים וּפָשַׁטְתָּ֣ עַל־הָעִ֑יר וְהִנֵּה־ה֗וּא וְהָעָ֤ם אֲשֶׁר־אִתּוֹ֙ יֹצְאִ֣ים אֵלֶ֔יךָ וְעָשִׂ֣יתָ לּ֔וֹ כַּאֲשֶׁ֖ר תִּמְצָ֥א יָדֶֽךָ׃

34 וַיָּ֧קָם אֲבִימֶ֛לֶךְ וְכָל־הָעָ֥ם אֲשֶׁר־עִמּ֖וֹ לָ֑יְלָה וַיֶּאֶרְב֣וּ עַל־שְׁכֶ֔ם אַרְבָּעָ֖ה רָאשִֽׁים׃

35 וַיֵּצֵא֙ גַּ֣עַל בֶּן־עֶ֔בֶד וַיַּעֲמֹ֕ד פֶּ֖תַח שַׁ֣עַר הָעִ֑יר וַיָּ֧קָם אֲבִימֶ֛לֶךְ וְהָעָ֥ם אֲשֶׁר־אִתּ֖וֹ מִן־הַמַּאְרָֽב׃

36 וַיַּרְא־גַּ֜עַל אֶת־הָעָ֗ם וַיֹּ֙אמֶר֙ אֶל־זְבֻ֔ל הִנֵּה־עָ֣ם יוֹרֵ֔ד מֵרָאשֵׁ֖י הֶהָרִ֑ים וַיֹּ֤אמֶר אֵלָיו֙ זְבֻ֔ל אֵ֣ת צֵ֧ל הֶהָרִ֛ים אַתָּ֥ה רֹאֶ֖ה כָּאֲנָשִֽׁים׃

37 וַיֹּ֙סֶף ע֥וֹד גַּעַל֮ לְדַבֵּר֒ וַיֹּ֕אמֶר הִנֵּה־עָם֙ יֽוֹרְדִ֔ים מֵעִ֖ם טַבּ֣וּר הָאָ֑רֶץ וְרֹאשׁ־אֶחָ֣ד בָּ֔א מִדֶּ֖רֶךְ אֵל֥וֹן מְעוֹנְנִֽים׃

38 וַיֹּ֙אמֶר אֵלָ֜יו זְבֻ֗ל אַיֵּ֨ה אֵפ֤וֹא פִ֙יךָ֙ אֲשֶׁ֣ר תֹּאמַ֔ר מִ֥י אֲבִימֶ֖לֶךְ כִּ֣י נַֽעַבְדֶ֑נּוּ הֲלֹ֨א זֶ֤ה הָעָם֙ אֲשֶׁ֣ר מָאַ֣סְתָּה בּ֔וֹ צֵא־נָ֥א עַתָּ֖ה וְהִלָּ֥חֶם בּֽוֹ׃

39 וַיֵּ֣צֵא גַ֔עַל לִפְנֵ֖י בַּעֲלֵ֣י שְׁכֶ֑ם וַיִּלָּ֖חֶם בַּאֲבִימֶֽלֶךְ׃

40 וַיִּרְדְּפֵ֣הוּ אֲבִימֶ֔לֶךְ וַיָּ֖נָס מִפָּנָ֑יו וַֽיִּפְּל֛וּ חֲלָלִ֥ים רַבִּ֖ים עַד־פֶּ֥תַח הַשָּֽׁעַר׃

41 וַיֵּ֥שֶׁב אֲבִימֶ֖לֶךְ בָּארוּמָ֑ה וַיְגָ֧רֶשׁ זְבֻ֛ל אֶת־גַּ֥עַל וְאֶת־אֶחָ֖יו מִשֶּׁ֥בֶת בִּשְׁכֶֽם׃

42 וַֽיְהִי֙ מִֽמָּחֳרָ֔ת וַיֵּצֵ֥א הָעָ֖ם הַשָּׂדֶ֑ה וַיַּגִּ֖דוּ לַאֲבִימֶֽלֶךְ׃

43 וַיִּקַּ֣ח אֶת־הָעָ֗ם וַֽיֶּחֱצֵם֙ לִשְׁלֹשָׁ֣ה רָאשִׁ֔ים וַיֶּאֱרֹ֖ב בַּשָּׂדֶ֑ה וַיַּ֗רְא וְהִנֵּ֤ה הָעָם֙ יֹצֵ֣א מִן־הָעִ֔יר וַיָּ֥קָם עֲלֵיהֶ֖ם וַיַּכֵּֽם׃

44 וַאֲבִימֶ֗לֶךְ וְהָרָאשִׁים֙ אֲשֶׁ֣ר עִמּ֔וֹ פָּשְׁט֕וּ וַיַּ֣עַמְד֔וּ פֶּ֖תַח שַׁ֣עַר הָעִ֑יר וּשְׁנֵ֣י הָֽרָאשִׁ֗ים פָּֽשְׁט֛וּ עַֽל־כָּל־אֲשֶׁ֥ר בַּשָּׂדֶ֖ה וַיַּכּֽוּם׃

45 וַאֲבִימֶ֜לֶךְ נִלְחָ֣ם בָּעִ֗יר כֹּ֚ל הַיּ֣וֹם הַה֔וּא וַיִּלְכֹּד֙ אֶת־הָעִ֔יר וְאֶת־הָעָ֥ם אֲשֶׁר־בָּ֖הּ הָרָ֑ג וַיִּתֹּץ֙ אֶת־הָעִ֔יר וַיִּזְרָעֶ֖הָ מֶֽלַח׃

46 וַֽיִּשְׁמְע֔וּ כָּֽל־בַּעֲלֵ֖י מִֽגְדַּל־שְׁכֶ֑ם וַיָּבֹ֔אוּ אֶל־צְרִ֖יחַ בֵּ֥ית אֵ֥ל בְּרִֽית׃

47 וַיֻּגַּ֖ד לַאֲבִימֶ֑לֶךְ כִּ֣י הִֽתְקַבְּצ֔וּ כָּֽל־בַּעֲלֵ֖י מִֽגְדַּל־שְׁכֶֽם׃

48 וַיַּ֨עַל אֲבִימֶ֜לֶךְ הַר־צַלְמ֗וֹן ה֚וּא וְכָל־הָעָ֣ם אֲשֶׁר־אִתּ֔וֹ וַיִּקַּח֩ אֲבִימֶ֨לֶךְ אֶת־הַקַּרְדֻּמּ֜וֹת בְּיָד֗וֹ וַיִּכְרֹת֙ שׂוֹכַ֣ת עֵצִ֔ים וַיִּ֨שָּׂאֶ֔הָ וַיָּ֖שֶׂם עַל־שִׁכְמ֑וֹ וַיֹּ֜אמֶר אֶל־הָעָ֣ם אֲשֶׁר־עִמּ֗וֹ מָ֤ה רְאִיתֶם֙ עָשִׂ֔יתִי מַהֲר֖וּ עֲשׂ֥וּ כָמֽוֹנִי׃

49 וַיִּכְרְת֨וּ גַם־כָּל־הָעָ֜ם אִ֣ישׁ שׂוֹכֹ֗ה וַיֵּ֨לְכ֜וּ אַחֲרֵ֤י אֲבִימֶ֙לֶךְ֙ וַיָּשִׂ֣ימוּ עַל־הַצְּרִ֔יחַ וַיַּצִּ֧יתוּ עֲלֵיהֶ֛ם אֶת־הַצְּרִ֖יחַ בָּאֵ֑שׁ וַיָּמֻ֜תוּ גַּ֗ם כָּל־אַנְשֵׁ֤י מִֽגְדַּל־שְׁכֶם֙ כְּאֶ֔לֶף אִ֖ישׁ וְאִשָּֽׁה׃

50 וַיֵּ֥לֶךְ אֲבִימֶ֖לֶךְ אֶל־תֵּבֵ֑ץ וַיִּ֥חַן בְּתֵבֵ֖ץ וַֽיִּלְכְּדָֽהּ׃

51 וּמִגְדַּל־עֹז֮ הָיָ֣ה בְתוֹךְ־הָעִיר֒ וַיָּנֻ֨סוּ שָׁ֜מָּה כָּל־הָאֲנָשִׁ֣ים וְהַנָּשִׁ֗ים וְכֹל֙ בַּעֲלֵ֣י הָעִ֔יר וַֽיִּסְגְּר֖וּ בַּעֲדָ֑ם וַֽיַּעֲל֖וּ עַל־גַּ֥ג הַמִּגְדָּֽל׃

52 וַיָּבֹ֤א אֲבִימֶ֙לֶךְ֙ עַד־הַמִּגְדָּ֔ל וַיִּלָּ֖חֶם בּ֑וֹ וַיִּגַּ֛שׁ עַד־פֶּ֥תַח הַמִּגְדָּ֖ל לְשָׂרְפ֥וֹ בָאֵֽשׁ׃

53 וַתַּשְׁלֵ֞ךְ אִשָּׁ֥ה אַחַ֛ת פֶּ֥לַח רֶ֖כֶב עַל־רֹ֣אשׁ אֲבִימֶ֑לֶךְ וַתָּ֖רִץ אֶת־גֻּלְגָּלְתּֽוֹ׃

54 וַיִּקְרָ֨א מְהֵרָ֜ה אֶל־הַנַּ֣עַר ׀ נֹשֵׂ֣א כֵלָ֗יו וַיֹּ֤אמֶר לוֹ֙ שְׁלֹ֤ף חַרְבְּךָ֙ וּמ֣וֹתְתֵ֔נִי פֶּן־יֹ֥אמְרוּ לִ֖י אִשָּׁ֣ה הֲרָגָ֑תְהוּ וַיִּדְקְרֵ֥הוּ נַעֲר֖וֹ וַיָּמֹֽת׃

55 וַיִּרְא֥וּ אִֽישׁ־יִשְׂרָאֵ֖ל כִּ֣י מֵ֣ת אֲבִימֶ֑לֶךְ וַיֵּלְכ֖וּ אִ֥ישׁ לִמְקֹמֽוֹ׃

56 וַיָּ֣שֶׁב אֱלֹהִ֔ים אֵ֖ת רָעַ֣ת אֲבִימֶ֑לֶךְ אֲשֶׁ֤ר עָשָׂה֙ לְאָבִ֔יו לַהֲרֹ֖ג אֶת־שִׁבְעִ֥ים אֶחָֽיו׃

57 וְאֵ֗ת כָּל־רָעַת֙ אַנְשֵׁ֣י שְׁכֶ֔ם הֵשִׁ֥יב אֱלֹהִ֖ים בְּרֹאשָׁ֑ם וַתָּבֹ֣א אֲלֵיהֶ֔ם קִֽלֲלַ֖ת יוֹתָ֥ם בֶּן־יְרֻבָּֽעַל׃

CAP. X. י

1 וַיָּקָם֩ אַחֲרֵ֨י אֲבִימֶ֜לֶךְ לְהוֹשִׁ֣יעַ אֶת־יִשְׂרָאֵ֗ל תּוֹלָ֧ע בֶּן־פּוּאָ֛ה בֶּן־דּוֹד֖וֹ אִ֣ישׁ יִשָּׂשכָ֑ר וְהֽוּא־יֹשֵׁ֥ב בְּשָׁמִ֖יר בְּהַ֥ר אֶפְרָֽיִם׃

2 וַיִּשְׁפֹּט֙ אֶת־יִשְׂרָאֵ֔ל עֶשְׂרִ֥ים וְשָׁלֹ֖שׁ שָׁנָ֑ה וַיָּ֖מָת וַיִּקָּבֵ֥ר בְּשָׁמִֽיר׃

3 וַיָּ֣קָם אַחֲרָ֔יו יָאִ֖יר הַגִּלְעָדִ֑י וַיִּשְׁפֹּט֙ אֶת־יִשְׂרָאֵ֔ל עֶשְׂרִ֥ים וּשְׁתַּ֖יִם שָׁנָֽה׃

4 וַֽיְהִי־ל֞וֹ שְׁלֹשִׁ֣ים בָּנִ֗ים רֹֽכְבִים֙ עַל־שְׁלֹשִׁ֣ים עֲיָרִ֔ים וּשְׁלֹשִׁ֥ים עֲיָרִ֖ים לָהֶ֑ם לָהֶ֞ם יִקְרְא֣וּ ׀ חַוֺּ֣ת יָאִ֗יר עַ֚ד הַיּ֣וֹם הַזֶּ֔ה אֲשֶׁ֖ר בְּאֶ֥רֶץ הַגִּלְעָֽד׃

5 וַיָּ֥מָת יָאִ֖יר וַיִּקָּבֵ֥ר בְּקָמֽוֹן׃

6 וַיֹּסִ֣פוּ ׀ בְּנֵ֣י יִשְׂרָאֵ֗ל לַעֲשׂ֣וֹת הָרַע֮ בְּעֵינֵ֣י יְהוָה֒ וַיַּעַבְד֣וּ אֶת־הַבְּעָלִ֣ים וְאֶת־הָעַשְׁתָּר֡וֹת וְאֶת־אֱלֹהֵ֣י אֲרָם֩ וְאֶת־אֱלֹהֵ֨י צִיד֜וֹן וְאֵ֣ת ׀ אֱלֹהֵ֣י מוֹאָ֗ב וְאֵת֙ אֱלֹהֵ֣י בְנֵֽי־עַמּ֔וֹן וְאֵ֖ת אֱלֹהֵ֣י פְלִשְׁתִּ֑ים וַיַּעַזְב֥וּ אֶת־יְהוָ֖ה וְלֹ֥א עֲבָדֽוּהוּ׃

7 וַיִּֽחַר־אַ֥ף יְהוָ֖ה בְּיִשְׂרָאֵ֑ל וַֽיִּמְכְּרֵם֙ בְּיַד־פְּלִשְׁתִּ֔ים וּבְיַ֖ד בְּנֵ֥י עַמּֽוֹן׃

8 וַֽיִּרְעֲצ֤וּ וַיְרֹֽצְצוּ֙ אֶת־בְּנֵ֣י יִשְׂרָאֵ֔ל בַּשָּׁנָ֖ה הַהִ֑יא שְׁמֹנֶ֨ה עֶשְׂרֵ֜ה שָׁנָ֗ה אֶֽת־כָּל־בְּנֵ֤י יִשְׂרָאֵל֙ אֲשֶׁר֙ בְּעֵ֣בֶר הַיַּרְדֵּ֔ן בְּאֶ֥רֶץ הָאֱמֹרִ֖י אֲשֶׁ֥ר בַּגִּלְעָֽד׃

9 וַיַּעַבְר֤וּ בְנֵֽי־עַמּוֹן֙ אֶת־הַיַּרְדֵּ֔ן לְהִלָּחֵ֛ם גַּם־בִּיהוּדָ֥ה וּבְבִנְיָמִ֖ין וּבְבֵ֣ית אֶפְרָ֑יִם וַתֵּ֥צֶר לְיִשְׂרָאֵ֖ל מְאֹֽד׃

10 וַֽיִּזְעֲקוּ֙ בְּנֵ֣י יִשְׂרָאֵ֔ל אֶל־יְהוָ֖ה לֵאמֹ֑ר חָטָ֣אנוּ לָ֔ךְ וְכִ֤י עָזַ֙בְנוּ֙ אֶת־אֱלֹהֵ֔ינוּ וַֽנַּעֲבֹ֖ד אֶת־הַבְּעָלִֽים׃

11 וַיֹּ֥אמֶר יְהוָ֖ה אֶל־בְּנֵ֣י יִשְׂרָאֵ֑ל הֲלֹ֤א מִמִּצְרַ֙יִם֙ וּמִן־הָ֣אֱמֹרִ֔י וּמִן־בְּנֵ֥י עַמּ֖וֹן וּמִן־פְּלִשְׁתִּֽים׃

12 וְצִידוֹנִ֤ים וַֽעֲמָלֵק֙ וּמָע֔וֹן לָחֲצ֖וּ אֶתְכֶ֑ם וַתִּצְעֲק֣וּ אֵלַ֔י וָאוֹשִׁ֥יעָה אֶתְכֶ֖ם מִיָּדָֽם׃

13 וְאַתֶּם֙ עֲזַבְתֶּ֣ם אוֹתִ֔י וַתַּעַבְד֖וּ אֱלֹהִ֣ים אֲחֵרִ֑ים לָכֵ֛ן לֹֽא־אוֹסִ֥יף לְהוֹשִׁ֥יעַ אֶתְכֶֽם׃

14 לְכ֗וּ וְזַֽעֲקוּ֙ אֶל־הָ֣אֱלֹהִ֔ים אֲשֶׁ֥ר בְּחַרְתֶּ֖ם בָּ֑ם הֵ֛מָּה יוֹשִׁ֥יעוּ לָכֶ֖ם בְּעֵ֥ת צָרַתְכֶֽם׃

15 וַיֹּאמְר֨וּ בְנֵֽי־יִשְׂרָאֵ֤ל אֶל־יְהוָה֙ חָטָ֔אנוּ עֲשֵׂה־אַתָּ֥ה לָ֙נוּ֙ כְּכָל־

38 Then said Zebul unto him, Where *is* now thy mouth, wherewith thou saidst,[a] Who *is* Abimelech, that we should serve him? *Is* not this the people that thou hast despised? go out, I pray now, and fight with them.

39 And Gaal went out before the men of Shechem, and fought with Abimelech.

40 And Abimelech chased him, and he fled before him; and many were overthrown *and* wounded, *even* unto the entering of the gate.

41 And Abimelech dwelt at Arumah: and Zebul thrust out Gaal and his brethren, that they should not dwell in Shechem.

42 And it came to pass on the morrow that the people went out into the field; and they told Abimelech.

43 And he took the people, and divided them into three companies, and laid wait in the field, and looked, and, behold, the people *were* come forth out of the city; and he rose up against them, and smote them.

44 And Abimelech, and the company that *was* with him, rushed forward, and stood in the entering of the gate of the city: and the two *other* companies ran upon all *the people* that *were* in the fields, and slew them.

45 And Abimelech fought against the city all that day: and[g] he took the city, and slew the people that *was* therein, and beat down[h] the city, and sowed it with salt.[i]

46 And when all the men of the tower of Shechem heard *that*, they entered into an hold of the house of the god Berith.[k]

47 And it was told Abimelech that all the men of the tower of Shechem were gathered together.

48 And Abimelech gat him up to mount Zalmon,[m] he and all the people that *were* with him; and Abimelech took an ax in his hand, and cut down a bough from the trees, and took it, and laid *it* on his shoulder, and said unto the people that *were* with him, What ye have seen ζme do, make haste, *and* do as I *have done.*

49 And all the people likewise cut down every man his bough, and followed Abimelech, and put *them* to the hold, and set the hold on fire upon them; so that all the men of the tower of Shechem died also, about a thousand men and women.

50 Then went Abimelech to Thebez, and encamped against Thebez, and took it.

51 But there was a strong tower within the city, and thither fled all the men & women, and all they of the city, and shut *it* to them, & gat them up to the top of the tower.

52 And Abimelech came unto the tower, and fought against it, and went hard unto the door of the tower to burn it with fire.

53 And[y] a certain woman cast a piece of a millstone upon Abimelech's head, and all to brake his skull.

54 Then[z] he called hastily unto the young man his armour-bearer, and said unto him, Draw thy sword, and slay me, that men say not of me, A woman slew him. And his young man thrust him through, and he died.

55 And when the men of Israel saw that Abimelech was dead, they departed every man unto his place.

56 Thus God rendered[d] the wickedness of Abimelech, which he did unto his father, in slaying his seventy brethren.

57 And all the evil of the men of Shechem did God render upon their heads: and upon them came the curse[e] of Jotham

---

B. C. 1206.

a ver. 28, 29.
β sane, or, *deliver.*
b ch. 5. 10. 12. 14.
c De. 3. 14.
γ or, *the villages of Jair.* Nu. 32. 41.
d ch. 2.11..14. 3. 7. 4. 1. 6. 1. 13. 1.
e 1 Ki. 11. 33.
f 1Sa.12.9,10.
δ crushed.
g ver. 20.
h 2 Ki. 3. 25.
i De. 29. 23. Eze. 47. 11. Zep. 2. 9.
k ch. 8. 33.
l 1 Sa. 28. 15.
m Ps. 68. 14.
n Ex. 14. 30.
o Nu. 21.21.. 25.
p ch.3.12..15, 31.
ζ I have done.
q ch. 5. 19.
r ch. 6. 3.
s Ps. 106. 42.
t Je. 2. 13.
u De 32.37,38. 2 Ki. 3. 13. Je. 2. 28.
v 1 Sa. 3. 18. 2 Sa. 15. 26.
η is good in thine eyes.
w 2 Ch. 7. 14. 15. 8.
θ gods of strangers.
κ shortened.
x Ps.106.44,45 Is. 63. 9.
y 2 Sa. 11. 21.
λ cried.
z 1 Sa. 31. 4.
a ch.11.11,29. Ge. 31. 49.
b He. 11. 32. called *Jephthae.*
c ch. 6. 12. 2 Ki. 5. 1.
μ a woman, an harlot.
d ver. 24. Job 31. 3. Ps. 94. 23. Pr. 5. 22. Mat. 7. 2. Ga. 6. 7.
e ver. 20, 45.
f Ge. 21. 10. Ga. 4. 30.

---

the son of Jerubbaal.

CHAP. X.

AND after Abimelech there arose, to[β] defend Israel, Tola the son of Puah, the son of Dodo, a man of Issachar; and he dwelt in Shamir in mount Ephraim.

2 And he judged Israel twenty and three years, and died, and was buried in Shamir.

3 And after him arose Jair a Gileadite, and judged Israel twenty and two years.

4 And he had thirty sons that rode[b] on thirty ass-colts, and they had thirty cities, which[c] are called γ Havoth-jair unto this day, which *are* in the land of Gilead.

5 And Jair died, & was buried in Camon.

6 And[d] the children of Israel did evil again in the sight of the LORD, and served Baalim, and Ashtaroth, and the gods of Syria, and the gods of[e] Zidon, and the gods of Moab, and the gods of the children of Ammon, and the gods of the Philistines, and forsook the LORD, and served not him.

7 And the anger of the LORD was hot against Israel, and he sold[f] them into the hands of the Philistines, and into the hands of the children of Ammon.

8 And that year they vexed and δ oppressed the children of Israel eighteen years, all the children of Israel that *were* on the other side Jordan, in the land of the Amorites, which *is* in Gilead.

9 Moreover, the children of Ammon passed over Jordan to fight also against Judah, and against Benjamin, and against the house of Ephraim; so that Israel was sore distressed.[l]

10 And the children of Israel cried unto the LORD, saying, We have sinned against thee, both because we have forsaken our God, and also served Baalim.

11 And ye LORD said unto the children of Israel, Did not *I deliver you* from ye Egyptians,[n] & from the Amorites,[o] from ye children of Ammon,[p] and from the Philistines?

12 The Zidonians[q] also, and the Amalekites,[r] and the Maonites did oppress[s] you; and ye cried to me, and I delivered you out of their hand.

13 Yet ye have forsaken me,[t] and served other gods; wherefore I will deliver you no more.

14 Go and cry unto the gods which ye have chosen; let them[u] deliver you in the time of your tribulation.

15 And the children of Israel said unto the LORD, We have sinned; do thou[v] unto us whatsoever η seemeth good unto thee; deliver us only, we pray thee, this day.

16 And they put away[w] the θ strange gods from among them, and served the LORD: and his soul was κ grieved[x] for the misery of Israel.

17 Then ye children of Ammon were λ gathered together, and encamped in Gilead: and the children of Israel assembled themselves together, and encamped in Mizpeh.[a]

18 And the people *and* princes of Gilead said one to another, What man *is he* that will begin to fight against the children of Ammon? he shall be head over all the inhabitants of Gilead.

CHAP. XI.

NOW Jephthah[b] the Gileadite was[c] a mighty man of valour, and he was the son of an μ harlot; and Gilead begat Jephthah.

2 And Gilead's wife bare him sons: and his wife's sons grew up, and they thrust out Jephthah, and said unto him, Thou shalt not[f] inherit in our father's house; for

16 הֵסִ֜ירוּ אֶת־אֱלֹהֵ֤י הַנֵּכָר֙ מִקִּרְבָּ֔ם וַיַּעַבְד֖וּ אֶת־יְהוָ֑ה וַתִּקְצַ֥ר נַפְשׁ֖וֹ בַּעֲמַ֥ל יִשְׂרָאֵֽל׃

17 וַיִּצָּעֲק֣וּ בְּנֵ֣י עַמּ֗וֹן וַֽיַּחֲנ֖וּ בַּגִּלְעָ֑ד וַיֵּאָֽסְפוּ֙ בְּנֵ֣י יִשְׂרָאֵ֔ל וַֽיַּחֲנ֖וּ בַּמִּצְפָּֽה׃

18 וַיֹּאמְר֨וּ הָעָ֜ם שָׂרֵ֣י גִלְעָ֗ד אִ֚ישׁ אֶל־רֵעֵ֔הוּ מִ֣י הָאִ֔ישׁ אֲשֶׁ֤ר יָחֵל֙ לְהִלָּחֵ֔ם בִּבְנֵ֖י עַמּ֑וֹן יִֽהְיֶ֣ה לְרֹ֔אשׁ לְכֹ֖ל יֹשְׁבֵ֥י גִלְעָֽד׃

CAP. XI. יא

1 וְיִפְתָּ֣ח הַגִּלְעָדִ֗י הָיָה֙ גִּבּ֣וֹר חַ֔יִל וְה֖וּא בֶּן־אִשָּׁ֣ה זוֹנָ֑ה וַיּ֥וֹלֶד גִּלְעָ֖ד אֶת־יִפְתָּֽח׃

2 וַתֵּ֧לֶד אֵֽשֶׁת־גִּלְעָ֛ד ל֖וֹ בָּנִ֑ים וַיִּגְדְּל֨וּ בְֽנֵי־הָאִשָּׁ֜ה וַיְגָרְשׁ֣וּ אֶת־יִפְתָּ֗ח וַיֹּ֤אמְרוּ לוֹ֙ לֹֽא־תִנְחַ֣ל בְּבֵית־אָבִ֔ינוּ כִּ֛י בֶּן־אִשָּׁ֥ה אַחֶ֖רֶת אָֽתָּה׃

3 וַיִּבְרַ֤ח יִפְתָּח֙ מִפְּנֵ֣י אֶחָ֔יו וַיֵּ֖שֶׁב בְּאֶ֣רֶץ ט֑וֹב וַיִּֽתְלַקְּט֤וּ אֶל־יִפְתָּח֙ אֲנָשִׁ֣ים רֵיקִ֔ים וַיֵּצְא֖וּ עִמּֽוֹ׃

4 וַֽיְהִ֖י מִיָּמִ֑ים וַיִּלָּחֲמ֥וּ בְנֵֽי־עַמּ֖וֹן עִם־יִשְׂרָאֵֽל׃

5 וַיְהִ֕י כַּֽאֲשֶׁר־נִלְחֲמ֥וּ בְנֵֽי־עַמּ֖וֹן עִם־יִשְׂרָאֵ֑ל וַיֵּֽלְכוּ֙ זִקְנֵ֣י גִלְעָ֔ד לָקַ֥חַת אֶת־יִפְתָּ֖ח מֵאֶ֥רֶץ טֽוֹב׃

6 וַיֹּאמְר֣וּ לְיִפְתָּ֔ח לְכָ֕ה וְהָיִ֥יתָה לָּ֖נוּ לְקָצִ֑ין וְנִֽלָּחֲמָ֖ה בִּבְנֵ֥י עַמּֽוֹן׃

7 וַיֹּ֤אמֶר יִפְתָּח֙ לְזִקְנֵ֣י גִלְעָ֔ד הֲלֹ֤א אַתֶּם֙ שְׂנֵאתֶ֣ם אוֹתִ֔י וַתְּגָרְשׁ֖וּנִי מִבֵּ֣ית אָבִ֑י וּמַדּ֜וּעַ בָּאתֶ֤ם אֵלַי֙ עַ֔תָּה כַּאֲשֶׁ֖ר צַ֥ר לָכֶֽם׃

8 וַיֹּאמְרוּ֩ זִקְנֵ֨י גִלְעָ֜ד אֶל־יִפְתָּ֗ח לָכֵן֙ עַתָּה֙ שַׁ֣בְנוּ אֵלֶ֔יךָ וְהָלַכְתָּ֣ עִמָּ֔נוּ וְנִלְחַמְתָּ֖ בִּבְנֵ֣י עַמּ֑וֹן וְהָיִ֤יתָ לָּ֙נוּ֙ לְרֹ֔אשׁ לְכֹ֖ל יֹשְׁבֵ֥י גִלְעָֽד׃

9 וַיֹּ֨אמֶר יִפְתָּ֜ח אֶל־זִקְנֵ֣י גִלְעָ֗ד אִם־מְשִׁיבִ֨ים אַתֶּ֤ם אוֹתִי֙ לְהִלָּחֵם֙ בִּבְנֵ֣י עַמּ֔וֹן וְנָתַ֧ן יְהוָ֛ה אוֹתָ֖ם לְפָנָ֑י אָנֹכִ֕י אֶהְיֶ֥ה לָכֶ֖ם לְרֹֽאשׁ׃

10 וַיֹּאמְר֥וּ זִקְנֵֽי־גִלְעָ֖ד אֶל־יִפְתָּ֑ח יְהוָ֗ה יִהְיֶ֤ה שֹׁמֵ֙עַ֙ בֵּֽינוֹתֵ֔ינוּ אִם־לֹ֥א כִדְבָרְךָ֖ כֵּ֥ן נַעֲשֶֽׂה׃

11 וַיֵּ֤לֶךְ יִפְתָּח֙ עִם־זִקְנֵ֣י גִלְעָ֔ד וַיָּשִׂ֨ימוּ הָעָ֥ם אוֹת֛וֹ עֲלֵיהֶ֖ם לְרֹ֣אשׁ וּלְקָצִ֑ין וַיְדַבֵּ֨ר יִפְתָּ֧ח אֶת־כָּל־דְּבָרָ֛יו לִפְנֵ֥י יְהוָ֖ה בַּמִּצְפָּֽה׃

12 וַיִּשְׁלַ֤ח יִפְתָּח֙ מַלְאָכִ֔ים אֶל־מֶ֥לֶךְ בְּנֵֽי־עַמּ֖וֹן לֵאמֹ֑ר מַה־לִּ֣י וָלָ֔ךְ כִּֽי־בָ֥אתָ אֵלַ֖י לְהִלָּחֵ֥ם בְּאַרְצִֽי׃

13 וַיֹּ֩אמֶר֩ מֶ֨לֶךְ בְּנֵי־עַמּ֜וֹן אֶל־מַלְאֲכֵ֣י יִפְתָּ֗ח כִּֽי־לָקַ֨ח יִשְׂרָאֵ֤ל אֶת־אַרְצִי֙ בַּעֲלוֹת֣וֹ מִמִּצְרַ֔יִם מֵֽאַרְנ֥וֹן וְעַד־הַיַּבֹּ֖ק וְעַד־הַיַּרְדֵּ֑ן וְעַתָּ֕ה הָשִׁ֥יבָה אֶתְהֶ֖ן בְּשָׁלֽוֹם׃

14 וַיּ֥וֹסֶף ע֖וֹד יִפְתָּ֑ח וַיִּשְׁלַח֙ מַלְאָכִ֔ים אֶל־מֶ֖לֶךְ בְּנֵ֥י עַמּֽוֹן׃

15 וַיֹּ֣אמֶר ל֔וֹ כֹּ֖ה אָמַ֣ר יִפְתָּ֑ח לֹֽא־לָקַ֤ח יִשְׂרָאֵל֙ אֶת־אֶ֣רֶץ מוֹאָ֔ב וְאֶת־אֶ֖רֶץ בְּנֵ֥י עַמּֽוֹן׃

16 כִּ֖י בַּעֲלוֹתָ֣ם מִמִּצְרָ֑יִם וַיֵּ֨לֶךְ יִשְׂרָאֵ֤ל בַּמִּדְבָּר֙ עַד־

17 יַם־ס֔וּף וַיָּבֹ֖א קָדֵֽשָׁה׃ וַיִּשְׁלַ֣ח יִשְׂרָאֵ֣ל מַלְאָכִ֣ים ׀ אֶל־מֶלֶךְ֩ אֱד֨וֹם ׀ לֵאמֹ֜ר אֶעְבְּרָה־נָּ֣א בְאַרְצֶ֗ךָ וְלֹ֤א שָׁמַע֙ מֶ֣לֶךְ אֱד֔וֹם וְגַ֨ם אֶל־מֶ֧לֶךְ מוֹאָ֛ב שָׁלַ֖ח וְלֹ֣א אָבָ֑ה וַיֵּ֥שֶׁב יִשְׂרָאֵ֖ל בְּקָדֵֽשׁ׃

18 וַיֵּ֣לֶךְ בַּמִּדְבָּ֗ר וַיָּ֜סָב אֶת־אֶ֤רֶץ אֱדוֹם֙ וְאֶת־אֶ֣רֶץ מוֹאָ֔ב וַיָּבֹ֤א מִמִּזְרַח־שֶׁ֙מֶשׁ֙ לְאֶ֣רֶץ מוֹאָ֔ב וַֽיַּחֲנ֖וּן בְּעֵ֣בֶר אַרְנ֑וֹן וְלֹא־בָ֙אוּ֙ בִּגְב֣וּל מוֹאָ֔ב כִּ֥י אַרְנ֖וֹן גְּב֥וּל מוֹאָֽב׃

19 וַיִּשְׁלַ֤ח יִשְׂרָאֵל֙ מַלְאָכִ֔ים אֶל־סִיח֥וֹן מֶֽלֶךְ־הָאֱמֹרִ֖י מֶ֣לֶךְ חֶשְׁבּ֑וֹן וַיֹּ֤אמֶר לוֹ֙ יִשְׂרָאֵ֔ל נַעְבְּרָה־נָּ֥א בְאַרְצְךָ֖ עַד־מְקוֹמִֽי׃

20 וְלֹא־הֶאֱמִ֨ין סִיח֤וֹן אֶת־יִשְׂרָאֵל֙ עֲבֹ֣ר בִּגְבֻל֔וֹ וַיֶּאֱסֹ֤ף סִיחוֹן֙ אֶת־כָּל־עַמּ֔וֹ וַֽיַּחֲנ֖וּ בְּיָ֑הְצָה וַיִּלָּ֖חֶם עִם־יִשְׂרָאֵֽל׃

21 וַ֠יִּתֵּן יְהוָ֨ה אֱלֹהֵֽי־יִשְׂרָאֵ֜ל אֶת־סִיח֧וֹן וְאֶת־כָּל־עַמּ֛וֹ בְּיַ֥ד יִשְׂרָאֵ֖ל וַיַּכּ֑וּם וַיִּירַשׁ֙ יִשְׂרָאֵ֔ל אֵ֚ת כָּל־אֶ֣רֶץ הָאֱמֹרִ֔י יוֹשֵׁ֖ב הָאָ֥רֶץ הַהִֽיא׃

22 וַיִּ֣ירְשׁ֔וּ אֵ֖ת כָּל־גְּב֣וּל הָאֱמֹרִ֑י מֵֽאַרְנוֹן֙ וְעַד־הַיַּבֹּ֔ק וּמִן־הַמִּדְבָּ֖ר וְעַד־הַיַּרְדֵּֽן׃

23 וְעַתָּ֞ה יְהוָ֣ה ׀ אֱלֹהֵ֣י יִשְׂרָאֵ֗ל הוֹרִישׁ֙ אֶת־הָ֣אֱמֹרִ֔י מִפְּנֵ֖י עַמּ֣וֹ יִשְׂרָאֵ֑ל וְאַתָּ֖ה תִּירָשֶֽׁנּוּ׃

24 הֲלֹ֞א אֵ֣ת אֲשֶׁ֧ר יֽוֹרִישְׁךָ֛ כְּמ֥וֹשׁ אֱלֹהֶ֖יךָ אוֹת֣וֹ תִירָ֑שׁ וְאֵת֩ כָּל־אֲשֶׁ֨ר הוֹרִ֜ישׁ יְהוָ֧ה אֱלֹהֵ֛ינוּ מִפָּנֵ֖ינוּ אוֹת֥וֹ נִירָֽשׁ׃

25 וְעַתָּ֗ה הֲט֥וֹב טוֹב֙ אַתָּ֔ה מִבָּלָ֥ק בֶּן־צִפּ֖וֹר מֶ֣לֶךְ מוֹאָ֑ב הֲר֥וֹב רָב֙ עִם־יִשְׂרָאֵ֔ל אִם־נִלְחֹ֥ם נִלְחַ֖ם בָּֽם׃

26 בְּשֶׁ֣בֶת יִ֠שְׂרָאֵל בְּחֶשְׁבּ֨וֹן וּבִבְנוֹתֶ֜יהָ וּבְעַרְע֣וֹר וּבִבְנוֹתֶ֗יהָ וּבְכָל־הֶֽעָרִים֙ אֲשֶׁר֙ עַל־יְדֵ֣י אַרְנ֔וֹן שְׁלֹ֥שׁ מֵא֖וֹת שָׁנָ֑ה וּמַדּ֥וּעַ לֹֽא־הִצַּלְתֶּ֖ם בָּעֵ֥ת הַהִֽיא׃

27 וְאָֽנֹכִי֙ לֹֽא־חָטָ֣אתִי לָ֔ךְ וְאַתָּ֞ה עֹשֶׂ֥ה אִתִּ֛י רָעָ֖ה לְהִלָּ֣חֶם בִּ֑י יִשְׁפֹּ֨ט יְהוָ֤ה הַשֹּׁפֵט֙ הַיּ֔וֹם בֵּ֚ין בְּנֵ֣י יִשְׂרָאֵ֔ל וּבֵ֖ין בְּנֵ֥י עַמּֽוֹן׃

28 וְלֹ֣א שָׁמַ֔ע מֶ֖לֶךְ בְּנֵ֣י עַמּ֑וֹן אֶל־דִּבְרֵ֣י יִפְתָּ֔ח אֲשֶׁ֥ר שָׁלַ֖ח אֵלָֽיו׃

29 וַתְּהִ֤י עַל־יִפְתָּח֙ ר֣וּחַ יְהוָ֔ה וַיַּעֲבֹ֥ר אֶת־הַגִּלְעָ֖ד וְאֶת־מְנַשֶּׁ֑ה וַֽיַּעֲבֹר֙ אֶת־מִצְפֵּ֣ה גִלְעָ֔ד וּמִמִּצְפֵּ֣ה גִלְעָ֔ד עָבַ֖ר בְּנֵ֥י עַמּֽוֹן׃

30 וַיִּדַּ֨ר יִפְתָּ֥ח נֶ֛דֶר לַיהוָ֖ה וַיֹּאמַ֑ר אִם־נָת֥וֹן תִּתֵּ֛ן אֶת־בְּנֵ֥י עַמּ֖וֹן בְּיָדִֽי׃

31 וְהָיָ֣ה הַיּוֹצֵ֗א אֲשֶׁ֨ר יֵצֵ֜א מִדַּלְתֵ֤י בֵיתִי֙ לִקְרָאתִ֔י בְּשׁוּבִ֥י בְשָׁל֖וֹם מִבְּנֵ֣י עַמּ֑וֹן וְהָיָה֙ לַֽיהוָ֔ה וְהַעֲלִיתִ֖הוּ עוֹלָֽה׃

32 וַיַּעֲבֹ֥ר יִפְתָּ֛ח אֶל־בְּנֵ֥י עַמּ֖וֹן לְהִלָּ֣חֶם בָּ֑ם וַיִּתְּנֵ֥ם יְהוָ֖ה בְּיָדֽוֹ׃

33 וַיַּכֵּ֡ם מֵעֲרוֹעֵר֩ וְעַד־בּוֹאֲךָ֨ מִנִּ֜ית עֶשְׂרִ֣ים עִ֗יר וְעַד֙ אָבֵ֣ל כְּרָמִ֔ים מַכָּ֖ה גְּדוֹלָ֣ה מְאֹ֑ד וַיִּכָּֽנְעוּ֙ בְּנֵ֣י עַמּ֔וֹן מִפְּנֵ֖י בְּנֵ֥י יִשְׂרָאֵֽל׃

thou *art* the son of a strange woman.

3 Then Jephthah fled β from his brethren, and dwelt in the land of Tob: and there were gathered vain *a* men to Jephthah, and went out with him.

4 And it came to pass γ in process of time, that the children of Ammon made war against Israel.

5 And it was so, that when the children of Ammon made war against Israel, the elders of Gilead went to fetch Jephthah out of the land of Tob:

6 And they said unto Jephthah, Come, and be our captain, that we may fight with the children of Ammon.

7 And Jephthah said unto the elders of Gilead, Did *d* not ye hate me, and expel me out of my father's house? and why are ye come unto me now when ye are in distress?

8 And the elders of Gilead said unto Jephthah, Therefore we turn again *g* to thee now, that thou mayest go with us, and fight against the children of Ammon, and be our head *k* over all the inhabitants of Gilead.

9 And Jephthah said unto the elders of Gilead, If ye bring me home again to fight against the children of Ammon, and the LORD deliver them before me, shall I be your head?

10 And ye elders of Gilead said unto Jephthah, The *n* LORD be δ witness between us, if we do not so according to thy words.

11 Then Jephthah went with the elders of Gilead, and the people made him head *o* and captain over them: and Jephthah uttered all his words before the LORD in *q* Mizpeh.

12 And Jephthah sent messengers unto the king of the children of Ammon, saying, What hast thou to do with me, that thou art come against me to fight in my land?

13 And the king of the children of Ammon answered unto the messengers of Jephthah, Because Israel *t* took away my land, when they came up out of Egypt, from Arnon even unto Jabbok," and unto Jordan: now, therefore, restore those *lands* again peaceably.

14 And Jephthah sent messengers again unto the king of the children of Ammon:

15 And said unto him, Thus saith Jephthah, Israel took not *w* away the land of Moab, nor the land of the children of Ammon:

16 But when Israel came up from Egypt, and walked *y* through the wilderness unto the Red sea, and came *z* to Kadesh:

17 Then Israel sent messengers unto the king of Edom, saying, Let me, I pray thee, pass through thy land: but the king of Edom would not hearken thereto. And in like manner they sent unto the king of Moab; but he would not consent: and Israel abode in Kadesh.

18 Then they went along through the wilderness, and compassed *c* the land of Edom, and the land of Moab, and came by the east side of the land of Moab, and pitched on the other side of Arnon, but came not within the border *e* of Moab: for Arnon *was* the border of Moab.

19 And Israel sent *g* messengers unto Sihon king of the Amorites, the king of Heshbon; and Israel said unto him, Let us pass, we pray thee, through thy land into my place.

20 But Sihon trusted not Israel to pass through his coast: but Sihon gathered all

---

B. C. 1161.

β *from the face of.*
a ch. 9. 4.
1 Sa. 22. 2.
γ *after days.*
b Nu. 21. 29.
1 Ki. 11. 7.
Je. 48. 7.
c Mi. 4. 5.
d Ge. 26. 27.
e De. 18. 12.
Ps. 78. 55.
f Nu.22.2,&c.
g Lu. 17. 4.
h Nu. 21. 25.
i De. 2. 36.
k ch. 10. 18.
l Ge. 18. 25.
Ps. 75. 7.
Ec. 12. 14.
m Ge. 16. 5.
31. 53.
1Sa. 24. 12, 15.
n Je. 42. 5.
δ *the hearer.*
o ver. 8.
p ch. 3. 10.
q ch. 20. 1.
1Sa. 10. 17.
r Jephthah seems to have been judge only of North-east Israel.
s Ge. 28. 20.
1 Sa. 1. 11.
Ec. 5. 2,4,5.
t Nu. 21. 24.
ζ *that which cometh forth, which shall come forth.*
u Ge. 32. 22.
v Le. 27. 2, 3.
1Sa.1.11,28
Ps.66.13,14
η *or, or.*
w De. 2. 9,19.
x Eze. 27. 17.
y Nu. 14. 25.
De. 1. 40.
Jos. 5. 6.
θ *or, Abel.*
z Nu.20.1,14, &c.
a ver. 11.
b Ex. 15. 20.
1 Sa. 18. 6.
Ps. 68. 25.
150. 4.
Je. 31. 4.
κ *of himself, or, he had not of his own either son or daughter.*
c Nu.21.4,&c.
d Ge.37.29,34.
e Nu. 22. 36.
f Nu. 30. 2.
Ps. 15. 4.
g Nu. 21.21, &c.
De.2.26,&c
h 2Sa.18.19,31

177

---

his people together, and pitched in Jahaz, and fought against Israel.

21 And the LORD God of Israel delivered Sihon and all his people into the hand of Israel, and they smote them: so Israel possessed all the land of the Amorites, the inhabitants of that country.

22 And they possessed all y*e* coasts of y*e* Amorites, from Arnon even unto Jabbok, and from the wilderness even unto Jordan.

23 So now the LORD God of Israel hath dispossessed the Amorites from before his people Israel, & shouldest thou possess it?

24 Wilt not thou possess that which Chemosh *b* thy god giveth thee to possess? So *c* whomsoever the LORD our God shall drive *e* out from before us, them will we possess.

25 And now *art* thou any thing better than Balak *f* the son of Zippor, king of Moab? did he ever strive against Israel, or did he ever fight against them,

26 While Israel dwelt in Heshbon *h* and her towns, and in Aroer *i* and her towns, and in all the cities that *be* along by the coasts of Arnon, three hundred years? why therefore did ye not recover *them* within that time?

27 Wherefore I have not sinned against thee, but thou doest me wrong to war against me: the LORD the Judge *l* be judge *m* this day between the children of Israel and the children of Ammon.

28 Howbeit the king of the children of Ammon hearkened not unto the words of Jephthah which he sent him.

29 Then the Spirit *p* of the LORD came upon Jephthah, *r* and he passed over Gilead, and Manasseh, and passed over Mizpeh of Gilead, and from Mizpeh of Gilead he passed over *unto* the children of Ammon.

30 And Jephthah vowed *s* a vow unto the LORD, and said, If thou shalt without fail deliver the children of Ammon into mine hands,

31 Then it shall be, that ζ whatsoever cometh forth of the doors of my house to meet me, when I return in peace from the children of Ammon, shall *v* surely be the LORD's, η and I will offer it up for a burnt-offering.

32 So Jephthah passed over unto the children of Ammon, to fight against them; & the LORD delivered them into his hands.

33 And he smote them from Aroer, even till thou come to Minnith, *x* even twenty cities, and unto θ the plain of the vineyards, with a very great slaughter. Thus the children of Ammon were subdued before the children of Israel.

34 And Jephthah came to Mizpeh *a* unto his house, and, behold, his daughter came out to meet him with *b* timbrels and with dances; and she *was his* only child: κ beside her he had neither son nor daughter.

35 And it came to pass, when he saw her, that he rent *d* his clothes, and said, Alas, my daughter! thou hast brought me very low, and thou art one of them that trouble me; for I have opened my mouth unto the LORD, and I cannot *f* go back.

36 And she said unto him, My father, *if* thou hast opened thy mouth unto the LORD, do to me according to that which hath proceeded out of thy mouth; forasmuch as *k* the LORD hath taken vengeance for thee of thine enemies, *even* of the children of Ammon.

37 And she said unto her father, Let

[Right column — Judges 11:34–12:8]

34 וַיָּבֹא יִפְתָּח הַמִּצְפָּה אֶל־בֵּיתוֹ וְהִנֵּה בִתּוֹ יֹצֵאת לִקְרָאתוֹ בְּתֻפִּים וּבִמְחֹלוֹת וְרַק הִיא יְחִידָה אֵין־לוֹ

35 מִמֶּנּוּ בֵּן אוֹ־בַת ׃ וַיְהִי כִרְאוֹתוֹ אוֹתָהּ וַיִּקְרַע אֶת־בְּגָדָיו וַיֹּאמֶר אֲהָהּ בִּתִּי הַכְרֵעַ הִכְרַעְתִּנִי וְאַתְּ הָיִיתְ בְּעֹכְרָי וְאָנֹכִי פָּצִיתִי פִי אֶל־יְהוָה וְלֹא אוּכַל

36 לָשׁוּב ׃ וַתֹּאמֶר אֵלָיו אָבִי פָּצִיתָה אֶת־פִּיךָ אֶל־יְהוָה עֲשֵׂה לִי כַּאֲשֶׁר יָצָא מִפִּיךָ אַחֲרֵי אֲשֶׁר עָשָׂה לְךָ יְהוָה נְקָמוֹת מֵאֹיְבֶיךָ מִבְּנֵי עַמּוֹן

37 ׃ וַתֹּאמֶר אֶל־אָבִיהָ יֵעָשֶׂה לִּי הַדָּבָר הַזֶּה הַרְפֵּה מִמֶּנִּי שְׁנַיִם חֳדָשִׁים וְאֵלְכָה וְיָרַדְתִּי עַל־הֶהָרִים

38 וְאֶבְכֶּה עַל־בְּתוּלַי אָנֹכִי וְרֵעוֹתָי ׃ וַיֹּאמֶר לֵכִי וַיִּשְׁלַח אוֹתָהּ שְׁנֵי חֳדָשִׁים וַתֵּלֶךְ הִיא וְרֵעוֹתֶיהָ

39 וַתֵּבְךְּ עַל־בְּתוּלֶיהָ עַל־הֶהָרִים ׃ וַיְהִי מִקֵּץ שְׁנַיִם חֳדָשִׁים וַתָּשָׁב אֶל־אָבִיהָ וַיַּעַשׂ לָהּ אֶת־נִדְרוֹ אֲשֶׁר נָדָר וְהִיא לֹא־יָדְעָה אִישׁ וַתְּהִי־חֹק בְּיִשְׂרָאֵל

40 ׃ מִיָּמִים יָמִימָה תֵּלַכְנָה בְּנוֹת יִשְׂרָאֵל לְתַנּוֹת לְבַת־יִפְתָּח הַגִּלְעָדִי אַרְבַּעַת יָמִים בַּשָּׁנָה ׃

CAP. XII. יב

1 וַיִּצָּעֵק אִישׁ אֶפְרַיִם וַיַּעֲבֹר צָפוֹנָה וַיֹּאמְרוּ לְיִפְתָּח מַדּוּעַ עָבַרְתָּ לְהִלָּחֵם בִּבְנֵי־עַמּוֹן וְלָנוּ לֹא קָרָאתָ

2 לָלֶכֶת עִמָּךְ בֵּיתְךָ נִשְׂרֹף עָלֶיךָ בָּאֵשׁ ׃ וַיֹּאמֶר יִפְתָּח אֲלֵיהֶם אִישׁ רִיב הָיִיתִי אֲנִי וְעַמִּי וּבְנֵי־עַמּוֹן מְאֹד וָאֶזְעַק אֶתְכֶם וְלֹא־הוֹשַׁעְתֶּם אוֹתִי מִיָּדָם

3 ׃ וָאֶרְאֶה כִּי־אֵינְךָ מוֹשִׁיעַ וָאָשִׂימָה נַפְשִׁי בְכַפִּי וָאֶעְבְּרָה אֶל־בְּנֵי עַמּוֹן וַיִּתְּנֵם יְהוָה בְּיָדִי וְלָמָה עֲלִיתֶם אֵלַי הַיּוֹם הַזֶּה לְהִלָּחֶם בִּי

4 ׃ וַיִּקְבֹּץ יִפְתָּח אֶת־כָּל־אַנְשֵׁי גִלְעָד וַיִּלָּחֶם אֶת־אֶפְרָיִם וַיַּכּוּ אַנְשֵׁי גִלְעָד אֶת־אֶפְרַיִם כִּי אָמְרוּ פְּלִיטֵי אֶפְרַיִם אַתֶּם גִּלְעָד בְּתוֹךְ אֶפְרַיִם בְּתוֹךְ מְנַשֶּׁה

5 ׃ וַיִּלְכֹּד גִּלְעָד אֶת־מַעְבְּרוֹת הַיַּרְדֵּן לְאֶפְרָיִם וְהָיָה כִּי יֹאמְרוּ פְּלִיטֵי אֶפְרַיִם אֶעֱבֹרָה וַיֹּאמְרוּ לוֹ אַנְשֵׁי־גִלְעָד הַאֶפְרָתִי אַתָּה וַיֹּאמֶר לֹא

6 ׃ וַיֹּאמְרוּ לוֹ אֱמָר־נָא שִׁבֹּלֶת וַיֹּאמֶר סִבֹּלֶת וְלֹא יָכִין לְדַבֵּר כֵּן וַיֹּאחֲזוּ אוֹתוֹ וַיִּשְׁחָטוּהוּ אֶל־מַעְבְּרוֹת הַיַּרְדֵּן וַיִּפֹּל בָּעֵת

7 הַהִיא מֵאֶפְרַיִם אַרְבָּעִים וּשְׁנָיִם אָלֶף ׃ וַיִּשְׁפֹּט יִפְתָּח אֶת־יִשְׂרָאֵל שֵׁשׁ שָׁנִים וַיָּמָת יִפְתָּח הַגִּלְעָדִי וַיִּקָּבֵר בְּעָרֵי גִלְעָד ׃

8 וַיִּשְׁפֹּט אַחֲרָיו אֶת־יִשְׂרָאֵל אִבְצָן מִבֵּית לָחֶם ׃

[Left column — Judges 12:9–13:12]

9 וּשְׁלֹשִׁים בָּנוֹת שִׁלַּח הַחוּצָה וּשְׁלֹשִׁים בָּנוֹת הֵבִיא לְבָנָיו מִן־הַחוּץ וַיִּשְׁפֹּט אֶת־יִשְׂרָאֵל שֶׁבַע שָׁנִים

10 ׃ וַיָּמָת אִבְצָן וַיִּקָּבֵר בְּבֵית לָחֶם ׃

11 וַיִּשְׁפֹּט אַחֲרָיו אֶת־יִשְׂרָאֵל אֵילוֹן הַזְּבוּלֹנִי וַיִּשְׁפֹּט אֶת־יִשְׂרָאֵל עֶשֶׂר שָׁנִים

12 ׃ וַיָּמָת אֵילוֹן הַזְּבוּלֹנִי וַיִּקָּבֵר בְּאַיָּלוֹן בְּאֶרֶץ זְבוּלֻן ׃

13 וַיִּשְׁפֹּט אַחֲרָיו אֶת־יִשְׂרָאֵל עַבְדּוֹן בֶּן־הִלֵּל הַפִּרְעָתוֹנִי ׃

14 וַיְהִי־לוֹ אַרְבָּעִים בָּנִים וּשְׁלֹשִׁים בְּנֵי בָנִים רֹכְבִים עַל־שִׁבְעִים עֲיָרִם וַיִּשְׁפֹּט אֶת־יִשְׂרָאֵל שְׁמֹנֶה שָׁנִים

15 ׃ וַיָּמָת עַבְדּוֹן בֶּן־הִלֵּל הַפִּרְעָתוֹנִי וַיִּקָּבֵר בְּפִרְעָתוֹן בְּאֶרֶץ אֶפְרַיִם בְּהַר הָעֲמָלֵקִי ׃

CAP. XIII. יג

1 וַיֹּסִפוּ בְּנֵי יִשְׂרָאֵל לַעֲשׂוֹת הָרַע בְּעֵינֵי יְהוָה וַיִּתְּנֵם יְהוָה בְּיַד־פְּלִשְׁתִּים אַרְבָּעִים שָׁנָה ׃

2 וַיְהִי אִישׁ אֶחָד מִצָּרְעָה מִמִּשְׁפַּחַת הַדָּנִי וּשְׁמוֹ מָנוֹחַ וְאִשְׁתּוֹ עֲקָרָה וְלֹא יָלָדָה ׃

3 וַיֵּרָא מַלְאַךְ־יְהוָה אֶל־הָאִשָּׁה וַיֹּאמֶר אֵלֶיהָ הִנֵּה־נָא אַתְּ־עֲקָרָה וְלֹא יָלַדְתְּ וְהָרִית וְיָלַדְתְּ בֵּן ׃

4 וְעַתָּה הִשָּׁמְרִי נָא וְאַל־תִּשְׁתִּי יַיִן וְשֵׁכָר וְאַל־תֹּאכְלִי כָּל־טָמֵא ׃

5 כִּי הִנָּךְ הָרָה וְיֹלַדְתְּ בֵּן וּמוֹרָה לֹא־יַעֲלֶה עַל־רֹאשׁוֹ כִּי־נְזִיר אֱלֹהִים יִהְיֶה הַנַּעַר מִן־הַבָּטֶן וְהוּא יָחֵל לְהוֹשִׁיעַ אֶת־יִשְׂרָאֵל מִיַּד פְּלִשְׁתִּים ׃

6 וַתָּבֹא הָאִשָּׁה וַתֹּאמֶר לְאִישָׁהּ לֵאמֹר אִישׁ הָאֱלֹהִים בָּא אֵלַי וּמַרְאֵהוּ כְּמַרְאֵה מַלְאַךְ הָאֱלֹהִים נוֹרָא מְאֹד וְלֹא שְׁאִלְתִּיהוּ אֵי־מִזֶּה הוּא וְאֶת־שְׁמוֹ לֹא־הִגִּיד לִי ׃

7 וַיֹּאמֶר לִי הִנָּךְ הָרָה וְיֹלַדְתְּ בֵּן וְעַתָּה אַל־תִּשְׁתִּי יַיִן וְשֵׁכָר וְאַל־תֹּאכְלִי כָּל־טֻמְאָה כִּי־נְזִיר אֱלֹהִים יִהְיֶה הַנַּעַר מִן־הַבֶּטֶן עַד־יוֹם מוֹתוֹ ׃

8 וַיֶּעְתַּר מָנוֹחַ אֶל־יְהוָה וַיֹּאמַר בִּי אֲדוֹנָי אִישׁ הָאֱלֹהִים אֲשֶׁר שָׁלַחְתָּ יָבוֹא־נָא עוֹד אֵלֵינוּ וְיוֹרֵנוּ מַה־נַּעֲשֶׂה לַנַּעַר הַיּוּלָּד ׃

9 וַיִּשְׁמַע הָאֱלֹהִים בְּקוֹל מָנוֹחַ וַיָּבֹא מַלְאַךְ הָאֱלֹהִים עוֹד אֶל־הָאִשָּׁה וְהִיא יוֹשֶׁבֶת בַּשָּׂדֶה וּמָנוֹחַ אִישָׁהּ אֵין עִמָּהּ ׃

10 וַתְּמַהֵר הָאִשָּׁה וַתָּרָץ וַתַּגֵּד לְאִישָׁהּ וַתֹּאמֶר אֵלָיו הִנֵּה נִרְאָה אֵלַי הָאִישׁ אֲשֶׁר־בָּא בַיּוֹם אֵלָי ׃

11 וַיָּקָם וַיֵּלֶךְ מָנוֹחַ אַחֲרֵי אִשְׁתּוֹ וַיָּבֹא אֶל־הָאִישׁ וַיֹּאמֶר לוֹ הַאַתָּה הָאִישׁ אֲשֶׁר־דִּבַּרְתָּ אֶל־הָאִשָּׁה וַיֹּאמֶר אָנִי ׃

12 וַיֹּאמֶר מָנוֹחַ עַתָּה יָבֹא דְבָרֶיךָ מַה־יִּהְיֶה

this thing be done for me : let me alone two months, that I may β go up and down upon the mountains, and bewail my virginity, I and my fellows.

38 And he said, Go. And he sent her away *for* two months: and she went with her companions, and bewailed her virginity upon the mountains.

39 And it came to pass, at the end of two months, that she returned unto her father, who*f* did with her *according to his* vow which he had vowed: and she knew no man. And it was a δ custom in Israel,

40 *That* the daughters of Israel went yearly ζ to η lament the daughter of Jephthah the Gileadite four days in a year.

CHAP. XII.

AND *h* the men of Ephraim θ gathered themselves together, and went northward, and said unto Jephthah, Wherefore passedst thou over to fight against the children of Ammon, and didst not call us to go with thee? we will burn thine house upon thee with fire.

2 And Jephthah said unto them, I and my people were at great strife with the children of Ammon; and when I called you, ye delivered me not out of their hands.

3 And when I saw that ye delivered *me* not, I put *m* my life in my hands, and passed over against the children of Ammon, and the LORD delivered them into my hand: wherefore then are ye come up unto me this day, to fight against me ?

4 Then Jephthah gathered together all the men of Gilead, and fought with Ephraim : and the men of Gilead smote Ephraim, because they said, Ye Gileadites *are* fugitives of Ephraim among the Ephraimites, *and* among the Manassites.

5 And the Gileadites took the passages *n* of Jordan before the Ephraimites: and it was *so*, that when those Ephraimites which were escaped said, Let me go over, that the men of Gilead said unto him, *Art* thou an Ephraimite? If he said, Nay;

6 Then said they unto him, Say now Shibboleth; κ and he said Sibboleth: for he could not frame to pronounce *it* right. Then they took him, & slew him at the passages•of Jordan : and there fell at that time of the Ephraimites forty and two thousand.

7 And Jephthah judged Israel six years. Then died Jephthah the Gileadite, and was buried in *one of* the cities of Gilead.

8 And after him Ibzan*p* of Beth-lehem judged Israel.

9 And he had thirty sons, and thirty daughters, *whom* he sent abroad, and took in thirty daughters from abroad for his sons. And he judged Israel seven years.

10 Then died Ibzan, and was buried at Beth-lehem.

11 And after him Elon,*r* a Zebulonite, judged Israel,& he judged Israel ten years.

12 And Elon the Zebulonite died, and was buried in Aijalon *s* in the country of Zebulun.

13 And after him Abdon *t* the son of Hillel, a Pirathonite, judged Israel.

14 And he had forty sons and thirty *u* nephews, that rode *w* on threescore and ten ass colts: and he judged Israel eight years.

15 And Abdon the son of Hillel the Pirathonite died, and was buried in Pirathon in the land of Ephraim, in the mount *x* of the Amalekites.

(center column notes)

B. C. 1143.

β *go and go down.*
γ *added to commit.* Ro.2.6.
a Je. 13.23.
b This seems a partial captivity.
c 1 Sa. 12. 9.
d Jos. 19. 41.
e Lu.1.11,&c.
f ver.31. 1Sa.1.22,24 2.18.
δ or, *ordinance.*
ζ *from year to year.*
η or, *talk with.* ch.5. 11.
g 1 Sa. 1. 11.
h ch. 8. 1.
θ *were called* i Nu.6.2,&c.
k 1 Ki. 17. 24.
l Mat. 28. 3. Ac. 6. 15.
m 1 Sa. 19. 5. 28. 21. Job 13. 14. Ps. 119.109.
n ch. 3. 28. 7. 24. Jos. 22. 11.
κ Which signifieth *a stream, or, flood.* Ps. 69.2,15. Is. 27. 12.
λ *What shall be the manner of.*
μ What shall be his *work, or, what shall he do.*
o ver. 4.
p He seems to have been only a civil judge to do justice in Northeast Israel.
q ch.6.18,&c.
v before.
r A civil judge in Northeast Israel.
s 1Ch. 8. **13.**
t A civil judge also in Northeast Israel.
u sons' sons.
v Ge. 32. 29.
w ch. 5. 10. 10. 4.
π or, *wonderful.* Is. 9. 6.
x ch. 3. 13,27. 5. 14.

CHAP. XIII.

AND the children of Israel γ did evil again *a* in the sight of the LORD ; and the LORD delivered *b* them into *c* the hand of the Philistines forty years.

2 And there was a certain man of Zorah,*d* of the family of the Danites, whose name *was* Manoah; and his wife *was* barren, and bare not.

3 And the angel*e* of the LORD appeared unto the woman, and said unto her, Behold now, thou *art* barren,and bear not: but thou shalt conceive, and bear a son.

4 Now therefore beware, I pray thee, and drink not wine nor strong drink, and eat not any unclean *thing :*

5 For, lo, thou shalt conceive, and bear a son ; and no *g* razor shall come on his head : for the child shall be a *i* Nazarite unto God from the womb; and he shall begin to deliver Israel out of the hand of the Philistines.

6 Then the woman came and told her husband, saying, A *k* man of God came unto me, and his countenance*l was* like the countenance of an angel of God, very terrible ; but I asked him not whence he *was*, neither told he me his name :

7 But he said unto me, Behold, thou shalt conceive, and bear a son ; and now drink no wine nor strong drink, neither eat any unclean *thing :* for the child shall be a Nazarite to God from the womb to the day of his death.

8 Then Manoah intreated the LORD, and said, O my Lord, let the man of God which thou didst send come again unto us, and teach us what we shall do unto the child that shall be born.

9 And God hearkened to the voice of Manoah; and the angel of God came again unto the woman as she sat in the field : but Manoah her husband *was* not with her.

10 And the woman made haste, and ran, and shewed her husband, and said unto him, Behold, the man hath appeared unto me, that came unto me the *other* day.

11 And Manoah arose, and went after his wife, and came to the man, and said unto him, *Art* thou the man that spakest unto the woman? And he said, I *am*.

12 And Manoah said,Now let thy words come to pass: λ how shall we order the child ? and μ how shall we do unto him?

13 And the angel of the LORD said unto Manoah, Of all that I said unto the woman let her beware.

14 She *o* may not eat of any *thing* that cometh of the vine, neither let her drink wine or strong drink, nor eat any unclean *thing :* all that I commanded her let her observe.

15 And Manoah said unto the angel of the LORD, I pray thee, let *q* us detain thee, until we shall have made ready a kid *v* for thee.

16 And the angel of the LORD said unto Manoah, Though thou detain me, I will not eat of thy bread ; and if thou wilt offer a burnt-offering, thou must offer it unto the LORD : for Manoah knew not that he *was* an angel of the LORD.

17 And Manoah said unto the angel of the LORD, What *v is* thy name, that when thy sayings come to pass, we may do thee honour ?

18 And the angel of the LORD said unto him, Why askest thou thus after my name, seeing it *is* π secret?

19 So Manoah took a kid with a meat-

13 וַיֹּ֛אמֶר מַלְאַ֥ךְ יְהוָ֖ה אֶל־מָנ֑וֹחַ מִכֹּ֛ל אֲשֶׁר־אָמַ֥רְתִּי אֶל־הָאִשָּׁ֖ה תִּשָּׁמֵֽר׃

14 מִכֹּ֣ל אֲשֶׁר־יֵצֵא֩ מִגֶּ֨פֶן הַיַּ֜יִן לֹ֣א תֹאכַ֗ל וְיַ֤יִן וְשֵׁכָר֙ אַל־תֵּ֔שְׁתְּ וְכָל־טֻמְאָ֖ה אַל־תֹּאכַ֑ל כֹּ֥ל אֲשֶׁר־צִוִּיתִ֖יהָ תִּשְׁמֹֽר׃

15 וַיֹּ֥אמֶר מָנ֖וֹחַ אֶל־מַלְאַ֣ךְ יְהוָ֑ה נַעְצְרָה־נָּ֣א אוֹתָ֔ךְ וְנַעֲשֶׂ֥ה לְפָנֶ֖יךָ גְּדִ֥י עִזִּֽים׃

16 וַיֹּאמֶר֩ מַלְאַ֨ךְ יְהוָ֜ה אֶל־מָנ֗וֹחַ אִם־תַּעְצְרֵ֙נִי֙ לֹא־אֹכַ֣ל בְּלַחְמֶ֔ךָ וְאִם־תַּעֲשֶׂ֣ה עֹלָ֔ה לַיהוָ֖ה תַּעֲלֶ֑נָּה כִּ֚י לֹא־יָדַ֣ע מָנ֔וֹחַ כִּֽי־מַלְאַ֥ךְ יְהוָ֖ה הֽוּא׃

17 וַיֹּ֧אמֶר מָנ֛וֹחַ אֶל־מַלְאַ֥ךְ יְהוָ֖ה מִ֣י שְׁמֶ֑ךָ כִּֽי־יָבֹ֥א דְבָרְךָ֖ וְכִבַּדְנֽוּךָ׃

18 וַיֹּ֤אמֶר לוֹ֙ מַלְאַ֣ךְ יְהוָ֔ה לָ֥מָּה זֶּ֖ה תִּשְׁאַ֣ל לִשְׁמִ֑י וְהוּא־פֶֽלִאי׃

19 וַיִּקַּ֨ח מָנ֜וֹחַ אֶת־גְּדִ֤י הָעִזִּים֙ וְאֶת־הַמִּנְחָ֔ה וַיַּ֥עַל עַל־הַצּ֖וּר לַֽיהוָ֑ה וּמַפְלִ֣א לַעֲשׂ֔וֹת וּמָנ֥וֹחַ וְאִשְׁתּ֖וֹ רֹאִֽים׃

20 וַיְהִי֩ בַעֲל֨וֹת הַלַּ֜הַב מֵעַ֤ל הַמִּזְבֵּ֙חַ֙ הַשָּׁמַ֔יְמָה וַיַּ֥עַל מַלְאַךְ־יְהוָ֖ה בְּלַ֣הַב הַמִּזְבֵּ֑חַ וּמָנ֤וֹחַ וְאִשְׁתּוֹ֙ רֹאִ֔ים וַיִּפְּל֥וּ עַל־פְּנֵיהֶ֖ם אָֽרְצָה׃

21 וְלֹא־יָ֤סַף עוֹד֙ מַלְאַ֣ךְ יְהוָ֔ה לְהֵרָאֹ֖ה אֶל־מָנ֣וֹחַ וְאֶל־אִשְׁתּ֑וֹ אָ֚ז יָדַ֣ע מָנ֔וֹחַ כִּֽי־מַלְאַ֥ךְ יְהוָ֖ה הֽוּא׃

22 וַיֹּ֧אמֶר מָנ֛וֹחַ אֶל־אִשְׁתּ֖וֹ מ֣וֹת נָמ֑וּת כִּ֥י אֱלֹהִ֖ים רָאִֽינוּ׃

23 וַתֹּ֧אמֶר ל֣וֹ אִשְׁתּ֗וֹ ל֣וּ חָפֵ֤ץ יְהוָה֙ לַהֲמִיתֵ֔נוּ לֹֽא־לָקַ֤ח מִיָּדֵ֙נוּ֙ עֹלָ֣ה וּמִנְחָ֔ה וְלֹ֥א הֶרְאָ֖נוּ אֶת־כָּל־אֵ֑לֶּה וְכָעֵ֕ת לֹ֥א הִשְׁמִיעָ֖נוּ כָּזֹֽאת׃

24 וַתֵּ֤לֶד הָֽאִשָּׁה֙ בֵּ֔ן וַתִּקְרָ֥א אֶת־שְׁמ֖וֹ שִׁמְשׁ֑וֹן וַיִּגְדַּ֤ל הַנַּ֙עַר֙ וַֽיְבָרְכֵ֖הוּ יְהוָֽה׃

25 וַתָּ֙חֶל֙ ר֣וּחַ יְהוָ֔ה לְפַעֲמ֖וֹ בְּמַחֲנֵה־דָ֑ן בֵּ֥ין צָרְעָ֖ה וּבֵ֥ין אֶשְׁתָּאֹֽל׃

CAP. XIV. יד

1 וַיֵּ֥רֶד שִׁמְשׁ֖וֹן תִּמְנָ֑תָה וַיַּ֥רְא אִשָּׁ֛ה בְּתִמְנָ֖תָה מִבְּנ֥וֹת פְּלִשְׁתִּֽים׃

2 וַיַּ֗עַל וַיַּגֵּד֙ לְאָבִ֣יו וּלְאִמּ֔וֹ וַיֹּ֗אמֶר אִשָּׁ֞ה רָאִ֤יתִי בְתִמְנָ֙תָה֙ מִבְּנ֣וֹת פְּלִשְׁתִּ֔ים וְעַתָּ֕ה קְחֽוּ־אוֹתָ֥הּ לִּ֖י לְאִשָּֽׁה׃

3 וַיֹּ֨אמֶר ל֜וֹ אָבִ֣יו וְאִמּ֗וֹ הַאֵין֩ בִּבְנ֨וֹת אַחֶ֤יךָ וּבְכָל־עַמִּי֙ אִשָּׁ֔ה כִּֽי־אַתָּ֤ה הוֹלֵךְ֙ לָקַ֣חַת אִשָּׁ֔ה מִפְּלִשְׁתִּ֖ים הָעֲרֵלִ֑ים וַיֹּ֨אמֶר שִׁמְשׁ֤וֹן אֶל־אָבִיו֙ אוֹתָ֣הּ קַֽח־לִ֔י כִּֽי־הִ֖יא יָשְׁרָ֥ה בְעֵינָֽי׃

4 וְאָבִ֨יו וְאִמּ֜וֹ לֹ֣א יָדְע֗וּ כִּ֤י מֵיְהוָה֙ הִ֔יא כִּֽי־תֹאֲנָ֥ה הֽוּא־מְבַקֵּ֖שׁ מִפְּלִשְׁתִּ֑ים וּבָעֵ֣ת הַהִ֔יא פְּלִשְׁתִּ֖ים מֹשְׁלִ֥ים בְּיִשְׂרָאֵֽל׃

5 וַיֵּ֧רֶד שִׁמְשׁ֛וֹן וְאָבִ֥יו וְאִמּ֖וֹ תִּמְנָ֑תָה וַיָּבֹ֙אוּ֙ עַד־כַּרְמֵ֣י תִמְנָ֔תָה וְהִנֵּה֙ כְּפִ֣יר אֲרָי֔וֹת שֹׁאֵ֖ג לִקְרָאתֽוֹ׃

6 וַתִּצְלַ֨ח עָלָ֜יו ר֣וּחַ יְהוָ֗ה וַֽיְשַׁסְּעֵ֙הוּ֙ כְּשַׁסַּ֣ע הַגְּדִ֔י וּמְא֖וּמָה אֵ֣ין בְּיָד֑וֹ וְלֹ֤א הִגִּיד֙ לְאָבִ֣יו וּלְאִמּ֔וֹ אֵ֖ת אֲשֶׁ֥ר עָשָֽׂה׃

7 וַיֵּ֖רֶד וַיְדַבֵּ֣ר לָאִשָּׁ֑ה וַתִּישַׁ֖ר בְּעֵינֵ֥י שִׁמְשֽׁוֹן׃

8 וַיָּ֤שָׁב מִיָּמִים֙ לְקַחְתָּ֔הּ וַיָּ֣סַר לִרְא֔וֹת אֵ֖ת מַפֶּ֣לֶת הָאַרְיֵ֑ה וְהִנֵּ֞ה עֲדַ֧ת דְּבוֹרִ֛ים בִּגְוִיַּ֥ת הָאַרְיֵ֖ה וּדְבָֽשׁ׃

9 וַיִּרְדֵּ֣הוּ אֶל־כַּפָּ֗יו וַיֵּ֤לֶךְ הָלוֹךְ֙ וְאָכֹ֔ל וַיֵּ֙לֶךְ֙ אֶל־אָבִ֣יו וְאֶל־אִמּ֔וֹ וַיִּתֵּ֥ן לָהֶ֖ם וַיֹּאכֵ֑לוּ וְלֹֽא־הִגִּ֣יד לָהֶ֔ם כִּ֛י מִגְּוִיַּ֥ת הָאַרְיֵ֖ה רָדָ֥ה הַדְּבָֽשׁ׃

10 וַיֵּ֥רֶד אָבִ֖יהוּ אֶל־הָאִשָּׁ֑ה וַיַּ֨עַשׂ שָׁ֤ם שִׁמְשׁוֹן֙ מִשְׁתֶּ֔ה כִּ֛י כֵּ֥ן יַעֲשׂ֖וּ הַבַּחוּרִֽים׃

11 וַיְהִ֖י כִּרְאוֹתָ֣ם אוֹת֑וֹ וַיִּקְח֤וּ שְׁלֹשִׁים֙ מֵֽרֵעִ֔ים וַיִּהְי֖וּ אִתּֽוֹ׃

12 וַיֹּ֤אמֶר לָהֶם֙ שִׁמְשׁ֔וֹן אָחֽוּדָה־נָּ֥א לָכֶ֖ם חִידָ֑ה אִם־הַגֵּ֣ד תַּגִּידוּ֩ אוֹתָ֨הּ לִ֜י שִׁבְעַ֨ת יְמֵ֤י הַמִּשְׁתֶּה֙ וּמְצָאתֶ֔ם וְנָתַתִּ֤י לָכֶם֙ שְׁלֹשִׁ֣ים סְדִינִ֔ים וּשְׁלֹשִׁ֖ים חֲלִפֹ֥ת בְּגָדִֽים׃

13 וְאִם־לֹ֣א תוּכְלוּ֮ לְהַגִּ֣יד לִי֒ וּנְתַתֶּ֥ם אַתֶּ֛ם לִ֥י שְׁלֹשִׁ֣ים סְדִינִ֔ים וּשְׁלֹשִׁ֖ים חֲלִיפ֣וֹת בְּגָדִ֑ים וַיֹּ֣אמְרוּ ל֔וֹ ח֥וּדָה חִידָתְךָ֖ וְנִשְׁמָעֶֽנָּה׃

14 וַיֹּ֣אמֶר לָהֶ֗ם מֵהָֽאֹכֵל֙ יָצָ֣א מַאֲכָ֔ל וּמֵעַ֖ז יָצָ֣א מָת֑וֹק וְלֹ֥א יָכְל֛וּ לְהַגִּ֥יד הַחִידָ֖ה שְׁלֹ֥שֶׁת יָמִֽים׃

15 וַיְהִ֣י ׀ בַּיּ֣וֹם הַשְּׁבִיעִ֗י וַיֹּאמְר֤וּ לְאֵֽשֶׁת־שִׁמְשׁוֹן֙ פַּתִּ֣י אֶת־אִישֵׁ֗ךְ וְיַגֶּד־לָ֙נוּ֙ אֶת־הַ֣חִידָ֔ה פֶּן־נִשְׂרֹ֥ף אוֹתָ֛ךְ וְאֶת־בֵּ֥ית אָבִ֖יךְ בָּאֵ֑שׁ הַלְיָרְשֵׁ֕נוּ קְרָאתֶ֥ם לָ֖נוּ הֲלֹֽא׃

16 וַתֵּבְךְּ֩ אֵ֨שֶׁת שִׁמְשׁ֜וֹן עָלָ֗יו וַתֹּ֙אמֶר֙ רַק־שְׂנֵאתַ֙נִי֙ וְלֹ֣א אֲהַבְתָּ֔נִי הַֽחִידָ֥ה חַ֙דְתָּ֙ לִבְנֵ֣י עַמִּ֔י וְלִ֖י לֹ֣א הִגַּ֑דְתָּה וַיֹּ֣אמֶר לָ֗הּ הִנֵּ֤ה לְאָבִ֙י וּלְאִמִּי֙ לֹ֣א הִגַּ֔דְתִּי וְלָ֖ךְ אַגִּֽיד׃

17 וַתֵּ֤בְךְּ עָלָיו֙ שִׁבְעַ֣ת הַיָּמִ֔ים אֲשֶׁר־הָיָ֥ה לָהֶ֖ם הַמִּשְׁתֶּ֑ה וַיְהִ֣י ׀ בַּיּ֣וֹם הַשְּׁבִיעִ֗י וַיַּגֶּד־לָהּ֙ כִּ֣י הֱצִיקַ֔תְהוּ וַתַּגֵּ֥ד הַחִידָ֖ה לִבְנֵ֥י עַמָּֽהּ׃

18 וַיֹּ֣אמְרוּ לוֹ֩ אַנְשֵׁ֨י הָעִ֜יר בַּיּ֣וֹם הַשְּׁבִיעִ֗י בְּטֶ֙רֶם֙ יָבֹ֣א הַחַ֔רְסָה מַה־מָּת֣וֹק מִדְּבַ֔שׁ וּמֶ֥ה עַ֖ז מֵאֲרִ֑י וַיֹּ֣אמֶר לָהֶ֔ם לוּלֵא֙ חֲרַשְׁתֶּ֣ם בְּעֶגְלָתִ֔י לֹ֥א מְצָאתֶ֖ם חִידָתִֽי׃

19 וַתִּצְלַ֨ח עָלָ֜יו ר֣וּחַ יְהוָ֗ה וַיֵּ֨רֶד אַשְׁקְל֜וֹן וַיַּ֥ךְ מֵהֶ֣ם ׀ שְׁלֹשִׁ֣ים אִ֗ישׁ וַיִּקַּח֙ אֶת־חֲלִ֣יצוֹתָ֔ם וַיִּתֵּן֙ הַחֲלִיפ֔וֹת לְמַגִּידֵ֖י הַחִידָ֑ה וַיִּ֣חַר אַפּ֔וֹ וַיַּ֖עַל בֵּ֥ית אָבִֽיהוּ׃

20 וַתְּהִ֖י אֵ֣שֶׁת שִׁמְשׁ֑וֹן לְמֵ֣רֵעֵ֔הוּ אֲשֶׁ֥ר רֵעָ֖ה לֽוֹ׃

CAP. XV. טו

1 וַיְהִ֨י מִיָּמִ֜ים בִּימֵ֣י קְצִיר־חִטִּ֗ים וַיִּפְקֹ֨ד שִׁמְשׁ֤וֹן אֶת־אִשְׁתּוֹ֙ בִּגְדִ֣י עִזִּ֔ים וַיֹּ֕אמֶר אָבֹ֥אָה אֶל־אִשְׁתִּ֖י הֶחָ֑דְרָה וְלֹֽא־נְתָנ֥וֹ אָבִ֖יהָ לָבֽוֹא׃

2 וַיֹּ֣אמֶר אָבִ֗יהָ אָמֹ֤ר אָמַ֙רְתִּי֙ כִּֽי־שָׂנֹ֣א שְׂנֵאתָ֔הּ וָאֶתְּנֶ֖נָּה לְמֵרֵעֶ֑ךָ הֲלֹ֨א

offering, and *a* offered *it* upon a rock unto the LORD: and *the angel* did wonderously; and Manoah and his wife looked on.

20 For it came to pass, when the flame went up toward heaven from off the altar, that the angel of the LORD ascended in the flame of the altar. And Manoah and his wife looked on *it*, and fell *d* on their faces to the ground.

21 But the angel of the LORD did no more appear to Manoah and to his wife. Then Manoah knew that he *was* an angel of the LORD.

22 And Manoah said unto his wife, We shall *e* surely die, because we have seen God.

23 But his wife said unto him, If the LORD were pleased to kill us, he would not have received a burnt-offering and a meat-offering at our hands; *h* neither would he have shewed us all these *things*, nor would, as at this time, have told us *such things* as these.

24 And the woman bare a son, and called his name Samson: *k* and *l* the child grew, and the LORD blessed him.

25 And the Spirit *m* of the LORD began to move him at times in *ō* the camp of Dan between Zorah *n* and Eshtaol.

CHAP. XIV.

AND Samson went down to *o* Timnath, and saw *q* a woman in Timnath of the daughters of the Philistines.

2 And he came up, and told his father and his mother, and said, I have seen a woman in Timnath of the daughters of the Philistines; now, therefore, get her for me to wife.

3 Then his father and his mother said unto him, *Is there* never a woman among the daughters of thy brethren,*s* or among all my people, that thou goest to take a wife of the uncircumcised *t* Philistines? And Samson said unto his father, Get her for me; for she *θ* pleaseth me well.

4 But his father and his mother knew : not that it *was* of the LORD,*v* that he sought an occasion against the Philistines: for at that time the *x* Philistines had dominion over Israel.

5 Then went Samson down, and his father and his mother, to Timnath, and came to the vineyards of Timnath: and, behold, a young lion roared *κ* against him.

6 And the Spirit *y* of the LORD came mightily upon him, and *z* he rent him as he would have rent a kid, and *he had* nothing in his hand: but he told not his father or his mother what he had done.

7 And he went down, and talked with the woman; and she pleased Samson well.

8 And after a time he returned to take her, & he turned aside to see the carcase of the lion; and, behold, *there was* a swarm of bees and honey in the carcase of the lion.

9 And *b* he took thereof in his hands, and went on eating, and came to his father and mother, and he gave them, and they did eat: but he told not them that he had taken the honey out of the carcase of the lion.

10 So his father went down unto the woman: and Samson made there a feast; *d* for so used the young men to do.

11 And it came to pass, when they saw him, that they brought thirty companions to be with him.

12 And Samson said unto them, I will now put forth a riddle *e* unto you: if ye

B. C. 1161.

a ch.6.19..23.
b Ge. 29. 27.
  2 Ch. 7. 8.
β or, *shirts.*
c Ge. 45. 22.
d Le. 9. 24.
  1Ch.21.16,26
  Eze. 1. 28.
  Mat. 17. 6.
e Ex. 33. 20.
  De. 5. 26.
f ch. 16. 5.
  Pr. 1. 10.
g ch. 15. 6.
h Ps. 25. 14.
  27. 13.
  Pr. 3. 32.
  Jnᵒ. 15. 15.
γ *possess us,*
  or, impo-
  verish us.
i ch. 16. 15.
k He. 11. 32.
l 1 Sa. 3. 19.
m ch. 3. 10.
δ *Mahaneh-*
  dan, as
  ch. 18. 12.
ζ or, the rest
  of *the.*
n ch. 18. 11.
  Jos. 15. 33.
o Ge. 38. 13.
  Jos. 15. 10.
p Lu. 11. 8.
  18. 4, 5.
q Ge. 34. 1, 2.
r ver. 6.
s Ge. 24. 3, 4.
η or, *apparel.*
t Ge. 34. 14.
  Ex.34.12,16
  De. 7. 3.
θ is *right in*
  mine eyes.
u ch. 15. 2.
v Jos. 11. 20.
  2 Ki. 6. 33.
  2Ch. 10. 15.
  22. 7.
  25. 20.
w Je. 9. 4.
  Mi. 7. 5.
  Jnᵒ. 3. 29.
x ch. 13. 1.
κ *in meeting*
  him.
y ch. 13. 25.
  1 Sa. 11. 6.
z 1 Sa. 17. 34,
  35.
a ch. 14. 20.
λ *let her be*
  thine.
μ or, *blame-*
  less from.
b 1Sa. 14. 25..
  30.
  Pr. 25. 16.
ν or, *torches.*
c 2 Sa. 14. 30.
d Es. 1. 7, &c.
  Ec. 10. 19.
e Pr. 1. 6.
  Eze. 17. 2.
  Lu. 14. 7.
f ch. 14. 15.

can certainly declare it me within the seven *b* days of the feast, and find *it* out, then I will give you thirty *β* sheets, and thirty change *e* of garments:

13 But if ye cannot declare *it* me, then shall ye give me thirty sheets, and thirty change of garments. And they said unto him, Put forth thy riddle, that we may hear it.

14 And he said unto them, Out of the eater came forth meat, and out of the strong came forth sweetness. And they could not in three days expound the riddle."

15 And it came to pass on the seventh day, that they said unto Samson's wife, Entice *f* thy husband, that he may declare unto us the riddle, lest *g* we burn thee and thy father's house with fire: have ye called us to *γ* take that we have? *is it* not *so?*

16 And Samson's wife wept before him, and said, Thou *i* dost but hate me, and lovest me not: thou hast put forth a riddle unto the children of my people, and hast not told *it* me. And he said unto her, Behold, I have not told *it* my father nor my mother, and shall I tell *it* thee?

17 And she wept before him *ζ* the seven days,while their feast lasted: and it came to pass on the seventh day,that he told her,because *k* she lay sore upon him; and she told the riddle to the children of her people.

18 And the men of the city said unto him on the seventh day, before the sun went down, What *is* sweeter than honey? and what *is* stronger than a lion? And he said unto them, If ye had not plowed with my heifer, ye had not found out my riddle.

19 And *r* the Spirit of the LORD came upon him, and he went down to Ashkelon, and slew thirty men of them, and took their *η* spoil, and gave change of garments unto them which expounded the riddle: and his anger was kindled, and he went up to his father's house.

20 But Samson's wife was *given u* to his companion, whom he had used as his friend.*w*

CHAP. XV.

BUT it came to pass within a while after, in the time of wheat harvest, that Samson visited his wife with a kid; and he said, I will go in to my wife into the chamber. But her father would not suffer him to go in.

2 And her father said, I verily thought that thou hadst utterly hated her ; therefore *a* I gave her to thy companion : *is* not her younger sister fairer than she? *λ* take her, I pray thee, instead of her.

3 And Samson said concerning them, Now shall I be *μ* more blameless than the Philistines, though I do them a displeasure.

4 And Samson went and caught three hundred foxes, and took *ν* fire-brands, and turned tail to tail, and put a firebrand in the midst between two tails.

5 And when he had set the brands on fire, he let *them* go into the standing corn *c* of the Philistines, and burnt up both the shocks, and also the standing corn, with the vineyards *and* olives.

6 Then the Philistines said, Who hath done this? And they answered, Samson, the son-in-law of the Timnite, because he had taken his wife, and given her to his companion. And the Philistines came up, and burnt *f* her and her father with fire.

אֲחוֹתָהּ הַקְּטַנָּה טוֹבָה מִמֶּנָּה תְּהִי־נָא לָךְ תַּחְתֶּיהָ׃

3 וַיֹּאמֶר לָהֶם שִׁמְשׁוֹן נִקֵּיתִי הַפַּעַם מִפְּלִשְׁתִּים כִּי־עֹשֶׂה אֲנִי עִמָּם רָעָה׃

4 וַיֵּלֶךְ שִׁמְשׁוֹן וַיִּלְכֹּד שְׁלֹשׁ־מֵאוֹת שׁוּעָלִים וַיִּקַּח לַפִּדִים וַיֶּפֶן זָנָב אֶל־זָנָב וַיָּשֶׂם לַפִּיד אֶחָד בֵּין־שְׁנֵי הַזְּנָבוֹת בַּתָּוֶךְ׃

5 וַיַּבְעֶר־אֵשׁ בַּלַּפִּידִים וַיְשַׁלַּח בְּקָמוֹת פְּלִשְׁתִּים וַיַּבְעֵר מִגָּדִישׁ וְעַד־קָמָה וְעַד־כֶּרֶם זָיִת׃

6 וַיֹּאמְרוּ פְלִשְׁתִּים מִי עָשָׂה זֹאת וַיֹּאמְרוּ שִׁמְשׁוֹן חֲתַן הַתִּמְנִי כִּי לָקַח אֶת־אִשְׁתּוֹ וַיִּתְּנָהּ לְמֵרֵעֵהוּ וַיַּעֲלוּ פְלִשְׁתִּים וַיִּשְׂרְפוּ אוֹתָהּ וְאֶת־אָבִיהָ בָּאֵשׁ׃

7 וַיֹּאמֶר לָהֶם שִׁמְשׁוֹן אִם־תַּעֲשׂוּן כָּזֹאת כִּי אִם־נִקַּמְתִּי בָכֶם וְאַחַר אֶחְדָּל׃

8 וַיַּךְ אוֹתָם שׁוֹק עַל־יָרֵךְ מַכָּה גְדוֹלָה וַיֵּרֶד וַיֵּשֶׁב בִּסְעִיף סֶלַע עֵיטָם׃

9 וַיַּעֲלוּ פְלִשְׁתִּים וַיַּחֲנוּ בִּיהוּדָה וַיִּנָּטְשׁוּ בַּלֶּחִי׃

10 וַיֹּאמְרוּ אִישׁ יְהוּדָה לָמָה עֲלִיתֶם עָלֵינוּ וַיֹּאמְרוּ לֶאֱסוֹר אֶת־שִׁמְשׁוֹן עָלִינוּ לַעֲשׂוֹת לוֹ כַּאֲשֶׁר עָשָׂה לָנוּ׃

11 וַיֵּרְדוּ שְׁלֹשֶׁת אֲלָפִים אִישׁ מִיהוּדָה אֶל־סְעִיף סֶלַע עֵיטָם וַיֹּאמְרוּ לְשִׁמְשׁוֹן הֲלֹא יָדַעְתָּ כִּי־מֹשְׁלִים בָּנוּ פְלִשְׁתִּים וּמַה־זֹּאת עָשִׂיתָ לָּנוּ וַיֹּאמֶר לָהֶם כַּאֲשֶׁר עָשׂוּ לִי כֵּן עָשִׂיתִי לָהֶם׃

12 וַיֹּאמְרוּ לוֹ לֶאֱסָרְךָ יָרַדְנוּ לְתִתְּךָ בְּיַד־פְּלִשְׁתִּים וַיֹּאמֶר לָהֶם שִׁמְשׁוֹן הִשָּׁבְעוּ לִי פֶּן־תִּפְגְּעוּן בִּי אַתֶּם׃

13 וַיֹּאמְרוּ לוֹ לֵאמֹר לֹא כִּי־אָסֹר נֶאֱסָרְךָ וּנְתַנּוּךָ בְיָדָם וְהָמֵת לֹא נְמִיתֶךָ וַיַּאַסְרֻהוּ בִּשְׁנַיִם עֲבֹתִים חֲדָשִׁים וַיַּעֲלוּהוּ מִן־הַסָּלַע׃

14 הוּא־בָא עַד־לֶחִי וּפְלִשְׁתִּים הֵרִיעוּ לִקְרָאתוֹ וַתִּצְלַח עָלָיו רוּחַ יְהוָה וַתִּהְיֶינָה הָעֲבֹתִים אֲשֶׁר עַל־זְרוֹעוֹתָיו כַּפִּשְׁתִּים אֲשֶׁר בָּעֲרוּ בָאֵשׁ וַיִּמַּסּוּ אֱסוּרָיו מֵעַל יָדָיו׃

15 וַיִּמְצָא לְחִי־חֲמוֹר טְרִיָּה וַיִּשְׁלַח יָדוֹ וַיִּקָּחֶהָ וַיַּךְ־בָּהּ אֶלֶף אִישׁ׃

16 וַיֹּאמֶר שִׁמְשׁוֹן בִּלְחִי הַחֲמוֹר חֲמוֹר חֲמֹרָתָיִם בִּלְחִי הַחֲמוֹר הִכֵּיתִי אֶלֶף אִישׁ׃

17 וַיְהִי כְּכַלֹּתוֹ לְדַבֵּר וַיַּשְׁלֵךְ הַלְּחִי מִיָּדוֹ וַיִּקְרָא לַמָּקוֹם הַהוּא רָמַת לֶחִי׃

18 וַיִּצְמָא מְאֹד וַיִּקְרָא אֶל־יְהוָה וַיֹּאמַר אַתָּה נָתַתָּ בְיַד־עַבְדְּךָ אֶת־הַתְּשׁוּעָה הַגְּדֹלָה הַזֹּאת וְעַתָּה אָמוּת בַּצָּמָא וְנָפַלְתִּי בְּיַד הָעֲרֵלִים׃

19 וַיִּבְקַע אֱלֹהִים אֶת־הַמַּכְתֵּשׁ אֲשֶׁר־בַּלֶּחִי וַיֵּצְאוּ מִמֶּנּוּ מַיִם וַיֵּשְׁתְּ וַתָּשָׁב רוּחוֹ וַיֶּחִי עַל־כֵּן קָרָא שְׁמָהּ עֵין הַקּוֹרֵא אֲשֶׁר בַּלֶּחִי עַד הַיּוֹם הַזֶּה׃

20 וַיִּשְׁפֹּט אֶת־יִשְׂרָאֵל בִּימֵי פְלִשְׁתִּים עֶשְׂרִים שָׁנָה׃

CAP. XVI. יו

1 וַיֵּלֶךְ שִׁמְשׁוֹן עַזָּתָה וַיַּרְא־שָׁם אִשָּׁה זוֹנָה וַיָּבֹא אֵלֶיהָ׃

2 לַעַזָּתִים לֵאמֹר בָּא שִׁמְשׁוֹן הֵנָּה וַיָּסֹבּוּ וַיֶּאֶרְבוּ־לוֹ כָל־הַלַּיְלָה בְּשַׁעַר הָעִיר וַיִּתְחָרְשׁוּ כָל־הַלַּיְלָה לֵאמֹר עַד־אוֹר הַבֹּקֶר וַהֲרַגְנֻהוּ׃

3 וַיִּשְׁכַּב שִׁמְשׁוֹן עַד־חֲצִי הַלַּיְלָה וַיָּקָם בַּחֲצִי הַלַּיְלָה וַיֶּאֱחֹז בְּדַלְתוֹת שַׁעַר־הָעִיר וּבִשְׁתֵּי הַמְּזוּזוֹת וַיִּסָּעֵם עִם־הַבְּרִיחַ וַיָּשֶׂם עַל־כְּתֵפָיו וַיַּעֲלֵם אֶל־רֹאשׁ הָהָר אֲשֶׁר עַל־פְּנֵי חֶבְרוֹן׃

4 וַיְהִי אַחֲרֵי־כֵן וַיֶּאֱהַב אִשָּׁה בְּנַחַל שֹׂרֵק וּשְׁמָהּ דְּלִילָה׃

5 וַיַּעֲלוּ אֵלֶיהָ סַרְנֵי פְלִשְׁתִּים וַיֹּאמְרוּ לָהּ פַּתִּי אוֹתוֹ וּרְאִי בַּמֶּה כֹּחוֹ גָדוֹל וּבַמֶּה נוּכַל לוֹ וַאֲסַרְנֻהוּ לְעַנֹּתוֹ וַאֲנַחְנוּ נִתַּן־לָךְ אִישׁ אֶלֶף וּמֵאָה כָּסֶף׃

6 וַתֹּאמֶר דְּלִילָה אֶל־שִׁמְשׁוֹן הַגִּידָה־נָּא לִי בַּמֶּה כֹּחֲךָ גָדוֹל וּבַמֶּה תֵאָסֵר לְעַנּוֹתֶךָ׃

7 וַיֹּאמֶר אֵלֶיהָ שִׁמְשׁוֹן אִם־יַאַסְרֻנִי בְּשִׁבְעָה יְתָרִים לַחִים אֲשֶׁר לֹא־חֹרָבוּ וְחָלִיתִי וְהָיִיתִי כְּאַחַד הָאָדָם׃

8 וַיַּעֲלוּ־לָהּ סַרְנֵי פְלִשְׁתִּים שִׁבְעָה יְתָרִים לַחִים אֲשֶׁר לֹא־חֹרָבוּ וַתַּאַסְרֵהוּ בָּהֶם׃

9 וְהָאֹרֵב יֹשֵׁב לָהּ בַּחֶדֶר וַתֹּאמֶר אֵלָיו פְּלִשְׁתִּים עָלֶיךָ שִׁמְשׁוֹן וַיְנַתֵּק אֶת־הַיְתָרִים כַּאֲשֶׁר יִנָּתֵק פְּתִיל־הַנְּעֹרֶת בַּהֲרִיחוֹ אֵשׁ וְלֹא נוֹדַע כֹּחוֹ׃

10 וַתֹּאמֶר דְּלִילָה אֶל־שִׁמְשׁוֹן הִנֵּה הֵתַלְתָּ בִּי וַתְּדַבֵּר אֵלַי כְּזָבִים עַתָּה הַגִּידָה־נָּא לִי בַּמֶּה תֵּאָסֵר׃

11 וַיֹּאמֶר אֵלֶיהָ אִם־אָסוֹר יַאַסְרוּנִי בַּעֲבֹתִים חֲדָשִׁים אֲשֶׁר לֹא־נַעֲשָׂה בָהֶם מְלָאכָה וְחָלִיתִי וְהָיִיתִי כְּאַחַד הָאָדָם׃

12 וַתִּקַּח דְּלִילָה עֲבֹתִים חֲדָשִׁים וַתַּאַסְרֵהוּ בָהֶם וַתֹּאמֶר אֵלָיו פְּלִשְׁתִּים עָלֶיךָ שִׁמְשׁוֹן וְהָאֹרֵב יֹשֵׁב בֶּחָדֶר וַיְנַתְּקֵם מֵעַל זְרֹעֹתָיו כַּחוּט׃

13 וַתֹּאמֶר דְּלִילָה אֶל־שִׁמְשׁוֹן עַד־הֵנָּה הֵתַלְתָּ בִּי וַתְּדַבֵּר אֵלַי כְּזָבִים הַגִּידָה לִּי בַּמֶּה תֵּאָסֵר וַיֹּאמֶר אֵלֶיהָ אִם־תַּאַרְגִי אֶת־שֶׁבַע מַחְלְפוֹת רֹאשִׁי עִם־הַמַּסָּכֶת׃

14 וַתִּתְקַע בַּיָּתֵד וַתֹּאמֶר אֵלָיו פְּלִשְׁתִּים עָלֶיךָ שִׁמְשׁוֹן וַיִּיקַץ מִשְּׁנָתוֹ וַיִּסַּע אֶת־הַיְתַד הָאֶרֶג וְאֶת־הַמַּסָּכֶת׃

15 וַתֹּאמֶר אֵלָיו אֵיךְ תֹּאמַר אֲהַבְתִּיךְ וְלִבְּךָ אֵין אִתִּי זֶה שָׁלֹשׁ פְּעָמִים הֵתַלְתָּ בִּי וְלֹא־הִגַּדְתָּ לִּי בַּמֶּה כֹּחֲךָ גָדוֹל׃

16 וַיְהִי כִּי־הֵצִיקָה לּוֹ בִדְבָרֶיהָ׃

7 And Samson said unto them, Though ye have done this, yet will I be avenged of you, and after that I will cease.

8 And he smote them hip and thigh with a great slaughter: and he went down and dwelt in the top of the rock Etam.

9 Then the Philistines went up, and pitched in Judah, and spread themselves in Lehi.^c

10 And the men of Judah said, Why are ye come up against us? And they answered, To bind Samson are we come up, to do to him as he hath done to us.

11 Then three thousand men of Judah went *δ* to the top of the rock Etam, and said to Samson, Knowest thou not that the *d* Philistines *are* rulers[*] over us? what *is* this *that* thou hast done unto us? And he said unto them, As they did unto me, so have I done unto them.

12 And they said unto him, We are come down to bind thee, that we may deliver thee into the hand of the Philistines. And Samson said unto them, Swear unto me, that ye will not fall upon me yourselves.

13 And they spake unto him, saying, No; but we will bind thee fast, and deliver thee into their hand; but surely we will not kill thee. And they bound him with two new cords, and brought him up from the rock.

14 *And* when he came unto Lehi, the Philistines shouted against him; and *f* the Spirit of the LORD came mightily upon him, and the cords^g that *were* upon his arms became as flax that was burnt with fire, and his bands *λ* loosed from off his hands.

15 And he found a *μ* new jaw-bone of an ass, and put forth his hand and took it, and slew a thousand men therewith.

16 And Samson said, With the jaw-bone of an ass, *v* heaps upon heaps, with the jaw of an ass have I slain a thousand men.

17 And it came to pass, when he had made an end of speaking, that he cast away the jaw-bone out of his hand, and called that place *π* Ramath-lehi.

18 And he was sore athirst, and called on the LORD, and said, Thou *h* hast given this great deliverance into the hand of thy servant; and now shall I die for thirst, and fall into the hand of the uncircumcised?

19 But God clave an hollow place that *was* in *ρ* the jaw, and there came *k* water thereout; and when he had drunk, his spirit came again,*l* and he revived: wherefore he called the name thereof *φ* En-hakkore, which *is* in Lehi unto this day.

20 And he judged *m* Israel, in the days of the Philistines, twenty years.

CHAP. XVI.

THEN went Samson to Gaza, and saw there *χ* an harlot, and went in unto her.

2 And it *was told* the Gazites, saying, Samson is come hither. And they compassed *p* him in, and laid wait for him all night in the gate of the city, and were quiet *ψ* all the night, saying, In the morning, when it is day, we shall kill him.

3 And Samson lay till midnight, and arose at midnight, and took the doors of the gate of the city, and the two posts, and went away with them, *ω* bar and all, and put *them* upon his shoulders, and carried them up to the top of an hill that *is* before Hebron.

4 And it came to pass afterward, that

---

he loved a^a woman *β* in the valley of Sorek, whose name *was* Delilah.

5 And the lords of the Philistines came up unto her, and said unto her,^b Entice him, and see wherein his great strength *lieth*, and by what *means* we may prevail against him, that we may bind him *γ* to afflict him; and we will give thee, every one of us, eleven hundred *pieces* of silver.

6 And Delilah said to Samson, Tell me, I pray thee, wherein thy great strength *lieth*, and wherewith thou mightest be bound to afflict thee.

7 And Samson said unto her, If they bind me with seven *ζ* green withs that were never dried, then shall I be weak, and be as *η* another man.

8 Then the lords of the Philistines brought up to her seven green withs which had not been dried, and she bound him with them.

9 (Now *there were* men lying in wait, abiding with her in the chamber.) And she said unto him, The Philistines *be* upon thee, Samson. And he brake the withs, as a thread of tow is broken when it *θ* toucheth the fire: so his strength was not known.

10 And Delilah said unto Samson, Behold, thou hast mocked me, and told me lies: now tell me, I pray thee, wherewith thou mightest be bound.

11 And he said unto her, If they bind me fast with new ropes *κ* that never were occupied, then shall I be weak, and be as another man.

12 Delilah therefore took new ropes, and bound him therewith, and said unto him, The Philistines *be* upon thee, Samson. (And *there were* liers in wait abiding in the chamber.) And he brake them from off his arms like a thread.

13 And Delilah said unto Samson, Hitherto thou hast mocked me, and told me lies: tell me wherewith thou mightest be bound. And he said unto her, If thou weavest the seven locks of my head with the web.

14 And she fastened *it* with the pin, and said unto him, The Philistines *be* upon thee, Samson. And he awaked out of his sleep, and went away with the pin of the beam, and with the web.

15 And she said unto him, How *i* canst thou say, I love thee, when thine heart *is* not with me? thou hast mocked me these three times, and hast not told me wherein thy great strength *lieth*.

16 And it came to pass, when she pressed him daily with her words, and urged him, so that his soul was *σ* vexed unto death,

17 That he told *n* her all his heart, and said unto her, There hath not come a razor upon mine head; for *o* I *have been* a Nazarite unto God from my mother's womb: if I be shaven, then my strength will go from me, and I shall become weak, and be like any *other* man.

18 And when Delilah saw that he had told her all his heart, she sent and called for the lords of the Philistines, saying, Come up this once; for he hath shewed me all his heart. Then the lords of the Philistines came up unto her, and brought money in their hand.

19 And *q* she made him sleep upon her knees: and she called for a man, and she caused him to shave off the seven locks of his head; and she began to afflict him, and his strength went from him.

B. C. 1140.

a 1 Ki. 11. 1.

β or, *by the brook.*

b ch. 14. 15.
Pr.2.16..19.
  5. 3..11.
  6. 24.26.
  7. 21..27.
1Co.6.15..18.

γ or, *humble.*

c ver. 19.

δ went down.

ζ moist, or *new cords.*

d ch. 14. 4.

e Ps. 106. 41.

η one.

θ smelleth.

f ch. 14. 6.

κ wherewith work hath not been done.

g Ps. 18. 34.

λ were melted.

μ moist.

v an heap, two heaps.

π i. e. *the lifting up of the jaw-bone,* or *the casting away of the jaw-bone.*

h Ps. 3. 7.

i ch. 14. 16.

ρ or, *Lehi.*

k Is. 44. 3.

l Is. 40. 29.

φ i.e. *the well of him that called,* or *cried.*
Ps. 34. 6.

σ shortened.

m He seems to have judged South-west Israel during twenty years of their servitude of the Philistines. ch. 13. 1.

n Pr. 12. 23.
Ps. 7. 5.

o ch. 13. 5.
Nu. 6. 5.

χ a woman, an harlot.

p 1Sa. 23. 26.
Ps. 118. 10..
12.

ψ silent.

ω with the bar.

q Pr. 7. 26.
Ec. 7. 26.

---

17 כָּל־הַיָּמִים וַתְּאַלְצֵהוּ וַתִּקְצַר נַפְשׁוֹ לָמוּת: וַיַּגֶּד־
לָהּ אֶת־כָּל־לִבּוֹ וַיֹּאמֶר לָהּ מוֹרָה לֹא־עָלָה עַל־רֹאשִׁי
כִּי־נְזִיר אֱלֹהִים אֲנִי מִבֶּטֶן אִמִּי אִם־גֻּלַּחְתִּי וְסָר

18 מִמֶּנִּי כֹחִי וְחָלִיתִי וְהָיִיתִי כְּכָל־הָאָדָם: וַתֵּרֶא
דְלִילָה כִּי־הִגִּיד לָהּ אֶת־כָּל־לִבּוֹ וַתִּשְׁלַח וַתִּקְרָא
לְסַרְנֵי פְלִשְׁתִּים לֵאמֹר עֲלוּ הַפַּעַם כִּי־הִגִּיד לָהּ אֶת־
כָּל־לִבּוֹ וְעָלוּ אֵלֶיהָ סַרְנֵי פְלִשְׁתִּים וַיַּעֲלוּ הַכֶּסֶף

19 בְּיָדָם: וַתְּיַשְּׁנֵהוּ עַל־בִּרְכֶּיהָ וַתִּקְרָא לָאִישׁ וַתְּגַלַּח
אֶת־שֶׁבַע מַחְלְפוֹת רֹאשׁוֹ וַתָּחֶל לְעַנּוֹתוֹ וַיָּסַר כֹּחוֹ

20 מֵעָלָיו: וַתֹּאמֶר פְּלִשְׁתִּים עָלֶיךָ שִׁמְשׁוֹן וַיִּקַץ
מִשְּׁנָתוֹ וַיֹּאמֶר אֵצֵא כְּפַעַם בְּפַעַם וְאִנָּעֵר וְהוּא

21 לֹא יָדַע כִּי יְהוָה סָר מֵעָלָיו: וַיֹּאחֲזוּהוּ פְלִשְׁתִּים
וַיְנַקְּרוּ אֶת־עֵינָיו וַיּוֹרִידוּ אוֹתוֹ עַזָּתָה וַיַּאַסְרוּהוּ

22 בַּנְחֻשְׁתַּיִם וַיְהִי טוֹחֵן בְּבֵית הָאֲסוּרִים: וַיָּחֶל
שְׂעַר־רֹאשׁוֹ לְצַמֵּחַ כַּאֲשֶׁר גֻּלָּח:

23 וְסַרְנֵי
פְלִשְׁתִּים נֶאֱסְפוּ לִזְבֹּחַ זֶבַח־גָּדוֹל לְדָגוֹן אֱלֹהֵיהֶם
וּלְשִׂמְחָה וַיֹּאמְרוּ נָתַן אֱלֹהֵינוּ בְּיָדֵנוּ אֵת שִׁמְשׁוֹן

24 אוֹיְבֵנוּ: וַיִּרְאוּ אֹתוֹ הָעָם וַיְהַלְלוּ אֶת־אֱלֹהֵיהֶם כִּי
אָמְרוּ נָתַן אֱלֹהֵינוּ בְיָדֵנוּ אֶת־אוֹיְבֵנוּ וְאֵת מַחֲרִיב

25 אַרְצֵנוּ וַאֲשֶׁר הִרְבָּה אֶת־חֲלָלֵינוּ: וַיְהִי כְּטוֹב
לִבָּם וַיֹּאמְרוּ קִרְאוּ לְשִׁמְשׁוֹן וִישַׂחֶק־לָנוּ וַיִּקְרְאוּ
לְשִׁמְשׁוֹן מִבֵּית הָאֲסוּרִים וַיְצַחֵק לִפְנֵיהֶם וַיַּעֲמִידוּ

26 אוֹתוֹ בֵּין הָעַמּוּדִים: וַיֹּאמֶר שִׁמְשׁוֹן אֶל־הַנַּעַר
הַמַּחֲזִיק בְּיָדוֹ הַנִּיחָה אוֹתִי וַהֲמִשֵׁנִי אֶת־
הָעַמֻּדִים אֲשֶׁר הַבַּיִת נָכוֹן עֲלֵיהֶם וְאֶשָּׁעֵן עֲלֵיהֶם:

27 וְהַבַּיִת מָלֵא הָאֲנָשִׁים וְהַנָּשִׁים וְשָׁמָּה כֹּל סַרְנֵי
פְלִשְׁתִּים וְעַל־הַגָּג כִּשְׁלֹשֶׁת אֲלָפִים אִישׁ וְאִשָּׁה

28 הָרֹאִים בִּשְׂחוֹק שִׁמְשׁוֹן: וַיִּקְרָא שִׁמְשׁוֹן אֶל־יְהוָה
וַיֹּאמַר אֲדֹנָי יְהוִֹה זָכְרֵנִי נָא וְחַזְּקֵנִי נָא אַךְ הַפַּעַם
הַזֶּה הָאֱלֹהִים וְאִנָּקְמָה נְקַם־אַחַת מִשְּׁתֵי עֵינַי

29 מִפְּלִשְׁתִּים: וַיִּלְפֹּת שִׁמְשׁוֹן אֶת־שְׁנֵי עַמּוּדֵי
הַתָּוֶךְ אֲשֶׁר הַבַּיִת נָכוֹן עֲלֵיהֶם וַיִּסָּמֵךְ עֲלֵיהֶם

30 אֶחָד בִּימִינוֹ וְאֶחָד בִּשְׂמֹאלוֹ: וַיֹּאמֶר שִׁמְשׁוֹן
תָּמוֹת נַפְשִׁי עִם־פְּלִשְׁתִּים וַיֵּט בְּכֹחַ וַיִּפֹּל הַבַּיִת עַל־
הַסְּרָנִים וְעַל־כָּל־הָעָם אֲשֶׁר־בּוֹ וַיִּהְיוּ הַמֵּתִים אֲשֶׁר

31 הֵמִית בְּמוֹתוֹ רַבִּים מֵאֲשֶׁר הֵמִית בְּחַיָּיו: וַיֵּרְדוּ
אֶחָיו וְכָל־בֵּית אָבִיהוּ וַיִּשְׂאוּ אֹתוֹ וַיַּעֲלוּ וַיִּקְבְּרוּ
אוֹתוֹ בֵּין צָרְעָה וּבֵין אֶשְׁתָּאֹל בְּקֶבֶר מָנוֹחַ אָבִיו

CAP. XVII. יז

1 וַיְהִי־אִישׁ מֵהַר־אֶפְרָיִם וּשְׁמוֹ מִיכָיְהוּ: וַיֹּאמֶר
2 לְאִמּוֹ אֶלֶף וּמֵאָה הַכֶּסֶף אֲשֶׁר לֻקַּח־לָךְ וְאַתְּ
אָלִית וְגַם אָמַרְתְּ בְּאָזְנַי הִנֵּה־הַכֶּסֶף אִתִּי אֲנִי
לְקַחְתִּיו וַתֹּאמֶר אִמּוֹ בָּרוּךְ בְּנִי לַיהוָה: וַיָּשֶׁב
3 אֶת־אֶלֶף־וּמֵאָה הַכֶּסֶף לְאִמּוֹ וַתֹּאמֶר אִמּוֹ הַקְדֵּשׁ
הִקְדַּשְׁתִּי אֶת־הַכֶּסֶף לַיהוָה מִיָּדִי לִבְנִי לַעֲשׂוֹת פֶּסֶל
וּמַסֵּכָה וְעַתָּה אֲשִׁיבֶנּוּ לָךְ: וַיָּשֶׁב אֶת־הַכֶּסֶף
4 לְאִמּוֹ וַתִּקַּח אִמּוֹ מָאתַיִם כֶּסֶף וַתִּתְּנֵהוּ לַצּוֹרֵף
וַיַּעֲשֵׂהוּ פֶּסֶל וּמַסֵּכָה וַיְהִי בְּבֵית מִיכָיְהוּ:
5 וְהָאִישׁ מִיכָה לוֹ בֵּית אֱלֹהִים וַיַּעַשׂ אֵפוֹד וּתְרָפִים
6 וַיְמַלֵּא אֶת־יַד אַחַד מִבָּנָיו וַיְהִי־לוֹ לְכֹהֵן: בַּיָּמִים
הָהֵם אֵין מֶלֶךְ בְּיִשְׂרָאֵל אִישׁ הַיָּשָׁר בְּעֵינָיו יַעֲשֶׂה:
7 וַיְהִי־נַעַר מִבֵּית לֶחֶם יְהוּדָה מִמִּשְׁפַּחַת יְהוּדָה
וְהוּא לֵוִי וְהוּא גָר־שָׁם: וַיֵּלֶךְ הָאִישׁ מֵהָעִיר
8 מִבֵּית לֶחֶם יְהוּדָה לָגוּר בַּאֲשֶׁר יִמְצָא וַיָּבֹא הַר־
אֶפְרַיִם עַד־בֵּית מִיכָה לַעֲשׂוֹת דַּרְכּוֹ: וַיֹּאמֶר־לוֹ
9 מִיכָה מֵאַיִן תָּבוֹא וַיֹּאמֶר אֵלָיו לֵוִי אָנֹכִי מִבֵּית
לֶחֶם יְהוּדָה וְאָנֹכִי הֹלֵךְ לָגוּר בַּאֲשֶׁר אֶמְצָא:
10 וַיֹּאמֶר לוֹ מִיכָה שְׁבָה עִמָּדִי וֶהְיֵה־לִי לְאָב וּלְכֹהֵן
וְאָנֹכִי אֶתֶּן־לְךָ עֲשֶׂרֶת כֶּסֶף לַיָּמִים וְעֵרֶךְ בְּגָדִים
11 וּמִחְיָתֶךָ וַיֵּלֶךְ הַלֵּוִי: וַיּוֹאֶל הַלֵּוִי לָשֶׁבֶת אֶת־
הָאִישׁ וַיְהִי הַנַּעַר לוֹ כְּאַחַד מִבָּנָיו: וַיְמַלֵּא מִיכָה
12 אֶת־יַד הַלֵּוִי וַיְהִי־לוֹ הַנַּעַר לְכֹהֵן וַיְהִי בְּבֵית מִיכָה:
13 וַיֹּאמֶר מִיכָה עַתָּה יָדַעְתִּי כִּי־יֵיטִיב יְהוָה לִי כִּי
הָיָה לִי הַלֵּוִי לְכֹהֵן:

CAP. XVIII. יח

1 בַּיָּמִים הָהֵם אֵין מֶלֶךְ בְּיִשְׂרָאֵל וּבַיָּמִים הָהֵם
שֵׁבֶט הַדָּנִי מְבַקֶּשׁ־לוֹ נַחֲלָה לָשֶׁבֶת כִּי לֹא־נָפְלָה
לּוֹ עַד־הַיּוֹם הַהוּא בְּתוֹךְ שִׁבְטֵי־יִשְׂרָאֵל בְּנַחֲלָה:
2 וַיִּשְׁלְחוּ בְנֵי־דָן מִמִּשְׁפַּחְתָּם חֲמִשָּׁה אֲנָשִׁים
מִקְצוֹתָם אֲנָשִׁים בְּנֵי־חַיִל מִצָּרְעָה וּמֵאֶשְׁתָּאֹל
לְרַגֵּל אֶת־הָאָרֶץ וּלְחָקְרָהּ וַיֹּאמְרוּ אֲלֵהֶם לְכוּ חִקְרוּ
אֶת־הָאָרֶץ וַיָּבֹאוּ הַר־אֶפְרַיִם עַד־בֵּית מִיכָה וַיָּלִינוּ
3 שָׁם: הֵמָּה עִם־בֵּית מִיכָה וְהֵמָּה הִכִּירוּ אֶת־קוֹל
הַנַּעַר הַלֵּוִי וַיָּסוּרוּ שָׁם וַיֹּאמְרוּ לוֹ מִי־הֱבִיאֲךָ
4 הֲלֹם וּמָה־אַתָּה עֹשֶׂה בָּזֶה וּמַה־לְּךָ פֹה: וַיֹּאמֶר

20 And she said, The Philistines *be* upon thee, Samson. And he awoke out of his sleep, and said, I *b* will go out, as at other times before, and shake myself. And he wist not that the LORD was *c* departed from him.

21 But the Philistines took him, and *β*put out his eyes, and brought him down to Gaza; and *f* bound him with fetters of brass; and he did grind in the prison-house.

22 Howbeit the hair of his head began to grow again *δ* after he was shaven.

23 Then the lords of the Philistines gathered them together for to offer a great sacrifice unto Dagon *k* their god, and to rejoice: *l* for they said, Our god hath delivered Samson our enemy into our hand.

24 And when the people saw him, they praised *m* their god; for they said, Our god hath delivered into our hands our enemy, and the destroyer of our country, which *η* slew many of us.

25 And it came to pass, when their hearts were merry, *n* that they said, Call for Samson, that he may make us *o* sport. And they called for Samson out of the prison-house; and he made *θ* them sport: and they set him between the pillars.

26 And Samson said unto the lad that held him by the hand, Suffer me that I may feel the pillars whereupon the house standeth, that I may lean upon them.

27 Now the house was full of men and women; and all the lords of the Philistines *were* there: and *there were* upon the roof about three thousand men and women, that beheld while Samson made sport.

28 And Samson called *s* unto the LORD, and said, O Lord GOD, remember *u* me, I pray thee, and strengthen me, I pray thee, only this once, O God, that I may be at once avenged of the Philistines for my two eyes.

29 And Samson took hold of the two middle pillars upon which the house stood, and *λ* on which it was borne up, of the one with his right hand, and of the other with his left.

30 And Samson said, Let *μ* me die with the Philistines. And he bowed himself with *all his* might; and the house *a* fell upon the lords, and upon all the people that *were* therein: so the dead which he slew at his death were more than *they* which he slew in his life.

31 Then his brethren, and all the house of his father came down, and took him, and brought *him* up, and buried him between *b* Zorah and Eshtaol, in the burying-place of Manoah his father. And he judged Israel twenty years.

CHAP. XVII.

AND there was a man of mount *e* Ephraim, whose name *was* Micah.

2 And he said unto his mother, The eleven hundred *shekels* of silver that were taken from thee, about which thou cursedst, and spakest of also in mine ears, behold. the silver *is* with me; I took it. And his mother said, Blessed *f be thou* of the LORD, my son.

3 And when he had restored the eleven hundred *shekels* of silver to his mother, his mother said, I had wholly dedicated the silver unto the LORD, from my hand, for my son, to make *h* a graven image and a molten image; now, therefore, I will restore it unto thee.

4 Yet he restored the money unto his

B. C. 1120.

a Is. 46. 6.
b Ho. 7. 9.
c Nu.14 42,43.
  1 Sa. 28. 15.
β bored out.
d ch. 8. 27.
e Ge.31.19,30.
  Ho. 3. 4.
*γ filled the
  hand.*
  Ex. 29. 9.
  1 Ki. 13. 33.
f Je. 2. 19.
g ch. 18. 1, 7.
  19. 1.
  21.3,25
h De. 12. 8.
  Pr. 16. 2.
  Ec. 11. 9.
δ or, as when.
i Ru. 1. 1, 2.
k 1Sa.5.2,&c.
l Job 30.9,10.
  Ps.35.15,16.
  Pr.24.17,18.
m Da. 5. 4.
*ζ in making
  his way.*
*η and who
  multiplied
  our slain.*
n ch. 9. 27.
o He. 11. 36.
*θ before
  them.*
p ch. 18. 19.
*κ an order of
  garments,
  or, a double
  suit.*
q ver. 5.
r ch. 18. 30.
s Ps. 91. 15.
  La. 3.31,32.
  Jon.2.1,2,7.
t Pr. 14. 12.
u Ps.74.18.23.
  Je. 15. 15.
x ch. 17. 6.
y Jos. 19. 47.
*λ or, he lean-
  ed on them.*
μ my soul.
ν sons.
z ch. 13. 25.
  16. 31.
  Ge. 42. 9.
  Nu. 13. 17.
  Jos. 2. 1.
a Job 20. 5.
  Ps. 62. 3.
  Ec. 9. 12.
b ch. 13. 25.
c Jos.17.14.18
d Ho. 4. 12.
e 1 Ki. 22. 6.
f Ge. 14. 19.
  Ru. 3. 10.
  Ne. 13. 25.
  2 Jn°. 11.
g Jos. 19. 47.
  called
  Leshem.
h Ex. 20.4,23.
  Le. 19. 4.
*π possessor,
  or, heir of
  restraint.*

---

mother; and his mother took two hundred *shekels* of silver, and *a* gave them to the founder, who made thereof a graven image and a molten image: and they were in the house of Micah.

5 And the man Micah had an house of gods, and made an ephod, *d* and a tera phim, *e* and *γ* consecrated one of his sons, who became his priest.

6 In those days *there was* no king *g* in Israel, *but* every man did *that h which was* right in his own eyes

7 And there was a young man out of Bethlehem-judah, *i* of the family of Judah, who *was* a Levite, and he sojourned there.

8 And the man departed out of the city from Bethlehem-judah, to sojourn where he could find *a place:* and he came to mount Ephraim, to the house of Micah, as he *ζ* journeyed.

9 And Micah said unto him, Whence comest thou? And he said unto him, I *am* a Levite of Bethlehem-judah, and I go to sojourn where I may find *a place.*

10 And Micah said unto him, Dwell with me, and be unto me a father *p* and a priest, and I will give thee ten *shekels* of silver by the year, and *κ* a suit of apparel, and thy victuals. So the Levite went in.

11 And the Levite was content to dwell with the man; and the young man was unto him as one of his sons.

12 And Micah consecrated *q* the Levite, and the young man became *r* his priest, and was in the house of Micah.

13 Then said Micah, Now *t* know I that the LORD will do me good, seeing I have a Levite to *my* priest.

CHAP. XVIII.

IN *x* those days *there was* no king in Israel: and in those days the tribe of the Danites *y* sought them an inheritance to dwell in; for unto that day *all their* inheritance had not fallen unto them among the tribes of Israel.

2 And the children of Dan sent of their family five men from their coasts, men *v* of valour, from Zorah, *z* and from Eshtaol, to spy out the land, and to search it; and they said unto them, Go, search the land: who, when they came to mount Ephraim, to the house of Micah, they lodged there.

3 When they *were* by the house of Micah, they knew the voice of the young man the Levite; and they turned in thither, and said unto him, Who brought thee hither? and what makest thou in this *place?* and what hast thou here?

4 And he said unto them, Thus and thus dealeth Micah with me, and hath hired me, and I am his priest.

5 And they said unto him, Ask *d* counsel, we pray thee, of God, that we may know whether our way which we go shall be prosperous.

6 And the priest said unto them, *e* Go in peace; before the LORD *is* your way wherein ye go.

7 Then the five men departed, and came to Laish, *g* and saw the people that *were* therein, how they dwelt careless, after the manner of the Zidonians, quiet and secure; and *there was* no *π* magistrate in the land, that might put *them* to shame in *any* thing: and they *were* far from the Zidonians, and had no business with *any* man.

אֲלֵהֶם כָּזֶה וְכָזֶה עָשָׂה לִי מִיכָה וַיִּשְׂכְּרֵנִי וָאֱהִי־לוֹ לְכֹהֵן:

5 וַיֹּאמְרוּ לוֹ שְׁאַל־נָא בֵאלֹהִים וְנֵדְעָה

6 הֲתַצְלִיחַ דַּרְכֵּנוּ אֲשֶׁר אֲנַחְנוּ הֹלְכִים עָלֶיהָ: וַיֹּאמֶר לָהֶם הַכֹּהֵן לְכוּ לְשָׁלוֹם נֹכַח יְהוָה דַּרְכְּכֶם אֲשֶׁר

7 תֵּלְכוּ־בָהּ: וַיֵּלְכוּ חֲמֵשֶׁת הָאֲנָשִׁים וַיָּבֹאוּ לָיְשָׁה וַיִּרְאוּ אֶת־הָעָם אֲשֶׁר־בְּקִרְבָּהּ יוֹשֶׁבֶת־לָבֶטַח כְּמִשְׁפַּט צִדֹנִים שֹׁקֵט וּבֹטֵחַ וְאֵין־מַכְלִים דָּבָר בָּאָרֶץ יוֹרֵשׁ עֶצֶר וּרְחֹקִים הֵמָּה מִצִּדֹנִים וְדָבָר

8 אֵין־לָהֶם עִם־אָדָם: וַיָּבֹאוּ אֶל־אֲחֵיהֶם צָרְעָה

9 וְאֶשְׁתָּאֹל וַיֹּאמְרוּ לָהֶם אֲחֵיהֶם מָה אַתֶּם: וַיֹּאמְרוּ קוּמָה וְנַעֲלֶה עֲלֵיהֶם כִּי רָאִינוּ אֶת־הָאָרֶץ וְהִנֵּה טוֹבָה מְאֹד וְאַתֶּם מַחְשִׁים אַל־תֵּעָצְלוּ לָלֶכֶת

10 לָבֹא לָרֶשֶׁת אֶת־הָאָרֶץ: כְּבֹאֲכֶם תָּבֹאוּ אֶל־עַם בֹּטֵחַ וְהָאָרֶץ רַחֲבַת יָדַיִם כִּי־נְתָנָהּ אֱלֹהִים בְּיֶדְכֶם מָקוֹם אֲשֶׁר אֵין־שָׁם מַחְסוֹר כָּל־דָּבָר אֲשֶׁר בָּאָרֶץ:

11 וַיִּסְעוּ מִשָּׁם מִמִּשְׁפַּחַת הַדָּנִי מִצָּרְעָה וּמֵאֶשְׁתָּאֹל

12 שֵׁשׁ־מֵאוֹת אִישׁ חָגוּר כְּלֵי מִלְחָמָה: וַיַּעֲלוּ וַיַּחֲנוּ בְּקִרְיַת יְעָרִים בִּיהוּדָה עַל־כֵּן קָרְאוּ לַמָּקוֹם הַהוּא מַחֲנֵה־דָן עַד הַיּוֹם הַזֶּה הִנֵּה אַחֲרֵי קִרְיַת יְעָרִים:

13 וַיַּעַבְרוּ מִשָּׁם הַר־אֶפְרָיִם וַיָּבֹאוּ עַד־בֵּית מִיכָה:

14 וַיַּעֲנוּ חֲמֵשֶׁת הָאֲנָשִׁים הַהֹלְכִים לְרַגֵּל אֶת־הָאָרֶץ לַיִשׁ וַיֹּאמְרוּ אֶל־אֲחֵיהֶם הַיְדַעְתֶּם כִּי יֵשׁ בַּבָּתִּים הָאֵלֶּה אֵפוֹד וּתְרָפִים וּפֶסֶל וּמַסֵּכָה וְעַתָּה דְּעוּ מַה־תַּעֲשׂוּ:

15 וַיָּסוּרוּ שָׁמָּה וַיָּבֹאוּ אֶל־בֵּית־הַנַּעַר הַלֵּוִי בֵּית מִיכָה וַיִּשְׁאֲלוּ־לוֹ לְשָׁלוֹם:

16 וְשֵׁשׁ־מֵאוֹת אִישׁ חֲגוּרִים כְּלֵי מִלְחַמְתָּם נִצָּבִים פֶּתַח הַשָּׁעַר אֲשֶׁר מִבְּנֵי־דָן:

17 וַיַּעֲלוּ חֲמֵשֶׁת הָאֲנָשִׁים הַהֹלְכִים לְרַגֵּל אֶת־הָאָרֶץ בָּאוּ שָׁמָּה לָקְחוּ אֶת־הַפֶּסֶל וְאֶת־הָאֵפוֹד וְאֶת־הַתְּרָפִים וְאֶת־הַמַּסֵּכָה וְהַכֹּהֵן נִצָּב פֶּתַח הַשַּׁעַר וְשֵׁשׁ־מֵאוֹת הָאִישׁ הֶחָגוּר כְּלֵי הַמִּלְחָמָה:

18 וְאֵלֶּה בָּאוּ בֵּית מִיכָה וַיִּקְחוּ אֶת־פֶּסֶל הָאֵפוֹד וְאֶת־הַתְּרָפִים וְאֶת־הַמַּסֵּכָה וַיֹּאמֶר אֲלֵיהֶם הַכֹּהֵן מָה אַתֶּם עֹשִׂים:

19 וַיֹּאמְרוּ לוֹ הַחֲרֵשׁ שִׂים־יָדְךָ עַל־פִּיךָ וְלֵךְ עִמָּנוּ וֶהְיֵה־לָנוּ לְאָב וּלְכֹהֵן הֲטוֹב הֱיוֹתְךָ כֹהֵן לְבֵית אִישׁ אֶחָד אוֹ הֱיוֹתְךָ כֹהֵן לְשֵׁבֶט וּלְמִשְׁפָּחָה בְּיִשְׂרָאֵל:

20 וַיִּיטַב לֵב הַכֹּהֵן וַיִּקַּח אֶת־הָאֵפוֹד וְאֶת־הַתְּרָפִים וְאֶת־הַפָּסֶל וַיָּבֹא בְּקֶרֶב הָעָם:

אֶת־הַטַּף וְאֶת־הַמִּקְנֶה וְאֶת־הַכְּבוּדָּה לִפְנֵיהֶם:

22 הֵמָּה הִרְחִיקוּ מִבֵּית מִיכָה וְהָאֲנָשִׁים אֲשֶׁר בַּבָּתִּים אֲשֶׁר עִם־בֵּית מִיכָה נִזְעֲקוּ וַיַּדְבִּיקוּ אֶת־

23 בְּנֵי־דָן: וַיִּקְרְאוּ אֶל־בְּנֵי־דָן וַיַּסֵּבּוּ פְּנֵיהֶם וַיֹּאמְרוּ

24 לְמִיכָה מַה־לְּךָ כִּי נִזְעָקְתָּ: וַיֹּאמֶר אֶת־אֱלֹהַי אֲשֶׁר־עָשִׂיתִי לְקַחְתֶּם וְאֶת־הַכֹּהֵן וַתֵּלְכוּ וּמַה־לִּי

25 עוֹד וּמַה־זֶּה תֹּאמְרוּ אֵלַי מַה־לָּךְ: וַיֹּאמְרוּ אֵלָיו בְּנֵי־דָן אַל־תַּשְׁמַע קוֹלְךָ עִמָּנוּ פֶּן־יִפְגְּעוּ בָכֶם אֲנָשִׁים מָרֵי נֶפֶשׁ וְאָסַפְתָּה נַפְשְׁךָ וְנֶפֶשׁ בֵּיתֶךָ:

26 וַיֵּלְכוּ בְנֵי־דָן לְדַרְכָּם וַיַּרְא מִיכָה כִּי־חֲזָקִים הֵמָּה מִמֶּנּוּ וַיִּפֶן וַיָּשָׁב אֶל־בֵּיתוֹ: וְהֵמָּה לָקְחוּ אֵת

27 אֲשֶׁר־עָשָׂה מִיכָה וְאֶת־הַכֹּהֵן אֲשֶׁר הָיָה־לוֹ וַיָּבֹאוּ עַל־לַיִשׁ עַל־עַם שֹׁקֵט וּבֹטֵחַ וַיַּכּוּ אוֹתָם לְפִי־חָרֶב וְאֶת־הָעִיר שָׂרְפוּ בָאֵשׁ: וְאֵין מַצִּיל כִּי

28 רְחוֹקָה־הִיא מִצִּידוֹן וְדָבָר אֵין־לָהֶם עִם־אָדָם וְהִיא בָּעֵמֶק אֲשֶׁר לְבֵית־רְחוֹב וַיִּבְנוּ אֶת־הָעִיר וַיֵּשְׁבוּ

29 בָהּ: וַיִּקְרְאוּ שֵׁם־הָעִיר דָּן בְּשֵׁם דָּן אֲבִיהֶם אֲשֶׁר יוּלַּד לְיִשְׂרָאֵל וְאוּלָם לַיִשׁ שֵׁם־הָעִיר לָרִאשֹׁנָה:

30 וַיָּקִימוּ לָהֶם בְּנֵי־דָן אֶת־הַפָּסֶל וִיהוֹנָתָן בֶּן־גֵּרְשֹׁם בֶּן־מְנַשֶּׁה הוּא וּבָנָיו הָיוּ כֹהֲנִים לְשֵׁבֶט הַדָּנִי עַד־

31 יוֹם גְּלוֹת הָאָרֶץ: וַיָּשִׂימוּ לָהֶם אֶת־פֶּסֶל מִיכָה אֲשֶׁר עָשָׂה כָּל־יְמֵי הֱיוֹת בֵּית־הָאֱלֹהִים בְּשִׁלֹה:

CAP. XIX.   יט

1 וַיְהִי בַּיָּמִים הָהֵם וּמֶלֶךְ אֵין בְּיִשְׂרָאֵל וַיְהִי אִישׁ לֵוִי גָּר בְּיַרְכְּתֵי הַר־אֶפְרַיִם וַיִּקַּח־לוֹ אִשָּׁה פִילֶגֶשׁ

2 מִבֵּית לֶחֶם יְהוּדָה: וַתִּזְנֶה עָלָיו פִּילַגְשׁוֹ וַתֵּלֶךְ מֵאִתּוֹ אֶל־בֵּית אָבִיהָ אֶל־בֵּית לֶחֶם יְהוּדָה וַתְּהִי־

3 שָׁם יָמִים אַרְבָּעָה חֳדָשִׁים: וַיָּקָם אִישָׁהּ וַיֵּלֶךְ אַחֲרֶיהָ לְדַבֵּר עַל־לִבָּהּ לַהֲשִׁיבוֹ וְנַעֲרוֹ עִמּוֹ וְצֶמֶד חֲמֹרִים וַתְּבִיאֵהוּ בֵּית אָבִיהָ וַיִּרְאֵהוּ אֲבִי הַנַּעֲרָה

4 וַיִּשְׂמַח לִקְרָאתוֹ: וַיֶּחֱזַק־בּוֹ חֹתְנוֹ אֲבִי הַנַּעֲרָה וַיֵּשֶׁב אִתּוֹ שְׁלֹשֶׁת יָמִים וַיֹּאכְלוּ וַיִּשְׁתּוּ וַיָּלִינוּ שָׁם:

5 וַיְהִי בַּיּוֹם הָרְבִיעִי וַיַּשְׁכִּימוּ בַבֹּקֶר וַיָּקָם לָלֶכֶת וַיֹּאמֶר אֲבִי הַנַּעֲרָה אֶל־חֲתָנוֹ סְעָד לִבְּךָ פַּת־לֶחֶם

6 וְאַחַר תֵּלֵכוּ: וַיֵּשְׁבוּ וַיֹּאכְלוּ שְׁנֵיהֶם יַחְדָּו וַיִּשְׁתּוּ וַיֹּאמֶר אֲבִי הַנַּעֲרָה אֶל־הָאִישׁ הוֹאֶל־נָא וְלִין וְיִטַב

7 לִבֶּךָ: וַיָּקָם הָאִישׁ לָלֶכֶת וַיִּפְצַר־בּוֹ חֹתְנוֹ וַיָּשָׁב וַיָּלֶן

8 שָׁם: וַיַּשְׁכֵּם בַּבֹּקֶר בַּיּוֹם הַחֲמִישִׁי לָלֶכֶת

8 And they came unto their brethren to Zorah[a] and Eshtaol: and their brethren said unto them, What *say* ye?

9 And they said, Arise,[b] that we may go up against them: for we have seen the land, and, behold, it *is* very good: and *are* ye still? be not slothful to go, *and* to enter to possess the land.

10 When ye go, ye shall come unto a people secure,[c] and to a large land: for God[d] hath given it into your hands; a place where[e] *there is* no want of any thing that *is* in the earth.

11 And there went from thence of the family of the Danites, out of Zorah and out of Eshtaol, six hundred men 𝛾 appointed with weapons of war.

12 And they went up, and pitched in Kirjath-jearim,[h] in Judah: wherefore they called that place Mahaneh-dan[k] unto this day; behold, *it is* behind Kirjath-jearim.

13 And they passed thence unto mount Ephraim, and came unto the house of Micah.

14 Then answered the five men that went to spy out the country of Laish, and said unto their brethren, Do ye know that there is in these houses[m] an ephod, and teraphim, and a graven image, and a molten image? now, therefore, consider what ye have to do.

15 And they turned thitherward, and came to the house of the young man the Levite, *even* unto the house of Micah, and δ saluted him.

16 And the[p] six hundred men appointed with their weapons of war, which *were* of the children of Dan, stood by the entering of the gate.

17 And the five[q] men that went to spy out the land went up, *and* came in thither, *and* took the graven image, and the ephod, and the teraphim, and the molten image: and the priest stood in the entering of the gate with the six hundred men *that were* appointed with weapons of war.

18 And these went into Micah's house, and fetched the carved image, the ephod, and the teraphim, and the molten image. Then said the priest unto them, What do ye?

19 And they said unto him, Hold thy peace, lay[s] thine hand upon thy mouth, and go with us, and be[t] to us a father and a priest: *is it* better for thee to be a priest unto the house of one man, or that thou be a priest unto a tribe and a family in Israel?

20 And the priest's heart was glad; and he took the ephod, and the teraphim, and the graven image, and went in the midst of the people.

21 So they turned and departed, and put the little ones, and the cattle, and the carriage before them.

22 *And* when they were a good way from the house of Micah, the men that *were* in the houses near to Micah's house were gathered together, and overtook the children of Dan.

23 And they cried unto the children of Dan. And they turned their faces, and said unto Micah, What[w] aileth thee, that thou 𝜇 comest with such a company?

24 And he said, Ye have taken away my gods which I made, and the priest, and ye are gone away: and what have I more? and what *is* this *that* ye say unto me, What aileth thee?

B. C. 1406.

a ver. 2.

β bitter of soul.
  2 Sa. 17. 8.

b Nu. 13. 30.
  1 Ki. 22. 3.

c ver. 7, 27.

d Jos.2.23,24.

e De. 8. 9.

f ver. 7, 10.
  De. 33. 22.

𝛾 *girded.*

g ver. 1, 7.

h 1Ch.13.5,6.
  2 Ch. 1. 4.

i Nu. 13. 21.
  2 Sa. 10. 6.

k ch. 13. 25.

l Ge. 14. 14.
  Jos. 19. 47.
  1Ki.12.29,30.
  15. 20.

m ch. 17. 5.

n 1Sa.4.2.&c.
  Ps. 78. 60.

o ch. 19. 18.
  Jos. 18. 1.

δ *asked him of peace.*
  Ge. 43. 27.
  1Sa. 17. 22.

p ver. 11.

ζ *a woman, a concubine, or, a wife, a concubine.*

q ver. 2, 14.

𝜂 *days four months,* or, *a year and four months*

eto her heart.
  Ge. 34. 3.

r Je. 3. 1.

s Job 21. 5.
  29. 9.
  40. 4.
  Pr. 30. 32.
  Mi. 7. 16.

t ch. 17. 10.

𝜅 *strengthen.*
  ver. 8.
  Ge. 18. 5.

u Ps. 104. 15.

v ver. 22.

w Ge. 21. 17.
  2 Ki. 6. 28.
  Ps. 114. 5.
  Is. 22. 1.

λ *till the day declined.*

𝜇 *art gathered together.*

𝜈 *is weak.*

𝜉 Lu. 24. 29.

---

25 And the children of Dan said unto him, Let not thy voice be heard among us, lest β angry fellows run upon thee, and thou lose thy life, with the lives of thy household.

26 And the children of Dan went their way: and when Micah saw that they *were* too strong for him, he turned, and went back unto his house.

27 And they took *the things* which Micah had made, and the priest which he had, and came unto Laish, unto a people *that were* at quiet and secure: and[f] they smote them with the edge of the sword, and burnt the city with fire.

28 And *there was* no deliverer,[g] because it *was* far from Zidon, and they had no business with *any* man; and it was in the valley that *lieth* by Beth-rehob.[i] And they built a city, and dwelt therein.

29 And[l] they called the name of the city Dan, after the name of Dan their father, who was born unto Israel: howbeit, the name of the city *was* Laish at the first.

30 And the children of Dan set up the graven image: and Jonathan the son of Gershom, the son of Manasseh, he and his sons were priests to the tribe of Dan until the day[h] of the captivity of the land.

31 And they set them up Micah's graven image, which he made, all the time that the house of God[o] was in Shiloh.

CHAP. XIX.

AND it came to pass in those days, when *there was* no king in Israel, that there was a certain Levite sojourning on the side of mount Ephraim, who took to him ζ a concubine out of Bethlehem-judah.

2 And his concubine played the whore against him, and went away from him unto her father's house to Bethlehem-judah, and was there 𝜂 four whole months.

3 And her husband arose, and went after her, to speak θ friendly unto her, *and* to bring her again,[r] having his servant with him, and a couple of asses: and she brought him into her father's house; and when the father of the damsel saw him, he rejoiced to meet him.

4 And his father-in-law, the damsel's father, retained him; and he abode with him three days: so they did eat and drink, and lodged there.

5 And it came to pass on the fourth day, when they arose early in the morning, that he rose up to depart: and the damsel's father said unto his son-in-law, 𝜅 Comfort thine[u] heart with a morsel of bread,[v] and afterward go your way.

6 And they sat down, and did eat and drink both of them together: for the damsel's father had said unto the man, Be content, I pray thee, and tarry all night, and let thine heart[u] be merry.

7 And when the man rose up to depart, his father-in-law urged him: therefore he lodged there again.

8 And he arose early in the morning on the fifth day to depart: and the damsel's father said, Comfort thine heart, I pray thee. And they tarried λ until afternoon, and they did eat both of them.

9 And when the man rose up to depart, he and his concubine and his servant, his father-in-law, the damsel's father, said unto him, Behold, now the day 𝜈 draweth toward evening,[x] I pray you tarry all

וַיֹּאמֶר אֲבִי הַנַּעֲרָה סְעָד־נָא לְבָבְךָ וְהִתְמַהְמְהוּ 9 עַד־נְטוֹת הַיּוֹם וַיֹּאכְלוּ שְׁנֵיהֶם : וַיָּקָם הָאִישׁ לָלֶכֶת הוּא וּפִילַגְשׁוֹ וְנַעֲרוֹ וַיֹּאמֶר לוֹ חֹתְנוֹ אֲבִי הַנַּעֲרָה הִנֵּה נָא רָפָה הַיּוֹם לַעֲרוֹב לִינוּ־נָא הִנֵּה חֲנוֹת הַיּוֹם לִין פֹּה וְיִיטַב לְבָבֶךָ וְהִשְׁכַּמְתֶּם מָחָר 10 לְדַרְכְּכֶם וַהֲלַכְתָּ לְאֹהָלֶךָ : וְלֹא־אָבָה הָאִישׁ לָלוּן וַיָּקָם וַיֵּלֶךְ וַיָּבֹא עַד־נֹכַח יְבוּס הִיא יְרוּשָׁלִָם 11 וְעִמּוֹ צֶמֶד חֲמוֹרִים חֲבוּשִׁים וּפִילַגְשׁוֹ עִמּוֹ : הֵם עִם־יְבוּס וְהַיּוֹם רַד מְאֹד וַיֹּאמֶר הַנַּעַר אֶל־אֲדֹנָיו לְכָה־נָּא וְנָסוּרָה אֶל־עִיר־הַיְבוּסִי הַזֹּאת וְנָלִין בָּהּ : 12 וַיֹּאמֶר אֵלָיו אֲדֹנָיו לֹא נָסוּר אֶל־עִיר נָכְרִי אֲשֶׁר 13 לֹא־מִבְּנֵי יִשְׂרָאֵל הֵנָּה וְעָבַרְנוּ עַד־גִּבְעָה : וַיֹּאמֶר לְנַעֲרוֹ לֵךְ וְנִקְרְבָה בְּאַחַד הַמְּקֹמוֹת וְלַנּוּ בַגִּבְעָה 14 אוֹ בָרָמָה : וַיַּעַבְרוּ וַיֵּלֵכוּ וַתָּבֹא לָהֶם הַשֶּׁמֶשׁ 15 אֵצֶל הַגִּבְעָה אֲשֶׁר לְבִנְיָמִן : וַיָּסֻרוּ שָׁם לָבוֹא לָלוּן בַּגִּבְעָה וַיָּבֹא וַיֵּשֶׁב בִּרְחוֹב הָעִיר וְאֵין אִישׁ מְאַסֵּף־ 16 אוֹתָם הַבַּיְתָה לָלוּן : וְהִנֵּה אִישׁ זָקֵן בָּא מִן־ מַעֲשֵׂהוּ מִן־הַשָּׂדֶה בָּעֶרֶב וְהָאִישׁ מֵהַר אֶפְרַיִם 17 וְהוּא־גָר בַּגִּבְעָה וְאַנְשֵׁי הַמָּקוֹם בְּנֵי יְמִינִי : וַיִּשָּׂא עֵינָיו וַיַּרְא אֶת־הָאִישׁ הָאֹרֵחַ בִּרְחֹב הָעִיר וַיֹּאמֶר 18 הָאִישׁ הַזָּקֵן אָנָה תֵלֵךְ וּמֵאַיִן תָּבוֹא : וַיֹּאמֶר אֵלָיו עֹבְרִים אֲנַחְנוּ מִבֵּית־לֶחֶם יְהוּדָה עַד־יַרְכְּתֵי הַר־אֶפְרַיִם מִשָּׁם אָנֹכִי וָאֵלֵךְ עַד־בֵּית־לֶחֶם יְהוּדָה וְאֶת־בֵּית יְהוָֹה אֲנִי הֹלֵךְ וְאֵין אִישׁ מְאַסֵּף 19 אוֹתִי הַבָּיְתָה : וְגַם־תֶּבֶן גַּם־מִסְפּוֹא יֵשׁ לַחֲמוֹרֵינוּ וְגַם לֶחֶם וָיַיִן יֶשׁ־לִי וְלַאֲמָתֶךָ וְלַנַּעַר עִם־עֲבָדֶיךָ 20 אֵין מַחְסוֹר כָּל־דָּבָר : וַיֹּאמֶר הָאִישׁ הַזָּקֵן שָׁלוֹם לָךְ רַק כָּל־מַחְסוֹרְךָ עָלָי רַק בָּרְחוֹב אַל־תָּלַן : 21 וַיְבִיאֵהוּ לְבֵיתוֹ וַיָּבָל לַחֲמוֹרִים וַיִּרְחֲצוּ רַגְלֵיהֶם 22 וַיֹּאכְלוּ וַיִּשְׁתּוּ : הֵמָּה מֵיטִיבִים אֶת־לִבָּם וְהִנֵּה אַנְשֵׁי הָעִיר אַנְשֵׁי בְנֵי־בְלִיַּעַל נָסַבּוּ אֶת־הַבַּיִת מִתְדַּפְּקִים עַל־הַדָּלֶת וַיֹּאמְרוּ אֶל־הָאִישׁ בַּעַל הַבַּיִת הַזָּקֵן לֵאמֹר הוֹצֵא אֶת־הָאִישׁ אֲשֶׁר־בָּא אֶל־בֵּיתְךָ 23 וְנֵדָעֶנּוּ : וַיֵּצֵא אֲלֵיהֶם הָאִישׁ בַּעַל הַבַּיִת וַיֹּאמֶר אֲלֵהֶם אַל־אַחַי אַל־תָּרֵעוּ נָא אַחֲרֵי אֲשֶׁר־ בָּא הָאִישׁ הַזֶּה אֶל־בֵּיתִי אַל־תַּעֲשׂוּ אֶת־הַנְּבָלָה 24 הַזֹּאת : הִנֵּה בִתִּי הַבְּתוּלָה וּפִילַגְשֵׁהוּ אוֹצִיאָה־ נָּא אוֹתָם וְעַנּוּ אוֹתָם וַעֲשׂוּ לָהֶם הַטּוֹב בְּעֵינֵיכֶם

25 וְלָאִישׁ הַזֶּה לֹא תַעֲשׂוּ דְּבַר הַנְּבָלָה הַזֹּאת וְלֹא־ אָבוּ הָאֲנָשִׁים לִשְׁמֹעַ לוֹ וַיַּחֲזֵק הָאִישׁ בְּפִילַגְשׁוֹ וַיֹּצֵא אֲלֵיהֶם הַחוּץ וַיֵּדְעוּ אוֹתָהּ וַיִּתְעַלְּלוּ־בָהּ כָּל־ 26 הַלַּיְלָה עַד־הַבֹּקֶר וַיְשַׁלְּחוּהָ בַּעֲלוֹת הַשָּׁחַר : וַתָּבֹא הָאִשָּׁה לִפְנוֹת הַבֹּקֶר וַתִּפֹּל פֶּתַח בֵּית־הָאִישׁ אֲשֶׁר־ 27 אֲדוֹנֶיהָ שָּׁם עַד־הָאוֹר : וַיָּקָם אֲדֹנֶיהָ בַּבֹּקֶר וַיִּפְתַּח דַּלְתוֹת הַבַּיִת וַיֵּצֵא לָלֶכֶת לְדַרְכּוֹ וְהִנֵּה 28 הָאִשָּׁה פִילַגְשׁוֹ נֹפֶלֶת פֶּתַח הַבַּיִת וְיָדֶיהָ עַל־הַסַּף : וַיֹּאמֶר אֵלֶיהָ קוּמִי וְנֵלֵכָה וְאֵין עֹנֶה וַיִּקָּחֶהָ עַל־ 29 הַחֲמוֹר וַיָּקָם הָאִישׁ וַיֵּלֶךְ לִמְקֹמוֹ : וַיָּבֹא אֶל־ בֵּיתוֹ וַיִּקַּח אֶת־הַמַּאֲכֶלֶת וַיַּחֲזֵק בְּפִילַגְשׁוֹ וַיְנַתְּחֶהָ לַעֲצָמֶיהָ לִשְׁנֵים עָשָׂר נְתָחִים וַיְשַׁלְּחֶהָ בְּכֹל גְּבוּל 30 יִשְׂרָאֵל : וְהָיָה כָל־הָרֹאֶה וְאָמַר לֹא־נִהְיְתָה וְלֹא־ נִרְאֲתָה כָּזֹאת לְמִיּוֹם עֲלוֹת בְּנֵי־יִשְׂרָאֵל מֵאֶרֶץ מִצְרַיִם עַד הַיּוֹם הַזֶּה שִׂימוּ־לָכֶם עָלֶיהָ עֻצוּ וְדַבֵּרוּ :

CAP. XX. כ

1 וַיֵּצְאוּ כָּל־בְּנֵי יִשְׂרָאֵל וַתִּקָּהֵל הָעֵדָה כְּאִישׁ אֶחָד לְמִדָּן וְעַד־בְּאֵר שֶׁבַע וְאֶרֶץ הַגִּלְעָד אֶל־יְהוָֹה 2 הַמִּצְפָּה : וַיִּתְיַצְּבוּ פִּנּוֹת כָּל־הָעָם כֹּל שִׁבְטֵי יִשְׂרָאֵל בִּקְהַל עַם הָאֱלֹהִים אַרְבַּע מֵאוֹת אֶלֶף אִישׁ 3 רַגְלִי שֹׁלֵף חָרֶב : וַיִּשְׁמְעוּ בְּנֵי בִנְיָמִן כִּי־עָלוּ בְנֵי־יִשְׂרָאֵל הַמִּצְפָּה וַיֹּאמְרוּ בְּנֵי יִשְׂרָאֵל דַּבְּרוּ אֵיכָה 4 נִהְיְתָה הָרָעָה הַזֹּאת : וַיַּעַן הָאִישׁ הַלֵּוִי אִישׁ הָאִשָּׁה הַנִּרְצָחָה וַיֹּאמַר הַגִּבְעָתָה אֲשֶׁר לְבִנְיָמִן 5 בָּאתִי אֲנִי וּפִילַגְשִׁי לָלוּן : וַיָּקֻמוּ עָלַי בַּעֲלֵי הַגִּבְעָה וַיָּסֹבּוּ עָלַי אֶת־הַבַּיִת לָיְלָה אוֹתִי דִּמּוּ לַהֲרֹג וְאֶת־ 6 פִּילַגְשִׁי עִנּוּ וַתָּמֹת : וָאֹחֵז בְּפִילַגְשִׁי וָאֲנַתְּחֶהָ וָאֲשַׁלְּחֶהָ בְּכָל־שְׂדֵה נַחֲלַת יִשְׂרָאֵל כִּי עָשׂוּ זִמָּה 7 וּנְבָלָה בְּיִשְׂרָאֵל : הִנֵּה כֻלְּכֶם בְּנֵי יִשְׂרָאֵל הָבוּ 8 לָכֶם דָּבָר וְעֵצָה הֲלֹם : וַיָּקָם כָּל־הָעָם כְּאִישׁ אֶחָד לֵאמֹר לֹא נֵלֵךְ אִישׁ לְאָהֳלוֹ וְלֹא נָסוּר אִישׁ 9 לְבֵיתוֹ : וְעַתָּה זֶה הַדָּבָר אֲשֶׁר נַעֲשֶׂה לַגִּבְעָה עָלֶיהָ 10 בְּגוֹרָל : וְלָקַחְנוּ עֲשָׂרָה אֲנָשִׁים לַמֵּאָה לְכֹל שִׁבְטֵי יִשְׂרָאֵל וּמֵאָה לָאֶלֶף וְאֶלֶף לָרְבָבָה לָקַחַת צֵדָה לָעָם לַעֲשׂוֹת לְבוֹאָם לְגֶבַע בִּנְיָמִן כְּכָל־הַנְּבָלָה 11 אֲשֶׁר עָשָׂה בְּיִשְׂרָאֵל : וַיֵּאָסֵף כָּל־אִישׁ יִשְׂרָאֵל אֶל־ 12 הָעִיר כְּאִישׁ אֶחָד חֲבֵרִים : וַיִּשְׁלְחוּ שִׁבְטֵי יִשְׂרָאֵל אֲנָשִׁים בְּכָל־שִׁבְטֵי בִנְיָמִן לֵאמֹר מָה הָרָעָה הַזֹּאת

night : behold, β the day *a* groweth to an end ; lodge here, that thine heart may be merry ; and to-morrow get you early on your way, that thou mayest go γ home.

10 But the man would not tarry that night, but he rose up and departed, and came δ over against Jebus,*b* which *is* Jerusalem : and *there were* with him two asses saddled ; his concubine also *was* with him.

11 *And* when they *were* by Jebus, the day was far spent ; and the servant said unto his master, Come, I pray thee, and let us turn in into this city of the Jebusites, and lodge in it.

12 And his master said unto him, We will not turn aside hither into the city of a stranger, that *is* not of the children of Israel : we will pass over to Gibeah.

13 And he said unto his servant, Come, and let us draw near to one of these places to lodge all night, in Gibeah or in *d* Ramah.

14 And they passed on and went their way ; and the sun went down upon them *when they were* by Gibeah, which *belongeth* to Benjamin.

15 And they turned aside thither, to go in *and* to lodge in Gibeah : and when he went in, he sat him down in a street of the city ; for *there was* no man that took them into his house to lodging.*i*

16 And, behold, there came an old man from his work *l* out of the field at even, which *was* also of mount Ephraim ; and he sojourned in Gibeah : but the men of the place *were* Benjamites.

17 And when he had lifted up his eyes, he saw a wayfaring man in the street of the city : and the old man said, Whither goest thou ? and whence comest thou ?

18 And he said unto him, We *are* passing from Bethlehem-judah toward the side of mount Ephraim ; from thence *am* I : and I went to Bethlehem-judah, but I *am now* going to the house*o* of the LORD ; and there *is* no man that η receiveth me to house.

19 Yet there is both straw and provender for your asses ; and there is bread and wine also for me, and for thy handmaid, and for the young man *which is* with thy servants : *there is* no want of any thing.

20 And the old man said, Peace *q* be with thee : howsoever, *let* all thy wants *lie* upon me ; only lodge not in the street.*s*

21 So *t* he brought him into his house,and gave provender unto the asses : and they washed their feet,*u* and did eat and drink.

22 *Now,* as they were making their hearts*w* merry, behold, the men of the city, certain sons *y* of Belial, beset *x* the house round about,*and* beat at the door, & spake to the master of the house, the old man, saying, Bring forth *a* the man that came into thine house, that we may know him.

23 And the man, the master of the house, went out unto them, and said unto them, Nay, my brethren, *nay*, I pray you, do not *so* wickedly ; seeing that this man is come into mine house, do not this folly.*b*

24 Behold, *here is* my daughter, a maiden, and his concubine ; them I will bring out now, and humble*c* ye them, and do with them what seemeth good unto you : but unto this man do not κ so vile a thing.

25 But the man would not hearken to him : so the man took his concubine, and brought her forth unto them ; and they knew her, and abused her all the night until the morning : and when the day

Center column notes

B. C. 1406.

β It is *the pitching time of the day.*

a Je. 6. 4.

γ *to thy tent.*

δ *to over against.*

b Jos.15.8,63.
18. 28.
2 Sa. 5. 6.

c ch. 20. 6, 7.
1 Sa. 11. 7.

d Jos. 18. 25.
1 Sa. 7. 17.

e ch. 20. 7.

f Pr. 11. 14.
24. 6.

g ver. 11.
ch. 21. 5.
Jos. 22. 12.
1 Sa. 11. 7.
h 1 Sa. 3. 20.
2 Sa. 3. 10.
24. 2.
i Mat. 25. 43.
He. 13. 2.
k ch. 11. 11.
1 Sa. 7. 5.
10. 17.
l Ps. 104. 23.
m ch. 8. 10.
n ch.19.22 .27

ζ *the man the Levite.*

o Jos. 18. 1.
1 Sa. 1. 3, 7.

p ch.19.15,&c

η *gathereth.*
ver. 15.
Jnᵒ. 15. 6.

q ch. 6. 23.
Ge.43.23 24.

θ *humbled.*

r ch. 19. 29.
s Ge. 19. 2.
t Ge. 24. 32.
u Ge. 18. 4.
Jnᵒ.13.5.-14
1 Ti. 5. 10.
v Jos. 7. 15.
w ver. 6. 9.
ch. 16. 25.
x ch. 19. 30.
y De. 13. 13.
2 Sa.23.6,7.
z ch. 20. 5.
Ge. 19. 4,
&c.
Hos. 9. 9.
10. 9.
a Ro.1.26,27.

b 2 Sa. 13. 12.

c Ge. 34. 2.
De. 21. 14.

κ *the matter of this folly.*

λ *fellows.*

d De. 13. 14.
Jos. 22. 13,
&c.

began to spring, they let her go.

26 Then came the woman, in the dawning of the day, and fell down at the door of the man's house where her lord *was*, till it was light.

27 And her lord rose up in the morning, and opened the doors of the house, and went out to go his way : and, behold, the woman his concubine was fallen down at the door of the house, and her hands *were* upon the threshold.

28 And he said unto her, Up, and let us be going : but none answered. Then the man took her *up* upon an ass, and the man rose up, and gat him unto his place.

29 And when he was come into his house, he took a knife, and laid hold on his concubine, and divided*e* her, *together* with her bones, into twelve pieces, and sent her into all the coast of Israel.

30 And it was so, that all that saw it said, There was no such deed done nor seen from the day that the children of Israel came up out of the land of Egypt unto this day : consider*e* of it, take advice,*f* and speak *your minds*.

CHAP. XX.

THEN *g* all the children of Israel went out, and the congregation was gathered together as one man, from *h* Dan even to Beer-sheba, with the land of Gilead, unto the LORD in Mizpeh.*k*

2 And the chief of all the people, *even* of all the tribes of Israel, presented themselves in the assembly of the people of God, four hundred thousand footmen that *m* drew sword.

3 (Now the children of Benjamin heard that the children of Israel were gone up to Mizpeh.) Then said the children of Israel, Tell *us*, how was this *n* wickedness ?

4 And ζ the Levite, the husband of the woman that was slain, answered and said, I came*p* into Gibeah that *belongeth* to Benjamin, I and my concubine, to lodge.

5 And the men of Gibeah rose against me, and beset the house round about upon me by night, *and* thought to have slain me ; *and* my concubine have they forced,θ that she is dead.

6 And *r* I took my concubine, and cut her in pieces, and sent her throughout all the country of the inheritance of Israel : for they have committed lewdness and folly *v* in Israel.

7 Behold, ye *are* all children of Israel ; give *x* here your advice and counsel.

8 And all the people arose as one man, saying, We will not any *of us* go to his tent, neither will we any *of us* turn into his house :

9 But now this *shall be* the thing which we will do to Gibeah, *we will go up* by lot against it :

10 And we will take ten men of an hundred throughout all the tribes of Israel, and an hundred of a thousand, and a thousand out of ten thousand, to fetch victual for the people, that they may do, when they come to Gibeah of Benjamin, according to all the folly that they have wrought in Israel.

11 So all the men of Israel were gathered against the city, λ knit together as one man.

12 And the tribes of Israel sent *d* men through all the tribe of Benjamin, saying,

13 וְעַתָּה תְּנוּ אֶת־הָאֲנָשִׁים בְּנֵי־בְלִיַּעַל אֲשֶׁר בַּגִּבְעָה וּנְמִיתֵם וּנְבַעֲרָה רָעָה מִיִּשְׂרָאֵל וְלֹא אָבוּ בְּנֵי בִנְיָמִן לִשְׁמֹעַ בְּקוֹל אֲחֵיהֶם בְּנֵי־יִשְׂרָאֵל׃

14 וַיֵּאָסְפוּ בְנֵי־בִנְיָמִן מִן־הֶעָרִים הַגִּבְעָתָה לָצֵאת לַמִּלְחָמָה עִם־בְּנֵי יִשְׂרָאֵל׃

15 וַיִּתְפָּקְדוּ בְנֵי בִנְיָמִן בַּיּוֹם הַהוּא מֵהֶעָרִים עֶשְׂרִים וְשִׁשָּׁה אֶלֶף אִישׁ שֹׁלֵף חָרֶב לְבַד מִיֹּשְׁבֵי הַגִּבְעָה הִתְפָּקְדוּ שְׁבַע מֵאוֹת אִישׁ בָּחוּר׃

16 מִכֹּל הָעָם הַזֶּה שְׁבַע מֵאוֹת אִישׁ בָּחוּר אִטֵּר יַד־יְמִינוֹ כָּל־זֶה קֹלֵעַ בָּאֶבֶן אֶל־הַשַּׂעֲרָה וְלֹא יַחֲטִא׃

17 וְאִישׁ יִשְׂרָאֵל הִתְפָּקְדוּ לְבַד מִבִּנְיָמִן אַרְבַּע מֵאוֹת אֶלֶף אִישׁ שֹׁלֵף חָרֶב כָּל־זֶה אִישׁ מִלְחָמָה׃

18 וַיָּקֻמוּ וַיַּעֲלוּ בֵית־אֵל וַיִּשְׁאֲלוּ בֵאלֹהִים וַיֹּאמְרוּ בְּנֵי יִשְׂרָאֵל מִי יַעֲלֶה־לָּנוּ בַתְּחִלָּה לַמִּלְחָמָה עִם־בְּנֵי בִנְיָמִן וַיֹּאמֶר יְהוָה יְהוּדָה בַתְּחִלָּה׃

19 וַיָּקוּמוּ בְנֵי יִשְׂרָאֵל בַּבֹּקֶר וַיַּחֲנוּ עַל־הַגִּבְעָה׃

20 וַיֵּצֵא אִישׁ יִשְׂרָאֵל לַמִּלְחָמָה עִם־בִּנְיָמִן וַיַּעַרְכוּ אִתָּם אִישׁ־יִשְׂרָאֵל מִלְחָמָה אֶל־הַגִּבְעָה׃

21 וַיֵּצְאוּ בְנֵי־בִנְיָמִן מִן־הַגִּבְעָה וַיַּשְׁחִיתוּ בְיִשְׂרָאֵל בַּיּוֹם הַהוּא שְׁנַיִם וְעֶשְׂרִים אֶלֶף אִישׁ אָרְצָה׃

22 וַיִּתְחַזֵּק הָעָם אִישׁ יִשְׂרָאֵל וַיֹּסִפוּ לַעֲרֹךְ מִלְחָמָה בַּמָּקוֹם אֲשֶׁר־עָרְכוּ שָׁם בַּיּוֹם הָרִאשׁוֹן׃

23 וַיַּעֲלוּ בְנֵי־יִשְׂרָאֵל וַיִּבְכּוּ לִפְנֵי־יְהוָה עַד־הָעֶרֶב וַיִּשְׁאֲלוּ בַיהוָה לֵאמֹר הַאוֹסִיף לָגֶשֶׁת לַמִּלְחָמָה עִם־בְּנֵי בִנְיָמִן אָחִי וַיֹּאמֶר יְהוָה עֲלוּ אֵלָיו׃

24 וַיִּקְרְבוּ בְנֵי־יִשְׂרָאֵל אֶל־בְּנֵי בִנְיָמִן בַּיּוֹם הַשֵּׁנִי׃

25 וַיֵּצֵא בִנְיָמִן לִקְרָאתָם מִן־הַגִּבְעָה בַּיּוֹם הַשֵּׁנִי וַיַּשְׁחִיתוּ בִבְנֵי יִשְׂרָאֵל עוֹד שְׁמֹנַת עָשָׂר אֶלֶף אִישׁ אָרְצָה כָּל־אֵלֶּה שֹׁלְפֵי חָרֶב׃

26 וַיַּעֲלוּ כָל־בְּנֵי יִשְׂרָאֵל וְכָל־הָעָם וַיָּבֹאוּ בֵית־אֵל וַיִּבְכּוּ וַיֵּשְׁבוּ שָׁם לִפְנֵי יְהוָה וַיָּצוּמוּ בַיּוֹם־הַהוּא עַד־הָעָרֶב וַיַּעֲלוּ עֹלוֹת וּשְׁלָמִים לִפְנֵי יְהוָה׃

27 וַיִּשְׁאֲלוּ בְנֵי־יִשְׂרָאֵל בַּיהוָה וְשָׁם אֲרוֹן בְּרִית הָאֱלֹהִים בַּיָּמִים הָהֵם׃

28 וּפִינְחָס בֶּן־אֶלְעָזָר בֶּן־אַהֲרֹן עֹמֵד לְפָנָיו בַּיָּמִים הָהֵם לֵאמֹר הַאוֹסִף עוֹד לָצֵאת לַמִּלְחָמָה עִם־בְּנֵי־בִנְיָמִן אָחִי אִם־אֶחְדָּל וַיֹּאמֶר יְהוָה עֲלוּ כִּי מָחָר אֶתְּנֶנּוּ בְיָדֶךָ׃

29 וַיָּשֶׂם יִשְׂרָאֵל אֹרְבִים אֶל־הַגִּבְעָה סָבִיב׃

30 וַיַּעֲלוּ בְנֵי־יִשְׂרָאֵל אֶל־בְּנֵי בִנְיָמִן בַּיּוֹם הַשְּׁלִישִׁי וַיַּעַרְכוּ אֶל־הַגִּבְעָה כְּפַעַם בְּפָעַם׃

31 וַיֵּצְאוּ בְנֵי־בִנְיָמִן לִקְרַאת הָעָם הָנְתְּקוּ מִן־הָעִיר וַיָּחֵלּוּ לְהַכּוֹת מֵהָעָם חֲלָלִים כְּפַעַם בְּפַעַם בַּמְסִלּוֹת אֲשֶׁר אַחַת עֹלָה בֵית־אֵל וְאַחַת גִּבְעָתָה בַּשָּׂדֶה כִּשְׁלֹשִׁים אִישׁ בְּיִשְׂרָאֵל׃

32 וַיֹּאמְרוּ בְּנֵי בִנְיָמִן נִגָּפִים הֵם לְפָנֵינוּ כְּבָרִאשֹׁנָה וּבְנֵי יִשְׂרָאֵל אָמְרוּ נָנוּסָה וּנְתַקְּנֻהוּ מִן־הָעִיר אֶל־הַמְסִלּוֹת׃

33 וְכֹל אִישׁ יִשְׂרָאֵל קָמוּ מִמְּקוֹמוֹ וַיַּעַרְכוּ בְּבַעַל תָּמָר וְאֹרֵב יִשְׂרָאֵל מֵגִיחַ מִמְּקֹמוֹ מִמַּעֲרֵה־גָבַע׃

34 וַיָּבֹאוּ מִנֶּגֶד לַגִּבְעָה עֲשֶׂרֶת אֲלָפִים אִישׁ בָּחוּר מִכָּל־יִשְׂרָאֵל וְהַמִּלְחָמָה כָּבֵדָה וְהֵם לֹא יָדְעוּ כִּי־נֹגַעַת עֲלֵיהֶם הָרָעָה׃

35 וַיִּגֹּף יְהוָה אֶת־בִּנְיָמִן לִפְנֵי יִשְׂרָאֵל וַיַּשְׁחִיתוּ בְנֵי יִשְׂרָאֵל בְּבִנְיָמִן בַּיּוֹם הַהוּא עֶשְׂרִים וַחֲמִשָּׁה אֶלֶף וּמֵאָה אִישׁ כָּל־אֵלֶּה שֹׁלֵף חָרֶב׃

36 וַיִּרְאוּ בְנֵי־בִנְיָמִן כִּי נִגָּפוּ וַיִּתְּנוּ אִישׁ־יִשְׂרָאֵל מָקוֹם לְבִנְיָמִן כִּי בָטְחוּ אֶל־הָאֹרֵב אֲשֶׁר שָׂמוּ אֶל־הַגִּבְעָה׃

37 וְהָאֹרֵב הֵחִישׁוּ וַיִּפְשְׁטוּ אֶל־הַגִּבְעָה וַיִּמְשֹׁךְ הָאֹרֵב וַיַּךְ אֶת־כָּל־הָעִיר לְפִי־חָרֶב׃

38 וְהַמּוֹעֵד הָיָה לְאִישׁ יִשְׂרָאֵל עִם־הָאֹרֵב הֶרֶב לְהַעֲלוֹתָם מַשְׂאַת הֶעָשָׁן מִן־הָעִיר׃

39 וַיַּהֲפֹךְ אִישׁ־יִשְׂרָאֵל בַּמִּלְחָמָה וּבִנְיָמִן הֵחֵל לְהַכּוֹת חֲלָלִים בְּאִישׁ־יִשְׂרָאֵל כִּשְׁלֹשִׁים אִישׁ כִּי אָמְרוּ אַךְ נִגּוֹף נִגָּף הוּא לְפָנֵינוּ כַּמִּלְחָמָה הָרִאשֹׁנָה׃

40 וְהַמַּשְׂאֵת הֵחֵלָּה לַעֲלוֹת מִן־הָעִיר עַמּוּד עָשָׁן וַיִּפֶן בִּנְיָמִן אַחֲרָיו וְהִנֵּה עָלָה כְלִיל־הָעִיר הַשָּׁמָיְמָה׃

41 וְאִישׁ יִשְׂרָאֵל הָפַךְ וַיִּבָּהֵל אִישׁ בִּנְיָמִן כִּי רָאָה כִּי־נָגְעָה עָלָיו הָרָעָה׃

42 וַיִּפְנוּ לִפְנֵי אִישׁ יִשְׂרָאֵל אֶל־דֶּרֶךְ הַמִּדְבָּר וְהַמִּלְחָמָה הִדְבִּיקָתְהוּ וַאֲשֶׁר מֵהֶעָרִים מַשְׁחִיתִים אוֹתוֹ בְּתוֹכוֹ׃

43 כִּתְּרוּ אֶת־בִּנְיָמִן הִרְדִיפֻהוּ מְנוּחָה הִדְרִיכֻהוּ עַד נֹכַח הַגִּבְעָה מִמִּזְרַח־שָׁמֶשׁ׃

44 וַיִּפְּלוּ מִבִּנְיָמִן שְׁמֹנָה־עָשָׂר אֶלֶף אִישׁ אֶת־כָּל־אֵלֶּה אַנְשֵׁי חָיִל׃

45 וַיִּפְנוּ וַיָּנֻסוּ הַמִּדְבָּרָה אֶל־סֶלַע הָרִמּוֹן וַיְעֹלְלֻהוּ בַּמְסִלּוֹת חֲמֵשֶׁת אֲלָפִים אִישׁ וַיַּדְבִּיקוּ אַחֲרָיו עַד־גִּדְעֹם וַיַּכּוּ מִמֶּנּוּ אַלְפַּיִם אִישׁ׃

46 וַיְהִי כָל־הַנֹּפְלִים מִבִּנְיָמִן עֶשְׂרִים וַחֲמִשָּׁה אֶלֶף אִישׁ שֹׁלֵף חֶרֶב בַּיּוֹם הַהוּא אֶת־כָּל־אֵלֶּה אַנְשֵׁי־חָיִל׃

47 וַיִּפְנוּ וַיָּנֻסוּ הַמִּדְבָּרָה אֶל־סֶלַע הָרִמּוֹן שֵׁשׁ מֵאוֹת אִישׁ וַיֵּשְׁבוּ בְּסֶלַע רִמּוֹן אַרְבָּעָה חֳדָשִׁים׃

48 וְאִישׁ יִשְׂרָאֵל שָׁבוּ אֶל־בְּנֵי

What wickedness *is* this that is done among you?

13 Now therefore deliver *us* the men,*a* the children of Belial, which *are* in Gibeah, that we may put them to death, and put away*b* evil from Israel. But y*c* children of Benjamin would not hearken to the voice of their brethren the cnildren of Israel:

14 But the children of Benjamin gathered themselves together out of the cities unto Gibeah, to go out to battle against the children of Israel.

15 And the children of Benjamin were numbered at that time, out of the cities, twenty and six thousand men that drew sword, beside the inhabitants of Gibeah, which were numbered seven hundred chosen men.

16 Among all this people *there were* seven hundred chosen men *e* left-handed; every one could sling stones at an hair *breadth,* and not miss.

17 And the men of Israel, beside Benjamin, were numbered four hundred thousand men that drew sword: all these *were* men of war.

18 And the children of Israel arose, and went *e* up to the house of God, and asked *f* counsel of God, and said, Which of us shall go up first to the battle against the children of Benjamin? And the LORD said, Judah *shall go up* first.

19 And the children of Israel rose up in the morning, & encamped against Gibeah.

20 And the men of Israel went out to battle against Benjamin; and the men of Israel put themselves in array to fight against them at Gibeah.

21 And the children of Benjamin came forth out of Gibeah, and destroyed *h* down to the ground, of the Israelites that day, twenty and two thousand men.

22 And the people, the men of Israel, encouraged themselves, and set their battle again in array in the place where they put themselves in array the first day.

23 (And *i* the children of Israel went up, and wept before the LORD until even, and asked counsel of the LORD, saying, Shall I go up again to battle against the children of Benjamin my brother? And the LORD said, Go up against him.)

24 And the children of Israel came near against the children of Benjamin the second day.

25 And Benjamin went forth against them out of Gibeah the second day, and destroyed *m* down to the ground, of the children of Israel again, eighteen thousand men; all these drew the sword.

26 Then *o* all the children of Israel, and all the people, went up, and came unto the house of God, and wept,*p* and sat there before the LORD, and fasted that day until even, and offered burnt-offerings and peace-offerings before the LORD.

27 And the children of Israel inquired of the LORD, (for *q* the ark of the covenant of God *was* there in those days;

28 And Phinehas,*r* the son of Eleazar, the son of Aaron, stood *s* before it in those days,) saying, Shall I yet again go out to battle against the children of Benjamin my brother, or shall I cease? And the LORD said, Go up; for *u* to-morrow I will deliver them into thine hand.

29 And Israel set liers *v* in wait round about Gibeah.

30 And the children of Israel went up

B. C. 1406.

a ch. 19. 22.

b De. 17. 12.

β wounded.

γ or,*Beth-el.*

c ch. 3. 15.
1 Ch. 12. 2.

d Jos. 8. 14.
Ec. 9. 12.
Is 47. 11.
1 Th. 5. 3.

e ver. 23, 26.
Joel 1.14.

f ch. 1. 1.
Nu. 27. 21.

g Jos. 8. 15,
&c.

δ or, *made a long* sound with the trumpets.
Jos. 6. 5.

h Ge. 49. 27.
Hos. 10. 9.

ζ or, *time.*

η with.

θ elevation.

κthe wounded

i ver. 26, 27.
Ps. 78. 34.
Hos. 5. 15.

k Ge. 19. 28.
Joel 2. 30.

λ whole consumption.

l Is. 13. 8.
33. 14.

μ touched.

m ver. 21.

n La. 1. 3.

o ver. 18, 23.

p Joel 2. 12..
18.

ν or, *from Menuchah.*

π unto over against.

q Jos. 18. 1.
1 Sa. 4. 3, 4.

r Nu.25.7..13
Jos. 24. 33.

s De. 10. 8.
18. 5.

t Jos. 15. 32.
1 Ch. 6. 77.
Zec. 14. 10.

u 2 Ch.20.17.

v Jos. 8. 4.
2 Sa. 5. 23.

against the children of Benjamin on the third day, and put themselves in array against Gibeah, as at other times.

31 And the children of Benjamin went out against the people, *and* were drawn away from the city; and they began to smite of the people *β and* kill, as at other times, in the high-ways, of which one goeth up to *γ* the house of God, and the other to Gibeah in the field, about thirty men of Israel.

32 And the children of Benjamin said, They *are* smitten down before us, as at the first. But the children of Israel said, Let us flee, and draw them from the city unto the high-ways.

33 And all the men of Israel rose up out of their place, and put themselves in array at Baal-tamar; and the liers in wait of Israel came forth out of their places, *even* out of the meadows of Gibeah.

34 And there came against Gibeah ten thousand chosen men out of all Israel, and the battle was sore: but*d* they knew not that evil *was* near them.

35 And the LORD smote Benjamin before Israel: and the children of Israel destroyed of the Benjamites that day twenty and five thousand and an hundred men: all these drew the sword.

36 So the children of Benjamin saw that they were smitten: for the men of Israel gave place*g* to the Benjamites, because they trusted unto the liers in wait which they had set beside Gibeah.

37 And the liers in wait hasted, and rushed upon Gibeah; and the liers in wait *δ* drew *themselves* along, and smote all the city with the edge of the sword.

38 Now there was an appointed *ζ*sign between the men of Israel *η* and the liers in wait, that they should make a great flame *θ* with smoke rise up out of the city

39 And when the men of Israel retired in the battle, Benjamin began to smite *κ and* kill of the men of Israel about thirty persons; for they said, Surely they are smitten down before us, as *in* the first battle.

40 But when the flame began to arise up out of the city with a pillar of*k* smoke, the Benjamites looked behind them, and, behold, the *λ* flame of the city ascended up to heaven.

41 And when the men of Israel turned again, the men of Benjamin were amazed:*l* for they saw that evil *μ* was come upon them.

42 Therefore they turned *their backs* before the men of Israel unto the way of the wilderness; but the battle *n* overtook them: and them which *came* out of the cities they destroyed in the midst of them.

43 *Thus* they inclosed the Benjamites round about, *and* chased them, *and* trode them down *ν* with ease, *π* over against Gibeah toward the sun-rising.

44 And there fell of Benjamin eighteen thousand men: all these *were* men of valour.

45 And they turned, and fled toward the wilderness unto the rock of*t* Rimmon: and they gleaned of them in the highways five thousand men; and pursued hard after them unto Gidom, and slew two thousand men of them.

46 So that all which fell that day of Benjamin were twenty and five thousand men that drew the sword: all these *were* men of valour.

בְּנְיָמִן וַיַּכּוּם לְפִי־חֶרֶב מֵעִיר מְתֹם עַד־בְּהֵמָה עַד
כָּל־הַנִּמְצָא גַּם כָּל־הֶעָרִים הַנִּמְצָאוֹת שִׁלְּחוּ בָאֵשׁ׃

CAP. XXI. כא

1 וְאִישׁ יִשְׂרָאֵל נִשְׁבַּע בַּמִּצְפָּה לֵאמֹר אִישׁ מִמֶּנּוּ לֹא־
2 יִתֵּן בִּתּוֹ לְבִנְיָמִן לְאִשָּׁה׃ וַיָּבֹא הָעָם בֵּית־אֵל
וַיֵּשְׁבוּ שָׁם עַד־הָעֶרֶב לִפְנֵי הָאֱלֹהִים וַיִּשְׂאוּ קוֹלָם
3 וַיִּבְכּוּ בְּכִי גָדוֹל׃ וַיֹּאמְרוּ לָמָה יְהֹוָה אֱלֹהֵי יִשְׂרָאֵל
הָיְתָה זֹּאת בְּיִשְׂרָאֵל לְהִפָּקֵד הַיּוֹם מִיִּשְׂרָאֵל שֵׁבֶט
4 אֶחָד׃ וַיְהִי מִמָּחֳרָת וַיַּשְׁכִּימוּ הָעָם וַיִּבְנוּ־שָׁם
5 מִזְבֵּחַ וַיַּעֲלוּ עֹלוֹת וּשְׁלָמִים׃ וַיֹּאמְרוּ בְּנֵי
יִשְׂרָאֵל מִי אֲשֶׁר לֹא־עָלָה בַקָּהָל מִכָּל־שִׁבְטֵי יִשְׂרָאֵל
אֶל־יְהֹוָה כִּי הַשְּׁבוּעָה הַגְּדוֹלָה הָיְתָה לַאֲשֶׁר לֹא־
עָלָה אֶל־יְהֹוָה הַמִּצְפָּה לֵאמֹר מוֹת יוּמָת׃
6 וַיִּנָּחֲמוּ בְּנֵי יִשְׂרָאֵל אֶל־בִּנְיָמִן אָחִיו וַיֹּאמְרוּ נִגְדַּע
7 הַיּוֹם שֵׁבֶט אֶחָד מִיִּשְׂרָאֵל׃ מַה־נַּעֲשֶׂה לָהֶם
לַנּוֹתָרִים לְנָשִׁים וַאֲנַחְנוּ נִשְׁבַּעְנוּ בַיהֹוָה לְבִלְתִּי תֵּת־
8 לָהֶם מִבְּנוֹתֵינוּ לְנָשִׁים׃ וַיֹּאמְרוּ מִי אֶחָד מִשִּׁבְטֵי
יִשְׂרָאֵל אֲשֶׁר לֹא־עָלָה אֶל־יְהֹוָה הַמִּצְפָּה וְהִנֵּה לֹא
בָא־אִישׁ אֶל־הַמַּחֲנֶה מִיָּבֵישׁ גִּלְעָד אֶל־הַקָּהָל׃
9 וַיִּתְפָּקֵד הָעָם וְהִנֵּה אֵין־שָׁם אִישׁ מִיּוֹשְׁבֵי יָבֵישׁ
10 גִּלְעָד׃ וַיִּשְׁלְחוּ־שָׁם הָעֵדָה שְׁנֵים־עָשָׂר אֶלֶף אִישׁ
מִבְּנֵי הֶחָיִל וַיְצַוּוּ אוֹתָם לֵאמֹר לְכוּ וְהִכִּיתֶם אֶת־
11 יוֹשְׁבֵי יָבֵישׁ גִּלְעָד לְפִי־חֶרֶב וְהַנָּשִׁים וְהַטָּף׃ וְזֶה
הַדָּבָר אֲשֶׁר תַּעֲשׂוּ כָּל־זָכָר וְכָל־אִשָּׁה יֹדַעַת מִשְׁכַּב־
12 זָכָר תַּחֲרִימוּ׃ וַיִּמְצְאוּ מִיּוֹשְׁבֵי יָבֵישׁ גִּלְעָד אַרְבַּע
מֵאוֹת נַעֲרָה בְתוּלָה אֲשֶׁר לֹא־יָדְעָה אִישׁ לְמִשְׁכַּב
זָכָר וַיָּבִאוּ אוֹתָם אֶל־הַמַּחֲנֶה שִׁלֹה אֲשֶׁר בְּאֶרֶץ

13 וַיִּשְׁלְחוּ כָּל־הָעֵדָה וַיְדַבְּרוּ אֶל־בְּנֵי
בִנְיָמִן אֲשֶׁר בְּסֶלַע רִמּוֹן וַיִּקְרְאוּ לָהֶם שָׁלוֹם׃
14 וַיָּשָׁב בִּנְיָמִן בָּעֵת הַהִיא וַיִּתְּנוּ לָהֶם הַנָּשִׁים אֲשֶׁר
15 חִיּוּ מִנְּשֵׁי יָבֵישׁ גִּלְעָד וְלֹא־מָצְאוּ לָהֶם כֵּן׃ וְהָעָם
נִחָם לְבִנְיָמִן כִּי־עָשָׂה יְהֹוָה פֶּרֶץ בְּשִׁבְטֵי יִשְׂרָאֵל׃
16 וַיֹּאמְרוּ זִקְנֵי הָעֵדָה מַה־נַּעֲשֶׂה לַנּוֹתָרִים
17 לְנָשִׁים כִּי־נִשְׁמְדָה מִבִּנְיָמִן אִשָּׁה׃ וַיֹּאמְרוּ יְרֻשַּׁת
פְּלֵיטָה לְבִנְיָמִן וְלֹא־יִמָּחֶה שֵׁבֶט מִיִּשְׂרָאֵל׃
18 וַאֲנַחְנוּ לֹא נוּכַל לָתֵת־לָהֶם נָשִׁים מִבְּנוֹתֵינוּ כִּי־
נִשְׁבְּעוּ בְנֵי־יִשְׂרָאֵל לֵאמֹר אָרוּר נֹתֵן אִשָּׁה לְבִנְיָמִן׃
19 וַיֹּאמְרוּ הִנֵּה חַג־יְהֹוָה בְּשִׁלוֹ מִיָּמִים יָמִימָה
אֲשֶׁר מִצְּפוֹנָה לְבֵית־אֵל מִזְרְחָה הַשֶּׁמֶשׁ לִמְסִלָּה
20 הָעֹלָה מִבֵּית־אֵל שְׁכֶמָה וּמִנֶּגֶב לִלְבוֹנָה׃ וַיְצַוּ
אֶת־בְּנֵי בִנְיָמִן לֵאמֹר לְכוּ וַאֲרַבְתֶּם בַּכְּרָמִים׃
21 וּרְאִיתֶם וְהִנֵּה אִם־יֵצְאוּ בְנוֹת־שִׁילוֹ לָחוּל
בַּמְּחֹלוֹת וִיצָאתֶם מִן־הַכְּרָמִים וַחֲטַפְתֶּם לָכֶם אִישׁ
22 אִשְׁתּוֹ מִבְּנוֹת שִׁילוֹ וַהֲלַכְתֶּם אֶרֶץ בִּנְיָמִן׃ וְהָיָה
כִּי־יָבֹאוּ אֲבוֹתָם אוֹ אֲחֵיהֶם לָרִוב אֵלֵינוּ וְאָמַרְנוּ
אֲלֵיהֶם חָנּוּנוּ אוֹתָם כִּי לֹא לָקַחְנוּ אִישׁ אִשְׁתּוֹ
בַּמִּלְחָמָה כִּי לֹא אַתֶּם נְתַתֶּם לָהֶם כָּעֵת תֶּאְשָׁמוּ׃
23 וַיַּעֲשׂוּ־כֵן בְּנֵי בִנְיָמִן וַיִּשְׂאוּ נָשִׁים לְמִסְפָּרָם מִן־
הַמְּחֹלְלוֹת אֲשֶׁר גָּזָלוּ וַיֵּלְכוּ וַיָּשׁוּבוּ אֶל־נַחֲלָתָם
24 וַיִּבְנוּ אֶת־הֶעָרִים וַיֵּשְׁבוּ בָּהֶם׃ וַיִּתְהַלְּכוּ מִשָּׁם
בְּנֵי־יִשְׂרָאֵל בָּעֵת הַהִיא אִישׁ לְשִׁבְטוֹ וּלְמִשְׁפַּחְתּוֹ
25 וַיֵּצְאוּ מִשָּׁם אִישׁ לְנַחֲלָתוֹ׃ בַּיָּמִים הָהֵם אֵין
מֶלֶךְ בְּיִשְׂרָאֵל אִישׁ הַיָּשָׁר בְּעֵינָיו יַעֲשֶׂה׃

47 But *a* six hundred men turned, and fled into the wilderness unto the rock Rimmon, and abode in the rock Rimmon four months.

48 And the men of Israel turned again upon the children of Benjamin, and smote them with the edge of the sword, as well the men of *every* city, as the beast, and all that *δ* came to hand: also they set on fire all the cities that *ζ* they came to.

CHAP. XXI.

N OW *d* the men of Israel had *e* sworn in Mizpeh, saying, There shall not any of us give his daughter unto Benjamin to wife.

2 And the people came *h* to the house of God, and abode there till even before God, and lifted *i* up their voices, and wept sore;

3 And said, O LORD God of Israel, why is this come to pass in Israel, that there should be to-day one tribe lacking in Israel?

4 And it came to pass on the morrow, that the people rose early, and *l* built there an altar, and offered burnt-offerings and peace-offerings.

5 And the children of Israel said, Who *is there* among all the tribes of Israel that came not up with the congregation unto the LORD? For they had made a great oath concerning him that came not up to the LORD to Mizpeh, saying, He shall surely be put to death.

6 And the children of Israel *m* repented them for Benjamin their brother, and said, There is one tribe cut off from Israel this day:

7 How shall we do for wives for them that remain, seeing we have sworn by the LORD that we will not give them of our daughters to wives?

8 And they said, What one *is there* of the tribes of Israel that came not up to Mizpeh to the LORD? And, behold, there came none to the camp from Jabesh-gilead *o* to the assembly.

9 For the people were numbered, and, behold, *there were* none of the inhabitants of Jabesh-gilead there.

10 And the congregation sent thither twelve thousand men of the valiantest, and commanded them, saying, Go *q* and smite the inhabitants of Jabesh-gilead with the edge of the sword, with the women and the children.

11 And this *is* the thing that ye shall do, Ye *s* shall utterly destroy every male, and every woman that *μ* hath lain by man.

12 And they found among the inhabitants of Jabesh-gilead four hundred young *v* virgins, that had known no man by lying with any male; and they brought

them unto the camp to Shiloh, *b* which *is* in the land of Canaan.

13 And the whole congregation sent *some β* to speak to the children of Benjamin that *c were* in the rock Rimmon, and to *γ* call peaceably unto them.

14 And Benjamin came again at that time; and they gave them wives which they had saved alive of the women of Jabesh-gilead: and yet so they sufficed them not.

15 And the people repented *f* them for Benjamin, because that the LORD had made a breach *g* in the tribes of Israel.

16 Then the elders of the congregation said, How shall we do for wives for them that remain, seeing the women are destroyed out of Benjamin?

17 And they said, *There must be* an inheritance for them that be escaped of Benjamin, that a tribe be not destroyed out of Israel.

18 Howbeit we may not give them wives of our daughters: for *k* the children of Israel have sworn, saying, Cursed *be* he that giveth a wife to Benjamin.

19 Then they said, Behold, *there is* a feast of the LORD in Shiloh *η* yearly, *in a place* which *is* on the north side of Beth-el, *θ* on the east side *κ* of the high-way that goeth up from Beth-el to Shechem, and on the south of Lebonah.

20 Therefore they commanded the children of Benjamin, saying, Go and lie in wait in the vineyards;

21 And see, and behold, if the daughters of Shiloh come out to dance *n* in dances, then come ye out of the vineyards, and catch you every man his wife of the daughters of Shiloh, and go to the land of Benjamin.

22 And it shall be, when their fathers or their brethren come unto us to complain, that we will say unto them, *λ* Be favourable unto them for our sakes: because we reserved not to each man his wife *p* in the war: for ye did not give unto them at this time, *that* ye should be guilty.

23 And the children of Benjamin did so, and took *them* wives according to their number, of them that danced, whom they caught: and they went and returned unto their inheritance, and repaired the cities, *r* and dwelt in them.

24 And the children of Israel departed thence at that time, every man to his tribe and to his family; and they went out from thence every man to his inheritance.

25 In those days *t there was* no king in Israel: every man did *that which was* right in his own *u* eyes.

B. C. 1406.

a ch. 21. 13.
b Jos. 18. 1.
β and spake, and called.
c ch. 20. 47.
γ or, proclaim peace.
δ was found.
ζ were found.
d ch. 20.1,10.
e 1Sa.14.28,29. Ro. 10. 2.
f ver. 6.
g 1Ch. 13. 11. 15. 13. Is. 30. 13. 58. 12.
h ch.20.18,26.
i Ge. 27. 38. 1 Sa. 30. 4.
k ver. 1.
l 2 Sa. 24. 25.
η from year to year.
θ or, toward the sun-rising.
κ or, on.
m ch. 11. 35.
n ch. 11. 34. Ec. 3. 4.
λ or, gratify us in them.
o 1 Sa. 11. 1. 31. 11.
p 1 Co. 7. 2.
q ver. 5. ch. 5. 23. 1 Sa. 11. 7.
r ch. 20. 48.
s Nu. 31. 17.
μ knoweth the lying with man.
t ch. 17. 6. 18. 1. 19. 1.
v women, virgins.
u De. 12. 8.

CAP. I. א

1 וַיְהִי בִּימֵי שְׁפֹט הַשֹּׁפְטִים וַיְהִי רָעָב בָּאָרֶץ וַיֵּלֶךְ אִישׁ מִבֵּית לֶחֶם יְהוּדָה לָגוּר בִּשְׂדֵי מוֹאָב הוּא

2 וְאִשְׁתּוֹ וּשְׁנֵי בָנָיו׃ וְשֵׁם הָאִישׁ אֱלִימֶלֶךְ וְשֵׁם אִשְׁתּוֹ נָעֳמִי וְשֵׁם שְׁנֵי־בָנָיו מַחְלוֹן וְכִלְיוֹן אֶפְרָתִים מִבֵּית לֶחֶם יְהוּדָה וַיָּבֹאוּ שְׂדֵי־מוֹאָב

3 וַיִּהְיוּ־שָׁם׃ וַיָּמָת אֱלִימֶלֶךְ אִישׁ נָעֳמִי וַתִּשָּׁאֵר

4 הִיא וּשְׁנֵי בָנֶיהָ׃ וַיִּשְׂאוּ לָהֶם נָשִׁים מֹאֲבִיּוֹת שֵׁם הָאַחַת עָרְפָּה וְשֵׁם הַשֵּׁנִית רוּת וַיֵּשְׁבוּ שָׁם

5 כְּעֶשֶׂר שָׁנִים׃ וַיָּמֻתוּ גַם־שְׁנֵיהֶם מַחְלוֹן וְכִלְיוֹן

6 וַתִּשָּׁאֵר הָאִשָּׁה מִשְּׁנֵי יְלָדֶיהָ וּמֵאִישָׁהּ׃ וַתָּקָם הִיא וְכַלֹּתֶיהָ וַתָּשָׁב מִשְּׂדֵי מוֹאָב כִּי שָׁמְעָה בִּשְׂדֵה מוֹאָב כִּי־פָקַד יְהוָה אֶת־עַמּוֹ לָתֵת לָהֶם לָחֶם׃

7 וַתֵּצֵא מִן־הַמָּקוֹם אֲשֶׁר הָיְתָה־שָּׁמָּה וּשְׁתֵּי כַלֹּתֶיהָ עִמָּהּ וַתֵּלַכְנָה בַדֶּרֶךְ לָשׁוּב אֶל־אֶרֶץ יְהוּדָה׃

8 וַתֹּאמֶר נָעֳמִי לִשְׁתֵּי כַלֹּתֶיהָ לֵכְנָה שֹּׁבְנָה אִשָּׁה לְבֵית אִמָּהּ יַעֲשֶׂה יְהוָה עִמָּכֶם חֶסֶד כַּאֲשֶׁר עֲשִׂיתֶם עִם־הַמֵּתִים וְעִמָּדִי׃

9 יִתֵּן יְהוָה לָכֶם וּמְצֶאןָ מְנוּחָה אִשָּׁה בֵּית אִישָׁהּ וַתִּשַּׁק לָהֶן

10 וַתִּשֶּׂאנָה קוֹלָן וַתִּבְכֶּינָה׃ וַתֹּאמַרְנָה־לָּהּ כִּי־

11 אִתָּךְ נָשׁוּב לְעַמֵּךְ׃ וַתֹּאמֶר נָעֳמִי שֹׁבְנָה בְנֹתַי לָמָּה תֵלַכְנָה עִמִּי הַעוֹד־לִי בָנִים בְּמֵעַי וְהָיוּ לָכֶם

12 לַאֲנָשִׁים׃ שֹׁבְנָה בְנֹתַי לֵכְןָ כִּי זָקַנְתִּי מִהְיוֹת לְאִישׁ כִּי אָמַרְתִּי יֶשׁ־לִי תִקְוָה גַּם הָיִיתִי הַלַּיְלָה

13 לְאִישׁ וְגַם יָלַדְתִּי בָנִים׃ הֲלָהֵן תְּשַׂבֵּרְנָה עַד אֲשֶׁר יִגְדָּלוּ הֲלָהֵן תֵּעָגֵנָה לְבִלְתִּי הֱיוֹת לְאִישׁ אַל בְּנֹתַי כִּי־מַר־לִי מְאֹד מִכֶּם כִּי־יָצְאָה בִי יַד־יְהוָה׃

14 וַתִּשֶּׂנָה קוֹלָן וַתִּבְכֶּינָה עוֹד וַתִּשַּׁק עָרְפָּה לַחֲמוֹתָהּ

15 וְרוּת דָּבְקָה בָּהּ׃ וַתֹּאמֶר הִנֵּה שָׁבָה יְבִמְתֵּךְ אֶל־עַמָּהּ וְאֶל־אֱלֹהֶיהָ שׁוּבִי אַחֲרֵי יְבִמְתֵּךְ׃

16 וַתֹּאמֶר רוּת אַל־תִּפְגְּעִי־בִי לְעָזְבֵךְ לָשׁוּב מֵאַחֲרָיִךְ כִּי אֶל־אֲשֶׁר תֵּלְכִי אֵלֵךְ וּבַאֲשֶׁר תָּלִינִי אָלִין עַמֵּךְ

17 עַמִּי וֵאלֹהַיִךְ אֱלֹהָי׃ בַּאֲשֶׁר תָּמוּתִי אָמוּת וְשָׁם אֶקָּבֵר כֹּה יַעֲשֶׂה יְהוָה לִי וְכֹה יֹסִיף כִּי הַמָּוֶת

18 יַפְרִיד בֵּינִי וּבֵינֵךְ׃ וַתֵּרֶא כִּי־מִתְאַמֶּצֶת הִיא

19 לָלֶכֶת אִתָּהּ וַתֶּחְדַּל לְדַבֵּר אֵלֶיהָ׃ וַתֵּלַכְנָה שְׁתֵּיהֶם עַד־בֹּאָנָה בֵּית לָחֶם וַיְהִי כְּבֹאָנָה בֵּית לֶחֶם וַתֵּהֹם כָּל־הָעִיר עֲלֵיהֶן וַתֹּאמַרְנָה הֲזֹאת

20 נָעֳמִי׃ וַתֹּאמֶר אֲלֵיהֶן אַל־תִּקְרֶאנָה לִי נָעֳמִי

21 קְרֶאןָ לִי מָרָא כִּי־הֵמַר שַׁדַּי לִי מְאֹד׃ אֲנִי מְלֵאָה הָלַכְתִּי וְרֵיקָם הֱשִׁיבַנִי יְהוָה לָמָּה תִקְרֶאנָה לִי

22 נָעֳמִי וַיהוָה עָנָה בִי וְשַׁדַּי הֵרַע לִי׃ וַתָּשָׁב נָעֳמִי וְרוּת הַמּוֹאֲבִיָּה כַלָּתָהּ עִמָּהּ הַשָּׁבָה מִשְּׂדֵי מוֹאָב וְהֵמָּה בָּאוּ בֵּית לֶחֶם בִּתְחִלַּת קְצִיר שְׂעֹרִים׃

CAP. II. ב

1 וּלְנָעֳמִי מֹידָע לְאִישָׁהּ אִישׁ גִּבּוֹר חַיִל מִמִּשְׁפַּחַת אֱלִימֶלֶךְ וּשְׁמוֹ בֹּעַז׃

2 וַתֹּאמֶר רוּת הַמּוֹאֲבִיָּה אֶל־נָעֳמִי אֵלְכָה־נָּא הַשָּׂדֶה וַאֲלַקֳטָה בַשִׁבֳּלִים אַחַר אֲשֶׁר אֶמְצָא־חֵן בְּעֵינָיו וַתֹּאמֶר לָהּ לְכִי

3 בִתִּי׃ וַתֵּלֶךְ וַתָּבוֹא וַתְּלַקֵּט בַּשָּׂדֶה אַחֲרֵי הַקֹּצְרִים וַיִּקֶר מִקְרֶהָ חֶלְקַת הַשָּׂדֶה לְבֹעַז אֲשֶׁר

4 מִמִּשְׁפַּחַת אֱלִימֶלֶךְ׃ וְהִנֵּה־בֹעַז בָּא מִבֵּית לֶחֶם וַיֹּאמֶר לַקּוֹצְרִים יְהוָה עִמָּכֶם וַיֹּאמְרוּ לוֹ יְבָרֶכְךָ

5 יְהוָה׃ וַיֹּאמֶר בֹּעַז לְנַעֲרוֹ הַנִּצָּב עַל־הַקּוֹצְרִים

6 לְמִי הַנַּעֲרָה הַזֹּאת׃ וַיַּעַן הַנַּעַר הַנִּצָּב עַל־הַקּוֹצְרִים וַיֹּאמַר נַעֲרָה מוֹאֲבִיָּה הִיא הַשָּׁבָה עִם־נָעֳמִי מִשְּׂדֵי מוֹאָב׃

7 וַתֹּאמֶר אֲלַקֳטָה־נָּא וְאָסַפְתִּי בָעֳמָרִים אַחֲרֵי הַקּוֹצְרִים וַתָּבוֹא וַתַּעֲמוֹד מֵאָז הַבֹּקֶר וְעַד־עַתָּה זֶה שִׁבְתָּהּ

8 הַבַּיִת מְעָט׃ וַיֹּאמֶר בֹּעַז אֶל־רוּת הֲלוֹא שָׁמַעַתְּ בִּתִּי אַל־תֵּלְכִי לִלְקֹט בְּשָׂדֶה אַחֵר וְגַם לֹא

9 תַעֲבוּרִי מִזֶּה וְכֹה תִדְבָּקִין עִם־נַעֲרֹתָי׃ עֵינַיִךְ בַּשָּׂדֶה אֲשֶׁר־יִקְצֹרוּן וְהָלַכְתְּ אַחֲרֵיהֶן הֲלוֹא צִוִּיתִי אֶת־הַנְּעָרִים לְבִלְתִּי נָגְעֵךְ וְצָמִת

The Book of RUTH.

CHAP. I.

Now it came to pass, in the[a] days when the judges β ruled, that there was a famine in the land. And a certain man of Bethlehem-judah[c] went to sojourn in the country of Moab, he, and his wife, and his two sons.

2 And the name of the man was Elimelech, and the name of his wife Naomi, and the name of his two sons Mahlon and Chilion, Ephrathites[g] of Bethlehem-judah. And they came into the country of Moab, and δ continued there.

3 And Elimelech, Naomi's husband, died; and she was left, and her two sons.

4 And they took them wives of the women of Moab; the name of the one was Orpah, and the name of the other Ruth: and they dwelled there about ten years.

5 And Mahlon and Chilion died also both of them; and the woman was left of her two sons and her husband.

6 Then she arose, with her daughters-in-law, that she might return from the country of Moab: for she had heard in the country of Moab how that the LORD had visited[k] his people in giving[l] them bread.

7 Wherefore she went forth out of the place where she was, and her two daughters-in-law with her: and they went on their way to return unto the land of Judah.

8 And Naomi said unto her two daughters-in-law, Go, return each to her mother's house: the LORD[n] deal kindly with you, as ye have dealt with the dead, and with me.

9 The LORD grant you that ye may find rest, each of you in the house of her husband. Then she kissed them; and they lifted up their voice, and wept.

10 And they said unto her, Surely we will return with thee unto thy people.

11 And Naomi said, Turn again, my daughters, why will ye go with me? are there yet any more sons in my womb, that[q] they may be your husbands?

12 Turn again, my daughters, go your way; for I am too old to have an husband. If I should say, I have hope, if I λ should have an husband also to-night, and should also bear sons;

13 Would ye μ tarry for them till they were grown? would ye stay for them from having husbands? nay, my daughters; for ν it grieveth me much, for your sakes, that the hand[s] of the LORD is gone out against me.

14 And they lifted up their voice, and wept again: and Orpah kissed her mother-in-law, but Ruth clave[t] unto her.

15 And she said, Behold, thy sister-in-law is gone back unto her people, and unto her gods;[u] return[v] thou after thy sister-in-law.

16 And Ruth said, π Entreat me not to leave[x] thee, or to return from following after thee: for whither thou goest, I will

---

B. C. 1322.

a Ju. 2. 16.
b ch. 2.11,12.
β judged.
c Ju. 17. 8.
d 1 Sa. 3. 17.
e Ac. 20. 24.
f Ac. 21. 14.
γ strengthened herself.
g Ge. 35. 19.
δ were.
h Is. 23. 7.
La 2. 15.
ζ that is, pleasant.
η that is, bitter.
i Job 1. 21.
k Ge. 50. 25.
Ex. 4. 31.
Lu. 1. 68.
l Ps. 132. 15.
Mat.6.31..34.
m ch. 3. 2,12.
θ called Booz,
Mat. 1. 5.
n 2Ti.1.16..18
o Le. 19. 9.
De. 24. 19.
κ happened.
p Ps. 129.7,8.
Lu. 1. 28.
2Th. 3. 16.
q Ge. 38. 11.
De. 25. 5.
r 1Ti. 6. 2.
λ or, were with.
μ hope.
ν I have much bitterness.
s Ju. 2. 15.
Job 19. 11.
Ps. 32. 4.
38. 2.
39. 9,10.
t Pr. 17. 17.
u Ju. 11. 24.
v Jos. 24. 15.
w Ca. 1. 7, 8.
π Be not against me.
x 2 Ki. 2. 2..6.
Lu.24 28,29.

---

go; and where thou lodgest, I will lodge: thy[b] people shall be my people, and thy God my God:

17 Where thou diest will I die, and there will I be buried: the[d] LORD do so to me, and more also, if ought but[e] death part thee and me.

18 When[f] she saw that she γ was stedfastly minded to go with her, then she left speaking unto her.

19 So they two went until they came to Bethlehem. And it came to pass, when they were come to Bethlehem, that all the city was moved about them, and they said, Is this[h] Naomi?

20 And she said unto them, Call me not ζ Naomi, call me η Mara: for the Almighty hath dealt very bitterly with me.

21 I went out full, and the LORD[i] hath brought me home again empty: why then call ye me Naomi, seeing the LORD hath testified against me, and the Almighty hath afflicted me?

22 So Naomi returned, and Ruth the Moabitess, her daughter-in-law, with her, which returned out of the country of Moab: and they came to Bethlehem in the beginning of barley-harvest.

CHAP. II.

And Naomi had a kinsman[m] of her husband's, a mighty man of wealth, of the family of Elimelech; and his name was θ Boaz.

2 And Ruth the Moabitess said unto Naomi, Let me now go to the field, and glean[o] ears of corn after him in whose sight I shall find grace. And she said unto her, Go, my daughter.

3 And she went, and came, and gleaned in the field after the reapers: and her hap κ was to light on a part of the field belonging unto Boaz, who was of the kindred of Elimelech.

4 And, behold, Boaz came from Bethlehem, and said unto the reapers,[p] The LORD be with you. And they[r] answered him, The LORD bless thee.

5 Then said Boaz unto his servant that was set over the reapers, Whose damsel is this?

6 And the servant that was set over the reapers answered and said, It is the Moabitish damsel that came back with Naomi out of the country of Moab:

7 And she said, I pray you, let me glean and gather after the reapers among the sheaves: so she came, and hath continued even from the morning until now, that she tarried a little in the house.

8 Then said Boaz unto Ruth, Hearest thou not, my daughter? Go not to glean in another field, neither[w] go from hence, but abide here fast by my maidens:

9 Let thine eyes be on the field that they do reap, and go thou after them: have I not charged the young men that

---

וְהָלַכְתְּ אֶל־הַכֵּלִים וְשָׁתִית מֵאֲשֶׁר יִשְׁאָבוּן

10 הַנְּעָרִים׃ וַתִּפֹּל עַל־פָּנֶיהָ וַתִּשְׁתַּחוּ אָרְצָה וַתֹּאמֶר אֵלָיו מַדּוּעַ מָצָאתִי חֵן בְּעֵינֶיךָ

11 לְהַכִּירֵנִי וְאָנֹכִי נָכְרִיָּה׃ וַיַּעַן בֹּעַז וַיֹּאמֶר לָהּ הֻגֵּד הֻגַּד לִי כֹּל אֲשֶׁר־עָשִׂית אֶת־חֲמוֹתֵךְ אַחֲרֵי מוֹת אִישֵׁךְ וַתַּעַזְבִי אָבִיךְ וְאִמֵּךְ וְאֶרֶץ מוֹלַדְתֵּךְ וַתֵּלְכִי אֶל־עַם אֲשֶׁר לֹא־יָדַעַתְּ

12 תְּמוֹל שִׁלְשׁוֹם׃ יְשַׁלֵּם יְהוָה פָּעֳלֵךְ וּתְהִי מַשְׂכֻּרְתֵּךְ שְׁלֵמָה מֵעִם יְהוָה אֱלֹהֵי יִשְׂרָאֵל אֲשֶׁר־

13 בָּאת לַחֲסוֹת תַּחַת־כְּנָפָיו׃ וַתֹּאמֶר אֶמְצָא־חֵן בְּעֵינֶיךָ אֲדֹנִי כִּי נִחַמְתָּנִי וְכִי דִבַּרְתָּ עַל־לֵב שִׁפְחָתֶךָ וְאָנֹכִי לֹא אֶהְיֶה כְּאַחַת שִׁפְחֹתֶיךָ׃

14 וַיֹּאמֶר לָהּ בֹּעַז לְעֵת הָאֹכֶל גֹּשִׁי הֲלֹם וְאָכַלְתְּ מִן־הַלֶּחֶם וְטָבַלְתְּ פִּתֵּךְ בַּחֹמֶץ וַתֵּשֶׁב מִצַּד הַקּוֹצְרִים

15 וַיִּצְבָּט־לָהּ קָלִי וַתֹּאכַל וַתִּשְׂבַּע וַתֹּתַר׃ וַתָּקָם לְלַקֵּט וַיְצַו בֹּעַז אֶת־נְעָרָיו לֵאמֹר גַּם בֵּין הָעֳמָרִים

16 תְּלַקֵּט וְלֹא תַכְלִימוּהָ׃ וְגַם שֹׁל־תָּשֹׁלּוּ לָהּ מִן־הַצְּבָתִים וַעֲזַבְתֶּם וְלִקְּטָה וְלֹא תִגְעֲרוּ־בָהּ׃

17 וַתְּלַקֵּט בַּשָּׂדֶה עַד־הָעָרֶב וַתַּחְבֹּט אֵת אֲשֶׁר־

18 לִקֵּטָה וַיְהִי כְּאֵיפָה שְׂעֹרִים׃ וַתִּשָּׂא וַתָּבוֹא הָעִיר וַתֵּרֶא חֲמוֹתָהּ אֵת אֲשֶׁר־לִקֵּטָה וַתּוֹצֵא וַתִּתֶּן־לָהּ

19 אֵת אֲשֶׁר־הוֹתִרָה מִשָּׂבְעָהּ׃ וַתֹּאמֶר לָהּ חֲמוֹתָהּ אֵיפֹה לִקַּטְתְּ הַיּוֹם וְאָנָה עָשִׂית יְהִי מַכִּירֵךְ בָּרוּךְ וַתַּגֵּד לַחֲמוֹתָהּ אֵת אֲשֶׁר־עָשְׂתָה עִמּוֹ וַתֹּאמֶר שֵׁם הָאִישׁ אֲשֶׁר עָשִׂיתִי עִמּוֹ הַיּוֹם

20 בֹּעַז׃ וַתֹּאמֶר נָעֳמִי לְכַלָּתָהּ בָּרוּךְ הוּא לַיהוָה אֲשֶׁר לֹא־עָזַב חַסְדּוֹ אֶת־הַחַיִּים וְאֶת־הַמֵּתִים וַתֹּאמֶר לָהּ נָעֳמִי קָרוֹב לָנוּ הָאִישׁ מִגֹּאֲלֵנוּ הוּא׃

21 וַתֹּאמֶר רוּת הַמּוֹאֲבִיָּה גַּם כִּי־אָמַר אֵלַי עִם־הַנְּעָרִים אֲשֶׁר־לִי תִּדְבָּקִין עַד אִם־כִּלּוּ אֵת כָּל־

22 הַקָּצִיר אֲשֶׁר־לִי׃ וַתֹּאמֶר נָעֳמִי אֶל־רוּת כַּלָּתָהּ טוֹב בִּתִּי כִּי תֵצְאִי עִם־נַעֲרוֹתָיו וְלֹא יִפְגְּעוּ־בָךְ

23 בְּשָׂדֶה אַחֵר׃ וַתִּדְבַּק בְּנַעֲרוֹת בֹּעַז לְלַקֵּט עַד־כְּלוֹת קְצִיר־הַשְּׂעֹרִים וּקְצִיר הַחִטִּים וַתֵּשֶׁב אֶת־חֲמוֹתָהּ׃

CAP. III. ג

1 וַתֹּאמֶר לָהּ נָעֳמִי חֲמוֹתָהּ בִּתִּי הֲלֹא אֲבַקֶּשׁ־לָךְ

---

2 מָנוֹחַ אֲשֶׁר יִיטַב־לָךְ׃ וְעַתָּה הֲלֹא בֹעַז מֹדַעְתָּנוּ אֲשֶׁר הָיִית אֶת־נַעֲרוֹתָיו הִנֵּה־הוּא זֹרֶה אֶת־גֹּרֶן

3 הַשְּׂעֹרִים הַלָּיְלָה׃ וְרָחַצְתְּ וָסַכְתְּ וְשַׂמְתְּ שִׂמְלֹתֵךְ עָלַיִךְ וְיָרַדְתְּ הַגֹּרֶן אַל־תִּוָּדְעִי לָאִישׁ

4 עַד כַּלֹּתוֹ לֶאֱכֹל וְלִשְׁתּוֹת׃ וִיהִי בְשָׁכְבוֹ וְיָדַעַתְּ אֶת־הַמָּקוֹם אֲשֶׁר יִשְׁכַּב־שָׁם וּבָאת וְגִלִּית מַרְגְּלֹתָיו וְשָׁכָבְתְּ וְהוּא יַגִּיד לָךְ אֵת אֲשֶׁר

5 תַּעֲשִׂין׃ וַתֹּאמֶר אֵלֶיהָ כֹּל אֲשֶׁר־תֹּאמְרִי

6 אֶעֱשֶׂה׃ וַתֵּרֶד הַגֹּרֶן וַתַּעַשׂ כְּכֹל אֲשֶׁר־צִוַּתָּה

7 חֲמוֹתָהּ׃ וַיֹּאכַל בֹּעַז וַיֵּשְׁתְּ וַיִּיטַב לִבּוֹ וַיָּבֹא לִשְׁכַּב בִּקְצֵה הָעֲרֵמָה וַתָּבֹא בַלָּט וַתְּגַל מַרְגְּלֹתָיו וַתִּשְׁכָּב׃

8 וַיְהִי בַּחֲצִי הַלַּיְלָה וַיֶּחֱרַד הָאִישׁ וַיִּלָּפֵת וְהִנֵּה

9 אִשָּׁה שֹׁכֶבֶת מַרְגְּלֹתָיו׃ וַיֹּאמֶר מִי־אָתְּ וַתֹּאמֶר אָנֹכִי רוּת אֲמָתֶךָ וּפָרַשְׂתָּ כְנָפֶךָ עַל־אֲמָתְךָ כִּי

10 גֹאֵל אָתָּה׃ וַיֹּאמֶר בְּרוּכָה אַתְּ לַיהוָה בִּתִּי הֵיטַבְתְּ חַסְדֵּךְ הָאַחֲרוֹן מִן־הָרִאשׁוֹן לְבִלְתִּי־לֶכֶת

11 אַחֲרֵי הַבַּחוּרִים אִם־דַּל וְאִם־עָשִׁיר׃ וְעַתָּה בִּתִּי אַל־תִּירְאִי כֹּל אֲשֶׁר־תֹּאמְרִי אֶעֱשֶׂה־לָּךְ כִּי

12 יוֹדֵעַ כָּל־שַׁעַר עַמִּי כִּי אֵשֶׁת חַיִל אָתְּ׃ וְעַתָּה כִּי אָמְנָם כִּי אִם גֹּאֵל אָנֹכִי וְגַם יֵשׁ גֹּאֵל קָרוֹב

13 מִמֶּנִּי׃ לִינִי הַלַּיְלָה וְהָיָה בַבֹּקֶר אִם־יִגְאָלֵךְ טוֹב יִגְאָל וְאִם־לֹא יַחְפֹּץ לְגָאֳלֵךְ וּגְאַלְתִּיךְ אָנֹכִי

14 חַי־יְהוָה שִׁכְבִי עַד־הַבֹּקֶר׃ וַתִּשְׁכַּב מַרְגְּלֹתָו עַד־הַבֹּקֶר וַתָּקָם בְּטֶרֶם יַכִּיר אִישׁ אֶת־רֵעֵהוּ

15 וַיֹּאמֶר אַל־יִוָּדַע כִּי־בָאָה הָאִשָּׁה הַגֹּרֶן׃ וַיֹּאמֶר הָבִי הַמִּטְפַּחַת אֲשֶׁר־עָלַיִךְ וְאֶחֳזִי־בָהּ וַתֹּאחֶז בָּהּ וַיָּמָד שֵׁשׁ־שְׂעֹרִים וַיָּשֶׁת עָלֶיהָ וַיָּבֹא הָעִיר׃

16 וַתָּבוֹא אֶל־חֲמוֹתָהּ וַתֹּאמֶר מִי־אַתְּ בִּתִּי וַתַּגֶּד־

17 לָהּ אֵת כָּל־אֲשֶׁר עָשָׂה־לָהּ הָאִישׁ׃ וַתֹּאמֶר שֵׁשׁ־הַשְּׂעֹרִים הָאֵלֶּה נָתַן לִי כִּי אָמַר אֵלַי אַל־

18 תָּבוֹאִי רֵיקָם אֶל־חֲמוֹתֵךְ׃ וַתֹּאמֶר שְׁבִי בִתִּי עַד אֲשֶׁר תֵּדְעִין אֵיךְ יִפֹּל דָּבָר כִּי לֹא יִשְׁקֹט הָאִישׁ כִּי־אִם־כִּלָּה הַדָּבָר הַיּוֹם׃

CAP. IV. ד

1 וּבֹעַז עָלָה הַשַּׁעַר וַיֵּשֶׁב שָׁם וְהִנֵּה הַגֹּאֵל עֹבֵר אֲשֶׁר דִּבֶּר־בֹּעַז וַיֹּאמֶר סוּרָה שְׁבָה־פֹּה פְּלֹנִי אַלְמֹנִי

they shall not touch[a] thee? and when thou art athirst, go unto the vessels, and drink of *that* which the young men have drawn.

10 Then she fell[c] on her face, and bowed herself to the ground, and said unto him, Why have I found grace in thine eyes, that thou shouldest take knowledge of me, seeing I *am* a stranger?

11 And Boaz answered and said unto her, It hath fully been shewed me[e] all that thou hast done unto thy mother-in-law since the death of thine husband; and *how* thou hast left thy father and thy mother, and the land of thy nativity, and art come unto a people which thou knewest not heretofore.

12 The LORD recompense[f] thy work, and a full reward be given thee of the LORD God of Israel, under whose wings thou[g] art come[h] to trust.

13 Then she said, γ Let me find[i] favour in thy sight, my lord; for that thou hast comforted me, and for that thou hast spoken δ friendly unto thine handmaid, though I be not like unto one of thine handmaidens.

14 And Boaz said unto her, At mealtime come thou hither, and eat of the bread, and dip thy morsel in the vinegar. And she sat beside the reapers: and he reached her parched *corn*, and she did eat, and was sufficed, and left.[m]

15 And when she was risen up to glean, Boaz commanded his young men, saying, Let her glean even among the sheaves, and θ reproach[o] her not:

16 And let fall also *some* of the handfuls of purpose for her, and leave *them*, that she may glean *them*, and rebuke her not.

17 So she gleaned in the field until even, and beat out that she had gleaned: and it was about an ephah of barley.

18 And she took *it* up, and went into the city; and her mother-in-law saw what she had gleaned; and she brought forth, and gave to her that she had reserved after she was sufficed.

19 And her mother-in-law said unto her, Where hast thou gleaned to-day? and where wroughtest thou? blessed be[t] he that did take knowledge of thee. And she shewed her mother-in-law with whom she had wrought, and said, The man's name with whom I wrought to-day *is* Boaz.

20 And Naomi said unto her daughter-in-law, Blessed[v] *be* he of the LORD, who hath not left off[w] his kindness to the living and to the dead. And Naomi said unto her, The man *is* near of kin unto us, one μ of our next kinsmen.

21 And Ruth the Moabitess said, He said unto me also, Thou[x] shalt keep fast by my young men, until they have ended all my harvest.

22 And Naomi said unto Ruth her daughter-in-law, *It is* good, my daughter, that thou go out with his maidens, that they ν meet thee not in any other field.

23 So she kept[z] fast by the maidens of Boaz to glean unto the end of barley-harvest, and of wheat-harvest; and dwelt with her mother-in-law.

CHAP. III.

THEN Naomi her mother-in-law said unto her, My daughter, shall[b] I not seek rest[c] for thee, that it may be well with thee?

---

a Ge. 20. 6.
   Pr. 6. 29.
b ch. 2. 8, 23.
c 1 Sa. 25. 23.
d 2 Sa. 14. 2.
   Ec. 9. 8.
e ch. 1. 14..17.
β or, *lift up the clothes that are on.*
f 1 Sa. 24. 19.
   Pr. 11. 18.
g Ps. 17. 8.
   36. 7.
   57. 1.
   63. 7.
h ch. 1. 16.
γ or, *I find.*
i Ge. 33. 15.
   1 Sa. 1. 18.
k Ju.19.6,9,22
   2 Sa. 13. 28.
   Es. 1. 10.
   Ec. 8. 15.
   9. 7.
   10. 19.
δ *to the heart.*
   Ge. 34. 3.
   Ju. 19. 3.
ζ or, *took hold on.*
l Eze. 16. 8.
η or, *one that hath a right to redeem.*
   ch. 2. 20.
m Ps. 23. 5.
n ch. 1. 8.
θ *shame.*
o Ja. 1. 5.
κ *gate.*
p Pr. 12. 4.
   31. 10.
q ch. 4. 1.
r ch. 4. 5.
   De. 25. 5.
   Mat. 22. 24, 25.
s Je. 4. 2.
t Ps. 41. 1.
u Ro. 14. 16.
   1Co. 10. 32.
v ch. 3. 10.
   2 Sa. 2. 5.
   Job 29. 13.
λ or, *sheet,* or, *apron.*
w 2 Sa. 9. 1.
μ or, *that hath right to redeem.*
   Le. 25. 25.
x Ca. 1. 7, 8.
ν or, *fall not upon.*
y Ps. 37. 3, 5.
z Pr. 13. 20.
   1 Co. 15. 33.
a ch. 3. 12.
b 1 Co. 7. 36.
   1 Ti. 5. 8.
c ch. 1. 9.

---

2 And now *is* not Boaz of our kindred, with whose maidens thou wast?[b] Behold, he winnoweth barley to-night in the threshing-floor.

3 Wash thyself, therefore, and[d] anoint thee, and put thy raiment upon thee, and get thee down to the floor: *but* make not thyself known unto the man, until he shall have done eating and drinking.

4 And it shall be, when he lieth down, that thou shalt mark the place where he shall lie, and thou shalt go in, and β uncover his feet, and lay thee down; and he will tell thee what thou shalt do.

5 And she said unto her, All that thou sayest unto me I will do.

6 And she went down unto the floor, and did according to all that her mother-in-law bade her.

7 And when Boaz had eaten and drunk, and his heart was merry,[k] he went to lie down at the end of the heap of corn: and she came softly, and uncovered his feet, and laid her down.

8 And it came to pass at midnight, that the man was afraid, and ζ turned himself; and, behold, a woman lay at his feet.

9 And he said, Who *art* thou? And she answered, I *am* Ruth thine handmaid; spread[l] therefore thy skirt over thine handmaid; for thou *art* η a near kinsman.

10 And he said, Blessed *be* thou of the LORD, my daughter; *for* thou hast shewed more kindness in the latter end than at the beginning,[n] inasmuch as thou followedst not young men, whether poor or rich.

11 And now, my daughter, fear not; I will do to thee all that thou requirest: for all the κ city of my people doth know that thou *art* a virtuous[p] woman.

12 And now, it is true that I *am thy* near kinsman: howbeit,[q] there is a kinsman nearer than I.

13 Tarry this night, and it shall be in the morning, *that* if he will perform unto thee the part[r] of a kinsman, well; let him do the kinsman's part: but if he will not do the part of a kinsman to thee, then will I do the part of a kinsman to thee, *as*[s] the LORD liveth: lie down until the morning.

14 And she lay at his feet until the morning; and she rose up before one could know another. And he said,[u] Let it not be known that a woman came into the floor.

15 Also he said, Bring the λ vail that *thou hast* upon thee, and hold it. And when she held it, he measured six *measures* of barley, and laid it on her: and she went into the city.

16 And when she came to her mother-in-law, she said, Who *art* thou, my daughter? And she told her all that the man had done to her.

17 And she said, These six *measures* of barley gave he me: for he said to me, Go not empty unto thy mother-in-law.

18 Then said she, Sit[y] still, my daughter, until thou know how the matter will fall: for the man will not be in rest, until he have finished the thing this day.

CHAP. IV.

THEN went Boaz up to the gate, and sat him down there: and, behold, the kinsman, of whom Boaz spake,[a] came by: unto whom he said, Ho, such-a-one! turn aside, sit down here. And he turned aside, and sat down.

2 וַיִּקַּח עֲשָׂרָה אֲנָשִׁים מִזִּקְנֵי הָעִיר ׃   הָעָם וַיֵּשֵׁב אֲשֶׁר־בַּשַּׁעַר וְהַזְּקֵנִים עֵדִים יְתֵּן יְהֹוָה אֶת־

3 וַיֹּאמֶר לַגֹּאֵל חֶלְקַת הַשָּׂדֶה אֲשֶׁר לְאָחִינוּ לֶאֱלִימֶלֶךְ מָכְרָה נָעֳמִי הַשָּׁבָה   וַיֹּאמֶר שׁוּבִי־פֹה וַיֵּשֵׁבוּ ׃ הָאִשָּׁה הַבָּאָה אֶל־בֵּיתֶךָ כְּרָחֵל וּכְלֵאָה אֲשֶׁר בָּנוּ שְׁתֵּיהֶם אֶת־בֵּית יִשְׂרָאֵל וַעֲשֵׂה־חַיִל בְּאֶפְרָתָה

4 מִשְּׂדֵה מוֹאָב ׃   וַאֲנִי אָמַרְתִּי אֶגְלֶה אָזְנְךָ לֵאמֹר   וּקְרָא־שֵׁם בְּבֵית לָחֶם ׃ 12 וִיהִי בֵיתְךָ כְּבֵית פֶּרֶץ

קְנֵה נֶגֶד הַיֹּשְׁבִים וְנֶגֶד זִקְנֵי עַמִּי אִם־תִּגְאַל גְּאָל   אֲשֶׁר־יָלְדָה תָמָר לִיהוּדָה מִן־הַזֶּרַע אֲשֶׁר יִתֵּן

וְאִם־לֹא יִגְאַל הַגִּידָה לִּי וְאֵדְעָה כִּי אֵין זוּלָתְךָ לִגְאוֹל   13 יְהֹוָה לְךָ מִן־הַנַּעֲרָה הַזֹּאת ׃ וַיִּקַּח בֹּעַז אֶת־

5 וְאָנֹכִי אַחֲרֶיךָ וַיֹּאמֶר אָנֹכִי אֶגְאָל ׃   וַיֹּאמֶר בֹּעַז   רוּת וַתְּהִי־לוֹ לְאִשָּׁה וַיָּבֹא אֵלֶיהָ וַיִּתֵּן יְהֹוָה לָהּ

בְּיוֹם־קְנוֹתְךָ הַשָּׂדֶה מִיַּד נָעֳמִי וּמֵאֵת רוּת   14 הֵרָיוֹן וַתֵּלֶד בֵּן ׃ וַתֹּאמַרְנָה הַנָּשִׁים אֶל־נָעֳמִי

הַמּוֹאֲבִיָּה אֵשֶׁת־הַמֵּת קָנִיתִי לְהָקִים שֵׁם־הַמֵּת   בָּרוּךְ יְהֹוָה אֲשֶׁר לֹא הִשְׁבִּית לָךְ גֹּאֵל הַיּוֹם

6 עַל־נַחֲלָתוֹ ׃   וַיֹּאמֶר הַגֹּאֵל לֹא אוּכַל לִגְאָול־לִי   15 וְיִקָּרֵא שְׁמוֹ בְּיִשְׂרָאֵל ׃ וְהָיָה לָךְ לְמֵשִׁיב נֶפֶשׁ

פֶּן־אַשְׁחִית אֶת־נַחֲלָתִי גְּאַל־לְךָ אַתָּה אֶת־גְּאֻלָּתִי   וּלְכַלְכֵּל אֶת־שֵׂיבָתֵךְ כִּי כַלָּתֵךְ אֲשֶׁר־אֲהֵבַתֶךְ

7 כִּי לֹא־אוּכַל לִגְאֹל ׃   וְזֹאת לְפָנִים בְּיִשְׂרָאֵל עַל־   יְלָדַתּוּ אֲשֶׁר־הִיא טוֹבָה לָךְ מִשִּׁבְעָה בָּנִים ׃

הַגְּאֻלָּה וְעַל־הַתְּמוּרָה לְקַיֵּם כָּל־דָּבָר שָׁלַף אִישׁ   16 וַתִּקַּח נָעֳמִי אֶת־הַיֶּלֶד וַתְּשִׁתֵהוּ בְחֵיקָהּ וַתְּהִי־

נַעֲלוֹ וְנָתַן לְרֵעֵהוּ וְזֹאת הַתְּעוּדָה בְּיִשְׂרָאֵל ׃   17 לוֹ לְאֹמֶנֶת ׃ וַתִּקְרֶאנָה לוֹ הַשְּׁכֵנוֹת שֵׁם לֵאמֹר

8 וַיֹּאמֶר הַגֹּאֵל לְבֹעַז קְנֵה־לָךְ וַיִּשְׁלֹף נַעֲלוֹ ׃   יֻלַּד־בֵּן לְנָעֳמִי וַתִּקְרֶאנָה שְׁמוֹ עוֹבֵד הוּא אֲבִי־

9 וַיֹּאמֶר בֹּעַז לַזְּקֵנִים וְכָל־הָעָם עֵדִים אַתֶּם הַיּוֹם   18 יִשַׁי אֲבִי דָוִד ׃ וְאֵלֶּה תּוֹלְדוֹת פָּרֶץ פֶּרֶץ הוֹלִיד

כִּי קָנִיתִי אֶת־כָּל־אֲשֶׁר לֶאֱלִימֶלֶךְ וְאֵת כָּל־אֲשֶׁר   19 אֶת־חֶצְרוֹן ׃ וְחֶצְרוֹן הוֹלִיד אֶת־רָם וְרָם הוֹלִיד

10 לְכִלְיוֹן וּמַחְלוֹן מִיַּד נָעֳמִי ׃   וְגַם אֶת־רוּת הַמֹּאֲבִיָּה   20 אֶת־עַמִּינָדָב ׃ וְעַמִּינָדָב הוֹלִיד אֶת־נַחְשׁוֹן וְנַחְשׁוֹן

אֵשֶׁת מַחְלוֹן קָנִיתִי לִי לְאִשָּׁה לְהָקִים שֵׁם־הַמֵּת   21 הוֹלִיד אֶת־שַׂלְמָה ׃ וְשַׂלְמוֹן הוֹלִיד אֶת־בֹּעַז וּבֹעַז

עַל־נַחֲלָתוֹ וְלֹא־יִכָּרֵת שֵׁם־הַמֵּת מֵעִם אֶחָיו   22 הוֹלִיד אֶת־עוֹבֵד ׃ וְעוֹבֵד הוֹלִיד אֶת־יִשַׁי וְיִשַׁי

11 וּמִשַּׁעַר מְקוֹמוֹ עֵדִים אַתֶּם הַיּוֹם ׃ וַיֹּאמְרוּ כָּל־   הוֹלִיד אֶת־דָּוִד ׃

2 And he took ten men of the[a] elders of the city, and said, Sit ye down here. And they sat down.

3 And he said unto the kinsman, Naomi, that is come again out of the country of Moab, selleth a parcel of land, which *was* our brother Elimelech's:

4 And β I thought to advertise thee, saying, Buy[d] *it* before[e] the inhabitants, and before the elders of my people. If thou wilt redeem *it,* redeem *it;* but if thou wilt not redeem *it, then* tell me, that I may know: for *there is* none to redeem *it* beside thee; and I *am* after thee. And he said, I will redeem *it.*

5 Then said Boaz, What day thou buyest the field of the hand of Naomi, thou must buy *it* also of Ruth the Moabitess, the wife of the dead, to raise up[k] the name of the dead upon his inheritance.

6 And the kinsman said, I cannot redeem *it* for myself, lest I mar mine own inheritance: redeem thou my right to thyself: for I cannot redeem *it.*

7 Now this[l] was *the manner* in former time in Israel, concerning redeeming, and concerning changing, for to confirm all things; A man plucked off his shoe, and gave *it* to his neighbour: and this *was* a testimony in Israel.

8 Therefore the kinsman said unto Boaz, Buy *it* for thee: So he drew off his shoe.

9 And Boaz said unto the elders, and *unto* all the people, Ye *are* witnesses this day, that I have bought all that *was* Elimelech's, and all that *was* Chilion's and Mahlon's, of the hand of Naomi.

10 Moreover, Ruth the Moabitess, the wife of Mahlon, have I purchased to be my wife, to raise up the name of the dead upon his inheritance, that the name of the dead be not cut off from among his

B. C. 1312.
————

a 1 Ki. 21. 8.
b Ps. 127. 3.
128. 3.
c Ge. XXIX.
XXX.
β *I said I will reveal in thine ear.*
γ or, *get thee riches,* or, *power.*
d Je. 32. 8, 25.
e Ge. 23. 18.
f Mi. 5. 2.
δ *proclaim thy name.*
g Ge. 38. 29.
h Ge.20.17,18.
33. 5.
i Ro. 12. 15.
k ch. 3. 13.
ζ *caused to cease unto.*
η or, *redeemer.*
θ *to nourish.*
Ge. 45. 11.
Ps. 55. 22.
κ *thy gray hairs.*
l De. 25. 7..9.
m 1 Sa. 1. 8.
n Lu. 1. 58.
o Mat. 1.3,&c.
p Nu. 1. 7.
λ or, *Salmah.*
q 1 Ch. 2. 15.

brethren, and from the gate of his place: ye *are* witnesses this day.

11 And all the people that *were* in the gate, and the elders, said, *We are* witnesses. The LORD[b] make the woman that is come into thine house like Rachel and like Leah, which two[c] did build the house of Israel: and γdo thou worthily in Ephratah,[f] and δ be famous in Bethlehem:

12 And let thy house be like the house of Pharez, whom Tamar[g] bare unto Judah, of the seed which the LORD shall give thee of this young woman.

13 So Boaz took Ruth, and she was his wife: and when he went in unto her, the LORD gave[h] her conception, and she bare a son.

14 And[i] the women said unto Naomi, Blessed *be* the LORD, which hath not ζleft thee this day without a η kinsman, that his name may be famous in Israel.

15 And he shall be unto thee a restorer of *thy* life, and θ a nourisher of κ thine old age: for thy daughter-in-law, which loveth thee, which is better[m] to thee than seven sons, hath borne him.

16 And Naomi took the child, and laid it in her bosom, and became nurse unto it.

17 And[n] the women her neighbours gave it a name, saying, There is a son born to Naomi; and they called his name Obed: he *is* the father of Jesse, the father of David.

18 Now these *are* the generations of Pharez: Pharez[o] begat Hezron,

19 And Hezron begat Ram, and Ram begat Amminadab,

20 And Amminadab begat Nahshon,[p] and Nahshon begat λ Salmon,

21 And Salmon begat Boaz, and Boaz begat Obed,

22 And Obed begat Jesse, and Jesse begat David.[q]

188

שמואל א

LIBER I. SAMUELIS.

1 וַיְהִי אִישׁ אֶחָד מִן־הָרָמָתַיִם צוֹפִים מֵהַר אֶפְרָיִם וּשְׁמוֹ אֶלְקָנָה בֶּן־יְרֹחָם בֶּן־אֱלִיהוּא בֶּן־תֹּחוּ בֶן־צוּף אֶפְרָתִי׃

2 וְלוֹ שְׁתֵּי נָשִׁים שֵׁם אַחַת חַנָּה וְשֵׁם הַשֵּׁנִית פְּנִנָּה וַיְהִי לִפְנִנָּה יְלָדִים וּלְחַנָּה אֵין יְלָדִים׃

3 וְעָלָה הָאִישׁ הַהוּא מֵעִירוֹ מִיָּמִים יָמִימָה לְהִשְׁתַּחֲוֺת וְלִזְבֹּחַ לַיהוָה צְבָאוֹת בְּשִׁלֹה וְשָׁם שְׁנֵי בְנֵי־עֵלִי חָפְנִי וּפִנְחָס כֹּהֲנִים לַיהוָה׃

4 וַיְהִי הַיּוֹם וַיִּזְבַּח אֶלְקָנָה וְנָתַן לִפְנִנָּה אִשְׁתּוֹ וּלְכָל־בָּנֶיהָ וּבְנוֹתֶיהָ מָנוֹת׃

5 וּלְחַנָּה יִתֵּן מָנָה אַחַת אַפָּיִם כִּי אֶת־חַנָּה אָהֵב וַיהוָה סָגַר רַחְמָהּ׃

6 וְכִעֲסַתָּה צָרָתָהּ גַּם־כַּעַס בַּעֲבוּר הַרְּעִמָהּ כִּי־סָגַר יְהוָה בְּעַד רַחְמָהּ׃

7 וְכֵן יַעֲשֶׂה שָׁנָה בְשָׁנָה מִדֵּי עֲלֹתָהּ בְּבֵית יְהוָה כֵּן תַּכְעִסֶנָּה וַתִּבְכֶּה וְלֹא תֹאכַל׃

8 וַיֹּאמֶר לָהּ אֶלְקָנָה אִישָׁהּ חַנָּה לָמֶה תִבְכִּי וְלָמֶה לֹא תֹאכְלִי וְלָמֶה יֵרַע לְבָבֵךְ הֲלוֹא אָנֹכִי טוֹב לָךְ מֵעֲשָׂרָה בָּנִים׃

9 וַתָּקָם חַנָּה אַחֲרֵי אָכְלָה בְשִׁלֹה וְאַחֲרֵי שָׁתֹה וְעֵלִי הַכֹּהֵן יֹשֵׁב עַל־הַכִּסֵּא עַל־מְזוּזַת הֵיכַל יְהוָה׃

10 וְהִיא מָרַת נָפֶשׁ וַתִּתְפַּלֵּל עַל־יְהוָה וּבָכֹה תִבְכֶּה׃

11 וַתִּדֹּר נֶדֶר וַתֹּאמַר יְהוָה צְבָאוֹת אִם־רָאֹה תִרְאֶה בָּעֳנִי אֲמָתֶךָ וּזְכַרְתַּנִי וְלֹא־תִשְׁכַּח אֶת־אֲמָתֶךָ וְנָתַתָּה לַאֲמָתְךָ זֶרַע אֲנָשִׁים וּנְתַתִּיו לַיהוָה כָּל־יְמֵי חַיָּיו וּמוֹרָה לֹא־יַעֲלֶה עַל־רֹאשׁוֹ׃

12 וְהָיָה כִּי הִרְבְּתָה לְהִתְפַּלֵּל לִפְנֵי יְהוָה וְעֵלִי שֹׁמֵר אֶת־פִּיהָ׃

13 וְחַנָּה הִיא מְדַבֶּרֶת עַל־לִבָּהּ רַק שְׂפָתֶיהָ נָּעוֹת וְקוֹלָהּ לֹא יִשָּׁמֵעַ וַיַּחְשְׁבֶהָ עֵלִי לְשִׁכֹּרָה׃

14 וַיֹּאמֶר אֵלֶיהָ עֵלִי עַד־מָתַי תִּשְׁתַּכָּרִין הָסִירִי אֶת־יֵינֵךְ מֵעָלָיִךְ׃

15 וַתַּעַן חַנָּה וַתֹּאמֶר לֹא אֲדֹנִי אִשָּׁה קְשַׁת־רוּחַ אָנֹכִי וְיַיִן וְשֵׁכָר לֹא שָׁתִיתִי וָאֶשְׁפֹּךְ אֶת־נַפְשִׁי לִפְנֵי יְהוָה׃

16 אַל־תִּתֵּן אֶת־אֲמָתְךָ לִפְנֵי בַּת־בְּלִיָּעַל כִּי־מֵרֹב שִׂיחִי וְכַעְסִי דִּבַּרְתִּי עַד־הֵנָּה׃

17 וַיַּעַן עֵלִי וַיֹּאמֶר לְכִי לְשָׁלוֹם

18 וֵאלֹהֵי יִשְׂרָאֵל יִתֵּן אֶת־שֵׁלָתֵךְ אֲשֶׁר שָׁאַלְתְּ מֵעִמּוֹ׃ וַתֹּאמֶר תִּמְצָא שִׁפְחָתְךָ חֵן בְּעֵינֶיךָ וַתֵּלֶךְ הָאִשָּׁה

19 לְדַרְכָּהּ וַתֹּאכַל וּפָנֶיהָ לֹא־הָיוּ־לָהּ עוֹד׃ וַיַּשְׁכִּמוּ בַבֹּקֶר וַיִּשְׁתַּחֲווּ לִפְנֵי יְהוָה וַיָּשֻׁבוּ וַיָּבֹאוּ אֶל־בֵּיתָם הָרָמָתָה וַיֵּדַע אֶלְקָנָה אֶת־חַנָּה אִשְׁתּוֹ וַיִּזְכְּרֶהָ

20 יְהוָה׃ וַיְהִי לִתְקֻפוֹת הַיָּמִים וַתַּהַר חַנָּה וַתֵּלֶד בֵּן וַתִּקְרָא אֶת־שְׁמוֹ שְׁמוּאֵל כִּי מֵיְהוָה שְׁאִלְתִּיו׃

21 וַיַּעַל הָאִישׁ אֶלְקָנָה וְכָל־בֵּיתוֹ לִזְבֹּחַ לַיהוָה אֶת־

22 זֶבַח הַיָּמִים וְאֶת־נִדְרוֹ׃ וְחַנָּה לֹא עָלָתָה כִּי־אָמְרָה לְאִישָׁהּ עַד יִגָּמֵל הַנַּעַר וַהֲבִאֹתִיו וְנִרְאָה

23 אֶת־פְּנֵי יְהוָה וְיָשַׁב שָׁם עַד־עוֹלָם׃ וַיֹּאמֶר לָהּ אֶלְקָנָה אִישָׁהּ עֲשִׂי הַטּוֹב בְּעֵינַיִךְ שְׁבִי עַד־גָּמְלֵךְ אֹתוֹ אַךְ יָקֵם יְהוָה אֶת־דְּבָרוֹ וַתֵּשֶׁב הָאִשָּׁה וַתֵּינֶק

24 אֶת־בְּנָהּ עַד־גָּמְלָהּ אֹתוֹ׃ וַתַּעֲלֵהוּ עִמָּהּ כַּאֲשֶׁר גְּמָלַתּוּ בְּפָרִים שְׁלֹשָׁה וְאֵיפָה אַחַת קֶמַח וְנֵבֶל יַיִן

25 וַתְּבִאֵהוּ בֵית־יְהוָה שִׁלוֹ וְהַנַּעַר נָעַר׃ וַיִּשְׁחֲטוּ

26 אֶת־הַפָּר וַיָּבִיאוּ אֶת־הַנַּעַר אֶל־עֵלִי׃ וַתֹּאמֶר בִּי אֲדֹנִי חֵי נַפְשְׁךָ אֲדֹנִי אֲנִי הָאִשָּׁה הַנִּצֶּבֶת עִמְּכָה

27 בָּזֶה לְהִתְפַּלֵּל אֶל־יְהוָה׃ אֶל־הַנַּעַר הַזֶּה הִתְפַּלָּלְתִּי

28 וַיִּתֵּן יְהוָה לִי אֶת־שְׁאֵלָתִי אֲשֶׁר שָׁאַלְתִּי מֵעִמּוֹ׃ וְגַם אָנֹכִי הִשְׁאִלְתִּהוּ לַיהוָה כָּל־הַיָּמִים אֲשֶׁר הָיָה הוּא שָׁאוּל לַיהוָה וַיִּשְׁתַּחוּ שָׁם לַיהוָה׃

CAP. II. ב

1 וַתִּתְפַּלֵּל חַנָּה וַתֹּאמַר עָלַץ לִבִּי בַּיהוָה רָמָה קַרְנִי בַּיהוָה רָחַב פִּי עַל־אוֹיְבַי כִּי שָׂמַחְתִּי בִּישׁוּעָתֶךָ׃

2 אֵין־קָדוֹשׁ כַּיהוָה כִּי אֵין בִּלְתֶּךָ וְאֵין צוּר כֵּאלֹהֵינוּ׃

3 אַל־תַּרְבּוּ תְדַבְּרוּ גְּבֹהָה גְבֹהָה יֵצֵא עָתָק מִפִּיכֶם כִּי אֵל דֵּעוֹת יְהוָה וְלוֹ נִתְכְּנוּ עֲלִלוֹת׃

4 קֶשֶׁת גִּבֹּרִים חַתִּים וְנִכְשָׁלִים אָזְרוּ חָיִל׃

5 שְׂבֵעִים בַּלֶּחֶם נִשְׂכָּרוּ וּרְעֵבִים חָדֵלּוּ עַד־עֲקָרָה יָלְדָה שִׁבְעָה וְרַבַּת בָּנִים אֻמְלָלָה׃

6 יְהוָה מֵמִית וּמְחַיֶּה מוֹרִיד שְׁאוֹל וַיָּעַל׃

7 יְהוָה מוֹרִישׁ וּמַעֲשִׁיר מַשְׁפִּיל אַף־מְרוֹמֵם׃

The First Book of SAMUEL, otherwise called The First Book of the KINGS.

CHAP. I.

NOW there was a certain man of Ramathaim-zophim, of mount Ephraim, and his name was Elkanah, [b] the son of Jeroham, the son of Elihu, the son of Tohu, the son of Zuph, an Ephrathite :

2 And he had two wives ; the name of the one was Hannah, and the name of the other Peninnah : and Peninnah had children, but Hannah had no children.

3 And this man went up out of his city γ yearly [d] to worship, and to sacrifice unto the LORD of hosts in Shiloh. And the two sons of Eli, Hophni and Phinehas, the priests of the LORD, were there.

4 And when the time was that Elkanah offered, [e] he gave to Peninnah his wife, and to all her sons and her daughters, portions :

5 But unto Hannah he gave a ζ worthy portion ; for he loved Hannah ; but [g] the LORD had shut up her womb.

6 And her adversary also η provoked her [i] sore, for to make her fret, because the LORD had shut up her womb.

7 And as he did so year by year, θ when she went up to the house of the LORD, so she provoked her ; therefore she wept, and did not eat.

8 Then said Elkanah her husband to her, Hannah, why weepest thou ? and why eatest thou not ? and why is thy heart grieved ? am not I better [l] to thee than ten sons ?

9 So Hannah rose up, after they had eaten in Shiloh, and after they had drunk : (now Eli the priest sat upon a seat by a post of the temple of the LORD :)

10 And she was κ in bitterness of soul, and prayed unto the LORD, and weptsore.

11 And she vowed [o] a vow, and said, O LORD of hosts, if thou wilt indeed [p] look on the affliction of thine handmaid, and remember [q] me, and not forget thine handmaid, but wilt give unto thine handmaid ν a man child, then I will give him unto the LORD all the days of his life, and there shall no razor [r] come upon his head.

12 And it came to pass, as she π continued praying before the LORD, that Eli marked her mouth.

13 Now Hannah, she spake in her heart ; only her lips moved, but her voice was not heard : therefore Eli thought she had been drunken.

14 And Eli said unto her, How long wilt thou be drunken ? put away thy wine from thee.

15 And Hannah answered and said, No, my lord ; I am a woman σ of a sorrowful spirit : I have drunk neither wine nor strong drink, but have [a] poured out my soul before the LORD.

16 Count not thine handmaid for a daughter of Belial : for out of the abundance of my τ complaint and grief have I spoken hitherto.

17 Then Eli answered and said, Go in peace : and the God of Israel grant [d] thee thy petition that thou hast asked of him.

18 And she said, Let thine handmaid

[center column notes]

B. C. 1171.

a Ec. 9. 7.
b 1Ch.6.27,34
c ver. 11.
β in revolution of days
γ from year to year.
d Ex. 23. 14. Lu. 2. 41.
δ that is, Asked of God.
e De. 12. 5..7.
ζ or, double.
f Lu. 2. 22.
g Ge. 30. 2.
h Nu. 30. 7.
η angered.
i Job 24. 21.
k 2 Sa. 7. 25.
θ from her going up, or, from the time that she went.
l Ru. 4. 15.
κ bitter of.
m Ph. 4. 6.
n Ps.145.18,19
o Ju. 11. 30.
p 2 Sa. 16. 12.
λ or, returned him, whom I have obtained by petition, to the LORD.
q Ge. 30. 22.
μ or, he whom I have obtained by petition, shall be returned.
ν seed of men
r Nu. 6. 5.
s Lu.1.46,&c.
π multiplied to pray
t Ps.112 8,9.
u Ps. 13. 5.
v Ex. 15. 11.
w De. 32. 31.
x Ps. 94. 4.
ρ hard.
y Je. 17. 10.
σ hard of spirit.
z Ps.37.15,17.
a Ps. 62. 8.
b Ps. 113. 9.
τ meditation.
c De. 32. 39.
d Ps. 20. 3, 5.
e Job 1. 21.

find grace in thy sight. So the woman went her way, and did eat, [a] and her countenance was no more sad.

19 And they rose up in the morning early, and worshipped before the LORD, and returned, and came to their house to Ramah : and Elkanah knew Hannah his wife ; and the LORD remembered [c] her.

20 Wherefore it came to pass, β when the time was come about after Hannah had conceived, that she bare a son, and called his name δ Samuel, saying, Because I have asked him of the LORD.

21 And the man Elkanah, and all his house, went up to offer unto the LORD the yearly sacrifice, and his vow.

22 But Hannah went not up ; for she said unto her husband, I will not go up until the child be weaned, and then I will bring him, that he may appear [f] before the LORD, and there abide for ever.

23 And Elkanah her husband said unto her, Do [h] what seemeth thee good ; tarry until thou have weaned him ; only [k] the LORD establish his word. So the woman abode, and gave her son suck until she weaned him.

24 And when she had weaned him, she took him up with her, with three bullocks, and one ephah of flour, and a bottle of wine, and brought him unto the house of the LORD in Shiloh ; and the child was young.

25 And they slew a bullock, and brought the child to Eli.

26 And she said, Oh, my lord, as thy soul liveth, my lord, I am the woman that stood by thee here, praying unto the LORD.

27 For this child I prayed ; [m] and [n] the LORD hath given me my petition which I asked of him :

28 Therefore also I have λ lent him to the LORD ; as long as he liveth μ he shall be lent to the LORD. And he worshipped the LORD there.

CHAP. II.

AND Hannah prayed, and said, [s] My heart rejoiceth in the LORD ; mine horn is exalted [t] in the LORD ; my mouth is enlarged over mine enemies ; because I rejoice [u] in thy salvation.

2 There [v] is none holy as the LORD : for there is none beside thee : neither is there any rock [w] like our God.

3 Talk no more so exceeding proudly ; let [x] not ρ arrogancy come out of your mouth : for the LORD [y] is a God of knowledge, and by him actions are weighed.

4 The bows [z] of the mighty men are broken, and they that stumbled are girded with strength.

5 They that were full have hired out themselves for bread ; and they that were hungry ceased : so that the [b] barren hath borne seven ; and she that hath many children is waxed feeble.

6 The LORD killeth, [c] and maketh alive : he bringeth down to the grave, and bringeth up.

7 The LORD [d] maketh poor, and maketh

189

8 מֵקִים מֵעָפָר דָּל מֵאַשְׁפֹּת יָרִים אֶבְיוֹן לְהוֹשִׁיב עִם־
נְדִיבִים וְכִסֵּא כָבוֹד יַנְחִלֵם כִּי לַיהוָה מְצֻקֵי אֶרֶץ
וַיָּשֶׁת עֲלֵיהֶם תֵּבֵל׃ 9 רַגְלֵי חֲסִידָו יִשְׁמֹר וּרְשָׁעִים
בַּחֹשֶׁךְ יִדָּמּוּ כִּי־לֹא בְכֹחַ יִגְבַּר־אִישׁ׃ 10 יְהוָה יֵחַתּוּ
מְרִיבָו עָלָו בַּשָּׁמַיִם יַרְעֵם יְהוָה יָדִין אַפְסֵי־אָרֶץ
וְיִתֶּן־עֹז לְמַלְכּוֹ וְיָרֵם קֶרֶן מְשִׁיחוֹ׃ 11 וַיֵּלֶךְ אֶלְקָנָה
הָרָמָתָה עַל־בֵּיתוֹ וְהַנַּעַר הָיָה מְשָׁרֵת אֶת־יְהוָה
אֶת־פְּנֵי עֵלִי הַכֹּהֵן׃ 12 וּבְנֵי עֵלִי בְּנֵי בְלִיָּעַל לֹא יָדְעוּ
אֶת־יְהוָה׃ 13 וּמִשְׁפַּט הַכֹּהֲנִים אֶת־הָעָם כָּל־אִישׁ
זֹבֵחַ זֶבַח וּבָא נַעַר הַכֹּהֵן כְּבַשֵּׁל הַבָּשָׂר וְהַמַּזְלֵג
שְׁלֹשׁ הַשִּׁנַּיִם בְּיָדוֹ׃ 14 וְהִכָּה בַכִּיּוֹר אוֹ בַדּוּד אוֹ
בַקַּלַּחַת אוֹ בַפָּרוּר כֹּל אֲשֶׁר יַעֲלֶה הַמַּזְלֵג יִקַּח
הַכֹּהֵן בּוֹ כָּכָה יַעֲשׂוּ לְכָל־יִשְׂרָאֵל הַבָּאִים שָׁם׃
15 גַּם בְּטֶרֶם יַקְטִרוּן אֶת־הַחֵלֶב וּבָא נַעַר
הַכֹּהֵן וְאָמַר לָאִישׁ הַזֹּבֵחַ תְּנָה בָשָׂר לִצְלוֹת לַכֹּהֵן
16 וְלֹא־יִקַּח מִמְּךָ בָּשָׂר מְבֻשָּׁל כִּי אִם־חָי׃ וַיֹּאמֶר
אֵלָיו הָאִישׁ קַטֵּר יַקְטִירוּן כַּיּוֹם הַחֵלֶב וְקַח־לְךָ
כַּאֲשֶׁר תְּאַוֶּה נַפְשֶׁךָ וְאָמַר לוֹ כִּי עַתָּה תִתֵּן וְאִם־
17 לֹא לָקַחְתִּי בְחָזְקָה׃ וַתְּהִי חַטַּאת הַנְּעָרִים גְּדוֹלָה
מְאֹד אֶת־פְּנֵי יְהוָה כִּי נִאֲצוּ הָאֲנָשִׁים אֵת
18 מִנְחַת יְהוָה׃ וּשְׁמוּאֵל מְשָׁרֵת אֶת־פְּנֵי יְהוָה נַעַר
19 חָגוּר אֵפוֹד בָּד׃ וּמְעִיל קָטֹן תַּעֲשֶׂה־
לוֹ אִמּוֹ וְהַעַלְתָה לוֹ מִיָּמִים יָמִימָה בַּעֲלוֹתָהּ אֶת־
20 אִישָׁהּ לִזְבֹּחַ אֶת־זֶבַח הַיָּמִים׃ וּבֵרַךְ עֵלִי אֶת־
אֶלְקָנָה וְאֶת־אִשְׁתּוֹ וְאָמַר יָשֵׂם יְהוָה לְךָ זֶרַע
מִן־הָאִשָּׁה הַזֹּאת תַּחַת הַשְּׁאֵלָה אֲשֶׁר שָׁאַל
לַיהוָה וְהָלְכוּ לִמְקֹמוֹ׃ 21 כִּי־פָקַד יְהוָה אֶת־חַנָּה
וַתַּהַר וַתֵּלֶד שְׁלֹשָׁה־בָנִים וּשְׁתֵּי בָנוֹת וַיִּגְדַּל
הַנַּעַר שְׁמוּאֵל עִם־יְהוָה׃ 22 וְעֵלִי זָקֵן מְאֹד
וְשָׁמַע אֵת כָּל־אֲשֶׁר יַעֲשׂוּן בָּנָיו לְכָל־יִשְׂרָאֵל וְאֵת
אֲשֶׁר־יִשְׁכְּבוּן אֶת־הַנָּשִׁים הַצֹּבְאוֹת פֶּתַח אֹהֶל
23 מוֹעֵד׃ וַיֹּאמֶר לָהֶם לָמָּה תַעֲשׂוּן כַּדְּבָרִים הָאֵלֶּה
אֲשֶׁר אָנֹכִי שֹׁמֵעַ אֶת־דִּבְרֵיכֶם רָעִים מֵאֵת כָּל־הָעָם
24 אֵלֶּה׃ אַל בָּנַי כִּי לוֹא־טוֹבָה הַשְּׁמֻעָה אֲשֶׁר
25 אָנֹכִי שֹׁמֵעַ מַעֲבִרִים עַם־יְהוָה׃ אִם־יֶחֱטָא אִישׁ
לְאִישׁ וּפִלְלוֹ אֱלֹהִים וְאִם לַיהוָה יֶחֱטָא־אִישׁ מִי
יִתְפַּלֶּל־לוֹ וְלֹא יִשְׁמְעוּ לְקוֹל אֲבִיהֶם כִּי־חָפֵץ יְהוָה
26 לַהֲמִיתָם׃ וְהַנַּעַר שְׁמוּאֵל הֹלֵךְ וְגָדֵל וָטוֹב גַּם

27 וַיָּבֹא אִישׁ־
אֱלֹהִים אֶל־עֵלִי וַיֹּאמֶר אֵלָיו כֹּה אָמַר יְהוָה הֲנִגְלֹה
נִגְלֵיתִי אֶל־בֵּית אָבִיךָ בִּהְיוֹתָם בְּמִצְרַיִם לְבֵית
28 פַּרְעֹה׃ וּבָחֹר אֹתוֹ מִכָּל־שִׁבְטֵי יִשְׂרָאֵל לִי לְכֹהֵן
לַעֲלוֹת עַל־מִזְבְּחִי לְהַקְטִיר קְטֹרֶת לָשֵׂאת אֵפוֹד
לְפָנָי וָאֶתְּנָה לְבֵית אָבִיךָ אֶת־כָּל־אִשֵּׁי בְּנֵי יִשְׂרָאֵל׃
29 לָמָּה תִבְעֲטוּ בְּזִבְחִי וּבְמִנְחָתִי אֲשֶׁר צִוִּיתִי מָעוֹן
וַתְּכַבֵּד אֶת־בָּנֶיךָ מִמֶּנִּי לְהַבְרִיאֲכֶם מֵרֵאשִׁית כָּל־
30 מִנְחַת יִשְׂרָאֵל לְעַמִּי׃ לָכֵן נְאֻם־יְהוָה אֱלֹהֵי
יִשְׂרָאֵל אָמוֹר אָמַרְתִּי בֵּיתְךָ וּבֵית אָבִיךָ יִתְהַלְּכוּ
לְפָנַי עַד־עוֹלָם וְעַתָּה נְאֻם־יְהוָה חָלִילָה לִּי כִּי־
31 מְכַבְּדַי אֲכַבֵּד וּבֹזַי יֵקָלּוּ׃ הִנֵּה יָמִים בָּאִים
וְגָדַעְתִּי אֶת־זְרֹעֲךָ וְאֶת־זְרֹעַ בֵּית אָבִיךָ מִהְיוֹת זָקֵן
32 בְּבֵיתֶךָ׃ וְהִבַּטְתָּ צַר מָעוֹן בְּכֹל אֲשֶׁר־יֵיטִיב אֶת־
33 יִשְׂרָאֵל וְלֹא־יִהְיֶה זָקֵן בְּבֵיתְךָ כָּל־הַיָּמִים׃ וְאִישׁ
לֹא־אַכְרִית לְךָ מֵעִם מִזְבְּחִי לְכַלּוֹת אֶת־עֵינֶיךָ
וְלַאֲדִיב אֶת־נַפְשֶׁךָ וְכָל־מַרְבִּית בֵּיתְךָ יָמוּתוּ
34 אֲנָשִׁים׃ וְזֶה־לְּךָ הָאוֹת אֲשֶׁר יָבֹא אֶל־שְׁנֵי בָנֶיךָ
אֶל־חָפְנִי וּפִינְחָס בְּיוֹם אֶחָד יָמוּתוּ שְׁנֵיהֶם׃
35 וַהֲקִימֹתִי לִי כֹּהֵן נֶאֱמָן כַּאֲשֶׁר בִּלְבָבִי וּבְנַפְשִׁי
יַעֲשֶׂה וּבָנִיתִי לוֹ בַּיִת נֶאֱמָן וְהִתְהַלֵּךְ לִפְנֵי־מְשִׁיחִי
36 כָּל־הַיָּמִים׃ וְהָיָה כָּל־הַנּוֹתָר בְּבֵיתְךָ יָבוֹא
לְהִשְׁתַּחֲוֺת לוֹ לַאֲגוֹרַת כֶּסֶף וְכִכַּר־לָחֶם וְאָמַר
סְפָחֵנִי נָא אֶל־אַחַת הַכְּהֻנּוֹת לֶאֱכֹל פַּת־לָחֶם׃

CAP. III. ג

1 וְהַנַּעַר שְׁמוּאֵל מְשָׁרֵת אֶת־יְהוָה לִפְנֵי עֵלִי וּדְבַר־
יְהוָה הָיָה יָקָר בַּיָּמִים הָהֵם אֵין חָזוֹן נִפְרָץ׃
2 וַיְהִי בַּיּוֹם הַהוּא וְעֵלִי שֹׁכֵב בִּמְקֹמוֹ וְעֵינָו הֵחֵלּוּ
3 כֵהוֹת לֹא יוּכַל לִרְאוֹת׃ וְנֵר אֱלֹהִים טֶרֶם יִכְבֶּה
וּשְׁמוּאֵל שֹׁכֵב בְּהֵיכַל יְהוָה אֲשֶׁר־שָׁם אֲרוֹן אֱלֹהִים׃
4 וַיִּקְרָא יְהוָה אֶל־שְׁמוּאֵל וַיֹּאמֶר הִנֵּנִי׃ 5 וַיָּרָץ אֶל־
עֵלִי וַיֹּאמֶר הִנְנִי כִּי־קָרָאתָ לִּי וַיֹּאמֶר לֹא־קָרָאתִי
שׁוּב שְׁכָב וַיֵּלֶךְ וַיִּשְׁכָּב׃ 6 וַיֹּסֶף יְהוָה קְרֹא עוֹד
שְׁמוּאֵל וַיָּקָם שְׁמוּאֵל וַיֵּלֶךְ אֶל־עֵלִי וַיֹּאמֶר הִנְנִי
כִּי קָרָאתָ לִי וַיֹּאמֶר לֹא־קָרָאתִי בְנִי שׁוּב שְׁכָב׃
7 וּשְׁמוּאֵל טֶרֶם יָדַע אֶת־יְהוָה וְטֶרֶם יִגָּלֶה אֵלָיו דְּבַר־
8 יְהוָה׃ וַיֹּסֶף יְהוָה קְרֹא־שְׁמוּאֵל בַּשְּׁלִשִׁית וַיָּקָם
וַיֵּלֶךְ אֶל־עֵלִי וַיֹּאמֶר הִנְנִי כִּי קָרָאתָ לִי וַיָּבֶן עֵלִי כִּי

rich: he^a bringeth low, and lifteth up.

8 He^c raiseth up the poor out of the dust, *and* lifteth up the beggar from the dunghill, to set *them* among princes, and to make them inherit the throne of glory: for the pillars of the earth *are* the LORD's, and he hath set^e the world upon them.

9 He will keep the feet^f of his saints, and the wicked shall be silent in darkness; for by strength^h shall no man prevail.

10 The adversaries of the LORD shall be broken^k to pieces; out of heaven shall he thunder^l upon them: the LORD shall judge^m the ends of the earth; and he shall give strength unto his King, and exalt^o the horn of his Anointed.

11 And Elkanah went to Ramah to his house; and the child did minister unto the LORD before Eli the priest.

12 Now the sons of Eli *were* sons of Belial; they knew not^p the LORD.

13 And the priest's custom with the people *was, that,* when any man offered sacrifice, the priest's servant came, while the flesh was in seething, with a flesh-hook of three teeth in his hand;

14 And he struck *it* into the pan, or kettle, or caldron, or pot; all that the flesh-hook brought up the priest took for himself. So they did in Shiloh unto all the Israelites that came thither.

15 Also before they burnt the fat,^v the priest's servant came, and said to the man that sacrificed, Give flesh to roast for the priest; for he will not have sodden flesh of thee, but raw.

16 And *if* any man said unto him, Let them not fail to burn the fat γ presently, and *then* take *as much* as thy soul desireth; then he would answer him, Nay; but thou shalt give *it me* now: and if not, I will take *it* by force.

17 Wherefore the sin of the young men was very great before^x the LORD; for men abhorred^z the offering of the LORD.

18 But Samuel ministered before the LORD, *being* a child, girded^a with a linen ephod.

19 Moreover, his mother made him a little coat, and brought *it* to him from year to year, when she came^b up with her husband to offer the yearly sacrifice.

20 And Eli blessed Elkanah and his wife, and said, The LORD give thee seed of this woman for the θ loan which is lent to the LORD. And they went unto their own home.

21 And the LORD visited^d Hannah, so that she conceived, and bare three sons and two daughters. And the child Samuel grew before the LORD.

22 Now Eli was very old, and heard all that his sons did unto all Israel; and how they lay with the women that κ assembled *at* the door of the tabernacle of the congregation.

23 And he said unto them, Why do ye such things? for I hear λ of your evil dealings by all this people.

24 Nay, my sons; for *it is* no good report that I hear: ye make the LORD's people to μ transgress.

25 If one man sin against another, the judge shall judge him: but if a man sin against^f the LORD, who^g shall entreat for him? Notwithstanding, they hearkened not unto the voice of their father, because^h the LORD would slay them.

26 (And the child Samuel grew on and

---

was in favour both^b with the LORD, and also with men.)

27 And there came a man of God unto Eli, and said unto him, Thus saith the LORD, Did I plainly appear^d unto the house of thy father, when they were in Egypt in Pharaoh's house?

28 And did I choose him^g out of all the tribes of Israel *to be* my priest, to offer upon mine altar, to burn incense, to wear an ephod before me? and did I giveⁱ unto the house of thy father all the offerings made by fire of the children of Israel?

29 Wherefore kickⁿ ye at my sacrifice and at mine offering, which I have commanded *in my* habitation; and honourest thy sons above me, to make yourselves fat with the chiefest of all the offerings of Israel my people?

30 Wherefore the LORD God of Israel saith, I said^q indeed *that* thy house, and the house of thy father, should walk before me for ever: but now^r the LORD saith, Be it far from me; for them^s that honour me I will honour, and they that despise^t me shall be lightly esteemed.

31 Behold, the days^u come that I will cut off thine arm, and the arm of thy father's house, that there shall not be an old man in thine house.

32 And thou shalt see β an enemy in *my* habitation, in all *the wealth* which *God* shall give Israel: and there shall not be an old man in thine house for ever.

33 And the man of thine, *whom* I shall not cut off from mine altar, *shall be* to consume thine eyes, and to grieve thine heart: and all the increase of thine house shall die δ in the flower of their age.

34 And this *shall be* a sign unto thee, that shall come upon thy two sons, on Hophni and Phinehas: in one day they shall die^w both of them.

35 And^y I will raise me up a faithful priest, *that* shall do according to *that* which *is* in mine heart, and in my mind: and I will build him a sure house: and he shall walk before mine Anointed for ever.

36 And it shall come to pass, *that* every one that is left in thine house shall come *and* crouch to him for a piece of silver and a morsel of bread, and shall say, ζ Put me, I pray thee, into η one of the priests' offices, that I may eat a piece of bread.

CHAP. III.

AND the child Samuel ministered unto the LORD before Eli. And the word^c of the LORD was precious in those days; *there was* no open vision.

2 And it came to pass at that time, when Eli *was* laid down in his place, and his eyes began to wax dim, *that* he could not see;

3 And ere ye^e lamp^e of God went out in the temple of the LORD, where the ark of God *was,* and Samuel was laid down *to sleep;*

4 That the LORD called Samuel: and he answered, Here *am* I.

5 And he ran unto Eli, and said, Here *am* I; for thou calledst me. And he said, I called not; lie down again. And he went and lay down.

6 And the LORD called yet again, Samuel. And Samuel arose, and went to Eli, and said, Here *am* I; for thou didst call me. And he answered, I called not, my son; lie down again.

7 Now ν Samuel did not yet know the LORD, neither was the word of the LORD

9 וַיֹּ֨אמֶר עֵלִ֜י לִשְׁמוּאֵ֗ל לֵ֣ךְ שְׁכָ֔ב וְהָיָה֙ אִם־יִקְרָ֣א אֵלֶ֔יךָ וְאָֽמַרְתָּ֙ דַּבֵּ֣ר יְהוָ֔ה כִּ֥י שֹׁמֵ֖עַ עַבְדֶּ֑ךָ וַיֵּ֣לֶךְ שְׁמוּאֵ֔ל וַיִּשְׁכַּ֖ב בִּמְקוֹמֽוֹ׃

10 וַיָּבֹ֤א יְהוָה֙ וַיִּתְיַצַּ֔ב וַיִּקְרָ֥א כְפַֽעַם־בְּפַ֖עַם שְׁמוּאֵ֣ל ׀ שְׁמוּאֵ֑ל וַיֹּ֤אמֶר שְׁמוּאֵל֙ דַּבֵּ֔ר כִּ֥י שֹׁמֵ֖עַ עַבְדֶּֽךָ׃

11 וַיֹּ֤אמֶר יְהוָה֙ אֶל־שְׁמוּאֵ֔ל הִנֵּ֧ה אָנֹכִ֛י עֹשֶׂ֥ה דָבָ֖ר בְּיִשְׂרָאֵ֑ל אֲשֶׁר֙ כָּל־שֹׁ֣מְע֔וֹ תְּצִלֶּ֖ינָה שְׁתֵּ֥י אָזְנָֽיו׃

12 בַּיּ֤וֹם הַהוּא֙ אָקִ֣ים אֶל־עֵלִ֔י אֵ֥ת כָּל־אֲשֶׁ֥ר דִּבַּ֖רְתִּי אֶל־בֵּית֑וֹ הָחֵ֖ל וְכַלֵּֽה׃

13 וְהִגַּ֣דְתִּי ל֔וֹ כִּֽי־שֹׁפֵ֥ט אֲנִ֛י אֶת־בֵּית֖וֹ עַד־עוֹלָ֑ם בַּעֲוֺ֣ן אֲשֶׁר־יָדַ֗ע כִּֽי־מְקַֽלְלִ֤ים לָהֶם֙ בָּנָ֔יו וְלֹ֥א כִהָ֖ה בָּֽם׃

14 וְלָכֵ֥ן נִשְׁבַּ֖עְתִּי לְבֵ֣ית עֵלִ֑י אִֽם־יִתְכַּפֵּ֞ר עֲוֺ֧ן בֵּית־עֵלִ֛י בְּזֶ֥בַח וּבְמִנְחָ֖ה עַד־עוֹלָֽם׃

15 וַיִּשְׁכַּ֤ב שְׁמוּאֵל֙ עַד־הַבֹּ֔קֶר וַיִּפְתַּ֖ח אֶת־דַּלְת֣וֹת בֵּית־יְהוָ֑ה וּשְׁמוּאֵ֣ל יָרֵ֔א מֵהַגִּ֥יד אֶת־הַמַּרְאָ֖ה אֶל־עֵלִֽי׃

16 וַיִּקְרָ֤א עֵלִי֙ אֶת־שְׁמוּאֵ֔ל וַיֹּ֖אמֶר שְׁמוּאֵ֣ל בְּנִ֑י וַיֹּ֖אמֶר הִנֵּֽנִי׃

17 וַיֹּ֗אמֶר מָ֤ה הַדָּבָר֙ אֲשֶׁ֣ר דִּבֶּ֣ר אֵלֶ֔יךָ אַל־נָ֥א תְכַחֵ֖ד מִמֶּ֑נִּי כֹּ֣ה יַעֲשֶׂה־לְּךָ֤ אֱלֹהִים֙ וְכֹ֣ה יוֹסִ֔יף אִם־תְּכַחֵ֤ד מִמֶּ֙נִּי֙ דָּבָ֔ר מִכָּל־הַדָּבָ֖ר אֲשֶׁר־דִּבֶּ֥ר אֵלֶֽיךָ׃

18 וַיַּגֶּד־ל֤וֹ שְׁמוּאֵל֙ אֶת־כָּל־הַדְּבָרִ֔ים וְלֹ֥א כִחֵ֖ד מִמֶּ֑נּוּ וַיֹּאמַ֕ר יְהוָ֣ה ה֔וּא הַטּ֥וֹב בְּעֵינָ֖ו יַעֲשֶֽׂה׃

19 וַיִּגְדַּ֖ל שְׁמוּאֵ֑ל וַֽיהוָה֙ הָיָ֣ה עִמּ֔וֹ וְלֹֽא־הִפִּ֥יל מִכָּל־דְּבָרָ֖יו אָֽרְצָה׃

20 וַיֵּ֙דַע֙ כָּל־יִשְׂרָאֵ֔ל מִדָּ֖ן וְעַד־בְּאֵ֣ר שָׁ֑בַע כִּ֚י נֶאֱמָ֣ן שְׁמוּאֵ֔ל לְנָבִ֖יא לַיהוָֽה׃

21 וַיֹּ֥סֶף יְהוָ֖ה לְהֵרָאֹ֣ה בְשִׁלֹ֑ה כִּֽי־נִגְלָ֨ה יְהוָ֧ה אֶל־שְׁמוּאֵ֛ל בְּשִׁל֖וֹ בִּדְבַ֥ר יְהוָֽה׃

CAP. IV. ד

1 וַיְהִ֥י דְבַר־שְׁמוּאֵ֖ל לְכָל־יִשְׂרָאֵ֑ל וַיֵּצֵ֣א יִשְׂרָאֵל֩ לִקְרַ֨את פְּלִשְׁתִּ֜ים לַמִּלְחָמָ֗ה וַֽיַּחֲנוּ֙ עַל־הָאֶ֣בֶן הָעֵ֔זֶר וּפְלִשְׁתִּ֖ים חָנ֥וּ בַאֲפֵֽק׃

2 וַיַּעַרְכ֨וּ פְלִשְׁתִּ֜ים לִקְרַ֣את יִשְׂרָאֵ֗ל וַתִּטֹּשׁ֙ הַמִּלְחָמָ֔ה וַיִּנָּ֥גֶף יִשְׂרָאֵ֖ל לִפְנֵ֣י פְלִשְׁתִּ֑ים וַיַּכּ֤וּ בַמַּֽעֲרָכָה֙ בַּשָּׂדֶ֔ה כְּאַרְבַּ֥עַת אֲלָפִ֖ים אִֽישׁ׃

3 וַיָּבֹ֣א הָעָם֮ אֶל־הַֽמַּחֲנֶה֒ וַיֹּֽאמְרוּ֙ זִקְנֵ֣י יִשְׂרָאֵ֔ל לָ֣מָּה נְגָפָ֧נוּ יְהוָ֛ה הַיּ֖וֹם לִפְנֵ֣י פְלִשְׁתִּ֑ים נִקְחָ֧ה אֵלֵ֣ינוּ מִשִּׁלֹ֗ה אֶת־אֲרוֹן֙ בְּרִ֣ית יְהוָ֔ה וְיָבֹ֣א בְקִרְבֵּ֔נוּ וְיֹשִׁעֵ֖נוּ מִכַּ֥ף אֹיְבֵֽינוּ׃

4 וַיִּשְׁלַ֤ח הָעָם֙ שִׁלֹ֔ה וַיִּשְׂא֣וּ מִשָּׁ֗ם אֵ֣ת אֲר֤וֹן בְּרִית־יְהוָ֣ה צְבָא֔וֹת יֹשֵׁ֖ב הַכְּרֻבִ֑ים וְשָׁ֞ם שְׁנֵ֣י בְנֵֽי־עֵלִ֗י עִם־אֲרוֹן֙ בְּרִ֣ית הָֽאֱלֹהִ֔ים חָפְנִ֖י וּפִֽינְחָֽס׃

5 וַיְהִ֗י כְּב֨וֹא אֲר֤וֹן בְּרִית־יְהוָה֙ אֶל־הַֽמַּחֲנֶ֔ה וַיָּרִ֥עוּ כָל־יִשְׂרָאֵ֖ל תְּרוּעָ֣ה גְדוֹלָ֑ה וַתֵּהֹ֖ם הָאָֽרֶץ׃

6 וַיִּשְׁמְע֤וּ פְלִשְׁתִּים֙ אֶת־ק֣וֹל הַתְּרוּעָ֔ה וַיֹּ֣אמְר֔וּ מֶ֠ה ק֣וֹל הַתְּרוּעָ֧ה הַגְּדוֹלָ֛ה הַזֹּ֖את בְּמַחֲנֵ֣ה הָעִבְרִ֑ים וַיֵּ֣דְע֔וּ כִּ֚י אֲר֣וֹן יְהוָ֔ה בָּ֖א אֶל־הַֽמַּחֲנֶֽה׃

7 וַיִּֽרְאוּ֙ הַפְּלִשְׁתִּ֔ים כִּ֣י אָמְר֔וּ בָּ֥א אֱלֹהִ֖ים אֶל־הַֽמַּחֲנֶ֑ה וַיֹּאמְרוּ֙ א֣וֹי לָ֔נוּ כִּ֣י לֹ֥א הָיְתָ֛ה כָּזֹ֖את אֶתְמ֥וֹל שִׁלְשֹֽׁם׃

8 א֣וֹי לָ֔נוּ מִ֣י יַצִּילֵ֔נוּ מִיַּ֛ד הָאֱלֹהִ֥ים הָאַדִּירִ֖ים הָאֵ֑לֶּה אֵ֧לֶּה הֵ֣ם הָאֱלֹהִ֗ים הַמַּכִּ֧ים אֶת־מִצְרַ֛יִם בְּכָל־מַכָּ֖ה בַּמִּדְבָּֽר׃

9 הִֽתְחַזְּק֞וּ וִֽהְי֤וּ לַֽאֲנָשִׁים֙ פְּלִשְׁתִּ֔ים פֶּ֚ן תַּעַבְד֣וּ לָעִבְרִ֔ים כַּאֲשֶׁ֥ר עָבְד֖וּ לָכֶ֑ם וִהְיִיתֶ֥ם לַאֲנָשִׁ֖ים וְנִלְחַמְתֶּֽם׃

10 וַיִּלָּחֲמ֣וּ פְלִשְׁתִּ֗ים וַיִּנָּ֤גֶף יִשְׂרָאֵל֙ וַיָּנֻ֙סוּ֙ אִ֣ישׁ לְאֹהָלָ֔יו וַתְּהִ֥י הַמַּכָּ֖ה גְּדוֹלָ֣ה מְאֹ֑ד וַיִּפֹּל֙ מִיִּשְׂרָאֵ֔ל שְׁלֹשִׁ֥ים אֶ֖לֶף רַגְלִֽי׃

11 וַאֲר֥וֹן אֱלֹהִ֖ים נִלְקָ֑ח וּשְׁנֵ֤י בְנֵֽי־עֵלִי֙ מֵ֔תוּ חָפְנִ֖י וּפִֽינְחָֽס׃

12 וַיָּ֤רָץ אִישׁ־בִּנְיָמִן֙ מֵהַמַּ֣עֲרָכָ֔ה וַיָּבֹ֥א שִׁלֹ֖ה בַּיּ֣וֹם הַה֑וּא וּמַדָּ֣יו קְרֻעִ֔ים וַאֲדָמָ֖ה עַל־רֹאשֽׁוֹ׃

13 וַיָּב֗וֹא וְהִנֵּ֣ה עֵלִ֡י יֹשֵׁב֩ עַֽל־הַכִּסֵּ֨א יַ֥ד דֶּ֙רֶךְ֙ מְצַפֶּ֔ה כִּֽי־הָיָ֤ה לִבּוֹ֙ חָרֵ֔ד עַ֖ל אֲר֣וֹן הָאֱלֹהִ֑ים וְהָאִ֗ישׁ בָּ֚א לְהַגִּ֣יד בָּעִ֔יר וַתִּזְעַ֖ק כָּל־הָעִֽיר׃

14 וַיִּשְׁמַ֤ע עֵלִי֙ אֶת־ק֣וֹל הַצְּעָקָ֔ה וַיֹּ֕אמֶר מֶ֛ה ק֥וֹל הֶהָמ֖וֹן הַזֶּ֑ה וְהָאִ֣ישׁ מִהַ֔ר וַיָּבֹ֖א וַיַּגֵּ֥ד לְעֵלִֽי׃

15 וְעֵלִ֕י בֶּן־תִּשְׁעִ֥ים וּשְׁמֹנֶ֖ה שָׁנָ֑ה וְעֵינָ֣יו קָ֔מָה וְלֹ֥א יָכ֖וֹל לִרְאֽוֹת׃

16 וַיֹּ֨אמֶר הָאִ֜ישׁ אֶל־עֵלִ֗י אָֽנֹכִי֙ הַבָּ֣א מִן־הַמַּֽעֲרָכָ֔ה וַאֲנִ֕י מִן־הַמַּעֲרָכָ֖ה נַ֣סְתִּי הַיּ֑וֹם וַיֹּ֛אמֶר מֶֽה־הָיָ֥ה הַדָּבָ֖ר בְּנִֽי׃

17 וַיַּ֣עַן הַֽמְבַשֵּׂר֮ וַיֹּאמֶר֒ נָ֤ס יִשְׂרָאֵל֙ לִפְנֵ֣י פְלִשְׁתִּ֔ים וְגַ֛ם מַגֵּפָ֥ה גְדוֹלָ֖ה הָיְתָ֣ה בָעָ֑ם וְגַם־שְׁנֵ֙י בָנֶ֜יךָ מֵ֗תוּ חָפְנִי֙ וּפִ֣ינְחָ֔ס וַאֲר֥וֹן הָאֱלֹהִ֖ים נִלְקָֽחָה׃

18 וַיְהִ֞י כְּהַזְכִּיר֣וֹ ׀ אֶת־אֲר֣וֹן הָאֱלֹהִ֗ים וַיִּפֹּ֣ל מֵֽעַל־הַ֠כִּסֵּא אֲחֹ֨רַנִּ֜ית בְּעַ֣ד ׀ יַ֣ד הַשַּׁ֗עַר וַתִּשָּׁבֵ֤ר מַפְרַקְתּוֹ֙ וַיָּמֹ֔ת כִּֽי־זָקֵ֥ן הָאִ֖ישׁ וְכָבֵ֑ד וְה֛וּא שָׁפַ֥ט אֶת־יִשְׂרָאֵ֖ל אַרְבָּעִ֥ים שָׁנָֽה׃

19 וְכַלָּת֣וֹ אֵֽשֶׁת־פִּֽינְחָס֮ הָרָ֣ה לָלַת֒ וַתִּשְׁמַ֣ע אֶת־הַשְּׁמֻעָ֗ה אֶל־הִלָּקַח֙ אֲר֣וֹן הָאֱלֹהִ֔ים וּמֵ֥ת חָמִ֖יהָ וְאִישָׁ֑הּ וַתִּכְרַ֣ע וַתֵּ֔לֶד כִּֽי־נֶהֶפְכ֥וּ עָלֶ֖יהָ צִרֶֽיהָ׃

20 וּכְעֵ֣ת מוּתָ֗הּ וַתְּדַבֵּ֙רְנָה֙ הַנִּצָּב֣וֹת עָלֶ֔יהָ אַל־תִּֽירְאִ֖י כִּ֣י בֵ֣ן יָלָ֑דְתְּ וְלֹ֥א עָנְתָ֖ה וְלֹא־שָׁ֥תָה לִבָּֽהּ׃

21 וַתִּקְרָ֣א לַנַּ֗עַר אִֽי־כָבוֹד֙ לֵאמֹ֔ר גָּלָ֥ה כָב֖וֹד מִיִּשְׂרָאֵ֑ל אֶל־הִלָּקַח֙ אֲר֣וֹן הָאֱלֹהִ֔ים וְאֶל־חָמִ֖יהָ וְאִישָֽׁהּ׃

22 וַתֹּ֕אמֶר גָּלָ֥ה כָב֖וֹד מִיִּשְׂרָאֵ֑ל כִּ֥י נִלְקַ֖ח אֲר֥וֹן הָאֱלֹהִֽים׃

yet revealed unto him.

8 And the Lord called Samuel again the third time. And he arose, and went to Eli, and said, Here *am* I; for thou didst call me. And Eli perceived that the Lord had called the child.

9 Therefore Eli said unto Samuel, Go, lie down : and it shall be, if he call thee, that thou shalt say, Speak, Lord ; for thy servant heareth. So Samuel went and lay down in his place.

10 And the Lord came, and stood, and called as *b* at other times, Samuel, Samuel. Then Samuel answered : Speak ; for thy servant heareth.

11 And the Lord said to Samuel, Behold, I will do a thing in Israel, at which *d* both the ears of every one that heareth it shall tingle.

12 In that day I will perform against Eli all *things* which I have spoken *e* concerning his house : γ when I begin, I will also make an end.

13 For *δ* I have told him that I will judge *g* his house for ever for the iniquity which he knoweth : because his sons *i* made themselves η vile, and he restrained θ them not.

14 And therefore I have sworn unto the house of Eli, that the iniquity of Eli's house shall not be purged *k* with sacrifice nor offering for ever.

15 And Samuel lay until the morning, and opened the doors of the house of the Lord : and Samuel feared to shew Eli the vision.

16 Then Eli called Samuel,& said, Samuel, my son. And he answered, Here *am* I.

17 And he said, What *is* the thing that *the Lord* hath said unto thee? I pray thee hide *it* not from me : God *o* do so to thee, and λ more also, if thou hide *any* thing μ from me of all the things that he said unto thee.

18 And Samuel told him *v* every whit, and hid nothing from him. And he said, It *p* *is* the Lord : let him do what seemeth him good.

19 And Samuel grew, and the Lord was with him, and *q* did let none of his words fall to the ground.

20 And all Israel, from Dan even to Beer-sheba, knew that Samuel *was* ρ established *to be* a prophet of the Lord.

21 And the Lord appeared again in Shiloh : for the Lord revealed himself to Samuel in Shiloh by the word of the Lord.

CHAP. IV.

AND the word of Samuel τ came to all Israel. Now Israel went out against the Philistines to battle, and pitched beside Eben-ezer ; and the Philistines pitched in Aphek.

2 And the Philistines put themselves in array against Israel : and when *v* they joined battle, Israel was smitten before the Philistines ; & they slew of the φ army in the field about four thousand men.

3 And when the people were come into the camp, the elders of Israel said, Wherefore hath the Lord smitten us to-day before the Philistines? Let us ψ fetch the ark of the covenant of the Lord out of Shiloh unto us, that, when it cometh among us, it may save us out of the hand of our enemies.

4 So the people sent to Shiloh, that they might bring from thence the ark of the covenant of the Lord of hosts, which

---

a 2 Sa. 6. 2.
   Ps. 80. 1.
b Ex. 25. 18,
     22.
c ver.4,5,6,8.
d 2 Ki. 21. 12.
   Je. 19. 3.
β *yesterday,*
   or, *the*
   third day.
e ch 2.29,&c.
γ *beginning*
   and ending.
f 1 Co. 16. 13.
δ or, *And I*
   will tell.
g Eze. 7. 3.
h Ju. 13. 1.
ζ *be men.*
i ch. 2. 12, 23,
     &c.
η or,*accursed*
θ *frowned*
   not upon
   them.
j Ps. 78. 60..
     64.
k Nu. 15. 30.
   Ps. 51. 16.
   Is. 22. 14.
   He.10.4..10.
l ch. 2. 34.
κ *died.*
m Jos. 7. 6.
   2 Sa. 15. 32.
   Job 2. 12.
n Ps. 26. 8.
o Ru. 1. 17.
λ *so add.*
μ or. *word.*
v *all the*
   things, or
   words.
p Job 1. 21.
   Ps. 39. 9.
   Is. 39. 8.
π *stood.*
q ch. 9. 6.
ρ or, *faith-*
   ful.
σ *the thing.*
τ *was,* or,
   came to
   pass.
r ch. 2. 32.
v *the battle*
   was spread.
s He seems
   to have
   been a
   judge to
   do justice
   only, and
   that in
   South-
   west Is-
   rael.
φ *the array.*
χ *or, cry out.*
ψ *take unto*
   us.
ω *were turn-*
   ed.
t Ge. 35. 17.
β *set not her*
   heart.
γ i. e. *where*
   is the
   glory? or,
   there is no
   glory.

---

dwelleth *a* *between* the cherubims : *b* and the two sons of Eli, Hophni and Phinehas, *were* there with the ark of the covenant of God.

5 And when the ark of the covenant of the Lord came into the camp, all Israel shouted with a great shout, so that the earth rang again.

6 And when the Philistines heard the noise of the shout, they said, What *meaneth* the noise of this great shout in the camp of the Hebrews? And they understood that the ark of the Lord was come into the camp.

7 And the Philistines were afraid ; for they said, God is come into the camp. And they said, Woe unto us! for there hath not been such a thing β heretofore.

8 Woe unto us! who shall deliver us out of the hand of these mighty Gods? these *are* the Gods that smote the Egyptians with all the plagues in y*e* wilderness.

9 Be*f* strong, and quit yourselves like men, O ye Philistines, that ye be not servants unto y*e* Hebrews, as*k* they have been to you : quit ζ yourselves like men, & fight.

10 And the Philistines fought ; and Israel *j* was smitten, and they fled every man into his tent : and there was a very great slaughter ; for there fell of Israel thirty thousand footmen.

11 And the ark of God was taken ; *l* and the two sons of Eli, Hophni and Phinehas. κ were slain.

12 And there ran a man of Benjamin out of the army, and came to Shiloh the same day, with his clothes rent, and with earth *m* upon his head.

13 And when he came, lo, Eli sat upon a seat by the way-side, watching : for *n* his heart trembled for the ark of God. And when the man came into the city, and told *it*, all the city cried out.

14 And when Eli heard the noise of the crying, he said, What *meaneth* the noise of this tumult? And the man came in hastily, and told Eli.

15 Now Eli was ninety & eight years old; & his eyes π were dim that he could not see.

16 And the man said unto Eli, I *am* he that came out of the army, and I fled to-day out of the army. And he said, What is σ there done, my son?

17 And the messenger answered and said, Israel is fled before the Philistines ; and there hath been also a great slaughter among the people ; and thy two sons also, Hophni and Phinehas, are dead, and the ark *r* of God is taken.

18 And it came to pass, when he made mention of the ark of God, that he fell from off the seat backward, by the side of the gate ; and his neck brake, and he died ; for he was an old man, and heavy : and *s* he had judged Israel forty years.

19 And his daughter-in-law, Phinehas' wife, was with child, *near* to χ be delivered : and when she heard the tidings, that the ark of God was taken, and that her father-in-law and her husband were dead, she bowed herself and travailed ; for her pains ω came upon her.

20 And about the time of her death, the women that stood by her said unto her, Fear *t* not,for thou hast borne a son. But she answered not, β neither did she regard *it*.

21 And she named the child γ I-chabod, saying, The glory is departed from Israel: (because the ark of God was taken, and

מִיִּשְׂרָאֵל כִּי נִלְקַח אֲרוֹן הָאֱלֹהִים׃

CAP. V. ה

1 וּפְלִשְׁתִּים לָקְחוּ אֵת אֲרוֹן הָאֱלֹהִים וַיְבִאֻהוּ מֵאֶבֶן הָעֵזֶר אַשְׁדּוֹדָה׃

2 וַיִּקְחוּ פְלִשְׁתִּים אֶת־אֲרוֹן הָאֱלֹהִים וַיָּבִיאוּ אֹתוֹ בֵּית דָּגוֹן וַיַּצִּיגוּ אֹתוֹ אֵצֶל דָּגוֹן׃

3 וַיַּשְׁכִּמוּ אַשְׁדּוֹדִים מִמָּחֳרָת וְהִנֵּה דָגוֹן נֹפֵל לְפָנָיו אַרְצָה לִפְנֵי אֲרוֹן יְהוָה וַיִּקְחוּ אֶת־דָּגוֹן׃

4 וַיָּשִׁבוּ אֹתוֹ לִמְקוֹמוֹ וַיַּשְׁכִּמוּ בַבֹּקֶר מִמָּחֳרָת וְהִנֵּה דָגוֹן נֹפֵל לְפָנָיו אַרְצָה לִפְנֵי אֲרוֹן יְהוָה וְרֹאשׁ דָּגוֹן וּשְׁתֵּי כַּפּוֹת יָדָיו כְּרֻתוֹת אֶל־הַמִּפְתָּן רַק דָּגוֹן נִשְׁאַר עָלָיו׃

5 עַל־כֵּן לֹא־יִדְרְכוּ כֹהֲנֵי דָגוֹן וְכָל־הַבָּאִים בֵּית־דָּגוֹן עַל־מִפְתַּן דָּגוֹן בְּאַשְׁדּוֹד עַד הַיּוֹם הַזֶּה׃

6 וַתִּכְבַּד יַד־יְהוָה אֶל־הָאַשְׁדּוֹדִים וַיְשִׁמֵּם וַיַּךְ אֹתָם בַּעֳפָלִים אֶת־אַשְׁדּוֹד וְאֶת־גְּבוּלֶיהָ׃

7 וַיִּרְאוּ אַנְשֵׁי־אַשְׁדּוֹד כִּי־כֵן וְאָמְרוּ לֹא־יֵשֵׁב אֲרוֹן אֱלֹהֵי יִשְׂרָאֵל עִמָּנוּ כִּי־קָשְׁתָה יָדוֹ עָלֵינוּ וְעַל דָּגוֹן אֱלֹהֵינוּ׃

8 וַיִּשְׁלְחוּ וַיַּאַסְפוּ אֶת־כָּל־סַרְנֵי פְלִשְׁתִּים אֲלֵיהֶם וַיֹּאמְרוּ מַה־נַּעֲשֶׂה לַאֲרוֹן אֱלֹהֵי יִשְׂרָאֵל וַיֹּאמְרוּ גַּת יִסֹּב אֲרוֹן אֱלֹהֵי יִשְׂרָאֵל׃

9 וַיְהִי אַחֲרֵי הֵסַבּוּ אֹתוֹ וַתְּהִי יַד־יְהוָה בָּעִיר מְהוּמָה גְּדוֹלָה מְאֹד וַיַּךְ אֶת־אַנְשֵׁי הָעִיר מִקָּטֹן וְעַד־גָּדוֹל וַיִּשָּׂתְרוּ לָהֶם עֳפָלִים׃

10 וַיְשַׁלְּחוּ אֶת־אֲרוֹן הָאֱלֹהִים עֶקְרוֹן וַיְהִי כְּבוֹא אֲרוֹן הָאֱלֹהִים עֶקְרוֹן וַיִּזְעֲקוּ הָעֶקְרֹנִים לֵאמֹר הֵסַבּוּ אֵלַי אֶת־אֲרוֹן אֱלֹהֵי יִשְׂרָאֵל לַהֲמִיתֵנִי וְאֶת־עַמִּי׃

11 וַיִּשְׁלְחוּ וַיַּאַסְפוּ אֶת־כָּל־סַרְנֵי פְלִשְׁתִּים וַיֹּאמְרוּ שַׁלְּחוּ אֶת־אֲרוֹן אֱלֹהֵי יִשְׂרָאֵל וְיָשֹׁב לִמְקֹמוֹ וְלֹא־יָמִית אֹתִי וְאֶת־עַמִּי כִּי־הָיְתָה מְהוּמַת־מָוֶת בְּכָל־הָעִיר׃

12 וְהָאֲנָשִׁים אֲשֶׁר לֹא־מֵתוּ הֻכּוּ בָּעֳפָלִים וַתַּעַל שַׁוְעַת הָעִיר הַשָּׁמָיִם׃

CAP. VI. ו

1 וַיְהִי אֲרוֹן־יְהוָה בִּשְׂדֵה פְלִשְׁתִּים שִׁבְעָה חֳדָשִׁים׃

2 וַיִּקְרְאוּ פְלִשְׁתִּים לַכֹּהֲנִים וְלַקֹּסְמִים לֵאמֹר מַה־נַּעֲשֶׂה לַאֲרוֹן יְהוָה הוֹדִעֻנוּ בַּמֶּה נְשַׁלְּחֶנּוּ לִמְקוֹמוֹ׃

3 וַיֹּאמְרוּ אִם־מְשַׁלְּחִים אֶת־אֲרוֹן אֱלֹהֵי יִשְׂרָאֵל אַל־תְּשַׁלְּחוּ אֹתוֹ רֵיקָם כִּי־הָשֵׁב תָּשִׁיבוּ לוֹ אָשָׁם אָז תֵּרָפְאוּ וְנוֹדַע לָכֶם לָמָּה לֹא־תָסוּר יָדוֹ מִכֶּם׃

---

4 וַיֹּאמְרוּ מָה הָאָשָׁם אֲשֶׁר נָשִׁיב לוֹ וַיֹּאמְרוּ מִסְפַּר סַרְנֵי פְלִשְׁתִּים חֲמִשָּׁה עָפֳלֵי זָהָב וַחֲמִשָּׁה עַכְבְּרֵי זָהָב כִּי־מַגֵּפָה אַחַת לְכֻלָּם וּלְסַרְנֵיכֶם׃

5 וַעֲשִׂיתֶם צַלְמֵי עָפֳלֵיכֶם וְצַלְמֵי עַכְבְּרֵיכֶם הַמַּשְׁחִיתִם אֶת־הָאָרֶץ וּנְתַתֶּם לֵאלֹהֵי יִשְׂרָאֵל כָּבוֹד אוּלַי יָקֵל אֶת־יָדוֹ מֵעֲלֵיכֶם וּמֵעַל אֱלֹהֵיכֶם וּמֵעַל אַרְצְכֶם׃

6 וְלָמָּה תְכַבְּדוּ אֶת־לְבַבְכֶם כַּאֲשֶׁר כִּבְּדוּ מִצְרַיִם וּפַרְעֹה אֶת־לִבָּם הֲלוֹא כַּאֲשֶׁר הִתְעַלֵּל בָּהֶם וַיְשַׁלְּחוּם וַיֵּלֵכוּ׃

7 וְעַתָּה קְחוּ וַעֲשׂוּ עֲגָלָה חֲדָשָׁה אֶחָת וּשְׁתֵּי פָרוֹת עָלוֹת אֲשֶׁר לֹא־עָלָה עֲלֵיהֶם עֹל וַאֲסַרְתֶּם אֶת־הַפָּרוֹת בָּעֲגָלָה וַהֲשֵׁיבֹתֶם בְּנֵיהֶם מֵאַחֲרֵיהֶם הַבָּיְתָה׃

8 וּלְקַחְתֶּם אֶת־אֲרוֹן יְהוָה וּנְתַתֶּם אֹתוֹ אֶל־הָעֲגָלָה וְאֵת כְּלֵי הַזָּהָב אֲשֶׁר הֲשֵׁבֹתֶם לוֹ אָשָׁם תָּשִׂימוּ בָאַרְגַּז מִצִּדּוֹ וְשִׁלַּחְתֶּם אֹתוֹ וְהָלָךְ׃

9 וּרְאִיתֶם אִם־דֶּרֶךְ גְּבוּלוֹ יַעֲלֶה בֵּית שֶׁמֶשׁ הוּא עָשָׂה לָנוּ אֶת־הָרָעָה הַגְּדוֹלָה הַזֹּאת וְאִם־לֹא וְיָדַעְנוּ כִּי לֹא יָדוֹ נָגְעָה בָּנוּ מִקְרֶה הוּא הָיָה לָנוּ׃

10 וַיַּעֲשׂוּ הָאֲנָשִׁים כֵּן וַיִּקְחוּ שְׁתֵּי פָרוֹת עָלוֹת וַיַּאַסְרוּם בָּעֲגָלָה וְאֶת־בְּנֵיהֶם כָּלוּ בַבָּיִת׃

11 וַיָּשִׂמוּ אֶת־אֲרוֹן יְהוָה אֶל־הָעֲגָלָה וְאֵת הָאַרְגַּז וְאֵת עַכְבְּרֵי הַזָּהָב וְאֵת צַלְמֵי טְחֹרֵיהֶם׃

12 וַיִּשַּׁרְנָה הַפָּרוֹת בַּדֶּרֶךְ עַל־דֶּרֶךְ בֵּית שֶׁמֶשׁ בִּמְסִלָּה אַחַת הָלְכוּ הָלֹךְ וְגָעוֹ וְלֹא־סָרוּ יָמִין וּשְׂמֹאול וְסַרְנֵי פְלִשְׁתִּים הֹלְכִים אַחֲרֵיהֶם עַד־גְּבוּל בֵּית שָׁמֶשׁ׃

13 וּבֵית שֶׁמֶשׁ קֹצְרִים קְצִיר־חִטִּים בָּעֵמֶק וַיִּשְׂאוּ אֶת־עֵינֵיהֶם וַיִּרְאוּ אֶת־הָאָרוֹן וַיִּשְׂמְחוּ לִרְאוֹת׃

14 וְהָעֲגָלָה בָּאָה אֶל־שְׂדֵה יְהוֹשֻׁעַ בֵּית־הַשִּׁמְשִׁי וַתַּעֲמֹד שָׁם וְשָׁם אֶבֶן גְּדוֹלָה וַיְבַקְּעוּ אֶת־עֲצֵי הָעֲגָלָה וְאֶת־הַפָּרוֹת הֶעֱלוּ עֹלָה לַיהוָה׃

15 וְהַלְוִיִּם הוֹרִידוּ אֶת־אֲרוֹן יְהוָה וְאֶת־הָאַרְגַּז אֲשֶׁר־אִתּוֹ אֲשֶׁר־בּוֹ כְלֵי־זָהָב וַיָּשִׂמוּ אֶל־הָאֶבֶן הַגְּדוֹלָה וְאַנְשֵׁי בֵית־שֶׁמֶשׁ הֶעֱלוּ עֹלוֹת וַיִּזְבְּחוּ זְבָחִים בַּיּוֹם הַהוּא לַיהוָה׃

16 וַחֲמִשָּׁה סַרְנֵי־פְלִשְׁתִּים רָאוּ וַיָּשֻׁבוּ עֶקְרוֹן בַּיּוֹם הַהוּא׃

17 וְאֵלֶּה טְחֹרֵי הַזָּהָב אֲשֶׁר הֵשִׁיבוּ פְלִשְׁתִּים אָשָׁם לַיהוָה לְאַשְׁדּוֹד אֶחָד לְעַזָּה אֶחָד לְאַשְׁקְלוֹן אֶחָד׃

18 לְגַת אֶחָד לְעֶקְרוֹן אֶחָד׃ וְעַכְבְּרֵי הַזָּהָב מִסְפַּר כָּל־עָרֵי פְלִשְׁתִּים לַחֲמֵשֶׁת הַסְּרָנִים מֵעִיר

because of her father-in-law and her husband :)

22 And she said, The glory*a* is departed from *b* Israel ; for the ark of God is taken.

CHAP. V.

AND the Philistines took the ark of God, and brought it from *d* Eben-ezer unto Ashdod.

2 When the Philistines took the ark of God, they brought it into the house of Dagon,*f* and set it by Dagon.

3 And when they of Ashdod arose early on the morrow, behold, Dagon *was* fallen upon his face to the earth before the ark of the LORD. And they took Dagon, and set *i* him in his place again.

4 And when they arose early on the morrow morning, behold, Dagon *was* fallen upon his face to the ground before the ark of the LORD ; and *l* the head of Dagon and both the palms of his hands *were* cut off upon the threshold : only *the* stump ζ of Dagon was left to him.

5 Therefore neither the priest of Dagon, nor any that come into Dagon's house, tread on the threshold of Dagon in Ashdod unto this day.

6 But the hand *p* of the LORD was heavy upon them of Ashdod ; and he destroyed them, and smote them with *q* emerods, *even* Ashdod, and the coasts thereof.

7 And when the men of Ashdod saw that *it was* so, they said, The ark of the God of Israel shall not abide with us ; for his hand is sore upon us, and upon Dagon our god.

8 They sent, therefore, and gathered all the lords of the Philistines unto them, and said, What shall we do with the ark of the God of Israel? And they answered, Let the ark of the God of Israel be carried about unto Gath. And they carried the ark of the God of Israel about *thither.*

9 And it was *so,* that, after they had carried it about, the *u* hand of the LORD was against the city with a very great destruction : and he smote the men of the city, both small and great, and they had emerods in their secret parts.

10 Therefore they sent the ark of God to Ekron.*v* And it came to pass, as the ark of God came to Ekron, that the Ekronites cried out, saying, They have brought about the ark of the God of Israel to θ us, to slay us and our people.

11 So they sent and gathered together all the lords of the Philistines, and said, Send away the ark of the God of Israel, and let it go again to his own place, that it slay κ us not, and our people : for there was a deadly destruction throughout all the city ; the hand of God was very *x* heavy there.

12 And the men that died not were smitten with the emerods : and the *y* cry of the city went up to heaven.

CHAP. VI.

AND the ark of the LORD was in the country of the Philistines seven months.

2 And the Philistines called for the priests and the diviners,*c* saying, What shall we do to the ark of the LORD? tell us wherewith *g* we shall send it to his place.

3 And they said, If ye send away the ark of the God of Israel, send it not empty ; *k* but in any wise return him a trespass-offering ; *i* then ye shall be healed, and it shall be known to you why *k* his

B. C. 1141.	
a Ps 78. 61.	
106. 20.	
Je. 2. 11.	
b Hos. 9. 12.	
c ver. 17, 18.	
Jos. 13. 3.	
Ju. 3. 3.	
β *them.*	
d ch. 7. 12.	
e Ro. 2. 11.	
f Ju. 16. 23.	
1Ch. 10. 10.	
g Jos. 7. 19.	
Mal. 2. 2.	
h ch.5.6, 11.	
i Is. 19. 1.	
46. 1, 2, 7.	
k Ex. 7. 14.	
8. 15.	
14. 17,23.	
γ or, re-*proachfully.*	
δ *them.*	
l Je. 50. 2.	
Eze.6. 4, 6.	
Mi. 1. 7.	
m Ex. 12. 31.	
n 2 Sa. 6. 3.	
ζ or, *fishy part.*	
o ver. 4, 5.	
p ver. 7, 11.	
Ex. 9. 3.	
Ps. 32.4.	
Ac. 13. 11.	
q De. 28. 27.	
Ps. 78. 66.	
r Jos. 15. 10.	
η or, *it.*	
s Am. 3. 6.	
t ver. 3.	
Is. 26. 11.	
u ch. 7. 13.	
12. 15.	
De. 2. 15.	
v 2 Ki. 1. 2.	
θ *me, to slay me and my.*	
w Ju. 6. 26.	
2 Sa. 24.22, 25.	
κ *me not, and my.*	
x ver. 6, 9.	
y ch. 9. 16.	
Je. 14. 2.	
z ver. 4.	
a ch. 5. 10.	
b 2 Ch. 26. 6.	
Je. 25. 20.	
Zec. 9. 5, 6,	
c Ge. 41. 8.	
Ex. 7. 11.	
Is. 47. 13.	
Da. 2. 2.	
5. 7.	
Mat. 2. 4.	
d Ju. 16.1,21.	
Am. 1. 7, 8.	
e 2 Sa. 1. 20.	
f 2 Sa. 21. 22.	
Am. 6. 2.	
g Mi. 6. 6.,9.	
h De. 16. 16.	
λ or, *great stone.*	
i Le. 5. 15,16.	
k Job 10. 2.	
34. 31, 32.	

hand is not removed from you.

4 Then said they, What *shall be* the trespass-offering which we shall return to him? They answered, Five golden emerods, and five golden mice, *according to* the number*e* of the lords of the Philistines ; for one plague *was* on β you all, and*e* on your lords.

5 Wherefore ye shall make images of your emerods, and images of your mice that mar the land ; and ye shall give*g* glory unto the God of Israel : peradventure he will lighten *h* his hand from off you, and from off your gods,and from off your land.

6 Wherefore then do ye harden your hearts, as the Egyptians *k* and Pharaoh hardened their hearts? when he had wrought γ wonderfully among them, did they not let δ the people go, and they departed ? *m*

7 Now therefore make a new *n* cart, and take two milch kine, on which there hath come no yoke, and tie the kine to the cart, and bring their calves home from them ;

8 And take the ark of the LORD, and lay it upon the cart : and put the *o* jewels of gold, which ye return him *for* a trespass-offering, in a coffer by the side thereof ; and send it away, that it may go.

9 And see, if it goeth up by the way of his own coast to Beth-shemesh,*r* *then* *n* he *s* hath done us this great evil : but if not, then *t* we shall know that *it is* not his hand *that* smote us ; *it was* a chance *that* happened to us.

10 And the men did so ; and took two milch kine, and tied them to the cart, and shut up their calves at home.

11 And they laid the ark of the LORD upon the cart, and the coffer with the mice of gold and the images of their emerods.

12 And the kine took the straight way to the way of Beth-shemesh, *and* went along the highway, lowing as they went, and turned not aside *to* the right hand or *to* the left : and the lords of the Philistines went after them unto the border of Beth-shemesh.

13 And *they* of Beth-shemesh *were* reaping their wheat-harvest in the valley : and they lifted up their eyes, and saw the ark, and rejoiced to see *it.*

14 And the cart came into the field of Joshua, a Beth-shemite, and stood there, where *there was* a great stone : and *w* they clave the wood of the cart, and offered the kine a burnt-offering unto the LORD.

15 And the Levites took down the ark of the LORD, and the coffer that *was* with it, wherein the jewels of gold *were,* and put *them* on the great stone : and the men of Beth-shemesh offered burnt-offerings and sacrificed sacrifices the same day unto the LORD.

16 And when the five *z* lords of the Philistines had seen *it,* they returned to Ekron *a* the same day.

17 And these *are* the golden emerods which the Philistines returned *for* a trespass-offering unto the LORD : for *b* Ashdod one, for Gaza *d* one, for Askelon*e* one, for Gath*f* one, for Ekron one :

18 And the golden mice, *according to* the number of all the cities of the Philistines *belonging* to the five lords, *both* of fenced cities, and of country villages, even unto the λgreat *stone* of Abel, whereon they set down the ark of the LORD ; *which stone remaineth* unto this day in

מִנְצָר וְעַד כֹּפֶר הַפְּרָזִי וְעַד ׀ אָבֵל הַגְּדוֹלָה אֲשֶׁר
הִנִּיחוּ עָלֶיהָ אֵת אֲרוֹן יְהוָה עַד הַיּוֹם הַזֶּה בִּשְׂדֵה
19 יְהוֹשֻׁעַ בֵּית־הַשִּׁמְשִׁי ׃ וַיַּךְ בְּאַנְשֵׁי בֵית־שֶׁמֶשׁ כִּי
רָאוּ בַּאֲרוֹן יְהוָה וַיַּךְ בָּעָם שִׁבְעִים אִישׁ חֲמִשִּׁים
אֶלֶף אִישׁ וַיִּתְאַבְּלוּ הָעָם כִּי־הִכָּה יְהוָה בָּעָם מַכָּה
20 גְדוֹלָה ׃ וַיֹּאמְרוּ אַנְשֵׁי בֵית־שֶׁמֶשׁ מִי יוּכַל לַעֲמֹד
לִפְנֵי יְהוָה הָאֱלֹהִים הַקָּדוֹשׁ הַזֶּה וְאֶל־מִי יַעֲלֶה
21 מֵעָלֵינוּ ׃ וַיִּשְׁלְחוּ מַלְאָכִים אֶל־יוֹשְׁבֵי קִרְיַת־
יְעָרִים לֵאמֹר הֵשִׁבוּ פְלִשְׁתִּים אֶת־אֲרוֹן יְהוָה
רְדוּ הַעֲלוּ אֹתוֹ אֲלֵיכֶם ׃

CAP. VII. ז

1 וַיָּבֹאוּ אַנְשֵׁי ׀ קִרְיַת יְעָרִים וַיַּעֲלוּ אֶת־אֲרוֹן יְהוָה
וַיָּבִאוּ אֹתוֹ אֶל־בֵּית אֲבִינָדָב בַּגִּבְעָה וְאֶת־אֶלְעָזָר
2 בְּנוֹ קִדְּשׁוּ לִשְׁמֹר אֶת־אֲרוֹן יְהוָה ׃ וַיְהִי מִיּוֹם
שֶׁבֶת הָאָרוֹן בְּקִרְיַת יְעָרִים וַיִּרְבּוּ הַיָּמִים וַיִּהְיוּ
עֶשְׂרִים שָׁנָה וַיִּנָּהוּ כָּל־בֵּית יִשְׂרָאֵל אַחֲרֵי יְהוָה ׃
3 וַיֹּאמֶר שְׁמוּאֵל אֶל־כָּל־בֵּית יִשְׂרָאֵל לֵאמֹר אִם־
בְּכָל־לְבַבְכֶם אַתֶּם שָׁבִים אֶל־יְהוָה הָסִירוּ אֶת־
אֱלֹהֵי הַנֵּכָר מִתּוֹכְכֶם וְהָעַשְׁתָּרוֹת וְהָכִינוּ לְבַבְכֶם
אֶל־יְהוָה וְעִבְדֻהוּ לְבַדּוֹ וְיַצֵּל אֶתְכֶם מִיַּד פְּלִשְׁתִּים ׃
4 וַיָּסִירוּ בְּנֵי יִשְׂרָאֵל אֶת־הַבְּעָלִים וְאֶת־הָעַשְׁתָּרֹת
5 וַיַּעַבְדוּ אֶת־יְהוָה לְבַדּוֹ ׃ וַיֹּאמֶר שְׁמוּאֵל
קִבְצוּ אֶת־כָּל־יִשְׂרָאֵל הַמִּצְפָּתָה וְאֶתְפַּלֵּל בַּעַדְכֶם אֶל־
6 יְהוָה ׃ וַיִּקָּבְצוּ הַמִּצְפָּתָה וַיִּשְׁאֲבוּ־מַיִם
וַיִּשְׁפְּכוּ ׀ לִפְנֵי יְהוָה וַיָּצוּמוּ בַּיּוֹם הַהוּא וַיֹּאמְרוּ
שָׁם חָטָאנוּ לַיהוָה וַיִּשְׁפֹּט שְׁמוּאֵל אֶת־בְּנֵי יִשְׂרָאֵל
7 בַּמִּצְפָּה ׃ וַיִּשְׁמְעוּ פְלִשְׁתִּים כִּי־הִתְקַבְּצוּ בְנֵי־
יִשְׂרָאֵל הַמִּצְפָּתָה וַיַּעֲלוּ סַרְנֵי־פְלִשְׁתִּים אֶל־יִשְׂרָאֵל
8 וַיִּשְׁמְעוּ בְּנֵי יִשְׂרָאֵל וַיִּרְאוּ מִפְּנֵי פְלִשְׁתִּים ׃ וַיֹּאמְרוּ
בְנֵי־יִשְׂרָאֵל אֶל־שְׁמוּאֵל אַל־תַּחֲרֵשׁ מִמֶּנּוּ מִזְּעֹק
9 אֶל־יְהוָה אֱלֹהֵינוּ וְיֹשִׁעֵנוּ מִיַּד פְּלִשְׁתִּים ׃ וַיִּקַּח
שְׁמוּאֵל טְלֵה חָלָב אֶחָד וַיַּעֲלֵהוּ עוֹלָה כָּלִיל לַיהוָה
וַיִּזְעַק שְׁמוּאֵל אֶל־יְהוָה בְּעַד יִשְׂרָאֵל וַיַּעֲנֵהוּ יְהוָה ׃
10 וַיְהִי שְׁמוּאֵל מַעֲלֶה הָעוֹלָה וּפְלִשְׁתִּים נִגְּשׁוּ
לַמִּלְחָמָה בְּיִשְׂרָאֵל וַיַּרְעֵם יְהוָה ׀ בְּקוֹל־גָּדוֹל בַּיּוֹם
הַהוּא עַל־פְּלִשְׁתִּים וַיְהֻמֵּם וַיִּנָּגְפוּ לִפְנֵי יִשְׂרָאֵל ׃
11 וַיֵּצְאוּ אַנְשֵׁי יִשְׂרָאֵל מִן־הַמִּצְפָּה וַיִּרְדְּפוּ אֶת־
12 פְּלִשְׁתִּים וַיַּכּוּם עַד־מִתַּחַת לְבֵית כָּר ׃ וַיִּקַּח

שְׁמוּאֵל אֶבֶן אַחַת וַיָּשֶׂם בֵּין־הַמִּצְפָּה וּבֵין הַשֵּׁן
וַיִּקְרָא אֶת־שְׁמָהּ אֶבֶן הָעָזֶר וַיֹּאמַר עַד־הֵנָּה עֲזָרָנוּ
13 יְהוָה ׃ וַיִּכָּנְעוּ הַפְּלִשְׁתִּים וְלֹא־יָסְפוּ עוֹד לָבוֹא
בִּגְבוּל יִשְׂרָאֵל וַתְּהִי יַד־יְהוָה בַּפְּלִשְׁתִּים כֹּל יְמֵי
14 שְׁמוּאֵל ׃ וַתָּשֹׁבְנָה הֶעָרִים אֲשֶׁר לָקְחוּ־פְלִשְׁתִּים
מֵאֵת יִשְׂרָאֵל ׀ לְיִשְׂרָאֵל מֵעֶקְרוֹן וְעַד־גַּת וְאֶת־
גְּבוּלָן הִצִּיל יִשְׂרָאֵל מִיַּד פְּלִשְׁתִּים וַיְהִי שָׁלוֹם בֵּין
15 יִשְׂרָאֵל וּבֵין הָאֱמֹרִי ׃ וַיִּשְׁפֹּט שְׁמוּאֵל אֶת־יִשְׂרָאֵל
16 כֹּל יְמֵי חַיָּיו ׃ וְהָלַךְ מִדֵּי שָׁנָה בְּשָׁנָה וְסָבַב בֵּית־
אֵל וְהַגִּלְגָּל וְהַמִּצְפָּה וְשָׁפַט אֶת־יִשְׂרָאֵל אֵת כָּל־
17 הַמְּקוֹמוֹת הָאֵלֶּה ׃ וּתְשֻׁבָתוֹ הָרָמָתָה כִּי־שָׁם בֵּיתוֹ
וְשָׁם שָׁפָט אֶת־יִשְׂרָאֵל וַיִּבֶן־שָׁם מִזְבֵּחַ לַיהוָה ׃

CAP. VIII. ח

1 וַיְהִי כַּאֲשֶׁר זָקֵן שְׁמוּאֵל וַיָּשֶׂם אֶת־בָּנָיו שֹׁפְטִים
2 לְיִשְׂרָאֵל ׃ וַיְהִי שֶׁם־בְּנוֹ הַבְּכוֹר יוֹאֵל וְשֵׁם מִשְׁנֵהוּ
3 אֲבִיָּה שֹׁפְטִים בִּבְאֵר שָׁבַע ׃ וְלֹא־הָלְכוּ בָנָיו בִּדְרָכָו
וַיִּטּוּ אַחֲרֵי הַבָּצַע וַיִּקְחוּ־שֹׁחַד וַיַּטּוּ מִשְׁפָּט ׃
4 וַיִּתְקַבְּצוּ כֹּל זִקְנֵי יִשְׂרָאֵל וַיָּבֹאוּ אֶל־שְׁמוּאֵל
5 הָרָמָתָה ׃ וַיֹּאמְרוּ אֵלָיו הִנֵּה אַתָּה זָקַנְתָּ וּבָנֶיךָ
לֹא הָלְכוּ בִּדְרָכֶיךָ עַתָּה שִׂימָה־לָּנוּ מֶלֶךְ לְשָׁפְטֵנוּ
6 כְּכָל־הַגּוֹיִם ׃ וַיֵּרַע הַדָּבָר בְּעֵינֵי שְׁמוּאֵל כַּאֲשֶׁר
אָמְרוּ תְּנָה־לָּנוּ מֶלֶךְ לְשָׁפְטֵנוּ וַיִּתְפַּלֵּל שְׁמוּאֵל אֶל־
7 יְהוָה ׃ וַיֹּאמֶר יְהוָה אֶל־שְׁמוּאֵל שְׁמַע בְּקוֹל הָעָם
לְכֹל אֲשֶׁר־יֹאמְרוּ אֵלֶיךָ כִּי לֹא אֹתְךָ מָאָסוּ כִּי־
8 אֹתִי מָאֲסוּ מִמְּלֹךְ עֲלֵיהֶם ׃ כְּכָל־הַמַּעֲשִׂים אֲשֶׁר־
עָשׂוּ מִיּוֹם הַעֲלֹתִי אֹתָם מִמִּצְרַיִם וְעַד־הַיּוֹם הַזֶּה
וַיַּעַזְבֻנִי וַיַּעַבְדוּ אֱלֹהִים אֲחֵרִים כֵּן הֵמָּה עֹשִׂים
9 גַּם־לָךְ ׃ וְעַתָּה שְׁמַע בְּקוֹלָם אַךְ כִּי־הָעֵד תָּעִיד
בָּהֶם וְהִגַּדְתָּ לָהֶם מִשְׁפַּט הַמֶּלֶךְ אֲשֶׁר יִמְלֹךְ
10 עֲלֵיהֶם ׃ וַיֹּאמֶר שְׁמוּאֵל אֵת כָּל־דִּבְרֵי יְהוָה אֶל־
11 הָעָם הַשֹּׁאֲלִים מֵאִתּוֹ מֶלֶךְ ׃ וַיֹּאמֶר זֶה יִהְיֶה
מִשְׁפַּט הַמֶּלֶךְ אֲשֶׁר יִמְלֹךְ עֲלֵיכֶם אֶת־בְּנֵיכֶם יִקָּח
וְשָׂם לוֹ בְּמֶרְכַּבְתּוֹ וּבְפָרָשָׁיו וְרָצוּ לִפְנֵי מֶרְכַּבְתּוֹ ׃
12 וְלָשׂוּם לוֹ שָׂרֵי אֲלָפִים וְשָׂרֵי חֲמִשִּׁים וְלַחֲרֹשׁ חֲרִישׁוֹ
וְלִקְצֹר קְצִירוֹ וְלַעֲשׂוֹת כְּלֵי־מִלְחַמְתּוֹ וּכְלֵי רִכְבּוֹ ׃
13 וְאֶת־בְּנוֹתֵיכֶם יִקָּח לְרַקָּחוֹת וּלְטַבָּחוֹת וּלְאֹפוֹת ׃
14 וְאֶת־שְׂדוֹתֵיכֶם וְאֶת־כַּרְמֵיכֶם וְזֵיתֵיכֶם הַטּוֹבִים
15 יִקָּח וְנָתַן לַעֲבָדָיו ׃ וְזַרְעֵיכֶם וְכַרְמֵיכֶם יַעְשֹׂר

the field of Joshua the Beth-shemite.

19 And he smote the men of Beth-shemesh, because ^a they had looked into the ark of the LORD, even he smote of the people fifty thousand and threescore and ten men. And the people lamented, because the LORD had smitten *many* of the people with a great slaughter.

20 And the men of Beth-shemesh said, Who ^b is able to stand before this holy LORD God? and to whom shall he go up from us? ^d

21 And they sent messengers to the inhabitants of Kirjath-jearim, ^e saying, The Philistines have brought again the ark of the LORD: come ye down, *and* fetch it up to you.

CHAP. VII.

AND the men of Kirjath-jearim came, and fetched ^f up the ark of the LORD, and brought it into the house of ^g Abinadab, in the hill, and sanctified ^h Eleazar his son to keep the ark of the LORD.

2 And it came to pass, while the ark abode in Kirjath-jearim, that the time was long; for it was twenty years: and all the house of Israel lamented ⁱ after the LORD.

3 And Samuel spake unto all the house of Israel, saying, If ye do return ^m unto the LORD with all your hearts, *then* put ^o away the strange gods & Ashtaroth from among you, & prepare ^p your hearts unto ye LORD, and serve him ^q only; and he ^r will deliver you out of the hand of the Philistines.

4 Then the children of Israel did put away Baalim ^s and Ashtaroth, and served the LORD only.

5 And Samuel said, Gather all Israel to Mizpeh, and I will pray for you unto the LORD.

6 And they gathered together to Mizpeh, and drew water, and poured ^u *it* out before the LORD, and fasted on that day, and said there, We ^v have sinned against the LORD. And Samuel judged the children of Israel in Mizpeh.

7 And when the Philistines heard that the children of Israel were gathered together to Mizpeh, the lords of the Philistines went up against Israel. And when the children of Israel heard *it*, they were afraid of the Philistines.

8 And the children of Israel said to Samuel, ^θ Cease not to cry unto the LORD our God for ^x us, that he will save us out of the hand of the Philistines.

9 And Samuel took a sucking lamb, and offered *it for* a burnt-offering wholly unto the LORD: & Samuel cried unto the LORD for Israel; and the LORD ^k heard ^y him.

10 And as Samuel was offering up the burnt-offering, ye Philistines drew near to battle against Israel: but the LORD thundered with a great thunder on that day upon the Philistines, and discomfited ^z them; and they were smitten before Israel.

11 And ye men of Israel went out of Mizpeh, and pursued the Philistines, and smote them, until *they came* under Bethcar.

12 Then Samuel took a stone, ^b and set *it* between Mizpeh and Shen, and called the name of it ^μ Eben-ezer, saying, Hitherto hath the LORD helped us.

13 So the Philistines were subdued, and they came no more into the coast of Israel: and the hand of the LORD was against the Philistines all the days of Samuel.

14 And the cities which the Philistines had taken from Israel were restored to

B. C. 1140.

a Ex. 19. 21.
Nu.4.15,20.
1Ch.13,9,10
β and he circuited.
b 2Sa. 6. 7, 9.
Ps. 76. 7.
Mal. 3. 2.
c ch. 8. 4.
d Lu. 5. 8.
8. 37.
e Jos. 18. 14.
Ju. 18. 12.
1Ch.13.5,6.
γ Vashni.
1 Ch. 6. 28.
f ch. 6. 21.
Ps. 132. 6.
g 2Sa. 6.3, 4.
h Is. 52. 11.
i Ex. 18. 21.
1 Ti. 3. 3.
k Pr. 29. 4.
l Zec.12.10,11
m De.30.2..10.
1 Ki. 8. 48.
Joel 2. 13.
n De. 17. 14.
Ho. 13. 10.
o Ge. 35. 2.
Jos.24.14,23.
δ was evil in the eyes of.
p 2Ch. 30. 19.
Job 11.13,14.
Jno. 4. 24.
q De. 13. 4.
r Is. 55. 7.
Ho. 6. 1.
s Ju. 2. 11.
t Ex. 16. 8.
Mat. 10. 40.
u Job 16. 20.
Je. 9. 1.
v Ju. 10. 10.
Ps. 106. 6.
Je. 3.13,14.
ζ or, obey.
η or, notwithstanding when thou hast solemnly protested against them, then thou shalt shew.
w ch. 10. 25.
14. 52.
θ Be not silent from us from crying.
x Is. 37. 4.
κ or, answered.
y Ps. 99. 6.
Ja. 5. 16.
z Ps. 18. 14.
a 1 Ki. 21. 7.
Eze. 46. 18.
b Ge.28,18,19.
λ ennuchs.
Ge. 37. 36.
μ i. e. The stone of help.

Israel, from Ekron even unto Gath; & the coasts thereof did Israel deliver out of the hands of the Philistines. And there was peace between Israel and the Amorites.

15 And Samuel judged Israel all the days of his life.

16 And he went from year to year ^β in circuit to Beth-el, and Gilgal, and Mizpeh, and judged Israel in all those places.

17 And his return *was* to Ramah; ^c for there *was* his house: and there he judged Israel; and there he built an altar unto the LORD.

CHAP. VIII.

AND it came to pass, when Samuel was old, that he made his sons judges over Israel.

2 Now the name of his first-born was ^γ Joel, and the name of his second Abiah: *they were* judges in Beer-sheba.

3 And his sons walked not in his ways, but turned aside after lucre, ⁱ and took bribes, ^k and perverted judgment.

4 Then all the elders of Israel gathered themselves together, and came to Samuel unto Ramah,

5 And said unto him, Behold, thou art old, and thy sons walk not in thy ways: now make us a king ^s to judge us like all the nations.

6 But the thing ^δ displeased Samuel, when they said, Give us a king to judge us. And Samuel prayed unto the LORD.

7 And the LORD said unto Samuel, Hearken unto the voice of the people in all that they say unto thee: for ^t they have not rejected thee, but they have rejected me, that I should not reign over them.

8 According to all the works which they have done since the day that I brought them up out of Egypt even unto this day, wherewith they have forsaken me, and served other gods; so do they also unto thee.

9 Now, therefore, ^ζ hearken unto their voice: ^η howbeit yet protest solemnly unto them, and shew ^w them the manner of the king that shall reign over them.

10 And Samuel told all the words of the LORD unto the people that asked of him a king.

11 And he said, This will be the manner of the king that shall reign over you: He will take your sons, and appoint *them* for himself, for his chariots, and *to be* his horsemen; and *some* shall run before his chariots.

12 And he will appoint him captains over thousands, and captains over fifties, and *will set them* to ear his ground, and to reap his harvest, and to make his instruments of war, and instruments of his chariots.

13 And he will take your daughters *to be* confectionaries, and *to be* cooks, and *to be* bakers.

14 And he will take your fields, ^a and your vineyards, and your oliveyards, *even* the best *of them*, and give *them* to his servants.

15 And he will take the tenth of your seed, and of your vineyards, and give to his ^λ officers, and to his servants.

16 And he will take your men-servants, and your maid-servants, and your goodliest young men, and your asses, and put *them* to his work.

17 He will take the tenth of your sheep: and ye shall be his servants.

18 And ye shall cry out in that day because of your king which ye shall have

וְאֶת־עַבְדֵיכֶם וְאֶת־ שִׁפְחוֹתֵיכֶם וְאֶת־בַּחוּרֵיכֶם הַטּוֹבִים וְאֶת־חֲמוֹרֵיכֶם יִקַּח וְעָשָׂה לִמְלַאכְתּוֹ׃ 17 צֹאנְכֶם יַעְשֹׂר וְאַתֶּם תִּהְיוּ־לוֹ לַעֲבָדִים׃ 18 וּזְעַקְתֶּם בַּיּוֹם הַהוּא מִלִּפְנֵי מַלְכְּכֶם אֲשֶׁר בְּחַרְתֶּם לָכֶם וְלֹא־יַעֲנֶה יְהוָה אֶתְכֶם בַּיּוֹם הַהוּא׃ 19 וַיְמָאֲנוּ הָעָם לִשְׁמֹעַ בְּקוֹל שְׁמוּאֵל וַיֹּאמְרוּ לֹּא כִּי אִם־מֶלֶךְ יִהְיֶה עָלֵינוּ׃ 20 וְהָיִינוּ גַם־אֲנַחְנוּ כְּכָל־הַגּוֹיִם וּשְׁפָטָנוּ מַלְכֵּנוּ וְיָצָא לְפָנֵינוּ וְנִלְחַם אֶת־מִלְחֲמֹתֵנוּ׃ 21 וַיִּשְׁמַע שְׁמוּאֵל אֵת כָּל־ דִּבְרֵי הָעָם וַיְדַבְּרֵם בְּאָזְנֵי יְהוָה׃ 22 וַיֹּאמֶר יְהוָה אֶל־שְׁמוּאֵל שְׁמַע בְּקוֹלָם וְהִמְלַכְתָּ לָהֶם מֶלֶךְ וַיֹּאמֶר שְׁמוּאֵל אֶל־אַנְשֵׁי יִשְׂרָאֵל לְכוּ אִישׁ לְעִירוֹ׃

CAP. IX. ט

1 וַיְהִי־אִישׁ מִבִּן־יָמִין וּשְׁמוֹ קִישׁ בֶּן־אֲבִיאֵל בֶּן־צְרוֹר בֶּן־בְּכוֹרַת בֶּן־אֲפִיחַ בֶּן־אִישׁ יְמִינִי גִּבּוֹר חָיִל׃ 2 וְלוֹ־ הָיָה בֵן וּשְׁמוֹ שָׁאוּל בָּחוּר וָטוֹב וְאֵין אִישׁ מִבְּנֵי יִשְׂרָאֵל טוֹב מִמֶּנּוּ מִשִּׁכְמוֹ וָמַעְלָה גָּבֹהַּ מִכָּל־הָעָם׃ 3 וַתֹּאבַדְנָה הָאֲתֹנוֹת לְקִישׁ אֲבִי שָׁאוּל וַיֹּאמֶר קִישׁ אֶל־שָׁאוּל בְּנוֹ קַח־נָא אִתְּךָ אֶת־אַחַד מֵהַנְּעָרִים וְקוּם לֵךְ בַּקֵּשׁ אֶת־הָאֲתֹנֹת׃ 4 וַיַּעֲבֹר בְּהַר־אֶפְרַיִם וַיַּעֲבֹר בְּאֶרֶץ־שָׁלִשָׁה וְלֹא מָצָאוּ וַיַּעַבְרוּ בְאֶרֶץ־שַׁעֲלִים וָאַיִן וַיַּעֲבֹר בְּאֶרֶץ־יְמִינִי וְלֹא מָצָאוּ׃ 5 הֵמָּה בָּאוּ בְּאֶרֶץ צוּף וְשָׁאוּל אָמַר לְנַעֲרוֹ אֲשֶׁר־עִמּוֹ לְכָה וְנָשׁוּבָה פֶּן־יֶחְדַּל אָבִי מִן־הָאֲתֹנוֹת וְדָאַג לָנוּ׃ 6 וַיֹּאמֶר לוֹ הִנֵּה־נָא אִישׁ־ אֱלֹהִים בָּעִיר הַזֹּאת וְהָאִישׁ נִכְבָּד כֹּל אֲשֶׁר־יְדַבֵּר בּוֹא יָבוֹא עַתָּה נֵלֲכָה שָּׁם אוּלַי יַגִּיד לָנוּ אֶת־דַּרְכֵּנוּ אֲשֶׁר־הָלַכְנוּ עָלֶיהָ׃ 7 וַיֹּאמֶר שָׁאוּל לְנַעֲרוֹ וְהִנֵּה נֵלֵךְ וּמַה־נָּבִיא לָאִישׁ כִּי הַלֶּחֶם אָזַל מִכֵּלֵינוּ וּתְשׁוּרָה אֵין־לְהָבִיא לְאִישׁ הָאֱלֹהִים מָה אִתָּנוּ׃ 8 וַיֹּסֶף הַנַּעַר לַעֲנוֹת אֶת־שָׁאוּל וַיֹּאמֶר הִנֵּה נִמְצָא בְיָדִי רֶבַע שֶׁקֶל כָּסֶף וְנָתַתִּי לְאִישׁ הָאֱלֹהִים וְהִגִּיד לָנוּ אֶת־דַּרְכֵּנוּ׃ 9 לְפָנִים בְּיִשְׂרָאֵל כֹּה־אָמַר הָאִישׁ בְּלֶכְתּוֹ לִדְרוֹשׁ אֱלֹהִים לְכוּ וְנֵלְכָה עַד־הָרֹאֶה כִּי לַנָּבִיא הַיּוֹם יִקָּרֵא לְפָנִים הָרֹאֶה׃ 10 וַיֹּאמֶר שָׁאוּל לְנַעֲרוֹ טוֹב דְּבָרְךָ לְכָה נֵלֵכָה וַיֵּלְכוּ אֶל־הָעִיר אֲשֶׁר־שָׁם אִישׁ הָאֱלֹהִים׃ 11 הֵמָּה עֹלִים בְּמַעֲלֵה

chosen you; and the LORD will not hear *a* you in that day.

19 Nevertheless, the people refused *b* to obey the voice of Samuel: and they said. Nay; but we will have a king over us; 20 That we also may be like *d* all the nations; and that our king may judge us, and go out before us, and fight our battles.

21 And Samuel heard all the words of the people, and he rehearsed them in the ears of the LORD.

22 And the LORD said to Samuel, Hearken *f* unto their voice, and make them a king. And Samuel said unto the men of Israel, Go ye every man unto his city.

CHAP. IX.

NOW there was a man of Benjamin, whose name *was* Kish, *i* the son of Abiel, the son of Zeror, the son of Bechorath, the son of Aphiah, *δ* a Benjamite, a mighty man of *ζ* power.

2 And he had a son, whose name *was* Saul, a choice young man, and a goodly: and *there was* not among the children of Israel a goodlier person than he: from his shoulders and upward *he was l* higher than any of the people.

3 And the asses of Kish, Saul's father, were lost. And Kish said to Saul his son, Take now one of the servants with thee, and arise, go seek the asses.

4 And he passed through mount Ephraim, and passed through the land of Shalisha, *o* but they found *them* not: then they passed through the land of Shalim, and *there they were* not: and he passed through the land of the Benjamites, but they found *them* not.

5 *And* when they were come to the land of Zuph, Saul said to his servant that *was* with him, Come, and let us return; lest my father leave *caring* for the asses, and take thought for us.

6 And he said unto him, Behold now, *there is* in this city a *s* man of God, and *he is* an honourable man; all *t* that he saith cometh surely to pass: now let us go thither: peradventure he can shew us our way that we should go.

7 Then said Saul to his servant, But, behold, *if* we go, what *v* shall we bring the man? for the bread is λ spent in our vessels, and *there is* not a present to bring to the man of God: what *v* have we?

8 And the servant answered Saul again, and said, Behold, π I have here at hand the fourth part of a shekel of silver; *that* will I give to the man of God, to tell us our way.

9 (Beforetime in Israel, when a man went to inquire of God, thus he spake, Come, and let us go to the seer: for *he that is* now *called* a Prophet was beforetime called a Seer. *y*)

10 Then said Saul to his servant, ρWell said; come, let us go. So they went unto the city where the man of God *was*.

11 *And* as they went up σ the hill to the city, they found young maidens *s* going out to draw water, and said unto them, Is the seer here?

12 And they answered them, and said, He is; behold, *he is* before you: make haste now, for he came to-day to the city; for *there is* a *v* sacrifice *c* of the people to-day in *d* the high place:

13 As soon as ye be come into the city, ye shall straightway find him, before he

---

B. C. 1095.

a Pr.1.25..28.
　Is. 1. 15.
　Mi. 3. 4.
b Je. 44. 16.
c Mar. 6. 41.
　Lu. 24. 30.
d ver. 5.
β to-day.
γ revealed
the ear of
Samuel.
　ch. 20. 2.
e Am. 3. 7.
　Ac. 27. 23.
f ver. 7.
　Ho. 13. 11.
g ch. 10. 1.
h Ex.2.23..25.
　Ps. 106. 44.
i ch. 14. 51.
δ or, the son
of a man of
Jemini.
ζ or, sub-
stance.
k Ac. 13. 21.
η restrain in.
l ch. 10. 23.
m Ju⁸. 4. 29.
n ver. 3.
θ to-day,
three days.
o 2 Ki. 4. 42.
p ch. 12. 13.
q Ju.20.46..48
　Ps. 68. 27.
ί Ju. 6. 15.
κ according
to this word.
s De. 33. 1.
　1 Ki. 13. 1.
　ch. 3. 19.
u Le.7.32,33.
　Eze. 24. 4.
v Ge. 43. 11.
　Ju. 6. 18.
　1 Ki. 14. 3.
　2 Ki. 8. 8.
λgone out of.
μ reserved.
ν is with us.
π there is
found in
my hand.
w ver. 13.
x Ac. 10. 9.
y 2 Sa. 24. 11.
　2 Ki. 17. 13.
　2Ch.16.7,10
　1s. 30. 10.
　Am. 7. 12.
ρ Thy word
is good.
σ in the
ascent of
the city.
z Ge. 24. 11.
τ to-day.
a ch. 9. 16.
　16. 13.
　2 Ki. 9. 3, 6.
b 2 Sa. 19. 39.
　1 Th. 5. 26.
v or, feast.
c ch. 16. 2.
　Ge. 31. 54.
d 1 Ki. 3. 2.
e 2 Sa. 5. 2.
f Ps. 78. 71.

---

go up to the high place to eat: for the people will not eat until he come, because he doth bless *e* the sacrifice; *and* afterwards they eat that be bidden. Now therefore get you up; for about this *β* time ye shall find him.

14 And they went up into the city: *and* when they were come into the city, behold, Samuel came out against them, for to go up to the high place.

15 Now the LORD γ had told *e* Samuel in his ear a day before Saul came, saying,

16 To-morrow, about this time, I will send thee a man out of the land of Benjamin; and thou shalt anoint *s* him *to be* captain over my people Israel, that he may save my people out of the hand of the Philistines: for I have looked *k* upon my people, because their cry is come unto me.

17 And when Samuel saw Saul, the LORD said unto him, Behold the man whom I spake to thee of: this *k* same shall η reign over my people.

18 Then Saul drew near to Samuel in the gate, and said, Tell me, I pray thee, where the seer's house *is*.

19 And Samuel answered Saul, and said, I *am* the seer: go up before me unto the high place; for ye shall eat with me today; and to-morrow I will let thee go, and will tell *m* thee all that *is* in thine heart.

20 And as for thine asses *n* that were lost θ three days ago, set not thy mind on them; for they are found. And on whom *is* all the desire *p* of Israel? *Is it* not on thee, and on all thy father's house?

21 And Saul answered and said, *Am* not I a Benjamite, of the smallest *q* of the tribes of Israel? and my family *r* the least of all the families of the tribe of Benjamin? wherefore then speakest thou κ so to me?

22 And Samuel took Saul and his servant, and brought them into the parlour and made them sit in the chiefest place among them that were bidden, which *were* about thirty persons.

23 And Samuel said unto the cook, Bring the portion which I gave thee, of which I said unto thee, Set it by thee.

24 And the cook took up the *u* shoulder, and *that* which *was* upon it, and set *it* before Saul. And *Samuel* said, Behold that which is *μ* left! set *it* before thee, *and* eat: for unto this time hath it been kept for thee, since I said, I have invited the people. So Saul did eat with Samuel that day.

25 And when they were come *w* down from the high place into the city, *Samuel* communed with Saul upon the top *x* of the house.

26 And they arose early: and it came to pass, about the spring of the day, that Samuel called Saul to the top of the house, saying, Up, that I may send thee away. And Saul arose, and they went out both of them, he and Samuel, abroad.

27 *And* as they were going down to the end of the city, Samuel said to Saul, Bid the servant pass on before us, (and he passed on,) but stand thou still τ a while, that I may shew thee the word of God.

CHAP. X.

THEN *a* Samuel took a vial of oil, and poured *it* upon his head, and *b* kissed him, and said, *Is it* not because the LORD hath anointed thee *to be* captain *c* over his inheritance? *f*

2 When thou art departed from me

194

אָמַר אֶל־שָׁאוּל אֱמֹר לַנַּעַר וְיַעֲבֹר לְפָנֵינוּ וַיַּעֲבֹר וְאַתָּה עֲמֹד כַּיּוֹם וְאַשְׁמִיעֲךָ אֶת־דְּבַר אֱלֹהִים:

CAP. X.

1 וַיִּקַּח שְׁמוּאֵל אֶת־פַּךְ הַשֶּׁמֶן וַיִּצֹק עַל־רֹאשׁוֹ וַיִּשָּׁקֵהוּ וַיֹּאמֶר הֲלוֹא כִּי־מְשָׁחֲךָ יְהוָה עַל־נַחֲלָתוֹ לְנָגִיד: 2 בְּלֶכְתְּךָ הַיּוֹם מֵעִמָּדִי וּמָצָאתָ שְׁנֵי אֲנָשִׁים עִם־קְבֻרַת רָחֵל בִּגְבוּל בִּנְיָמִן בְּצֶלְצַח וְאָמְרוּ אֵלֶיךָ נִמְצְאוּ הָאֲתֹנוֹת אֲשֶׁר הָלַכְתָּ לְבַקֵּשׁ וְהִנֵּה נָטַשׁ אָבִיךָ אֶת־דִּבְרֵי הָאֲתֹנוֹת וְדָאַג לָכֶם לֵאמֹר מָה אֶעֱשֶׂה לִבְנִי: 3 וְחָלַפְתָּ מִשָּׁם וָהָלְאָה וּבָאתָ עַד־אֵלוֹן תָּבוֹר וּמְצָאוּךָ שָּׁם שְׁלֹשָׁה אֲנָשִׁים עֹלִים אֶל־הָאֱלֹהִים בֵּית־אֵל אֶחָד נֹשֵׂא שְׁלֹשָׁה גְדָיִים וְאֶחָד נֹשֵׂא שְׁלֹשֶׁת כִּכְּרוֹת לֶחֶם וְאֶחָד נֹשֵׂא נֵבֶל־יָיִן: 4 וְשָׁאֲלוּ לְךָ לְשָׁלוֹם וְנָתְנוּ לְךָ שְׁתֵּי־לֶחֶם וְלָקַחְתָּ מִיָּדָם: 5 אַחַר כֵּן תָּבוֹא גִּבְעַת הָאֱלֹהִים אֲשֶׁר־שָׁם נְצִבֵי פְלִשְׁתִּים וִיהִי כְבֹאֲךָ שָׁם הָעִיר וּפָגַעְתָּ חֶבֶל נְבִיאִים יֹרְדִים מֵהַבָּמָה וְלִפְנֵיהֶם נֵבֶל וְתֹף וְחָלִיל וְכִנּוֹר וְהֵמָּה מִתְנַבְּאִים: 6 וְצָלְחָה עָלֶיךָ רוּחַ יְהוָה וְהִתְנַבִּיתָ עִמָּם וְנֶהְפַּכְתָּ לְאִישׁ אַחֵר: 7 וְהָיָה כִּי תָבֹאינָה הָאֹתוֹת הָאֵלֶּה לָךְ עֲשֵׂה לְךָ אֲשֶׁר תִּמְצָא יָדֶךָ כִּי הָאֱלֹהִים עִמָּךְ: 8 וְיָרַדְתָּ לְפָנַי הַגִּלְגָּל וְהִנֵּה אָנֹכִי יֹרֵד אֵלֶיךָ לְהַעֲלוֹת עֹלוֹת לִזְבֹּחַ זִבְחֵי שְׁלָמִים שִׁבְעַת יָמִים תּוֹחֵל עַד־בּוֹאִי אֵלֶיךָ וְהוֹדַעְתִּי לְךָ אֵת אֲשֶׁר תַּעֲשֶׂה: 9 וְהָיָה כְּהַפְנֹתוֹ שִׁכְמוֹ לָלֶכֶת מֵעִם שְׁמוּאֵל וַיַּהֲפָךְ־לוֹ אֱלֹהִים לֵב אַחֵר וַיָּבֹאוּ כָּל־הָאֹתוֹת הָאֵלֶּה בַּיּוֹם הַהוּא: 10 וַיָּבֹאוּ שָׁם הַגִּבְעָתָה וְהִנֵּה חֶבֶל־נְבִאִים לִקְרָאתוֹ וַתִּצְלַח עָלָיו רוּחַ אֱלֹהִים וַיִּתְנַבֵּא בְּתוֹכָם: 11 וַיְהִי כָּל־יוֹדְעוֹ מֵאִתְּמוֹל שִׁלְשׁוֹם וַיִּרְאוּ וְהִנֵּה עִם־נְבִאִים נִבָּא וַיֹּאמֶר הָעָם אִישׁ אֶל־רֵעֵהוּ מַה־זֶּה הָיָה לְבֶן־קִישׁ הֲגַם שָׁאוּל בַּנְּבִיאִים: 12 וַיַּעַן אִישׁ מִשָּׁם וַיֹּאמֶר וּמִי אֲבִיהֶם עַל־כֵּן הָיְתָה לְמָשָׁל הֲגַם שָׁאוּל בַּנְּבִאִים: 13 וַיְכַל מֵהִתְנַבּוֹת וַיָּבֹא הַבָּמָה: 14 וַיֹּאמֶר דּוֹד שָׁאוּל אֵלָיו וְאֶל־נַעֲרוֹ אָן הֲלַכְתֶּם וַיֹּאמֶר לְבַקֵּשׁ אֶת־הָאֲתֹנוֹת וַנִּרְאֶה כִי־אַיִן וַנָּבוֹא אֶל־שְׁמוּאֵל: 15 וַיֹּאמֶר דּוֹד שָׁאוּל הַגִּידָה־נָּא לִי מָה־אָמַר לָכֶם שְׁמוּאֵל: 16 וַיֹּאמֶר שָׁאוּל אֶל־דּוֹדוֹ הַגֵּד הִגִּיד לָנוּ כִּי נִמְצְאוּ הָאֲתֹנוֹת וְאֶת־דְּבַר הַפְּלוּכָה לֹא־הִגִּיד לוֹ אֲשֶׁר אָמַר שְׁמוּאֵל:

17 וַיַּצְעֵק שְׁמוּאֵל אֶת־הָעָם אֶל־יְהוָה הַמִּצְפָּה: 18 וַיֹּאמֶר אֶל־בְּנֵי יִשְׂרָאֵל כֹּה־אָמַר יְהוָה אֱלֹהֵי יִשְׂרָאֵל אָנֹכִי הֶעֱלֵיתִי אֶת־יִשְׂרָאֵל מִמִּצְרָיִם וָאַצִּיל אֶתְכֶם מִיַּד מִצְרַיִם וּמִיַּד כָּל־הַמַּמְלָכוֹת הַלֹּחֲצִים אֶתְכֶם: 19 וְאַתֶּם הַיּוֹם מְאַסְתֶּם אֶת־אֱלֹהֵיכֶם אֲשֶׁר־הוּא מוֹשִׁיעַ לָכֶם מִכָּל־רָעוֹתֵיכֶם וְצָרֹתֵיכֶם וַתֹּאמְרוּ לוֹ כִּי־מֶלֶךְ תָּשִׂים עָלֵינוּ וְעַתָּה הִתְיַצְּבוּ לִפְנֵי יְהוָה לְשִׁבְטֵיכֶם וּלְאַלְפֵיכֶם: 20 וַיַּקְרֵב שְׁמוּאֵל אֵת כָּל־שִׁבְטֵי יִשְׂרָאֵל וַיִּלָּכֵד שֵׁבֶט בִּנְיָמִן: 21 וַיַּקְרֵב אֶת־שֵׁבֶט בִּנְיָמִן לְמִשְׁפְּחֹתוֹ וַתִּלָּכֵד מִשְׁפַּחַת הַמַּטְרִי וַיִּלָּכֵד שָׁאוּל בֶּן־קִישׁ וַיְבַקְשֻׁהוּ וְלֹא נִמְצָא: 22 וַיִּשְׁאֲלוּ־עוֹד בַּיהוָה הֲבָא עוֹד הֲלֹם אִישׁ וַיֹּאמֶר יְהוָה הִנֵּה־הוּא נֶחְבָּא אֶל־הַכֵּלִים: 23 וַיָּרֻצוּ וַיִּקָּחֻהוּ מִשָּׁם וַיִּתְיַצֵּב בְּתוֹךְ הָעָם וַיִּגְבַּהּ מִכָּל־הָעָם מִשִּׁכְמוֹ וָמָעְלָה: 24 וַיֹּאמֶר שְׁמוּאֵל אֶל־כָּל־הָעָם הַרְּאִיתֶם אֲשֶׁר בָּחַר־בּוֹ יְהוָה כִּי אֵין כָּמֹהוּ בְּכָל־הָעָם וַיָּרִעוּ כָל־הָעָם וַיֹּאמְרוּ יְחִי הַמֶּלֶךְ: 25 וַיְדַבֵּר שְׁמוּאֵל אֶל־הָעָם אֵת מִשְׁפַּט הַמְּלֻכָה וַיִּכְתֹּב בַּסֵּפֶר וַיַּנַּח לִפְנֵי יְהוָה וַיְשַׁלַּח שְׁמוּאֵל אֶת־כָּל־הָעָם אִישׁ לְבֵיתוֹ: 26 וְגַם־שָׁאוּל הָלַךְ לְבֵיתוֹ גִּבְעָתָה וַיֵּלְכוּ עִמּוֹ הַחַיִל אֲשֶׁר־נָגַע אֱלֹהִים בְּלִבָּם: 27 וּבְנֵי בְלִיַּעַל אָמְרוּ מַה־יֹּשִׁעֵנוּ זֶה וַיִּבְזֻהוּ וְלֹא־הֵבִיאוּ לוֹ מִנְחָה וַיְהִי כְּמַחֲרִישׁ:

CAP. XI. יא

1 וַיַּעַל נָחָשׁ הָעַמּוֹנִי וַיִּחַן עַל־יָבֵשׁ גִּלְעָד וַיֹּאמְרוּ כָּל־אַנְשֵׁי יָבֵישׁ אֶל־נָחָשׁ כְּרָת־לָנוּ בְרִית וְנַעַבְדֶךָּ: 2 וַיֹּאמֶר אֲלֵיהֶם נָחָשׁ הָעַמּוֹנִי בְּזֹאת אֶכְרֹת לָכֶם בִּנְקוֹר לָכֶם כָּל־עֵין יָמִין וְשַׂמְתִּיהָ חֶרְפָּה עַל־כָּל־יִשְׂרָאֵל: 3 וַיֹּאמְרוּ אֵלָיו זִקְנֵי יָבֵישׁ הֶרֶף לָנוּ שִׁבְעַת יָמִים וְנִשְׁלְחָה מַלְאָכִים בְּכֹל גְּבוּל יִשְׂרָאֵל וְאִם־אֵין מוֹשִׁיעַ אֹתָנוּ וְיָצָאנוּ אֵלֶיךָ: 4 וַיָּבֹאוּ הַמַּלְאָכִים גִּבְעַת שָׁאוּל וַיְדַבְּרוּ הַדְּבָרִים בְּאָזְנֵי הָעָם וַיִּשְׂאוּ כָל־הָעָם אֶת־קוֹלָם וַיִּבְכּוּ: 5 וְהִנֵּה שָׁאוּל בָּא אַחֲרֵי הַבָּקָר מִן־הַשָּׂדֶה וַיֹּאמֶר שָׁאוּל מַה־לָּעָם כִּי יִבְכּוּ וַיְסַפְּרוּ־לוֹ אֶת־דִּבְרֵי אַנְשֵׁי יָבֵישׁ: 6 וַתִּצְלַח

to-day, then thou shalt find two men by Rachel's sepulchre,^a in the border of Benjamin, at Zelzah ; ^b and they will say unto thee, The asses which thou wentest to seek are found : and, lo, thy father hath left the β care of the asses, and sorroweth for you, saying, What shall I do for my son?

3 Then shalt thou go on forward from thence, and thou shalt come to the plain of Tabor, and there shall meet thee three men going up to God to Beth-el,^d one carrying three kids, and another carrying three loaves of bread, and another carrying a bottle of wine :

4 And they will γ salute thee, and give thee two *loaves* of bread, which thou shalt receive of their hands.

5 After that thou shalt come to the hill^e of God, where *is* the garrison^f of the Philistines : and it shall come to pass, when thou art come thither to the city, that thou shalt meet a company of prophets coming down from the high ^h place, with a psaltery,ⁱ and a tabret, and a pipe, and a harp, before them ; and they shall prophesy.^k

6 And the Spirit^l of the LORD will come upon thee, and thou shalt prophesy with them, & shalt be turned into another man.

7 And ζ let it be, when these signs are come unto thee, η *that* thou do as occasion serve thee ; for God *is* with thee.

8 And thou shalt go down before me to Gilgal ; ⁿ and, behold, I will come down unto thee, to offer burnt-offerings, *and* to sacrifice sacrifices of peace-offerings : seven^p days shalt thou tarry, till I come to thee, and shew thee what thou shalt do.

9 And it was *so*, that when he had turned his κ back to go from Samuel, God λ gave him another heart : and all those signs came to pass that day.

10 And when they came thither to the hill, behold, a company of prophets met him ; and the Spirit of God came^u upon him, and he prophesied among them.

11 And it came to pass, when all that knew him before-time saw that, behold, he prophesied among the prophets, then the people said μ one to another, What *is* this *that* is come unto the son of Kish ? *Is* ^x Saul also among the prophets ?

12 And one π of the same place answered, and said, But who *is* their father ? Therefore it became a proverb, *Is* Saul also among the prophets ?

13 And when he had made an end of prophesying, he came to the high place.

14 And Saul's uncle said unto him and to his servant, Whither went ye ? And he said, To seek the asses : and when we saw that *they were* no where, we came to Samuel.

15 And Saul's uncle said, Tell me, I pray thee, what Samuel said unto you.

16 And Saul said unto his uncle, He told us plainly that the asses were found. But of the matter of the kingdom, whereof Samuel spake, he told him not.

17 And Samuel called the people together unto the LORD to Mizpeh ; ^b

18 And said unto the children of Israel, Thus^d saith the LORD God of Israel, I brought up Israel out of Egypt, and delivered you out of the hand of the Egyptians, and out of the hand of all kingdoms, *and* of them that oppressed you :

19 And *if* ye have this day rejected your God, who himself saved^g you out of all your adversities and your tribulations :

B. C. 1095.	
a Ge. 35. 19, 20.	
b Jos. 18. 28.	
c Jos.7.14,&c	
β *business.*	
d Ge. 28. 19.	
γ *ask thee of peace.*	
Ju. 18. 15.	
e ver. 10.	
f ch. 13. 3.	
g ch. 9. 2.	
h ch. 9. 12.	
i Ex. 15. 20.	
δ *Let the king live.*	
1Ki.1.25,39.	
2 Ki. 11. 12.	
l ch. 16. 13.	
Nu.11.25,26.	
ζ *it shall come to pass that.*	
η *do for thee as thine hand shall find.*	
Ju. 9. 33.	
m ch. 11. 4.	
n ch.11.14,15. 13. 4, 8.	
o De. 13. 13. 2 Ch. 13. 7.	
p ch. 13. 8.	
q 2 Sa. 8. 2. 1 Ki. 4. 21. 10. 25. 2 Ch. 17. 5. Ps. 72. 10.	
θ *or, was as though he had been deaf.*	
r ch. 12. 12.	
κ *shoulder.*	
s Ju. 21. 8, &c.	
λ *turned.*	
t Is. 36. 16. Eze. 17. 13.	
u ver. 6. ch. 11. 6.	
v Pr. 12. 10.	
w ch. 17. 26.	
μ *a man to his neighbour.*	
v Forbear us.	
x ch.19,20,24 Jn°.7.15,16.	
π *from thence.*	
y ch. 15. 34. 2 Sa. 21. 6.	
z ch. 10. 10.	
a Ju. 19. 29.	
b ch. 7. 5, 6.	
c Ju.21.5,.10.	
d Ju. 2. 2. 6. 8, 9. Ne.9.9,&c.	
ρ *as one man.* Ju. 20. 1.	
e Ju. 1. 5.	
f ch. 8. 7, 19. 12. 12.	
g Ps.106.8..10 Is. 63. 9. Je. 3. 23.	

and ye have said unto him, *Nay*, but set a king over us. Now therefore present yourselves before the LORD ^c by your tribes, and by your thousands.

20 And when Samuel had caused all the tribes of Israel to come near, the tribe of Benjamin was taken.

21 When he had caused the tribe of Benjamin to come near by their families, the family of Matri was taken, and Saul, the son of Kish, was taken : and when they sought him, he could not be found.

22 Therefore they inquired of the LORD further, if the man should yet come thither. And the LORD answered, Behold, he hath hid himself among the stuff.

23 And they ran and fetched him thence : and when he stood among the people, he^g was higher than any of the people, from his shoulders and upward.

24 And Samuel said to all the people, See ye him whom the LORD hath chosen, that *there is* none like him among all the people ? And all the people shouted, and said, δ God save the king.

25 Then Samuel told the people the manner of the kingdom, and wrote *it* in a book, and laid *it* up before the LORD. And Samuel sent all the people away, every man to his house.

26 And Saul also went home to Gibeah ; ^m and there went with him a band of men, whose hearts God had touched.

27 But the children ^o of Belial said, How shall this man save us ? And they despised him, and brought him no presents.^q But he θ held his peace.

CHAP. XI.

THEN Nahash^r the Ammonite came up, and encamped against ^s Jabesh-gilead : and all the men of Jabesh said unto Nahash, Make *t* a covenant with us, and we will serve thee.

2 And Nahash the Ammonite answered them, On this^v *condition* will I make *a covenant* with you, that I may thrust out all your right eyes, and lay it *for* a reproach^w upon all Israel.

3 And the elders of Jabesh said unto him, ν Give us seven days' respite, that we may send messengers unto all the coasts of Israel : and then, if *there be* no man to save us, we will come out to thee.

4 Then came the messengers to ^y Gibeah of Saul, and told the tidings in the ears of the people : and all the people lifted up their voices, and wept.

5 And, behold, Saul came after the herd out of the field ; and Saul said, What *aileth* the people that they weep ? And they told him the tidings of the men of Jabesh.

6 And ^z the Spirit of God came upon Saul when he heard those tidings, and his anger was kindled greatly.

7 And he took a yoke of oxen, and hewed them in pieces,^a and sent *them* throughout all the coasts of Israel by the hands of messengers, saying, Whosoever^c cometh not forth after Saul and after Samuel, so shall it be done unto his oxen. And the fear of the LORD fell on the people, and they came out with ρ one consent.

8 And when he numbered them in Bezek,^e the children of Israel were three hundred thousand, and the men of Judah thirty thousand.

9 And they said unto the messengers

רוּחַ־אֱלֹהִים עַל־שָׁאוּל בְּשָׁמְעוֹ אֶת־הַדְּבָרִים הָאֵלֶּה 7 מִצְרָיִם: וְעַתָּה הִתְיַצְּבוּ וְאִשָּׁפְטָה אִתְּכֶם לִפְנֵי
יְהֹוָה אֵת כָּל־צִדְקוֹת יְהֹוָה אֲשֶׁר־עָשָׂה אִתְּכֶם 7 וַיִּחַר אַפּוֹ מְאֹד: וַיִּקַּח צֶמֶד בָּקָר וַיְנַתְּחֵהוּ
וְאֶת־אֲבוֹתֵיכֶם: 8 כַּאֲשֶׁר־בָּא יַעֲקֹב מִצְרָיִם 8 וַיְשַׁלַּח בְּכָל־גְּבוּל יִשְׂרָאֵל בְּיַד הַמַּלְאָכִים לֵאמֹר
וַיִּזְעֲקוּ אֲבוֹתֵיכֶם אֶל־יְהֹוָה וַיִּשְׁלַח יְהֹוָה אֶת־ אֲשֶׁר אֵינֶנּוּ יֹצֵא אַחֲרֵי שָׁאוּל וְאַחַר שְׁמוּאֵל כֹּה
מֹשֶׁה וְאֶת־אַהֲרֹן וַיּוֹצִיאוּ אֶת־אֲבֹתֵיכֶם מִמִּצְרַיִם יֵעָשֶׂה לִבְקָרוֹ וַיִּפֹּל פַּחַד־יְהֹוָה עַל־הָעָם וַיֵּצְאוּ
וַיֹּשִׁבוּם בַּמָּקוֹם הַזֶּה: 9 וַיִּשְׁכְּחוּ אֶת־יְהֹוָה 8 כְּאִישׁ אֶחָד: וַיִּפְקְדֵם בְּבָזֶק וַיִּהְיוּ בְנֵי־יִשְׂרָאֵל
אֱלֹהֵיהֶם וַיִּמְכֹּר אֹתָם בְּיַד סִיסְרָא שַׂר־צְבָא שְׁלֹשׁ מֵאוֹת אֶלֶף וְאִישׁ יְהוּדָה שְׁלֹשִׁים אָלֶף:
חָצוֹר וּבְיַד־פְּלִשְׁתִּים וּבְיַד מֶלֶךְ מוֹאָב וַיִּלָּחֲמוּ בָּם: 9 וַיֹּאמְרוּ לַמַּלְאָכִים הַבָּאִים כֹּה תֹאמְרוּן לְאִישׁ יָבֵישׁ
10 וַיִּזְעֲקוּ אֶל־יְהֹוָה וַיֹּאמְרוּ חָטָאנוּ כִּי עָזַבְנוּ אֶת־יְהֹוָה גִּלְעָד מָחָר תִּהְיֶה־לָכֶם תְּשׁוּעָה בְּחֹם הַשָּׁמֶשׁ
וַנַּעֲבֹד אֶת־הַבְּעָלִים וְאֶת־הָעַשְׁתָּרוֹת וְעַתָּה וַיָּבֹאוּ הַמַּלְאָכִים וַיַּגִּידוּ לְאַנְשֵׁי יָבֵישׁ וַיִּשְׂמָחוּ:
11 הַצִּילֵנוּ מִיַּד אֹיְבֵינוּ וְנַעַבְדֶךָּ: וַיִּשְׁלַח יְהֹוָה אֶת־ 10 וַיֹּאמְרוּ אַנְשֵׁי יָבֵישׁ מָחָר נֵצֵא אֲלֵיכֶם וַעֲשִׂיתֶם לָנוּ
יְרֻבַּעַל וְאֶת־בְּדָן וְאֶת־יִפְתָּח וְאֶת־שְׁמוּאֵל וַיַּצֵּל 11 כְּכָל־הַטּוֹב בְּעֵינֵיכֶם: וַיְהִי מִמָּחֳרָת וַיָּשֶׂם
אֶתְכֶם מִיַּד אֹיְבֵיכֶם מִסָּבִיב וַתֵּשְׁבוּ בֶּטַח: 12 וַתִּרְאוּ שָׁאוּל אֶת־הָעָם שְׁלֹשָׁה רָאשִׁים וַיָּבֹאוּ בְתוֹךְ־
כִּי־נָחָשׁ מֶלֶךְ בְּנֵי־עַמּוֹן בָּא עֲלֵיכֶם וַתֹּאמְרוּ הַמַּחֲנֶה בְּאַשְׁמֹרֶת הַבֹּקֶר וַיַּכּוּ אֶת־עַמּוֹן עַד־חֹם
לִי לֹא כִּי־מֶלֶךְ יִמְלֹךְ עָלֵינוּ וַיהֹוָה אֱלֹהֵיכֶם הַיּוֹם וַיְהִי הַנִּשְׁאָרִים וַיָּפֻצוּ וְלֹא נִשְׁאֲרוּ־בָם שְׁנַיִם
13 מַלְכְּכֶם: וְעַתָּה הִנֵּה הַמֶּלֶךְ אֲשֶׁר בְּחַרְתֶּם אֲשֶׁר 12 יָחַד: וַיֹּאמֶר הָעָם אֶל־שְׁמוּאֵל מִי הָאֹמֵר שָׁאוּל
שְׁאֶלְתֶּם וְהִנֵּה נָתַן יְהֹוָה עֲלֵיכֶם מֶלֶךְ: 14 אִם־ 13 יִמְלֹךְ עָלֵינוּ תְּנוּ הָאֲנָשִׁים וּנְמִיתֵם: וַיֹּאמֶר
תִּירְאוּ אֶת־יְהֹוָה וַעֲבַדְתֶּם אֹתוֹ וּשְׁמַעְתֶּם בְּקֹלוֹ שָׁאוּל לֹא־יוּמַת אִישׁ בַּיּוֹם הַזֶּה כִּי הַיּוֹם עָשָׂה
וְלֹא תַמְרוּ אֶת־פִּי יְהֹוָה וִהְיִתֶם גַּם־אַתֶּם וְגַם־ 14 יְהֹוָה תְּשׁוּעָה בְּיִשְׂרָאֵל: וַיֹּאמֶר שְׁמוּאֵל אֶל־
הַמֶּלֶךְ אֲשֶׁר מָלַךְ עֲלֵיכֶם אַחַר יְהֹוָה אֱלֹהֵיכֶם: הָעָם לְכוּ וְנֵלְכָה הַגִּלְגָּל וּנְחַדֵּשׁ שָׁם הַמְּלוּכָה:
15 וְאִם־לֹא תִשְׁמְעוּ בְּקוֹל יְהֹוָה וּמְרִיתֶם אֶת־פִּי 15 וַיֵּלְכוּ כָל־הָעָם הַגִּלְגָּל וַיַּמְלִכוּ שָׁם אֶת־שָׁאוּל לִפְנֵי
יְהֹוָה וְהָיְתָה יַד־יְהֹוָה בָּכֶם וּבַאֲבֹתֵיכֶם: 16 גַּם־ יְהֹוָה בַּגִּלְגָּל וַיִּזְבְּחוּ־שָׁם זְבָחִים שְׁלָמִים לִפְנֵי יְהֹוָה
עַתָּה הִתְיַצְּבוּ וּרְאוּ אֶת־הַדָּבָר הַגָּדוֹל הַזֶּה אֲשֶׁר וַיִּשְׂמַח שָׁם שָׁאוּל וְכָל־אַנְשֵׁי יִשְׂרָאֵל עַד־מְאֹד:
17 יְהֹוָה עֹשֶׂה לְעֵינֵיכֶם: הֲלוֹא קְצִיר־חִטִּים הַיּוֹם
אֶקְרָא אֶל־יְהֹוָה וְיִתֵּן קֹלוֹת וּמָטָר וּדְעוּ וּרְאוּ **CAP. XII.** יב
בְּרָעַתְכֶם רַבָּה אֲשֶׁר עֲשִׂיתֶם בְּעֵינֵי יְהֹוָה לִשְׁאוֹל 1 וַיֹּאמֶר שְׁמוּאֵל אֶל־כָּל־יִשְׂרָאֵל הִנֵּה שָׁמַעְתִּי
18 לָכֶם מֶלֶךְ: וַיִּקְרָא שְׁמוּאֵל אֶל־יְהֹוָה וַיִּתֵּן יְהֹוָה בְקֹלְכֶם לְכֹל אֲשֶׁר־אֲמַרְתֶּם לִי וָאַמְלִיךְ עֲלֵיכֶם
קֹלֹת וּמָטָר בַּיּוֹם הַהוּא וַיִּירָא כָל־הָעָם מְאֹד 2 מֶלֶךְ: וְעַתָּה הִנֵּה הַמֶּלֶךְ מִתְהַלֵּךְ לִפְנֵיכֶם
19 אֶת־יְהֹוָה וְאֶת־שְׁמוּאֵל: וַיֹּאמְרוּ כָל־הָעָם אֶל־ וַאֲנִי זָקַנְתִּי וָשַׂבְתִּי וּבָנַי הִנָּם אִתְּכֶם וַאֲנִי
שְׁמוּאֵל הִתְפַּלֵּל בְּעַד־עֲבָדֶיךָ אֶל־יְהֹוָה אֱלֹהֶיךָ 3 הִתְהַלַּכְתִּי לִפְנֵיכֶם מִנְּעֻרַי עַד־הַיּוֹם הַזֶּה: הִנְנִי
וְאַל־נָמוּת כִּי־יָסַפְנוּ עַל־כָּל־חַטֹּאתֵינוּ רָעָה לִשְׁאֹל עֲנוּ בִי נֶגֶד יְהֹוָה וְנֶגֶד מְשִׁיחוֹ אֶת־שׁוֹר מִי
20 לָנוּ מֶלֶךְ: וַיֹּאמֶר שְׁמוּאֵל אֶל־הָעָם אַל־תִּירָאוּ לָקַחְתִּי וַחֲמוֹר מִי לָקַחְתִּי וְאֶת־מִי עָשַׁקְתִּי אֶת־מִי
אַתֶּם עֲשִׂיתֶם אֵת כָּל־הָרָעָה הַזֹּאת אַךְ אַל־ רַצּוֹתִי וּמִיַּד־מִי לָקַחְתִּי כֹפֶר וְאַעְלִים עֵינַי בּוֹ
21 תָּסוּרוּ מֵאַחֲרֵי יְהֹוָה וַעֲבַדְתֶּם אֶת־יְהֹוָה בְּכָל־ 4 וְאָשִׁיב לָכֶם: וַיֹּאמְרוּ לֹא עֲשַׁקְתָּנוּ וְלֹא רַצּוֹתָנוּ
לְבַבְכֶם: וְלֹא תָּסוּרוּ כִּי אַחֲרֵי הַתֹּהוּ אֲשֶׁר לֹא־ 5 וְלֹא־לָקַחְתָּ מִיַּד־אִישׁ מְאוּמָה: וַיֹּאמֶר אֲלֵיהֶם
22 יוֹעִילוּ וְלֹא יַצִּילוּ כִּי־תֹהוּ הֵמָּה: כִּי לֹא־יִטֹּשׁ עֵד יְהֹוָה בָּכֶם וְעֵד מְשִׁיחוֹ הַיּוֹם הַזֶּה כִּי לֹא
יְהֹוָה אֶת־עַמּוֹ בַּעֲבוּר שְׁמוֹ הַגָּדוֹל כִּי הוֹאִיל 6 מְצָאתֶם בְּיָדִי מְאוּמָה וַיֹּאמֶר עֵד: וַיֹּאמֶר
23 יְהֹוָה לַעֲשׂוֹת אֶתְכֶם לוֹ לְעָם: גַּם אָנֹכִי חָלִילָה שְׁמוּאֵל אֶל־הָעָם יְהֹוָה אֲשֶׁר עָשָׂה אֶת־מֹשֶׁה
וְאֶת־אַהֲרֹן וַאֲשֶׁר הֶעֱלָה אֶת־אֲבֹתֵיכֶם מֵאֶרֶץ

that came, Thus shall ye say unto the men of Jabesh-gilead, To-morrow, by *that time* the sun be hot, ye shall have β help. And the messengers came and shewed *it* to the men of Jabesh; and ᶜ they were glad.

10 Therefore the men of Jabesh said, To-morrow we will come out ᵈ unto you, and ye shall do with us all that seemeth good unto you.

11 And it was *so* on the morrow, that Saul put the people in three ʰ companies; and they came into the midst of the host in the morning-watch, and slew the Ammonites until the heat of the day : and it came to pass, that they which remained were scattered, so that two of them were not left together.

12 And the people said unto Samuel, Who *is* he that said,ˡ Shall Saul reign over us? bring ᵐ the men, that we may put them to death.

13 And Saul said, There° shall not a man be put to death this day: for to-day the LORD hath wrought salvation ᵖ in Israel.

14 Then said Samuel to the people, Come, and let us go to Gilgal,�q and renew the kingdom there.

15 And all the people went to Gilgal; and there they made Saul king before the LORD in Gilgal: and there they sacrificed sacrifices of peace-offerings before the LORD ; and there Saul and all the men of Israel rejoiced greatly.

CHAP. XII.

AND Samuel said unto all Israel, Behold, I have hearkened unto your voice in all that ye said ᵘ unto me, and have made ᵛ a king over you.

2 And now, behold, the king walketh before you: and I am old and grayheaded; and, behold, my sons *are* with you; and I have walked before you from my childhood unto this day.

3 Behold, here I *am :* witness against me before the LORD, and before his anointed : whose ʸ ox have I taken? or whose ass have I taken? or whom have I defrauded? whom have I oppressed? or of whose hand have I received *any* ζ bribe to η blind ˢ mine eyes therewith? and I will restore ᵇ it you.

4 And they said, Thou hast not defrauded us, nor oppressed us, neither hast thou taken ought of any man's hand.

5 And he said unto them, The LORD *is* witness against you, and his anointed *is* witness this day, that° ye have not found ought in my hand. And they answered, *He is* witness.

6 And Samuel said unto the people, *It is* the LORD that θ advanced Moses and Aaron, and that brought your fathers up out of the land of Egypt.

7 Now therefore stand still, that I may reason ⁱ with you before the LORD of all the λ righteous acts of the LORD, which he did μ to you and to your fathers.

8 When Jacob was come into Egypt, and your fathers cried unto the LORD, then the LORD sent ᵐ Moses and Aaron, which brought forth your fathers out of Egypt, and made them dwell in this place.

9 And when they forgat the LORD their God, he sold them into the hand of Sisera,ⁿ captain of the host of Hazor, and into the hand of the ° Philistines, and into the hand of the king of �q Moab; and they fought against them.

B. C. 1095.

a Ju.10.10,&c
β or, *deliverance.*
b Ju. 2. 13.
c ch. 31. 11.
d ver. 3.
e Ju.6. 14,32.
f Ju.11.1,&c.
g ch. 7. 13.
h Ju. 7. 16.
i ch. 11. 2.
k Hos.13.11.
l ch. 10. 27.
m Lu. 19. 27.
n Jos. 24. 14, 20.
Ps.81.12.15
o ch. 14. 45.
2Sa. 19. 22.
γ *mouth.*
p ch. 19. 5.
Is. 59. 16.
δ *be after.*
q ch. 10. 8.
r Le.26.14,&c
s ver. 9.
t Ja. 5.16..18.
u ch.8.5,19,20
v ch. 10. 24.
11. 14, 15.
w Ex. 14. 31.
Ezr. 10. 9.
x Ex. 9. 28.
10. 17.
Is. 26. 16.
1 Jnᵒ. 5.16.
y Nu. 16. 15.
Ac. 20. 33.
2Co. 12. 14.
ζ *ransom.*
η or, *that I should hide mine eyes at him.*
z De. 16. 19.
a De. 11. 16.
Je. 3. 1.
b Ex. 22. 4.
c Je. 16. 19.
Jon. 2. 8.
d Hab. 2. 18.
e Ac.24.16,20
f La.3.31,32.
g Eze.20.9,14
θ or, *made.*
κ *from.*
h Col. 1. 9.
i Is. 1. 18.
Mi. 6. 2, 3.
k Ec. 12. 13.
λ *righteousnesses, or, benefits.*
Ju. 5. 11.
μ *with.*
ν or, *what a great thing.*
l De. 28. 36.
m Ex. 3. 10.
π *the son of one year in his reigning.*
n Ju. 4. 2.
o Ju. 10. 7.
13. 1.
p ch. 10. 26.
q Ju. 3. 12.
r ch. 10. 5.

10 And ᵃ they cried unto the LORD, and said, We have sinned, because we have forsaken the LORD, and ᵇ have served Baalim and Ashtaroth : but now deliver us out of the hand of our enemies, and we will serve thee.

11 And the LORD sent Jerubbaal,ᵉ and Bedan, and Jephthah,ᶠ and Samuel,ᵍ and delivered you out of the hand of your enemies on every side, and ye dwelled safe.

12 And when ye saw that ⁱ Nahash, the king of the children of Ammon, came against you, ye said unto me, Nay ; but a king shall reign over us : when the LORD your God *was* your king.

13 Now therefore behold the king whom ye have chosen, *and* whom ye have desired! and, behold, the ᵏ LORD hath set a king over you.

14 If ⁿ ye will fear the LORD, and serve him, and obey his voice, and not rebel against the γcommandment of the LORD, then shall both ye, and also the king that reigneth over you, δ continue following the LORD your God :

15 But if ye will not obey the voice of the LORD, but rebel against the commandment of the LORD, then ʳ shall the hand of the LORD be against you, as *it was* ˢ against your fathers.

16 Now therefore stand and see this great thing, which the LORD will do before your eyes.

17 *Is it* not wheat-harvest to day? I will ᵗ call unto the LORD, and he shall send thunder and rain ; that ye may perceive and see that your wickedness *is* great, which ye have done in the sight of the LORD, in asking you a king.

18 So Samuel called unto the LORD; and the LORD sent thunder and rain that day : and ʷ all the people greatly feared the LORD and Samuel.

19 And all the people said unto Samuel, Pray ˣ for thy servants unto the LORD thy God, that we die not: for we have added unto all our sins *this* evil, to ask us a king.

20 And Samuel said unto the people, Fear not: (ye have done all this wickedness ; yet ᵃ turn not aside from following the LORD, but serve the LORD with all your heart ;

21 And turn ye not aside : for *then should* ye go after vain *things*, which ᶜ cannot profit nor deliver ; for they *are* vain :)ᵈ

22 For the LORD will not forsake ᶠ his people for ᵍ his great name's sake; because it hath pleased the LORD to make you his people.

23 Moreover, as for me, God forbid that I should sin against the LORD κ in ceasing to pray ʰ for you : but I will teach you the good and the right way :

24 Only fear ᵏ the LORD, and serve him in truth with all your heart : for consider how ν great *things* he hath done for you.

25 But if ye shall still do wickedly, ye shall be consumed, both ˡ ye and your king.

CHAP. XIII.

SAUL π reigned one year ; and when he had reigned two years over Israel,

2 Saul chose him three thousand *men* of Israel ; *whereof* two thousand were with Saul in Michmash and in mount Beth-el, and a thousand were with Jonathan in Gibeah ᵖ of Benjamin : and the rest of the people he sent every man to his tent.

3 And Jonathan smote the garrison ʳ of

24 אַ֣ךְ ׀ יְר֣אוּ אֶת־יְהוָ֗ה וַעֲבַדְתֶּ֥ם אֹת֛וֹ בֶּאֱמֶ֖ת בְּכָל־לְבַבְכֶ֑ם כִּ֣י רְא֔וּ אֵ֥ת אֲשֶׁר־הִגְדִּ֖ל עִמָּכֶֽם׃

25 וְאִם־הָרֵ֖עַ תָּרֵ֑עוּ גַּם־אַתֶּ֥ם גַּֽם־מַלְכְּכֶ֖ם תִּסָּפֽוּ׃

CAP. XIII. יג

1 בֶּן־שָׁנָ֖ה שָׁא֣וּל בְּמָלְכ֑וֹ וּשְׁתֵּ֣י שָׁנִ֔ים מָלַ֖ךְ עַל־יִשְׂרָאֵֽל׃

2 וַיִּבְחַר־ל֨וֹ שָׁא֜וּל שְׁלֹ֣שֶׁת אֲלָפִים֮ מִיִּשְׂרָאֵל֒ וַיִּהְי֣וּ עִם־שָׁא֗וּל אַלְפַּ֙יִם֙ בְּמִכְמָ֣שׂ וּבְהַ֣ר בֵּֽית־אֵ֔ל וְאֶ֗לֶף הָיוּ֙ עִם־י֣וֹנָתָ֔ן בְּגִבְעַ֖ת בִּנְיָמִ֑ין וְיֶ֣תֶר הָעָ֔ם שִׁלַּ֖ח אִ֥ישׁ לְאֹהָלָֽיו׃

3 וַיַּ֣ךְ יוֹנָתָ֗ן אֵ֣ת נְצִ֤יב פְּלִשְׁתִּים֙ אֲשֶׁ֣ר בְּגֶ֔בַע וַֽיִּשְׁמְע֖וּ פְּלִשְׁתִּ֑ים וְשָׁאוּל֩ תָּקַ֨ע בַּשּׁוֹפָ֤ר בְּכָל־הָאָ֙רֶץ֙ לֵאמֹ֔ר יִשְׁמְע֖וּ הָעִבְרִֽים׃

4 וְכָל־יִשְׂרָאֵ֞ל שָׁמְע֣וּ לֵאמֹ֗ר הִכָּ֤ה שָׁאוּל֙ אֶת־נְצִ֣יב פְּלִשְׁתִּ֔ים וְגַם־נִבְאַ֥שׁ יִשְׂרָאֵ֖ל בַּפְּלִשְׁתִּ֑ים וַיִּצָּעֲק֥וּ הָעָ֛ם אַחֲרֵ֥י שָׁא֖וּל הַגִּלְגָּֽל׃

5 וּפְלִשְׁתִּ֞ים נֶאֶסְפ֣וּ ׀ לְהִלָּחֵ֣ם עִם־יִשְׂרָאֵ֗ל שְׁלֹשִׁ֨ים אֶ֤לֶף רֶ֙כֶב֙ וְשֵׁ֣שֶׁת אֲלָפִים֙ פָּ֣רָשִׁ֔ים וְעָ֕ם כַּח֛וֹל אֲשֶׁ֥ר עַל־שְׂפַֽת־הַיָּ֖ם לָרֹ֑ב וַֽיַּעֲלוּ֙ וַיַּחֲנ֣וּ בְמִכְמָ֔שׂ קִדְמַ֖ת בֵּ֥ית אָֽוֶן׃

6 וְאִ֨ישׁ יִשְׂרָאֵ֤ל רָאוּ֙ כִּ֣י צַר־ל֔וֹ כִּ֥י נִגַּ֖שׂ הָעָ֑ם וַיִּֽתְחַבְּא֣וּ הָעָ֗ם בַּמְּעָר֤וֹת וּבַֽחֲוָחִים֙ וּבַסְּלָעִ֔ים וּבַצְּרִחִ֖ים וּבַבֹּרֽוֹת׃

7 וְעִבְרִ֗ים עָֽבְרוּ֙ אֶת־הַיַּרְדֵּ֔ן אֶ֥רֶץ גָּ֖ד וְגִלְעָ֑ד וְשָׁאוּל֙ עוֹדֶ֣נּוּ בַגִּלְגָּ֔ל וְכָל־הָעָ֖ם חָרְד֥וּ אַחֲרָֽיו׃

8 וַיּ֣וֹחֶל ׀ שִׁבְעַ֣ת יָמִ֗ים לַמּוֹעֵד֙ אֲשֶׁ֣ר שְׁמוּאֵ֔ל וְלֹא־בָ֥א שְׁמוּאֵ֖ל הַגִּלְגָּ֑ל וַיָּ֥פֶץ הָעָ֖ם מֵעָלָֽיו׃

9 וַיֹּ֣אמֶר שָׁא֔וּל הַגִּ֣שׁוּ אֵלַ֔י הָעֹלָ֖ה וְהַשְּׁלָמִ֑ים וַיַּ֖עַל הָעֹלָֽה׃

10 וַיְהִ֗י כְּכַלֹּתוֹ֙ לְהַעֲל֣וֹת הָעֹלָ֔ה וְהִנֵּ֥ה שְׁמוּאֵ֖ל בָּ֑א וַיֵּצֵ֥א שָׁא֛וּל לִקְרָאת֖וֹ לְבָרֲכֽוֹ׃

11 וַיֹּ֤אמֶר שְׁמוּאֵל֙ מֶ֣ה עָשִׂ֔יתָ וַיֹּ֣אמֶר שָׁא֡וּל כִּֽי־רָאִיתִי֩ כִֽי־נָפַ֨ץ הָעָ֜ם מֵעָלַ֗י וְאַתָּה֙ לֹא־בָ֙אתָ֙ לְמוֹעֵ֣ד הַיָּמִ֔ים וּפְלִשְׁתִּ֖ים נֶאֱסָפִ֥ים מִכְמָֽשׂ׃

12 וָאֹמַ֗ר עַ֠תָּה יֵרְד֨וּ פְלִשְׁתִּ֤ים אֵלַי֙ הַגִּלְגָּ֔ל וּפְנֵ֥י יְהוָ֖ה לֹ֣א חִלִּ֑יתִי וָֽאֶתְאַפַּ֔ק וָאַעֲלֶ֖ה הָעֹלָֽה׃

13 וַיֹּ֧אמֶר שְׁמוּאֵ֛ל אֶל־שָׁא֖וּל נִסְכָּ֑לְתָּ לֹ֣א שָׁמַ֗רְתָּ אֶת־מִצְוַ֞ת יְהוָ֤ה אֱלֹהֶ֙יךָ֙ אֲשֶׁ֣ר צִוָּ֔ךְ כִּ֣י עַתָּ֗ה הֵכִ֨ין יְהוָ֧ה אֶת־מַֽמְלַכְתְּךָ֛ אֶל־יִשְׂרָאֵ֖ל עַד־עוֹלָֽם׃

14 וְעַתָּ֖ה מַמְלַכְתְּךָ֣ לֹא־תָק֑וּם בִּקֵּשׁ֩ יְהוָ֨ה ל֜וֹ אִ֣ישׁ כִּלְבָב֗וֹ וַיְצַוֵּ֨הוּ יְהוָ֤ה לְנָגִיד֙ עַל־עַמּ֔וֹ כִּ֚י לֹ֣א שָׁמַ֔רְתָּ אֵ֥ת אֲשֶֽׁר־צִוְּךָ֖ יְהוָֽה׃

15 וַיָּ֣קָם שְׁמוּאֵ֗ל וַיַּ֛עַל מִן־הַגִּלְגָּ֖ל גִּבְעַ֣ת בִּנְיָמִ֑ן וַיִּפְקֹ֣ד שָׁא֗וּל אֶת־הָעָם֙ הַנִּמְצְאִ֣ים עִמּ֔וֹ כְּשֵׁ֥שׁ מֵא֖וֹת אִֽישׁ׃

16 וְשָׁא֞וּל וְיוֹנָתָ֣ן בְּנ֗וֹ וְהָעָם֙ הַנִּמְצָ֣א עִמָּ֔ם יֹשְׁבִ֖ים בְּגֶ֣בַע בִּנְיָמִ֑ן וּפְלִשְׁתִּ֖ים חָנ֥וּ בְמִכְמָֽשׂ׃

17 וַיֵּצֵ֧א הַמַּשְׁחִ֛ית מִמַּחֲנֵ֥ה פְלִשְׁתִּ֖ים שְׁלֹשָׁ֣ה רָאשִׁ֑ים הָרֹ֨אשׁ אֶחָ֜ד יִפְנֶ֛ה אֶל־דֶּ֥רֶךְ עָפְרָ֖ה אֶל־אֶ֥רֶץ שׁוּעָֽל׃

18 וְהָרֹ֤אשׁ אֶחָד֙ יִפְנֶ֔ה דֶּ֖רֶךְ בֵּ֣ית חֹר֑וֹן וְהָרֹ֨אשׁ אֶחָ֤ד יִפְנֶה֙ דֶּ֣רֶךְ הַגְּב֔וּל הַנִּשְׁקָ֛ף עַל־גֵּ֥י הַצְּבֹעִ֖ים הַמִּדְבָּֽרָה׃

19 וְחָרָשׁ֙ לֹ֣א יִמָּצֵ֔א בְּכֹ֖ל אֶ֣רֶץ יִשְׂרָאֵ֑ל כִּֽי־אָמַ֣ר פְּלִשְׁתִּ֔ים פֶּ֚ן יַעֲשׂ֣וּ הָעִבְרִ֔ים חֶ֖רֶב א֥וֹ חֲנִֽית׃

20 וַיֵּרְד֥וּ כָל־יִשְׂרָאֵ֖ל הַפְּלִשְׁתִּ֑ים לִ֠לְטוֹשׁ אִ֣ישׁ אֶת־מַחֲרַשְׁתּ֤וֹ וְאֶת־אֵתוֹ֙ וְאֶת־קַרְדֻּמּ֔וֹ וְאֵ֖ת מַחֲרֵשָׁתֽוֹ׃

21 וְֽהָיְתָ֞ה הַפְּצִירָ֣ה פִ֗ים לַמַּֽחֲרֵשֹׁת֙ וְלָ֣אֵתִ֔ים וְלִשְׁלֹ֥שׁ קִלְּשׁ֖וֹן וּלְהַקַּרְדֻּמִּ֑ים וּלְהַצִּ֖יב הַדָּרְבָֽן׃

22 וְהָיָה֙ בְּי֣וֹם מִלְחֶ֔מֶת וְלֹ֨א נִמְצָ֜א חֶ֤רֶב וַחֲנִית֙ בְּיַ֣ד כָּל־הָעָ֔ם אֲשֶׁ֥ר אֶת־שָׁא֖וּל וְאֶת־יוֹנָתָ֑ן וַתִּמָּצֵ֣א לְשָׁא֔וּל וּלְיוֹנָתָ֖ן בְּנֽוֹ׃

23 וַיֵּצֵא֙ מַצַּ֣ב פְּלִשְׁתִּ֔ים אֶֽל־מַעֲבַ֖ר מִכְמָֽשׂ׃

CAP. XIV. יד

1 וַיְהִ֣י הַיּ֗וֹם וַיֹּ֨אמֶר יוֹנָתָ֤ן בֶּן־שָׁאוּל֙ אֶל־הַנַּ֙עַר֙ נֹשֵׂ֣א כֵלָ֔יו לְכָ֗ה וְנַעְבְּרָה֙ אֶל־מַצַּ֣ב פְּלִשְׁתִּ֔ים אֲשֶׁ֖ר מֵעֵ֣בֶר הַלָּ֑ז וּלְאָבִ֖יו לֹ֥א הִגִּֽיד׃

2 וְשָׁא֗וּל יוֹשֵׁב֙ בִּקְצֵ֣ה הַגִּבְעָ֔ה תַּ֥חַת הָרִמּ֖וֹן אֲשֶׁ֣ר בְּמִגְר֑וֹן וְהָעָם֙ אֲשֶׁ֣ר עִמּ֔וֹ כְּשֵׁ֥שׁ מֵא֖וֹת אִֽישׁ׃

3 וַאֲחִיָּ֣ה בֶן־אֲחִט֡וּב אֲחִ֣י אִיכָב֣וֹד ׀ בֶּן־פִּֽינְחָ֨ס בֶּן־עֵלִ֜י כֹּהֵ֧ן ׀ יְהוָ֛ה בְּשִׁל֖וֹ נֹשֵׂ֣א אֵפ֑וֹד וְהָעָם֙ לֹ֣א יָדַ֔ע כִּ֥י הָלַ֖ךְ יוֹנָתָֽן׃

4 וּבֵ֣ין הַֽמַּעְבְּר֗וֹת אֲשֶׁ֨ר בִּקֵּ֤שׁ יֽוֹנָתָן֙ לַֽעֲבֹר֙ עַל־מַצַּ֣ב פְּלִשְׁתִּ֔ים שֵׁן־הַסֶּ֤לַע מֵהָעֵ֙בֶר֙ מִזֶּ֔ה וְשֵׁן־הַסֶּ֥לַע מֵהָעֵ֖בֶר מִזֶּ֑ה וְשֵׁ֤ם הָֽאֶחָד֙ בּוֹצֵ֔ץ וְשֵׁ֥ם הָאֶחָ֖ד סֶֽנֶּה׃

5 הַשֵּׁ֧ן הָאֶחָ֛ד מָצ֥וּק מִצָּפ֖וֹן מ֣וּל מִכְמָ֑שׂ וְהָאֶחָ֥ד מִנֶּ֖גֶב מ֥וּל גָּֽבַע׃

6 וַיֹּ֨אמֶר יְהוֹנָתָ֜ן אֶל־הַנַּ֣עַר ׀ נֹשֵׂ֣א כֵלָ֗יו לְכָה֙ וְנַעְבְּרָ֗ה אֶל־מַצַּב֙ הָעֲרֵלִ֣ים הָאֵ֔לֶּה אוּלַ֛י יַעֲשֶׂ֥ה יְהוָ֖ה לָ֑נוּ כִּ֣י אֵ֤ין לַֽיהוָה֙ מַעְצ֔וֹר לְהוֹשִׁ֥יעַ בְּרַ֖ב א֥וֹ בִמְעָֽט׃

7 וַיֹּ֤אמֶר לוֹ֙ נֹשֵׂ֣א כֵלָ֔יו עֲשֵׂ֖ה כָּל־אֲשֶׁ֣ר בִּלְבָבֶ֑ךָ נְטֵ֣ה לָ֔ךְ הִנְנִ֥י עִמְּךָ֖ כִּלְבָבֶֽךָ׃

8 וַיֹּ֙אמֶר֙ יְה֣וֹנָתָ֔ן הִנֵּ֛ה אֲנַ֥חְנוּ עֹבְרִ֖ים אֶל־הָאֲנָשִׁ֑ים וְנִגְלִ֖ינוּ אֲלֵיהֶֽם׃

9 אִם־כֹּ֤ה יֹֽאמְרוּ֙ אֵלֵ֔ינוּ דֹּ֕מּוּ עַד־הַגִּיעֵ֖נוּ אֲלֵיכֶ֑ם וְעָמַ֣דְנוּ תַחְתֵּ֔ינוּ וְלֹ֥א נַעֲלֶ֖ה אֲלֵיהֶֽם׃

10 וְאִם־כֹּ֨ה יֹאמְר֜וּ עֲלֵ֤ה עָלֵ֙ינוּ֙ וְעָלִ֔ינוּ כִּֽי־ ...

the Philistines that *was* in β Geba; and the Philistines heard *of it.* And Saul blew the trumpet throughout all the land, saying, Let the Hebrews hear.

4 And all Israel heard say, *that* Saul had smitten a garrison of the Philistines, and *that* Israel also γ was had in abomination with the Philistines. And the people were called together after Saul to Gilgal.

5 And the Philistines gathered themselves together to fight with Israel, thirty thousand chariots, and six thousand horsemen, and people as the sand which *is* on the sea-shore, in multitude: and they came up and pitched in Michmash, eastward from Beth-aven. *b*

6 When the men of Israel saw that they were in a strait, *c* (for the people were distressed,) then the people did hide themselves *e* in caves, and in thickets, and in rocks, and in high places, and in pits.

7 And *some* of the Hebrews went over Jordan to the land of Gad and Gilead. As for Saul, he *was* yet in Gilgal; and all the people κ followed him trembling.

8 And he tarried seven days, according to the set time*f* that Samuel *had appointed:* but Samuel came not to Gilgal; and the people were scattered from him.

9 And Saul said, Bring hither a burnt-offering to me, and peace-offerings. And he offered the burnt-offering.

10 And it came to pass, that, as soon as he had made an end of offering the burnt-offering, behold, Samuel came; and Saul went out to meet him, that he might λ salute him.

11 And Samuel said, What hast thou done? And Saul said, Because I saw that the people were scattered from me, and *that* thou camest not within the days appointed, and *that* the Philistines gathered themselves together at Michmash;

12 Therefore said I, The Philistines will come down now upon me to Gilgal, and I have not ν made supplication unto the LORD: I forced myself, therefore, and offered a burnt-offering.

13 And Samuel said to Saul, *m* Thou hast done foolishly: thou *o* hast not kept the commandment of the LORD thy God, which he commanded thee: for now would the LORD have established thy kingdom upon Israel for ever.

14 But now thy kingdom shall not continue: the LORD hath sought him a *q* man after his own heart, and the LORD hath commanded him *to be* captain over his people, because thou hast not kept *that* which the LORD commanded thee.

15 And Samuel arose, & gat him up from Gilgal unto Gibeah of Benjamin. And Saul numbered the people *that were* present ρ with him, about*s* six hundred men.

16 And Saul, and Jonathan his son, and the people *that were* present with them, abode in σ Gibeah of Benjamin: but the Philistines encamped in Michmash.

17 And the spoilers came out of the camp of the Philistines in three companies: one company turned unto the way *that leadeth to* Ophrah, *v* unto the land of Shual:

18 And another company turned the way *to* Beth-horon:*x* and another company turned *to* the way of the border that looketh to the valley of*y* Zeboim, toward the wilderness.

19 Now there was no smith*a* found

B. C. 1093.

β *or, the hill.*

γ *did stink.* Ge. 34. 30. Ex. 5. 21.

δ *file with mouths.*

ζ *set.*

a Ju. 5. 8.

b Jos. 7. 2.

η *or, standing camp.*

c 2 Sa. 24. 14.

d Is. 10. 28.

e ch. 14. 11. Ju. 6. 2.

θ *or, there was a day.*

κ *trembled after him.*

f ch. 10. 8.

g ch. 13. 15.

h called *Ahimelech.* ch. 22. 9, 11, 20.

i ch. 4. 21.

k ch. 2. 28.

λ *bless.*

l ch. 13. 23.

μ *tooth.*

ν *intreated the face.*

m 2 Ch. 16. 9.

n De. 32. 36. Ju. 7. 4, 7. 2Ch. 14. 11.

o ch. 15. 11, 28.

p Ju. 7. 9. 11.

q Ps. 89. 20. Ac. 13. 22.

π *be still.*

r Ge. 24. 14.

ρ *found.*

s ch. 14. 2.

σ *Gebah.* ver. 3.

t ch. 13. 6.

u 2 Ki. 14. 8.

v Jos. 18. 23.

w 2 Sa. 5. 24.

x Jos. 16. 3.

y Ge. 14. 2. Ne. 11. 34. Hos. 11. 8.

z Le. 26. 8.

a 2 Ki. 24. 14. Is. 54. 16. Je. 24. 1.

throughout all the land of Israel; (for the Philistines said, Lest the Hebrews make *them* swords or spears;)

20 But all the Israelites went down to the Philistines, to sharpen every man his share, and his coulter, and his axe, and his mattock.

21 Yet they had a δ file for the mattocks, and for the coulters, and for the forks, and for the axes, and for ζ sharpen the goads.

22 So *a* it came to pass, in the day of battle, that there was neither sword nor spear found in the hand of any of the people that *were* with Saul and Jonathan: but with Saul, and with Jonathan his son, was there found.

23 And the η garrison of the Philistines went out to the passage of *d* Michmash.

CHAP. XIV.

NOW θ it came to pass upon a day, that Jonathan the son of Saul said unto the young man that bare his armour, Come, and let us go over to the Philistines' garrison on the other side. But he told not his father.

2 And Saul tarried in the uttermost part of Gibeah under a pomegranate-tree which *is* in Migron: and the people that *were* with him *were* about*g* six hundred men;

3 And Ahiah *h* the son of Ahitub, I-chabod's *i* brother, the son of Phinehas, the son of Eli, the LORD's priest in Shiloh, wearing an ephod.*k* And the people knew not that Jonathan was gone.

4 And between the passages, by which Jonathan sought to go over unto the Philistines' garrison,*l there was* a sharp rock on the one side, & a sharp rock on the other side: and the name of the one *was* Bozez, and the name of the other Seneh.

5 The μ fore front of the one was situate northward over against Michmash, and the other southward over against Gibeah.

6 And Jonathan said to the young man that bare his armour, Come, and let us go over unto the garrison of these uncircumcised: it may be that the LORD will work for us: for *there is* no restraint to the LORD to*n* save by many or by few.

7 And his armour-bearer said unto him, Do all that *is* in thine heart: turn thee; behold, I *am* with thee according to thy heart.

8 Then said Jonathan, Behold, we will pass over*p* unto *these* men, and we will discover ourselves unto them.

9 If they say thus unto us, π Tarry until we come to you; then we will stand still in our place, and will not go up unto them.

10 But if they say thus, Come up unto us; then we will go up; for the LORD hath delivered them into our hand; and this *shall be* a sign*r* unto us.

11 And both of them discovered themselves unto the garrison of the Philistines: and the Philistines said, Behold, the Hebrews come forth out of the*t* holes where they had hid themselves.

12 And the men of the garrison answered Jonathan and his armour-bearer, and said, Come*u* up to us, and we will shew you a thing. And Jonathan said unto his armour-bearer, Come up after me; for*w* the LORD hath delivered them into the hand of Israel.

13 And Jonathan climbed up upon his hands & upon his feet, & his armour-bearer after him: and *z* they fell before Jonathan: and his armour-bearer slew after him.

11 וַיִּגָּלוּ שְׁנֵיהֶם אֶל־מַצַּב פְּלִשְׁתִּים וַיֹּאמְרוּ פְלִשְׁתִּים הִנֵּה עִבְרִים יֹצְאִים מִן־הַחֹרִים אֲשֶׁר הִתְחַבְּאוּ־שָׁם׃

12 וַיַּעֲנוּ אַנְשֵׁי הַמַּצָּבָה אֶת־יוֹנָתָן וְאֶת־נֹשֵׂא כֵלָיו וַיֹּאמְרוּ עֲלוּ אֵלֵינוּ וְנוֹדִיעָה אֶתְכֶם דָּבָר וַיֹּאמֶר יוֹנָתָן אֶל־נֹשֵׂא כֵלָיו עֲלֵה אַחֲרַי כִּי־נְתָנָם יְהוָה בְּיַד יִשְׂרָאֵל׃

13 וַיַּעַל יוֹנָתָן עַל־יָדָיו וְעַל־רַגְלָיו וְנֹשֵׂא כֵלָיו אַחֲרָיו וַיִּפְּלוּ לִפְנֵי יוֹנָתָן וְנֹשֵׂא כֵלָיו מְמוֹתֵת אַחֲרָיו׃

14 וַתְּהִי הַמַּכָּה הָרִאשֹׁנָה אֲשֶׁר הִכָּה יוֹנָתָן וְנֹשֵׂא כֵלָיו כְּעֶשְׂרִים אִישׁ כְּבַחֲצִי מַעֲנָה צֶמֶד שָׂדֶה׃

15 וַתְּהִי חֲרָדָה בַמַּחֲנֶה בַשָּׂדֶה וּבְכָל־הָעָם הַמַּצָּב וְהַמַּשְׁחִית חָרְדוּ גַּם־הֵמָּה וַתִּרְגַּז הָאָרֶץ וַתְּהִי לְחֶרְדַּת אֱלֹהִים׃

16 וַיִּרְאוּ הַצֹּפִים לְשָׁאוּל בְּגִבְעַת בִּנְיָמִן וְהִנֵּה הֶהָמוֹן נָמוֹג וַיֵּלֶךְ וַהֲלֹם׃

17 וַיֹּאמֶר שָׁאוּל לָעָם אֲשֶׁר אִתּוֹ פִּקְדוּ־נָא וּרְאוּ מִי הָלַךְ מֵעִמָּנוּ וַיִּפְקְדוּ וְהִנֵּה אֵין יוֹנָתָן וְנֹשֵׂא כֵלָיו׃

18 וַיֹּאמֶר שָׁאוּל לַאֲחִיָּה הַגִּישָׁה אֲרוֹן הָאֱלֹהִים כִּי־הָיָה אֲרוֹן הָאֱלֹהִים בַּיּוֹם הַהוּא וּבְנֵי יִשְׂרָאֵל׃

19 וַיְהִי עַד דִּבֶּר שָׁאוּל אֶל־הַכֹּהֵן וְהֶהָמוֹן אֲשֶׁר בְּמַחֲנֵה פְלִשְׁתִּים וַיֵּלֶךְ הָלוֹךְ וָרָב ס

20 וַיִּזָּעֵק שָׁאוּל וְכָל־הָעָם אֲשֶׁר אִתּוֹ וַיָּבֹאוּ עַד־הַמִּלְחָמָה וְהִנֵּה הָיְתָה חֶרֶב אִישׁ בְּרֵעֵהוּ מְהוּמָה גְּדוֹלָה מְאֹד׃

21 וְהָעִבְרִים הָיוּ לַפְּלִשְׁתִּים כְּאֶתְמוֹל שִׁלְשׁוֹם אֲשֶׁר עָלוּ עִמָּם בַּמַּחֲנֶה סָבִיב וְגַם־הֵמָּה לִהְיוֹת עִם־יִשְׂרָאֵל אֲשֶׁר עִם־שָׁאוּל וְיוֹנָתָן׃

22 וְכֹל אִישׁ יִשְׂרָאֵל הַמִּתְחַבְּאִים בְּהַר־אֶפְרַיִם שָׁמְעוּ כִּי־נָסוּ פְּלִשְׁתִּים וַיַּדְבְּקוּ גַם־הֵמָּה אַחֲרֵיהֶם בַּמִּלְחָמָה׃

23 וַיּוֹשַׁע יְהוָה בַּיּוֹם הַהוּא אֶת־יִשְׂרָאֵל וְהַמִּלְחָמָה עָבְרָה אֶת־בֵּית אָוֶן׃

24 וְאִישׁ־יִשְׂרָאֵל נִגַּשׂ בַּיּוֹם הַהוּא וַיֹּאֶל שָׁאוּל אֶת־הָעָם לֵאמֹר אָרוּר הָאִישׁ אֲשֶׁר־יֹאכַל לֶחֶם עַד־הָעֶרֶב וְנִקַּמְתִּי מֵאֹיְבַי וְלֹא טָעַם כָּל־הָעָם לָחֶם׃

25 וְכָל־הָאָרֶץ בָּאוּ בַיָּעַר וַיְהִי דְבַשׁ עַל־פְּנֵי הַשָּׂדֶה׃

26 וַיָּבֹא הָעָם אֶל־הַיַּעַר וְהִנֵּה הֵלֶךְ דְּבָשׁ וְאֵין־מַשִּׂיג יָדוֹ אֶל־פִּיו כִּי־יָרֵא הָעָם אֶת־הַשְּׁבֻעָה׃

27 וְיוֹנָתָן לֹא־שָׁמַע בְּהַשְׁבִּיעַ אָבִיו אֶת־הָעָם וַיִּשְׁלַח אֶת־קְצֵה הַמַּטֶּה אֲשֶׁר בְּיָדוֹ וַיִּטְבֹּל אוֹתָהּ בְּיַעְרַת הַדְּבָשׁ וַיָּשֶׁב יָדוֹ אֶל־פִּיו וַתָּאֹרְנָה עֵינָיו׃

28 וַיַּעַן אִישׁ מֵהָעָם וַיֹּאמֶר הַשְׁבֵּעַ הִשְׁבִּיעַ אָבִיךָ אֶת־הָעָם לֵאמֹר אָרוּר הָאִישׁ אֲשֶׁר־יֹאכַל לֶחֶם הַיּוֹם וַיָּעַף הָעָם׃

29 וַיֹּאמֶר יוֹנָתָן עָכַר אָבִי אֶת־הָאָרֶץ רְאוּ־נָא כִּי־אֹרוּ עֵינַי כִּי טָעַמְתִּי מְעַט דְּבַשׁ הַזֶּה׃

30 אַף כִּי לוּא אָכֹל אָכַל הַיּוֹם הָעָם מִשְּׁלַל אֹיְבָיו אֲשֶׁר מָצָא כִּי עַתָּה לֹא־רָבְתָה מַכָּה בַּפְּלִשְׁתִּים׃

31 וַיַּכּוּ בַּיּוֹם הַהוּא בַּפְּלִשְׁתִּים מִמִּכְמָשׂ אַיָּלֹנָה וַיָּעַף הָעָם מְאֹד׃

32 וַיַּעַשׂ הָעָם אֶל־שָׁלָל וַיִּקְחוּ צֹאן וּבָקָר וּבְנֵי בָקָר וַיִּשְׁחֲטוּ־אָרְצָה וַיֹּאכַל הָעָם עַל־הַדָּם׃

33 וַיַּגִּידוּ לְשָׁאוּל לֵאמֹר הִנֵּה הָעָם חֹטִאים לַיהוָה לֶאֱכֹל עַל־הַדָּם וַיֹּאמֶר בְּגַדְתֶּם גֹּלּוּ־אֵלַי הַיּוֹם אֶבֶן גְּדוֹלָה׃

34 וַיֹּאמֶר שָׁאוּל פֻּצוּ בָעָם וַאֲמַרְתֶּם לָהֶם הַגִּישׁוּ אֵלַי אִישׁ שׁוֹרוֹ וְאִישׁ שְׂיֵהוּ וּשְׁחַטְתֶּם בָּזֶה וַאֲכַלְתֶּם וְלֹא־תֶחֶטְאוּ לַיהוָה לֶאֱכֹל אֶל־הַדָּם וַיַּגִּשׁוּ כָל־הָעָם אִישׁ שׁוֹרוֹ בְיָדוֹ הַלַּיְלָה וַיִּשְׁחֲטוּ־שָׁם׃

35 וַיִּבֶן שָׁאוּל מִזְבֵּחַ לַיהוָה אֹתוֹ הֵחֵל לִבְנוֹת מִזְבֵּחַ לַיהוָה׃

36 וַיֹּאמֶר שָׁאוּל נֵרְדָה אַחֲרֵי פְלִשְׁתִּים לַיְלָה וְנָבֹזָה בָהֶם עַד־אוֹר הַבֹּקֶר וְלֹא־נַשְׁאֵר בָּהֶם אִישׁ וַיֹּאמְרוּ כָּל־הַטּוֹב בְּעֵינֶיךָ עֲשֵׂה ס וַיֹּאמֶר הַכֹּהֵן נִקְרְבָה הֲלֹם אֶל־הָאֱלֹהִים׃

37 וַיִּשְׁאַל שָׁאוּל בֵּאלֹהִים הַאֵרֵד אַחֲרֵי פְלִשְׁתִּים הֲתִתְּנֵם בְּיַד יִשְׂרָאֵל וְלֹא עָנָהוּ בַּיּוֹם הַהוּא׃

38 וַיֹּאמֶר שָׁאוּל גֹּשׁוּ הֲלֹם כֹּל פִּנּוֹת הָעָם וּדְעוּ וּרְאוּ בַּמָּה הָיְתָה הַחַטָּאת הַזֹּאת הַיּוֹם׃

39 כִּי חַי־יְהוָה הַמּוֹשִׁיעַ אֶת־יִשְׂרָאֵל כִּי אִם־יֶשְׁנוֹ בְּיוֹנָתָן בְּנִי כִּי מוֹת יָמוּת וְאֵין עֹנֵהוּ מִכָּל־הָעָם׃

40 וַיֹּאמֶר אֶל־כָּל־יִשְׂרָאֵל אַתֶּם תִּהְיוּ לְעֵבֶר אֶחָד וַאֲנִי וְיוֹנָתָן בְּנִי נִהְיֶה לְעֵבֶר אֶחָד וַיֹּאמְרוּ הָעָם אֶל־שָׁאוּל הַטּוֹב בְּעֵינֶיךָ עֲשֵׂה׃

41 וַיֹּאמֶר שָׁאוּל אֶל־יְהוָה אֱלֹהֵי יִשְׂרָאֵל הָבָה תָמִים וַיִּלָּכֵד יוֹנָתָן וְשָׁאוּל וְהָעָם יָצָאוּ׃

42 וַיֹּאמֶר שָׁאוּל הַפִּילוּ בֵּינִי וּבֵין יוֹנָתָן בְּנִי וַיִּלָּכֵד יוֹנָתָן׃

43 וַיֹּאמֶר שָׁאוּל אֶל־יוֹנָתָן הַגִּידָה לִּי מֶה עָשִׂיתָה וַיַּגֶּד־לוֹ יוֹנָתָן וַיֹּאמֶר טָעֹם טָעַמְתִּי בִּקְצֵה הַמַּטֶּה אֲשֶׁר־בְּיָדִי מְעַט דְּבַשׁ הִנְנִי אָמוּת׃

44 וַיֹּאמֶר שָׁאוּל כֹּה־יַעֲשֶׂה אֱלֹהִים וְכֹה יוֹסִף כִּי־מוֹת תָּמוּת יוֹנָתָן׃

45 וַיֹּאמֶר הָעָם אֶל־שָׁאוּל הֲיוֹנָתָן יָמוּת אֲשֶׁר עָשָׂה הַיְשׁוּעָה הַגְּדוֹלָה הַזֹּאת בְּיִשְׂרָאֵל חָלִילָה חַי־יְהוָה אִם־יִפֹּל מִשַּׂעֲרַת רֹאשׁוֹ

14 And that first **slaughter**, which Jonathan and his armour-bearer made, was about twenty men, within as it were β an half-acre of land, *which* a yoke *of oxen might plow.*

15 And there was trembling*a* in the host, in the field, and among all the people ; the garrison, and the spoilers,*c* they also trembled ; and the earth quaked : so it was a δ very great trembling.

16 And the watchmen of Saul in Gibeah of Benjamin looked ; and, behold, the multitude melted away, and*d* they went on beating down *one another.*

17 Then said Saul unto the people that *were* with him, Number now, and see who is gone from us. And when they had numbered, behold, Jonathan and his armour-bearer *were* not *there.*

18 And Saul said unto Ahiah,*f* Bring hither the ark of God : (for y*e* ark of God was at that time with the children of Israel.)

19 And it came to pass, while Saul talked*g* unto the priest, that the θ noise that *was* in the host of the Philistines went on and increased : and Saul said unto the priest, Withdraw thine hand.

20 And Saul and all the people that *were* with him κ assembled themselves,and they came to the battle : and, behold, every man's*h* sword was against his fellow, *and* there was a very great discomfiture.

21 Moreover, the Hebrews *that* were with the Philistines before that time, which went up with them into the camp *'rom the country* round about, even they also *turned* to be with the Israelites that *were* with Saul and Jonathan.

22 Likewise all the men of Israel which had hid*m* themselves in mount Ephraim, *when* they heard that the Philistines fled, even they also followed hard after them in the battle.

23 So*n* the LORD saved Israel that day : & the battle passed over*o* unto Beth-aven.

24 And the men of Israel were distressed that day : for Saul had*q* adjured the people, saying, Cursed *be* the man that eateth *any* food until evening, that I may be avenged on mine enemies. So none of the people tasted *any* food.

25 And all *they of* y*e* land came to a wood, and there was honey*s* upon the ground.

26 And when the people were come into the wood, behold, the honey dropped ; but no man put his hand to his mouth : for the people feared the oath.

27 But Jonathan heard not when his father charged the people with the oath : wherefore he put forth the end of the rod that *was* in his hand, and dipped it in an honey-comb, and put his hand to his mouth ; and*w* his eyes were enlightened.

28 Then answered one of the people, and said, Thy father straitly charged the people with an oath, saying, Cursed *be* the man that eateth *any* food this day. And the people were π faint.

29 Then said Jonathan, My father hath troubled the land : see, I pray you, how mine eyes have been enlightened, because I tasted a little of this honey.

30 How much more, if haply the people had eaten freely to-day of the spoil of their enemies which they found ? for had there not been now a much greater slaughter among the Philistines ?

31 And they smote the Philistines that day from Michmash to Aijalon : and the

people were very faint.

32 And the people flew upon the spoil, and took sheep, and oxen, and calves, and slew *them* on the ground : and the people did eat *them* with the blood.

33 Then they told Saul, saying, Behold, the people sin *b* against the LORD, in that they eat with the blood. And he said, Ye have γ transgressed : roll a great stone unto me this day.

34 And Saul said, Disperse yourselves among the people, and say unto them, Bring me hither every man his ox, and every man his sheep, and slay *them* here, and eat ; and sin not against the LORD in eating with the blood. And all the people brought every man his ox ζ with him that night, and slew *them* there.

35 And Saul*e* built an altar unto the LORD : n the same was the first altar that he built unto the LORD.

36 And Saul said, Let us go down after the Philistines by night, and spoil them until the morning light, and let us not leave a man of them. And they said, Do whatsoever seemeth good unto thee. Then said the priest, Let us draw near hither unto God.

37 And Saul asked counsel of God, Shall I go down after the Philistines ? wilt thou deliver them into the hand of Israel ? But*i* he answered him not that day.

38 And Saul said, Draw*k* ye near hither all the λ chief of the people ; and know and see wherein this sin hath been this day :

39 For, *as l* the LORD liveth, which saveth Israel, though it be in Jonathan my son, he shall surely die. But *there was* not a man among all the people *that* answered him.

40 Then said he unto all Israel, Be ye on one side, and I and Jonathan my son will be on the other side. And the people said unto Saul, Do what seemeth good unto thee.

41 Therefore Saul said unto the LORD God of Israel, μ Give a perfect *lot.P* And Saul and Jonathan were taken : but the people ν escaped.

42 And Saul said, Cast *lots* between me and Jonathan my son. And Jonathan was taken.

43 Then Saul said to Jonathan, Tell*r* me what thou hast done. And Jonathan told him, and said, I*t* did but taste a little honey with the end of the rod that *was* in mine hand, *and*, lo, I must die.

44 And Saul answered, God*u* do so, and more also : for*v* thou shalt surely die, Jonathan.

45 And the people said unto Saul, Shall Jonathan die, who hath wrought this great salvation in Israel ? God forbid : *as* the LORD liveth, there shall not one hair*x* of his head fall to the ground ; for he hath wrought with God*y* this day. So*z* the people rescued Jonathan, that he died not.

46 Then Saul went up from following the Philistines : and the Philistines went to their own place.

47 So Saul took the kingdom over Israel, and fought against all his enemies on every side, against Moab, and against the children of Ammon,*a* and against Edom, and against the kings of Zobah,*b* and against the Philistines : and whithersoever he turned himself, he vexed *them*.

48 And he ρ gathered an host, and smote the Amalekites,*c* and delivered Israel out of the hands of them that spoiled them.

B. C. 1087.

β or, *half a furrow of an acre.*

a 2 Ki. 7. 6, 7.
Job 18. 11.
b Le. 3. 17.
17. 10.
De.12.23,24
Eze. 33. 25.
c ch. 13. 17.

γ or, *dealt treacherously.*

δ *trembling of God.*
Ge. 35. 5.

d ver. 20.

ζ *in his hand.*

e Hos. 8. 14.
f 2 Sa. 15. 24..
26.

η *that altar he began to build unto the LORD.*

g Nu. 27. 21.
θ or, *tumult.*

κ *were cried together.*

h Ju. 7. 22.
2Ch. 20. 23.
1s. 19. 2.
i ch. 28. 6.
k ch. 10. 19.
Jos.7.14,&c

λ *corners.*
Ju. 20. 2.

l 2 Sa. 12. 5.
m ch. 13. 6.
n Ex. 14. 30.
Ps. 44. 6, 7.
Hos. 1. 7.
o ch. 13. 5.

μ or, *Shew the innocent.*

p Pr. 16. 33.
Ac. 1. 24.
q Jos. 6. 26.
ν *went forth.*

r Jon.1.7..10.
s Ex. 3. 8.
Nu. 13. 27.
Mat. 3. 4.
t ver. 27.
u Ru. 1. 17.
v ver. 39.
w ch. 30. 12.
Pr.25. 16.
x 2 Sa. 14. 11.
1 Ki. 1. 52.
Lu. 21. 18.
y 2 Ch. 19.11.
1s. 13. 3.
2 Co. 6. 1.
Ph. 2.12,13.
z Is. 29.20,21.
π or, *weary.*
a ch. 11. 11.
b 2 Sa. 10. 6.
ρ or, *wrought mightily.*
c ch. 15.3, 7.

46 אֶת־יוֹנָתָן וְלֹא־מֵת: וַיַּעַל שָׁאוּל מֵאַחֲרֵי
פְּלִשְׁתִּים וּפְלִשְׁתִּים הָלְכוּ לִמְקוֹמָם: 47 וְשָׁאוּל לָכַד
הַמְּלוּכָה עַל־יִשְׂרָאֵל וַיִּלָּחֶם סָבִיב בְּכָל־אֹיְבָיו
בְּמוֹאָב וּבִבְנֵי־עַמּוֹן וּבֶאֱדוֹם וּבְמַלְכֵי צוֹבָה
וּבַפְּלִשְׁתִּים וּבְכֹל אֲשֶׁר־יִפְנֶה יַרְשִׁיעַ: 48 וַיַּעַשׂ
חַיִל וַיַּךְ אֶת־עֲמָלֵק וַיַּצֵּל אֶת־יִשְׂרָאֵל
מִיַּד שֹׁסֵהוּ: 49 וַיִּהְיוּ בְּנֵי שָׁאוּל
יוֹנָתָן וְיִשְׁוִי וּמַלְכִּי־שׁוּעַ וְשֵׁם שְׁתֵּי בְנֹתָיו שֵׁם
הַבְּכִירָה מֵרַב וְשֵׁם הַקְּטַנָּה מִיכַל: 50 וְשֵׁם אֵשֶׁת
שָׁאוּל אֲחִינֹעַם בַּת־אֲחִימָעַץ וְשֵׁם שַׂר־צְבָאוֹ
אֲבִינֵר בֶּן־נֵר דּוֹד שָׁאוּל: 51 וְקִישׁ אֲבִי־שָׁאוּל וְנֵר
אֲבִי־אַבְנֵר בֶּן־אֲבִיאֵל: 52 וַתְּהִי הַמִּלְחָמָה חֲזָקָה
עַל־פְּלִשְׁתִּים כֹּל יְמֵי שָׁאוּל וְרָאָה שָׁאוּל כָּל־
אִישׁ גִּבּוֹר וְכָל־בֶּן־חַיִל וַיַּאַסְפֵהוּ אֵלָיו:

CAP. XV. טו

1 וַיֹּאמֶר שְׁמוּאֵל אֶל־שָׁאוּל אֹתִי שָׁלַח יְהֹוָה
לִמְשָׁחֳךָ לְמֶלֶךְ עַל־עַמּוֹ עַל־יִשְׂרָאֵל וְעַתָּה שְׁמַע
2 לְקוֹל דִּבְרֵי יְהֹוָה: כֹּה אָמַר יְהֹוָה צְבָאוֹת
פָּקַדְתִּי אֵת אֲשֶׁר־עָשָׂה עֲמָלֵק לְיִשְׂרָאֵל אֲשֶׁר
3 שָׂם לוֹ בַּדֶּרֶךְ בַּעֲלֹתוֹ מִמִּצְרָיִם: עַתָּה לֵךְ
וְהִכִּיתָה אֶת־עֲמָלֵק וְהַחֲרַמְתֶּם אֶת־כָּל־אֲשֶׁר־
לוֹ וְלֹא תַחְמֹל עָלָיו וְהֵמַתָּה מֵאִישׁ עַד־אִשָּׁה
מֵעֹלֵל וְעַד־יוֹנֵק מִשּׁוֹר וְעַד־שֶׂה מִגָּמָל וְעַד־
4 חֲמוֹר: וַיְשַׁמַּע שָׁאוּל אֶת־הָעָם וַיִּפְקְדֵם
בַּטְּלָאִים מָאתַיִם אֶלֶף רַגְלִי וַעֲשֶׂרֶת אֲלָפִים
5 אֶת־אִישׁ יְהוּדָה: וַיָּבֹא שָׁאוּל עַד־עִיר עֲמָלֵק
6 וַיָּרֶב בַּנָּחַל: וַיֹּאמֶר שָׁאוּל אֶל־הַקֵּינִי לְכוּ סֻּרוּ
רְדוּ מִתּוֹךְ עֲמָלֵקִי פֶּן־אֹסִפְךָ עִמּוֹ וְאַתָּה עָשִׂיתָה
חֶסֶד עִם־כָּל־בְּנֵי יִשְׂרָאֵל בַּעֲלוֹתָם מִמִּצְרָיִם וַיָּסַר
7 קֵינִי מִתּוֹךְ עֲמָלֵק: וַיַּךְ שָׁאוּל אֶת־עֲמָלֵק מֵחֲוִילָה
8 בּוֹאֲךָ שׁוּר אֲשֶׁר עַל־פְּנֵי מִצְרָיִם: וַיִּתְפֹּשׂ אֶת־
אֲגַג מֶלֶךְ־עֲמָלֵק חָי וְאֶת־כָּל־הָעָם הֶחֱרִים לְפִי־
9 חָרֶב: וַיַּחְמֹל שָׁאוּל וְהָעָם עַל־אֲגָג וְעַל־מֵיטַב
הַצֹּאן וְהַבָּקָר וְהַמִּשְׁנִים וְעַל־הַכָּרִים וְעַל־כָּל־
הַטּוֹב וְלֹא אָבוּ הַחֲרִימָם וְכָל־הַמְּלָאכָה נְמִבְזָה
10 וְנָמֵס אֹתָהּ הֶחֱרִימוּ: וַיְהִי דְבַר־יְהֹוָה אֶל־
11 שְׁמוּאֵל לֵאמֹר: נִחַמְתִּי כִּי־הִמְלַכְתִּי אֶת־שָׁאוּל

12 לְמֶלֶךְ כִּי־שָׁב מֵאַחֲרַי וְאֶת־דְּבָרַי לֹא הֵקִים
וַיִּחַר לִשְׁמוּאֵל וַיִּזְעַק אֶל־יְהֹוָה כָּל־הַלָּיְלָה:
וַיַּשְׁכֵּם שְׁמוּאֵל לִקְרַאת שָׁאוּל בַּבֹּקֶר וַיֻּגַּד לִשְׁמוּאֵל
לֵאמֹר בָּא־שָׁאוּל הַכַּרְמֶלָה וְהִנֵּה מַצִּיב לוֹ יָד
13 וַיִּסֹּב וַיַּעֲבֹר וַיֵּרֶד הַגִּלְגָּל: וַיָּבֹא שְׁמוּאֵל אֶל־
שָׁאוּל וַיֹּאמֶר לוֹ שָׁאוּל בָּרוּךְ אַתָּה לַיהֹוָה
14 הֲקִימֹתִי אֶת־דְּבַר יְהֹוָה: וַיֹּאמֶר שְׁמוּאֵל וּמֶה
קוֹל־הַצֹּאן הַזֶּה בְּאָזְנָי וְקוֹל הַבָּקָר אֲשֶׁר אָנֹכִי
15 שֹׁמֵעַ: וַיֹּאמֶר שָׁאוּל מֵעֲמָלֵקִי הֱבִיאוּם אֲשֶׁר
חָמַל הָעָם עַל־מֵיטַב הַצֹּאן וְהַבָּקָר לְמַעַן זְבֹחַ
16 לַיהֹוָה אֱלֹהֶיךָ וְאֶת־הַיּוֹתֵר הֶחֱרַמְנוּ: וַיֹּאמֶר
שְׁמוּאֵל אֶל־שָׁאוּל הֶרֶף וְאַגִּידָה לְּךָ אֵת אֲשֶׁר
17 דִּבֶּר יְהֹוָה אֵלַי הַלָּיְלָה וַיֹּאמְרוּ לוֹ דַּבֵּר: וַיֹּאמֶר
שְׁמוּאֵל הֲלוֹא אִם־קָטֹן אַתָּה בְּעֵינֶיךָ רֹאשׁ
שִׁבְטֵי יִשְׂרָאֵל אָתָּה וַיִּמְשָׁחֲךָ יְהֹוָה לְמֶלֶךְ עַל־
18 יִשְׂרָאֵל: וַיִּשְׁלָחֲךָ יְהֹוָה בְּדָרֶךְ וַיֹּאמֶר לֵךְ וְהַחֲרַמְתָּה
אֶת־הַחַטָּאִים אֶת־עֲמָלֵק וְנִלְחַמְתָּ בוֹ עַד־כַּלּוֹתָם
19 אֹתָם: וְלָמָּה לֹא־שָׁמַעְתָּ בְּקוֹל יְהֹוָה וַתַּעַט אֶל־
20 הַשָּׁלָל וַתַּעַשׂ הָרַע בְּעֵינֵי יְהֹוָה: וַיֹּאמֶר
שָׁאוּל אֶל־שְׁמוּאֵל אֲשֶׁר שָׁמַעְתִּי בְּקוֹל יְהֹוָה
וָאֵלֵךְ בַּדֶּרֶךְ אֲשֶׁר־שְׁלָחַנִי יְהֹוָה וָאָבִיא אֶת־
21 אֲגַג מֶלֶךְ עֲמָלֵק וְאֶת־עֲמָלֵק הֶחֱרַמְתִּי: וַיִּקַּח
הָעָם מֵהַשָּׁלָל צֹאן וּבָקָר רֵאשִׁית הַחֵרֶם לִזְבֹּחַ
22 לַיהֹוָה אֱלֹהֶיךָ בַּגִּלְגָּל: וַיֹּאמֶר שְׁמוּאֵל הַחֵפֶץ
לַיהֹוָה בְּעֹלוֹת וּזְבָחִים כִּשְׁמֹעַ בְּקוֹל יְהֹוָה הִנֵּה
23 שְׁמֹעַ מִזֶּבַח טוֹב לְהַקְשִׁיב מֵחֵלֶב אֵילִים: כִּי
חַטַּאת־קֶסֶם מֶרִי וְאָוֶן וּתְרָפִים הַפְצַר יַעַן
24 מָאַסְתָּ אֶת־דְּבַר יְהֹוָה וַיִּמְאָסְךָ מִמֶּלֶךְ: וַיֹּאמֶר
שָׁאוּל אֶל־שְׁמוּאֵל חָטָאתִי כִּי־עָבַרְתִּי אֶת־פִּי־יְהֹוָה
וְאֶת־דְּבָרֶיךָ כִּי יָרֵאתִי אֶת־הָעָם וָאֶשְׁמַע בְּקוֹלָם:
25 וְעַתָּה שָׂא נָא אֶת־חַטָּאתִי וְשׁוּב עִמִּי וְאֶשְׁתַּחֲוֶה
26 לַיהֹוָה: וַיֹּאמֶר שְׁמוּאֵל אֶל־שָׁאוּל לֹא אָשׁוּב עִמָּךְ
כִּי מָאַסְתָּה אֶת־דְּבַר יְהֹוָה וַיִּמְאָסְךָ יְהֹוָה מִהְיוֹת
27 מֶלֶךְ עַל־יִשְׂרָאֵל: וַיִּסֹּב שְׁמוּאֵל לָלֶכֶת וַיַּחֲזֵק
28 בִּכְנַף־מְעִילוֹ וַיִּקָּרַע: וַיֹּאמֶר אֵלָיו שְׁמוּאֵל
קָרַע יְהֹוָה אֶת־מַמְלְכוּת יִשְׂרָאֵל מֵעָלֶיךָ הַיּוֹם
29 וּנְתָנָהּ לְרֵעֲךָ הַטּוֹב מִמֶּךָּ: וְגַם נֵצַח יִשְׂרָאֵל
לֹא יְשַׁקֵּר וְלֹא יִנָּחֵם כִּי לֹא אָדָם הוּא לְהִנָּחֵם:

49 Now the sons*a* of Saul were Jonathan, and Ishui, and Melchi-shua: and the names of his two daughters *were these;* the name of the first-born Merab, and the name of the younger Michal :

50 And the name of Saul's wife *was* Ahinoam, the daughter of Ahimaaz: and the name of the captain of his host *was* β Abner, the son of Ner, Saul's uncle :

51 And Kish*c was* the father of Saul; and Ner y*e* father of Abner *was* y*e* son of Abiel.

52 And there was sore war against the Philistines all the days of Saul: and when Saul saw any strong man, or any valiant man, he*d* took him unto him.

CHAP. XV.

SAMUEL also said unto Saul,*e* The LORD sent me to anoint thee *to be* king over his people, over Israel : now therefore hearken thou unto the voice of the words of the LORD.

2 Thus saith the LORD of hosts, I remember *that* which Amalek did to Israel, how*g* he laid *wait* for him in the way, when he came up from Egypt.

3 Now go and smite Amalek, and*i* utterly destroy all*j* that they have, and spare them not; but slay both man and woman, infant and suckling, ox and sheep, camel and ass.

4 And Saul gathered the people together, and numbered them in Telaim, two hundred thousand footmen, and ten thousand men of Judah.

5 And Saul came to a city of Amalek, and ζ laid wait in the valley.

6 And Saul said unto the*o* Kenites,*p* Go, depart, get you down from among the Amalekites, lest I destroy you with them : for ye shewed kindness*r* to all the children of Israel when they came up out of Egypt. So the Kenites departed from among the Amalekites.

7 And Saul smote the Amalekites from Havilah*t until* thou comest to Shur,*u* that *is* over against Egypt.

8 And*v* he took Agag the king of the Amalekites alive, and utterly *w* destroyed all the people with the edge of the sword.

9 But Saul and the people spared*y* Agag, and the best of the sheep, and of the oxen, and of the *n*fatlings, and the lambs, and all *that was* good, and would not utterly destroy them : but every thing *that was* vile and refuse, that they destroyed utterly.

10 Then came the word of the LORD unto Samuel, saying,

11 It*b* repenteth me that I have set up Saul *to be* king: for he is turned*c* back from following me, and*d* hath not performed my commandments. And it grieved Samuel ; and he cried unto the LORD all night.

12 And when Samuel rose early to meet Saul in the morning, it was told Samuel, saying, Saul came to Carmel,*e* and, behold, he set him up a place, and is gone about, and passed on, and gone down to Gilgal.

13 And Samuel came to Saul : and Saul said unto him, Blessed*f be* thou of the LORD : I have*h* performed the commandment of the LORD.

14 And Samuel said,What *meaneth* then this bleating of the sheep in mine ears, and the lowing of the oxen which I hear?

15 And Saul said, They have brought them from the Amalekites : for*i* the people spared the best of the sheep and of the oxen, to sacrifice unto the LORD thy God ; and the rest we have utterly destroyed.

16 Then Samuel said unto Saul, Stay,

B. C. 1087.

---

a ch. 31. 2.
1 Ch. 8. 33.
b ch. 9. 21.
β *Abiner.*
c ch. 9. 1, 2.
γ *consume.*
d ch. 8. 11.
e ch. 9. 16.
f ver. 15.
g Ex. 17,8,14.
De.25.17..19.
h Ps. 50. 8, 9.
51. 16, 17.
Pr. 21. 3.
Is. 1. 11..17.
Je. 7. 22,23.
Mi. 6. 6..8.
He.10.4..10.
i Le. 27. 28.
Jos.6.17,21.
j Nu. 24. 20.
k Ec. 5. 1.
Ho. 6. 6.
Mar.12. 33.
δ *divination.*
De. 18. 10.
l Re. 22. 15.
m 2 Co. 6. 16.
Ga. 5. 20.
Re. 21. 8.
n ch. 13. 14.
ε or, *fought.*
o Ju. 1. 16.
4. 11.
p Re. 18. 4.
q Ex. 23. 2.
Pr. 29. 25.
Is. 51. 12.
Ga. 1. 10.
r Nu. 10. 29..
32.
2 Ti. 1. 16.
s 2 Jn*o*. 11.
† Ge. 2. 11.
25. 18.
u Ge. 16. 7.
v 1 Ki. 20. 30,
&c.
w ch. 30. 1.
x 1 Ki. 11. 30,
31.
y ver. 3, 15.
η or, *second sort.*
θ or,*eternity,*
or, *victory.*
z Nu. 23. 19.
Eze. 24. 14.
2 Ti. 2. 13.
Tit. 1. 2.
a Jn*o*. 5. 44.
12. 43.
b ver. 35.
Ge. 6. 6, 7.
2 Sa. 24. 16.
Je.18. 8,10.
c 1 Ki. 9. 6.
He. 10. 38.
d ver. 3, 9.
ch. 13. 13.
e 1 Ki. 18. 42.
f Ju. 17. 2.
g Ju. 1. 7.
h Pr. 28. 13.
30. 13.
i ver. 9, 21.
k ver. 11.
Ps.119. 136.
Je. 13. 17.

---

and I will tell thee what the LORD hath said to me this night. And he said unto him, Say on.

17 And Samuel said, When thou *wast* little*b* in thine own sight, *wast* thou not *made* the head of the tribes of Israel, and the LORD anointed thee king over Israel ?

18 And the LORD sent thee on a journey, and said, Go, and utterly destroy the sinners the Amalekites, and fight against them until they γ be consumed.

19 Wherefore then didst thou not obey y*e* voice of y*e* LORD, but didst fly upon y*e* spoil, & didst evil in y*e* sight of the,LORD?

20 And Saul said unto Samuel, Yea, I have obeyed the voice of the LORD,& have gone the way which the LORD sent me,and have brought Agag the king of Amalek,and have utterly destroyed the Amalekites.

21 But*f* the people took of the spoil, sheep & oxen, the chief of the things which should have been utterly destroyed, to sacrifice unto the LORD thy God in Gilgal.

22 And Samuel said, Hath*h* the LORD *as great* delight in burnt-offerings and sacrifices, as in obeying the voice of the LORD? Behold, to obey *is* *k* better than sacrifice, *and* to hearken than the fat of rams.

23 For rebellion *is as* the sin of δ witchcraft,*l* and stubbornness *is as* iniquity and idolatry.*m* Because thou hast rejected the word of the LORD, he *n* hath also rejected thee from *being* king.

24 And Saul said unto Samuel, I have sinned : for I have transgressed the commandment of the LORD, and thy words : because I feared *q* the people, and obeyed their voice.

25 Now therefore, I pray thee, pardon my sin, and turn again with me, that I may worship the LORD.

26 And Samuel said unto Saul, I *r* will not return with thee : for thou hast rejected the word of the LORD, and the LORD hath rejected thee from being king over Israel.

27 And as Samuel turned about to go away, he*x* laid hold upon the skirt of his mantle, and it rent.

28 And Samuel said unto him,The LORD hath rent the kingdom of Israel from thee this day, and hath given it to a neighbour of thine, *that is* better than thou.

29 And also the θ Strength of Israel will not lie*z* nor repent: for he *is* not a man, that he should repent.

30 Then he said, I have sinned : *yet* honour*a* me now, I pray thee, before the elders of my people, and before Israel, and turn again with me, that I may worship the LORD thy God.

31 So Samuel turned again after Saul ; and Saul worshipped the LORD.

32 Then said Samuel, Bring ye hither to me Agag the king of the Amalekites : and Agag came unto him delicately. And Agag said, Surely the bitterness of death is past.

33 And Samuel said, As thy*g* sword hath made women childless, so shall thy mother be childless among women. And Samuel hewed Agag in pieces before the LORD in Gilgal.

34 Then Samuel went to Ramah ; & Saul went up to his house, to Gibeah of Saul.

35 And Samuel came no more to see Saul until the day of his death ; nevertheless Samuel mourned*k* for Saul : and the LORD repented that he had made Saul king over Israel.

וַיֹּאמֶר חָטָאתִי עַתָּה כַּבְּדֵנִי נָא נֶגֶד זִקְנֵי־עַמִּי וְנֶגֶד 30
יִשְׂרָאֵל וְשׁוּב עִמִּי וְהִשְׁתַּחֲוֵיתִי לַיהוָה אֱלֹהֶיךָ׃
וַיָּשָׁב שְׁמוּאֵל אַחֲרֵי שָׁאוּל וַיִּשְׁתַּחוּ שָׁאוּל לַיהוָה׃ 31
וַיֹּאמֶר שְׁמוּאֵל הַגִּישׁוּ אֵלַי אֶת־אֲגַג מֶלֶךְ 32
עֲמָלֵק וַיֵּלֶךְ אֵלָיו אֲגַג מַעֲדַנֹּת וַיֹּאמֶר אֲגָג אָכֵן
סָר מַר־הַמָּוֶת׃
וַיֹּאמֶר שְׁמוּאֵל כַּאֲשֶׁר 33
שִׁכְּלָה נָשִׁים חַרְבֶּךָ כֵּן־תִּשְׁכַּל מִנָּשִׁים אִמֶּךָ
וַיְשַׁסֵּף שְׁמוּאֵל אֶת־אֲגָג לִפְנֵי יְהוָה בַּגִּלְגָּל׃
וַיֵּלֶךְ שְׁמוּאֵל הָרָמָתָה וְשָׁאוּל עָלָה אֶל־בֵּיתוֹ גִּבְעַת 34
שָׁאוּל׃ וְלֹא־יָסַף שְׁמוּאֵל לִרְאוֹת אֶת־שָׁאוּל עַד־ 35
יוֹם מוֹתוֹ כִּי־הִתְאַבֵּל שְׁמוּאֵל אֶל־שָׁאוּל וַיהוָה נִחָם
כִּי־הִמְלִיךְ אֶת־שָׁאוּל עַל־יִשְׂרָאֵל׃

CAP. XVI. יו

וַיֹּאמֶר יְהוָה אֶל־שְׁמוּאֵל עַד־מָתַי אַתָּה מִתְאַבֵּל 1
אֶל־שָׁאוּל וַאֲנִי מְאַסְתִּיו מִמְּלֹךְ עַל־יִשְׂרָאֵל מַלֵּא
קַרְנְךָ שֶׁמֶן וְלֵךְ אֶשְׁלָחֲךָ אֶל־יִשַׁי בֵּית־הַלַּחְמִי כִּי־
רָאִיתִי בְּבָנָיו לִי מֶלֶךְ׃ וַיֹּאמֶר שְׁמוּאֵל אֵיךְ אֵלֵךְ 2
וְשָׁמַע שָׁאוּל וַהֲרָגָנִי
וַיֹּאמֶר יְהוָה עֶגְלַת בָּקָר תִּקַּח בְּיָדֶךָ וְאָמַרְתָּ לִזְבֹּחַ 3
לַיהוָה בָּאתִי׃ וְקָרָאתָ לְיִשַׁי בַּזָּבַח וְאָנֹכִי אוֹדִיעֲךָ
אֵת אֲשֶׁר־תַּעֲשֶׂה וּמָשַׁחְתָּ לִי אֵת אֲשֶׁר־אֹמַר אֵלֶיךָ׃
וַיַּעַשׂ שְׁמוּאֵל אֵת אֲשֶׁר דִּבֶּר יְהוָה וַיָּבֹא 4
בֵּית לָחֶם וַיֶּחֶרְדוּ זִקְנֵי הָעִיר לִקְרָאתוֹ וַיֹּאמֶר
שָׁלֹם בּוֹאֶךָ׃ וַיֹּאמֶר שָׁלוֹם לִזְבֹּחַ לַיהוָה בָּאתִי 5
הִתְקַדְּשׁוּ וּבָאתֶם אִתִּי בַּזָּבַח וַיְקַדֵּשׁ אֶת־יִשַׁי וְאֶת־
בָּנָיו וַיִּקְרָא לָהֶם לַזָּבַח׃ וַיְהִי בְּבוֹאָם וַיַּרְא אֶת־ 6
אֱלִיאָב וַיֹּאמֶר אַךְ נֶגֶד יְהוָה מְשִׁיחוֹ׃
וַיֹּאמֶר יְהוָה אֶל־שְׁמוּאֵל אַל־תַּבֵּט אֶל־מַרְאֵהוּ 7
וְאֶל־גְּבֹהַּ קוֹמָתוֹ כִּי מְאַסְתִּיהוּ כִּי לֹא אֲשֶׁר יִרְאֶה
הָאָדָם כִּי הָאָדָם יִרְאֶה לַעֵינַיִם וַיהוָה יִרְאֶה לַלֵּבָב׃
וַיִּקְרָא יִשַׁי אֶל־אֲבִינָדָב וַיַּעֲבִרֵהוּ לִפְנֵי שְׁמוּאֵל 8
וַיֹּאמֶר גַּם־בָּזֶה לֹא־בָחַר יְהוָה׃ וַיַּעֲבֵר יִשַׁי 9
שַׁמָּה וַיֹּאמֶר גַּם־בָּזֶה לֹא־בָחַר יְהוָה׃ וַיַּעֲבֵר 10
יִשַׁי שִׁבְעַת בָּנָיו לִפְנֵי שְׁמוּאֵל וַיֹּאמֶר שְׁמוּאֵל אֶל־
יִשַׁי לֹא־בָחַר יְהוָה בָּאֵלֶּה׃ וַיֹּאמֶר שְׁמוּאֵל אֶל־ 11
יִשַׁי הֲתַמּוּ הַנְּעָרִים וַיֹּאמֶר עוֹד שָׁאַר הַקָּטָן וְהִנֵּה
רֹעֶה בַּצֹּאן וַיֹּאמֶר שְׁמוּאֵל אֶל־יִשַׁי שִׁלְחָה וְקָחֶנּוּ
כִּי לֹא־נָסֹב עַד־בֹּאוֹ פֹה׃ וַיִּשְׁלַח וַיְבִיאֵהוּ 12

וְהוּא אַדְמוֹנִי עִם־יְפֵה עֵינַיִם וְטוֹב רֹאִי 0
וַיֹּאמֶר יְהוָה קוּם מְשָׁחֵהוּ כִּי־זֶה הוּא׃ וַיִּקַּח 13
שְׁמוּאֵל אֶת־קֶרֶן הַשֶּׁמֶן וַיִּמְשַׁח אֹתוֹ בְּקֶרֶב אֶחָיו
וַתִּצְלַח רוּחַ־יְהוָה אֶל־דָּוִד מֵהַיּוֹם הַהוּא וָמָעְלָה
וַיָּקָם שְׁמוּאֵל וַיֵּלֶךְ הָרָמָתָה׃ וְרוּחַ יְהוָה סָרָה 14
מֵעִם שָׁאוּל וּבִעֲתַתּוּ רוּחַ־רָעָה מֵאֵת יְהוָה׃
וַיֹּאמְרוּ עַבְדֵי־שָׁאוּל אֵלָיו הִנֵּה־נָא רוּחַ־אֱלֹהִים 15
רָעָה מְבַעִתֶּךָ׃ יֹאמַר־נָא אֲדֹנֵנוּ עֲבָדֶיךָ לְפָנֶיךָ 16
יְבַקְשׁוּ אִישׁ יֹדֵעַ מְנַגֵּן בַּכִּנּוֹר וְהָיָה בִּהְיוֹת עָלֶיךָ
רוּחַ־אֱלֹהִים רָעָה וְנִגֵּן בְּיָדוֹ וְטוֹב לָךְ׃ וַיֹּאמֶר 17
שָׁאוּל אֶל־עֲבָדָיו רְאוּ־נָא לִי אִישׁ מֵיטִיב לְנַגֵּן
וַהֲבִיאוֹתֶם אֵלָי׃ וַיַּעַן אֶחָד מֵהַנְּעָרִים וַיֹּאמֶר 18
הִנֵּה רָאִיתִי בֵּן לְיִשַׁי בֵּית הַלַּחְמִי יֹדֵעַ נַגֵּן
וְגִבּוֹר חַיִל וְאִישׁ מִלְחָמָה וּנְבוֹן דָּבָר וְאִישׁ תֹּאַר
וַיהוָה עִמּוֹ׃ וַיִּשְׁלַח שָׁאוּל מַלְאָכִים אֶל־יִשַׁי 19
וַיֹּאמֶר שִׁלְחָה אֵלַי אֶת־דָּוִד בִּנְךָ אֲשֶׁר בַּצֹּאן׃
וַיִּקַּח יִשַׁי חֲמוֹר לֶחֶם וְנֹאד יַיִן וּגְדִי עִזִּים אֶחָד 20
וַיִּשְׁלַח בְּיַד־דָּוִד בְּנוֹ אֶל־שָׁאוּל׃ וַיָּבֹא דָוִד אֶל־ 21
שָׁאוּל וַיַּעֲמֹד לְפָנָיו וַיֶּאֱהָבֵהוּ מְאֹד וַיְהִי־לוֹ נֹשֵׂא
כֵלִים׃ וַיִּשְׁלַח שָׁאוּל אֶל־יִשַׁי לֵאמֹר יַעֲמָד־נָא 22
דָוִד לְפָנַי כִּי־מָצָא חֵן בְּעֵינָי׃ וְהָיָה בִּהְיוֹת 23
רוּחַ־אֱלֹהִים אֶל־שָׁאוּל וְלָקַח דָּוִד אֶת־הַכִּנּוֹר וְנִגֵּן
בְּיָדוֹ וְרָוַח לְשָׁאוּל וְטוֹב לוֹ וְסָרָה מֵעָלָיו
רוּחַ הָרָעָה׃

CAP. XVII. יז

וַיַּאַסְפוּ פְלִשְׁתִּים אֶת־מַחֲנֵיהֶם לַמִּלְחָמָה וַיֵּאָסְפוּ 1
שֹׂכֹה אֲשֶׁר לִיהוּדָה וַיַּחֲנוּ בֵּין־שֹׂוֹכֹה וּבֵין־עֲזֵקָה
בְּאֶפֶס דַּמִּים׃ וְשָׁאוּל וְאִישׁ־יִשְׂרָאֵל נֶאֶסְפוּ וַיַּחֲנוּ 2
בְּעֵמֶק הָאֵלָה וַיַּעַרְכוּ מִלְחָמָה לִקְרַאת פְּלִשְׁתִּים׃
וּפְלִשְׁתִּים עֹמְדִים אֶל־הָהָר מִזֶּה וְיִשְׂרָאֵל עֹמְדִים 3
אֶל־הָהָר מִזֶּה וְהַגַּיְא בֵּינֵיהֶם׃ וַיֵּצֵא אִישׁ־ 4
הַבֵּנַיִם מִמַּחֲנוֹת פְּלִשְׁתִּים גָּלְיָת שְׁמוֹ מִגַּת
גָּבְהוֹ שֵׁשׁ אַמּוֹת וָזָרֶת׃ וְכוֹבַע נְחֹשֶׁת עַל־ 5
רֹאשׁוֹ וְשִׁרְיוֹן קַשְׂקַשִּׂים הוּא לָבוּשׁ וּמִשְׁקַל
הַשִּׁרְיוֹן חֲמֵשֶׁת־אֲלָפִים שְׁקָלִים נְחֹשֶׁת׃ וּמִצְחַת 6
נְחֹשֶׁת עַל־רַגְלָיו וְכִידוֹן נְחֹשֶׁת בֵּין כְּתֵפָיו׃ וְחָץ 7
חֲנִיתוֹ כִּמְנוֹר אֹרְגִים וְלַהֶבֶת חֲנִיתוֹ שֵׁשׁ־מֵאוֹת
שְׁקָלִים בַּרְזֶל וְנֹשֵׂא הַצִּנָּה הֹלֵךְ לְפָנָיו׃ וַיַּעֲמֹד 8

CHAP. XVI.

AND the LORD said unto Samuel,[c] How long wilt thou mourn for Saul, seeing[d] I have rejected him from reigning over Israel? Fill thine horn with oil,[a] and go; I will send thee to Jesse the Bethlehemite: for[f] I have provided me a king among his sons.

2 And Samuel said, How can I go? if Saul hear it, he will kill me. And ye[e] LORD said, Take an heifer β with thee, and say, I am come to sacrifice[h] to the LORD.

3 And call Jesse to the sacrifice, and I will shew thee what thou shalt do: and thou shalt anoint unto me him[i] whom I name unto thee.

4 And Samuel did that which the LORD spake, and came to Bethlehem: and the elders of the town trembled at his γ coming, and said, Comest thou peaceably?[k]

5 And he said, Peaceably: I am come to sacrifice unto the LORD; sanctify[l] yourselves, and come with me to the sacrifice. And he sanctified Jesse and his sons, and called them to the sacrifice.

6 And it came to pass, when they were come, that he looked on Eliab,[o] and said, Surely the LORD's anointed is before him.

7 But the LORD said unto Samuel, Look not[p] on his countenance, or on the height of his stature; because I have refused him: for[q] the LORD seeth not as man seeth; for man looketh on the η outward appearance,[r] but the LORD looketh on the heart.[s]

8 Then Jesse called Abinadab, and made him pass before Samuel. And he said, Neither hath the LORD chosen this.

9 Then Jesse made κ Shammah to pass by. And he said, Neither hath the LORD chosen this.

10 Again, Jesse made seven of his sons to pass before Samuel. And Samuel said unto Jesse, The LORD hath not chosen these.

11 And Samuel said unto Jesse, Are here all thy children? And he said, There remaineth yet the youngest, and, behold, he[u] keepeth the sheep. And Samuel said unto Jesse, Send and fetch him: for we will not sit μ down till he come hither.

12 And he sent, and brought him in. Now he was ruddy,[v] and withal ν of a beautiful countenance, and goodly to look to. And the LORD said, Arise, anoint him: for this is he.

13 Then Samuel took the horn of oil, and anointed him in the midst of his brethren: and the Spirit[x] of the LORD came upon David from that day forward. So Samuel rose up, and went to Ramah.

14 But the Spirit of the LORD departed[z] from Saul, and an evil[a] spirit from the LORD π troubled him.

15 And Saul's servants said unto him, Behold now, an evil spirit from God troubleth thee.

16 Let our lord now command thy servants, which are before thee, to seek out a man who is a cunning player on an harp: and it shall come to pass, when the evil spirit from God is upon thee, that he shall play[d] with his hand, & thou shalt be well.

17 And Saul said unto his servants, Provide me now a man that can play well, and bring him to me.

18 Then answered one of the servants, & said, Behold, I have seen a son of Jesse the Bethlehemite, that is cunning in playing, and a mighty valiant[e] man, and a man of war,[g] and prudent[h] in ρ matters, and a

---

B. C. 1063.
———
a ver. 12.
b ch.18.12..14
c ch. 15. 35.
Je. 7. 16.
11. 14.
14. 11.
d ch. 15. 23.
e 2 Ki. 9. 1.
f Ps. 78. 70.
89. 19, 20.
Is. 55. 4.
g Pr. 22. 29.
β in thine hand.
h ch. 9. 12.
20. 29.
i De. 17. 15.
j ver. 14, 16.
γ meeting.
k 1 Ki. 2. 13.
l Ex. 19. 10.
Nu. 11. 18.
Jos. 3. 5.
Job 1. 5.
1 Co. 11. 28.
m 2 Ch. 28.18.
n Jos. 15. 35.
δ or, the coast of Dammin, called Pas-dammim, 1 Ch. 11. 13.
o ch. 17. 13. called Elihu, 1 Ch. 27. 18.
ζ ranged the battle.
p Ps. 147. 10.
q Is. 55. 8, 9.
η eyes.
r 2 Co. 10. 7.
s 1 Ki. 8. 39.
1 Ch. 28. 9.
Ps. 7. 9.
Je. 17. 10.
Re. 2. 23.
θ clothed.
κ Shimeah, 2 Sa. 13. 3.
Shimma, 1 Ch. 2. 13.
λ or, gorget.
t 2 Sa. 21. 19.
u 2 Sa. 7. 8.
Ps.78.70..72
μ round.
v ch. 17. 42.
Ca. 5. 10.
ν fair of eyes
w ch. 8. 17.
x ch.10.6,9,10.
Ju. 11. 29.
14. 6.
y ver. 26.
2 Sa. 21. 21.
z Ju. 16. 20.
Ps. 51. 11.
a ch. 18. 10.
19. 9.
π or, terri-fied.
b Ru. 4. 22.
c ch.16.10,11.
d ver. 23.
e ch.17.32.36.
f ch.16.11,19.
g 2 Sa.17.8,10.
h 2 Sa. 14. 20.
ρ or, speech.

---

comely[a] person, & the LORD[b] is with him.

19 Wherefore Saul sent messengers unto Jesse, and said, Send me David thy son, which is with the sheep.

20 And Jesse took an ass laden with bread, and a bottle of wine, and a kid, and sent them by David his son unto Saul.

21 And David came to Saul, and stood before[g] him: and he loved him greatly; and he became his armour-bearer.

22 And Saul sent to Jesse, saying, Let David, I pray thee, stand before me; for he hath found favour in my sight.

23 And it came to pass, when the evil spirit[j] from God was upon Saul, that David took an harp, and played with his hand: so Saul was refreshed, and was well, and the evil spirit departed from him.

CHAP. XVII.

NOW the Philistines gathered together their armies to battle, and were gathered together at Shochoh,[m] which[n] belongeth to Judah, and pitched between Shochoh and Azekah, in δ Ephes-dammim.

2 And Saul and the men of Israel were gathered together, and pitched by the valley of Elah, and ζ set the battle in array against the Philistines.

3 And the Philistines stood on a moun tain on the one side, and Israel stood on a mountain on the other side: and there was a valley between them.

4 And there went out a champion out of the camp of the Philistines, named Goliath, of Gath, whose height was six cubits and a span.

5 And he had an helmet of brass upon his head, and he was θ armed with a coat of mail; and the weight of the coat was five thousand shekels of brass.

6 And he had greaves of brass upon his legs, and a λ target of brass between his shoulders.

7 And the staff[t] of his spear was like a weaver's beam; and his spear's head weighed six hundred shekels of iron: and one bearing a shield went before him.

8 And he stood and cried unto the armies of Israel, and said unto them, Why are ye come out to set your battle in array? Am not I a Philistine, and ye servants[w] to Saul? choose you a man for you, and let him come down to me.

9 If he be able to fight with me, and to kill me, then will we be your servants: but if I prevail against him, and kill him, then shall ye be our servants, and serve us.

10 And the Philistine said, I defy[y] the armies of Israel this day: give me a man, that we may fight together.

11 When Saul and all Israel heard those words of the Philistine, they were dismayed, and greatly afraid.

12 Now David was the son[b] of that Ephrathite of Bethlehem-judah, whose name was Jesse; and he had eight[c] sons: and the man went among men for an old man in the days of Saul.

13 And the three eldest sons of Jesse went and followed Saul to the battle: and the names of his three sons that went to the battle were Eliab the first-born; and next unto him, Abinadab; and the third, Shammah.

14 And David was the youngest: and the three eldest followed Saul.

15 But David went & returned from Saul to feed[f] his father's sheep at Bethlehem.

16 And the Philistine drew near morn-

דָּוִד אֶל־הָאֲנָשִׁים הָעֹמְדִים עִמּוֹ לֵאמֹר מַה־יֵּעָשֶׂה
לָאִישׁ אֲשֶׁר יַכֶּה אֶת־הַפְּלִשְׁתִּי הַלָּז וְהֵסִיר חֶרְפָּה
מֵעַל יִשְׂרָאֵל כִּי מִי הַפְּלִשְׁתִּי הֶעָרֵל הַזֶּה כִּי חֵרֵף
מַעַרְכוֹת אֱלֹהִים חַיִּים׃ וַיֹּאמֶר לוֹ הָעָם כַּדָּבָר 27
הַזֶּה לֵאמֹר כֹּה יֵעָשֶׂה לָאִישׁ אֲשֶׁר יַכֶּנּוּ׃ וַיִּשְׁמַע 28
אֱלִיאָב אָחִיו הַגָּדוֹל בְּדַבְּרוֹ אֶל־הָאֲנָשִׁים וַיִּחַר־אַף
אֱלִיאָב בְּדָוִד וַיֹּאמֶר לָמָּה־זֶּה יָרַדְתָּ וְעַל־מִי נָטַשְׁתָּ
מְעַט הַצֹּאן הָהֵנָּה בַּמִּדְבָּר אֲנִי יָדַעְתִּי אֶת־זְדֹנְךָ
וְאֵת רֹעַ לְבָבֶךָ כִּי לְמַעַן רְאוֹת הַמִּלְחָמָה יָרָדְתָּ׃ 29
וַיֹּאמֶר דָּוִד מֶה עָשִׂיתִי עָתָּה הֲלוֹא דָּבָר הוּא׃ 29
וַיִּסֹּב מֵאֶצְלוֹ אֶל־מוּל אַחֵר וַיֹּאמֶר כַּדָּבָר הַזֶּה 30
וַיְשִׁבֻהוּ הָעָם דָּבָר כַּדָּבָר הָרִאשׁוֹן׃ וַיִּשָּׁמְעוּ 31
הַדְּבָרִים אֲשֶׁר דִּבֶּר דָּוִד וַיַּגִּדוּ לִפְנֵי־שָׁאוּל וַיִּקָּחֵהוּ׃
וַיֹּאמֶר דָּוִד אֶל־שָׁאוּל אַל־יִפֹּל לֵב־אָדָם עָלָיו עַבְדְּךָ 32
יֵלֵךְ וְנִלְחַם עִם־הַפְּלִשְׁתִּי הַזֶּה׃ וַיֹּאמֶר שָׁאוּל אֶל־ 33
דָּוִד לֹא תוּכַל לָלֶכֶת אֶל־הַפְּלִשְׁתִּי הַזֶּה לְהִלָּחֵם עִמּוֹ
כִּי־נַעַר אַתָּה וְהוּא אִישׁ מִלְחָמָה מִנְּעֻרָיו׃
וַיֹּאמֶר דָּוִד אֶל־שָׁאוּל רֹעֶה הָיָה עַבְדְּךָ לְאָבִיו בַּצֹּאן 34
וּבָא הָאֲרִי וְאֶת־הַדּוֹב וְנָשָׂא שֶׂה מֵהָעֵדֶר׃ וְיָצָאתִי 35
אַחֲרָיו וְהִכִּתִיו וְהִצַּלְתִּי מִפִּיו וַיָּקָם עָלַי וְהֶחֱזַקְתִּי
בִּזְקָנוֹ וְהִכִּתִיו וַהֲמִיתִּיו׃ גַּם אֶת־הָאֲרִי גַּם־הַדּוֹב 36
הִכָּה עַבְדֶּךָ וְהָיָה הַפְּלִשְׁתִּי הֶעָרֵל הַזֶּה כְּאַחַד
מֵהֶם כִּי חֵרֵף מַעַרְכֹת אֱלֹהִים חַיִּים׃ וַיֹּאמֶר 37
דָּוִד יְהוָה אֲשֶׁר הִצִּלַנִי מִיַּד הָאֲרִי וּמִיַּד הַדֹּב הוּא
יַצִּילֵנִי מִיַּד הַפְּלִשְׁתִּי הַזֶּה ס וַיֹּאמֶר שָׁאוּל אֶל־
דָּוִד לֵךְ וַיהוָה יִהְיֶה עִמָּךְ׃ וַיַּלְבֵּשׁ שָׁאוּל אֶת־ 38
דָּוִד מַדָּיו וְנָתַן קוֹבַע נְחֹשֶׁת עַל־רֹאשׁוֹ וַיַּלְבֵּשׁ
אֹתוֹ שִׁרְיוֹן׃ וַיַּחְגֹּר דָּוִד אֶת־חַרְבּוֹ מֵעַל לְמַדָּיו 39
וַיֹּאֶל לָלֶכֶת כִּי לֹא־נִסָּה וַיֹּאמֶר דָּוִד אֶל־שָׁאוּל לֹא־
אוּכַל לָלֶכֶת בָּאֵלֶּה כִּי לֹא נִסִּיתִי וַיְסִרֵם דָּוִד מֵעָלָיו׃
וַיִּקַּח מַקְלוֹ בְּיָדוֹ וַיִּבְחַר־לוֹ חֲמִשָּׁה חַלֻּקֵי־אֲבָנִים 40
מִן־הַנַּחַל וַיָּשֶׂם אֹתָם בִּכְלִי הָרֹעִים אֲשֶׁר־לוֹ
וּבַיַּלְקוּט וְקַלְעוֹ בְיָדוֹ וַיִּגַּשׁ אֶל־הַפְּלִשְׁתִּי׃ וַיֵּלֶךְ 41
הַפְּלִשְׁתִּי הֹלֵךְ וְקָרֵב אֶל־דָּוִד וְהָאִישׁ נֹשֵׂא הַצִּנָּה
לְפָנָיו׃ וַיַּבֵּט הַפְּלִשְׁתִּי וַיִּרְאֶה אֶת־דָּוִד וַיִּבְזֵהוּ כִּי־ 42
הָיָה נַעַר וְאַדְמֹנִי עִם־יְפֵה מַרְאֶה׃ וַיֹּאמֶר הַפְּלִשְׁתִּי
אֶל־דָּוִד הֲכֶלֶב אָנֹכִי כִּי־אַתָּה בָא־אֵלַי בַּמַּקְלוֹת 43
וַיְקַלֵּל הַפְּלִשְׁתִּי אֶת־דָּוִד בֵּאלֹהָיו׃ וַיֹּאמֶר הַפְּלִשְׁתִּי 44

וַיִּקְרָא אֶל־מַעַרְכֹת יִשְׂרָאֵל וַיֹּאמֶר לָהֶם לְמָּה
תֵצְאוּ לַעֲרֹךְ מִלְחָמָה הֲלוֹא אָנֹכִי הַפְּלִשְׁתִּי
וְאַתֶּם עֲבָדִים לְשָׁאוּל בְּרוּ־לָכֶם אִישׁ וְיֵרֵד אֵלָי׃
אִם־יוּכַל לְהִלָּחֵם אִתִּי וְהִכָּנִי וְהָיִינוּ לָכֶם לַעֲבָדִים 9
וְאִם־אֲנִי אוּכַל־לוֹ וְהִכִּיתִיו וִהְיִיתֶם לָנוּ לַעֲבָדִים
וַעֲבַדְתֶּם אֹתָנוּ׃ וַיֹּאמֶר הַפְּלִשְׁתִּי אֲנִי חֵרַפְתִּי 10
אֶת־מַעַרְכוֹת יִשְׂרָאֵל הַיּוֹם הַזֶּה תְּנוּ־לִי אִישׁ
וְנִלָּחֲמָה יָחַד׃ וַיִּשְׁמַע שָׁאוּל וְכָל־יִשְׂרָאֵל אֶת־ 11
דִּבְרֵי הַפְּלִשְׁתִּי הָאֵלֶּה וַיֵּחַתּוּ וַיִּרְאוּ מְאֹד׃
וְדָוִד בֶּן־אִישׁ אֶפְרָתִי הַזֶּה מִבֵּית לֶחֶם יְהוּדָה 12
וּשְׁמוֹ יִשַׁי וְלוֹ שְׁמֹנָה בָנִים וְהָאִישׁ בִּימֵי שָׁאוּל זָקֵן
בָּא בַאֲנָשִׁים׃ וַיֵּלְכוּ שְׁלֹשֶׁת בְּנֵי־יִשַׁי הַגְּדֹלִים 13
הָלְכוּ אַחֲרֵי־שָׁאוּל לַמִּלְחָמָה וְשֵׁם שְׁלֹשֶׁת בָּנָיו
אֲשֶׁר הָלְכוּ בַּמִּלְחָמָה אֱלִיאָב הַבְּכוֹר וּמִשְׁנֵהוּ
אֲבִינָדָב וְהַשְּׁלִשִׁי שַׁמָּה׃ וְדָוִד הוּא הַקָּטָן 14
וּשְׁלֹשָׁה הַגְּדֹלִים הָלְכוּ אַחֲרֵי שָׁאוּל׃ וְדָוִד הֹלֵךְ 15
וָשָׁב מֵעַל שָׁאוּל לִרְעוֹת אֶת־צֹאן אָבִיו בֵּית־לָחֶם׃
וַיִּגַּשׁ הַפְּלִשְׁתִּי הַשְׁכֵּם וְהַעֲרֵב וַיִּתְיַצֵּב אַרְבָּעִים 16
יוֹם׃ וַיֹּאמֶר יִשַׁי לְדָוִד בְּנוֹ קַח־נָא לְאַחֶיךָ אֵיפַת 17
הַקָּלִיא הַזֶּה וַעֲשָׂרָה לֶחֶם הַזֶּה וְהָרֵץ הַמַּחֲנֶה
לְאַחֶיךָ׃ וְאֵת עֲשֶׂרֶת חֲרִצֵי הֶחָלָב הָאֵלֶּה תָּבִיא 18
לְשַׂר־הָאָלֶף וְאֶת־אַחֶיךָ תִּפְקֹד לְשָׁלוֹם וְאֶת־עֲרֻבָּתָם
תִּקָּח׃ וְשָׁאוּל וְהֵמָּה וְכָל־אִישׁ יִשְׂרָאֵל בְּעֵמֶק 19
הָאֵלָה נִלְחָמִים עִם־פְּלִשְׁתִּים׃ וַיַּשְׁכֵּם דָּוִד 20
בַּבֹּקֶר וַיִּטֹּשׁ אֶת־הַצֹּאן עַל־שֹׁמֵר וַיִּשָּׂא וַיֵּלֶךְ כַּאֲשֶׁר
צִוָּהוּ יִשַׁי וַיָּבֹא הַמַּעְגָּלָה וְהַחַיִל הַיֹּצֵא אֶל־
הַמַּעֲרָכָה וְהֵרֵעוּ בַּמִּלְחָמָה׃ וַתַּעֲרֹךְ יִשְׂרָאֵל 21
וּפְלִשְׁתִּים מַעֲרָכָה לִקְרַאת מַעֲרָכָה׃ וַיִּטֹּשׁ דָּוִד 22
אֶת־הַכֵּלִים מֵעָלָיו עַל־יַד שׁוֹמֵר הַכֵּלִים וַיָּרָץ
הַמַּעֲרָכָה וַיָּבֹא וַיִּשְׁאַל לְאֶחָיו לְשָׁלוֹם׃ וְהוּא 23
מְדַבֵּר עִמָּם וְהִנֵּה אִישׁ הַבֵּנַיִם עוֹלֶה גָּלְיָת
הַפְּלִשְׁתִּי שְׁמוֹ מִגַּת מִמַּעֲרוֹת פְּלִשְׁתִּים וַיְדַבֵּר
כַּדְּבָרִים הָאֵלֶּה וַיִּשְׁמַע דָּוִד׃ וְכֹל אִישׁ יִשְׂרָאֵל 24
בִּרְאוֹתָם אֶת־הָאִישׁ וַיָּנֻסוּ מִפָּנָיו וַיִּרְאוּ מְאֹד׃
וַיֹּאמֶר אִישׁ יִשְׂרָאֵל הַרְּאִיתֶם הָאִישׁ הָעֹלֶה הַזֶּה אֲשֶׁר 25
כִּי לְחָרֵף אֶת־יִשְׂרָאֵל עֹלֶה וְהָיָה הָאִישׁ אֲשֶׁר
יַכֶּנּוּ יַעְשְׁרֶנּוּ הַמֶּלֶךְ עֹשֶׁר גָּדוֹל וְאֶת־בִּתּוֹ יִתֶּן־לוֹ
וְאֵת בֵּית אָבִיו יַעֲשֶׂה חָפְשִׁי בְּיִשְׂרָאֵל׃ וַיֹּאמֶר 26

ing and evening, and presented himself forty days.

17 And Jesse said unto David his son, Take now for thy brethren an ephah of this parched *corn*, and these ten loaves, and run to the camp to thy brethren;

18 And carry these ten βcheeses unto the captain of γ*their* thousand, and look*ᵃ* how thy brethren fare, and take their pledge.

19 Now Saul, and they, and all the men of Israel, *were* in the valley of Elah, fighting with the Philistines.

20 And David rose up early in the morning, and left the sheep with a keeper, and took, and went, as Jesse had commanded him; and he came to the ζtrench, as the host was going forth to the η fight, and shouted for the battle.

21 For Israel and the Philistines had put the battle in array, army against army.

22 And David left θhis carriage in the hand of the keeper of the carriage, and ran into the army, and came and κ saluted his brethren.

23 And as he talked with them, behold, there came up the champion (the Philistine of Gath,Goliath by name)out of the armies of the Philistines, and spake according to the same words: *ᵈ* and David heard *them*.

24 And all the men of Israel, when they saw the man, fled from νhim, and were sore afraid.

25 And the men of Israel said, Have ye seen this man that is come up? surely to defy Israel is he come up: and it shall be, *that* the man who killeth him, the king will enrich him with great riches, and will give him his daughter,*ᵍ* and make his father's house free in Israel.

26 And David spake to the men that stood by him, saying, What shall be done to the man that killeth this Philistine, and taketh away the reproach from Israel? for who *is* this uncircumcised*ᵏ* Philistine,that he should defy yᶜ armies of yᵉ living*ᵉ* God!

27 And the people answered him after this manner, saying, So shall it be done to the man that killeth him.

28 And Eliab, his eldest brother, heard when he spake unto the men: and Eliab's anger*ᵒ* was kindled against David, and he said, Why camest thou down hither? and with whom hast thou left those few sheep in the wilderness? I know thy pride, and the naughtiness of thine heart; for thou art come down that thou mightest see the battle.

29 And David said,*ˢ* What have I now done? *Is there* not a cause?

30 And he turned from him toward another, and spake after the same ρman-ner: and the people answered him again after the former manner.

31 And when the words were heard which David spake, they rehearsed *them* before Saul; and he σsent for him.

32 And David said to Saul, Let no man's heart fail ᵛbecause of him: thy servant will go and fight with this Philistine.

33 And Saul said to David, Thou art not able to go against this Philistine to fight with him: for thou *art but* a youth, and he a man of war from his youth.

34 And David said unto Saul, Thy ser-vant kept his father's sheep, and there came a lion, and a bear, and took a τlamb out of the flock;

35 And I went out after him, and smote him, and delivered *it* out of his mouth:

B. C. 1063.

β cheeses of milk.
γ a thousand
a Ge. 37. 14.
b Ps. 11. 1.
  18. 17.
  77. 11.
2 Co. 1. 10.
2 Ti.4.17,18
c ch. 20. 13.
1Ch. 22. 11,
  16.
d clothed David with his clothes.
ζ or, place of the car-riage.
  ch. 26, 5.
η or, battle array, or, place of fight.
θ the ves-sels from upon him.
κ asked his brethren of peace; as Ju. 18. 15.
λ or, valley.
μ vessel.
d ver. 8.
v his face.
e Ps. 123. 4.
1Co.1.27..29
f ch. 16. 12.
g Jos. 15. 16.
h 2Sa.3. 8.
  2 Ki. 8. 13.
i 1 Ki. 20. 10,
  11.
k ch. 14. 6.
l De. 5. 26.
m 2Sa. 22. 33,
  35.
Ps. 124. 8.
  125. 1.
2 Co. 3 5.
He. 11. 33.
n ver. 10.
o Ge. 37. 4, 8,
  11.
π shut thee up.
p ver. 51.
q De. 28. 26.
Mat. 24. 28.
r Jos. 4. 24.
1 Ki. 8. 43.
  18. 36.
2 Ki. 19. 19.
Ps. 46. 10.
Is. 52. 10.
s Pr. 15. 1.
t Ps. 44. 6, 7.
Hos. 1. 7.
Zec. 4. 6.
ρ word.
u 2Ch. 20. 15.
σ took.
v De. 20. 2,3.
w 1 Ki,22, 34.
x Ju. 3. 31.
  15. 15.
τ or, kid.
y ch. 21. 9.
2Sa. 23. 21.
Ps. 7.15,16.
z ver. 46.

and when he arose against me, I caught *him* by his beard, and smote him, and slew him.

36 Thy servant slew both the lion and the bear; and this uncircumcised Philis-tine shall be as one of them, seeing he hath defied the armies of the living God.

37 David said moreover, The*ᵇ* LORD that delivered me out of the paw of the lion, and out of the paw of the bear, he will deliver me out of the hand of this Philistine. And Saul said unto David, Go, and the LORD*ᶜ* be with thee.

38 And Saul δ armed David with his armour, and he put an helmet of brass upon his head; also he armed him with a coat of mail.

39 And David girded his sword upon his armour, and he assayed to go; for he had not proved *it*. And David said unto Saul, I cannot go with these; for I have not proved *them*. And David put them off him.

40 And he took his staff in his hand, and chose him five smooth stones out of the λ brook, and put them in a shepherd's bag μ which he had, even in a scrip; and his sling *was* in his hand: and he drew near to the Philistine.

41 And the Philistine came on, and drew near unto David; and the man that bare the shield *went* before him.

42 And when the Philistine looked about, and saw David, he *ᵈ*disdained him; for he was *but* a youth, and ƒ ruddy, and of a fair countenance.

43 And the Philistine said unto David, *Am* I a dog,*ʰ* that thou comest to me with staves? And the Philistine cursed David by his gods.

44 And the Philistine said *ⁱ* to David, Come to me, and I will give thy flesh unto the fowls of the air, and to the beasts of the field.

45 Then said David to the Philistine, Thou comest to me with a sword, and with a spear, and with a shield: but*ᵐ* I come to thee in the name of the LORD of hosts, the God of the armies of Israel, whom thou hast defied.*ⁿ*

46 This day will the LORD πdeliver thee into mine hand; and I will smite thee, and take*ᵖ* thine head from thee; and I will give the carcases of the host of the Philistines this day unto the fowls*�q* of the air, and to the wild beasts of the earth; that all the earth may know*ʳ* that there is a God in Israel.

47 And all this assembly shall *t* know that the LORD saveth not with sword and spear: for*ᵘ* the battle *is* the LORD'S, and he will give you into our hands.

48 And it came to pass, when the Phi-listine arose, and came and drew nigh to meet David, that David hasted, and ran toward the army to meet the Philistine.

49 And David put his hand in his bag, and took thence a stone, and slang *it*, and smote the Philistine in his forehead, that the stone sunk into his forehead; and he fell*ʷ* upon his face to the earth.

50 So David prevailed over the Philis-tine with a sling*ˣ* and with a stone, and smote the Philistine, and slew him; but *there was* no sword in the hand of David.

51 Therefore David ran, and stood upon the Philistine, and took his sword,*ʸ* and drew it out of the sheath thereof, and slew him, and cut off*ᶻ* his head therewith.

45 וַיֹּאמֶר דָּוִד אֶל־הַפְּלִשְׁתִּי אַתָּה בָּא אֵלַי בְּחֶרֶב וּבַחֲנִית וּבְכִידוֹן וְאָנֹכִי בָא־אֵלֶיךָ בְּשֵׁם יְהוָה צְבָאוֹת אֱלֹהֵי מַעַרְכוֹת יִשְׂרָאֵל אֲשֶׁר חֵרַפְתָּ׃

46 הַיּוֹם הַזֶּה יְסַגֶּרְךָ יְהוָה בְּיָדִי וְהִכִּיתִךָ וַהֲסִרֹתִי אֶת־רֹאשְׁךָ מֵעָלֶיךָ וְנָתַתִּי פֶּגֶר מַחֲנֵה פְלִשְׁתִּים הַיּוֹם הַזֶּה לְעוֹף הַשָּׁמַיִם וּלְחַיַּת הָאָרֶץ וְיֵדְעוּ כָּל־הָאָרֶץ כִּי יֵשׁ אֱלֹהִים לְיִשְׂרָאֵל׃

47 וְיֵדְעוּ כָּל־הַקָּהָל הַזֶּה כִּי־לֹא בְּחֶרֶב וּבַחֲנִית יְהוֹשִׁיעַ יְהוָה כִּי לַיהוָה הַמִּלְחָמָה וְנָתַן אֶתְכֶם בְּיָדֵנוּ׃

48 וְהָיָה כִּי־קָם הַפְּלִשְׁתִּי וַיֵּלֶךְ וַיִּקְרַב לִקְרַאת דָּוִד וַיְמַהֵר דָּוִד וַיָּרָץ הַמַּעֲרָכָה לִקְרַאת הַפְּלִשְׁתִּי׃

49 וַיִּשְׁלַח דָּוִד אֶת־יָדוֹ אֶל־הַכֶּלִי וַיִּקַּח מִשָּׁם אֶבֶן וַיְקַלַּע וַיַּךְ אֶת־הַפְּלִשְׁתִּי אֶל־מִצְחוֹ וַתִּטְבַּע הָאֶבֶן בְּמִצְחוֹ וַיִּפֹּל עַל־פָּנָיו אָרְצָה׃

50 וַיֶּחֱזַק דָּוִד מִן־הַפְּלִשְׁתִּי בַּקֶּלַע וּבָאֶבֶן וַיַּךְ אֶת־הַפְּלִשְׁתִּי וַיְמִתֵהוּ וְחֶרֶב אֵין בְּיַד־דָּוִד׃

51 וַיָּרָץ דָּוִד וַיַּעֲמֹד אֶל־הַפְּלִשְׁתִּי וַיִּקַּח אֶת־חַרְבּוֹ וַיִּשְׁלְפָהּ מִתַּעְרָהּ וַיְמֹתְתֵהוּ וַיִּכְרָת־בָּהּ אֶת־רֹאשׁוֹ וַיִּרְאוּ הַפְּלִשְׁתִּים כִּי־מֵת גִּבּוֹרָם וַיָּנֻסוּ׃

52 וַיָּקֻמוּ אַנְשֵׁי יִשְׂרָאֵל וִיהוּדָה וַיָּרִעוּ וַיִּרְדְּפוּ אֶת־הַפְּלִשְׁתִּים עַד־בּוֹאֲךָ גַיְא וְעַד שַׁעֲרֵי עֶקְרוֹן וַיִּפְּלוּ חַלְלֵי פְלִשְׁתִּים בְּדֶרֶךְ שַׁעֲרַיִם וְעַד־גַּת וְעַד־עֶקְרוֹן׃

53 וַיָּשֻׁבוּ בְּנֵי יִשְׂרָאֵל מִדְּלֹק אַחֲרֵי פְלִשְׁתִּים וַיָּשֹׁסּוּ אֶת־מַחֲנֵיהֶם׃

54 וַיִּקַּח דָּוִד אֶת־רֹאשׁ הַפְּלִשְׁתִּי וַיְבִאֵהוּ יְרוּשָׁלִָם וְאֶת־כֵּלָיו שָׂם בְּאָהֳלוֹ׃

55 וְכִרְאוֹת שָׁאוּל אֶת־דָּוִד יֹצֵא לִקְרַאת הַפְּלִשְׁתִּי אָמַר אֶל־אַבְנֵר שַׂר הַצָּבָא בֶּן־מִי־זֶה הַנַּעַר אַבְנֵר וַיֹּאמֶר אַבְנֵר חֵי־נַפְשְׁךָ הַמֶּלֶךְ אִם־יָדָעְתִּי׃

56 וַיֹּאמֶר הַמֶּלֶךְ שְׁאַל אַתָּה בֶּן־מִי־זֶה הָעָלֶם׃

57 וּכְשׁוּב דָּוִד מֵהַכּוֹת אֶת־הַפְּלִשְׁתִּי וַיִּקַּח אֹתוֹ אַבְנֵר וַיְבִאֵהוּ לִפְנֵי שָׁאוּל וְרֹאשׁ הַפְּלִשְׁתִּי בְּיָדוֹ׃

58 וַיֹּאמֶר אֵלָיו שָׁאוּל בֶּן־מִי אַתָּה הַנָּעַר וַיֹּאמֶר דָּוִד בֶּן־עַבְדְּךָ יִשַׁי בֵּית הַלַּחְמִי׃

CAP. XVIII.   יח

1 וַיְהִי כְּכַלֹּתוֹ לְדַבֵּר אֶל־שָׁאוּל וְנֶפֶשׁ יְהוֹנָתָן נִקְשְׁרָה בְּנֶפֶשׁ דָּוִד וַיֶּאֱהָבֵהוּ יְהוֹנָתָן כְּנַפְשׁוֹ׃

2 וַיִּקָּחֵהוּ שָׁאוּל בַּיּוֹם הַהוּא וְלֹא נְתָנוֹ לָשׁוּב בֵּית אָבִיו׃

3 וַיִּכְרֹת יְהוֹנָתָן וְדָוִד בְּרִית בְּאַהֲבָתוֹ אֹתוֹ כְּנַפְשׁוֹ׃

4 וַיִּתְפַּשֵּׁט יְהוֹנָתָן אֶת־הַמְּעִיל אֲשֶׁר עָלָיו וַיִּתְּנֵהוּ לְדָוִד וּמַדָּיו וְעַד־חַרְבּוֹ וְעַד־קַשְׁתּוֹ וְעַד־חֲגֹרוֹ׃

5 וַיֵּצֵא דָוִד בְּכֹל אֲשֶׁר יִשְׁלָחֶנּוּ שָׁאוּל יַשְׂכִּיל וַיְשִׂמֵהוּ שָׁאוּל עַל אַנְשֵׁי הַמִּלְחָמָה וַיִּיטַב בְּעֵינֵי כָל־הָעָם וְגַם בְּעֵינֵי עַבְדֵי שָׁאוּל׃

6 וַיְהִי בְּבוֹאָם בְּשׁוּב דָּוִד מֵהַכּוֹת אֶת־הַפְּלִשְׁתִּי וַתֵּצֶאנָה הַנָּשִׁים מִכָּל־עָרֵי יִשְׂרָאֵל לָשִׁיר וְהַמְּחֹלוֹת לִקְרַאת שָׁאוּל הַמֶּלֶךְ בְּתֻפִּים בְּשִׂמְחָה וּבְשָׁלִשִׁים׃

7 וַתַּעֲנֶינָה הַנָּשִׁים הַמְשַׂחֲקוֹת וַתֹּאמַרְןָ הִכָּה שָׁאוּל בַּאֲלָפָיו וְדָוִד בְּרִבְבֹתָיו׃

8 וַיִּחַר לְשָׁאוּל מְאֹד וַיֵּרַע בְּעֵינָיו הַדָּבָר הַזֶּה וַיֹּאמֶר נָתְנוּ לְדָוִד רְבָבוֹת וְלִי נָתְנוּ הָאֲלָפִים וְעוֹד לוֹ אַךְ הַמְּלוּכָה׃

9 וַיְהִי שָׁאוּל עוֹיֵן אֶת־דָּוִד מֵהַיּוֹם הַהוּא וָהָלְאָה׃

10 וַיְהִי מִמָּחֳרָת וַתִּצְלַח רוּחַ אֱלֹהִים רָעָה אֶל־שָׁאוּל וַיִּתְנַבֵּא בְתוֹךְ־הַבַּיִת וְדָוִד מְנַגֵּן בְּיָדוֹ כְּיוֹם בְּיוֹם וְהַחֲנִית בְּיַד־שָׁאוּל׃

11 וַיָּטֶל שָׁאוּל אֶת־הַחֲנִית וַיֹּאמֶר אַכֶּה בְדָוִד וּבַקִּיר וַיִּסֹּב דָּוִד מִפָּנָיו פַּעֲמָיִם׃

12 וַיִּרָא שָׁאוּל מִלִּפְנֵי דָוִד כִּי־הָיָה יְהוָה עִמּוֹ וּמֵעִם שָׁאוּל סָר׃

13 וַיְסִרֵהוּ שָׁאוּל מֵעִמּוֹ וַיְשִׂמֵהוּ לוֹ שַׂר־אָלֶף וַיֵּצֵא וַיָּבֹא לִפְנֵי הָעָם׃

14 וַיְהִי דָוִד לְכָל־דְּרָכָו מַשְׂכִּיל וַיהוָה עִמּוֹ׃

15 וַיַּרְא שָׁאוּל אֲשֶׁר־הוּא מַשְׂכִּיל מְאֹד וַיָּגָר מִפָּנָיו׃

16 וְכָל־יִשְׂרָאֵל וִיהוּדָה אֹהֵב אֶת־דָּוִד כִּי־הוּא יוֹצֵא וָבָא לִפְנֵיהֶם׃

17 וַיֹּאמֶר שָׁאוּל אֶל־דָּוִד הִנֵּה בִתִּי הַגְּדוֹלָה מֵרַב אֹתָהּ אֶתֶּן־לְךָ לְאִשָּׁה אַךְ הֱיֵה־לִּי לְבֶן־חַיִל וְהִלָּחֵם מִלְחֲמוֹת יְהוָה וְשָׁאוּל אָמַר אַל־תְּהִי יָדִי בּוֹ וּתְהִי־בוֹ יַד־פְּלִשְׁתִּים׃

18 וַיֹּאמֶר דָּוִד אֶל־שָׁאוּל מִי אָנֹכִי וּמִי חַיַּי מִשְׁפַּחַת אָבִי בְּיִשְׂרָאֵל כִּי־אֶהְיֶה חָתָן לַמֶּלֶךְ׃

19 וַיְהִי בְּעֵת תֵּת אֶת־מֵרַב בַּת־שָׁאוּל לְדָוִד וְהִיא נִתְּנָה לְעַדְרִיאֵל הַמְּחֹלָתִי לְאִשָּׁה׃

20 וַתֶּאֱהַב מִיכַל בַּת־שָׁאוּל אֶת־דָּוִד וַיַּגִּדוּ לְשָׁאוּל וַיִּשַׁר הַדָּבָר בְּעֵינָיו׃

21 וַיֹּאמֶר שָׁאוּל אֶתְּנֶנָּה לּוֹ וּתְהִי־לוֹ לְמוֹקֵשׁ וּתְהִי־בוֹ יַד־פְּלִשְׁתִּים וַיֹּאמֶר שָׁאוּל אֶל־דָּוִד בִּשְׁתַּיִם תִּתְחַתֵּן בִּי הַיּוֹם׃

22 וַיְצַו שָׁאוּל אֶת־עֲבָדָו דַּבְּרוּ אֶל־דָּוִד בַּלָּט לֵאמֹר הִנֵּה חָפֵץ בְּךָ הַמֶּלֶךְ וְכָל־עֲבָדָיו אֲהֵבוּךָ וְעַתָּה הִתְחַתֵּן בַּמֶּלֶךְ׃

23 וַיְדַבְּרוּ עַבְדֵי

And when the Philistines saw their champion was dead, they fled.[a]

52 And the men of Israel and of Judah arose, and shouted, and pursued the Philistines, until thou come to the [b] valley, and to the gates of Ekron: and the wounded of the Philistines fell down by the way to Shaaraim, even unto Gath, and unto Ekron.

53 And the children of Israel returned from chasing after the Philistines, and they spoiled[c] their tents.

54 And David took the head of the Philistine, and brought it to Jerusalem: but he put his armour in his tent.

55 And when Saul saw David go forth against the Philistine, he said unto Abner, the captain of the host, Abner,[e] whose son *is* this youth? And Abner said, *As* thy soul liveth, O king, I cannot tell.

56 And the king said, Inquire thou whose son the stripling *is*.

57 And as David returned from the slaughter of the Philistine, Abner took him, and brought him before Saul with the head[k] of the Philistine in his hand.

58 And Saul said to him, Whose son *art* thou, *thou* young man? And David answered,[l] *I am* the son of thy servant Jesse the Bethlehemite.

CHAP. XVIII.

And it came to pass, when he had made an end of speaking unto Saul, that the soul[o] of Jonathan was knit with the soul of David; and Jonathan [q] loved him as his own[r] soul.

2 And Saul took him that day, and would let him go no more home to his father's house.

3 Then Jonathan and David made a covenant, because he loved him as his own soul.

4 And Jonathan stripped himself[t] of the robe that *was* upon him, and gave it to David, and his garments, even to his sword, and to his bow, and to his girdle.

5 And David went out whithersoever Saul sent him, *and* ϵ behaved himself wisely: and Saul set him over the men of war; and he was accepted in the sight of all the people, and also in the sight of Saul's servants.

6 And it came to pass, as they came, when David was returned from the slaughter of the η Philistine, that[x] the women came out of all cities of Israel, singing and dancing, to meet king Saul, with tabrets, with joy, and with instruments θ of music.

7 And the women answered *one another* as they played, and said, Saul hath[z] slain his thousands, & David his ten thousands.

8 And Saul was very wroth,[a] and the saying λ displeased him; and he said, They have ascribed unto David ten thousands, and to me they have ascribed *but* thousands: and *what* can he have more but the kingdom?[d]

9 And Saul eyed David from that day and forward.

10 And it came to pass on the morrow, that the evil spirit[e] from God came upon Saul, and he prophesied[f] in the midst of the house: and David played with his hand, as at other times: and *there was* a javelin[h] in Saul's hand.

11 And Saul cast the javelin; for he said, I will smite David even to the wall *with it*. And David avoided[l] out of his presence twice.

12 And Saul was afraid of David, because the LORD was with him, and was departed from Saul.

13 Therefore Saul removed him from him, and made him his captain over a thousand: and he went out and came in before the people.

14 And David β behaved himself wisely in all his ways; & the LORD *was* with him.

15 Wherefore, when Saul saw that he behaved himself very wisely, he was afraid of him.

16 But all Israel and Judah loved David, because he went[d] out and came in before them.

17 And Saul said to David, Behold my elder daughter Merab,[f] her will I give thee to wife: only be thou γ valiant for me, and fight[g] the LORD's battles. For Saul said, Let not mine hand be upon him, but[h] let the hand of the Philistines be upon him.

18 And David said unto Saul, *i* Who *am* I? and what *is* my life, *or* my father's family in Israel, that I should be son-in-law to the king?

19 But it came to pass, at the time when Merab, Saul's daughter, should have been given to David, that she was given unto Adriel[m] the Meholathite[n] to wife.

20 And Michal, Saul's daughter, loved David: and they told Saul, and the thing δ pleased him.

21 And Saul said, I will give him her, that she may be a[p] snare to him, and that the hand[s] of the Philistines may be against him. Wherefore Saul said to David, Thou shalt this day be my son-in-law in *the one of* the twain.

22 And Saul commanded his servants, *saying*, Commune with David secretly, and say, Behold, the king hath delight in thee, and all his servants love thee: now, therefore, be the king's son-in-law.

23 And Saul's servants spake those words in the ears of David. And David said, Seemeth it to you *a light*[u] *thing* to be a king's son-in-law, seeing that I *am* a poor man, and lightly[v] esteemed?

24 And the servants of Saul told him, saying, ζ On this manner spake David.

25 And Saul said, Thus shall ye say to David, The king desireth not any[w] dowry, but an hundred foreskins of the Philistines, to be avenged[y] of the king's enemies. But Saul thought to make David fall by the hand of the Philistines.

26 And when his servants told David these words, it pleased David well to be the king's son-in-law; and the days were not κ expired.

27 Wherefore David arose and went, he and his men,[b] and slew of the Philistines two hundred men; and David brought their foreskins,[c] and they gave them in full tale to the king, that he might be the king's son-in-law. And Saul gave him Michal his daughter to wife.

28 And Saul saw and knew that the LORD *was* with David, and *that* Michal, Saul's daughter, loved him.

29 And Saul was yet the more afraid of David; and Saul became David's enemy[g] continually.

30 Then the princes of the Philistines went[i] forth: and it came to pass, after they went forth, *that* David behaved himself more[k] wisely than all the servants of Saul, so that his name was much μ set by.

B. C. 1063.

a He. 11. 34.
b Jos. 15. 33, 36, 45.
β *or, prospered.*
ver. 5.
c Je. 30. 16.
d Nu. 27. 17.
2 Sa. 5. 2.
1 Ki. 3. 7.
e ch.16.21,22.
f ch. 17. 25.
γ *a son of valour.*
g ch. 25. 28.
h ver. 21, 25.
2 Sa. 12. 9.
i ver. 23.
ch. 9. 21.
2 Sa. 7. 18.
k ver. 54.
l ver. 12.
m 2 Sa. 21. 8.
n Ju. 7. 22.
δ *was right in his eyes.*
o Ge. 44. 30.
p Ex. 10. 7.
Pr. 29. 5.
q ver. 3.
ch. 19. 2.
20. 17
2 Sa. 1. 26.
r De. 13. 6.
s ver. 17.
t Ge. 41. 42.
u 1 Jn⁰. 3. 1.
ϵ *or, prospered.*
ver. 14, 15, 30.
Ps. 1. 3.
v Ps.119.141.
ζ *According to these words.*
w Ex. 22. 17.
η *or, Philistines.*
x Ex. 15. 20.
Ju. 11. 34.
y ch. 14. 24.
θ *three-stringed instruments.*
z ch. 21. 11.
κ *fulfilled.*
a Pr. 27. 4.
Ec. 4. 4.
b ver. 13.
λ *was evil in his eyes.*
c 2 Sa. 3. 14.
d ch. 15. 28.
e ch. 16. 14.
f ch. 19. 24.
Ac. 16. 16.
g Ps.37.12,14.
h ch.19.9,10.
20. 33.
i 2 Sa. 11. 1.
k ver. 5.
Ps. 119. 99.
l Ps.37.32,33.
Is. 54. 17.
μ *precious.*
ch. 26. 21.
2 Ki. 1. 13.
Ps. 116. 15.
1 Pe. 2. 7.

שָׁאוּל בְּאָזְנֵי דָוִד אֵת־הַדְּבָרִים הָאֵלֶּה וַיֹּאמֶר
דָוִד הַנְּקַלָּה בְעֵינֵיכֶם הִתְחַתֵּן בַּמֶּלֶךְ וְאָנֹכִי אִישׁ־
רָשׁ וְנִקְלֶה: וַיַּגִּדוּ עַבְדֵי שָׁאוּל לוֹ לֵאמֹר כַּדְּבָרִים
הָאֵלֶּה דִּבֶּר דָּוִד: וַיֹּאמֶר שָׁאוּל כֹּה־תֹאמְרוּ
לְדָוִד אֵין־חֵפֶץ לַמֶּלֶךְ בְּמֹהַר כִּי בְּמֵאָה עָרְלוֹת
פְלִשְׁתִּים לְהִנָּקֵם בְּאֹיְבֵי הַמֶּלֶךְ וְשָׁאוּל חָשַׁב
לְהַפִּיל אֶת־דָּוִד בְּיַד־פְּלִשְׁתִּים: וַיַּגִּדוּ עֲבָדָיו
לְדָוִד אֵת־הַדְּבָרִים הָאֵלֶּה וַיִּשַׁר הַדָּבָר בְּעֵינֵי דָוִד
לְהִתְחַתֵּן בַּמֶּלֶךְ וְלֹא מָלְאוּ הַיָּמִים: וַיָּקָם
דָּוִד וַיֵּלֶךְ הוּא וַאֲנָשָׁיו וַיַּךְ בַּפְּלִשְׁתִּים מָאתַיִם
אִישׁ וַיָּבֵא דָוִד אֶת־עָרְלֹתֵיהֶם וַיְמַלְאוּם לַמֶּלֶךְ
לְהִתְחַתֵּן בַּמֶּלֶךְ וַיִּתֶּן־לוֹ שָׁאוּל אֶת־מִיכַל בִּתּוֹ
לְאִשָּׁה: וַיַּרְא שָׁאוּל וַיֵּדַע כִּי יְהוָה עִם־דָּוִד
וּמִיכַל בַּת־שָׁאוּל אֲהֵבַתְהוּ: וַיֹּאסֶף שָׁאוּל לֵרֹא
מִפְּנֵי דָוִד עוֹד וַיְהִי שָׁאוּל אֹיֵב אֶת־דָּוִד כָּל־הַיָּמִים:
וַיֵּצְאוּ שָׂרֵי פְלִשְׁתִּים וַיְהִי מִדֵּי צֵאתָם שָׂכַל
דָּוִד מִכֹּל עַבְדֵי שָׁאוּל וַיִּיקַר שְׁמוֹ מְאֹד:

CAP. XIX. יט

וַיְדַבֵּר שָׁאוּל אֶל־יוֹנָתָן בְּנוֹ וְאֶל־כָּל־עֲבָדָיו לְהָמִית
אֶת־דָּוִד וִיהוֹנָתָן בֶּן־שָׁאוּל חָפֵץ בְּדָוִד מְאֹד: וַיַּגֵּד
יְהוֹנָתָן לְדָוִד לֵאמֹר מְבַקֵּשׁ שָׁאוּל אָבִי לַהֲמִיתֶךָ
וְעַתָּה הִשָּׁמֶר־נָא בַבֹּקֶר וְיָשַׁבְתָּ בַסֵּתֶר וְנַחְבֵּאתָ:
וַאֲנִי אֵצֵא וְעָמַדְתִּי לְיַד־אָבִי בַּשָּׂדֶה אֲשֶׁר אַתָּה
שָׁם וַאֲנִי אֲדַבֵּר בְּךָ אֶל־אָבִי וְרָאִיתִי מָה וְהִגַּדְתִּי
לָךְ: וַיְדַבֵּר יְהוֹנָתָן בְּדָוִד טוֹב אֶל־שָׁאוּל אָבִיו
וַיֹּאמֶר אֵלָיו אַל־יֶחֱטָא הַמֶּלֶךְ בְּעַבְדּוֹ בְדָוִד כִּי לוֹא
חָטָא לָךְ וְכִי מַעֲשָׂיו טוֹב־לְךָ מְאֹד: וַיָּשֶׂם אֶת־
נַפְשׁוֹ בְכַפּוֹ וַיַּךְ אֶת־הַפְּלִשְׁתִּי וַיַּעַשׂ יְהוָה תְּשׁוּעָה
גְדוֹלָה לְכָל־יִשְׂרָאֵל רָאִיתָ וַתִּשְׂמָח וְלָמָּה תֶחֱטָא
בְּדָם נָקִי לְהָמִית אֶת־דָּוִד חִנָּם: וַיִּשְׁמַע שָׁאוּל
בְּקוֹל יְהוֹנָתָן וַיִּשָּׁבַע שָׁאוּל חַי־יְהוָה אִם־יוּמָת:
וַיִּקְרָא יְהוֹנָתָן לְדָוִד וַיַּגֶּד־לוֹ יְהוֹנָתָן אֵת־כָּל־
הַדְּבָרִים הָאֵלֶּה וַיָּבֵא יְהוֹנָתָן אֶת־דָּוִד אֶל־שָׁאוּל
וַיְהִי לְפָנָיו כְּאֶתְמוֹל שִׁלְשׁוֹם: וַתּוֹסֶף הַמִּלְחָמָה
לִהְיוֹת וַיֵּצֵא דָוִד וַיִּלָּחֶם בַּפְּלִשְׁתִּים וַיַּךְ בָּהֶם מַכָּה
גְדוֹלָה וַיָּנֻסוּ מִפָּנָיו: וַתְּהִי רוּחַ יְהוָה רָעָה אֶל־
שָׁאוּל וְהוּא בְּבֵיתוֹ יוֹשֵׁב וַחֲנִיתוֹ בְּיָדוֹ וְדָוִד מְנַגֵּן
בְּיָד: וַיְבַקֵּשׁ שָׁאוּל לְהַכּוֹת בַּחֲנִית בְּדָוִד וּבַקִּיר
וַיִּפְטַר מִפְּנֵי שָׁאוּל וַיַּךְ אֶת־הַחֲנִית בַּקִּיר וְדָוִד נָס
וַיִּמָּלֵט בַּלַּיְלָה הוּא: וַיִּשְׁלַח שָׁאוּל מַלְאָכִים

אֶל־בֵּית דָּוִד לְשָׁמְרוֹ וְלַהֲמִיתוֹ בַּבֹּקֶר וַתַּגֵּד לְדָוִד
מִיכַל אִשְׁתּוֹ לֵאמֹר אִם־אֵינְךָ מְמַלֵּט אֶת־נַפְשְׁךָ
הַלַּיְלָה מָחָר אַתָּה מוּמָת: וַתֹּרֶד מִיכַל אֶת־דָּוִד
בְּעַד הַחַלּוֹן וַיֵּלֶךְ וַיִּבְרַח וַיִּמָּלֵט: וַתִּקַּח מִיכַל אֶת־
הַתְּרָפִים וַתָּשֶׂם אֶל־הַמִּטָּה וְאֵת כְּבִיר הָעִזִּים
שָׂמָה מְרַאֲשֹׁתָיו וַתְּכַס בַּבָּגֶד: וַיִּשְׁלַח שָׁאוּל
מַלְאָכִים לָקַחַת אֶת־דָּוִד וַתֹּאמֶר חֹלֶה הוּא:
וַיִּשְׁלַח שָׁאוּל אֶת־הַמַּלְאָכִים לִרְאוֹת אֶת־דָּוִד
לֵאמֹר הַעֲלוּ אֹתוֹ בַמִּטָּה אֵלַי לַהֲמִיתוֹ: וַיָּבֹאוּ
הַמַּלְאָכִים וְהִנֵּה הַתְּרָפִים אֶל־הַמִּטָּה וּכְבִיר הָעִזִּים
מְרַאֲשֹׁתָיו: וַיֹּאמֶר שָׁאוּל אֶל־מִיכַל לָמָּה כָּכָה
רִמִּיתִנִי וַתְּשַׁלְּחִי אֶת־אֹיְבִי וַיִּמָּלֵט וַתֹּאמֶר מִיכַל
אֶל־שָׁאוּל הוּא־אָמַר אֵלַי שַׁלְּחִנִי לָמָה אֲמִיתֵךְ:
וְדָוִד בָּרַח וַיִּמָּלֵט וַיָּבֹא אֶל־שְׁמוּאֵל הָרָמָתָה וַיַּגֶּד־
לוֹ אֵת כָּל־אֲשֶׁר עָשָׂה־לוֹ שָׁאוּל וַיֵּלֶךְ הוּא
וּשְׁמוּאֵל וַיֵּשְׁבוּ בְּנָיֹת: וַיֻּגַּד לְשָׁאוּל לֵאמֹר הִנֵּה
דָוִד בְּנָיוֹת בָּרָמָה: וַיִּשְׁלַח שָׁאוּל מַלְאָכִים לָקַחַת
אֶת־דָּוִד וַיַּרְא אֶת־לַהֲקַת הַנְּבִיאִים נִבְּאִים וּשְׁמוּאֵל
עֹמֵד נִצָּב עֲלֵיהֶם וַתְּהִי עַל־מַלְאֲכֵי שָׁאוּל רוּחַ
אֱלֹהִים וַיִּתְנַבְּאוּ גַּם־הֵמָּה: וַיַּגִּדוּ לְשָׁאוּל וַיִּשְׁלַח
מַלְאָכִים אֲחֵרִים וַיִּתְנַבְּאוּ גַּם־הֵמָּה וַיֹּסֶף שָׁאוּל
וַיִּשְׁלַח מַלְאָכִים שְׁלִשִׁים וַיִּתְנַבְּאוּ גַּם־הֵמָּה: וַיֵּלֶךְ
גַּם־הוּא הָרָמָתָה וַיָּבֹא עַד־בּוֹר הַגָּדוֹל אֲשֶׁר בַּשֶּׂכוּ
וַיִּשְׁאַל וַיֹּאמֶר אֵיפֹה שְׁמוּאֵל וְדָוִד וַיֹּאמֶר הִנֵּה
בְּנָיוֹת בָּרָמָה: וַיֵּלֶךְ שָׁם אֶל־נָיוֹת בָּרָמָה וַתְּהִי
עָלָיו גַּם־הוּא רוּחַ אֱלֹהִים וַיֵּלֶךְ הָלוֹךְ וַיִּתְנַבֵּא
עַד־בֹּאוֹ בְּנָיוֹת בָּרָמָה: וַיִּפְשַׁט גַּם־הוּא בְּגָדָיו
וַיִּתְנַבֵּא גַם־הוּא לִפְנֵי שְׁמוּאֵל וַיִּפֹּל עָרֹם כָּל־
הַיּוֹם הַהוּא וְכָל־הַלָּיְלָה עַל־כֵּן יֹאמְרוּ הֲגַם שָׁאוּל
בַּנְּבִיאִים:

CAP. XX. כ

וַיִּבְרַח דָּוִד מִנָּיוֹת בָּרָמָה וַיָּבֹא וַיֹּאמֶר לִפְנֵי יְהוֹנָתָן
מֶה עָשִׂיתִי מֶה־עֲוֹנִי וּמֶה־חַטָּאתִי לִפְנֵי אָבִיךָ
כִּי מְבַקֵּשׁ אֶת־נַפְשִׁי: וַיֹּאמֶר לוֹ חָלִילָה לֹא
תָמוּת הִנֵּה לוֹ־יַעֲשֶׂה אָבִי דָּבָר גָּדוֹל אוֹ דָּבָר
קָטֹן וְלֹא יִגְלֶה אֶת־אָזְנִי וּמַדּוּעַ יַסְתִּיר אָבִי מִמֶּנִּי
אֶת־הַדָּבָר הַזֶּה אֵין זֹאת: וַיִּשָּׁבַע עוֹד דָּוִד
וַיֹּאמֶר יָדֹעַ יָדַע אָבִיךָ כִּי־מָצָאתִי חֵן בְּעֵינֶיךָ
וַיֹּאמֶר אַל־יֵדַע־זֹאת יְהוֹנָתָן פֶּן־יֵעָצֵב וְאוּלָם חַי־
יְהוָה וְחֵי נַפְשְׁךָ כִּי כְפֶשַׂע בֵּינִי וּבֵין הַמָּוֶת:
וַיֹּאמֶר יְהוֹנָתָן אֶל־דָּוִד מַה־תֹּאמַר נַפְשְׁךָ וְאֶעֱשֶׂה־

CHAP. XIX.

AND Saul spake to Jonathan his son, and to all his servants, that they should kill David.

2 But Jonathan, Saul's son, delighted much ^c in David: & Jonathan told David, saying, Saul my father seeketh to kill thee. Now, therefore, I pray thee, take heed to thyself until the morning, and abide in a secret *place*, and hide thyself:

3 And I will go out and stand beside my father in the field where thou *art*, and I will commune with my father of thee; and what I see, that I will tell thee.

4 And Jonathan spake good ^d of David unto Saul his father, and said unto him, Let not the king sin ^e against his servant, against David; because he hath not sinned against thee, and because his works *have been* to thee-ward very good. ^g

5 For he did put ^h his life in his hand, and slew ⁱ the Philistine, and the ^k LORD wrought a great salvation for all Israel: thou sawest *it*, and didst rejoice, wherefore ^m then wilt thou sin against innocent blood, to slay David without a cause?

6 And Saul hearkened unto the voice of Jonathan: and Saul sware, ⁿ *As* the LORD liveth, he shall not be slain.

7 And Jonathan called David, and Jonathan shewed him all those things: and Jonathan brought David to Saul, and he was in his presence as ^γ in times past. ^o

8 And there was war again: and David went out, and fought with the Philistines, and slew them with a great slaughter; and they fled from ζ him.

9 And the evil spirit ^p from the LORD was upon Saul, as he sat in his house with his javelin in his hand: and David played with *his* hand.

10 And Saul sought to smite David even to the wall with the javelin; but he slipped away out of Saul's presence, and he smote the javelin into the wall: and David fled, and escaped ^r that night.

11 Saul also sent ^t messengers unto David's house, to watch him, and to slay him in the morning: and Michal, David's wife, told him, saying, If thou save not thy life to-night, to-morrow thou shalt be slain.

12 So ^v Michal let David ^w down through a window: and he went, and fled, and escaped.

13 And Michal took an λ image, and laid *it* in the bed, and put a pillow of goats' *hair* for his bolster, and covered *it* with a cloth.

14 And when Saul sent messengers to take David, she said, He *is* sick.

15 And Saul sent the messengers *again* to see David, saying, Bring him up to me in the bed, that I may slay him.

16 And when the messengers were come in, behold, *there was* an image in the bed, with a pillow of goats' *hair* for his bolster.

17 And Saul said unto Michal, Why hast thou deceived me so, and sent away mine enemy, that he is escaped? And Michal answered ^b Saul, He said unto me, Let me go; why ^c should I kill thee?

18 So David fled, and escaped, and came to Samuel to Ramah, and told him all that Saul had done to him: and he and Samuel went and dwelt in Naioth.

19 And it was told Saul, saying, Behold, David *is* at Naioth in Ramah.

20 And Saul sent messengers ^d to take

David: and ^a when they saw the company of the prophets prophesying, and Samuel standing *as* appointed over them, the Spirit of God was upon the messengers of Saul, and they ^b also prophesied.

21 And when it was told Saul, he sent other messengers, and they prophesied likewise. And Saul sent messengers again the third time, and they prophesied also.

22 Then went he also to Ramah, and came to a great well that *is* in Sechu: and he asked, and said, Where *are* Samuel and David? And *one* said, Behold, *they be* at Naioth in Ramah.

23 And he went thither to Naioth in Ramah: and the Spirit of God was upon him also, and he went on, and prophesied, until he came to Naioth in Ramah.

24 And *he* stripped off his clothes also, and prophesied before Samuel in like manner, and β lay down naked all that day, and all that night. Wherefore they say, *Is* Saul ^l also among the prophets?

CHAP. XX.

AND David fled from Naioth in Ramah, and came and said before Jonathan, What have I done? what *is* mine iniquity? and what *is* my sin before thy father, that he seeketh my life?

2 And he said unto him, God forbid: thou shalt not die: behold, my father will do nothing, either great or small, but that he will δ shew it me: and why should my father hide this thing from me? it *is* not *so*.

3 And David sware moreover, and said, Thy father certainly knoweth that I have found grace in thine eyes; and he saith, Let not Jonathan know this, lest he be grieved; but ^q truly, *as* the LORD liveth, and *as* thy soul liveth, *there is* but a step between me and death.

4 Then said Jonathan unto David, n Whatsoever thy soul θ desireth, I will even do *it* for thee.

5 And David said unto Jonathan, Behold, to-morrow *is* the new ^s moon, and I should not fail to sit with the king at meat: but let me go, that I may hide myself in the field ^u unto the third *day* at even.

6 If thy father at all miss me, then say, David earnestly asked *leave* of me, that he might run to Bethlehem his city: for *there is* a yearly κ sacrifice there for all y^c family.

7 If he say thus, *It is* well; thy servant shall have peace: but if he be very wroth, *then* be sure that evil is determined ^x by him.

8 Therefore thou shalt deal ^y kindly with thy servant; for thou hast brought thy servant into a covenant ^z of the LORD with thee: notwithstanding, if ^a there be in me iniquity, slay me thyself; for why shouldest thou bring me to thy father?

9 And Jonathan said, Far be it from thee: for if I knew certainly that evil were determined by my father to come upon thee, then would not I tell it thee?

10 Then said David to Jonathan, Who shall tell me? or what *if* thy father answer thee roughly?

11 And Jonathan said unto David, Come, and let us go out into the field. And they went out both of them into the field.

12 And Jonathan said unto David, O LORD God of Israel, when I have μ sounded my father about to-morrow any time, or the third *day*, and, behold, *if there be* good toward David, and I then send not unto thee, and ^v shew it thee;

B. C. 1062.

a ch. 10. 5, 6.
1 Co. 14.24, 25.

b Nu. 11. 25.
Joel 2. 28.

c ch. 18. 1.

d Pr. 31.8, 9.

e Ge. 42. 22.

f Is. 20. 2.

g Ps. 35. 12.
109. 5.
Pr. 17. 13.

h ch. 28, 21.
Ju. 12. 3.
Ps.119. 109.

β fell.
Nu. 24. 4.

i ch. 17.49,50.

k ch. 11. 13.
1Ch. 11. 14.

l ch.10,10,12.

m ch. 20. 32.

n Pr.26,24,25.

γ yesterday
third day.

o ch. 16. 21.
18. 2, 13.

δ uncover
mine ear.
ver. 12.
ch. 9. 15.

ζ his face.

p ch. 16. 14.
18.10,11.

q ch. 27. 1.
2Co.1.9,10.

η or, say
what is thy
mind, and
I will do.

θ speaketh
or,thinketh

r Ps. 124. 7.
Mat.10. 23.

s Nu. 10. 10.
28. 11.

t Ps. 59. title.

u ch. 19. 2.

v Ps. 34. 19.

w Jos. 2. 15.
Ac. 9.24,25.
2 Co. 11.32, 33.

κ or, feast.
ch. 9. 12.

λ teraphim.
Ge. 31. 19.
Ju. 17. 5.

x ch. 25. 17.
Es. 7. 7.

y Jos. 2. 14.

z ver. 16.
ch. 18. 3.
23. 18.

a 2 Sa. 14. 32.

b 2 Sa. 17. 20.

c 2 Sa. 2. 22.

μ searched.

d Jno.7.32,45.

v uncover
thine ear.
ver. 2.

5 וַיֹּאמֶר דָּוִד אֶל־יְהוֹנָתָן הִנֵּה־חֹדֶשׁ מָחָר וְאָנֹכִי יָשֹׁב־אֵשֵׁב עִם־הַמֶּלֶךְ לֶאֱכוֹל וְשִׁלַּחְתַּנִי וְנִסְתַּרְתִּי בַשָּׂדֶה עַד הָעֶרֶב הַשְּׁלִשִׁית׃

6 אִם־פָּקֹד יִפְקְדֵנִי אָבִיךָ וְאָמַרְתָּ נִשְׁאֹל נִשְׁאַל מִמֶּנִּי דָוִד לָרוּץ בֵּית־לֶחֶם עִירוֹ כִּי זֶבַח הַיָּמִים שָׁם לְכָל־הַמִּשְׁפָּחָה׃

7 אִם־כֹּה יֹאמַר טוֹב שָׁלוֹם לְעַבְדֶּךָ וְאִם־חָרֹה יֶחֱרֶה לוֹ דַּע כִּי־כָלְתָה הָרָעָה מֵעִמּוֹ׃

8 וְעָשִׂיתָ חֶסֶד עַל־עַבְדֶּךָ כִּי בִּבְרִית יְהוָה הֵבֵאתָ אֶת־עַבְדְּךָ עִמָּךְ וְאִם־יֶשׁ־בִּי עָוֺן הֲמִיתֵנִי אַתָּה וְעַד־אָבִיךָ לָמָּה־זֶּה תְבִיאֵנִי׃

9 וַיֹּאמֶר יְהוֹנָתָן חָלִילָה לָּךְ כִּי אִם־יָדֹעַ אֵדַע כִּי־כָלְתָה הָרָעָה מֵעִם אָבִי לָבוֹא עָלֶיךָ וְלֹא אֹתָהּ אַגִּיד לָךְ׃

10 וַיֹּאמֶר דָּוִד אֶל־יְהוֹנָתָן מִי יַגִּיד לִי אוֹ מַה־יַּעַנְךָ אָבִיךָ קָשָׁה׃

11 וַיֹּאמֶר יְהוֹנָתָן אֶל־דָּוִד לְכָה וְנֵצֵא הַשָּׂדֶה וַיֵּצְאוּ שְׁנֵיהֶם הַשָּׂדֶה׃

12 וַיֹּאמֶר יְהוֹנָתָן אֶל־דָּוִד יְהוָה אֱלֹהֵי יִשְׂרָאֵל כִּי־אֶחְקֹר אֶת־אָבִי כָּעֵת מָחָר הַשְּׁלִשִׁית וְהִנֵּה־טוֹב אֶל־דָּוִד וְלֹא־אָז אֶשְׁלַח אֵלֶיךָ וְגָלִיתִי אֶת־אָזְנֶךָ׃

13 כֹּה־יַעֲשֶׂה יְהוָה לִיהוֹנָתָן וְכֹה יֹסִיף כִּי־יֵיטִב אֶל־אָבִי אֶת־הָרָעָה עָלֶיךָ וְגָלִיתִי אֶת־אָזְנֶךָ וְשִׁלַּחְתִּיךָ וְהָלַכְתָּ לְשָׁלוֹם וִיהִי יְהוָה עִמָּךְ כַּאֲשֶׁר הָיָה עִם־אָבִי׃

14 וְלֹא אִם־עוֹדֶנִּי חָי וְלֹא־תַעֲשֶׂה עִמָּדִי חֶסֶד יְהוָה וְלֹא אָמוּת׃

15 וְלֹא־תַכְרִת אֶת־חַסְדְּךָ מֵעִם בֵּיתִי עַד־עוֹלָם וְלֹא בְּהַכְרִת יְהוָה אֶת־אֹיְבֵי דָוִד אִישׁ מֵעַל פְּנֵי הָאֲדָמָה׃

16 וַיִּכְרֹת יְהוֹנָתָן עִם־בֵּית דָּוִד וּבִקֵּשׁ יְהוָה מִיַּד אֹיְבֵי דָוִד׃

17 וַיּוֹסֶף יְהוֹנָתָן לְהַשְׁבִּיעַ אֶת־דָּוִד בְּאַהֲבָתוֹ אֹתוֹ כִּי־אַהֲבַת נַפְשׁוֹ אֲהֵבוֹ׃

18 וַיֹּאמֶר־לוֹ יְהוֹנָתָן מָחָר חֹדֶשׁ וְנִפְקַדְתָּ כִּי יִפָּקֵד מוֹשָׁבֶךָ׃

19 וְשִׁלַּשְׁתָּ תֵּרֵד מְאֹד וּבָאתָ אֶל־הַמָּקוֹם אֲשֶׁר־נִסְתַּרְתָּ שָּׁם בְּיוֹם הַמַּעֲשֶׂה וְיָשַׁבְתָּ אֵצֶל הָאֶבֶן הָאָזֶל׃

20 וַאֲנִי שְׁלֹשֶׁת הַחִצִּים צִדָּה אוֹרֶה לְשַׁלַּח־לִי לְמַטָּרָה׃

21 וְהִנֵּה אֶשְׁלַח אֶת־הַנַּעַר לֵךְ מְצָא אֶת־הַחִצִּים אִם־אָמֹר אֹמַר לַנַּעַר הִנֵּה הַחִצִּים מִמְּךָ וָהֵנָּה קָחֶנּוּ וָבֹאָה כִּי־שָׁלוֹם לְךָ וְאֵין דָּבָר חַי־יְהוָה׃

22 וְאִם־כֹּה אֹמַר לָעֶלֶם הִנֵּה הַחִצִּים מִמְּךָ וָהָלְאָה לֵךְ כִּי שִׁלַּחֲךָ יְהוָה׃

23 וְהַדָּבָר אֲשֶׁר דִּבַּרְנוּ אֲנִי וָאָתָּה הִנֵּה יְהוָה בֵּינִי וּבֵינְךָ עַד־עוֹלָם׃

24 וַיִּסָּתֵר דָּוִד בַּשָּׂדֶה וַיְהִי הַחֹדֶשׁ וַיֵּשֶׁב הַמֶּלֶךְ עַל־הַלֶּחֶם לֶאֱכוֹל׃

25 וַיֵּשֶׁב הַמֶּלֶךְ עַל־מוֹשָׁבוֹ כְּפַעַם בְּפַעַם אֶל־מוֹשַׁב הַקִּיר וַיָּקָם יְהוֹנָתָן וַיֵּשֶׁב אַבְנֵר מִצַּד שָׁאוּל וַיִּפָּקֵד מְקוֹם דָּוִד׃

26 וְלֹא־דִבֶּר שָׁאוּל מְאוּמָה בַּיּוֹם הַהוּא כִּי אָמַר מִקְרֶה הוּא בִּלְתִּי טָהוֹר הוּא כִּי־לֹא טָהוֹר׃

27 וַיְהִי מִמָּחֳרַת הַחֹדֶשׁ הַשֵּׁנִי וַיִּפָּקֵד מְקוֹם דָּוִד וַיֹּאמֶר שָׁאוּל אֶל־יְהוֹנָתָן בְּנוֹ מַדּוּעַ לֹא־בָא בֶן־יִשַׁי גַּם־תְּמוֹל גַּם־הַיּוֹם אֶל־הַלָּחֶם׃

28 וַיַּעַן יְהוֹנָתָן אֶת־שָׁאוּל נִשְׁאֹל נִשְׁאַל דָּוִד מֵעִמָּדִי עַד־בֵּית לָחֶם׃

29 וַיֹּאמֶר שַׁלְּחֵנִי נָא כִּי זֶבַח מִשְׁפָּחָה לָנוּ בָּעִיר וְהוּא צִוָּה־לִי אָחִי וְעַתָּה אִם־מָצָאתִי חֵן בְּעֵינֶיךָ אִמָּלְטָה נָּא וְאֶרְאֶה אֶת־אֶחָי עַל־כֵּן לֹא־בָא אֶל־שֻׁלְחַן הַמֶּלֶךְ׃

30 וַיִּחַר־אַף שָׁאוּל בִּיהוֹנָתָן וַיֹּאמֶר לוֹ בֶּן־נַעֲוַת הַמַּרְדּוּת הֲלוֹא יָדַעְתִּי כִּי־בֹחֵר אַתָּה לְבֶן־יִשַׁי לְבָשְׁתְּךָ וּלְבֹשֶׁת עֶרְוַת אִמֶּךָ׃

31 כִּי כָל־הַיָּמִים אֲשֶׁר בֶּן־יִשַׁי חַי עַל־הָאֲדָמָה לֹא תִכּוֹן אַתָּה וּמַלְכוּתֶךָ וְעַתָּה שְׁלַח וְקַח אֹתוֹ אֵלַי כִּי בֶן־מָוֶת הוּא׃

32 וַיַּעַן יְהוֹנָתָן אֶת־שָׁאוּל אָבִיו וַיֹּאמֶר אֵלָיו לָמָּה יוּמַת מֶה עָשָׂה׃

33 וַיָּטֶל שָׁאוּל אֶת־הַחֲנִית עָלָיו לְהַכֹּתוֹ וַיֵּדַע יְהוֹנָתָן כִּי־כָלָה הִיא מֵעִם אָבִיו לְהָמִית אֶת־דָּוִד׃

34 וַיָּקָם יְהוֹנָתָן מֵעִם הַשֻּׁלְחָן בָּחֳרִי־אָף וְלֹא־אָכַל בְּיוֹם־הַחֹדֶשׁ הַשֵּׁנִי לֶחֶם כִּי נֶעְצַב אֶל־דָּוִד כִּי הִכְלִמוֹ אָבִיו׃

35 וַיְהִי בַבֹּקֶר וַיֵּצֵא יְהוֹנָתָן הַשָּׂדֶה לְמוֹעֵד דָּוִד וְנַעַר קָטֹן עִמּוֹ׃

36 וַיֹּאמֶר לְנַעֲרוֹ רֻץ מְצָא נָא אֶת־הַחִצִּים אֲשֶׁר אָנֹכִי מוֹרֶה הַנַּעַר רָץ וְהוּא־יָרָה הַחֵצִי לְהַעֲבִרוֹ׃

37 וַיָּבֹא הַנַּעַר עַד־מְקוֹם הַחֵצִי אֲשֶׁר יָרָה יְהוֹנָתָן וַיִּקְרָא יְהוֹנָתָן אַחֲרֵי הַנַּעַר וַיֹּאמֶר הֲלוֹא הַחֵצִי מִמְּךָ וָהָלְאָה׃

38 וַיִּקְרָא יְהוֹנָתָן אַחֲרֵי הַנַּעַר מְהֵרָה חוּשָׁה אַל־תַּעֲמֹד וַיְלַקֵּט נַעַר יְהוֹנָתָן אֶת־הַחֵצִי וַיָּבֹא אֶל־אֲדֹנָיו׃

39 וְהַנַּעַר לֹא־יָדַע מְאוּמָה אַךְ יְהוֹנָתָן וְדָוִד יָדְעוּ אֶת־הַדָּבָר׃

40 וַיִּתֵּן יְהוֹנָתָן אֶת־כֵּלָיו אֶל־הַנַּעַר אֲשֶׁר־לוֹ וַיֹּאמֶר לוֹ לֵךְ הָבֵיא הָעִיר׃

41 הַנַּעַר בָּא וְדָוִד קָם מֵאֵצֶל הַנֶּגֶב וַיִּפֹּל לְאַפָּיו אַרְצָה וַיִּשְׁתַּחוּ שָׁלֹשׁ פְּעָמִים וַיִּשְּׁקוּ אִישׁ אֶת־רֵעֵהוּ וַיִּבְכּוּ אִישׁ אֶת־רֵעֵהוּ עַד־דָּוִד הִגְדִּיל׃

42 וַיֹּאמֶר יְהוֹנָתָן לְדָוִד לֵךְ לְשָׁלוֹם אֲשֶׁר נִשְׁבַּעְנוּ שְׁנֵינוּ אֲנַחְנוּ בְּשֵׁם יְהוָה לֵאמֹר יְהוָה יִהְיֶה בֵּינִי וּבֵינֶךָ וּבֵין זַרְעִי וּבֵין זַרְעֲךָ עַד־עוֹלָם׃

CAP. XXI. כא

1 וַיָּקָם וַיֵּלַךְ וִיהוֹנָתָן בָּא הָעִיר׃

2 וַיָּבֹא דָוִד נֹבֶה אֶל־אֲחִימֶלֶךְ הַכֹּהֵן וַיֶּחֱרַד אֲחִימֶלֶךְ לִקְרַאת דָּוִד

13 The LORD do so, and much more to Jonathan: but if it please my father *to do* thee evil, then I will shew it thee, and send thee away, that thou mayest go in peace: and the LORD *d* be with thee, as he hath been *e* with my father.

14 And thou shalt not only while yet I live, shew me the kindness of the LORD, that I die not;

15 But *also f* thou shalt not cut off thy kindness from my house for ever; no, not when the LORD hath cut off the enemies of David every one from the face of the earth.

16 So Jonathan *β*made *a covenant* with the house of David, *saying,* Let the LORD even require *it g* at the hand of David's enemies.

17 And Jonathan caused David to swear again, *δ* because he loved him: for he *h* loved him as he loved his own soul.

18 Then Jonathan said to David, *i* Tomorrow *is* the new moon; and thou shalt be missed, because thy seat will be *ζ* empty.

19 And *when* thou hast stayed three days, *then* thou shalt go down *η* quickly, and come to the place *k* where thou didst hide thyself *θ* when the business was *in hand,* and shalt remain by the stone *κ* Ezel.

20 And I will shoot three arrows on the side *thereof,* as though I shot at a mark.

21 And, behold, I will send a lad, *saying,* Go, find out the arrows. If I expressly say unto the lad, Behold, the arrows *are* on this side of thee, take them; then come thou: for *there is* peace to thee, and no *v* hurt; *as l* the LORD liveth.

22 But if I say thus unto the young man, Behold, the arrows *are* beyond thee; go thy way: for the LORD hath sent thee away.

23 And *as touching* the matter *n* which thou and I have spoken of, behold, the LORD *be* between thee and me for ever.

24 So David hid himself in the field: and when the new moon was come, the king sat him down to eat meat.

25 And the king sat upon his seat, as at other times, *even* upon a seat by the wall: and Jonathan arose, & Abner sat by Saul's side, and David's place was empty.

26 Nevertheless, Saul spake not any thing that day: for he thought, Something hath befallen him, he *is* not *clean;* surely he *is* not clean.

27 And it came to pass on the morrow, *which was* the second *day* of the month, that David's place was empty; and Saul said unto Jonathan his son, Wherefore cometh not the son of Jesse to meat, neither yesterday, nor to-day?

28 And Jonathan answered Saul, *g* David earnestly asked *leave* of me *to* go to Bethlehem:

29 And he said, Let me go, I pray thee; for our family hath a sacrifice in the city; and my brother he hath commanded me *to be there;* and now, if I have found favour in thine eyes, let me get away, I pray thee, and see my brethren; therefore he cometh not unto the king's table.

30 Then Saul's anger *w* was kindled against Jonathan; & he said unto him, Thou son *τ* of *φ* the perverse rebellious *woman,* do not I know that thou hast chosen the son of Jesse to thine own confusion, and unto the confusion of thy mother's nakedness?

31 For as long as *y e* son of Jesse liveth upon the ground, thou shalt not be established, nor thy kingdom. Wherefore now send & fetch him unto me, *z* for he *ψ* shall surely die.

32 And Jonathan answered Saul his fa-

ther, and said unto him, Wherefore *a* shall he be slain? what hath he done?

33 And Saul cast *b* a javelin at him to smite him; whereby *c* Jonathan knew that it was determined of his father to slay David.

34 So Jonathan arose from the table in fierce anger, and did eat no meat the second day of the month: for he was grieved for David, because his father had done him shame.

35 And it came to pass in the morning, that Jonathan went out into the field, at the time appointed with David, and a little lad with him.

36 And he said unto his lad, Run, find out now the arrows which I shoot. *And,* as the lad ran, he shot an arrow *γ* beyond him,

37 And when the lad was come to the place of the arrow which Jonathan had shot, Jonathan cried after the lad, and said, *Is* not the arrow beyond *j* thee?

38 And Jonathan cried after the lad, Make speed, haste, stay not. And Jonathan's lad gathered up the arrows, and came to his master.

39 But the lad knew not any thing: only Jonathan and David knew the matter.

40 And Jonathan gave his *λ* artillery unto *μ* his lad, and said unto him, Go, carry *them* to the city.

41 *And* as soon as the lad was gone, David arose out of *a place* toward the south, and fell on his face to the ground, and bowed himself three times; and they kissed one another, and wept one with another, until David exceeded.

42 And Jonathan said to David, Go *m* in peace, *π* forasmuch as we have sworn both of us in the name of the LORD, saying, The LORD be between me and thee, & between my seed & thy seed for ever, And he arose & departed; & Jonathan went into *y e* city.

CHAP. XXI.

THEN came David to Nob, to Ahimelech *v* the priest: & Ahimelech was *p* afraid at the meeting of David, and said unto him, Why *art* thou alone, and no man with thee?

2 And David said *q* unto Ahimelech the priest, The king hath commanded me a business, and hath said unto me, Let no man know any thing of the business whereabout I send thee, and what I have commanded thee: and I have appointed *my* servants to such and such a place.

3 Now, therefore, what is under thine hand? give *me* five *loaves of* bread in mine hand, or what there is *ρ* present.

4 And the priest answered David, and said, *There is* no common bread under mine hand, but there is hallowed *r* bread; if *u* the young men have kept themselves at least from women.

5 And David answered the priest, and said unto him, Of a truth, women *have been* kept from us about these three days, since I came out, and the vessels *v* of the young men are holy, and *the bread is* in a manner common, *σ* yea, though it were sanctified this day in the vessel.

6 So the priest gave *x* him hallowed *bread,* for there was no bread there but the shew-bread that was taken from before the LORD, to put hot bread in the day when it was taken away.

7 Now a certain man of the servants of Saul *was* there that day, detained before the LORD; and his name *was* Doeg, *y* an Edomite, the chiefest of the herdmen that *belonged* to Saul.

B. C. 1062.

a ch. 19. 5.
Pr. 31. 8, 9.
Mat. 27. 23.
b ch. 18. 11.
c ver. 7.
d ch. 17. 37.
e ch. 10. 7.
   11. 6, &c.
2 Sa. 7. 15.
f ch. 24. 21.
   2 Sa. 9. 1..7.
β *cut.*
g ch. 31. 2.
   2 Sa. 4. 7.
γ *to pass over.*
δ *or, by his love toward him.*
h ch. 18. 1.
i ver. 5.
j ver. 21, 22.
ζ *missed.*
η *greatly,* or, *diligently.*
k ch. 19. 2.
θ *in the day of the business.*
κ *or, that sheweth the way.*
λ *instruments.*
μ *the lad that was his.*
v *not any thing.*
l Je. 4. 2.
m ch. 1. 17.
π *or, the LORD be witness of that which, &c.* ver. 23.
n ver. 14, 15, 42
o ch. 14. 3.
called Ahiah. Called also *Abiathar.*
   Mar. 2. 26.
p ch. 16. 4.
q Ps. 119. 29.
r Le. 7. 21.
   15. 5, &c.
ρ *found.*
s ver. 6.
t Ex. 25. 30.
   Le. 24.5..9.
u Ex. 19. 15.
v 1 Th. 4. 4.
σ *or, especially when this day there is other sanctified in the vessel.*
w Pr. 19. 12.
x Mat. 12. 3, 4.
τ *or, perverse rebel.*
φ *perverse rebellion.*
y ch. 22. 9.
   Ps. 52. title.
z ch. 19. 6, 11.
ψ *is the son of death.*

204

וַיֹּאמֶר לוֹ מַדּוּעַ אַתָּה לְבַדֶּךָ וְאִישׁ אֵין אִתָּךְ׃

3 וַיֹּאמֶר דָּוִד לַאֲחִימֶלֶךְ הַכֹּהֵן הַמֶּלֶךְ צִוַּנִי דָבָר וַיֹּאמֶר אֵלַי אִישׁ אַל־יֵדַע מְאוּמָה אֶת־הַדָּבָר אֲשֶׁר־אָנֹכִי שֹׁלֵחֲךָ וַאֲשֶׁר צִוִּיתִךָ וְאֶת־הַנְּעָרִים יוֹדַעְתִּי אֶל־מְקוֹם פְּלֹנִי אַלְמוֹנִי׃

4 וְעַתָּה מַה־יֵּשׁ תַּחַת־יָדְךָ חֲמִשָּׁה־לֶחֶם תְּנָה בְיָדִי אוֹ הַנִּמְצָא׃

5 וַיַּעַן הַכֹּהֵן אֶת־דָּוִד וַיֹּאמֶר אֵין־לֶחֶם חֹל אֶל־תַּחַת יָדִי כִּי־אִם־לֶחֶם קֹדֶשׁ יֵשׁ אִם־נִשְׁמְרוּ הַנְּעָרִים אַךְ מֵאִשָּׁה׃

6 וַיַּעַן דָּוִד אֶת־הַכֹּהֵן וַיֹּאמֶר לוֹ כִּי אִם־אִשָּׁה עֲצֻרָה־לָנוּ כִּתְמוֹל שִׁלְשֹׁם בְּצֵאתִי וַיִּהְיוּ כְלֵי־הַנְּעָרִים קֹדֶשׁ וְהוּא דֶּרֶךְ חֹל וְאַף כִּי הַיּוֹם יִקְדַּשׁ בַּכֶּלִי׃

7 וַיִּתֶּן־לוֹ הַכֹּהֵן קֹדֶשׁ כִּי לֹא־הָיָה שָׁם לֶחֶם כִּי־אִם־לֶחֶם הַפָּנִים הַמּוּסָרִים מִלִּפְנֵי יְהוָה לָשׂוּם לֶחֶם חֹם בְּיוֹם הִלָּקְחוֹ׃

8 וְשָׁם אִישׁ מֵעַבְדֵי שָׁאוּל בַּיּוֹם הַהוּא נֶעְצָר לִפְנֵי יְהוָה וּשְׁמוֹ דֹּאֵג הָאֲדֹמִי אַבִּיר הָרֹעִים אֲשֶׁר לְשָׁאוּל׃

9 וַיֹּאמֶר דָּוִד לַאֲחִימֶלֶךְ וְאִין יֶשׁ־פֹּה תַחַת־יָדְךָ חֲנִית אוֹ־חָרֶב כִּי גַם־חַרְבִּי וְגַם־כֵּלַי לֹא־לָקַחְתִּי בְיָדִי כִּי־הָיָה דְבַר־הַמֶּלֶךְ נָחוּץ׃

10 וַיֹּאמֶר הַכֹּהֵן חֶרֶב גָּלְיָת הַפְּלִשְׁתִּי אֲשֶׁר־הִכִּיתָ בְּעֵמֶק הָאֵלָה הִנֵּה־הִיא לוּטָה בַשִּׂמְלָה אַחֲרֵי הָאֵפוֹד אִם־אֹתָהּ תִּקַּח־לְךָ קָח כִּי אֵין אַחֶרֶת זוּלָתָהּ בָּזֶה וַיֹּאמֶר דָּוִד אֵין כָּמוֹהָ תְּנֶנָּה לִּי׃

11 וַיָּקָם דָּוִד וַיִּבְרַח בַּיּוֹם־הַהוּא מִפְּנֵי שָׁאוּל וַיָּבֹא אֶל־אָכִישׁ מֶלֶךְ גַּת׃

12 וַיֹּאמְרוּ עַבְדֵי אָכִישׁ אֵלָיו הֲלוֹא־זֶה דָוִד מֶלֶךְ הָאָרֶץ הֲלוֹא לָזֶה יַעֲנוּ בַמְּחֹלוֹת לֵאמֹר הִכָּה שָׁאוּל בַּאֲלָפָיו וְדָוִד בְּרִבְבֹתָיו׃

13 וַיָּשֶׂם דָּוִד אֶת־הַדְּבָרִים הָאֵלֶּה בִּלְבָבוֹ וַיִּרָא מְאֹד מִפְּנֵי אָכִישׁ מֶלֶךְ־גַּת׃

14 וַיְשַׁנּוֹ אֶת־טַעְמוֹ בְּעֵינֵיהֶם וַיִּתְהֹלֵל בְּיָדָם וַיְתָו עַל־דַּלְתוֹת הַשַּׁעַר וַיּוֹרֶד רִירוֹ אֶל־זְקָנוֹ׃

15 וַיֹּאמֶר אָכִישׁ אֶל־עֲבָדָיו הִנֵּה תִרְאוּ אִישׁ מִשְׁתַּגֵּעַ לָמָּה תָּבִיאוּ אֹתוֹ אֵלָי׃

16 חֲסַר מְשֻׁגָּעִים אָנִי כִּי־הֲבֵאתֶם אֶת־זֶה לְהִשְׁתַּגֵּעַ עָלָי הֲזֶה יָבוֹא אֶל־בֵּיתִי׃

CAP. XXII. כב

1 וַיֵּלֶךְ דָּוִד מִשָּׁם וַיִּמָּלֵט אֶל־מְעָרַת עֲדֻלָּם וַיִּשְׁמְעוּ אֶחָיו וְכָל־בֵּית אָבִיו וַיֵּרְדוּ אֵלָיו שָׁמָּה׃

2 וַיִּתְקַבְּצוּ אֵלָיו כָּל־אִישׁ מָצוֹק וְכָל־אִישׁ אֲשֶׁר־לוֹ נֹשֶׁא וְכָל־אִישׁ מַר־נֶפֶשׁ וַיְהִי עֲלֵיהֶם לְשָׂר וַיִּהְיוּ עִמּוֹ כְּאַרְבַּע מֵאוֹת אִישׁ׃

3 וַיֵּלֶךְ דָּוִד מִשָּׁם מִצְפֵּה מוֹאָב וַיֹּאמֶר אֶל־מֶלֶךְ מוֹאָב יֵצֵא־נָא אָבִי וְאִמִּי אִתְּכֶם עַד אֲשֶׁר אֵדַע מַה־יַּעֲשֶׂה־לִּי אֱלֹהִים׃

4 וַיַּנְחֵם אֶת־פְּנֵי מֶלֶךְ מוֹאָב וַיֵּשְׁבוּ עִמּוֹ כָּל־יְמֵי הֱיוֹת־דָּוִד בַּמְּצוּדָה׃

5 וַיֹּאמֶר גָּד הַנָּבִיא אֶל־דָּוִד לֹא תֵשֵׁב בַּמְּצוּדָה לֵךְ וּבָאתָ־לְּךָ אֶרֶץ יְהוּדָה וַיֵּלֶךְ דָּוִד וַיָּבֹא יַעַר חָרֶת׃

6 וַיִּשְׁמַע שָׁאוּל כִּי נוֹדַע דָּוִד וַאֲנָשִׁים אֲשֶׁר אִתּוֹ וְשָׁאוּל יוֹשֵׁב בַּגִּבְעָה תַּחַת־הָאֶשֶׁל בָּרָמָה וַחֲנִיתוֹ בְיָדוֹ וְכָל־עֲבָדָיו נִצָּבִים עָלָיו׃

7 וַיֹּאמֶר שָׁאוּל לַעֲבָדָיו הַנִּצָּבִים עָלָיו שִׁמְעוּ־נָא בְּנֵי יְמִינִי גַּם־לְכֻלְּכֶם יִתֵּן בֶּן־יִשַׁי שָׂדוֹת וּכְרָמִים לְכֻלְּכֶם יָשִׂים שָׂרֵי אֲלָפִים וְשָׂרֵי מֵאוֹת׃

8 כִּי קְשַׁרְתֶּם כֻּלְּכֶם עָלַי וְאֵין־גֹּלֶה אֶת־אָזְנִי בִּכְרָת־בְּנִי עִם־בֶּן־יִשַׁי וְאֵין־חֹלֶה מִכֶּם עָלַי וְגֹלֶה אֶת־אָזְנִי כִּי הֵקִים בְּנִי אֶת־עַבְדִּי עָלַי לְאֹרֵב כַּיּוֹם הַזֶּה׃

9 וַיַּעַן דֹּאֵג הָאֲדֹמִי וְהוּא נִצָּב עַל־עַבְדֵי־שָׁאוּל וַיֹּאמַר רָאִיתִי אֶת־בֶּן־יִשַׁי בָּא נֹבֶה אֶל־אֲחִימֶלֶךְ בֶּן־אֲחִטוּב׃

10 וַיִּשְׁאַל־לוֹ בַּיהוָה וְצֵידָה נָתַן לוֹ וְאֵת חֶרֶב גָּלְיָת הַפְּלִשְׁתִּי נָתַן לוֹ׃

11 וַיִּשְׁלַח הַמֶּלֶךְ לִקְרֹא אֶת־אֲחִימֶלֶךְ בֶּן־אֲחִיטוּב הַכֹּהֵן וְאֵת כָּל־בֵּית אָבִיו הַכֹּהֲנִים אֲשֶׁר בְּנֹב וַיָּבֹאוּ כֻלָּם אֶל־הַמֶּלֶךְ׃

12 וַיֹּאמֶר שָׁאוּל שְׁמַע־נָא בֶּן־אֲחִיטוּב וַיֹּאמֶר הִנְנִי אֲדֹנִי׃

13 וַיֹּאמֶר אֵלָיו שָׁאוּל לָמָּה קְשַׁרְתֶּם עָלַי אַתָּה וּבֶן־יִשָׁי בְּתִתְּךָ לוֹ לֶחֶם וְחֶרֶב וְשָׁאוֹל לוֹ בֵּאלֹהִים לָקוּם אֵלַי לְאֹרֵב כַּיּוֹם הַזֶּה׃

14 וַיַּעַן אֲחִימֶלֶךְ אֶת־הַמֶּלֶךְ וַיֹּאמַר וּמִי בְכָל־עֲבָדֶיךָ כְּדָוִד נֶאֱמָן וַחֲתַן הַמֶּלֶךְ וְסָר אֶל־מִשְׁמַעְתֶּךָ וְנִכְבָּד בְּבֵיתֶךָ׃

15 הַיּוֹם הַחִלֹּתִי לִשְׁאָול־לוֹ בֵאלֹהִים חָלִילָה לִּי אַל־יָשֵׂם הַמֶּלֶךְ בְּעַבְדּוֹ דָבָר בְּכָל־בֵּית אָבִי כִּי לֹא־יָדַע עַבְדְּךָ בְּכָל־זֹאת דָּבָר קָטֹן אוֹ גָדוֹל׃

16 וַיֹּאמֶר הַמֶּלֶךְ מוֹת תָּמוּת אֲחִימֶלֶךְ אַתָּה וְכָל־בֵּית אָבִיךָ׃

17 וַיֹּאמֶר הַמֶּלֶךְ לָרָצִים הַנִּצָּבִים עָלָיו סֹבּוּ וְהָמִיתוּ כֹּהֲנֵי יְהוָה כִּי גַם־יָדָם עִם־דָּוִד וְכִי יָדְעוּ כִּי־בֹרֵחַ הוּא וְלֹא גָלוּ אֶת־אָזְנִי וְלֹא־אָבוּ עַבְדֵי הַמֶּלֶךְ לִשְׁלֹחַ אֶת־יָדָם לִפְגֹעַ בְּכֹהֲנֵי יְהוָה׃

18 וַיֹּאמֶר הַמֶּלֶךְ לְדוֹיֵג סֹב אַתָּה וּפְגַע בַּכֹּהֲנִים וַיִּסֹּב דּוֹיֵג הָאֲדֹמִי וַיִּפְגַּע־הוּא בַּכֹּהֲנִים וַיָּמֶת בַּיּוֹם הַהוּא שְׁמֹנִים וַחֲמִשָּׁה אִישׁ נֹשֵׂא אֵפוֹד בָּד׃

19 וְאֵת נֹב עִיר־הַכֹּהֲנִים הִכָּה לְפִי־חֶרֶב מֵאִישׁ וְעַד־אִשָּׁה מֵעוֹלֵל וְעַד־יוֹנֵק וְשׁוֹר וַחֲמוֹר וָשֶׂה לְפִי־חָרֶב׃

20 וַיִּמָּלֵט בֵּן־אֶחָד לַאֲחִימֶלֶךְ בֶּן־אֲחִטוּב וּשְׁמוֹ אֶבְיָתָר וַיִּבְרַח אַחֲרֵי דָוִד׃

B. C. 1062.

8 And David said unto Ahimelech, And is there not here under thine hand spear or sword? for I have neither brought my sword nor my weapons with me, because the king's business required haste.

9 And the priest said,The sword of Goliath the Philistine, whom *c* thou slewest in the valley of Elah, behold, it is *d* here wrapped in a cloth behind the ephod : if thou wilt take that, take it ; for *there is* no other save that here. And David said, *There is* none like that ; give it me.

10 And David arose, and fled that day for fear of Saul, and went to γ Achish, the king of Gath.

11 And *e* the servants of Achish said unto him, *Is* not this David the king of the land? did they not sing one to another of him in dances, saying *f* Saul hath slain his thousands, and David his ten thousands ?

12 And David laid up *h* these words in his heart, and was sore afraid of Achish the king of Gath.

13 And he changed *k* his behaviour before them, and feigned himself mad *l* in their hands, and δ scrabbled on the doors of the gate, and let his spittle fall down upon his beard.

14 Then said Achish unto his servants, Lo, ye see the man η is mad ; wherefore *then* have ye brought him to me ?

15 Have I need of mad men, that ye have brought this *fellow* to play the madman in my presence ? shall this *fellow* come into my house ?

CHAP. XXII.

DAVID therefore departed thence, and escaped *n* to the cave Adullam :*o* and when his brethren and all his father's house heard it, they went down thither to him.

2 And *q* every one *that was* in distress, and every one *that was* κ*was* in debt, and every one *that was* λ discontented, gathered themselves unto him ; and he became a captain *s* over them : and there were with him about four hundred men.

3 And David went thence to *u* Mizpeh of Moab : and he said unto the king of Moab, Let my father and my mother, I pray thee, come forth, *and he* with you, till I know what God will do for me.

4 And he brought them before the king of Moab : and they dwelt with him all the while that David was in the hold.*w*

5 And the prophet Gad *x* said unto David, Abide not in the hold ; depart, and get thee into the land of Judah. Then David departed,*z* and came into the forest of Hareth.

6 When Saul heard that David was discovered,& the men that *were* with him, (now Saul abode in Gibeah under a μtree in Ramah, having his spear in his hand, and all his servants *were* standing about him ;)

7 Then Saul said unto his servants that stood about him, Hear now, ye Benjamites; Will the son of Jesse give *c* every one of you fields and vineyards, *and* make you all captains of thousands, and captains of hundreds ;

8 That all of you have conspired against me, and *there is* none that ν sheweth me that my son hath made a league *e* with the son of Jesse, and *there is* none of you that is sorry for me, or sheweth unto me that my son hath stirred up my servant against me, to lie in wait, as at this day ?

9 Then answered Doeg *g* the Edomite, which was set over the servants of Saul,

and said, I saw the son of Jesse coming to Nob, to Ahimelech *a* the son of Ahitub.

10 And he inquired *b* of the LORD for him, and gave him victuals, and gave him the sword of Goliath the Philistine.

11 Then the king sent to call Ahimelech the priest, the son of Ahitub, and all his father's house,the priests that *were* in Nob: and they came all of them to the king.

12 And Saul said, Hear now, thou son of Ahitub. And he answered, β Here I am, my lord.

13 And Saul said unto him, Why have ye conspired against me, thou and the son of Jesse, in that thou hast given him bread, and a sword and hast inquired of God for him, that he should rise against me, to lie in wait, as at this day ?

14 Then Ahimelech answered the king, and said, And who *is so* faithful *g* among all thy servants as David, which is *i* the king's son-in-law, and goeth at thy bidding, and is honourable in thine house ?

15 Did I then begin to inquire of God for him ? be it far from me. Let not the king impute *any* thing unto his servant, *nor* to all the house of my father: for thy servant knew nothing of all this, ζ less or more.

16 And the king said, Thou shalt surely die, Ahimelech, thou, and all *m* thy father's house.

17 And the king said unto the θ footmen that stood about him, Turn, and slay the priests of the LORD ; because their hand also *is* with David, and because they knew when he fled, and did not shew it to me. But the servants of the king would not put *p* forth their hand to fall upon the priests of the LORD.

18 And the king said to Doeg, Turn thou, and fall upon the priests. And Doeg the Edomite turned,& he fell upon the priests, and slew *r* on that day fourscore and five persons that did wear a linen ephod.

19 And Nob,*f* the city of the priests,smote he with the edge of the sword, both men & women, children & sucklings,& oxen,and asses,and sheep,with the edge of the sword.

20 And one of the sons of Ahimelech the son of Ahitub, named *v* Abiathar, escaped, and fled after David.

21 And Abiathar shewed David that Saul had slain the LORD's priests.

22 And David said unto Abiathar, I knew *it* that day, when Doeg the Edomite *was* there, that he would surely tell Saul :*y* I have occasioned *the death* of all the persons of thy father's house.

23 Abide thou with me, fear not : for he that seeketh my life seeketh thy life : but with me thou *shalt he* in safeguard.

CHAP. XXIII.

THEN they told David, saying, Behold, the Philistines fight against Keilah,*a* and they rob the threshing-floors.

2 Therefore David inquired *b* of y*e* LORD, saying, Shall I go and smite these Philistines? And the LORD said unto David, Go, and smite the Philistines,and save Keilah.

3 And David's men said *d* unto him, Behold, we be afraid here in Judah : how much more then if we come to Keilah against the armies of the Philistines ?

4 Then David inquired of the LORD yet again.*f* And the LORD answered him and said, Arise, go down to Keilah ; for I will deliver the Philistines into thine hand.

5 So David and his men went to Keilah, and fought with the Philistines, & brought

a ch.21.1,&c
b Nu. 27. 21.
c ch.17.2,50, 51.
d ch. 31. 10.
β Behold me.
γ or, *Ahimelech.* Ps. 34, title.
e Ps.56,title.
f ch. 18. 7. 29. 5.
g ch. 19.4, 5. 24. 11.
h Lu. 2. 19.
i ch. 18. 27.
k Ps.34, title.
l Ec. 7. 7.
δ or, *made marks.*
ζ *little or great.*
η or, *playeth the madman.*
m De. 24. 16 Est. 3. 6.
θ *runners, or, guard.*
n Ps. 57, title, *and* 142, title.
o 2Sa. 23. 13. Mi. 1. 3. He. 11. 38.
p Ex. 1. 17.
q Ju. 11. 3.
κ *had a creditor.*
λ *bitter of soul.*
r ch.2.31,33.
s Ps.72.12..14 Mat. 9. 12, 13.
t ver. 9, 11.
u Ju 11. 29.
v ch. 23. 6.
1 Ki. 2. 26, 27.
w 1Ch. 12. 16.
x 1Ch. 21. 9. 2Ch. 29. 25.
y ch. 21. 1..9.
z Mat.10.23.
μ or, *grove in a high place.*
a Jos. 15. 44.
b ver. 4, 6, 9. ch. 30. 8.
2 Sa. 5. 19, 23.
c ch. 18. 14.
d Ps. 11. 1.
v uncovereth mine ear. ch. 20. 2.
e ch. 18. 3. 20. 30.
f Ju. 6.39.
g ch. 21. 7. Ps. 52, title, and ver. 1, 2, 3.

21 וַיַּגֵּד אֶבְיָתָר לְדָוִד כִּי הָרַג שָׁאוּל אֵת כֹּהֲנֵי יְהוָה׃

22 וַיֹּאמֶר דָּוִד לְאֶבְיָתָר יָדַעְתִּי בַּיּוֹם הַהוּא כִּי־שָׁם דּוֹאֵג הָאֲדֹמִי כִּי־הַגֵּד יַגִּיד לְשָׁאוּל אָנֹכִי סַבֹּתִי בְּכָל־נֶפֶשׁ בֵּית אָבִיךָ׃

23 שְׁבָה אִתִּי אַל־תִּירָא כִּי אֲשֶׁר־יְבַקֵּשׁ אֶת־נַפְשִׁי יְבַקֵּשׁ אֶת־נַפְשֶׁךָ כִּי־מִשְׁמֶרֶת אַתָּה עִמָּדִי׃

CAP. XXIII. כג

1 וַיַּגִּדוּ לְדָוִד לֵאמֹר הִנֵּה פְלִשְׁתִּים נִלְחָמִים בִּקְעִילָה וְהֵמָּה שֹׁסִים אֶת־הַגֳּרָנוֹת׃

2 וַיִּשְׁאַל דָּוִד בַּיהוָה לֵאמֹר הַאֵלֵךְ וְהִכֵּיתִי בַּפְּלִשְׁתִּים הָאֵלֶּה ס וַיֹּאמֶר יְהוָה אֶל־דָּוִד לֵךְ וְהִכִּיתָ בַפְּלִשְׁתִּים וְהוֹשַׁעְתָּ אֶת־קְעִילָה׃

3 וַיֹּאמְרוּ אַנְשֵׁי דָוִד אֵלָיו הִנֵּה אֲנַחְנוּ פֹה בִּיהוּדָה יְרֵאִים וְאַף כִּי־נֵלֵךְ קְעִלָה אֶל־מַעַרְכוֹת פְּלִשְׁתִּים׃

4 וַיּוֹסֶף עוֹד דָּוִד לִשְׁאֹל בַּיהוָה וַיַּעֲנֵהוּ יְהוָה וַיֹּאמֶר קוּם רֵד קְעִילָה כִּי־אֲנִי נֹתֵן אֶת־פְּלִשְׁתִּים בְּיָדֶךָ׃

5 וַיֵּלֶךְ דָּוִד וַאֲנָשָׁיו קְעִילָה וַיִּלָּחֶם בַּפְּלִשְׁתִּים וַיִּנְהַג אֶת־מִקְנֵיהֶם וַיַּךְ בָּהֶם מַכָּה גְדוֹלָה וַיֹּשַׁע דָּוִד אֵת יֹשְׁבֵי קְעִילָה׃

6 וַיְהִי בִּבְרֹחַ אֶבְיָתָר בֶּן־אֲחִימֶלֶךְ אֶל־דָּוִד קְעִילָה אֵפוֹד יָרַד בְּיָדוֹ׃

7 וַיֻּגַּד לְשָׁאוּל כִּי־בָא דָוִד קְעִילָה וַיֹּאמֶר שָׁאוּל נִכַּר אֹתוֹ אֱלֹהִים בְּיָדִי כִּי נִסְגַּר לָבוֹא בְּעִיר דְּלָתַיִם וּבְרִיחַ׃

8 וַיְשַׁמַּע שָׁאוּל אֶת־כָּל־הָעָם לַמִּלְחָמָה לָרֶדֶת קְעִילָה לָצוּר אֶל־דָּוִד וְאֶל־אֲנָשָׁיו׃

9 וַיֵּדַע דָּוִד כִּי עָלָיו שָׁאוּל מַחֲרִישׁ הָרָעָה וַיֹּאמֶר אֶל־אֶבְיָתָר הַכֹּהֵן הַגִּישָׁה הָאֵפוֹד׃

10 וַיֹּאמֶר דָּוִד יְהוָה אֱלֹהֵי יִשְׂרָאֵל שָׁמֹעַ שָׁמַע עַבְדְּךָ כִּי־מְבַקֵּשׁ שָׁאוּל לָבוֹא אֶל־קְעִילָה לְשַׁחֵת לָעִיר בַּעֲבוּרִי׃

11 הֲיַסְגִּרֻנִי בַעֲלֵי קְעִילָה בְיָדוֹ הֲיֵרֵד שָׁאוּל כַּאֲשֶׁר שָׁמַע עַבְדֶּךָ יְהוָה אֱלֹהֵי יִשְׂרָאֵל הַגֶּד־נָא לְעַבְדֶּךָ ס

12 וַיֹּאמֶר יְהוָה יֵרֵד וַיֹּאמֶר דָּוִד הֲיַסְגִּרוּ בַּעֲלֵי קְעִילָה אֹתִי וְאֶת־אֲנָשַׁי בְּיַד־שָׁאוּל וַיֹּאמֶר יְהוָה יַסְגִּירוּ׃

13 וַיָּקָם דָּוִד וַאֲנָשָׁיו כְּשֵׁשׁ־מֵאוֹת אִישׁ וַיֵּצְאוּ מִקְּעִלָה וַיִּתְהַלְּכוּ בַּאֲשֶׁר יִתְהַלָּכוּ וּלְשָׁאוּל הֻגַּד כִּי־נִמְלַט דָּוִד מִקְּעִילָה וַיֶּחְדַּל לָצֵאת׃

14 וַיֵּשֶׁב דָּוִד בַּמִּדְבָּר בַּמְּצָדוֹת וַיֵּשֶׁב בָּהָר בְּמִדְבַּר־זִיף וַיְבַקְשֵׁהוּ שָׁאוּל כָּל־הַיָּמִים וְלֹא־נְתָנוֹ אֱלֹהִים בְּיָדוֹ׃

15 וַיַּרְא דָוִד כִּי־יָצָא שָׁאוּל לְבַקֵּשׁ אֶת־נַפְשׁוֹ וְדָוִד בְּמִדְבַּר־זִיף בַּחֹרְשָׁה׃

16 וַיָּקָם יְהוֹנָתָן בֶּן־שָׁאוּל וַיֵּלֶךְ אֶל־דָּוִד חֹרְשָׁה וַיְחַזֵּק אֶת־יָדוֹ בֵּאלֹהִים׃

17 וַיֹּאמֶר אֵלָיו אַל־תִּירָא כִּי לֹא תִמְצָאֲךָ יַד שָׁאוּל אָבִי וְאַתָּה תִּמְלֹךְ עַל־יִשְׂרָאֵל וְאָנֹכִי אֶהְיֶה־לְּךָ לְמִשְׁנֶה וְגַם־שָׁאוּל אָבִי יֹדֵעַ כֵּן׃

18 וַיִּכְרְתוּ שְׁנֵיהֶם בְּרִית לִפְנֵי יְהוָה וַיֵּשֶׁב דָּוִד בַּחֹרְשָׁה וִיהוֹנָתָן הָלַךְ לְבֵיתוֹ׃

19 וַיַּעֲלוּ זִפִים אֶל־שָׁאוּל הַגִּבְעָתָה לֵאמֹר הֲלוֹא דָוִד מִסְתַּתֵּר עִמָּנוּ בַמְּצָדוֹת בַּחֹרְשָׁה בְּגִבְעַת הַחֲכִילָה אֲשֶׁר מִימִין הַיְשִׁימוֹן׃

20 וְעַתָּה לְכָל־אַוַּת נַפְשְׁךָ הַמֶּלֶךְ לָרֶדֶת רֵד וְלָנוּ הַסְגִּירוֹ בְּיַד הַמֶּלֶךְ׃

21 וַיֹּאמֶר שָׁאוּל בְּרוּכִים אַתֶּם לַיהוָה כִּי חֲמַלְתֶּם עָלָי׃

22 לְכוּ־נָא הָכִינוּ עוֹד וּדְעוּ וּרְאוּ אֶת־מְקוֹמוֹ אֲשֶׁר תִּהְיֶה רַגְלוֹ מִי רָאָהוּ שָׁם כִּי אָמַר אֵלַי עָרוֹם יַעְרִם הוּא׃

23 וּרְאוּ וּדְעוּ מִכֹּל הַמַּחֲבֹאִים אֲשֶׁר יִתְחַבֵּא שָׁם וְשַׁבְתֶּם אֵלַי אֶל־נָכוֹן וְהָלַכְתִּי אִתְּכֶם וְהָיָה אִם־יֶשְׁנוֹ בָאָרֶץ וְחִפַּשְׂתִּי אֹתוֹ בְּכֹל אַלְפֵי יְהוּדָה׃

24 וַיָּקוּמוּ וַיֵּלְכוּ זִיפָה לִפְנֵי שָׁאוּל וְדָוִד וַאֲנָשָׁיו בְּמִדְבַּר מָעוֹן בָּעֲרָבָה אֶל יְמִין הַיְשִׁימוֹן׃

25 וַיֵּלֶךְ שָׁאוּל וַאֲנָשָׁיו לְבַקֵּשׁ וַיַּגִּדוּ לְדָוִד וַיֵּרֶד הַסֶּלַע וַיֵּשֶׁב בְּמִדְבַּר מָעוֹן וַיִּשְׁמַע שָׁאוּל וַיִּרְדֹּף אַחֲרֵי־דָוִד מִדְבַּר מָעוֹן׃

26 וַיֵּלֶךְ שָׁאוּל מִצַּד הָהָר מִזֶּה וְדָוִד וַאֲנָשָׁיו מִצַּד הָהָר מִזֶּה וַיְהִי דָוִד נֶחְפָּז לָלֶכֶת מִפְּנֵי שָׁאוּל וְשָׁאוּל וַאֲנָשָׁיו עֹטְרִים אֶל־דָּוִד וְאֶל־אֲנָשָׁיו לְתָפְשָׂם׃

27 וּמַלְאָךְ בָּא אֶל־שָׁאוּל לֵאמֹר מַהֲרָה וְלֵכָה כִּי־פָשְׁטוּ פְלִשְׁתִּים עַל־הָאָרֶץ׃

28 וַיָּשָׁב שָׁאוּל מִרְדֹף אַחֲרֵי דָוִד וַיֵּלֶךְ לִקְרַאת פְּלִשְׁתִּים עַל־כֵּן קָרְאוּ לַמָּקוֹם הַהוּא סֶלַע הַמַּחְלְקוֹת׃

CAP. XXIV. כד

1 וַיַּעַל דָּוִד מִשָּׁם וַיֵּשֶׁב בִּמְצָדוֹת עֵין־גֶּדִי׃

2 וַיְהִי כַּאֲשֶׁר שָׁב שָׁאוּל מֵאַחֲרֵי פְּלִשְׁתִּים וַיַּגִּדוּ לוֹ לֵאמֹר הִנֵּה דָוִד בְּמִדְבַּר עֵין גֶּדִי׃

3 וַיִּקַּח שָׁאוּל שְׁלֹשֶׁת אֲלָפִים אִישׁ בָּחוּר מִכָּל־יִשְׂרָאֵל וַיֵּלֶךְ לְבַקֵּשׁ אֶת־דָּוִד וַאֲנָשָׁיו עַל־פְּנֵי צוּרֵי הַיְּעֵלִים׃

4 וַיָּבֹא אֶל־גִּדְרוֹת הַצֹּאן עַל־הַדֶּרֶךְ וְשָׁם מְעָרָה וַיָּבֹא שָׁאוּל לְהָסֵךְ אֶת־רַגְלָיו וְדָוִד וַאֲנָשָׁיו בְּיַרְכְּתֵי הַמְּעָרָה יֹשְׁבִים׃

5 וַיֹּאמְרוּ אַנְשֵׁי דָוִד אֵלָיו הִנֵּה הַיּוֹם אֲשֶׁר־אָמַר יְהוָה אֵלֶיךָ הִנֵּה אָנֹכִי נֹתֵן אֶת־אֹיִבְךָ בְּיָדֶךָ וְעָשִׂיתָ לּוֹ כַּאֲשֶׁר יִטַב בְּעֵינֶיךָ וַיָּקָם דָּוִד וַיִּכְרֹת אֶת־כְּנַף־הַמְּעִיל אֲשֶׁר־לְשָׁאוּל בַּלָּט׃

6 וַיְהִי אַחֲרֵי־כֵן וַיַּךְ לֵב־דָּוִד אֹתוֹ

away their cattle, and smote them with a great slaughter. So David saved the inhabitants of Keilah.

6 And it came to pass, when Abiathar the son of Ahimelech *b* fled to David to Keilah, *that* he came down *with* an ephod in his hand.

7 And it was told Saul that David was come to Keilah. And Saul said, God hath delivered him into mine hand: for he *c* is shut in, by entering into a town that hath gates and bars.

8 And Saul called all the people together to war, to go down to Keilah, to besiege David and his men.

9 And David knew that Saul *f* secretly practised mischief against him; and *g* he said to Abiathar the priest, Bring hither the ephod.

10 Then said David, O LORD God of Israel, thy servant hath certainly heard that Saul seeketh to come to Keilah, to destroy the city for *i* my sake.

11 Will the men of Keilah deliver me up into his hand? will Saul come down, as thy servant hath heard? O LORD God of Israel, I beseech thee, tell thy servant. And the LORD said, He will come down.

12 Then said David, Will the men of Keilah *η* deliver me and my men into the hand of Saul? And the LORD said, They will deliver *thee* up.

13 Then David and his men,*m* *which were* about six hundred, arose and departed out of Keilah, and went whithersoever they could go. And it was told Saul that David was escaped from Keilah; and he forbare to go forth.

14 And David abode in the wilderness in strong holds, and remained in a mountain*r* in the wilderness of Ziph: *s* and Saul sought him every day; but *t* God delivered him not into his hand.

15 And David saw that Saul was come out to seek his life: and David *was* in the wilderness of Ziph in a wood.

16 And Jonathan, Saul's son, arose, and went to David into the wood, and strengthened *v* his hand in God.*w*

17 And he said unto him, Fear not: for the hand of Saul my father shall not *y* find thee: and thou shalt be king over Israel, and I shall be next unto thee; and that also Saul *a* my father knoweth.

18 And they two *c* made a covenant before the LORD. And David abode in the wood, and Jonathan went to his house.

19 Then came *d* up the Ziphites to Saul to Gibeah, saying, Doth not David hide himself with us in strong holds in the wood, in the hill of Hachilah, which *is* on *λ* the south of *μ* Jeshimon?

20 Now therefore, O king, come down, according to all the desire of thy soul to come down; and *f* our part *shall be* to deliver him into the king's hand.

21 And Saul said, Blessed *g* *be* ye of the LORD; for ye have compassion on me.

22 Go, I pray you, prepare yet, and know and see his place where his *v* haunt is, *and* who hath seen him there: for it is told me *that* he dealeth very subtilly.

23 See therefore, and take *i* knowledge of all the lurking-places where he hideth himself, and come ye again to me with the certainty, and I will go with you: and it shall come to pass, if he be in the land, that I will search *l* him out throughout all the thousands *m* of Judah.

B. C. 1061.

a ch. 25. 2.
b ch. 22. 20.
β or, *from the.*
c Ps.71.10,11.
d Ps. 31. 22.
e Ps. 17.9,11.
  140. 1.,9.
f Je.11.18,19.
g ch. 30. 7.
  Nu. 27. 21.
  Je. 33. 3.
h 2 Ki. 19. 9.
γ spread *themselves upon.*
i ver. 8.
  Est. 3. 6.
  Pr. 28. 15.
  Ro.3.15,16.
δ i. e. *The rock of divisions.*
j 2 Ch. 20. 2.
k ch.23.28,29.
ζ *after.*
η *shut up.*
l Ps.38. 12.
m ch. 22. 2.
  25. 13.
n Ps. 141. 6.
o Ju. 3. 24.
p Ps. LVII.
  CXLII.
q ch.26.8..11.
r Ps. 11. 1.
s Jos. 15. 55.
t Ps.37.32,33
  54. 3, 4.
θ *the robe which was Saul's.*
u 2 Sa. 24. 10.
  1 Jn°.3.20,21
v Pr. 27.9,17.
  Is. 35. 3, 4.
  He. 12. 12.
w Ep. 6. 10.
x 1 Ki. 21. 3.
y Job5.11..15
z 2 Sa. 1. 14.
a ch. 24. 20.
κ *cut off.*
b Ps. 7. 4.
  Mat. 5. 44.
  Ro.12.17..21
c ch.20.16,42.
  2 Sa. 21. 7.
d ch. 26. 1.
  Ps. 54. title.
λ *on the right hand.*
μ or, *the wilderness.*
e Le. 19. 16.
  Pr. 18. 8.
  26. 20..22.
  29. 12.
  Ec. 7. 21.
f Ps.⁄54. 3.
g Jn. 17. 2.
  Mi. 3. 11.
h ver. 4.
v *foot shall be.*
i Jn°. 18. 2,3.
k Ps. 35. 7.
l 1 Ki. 18. 10.
m Nu. 10. 36.
  Mi. 5. 2.
n ch. 26. 20.

24 And they arose, and went to Ziph before Saul: but David and his men *were* in the wilderness of Maon,*a* in the plain on the south of Jeshimon.

25 Saul also and his men went to seek *him.* And they told David: wherefore he came down *β* into a rock, and abode in the wilderness of Maon. And when Saul heard *that,* he pursued after David in the wilderness of Maon.

26 And Saul went on this side of the mountain, and David and his men on that side of the mountain: and David made haste *d* to get away for fear of Saul; for Saul and his men compassed *e* David and his men round about to take them.

27 But *h* there came a messenger unto Saul, saying, Haste thee, and come; for the Philistines have *γ* invaded the land.

28 Wherefore Saul returned from pursuing after David, and went against the Philistines: therefore they called that place *δ* Sela-hammahlekoth.

29 And David went up from thence, and dwelt in strong holds at En-gedi.*j*

CHAP. XXIV.

AND it came to pass, when Saul was returned *k* from *ζ* following the Philistines, that it was told him, saying, Behold, David *is* in the wilderness of En-gedi.

2 Then Saul took three thousand chosen men out of all Israel, and went to *l* seek David and his men upon the rocks *n* of the wild goats.

3 And he came to the sheep-cotes by the way, where *was* a cave; and Saul went in to cover *o* his feet: and David and his men remained in the sides of the cave.*p*

4 And the men of David said unto him, Behold *q* the day of which the LORD said unto thee, Behold, I will deliver thine enemy into thine hand, that thou mayest do to him as it shall seem good unto thee. Then David arose, and cut off the skirt of *θ* Saul's robe privily.

5 And it came to pass afterward, that David's heart *u* smote him, because he had cut off Saul's skirt.

6 And he said unto his men, The *x* LORD forbid that I should do this thing unto my master, the LORD's anointed, to stretch forth mine hand against him, seeing he *is* the anointed *z* of the LORD.

7 So David *κ* stayed *b* his servants with these words, and suffered them not to rise against Saul. But Saul rose up out of the cave, and went on *his* way.

8 David also arose afterward, and went out of the cave, and cried after Saul, saying, My lord the king! And when Saul looked behind him, David stooped with his face to the earth, and bowed himself.

9 And David said to Saul, Wherefore hearest *e* thou men's words, saying, Behold, David seeketh thy hurt?

10 Behold, this day thine eyes have seen how that the LORD hath delivered thee to-day into mine hand in the cave: and *some h* bade *me* kill thee; but *mine eye* spared thee; and I said, I will not put forth mine hand against my lord; for he *is* the LORD's anointed.

11 Moreover, my father, see, yea, see the skirt of thy robe in my hand: for in that I cut off the skirt of thy robe, and killed thee not, know thou and see that *there is* neither evil *k* nor transgression in mine hand, and I have not sinned against thee; yet thou huntest *n* my soul to take it.

206

7 וַיֹּאמֶר לַאֲנָשָׁיו חָלִילָה לִּי מֵיהוָה אִם־אֶעֱשֶׂה אֶת־הַדָּבָר הַזֶּה לַאדֹנִי לִמְשִׁיחַ יְהוָה לִשְׁלֹחַ יָדִי בּוֹ כִּי־מְשִׁיחַ יְהוָה הוּא׃

8 וַיְשַׁסַּע דָּוִד אֶת־אֲנָשָׁיו בַּדְּבָרִים וְלֹא נְתָנָם לָקוּם אֶל־שָׁאוּל וְשָׁאוּל קָם מֵהַמְּעָרָה וַיֵּלֶךְ בַּדָּרֶךְ׃

9 וַיָּקָם דָּוִד אַחֲרֵי־כֵן וַיֵּצֵא מִן־הַמְּעָרָה וַיִּקְרָא אַחֲרֵי־שָׁאוּל לֵאמֹר אֲדֹנִי הַמֶּלֶךְ וַיַּבֵּט שָׁאוּל אַחֲרָיו וַיִּקֹּד דָּוִד אַפַּיִם אַרְצָה וַיִּשְׁתָּחוּ׃

10 וַיֹּאמֶר דָּוִד לְשָׁאוּל לָמָּה תִשְׁמַע אֶת־דִּבְרֵי אָדָם לֵאמֹר הִנֵּה דָוִד מְבַקֵּשׁ רָעָתֶךָ׃

11 הִנֵּה הַיּוֹם הַזֶּה רָאוּ עֵינֶיךָ אֵת אֲשֶׁר־נְתָנְךָ יְהוָה הַיּוֹם בְּיָדִי בַּמְּעָרָה וְאָמַר לַהֲרָגֲךָ וַתָּחָס עָלֶיךָ וָאֹמַר לֹא־אֶשְׁלַח יָדִי בַּאדֹנִי כִּי־מְשִׁיחַ יְהוָה הוּא׃

12 וְאָבִי רְאֵה גַּם רְאֵה אֶת־כְּנַף מְעִילְךָ בְּיָדִי כִּי בְּכָרְתִי אֶת־כְּנַף מְעִילְךָ וְלֹא הֲרַגְתִּיךָ דַּע וּרְאֵה כִּי אֵין בְּיָדִי רָעָה וָפֶשַׁע וְלֹא־חָטָאתִי לָךְ וְאַתָּה צֹדֶה אֶת־נַפְשִׁי לְקַחְתָּהּ׃

13 יִשְׁפֹּט יְהוָה בֵּינִי וּבֵינֶךָ וּנְקָמַנִי יְהוָה מִמֶּךָּ וְיָדִי לֹא תִהְיֶה־בָּךְ׃

14 כַּאֲשֶׁר יֹאמַר מְשַׁל הַקַּדְמֹנִי מֵרְשָׁעִים יֵצֵא רֶשַׁע וְיָדִי לֹא תִהְיֶה־בָּךְ׃

15 אַחֲרֵי מִי יָצָא מֶלֶךְ יִשְׂרָאֵל אַחֲרֵי מִי אַתָּה רֹדֵף אַחֲרֵי כֶּלֶב מֵת אַחֲרֵי פַּרְעֹשׁ אֶחָד׃

16 וְהָיָה יְהוָה לְדַיָּן וְשָׁפַט בֵּינִי וּבֵינֶךָ וְיֵרֶא וְיָרֵב אֶת־רִיבִי וְיִשְׁפְּטֵנִי מִיָּדֶךָ׃

17 וַיְהִי כְּכַלּוֹת דָּוִד לְדַבֵּר אֶת־הַדְּבָרִים הָאֵלֶּה אֶל־שָׁאוּל וַיֹּאמֶר שָׁאוּל הֲקֹלְךָ זֶה בְּנִי דָוִד וַיִּשָּׂא שָׁאוּל קֹלוֹ וַיֵּבְךְּ׃

18 וַיֹּאמֶר אֶל־דָּוִד צַדִּיק אַתָּה מִמֶּנִּי כִּי אַתָּה גְּמַלְתַּנִי הַטּוֹבָה וַאֲנִי גְּמַלְתִּיךָ הָרָעָה׃

19 וְאַתָּה הִגַּדְתָּ הַיּוֹם אֵת אֲשֶׁר־עָשִׂיתָה אִתִּי טוֹבָה אֵת אֲשֶׁר סִגְּרַנִי יְהוָה בְּיָדְךָ וְלֹא הֲרַגְתָּנִי׃

20 וְכִי־יִמְצָא אִישׁ אֶת־אֹיְבוֹ וְשִׁלְּחוֹ בְּדֶרֶךְ טוֹבָה וַיהוָה יְשַׁלֶּמְךָ טוֹבָה תַּחַת הַיּוֹם הַזֶּה אֲשֶׁר עָשִׂיתָה לִי׃

21 וְעַתָּה הִנֵּה יָדַעְתִּי כִּי מָלֹךְ תִּמְלוֹךְ וְקָמָה בְּיָדְךָ מַמְלֶכֶת יִשְׂרָאֵל׃

22 וְעַתָּה הִשָּׁבְעָה לִּי בַּיהוָה אִם־תַּכְרִית אֶת־זַרְעִי אַחֲרָי וְאִם־תַּשְׁמִיד אֶת־שְׁמִי מִבֵּית אָבִי׃

23 וַיִּשָּׁבַע דָּוִד לְשָׁאוּל וַיֵּלֶךְ שָׁאוּל אֶל־בֵּיתוֹ וְדָוִד וַאֲנָשָׁיו עָלוּ עַל־הַמְּצוּדָה׃

CAP. XXV. כה

1 וַיָּמָת שְׁמוּאֵל וַיִּקָּבְצוּ כָל־יִשְׂרָאֵל וַיִּסְפְּדוּ־לוֹ וַיִּקְבְּרֻהוּ בְּבֵיתוֹ בָּרָמָה וַיָּקָם דָּוִד וַיֵּרֶד אֶל־מִדְבַּר פָּארָן׃

2 וְאִישׁ בְּמָעוֹן וּמַעֲשֵׂהוּ בַכַּרְמֶל וְהָאִישׁ גָּדוֹל מְאֹד וְלוֹ צֹאן שְׁלֹשֶׁת־אֲלָפִים וְאֶלֶף עִזִּים וַיְהִי בִּגְזֹז אֶת־צֹאנוֹ בַּכַּרְמֶל׃

3 וְשֵׁם הָאִישׁ נָבָל וְשֵׁם אִשְׁתּוֹ אֲבִגָיִל וְהָאִשָּׁה טוֹבַת־שֶׂכֶל וִיפַת תֹּאַר וְהָאִישׁ קָשֶׁה וְרַע מַעֲלָלִים וְהוּא כָלִבּוֹ׃

4 וַיִּשְׁמַע דָּוִד בַּמִּדְבָּר כִּי־גֹזֵז נָבָל אֶת־צֹאנוֹ׃

5 וַיִּשְׁלַח דָּוִד עֲשָׂרָה נְעָרִים וַיֹּאמֶר דָּוִד לַנְּעָרִים עֲלוּ כַרְמֶלָה וּבָאתֶם אֶל־נָבָל וּשְׁאֶלְתֶּם־לוֹ בִשְׁמִי לְשָׁלוֹם׃

6 וַאֲמַרְתֶּם כֹּה לֶחָי וְאַתָּה שָׁלוֹם וּבֵיתְךָ שָׁלוֹם וְכֹל אֲשֶׁר־לְךָ שָׁלוֹם׃

7 וְעַתָּה שָׁמַעְתִּי כִּי גֹזְזִים לָךְ עַתָּה הָרֹעִים אֲשֶׁר־לְךָ הָיוּ עִמָּנוּ לֹא הֶכְלַמְנוּם וְלֹא־נִפְקַד לָהֶם מְאוּמָה כָּל־יְמֵי הֱיוֹתָם בַּכַּרְמֶל׃

8 שְׁאַל אֶת־נְעָרֶיךָ וְיַגִּידוּ לָךְ וְיִמְצְאוּ הַנְּעָרִים חֵן בְּעֵינֶיךָ כִּי־עַל־יוֹם טוֹב בָּנוּ תְּנָה־נָּא אֵת אֲשֶׁר תִּמְצָא יָדְךָ לַעֲבָדֶיךָ וּלְבִנְךָ לְדָוִד׃

9 וַיָּבֹאוּ נַעֲרֵי דָוִד וַיְדַבְּרוּ אֶל־נָבָל כְּכָל־הַדְּבָרִים הָאֵלֶּה בְּשֵׁם דָּוִד וַיָּנוּחוּ׃

10 וַיַּעַן נָבָל אֶת־עַבְדֵי דָוִד וַיֹּאמֶר מִי דָוִד וּמִי בֶן־יִשָׁי הַיּוֹם רַבּוּ עֲבָדִים הַמִּתְפָּרְצִים אִישׁ מִפְּנֵי אֲדֹנָיו׃

11 וְלָקַחְתִּי אֶת־לַחְמִי וְאֶת־מֵימַי וְאֵת טִבְחָתִי אֲשֶׁר טָבַחְתִּי לְגֹזְזָי וְנָתַתִּי לַאֲנָשִׁים אֲשֶׁר לֹא יָדַעְתִּי אֵי מִזֶּה הֵמָּה׃

12 וַיַּהַפְכוּ נַעֲרֵי־דָוִד לְדַרְכָּם וַיָּשֻׁבוּ וַיָּבֹאוּ וַיַּגִּדוּ לוֹ כְּכֹל הַדְּבָרִים הָאֵלֶּה׃

13 וַיֹּאמֶר דָּוִד לַאֲנָשָׁיו חִגְרוּ אִישׁ אֶת־חַרְבּוֹ וַיַּחְגְּרוּ אִישׁ אֶת־חַרְבּוֹ וַיַּחְגֹּר גַּם־דָּוִד אֶת־חַרְבּוֹ וַיַּעֲלוּ אַחֲרֵי דָוִד כְּאַרְבַּע מֵאוֹת אִישׁ וּמָאתַיִם יָשְׁבוּ עַל־הַכֵּלִים׃

14 וְלַאֲבִיגַיִל אֵשֶׁת נָבָל הִגִּיד נַעַר־אֶחָד מֵהַנְּעָרִים לֵאמֹר הִנֵּה שָׁלַח דָּוִד מַלְאָכִים מֵהַמִּדְבָּר לְבָרֵךְ אֶת־אֲדֹנֵינוּ וַיָּעַט בָּהֶם׃

15 וְהָאֲנָשִׁים טֹבִים לָנוּ מְאֹד וְלֹא הָכְלַמְנוּ וְלֹא־פָקַדְנוּ מְאוּמָה כָּל־יְמֵי הִתְהַלַּכְנוּ אִתָּם בִּהְיוֹתֵנוּ בַּשָּׂדֶה׃

16 חוֹמָה הָיוּ עָלֵינוּ גַּם־לַיְלָה גַּם־יוֹמָם כָּל־יְמֵי הֱיוֹתֵנוּ עִמָּם רֹעִים הַצֹּאן׃

17 וְעַתָּה דְּעִי וּרְאִי מַה־תַּעֲשִׂי כִּי־כָלְתָה הָרָעָה אֶל־אֲדֹנֵינוּ וְעַל כָּל־בֵּיתוֹ וְהוּא בֶּן־בְּלִיַּעַל מִדַּבֵּר אֵלָיו׃

18 וַתְּמַהֵר אֲבִיגַיִל וַתִּקַּח מָאתַיִם לֶחֶם וּשְׁנַיִם נִבְלֵי־יַיִן וְחָמֵשׁ צֹאן עֲשׂוּוֹת וְחָמֵשׁ סְאִים קָלִי וּמֵאָה צִמֻּקִים וּמָאתַיִם דְּבֵלִים וַתָּשֶׂם עַל־הַחֲמֹרִים׃

19 וַתֹּאמֶר לִנְעָרֶיהָ עִבְרוּ לְפָנַי הִנְנִי אַחֲרֵיכֶם בָּאָה וּלְאִישָׁהּ נָבָל לֹא הִגִּידָה׃

20 וְהָיָה הִיא רֹכֶבֶת עַל־הַחֲמוֹר וְיֹרֶדֶת בְּסֵתֶר הָהָר וְהִנֵּה דָוִד וַאֲנָשָׁיו יֹרְדִים לִקְרָאתָהּ וַתִּפְגֹּשׁ אֹתָם׃

21 וְדָוִד אָמַר אַךְ לַשֶּׁקֶר שָׁמַרְתִּי אֶת־כָּל־אֲשֶׁר לָזֶה בַּמִּדְבָּר וְלֹא־נִפְקַד מִכָּל־אֲשֶׁר־לוֹ מְאוּמָה וַיָּשֶׁב־לִי רָעָה תַּחַת טוֹבָה׃

22 כֹּה־יַעֲשֶׂה אֱלֹהִים לְאֹיְבֵי דָוִד וְכֹה יֹסִיף אִם־אַשְׁאִיר מִכָּל־אֲשֶׁר־לוֹ עַד־הַבֹּקֶר מַשְׁתִּין בְּקִיר׃

12 The LORD judge between me and thee, and the LORD avenge me of thee: but mine hand shall not be upon thee.

13 As saith the proverb of the ancients, Wickedness proceedeth from the wicked: but mine hand shall not be upon thee.

14 After whom is the king of Israel come out? after whom dost thou pursue? after a dead dog, after a flea.

15 The LORD therefore be judge, and judge between me and thee, and see,*c* and plead*d* my cause, and *δ*deliver*e* me out of thine hand.

16 And it came to pass, when David had made an end of speaking these words unto Saul, that Saul said, *Is* this thy voice, my son David? And Saul lifted up his voice, and wept.

17 And he said to David, Thou *art* more righteous than I: for thou hast rewarded me good,*f* whereas I have rewarded thee evil.

18 And thou hast shewed this day how that thou hast dealt well with me: forasmuch as when the LORD had *ζ*delivered me into thine hand, thou killedst me not.

19 For if a man find his enemy, will he let him go well away? wherefore the LORD reward*i* thee good for that thou hast done unto me this day.

20 And now, behold, I know*l* well that thou shalt surely be king, and that the kingdom of Israel shall be established in thine hand.

21 Swear now therefore unto me by the LORD, that thou wilt not cut off my seed after me, and that*n* thou wilt not destroy my name out of my father's house.

22 And David sware unto Saul. And Saul went home: but David and his men gat them up unto the hold.*p*

CHAP. XXV.

AND Samuel died: and*q* all the Israelites were gathered together, and lamented him, and buried him in his house at Ramah. And David arose, and went down to the wilderness of Paran.*s*

2 And *there was* a man in Maon,*t* whose *λ* possessions *were* in Carmel; and the man *was* very great, and he had three thousand sheep, and a thousand goats: and he was shearing his sheep in Carmel.

3 Now the name of the man *was* Nabal, and the name of his wife Abigail; and *she was* a woman of *u* good understanding, and of a beautiful countenance: but the man *was* churlish,*w* and evil in his doings; and he *was* of the house of Caleb.

4 And David heard in the wilderness that Nabal did *x* shear his sheep.

5 And David sent out ten young men; and David said unto the young men, Get you up to Carmel, and go to Nabal, and *μ* greet him in my name:

6 And thus shall ye say to him that liveth *in prosperity,* Peace *z be* both to thee, and peace *be* to thine house, and peace *be* unto all that thou hast.

7 And now I have heard that thou hast shearers: now thy shepherds which were with us, we *ρ* hurt them not, neither was there ought missing unto them, all the while they were in Carmel.

8 Ask thy young men, and they will shew thee. Wherefore let the young men find favour in thine eyes; for we come in a good day: *a* give,*b* I pray thee, whatsoever cometh to thine*d* hand unto thy servants, and to thy son David.

Center reference column

B. C. 1061.

β rested.

a Ju. 9. 28.
Ps. 73. 7, 8.
123. 3, 4.
Is. 32. 5, 7.

b Ju. 8. 6.

γ slaughter.

c 2Ch. 24. 22.
d Ps. 35. 1.
43. 1.
119. 154.
Mi. 7. 9.

δ judge.

e ch. 26. 24.
f Mat. 5. 44.
g ch. 30. 24.

ζ shut up.
ch. 23. 12.
26. 8.

η flew upon.

h ver. 7.

θ shamed.

i Ps. 18. 20.
Pr. 25. 21,22.
k Ex. 14. 22.
Job 1. 10.
Je. 15. 20.
l ch. 23. 17.
m 2 Sa. 23. 6,7.
n 2 Sa. 21. 6,8.
o Ge. 32. 13.
Pr. 18. 16.
21. 14.
p ch. 23. 29.

κ or, lumps.

q ch. 28. 3.
Nu. 20. 29.
De. 34. 8.
r Ge.32,16,20.
s Ge. 21. 21.
Nu. 10. 12.
13. 3, 26.
t ch. 23. 24.

λ or,business.

u Pr. 14. 1.
31. 26, 30.
v Ps. 109. 5.
Pr. 17. 13.
w ver.10,11 17
x Ge. 38. 13.
2 Sa. 13. 23.
y Jos. 15. 18.

μ ask him in my name of peace.
ch. 17. 22.

z 1 Ch. 12. 18.
Lu. 10. 5.

v ears.

π lay it to his heart.

ρ shamed.
ver. 15, 21.

σ i. e. foot.

a Ne.8.10.12.
Es. 9. 19.
b Ec. 11. 2.
c ver. 33.
Ge. 20. 6.
d Lu. 11. 41.

τ saving.

e Ro. 12. 19.

9 And when David's young men came, they spake to Nabal according to all those words in the name of David, and *β*ceased.

10 And Nabal answered David's servants, and said, Who*a is* David? and who *is* the son of Jesse? there be many servants now-a-days that break away every man from his master.

11 Shall*b* I then take my bread and my water, and my *γ* flesh that I have killed for my shearers, and give *it* unto men, whom I know not whence they *be?*

12 So David's young men turned their way, and went again, and came and told him all those sayings.

13 And David said unto his men, Gird ye on every man his sword. And they girded on every man his sword, and David also girded on his sword: and there went up after David about four hundred men; & two hundred abode*g* by the stuff.

14 But one of the young men told Abigail, Nabal's wife, saying, Behold, David sent messengers out of the wilderness to salute our master; and he *n*railed on them.

15 But the men *were* very good unto us, and we*h* were *θ* not hurt, neither missed we any thing, as long as we were conversant with them, when we were in the fields:

16 They were a wall*k* unto us both by night and day, all the while we were with them keeping the sheep.

17 Now therefore know and consider what thou wilt do; for evil is determined against our master, and against all his household: for he *is such* a son of Belial,*m* that *a man* cannot speak to him.

18 Then Abigail made haste, and*o* took two hundred loaves, and two bottles of wine, and five sheep ready dressed, and five measures of parched *corn,* and an hundred *κ* clusters of raisins, and two hundred cakes of figs, and laid *them* on asses.

19 And she said unto her servants,*r* Go on before me: behold, I come after you. But she told not her husband Nabal.

20 And it was *so, as* she rode on the ass, that she came down by the covert of the hill, and behold, David and his men came down against her; and she met them.

21 Now David had said, Surely in vain have I kept all that this *fellow* hath in the wilderness, so that nothing was missed of all that *pertained* unto him: and he hath requited me evil*v* for good.

22 So and more also do God unto the enemies of David, if I leave of all that *pertain* to him by the morning light any that pisseth against the wall.

23 And when Abigail saw David, she hasted, and lighted*y* off the ass, and fell before David on her face, and bowed herself to the ground,

24 And fell at his feet, and said, Upon me, my lord, *upon* me *let this* iniquity *be;* and let thine handmaid, I pray thee, speak in thine *v* audience, and hear the words of thine handmaid.

25 Let not my lord, I pray thee, *π* regard this man of Belial, *even* Nabal: for as his name *is,* so *is* he; *σ* Nabal *is* his name, and folly *is* with him: but I thine handmaid saw not the young men of my lord, whom thou didst send.

26 Now therefore, my lord, *as* the LORD liveth, and *as* thy soul liveth, seeing the LORD hath withholden*c* thee from coming to *shed* blood, and from *τ* avenging thyself*e* with thine own hand, now let

וְכֹה יֹסַף אִם־אַשְׁאִיר מִכָּל־אֲשֶׁר־לֹו עַד־אֹור הַבֹּקֶר ׃ בְּרֵאָשֹׁו וַיִּשְׁלַח דָּוִד וַיְדַבֵּר בַּאֲבִיגַיִל לְקַחְתָּהּ לֹו
לֹו ׃ 40

23 מַשְׁתִּין בְּקִיר ׃ וַתֵּרֶא אֲבִיגַיִל אֶת־דָּוִד וַתְּמַהֵר לְאִשָּׁה ׃ וַיָּבֹאוּ עַבְדֵי דָוִד אֶל־אֲבִיגַיִל הַכַּרְמֶלָה
וַתֵּרֶד מֵעַל הַחֲמֹור וַתִּפֹּל לְאַפֵּי דָוִד עַל־פָּנֶיהָ וַיְדַבְּרוּ אֵלֶיהָ לֵאמֹר דָּוִד שְׁלָחָנוּ אֵלַיִךְ לְקַחְתֵּךְ לֹו 41

24 וַתִּשְׁתַּחוּ אָרֶץ ׃ וַתָּקָם וַתִּשְׁתַּחוּ אַפַּיִם אָרְצָה וַתֹּאמֶר לְאִשָּׁה ׃
הִנֵּה אֲמָתְךָ לְשִׁפְחָה לִרְחֹץ רַגְלֵי עַבְדֵי אֲדֹנִי ׃

וְאֶת־דִּבְרֵי אֲמָתֶךָ ׃ 25 אַל־נָא יָשִׂים אֲדֹנִי אֶת־לִבֹּו וַתָּקָם וַתִּרְכַּב עַל־הַחֲמֹור וְחָמֵשׁ 42
אֶל־אִישׁ הַבְּלִיַּעַל הַזֶּה עַל־נָבָל כִּי כִשְׁמֹו כֶּן־הוּא נַעֲרֹתֶיהָ הַהֹלְכֹות לְרַגְלָהּ וַתֵּלֶךְ אַחֲרֵי מַלְאֲכֵי דָוִד
נָבָל שְׁמֹו וּנְבָלָה עִמֹּו וַאֲנִי אֲמָתְךָ לֹא רָאִיתִי וַתְּהִי־לֹו לְאִשָּׁה ׃ וְאֶת־אֲחִינֹעַם לָקַח דָּוִד 43

26 אֶת־נַעֲרֵי אֲדֹנִי אֲשֶׁר שָׁלָחְתָּ ׃ וְעַתָּה אֲדֹנִי חַי־ מִיִּזְרְעֶאל וַתִּהְיֶיןָ גַּם־שְׁתֵּיהֶן לֹו לְנָשִׁים ׃ וְשָׁאוּל 44
יְהוָה וְחֵי־נַפְשְׁךָ אֲשֶׁר מְנָעֲךָ יְהוָה מִבֹּוא בְדָמִים נָתַן אֶת־מִיכַל בִּתֹּו אֵשֶׁת דָּוִד לְפַלְטִי בֶן־לָיִשׁ
וְהֹושֵׁעַ יָדְךָ לָךְ וְעַתָּה יִהְיוּ כְנָבָל אֹיְבֶיךָ אֲשֶׁר מְבַקְשִׁים ׃

27 וְהַמִּתְקַדְּשִׁים אֶל־אֲדֹנִי רָעָה וְעַתָּה הַבְּרָכָה הַזֹּאת 1 וַיָּבֹאוּ הַזִּפִים אֶל־שָׁאוּל הַגִּבְעָתָה לֵאמֹר הֲלֹוא
אֲשֶׁר־הֵבִיא שִׁפְחָתְךָ לַאדֹנִי וְנִתְּנָה לַנְּעָרִים דָוִד מִסְתַּתֵּר בְּגִבְעַת הַחֲכִילָה עַל פְּנֵי הַיְשִׁימֹון ׃

28 הַמִּתְהַלְּכִים בְּרַגְלֵי אֲדֹנִי ׃ שָׂא נָא לְפֶשַׁע אֲמָתֶךָ 2 וַיָּקָם שָׁאוּל וַיֵּרֶד אֶל־מִדְבַּר־זִיף וְאִתֹּו שְׁלֹשֶׁת־
כִּי־עָשֹׂה יַעֲשֶׂה יְהוָה לַאדֹנִי בַּיִת נֶאֱמָן כִּי־מִלְחֲמֹות אֲלָפִים אִישׁ בְּחוּרֵי יִשְׂרָאֵל לְבַקֵּשׁ אֶת־דָּוִד בְּמִדְבַּר־
יְהוָה אֲדֹנִי נִלְחָם וְרָעָה לֹא־תִמָּצֵא בְךָ מִיָּמֶיךָ ׃ זִיף ׃ וַיִּחַן שָׁאוּל בְּגִבְעַת הַחֲכִילָה אֲשֶׁר עַל־פְּנֵי 3

29 וַיָּקָם אָדָם לִרְדָּפְךָ וּלְבַקֵּשׁ אֶת־נַפְשֶׁךָ וְהָיְתָה הַיְשִׁימֹן עַל־הַדָּרֶךְ וְדָוִד יֹשֵׁב בַּמִּדְבָּר וַיַּרְא כִּי בָא
נֶפֶשׁ אֲדֹנִי צְרוּרָה ׀ בִּצְרֹור הַחַיִּים אֵת יְהוָה שָׁאוּל אַחֲרָיו הַמִּדְבָּרָה ׃ וַיִּשְׁלַח דָּוִד מְרַגְּלִים 4
אֱלֹהֶיךָ וְאֵת נֶפֶשׁ אֹיְבֶיךָ יְקַלְּעֶנָּה בְּתֹוךְ כַּף הַקָּלַע ׃ וַיֵּדַע כִּי־בָא שָׁאוּל אֶל־נָכֹון ׃ וַיָּקָם דָּוִד וַיָּבֹא אֶל־ 5

30 וְהָיָה כִּי־יַעֲשֶׂה יְהוָה לַאדֹנִי כְּכֹל אֲשֶׁר־דִּבֶּר אֶת־ הַמָּקֹום אֲשֶׁר חָנָה־שָׁם שָׁאוּל וַיַּרְא דָּוִד אֶת־
הַטֹּובָה עָלֶיךָ וְצִוְּךָ לְנָגִיד עַל־יִשְׂרָאֵל ׃ וְלֹא־תִהְיֶה הַמָּקֹום אֲשֶׁר שָׁכַב־שָׁם שָׁאוּל וְאַבְנֵר בֶּן־נֵר שַׂר־ 31

31 זֹּאת ׀ לְךָ לְפוּקָה וּלְמִכְשֹׁול לֵב לַאדֹנִי וְלִשְׁפָּךְ־דָּם צְבָאֹו וְשָׁאוּל שֹׁכֵב בַּמַּעְגָּל וְהָעָם חֹנִים סְבִיבֹתֹו ׃
חִנָּם וּלְהֹושִׁיעַ אֲדֹנִי לֹו וְהֵיטִב יְהוָה לַאדֹנִי וְזָכַרְתָּ וַיַּעַן דָּוִד וַיֹּאמֶר אֶל־אֲחִימֶלֶךְ הַחִתִּי וְאֶל־אֲבִישַׁי 6

32 אֶת־אֲמָתֶךָ ׃ וַיֹּאמֶר דָּוִד לַאֲבִיגַל בָּרוּךְ יְהוָה בֶּן־צְרוּיָה אֲחִי יֹואָב לֵאמֹר מִי־יֵרֵד אִתִּי אֶל־שָׁאוּל
אֱלֹהֵי יִשְׂרָאֵל אֲשֶׁר שְׁלָחֵךְ הַיֹּום הַזֶּה לִקְרָאתִי ׃ אֶל־הַמַּחֲנֶה וַיֹּאמֶר אֲבִישַׁי אֲנִי אֵרֵד עִמָּךְ ׃ וַיָּבֹא 7

33 וּבָרוּךְ טַעְמֵךְ וּבְרוּכָה אָתְּ אֲשֶׁר כְּלִתִנִי הַיֹּום הַזֶּה דָוִד וַאֲבִישַׁי ׀ אֶל־הָעָם לַיְלָה וְהִנֵּה שָׁאוּל שֹׁכֵב יָשֵׁן
מִבֹּוא בְדָמִים וְהֹשֵׁעַ יָדִי לִי ׃ וְאוּלָם חַי־יְהוָה בַּמַּעְגָּל וַחֲנִיתֹו מְעוּכָה־בָאָרֶץ מְרַאֲשֹׁתָו וְאַבְנֵר 34

34 אֱלֹהֵי יִשְׂרָאֵל אֲשֶׁר מְנָעַנִי מֵהָרַע אֹתָךְ כִּי ׀ לוּלֵי וְהָעָם שֹׁכְבִים סְבִיבֹתֹו ׃ וַיֹּאמֶר אֲבִישַׁי אֶל־ 8
מִהַרְתְּ וַתָּבֹאתִי לִקְרָאתִי כִּי אִם־נֹותַר לְנָבָל עַד דָּוִד סִגַּר אֱלֹהִים הַיֹּום אֶת־אֹויִבְךָ בְּיָדֶךָ וְעַתָּה

35 אֹור הַבֹּקֶר מַשְׁתִּין בְּקִיר ׃ וַיִּקַּח דָּוִד מִיָּדָהּ אַכֶּנּוּ נָא בַּחֲנִית וּבָאָרֶץ פַּעַם אַחַת וְלֹא אֶשְׁנֶה לֹו ׃
אֵת אֲשֶׁר־הֵבִיאָה לֹו וְלָהּ אָמַר עֲלִי לְשָׁלֹום וַיֹּאמֶר דָּוִד אֶל־אֲבִישַׁי אַל־תַּשְׁחִיתֵהוּ כִּי מִי שָׁלַח 9

36 לְבֵיתֵךְ רְאִי שָׁמַעְתִּי בְקֹולֵךְ וָאֶשָּׂא פָּנָיִךְ ׃ וַתָּבֹא יָדֹו בִּמְשִׁיחַ יְהוָה וְנִקָּה ׃ וַיֹּאמֶר דָּוִד חַי־יְהוָה כִּי 10
אֲבִיגַיִל ׀ אֶל־נָבָל וְהִנֵּה־לֹו מִשְׁתֶּה בְּבֵיתֹו כְּמִשְׁתֵּה אִם־יְהוָה יִגְּפֶנּוּ אֹו־יֹומֹו יָבֹוא וָמֵת אֹו בַמִּלְחָמָה
הַמֶּלֶךְ וְלֵב נָבָל טֹוב עָלָיו וְהוּא שִׁכֹּר עַד־ יֵרֵד וְנִסְפָּה ׃ חָלִילָה לִּי מֵיְהוָה מִשְּׁלֹחַ יָדִי בִּמְשִׁיחַ 11
מְאֹד וְלֹא־הִגִּידָה לֹּו דָּבָר קָטֹן וְגָדֹול עַד־אֹור יְהוָה וְעַתָּה קַח־נָא אֶת־הַחֲנִית אֲשֶׁר מְרַאֲשֹׁתָו

37 הַבֹּקֶר ׃ וַיְהִי בַבֹּקֶר בְּצֵאת הַיַּיִן מִנָּבָל וַתַּגֶּד־לֹו וְאֶת־צַפַּחַת הַמַּיִם וְנֵלְכָה־לָּנוּ ׃ וַיִּקַּח דָּוִד אֶת־ 12
אִשְׁתֹּו אֶת־הַדְּבָרִים הָאֵלֶּה וַיָּמָת לִבֹּו בְּקִרְבֹּו וְהוּא הַחֲנִית וְאֶת־צַפַּחַת הַמַּיִם מֵרַאֲשֹׁתֵי שָׁאוּל וַיֵּלְכוּ
הָיָה לְאָבֶן ׃ וַיְהִי כַּעֲשֶׂרֶת הַיָּמִים וַיִּגֹּף יְהוָה אֶת־ לָהֶם וְאֵין רֹאֶה וְאֵין יֹודֵעַ וְאֵין מֵקִיץ כִּי כֻלָּם 38

39 נָבָל וַיָּמֹת ׃ וַיִּשְׁמַע דָּוִד כִּי מֵת נָבָל וַיֹּאמֶר בָּרוּךְ יְשֵׁנִים כִּי תַּרְדֵּמַת יְהוָה נָפְלָה עֲלֵיהֶם ׃ וַיַּעֲבֹר 13
יְהוָה אֲשֶׁר רָב אֶת־רִיב חֶרְפָּתִי מִיַּד נָבָל וְאֶת־ דָּוִד הָעֵבֶר וַיַּעֲמֹד עַל־רֹאשׁ־הָהָר מֵרָחֹק רַב
עַבְדֹּו חָשַׂךְ מֵרָעָה וְאֵת רָעַת נָבָל הֵשִׁיב יְהוָה הַמָּקֹום בֵּינֵיהֶם ׃ וַיִּקְרָא דָוִד אֶל־הָעָם וְאֶל־אַבְנֵר 14

thine *a* enemies, and they that seek evil to my lord, be as Nabal.

27 And now this γ blessing*b* which thine handmaid hath brought unto my lord, let it even be given unto the young men that δ follow my lord.

28 I pray thee, forgive the trespass of thine handmaid: for the *d* LORD will certainly make my lord a sure house; because my lord fighteth*f* the battles of the LORD, and evil hath not *h* been found in thee *all* thy days.

29 Yet a man is risen to pursue thee, and to seek thy soul: but the soul of my lord shall be bound in the bundle*i* of life with the LORD thy God; and the souls of thine enemies, them shall he sling out, η *as out* of the middle of a sling.*k*

30 And it shall come to pass, when the LORD shall have done to my lord according to all the good that he hath spoken concerning thee, and shall have appointed thee ruler over Israel,

31 That this shall be θ no grief unto thee, nor offence of heart unto my lord, either that thou hast shed blood causeless, or that my lord hath avenged himself: but when the LORD shall have dealt well with my lord, then remember*m* thine handmaid.

32 And David said to Abigail,*n* Blessed *be* the LORD God of Israel, which sent thee this day to meet me:

33 And blessed *be* thy advice,*p* and blessed *be* thou, which hast kept me this day from coming to *shed* blood, and from avenging myself with mine own hand.

34 For in very deed, *as* the LORD God of Israel liveth, which hath kept*q* me back from hurting thee, except thou hadst hasted, and come to meet me, surely there had not been left unto Nabal, by the morning light, any that pisseth against the wall.

35 So David received of her hand *that* which she had brought him, and said unto her, Go*r* up in peace to thine house: see, I have hearkened to thy voice, and have accepted thy person.

36 And Abigail came to Nabal; and, behold, he held a feast*t* in his house, like the feast of a king; and Nabal's heart *was* merry *u* within him, for he *was* very drunken: wherefore she told him nothing, less or more, until the morning light.

37 But it came to pass in the morning, when the wine was gone out of Nabal, and his wife had told him these things, that his heart*b* died within him, and he became *as* a stone.

38 And it came to pass, about ten days *after*, that the LORD smote *c* Nabal that he died.

39 And when David heard that Nabal was dead, he said, Blessed *d be* the LORD, that hath pleaded*e* the cause of my reproach from the hand of Nabal, and hath kept*g* his servant from evil: for the LORD hath returned*h* the wickedness of Nabal upon his own head. And David sent and communed with Abigail, to take her to him to wife.

40 And when the servants of David were come to Abigail to Carmel, they spake unto her, saying, David sent us unto thee to take thee to him to wife.

41 And she arose, and bowed herself on *her* face to the earth, and said, Behold, *let i* thine handmaid *be* a servant to wash the feet of the servants of my lord.

42 And Abigail hasted, & arose, & rode

B. C. 1060.

a 2 Sa. 18. 32.
β *at her feet.*
　ver. 27.
γ or, *present.*
b Ge. 33. 11.
　2 Ki. 5. 15.
c ch. 27. 3.
δ *walk at the feet of.*
　ver. 42.
　Ju. 4. 10.
ζ *Phaltiel,*
　2 Sa. 3. 15.
d 2Sa.7.11,27.
　1 Ki. 9. 5.
　Ps. 89. 29.
e Is. 10. 30.
f ch. 18. 17.
g ch. 23. 19.
　Ps.54, *title.*
h 1 Ki. 15. 5.
　Ps. 119.1.3.
i Mal. 3. 17.
η *in the midst of the bow of a sling.*
k Je. 10. 18.
θ *staggering, or, stumbling.*
l ch. 14. 50.
m Ge. 40. 14.
　Lu. 23. 42.
κ or, *midst of his carriages.*
　ch. 17. 20.
n Ge. 24. 27.
　Ex. 18. 10.
　Ezr. 7. 27.
　Ps. 41. 13.
　Lu. 1. 68.
o 1 Ch. 2. 16.
p Ps. 141. 5.
　Pr. 9. 9.
q ver. 26.
λ *shut up.*
　ch. 24. 18.
r 2 Sa. 15. 9.
　Lu. 7. 50.
s ch.24.6,&c.
　2 Sa. 1. 16.
t 2 Sa. 13. 23.
u Pr. 20. 1.
　Ec. 10. 19.
　Is. 28. 3, 7.
x Ps. 94. 23.
　Lu. 18. 7.
y De. 31. 14.
　Job 7. 1.
　Ps. 37. 13.
　Ec. 3. 2.
　He. 9. 27.
z ch. 31. 6.
a ch. 24.6,12.
b Job 15. 21.
　Pr.23.29.35.
c 2 Ki. 15. 5.
　Ac. 12. 23.
d ver. 32.
e Pr. 22. 23.
f Ge. 2. 21.
　15. 12.
g ver. 26, 34.
h 1 Ki. 2. 44.
　Ps. 7. 16.
i Ru.2.10,13.
　Pr. 15. 33.
μ *the sons of death.*
　2 Sa. 12. 5.

upon an ass, with five damsels of her's that went β after her; and she went after the messengers of David, and became his wife.

43 David also took Ahinoam of Jezreel; and*c* they were also both of them his wives.

44 But Saul had given Michal his daughter, David's wife, to ζ Phalti, the son of Laish, which *was* of Gallim. *e*

CHAP. XXVI.

AND*g* the Ziphites came unto Saul to Gibeah, saying, Doth not David hide himself in the hill of Hachilah, *which is* before Jeshimon?

2 Then Saul arose, and went down to the wilderness of Ziph, having three thousand chosen men of Israel with him, to seek David in the wilderness of Ziph.

3 And Saul pitched in the hill of Hachilah, which *is* before Jeshimon, by the way: but David abode in the wilderness; and he saw that Saul came after him into the wilderness.

4 David therefore sent out spies, and understood that Saul was come in very deed.

5 And David arose, and came to the place where Saul had pitched: and David beheld the place where Saul lay, and Abner*l* the son of Ner, the captain of his host: and Saul lay in the κ trench, and the people pitched round about him.

6 Then answered David, and said to Ahimelech the Hittite, & to Abishai*o* the son of Zeruiah, brother to Joab, saying, Who wil' go down with me to Saul to the camp? And Abishai said, I will go down with thee.

7 So David and Abishai came to the people by night: and, behold, Saul lay sleeping within the trench, and his spear stuck in the ground at his bolster: but Abner and the people lay round about him.

8 Then said Abishai to David, God hath λ delivered thine enemy into thine hand this day: now, therefore, let me smite him, I pray thee, with the spear, even to the earth at once, and I will not *smite* him the second time.

9 And David said to Abishai, Destroy him not: for*x* who can stretch forth his hand against the LORD's anointed, and be guiltless?

10 David said furthermore, *As* the LORD liveth, the LORD*z* shall smite him; or his day*y* shall come to die; or he shall descend into battle, and perish. *z*

11 The LORD forbid*a* that I should stretch forth mine hand against the LORD's anointed: but, I pray thee, take thou now the spear that *is* at his bolster, and the cruse of water, and let us go.

12 So David took the spear and the cruse of water from Saul's bolster; and they gat them away, and no man saw *it*, nor knew *it*, neither awaked; for they *were* all asleep; because a deep sleep from*f* the LORD was fallen upon them.

13 Then David went over to the other side, and stood on the top of an hill afar off; a great space *being* between them:

14 And David cried to the people, and to Abner the son of Ner, saying, Answerest thou not, Abner? Then Abner answered & said, Who *art* thou *that* criest to the king?

15 And David said to Abner,*Art* not thou a *valiant* man? and who *is* like to thee in Israel? wherefore then hast thou not kept thy lord the king? for there came one of the people in to destroy the king thy lord.

16 This thing *is* not good that thou hast done. *As* the LORD liveth, ye *are* μ worthy

בְּרֶגֶל לֵאמֹר הֲלוֹא תַעֲנֶה אַבְנֵר וַיַּעַן אַבְנֵר וַיֹּאמֶר
14 מִי אַתָּה קָרָאתָ אֶל־הַמֶּלֶךְ : וַיֹּאמֶר דָּוִד אֶל־
אַבְנֵר הֲלוֹא־אִישׁ אַתָּה וּמִי כָמוֹךָ בְּיִשְׂרָאֵל וְלָמָּה
לֹא שָׁמַרְתָּ אֶל־אֲדֹנֶיךָ הַמֶּלֶךְ כִּי־בָא אַחַד הָעָם
16 לְהַשְׁחִית אֶת־הַמֶּלֶךְ אֲדֹנֶיךָ : לֹא־טוֹב הַדָּבָר
הַזֶּה אֲשֶׁר עָשִׂיתָ חַי־יְהוָה כִּי בְנֵי־מָוֶת אַתֶּם אֲשֶׁר
לֹא־שְׁמַרְתֶּם עַל־אֲדֹנֵיכֶם עַל־מְשִׁיחַ יְהוָה וְעַתָּה
רְאֵה אֵי־חֲנִית הַמֶּלֶךְ וְאֶת־צַפַּחַת הַמַּיִם אֲשֶׁר
17 מְרַאֲשֹׁתָו : וַיַּכֵּר שָׁאוּל אֶת־קוֹל דָּוִד וַיֹּאמֶר הַקוֹלְךָ
18 זֶה בְּנִי דָוִד וַיֹּאמֶר דָּוִד קוֹלִי אֲדֹנִי הַמֶּלֶךְ : וַיֹּאמֶר
לָמָּה זֶּה אֲדֹנִי רֹדֵף אַחֲרֵי עַבְדּוֹ כִּי מֶה עָשִׂיתִי
19 וּמַה־בְּיָדִי רָעָה : וְעַתָּה יִשְׁמַע־נָא אֲדֹנִי הַמֶּלֶךְ
אֵת דִּבְרֵי עַבְדּוֹ אִם־יְהוָה הֱסִיתְךָ בִי יָרַח
מִנְחָה וְאִם בְּנֵי הָאָדָם אֲרוּרִים הֵם לִפְנֵי יְהוָה כֹּה
כִּי־גֵרְשׁוּנִי הַיּוֹם מֵהִסְתַּפֵּחַ בְּנַחֲלַת יְהוָה לֵאמֹר
20 לֵךְ עֲבֹד אֱלֹהִים אֲחֵרִים : וְעַתָּה אַל־יִפֹּל דָּמִי
אַרְצָה מִנֶּגֶד פְּנֵי יְהוָה כִּי־יָצָא מֶלֶךְ יִשְׂרָאֵל לְבַקֵּשׁ
אֶת־פַּרְעֹשׁ אֶחָד כַּאֲשֶׁר יִרְדֹּף הַקֹּרֵא בֶּהָרִים :
21 וַיֹּאמֶר שָׁאוּל חָטָאתִי שׁוּב בְּנִי־דָוִד כִּי לֹא־אָרַע
לְךָ עוֹד תַּחַת אֲשֶׁר יָקְרָה נַפְשִׁי בְּעֵינֶיךָ הַיּוֹם
22 הַזֶּה הִנֵּה הִסְכַּלְתִּי וָאֶשְׁגֶּה הַרְבֵּה מְאֹד : וַיַּעַן
דָּוִד וַיֹּאמֶר הִנֵּה הַחֲנִית הַמֶּלֶךְ וְיַעֲבֹר אֶחָד
23 מֵהַנְּעָרִים וְיִקָּחֶהָ : וַיהוָה יָשִׁיב לָאִישׁ אֶת־צִדְקָתוֹ
וְאֶת־אֱמֻנָתוֹ אֲשֶׁר נְתָנְךָ יְהוָה הַיּוֹם בְּיָד וְלֹא
24 אָבִיתִי לִשְׁלֹחַ יָדִי בִּמְשִׁיחַ יְהוָה : וְהִנֵּה כַּאֲשֶׁר
גָּדְלָה נַפְשְׁךָ הַיּוֹם הַזֶּה בְּעֵינָי כֵּן תִּגְדַּל נַפְשִׁי בְּעֵינֵי
25 יְהוָה וְיַצִּלֵנִי מִכָּל־צָרָה : וַיֹּאמֶר שָׁאוּל אֶל־
דָּוִד בָּרוּךְ אַתָּה בְּנִי דָוִד גַּם עָשֹׂה תַעֲשֶׂה וְגַם יָכֹל
תּוּכָל וַיֵּלֶךְ דָּוִד לְדַרְכּוֹ וְשָׁאוּל שָׁב לִמְקוֹמוֹ :

CAP. XXVII. כז

1 וַיֹּאמֶר דָּוִד אֶל־לִבּוֹ עַתָּה אֶסָּפֶה יוֹם־אֶחָד בְּיַד־
שָׁאוּל אֵין־לִי טוֹב כִּי הִמָּלֵט אִמָּלֵט אֶל־אֶרֶץ
פְּלִשְׁתִּים וְנוֹאַשׁ מִמֶּנִּי שָׁאוּל לְבַקְשֵׁנִי עוֹד בְּכָל־
2 גְּבוּל יִשְׂרָאֵל וְנִמְלַטְתִּי מִיָּדוֹ : וַיָּקָם דָּוִד וַיַּעֲבֹר
הוּא וְשֵׁשׁ־מֵאוֹת אִישׁ אֲשֶׁר עִמּוֹ אֶל־אָכִישׁ בֶּן־
3 מָעוֹךְ מֶלֶךְ גַּת : וַיֵּשֶׁב דָּוִד עִם־אָכִישׁ בְּגַת הוּא
וַאֲנָשָׁיו אִישׁ וּבֵיתוֹ דָּוִד וּשְׁתֵּי נָשָׁיו אֲחִינֹעַם
4 הַיִּזְרְעֵאלִית וַאֲבִיגַיִל אֵשֶׁת־נָבָל הַכַּרְמְלִית : וַיֻּגַּד
לְשָׁאוּל כִּי־בָרַח דָּוִד גַּת וְלֹא־יוֹסַף עוֹד לְבַקְשׁוֹ :
5 וַיֹּאמֶר דָּוִד אֶל־אָכִישׁ אִם־נָא מָצָאתִי חֵן בְּעֵינֶיךָ
יִתְּנוּ־לִי מָקוֹם בְּאַחַת עָרֵי הַשָּׂדֶה וְאֵשְׁבָה שָּׁם

---

6 וְלָמָּה יֵשֶׁב עַבְדְּךָ בְּעִיר הַמַּמְלָכָה עִמָּךְ : וַיִּתֶּן־לוֹ
אָכִישׁ בַּיּוֹם הַהוּא אֶת־צִקְלָג לָכֵן הָיְתָה צִקְלַג
7 לְמַלְכֵי יְהוּדָה עַד הַיּוֹם הַזֶּה : וַיְהִי מִסְפַּר
הַיָּמִים אֲשֶׁר־יָשַׁב דָּוִד בִּשְׂדֵה פְלִשְׁתִּים יָמִים
8 וְאַרְבָּעָה חֳדָשִׁים : וַיַּעַל דָּוִד וַאֲנָשָׁיו וַיִּפְשְׁטוּ
אֶל־הַגְּשׁוּרִי וְהַגִּרְזִי וְהָעֲמָלֵקִי כִּי הֵנָּה יֹשְׁבוֹת
הָאָרֶץ אֲשֶׁר מֵעוֹלָם בּוֹאֲךָ שׁוּרָה וְעַד־אֶרֶץ
9 מִצְרָיִם : וְהִכָּה דָוִד אֶת־הָאָרֶץ וְלֹא יְחַיֶּה אִישׁ
וְאִשָּׁה וְלָקַח צֹאן וּבָקָר וַחֲמֹרִים וּגְמַלִּים וּבְגָדִים
10 וַיָּשָׁב וַיָּבֹא אֶל־אָכִישׁ : וַיֹּאמֶר אָכִישׁ אַל־פְּשַׁטְתֶּם
הַיּוֹם וַיֹּאמֶר דָּוִד עַל־נֶגֶב יְהוּדָה וְעַל־נֶגֶב
11 הַיְּרַחְמְאֵלִי וְאֶל־נֶגֶב הַקֵּינִי : וְאִישׁ וְאִשָּׁה לֹא־יְחַיֶּה
דָוִד לְהָבִיא גַת לֵאמֹר פֶּן־יַגִּדוּ עָלֵינוּ לֵאמֹר כֹּה
עָשָׂה דָוִד וְכֹה מִשְׁפָּטוֹ כָּל־הַיָּמִים אֲשֶׁר יָשַׁב
12 בִּשְׂדֵה פְלִשְׁתִּים : וַיַּאֲמֵן אָכִישׁ בְּדָוִד לֵאמֹר
הַבְאֵשׁ הִבְאִישׁ בְּעַמּוֹ בְיִשְׂרָאֵל וְהָיָה לִי לְעֶבֶד
עוֹלָם :

CAP. XXVIII. כח

1 וַיְהִי בַּיָּמִים הָהֵם וַיִּקְבְּצוּ פְלִשְׁתִּים אֶת־מַחֲנֵיהֶם
לַצָּבָא לְהִלָּחֵם בְּיִשְׂרָאֵל וַיֹּאמֶר אָכִישׁ אֶל־דָּוִד יָדֹעַ
2 תֵּדַע כִּי אִתִּי תֵּצֵא בַמַּחֲנֶה אַתָּה וַאֲנָשֶׁיךָ : וַיֹּאמֶר
דָּוִד אֶל־אָכִישׁ לָכֵן אַתָּה תֵדַע אֵת אֲשֶׁר־יַעֲשֶׂה
עַבְדֶּךָ וַיֹּאמֶר אָכִישׁ אֶל־דָּוִד לָכֵן שֹׁמֵר לְרֹאשִׁי
3 אֲשִׂימְךָ כָּל־הַיָּמִים : וּשְׁמוּאֵל מֵת וַיִּסְפְּדוּ־
לוֹ כָּל־יִשְׂרָאֵל וַיִּקְבְּרֻהוּ בָרָמָה וּבְעִירוֹ וְשָׁאוּל הֵסִיר
4 אֶת־הָאֹבוֹת וְאֶת־הַיִּדְּעֹנִים מֵהָאָרֶץ : וַיִּקָּבְצוּ
פְלִשְׁתִּים וַיָּבֹאוּ וַיַּחֲנוּ בְשׁוּנֵם וַיִּקְבֹּץ שָׁאוּל אֶת־
5 כָּל־יִשְׂרָאֵל וַיַּחֲנוּ בַּגִּלְבֹּעַ : וַיַּרְא שָׁאוּל אֶת־מַחֲנֵה
6 פְלִשְׁתִּים וַיִּרָא וַיֶּחֱרַד לִבּוֹ מְאֹד : וַיִּשְׁאַל שָׁאוּל
בַּיהוָה וְלֹא עָנָהוּ יְהוָה גַּם בַּחֲלֹמוֹת גַּם בָּאוּרִים
7 גַּם בַּנְּבִיאִם : וַיֹּאמֶר שָׁאוּל לַעֲבָדָיו בַּקְּשׁוּ־לִי
אֵשֶׁת בַּעֲלַת־אוֹב וְאֵלְכָה אֵלֶיהָ וְאֶדְרְשָׁה־בָּהּ
וַיֹּאמְרוּ עֲבָדָיו אֵלָיו הִנֵּה אֵשֶׁת בַּעֲלַת־אוֹב
8 בְּעֵין דּוֹר : וַיִּתְחַפֵּשׂ שָׁאוּל וַיִּלְבַּשׁ בְּגָדִים אֲחֵרִים
וַיֵּלֶךְ הוּא וּשְׁנֵי אֲנָשִׁים עִמּוֹ וַיָּבֹאוּ אֶל־
הָאִשָּׁה לָיְלָה וַיֹּאמֶר קָסֳמִי־נָא לִי בָּאוֹב וְהַעֲלִי
9 לִי אֵת אֲשֶׁר־אֹמַר אֵלָיִךְ : וַתֹּאמֶר הָאִשָּׁה אֵלָיו
הִנֵּה אַתָּה יָדַעְתָּ אֵת אֲשֶׁר־עָשָׂה שָׁאוּל אֲשֶׁר
הִכְרִית אֶת־הָאֹבוֹת וְאֶת־הַיִּדְּעֹנִי מִן־הָאָרֶץ וְלָמָּה
10 אַתָּה מִתְנַקֵּשׁ בְּנַפְשִׁי לַהֲמִיתֵנִי : וַיִּשָּׁבַע לָהּ
שָׁאוּל בַּיהוָה לֵאמֹר חַי־יְהוָה אִם־יִקְּרֵךְ עָוֹן בַּדָּבָר
11 הַזֶּה : וַתֹּאמֶר הָאִשָּׁה אֶת־מִי אַעֲלֶה־לָּךְ וַיֹּאמֶר

VERSIO GRÆCA LXX. INTERP.

to die, because ye have not kept your master, the LORD's anointed. And now see where the king's spear *is*, and the cruse of water that *was* at his bolster.

17 And Saul knew David's voice, and said, *Is*ᵉ this thy voice, my son David? And David said, *It is* my voice, my lord. O king.

18 And he said, Wherefore doth my lord thus pursue after his servant? for what have I done? or what evil *is* in mine hand?

19 Now therefore, I pray thee, let my lord the king hear the words of his servant. If the LORD have stirred ƒ thee up against me, let ᵟ him accept ʰ an offering: but if *they be* the children of men, cursed *be* they before the LORD; for they ᵏ have driven me out this day from ζ abiding in the inheritance ˡ of the LORD, saying, Go, serve other gods.

20 Now, therefore, let not my blood fall to the earth before the face of the LORD: for the king of Israel is come out to seek a flea, as when one doth hunt a partridge in the mountains.

21 Then said Saul, Iᵐ have sinned: return, my son David; for I will no more do thee harm, because my soul was precious ⁿ in thine eyes this day: behold, I have played the fool, and have erred exceedingly.

22 And David answered and said, Behold the king's spear! and let one of the young men come over and fetch it.

23 The LORDᵒ render to every man his righteousness, and his faithfulness: for the LORD delivered thee into *my* hand to-day; but I would not stretch forth mine hand against the LORD's anointed.

24 And, behold, as thy life was much set by this day in mine eyes, so let my life be much set by in the eyes of the LORD, and let him deliver ʳ me out of all tribulation.

25 Then Saul said to David, Blessed *be* thou, my son David: thou shalt both do great *things*, and also shalt still ᵗ prevail. So David went on his way, and Saul returned to his place.

CHAP. XXVII.

AND David said in his heart, I shall now ᶿ perish ʷ one day by the hand of Saul: *there is* nothing better for me than that I should speedily escape into the land of the Philistines; and Saul shall despair of me, to seek me any more in any coast of Israel: so shall I escape out of his hand.

2 And David arose, and he passed over with the six hundred men ᵇ that *were* with him unto Achish,ᶜ the son of Maoch, king of Gath.

3 And David dwelt with Achish at Gath, he and his men, every man with his household, *even* David with his two wives,ᵈ Ahinoam the Jezreelitess, and Abigail the Carmelitess, Nabal's wife.

4 And it was told Saul that David was fled to Gath: and he sought no more again for him.

5 And David said unto Achish, If I have now found grace in thine eyes, let them give me a place ƒ in some town in the country, that I may dwell there: for why should thy servant dwell in the royal city with thee?

6 Then Achish gave him Ziklag ᵍ that day: wherefore Ziklag pertaineth unto the kings of Judah unto this day.

7 And the ᵏ time that David dwelt in the country of the Philistines was λ a full year and four months.

B. C. 1060.

a Jos. 13. 2.
β or, *Gerzites.*
b Ju. 1. 29.
c Ex. 17. 16.
d Ge. 25. 18.
e ch. 24. 16.
γ or, *did you not make?*
f 2 Sa. 16. 11. 24. 1.
g 1 Ch. 2. 9, 25.
δ *smell.* Ge. 8. 21. Le. 26. 31.
h Ps. 119. 108.
i Ju. 1. 16.
k De. 4. 27, 28. Ps. 120. 5. Is. 60. 5.
ζ *cleaving.*
l 2 Sa. 14. 16.
η *to stink.* Ge. 34. 30.
m ch. 15. 24.
n ver. 24.
o Ps. 7. 8. 18. 20.
p ch. 25. 1.
q Le. 20. 27. De. 18. 10, 11.
r Ps. 18. *title.* 34. 17, 18. 144. 2. 2 Co. 1. 9, 10. 2 Th. 3. 2.
s Jos. 19. 18. 2 Ki. 4. 8.
t Ge. 32. 28. Is. 54. 17. Ro. 8. 35, 37.
u ch. 31. 1.
v Job 18. 11.
θ *be consumed.*
w Is. 40. 27, 31 51. 12.
x Pr. 1. 28. La. 2. 9.
y Nu. 12. 6.
z Nu. 27. 21.
a Le. 19. 31. 1 Ch. 10. 13. Is. 8. 19.
b ch. 25. 13.
c ch. 21. 10.
d ch. 25. 43.
e ver. 3.
f Ge. 46. 34.
g Jos. 19. 5.
κ *the number of days.*
λ *a year of days.* ch. 29. 3.

---

8 And David and his men went up and invaded the Geshurites,ᵃ & the βGezrites,ᵇ and the Amalekites:ᶜ for those *nations were* of old the inhabitants of the land, as thou goest to Shur,ᵈ even unto yᵉ land of Egypt.

9 And David smote the land, and left neither man nor woman alive; and took away the sheep, and the oxen, and the asses, and the camels, and the apparel, and returned, and came to Achish.

10 And Achish said, γ Whither have ye made a road to-day? And David said, Against the south of Judah, and against the south of the Jerahmeelites,ᵍ and against the south of the Kenites.ⁱ

11 And David saved neither man nor woman alive to bring *tidings* to Gath, saying, Lest they should tell on us, saying, So did David, and so *will be* his manner all the while he dwelleth in the country of the Philistines.

12 And Achish believed David, saying, He hath made his people Israel η utterly to abhor him; therefore he shall be my servant for ever.

CHAP. XXVIII.

AND it came to pass in those days, that the Philistines gathered their armies together for warfare, to fight with Israel. And Achish said unto David, Know thou assuredly, that thou shalt go out with me to battle, thou and thy men.

2 And David said to Achish, Surely thou shalt know what thy servant can do. And Achish said to David, Therefore will I make thee keeper of mine head for ever.

3 Now Samuelᵖ was dead, and all Israel had lamented him, and buried him in Ramah, even in his own city. And Saul had put away those �q that had familiar spirits, and the wizards, out of the land.

4 And the Philistines gathered themselves together, and came and pitched in Shunem:ˢ and Saul gathered all Israel together, and they pitched in Gilboa.ᵘ

5 And when Saul saw the host of the Philistines, he was afraid,ᵛ and his heart greatly trembled.

6 And when Saul inquired of the LORD, the LORD answered him not,ˣ neither by dreams,ʸ nor by Urim,ᶻ nor by prophets.

7 Then said Saul unto his servants, Seek me a woman that hath a familiar spirit, that ᵃ I may go to her, and inquire of her. And his servants said to him, Behold, *there is* a woman that hath a familiar spirit at En-dor.

8 And Saul disguised himself, and put on other raiment, and he went, and two men with him,and they came to the woman by night: and he said, I pray thee, divine unto me by the familiar spirit, and bring me *him* up whom I shall name unto thee.

9 And the woman said unto him, Behold, thou knowest what Saul hath done, how he hath cut off ᵉ those that have familiar spirits, and the wizards, out of the land: wherefore then layest thou a snare for my life, to cause me to die?

10 And Saul sware to her by the LORD, saying, *As* the LORD liveth, there shall no punishment happen to thee for this thing.

11 Then said the woman, Whom shall I bring up unto thee? And he said, Bring me up Samuel.

12 And when the woman saw Samuel, she cried with a loud voice: and the woman spake to Saul, saying, Why hast thou deceived me? for thou *art* Saul.

12 וַתֵּרֶא הָאִשָּׁה אֶת־שְׁמוּאֵל וַתִּזְעַק בְּקוֹל גָּדוֹל וַתֹּאמֶר הָאִשָּׁה אֶל־שָׁאוּל לֵאמֹר לָמָּה רִמִּיתָנִי וְאַתָּה שָׁאוּל׃

13 וַיֹּאמֶר לָהּ הַמֶּלֶךְ אַל־תִּירְאִי כִּי מָה רָאִית וַתֹּאמֶר הָאִשָּׁה אֶל־שָׁאוּל אֱלֹהִים רָאִיתִי עֹלִים מִן־הָאָרֶץ׃

14 וַיֹּאמֶר לָהּ מַה־תָּאֳרוֹ וַתֹּאמֶר אִישׁ זָקֵן עֹלֶה וְהוּא עֹטֶה מְעִיל וַיֵּדַע שָׁאוּל כִּי־שְׁמוּאֵל הוּא וַיִּקֹּד אַפַּיִם אַרְצָה וַיִּשְׁתָּחוּ׃

15 וַיֹּאמֶר שְׁמוּאֵל אֶל־שָׁאוּל לָמָּה הִרְגַּזְתַּנִי לְהַעֲלוֹת אֹתִי וַיֹּאמֶר שָׁאוּל צַר־לִי מְאֹד וּפְלִשְׁתִּים נִלְחָמִים בִּי וֵאלֹהִים סָר מֵעָלַי וְלֹא־עָנָנִי עוֹד גַּם בְּיַד־הַנְּבִיאִם גַּם־בַּחֲלֹמוֹת וָאֶקְרָאֶה לְךָ לְהוֹדִיעֵנִי מָה אֶעֱשֶׂה׃

16 וַיֹּאמֶר שְׁמוּאֵל וְלָמָּה תִּשְׁאָלֵנִי וַיהוָה סָר מֵעָלֶיךָ וַיְהִי עָרֶךָ׃

17 וַיַּעַשׂ יְהוָה לוֹ כַּאֲשֶׁר דִּבֶּר בְּיָדִי וַיִּקְרַע יְהוָה אֶת־הַמַּמְלָכָה מִיָּדֶךָ וַיִּתְּנָהּ לְרֵעֲךָ לְדָוִד׃

18 כַּאֲשֶׁר לֹא־שָׁמַעְתָּ בְּקוֹל יְהוָה וְלֹא־עָשִׂיתָ חֲרוֹן־אַפּוֹ בַּעֲמָלֵק עַל־כֵּן הַדָּבָר הַזֶּה עָשָׂה־לְךָ יְהוָה הַיּוֹם הַזֶּה׃

19 וְיִתֵּן יְהוָה גַּם אֶת־יִשְׂרָאֵל עִמְּךָ בְּיַד־פְּלִשְׁתִּים וּמָחָר אַתָּה וּבָנֶיךָ עִמִּי גַּם אֶת־מַחֲנֵה יִשְׂרָאֵל יִתֵּן יְהוָה בְּיַד־פְּלִשְׁתִּים׃

20 וַיְמַהֵר שָׁאוּל וַיִּפֹּל מְלֹא־קוֹמָתוֹ אַרְצָה וַיִּרָא מְאֹד מִדִּבְרֵי שְׁמוּאֵל גַּם־כֹּחַ לֹא־הָיָה בוֹ כִּי לֹא אָכַל לֶחֶם כָּל־

21 הַיּוֹם וְכָל־הַלָּיְלָה וַתָּבוֹא הָאִשָּׁה אֶל־שָׁאוּל וַתֵּרֶא כִּי־נִבְהַל מְאֹד וַתֹּאמֶר אֵלָיו הִנֵּה שָׁמְעָה שִׁפְחָתְךָ בְּקוֹלֶךָ וָאָשִׂים נַפְשִׁי בְּכַפִּי וָאֶשְׁמַע אֶת־דְּבָרֶיךָ

22 אֲשֶׁר דִּבַּרְתָּ אֵלָי וְעַתָּה שְׁמַע־נָא גַם־אַתָּה בְּקוֹל שִׁפְחָתֶךָ וְאָשִׂמָה לְפָנֶיךָ פַּת־לֶחֶם וֶאֱכוֹל וִיהִי בְךָ כֹּחַ כִּי תֵלֵךְ בַּדָּרֶךְ׃

23 וַיְמָאֵן וַיֹּאמֶר לֹא אֹכַל וַיִּפְרְצוּ־בוֹ עֲבָדָיו וְגַם־הָאִשָּׁה וַיִּשְׁמַע לְקֹלָם וַיָּקָם מֵהָאָרֶץ וַיֵּשֶׁב אֶל־הַמִּטָּה׃

24 וְלָאִשָּׁה עֵגֶל־מַרְבֵּק בַּבַּיִת וַתְּמַהֵר וַתִּזְבָּחֵהוּ וַתִּקַּח־קֶמַח וַתָּלָשׁ וַתֹּפֵהוּ מַצּוֹת׃

25 וַתַּגֵּשׁ לִפְנֵי־שָׁאוּל וְלִפְנֵי עֲבָדָיו וַיֹּאכֵלוּ וַיָּקֻמוּ וַיֵּלְכוּ בַּלַּיְלָה הַהוּא׃

CAP. XXIX. כט

1 וַיִּקְבְּצוּ פְלִשְׁתִּים אֶת־כָּל־מַחֲנֵיהֶם אֲפֵקָה וְיִשְׂרָאֵל חֹנִים בַּעַיִן אֲשֶׁר בְּיִזְרְעֶאל׃

2 וְסַרְנֵי פְלִשְׁתִּים עֹבְרִים לְמֵאוֹת וְלַאֲלָפִים וְדָוִד וַאֲנָשָׁיו עֹבְרִים בָּאַחֲרֹנָה עִם־אָכִישׁ׃

3 וַיֹּאמְרוּ שָׂרֵי פְלִשְׁתִּים מָה הָעִבְרִים הָאֵלֶּה וַיֹּאמֶר אָכִישׁ אֶל־שָׂרֵי פְלִשְׁתִּים הֲלוֹא־זֶה דָוִד עֶבֶד שָׁאוּל מֶלֶךְ־יִשְׂרָאֵל אֲשֶׁר הָיָה אִתִּי זֶה יָמִים אוֹ־זֶה שָׁנִים וְלֹא־מָצָאתִי בוֹ מְאוּמָה מִיּוֹם

4 נָפְלוֹ עַד־הַיּוֹם הַזֶּה׃ וַיִּקְצְפוּ עָלָיו שָׂרֵי פְלִשְׁתִּים וַיֹּאמְרוּ לוֹ שָׂרֵי פְלִשְׁתִּים הָשֵׁב אֶת־הָאִישׁ וְיָשֹׁב אֶל־מְקוֹמוֹ אֲשֶׁר הִפְקַדְתּוֹ שָׁם וְלֹא־יֵרֵד עִמָּנוּ בַּמִּלְחָמָה וְלֹא־יִהְיֶה־לָּנוּ לְשָׂטָן בַּמִּלְחָמָה וּבַמֶּה יִתְרַצֶּה זֶה אֶל־אֲדֹנָיו הֲלוֹא בְּרָאשֵׁי הָאֲנָשִׁים הָהֵם׃

5 הֲלוֹא־זֶה דָוִד אֲשֶׁר יַעֲנוּ־לוֹ בַּמְּחֹלוֹת לֵאמֹר הִכָּה שָׁאוּל בַּאֲלָפָיו וְדָוִד בְּרִבְבֹתָיו׃

6 וַיִּקְרָא אָכִישׁ אֶל־דָּוִד וַיֹּאמֶר אֵלָיו חַי־יְהוָה כִּי־יָשָׁר אַתָּה וְטוֹב בְּעֵינַי צֵאתְךָ וּבֹאֲךָ אִתִּי בַּמַּחֲנֶה כִּי לֹא־מָצָאתִי בְךָ רָעָה מִיּוֹם בֹּאֲךָ אֵלַי עַד־הַיּוֹם הַזֶּה וּבְעֵינֵי הַסְּרָנִים לֹא־טוֹב אָתָּה׃

7 וְעַתָּה שׁוּב וְלֵךְ בְּשָׁלוֹם וְלֹא־תַעֲשֶׂה רָע בְּעֵינֵי סַרְנֵי פְלִשְׁתִּים׃

8 וַיֹּאמֶר דָּוִד אֶל־אָכִישׁ כִּי מֶה עָשִׂיתִי וּמַה־מָּצָאתָ בְעַבְדְּךָ מִיּוֹם אֲשֶׁר הָיִיתִי לְפָנֶיךָ עַד הַיּוֹם הַזֶּה כִּי לֹא אָבוֹא וְנִלְחַמְתִּי בְּאֹיְבֵי אֲדֹנִי הַמֶּלֶךְ׃

9 וַיַּעַן אָכִישׁ וַיֹּאמֶר אֶל־דָּוִד יָדַעְתִּי כִּי טוֹב אַתָּה בְּעֵינַי כְּמַלְאַךְ אֱלֹהִים אַךְ שָׂרֵי פְלִשְׁתִּים אָמְרוּ לֹא־יַעֲלֶה עִמָּנוּ בַּמִּלְחָמָה׃

10 וְעַתָּה הַשְׁכֵּם בַּבֹּקֶר וְעַבְדֵי אֲדֹנֶיךָ אֲשֶׁר־בָּאוּ אִתָּךְ וְהִשְׁכַּמְתֶּם בַּבֹּקֶר וְאוֹר לָכֶם וָלֵכוּ׃

11 וַיַּשְׁכֵּם דָּוִד הוּא וַאֲנָשָׁיו לָלֶכֶת בַּבֹּקֶר לָשׁוּב אֶל־אֶרֶץ פְּלִשְׁתִּים וּפְלִשְׁתִּים עָלוּ יִזְרְעֶאל׃

CAP. XXX. ל

1 וַיְהִי בְּבֹא דָוִד וַאֲנָשָׁיו צִקְלַג בַּיּוֹם הַשְּׁלִישִׁי וַעֲמָלֵקִי פָשְׁטוּ אֶל־נֶגֶב וְאֶל־צִקְלַג וַיַּכּוּ אֶת־צִקְלַג וַיִּשְׂרְפוּ אֹתָהּ בָּאֵשׁ׃

2 וַיִּשְׁבּוּ אֶת־הַנָּשִׁים אֲשֶׁר־בָּהּ מִקָּטֹן וְעַד־גָּדוֹל לֹא הֵמִיתוּ אִישׁ וַיִּנְהֲגוּ וַיֵּלְכוּ לְדַרְכָּם׃

3 וַיָּבֹא דָוִד וַאֲנָשָׁיו אֶל־הָעִיר וְהִנֵּה שְׂרוּפָה בָּאֵשׁ וּנְשֵׁיהֶם וּבְנֵיהֶם וּבְנֹתֵיהֶם נִשְׁבּוּ׃

4 וַיִּשָּׂא דָוִד וְהָעָם אֲשֶׁר־אִתּוֹ אֶת־קוֹלָם וַיִּבְכּוּ עַד אֲשֶׁר אֵין־בָּהֶם כֹּחַ לִבְכּוֹת׃

5 וּשְׁתֵּי נְשֵׁי־דָוִד נִשְׁבּוּ אֲחִינֹעַם הַיִּזְרְעֵלִית וַאֲבִיגַיִל אֵשֶׁת נָבָל הַכַּרְמְלִי׃

6 וַתֵּצֶר לְדָוִד מְאֹד כִּי־אָמְרוּ הָעָם לְסָקְלוֹ כִּי־מָרָה נֶפֶשׁ כָּל־הָעָם אִישׁ עַל־בָּנָו וְעַל־בְּנֹתָיו וַיִּתְחַזֵּק דָּוִד בַּיהוָה אֱלֹהָיו׃

7 וַיֹּאמֶר דָּוִד אֶל־אֶבְיָתָר הַכֹּהֵן בֶּן־אֲחִימֶלֶךְ הַגִּישָׁה־נָּא לִי הָאֵפֹד וַיַּגֵּשׁ אֶבְיָתָר אֶת־הָאֵפֹד אֶל־דָּוִד׃

8 וַיִּשְׁאַל דָּוִד בַּיהוָה לֵאמֹר אֶרְדֹּף אַחֲרֵי הַגְּדוּד־הַזֶּה הַאַשִּׂגֶנּוּ וַיֹּאמֶר לוֹ רְדֹף כִּי־הַשֵּׂג תַּשִּׂיג וְהַצֵּל תַּצִּיל׃

9 וַיֵּלֶךְ דָּוִד הוּא וְשֵׁשׁ־מֵאוֹת אִישׁ אֲשֶׁר אִתּוֹ וַיָּבֹאוּ עַד־נַחַל הַבְּשׂוֹר וְהַנּוֹתָרִים עָמָדוּ׃

10 וַיִּרְדֹּף דָּוִד הוּא וְאַרְבַּע־מֵאוֹת אִישׁ וַיַּעַמְדוּ

13 And the king said unto her, Be not afraid: for what sawest thou? And the woman said unto Saul, I saw ᶜgods ascending out of the earth.

14 And he said unto her, What β form *is* he of? And she said, An old man cometh up; and he *is* covered with a mantle.ᵉ And Saul perceived that it *was* Samuel, and he stooped with *his* face to the ground, and bowed himself.

15 And Samuel said to Saul, Why hast thou disquieted me, to bring me up? And Saul answered, I am sore ᵍ distressed; for the Philistines make war against me, and God is departedⁱ from me, ʲand answereth me no more, neither by γ prophets, nor by dreams: therefore I have called thee, that thou mayest make known unto me what I shall do.

16 Then said Samuel, Wherefore then dost thou ask of me, seeingˡ the LORD is departed from thee, and is become thine enemy? ⁿ

17 And the LORD hath done δto him, as he spakeᵒ by ζme: for the LORD hath rent the kingdom out of thine hand, and given it to thy neighbour, *even* to David:

18 Becauseᵖ thou obeyedst not the voice of the LORD, nor executedst his fierce wrath upon Amalek, thereforeᑫ hath the LORD done this thing unto thee this day.

19 Moreover, the LORD will alsoʳ deliver Israel with thee into the hand of the Philistines: and to-morrow *shalt* thou and thy sons *be* with me: the LORD also shall deliver the host of Israel into the hand of the Philistines.

20 Then Saul λfell straightway all along on the earth, and was sore afraid,ᵘ because of the words of Samuel: and there was no strength in him; for he had eaten no bread all the day, nor all the night.

21 And the woman came unto Saul, and saw that he was sore troubled, and said unto him, Behold, thine handmaid hath obeyed thy voice, and I have putᵛ my life in my hand, and have hearkened unto thy words which thou spakest unto me:

22 Now therefore, I pray thee, hearken thou also unto the voice of thine handmaid, and let me set a morsel of bread before thee; and eat, that thou mayest have strength when thou goest on thy way.

23 But he refused, and said, I will not eat. But his servants, together with the woman, compelled him, and he hearkened unto their voice. So he arose from the earth, and sat upon the bed.

24 And the woman had a fat calf in the house, and she hasted, and killed it, and took flour, and kneaded *it*, and did bake unleavened bread thereof:

25 And she brought *it* before Saul, and before his servants; and they did eat. Then they rose up, and went away that night.

CHAP. XXIX.

NOWᶻ the Philistines gathered together all their armies to Aphek:ᵃ and the Israelites pitched by a fountain which *is* in Jezreel.

2 And the lords of the Philistines passed on by hundreds and by thousands: but David and his men passed on in the rereward with Achish.

3 Then said the princes of the Philistines, What *do* these Hebrews *here?* And Achish said unto the princes of the Philistines, *Is* not this David, the servant of Saul the king of Israel, which hath been

---

B. C. 1056.

a ch. 27. 7.
b ch. 25. 28.
　Da. 6. 5.
c Ex. 22. 28.
　Ps. 82. 6, 7.
β is *his form?*
d 1Ch. 12. 19.
e ch. 15. 27.
　2Ki. 2. 8, 13.
f ch. 14. 21.
g Pr. 5. 11..13.
　14. 14.
　Je. 2. 17, 19.
h ch. 18. 7.
i ,ch. 18. 12.
　Hos. 9. 12.
j ver. 6.
γ *by the hand of.*
k 2 Sa. 3. 25.
　2Ki. 19. 27.
l 2 Ki. 6. 27.
m ver. 3.
n La. 2. 5.
δ or, *for himself.*
　Pr. 16. 4.
o ch. 15. 28.
ζ *mine hand.*
η *thou art not good in the eyes of the lords.*
θ *do not evil in the eyes of.*
p ch. 13. 9..13.
　1Ki. 20. 42.
　1Ch. 10. 13.
　Je. 48. 10.
q Ps. 50. 21, 22.
κ *before.*
r ch. 31. 1..6.
　Da. 5. 26. 28.
s 2 Sa. 14. 17.
　19. 27.
t ver. 4.
λ *made haste and fell with the fulness of his stature.*
u Job 15. 20.
v ch. 19. 5.
w 2 Sa. 4. 4.
x Ps. 76. 10.
y ch. 25. 42, 43.
z ch. 28. 1, 2.
a ch. 4. 1.
b Ex. 17. 4.
μ *bitter.*
　ch. 1. 10.
　Ju. 18. 25.
　2 Sa. 17. 8.
　2 Ki. 4. 27.
c Ps. 18. 6.
　26. 1), 2.
　34. 1, 8.
　40. 1, 2.
　42. 5, 11.
　56. 1..4.
　Is. 25. 4.
　Je. 16. 19.
　Hab. 3. 17.
　Ro. 8. 31.
　2Co. 1. 6, 10.
　He. 13. 6.
d ch. 23. 2..9.

---

with me these days,ᵃ or these years, and I have found no faultᵇ in him since he fell *unto me* unto this day?

4 And the princes of the Philistines were wroth with him; and ᵈ the princes of the Philistines said unto him, Make this fellow return, that he may go again to his place which thou hast appointed him and let him not go down with us to battle, lest in the battleᶠ he be an adversary to us: for wherewith should he reconcile himself unto his master? *should it* not *be* with the heads of these men?

5 *Is* not this David, of whom theyʰ sang one to another in dances, saying, Saul slew his thousands, and David his ten thousands?

6 Then Achish called David, and said unto him, Surely, *as* the LORD liveth, thou hast been upright, andᵏ thy going out and thy coming in with me in the host *is* good in my sight; for ᵐ I have not found evil in thee since the day of thy coming unto me unto this day: nevertheless, η the lords favour thee not.

7 Wherefore now return, and go in peace, that thou θ displease not the lords of the Philistines.

8 And David said unto Achish, But what have I done? and what hast thou found in thy servant, so long as I have been κ with thee unto this day, that I may not go fight against the enemies of my lord the king?

9 And Achish answered and said to David, I know that thou *art* good in my sight, as ˢ an angel of God: notwithstanding, the princes of yᵉ Philistines have ᵗsaid, He shall not go up with us to the battle.

10 Wherefore now rise up early in the morning, with thy master's servants that are come with thee: & as soon as ye be up early in the morning, & have light, depart.

11 So David and his men rose up early to depart in the morning, to return into the land of the Philistines: and the Philistines wentʷ up to Jezreel.

CHAP. XXX.

AND it came to pass, when David and his men were come to Ziklag on the third day, that the Amalekites had invaded the south, and Ziklag, and smitten Ziklag, and burned it with fire;

2 And had taken the women captives that *were* therein: they slew not ˣ any, either great or small, but carried *them* away, and went on their way.

3 So David and his men came to the city, and, behold, *it was* burned with fire; and their wives, and their sons, and their daughters, were taken captives.

4 Then David and the people that *were* with him lifted up their voice and wept, until they had no more power to weep.

5 And David's two wives ʸ were taken captives, Ahinoam the Jezreelitess, and Abigail, the wife of Nabal the Carmelite.

6 And David was greatly distressed; for ᵇ the people spake of stoning him, because the soul of all the people was grieved,μ every man for his sons and for his daughters: but ᶜ David encouraged himself in the LORD his God.

7 And David said to Abiathar the priest, Ahimelech's son, I pray thee, bring ᵈ me hither the ephod. And Abiathar brought thither the ephod to David.

8 And David inquired at the LORD, saying, Shall I pursue after this troop? shall I overtake them? And he answered him,

210

מֵאתַ֣יִם אִ֔ישׁ אֲשֶֽׁר־פִּגְּר֔וּ מֵעֲבֹ֖ר אֶת־נַ֥חַל הַבְּשֽׂוֹר׃
11 וַֽיִּמְצְא֤וּ אִישׁ־מִצְרִי֙ בַּשָּׂדֶ֔ה וַיִּקְח֥וּ אֹת֖וֹ אֶל־דָּוִ֑ד וַיִּתְּנוּ־ל֥וֹ לֶ֙חֶם֙ וַיֹּ֔אכַל וַיַּשְׁקֻ֖הוּ מָֽיִם׃
12 וַיִּתְּנוּ־ל֩וֹ פֶ֨לַח דְּבֵלָ֜ה וּשְׁנֵ֣י צִמֻּקִ֗ים וַיֹּ֙אכַל֙ וַתָּ֣שָׁב רוּח֣וֹ אֵלָ֔יו כִּ֠י לֹֽא־אָ֤כַל לֶ֙חֶם֙ וְלֹא־שָׁ֣תָה מַ֔יִם שְׁלֹשָׁ֥ה יָמִ֖ים וּשְׁלֹשָׁ֥ה לֵילֽוֹת׃
13 וַיֹּ֩אמֶר ל֨וֹ דָוִ֜ד לְמִי־אַ֗תָּה וְאֵ֤י מִזֶּה֙ אָ֔תָּה וַיֹּ֜אמֶר נַ֧עַר מִצְרִ֣י אָנֹ֗כִי עֶ֚בֶד לְאִ֣ישׁ עֲמָֽלֵקִ֔י וַיַּעַזְבֵ֣נִי אֲדֹנִ֔י כִּ֥י חָלִ֖יתִי הַיּ֥וֹם שְׁלֹשָֽׁה׃
14 אֲנַ֡חְנוּ פָּשַׁ֜טְנוּ נֶ֧גֶב הַכְּרֵתִ֛י וְעַל־אֲשֶׁ֥ר לִֽיהוּדָ֖ה וְעַל־נֶ֣גֶב כָּלֵ֑ב וְאֶת־צִֽקְלַ֖ג שָׂרַ֥פְנוּ בָאֵֽשׁ׃
15 וַיֹּ֤אמֶר אֵלָיו֙ דָּוִ֔ד הֲתוֹרִדֵ֖נִי אֶל־הַגְּד֣וּד הַזֶּ֑ה וַיֹּ֡אמֶר הִשָּׁבְעָה֩ לִּ֨י בֵֽאלֹהִ֜ים אִם־תְּמִיתֵ֗נִי וְאִם־תַּסְגִּרֵ֙נִי֙ בְּיַד־אֲדֹנִ֔י וְאֽוֹרִֽדְךָ֖ אֶל־הַגְּד֥וּד הַזֶּֽה׃
16 וַיֹּ֣רִדֵ֔הוּ וְהִנֵּ֥ה נְטֻשִׁ֖ים עַל־פְּנֵ֣י כָל־הָאָ֑רֶץ אֹֽכְלִ֤ים וְשֹׁתִים֙ וְחֹ֣גְגִ֔ים בְּכֹל֙ הַשָּׁלָ֣ל הַגָּד֔וֹל אֲשֶׁ֥ר לָקְח֛וּ מֵאֶ֥רֶץ פְּלִשְׁתִּ֖ים וּמֵאֶ֥רֶץ יְהוּדָֽה׃
17 וַיַּכֵּ֥ם דָּוִ֛ד מֵֽהַנֶּ֥שֶׁף וְעַד־הָעֶ֖רֶב לְמָֽחֳרָתָ֑ם וְלֹֽא־נִמְלַ֤ט מֵהֶם֙ אִ֔ישׁ כִּ֣י אִם־אַרְבַּ֣ע מֵא֣וֹת אִֽישׁ־נַ֗עַר אֲשֶׁר־רָכְב֛וּ עַל־הַגְּמַלִּ֖ים וַיָּנֻֽסוּ׃
18 וַיַּצֵּ֣ל דָּוִ֔ד אֵ֛ת כָּל־אֲשֶׁ֥ר לָקְח֖וּ עֲמָלֵ֑ק וְאֶת־שְׁתֵּ֥י נָשָׁ֖יו הִצִּ֥יל דָּוִֽד׃
19 וְלֹ֣א נֶעְדַּר־לָ֠הֶם מִן־הַקָּטֹ֨ן וְעַד־הַגָּד֜וֹל וְעַד־בָּנִ֤ים וּבָנוֹת֙ וּמִשָּׁלָ֔ל וְעַ֛ד כָּל־אֲשֶׁ֥ר לָקְח֖וּ לָהֶ֑ם הַכֹּ֖ל הֵשִׁ֥יב דָּוִֽד׃
20 וַיִּקַּ֣ח דָּוִ֔ד אֶת־כָּל־הַצֹּ֖אן וְהַבָּקָ֑ר נָהֲג֗וּ לִפְנֵי֙ הַמִּקְנֶ֣ה הַה֔וּא וַיֹּ֣אמְר֔וּ זֶ֖ה שְׁלַ֥ל דָּוִֽד׃
21 וַיָּבֹ֣א דָוִ֗ד אֶל־מָאתַ֣יִם הָאֲנָשִׁ֡ים אֲֽשֶׁר־פִּגְּר֣וּ מִלֶּ֣כֶת אַחֲרֵ֣י דָוִ֗ד וַיֹּֽשִׁיבֻם֙ בְּנַ֣חַל הַבְּשׂ֔וֹר וַיֵּֽצְאוּ֙ לִקְרַ֣את דָּוִ֔ד וְלִקְרַ֖את הָעָ֣ם אֲשֶׁר־אִתּ֑וֹ וַיִּגַּ֤שׁ דָּוִד֙ אֶת־הָעָ֔ם וַיִּשְׁאַ֥ל לָהֶ֖ם לְשָׁלֽוֹם׃
22 וַיַּ֜עַן כָּל־אִֽישׁ־רָ֣ע וּבְלִיַּ֗עַל מֵֽהָאֲנָשִׁים֮ אֲשֶׁ֣ר הָלְכ֣וּ עִם־דָּוִד֒ וַיֹּֽאמְר֗וּ יַ֚עַן אֲשֶׁ֣ר לֹא־הָלְכ֣וּ עִמִּ֔י לֹֽא־נִתֵּ֣ן לָהֶ֔ם מֵֽהַשָּׁלָ֖ל אֲשֶׁ֣ר הִצַּ֑לְנוּ כִּֽי־אִם־אִ֤ישׁ אֶת־אִשְׁתּוֹ֙ וְאֶת־בָּנָ֔יו וְיִנְהֲג֖וּ וְיֵלֵֽכוּ׃
23 וַיֹּ֣אמֶר דָּוִ֔ד לֹֽא־תַעֲשׂ֥וּ כֵ֖ן אֶחָ֑י אֵ֠ת אֲשֶׁר־נָתַ֨ן יְהוָ֥ה לָ֙נוּ֙ וַיִּשְׁמֹ֣ר אֹתָ֔נוּ וַיִּתֵּ֗ן אֶֽת־הַגְּד֛וּד הַבָּ֥א עָלֵ֖ינוּ בְּיָדֵֽנוּ׃
24 וּמִי֙ יִשְׁמַ֣ע לָכֶ֔ם לַדָּבָ֖ר הַזֶּ֑ה כִּ֞י כְּחֵ֣לֶק הַיֹּרֵ֣ד בַּמִּלְחָמָ֗ה וּֽכְחֵ֛לֶק הַיֹּשֵׁ֥ב עַל־הַכֵּלִ֖ים יַחְדָּ֥ו יַחֲלֹֽקוּ׃
25 וַֽיְהִ֕י מֵֽהַיּ֥וֹם הַה֖וּא וָמָ֑עְלָה וַיְשִׂמֶ֛הָ לְחֹ֥ק וּלְמִשְׁפָּ֖ט לְיִשְׂרָאֵ֑ל עַ֖ד הַיּ֥וֹם הַזֶּֽה׃
26 וַיָּבֹ֤א דָוִד֙ אֶל־צִ֣קְלַ֔ג וַיְשַׁלַּ֧ח מֵֽהַשָּׁלָ֛ל לְזִקְנֵ֥י יְהוּדָ֖ה לְרֵעֵ֑הוּ

27 לֵאמֹ֕ר הִנֵּ֤ה לָכֶם֙ בְּרָכָ֔ה מִשְּׁלַ֖ל אֹיְבֵ֥י יְהוָֽה׃ לַאֲשֶׁ֧ר בְּבֵֽית־אֵ֛ל וְלַאֲשֶׁ֥ר בְּרָמֽוֹת־נֶ֖גֶב וְלַאֲשֶׁ֥ר בְּיַתִּֽר׃
28 וְלַאֲשֶׁ֧ר בַּעֲרֹעֵ֛ר וְלַאֲשֶׁ֥ר בְּשִֽׂפְמ֖וֹת וְלַאֲשֶׁ֥ר בְּאֶשְׁתְּמֹֽעַ׃
29 וְלַאֲשֶׁ֣ר בְּרָכָ֗ל וְלַֽאֲשֶׁר֙ בְּעָרֵ֣י הַיְּרַחְמְאֵלִ֔י וְלַאֲשֶׁ֖ר בְּעָרֵ֥י הַקֵּינִֽי׃
30 וְלַאֲשֶׁ֣ר בְּחָרְמָ֗ה וְלַאֲשֶׁ֥ר בְּבֽוֹר־עָשָׁ֖ן וְלַאֲשֶׁ֥ר בַּעֲתָֽךְ׃
31 וְלַאֲשֶׁ֖ר בְּחֶבְר֑וֹן וּֽלְכָל־הַמְּקֹמ֗וֹת אֲשֶֽׁר־הִתְהַלֶּךְ־שָׁ֥ם דָּוִ֖ד ה֥וּא וַאֲנָשָֽׁיו׃

CAP. XXXI.   לא

1 וּפְלִשְׁתִּ֖ים נִלְחָמִ֣ים בְּיִשְׂרָאֵ֑ל וַיָּנֻ֜סוּ אַנְשֵׁ֤י יִשְׂרָאֵל֙ מִפְּנֵ֣י פְלִשְׁתִּ֔ים וַיִּפְּל֥וּ חֲלָלִ֖ים בְּהַ֥ר הַגִּלְבֹּֽעַ׃
2 וַיַּדְבְּק֣וּ פְלִשְׁתִּ֔ים אֶת־שָׁא֖וּל וְאֶת־בָּנָ֑יו וַיַּכּ֣וּ פְלִשְׁתִּ֗ים אֶת־יְהוֹנָתָ֧ן וְאֶת־אֲבִֽינָדָ֛ב וְאֶת־מַלְכִּי־שׁ֖וּעַ בְּנֵ֥י שָׁאֽוּל׃
3 וַתִּכְבַּ֤ד הַמִּלְחָמָה֙ אֶל־שָׁא֔וּל וַיִּמְצָאֻ֖הוּ הַמּוֹרִ֣ים אֲנָשִׁ֣ים בַּקָּ֑שֶׁת וַיָּ֥חֶל מְאֹ֖ד מֵהַמּוֹרִֽים׃
4 וַיֹּ֣אמֶר שָׁאוּל֩ לְנֹשֵׂ֨א כֵלָ֜יו שְׁלֹ֥ף חַרְבְּךָ֣ וְדָקְרֵ֣נִי בָ֗הּ פֶּן־יָב֜וֹאוּ הָעֲרֵלִ֤ים הָאֵ֙לֶּה֙ וּדְקָרֻ֙נִי֙ וְהִתְעַלְּלוּ־בִ֔י וְלֹ֤א אָבָה֙ נֹשֵׂ֣א כֵלָ֔יו כִּ֥י יָרֵ֖א מְאֹ֑ד וַיִּקַּ֤ח שָׁאוּל֙ אֶת־הַחֶ֔רֶב וַיִּפֹּ֖ל עָלֶֽיהָ׃
5 וַיַּ֥רְא נֹשֵֽׂא־כֵלָ֖יו כִּ֣י מֵ֣ת שָׁא֑וּל וַיִּפֹּ֥ל גַּם־ה֛וּא עַל־חַרְבּ֖וֹ וַיָּ֥מָת עִמּֽוֹ׃
6 וַיָּ֣מָת שָׁא֡וּל וּשְׁלֹ֣שֶׁת בָּנָיו֩ וְנֹשֵׂ֨א כֵלָ֜יו גַּ֧ם כָּל־אֲנָשָׁ֛יו בַּיּ֥וֹם הַה֖וּא יַחְדָּֽו׃
7 וַיִּרְא֣וּ אַנְשֵֽׁי־יִ֠שְׂרָאֵל אֲשֶׁר־בְּעֵ֨בֶר הָעֵ֜מֶק וַאֲשֶׁ֣ר בְּעֵ֣בֶר הַיַּרְדֵּ֗ן כִּֽי־נָ֙סוּ֙ אַנְשֵׁ֣י יִשְׂרָאֵ֔ל וְכִי־מֵ֖תוּ שָׁא֣וּל וּבָנָ֑יו וַיַּעַזְב֤וּ אֶת־הֶֽעָרִים֙ וַיָּנֻ֔סוּ וַיָּבֹ֙אוּ֙ פְּלִשְׁתִּ֔ים וַיֵּשְׁב֖וּ בָּהֶֽן׃
8 וַֽיְהִי֙ מִֽמָּחֳרָ֔ת וַיָּבֹ֣אוּ פְלִשְׁתִּ֔ים לְפַשֵּׁ֖ט אֶת־הַחֲלָלִ֑ים וַֽיִּמְצְא֤וּ אֶת־שָׁאוּל֙ וְאֶת־שְׁלֹ֣שֶׁת בָּנָ֔יו נֹפְלִ֖ים בְּהַ֥ר הַגִּלְבֹּֽעַ׃
9 וַֽיִּכְרְתוּ֙ אֶת־רֹאשׁ֔וֹ וַיַּפְשִׁ֖יטוּ אֶת־כֵּלָ֑יו וַיְשַׁלְּח֨וּ בְאֶֽרֶץ־פְּלִשְׁתִּ֜ים סָבִ֗יב לְבַשֵּׂ֛ר בֵּ֥ית עֲצַבֵּיהֶ֖ם וְאֶת־הָעָֽם׃
10 וַיָּשִׂ֙מוּ֙ אֶת־כֵּלָ֔יו בֵּ֖ית עַשְׁתָּר֑וֹת וְאֶת־גְּוִיָּתוֹ֙ תָּקְע֔וּ בְּחוֹמַ֖ת בֵּ֥ית שָֽׁן׃
11 וַיִּשְׁמְע֣וּ אֵלָ֔יו יֹשְׁבֵ֖י יָבֵ֣ישׁ גִּלְעָ֑ד אֵ֛ת אֲשֶׁר־עָשׂ֥וּ פְלִשְׁתִּ֖ים לְשָׁאֽוּל׃
12 וַיָּק֜וּמוּ כָּל־אִ֣ישׁ חַיִל֮ וַיֵּלְכ֣וּ כָל־הַלַּיְלָה֒ וַיִּקְח֞וּ אֶת־גְּוִיַּ֣ת שָׁא֗וּל וְאֵת֙ גְּוִיֹּ֣ת בָּנָ֔יו מֵחוֹמַ֖ת בֵּ֣ית שָׁ֑ן וַיָּבֹ֣אוּ יָבֵ֔ישָׁה וַיִּשְׂרְפ֥וּ אֹתָ֖ם שָֽׁם׃
13 וַיִּקְח֙וּ֙ אֶת־עַצְמֹ֣תֵיהֶ֔ם וַיִּקְבְּר֥וּ תַֽחַת־הָאֶ֖שֶׁל בְּיָבֵ֑שָׁה וַיָּצֻ֖מוּ שִׁבְעַ֥ת יָמִֽים׃

Pursue: for thou shalt surely overtake *them*, and without fail recover *all*.

9 So David went, he and the six hundred men that *were* with him, and came to the brook Besor, where those that were left behind stayed.

10 But David pursued, he and four hundred men: (for two hundred *a* abode behind, which were so faint that they could not go over the brook Besor.)

11 And they found an Egyptian in the field, and brought him to David, and gave him bread, and he did eat; and they made him drink water:

12 And they gave him a piece of a cake of figs, and two clusters of raisins; and when he*f* had eaten, his spirit came again to him, for he had eaten no bread, nor drunk *any* water, three days and three nights.

13 And David said unto him, To whom *belongest* thou? and whence *art* thou? And he said, I *am* a young man of Egypt, servant to an Amalekite; and my master left me, because three days agone I fell sick.

14 We made an invasion *upon* the south of the Cherethites,*i* and upon *the coast* which *belongeth* to Judah, and upon the south of Caleb;*n* and we burned Ziklag with fire.

15 And David said to him, Canst thou bring me down to this company? And he said, Swear unto me by God, that thou wilt neither kill me, nor deliver me into the hands of my master, and I will bring thee down to this company.

16 And when he had brought him down, behold, *they were* spread abroad upon all the earth, eating *r* and drinking, and dancing, because of all the great spoil that they had taken out of the land of the Philistines, and out of the land of Judah.

17 And David smote them from the twilight even unto the evening of *θ* the next day; and there escaped not a man of them, save four hundred young men, which rode upon camels, and fled.

18 And David recovered all that the Amalekites had carried away; and David rescued his two wives.

19 And *v* there was nothing lacking to them, neither small nor great, neither sons nor daughters, neither spoil, nor any *thing* that they had taken to them: David recovered all.*w*

20 And David took all the flocks and the herds, *which* they drave before those *other* cattle, and said, This *is* David's spoil.

21 And David came to the two hundred*x* men, which were so faint that they could not follow David, whom they had made also to abide at the brook Besor: and they went forth to meet David, and to meet the people that *were* with him: and when David came near to the people, he *λ* saluted them.

22 Then answered all the wicked men, and *men* of Belial,*y* of *μ* those that went with David, and said, Because they went not with us, we will not give them *ought* of the spoil which we have recovered, save to every man his wife and his children, that they may lead *them* away, and depart.

23 Then said David, Ye shall not do so, my brethren, with that which the LORD hath given us, who hath preserved us, and delivered the company that came against us into our hand.

24 For who will hearken unto you in this matter? but *e* as his part *is* that goeth down to the battle, so *shall* his part *be* that

tarrieth by the stuff: they shall part alike.

25 And it was *so*, from that day *β* forward, that he made it a statute and an ordinance for Israel unto this day.

26 And when David came to Ziklag, he sent of the spoil unto the elders of Judah, *even* to his friends, saying, Behold a *γ* present for you of the spoil of the enemies of the LORD.

27 To *them* which *were* in Beth-el, and to *them* which *were* in south Ramoth,*b* and to *them* which *were* in Jattir,*c*

28 And to *them* which *were* in Aroer, *d* and to *them* which *were* in Siphmoth, and to *them* which *were* in Eshtemoa,*e*

29 And to *them* which *were* in Rachal, and to *them* which *were* in the cities of the Jerahmeelites,*g* and to *them* which *were* in the cities of the Kenites,*h*

30 And to *them* which *were* in *i* Hormah, and to *them* which *were* in Chor-ashan, and to *them* which *were* in Athach,

31 And to *them* which *were* in Hebron,*k* and to all the places where David himself and his men were wont to haunt.

CHAP. XXXI.

NOW *m* the Philistines fought against Israel: and the men of Israel fled from before the Philistines, and fell down *δ* slain in mount Gilboa.*o*

2 And the Philistines followed hard upon Saul and upon his sons; and the Philistines slew Jonathan, and Abinadab, and Melchi-shua, Saul's sons.*p*

3 And the battle*q* went sore against Saul, and the *ζ* archers *η* hit him; and he was sore wounded of the archers.

4 Then *s* said Saul unto his armourbearer, Draw thy sword, and thrust me through therewith, lest these uncircumcised *t* come and thrust me through, and *κ* abuse me. But his armour-bearer would not; for he was sore afraid: therefōre Saul took a sword, and fell upon it.

5 And when his armour-bearer saw that Saul was dead, he fell likewise upon his sword, and died with him.

6 So Saul died,*u* and his three sons, and his armour-bearer, and all his men, that same day together.

7 And when the men of Israel that *were* on the other side of the valley, and *they* that *were* on the other side Jordan, saw that the men of Israel fled, and that Saul and his sons were dead, they forsook the cities, and fled; and the Philistines came and dwelt in them.

8 And it came to pass on the morrow, when the Philistines came to strip the slain, that they found Saul and his three sons fallen in mount Gilboa.

9 And they cut off his head, and stripped off his armour, and sent into the land of the Philistines round about, to publish *it* in the house of their idols, and among the people.

10 And *z* they put his armour in the house of Ashtaroth:*a* and they fastened his body *b* to the wall of Beth-shan.

11 And when the inhabitants of Jabeshgilead*c* heard *v* of that which the Philistines had done to Saul,

12 All the valiant men arose, and went all night, and took the body of Saul, and the bodies of his sons, from the wall of Beth-shan, and came to Jabesh, and burnt*d* them there.

13 And they took their bones, and buried*f* them under a tree at Jabesh, and fasted *δ* seven days.

B. C. 1056.

β and forward.

γ blessing.
ch. 25. 27.
Ge. 33. 11.

a ver. 21.
b Jos. 19. 8.
c Jos. 15. 48.
d Jos. 13. 16.
e Jos. 15. 50.
f ch. 14. 27.
Ju. 15. 19.
g ch. 27. 10.
h Ju. 1. 16.
i Ju. 1. 17.
k Jos. 14. 13.
2 Sa. 2. 1.

l 2 Sa. 8. 18.
1Ki.1.38,44.
Eze. 25. 16.
Zep. 2. 5.

m 1 Ch. 10. 1,
&c.

n Jos. 14. 13.
δ wounded.
o ch. 28. 4.
p ch. 14. 49.
1 Ch. 8. 33.

q 2Sa.1.6,&c.

ζ shooters, men with bows.

η found.

r Mat. 24. 38,
39.
1 Th. 5. 3.
s Ju. 9. 54.
t ch. 14. 6.
17. 26.
θ their morrow.

κ or, *mock*.
u ch. 28. 19.
v Ge.14.14..16.
w ver. 8.
x ver. 10.
λ or, *asked them how they did*.
Ju. 18. 15.
y 1Ki.21.10,13
μ men.
z ch. 21. 9.
a 2 Sa. 21. 12.
b Jos. 7. 11.
Ju. 1. 27.
c ch.11.1..11.
v or,*concerning him*.
d 2 Ch. 16. 14.
Je. 34. 5.
Am. 6. 10.
e Nu. 31. 27.
Jos. 22. 8.
f 2 Sa. 2. 4, 5.
21. 12. 14.
g Ge. 50. 10.

שמואל ב

LIBER II. SAMUELIS.

CAP. I. א

א וַיְהִי אַחֲרֵי מוֹת שָׁאוּל וְדָוִד שָׁב מֵהַכּוֹת אֶת־
הָעֲמָלֵק וַיֵּשֶׁב דָּוִד בְּצִקְלָג יָמִים שְׁנָיִם : וַיְהִי ב
בַּיּוֹם הַשְּׁלִישִׁי וְהִנֵּה אִישׁ בָּא מִן־הַמַּחֲנֶה מֵעִם
שָׁאוּל וּבְגָדָיו קְרֻעִים וַאֲדָמָה עַל־רֹאשׁוֹ וַיְהִי בְּבֹאוֹ
אֶל־דָּוִד וַיִּפֹּל אַרְצָה וַיִּשְׁתָּחוּ : וַיֹּאמֶר לוֹ דָוִד ג
אֵי מִזֶּה תָּבוֹא וַיֹּאמֶר אֵלָיו מִמַּחֲנֵה יִשְׂרָאֵל
נִמְלָטְתִּי : וַיֹּאמֶר אֵלָיו דָּוִד מֶה־הָיָה הַדָּבָר הַגֶּד־ ד
נָא לִי וַיֹּאמֶר אֲשֶׁר־נָס הָעָם מִן־הַמִּלְחָמָה
וְגַם־הַרְבֵּה נָפַל מִן־הָעָם וַיָּמֻתוּ וְגַם שָׁאוּל
וִיהוֹנָתָן בְּנוֹ מֵתוּ : וַיֹּאמֶר דָּוִד אֶל־הַנַּעַר הַמַּגִּיד ה
לוֹ אֵיךְ יָדַעְתָּ כִּי־מֵת שָׁאוּל וִיהוֹנָתָן בְּנוֹ :
וַיֹּאמֶר הַנַּעַר הַמַּגִּיד לוֹ נִקְרֹא נִקְרֵיתִי בְּהַר ו
הַגִּלְבֹּעַ וְהִנֵּה שָׁאוּל נִשְׁעָן עַל־חֲנִיתוֹ וְהִנֵּה
הָרֶכֶב וּבַעֲלֵי הַפָּרָשִׁים הִדְבִּקֻהוּ : וַיִּפֶן אַחֲרָיו ז
וַיִּרְאֵנִי וַיִּקְרָא אֵלָי וָאֹמַר הִנֵּנִי : וַיֹּאמֶר לִי מִי־ ח
אָתָּה וָאֹמַר אֵלָיו עֲמָלֵקִי אָנֹכִי : וַיֹּאמֶר אֵלַי עֲמָד ט
נָא עָלַי וּמֹתְתֵנִי כִּי אֲחָזַנִי הַשָּׁבָץ כִּי־כָל־עוֹד נַפְשִׁי
בִּי : וָאֶעֱמֹד עָלָיו וַאֲמֹתְתֵהוּ כִּי יָדַעְתִּי כִּי לֹא י
יִחְיֶה אַחֲרֵי נִפְלוֹ וָאֶקַּח הַנֵּזֶר אֲשֶׁר עַל־רֹאשׁוֹ
וְאֶצְעָדָה אֲשֶׁר עַל־זְרֹעוֹ וָאֲבִיאֵם אֶל־אֲדֹנִי הֵנָּה :
וַיַּחֲזֵק דָּוִד בִּבְגָדָיו וַיִּקְרָעֵם וְגַם כָּל־הָאֲנָשִׁים אֲשֶׁר יא
אִתּוֹ : וַיִּסְפְּדוּ וַיִּבְכּוּ וַיָּצֻמוּ עַד־הָעָרֶב עַל־שָׁאוּל יב
וְעַל־יְהוֹנָתָן בְּנוֹ וְעַל־עַם יְהוָה וְעַל־בֵּית יִשְׂרָאֵל כִּי
נָפְלוּ בֶּחָרֶב : וַיֹּאמֶר דָּוִד אֶל־הַנַּעַר הַמַּגִּיד לוֹ יג
אֵי מִזֶּה אָתָּה וַיֹּאמֶר בֶּן־אִישׁ גֵּר עֲמָלֵקִי אָנֹכִי :
וַיֹּאמֶר אֵלָיו דָּוִד אֵיךְ לֹא יָרֵאתָ לִשְׁלֹחַ יָדְךָ לְשַׁחֵת יד
אֶת־מְשִׁיחַ יְהוָה : וַיִּקְרָא דָוִד לְאַחַד מֵהַנְּעָרִים טו
וַיֹּאמֶר גַּשׁ פְּגַע־בּוֹ וַיַּכֵּהוּ וַיָּמֹת : וַיֹּאמֶר אֵלָיו דָּוִד טז
דָּמְךָ עַל־רֹאשֶׁךָ כִּי פִיךָ עָנָה בְךָ לֵאמֹר אָנֹכִי
מֹתַתִּי אֶת־מְשִׁיחַ יְהוָה : וַיְקֹנֵן דָּוִד אֶת־ יז
הַקִּינָה הַזֹּאת עַל־שָׁאוּל וְעַל־יְהוֹנָתָן בְּנוֹ : וַיֹּאמֶר יח
לְלַמֵּד בְּנֵי־יְהוּדָה קָשֶׁת הִנֵּה כְתוּבָה עַל־סֵפֶר הַיָּשָׁר :

הַצְּבִי יִשְׂרָאֵל עַל־בָּמוֹתֶיךָ חָלָל אֵיךְ נָפְלוּ גִבּוֹרִים : 19
אַל־תַּגִּידוּ בְגַת אַל־תְּבַשְּׂרוּ בְּחוּצֹת אַשְׁקְלוֹן פֶּן־ 20
תִּשְׂמַחְנָה בְּנוֹת פְּלִשְׁתִּים פֶּן־תַּעֲלֹזְנָה בְּנוֹת
הָעֲרֵלִים : הָרֵי בַגִּלְבֹּעַ אַל־טַל וְאַל־מָטָר עֲלֵיכֶם 21
וּשְׂדֵי תְרוּמֹת כִּי שָׁם נִגְעַל מָגֵן גִּבּוֹרִים מָגֵן שָׁאוּל
בְּלִי מָשִׁיחַ בַּשָּׁמֶן : מִדַּם חֲלָלִים מֵחֵלֶב גִּבּוֹרִים 22
קֶשֶׁת יְהוֹנָתָן לֹא נָשׂוֹג אָחוֹר וְחֶרֶב שָׁאוּל לֹא
תָשׁוּב רֵיקָם : שָׁאוּל וִיהוֹנָתָן הַנֶּאֱהָבִים וְהַנְּעִימִם 23
בְּחַיֵּיהֶם וּבְמוֹתָם לֹא נִפְרָדוּ מִנְּשָׁרִים קַלּוּ מֵאֲרָיוֹת
גָּבֵרוּ : בְּנוֹת יִשְׂרָאֵל אֶל־שָׁאוּל בְּכֶינָה הַמַּלְבִּשְׁכֶם 24
שָׁנִי עִם־עֲדָנִים הַמַּעֲלֶה עֲדִי זָהָב עַל לְבוּשְׁכֶן :
אֵיךְ נָפְלוּ גִבֹּרִים בְּתוֹךְ הַמִּלְחָמָה יְהוֹנָתָן עַל־ 25
בָּמוֹתֶיךָ חָלָל : צַר־לִי עָלֶיךָ אָחִי יְהוֹנָתָן נָעַמְתָּ 26
לִי מְאֹד נִפְלְאַתָה אַהֲבָתְךָ לִי מֵאַהֲבַת נָשִׁים :
אֵיךְ נָפְלוּ גִבּוֹרִים וַיֹּאבְדוּ כְּלֵי מִלְחָמָה : 27

CAP. II. ב

וַיְהִי אַחֲרֵי־כֵן וַיִּשְׁאַל דָּוִד בַּיהוָה לֵאמֹר הַאֶעֱלֶה א
בְּאַחַת עָרֵי יְהוּדָה וַיֹּאמֶר יְהוָה אֵלָיו עֲלֵה וַיֹּאמֶר
דָּוִד אָנָה אֶעֱלֶה וַיֹּאמֶר חֶבְרֹנָה : וַיַּעַל שָׁם דָּוִד ב
וְגַם שְׁתֵּי נָשָׁיו אֲחִינֹעַם הַיִּזְרְעֵלִית וַאֲבִיגַיִל אֵשֶׁת
נָבָל הַכַּרְמְלִי : וַאֲנָשָׁיו אֲשֶׁר־עִמּוֹ הֶעֱלָה דָוִד אִישׁ ג
וּבֵיתוֹ וַיֵּשְׁבוּ בְּעָרֵי חֶבְרוֹן : וַיָּבֹאוּ אַנְשֵׁי יְהוּדָה ד
וַיִּמְשְׁחוּ־שָׁם אֶת־דָּוִד לְמֶלֶךְ עַל־בֵּית יְהוּדָה וַיַּגִּדוּ
לְדָוִד לֵאמֹר אַנְשֵׁי יָבֵישׁ גִּלְעָד אֲשֶׁר קָבְרוּ אֶת־
שָׁאוּל : וַיִּשְׁלַח דָּוִד מַלְאָכִים אֶל־אַנְשֵׁי יָבֵישׁ ה
גִּלְעָד וַיֹּאמֶר אֲלֵיהֶם בְּרֻכִים אַתֶּם לַיהוָה אֲשֶׁר
עֲשִׂיתֶם הַחֶסֶד הַזֶּה עִם־אֲדֹנֵיכֶם עִם־שָׁאוּל
וַתִּקְבְּרוּ אֹתוֹ : וְעַתָּה יַעַשׂ־יְהוָה עִמָּכֶם חֶסֶד ו
וֶאֱמֶת וְגַם אָנֹכִי אֶעֱשֶׂה אִתְּכֶם הַטּוֹבָה הַזֹּאת
אֲשֶׁר עֲשִׂיתֶם הַדָּבָר הַזֶּה : וְעַתָּה תֶּחֱזַקְנָה ז
יְדֵיכֶם וִהְיוּ לִבְנֵי־חַיִל כִּי־מֵת אֲדֹנֵיכֶם שָׁאוּל וְגַם
אֹתִי מָשְׁחוּ בֵית־יְהוּדָה לְמֶלֶךְ עֲלֵיהֶם :
וְאַבְנֵר בֶּן־נֵר שַׂר־צָבָא אֲשֶׁר לְשָׁאוּל לָקַח 8

The Second Book of SAMUEL, otherwise called
The Second Book of the KINGS.

CHAP. I.

Now it came to pass, after the death of Saul, when David was returned from the slaughter[b] of the Amalekites, and David had abode two days in Ziklag ;

2 It came even to pass on the third day, that, behold, a man[f] came out of the camp from Saul, with his clothes rent, and earth upon his head : and so it was, when he came to David, that he fell to the earth, and did obeisance.

3 And David said unto him, From whence comest thou? And he said unto him, Out of the camp of Israel am I escaped.

4 And David said unto him, γ How went the matter? I pray thee, tell me. And he answered, That the people are fled from the battle, and many of the people also are fallen and dead ; and Saul and Jonathan his son are dead also.

5 And David said unto the young man that told him, How knowest thou that Saul and Jonathan his son be dead?

6 And the young man that told him said, As I happened by chance upon mount Gilboa, behold, Saul[o] leaned upon his spear : and, lo, the chariots and horsemen followed hard after him.

7 And when he looked behind him, he saw me, and called unto me : and I answered, ζHere am I.

8 And he said unto me, Who art thou? And I answered him, I am an Amalekite.

9 He said unto me again, Stand, I pray thee, upon me, and slay me ; for ηanguish is come upon me, because my life is yet whole in me.

10 So I stood upon him, and slew him, because I was sure that he could not live after that he was fallen : and I took the crown that was upon his head, and the bracelet that was on his arm, and have brought them hither unto my lord.

11 Then David took hold on his clothes, and rent[u] them : and likewise all the men that were with him.

12 And they mourned, and wept, and fasted until even, for Saul, and for Jonathan his son, and for the people of the LORD, and for the house of Israel ; because they were fallen by the sword.

13 And David said unto the young man that told him, Whence art thou? And he answered, I am the son of a stranger, an Amalekite.

14 And David said unto him,[x] How wast thou not afraid to stretch forth thine hand to destroy the LORD's anointed?

15 And David called one of the young men, and said, Go near, and fall upon him. And he smote him that he died.

16 And David said unto him, Thy blood[a] be upon thy head : for thy mouth hath testified[b] against thee, saying, I have slain the LORD's anointed.

17 And David lamented with this lamentation over Saul and over Jonathan his son :

B. C. 1056.

a Jos. 10. 13.
β or, the upright.
b 1Sa.30.17.. 26.
c La. 2. 1.
d La. 5.16.
e Mi. 1. 10.
f 1Sa.4.12,16.
g Ju. 16. 23.
h Job 3.3..10. Je.20.14..16
i Joel 1. 9. 2. 14.
k 1Sa. 10. 1.
γ What was. 1 Sa. 4. 16.
l 1Sa.14,6,&c.
δ or, sweet.
m 1Sa.31.1..4.
n Ju. 14. 18. Pr. 30. 30.
o 1Sa.31.1,2, &c.
ζ Behold me. 1 Sa. 22. 12.
p 1Sa.18.1,3. 20. 17, 41. 23. 16.
q ver. 19, 25.
η or, my coat of mail, or, my embroidered coat, hindereth me, that my, &c.
r Ju. 1. 1. 1 Sa.23.2,4, 10.
s ch. 5. 1, 3.
t 1 Sa. 30. 5.
u ch. 3. 31. 13. 31.
v 1Sa.27.2,3. 1Ch.12.1,&c
w 1Sa.31.11.. 13.
x 1 Sa. 24. 6. 26. 9. Ps. 105. 15.
y Ru. 2. 20. 3. 10.
z 2Ti.1.16..18.
a 1Ki.2.32,33, 37.
b ver. 10. Lu. 19. 22.
θ the sons of valour.
c 1 Sa. 14. 50.

18 (Also he bade them teach the children of Judah the use of the bow : behold, it is written in the book[a] of βJasher :)

19 The beauty[c] of Israel is slain upon thy high places : how are the mighty[d] fallen !

20 Tell[e] it not in Gath, publish it not in the streets of Askelon ; lest the daughters of the Philistines rejoice,[g] lest the daughters of the uncircumcised triumph.

21 Ye mountains of Gilboa, let[h] there be no dew, neither let there be rain upon you, nor fields of offerings :[i] for there the shield of the mighty is vilely cast away, the shield of Saul, as though he had not been anointed[k] with oil.

22 From the blood of the slain, from the fat of the mighty, the bow of Jonathan turned not[l] back, and the sword of Saul returned not empty.

23 Saul and Jonathan were lovely and δpleasant in their lives, and in their[m] death they were not divided : they were swifter than eagles, they were stronger than[n] lions.

24 Ye daughters of Israel, weep over Saul, who clothed you in scarlet, with other delights ; who put on ornaments of gold upon your apparel.

25 How are the mighty fallen in the midst of the battle ! O Jonathan, thou wast slain in thine high places.

26 I am distressed for thee, my brother Jonathan : very pleasant hast thou been unto me : thy love[p] to me was wonderful, passing the love of women.

27 How[q] are the mighty fallen, and the weapons of war perished !

CHAP. II.

And it came to pass after this, that David inquired[r] of the LORD, saying, Shall I go up into any of the cities of Judah? And the LORD said unto him, Go up. And David said, Whither shall I go up? And he said, Unto Hebron.[s]

2 So David went up thither, and his two[t] wives also, Ahinoam the Jezreelitess, and Abigail, Nabal's wife, the Carmelite.

3 And his men[v] that were with him did David bring up, every man with his household : and they dwelt in the cities of Hebron.

4 And the men of Judah came, and there they anointed David king over the house of Judah. And they told David, saying, That the men of Jabesh-gilead[w] were they that buried Saul.

5 And David sent messengers unto the men of Jabesh-gilead, and said unto them, Blessed[y] be ye of the LORD, that ye have shewed this kindness unto your lord, even unto Saul, and have buried him.

6 And now[z] the LORD shew kindness and truth unto you : and I also will requite you this kindness, because ye have done this thing.

7 Therefore now let your hands be strengthened, and be ye θvaliant : for your master Saul is dead, and also the house of Judah have anointed me king over them.

8 But Abner[c] the son of Ner, captain of

212

אֶת־אִישׁ־בֹּשֶׁת בֶּן־שָׁאוּל וַיַּעֲבִרֵהוּ מַחֲנָיִם׃
9 וַיַּמְלִכֵהוּ אֶל־הַגִּלְעָד וְאֶל־הָאֲשׁוּרִי וְאֶל־יִזְרְעֶאל וְעַל־אֶפְרַיִם וְעַל־בִּנְיָמִן וְעַל־יִשְׂרָאֵל כֻּלֹּה׃
10 בֶּן־אַרְבָּעִים שָׁנָה אִישׁ־בֹּשֶׁת בֶּן־שָׁאוּל בְּמָלְכוֹ עַל־יִשְׂרָאֵל וּשְׁתַּיִם שָׁנִים מָלָךְ אַךְ בֵּית יְהוּדָה הָיוּ אַחֲרֵי דָוִד׃
11 וַיְהִי מִסְפַּר הַיָּמִים אֲשֶׁר הָיָה דָוִד מֶלֶךְ בְּחֶבְרוֹן עַל־בֵּית יְהוּדָה שֶׁבַע שָׁנִים וְשִׁשָּׁה חֳדָשִׁים׃
12 וַיֵּצֵא אַבְנֵר בֶּן־נֵר וְעַבְדֵי אִישׁ־בֹּשֶׁת בֶּן־שָׁאוּל מִמַּחֲנַיִם גִּבְעוֹנָה׃
13 וְיוֹאָב בֶּן־צְרוּיָה וְעַבְדֵי דָוִד יָצְאוּ וַיִּפְגְּשׁוּם עַל־בְּרֵכַת גִּבְעוֹן יַחְדָּו וַיֵּשְׁבוּ אֵלֶּה עַל־הַבְּרֵכָה מִזֶּה וְאֵלֶּה עַל־הַבְּרֵכָה מִזֶּה׃
14 וַיֹּאמֶר אַבְנֵר אֶל־יוֹאָב יָקוּמוּ נָא הַנְּעָרִים וִישַׂחֲקוּ לְפָנֵינוּ וַיֹּאמֶר יוֹאָב יָקֻמוּ׃
15 וַיָּקֻמוּ וַיַּעַבְרוּ בְמִסְפָּר שְׁנֵים עָשָׂר לְבִנְיָמִן וּלְאִישׁ־בֹּשֶׁת בֶּן־שָׁאוּל וּשְׁנֵים עָשָׂר מֵעַבְדֵי דָוִד׃
16 וַיַּחֲזִקוּ אִישׁ בְּרֹאשׁ רֵעֵהוּ וְחַרְבּוֹ בְּצַד רֵעֵהוּ וַיִּפְּלוּ יַחְדָּו וַיִּקְרָא לַמָּקוֹם הַהוּא חֶלְקַת הַצֻּרִים אֲשֶׁר בְּגִבְעוֹן׃
17 וַתְּהִי הַמִּלְחָמָה קָשָׁה עַד־מְאֹד בַּיּוֹם הַהוּא וַיִּנָּגֶף אַבְנֵר וְאַנְשֵׁי יִשְׂרָאֵל לִפְנֵי עַבְדֵי דָוִד׃
18 וַיִּהְיוּ־שָׁם שְׁלֹשָׁה בְּנֵי צְרוּיָה יוֹאָב וַאֲבִישַׁי וַעֲשָׂהאֵל וַעֲשָׂהאֵל קַל בְּרַגְלָיו כְּאַחַד הַצְּבָיִם אֲשֶׁר בַּשָּׂדֶה׃
19 וַיִּרְדֹּף עֲשָׂהאֵל אַחֲרֵי אַבְנֵר וְלֹא־נָטָה לָלֶכֶת עַל־הַיָּמִין וְעַל־הַשְּׂמֹאול מֵאַחֲרֵי אַבְנֵר׃
20 וַיִּפֶן אַבְנֵר אַחֲרָיו וַיֹּאמֶר הַאַתָּה זֶה עֲשָׂהאֵל וַיֹּאמֶר אָנֹכִי׃
21 וַיֹּאמֶר לוֹ אַבְנֵר נְטֵה לְךָ עַל־יְמִינְךָ אוֹ עַל־שְׂמֹאלֶךָ וֶאֱחֹז לְךָ אֶחָד מֵהַנְּעָרִים וְקַח־לְךָ אֶת־חֲלִצָתוֹ וְלֹא־אָבָה עֲשָׂהאֵל לָסוּר מֵאַחֲרָיו׃
22 וַיֹּסֶף עוֹד אַבְנֵר לֵאמֹר אֶל־עֲשָׂהאֵל סוּר לְךָ מֵאַחֲרָי לָמָּה אַכֶּכָּה אַרְצָה וְאֵיךְ אֶשָּׂא פָנַי אֶל־יוֹאָב אָחִיךָ׃
23 וַיְמָאֵן לָסוּר וַיַּכֵּהוּ אַבְנֵר בְּאַחֲרֵי הַחֲנִית אֶל־הַחֹמֶשׁ וַתֵּצֵא הַחֲנִית מֵאַחֲרָיו וַיִּפָּל־שָׁם וַיָּמָת תַּחְתָּו וַיְהִי כָּל־הַבָּא אֶל־הַמָּקוֹם אֲשֶׁר־נָפַל שָׁם עֲשָׂהאֵל וַיָּמֹת וַיַּעֲמֹדוּ׃
24 וַיִּרְדְּפוּ יוֹאָב וַאֲבִישַׁי אַחֲרֵי אַבְנֵר וְהַשֶּׁמֶשׁ בָּאָה וְהֵמָּה בָּאוּ עַד־גִּבְעַת אַמָּה אֲשֶׁר עַל־פְּנֵי־גִיחַ דֶּרֶךְ מִדְבַּר גִּבְעוֹן׃
25 וַיִּתְקַבְּצוּ בְנֵי־בִנְיָמִן אַחֲרֵי אַבְנֵר וַיִּהְיוּ לַאֲגֻדָּה אֶחָת וַיַּעַמְדוּ עַל רֹאשׁ־גִּבְעָה אֶחָת׃
26 וַיִּקְרָא אַבְנֵר אֶל־יוֹאָב וַיֹּאמֶר הֲלָנֶצַח תֹּאכַל חֶרֶב הֲלוֹא יָדַעְתָּה כִּי־מָרָה תִהְיֶה בָּאַחֲרוֹנָה וְעַד־מָתַי לֹא־תֹאמַר לָעָם לָשׁוּב מֵאַחֲרֵי אֲחֵיהֶם׃
27 וַיֹּאמֶר יוֹאָב חַי הָאֱלֹהִים כִּי לוּלֵא דִּבַּרְתָּ כִּי אָז מֵהַבֹּקֶר נַעֲלָה הָעָם אִישׁ מֵאַחֲרֵי אָחִיו׃
28 וַיִּתְקַע יוֹאָב בַּשּׁוֹפָר וַיַּעַמְדוּ כָּל־הָעָם וְלֹא־יִרְדְּפוּ עוֹד אַחֲרֵי יִשְׂרָאֵל וְלֹא־יָסְפוּ עוֹד לְהִלָּחֵם׃
29 וְאַבְנֵר וַאֲנָשָׁיו הָלְכוּ בָּעֲרָבָה כֹּל הַלַּיְלָה הַהוּא וַיַּעַבְרוּ אֶת־הַיַּרְדֵּן וַיֵּלְכוּ כָּל־הַבִּתְרוֹן וַיָּבֹאוּ מַחֲנָיִם׃
30 וְיוֹאָב שָׁב מֵאַחֲרֵי אַבְנֵר וַיִּקְבֹּץ אֶת־כָּל־הָעָם וַיִּפָּקְדוּ מֵעַבְדֵי דָוִד תִּשְׁעָה־עָשָׂר אִישׁ וַעֲשָׂהאֵל׃
31 וְעַבְדֵי דָוִד הִכּוּ מִבִּנְיָמִן וּבְאַנְשֵׁי אַבְנֵר שְׁלֹשׁ־מֵאוֹת וְשִׁשִּׁים אִישׁ מֵתוּ׃
32 וַיִּשְׂאוּ אֶת־עֲשָׂהאֵל וַיִּקְבְּרֻהוּ בְּקֶבֶר אָבִיו אֲשֶׁר בֵּית לָחֶם וַיֵּלְכוּ כָל־הַלַּיְלָה יוֹאָב וַאֲנָשָׁיו וַיֵּאֹר לָהֶם בְּחֶבְרוֹן׃

CAP. III. ג

1 וַתְּהִי הַמִּלְחָמָה אֲרֻכָּה בֵּין בֵּית שָׁאוּל וּבֵין בֵּית דָּוִד וְדָוִד הֹלֵךְ וְחָזֵק וּבֵית שָׁאוּל הֹלְכִים וְדַלִּים׃
2 וַיֻּלְדוּ לְדָוִד בָּנִים בְּחֶבְרוֹן וַיְהִי בְכוֹרוֹ אַמְנוֹן לַאֲחִינֹעַם הַיִּזְרְעֵאלִית׃
3 וּמִשְׁנֵהוּ כִלְאָב לַאֲבִיגַיִל אֵשֶׁת נָבָל הַכַּרְמְלִי וְהַשְּׁלִשִׁי אַבְשָׁלוֹם בֶּן־מַעֲכָה בַּת־תַּלְמַי מֶלֶךְ גְּשׁוּר׃
4 וְהָרְבִיעִי אֲדֹנִיָּה בֶן־חַגִּית וְהַחֲמִישִׁי שְׁפַטְיָה בֶן־אֲבִיטָל׃
5 וְהַשִּׁשִּׁי יִתְרְעָם לְעֶגְלָה אֵשֶׁת דָּוִד אֵלֶּה יֻלְּדוּ לְדָוִד בְּחֶבְרוֹן׃
6 וַיְהִי בִּהְיוֹת הַמִּלְחָמָה בֵּין בֵּית שָׁאוּל וּבֵין בֵּית דָּוִד וְאַבְנֵר הָיָה מִתְחַזֵּק בְּבֵית שָׁאוּל׃
7 וּלְשָׁאוּל פִּלֶגֶשׁ וּשְׁמָהּ רִצְפָּה בַת־אַיָּה וַיֹּאמֶר אֶל־אַבְנֵר מַדּוּעַ בָּאתָה אֶל־פִּילֶגֶשׁ אָבִי׃
8 וַיִּחַר לְאַבְנֵר מְאֹד עַל־דִּבְרֵי אִישׁ־בֹּשֶׁת וַיֹּאמֶר הֲרֹאשׁ כֶּלֶב אָנֹכִי אֲשֶׁר לִיהוּדָה הַיּוֹם אֶעֱשֶׂה־חֶסֶד עִם־בֵּית שָׁאוּל אָבִיךָ אֶל־אֶחָיו וְאֶל־מֵרֵעֵהוּ וְלֹא הִמְצִיתִךָ בְּיַד־דָּוִד וַתִּפְקֹד עָלַי עֲוֹן הָאִשָּׁה הַיּוֹם׃
9 כֹּה־יַעֲשֶׂה אֱלֹהִים לְאַבְנֵר וְכֹה יֹסִיף לוֹ כִּי כַּאֲשֶׁר נִשְׁבַּע יְהוָה לְדָוִד כִּי־כֵן אֶעֱשֶׂה־לּוֹ׃
10 לְהַעֲבִיר הַמַּמְלָכָה מִבֵּית שָׁאוּל וּלְהָקִים אֶת־כִּסֵּא דָוִד עַל־יִשְׂרָאֵל וְעַל־יְהוּדָה מִדָּן וְעַד־בְּאֵר שָׁבַע׃
11 וְלֹא־יָכֹל עוֹד לְהָשִׁיב אֶת־אַבְנֵר דָּבָר מִיִּרְאָתוֹ אֹתוֹ׃
12 וַיִּשְׁלַח אַבְנֵר מַלְאָכִים אֶל־דָּוִד תַּחְתָּו לֵאמֹר לְמִי־אָרֶץ לֵאמֹר כָּרְתָה בְרִיתְךָ אִתִּי וְהִנֵּה יָדִי עִמָּךְ לְהָסֵב אֵלֶיךָ אֶת־כָּל־יִשְׂרָאֵל׃
13 וַיֹּאמֶר טוֹב אֲנִי אֶכְרֹת אִתְּךָ בְּרִית אַךְ דָּבָר אֶחָד אָנֹכִי שֹׁאֵל מֵאִתְּךָ לֵאמֹר לֹא־תִרְאֶה אֶת־פָּנַי כִּי אִם־לִפְנֵי הֱבִיאֲךָ אֵת מִיכַל בַּת־שָׁאוּל בְּבֹאֲךָ לִרְאוֹת אֶת־פָּנָי׃
14 וַיִּשְׁלַח דָּוִד מַלְאָכִים אֶל־אִישׁ־בֹּשֶׁת

Saul's β host, took γ Ish-bosheth the son of Saul, and brought him over to Mahanaim;

9 And made him king over Gilead, and over the Ashurites, and over Jezreel, and over Ephraim, and over Benjamin, and over all Israel.

10 Ish-bosheth, Saul's son, *was* forty years old when he began to reign over Israel, and reigned two years. But the house of Judah followed David.

11 And the ζ time that David was king in Hebron,ᵉ over the house of Judah, was seven years and six months.

12 And Abner the son of Ner, and the servants of Ish-bosheth the son of Saul, went out from Mahanaimᵈ to Gibeon.ᵉ

13 And Joab the son of Zeruiah, and the servants of David, went out, and met η together by the poolᶠ of Gibeon: and they sat down, the one on the one side of the pool, and the other on the other side of the pool.

14 And Abner said to Joab, Let the young men now arise, and playᵍ before us. And Joab said, Let them arise.

15 Then there arose, and went over by number, twelve of Benjamin, which *pertained* to Ish-bosheth the son of Saul, and twelve of the servants of David.

16 And they caught every one his fellow by the head, and *thrust* his sword in his fellow's side ; so they fell down together: wherefore that place was called Helkath-hazzurim,ᵏ which *is* in Gibeon.

17 And there was a very sore battle that day ; and Abner was beaten,ᵐ and the men of Israel, before the servants of David.

18 And there were threeᵖ sons of Zeruiah there, Joab, and Abishai, and Asahel : and Asahel *was as* light λ of foot as a μ wild roe.�q

19 And Asahel pursued after Abner; and in going he turned not to the right hand nor to the left from ν following Abner.

20 Then Abner looked behind him, and said, *Art* thou Asahel? And he answered, I *am*.

21 And Abner said to him, Turn thee aside to thy right hand or to thy left, and lay thee hold on one of the young men,and take thee his πarmour. But Asahel would not turn aside from following of him.

22 And Abner said again to Asahel, Turn thee aside from following me : wherefore should I smite thee to the ground ? how then should I hold up my face to Joabᵛ thy brother ?

23 Howbeit, he refused to turn aside : wherefore Abner, with the hinder end of the spear, smote him underˣ the fifth *rib*, that the spear came out behind him ; and he fell down there, and died in the same place : and it came to pass, *that* as many as came to the place where Asahel fell down and died, stood still.

24 Joab also and Abishai pursued after Abner : and the sun went down when they were come to the hill of Ammah, that *lieth* before Giah, by the way of the wilderness of Gibeon.

25 And the children of Benjamin gathered themselves together after Abner, and became one troop, and stood on the top of an hill.

26 Then Abner called to Joab, and said, Shall the sword devourᶜ for ever ! knowest thou not that it will be bitterness in the latter end ?ᵃ how long shall it be then, ere thou bid the people return from following their brethren ?

27 And Joab said. *As* God liveth, unless thou hadst spoken,ᵃ surely then δ in the morning the people had gone ε up every one from following his brother.

28 So Joab blew a trumpet, and all the people stood still, and pursued after Israel no more, neither fought they any more.

29 And Abner and his men walked all that night through the plain, and passed over Jordan, and went through all Bithron, and they came to Mahanaim.ᵇ

30 And Joab returned from following Abner : and when he had gathered all the people together, there lacked of David's servants nineteen men and Asahel.

31 But the servants of David had smitten of Benjamin, and of Abner's men, *so that* three hundred and threescore men died.

32 And they took up Asahel, and buried him in the sepulchre of his father, which *was in* Bethlehem. And Joab and his men went all night, and they came to Hebron at break of day.

CHAP. III.

NOW there was long war between the house of Saul and the house of David : but Davidʰ waxed stronger and stronger,& the house of Saul waxed weaker and weaker.

2 Andⁱ unto David were sons born in Hebron : and his first-born was Amnon, of Ahinoam ᵏ the Jezreelitess ;

3 And his second, θ Chileab, of Abigail the wife of Nabal the Carmelite ; and the third, Absalom,ˡ the son of Maachah the daughter of Talmai king of Geshur ;ⁿ

4 And the fourth, Adonijah,ᵒ the son of Haggith ; and the fifth, Shephatiah, the son of Abital ;

5 And the sixth, Ithream, by Eglah, David's wife. These were born to David in Hebron.

6 And it came to pass, while there was war between the house of Saul and the house of David, that Abner made himself strongʳ for the house of Saul.

7 And Saul had a concubine,whose name *was* Rizpah,ˢ the daughter of Aiah : and Ish-bosheth said to Abner, Wherefore hast thou gone in unto my father's concubine ?

8 Then was Abner very wroth for the words of Ish-bosheth, and said, *Am* I ᵗ a dog's head, which againstᵘ Judah do shew kindness this day unto the house of Saul thy father, to his brethren, and to his friends, & have not delivered thee into the hand of David, that thou chargest me to-day with a fault concerning this woman ?

9 Soʷ do God to Abner, and more also, except, asʸ the LORD hath sworn to David, even so I do to him ;

10 To translate ᶻ the kingdom from the house of Saul, and to set up the throne of David over Israel, and over Judah, from ᵃ Dan even to Beer-sheba.

11 And he could not answer Abner a word again, because he feared him.

12 And Abner sent messengers to David on his behalf, saying, Whose *is* the land ? saying *also*, Make thy league with me, and, behold, my hand *shall be* with thee, to bring about all Israel unto thee.

13 And he said, Well ; I will make a league with thee : but one thing I require of thee, ρ that is, Thouᵇ shalt not see my face,except thou first bring Michalᵈ Saul's daughter,when thou comest to see my face.

14 And David sent messengers to Ishbosheth ᶠ Saul's son, saying, Deliver *me* my wife Michal, which I espoused to me

---

Б. C. 1053.

β the host
which was
Saul's.
γ or, Esh-
baal.
1 Ch. 8. 33.
9. 39.
a Is. 47. 7.
δ or. from.
ε or, away.
ζ number of
days.
b ver. 12.
c ch. 5. 5.
1 Ki. 2. 11.
d ch. 17. 24.
Ge. 32. 2.
e Jos. 10.2,4,
12.
η them to-
gether.
f Je. 41. 12.
g Pr. 10. 23.
h ch. 2. 17.
Job 17. 9.
Ps. 84. 7.
Pr. 4. 18,19.
Re. 6. 2.
i 1Ch. 3. 1..4.
k 1Sa. 25. 43.
θ or, Daniel.
1 Ch. 3. 1.
κ i. e. The
field of
strong men.
l ch.15.15..18
m ch. 3. 1.
n ch. 13. 37.
1 Sa. 27. 8.
o 1Ki.1.5,&c.
p 1 Ch. 2. 16.
λ of his feet.
μ as one of
the roes
that is in
the field.
q 1 Ch. 12. 8.
Ca. 2. 17.
8. 14.
ν after.
r Pr. 21. 30.
Is. 8. 9, 10.
s ch. 21. 8.
π or, spoil.
Ju. 14. 19.
t ch. 9. 8.
1Sa. 24. 14.
u Ps. 2. 1.
v ch. 3. 27.
w Ru. 1. 17.
1 Ki. 19. 2.
x ch.3.27; 4.6;
20. 10.
y 1Sa. 15. 28.
16. 1..12.
28. 17.
Ps.89.35..37
z 1Ch. 12. 23.
a ch. 17. 11.
Ju. 20. 1.
1 Ki. 4. 25.
ρ saying.
b Ge. 43. 3.
c ch. 11. 25.
Is. 1. 20.
Je.46.10,14.
d 1Sa. 18. 20,
28.
e ver. 16.
Pr. 17. 14.
f ch. 2. 10.

בֶּן־שָׁאוּל לֵאמֹר תְּנָה אֶת־אִשְׁתִּי אֶת־מִיכַל אֲשֶׁר
15 אֵרַשְׂתִּי לִי בְּמֵאָה עָרְלוֹת פְּלִשְׁתִּים: וַיִּשְׁלַח אִישׁ
בֹּשֶׁת וַיִּקָּחֶהָ מֵעִם אִישׁ מֵעִם פַּלְטִיאֵל בֶּן־לָיִשׁ (לוש):
16 וַיֵּלֶךְ אִתָּהּ אִישָׁהּ הָלוֹךְ וּבָכֹה אַחֲרֶיהָ עַד־בַּחֻרִים
17 וַיֹּאמֶר אֵלָיו אַבְנֵר לֵךְ שׁוּב וַיָּשֹׁב: וּדְבַר
אַבְנֵר הָיָה עִם־זִקְנֵי יִשְׂרָאֵל לֵאמֹר גַּם־תְּמוֹל גַּם־
שִׁלְשֹׁם הֱיִיתֶם מְבַקְשִׁים אֶת־דָּוִד לְמֶלֶךְ עֲלֵיכֶם:
18 וְעַתָּה עֲשׂוּ כִּי יְהוָה אָמַר אֶל־דָּוִד לֵאמֹר בְּיַד דָּוִד
עַבְדִּי הוֹשִׁיעַ אֶת־עַמִּי יִשְׂרָאֵל מִיַּד פְּלִשְׁתִּים וּמִיַּד
19 כָּל־אֹיְבֵיהֶם: וַיְדַבֵּר גַּם־אַבְנֵר בְּאָזְנֵי בִנְיָמִין וַיֵּלֶךְ
גַּם־אַבְנֵר לְדַבֵּר בְּאָזְנֵי דָוִד בְּחֶבְרוֹן אֵת כָּל־אֲשֶׁר
20 טוֹב בְּעֵינֵי יִשְׂרָאֵל וּבְעֵינֵי כָּל־בֵּית בִּנְיָמִן: וַיָּבֹא
אַבְנֵר אֶל־דָּוִד חֶבְרוֹן וְאִתּוֹ עֶשְׂרִים אֲנָשִׁים וַיַּעַשׂ
21 דָוִד לְאַבְנֵר וְלַאֲנָשִׁים אֲשֶׁר־אִתּוֹ מִשְׁתֶּה: וַיֹּאמֶר
אַבְנֵר אֶל־דָּוִד אָקוּמָה וְאֵלֵכָה וְאֶקְבְּצָה אֶל־אֲדֹנִי
הַמֶּלֶךְ אֶת־כָּל־יִשְׂרָאֵל וְיִכְרְתוּ אִתְּךָ בְּרִית וּמָלַכְתָּ
בְּכֹל אֲשֶׁר־תְּאַוֶּה נַפְשֶׁךָ וַיְשַׁלַּח דָּוִד אֶת־אַבְנֵר
22 וַיֵּלֶךְ בְּשָׁלוֹם: וְהִנֵּה עַבְדֵי דָוִד וְיוֹאָב בָּא
מֵהַגְּדוּד וְשָׁלָל רָב עִמָּם הֵבִיאוּ וְאַבְנֵר אֵינֶנּוּ עִם־
23 דָּוִד בְּחֶבְרוֹן כִּי שִׁלְּחוֹ וַיֵּלֶךְ בְּשָׁלוֹם: וְיוֹאָב וְכָל־
הַצָּבָא אֲשֶׁר־אִתּוֹ בָּאוּ וַיַּגִּדוּ לְיוֹאָב לֵאמֹר בָּא־אַבְנֵר
24 בֶּן־נֵר אֶל־הַמֶּלֶךְ וַיְשַׁלְּחֵהוּ וַיֵּלֶךְ בְּשָׁלוֹם: וַיָּבֹא
יוֹאָב אֶל־הַמֶּלֶךְ וַיֹּאמֶר מֶה עָשִׂיתָה הִנֵּה־בָא אַבְנֵר
25 אֵלֶיךָ לָמָּה־זֶּה שִׁלַּחְתּוֹ וַיֵּלֶךְ הָלוֹךְ: יָדַעְתָּ אֶת־
אַבְנֵר בֶּן־נֵר כִּי לְפַתֹּתְךָ בָּא וְלָדַעַת אֶת־מוֹצָאֲךָ
וְאֶת־מִבוֹאֶךָ וְלָדַעַת אֵת כָּל־אֲשֶׁר אַתָּה עֹשֶׂה:
26 וַיֵּצֵא יוֹאָב מֵעִם דָּוִד וַיִּשְׁלַח מַלְאָכִים אַחֲרֵי אַבְנֵר
27 וַיָּשִׁבוּ אֹתוֹ מִבּוֹר הַסִּרָה וְדָוִד לֹא יָדָע: וַיָּשָׁב
אַבְנֵר חֶבְרוֹן וַיַּטֵּהוּ יוֹאָב אֶל־תּוֹךְ הַשַּׁעַר לְדַבֵּר
אִתּוֹ בַּשֶּׁלִי וַיַּכֵּהוּ שָׁם הַחֹמֶשׁ וַיָּמָת בְּדַם עֲשָׂהאֵל
28 אָחִיו: וַיִּשְׁמַע דָּוִד מֵאַחֲרֵי כֵן וַיֹּאמֶר נָקִי
אָנֹכִי וּמַמְלַכְתִּי מֵעִם יְהוָה עַד־עוֹלָם מִדְּמֵי
29 אַבְנֵר בֶּן־נֵר: יָחֻלוּ עַל־רֹאשׁ יוֹאָב וְאֶל כָּל־בֵּית
אָבִיו וְאַל־יִכָּרֵת מִבֵּית יוֹאָב זָב וּמְצֹרָע וּמַחֲזִיק
30 בַּפֶּלֶךְ וְנֹפֵל בַּחֶרֶב וַחֲסַר־לָחֶם: וְיוֹאָב וַאֲבִישַׁי
אָחִיו הָרְגוּ לְאַבְנֵר עַל אֲשֶׁר הֵמִית אֶת־עֲשָׂהאֵל
31 אֲחִיהֶם בְּגִבְעוֹן בַּמִּלְחָמָה: וַיֹּאמֶר דָּוִד אֶל־יוֹאָב
וְאֶל־כָּל־הָעָם אֲשֶׁר־אִתּוֹ קִרְעוּ בִגְדֵיכֶם וְחִגְרוּ שַׂקִּים
וְסִפְדוּ לִפְנֵי אַבְנֵר וְהַמֶּלֶךְ דָּוִד הֹלֵךְ אַחֲרֵי הַמִּטָּה:
32 וַיִּקְבְּרוּ אֶת־אַבְנֵר בְּחֶבְרוֹן וַיִּשָּׂא הַמֶּלֶךְ אֶת־קוֹלוֹ

33 וַיֵּבְךְּ אֶל־קֶבֶר אַבְנֵר וַיִּבְכּוּ כָּל־הָעָם: וַיְקֹנֵן
הַמֶּלֶךְ אֶל־אַבְנֵר וַיֹּאמַר הַכְּמוֹת נָבָל יָמוּת אַבְנֵר:
34 יָדְךָ לֹא־אֲסֻרוֹת וְרַגְלֶיךָ לֹא־לִנְחֻשְׁתַּיִם הֻגָּשׁוּ
כִּנְפוֹל לִפְנֵי בְנֵי־עַוְלָה נָפָלְתָּ וַיֹּסִפוּ כָל־הָעָם לִבְכּוֹת
35 עָלָיו: וַיָּבֹא כָל־הָעָם לְהַבְרוֹת אֶת־דָּוִד לֶחֶם
בְּעוֹד הַיּוֹם וַיִּשָּׁבַע דָּוִד לֵאמֹר כֹּה יַעֲשֶׂה־לִּי
אֱלֹהִים וְכֹה יֹסִיף כִּי אִם־לִפְנֵי בוֹא־הַשֶּׁמֶשׁ אֶטְעַם־
36 לֶחֶם אוֹ כָל־מְאוּמָה: וְכָל־הָעָם הִכִּירוּ וַיִּיטַב
בְּעֵינֵיהֶם כְּכֹל אֲשֶׁר עָשָׂה הַמֶּלֶךְ בְּעֵינֵי כָל־הָעָם
37 טוֹב: וַיֵּדְעוּ כָל־הָעָם וְכָל־יִשְׂרָאֵל בַּיּוֹם הַהוּא כִּי
לֹא הָיְתָה מֵהַמֶּלֶךְ לְהָמִית אֶת־אַבְנֵר בֶּן־נֵר:
38 וַיֹּאמֶר הַמֶּלֶךְ אֶל־עֲבָדָיו הֲלוֹא תֵדְעוּ
39 כִּי־שַׂר וְגָדוֹל נָפַל הַיּוֹם הַזֶּה בְּיִשְׂרָאֵל: וְאָנֹכִי
הַיּוֹם רַךְ וּמָשׁוּחַ מֶלֶךְ וְהָאֲנָשִׁים הָאֵלֶּה בְּנֵי צְרוּיָה
קָשִׁים מִמֶּנִּי יְשַׁלֵּם יְהוָה לְעֹשֵׂה הָרָעָה כְּרָעָתוֹ:

CAP. IV. ד

1 וַיִּשְׁמַע בֶּן־שָׁאוּל כִּי מֵת אַבְנֵר בְּחֶבְרוֹן וַיִּרְפּוּ יָדָיו
וְכָל־יִשְׂרָאֵל נִבְהָלוּ: וּשְׁנֵי אֲנָשִׁים שָׂרֵי־גְדוּדִים
2 הָיוּ בֶן־שָׁאוּל שֵׁם הָאֶחָד בַּעֲנָה וְשֵׁם הַשֵּׁנִי רֵכָב
בְּנֵי רִמּוֹן הַבְּאֵרֹתִי מִבְּנֵי בִנְיָמִן כִּי גַּם־בְּאֵרוֹת
3 תֵּחָשֵׁב עַל־בִּנְיָמִן: וַיִּבְרְחוּ הַבְּאֵרֹתִים גִּתָּיְמָה
וַיִּהְיוּ־שָׁם גָּרִים עַד הַיּוֹם הַזֶּה: וְלִיהוֹנָתָן
4 בֶּן־שָׁאוּל בֵּן נְכֵה רַגְלָיִם בֶּן־חָמֵשׁ שָׁנִים הָיָה
בְּבֹא שְׁמֻעַת שָׁאוּל וִיהוֹנָתָן מִיִּזְרְעֶאל וַתִּשָּׂאֵהוּ
אֹמַנְתּוֹ וַתָּנֹס וַיְהִי בְּחָפְזָהּ לָנוּס וַיִּפֹּל וַיִּפָּסֵחַ וּשְׁמוֹ
5 מְפִיבֹשֶׁת: וַיֵּלְכוּ בְּנֵי־רִמּוֹן הַבְּאֵרֹתִי רֵכָב וּבַעֲנָה
וַיָּבֹאוּ כְּחֹם הַיּוֹם אֶל־בֵּית אִישׁ בֹּשֶׁת וְהוּא שֹׁכֵב
6 אֵת מִשְׁכַּב הַצָּהֳרָיִם: וְהֵנָּה בָּאוּ עַד־תּוֹךְ הַבַּיִת
לֹקְחֵי חִטִּים וַיַּכֻּהוּ אֶל־הַחֹמֶשׁ וְרֵכָב וּבַעֲנָה אָחִיו
7 נִמְלָטוּ: וַיָּבֹאוּ הַבַּיִת וְהוּא־שֹׁכֵב עַל־מִטָּתוֹ
בַּחֲדַר מִשְׁכָּבוֹ וַיַּכֻּהוּ וַיְמִתֻהוּ וַיָּסִירוּ אֶת־רֹאשׁוֹ
וַיִּקְחוּ אֶת־רֹאשׁוֹ וַיֵּלְכוּ דֶּרֶךְ הָעֲרָבָה כָּל־הַלָּיְלָה:
8 וַיָּבִאוּ אֶת־רֹאשׁ אִישׁ־בֹּשֶׁת אֶל־דָּוִד חֶבְרוֹן וַיֹּאמְרוּ
אֶל־הַמֶּלֶךְ הִנֵּה־רֹאשׁ אִישׁ־בֹּשֶׁת בֶּן־שָׁאוּל אֹיִבְךָ
אֲשֶׁר בִּקֵּשׁ אֶת־נַפְשֶׁךָ וַיִּתֵּן יְהוָה לַאדֹנִי הַמֶּלֶךְ
9 נְקָמוֹת הַיּוֹם הַזֶּה מִשָּׁאוּל וּמִזַּרְעוֹ: וַיַּעַן דָּוִד
אֶת־רֵכָב וְאֶת־בַּעֲנָה אָחִיו בְּנֵי רִמּוֹן הַבְּאֵרֹתִי
וַיֹּאמֶר לָהֶם חַי־יְהוָה אֲשֶׁר־פָּדָה אֶת־נַפְשִׁי מִכָּל־
10 צָרָה: כִּי הַמַּגִּיד לִי לֵאמֹר הִנֵּה־מֵת שָׁאוּל וְהוּא־
הָיָה כִמְבַשֵּׂר בְּעֵינָיו וָאֹחֲזָה בוֹ וָאֶהְרְגֵהוּ בְּצִקְלָג

for ^a an hundred foreskins of the Philistines.

15 And Ish-bosheth sent, and took her from _her_ husband, _even_ from ^b Phaltiel, the son of Laish.

16 And her husband went with her along ^β weeping behind her to Bahurim.^d Then said Abner unto him, Go, return. And he returned.

17 And Abner had communication with the elders of Israel, saying, Ye sought for David δ in times past _to be_ king over you :

18 Now then do _it :_ for the LORD hath spoken^f of David, saying, By the hand of my servant David I will save my people Israel out of the hand of the Philistines, and out of the hand of all their enemies.

19 And Abner also spake in the ears of Benjamin :^h and Abner went also to speak in the ears of David in Hebron all that seemed good to Israel, and that seemed good to the whole house of Benjamin.

20 So Abner came to David to Hebron, and twenty men with him. And David made Abner, and the men that were with him, a feast.

21 And Abner said unto David, I will arise and go, and ^l will gather all Israel unto my lord the king, that they may make a league with thee, and that thou mayest reign over all ^m that thine heart desireth. And David sent Abner away ; and he went in peace.

22 And, behold, the servants of David and Joab came from _pursuing_ a troop, and brought in a great spoil with them : (but Abner _was_ not with David in Hebron; for he had sent him away, and he was gone in peace.)

23 When Joab and all the host that _was_ with him were come, they told Joab, saying, Abner the son of Ner came to the king, and he hath sent him away, and he is gone in peace.

24 Then Joab came to the king, and said, What hast thou done? behold, Abner came unto thee ; why _is_ it _that_ thou hast sent him away, and he is quite gone?

25 Thou knowest Abner the son of Ner, that he came to deceive thee, and to know thy going ^t out and thy coming in, and to know ^u all that thou doest.

26 And when Joab was come out from David, he sent messengers after Abner, which brought him again from the well of Sirah : but David knew _it_ not.

27 And when Abner was returned to Hebron, Joab took him aside ^w in the gate to speak with him λ quietly, and smote him there under the fifth _rib_, that he died, for the blood of Asahel ^x his brother.

28 And afterward when David heard _it_, he said, I and my kingdom _are_ guiltless before the LORD for ever from the μ blood of Abner the son of Ner :

29 Let it rest^y on the head of Joab, and on all his father's house ; and let there not vfail from the house of Joab one that hath an issue,^z or that is a leper,^b or that leaneth on a staff, or that falleth on the sword, or that lacketh bread.

30 So Joab and Abishai his brother slew Abner, because he had slain their brother Asahel at Gibeon in the battle.

31 And David said to Joab, and to all the people that _were_ with him, ^e Rend your clothes, and gird^f you with sackcloth, and mourn before Abner. And king David _himself_ followed the σ bier.

B. C. 1048.

a 1Sa. 18. 25, 27.
b 1Sa. 25. 44.
Phalti.
c Pr. 18. 7.
Je. 17. 11.
β going and weeping.
d ch. 19. 16.
γ children of iniquity.
e ch. 12. 17.
δ both yesterday and the third day.
f ver. 9.
g Ju. 20. 26.
ζ was good in their eyes.
h 1Ch. 12. 29.
η tender.
i ch. 19. 6, 7.
k 1Ki 2.5 6,33
Ps. 7. 16.
28. 4.
62. 12.
2 Ti. 4. 14.
l ver. 10, 12.
m 1Ki. 11. 37.
n Ezr. 4. 4.
Is. 13. 7.
o Mat. 2. 3.
θ second.
p Jos. 18. 25.
q Ne. 11. 33.
r ch. 9. 3.
s 1Sa.29.1,11.
κ or, Meribbaal.
1 Ch. 8. 34.
9. 40.
t 1 Sa. 29. 6.
u Ge.42.9,12.
v ch. 2. 23.
w ch. 20. 9,10.
1 Ki. 2. 5.
λ or, peaceably.
x ch. 2. 23.
μ bloods.
y 1Ki.2.32,33.
z 1 Sa. 19. 2, 10, 11.
23. 15.
25. 29.
Ps. 63.9,10.
71. 24.
v be cut off.
a Le. 15. 2.
b Le.13.2,&c.
c Ge. 48. 16.
1Sa. 26. 24.
1Ki. 1. 29.
Ps. 31. 7.
34.6,7,17.
d ch. 1.2.16.
e ch. 1.2, 11.
Jos. 7. 6.
π he was in his own eyes as a bringer of.
f Ge. 37. 34.
ρ or, which was the reward I gave him.
σ bed.

---

32 And they buried Abner in Hebron : and the king lifted up his voice, and wept at the grave of Abner; & all the people wept.

33 And the king lamented over Abner, and said, Died Abner as a fool ^c dieth?

34 Thy hands _were_ not bound, nor thy feet put into fetters : as a man falleth before γ wicked men, _so_ fellest thou. And all the people wept again over him.

35 And when all the people came to cause David to eat^e meat while it was yet day, David sware, saying, So do God to me, and more also, if I taste bread, or ought else, till^g the sun be down.

36 And all the people took notice _of it_, and it ζ pleased them : as whatsoever the king did pleased all the people.

37 For all the people and all Israel understood that day, that it was not of the king to slay Abner the son of Ner.

38 And the king said unto his servants, Know ye not that there is a prince and a great man fallen this day in Israel?

39 And I _am_ this day η weak, though anointed king ; and these men the sons of Zeruiah _be_ too hard ⁱ for me : the ^k LORD shall reward the doer of evil according to his wickedness.

CHAP. IV.

AND when Saul's son heard that Abner was dead in Hebron, his hands ⁿ were feeble, and all the Israelites were troubled.^o

2 And Saul's son had two men _that were_ captains of bands ; the name of the one _was_ Baanah, and the name of the θother Rechab, the sons of Rimmon a Beerothite, of the children of Benjamin : (for Beeroth^p also was reckoned to Benjamin :

3 And the Beerothites fled to Gittaim,^q and were sojourners there until this day.)

4 And Jonathan, Saul's son, had a ^r son _that was_ lame of _his_ feet. He was five years old when the tidings came of Saul and Jonathan out of Jezreel,^s and his nurse took him up, and fled : and it came to pass, as she made haste to flee, that he fell, and became lame. And his name _was_ κ Mephibosheth.

5 And the sons of Rimmon the Beerothite, Rechab and Baanah, went, and came about the heat of the day to the house of Ish-bosheth, who lay on a bed at noon :

6 And they came thither into the midst of the house, _as though_ they would have fetched wheat ; and they smote him under ^v the fifth _rib :_ and Rechab and Baanah his brother escaped.

7 For when they came into the house, he lay on his bed in his bedchamber ; and they smote him, and slew him, and beheaded him, and took his head, and gat them away through the plain all night.

8 And they brought the head of Ish-bosheth unto David to Hebron, and said to the king, Behold the head of Ish-bosheth, the son of Saul thine enemy, which^z sought thy life; and the LORD hath avenged my lord the king this day of Saul, and of his seed.

9 And David answered Rechab and Baanah his brother, the sons of Rimmon the Beerothite, and said unto them, _As_ the LORD liveth, who^c hath redeemed my soul out of all adversity,

10 When^d one told me, saying, Behold Saul is dead, (thinking to have brought good tidings,) I took hold of him, and slew him in Ziklag, ρ who _thought_ that I would have given him a reward for his tidings;

11 אֲשֶׁר לָתִתִּי לוֹ בְּטוֹבָה: אַף כִּי־אֲנָשִׁים רְשָׁעִים
הָרְגוּ אֶת־אִישׁ־צַדִּיק בְּבֵיתוֹ עַל־מִשְׁכָּבוֹ וְעַתָּה
הֲלוֹא אֲבַקֵּשׁ אֶת־דָּמוֹ מִיֶּדְכֶם וּבִעַרְתִּי אֶתְכֶם
12 מִן־הָאָרֶץ: וַיְצַו דָּוִד אֶת־הַנְּעָרִים וַיַּהַרְגוּם
וַיְקַצְּצוּ אֶת־יְדֵיהֶם וְאֶת־רַגְלֵיהֶם וַיִּתְלוּ עַל־הַבְּרֵכָה
בְּחֶבְרוֹן וְאֵת רֹאשׁ אִישׁ־בֹּשֶׁת לָקָחוּ וַיִּקְבְּרוּ בְקֶבֶר־
אַבְנֵר בְּחֶבְרוֹן:

CAP. V. ה

1 וַיָּבֹאוּ כָּל־שִׁבְטֵי יִשְׂרָאֵל אֶל־דָּוִד חֶבְרוֹנָה וַיֹּאמְרוּ
2 לֵאמֹר הִנֶּנּוּ עַצְמְךָ וּבְשָׂרְךָ אֲנָחְנוּ: גַּם־אֶתְמוֹל
גַּם־שִׁלְשׁוֹם בִּהְיוֹת שָׁאוּל מֶלֶךְ עָלֵינוּ אַתָּה
הָיִיתָה מוֹצִיא וְהַמֵּבִיא אֶת־יִשְׂרָאֵל
וַיֹּאמֶר יְהוָה לְךָ אַתָּה תִרְעֶה אֶת־עַמִּי אֶת־
3 יִשְׂרָאֵל וְאַתָּה תִּהְיֶה לְנָגִיד עַל־יִשְׂרָאֵל: וַיָּבֹאוּ
כָּל־זִקְנֵי יִשְׂרָאֵל אֶל־הַמֶּלֶךְ חֶבְרוֹנָה וַיִּכְרֹת לָהֶם
הַמֶּלֶךְ דָּוִד בְּרִית בְּחֶבְרוֹן לִפְנֵי יְהוָה וַיִּמְשְׁחוּ
4 אֶת־דָּוִד לְמֶלֶךְ עַל־יִשְׂרָאֵל: בֶּן־שְׁלֹשִׁים שָׁנָה
5 דָּוִד בְּמָלְכוֹ אַרְבָּעִים שָׁנָה מָלָךְ: בְּחֶבְרוֹן מָלַךְ
עַל־יְהוּדָה שֶׁבַע שָׁנִים וְשִׁשָּׁה חֳדָשִׁים וּבִירוּשָׁלַ͏ִם
מָלַךְ שְׁלֹשִׁים וְשָׁלֹשׁ שָׁנָה עַל כָּל־יִשְׂרָאֵל וִיהוּדָה:
6 וַיֵּלֶךְ הַמֶּלֶךְ וַאֲנָשָׁיו יְרוּשָׁלַ͏ִם אֶל־הַיְבֻסִי יוֹשֵׁב
הָאָרֶץ וַיֹּאמֶר לְדָוִד לֵאמֹר לֹא־תָבוֹא הֵנָּה כִּי אִם־
הֱסִירְךָ הָעִוְרִים וְהַפִּסְחִים לֵאמֹר לֹא־יָבוֹא דָוִד
7 הֵנָּה: וַיִּלְכֹּד דָּוִד אֵת מְצֻדַת צִיּוֹן הִיא עִיר דָּוִד:
8 וַיֹּאמֶר דָּוִד בַּיּוֹם הַהוּא כָּל־מַכֵּה יְבֻסִי וְיִגַּע בַּצִּנּוֹר
וְאֶת־הַפִּסְחִים וְאֶת־הָעִוְרִים שְׂנֻאֵי נֶפֶשׁ דָּוִד עַל־
9 כֵּן יֹאמְרוּ עִוֵּר וּפִסֵּחַ לֹא יָבוֹא אֶל־הַבָּיִת: וַיֵּשֶׁב
דָּוִד בַּמְּצֻדָה וַיִּקְרָא־לָהּ עִיר דָּוִד וַיִּבֶן דָּוִד סָבִיב
10 מִן־הַמִּלּוֹא וָבָיְתָה: וַיֵּלֶךְ דָּוִד הָלוֹךְ וְגָדוֹל וַיהוָה
11 אֱלֹהֵי צְבָאוֹת עִמּוֹ: וַיִּשְׁלַח חִירָם מֶלֶךְ־
צֹר מַלְאָכִים אֶל־דָּוִד וַעֲצֵי אֲרָזִים וְחָרָשֵׁי עֵץ
12 וְחָרָשֵׁי אֶבֶן קִיר וַיִּבְנוּ־בַיִת לְדָוִד: וַיֵּדַע דָּוִד כִּי־
הֱכִינוֹ יְהוָה לְמֶלֶךְ עַל־יִשְׂרָאֵל וְכִי נִשֵּׂא מַמְלַכְתּוֹ
13 בַּעֲבוּר עַמּוֹ יִשְׂרָאֵל: וַיִּקַּח
דָּוִד עוֹד פִּלַגְשִׁים וְנָשִׁים מִירוּשָׁלַ͏ִם אַחֲרֵי בֹּאוֹ
14 מֵחֶבְרוֹן וַיִּוָּלְדוּ עוֹד לְדָוִד בָּנִים וּבָנוֹת: וְאֵלֶּה
שְׁמוֹת הַיִּלֹּדִים לוֹ בִּירוּשָׁלָ͏ִם שַׁמּוּעַ וְשׁוֹבָב וְנָתָן
15 וּשְׁלֹמֹה: וְיִבְחָר וֶאֱלִישׁוּעַ וְנֶפֶג וְיָפִיעַ: וֶאֱלִישָׁמָע
17 וְאֶלְיָדָע וֶאֱלִיפָלֶט: וַיִּשְׁמְעוּ פְלִשְׁתִּים כִּי־
מָשְׁחוּ אֶת־דָּוִד לְמֶלֶךְ עַל־יִשְׂרָאֵל וַיַּעֲלוּ כָל־
פְלִשְׁתִּים לְבַקֵּשׁ אֶת־דָּוִד וַיִּשְׁמַע דָּוִד וַיֵּרֶד אֶל־

18 הַמְּצוּדָה: וּפְלִשְׁתִּים בָּאוּ וַיִּנָּטְשׁוּ בְּעֵמֶק רְפָאִים:
19 וַיִּשְׁאַל דָּוִד בַּיהוָה לֵאמֹר הַאֶעֱלֶה אֶל־פְּלִשְׁתִּים
הֲתִתְּנֵם בְּיָדִי ס וַיֹּאמֶר יְהוָה אֶל־דָּוִד
20 עֲלֵה כִּי־נָתֹן אֶתֵּן אֶת־הַפְּלִשְׁתִּים בְּיָדֶךָ: וַיָּבֹא
דָוִד בְּבַעַל־פְּרָצִים וַיַּכֵּם שָׁם דָּוִד וַיֹּאמֶר פָּרַץ יְהוָה
אֶת־אֹיְבַי לְפָנַי כְּפֶרֶץ מָיִם עַל־כֵּן קָרָא שֵׁם־הַמָּקוֹם
21 הַהוּא בַּעַל פְּרָצִים: וַיַּעַזְבוּ־שָׁם אֶת־עֲצַבֵּיהֶם
22 וַיִּשָּׂאֵם דָּוִד וַאֲנָשָׁיו: וַיֹּסִפוּ עוֹד פְּלִשְׁתִּים
23 לַעֲלוֹת וַיִּנָּטְשׁוּ בְּעֵמֶק רְפָאִים: וַיִּשְׁאַל דָּוִד בַּיהוָה
וַיֹּאמֶר לֹא תַעֲלֶה הָסֵב אֶל־אַחֲרֵיהֶם וּבָאתָ לָהֶם
24 מִמּוּל בְּכָאִים: וִיהִי בְּשָׁמְעֲךָ אֶת־קוֹל צְעָדָה
בְּרָאשֵׁי הַבְּכָאִים אָז תֶּחֱרָץ כִּי אָז יָצָא יְהוָה לְפָנֶיךָ
25 לְהַכּוֹת בְּמַחֲנֵה פְלִשְׁתִּים: וַיַּעַשׂ דָּוִד כֵּן כַּאֲשֶׁר
צִוָּהוּ יְהוָה וַיַּךְ אֶת־פְּלִשְׁתִּים מִגֶּבַע עַד־בֹּאֲךָ גָזֶר:

CAP. VI. ו

1 וַיֹּסֶף עוֹד דָּוִד אֶת־כָּל־בָּחוּר בְּיִשְׂרָאֵל שְׁלֹשִׁים אָלֶף:
2 וַיָּקָם וַיֵּלֶךְ דָּוִד וְכָל־הָעָם אֲשֶׁר אִתּוֹ מִבַּעֲלֵי
יְהוּדָה לְהַעֲלוֹת מִשָּׁם אֵת אֲרוֹן הָאֱלֹהִים אֲשֶׁר
נִקְרָא שֵׁם שֵׁם יְהוָה צְבָאוֹת יֹשֵׁב הַכְּרֻבִים עָלָיו:
3 וַיַּרְכִּבוּ אֶת־אֲרוֹן הָאֱלֹהִים אֶל־עֲגָלָה חֲדָשָׁה
וַיִּשָּׂאֻהוּ מִבֵּית אֲבִינָדָב אֲשֶׁר בַּגִּבְעָה וְעֻזָּא וְאַחְיוֹ
4 בְּנֵי אֲבִינָדָב נֹהֲגִים אֶת־הָעֲגָלָה חֲדָשָׁה: וַיִּשָּׂאֻהוּ
מִבֵּית אֲבִינָדָב אֲשֶׁר בַּגִּבְעָה עִם אֲרוֹן הָאֱלֹהִים
5 וְאַחְיוֹ הֹלֵךְ לִפְנֵי הָאָרוֹן: וְדָוִד וְכָל־בֵּית יִשְׂרָאֵל
מְשַׂחֲקִים לִפְנֵי יְהוָה בְּכֹל עֲצֵי בְרוֹשִׁים וּבְכִנֹּרוֹת
6 וּבִנְבָלִים וּבְתֻפִּים וּבִמְנַעַנְעִים וּבְצֶלְצֶלִים: וַיָּבֹאוּ
עַד־גֹּרֶן נָכוֹן וַיִּשְׁלַח עֻזָּא אֶל־אֲרוֹן הָאֱלֹהִים וַיֹּאחֶז
7 בּוֹ כִּי שָׁמְטוּ הַבָּקָר: וַיִּחַר־אַף יְהוָה בְּעֻזָּה וַיַּכֵּהוּ
שָׁם הָאֱלֹהִים עַל־הַשַּׁל וַיָּמָת שָׁם עִם אֲרוֹן
8 הָאֱלֹהִים: וַיִּחַר לְדָוִד עַל אֲשֶׁר פָּרַץ יְהוָה פֶּרֶץ
בְּעֻזָּה וַיִּקְרָא לַמָּקוֹם הַהוּא פֶּרֶץ עֻזָּה עַד הַיּוֹם
9 הַזֶּה: וַיִּרָא דָוִד אֶת־יְהוָה בַּיּוֹם הַהוּא וַיֹּאמֶר
10 אֵיךְ יָבוֹא אֵלַי אֲרוֹן יְהוָה: וְלֹא־אָבָה דָוִד לְהָסִיר
אֵלָיו אֶת־אֲרוֹן יְהוָה עַל־עִיר דָּוִד וַיַּטֵּהוּ דָוִד בֵּית
11 עֹבֵד־אֱדוֹם הַגִּתִּי: וַיֵּשֶׁב אֲרוֹן יְהוָה בֵּית עֹבֵד אֱדֹם
הַגִּתִּי שְׁלֹשָׁה חֳדָשִׁים וַיְבָרֶךְ יְהוָה אֶת־עֹבֵד אֱדֹם
12 וְאֶת־כָּל־בֵּיתוֹ: וַיֻּגַּד לַמֶּלֶךְ דָּוִד לֵאמֹר בֵּרַךְ יְהוָה
אֶת־בֵּית עֹבֵד אֱדֹם וְאֶת־כָּל־אֲשֶׁר־לוֹ בַּעֲבוּר אֲרוֹן
13 הָאֱלֹהִים וַיֵּלֶךְ דָּוִד וַיַּעַל אֶת־אֲרוֹן הָאֱלֹהִים מִבֵּית
עֹבֵד אֱדֹם עִיר דָּוִד בְּשִׂמְחָה: וַיְהִי כִּי צָעֲדוּ נֹשְׂאֵי

11 How much more, when wicked men have slain a righteous person in his own house upon his bed? shall I not therefore now require [a] his blood of your hand, and take you away from the earth?

12 And [b] David commanded his young men, and they slew them, and cut off their hands and their feet, and hanged *them* up over the pool in Hebron. But they took the head of Ish-bosheth, and buried *it* in the sepulchre [c] of Abner in Hebron.

CHAP. V.

THEN [d] came all the tribes of Israel to David unto Hebron, and spake, saying, Behold, we [e] *are* thy bone and thy flesh.

2 Also in time past, when Saul was king over us, thou [f] wast he that leddest out and broughtest in Israel: and the LORD said to thee, Thou shalt feed [g] my people Israel, and thou shalt be a captain [h] over Israel.

3 So all the elders of Israel came to the king to Hebron; and king David made a league [i] with them in Hebron before the LORD: and they anointed David king over Israel.

4 David *was* thirty years old when he began to reign, *and* he reigned [j] forty years.

5 In Hebron he reigned over Judah seven years and six months; and in Jerusalem he reigned thirty and three years over all Israel and Judah.

6 And the king and his men went to Jerusalem [l] unto the Jebusites, the inhabitants of the land; which spake unto David, saying, Except thou take away the blind and the lame, thou shalt not come in hither: [η] thinking, David cannot come in hither.

7 Nevertheless David took y[e] strong hold of Zion: the same [m] *is* the city of David.

8 And David said on that day, Whosoever getteth up to the gutter, and smiteth the Jebusites, and the lame and the blind, *that are* hated of David's soul, *he shall be chief and captain.* [λ] Wherefore they said, The blind and the lame shall not come into the house.

9 So David dwelt in the fort, and called it the city of David. And David built round about, from Millo and inward.

10 And David went [ν]on, and grew great; and the LORD God of hosts *was* with him.

11 And Hiram [n] king of Tyre sent messengers to David, and cedar-trees, and carpenters, and [π] masons; and they built David an house.

12 And David perceived that the LORD had established him king over Israel, and that he had exalted his kingdom for his people Israel's sake.

13 And David took *him* more [q] concubines and wives out of Jerusalem, after he was come from Hebron; and there were yet sons and daughters born to David.

14 And these *be* the names of those that were born unto him in Jerusalem; [χ]Shammuah, & Shobab, and Nathan, & Solomon,

15 Ibhar also, and [ψ] Elishua, and Nepheg, and Japhia,

16 And Elishama, and [ω] Eliada, and Eliphalet.

17 But, when the Philistines heard that they had anointed David king over Israel, all the Philistines came up to seek David; and David heard *of it,* and went down to the hold. [s]

18 The [t] Philistines also came, and spread themselves in the valley [u] of Rephaim.

19 And David inquired [w] of the LORD, saying, Shall I go up to the Philistines? wilt thou deliver them into mine hand?

B. C. 1048.

a Ge. 9. 5, 6.
b ch. 1. 15.
β i. e. the *plain of breaches.*
c ch. 3. 32.
γ or, *took them away.*
d 1 Ch. 11. 1.
e Ju. 9. 2.
f 1 Sa. 18. 13.
g Ps. 78. 70. 72
h Is. 55. 4.
i 2 Ki. 11. 17.
  Ne. 9. 38.
j 1 Ch. 29. 27.
k 1 Ch. 14. 16.
  Gibeon.
l Jos. 15. 63.
δ or, *Baalah,* i.e. *Kirjath-jearim.* Jos. 15. 9, 60.
ζ *at which the name, even the name of the LORD of hosts, was called upon.*
η or, *saying, David shall not.*
θ *made to ride.*
m 1 Ki. 8. 1.
κ or, *the hill.*
λ or, *because they had said, even the blind and the lame, he shall not come into the house.*
μ *with.*
ν *going and growing.*
n 1 Ki. 5. 1.
o 1 Ch. 13. 9.
  Chidon.
p Nu. 4. 15.
π *hewers of the stone of the wall.*
ρ or, *stumbled.*
σ or, *rashness.*
q De. 17. 17.
  1 Ch. 14. 3.
τ *broken.*
φ that is, the *breach of Uzzah.*
r Ps. 119. 120.
χ or, *Shimea.*
  1 Ch. 3. 5.
ψ or, *Elishama.*
  1 Ch. 3. 6.
ω or, *Beeliada.*
  1 Ch. 14. 7.
s ch. 23. 14.
t 1 Ch. 11. 15.
u Jos. 15. 8.
v Mat. 10. 42.
w Ja. 4. 15.

And the LORD said unto David, Go up; for I will doubtless deliver the Philistines into thine hand.

20 And David came to Baal-perazim, and David smote them there, and said, The LORD hath broken forth upon mine enemies before me, as the breach of waters. Therefore he called the name of that place [β] Baal-perazim.

21 And there they left their images, and David and his men [γ] burned them.

22 And the Philistines came up yet again, and spread themselves in the valley of Rephaim.

23 And when David inquired of the LORD, he said, Thou shalt not go up; *but* fetch a compass behind them, and come upon them over against the mulberry-trees.

24 And let it be, when thou hearest the sound of a going in the tops of the mulberry-trees, that then thou shalt bestir thyself: for then shall the LORD go out before thee, to smite the host of the Philistines.

25 And David did so, as the LORD had commanded him; & smote the Philistines from Geba [k] until thou come to Gazer.

CHAP. VI.

AGAIN, David gathered together all the chosen *men* of Israel, thirty thousand.

2 And David arose, and went with all the people that *were* with him from [δ] Baale of Judah, to bring up from thence the ark of God, [ζ] whose name is called by the name of the LORD of hosts, that dwelleth *between* the cherubims.

3 And they [θ] set the ark of God upon a new cart, and brought it out of the house of Abinadab that *was* in [κ] Gibeah: and Uzzah and Ahio, the sons of Abinadab, drave the new cart.

4 And they brought it out of the house of Abinadab, which *was* at Gibeah, [μ] accompanying the ark of God: and Ahio went before the ark.

5 And David, and all the house of Israel, played before the LORD on all manner of *instruments made of* fir-wood, even on harps, and on psalteries, and on timbrels, and on cornets, and on cymbals.

6 And when they came to [o] Nachon s threshing-floor, Uzzah put forth [p] *his hand* to the ark of God, and took hold of it: for the oxen [ρ] shook *it.*

7 And the anger of the LORD was kindled against Uzzah, & God smote him there for *his* [σ]error; & there he died by y[e]ark of God.

8 And David was displeased, because the LORD had [τ] made a breach upon Uzzah: and he called the name of the place [φ] Perez-uzzah to this day.

9 And David was afraid [r] of the LORD that day, and said, How shall the ark of the LORD come to me?

10 So David would not remove the ark of the LORD unto him into the city of David; but David carried it aside into the house of Obed-edom the Gittite.

11 And the ark of the LORD continued in the house of Obed-edom the Gittite three months: and the LORD blessed Obed-edom, and all his household.

12 And it was told king David, saying, The LORD hath blessed the house of Obed-edom, and all that *pertaineth* unto him, because [v] of the ark of God. So David went and brought up the ark of God from the house of Obed-edom into the city of David with gladness.

14 וְדָוִד מְכַרְכֵּר בְּכָל־עֹז לִפְנֵי יְהוָֹה וְדָוִד חָגוּר אֵפוֹד בָּד׃
15 וְדָוִד וְכָל־בֵּית יִשְׂרָאֵל מַעֲלִים אֶת־אֲרוֹן יְהוָה
16 בִּתְרוּעָה וּבְקוֹל שׁוֹפָר׃ וְהָיָה אֲרוֹן יְהוָה בָּא עִיר דָּוִד וּמִיכַל בַּת־שָׁאוּל נִשְׁקְפָה ׀ בְּעַד הַחַלּוֹן וַתֵּרֶא אֶת־הַמֶּלֶךְ דָּוִד מְפַזֵּז וּמְכַרְכֵּר לִפְנֵי יְהוָה וַתִּבֶז לוֹ
17 בְּלִבָּהּ׃ וַיָּבִאוּ אֶת־אֲרוֹן יְהוָה וַיַּצִּגוּ אֹתוֹ בִּמְקוֹמוֹ בְּתוֹךְ הָאֹהֶל אֲשֶׁר נָטָה־לוֹ דָּוִד וַיַּעַל דָּוִד עֹלוֹת
18 לִפְנֵי יְהוָה וּשְׁלָמִים׃ וַיְכַל דָּוִד מֵהַעֲלוֹת הָעוֹלָה וְהַשְּׁלָמִים וַיְבָרֶךְ אֶת־הָעָם בְּשֵׁם יְהוָה צְבָאוֹת׃
19 וַיְחַלֵּק לְכָל־הָעָם לְכָל־הֲמוֹן יִשְׂרָאֵל לְמֵאִישׁ וְעַד־אִשָּׁה לְאִישׁ חַלַּת לֶחֶם אַחַת וְאֶשְׁפָּר אֶחָד וַאֲשִׁישָׁה אֶחָת וַיֵּלֶךְ כָּל־הָעָם אִישׁ לְבֵיתוֹ׃
20 וַיָּשָׁב דָּוִד לְבָרֵךְ אֶת־בֵּיתוֹ ס וַתֵּצֵא מִיכַל בַּת־שָׁאוּל לִקְרַאת דָּוִד וַתֹּאמֶר מַה־נִּכְבַּד הַיּוֹם מֶלֶךְ יִשְׂרָאֵל אֲשֶׁר נִגְלָה הַיּוֹם לְעֵינֵי אַמְהוֹת עֲבָדָיו
21 כְּהִגָּלוֹת נִגְלוֹת אַחַד הָרֵקִים׃ וַיֹּאמֶר דָּוִד אֶל־מִיכַל לִפְנֵי יְהוָה אֲשֶׁר בָּחַר־בִּי מֵאָבִיךְ וּמִכָּל־בֵּיתוֹ לְצַוֺּת אֹתִי נָגִיד עַל־עַם יְהוָה עַל־יִשְׂרָאֵל וְשִׂחַקְתִּי
22 לִפְנֵי יְהוָה׃ וּנְקַלֹּתִי עוֹד מִזֹּאת וְהָיִיתִי שָׁפָל בְּעֵינָי וְעִם־הָאֲמָהוֹת אֲשֶׁר אָמַרְתְּ עִמָּם אִכָּבֵדָה׃
23 וּלְמִיכַל בַּת־שָׁאוּל לֹא־הָיָה לָהּ יָלֶד עַד יוֹם מוֹתָהּ׃

CAP. VII. ז

1 וַיְהִי כִּי־יָשַׁב הַמֶּלֶךְ בְּבֵיתוֹ וַיהוָה הֵנִיחַ־לוֹ מִסָּבִיב
2 מִכָּל־אֹיְבָיו׃ וַיֹּאמֶר הַמֶּלֶךְ אֶל־נָתָן הַנָּבִיא רְאֵה נָא אָנֹכִי יוֹשֵׁב בְּבֵית אֲרָזִים וַאֲרוֹן הָאֱלֹהִים יֹשֵׁב
3 בְּתוֹךְ הַיְרִיעָה׃ וַיֹּאמֶר נָתָן אֶל־הַמֶּלֶךְ כֹּל אֲשֶׁר
4 בִּלְבָבְךָ לֵךְ עֲשֵׂה כִּי יְהוָה עִמָּךְ׃ וַיְהִי בַּלַּיְלָה הַהוּא ס וַיְהִי דְּבַר־יְהוָה אֶל־נָתָן לֵאמֹר׃
5 לֵךְ וְאָמַרְתָּ אֶל־עַבְדִּי אֶל־דָּוִד כֹּה אָמַר יְהוָה
6 הַאַתָּה תִּבְנֶה־לִּי בַיִת לְשִׁבְתִּי׃ כִּי לֹא יָשַׁבְתִּי בְּבַיִת לְמִיּוֹם הַעֲלֹתִי אֶת־בְּנֵי יִשְׂרָאֵל מִמִּצְרַיִם וְעַד הַיּוֹם
7 הַזֶּה וָאֶהְיֶה מִתְהַלֵּךְ בְּאֹהֶל וּבְמִשְׁכָּן׃ בְּכֹל אֲשֶׁר־הִתְהַלַּכְתִּי בְּכָל־בְּנֵי יִשְׂרָאֵל הֲדָבָר דִּבַּרְתִּי אֶת־אַחַד שִׁבְטֵי יִשְׂרָאֵל אֲשֶׁר צִוִּיתִי לִרְעוֹת אֶת־עַמִּי אֶת־יִשְׂרָאֵל לֵאמֹר לָמָּה לֹא־בְנִיתֶם לִי בֵּית אֲרָזִים׃
8 וְעַתָּה כֹּה־תֹאמַר לְעַבְדִּי לְדָוִד כֹּה אָמַר יְהוָה צְבָאוֹת אֲנִי לְקַחְתִּיךָ מִן־הַנָּוֶה מֵאַחַר הַצֹּאן

9 לִהְיוֹת נָגִיד עַל־עַמִּי עַל־יִשְׂרָאֵל וָאֶהְיֶה עִמְּךָ בְּכֹל אֲשֶׁר הָלַכְתָּ וָאַכְרִתָה אֶת־כָּל־אֹיְבֶיךָ מִפָּנֶיךָ וְעָשִׂתִי לְךָ שֵׁם גָּדוֹל כְּשֵׁם הַגְּדֹלִים אֲשֶׁר בָּאָרֶץ׃
10 וְשַׂמְתִּי מָקוֹם לְעַמִּי לְיִשְׂרָאֵל וּנְטַעְתִּיו וְשָׁכַן תַּחְתָּיו וְלֹא יִרְגַּז עוֹד וְלֹא־יֹסִיפוּ בְנֵי־עַוְלָה לְעַנּוֹתוֹ
11 כַּאֲשֶׁר בָּרִאשׁוֹנָה׃ וּלְמִן־הַיּוֹם אֲשֶׁר צִוִּיתִי שֹׁפְטִים עַל־עַמִּי יִשְׂרָאֵל וַהֲנִיחֹתִי לְךָ מִכָּל־אֹיְבֶיךָ וְהִגִּיד לְךָ יְהוָה כִּי־בַיִת יַעֲשֶׂה־לְּךָ יְהוָה׃
12 כִּי ׀ יִמְלְאוּ יָמֶיךָ וְשָׁכַבְתָּ אֶת־אֲבֹתֶיךָ וַהֲקִימֹתִי אֶת־זַרְעֲךָ אַחֲרֶיךָ אֲשֶׁר יֵצֵא מִמֵּעֶיךָ וַהֲכִינֹתִי אֶת־מַמְלַכְתּוֹ׃
13 הוּא יִבְנֶה־בַּיִת לִשְׁמִי וְכֹנַנְתִּי אֶת־כִּסֵּא מַמְלַכְתּוֹ עַד־עוֹלָם׃
14 אֲנִי אֶהְיֶה־לּוֹ לְאָב וְהוּא יִהְיֶה־לִּי לְבֵן אֲשֶׁר בְּהַעֲוֺתוֹ וְהֹכַחְתִּיו בְּשֵׁבֶט
15 אֲנָשִׁים וּבְנִגְעֵי בְּנֵי אָדָם׃ וְחַסְדִּי לֹא־יָסוּר מִמֶּנּוּ כַּאֲשֶׁר הֲסִרֹתִי מֵעִם שָׁאוּל אֲשֶׁר הֲסִרֹתִי מִלְּפָנֶיךָ׃
16 וְנֶאְמַן בֵּיתְךָ וּמַמְלַכְתְּךָ עַד־עוֹלָם לְפָנֶיךָ
17 כִּסְאֲךָ יִהְיֶה נָכוֹן עַד־עוֹלָם׃ כְּכֹל הַדְּבָרִים הָאֵלֶּה וּכְכֹל הַחִזָּיוֹן הַזֶּה כֵּן דִּבֶּר נָתָן אֶל־דָּוִד׃
18 וַיָּבֹא הַמֶּלֶךְ דָּוִד וַיֵּשֶׁב לִפְנֵי יְהוָה וַיֹּאמֶר מִי אָנֹכִי
19 אֲדֹנָי יְהוִה וּמִי בֵיתִי כִּי הֲבִיאֹתַנִי עַד־הֲלֹם׃ וַתִּקְטַן עוֹד זֹאת בְּעֵינֶיךָ אֲדֹנָי יְהוִה וַתְּדַבֵּר גַּם אֶל־בֵּית־עַבְדְּךָ לְמֵרָחוֹק וְזֹאת תּוֹרַת הָאָדָם אֲדֹנָי יְהוִה׃
20 וּמַה־יּוֹסִיף דָּוִד עוֹד לְדַבֵּר אֵלֶיךָ וְאַתָּה יָדַעְתָּ אֶת־עַבְדְּךָ אֲדֹנָי יְהוִה׃
21 בַּעֲבוּר דְּבָרְךָ וּכְלִבְּךָ עָשִׂיתָ אֵת כָּל־הַגְּדוּלָּה הַזֹּאת לְהוֹדִיעַ אֶת־עַבְדֶּךָ׃
22 עַל־כֵּן גָּדַלְתָּ אֲדֹנָי יְהוִה כִּי־אֵין כָּמוֹךָ וְאֵין אֱלֹהִים זוּלָתֶךָ בְּכֹל אֲשֶׁר־שָׁמַעְנוּ בְּאָזְנֵינוּ׃
23 וּמִי כְעַמְּךָ כְּיִשְׂרָאֵל גּוֹי אֶחָד בָּאָרֶץ אֲשֶׁר הָלְכוּ־אֱלֹהִים לִפְדּוֹת־לוֹ לְעָם וְלָשׂוּם לוֹ שֵׁם וְלַעֲשׂוֹת לָכֶם הַגְּדוּלָּה וְנֹרָאוֹת לְאַרְצֶךָ מִפְּנֵי עַמְּךָ אֲשֶׁר פָּדִיתָ לְּךָ מִמִּצְרַיִם גּוֹיִם וֵאלֹהָיו׃
24 וַתְּכוֹנֵן לְךָ אֶת־עַמְּךָ יִשְׂרָאֵל ׀ לְךָ לְעָם עַד־עוֹלָם וְאַתָּה יְהוָה הָיִיתָ לָהֶם לֵאלֹהִים׃
25 וְעַתָּה יְהוָה אֱלֹהִים הַדָּבָר אֲשֶׁר דִּבַּרְתָּ עַל־עַבְדְּךָ וְעַל־בֵּיתוֹ הָקֵם עַד־עוֹלָם וַעֲשֵׂה כַּאֲשֶׁר דִּבַּרְתָּ׃
26 וְיִגְדַּל שִׁמְךָ עַד־עוֹלָם לֵאמֹר יְהוָה צְבָאוֹת אֱלֹהִים עַל־יִשְׂרָאֵל וּבֵית עַבְדְּךָ דָוִד
27 יִהְיֶה נָכוֹן לְפָנֶיךָ׃ כִּי־אַתָּה יְהוָה צְבָאוֹת אֱלֹהֵי יִשְׂרָאֵל גָּלִיתָה אֶת־אֹזֶן עַבְדְּךָ לֵאמֹר בַּיִת אֶבְנֶה־

13 And it was *so*, that when they that bare*ᵃ* the ark of the LORD had gone six paces, he sacrificed oxen and fatlings.

14 And David danced*ᵇ* before the LORD with all *his* might; and David *was* girded*ᶜ* with a linen ephod.

15 So*ᶠ* David and all the house of Israel brought up the ark of y*ᵉ* LORD with shouting,*ʰ* and with the sound of the trumpet.

16 And as the ark of the LORD came into the city of David, Michal, Saul's daughter, looked through a window, and saw king David leaping and dancing before the LORD; and she despised him in her heart.

17 And*ˡ* they brought in the ark of the LORD, and set it in his place, in the midst of the tabernacle that David had *δ* pitched for it: and David offered*ᵐ* burnt-offerings and peace-offerings before the LORD.

18 And as soon as David had made an end of offering burnt-offerings and peace-offerings, he blessed*ᵒ* the people in the name of the LORD of hosts.

19 And*�q* he dealt among all the people, *even* among the whole multitude of Israel, as well to the women as men, to every one a cake of bread, and a good piece *of flesh*, and a flagon *of wine*. So all the people departed every one to his house.

20 Then David returned to bless*ˢ* his household. And Michal, the daughter of Saul, came out to meet David, and said, How glorious was the king of Israel to-day, who*ᵘ* uncovered himself to-day in the eyes of the handmaids of his servants, as one of the vain fellows *ζ* shamelessly uncovereth himself!

21 And David said unto Michal, *It was* before the LORD, which*ʷ* chose me before thy father, and before all his house, to appoint me ruler over the people of the LORD, over Israel; therefore will I play before the LORD.

22 And I will yet be more vile than thus, & will be base in mine own sight: and *η* of the maid-servants which thou hast spoken of, of them shall I be had in honour.

23 Therefore Michal, y*ᵉ* daughter of Saul, had no child unto *y* the day of her death.

CHAP. VII.

AND it came to pass, when*ˣ* the king sat in his house, and the LORD had given*ᵃ* him rest round about from all his enemies;

2 That the king said unto Nathan the prophet, See now, I dwell in an house of cedar,*ᶜ* but the ark of God dwelleth within curtains.*ᵈ*

3 And Nathan said to the king, Go, do all that *is* in thine heart; for the LORD *is* with thee.

4 And it came to pass that night, that the word of the LORD came unto Nathan, saying,

5 Go and tell *κ* my servant David, Thus saith the LORD, Shalt thou*ʰ* build me an house for me to dwell in?

6 Whereas I have not dwelt in *any* house, since the time that I brought up the children of Israel out of Egypt, even to this day, but have walked in a tent and in a tabernacle.

7 In all *the places* wherein I have walked*ˡ* with all the children of Israel, spake I a word with any of the *λ* tribes of Israel, whom I commanded to*ᵐ* feed my people Israel, saying, Why build ye not me an house of cedar?

8 Now therefore so shalt thou say unto my servant David, Thus saith the LORD

B. C. 1042.

a 1 Ch. 15. 2, 15, &c.

β after.

b Ps. 30. 11. 150. 4.
c ch. 5. 10. 1 Sa. 18. 14.
d Ps.18.37.42.
e 1Sa.2.18,28.
γ from thy face.
f Ps. cxxxii.
g Ge. 12. 2.
h Ps. 47. 1.
i Ps. 44. 2. Je. 24. 6.
k Eze. 28. 24. Re. 21. 4.
l 1 Ch. 16. 1.
δ stretched.
m 1Ki.8.5,63.
n 1 Ki. 11. 38. 1 Ki. 8. 55.
p 1 Ki. 8. 20. Ps.132.11,12
q 2 Ch.30.24. 35. 7,8, 12. Ne. 8. 10.
r Ps.89.20.37.
s Ps.30. title. 101. 2.
t 1Ki.11.13.34
u ver. 14, 16. 1 Sa. 19. 24.
ζ or, *openly.*
v Jnⁿ. 12. 34. He. 1. 8.
w 1 Sa. 13. 14. 15. 28.
x Ge. 32. 10. Ep. 3. 8.
η or, *of the handmaids of my servants.*
y 1 Sa. 15. 35.
θ law.
z 1 Ch. 17. 1.
a Ps.18. title.
b Ps. 138. 2. Eze.36.22,32.
c ch. 5. 11.
d Ex.26.1,&c. 40. 21.
e Je 10. 6, 7.
f Is.45.5,18.22
g Ps. 147. 20.
κ to my servant, to David.
h 1 Ki. 5. 3. 8. 16,19. 1 Ch. 22. 8. 28. 3, &c.
i De. 26.18.
k Ps. 48. 14.
l Le.26.11,12. De. 23. 14. 2 Co. 6. 16.
λ judges.
l 1 Ch. 17. 6.
m ch. 5. 2. Ps.78.71,72. Je. 3. 15. Mat. 2. 6. Ac. 20. 28. 1 Pe. 5. 2.

---

of hosts, I took thee from the sheep-cote, from *β* following the sheep, to be ruler over my people, over Israel:

9 And I was with thee*ᶜ* whithersoever thou wentest, and*ᵈ* have cut off all thine enemies *γ* out of thy sight, and have made thee a great name,*ᵍ* like unto the name of the great *men* that *are* in the earth.

10 Moreover, I will appoint a place for my people Israel, and will*ⁱ* plant them, that they may dwell in a place of their own, and move no more; neither*ᵏ* shall the children of wickedness afflict them any more, as beforetime,

11 And as since the time that I commanded judges *to be* over my people Israel, and have caused thee to rest from all thine enemies. Also the LORD telleth thee, that he will make thee an house.*ⁿ*

12 And when thy days be fulfilled, and thou shalt sleep with thy fathers, I will set up thy seed*ᵖ* after thee, which shall proceed out of thy bowels, and I will establish his kingdom.

13 He shall build an house for my name, and I will stablish the throne of his kingdom for ever.

14 I*ʳ* will be his father, and he shall be my son. If he commit iniquity, I will chasten him with the rod of men, and with the stripes of the children of men:

15 But*ᵗ* my mercy shall not depart away from him, as I took *it* from Saul, whom I put away before thee.

16 And thine house and thy kingdom shall be established for ever before thee: thy*ᵛ* throne shall be established for ever.

17 According to all these words, and according to all this vision, so did Nathan speak unto David.

18 Then went king David in, and sat before the LORD, and he said, Who*ˣ* am I, O Lord GOD? and what *is* my house, that thou hast brought me hitherto?

19 And this was yet a small thing in thy sight, O Lord GOD; but thou hast spoken also of thy servant's house for a great while to come. And *is* this the *θ* manner of man, O Lord GOD?

20 And what can David say more unto thee? for thou, Lord GOD, knowest thy servant.

21 For thy word's sake,*ᵇ* and according to thine own heart, hast thou done all these great things, to make thy servant know *them*.

22 Wherefore thou*ᵉ* art great, O LORD God: for*ᶠ* *there is* none like thee, neither *is there any* God beside thee, according to all that we have heard with our ears.

23 And what*ᵍ* one nation in the earth *is* like thy people, *even* like Israel, whom God went to redeem for a people to himself, and to make him a name, and to do for you great things and terrible, for thy land, before thy people, which thou redeemedst to thee from Egypt, *from* the nations and their gods?

24 For*ⁱ* thou hast confirmed to thyself thy people Israel, *to be* a people unto thee for ever: &*ᵏ* thou,LORD,art become their God.

25 And now,O LORD God,the word that thou hast spoken concerning thy servant, and concerning his house, establish *it* for ever, and do as thou hast said.

26 And let thy name be magnified for ever, saying, The LORD of hosts *is* the God over Israel: and let the house of thy servant David be established before thee.

216

וַיְהוֹשָׁפָט בֶּן־אֲחִילוּד מַזְכִּיר ׃ וְצָדוֹק בֶּן־אֲחִיטוּב 17
וַאֲחִימֶלֶךְ בֶּן־אֶבְיָתָר כֹּהֲנִים וּשְׂרָיָה סוֹפֵר ׃ וּבְנָיָהוּ 18
בֶּן־יְהוֹיָדָע וְהַכְּרֵתִי וְהַפְּלֵתִי וּבְנֵי דָוִד כֹּהֲנִים הָיוּ ׃

CAP. IX. ט

וַיֹּאמֶר דָּוִד הֲכִי יֶשׁ־עוֹד אֲשֶׁר נוֹתַר לְבֵית שָׁאוּל 1
וְאֶעֱשֶׂה עִמּוֹ חֶסֶד בַּעֲבוּר יְהוֹנָתָן ׃ וּלְבֵית שָׁאוּל 2
עֶבֶד וּשְׁמוֹ צִיבָא וַיִּקְרְאוּ־לוֹ אֶל־דָּוִד וַיֹּאמֶר הַמֶּלֶךְ
אֵלָיו הַאַתָּה צִיבָא וַיֹּאמֶר עַבְדֶּךָ ׃ וַיֹּאמֶר הַמֶּלֶךְ 3
הַאֶפֶס עוֹד אִישׁ לְבֵית שָׁאוּל וְאֶעֱשֶׂה עִמּוֹ חֶסֶד
אֱלֹהִים וַיֹּאמֶר צִיבָא אֶל־הַמֶּלֶךְ עוֹד בֵּן לִיהוֹנָתָן
נְכֵה רַגְלָיִם ׃ וַיֹּאמֶר־לוֹ הַמֶּלֶךְ אֵיפֹה הוּא וַיֹּאמֶר 4
צִיבָא אֶל־הַמֶּלֶךְ הִנֵּה־הוּא בֵּית מָכִיר בֶּן־עַמִּיאֵל
בְּלוֹ דְבָר ׃ וַיִּשְׁלַח הַמֶּלֶךְ דָּוִד וַיִּקָּחֵהוּ מִבֵּית 5
מָכִיר בֶּן־עַמִּיאֵל מִלּוֹ דְבָר ׃ וַיָּבֹא מְפִיבֹשֶׁת 6
בֶּן־יְהוֹנָתָן בֶּן־שָׁאוּל אֶל־דָּוִד וַיִּפֹּל עַל־פָּנָיו
וַיִּשְׁתָּחוּ וַיֹּאמֶר דָּוִד מְפִיבֹשֶׁת וַיֹּאמֶר הִנֵּה
עַבְדֶּךָ ׃ וַיֹּאמֶר לוֹ דָוִד אַל־תִּירָא כִּי עָשֹׂה אֶעֱשֶׂה 7
עִמְּךָ חֶסֶד בַּעֲבוּר יְהוֹנָתָן אָבִיךָ וַהֲשִׁבֹתִי לְךָ
אֶת־כָּל־שְׂדֵה שָׁאוּל אָבִיךָ וְאַתָּה תֹּאכַל לֶחֶם
עַל־שֻׁלְחָנִי תָּמִיד ׃ וַיִּשְׁתַּחוּ וַיֹּאמֶר מֶה עַבְדֶּךָ 8
כִּי פָנִיתָ אֶל־הַכֶּלֶב הַמֵּת אֲשֶׁר כָּמוֹנִי ׃ וַיִּקְרָא 9
הַמֶּלֶךְ אֶל־צִיבָא נַעַר שָׁאוּל וַיֹּאמֶר אֵלָיו כֹּל
אֲשֶׁר הָיָה לְשָׁאוּל וּלְכָל־בֵּיתוֹ נָתַתִּי לְבֶן־אֲדֹנֶיךָ ׃
וְעָבַדְתָּ לוֹ אֶת־הָאֲדָמָה אַתָּה וּבָנֶיךָ וַעֲבָדֶיךָ 10
וְהֵבֵאתָ וְהָיָה לְבֶן־אֲדֹנֶיךָ לֶחֶם וַאֲכָלוֹ וּמְפִיבֹשֶׁת
בֶּן־אֲדֹנֶיךָ יֹאכַל תָּמִיד לֶחֶם עַל־שֻׁלְחָנִי וּלְצִיבָא 11
חֲמִשָּׁה עָשָׂר בָּנִים וְעֶשְׂרִים עֲבָדִים ׃ וַיֹּאמֶר צִיבָא
אֶל־הַמֶּלֶךְ כְּכֹל אֲשֶׁר יְצַוֶּה אֲדֹנִי הַמֶּלֶךְ אֶת־עַבְדּוֹ
כֵּן יַעֲשֶׂה עַבְדֶּךָ וּמְפִיבֹשֶׁת אֹכֵל עַל־שֻׁלְחָנִי כְּאַחַד
מִבְּנֵי הַמֶּלֶךְ ׃ וְלִמְפִיבֹשֶׁת בֵּן־קָטָן וּשְׁמוֹ מִיכָא וְכֹל 12
מוֹשַׁב בֵּית־צִיבָא עֲבָדִים לִמְפִיבֹשֶׁת ׃ וּמְפִיבֹשֶׁת 13
יֹשֵׁב בִּירוּשָׁלַםִ כִּי עַל־שֻׁלְחַן הַמֶּלֶךְ תָּמִיד הוּא
אֹכֵל וְהוּא פִּסֵּחַ שְׁתֵּי רַגְלָיו ׃

CAP. X. י

וַיְהִי אַחֲרֵי־כֵן וַיָּמָת מֶלֶךְ בְּנֵי עַמּוֹן וַיִּמְלֹךְ חָנוּן 1
בְּנוֹ תַּחְתָּיו ׃ וַיֹּאמֶר דָּוִד אֶעֱשֶׂה־חֶסֶד עִם־חָנוּן 2
בֶּן־נָחָשׁ כַּאֲשֶׁר עָשָׂה אָבִיו עִמָּדִי חֶסֶד וַיִּשְׁלַח דָּוִד
לְנַחֲמוֹ בְּיַד־עֲבָדָיו אֶל־אָבִיו וַיָּבֹאוּ עַבְדֵי דָוִד אֶרֶץ

לֵךְ עַל־כֵּן מָצָא עַבְדְּךָ אֶת־לִבּוֹ לְהִתְפַּלֵּל אֵלֶיךָ
אֶת־הַתְּפִלָּה הַזֹּאת ׃ וְעַתָּה אֲדֹנָי יֱהוִֹה אַתָּה 28
הוּא הָאֱלֹהִים וּדְבָרֶיךָ יִהְיוּ אֱמֶת וַתְּדַבֵּר אֶל־
עַבְדְּךָ אֶת־הַטּוֹבָה הַזֹּאת ׃ וְעַתָּה הוֹאֵל 29
וּבָרֵךְ אֶת־בֵּית עַבְדְּךָ לִהְיוֹת לְעוֹלָם לְפָנֶיךָ כִּי־אַתָּה
אֲדֹנָי יֱהוִֹה דִּבַּרְתָּ וּמִבִּרְכָתְךָ יְבֹרַךְ בֵּית־עַבְדְּךָ
לְעוֹלָם ׃

CAP. VIII. ח

וַיְהִי אַחֲרֵי־כֵן וַיַּךְ דָּוִד אֶת־פְּלִשְׁתִּים וַיַּכְנִיעֵם 1
וַיִּקַּח דָּוִד אֶת־מֶתֶג הָאַמָּה מִיַּד פְּלִשְׁתִּים ׃ וַיַּךְ 2
אֶת־מוֹאָב וַיְמַדְּדֵם בַּחֶבֶל הַשְׁכֵּב אוֹתָם אַרְצָה
וַיְמַדֵּד שְׁנֵי־חֲבָלִים לְהָמִית וּמְלֹא הַחֶבֶל לְהַחֲיוֹת
וַתְּהִי מוֹאָב לְדָוִד לַעֲבָדִים נֹשְׂאֵי מִנְחָה ׃ וַיַּךְ 3
דָּוִד אֶת־הֲדַדְעֶזֶר בֶּן־רְחֹב מֶלֶךְ צוֹבָה בְּלֶכְתּוֹ
לְהָשִׁיב יָדוֹ בִּנְהַר־פְּרָת ׃ וַיִּלְכֹּד דָּוִד מִמֶּנּוּ אֶלֶף 4
וּשְׁבַע־מֵאוֹת פָּרָשִׁים וְעֶשְׂרִים אֶלֶף אִישׁ רַגְלִי
וַיְעַקֵּר דָּוִד אֶת־כָּל־הָרֶכֶב וַיּוֹתֵר מִמֶּנּוּ מֵאָה
רָכֶב ׃ וַתָּבֹא אֲרַם דַּמֶּשֶׂק לַעְזֹר לַהֲדַדְעֶזֶר מֶלֶךְ 5
צוֹבָה וַיַּךְ דָּוִד בַּאֲרָם עֶשְׂרִים־וּשְׁנַיִם אֶלֶף אִישׁ ׃
וַיָּשֶׂם דָּוִד נְצִבִים בַּאֲרַם דַּמֶּשֶׂק וַתְּהִי אֲרָם לְדָוִד 6
לַעֲבָדִים נֹשְׂאֵי מִנְחָה וַיֹּשַׁע יְהוָה אֶת־דָּוִד בְּכֹל
אֲשֶׁר הָלָךְ ׃ וַיִּקַּח דָּוִד אֵת שִׁלְטֵי הַזָּהָב אֲשֶׁר 7
הָיוּ אֶל עַבְדֵי הֲדַדְעֶזֶר וַיְבִיאֵם יְרוּשָׁלָםִ ׃ וּמִבֶּטַח 8
וּמִבֵּרֹתַי עָרֵי הֲדַדְעֶזֶר לָקַח הַמֶּלֶךְ דָּוִד נְחֹשֶׁת
הַרְבֵּה מְאֹד ׃ וַיִּשְׁמַע תֹּעִי מֶלֶךְ חֲמָת כִּי 9
הִכָּה דָוִד אֵת כָּל־חֵיל הֲדַדְעֶזֶר ׃ וַיִּשְׁלַח תֹּעִי אֶת־ 10
יוֹרָם־בְּנוֹ אֶל־הַמֶּלֶךְ דָּוִד לִשְׁאָל־לוֹ לְשָׁלוֹם
וּלְבָרֲכוֹ עַל אֲשֶׁר נִלְחַם בַּהֲדַדְעֶזֶר וַיַּכֵּהוּ כִּי־אִישׁ
מִלְחֲמוֹת תֹּעִי הָיָה הֲדַדְעֶזֶר וּבְיָדוֹ הָיוּ כְּלֵי־כֶסֶף
וּכְלֵי־זָהָב וּכְלֵי נְחֹשֶׁת ׃ גַּם־אֹתָם הִקְדִּישׁ הַמֶּלֶךְ 11
דָּוִד לַיהוָה עִם־הַכֶּסֶף וְהַזָּהָב אֲשֶׁר הִקְדִּישׁ מִכָּל־
הַגּוֹיִם אֲשֶׁר כִּבֵּשׁ ׃ מֵאֲרָם וּמִמּוֹאָב וּמִבְּנֵי עַמּוֹן 12
וּמִפְּלִשְׁתִּים וּמֵעֲמָלֵק וּמִשְּׁלַל הֲדַדְעֶזֶר בֶּן־רְחֹב מֶלֶךְ
צוֹבָה ׃ וַיַּעַשׂ דָּוִד שֵׁם בְּשֻׁבוֹ מֵהַכּוֹתוֹ אֶת־אֲרָם 13
בְּגֵיא־מֶלַח שְׁמוֹנָה עָשָׂר אָלֶף ׃ וַיָּשֶׂם בֶּאֱדוֹם 14
נְצִבִים בְּכָל־אֱדוֹם שָׂם נְצִבִים וַיְהִי כָל־אֱדוֹם
עֲבָדִים לְדָוִד וַיּוֹשַׁע יְהוָה אֶת־דָּוִד בְּכֹל אֲשֶׁר הָלָךְ ׃
וַיִּמְלֹךְ דָּוִד עַל־כָּל־יִשְׂרָאֵל וַיְהִי דָוִד עֹשֶׂה מִשְׁפָּט 15
וּצְדָקָה לְכָל־עַמּוֹ ׃ וְיוֹאָב בֶּן־צְרוּיָה עַל־הַצָּבָא 16

27 For thou, O LORD of hosts, God of Israel, hast β revealed to thy servant, saying, I will build thee an house: therefore hath thy servant found in his heart to pray this prayer unto thee.

28 And now, O Lord GOD, thou *art* that God,and thy words*d* be true, and thou hast promised this goodness unto thy servant:

29 Therefore now η let it please thee to bless the house of thy servant, that it may continue for ever before thee: for thou, O Lord GOD, hast spoken *it;* and with thy blessing let the house of thy servant be blessed for ever.*ξ*

CHAP. VIII.

AND*h* after this it came to pass, that David smote the Philistines, and subdued them: and David took θ Metheg-ammah out of the hand of the Philistines.

2 And he smote Moab,*k* and*l* measured them with a line, casting them down to the ground; even with two lines measured he to put to death, and with one full line to keep alive: and *so* the Moabites became David's servants,*n* *and* brought gifts.*o*

3 David smote also κHadadezer, the son of Rehob, king of Zobah, as he went to recover his border at the river Euphrates.

4 And David took λfrom him a thousand *chariots,q* and seven hundred horsemen, and twenty thousand footmen: and David houghed *r* all the chariot *horses*, but reserved of them *for* an hundred chariots.

5 And when the Syrians of Damascus came to succour Hadadezer *s* king of Zobah, David slew of the Syrians two and twenty thousand men.

6 Then David put garrisons in Syria of Damascus: and the Syrians became servants to David, *and* brought gifts. And *t* the LORD preserved David whithersoever he went.

7 And David took the shields of gold that were on the servants of Hadadezer, and brought them to Jerusalem.

8 And from ν Betah, and from π Berothai, cities of Hadadezer, king David took exceeding much brass.

9 When ρ Toi king of Hamath heard that David had smitten all the host of Hadadezer,

10 Then Toi sent σ Joram his son unto king David, to τ salute him, and to bless him, because he had fought against Hadadezer and smitten him: (for Hadadezer had φwars with Toi:) and *Joram* χbrought with him vessels of silver, and vessels of gold, and vessels of brass:

11 Which also king David did dedicate*y* unto the LORD, with the silver and gold that he had dedicated of all nations which he subdued;

12 Of Syria, and of Moab, and of the children of Ammon, and of the Philistines, and of Amalek, and of the spoil of Hadadezer, son of Rehob, king of Zobah.

13 And David gat *him* a name when he returned from ψ smiting of the Syrians*a* in the valley*b* of salt, ωbeing eighteen thousand *men*.

14 And he put garrisons in Edom; throughout all Edom put he garrisons: and all they of Edom*e* became David's servants. And the LORD*f* preserved David whithersoever he went.

15 And David reigned over all Israel; and David executed judgment*g* and justice unto all his people.

16 And Joab the son of Zeruiah *was*

over the host; and Jehoshaphat*a* the son of Ahilud *was* γ recorder;

17 And Zadok *b* the son of Ahitub, and Ahimelech the son of Abiathar, *were* the priests; and Seraiah *was* the δscribe;

18 And Benaiah*c* the son of Jehoiada *was over* both the Cherethites *e* and the Pelethites; and David's sons were ξchief rulers.

CHAP. IX.

AND David said, Is there yet any that is left of the house of Saul, that I may shew him kindness*f* for Jonathan's sake?

2 And *there was* of the house of Saul, a servant whose name *was* Ziba:*i* and when they had called him unto David, the king said unto him, *Art* thou Ziba? And he said, Thy servant *is* he.

3 And the king said, *Is* there not yet any of the house of Saul, that I may shew the kindness of God unto him? And Ziba said unto the king, Jonathan hath yet a son, *which is* lame *m* on *his* feet.

4 And the king said unto him, Where *is* he? And Ziba said unto the king, Behold, he *is* in the house of Machir,*p* the son of Ammiel, in Lo-debar.

5 Then king David sent, and fetched him out of the house of Machir, the son of Ammiel, from Lo-debar.

6 Now when μ Mephibosheth, the son of Jonathan, the son of Saul, was come unto David, he fell on his face, and did reverence. And David said, Mephibosheth! And he answered, Behold thy servant.

7 And David said unto him, Fear not: for I will surely shew thee kindness for Jonathan thy father's sake, and will restore thee all the land of Saul thy father; and thou θhalt eat bread at my table continually.

8 And he bowed himself, and said, What *is* thy servant, that thou shouldest look upon such a dead dog*u* as I *am?*

9 Then the king called to Ziba, Saul's servant, and said unto him, I have*v* given unto thy master's son all that pertained to Saul, and to all his house.

10 Thou therefore, and thy sons, and thy servants, shall till the land for him, and thou shalt bring in *the fruits*, that thy master's son may have food to eat: but Mephibosheth, thy master's son, shall eat bread alway*w* at my table. Now Ziba had*x* fifteen sons, and twenty servants.

11 Then said Ziba unto the king, According to all that my lord the king hath commanded his servant, so shall thy servant do. As for Mephibosheth, *said the king,* he shall eat at my table, as one of the king's sons.

12 And Mephibosheth had a young son, whose name *was* Micha.*z* And all that dwelt in the house of Ziba *were* servants unto Mephibosheth.

13 So Mephibosheth dwelt in Jerusalem: for he did eat continually at the king's table;*c* and was lame on both his feet.

CHAP. X.

AND*d* it came to pass after this, that the king of the children of Ammon died, and Hanun his son reigned in his stead.

2 Then said David, I will shew kindness unto Hanun the son of Nahash, as his father shewed kindness unto me. And David sent to comfort him, by the hand of his servants, for his father. And David's

---

B. C. 1040.
————
a 1 Ki. 4. 3.
β *opened the ear.*
Ru. 4. 4.
1 Sa. 9. 15.
Ps. 40. 6.
γ or, *remembrancer* or *writer of chronicles.*
b 1Ch. 24. 3.
δ or, *secretary.*
c 1Ch. 18. 17.
d Jnᵒ. 17. 17.
e 1 Sa. 30. 14.
ξ or, *princes.*
η *be thou pleased and bless.*
f 1Sa. 20. 14.
Pr. 27. 10.
g ch. 22. 51.
h 1 Ch. 18. 1.
i ch. 16. 1, 4.
θ or, *the bridle of Ammah.*
k Nu. 24. 17.
l ch. 12. 31.
m ch. 4. 4.
n ver. 6, 14.
o 1Sa. 10. 27.
Ps. 72. 10.
κ or, *Hadarezer.*
1 Ch. 18. 3.
p ch. 17. 27.
λ or, *of his.*
q 1 Ch. 18. 4.
r Jos. 11. 6,9.
μ *called Meribbaal.*
1 Ch. 8. 34.
s 1 Ki. 11. 23.
t ver. 14.
u ch. 16. 9.
v or, *Tibhath*
π or, *Chun.*
v ch. 19. 29.
ρ *Tou.*
1 Ch. 18. 9.
σ *Hadoram.*
1Ch. 18. 10.
τ *ask him of peace.*
w ver. 7, 13.
φ *was a man of wars with.*
χ *in his hand were.*
x ch. 19. 17.
y 1 Ki. 7. 51.
1Ch. 18. 11.
26. 26.
z 1 Ch. 8. 34.
ψ *his smiting*
a Ps. LX.
b 2 Ki. 14. 7.
ω or, *slaying.*
c 2 Ki. 25. 29.
d 1 Ch. 19. 1.
e Ge. 27. 29.
Nu. 24. 18.
f Ps. 121. 4..8.
g 1's. 72. 2.
89. 14.
Je. 22. 15,16.
Am. 5. 15,24

CAP. X. (cont.)

3 בְּנֵי עַמּוֹן: וַיֹּאמְרוּ שָׂרֵי בְנֵי־עַמּוֹן אֶל־חָנֻן אֲדֹנֵיהֶם הַֽמְכַבֵּד דָּוִד אֶת־אָבִיךָ בְּעֵינֶיךָ כִּֽי־שָׁלַח לְךָ מְנַחֲמִים הֲלוֹא בַּעֲבוּר חֲקֹר אֶת־הָעִיר וּלְרַגְּלָהּ וּלְהָפְכָהּ שָׁלַח דָּוִד אֶת־עֲבָדָיו אֵלֶיךָ:

4 וַיִּקַּח חָנוּן אֶת־עַבְדֵי דָוִד וַיְגַלַּח אֶת־חֲצִי זְקָנָם וַיִּכְרֹת אֶת־מַדְוֵיהֶם בַּחֵצִי עַד שְׁתֽוֹתֵיהֶם וַיְשַׁלְּחֵם:

5 וַיַּגִּדוּ לְדָוִד וַיִּשְׁלַח לִקְרָאתָם כִּֽי־הָיוּ הָאֲנָשִׁים נִכְלָמִים מְאֹד וַיֹּאמֶר הַמֶּלֶךְ שְׁבוּ בִירֵחוֹ עַד־יְצַמַּח זְקַנְכֶם וְשַׁבְתֶּֽם:

6 וַיִּרְאוּ בְּנֵי עַמּוֹן כִּי נִבְאֲשׁוּ בְּדָוִד וַיִּשְׁלְחוּ בְנֵי־עַמּוֹן וַיִּשְׂכְּרוּ אֶת־אֲרַם בֵּֽית־רְחוֹב וְאֶת־אֲרַם צוֹבָא עֶשְׂרִים אֶלֶף רַגְלִי וְאֶת־מֶלֶךְ מַעֲכָה אֶלֶף אִישׁ וְאִישׁ טוֹב שְׁנֵים־עָשָׂר אֶלֶף אִישׁ:

7 וַיִּשְׁמַע דָּוִד וַיִּשְׁלַח אֶת־יוֹאָב וְאֵת כָּל־הַצָּבָא הַגִּבֹּרִים:

8 וַיֵּצְאוּ בְּנֵי עַמּוֹן וַיַּעַרְכוּ מִלְחָמָה פֶּתַח הַשָּׁעַר וַאֲרַם צוֹבָא וּרְחוֹב וְאִֽישׁ־טוֹב וּמַעֲכָה לְבַדָּם בַּשָּׂדֶֽה:

9 וַיַּרְא יוֹאָב כִּֽי־הָיְתָה אֵלָיו פְּנֵי הַמִּלְחָמָה מִפָּנִים וּמֵֽאָחוֹר וַיִּבְחַר מִכֹּל בְּחוּרֵי בְיִשְׂרָאֵל וַֽיַּעֲרֹךְ לִקְרַאת אֲרָם:

10 וְאֵת יֶתֶר הָעָם נָתַן בְּיַד אַבְשַׁי אָחִיו וַֽיַּעֲרֹךְ לִקְרַאת בְּנֵי עַמּוֹן:

11 וַיֹּאמֶר אִם־תֶּחֱזַק אֲרָם מִמֶּנִּי וְהָיִתָה לִּי לִישׁוּעָה וְאִם־בְּנֵי עַמּוֹן יֶחֱזְקוּ מִמְּךָ וְהָלַכְתִּי לְהוֹשִׁיעַ לָךְ:

12 חֲזַק וְנִתְחַזַּק בְּעַד עַמֵּנוּ וּבְעַד עָרֵי אֱלֹהֵינוּ וַֽיהוָה יַעֲשֶׂה הַטּוֹב בְּעֵינָֽיו:

13 וַיִּגַּשׁ יוֹאָב וְהָעָם אֲשֶׁר עִמּוֹ לַמִּלְחָמָה בַּֽאֲרָם וַיָּנֻסוּ מִפָּנָֽיו:

14 וּבְנֵי עַמּוֹן רָאוּ כִּי־נָס אֲרָם וַיָּנֻסוּ מִפְּנֵי אֲבִישַׁי וַיָּבֹאוּ הָעִיר וַיָּשָׁב יוֹאָב מֵעַל בְּנֵי עַמּוֹן וַיָּבֹא יְרוּשָׁלָֽ͏ִם:

15 וַיַּרְא אֲרָם כִּי נִגַּף לִפְנֵי יִשְׂרָאֵל וַיֵּאָסְפוּ יָֽחַד:

16 וַיִּשְׁלַח הֲדַדְעֶזֶר וַיֹּצֵא אֶת־אֲרָם אֲשֶׁר מֵעֵבֶר הַנָּהָר וַיָּבֹאוּ חֵילָם וְשׁוֹבַךְ שַׂר־צְבָא הֲדַדְעֶזֶר לִפְנֵיהֶֽם:

17 וַיֻּגַּד לְדָוִד וַיֶּאֱסֹף אֶת־כָּל־יִשְׂרָאֵל וַיַּעֲבֹר אֶת־הַיַּרְדֵּן וַיָּבֹא חֵלָאמָה וַיַּעַרְכוּ אֲרָם לִקְרַאת דָּוִד וַיִּלָּחֲמוּ עִמּֽוֹ: וַיָּ֥נָס אֲרָם מִפְּנֵי יִשְׂרָאֵל וַיַּהֲרֹג דָּוִד מֵאֲרָם שְׁבַע מֵאוֹת רֶכֶב וְאַרְבָּעִים אֶלֶף פָּֽרָשִׁים וְאֵת שׁוֹבַךְ שַׂר־צְבָאוֹ הִכָּה וַיָּמָת שָֽׁם:

18 וַיִּרְאוּ כָֽל־הַמְּלָכִים עַבְדֵי הֲדַדְעֶזֶר כִּי נִגְּפוּ לִפְנֵי יִשְׂרָאֵל וַיַּשְׁלִמוּ אֶת־יִשְׂרָאֵל וַיַּעַבְדוּם וַיִּֽרְאוּ אֲרָם לְהוֹשִׁיעַ עוֹד אֶת־בְּנֵי עַמּֽוֹן:

CAP. XI. יא

1 וַיְהִי לִתְשׁוּבַת הַשָּׁנָה לְעֵת צֵאת הַמַּלְאָכִים וַיִּשְׁלַח

2 וַיְהִי לְעֵת הָעֶרֶב וַיָּקָם דָּוִד מֵעַל מִשְׁכָּבוֹ וַיִּתְהַלֵּךְ עַל־גַּג בֵּית־הַמֶּלֶךְ וַיַּרְא אִשָּׁה רֹחֶצֶת מֵעַל הַגָּג וְהָאִשָּׁה טוֹבַת מַרְאֶה מְאֹד:

3 וַיִּשְׁלַח דָּוִד וַיִּדְרֹשׁ לָאִשָּׁה וַיֹּאמֶר הֲלוֹא־זֹאת בַּת־שֶׁבַע בַּת־אֱלִיעָם אֵשֶׁת אוּרִיָּה הַחִתִּֽי:

4 וַיִּשְׁלַח דָּוִד מַלְאָכִים וַיִּקָּחֶהָ וַתָּבוֹא אֵלָיו וַיִּשְׁכַּב עִמָּהּ וְהִיא מִתְקַדֶּשֶׁת מִטֻּמְאָתָהּ וַתָּשָׁב אֶל־בֵּיתָֽהּ:

5 וַתַּהַר הָאִשָּׁה וַתִּשְׁלַח וַתַּגֵּד לְדָוִד וַתֹּאמֶר הָרָה אָנֹֽכִי:

6 וַיִּשְׁלַח דָּוִד אֶל־יוֹאָב שְׁלַח אֵלַי אֶת־אוּרִיָּה הַחִתִּי וַיִּשְׁלַח יוֹאָב אֶת־אוּרִיָּה אֶל־דָּוִֽד:

7 וַיָּבֹא אוּרִיָּה אֵלָיו וַיִּשְׁאַל דָּוִד לִשְׁלוֹם יוֹאָב וְלִשְׁלוֹם הָעָם וְלִשְׁלוֹם הַמִּלְחָמָֽה:

8 וַיֹּאמֶר דָּוִד לְאוּרִיָּה רֵד לְבֵֽיתְךָ וּרְחַץ רַגְלֶיךָ וַיֵּצֵא אוּרִיָּה מִבֵּית הַמֶּלֶךְ וַתֵּצֵא אַחֲרָיו מַשְׂאַת הַמֶּֽלֶךְ:

9 וַיִּשְׁכַּב אוּרִיָּה פֶּתַח בֵּית הַמֶּלֶךְ אֵת כָּל־עַבְדֵי אֲדֹנָיו וְלֹא יָרַד אֶל־בֵּיתֽוֹ:

10 וַיַּגִּדוּ לְדָוִד לֵאמֹר לֹֽא־יָרַד אוּרִיָּה אֶל־בֵּיתוֹ וַיֹּאמֶר דָּוִד אֶל־אוּרִיָּה הֲלוֹא מִדֶּרֶךְ אַתָּה בָא מַדּוּעַ לֹֽא־יָרַדְתָּ אֶל־בֵּיתֶֽךָ:

11 וַיֹּאמֶר אוּרִיָּה אֶל־דָּוִד הָאָרוֹן וְיִשְׂרָאֵל וִיהוּדָה יֹשְׁבִים בַּסֻּכּוֹת וַאדֹנִי יוֹאָב וְעַבְדֵי אֲדֹנִי עַל־פְּנֵי הַשָּׂדֶה חֹנִים וַאֲנִי אָבוֹא אֶל־בֵּיתִי לֶאֱכֹל וְלִשְׁתּוֹת וְלִשְׁכַּב עִם־אִשְׁתִּי חַיֶּךָ וְחֵי נַפְשֶׁךָ אִֽם־אֶעֱשֶׂה אֶת־הַדָּבָר הַזֶּֽה:

12 וַיֹּאמֶר דָּוִד אֶל־אוּרִיָּה שֵׁב בָּזֶה גַּם־הַיּוֹם וּמָחָר אֲשַׁלְּחֶךָּ וַיֵּשֶׁב אוּרִיָּה בִירוּשָׁלַ͏ִם בַּיּוֹם הַהוּא וּמִֽמָּחֳרָֽת:

13 וַיִּקְרָא־לוֹ דָוִד וַיֹּאכַל לְפָנָיו וַיֵּשְׁתְּ וַיְשַׁכְּרֵהוּ וַיֵּצֵא בָעֶרֶב לִשְׁכַּב בְּמִשְׁכָּבוֹ עִם־עַבְדֵי אֲדֹנָיו וְאֶל־בֵּיתוֹ לֹא יָרָֽד:

14 וַיְהִי בַבֹּקֶר וַיִּכְתֹּב דָּוִד סֵפֶר אֶל־יוֹאָב וַיִּשְׁלַח בְּיַד אוּרִיָּֽה:

15 וַיִּכְתֹּב בַּסֵּפֶר לֵאמֹר הָבוּ אֶת־אוּרִיָּה אֶל־מוּל פְּנֵי הַמִּלְחָמָה הַחֲזָקָה וְשַׁבְתֶּם מֵאַחֲרָיו וְנִכָּה וָמֵֽת:

16 וַיְהִי בִּשְׁמוֹר יוֹאָב אֶל־הָעִיר וַיִּתֵּן אֶת־אוּרִיָּה אֶל־הַמָּקוֹם אֲשֶׁר יָדַע כִּי אַנְשֵׁי־חַיִל שָֽׁם:

17 וַיֵּצְאוּ אַנְשֵׁי הָעִיר וַיִּלָּחֲמוּ אֶת־יוֹאָב וַיִּפֹּל מִן־הָעָם מֵעַבְדֵי דָוִד וַיָּמָת גַּם אוּרִיָּה הַחִתִּֽי:

18 וַיִּשְׁלַח יוֹאָב וַיַּגֵּד לְדָוִד אֶת־כָּל־דִּבְרֵי הַמִּלְחָמָֽה:

19 וַיְצַו אֶת־הַמַּלְאָךְ לֵאמֹר כְּכַלּוֹתְךָ אֵת כָּל־דִּבְרֵי הַמִּלְחָמָה לְדַבֵּר אֶל־הַמֶּֽלֶךְ:

20 וְהָיָה אִם־תַּעֲלֶה

servants came into the land of the children of Ammon.

3 And the princes of the children of Ammon said unto Hanun their lord, β Thinkest thou that David doth honour thy father, that he hath sent comforters unto thee? hath not David *rather* sent his servants unto thee to search *b* the city, and to spy it out, and to overthrow it?

4 Wherefore Hanun took David's servants, and shaved off the one half of their beards, and cut off their garments in the middle, *even* *c* to their buttocks, and sent them away.

5 When they told *it* unto David, he sent to meet them, because the men were greatly ashamed: and the king said, Tarry at Jericho until your beards be grown, and *then* return.

6 And when the children of Ammon saw that they stank *g* before David, the children of Ammon sent and hired the Syrians *h* of Beth-rehob, and the Syrians of Zoba, twenty thousand footmen, and of king Maacah a thousand men, and of θ Ish-tob twelve thousand men.

7 And when David heard of *it*, he sent Joab, and all the host of the mighty men.*f*

8 And the children of Ammon came out, and put the battle in array at the entering in of the gate: and the Syrians of Zoba,*m* and of Rehob, and Ish-tob, and Maacah, *were* by themselves in the field.

9 When Joab saw that the front of the battle was against him before and behind, he chose of all y*e* choice *men* of Israel, and*o* put *them* in array against the Syrians:

10 And the rest of the people he delivered into the hand of Abishai his brother, that he might put *them* in array against the children of Ammon.

11 And he said, If the Syrians be too strong for me, then thou shalt help me: but if the children of Ammon be too strong for thee, then I will come and help thee.

12 Be *p* of good courage, and let*q* us play the men for our people, and for the cities of our God: and the LORD do that *s* which seemeth him good.

13 And Joab drew nigh, and the people that *were* with him, unto the battle against the Syrians: and they fled *v* before him.

14 And when the children of Ammon saw that the Syrians were fled, then fled they also before Abishai, and entered into the city. So Joab returned from the children of Ammon, and came to Jerusalem.

15 And when the Syrians saw that they were smitten before Israel, they gathered themselves together.

16 And Hadarezer sent and, brought out the Syrians that *were* beyond μ the river: and they came to Helam; and ν Shobach the captain of the host of Hadarezer *went* before them.

17 And when it was told David, he gathered all Israel together, and passed over Jordan, and came to Helam. And the Syrians set themselves in array against David, and fought with him.

18 And the Syrians fled before Israel; and David slew *the men of* seven hundred chariots of the Syrians, and forty thousand horsemen,*a* and smote Shobach the captain of their host, who died there.

19 And when all the kings *that were* servants to Hadarezer saw that they were smitten before Israel, they made peace with Israel, and served *b* them. So*c*

β *In thine eyes doth David?*
γ *at the return of the year.*
1 Ki. 20. 22, 26.
2 Ch. 36. 10.
a 1 Ch. 20. 1.
b Ge. 42. 9.
c Is. 20. 4. 47. 2.
d Ge. 34. 2. Job 31. 1. Pr. 6. 25. Mat. 5. 28.
e Pr. 31. 30.
δ *Bath-shua.* 1 Ch. 3. 5.
ε or,*Ammiel.*
f ch. 23. 39.
g Ge. 34. 30. Ex. 5. 21. 1 Sa. 13. 4.
h ch. 8. 3, 5.
i Ps. 51. Ja. 1. 14, 15.
η or, *and when she had purified herself, &c. she returned.*
k Le. 15. 19.. 28. 18. 19.
θ or, *The men of Tob,* Ju. 11. 3, 5.
l ch. 23. 8.
m ver. 6.
κ *of the peace of.*
n Ge. 18. 4.
o Jos.8.21,22.
λ *went out after.*
p De. 31. 6. Jos.1.6,7,9. Ne. 4. 14.
q 1 Sa. 4. 9. 1 Co. 16. 13.
r ch. 7. 2, 6.
s Ju. 10. 15. 1 Sa. 3. 18.
t ch. 20. 6.
u Ps. 137. 3. Is.22.12..14.
v Ps. 68.1,12.
w Ge. 19. 33.. 35. Hab. 2. 15.
μ That is, *Euphrates.*
x ver. 9.
ν or, *Shophach,* 1Ch. 19. 16.
y 1Ki.21.8,9.
π *strong.*
ρ *from after.*
z ch. 12. 9.
a 1Ch. 19. 18. *footmen.*
b ch. 8. 6.
c Ps.18.37,38.

---

the Syrians feared to help the children of Ammon any more.

CHAP. XI.

AND it came to pass, γ after the year was expired, at the time when kings go forth *to battle*, that David sent *a* Joab, and his servants with him, and all Israel; and they destroyed the children of Ammon, and besieged Rabbah. But David tarried still at Jerusalem.

2 And it came to pass in an evening-tide, that David arose from off his bed, and walked upon the roof of the king's house: and from the roof he saw*d* a woman washing herself; and the woman *was* very beautiful*e* to look upon.

3 And David sent and inquired after the woman. And *one* said, *Is* not this Bath-sheba,δ the daughter of ζ Eliam, the wife of Uriah*f* the Hittite?

4 And David sent messengers, and took her; and she came in unto him, and *i* he lay with her, η for she was purified*k* from her uncleanness: and she returned unto her house.

5 And the woman conceived, and sent and told David, and said, I am with child.

6 And David sent to Joab, *saying*, Send me Uriah the Hittite. And Joab sent Uriah to David.

7 And when Uriah was come unto him, David demanded *of him* κ how Joab did, and how the people did, and how the war prospered.

8 And David said to Uriah, Go down to thy house, and wash *n* thy feet. And Uriah departed out of the king's house, and there λ followed him a mess *of meat* from the king.

9 But Uriah slept at the door of the king's house, with all the servants of his lord, and went not down to his house,

10 And when they had told David, saying, Uriah went not down unto his house, David said unto Uriah, Camest thou not from *thy* journey? why *then* didst thou not go down unto thine house?

11 And Uriah said unto David, The ark,*r* & Israel, and Judah, abide in tents; & my lord*s* Joab, and the servants of my lord, are encamped in the open fields: shall I*u* then go into mine house, to eat and to drink, and to lie with my wife? *as* thou livest, and *as* thy soul liveth, I will not do this thing.

12 And David said to Uriah, Tarry here to-day also, and to-morrow I will let thee depart. So Uriah abode in Jerusalem that day, and the morrow.

13 And when David had called him, he did eat and drink before him; and he made him drunk:*w* and at even he went out *x* to lie on his bed with the servants of his lord, but went not down to his house.

14 And it came to pass in the morning, that David wrote a letter*y* to Joab, and sent *it* by the hand of Uriah.

15 And he wrote in the letter, saying, Set ye Uriah in the forefront of the π hottest battle, and retire ye ρ from him, that he may be smitten,*z* and die.

16 And it came to pass, when Joab observed the city, that he assigned Uriah unto a place where he knew that valiant men *were*.

17 And the men of the city went out, and fought with Joab: and there fell *some* of the people of the servants of David, and Uriah the Hittite died also.

18 Then Joab sent and told David all

עמוד ימני (CAP. XI continuation — CAP. XII)

חֲמַת הַמֶּלֶךְ וְאָמַר לְךָ מַדּוּעַ נִגַּשְׁתֶּם אֶל־הָעִיר
לְהִלָּחֵם הֲלוֹא יְדַעְתֶּם אֵת אֲשֶׁר־יֹרוּ מֵעַל הַחוֹמָה׃
21 מִי־הִכָּה אֶת־אֲבִימֶלֶךְ בֶּן־יְרֻבֶּשֶׁת הֲלוֹא־אִשָּׁה
הִשְׁלִיכָה עָלָיו פֶּלַח רֶכֶב מֵעַל הַחוֹמָה וַיָּמָת
בְּתֵבֵץ לָמָּה נִגַּשְׁתֶּם אֶל־הַחוֹמָה וְאָמַרְתָּ גַּם עַבְדְּךָ
22 אוּרִיָּה הַחִתִּי מֵת׃ וַיֵּלֶךְ הַמַּלְאָךְ וַיָּבֹא וַיַּגֵּד
23 לְדָוִד אֵת כָּל־אֲשֶׁר שְׁלָחוֹ יוֹאָב׃ וַיֹּאמֶר הַמַּלְאָךְ
אֶל־דָּוִד כִּי־גָבְרוּ עָלֵינוּ הָאֲנָשִׁים וַיֵּצְאוּ אֵלֵינוּ
24 הַשָּׂדֶה וַנִּהְיֶה עֲלֵיהֶם עַד־פֶּתַח הַשָּׁעַר׃ וַיֹּרוּ
הַמּוֹרִאים אֶל־עֲבָדֶךָ מֵעַל הַחוֹמָה וַיָּמוּתוּ מֵעַבְדֵי
25 הַמֶּלֶךְ וְגַם עַבְדְּךָ אוּרִיָּה הַחִתִּי מֵת׃ וַיֹּאמֶר
דָּוִד אֶל־הַמַּלְאָךְ כֹּה־תֹאמַר אֶל־יוֹאָב אַל־יֵרַע בְּעֵינֶיךָ
אֶת־הַדָּבָר הַזֶּה כִּי־כָזֹה וְכָזֶה תֹּאכַל הֶחָרֶב הַחֲזֵק
26 מִלְחַמְתְּךָ אֶל־הָעִיר וְהָרְסָהּ וְחַזְּקֵהוּ׃ וַתִּשְׁמַע
אֵשֶׁת אוּרִיָּה כִּי־מֵת אוּרִיָּה אִישָׁהּ וַתִּסְפֹּד עַל־
27 בַּעְלָהּ׃ וַיַּעֲבֹר הָאֵבֶל וַיִּשְׁלַח דָּוִד וַיַּאַסְפָהּ אֶל־
בֵּיתוֹ וַתְּהִי־לוֹ לְאִשָּׁה וַתֵּלֶד לוֹ בֵּן וַיֵּרַע הַדָּבָר
אֲשֶׁר־עָשָׂה דָוִד בְּעֵינֵי יְהוָה׃

CAP. XII. יב

1 וַיִּשְׁלַח יְהוָה אֶת־נָתָן אֶל־דָּוִד וַיָּבֹא אֵלָיו וַיֹּאמֶר
לוֹ שְׁנֵי אֲנָשִׁים הָיוּ בְּעִיר אֶחָת אֶחָד עָשִׁיר וְאֶחָד
2 רָאשׁ׃ לְעָשִׁיר הָיָה צֹאן וּבָקָר הַרְבֵּה מְאֹד׃
3 וְלָרָשׁ אֵין־כֹּל כִּי אִם־כִּבְשָׂה אַחַת קְטַנָּה אֲשֶׁר
קָנָה וַיְחַיֶּהָ וַתִּגְדַּל עִמּוֹ וְעִם־בָּנָיו יַחְדָּו מִפִּתּוֹ
תֹאכַל וּמִכֹּסוֹ תִשְׁתֶּה וּבְחֵיקוֹ תִשְׁכָּב וַתְּהִי־לוֹ
4 כְּבַת׃ וַיָּבֹא הֵלֶךְ לְאִישׁ הֶעָשִׁיר וַיַּחְמֹל לָקַחַת
מִצֹּאנוֹ וּמִבְּקָרוֹ לַעֲשׂוֹת לָאֹרֵחַ הַבָּא־לוֹ וַיִּקַּח אֶת־
5 כִּבְשַׂת הָאִישׁ הָרָאשׁ וַיַּעֲשֶׂהָ לָאִישׁ הַבָּא אֵלָיו׃
וַיִּחַר־אַף דָּוִד בָּאִישׁ מְאֹד וַיֹּאמֶר אֶל־נָתָן חַי־יְהוָה
6 כִּי בֶן־מָוֶת הָאִישׁ הָעֹשֶׂה זֹאת׃ וְאֶת־הַכִּבְשָׂה
יְשַׁלֵּם אַרְבַּעְתָּיִם עֵקֶב אֲשֶׁר עָשָׂה אֶת־הַדָּבָר הַזֶּה
7 וְעַל אֲשֶׁר לֹא־חָמָל׃ וַיֹּאמֶר נָתָן אֶל־דָּוִד אַתָּה
הָאִישׁ כֹּה־אָמַר יְהוָה אֱלֹהֵי יִשְׂרָאֵל אָנֹכִי
מְשַׁחְתִּיךָ לְמֶלֶךְ עַל־יִשְׂרָאֵל וְאָנֹכִי הִצַּלְתִּיךָ מִיַּד
8 שָׁאוּל׃ וָאֶתְּנָה לְךָ אֶת־בֵּית אֲדֹנֶיךָ וְאֶת־נְשֵׁי
אֲדֹנֶיךָ בְּחֵיקֶךָ וָאֶתְּנָה לְךָ אֶת־בֵּית יִשְׂרָאֵל וִיהוּדָה
9 וְאִם־מְעָט וְאֹסִפָה לְךָ כָּהֵנָּה וְכָהֵנָּה׃ מַדּוּעַ בָּזִיתָ
אֶת־דְּבַר יְהוָה לַעֲשׂוֹת הָרַע בְּעֵינַי אֵת אוּרִיָּה

עמוד שמאלי

הַחִתִּי הִכִּיתָ בַחֶרֶב וְאֶת־אִשְׁתּוֹ לָקַחְתָּ לְּךָ לְאִשָּׁה
וְאֹתוֹ הָרַגְתָּ בְּחֶרֶב בְּנֵי עַמּוֹן׃ 10 וְעַתָּה לֹא־תָסוּר
חֶרֶב מִבֵּיתְךָ עַד־עוֹלָם עֵקֶב כִּי בְזִתָנִי וַתִּקַּח אֶת־
אֵשֶׁת אוּרִיָּה הַחִתִּי לִהְיוֹת לְךָ לְאִשָּׁה׃ 11 כֹּה
אָמַר יְהוָה הִנְנִי מֵקִים עָלֶיךָ רָעָה מִבֵּיתֶךָ וְלָקַחְתִּי
אֶת־נָשֶׁיךָ לְעֵינֶיךָ וְנָתַתִּי לְרֵעֶיךָ וְשָׁכַב עִם־נָשֶׁיךָ
לְעֵינֵי הַשֶּׁמֶשׁ הַזֹּאת׃ 12 כִּי אַתָּה עָשִׂיתָ בַסָּתֶר וַאֲנִי
אֶעֱשֶׂה אֶת־הַדָּבָר הַזֶּה נֶגֶד כָּל־יִשְׂרָאֵל וְנֶגֶד
הַשָּׁמֶשׁ׃ 13 וַיֹּאמֶר דָּוִד אֶל־נָתָן חָטָאתִי לַיהוָה
וַיֹּאמֶר נָתָן אֶל־דָּוִד גַּם־יְהוָה הֶעֱבִיר חַטָּאתְךָ לֹא
14 תָמוּת׃ אֶפֶס כִּי־נִאֵץ נִאַצְתָּ אֶת־אֹיְבֵי יְהוָה בַּדָּבָר
15 הַזֶּה גַּם הַבֵּן הַיִּלּוֹד לְךָ מוֹת יָמוּת׃ וַיֵּלֶךְ נָתָן
אֶל־בֵּיתוֹ וַיִּגֹּף יְהוָה אֶת־הַיֶּלֶד אֲשֶׁר יָלְדָה אֵשֶׁת־
16 אוּרִיָּה לְדָוִד וַיֵּאָנַשׁ׃ וַיְבַקֵּשׁ דָּוִד אֶת־הָאֱלֹהִים
בְּעַד הַנָּעַר וַיָּצָם דָּוִד צוֹם וּבָא וְלָן וְשָׁכַב אָרְצָה׃
17 וַיָּקֻמוּ זִקְנֵי בֵיתוֹ עָלָיו לַהֲקִימוֹ מִן־הָאָרֶץ וְלֹא
18 אָבָה וְלֹא־בָרָא אִתָּם לָחֶם׃ וַיְהִי בַּיּוֹם הַשְּׁבִיעִי
וַיָּמָת הַיָּלֶד וַיִּרְאוּ עַבְדֵי דָוִד לְהַגִּיד לוֹ כִּי־מֵת
הַיֶּלֶד כִּי אָמְרוּ הִנֵּה בִהְיוֹת הַיֶּלֶד חַי דִּבַּרְנוּ אֵלָיו
19 וְלֹא־שָׁמַע בְּקוֹלֵנוּ וְאֵיךְ נֹאמַר אֵלָיו מֵת הַיֶּלֶד
וְעָשָׂה רָעָה׃ וַיַּרְא דָּוִד כִּי עֲבָדָיו מִתְלַחֲשִׁים וַיָּבֶן
דָּוִד כִּי מֵת הַיָּלֶד וַיֹּאמֶר דָּוִד אֶל־עֲבָדָיו הֲמֵת הַיֶּלֶד
20 וַיֹּאמְרוּ מֵת׃ וַיָּקָם דָּוִד מֵהָאָרֶץ וַיִּרְחַץ וַיָּסֶךְ וַיְחַלֵּף
שִׂמְלֹתוֹ וַיָּבֹא בֵית־יְהוָה וַיִּשְׁתָּחוּ וַיָּבֹא אֶל־
21 בֵּיתוֹ וַיִּשְׁאַל וַיָּשִׂימוּ לוֹ לֶחֶם וַיֹּאכַל׃ וַיֹּאמְרוּ
עֲבָדָיו אֵלָיו מָה־הַדָּבָר הַזֶּה אֲשֶׁר עָשִׂיתָה בַּעֲבוּר
הַיֶּלֶד חַי צַמְתָּ וַתֵּבְךְּ וְכַאֲשֶׁר מֵת הַיֶּלֶד קַמְתָּ
22 וַתֹּאכַל לָחֶם׃ וַיֹּאמֶר בְּעוֹד הַיֶּלֶד חַי צַמְתִּי וָאֶבְכֶּה
23 כִּי אָמַרְתִּי מִי יוֹדֵעַ יְחָנַּנִי יְהוָה וְחַי הַיָּלֶד׃ וְעַתָּה
מֵת לָמָּה זֶּה אֲנִי צָם הַאוּכַל לַהֲשִׁיבוֹ עוֹד אֲנִי
24 הֹלֵךְ אֵלָיו וְהוּא לֹא־יָשׁוּב אֵלָי׃ וַיְנַחֵם דָּוִד אֵת
בַּת־שֶׁבַע אִשְׁתּוֹ וַיָּבֹא אֵלֶיהָ וַיִּשְׁכַּב עִמָּהּ וַתֵּלֶד בֵּן
25 וַיִּקְרָא אֶת־שְׁמוֹ שְׁלֹמֹה וַיהוָה אֲהֵבוֹ׃ וַיִּשְׁלַח
בְּיַד נָתָן הַנָּבִיא וַיִּקְרָא אֶת־שְׁמוֹ יְדִידְיָהּ בַּעֲבוּר
26 יְהוָה׃ וַיִּלָּחֶם יוֹאָב בְּרַבַּת בְּנֵי עַמּוֹן וַיִּלְכֹּד
27 אֶת־עִיר הַמְּלוּכָה׃ וַיִּשְׁלַח יוֹאָב מַלְאָכִים אֶל־דָּוִד
וַיֹּאמֶר נִלְחַמְתִּי בְרַבָּה גַּם־לָכַדְתִּי אֶת־עִיר הַמָּיִם׃
28 וְעַתָּה אֱסֹף אֶת־יֶתֶר הָעָם וַחֲנֵה עַל־הָעִיר וְלָכְדָהּ

the things concerning the war;

19 And charged the messenger, saying, When thou hast made an end of telling the matters of the war unto the king,

20 And if so be that the king's wrath arise, and he say unto thee, Wherefore approached ye so nigh unto the city when ye did fight? knew ye not that they would shoot from the wall?

21 Who smote Abimelech *e* the son of β Jerubbesheth? did not a woman cast a piece of a millstone upon him from the wall, that he died in Thebez? why went ye nigh the wall? then say thou, Thy servant Uriah the Hittite is dead also.

22 So the messenger went, & came & shewed David all that Joab had sent him for.

23 And the messenger said unto David, Surely the men prevailed against us, and came out unto us into the field, & we were upon them even unto the entering of γ ε gate.

24 And the shooters shot from off the wall upon thy servants; and *some* of the king's servants be dead, and thy servant Uriah the Hittite is dead also.

25 Then David said unto the messenger, Thus shalt thou say unto Joab, Let not this thing δ displease thee, for *h* the sword devoureth ζ one as well as another: make thy battle more strong against the city, and overthrow *k* it; and encourage thou him.

26 And when the wife of Uriah heard that Uriah her husband was dead, she mourned for her husband.

27 And when the mourning was past, David sent and fetched her to his house, and she became his wife, *l* and bare him a son. But the thing that David had done *n* displeased *m* the LORD.

CHAP. XII.

AND the LORD sent Nathan unto David. And *n* he came unto him, and said *o* unto him, There were two men in one city; the one rich, and the other poor.

2 The rich *man* had exceeding many flocks and herds:

3 But the poor *man* had nothing, save one little ewe lamb, which he had bought and nourished up; and it grew up together with him, and with his children: it did eat of his own κ meat, and drank of his own cup, and lay in his bosom, *q* and was unto him as a daughter.

4 And there came a traveller *r* unto the rich man, and he spared to take of his own flock and of his own herd, to dress for the wayfaring man that was come unto him; but took the poor man's lamb, and dressed it for the man that was come to him.

5 And David's anger was greatly kindled against the man; and he said to Nathan, *As* the LORD liveth, the man that hath done this *thing* λ shall surely die:

6 And he shall restore the lamb fourfold, *u* because he did this thing, and because he had no pity.

7 And Nathan said to David, Thou *art* y ε man. Thus saith y ε LORD God of Israel, I anointed *w* thee king over Israel, *x* and I delivered thee out of the hand of Saul;

8 And I gave thee thy master's house, & thy master's wives into thy bosom, & γ gave thee the house of Israel and of Judah; & if *that had been* too little, I would, moreover, have given unto thee such and such things.

9 Wherefore *b* hast thou despised *c* the commandment of the LORD, to do evil in his sight? Thou hast killed *d* Uriah the Hittite with the sword, and hast taken his

wife *to be* thy wife, and hast slain him with the sword of the children of Ammon.

10 Now *a* therefore, the sword shall never depart from thine house; because thou hast despised me, and hast taken the wife of Uriah the Hittite to be thy wife.

11 Thus saith the LORD, Behold, I will raise up evil against thee out of thine own house, and I will take *b* thy wives before thine eyes, and give *them* unto thy neighbour, and he shall lie with thy wives in the sight of this sun.

12 For thou didst *it* secretly: but I will do this thing before all Israel, & before y ε sun.

13 And David said unto Nathan, I have sinned *d* against the LORD. And Nathan said unto David, The LORD also hath put away *e* thy sin; thou shalt not die.

14 Howbeit, because by this deed thou hast given great occasion to the enemies of the LORD to blaspheme, *g* the child also *that is* born unto thee shall surely die.

15 And Nathan departed unto his house. And the LORD struck the child that Uriah's wife bare unto David, and it was very sick.

16 David therefore besought God for the child; and David γ fasted, and went in, and lay *i* all night upon the earth.

17 And the elders of his house arose, *and went* to him, to raise him up from the earth: but he would not, neither did he eat bread with them.

18 And it came to pass on the seventh day, that the child died. And the servants of David feared to tell him that the child was dead: for they said, Behold, while the child was yet alive, we spake unto him, and he would not hearken unto our voice: how will he then θ vex himself, if we tell him that the child is dead?

19 But when David saw that his servants whispered, David perceived that the child was dead: therefore David said unto his servants, Is the child dead? And they said, He is dead.

20 Then David arose from the earth, and washed, and anointed *himself*, and changed his apparel, and came into the house of the LORD, and worshipped :*p* then he came to his own house; and when he required, they set bread before him, and he did eat.

21 Then said his servants unto him, What thing *is* this that thou hast done? thou didst fast and weep for the child *while it was* alive; but when the child was dead, thou didst rise and eat bread.

22 And he said, While the child was yet alive, I fasted and wept: for I said, Who *s* can tell *whether* God will be gracious to me, that the child may live?

23 But now he is dead, wherefore should I fast? can I bring him back again? I shall go to him, but *t* he shall not return to me.

24 And David comforted Bath-sheba his wife, and went in unto her, and lay with her: and she bare a son, and he called his name Solomon ;*v* & the LORD loved him.

25 And he sent by the hand of Nathan the prophet; and he called his name μ Jedidiah, because of the LORD.

26 And *y* Joab fought against Rabbah *z* of y ε children of Ammon, & took y ε royal city.

27 And Joab sent messengers to David, and said, I have fought against Rabbah, and have taken the city of waters.

28 Now therefore gather the rest of the people together, and encamp against the city, and take it: lest I take the city, and *v* it be called after my name.

Center reference column

B. C. 1035.

a Am. 7. 9.
Mat. 26. 52.
b ch. 16. 22.
De. 28. 30.
c Ju. 9. 53.
β *Jerubbaal.*
Ju. 6. 32.
d ch. 24. 10.
Job 7. 20.
33. 27, 28.
Ps. 32. 5.
51. 4.
Pr. 28. 13.
e Ps. 130. 3, 4.
Is. 6. 5. 7.
Mi. 7. 18.
Zec. 3. 4.
1Jn·.1. 7, 9.
2. 1.
Re. 1. 5.
g Is. 52. 5.
Eze. 36. 20,
23.
Ro. 2. 24.
γ *fasted a fast.*
δ *be evil in thine eyes.*
h Ec.9.2,3,12.
i ch. 13. 31.
ζ *so and such*
k ch. 12. 26.
l ch. 12. 9.
De. 22. 29.
η *was evil in the eyes of.*
m 1 Ch. 21. 7.
θ *do hurt to.*
n Ps. 51.*title.*
o ch.14.5,&c.
1Ki.20.35,41.
Is. 5. 1. 7.
Mat. 21. 33, &c.
Lu.15.11,&c.
16.19,&c.
p Job 1. 20.
κ *morsel.*
q Pr. 5. 18,19.
r Ge. 18. 2..7.
s Is. 38. 2, 3.
Joel 2. 14.
Jon. 3. 9.
λ *or, is worthy to die,*
or, is *a son of death.*
1Sa. 26.16.
t Job 7. 8.10.
u Ex. 22. 1.
Lu. 19. 8.
v 1 Ch. 22. 9.
w 1 Sa. 16. 13.
x Ps.18.*title.*
μ i. e. *Beloved of the LORD.*
Ne. 13. 26.
y 1 Ch. 20. 1.
z De. 3. 11.
a ch. 5. 5.
b 1 Sa. 15. 19.
c Nu. 15. 31.
Is. 5. 24.
Am. 2. 4.
d ch.11.15..27.
v my name be called upon it.

וַיֹּאמֶר־לָהּ הָעִיר וְנִקְרָא שְׁמוֹ עָלֶיהָ׃ וַיֶּאֱסֹף 16 כֵּן אַלְפֵּד אֲנִי אֶת־הָעִיר קוּמִי לְכִי׃ וַתֹּאמֶר לוֹ עַל־
דָּוִד אֶת־כָּל־הָעָם וַיֵּלֶךְ רַבָּתָה וַיִּלָּחֶם בָּהּ וַיִּלְכְּדָהּ׃ אֹדוֹת הָרָעָה הַגְּדוֹלָה הַזֹּאת מֵאַחֶרֶת אֲשֶׁר־
וַיִּקַּח אֶת־עֲטֶרֶת־מַלְכָּם מֵעַל רֹאשׁוֹ וּמִשְׁקָלָהּ 30 עָשִׂיתָ עִמִּי לְשַׁלְּחֵנִי וְלֹא אָבָה לִשְׁמֹעַ לָהּ׃
כִּכַּר זָהָב וְאֶבֶן יְקָרָה וַתְּהִי עַל־רֹאשׁ דָּוִד וּשְׁלַל וַיִּקְרָא אֶת־נַעֲרוֹ מְשָׁרְתוֹ וַיֹּאמֶר שִׁלְחוּ־נָא אֶת־ 17
הָעִיר הוֹצִיא הַרְבֵּה מְאֹד׃ וְאֶת־הָעָם אֲשֶׁר־בָּהּ 31 זֹאת מֵעָלַי הַחוּצָה וּנְעֹל הַדֶּלֶת אַחֲרֶיהָ׃ וְעָלֶיהָ 18
הוֹצִיא וַיָּשֶׂם בַּמְּגֵרָה וּבַחֲרִצֵי הַבַּרְזֶל וּבְמַגְזְרֹת כְּתֹנֶת פַּסִּים כִּי כֵן תִּלְבַּשְׁןָ בְנוֹת־הַמֶּלֶךְ הַבְּתוּלֹת
הַבַּרְזֶל וְהֶעֱבִיר אוֹתָם בַּמַּלְכֶּן וְכֵן יַעֲשֶׂה לְכֹל עָרֵי מְעִילִים וַתֹּצֵא אוֹתָהּ מְשָׁרְתוֹ הַחוּץ וְנָעַל הַדֶּלֶת
בְנֵי־עַמּוֹן וַיָּשָׁב דָּוִד וְכָל־הָעָם יְרוּשָׁלָ͏ִם׃ אַחֲרֶיהָ׃ וַתִּקַּח תָּמָר אֵפֶר עַל־רֹאשָׁהּ וּכְתֹנֶת 19
הַפַּסִּים אֲשֶׁר עָלֶיהָ קָרָעָה וַתָּשֶׂם יָדָהּ עַל־רֹאשָׁהּ

CAP. XIII.   יג

וַתֵּלֶךְ הָלוֹךְ וְזָעָקָה׃ וַיֹּאמֶר אֵלֶיהָ אַבְשָׁלוֹם 20 וַיְהִי אַחֲרֵי־כֵן וּלְאַבְשָׁלוֹם בֶּן־דָּוִד אָחוֹת יָפָה 1
אָחִיהָ הַאֲמִינוֹן אָחִיךְ הָיָה עִמָּךְ וְעַתָּה אֲחוֹתִי וּשְׁמָהּ תָּמָר וַיֶּאֱהָבֶהָ אַמְנוֹן בֶּן־דָּוִד׃ וַיֵּצֶר לְאַמְנוֹן 2
הַחֲרִישִׁי אָחִיךְ הוּא אַל־תָּשִׁיתִי אֶת־לִבֵּךְ לַדָּבָר לְהִתְחַלּוֹת בַּעֲבוּר תָּמָר אֲחֹתוֹ כִּי בְתוּלָה הִיא וַיִּפָּלֵא
הַזֶּה וַתֵּשֶׁב תָּמָר וְשֹׁמֵמָה בֵּית אַבְשָׁלוֹם אָחִיהָ׃ 21 בְּעֵינֵי אַמְנוֹן לַעֲשׂוֹת לָהּ מְאוּמָה׃ וּלְאַמְנוֹן 3
וְהַמֶּלֶךְ דָּוִד שָׁמַע אֵת כָּל־הַדְּבָרִים הָאֵלֶּה וַיִּחַר רֵעַ וּשְׁמוֹ יוֹנָדָב בֶּן־שִׁמְעָה אֲחִי דָוִד וְיוֹנָדָב אִישׁ
לוֹ מְאֹד׃ וְלֹא־דִבֶּר אַבְשָׁלוֹם עִם־אַמְנוֹן לְמֵרָע 22 חָכָם מְאֹד׃ וַיֹּאמֶר לוֹ מַדּוּעַ אַתָּה כָּכָה דַּל בֶּן־ 4
וְעַד־טוֹב כִּי־שָׂנֵא אַבְשָׁלוֹם אֶת־אַמְנוֹן עַל־דְּבַר הַמֶּלֶךְ בַּבֹּקֶר בַּבֹּקֶר הֲלוֹא תַּגִּיד לִי וַיֹּאמֶר לוֹ
אֲשֶׁר עִנָּה אֵת תָּמָר אֲחֹתוֹ׃ וַיְהִי לִשְׁנָתַיִם 23 אַמְנוֹן אֶת־תָּמָר אֲחוֹת אַבְשָׁלֹם אָחִי אֲנִי אֹהֵב׃
יָמִים וַיִּהְיוּ גֹזְזִים לְאַבְשָׁלוֹם בְּבַעַל חָצוֹר אֲשֶׁר וַיֹּאמֶר לוֹ יְהוֹנָדָב שְׁכַב עַל־מִשְׁכָּבְךָ וְהִתְחָל וּבָא 5
עִם־אֶפְרָיִם וַיִּקְרָא אַבְשָׁלוֹם לְכָל־בְּנֵי הַמֶּלֶךְ׃ אָבִיךָ לִרְאוֹתֶךָ וְאָמַרְתָּ אֵלָיו תָּבֹא נָא תָמָר אֲחוֹתִי
וַיָּבֹא אַבְשָׁלוֹם אֶל־הַמֶּלֶךְ וַיֹּאמֶר הִנֵּה־נָא גֹזְזִים 24 וְתַבְרֵנִי לֶחֶם וְעָשְׂתָה לְעֵינַי אֶת־הַבִּרְיָה לְמַעַן אֲשֶׁר
לְעַבְדֶּךָ יֵלֶךְ־נָא הַמֶּלֶךְ וַעֲבָדָיו עִם־עַבְדֶּךָ׃ וַיֹּאמֶר 25 אֶרְאֶה וְאָכַלְתִּי מִיָּדָהּ׃ וַיִּשְׁכַּב אַמְנוֹן וַיִּתְחָל וַיָּבֹא 6
הַמֶּלֶךְ אֶל־אַבְשָׁלוֹם אַל־בְּנִי אַל־נָא נֵלֵךְ כֻּלָּנוּ וְלֹא הַמֶּלֶךְ לִרְאֹתוֹ וַיֹּאמֶר אַמְנוֹן אֶל־הַמֶּלֶךְ תָּבוֹא־
נִכְבַּד עָלֶיךָ וַיִּפְרָץ־בּוֹ וְלֹא־אָבָה לָלֶכֶת וַיְבָרְכֵהוּ׃ נָא תָּמָר אֲחֹתִי וּתְלַבֵּב לְעֵינַי שְׁתֵּי לְבִבוֹת וְאֶבְרֶה
וַיֹּאמֶר אַבְשָׁלוֹם וָלֹא יֵלֶךְ־נָא אִתָּנוּ אַמְנוֹן אָחִי 26 מִיָּדָהּ׃ וַיִּשְׁלַח דָּוִד אֶל־תָּמָר הַבַּיְתָה לֵאמֹר לְכִי 7
וַיֹּאמֶר לוֹ הַמֶּלֶךְ לָמָּה יֵלֵךְ עִמָּךְ׃ וַיִּפְרָץ־בּוֹ 27 נָא בֵּית אַמְנוֹן אָחִיךְ וַעֲשִׂי־לוֹ הַבִּרְיָה׃ וַתֵּלֶךְ 8
אַבְשָׁלוֹם וַיִּשְׁלַח אִתּוֹ אֶת־אַמְנוֹן וְאֵת כָּל־בְּנֵי תָּמָר בֵּית אַמְנוֹן אָחִיהָ וְהוּא שֹׁכֵב וַתִּקַּח אֶת־
הַמֶּלֶךְ׃ וַיְצַו אַבְשָׁלוֹם אֶת־נְעָרָיו לֵאמֹר רְאוּ נָא 28 הַבָּצֵק וַתָּלָשׁ וַתְּלַבֵּב לְעֵינָיו וַתְּבַשֵּׁל אֶת־הַלְּבִבוֹת׃
כְּטוֹב לֵב־אַמְנוֹן בַּיַּיִן וְאָמַרְתִּי אֲלֵיכֶם הַכּוּ אֶת־ וַתִּקַּח אֶת־הַמַּשְׂרֵת וַתִּצֹק לְפָנָיו וַיְמָאֵן לֶאֱכוֹל 9
אַמְנוֹן וַהֲמִתֶּם אֹתוֹ אַל־תִּירָאוּ הֲלוֹא כִּי אָנֹכִי וַיֹּאמֶר אַמְנוֹן הוֹצִיאוּ כָל־אִישׁ מֵעָלַי וַיֵּצְאוּ כָל־אִישׁ
צִוִּיתִי אֶתְכֶם חִזְקוּ וִהְיוּ לִבְנֵי־חָיִל׃ וַיַּעֲשׂוּ נַעֲרֵי 29 מֵעָלָיו׃ וַיֹּאמֶר אַמְנוֹן אֶל־תָּמָר הָבִיאִי הַבִּרְיָה 10
אַבְשָׁלוֹם לְאַמְנוֹן כַּאֲשֶׁר צִוָּה אַבְשָׁלוֹם וַיָּקֻמוּ הַחֶדֶר וְאֶבְרֶה מִיָּדֵךְ וַתִּקַּח תָּמָר אֶת־הַלְּבִבוֹת אֲשֶׁר
כָּל־בְּנֵי הַמֶּלֶךְ וַיִּרְכְּבוּ אִישׁ עַל־פִּרְדּוֹ וַיָּנֻסוּ׃ עָשָׂתָה וַתָּבֵא לְאַמְנוֹן אָחִיהָ הֶחָדְרָה׃
וַיְהִי הֵמָּה בַדֶּרֶךְ וְהַשְּׁמֻעָה בָאָה אֶל־דָּוִד לֵאמֹר 30 וַתַּגֵּשׁ אֵלָיו לֶאֱכֹל וַיַּחֲזֶק־בָּהּ וַיֹּאמֶר לָהּ בּוֹאִי שִׁכְבִי 11
הִכָּה אַבְשָׁלוֹם אֶת־כָּל־בְּנֵי הַמֶּלֶךְ וְלֹא־נוֹתַר מֵהֶם עִמִּי אֲחוֹתִי׃ וַתֹּאמֶר לוֹ אַל־אָחִי אַל־תְּעַנֵּנִי כִּי 12
אֶחָד׃ וַיָּקָם הַמֶּלֶךְ וַיִּקְרַע אֶת־בְּגָדָיו וַיִּשְׁכַּב אָרְצָה 31 לֹא־יֵעָשֶׂה כֵן בְּיִשְׂרָאֵל אַל־תַּעֲשֵׂה אֶת־הַנְּבָלָה
וְכָל־עֲבָדָיו נִצָּבִים קְרֻעֵי בְגָדִים׃ וַיַּעַן יוֹנָדָב בֶּן־ 32 הַזֹּאת׃ וַאֲנִי אָנָה אוֹלִיךְ אֶת־חֶרְפָּתִי וְאַתָּה 13
שִׁמְעָה אֲחִי־דָוִד וַיֹּאמֶר אַל־יֹאמַר אֲדֹנִי אֵת כָּל־ תִּהְיֶה כְּאַחַד הַנְּבָלִים בְּיִשְׂרָאֵל וְעַתָּה דַּבֶּר־נָא אֶל־
הַנְּעָרִים בְּנֵי־הַמֶּלֶךְ הֵמִיתוּ כִּי־אַמְנוֹן לְבַדּוֹ מֵת כִּי־ הַמֶּלֶךְ כִּי לֹא יִמְנָעֵנִי מִמֶּךָּ׃ וְלֹא אָבָה לִשְׁמֹעַ 14
עַל־פִּי אַבְשָׁלוֹם הָיְתָה שׂוּמָה מִיּוֹם עַנֹּתוֹ אֵת תָּמָר בְּקוֹלָהּ וַיֶּחֱזַק מִמֶּנָּה וַיְעַנֶּהָ וַיִּשְׁכַּב אֹתָהּ׃
אֲחֹתוֹ׃ וְעַתָּה אַל־יָשֵׂם אֲדֹנִי הַמֶּלֶךְ אֶל־לִבּוֹ 33 וַיִּשְׂנָאֶהָ אַמְנוֹן שִׂנְאָה גְּדוֹלָה מְאֹד כִּי גְדוֹלָה 15
דָּבָר לֵאמֹר כָּל־בְּנֵי הַמֶּלֶךְ מֵתוּ כִּי־אִם־אַמְנוֹן לְבַדּוֹ הַשִּׂנְאָה אֲשֶׁר שְׂנֵאָהּ מֵאַהֲבָה אֲשֶׁר אֲהֵבָהּ

29 And David gathered all the people together, and went to Rabbah, and fought against it, and took it.

30 And he took their king's crown from off his head, (the weight whereof *was* a talent of gold with the precious stones,) and it was *set* on David's head: and he brought forth the spoil of the city β in great abundance.

31 And he brought forth the people that *were* therein, and put *them* under saws, and under harrows of iron, and under ayres of iron, & made them pass through the brick-kiln: and thus did he unto all the cities of the children of Ammon. So David and all the people returned unto Jerusalem.

CHAP. XIII.

AND it came to pass after this, that Absalom, the son of David, had a fair sister, whose name *was* Tamar;* and Amnon the son of David loved her.

2 And Amnon was so vexed, that *f* he fell sick for his sister Tamar; for she *was* a virgin: and ζ Amnon thought it hard for him to do any thing to her.

3 But Amnon had a friend, whose name *was* Jonadab, the son of Shimeah,^{g} David's brother: & Jonadab *was* a very subtil man.

4 And he said unto him, Why *art* thou, *being* the king's son, θ lean κ from day to day? wilt thou not tell me? And Amnon said unto him, I love Tamar, my brother Absalom's sister.

5 And Jonadab said unto him, Lay thee down on thy bed, and make thyself sick: and when thy father cometh to see thee, say unto him, I pray thee, let my sister Tamar come, and give me meat, and dress the meat in my sight, that I may see *it*, and eat *it* at her hand.

6 So Amnon lay down, and made himself sick: and when the king was come to see him, Amnon said unto the king, I pray thee, let Tamar my sister come, and make me a couple of cakes^l in my sight, that I may eat at her hand.

7 Then David sent home to Tamar, saying, Go now to thy brother Amnon's house, and dress him meat.

8 So Tamar went to her brother Amnon's house; and he was laid down. And she took λ flour, and kneaded *it*, and made cakes in his sight, and did bake the cakes.

9 And she took a pan, and poured *them* out before him; but he refused to eat. And Amnon said, Have out all men from me: & they went out every man from him.

10 And Amnon said unto Tamar, Bring the meat into the chamber, that I may eat of thine hand. And Tamar took the cakes which she had made, and brought *them* into the chamber to Amnon her brother.

11 And when she had brought *them* unto him to eat, he^q took hold of her, and said unto her, Come, lie with me, my sister

12 And she answered him, Nay, my brother, do not ρ force me; for σ no such thing ought to be done in Israel: *t* do not thou this folly. ^{v}

13 And I, whither shall I cause my shame to go? and as for thee, thou shalt be as one of the fools in Israel. Now therefore, I pray thee, speak unto the king; for he will not withhold me from thee.

14 Howbeit, he would not hearken unto her voice; but, being stronger than she, forced ^{x} her, and lay with her.

15 Then Amnon hated her ψ exceedingly; so that the hatred wherewith he

B. C. 1032.

β *very great.*
a Ge. 37. 3.
  Ju. 5. 30.
b Ps.45.13,14.
c ch. 1. 2.
  Jos. 7. 6.
  Job 2. 12.
d Je. 2. 37.
e 1 Ch. 3. 9.
γ *Aminon.*
f 1 Ki. 21. 4.
  2 Co. 7. 10.
δ *set not thine heart.*
ζ *it was marvellous, or, hidden in the eyes of Aminon.*
η *and desolate.*
g 1 Sa. 16. 9.
  Shammah.
h Ge. 24. 50.
  31. 24.
θ *thin.*
κ *morning by morning.*
i Le.19.17,18.
k Ge.38.12,13.
  1Sa.25.4,36.
l Ge. 18. 6.
m Pr.26.24..26
λ or, *paste.*
n Ju.19.6,9,22.
  Ru.3. 7.
  1 Sa. 25. 36.
  Es. 1. 10.
  Ps. 104. 15.
  Ec. 9. 7.
  10. 19.
μ or, *will you not, since I have—?*
  Jos. 1. 9.
ν *sons of valour.*
o Pr. 29. 12.
π *rode.*
p 1 Ki. 1. 33.
q Ge. 39. 12.
r ch. 1. 11.
s ch. 12. 16.
ρ *humble me.*
  Ge. 34. 2.
σ *it ought not so to be done.*
t Le.18.9,11.
  20. 17.
u ver. 3.
v Ge. 34. 7.
  Ju. 19. 23.
  Pr. 5. 22,23.
τ *month.*
χ or, *settled.*
w ch. 19. 19.
x De. 22. 25.
ψ *with great hatred greatly.*
y ver. 38.

hated her *was* greater than the love wherewith he had loved her: and Amnon said unto her, Arise, be gone.

16 And she said unto him, *There is no* cause: this evil in sending me away *is* greater than the other that thou didst unto me. But he would not hearken unto her.

17 Then he called his servant that ministered unto him, & said, Put now this *woman* out from me, & bolt the door after her.

18 And *she had* a garment of divers colours^a upon her: for^b with such robes were the king's daughters *that were* virgins apparelled. Then his servant brought her out, and bolted the door after her.

19 And Tamar put ashes ^{c} on her head, and rent her garment of divers colours that *was* on her, and laid her hand^d on her head, and went on crying.

20 And Absalom her brother said unto her, Hath γ Amnon thy brother been with thee? but hold now thy peace, my sister: he *is* thy brother; δ regard not this thing. So Tamar remained ηdesolate in her brother Absalom's house.

21 But when king David heard of all these things, he was very wroth.

22 And Absalom spake unto his brother Amnon neither^h good nor bad: for Absalom hated ^{i} Amnon, because he had forced his sister Tamar.

23 And it came to pass, after two full years, that Absalom had ^{k} sheep-shearers in Baal-hazor, which *is* beside Ephraim: and Absalom invited all the king's sons.

24 And Absalom came to the king, and said, Behold now, thy servant hath sheep-shearers; let the king, I beseech thee, and his servants, go with thy servant.

25 And the king said to Absalom, Nay, my son, let us not all now go, lest we be chargeable unto thee. And he pressed him: howbeit he would not go, but blessed him.

26 Then said Absalom, If not, I pray thee, let my brother Amnon go with us. And the king said unto him, Why should he go with thee?

27 But^m Absalom pressed him, that he let Amnon and all the king's sons go with him.

28 Now Absalom had commanded his servants, saying, Mark ye now when Amnon's heart is merry^n with wine, and when I say unto you, Smite Amnon; then kill him, fear not: μ have not I commanded you? be courageous, and be ν valiant.

29 And the servants of Absalom ^{o} did unto Amnon as Absalom had commanded. Then all the king's sons arose, and every man πgat him up upon his mule,^{p} and fled.

30 And it came to pass, while they were in the way, that tidings came to David, saying, Absalom hath slain all the king's sons, and there is not one of them left.

31 Then the king arose, and tare^s his garments, and lay^s on the earth; and all his servants stood by with their clothes rent.

32 And Jonadab^u the son of Shimeah, David's brother, answered and said, Let not my lord suppose*that* they have slain all the young men the king's sons; for Amnon only is dead: for by the τ appointment of Absalom this hath been χdetermined from the day that he forced his sister Tamar.

33 Now therefore let not my lord the king take ^{w} the thing to his heart, to think that all the king's sons are dead; for Amnon only is dead.

34 But Absalom fled. ^{y} And the young

34 מֵת: וַיִּבְרַח אַבְשָׁלוֹם וַיִּשָּׂא הַנַּעַר הַצֹּפֶה אֶת־
עֵינָו וַיַּרְא וְהִנֵּה עַם־רַב הֹלְכִים מִדֶּרֶךְ אַחֲרָיו מִצַּד
35 הָהָר: וַיֹּאמֶר יוֹנָדָב אֶל־הַמֶּלֶךְ הִנֵּה בְנֵי־הַמֶּלֶךְ
36 בָּאוּ כִּדְבַר עַבְדְּךָ כֵּן הָיָה: וַיְהִי כְּכַלֹּתוֹ לְדַבֵּר
וְהִנֵּה בְנֵי־הַמֶּלֶךְ בָּאוּ וַיִּשְׂאוּ קוֹלָם וַיִּבְכּוּ וְגַם־
37 הַמֶּלֶךְ וְכָל־עֲבָדָיו בָּכוּ בְּכִי גָּדוֹל מְאֹד: וְאַבְשָׁלוֹם
בָּרַח וַיֵּלֶךְ אֶל־תַּלְמַי בֶּן־עַמִּיחוּר מֶלֶךְ גְּשׁוּר וַיִּתְאַבֵּל
38 עַל־בְּנוֹ כָּל־הַיָּמִים: וְאַבְשָׁלוֹם בָּרַח וַיֵּלֶךְ גְּשׁוּר
39 וַיְהִי־שָׁם שָׁלֹשׁ שָׁנִים: וַתְּכַל דָּוִד הַמֶּלֶךְ לָצֵאת
אֶל־אַבְשָׁלוֹם כִּי־נִחַם עַל־אַמְנוֹן כִּי־מֵת:

CAP. XIV. יד

1 וַיֵּדַע יוֹאָב בֶּן־צְרֻיָה כִּי־לֵב הַמֶּלֶךְ עַל־אַבְשָׁלוֹם:
2 וַיִּשְׁלַח יוֹאָב תְּקוֹעָה וַיִּקַּח מִשָּׁם אִשָּׁה חֲכָמָה
וַיֹּאמֶר אֵלֶיהָ הִתְאַבְּלִי־נָא וְלִבְשִׁי־נָא בִגְדֵי־אֵבֶל
וְאַל־תָּסוּכִי שֶׁמֶן וְהָיִית כְּאִשָּׁה זֶה יָמִים רַבִּים
3 מִתְאַבֶּלֶת עַל־מֵת: וּבָאת אֶל־הַמֶּלֶךְ וְדִבַּרְתְּ אֵלָיו
כַּדָּבָר הַזֶּה וַיָּשֶׂם יוֹאָב אֶת־הַדְּבָרִים בְּפִיהָ:
4 וַתֹּאמֶר הָאִשָּׁה הַתְּקֹעִית אֶל־הַמֶּלֶךְ וַתִּפֹּל עַל־
אַפֶּיהָ אַרְצָה וַתִּשְׁתָּחוּ וַתֹּאמֶר הוֹשִׁעָה הַמֶּלֶךְ:
5 וַיֹּאמֶר־לָהּ הַמֶּלֶךְ מַה־לָּךְ וַתֹּאמֶר אֲבָל
6 אִשָּׁה־אַלְמָנָה אָנִי וַיָּמָת אִישִׁי: וּלְשִׁפְחָתְךָ שְׁנֵי
בָנִים וַיִּנָּצוּ שְׁנֵיהֶם בַּשָּׂדֶה וְאֵין מַצִּיל בֵּינֵיהֶם וַיַּכּוֹ
7 הָאֶחָד אֶת־הָאֶחָד וַיָּמֶת אֹתוֹ: וְהִנֵּה קָמָה כָל־
הַמִּשְׁפָּחָה עַל־שִׁפְחָתֶךָ וַיֹּאמְרוּ תְּנִי אֶת־מַכֵּה־
אָחִיו וּנְמִתֵהוּ בְּנֶפֶשׁ אָחִיו אֲשֶׁר הָרָג וְנַשְׁמִידָה
גַּם אֶת־הַיּוֹרֵשׁ וְכִבּוּ אֶת־גַּחַלְתִּי אֲשֶׁר נִשְׁאָרָה
לְבִלְתִּי שׂום־לְאִישִׁי שֵׁם וּשְׁאֵרִית עַל־פְּנֵי הָאֲדָמָה:
8 וַיֹּאמֶר הַמֶּלֶךְ אֶל־הָאִשָּׁה לְכִי לְבֵיתֵךְ וַאֲנִי
9 אֲצַוֶּה עָלָיִךְ: וַתֹּאמֶר הָאִשָּׁה הַתְּקוֹעִית אֶל־
הַמֶּלֶךְ עָלַי אֲדֹנִי הַמֶּלֶךְ הֶעָוֹן וְעַל־בֵּית אָבִי
10 וְהַמֶּלֶךְ וְכִסְאוֹ נָקִי: וַיֹּאמֶר הַמֶּלֶךְ הַמְדַבֵּר
אֵלַיִךְ וַהֲבֵאתוֹ אֵלַי וְלֹא־יֹסִיף עוֹד לָגַעַת בָּךְ:
11 וַתֹּאמֶר יִזְכָּר־נָא הַמֶּלֶךְ אֶת־יְהוָה אֱלֹהֶיךָ מֵהַרְבִּית
גֹּאֵל הַדָּם לְשַׁחֵת וְלֹא יַשְׁמִידוּ אֶת־בְּנִי וַיֹּאמֶר חַי־
12 יְהוָה אִם־יִפֹּל מִשַּׂעֲרַת בְּנֵךְ אָרְצָה: וַתֹּאמֶר
הָאִשָּׁה תְּדַבֶּר־נָא שִׁפְחָתְךָ אֶל־אֲדֹנִי הַמֶּלֶךְ דָּבָר
13 וַיֹּאמֶר דַּבֵּרִי: וַתֹּאמֶר הָאִשָּׁה וְלָמָּה חָשַׁבְתָּה
כָּזֹאת עַל־עַם אֱלֹהִים וּמִדַּבֵּר הַמֶּלֶךְ הַדָּבָר הַזֶּה
14 כְּאָשֵׁם לְבִלְתִּי הָשִׁיב הַמֶּלֶךְ אֶת־נִדְּחוֹ: כִּי־מוֹת
נָמוּת וְכַמַּיִם הַנִּגָּרִים אַרְצָה אֲשֶׁר לֹא יֵאָסֵפוּ וְלֹא־

15 יִשָּׂא אֱלֹהִים נֶפֶשׁ וְחָשַׁב מַחֲשָׁבוֹת לְבִלְתִּי יִדַּח
מִמֶּנּוּ נִדָּח: וְעַתָּה אֲשֶׁר־בָּאתִי לְדַבֵּר אֶל־הַמֶּלֶךְ
אֲדֹנִי אֶת־הַדָּבָר הַזֶּה כִּי יֵרְאֻנִי הָעָם וַתֹּאמֶר
שִׁפְחָתְךָ אֲדַבְּרָה־נָּא אֶל־הַמֶּלֶךְ אוּלַי יַעֲשֶׂה הַמֶּלֶךְ
16 אֶת־דְּבַר אֲמָתוֹ: כִּי יִשְׁמַע הַמֶּלֶךְ לְהַצִּיל אֶת־
אֲמָתוֹ מִכַּף הָאִישׁ לְהַשְׁמִיד אֹתִי וְאֶת־בְּנִי יַחַד
17 מִנַּחֲלַת אֱלֹהִים: וַתֹּאמֶר שִׁפְחָתְךָ יִהְיֶה־נָּא דְבַר־
אֲדֹנִי הַמֶּלֶךְ לִמְנֻחָה כִּי כְּמַלְאַךְ הָאֱלֹהִים כֵּן
אֲדֹנִי הַמֶּלֶךְ לִשְׁמֹעַ הַטּוֹב וְהָרָע וַיהוָה אֱלֹהֶיךָ
18 יְהִי עִמָּךְ: וַיַּעַן הַמֶּלֶךְ וַיֹּאמֶר אֶל־הָאִשָּׁה אַל־
נָא תְכַחֲדִי מִמֶּנִּי דָּבָר אֲשֶׁר אָנֹכִי שֹׁאֵל אֹתָךְ
19 וַתֹּאמֶר הָאִשָּׁה יְדַבֶּר־נָא אֲדֹנִי הַמֶּלֶךְ: וַיֹּאמֶר
הַמֶּלֶךְ הֲיַד יוֹאָב אִתָּךְ בְּכָל־זֹאת וַתַּעַן הָאִשָּׁה
וַתֹּאמֶר חֵי־נַפְשְׁךָ אֲדֹנִי הַמֶּלֶךְ אִם־אִשׁ לְהֵמִין
וּלְהַשְׂמִיל מִכֹּל אֲשֶׁר־דִּבֶּר אֲדֹנִי הַמֶּלֶךְ כִּי־עַבְדְּךָ
20 יוֹאָב הוּא צִוָּנִי וְהוּא שָׂם בְּפִי שִׁפְחָתְךָ אֵת כָּל־
הַדְּבָרִים הָאֵלֶּה: לְבַעֲבוּר סַבֵּב אֶת־פְּנֵי הַדָּבָר עָשָׂה
עַבְדְּךָ יוֹאָב אֶת־הַדָּבָר הַזֶּה וַאדֹנִי חָכָם כְּחָכְמַת
21 מַלְאַךְ הָאֱלֹהִים לָדַעַת אֶת־כָּל־אֲשֶׁר בָּאָרֶץ:
וַיֹּאמֶר הַמֶּלֶךְ אֶל־יוֹאָב הִנֵּה־נָא עָשִׂיתִי אֶת־הַדָּבָר
22 הַזֶּה וְלֵךְ הָשֵׁב אֶת־הַנַּעַר אֶת־אַבְשָׁלוֹם: וַיִּפֹּל
יוֹאָב אֶל־פָּנָיו אַרְצָה וַיִּשְׁתַּחוּ וַיְבָרֶךְ אֶת־הַמֶּלֶךְ
וַיֹּאמֶר יוֹאָב הַיּוֹם יָדַע עַבְדְּךָ כִּי־מָצָאתִי חֵן בְּעֵינֶיךָ
23 אֲדֹנִי הַמֶּלֶךְ אֲשֶׁר־עָשָׂה הַמֶּלֶךְ אֶת־דְּבַר עַבְדּוֹ:
וַיָּקָם יוֹאָב וַיֵּלֶךְ גְּשׁוּרָה וַיָּבֵא אֶת־אַבְשָׁלוֹם יְרוּשָׁלִָם:
24 וַיֹּאמֶר הַמֶּלֶךְ יִסֹּב אֶל־בֵּיתוֹ וּפָנַי לֹא יִרְאֶה
וַיִּסֹּב אַבְשָׁלוֹם אֶל־בֵּיתוֹ וּפְנֵי הַמֶּלֶךְ לֹא רָאָה:
25 וּכְאַבְשָׁלוֹם לֹא־הָיָה אִישׁ־יָפֶה בְּכָל־יִשְׂרָאֵל לְהַלֵּל
מְאֹד מִכַּף רַגְלוֹ וְעַד קָדְקֳדוֹ לֹא־הָיָה בוֹ מוּם:
26 וּבְגַלְּחוֹ אֶת־רֹאשׁוֹ וְהָיָה מִקֵּץ יָמִים לַיָּמִים אֲשֶׁר
יְגַלֵּחַ כִּי־כָבֵד עָלָיו וְגִלְּחוֹ וְשָׁקַל אֶת־שְׂעַר רֹאשׁוֹ
27 מָאתַיִם שְׁקָלִים בְּאֶבֶן הַמֶּלֶךְ: וַיִּוָּלְדוּ לְאַבְשָׁלוֹם
שְׁלוֹשָׁה בָנִים וּבַת אַחַת וּשְׁמָהּ תָּמָר הִיא הָיְתָה
28 אִשָּׁה יְפַת מַרְאֶה: וַיֵּשֶׁב אַבְשָׁלוֹם בִּירוּשָׁלִַם
29 שְׁנָתַיִם יָמִים וּפְנֵי הַמֶּלֶךְ לֹא רָאָה: וַיִּשְׁלַח
אַבְשָׁלוֹם אֶל־יוֹאָב לִשְׁלֹחַ אֹתוֹ אֶל־הַמֶּלֶךְ וְלֹא
אָבָה לָבוֹא אֵלָיו וַיִּשְׁלַח עוֹד שֵׁנִית וְלֹא אָבָה לָבוֹא:
30 וַיֹּאמֶר אֶל־עֲבָדָיו רְאוּ חֶלְקַת יוֹאָב אֶל־יָדִי וְלוֹ־שָׁם
שְׂעֹרִים לְכוּ וְהַצִּיתוּהָ בָאֵשׁ וַיַּצִּתוּ עַבְדֵי אַבְשָׁלוֹם
31 אֶת־הַחֶלְקָה בָּאֵשׁ: וַיָּקָם יוֹאָב וַיָּבֹא אֶל־

man that kept the watch lifted up his eyes & looked,&, behold, there came much people by the way of the hill side behind him.

35 And Jonadab said unto the king, Behold, the king's sons come: β as thy servant said, so it is.

36 And it came to pass, as soon as he had made an end of speaking, that, behold, the king's sons came, and lifted up their voice, and wept: and the king also and all his servants wept γ very sore.

37 But Absalom fled, & went to Talmai,*d* y*e* son of δ Ammihud king of Geshur. And *David* mourned for his son every day.

38 So Absalom fled, and went to Geshur,*e* and was there three years.

39 And *the soul of* king David η longed to go forth unto Absalom: for he was comforted *g* concerning Amnon, seeing he was dead.

CHAP. XIV.

NOW Joab the son of Zeruiah perceived that the king's heart *was* toward*h* Absalom.

2 And Joab sent to Tekoah,*i* and fetched thence a wise woman, and said unto her, I pray thee, feign thyself to be a mourner, & put on now mourning apparel, and anoint not thyself with oil, but be as a woman that had a long time mourned for the dead ;

3 And come to the king, and speak on this manner unto him. So Joab put the words in her mouth.

4 And when the woman of Tekoah spake to y*e* king, she fell*l* on her face to y*e* ground, and did obeisance, and said, λ Help,O king.

5 And the king said unto her, What aileth thee ? And she answered, I *m am* indeed a widow woman, and mine husband is dead.

6 And thy handmaid had two sons, and they two strove together in the field, and *there was* ν none to part them, but the one smote the other, and slew him.

7 And, behold, the whole family is risen against thine handmaid, and they said,Deliver *n* him that smote his brother, that we may kill him,for y*e* life of his brotherwhom he slew ; & we will destroy y*e* heir also : & so they shall quench my coal which is left, and shall not leave to my husband *neither* name nor remainder upon the ρ earth.

8 And the king said unto the woman, Go to thine house, and I will give charge concerning thee.

9 And the woman of Tekoah said unto the king, My lord, O king, the iniquity *be* on me,*r* and on my father's house ; and the king*s* and his throne *be* guiltless.

10 And the king said, Whosoever saith *ought* unto thee, bring him to me, and he shall not touch thee any more.

11 Then said she, I pray thee, let the king remember the LORD thy God, τ that thou wouldest not suffer the revengers of*u* blood to destroy any more, lest they destroy my son. And he said, *As s* the LORD liveth, there shall not one hair of thy son fall to the earth.

12 Then the woman said, Let thine handmaid, I pray thee, speak *one* word unto my lord the king. And he said, Say on.

13 And the woman said, Wherefore then hast thou thought such a thing against the people of God ? for the king doth speak this thing as one which is faulty, in that the king doth not fetch home again his banished.*y*

14 For we must needs die,*z* and *are* as water spilt on the ground, which cannot be gathered up again : χ neither doth

B. C. 1030.

a Job 34. 19.
Mat. 22. 16.
Ac. 10. 34.
Ro. 2. 11.
b Nu. 35. 24.
c Le. 26. 40.
Is. 50. 1, 2.
La. 3. 31,32.
β *according to the word of thy servant.*
γ *with a great weeping greatly.*
d ch. 3. 3.
δ *or, Ammihur.*
ζ *for rest.*
e ch. 14. 23.
f ch. 19. 27.
η *was consumed* Ps. 84. 2.
θ *hear.*
g Ge. 37. 35. 38. 12.
h ch. 13. 39.
i 2 Ch. 11. 6.
k ver. 3.
l 1 Sa. 20. 41.
λ *save.*
m ch.12.1,&c.
μ *blessed.*
ν *no deliverer between.*
π *or, thy.*
n De. 19. 12.
o ch. 13. 37.
p Ge. 43. 3. Ex. 10. 28.
ρ *face of the earth.*
σ *And as Absalom there was not a beautiful man in all Israel to praise greatly.*
q Is. 1. 6.
r Ge. 27. 13. 1 Sa. 25. 24.
s ch. 3. 28. 1 Ki. 2. 33.
τ *that the revenger of blood do not multiply to destroy.*
t ch. 18. 18.
u Nu. 35. 19. Je. 4. 2.
v 1 Sa. 14. 45.
w ver. 24.
φ *my place.*
x Jn. 15. 4, 5.
y ch.13.37,38.
z Job 34. 15. Ps. 90. 3,10. He. 9. 27.
x or. because God hath not taken away his life, he hath also devised.

God respect*a any* person ; yet doth he devise means *b* that his banished be not expelled*c* from him.

15 Now therefore that I am come to speak of this thing unto my lord y*e* king, *it is* because y*e* people have made me afraid : and thy handmaid said, I will now speak unto the king ; it may be that the king will perform the request of his handmaid.

16 For the king will hear, to deliver his handmaid out of the hand of the man *that would* destroy me and my son together out of the inheritance of God.

17 Then thine handmaid said, The word of my lord the king shall now be ζ comfortable : for as an angel*f* of God, so *is* my lord y*e* king to θ discern good & bad ; therefore the LORD thy God will be with thee.

18 Then y*e* king answered & said unto y*e* woman, Hide not from me, I pray thee, the thing that I shall ask thee. And the woman said, Let my lord the king now speak.

19 And the king said, *Is not* the hand of Joab with thee in all this ? And the woman answered and said, *As* thy soul liveth, my lord the king, none can turn to the right hand or to the left from ought that my lord the king hath spoken : for thy servant Joab, he bade me, and he *k* put all these words in the mouth of thine handmaid :

20 To fetch about this form of speech hath thy servant Joab done this thing : and my lord *is* wise, according to the wisdom of an angel of God, to know all *things* that *are* in the earth.

21 And the king said unto Joab, Behold now, I have done this thing : go therefore, bring the young man Absalom again.

22 And Joab fell to the ground on his face,and bowed himself,and μ thanked the king : and Joab said, To-day thy servant knoweth that I have found grace in thy sight, my lord, O king, in that the king hath fulfilled the request of π his servant.

23 So Joab arose, and went to Geshur,*o* and brought Absalom to Jerusalem.

24 And the king said, Let him turn to his own house, and let him not see my face.*p* So Absalom returned to his own house, and saw not the king's face.

25 But σ in all Israel there was none to be so much praised as Absalom for his beauty : from*q* the sole of his foot even to the crown of his head there was no blemish in him.

26 And when he polled his head, (for it was at every year's end that he polled *it;* because *the hair* was heavy on him, therefore he polled it,) he weighed the hair of his head at two hundred shekels after the king's weight.

27 And*t* unto Absalom there were born three sons, and one daughter, whose name *was* Tamar : she was a woman of a fair countenance.

28 So Absalom dwelt two full years in Jerusalem, and saw not*w* the king's face.

29 Therefore Absalom sent for Joab, to have sent him to the king ; but he would not come to him : and when he sent again the second time, he would not come.

30 Therefore he said unto his servants, See, Joab's field is near φ mine, and he hath barley there ; go and set it on fire.*x* And Absalom's servants set the field on fire.

31 Then Joab arose,& came to Absalom unto *his* house, and said unto him, Wherefore have thy servants set my field on fire ?

32 And Absalom answered Joab, Be-

בְּכֹל אֲשֶׁר־יִבְחַר אֲדֹנִי הַמֶּלֶךְ הִנֵּה עַבְדֶּךָ׃   אַבְשָׁלוֹם הַבָּיְתָה וַיֹּאמֶר אֵלָיו לָמָּה הָלַכְתָּ הִנֵּה עֲבָדֶךָ

וַיֵּצֵא הַמֶּלֶךְ וְכָל־בֵּיתוֹ בְּרַגְלָיו וַיַּעֲזֹב הַמֶּלֶךְ אֵת 16   אֶת־הֶחָלְקָה אֲשֶׁר־לִי בָּאֵשׁ׃   וַיֹּאמֶר אַבְשָׁלוֹם 33

אֲשֶׁר נָשִׁים פִּלַגְשִׁים לִשְׁמֹר הַבָּיִת׃ וַיֵּצֵא הַמֶּלֶךְ 17   אֶל־יוֹאָב הִנֵּה שָׁלַחְתִּי אֵלֶיךָ לֵאמֹר בֹּא הֵנָּה

וְכָל־הָעָם בְּרַגְלָיו וַיַּעַמְדוּ בֵּית הַמֶּרְחָק׃ 18   וְכָל־ וְאֶשְׁלְחָה אֹתְךָ אֶל־הַמֶּלֶךְ לֵאמֹר לָמָּה בָּאתִי

עֲבָדָיו עֹבְרִים עַל־יָדוֹ וְכָל־הַכְּרֵתִי וְכָל־הַפְּלֵתִי וְכָל־   מִגְּשׁוּר טוֹב לִי עֹד אֲנִי־שָׁם וְעַתָּה אֶרְאֶה פְּנֵי

הַגִּתִּים שֵׁשׁ־מֵאוֹת אִישׁ אֲשֶׁר־בָּאוּ בְרַגְלוֹ מִגַּת   הַמֶּלֶךְ וְאִם־יֶשׁ־בִּי עָוֹן וֶהֱמִתָנִי׃   וַיָּבֹא יוֹאָב אֶל־ 33

עֹבְרִים עַל־פְּנֵי הַמֶּלֶךְ׃   וַיֹּאמֶר הַמֶּלֶךְ אֶל־אִתַּי 19   הַמֶּלֶךְ וַיַּגֶּד־לוֹ וַיִּקְרָא אֶל־אַבְשָׁלוֹם וַיָּבֹא אֶל־הַמֶּלֶךְ

הַגִּתִּי לָמָּה תֵלֵךְ גַּם־אַתָּה אִתָּנוּ שׁוּב וְשֵׁב עִם־   וַיִּשְׁתַּחוּ לוֹ עַל־אַפָּיו אַרְצָה לִפְנֵי הַמֶּלֶךְ וַיִּשַּׁק

הַמֶּלֶךְ כִּי־נָכְרִי אַתָּה וְגַם־גֹּלֶה אַתָּה לִמְקוֹמֶךָ׃   הַמֶּלֶךְ לְאַבְשָׁלוֹם׃

תְּמוֹל בּוֹאֶךָ וְהַיּוֹם אֲנוֹעֲךָ עִמָּנוּ לָלֶכֶת וַאֲנִי הוֹלֵךְ 20

עַל אֲשֶׁר־אֲנִי הוֹלֵךְ וָשׁוּב הָשֵׁב אֶת־אַחֶיךָ עִמָּךְ   וַיְהִי מֵאַחֲרֵי כֵן וַיַּעַשׂ לוֹ אַבְשָׁלוֹם מֶרְכָּבָה וְסֻסִים 1

חֶסֶד וֶאֱמֶת׃   וַיַּעַן אִתַּי אֶת־הַמֶּלֶךְ וַיֹּאמַר חַי־ 21   וַחֲמִשִּׁים אִישׁ רָצִים לְפָנָיו׃   וְהִשְׁכִּים אַבְשָׁלוֹם 2

יְהוָה וְחֵי אֲדֹנִי הַמֶּלֶךְ כִּי אִם־בִּמְקוֹם אֲשֶׁר יִהְיֶה־   וְעָמַד עַל־יַד דֶּרֶךְ הַשָּׁעַר וַיְהִי כָּל־הָאִישׁ אֲשֶׁר־

שָּׁם אֲדֹנִי הַמֶּלֶךְ אִם־לְמָוֶת אִם־לְחַיִּים כִּי־שָׁם   יִהְיֶה־לּוֹ רִיב לָבוֹא אֶל־הַמֶּלֶךְ לַמִּשְׁפָּט וַיִּקְרָא

יִהְיֶה עַבְדֶּךָ׃   וַיֹּאמֶר דָּוִד אֶל־אִתַּי לֵךְ וַעֲבֹר 22   אַבְשָׁלוֹם אֵלָיו וַיֹּאמֶר אֵי־מִזֶּה עִיר אַתָּה וַיֹּאמֶר

וַיַּעֲבֹר אִתַּי הַגִּתִּי וְכָל־אֲנָשָׁיו וְכָל־הַטַּף אֲשֶׁר אִתּוֹ׃   מֵאַחַד שִׁבְטֵי־יִשְׂרָאֵל עַבְדֶּךָ׃   וַיֹּאמֶר אֵלָיו אַבְשָׁלוֹם 3

וְכָל־הָאָרֶץ בּוֹכִים קוֹל גָּדוֹל וְכָל־הָעָם עֹבְרִים 23   רְאֵה דְבָרֶךָ טוֹבִים וּנְכֹחִים וְשֹׁמֵעַ אֵין־לְךָ מֵאֵת

וְהַמֶּלֶךְ עֹבֵר בְּנַחַל קִדְרוֹן וְכָל־הָעָם עֹבְרִים עַל־   הַמֶּלֶךְ׃   וַיֹּאמֶר אַבְשָׁלוֹם מִי־יְשִׂמֵנִי שֹׁפֵט בָּאָרֶץ 4

פְּנֵי דֶרֶךְ אֶת־הַמִּדְבָּר׃   וְהִנֵּה גַם־צָדוֹק וְכָל־ 24   וְעָלַי יָבֹא כָּל־אִישׁ אֲשֶׁר־יִהְיֶה־לּוֹ רִיב וּמִשְׁפָּט

הַלְוִיִּם אִתּוֹ נֹשְׂאִים אֶת־אֲרוֹן בְּרִית הָאֱלֹהִים   וְהִצְדַּקְתִּיו׃   וְהָיָה בִּקְרָב־אִישׁ לְהִשְׁתַּחֲוֹת לוֹ וְשָׁלַח 5

וַיַּצִּקוּ אֶת־אֲרוֹן הָאֱלֹהִים וַיַּעַל אֶבְיָתָר עַד־תֹּם   אֶת־יָדוֹ וְהֶחֱזִיק לוֹ וְנָשַׁק לוֹ׃   וַיַּעַשׂ אַבְשָׁלוֹם כַּדָּבָר 6

כָּל־הָעָם לַעֲבוֹר מִן־הָעִיר׃   וַיֹּאמֶר הַמֶּלֶךְ 25   הַזֶּה לְכָל־יִשְׂרָאֵל אֲשֶׁר־יָבֹאוּ לַמִּשְׁפָּט אֶל־הַמֶּלֶךְ

לְצָדוֹק הָשֵׁב אֶת־אֲרוֹן הָאֱלֹהִים הָעִיר אִם־אֶמְצָא   וַיְגַנֵּב אַבְשָׁלוֹם אֶת־לֵב אַנְשֵׁי יִשְׂרָאֵל׃   וַיְהִי מִקֵּץ 7

חֵן בְּעֵינֵי יְהוָה וֶהֱשִׁבַנִי וְהִרְאַנִי אֹתוֹ וְאֶת־נָוֵהוּ׃   אַרְבָּעִים שָׁנָה וַיֹּאמֶר אַבְשָׁלוֹם אֶל־הַמֶּלֶךְ אֵלְכָה

וְאִם כֹּה יֹאמַר לֹא חָפַצְתִּי בָּךְ הִנְנִי יַעֲשֶׂה־לִּי 26   נָּא וַאֲשַׁלֵּם אֶת־נִדְרִי אֲשֶׁר־נָדַרְתִּי לַיהוָה בְּחֶבְרוֹן׃

כַּאֲשֶׁר טוֹב בְּעֵינָיו׃   וַיֹּאמֶר הַמֶּלֶךְ אֶל־צָדוֹק 27   כִּי־נֵדֶר נָדַר עַבְדְּךָ בְּשִׁבְתִּי בִגְשׁוּר בַּאֲרָם לֵאמֹר אִם־ 8

הֲרוֹאֶה אַתָּה שֻׁבָה הָעִיר בְּשָׁלוֹם וַאֲחִימַעַץ   יָשׁוֹב יְשִׁיבֵנִי יְהוָה יְרוּשָׁלַ͏ִם וְעָבַדְתִּי אֶת־יְהוָה׃

בִּנְךָ וִיהוֹנָתָן בֶּן־אֶבְיָתָר שְׁנֵי בְנֵיכֶם אִתְּכֶם׃   רְאוּ 28   וַיֹּאמֶר לוֹ הַמֶּלֶךְ לֵךְ בְּשָׁלוֹם וַיָּקָם וַיֵּלֶךְ חֶבְרוֹנָה׃ 9

אָנֹכִי מִתְמַהְמֵהַּ בְּעַבְרוֹת הַמִּדְבָּר עַד בּוֹא דָבָר   וַיִּשְׁלַח אַבְשָׁלוֹם מְרַגְּלִים בְּכָל־שִׁבְטֵי יִשְׂרָאֵל 10

מֵעִמָּכֶם לְהַגִּיד לִי׃   וַיָּשֶׁב צָדוֹק וְאֶבְיָתָר אֶת־ 29   לֵאמֹר כְּשָׁמְעֲכֶם אֶת־קוֹל הַשֹּׁפָר וַאֲמַרְתֶּם מָלַךְ

אֲרוֹן הָאֱלֹהִים יְרוּשָׁלָ͏ִם וַיֵּשְׁבוּ שָׁם׃   וְדָוִד עֹלֶה 30   אַבְשָׁלוֹם בְּחֶבְרוֹן׃   וְאֶת־אַבְשָׁלוֹם הָלְכוּ מָאתַיִם 11

בְמַעֲלֵה הַזֵּיתִים עֹלֶה וּבוֹכֶה וְרֹאשׁ לוֹ חָפוּי וְהוּא   אִישׁ מִירוּשָׁלַ͏ִם קְרֻאִים וְהֹלְכִים לְתֻמָּם וְלֹא יָדְעוּ

הֹלֵךְ יָחֵף וְכָל־הָעָם אֲשֶׁר־אִתּוֹ חָפוּ אִישׁ   כָּל־דָּבָר׃   וַיִּשְׁלַח אַבְשָׁלוֹם אֶת־אֲחִיתֹפֶל הַגִּילֹנִי 12

רֹאשׁוֹ וְעָלוּ עָלֹה וּבָכֹה׃   וְדָוִד הִגִּיד לֵאמֹר 31   יוֹעֵץ דָּוִד מֵעִירוֹ מִגִּלֹה בְּזָבְחוֹ אֶת־הַזְּבָחִים וַיְהִי

אֲחִיתֹפֶל בַּקֹּשְׁרִים עִם־אַבְשָׁלוֹם וַיֹּאמֶר דָּוִד סַכֶּל־   הַקֶּשֶׁר אַמִּץ וְהָעָם הוֹלֵךְ וָרָב אֶת־אַבְשָׁלוֹם׃   וַיָּבֹא 13

נָא אֶת־עֲצַת אֲחִיתֹפֶל יְהוָה׃   וַיְהִי דָוִד בָּא עַד־ 32   הַמַּגִּיד אֶל־דָּוִד לֵאמֹר הָיָה לֶב־אִישׁ יִשְׂרָאֵל אַחֲרֵי

הָרֹאשׁ אֲשֶׁר־יִשְׁתַּחֲוֶה שָׁם לֵאלֹהִים וְהִנֵּה לִקְרָאתוֹ   אַבְשָׁלוֹם׃   וַיֹּאמֶר דָּוִד לְכָל־עֲבָדָיו אֲשֶׁר־ 14

חוּשַׁי הָאַרְכִּי קָרוּעַ כֻּתָּנְתּוֹ וַאֲדָמָה עַל־רֹאשׁוֹ׃   אִתּוֹ בִירוּשָׁלַ͏ִם קוּמוּ וְנִבְרָחָה כִּי לֹא־תִהְיֶה־לָּנוּ

וַיֹּאמֶר לוֹ דָּוִד אִם עָבַרְתָּ אִתִּי וְהָיִתָ עָלַי לְמַשָּׂא׃ 33   פְלֵיטָה מִפְּנֵי אַבְשָׁלוֹם מַהֲרוּ לָלֶכֶת פֶּן־יְמַהֵר

וְאִם־הָעִיר תָּשׁוּב וְאָמַרְתָּ לְאַבְשָׁלוֹם עַבְדְּךָ אֲנִי 34   וְהִשִּׂגָנוּ וְהִדִּיחַ עָלֵינוּ אֶת־הָרָעָה וְהִכָּה הָעִיר

                                        לְפִי־חָרֶב׃   וַיֹּאמְרוּ עַבְדֵי־הַמֶּלֶךְ אֶל־הַמֶּלֶךְ 15

hold, I sent unto thee, saying, Come hither, that I may send thee to the king to say, Wherefore am I come from Geshur? *it had been* good for me *to have been* there still: now therefore let me see the king's face; and if there be *any* iniquity in me, let him kill me.

33 So Joab came to the king, and told him: and when he had called for Absalom, he came to the king, and bowed himself on his face to the ground before the king: and the king *c* kissed Absalom.

CHAP. XV.

AND *d* it came to pass after this, that Absalom prepared *f* him chariots and horses, and fifty men to run before him.

2 And Absalom rose up early, and stood beside the way of the gate: and it was *so,* that when any man that had a controversy *γ* came to the king for judgment, then Absalom called unto him, and said, Of what city *art* thou? And he said, Thy servant *is* of one of the tribes of Israel.

3 And Absalom said unto him, See, thy matters *are* good and right; but *δ there is* no man *deputed* of the king *h* to hear thee.

4 Absalom said moreover, Oh *k* that I were made judge in the land, that every man which hath any suit or cause might come unto me, and I would do him justice!

5 And it was *so,* that when any man came nigh *to him* to do him obeisance, he put forth his hand, and took him, & kissed him.

6 And on this manner did Absalom to all Israel that came to the king for judgment. So *n* Absalom stole the hearts of the men of Israel.

7 And it came to pass after forty years, that Absalom said unto the king, I pray thee, let me go and pay *p* my vow, *q* which I have vowed unto the LORD, in Hebron.

8 For thy servant vowed a vow while I abode at Geshur *t* in Syria, saying, If the LORD shall bring me again indeed to Jerusalem, then I will serve the LORD.

9 And the king said unto him, Go in peace. So he arose, and went to Hebron.

10 But Absalom sent spies throughout all the tribes of Israel, saying, As soon as ye hear the sound of the trumpet, then ye shall say, Absalom reigneth *w* in Hebron.

11 And with Absalom went two hundred men out of Jerusalem, *that were* called; and they went in their simplicity, *x* and they knew not any thing.

12 And Absalom sent for Ahithophel the Gilonite, David's counsellor, *y* from his city, *even* from Giloh, *z* while he offered sacrifices. And the conspiracy was strong; for the people *d* increased continually with Absalom.

13 And there came a messenger to David, saying, The *g* hearts of the men of Israel are after Absalom.

14 And David said unto all his servants that *were* with him at Jerusalem, Arise, and let us flee; *k* for we shall not *else* escape from Absalom: make speed to depart, lest he overtake us suddenly, and *θ* bring evil upon us, and smite the city with the edge of the sword.

15 And the king's servants said unto the king, Behold, thy servants *are ready to do* whatsoever my lord *y* e king shall *κ* appoint.

16 And the king went forth, and all his household *λ* after him: and the king left ten women, *which were* concubines, *p* to keep the house.

17 And the king went forth, and all

the people after him, and tarried in a place that was far off.

18 And all his servants passed on beside him; and all the Cherethites, *a* and all the Pelethites, and all the Gittites, six hundred men which came after him from Gath, passed on before the king.

19 Then said the king to Ittai *b* the Gittite, Wherefore goest thou also with us? return to thy place, & abide with the king; for thou *art* a stranger, and also an exile.

20 Whereas thou camest *but* yesterday, should I this day make thee *β* go up and down with us? Seeing, I go *e* whither I may, return thou, and take back thy brethren: mercy and truth *be* with thee.

21 And Ittai answered the king, and said, *g As* the LORD liveth, and *as* my lord the king liveth, surely in what place my lord the king shall be, whether in death or life, even there also will thy servant be.

22 And David said to Ittai, Go, and pass over. And Ittai the Gittite passed over, and all his men, and all the little ones that *were* with him.

23 And all the country wept *i* with a loud voice, and all the people passed over: the king also himself passed over the *ζ* brook Kidron, and all the people passed over, toward the way of the wilderness.

24 And lo, Zadok also, and all the Levites *were* with him, bearing *m* the ark of the covenant of God: and they set down the ark of God; and Abiathar went up, until all the people had done passing out of the city.

25 And the king said unto Zadok, Carry back the ark of God into the city: if I shall find favour in the eyes of the LORD, he *o* will bring me again, and shew me *both* it, and his habitation:

26 But if he thus say, I have no delight in *r* thee; behold, *here am* I, let *s* him do to me as seemeth good unto him.

27 The king said also unto Zadok the priest, *Art not* thou a seer? *u* return into the city in peace, and your two sons with you, Ahimaaz thy son, and Jonathan the son of Abiathar.

28 See, I will tarry in the plain of the wilderness, *v* until there come word from you to certify me.

29 Zadok therefore and Abiathar carried the ark of God again to Jerusalem; and they tarried there.

30 And David went up by the ascent of *mount* Olivet, *n* and wept as he went up, and had his head *z* covered; and he went barefoot: *v* and all the people that *was* with him covered *e* every man his head, and they went up, weeping *e* as they went up.

31 And *one* told David, saying, Ahithophel *f is* among the conspirators with Absalom. And David said, O LORD, I pray thee, turn *h* the counsel of Ahithophel into foolishness. *i*

32 And it came to pass, that *when* David was come to the top *of the mount,* where he worshipped God, behold, Hushai the Archite *i* came to meet him, with *m* his coat rent, and earth upon his head:

33 Unto whom David said, If thou passest on with me, then thou shalt be a burden *n* unto me:

34 But if thou return to the city, and say unto Absalom, I *v* will be thy servant, O king; *as* I *have been* thy father's servant hitherto, so *will* I now also *be* thy servant: then mayest thou for me *q* defeat the counsel of Ahithophel.

Center column references

B. C. 1024.

a ch. 8. 18.
b ch. 18. 2.
c Ge. 45. 15.
Lu. 15. 20.
β *wander in going.*
d ch. 12. 11.
e 1 Sa. 23. 13.
f 1 Ki. 1. 5.
g Ru.1.16,17.
Pr. 17. 17.
18. 24.
Mat. 8.19,20.
Jno. 6.66..69.
Ac. 11. 23.
21. 13.
Re. 2. 10.
γ *to come.*
δ *or, none will hear thee from the king downward.*
h Pr.30.11,17.
i Ro. 12. 15.
k Ju. 9. 29.
ζ called *Cedron.*
Jno. 18. 1.
l ch. 16. 2.
m Nu. 4. 15.
n Ro. 16. 18.
o Ps. 43. 3, 4.
63. 1, 2.
Is. 38. 22.
p Je. 9. 3, 5.
q 1 Sa. 16. 2.
r ch. 22. 20.
Nu. 14. 8.
1 Ki. 10. 9.
s 1 Sa. 3. 18.
t ch. 13. 38.
u 1 Sa. 9. 9.
v ch. 17. 16.
w Job 20. 5,
&c.
x Ge. 20. 5.
η *going up, and weeping.*
y Ps. 41. 9.
55. 12..14.
z ch. 19. 4.
Es. 6. 12.
a Jos. 15. 51.
b Is. 20. 2, 4
c Je. 14. 3, 4.
d Ps. 3. 1, 2.
e Ps. 126. 6.
f ver. 12.
g ver. 6.
Ju. 9. 3.
h ch. 16. 23.
17. 14, 23.
i Job 5. 13.
k ch. 19. 9.
l Jos. 16. 2.
m ch. 1. 2.
θ *thrust.*
n ch. 19. 35.
κ *choose.*
o ch. 16. 19.
λ *at his feet.*
p ch. 12. 11.
16. 21, 22.
q ch.17.5..14.

הַמֶּלֶךְ אֲהֶיֶה עֶבֶד אָבִיךָ וַאֲנִי מֵאָז וְעַתָּה וַאֲנִי 35 עַבְדֶּךָ וְהֵפַרְתָּה לִי אֵת עֲצַת אֲחִיתֹפֶל : הֲלוֹא עִמְּךָ שָׁם צָדוֹק וְאֶבְיָתָר הַכֹּהֲנִים וְהָיָה כָּל־הַדָּבָר אֲשֶׁר תִּשְׁמַע מִבֵּית הַמֶּלֶךְ תַּגִּיד לְצָדוֹק וּלְאֶבְיָתָר 36 הַכֹּהֲנִים : הִנֵּה־שָׁם עִמָּם שְׁנֵי בְנֵיהֶם אֲחִימַעַץ לְצָדוֹק וִיהוֹנָתָן לְאֶבְיָתָר וּשְׁלַחְתֶּם בְּיָדָם אֵלַי כָּל־ 37 דָּבָר אֲשֶׁר תִּשְׁמָעוּ : וַיָּבֹא חוּשַׁי רֵעֶה דָוִד הָעִיר וְאַבְשָׁלֹם יָבֹא יְרוּשָׁלָ͏ִם :

CAP. XVI. טז

1 וְדָוִד עָבַר מְעַט מֵהָרֹאשׁ וְהִנֵּה צִיבָא נַעַר מְפִי־בֹשֶׁת לִקְרָאתוֹ וְצֶמֶד חֲמֹרִים חֲבֻשִׁים וַעֲלֵיהֶם מָאתַיִם לֶחֶם וּמֵאָה צִמּוּקִים וּמֵאָה קַיִץ וְנֵבֶל יָיִן : 2 וַיֹּאמֶר הַמֶּלֶךְ אֶל־צִיבָא מָה־אֵלֶּה לָּךְ וַיֹּאמֶר צִיבָא הַחֲמוֹרִים לְבֵית־הַמֶּלֶךְ לִרְכֹּב וְלַלֶּחֶם וְהַקַּיִץ לֶאֱכוֹל הַנְּעָרִים וְהַיַּיִן לִשְׁתּוֹת הַיָּעֵף 3 בַּמִּדְבָּר : וַיֹּאמֶר הַמֶּלֶךְ וְאַיֵּה בֶּן־אֲדֹנֶיךָ וַיֹּאמֶר צִיבָא אֶל־הַמֶּלֶךְ הִנֵּה יוֹשֵׁב בִּירוּשָׁלַ͏ִם כִּי אָמַר הַיּוֹם יָשִׁיבוּ לִי בֵּית יִשְׂרָאֵל אֵת מַמְלְכוּת 4 אָבִי : וַיֹּאמֶר הַמֶּלֶךְ לְצִבָא הִנֵּה לְךָ כֹּל אֲשֶׁר לִמְפִי־בֹשֶׁת וַיֹּאמֶר צִיבָא הִשְׁתַּחֲוֵיתִי אֶמְצָא־חֵן 5 בְּעֵינֶיךָ אֲדֹנִי הַמֶּלֶךְ : וּבָא הַמֶּלֶךְ דָּוִד עַד־ בַּחוּרִים וְהִנֵּה מִשָּׁם אִישׁ יוֹצֵא מִמִּשְׁפַּחַת בֵּית־ שָׁאוּל וּשְׁמוֹ שִׁמְעִי בֶן־גֵּרָא יֹצֵא יָצוֹא וּמְקַלֵּל : 6 וַיְסַקֵּל בָּאֲבָנִים אֶת־דָּוִד וְאֶת־כָּל־עַבְדֵי הַמֶּלֶךְ דָּוִד וְכָל־הָעָם וְכָל־הַגִּבֹּרִים מִימִינוֹ וּמִשְּׂמֹאלוֹ : 7 וְכֹה־אָמַר שִׁמְעִי בְּקַלְלוֹ צֵא צֵא אִישׁ הַדָּמִים 8 וְאִישׁ הַבְּלִיָּעַל : הֵשִׁיב עָלֶיךָ יְהוָה כֹּל דְּמֵי בֵית־שָׁאוּל אֲשֶׁר מָלַכְתָּ תַּחְתָּו וַיִּתֵּן יְהוָה אֶת־ הַמְּלוּכָה בְּיַד אַבְשָׁלוֹם בְּנֶךָ וְהִנְּךָ בְּרָעָתֶךָ כִּי אִישׁ 9 דָּמִים אָתָּה : וַיֹּאמֶר אֲבִישַׁי בֶּן־צְרוּיָה אֶל־הַמֶּלֶךְ לָמָּה יְקַלֵּל הַכֶּלֶב הַמֵּת הַזֶּה אֶת־אֲדֹנִי הַמֶּלֶךְ 10 אֶעְבְּרָה־נָּא וְאָסִירָה אֶת־רֹאשׁוֹ : וַיֹּאמֶר הַמֶּלֶךְ מַה־לִּי וְלָכֶם בְּנֵי צְרֻיָה כֹּי יְקַלֵּל וְכִי יְהוָה אָמַר לוֹ 11 קַלֵּל אֶת־דָּוִד וּמִי יֹאמַר מַדּוּעַ עָשִׂיתָה כֵּן : וַיֹּאמֶר דָּוִד אֶל־אֲבִישַׁי וְאֶל־כָּל־עֲבָדָיו הִנֵּה בְנִי אֲשֶׁר־יָצָא מִמֵּעַי מְבַקֵּשׁ אֶת־נַפְשִׁי וְאַף כִּי־עַתָּה בֶּן־הַיְמִינִי 12 הַנִּחוּ לוֹ וִיקַלֵּל כִּי אָמַר־לוֹ יְהוָה : אוּלַי יִרְאֶה יְהוָה בְּעֵינִי וְהֵשִׁיב יְהוָה לִי טוֹבָה תַּחַת קִלְלָתוֹ 13 הַיּוֹם הַזֶּה : וַיֵּלֶךְ דָּוִד וַאֲנָשָׁיו בַּדָּרֶךְ וְשִׁמְעִי הֹלֵךְ בְּצֵלַע הָהָר לְעֻמָּתוֹ הָלוֹךְ וַיְקַלֵּל וַיְסַקֵּל בָּאֲבָנִים לְעֻמָּתוֹ וְעִפַּר בֶּעָפָר : 14 וַיָּבֹא הַמֶּלֶךְ

15 וְכָל־הָעָם אֲשֶׁר אִתּוֹ עֲיֵפִים וַיִּנָּפֵשׁ שָׁם : וְאַבְשָׁלוֹם 16 וְכָל־הָעָם אִישׁ יִשְׂרָאֵל בָּאוּ יְרוּשָׁלָ͏ִם וַאֲחִיתֹפֶל אִתּוֹ : וַיְהִי כַּאֲשֶׁר־בָּא חוּשַׁי הָאַרְכִּי רֵעֶה דָוִד אֶל־ 17 אַבְשָׁלוֹם וַיֹּאמֶר חוּשַׁי אֶל־אַבְשָׁלֹם יְחִי הַמֶּלֶךְ : וַיֹּאמֶר אַבְשָׁלוֹם אֶל־חוּשַׁי זֶה חַסְדְּךָ 18 אֶת־רֵעֶךָ לָמָּה לֹא־הָלַכְתָּ אֶת־רֵעֶךָ : וַיֹּאמֶר חוּשַׁי אֶל־אַבְשָׁלֹם לֹא כִּי אֲשֶׁר בָּחַר יְהוָה וְהָעָם הַזֶּה 19 וְכָל־אִישׁ יִשְׂרָאֵל לֹא אֶהְיֶה וְאִתּוֹ אֵשֵׁב : וְהַשֵּׁנִית לְמִי אֲנִי אֶעֱבֹד הֲלוֹא לִפְנֵי בְנוֹ כַּאֲשֶׁר עָבַדְתִּי לִפְנֵי 20 אָבִיךָ כֵּן אֶהְיֶה לְפָנֶיךָ : וַיֹּאמֶר אַבְשָׁלוֹם אֶל־ 21 אֲחִיתֹפֶל הָבוּ לָכֶם עֵצָה מַה־נַּעֲשֶׂה : וַיֹּאמֶר אֲחִיתֹפֶל אֶל־אַבְשָׁלֹם בּוֹא אֶל־פִּלַגְשֵׁי אָבִיךָ אֲשֶׁר הִנִּיחַ לִשְׁמוֹר הַבָּיִת וְשָׁמַע כָּל־יִשְׂרָאֵל כִּי־נִבְאַשְׁתָּ 22 אֶת־אָבִיךָ וְחָזְקוּ יְדֵי כָּל־אֲשֶׁר אִתָּךְ : וַיַּטּוּ לְאַבְשָׁלוֹם הָאֹהֶל עַל־הַגָּג וַיָּבֹא אַבְשָׁלוֹם אֶל־פִּלַגְשֵׁי אָבִיו 23 לְעֵינֵי כָּל־יִשְׂרָאֵל : וַעֲצַת אֲחִיתֹפֶל אֲשֶׁר יָעַץ בַּיָּמִים הָהֵם כַּאֲשֶׁר יִשְׁאַל־אִישׁ בִּדְבַר הָאֱלֹהִים כֵּן כָּל־עֲצַת אֲחִיתֹפֶל גַּם־לְדָוִד גַּם־לְאַבְשָׁלֹם :

CAP. XVII. יז

1 וַיֹּאמֶר אֲחִיתֹפֶל אֶל־אַבְשָׁלֹם אֶבְחֲרָה־נָּא שְׁנֵים־ עָשָׂר אֶלֶף אִישׁ וְאָקוּמָה וְאֶרְדְּפָה אַחֲרֵי־דָוִד 2 הַלָּיְלָה : וְאָבוֹא עָלָיו וְהוּא יָגֵעַ וּרְפֵה יָדַיִם וְהַחֲרַדְתִּי אֹתוֹ וְנָס כָּל־הָעָם אֲשֶׁר־אִתּוֹ וְהִכֵּיתִי 3 אֶת־הַמֶּלֶךְ לְבַדּוֹ : וְאָשִׁיבָה כָל־הָעָם אֵלֶיךָ כְּשׁוּב הַכֹּל הָאִישׁ אֲשֶׁר אַתָּה מְבַקֵּשׁ כָּל־הָעָם יִהְיֶה 4 שָׁלוֹם : וַיִּישַׁר הַדָּבָר בְּעֵינֵי אַבְשָׁלֹם וּבְעֵינֵי כָּל־זִקְנֵי 5 יִשְׂרָאֵל : וַיֹּאמֶר אַבְשָׁלוֹם קְרָא נָא גַּם לְחוּשַׁי 6 הָאַרְכִּי וְנִשְׁמְעָה מַה־בְּפִיו גַּם־הוּא : וַיָּבֹא חוּשַׁי אֶל־אַבְשָׁלוֹם וַיֹּאמֶר אַבְשָׁלוֹם אֵלָיו לֵאמֹר כַּדָּבָר הַזֶּה דִּבֶּר אֲחִיתֹפֶל הֲנַעֲשֶׂה אֶת־דְּבָרוֹ אִם־אַיִן 7 אַתָּה דַבֵּר : וַיֹּאמֶר חוּשַׁי אֶל־אַבְשָׁלוֹם לֹא־ 8 טוֹבָה הָעֵצָה אֲשֶׁר־יָעַץ אֲחִיתֹפֶל בַּפַּעַם הַזֹּאת : וַיֹּאמֶר חוּשַׁי אַתָּה יָדַעְתָּ אֶת־אָבִיךָ וְאֶת־אֲנָשָׁיו כִּי גִבֹּרִים הֵמָּה וּמָרֵי נֶפֶשׁ הֵמָּה כְּדֹב שַׁכּוּל בַּשָּׂדֶה 9 וְאָבִיךָ אִישׁ מִלְחָמָה וְלֹא יָלִין אֶת־הָעָם : הִנֵּה עַתָּה הוּא־נֶחְבָּא בְּאַחַת הַפְּחָתִים אוֹ בְּאַחַד הַמְּקוֹמֹת וְהָיָה כִּנְפֹל בָּהֶם בַּתְּחִלָּה וְשָׁמַע הַשֹּׁמֵעַ וְאָמַר הָיְתָה מַגֵּפָה בָּעָם אֲשֶׁר אַחֲרֵי אַבְשָׁלֹם : 10 וְהוּא גַם־בֶּן־חַיִל אֲשֶׁר לִבּוֹ כְּלֵב הָאַרְיֵה הִמֵּס יִמָּס כִּי־יֹדֵעַ כָּל־יִשְׂרָאֵל כִּי־גִבּוֹר אָבִיךָ וּבְנֵי־חַיִל אֲשֶׁר 11 אִתּוֹ : כִּי יָעַצְתִּי הֵאָסֹף יֵאָסֵף עָלֶיךָ כָל־יִשְׂרָאֵל מִדָּן

35 And *hast thou* not there with thee Zadok and Abiathar the priests? therefore it shall be, *that* what thing soever thou shalt hear out of the king's house, thou shalt tell *it* [a] to Zadok and Abiathar the priests.

36 Behold, *they have there* [b] with them their two sons, Ahimaaz, Zadok's *son,* and Jonathan, Abiathar's *son;* and by them ye shall send unto me every thing that ye can hear.

37 So [d] Hushai, David's friend,[e] came into the city, and Absalom came into Jerusalem.

CHAP. XVI.

AND when David was a little past the top *of the hill,*[g] behold, Ziba [h] the servant of Mephibosheth met him, with a couple of asses saddled, and upon them [i] two hundred *loaves* of bread, and an hundred bunches of raisins, and an hundred of summer fruits, and a bottle of wine.

2 And the king said unto Ziba, What meanest thou by these? And Ziba said, The asses *be* for the king's household to ride on; and the bread and summer fruit for the young men to eat; and the wine, that *l* such as be faint in the wilderness may drink.

3 And the king said, And where *is* thy master's son? And Ziba said [o] unto the king, Behold, he abideth at Jerusalem: for he said, To-day shall the house of Israel restore me the kingdom of my father.

4 Then said the king to Ziba, Behold, thine *are* all that *pertained* unto Mephibosheth. And Ziba said, I γ humbly beseech thee *that* I may find grace in thy sight, my lord, O king.

5 And when king David came to Bahurim, behold, thence came out a man of the family of the house of Saul, whose name *was* Shimei,[q] the son of Gera: he came ζ forth, and cursed [r] still as he came.

6 And he cast stones at David, and at all the servants of king David : and all the people and all the mighty men *were* on his right hand and on his left.

7 And thus said Shimei when he cursed, Come out, come out, thou η bloody man, and thou man of Belial :

8 The LORD hath returned upon thee all the blood [u] of the house of Saul, in whose stead thou hast reigned ; and the LORD hath delivered the kingdom into the hand of Absalom thy son: and behold, λ thou *art taken* in thy mischief, because thou *art* a bloody man.

9 Then said Abishai the son of Zeruiah unto the king, Why should this dead dog [w] curse [w] my lord the king? let me go over, I pray thee, and take off his head.

10 And the king said, What [x] have I to do with you, ye sons of Zeruiah? So let him curse, Because the LORD [y] hath said to him, Curse David. Who [z] shall then say, Wherefore hast thou done so?

11 And David said to Abishai, and to all his servants, Behold, my son, which came [b] forth of my bowels, seeketh my life: how much more now *may this* Benjamite *do it?* Let him alone, and let him curse ; for the LORD hath bidden him.

12 It[c] may be that the LORD will look on mine σ affliction, and that the LORD will requite me good[d] for his cursing this day.

13 And as David and his men went by the way, Shimei went along on the hill's side over against him, and cursed as he went, and threw stones at him, and τ cast dust.

14 And the king, and all the people that

B. C. 1023.

a ch.17.15,16
b ver. 27.
c ch. 15. 37.
β Let the king live.
d ch.16.15,16.
e 1Ch. 27. 33.
f ch.15.33 34.
g ch.15.30,32.
h ch. 9. 2.
i 1Sa.17.17,18
  25. 18.
k ch. 15. 12.
l ch. 17. 29.
m 1Sa. 27. 12.
n ch. 2. 7.
  Zec. 8. 13.
o ch. 19. 27.
  Pr. 18. 17.
p ch.12.11,12
  15. 16.
  20 3.
γ do obei-
sance.
δ word.
q ch.19.16,&c
  1Ki.2.44,&c.
ζ still came
forth and
cursed.
r Ps. 109. 17,
  28.
  Pr. 26. 2.
  Ec. 10. 20.
  Mat.5.11,12.
s ch. 16. 14.
  De. 25. 18.
t 1 Ki. 22. 31.
  Zec. 13. 7.
η man of
blood.
θ was right
in the eyes
of.
  1 Sa. 13. 20.
u ch. 1. 16.
  3.28,29.
  4. 8..12.
κ is in his
mouth.
λ thee in thy
evil.
μ word.
v ch. 9. 8.
w Ex. 22. 28.
v counselled.
x 1 Pe. 2. 23.
y La. 3. 38.
z Job 9. 12.
  Ro. 9. 20.
π bitter of
soul.
  Ju. 18. 25.
a Pr. 17. 12.
  Hos. 13. 8.
b Ge. 15. 4.
ρ fallen.
c 1 Pe. 4. 19.
σ eye, or,
tears.
  Ge. 29. 32.
  1 Sa. 1. 11.
  Ps. 25. 18.
d Ro. 8. 28.
e Jos. 2. 11.
f 1 Sa. 18. 17.
  He. 11. 34.
τ dusted him
with dust.
g Ca. 3. 7.

---

were with him, came weary, and refreshed themselves there.

15 And Absalom, and all the people, the men of Israel, came to Jerusalem, and Ahithophel with him.

16 And it came to pass, when [c] Hushai the Archite, David's friend, was come unto Absalom, that Hushai said unto Absalom, God save the king, β God save the king.

17 And Absalom said to Hushai, *Is* this thy kindness to thy friend? *f* why wentest thou not with thy friend?

18 And Hushai said unto Absalom, Nay ; but whom the LORD, and this people, and all the men of Israel, choose, his will I be, and with him will I abide.

19 And again, whom should I serve? *should I* not *serve* in the presence of his son? As I have served in thy father's presence, so will I be in thy presence.

20 Then said Absalom to Ahithophel,[k] Give counsel among you what we shall do.

21 And Ahithophel said unto Absalom, Go in unto thy father's concubines, which he hath left to keep the house ; and all Israel shall hear that thou art abhorred of thy father : then [m] shall the hands [n] of all that *are* with thee be strong.

22 So they spread Absalom a tent upon the top of the house ; and Absalom went in[p] unto his father's concubines in the sight of all Israel.

23 And the counsel of Ahithophel, which he counselled in those days, *was* as if a man had inquired at the δ oracle of God : so *was* all the counsel of Ahithophel, both with David and with Absalom.

CHAP. XVII.

MOREOVER, Ahithophel said unto Absalom, let me now choose out twelve thousand men, and I will arise and pursue after David this night :

2 And I will come upon him while he *is* weary[s] & weak-handed, & will make him afraid: and all the people that *are* with him shall flee ; and I will smite the king[t] only.

3 And I will bring back all y[e] people unto thee : y[e] man whom thou seekest *is* as if all returned: *so* all the people shall be in peace.

4 And the saying θ pleased Absalom, well, and all the elders of Israel.

5 Then said Absalom, Call now Hushai the Archite also, and let us hear likewise κ what he saith.

6 And when Hushai was come to Absalom, Absalom spake unto him, saying, Ahithophel hath spoken after this manner : shall we do *after* his μ saying? if not, speak thou.

7 And Hushai said unto Absalom, The counsel that Ahithophel hath ν given *is* not good at this time.

8 For, said Hushai, thou knowest thy father and his men, that they *be* mighty men, and they *be* π chafed in their minds, as a bear [a] robbed of her whelps in the field : and thy father *is* a man of war, and will not lodge with the people.

9 Behold, he is hid now in some pit, or in some *other* place : and it will come to pass, when some of them be ρ overthrown at the first, that whosoever heareth it will say, There is a slaughter among the people that follow Absalom.

10 And he also *that is* valiant, whose heart *is* as the heart of a lion, shall utterly melt : [e] for all Israel knoweth that thy father[f] *is* a mighty man, and they which *be* with him [g] *are* valiant men.

11 Therefore I counsel, that all Israel be

QQ3

וְעַד בְּאֵר שֶׁבַע אֲשֶׁר־עַל־הַיָּם לָרֹב וּפָנֶיךָ הֹלְכִים בַּקְּרָב ׃

12 וּבָאנוּ אֵלָיו בְּאַחַת הַמְּקוֹמֹת אֲשֶׁר נִמְצָא שָׁם וְנַחְנוּ עָלָיו כַּאֲשֶׁר יִפֹּל הַטַּל עַל־הָאֲדָמָה וְלֹא־נוֹתַר בּוֹ וּבְכָל־הָאֲנָשִׁים אֲשֶׁר־אִתּוֹ גַּם־אֶחָד ׃

13 וְאִם־אֶל־עִיר יֵאָסֵף וְהִשִּׂיאוּ כָל־יִשְׂרָאֵל אֶל־הָעִיר הַהִיא חֲבָלִים וְסָחַבְנוּ אֹתוֹ עַד־הַנַּחַל עַד אֲשֶׁר־לֹא־נִמְצָא שָׁם גַּם־צְרוֹר ׃

14 וַיֹּאמֶר אַבְשָׁלוֹם וְכָל־אִישׁ יִשְׂרָאֵל טוֹבָה עֲצַת חוּשַׁי הָאַרְכִּי מֵעֲצַת אֲחִיתֹפֶל ס וַיהוָה צִוָּה לְהָפֵר אֶת־עֲצַת אֲחִיתֹפֶל הַטּוֹבָה לְבַעֲבוּר הָבִיא יְהוָה אֶל־אַבְשָׁלוֹם אֶת־הָרָעָה ׃

15 וַיֹּאמֶר חוּשַׁי אֶל־צָדוֹק וְאֶל־אֶבְיָתָר הַכֹּהֲנִים כָּזֹאת וְכָזֹאת יָעַץ אֲחִיתֹפֶל אֶת־אַבְשָׁלֹם וְאֵת זִקְנֵי יִשְׂרָאֵל וְכָזֹאת וְכָזֹאת יָעַצְתִּי אָנִי ׃

16 וְעַתָּה שִׁלְחוּ מְהֵרָה וְהַגִּידוּ לְדָוִד לֵאמֹר אַל־תָּלֶן הַלַּיְלָה בְּעַרְבוֹת הַמִּדְבָּר וְגַם עָבוֹר תַּעֲבוֹר פֶּן־יְבֻלַּע לַמֶּלֶךְ וּלְכָל־הָעָם אֲשֶׁר אִתּוֹ ׃

17 וִיהוֹנָתָן וַאֲחִימַעַץ עֹמְדִים בְּעֵין־רֹגֵל וְהָלְכָה הַשִּׁפְחָה וְהִגִּידָה לָהֶם וְהֵם יֵלְכוּ וְהִגִּידוּ לַמֶּלֶךְ דָּוִד כִּי לֹא יוּכְלוּ לְהֵרָאוֹת לָבוֹא הָעִירָה ׃

18 וַיַּרְא אֹתָם נַעַר וַיַּגֵּד לְאַבְשָׁלֹם וַיֵּלְכוּ שְׁנֵיהֶם מְהֵרָה וַיָּבֹאוּ אֶל־בֵּית־אִישׁ בְּבַחוּרִים וְלוֹ בְאֵר בַּחֲצֵרוֹ וַיֵּרְדוּ שָׁם ׃

19 וַתִּקַּח הָאִשָּׁה וַתִּפְרֹשׂ אֶת־הַמָּסָךְ עַל־פְּנֵי הַבְּאֵר וַתִּשְׁטַח עָלָיו הָרִפוֹת וְלֹא נוֹדַע דָּבָר ׃

20 וַיָּבֹאוּ עַבְדֵי אַבְשָׁלוֹם אֶל־הָאִשָּׁה הַבַּיְתָה וַיֹּאמְרוּ אַיֵּה אֲחִימַעַץ וִיהוֹנָתָן וַתֹּאמֶר לָהֶם הָאִשָּׁה עָבְרוּ מִיכַל הַמָּיִם וַיְבַקְשׁוּ וְלֹא מָצָאוּ וַיָּשֻׁבוּ יְרוּשָׁלָ͏ִם ׃

21 וַיְהִי אַחֲרֵי לֶכְתָּם וַיַּעֲלוּ מֵהַבְּאֵר וַיֵּלְכוּ וַיַּגִּדוּ לַמֶּלֶךְ דָּוִד וַיֹּאמְרוּ אֶל־דָּוִד קוּמוּ וְעִבְרוּ מְהֵרָה אֶת־הַמַּיִם כִּי־כָכָה יָעַץ עֲלֵיכֶם אֲחִיתֹפֶל ׃

22 וַיָּקָם דָּוִד וְכָל־הָעָם אֲשֶׁר אִתּוֹ וַיַּעַבְרוּ אֶת־הַיַּרְדֵּן עַד־אוֹר הַבֹּקֶר עַד־אַחַד לֹא נֶעְדָּר אֲשֶׁר לֹא־עָבַר אֶת־הַיַּרְדֵּן ׃

23 וַאֲחִיתֹפֶל רָאָה כִּי לֹא נֶעֶשְׂתָה עֲצָתוֹ וַיַּחֲבֹשׁ אֶת־הַחֲמוֹר וַיָּקָם וַיֵּלֶךְ אֶל־בֵּיתוֹ אֶל־עִירוֹ וַיְצַו אֶל־בֵּיתוֹ וַיֵּחָנַק וַיָּמָת וַיִּקָּבֵר בְּקֶבֶר אָבִיו ׃

24 וְדָוִד בָּא מַחֲנָיְמָה וְאַבְשָׁלֹם עָבַר אֶת־הַיַּרְדֵּן הוּא וְכָל־אִישׁ יִשְׂרָאֵל עִמּוֹ ׃

25 וְאֶת־עֲמָשָׂא שָׂם אַבְשָׁלֹם תַּחַת יוֹאָב עַל־הַצָּבָא וַעֲמָשָׂא בֶן־אִישׁ וּשְׁמוֹ יִתְרָא הַיִּשְׂרְאֵלִי אֲשֶׁר־בָּא אֶל־אֲבִיגַל בַּת־נָחָשׁ אֲחוֹת צְרוּיָה אֵם יוֹאָב ׃

26 וַיִּחַן יִשְׂרָאֵל וְאַבְשָׁלֹם אֶרֶץ הַגִּלְעָד ׃

27 וַיְהִי כְּבוֹא דָוִד מַחֲנָיְמָה וְשֹׁבִי בֶן־נָחָשׁ מֵרַבַּת בְּנֵי־עַמּוֹן וּמָכִיר בֶּן־עַמִּיאֵל מִלֹּא דְבָר וּבַרְזִלַּי הַגִּלְעָדִי מֵרֹגְלִים ׃

28 מִשְׁכָּב וְסַפּוֹת וּכְלִי יוֹצֵר וְחִטִּים וּשְׂעֹרִים וְקֶמַח וְקָלִי וּפוֹל וַעֲדָשִׁים וְקָלִי ׃

29 וּדְבַשׁ וְחֶמְאָה וְצֹאן וּשְׁפוֹת בָּקָר הִגִּישׁוּ לְדָוִד וְלָעָם אֲשֶׁר־אִתּוֹ לֶאֱכוֹל כִּי אָמְרוּ הָעָם רָעֵב וְיָעֵף וְצָמֵא בַּמִּדְבָּר ׃

CAP. XVIII. יח

1 וַיִּפְקֹד דָּוִד אֶת־הָעָם אֲשֶׁר אִתּוֹ וַיָּשֶׂם עֲלֵיהֶם שָׂרֵי אֲלָפִים וְשָׂרֵי מֵאוֹת ׃

2 וַיְשַׁלַּח דָּוִד אֶת־הָעָם הַשְּׁלִשִׁית בְּיַד־יוֹאָב וְהַשְּׁלִשִׁית בְּיַד אֲבִישַׁי בֶּן־צְרוּיָה אֲחִי יוֹאָב וְהַשְּׁלִשִׁית בְּיַד אִתַּי הַגִּתִּי ס וַיֹּאמֶר הַמֶּלֶךְ אֶל־הָעָם יָצֹא אֵצֵא גַּם־אָנִי עִמָּכֶם ׃

3 וַיֹּאמֶר הָעָם לֹא תֵצֵא כִּי אִם־נֹס נָנוּס לֹא־יָשִׂימוּ אֵלֵינוּ לֵב וְאִם־יָמֻתוּ חֶצְיֵנוּ לֹא־יָשִׂימוּ אֵלֵינוּ לֵב כִּי־עַתָּה כָמֹנוּ עֲשָׂרָה אֲלָפִים וְעַתָּה טוֹב כִּי־תִהְיֶה־לָּנוּ מֵעִיר לַעְזִיר ׃

4 וַיֹּאמֶר אֲלֵיהֶם הַמֶּלֶךְ אֲשֶׁר־יִיטַב בְּעֵינֵיכֶם אֶעֱשֶׂה וַיַּעֲמֹד הַמֶּלֶךְ אֶל־יַד הַשַּׁעַר וְכָל־הָעָם יָצְאוּ לְמֵאוֹת וְלַאֲלָפִים ׃

5 וַיְצַו הַמֶּלֶךְ אֶת־יוֹאָב וְאֶת־אֲבִישַׁי וְאֶת־אִתַּי לֵאמֹר לְאַט־לִי לַנַּעַר לְאַבְשָׁלוֹם וְכָל־הָעָם שָׁמְעוּ בְּצַוֹּת הַמֶּלֶךְ אֶת־כָּל־הַשָּׂרִים עַל־דְּבַר אַבְשָׁלוֹם ׃

6 וַיֵּצֵא הָעָם הַשָּׂדֶה לִקְרַאת יִשְׂרָאֵל וַתְּהִי הַמִּלְחָמָה בְּיַעַר אֶפְרָיִם ׃

7 וַיִּנָּגְפוּ שָׁם עַם יִשְׂרָאֵל לִפְנֵי עַבְדֵי דָוִד וַתְּהִי־שָׁם הַמַּגֵּפָה גְדוֹלָה בַּיּוֹם הַהוּא עֶשְׂרִים אָלֶף ׃

8 וַתְּהִי־שָׁם הַמִּלְחָמָה נָפֹצֶת עַל־פְּנֵי כָל־הָאָרֶץ וַיֶּרֶב הַיַּעַר לֶאֱכֹל בָּעָם מֵאֲשֶׁר אָכְלָה הַחֶרֶב בַּיּוֹם הַהוּא ׃

9 וַיִּקָּרֵא אַבְשָׁלוֹם לִפְנֵי עַבְדֵי דָוִד וְאַבְשָׁלוֹם רֹכֵב עַל־הַפֶּרֶד וַיָּבֹא הַפֶּרֶד תַּחַת שׂוֹבֶךְ הָאֵלָה הַגְּדוֹלָה וַיֶּחֱזַק רֹאשׁוֹ בָאֵלָה וַיֻּתַּן בֵּין הַשָּׁמַיִם וּבֵין הָאָרֶץ וְהַפֶּרֶד אֲשֶׁר־תַּחְתָּיו עָבָר ׃

10 וַיַּרְא אִישׁ אֶחָד וַיַּגֵּד לְיוֹאָב וַיֹּאמֶר הִנֵּה רָאִיתִי אֶת־אַבְשָׁלֹם תָּלוּי בָּאֵלָה ׃

11 וַיֹּאמֶר יוֹאָב לָאִישׁ הַמַּגִּיד לוֹ וְהִנֵּה רָאִיתָ וּמַדּוּעַ לֹא־הִכִּיתוֹ שָׁם אַרְצָה וְעָלַי לָתֶת לְךָ עֲשָׂרָה כֶסֶף וַחֲגֹרָה אֶחָת ׃

12 וַיֹּאמֶר הָאִישׁ אֶל־יוֹאָב וְלוּא אָנֹכִי שֹׁקֵל עַל־כַּפַּי אֶלֶף כֶּסֶף לֹא־אֶשְׁלַח יָדִי אֶל־בֶּן־הַמֶּלֶךְ כִּי בְאָזְנֵינוּ צִוָּה הַמֶּלֶךְ אֹתְךָ וְאֶת־אֲבִישַׁי וְאֶת־אִתַּי לֵאמֹר שִׁמְרוּ מִי בַּנַּעַר בְּאַבְשָׁלוֹם ׃

13 אוֹ־עָשִׂיתִי בְנַפְשׁוֹ שֶׁקֶר וְכָל־דָּבָר לֹא־יִכָּחֵד מִן־הַמֶּלֶךְ וְאַתָּה תִּתְיַצֵּב מִנֶּגֶד ׃

generally gathered unto thee, from Dan even to Beer-sheba, as [b] the sand that *is* by the sea for multitude; and [β] that thou go to battle in thine own person.

12 So shall we come upon him in some place where he shall be found, and we will light upon him as the dew falleth on the ground: and of him and of all the men that *are* with him there shall not be left so much as one.

13 Moreover, if he be gotten into a city, then shall all Israel bring ropes to that city, and we will draw it into the river, until there be not one small stone found there.

14 And Absalom and all the men of Israel said, The counsel of Hushai the Archite *is* better than the counsel of Ahithophel. For [f] the LORD had [δ] appointed to defeat [g] the good [h] counsel of Ahithophel, to the intent that the LORD might bring evil upon Absalom.

15 Then said Hushai unto Zadok and to Abiathar the priests, Thus & thus did Ahithophel counsel Absalom and the elders of Israel; and thus & thus have I counselled.

16 Now therefore send quickly, and tell David, saying, Lodge [k] not this night in the plains [l] of the wilderness, but speedily pass over; lest the king be swallowed up, and all the people that *are* with him.

17 Now [m] Jonathan and Ahimaaz stayed by En-rogel,[n] (for they might not be seen to come into the city :) and a wench went and told them; & they went & told king David.

18 Nevertheless a lad saw them, and told Absalom: but they went both of them away quickly, and came to a man's house in Bahurim,[o] which had a well in his court, whither they went down.

19 And [q] the woman took and spread a covering over the well's mouth, and spread ground corn thereon; and [r] the thing was not known.

20 And when Absalom's servants came to the woman to the house, they said, Where *is* Ahimaaz and Jonathan? And the woman said unto them, They be gone over the brook of water. And when they had sought and could not find *them*, they returned to Jerusalem.

21 And it came to pass, after they were departed, that they came up out of the well, and went and told king David; and said unto David, Arise,[t] and pass quickly over the water: for thus hath Ahithophel counselled against you.

22 Then David arose, and all the people that *were* with him, & they passed over Jordan: by the morning light there lacked not one of them that was not gone over Jordan.

23 And when Ahithophel saw that his counsel was not [λ] followed, he saddled *his* ass, and arose, and gat him home to his house, to his city,[v] and [μ] put his household in order, and hanged [w] himself, & died, and was buried in the sepulchre of his father.

24 Then David came to Mahanaim.[x] And Absalom passed over Jordan, he and all the men of Israel with him.

25 And Absalom made Amasa captain of the host instead of Joab: which Amasa was a man's son whose name *was* [π] Ithra, an Israelite, that went in to [ρ] Abigail [z] the daughter of [τ] Nahash, sister to Zeruiah, Joab's mother.

26 So Israel and Absalom pitched in the land of Gilead.

27 And it came to pass, when David was come to Mahanaim, that Shobi [b] the son

of Nahash of Rabbah [a] of the children of Ammon, and Machir [c] the son of Ammiel of Lo-debar, and Barzillai [d] the Gileadite of Rogelim,

28 Brought beds, and [γ] basons, and earthen vessels, and wheat, and barley, and flour, and parched *corn*, and beans, and lentiles, and parched *pulse*,

29 And honey, and butter, and sheep, and cheese of kine, for David, and for the people that *were* with him, to eat: for they said, The [e] people *is* hungry, and weary, and thirsty, in the wilderness.

CHAP. XVIII.

AND David numbered the people that *were* with him, and set captains of thousands and captains of hundreds over them.

2 And David sent forth a third part of the people under the hand of Joab, and a third part under the hand of Abishai the son of Zeruiah, Joab's brother, and a third part under the hand of Ittai [i] the Gittite. And the king said unto the people, I will surely go forth with you myself also.

3 But [j] the people answered, Thou shalt not go forth: for if we flee away, they will not [ζ] care for us; neither if half of us die, will they care for us: but now *thou art* [η] worth ten thousand of us: therefore now *it is* better that thou [θ] succour us out of the city.

4 And the king said unto them, What seemeth you best I will do. And the king stood by the gate side, and all the people came out by hundreds and by thousands.

5 And the king commanded Joab and Abishai and Ittai, saying, Deal gently for my sake with the young man, *even* with Absalom. And [p] all the people heard when the king gave all the captains charge concerning Absalom.

6 So the people went out into the field against Israel: and the battle was in the wood [s] of Ephraim;

7 Where the people of Israel were slain before the servants of David; and there was there a great slaughter that day of twenty thousand *men*.

8 For the battle was there scattered over the face of all the country: and the wood [κ] devoured more people that day than the sword devoured.

9 And Absalom met the servants of David. And Absalom rode upon a mule, and the mule went under the thick boughs of a great oak, and [u] his head caught hold of the oak, and he was taken up between the heaven and the earth; and the mule that *was* under him went away.

10 And a certain man saw *it*, and told Joab, and said, Behold, I saw Absalom hanged in an oak.

11 And Joab said unto the man that told him, And, behold, thou sawest *him*, and why didst thou not smite him there to the ground? and I would have given thee ten *shekels* of silver, and a girdle.

12 And the man said unto Joab, Though I should [v] receive a thousand *shekels* of silver in mine hand, *yet* would I not put forth mine hand against the king's son: for [y] in our hearing the king charged thee and Abishai and Ittai, saying, [σ] Beware that none *touch* the young man Absalom.

13 Otherwise I should have wrought falsehood against mine own life: for [a] there is no matter hid from the king, and thou thyself wouldest have set thyself against *me*.

14 Then said Joab, I may not tarry thus

B. C. 1023.

a ch.12.29,30.
b Jos. 11. 4.
  1 Ki. 20. 10.
c ch. 9. 4.
β thy face. or presence go.
d ch.19.31,32.
  1 Ki. 2. 7.
γ or, cups.
e ch.16. 2,14.
  17.2.
f ch.15.31,&c.
δ commanded.
g Job 5.12,13.
h Lu. 16. 8.
i ch. 15. 19.
j ch. 21. 17.
k Pr. 6. 4, 5.
ζ set their heart on.
l ch. 15. 28.
m ch.15.27,36.
η as.
θ be to succour.
u Jos. 15. 7
o ch. 16. 5.
p ver. 12.
q Jos.2.6,&c.
r Ex. 1. 19.
s Jos.17.15,18
κ multiplied to devour.
t ver. 15, 16.
u De. 21. 23.
  27.16, 20.
  Job 18.8..10.
  31. 3.
  Ps. 63. 9, 10.
  Pr. 20. 20.
  Je. 48. 44.
λ done.
v ch. 15. 12.
μ gave charge concerning his house.
2 Ki. 20. 1.
w Ps. 5. 10.
  55. 23.
  Mat. 27. 5.
x ch. 2. 8.
v weigh upon mine hand.
y ver. 5.
π or, Jether, an Ishmaelite.
ρ Abigal.
σ Beware whosoever ye be of.
z 1Ch.2.16,17.
τ or, Jesse.
  1Ch.2.13,16.
a ch.14.19,20.
b ch. 10. 1.

224

14 וַיֹּאמֶר יוֹאָב לֹא־כֵן אֹחִילָה לְפָנֶיךָ וַיִּקַּח שְׁלֹשָׁה שְׁבָטִים בְּכַפּוֹ וַיִּתְקָעֵם בְּלֵב אַבְשָׁלוֹם עוֹדֶנּוּ חַי בְּלֵב הָאֵלָה׃

15 וַיָּסֹבּוּ עֲשָׂרָה נְעָרִים נֹשְׂאֵי כְּלֵי יוֹאָב וַיַּכּוּ אֶת־אַבְשָׁלוֹם וַיְמִיתֻהוּ׃

16 וַיִּתְקַע יוֹאָב בַּשֹּׁפָר וַיָּשָׁב הָעָם מִרְדֹף אַחֲרֵי יִשְׂרָאֵל כִּי־חָשַׂךְ יוֹאָב אֶת־הָעָם׃

17 וַיִּקְחוּ אֶת־אַבְשָׁלוֹם וַיַּשְׁלִכוּ אֹתוֹ בַיַּעַר אֶל־הַפַּחַת הַגָּדוֹל וַיַּצִּבוּ עָלָיו גַּל־אֲבָנִים גָּדוֹל מְאֹד וְכָל־יִשְׂרָאֵל נָסוּ אִישׁ לְאֹהָלָו׃

18 וְאַבְשָׁלֹם לָקַח וַיַּצֶּב־לוֹ בְחַיָּו אֶת־מַצֶּבֶת אֲשֶׁר בְּעֵמֶק־הַמֶּלֶךְ כִּי אָמַר אֵין־לִי בֵן בַּעֲבוּר הַזְכִּיר שְׁמִי וַיִּקְרָא לַמַּצֶּבֶת עַל־שְׁמוֹ וַיִּקָּרֵא לָהּ יַד אַבְשָׁלֹם עַד הַיּוֹם הַזֶּה׃

19 וַאֲחִימַעַץ בֶּן־צָדוֹק אָמַר אָרוּצָה נָּא וַאֲבַשְּׂרָה אֶת־הַמֶּלֶךְ כִּי־שְׁפָטוֹ יְהוָה מִיַּד אֹיְבָיו׃

20 וַיֹּאמֶר לוֹ יוֹאָב לֹא אִישׁ בְּשֹׂרָה אַתָּה הַיּוֹם הַזֶּה וּבִשַּׂרְתָּ בְּיוֹם אַחֵר וְהַיּוֹם הַזֶּה לֹא תְבַשֵּׂר כִּי־עַל־כֵּן בֶּן־הַמֶּלֶךְ מֵת׃

21 וַיֹּאמֶר יוֹאָב לַכּוּשִׁי לֵךְ הַגֵּד לַמֶּלֶךְ אֲשֶׁר רָאִיתָה וַיִּשְׁתַּחוּ כוּשִׁי לְיוֹאָב וַיָּרֹץ׃

22 וַיֹּסֶף עוֹד אֲחִימַעַץ בֶּן־צָדוֹק וַיֹּאמֶר אֶל־יוֹאָב וִיהִי מָה אָרֻצָה־נָּא גַם־אָנִי אַחֲרֵי הַכּוּשִׁי וַיֹּאמֶר יוֹאָב לָמָּה־זֶּה אַתָּה רָץ בְּנִי וּלְכָה אֵין־בְּשׂוֹרָה מֹצֵאת׃

23 וִיהִי־מָה אָרוּץ וַיֹּאמֶר לוֹ רוּץ וַיָּרָץ אֲחִימַעַץ דֶּרֶךְ הַכִּכָּר וַיַּעֲבֹר אֶת־הַכּוּשִׁי׃

24 וְדָוִד יוֹשֵׁב בֵּין־שְׁנֵי הַשְּׁעָרִים וַיֵּלֶךְ הַצֹּפֶה אֶל־גַּג הַשַּׁעַר אֶל־הַחוֹמָה וַיִּשָּׂא אֶת־עֵינָיו וַיַּרְא וְהִנֵּה־אִישׁ רָץ לְבַדּוֹ׃

25 וַיִּקְרָא הַצֹּפֶה וַיַּגֵּד לַמֶּלֶךְ וַיֹּאמֶר הַמֶּלֶךְ אִם־לְבַדּוֹ בְּשׂוֹרָה בְּפִיו וַיֵּלֶךְ הָלוֹךְ וְקָרֵב׃

26 וַיַּרְא הַצֹּפֶה אִישׁ־אַחֵר רָץ וַיִּקְרָא הַצֹּפֶה אֶל־הַשֹּׁעֵר וַיֹּאמֶר הִנֵּה־אִישׁ רָץ לְבַדּוֹ וַיֹּאמֶר הַמֶּלֶךְ גַּם־זֶה מְבַשֵּׂר׃

27 וַיֹּאמֶר הַצֹּפֶה אֲנִי רֹאֶה אֶת־מְרוּצַת הָרִאשׁוֹן כִּמְרֻצַת אֲחִימַעַץ בֶּן־צָדוֹק וַיֹּאמֶר הַמֶּלֶךְ אִישׁ־טוֹב זֶה וְאֶל־בְּשׂוֹרָה טוֹבָה יָבוֹא׃

28 וַיִּקְרָא אֲחִימַעַץ וַיֹּאמֶר אֶל־הַמֶּלֶךְ שָׁלוֹם וַיִּשְׁתַּחוּ לַמֶּלֶךְ לְאַפָּיו אָרְצָה וַיֹּאמֶר בָּרוּךְ יְהוָה אֱלֹהֶיךָ אֲשֶׁר סִגַּר אֶת־הָאֲנָשִׁים אֲשֶׁר־נָשְׂאוּ אֶת־יָדָם בַּאדֹנִי הַמֶּלֶךְ׃

29 וַיֹּאמֶר הַמֶּלֶךְ שָׁלוֹם לַנַּעַר לְאַבְשָׁלוֹם וַיֹּאמֶר אֲחִימַעַץ רָאִיתִי הֶהָמוֹן הַגָּדוֹל לִשְׁלֹחַ אֶת־עֶבֶד הַמֶּלֶךְ יוֹאָב וְאֶת־עַבְדֶּךָ וְלֹא יָדַעְתִּי מָה׃

30 וַיֹּאמֶר הַמֶּלֶךְ סֹב הִתְיַצֵּב כֹּה וַיִּסֹּב וַיַּעֲמֹד׃

31 וְהִנֵּה הַכּוּשִׁי בָּא וַיֹּאמֶר הַכּוּשִׁי יִתְבַּשֵּׂר אֲדֹנִי הַמֶּלֶךְ כִּי־שְׁפָטְךָ יְהוָה הַיּוֹם מִיַּד כָּל־הַקָּמִים עָלֶיךָ׃

32 וַיֹּאמֶר הַמֶּלֶךְ אֶל־הַכּוּשִׁי הֲשָׁלוֹם לַנַּעַר לְאַבְשָׁלוֹם וַיֹּאמֶר הַכּוּשִׁי יִהְיוּ כַנַּעַר אֹיְבֵי אֲדֹנִי הַמֶּלֶךְ וְכֹל אֲשֶׁר־קָמוּ עָלֶיךָ לְרָעָה׃

CAP. XIX.   יט

1 וַיִּרְגַּז הַמֶּלֶךְ וַיַּעַל עַל־עֲלִיַּת הַשַּׁעַר וַיֵּבְךְּ וְכֹה אָמַר בְּלֶכְתּוֹ בְּנִי אַבְשָׁלוֹם בְּנִי בְנִי אַבְשָׁלוֹם מִי־יִתֵּן מוּתִי אֲנִי תַחְתֶּיךָ אַבְשָׁלוֹם בְּנִי בְנִי׃

2 וַיֻּגַּד לְיוֹאָב הִנֵּה הַמֶּלֶךְ בֹּכֶה וַיִּתְאַבֵּל עַל־אַבְשָׁלֹם׃

3 וַתְּהִי הַתְּשֻׁעָה בַּיּוֹם הַהוּא לְאֵבֶל לְכָל־הָעָם כִּי־שָׁמַע הָעָם בַּיּוֹם הַהוּא לֵאמֹר נֶעֱצַב הַמֶּלֶךְ עַל־בְּנוֹ׃

4 וַיִּתְגַּנֵּב הָעָם בַּיּוֹם הַהוּא לָבוֹא הָעִיר כַּאֲשֶׁר יִתְגַּנֵּב הָעָם הַנִּכְלָמִים בְּנוּסָם בַּמִּלְחָמָה׃

5 וְהַמֶּלֶךְ לָאַט אֶת־פָּנָיו וַיִּזְעַק הַמֶּלֶךְ קוֹל גָּדוֹל בְּנִי אַבְשָׁלוֹם אַבְשָׁלוֹם בְּנִי בְנִי׃

6 וַיָּבֹא יוֹאָב אֶל־הַמֶּלֶךְ הַבָּיִת וַיֹּאמֶר הֹבַשְׁתָּ הַיּוֹם אֶת־פְּנֵי כָל־עֲבָדֶיךָ הַמְמַלְּטִים אֶת־נַפְשְׁךָ הַיּוֹם וְאֵת נֶפֶשׁ בָּנֶיךָ וּבְנֹתֶיךָ וְנֶפֶשׁ נָשֶׁיךָ וְנֶפֶשׁ פִּלַגְשֶׁיךָ׃

7 לְאַהֲבָה אֶת־שֹׂנְאֶיךָ וְלִשְׂנֹא אֶת־אֹהֲבֶיךָ כִּי הִגַּדְתָּ הַיּוֹם כִּי אֵין לְךָ שָׂרִים וַעֲבָדִים כִּי יָדַעְתִּי הַיּוֹם כִּי לוּ אַבְשָׁלוֹם חַי וְכֻלָּנוּ הַיּוֹם מֵתִים כִּי־אָז יָשָׁר בְּעֵינֶיךָ׃

8 וְעַתָּה קוּם צֵא וְדַבֵּר עַל־לֵב עֲבָדֶיךָ כִּי בַיהוָה נִשְׁבַּעְתִּי כִּי־אֵינְךָ יוֹצֵא אִם־יָלִין אִישׁ אִתְּךָ הַלַּיְלָה וְרָעָה לְךָ זֹאת מִכָּל־הָרָעָה אֲשֶׁר־בָּאָה עָלֶיךָ מִנְּעֻרֶיךָ עַד־עָתָּה׃

9 וַיָּקָם הַמֶּלֶךְ וַיֵּשֶׁב בַּשָּׁעַר וּלְכָל־הָעָם הִגִּידוּ לֵאמֹר הִנֵּה הַמֶּלֶךְ יוֹשֵׁב בַּשַּׁעַר וַיָּבֹא כָל־הָעָם לִפְנֵי הַמֶּלֶךְ וְיִשְׂרָאֵל נָס אִישׁ לְאֹהָלָיו׃

10 וַיְהִי כָל־הָעָם נָדוֹן בְּכָל־שִׁבְטֵי יִשְׂרָאֵל לֵאמֹר הַמֶּלֶךְ הִצִּילָנוּ מִכַּף אֹיְבֵינוּ וְהוּא מִלְּטָנוּ מִכַּף פְּלִשְׁתִּים וְעַתָּה בָּרַח מִן־הָאָרֶץ מֵעַל אַבְשָׁלוֹם׃

11 וְאַבְשָׁלוֹם אֲשֶׁר מָשַׁחְנוּ עָלֵינוּ מֵת בַּמִּלְחָמָה וְעַתָּה לָמָה אַתֶּם מַחֲרִשִׁים לְהָשִׁיב אֶת־הַמֶּלֶךְ׃

12 וְהַמֶּלֶךְ דָּוִד שָׁלַח אֶל־צָדוֹק וְאֶל־אֶבְיָתָר הַכֹּהֲנִים לֵאמֹר דַּבְּרוּ אֶל־זִקְנֵי יְהוּדָה לֵאמֹר לָמָּה תִהְיוּ אַחֲרֹנִים לְהָשִׁיב אֶת־הַמֶּלֶךְ אֶל־בֵּיתוֹ׃

13 וּדְבַר כָּל־יִשְׂרָאֵל בָּא אֶל־הַמֶּלֶךְ אֶל־בֵּיתוֹ אַחַי אַתֶּם עַצְמִי וּבְשָׂרִי אַתֶּם וְלָמָּה תִהְיוּ אַחֲרֹנִים לְהָשִׁיב אֶת־הַמֶּלֶךְ׃

14 וְלַעֲמָשָׂא תֹּמְרוּ הֲלוֹא עַצְמִי וּבְשָׂרִי אָתָּה כֹּה יַעֲשֶׂה־לִּי אֱלֹהִים וְכֹה יוֹסִיף אִם־לֹא שַׂר־צָבָא תִּהְיֶה לְפָנַי כָּל־הַיָּמִים תַּחַת יוֹאָב׃

15 וַיַּט אֶת־לְבַב כָּל־אִישׁ־יְהוּדָה כְּאִישׁ אֶחָד וַיִּשְׁלְחוּ אֶל־הַמֶּלֶךְ שׁוּב אַתָּה וְכָל־עֲבָדֶיךָ׃

16 וַיָּשָׁב הַמֶּלֶךְ וַיָּבֹא עַד־הַיַּרְדֵּן וִיהוּדָה בָּא הַגִּלְגָּלָה לָלֶכֶת לִקְרַאת הַמֶּלֶךְ לְהַעֲבִיר אֶת־הַמֶּלֶךְ אֶת־הַיַּרְדֵּן׃

β with thee. And he took three darts in his hand, and thrust them through the heart of Absalom, while he *was* yet alive in the γ midst of the oak.

15 And ten young men that bare Joab's armour compassed about and smote Absalom, and slew him.

16 And Joab blew the trumpet, and the people returned from pursuing after Israel: for Joab held back the people.

17 And they took Absalom, and cast him into a great pit in the wood, and laid *d* a very great heap of stones upon him: and all Israel fled every one to his tent.

18 Now Absalom in his life-time had taken and reared up for himself a pillar, which *is* in the king's dale :*f* for he said, I have no son *g* to keep my name in remembrance: and he called *h* the pillar after his own name: and it is called unto this day, Absalom's place.

19 Then said Ahimaaz the son of Zadok, Let me now run, and bear the king tidings, how that the LORD hath ζ avenged him of his enemies.

20 And Joab said unto him, Thou shalt not η bear tidings this day, but thou shalt bear tidings another day; but this day thou shalt bear no tidings, because the king's son is dead.

21 Then said Joab to Cushi, Go tell the king what thou hast seen. And Cushi bowed himself unto Joab, and ran.

22 Then said Ahimaaz the son of Zadok yet again to Joab, But λ howsoever, let me, I pray thee, also run after Cushi. And Joab said, Wherefore wilt thou run, my son, seeing that thou hast no tidings μ ready ?

23 But howsoever, *said he*, let me run. And he said unto him, Run. Then Ahimaaz ran by the way of the plain, and overran *m* Cushi.

24 And David sat between the two gates: & the watchman *n* went up to the roof over the gate unto the wall, & lifted up his eyes, & looked, and behold, a man running alone.

25 And the watchman cried, and told the king. And the king said, If he *be* alone, *there is* tidings in his mouth. And he came apace, and drew near.

26 And the watchman saw another man running, and the watchman called unto the porter, and said, Behold, *another* man running alone. And the king said, He also bringeth tidings.

27 And the watchman said, π Me thinketh the running of the foremost is like the running of Ahimaaz the son of Zadok. And the king said, He *q is* a good man, and cometh with good tidings.

28 And Ahimaaz called, and said unto the king, σ All is well. And he fell down to the earth upon his face before the king, and said, Blessed *r be* the LORD thy God, which hath τ delivered up the men that lifted up their hand against my lord the king.

29 And the king said, φ Is the young man Absalom safe ? And Ahimaaz answered, When Joab sent the king's servant, and *me* thy servant, I saw a great tumult, but I knew not what *it was*.

30 And the king said *unto him*, Turn aside, *and* stand here. And he turned aside, and stood still.

31 And, behold, Cushi came; and Cushi said, χ Tidings, my lord the king: *v* for the LORD hath avenged *w* thee this day of all them that rose up *x* against thee.

32 And the king said unto Cushi, Is the

B. C. 1023.

β *before.*

a Ju. 5. 31.
   Da. 4. 19.

γ *heart.*

b ch. 19. 4.
c Ro. 5. 7, 8.
    9. 3.

d Jos. 7. 26.
e Pr. 17. 25.

δ *salvation,*
or, deliverance.

f Ge. 14. 7.
g ch. 14. 27.
h Ps. 49. 11.

i ch. 15. 30.
k ch. 18. 33.

ζ *judged him from the hand.*

η *be a man of tidings.*

θ *By loving.*

κ *that princes or servants are not to thee.*

λ *be what may.*

μ *or, convenient.*

ν *to the heart of.*
   Ge. 34. 3.

l Pr. 14. 28.

m Jn'. 20. 4.

n 2 Ki. 9. 17.
   Is.21.11,12.
   Eze.33.2.7.

o ch. 18. 6..8.
p ch. 15. 14.

π *I see the running.*

ρ *are ye silent ?*

q 1 Ki. 1. 42.
   Pr. 25. 13.
   Is. 52. 7.

σ *Peace,* or,
Peace be to thee.

r Ps. 124. 6.

τ *shut up.*
   Ps. 31. 8.

s ch. 5. 1.

φ Is there *peace ?*

t ch. 17. 25.
   1 Ch. 2. 17.

u Ju. 20. 1.

χ *Tidings is brought.*

v Ps.144.7,10.
w Lu. 18. 7, 8.
x Ps.124.2,3.
y Jos. 5. 9.

---

young man Absalom safe ? And Cushi answered, The enemies *a* of my lord the king, and all that rise up against thee to do *thee* hurt, be as *that* young man *is*.

33 And the king was much moved, and went up to the chamber over the gate, and wept; and as he went, thus he said, *b* O my son Absalom! my son, my son Absalom! would God *c* I had died for thee, O Absalom, my son, my son!

CHAP. XIX.

AND it was told Joab, Behold, the king weepeth and mourneth *e* for Absalom.

2 And the δ victory that day was *turned* into mourning unto all the people: for the people heard say that day how the king was grieved for his son.

3 And the people gat them by stealth that day into the city, as people being ashamed steal away when they flee in battle.

4 But the king covered *i* his face, and the king cried with a loud voice, *k* O my son Absalom! O Absalom, my son, my son !

5 And Joab came into the house to the king, and said, Thou hast shamed this day the faces of all thy servants, which this day have saved thy life, and the lives of thy sons and of thy daughters, and the lives of thy wives, and the lives of thy concubines;

6 θ In that thou lovest thine enemies, and hatest thy friends: for thou hast declared this day, that κ thou regardest neither princes nor servants : for this day I perceive, that if Absalom had lived, and all we had died this day, then it had pleased thee well.

7 Now therefore arise, go forth, and speak ν comfortably unto *l* thy servants : for I swear by the LORD, if thou go not forth, there will not tarry one with thee this night : and that will be worse unto thee than all the evil that befell thee from thy youth until now.

8 Then the king arose, and sat in the gate. And they told unto all the people, saying, Behold, y*e* king doth sit in y*e* gate. And all the people came before the king ; for *o* Israel had fled every man to his tent.

9 And all the people were at strife throughout all the tribes of Israel, saying, The king saved us out of the hand of our enemies, and he delivered us out of the hand of the Philistines ; and now he is fled *p* out of the land for Absalom.

10 And Absalom, whom we anointed over us, is dead in battle. Now, therefore, why ρ speak ye not a word of bringing the king back ?

11 And king David sent to Zadok and to Abiathar the priests, saying, Speak unto the elders of Judah, saying, Why are ye the last to bring the king back to his house ? seeing the speech of all Israel is come to the king, *even* to his house.

12 Ye *are* my brethren, ye *are* my*z* bones and my flesh : wherefore then are ye the last to bring back the king ?

13 And say ye to Amasa, *t Art* thou not of my bone, and of my flesh ? God do so to me, and more also, if thou be not captain of the host before me continually, in the room of Joab.

14 And he bowed the heart of all the men of Judah, even *u* as *the heart of* one man ; so that they sent *this word* unto the king, Return thou, and all thy servants.

15 So y*e* king returned, & came to Jordan. And Judah came to Gilgal,*y* to go to meet the king, to conduct the king over Jordan.

[right column — verses 17–34]

לָלֶ֣כֶת לִקְרַ֥את הַמֶּ֖לֶךְ אֶת־

17 הַיַּרְדֵּֽן׃ וַיְמַהֵ֗ר שִׁמְעִ֤י בֶן־גֵּרָא֙ בֶּן־הַיְמִינִ֔י אֲשֶׁ֖ר מִבַּחוּרִ֑ים וַיֵּ֙רֶד֙ עִם־אִ֣ישׁ יְהוּדָ֔ה לִקְרַ֖את הַמֶּ֥לֶךְ

18 דָּוִֽד׃ וְאֶ֤לֶף אִישׁ֙ עִמּ֣וֹ מִבִּנְיָמִ֔ן וְצִיבָ֗א נַ֚עַר בֵּ֣ית שָׁא֔וּל וַחֲמֵ֨שֶׁת עָשָׂ֥ר בָּנָ֛יו וְעֶשְׂרִ֥ים עֲבָדָ֖יו אִתּ֑וֹ

19 וְצָלְח֥וּ הַיַּרְדֵּ֖ן לִפְנֵ֥י הַמֶּֽלֶךְ׃ וְעָבְרָ֣ה הָעֲבָרָ֗ה לַֽעֲבִיר֙ אֶת־בֵּ֣ית הַמֶּ֔לֶךְ וְלַעֲשׂ֥וֹת הַטּ֖וֹב בְּעֵינָ֑יו וְשִׁמְעִ֣י בֶן־גֵּרָ֗א נָפַל֙ לִפְנֵ֣י הַמֶּ֔לֶךְ

20 בְּעָבְר֖וֹ בַּיַּרְדֵּֽן׃ וַיֹּ֣אמֶר אֶל־הַמֶּ֗לֶךְ אַל־יַחֲשָׁב־לִ֣י אֲדֹנִי֮ עָוֹן֒ וְאַל־תִּזְכֹּ֗ר אֵ֚ת אֲשֶׁ֣ר הֶעֱוָ֣ה עַבְדְּךָ֔ בַּיּ֕וֹם אֲשֶׁר־יָצָ֥א אֲדֹנִֽי־הַמֶּ֖לֶךְ מִירוּשָׁלִָ֑ם

21 לָשׂ֥וּם הַמֶּ֖לֶךְ אֶל־לִבּֽוֹ׃ כִּ֚י יָדַ֣ע עַבְדְּךָ֔ כִּ֖י אֲנִ֣י חָטָ֑אתִי וְהִנֵּֽה־בָ֣אתִי הַיּ֗וֹם רִאשׁוֹן֙ לְכָל־בֵּ֣ית יוֹסֵ֔ף

22 לָרֶ֕דֶת לִקְרַ֖את אֲדֹנִ֥י הַמֶּֽלֶךְ׃ וַיַּ֨עַן אֲבִישַׁ֤י בֶּן־צְרוּיָה֙ וַיֹּ֔אמֶר הֲתַ֣חַת זֹ֔את לֹ֥א יוּמַ֖ת שִׁמְעִ֑י כִּ֥י קִלֵּ֖ל

23 אֶת־מְשִׁ֥יחַ יְהוָֽה׃ וַיֹּ֣אמֶר דָּוִ֗ד מַה־לִּ֤י וְלָכֶם֙ בְּנֵ֣י צְרוּיָ֔ה כִּֽי־תִֽהְיוּ־לִ֥י הַיּ֖וֹם לְשָׂטָ֑ן הַיּ֗וֹם י֤וּמַת אִישׁ֙ בְּיִשְׂרָאֵ֔ל כִּ֚י הֲל֣וֹא יָדַ֔עְתִּי כִּ֥י הַיּ֛וֹם אֲנִי־מֶ֖לֶךְ

24 עַל־יִשְׂרָאֵֽל׃ וַיֹּ֧אמֶר הַמֶּ֛לֶךְ אֶל־שִׁמְעִ֖י לֹ֣א תָמ֑וּת וַיִּשָּׁ֥בַֽע ל֖וֹ הַמֶּֽלֶךְ׃

25 וּמְפִבֹ֙שֶׁת֙ בֶּן־שָׁא֔וּל יָרַ֖ד לִקְרַ֣את הַמֶּ֑לֶךְ וְלֹא־עָשָׂ֨ה רַגְלָ֜יו וְלֹא־עָשָׂ֣ה שְׂפָמ֗וֹ וְאֶת־בְּגָדָיו֙ לֹ֣א כִבֵּ֔ס לְמִן־הַיּוֹם֙ לֶ֣כֶת הַמֶּ֔לֶךְ עַד־הַיּ֖וֹם אֲשֶׁר־בָּ֥א בְשָׁלֽוֹם׃

26 וַיְהִ֛י כִּי־בָ֥א יְרוּשָׁלִַ֖ם לִקְרַ֣את הַמֶּ֑לֶךְ וַיֹּ֤אמֶר לוֹ֙ הַמֶּ֔לֶךְ לָ֛מָּה לֹא־הָלַ֥כְתָּ עִמִּ֖י מְפִיבֹֽשֶׁת׃

27 וַיֹּאמַ֕ר אֲדֹנִ֥י הַמֶּ֖לֶךְ עַבְדִּ֣י רִמָּ֑נִי כִּֽי־אָמַ֨ר עַבְדְּךָ֜ אֶחְבְּשָׁה־לִּי֩ הַחֲמ֨וֹר וְאֶרְכַּ֤ב עָלֶ֙יהָ֙ וְאֵלֵ֣ךְ אֶת־הַמֶּ֔לֶךְ כִּ֥י פִסֵּ֖חַ

28 עַבְדֶּֽךָ׃ וַיְרַגֵּ֣ל בְּעַבְדְּךָ֗ אֶל־אֲדֹנִ֣י הַמֶּ֔לֶךְ וַאדֹנִ֥י הַמֶּ֖לֶךְ כְּמַלְאַ֣ךְ הָאֱלֹהִ֑ים וַעֲשֵׂ֥ה הַטּ֖וֹב בְּעֵינֶֽיךָ׃

29 כִּי֩ לֹ֨א הָיָ֜ה כָּל־בֵּ֣ית אָבִ֗י כִּ֚י אִם־אַנְשֵׁי־מָ֙וֶת֙ לַאדֹנִ֣י הַמֶּ֔לֶךְ וַתָּ֙שֶׁת֙ אֶֽת־עַבְדְּךָ֔ בְּאֹכְלֵ֖י שֻׁלְחָנֶ֑ךָ וּמַה־יֶּשׁ־לִ֥י עוֹד֙ צְדָקָ֔ה וְלִזְעֹ֥ק ע֖וֹד אֶל־הַמֶּֽלֶךְ׃

30 וַיֹּ֤אמֶר לוֹ֙ הַמֶּ֔לֶךְ לָ֛מָּה תְּדַבֵּ֥ר ע֖וֹד דְּבָרֶ֑יךָ אָמַ֕רְתִּי אַתָּ֣ה וְצִיבָ֔א תַּחְלְק֖וּ אֶת־הַשָּׂדֶֽה׃

31 וַיֹּ֤אמֶר מְפִיבֹ֙שֶׁת֙ אֶל־הַמֶּ֔לֶךְ גַּ֥ם אֶת־הַכֹּ֖ל יִקָּ֑ח אַ֠חֲרֵי אֲשֶׁר־בָּ֞א אֲדֹנִ֥י הַמֶּ֛לֶךְ בְּשָׁל֖וֹם אֶל־בֵּיתֽוֹ׃

32 וּבַרְזִלַּי֙ הַגִּלְעָדִ֔י יָרַ֖ד מֵרֹגְלִ֑ים וַיַּעֲבֹ֤ר אֶת־הַמֶּ֙לֶךְ֙ הַיַּרְדֵּ֔ן לְשַׁלְּח֖וֹ אֶת־בַּיַּרְדֵּֽן׃

33 וּבַרְזִלַּי֙ זָקֵ֣ן מְאֹ֔ד בֶּן־שְׁמֹנִ֖ים שָׁנָ֑ה וְהֽוּא־כִלְכַּ֤ל אֶת־הַמֶּ֙לֶךְ֙ בְשִׁיבָת֣וֹ בְמַחֲנַ֔יִם כִּֽי־אִ֛ישׁ גָּד֥וֹל ה֖וּא מְאֹֽד׃

34 וַיֹּ֥אמֶר הַמֶּ֖לֶךְ אֶל־בַּרְזִלָּ֑י אַתָּה֙ עֲבֹ֣ר אִתִּ֔י וְכִלְכַּלְתִּ֥י אֹתְךָ֛ עִמָּדִ֖י

[left column — verses 35–44, Cap. XX]

35 בִּירוּשָׁלִָֽם׃ וַיֹּ֥אמֶר בַּרְזִלַּ֖י אֶל־הַמֶּ֑לֶךְ כַּמָּ֗ה יְמֵי֙ שְׁנֵ֣י חַיַּ֔י כִּי־אֶעֱלֶ֥ה אֶת־

36 הַמֶּ֖לֶךְ יְרוּשָׁלִָֽם׃ בֶּן־שְׁמֹנִ֣ים שָׁנָה֩ אָנֹכִ֨י הַיּ֜וֹם הַאֵדַ֣ע ׀ בֵּין־ט֣וֹב לְרָ֗ע אִם־יִטְעַ֤ם עַבְדְּךָ֙ אֶת־אֲשֶׁ֤ר אֹכַל֙ וְאֶת־אֲשֶׁ֣ר אֶשְׁתֶּ֔ה אִם־אֶשְׁמַ֣ע ע֗וֹד בְּק֛וֹל שָׁרִ֖ים וְשָׁר֑וֹת וְלָמָּה֩ יִֽהְיֶ֨ה עַבְדְּךָ֥ עוֹד֙ לְמַשָּׂ֔א אֶל־אֲדֹנִ֖י הַמֶּֽלֶךְ׃

37 כִּמְעַ֞ט יַעֲבֹ֧ר עַבְדְּךָ֛ אֶת־הַיַּרְדֵּ֖ן אֶת־הַמֶּ֑לֶךְ וְלָ֙מָּה֙ יִגְמְלֵ֣נִי הַמֶּ֔לֶךְ הַגְּמוּלָ֖ה

38 הַזֹּֽאת׃ יָֽשָׁב־נָ֤א עַבְדְּךָ֙ וְאָמֻ֣ת בְּעִירִ֔י עִ֛ם קֶ֥בֶר אָבִ֖י וְאִמִּ֑י וְהִנֵּ֣ה ׀ עַבְדְּךָ֣ כִמְהָ֗ם יַֽעֲבֹר֙ עִם־אֲדֹנִ֣י הַמֶּ֔לֶךְ וַעֲשֵׂה־ל֕וֹ אֵ֥ת אֲשֶׁר־ט֖וֹב בְּעֵינֶֽיךָ׃

39 וַיֹּ֣אמֶר הַמֶּ֗לֶךְ אִתִּי֙ יַעֲבֹ֣ר כִּמְהָ֔ם וַאֲנִי֙ אֶעֱשֶׂה־לּ֔וֹ אֶת־הַטּ֖וֹב בְּעֵינֶ֑יךָ וְכֹ֛ל אֲשֶׁר־תִּבְחַ֥ר עָלַ֖י אֶֽעֱשֶׂה־

40 לָּֽךְ׃ וַיַּעֲבֹ֧ר כָּל־הָעָ֛ם אֶת־הַיַּרְדֵּ֖ן וְהַמֶּ֣לֶךְ עָבָ֑ר וַיִּשַּׁ֨ק הַמֶּ֤לֶךְ לְבַרְזִלַּי֙ וַיְבָ֣רֲכֵ֔הוּ וַיָּ֖שָׁב לִמְקֹמֽוֹ׃

41 וַיַּעֲבֹ֤ר הַמֶּ֙לֶךְ֙ הַגִּלְגָּ֔לָה וְכִמְהָ֖ן עָבַ֣ר עִמּ֑וֹ וְכָל־עַ֤ם יְהוּדָה֙ הֶעֱבִ֣ירוּ אֶת־הַמֶּ֔לֶךְ וְגַ֗ם חֲצִ֛י עַ֥ם יִשְׂרָאֵֽל׃

42 וְהִנֵּ֛ה כָּל־אִ֥ישׁ יִשְׂרָאֵ֖ל בָּאִ֣ים אֶל־הַמֶּ֑לֶךְ וַיֹּאמְר֣וּ אֶל־הַמֶּ֡לֶךְ מַדּוּעַ֩ גְּנָב֨וּךָ אַחֵ֜ינוּ אִ֣ישׁ יְהוּדָ֗ה וַיַּעֲבִ֨רוּ אֶת־הַמֶּ֤לֶךְ וְאֶת־בֵּיתוֹ֙ אֶת־הַיַּרְדֵּ֔ן וְכָל־אַנְשֵׁ֥י דָוִ֖ד עִמּֽוֹ׃

43 וַיַּעַן֩ כָּל־אִ֨ישׁ יְהוּדָ֜ה עַל־אִ֣ישׁ יִשְׂרָאֵ֗ל כִּֽי־קָר֤וֹב הַמֶּ֙לֶךְ֙ אֵלַ֔י וְלָ֤מָּה זֶּה֙ חָ֣רָה לְךָ֔ עַל־הַדָּבָ֖ר הַזֶּ֑ה הֶאָכ֤וֹל אָכַ֙לְנוּ֙ מִן־הַמֶּ֔לֶךְ אִם־נִשֵּׂ֥את נִשָּׂ֖א לָֽנוּ׃

44 וַיַּ֣עַן אִֽישׁ־יִשְׂרָאֵ֣ל אֶת־אִישׁ֩ יְהוּדָ֨ה וַיֹּ֜אמֶר עֶֽשֶׂר־יָד֧וֹת לִ֣י בַמֶּ֗לֶךְ וְגַם־בְּדָוִד֙ אֲנִ֣י מִמְּךָ֔ וּמַדּ֙וּעַ֙ הֱקִלֹּתַ֔נִי וְלֹא־הָיָ֨ה דְבָרִ֥י רִאשׁ֛וֹן לִ֖י לְהָשִׁ֣יב אֶת־מַלְכִּ֑י וַיִּ֙קֶשׁ֙ דְּבַר־אִ֣ישׁ יְהוּדָ֔ה מִדְּבַ֖ר אִ֥ישׁ יִשְׂרָאֵֽל׃

CAP. XX. כ

1 וְשָׁ֨ם נִקְרָ֜א אִ֣ישׁ בְּלִיַּ֗עַל וּשְׁמ֛וֹ שֶׁ֥בַע בֶּן־בִּכְרִ֖י אִ֣ישׁ יְמִינִ֑י וַיִּתְקַ֣ע בַּשֹּׁפָ֗ר וַ֠יֹּאמֶר אֵֽין־לָ֨נוּ חֵ֜לֶק בְּדָוִ֗ד וְלֹ֤א נַחֲלָה־לָ֙נוּ֙ בְּבֶן־יִשַׁ֔י אִ֥ישׁ לְאֹהָלָ֖יו יִשְׂרָאֵֽל׃

2 וַיַּ֜עַל כָּל־אִ֤ישׁ יִשְׂרָאֵל֙ מֵאַחֲרֵ֣י דָוִ֔ד אַחֲרֵ֖י שֶׁ֣בַע בֶּן־בִּכְרִ֑י וְאִ֤ישׁ יְהוּדָה֙ דָּבְק֣וּ בְמַלְכָּ֔ם מִן־הַיַּרְדֵּ֖ן וְעַד־יְרוּשָׁלִָֽם׃

3 וַיָּבֹ֨א דָוִ֣ד אֶל־בֵּיתוֹ֮ יְרֽוּשָׁלִַם֒ וַיִּקַּ֣ח הַמֶּ֡לֶךְ אֵ֣ת עֶֽשֶׂר־נָשִׁ֣ים ׀ פִּֽלַגְשִׁ֡ים אֲשֶׁ֣ר הִנִּיחַ֩ לִשְׁמֹ֨ר הַבַּ֜יִת וַֽיִּתְּנֵ֤ם בֵּית־מִשְׁמֶ֙רֶת֙ וַֽיְכַלְכְּלֵ֔ם וַאֲלֵיהֶ֖ם לֹא־בָ֑א וַתִּהְיֶ֧ינָה צְרֻר֛וֹת עַד־י֥וֹם מֻתָ֖ן אַלְמְנ֥וּת חַיּֽוּת׃

4 וַיֹּ֤אמֶר הַמֶּ֙לֶךְ֙ אֶל־עֲמָשָׂ֔א הַזְעֶק־לִ֥י אֶת־אִישׁ־יְהוּדָ֖ה שְׁלֹ֣שֶׁת יָמִ֑ים וְאַתָּ֖ה פֹּ֥ה עֲמֹֽד׃

5 וַיֵּ֥לֶךְ עֲמָשָׂ֖א לְהַזְעִ֣יק אֶת־יְהוּדָ֑ה וַיִּיחֶ֕ר מִן־הַמּוֹעֵ֖ד אֲשֶׁ֥ר יְעָדֽוֹ׃

6 וַיֹּ֤אמֶר דָּוִד֙ אֶל־אֲבִישַׁ֔י עַתָּ֗ה יֵ֥רַֽע לָ֛נוּ שֶׁ֥בַע בֶּן־בִּכְרִ֖י מִן־אַבְשָׁל֑וֹם

16 And Shimei[a] the son of Gera, a Benjamite, which *was* of Bahurim, hasted, and came down with the men of Judah to meet king David.

17 And *there were* a thousand men of Benjamin with him, and Ziba[d] the servant of the house of Saul, and his fifteen sons and his twenty servants with him; and they went over Jordan before the king.

18 And there went over a ferry-boat to carry over the king's household, and to do γ what he thought good. And Shimei the son of Gera fell down before the king, as he was come over Jordan;

19 And said unto the king, Let[g] not my lord impute iniquity unto me, neither do thou remember[h] that which thy servant did[i] perversely the day that my lord the king went out of Jerusalem, that the king should take[k] it to his heart.

20 For thy servant doth know that I have sinned : therefore, behold, I am come the first this day of all the house of Joseph, to go down to meet my lord the king.

21 But Abishai the son of Zeruiah answered and said, Shall not Shimei be put to death for this, because he cursed[l] the LORD's anointed ?

22 And David said, What have I to do with you, ye sons of Zeruiah, that ye should this day be adversaries unto me? Shall[n] there any man be put to death this day in Israel ? for do not I know that I *am* this day king over Israel ?

23 Therefore the king said unto Shimei, Thou[o] shalt not die. And the king sware unto him.

24 And Mephibosheth[p] the son of Saul came down to meet the king, and had neither dressed his feet, nor trimmed his beard, nor washed his clothes, from the day the king departed until the day he came *again* in peace.

25 And it came to pass, when he was come to Jerusalem to meet the king, that the king said unto him, Wherefore[s] wentest not thou with me, Mephibosheth ?

26 And he answered, My lord, O king, my servant deceived me ; for thy servant said, I will saddle me an ass, that I may ride thereon, and go to the king; because thy servant *is* lame.

27 And he[t] hath slandered thy servant unto my lord the king; but my lord the king *is* as an angel[v] of God : do, therefore, *what is* good in thine eyes.

28 For all *of* my father's house were but dead θmen before my lord the king : yet didst thou set[w] thy servant among them that did eat at thine own table. What right, therefore, have I yet to cry any more unto the king ?

29 And the king said unto him, Why speakest thou any more of thy matters ? I have said, Thou and Ziba divide the land.

30 And Mephibosheth said unto the king, Yea, let him take all, forasmuch as my lord the king is come again in peace unto his own house.

31 And Barzillai[a] the Gileadite came down from Rogelim,and went over Jordan with the king, to conduct him over Jordan.

32 Now Barzillai was a very aged man, *even* fourscore years old : and[d] he had provided the king of sustenance while he lay at Mahanaim; for[e] he*was* a very great man.

33 And the king said unto Barzillai, Come thou over with me, and I will feed thee with me in Jerusalem.

B. C. 1023.

a ch. 16. 5.

β *How many days are the years of my life?* Ge. 47. 9.

b Ps. 90. 10. Pr. 16. 31.

c He. 5. 14.

d ch. 9. 2, 10.

e Ec. 12. 3..5.

γ *the good in his eyes.*

f Lu. 6. 38.

g 1 Sa. 22. 15. Ps. 32. 2. Ro. 4. 6,8.

h Ps. 79. 8.

i ch. 16. 5,&c.

j 1 Ki. 2. 7. Je. 41. 17.

k ch. 13. 33.

δ *choose.*

l Ex. 22. 28. 1 Sa. 26. 9.

m Ge. 31. 55. 1 Th. 5. 26.

n 1 Sa. 11. 13.

ζ *Chimham.*

o 1Ki.2.8,36, &c.

p ch. 9. 6.

q ver. 11..15.

r ver. 12.

s ch. 16. 17.

η *set us at light.*

t ch. 16. 3. Je. 9. 4.

u Ju. 8. 1. Ja. 3. 2..10.

v ch.14.17,20.

θ *men of death.* 1 Sa. 26. 16.

w ch.9.7,10,13

x ch. 19. 43. 1 Ki. 12. 16. Lu. 19. 14.

y Ps. 62. 9.

z ch. 19. 41. 2Ch. 10. 17.

a 1 Ki. 2. 7.

b ch. 15. 16. 16. 21, 22.

κ *an house of ward.*

c Ge.40.3,4,7.

λ *bound.*

d ch. 17. 27.

μ *in widowhood of life.*

v *Call.*

e 1Ti.6.17..19.

f ch. 19. 13.

---

34 And Barzillai said unto the king, How β long have I to live, that I should go up with the king unto Jerusalem ?

35 *I am* this day fourscore[b] years old : and can I discern[c] between good and evil ? can[e] thy servant taste what I eat or what I drink ? can I hear any more the voice of singing-men and singing-women ? wherefore then should thy servant be yet a burden unto my lord the king ?

36 Thy servant will go a little way over Jordan with the king : and why should the king recompense it me with such a reward ?[f]

37 Let thy servant, I pray thee, turn back again, that I may die in mine own city, *and be buried* by the grave of my father and of my mother : but behold thy servant Chimham,[f] let him go over with my lord the king; and do to him what shall seem good unto thee.

38 And the king answered, Chimham shall go over with me, and I will do to him that which shall seem good unto thee ; and whatsoever thou shalt δ require of me, *that* will I do for thee.

39 And all the people went over Jordan. And when the king was come over, the king kissed[m] Barzillai, and blessed him ; and he returned unto his own place.

40 Then the king went on to Gilgal, and ζChimham went on with him: and all the people of Judah conducted the king, and also half the people of Israel.

41 And, behold, all the men of Israel came to the king, and said unto the king, Why have our brethren, the men of Judah, stolen thee away, and have[q] brought the king and his household, and all David's men with him, over Jordan ?

42 And all the men of Judah answered the men of Israel, Because the king *is* near of kin[r] to us: wherefore then be ye angry for this matter ? have we eaten at all of the king's *cost* ? or hath he given us any gift ?

43 And the men of Israel answered the men of Judah, and said, We have ten parts in the king, and we have also more *right* in David than ye : why then did ye ηdespise us, that our advice should not be first had in bringing back our king ? And ye[x] words of the men of Judah were[u] fiercer than the words of the men of Israel.

CHAP. XX.

AND there happened to be there a man of Belial, whose name *was* Sheba, the son of Bichri, a Benjamite ; and he blew a trumpet, and said, We have no part[x] in David, neither have we inheritance in the son of Jesse : every man to his tents, O Israel.

2 So[y] every man of Israel went up from after David, and followed Sheba the son of Bichri : but the men of Judah[z] clave unto their king, from Jordan even to Jerusalem.

3 And David came to his house at Jerusalem ; and the king took the ten women *his* concubines,[b] whom he had left to keep the house, and put them in κ ward,[c] and fed them, but went not in unto them. So they were λ shut up unto the day of their death, μ living in widowhood.

4 Then said the king to Amasa, ν Assemble me the men of Judah within three days, and be thou here present.

5 So Amasa went[f] to assemble *the men* of Judah : but he tarried longer than the

6 וַיֹּאמֶר דָּוִד אֶל אֲבִישַׁי עַתָּה יֵרַע לָנוּ שֶׁבַע בֶּן בִּכְרִי מִן אַבְשָׁלוֹם אַתָּה קַח אֶת עַבְדֵי אֲדֹנֶיךָ וּרְדֹף אַחֲרָיו פֶּן מָצָא לוֹ עָרִים בְּצֻרוֹת וְהִצִּיל עֵינֵנוּ׃

7 וַיֵּצְאוּ אַחֲרָיו אַנְשֵׁי יוֹאָב וְהַכְּרֵתִי וְהַפְּלֵתִי וְכָל הַגִּבֹּרִים וַיֵּצְאוּ מִירוּשָׁלִַם לִרְדֹּף אַחֲרֵי שֶׁבַע בֶּן בִּכְרִי׃

8 הֵם עִם הָאֶבֶן הַגְּדוֹלָה אֲשֶׁר בְּגִבְעוֹן וַעֲמָשָׂא בָּא לִפְנֵיהֶם וְיוֹאָב חָגוּר מִדּוֹ לְבֻשׁוֹ וְעָלָיו חֲגוֹר חֶרֶב מְצֻמֶּדֶת עַל מָתְנָיו בְּתַעְרָהּ וְהוּא יָצָא וַתִּפֹּל׃

9 וַיֹּאמֶר יוֹאָב לַעֲמָשָׂא הֲשָׁלוֹם אַתָּה אָחִי וַתֹּחֶז יַד יְמִין יוֹאָב בִּזְקַן עֲמָשָׂא לִנְשָׁק לוֹ׃

10 וַעֲמָשָׂא לֹא נִשְׁמַר בַּחֶרֶב אֲשֶׁר בְּיַד יוֹאָב וַיַּכֵּהוּ בָהּ אֶל הַחֹמֶשׁ וַיִּשְׁפֹּךְ מֵעָיו אַרְצָה וְלֹא שָׁנָה לוֹ וַיָּמֹת ס וְיוֹאָב וַאֲבִישַׁי אָחִיו רָדַף אַחֲרֵי שֶׁבַע בֶּן בִּכְרִי׃

11 וְאִישׁ עָמַד עָלָיו מִנַּעֲרֵי יוֹאָב וַיֹּאמֶר מִי אֲשֶׁר חָפֵץ בְּיוֹאָב וּמִי אֲשֶׁר לְדָוִד אַחֲרֵי יוֹאָב׃

12 וַעֲמָשָׂא מִתְגֹּלֵל בַּדָּם בְּתוֹךְ הַמְסִלָּה וַיַּרְא הָאִישׁ כִּי עָמַד כָּל הָעָם וַיַּסֵּב אֶת עֲמָשָׂא מִן הַמְסִלָּה הַשָּׂדֶה וַיַּשְׁלֵךְ עָלָיו בֶּגֶד כַּאֲשֶׁר רָאָה כָּל הַבָּא עָלָיו וְעָמָד׃

13 כַּאֲשֶׁר הֹגָה מִן הַמְסִלָּה עָבַר כָּל אִישׁ אַחֲרֵי יוֹאָב לִרְדֹּף אַחֲרֵי שֶׁבַע בֶּן בִּכְרִי׃

14 וַיַּעֲבֹר בְּכָל שִׁבְטֵי יִשְׂרָאֵל אָבֵלָה וּבֵית מַעֲכָה וְכָל הַבֵּרִים ס וַיִּקָּהֲלוּ וַיָּבֹאוּ אַף אַחֲרָיו׃

15 וַיָּבֹאוּ וַיָּצֻרוּ עָלָיו בְּאָבֵלָה בֵּית הַמַּעֲכָה וַיִּשְׁפְּכוּ סֹלְלָה אֶל הָעִיר וַתַּעֲמֹד בַּחֵל וְכָל הָעָם אֲשֶׁר אֶת יוֹאָב מַשְׁחִיתִם לְהַפִּיל הַחוֹמָה׃

16 וַתִּקְרָא אִשָּׁה חֲכָמָה מִן הָעִיר שִׁמְעוּ שִׁמְעוּ אִמְרוּ נָא אֶל יוֹאָב קְרַב עַד הֵנָּה וַאֲדַבְּרָה אֵלֶיךָ׃

17 וַיִּקְרַב אֵלֶיהָ וַתֹּאמֶר הָאִשָּׁה הַאַתָּה יוֹאָב וַיֹּאמֶר אָנִי וַתֹּאמֶר לוֹ שְׁמַע דִּבְרֵי אֲמָתֶךָ וַיֹּאמֶר שֹׁמֵעַ אָנֹכִי׃

18 וַתֹּאמֶר לֵאמֹר דַּבֵּר יְדַבְּרוּ בָרִאשֹׁנָה לֵאמֹר שָׁאֹל יְשָׁאֲלוּ בְּאָבֵל וְכֵן הֵתַמּוּ׃

19 אָנֹכִי שְׁלֻמֵי אֱמוּנֵי יִשְׂרָאֵל אַתָּה מְבַקֵּשׁ לְהָמִית עִיר וְאֵם בְּיִשְׂרָאֵל לָמָּה תְבַלַּע נַחֲלַת יְהוָה׃

20 וַיַּעַן יוֹאָב וַיֹּאמַר חָלִילָה חָלִילָה לִי אִם אֲבַלַּע וְאִם אַשְׁחִית׃

21 לֹא כֵן הַדָּבָר כִּי אִישׁ מֵהַר אֶפְרַיִם שֶׁבַע בֶּן בִּכְרִי שְׁמוֹ נָשָׂא יָדוֹ בַּמֶּלֶךְ בְּדָוִד תְּנוּ אֹתוֹ לְבַדּוֹ וְאֵלְכָה מֵעַל הָעִיר וַתֹּאמֶר הָאִשָּׁה אֶל יוֹאָב הִנֵּה רֹאשׁוֹ מֻשְׁלָךְ אֵלֶיךָ בְּעַד הַחוֹמָה׃

22 וַתָּבוֹא הָאִשָּׁה אֶל כָּל הָעָם בְּחָכְמָתָהּ וַיִּכְרְתוּ אֶת רֹאשׁ שֶׁבַע בֶּן בִּכְרִי וַיַּשְׁלִכוּ אֶל יוֹאָב וַיִּתְקַע בַּשּׁוֹפָר וַיָּפֻצוּ מֵעַל הָעִיר אִישׁ לְאֹהָלָיו וְיוֹאָב שָׁב יְרוּשָׁלִַם אֶל הַמֶּלֶךְ׃

23 וְיוֹאָב אֶל כָּל הַצָּבָא יִשְׂרָאֵל וּבְנָיָה בֶּן יְהוֹיָדָע עַל הַכְּרֵי [הַכְּרֵתִי] וְעַל הַפְּלֵתִי׃

24 וַאֲדֹרָם עַל הַמַּס וִיהוֹשָׁפָט בֶּן אֲחִילוּד הַמַּזְכִּיר׃

25 וּשְׁיָא [וּשְׁוָא] סֹפֵר וְצָדוֹק וְאֶבְיָתָר כֹּהֲנִים׃

26 וְגַם עִירָא הַיָּאִרִי הָיָה כֹהֵן לְדָוִד׃

CAP. XXI. כא

1 וַיְהִי רָעָב בִּימֵי דָוִד שָׁלֹשׁ שָׁנִים שָׁנָה אַחֲרֵי שָׁנָה וַיְבַקֵּשׁ דָּוִד אֶת פְּנֵי יְהוָה ס וַיֹּאמֶר יְהוָה אֶל שָׁאוּל וְאֶל בֵּית הַדָּמִים עַל אֲשֶׁר הֵמִית אֶת הַגִּבְעֹנִים׃

2 וַיִּקְרָא הַמֶּלֶךְ לַגִּבְעֹנִים וַיֹּאמֶר אֲלֵיהֶם וְהַגִּבְעֹנִים לֹא מִבְּנֵי יִשְׂרָאֵל הֵמָּה כִּי אִם מִיֶּתֶר הָאֱמֹרִי וּבְנֵי יִשְׂרָאֵל נִשְׁבְּעוּ לָהֶם וַיְבַקֵּשׁ שָׁאוּל לְהַכֹּתָם בְּקַנֹּאתוֹ לִבְנֵי יִשְׂרָאֵל וִיהוּדָה׃

3 וַיֹּאמֶר דָּוִד אֶל הַגִּבְעֹנִים מָה אֶעֱשֶׂה לָכֶם וּבַמָּה אֲכַפֵּר וּבָרְכוּ אֶת נַחֲלַת יְהוָה׃

4 וַיֹּאמְרוּ לוֹ הַגִּבְעֹנִים אֵין לִי [לָנוּ] כֶּסֶף וְזָהָב עִם שָׁאוּל וְעִם בֵּיתוֹ וְאֵין לָנוּ אִישׁ לְהָמִית בְּיִשְׂרָאֵל וַיֹּאמֶר מָה אַתֶּם אֹמְרִים אֶעֱשֶׂה לָכֶם׃

5 וַיֹּאמְרוּ אֶל הַמֶּלֶךְ הָאִישׁ אֲשֶׁר כִּלָּנוּ וַאֲשֶׁר דִּמָּה לָנוּ נִשְׁמַדְנוּ מֵהִתְיַצֵּב בְּכָל גְּבֻל יִשְׂרָאֵל׃

6 יֻנְתַן [יֻתַּן] לָנוּ שִׁבְעָה אֲנָשִׁים מִבָּנָיו וְהוֹקַעֲנוּם לַיהוָה בְּגִבְעַת שָׁאוּל בְּחִיר יְהוָה ס וַיֹּאמֶר הַמֶּלֶךְ אֲנִי אֶתֵּן׃

set time which he had appointed him.

6 And David said to Abishai, Now shall Sheba the son of Bichri do us more harm than *did* Absalom: take thou thy lord's servants,[b] and pursue after him, lest he get him fenced cities, and [γ] escape us.

7 And there went out after him Joab's men, and the Cherethites,[d] and the Pelethites, and all the mighty men: and they went out of Jerusalem, to pursue after Sheba the son of Bichri.

8 When they *were* at the great stone which *is* in Gibeon, Amasa went before them. And Joab's garment that he had put on was girded unto him, and upon it a girdle *with* a sword fastened upon his loins in the sheath thereof; and as he went forth it fell out.

9 And Joab said to Amasa, *Art* thou in health, my brother? And Joab took Amasa by y[e] beard with y[e] right hand to kiss[g] him.

10 But Amasa took no heed to the sword that *was* in Joab's hand: so he[h] smote him therewith in [i] the fifth *rib*, and shed out his bowels to the ground, and [θ]struck him not again; and he died. So Joab and Abishai his brother pursued after Sheba the son of Bichri.

11 And one of Joab's men stood by him, and said, He that favoureth Joab, and he that *is* for David, *let him go* after Joab.

12 And Amasa wallowed in blood in the midst of the highway. And when the man saw that all the people stood still, he removed Amasa out of the highway into the field, and cast a cloth upon him, when he saw that every one that came by him stood still.

13 When he was removed out of the highway, all the people went on after Joab, to pursue after Sheba the son of Bichri.

14 And he went through all the tribes of Israel unto Abel, [o] and to Beth-maachah, and all the Berites; and they were gathered together, and went also after him.

15 And they came and besieged him in Abel of Beth-maachah, and they cast up a bank [r] against the city, and it stood *v* in the trench: and all the people that *were* with Joab [π]battered the wall, to throw it down.

16 Then cried a wise woman out of the city, Hear, hear; say, I pray you, unto Joab, Come near hither, that I may speak with thee.

17 And when he was come near unto her, the woman said, *Art* thou Joab? And he answered, I *am* he. Then she said unto him, Hear the words of thine handmaid. And he answered, I do hear.

18 Then she spake, saying, [τ] They were wont to speak in old time, saying, They shall surely ask *counsel* at Abel: and so they ended *the matter.*

19 I *am* one of them *that are* peaceable *and* faithful in Israel: thou seekest to destroy a city and a mother *v* in Israel: why wilt thou swallow up the inheritance of the LORD?

20 And Joab answered and said, Far be it, far be it from me, that I should swallow up or destroy.

21 The matter *is* not so: but a man of mount Ephraim, Sheba the son of Bichri by [χ] name, hath lifted up his hand against the king, *even* against David: deliver him only, and I will depart from the city. And the woman said unto Joab, Behold, his head shall be thrown to thee over the wall.

22 Then the woman went unto all the

B. C. 1022.

a Ee.9.14..16.
[β] *were scattered.*
b cn. 11.11.
1 Ki. 1. 33.
[γ] *deliver himself from our eyes.*
c ch.8.16..18.
d 1 Ki. 1. 38.
e 1 Ki. 4. 6.
f 1 Ki. 4. 3.
[δ] or, *remembrancer.*
[ζ] or, *a prince* ch. 8. 18.
Ge. 41. 45.
Ex. 2. 16.
g Lu. 22. 47.
[η] *sought the face.*
Nu. 27. 21.
[h] 1 Ki. 2. 5.
i ch. 2. 23.
k 1 Sa. 22. 19.
[θ] *doubled not his stroke.*
l Jos.9.3..21.
m ch. 20. 19.
[κ] or, It is *not silver nor gold that we have to do with Saul, or his house; neither per-tains it to us to kill.*
n Ps. 49. 6, 7.
[λ] or, *cut us off*
o 2 Ki. 15. 29.
2 Ch. 16. 4.
p Eze. 18. 19.
q 1 Sa. 10. 26.
[μ] *chosen of the LORD.*
r 2 Ki. 19. 32.
[r] or, *against the outmost wall.*
[π] *marred to throw down.*
s 1 Sa. 20. 15.
t ch. 3. 7.
[ρ] or, *Michal's sister.*
[σ] *bare to Adriel.*
1 Sa. 18. 19.
[τ] or, *They plainly spake in the beginning, saying, Surely they will ask of Abel, and so make an end.*
De. 20. 11.
u 1 Sa. 15. 33.
v Ju. 5. 7.
[χ] *his name.*
w 1 Sa. 31. 11.

people in her wisdom:[a] and they cut off the head of Sheba the son of Bichri, and cast *it* out to Joab. And he blew a trumpet, and they [β] retired from the city, every man to his tent. And Joab returned to Jerusalem unto the king.

23 Now Joab[c] *was* over all the host of Israel; and Benaiah the son of Jehoiada *was* over the Cherethites, and over the Pelethites;

24 And Adoram *was* over the[e] tribute; and Jehoshaphat[f] the son of Ahilud *was* [δ] recorder;

25 And Sheva *was* scribe; and Zadok and Abiathar *were* the priests;

26 And Ira also, the Jairite, was [ζ]a chief ruler about David.

CHAP. XXI.

THEN there was a famine in the days of David three years, year after year: and David [η] inquired of the LORD. And the LORD answered, *It is* for Saul, and for *his* bloody house, because he slew the Gibeonites.[k]

2 And the king called the Gibeonites, and said unto them: (now the Gibeonites *were*[l] not of the children of Israel, but of the remnant of the Amorites; and the children of Israel had sworn unto them: and Saul sought to slay them in his zeal to the children of Israel and Judah;)

3 Wherefore David said unto the Gibeonites, What shall I do for you? and wherewith shall I make the atonement, that ye may bless the inheritance[m] of the LORD?

4 And the Gibeonites said unto him, [κ]We will have no silver[n] nor gold of Saul, nor of his house; neither for us shalt thou kill any man in Israel. And he said, What ye shall say, *that* will I do for you.

5 And they answered the king, The man that consumed us,& that [λ]devised against us *that* we should be destroyed from remaining in any of the coasts of Israel,

6 Let seven men of his sons[p] be delivered unto us, and we will hang them up unto the LORD in Gibeah[q] of Saul, [μ]*whom* the LORD did choose. And the king said, I will give *them.*

7 But the king spared Mephibosheth, the son of Jonathan the son of Saul, because of the LORD's oath[s] that *was* between them, between David and Jonathan the son of Saul.

8 But the king took the two sons of Rizpah[t] the daughter of Aiah, whom she bare unto Saul, Armoni and Mephibosheth; and the five sons of [ρ] Michal the daughter of Saul, whom she [σ] brought up for Adriel the son of Barzillai the Meholathite;

9 And he delivered them into the hands of the Gibeonites, and they hanged them in the hill before[u] the LORD: and they fell *all* seven together, and were put to death in the days of harvest, in the first *days,* in the beginning of barley-harvest.

10 And Rizpah the daughter of Aiah took sackcloth, and spread it for her upon the rock, from the beginning of harvest until water dropped upon them out of heaven, and suffered neither the birds of the air to rest on them by day, nor the beasts of the field by night.

11 And it was told David what Rizpah the daughter of Aiah, the concubine of Saul, had done.

12 And David went and took the bones of Saul and the bones of Jonathan his son from the men of[w] Jabesh-gilead, which

9 עָלָה׃   וַיִּֽתְגַּעֲשׁוּ כִּי־חָרָה לֹו׃   גָּנְבוּ אֹתָם מֵרְחֹב בֵּֽית־שָׁן אֲשֶׁר תְּלָֽום שָׁם׃ יִרְגְּזוּ
וְאֵשׁ מִפִּיו   עָשָׁן בְּאַפֹּו   הַפְּלִשְׁתִּים בְּיֹום הַכֹּות פְּלִשְׁתִּים אֶת־שָׁאוּל

10 וַיֵּט   גֶּחָלִים בָּעֲרוּ מִמֶּֽנּוּ׃   13 מִבַּגִּלְבֹּעַ׃   וַיַּעַל מִשָּׁם אֶת־עַצְמֹות שָׁאוּל וְאֶת־ תֹּאכֵל
וַיֵּרֵד שָׁמַיִם וַיֵּרַד   עַצְמֹות יְהֹונָתָן בְּנֹו וַיַּאַסְפוּ אֶת־עַצְמֹות

11 וַיֵּרָא   יִרְכַּב עַל־כְּרוּב וַיָּעֹף׃   14 הַמּוּקָעִים׃   וַיִּקְבְּרוּ אֶת־עַצְמֹות־שָׁאוּל וִיהֹונָתָן רַגְלָיו׃
12 וַיָּשֶׁת חֹשֶׁךְ סְבִיבֹתָיו   עַל־כַּנְפֵי־רוּחַ׃   בְּנֹו בְּאֶרֶץ בִּנְיָמִן בְּצֵלָע בְּקֶבֶר קִישׁ אָבִיו וַיַּעֲשׂוּ כֹּל
13 מִנֹּגַהּ   סֻכֹּות   חַשְׁרַת־מַיִם עָבֵי שְׁחָקִים׃   אֲשֶׁר־צִוָּה הַמֶּלֶךְ וַיֵּעָתֵר אֱלֹהִים לָאָרֶץ אַֽחֲרֵי־כֵֽן׃

15 וַתְּהִי־עֹוד מִלְחָמָה לַפְּלִשְׁתִּים אֶת־יִשְׂרָאֵל   נֶגְדֹּו בָּעֲרוּ גַּחֲלֵי־אֵשׁ׃   14 יַרְעֵם מִן־שָׁמַיִם
15 וַיֵּרֶד דָּוִד וַעֲבָדָיו עִמֹּו וַיִּלָּחֲמוּ אֶת־פְּלִשְׁתִּים וַיָּעַף   וְעֶלְיֹון יִתֵּן קֹולֹו׃   15 יְהֹוָה וַיִּשְׁלַח
16 דָּוִד׃   וְיִשְׁבֹּו בְּנֹב אֲשֶׁר בִּילִידֵי הָרָפָה וּמִשְׁקַל   חִצִּים וַיְפִיצֵם בָּרָק ויהמם]וַיָּהֹם[׃   16 וַיֵּרָאוּ אֲפִיקֵי
קֵינֹו שְׁלֹשׁ מֵאֹות מִשְׁקָל נְחֹשֶׁת וְהוּא חָגוּר חֲדָשָׁה   יָם   יִגָּלוּ מֹסְדֹות תֵּבֵל   בְּגַעֲרַת

17 וַיֹּאמֶר לַהְכֹּות אֶת־דָּוִד׃   וַיַּעֲזָר־לֹו אֲבִישַׁי בֶּן־   יְהֹוָה מִנִּשְׁמַת רוּחַ אַפֹּו׃   17 יִשְׁלַח מִמָּרֹום
צְרוּיָה וַיַּךְ אֶת־הַפְּלִשְׁתִּי וַיְמִיתֵהוּ אָז נִשְׁבְּעוּ   יִקָּחֵנִי יַמְשֵׁנִי מִמַּיִם רַבִּים׃   18 יַצִּילֵֽנִי
אַנְשֵׁי־דָוִד לֹו לֵאמֹר לֹא־תֵצֵא עֹוד אִתָּנוּ לַמִּלְחָמָה   מֵאֹיְבִי עָז   מִשֹּׂנְאַי כִּי אָמְצוּ

18 וְלֹא תְכַבֶּה אֶת־נֵר יִשְׂרָאֵל׃   19 וַיְהִי אַֽחֲרֵי־כֵן   מִמֶּֽנִּי׃   יְקַדְּמֻנִי בְּיֹום אֵידִי
20 וַתְּהִי־עֹוד הַמִּלְחָמָה בְּגֹוב עִם־פְּלִשְׁתִּים אָז הִכָּה   יְהֹוָה מִשְׁעָן לִי׃   וַיֹּצֵא לַמֶּרְחָב
21 סִבְּכַי הַחֻשָׁתִי אֶת־סַף אֲשֶׁר בִּילִדֵי הָרָפָה׃   אֹתִי   יַחַלְּצֵנִי כִּי־חָפֵץ בִּי׃   21 יִגְמְלֵנִי

19 וַתְּהִי־עֹוד הַמִּלְחָמָה בְּגֹוב עִם־פְּלִשְׁתִּים וַיַּךְ   יְהֹוָה כְּצִדְקָתִי   כְּבֹר יָדַי יָשִׁיב
אֶלְחָנָן בֶּן־יַעְרֵי אֹרְגִים בֵּית הַלַּחְמִי אֵת גָּלְיָת הַגִּתִּי   לִי׃   22 כִּי שָׁמַרְתִּי דַּרְכֵי יְהֹוָה וְלֹא
23 וְעֵץ חֲנִיתֹו כִּמְנֹור אֹרְגִים׃   20 וַתְּהִי־עֹוד מִלְחָמָה   רָשַׁעְתִּי מֵאֱלֹהָֽי׃   כִּי כָל־מִשְׁפָּטָו
24 בְּגַת וַיְהִי אִישׁ מָדֹון וְאֶצְבְּעֹת יָדָיו וְאֶצְבְּעֹות   לְנֶגְדִּי   וְחֻקֹּתָיו לֹא־אָסוּר מִמֶּֽנָּה׃   וָאֶהְיֶה
25 רַגְלָיו שֵׁשׁ וָשֵׁשׁ עֶשְׂרִים וְאַרְבַּע מִסְפָּר וְגַם־הוּא   תָמִים לֹו וָאֶשְׁתַּמְּרָה מֵעֲוֹנִֽי׃   וַיָּשֶׁב יְהֹוָה לִי

21 יֻלַּד לְהָֽרָפָה׃   וַיְחָרֵף אֶת־יִשְׂרָאֵל וַיַּכֵּהוּ יְהֹונָתָן   26 כְּבֹרִי לְנֶגֶד עֵינָֽיו׃   עִם־
22 בֶּן־שִׁמְעָה אֲחִי דָוִד׃   אֶת־אַרְבַּעַת אֵלֶּה יֻלְּדוּ   חָסִיד תִּתְחַסָּד   עִם־גִּבֹּור תָּמִים
לְהָרָפָה בְּגַת וַיִּפְּלוּ בְיַד־דָּוִד וּבְיַד עֲבָדָֽיו׃   27 וְעִם־   תִּתַּמָּם׃   עִם־נָבָר תִּתָּבָר
28 וְאֶת־עַם עָנִי   עִקֵּשׁ תִּתַּפָּֽל׃

CAP. XXII. כב

1 וַיְדַבֵּר דָּוִד לַיהֹוָה אֶת־דִּבְרֵי הַשִּׁירָה הַזֹּאת בְּיֹום   תֹּושִׁיעַ   29 וְעֵינֶיךָ עַל־רָמִים תַּשְׁפִּיל׃   כִּי־
הִצִּיל יְהֹוָה אֹתֹו מִכַּף כָּל־אֹיְבָיו וּמִכַּף שָׁאוּל׃   אַתָּה נֵירִי יְהֹוָה   וַיהֹוָה יַגִּיהַּ
2 וַיֹּאמַר   יְהֹוָה סַלְעִי וּמְצֻדָתִי וּמְפַלְטִי־לִי׃   30 אֱלֹהִי   כִּי בְכָה אָרוּץ גְּדוּד   בֵּאלֹהַי
3 אֱלֹהֵי צוּרִי אֶחֱסֶה־בֹּו   מָגִנִּי וְקֶרֶן יִשְׁעִי מִשְׂגַּבִּי   31 הָאֵל תָּמִים אֲדַלֶּג־שׁוּר׃
4 וּמְנוּסִי מֹשִׁעִי מֵחָמָס תֹּשִׁעֵֽנִי׃   מְהֻלָּל   דַּרְכֹּו   אִמְרַת יְהֹוָה צְרוּפָה   מָגֵן
5 אֶקְרָא יְהֹוָה וּמֵאֹיְבַי אִוָּשֵֽׁעַ׃   כִּי אֲפָפֻנִי מִשְׁבְּרֵי־   32 הוּא לְכֹל הַחֹסִים בֹּו׃   כִּי מִי־אֵל מִבַּלְעֲדֵי
6 מָוֶת   נַחֲלֵי בְלִיַּעַל יְבַעֲתֻֽנִי׃   חֶבְלֵי   יְהֹוָה וּמִי צוּר מִבַּלְעֲדֵי אֱלֹהֵֽינוּ׃   33 הָאֵל
שְׁאֹול סַבֻּנִי   קִדְּמֻנִי מֹֽקְשֵׁי   מָעוּזִּי חָיִל   וַיַּתֵּר תָּמִים
7 מָֽוֶת׃   בַּצַּר־לִי אֶקְרָא יְהֹוָה   וְאֶל־   34 דַּרְכֹּו׃   מְשַׁוֶּה רַגְלַי כָּאַיָּלֹות   וְעַל־
אֱלֹהַי אֶקְרָא   וַיִּשְׁמַע מֵהֵיכָלֹו   35 בָּמֹותַי יַעֲמִדֵֽנִי׃   מְלַמֵּד יָדַי
8 קֹולִי   וְשַׁוְעָתִי בְּאָזְנָיו׃   וַיִּתְגָּעַשׁ   36 לַמִּלְחָמָה וְנִחַת קֶשֶׁת־נְחוּשָׁה זְרֹעֹתָֽי׃   וַתִּתֶּן־לִי
וַתִּרְעַשׁ הָאָרֶץ   מֹוסְדֹות הַשָּׁמַיִם   37 מָגֵן יִשְׁעֶךָ וַעֲנֹתְךָ תַּרְבֵּֽנִי׃   תַּרְחִיב צַעֲדִי

had stolen them from the street of Beth-shan, where the Philistines had hanged them, when the Philistines had slain Saul in Gilboa:

13 And he brought up from thence the bones of Saul and the bones of Jonathan his son; and they gathered the bones of them that were hanged.

14 And the bones of Saul and Jonathan his son buried them in the country of Benjamin in Zelah,* in the sepulchre of Kish his father, and they performed all that the king commanded: and after that, God was intreated* for the land.

15 Moreover, the Philistines had yet war again with Israel; and David went down, and his servants with him, and fought against the Philistines: and David waxed faint.

16 And Ishbi-benob, which *was* of the sons of ζ the giant, (the weight of ηwhose spear *weighed* three hundred *shekels* of brass in weight,) he, being girded with a new *sword*, thought to have slain David:

17 But Abishai the son of Zeruiah succoured him, and smote the Philistine, and killed him. Then the men of David sware unto him, saying, Thou ι shalt go no more out with us to battle, that thou quench not the θ light* of Israel.

18 And it came to pass after this, that there was again a battle with the Philistines at Gob: then Sibbechai* the Hushathite slew κ Saph, which *was* of the sons of λ the giant.

19 And there was again a battle in Gob with the Philistines, where Elhanan the son of μ Jaare-oregim, a Bethlehemite, slew *the brother of* Goliath the Gittite, the staff of whose spear *was* like a weaver's beam.

20 And there was yet a battle in Gath, where was a man of *great* stature, that had on every hand six fingers, and on every foot six toes, four and twenty in number; and he also was born to ρ the giant.

21 And when he σ defied Israel, Jonathan, the son of Shimeah,υ the brother of David, slew him.

22 These four were born to the giant in Gath, and fell by the hand of David, and by the hand of his servants.

CHAP. XXII.

AND David spake unto the LORD υ the words of this song,² in y* day *that* y* LORD had delivered him out of the hand of all his enemies, and out of the hand of Saul :

2 And he said, The LORD is my rock,* and my fortress,* and my deliverer :

3 The God of my rock ; in him will I trust : *he is* my shield,* & the horn * of my salvation, my high tower,* and my refuge,* my saviour; thou savest me from violence.

4 I will call on the LORD, *who is* worthy to be praised : so shall I be saved from mine enemies.

5 When the γwaves of death compassed me, the floods of δ ungodly men made me afraid ;

6 The η sorrows of hell compassed me about ; the snares of death prevented me;

7 In my distress* I called upon the LORD, and cried to my God ; and he did hear* my voice out of his temple, and my cry *did enter* into his ears.

8 Then the earth* shook and trembled ; the foundations of heaven* moved and shook, because he was wroth.

9 There went up a smoke λ out of his nostrils, and fire out*** of his mouth devoured : coals were kindled by it.

B. C. 1018.

---

a 1s. 64. 1.
b Ps. 97. 2.
c Eze. 9. 3.
d Ps. 104. 3.
β *binding of waters.*
e Jos. 18. 28.
f Ps. 29. 3.
1s. 30. 30.
ζ De. 32. 23.
h ch. 24. 25.
i Na. 1. 4.
γ or, *anger.*
Ps. 74. 1.
δ or, *great.*
k 1s. 43. 2.
ε or, *Rapha.*
η *the staff,* or, *the head.*
l ch. 18. 3.
m ch. 15. 26.
n 1 Sa. 26. 23.
θ *candle,* or, *lamp.*
o 1 Ki. 11. 36.
p Job 17. 9.
q Pr. 8. 32.
r 1 Ch. 20. 4.
κ or, *Sippai.*
λ or, *Rapha.*
s Ps. 119. 30.
μ or, *Jair.*
υ *to him.*
π *before his eyes.*
t Mat. 5. 7.
ρ or, *Rapha.*
σ or, *reproached.*
1Sa. 17. 10,
25, 26.
u 1 Sa. 16. 9.
Shammah.
v Le. 26. 23.
τ or, *wrestle.*
x Da. 4. 37.
y Ps. 116.2, 3.
φ or, *candle.*
z Ps.18. title
χ or, *broken.*
a De. 32. 4.
b Ps. 91. 2.
ψ or, *refined.*
c Ge. 15. 1.
Ps. 84. 11.
d Lu. 1. 69.
e Pr. 18. 10.
f Ps. 46.1,11.
Je. 16. 19.
ω *riddeth,* or *looseth.*
β *equalleth.*
g Hab. 3. 19.
γ or, *pangs.*
δ Belial.
ζ *for the war.*
η or, *cords.*
h Jon. 2. 2.
θ *multiplied me.*
i Ps. 34. 6,15.
κ *ankles.*
k Ju. 5. 4.
Hab.3,6,10.
l Job 26. 11.
λ *by.*
m Ps.97.3,4.
n Mal. 4. 3.

---

10 He bowed* the heavens also, and came down ; and darkness* *was* under his feet.

11 And he rode upon a cherub,* and did fly : and he was seen upon the wings* of the wind.

12 And he made darkness pavilions round about him, β dark *waters, and* thick clouds of the skies.

13 Through the brightness before him were coals of fire kindled.

14 The LORD thundered* from heaven, and the most High uttered his voice.

15 And he sent out arrows,* and scattered them ; lightning, and discomfited them.

16 And the channels of the sea* appeared, the foundations of the world were discovered, at the rebuking of the LORD, at the blast of the breath of his γ nostrils.

17 He sent from above, he took me ; he drew me out of δ many waters ; *k*

18 He delivered me from my strong enemy, *and* from them that hated me : for they were too strong for me.

19 They prevented me in the day of my calamity : but the LORD was my stay.

20 He brought me forth also into a large place ; he delivered me, because he delighted*** in me.

21 The LORD rewarded me according* to my righteousness: according to the* cleanness of my hands hath he recompensed me.

22 For I have kept* the ways of the LORD, and have not wickedly departed from my God.

23 For* all his judgments *were* before me : and *as for* his statutes, I did not depart from them.

24 I was also upright υ before him, and have kept myself from mine iniquity.

25 Therefore the LORD hath recompensed me according to my righteousness ; according to my cleanness in π his eye-sight.

26 With the merciful* thou wilt shew thyself merciful, *and* with the upright man thou wilt shew thyself upright.

27 With the pure thou wilt shew thyself pure ; and with the froward* thou wilt τ shew thyself unsavoury.

28 And the afflicted people thou wilt save : but thine eyes *are* upon the haughty,* *that* thou mayest bring *them* down.

29 For thou *art* my φ lamp, O LORD ; and the LORD will lighten my darkness.

30 For by thee I have χ run through a troop: by my God have I leaped over a wall.

31 *As for* God, his way *is* perfect ; the word of the LORD *is* ψ tried : he *is* a buckler to all them that trust in him.

32 For who *is* God, save the LORD ? and who *is* a rock, save our God ?

33 God *is* my strength *and* power : and he ω maketh my way perfect.

34 He βmaketh my feet* like hinds'*feet,* and setteth me upon my high places.

35 He teacheth my hands ζ to war ; so that a bow of steel is broken by mine arms.

36 Thou hast also given me the shield of thy salvation : and thy gentleness hath θ made me great.

37 Thou hast enlarged my steps under me ; so that my κ feet did not slip.

38 I have pursued mine enemies, and destroyed them : and turned not again until I had consumed them.

39 And I have consumed them, and wounded them, that they could not arise : yea, they are fallen* under my feet.

40 For thou hast girded me with strength

כג   כב

38 אֶרְדְּפָה אֹיְבַי וָאַשְׁמִידֵם וְלֹא אָשׁוּב עַד־כַּלּוֹתָם:

39 וָאֲכַלֵּם וָאֶמְחָצֵם וְלֹא יְקוּמוּן וַיִּפְּלוּ תַּחַת רַגְלָי:

40 וַתַּזְרֵנִי חַיִל לַמִּלְחָמָה תַּכְרִיעַ קָמַי תַּחְתֵּנִי:

41 וְאֹיְבַי תַּתָּה לִּי עֹרֶף מְשַׂנְאַי וָאַצְמִיתֵם:

42 יִשְׁעוּ וְאֵין מֹשִׁיעַ אֶל־יְהוָה וְלֹא עָנָם:

43 וְאֶשְׁחָקֵם כַּעֲפַר־אָרֶץ כְּטִיט־חוּצוֹת אֲדִקֵּם אֶרְקָעֵם:

44 וַתְּפַלְּטֵנִי מֵרִיבֵי עַמִּי תִּשְׁמְרֵנִי לְרֹאשׁ גּוֹיִם עַם לֹא־יָדַעְתִּי יַעַבְדֻנִי:

45 בְּנֵי נֵכָר יִתְכַּחֲשׁוּ־לִי לִשְׁמוֹעַ אֹזֶן יִשָּׁמְעוּ לִי:

46 בְּנֵי נֵכָר יִבֹּלוּ וְיַחְגְּרוּ מִמִּסְגְּרוֹתָם:

47 חַי־יְהוָה וּבָרוּךְ צוּרִי וְיָרֻם אֱלֹהֵי צוּר יִשְׁעִי:

48 הָאֵל הַנֹּתֵן נְקָמֹת לִי וּמֹרִיד עַמִּים תַּחְתֵּנִי:

49 וּמוֹצִיאִי מֵאֹיְבָי וּמִקָּמַי תְּרוֹמְמֵנִי מֵאִישׁ חֲמָסִים תַּצִּילֵנִי:

50 עַל־כֵּן אוֹדְךָ יְהוָה בַּגּוֹיִם וּלְשִׁמְךָ אֲזַמֵּר:

51 מִגְדּוֹל יְשׁוּעוֹת מַלְכּוֹ וְעֹשֶׂה־חֶסֶד לִמְשִׁיחוֹ לְדָוִד וּלְזַרְעוֹ עַד־עוֹלָם:

CAP. XXIII. כג

1 וְאֵלֶּה דִּבְרֵי דָוִד הָאַחֲרֹנִים נְאֻם דָּוִד בֶּן־יִשַׁי וּנְאֻם הַגֶּבֶר הֻקַם עָל מְשִׁיחַ אֱלֹהֵי יַעֲקֹב וּנְעִים זְמִרוֹת יִשְׂרָאֵל:

2 רוּחַ יְהוָה דִּבֶּר־בִּי וּמִלָּתוֹ עַל־לְשׁוֹנִי:

3 אָמַר אֱלֹהֵי יִשְׂרָאֵל לִי דִבֶּר צוּר יִשְׂרָאֵל מוֹשֵׁל בָּאָדָם צַדִּיק מוֹשֵׁל יִרְאַת אֱלֹהִים:

4 וּכְאוֹר בֹּקֶר יִזְרַח־שָׁמֶשׁ בֹּקֶר לֹא עָבוֹת מִנֹּגַהּ מִמָּטָר דֶּשֶׁא מֵאָרֶץ:

5 כִּי־לֹא־כֵן בֵּיתִי עִם־אֵל כִּי בְרִית עוֹלָם שָׂם לִי עֲרוּכָה בַכֹּל וּשְׁמֻרָה כִּי־כָל־יִשְׁעִי וְכָל־חֵפֶץ כִּי־לֹא יַצְמִיחַ:

6 וּבְלִיַּעַל כְּקוֹץ מֻנָד כֻּלָּהַם כִּי־לֹא בְיָד יִקָּחוּ:

7 וְאִישׁ יִגַּע בָּהֶם יִמָּלֵא בַרְזֶל וְעֵץ חֲנִית וּבָאֵשׁ שָׂרוֹף יִשָּׂרְפוּ בַּשָּׁבֶת:

8 אֵלֶּה שְׁמוֹת הַגִּבֹּרִים אֲשֶׁר לְדָוִד יֹשֵׁב בַּשֶּׁבֶת תַּחְכְּמֹנִי רֹאשׁ הַשָּׁלִשִׁי הוּא עֲדִינוֹ הָעֶצְנִי עַל־שְׁמֹנֶה מֵאוֹת חָלָל בְּפַעַם אֶחָד:

9 וְאַחֲרָו אֶלְעָזָר בֶּן־דֹּדֹי בֶּן־אֲחֹחִי בִּשְׁלֹשָׁה גִבֹּרִים עִם־דָּוִד בְּחָרְפָם בַּפְּלִשְׁתִּים נֶאֶסְפוּ־שָׁם לַמִּלְחָמָה וַיַּעֲלוּ אִישׁ יִשְׂרָאֵל:

10 הוּא קָם וַיַּךְ בַּפְּלִשְׁתִּים עַד כִּי־יָגְעָה יָדוֹ וַתִּדְבַּק יָדוֹ אֶל־הַחֶרֶב וַיַּעַשׂ יְהוָה תְּשׁוּעָה:

---

11 וְאַחֲרָיו שַׁמָּה בֶן־אָגֵא הָרָרִי וַיֵּאָסְפוּ פְלִשְׁתִּים לַחַיָּה וַתְּהִי־שָׁם חֶלְקַת הַשָּׂדֶה מְלֵאָה עֲדָשִׁים וְהָעָם נָס מִפְּנֵי פְלִשְׁתִּים:

12 וַיִּתְיַצֵּב בְּתוֹךְ־הַחֶלְקָה וַיַּצִּילֶהָ וַיַּךְ אֶת־פְּלִשְׁתִּים וַיַּעַשׂ יְהוָה תְּשׁוּעָה גְדוֹלָה:

13 וַיֵּרְדוּ שְׁלֹשָׁה מֵהַשְּׁלֹשִׁים רֹאשׁ וַיָּבֹאוּ אֶל־קָצִיר אֶל־דָּוִד אֶל־מְעָרַת עֲדֻלָּם וְחַיַּת פְּלִשְׁתִּים חֹנָה בְּעֵמֶק רְפָאִים:

14 וְדָוִד אָז בַּמְּצוּדָה וּמַצַּב פְּלִשְׁתִּים אָז בֵּית לָחֶם:

15 וַיִּתְאַוֶּה דָוִד וַיֹּאמַר מִי יַשְׁקֵנִי מַיִם מִבֹּאר בֵּית־לֶחֶם אֲשֶׁר בַּשָּׁעַר:

16 וַיִּבְקְעוּ שְׁלֹשֶׁת הַגִּבֹּרִים בְּמַחֲנֵה פְלִשְׁתִּים וַיִּשְׁאֲבוּ־מַיִם מִבֹּאר בֵּית־לֶחֶם אֲשֶׁר בַּשַּׁעַר וַיִּשְׂאוּ וַיָּבִאוּ אֶל־דָּוִד וְלֹא אָבָה לִשְׁתּוֹתָם וַיַּסֵּךְ אֹתָם לַיהוָה:

17 וַיֹּאמֶר חָלִילָה לִּי יְהוָה מֵעֲשֹׂתִי זֹאת הֲדַם הָאֲנָשִׁים הַהֹלְכִים בְּנַפְשׁוֹתָם וְלֹא אָבָה לִשְׁתּוֹתָם אֵלֶּה עָשׂוּ שְׁלֹשֶׁת הַגִּבֹּרִים:

18 וַאֲבִישַׁי אֲחִי יוֹאָב בֶּן־צְרוּיָה הוּא רֹאשׁ הַשְּׁלֹשִׁי וְהוּא עוֹרֵר אֶת־חֲנִיתוֹ עַל־שְׁלֹשׁ מֵאוֹת חָלָל וְלוֹ־שֵׁם בַּשְּׁלֹשָׁה:

19 מִן־הַשְּׁלֹשָׁה הֲכִי נִכְבָּד וַיְהִי לָהֶם לְשָׂר וְעַד־הַשְּׁלֹשָׁה לֹא־בָא:

20 וּבְנָיָהוּ בֶן־יְהוֹיָדָע בֶּן־אִישׁ־חַי רַב־פְּעָלִים מִקַּבְצְאֵל הוּא הִכָּה אֵת שְׁנֵי אֲרִאֵל מוֹאָב וְהוּא יָרַד וְהִכָּה אֶת־הָאֲרִי בְּתוֹךְ הַבֹּאר בְּיוֹם הַשָּׁלֶג:

21 וְהוּא־הִכָּה אֶת־אִישׁ מִצְרִי אֲשֶׁר מַרְאֶה וּבְיַד הַמִּצְרִי חֲנִית וַיֵּרֶד אֵלָיו בַּשָּׁבֶט וַיִּגְזֹל אֶת־הַחֲנִית מִיַּד הַמִּצְרִי וַיַּהַרְגֵהוּ בַּחֲנִיתוֹ:

22 אֵלֶּה עָשָׂה בְּנָיָהוּ בֶּן־יְהוֹיָדָע וְלוֹ־שֵׁם בִּשְׁלֹשָׁה הַגִּבֹּרִים:

23 מִן־הַשְּׁלֹשִׁים נִכְבָּד וְאֶל־הַשְּׁלֹשָׁה לֹא־בָא וַיְשִׂמֵהוּ דָוִד אֶל־מִשְׁמַעְתּוֹ:

24 עֲשָׂהאֵל אֲחִי־יוֹאָב בַּשְּׁלֹשִׁים אֶלְחָנָן בֶּן־דֹּדוֹ בֵּית לָחֶם:

25 שַׁמָּה הַחֲרֹדִי אֱלִיקָא הַחֲרֹדִי:

26 חֶלֶץ הַפַּלְטִי עִירָא בֶן־עִקֵּשׁ הַתְּקֹעִי:

27 אֲבִיעֶזֶר הָעַנְּתֹתִי מְבֻנַּי הַחֻשָׁתִי:

28 צַלְמוֹן הָאֲחֹחִי מַהְרַי הַנְּטֹפָתִי:

29 חֵלֶב בֶּן־בַּעֲנָה הַנְּטֹפָתִי אִתַּי בֶּן־רִיבַי מִגִּבְעַת בְּנֵי בִנְיָמִן:

30 בְּנָיָהוּ פִּרְעָתֹנִי הִדַּי מִנַּחֲלֵי גָעַשׁ:

31 אֲבִי־עַלְבוֹן הָעַרְבָתִי עַזְמָוֶת הַבַּרְחֻמִי:

32 אֶלְיַחְבָּא הַשַּׁעַלְבֹנִי בְּנֵי יָשֵׁן יְהוֹנָתָן:

to battle : them *a* that rose up against me hast thou *β* subdued under me.

41 Thou hast also given me the *b* necks of mine enemies, that I might destroy them that hate me.

42 They looked, but *there was* none to save ; *even* unto the LORD, but *c* he answered them not.

43 Then did I beat them as small as the dust *d* of the earth, I did stamp them as the mire *e* of the street, *and* did spread them abroad.

44 Thou also hast delivered me from the strivings *f* of my people, thou hast kept me *to be* head of the heathen : *g* a people *which* I knew not shall serve me.

45 Strangers *ζ* shall *n* submit themselves unto me : as soon as they hear, they shall be obedient unto me.

46 Strangers shall fade away, and they shall be afraid out of their close *i* places.

47 The LORD liveth ; and blessed *be* my rock ; and exalted be the God of the rock of my salvation.

48 It *is* God that *θ* avengeth me, and that bringeth down the people under me,

49 And that bringeth me forth from mine enemies : thou also hast lifted me up on high above them that rose up against me : thou hast delivered *k* me from the violent man.

50 Therefore I will give thanks unto thee, O LORD, among the heathen, and I will sing *praises* unto thy name.

51 He *is* the tower of salvation for his king ; and sheweth mercy to his anointed, unto David, and to his seed for evermore. *l*

CHAP. XXIII.

NOW these *be* the last words of David. David the son of Jesse said, and the man *who was* raised *m* up on high, the anointed of the God of Jacob, and the sweet psalmist *n* of Israel, said,

2 The Spirit *o* of the LORD spake by me, and his word *was* in my tongue.

3 The God of Israel said, the Rock of Israel spake to me, *μ* He that ruleth over men *must be* just, *p* ruling in the fear *q* of God :

4 And *he shall be* as the light *r* of the morning, *when* the sun riseth, *even* a morning without clouds ; *as* the tender grass *springing* out of the earth by clear shining after rain. *s*

5 Although my house *be* not so with God ; yet he hath made with me an *t* everlasting covenant, ordered in all *things*, and sure : for *this is* all my salvation, and all *my* desire, *u* although he make *it* not to grow.

6 But *the sons* of Belial *shall be* all of them as thorns thrust away, because they cannot be taken with hands.

7 But the man *that* shall touch them must be *τ* fenced with iron, and the staff of a spear ; and they shall be utterly burned with fire *w* in the *same* place.

8 These *be* the names of the mighty men whom David had : *φ* The Tachmonite that sat in the seat, chief among the captains ; the same *was* Adino the Eznite : *he lift up his spear* against eight hundred, whom *χ* he slew at one time.

9 And after him *was* Eleazar the son of Dodo the Ahohite, *one* of the three mighty men with David, when they defied the Philistines *that* were there gathered together to battle, and the men of Israel were gone away :

10 He arose, and smote the Philistines

Marginal notes (center column)

B. C. 1018.

a Ps. 44. 5.
β caused to bow.
b Ge. 49. 8.
Jos. 10. 24.
c Pr. 1. 28.
Mi. 3. 4.
γ or, *for foraging.*
d 2 Ki. 13. 7.
e Mi. 7. 10.
δ or, *the three captains over the thirty.*
f ch. 3. 1.
19. 9, 14.
20. 1, 2, 22.
g Ps. 2. 8.
h 1 Sa. 22. 1.
ζ Sons of the stranger.
η lie, or *yield feigned obedience.*
De. 33. 29.
Ps. 66. 3.
i Mi. 7. 17.
θ giveth a-vengement for me.
ch. 18. 19 31.
1 Sa. 25. 39.
k Ps. 52. 1, 5, 8.
2 Th. 3. 2.
l Ps. 89. 29, 36.
κ slain.
m Ps. 78. 70, 71
n Lu. 24. 44.
o 2 Pe. 1. 21.
λ great of acts.
μ or, *be thou ruler*, &c.
Ps. 110. 2.
ν lions of God.
p Pr. 31. 9.
q Ex. 18. 21.
2 Ch. 19. 7, 9.
r Pr. 4. 18.
π a man of countenance, or, *sight :* called, *a man of great stature,*
1 Ch. 11. 23.
s Ps. 72. 6.
t ch. 7. 14. 15.
Is. 55. 3.
u Ps. 73. 25, 26.
ρ or, *honourable among the,* &c.
σ at his command, or, *over council.*
1 Sa. 22. 14.
τ filled.
w Mat. 3. 10.
φ or, *Josheb-bassebet the Tachmonite, head of the three.*
χ slain.
ψ or, *valleys.*

---

until his hand was weary, and his hand clave unto the sword : and the LORD wrought a great victory that day ; and the people returned after him only to spoil.

11 And after him *was* Shammah, the son of Agee the Hararite : and the Philistines were gathered together *γ* into a troop, where was a piece of ground full of lentiles ; & y *e* people fled from y *e* Philistines.

12 But he stood in the midst of the ground, & defended it, and slew the Philistines : & y *e* LORD wrought a great victory.

13 And *δ* three of the thirty chief went down, and came to David in the harvest-time unto *h* the cave of Adullam : and the troop of the Philistines pitched in the valley of Rephaim.

14 And David *was* then in an hold, and the garrison of the Philistines *was* then *in* Bethlehem.

15 And David longed, and said, Oh that one would give me drink of the water of the well of Bethlehem, which *is* by the gate!

16 And the three mighty men brake through the host of the Philistines, and drew water out of the well of Bethlehem, that *was* by the gate, and took *it,* and brought *it* to David : nevertheless he would not drink thereof, but poured it out unto the LORD.

17 And he said, Be it far from me, O LORD, that I should do this : *is not this* the blood of the men that went in jeopardy of their lives? therefore he would not drink it. These things did these three mighty men.

18 And Abishai, the brother of Joab, the son of Zeruiah, was chief among three : and he lifted up his spear against three hundred, *κ* and slew *them,* and had the name among three.

19 Was he not most honourable of three? therefore he was their captain : howbeit he attained not unto the *first* three.

20 And Benaiah the son of Jehoiada, the son of a valiant man, of Kabzeel, *λ* who had done many acts, he slew two *ν* lion-like men of Moab : he went down also and slew a lion in the midst of a pit in time of snow.

21 And he slew an Egyptian, *π* a goodly man : and the Egyptian had a spear in his hand ; but he went down to him with a staff, and plucked the spear out of the Egyptian's hand, and slew him with his own spear.

22 These *things* did Benaiah the son of Jehoiada, and had the name among three mighty men.

23 He was *ρ* more honourable than the thirty, but he attained not to the *first* three : and David set him *σ* over his guard.

24 Asahel the brother of Joab *was* one of the thirty ; Elhanan the son of Dodo of Bethlehem,

25 Shammah the Harodite, Elika the Harodite,

26 Helez the Paltite, Ira the son of Ikkesh the Tekoite,

27 Abiezer the Anethothite, Mebunnai the Hushathite,

28 Zalmon the Ahohite, Maharai the Netophathite,

29 Heleb the son of Baanah, a Netophathite ; Ittai the son of Ribai out of Gibeah of the children of Benjamin,

30 Benaiah the Pirathonite, Hiddai of the *ψ* brooks of Gaash,

31 Abi-albon the Arbathite, Azmaveth the Barhumite,

33 שַׁמָּה֙ הַֽהֲרָרִ֔י אֲחִיאָ֥ם בֶּן־
34 שָׁרָ֖ר הָאֲרָרִֽי׃
אֱלִיפֶ֥לֶט בֶּן־אֲחַסְבַּ֖י בֶּן־
35 הַמַּֽעֲכָתִ֑י אֱלִיעָ֥ם בֶּן־אֲחִיתֹ֖פֶל הַגִּֽלֹנִֽי׃   הֶצְרַו֙
36 יִגְאָ֤ל בֶּן־נָתָן֙ מִצֹּבָ֔ה הַֽכַּרְמְלִ֔י פַּעֲרַ֖י הָאַרְבִּֽי׃
37 צֶ֖לֶק הָעַמֹּנִ֑י נַחְרַי֙ בָּנִ֖י הַגָּדִֽי׃
הַבְּאֵ֣רֹתִ֔י נֹשְׂאֵ֕י כְּלֵ֖י יוֹאָ֥ב בֶּן־צְרֻיָֽה׃
38 עִירָא֙ הַיִּתְרִ֔י גָּרֵ֖ב הַיִּתְרִֽי׃   אֽוּרִיָּ֖ה
39 הַֽחִתִּ֑י כֹּ֕ל שְׁלֹשִׁ֥ים וְשִׁבְעָֽה׃

CAP. XXIV. כד

1 וַיֹּ֨סֶף אַף־יְהוָ֜ה לַחֲר֣וֹת בְּיִשְׂרָאֵ֗ל וַיָּ֨סֶת אֶת־דָּוִ֤ד
בָּהֶם֙ לֵאמֹ֔ר לֵ֛ךְ מְנֵ֥ה אֶת־יִשְׂרָאֵ֖ל וְאֶת־יְהוּדָֽה׃
2 וַיֹּ֨אמֶר הַמֶּ֜לֶךְ אֶל־יוֹאָ֣ב ׀ שַׂר־הַחַ֣יִל אֲשֶׁר־אִתּ֗וֹ
שֽׁוּט־נָ֞א בְּכָל־שִׁבְטֵ֤י יִשְׂרָאֵל֙ מִדָּן֙ וְעַד־בְּאֵ֣ר שֶׁ֔בַע
וּפִקְד֖וּ אֶת־הָעָ֑ם וְיָ֣דַעְתִּ֔י אֵ֖ת מִסְפַּ֥ר הָעָֽם׃
3 וַיֹּ֨אמֶר יוֹאָ֜ב אֶל־הַמֶּ֗לֶךְ וְיוֹסֵ֣ף יְהוָה֩ אֱלֹהֶ֨יךָ אֶל־הָעָ֜ם
כָּהֵ֤ם ׀ וְכָהֵם֙ מֵאָ֣ה פְעָמִ֔ים וְעֵינֵ֥י אֲדֹנִֽי־הַמֶּ֖לֶךְ
רֹא֑וֹת וַאדֹנִ֣י הַמֶּ֔לֶךְ לָ֥מָּה חָפֵ֖ץ בַּדָּבָ֥ר הַזֶּֽה׃
4 וַיֶּחֱזַ֤ק דְּבַר־הַמֶּ֙לֶךְ֙ אֶל־יוֹאָ֔ב וְעַ֖ל שָׂרֵ֣י הֶחָ֑יִל וַיֵּצֵ֨א
יוֹאָ֜ב וְשָׂרֵ֤י הַחַ֙יִל֙ לִפְנֵ֣י הַמֶּ֔לֶךְ לִפְקֹ֥ד אֶת־הָעָ֖ם אֶת־
5 יִשְׂרָאֵֽל׃   וַיַּעַבְר֖וּ אֶת־הַיַּרְדֵּ֑ן וַיַּחֲנ֣וּ בַעֲרוֹעֵ֗ר יְמִ֥ין
6 הָעִ֛יר אֲשֶׁ֛ר בְּתוֹךְ־הַנַּ֥חַל הַגָּ֖ד וְאֶל־יַעְזֵֽר׃   וַיָּבֹ֙אוּ֙
הַגִּלְעָ֔דָה וְאֶל־אֶ֥רֶץ תַּחְתִּ֖ים חָדְשִׁ֑י וַיָּבֹ֙אוּ֙ דָּ֣נָה
7 יַּ֔עַן וְסָבִ֖יב אֶל־צִידֽוֹן׃   וַיָּבֹ֙אוּ֙ מִבְצַר־צֹ֔ר וְכָל־עָרֵ֥י
הַחִוִּ֖י וְהַֽכְּנַעֲנִ֑י וַיֵּֽצְא֛וּ אֶל־נֶ֥גֶב יְהוּדָ֖ה בְּאֵ֥ר שָֽׁבַע׃
8 וַיָּשֻׁ֖טוּ בְּכָל־הָאָ֑רֶץ וַיָּבֹ֜אוּ מִקְצֵ֨ה תִשְׁעָ֧ה חֳדָשִׁ֛ים
9 וְעֶשְׂרִ֥ים י֖וֹם יְרוּשָׁלִָֽם׃   וַיִּתֵּ֥ן יוֹאָ֛ב אֶת־מִסְפַּ֥ר
מִפְקַד־הָעָ֖ם אֶל־הַמֶּ֑לֶךְ וַתְּהִ֣י יִשְׂרָאֵ֡ל שְׁמֹנֶה֩
מֵא֨וֹת אֶ֤לֶף אִֽישׁ־חַ֙יִל֙ שֹׁ֣לֵֽף חֶ֔רֶב וְאִ֣ישׁ יְהוּדָ֔ה
10 חֲמֵשׁ־מֵא֥וֹת אֶ֖לֶף אִֽישׁ׃   וַיַּ֤ךְ לֵב־דָּוִד֙ אֹת֔וֹ
אַחֲרֵי־כֵ֖ן סָפַ֣ר אֶת־הָעָ֑ם o וַיֹּ֨אמֶר דָּוִ֜ד אֶל־
יְהוָ֗ה חָטָ֤אתִי מְאֹד֙ אֲשֶׁ֣ר עָשִׂ֔יתִי וְעַתָּ֣ה יְהוָ֔ה
הַֽעֲבֶר־נָא֙ אֶת־עֲוֺ֣ן עַבְדְּךָ֔ כִּ֥י נִסְכַּ֖לְתִּי מְאֹֽד׃
11 וַיָּ֥קָם דָּוִ֖ד בַּבֹּ֑קֶר o וּדְבַר־יְהוָ֗ה הָיָה֙ אֶל־גָּ֣ד
12 הַנָּבִ֔יא חֹזֵ֥ה דָוִ֖ד לֵאמֹֽר׃   הָל֞וֹךְ וְדִבַּרְתָּ֣ אֶל־דָּוִ֔ד

---

13 בָּדֶ֣בֶר בָּחַר־לֶ֑ךְ
אַחַת־מֵהֶ֖ם וְאֶֽעֱשֶׂה־לָּֽךְ׃
לֽוֹ וַיַּגֶּד־
כֹּ֣ה אָמַ֣ר יְהוָ֗ה שָׁלֹ֤שׁ אָֽנֹכִי֙ נוֹטֵ֣ל עָלֶ֔יךָ בְּחַר־לְךָ֕
13 וַיָּבֹא־גָ֥ד אֶל־דָּוִ֖ד וַיַּגֶּד־
לֹ֑ו וַיֹּ֣אמֶר ל֗וֹ הֲתָב֨וֹא לְךָ֜ שֶֽׁבַע־שָׁנִ֣ים ׀ רָעָ֣ב
בְּאַרְצֶ֗ךָ וְאִם־שְׁלֹשָׁ֨ה חֳדָשִׁ֜ים נֻסְךָ֣ לִפְנֵֽי־צָרֶ֙יךָ֙
וְה֣וּא רֹדְפֶ֔ךָ וְאִם־הֱ֠יוֹת שְׁלֹ֨שֶׁת יָמִ֥ים דֶּ֙בֶר֙ בְּאַרְצֶ֔ךָ
עַתָּה֙ דַּ֣ע וּרְאֵ֔ה מָ֛ה אָשִׁ֥יב שֹׁלְחִ֖י דָּבָֽר׃
14 וַיֹּ֧אמֶר דָּוִ֛ד אֶל־גָּ֖ד צַר־לִ֣י מְאֹ֑ד נִפְּלָה־נָּ֤א בְיַד־יְהוָה֙
15 כִּֽי־רַבִּ֣ים רַֽחֲמָ֔ו וּבְיַד־אָדָ֖ם אַל־אֶפֹּֽלָה׃   וַיִּתֵּ֨ן
יְהוָ֥ה דֶּ֙בֶר֙ בְּיִשְׂרָאֵ֔ל מֵהַבֹּ֖קֶר וְעַד־עֵ֣ת מוֹעֵ֑ד וַיָּ֣מָת
מִן־הָעָ֗ם מִדָּן֙ וְעַד־בְּאֵ֣ר שֶׁ֔בַע שִׁבְעִ֥ים אֶ֖לֶף אִֽישׁ׃
16 וַיִּשְׁלַח֩ יָד֨וֹ הַמַּלְאָ֥ךְ ׀ יְרֽוּשָׁלִַ֘ם֮ לְשַֽׁחֲתָהּ֒ וַיִּנָּ֤חֶם
יְהוָה֙ אֶל־הָ֣רָעָ֔ה וַיֹּ֨אמֶר לַמַּלְאָ֜ךְ הַמַּשְׁחִ֤ית בָּעָם֙
רַ֣ב עַתָּ֗ה הֶ֤רֶף יָדֶ֙ךָ֙ וּמַלְאַ֣ךְ יְהוָ֗ה הָיָ֛ה עִם־גֹּ֖רֶן
17 הָאֲרַ֥וְנָה הַיְבֻסִֽי׃   וַיֹּאמֶר֩ דָּוִ֨ד אֶל־יְהוָ֜ה
בִּרְאֹת֣וֹ ׀ אֶת־הַמַּלְאָ֣ךְ ׀ הַמַּכֶּ֣ה בָעָ֗ם וַיֹּ֙אמֶר֙ הִנֵּ֨ה
אָנֹכִ֤י חָטָ֙אתִי֙ וְאָנֹכִ֣י הֶעֱוֵ֔יתִי וְאֵ֥לֶּה הַצֹּ֖אן מֶ֣ה
18 עָשׂ֑וּ תְּהִ֨י נָ֥א יָדְךָ֛ בִּ֖י וּבְבֵ֥ית אָבִֽי׃   וַיָּבֹא־גָ֥ד אֶל־
דָּוִ֖ד בַּיּ֣וֹם הַה֑וּא וַיֹּ֣אמֶר ל֗וֹ עֲלֵה֙ הָקֵ֤ם לַֽיהוָה֙
19 מִזְבֵּ֔חַ בְּגֹ֖רֶן אֲרַ֥וְנָה הַיְבֻסִֽי׃   וַיַּ֤עַל דָּוִד֙ כִּדְבַר־גָּ֔ד
20 כַּאֲשֶׁ֖ר צִוָּ֥ה יְהוָֽה׃   וַיַּשְׁקֵ֣ף אֲרַ֗וְנָה וַיַּ֤רְא אֶת־
הַמֶּ֙לֶךְ֙ וְאֶת־עֲבָדָ֔יו עֹבְרִ֖ים עָלָ֑יו וַיֵּצֵ֣א אֲרַ֔וְנָה
21 וַיִּשְׁתַּ֧חוּ לַמֶּ֛לֶךְ אַפָּ֖יו אָֽרְצָה׃   וַיֹּ֣אמֶר אֲרַ֔וְנָה
מַדּ֛וּעַ בָּ֥א אֲדֹנִֽי־הַמֶּ֖לֶךְ אֶל־עַבְדּ֑וֹ וַיֹּ֨אמֶר דָּוִ֜ד לִקְנ֧וֹת
מֵעִמְּךָ֣ אֶת־הַגֹּ֗רֶן לִבְנ֤וֹת מִזְבֵּ֙חַ֙ לַֽיהוָ֔ה וְתֵעָצַ֥ר
22 הַמַּגֵּפָ֖ה מֵעַ֣ל הָעָֽם׃   וַיֹּ֤אמֶר אֲרַ֙וְנָה֙ אֶל־דָּוִ֔ד יִקַּ֥ח
וְיַ֛עַל אֲדֹנִ֥י הַמֶּ֖לֶךְ הַטּ֣וֹב בְּעֵינָ֑ו רְאֵ֤ה הַבָּקָר֙ לָעֹלָ֔ה
23 וְהַמֹּרִגִּ֥ים וּכְלֵ֥י הַבָּקָ֖ר לָעֵצִֽים׃   הַכֹּ֗ל נָתַ֛ן אֲרַ֥וְנָה
24 הַמֶּ֖לֶךְ לַמֶּ֑לֶךְ o וַיֹּ֨אמֶר אֲרַ֤וְנָה אֶל־
הַמֶּ֔לֶךְ יְהוָ֥ה אֱלֹהֶ֖יךָ יִרְצֶֽךָ׃   וַיֹּ֤אמֶר הַמֶּ֙לֶךְ֙ אֶל־
אֲרַ֔וְנָה לֹ֚א כִּֽי־קָנ֤וֹ אֶקְנֶ֤ה מֵאֽוֹתְךָ֙ בִּמְחִ֔יר וְלֹ֧א
אַעֲלֶ֛ה לַיהוָ֥ה אֱלֹהַ֖י עֹל֣וֹת חִנָּ֑ם וַיִּ֩קֶן דָּוִ֨ד אֶת־הַגֹּ֜רֶן
25 וְאֶת־הַבָּקָ֗ר בְּכֶ֛סֶף שְׁקָלִ֖ים חֲמִשִּֽׁים׃   וַיִּ֩בֶן שָׁ֨ם
דָּוִ֤ד מִזְבֵּ֙חַ֙ לַֽיהוָ֔ה וַיַּ֥עַל עֹל֖וֹת וּשְׁלָמִ֑ים וַיֵּעָתֵ֤ר
יְהוָה֙ לָאָ֔רֶץ וַתֵּעָצַ֥ר הַמַּגֵּפָ֖ה מֵעַ֥ל יִשְׂרָאֵֽל׃

32 Eliahba the Shaalbonite, of the sons of Jashen, Jonathan,

33 Shammah the Hararite, Ahiam the son of Sharar the Hararite,

34 Eliphelet the son of Ahasbai, the son of the Maachathite, Eliam the son of Ahithophel the Gilonite,

35 Hezrai the Carmelite, Paarai the Arbite,

36 Igal the son of Nathan of Zobah, Bani the Gadite,

37 Zelek the Ammonite, Nahari the Beerothite, armour-bearer to Joab the son of Zeruiah,

38 Ira[e] an Ithrite, Gareb an Ithrite,

39 Uriah[f] the Hittite: thirty and seven in all.

CHAP. XXIV.

AND again[g] the anger of the LORD was kindled against Israel, and γ he moved David against them to say, Go,[h] number Israel and Judah.

2 For the king said to Joab the captain of the host, which *was* with him, δ Go now through all the tribes of Israel, from Dan even to Beer-sheba, and number ye the people, that I may know the number[m] of the people.

3 And Joab said unto the king, Now the LORD thy God add unto the people, how many soever they be, an hundred-fold, and that the eyes of my lord the king may see *it :* but why doth my lord the king delight in this thing?

4 Notwithstanding, the king's word prevailed against Joab, and against the captains of the host: and Joab and the captains of the host went out from the presence of the king, to number the people of Israel.

5 And they passed over Jordan, and pitched in Aroer,[p] on the right side of the city that *lieth* in the midst of the η river of Gad, and toward Jazer:[q]

6 Then they came to Gilead, and to the θ land of Tahtim-hodshi; and they came to Dan-jaan,[r] and about to Zidon,[s]

7 And came to the strong hold of Tyre, and to all the cities of the Hivites, and of the Canaanites: and they went out to the south of Judah, *even* to Beer-sheba.

8 So when they had gone through all the land, they came to Jerusalem at the end of nine months and twenty days.

9 And Joab gave up the sum of the number of the people unto the king: and there were in Israel eight hundred thousand valiant men that drew the sword; and the men of Judah *were* five hundred thousand men.

10 And David's heart smote[y] him after that he had numbered the people. And David said unto the LORD, I[z] have sinned greatly in that I have done: and now, I beseech thee, O LORD, take away[a] the iniquity of thy servant; for I have done very foolishly.[b]

11 For when David was up in the morning, the word of the LORD came unto the prophet Gad,[c] David's seer, saying,

12 Go and say unto David, Thus saith the LORD, I offer thee three *things;*

B. C. 1017.

a Le.26.41,43.
b 1 Ch. 21.12.
β *or, many.*
c Ps.103.8.14.
  119. 156.
  CXXXVI.
d Ps.106,41,42
  Is. 47. 6.
e ch. 20. 26.
f ch.11.3,&c.
g ch. 21. 1.
γ *Satan.*
1Ch.21.1,&c.
Ja. 1. 13, 14.
h 1Ch. 27. 23, 24.
i Ex. 12. 23.
j Ps. 90. 13.
  135. 14.
δ *or,compass.*
k Is. 27. 8.
  57. 16.
Joel 2.13,14.
l ver. 18.
1Ch. 21.15,
Ornan.
2 Ch. 3. 1.
m Je. 17. 5.
n Ps. 51. 4.
o Ps. 74. 1.
ζ *Araunah.*
p Jos.13.9,16.
η *or, valley.*
q Nu. 32.1,3.
θ *or, nether land newly inhabited.*
r Ju. 18. 29.
s Jos. 19. 28.
t Ge.23.8..16.
u Nu. 16. 47.. 50.
v 1 Ki. 19.21.
w Ps. 45. 16.
Re. 1. 6.
x Job 42. 8,9.
Eze. 20. 40, 41.
y 1 Sa. 24. 5.
z ch. 12. 13.
a Ho. 14. 2.
b 1 Sa. 13. 13.
c 1 Sa. 22. 5.
1Ch. 29.29.
d ch. 21. 14.

choose[a] thee one of them, that I may do *it* unto thee.

13 So Gad came to David, and told him, and said unto him, Shall seven[b] years of famine come unto thee in thy land? or wilt thou flee three months before thine enemies, while they pursue thee? or that there be three days' pestilence in thy land? Now advise, and see what answer I shall return to him that sent me.

14 And David said unto Gad, I am in a great strait: let us fall now into the hand of the LORD, for his mercies *are* β great,[c] and let me not fall into[d] the hand of man.

15 So the LORD sent a pestilence upon Israel, from the morning even to the time appointed: and there died of the people, from Dan even to Beer-sheba, seventy thousand men.

16 And when the angel[i] stretched out his hand upon Jerusalem, to destroy it, the LORD repented[j] him of the evil, and said to the angel that destroyed the people, It is enough;[k] stay now thine hand. And the angel of the LORD was by the threshing-place of Araunah[l] the Jebusite.

17 And David spake unto the LORD, when he saw the angel that smote the people, and said, Lo, I have[n] sinned, and I have done wickedly: but these sheep,[o] what have they done? Let thine hand, I pray thee, be against me, and against my father's house.

18 And Gad came that day to David, and said unto him, Go up, rear an altar unto the LORD in the threshing-floor of ζ Araunah the Jebusite.

19 And David, according to the saying of Gad, went up, as the LORD commanded.

20 And Araunah looked, and saw the king and his servants coming on toward him: and Araunah went out, and bowed himself before the king on his face upon the ground.

21 And Araunah said, Wherefore is my lord the king come to his servant? And David said, To buy[t] the threshing-floor of thee, to build an altar unto the LORD, that the plague may be stayed[u] from the people.

22 And Araunah said unto David, Let my lord the king take and offer up what *seemeth* good unto him: behold, *here be* oxen[v] for burnt-sacrifice, and threshing-instruments and *other* instruments of the oxen for wood.

23 All these *things* did Araunah, *as* a king,[w] give unto the king: and Araunah said unto the king, The LORD thy God accept[x] thee.

24 And the king said unto Araunah, Nay; but I will surely buy *it* of thee at a price: neither will I offer burnt-offerings unto the LORD my God of that which doth cost me nothing. So David bought the threshing-floor and the oxen for fifty shekels of silver.

25 And David built there an altar unto the LORD, and offered burnt-offerings and peace-offerings. So the LORD was entreated[d] for the land, and the plague was stayed from Israel.

CAP. I. א

1 וְהַמֶּלֶךְ דָּוִד זָקֵן בָּא בַּיָּמִים וַיְכַסֻּהוּ בַּבְּגָדִים וְלֹא יִחַם לוֹ׃

2 וַיֹּאמְרוּ לוֹ עֲבָדָיו יְבַקְשׁוּ לַאדֹנִי הַמֶּלֶךְ נַעֲרָה בְתוּלָה וְעָמְדָה לִפְנֵי הַמֶּלֶךְ וּתְהִי־לוֹ סֹכֶנֶת וְשָׁכְבָה בְחֵיקֶךָ וְחַם לַאדֹנִי הַמֶּלֶךְ׃

3 וַיְבַקְשׁוּ נַעֲרָה יָפָה בְּכֹל גְּבוּל יִשְׂרָאֵל וַיִּמְצְאוּ אֶת־אֲבִישַׁג הַשּׁוּנַמִּית וַיָּבִאוּ אֹתָהּ לַמֶּלֶךְ׃

4 וְהַנַּעֲרָה יָפָה עַד־מְאֹד וַתְּהִי לַמֶּלֶךְ סֹכֶנֶת וַתְּשָׁרְתֵהוּ וְהַמֶּלֶךְ לֹא יְדָעָהּ׃

5 וַאֲדֹנִיָּה בֶן־חַגִּית מִתְנַשֵּׂא לֵאמֹר אֲנִי אֶמְלֹךְ וַיַּעַשׂ לוֹ רֶכֶב וּפָרָשִׁים וַחֲמִשִּׁים אִישׁ רָצִים לְפָנָיו׃

6 וְלֹא־עֲצָבוֹ אָבִיו מִיָּמָיו לֵאמֹר מַדּוּעַ כָּכָה עָשִׂיתָ וְגַם־הוּא טוֹב־תֹּאַר מְאֹד וְאֹתוֹ יָלְדָה אַחֲרֵי אַבְשָׁלוֹם׃

7 וַיִּהְיוּ דְבָרָיו עִם יוֹאָב בֶּן־צְרוּיָה וְעִם אֶבְיָתָר הַכֹּהֵן וַיַּעְזְרוּ אַחֲרֵי אֲדֹנִיָּה׃

8 וְצָדוֹק הַכֹּהֵן וּבְנָיָהוּ בֶן־יְהוֹיָדָע וְנָתָן הַנָּבִיא וְשִׁמְעִי וְרֵעִי וְהַגִּבּוֹרִים אֲשֶׁר לְדָוִד לֹא הָיוּ עִם־אֲדֹנִיָּהוּ׃

9 וַיִּזְבַּח אֲדֹנִיָּהוּ צֹאן וּבָקָר וּמְרִיא עִם אֶבֶן הַזֹּחֶלֶת אֲשֶׁר־אֵצֶל עֵין רֹגֵל וַיִּקְרָא אֶת־כָּל־אֶחָיו בְּנֵי הַמֶּלֶךְ וּלְכָל־אַנְשֵׁי יְהוּדָה עַבְדֵי הַמֶּלֶךְ׃

10 וְאֶת־נָתָן הַנָּבִיא וּבְנָיָהוּ וְאֶת־הַגִּבּוֹרִים וְאֶת־שְׁלֹמֹה אָחִיו לֹא קָרָא׃

11 וַיֹּאמֶר נָתָן אֶל־בַּת־שֶׁבַע אֵם־שְׁלֹמֹה לֵאמֹר הֲלוֹא שָׁמַעַתְּ כִּי מָלַךְ אֲדֹנִיָּהוּ בֶן־חַגִּית וַאֲדֹנֵינוּ דָוִד לֹא יָדָע׃

12 וְעַתָּה לְכִי אִיעָצֵךְ נָא עֵצָה וּמַלְּטִי אֶת־נַפְשֵׁךְ וְאֶת־נֶפֶשׁ בְּנֵךְ שְׁלֹמֹה׃

13 לְכִי וּבֹאִי אֶל־הַמֶּלֶךְ דָּוִד וְאָמַרְתְּ אֵלָיו הֲלֹא־אַתָּה אֲדֹנִי הַמֶּלֶךְ נִשְׁבַּעְתָּ לַאֲמָתְךָ לֵאמֹר כִּי־שְׁלֹמֹה בְנֵךְ יִמְלֹךְ אַחֲרַי וְהוּא יֵשֵׁב עַל־כִּסְאִי וּמַדּוּעַ מָלַךְ אֲדֹנִיָּהוּ׃

14 הִנֵּה עוֹדָךְ מְדַבֶּרֶת שָׁם עִם־הַמֶּלֶךְ וַאֲנִי אָבוֹא אַחֲרַיִךְ וּמִלֵּאתִי אֶת־דְּבָרָיִךְ׃

15 וַתָּבֹא בַת־שֶׁבַע אֶל־הַמֶּלֶךְ הַחַדְרָה וְהַמֶּלֶךְ זָקֵן מְאֹד וַאֲבִישַׁג הַשּׁוּנַמִּית מְשָׁרַת אֶת־הַמֶּלֶךְ׃

16 וַתִּקֹּד בַּת־שֶׁבַע וַתִּשְׁתַּחוּ לַמֶּלֶךְ וַיֹּאמֶר הַמֶּלֶךְ מַה־לָּךְ׃

17 וַתֹּאמֶר לוֹ אֲדֹנִי אַתָּה נִשְׁבַּעְתָּ בַּיהוָה אֱלֹהֶיךָ לַאֲמָתֶךָ כִּי־שְׁלֹמֹה בְנֵךְ יִמְלֹךְ אַחֲרָי וְהוּא יֵשֵׁב עַל־כִּסְאִי׃

18 וְעַתָּה הִנֵּה אֲדֹנִיָּה מָלָךְ וְעַתָּה אֲדֹנִי הַמֶּלֶךְ לֹא יָדָעְתָּ׃

19 וַיִּזְבַּח שׁוֹר וּמְרִיא־וְצֹאן לָרֹב וַיִּקְרָא לְכָל־בְּנֵי הַמֶּלֶךְ וּלְאֶבְיָתָר הַכֹּהֵן וּלְיֹאָב שַׂר הַצָּבָא וְלִשְׁלֹמֹה עַבְדְּךָ לֹא קָרָא׃

20 וְאַתָּה אֲדֹנִי הַמֶּלֶךְ עֵינֵי כָל־יִשְׂרָאֵל עָלֶיךָ לְהַגִּיד לָהֶם מִי יֵשֵׁב עַל־כִּסֵּא אֲדֹנִי־הַמֶּלֶךְ אַחֲרָיו׃

21 וְהָיָה כִּשְׁכַב אֲדֹנִי־הַמֶּלֶךְ עִם־אֲבֹתָיו וְהָיִיתִי אֲנִי וּבְנִי שְׁלֹמֹה חַטָּאִים׃

22 וְהִנֵּה עוֹדֶנָּה מְדַבֶּרֶת עִם־הַמֶּלֶךְ וְנָתָן הַנָּבִיא בָּא׃

23 וַיַּגִּידוּ לַמֶּלֶךְ לֵאמֹר הִנֵּה נָתָן הַנָּבִיא וַיָּבֹא לִפְנֵי הַמֶּלֶךְ וַיִּשְׁתַּחוּ לַמֶּלֶךְ עַל־אַפָּיו אָרְצָה׃

24 וַיֹּאמֶר נָתָן אֲדֹנִי הַמֶּלֶךְ אַתָּה אָמַרְתָּ אֲדֹנִיָּהוּ יִמְלֹךְ אַחֲרָי וְהוּא יֵשֵׁב עַל־כִּסְאִי׃

25 כִּי יָרַד הַיּוֹם וַיִּזְבַּח שׁוֹר וּמְרִיא־וְצֹאן לָרֹב וַיִּקְרָא לְכָל־בְּנֵי הַמֶּלֶךְ וּלְשָׂרֵי הַצָּבָא וּלְאֶבְיָתָר הַכֹּהֵן וְהִנָּם אֹכְלִים וְשֹׁתִים לְפָנָיו וַיֹּאמְרוּ יְחִי הַמֶּלֶךְ אֲדֹנִיָּהוּ׃

26 וְלִי אֲנִי־עַבְדֶּךָ וּלְצָדֹק הַכֹּהֵן וְלִבְנָיָהוּ בֶן־יְהוֹיָדָע וְלִשְׁלֹמֹה עַבְדְּךָ לֹא קָרָא׃

27 אִם מֵאֵת אֲדֹנִי הַמֶּלֶךְ נִהְיָה הַדָּבָר הַזֶּה וְלֹא הוֹדַעְתָּ אֶת־עַבְדְּךָ מִי יֵשֵׁב עַל־כִּסֵּא אֲדֹנִי־הַמֶּלֶךְ אַחֲרָיו׃

28 וַיַּעַן הַמֶּלֶךְ דָּוִד וַיֹּאמֶר קִרְאוּ־לִי לְבַת־שָׁבַע וַתָּבֹא לִפְנֵי הַמֶּלֶךְ וַתַּעֲמֹד לִפְנֵי הַמֶּלֶךְ׃

29 וַיִּשָּׁבַע הַמֶּלֶךְ וַיֹּאמַר חַי־יְהוָה אֲשֶׁר־פָּדָה אֶת־נַפְשִׁי מִכָּל־צָרָה׃

30 כִּי כַּאֲשֶׁר נִשְׁבַּעְתִּי לָךְ בַּיהוָה אֱלֹהֵי יִשְׂרָאֵל לֵאמֹר כִּי־שְׁלֹמֹה בְנֵךְ יִמְלֹךְ אַחֲרַי וְהוּא יֵשֵׁב עַל־כִּסְאִי תַּחְתָּי כִּי כֵּן אֶעֱשֶׂה הַיּוֹם הַזֶּה׃

31 וַתִּקֹּד בַּת־שֶׁבַע אַפַּיִם אֶרֶץ וַתִּשְׁתַּחוּ לַמֶּלֶךְ וַתֹּאמֶר יְחִי אֲדֹנִי הַמֶּלֶךְ דָּוִד לְעֹלָם׃

32 וַיֹּאמֶר הַמֶּלֶךְ דָּוִד קִרְאוּ־לִי לְצָדוֹק הַכֹּהֵן וּלְנָתָן הַנָּבִיא וְלִבְנָיָהוּ בֶּן־יְהוֹיָדָע וַיָּבֹאוּ לִפְנֵי הַמֶּלֶךְ׃

33 וַיֹּאמֶר הַמֶּלֶךְ לָהֶם קְחוּ עִמָּכֶם אֶת־עַבְדֵי אֲדֹנֵיכֶם וְהִרְכַּבְתֶּם אֶת־שְׁלֹמֹה בְנִי עַל־הַפִּרְדָּה אֲשֶׁר־לִי וְהוֹרַדְתֶּם אֹתוֹ אֶל־גִּחוֹן׃

34 וּמָשַׁח אֹתוֹ שָׁם צָדוֹק הַכֹּהֵן וְנָתָן הַנָּבִיא לְמֶלֶךְ עַל־יִשְׂרָאֵל

The First Book of the KINGS, commonly called The Third Book of the KINGS.

CHAP. I.

NOW king David was old *and* βstricken in years; and they covered him with clothes, but he gat no heat.

2 Wherefore his servants said unto him, Let γthere be sought for my lord the king δa young virgin; and let her stand before the king, and let her ζcherish him, and let her lie in thy bosom, that my lord the king may get heat.

3 So they sought for a fair damsel throughout all the coasts of Israel, and found Abishag a Shunammite, and brought her to the king.

4 And the damsel *was* very fair, and cherished the king, and ministered to him: but the king knew her not.

5 Then Adonijah[e] the son of Haggith exalted himself,[d] saying, I will θbe king: and[e] he prepared him chariots and horsemen, and fifty men to run before him.

6 And his father had not displeased him at κany time in saying, Why hast thou done so? and he also *was a* very goodly *man;* and *his mother* bare him after Absalom.

7 And λhe conferred with Joab[f] the son of Zeruiah, and with Abiathar[g] the priest: and they, μfollowing Adonijah, helped *him.*

8 But Zadok the priest, and Benaiah the son of Jehoiada, and Nathan the prophet, and Shimei,[i] and Rei, and the mighty men[k] which *belonged* to David, were not with Adonijah.

9 And Adonijah slew sheep and oxen and fat cattle by the stone of Zoheleth, which *is* by νEn-rogel, and called all his brethren the king's sons, and all the men of Judah the king's servants:

10 But Nathan[m] the prophet, and Benaiah, and the mighty men, and Solomon his brother, he called not.

11 Wherefore Nathan spake unto Bathsheba the mother of Solomon, saying, Hast thou not heard that Adonijah the son of Haggith doth reign, and David our lord knoweth *it* not?

12 Now therefore come, let me, I pray thee, give thee counsel, that thou mayest save thine own life, and the life of thy son Solomon.

13 Go and get thee in unto king David, and say unto him, Didst not thou, my lord, O king, swear[p] unto thine handmaid, saying, Assuredly[q] Solomon thy son shall reign after me, and he shall sit upon my throne? why then doth Adonijah reign?

14 Behold, while thou yet talkest there with the king, I also will come in after thee, and σconfirm thy words.

15 And Bath-sheba went in unto the king into the chamber: and the king was very old; and Abishag the Shunammite ministered unto the king.

16 And Bath-sheba bowed, and did obeisance unto the king. And the king said, τWhat wouldest thou?

17 And she said unto him, My lord, thou swarest by the LORD thy God unto

B. C. 1015.

β *entered into days.*
γ *them seek.*
a ver. 7..9.
δ *a damsel, a virgin.*
ζ *be a cherisher unto.*
b ch. 2. 10.
c 2 Sa. 3. 4.
η *sinners.*
d Lu. 14. 11.
θ *reign.*
e 2 Sa. 15. 1.
κ *from his days.*
λ *his words were.*
f ch. 2. 28.
g 2 Sa. 20.25.
μ *helped after Adonijah.*
h ver. 19.
i ch. 4. 18.
k 2 Sa. 23. 8, &c.
ν *or, the well Rogel.*
2 Sa. 17. 17.
π *Let king Adonijah live.*
l 1 Sa. 10. 24.
m 2 Sa. 12. 1, &c.
ρ *before the king.*
n 2 Sa. 4. 9.
o ver. 13, 17.
p ver. 30.
q 1 Ch. 22. 6.. 13.
r Ne. 2. 3.
Da. 2. 4.
5. 10.
6. 21.
σ *fill up.*
s 2 Sa. 20.6.
τ *What to thee?*
φ *which belongeth to me:*
Es. 6. 8.
t 2Ch. 32. 30.
u ch. 19. 16.
1 Sa. 10. 1.
16. 3, 12.
2 Sa. 2. 4.
5. 3.
2 Ki. 9. 3.
11. 12.
Ps.89.20.36.
Is. 45. 1.
Ac. 10. 38.
2Co.1.21,22

thine handmaid, *saying,* Assuredly Solomon thy son shall reign after me, and he shall sit upon my throne:

18 And now, behold, Adonijah reigneth; and now, my lord the king, thou knowest *it* not:

19 And[a] he hath slain oxen and fat cattle and sheep in abundance, and hath called all the sons of the king, and Abiathar the priest, and Joab the captain of the host: but Solomon thy servant hath he not called.

20 And thou, my lord, O king, the eyes of all Israel *are* upon thee, that thou shouldest tell them who shall sit on the throne of my lord the king after him.

21 Otherwise it shall come to pass, when my lord the king shall sleep[b] with his fathers, that I and my son Solomon shall be counted ηoffenders.

22 And, lo, while she yet talked with the king, Nathan the prophet also came in.

23 And they told the king, saying, Behold, Nathan the prophet. And when he was come in before the king, he bowed himself before the king with his face to the ground.

24 And Nathan said, My lord, O king, hast thou said, Adonijah shall reign after me, and he shall sit upon my throne?

25 For[h] he is gone down this day, and hath slain oxen and fat cattle and sheep in abundance, and hath called all the king's sons, and the captains of the host, and Abiathar the priest: and, behold, they eat and drink before him, and say, πGod save[l] king Adonijah.

26 But me, *even* me thy servant, and Zadok the priest, and Benaiah the son of Jehoiada, and thy servant Solomon, hath he not called.

27 Is this thing done by my lord the king, and thou hast not shewed *it* unto thy servant, who should sit on the throne of my lord the king after him?

28 Then king David answered and said, Call me Bath-sheba. And she came ρinto the king's presence, & stood before y[e] king.

29 And the king sware, and said,[n] *As* the LORD liveth, that hath redeemed my soul out of all distress,

30 Even as I sware[o] unto thee by the LORD God of Israel, saying, Assuredly Solomon thy son shall reign after me, and he shall sit upon my throne in my stead; even so will I certainly do this day.

31 Then Bath-sheba bowed with *her* face to the earth, and did reverence to the king, and said, Let my lord king David live for ever.

32 And king David said, Call me Zadok the priest, and Nathan the prophet, and Benaiah the son of Jehoiada. And they came before the king.

33 The king also said unto them, Take with you the servants[s] of your lord, and cause Solomon my son to ride φupon mine own mule and bring him down to Gihon:[t]

34 And let Zadok the priest and Nathan the prophet anoint[u] him there king over

וּתְקַעְתָּם בַּשּׁוֹפָר וַאֲמַרְתֶּם יְחִי הַמֶּלֶךְ שְׁלֹמֹה׃ | וַו שְׁלֹמֹה לֵךְ לְבֵיתֶךָ׃

CAP. II. ב

35 וַעֲלִיתֶם אַחֲרָיו וּבָא וְיָשַׁב עַל־כִּסְאִי וְהוּא יִמְלֹךְ תַּחְתַּי וְאֹתוֹ צִוִּיתִי לִהְיוֹת נָגִיד עַל־יִשְׂרָאֵל וְעַל־ 1 וַיְקַרְבוּ יְמֵי־דָוִד לָמוּת וַיְצַו אֶת־שְׁלֹמֹה בְנוֹ

36 יְהוּדָה׃ וַיַּעַן בְּנָיָהוּ בֶן־יְהוֹיָדָע אֶת־הַמֶּלֶךְ וַיֹּאמֶר 2 לֵאמֹר׃ אָנֹכִי הֹלֵךְ בְּדֶרֶךְ כָּל־הָאָרֶץ וְחָזַקְתָּ

37 אָמֵן כֵּן יֹאמַר יְהוָה אֱלֹהֵי אֲדֹנִי הַמֶּלֶךְ׃ כַּאֲשֶׁר 3 וְהָיִיתָ לְאִישׁ׃ וְשָׁמַרְתָּ אֶת־מִשְׁמֶרֶת יְהוָה הָיָה יְהוָה עִם־אֲדֹנִי הַמֶּלֶךְ כֵּן יְהִי עִם־שְׁלֹמֹה אֱלֹהֶיךָ לָלֶכֶת בִּדְרָכָיו לִשְׁמֹר חֻקֹּתָיו מִצְוֺתָיו

38 וַיְגַדֵּל אֶת־כִּסְאוֹ מִכִּסֵּא אֲדֹנִי הַמֶּלֶךְ דָּוִד׃ וַיֵּרֶד וּמִשְׁפָּטָיו וְעֵדְוֺתָיו כַּכָּתוּב בְּתוֹרַת מֹשֶׁה לְמַעַן צָדוֹק הַכֹּהֵן וְנָתָן הַנָּבִיא וּבְנָיָהוּ בֶן־יְהוֹיָדָע וְהַכְּרֵתִי וְהַפְּלֵתִי וַיַּרְכִּבוּ אֶת־שְׁלֹמֹה עַל־פִּרְדַּת הַמֶּלֶךְ דָּוִד תַּשְׂכִּיל אֵת כָּל־אֲשֶׁר תַּעֲשֶׂה וְאֵת כָּל־ 4 אֲשֶׁר תִּפְנֶה שָׁם׃ לְמַעַן יָקִים יְהוָה אֶת־דְּבָרוֹ

39 וַיֹּלִכוּ אֹתוֹ עַל־גִּחוֹן׃ וַיִּקַּח צָדוֹק הַכֹּהֵן אֶת־קֶרֶן אֲשֶׁר דִּבֶּר עָלַי לֵאמֹר אִם־יִשְׁמְרוּ בָנֶיךָ אֶת־דַּרְכָּם הַשֶּׁמֶן מִן־הָאֹהֶל וַיִּמְשַׁח אֶת־שְׁלֹמֹה וַיִּתְקְעוּ לָלֶכֶת לְפָנַי בֶּאֱמֶת בְּכָל־לְבָבָם

40 בַּשּׁוֹפָר וַיֹּאמְרוּ כָּל־הָעָם יְחִי הַמֶּלֶךְ שְׁלֹמֹה׃ וַיַּעֲלוּ 5 וּבְכָל־נַפְשָׁם לֵאמֹר לֹא־יִכָּרֵת לְךָ אִישׁ מֵעַל כָּל־הָעָם אַחֲרָיו וְהָעָם מְחַלְּלִים בַּחֲלִלִים וּשְׂמֵחִים כִּסֵּא יִשְׂרָאֵל׃ וְגַם אַתָּה יָדַעְתָּ אֵת אֲשֶׁר־עָשָׂה

41 שִׂמְחָה גְדוֹלָה וַתִּבָּקַע הָאָרֶץ בְּקוֹלָם׃ וַיִּשְׁמַע לִי יוֹאָב בֶּן־צְרוּיָה אֲשֶׁר עָשָׂה לִשְׁנֵי־שָׂרֵי צִבְאוֹת אֲדֹנִיָּהוּ וְכָל־הַקְּרֻאִים אֲשֶׁר אִתּוֹ וְהֵם כִּלּוּ לֶאֱכֹל יִשְׂרָאֵל לְאַבְנֵר בֶּן־נֵר וְלַעֲמָשָׂא בֶן־יֶתֶר וַיַּהַרְגֵם וַיִּשְׁמַע יוֹאָב אֶת־קוֹל הַשּׁוֹפָר וַיֹּאמֶר מַדּוּעַ קוֹל וַיָּשֶׂם דְּמֵי־מִלְחָמָה בְּשָׁלֹם וַיִּתֵּן דְּמֵי מִלְחָמָה

42 הַקִּרְיָה הוֹמָה׃ עוֹדֶנּוּ מְדַבֵּר וְהִנֵּה יוֹנָתָן בֶּן־ בַּחֲגֹרָתוֹ אֲשֶׁר בְּמָתְנָיו וּבְנַעֲלוֹ אֲשֶׁר בְּרַגְלָיו׃ 6 אֶבְיָתָר הַכֹּהֵן בָּא וַיֹּאמֶר אֲדֹנִיָּהוּ בֹּא כִּי אִישׁ חַיִל וְעָשִׂיתָ כְּחָכְמָתֶךָ וְלֹא־תוֹרֵד שֵׂיבָתוֹ בְּשָׁלֹם שְׁאֹל׃

43 אַתָּה וְטוֹב תְּבַשֵּׂר׃ וַיַּעַן יוֹנָתָן וַיֹּאמֶר לַאֲדֹנִיָּהוּ 7 וְלִבְנֵי בַרְזִלַּי הַגִּלְעָדִי תַּעֲשֶׂה־חֶסֶד וְהָיוּ אֲבָל אֲדֹנֵינוּ הַמֶּלֶךְ־דָּוִד הִמְלִיךְ אֶת־שְׁלֹמֹה׃ בְּאֹכְלֵי שֻׁלְחָנֶךָ כִּי־כֵן קָרְבוּ אֵלַי בְּבָרְחִי מִפְּנֵי

44 וַיִּשְׁלַח אִתּוֹ־הַמֶּלֶךְ אֶת־צָדוֹק הַכֹּהֵן וְאֶת־נָתָן 8 אַבְשָׁלוֹם אָחִיךָ׃ וְהִנֵּה עִמְּךָ שִׁמְעִי בֶן־גֵּרָא בֶן־ הַנָּבִיא וּבְנָיָהוּ בֶן־יְהוֹיָדָע וְהַכְּרֵתִי וְהַפְּלֵתִי וַיַּרְכִּבוּ הַיְמִינִי מִבַּחֻרִים וְהוּא קִלְלַנִי קְלָלָה נִמְרֶצֶת בְּיוֹם

45 אֹתוֹ עַל־פִּרְדַּת הַמֶּלֶךְ׃ וַיִּמְשְׁחוּ אֹתוֹ צָדוֹק הַכֹּהֵן לֶכְתִּי מַחֲנָיִם וְהוּא־יָרַד לִקְרָאתִי הַיַּרְדֵּן וָאֶשָּׁבַע וְנָתָן הַנָּבִיא לְמֶלֶךְ בְּגִחוֹן וַיַּעֲלוּ מִשָּׁם שְׂמֵחִים לוֹ בַיהוָה לֵאמֹר אִם־אֲמִיתְךָ בֶּחָרֶב׃ וְעַתָּה אַל־ 9

46 וַתֵּהֹם הַקִּרְיָה הוּא הַקּוֹל אֲשֶׁר שְׁמַעְתֶּם׃ וְגַם תְּנַקֵּהוּ כִּי אִישׁ חָכָם אָתָּה וְיָדַעְתָּ אֵת אֲשֶׁר

47 יָשַׁב שְׁלֹמֹה עַל כִּסֵּא הַמְּלוּכָה׃ וְגַם־בָּאוּ עַבְדֵי תַּעֲשֶׂה־לּוֹ וְהוֹרַדְתָּ אֶת־שֵׂיבָתוֹ בְּדָם שְׁאוֹל׃ 10 הַמֶּלֶךְ לְבָרֵךְ אֶת־אֲדֹנֵינוּ הַמֶּלֶךְ דָּוִד לֵאמֹר יֵיטֵב וַיִּשְׁכַּב דָּוִד עִם־אֲבֹתָיו וַיִּקָּבֵר בְּעִיר דָּוִד׃ וְהַיָּמִים 11 אֱלֹהֶיךָ אֶת־שֵׁם שְׁלֹמֹה מִשְּׁמֶךָ וִיגַדֵּל אֶת־כִּסְאוֹ אֲשֶׁר מָלַךְ דָּוִד עַל־יִשְׂרָאֵל אַרְבָּעִים שָׁנָה

48 מִכִּסְאֶךָ וַיִּשְׁתַּחוּ הַמֶּלֶךְ עַל־הַמִּשְׁכָּב׃ וְגַם־כָּכָה בְּחֶבְרוֹן מָלַךְ שֶׁבַע שָׁנִים וּבִירוּשָׁלִַם מָלַךְ שְׁלֹשִׁים אָמַר הַמֶּלֶךְ בָּרוּךְ יְהוָה אֱלֹהֵי יִשְׂרָאֵל אֲשֶׁר נָתַן וְשָׁלֹשׁ שָׁנִים׃ וּשְׁלֹמֹה יָשַׁב עַל־כִּסֵּא דָּוִד אָבִיו 12

49 הַיּוֹם יֹשֵׁב עַל־כִּסְאִי וְעֵינַי רֹאוֹת׃ וַיֶּחֶרְדוּ וַיָּקֻמוּ וַתִּכֹּן מַלְכֻתוֹ מְאֹד׃ וַיָּבֹא אֲדֹנִיָּהוּ בֶן־חַגִּית 13 כָּל־הַקְּרֻאִים אֲשֶׁר לַאֲדֹנִיָּהוּ וַיֵּלְכוּ אִישׁ לְדַרְכּוֹ׃ אֶל־בַּת־שֶׁבַע אֵם־שְׁלֹמֹה וַתֹּאמֶר הֲשָׁלוֹם בֹּאֶךָ

50 וַאֲדֹנִיָּהוּ יָרֵא מִפְּנֵי שְׁלֹמֹה וַיָּקָם וַיֵּלֶךְ וַיַּחֲזֵק וַיֹּאמֶר שָׁלוֹם׃ וַיֹּאמֶר דָּבָר לִי אֵלָיִךְ וַתֹּאמֶר 14

51 בְּקַרְנוֹת הַמִּזְבֵּחַ׃ וַיֻּגַּד לִשְׁלֹמֹה לֵאמֹר הִנֵּה דַּבֵּר׃ וַיֹּאמֶר אַתְּ יָדַעַתְּ כִּי־לִי הָיְתָה הַמְּלוּכָה 15 אֲדֹנִיָּהוּ יָרֵא אֶת־הַמֶּלֶךְ שְׁלֹמֹה וְהִנֵּה אָחַז בְּקַרְנוֹת וְעָלַי שָׂמוּ כָל־יִשְׂרָאֵל פְּנֵיהֶם לִמְלֹךְ וַתִּסֹּב הַמְּלוּכָה הַמִּזְבֵּחַ לֵאמֹר יִשָּׁבַע־לִי כַיּוֹם הַמֶּלֶךְ שְׁלֹמֹה אִם־ וַתְּהִי לְאָחִי כִּי מֵיְהוָה הָיְתָה לּוֹ׃ וְעַתָּה שְׁאֵלָה 16

52 יָמִית אֶת־עַבְדּוֹ בֶּחָרֶב׃ וַיֹּאמֶר שְׁלֹמֹה אִם יִהְיֶה אַחַת אָנֹכִי שֹׁאֵל מֵאִתָּךְ אַל־תָּשִׁבִי אֶת־פָּנָי לְבֶן־חַיִל לֹא־יִפֹּל מִשַּׂעֲרָתוֹ אָרְצָה וְאִם־רָעָה וַתֹּאמֶר אֵלָיו דַּבֵּר׃ וַתֹּאמֶר אִמְרִי־נָא לִשְׁלֹמֹה 17

53 תִּמָּצֵא־בוֹ וָמֵת׃ וַיִּשְׁלַח הַמֶּלֶךְ שְׁלֹמֹה וַיֹּרִדֻהוּ הַמֶּלֶךְ כִּי לֹא־יָשִׁיב אֶת־פָּנָיִךְ וְיִתֶּן־לִי אֶת־אֲבִישַׁג מֵעַל הַמִּזְבֵּחַ וַיָּבֹא וַיִּשְׁתַּחוּ לַמֶּלֶךְ שְׁלֹמֹה וַיֹּאמֶר הַשּׁוּנַמִּית לְאִשָּׁה׃ וַתֹּאמֶר טוֹב בַּת־שֶׁבַע אָנֹכִי 18

Israel: and blow ^{a} ye with the trumpet, and say, God save king Solomon.

35 Then ye shall come up after him, that he may come and sit upon my throne; for he shall be king in my stead: and I have appointed him to be ruler over Israel and over Judah.

36 And Benaiah the son of Jehoiada answered the king, and said, Amen: ^{d} the LORD ^{e} God of my lord the king say so too.

37 As ^{f} the LORD hath been with my lord the king, even so be he with Solomon, and make his throne greater ^{k} than the throne of my lord king David.

38 So Zadok the priest, and Nathan the prophet, and Benaiah the son of Jehoiada, and the Cherethites, and the Pelethites, went down, and caused Solomon to ride upon king David's mule, and brought him to Gihon.

39 And Zadok the priest took an horn of oil ^{n} out of the tabernacle, and ^{o} anointed Solomon. And they blew ye trumpet; ^{p} and all the people said, God save king Solomon.

40 And all the people came up after him; and the people piped with $^\gamma$ pipes, and rejoiced with great joy, so that the earth rent with the sound of them.

41 And Adonijah and all the guests that *were* with him heard it as they had made an end of eating. ^{t} And when Joab heard the sound of the trumpet, he said, Wherefore is this noise of the city being in an uproar?

42 And while he yet spake, behold, Jonathan the son of Abiathar the priest came; and Adonijah said unto him, Come in; for ^{x} thou *art* a valiant man, and bringest good tidings.

43 And Jonathan answered and said to Adonijah, Verily our lord king David hath made Solomon king.

44 And the king hath sent with him Zadok the priest, and Nathan the prophet, and Benaiah the son of Jehoiada, and the Cherethites, and the Pelethites, and they have caused him to ride upon the king's mule:

45 And Zadok the priest and Nathan the prophet have anointed him king in Gihon; and they are come up from thence rejoicing, so that the city rang again. This *is* the noise that ye have heard.

46 And also Solomon sitteth ^{f} on the throne of the kingdom.

47 And, moreover, the king's servants came to bless our lord king David, saying, God ^{g} make the name of Solomon better than thy name, and make his throne greater than thy throne. And ^{l} the king bowed himself upon the bed.

48 And also thus said the king, Blessed *be* the LORD God of Israel, which ^{n} hath given one to sit on my throne this day, mine eyes ^{p} even seeing it.

49 And all the guests that *were* with Adonijah were afraid, and rose up, and went every man his way.

50 And Adonijah feared because of Solomon, and arose, and went, and caught ^{s} hold on the horns of the altar.

51 And it was told Solomon, saying, Behold, Adonijah feareth king Solomon: for, lo, he hath caught hold on the horns of the altar, saying, Let king Solomon swear unto me to-day, that he will not slay his servant with the sword.

52 And Solomon said, If he will shew himself a worthy man, there ^{v} shall not an hair of him fall to the earth: but ^{w} if wickedness shall be found in him, he

---

B. C. 1015.

a 2 Ki. 9. 13.
b ch.2.21,25.
c Ge. 47. 29.
De. 31. 14.
Job 7. 1.
d Ps. 72. 19.
e 1Ch. 17. 27.
f Jos. 1.5,17.
g Jos. 23. 14.
h Ps. 89. 48.
He. 9. 27.
i Ec. 12. 13.
1Co. 16. 13.
k ver. 47.
Ps. 89. 27.
l De.17.18..20
m De. 29. 9.
β or, do
wisely.
1Sa.18.5.14,
30.
n Ex.30.23..25
Ps. 89. 20.
o 1 Ch. 29. 22.
p 1 Sa. 10. 24.
q Ps. 132. 12.
γ or, flutes.
r 2 Sa. 7. 16.
s be cut off
from thee
from the
throne.
s 2Sa.19.5..7.
t Pr. 14. 13.
Ec. 7. 4..6.
u 2 Sa. 3. 27.
v 2 Sa. 20. 10.
ζ put.
w ver. 9.
x 2 Sa. 18. 27.
y ver. 31, 34.
z Ge. 42. 38.
44. 31.
a 2Sa. 19. 31..
40.
b 2 Sa. 17. 27.
c 2Sa.16.5,&c
η strong.
d 2Sa.19.18..
23.
e Ex. 20. 7.
Job 9. 28.
f 1Ch. 29. 23.
g ver. 37.
h ch. 1. 21.
Ac. 13. 36.
i Ac. 2. 29.
k 2 Sa. 5. 7.
l Ge. 47. 31.
m 1Ch.29.27.
n ch. 3. 6.
Ps. 132. 11.
o 1Ch. 29. 23.
2 Ch. 1. 1.
p Ps. 128.5,6.
q Ps.72.8,&c.
r 1Sa.16.4,5.
s ch. 2. 28.
t ch. 1. 5.
u 1Ch 22.9,10
Je. 27. 5..8.
Da. 2. 21.
v 1 Sa. 14. 45.
Ac. 27. 34.
w Job 15. 22.
Pr. 13. 6.
21. 12.
θ turn not
away my
face.
Ps. 132. 10.

---

shall die. ^{b}

53 So king Solomon sent, and they brought him down from the altar. And he came and bowed himself to king Solomon: and Solomon said unto him, Go to thine house.

CHAP. II.

NOW ^{a} the days of David drew nigh that he should die; and he charged Solomon his son, saying,

2 I ^{g} go the way of all ^{h} the earth: be thou strong therefore, and shew thyself a man; ^{i}

3 And keep the charge of the LORD thy God, to walk in his ways, to keep his statutes, and his commandments, and his judgments, and his testimonies, as it is written ^{i} in the law of Moses, that ^{m} thou mayest β prosper in all that thou doest, and whithersoever thou turnest thyself:

4 That the LORD may continue his word, which he spake concerning me, saying, If ^{q} thy children take heed to their way, to walk before me in truth with all their heart and with all their soul, there ^{r} shall not δ fail thee (said he) a man on the throne of Israel.

5 Moreover, thou knowest also what Joab the son of Zeruiah did to me, ^{s} and what he did to the two captains of the hosts of Israel, unto Abner ^{u} the son of Ner, and unto Amasa ^{v} the son of Jether, whom he slew, and ζ shed the blood of war in peace, and put the blood of war upon his girdle that was about his loins, and in his shoes that were on his feet.

6 Do therefore according ^{w} to thy wisdom, and ^{y} let not his hoar head ^{z} go down to the grave in peace.

7 But shew kindness unto the sons of Barzillai ^{a} the Gileadite, and let them be of those that eat at thy table: for so they came ^{b} to me when I fled because of Absalom thy brother.

8 And, behold, thou hast with thee Shimei ^{c} the son of Gera, a Benjamite of Bahurim, which cursed me with a η grievous curse in the day when I went to Mahanaim: but ^{d} he came down to meet me at Jordan, and I sware to him by the LORD, saying, I will not put thee to death with the sword.

9 Now therefore hold ^{e} him not guiltless; for thou art a wise man, and knowest what thou oughtest to do unto him; but his hoar head bring thou down to the grave with blood.

10 So David slept ^{k} with his fathers, and was buried ^{i} in the city ^{k} of David.

11 And ^{m} the days that David reigned over Israel *were* forty years: seven years reigned he in Hebron, and thirty and three years reigned he in Jerusalem.

12 Then ^{o} sat Solomon upon the throne of David his father; and his kingdom was established ^{q} greatly.

13 And Adonijah the son of Haggith came to Bath-sheba the mother of Solomon. And she said, Comest ^{r} thou peaceably? And he said, Peaceably.

14 He said moreover, I have somewhat to say unto thee. And she said, Say on.

15 And he said, Thou knowest that the kingdom was mine, ^{t} and *that* all Israel set their faces on me, that I should reign: howbeit the kingdom is turned about, and is become my brother's; for it was his ^{u} from the LORD.

16 And now I ask one petition of thee, deny $^\theta$ me not. And she said unto him, Say on.

19 וַתָּבֹא בַת־שֶׁבַע אֶל־הַמֶּלֶךְ שְׁלֹמֹה לְדַבֶּר־לוֹ עַל־אֲדֹנִיָּהוּ וַיָּקָם הַמֶּלֶךְ לִקְרָאתָהּ וַיִּשְׁתַּחוּ לָהּ וַיֵּשֶׁב עַל־כִּסְאוֹ וַיָּשֶׂם כִּסֵּא לְאֵם הַמֶּלֶךְ וַתֵּשֶׁב לִימִינוֹ׃

20 וַתֹּאמֶר שְׁאֵלָה אַחַת קְטַנָּה אָנֹכִי שֹׁאֶלֶת מֵאִתָּךְ אַל־תָּשֶׁב אֶת־פָּנָי וַיֹּאמֶר־לָהּ הַמֶּלֶךְ שַׁאֲלִי אִמִּי כִּי לֹא־אָשִׁיב אֶת־פָּנָיִךְ׃

21 וַתֹּאמֶר יֻתַּן אֶת־אֲבִישַׁג הַשֻּׁנַמִּית לַאֲדֹנִיָּהוּ אָחִיךָ לְאִשָּׁה׃

22 וַיַּעַן הַמֶּלֶךְ שְׁלֹמֹה וַיֹּאמֶר לְאִמּוֹ וְלָמָה אַתְּ שֹׁאֶלֶת אֶת־אֲבִישַׁג הַשֻּׁנַמִּית לַאֲדֹנִיָּהוּ וְשַׁאֲלִי־לוֹ אֶת־הַמְּלוּכָה כִּי הוּא אָחִי הַגָּדוֹל מִמֶּנִּי וְלוֹ וּלְאֶבְיָתָר הַכֹּהֵן וּלְיוֹאָב בֶּן־צְרוּיָה׃

23 וַיִּשָּׁבַע הַמֶּלֶךְ שְׁלֹמֹה בַּיהוָה לֵאמֹר כֹּה יַעֲשֶׂה־לִּי אֱלֹהִים וְכֹה יוֹסִיף כִּי בְנַפְשׁוֹ דִּבֶּר אֲדֹנִיָּהוּ אֶת־הַדָּבָר הַזֶּה׃

24 וְעַתָּה חַי־יְהוָה אֲשֶׁר הֱכִינַנִי וַיּוֹשִׁיבַנִי עַל־כִּסֵּא דָּוִד אָבִי וַאֲשֶׁר עָשָׂה־לִי בַּיִת כַּאֲשֶׁר דִּבֵּר כִּי הַיּוֹם יוּמַת אֲדֹנִיָּהוּ׃

25 וַיִּשְׁלַח הַמֶּלֶךְ שְׁלֹמֹה בְּיַד בְּנָיָהוּ בֶן־יְהוֹיָדָע וַיִּפְגַּע־בּוֹ וַיָּמֹת׃

26 וּלְאֶבְיָתָר הַכֹּהֵן אָמַר הַמֶּלֶךְ עֲנָתֹת לֵךְ עַל־שָׂדֶיךָ כִּי אִישׁ מָוֶת אָתָּה וּבַיּוֹם הַזֶּה לֹא אֲמִיתֶךָ כִּי־נָשָׂאתָ אֶת־אֲרוֹן אֲדֹנָי יְהוִה לִפְנֵי דָּוִד אָבִי וְכִי הִתְעַנִּיתָ בְּכֹל אֲשֶׁר־הִתְעַנָּה אָבִי׃

27 וַיְגָרֶשׁ שְׁלֹמֹה אֶת־אֶבְיָתָר מִהְיוֹת כֹּהֵן לַיהוָה לְמַלֵּא אֶת־דְּבַר יְהוָה אֲשֶׁר דִּבֶּר עַל־בֵּית עֵלִי בְּשִׁלֹה׃

28 וְהַשְּׁמֻעָה בָּאָה עַד־יוֹאָב כִּי יוֹאָב נָטָה אַחֲרֵי אֲדֹנִיָּה וְאַחֲרֵי אַבְשָׁלוֹם לֹא נָטָה וַיָּנָס יוֹאָב אֶל־אֹהֶל יְהוָה וַיַּחֲזֵק בְּקַרְנוֹת הַמִּזְבֵּחַ׃

29 וַיֻּגַּד לַמֶּלֶךְ שְׁלֹמֹה כִּי נָס יוֹאָב אֶל־אֹהֶל יְהוָה וְהִנֵּה אֵצֶל הַמִּזְבֵּחַ וַיִּשְׁלַח שְׁלֹמֹה אֶת־בְּנָיָהוּ בֶן־יְהוֹיָדָע לֵאמֹר לֵךְ פְּגַע־בּוֹ׃

30 וַיָּבֹא בְנָיָהוּ אֶל־אֹהֶל יְהוָה וַיֹּאמֶר אֵלָיו כֹּה־אָמַר הַמֶּלֶךְ צֵא וַיֹּאמֶר לֹא כִּי פֹה אָמוּת וַיָּשֶׁב בְּנָיָהוּ אֶת־הַמֶּלֶךְ דָּבָר לֵאמֹר כֹּה־דִבֶּר יוֹאָב וְכֹה עָנָנִי׃

31 וַיֹּאמֶר לוֹ הַמֶּלֶךְ עֲשֵׂה כַּאֲשֶׁר דִּבֶּר וּפְגַע־בּוֹ וּקְבַרְתּוֹ וַהֲסִירֹתָ דְּמֵי חִנָּם אֲשֶׁר שָׁפַךְ יוֹאָב מֵעָלַי וּמֵעַל בֵּית אָבִי׃

32 וְהֵשִׁיב יְהוָה אֶת־דָּמוֹ עַל־רֹאשׁוֹ אֲשֶׁר פָּגַע בִּשְׁנֵי אֲנָשִׁים צַדִּקִים וְטֹבִים מִמֶּנּוּ וַיַּהַרְגֵם בַּחֶרֶב וְאָבִי דָוִד לֹא יָדָע אֶת־אַבְנֵר בֶּן־נֵר שַׂר־צְבָא יִשְׂרָאֵל וְאֶת־

33 עֲמָשָׂא בֶן־יֶתֶר שַׂר־צְבָא יְהוּדָה׃ וְשָׁבוּ דְמֵיהֶם בְּרֹאשׁ יוֹאָב וּבְרֹאשׁ זַרְעוֹ לְעֹלָם וּלְדָוִד וּלְזַרְעוֹ וּלְבֵיתוֹ וּלְכִסְאוֹ יִהְיֶה שָׁלוֹם עַד־עוֹלָם מֵעִם יְהוָה׃

34 וַיַּעַל בְּנָיָהוּ בֶּן־יְהוֹיָדָע וַיִּפְגַּע־בּוֹ וַיְמִתֵהוּ וַיִּקָּבֵר בְּבֵיתוֹ בַּמִּדְבָּר׃

35 וַיִּתֵּן הַמֶּלֶךְ אֶת־בְּנָיָהוּ בֶן־יְהוֹיָדָע תַּחְתָּיו עַל־הַצָּבָא וְאֶת־צָדוֹק הַכֹּהֵן נָתַן הַמֶּלֶךְ תַּחַת אֶבְיָתָר׃

36 וַיִּשְׁלַח הַמֶּלֶךְ וַיִּקְרָא לְשִׁמְעִי וַיֹּאמֶר לוֹ בְּנֵה־לְךָ בַיִת בִּירוּשָׁלִַם וְיָשַׁבְתָּ שָּׁם וְלֹא־תֵצֵא מִשָּׁם אָנֶה וָאָנָה׃

37 וְהָיָה בְּיוֹם צֵאתְךָ וְעָבַרְתָּ אֶת־נַחַל קִדְרוֹן יָדֹעַ תֵּדַע כִּי מוֹת תָּמוּת דָּמְךָ יִהְיֶה בְרֹאשֶׁךָ׃

38 וַיֹּאמֶר שִׁמְעִי לַמֶּלֶךְ טוֹב הַדָּבָר כַּאֲשֶׁר דִּבֶּר אֲדֹנִי הַמֶּלֶךְ כֵּן יַעֲשֶׂה עַבְדֶּךָ וַיֵּשֶׁב שִׁמְעִי בִּירוּשָׁלִַם יָמִים רַבִּים׃

39 וַיְהִי מִקֵּץ שָׁלֹשׁ שָׁנִים וַיִּבְרְחוּ שְׁנֵי־עֲבָדִים לְשִׁמְעִי אֶל־אָכִישׁ בֶּן־מַעֲכָה מֶלֶךְ גַּת וַיַּגִּידוּ לְשִׁמְעִי לֵאמֹר הִנֵּה עֲבָדֶיךָ בְּגַת׃

40 וַיָּקָם שִׁמְעִי וַיַּחֲבֹשׁ אֶת־חֲמֹרוֹ וַיֵּלֶךְ גַּתָה אֶל־אָכִישׁ לְבַקֵּשׁ אֶת־עֲבָדָיו וַיֵּלֶךְ שִׁמְעִי וַיָּבֵא אֶת־עֲבָדָיו מִגַּת׃

41 וַיֻּגַּד לִשְׁלֹמֹה כִּי־הָלַךְ שִׁמְעִי מִירוּשָׁלִַם גַּת וַיָּשֹׁב׃

42 וַיִּשְׁלַח הַמֶּלֶךְ וַיִּקְרָא לְשִׁמְעִי וַיֹּאמֶר אֵלָיו הֲלוֹא הִשְׁבַּעְתִּיךָ בַיהוָה וָאָעִד בְּךָ לֵאמֹר בְּיוֹם צֵאתְךָ וְהָלַכְתָּ אָנֶה וָאָנָה יָדֹעַ תֵּדַע כִּי מוֹת תָּמוּת וַתֹּאמֶר אֵלַי טוֹב הַדָּבָר שָׁמָעְתִּי׃

43 וּמַדּוּעַ לֹא שָׁמַרְתָּ אֵת שְׁבֻעַת יְהוָה וְאֶת־הַמִּצְוָה אֲשֶׁר־צִוִּיתִי עָלֶיךָ׃

44 וַיֹּאמֶר הַמֶּלֶךְ אֶל־שִׁמְעִי אַתָּה יָדַעְתָּ אֵת כָּל־הָרָעָה אֲשֶׁר יָדַע לְבָבְךָ אֲשֶׁר עָשִׂיתָ לְדָוִד אָבִי וְהֵשִׁיב יְהוָה אֶת־רָעָתְךָ בְּרֹאשֶׁךָ׃

45 וְהַמֶּלֶךְ שְׁלֹמֹה בָּרוּךְ וְכִסֵּא דָוִד יִהְיֶה נָכוֹן לִפְנֵי יְהוָה עַד־עוֹלָם׃

46 וַיְצַו הַמֶּלֶךְ אֶת־בְּנָיָהוּ בֶּן־יְהוֹיָדָע וַיֵּצֵא וַיִּפְגַּע־בּוֹ וַיָּמֹת וְהַמַּמְלָכָה נָכוֹנָה בְּיַד־שְׁלֹמֹה׃

CAP. III. ג

1 וַיִּתְחַתֵּן שְׁלֹמֹה אֶת־פַּרְעֹה מֶלֶךְ מִצְרָיִם וַיִּקַּח אֶת־בַּת־פַּרְעֹה וַיְבִיאֶהָ אֶל־עִיר דָּוִד עַד כַּלֹּתוֹ לִבְנוֹת אֶת־בֵּיתוֹ וְאֶת־בֵּית יְהוָה וְאֶת־חוֹמַת יְרוּשָׁלִַם סָבִיב׃

2 רַק הָעָם מְזַבְּחִים בַּבָּמוֹת כִּי לֹא־נִבְנָה בַיִת לְשֵׁם יְהוָה עַד הַיָּמִים הָהֵם׃

3 וַיֶּאֱהַב שְׁלֹמֹה אֶת־יְהוָה לָלֶכֶת בְּחֻקּוֹת דָּוִד אָבִיו רַק בַּבָּמוֹת הוּא מְזַבֵּחַ וּמַקְטִיר׃

4 וַיֵּלֶךְ הַמֶּלֶךְ גִּבְעֹנָה לִזְבֹּחַ שָׁם כִּי הִיא הַבָּמָה הַגְּדוֹלָה אֶלֶף

17 And he said, Speak, I pray thee, unto Solomon the king, (for he will not say thee nay,) that he give me Abishag *a* the Shunammite to wife.

18 And Bath-sheba said, Well; I will speak for thee unto the king.

19 Bath-sheba therefore went unto king Solomon, to speak unto him for Adonijah. And the king rose *c* up to meet her, &*f* bowed himself unto her, and sat down on his throne, and caused a seat to be set for the king's mother; & she sat on his right *h* hand.

20 Then she said, I desire one small petition of thee; *I pray thee,* say me not nay. And the king said unto her, Ask on, my mother; for I will not say thee nay.

21 And she said, Let Abishag the Shunammite be given to Adonijah thy brother to wife.

22 And king Solomon answered and said unto his mother, And why dost thou ask Abishag the Shunammite for Adonijah? ask for him the kingdom also; for he *is* mine elder brother; even for him, and for Abiathar *o* the priest, and for Joab the son of Zeruiah.

23 Then king Solomon sware by the LORD, saying, God *p* do so to me, and more also, if Adonijah have not spoken this word against his own life.

24 Now therefore, *as* the LORD liveth, which hath established me, and set me on the throne of David my father, and who hath made me an house, as he *r* promised, Adonijah shall be put to death *t* this day.

25 And king Solomon sent by the hand of Benaiah the son of Jehoiada; and he fell upon him that he died.

26 And unto Abiathar the priest said the king, Get thee to Anathoth, *t* unto thine own fields; for thou *art* β worthy of death: but I will not at this time put thee to death, because *u* thou barest the ark of the Lord GOD before David my father, and because thou hast been afflicted *w* in all wherein my father was afflicted.

27 So Solomon thrust out Abiathar from being priest unto the LORD; that he might fulfil the word of the LORD, which he spake concerning *y* the house of Eli in Shiloh.

28 Then tidings came to Joab: (for Joab had *a* turned after Adonijah, though *b* he turned not after Absalom:) and Joab fled unto the tabernacle of the LORD, and caught *d* hold on the horns of the altar.

29 And it was told king Solomon that Joab was fled unto the tabernacle of the LORD; and, behold, *he is* by the altar. *g* Then Solomon sent Benaiah the son of Jehoiada, saying, Go, fall upon him.

30 And Benaiah came to the tabernacle of the LORD, and said unto him, Thus saith the king, Come forth. And he said, Nay; but I will die here. And Benaiah brought the king word again, saying, Thus said Joab, and thus he answered me.

31 And the king said unto him, Do as he hath said, and fall upon him, and bury him; that *n* thou mayest take away the innocent blood, which Joab shed, *p* from me, and from the house of my father.

32 And the LORD shall return *r* his blood upon his own head, who fell upon two men more righteous and better *t* than he, and slew them with the sword, my father David not *v* knowing *thereof, to wit,* Abner the son of Ner, *w* captain of the host of Israel, and Amasa *y* the son of Jether, captain of the host of Judah.

33 Their blood shall therefore return upon the head of Joab, and upon the head of his seed *b* for ever: but *c* upon David, and upon his seed, and upon his house, and upon his throne, shall there be peace for ever *d* from the LORD.

34 So Benaiah the son of Jehoiada went up, & fell upon him, & slew him; & he was buried in his own house in the wilderness.

35 And the king put Benaiah the son of Jehoiada in his room *g* over the host; and Zadok *i* the priest did the king put in the room of Abiathar. *k*

36 And the king sent and called for Shimei, *l* and said unto him, Build thee an house in Jerusalem, and dwell there, and go not forth thence any whither.

37 For it shall be, *that* on the day thou goest out, and passest over the brook Kidron, *m* thou shalt know for certain that thou shalt surely die: thy *n* blood shall be upon thine own head.

38 And Shimei said unto the king, The saying *is* good: as my lord the king hath said, so will thy servant do. And Shimei dwelt in Jerusalem many days.

39 And it came to pass at the end of three years, that two of the servants of Shimei ran away unto Achish *q* son of Maachah, king of Gath: and they told Shimei, saying, Behold, thy servants *be* in Gath.

40 And Shimei arose, and saddled his ass, and went to Gath, to Achish, to seek his servants: and Shimei went, and brought his servants from Gath.

41 And it was told Solomon that Shimei had gone from Jerusalem to Gath, and was come again.

42 And the king sent and called for Shimei, and said unto him, Did I not make thee to swear by the LORD, and protested unto thee, saying, Know for a certain, on the day thou goest out, and walkest abroad any whither, that thou shalt surely die? and thou saidst unto me, The word *that* I have heard *is* good.

43 Why then hast thou not kept the oath of the LORD, and the commandment *x* that I have charged thee with?

44 The king said moreover to Shimei, Thou knowest all the wickedness *z* which thine heart is privy to, that thou didst to David my father: therefore *c* the LORD shall return thy wickedness upon thine own head:

45 And king Solomon *shall be* *e* blessed, and *f* the throne of David shall be established before the LORD for ever.

46 So the king commanded Benaiah the son of Jehoiada; which went out, and fell upon him, that he died. And *d* the kingdom was established in the hand of Solomon.

CHAP. III.

AND Solomon made affinity with Pharaoh king of Egypt, and *i* took Pharaoh's daughter, and brought her into the city *k* of David, until he had made an end of *l* building his own house, & *m* y *e* house of y *e* LORD, and the wall *o* of Jerusalem round about.

2 Only *q* the people sacrificed in high places, because there was no house built unto y *e* name of y *e* LORD, until those days.

3 And Solomon loved *d* the LORD, walking in the statutes *u* of David his father: only he sacrificed and burnt incense in high places.

4 And the king went to Gibeon *x* to sacrifice there; for that *z* *was* the great high place: a thousand burnt-offerings

---

**Marginal references:**

B. C. 1014.

a ch. 1. 3, 4.
b 2 Sa. 3. 29.
c Pr. 25. 5.
d Ps.89.36,37.
Is. 9. 6, 7.
e Le. 19. 32.
f Ex. 20. 12.
g Job 34. 24.
h Ps. 45. 9.
i Nu. 25. 11..13.
1 Ch. 6. 53.
24. 3.
k ver. 27.
1 Sa. 2. 35.
l ver. 8.
m 2 Sa. 15.23.
n Le. 20. 9.
Jos. 2. 19.
2 Sa. 1. 16.
o ch. 1. 7.
p 2 Sa. 3. 35.
q 1 Sa. 27. 2.
r 2Sa.7.11..13.
s ch. 1. 52.
t Jos. 21. 18.
β *a man of death.*
1 Sa. 26. 16.
u 1 Sa. 23. 6, 2 Sa. 15. 24, 29.
w 1 Sa.22.20.. 23.
x Ec. 8. 2.
y 1Sa.2.30..36
z 2Sa.16.5..8. Ro. 2. 15.
1 Jn°. 3. 20.
a cn. 1 7.
b De. 32. 35.
c Eze. 17. 19.
d ch. 1. 50.
e Ps. 72. 17.
f ver. 33, 34.
g Ex. 21. 14. Eze. 9. 6. 1 Pe. 4. 17.
h 2 Ch. 1. 1.
i ch. 7. 8. 9. 24.
k 2 Sa. 5. 7.
l ch. 7. 1.
m ch. VI.
n Nu. 35. 33. De. 19. 13. 21. 8, 9.
o ch. 9. 15,19.
p ver. 5.
q ch. 22. 43. Le. 17. 3, 5.
r Ju. 9.24,57. Ps. 7. 16.
s De.30.16,20. Ps. 31. 23. Mat. 22. 37. Ro. 8. 28.
t 2 Ch. 21. 13.
u ver. 6. 14. Jn°. 14. 15, 21.
v 2 Sa. 3. 37.
w 2 Sa. 3. 27.
x 2Ch.1.3,&c.
y 2 Sa. 20. 10.
z 1 Ch.16.39.

עֹלוֹת יַעֲלֶה שְׁלֹמֹה עַל הַמִּזְבֵּחַ הַהוּא׃

5 בְּגִבְעוֹן נִרְאָה יְהֹוָה אֶל־שְׁלֹמֹה בַּחֲלוֹם הַלָּיְלָה

6 וַיֹּאמֶר אֱלֹהִים שְׁאַל מָה אֶתֶּן־לָךְ׃ וַיֹּאמֶר שְׁלֹמֹה אַתָּה עָשִׂיתָ עִם־עַבְדְּךָ דָוִד אָבִי חֶסֶד גָּדוֹל כַּאֲשֶׁר הָלַךְ לְפָנֶיךָ בֶּאֱמֶת וּבִצְדָקָה וּבְיִשְׁרַת לֵבָב עִמָּךְ וַתִּשְׁמָר־לוֹ אֶת־הַחֶסֶד הַגָּדוֹל הַזֶּה

7 וְעַתָּה יְהֹוָה אֱלֹהָי אַתָּה הִמְלַכְתָּ אֶת־עַבְדְּךָ תַּחַת דָּוִד אָבִי וְאָנֹכִי נַעַר קָטֹן לֹא אֵדַע צֵאת וָבֹא׃

8 וְעַבְדְּךָ בְּתוֹךְ עַמְּךָ אֲשֶׁר בָּחָרְתָּ עַם־רָב אֲשֶׁר לֹא־יִמָּנֶה

9 וְלֹא יִסָּפֵר מֵרֹב׃ וְנָתַתָּ לְעַבְדְּךָ לֵב שֹׁמֵעַ לִשְׁפֹּט אֶת־עַמְּךָ לְהָבִין בֵּין־טוֹב לְרָע כִּי מִי יוּכַל לִשְׁפֹּט אֶת־עַמְּךָ הַכָּבֵד הַזֶּה׃

10 וַיִּיטַב הַדָּבָר בְּעֵינֵי אֲדֹנָי כִּי שָׁאַל שְׁלֹמֹה אֶת־הַדָּבָר הַזֶּה׃

11 וַיֹּאמֶר אֱלֹהִים אֵלָיו יַעַן אֲשֶׁר שָׁאַלְתָּ אֶת־הַדָּבָר הַזֶּה וְלֹא־שָׁאַלְתָּ לְּךָ יָמִים רַבִּים וְלֹא־שָׁאַלְתָּ לְּךָ עֹשֶׁר וְלֹא שָׁאַלְתָּ נֶפֶשׁ אֹיְבֶיךָ וְשָׁאַלְתָּ לְּךָ

12 הָבִין לִשְׁמֹעַ מִשְׁפָּט׃ הִנֵּה עָשִׂיתִי כִּדְבָרֶיךָ הִנֵּה נָתַתִּי לְךָ לֵב חָכָם וְנָבוֹן אֲשֶׁר כָּמוֹךָ לֹא־הָיָה

13 לְפָנֶיךָ וְאַחֲרֶיךָ לֹא־יָקוּם כָּמוֹךָ׃ וְגַם אֲשֶׁר לֹא־שָׁאַלְתָּ נָתַתִּי לָךְ גַּם־עֹשֶׁר גַּם־כָּבוֹד אֲשֶׁר לֹא־

14 הָיָה כָמוֹךָ אִישׁ בַּמְּלָכִים כָּל־יָמֶיךָ׃ וְאִם תֵּלֵךְ בִּדְרָכַי לִשְׁמֹר חֻקַּי וּמִצְוֹתַי כַּאֲשֶׁר הָלַךְ דָּוִיד אָבִיךָ

15 וְהַאֲרַכְתִּי אֶת־יָמֶיךָ׃ וַיִּקַץ שְׁלֹמֹה וְהִנֵּה חֲלוֹם וַיָּבוֹא יְרוּשָׁלַ͏ִם וַיַּעֲמֹד לִפְנֵי אֲרוֹן בְּרִית־יְהֹוָה וַיַּעַל עֹלוֹת וַיַּעַשׂ שְׁלָמִים וַיַּעַשׂ מִשְׁתֶּה

16 לְכָל־עֲבָדָיו׃ אָז תָּבֹאנָה שְׁתַּיִם נָשִׁים זֹנוֹת

17 אֶל־הַמֶּלֶךְ וַתַּעֲמֹדְנָה לְפָנָיו׃ וַתֹּאמֶר הָאִשָּׁה הָאַחַת בִּי אֲדֹנִי אֲנִי וְהָאִשָּׁה הַזֹּאת יֹשְׁבֹת בְּבַיִת

18 אֶחָד וָאֵלֵד עִמָּהּ בַּבָּיִת׃ וַיְהִי בַּיּוֹם הַשְּׁלִישִׁי לְלִדְתִּי וַתֵּלֶד גַּם־הָאִשָּׁה הַזֹּאת וַאֲנַחְנוּ יַחְדָּו אֵין־זָר אִתָּנוּ

19 בַּבַּיִת זוּלָתִי שְׁתַּיִם־אֲנַחְנוּ בַּבָּיִת׃ וַיָּמָת בֶּן־הָאִשָּׁה

20 הַזֹּאת לָיְלָה אֲשֶׁר שָׁכְבָה עָלָיו׃ וַתָּקָם בְּתוֹךְ הַלַּיְלָה וַתִּקַּח אֶת־בְּנִי מֵאֶצְלִי וַאֲמָתְךָ יְשֵׁנָה וַתַּשְׁכִּיבֵהוּ בְּחֵיקָהּ וְאֶת־בְּנָהּ הַמֵּת הִשְׁכִּיבָה בְחֵיקִי׃

21 וָאָקֻם בַּבֹּקֶר לְהֵינִיק אֶת־בְּנִי וְהִנֵּה־מֵת וָאֶתְבּוֹנֵן אֵלָיו בַּבֹּקֶר וְהִנֵּה לֹא־הָיָה בְנִי אֲשֶׁר יָלָדְתִּי׃

22 וַתֹּאמֶר הָאִשָּׁה הָאַחֶרֶת לֹא כִי בְּנִי הַחַי וּבְנֵךְ הַמֵּת וְזֹאת אֹמֶרֶת לֹא כִי בְּנֵךְ הַמֵּת וּבְנִי הֶחָי וַתְּדַבֵּרְנָה לִפְנֵי הַמֶּלֶךְ׃

23 וַיֹּאמֶר הַמֶּלֶךְ

---

24 אֹמֶרֶת זֶה־בְּנִי הַחַי וּבְנֵךְ הַמֵּת וְזֹאת אֹמֶרֶת לֹא כִי בְּנֵךְ הַמֵּת וּבְנִי הֶחָי׃ וַיֹּאמֶר הַמֶּלֶךְ קְחוּ

25 לִי־חָרֶב וַיָּבִאוּ הַחֶרֶב לִפְנֵי הַמֶּלֶךְ׃ וַיֹּאמֶר הַמֶּלֶךְ גִּזְרוּ אֶת־הַיֶּלֶד הַחַי לִשְׁנָיִם וּתְנוּ אֶת־

26 הַחֲצִי לְאַחַת וְאֶת־הַחֲצִי לְאֶחָת׃ וַתֹּאמֶר הָאִשָּׁה אֲשֶׁר־בְּנָהּ הַחַי אֶל־הַמֶּלֶךְ כִּי־נִכְמְרוּ רַחֲמֶיהָ עַל־בְּנָהּ וַתֹּאמֶר בִּי אֲדֹנִי תְּנוּ־לָהּ אֶת־הַיָּלוּד הַחַי וְהָמֵת אַל־תְּמִיתֻהוּ וְזֹאת אֹמֶרֶת גַּם־לִי גַם־לָךְ

27 לֹא יִהְיֶה גְּזֹרוּ׃ וַיַּעַן הַמֶּלֶךְ וַיֹּאמֶר תְּנוּ־לָהּ אֶת־הַיָּלוּד הַחַי וְהָמֵת לֹא תְמִיתֻהוּ הִיא אִמּוֹ׃

28 וַיִּשְׁמְעוּ כָל־יִשְׂרָאֵל אֶת־הַמִּשְׁפָּט אֲשֶׁר שָׁפַט הַמֶּלֶךְ וַיִּרְאוּ מִפְּנֵי הַמֶּלֶךְ כִּי רָאוּ כִּי־חָכְמַת אֱלֹהִים בְּקִרְבּוֹ לַעֲשׂוֹת מִשְׁפָּט׃

CAP. IV. ד

1 וַיְהִי הַמֶּלֶךְ שְׁלֹמֹה מֶלֶךְ עַל־כָּל־יִשְׂרָאֵל׃

2 וְאֵלֶּה הַשָּׂרִים אֲשֶׁר־לוֹ עֲזַרְיָהוּ בֶן־צָדוֹק הַכֹּהֵן׃

3 אֱלִיחֹרֶף וַאֲחִיָּה בְּנֵי שִׁישָׁא סֹפְרִים יְהוֹשָׁפָט בֶּן־

4 אֲחִילוּד הַמַּזְכִּיר׃ וּבְנָיָהוּ בֶן־יְהוֹיָדָע עַל־הַצָּבָא וְצָדוֹק

5 וְאֶבְיָתָר כֹּהֲנִים׃ וַעֲזַרְיָהוּ בֶן־נָתָן עַל־הַנִּצָּבִים וְזָבוּד בֶּן־נָתָן כֹּהֵן רֵעֶה הַמֶּלֶךְ׃

6 וַאֲחִישָׁר עַל־הַבָּיִת וַאֲדֹנִירָם בֶּן־עַבְדָּא עַל־הַמַּס׃

7 וְלִשְׁלֹמֹה שְׁנֵים־עָשָׂר נִצָּבִים עַל־כָּל־יִשְׂרָאֵל וְכִלְכְּלוּ אֶת־הַמֶּלֶךְ וְאֶת־בֵּיתוֹ חֹדֶשׁ בַּשָּׁנָה יִהְיֶה

8 עַל־אֶחָד לְכַלְכֵּל׃ וְאֵלֶּה שְׁמוֹתָם בֶּן־חוּר בְּהַר

9 אֶפְרָיִם׃ בֶּן־דֶּקֶר בְּמָקַץ וּבְשַׁעַלְבִים וּבֵית שָׁמֶשׁ

10 וְאֵילוֹן בֵּית חָנָן׃ בֶּן־חֶסֶד בָּאֲרֻבּוֹת לוֹ שֹׂכֹה

11 וְכָל־אֶרֶץ חֵפֶר׃ בֶּן־אֲבִינָדָב כָּל־נָפַת דֹּאר טָפַת

12 בַּת־שְׁלֹמֹה הָיְתָה לּוֹ לְאִשָּׁה׃ בַּעֲנָא בֶּן־אֲחִילוּד תַּעְנַךְ וּמְגִדּוֹ וְכָל־בֵּית שְׁאָן אֲשֶׁר אֵצֶל צָרְתַנָה מִתַּחַת לְיִזְרְעֶאל מִבֵּית שְׁאָן עַד אָבֵל

13 מְחוֹלָה עַד מֵעֵבֶר לְיָקְמְעָם׃ בֶּן־גֶּבֶר בְּרָמֹת גִּלְעָד לוֹ חַוֹּת יָאִיר בֶּן־מְנַשֶּׁה אֲשֶׁר בַּגִּלְעָד לוֹ חֶבֶל אַרְגֹּב אֲשֶׁר בַּבָּשָׁן שִׁשִּׁים עָרִים גְּדֹלוֹת חוֹמָה

14 וּבְרִיחַ נְחֹשֶׁת׃ אֲחִינָדָב בֶּן־עִדֹּא מַחֲנָיְמָה׃

15 אֲחִימַעַץ בְּנַפְתָּלִי גַּם־הוּא לָקַח אֶת־

16 בָּשְׂמַת בַּת־שְׁלֹמֹה לְאִשָּׁה׃ בַּעֲנָא בֶּן־חוּשָׁי

17 בְּאָשֵׁר וּבְעָלוֹת׃ יְהוֹשָׁפָט בֶּן־פָּרוּחַ בְּיִשָׂשכָר׃

18 שִׁמְעִי בֶן־אֵלָא בְּבִנְיָמִן׃

19 גֶּבֶר בֶּן־אֻרִי בְּאֶרֶץ גִּלְעָד אֶרֶץ סִיחוֹן מֶלֶךְ הָאֱמֹרִי וְעֹג מֶלֶךְ

20 הַבָּשָׁן וּנְצִיב אֶחָד אֲשֶׁר בָּאָרֶץ׃ יְהוּדָה וְיִשְׂרָאֵל

did Solomon offer upon that altar.

5 In Gibeon the LORD appeared[a] to Solomon in a dream[b] by night: and God said, Ask[c] what I shall give thee.

6 And Solomon said, Thou hast shewed unto thy servant David my father great [β] mercy, according as he walked[d] before thee in truth, and in righteousness, and in uprightness[e] of heart with thee; and thou hast kept for him this great kindness, that thou hast given him a son[f] to sit on his throne, as *it is* this day.

7 And now, O LORD my God, thou hast made thy servant king instead of David my father; and I *am but* a little child:[h] I know not *how* to go[i] out or come in.

8 And thy servant *is* in the midst of thy people which thou hast chosen,[k] a great people, that cannot be[l] numbered nor counted for multitude.

9 Give therefore thy servant an [δ] understanding[m] heart to judge[n] thy people, that I may discern[p] between good and bad: for who is able to judge this thy so great a people?

10 And the speech pleased the LORD, that Solomon had asked this thing.

11 And God said unto him, Because[q] thou hast asked this thing, and hast not asked for thyself [λ] long life; neither hast asked riches for thyself, nor hast asked the life of thine enemies; but hast asked for thyself understanding or [μ] discern judgment;

12 Behold, I have done[t] according to thy words: lo, I have given thee a wise and an understanding heart; so[v] that there was none like thee before thee, neither after thee shall any arise like unto thee.

13 And I have also given thee that[w] which thou hast not asked, both riches[x] and honour; so that[y] there [π] shall not be any among the kings like unto thee all thy days.

14 And if thou wilt walk in my ways, to keep my statutes and my commandments, as thy father David did walk, then I will lengthen[z] thy days.

15 And Solomon awoke; and, behold, *it* was a dream. And he came to Jerusalem, and stood before the ark of the covenant of the LORD, and offered up burnt-offerings, and offered peace-offerings, and made a feast[a] to all his servants.

16 Then came there two women, *that were* harlots, unto the king, and stood before[b] him.

17 And the one woman said, O my lord, I & this woman dwell in one house; & I was delivered of a child with her in the house.

18 And it came to pass, the third day after that I was delivered, that this woman was delivered also: and we *were* together; *there was* no stranger with us in the house, save we two in the house.

19 And this woman's child died in the night; because she overlaid it.

20 And she arose at midnight,[e] and took my son from beside me, while thine handmaid slept, and laid it in her bosom, and laid her dead child in my bosom.

21 And when I rose in the morning to give my child suck, behold, it was dead; but when I had considered it in the morning, behold, it was not my son which I did bear.

22 And the other woman said, Nay; but the living *is* my son, and the dead *is* thy son. And this said, No; but the dead *is* thy son, and the living *is* my son. Thus they spake before the king.

B. C. 1014.

a ch. 9. 2.
b Nu. 12. 6.
Mat. 1. 20.
c Mat. 7. 7.
Jnᵒ. 16. 24.
β or, *bounty.*
d ch. 2. 4.
   9. 4.
   15. 5.
e 2 Ki. 20. 3.
Ps. 15. 2.
f ch. 1. 48.
g Ge. 43. 30.
Is. 49. 15.
Je. 31. 20.
Ho. 11. 8.
γ *were hot.*
h 1 Ch. 29. 1.
i Ps. 121. 8.
k De. 7. 6.
l Ge. 13. 16.
δ *hearing.*
m Pr. 2. 3. 9.
Ja. 1. 5.
n Ps. 72. 1, 2.
Jnᵒ. 5. 30.
ζ *the midst of him.*
o Ps. 72. 2, 4.
p He. 5. 14.
η or, *the chief officer.*
q Ro. 8. 26.
Ja. 4. 2.
θ or, *secretaries.*
r 2 Sa. 20. 24.
κ or, *remembrancer.*
λ *many days.*
s ch. 2. 27, 35.
μ *hear.*
t 1 Jnᵒ. 5. 14.
u 1 Ch. 27. 33.
v ch. 4. 29, 31.
   5. 12.
   10. 23, 24.
Ec. 1. 13, 16.
v or, *levy.*
   ch. 5. 14.
w Mat. 6. 33.
Ep. 3. 10.
x ch. 4. 21, 24.
Pr. 3. 16.
y ch. 10. 23. 29
π or, *hath not been.*
ρ or, *Benhur.*
σ or, *Bendekar.*
z Ee. 25. 15.
Ps. 21. 4.
   91. 16.
Pr. 3. 2.
1 Ti. 4. 8.
τ or, *Benhesed.*
φ or *Benabinadab.*
a ch. 8. 65.
Es. 1. 3.
Mar. 6. 21.
b Nu. 27. 2.
χ or, *Bengeber.*
c Nu. 32. 41.
d De. 3, 4, 8.
e Job 24. 16.
Ps. 139. 11.
ψ or, *to Mahanaim.*

---

23 Then said the king, The one saith, This *is* my son that liveth, and thy son *is* the dead: and the other saith, Nay; but thy son *is* the dead, & my son *is* the living.

24 And the king said, Bring me a sword. And they brought a sword before the king.

25 And the king said, Divide the living child in two, and give half to the one, and half to the other.

26 Then spake the woman whose the living child *was* unto the king, (for[g] her bowels γ yearned upon her son,) and she said, O my lord, give her the living child, & in no wise slay it. But the other said, Let it be neither mine nor thine, *but* divide *it.*

27 Then the king answered and said, Give her the living child, and in no wise slay it: she *is* the mother thereof.

28 And all Israel heard of the judgment which the king had judged; and they feared the king: for they saw that the wisdom of God *was* in ζ him, to do[o] judgment.

CHAP. IV.

SO king Solomon was king over all Israel.

2 And these *were* the princes which he had; Azariah, the son of Zadok, η the priest;

3 Elihoreph and Ahiah, the sons of Shisha, θ scribes; Jehoshaphat[r] the son of Ahilud, the κ recorder.

4 And Benaiah the son of Jehoiada *was* over the host; and Zadok and Abiathar[s] *were* the priests;

5 And Azariah yᵉ son of Nathan *was* over yᵉ officers; & Zabud yᵉ son of Nathan *was* principal officer, *and* the king's[u] friend;

6 And Ahishar *was* over the household; and Adoniram the son of Abda *was* over the ν tribute.

7 And Solomon had twelve officers over all Israel, which provided victuals for the king and his household: each man his month in a year made provision.

8 β And these *are* their names: ρ The son of Hur, in mount Ephraim.

9 The σ son of Dekar, in Makaz, and in Shaalbim, and Beth-shemesh, and Elon-beth-hanan.

10 The τ son of Hesed, in Aruboth; to him *pertained* Sochoh, and all the land of Hepher.

11 The φ son of Abinadab, in all the region of Dor; which had Taphath the daughter of Solomon to wife.

12 Baana, the son of Ahilud; *to him pertained* Taanach and Megiddo, and all Beth-shean, which *is* by Zartanah beneath Jezreel, from Beth-shean to Abelmeholah, *even* unto *the place that is* beyond Jokneam.

13 The χ son of Geber, in Ramoth-gilead; to him *pertained* the towns of[c] Jair the son of Manasseh, which *are* in Gilead; to him *also pertained* the region of[d] Argob, which *is* in Bashan, threescore great cities, with walls and brazen bars.

14 Ahinadab the son of Iddo *had* ψ Mahanaim.

15 Ahimaaz *was* in Naphtali; he also took Basmath the daughter of Solomon to wife.

16 Baanah the son of Hushai *was* in Asher and in Aloth.

17 Jehoshaphat the son of Paruah in Issachar.

18 Shimei the son of Elah in Benjamin.

19 Geber the son of Uri *was* in the country of Gilead, *in* the country of Sihon king of the Amorites, and of Og king of Bashan; and *he was* the only officer which

רַבִּים כַּחוֹל אֲשֶׁר־עַל־הַיָּם לָרֹב אֹכְלִים וְשֹׁתִים וּשְׂמֵחִים׃

CAP. V. ה

1 וּשְׁלֹמֹה הָיָה מוֹשֵׁל בְּכָל־הַמַּמְלָכוֹת מִן־הַנָּהָר אֶרֶץ פְּלִשְׁתִּים וְעַד גְּבוּל מִצְרָיִם מַגִּשִׁים מִנְחָה וְעֹבְדִים אֶת־שְׁלֹמֹה כָּל־יְמֵי חַיָּיו׃

2 וַיְהִי לֶחֶם־שְׁלֹמֹה לְיוֹם אֶחָד שְׁלֹשִׁים כֹּר סֹלֶת וְשִׁשִּׁים כֹּר קָמַח׃

3 עֲשָׂרָה בָקָר בְּרִאִים וְעֶשְׂרִים בָּקָר רְעִי וּמֵאָה צֹאן לְבַד מֵאַיָּל וּצְבִי וְיַחְמוּר וּבַרְבֻּרִים אֲבוּסִים׃

4 כִּי־הוּא רֹדֶה בְּכָל־עֵבֶר הַנָּהָר מִתִּפְסַח וְעַד־עַזָּה בְּכָל־מַלְכֵי עֵבֶר הַנָּהָר וְשָׁלוֹם הָיָה לוֹ מִכָּל־עֲבָרָיו מִסָּבִיב׃

5 וַיֵּשֶׁב יְהוּדָה וְיִשְׂרָאֵל לָבֶטַח אִישׁ תַּחַת גַּפְנוֹ וְתַחַת תְּאֵנָתוֹ מִדָּן וְעַד־בְּאֵר שָׁבַע כֹּל יְמֵי שְׁלֹמֹה׃

6 וַיְהִי לִשְׁלֹמֹה אַרְבָּעִים אֶלֶף אֻרְוֹת סוּסִים לְמֶרְכָּבוֹ וּשְׁנֵים־עָשָׂר אֶלֶף פָּרָשִׁים׃

7 וְכִלְכְּלוּ הַנִּצָּבִים הָאֵלֶּה אֶת־הַמֶּלֶךְ שְׁלֹמֹה וְאֵת כָּל־הַקָּרֵב אֶל־שֻׁלְחַן הַמֶּלֶךְ־שְׁלֹמֹה אִישׁ חָדְשׁוֹ לֹא יְעַדְּרוּ דָּבָר׃

8 וְהַשְּׂעֹרִים וְהַתֶּבֶן לַסּוּסִים וְלָרָכֶשׁ יָבִאוּ אֶל־הַמָּקוֹם אֲשֶׁר יִהְיֶה־שָּׁם אִישׁ כְּמִשְׁפָּטוֹ׃

9 וַיִּתֵּן אֱלֹהִים חָכְמָה לִשְׁלֹמֹה וּתְבוּנָה הַרְבֵּה מְאֹד וְרֹחַב לֵב כַּחוֹל אֲשֶׁר עַל־שְׂפַת הַיָּם׃

10 וַתֵּרֶב חָכְמַת שְׁלֹמֹה מֵחָכְמַת כָּל־בְּנֵי־קֶדֶם וּמִכֹּל חָכְמַת מִצְרָיִם׃

11 וַיֶּחְכַּם מִכָּל־הָאָדָם מֵאֵיתָן הָאֶזְרָחִי וְהֵימָן וְכַלְכֹּל וְדַרְדַּע בְּנֵי מָחוֹל וַיְהִי־שְׁמוֹ בְכָל־הַגּוֹיִם סָבִיב׃

12 וַיְדַבֵּר שְׁלֹשֶׁת אֲלָפִים מָשָׁל וַיְהִי שִׁירוֹ חֲמִשָּׁה וָאָלֶף׃

13 וַיְדַבֵּר עַל־הָעֵצִים מִן־הָאֶרֶז אֲשֶׁר בַּלְּבָנוֹן וְעַד הָאֵזוֹב אֲשֶׁר יֹצֵא בַּקִּיר וַיְדַבֵּר עַל־הַבְּהֵמָה וְעַל־הָעוֹף וְעַל־הָרֶמֶשׂ וְעַל־הַדָּגִים׃

14 וַיָּבֹאוּ מִכָּל־הָעַמִּים לִשְׁמֹעַ אֵת חָכְמַת שְׁלֹמֹה מֵאֵת כָּל־מַלְכֵי הָאָרֶץ אֲשֶׁר שָׁמְעוּ אֶת־חָכְמָתוֹ׃

15 וַיִּשְׁלַח חִירָם מֶלֶךְ־צוֹר אֶת־עֲבָדָיו אֶל־שְׁלֹמֹה כִּי שָׁמַע כִּי אֹתוֹ מָשְׁחוּ לְמֶלֶךְ תַּחַת אָבִיהוּ כִּי אֹהֵב הָיָה חִירָם לְדָוִד כָּל־הַיָּמִים׃

16 וַיִּשְׁלַח שְׁלֹמֹה אֶל־חִירָם לֵאמֹר׃

17 אַתָּה יָדַעְתָּ אֶת־דָּוִד אָבִי כִּי לֹא יָכֹל לִבְנוֹת בַּיִת לְשֵׁם יְהוָה אֱלֹהָיו מִפְּנֵי הַמִּלְחָמָה אֲשֶׁר סְבָבֻהוּ עַד תֵּת־יְהוָה אֹתָם תַּחַת כַּפּוֹת רַגְלָו׃

18 וְעַתָּה הֵנִיחַ יְהוָה אֱלֹהַי לִי מִסָּבִיב אֵין שָׂטָן וְאֵין פֶּגַע רָע׃

19 וְהִנְנִי אֹמֵר לִבְנוֹת בַּיִת לְשֵׁם יְהוָה אֱלֹהָי כַּאֲשֶׁר דִּבֶּר יְהוָה אֶל־דָּוִד אָבִי לֵאמֹר בִּנְךָ אֲשֶׁר אֶתֵּן תַּחְתֶּיךָ עַל־כִּסְאֶךָ הוּא־יִבְנֶה הַבַּיִת לִשְׁמִי׃

20 וְעַתָּה צַוֵּה וְיִכְרְתוּ־לִי אֲרָזִים מִן־הַלְּבָנוֹן וַעֲבָדַי יִהְיוּ עִם־עֲבָדֶיךָ וּשְׂכַר עֲבָדֶיךָ אֶתֵּן לְךָ כְּכֹל אֲשֶׁר תֹּאמֵר כִּי אַתָּה יָדַעְתָּ כִּי אֵין בָּנוּ אִישׁ יֹדֵעַ לִכְרָת־עֵצִים כַּצִּדֹנִים׃

21 וַיְהִי כִּשְׁמֹעַ חִירָם אֶת־דִּבְרֵי שְׁלֹמֹה וַיִּשְׂמַח מְאֹד וַיֹּאמֶר בָּרוּךְ יְהוָה הַיּוֹם אֲשֶׁר נָתַן לְדָוִד בֵּן חָכָם עַל־הָעָם הָרָב הַזֶּה׃

22 וַיִּשְׁלַח חִירָם אֶל־שְׁלֹמֹה לֵאמֹר שָׁמַעְתִּי אֵת אֲשֶׁר־שָׁלַחְתָּ אֵלָי אֲנִי אֶעֱשֶׂה אֶת־כָּל־חֶפְצְךָ בַּעֲצֵי אֲרָזִים וּבַעֲצֵי בְרוֹשִׁים׃

23 עֲבָדַי יֹרִדוּ מִן־הַלְּבָנוֹן יָמָּה וַאֲנִי אֲשִׂימֵם דֹּבְרוֹת בַּיָּם עַד־הַמָּקוֹם אֲשֶׁר־תִּשְׁלַח אֵלַי וְנִפַּצְתִּים שָׁם וְאַתָּה תִשָּׂא וְאַתָּה תַּעֲשֶׂה אֶת־חֶפְצִי לָתֵת לֶחֶם בֵּיתִי׃

24 וַיְהִי חִירוֹם נֹתֵן לִשְׁלֹמֹה עֲצֵי אֲרָזִים וַעֲצֵי בְרוֹשִׁים כָּל־חֶפְצוֹ׃

25 וּשְׁלֹמֹה נָתַן לְחִירָם עֶשְׂרִים אֶלֶף כֹּר חִטִּים מַכֹּלֶת לְבֵיתוֹ וְעֶשְׂרִים כֹּר שֶׁמֶן כָּתִית כֹּה־יִתֵּן שְׁלֹמֹה לְחִירָם שָׁנָה בְשָׁנָה׃

26 וַיהוָה נָתַן חָכְמָה לִשְׁלֹמֹה כַּאֲשֶׁר דִּבֶּר־לוֹ וַיְהִי שָׁלֹם בֵּין חִירָם וּבֵין שְׁלֹמֹה וַיִּכְרְתוּ בְרִית שְׁנֵיהֶם׃

27 וַיַּעַל הַמֶּלֶךְ שְׁלֹמֹה מַס מִכָּל־יִשְׂרָאֵל וַיְהִי הַמַּס שְׁלֹשִׁים אֶלֶף אִישׁ׃

28 וַיִּשְׁלָחֵם לְבָנוֹנָה עֲשֶׂרֶת אֲלָפִים בַּחֹדֶשׁ חֲלִיפוֹת חֹדֶשׁ יִהְיוּ בַלְּבָנוֹן שְׁנַיִם חֳדָשִׁים בְּבֵיתוֹ וַאֲדֹנִירָם עַל־הַמַּס׃

29 וַיְהִי לִשְׁלֹמֹה שִׁבְעִים אֶלֶף נֹשֵׂא סַבָּל וּשְׁמֹנִים אֶלֶף חֹצֵב בָּהָר׃

30 לְבַד מִשָּׂרֵי הַנִּצָּבִים לִשְׁלֹמֹה אֲשֶׁר עַל־הַמְּלָאכָה שְׁלֹשֶׁת אֲלָפִים וּשְׁלֹשׁ מֵאוֹת הָרֹדִים בָּעָם הָעֹשִׂים בַּמְּלָאכָה׃

31 וַיְצַו הַמֶּלֶךְ וַיַּסִּעוּ אֲבָנִים גְּדֹלוֹת אֲבָנִים יְקָרוֹת לְיַסֵּד הַבָּיִת אַבְנֵי גָזִית׃

32 וַיִּפְסְלוּ בֹּנֵי שְׁלֹמֹה וּבֹנֵי חִירוֹם וְהַגִּבְלִים וַיָּכִינוּ הָעֵצִים וְהָאֲבָנִים לִבְנוֹת הַבָּיִת׃

CAP. VI. ו

1 וַיְהִי בִשְׁמוֹנִים שָׁנָה וְאַרְבַּע מֵאוֹת שָׁנָה לְצֵאת בְּנֵי־יִשְׂרָאֵל מֵאֶרֶץ־מִצְרַיִם בַּשָּׁנָה הָרְבִיעִית בְּחֹדֶשׁ זִו הוּא הַחֹדֶשׁ הַשֵּׁנִי לִמְלֹךְ שְׁלֹמֹה עַל־יִשְׂרָאֵל וַיִּבֶן הַבַּיִת לַיהוָה׃

2 וְהַבַּיִת אֲשֶׁר בָּנָה הַמֶּלֶךְ שְׁלֹמֹה לַיהוָה שִׁשִּׁים־אַמָּה אָרְכּוֹ וְעֶשְׂרִים רָחְבּוֹ וּשְׁלֹשִׁים אַמָּה קוֹמָתוֹ׃

3 וְהָאוּלָם עַל־פְּנֵי הֵיכַל הַבַּיִת עֶשְׂרִים אַמָּה אָרְכּוֹ עַל־פְּנֵי רֹחַב הַבָּיִת עֶשֶׂר בָּאַמָּה רָחְבּוֹ עַל־פְּנֵי הַבָּיִת׃

4 וַיַּעַשׂ לַבָּיִת חַלּוֹנֵי שְׁקֻפִים אֲטֻמִים׃

5 וַיִּבֶן עַל־קִיר הַבַּיִת יָצוּעַ סָבִיב אֶת־קִירוֹת הַבַּיִת סָבִיב לַהֵיכָל וְלַדְּבִיר

was in the land.

20 Judah and Israel *were* many,[a] as the sand which *is* by the sea in multitude, eating[b] and drinking, and making merry.

21 And Solomon reigned[c] over all kingdoms from the river unto the land of the Philistines, and unto the border of Egypt: they brought presents,[e] and served Solomon all the days of his life.

22 And Solomon's γ provision for one day was thirty δ measures of fine flour, and threescore measures of meal,

23 Ten fat oxen, and twenty oxen out of the pastures, and an hundred sheep, beside harts, and roebucks, and fallow deer, and fatted fowl.

24 For he had dominion over all *the region* on this side the river, from Tiphsah even to Azzah, over all the kings on this side the river : and he had peace[h] on all sides round about him.

25 And Judah and Israel dwelt η safely,[i] every man under[k] his vine and under his fig-tree, from Dan even to Beersheba, all the days of Solomon.

26 And Solomon had forty thousand stalls of horses[m] for his chariots,[n] and twelve thousand horsemen.

27 And those officers provided victual for king Solomon, and for all that came unto king Solomon's table, every man in his month : they lacked nothing.

28 Barley also and straw for the horses and λ dromedaries brought they unto the place where *the officers* were, every man according to his charge.

29 And God gave Solomon[p] wisdom and understanding exceeding much, and largeness of heart, even as the sand that *is* on the sea-shore.

30 And Solomon's wisdom excelled the wisdom of all the children of the[q] east country, and all[r] the wisdom of Egypt.

31 For he was wiser than all men; than Ethan[t] the Ezrahite, and Heman,[u] and Chalcol, & Darda, the sons of Mahol : and his fame was in all nations round about.

32 And he spake three thousand proverbs : [x] and his songs[y] were a thousand and five.

33 And he spake of trees, from the cedar-tree that *is* in Lebanon even unto the hyssop that springeth out of the wall : he spake also of beasts, and of fowl, and of creeping things, and of fishes.

34 And[z] there came of all people to hear the wisdom of Solomon, from all kings of the earth, which had heard of his wisdom.

CHAP. V.

AND Hiram[a] king of Tyre sent his servants unto Solomon ; for he had heard that they had anointed him king in the room of his father ; for[b] Hiram was ever a lover of David.

2 And Solomon sent to Hiram, saying,

3 Thou knowest how that David my father could not build an house unto ye[c] name of the LORD his God for the wars[c] which were about him on every side, until the LORD put them under the soles of his feet.

4 But now the LORD my God hath given me rest[e] on every side, *so that there is* neither adversary nor evil occurrent.

5 And, behold, I ρ purpose to build an house[f] unto the name of the LORD my God, as the LORD spake[g] unto David my father, saying, Thy son, whom I will set upon thy throne in thy room, he shall build an house unto my name.

B. C. 1014.

a ch. 3. 8.
Ge. 22. 17.
Pr. 14. 28.
b Ec. 2. 24.
c 2 Ch. 9. 26,
&c.
Ps.72.8.11.
β say.
d 1 Co. 12.14,
&c.
e 1 Sa. 10. 27.
Ps. 68. 29.
γ bread.
δ cors.
f Da. 2. 21.
g Pr. 13. 1.
ζ heard.
h 1 Ch. 22. 9.
η confidently
θ send.
i Je. 23. 6.
k Mi. 4. 4.
Zec. 3. 10.
l Ezr. 3. 7.
Eze. 27. 17.
Ac. 12. 20.
m De. 17. 16.
n ch. 10. 26.
2 Ch. 1. 14.
κ cors.
λ or, mules,
or, swift
beasts.
Es. S. 14.
Mi. 1. 13.
o ch. 3. 12.
p ch. 3. 12.
μ tribute of
men.
q Job 1. 3.
Mat.2.1,16.
r Ac. 7. 22.
s ch. 4. 6.
t 1Ch. 15. 19.
Ps.89, title.
u 1 Ch. 2. 6.
6. 33.
Ps.88,title.
v ch. 9. 21.
w Jos. 9. 21.
x Pr. 1. &c.
Ec. 12. 9.
y Ca.1. 1, &c.
z 2Ch.9.1,23.
Is. 2. 2, 3.
Col. 2. 3.
v or,Giblites:
Eze. 27. 9.
a ver. 10, 18.
2 Ch. 2. 3.
Hiram.
b 2Sa. 5. 11.
Am. 1. 9.
π built.
c 1 Ch. 22. 8.
28. 3.
d Eze. XL.
XLI.
e Ps. 72. 7.
Is. 9. 7.
ρ say.
f 2Ch.2,4,&c.
g 2 Sa. 7. 13.
1 Ch. 17. 12.
σ or, windows broad
within, and
narrow
without ;
or, skewed
and closed.

6 Now therefore command thou that they hew me cedar-trees out of Lebanon ; and my servants shall be with thy servants ; and unto thee will I give hire for thy servants, according to all that thou shalt β appoint : for thou knowest that *there is* not among us[d] any that can skill to hew timber like unto the Sidonians.

7 And it came to pass, when Hiram heard the words of Solomon, that he rejoiced greatly, and said, Blessed *be* the LORD[f] this day, which hath given unto David a wise son[g] over this great people.

8 And Hiram sent to Solomon, saying, I have ζ considered the things which thou sentest to me for : *and* I will do all thy desire concerning timber of cedar, and concerning timber of fir.

9 My servants shall bring *them* down from Lebanon unto the sea ; and I will convey them by sea in floats unto the place that thou shalt θ appoint me, and will cause them to be discharged there, and thou shalt receive *them :* and thou shalt accomplish my desire in[l] giving food for my household.

10 So Hiram gave Solomon cedar-trees and fir-trees, *according to* all his desire.

11 And Solomon gave Hiram twenty thousand κ measures of wheat *for* food to his household, and twenty measures of pure oil : thus gave Solomon to Hiram year by year.

12 And the LORD gave Solomon wisdom, as he promised[o] him : and there was peace between Hiram and Solomon ; and they two made a league together.

13 And king Solomon raised a μ levy out of all Israel ; and the levy was thirty thousand men.

14 And he sent them to Lebanon, ten thousand a month by courses ; a month they were in Lebanon, *and* two months at home : and Adoniram[x] *was* over the levy.

15 And Solomon had threescore and ten thousand that bare burdens,[v] and fourscore thousand hewers[w] in the mountains ;

16 Besides the chief of Solomon's officers which *were* over the work, three thousand and three hundred, which ruled over the people that wrought in the work.

17 And the king commanded, and they brought great stones, costly stones, *and* hewed stones, to lay the foundation of the house.

18 And Solomon's builders and Hiram's builders did hew *them*, and the ν stonesquarers : so they prepared timber and stones to build the house.

CHAP. VI.

AND it came to pass, in the four hundred and eightieth year after the children of Israel were come out of the land of Egypt, in the fourth year of Solomon's reign over Israel, in the month Zif, which *is* the second month, that he π began to build the house of the LORD.

2 And the house[d] which king Solomon built for the LORD, the length thereof *was* threescore cubits, and the breadth thereof twenty cubits, and the height thereof thirty cubits.

3 And the porch before the temple of the house, twenty cubits *was* the length thereof, according to the breadth of the house ; *and* ten cubits *was* the breadth thereof before the house.

4 And for the house he made σ windows of narrow lights.

[oud column — ימין, chapter 6, vv. 6–25]

6 הַיָּצוּעַ הַתַּחְתֹּנָה חָמֵשׁ בָּאַמָּה רָחְבָּהּ וְהַתִּיכֹנָה שֵׁשׁ בָּאַמָּה רָחְבָּהּ וְהַשְּׁלִישִׁית שֶׁבַע בָּאַמָּה רָחְבָּהּ כִּי מִגְרָעוֹת נָתַן לַבַּיִת סָבִיב חוּצָה לְבִלְתִּי אֲחֹז בְּקִירוֹת הַבָּיִת :

7 וְהַבַּיִת בְּהִבָּנֹתוֹ אֶבֶן שְׁלֵמָה מַסָּע נִבְנָה וּמַקָּבוֹת וְהַגַּרְזֶן כָּל־כְּלִי בַרְזֶל לֹא־נִשְׁמַע בַּבַּיִת בְּהִבָּנֹתוֹ :

8 פֶּתַח הַצֵּלָע הַתִּיכֹנָה אֶל־כֶּתֶף הַבַּיִת הַיְמָנִית וּבְלוּלִּים יַעֲלוּ עַל־הַתִּיכֹנָה וּמִן־הַתִּיכֹנָה אֶל־הַשְּׁלִשִׁים :

9 וַיִּבֶן אֶת־הַבַּיִת וַיְכַלֵּהוּ וַיִּסְפֹּן אֶת־הַבַּיִת גֵּבִים וּשְׂדֵרֹת בָּאֲרָזִים :

10 וַיִּבֶן אֶת־הַיָּצוּעַ עַל־כָּל־הַבַּיִת חָמֵשׁ אַמּוֹת קוֹמָתוֹ וַיֶּאֱחֹז אֶת־הַבַּיִת בַּעֲצֵי אֲרָזִים :

11 וַיְהִי דְּבַר־יְהוָה אֶל־שְׁלֹמֹה לֵאמֹר :

12 הַבַּיִת הַזֶּה אֲשֶׁר־אַתָּה בֹנֶה אִם־תֵּלֵךְ בְּחֻקֹּתַי וְאֶת־מִשְׁפָּטַי תַּעֲשֶׂה וְשָׁמַרְתָּ אֶת־כָּל־מִצְוֹתַי לָלֶכֶת בָּהֶם וַהֲקִמֹתִי אֶת־דְּבָרִי אִתָּךְ

13 אֲשֶׁר דִּבַּרְתִּי אֶל־דָּוִד אָבִיךָ : וְשָׁכַנְתִּי בְּתוֹךְ בְּנֵי יִשְׂרָאֵל וְלֹא אֶעֱזֹב אֶת־עַמִּי יִשְׂרָאֵל :

14 וַיִּבֶן שְׁלֹמֹה אֶת־הַבַּיִת וַיְכַלֵּהוּ :

15 וַיִּבֶן אֶת־קִירוֹת הַבַּיִת מִבַּיְתָה בְּצַלְעוֹת אֲרָזִים מִקַּרְקַע הַבַּיִת עַד־קִירוֹת הַסִּפֻּן צִפָּה עֵץ מִבָּיִת וַיְצַף אֶת־קַרְקַע הַבַּיִת בְּצַלְעוֹת בְּרוֹשִׁים :

16 וַיִּבֶן אֶת־עֶשְׂרִים אַמָּה מירכותי הַבַּיִת בְּצַלְעוֹת אֲרָזִים מִן־הַקַּרְקַע עַד־הַקִּירוֹת וַיִּבֶן לוֹ מִבַּיִת לִדְבִיר לְקֹדֶשׁ הַקֳּדָשִׁים :

17 וְאַרְבָּעִים בָּאַמָּה הָיָה הַבָּיִת הוּא הַהֵיכָל לִפְנָי :

18 וְאֶרֶז אֶל־הַבַּיִת פְּנִימָה מִקְלַעַת פְּקָעִים וּפְטוּרֵי צִצִּים הַכֹּל אֶרֶז אֵין אֶבֶן נִרְאָה :

19 וּדְבִיר בְּתוֹךְ־הַבַּיִת מִפְּנִימָה הֵכִין לְתִתֵּן שָׁם אֶת־אֲרוֹן בְּרִית יְהוָה :

20 וְלִפְנֵי הַדְּבִיר עֶשְׂרִים אַמָּה אֹרֶךְ וְעֶשְׂרִים אַמָּה רֹחַב וְעֶשְׂרִים אַמָּה קוֹמָתוֹ וַיְצַפֵּהוּ זָהָב סָגוּר וַיְצַף מִזְבֵּחַ אָרֶז :

21 וַיְצַף שְׁלֹמֹה אֶת־הַבַּיִת מִפְּנִימָה זָהָב סָגוּר וַיְעַבֵּר בְּרַתִּיקוֹת זָהָב לִפְנֵי הַדְּבִיר וַיְצַפֵּהוּ זָהָב :

22 וְאֶת־כָּל־הַבַּיִת צִפָּה זָהָב עַד־תֹּם כָּל־הַבָּיִת וְכָל־הַמִּזְבֵּחַ אֲשֶׁר־לַדְּבִיר צִפָּה זָהָב :

23 וַיַּעַשׂ בַּדְּבִיר שְׁנֵי כְרוּבִים עֲצֵי־שָׁמֶן עֶשֶׂר אַמּוֹת קוֹמָתוֹ :

24 וְחָמֵשׁ אַמּוֹת כְּנַף הַכְּרוּב הָאֶחָת וְחָמֵשׁ אַמּוֹת כְּנַף הַכְּרוּב הַשֵּׁנִית עֶשֶׂר אַמּוֹת מִקְצוֹת כְּנָפָיו וְעַד־קְצוֹת כְּנָפָיו :

25 וְעֶשֶׂר בָּאַמָּה הַכְּרוּב הַשֵּׁנִי מִדָּה אַחַת וְקֶצֶב אֶחָד לִשְׁנֵי הַכְּרֻבִים :

[left column — שמאל, chapter 6, vv. 26–38]

26 וְקוֹמַת הַכְּרוּב הָאֶחָד עֶשֶׂר בָּאַמָּה וְכֵן הַכְּרוּב הַשֵּׁנִי :

27 וַיִּתֵּן אֶת־הַכְּרוּבִים בְּתוֹךְ הַבַּיִת הַפְּנִימִי וַיִּפְרְשׂוּ אֶת־כַּנְפֵי הַכְּרֻבִים וַתִּגַּע כְּנַף־הָאֶחָד בַּקִּיר וּכְנַף הַכְּרוּב הַשֵּׁנִי נֹגַעַת בַּקִּיר הַשֵּׁנִי וְכַנְפֵיהֶם אֶל־תּוֹךְ הַבַּיִת נֹגְעֹת כָּנָף אֶל־כָּנָף :

28 וַיְצַף אֶת־הַכְּרוּבִים זָהָב :

29 וְאֵת כָּל־קִירוֹת הַבַּיִת מֵסַב קָלַע פִּתּוּחֵי מִקְלְעוֹת כְּרוּבִים וְתִמֹרֹת וּפְטוּרֵי צִצִּים מִלִּפְנִים וְלַחִיצוֹן :

30 וְאֶת־קַרְקַע הַבַּיִת צִפָּה זָהָב לִפְנִימָה וְלַחִיצוֹן :

31 וְאֵת פֶּתַח הַדְּבִיר עָשָׂה דַּלְתוֹת עֲצֵי־שָׁמֶן הָאַיִל מְזוּזוֹת חֲמִשִׁית :

32 וּשְׁתֵּי דַּלְתוֹת עֲצֵי־שֶׁמֶן וְקָלַע עֲלֵיהֶם מִקְלְעוֹת כְּרוּבִים וְתִמֹרוֹת וּפְטוּרֵי צִצִּים וְצִפָּה זָהָב וַיָּרֶד עַל־הַכְּרוּבִים וְעַל־הַתִּמֹרוֹת אֶת־הַזָּהָב :

33 וְכֵן עָשָׂה לְפֶתַח הַהֵיכָל מְזוּזוֹת עֲצֵי־שֶׁמֶן מֵאֵת רְבִעִית :

34 וּשְׁתֵּי דַלְתוֹת עֲצֵי בְרוֹשִׁים שְׁנֵי צְלָעִים הַדֶּלֶת הָאַחַת גְּלִילִים וּשְׁנֵי קְלָעִים הַדֶּלֶת הַשֵּׁנִית גְּלִילִים :

35 וְקָלַע כְּרוּבִים וְתִמֹרוֹת וּפְטֻרֵי צִצִּים וְצִפָּה זָהָב מְיֻשָּׁר עַל־הַמְּחֻקֶּה :

36 וַיִּבֶן אֶת־הֶחָצֵר הַפְּנִימִית שְׁלֹשָׁה טוּרֵי גָזִית וְטוּר כְּרֻתֹת אֲרָזִים :

37 בַּשָּׁנָה הָרְבִיעִית יֻסַּד בֵּית יְהוָה בְּיֶרַח זִו :

38 וּבַשָּׁנָה הָאַחַת עֶשְׂרֵה בְּיֶרַח בּוּל הוּא הַחֹדֶשׁ הַשְּׁמִינִי כָּלָה הַבַּיִת לְכָל־דְּבָרָיו וּלְכָל־מִשְׁפָּטָיו וַיִּבְנֵהוּ שֶׁבַע שָׁנִים :

CAP. VII. ז

1 וְאֶת־בֵּיתוֹ בָּנָה שְׁלֹמֹה שְׁלֹשׁ עֶשְׂרֵה שָׁנָה וַיְכַל אֶת־כָּל־בֵּיתוֹ :

2 וַיִּבֶן אֶת־בֵּית יַעַר הַלְּבָנוֹן מֵאָה אַמָּה אָרְכּוֹ וַחֲמִשִּׁים אַמָּה רָחְבּוֹ וּשְׁלֹשִׁים אַמָּה קוֹמָתוֹ עַל אַרְבָּעָה טוּרֵי עַמּוּדֵי אֲרָזִים וּכְרֻתוֹת אֲרָזִים עַל־הָעַמּוּדִים :

3 וְסָפֻן בָּאֶרֶז מִמַּעַל עַל־הַצְּלָעֹת אֲשֶׁר עַל־הָעַמּוּדִים אַרְבָּעִים וַחֲמִשָּׁה חֲמִשָּׁה עָשָׂר הַטּוּר :

4 וּשְׁקֻפִים שְׁלֹשָׁה טוּרִים וּמֶחֱזָה אֶל־מֶחֱזָה שָׁלֹשׁ פְּעָמִים :

5 וְכָל־הַפְּתָחִים וְהַמְּזוּזוֹת רְבֻעִים שָׁקֶף וּמוּל מֶחֱזָה אֶל־מֶחֱזָה שָׁלֹשׁ פְּעָמִים :

6 וְאֵת אוּלָם הָעַמּוּדִים עָשָׂה חֲמִשִּׁים אַמָּה אָרְכּוֹ וּשְׁלֹשִׁים אַמָּה רָחְבּוֹ וְאוּלָם עַל־פְּנֵיהֶם וְעַמֻּדִים וְעָב עַל־פְּנֵיהֶם :

7 וְאוּלָם הַכִּסֵּא אֲשֶׁר יִשְׁפָּט־שָׁם אֻלָם הַמִּשְׁפָּט עָשָׂה וְסָפוּן בָּאֶרֶז מֵהַקַּרְקַע עַד־הַקַּרְקָע :

8 וּבֵיתוֹ אֲשֶׁר יֵשֶׁב שָׁם חָצֵר הָאַחֶרֶת מִבֵּית לָאוּלָם כַּמַּעֲשֶׂה הַזֶּה הָיָה

5 And β against the wall of the house he built γchambers ᵃ round about, *against* the walls of the house round about, *both* of the temple and of the oracle : and he made δ chambers round about.

6 The nethermost chamber *was* five cubits broad, and the middle *was* six cubits broad, and the third *was* seven cubits broad : for without *in the wall* of the house he made η narrowed rests round about, that *the beams* should not be fastened in the walls of the house.

7 And the house, when it was in building, was built of stone made ready before ᵇ it was brought thither : so that there was neither hammer, nor axe, *nor* any tool of iron, heard in the house while it was in building.

8 The door for the middle chamber *was* in the right κ side of the house : and they went up with winding stairs into the middle *chamber*, and out of the middle into the third.

9 So he built the house, and finished it ; and covered the house λ with beams and boards of cedar.

10 And *then* he built chambers against all the house, five cubits high : and they rested on the house with timber of cedar.

11 And the word of the LORD came to Solomon, saying,

12 *Concerning* this house which thou art in building, if ᶜ thou wilt walk in my statutes, and execute my judgments, and keep all my commandments to walk in them ; then will I perform my word with thee, which I spake ᵉ unto David thy father :

13 And ᶠ I will dwell among the children of Israel, and will not forsake ᵍ my people Israel.

14 So Solomon built the house, and finished it.

15 And he built the walls of the house within with boards of cedar, σ both the floor of the house, and the walls of the cieling : *and* he covered *them* on the inside with wood, and covered the floor of the house with planks of fir.

16 And he built twenty cubits on the sides of the house, both the floor and the walls, with boards of cedar : he even built *them* for it within, *even* for the oracle, *even* for the ⁱ most holy *place*.

17 And the house, that *is*, the temple before it, was forty cubits *long*.

18 And the cedar of the house within *was* carved with χ knops and ψ open flowers : all *was* cedar : there was no stone seen.

19 And the oracle ˡ he prepared in the house within, to set there the ark of the covenant of the LORD.

20 And the oracle in the fore part *was* twenty cubits in length, and twenty cubits in breadth, and twenty cubits in the height thereof : and he overlaid it with γpure gold ; and so covered the altar *which was* of cedar.

21 So Solomon overlaid the house within with pure gold : and he made a partition by the chains of gold before the oracle ; and he overlaid it with gold.

22 And the whole house he overlaid with gold, until he had finished all the house : also ᵐ the whole altar that *was* by the oracle he overlaid with gold.

23 And within the oracle he made two cherubims ⁿ of θ olive tree, *each* ten cubits high.

24 And five cubits *was* the one wing of the cherub, and five cubits the other wing of the cherub ; from the uttermost part of

B. C. 1012.

β or,upon,or, joining to.
γ *floors.*
ᵃ Eze. 41. 6.
δ *ribs.*
ζ or, *the cherubims stretched forth their wings.*
η *narrowings*, or, *rebatements.*
ᵇ ch. 5.17,18. De. 27.5, 6.
θ *openings of.*
κ *shoulder.*
λ or, *the vaultbeams and the ceilings with cedar.*
μ or, *fivesquare.*
ν or.*leaves of the doors.*
π *openings of.*
ᶜ ch. 9.4.
ρ or, *foursquare.*
ᵈ Eze. 41. 23.
ᵉ 2 Sa. 7. 13.
ᶠ Ex. 25. 8.
2 Co. 6. 16.
Re. 21. 3.
ᵍ De. 31. 6.
He. 13.5.
σ or, *from the floor of the house unto the walls*, and so, ver. 16.
φ or, *with all the appurtenances thereof, & with all the ordinances thereof.*
ʰ ver. 1, 9.
ⁱ ch. 8. 6.
Ex. 26. 33.
Eze. 45. 3.
ᵏ ch. 9. 10.
2 Ch. 8. 1.
χ or, *gourds.*
ψ *openings of.*
ˡ ver. 5, 16.
Ps. 28. 2.
β *ribs.*
γ *shut up.*
δ *sight against sight.*
ζ or, *spaces and pillars* were square in prospect.
ᵐ Ex.30.1,3,5 2Ch.3,7,&c
ⁿ Ex. 37. 7.–9.
η or, *according to.*
θ *trees of oil*, or, *oily trees.*

the one wing unto the uttermost part of the other *were* ten cubits.

25 And the other cherub *was* ten cubits : both the cherubims *were* of one measure and one size.

26 The height of the one cherub *was* ten cubits, and so *was it* of the other cherub.

27 And he set the cherubims within the inner house ; and ζ they stretched forth the wings of the cherubims, so that the wing of the one touched the *one* wall, and the wing of the other cherub touched the other wall ; and their wings touched one another in the midst of the house.

28 And he overlaid the cherubims with gold.

29 And he carved all the walls of the house round about with carved figures of cherubims and palm-trees and θ open flowers, within and without.

30 And the floor of the house he overlaid with gold, within and without.

31 And for the entering of the oracle he made doors *of* olive-tree : the lintel *and* side-posts *were* μ a fifth part *of the wall.*

32 The ν two doors also *were* of olive-tree ; and he carved upon them carvings of cherubims and palm-trees and π open flowers, and overlaid *them* with gold, and spread gold upon the cherubims and upon the palm-trees.

33 So also made he for the door of the temple, posts *of* olive-trees, ρ a fourth part *of the wall.*

34 And the two doors *were* of fir-tree : the two ᵈ leaves of the one door *were* folding, and the two leaves of the other door *were* folding.

35 And he carved *thereon* cherubims and palm-trees and open flowers ; and covered *them* with gold fitted upon the carved work.

36 And he built the inner court with three rows of hewed stone, and a row of cedar-beams.

37 In the fourth year was the foundation of the house of the LORD laid, in the month Zif :

38 And in the eleventh year, in the month Bul, (which *is* the eighth month,) was the house finished φ throughout all the parts thereof, and according to all the fashion of it. So was he ʰ seven years in building it.

CHAP. VII.

BUT Solomon was building his own house thirteen ᵏ years, and he finished all his house.

2 He built also the house of the forest of Lebanon ; the length thereof *was* an hundred cubits, and the breadth thereof fifty cubits, and the height thereof thirty cubits, upon four rows of cedar pillars, with cedar-beams upon the pillars.

3 And *it was* covered with cedar above upon the β beams, that *lay* on forty-five pillars, fifteen *in* a row.

4 And *there were* windows *in* three rows, and γlight *was* against light *in* three ranks.

5 And all the ζdoors and posts *were* square, with the windows : and light *was* against light *in* three ranks.

6 And he made a porch of pillars ; the length thereof *was* fifty cubits, and the breadth thereof thirty cubits : and the porch *was* η before them ; and the *other* pillars and the thick beam *were* η before them.

7 Then he made a porch for the throne, where he might judge, *even* the porch of judgment ; and *it was* covered with cedar

וּבַיִת יַעֲשֶׂה לְבַת־פַּרְעֹה אֲשֶׁר לָקַח שְׁלֹמֹה כָּאוּלָם
9 הַזֶּה׃ כָּל־אֵלֶּה אֲבָנִים יְקָרֹת כְּמִדֹּת גָּזִית מְגֹרָרוֹת
בַּמְּגֵרָה מִבַּיִת וּמִחוּץ וּמִמַּסָּד עַד־הַטְּפָחוֹת
10 וּמִחוּץ עַד־הֶחָצֵר הַגְּדוֹלָה׃ וּמְיֻסָּד אֲבָנִים יְקָרוֹת
אֲבָנִים גְּדֹלוֹת אַבְנֵי עֶשֶׂר אַמּוֹת וְאַבְנֵי שְׁמֹנֶה
11 אַמּוֹת׃ וּמִלְמַעְלָה אֲבָנִים יְקָרוֹת כְּמִדּוֹת גָּזִית
12 וָאָרֶז׃ וְחָצֵר הַגְּדוֹלָה סָבִיב שְׁלֹשָׁה טוּרִים גָּזִית
וְטוּר כְּרֻתֹת אֲרָזִים וְלַחֲצַר בֵּית־יְהוָה הַפְּנִימִית
13 וּלְאֻלָם הַבָּיִת׃ וַיִּשְׁלַח הַמֶּלֶךְ שְׁלֹמֹה
14 וַיִּקַּח אֶת־חִירָם מִצֹּר׃ בֶּן־אִשָּׁה אַלְמָנָה הוּא
מִמַּטֵּה נַפְתָּלִי וְאָבִיו אִישׁ־צֹרִי חֹרֵשׁ נְחֹשֶׁת וַיִּמָּלֵא
אֶת־הַחָכְמָה וְאֶת־הַתְּבוּנָה וְאֶת־הַדַּעַת לַעֲשׂוֹת
כָּל־מְלָאכָה בַּנְּחֹשֶׁת וַיָּבוֹא אֶל־הַמֶּלֶךְ שְׁלֹמֹה וַיַּעַשׂ
15 אֶת־כָּל־מְלַאכְתּוֹ׃ וַיָּצַר אֶת־שְׁנֵי הָעַמּוּדִים נְחֹשֶׁת
שְׁמֹנֶה עֶשְׂרֵה אַמָּה קוֹמַת הָעַמּוּד הָאֶחָד וְחוּט
16 שְׁתֵּים־עֶשְׂרֵה אַמָּה יָסֹב אֶת־הָעַמּוּד הַשֵּׁנִי׃ וּשְׁתֵּי
כֹתָרֹת עָשָׂה לָתֵת עַל־רָאשֵׁי הָעַמּוּדִים מֻצַק
נְחֹשֶׁת חָמֵשׁ אַמּוֹת קוֹמַת הַכֹּתֶרֶת הָאֶחָת וְחָמֵשׁ
17 אַמּוֹת קוֹמַת הַכֹּתֶרֶת הַשֵּׁנִית׃ שְׂבָכִים מַעֲשֵׂה
שְׂבָכָה גְּדִלִים מַעֲשֵׂה שַׁרְשְׁרוֹת לַכֹּתָרֹת אֲשֶׁר עַל־
רֹאשׁ הָעַמּוּדִים שִׁבְעָה לַכֹּתֶרֶת הָאֶחָת וְשִׁבְעָה
18 לַכֹּתֶרֶת הַשֵּׁנִית׃ וַיַּעַשׂ אֶת־הָעַמּוּדִים וּשְׁנֵי טוּרִים
סָבִיב עַל־הַשְּׂבָכָה הָאֶחָת לְכַסּוֹת אֶת־הַכֹּתָרֹת אֲשֶׁר
עַל־רֹאשׁ הָרִמֹּנִים וְכֵן עָשָׂה לַכֹּתֶרֶת הַשֵּׁנִית׃
19 וְכֹתָרֹת אֲשֶׁר עַל־רֹאשׁ הָעַמּוּדִים מַעֲשֵׂה שׁוּשַׁן
20 בָּאוּלָם אַרְבַּע אַמּוֹת׃ וְכֹתָרֹת עַל־שְׁנֵי הָעַמּוּדִים
גַּם־מִמַּעַל מִלְּעֻמַּת הַבֶּטֶן אֲשֶׁר לְעֵבֶר שְׂבָכָה
הָרִמּוֹנִים מָאתַיִם טֻרִים סָבִיב עַל הַכֹּתֶרֶת
21 הַשֵּׁנִית׃ וַיָּקֶם אֶת־הָעַמֻּדִים לְאֻלָם הַהֵיכָל וַיָּקֶם
אֶת־הָעַמּוּד הַיְמָנִי וַיִּקְרָא אֶת־שְׁמוֹ יָכִין וַיָּקֶם אֶת־
22 הָעַמּוּד הַשְּׂמָאלִי וַיִּקְרָא אֶת־שְׁמוֹ בֹּעַז׃ וְעַל
רֹאשׁ הָעַמּוּדִים מַעֲשֵׂה שׁוֹשָׁן וַתִּתֹּם מְלֶאכֶת
23 הָעַמּוּדִים׃ וַיַּעַשׂ אֶת־הַיָּם מוּצָק
עֶשֶׂר בָּאַמָּה מִשְּׂפָתוֹ עַד־שְׂפָתוֹ עָגֹל סָבִיב
וְחָמֵשׁ בָּאַמָּה קוֹמָתוֹ וְקָו שְׁלֹשִׁים בָּאַמָּה
24 יָסֹב אֹתוֹ סָבִיב׃ וּפְקָעִים מִתַּחַת לִשְׂפָתוֹ סָבִיב
סֹבְבִים אֹתוֹ עֶשֶׂר בָּאַמָּה מַקִּפִים אֶת־הַיָּם סָבִיב
25 שְׁנֵי טוּרִים הַפְּקָעִים יְצֻקִים בִּיצֻקָתוֹ׃ עֹמֵד עַל־
שְׁנֵי עָשָׂר בָּקָר שְׁלֹשָׁה פֹנִים צָפוֹנָה וּשְׁלֹשָׁה פֹנִים
יָמָּה וּשְׁלֹשָׁה פֹנִים נֶגְבָּה וּשְׁלֹשָׁה פֹנִים מִזְרָחָה

וְהַיָּם עֲלֵיהֶם מִלְמָעְלָה וְכָל־אֲחֹרֵיהֶם בָּיְתָה׃
26 וְעָבְיוֹ טֶפַח וּשְׂפָתוֹ כְּמַעֲשֵׂה שְׂפַת־כּוֹס פֶּרַח שׁוֹשָׁן
27 אַלְפַּיִם בַּת יָכִיל׃ וַיַּעַשׂ אֶת־הַמְּכֹנוֹת עֶשֶׂר
נְחֹשֶׁת אַרְבַּע בָּאַמָּה אֹרֶךְ הַמְּכוֹנָה הָאֶחָת וְאַרְבַּע
28 בָּאַמָּה רָחְבָּהּ וְשָׁלֹשׁ בָּאַמָּה קוֹמָתָהּ׃ וְזֶה מַעֲשֵׂה
הַמְּכוֹנָה מִסְגְּרֹת לָהֶם וּמִסְגְּרֹת בֵּין הַשְׁלַבִּים׃
29 וְעַל־הַמִּסְגְּרוֹת אֲשֶׁר בֵּין הַשְׁלַבִּים אֲרָיוֹת בָּקָר
וּכְרוּבִים וְעַל־הַשְׁלַבִּים כֵּן מִמָּעַל וּמִתַּחַת לַאֲרָיוֹת
30 וְלַבָּקָר לֹיוֹת מַעֲשֵׂה מוֹרָד׃ וְאַרְבָּעָה אוֹפַנֵּי נְחֹשֶׁת
לַמְּכוֹנָה הָאַחַת וְסַרְנֵי נְחֹשֶׁת וְאַרְבָּעָה פַעֲמֹתָיו
כְּתֵפֹת לָהֶם מִתַּחַת לַכִּיֹּר הַכְּתֵפֹת יְצֻקוֹת מֵעֵבֶר
31 אִישׁ לֹיוֹת׃ וּפִיהוּ מִבֵּית לַכֹּתֶרֶת וָמַעְלָה בָּאַמָּה
וּפִיהָ עָגֹל מַעֲשֵׂה־כֵן אַמָּה וַחֲצִי הָאַמָּה וְגַם־עַל־
פִּיהָ מִקְלָעוֹת וּמִסְגְּרֹתֵיהֶם מְרֻבָּעוֹת לֹא עֲגֻלּוֹת׃
32 וְאַרְבַּעַת הָאוֹפַנִּים לְמִתַּחַת לַמִּסְגְּרוֹת וִידוֹת
הָאוֹפַנִּים בַּמְּכוֹנָה וְקוֹמַת הָאוֹפַן הָאֶחָד אַמָּה
33 וַחֲצִי הָאַמָּה׃ וּמַעֲשֵׂה הָאוֹפַנִּים כְּמַעֲשֵׂה אוֹפַן
הַמֶּרְכָּבָה יְדוֹתָם וְגַבֵּיהֶם וְחִשֻּׁקֵיהֶם וְחִשֻּׁרֵיהֶם
34 הַכֹּל מוּצָק׃ וְאַרְבָּעָה כְתֵפוֹת אֶל אַרְבַּע פִּנּוֹת הַמְּכוֹנָה
הָאֶחָת מִן־הַמְּכוֹנָה כְּתֵפֶיהָ׃ וּבְרֹאשׁ הַמְּכוֹנָה חֲצִי
35 הָאַמָּה קוֹמָה עָגֹל סָבִיב וְעַל רֹאשׁ הַמְּכֹנָה יְדֹתֶיהָ
וּמִסְגְּרֹתֶיהָ מִמֶּנָּה׃ וַיְפַתַּח עַל־הַלֻּחֹת יְדֹתֶיהָ וְעַל
36 וּמִסְגְּרֹתֶיהָ כְּרוּבִים אֲרָיוֹת וְתִמֹרֹת כְּמַעַר־אִישׁ
וְלֹיוֹת סָבִיב׃ כָּזֹאת עָשָׂה אֵת עֶשֶׂר הַמְּכֹנוֹת
37 מוּצָק אֶחָד מִדָּה אַחַת קֶצֶב אֶחָד לְכֻלָּהְנָה׃
38 וַיַּעַשׂ עֲשָׂרָה כִיֹּרוֹת נְחֹשֶׁת אַרְבָּעִים בַּת יָכִיל
הַכִּיּוֹר הָאֶחָד אַרְבַּע בָּאַמָּה הַכִּיּוֹר הָאֶחָד כִּיּוֹר
39 אֶחָד עַל־הַמְּכוֹנָה הָאַחַת לְעֶשֶׂר הַמְּכֹנוֹת׃ וַיִּתֵּן
אֶת־הַמְּכֹנוֹת חָמֵשׁ עַל־כֶּתֶף הַבַּיִת מִיָּמִין וְחָמֵשׁ
עַל־כֶּתֶף הַבַּיִת מִשְּׂמֹאלוֹ וְאֶת־הַיָּם נָתַן מִכֶּתֶף
40 הַבַּיִת הַיְמָנִית קֵדְמָה מִמּוּל נֶגֶב׃ וַיַּעַשׂ
חִירוֹם אֶת־הַכִּיֹּרוֹת וְאֶת־הַיָּעִים וְאֶת־הַמִּזְרָקוֹת
וַיְכַל חִירָם לַעֲשׂוֹת אֶת־כָּל־הַמְּלָאכָה אֲשֶׁר עָשָׂה
41 לַמֶּלֶךְ שְׁלֹמֹה בֵּית יְהוָה׃ עַמֻּדִים שְׁנַיִם וְגֻלֹּת
הַכֹּתָרֹת אֲשֶׁר־עַל־רֹאשׁ הָעַמּוּדִים שְׁתָּיִם וְהַשְּׂבָכוֹת
שְׁתַּיִם לְכַסּוֹת אֶת־שְׁתֵּי גֻּלֹּת הַכֹּתָרֹת אֲשֶׁר עַל־
42 רֹאשׁ הָעַמּוּדִים׃ וְאֶת־הָרִמֹּנִים אַרְבַּע מֵאוֹת
לִשְׁתֵּי הַשְּׂבָכוֹת שְׁנֵי־טוּרִים רִמֹּנִים לַשְּׂבָכָה הָאֶחָת
לְכַסּוֹת אֶת־שְׁתֵּי גֻּלֹּת הַכֹּתָרֹת אֲשֶׁר עַל־פְּנֵי
43 הָעַמּוּדִים׃ וְאֶת־הַמְּכֹנוֹת עֶשֶׂר וְאֶת־הַכִּיֹּרוֹת עֲשָׂרָה

from β one side of the floor to the other.

8 And his house where he dwelt *had* another court within the porch, *which* was of the like work. Solomon made also an house for Pharaoh's daughter, whom ^a he had taken *to wife,* like unto this porch.

9 All these *were of* costly stones, according to the measures of hewed stones, sawed with saws, within and without, even from the foundation unto the coping, and *so* on the outside toward the great court.

10 And the foundation *was of* costly stones, even great stones; stones of ten cubits, and stones of eight cubits.

11 And above *were* costly stones, after the measures of hewed stones, and cedars.

12 And the great court round about *was* with three rows of hewed stones, and a row of cedar-beams, both for the inner court of the house of the LORD, and for the porch ^c of the house.

13 And king Solomon sent, and fetched Hiram ^f out of Tyre.

14 He *was* γ a widow's son ^g of the tribe of Naphtali, and his father ^h *was* a man of Tyre, a worker in brass : and ⁱ he was filled with wisdom and understanding and cunning to work all works in brass. And he came to king Solomon, and wrought all his work.

15 For he δ cast two pillars ^k of brass, of eighteen cubits high a-piece ; and a line of twelve cubits did compass either of them about.

16 And he made two chapiters *of* molten brass, to set upon the tops of the pillars : the height of the one chapiter *was* five cubits, and the height of the other chapiter *was* five cubits :

17 *And* nets of checker-work, and wreaths of chain-work, for the chapiters which *were* upon the top of the pillars ; seven for the one chapiter, and seven for the other chapiter.

18 And he made the pillars, and two rows round about upon the one net-work, to cover the chapiters that *were* upon the top, with pomegranates : and so did he for the other chapiter.

19 And the chapiters that *were* upon the top of the pillars *were* of lily-work in the porch, four cubits.

20 And the chapiters upon the two pillars *had* pomegranates also above, over against the belly which *was* by the network : and the pomegranates *were* two hundred, in rows round about upon the other chapiter.

21 And he set up the pillars in the porch ⁿ of the temple : and he set up the right pillar, and called the name thereof ^κ Jachin ; and he set up the left pillar, and called the name thereof λ Boaz.

22 And upon the top of the pillars *was* lily-work : so was the work of the pillars finished.

23 And he made a molten sea,^o ten cubits ν from the one brim to the other : *it was* round all about, and his height *was* five cubits ; and a line of thirty cubits did compass it round about.

24 And ^q under the brim of it round about *there were* knops compassing it, ten in a cubit, compassing the sea round about : the knops *were* cast in two rows, when it was cast.

25 It stood upon twelve oxen, three looking toward the north, and three looking toward the west, and three looking

---

B. C. 1005.

β *from floor to floor.*

a ch. 3. 1.
2 Ch. 8. 11.

b Eze. 1. 10.
10. 14.
41. 19.
Ho. 5. 14.
Re. 5. 5.

c Ge. 3. 24.
Ex. 25. 18.
37. 7.
He. 9. 5.

d 1 Pe. 2. 5.

e Jno. 10. 23.
Ac. 3. 11.

f ver. 40.
2 Ch. 4. 11.
Huram.

γ *the son of a widow woman.*

g 2 Ch. 2. 14.

h 2 Ch. 4. 16.

i Ex. 31. 3.
36. 1.

δ *fashioned.*

k ver. 21.
2 Ki. 25. 17.
2Ch.3.15,&c.
4.12,&c.
Je. 52.21,&c.

l Eze. 1.15,&c.

ζ *in the base.*

η *nakedness.*

m 2 Ch. 4. 6,
&c.

n ver. 12.
ch. 6. 3.

θ *shoulder.*

κ i. e. *He shall establish.*

λ i. e. *In it is strength.*

μ Heb. *Hirom,* ver. 13.

o 2 Ki. 25. 13.

ν *from his brim to his brim.*

p ver. 17, 18.

q 2 Ch. 4. 3..5.

ξ *upon the face of the pillars.*

---

toward the south, and three looking toward the east : and the sea *was* set above upon them, and all their hinder parts *were* inward.

26 And it *was* an hand-breadth thick, and the brim thereof was wrought like the brim of a cup, with flowers of lilies : it contained two thousand baths.

27 And he made ten bases of brass : four cubits *was* the length of one base, and four cubits the breadth thereof, and three cubits the height of it.

28 And the work of the bases *was* on this *manner :* they had borders, and the borders *were* between the ledges :

29 And on the borders that *were* between the ledges *were* lions,^b oxen, and cherubims :^c and upon the ledges *there was* a base above : and beneath the lions and oxen *were* certain additions ^d made of thin work.

30 And every base had four brazen wheels, and plates of brass ; and the four corners thereof had undersetters : under the laver *were* undersetters molten, at the side of every addition.

31 And the mouth of it, within the chapiter and above, *was* a cubit : but the mouth thereof *was* round, *after* the work of the base, a cubit and an half : and also upon the mouth of it *were* gravings with their borders, foursquare, not round.

32 And under the borders *were* four wheels ;ⁱ and the axle-trees of the wheels *were* ζ joined to the base ; and the height of a wheel *was* a cubit and half a cubit.

33 And the work of the wheels *was* like the work of a chariot-wheel ; their axle-trees, and their naves, and their felloes, and their spokes, *were* all molten.

34 And *there were* four undersetters to the four corners of one base : and the undersetters *were* of the very base itself.

35 And in the top of the base *was there* a round compass of half a cubit high : and on the top of the base the ledges thereof, and the borders thereof, *were* of the same.

36 For on the plates of the ledges thereof, and on the borders thereof, he graved cherubims, lions, and palm-trees, according to the η proportion of every one, and additions round about.

37 After this *manner* he made the ten bases : all of them had one casting, one measure, *and* one size.

38 Then made he ten lavers ^m of brass ; one laver contained forty baths ; *and* every laver was four cubits : *and* upon every one of the ten bases one laver.

39 And he put five bases on the right θ side of the house, and five on the left side of the house ; and he set the sea on the right side of the house eastward, over against the south.

40 And μ Hiram made the lavers, and the shovels, and the basons. So Hiram made an end of doing all the work that he made king Solomon for the house of the LORD ;

41 The two pillars, and the *two* bowls of the chapiters that *were* on the top of the two pillars ; and the two net-works,^p to cover the two bowls of the chapiters which *were* upon the top of the pillars ;

42 And four hundred pomegranates for the two net-works, *even* two rows of pomegranates for one net-work, to cover the two bowls of the chapiters that *were* ξ upon the pillars ;

43 And the ten bases, and ten lavers on the bases ;

עמוד ימני

עַל־הַמְּכֹנוֹת ׃ וְאֶת־הַיָּם הָאֶחָד וְאֶת־הַבָּקָר שְׁנֵים־
עָשָׂר תַּחַת הַיָּם ׃ וְאֶת־הַסִּירוֹת וְאֶת־הַיָּעִים וְאֶת־
הַמִּזְרָקוֹת וְאֵת כָּל־הַכֵּלִים הָאֵלֶּה אֲשֶׁר עָשָׂה חִירָם
לַמֶּלֶךְ שְׁלֹמֹה בֵּית יְהוָה נְחֹשֶׁת מְמֹרָט ׃ בְּכִכַּר
הַיַּרְדֵּן יְצָקָם הַמֶּלֶךְ בְּמַעֲבֵה הָאֲדָמָה בֵּין סֻכּוֹת
וּבֵין צָרְתָן ׃ וַיַּנַּח שְׁלֹמֹה אֶת־כָּל־הַכֵּלִים מֵרֹב מְאֹד
מְאֹד לֹא נֶחְקַר מִשְׁקַל הַנְּחֹשֶׁת ׃ וַיַּעַשׂ שְׁלֹמֹה
אֵת כָּל־הַכֵּלִים אֲשֶׁר בֵּית יְהוָה אֵת מִזְבַּח הַזָּהָב
וְאֶת־הַשֻּׁלְחָן אֲשֶׁר עָלָיו לֶחֶם הַפָּנִים זָהָב ׃ וְאֶת־
הַמְּנֹרוֹת חָמֵשׁ מִיָּמִין וְחָמֵשׁ מִשְּׂמֹאל לִפְנֵי הַדְּבִיר
זָהָב סָגוּר וְהַפֶּרַח וְהַנֵּרֹת וְהַמֶּלְקַחַיִם זָהָב ׃ וְהַסִּפּוֹת
וְהַמְזַמְּרוֹת וְהַמִּזְרָקוֹת וְהַכַּפּוֹת וְהַמַּחְתּוֹת זָהָב
סָגוּר וְהַפֹּתוֹת לְדַלְתוֹת הַבַּיִת הַפְּנִימִי לְקֹדֶשׁ
הַקֳּדָשִׁים לְדַלְתֵי הַבַּיִת לַהֵיכָל זָהָב ׃ וַתִּשְׁלַם כָּל־הַמְּלָאכָה אֲשֶׁר
עָשָׂה הַמֶּלֶךְ שְׁלֹמֹה בֵּית יְהוָה וַיָּבֵא שְׁלֹמֹה אֶת־
קָדְשֵׁי דָּוִד אָבִיו אֶת־הַכֶּסֶף וְאֶת־הַזָּהָב וְאֶת־
הַכֵּלִים נָתַן בְּאֹצְרוֹת בֵּית יְהוָה ׃

CAP. VIII. ח

אָז יַקְהֵל שְׁלֹמֹה אֶת־זִקְנֵי יִשְׂרָאֵל וְאֶת־כָּל־רָאשֵׁי
הַמַּטּוֹת נְשִׂיאֵי הָאָבוֹת לִבְנֵי יִשְׂרָאֵל אֶל־הַמֶּלֶךְ
שְׁלֹמֹה יְרוּשָׁלִָם לְהַעֲלוֹת אֶת־אֲרוֹן בְּרִית־יְהוָה
מֵעִיר דָּוִד הִיא צִיּוֹן ׃ וַיִּקָּהֲלוּ אֶל־הַמֶּלֶךְ שְׁלֹמֹה
כָּל־אִישׁ יִשְׂרָאֵל בְּיֶרַח הָאֵתָנִים בֶּחָג הוּא הַחֹדֶשׁ
הַשְּׁבִיעִי ׃ וַיָּבֹאוּ כֹּל זִקְנֵי יִשְׂרָאֵל וַיִּשְׂאוּ הַכֹּהֲנִים
אֶת־הָאָרוֹן ׃ וַיַּעֲלוּ אֶת־אֲרוֹן יְהוָה וְאֶת־אֹהֶל
מוֹעֵד וְאֶת־כָּל־כְּלֵי הַקֹּדֶשׁ אֲשֶׁר בָּאֹהֶל וַיַּעֲלוּ אֹתָם
הַכֹּהֲנִים וְהַלְוִיִּם ׃ וְהַמֶּלֶךְ שְׁלֹמֹה וְכָל־עֲדַת יִשְׂרָאֵל
הַנּוֹעָדִים עָלָיו אִתּוֹ לִפְנֵי הָאָרוֹן מְזַבְּחִים צֹאן וּבָקָר
אֲשֶׁר לֹא־יִסָּפְרוּ וְלֹא יִמָּנוּ מֵרֹב ׃ וַיָּבִאוּ הַכֹּהֲנִים
אֶת־אֲרוֹן בְּרִית־יְהוָה אֶל־מְקוֹמוֹ אֶל־דְּבִיר הַבַּיִת
אֶל־קֹדֶשׁ הַקֳּדָשִׁים אֶל־תַּחַת כַּנְפֵי הַכְּרוּבִים ׃ כִּי
הַכְּרוּבִים פֹּרְשִׂים כְּנָפַיִם אֶל־מְקוֹם הָאָרוֹן וַיָּסֹכּוּ
הַכְּרֻבִים עַל־הָאָרוֹן וְעַל־בַּדָּיו מִלְמָעְלָה ׃ וַיַּאֲרִכוּ
הַבַּדִּים וַיֵּרָאוּ רָאשֵׁי הַבַּדִּים מִן־הַקֹּדֶשׁ עַל־פְּנֵי
הַדְּבִיר וְלֹא יֵרָאוּ הַחוּצָה וַיִּהְיוּ שָׁם עַד הַיּוֹם
הַזֶּה ׃ אֵין בָּאָרוֹן רַק שְׁנֵי לֻחוֹת הָאֲבָנִים אֲשֶׁר
הִנִּחַ שָׁם מֹשֶׁה בְּחֹרֵב אֲשֶׁר כָּרַת יְהוָה עִם־בְּנֵי
יִשְׂרָאֵל בְּצֵאתָם מֵאֶרֶץ מִצְרָיִם ׃ וַיְהִי בְּצֵאת
הַכֹּהֲנִים מִן־הַקֹּדֶשׁ וְהֶעָנָן מָלֵא אֶת־בֵּית יְהוָה ׃

עמוד שמאלי

וְלֹא־יָכְלוּ הַכֹּהֲנִים לַעֲמֹד לְשָׁרֵת מִפְּנֵי הֶעָנָן כִּי־ 11
מָלֵא כְבוֹד־יְהוָה אֶת־בֵּית יְהוָה ׃ אָז אָמַר 12
שְׁלֹמֹה יְהוָה אָמַר לִשְׁכֹּן בָּעֲרָפֶל ׃ בָּנֹה בָנִיתִי בֵּית 13
זְבֻל לָךְ מָכוֹן לְשִׁבְתְּךָ עוֹלָמִים ׃ וַיַּסֵּב הַמֶּלֶךְ אֶת־ 14
פָּנָיו וַיְבָרֶךְ אֵת כָּל־קְהַל יִשְׂרָאֵל וְכָל־קְהַל יִשְׂרָאֵל
עֹמֵד ׃ וַיֹּאמֶר בָּרוּךְ יְהוָה אֱלֹהֵי יִשְׂרָאֵל אֲשֶׁר דִּבֶּר 15
בְּפִיו אֵת דָּוִד אָבִי וּבְיָדוֹ מִלֵּא לֵאמֹר ׃ מִן־הַיּוֹם 16
אֲשֶׁר הוֹצֵאתִי אֶת־עַמִּי אֶת־יִשְׂרָאֵל מִמִּצְרַיִם לֹא־
בָחַרְתִּי בְעִיר מִכֹּל שִׁבְטֵי יִשְׂרָאֵל לִבְנוֹת בַּיִת לִהְיוֹת
שְׁמִי שָׁם וָאֶבְחַר בְּדָוִד לִהְיוֹת עַל־עַמִּי יִשְׂרָאֵל ׃
וַיְהִי עִם־לְבַב דָּוִד אָבִי לִבְנוֹת בַּיִת לְשֵׁם יְהוָה 17
אֱלֹהֵי יִשְׂרָאֵל ׃ וַיֹּאמֶר יְהוָה אֶל־דָּוִד אָבִי יַעַן אֲשֶׁר 18
הָיָה עִם־לְבָבְךָ לִבְנוֹת בַּיִת לִשְׁמִי הֱטִיבֹתָ כִּי הָיָה
עִם־לְבָבֶךָ ׃ רַק אַתָּה לֹא תִבְנֶה הַבָּיִת כִּי אִם־ 19
בִּנְךָ הַיֹּצֵא מֵחֲלָצֶיךָ הוּא־יִבְנֶה הַבַּיִת לִשְׁמִי ׃
וַיָּקֶם יְהוָה אֶת־דְּבָרוֹ אֲשֶׁר דִּבֵּר וָאָקֻם תַּחַת דָּוִד 20
אָבִי וָאֵשֵׁב עַל־כִּסֵּא יִשְׂרָאֵל כַּאֲשֶׁר דִּבֶּר יְהוָה
וָאֶבְנֶה הַבַּיִת לְשֵׁם יְהוָה אֱלֹהֵי יִשְׂרָאֵל ׃ וָאָשִׂם 21
שָׁם מָקוֹם לָאָרוֹן אֲשֶׁר־שָׁם בְּרִית יְהוָה אֲשֶׁר כָּרַת
עִם־אֲבֹתֵינוּ בְּהוֹצִיאוֹ אֹתָם מֵאֶרֶץ מִצְרָיִם ׃
וַיַּעֲמֹד שְׁלֹמֹה לִפְנֵי מִזְבַּח יְהוָה נֶגֶד כָּל־קְהַל 22
יִשְׂרָאֵל וַיִּפְרֹשׂ כַּפָּיו הַשָּׁמָיִם ׃ וַיֹּאמַר יְהוָה אֱלֹהֵי 23
יִשְׂרָאֵל אֵין־כָּמוֹךָ אֱלֹהִים בַּשָּׁמַיִם מִמַּעַל וְעַל־
הָאָרֶץ מִתָּחַת שֹׁמֵר הַבְּרִית וְהַחֶסֶד לַעֲבָדֶיךָ
הַהֹלְכִים לְפָנֶיךָ בְּכָל־לִבָּם ׃ אֲשֶׁר שָׁמַרְתָּ לְעַבְדְּךָ 24
דָוִד אָבִי אֵת אֲשֶׁר־דִּבַּרְתָּ לּוֹ וַתְּדַבֵּר בְּפִיךָ וּבְיָדְךָ
מִלֵּאתָ כַּיּוֹם הַזֶּה ׃ וְעַתָּה יְהוָה אֱלֹהֵי יִשְׂרָאֵל 25
שְׁמֹר לְעַבְדְּךָ דָוִד אָבִי אֵת אֲשֶׁר דִּבַּרְתָּ לּוֹ לֵאמֹר
לֹא־יִכָּרֵת לְךָ אִישׁ מִלְּפָנַי יֹשֵׁב עַל־כִּסֵּא יִשְׂרָאֵל
רַק אִם־יִשְׁמְרוּ בָנֶיךָ אֶת־דַּרְכָּם לָלֶכֶת לְפָנַי
כַּאֲשֶׁר הָלַכְתָּ לְפָנָי ׃ וְעַתָּה אֱלֹהֵי יִשְׂרָאֵל יֵאָמֶן 26
נָא דְבָרֶךָ אֲשֶׁר דִּבַּרְתָּ לְעַבְדְּךָ דָּוִד אָבִי ׃ כִּי 27
הַאֻמְנָם יֵשֵׁב אֱלֹהִים עַל־הָאָרֶץ הִנֵּה הַשָּׁמַיִם וּשְׁמֵי
הַשָּׁמַיִם לֹא יְכַלְכְּלוּךָ אַף כִּי־הַבַּיִת הַזֶּה אֲשֶׁר
בָּנִיתִי ׃ וּפָנִיתָ אֶל־תְּפִלַּת עַבְדְּךָ וְאֶל־תְּחִנָּתוֹ יְהוָה 28
אֱלֹהָי לִשְׁמֹעַ אֶל־הָרִנָּה וְאֶל־הַתְּפִלָּה אֲשֶׁר עַבְדְּךָ
מִתְפַּלֵּל לְפָנֶיךָ הַיּוֹם ׃ לִהְיוֹת עֵינֶךָ פְתֻחֹת אֶל־הַבַּיִת 29
הַזֶּה לַיְלָה וָיוֹם אֶל־הַמָּקוֹם אֲשֶׁר אָמַרְתָּ יִהְיֶה
שְׁמִי שָׁם לִשְׁמֹעַ אֶל־הַתְּפִלָּה אֲשֶׁר יִתְפַּלֵּל עַבְדְּךָ
אֶל־הַמָּקוֹם הַזֶּה ׃ וְשָׁמַעְתָּ אֶל־תְּחִנַּת עַבְדְּךָ 30

44 And one sea, and twelve oxen under the sea ;

45 And *b* the pots, and the shovels, and the basons: and all these vessels, which Hiram made to king Solomon for the house of the LORD, *were of β* bright brass.

46 In the plain of Jordan did the king cast them, *γ* in the clay ground between Succoth *e* and Zarthan.*f*

47 And Solomon left all the vessels *unweighed, δ* because they were exceeding many: neither was the weight of the brass *ζ* found out.

48 And Solomon made all the vessels that *pertained* unto the house of the LORD: the altar *k* of gold, and the table of gold, whereupon the shew-bread *m was,*

49 And the candlesticks of pure gold, five on the right *side,* and five on the left, before the oracle, with the flowers, and the lamps, and the tongs, *of* gold ;

50 And the bowls, and the snuffers, and the basons, and the spoons, and the *η* censers, *of* pure gold ; and the hinges *of* gold, *both* for the doors of the inner house, the most holy *place, and* for the doors of the house, *to wit,* of the temple.

51 So was ended all the work that king Solomon made for the house of the LORD. And Solomon brought in the *θ* things which David *p* his father had dedicated ; *even* the silver, and the gold, and the vessels, did he put among the treasures of the house of the LORD.

CHAP. VIII.

THEN *q* Solomon assembled the elders of Israel, and all the heads of the tribes, the *κ* chief of the fathers of the children of Israel, unto king Solomon in Jerusalem, that *s* they might bring up the ark of the covenant of the LORD out of the city *t* of David, which *is* Zion.

2 And all the men of Israel assembled themselves unto king Solomon at the feast,*v* in the month Ethanim, which *is* the seventh month.

3 And all the elders of Israel came, and the priests *x* took up the ark.

4 And they brought up the ark of the LORD, and the tabernacle *y* of the congregation, and all the holy vessels that *were* in the tabernacle, even those did the priests and the Levites bring up.

5 And king Solomon, and all the congregation of Israel, that were assembled unto him, *were* with him before the ark, sacrificing *z* sheep and oxen, that could not be told nor numbered for multitude.

6 And the priests brought in the ark of the covenant of the LORD unto his place,*e* into the oracle of the house, to the most holy *place, even* under the wings *f* of the cherubims.

7 For the cherubims spread forth *their* two wings over the place of the ark, and the cherubims covered the ark, and the staves thereof, above.

8 And they drew out the staves, that the *v* ends of the staves were seen out in the *π* holy *place* before the oracle, and they were not seen without: and there they are unto this day.

9 *There was* nothing in the ark, save the two tables of stone, which Moses put there *k* at Horeb, *ρ* when the LORD made *a covenant l* with the children of Israel, when they came out of the land of Egypt.

10 And it came to pass, when the priests were come out of the holy *place,* that

---

B. C. 1005.

a Ex. 40. 34.
   I.e. 16. 2.
b Ex. 27. 3.
*β brass made
   bright,* or,
   scoured.
c 2 Ch. VI.
*γ in the
   thickness of
   the ground.*
d Ps. 97. 2.
   Is. 45. 15.
e Ge. 33. 17.
f Jos. 3. 16.
g 2 Sa. 7. 13.
h Ps. 132. 14.
*δ for the exceeding
   multitude.*
ζ searched,
   1Ch. 22. 14.
i 2 Sa. 6. 18.
j Lu. 1. 68.
k Ex. 37. 25.
l 2Sa.7.5,&c.
m Le.24.5..8.
η ash pans.
n 1 Sa. 16. 1.
o 1 Ch. 17. 1,
   &c.
*θ holy things
   of David.*
p 2 Sa. 8. 11.
q 2Ch.5.2,&c.
κ princes.
r 1Ch.28.5,6.
s 2 Sa. 6. 17.
t 2 Sa. 5. 7..9.
u ver. 9.
   De. 31. 26.
v Le. 23. 34.
w Ex. 9. 33.
   Is. 1. 15.
x Nu. 4. 15.
   1Ch. 15. 14.
y 2 Ch. 1. 3.
z Ex. 15. 11.
   2 Sa. 7. 22.
a Ne. 1. 5.
   Da. 9. 4.
b ch. 3. 6.
c 2 Sa. 6. 13.
d ch. 2. 4.
*λ There shall
   not be cut
   off unto
   thee a man
   from my
   sight.*
e Ex. 26. 33.
μ only if.
f ch. 6. 27.
g Ps. 119. 49.
h 2 Ch. 2. 6.
   Is. 66. 1.
   Je. 23. 24.
   Ac. 17. 24.
v heads.
i 2 Co. 12. 2.
π or, ark:
   2 Ch. 5. 9.
k Ex. 25. 21.
   40. 20.
   De. 10. 2, 5.
   He. 9. 4.
ρ or, where.
l Ex.34.27,28.
m De. 12. 11.

---

the cloud *a* filled the house of the LORD.

11 So that the priests could not stand to minister because of the cloud: for the glory of the LORD had filled the house of the LORD.

12 Then *c* spake Solomon, The LORD said that he would dwell in the thick darkness.*d*

13 I *g* have surely built thee an house to dwell in, a settled place *h* for thee to abide in for ever.

14 And the king turned his face about, and blessed *i* all the congregation of Israel: (and all the congregation of Israel stood :)

15 And he said, Blessed *j be* the LORD God of Israel, which spake *l* with his mouth unto David my father, and hath his hand fulfilled *it,* saying,

16 Since the day that I brought forth my people Israel out of Egypt, I chose no city out of all the tribes of Israel to build an house, that my name might be therein ; but I chose David *n* to be over my people Israel.

17 And *o* it was in the heart of David my father to build an house for the name of the LORD God of Israel.

18 And the LORD said unto David my father, Whereas it was in thine heart to build an house unto my name, thou didst well that it was in thine heart:

19 Nevertheless thou shalt not build the house ; but thy son, that shall come forth out of thy loins, he shall build the house unto my name.

20 And the LORD hath performed his word that he spake ; and I am risen up in the room of David my father, and sit on the throne of Israel, as *r* the LORD promised, and have built an house for the name of the LORD God of Israel.

21 And I have set there a place for the ark, wherein *u* is the covenant of the LORD, which he made with our fathers, when he brought them out of the land of Egypt.

22 And Solomon stood before the altar of the LORD, in the presence of all the congregation of Israel, and spread *w* forth his hands toward heaven:

23 And he said, LORD God of Israel, *there x* is no god like thee, in heaven above, or on earth beneath, who *a* keepest covenant and mercy with thy servants that walk *b* before thee with all their heart ;

24 Who hast kept with thy servant David my father that thou promisedst him : thou spakest also with thy mouth, and hast fulfilled *it* with thine hand, as *it is* this day.

25 Therefore now, LORD God of Israel, keep with thy servant David my father that thou promisedst him,*d* saying, *λ* There shall not fail thee a man in my sight to sit on the throne of Israel : *μ* so that thy children take heed to their way, that they walk before me, as thou hast walked before me.

26 And now, O God of Israel, let *g* thy word, I pray thee, be verified, which thou spakest unto thy servant David my father.

27 But will God indeed dwell on the earth? Behold, the heaven *h* and heaven of heavens *i* cannot contain thee ; how much less this house that I have builded!

28 Yet have thou respect unto the prayer of thy servant, and to his supplication, O LORD my God, to hearken unto the cry and to the prayer, which thy servant prayeth before thee to-day :

29 That thine eyes may be open toward this house night and day, *even* toward the place of which thou hast said,*m* My name

וְעַמְּךָ יִשְׂרָאֵל אֲשֶׁר יִתְפַּלְלוּ אֶל־הַמָּקוֹם הַזֶּה וְאַתָּה תִּשְׁמַע אֶל־מְקוֹם שִׁבְתְּךָ אֶל־הַשָּׁמַיִם וְשָׁמַעְתָּ וְסָלָחְתָּ׃ אֵת אֲשֶׁר יֶחֱטָא אִישׁ לְרֵעֵהוּ וְנָשָׁא־בוֹ אָלָה לְהַאֲלֹתוֹ וּבָא אָלָה לִפְנֵי מִזְבַּחֲךָ בַּבַּיִת הַזֶּה׃

32 וְאַתָּה תִּשְׁמַע הַשָּׁמַיִם וְעָשִׂיתָ וְשָׁפַטְתָּ אֶת־עֲבָדֶיךָ לְהַרְשִׁיעַ רָשָׁע לָתֵת דַּרְכּוֹ בְּרֹאשׁוֹ וּלְהַצְדִּיק צַדִּיק לָתֶת לוֹ כְּצִדְקָתוֹ׃

33 בְּהִנָּגֵף עַמְּךָ יִשְׂרָאֵל לִפְנֵי אוֹיֵב אֲשֶׁר יֶחֶטְאוּ־לָךְ וְשָׁבוּ אֵלֶיךָ וְהוֹדוּ אֶת־שְׁמֶךָ וְהִתְפַּלְלוּ וְהִתְחַנְּנוּ אֵלֶיךָ בַּבַּיִת הַזֶּה׃

34 וְאַתָּה תִּשְׁמַע הַשָּׁמַיִם וְסָלַחְתָּ לְחַטַּאת עַמְּךָ יִשְׂרָאֵל וַהֲשֵׁבֹתָם אֶל־הָאֲדָמָה אֲשֶׁר נָתַתָּ לַאֲבוֹתָם׃

35 בְּהֵעָצֵר שָׁמַיִם וְלֹא־יִהְיֶה מָטָר כִּי יֶחֶטְאוּ־לָךְ וְהִתְפַּלְלוּ אֶל־הַמָּקוֹם הַזֶּה וְהוֹדוּ אֶת־שְׁמֶךָ וּמֵחַטָּאתָם יְשׁוּבוּן כִּי תַעֲנֵם׃

36 וְאַתָּה תִּשְׁמַע הַשָּׁמַיִם וְסָלַחְתָּ לְחַטַּאת עֲבָדֶיךָ וְעַמְּךָ יִשְׂרָאֵל כִּי תוֹרֵם אֶת־הַדֶּרֶךְ הַטּוֹבָה אֲשֶׁר יֵלְכוּ־בָהּ וְנָתַתָּה מָטָר עַל־אַרְצְךָ אֲשֶׁר־נָתַתָּה לְעַמְּךָ לְנַחֲלָה׃

37 רָעָב כִּי־יִהְיֶה בָאָרֶץ דֶּבֶר כִּי־יִהְיֶה שִׁדָּפוֹן יֵרָקוֹן אַרְבֶּה חָסִיל כִּי יִהְיֶה כִּי יָצַר־לוֹ אֹיְבוֹ בְּאֶרֶץ שְׁעָרָיו כָּל־נֶגַע כָּל־מַחֲלָה׃

38 כָּל־תְּפִלָּה כָל־תְּחִנָּה אֲשֶׁר תִהְיֶה לְכָל־הָאָדָם לְכֹל עַמְּךָ יִשְׂרָאֵל אֲשֶׁר יֵדְעוּן אִישׁ נֶגַע לְבָבוֹ וּפָרַשׂ כַּפָּיו אֶל־הַבַּיִת הַזֶּה׃

39 וְאַתָּה תִּשְׁמַע הַשָּׁמַיִם מְכוֹן שִׁבְתֶּךָ וְסָלַחְתָּ וְעָשִׂיתָ וְנָתַתָּ לָאִישׁ כְּכָל־דְּרָכָיו אֲשֶׁר תֵּדַע אֶת־לְבָבוֹ כִּי־אַתָּה יָדַעְתָּ לְבַדְּךָ אֶת־לְבַב כָּל־בְּנֵי הָאָדָם׃

40 לְמַעַן יִרָאוּךָ כָּל־הַיָּמִים אֲשֶׁר־הֵם חַיִּים עַל־פְּנֵי הָאֲדָמָה אֲשֶׁר נָתַתָּה לַאֲבֹתֵינוּ׃

41 וְגַם אֶל־הַנָּכְרִי אֲשֶׁר לֹא־מֵעַמְּךָ יִשְׂרָאֵל הוּא וּבָא מֵאֶרֶץ רְחוֹקָה לְמַעַן שְׁמֶךָ׃

42 כִּי יִשְׁמְעוּן אֶת־שִׁמְךָ הַגָּדוֹל וְאֶת־יָדְךָ הַחֲזָקָה וּזְרֹעֲךָ הַנְּטוּיָה וּבָא וְהִתְפַּלֵּל אֶל־הַבַּיִת הַזֶּה׃

43 אַתָּה תִּשְׁמַע הַשָּׁמַיִם מְכוֹן שִׁבְתֶּךָ וְעָשִׂיתָ כְּכֹל אֲשֶׁר־יִקְרָא אֵלֶיךָ הַנָּכְרִי לְמַעַן יֵדְעוּן כָּל־עַמֵּי הָאָרֶץ אֶת־שְׁמֶךָ לְיִרְאָה אֹתְךָ כְּעַמְּךָ יִשְׂרָאֵל וְלָדַעַת כִּי־שִׁמְךָ נִקְרָא עַל־הַבַּיִת הַזֶּה אֲשֶׁר בָּנִיתִי׃

44 כִּי־יֵצֵא עַמְּךָ לַמִּלְחָמָה עַל־אֹיְבוֹ בַּדֶּרֶךְ אֲשֶׁר תִּשְׁלָחֵם וְהִתְפַּלְלוּ אֶל־יְהוָה דֶּרֶךְ הָעִיר אֲשֶׁר בָּחַרְתָּ בָּהּ וְהַבַּיִת אֲשֶׁר־בָּנִתִי לִשְׁמֶךָ׃

45 וְשָׁמַעְתָּ הַשָּׁמַיִם אֶת־תְּפִלָּתָם וְאֶת־תְּחִנָּתָם וְעָשִׂיתָ מִשְׁפָּטָם׃

46 כִּי יֶחֶטְאוּ־לָךְ כִּי אֵין אָדָם אֲשֶׁר לֹא־יֶחֱטָא וְאָנַפְתָּ בָם וּנְתַתָּם לִפְנֵי אוֹיֵב וְשָׁבוּם שֹׁבֵיהֶם אֶל־אֶרֶץ הָאוֹיֵב רְחוֹקָה אוֹ קְרוֹבָה׃

47 וְהֵשִׁיבוּ אֶל־לִבָּם בָּאָרֶץ אֲשֶׁר נִשְׁבּוּ־שָׁם וְשָׁבוּ וְהִתְחַנְּנוּ אֵלֶיךָ בְּאֶרֶץ שֹׁבֵיהֶם לֵאמֹר חָטָאנוּ וְהֶעֱוִינוּ רָשָׁעְנוּ׃

48 וְשָׁבוּ אֵלֶיךָ בְּכָל־לְבָבָם וּבְכָל־נַפְשָׁם בְּאֶרֶץ אֹיְבֵיהֶם אֲשֶׁר־שָׁבוּ אֹתָם וְהִתְפַּלְלוּ אֵלֶיךָ דֶּרֶךְ אַרְצָם אֲשֶׁר נָתַתָּה לַאֲבוֹתָם הָעִיר אֲשֶׁר בָּחַרְתָּ וְהַבַּיִת אֲשֶׁר־בָּנִית לִשְׁמֶךָ׃

49 וְשָׁמַעְתָּ הַשָּׁמַיִם מְכוֹן שִׁבְתְּךָ אֶת־תְּפִלָּתָם וְאֶת־תְּחִנָּתָם וְעָשִׂיתָ מִשְׁפָּטָם׃

50 וְסָלַחְתָּ לְעַמְּךָ אֲשֶׁר חָטְאוּ־לָךְ וּלְכָל־פִּשְׁעֵיהֶם אֲשֶׁר פָּשְׁעוּ־בָךְ וּנְתַתָּם לְרַחֲמִים לִפְנֵי שֹׁבֵיהֶם וְרִחֲמוּם׃

51 כִּי־עַמְּךָ וְנַחֲלָתְךָ הֵם אֲשֶׁר הוֹצֵאתָ מִמִּצְרַיִם מִתּוֹךְ כּוּר הַבַּרְזֶל׃

52 לִהְיוֹת עֵינֶיךָ פְתֻחוֹת אֶל־תְּחִנַּת עַבְדְּךָ וְאֶל־תְּחִנַּת עַמְּךָ יִשְׂרָאֵל לִשְׁמֹעַ אֲלֵיהֶם בְּכֹל קָרְאָם אֵלֶיךָ׃

53 כִּי־אַתָּה הִבְדַּלְתָּם לְךָ לְנַחֲלָה מִכֹּל עַמֵּי הָאָרֶץ כַּאֲשֶׁר דִּבַּרְתָּ בְּיַד מֹשֶׁה עַבְדֶּךָ בְּהוֹצִיאֲךָ אֶת־אֲבֹתֵינוּ מִמִּצְרַיִם אֲדֹנָי יְהוִה׃

54 וַיְהִי כְּכַלּוֹת שְׁלֹמֹה לְהִתְפַּלֵּל אֶל־יְהוָה אֵת כָּל־הַתְּפִלָּה וְהַתְּחִנָּה הַזֹּאת קָם מִלִּפְנֵי מִזְבַּח יְהוָה מִכְּרֹעַ עַל־בִּרְכָּיו וְכַפָּיו פְּרֻשׂוֹת הַשָּׁמָיִם׃

55 וַיַּעֲמֹד וַיְבָרֶךְ אֵת כָּל־קְהַל יִשְׂרָאֵל קוֹל גָּדוֹל לֵאמֹר׃

56 בָּרוּךְ יְהוָה אֲשֶׁר נָתַן מְנוּחָה לְעַמּוֹ יִשְׂרָאֵל כְּכֹל אֲשֶׁר דִּבֵּר לֹא־נָפַל דָּבָר אֶחָד מִכֹּל דְּבָרוֹ הַטּוֹב אֲשֶׁר דִּבֶּר בְּיַד מֹשֶׁה עַבְדּוֹ׃

57 יְהִי יְהוָה אֱלֹהֵינוּ עִמָּנוּ כַּאֲשֶׁר הָיָה עִם־אֲבֹתֵינוּ אַל־יַעַזְבֵנוּ וְאַל־יִטְּשֵׁנוּ׃

58 לְהַטּוֹת לְבָבֵנוּ אֵלָיו לָלֶכֶת בְּכָל־דְּרָכָיו וְלִשְׁמֹר מִצְוֹתָיו וְחֻקָּיו וּמִשְׁפָּטָיו אֲשֶׁר צִוָּה אֶת־אֲבֹתֵינוּ׃

59 וְיִהְיוּ דְבָרַי אֵלֶּה אֲשֶׁר הִתְחַנַּנְתִּי לִפְנֵי יְהוָה קְרֹבִים אֶל־יְהוָה אֱלֹהֵינוּ יוֹמָם וָלָיְלָה לַעֲשׂוֹת מִשְׁפַּט עַבְדּוֹ וּמִשְׁפַּט עַמּוֹ יִשְׂרָאֵל דְּבַר־יוֹם בְּיוֹמוֹ׃

60 לְמַעַן דַּעַת כָּל־עַמֵּי הָאָרֶץ כִּי יְהוָה הוּא הָאֱלֹהִים אֵין עוֹד׃

61 וְהָיָה לְבַבְכֶם שָׁלֵם עִם יְהוָה אֱלֹהֵינוּ לָלֶכֶת בְּחֻקָּיו וְלִשְׁמֹר מִצְוֹתָיו כַּיּוֹם הַזֶּה׃

62 וְהַמֶּלֶךְ וְכָל־יִשְׂרָאֵל עִמּוֹ זֹבְחִים זֶבַח לִפְנֵי יְהוָה׃

63 וַיִּזְבַּח שְׁלֹמֹה אֵת זֶבַח הַשְּׁלָמִים אֲשֶׁר זָבַח לַיהוָה

shall be there ; that thou mayest hearken unto the prayer which thy servant shall make γ toward this place.

30 And *b* hearken thou to the supplication of thy servant, and of thy people Israel, when they shall pray γ toward this place : and hear thou in heaven thy dwelling-place ; and when thou hearest, forgive.

31 If any man trespass against his neighbour, and ζ an oath be laid upon him to cause him to swear, and the oath come before thine altar in this house :

32 Then hear thou in heaven, and do, and judge thy servants,*e* condemning the wicked, to bring his way upon his head ; and justifying *g* the righteous, to give him according to his righteousness.

33 When thy people Israel be *i* smitten down before the enemy, because they have sinned against thee, & shall turn *j* again to thee, & confess thy name, & pray, & make supplication unto thee η in this house :

34 Then hear thou in heaven, and forgive the sin of thy people Israel, and bring them again unto the land which thou gavest unto their fathers.

35 When heaven *k* is shut up, and there is no rain, because they have sinned against thee ; if they pray toward this place, and confess thy name, and turn from their sin, when thou afflictest them :

36 Then hear thou in heaven, and forgive the sin of thy servants, and of thy people Israel, that thou teach *o* them the good way wherein they should walk, and give rain upon thy land which thou hast given to thy people for an inheritance.

37 If *p* there be in the land famine, if there be pestilence, blasting, mildew, locust, *or* if there be caterpiller ; if their enemy besiege them in the land of their κ cities ; whatsoever plague, whatsoever sickness *there be ;*

38 What prayer and supplication soever be *made* by any man, *or* by all thy people Israel, which shall know every man the plague of his own heart, and spread forth his hands toward this house :

39 Then hear thou in heaven thy dwelling-place, and forgive, and do, and give to every man according to his ways, whose heart thou knowest ; (for *s* thou, *even* thou only, knowest the hearts of all the children of men ;)

40 That they may fear *t* thee all the days that they live in the land which thou gavest unto our fathers.

41 Moreover, concerning a stranger that *is* not of thy people Israel, but cometh out of a far country for thy name's sake :

42 (For they shall hear of thy great name, and of thy *x* strong hand, and of thy stretched-out arm ;) when he shall come and pray toward this house :

43 Hear thou in heaven thy dwelling-place, and do according to all that the stranger calleth to thee for ; that *z* all people of the earth may know thy name, to fear thee, as *do* thy people Israel ; and that they may know that *μ* this house, which I have builded, is called by thy name.

44 If thy people go out to battle against their enemy, whithersoever thou shalt send them, and shall pray unto the LORD toward π the city which thou hast chosen, and *toward* the house that I have built for thy name :

45 Then hear thou in heaven their prayer and their supplication, and main-

---

B. C. 1004.

β or, *right.*
a Ec. 7. 20.
Ja. 3. 2.
1Jn*ⁿ*.1.8,10.
γ or, *in.*
Da. 6. 10.
b 2 Ch. 20. 9.
c De.28.36,64.
δ *bring back to their heart.*
ζ *he require an oath of him.*
Ex. 22. 11.
d Ne.1.6,&c.
Ps. 106. 6.
Da. 9.5,&c.
e Ex. 34. 7.
De. 25. 1.
f Je.29.12.14.
Ho. 14.1, 2.
g Is. 3. 10.
Ro. 2. 13.
5. 9.
h ver. 29.
i De. 28. 25.
j Le.26.40..42
Ne. 1. 8, 9.
η or, *toward.*
θ or, *right.*
k Le. 26. 19.
De. 28. 23.
l Ezr. 7. 6.
Ps. 106. 46.
m De. 9. 29.
n De. 4. 20.
Jc. 11. 4.
o 1 Sa. 12. 23.
Ps. 25. 8.
94. 12.
p Le. 26. 16, &c.
De.28.21,&c.
2 Ch. 20. 9.
q Ex. 19. 5, 6.
De. 14. 2.
κ or, *jurisdiction.*
r 2 Sa. 6. 18.
s 1 Ch. 28. 9.
Ps. 11. 4.
Je. 17. 10.
He. 4. 12.
t Ps. 130. 4.
u Jos. 23. 14.
λ *fallen.*
v De.12.10,11
w De. 31. 6.
x De. 4. 34.
y Ps. 119. 36.
z 2 Ki. 19. 19.
Ps. 67. 2.
102. 15.
μ thy name is called upon this house.
ν the thing of a day in his day.
a ver. 43.
Jos. 4. 24.
b De.4.35,39.
π *the way of the city.*
c De. 18. 13.

---

tain their β cause.

46 If they sin against thee, (for *a there is* no man that sinneth not,) & thou be angry with them, and deliver them to the enemy, so that they carry them away *c* captives unto the land of the enemy, far or near ;

47 *Yet* if they shall δ bethink themselves in the land whither they were carried captives, and repent, and make supplication unto thee in the land of them that carried them captives, saying,*d* We have sinned, and have done perversely, we have committed wickedness ;

48 And *so* return*f* unto thee with all their heart, and with all their soul, in the land of their enemies which led them away captive, and pray unto thee toward *h* their land which thou gavest unto their fathers, the city which thou hast chosen, and the house which I have built for thy name :

49 Then hear thou their prayer and their supplication in heaven thy dwelling-place, and maintain their θ cause,

50 And forgive thy people that have sinned against thee, and all their transgressions wherein they have transgressed against thee, and give *l* them compassion before them who carried them captive, that they may have compassion on them :

51 For *m* they *be* thy people, and thine inheritance, which thou broughtest forth out of Egypt, from the midst of the *n* furnace of iron :

52 That thine eyes may be open unto the supplication of thy servant, and unto the supplication of thy people Israel, to hearken unto them in all that they call for unto thee.

53 For thou didst separate them from among all y*e* people of y*e* earth, *to be* thine inheritance, as thou spakest*p* by y*e* hand of Moses thy servant, when thou broughtest our fathers out of Egypt, O Lord GOD.

54 And it was *so,* that when Solomon had made an end of praying all this prayer and supplication unto the LORD, he arose from before the altar of the LORD, from kneeling on his knees with his hands spread up to heaven.

55 And he stood, and blessed *r* all the congregation of Israel with a loud voice, saying,

56 Blessed *be* the LORD, that hath given rest unto his people Israel, according to all that he promised : there *u* hath not λ failed one word of all his good promise, which he promised *v* by the hand of Moses his servant.

57 The LORD our God be with us, as he was with our fathers : let *w* him not leave us, nor forsake us ;

58 That he may incline *y* our hearts unto him, to walk in all his ways, and to keep his commandments, and his statutes, and his judgments, which he commanded our fathers.

59 And let these my words, wherewith I have made supplication before the LORD, be nigh unto the LORD our God day and night, that he maintain the cause of his servant, and the cause of his people Israel at *v* all times, as the matter shall require ;

60 That *a* all the people of the earth may know that *b* the LORD *is* God, *and that there is* none else.

61 Let your heart, therefore, be *c* perfect with the LORD our God, to walk in his statutes, and to keep his commandments, as at this day.

בָּקָר עֶשְׂרִים וּשְׁנַיִם אֶלֶף וְצֹאן מֵאָה וְעֶשְׂרִים
אֶלֶף וַיַּחְנְכוּ אֶת־בֵּית יְהוָה הַמֶּלֶךְ וְכָל־בְּנֵי יִשְׂרָאֵל׃
64 בַּיּוֹם הַהוּא קִדַּשׁ הַמֶּלֶךְ אֶת־תּוֹךְ הֶחָצֵר אֲשֶׁר
לִפְנֵי בֵית־יְהוָה כִּי־עָשָׂה שָׁם אֶת־הָעֹלָה וְאֶת־
הַמִּנְחָה וְאֵת חֶלְבֵי הַשְּׁלָמִים כִּי־מִזְבַּח הַנְּחֹשֶׁת
אֲשֶׁר לִפְנֵי יְהוָה קָטֹן מֵהָכִיל אֶת־הָעֹלָה וְאֶת־
הַמִּנְחָה וְאֵת חֶלְבֵי הַשְּׁלָמִים׃ 65 וַיַּעַשׂ שְׁלֹמֹה
בָעֵת־הַהִיא ׀ אֶת־הֶחָג וְכָל־יִשְׂרָאֵל עִמּוֹ קָהָל
גָּדוֹל מִלְּבוֹא חֲמָת ׀ עַד־נַחַל מִצְרַיִם לִפְנֵי יְהוָה
אֱלֹהֵינוּ שִׁבְעַת יָמִים וְשִׁבְעַת יָמִים אַרְבָּעָה עָשָׂר
66 יוֹם׃ בַּיּוֹם הַשְּׁמִינִי שִׁלַּח אֶת־הָעָם וַיְבָרֲכוּ אֶת־
הַמֶּלֶךְ וַיֵּלְכוּ לְאָהֳלֵיהֶם שְׂמֵחִים וְטוֹבֵי לֵב עַל כָּל־
הַטּוֹבָה אֲשֶׁר עָשָׂה יְהוָה לְדָוִד עַבְדּוֹ וּלְיִשְׂרָאֵל
עַמּוֹ׃

CAP. IX. ט

1 וַיְהִי כְּכַלּוֹת שְׁלֹמֹה לִבְנוֹת אֶת־בֵּית־יְהוָה וְאֶת־
בֵּית הַמֶּלֶךְ וְאֵת כָּל־חֵשֶׁק שְׁלֹמֹה אֲשֶׁר חָפֵץ
2 לַעֲשׂוֹת׃ וַיֵּרָא יְהוָה אֶל־שְׁלֹמֹה שֵׁנִית כַּאֲשֶׁר
3 נִרְאָה אֵלָיו בְּגִבְעוֹן׃ וַיֹּאמֶר יְהוָה אֵלָיו שָׁמַעְתִּי
אֶת־תְּפִלָּתְךָ וְאֶת־תְּחִנָּתְךָ אֲשֶׁר הִתְחַנַּנְתָּה לְפָנַי
הִקְדַּשְׁתִּי אֶת־הַבַּיִת הַזֶּה אֲשֶׁר בָּנִתָה לָשׂוּם שְׁמִי
שָׁם עַד־עוֹלָם וְהָיוּ עֵינַי וְלִבִּי שָׁם כָּל־הַיָּמִים׃
4 וְאַתָּה אִם־תֵּלֵךְ לְפָנַי כַּאֲשֶׁר הָלַךְ דָּוִד אָבִיךָ
בְּתָם־לֵבָב וּבְיֹשֶׁר לַעֲשׂוֹת כְּכֹל אֲשֶׁר צִוִּיתִיךָ חֻקַּי
5 וּמִשְׁפָּטַי תִּשְׁמֹר׃ וַהֲקִמֹתִי אֶת־כִּסֵּא מַמְלַכְתְּךָ
עַל־יִשְׂרָאֵל לְעֹלָם כַּאֲשֶׁר דִּבַּרְתִּי עַל־דָּוִד אָבִיךָ
לֵאמֹר לֹא־יִכָּרֵת לְךָ אִישׁ מֵעַל כִּסֵּא יִשְׂרָאֵל׃
6 אִם־שׁוֹב תְּשֻׁבוּן אַתֶּם וּבְנֵיכֶם מֵאַחֲרַי וְלֹא
תִשְׁמְרוּ מִצְוֺתַי חֻקֹּתַי אֲשֶׁר נָתַתִּי לִפְנֵיכֶם וַהֲלַכְתֶּם
וַעֲבַדְתֶּם אֱלֹהִים אֲחֵרִים וְהִשְׁתַּחֲוִיתֶם לָהֶם׃
7 וְהִכְרַתִּי אֶת־יִשְׂרָאֵל מֵעַל פְּנֵי הָאֲדָמָה אֲשֶׁר
נָתַתִּי לָהֶם וְאֶת־הַבַּיִת אֲשֶׁר הִקְדַּשְׁתִּי לִשְׁמִי
אֲשַׁלַּח מֵעַל פָּנָי וְהָיָה יִשְׂרָאֵל לְמָשָׁל וְלִשְׁנִינָה
8 בְּכָל־הָעַמִּים׃ וְהַבַּיִת הַזֶּה יִהְיֶה עֶלְיוֹן כָּל־עֹבֵר
עָלָיו יִשֹּׁם וְשָׁרָק וְאָמְרוּ עַל־מֶה עָשָׂה יְהוָה כָּכָה
9 לָאָרֶץ הַזֹּאת וְלַבַּיִת הַזֶּה׃ וְאָמְרוּ עַל אֲשֶׁר
עָזְבוּ אֶת־יְהוָה אֱלֹהֵיהֶם אֲשֶׁר הוֹצִיא אֶת־אֲבֹתָם
מֵאֶרֶץ מִצְרַיִם וַיַּחֲזִקוּ בֵּאלֹהִים אֲחֵרִים וַיִּשְׁתַּחֲוּוּ
לָהֶם וַיַּעַבְדֻם עַל־כֵּן הֵבִיא יְהוָה עֲלֵיהֶם אֵת כָּל־
10 הָרָעָה הַזֹּאת׃ וַיְהִי מִקְצֵה עֶשְׂרִים שָׁנָה
אֲשֶׁר־בָּנָה שְׁלֹמֹה אֶת־שְׁנֵי הַבָּתִּים אֶת־בֵּית יְהוָה

11 וְאֶת־בֵּית הַמֶּלֶךְ׃ חִירָם מֶלֶךְ־צֹר נִשָּׂא אֶת־
שְׁלֹמֹה בַּעֲצֵי אֲרָזִים וּבַעֲצֵי בְרוֹשִׁים וּבַזָּהָב לְכָל־
חֶפְצוֹ אָז יִתֵּן הַמֶּלֶךְ שְׁלֹמֹה לְחִירָם עֶשְׂרִים עִיר
12 בְּאֶרֶץ הַגָּלִיל׃ וַיֵּצֵא חִירָם מִצֹּר לִרְאוֹת אֶת־
הֶעָרִים אֲשֶׁר נָתַן־לוֹ שְׁלֹמֹה וְלֹא יָשְׁרוּ בְּעֵינָיו׃
13 וַיֹּאמֶר מָה הֶעָרִים הָאֵלֶּה אֲשֶׁר־נָתַתָּה לִּי אָחִי
וַיִּקְרָא לָהֶם אֶרֶץ כָּבוּל עַד הַיּוֹם הַזֶּה׃
14 וַיִּשְׁלַח חִירָם לַמֶּלֶךְ מֵאָה וְעֶשְׂרִים כִּכַּר זָהָב׃
15 וְזֶה דְבַר־הַמַּס אֲשֶׁר־הֶעֱלָה הַמֶּלֶךְ שְׁלֹמֹה לִבְנוֹת
אֶת־בֵּית יְהוָה וְאֶת־בֵּיתוֹ וְאֶת־הַמִּלּוֹא וְאֵת חוֹמַת
16 יְרוּשָׁלִָם וְאֶת־חָצֹר וְאֶת־מְגִדּוֹ וְאֶת־גָּזֶר׃ פַּרְעֹה
מֶלֶךְ־מִצְרַיִם עָלָה וַיִּלְכֹּד אֶת־גֶּזֶר וַיִּשְׂרְפָהּ בָּאֵשׁ
וְאֶת־הַכְּנַעֲנִי הַיֹּשֵׁב בָּעִיר הָרָג וַיִּתְּנָהּ שִׁלֻּחִים לְבִתּוֹ
17 אֵשֶׁת שְׁלֹמֹה׃ וַיִּבֶן שְׁלֹמֹה אֶת־גָּזֶר וְאֶת־בֵּית
18 חֹרֹן תַּחְתּוֹן׃ וְאֶת־בַּעֲלָת וְאֶת־תָּמָר בַּמִּדְבָּר
19 בָּאָרֶץ׃ וְאֵת כָּל־עָרֵי הַמִּסְכְּנוֹת אֲשֶׁר הָיוּ לִשְׁלֹמֹה
וְאֵת עָרֵי הָרֶכֶב וְאֵת עָרֵי הַפָּרָשִׁים וְאֵת ׀ חֵשֶׁק
שְׁלֹמֹה אֲשֶׁר חָשַׁק לִבְנוֹת בִּירוּשָׁלִַם וּבַלְּבָנוֹן וּבְכֹל
20 אֶרֶץ מֶמְשַׁלְתּוֹ׃ כָּל־הָעָם הַנּוֹתָר מִן־הָאֱמֹרִי
הַחִתִּי הַפְּרִזִּי הַחִוִּי וְהַיְבוּסִי אֲשֶׁר לֹא־מִבְּנֵי יִשְׂרָאֵל
21 הֵמָּה׃ בְּנֵיהֶם אֲשֶׁר נֹתְרוּ אַחֲרֵיהֶם בָּאָרֶץ אֲשֶׁר
לֹא־יָכְלוּ בְּנֵי יִשְׂרָאֵל לְהַחֲרִימָם וַיַּעֲלֵם שְׁלֹמֹה לְמַס־
22 עֹבֵד עַד הַיּוֹם הַזֶּה׃ וּמִבְּנֵי יִשְׂרָאֵל לֹא־נָתַן
שְׁלֹמֹה עָבֶד כִּי־הֵם אַנְשֵׁי הַמִּלְחָמָה וַעֲבָדָיו וְשָׂרָיו
23 וְשָׁלִשָׁיו וְשָׂרֵי רִכְבּוֹ וּפָרָשָׁיו׃ אֵלֶּה ׀ שָׂרֵי
הַנִּצָּבִים אֲשֶׁר עַל־הַמְּלָאכָה לִשְׁלֹמֹה חֲמִשִּׁים
וַחֲמֵשׁ מֵאוֹת הָרֹדִים בָּעָם הָעֹשִׂים בַּמְּלָאכָה׃
24 אַךְ בַּת־פַּרְעֹה עָלְתָה מֵעִיר דָּוִד אֶל־בֵּיתָהּ אֲשֶׁר
25 בָּנָה־לָהּ אָז בָּנָה אֶת־הַמִּלּוֹא׃ וְהֶעֱלָה שְׁלֹמֹה
שָׁלֹשׁ פְּעָמִים בַּשָּׁנָה עֹלוֹת וּשְׁלָמִים עַל־הַמִּזְבֵּחַ
אֲשֶׁר בָּנָה לַיהוָה וְהַקְטֵיר אִתּוֹ אֲשֶׁר לִפְנֵי יְהוָה
26 וְשִׁלַּם אֶת־הַבָּיִת׃ וָאֳנִי עָשָׂה הַמֶּלֶךְ שְׁלֹמֹה
בְּעֶצְיוֹן־גֶּבֶר אֲשֶׁר אֶת־אֵלוֹת עַל־שְׂפַת יַם־סוּף
27 בְּאֶרֶץ אֱדוֹם׃ וַיִּשְׁלַח חִירָם בָּאֳנִי אֶת־עֲבָדָיו
אַנְשֵׁי אֳנִיּוֹת יֹדְעֵי הַיָּם עִם עַבְדֵי שְׁלֹמֹה׃ 28 וַיָּבֹאוּ
אוֹפִירָה וַיִּקְחוּ מִשָּׁם זָהָב אַרְבַּע־מֵאוֹת וְעֶשְׂרִים
כִּכָּר וַיָּבִאוּ אֶל־הַמֶּלֶךְ שְׁלֹמֹה׃

CAP. X. י

1 וּמַלְכַּת־שְׁבָא שֹׁמַעַת אֶת־שֵׁמַע שְׁלֹמֹה לְשֵׁם יְהוָה
2 וַתָּבֹא לְנַסֹּתוֹ בְּחִידוֹת׃ וַתָּבֹא יְרוּשָׁלְַמָה בְּחַיִל כָּבֵד

62 And ^a the king, and all Israel with him, offered sacrifice before the LORD.

63 And Solomon offered a sacrifice of peace-offerings, which he offered unto the LORD, two and twenty thousand oxen, and an hundred and twenty thousand sheep: So the king and all the children of Israel dedicated the house of the LORD.

64 The same day did the king hallow the middle of ye court that *was* before ye house of the LORD: for there he offered burnt-offerings, & meat-offerings, & the fat of the peace-offerings; because the brazen ^c altar that *was* before the LORD *was* too little to receive the burnt-offerings and meat-offerings, and the fat of the peace-offerings.

65 And at that time Solomon held a feast, ^e and all Israel with him, a great congregation, from the entering ^h in of Hamath unto the river of Egypt, before the LORD our God, seven days and seven days, *even* fourteen days.

66 On the eighth day he sent the people away: and they δ blessed the king, and went unto their tents joyful and glad of heart for all the goodness ⁱ that the LORD had done for David his servant, and for Israel his people.

CHAP. IX.

AND^o it came to pass, when Solomon had finished the building of ye house of the LORD, and the king's house,^q and all^r Solomon's desire which he was pleased to do,

2 That the LORD appeared to Solomon the second time, as he had ^s appeared unto him at Gibeon.

3 And the LORD said unto him, I have heard^t thy prayer and thy supplication that thou hast made before me: I have hallowed this house which thou hast built, to put my ^w name there for ever; and mine eyes and mine heart shall be there^x perpetually.

4 And if thou wilt walk before me, as David ^a thy father walked, in ^b integrity of heart, and in uprightness, to do according to all that I have commanded thee, *and* wilt keep my statutes and my judgments:

5 Then I will establish the throne of thy kingdom upon Israel for ever, as I promised ^c to David thy father, saying, There shall not fail thee a man upon the throne of Israel.

6 *But* if^e ye shall at all turn from following me, ye or your children, and will not keep my commandments *and* my statutes which I have set before you, but go and serve other gods, and worship them;

7 Then^h will I cut off Israel out of the land which I have given them: and this house,ⁱ which I have hallowed for my name, will I cast out of my sight; and Israel shall be a proverb^k and a by-word among all people:

8 And at this house, which is high, every one that passeth by it shall be astonished, and shall hiss: and they shall say, Whyⁿ hath the LORD done thus unto this land, and to this house?

9 And they shall answer, Because they forsook^q the LORD their God, who brought forth their fathers out of the land of Egypt, and have taken hold upon other gods, and have worshipped them, and served them: therefore^t hath the LORD brought upon them all this evil.

10 And^t it came to pass at the end of twenty years, when Solomon had built the two houses, the house of the LORD, and the king's house,

---

B. C. 1004.

a 2Ch.7.4,&c.
β *were not right in his eyes.*
γ i. e. *displeasing, or, dirty.*
b Jos. 19. 27.
c 2 Ch. 4. 1.
d ch. 5. 13.
e ver. 2.
f 2 Sa. 5. 9.
g Ps. 51. 18.
h Nu. 34. 5, 8.
i Jos. 19. 36.
j Jos. 17. 11.
k Jos. 16. 10.
Ju. 1. 29.
δ or, *thanked*
l Ps. 106. 4,5.
122. 6,9.
m Jos. 16. 3.
n Jos. 19. 44.
2 Ch. 8. 4,6,
&c.
o 2 Ch. 7. 11,
&c.
p ch. 4. 26.
ζ *the desire of Solomon which he desired.*
q ch. 7. 1.
r 2 Ch. 8. 6.
s ch. 3. 5.
t 2 Ki. 20. 5.
1 Jnᵒ. 5. 14.
u Ju. 3. 1.
v Jos. 15. 63.
17. 12.
w ch. 8. 29.
x De. 11. 12.
y Ju. 1. 28.
Ezr. 2. 58.
z Le. 25. 39.
a ch. 2. 4.
6. 12.
15. 5.
b Pr. 10. 9.
28. 18.
c 1Ch.22.9,10
Ps. 132. 12.
d ch. 3. 1.
e 2 Sa. 7. 14.
Ps.89.30,&c.
f ch. 7. 8.
g ver. 15.
ch. 11. 27.
2 Ch. 32. 5.
h De. 4. 26.
2Ki. 17. 23.
η *upon it.*
i Je. 7. 14.
k De. 28. 37.
Ps. 44. 14.
l 2 ch.8.12,&c
m De. 2. 8.
θ *lip.*
n De.29.24.26
Je. 22. 8, 9.
o ch. 10. 11.
p Job 22. 24.
q Zep. 1. 4, 5.
r 2Ch.9.1,&c.
Mat. 12.42.
s Je. 12. 7, 8.
t 2Ch.8.1,&c.
u Pr. 1. 5, 6.

---

11 (*Now* Hiram the king of Tyre had furnished Solomon with cedar-trees, and fir-trees, and with gold, according to all his desire,) that then king Solomon gave Hiram twenty cities in the land of Galilee.

12 And Hiram came out from Tyre to see the cities which Solomon had given nim; and they β pleased him not.

13 And he said, What cities *are* these which thou hast given me, my brother? And he called them the land of γ Cabul unto ^b this day.

14 And Hiram sent to the king sixscore talents of gold.

15 And this *is* the reason of the ^d levy which king Solomon raised; for to build the house of the LORD, and his own house, and Millo,^f and the wall^g of Jerusalem, and Hazor,ⁱ and Megiddo,^j and ^k Gezer.

16 *For* Pharaoh king of Egypt had gone up, and taken Gezer, and burnt it with fire, and slain the Canaanites that dwelt in the city, and given it *for* a present unto his daughter, Solomon's wife.

17 And Solomon built Gezer, and Beth-horon^m the nether,

18 And Baalath,ⁿ and Tadmor in the wilderness, in the land,

19 And all the cities of store that Solomon had, and cities for his chariots,^p and cities for his horsemen, and ζ that which Solomon desired to build in Jerusalem, and in Lebanon, and in all the land of his dominion.

20 *And* all the people *that were* left of the Amorites, Hittites, Perizzites, Hivites, and Jebusites, which *were* not of the children of Israel,

21 Their children that were left^u after them in the land, whom the children of Israel also were not able^v utterly to destroy, upon those did Solomon levy a tribute of bond-service^y unto this day.

22 But of the children of Israel ^z did Solomon make no bondmen: but they *were* men of war, and his servants, and his princes, and his captains, and rulers of his chariots, and his horsemen.

23 These *were* the chief of the officers that *were* over Solomon's work, five hundred and fifty, which bare rule over the people that wrought in the work.

24 But^d Pharaoh's daughter came up out of the city of David unto her^f house which *Solomon* had built for her: then^g did he build Millo.

25 And three times in a year did Solomon offer burnt-offerings and peace-offerings upon the altar which he built unto the LORD, and he burnt incense η upon the altar that *was* before the LORD. So he finished the house.

26 And^l king Solomon made a navy of ships in Ezion-geber,^m which *is* beside Eloth, on the θ shore of the Red sea, in the land of Edom.

27 And Hiram sent in the navy his servants, shipmen that had knowledge of the sea, with the servants of Solomon.

28 And ^o they came to Ophir,^p & fetched from thence gold, four hundred & twenty talents, and brought *it* to king Solomon.

CHAP. X.

AND^r when the queen of Sheba heard of the fame of Solomon, concerning the name of the LORD, she came to prove him with hard questions. ^u

2 And she came to Jerusalem with a very great train, with camels that bare spices, and very much gold, and precious

Right column (Cap. X)

מְאֹד גְּמַלִּים נְשֹׂאִים בְּשָׂמִים וְזָהָב רַב־מְאֹד וְאֶבֶן
יְקָרָה וַתָּבֹא אֶל־שְׁלֹמֹה וַתְּדַבֵּר אֵלָיו אֵת כָּל־אֲשֶׁר

3 הָיָה עִם־לְבָבָהּ: וַיַּגֶּד־לָהּ שְׁלֹמֹה אֶת־כָּל־דְּבָרֶיהָ
לֹא־הָיָה דָבָר נֶעְלָם מִן־הַמֶּלֶךְ אֲשֶׁר לֹא הִגִּיד לָהּ:

4 וַתֵּרֶא מַלְכַּת־שְׁבָא אֵת כָּל־חָכְמַת שְׁלֹמֹה וְהַבַּיִת

5 אֲשֶׁר בָּנָה: וּמַאֲכַל שֻׁלְחָנוֹ וּמוֹשַׁב עֲבָדָיו וּמַעֲמַד
מְשָׁרְתָו וּמַלְבֻּשֵׁיהֶם וּמַשְׁקָיו וְעֹלָתוֹ אֲשֶׁר יַעֲלֶה

6 בֵּית יְהוָה וְלֹא־הָיָה בָהּ עוֹד רוּחַ: וַתֹּאמֶר אֶל־
הַמֶּלֶךְ אֱמֶת הָיָה הַדָּבָר אֲשֶׁר שָׁמַעְתִּי בְּאַרְצִי

7 עַל־דְּבָרֶיךָ וְעַל־חָכְמָתֶךָ: וְלֹא־הֶאֱמַנְתִּי לַדְּבָרִים
עַד אֲשֶׁר־בָּאתִי וַתִּרְאֶינָה עֵינַי וְהִנֵּה לֹא־הֻגַּד־לִי
הַחֵצִי הוֹסַפְתָּ חָכְמָה וָטוֹב אֶל־הַשְּׁמוּעָה אֲשֶׁר

8 שָׁמָעְתִּי: אַשְׁרֵי אֲנָשֶׁיךָ אַשְׁרֵי עֲבָדֶיךָ אֵלֶּה
הָעֹמְדִים לְפָנֶיךָ תָּמִיד הַשֹּׁמְעִים אֶת־חָכְמָתֶךָ:

9 יְהִי יְהוָה אֱלֹהֶיךָ בָּרוּךְ אֲשֶׁר חָפֵץ בְּךָ לְתִתְּךָ
עַל־כִּסֵּא יִשְׂרָאֵל בְּאַהֲבַת יְהוָה אֶת־יִשְׂרָאֵל לְעֹלָם
וַיְשִׂימְךָ לְמֶלֶךְ לַעֲשׂוֹת מִשְׁפָּט וּצְדָקָה: וַתִּתֵּן

10 לַמֶּלֶךְ מֵאָה וְעֶשְׂרִים כִּכַּר זָהָב וּבְשָׂמִים הַרְבֵּה
מְאֹד וְאֶבֶן יְקָרָה לֹא־בָא כַבֹּשֶׂם הַהוּא עוֹד לָרֹב

11 אֲשֶׁר־נָתְנָה מַלְכַּת־שְׁבָא לַמֶּלֶךְ שְׁלֹמֹה: וְגַם אֳנִי
חִירָם אֲשֶׁר־נָשָׂא זָהָב מֵאוֹפִיר הֵבִיא מֵאֹפִיר עֲצֵי

12 אַלְמֻגִּים הַרְבֵּה מְאֹד וְאֶבֶן יְקָרָה: וַיַּעַשׂ הַמֶּלֶךְ
אֶת־עֲצֵי הָאַלְמֻגִּים מִסְעָד לְבֵית־יְהוָה וּלְבֵית
הַמֶּלֶךְ וְכִנֹּרוֹת וּנְבָלִים לַשָּׁרִים לֹא־בָא כֵן עֲצֵי

13 אַלְמֻגִּים וְלֹא נִרְאָה עַד הַיּוֹם הַזֶּה: וְהַמֶּלֶךְ
שְׁלֹמֹה נָתַן לְמַלְכַּת־שְׁבָא אֶת־כָּל־חֶפְצָהּ אֲשֶׁר
שָׁאָלָה מִלְּבַד אֲשֶׁר נָתַן־לָהּ כְּיַד הַמֶּלֶךְ שְׁלֹמֹה

14 וַתֵּפֶן וַתֵּלֶךְ לְאַרְצָהּ הִיא וַעֲבָדֶיהָ: וַיְהִי
מִשְׁקַל הַזָּהָב אֲשֶׁר־בָּא לִשְׁלֹמֹה בְּשָׁנָה אֶחָת

15 שֵׁשׁ מֵאוֹת שִׁשִּׁים וָשֵׁשׁ כִּכַּר זָהָב: לְבַד מֵאַנְשֵׁי
הַתָּרִים וּמִסְחַר הָרֹכְלִים וְכָל־מַלְכֵי הָעֶרֶב וּפַחוֹת

16 הָאָרֶץ: וַיַּעַשׂ הַמֶּלֶךְ שְׁלֹמֹה מָאתַיִם צִנָּה זָהָב
שָׁחוּט שֵׁשׁ־מֵאוֹת זָהָב יַעֲלֶה עַל־הַצִּנָּה הָאֶחָת:

17 וּשְׁלֹשׁ־מֵאוֹת מָגִנִּים זָהָב שָׁחוּט שְׁלֹשֶׁת מָנִים
זָהָב יַעֲלֶה עַל־הַמָּגֵן הָאֶחָת וַיִּתְּנֵם הַמֶּלֶךְ בֵּית

18 יַעַר הַלְּבָנוֹן: וַיַּעַשׂ הַמֶּלֶךְ כִּסֵּא־שֵׁן גָּדוֹל וַיְצַפֵּהוּ

19 זָהָב מוּפָז: שֵׁשׁ מַעֲלוֹת לַכִּסֵּה וְרֹאשׁ־עָגֹל
לַכִּסֵּה מֵאַחֲרָיו וְיָדֹת מִזֶּה וּמִזֶּה אֶל־מְקוֹם הַשָּׁבֶת

20 וּשְׁנַיִם אֲרָיוֹת עֹמְדִים אֵצֶל הַיָּדוֹת: וּשְׁנֵים
עָשָׂר אֲרָיִים עֹמְדִים שָׁם עַל־שֵׁשׁ הַמַּעֲלוֹת מִזֶּה

וּמִזֶּה לֹא־נַעֲשָׂה כֵן לְכָל־מַמְלָכוֹת: וְכֹל כְּלֵי 21
מַשְׁקֵה הַמֶּלֶךְ שְׁלֹמֹה זָהָב וְכֹל כְּלֵי בֵּית־יַעַר
הַלְּבָנוֹן זָהָב סָגוּר אֵין כֶּסֶף לֹא נֶחְשָׁב בִּימֵי שְׁלֹמֹה

לִמְאוּמָה: כִּי אֳנִי תַרְשִׁישׁ לַמֶּלֶךְ בַּיָּם עִם אֳנִי 22
חִירָם אַחַת לְשָׁלֹשׁ שָׁנִים תָּבוֹא אֳנִי תַרְשִׁישׁ
נֹשְׂאֵת זָהָב וָכֶסֶף שֶׁנְהַבִּים וְקֹפִים וְתֻכִּיִּים:

וַיִּגְדַּל הַמֶּלֶךְ שְׁלֹמֹה מִכֹּל מַלְכֵי הָאָרֶץ לְעֹשֶׁר 23
וּלְחָכְמָה: וְכָל־הָאָרֶץ מְבַקְשִׁים אֶת־פְּנֵי שְׁלֹמֹה 24
לִשְׁמֹעַ אֶת־חָכְמָתוֹ אֲשֶׁר־נָתַן אֱלֹהִים בְּלִבּוֹ:

וְהֵמָּה מְבִאִים אִישׁ מִנְחָתוֹ כְּלֵי כֶסֶף וּכְלֵי זָהָב 25
וּשְׂלָמוֹת וְנֵשֶׁק וּבְשָׂמִים סוּסִים וּפְרָדִים דְּבַר־שָׁנָה
בְּשָׁנָה: וַיֶּאֱסֹף שְׁלֹמֹה רֶכֶב וּפָרָשִׁים וַיְהִי־לוֹ 26
אֶלֶף וְאַרְבַּע־מֵאוֹת רֶכֶב וּשְׁנֵים־עָשָׂר אֶלֶף פָּרָשִׁים
וַיַּנְחֵם בְּעָרֵי הָרֶכֶב וְעִם־הַמֶּלֶךְ בִּירוּשָׁלָ͏ִם: וַיִּתֵּן 27
הַמֶּלֶךְ אֶת־הַכֶּסֶף בִּירוּשָׁלַ͏ִם כָּאֲבָנִים וְאֵת
הָאֲרָזִים נָתַן כַּשִּׁקְמִים אֲשֶׁר־בַּשְּׁפֵלָה לָרֹב:
וּמוֹצָא הַסּוּסִים אֲשֶׁר לִשְׁלֹמֹה מִמִּצְרָיִם וּמִקְוֵה 28
סֹחֲרֵי הַמֶּלֶךְ יִקְחוּ מִקְוֵה בִּמְחִיר: וַתַּעֲלֶה וַתֵּצֵא 29
מֶרְכָּבָה מִמִּצְרַיִם בְּשֵׁשׁ מֵאוֹת כֶּסֶף וָסוּס
בַּחֲמִשִּׁים וּמֵאָה וְכֵן לְכָל־מַלְכֵי הַחִתִּים וּמַלְכֵי
אֲרָם בְּיָדָם יֹצִאוּ:

CAP. XI. יא

וְהַמֶּלֶךְ שְׁלֹמֹה אָהַב נָשִׁים נָכְרִיּוֹת רַבּוֹת וְאֶת־ 1
בַּת־פַּרְעֹה מוֹאֲבִיּוֹת עַמֳּנִיּוֹת אֲדֹמִיֹּת צֵדְנִיֹּת
חִתִּיֹּת: מִן־הַגּוֹיִם אֲשֶׁר אָמַר־יְהוָה אֶל־בְּנֵי 2
יִשְׂרָאֵל לֹא־תָבֹאוּ בָהֶם וְהֵם לֹא־יָבֹאוּ בָכֶם אָכֵן
יַטּוּ אֶת־לְבַבְכֶם אַחֲרֵי אֱלֹהֵיהֶם בָּהֶם דָּבַק
שְׁלֹמֹה לְאַהֲבָה: וַיְהִי־לוֹ נָשִׁים שָׂרוֹת שְׁבַע 3
מֵאוֹת וּפִלַגְשִׁים שְׁלֹשׁ מֵאוֹת וַיַּטּוּ נָשָׁיו אֶת־
לִבּוֹ: וַיְהִי לְעֵת זִקְנַת שְׁלֹמֹה נָשָׁיו הִטּוּ אֶת־ 4
לְבָבוֹ אַחֲרֵי אֱלֹהִים אֲחֵרִים וְלֹא־הָיָה לְבָבוֹ שָׁלֵם
עִם־יְהוָה אֱלֹהָיו כִּלְבַב דָּוִד אָבִיו: וַיֵּלֶךְ שְׁלֹמֹה 5
אַחֲרֵי עַשְׁתֹּרֶת אֱלֹהֵי צִדֹנִים וְאַחֲרֵי מִלְכֹּם שִׁקֻּץ
עַמֹּנִים: וַיַּעַשׂ שְׁלֹמֹה הָרַע בְּעֵינֵי יְהוָה וְלֹא 6
מִלֵּא אַחֲרֵי יְהוָה כְּדָוִד אָבִיו: אָז יִבְנֶה 7
שְׁלֹמֹה בָּמָה לִכְמוֹשׁ שִׁקֻּץ מוֹאָב בָּהָר אֲשֶׁר עַל־
פְּנֵי יְרוּשָׁלָ͏ִם וּלְמֹלֶךְ שִׁקֻּץ בְּנֵי עַמּוֹן: וְכֵן עָשָׂה 8
לְכָל־נָשָׁיו הַנָּכְרִיּוֹת מַקְטִירוֹת וּמְזַבְּחוֹת לֵאלֹהֵיהֶן:
וַיִּתְאַנַּף יְהוָה בִּשְׁלֹמֹה כִּי־נָטָה לְבָבוֹ מֵעִם יְהוָה 9
אֱלֹהֵי יִשְׂרָאֵל הַנִּרְאָה אֵלָיו פַּעֲמָיִם: וְצִוָּה אֵלָיו 10

stones: and when she was come to Solomon, she communed with him of all that was in her heart.

3 And Solomon told her all her γ questions: there was not *any* thing hid from the king, which he told her not.

4 And when the queen of Sheba had seen all Solomon's wisdom, and the house that he had built,

5 And the meat of his table, and the sitting of his servants, and the ζ attendance of his ministers, and their apparel, and his η cup-bearers, and his ascent by which he went up unto the house of the LORD; there was no more spirit in her.

6 And she said to the king, It was a true κ report that I heard in mine own land of thy λ acts and of thy wisdom.

7 Howbeit I believed not the words, until I came, and mine eyes had seen *it*; and, behold, the half was not told me: μ thy wisdom and prosperity exceedeth the same which I heard.

8 Happy *e are* thy men, happy *are* these thy servants, which stand continually before thee, *and* that hear thy wisdom.

9 Blessed *f* be the LORD thy God, which delighted in thee, to set thee on the throne of Israel: because the LORD loved Israel for ever, therefore made he thee king, to *g* do judgment and justice.

10 And *i* she gave the king an hundred and twenty talents of gold, and of spices very great store, and precious stones: there came no more such abundance of spices as these which the queen of Sheba gave to king Solomon.

11 And the navy *l* also of Hiram, that brought gold from Ophir, brought in from Ophir great plenty of ρ almug-trees, and precious stones.

12 And the king made of the almug-trees φ pillars for the house of the LORD, and for the king's house, harps also, and psalteries for singers: there came no such almug-trees, nor were seen unto this day.

13 And king Solomon gave unto the queen of Sheba all her desire, whatsoever she asked, beside *that* χ which Solomon gave her of his royal bounty: so she turned, and went to her own country, she and her servants.

14 Now the weight of gold that came to Solomon in one year was six hundred threescore and six talents of gold,

15 Beside *that he had* of the merchantmen, and of the traffic of the spice-merchants, and of all the kings of Arabia, and of the ψ governors of the country.

16 And king Solomon made two hundred targets *of* beaten gold: six hundred *shekels* of gold went to one target.

17 And *he made* three hundred *q* shields *of* beaten gold; three pound of gold went to one shield: and the king put them in the house *t* of the forest of Lebanon.

18 Moreover the king made a great throne of ivory, and overlaid it with the best gold.

19 The throne had six steps, and the top of the throne *was* round γ behind: and *there were* δ stays on either side on the place of the seat, and two lions stood beside the stays.

20 And twelve lions stood there on the one side and on the other upon the six steps: there was not ζ the like made in any kingdom.

21 And all king Solomon's drinking ves-

sels *were of* gold, and all the vessels of the house of the forest of Lebanon *were of* pure gold; β none *were of* silver: it was nothing accounted of in the days of Solomon.

22 For the king had at sea a navy of Tharshish *a* with the navy of Hiram: once in three years came the navy of Tharshish, bringing gold, and silver, δ ivory, and apes, and peacocks.

23 So *b* king Solomon exceeded all the kings of the earth for riches and for wisdom.

24 And all the earth sought θ to Solomon, to hear his wisdom, which *c* God had put in his heart.

25 And they brought every man his present, vessels of silver, and vessels of gold, and garments, and armour, and spices, horses, and mules, a rate year by year.

26 And Solomon gathered together chariots *d* and horsemen: and he had a thousand and four hundred chariots, and twelve thousand horsemen, whom he bestowed in the cities for chariots, and with the king at Jerusalem.

27 And the king ν made silver *to be* in Jerusalem as stones, and cedars made he *to be* as the sycamore-trees that *are* in the vale, for abundance.

28 ξ And Solomon had horses brought out of Egypt, and linen yarn: *h* the king's merchants received the linen yarn at a price.

29 And a chariot came up and went out of Egypt for six hundred *shekels* of silver, and an horse for an hundred and fifty: and so for all the kings of the *k* Hittites, and for the kings of Syria, did they bring *them* out by their π means.

CHAP. XI.

BUT king Solomon loved many strange women, (σ together with the daughter of Pharaoh,) women of the Moabites, Ammonites, Edomites, Zidonians, *and* Hittites;

2 Of the nations *concerning* which the LORD said *m* unto the children of Israel, Ye shall not go in to them, neither shall they come in unto you: *for* surely they will turn away your heart after their gods. Solomon clave unto these in love.

3 And he had seven hundred wives princesses, and three hundred concubines: and his wives *n* turned away his heart.

4 For it came to pass, when Solomon was old, *that* his wives turned away his heart after other gods: and his heart was not perfect *o* with the LORD his God, as *was* *p* the heart of David his father.

5 For Solomon went after Ashtoreth the goddess of the Zidonians, and after ω Milcom the abomination of the Ammonites.

6 And Solomon did evil in the sight of the LORD, and β went not fully after the LORD, as *did* David his father.

7 Then did Solomon build an high place *r* for Chemosh, *s* the abomination of Moab, in the hill that *is* before Jerusalem; and for Molech, the abomination of the children of Ammon.

8 And likewise did he for all his strange wives, which burnt incense, and sacrificed unto their gods.

9 And the LORD was angry *u* with Solomon, because his heart was turned from the LORD God of Israel, which had appeared unto him twice, *v*

10 And had commanded him concerning this thing, that he should not go after other gods: but he kept not that which the LORD commanded.

עַל־הַדָּבָר הַזֶּה וְלֹא שָׁמַר אֵת אֲשֶׁר־צִוָּה יְהוָה ׃
11 וַיֹּאמֶר יְהוָה לִשְׁלֹמֹה יַעַן אֲשֶׁר הָיְתָה־זֹּאת עִמָּךְ וְלֹא
שָׁמַרְתָּ בְּרִיתִי וְחֻקֹּתַי אֲשֶׁר צִוִּיתִי עָלֶיךָ קָרֹעַ אֶקְרַע
12 אֶת־הַמַּמְלָכָה מֵעָלֶיךָ וּנְתַתִּיהָ לְעַבְדֶּךָ ׃ אַךְ
בְּיָמֶיךָ לֹא אֶעֱשֶׂנָּה לְמַעַן דָּוִד אָבִיךָ מִיַּד בִּנְךָ
13 אֶקְרָעֶנָּה ׃ רַק אֶת־כָּל־הַמַּמְלָכָה לֹא אֶקְרָע
שֵׁבֶט אֶחָד אֶתֵּן לִבְנֶךָ לְמַעַן דָּוִד עַבְדִּי וּלְמַעַן
14 יְרוּשָׁלַ͏ִם אֲשֶׁר בָּחָרְתִּי ׃ וַיָּקֶם יְהוָה
שָׂטָן לִשְׁלֹמֹה אֵת הֲדַד הָאֲדֹמִי מִזֶּרַע הַמֶּלֶךְ
15 הוּא בֶּאֱדוֹם ׃ וַיְהִי בִּהְיוֹת דָּוִד אֶת־אֱדוֹם בַּעֲלוֹת
יוֹאָב שַׂר הַצָּבָא לְקַבֵּר אֶת־הַחֲלָלִים וַיַּךְ כָּל־זָכָר
16 בֶּאֱדוֹם ׃ כִּי שֵׁשֶׁת חֳדָשִׁים יָשַׁב־שָׁם יוֹאָב וְכָל־
17 יִשְׂרָאֵל עַד־הִכְרִית כָּל־זָכָר בֶּאֱדוֹם ׃ וַיִּבְרַח
אֲדַד הוּא וַאֲנָשִׁים אֲדֹמִיִּים מֵעַבְדֵי אָבִיו אִתּוֹ
18 לָבוֹא מִצְרָיִם וַהֲדַד נַעַר קָטָן ׃ וַיָּקֻמוּ מִמִּדְיָן וַיָּבֹאוּ
פָּארָן וַיִּקְחוּ אֲנָשִׁים עִמָּם מִפָּארָן וַיָּבֹאוּ מִצְרַיִם
אֶל־פַּרְעֹה מֶלֶךְ־מִצְרַיִם וַיִּתֶּן־לוֹ בַיִת וְלֶחֶם אָמַר
19 לוֹ וְאֶרֶץ נָתַן לוֹ ׃ וַיִּמְצָא הֲדַד חֵן בְּעֵינֵי פַרְעֹה
מְאֹד וַיִּתֶּן־לוֹ אִשָּׁה אֶת־אֲחוֹת אִשְׁתּוֹ אֲחוֹת
20 תַּחְפְּנֵיס הַגְּבִירָה ׃ וַתֵּלֶד לוֹ אֲחוֹת תַּחְפְּנֵיס אֵת
גְּנֻבַת בְּנוֹ וַתִּגְמְלֵהוּ תַחְפְּנֵס בְּתוֹךְ בֵּית פַּרְעֹה וַיְהִי
21 גְנֻבַת בֵּית פַּרְעֹה בְּתוֹךְ בְּנֵי פַרְעֹה ׃ וַהֲדַד שָׁמַע
בְּמִצְרַיִם כִּי־שָׁכַב דָּוִד עִם־אֲבֹתָיו וְכִי־מֵת יוֹאָב
שַׂר־הַצָּבָא וַיֹּאמֶר הֲדַד אֶל־פַּרְעֹה שַׁלְּחֵנִי וְאֵלֵךְ
22 אֶל־אַרְצִי ׃ וַיֹּאמֶר לוֹ פַרְעֹה כִּי מָה־אַתָּה חָסֵר
עִמִּי וְהִנְּךָ מְבַקֵּשׁ לָלֶכֶת אֶל־אַרְצֶךָ וַיֹּאמֶר לֹא כִּי
23 שַׁלֵּחַ תְּשַׁלְּחֵנִי ׃ וַיָּקֶם אֱלֹהִים לוֹ שָׂטָן אֶת־רְזוֹן
בֶּן־אֶלְיָדָע אֲשֶׁר בָּרַח מֵאֵת הֲדַדְעֶזֶר מֶלֶךְ־צוֹבָה
24 אֲדֹנָיו ׃ וַיִּקְבֹּץ עָלָיו אֲנָשִׁים וַיְהִי שַׂר־גְּדוּד בַּהֲרֹג
דָּוִד אֹתָם וַיֵּלְכוּ דַמֶּשֶׂק וַיֵּשְׁבוּ בָהּ וַיִּמְלְכוּ בְּדַמָּשֶׂק
25 וַיְהִי שָׂטָן לְיִשְׂרָאֵל כָּל־יְמֵי שְׁלֹמֹה וְאֶת־הָרָעָה אֲשֶׁר
הֲדָד וַיָּקָץ בְּיִשְׂרָאֵל וַיִּמְלֹךְ עַל־אֲרָם ׃
26 וְיָרָבְעָם בֶּן־נְבָט אֶפְרָתִי מִן־הַצְּרֵדָה וְשֵׁם אִמּוֹ
צְרוּעָה אִשָּׁה אַלְמָנָה עֶבֶד לִשְׁלֹמֹה וַיָּרֶם יָד
27 בַּמֶּלֶךְ ׃ וְזֶה הַדָּבָר אֲשֶׁר־הֵרִים יָד בַּמֶּלֶךְ שְׁלֹמֹה
בָּנָה אֶת־הַמִּלּוֹא סָגַר אֶת־פֶּרֶץ עִיר דָּוִד אָבִיו ׃
28 וְהָאִישׁ יָרָבְעָם גִּבּוֹר חָיִל וַיַּרְא שְׁלֹמֹה אֶת־הַנַּעַר
כִּי־עֹשֵׂה מְלָאכָה הוּא וַיַּפְקֵד אֹתוֹ לְכָל־סֵבֶל בֵּית
29 יוֹסֵף ׃ וַיְהִי בָּעֵת הַהִיא וְיָרָבְעָם יָצָא

מִירוּשָׁלַ͏ִם וַיִּמְצָא אֹתוֹ אֲחִיָּה הַשִּׁילֹנִי הַנָּבִיא בַּדֶּרֶךְ
וְהוּא מִתְכַּסֶּה בְּשַׂלְמָה חֲדָשָׁה וּשְׁנֵיהֶם לְבַדָּם
30 בַּשָּׂדֶה ׃ וַיִּתְפֹּשׂ אֲחִיָּה בַּשַּׂלְמָה הַחֲדָשָׁה אֲשֶׁר
עָלָיו וַיִּקְרָעֶהָ שְׁנֵים עָשָׂר קְרָעִים ׃ וַיֹּאמֶר לְיָרָבְעָם
31 קַח־לְךָ עֲשָׂרָה קְרָעִים כִּי כֹה אָמַר יְהוָה אֱלֹהֵי
יִשְׂרָאֵל הִנְנִי קֹרֵעַ אֶת־הַמַּמְלָכָה מִיַּד שְׁלֹמֹה וְנָתַתִּי
32 לְךָ אֵת עֲשָׂרָה הַשְּׁבָטִים ׃ וְהַשֵּׁבֶט הָאֶחָד יִהְיֶה־
לּוֹ לְמַעַן עַבְדִּי דָוִד וּלְמַעַן יְרוּשָׁלַ͏ִם הָעִיר אֲשֶׁר
33 בָּחַרְתִּי בָהּ מִכֹּל שִׁבְטֵי יִשְׂרָאֵל ׃ יַעַן אֲשֶׁר עֲזָבוּנִי
וַיִּשְׁתַּחֲווּ לְעַשְׁתֹּרֶת אֱלֹהֵי צִדֹנִין לִכְמוֹשׁ אֱלֹהֵי
מוֹאָב וּלְמִלְכֹּם אֱלֹהֵי בְנֵי־עַמּוֹן וְלֹא־הָלְכוּ בִדְרָכַי
לַעֲשׂוֹת הַיָּשָׁר בְּעֵינַי וְחֻקֹּתַי וּמִשְׁפָּטַי כְּדָוִד אָבִיו ׃
34 וְלֹא־אֶקַּח אֶת־כָּל־הַמַּמְלָכָה מִיָּדוֹ כִּי נָשִׂיא אֲשִׁתֶנּוּ
כֹּל יְמֵי חַיָּיו לְמַעַן דָּוִד עַבְדִּי אֲשֶׁר בָּחַרְתִּי אֹתוֹ
35 אֲשֶׁר שָׁמַר מִצְוֹתַי וְחֻקֹּתָי ׃ וְלָקַחְתִּי הַמְּלוּכָה מִיַּד
36 בְּנוֹ וּנְתַתִּיהָ לְּךָ אֵת עֲשֶׂרֶת הַשְּׁבָטִים ׃ וְלִבְנוֹ
אֶתֵּן שֵׁבֶט־אֶחָד לְמַעַן הֱיוֹת־נִיר לְדָוִיד־עַבְדִּי כָּל־
הַיָּמִים לְפָנַי בִּירוּשָׁלַ͏ִם הָעִיר אֲשֶׁר בָּחַרְתִּי לִי
37 לָשׂוּם שְׁמִי שָׁם ׃ וְאֹתְךָ אֶקַּח וּמָלַכְתָּ בְּכֹל אֲשֶׁר־
38 תְּאַוֶּה נַפְשֶׁךָ וְהָיִיתָ מֶּלֶךְ עַל־יִשְׂרָאֵל ׃ וְהָיָה אִם־
תִּשְׁמַע אֶת־כָּל־אֲשֶׁר אֲצַוֶּךָ וְהָלַכְתָּ בִדְרָכַי וְעָשִׂיתָ
הַיָּשָׁר בְּעֵינַי לִשְׁמוֹר חֻקּוֹתַי וּמִצְוֹתַי כַּאֲשֶׁר עָשָׂה
דָּוִד עַבְדִּי וְהָיִיתִי עִמָּךְ וּבָנִיתִי לְךָ בַיִת־נֶאֱמָן כַּאֲשֶׁר
39 בָּנִיתִי לְדָוִד וְנָתַתִּי לְךָ אֶת־יִשְׂרָאֵל ׃ וַאֲעַנֶּה אֶת־
40 זֶרַע דָּוִד לְמַעַן זֹאת אַךְ לֹא כָל־הַיָּמִים ׃
וַיְבַקֵּשׁ שְׁלֹמֹה לְהָמִית אֶת־יָרָבְעָם וַיָּקָם יָרָבְעָם
וַיִּבְרַח מִצְרַיִם אֶל־שִׁישַׁק מֶלֶךְ־מִצְרַיִם וַיְהִי
41 בְמִצְרַיִם עַד־מוֹת שְׁלֹמֹה ׃ וְיֶתֶר דִּבְרֵי שְׁלֹמֹה
וְכָל־אֲשֶׁר עָשָׂה וְחָכְמָתוֹ הֲלוֹא־הֵם כְּתֻבִים עַל־
42 סֵפֶר דִּבְרֵי שְׁלֹמֹה ׃ וְהַיָּמִים אֲשֶׁר מָלַךְ שְׁלֹמֹה
43 בִירוּשָׁלַ͏ִם עַל־כָּל־יִשְׂרָאֵל אַרְבָּעִים שָׁנָה ׃ וַיִּשְׁכַּב
שְׁלֹמֹה עִם־אֲבֹתָיו וַיִּקָּבֵר בְּעִיר דָּוִד אָבִיו וַיִּמְלֹךְ
רְחַבְעָם בְּנוֹ תַּחְתָּיו ׃

CAP. XII.   יב

1 וַיֵּלֶךְ רְחַבְעָם שְׁכֶם כִּי שְׁכֶם בָּא כָל־יִשְׂרָאֵל
2 לְהַמְלִיךְ אֹתוֹ ׃ וַיְהִי כִּשְׁמֹעַ יָרָבְעָם בֶּן־נְבָט וְהוּא
עוֹדֶנּוּ בְמִצְרַיִם אֲשֶׁר בָּרַח מִפְּנֵי שְׁלֹמֹה הַמֶּלֶךְ
3 וַיֵּשֶׁב יָרָבְעָם בְּמִצְרָיִם ׃ וַיִּשְׁלְחוּ וַיִּקְרְאוּ־לוֹ וַיָּבֹאוּ
יָרָבְעָם וְכָל־קְהַל יִשְׂרָאֵל וַיְדַבְּרוּ אֶל־רְחַבְעָם
4 לֵאמֹר ׃ אָבִיךָ הִקְשָׁה אֶת־עֻלֵּנוּ וְאַתָּה עַתָּה

11 Wherefore the LORD said unto Solomon, Forasmuch as this is β done of thee, and thou hast not kept *b* my covenant and my statutes, which I have commanded thee, I will surely rend *c* the kingdom from thee, and will give it *d* to thy servant.

12 Notwithstanding, in thy *f* days I will not do it, for David thy father's sake: *but* I will rend it out of the hand of thy son.

13 Howbeit *g* I will not rend away all the kingdom; *but* will give one tribe to thy son for David my servant's sake, and for Jerusalem's sake, which *i* I have chosen.

14 And the LORD *k* stirred up an adversary unto Solomon, Hadad the Edomite: he *was* of the king's seed in Edom.

15 For it came to pass, when *l* David was in Edom, and Joab, the captain of the host, was gone up to bury the slain, after he had smitten every male *n* in Edom;

16 (For six months did Joab remain there with all Israel, until he had cut off every male in Edom ;)

17 That Hadad fled, he, and certain Edomites of his father's servants with him, to go into Egypt; Hadad *being* yet a little child.

18 And they arose out of Midian,*p* and came to Paran: *q* and they took men with them out of Paran, and they came to Egypt, unto Pharaoh king of Egypt; which gave him an house, and appointed him victuals, and gave him land.

19 And Hadad found great favour in the sight of Pharaoh, so that he gave him to wife *u* the sister of his own wife, the sister of Tahpenes the queen.

20 And the sister of Tahpenes bare him Genubath his son, whom Tahpenes weaned in Pharaoh's house: and Genubath was in Pharaoh's household, among the sons of Pharaoh.

21 And when Hadad heard in Egypt that David slept with his fathers, and *x* that Joab, the captain of the host, was dead, Hadad said to Pharaoh, δ Let me depart, that I may go to mine own country.

22 Then Pharaoh said unto him, But what hast thou lacked with me, that, behold, thou seekest to go to thine own country? And he answered, ζ Nothing: howbeit let me go in any wise.

23 And God stirred him up *another* adversary, Rezon the son of Eliadah, which fled from his lord Hadadezer,*c* king of Zobah.

24 And he gathered men unto him, and became captain over a band, when *d* David slew them *of Zobah:* and they went to Damascus, and dwelt therein, and reigned in Damascus.

25 And he was an adversary to Israel all the days of Solomon, beside the mischief that Hadad *did:* and he abhorred Israel, and reigned over Syria.

26 And Jeroboam *f* the son of Nebat, an Ephrathite of Zereda, Solomon's servant, (whose mother's name *was* Zeruah, a widow woman,) even he lifted up *g his* hand against the king.

27 And this *was* the cause that he lifted up *his* hand against the king: Solomon built Millo,*k* *and* λ repaired the breaches of the city of David his father.

28 And the man Jeroboam *was* a mighty man of valour: and Solomon seeing the young man that he μ was industrious, he made him ruler over all the ν charge of the house of Joseph.

29 And it came to pass at that time,

B. C. 984.

β *with thee.*

a ch. 14. 2.

b Is.29.13,14.

c ver. 31.

d ch.12.16.20.

e 1 Sa. 15. 27.

f ch. 21. 29.
2Ki.20.17.19
22.19,20.

g ver. 39.
2 Sa. 7. 15.

h ver. 11..13.

i De. 12. 11.

k 1 Ch. 5. 26.

l 2 Sa. 8. 14.
1Ch.18.12,13

m ver 5..7.
Je. 2. 13.
Ho. 4. 17.

n Nu. 24. 19.
De. 20. 13.

o Ps. 103. 10.

p Ge. 25. 2, 4.
Ex. 2. 15.

q Ge. 21. 21.

r Is. 55. 3.

s Ex. 20. 5, 6.

t ch. 12. 17.

u Ge. 41. 45.

v ch. 15. 4.
2 Ki. 8. 19.
Ps. 132. 17.

γ *lamp, or, candle.*

w ch. 9. 4, 5.

x ch.2. 10,34.

δ *Send me away.*

y Jos. 1. 5.

z 2Sa.7.11,27.

ζ *Not.*

a Ps.89.30.34
La.3.31,32.

b Pr. 19. 21.

c 2 Sa. 8. 3.

d 2Sa.10.8,18.

e 2Ch.9.29.31

η *words,* or, *things.*

θ *days.*

f ch. 12. 2.
2 Ch. 13. 6.

κ *called Roboam,* Mat. 1. 7.

g 2 Sa. 20. 21.

h 2 Ch. 10. 1,
&c.

i ch.11.26,40.

k ch. 9. 24.

λ *closed.*

μ *did work.*

ν *burden.*

l ch. 4. 7.
9. 15.
1Sa.8.11,18.

---

when Jeroboam went out of Jerusalem, that the prophet Ahijah *a* the Shilonite found him in the way ; and he had clad himself with a new garment; and they two *were* alone in the field :

30 And Ahijah caught *e* the new garment that *was* on him, and rent it *in* twelve pieces :

31 And he said to Jeroboam, Take thee ten pieces: for *h* thus saith the LORD, the God of Israel, Behold, I will rend the kingdom out of the hand of Solomon, and will give ten tribes to thee :

32 (But he shall have one tribe for my servant David's sake, and for Jerusalem's sake, the city which I have chosen out of all the tribes of Israel :)

33 Because *m* that they have forsaken me, and have worshipped Ashtoreth the goddess of the Zidonians, Chemosh the god of the Moabites, and Milcom the god of the children of Ammon ; and have not walked in my ways, to do *that which is* right in mine eyes, and *to keep* my statutes and my judgments, as *did* David his father.

34 Howbeit *o* I will not take the whole kingdom out of his hand : but I will make him prince all the days of his life, for David *r* my servant's sake, whom I chose, because he kept my commandments and my statutes;

35 But *s* I will take the kingdom out of his son's hand, and will give it unto thee, *even* ten tribes.

36 And unto his son will I give *t* one tribe, that *v* David my servant may have a γ light alway before me in Jerusalem, the city which I have chosen me to put my name there.

37 And I will take thee, and thou shalt reign according to all that thy soul desireth, and shalt be king over Israel.

38 And it shall be, if *w* thou wilt hearken unto all that I command thee, and wilt walk in my ways, and do *that is* right in my sight, to keep my statutes and my commandments, as David my servant did ; that *y* I will be with thee, and *z* build thee a sure house, as I built for David, and will give Israel unto thee.

39 And I will for this afflict the seed of David, but *a* not for ever.

40 Solomon sought *b* therefore to kill Jeroboam : and Jeroboam arose,and fled into Egypt, unto Shishak king of Egypt,and was in Egypt until the death of Solomon.

41 And *e* the rest of the η acts of Solomon, and all that he did, and his wisdom, *are* they not written in the book of the acts of Solomon?

42 And the θ time that Solomon reigned in Jerusalem over all Israel *was* forty years.

43 And Solomon slept with his fathers, and was buried in the city of David his father : and κ Rehoboam his son reigned in his stead.

CHAP. XII.

AND *k* Rehoboam went to Shechem : for all Israel were come to Shechem to make him king.

2 And it came to pass, when *i* Jeroboam the son of Nebat, who was yet in Egypt, heard of *it,* (for he was fled from the presence of king Solomon, and Jeroboam dwelt in Egypt,)

3 That they sent and called him. And Jeroboam and all the congregation of Israel came, and spake unto Rehoboam, saying,

4 Thy father made our yoke *l* grievous:

הָקֵל מֵעֲבֹדַת אָבִיךָ וּמֵעֻלֹּו הַכָּבֵד
5 אֲשֶׁר־נָתַן עָלֵינוּ וְנַעַבְדֶךָּ: וַיֹּאמֶר אֲלֵהֶם לְכוּ עֹד
6 שְׁלֹשָׁה יָמִים וְשׁוּבוּ אֵלָי וַיֵּלְכוּ הָעָם: וַיִּוָּעַץ הַמֶּלֶךְ
רְחַבְעָם אֶת־הַזְּקֵנִים אֲשֶׁר־הָיוּ עֹמְדִים אֶת־פְּנֵי
שְׁלֹמֹה אָבִיו בִּהְיֹתוֹ חַי לֵאמֹר אֵיךְ אַתֶּם נֹועָצִים
7 לְהָשִׁיב אֶת־הָעָם הַזֶּה דָּבָר: וַיְדַבֵּר אֵלָיו לֵאמֹר
אִם־הַיּוֹם תִּהְיֶה־עֶבֶד לָעָם הַזֶּה וַעֲבַדְתָּם וַעֲנִיתָם
וְדִבַּרְתָּ אֲלֵהֶם דְּבָרִים טוֹבִים וְהָיוּ לְךָ עֲבָדִים כָּל־
8 הַיָּמִים: וַיַּעֲזֹב אֶת־עֲצַת הַזְּקֵנִים אֲשֶׁר יְעָצֻהוּ וַיִּוָּעַץ
אֶת־הַיְלָדִים אֲשֶׁר גָּדְלוּ אִתּוֹ אֲשֶׁר הָעֹמְדִים לְפָנָיו:
9 וַיֹּאמֶר אֲלֵיהֶם מָה אַתֶּם נוֹעָצִים וְנָשִׁיב דָּבָר אֶת־
הָעָם הַזֶּה אֲשֶׁר דִּבְּרוּ אֵלַי לֵאמֹר הָקֵל מִן־הָעֹל
10 אֲשֶׁר־נָתַן אָבִיךָ עָלֵינוּ: וַיְדַבְּרוּ אֵלָיו הַיְלָדִים
אֲשֶׁר גָּדְלוּ אִתּוֹ לֵאמֹר כֹּה־תֹאמַר לָעָם הַזֶּה אֲשֶׁר
דִּבְּרוּ אֵלֶיךָ לֵאמֹר אָבִיךָ הִכְבִּיד אֶת־עֻלֵּנוּ וְאַתָּה
הָקֵל מֵעָלֵינוּ כֹּה תְּדַבֵּר אֲלֵיהֶם קָטָנִּי עָבָה מִמָּתְנֵי
11 אָבִי: וְעַתָּה אָבִי הֶעְמִיס עֲלֵיכֶם עֹל כָּבֵד וַאֲנִי
אוֹסִיף עַל־עֻלְּכֶם אָבִי יִסַּר אֶתְכֶם בַּשּׁוֹטִים וַאֲנִי
12 אֲיַסֵּר אֶתְכֶם בָּעַקְרַבִּים: וַיָּבוֹ יָרָבְעָם וְכָל־הָעָם
אֶל־רְחַבְעָם בַּיּוֹם הַשְּׁלִישִׁי כַּאֲשֶׁר דִּבֶּר הַמֶּלֶךְ
13 לֵאמֹר שׁוּבוּ אֵלַי בַּיּוֹם הַשְּׁלִישִׁי: וַיַּעַן הַמֶּלֶךְ אֶת־
הָעָם קָשָׁה וַיַּעֲזֹב אֶת־עֲצַת הַזְּקֵנִים אֲשֶׁר יְעָצֻהוּ:
14 וַיְדַבֵּר אֲלֵיהֶם כַּעֲצַת הַיְלָדִים לֵאמֹר אָבִי הִכְבִּיד
אֶת־עֻלְּכֶם וַאֲנִי אֹסִיף עַל־עֻלְּכֶם אָבִי יִסַּר אֶתְכֶם
15 בַּשּׁוֹטִים וַאֲנִי אֲיַסֵּר אֶתְכֶם בָּעַקְרַבִּים: וְלֹא־שָׁמַע
הַמֶּלֶךְ אֶל־הָעָם כִּי־הָיְתָה סִבָּה מֵעִם יְהוָה לְמַעַן
הָקִים אֶת־דְּבָרוֹ אֲשֶׁר דִּבֶּר יְהוָה בְּיַד אֲחִיָּה הַשִּׁילֹנִי
16 אֶל־יָרָבְעָם בֶּן־נְבָט: וַיַּרְא כָּל־יִשְׂרָאֵל כִּי לֹא־שָׁמַע
הַמֶּלֶךְ אֲלֵהֶם וַיָּשִׁבוּ הָעָם אֶת־הַמֶּלֶךְ דָּבָר לֵאמֹר
מַה־לָּנוּ חֵלֶק בְּדָוִד וְלֹא־נַחֲלָה בְּבֶן־יִשַׁי לְאֹהָלֶיךָ
יִשְׂרָאֵל עַתָּה רְאֵה בֵיתְךָ דָּוִד וַיֵּלֶךְ יִשְׂרָאֵל
17 לְאֹהָלָיו: וּבְנֵי יִשְׂרָאֵל הַיֹּשְׁבִים בְּעָרֵי יְהוּדָה וַיִּמְלֹךְ
18 עֲלֵיהֶם רְחַבְעָם: וַיִּשְׁלַח הַמֶּלֶךְ רְחַבְעָם אֶת־
אֲדֹרָם אֲשֶׁר עַל־הַמַּס וַיִּרְגְּמוּ כָל־יִשְׂרָאֵל בּוֹ
אֶבֶן וַיָּמֹת וְהַמֶּלֶךְ רְחַבְעָם הִתְאַמֵּץ לַעֲלוֹת
19 בַּמֶּרְכָּבָה לָנוּס יְרוּשָׁלָםִ: וַיִּפְשְׁעוּ יִשְׂרָאֵל בְּבֵית
20 דָּוִד עַד הַיּוֹם הַזֶּה: וַיְהִי כִּשְׁמֹעַ כָּל־יִשְׂרָאֵל
כִּי־שָׁב יָרָבְעָם וַיִּשְׁלְחוּ וַיִּקְרְאוּ אֹתוֹ אֶל־הָעֵדָה
וַיַּמְלִיכוּ אֹתוֹ עַל־כָּל־יִשְׂרָאֵל לֹא הָיָה אַחֲרֵי בֵית־
21 דָּוִד זוּלָתִי שֵׁבֶט־יְהוּדָה לְבַדּוֹ: וַיָּבֹא רְחַבְעָם

יְרוּשָׁלַםִ וַיַּקְהֵל אֶת־כָּל־בֵּית יְהוּדָה וְאֶת־שֵׁבֶט
בִּנְיָמִן מֵאָה וּשְׁמֹנִים אֶלֶף בָּחוּר עֹשֵׂה מִלְחָמָה
לְהִלָּחֵם עִם־בֵּית יִשְׂרָאֵל לְהָשִׁיב אֶת־הַמְּלוּכָה
22 לִרְחַבְעָם בֶּן־שְׁלֹמֹה: וַיְהִי דְּבַר הָאֱלֹהִים
23 אֶל־שְׁמַעְיָה אִישׁ־הָאֱלֹהִים לֵאמֹר: אֱמֹר אֶל־
רְחַבְעָם בֶּן־שְׁלֹמֹה מֶלֶךְ יְהוּדָה וְאֶל־כָּל־בֵּית יְהוּדָה
24 וּבִנְיָמִן וְיֶתֶר הָעָם לֵאמֹר: כֹּה אָמַר יְהוָה לֹא־
תַעֲלוּ וְלֹא־תִלָּחֲמוּן עִם־אֲחֵיכֶם בְּנֵי־יִשְׂרָאֵל שׁוּבוּ
אִישׁ לְבֵיתוֹ כִּי מֵאִתִּי נִהְיָה הַדָּבָר הַזֶּה וַיִּשְׁמְעוּ
אֶת־דְּבַר יְהוָה וַיָּשֻׁבוּ לָלֶכֶת כִּדְבַר יְהוָה:
25 וַיִּבֶן יָרָבְעָם אֶת־שְׁכֶם בְּהַר אֶפְרַיִם וַיֵּשֶׁב בָּהּ וַיֵּצֵא
26 מִשָּׁם וַיִּבֶן אֶת־פְּנוּאֵל: וַיֹּאמֶר יָרָבְעָם בְּלִבּוֹ
27 עַתָּה תָּשׁוּב הַמַּמְלָכָה לְבֵית דָּוִד: אִם־יַעֲלֶה
הָעָם הַזֶּה לַעֲשׂוֹת זְבָחִים בְּבֵית־יְהוָה בִּירוּשָׁלַםִ
וְשָׁב לֵב הָעָם הַזֶּה אֶל־אֲדֹנֵיהֶם אֶל־רְחַבְעָם מֶלֶךְ
יְהוּדָה וַהֲרָגֻנִי וְשָׁבוּ אֶל־רְחַבְעָם מֶלֶךְ־יְהוּדָה:
28 וַיִּוָּעַץ הַמֶּלֶךְ וַיַּעַשׂ שְׁנֵי עֶגְלֵי זָהָב וַיֹּאמֶר אֲלֵהֶם
רַב־לָכֶם מֵעֲלוֹת יְרוּשָׁלַםִ הִנֵּה אֱלֹהֶיךָ יִשְׂרָאֵל אֲשֶׁר
29 הֶעֱלוּךָ מֵאֶרֶץ מִצְרָיִם: וַיָּשֶׂם אֶת־הָאֶחָד בְּבֵית־אֵל
30 וְאֶת־הָאֶחָד נָתַן בְּדָן: וַיְהִי הַדָּבָר הַזֶּה לְחַטָּאת
וַיֵּלְכוּ הָעָם לִפְנֵי הָאֶחָד עַד־דָּן: וַיַּעַשׂ אֶת־בֵּית
31 בָּמוֹת וַיַּעַשׂ כֹּהֲנִים מִקְצוֹת הָעָם אֲשֶׁר לֹא־הָיוּ
32 מִבְּנֵי לֵוִי: וַיַּעַשׂ יָרָבְעָם חָג בַּחֹדֶשׁ הַשְּׁמִינִי
בַּחֲמִשָּׁה־עָשָׂר יוֹם לַחֹדֶשׁ כֶּחָג אֲשֶׁר בִּיהוּדָה
וַיַּעַל עַל־הַמִּזְבֵּחַ כֵּן עָשָׂה בְּבֵית־אֵל לְזַבֵּחַ
לָעֲגָלִים אֲשֶׁר־עָשָׂה וְהֶעֱמִיד בְּבֵית־אֵל אֶת־כֹּהֲנֵי
33 הַבָּמוֹת אֲשֶׁר עָשָׂה: וַיַּעַל עַל־הַמִּזְבֵּחַ אֲשֶׁר־
עָשָׂה בְּבֵית־אֵל בַּחֲמִשָּׁה עָשָׂר יוֹם בַּחֹדֶשׁ הַשְּׁמִינִי
בַּחֹדֶשׁ אֲשֶׁר־בָּדָא מִלִּבּוֹ וַיַּעַשׂ חָג לִבְנֵי יִשְׂרָאֵל
וַיַּעַל עַל־הַמִּזְבֵּחַ לְהַקְטִיר:

CAP. XIII.   יג

1 וְהִנֵּה אִישׁ אֱלֹהִים בָּא מִיהוּדָה בִּדְבַר יְהוָה אֶל־
בֵּית־אֵל וְיָרָבְעָם עֹמֵד עַל־הַמִּזְבֵּחַ לְהַקְטִיר:
2 וַיִּקְרָא עַל־הַמִּזְבֵּחַ בִּדְבַר יְהוָה וַיֹּאמֶר מִזְבֵּחַ מִזְבֵּחַ
כֹּה אָמַר יְהוָה הִנֵּה־בֵן נוֹלָד לְבֵית־דָּוִד יֹאשִׁיָּהוּ
שְׁמוֹ וְזָבַח עָלֶיךָ אֶת־כֹּהֲנֵי הַבָּמוֹת הַמַּקְטִרִים
3 עָלֶיךָ וְעַצְמוֹת אָדָם יִשְׂרְפוּ עָלֶיךָ: וְנָתַן בַּיּוֹם
הַהוּא מוֹפֵת לֵאמֹר זֶה הַמּוֹפֵת אֲשֶׁר דִּבֶּר יְהוָה
הִנֵּה הַמִּזְבֵּחַ נִקְרָע וְנִשְׁפַּךְ הַדֶּשֶׁן אֲשֶׁר־עָלָיו:
4 וַיְהִי כִּשְׁמֹעַ הַמֶּלֶךְ אֶת־דְּבַר אִישׁ הָאֱלֹהִים אֲשֶׁר

now, therefore, make thou the grievous service of thy father, and his heavy yoke which he put upon us, lighter, and we will serve thee.

5 And he said unto them, Depart yet *for* three days, then come again to me. And the people departed.

6 And king Rehoboam consulted with the old*ᵃ* men that stood before Solomon his father while he yet lived, and said, How do ye advise, that I may answer this people:

7 And they spake unto him, saying, If thou wilt be a servant*ᵇ* unto this people this day, and wilt serve them, and answer them, and speak good words*ᶜ* to them, then they will be thy servants for ever.

8 But he forsook the counsel of the old men, which they had given him, and consulted with y*ᵉ* young men that were grown up with him, *and* which stood before him ;

9 And he said unto them, What counsel give ye, that we may answer this people, who have spoken to me, saying, Make the yoke which thy father did put upon us lighter?

10 And the young men that were grown up with him spake unto him, saying, Thus shalt thou speak unto this people that spake unto thee, saying, Thy father made our yoke heavy, but make thou *it* lighter unto us ; thus shalt thou say unto them, My little *finger* shall be thicker than my father's loins.

11 And now, whereas my father did lade you with a heavy yoke, I will add to your yoke: my father hath chastised you with whips, but I will chastise you with scorpions.*ᵏ*

12 So Jeroboam and all the people came to Rehoboam the third day, as the king had appointed, saying, Come to me again the third day.

13 And the king answered the people *β* roughly,*ᵒ* and forsook*ᵖ* the old men's counsel that they gave him ;

14 And *ʳ* spake to them after the counsel of the young men, saying, My father made your yoke heavy,& I will add to your yoke: my father *also* chastised you with whips, but I will chastise you with scorpions.

15 Wherefore the king hearkened not unto the people ; for*ᵗ* the cause was from the LORD, that he might perform his saying, which the LORD spake*ʷ* by Ahijah the Shilonite unto Jeroboam the son of Nebat.

16 So when all Israel saw that the king hearkened not unto them, the people answered the king, saying, What*ʸ* portion have we in David? neither *have we* inheritance in the son of Jesse : to your tents, O Israel : Now see to thine own house, David. So Israel departed unto their tents.

17 But*ᵃ as for* the children of Israel which dwelt in the cities of Judah, Rehoboam reigned over them.

18 Then king Rehoboam sent*ᶜ* Adoram, who *was* over the tribute ; & all Israel stoned him with stones, that he died : therefore king Rehoboam *κ* made speed to get him up to his chariot, to flee to Jerusalem.

19 So*ᵈ* Israel *λ* rebelled against the house of David unto this day.

20 And it came to pass, when all Israel heard that Jeroboam was come again, that they sent and called him unto the congregation, and made him king over all Israel : there was none that followed the house of David, but the tribe of Judah only.*ᵍ*

21 And*ʰ* when Rehoboam was come to

Jerusalem, he assembled all the house of Judah, with the tribe of Benjamin, an hundred and fourscore, thousand chosen men, which were warriors, to fight against the house of Israel, to bring the kingdom again to Rehoboam the son of Solomon.

22 But the word of God came unto Shemaiah the man of God, saying,

23 Speak unto Rehoboam the son ot Solomon, king of Judah, and unto all the house of Judah and Benjamin, and to the remnant of the people, saying,

24 Thus saith the LORD, Ye shall not go up nor fight against your brethren the children of Israel : return every man to his house, for*ᵈ* this thing is from me. They hearkened therefore to the word of the LORD, and returned to depart, according to the word of the LORD.

25 Then Jeroboam built Shechem*ᵉ* in mount Ephraim, and dwelt therein ; and went out from thence, and built Penuel.*ᶠ*

26 And Jeroboam said in his heart, Now shall the kingdom return to the house of David :

27 If this people go up*ᵍ* to do sacrifice in the house of the LORD at Jerusalem, then shall the heart of this people turn again unto their lord, *even* unto Rehoboam king of Judah, and they shall kill me, and go again to Rehoboam king of Judah.

28 Whereupon the king took counsel, and made two calves*ʰ* of gold, and said unto them, It is too much for you to go up to Jerusalem: behold*ⁱ* thy gods, O Israel, which brought thee up out of the land of Egypt.

29 And he set the one in Beth-el,*ˡ* and the other put he in Dan.*ᵐ*

30 And this thing became*ⁿ* a sin : for the people went *to worship* before the one, *even* unto Dan.

31 And he made an house of high places, and made priests*�q* of the lowest of the people, which were not of the sons of Levi.

32 And Jeroboam ordained a feast in the eighth month, on the fifteenth day of the month, like unto the feast *ˢ* that *is* in Judah, and *γ* he offered upon the altar. So did he in Beth-el, *δ* sacrificing unto the calves that he had made : and he placed in Beth-el*ᵘ* the priests of the high places which he had made.

33 So he *ζ* offered upon the altar which he had made in Beth-el, the fifteenth day of the eighth month, *even* in the month which he had devised*ˣ* of his own heart ; and ordained a feast unto the children of Israel : and he offered upon the altar, and *η* burnt*ᶻ* incense.

CHAP. XIII.

AND, behold, there came a man of God out of Judah by the word of the LORD unto Beth-el: and*ᵇ* Jeroboam stood by the altar to *θ* burn incense.

2 And he cried against the altar in the word of the LORD, and said, O altar, altar, thus saith the LORD, Behold, a child shall be born unto the house of David, Josiah by name ; and upon thee shall*ᵉ* he offer the priests of the high places that burn incense upon thee, and men's bones shall be burnt upon thee.

3 And he gave a sign*ᶠ* the same day, saying, This *is* the sign which the LORD hath spoken ; Behold, the altar shall be rent, and the ashes that *are* upon it shall be poured out.

4 And it came to pass, when king Jero-

B. C. 975.

a Job 12. 12.
b Mar. 10. 43, 44.
c Pr. 15. 1.
d ver. 15.
e Ju. 9. 45.
f Ju. 8. 17.
g De. 12. 5, 14.
h 2 Ki. 10. 29. 17. 16.
i Ex. 32. 4, 8.
k Eze. 2. 6.
l Ge. 28. 19.
m Ju. 18. 29. Am. 8. 14.
n ch. 13. 34. De. 24. 15.
β hardly.
o Pr. 10. 11, 32. Ec. 10. 12. Ja. 3. 17.
p Pr. 13. 20.
q Nu. 3. 10, 2 Ki. 17. 32. Eze. 44. 6, .8.
r 2 Ch. 22. 4, 5.
s Le. 23. 33, 34.
γ or, *went up to the altar.*
δ or, *to sacrifice.*
t ver. 24. Ju. 14. 4. 2 Ch. 22. 7. 25. 20. Am. 3. 6.
u Am. 7. 13.
w ch. 11. 11, 31.
ζ or, *went up to.*
x Nu. 15. 39.
y 2 Sa. 20. 1.
η *to burn.*
z ch. 13. 1.
a ch. 11. 13, 36.
b ch. 12. 32, 33.
θ or, *offer.*
c ch. 4. 6. 5. 14.
κ *strengthened himself.*
d 2 Ki. 17. 21.
λ or, *fell away.*
e 2 Ki. 13. 15.. 17.
f Is. 7. 14. 38. 7, 22. Jnᵒ. 2. 18. 1 Co. 1. 22.
g Ho. 11. 12.
h 2 Ch. 11. 1, &c.

22 וַתָּ֣שָׁב וַתֹּ֤אכַל לֶ֙חֶם֙ וַתֵּ֣שְׁתְּ מַ֔יִם בַּמָּקוֹם֙ אֲשֶׁ֣ר דִּבֶּ֣ר אֵלֶ֔יךָ אַל־תֹּ֥אכַל לֶ֖חֶם וְאַל־תֵּ֣שְׁתְּ מָ֑יִם לֹא־תָב֥וֹא נִבְלָתְךָ֖ אֶל־קֶ֥בֶר אֲבֹתֶֽיךָ׃

23 וַיְהִ֗י אַחֲרֵ֛י אָכְל֥וֹ לֶ֖חֶם וְאַחֲרֵ֣י שְׁתוֹת֑וֹ וַיַּחֲבָשׁ־ל֣וֹ הַחֲמ֔וֹר לַנָּבִ֖יא אֲשֶׁ֥ר הֱשִׁיבֽוֹ׃

24 וַיֵּ֕לֶךְ וַיִּמְצָאֵ֧הוּ אַרְיֵ֛ה בַּדֶּ֖רֶךְ וַיְמִיתֵ֑הוּ וַתְּהִ֤י נִבְלָתוֹ֙ מֻשְׁלֶ֣כֶת בַּדֶּ֔רֶךְ וְהַחֲמוֹר֙ עֹמֵ֣ד אֶצְלָ֔הּ וְהָ֣אַרְיֵ֔ה עֹמֵ֖ד אֵ֥צֶל הַנְּבֵלָֽה׃

25 וְהִנֵּ֧ה אֲנָשִׁ֣ים עֹבְרִ֗ים וַיִּרְא֤וּ אֶת־הַנְּבֵלָה֙ מֻשְׁלֶ֣כֶת בַּדֶּ֔רֶךְ וְאֶ֨ת־הָ֣אַרְיֵ֔ה עֹמֵ֖ד אֵ֣צֶל הַנְּבֵלָ֑ה וַיָּבֹ֙אוּ֙ וַיְדַבְּר֣וּ בָעִ֔יר אֲשֶׁ֛ר הַנָּבִ֥יא הַזָּקֵ֖ן יֹשֵׁ֥ב בָּֽהּ׃

26 וַיִּשְׁמַ֣ע הַנָּבִיא֮ אֲשֶׁ֣ר הֱשִׁיב֣וֹ מִן־הַדֶּרֶךְ֒ וַיֹּ֗אמֶר אִ֤ישׁ הָאֱלֹהִים֙ ה֔וּא אֲשֶׁ֥ר מָרָ֖ה אֶת־פִּ֣י יְהֹוָ֑ה וַיִּתְּנֵ֨הוּ יְהֹוָ֤ה לָֽאַרְיֵה֙ וַיִּשְׁבְּרֵ֣הוּ וַיְמִתֵ֔הוּ כִּדְבַ֥ר יְהֹוָ֖ה אֲשֶׁ֥ר דִּבֶּר־לֽוֹ׃

27 וַיְדַבֵּ֥ר אֶל־בָּנָ֖יו לֵאמֹ֑ר חִבְשׁוּ־לִ֖י אֶֽת־הַחֲמ֑וֹר וַֽיַּחֲבֹֽשׁוּ׃

28 וַיֵּ֗לֶךְ וַיִּמְצָ֤א אֶת־נִבְלָתוֹ֙ מֻשְׁלֶ֣כֶת בַּדֶּ֔רֶךְ וַֽחֲמוֹר֙ וְהָ֣אַרְיֵ֔ה עֹמְדִ֖ים אֵ֣צֶל הַנְּבֵלָ֑ה לֹֽא־אָכַ֤ל הָֽאַרְיֵה֙ אֶת־הַנְּבֵלָ֔ה וְלֹ֥א שָׁבַ֖ר אֶֽת־הַחֲמֽוֹר׃

29 וַיִּשָּׂ֤א הַנָּבִיא֙ אֶת־נִבְלַ֣ת אִישׁ־הָאֱלֹהִ֔ים וַיַּנִּחֵ֖הוּ אֶל־הַחֲמ֑וֹר וַיְשִׁיבֵ֑הוּ וַיָּבֹ֗א אֶל־עִיר֙ הַנָּבִ֣יא הַזָּקֵ֔ן לִסְפֹּ֖ד וּלְקָבְרֽוֹ׃

30 וַיַּנַּ֥ח אֶת־נִבְלָת֖וֹ בְּקִבְר֑וֹ וַיִּסְפְּד֥וּ עָלָ֖יו ה֥וֹי אָחִֽי׃

31 וַיְהִ֗י אַחֲרֵי֙ קָבְר֣וֹ אֹת֔וֹ וַיֹּ֤אמֶר אֶל־בָּנָיו֙ לֵאמֹ֔ר בְּמוֹתִי֙ וּקְבַרְתֶּ֣ם אֹתִ֔י בַּקֶּ֕בֶר אֲשֶׁ֛ר אִ֥ישׁ הָאֱלֹהִ֖ים קָב֣וּר בּ֑וֹ אֵ֚צֶל עַצְמֹתָ֔יו הַנִּ֖יחוּ אֶת־עַצְמֹתָֽי׃

32 כִּי֩ הָיֹ֨ה יִהְיֶ֜ה הַדָּבָ֗ר אֲשֶׁ֤ר קָרָא֙ בִּדְבַ֣ר יְהֹוָ֔ה עַל־הַמִּזְבֵּ֖חַ אֲשֶׁ֣ר בְּבֵֽית־אֵ֑ל וְעַל֙ כָּל־בָּתֵּ֣י הַבָּמ֔וֹת אֲשֶׁ֖ר בְּעָרֵ֥י שֹׁמְרֽוֹן׃

33 אַחַר֙ הַדָּבָ֣ר הַזֶּ֔ה לֹֽא־שָׁ֥ב יָרָבְעָ֖ם מִדַּרְכּ֣וֹ הָרָעָ֑ה וַ֠יָּשָׁב וַיַּ֜עַשׂ מִקְצ֤וֹת הָעָם֙ כֹּהֲנֵ֣י בָמ֔וֹת הֶֽחָפֵץ֙ יְמַלֵּ֣א אֶת־יָד֔וֹ וִיהִ֖י כֹּהֲנֵ֥י בָמֽוֹת׃

34 וַיְהִי֙ בַּדָּבָ֣ר הַזֶּ֔ה לְחַטַּ֖את בֵּ֣ית יָרָבְעָ֑ם וּלְהַכְחִיד֙ וּלְהַשְׁמִ֔יד מֵעַ֖ל פְּנֵ֥י הָאֲדָמָֽה׃

CAP. XIV.   יד

1 בָּעֵ֣ת הַהִ֔יא חָלָ֖ה אֲבִיָּ֥ה בֶן־יָרָבְעָֽם׃

2 וַיֹּ֨אמֶר יָרָבְעָ֜ם לְאִשְׁתּ֗וֹ ק֤וּמִי נָא֙ וְהִשְׁתַּנִּ֔ית וְלֹ֣א יֵֽדְע֔וּ כִּֽי־אַ֖תְּ אֵ֣שֶׁת יָרָבְעָ֑ם וְהָלַ֣כְתְּ שִׁלֹ֗ה הִנֵּה־שָׁם֙ אֲחִיָּ֣ה הַנָּבִ֔יא הֽוּא־דִבֶּ֥ר עָלַ֛י לְמֶ֖לֶךְ עַל־הָעָ֥ם הַזֶּֽה׃

3 וְלָקַ֣חַתְּ בְּ֠יָדֵךְ עֲשָׂרָ֨ה לֶ֜חֶם וְנִקֻּדִ֗ים וּבַקְבֻּ֤ק דְּבַשׁ֙ וּבָ֣את אֵלָ֔יו ה֚וּא יַגִּ֣יד לָ֔ךְ מַה־יִּֽהְיֶ֖ה לַנָּֽעַר׃

4 וַתַּ֤עַשׂ כֵּן֙ אֵ֣שֶׁת יָרָבְעָ֔ם וַתָּ֙קָם֙ וַתֵּ֣לֶךְ שִׁלֹ֔ה וַתָּבֹ֖א בֵּ֣ית אֲחִיָּ֑ה וַאֲחִיָּ֙הוּ֙ לֹֽא־יָכֹ֣ל לִרְא֔וֹת כִּ֛י קָ֥מוּ עֵינָ֖יו מִשֵּׂיבֽוֹ׃

5 וַֽיהֹוָ֞ה אָמַ֣ר אֶל־אֲחִיָּ֗הוּ הִנֵּ֣ה אֵ֣שֶׁת יָרָבְעָ֡ם בָּאָ֣ה לִדְרֹשׁ֩ דָּבָ֨ר מֵעִמְּךָ֤ אֶל־בְּנָהּ֙ כִּֽי־חֹלֶ֣ה ה֔וּא כָּזֹ֥ה וְכָזֶ֖ה תְּדַבֵּ֣ר אֵלֶ֑יהָ וִיהִ֣י כְבֹאָ֔הּ וְהִ֖יא מִתְנַכֵּרָֽה׃

6 וַיְהִי֩ כִשְׁמֹ֨עַ אֲחִיָּ֜הוּ אֶת־ק֤וֹל רַגְלֶ֙יהָ֙ בָּאָ֣ה בַפֶּ֔תַח וַיֹּ֕אמֶר בֹּ֖אִי אֵ֣שֶׁת יָרָבְעָ֑ם לָ֣מָּה זֶּ֗ה אַ֚תְּ מִתְנַכֵּרָ֔ה וְאָ֣נֹכִ֔י שָׁל֥וּחַ אֵלַ֖יִךְ קָשָֽׁה׃

7 לְכִ֞י אִמְרִ֣י לְיָרָבְעָ֗ם כֹּֽה־אָמַ֤ר יְהֹוָה֙ אֱלֹהֵ֣י יִשְׂרָאֵ֔ל יַ֛עַן אֲשֶׁ֥ר הֲרִימֹתִ֖יךָ מִתּ֣וֹךְ הָעָ֑ם וָאֶתֶּנְךָ֣ נָגִ֔יד עַ֖ל עַמִּ֥י יִשְׂרָאֵֽל׃

8 וָאֶקְרַ֤ע אֶת־הַמַּמְלָכָה֙ מִבֵּ֣ית דָּוִ֔ד וָאֶתְּנֶ֖הָ לָ֑ךְ וְלֹֽא־הָיִ֜יתָ כְּעַבְדִּ֣י דָוִ֗ד אֲשֶׁר֩ שָׁמַ֨ר מִצְוֹתַ֜י וַאֲשֶׁר־הָלַ֤ךְ אַחֲרַי֙ בְּכָל־לְבָב֔וֹ לַעֲשׂ֕וֹת רַ֖ק הַיָּשָׁ֥ר בְּעֵינָֽי׃

9 וַתָּ֣רַע לַעֲשׂ֔וֹת מִכֹּ֖ל אֲשֶׁר־הָי֣וּ לְפָנֶ֑יךָ וַתֵּ֡לֶךְ וַתַּעֲשֶׂה־לְּךָ֩ אֱלֹהִ֨ים אֲחֵרִ֤ים וּמַסֵּכוֹת֙ לְהַכְעִיסֵ֔נִי וְאֹתִ֥י הִשְׁלַ֖כְתָּ אַחֲרֵ֥י גַוֶּֽךָ׃

10 לָכֵ֗ן הִנְנִ֨י מֵבִ֤יא רָעָה֙ אֶל־בֵּ֣ית יָרָבְעָ֔ם וְהִכְרַתִּ֤י לְיָֽרָבְעָם֙ מַשְׁתִּ֣ין בְּקִ֔יר עָצ֥וּר וְעָז֖וּב בְּיִשְׂרָאֵ֑ל וּבִֽעַרְתִּי֙ אַחֲרֵ֣י בֵית־יָרָבְעָ֔ם כַּאֲשֶׁ֛ר יְבַעֵ֥ר הַגָּלָ֖ל עַד־תֻּמּֽוֹ׃

11 הַמֵּ֨ת לְיָרָבְעָ֤ם בָּעִיר֙ יֹאכְל֣וּ הַכְּלָבִ֔ים וְהַמֵּת֙ בַּשָּׂדֶ֔ה יֹאכְל֖וּ ע֣וֹף הַשָּׁמָ֑יִם כִּ֥י יְהֹוָ֖ה דִּבֵּֽר׃

12 וְאַ֖תְּ ק֣וּמִי לְכִ֣י לְבֵיתֵ֑ךְ בְּבֹאָ֤ה רַגְלַ֙יִךְ֙ הָעִ֔ירָה וּמֵ֖ת הַיָּֽלֶד׃

13 וְסָֽפְדוּ־ל֤וֹ כָל־יִשְׂרָאֵל֙ וְקָבְר֣וּ אֹת֔וֹ כִּֽי־זֶ֣ה לְבַדּ֗וֹ יָבֹ֤א לְיָרָבְעָם֙ אֶל־קָ֔בֶר יַ֣עַן נִמְצָא־ב֞וֹ דָּבָ֣ר ט֗וֹב אֶל־יְהֹוָ֛ה אֱלֹהֵ֥י יִשְׂרָאֵ֖ל בְּבֵ֥ית יָרָבְעָֽם׃

14 וְהֵקִים֩ יְהֹוָ֨ה ל֥וֹ מֶ֙לֶךְ֙ עַל־יִשְׂרָאֵ֔ל אֲשֶׁ֥ר יַכְרִ֛ית אֶת־בֵּ֥ית יָרָבְעָ֖ם זֶ֣ה הַיּ֑וֹם וּמֶ֖ה גַּם־עָֽתָּה׃

15 וְהִכָּ֨ה יְהֹוָ֜ה אֶת־יִשְׂרָאֵ֗ל כַּאֲשֶׁ֨ר יָנ֣וּד הַקָּנֶה֮ בַּמַּיִם֒ וְנָתַ֣שׁ אֶת־יִשְׂרָאֵ֗ל מֵ֠עַל הָאֲדָמָ֨ה הַטּוֹבָ֤ה הַזֹּאת֙ אֲשֶׁ֤ר נָתַן֙ לַאֲבֽוֹתֵיהֶ֔ם וְזֵרָ֖ם מֵעֵ֣בֶר לַנָּהָ֑ר יַ֗עַן אֲשֶׁ֤ר עָשׂוּ֙ אֶת־אֲשֵׁ֣רֵיהֶ֔ם מַכְעִיסִ֖ים אֶת־יְהֹוָֽה׃

16 וְיִתֵּ֖ן אֶת־יִשְׂרָאֵ֑ל בִּגְלַ֞ל חַטֹּ֤אות יָֽרָבְעָם֙ אֲשֶׁ֣ר חָטָ֔א וַאֲשֶׁ֥ר הֶחֱטִ֖יא אֶת־יִשְׂרָאֵֽל׃

17 וַתָּ֙קָם֙ אֵ֣שֶׁת יָרָבְעָ֔ם וַתֵּ֖לֶךְ וַתָּבֹ֣א תִרְצָ֑תָה הִ֛יא בָּאָ֥ה בְסַף־הַבַּ֖יִת וְהַנַּ֥עַר מֵֽת׃

18 וַיִּקְבְּר֥וּ אֹת֛וֹ וַיִּסְפְּדוּ־ל֖וֹ כָּל־יִשְׂרָאֵ֑ל כִּדְבַ֤ר יְהֹוָה֙ אֲשֶׁ֣ר דִּבֶּ֔ר בְּיַד־עַבְדּ֖וֹ אֲחִיָּ֥הוּ הַנָּבִֽיא׃

19 וְיֶ֙תֶר֙ דִּבְרֵ֣י יָרָבְעָ֔ם אֲשֶׁ֥ר נִלְחַ֖ם וַאֲשֶׁ֣ר מָלָ֑ךְ הִנָּ֣ם כְּתוּבִ֗ים עַל־סֵ֛פֶר דִּבְרֵ֥י הַיָּמִ֖ים לְמַלְכֵ֥י יִשְׂרָאֵֽל׃

20 וְהַיָּמִים֙ אֲשֶׁ֣ר מָלַ֣ךְ יָרָבְעָ֔ם עֶשְׂרִ֥ים וּשְׁתַּ֖יִם שָׁנָ֑ה וַיִּשְׁכַּב֙ עִם־אֲבֹתָ֔יו וַיִּמְלֹ֛ךְ נָדָ֥ב בְּנ֖וֹ תַּחְתָּֽיו׃   ס

21 וּרְחַבְעָם֙ בֶּן־שְׁלֹמֹ֔ה מָלַ֖ךְ בִּֽיהוּדָ֑ה בֶּן־אַרְבָּעִ֣ים וְאַחַ֣ת שָׁנָה֩ רְחַבְעָ֨ם בְּמָלְכ֜וֹ וּֽשְׁבַ֣ע עֶשְׂרֵ֣ה שָׁנָ֣ה ׀ מָלַ֣ךְ בִּֽירוּשָׁלִַ֗ם הָ֠עִיר אֲשֶׁר־בָּחַ֨ר יְהֹוָ֜ה לָשׂ֨וּם אֶת־שְׁמ֥וֹ שָׁם֙ מִכֹּל֙ שִׁבְטֵ֣י יִשְׂרָאֵ֔ל וְשֵׁ֣ם אִמּ֔וֹ נַעֲמָ֖ה הָעַמֹּנִֽית׃

boam heard the saying of the man of God, which had cried against ye altar in Beth-el, that he put forth his hand from the altar, saying,*a* Lay hold on him. And his hand, which he put forth against him, dried up, so that he could not pull it in again to him.

5 The altar also was rent, and the ashes poured out from the altar, according to the sign*c* which the man of God had given by the word of the LORD.

6 And the king answered and said unto the man of God, Entreat*d* now the face of the LORD thy God, and pray for me, that my hand may be restored me again. And the man of God besought*β* the LORD, and the king's hand was restored him again, and became as *it was* before.

7 And the king said unto the man of God, Come home with me, and refresh thyself, and I will give thee a*a* reward.

8 And ye man of God said unto ye king, If*f* thou wilt give me half thine house, I will not go in with thee, neither will I eat bread nor drink water in this place:

9 For so was it charged me by the word of the LORD, saying, Eat*h* no bread, nor drink water, nor turn again by the same way that thou camest.

10 So he went another way, and returned not by the way that he came to Beth-el.

11 Now there dwelt an old prophet in Beth-el; and his ζsons came and told him all the works that the man of God had done that day in Beth-el: the words which he had spoken unto the king, them they told also to their father.

12 And their father said unto them, What way went he? For his sons had seen what way the man of God went, which came from Judah.

13 And he said unto his sons, Saddle me the ass. So they saddled him the ass, and he rode thereon,

14 And went after the man of God, and found him sitting under an oak: and he said unto him, Art thou ye man of God that camest from Judah? And he said, I *am.*

15 Then he said unto him, Come home with me, and eat bread.

16 And he said, I may*o* not return with thee, nor go in with thee: neither will I eat bread nor drink water with thee in this place:

17 For κ it was said to me by P the word of the LORD, Thou shalt eat no bread nor drink water there, nor turn again to go by the way that thou camest.

18 He said unto him, I *am* a prophet also as thou *art;* and an angel spake unto me by the word of the LORD, saying, Bring him back with thee into thine house, that he may eat bread and drink water. But he lied*r* unto him.

19 So*t* he went back with him, and did eat bread in his house, and drank water.

20 And it came to pass, as they sat at the table, that the word of the LORD came unto the prophet that brought him back:

21 And he cried unto the man of God that came from Judah, saying, Thus saith the LORD, Forasmuch*x* as thou hast disobeyed the mouth of the LORD, and hast not kept the commandment which the LORD thy God commanded thee,

22 But camest back, and hast eaten*a* bread and drunk water in the place of the which *the LORD* did say*b* to thee, Eat no bread, and drink no water; thy carcase*c* shall not come unto the sepulchre of thy fathers.

B. C. 975.

a 2Ch. 16. 10.
18. 25, &c.
25. 15, 16.
Ps. 105. 15.
Je. 20. 2..4.
Am.7.10..17.
Mat. 25. 40.
Jno. 13. 20.
Ac. 6. 12.
b ch. 20. 36.
Pr. 22. 13.
26. 13.
c ver. 3.
d Ex. 8. 8.
Nu. 21. 7.
Ac. 8. 24.
Ja. 5. 16.
β the face of the LORD.
e 1Sa. 9. 7.
2 Ki. 5. 15.
γ broken.
f Nu. 22. 18.
24. 13.
g ver. 9.
h 1Co. 5. 11.
δ broken.
ζ son.
i Je. 22. 18.
k 2Ki. 23.16..
19.
l ch. 16. 24.
m ch.12.31,32
2Ch. 11. 15.
13. 9.
η returned and made.
n 2Ti. 3. 13.
o ver. 8, 9.
θ filled his hand.
Ju. 17. 12.
κ a word was.
p ch. 20. 35.
1Th. 4. 15.
q ch. 14. 10.
Pr. 13. 6.
r Is. 9. 15.
Je. 23. 32.
s ch. 11. 31.
t De.13.1,3,5.
18. 20.
Ac. 4. 19.
u 1Sa. 9. 7, 8.
λ in thine hand.
μ or, *cakes.*
ν or, *bottle.*
w ch. 11. 29.
1Sa.13.13,14.
15. 23.
π stood for his hoariness.
y Ge. 27. 1.
Ec. 12. 3.
z Ps. 139. 1..4.
a ver. 19.
b ver. 9.
c ver. 30.
ch. 14. 13.
2Ch. 21. 20.
Is.14.18,20
Je.22,18,19.

---

23 And it came to pass, after he had eaten bread, and after he had drunk, that he saddled for him the ass, *to wit,* for the prophet whom he had brought back.

24 And when he was gone, a lion*b* met him by the way, and slew him; and his carcase *was* cast in the way, and the ass stood by it, the lion also stood by the carcase.

25 And, behold, men passed by, and saw the carcase cast in the way, and the lion standing by the carcase: and they came and told *it* in the city where the old prophet dwelt.

26 And when the prophet that brought him back from the way heard *thereof,* he said, It *is* the man of God, who was disobedient unto the word of the LORD; therefore the LORD hath delivered him unto the lion, which hath γ torn him, and slain him, according to the word of the LORD, which he*g* spake unto him.

27 And he spake to his sons, saying, Saddle me the ass. And they saddled *him.*

28 And he went, and found his carcase cast in the way, and the ass and the lion standing by the carcase: the lion had not eaten the carcase, nor δ torn the ass.

29 And the prophet took up the carcase of the man of God, and laid it upon the ass, and brought it back: and the old prophet came to the city, to mourn and to bury him.

30 And he laid his carcase in his own grave; and they mourned over him, *saying,* Alas,*i* my brother!

31 And it came to pass, after he had buried him, that he spake to his sons, saying, When I am dead, then bury me in the sepulchre wherein the man of God *is* buried: lay*k* my bones beside his bones:

32 For the saying which he cried by the word of the LORD against the altar in Beth-el, and against all the houses of the high places which *are* in the cities of Samaria,*l* shall surely come to pass.

33 After*m* this thing Jeroboam returned not from his evil way, but η made again*n* of the lowest of the people priests of the high places: whosoever would, he θ consecrated him, and he became *one* of the priests of the high places.

34 And this thing became sin unto the house of Jeroboam, even to*q* cut *it* off, and to destroy *it* from off the face of the earth.

CHAP. XIV.

AT that time Abijah the son of Jeroboam fell sick.

2 And Jeroboam said to his wife, Arise, I pray thee, and disguise thyself, that thou be not known to be the wife of Jeroboam; and get thee to Shiloh: behold, there *is* Ahijah the prophet, which*t* told me that *I should be* king over this people.

3 And*u* take λ with thee ten loaves, and μ cracknels, and a ν cruse of honey, and go to him: he shall tell thee what shall become of the child.

4 And Jeroboam's wife did so, and arose, and went to Shiloh,*w* and came to the house of Ahijah. But Ahijah could not see, for his eyes π were set by reason of his age.*y*

5 And the LORD said*z* unto Ahijah, Behold, the wife of Jeroboam cometh to ask a thing of thee for her son, for he *is* sick: thus and thus shalt thou say unto her; for it shall be, when she cometh in, that she shall feign herself *to be* another *woman.*

6 And it was *so,* when Ahijah heard the

6 וַיְהִ֣י כִשְׁמֹ֣עַ אֲחִיָּ֗הוּ אֶת־ק֤וֹל רַגְלֶ֙יהָ֙ בָּאָ֣ה בַפֶּ֔תַח וַיֹּ֕אמֶר בֹּ֖אִי אֵ֣שֶׁת יָרָבְעָ֑ם לָ֣מָּה זֶּ֗ה אַ֚תְּ מִתְנַכֵּרָ֔ה וְאָ֣נֹכִ֔י שָׁל֥וּחַ אֵלַ֖יִךְ קָשָֽׁה׃

7 לְכִ֞י אִמְרִ֣י לְיָרָבְעָ֗ם כֹּֽה־אָמַ֤ר יְהֹוָה֙ אֱלֹהֵ֣י יִשְׂרָאֵ֔ל יַ֛עַן אֲשֶׁ֥ר הֲרִימֹתִ֖יךָ מִתּ֣וֹךְ הָעָ֑ם וָאֶתֶּנְךָ֣ נָגִ֔יד עַ֖ל עַמִּ֥י יִשְׂרָאֵֽל׃

8 וָאֶקְרַ֣ע אֶת־הַמַּמְלָכָ֗ה מִבֵּ֣ית דָּוִד֮ וָאֶתְּנֶ֣הָ לָךְ֒ וְלֹֽא־הָיִ֜יתָ כְּעַבְדִּ֣י דָוִ֗ד אֲשֶׁר֩ שָׁמַ֨ר מִצְוֺתַ֜י וַאֲשֶׁר־הָלַ֤ךְ אַחֲרַי֙ בְּכׇל־לְבָב֔וֹ לַעֲשׂ֕וֹת רַ֖ק הַיָּשָׁ֥ר בְּעֵינָֽי׃

9 וַתָּ֙רַע֙ לַעֲשׂ֔וֹת מִכֹּ֖ל אֲשֶׁר־הָי֣וּ לְפָנֶ֑יךָ וַתֵּ֡לֶךְ וַתַּעֲשֶׂה־לְּךָ֩ אֱלֹהִ֨ים אֲחֵרִ֤ים וּמַסֵּכוֹת֙ לְהַכְעִיסֵ֔נִי וְאֹתִ֥י הִשְׁלַ֖כְתָּ אַחֲרֵ֥י גַוֶּֽךָ׃

10 לָכֵ֗ן הִנְנִ֨י מֵבִ֤יא רָעָה֙ אֶל־בֵּ֣ית יָרָבְעָ֔ם וְהִכְרַתִּ֤י לְיָֽרָבְעָם֙ מַשְׁתִּ֣ין בְּקִ֔יר עָצ֥וּר וְעָז֖וּב בְּיִשְׂרָאֵ֑ל וּבִֽעַרְתִּי֙ אַחֲרֵ֣י בֵית־יָרָבְעָ֔ם כַּאֲשֶׁ֛ר יְבַעֵ֥ר הַגָּלָ֖ל עַד־תֻּמּֽוֹ׃

11 הַמֵּ֨ת לְיָֽרָבְעָ֤ם בָּעִיר֙ יֹאכְל֣וּ הַכְּלָבִ֔ים וְהַמֵּת֙ בַּשָּׂדֶ֔ה יֹאכְל֖וּ ע֣וֹף הַשָּׁמָ֑יִם כִּ֥י יְהֹוָ֖ה דִּבֵּֽר׃

12 וְאַ֥תְּ ק֙וּמִי֙ לְכִ֣י לְבֵיתֵ֔ךְ בְּבֹאָ֥ה רַגְלַ֛יִךְ הָעִ֖ירָה וּמֵ֥ת הַיָּֽלֶד׃

13 וְסָֽפְדוּ־ל֤וֹ כׇל־יִשְׂרָאֵל֙ וְקָבְר֣וּ אֹת֔וֹ כִּֽי־זֶ֣ה לְבַדּ֔וֹ יָבֹ֥א לְיָרָבְעָ֖ם אֶל־קָ֑בֶר יַ֣עַן נִמְצָא־ב֞וֹ דָּבָ֣ר ט֗וֹב אֶל־יְהֹוָ֛ה אֱלֹהֵ֥י יִשְׂרָאֵ֖ל בְּבֵ֥ית יָרָבְעָֽם׃

14 וְהֵקִים֩ יְהֹוָ֨ה ל֥וֹ מֶ֙לֶךְ֙ עַל־יִשְׂרָאֵ֔ל אֲשֶׁ֥ר יַכְרִ֛ית אֶת־בֵּ֥ית יָרָבְעָ֖ם זֶ֣ה הַיּ֑וֹם וּמֶ֖ה גַּם־עָֽתָּה׃

15 וְהִכָּ֨ה יְהֹוָ֜ה אֶת־יִשְׂרָאֵ֗ל כַּאֲשֶׁ֨ר יָנ֣וּד הַקָּנֶה֮ בַּמַּ֒יִם֒ וְנָתַ֣שׁ אֶת־יִשְׂרָאֵ֗ל מֵ֠עַ֠ל הָאֲדָמָ֨ה הַטּוֹבָ֤ה הַזֹּאת֙ אֲשֶׁ֤ר נָתַן֙ לַאֲב֣וֹתֵיהֶ֔ם וְזֵרָ֖ם מֵעֵ֣בֶר לַנָּהָ֑ר יַ֗עַן אֲשֶׁ֤ר עָשׂוּ֙ אֶת־אֲשֵׁ֣רֵיהֶ֔ם מַכְעִיסִ֖ים אֶת־יְהֹוָֽה׃

16 וְיִתֵּ֖ן אֶת־יִשְׂרָאֵ֑ל בִּגְלַ֞ל חַטֹּ֤אות יָֽרָבְעָם֙ אֲשֶׁ֣ר חָטָ֔א וַאֲשֶׁ֥ר הֶחֱטִ֖יא אֶת־יִשְׂרָאֵֽל׃

17 וַתָּ֙קׇם֙ אֵ֣שֶׁת יָרָבְעָ֔ם וַתֵּ֖לֶךְ וַתָּבֹ֣א תִרְצָ֑תָה הִ֛יא בָּאָ֥ה בְסַף־הַבַּ֖יִת וְהַנַּ֥עַר מֵֽת׃

18 וַיִּקְבְּר֥וּ אֹת֛וֹ וַיִּסְפְּדוּ־ל֖וֹ כׇּל־יִשְׂרָאֵ֑ל כִּדְבַ֤ר יְהֹוָה֙ אֲשֶׁ֣ר דִּבֶּ֔ר בְּיַד־עַבְדּ֖וֹ אֲחִיָּ֥הוּ הַנָּבִֽיא׃

19 וְיֶ֙תֶר֙ דִּבְרֵ֣י יָרָבְעָ֔ם אֲשֶׁ֥ר נִלְחַ֖ם וַאֲשֶׁ֣ר מָלָ֑ךְ הִנָּ֣ם כְּתוּבִ֗ים עַל־סֵ֛פֶר דִּבְרֵ֥י הַיָּמִ֖ים לְמַלְכֵ֥י יִשְׂרָאֵֽל׃

20 וְהַיָּמִים֙ אֲשֶׁ֣ר מָלַ֣ךְ יָרׇבְעָ֔ם עֶשְׂרִ֥ים וּשְׁתַּ֖יִם שָׁנָ֑ה וַיִּשְׁכַּב֙ עִם־אֲבֹתָ֔יו וַיִּמְלֹ֛ךְ נָדָ֥ב בְּנ֖וֹ תַּחְתָּֽיו׃

21 וּרְחַבְעָם֙ בֶּן־שְׁלֹמֹ֔ה מָלַ֖ךְ בִּֽיהוּדָ֑ה בֶּן־אַרְבָּעִ֣ים וְאַחַ֣ת שָׁנָה֩ רְחַבְעָ֨ם בְּמׇלְכ֜וֹ וּֽשֲׁבַ֨ע עֶשְׂרֵ֥ה שָׁנָ֣ה ׀ מָלַ֣ךְ בִּירוּשָׁלַ֗͏ִם הָ֠עִ֠יר אֲשֶׁר־בָּחַ֨ר יְהֹוָ֜ה לָשׂ֨וּם אֶת־שְׁמ֥וֹ שָׁם֙ מִכֹּל֙ שִׁבְטֵ֣י יִשְׂרָאֵ֔ל וְשֵׁ֣ם אִמּ֔וֹ נַעֲמָ֖ה הָעַמֹּנִֽית׃

22 וַיַּ֧עַשׂ יְהוּדָ֛ה הָרַ֖ע בְּעֵינֵ֣י יְהֹוָ֑ה וַיְקַנְא֣וּ אֹת֗וֹ מִכֹּל֙ אֲשֶׁ֣ר עָשׂ֣וּ אֲבֹתָ֔ם בְּחַטֹּאתָ֖ם אֲשֶׁ֥ר חָטָֽאוּ׃

23 וַיִּבְנ֨וּ גַם־הֵ֧מָּה לָהֶ֛ם בָּמ֥וֹת וּמַצֵּב֖וֹת וַאֲשֵׁרִ֑ים עַ֚ל כׇּל־גִּבְעָ֣ה גְבֹהָ֔ה וְתַ֖חַת כׇּל־עֵ֥ץ רַעֲנָֽן׃

24 וְגַם־קָדֵ֖שׁ הָיָ֣ה בָאָ֑רֶץ עָשׂ֗וּ כְּכֹל֙ הַתּוֹעֲבֹ֣ת הַגּוֹיִ֔ם אֲשֶׁר֙ הוֹרִ֣ישׁ יְהֹוָ֔ה מִפְּנֵ֖י בְּנֵ֥י יִשְׂרָאֵֽל׃

25 וַֽיְהִ֛י בַּשָּׁנָ֥ה הַחֲמִישִׁ֖ית לַמֶּ֣לֶךְ רְחַבְעָ֑ם עָלָ֛ה שׁוּשַׁ֥ק מֶלֶךְ־מִצְרַ֖יִם עַל־יְרוּשָׁלָֽ͏ִם׃

26 וַיִּקַּ֞ח אֶת־אֹצְר֣וֹת בֵּית־יְהֹוָ֗ה וְאֶת־אֽוֹצְרוֹת֙ בֵּ֣ית הַמֶּ֔לֶךְ וְאֶת־הַכֹּ֖ל לָקָ֑ח וַיִּקַּח֙ אֶת־כׇּל־מָגִנֵּ֣י הַזָּהָ֔ב אֲשֶׁ֥ר עָשָׂ֖ה שְׁלֹמֹֽה׃

27 וַיַּ֨עַשׂ הַמֶּ֤לֶךְ רְחַבְעָם֙ תַּחְתָּ֔ם מָגִנֵּ֖י נְחֹ֑שֶׁת וְהִפְקִ֗יד עַל־יַד֙ שָׂרֵ֣י הָרָצִ֔ים הַשֹּׁ֣מְרִ֔ים פֶּ֖תַח בֵּ֥ית הַמֶּֽלֶךְ׃

28 וַיְהִ֛י מִדֵּי־בֹ֥א הַמֶּ֖לֶךְ בֵּ֣ית יְהֹוָ֑ה יִשָּׂאוּם֙ הָֽרָצִ֔ים וֶהֱשִׁיב֖וּם אֶל־תָּ֥א הָרָצִֽים׃

29 וְיֶ֛תֶר דִּבְרֵ֥י רְחַבְעָ֖ם וְכׇל־אֲשֶׁ֣ר עָשָׂ֑ה הֲלֹא־הֵ֣מָּה כְתוּבִ֗ים עַל־סֵ֛פֶר דִּבְרֵ֥י הַיָּמִ֖ים לְמַלְכֵ֥י יְהוּדָֽה׃

30 וּמִלְחָמָ֨ה הָיְתָ֧ה בֵין־רְחַבְעָ֛ם וּבֵ֥ין יָרָבְעָ֖ם כׇּל־הַיָּמִֽים׃

31 וַיִּשְׁכַּ֨ב רְחַבְעָ֜ם עִם־אֲבֹתָ֗יו וַיִּקָּבֵ֤ר עִם־אֲבֹתָיו֙ בְּעִ֣יר דָּוִ֔ד וְשֵׁ֣ם אִמּ֔וֹ נַעֲמָ֖ה הָעַמֹּנִ֑ית וַיִּמְלֹ֛ךְ אֲבִיָּ֥ם בְּנ֖וֹ תַּחְתָּֽיו׃

CAP. XV. טו

1 וּבִשְׁנַת֙ שְׁמֹנֶ֣ה עֶשְׂרֵ֣ה לַמֶּ֔לֶךְ יָרָבְעָ֖ם בֶּן־נְבָ֑ט מָלַ֥ךְ אֲבִיָּ֖ם עַל־יְהוּדָֽה׃

2 שָׁלֹ֣שׁ שָׁנִ֔ים מָלַ֖ךְ בִּירוּשָׁלָ֑͏ִם וְשֵׁ֣ם אִמּ֔וֹ מַעֲכָ֖ה בַּת־אֲבִישָׁלֽוֹם׃

3 וַיֵּ֕לֶךְ בְּכׇל־חַטֹּ֥אות אָבִ֖יו אֲשֶׁר־עָשָׂ֣ה לְפָנָ֑יו וְלֹא־הָיָ֨ה לְבָב֜וֹ שָׁלֵ֗ם עִם־יְהֹוָ֣ה אֱלֹהָ֔יו כִּלְבַ֖ב דָּוִ֥ד אָבִֽיו׃

4 כִּ֚י לְמַ֣עַן דָּוִ֔ד נָתַן֩ יְהֹוָ֨ה אֱלֹהָ֥יו ל֛וֹ נִ֖יר בִּירוּשָׁלָ֑͏ִם לְהָקִ֤ים אֶת־בְּנוֹ֙ אַחֲרָ֔יו וּֽלְהַעֲמִ֖יד אֶת־יְרוּשָׁלָֽ͏ִם׃

5 אֲשֶׁ֣ר עָשָׂ֣ה דָוִ֗ד אֶת־הַיָּשָׁר֙ בְּעֵינֵ֣י יְהֹוָ֔ה וְלֹֽא־סָ֥ר מִכֹּ֛ל אֲשֶׁר־צִוָּ֖הוּ כֹּ֣ל יְמֵ֣י חַיָּ֑יו רַ֕ק בִּדְבַ֖ר אוּרִיָּ֥ה הַחִתִּֽי׃

6 וּמִלְחָמָ֨ה הָיְתָ֧ה בֵין־רְחַבְעָ֛ם וּבֵ֥ין יָרָבְעָ֖ם כׇּל־יְמֵ֥י חַיָּֽיו׃

7 וְיֶ֨תֶר דִּבְרֵ֤י אֲבִיָּם֙ וְכׇל־אֲשֶׁ֣ר עָשָׂ֔ה הֲלֽוֹא־הֵ֣ם כְּתוּבִ֗ים עַל־סֵ֛פֶר דִּבְרֵ֥י הַיָּמִ֖ים לְמַלְכֵ֣י יְהוּדָ֑ה וּמִלְחָמָ֥ה הָיְתָ֛ה בֵּ֥ין אֲבִיָּ֖ם וּבֵ֥ין יָרָבְעָֽם׃

8 וַיִּשְׁכַּ֤ב אֲבִיָּם֙ עִם־אֲבֹתָ֔יו וַיִּקְבְּר֥וּ אֹת֖וֹ בְּעִ֣יר דָּוִ֑ד וַיִּמְלֹ֛ךְ אָסָ֥א בְנ֖וֹ תַּחְתָּֽיו׃

9 וּבִשְׁנַ֣ת עֶשְׂרִ֔ים לְיָרָבְעָ֖ם מֶ֣לֶךְ יִשְׂרָאֵ֑ל מָלַ֥ךְ אָסָ֖א מֶ֥לֶךְ יְהוּדָֽה׃

10 וְאַרְבָּעִ֤ים וְאַחַת֙ שָׁנָ֔ה מָלַ֖ךְ בִּירוּשָׁלָ֑͏ִם וְשֵׁ֣ם אִמּ֔וֹ מַעֲכָ֖ה בַּת־אֲבִישָׁלֽוֹם׃

11 וַיַּ֧עַשׂ אָסָ֛א הַיָּשָׁ֖ר בְּעֵינֵ֣י יְהֹוָ֑ה כְּדָוִ֖ד אָבִֽיו׃

12 וַיַּעֲבֵ֥ר הַקְּדֵשִׁ֖ים מִן־הָאָ֑רֶץ וַיָּ֙סַר֙ אֶת־כׇּל־הַגִּלֻּלִ֔ים אֲשֶׁ֥ר עָשׂ֖וּ אֲבֹתָֽיו׃

13 וְגַ֣ם ׀ אֶת־מַעֲכָ֣ה אִמּ֗וֹ וַיְסִרֶ֙הָ֙ מִגְּבִירָ֔ה אֲשֶׁר־עָשְׂתָ֥ה מִפְלֶ֖צֶת לָאֲשֵׁרָ֑ה וַיִּכְרֹ֤ת אָסָא֙ אֶת־מִפְלַצְתָּ֔הּ וַיִּשְׂרֹ֖ף בְּנַ֥חַל קִדְרֽוֹן׃

sound of her feet, as she came in at the door, that he said, Come in, thou wife of Jeroboam; why feignest thou thyself *to be* another? For I *am* sent to thee with β heavy tidings.

7 Go, tell Jeroboam, Thus saith the LORD God of Israel, Forasmuch *e* as I exalted thee from among the people, and made thee prince over my people Israel,

8 And rent *g* the kingdom away from the house of David and gave it thee; and yet thou hast not been as my servant David, who *i* kept my commandments, and who followed me with all his heart, to do *that* only *which was* right in mine eyes;

9 But hast done evil above all that were before thee: for *k* thou hast gone and made thee other gods, and molten images, to provoke *m* me to anger, and hast cast *n* me behind thy back;

10 Therefore, behold, I will bring evil upon the house of Jeroboam, and will cut off *o* from Jeroboam him that pisseth against the wall, *and* him that is shut *p* up and left in Israel, and will take away the remnant of the house of Jeroboam, as a man taketh away dung, till it be all gone.

11 Him *q* that dieth of Jeroboam in the city shall the dogs eat; and him that dieth in the field shall the fowls of the air eat: for the LORD hath spoken it.

12 Arise thou, therefore, get thee to thine own house; *and* when thy feet enter into the city, the child shall die. *s*

13 And all Israel shall mourn for him, and bury him: for he only of Jeroboam shall come to the grave, because *t* in him there is found *v some* good thing toward the LORD God of Israel in the house of Jeroboam.

14 Moreover, the LORD shall raise him up a king over Israel, who *x* shall cut off the house of Jeroboam that day: but what? even now.

15 For the LORD shall smite Israel as a reed is shaken in the water, and *b* he shall root *c* up Israel out of this good land which he gave to their fathers, and shall scatter *e* them beyond the river, because they have made their *g* groves, provoking the LORD to anger.

16 And he shall give Israel up, *k* because of the sins of Jeroboam, who *i* did sin, and who made Israel to sin.

17 And Jeroboam's wife arose, and departed, and came to Tirzah; *k and* when she came to the threshold of the door, the child died;

18 And they buried him; and all Israel mourned for him, according to the word of the LORD, which he spake *l* by the hand of his servant Ahijah the prophet.

19 And the rest of the acts of Jeroboam, how he warred, *m* and how he reigned, behold, they *are* written in the book of the Chronicles of the kings of Israel.

20 And the days which Jeroboam reigned *were* two and twenty years: and he *η* slept with his fathers, and Nadab his son reigned in his stead.

21 And Rehoboam the son of Solomon reigned in Judah. Rehoboam *was o* forty and one years old when he began to reign, and he reigned seventeen years in Jerusalem, the city *p* which the LORD did choose out of all the tribes of Israel, to put his name there. And his mother's name *was* Naamah, an Ammonitess.

22 And Judah did evil in the sight of the

B. C. 956.

a De. 32. 21.
Ps. 78. 58.
1Co. 10.22.

β hard.

b Eze. 16.24, 25.

γ or, *standing images,* or, *statues.*

c 2Ki.17.9,10.
d Is. 57. 5.
Je. 3. 13.
e ch. 16. 2.
f De. 23.17.
2 Ki. 23. 7.
g ch.11.31.38.
h 2 Ch. 12. 2, &c.
i ch. 15. 5.
k ch. 12. 28.
2Ch. 11. 15.
l ch. 10. 17.
m Ps. 106. 29.
n Ne. 9. 26.
Ps. 50. 17.
Eze. 23.35.

δ runners.

o ch. 15. 29.
p De. 32. 36.
2 Ki. 14. 26.
q ch. 16. 4.
21. 24.
r ch. 12. 24.
15. 6.
s ver. 17.
t Eze. 18. 14, &c.
u 2Ch. 12. 16.
Abijah.
Mat. 1. 7.
Abia.
v 2 Ch. 19. 3.
w 2 Ch. 13. 1, &c.
x ch.15.27.29.
y 2Ch. 11. 20.. 22.
z 2 Ch. 13. 2.
Michaiah the daughter of Uriel.
a 2Ch. 11. 21.
Absalom.
b De.28.63,66.
Jos.23.15,16.
c Ps. 52. 5.
d ch. 11. 4.
e 2 Ki. 15. 29.
17. 6.
f 2 Ch. 21. 7.
g De. 12. 3, 4.
Is. 1. 28,29.
ζ or, *candle.*
ch. 11. 36.
h Ps. 81. 12.
i ch.15.30,34.
16. 2.
k ch. 16. 6, 8.
l ver. 12, 13.
m 2 Ch. 13. 2, &c.
n 2 Ch. 14. 1, &c.
η lay down.
θ i. e. *grandmother's.* ver. 2.
o 2Ch. 12. 13.
p ch. 11. 36.

LORD, and they provoked him to *a* jealousy with their sins which they had committed, above all that their fathers had done:

23 For they also built them high *b* places, and *γ* images, and groves, *c* on every high hill, and *d* under every green tree.

24 And *f* there were also sodomites in the land; *and* they did according to all the abominations of the nations which the LORD cast out before y *e* children of Israel.

25 And *h* it came to pass, in the fifth year of king Rehoboam, *that* Shishak king of Egypt came up against Jerusalem:

26 And he took away the treasures of the house of the LORD, and the treasures of the king's house; he even took away all: and he took away all the shields of gold *l* which Solomon had made.

27 And king Rehoboam made in their stead brazen shields, and committed *them* unto the hands of the chief of the *δ* guard, which kept the door of the king's house.

28 And it was *so*, when the king went into the house of the LORD, that the guard bare them, and brought them back into the guard-chamber.

29 Now the rest of the acts of Rehoboam, and all that he did, *are* they not written in the book of the Chronicles of the kings of Judah?

30 And *f* there was war between Rehoboam and Jeroboam all *their* days.

31 And Rehoboam slept with his fathers, and was buried with his fathers in the city of David. And his mother's name *was* Naamah, an Ammonitess. And Abijam *u* his son reigned in his stead.

CHAP. XV.

NOW *w* in the eighteenth year of king Jeroboam the son of Nebat, reigned Abijam over Judah.

2 Three years reigned he in Jerusalem. And *y* his mother's name *was z* Maachah, the daughter of Abishalom. *a*

3 And he walked in all the sins of his father, which he had done before him: and his heart *d* was not perfect with the LORD his God, as the heart of David his father.

4 Nevertheless, *f* for David's sake, did the LORD his God give him a *ζ* lamp in Jerusalem, to set up his son after him, and to establish Jerusalem:

5 Because David did *that which was* right in the eyes of the LORD, and turned not aside from any *thing* that he commanded him all the days of his life, save only in the matter of Uriah the Hittite.

6 And there was war between Rehoboam and Jeroboam all the days of his life.

7 Now the rest of the acts of Abijam, and all that he did, *are* they not written in the book of the Chronicles of the kings of Judah? And there was war between Abijam and Jeroboam.

8 And *n* Abijam slept with his fathers; and they buried him in the city of David: and Asa his son reigned in his stead.

9 And in the twentieth year of Jeroboam king of Israel reigned Asa over Judah.

10 And forty and one years reigned he in Jerusalem. And his *θ* mother's name *was* Maachah, the daughter of Abishalom.

11 And Asa did *that which was* right in the eyes of the LORD, as *did* David his father.

12 And he took away the sodomites out of the land, and removed all the idols that his fathers had made.

13 And also Maachah his mother, even her he removed from *being* queen, because

245

14 וְהַבָּמֹות לֹא־סָרוּ רַק לְבַב־אָסָא הָיָה שָׁלֵם עִם־
יְהוָה כָּל־יָמָיו׃ 15 וַיָּבֵא אֶת־קָדְשֵׁי אָבִיו וְקָדְשׁו
בֵּית יְהוָה כֶּסֶף וְזָהָב וְכֵלִים׃ 16 וּמִלְחָמָה הָיְתָה
בֵּין אָסָא וּבֵין בַּעְשָׁא מֶלֶךְ־יִשְׂרָאֵל כָּל־יְמֵיהֶם׃
17 וַיַּעַל בַּעְשָׁא מֶלֶךְ־יִשְׂרָאֵל עַל־יְהוּדָה וַיִּבֶן אֶת־
הָרָמָה לְבִלְתִּי תֵּת יֹצֵא וָבָא לְאָסָא מֶלֶךְ יְהוּדָה׃
18 וַיִּקַּח אָסָא אֶת־כָּל־הַכֶּסֶף וְהַזָּהָב הַנּותָרִים
בְּאוֹצְרוֹת בֵּית־יְהוָה וְאֶת־אוֹצְרוֹת בֵּית הַמֶּלֶךְ
וַיִּתְּנֵם בְּיַד־עֲבָדָיו וַיִּשְׁלָחֵם הַמֶּלֶךְ אָסָא אֶל־בֶּן־
הֲדַד בֶּן־טַבְרִמֹּן בֶּן־חֶזְיֹון מֶלֶךְ אֲרָם הַיֹּשֵׁב בְּדַמֶּשֶׂק
19 לֵאמֹר׃ בְּרִית בֵּינִי וּבֵינֶךָ בֵּין אָבִי וּבֵין אָבִיךָ
הִנֵּה שָׁלַחְתִּי לְךָ שֹׁחַד כֶּסֶף וְזָהָב לֵךְ הָפֵרָה אֶת־
בְּרִיתְךָ אֶת־בַּעְשָׁא מֶלֶךְ־יִשְׂרָאֵל וְיַעֲלֶה מֵעָלָי׃
20 וַיִּשְׁמַע בֶּן־הֲדַד אֶל־הַמֶּלֶךְ אָסָא וַיִּשְׁלַח אֶת־שָׂרֵי
הַחֲיָלִים אֲשֶׁר־לו עַל־עָרֵי יִשְׂרָאֵל וַיַּךְ אֶת־עִיּוֹן
וְאֶת־דָּן וְאֵת אָבֵל בֵּית־מַעֲכָה וְאֵת כָּל־כִּנְּרוֹת עַל
21 כָּל־אֶרֶץ נַפְתָּלִי׃ וַיְהִי כִּשְׁמֹעַ בַּעְשָׁא וַיֶּחְדַּל
22 מִבְּנֹות אֶת־הָרָמָה וַיֵּשֶׁב בְּתִרְצָה׃ וְהַמֶּלֶךְ אָסָא
הִשְׁמִיעַ אֶת־כָּל־יְהוּדָה אֵין נָקִי וַיִּשְׂאוּ אֶת־אַבְנֵי
הָרָמָה וְאֶת־עֵצֶיהָ אֲשֶׁר בָּנָה בַּעְשָׁא וַיִּבֶן בָּם
הַמֶּלֶךְ אָסָא אֶת־גֶּבַע בִּנְיָמִן וְאֶת־הַמִּצְפָּה׃
23 וְיֶתֶר כָּל־דִּבְרֵי־אָסָא וְכָל־גְּבוּרָתוֹ וְכָל־אֲשֶׁר עָשָׂה
וְהֶעָרִים אֲשֶׁר בָּנָה הֲלֹא־הֵמָּה כְתוּבִים עַל־סֵפֶר
דִּבְרֵי הַיָּמִים לְמַלְכֵי יְהוּדָה רַק לְעֵת זִקְנָתוֹ
24 וַיִּשְׁכַּב אָסָא עִם־אֲבֹתָיו וַיִּקָּבֵר עִם־אֲבֹתָיו בְּעִיר
דָּוִד אָבִיו וַיִּמְלֹךְ יְהוֹשָׁפָט בְּנוֹ
25 תַּחְתָּיו׃ וְנָדָב בֶּן־יָרָבְעָם מָלַךְ עַל־יִשְׂרָאֵל
בִּשְׁנַת שְׁתַּיִם לְאָסָא מֶלֶךְ יְהוּדָה וַיִּמְלֹךְ עַל־יִשְׂרָאֵל
26 שְׁנָתָיִם׃ וַיַּעַשׂ הָרַע בְּעֵינֵי יְהוָה וַיֵּלֶךְ בְּדֶרֶךְ
אָבִיו וּבְחַטָּאתֹו אֲשֶׁר הֶחֱטִיא אֶת־יִשְׂרָאֵל׃
27 וַיִּקְשֹׁר עָלָיו בַּעְשָׁא בֶן־אֲחִיָּה לְבֵית יִשָּׂשכָר וַיַּכֵּהוּ
בַעְשָׁא בְּגִבְּתֹון אֲשֶׁר לַפְּלִשְׁתִּים וְנָדָב וְכָל־יִשְׂרָאֵל
28 צָרִים עַל־גִּבְּתֹון׃ וַיְמִתֵהוּ בַעְשָׁא בִּשְׁנַת שָׁלֹשׁ
29 לְאָסָא מֶלֶךְ יְהוּדָה וַיִּמְלֹךְ תַּחְתָּיו׃ וַיְהִי כְמָלְכֹו
הִכָּה אֶת־כָּל־בֵּית יָרָבְעָם לֹא־הִשְׁאִיר כָּל־נְשָׁמָה
לְיָרָבְעָם עַד־הִשְׁמִדֹו כִּדְבַר יְהוָה אֲשֶׁר דִּבֶּר בְּיַד־
30 עַבְדֹּו אֲחִיָּה הַשִּׁילֹנִי׃ עַל־חַטֹּאות יָרָבְעָם אֲשֶׁר
חָטָא וַאֲשֶׁר הֶחֱטִיא אֶת־יִשְׂרָאֵל בְּכַעְסֹו אֲשֶׁר

31 הִכְעִיס אֶת־יְהוָה אֱלֹהֵי יִשְׂרָאֵל׃ וְיֶתֶר דִּבְרֵי
נָדָב וְכָל־אֲשֶׁר עָשָׂה הֲלֹא־הֵם כְּתוּבִים עַל־סֵפֶר
32 דִּבְרֵי הַיָּמִים לְמַלְכֵי יִשְׂרָאֵל׃ וּמִלְחָמָה הָיְתָה
בֵּין אָסָא וּבֵין בַּעְשָׁא מֶלֶךְ־יִשְׂרָאֵל כָּל־יְמֵיהֶם׃
33 בִּשְׁנַת שָׁלֹשׁ לְאָסָא מֶלֶךְ יְהוּדָה מָלַךְ
בַּעְשָׁא בֶן־אֲחִיָּה עַל־כָּל־יִשְׂרָאֵל בְּתִרְצָה עֶשְׂרִים
34 וְאַרְבַּע שָׁנָה׃ וַיַּעַשׂ הָרַע בְּעֵינֵי יְהוָה וַיֵּלֶךְ
בְּדֶרֶךְ יָרָבְעָם וּבְחַטָּאתֹו אֲשֶׁר הֶחֱטִיא אֶת־יִשְׂרָאֵל׃

CAP. XVI. י

1 וַיְהִי דְבַר־יְהוָה אֶל־יֵהוּא בֶן־חֲנָנִי עַל־בַּעְשָׁא לֵאמֹר׃
2 יַעַן אֲשֶׁר הֲרִימֹתִיךָ מִן־הֶעָפָר וָאֶתֶּנְךָ נָגִיד עַל
עַמִּי יִשְׂרָאֵל וַתֵּלֶךְ בְּדֶרֶךְ יָרָבְעָם וַתַּחֲטִא אֶת־
3 עַמִּי יִשְׂרָאֵל לְהַכְעִיסֵנִי בְּחַטֹּאתָם׃ הִנְנִי מַבְעִיר
אַחֲרֵי בַעְשָׁא וְאַחֲרֵי בֵיתֹו וְנָתַתִּי אֶת־בֵּיתְךָ כְּבֵית
4 יָרָבְעָם בֶּן־נְבָט׃ הַמֵּת לְבַעְשָׁא בָּעִיר יֹאכְלוּ
הַכְּלָבִים וְהַמֵּת לֹו בַּשָּׂדֶה יֹאכְלוּ עֹוף הַשָּׁמָיִם׃
5 וְיֶתֶר דִּבְרֵי בַעְשָׁא וַאֲשֶׁר עָשָׂה וּגְבוּרָתֹו הֲלֹא־הֵם
כְּתוּבִים עַל־סֵפֶר דִּבְרֵי הַיָּמִים לְמַלְכֵי יִשְׂרָאֵל׃
6 וַיִּשְׁכַּב בַּעְשָׁא עִם־אֲבֹתָיו וַיִּקָּבֵר בְּתִרְצָה וַיִּמְלֹךְ
7 אֵלָה בְנֹו תַּחְתָּיו׃ וְגַם בְּיַד־יֵהוּא בֶן־חֲנָנִי הַנָּבִיא
דְּבַר־יְהוָה הָיָה אֶל־בַּעְשָׁא וְאֶל־בֵּיתֹו וְעַל כָּל־
הָרָעָה אֲשֶׁר־עָשָׂה בְּעֵינֵי יְהוָה לְהַכְעִיסֹו בְּמַעֲשֵׂה
יָדָיו לִהְיֹות כְּבֵית יָרָבְעָם וְעַל אֲשֶׁר־הִכָּה אֹתֹו׃
8 בִּשְׁנַת עֶשְׂרִים וָשֵׁשׁ
שָׁנָה לְאָסָא מֶלֶךְ יְהוּדָה מָלַךְ אֵלָה בֶן־בַּעְשָׁא
9 עַל־יִשְׂרָאֵל בְּתִרְצָה שְׁנָתָיִם׃ וַיִּקְשֹׁר עָלָיו
עַבְדֹּו זִמְרִי שַׂר מַחֲצִית הָרָכֶב וְהוּא בְתִרְצָה
שֹׁתֶה שִׁכֹּור בֵּית אַרְצָא אֲשֶׁר עַל־הַבַּיִת בְּתִרְצָה׃
10 וַיָּבֹא זִמְרִי וַיַּכֵּהוּ וַיְמִיתֵהוּ בִּשְׁנַת עֶשְׂרִים וָשֶׁבַע
לְאָסָא מֶלֶךְ יְהוּדָה וַיִּמְלֹךְ תַּחְתָּיו׃ 11 וַיְהִי בְמָלְכֹו
כְּשִׁבְתֹּו עַל־כִּסְאֹו הִכָּה אֶת־כָּל־בֵּית בַּעְשָׁא לֹא־
הִשְׁאִיר לֹו מַשְׁתִּין בְּקִיר וְגֹאֲלָיו וְרֵעֵהוּ׃ 12 וַיַּשְׁמֵד
זִמְרִי אֵת כָּל־בֵּית בַּעְשָׁא כִּדְבַר יְהוָה אֲשֶׁר דִּבֶּר
אֶל־בַּעְשָׁא בְּיַד יֵהוּא הַנָּבִיא׃ 13 אֶל כָּל־חַטֹּאות בַּעְשָׁא
וְחַטֹּאות אֵלָה בְנֹו אֲשֶׁר חָטְאוּ וַאֲשֶׁר הֶחֱטִיאוּ
אֶת־יִשְׂרָאֵל לְהַכְעִיס אֶת־יְהוָה אֱלֹהֵי יִשְׂרָאֵל
14 בְּהַבְלֵיהֶם׃ וְיֶתֶר דִּבְרֵי אֵלָה וְכָל־אֲשֶׁר עָשָׂה
הֲלֹוא־הֵם כְּתוּבִים עַל־סֵפֶר דִּבְרֵי הַיָּמִים לְמַלְכֵי

she had made an idol in a grove: and Asa[a] β destroyed her idol, and burnt[b] *it* by the brook Kidron.

14 But[d] the high places were not removed: nevertheless Asa's heart was perfect with the LORD all his days.

15 And he brought in the γ things which his father had dedicated, and the things which himself had dedicated, into y[e] house of the LORD, silver, and gold, and vessels.

16 And there was war between Asa, and Baasha king of Israel all their days.

17 And[f] Baasha king of Israel went up against Judah, and built Ramah,[g] that he[i] might not suffer any to go out or come in to Asa king of Judah.

18 Then Asa took all the silver and the gold *that were* left in the treasures of the house of the LORD, and the treasures of the king's house, and delivered them into the hand of his servants: and king Asa sent them to Ben-hadad, the son of Tabrimon, the son of Hezion, king of Syria, that dwelt[o] at Damascus, saying,

19 *There is* a league between me and thee, *and* between my father and thy father: behold, I have sent unto thee a present of silver and gold; come and break thy league with Baasha king of Israel, that he may δ depart from me.

20 So Ben-hadad hearkened unto king Asa, and sent the captains of the hosts which he had against the cities of Israel, and smote Ijon,[t] and Dan,[u] and Abelbeth-maachah,[v] and all Cinneroth, with all the land of Naphtali.

21 And it came to pass, when Baasha heard *thereof*, that he left off building of Ramah, and dwelt in Tirzah.

22 Then king Asa made a proclamation throughout all Judah; none *was* ζ exempted ; and they took away the stones of Ramah, and the timber thereof, wherewith Baasha had builded : and king Asa built with them Geba[a] of Benjamin, & Mizpah.[b]

23 The rest of all the acts of Asa, and all his might, and all that he did, and the cities which he built, *are* they not written in the book of the Chronicles of the kings of Judah? Nevertheless in the time of his old age he was diseased[e] in his feet.

24 And Asa slept with his fathers, and was buried with his fathers in the city of David his father: and[g] Jehoshaphat[h] his son reigned in his stead.

25 And Nadab the son of Jeroboam θ began to reign over Israel in the second year of Asa king of Judah, and reigned over Israel two years.

26 And he did evil in the sight of the LORD, and walked in the way of his father, and in his sin wherewith he made Israel to sin.

27 And Baasha the son of Ahijah, of the house of Issachar, conspired against him ; and[l] Baasha smote him at[m] Gibbethon, which *belonged* to the Philistines ; (for Nadab and all Israel laid siege to Gibbethon;)

28 Even in the third year of Asa king of Judah did Baasha slay him, and reigned in his stead.

29 And it came to pass, when he reigned, *that* he smote all the house of Jeroboam ; he left not to Jeroboam any that breathed, until he had destroyed him, according unto the saying[q] of the LORD, which he spake by his servant Ahijah the Shilonite:

30 Because of the sins of Jeroboam which he sinned, and which he made Is-

Center reference column

B. C. 951.

a 2Ch. 15. 16, &c.
β *cut off.*
b Ex. 32. 20.
c ch. 14. 22.
d ch. 22. 43.
γ *holy.*
e ver. 16.
f 2 Ch. 16. 1, &c.
g Jos. 18. 25.
h ch.12.28,29. 13. 33, 34.
i ch. 12. 27.
k ch. 14. 16. 1s. 1. 4.
l ver. 7.
2 Ch. 19. 2. 20. 34.
m ch. 15. 33.
n ch. 14. 7.
o ch.11.23,24.
p ch. 15. 34.
q Mat. 5. 19.
r ver. 11. ch.21.21,22.
δ *go up*
s ch. 14. 11.
t 2 Ki. 15. 29.
u Ju. 18. 29.
v 2 Sa. 20. 14.
w 2 Ch. 16. 1, &c.
x ch. 15. 21.
ζ *free.*
y ver. 1.
z Ex. 20. 5.
a Jos. 21. 17.
b Jos. 18. 26.
c ver. 13.
d ch.15.27.29
e 2Ch.16. 12.
f 2 Ki. 9. 31.
g 2 Ch. 17. 1, &c.
h Mat. 1. 8. called Josaphat.
i Na. 1. 10.
η *which was over.*
θ *reigned.*
k 1 Sa. 25. 22.
κ or, *both his kinsmen & his friends.*
l ch. 14. 14.
m ch. 16. 15. Jos. 21. 23.
n ver. 3.
λ *by the hand of.*
o ch. 15. 30.
p De. 32. 21. 1 Sa. 12. 21. Is. 41. 29. Jon. 2. 8. Ro.1.21,23. 1 Co. 8. 4. 10. 19.
q ch. 14. 9,16.

rael sin, by his provocation wherewith he provoked[c] y[e] LORD God of Israel to anger.

31 Now the rest of the acts of Nadab, and all that he did, *are* they not written in the book of the Chronicles of the kings of Israel?

32 And[e] there was war between Asa and Baasha king of Israel all their days.

33 In the third year of Asa king of Judah began Baasha the son of Ahijah to reign over all Israel in Tirzah, twenty and four years.

34 And he did evil in the sight of the LORD, and walked in the way[h] of Jeroboam, and in his sin[k] wherewith he made Israel to sin.

CHAP. XVI.

THEN the word of the LORD came to Jehu[l] the son of Hanani, against Baasha,[m] saying,

2 Forasmuch[n] as I exalted thee out of the dust, and made thee prince over my people Israel, and thou hast walked in the way[p] of Jeroboam, and hast[q] made my people Israel to sin, to provoke me to anger with their sins;

3 Behold, I will[r] take away the posterity of Baasha, and the posterity of his house; and will make thy house like the house of Jeroboam the son of Nebat.

4 Him[s] that dieth of Baasha in the city shall the dogs eat; and him that dieth of his in the fields shall the fowls of the air eat.

5 Now the rest of the acts of Baasha, and what he did, and his might, *are* they not written[w] in the book of the Chronicles of the kings of Israel?

6 So Baasha slept with his fathers, and was buried in Tirzah:[x] and Elah his son reigned in his stead.

7 And also by the hand of the[y] prophet Jehu, the son of Hanani, came the word of the LORD against Baasha, and against his house,[z] even for all the evil that he did in the sight of the LORD, in[c] provoking him to anger with the work of his hands; in being like the house of Jeroboam ; and because[d] he killed him.

8 In the twenty and sixth year of Asa king of Judah began Elah y[e] son of Baasha to reign over Israel in Tirzah, two years.

9 And his servant Zimri,[f] captain of half *his* chariots, conspired against him as he was in Tirzah, drinking himself drunk[i] in the house of Arza, η steward of *his* house in Tirzah.

10 And Zimri went in and smote him, and killed him, in the twenty and seventh year of Asa king of Judah, and reigned in his stead.

11 And it came to pass,when he began to reign, as soon as he sat on his throne, *that* he slew all the house of Baasha: he left him not one[k] that pisseth against a wall, κ neither of his kinsfolks, nor of his friends.

12 Thus did Zimri destroy all the house of Baasha, according to the word of the LORD, which he spake[n] against Baasha λ by Jehu the prophet,

13 For all the sins of Baasha, and the sins of Elah his son, by which they sinned, and by which they made Israel to sin, in provoking[o] the LORD God of Israel to anger with their vanities.[p]

14 Now the rest of the acts of Elah,and all that he did,*are* they not written in the book of the Chronicles of the kings of Israel?

15 In the twenty and seventh year of Asa king of Judah did Zimri reign seven

15 בִּשְׁנַת עֶשְׂרִים וָשֶׁבַע שָׁנָה לְאָסָא מֶלֶךְ יְהוּדָה מָלַךְ זִמְרִי שִׁבְעַת יָמִים בְּתִרְצָה וְהָעָם חֹנִים עַל־גִּבְּתוֹן אֲשֶׁר לַפְּלִשְׁתִּים׃

16 וַיִּשְׁמַע הָעָם הַחֹנִים לֵאמֹר קָשַׁר זִמְרִי וְגַם הִכָּה אֶת־הַמֶּלֶךְ וַיַּמְלִכוּ כָל־יִשְׂרָאֵל אֶת־עָמְרִי שַׂר־צָבָא עַל־יִשְׂרָאֵל בַּיּוֹם הַהוּא בַּמַּחֲנֶה׃

17 וַיַּעֲלֶה עָמְרִי וְכָל־יִשְׂרָאֵל עִמּוֹ מִגִּבְּתוֹן וַיָּצֻרוּ עַל־תִּרְצָה׃

18 וַיְהִי כִּרְאוֹת זִמְרִי כִּי־נִלְכְּדָה הָעִיר וַיָּבֹא אֶל־אַרְמוֹן בֵּית־הַמֶּלֶךְ וַיִּשְׂרֹף עָלָיו אֶת־בֵּית־מֶלֶךְ בָּאֵשׁ וַיָּמֹת׃

19 עַל־חַטֹּאתָיו אֲשֶׁר חָטָא לַעֲשׂוֹת הָרַע בְּעֵינֵי יְהוָה לָלֶכֶת בְּדֶרֶךְ יָרָבְעָם וּבְחַטָּאתוֹ אֲשֶׁר עָשָׂה לְהַחֲטִיא אֶת־יִשְׂרָאֵל׃

20 וְיֶתֶר דִּבְרֵי זִמְרִי וְקִשְׁרוֹ אֲשֶׁר קָשָׁר הֲלֹא־הֵם כְּתוּבִים עַל־סֵפֶר דִּבְרֵי הַיָּמִים לְמַלְכֵי יִשְׂרָאֵל׃

21 אָז יֵחָלֵק הָעָם יִשְׂרָאֵל לַחֵצִי חֲצִי הָעָם הָיָה אַחֲרֵי תִבְנִי בֶן־גִּינַת לְהַמְלִיכוֹ וְהַחֲצִי אַחֲרֵי עָמְרִי׃

22 וַיֶּחֱזַק הָעָם אֲשֶׁר אַחֲרֵי עָמְרִי אֶת־הָעָם אֲשֶׁר אַחֲרֵי תִּבְנִי בֶן־גִּינַת וַיָּמָת תִּבְנִי וַיִּמְלֹךְ עָמְרִי׃

23 בִּשְׁנַת שְׁלֹשִׁים וְאַחַת שָׁנָה לְאָסָא מֶלֶךְ יְהוּדָה מָלַךְ עָמְרִי עַל־יִשְׂרָאֵל שְׁתֵּים עֶשְׂרֵה שָׁנָה בְּתִרְצָה מָלַךְ שֵׁשׁ־שָׁנִים׃

24 וַיִּקֶן אֶת־הָהָר שֹׁמְרוֹן מֵאֵת שֶׁמֶר בְּכִכְּרַיִם כָּסֶף וַיִּבֶן אֶת־הָהָר וַיִּקְרָא אֶת־שֵׁם הָעִיר אֲשֶׁר בָּנָה עַל שֶׁם־שֶׁמֶר אֲדֹנֵי הָהָר שֹׁמְרוֹן׃

25 וַיַּעֲשֶׂה עָמְרִי הָרַע בְּעֵינֵי יְהוָה וַיָּרַע מִכֹּל אֲשֶׁר לְפָנָיו׃

26 וַיֵּלֶךְ בְּכָל־דֶּרֶךְ יָרָבְעָם בֶּן־נְבָט וּבְחַטָּאתוֹ אֲשֶׁר הֶחֱטִיא אֶת־יִשְׂרָאֵל לְהַכְעִיס אֶת־יְהוָה אֱלֹהֵי יִשְׂרָאֵל בְּהַבְלֵיהֶם׃

27 וְיֶתֶר דִּבְרֵי עָמְרִי אֲשֶׁר עָשָׂה וּגְבוּרָתוֹ אֲשֶׁר עָשָׂה הֲלֹא־הֵם כְּתוּבִים עַל־סֵפֶר דִּבְרֵי הַיָּמִים לְמַלְכֵי יִשְׂרָאֵל׃

28 וַיִּשְׁכַּב עָמְרִי עִם־אֲבֹתָיו וַיִּקָּבֵר בְּשֹׁמְרוֹן וַיִּמְלֹךְ אַחְאָב בְּנוֹ תַּחְתָּיו׃

29 וְאַחְאָב בֶּן־עָמְרִי מָלַךְ עַל־יִשְׂרָאֵל בִּשְׁנַת שְׁלֹשִׁים וּשְׁמֹנֶה שָׁנָה לְאָסָא מֶלֶךְ יְהוּדָה וַיִּמְלֹךְ אַחְאָב בֶּן־עָמְרִי עַל־יִשְׂרָאֵל בְּשֹׁמְרוֹן עֶשְׂרִים וּשְׁתַּיִם שָׁנָה׃

30 וַיַּעַשׂ אַחְאָב בֶּן־עָמְרִי הָרַע בְּעֵינֵי יְהוָה מִכֹּל אֲשֶׁר לְפָנָיו׃

31 וַיְהִי הֲנָקֵל לֶכְתּוֹ בְּחַטֹּאות יָרָבְעָם בֶּן־נְבָט וַיִּקַּח אִשָּׁה אֶת־אִיזֶבֶל בַּת־אֶתְבַּעַל מֶלֶךְ צִידֹנִים וַיֵּלֶךְ וַיַּעֲבֹד אֶת־הַבַּעַל וַיִּשְׁתַּחוּ לוֹ׃

32 וַיָּקֶם מִזְבֵּחַ לַבָּעַל בֵּית הַבַּעַל אֲשֶׁר בָּנָה בְּשֹׁמְרוֹן׃

33 וַיַּעַשׂ אַחְאָב אֶת־הָאֲשֵׁרָה וַיּוֹסֶף אַחְאָב לַעֲשׂוֹת לְהַכְעִיס אֶת־יְהוָה אֱלֹהֵי יִשְׂרָאֵל

34 מִכֹּל מַלְכֵי יִשְׂרָאֵל אֲשֶׁר הָיוּ לְפָנָיו׃ בְּיָמָיו בָּנָה חִיאֵל בֵּית הָאֱלִי אֶת־יְרִיחֹה בַּאֲבִירָם בְּכֹרוֹ יִסְּדָהּ וּבִשְׂגִיב צְעִירוֹ הִצִּיב דְּלָתֶיהָ כִּדְבַר יְהוָה אֲשֶׁר דִּבֶּר בְּיַד יְהוֹשֻׁעַ בִּן־נוּן׃

CAP. XVII. יז

1 וַיֹּאמֶר אֵלִיָּהוּ הַתִּשְׁבִּי מִתֹּשָׁבֵי גִלְעָד אֶל־אַחְאָב חַי־יְהוָה אֱלֹהֵי יִשְׂרָאֵל אֲשֶׁר עָמַדְתִּי לְפָנָיו אִם־יִהְיֶה הַשָּׁנִים הָאֵלֶּה טַל וּמָטָר כִּי אִם־לְפִי דְבָרִי׃

2 וַיְהִי דְבַר־יְהוָה אֵלָיו לֵאמֹר׃

3 לֵךְ מִזֶּה וּפָנִיתָ לְּךָ קֵדְמָה וְנִסְתַּרְתָּ בְּנַחַל כְּרִית אֲשֶׁר עַל־פְּנֵי הַיַּרְדֵּן׃

4 וְהָיָה מֵהַנַּחַל תִּשְׁתֶּה וְאֶת־הָעֹרְבִים צִוִּיתִי לְכַלְכֶּלְךָ שָׁם׃

5 וַיֵּלֶךְ וַיַּעַשׂ כִּדְבַר יְהוָה וַיֵּלֶךְ וַיֵּשֶׁב בְּנַחַל כְּרִית אֲשֶׁר עַל־פְּנֵי הַיַּרְדֵּן׃

6 וְהָעֹרְבִים מְבִאִים לוֹ לֶחֶם וּבָשָׂר בַּבֹּקֶר וְלֶחֶם וּבָשָׂר בָּעָרֶב וּמִן־הַנַּחַל יִשְׁתֶּה׃

7 וַיְהִי מִקֵּץ יָמִים וַיִּיבַשׁ הַנָּחַל כִּי לֹא־הָיָה גֶשֶׁם בָּאָרֶץ׃

8 וַיְהִי דְבַר־יְהוָה אֵלָיו לֵאמֹר׃

9 קוּם לֵךְ צָרְפַתָה אֲשֶׁר לְצִידוֹן וְיָשַׁבְתָּ שָׁם הִנֵּה צִוִּיתִי שָׁם אִשָּׁה אַלְמָנָה לְכַלְכְּלֶךָ׃

10 וַיָּקָם וַיֵּלֶךְ צָרְפַתָה וַיָּבֹא אֶל־פֶּתַח הָעִיר וְהִנֵּה־שָׁם אִשָּׁה אַלְמָנָה מְקֹשֶׁשֶׁת עֵצִים וַיִּקְרָא אֵלֶיהָ וַיֹּאמַר קְחִי־נָא לִי מְעַט־מַיִם בַּכְּלִי וְאֶשְׁתֶּה׃

11 וַתֵּלֶךְ לָקַחַת וַיִּקְרָא אֵלֶיהָ וַיֹּאמַר לִקְחִי־נָא לִי פַּת־לֶחֶם בְּיָדֵךְ׃

12 וַתֹּאמֶר חַי־יְהוָה אֱלֹהֶיךָ אִם־יֶשׁ־לִי מָעוֹג כִּי אִם־מְלֹא כַף־קֶמַח בַּכַּד וּמְעַט־שֶׁמֶן בַּצַּפָּחַת וְהִנְנִי מְקֹשֶׁשֶׁת שְׁנַיִם עֵצִים וּבָאתִי וַעֲשִׂיתִיהוּ לִי וְלִבְנִי וַאֲכַלְנֻהוּ וָמָתְנוּ׃

13 וַיֹּאמֶר אֵלֶיהָ אֵלִיָּהוּ אַל־תִּירְאִי בֹּאִי עֲשִׂי כִדְבָרֵךְ אַךְ עֲשִׂי־לִי מִשָּׁם עֻגָה קְטַנָּה בָרִאשֹׁנָה וְהוֹצֵאתְ לִי וְלָךְ וְלִבְנֵךְ תַּעֲשִׂי בָּאַחֲרֹנָה׃

14 כִּי כֹה אָמַר יְהוָה אֱלֹהֵי יִשְׂרָאֵל כַּד הַקֶּמַח לֹא תִכְלָה וְצַפַּחַת הַשֶּׁמֶן לֹא תֶחְסָר עַד יוֹם תֵּת־יְהוָה גֶּשֶׁם עַל־פְּנֵי הָאֲדָמָה׃

15 וַתֵּלֶךְ וַתַּעֲשֶׂה כִּדְבַר אֵלִיָּהוּ וַתֹּאכַל הִיא־וָהוּא וּבֵיתָהּ יָמִים׃

16 כַּד הַקֶּמַח לֹא כָלָתָה וְצַפַּחַת הַשֶּׁמֶן לֹא חָסֵר כִּדְבַר יְהוָה אֲשֶׁר דִּבֶּר בְּיַד אֵלִיָּהוּ׃

17 וַיְהִי אַחַר הַדְּבָרִים הָאֵלֶּה חָלָה בֶּן־הָאִשָּׁה בַּעֲלַת הַבָּיִת וַיְהִי חָלְיוֹ חָזָק מְאֹד עַד אֲשֶׁר לֹא־נוֹתְרָה־בּוֹ נְשָׁמָה׃

18 וַתֹּאמֶר אֶל־אֵלִיָּהוּ מַה־לִּי וָלָךְ אִישׁ הָאֱלֹהִים בָּאתָ אֵלַי לְהַזְכִּיר אֶת־עֲוֹנִי וּלְהָמִית אֶת־בְּנִי׃

19 וַיֹּאמֶר אֵלֶיהָ תְּנִי־לִי אֶת־בְּנֵךְ וַיִּקָּחֵהוּ

days in Tirzah.*a* And the people *were* encamped against Gibbethon,*b* which *belonged* to the Philistines.

16 And the people *that were* encamped heard say, Zimri hath conspired, and hath also slain the king: wherefore all Israel made Omri, the captain of the host, king over Israel that day in the camp.

17 And Omri went up from Gibbethon, and all Israel with him, and they besieged Tirzah.

18 And it came to pass, when Zimri saw that the city was taken, that he went into the palace of the king's house, and burnt the king's house over him*g* with fire, and died,

19 For his sins which he sinned in doing evil in the sight of the LORD, in walking*h* in the way of Jeroboam, and in his sin which he did, to make Israel to sin.

20 Now the rest of the acts of Zimri, and his treason that he wrought, *are* they not written in the book of the Chronicles of the kings of Israel?

21 Then were the people of Israel divided*l* into two parts: half of the people followed Tibni the son of Ginath, to make him king; and half followed Omri.

22 But the people that followed Omri prevailed against the people that followed Tibni the son of Ginath: so Tibni died, and Omri reigned.

23 In the thirty and first year of Asa king of Judah began Omri*n* to reign over Israel, twelve years: six years reigned he in Tirzah.

24 And he bought the hill Samaria of Shemer for two talents of silver, and built on the hill, and called the name of the city which he built, after the name of Shemer, owner of the hill, *δ* Samaria.*o*

25 But Omri wrought evil*p* in the eyes of the LORD, and did worse than all that *were* before him.

26 For he walked*q* in all the way of Jeroboam the son of Nebat, and in his sin wherewith he made Israel to sin, to provoke the LORD God of Israel to anger with their vanities.*r*

27 Now the rest of the acts of Omri which he did, and his might that he shewed, *are* they not written in the book of the Chronicles of the kings of Israel?

28 So Omri slept with his fathers, and was buried in Samaria: and Ahab his son reigned in his stead.

29 And in the thirty and eighth year of Asa king of Judah, began Ahab the son of Omri to reign over Israel: and Ahab the son of Omri reigned over Israel, in Samaria, twenty and two years.

30 And Ahab the son of Omri did evil in the sight of the LORD above*u* all that *were* before him.

31 And it came to pass, *θ* as if it had been a light*v* thing for him to walk in the sins of Jeroboam the son of Nebat, that he took to wife*w* Jezebel the daughter of Ethbaal king of the Zidonians,*x* and*y* went and served Baal, and worshipped him.

32 And he reared up an altar for Baal in the house of Baal, which he had built in Samaria.

33 And Ahab made a grove;*a* and Ahab did more*c* to provoke the LORD God of Israel to anger than all the kings of Israel that were before him.

34 In his days did Hiel the Beth-elite build Jericho: he laid the foundation thereof in Abiram his first-born, and set

B. C. 929.

a ver. 8.
b ch. 15. 27.
c Jos. 6. 26.
Mat. 24. 35.
β Elijahu.
Lu. 1. 17.
4. 25.
he is called
Elias.
d 2 Ki. 3. 14.
e De. 10. 8.
f Lu. 4. 25.
Ja. 5. 17.
g 2 Sa. 17. 23.
Ps. 9. 16.
h ch. 12. 28.
15. 26, 34.
i Is. 43. 20.
k Ps. 37. 3, 19.
Is. 33. 16.
Hab. 3. 17, 18.
Mat. 6. 31..33.
Lu. 22. 35.
He. 13. 5, 6.
l Pr. 28. 2.
Is. 9. 19..21.
19. 2.
Mat. 12. 25.
*γ at the end
of days.*
m Ob. 20.
Lu. 4. 26.
called *Sarepta.*
n 2 Ch. 22. 2.
δ Shomeron.
o ch. 13. 32.
2 Ki. 17. 24.
Jnᵒ. 4. 4.
Ac. 8. 5..8.
p Mi. 6. 16.
q ver. 19.
r ver. 13.
Ac. 14. 15.
s Ge. 21. 16.
Je. 14. 18.
La. 4. 9.
t Pr. 3. 9, 10.
Mar. 9. 41.
He. 6. 10.
ζ giveth.
η or, *a full
year.*
u ver. 33.
*θ was it a
light thing?*
v Eze. 8. 17.
16. 47.
*κ by the hand
of*
w De. 7. 3.
Jos. 23. 12, 13.
x Ju. 18. 7.
y ch. 21. 25, 26.
2 Ki. 10. 18,
&c.
17. 16.
λ Lu. 5. 8.
a 2 Ki. 13. 6.
17. 10.
21. 3.
Je. 17. 1, 2.
b Job 13. 23,
26.
Eze. 21. 23, 24
c ver. 30.
ch. 21. 25.

up the gates thereof in his youngest *son* Segub, according to the word of the LORD, which he spake*e* by Joshua the son of Nun.

CHAP. XVII.

AND *β* Elijah the Tishbite, *who was of* the inhabitants of Gilead, said unto Ahab, *As*d the LORD God of Israel liveth, before*e* whom I stand, there*f* shall not be dew nor rain these years, but according to my word.

2 And the word of the LORD came unto him, saying,

3 Get thee hence, and turn thee eastward, and hide thyself by the brook Cherith, that *is* before Jordan.

4 And it shall be, *that* thou shalt drink of the brook; and I have commanded the ravens*i* to feed thee there.

5 So he went, and did according unto the word of the LORD: for he went and dwelt by the brook Cherith, that *is* before Jordan.

6 And*k* the ravens brought him bread and flesh in the morning, and bread and flesh in the evening: and he drank of the brook.

7 And it came to pass, *γ* after a while, that the brook dried up, because there had been no rain in the land.

8 And the word of the LORD came unto him, saying,

9 Arise, get thee to Zarephath,*m* which *belongeth* to Zidon, and dwell there: behold, I have commanded a widow woman there to sustain thee.

10 So he arose, and went to Zarephath. And when he came to the gate of the city, behold, the widow woman *was* there gathering of sticks: and he called to her, and said, Fetch me, I pray thee, a little water in a vessel, that I may drink.

11 And as she was going to fetch *it*, he called to her, and said, Bring me, I pray thee, a morsel of bread in thine hand.

12 And she said, *As* the LORD thy God liveth, I have not a cake, but an handful of meal in a barrel, and a little oil in a cruse: and, behold, I *am* gathering two sticks, that I may go in and dress it for me and my son, that we may eat it, and die.*s*

13 And Elijah said unto her, Fear not; go, *and* do as thou hast said: but make me thereof a little cake first,*t* and bring *it* unto me, and after make for thee and for thy son.

14 For thus saith the LORD God of Israel, The barrel of meal shall not waste, neither shall the cruse of oil fail, until the day *that* the LORD *ζ* sendeth rain upon the earth.

15 And she went, and did according to the saying of Elijah; and she, and he, and her house, did eat, *η many* days.

16 *And* the barrel of meal wasted not, neither did the cruse of oil fail, according to the word of the LORD, which he spake *κ* by Elijah.

17 And it came to pass, after these things, *that* the son of the woman, the mistress of the house, fell sick; and his sickness was so sore, that there was no breath left in him.

18 And she said unto Elijah, What*x* have I to do with thee, O thou man of God? art thou come unto me to call*b* my sin to remembrance, and to slay my son?

19 And he said unto her, Give me thy son. And he took him out of her bosom, and carried him up into a loft where he abode, and laid him upon his own bed.

20 And he cried unto the LORD, and said,

מְחִקָּה וַיַּעֲלֵהוּ אֶל־הָעֲלִיָּה אֲשֶׁר־הוּא יֹשֵׁב שָׁם

20 וַיַּשְׁכִּבֵהוּ עַל־מִטָּתוֹ׃ וַיִּקְרָא אֶל־יְהֹוָה וַיֹּאמַר יְהֹוָה אֱלֹהָי הֲגַם עַל־הָאַלְמָנָה אֲשֶׁר־אֲנִי מִתְגּוֹרֵר

21 עִמָּהּ הֲרֵעוֹתָ לְהָמִית אֶת־בְּנָהּ׃ וַיִּתְמֹדֵד עַל־הַיֶּלֶד שָׁלֹשׁ פְּעָמִים וַיִּקְרָא אֶל־יְהֹוָה וַיֹּאמַר יְהֹוָה אֱלֹהָי תָּשָׁב־נָא נֶפֶשׁ־הַיֶּלֶד הַזֶּה עַל־קִרְבּוֹ׃

22 וַיִּשְׁמַע יְהֹוָה בְּקוֹל אֵלִיָּהוּ וַתָּשָׁב נֶפֶשׁ־הַיֶּלֶד עַל־

23 קִרְבּוֹ וַיֶּחִי׃ וַיִּקַּח אֵלִיָּהוּ אֶת־הַיֶּלֶד וַיֹּרִדֵהוּ מִן־הָעֲלִיָּה הַבַּיְתָה וַיִּתְּנֵהוּ לְאִמּוֹ וַיֹּאמֶר אֵלִיָּהוּ רְאִי חַי בְּנֵךְ׃

24 וַתֹּאמֶר הָאִשָּׁה אֶל־אֵלִיָּהוּ עַתָּה זֶה יָדַעְתִּי כִּי אִישׁ אֱלֹהִים אָתָּה וּדְבַר־יְהֹוָה בְּפִיךָ אֱמֶת׃

CAP. XVIII. יח

1 וַיְהִי יָמִים רַבִּים וּדְבַר־יְהֹוָה הָיָה אֶל־אֵלִיָּהוּ בַּשָּׁנָה הַשְּׁלִישִׁית לֵאמֹר לֵךְ הֵרָאֵה אֶל־אַחְאָב וְאֶתְּנָה מָטָר עַל־פְּנֵי הָאֲדָמָה׃

2 וַיֵּלֶךְ אֵלִיָּהוּ לְהֵרָאוֹת אֶל־אַחְאָב וְהָרָעָב חָזָק בְּשֹׁמְרוֹן׃

3 וַיִּקְרָא אַחְאָב אֶל־עֹבַדְיָהוּ אֲשֶׁר עַל־הַבָּיִת וְעֹבַדְיָהוּ הָיָה יָרֵא אֶת־יְהֹוָה מְאֹד׃

4 וַיְהִי בְּהַכְרִית אִיזֶבֶל אֵת נְבִיאֵי יְהֹוָה וַיִּקַּח עֹבַדְיָהוּ מֵאָה נְבִאִים וַיַּחְבִּיאֵם חֲמִשִּׁים אִישׁ בַּמְּעָרָה וְכִלְכְּלָם לֶחֶם וָמָיִם׃

5 וַיֹּאמֶר אַחְאָב אֶל־עֹבַדְיָהוּ לֵךְ בָּאָרֶץ אֶל־כָּל־מַעְיְנֵי הַמַּיִם וְאֶל כָּל־הַנְּחָלִים אוּלַי נִמְצָא חָצִיר וּנְחַיֶּה סוּס וָפֶרֶד וְלוֹא נַכְרִית מִן־הַבְּהֵמָה׃

6 וַיְחַלְּקוּ לָהֶם אֶת־הָאָרֶץ לַעֲבָר־בָּהּ אַחְאָב הָלַךְ בְּדֶרֶךְ אֶחָד לְבַדּוֹ וְעֹבַדְיָהוּ הָלַךְ בְּדֶרֶךְ־אֶחָד לְבַדּוֹ׃

7 וַיְהִי עֹבַדְיָהוּ בַּדֶּרֶךְ וְהִנֵּה אֵלִיָּהוּ לִקְרָאתוֹ וַיַּכִּרֵהוּ וַיִּפֹּל עַל־פָּנָיו וַיֹּאמֶר הַאַתָּה זֶה אֲדֹנִי אֵלִיָּהוּ׃

8 וַיֹּאמֶר לוֹ אָנִי לֵךְ אֱמֹר לַאדֹנֶיךָ הִנֵּה אֵלִיָּהוּ׃

9 וַיֹּאמֶר מֶה חָטָאתִי כִּי־אַתָּה נֹתֵן אֶת־עַבְדְּךָ בְּיַד־אַחְאָב לַהֲמִיתֵנִי׃

10 חַי יְהֹוָה אֱלֹהֶיךָ אִם־יֶשׁ־גּוֹי וּמַמְלָכָה אֲשֶׁר לֹא־שָׁלַח אֲדֹנִי שָׁם לְבַקֶּשְׁךָ וְאָמְרוּ אָיִן וְהִשְׁבִּיעַ אֶת־הַמַּמְלָכָה וְאֶת־

11 הַגּוֹי כִּי לֹא יִמְצָאֶכָּה׃ וְעַתָּה אַתָּה אֹמֵר לֵךְ

12 אֱמֹר לַאדֹנֶיךָ הִנֵּה אֵלִיָּהוּ׃ וְהָיָה אֲנִי אֵלֵךְ מֵאִתָּךְ וְרוּחַ יְהֹוָה יִשָּׂאֲךָ עַל אֲשֶׁר לֹא־אֵדָע וּבָאתִי לְהַגִּיד לְאַחְאָב וְלֹא יִמְצָאֲךָ וַהֲרָגָנִי וְעַבְדְּךָ

13 יָרֵא אֶת־יְהֹוָה מִנְּעֻרָי׃ הֲלֹא־הֻגַּד לַאדֹנִי אֵת אֲשֶׁר־עָשִׂיתִי בַּהֲרֹג אִיזֶבֶל אֵת נְבִיאֵי יְהֹוָה וָאַחְבִּא מִנְּבִיאֵי יְהֹוָה מֵאָה אִישׁ חֲמִשִּׁים חֲמִשִּׁים אִישׁ

14 בַּמְּעָרָה וָאֲכַלְכְּלֵם לֶחֶם וָמָיִם׃ וְעַתָּה אַתָּה

אֹמֵר לֵךְ אֱמֹר לַאדֹנֶיךָ הִנֵּה אֵלִיָּהוּ וַהֲרָגָנִי׃

15 וַיֹּאמֶר אֵלִיָּהוּ חַי יְהֹוָה צְבָאוֹת אֲשֶׁר עָמַדְתִּי לְפָנָיו כִּי הַיּוֹם אֵרָאֶה אֵלָיו׃

16 וַיֵּלֶךְ עֹבַדְיָהוּ לִקְרַאת אַחְאָב וַיַּגֶּד־לוֹ וַיֵּלֶךְ אַחְאָב לִקְרַאת אֵלִיָּהוּ׃

17 וַיְהִי כִּרְאוֹת אַחְאָב אֶת־אֵלִיָּהוּ וַיֹּאמֶר אַחְאָב אֵלָיו הַאַתָּה זֶה עֹכֵר יִשְׂרָאֵל׃

18 וַיֹּאמֶר לֹא עָכַרְתִּי אֶת־יִשְׂרָאֵל כִּי אִם־אַתָּה וּבֵית אָבִיךָ בַּעֲזָבְכֶם אֶת־מִצְוֹת יְהֹוָה וַתֵּלֶךְ אַחֲרֵי הַבְּעָלִים׃

19 וְעַתָּה שְׁלַח קְבֹץ אֵלַי אֶת־כָּל־יִשְׂרָאֵל אֶל־הַר הַכַּרְמֶל וְאֶת־נְבִיאֵי הַבַּעַל אַרְבַּע מֵאוֹת וַחֲמִשִּׁים וּנְבִיאֵי הָאֲשֵׁרָה אַרְבַּע מֵאוֹת אֹכְלֵי שֻׁלְחַן אִיזָבֶל׃

20 וַיִּשְׁלַח אַחְאָב בְּכָל־בְּנֵי יִשְׂרָאֵל וַיִּקְבֹּץ אֶת־הַנְּבִיאִים אֶל־הַר

21 הַכַּרְמֶל׃ וַיִּגַּשׁ אֵלִיָּהוּ אֶל־כָּל־הָעָם וַיֹּאמֶר עַד־מָתַי אַתֶּם פֹּסְחִים עַל־שְׁתֵּי הַסְּעִפִּים אִם־יְהֹוָה הָאֱלֹהִים לְכוּ אַחֲרָיו וְאִם־הַבַּעַל לְכוּ אַחֲרָיו וְלֹא־עָנוּ הָעָם אֹתוֹ דָּבָר׃

22 וַיֹּאמֶר אֵלִיָּהוּ אֶל־הָעָם אֲנִי נוֹתַרְתִּי נָבִיא לַיהֹוָה לְבַדִּי וּנְבִיאֵי הַבַּעַל אַרְבַּע־

23 מֵאוֹת וַחֲמִשִּׁים אִישׁ׃ וְיִתְּנוּ־לָנוּ שְׁנַיִם פָּרִים וְיִבְחֲרוּ לָהֶם הַפָּר הָאֶחָד וִינַתְּחֻהוּ וְיָשִׂימוּ עַל־הָעֵצִים וְאֵשׁ לֹא יָשִׂימוּ וַאֲנִי אֶעֱשֶׂה אֶת־הַפָּר הָאֶחָד וְנָתַתִּי עַל־הָעֵצִים וְאֵשׁ לֹא אָשִׂים׃

24 וּקְרָאתֶם בְּשֵׁם אֱלֹהֵיכֶם וַאֲנִי אֶקְרָא בְשֵׁם־יְהֹוָה וְהָיָה הָאֱלֹהִים אֲשֶׁר־יַעֲנֶה בָאֵשׁ הוּא הָאֱלֹהִים וַיַּעַן כָּל־הָעָם וַיֹּאמְרוּ טוֹב הַדָּבָר׃

25 וַיֹּאמֶר אֵלִיָּהוּ לִנְבִיאֵי הַבַּעַל בַּחֲרוּ לָכֶם הַפָּר הָאֶחָד וַעֲשׂוּ רִאשֹׁנָה כִּי אַתֶּם הָרַבִּים וְקִרְאוּ בְּשֵׁם אֱלֹהֵיכֶם וְאֵשׁ לֹא תָשִׂימוּ׃

26 וַיִּקְחוּ אֶת־הַפָּר אֲשֶׁר־נָתַן לָהֶם וַיַּעֲשׂוּ וַיִּקְרְאוּ בְשֵׁם־הַבַּעַל מֵהַבֹּקֶר וְעַד־הַצָּהֳרַיִם לֵאמֹר הַבַּעַל עֲנֵנוּ וְאֵין קוֹל וְאֵין עֹנֶה וַיְפַסְּחוּ עַל־הַמִּזְבֵּחַ אֲשֶׁר עָשָׂה׃

27 וַיְהִי בַצָּהֳרַיִם וַיְהַתֵּל בָּהֶם אֵלִיָּהוּ וַיֹּאמֶר קִרְאוּ בְקוֹל־גָּדוֹל כִּי־אֱלֹהִים הוּא כִּי שִׂיחַ וְכִי־שִׂיג לוֹ וְכִי־דֶרֶךְ לוֹ אוּלַי יָשֵׁן הוּא וְיִקָץ׃

28 וַיִּקְרְאוּ בְּקוֹל גָּדוֹל וַיִּתְגֹּדְדוּ כְּמִשְׁפָּטָם בַּחֲרָבוֹת וּבָרְמָחִים עַד־שְׁפָךְ־דָּם עֲלֵיהֶם׃

29 וַיְהִי כַּעֲבֹר הַצָּהֳרַיִם וַיִּתְנַבְּאוּ עַד לַעֲלוֹת הַמִּנְחָה וְאֵין קוֹל וְאֵין עֹנֶה וְאֵין קָשֶׁב׃

30 וַיֹּאמֶר אֵלִיָּהוּ לְכָל־הָעָם גְּשׁוּ אֵלַי וַיִּגְּשׁוּ כָל־הָעָם אֵלָיו וַיְרַפֵּא אֶת־מִזְבַּח יְהֹוָה הֶהָרוּס׃

31 וַיִּקַּח אֵלִיָּהוּ שְׁתֵּים עֶשְׂרֵה אֲבָנִים כְּמִסְפַּר שִׁבְטֵי בְנֵי־יַעֲקֹב אֲשֶׁר הָיָה דְבַר־יְהֹוָה אֵלָיו לֵאמֹר יִשְׂרָאֵל יִהְיֶה שְׁמֶךָ׃

32 וַיִּבְנֶה אֶת־

O LORD my God, hast thou also brought evil upon the widow with whom I sojourn, by slaying her son?

21 And[a] he βstretched himself upon the child three times, and cried unto the LORD, and said, O LORD my God, I pray thee, let this child's soul come into γ him again!

22 And the LORD heard the voice of Elijah; and the soul of the child came into him again, and he revived.

23 And Elijah took the child, and brought him down out of the chamber into the house, and delivered him unto his mother: [f] and Elijah said, See, thy son liveth!

24 And the woman said to Elijah, Now[h] by this I know that thou art a man of God, and that the word of the LORD in thy mouth is truth.

CHAP. XVIII.

AND it came to pass, after many [l] days, that the word of the LORD came to Elijah in the third year, saying, Go, shew thyself unto Ahab; and[n] I will send rain upon the earth.

2 And Elijah went to shew himself unto Ahab. And there was a sore famine in Samaria.

3 And Ahab called ζObadiah, which was ηthe governor of his house. (Now Obadiah feared[p] the LORD greatly:

4 For it was so, when θ Jezebel cut off the prophets of the LORD, that Obadiah took[q] an hundred prophets, and hid them by fifty in a cave, and fed them with bread[r] and water.)

5 And Ahab said unto Obadiah, Go into the land, unto all fountains of water, and unto all brooks: peradventure we may find grass to save the horses and mules alive, that we λ lose not all the beasts.

6 So they divided the land between them, to pass throughout it: Ahab went one way by himself, and Obadiah went another way by himself.

7 And as Obadiah was in the way, behold, Elijah met him: and he knew him, and fell on his face, and said, Art thou that my lord Elijah?

8 And he answered him, I am: go, tell thy lord, Behold, Elijah is here.

9 And he said, What have I sinned, that thou wouldest deliver thy servant into the hand of Ahab, to slay me?

10 As the LORD thy God liveth, there is no nation or kingdom whither my lord hath not sent to seek thee: and when they said, He is not there; he took an oath of the kingdom and nation, that they found thee not.

11 And now thou sayest, Go, tell thy lord, Behold, Elijah is here.

12 And it shall come to pass, as soon as I am gone from thee, that[w] the Spirit of the LORD shall carry thee whither I know not; and so when I come and tell Ahab, and he cannot find thee, he shall slay me: but I thy servant fear[x] the LORD from my youth.

13 Was it not told my lord what I did when Jezebel slew the prophets of the LORD, how I hid an hundred men of the LORD's prophets[z] by fifty in a cave, and fed[a] them with bread and water?

14 And now thou sayest, Go, tell thy lord, Behold, Elijah is here: and he shall slay[b] me.

15 And Elijah said, As the LORD of hosts liveth, before whom I stand, I[c] will surely shew myself unto him to-day.

B. C. 906.

a 2Ki.4.34,35.
β measured.
b Ac. 16.20.
 17. 6.
γ his inward parts.
c ch. 21.20.
d 2 Ch. 15. 2.
e 1 Sa. 15.12.
 2 Ki. 2. 25.
f He. 11.35.
g ch. 16.33.
h Jn⁰. 3. 2.
 16.30.
i ch.22.6.
k 2 Ki. 17.41.
 Mat. 6.24.
l ch. 17.1.
δ or,thoughts
m Jos. 24.15.
n De. 28.12.
 Ps. 147.8.
 Je.5.24.
 14.22.
Ho.2.21,22.
o ch.19.10,14.
ζ Obadiahu.
η over his house.
p Ne. 7.2.
θ Jezebel.
q Ne. 5.15.
r Ps.34.9,10.
 Is. 33. 16.
s 1Ch. 21.26.
 2Ch. 7.1,3.
κ The word is good.
λ cut not off ourselves from the beasts.
μ or, answer.
t Ps.115.5..8.
 Je. 10.5.
 1 Co. 12.2.
ν or, heard.
π or, up and down at the altar.
ρ with a great voice.
u Is. 41.23.
σ or, meditateth.
τ hath a pursuit.
v Le. 19.28.
φ they poured out blood upon them.
χ ascending.
w 2 Ki. 2.16.
 Eze.3.12,14.
 Mat. 4.1.
 Ac. 8.39.
ψ attention.
x Pr. 8.13.
 Ec. 7.18.
 Is. 50.10.
y Ge. 32.28.
z Mat.10.41,
 42.
a Mat.25.35.
b Mat. 10.28.
c Is. 51.7,8.
d Le. 1.6..8.

---

16 So Obadiah went to meet Ahab, and told him: and Ahab went to meet Elijah.

17 And it came to pass, when Ahab saw Elijah, that Ahab said unto him, Art thou he that troubleth[b] Israel?

18 And he answered, I have not troubled Israel; but thou and thy father's house,[c] in that ye have forsaken[d] the commandments of the LORD, & thou hast followed Baalim.

19 Now therefore send, and gather to me all Israel unto mount Carmel,[e] and the prophets of Baal four hundred and fifty, and the prophets of the groves[g] four hundred, which eat at Jezebel's table.

20 So Ahab sent unto all the children of Israel, and gathered[i] the prophets together unto mount Carmel.

21 And Elijah came unto all the people, and said, How[k] long halt ye between two δopinions? if the LORD be God, follow him: but if[m] Baal, then follow him. And the people answered him not a word.

22 Then said Elijah unto the people, I, even I only,[o] remain a prophet of the LORD; but Baal's prophets are four hundred and fifty men.

23 Let them therefore give us two bullocks; and let them choose one bullock for themselves, and cut it in pieces, and lay it on wood, and put no fire under: and I will dress the other bullock, and lay it on wood, and put no fire under:

24 And call ye on the name of your gods, and I will call on the name of the LORD: and the God that answereth by fire,[s] let him be God. And all the people answered and said, κ It is well spoken.

25 And Elijah said unto the prophets of Baal, Choose you one bullock for yourselves, and dress it first; for ye are many: and call on the name of your gods, but put no fire under.

26 And they took the bullock which was given them, and they dressed it, and called on the name of Baal from morning even until noon, saying, O Baal, μ hear us. But there[t] was no voice, nor any that νanswered. And they leaped π upon the altar which was made.

27 And it came to pass at noon, that Elijah mocked them, and said,Cry ρaloud: for[u] he is a god: either he σ is talking, or he τ is pursuing, or he is in a journey, or peradventure he sleepeth, and must be awaked.

28 And they cried aloud, and cut[v] themselves, after their manner, with knives and lancets, till φ the blood gushed out upon them.

29 And it came to pass, when mid-day was past, and they prophesied until the time of the χ offering of the evening sacrifice, that there was neither voice, nor any to answer, nor any ψ that regarded.

30 And Elijah said unto all the people, Come near unto me. And all the people came near unto him. And he repaired the altar of the LORD that was broken down.

31 And Elijah took twelve stones, according to the number of the tribes of the sons of Jacob, unto whom[y] the word of the LORD came, saying, Israel shall be thy name:

32 And with the stones he built an altar in the name of the LORD: and he made a trench about the altar, as great as would contain two measures of seed.

33 And he put the wood in order, and cut[d] the bullock in pieces, and laid him on the wood, and said, Fill four barrels with

האֲבָנִים מִזְבֵּחַ בְּשֵׁם יְהוָה וַיַּעַשׂ תְּעָלָה כְּבֵית 5   וַיִּשְׁכַּב וַיִּישַׁן תַּחַת רֹתֶם אֶחָד וְהִנֵּה־זֶה מַלְאָךְ

33 סָאתַיִם זָרַע סָבִיב לַמִּזְבֵּחַ : וַיַּעֲרֹךְ אֶת־הָעֵצִים 6   נֹגֵעַ בּוֹ וַיֹּאמֶר לוֹ קוּם אֱכוֹל :

34 וַיְנַתַּח אֶת־הַפָּר וַיָּשֶׂם עַל־הָעֵצִים : וַיֹּאמֶר מִלְאוּ   עֵצֵרַת רְצָפִים וְצַפַּחַת מָיִם וַיֹּאכַל וַיֵּשְׁתְּ וַיָּשָׁב 7

35 אַרְבָּעָה כַדִּים מַיִם וְיִצְקוּ עַל־הָעֹלָה וְעַל־הָעֵצִים :   וַיִּשְׁכָּב : וַיָּשָׁב מַלְאַךְ יְהוָה שֵׁנִית וַיִּגַּע־בּוֹ וַיֹּאמֶר

וַיֹּאמֶר שְׁנוּ וַיִּשְׁנוּ וַיֹּאמֶר שַׁלֵּשׁוּ וַיְשַׁלֵּשׁוּ :   קוּם אֱכֹל כִּי רַב מִמְּךָ הַדָּרֶךְ : וַיָּקָם וַיֹּאכַל וַיִּשְׁתֶּה 8

36 וַיֵּלְכוּ הַמַּיִם סָבִיב לַמִּזְבֵּחַ וְגַם אֶת־הַתְּעָלָה מִלֵּא־מָיִם :   וַיֵּלֶךְ בְּכֹחַ הָאֲכִילָה הַהִיא אַרְבָּעִים יוֹם וְאַרְבָּעִים

וַיְהִי בַּעֲלוֹת הַמִּנְחָה וַיִּגַּשׁ אֵלִיָּהוּ הַנָּבִיא וַיֹּאמַר   לַיְלָה עַד הַר הָאֱלֹהִים חֹרֵב : וַיָּבֹא־שָׁם אֶל־ 9

37 יְהוָה אֱלֹהֵי אַבְרָהָם יִצְחָק וְיִשְׂרָאֵל הַיּוֹם יִוָּדַע   הַמְּעָרָה וַיָּלֶן שָׁם וְהִנֵּה דְבַר־יְהוָה אֵלָיו וַיֹּאמֶר

כִּי־אַתָּה אֱלֹהִים בְּיִשְׂרָאֵל וַאֲנִי עַבְדֶּךָ וּבִדְבָרְךָ   לוֹ מַה־לְּךָ פֹה אֵלִיָּהוּ : וַיֹּאמֶר קַנֹּא קִנֵּאתִי לַיהוָה 10

38 עָשִׂיתִי אֵת כָּל־הַדְּבָרִים הָאֵלֶּה : עֲנֵנִי יְהוָה עֲנֵנִי   אֱלֹהֵי צְבָאוֹת כִּי־עָזְבוּ בְרִיתְךָ בְּנֵי יִשְׂרָאֵל אֶת־

וְיֵדְעוּ הָעָם הַזֶּה כִּי־אַתָּה יְהוָה הָאֱלֹהִים וְאַתָּה   מִזְבְּחֹתֶיךָ הָרָסוּ וְאֶת־נְבִיאֶיךָ הָרְגוּ בֶחָרֶב וָאִוָּתֵר

39 הֲסִבֹּתָ אֶת־לִבָּם אֲחֹרַנִּית : וַתִּפֹּל אֵשׁ־יְהוָה וַתֹּאכַל   אֲנִי לְבַדִּי וַיְבַקְשׁוּ אֶת־נַפְשִׁי לְקַחְתָּהּ : וַיֹּאמֶר צֵא 11

אֶת־הָעֹלָה וְאֶת־הָעֵצִים וְאֶת־הָאֲבָנִים וְאֶת־הֶעָפָר   וְעָמַדְתָּ בָהָר לִפְנֵי יְהוָה וְהִנֵּה יְהוָה עֹבֵר וְרוּחַ

40 וְאֶת־הַמַּיִם אֲשֶׁר־בַּתְּעָלָה לִחֵכָה : וַיַּרְא כָּל־הָעָם   גְּדוֹלָה וְחָזָק מְפָרֵק הָרִים וּמְשַׁבֵּר סְלָעִים לִפְנֵי

וַיִּפְּלוּ עַל־פְּנֵיהֶם וַיֹּאמְרוּ יְהוָה הוּא הָאֱלֹהִים יְהוָה   יְהוָה לֹא בָרוּחַ יְהוָה וְאַחַר הָרוּחַ רַעַשׁ לֹא בָרַעַשׁ

הוּא הָאֱלֹהִים : וַיֹּאמֶר אֵלִיָּהוּ לָהֶם תִּפְשׂוּ אֶת־   יְהוָה : וְאַחַר הָרַעַשׁ אֵשׁ לֹא בָאֵשׁ יְהוָה וְאַחַר 12

41 נְבִיאֵי הַבַּעַל אִישׁ אַל־יִמָּלֵט מֵהֶם וַיִּתְפְּשׂוּם וַיּוֹרִדֵם   הָאֵשׁ קוֹל דְּמָמָה דַקָּה : וַיְהִי כִּשְׁמֹעַ אֵלִיָּהוּ 13

אֵלִיָּהוּ אֶל־נַחַל קִישׁוֹן וַיִּשְׁחָטֵם שָׁם : וַיֹּאמֶר   וַיָּלֶט פָּנָיו בְּאַדַּרְתּוֹ וַיֵּצֵא וַיַּעֲמֹד פֶּתַח הַמְּעָרָה

42 אֵלִיָּהוּ לְאַחְאָב עֲלֵה אֱכֹל וּשְׁתֵה כִּי־קוֹל הֲמוֹן   וְהִנֵּה אֵלָיו קוֹל וַיֹּאמֶר מַה־לְּךָ פֹה אֵלִיָּהוּ : וַיֹּאמֶר 14

הַגָּשֶׁם : וַיַּעֲלֶה אַחְאָב לֶאֱכֹל וְלִשְׁתּוֹת וְאֵלִיָּהוּ   קַנֹּא קִנֵּאתִי לַיהוָה אֱלֹהֵי צְבָאוֹת כִּי־עָזְבוּ בְרִיתְךָ

43 עָלָה אֶל־רֹאשׁ הַכַּרְמֶל וַיִּגְהַר אַרְצָה וַיָּשֶׂם פָּנָיו   בְּנֵי יִשְׂרָאֵל אֶת־מִזְבְּחֹתֶיךָ הָרָסוּ וְאֶת־נְבִיאֶיךָ

בֵּין בִּרְכָּו : וַיֹּאמֶר אֶל־נַעֲרוֹ עֲלֵה־נָא הַבֵּט דֶּרֶךְ־יָם   הָרְגוּ בֶחָרֶב וָאִוָּתֵר אֲנִי לְבַדִּי וַיְבַקְשׁוּ אֶת־נַפְשִׁי 15

44 וַיַּעַל וַיַּבֵּט וַיֹּאמֶר אֵין מְאוּמָה וַיֹּאמֶר שֻׁב שֶׁבַע   לְקַחְתָּהּ : וַיֹּאמֶר יְהוָה אֵלָיו לֵךְ שׁוּב

פְּעָמִים : וַיְהִי בַּשְּׁבִעִית וַיֹּאמֶר הִנֵּה־עָב קְטַנָּה כְּכַף־   לְדַרְכְּךָ מִדְבַּרָה דַמָּשֶׂק וּבָאתָ וּמָשַׁחְתָּ אֶת־חֲזָאֵל

אִישׁ עֹלָה מִיָּם וַיֹּאמֶר עֲלֵה אֱמֹר אֶל־אַחְאָב   לְמֶלֶךְ עַל־אֲרָם : וְאֵת יֵהוּא בֶן־נִמְשִׁי תִּמְשַׁח 16

45 אֱסֹר וָרֵד וְלֹא יַעַצָרְכָה הַגָּשֶׁם : וַיְהִי עַד־כֹּה   לְמֶלֶךְ עַל־יִשְׂרָאֵל וְאֶת־אֱלִישָׁע בֶּן־שָׁפָט מֵאָבֵל

וְעַד־כֹּה וְהַשָּׁמַיִם הִתְקַדְּרוּ עָבִים וְרוּחַ וַיְהִי גֶּשֶׁם   מְחוֹלָה תִּמְשַׁח לְנָבִיא תַּחְתֶּיךָ : וְהָיָה הַנִּמְלָט 17

46 גָּדוֹל וַיִּרְכַּב אַחְאָב וַיֵּלֶךְ יִזְרְעֶאלָה : וְיַד־יְהוָה   מֵחֶרֶב חֲזָאֵל יָמִית יֵהוּא וְהַנִּמְלָט מֵחֶרֶב יֵהוּא

הָיְתָה אֶל־אֵלִיָּהוּ וַיְשַׁנֵּס מָתְנָיו וַיָּרָץ לִפְנֵי אַחְאָב   יָמִית אֱלִישָׁע : וְהִשְׁאַרְתִּי בְיִשְׂרָאֵל שִׁבְעַת אֲלָפִים 18

עַד־בֹּאֲכָה יִזְרְעֶאלָה :   כָּל־הַבִּרְכַּיִם אֲשֶׁר לֹא־כָרְעוּ לַבַּעַל וְכָל־הַפֶּה אֲשֶׁר

CAP. XIX. ט

לֹא־נָשַׁק לוֹ : וַיֵּלֶךְ מִשָּׁם וַיִּמְצָא אֶת־אֱלִישָׁע 19

1 וַיַּגֵּד אַחְאָב לְאִיזֶבֶל אֵת כָּל־אֲשֶׁר עָשָׂה אֵלִיָּהוּ   בֶּן־שָׁפָט וְהוּא חֹרֵשׁ שְׁנֵים־עָשָׂר צְמָדִים

וְאֵת כָּל־אֲשֶׁר הָרַג אֶת־כָּל־הַנְּבִיאִים בֶּחָרֶב :   לְפָנָיו וְהוּא בִּשְׁנֵים הֶעָשָׂר וַיַּעֲבֹר אֵלִיָּהוּ

2 וַתִּשְׁלַח אִיזֶבֶל מַלְאָךְ אֶל־אֵלִיָּהוּ לֵאמֹר כֹּה־יַעֲשׂוּן   אֵלָיו וַיַּשְׁלֵךְ אַדַּרְתּוֹ אֵלָיו : וַיַּעֲזֹב אֶת־ 20

אֱלֹהִים וְכֹה יוֹסִפוּן כִּי־כָעֵת מָחָר אָשִׂים אֶת־   הַבָּקָר וַיָּרָץ אַחֲרֵי אֵלִיָּהוּ וַיֹּאמֶר אֶשְּׁקָה־נָּא

3 נַפְשְׁךָ כְּנֶפֶשׁ אַחַד מֵהֶם : וַיַּרְא וַיָּקָם וַיֵּלֶךְ אֶל־   לְאָבִי וּלְאִמִּי וְאֵלְכָה אַחֲרֶיךָ וַיֹּאמֶר לוֹ לֵךְ

נַפְשׁוֹ וַיָּבֹא בְּאֵר שֶׁבַע אֲשֶׁר לִיהוּדָה וַיַּנַּח אֶת־נַעֲרוֹ   שׁוּב כִּי מֶה־עָשִׂיתִי לָךְ : וַיָּשָׁב מֵאַחֲרָיו 21

4 שָׁם : וְהוּא־הָלַךְ בַּמִּדְבָּר דֶּרֶךְ יוֹם וַיָּבֹא וַיֵּשֶׁב   וַיִּקַּח אֶת־צֶמֶד הַבָּקָר וַיִּזְבָּחֵהוּ וּבִכְלִי הַבָּקָר

תַּחַת רֹתֶם אֶחָד וַיִּשְׁאַל אֶת־נַפְשׁוֹ לָמוּת וַיֹּאמֶר   בִּשְּׁלָם הַבָּשָׂר וַיִּתֵּן לָעָם וַיֹּאכֵלוּ וַיָּקָם וַיֵּלֶךְ

רַב עַתָּה יְהוָה קַח נַפְשִׁי כִּי־לֹא־טוֹב אָנֹכִי מֵאֲבֹתָי :   אַחֲרֵי אֵלִיָּהוּ וַיְשָׁרְתֵהוּ :

water, and pour *it* on the burnt-sacrifice, and on the wood.

34 And he said, Do *it* the second time: and they did *it* the second time. And he said, Do *it* the third time: and they did *it* the third time.

35 And the water βran round about the altar; & he filled the trench*a* also with water.

36 And it came to pass, at *the time of* the offering of the *evening* sacrifice, that Elijah the prophet came near, and said,*d* LORD God of Abraham, Isaac, and of Israel,*e* let it be known this day that thou *art* God in Israel, and *that* I *am* thy servant, and*f that* I have done all these things at thy word.

37 Hear me, O LORD, hear me; that this people may know that thou *art* the LORD God, and *that* thou hast turned their heart back again.

38 Then *k* the fire of the LORD fell, and consumed the burnt-sacrifice, & the wood, and the stones, and the dust, and licked up the water *that was* in the trench.

39 And when all the people saw *it*, they fell on their faces: & they said, The LORD, he *is* the God; the LORD, he *n* *is* the God.

40 And Elijah said unto them, γ Take the prophets of Baal; let not one of them escape. And they took them: and Elijah brought them down to the brook Kishon, and slew*p* them there.

41 And Elijah said unto Ahab, Get thee up, eat and drink; for *there is* δ a sound of abundance of rain.

42 So Ahab went up to eat and to drink. And Elijah went up to the top of Carmel; and *ε* he cast himself down upon the earth, and put his face between his knees,

43 And said to his servant, Go up now, look toward the sea. And he went up, and looked, and said, *There is* nothing. And he said, Go again seven times.

44 And it came to pass at the seventh time, that he said, Behold, there ariseth a little cloud out of the sea, like a man's hand. And he said, Go up, say unto Ahab, ζ Prepare *thy chariot*, and get thee down, that the rain stop thee not.

45 And it came to pass in the mean while, that the heaven was black with clouds and wind, and there was a great rain. And Ahab rode, and went to Jezreel.

46 And the hand of the LORD was on Elijah: and he girded*y* up his loins, and ran before Ahab η to the entrance of Jezreel.

CHAP. XIX.

AND Ahab told Jezebel all that Elijah had done, and withal how he had slain *b* all the prophets with the sword.

2 Then Jezebel sent a messenger unto Elijah, saying, So*d* let the gods do *to me*, and more also,if*e* I make not thy life as y*e* life of one of them by to-morrow about this time.

3 And when he saw *that*, he arose, and went for his life, and came to Beer-sheba, which *belongeth* to Judah, and left his servant there.

4 But he himself went a day's journey into the wilderness,and came and sat down under a juniper-tree: and he requested for λ himself that he might die; and said,*g* It is enough; now, O LORD, take away my life; for *i* I *am* not better than my fathers.

5 And as he lay and slept under a juniper-tree, behold, then an angel*k* touched him, and said unto him, Arise *and* eat.

6 And he looked, and, behold, *there was* a cake baken on the coals, and a cruse of water at his μ head. And he did eat and

---

B. C. 906.

β *went.*

a ver. 32, 38.
b Ex. 34. 28.
  De 9. 9, 18.
  Mat. 4. 2.
c Ex. 3. 1.
  Mal. 4. 4, 5.
d Ex. 3. 6.
e ch. 8. 43.
  2 Ki. 19. 19.
  Ps. 83. 18.
  Eze. 36. 23.
    39. 7.
f Nu. 16. 28.
g Ro. 11. 2-4.
h Nu.25.11,13
  Ps. 69. 9.
i ch. 18. 4, 20.
  Mi. 7. 2.
k Le. 9. 24.
  Ju. 6. 21.
  1Ch. 21. 26.
  2Ch. 7. 1.
l Ex. 24. 12.
m Eze. 1. 4.
n ver. 24.
o Zec. 4. 6.
γ or, *Apprehend.*
p De. 13. 5.
    18. 20.
  2 Ki. 10. 25.
q Ex. 3. ε.
  Is. 6. 2.
δ or, *a noise.*
r Ja. 5. 17,18.
s ver. 9, 10.
t Je. 22. 9.
ζ *tie,*or,*bind.*
u 2Ki.8.12,13.
v 2 Ki. 9. 1-3.
w Lu. 4. 27.
called *Eliseus.*
*x*2Ki.9.14,&c.
    10. 6, &c.
    13. 3.
y 2 Ki. 4. 29.
    9. 1.
  Job 38. 3.
  Je. 1. 17.
  Ep. 6. 14.
  1 Pe. 1. 13.
η *till thou come to.*
z Ho. 6. 5.
a Ro. 11. 4.
θ or, *will leave.*
b ch. 18. 40.
c Ho. 13. 2.
d ch. 20. 10.
  Ru. 1. 17.
  2 Ki. 6. 31.
e Ps.37.32,33.
f Mat.8.21,22.
  Lu.9.61,62.
κ *Go, return.*
λ *his life.*
g Nu. 11. 15.
  Jon. 4. 3, 8.
h Ps. 39. 12.
i 2 Sa. 24. 22.
k He. 1. 14.
μ *bolster.*

---

drink, and laid him down again.

7 And the angel of the LORD came again the second time, and touched him, and said, Arise *and* eat; because the journey *is* too great for thee.

8 And he arose, and did eat and drink, and went in the strength of that meat forty *b* days and forty nights, unto Horeb the*c* mount of God.

9 And he came thither unto a cave, and lodged there; and, behold, the word of the LORD *came* to him, and he said unto him, What doest thou here, Elijah?

10 And *g* he said, I have been very*h* jealous for the LORD God of hosts: for the children of Israel have forsaken thy covenant, thrown down thine altars, and slain*i* thy prophets with the sword: and I, *even* I only, am left; and they seek my life, to take it away.

11 And he said, Go forth, and stand upon the mount*l* before the LORD. And, behold, the LORD passed by, and a great and strong wind*m* rent the mountains, and brake in pieces the rocks before the LORD; *but* the*o* LORD *was* not in the wind: and after the wind an earthquake; *but* the LORD *was* not in the earthquake:

12 And after the earthquake a fire; *but* the LORD *was* not in the fire: and after the fire a still small voice.

13 And it was *so*, when Elijah heard *it*, that he*q* wrapped his face in his mantle, and went out, and stood in the entering in of the cave. And, behold, *there came* a voice unto him, and said, What doest thou here, Elijah?

14 And he said, I *s* have been very jealous for the LORD God of hosts; because the children of Israel have forsaken *t* thy covenant, thrown down thine altars, and slain thy prophets with the sword: and I, *even* I only, am left; and they seek my life, to take it away.

15 And the LORD said unto him, Go, return on thy way to the wilderness of Damascus: and when thou comest, anoint Hazael *u* *to be* king over Syria:

16 And Jehu*v* the son of Nimshi shalt thou anoint *to be* king over Israel: and Elisha*w* the son of Shaphat, of Abel-meholah, shalt thou anoint *to be* prophet in thy room.

17 And *x* it shall come to pass, *that* him that escapeth the sword of Hazael shall Jehu slay; and him that escapeth from the sword of Jehu shall Elisha slay.*z*

18 Yet*a* I θ have left *me* seven thousand in Israel, all the knees which have not bowed unto Baal, and every mouth which hath not kissed*e* him.

19 So he departed thence, and found Elisha the son of Shaphat, who *was* ploughing *with* twelve yoke *of oxen* before him, and he with the twelfth: and Elijah passed by him, and cast his mantle upon him.

20 And he left the oxen, and ran after Elijah, and said, Let me, I pray thee, kiss my father and my mother, and *then f* I will follow thee. And he said unto him, κ Go back again: for what have I done to thee?

21 And he returned back from him, and took a yoke of oxen, and slew them, and boiled their flesh with the instruments *i* of the oxen, and gave unto the people, and they did eat: then he arose, and went after Elijah, and ministered unto him.

CHAP. XX.

AND Ben-hadad the king of Syria gathered all his host together: and *there*

CAP. XX. כ

1 וּבֶן־הֲדַד מֶלֶךְ־אֲרָם קָבַץ אֶת־כָּל־חֵילוֹ וּשְׁלֹשִׁים וּשְׁנַיִם מֶלֶךְ אִתּוֹ וְסוּס וָרָכֶב וַיַּעַל וַיָּצַר עַל־

2 שֹׁמְרוֹן וַיִּלָּחֶם בָּהּ׃ וַיִּשְׁלַח מַלְאָכִים אֶל־אַחְאָב

3 מֶלֶךְ־יִשְׂרָאֵל הָעִירָה׃ וַיֹּאמֶר לוֹ כֹּה אָמַר בֶּן־הֲדַד כַּסְפְּךָ וּזְהָבְךָ לִי־הוּא וְנָשֶׁיךָ וּבָנֶיךָ הַטּוֹבִים

4 לִי־הֵם׃ וַיַּעַן מֶלֶךְ־יִשְׂרָאֵל וַיֹּאמֶר כִּדְבָרְךָ אֲדֹנִי

5 הַמֶּלֶךְ לְךָ אֲנִי וְכָל־אֲשֶׁר־לִי׃ וַיָּשֻׁבוּ הַמַּלְאָכִים וַיֹּאמְרוּ כֹּה־אָמַר בֶּן־הֲדַד לֵאמֹר כִּי־שָׁלַחְתִּי אֵלֶיךָ

6 לֵאמֹר כַּסְפְּךָ וּזְהָבְךָ וְנָשֶׁיךָ וּבָנֶיךָ לִי תִתֵּן׃ כִּי אִם־כָּעֵת מָחָר אֶשְׁלַח אֶת־עֲבָדַי אֵלֶיךָ וְחִפְּשׂוּ אֶת־בֵּיתְךָ וְאֵת בָּתֵּי עֲבָדֶיךָ וְהָיָה כָּל־מַחְמַד עֵינֶיךָ

7 יָשִׂימוּ בְיָדָם וְלָקָחוּ׃ וַיִּקְרָא מֶלֶךְ־יִשְׂרָאֵל לְכָל־זִקְנֵי הָאָרֶץ וַיֹּאמֶר דְּעוּ־נָא וּרְאוּ כִּי רָעָה זֶה מְבַקֵּשׁ כִּי־שָׁלַח אֵלַי לְנָשַׁי וּלְבָנַי וּלְכַסְפִּי וְלִזְהָבִי

8 וְלֹא מָנַעְתִּי מִמֶּנּוּ׃ וַיֹּאמְרוּ אֵלָיו כָּל־הַזְּקֵנִים

9 וְכָל־הָעָם אַל־תִּשְׁמַע וְלוֹא תֹאבֶה׃ וַיֹּאמֶר לְמַלְאֲכֵי בֶן־הֲדַד אִמְרוּ לַאדֹנִי הַמֶּלֶךְ כֹּל אֲשֶׁר־שָׁלַחְתָּ אֶל־עַבְדְּךָ בָרִאשֹׁנָה אֶעֱשֶׂה וְהַדָּבָר הַזֶּה לֹא אוּכַל לַעֲשׂוֹת וַיֵּלְכוּ הַמַּלְאָכִים וַיְשִׁבֻהוּ דָּבָר׃

10 וַיִּשְׁלַח אֵלָיו בֶּן־הֲדַד וַיֹּאמֶר כֹּה־יַעֲשׂוּן לִי אֱלֹהִים וְכֹה יוֹסִפוּ אִם־יִשְׂפֹּק עֲפַר שֹׁמְרוֹן לִשְׁעָלִים לְכָל־

11 הָעָם אֲשֶׁר בְּרַגְלָי׃ וַיַּעַן מֶלֶךְ־יִשְׂרָאֵל וַיֹּאמֶר

12 דַּבְּרוּ אַל־יִתְהַלֵּל חֹגֵר כִּמְפַתֵּחַ׃ וַיְהִי כִּשְׁמֹעַ אֶת־הַדָּבָר הַזֶּה וְהוּא שֹׁתֶה הוּא וְהַמְּלָכִים בַּסֻּכּוֹת וַיֹּאמֶר אֶל־עֲבָדָיו שִׂימוּ וַיָּשִׂימוּ עַל־

13 הָעִיר׃ וְהִנֵּה נָבִיא אֶחָד נִגַּשׁ אֶל־אַחְאָב מֶלֶךְ־יִשְׂרָאֵל וַיֹּאמֶר כֹּה אָמַר יְהוָה הֲרָאִיתָ אֵת כָּל־הֶהָמוֹן הַגָּדוֹל הַזֶּה הִנְנִי נֹתְנוֹ בְיָדְךָ הַיּוֹם וְיָדַעְתָּ

14 כִּי־אֲנִי יְהוָה׃ וַיֹּאמֶר אַחְאָב בְּמִי וַיֹּאמֶר כֹּה־אָמַר יְהוָה בְּנַעֲרֵי שָׂרֵי הַמְּדִינוֹת וַיֹּאמֶר מִי־

15 יֶאְסֹר הַמִּלְחָמָה וַיֹּאמֶר אָתָּה׃ וַיִּפְקֹד אֶת־נַעֲרֵי שָׂרֵי הַמְּדִינוֹת וַיִּהְיוּ מָאתַיִם שְׁנַיִם וּשְׁלֹשִׁים וְאַחֲרֵיהֶם פָּקַד אֶת־כָּל־הָעָם כָּל־בְּנֵי יִשְׂרָאֵל שִׁבְעַת

16 אֲלָפִים׃ וַיֵּצְאוּ בַּצָּהֳרָיִם וּבֶן־הֲדַד שֹׁתֶה שִׁכּוֹר בַּסֻּכּוֹת הוּא וְהַמְּלָכִים שְׁלֹשִׁים־וּשְׁנַיִם מֶלֶךְ עֹזֵר

17 אֹתוֹ׃ וַיֵּצְאוּ נַעֲרֵי שָׂרֵי הַמְּדִינוֹת בָּרִאשֹׁנָה וַיִּשְׁלַח בֶּן־הֲדַד וַיַּגִּידוּ לוֹ לֵאמֹר אֲנָשִׁים יָצְאוּ

18 מִשֹּׁמְרוֹן׃ וַיֹּאמֶר אִם־לְשָׁלוֹם יָצָאוּ תִּפְשׂוּם חַיִּים וְאִם לְמִלְחָמָה יָצָאוּ חַיִּים תִּפְשׂוּם׃

19 וְאֵלֶּה יָצְאוּ מִן־הָעִיר נַעֲרֵי שָׂרֵי הַמְּדִינוֹת וְהַחַיִל

20 אֲשֶׁר אַחֲרֵיהֶם׃ וַיַּכּוּ אִישׁ אִישׁוֹ וַיָּנֻסוּ אֲרָם וַיִּרְדְּפֵם יִשְׂרָאֵל וַיִּמָּלֵט בֶּן־הֲדַד מֶלֶךְ־אֲרָם עַל־סוּס

21 וּפָרָשִׁים׃ וַיֵּצֵא מֶלֶךְ יִשְׂרָאֵל וַיַּךְ אֶת־הַסּוּס וְאֶת־הָרָכֶב וְהִכָּה בַאֲרָם מַכָּה גְדוֹלָה׃

22 וַיִּגַּשׁ הַנָּבִיא אֶל־מֶלֶךְ יִשְׂרָאֵל וַיֹּאמֶר לוֹ לֵךְ הִתְחַזַּק וְדַע וּרְאֵה אֵת אֲשֶׁר־תַּעֲשֶׂה כִּי לִתְשׁוּבַת הַשָּׁנָה

23 מֶלֶךְ אֲרָם עֹלֶה עָלֶיךָ׃ וְעַבְדֵי מֶלֶךְ־אֲרָם אָמְרוּ אֵלָיו אֱלֹהֵי הָרִים אֱלֹהֵיהֶם עַל־כֵּן חָזְקוּ מִמֶּנּוּ וְאוּלָם נִלָּחֵם אִתָּם בַּמִּישׁוֹר אִם־לֹא נֶחֱזַק

24 מֵהֶם׃ וְאֶת־הַדָּבָר הַזֶּה עֲשֵׂה הָסֵר הַמְּלָכִים אִישׁ מִמְּקֹמוֹ וְשִׂים פַּחוֹת תַּחְתֵּיהֶם׃

25 וְאַתָּה תִמְנֶה־לְךָ חַיִל כַּחַיִל הַנֹּפֵל מֵאוֹתָךְ וְסוּס כַּסּוּס וְרֶכֶב כָּרֶכֶב וְנִלָּחֲמָה אוֹתָם בַּמִּישׁוֹר אִם־לֹא נֶחֱזַק מֵהֶם וַיִּשְׁמַע לְקֹלָם וַיַּעַשׂ כֵּן׃

26 וַיְהִי לִתְשׁוּבַת הַשָּׁנָה וַיִּפְקֹד בֶּן־הֲדַד אֶת־אֲרָם

27 וַיַּעַל אֲפֵקָה לַמִּלְחָמָה עִם־יִשְׂרָאֵל׃ וּבְנֵי יִשְׂרָאֵל הָתְפָּקְדוּ וְכָלְכְּלוּ וַיֵּלְכוּ לִקְרָאתָם וַיַּחֲנוּ בְנֵי־יִשְׂרָאֵל נֶגְדָּם כִּשְׁנֵי חֲשִׂפֵי עִזִּים וַאֲרָם מִלְאוּ

28 אֶת־הָאָרֶץ׃ וַיִּגַּשׁ אִישׁ הָאֱלֹהִים וַיֹּאמֶר אֶל־מֶלֶךְ יִשְׂרָאֵל וַיֹּאמֶר כֹּה־אָמַר יְהוָה יַעַן אֲשֶׁר אָמְרוּ אֲרָם אֱלֹהֵי הָרִים יְהוָה וְלֹא־אֱלֹהֵי עֲמָקִים הוּא וְנָתַתִּי אֶת־כָּל־הֶהָמוֹן הַגָּדוֹל הַזֶּה בְּיָדֶךָ

29 וִידַעְתֶּם כִּי־אֲנִי יְהוָה׃ וַיַּחֲנוּ אֵלֶּה נֹכַח אֵלֶּה שִׁבְעַת יָמִים וַיְהִי בַּיּוֹם הַשְּׁבִיעִי וַתִּקְרַב הַמִּלְחָמָה וַיַּכּוּ בְנֵי־יִשְׂרָאֵל אֶת־אֲרָם מֵאָה־אֶלֶף

30 רַגְלִי בְּיוֹם אֶחָד׃ וַיָּנֻסוּ הַנּוֹתָרִים אֲפֵקָה אֶל־הָעִיר וַתִּפֹּל הַחוֹמָה עַל־עֶשְׂרִים וְשִׁבְעָה אֶלֶף אִישׁ הַנּוֹתָרִים וּבֶן־הֲדַד נָס וַיָּבֹא אֶל־

31 הָעִיר חֶדֶר בְּחָדֶר׃ וַיֹּאמְרוּ אֵלָיו עֲבָדָיו הִנֵּה־נָא שָׁמַעְנוּ כִּי מַלְכֵי בֵּית יִשְׂרָאֵל כִּי־מַלְכֵי חֶסֶד הֵם נָשִׂימָה נָּא שַׂקִּים בְּמָתְנֵינוּ וַחֲבָלִים בְּרֹאשֵׁנוּ וְנֵצֵא אֶל־מֶלֶךְ יִשְׂרָאֵל

32 אוּלַי יְחַיֶּה אֶת־נַפְשֶׁךָ׃ וַיַּחְגְּרוּ שַׂקִּים בְּמָתְנֵיהֶם וַחֲבָלִים בְּרָאשֵׁיהֶם וַיָּבֹאוּ אֶל־מֶלֶךְ יִשְׂרָאֵל וַיֹּאמְרוּ עַבְדְּךָ בֶן־הֲדַד אָמַר תְּחִי־נָא נַפְשִׁי וַיֹּאמֶר הַעוֹדֶנּוּ

33 חַי אָחִי הוּא׃ וְהָאֲנָשִׁים יְנַחֲשׁוּ וַיְמַהֲרוּ וַיַּחְלְטוּ הֲמִמֶּנּוּ וַיֹּאמְרוּ אָחִיךָ בֶן־הֲדַד וַיֹּאמֶר בֹּאוּ קָחֻהוּ

34 וַיֵּצֵא אֵלָיו בֶּן־הֲדַד וַיַּעֲלֵהוּ עַל־הַמֶּרְכָּבָה׃ וַיֹּאמֶר אֵלָיו הֶעָרִים אֲשֶׁר־לָקַח־אָבִי מֵאֵת אָבִיךָ אָשִׁיב

were thirty and two kings with him, and horses, and chariots: and he went up and besieged Samaria, and warred against it.

2 And he sent messengers to Ahab king of Israel into the city, and said unto him, Thus [b] saith Ben-hadad,

3 Thy silver and thy gold *is* mine: thy wives also and thy children, *even* the goodliest, *are* mine.

4 And the king of Israel answered and said, My lord, O king, according to thy saying, I *am* thine, and all that I have.

5 And the messengers came again, and said, Thus speaketh Ben-hadad, saying, Although I have sent unto thee, saying, Thou shalt deliver me thy silver, and thy gold, and thy wives, and thy children;

6 Yet I will send my servants unto thee to-morrow about this time, and they shall search thine house, and the houses of thy servants; and it shall be, *that* whatsoever is β pleasant in thine eyes, they shall put *it* in their hand, and take *it* away.

7 Then the king of Israel called all the elders of the land, f and said, Mark, I pray you, and see how this *man* seeketh mischief: for he sent unto me for my wives, and for my children, and for my silver, and for my gold; and I δ denied him not.

8 And all the elders and all the people said unto him, Hearken not *unto him*, nor consent.

9 Wherefore he said unto the messengers of Ben-hadad, Tell my lord the king, All that thou didst send for to thy servant at the first I will do: but this thing I may not do. And the messengers departed, and brought him word again.

10 And Ben-hadad sent unto him, and said, The gods [i] do so unto me, and more also, if the dust of Samaria shall suffice for handfuls for all the people that θ follow me.

11 And the king of Israel answered and said, Tell *him*, Let [l] not him that girdeth on *his* harness boast himself as he that putteth it off.

12 And it came to pass, when *Ben-hadad* heard this κ message, as he *was* drinking, he and the kings in the λ pavilions, that he said unto his servants, μ Set *yourselves in array*: and they set *themselves in array* against the city.

13 And, behold, there ν came a prophet unto Ahab king of Israel, saying, Thus saith the LORD, Hast thou seen all this great multitude? behold, I will deliver it into thine hand this day; q and thou shalt know that I *am* the LORD.

14 And Ahab said, By whom? And he said, Thus saith the LORD, *Even* by the π young men of the princes of the provinces. Then he said, Who shall ρ order the battle? And he answered, Thou.

15 Then he numbered [t] the young men of the princes of the provinces, and they were two hundred and thirty-two: and after them he numbered all the people, *even* all y[e] children of Israel, *being* seven thousand.

16 And they went out at noon: but Ben-hadad *was* drinking [u] himself drunk in the pavilions, he and the kings, the thirty and two kings [v] that helped him.

17 And the young men of the princes of the provinces went out first; and Ben-hadad sent out, and they told him, saying, There are men come out of Samaria.

18 And he said, Whether they be come out for peace, take them alive; or whether they be come out for war, take them alive.

B. C. 901.

a Ju.7.21,22.
  Ec. 9. 11.
b Is.10.13,14.
f 2 Ki. 6. 12.
d 2 Sa. 11. 1.
e Ps. 115.2,3.
  Is. 42. 8.
β *desirable.*
f 2 Ki. 5. 7.
γ *was fallen.*
g Ps. 10. 3.
δ *kept not back from him.*
h 1 Sa. 4. 1.
  29. 1.
  2 Ki. 13. 17.
ζ *the war with Israel.*
η or, *victualled.*
i ch. 19. 2.
θ are *at my feet.*
  Ex. 11. 8.
  Ju. 4. 10.
k Is.37.29..36.
l Pr. 27. 1.
m ver. 13.
  Job 12. 16..
  19.
κ *word.*
λ or, *tents.*
n Ps. 10. 16.
μ or, *place the engines: and they placed engines.*
ν *approached.*
o Ps. 18. 45.
p Je. 48. 44.
  Lu. 13. 4.
q ver. 28.
ξ *a chamber within a chamber,* or, *from chamber to chamber,*
  ch. 22. 25.
r Is. 16. 5.
π or, *servants.*
s Ge. 37. 34.
ρ bind,or, tie.
t Ju.7. 7.
u ver. 12.
  ch. 16. 9.
  Pr. 23.29,.32.
  Ho. 4. 11.
v Is. 54. 15.
w 2 Ki. 10. 15.
  Ac. 8. 31.
x ch. 15. 20.

---

19 So these young men of the princes of the provinces came out of the city, and the army which followed them.

20 And [a] they slew every one his man: and the Syrians fled; and Israel pursued them: and Ben-hadad the king of Syria escaped on an horse with the horsemen.

21 And the king of Israel went out, and smote the horses and chariots, and slew the Syrians with a great slaughter.

22 And the prophet [c] came to the king of Israel, and said unto him, Go, strengthen thyself, and mark, and see what thou doest: for at the return d of the year the king of Syria will come up against thee.

23 And the servants of the king of Syria said unto him, Their gods [e] *are* gods of the hills, therefore they were stronger than we: but let us fight against them in the plain, and surely we shall be stronger than they.

24 And do this thing: Take the kings away, every man out of his place, and put captains in their rooms:

25 And number thee an army like the army that γ thou hast lost, horse for horse, and chariot for chariot: and we will fight against them in the plain, and [g] surely we shall be stronger than they. And he hearkened unto their voice, and did so.

26 And it came to pass, at the return of the year, that Ben-hadad numbered the Syrians, and went up to Aphek, h to ζ fight against Israel.

27 And the children of Israel were numbered, and were η all present, and went against them: and the children of Israel pitched before them like two little flocks of kids; but the Syrians filled the country.

28 And there came a man of God, and spake unto the king of Israel, and said, Thus saith the LORD, Because [k] the Syrians have said, The LORD *is* God of the hills, but he *is* not God of the valleys; therefore [m] will I deliver all this great multitude into thine hand, and ye shall know that I *am* the LORD.

29 And they pitched one over against the other seven days; and *so* it was, that in the seventh day the battle was joined: [n] and the children of Israel slew of the Syrians an hundred thousand footmen in one day.

30 But the rest fled [o] to Aphek, into the city; and *there* [p] a wall fell upon twenty and seven thousand of the men *that were* left. And Ben-hadad fled, and came into the city, into ξ an inner chamber.

31 And his servants said unto him, Behold now, we have heard that the kings of the house of Israel *are* merciful [r] kings: let us, I pray thee, put [s] sackcloth on our loins, and ropes upon our heads, and go out to the king of Israel; peradventure he will save thy life.

32 So they girded sackcloth on their loins, and *put* ropes on their heads, and came to the king of Israel, and said, Thy servant Ben-hadad saith, I pray thee, let me live. And he said, *Is* he yet alive? he *is* my brother.

33 Now the men did diligently observe whether *any thing would come* from him, and did hastily catch *it:* and they said, Thy brother Ben-hadad. Then he said, Go ye, bring him. Then Ben-hadad came forth to him; and he caused him to come up [w] into the chariot.

34 And *Ben-hadad* said unto him, The cities [x] which my father took from thy father, I will restore; and thou shalt make

וְחֵצוֹת תִּסְלַח לָךְ בְּדָמֶשֶׂק כַּאֲשֶׁר־שָׂם אָבִי בְּשֹׁמְרוֹן
וַאֲנִי בַּבְּרִית אֲשַׁלֵּחֶךָּ וַיִּכְרָת־לוֹ בְרִית וַיְשַׁלְּחֵהוּ ׃
35 וְאִישׁ אֶחָד מִבְּנֵי הַנְּבִיאִים אָמַר אֶל־רֵעֵהוּ
36 בִּדְבַר יְהוָה הַכֵּינִי נָא וַיְמָאֵן הָאִישׁ לְהַכֹּתוֹ ׃ וַיֹּאמֶר
לוֹ יַעַן אֲשֶׁר לֹא־שָׁמַעְתָּ בְּקוֹל יְהוָה הִנְּךָ הוֹלֵךְ
מֵאִתִּי וְהִכְּךָ הָאַרְיֵה וַיֵּלֶךְ מֵאֶצְלוֹ וַיִּמְצָאֵהוּ הָאַרְיֵה וַיַּכֵּהוּ ׃
37 וַיִּמְצָא אִישׁ אַחֵר וַיֹּאמֶר הַכֵּינִי נָא וַיַּכֵּהוּ
38 הָאִישׁ הַכֵּה וּפָצֹעַ ׃ וַיֵּלֶךְ הַנָּבִיא וַיַּעֲמֹד לַמֶּלֶךְ עַל־
39 הַדָּרֶךְ וַיִּתְחַפֵּשׂ בָּאֲפֵר עַל־עֵינָיו ׃ וַיְהִי הַמֶּלֶךְ עֹבֵר
וְהוּא צָעַק אֶל־הַמֶּלֶךְ וַיֹּאמֶר עַבְדְּךָ יָצָא בְקֶרֶב־
הַמִּלְחָמָה וְהִנֵּה־אִישׁ סָר וַיָּבֵא אֵלַי אִישׁ וַיֹּאמֶר
שְׁמֹר אֶת־הָאִישׁ הַזֶּה אִם־הִפָּקֵד יִפָּקֵד וְהָיְתָה
40 נַפְשְׁךָ תַּחַת נַפְשׁוֹ אוֹ כִכַּר־כֶּסֶף תִּשְׁקוֹל ׃ וַיְהִי
עַבְדְּךָ עֹשֵׂה הֵנָּה וָהֵנָּה וְהוּא אֵינֶנּוּ וַיֹּאמֶר אֵלָיו
41 מֶלֶךְ־יִשְׂרָאֵל כֵּן מִשְׁפָּטֶךָ אַתָּה חָרָצְתָּ ׃ וַיְמַהֵר
וַיָּסַר אֶת־הָאֲפֵר מֵעַל עֵינָיו וַיַּכֵּר אֹתוֹ מֶלֶךְ
42 יִשְׂרָאֵל כִּי מֵהַנְּבִיאִים הוּא ׃ וַיֹּאמֶר אֵלָיו כֹּה אָמַר
יְהוָה יַעַן שִׁלַּחְתָּ אֶת־אִישׁ־חֶרְמִי מִיָּד וְהָיְתָה
43 נַפְשְׁךָ תַּחַת נַפְשׁוֹ וְעַמְּךָ תַּחַת עַמּוֹ ׃ וַיֵּלֶךְ מֶלֶךְ־
יִשְׂרָאֵל עַל־בֵּיתוֹ סַר וְזָעֵף וַיָּבֹא שֹׁמְרוֹנָה ׃

כא CAP. XXI.

1 וַיְהִי אַחַר הַדְּבָרִים הָאֵלֶּה כֶּרֶם הָיָה לְנָבוֹת
הַיִּזְרְעֵאלִי אֲשֶׁר בְּיִזְרְעֶאל אֵצֶל הֵיכַל אַחְאָב מֶלֶךְ
2 שֹׁמְרוֹן ׃ וַיְדַבֵּר אַחְאָב אֶל־נָבוֹת לֵאמֹר תְּנָה־לִּי
אֶת־כַּרְמְךָ וִיהִי־לִי לְגַן־יָרָק כִּי הוּא קָרוֹב אֵצֶל בֵּיתִי
וְאֶתְּנָה לְךָ תַּחְתָּיו כֶּרֶם טוֹב מִמֶּנּוּ אִם טוֹב
3 בְּעֵינֶיךָ אֶתְּנָה־לְךָ כֶסֶף מְחִיר זֶה ׃ וַיֹּאמֶר נָבוֹת
אֶל־אַחְאָב חָלִילָה לִּי מֵיְהוָה מִתִּתִּי אֶת־נַחֲלַת
4 אֲבֹתַי לָךְ ׃ וַיָּבֹא אַחְאָב אֶל־בֵּיתוֹ סַר וְזָעֵף עַל־
הַדָּבָר אֲשֶׁר־דִּבֶּר אֵלָיו נָבוֹת הַיִּזְרְעֵאלִי וַיֹּאמֶר לֹא־
אֶתֵּן לְךָ אֶת־נַחֲלַת אֲבוֹתָי וַיִּשְׁכַּב עַל־מִטָּתוֹ וַיַּסֵּב
5 אֶת־פָּנָיו וְלֹא־אָכַל לָחֶם ׃ וַתָּבֹא אֵלָיו אִיזֶבֶל
אִשְׁתּוֹ וַתְּדַבֵּר אֵלָיו מַה־זֶּה רוּחֲךָ סָרָה וְאֵינְךָ
6 אֹכֵל לָחֶם ׃ וַיְדַבֵּר אֵלֶיהָ כִּי־אֲדַבֵּר אֶל־נָבוֹת
הַיִּזְרְעֵאלִי וָאֹמַר לוֹ תְּנָה־לִּי אֶת־כַּרְמְךָ בְּכֶסֶף אוֹ
אִם־חָפֵץ אַתָּה אֶתְּנָה־לְךָ כֶרֶם תַּחְתָּיו וַיֹּאמֶר
7 לֹא־אֶתֵּן לְךָ אֶת־כַּרְמִי ׃ וַתֹּאמֶר אֵלָיו אִיזֶבֶל
אִשְׁתּוֹ אַתָּה עַתָּה תַּעֲשֶׂה מְלוּכָה עַל־יִשְׂרָאֵל קוּם

---

8 אֱכָל־לֶחֶם וְיִטַב לִבֶּךָ אֲנִי אֶתֵּן לְךָ אֶת־כֶּרֶם נָבוֹת
הַיִּזְרְעֵאלִי ׃ וַתִּכְתֹּב סְפָרִים בְּשֵׁם אַחְאָב וַתַּחְתֹּם
9 בְּחֹתָמוֹ וַתִּשְׁלַח הַסְּפָרִים אֶל־הַזְּקֵנִים וְאֶל־הַחֹרִים
אֲשֶׁר בְּעִירוֹ הַיֹּשְׁבִים אֶת־נָבוֹת ׃ וַתִּכְתֹּב
בַּסְּפָרִים לֵאמֹר קִרְאוּ־צוֹם וְהוֹשִׁיבוּ אֶת־נָבוֹת
10 בְּרֹאשׁ הָעָם ׃ וְהוֹשִׁיבוּ שְׁנַיִם אֲנָשִׁים בְּנֵי־בְלִיַּעַל
נֶגְדּוֹ וִיעִדֻהוּ לֵאמֹר בֵּרַכְתָּ אֱלֹהִים וָמֶלֶךְ
11 וְהוֹצִיאֻהוּ וְסִקְלֻהוּ וְיָמֹת ׃ וַיַּעֲשׂוּ אַנְשֵׁי עִירוֹ
הַזְּקֵנִים וְהַחֹרִים אֲשֶׁר הַיֹּשְׁבִים בְּעִירוֹ כַּאֲשֶׁר
שָׁלְחָה אֲלֵיהֶם אִיזָבֶל כַּאֲשֶׁר כָּתוּב בַּסְּפָרִים אֲשֶׁר
12 שָׁלְחָה אֲלֵיהֶם ׃ קָרְאוּ צוֹם וְהוֹשִׁיבוּ אֶת־נָבוֹת
13 בְּרֹאשׁ הָעָם ׃ וַיָּבֹאוּ שְׁנֵי הָאֲנָשִׁים בְּנֵי־בְלִיַּעַל
וַיֵּשְׁבוּ נֶגְדּוֹ וַיְעִדֻהוּ אַנְשֵׁי הַבְּלִיַּעַל אֶת־נָבוֹת נֶגֶד
הָעָם לֵאמֹר בֵּרַךְ נָבוֹת אֱלֹהִים וָמֶלֶךְ וַיֹּצִאֻהוּ
14 מִחוּץ לָעִיר וַיִּסְקְלֻהוּ בָאֲבָנִים וַיָּמֹת ׃ וַיִּשְׁלְחוּ
15 אֶל־אִיזֶבֶל לֵאמֹר סֻקַּל נָבוֹת וַיָּמֹת ׃ וַיְהִי כִּשְׁמֹעַ
אִיזֶבֶל כִּי־סֻקַּל נָבוֹת וַיָּמֹת וַתֹּאמֶר אִיזֶבֶל אֶל־
אַחְאָב קוּם רֵשׁ אֶת־כֶּרֶם נָבוֹת הַיִּזְרְעֵאלִי אֲשֶׁר
16 מֵאֵן לָתֶת־לְךָ בְכֶסֶף כִּי אֵין נָבוֹת חַי כִּי־מֵת ׃ וַיְהִי
כִּשְׁמֹעַ אַחְאָב כִּי מֵת נָבוֹת וַיָּקָם אַחְאָב לָרֶדֶת אֶל־
17 כֶּרֶם נָבוֹת הַיִּזְרְעֵאלִי לְרִשְׁתּוֹ ׃ וַיְהִי דְּבַר־יְהוָה אֶל־
18 אֵלִיָּהוּ הַתִּשְׁבִּי לֵאמֹר ׃ קוּם רֵד לִקְרַאת אַחְאָב
מֶלֶךְ־יִשְׂרָאֵל אֲשֶׁר בְּשֹׁמְרוֹן הִנֵּה בְּכֶרֶם נָבוֹת
19 אֲשֶׁר־יָרַד שָׁם לְרִשְׁתּוֹ ׃ וְדִבַּרְתָּ אֵלָיו לֵאמֹר כֹּה
אָמַר יְהוָה הֲרָצַחְתָּ וְגַם־יָרָשְׁתָּ וְדִבַּרְתָּ אֵלָיו לֵאמֹר
כֹּה אָמַר יְהוָה בִּמְקוֹם אֲשֶׁר לָקְקוּ הַכְּלָבִים אֶת־
דַּם נָבוֹת יָלֹקּוּ הַכְּלָבִים אֶת־דָּמְךָ גַּם־אָתָּה ׃
20 וַיֹּאמֶר אַחְאָב אֶל־אֵלִיָּהוּ הֲמְצָאתַנִי אֹיְבִי וַיֹּאמֶר
מָצָאתִי יַעַן הִתְמַכֶּרְךָ לַעֲשׂוֹת הָרַע בְּעֵינֵי יְהוָה ׃
21 הִנְנִי מֵבִי אֵלֶיךָ רָעָה וּבִעַרְתִּי אַחֲרֶיךָ וְהִכְרַתִּי
לְאַחְאָב מַשְׁתִּין בְּקִיר וְעָצוּר וְעָזוּב בְּיִשְׂרָאֵל ׃
22 וְנָתַתִּי אֶת־בֵּיתְךָ כְּבֵית יָרָבְעָם בֶּן־נְבָט וּכְבֵית
בַּעְשָׁא בֶן־אֲחִיָּה אֶל־הַכַּעַס אֲשֶׁר הִכְעַסְתָּ וַתַּחֲטִא
23 אֶת־יִשְׂרָאֵל ׃ וְגַם־לְאִיזֶבֶל דִּבֶּר יְהוָה לֵאמֹר
24 הַכְּלָבִים יֹאכְלוּ אֶת־אִיזֶבֶל בְּחֵל יִזְרְעֶאל ׃ הַמֵּת
לְאַחְאָב בָּעִיר יֹאכְלוּ הַכְּלָבִים וְהַמֵּת בַּשָּׂדֶה יֹאכְלוּ
25 עוֹף הַשָּׁמָיִם ׃ רַק לֹא־הָיָה כְאַחְאָב אֲשֶׁר הִתְמַכֵּר
לַעֲשׂוֹת הָרַע בְּעֵינֵי יְהוָה אֲשֶׁר־הֵסַתָּה אֹתוֹ אִיזֶבֶל

streets for thee in Damascus, as my father made in Samaria. Then *said Ahab,* I will send thee away with this covenant. So he made a covenant[b] with him, and sent him away.

35 And a certain man of the sons[c] of the prophets said unto his neighbour in the word[d] of the LORD, Smite[e] me, I pray thee. And the man refused to smite him.

36 Then said he unto him, Because thou hast not obeyed the voice of the LORD, behold, as soon as thou art departed from me, a lion shall slay thee. And as soon as he was departed from him, a lion[i] found him, and slew him.

37 Then he found another man, and said, Smite me, I pray thee. And the man smote him, γ so that in smiting he wounded *him.*

38 So the prophet departed, and waited for the king by the way, and[l] disguised himself with ashes upon his face.

39 And as the king passed by, he cried unto the king: and he said,[m] Thy servant went out into the midst of the battle; and, behold, a man turned aside, and brought a man unto me, and said, Keep this man: if[p] by any means he be missing, then shall thy life be for his life, or else thou shalt δ pay a talent of silver.

40 And as thy servant was busy here and there, he ζ was gone. And the king of Israel said unto him, So[q] *shall* thy judgment *be;* thyself[r] hast decided *it.*

41 And he hasted, and took the ashes away from his face; and the king of Israel discerned him that he *was* of the prophets.

42 And he said unto him, Thus saith the LORD, Because thou hast let go out of *thy* hand a man whom I appointed to utter destruction, therefore[t] thy life shall go for his life, and thy people for his people.

43 And the king of Israel went to his house heavy[v] and displeased, and came to Samaria.

CHAP. XXI.

AND it came to pass after these things, *that* Naboth the Jezreelite had a vineyard, which *was* in Jezreel, hard by the palace of Ahab king of Samaria.

2 And Ahab spake unto Naboth, saying, Give[x] me thy vineyard, that I may have it for a garden of herbs, because it *is* near unto my house; and I will give thee for it a better vineyard than it; *or,* if it η seem good to thee, I will give thee the worth of it in money.

3 And Naboth said to Ahab, The LORD forbid it me, that[a] I should give the inheritance of my fathers unto thee.

4 And Ahab came into his house[c] heavy and displeased because of the word which Naboth the Jezreelite had spoken to him; for he had said, I will not give thee the inheritance of my fathers. And he laid him down upon his bed, and turned away his face, and would eat no bread.

5 But Jezebel his wife came to him, and said unto him, Why[h] is thy spirit so sad, that thou eatest no bread?

6 And he said unto her, Because I spake unto Naboth the Jezreelite, and said unto him, Give me thy vineyard for money; or else, if it please thee, I will give thee *another* vineyard for it: and he answered, I will not give thee my vineyard.

7 And Jezebel his wife said unto him, Dost thou now govern the kingdom of Israel? Arise, *and* eat bread, and let thine heart be merry: I[l] will give thee the

B. C. 900.

a 2 Sa. 11. 14,
      15.
Es. 3.12,13.
b Is. 8. 12.
c 2Ki. 2. 3, 5,
      &c.
β in the top
      of.
d ch.13.17,18.
e Je. 27. 2.
Eze. 4. 3.
f 1Ie. 13. 13.
g Ex. 22. 28.
Le.24.15,16
Mat.26.59..
      66.
Ac. 6. 11.
h Le. 24. 14.
i ch. 13. 24.
γ *smiting &*
      wounding.
k Is. 58. 4.
l 2 Sa. 14. 2.
m 2 Sa. 12. 1,
      &c.
n Ex. 20. 16.
Ps. 27. 12.
Pr. 25. 18.
Mal. 3. 5.
o 2 Ki. 9. 26.
Ec. 4. 1.
Ac.7.57..59.
p 2 Ki. 10.24.
δ *weigh.*
ζ *was not.*
q 2Sa.12.5..7.
r Job 15. 6.
Mat.21.41,.43
Lu. 19. 22.
s Pr.1.10..16.
      4. 17.
t ch.22.31..37.
u Ps. 9. 12.
v ch. 21. 4.
w ch. 13. 32.
      2 Ch. 22. 9.
x 1 Sa. 8. 14.
y ch. 22. 38.
Ps. 7. 16.
Mat. 7. 2.
η *be good in*
      thine eyes.
z ch. 18. 17.
a Le. 25, 23.
Nu. 36. 7.
Eze. 46. 18.
b ver. 25.
2 Ki. 17. 17.
Is. 50. 1.
      52. 3.
Ro. 7. 14.
c Job 5. 2.
Hab.2.9..12.
d ch. 14. 10.
e Ex. 20. 5, 6.
      2 Ki. 9. 8.
f ch. 15. 29.
g ch. 16. 3,11.
h Ne. 2. 2.
i 2Ki.9.36,37.
θ or, *ditch.*
k ver. 20.
      ch.16.30,31.
l Mi. 2. 1, 2.
κ or, *incited.*
m Jos. 23. 12,
      13.
Ec. 7. 26.

vineyard of Naboth the Jezreelite.

8 So[a] she wrote letters in Ahab's name, and sealed *them* with his seal, and sent the letters unto the elders and to the nobles that *were* in his city, dwelling with Naboth.

9 And she wrote in the letters, saying, Proclaim a fast, and set Naboth β on high among the people;

10 And set two men, sons[f] of Belial, before him, to bear witness against him, saying, Thou didst blaspheme[g] God and the king: and *then* carry him out, and stone[h] him, that he may die.

11 And the men of his city, *even* the elders and the nobles, who were the inhabitants in his city, did as Jezebel had sent unto them, *and* as it *was* written in the letters which she had sent unto them.

12 They proclaimed a fast,[k] and set Naboth on high among the people.

13 And there came in two men, children of Belial, and sat before him: and the men of Belial witnessed[n] against him, *even* against Naboth, in the presence of the people, saying, Naboth did blaspheme God and the king. Then[o] they carried him forth out of the city, and stoned him with stones, that he died.

14 Then they sent to Jezebel, saying, Naboth is stoned, and is dead.

15 And it came to pass, when Jezebel heard that Naboth was stoned, and was dead, that Jezebel said to Ahab, Arise, take[s] possession of the vineyard of Naboth the Jezreelite, which he refused to give thee for money: for Naboth is not alive, but dead.

16 And it came to pass, when Ahab heard that Naboth was dead, that Ahab rose up to go down to the vineyard of Naboth the Jezreelite, to take possession of it.

17 And[u] the word of the LORD came to Elijah the Tishbite, saying,

18 Arise, go down to meet Ahab king of Israel, which[w] *is* in Samaria: behold, *he is* in the vineyard of Naboth, whither he is gone down to possess it.

19 And thou shalt speak unto him, saying, Thus saith the LORD, Hast thou killed, and also taken possession? And thou shalt speak unto him, saying, Thus saith the LORD, In[y] the place where dogs licked the blood of Naboth shall dogs lick thy blood, even thine.

20 And Ahab said to Elijah, Hast[z] thou found me, O mine enemy? And he answered, I have found *thee;* because thou hast sold[b] thyself to work evil in the sight of the LORD.

21 Behold, I[d] will bring evil upon thee, and will take away thy posterity, and will[e] cut off from Ahab him that pisseth against the wall, and him that is shut up and left in Israel.

22 And will make thine house like the house of Jeroboam[f] the son of Nebat, and like the house of Baasha[g] the son of Ahijah, for the provocation wherewith thou hast provoked *me* to anger,& made Israel to sin.

23 And of Jezebel[i] also spake the LORD, saying, The dogs shall eat Jezebel by the θ wall of Jezreel.

24 Him that dieth[l] of Ahab in the city the dogs shall eat; and him that dieth in the field shall the fowls of the air eat.

25 But[k] there was none like unto Ahab, which did sell himself to work wickedness in the sight of the LORD, whom Jezebel his wife κ stirred up.[m]

251

26 אֶצְבָּע֑וֹ ׃ וַיֹּ֙אמֶר֙ מֶ֣לֶךְ יִשְׂרָאֵ֔ל קַח֙ אֶת־מִיכָ֔יְהוּ וַהֲשִׁיבֵ֖הוּ אֶל־אָמ֣וֹן שַׂר־

27 הָעִ֑יר וְאֶל־יוֹאָ֖שׁ בֶּן־הַמֶּֽלֶךְ ׃ וְאָ֣מַרְתָּ֔ כֹּ֖ה אָמַ֣ר הַמֶּ֑לֶךְ שִׂ֣ימוּ אֶת־זֶ֞ה בֵּ֣ית הַכֶּ֗לֶא וְהַֽאֲכִילֻ֙הוּ֙ לֶ֤חֶם

28 לַ֙חַץ֙ וּמַ֣יִם לַ֔חַץ עַ֖ד בֹּאִ֥י בְשָׁלֽוֹם ׃ וַיֹּ֣אמֶר מִיכָ֔יְהוּ אִם־שׁ֤וֹב תָּשׁוּב֙ בְּשָׁל֔וֹם לֹֽא־דִבֶּ֥ר יְהֹוָ֖ה בִּ֑י וַיֹּ֕אמֶר

29 שִׁמְע֖וּ עַמִּ֥ים כֻּלָּֽם ׃ וַיַּ֧עַל מֶֽלֶךְ־יִשְׂרָאֵ֛ל וִֽיהוֹשָׁפָ֥ט מֶֽלֶךְ־יְהוּדָ֖ה רָמֹ֣ת גִּלְעָֽד ׃

CAP. XXII. כב

1 וַיֵּשְׁב֖וּ שָׁלֹ֣שׁ שָׁנִ֑ים אֵ֣ין מִלְחָמָ֔ה בֵּ֥ין אֲרָ֖ם וּבֵ֥ין

2 יִשְׂרָאֵֽל ׃ וַיְהִ֖י בַּשָּׁנָ֣ה הַשְּׁלִישִׁ֑ית וַיֵּ֛רֶד

3 יְהוֹשָׁפָ֥ט מֶֽלֶךְ־יְהוּדָ֖ה אֶל־מֶ֥לֶךְ יִשְׂרָאֵֽל ׃ וַיֹּ֤אמֶר מֶֽלֶךְ־יִשְׂרָאֵל֙ אֶל־עֲבָדָ֔יו הַיְדַעְתֶּ֕ם כִּי־לָ֖נוּ רָמֹ֣ת גִּלְעָ֑ד וַאֲנַ֣חְנוּ מַחְשִׁ֔ים מִקַּ֣חַת אֹתָ֔הּ מִיַּ֖ד מֶ֥לֶךְ

4 אֲרָֽם ׃ וַיֹּ֙אמֶר֙ אֶל־יְהֹ֣ושָׁפָ֔ט הֲתֵלֵ֥ךְ אִתִּ֛י לַמִּלְחָמָ֖ה רָמֹ֣ת גִּלְעָ֑ד וַיֹּ֣אמֶר יְהוֹשָׁפָט֮ אֶל־מֶ֣לֶךְ יִשְׂרָאֵל֒ כָּמ֧וֹנִי כָמ֛וֹךָ כְּעַמִּ֥י כְעַמֶּ֖ךָ כְּסוּסַ֥י

5 כְּסוּסֶֽיךָ ׃ וַיֹּ֥אמֶר יְהוֹשָׁפָ֖ט אֶל־מֶ֣לֶךְ יִשְׂרָאֵ֑ל דְּרָשׁ־נָ֥א כַיּ֖וֹם

6 אֶת־דְּבַ֥ר יְהֹוָֽה ׃ וַיִּקְבֹּ֣ץ מֶֽלֶךְ־יִשְׂרָאֵ֣ל אֶֽת־הַנְּבִיאִ֗ים כְּאַרְבַּ֣ע מֵא֣וֹת אִ֗ישׁ וַיֹּ֤אמֶר אֲלֵהֶם֙ הַאֵלֵ֞ךְ עַל־רָמֹ֥ת גִּלְעָ֛ד לַמִּלְחָמָ֖ה אִם־אֶחְדָּ֑ל וַיֹּאמְר֣וּ עֲלֵ֔ה וְיִתֵּ֥ן אֲדֹנָ֖י בְּיַ֥ד

7 הַמֶּֽלֶךְ ׃ וַיֹּ֙אמֶר֙ יְה֣וֹשָׁפָ֔ט הַאֵ֨ין פֹּ֥ה נָבִ֛יא לַֽיהֹוָ֖ה ע֑וֹד וְנִדְרְשָׁ֖ה

8 מֵאוֹתֽוֹ ׃ וַיֹּ֣אמֶר מֶֽלֶךְ־יִשְׂרָאֵ֣ל ׀ אֶֽל־יְהוֹשָׁפָ֡ט ע֣וֹד אִישׁ־אֶחָ֡ד לִדְרֹשׁ֩ אֶת־יְהֹוָ֨ה מֵאֹת֜וֹ וַאֲנִ֣י שְׂנֵאתִ֗יו כִּ֠י לֹֽא־יִתְנַבֵּ֨א עָלַ֥י טוֹב֙ כִּ֣י אִם־רָ֔ע מִיכָ֖יְהוּ בֶּן־יִמְלָ֑ה וַיֹּ֙אמֶר֙ יְה֣וֹשָׁפָ֔ט אַל־יֹאמַ֥ר הַמֶּ֖לֶךְ

9 כֵּֽן ׃ וַיִּקְרָא֙ מֶ֣לֶךְ יִשְׂרָאֵ֔ל אֶל־סָרִ֖יס אֶחָ֑ד וַיֹּ֕אמֶר

10 מַהֲרָ֖ה מִיכָ֥יְהוּ בֶן־יִמְלָֽה ׃ וּמֶ֣לֶךְ יִשְׂרָאֵ֡ל וִֽיהוֹשָׁפָ֣ט מֶֽלֶךְ־יְהוּדָ֡ה יֹשְׁבִים֩ אִ֨ישׁ עַל־כִּסְא֜וֹ מְלֻבָּשִׁ֣ים בְּגָדִ֗ים בְּגֹ֙רֶן֙ פֶּ֚תַח שַׁ֣עַר שֹׁמְר֔וֹן וְכָ֨ל־

11 הַנְּבִיאִ֔ים מִֽתְנַבְּאִ֖ים לִפְנֵיהֶֽם ׃ וַיַּ֥עַשׂ ל֛וֹ צִדְקִיָּ֥ה בֶֽן־כְּנַעֲנָ֖ה קַרְנֵ֣י בַרְזֶ֑ל וַיֹּ֙אמֶר֙ כֹּֽה־אָמַ֣ר יְהֹוָ֔ה בְּאֵ֛לֶּה

12 תְּנַגַּ֥ח אֶת־אֲרָ֖ם עַד־כַּלֹּתָֽם ׃ וְכָל־הַנְּבִאִ֔ים נִבְּאִ֥ים כֵּ֖ן לֵאמֹ֑ר עֲלֵ֞ה רָמֹ֤ת גִּלְעָד֙ וְהַצְלַ֔ח

13 וְנָתַ֥ן יְהֹוָ֖ה בְּיַ֥ד הַמֶּֽלֶךְ ׃ וְהַמַּלְאָ֞ךְ אֲשֶׁר־הָלַ֣ךְ ׀ לִקְרֹ֣א מִיכָ֗יְהוּ דִּבֶּ֤ר אֵלָיו֙ לֵאמֹ֔ר הִנֵּה־נָ֞א דִּבְרֵ֧י הַנְּבִיאִ֛ים פֶּֽה־אֶחָ֥ד ט֖וֹב אֶל־הַמֶּ֑לֶךְ יְהִֽי־נָ֣א דְבָ֠רְךָ

14 כִּדְבַ֨ר אַחַ֤ד מֵהֶם֙ וְדִבַּ֥רְתָּ טּֽוֹב ׃ וַיֹּ֖אמֶר מִיכָ֑יְהוּ חַי־יְהֹוָ֕ה כִּ֠י אֶת־אֲשֶׁ֨ר יֹאמַ֧ר

---

15 יְהֹוָ֛ה אֵלַ֖י אֹת֣וֹ אֲדַבֵּֽר ׃ וַיָּבוֹא֮ אֶל־הַמֶּלֶךְ֒ וַיֹּ֨אמֶר הַמֶּ֜לֶךְ אֵלָ֗יו מִיכָ֙יְהוּ֙ הֲנֵלֵ֞ךְ אֶל־רָמֹ֥ת גִּלְעָ֛ד לַמִּלְחָמָ֖ה אִם־נֶחְדָּ֑ל וַיֹּ֤אמֶר אֵלָיו֙ עֲלֵ֣ה

16 וְהַצְלַ֔ח וְנָתַ֥ן יְהֹוָ֖ה בְּיַ֥ד הַמֶּֽלֶךְ ׃ וַיֹּ֤אמֶר אֵלָיו֙ הַמֶּ֔לֶךְ עַד־כַּמֶּ֥ה פְעָמִ֖ים אֲנִ֣י מַשְׁבִּעֶ֑ךָ אֲ֠שֶׁר לֹֽא־תְדַבֵּ֥ר אֵלַ֛י רַק־אֱמֶ֖ת בְּשֵׁ֥ם יְהֹוָֽה ׃

17 וַיֹּ֗אמֶר רָאִ֤יתִי אֶת־כָּל־יִשְׂרָאֵל֙ נְפֹצִ֣ים אֶל־הֶֽהָרִ֔ים כַּצֹּ֕אן אֲשֶׁ֥ר אֵין־לָהֶ֖ם רֹעֶ֑ה וַיֹּ֤אמֶר יְהֹוָה֙ לֹֽא־אֲדֹנִ֣ים לָאֵ֔לֶּה יָשׁ֥וּבוּ אִישׁ־לְבֵית֖וֹ בְּשָׁלֽוֹם ׃

18 וַיֹּ֖אמֶר מֶֽלֶךְ־יִשְׂרָאֵ֑ל אֶל־יְה֣וֹשָׁפָ֔ט הֲלוֹא֙ אָמַ֣רְתִּי אֵלֶ֔יךָ לֽוֹא־

19 יִתְנַבֵּ֥א עָלַ֛י ט֖וֹב כִּ֥י אִם־רָֽע ׃ וַיֹּ֕אמֶר לָכֵ֖ן שְׁמַ֣ע דְּבַר־יְהֹוָ֑ה רָאִ֤יתִי אֶת־יְהֹוָה֙ יֹשֵׁ֣ב עַל־כִּסְא֔וֹ וְכָל־צְבָ֤א הַשָּׁמַ֙יִם֙ עֹמֵ֣ד עָלָ֔יו מִֽימִינ֖וֹ וּמִשְּׂמֹאלֽוֹ ׃

20 וַיֹּ֣אמֶר יְהֹוָ֗ה מִ֤י יְפַתֶּה֙ אֶת־אַחְאָ֔ב וְיַ֕עַל וְיִפֹּ֖ל בְּרָמֹ֣ת גִּלְעָ֑ד וַיֹּ֤אמֶר זֶה֙ בְּכֹ֔ה וְזֶ֥ה אֹמֵ֖ר בְּכֹֽה ׃

21 וַיֵּצֵ֣א הָר֗וּחַ וַֽיַּעֲמֹד֙ לִפְנֵ֣י יְהֹוָ֔ה וַיֹּ֖אמֶר אֲנִ֣י אֲפַתֶּ֑נּוּ

22 וַיֹּ֧אמֶר יְהֹוָ֛ה אֵלָ֖יו בַּמָּֽה ׃ וַיֹּ֗אמֶר אֵצֵא֙ וְהָיִ֙יתִי֙ ר֣וּחַ שֶׁ֔קֶר בְּפִ֖י כָּל־נְבִיאָ֑יו וַיֹּ֗אמֶר תְּפַתֶּה֙ וְגַם־תּוּכָ֔ל

23 צֵ֖א וַעֲשֵׂה־כֵֽן ׃ וְעַתָּ֗ה הִנֵּ֨ה נָתַ֤ן יְהֹוָה֙ ר֣וּחַ שֶׁ֔קֶר בְּפִ֖י כָּל־נְבִיאֶ֣יךָ אֵ֑לֶּה וַֽיהֹוָ֕ה דִּבֶּ֥ר עָלֶ֖יךָ רָעָֽה ׃

24 וַיִּגַּ֞שׁ צִדְקִיָּ֣הוּ בֶֽן־כְּנַעֲנָ֗ה וַיַּכֶּ֛ה אֶת־מִיכָ֖יְהוּ עַל־הַלֶּ֑חִי וַיֹּ֕אמֶר אֵי־זֶ֨ה עָבַ֧ר רֽוּחַ־יְהֹוָ֛ה מֵאִתִּ֖י לְדַבֵּ֥ר

25 אוֹתָֽךְ ׃ וַיֹּ֣אמֶר מִיכָ֔יְהוּ הִנְּךָ֥ רֹאֶ֖ה בַּיּ֣וֹם הַה֑וּא אֲשֶׁ֥ר תָּבֹ֛א חֶ֥דֶר בְּחֶ֖דֶר לְהֵחָבֵֽה ׃

26 And he did v~ry abominably in following idols, according to all *things* as did the Amorites,[a] whom the LORD cast out before the children of Israel.

27 And it came to pass, when Ahab heard those words, that[b] he rent his clothes, and put[c] sackcloth upon his flesh, and fasted, and lay in sackcloth, and went softly.

28 And the word of the LORD came to Elijah the Tishbite, saying,

29 Seest thou how Ahab[d] humbleth himself before me? Because[f] he humbleth himself before me, I will not bring the evil in[g] his days; *but* in[h] his son's days will I bring the evil upon his house.

CHAP. XXII.

AND they continued three years without war between Syria and Israel.

2 And[l] it came to pass, in the third year, that Jehoshaphat the king of Judah came down to the king of Israel.

3 And the king of Israel said unto his servants, Know ye that Ramoth[m] in Gilead *is* ours, and we *be* γ still, *and* take it not out of the hand of the king of Syria?

4 And he said unto Jehoshaphat,[n] Wilt thou go with me to battle to Ramoth-gilead? And Jehoshaphat said to the king of Israel, I[o] *am* as thou *art*, my people as thy people, my horses as thy horses.

5 And Jehoshaphat said unto the king of Israel, Inquire,[p] I pray thee, at the word of the LORD to-day.

6 Then the king of Israel gathered the prophets[r] together, about four hundred men, and said unto them, Shall I go against Ramoth-gilead to battle, or shall I forbear? And[s] they said, Go up; for the Lord shall deliver *it* into the hand of the king.

7 And Jehoshaphat said, *Is*[u] *there* not here a prophet of the LORD besides, that we might inquire of him?

8 And the king of Israel said unto Jehoshaphat, *There is* yet one man, Micaiah the son of Imlah, by whom we may inquire of the LORD: but I hate[v] him; for he doth not prophesy good concerning me, but evil. And Jehoshaphat said, Let not the king say so.

9 Then the king of Israel called an η officer, and said, Hasten *hither* Micaiah the son of Imlah.

10 And the king of Israel & Jehoshaphat the king of Judah sat each on his throne, having put on their robes, in a θ void place in the entrance of the gate of Samaria; and all the prophets prophesied before them.

11 And Zedekiah the son of Chenaanah made him horns of iron: and he said, Thus saith the LORD, With these shalt thou push the Syrians, until thou have consumed them.

12 And[a] all the prophets prophesied so, saying, Go up to Ramoth-gilead, and prosper:[c] for the LORD shall deliver *it* into the king's hand.

13 And the messenger that was gone to call Micaiah spake unto him, saying, Behold now, the words of the prophets *declare* good unto the king with one mouth: let thy word, I pray thee, be like the word of one of them, and speak *that which is good*,[d]

14 And Micaiah said, *As* the LORD liveth, what[f] the LORD saith unto me, that will I speak.

15 So he came to the king. And the king said unto him, Micaiah, shall we go against Ramoth-gilead to battle, or shall we forbear? And he answered him, Go,

---

B. C. 897.

a Ge. 15. 16.
2 Ki. 21. 11.
b Joel.2.12,13.
c Jon.3.6..10.
d Zec. 13. 7.
Mat. 9. 36.
e Ex. 10. 3.
f Is. 66. 2.
g 2 Ki. 20. 19.
h 2 Ki. 9. 25.
i Is. 6. 1..3.
Da. 7. 9,10.
k Job 1. 6.
Ps. 103. 21.
Mat. 25. 31.
Re. 5. 11.
l 2Ch.18.2,&c
β or, *deceive.*
m De. 4. 43.
Jos. 20. 8.
γ *silent from taking it.*
n Pr. 1. 10.
2 Co. 6. 14.
o 2 Ki. 3. 7.
p Pr. 3. 6.
Je. 21. 2.
q Ju. 9. 23.
Job 12. 16.
Eze. 14. 9.
2Th.2.10..12.
r ch. 18. 19.
s Je. 5. 31.
t Mat. 26. 68.
Ac. 23. 2.
u 2 Ki. 3. 11.
δ or, *from chamber to chamber.*
ζ *a chamber in a chamber.*
ch. 20. 30.
v Ps. 34. 21.
η or, *eunuch.*
w Je. 38. 6.
Ac. 5. 18.
Re. 2. 10.
x De. 16. 3.
Is. 30. 20.
y Nu. 16. 29.
De.18,20,22.
θ *floor.*
z Mat.13.9,43
κ or, *when he was to disguise himself.*
a Eze.13.6..9.
Mi. 3. 11.
b 2Ch.35.22.
c Job 9. 4.
d Is.30.10.
e Pr. 13. 20.
f Nu. 22. 38.
24. 13.
Je. 23. 28.
Ac. 20.27.
Ga. 1. 10.
λ *in his simplicity.*
2 Sa. 15. 11.

---

and prosper: for the LORD shall deliver *it* into the hand of the king.

16 And the king said unto him, How many times shall I adjure thee that thou tell me nothing but *that which is* true in the name of the LORD?

17 And he said, I saw all Israel[d] scattered upon the hills, as sheep that have not a shepherd: and the LORD said, These have no master; let them return every man to his house in peace.

18 And the king of Israel said unto Jehoshaphat, Did I not tell thee that he would prophesy no good concerning me, but evil?

19 And he said, Hear thou, therefore, the word of the LORD: I saw[i] the LORD sitting on his throne, and all the host[k] of heaven standing by him, on his right hand and on his left.

20 And the LORD said, Who shall β persuade Ahab, that he may go up and fall at Ramoth-gilead? And one said on this manner, and another said on that manner.

21 And there came forth a spirit, and stood before the LORD, and said, I will persuade him.

22 And the LORD said unto him, Wherewith? And he said, I will go forth, and I will be a lying spirit in the mouth of all his prophets. And he said, Thou shalt persuade *him*, and prevail also: go forth, and do so.

23 Now[q] therefore, behold, the LORD hath put a lying spirit in the mouth of all these thy prophets, and the LORD hath spoken evil concerning thee.

24 But Zedekiah the son of Chenaanah went near, & smote[t] Micaiah on the cheek, and said, Which way went the Spirit of the LORD from me to speak unto thee?

25 And Micaiah said, Behold, thou shalt see in that day, when thou shalt go δ into ζ an inner chamber to hide thyself.

26 And the king of Israel said, Take Micaiah, and carry him back unto Amon the governor of the city, and to Joash the king's son;

27 And say, Thus saith the king, Put this *fellow* in the prison,[w] and feed him with bread of affliction,[x] and with water of affliction, until I come in peace.

28 And Micaiah said, If[y] thou return at all in peace, the LORD hath not spoken by me. And he said,[z] Hearken, O people, every one of you.

29 So the king of Israel, and Jehoshaphat the king of Judah, went up to Ramoth-gilead.

30 And the king of Israel said unto Jehoshaphat, κ I will disguise myself, and enter into the battle; but put thou on thy robes. And the king of Israel[b] disguised himself, and went into the battle.

31 But the king of Syria commanded his thirty and two captains that had rule over his chariots, saying, Fight neither with small nor great, save only with the king of Israel.

32 And it came to pass, when the captains of the chariots saw Jehoshaphat, that they said, Surely *it is* the king of Israel. And[e] they turned aside to fight against him: and Jehoshaphat cried out.

33 And it came to pass, when the captains of the chariots perceived that it *was* not the king of Israel, that they turned back from pursuing him.

34 And a *certain* man drew a bow λ at a

וַתַּעֲלֶה הַמִּלְחָמָה בַּיּוֹם הַהוּא וְהַמֶּלֶךְ הָיָה מָעֳמָד בַּמֶּרְכָּבָה נֹכַח אֲרָם וַיָּמָת בָּעֶרֶב וַיִּצֶק דַּם־הַמַּכָּה אֶל־חֵיק הָרָכֶב׃ 35

וַיַּעֲבֹר הָרִנָּה בַּמַּחֲנֶה כְּבֹא הַשֶּׁמֶשׁ לֵאמֹר אִישׁ אֶל־עִירוֹ וְאִישׁ אֶל־אַרְצוֹ׃ 36

וַיָּמָת הַמֶּלֶךְ וַיָּבוֹא שֹׁמְרוֹן וַיִּקְבְּרוּ אֶת־הַמֶּלֶךְ בְּשֹׁמְרוֹן׃ 37

וַיִּשְׁטֹף אֶת־הָרֶכֶב עַל בְּרֵכַת שֹׁמְרוֹן וַיָּלֹקּוּ הַכְּלָבִים אֶת־דָּמוֹ וְהַזֹּנוֹת רָחָצוּ כִּדְבַר יְהוָה אֲשֶׁר דִּבֵּר׃ 38

וְיֶתֶר דִּבְרֵי אַחְאָב וְכָל־אֲשֶׁר עָשָׂה וּבֵית הַשֵּׁן אֲשֶׁר בָּנָה וְכָל־הֶעָרִים אֲשֶׁר בָּנָה הֲלוֹא־הֵם כְּתוּבִים עַל־סֵפֶר דִּבְרֵי הַיָּמִים לְמַלְכֵי יִשְׂרָאֵל׃ 39

וַיִּשְׁכַּב אַחְאָב עִם־אֲבֹתָיו וַיִּמְלֹךְ אֲחַזְיָהוּ בְנוֹ תַּחְתָּיו׃ 40

וִיהוֹשָׁפָט בֶּן־אָסָא מָלַךְ עַל־יְהוּדָה בִּשְׁנַת אַרְבַּע לְאַחְאָב מֶלֶךְ יִשְׂרָאֵל׃ 41

יְהוֹשָׁפָט בֶּן־שְׁלֹשִׁים וְחָמֵשׁ שָׁנָה בְּמָלְכוֹ וְעֶשְׂרִים וְחָמֵשׁ שָׁנָה מָלַךְ בִּירוּשָׁלִָם וְשֵׁם 42

וַיֵּלֶךְ בְּכָל־דֶּרֶךְ אָסָא אָבִיו לֹא־סָר מִמֶּנּוּ לַעֲשׂוֹת הַיָּשָׁר בְּעֵינֵי יְהוָה׃ אַךְ 43

הַבָּמוֹת לֹא־סָרוּ עוֹד הָעָם מְזַבְּחִים וּמְקַטְּרִים בַּבָּמוֹת׃ 44

וַיַּשְׁלֵם יְהוֹשָׁפָט עִם־מֶלֶךְ יִשְׂרָאֵל׃ 45

וְיֶתֶר דִּבְרֵי יְהוֹשָׁפָט וּגְבוּרָתוֹ אֲשֶׁר־עָשָׂה וַאֲשֶׁר נִלְחָם הֲלֹא־הֵם כְּתוּבִים עַל־סֵפֶר דִּבְרֵי הַיָּמִים לְמַלְכֵי יְהוּדָה׃ 46

וְיֶתֶר הַקָּדֵשׁ אֲשֶׁר נִשְׁאַר בִּימֵי אָסָא אָבִיו בִּעֵר מִן־הָאָרֶץ׃ 47

וּמֶלֶךְ אֵין בֶּאֱדוֹם נִצָּב מֶלֶךְ׃ 48

יְהוֹשָׁפָט עָשָׂה אֳנִיּוֹת תַּרְשִׁישׁ לָלֶכֶת אוֹפִירָה לַזָּהָב וְלֹא הָלָךְ כִּי־נִשְׁבְּרוּ אֳנִיּוֹת בְּעֶצְיוֹן גָּבֶר׃ 49

אָז אָמַר אֲחַזְיָהוּ בֶן־אַחְאָב אֶל־יְהוֹשָׁפָט יֵלְכוּ עֲבָדַי עִם־עֲבָדֶיךָ בָּאֳנִיּוֹת וְלֹא אָבָה יְהוֹשָׁפָט׃ 50

וַיִּשְׁכַּב יְהוֹשָׁפָט עִם־אֲבֹתָיו וַיִּקָּבֵר עִם־אֲבֹתָיו בְּעִיר דָּוִד אָבִיו וַיִּמְלֹךְ יְהוֹרָם בְּנוֹ תַּחְתָּיו׃ 51

אֲחַזְיָהוּ בֶן־אַחְאָב מָלַךְ עַל־יִשְׂרָאֵל בְּשֹׁמְרוֹן בִּשְׁנַת שְׁבַע עֶשְׂרֵה לִיהוֹשָׁפָט מֶלֶךְ יְהוּדָה וַיִּמְלֹךְ עַל־יִשְׂרָאֵל שְׁנָתָיִם׃ 52

וַיַּעַשׂ הָרַע בְּעֵינֵי יְהוָה וַיֵּלֶךְ בְּדֶרֶךְ אָבִיו וּבְדֶרֶךְ אִמּוֹ וּבְדֶרֶךְ יָרָבְעָם בֶּן־נְבָט אֲשֶׁר הֶחֱטִיא אֶת־יִשְׂרָאֵל׃ 53

וַיַּעֲבֹד אֶת־הַבַּעַל וַיִּשְׁתַּחֲוֶה לוֹ וַיַּכְעֵס אֶת־יְהוָה אֱלֹהֵי יִשְׂרָאֵל כְּכֹל אֲשֶׁר־עָשָׂה אָבִיו׃ 54

מלכים ב

LIBER II. REGUM.

CAP. I. א

וַיִּפְשַׁע מוֹאָב בְּיִשְׂרָאֵל אַחֲרֵי מוֹת אַחְאָב׃ 1

וַיִּפֹּל אֲחַזְיָה בְּעַד הַשְּׂבָכָה בַּעֲלִיָּתוֹ אֲשֶׁר בְּשֹׁמְרוֹן וַיָּחַל וַיִּשְׁלַח מַלְאָכִים וַיֹּאמֶר אֲלֵהֶם לְכוּ דִרְשׁוּ בְּבַעַל זְבוּב אֱלֹהֵי עֶקְרוֹן אִם־אֶחְיֶה מֵחֳלִי זֶה׃ 2

וּמַלְאַךְ יְהוָה דִּבֶּר אֶל־אֵלִיָּה הַתִּשְׁבִּי קוּם עֲלֵה לִקְרַאת מַלְאֲכֵי מֶלֶךְ־שֹׁמְרוֹן וְדַבֵּר אֲלֵהֶם הַמִבְּלִי אֵין־אֱלֹהִים בְּיִשְׂרָאֵל אַתֶּם הֹלְכִים לִדְרֹשׁ בְּבַעַל זְבוּב אֱלֹהֵי עֶקְרוֹן׃ 3

וְלָכֵן כֹּה־אָמַר יְהוָה הַמִּטָּה אֲשֶׁר־עָלִיתָ שָּׁם לֹא־תֵרֵד מִמֶּנָּה כִּי מוֹת תָּמוּת וַיֵּלֶךְ אֵלִיָּה׃ 4

וַיָּשׁוּבוּ הַמַּלְאָכִים אֵלָיו וַיֹּאמֶר אֲלֵיהֶם מַה־זֶּה שַׁבְתֶּם׃ 5

וַיֹּאמְרוּ אֵלָיו אִישׁ עָלָה לִקְרָאתֵנוּ וַיֹּאמֶר אֵלֵינוּ לְכוּ שׁוּבוּ אֶל־הַמֶּלֶךְ אֲשֶׁר־שָׁלַח אֶתְכֶם וְדִבַּרְתֶּם אֵלָיו כֹּה אָמַר יְהוָה הַמִבְּלִי אֵין־אֱלֹהִים בְּיִשְׂרָאֵל אַתָּה שֹׁלֵחַ לִדְרֹשׁ בְּבַעַל זְבוּב אֱלֹהֵי עֶקְרוֹן 6

וַיְדַבֵּר אֲלֵהֶם מֶה מִשְׁפַּט הָאִישׁ אֲשֶׁר עָלָה לִקְרַאתְכֶם וַיְדַבֵּר אֲלֵיכֶם אֶת־הַדְּבָרִים הָאֵלֶּה׃ 7

וַיֹּאמְרוּ אֵלָיו אִישׁ בַּעַל שֵׂעָר וְאֵזוֹר עוֹר אָזוּר בְּמָתְנָיו וַיֹּאמַר אֵלִיָּה הַתִּשְׁבִּי הוּא׃ 8

וַיִּשְׁלַח אֵלָיו שַׂר־חֲמִשִּׁים וַחֲמִשָּׁיו וַיַּעַל אֵלָיו וְהִנֵּה יֹשֵׁב עַל־רֹאשׁ הָהָר וַיְדַבֵּר אֵלָיו אִישׁ הָאֱלֹהִים הַמֶּלֶךְ דִּבֶּר רֵדָה׃ 9

וַיַּעֲנֶה אֵלִיָּהוּ וַיְדַבֵּר אֶל־שַׂר הַחֲמִשִּׁים וְאִם־אִישׁ אֱלֹהִים אָנִי תֵּרֶד אֵשׁ מִן־הַשָּׁמַיִם וְתֹאכַל אֹתְךָ וְאֶת־חֲמִשֶּׁיךָ וַתֵּרֶד אֵשׁ מִן־הַשָּׁמַיִם וַתֹּאכַל אֹתוֹ וְאֶת־חֲמִשָּׁיו׃ 10

וַיָּשָׁב וַיִּשְׁלַח אֵלָיו שַׂר־חֲמִשִּׁים אַחֵר וַחֲמִשָּׁיו וַיַּעַן וַיְדַבֵּר אֵלָיו אִישׁ הָאֱלֹהִים כֹּה־אָמַר הַמֶּלֶךְ מְהֵרָה רֵדָה׃ 11

וַיַּעַן אֵלִיָּה וַיְדַבֵּר אֲלֵיהֶם אִם־אִישׁ הָאֱלֹהִים אָנִי תֵּרֶד אֵשׁ מִן־הַשָּׁמַיִם וְתֹאכַל אֹתְךָ וְאֶת־חֲמִשֶּׁיךָ וַתֵּרֶד אֵשׁ אֱלֹהִים מִן־הַשָּׁמַיִם וַתֹּאכַל אֹתוֹ וְאֶת־ 12

venture, and smote the king of Israel between the joints β of the harness: wherefore he said unto the driver of his chariot, Turn thine hand, and carry me out of the host; for I am γ wounded.

35 And the battle δ increased that day; and the king was stayed up in his chariot against the Syrians, and died at even: and the blood ran out of the wound into the ϵ midst of the chariot.

36 And there went a proclamation throughout the host about the going down of the sun, saying, Every d man to his city, and every man to his own country.

37 So the king died, and ζ was brought to Samaria; and they buried the king in Samaria.

38 And *one* washed the chariot in the pool of Samaria, and the dogs licked up his blood, (and they washed his armour,) according unto the word of the LORD which he spake. i

39 Now the rest of the acts of Ahab, and all that he did, and the ivory j house which he made, and all the cities that he built, *are* they not written in the book of the Chronicles of the kings of Israel?

40 So Ahab slept with his fathers; and Ahaziah his son reigned in his stead.

41 And m Jehoshaphat the son of Asa began to reign over Judah in the fourth year of Ahab king of Israel.

42 Jehoshaphat *was* thirty and five years old when he began to reign; and he reigned twenty and five years in Jerusalem. And his mother's name *was* Azubah, the daughter of Shilhi.

43 And p he walked in all the ways of Asa his father; he turned not aside from it, doing *that which was* right in the eyes of the LORD: nevertheless the high

places were not taken away; *for* the people offered and burnt incense yet in the high places.

44 And Jehoshaphat made peace b with the king of Israel.

45 Now the rest of the acts of Jehoshaphat, and his might that he shewed, and how he warred, *are* they not written in the book of the Chronicles of the kings of Judah?

46 And the remnant of the c sodomites, which remained in the days of his father Asa, he took out of the land.

47 *There was* then no king e in Edom: a deputy *was* king.

48 Jehoshaphat n made ships f of Tharshish g to go to Ophir for gold; but they went not; for the ships were broken at Ezion-geber. h

49 Then said Ahaziah the son of Ahab unto Jehoshaphat, Let my servants go with thy servants in the ships: but Jehoshaphat would not.

50 And k Jehoshaphat slept with his fathers, and was buried with his fathers in the city of David his father: and Jehoram his son reigned in his stead.

51 Ahaziah l the son of Ahab began to reign over Israel in Samaria the seventeenth year of Jehoshaphat king of Judah, and reigned two years over Israel.

52 And he did evil in the sight of the LORD, and walked in the way n of his father, and in the way of his mother, and in the way of Jeroboam o the son of Nebat, who made Israel to sin:

53 For he served Baal, q and worshipped him, and provoked to anger the LORD God of Israel, according to all that his father had done.

Center notes (col. 1)

B. C. 897.

a ch. 14. 23.
15. 14.
2 Ki. 12. 3.
β *and the breast plate.*
b 2 Ki. 8. 18.
2 Ch. 19. 2.
2 Co. 6. 14.
γ *made sick.*
δ *ascended.*
ϵ *bosom.*
c ch. 14. 24.
15. 12.
d ver. 17, 28.
e Ge. 25. 23.
2 Sa. 8. 14.
2 Ki. 3. 9.
8. 20.
ζ *came.*
η *or, had ten ships.*
f 2 Ch. 20. 35,
&c.
g ch. 10. 22.
h ch. 9. 26.
i ch. 21. 19.
j Am. 3. 15.
k 2 Ch. 21. 1.
l ver. 40.
m 2Ch.20.31,
&c.
n ch.16.30,&c
o ch.12.28.33.
p 2 Ch. 17. 3.
q Ju. 2. 11.

The Second Book of the KINGS, commonly called The Fourth Book of the KINGS.

CHAP. I.

THEN Moab rebelled a against Israel after the death of Ahab.

2 And Ahaziah fell down through a lattice in his upper chamber that *was* in Samaria, and was sick: and he sent messengers, and said unto them, Go, inquire of Baal-zebub the god of c Ekron, whether I shall recover d of this disease.

3 But the angel of the LORD said to Elijah the Tishbite, Arise, go up to meet the messengers of the king of Samaria, and say unto them, *Is it* not because *there is* not a God in Israel, *that* ye go to inquire of Baal-zebub e the god of Ekron?

4 Now, therefore, thus saith the LORD, γ Thou shalt not come down from that bed on which thou art gone up, but shalt surely die. And Elijah departed.

5 And when the messengers turned back unto him, he said unto them, Why are ye now turned back?

6 And they said unto him, There came a man up to meet us, and said unto us, Go, turn again unto the king that sent you, and say unto him, Thus i saith the LORD, *Is it* not because *there is* not a God in Israel, *that* thou sendest to inquire of Baal-zebub the god of Ekron? therefore k thou shalt

Center notes (col. 2)

B. C. 896.

a ch. 3. 5.
2 Sa. 8. 2.
β *What was the manner of the man?*
b Zec. 13. 4.
Mat. 3. 4.
c 1 Sa. 5. 10.
d ch. 8. 9, 10.
1 Ki. 14. 3.
e Mar. 3. 22.
γ *The bed whither thou art gone up, thou shalt not come down from it.*
f Nu. 16. 35.
Lu. 9. 54.
He. 12. 29.
g 1 Ki. 18. 24.
Da. 3. 25.
h ch. 2. 24.
Ac. 5, 5, 9.
i Is.41.22,23.
k 1Ch. 10. 13.
Ps. 16. 4.

not come down from that bed on which thou art gone up, but shalt surely die.

7 And he said unto them, β What manner of man *was he* which came up to meet you, and told you these words?

8 And they answered him, He b *was* an hairy man, and girt with a girdle of leather about his loins. And he said, It *is* Elijah the Tishbite.

9 Then the king sent unto him a captain of fifty with his fifty. And he went up to him; and, behold, he sat on the top of an hill. And he spake unto him, Thou man of God, the king hath said, Come down.

10 And Elijah answered and said to the captain of fifty, If I *be* a man of God, then let fire f come down from heaven, and consume thee and thy fifty. And there came g down fire from heaven, and h consumed him and his fifty.

11 Again also he sent unto him another captain of fifty with his fifty. And he answered and said unto him, O man of God, thus hath the king said, Come down quickly.

12 And Elijah answered and said unto them, If I *be* a man of God, let fire come down from heaven, and consume thee and thy fifty. And the fire of God came down

אֱלֹהִים מִן־הַשָּׁמַיִם וַתֹּאכַל אֹתוֹ וְאֶת־חֲמִשָּׁיו:
13 וַיָּשָׁב וַיִּשְׁלַח שַׂר־חֲמִשִּׁים שְׁלִשִׁים וַחֲמִשָּׁיו וַיַּעַל וַיָּבֹא שַׂר־הַחֲמִשִּׁים הַשְּׁלִישִׁי וַיִּכְרַע עַל־בִּרְכָּיו לְנֶגֶד אֵלִיָּהוּ וַיִּתְחַנֵּן אֵלָיו וַיְדַבֵּר אֵלָיו אִישׁ הָאֱלֹהִים תִּיקַר־נָא נַפְשִׁי וְנֶפֶשׁ עֲבָדֶיךָ אֵלֶּה חֲמִשִּׁים בְּעֵינֶיךָ:

14 הִנֵּה יָרְדָה אֵשׁ מִן־הַשָּׁמַיִם וַתֹּאכַל אֶת־שְׁנֵי שָׂרֵי הַחֲמִשִּׁים הָרִאשֹׁנִים וְאֶת־חֲמִשֵּׁיהֶם וְעַתָּה תִּיקַר נַפְשִׁי בְּעֵינֶיךָ:

15 וַיְדַבֵּר מַלְאַךְ יְהוָה אֶל־אֵלִיָּהוּ רֵד אוֹתוֹ אַל־תִּירָא מִפָּנָיו וַיָּקָם וַיֵּרֶד אוֹתוֹ אֶל־הַמֶּלֶךְ:

16 וַיְדַבֵּר אֵלָיו כֹּה־אָמַר יְהוָה יַעַן אֲשֶׁר שָׁלַחְתָּ מַלְאָכִים לִדְרֹשׁ בְּבַעַל זְבוּב אֱלֹהֵי עֶקְרוֹן הַמִבְּלִי אֵין־אֱלֹהִים בְּיִשְׂרָאֵל לִדְרֹשׁ בִּדְבָרוֹ לָכֵן הַמִּטָּה אֲשֶׁר־עָלִיתָ שָּׁם לֹא־תֵרֵד מִמֶּנָּה כִּי־מוֹת תָּמוּת:

17 וַיָּמָת כִּדְבַר יְהוָה אֲשֶׁר־דִּבֶּר אֵלִיָּהוּ וַיִּמְלֹךְ יְהוֹרָם תַּחְתָּיו בִּשְׁנַת שְׁתַּיִם לִיהוֹרָם בֶּן־יְהוֹשָׁפָט מֶלֶךְ יְהוּדָה כִּי לֹא־הָיָה לוֹ בֵּן:

18 וְיֶתֶר דִּבְרֵי אֲחַזְיָהוּ אֲשֶׁר עָשָׂה הֲלוֹא־הֵמָּה כְתוּבִים עַל־סֵפֶר דִּבְרֵי הַיָּמִים לְמַלְכֵי יִשְׂרָאֵל:

CAP. II. ב

1 וַיְהִי בְּהַעֲלוֹת יְהוָה אֶת־אֵלִיָּהוּ בַּסְעָרָה הַשָּׁמָיִם וַיֵּלֶךְ אֵלִיָּהוּ וֶאֱלִישָׁע מִן־הַגִּלְגָּל:

2 וַיֹּאמֶר אֵלִיָּהוּ אֶל־אֱלִישָׁע שֵׁב־נָא פֹה כִּי יְהוָה שְׁלָחַנִי עַד־בֵּית־אֵל וַיֹּאמֶר אֱלִישָׁע חַי־יְהוָה וְחֵי־נַפְשְׁךָ אִם־אֶעֶזְבֶךָּ וַיֵּרְדוּ בֵּית־אֵל:

3 וַיֵּצְאוּ בְנֵי־הַנְּבִיאִים אֲשֶׁר־בֵּית־אֵל אֶל־אֱלִישָׁע וַיֹּאמְרוּ אֵלָיו הֲיָדַעְתָּ כִּי הַיּוֹם יְהוָה לֹקֵחַ אֶת־אֲדֹנֶיךָ מֵעַל רֹאשֶׁךָ וַיֹּאמֶר גַּם־אֲנִי יָדַעְתִּי הֶחֱשׁוּ:

4 וַיֹּאמֶר לוֹ אֵלִיָּהוּ אֱלִישָׁע שֵׁב נָא פֹה כִּי יְהוָה שְׁלָחַנִי יְרִיחוֹ וַיֹּאמֶר חַי־יְהוָה וְחֵי־נַפְשְׁךָ אִם־אֶעֶזְבֶךָּ וַיָּבֹאוּ יְרִיחוֹ:

5 וַיִּגְּשׁוּ בְנֵי־הַנְּבִיאִים אֲשֶׁר־בִּירִיחוֹ אֶל־אֱלִישָׁע וַיֹּאמְרוּ אֵלָיו הֲיָדַעְתָּ כִּי הַיּוֹם יְהוָה לֹקֵחַ אֶת־אֲדֹנֶיךָ מֵעַל רֹאשֶׁךָ וַיֹּאמֶר גַּם־אֲנִי יָדַעְתִּי הֶחֱשׁוּ:

6 וַיֹּאמֶר לוֹ אֵלִיָּהוּ שֵׁב־נָא פֹה כִּי יְהוָה שְׁלָחַנִי הַיַּרְדֵּנָה וַיֹּאמֶר חַי־יְהוָה וְחֵי־נַפְשְׁךָ אִם־אֶעֶזְבֶךָּ וַיֵּלְכוּ שְׁנֵיהֶם:

7 וַחֲמִשִּׁים אִישׁ מִבְּנֵי הַנְּבִיאִים הָלְכוּ וַיַּעַמְדוּ מִנֶּגֶד מֵרָחוֹק וּשְׁנֵיהֶם עָמְדוּ עַל־הַיַּרְדֵּן:

8 וַיִּקַּח אֵלִיָּהוּ אֶת־אַדַּרְתּוֹ וַיִּגְלֹם וַיַּכֶּה אֶת־הַמַּיִם וַיֵּחָצוּ הֵנָּה וָהֵנָּה וַיַּעַבְרוּ שְׁנֵיהֶם בֶּחָרָבָה:

9 וַיְהִי כְעָבְרָם וְאֵלִיָּהוּ אָמַר אֶל־אֱלִישָׁע שְׁאַל מָה אֶעֱשֶׂה־לָּךְ בְּטֶרֶם אֶלָּקַח מֵעִמָּךְ וַיֹּאמֶר

---

10 וַיֹּאמֶר הִקְשִׁיתָ לִשְׁאוֹל אִם־תִּרְאֶה אֹתִי לֻקָּח מֵאִתָּךְ יְהִי־לְךָ כֵן וְאִם־אַיִן לֹא יִהְיֶה:

11 וַיְהִי הֵמָּה הֹלְכִים הָלוֹךְ וְדַבֵּר וְהִנֵּה רֶכֶב־אֵשׁ וְסוּסֵי אֵשׁ וַיַּפְרִדוּ בֵּין שְׁנֵיהֶם וַיַּעַל אֵלִיָּהוּ בַּסְעָרָה הַשָּׁמָיִם:

12 וֶאֱלִישָׁע רֹאֶה וְהוּא מְצַעֵק אָבִי אָבִי רֶכֶב יִשְׂרָאֵל וּפָרָשָׁיו וְלֹא רָאָהוּ עוֹד וַיַּחֲזֵק בִּבְגָדָיו וַיִּקְרָעֵם לִשְׁנַיִם קְרָעִים:

13 וַיָּרֶם אֶת־אַדֶּרֶת אֵלִיָּהוּ אֲשֶׁר נָפְלָה מֵעָלָיו וַיָּשָׁב וַיַּעֲמֹד עַל־שְׂפַת הַיַּרְדֵּן:

14 וַיִּקַּח אֶת־אַדֶּרֶת אֵלִיָּהוּ אֲשֶׁר־נָפְלָה מֵעָלָיו וַיַּכֶּה אֶת־הַמַּיִם וַיֹּאמַר אַיֵּה יְהוָה אֱלֹהֵי אֵלִיָּהוּ אַף־הוּא וַיַּכֶּה אֶת־הַמַּיִם וַיֵּחָצוּ הֵנָּה וָהֵנָּה וַיַּעֲבֹר אֱלִישָׁע:

15 וַיִּרְאֻהוּ בְנֵי־הַנְּבִיאִים אֲשֶׁר־בִּירִיחוֹ מִנֶּגֶד וַיֹּאמְרוּ נָחָה רוּחַ אֵלִיָּהוּ עַל־אֱלִישָׁע וַיָּבֹאוּ לִקְרָאתוֹ וַיִּשְׁתַּחֲווּ־לוֹ אָרְצָה:

16 וַיֹּאמְרוּ אֵלָיו הִנֵּה־נָא יֵשׁ־אֶת־עֲבָדֶיךָ חֲמִשִּׁים אֲנָשִׁים בְּנֵי־חַיִל יֵלְכוּ נָא וִיבַקְשׁוּ אֶת־אֲדֹנֶיךָ פֶּן־נְשָׂאוֹ רוּחַ יְהוָה וַיַּשְׁלִכֵהוּ בְּאַחַד הֶהָרִים אוֹ בְּאַחַת הַגֵּאָיוֹת וַיֹּאמֶר לֹא תִשְׁלָחוּ:

17 וַיִּפְצְרוּ־בוֹ עַד־בֹּשׁ וַיֹּאמֶר שְׁלָחוּ וַיִּשְׁלְחוּ חֲמִשִּׁים אִישׁ וַיְבַקְשׁוּ שְׁלֹשָׁה יָמִים וְלֹא מְצָאֻהוּ:

18 וַיָּשֻׁבוּ אֵלָיו וְהוּא יֹשֵׁב בִּירִיחוֹ וַיֹּאמֶר אֲלֵהֶם הֲלוֹא־אָמַרְתִּי אֲלֵיכֶם אַל־תֵּלֵכוּ:

19 וַיֹּאמְרוּ אַנְשֵׁי הָעִיר אֶל־אֱלִישָׁע הִנֵּה־נָא מוֹשַׁב הָעִיר טוֹב כַּאֲשֶׁר אֲדֹנִי רֹאֶה וְהַמַּיִם רָעִים וְהָאָרֶץ מְשַׁכָּלֶת:

20 וַיֹּאמֶר קְחוּ־לִי צְלֹחִית חֲדָשָׁה וְשִׂימוּ שָׁם מֶלַח וַיִּקְחוּ אֵלָיו:

21 וַיֵּצֵא אֶל־מוֹצָא הַמַּיִם וַיַּשְׁלֶךְ־שָׁם מֶלַח וַיֹּאמֶר כֹּה־אָמַר יְהוָה רִפִּאתִי לַמַּיִם הָאֵלֶּה לֹא־יִהְיֶה מִשָּׁם עוֹד מָוֶת וּמְשַׁכָּלֶת:

22 וַיֵּרָפוּ הַמַּיִם עַד הַיּוֹם הַזֶּה כִּדְבַר אֱלִישָׁע אֲשֶׁר דִּבֵּר:

23 וַיַּעַל מִשָּׁם בֵּית־אֵל וְהוּא עֹלֶה בַדֶּרֶךְ וּנְעָרִים קְטַנִּים יָצְאוּ מִן־הָעִיר וַיִּתְקַלְּסוּ־בוֹ וַיֹּאמְרוּ לוֹ עֲלֵה קֵרֵחַ עֲלֵה קֵרֵחַ:

24 וַיִּפֶן אַחֲרָיו וַיִּרְאֵם וַיְקַלְלֵם בְּשֵׁם יְהוָה וַתֵּצֶאנָה שְׁתַּיִם דֻּבִּים מִן־הַיַּעַר וַתְּבַקַּעְנָה מֵהֶם אַרְבָּעִים וּשְׁנֵי יְלָדִים:

25 וַיֵּלֶךְ מִשָּׁם אֶל־הַר הַכַּרְמֶל וּמִשָּׁם שָׁב שֹׁמְרוֹן:

CAP. III. ג

1 וִיהוֹרָם בֶּן־אַחְאָב מָלַךְ עַל־יִשְׂרָאֵל בְּשֹׁמְרוֹן בִּשְׁנַת שְׁמֹנֶה עֶשְׂרֵה לִיהוֹשָׁפָט מֶלֶךְ יְהוּדָה וַיִּמְלֹךְ שְׁתֵּים־עֶשְׂרֵה שָׁנָה:

2 וַיַּעֲשֶׂה הָרַע בְּעֵינֵי יְהוָה רַק לֹא כְאָבִיו וּכְאִמּוֹ וַיָּסַר אֶת־מַצְּבַת

from heaven, and consumed him and his fifty.

13 And he sent again a captain of the third fifty with his fifty. And the third captain of fifty went up, & came and γ fell [a] on his knees before Elijah, and besought him, and said unto him, O man of God, I pray thee, let my life, and the life of these fifty thy servants, be precious [c] in thy sight.

14 Behold, there came [d] fire down from heaven, and burnt up the two captains of the former fifties with their fifties: therefore let my life now be precious in thy sight.

15 And the angel of the LORD said unto Elijah, Go down with him; be not afraid of him. And he arose, and went down with him unto the king.

16 And he said unto him, Thus saith the LORD, Forasmuch [f] as thou hast sent messengers to inquire of Baal-zebub the god of Ekron, (*is it* not because *there is* no God in Israel to inquire of his word?) therefore thou shalt not come down off that bed on which thou art gone up, but shalt surely die.

17 So he died, according to the word of the LORD, which Elijah had spoken: and ζ Jehoram reigned in his stead, in the second year of Jehoram the son of Jehoshaphat king of Judah; because he had no son.

18 Now the rest of the acts of Ahaziah which he did, *are* they not written in the book of y[e] Chronicles of y[e] kings of Israel?

CHAP. II.

AND it came to pass, when the LORD would take [k] up Elijah into heaven by a whirlwind, that Elijah went with [l] Elisha from Gilgal.

2 And Elijah said unto Elisha, Tarry here, I pray thee; for the LORD hath sent me to Beth-el. And Elisha said *unto him, As* [m] the LORD liveth, and *as* [n] thy soul liveth, I will not leave thee. So they went down to Beth-el.

3 And the sons [o] of the prophets that *were* at Beth-el came forth to Elisha, and said unto him, Knowest thou that the LORD will take away thy master from thy head to-day? And he said, Yea, I know *it;* hold ye your peace.

4 And Elijah said unto him, Elisha, tarry here, I pray thee; for the LORD hath sent me to Jericho. And he said, *As* the LORD liveth, and *as* thy soul liveth, I will not leave thee. So they came to Jericho.

5 And the sons of the prophets that *were* at Jericho came to Elisha, and said unto him, Knowest thou that the LORD will take away thy master from thy head to-day? And he answered, Yea, I know *it;* hold ye your peace.

6 And Elijah said unto him, Tarry, I pray thee, here; for the LORD hath sent me to Jordan. And he said, *As* the LORD liveth, and *as* thy soul liveth, I will not leave thee. And they two went on.

7 And fifty men of the sons of the prophets went, and stood λ to view afar off: and they two stood by Jordan.

8 And Elijah took his mantle,[v] and wrapped *it* together, and smote the waters, and[w] they were divided hither and thither, so that they two went over on dry ground.

9 And it came to pass, when they were gone over, that Elijah said unto Elisha, Ask what I shall do for thee, before I be taken away from thee. And Elisha said, I pray thee, let [y] a double portion of thy spirit be upon me.

10 And he said, Thou hast β asked a hard thing: *nevertheless,* if thou see me *when I am* taken from thee, it shall be so unto thee; but if not, it shall not be *so.*

11 And it came to pass, as they still went on, and talked, that, behold, *there appeared* a chariot [b] of fire, and horses of fire, and parted them both asunder; and Elijah went up by a whirlwind into heaven.

12 And Elisha saw *it,* and he cried,[e] My father, my father! the chariot of Israel, and the horsemen thereof. And he saw him no more: and he took hold of his own clothes, and rent them in two pieces.

13 He took up also the mantle of Elijah that fell from him, and went back, and stood by the δ bank of Jordan;

14 And he took the mantle of Elijah that fell from him, & smote the waters, & said, Where *is* the LORD God of Elijah? And when he also had smitten the waters,[g] they parted hither & thither: & Elisha went over.

15 And when the sons of the prophets, which *were* to view [h] at Jericho, saw him, they said, The spirit of Elijah doth rest on Elisha. And they came to meet him, and bowed themselves to y[e] ground before him.

16 And they said unto him, Behold now, there be with thy servants fifty η strong men; let them go, we pray thee, and seek thy master; lest peradventure the [i] Spirit of the LORD hath taken him up, and cast him upon θ some mountain, or into some valley. And he said, Ye shall not send.

17 And when they urged him till he was ashamed, he said, Send. They sent, therefore, fifty men; and they sought three days, but found him not.

18 And when they came again to him, (for he tarried at Jericho,) he said unto them, Did I not say unto you, Go not?

19 And y[e] men of y[e] city said unto Elisha, Behold, I pray thee, the situation of this city *is* pleasant, as my lord seeth: but the water *is* naught, and the ground κ barren.

20 And he said, Bring me a new cruse, and put salt therein. And they brought *it* to him.

21 And he went forth unto the spring of the waters, and cast the salt [p] in there, and said, Thus saith the LORD, I have [q] healed these waters; there shall not be from thence any more death or barren [r] *land.*

22 So the waters were healed unto this day, according to the saying of Elisha which he spake.

23 And he went up from thence unto Beth-el: & as he was going up by the way, there came forth little children [s] out of the city, & mocked [t] him, & said unto him, Go up, thou bald head; go up, thou bald head.

24 And he turned back, and looked on them, and cursed [u] them in the name of the LORD. And there came forth two she-bears out of the wood, and tare forty and two children of them.

25 And he went from thence to mount Carmel; and from thence he returned to Samaria.

CHAP. III.

NOW [x] Jehoram the son of Ahab began to reign over Israel in Samaria the eighteenth year of Jehoshaphat king of Judah, and reigned twelve years.

2 And he wrought evil in the sight of the LORD; but not like his father, and like his mother; for he put away the μ image of [z] Baal that his father had made.

3 Nevertheless he cleaved unto the [a] sins

Center column references

B. C. 896.

β *done hard in asking.*
γ *bowed.*
a Is. 66. 2.
b ch. 6. 17.
Γ s. 104. 4.
c 1 Sa. 26. 21.
Ps. 72. 14.
116. 15.
d ver. 10, 12.
δ *lip.*
f ver. 6.
g ver. 8.
h ver. 7.
ζ The second year that Jehoram was *Pro-rex,* and the eighteenth of *Jehosha-phat.* ch.3.1.
η *sons of strength.*
i 1 Ki. 18. 12.
Ac. 8. 39.
θ *one of the mountains.*
k Ge. 5. 24.
l 1 Ki. 19. 21.
m Je. 4. 2.
n ver. 4, 6.
ch. 4. 30.
1 Sa. 1. 26.
o ver. 5, 7, 15.
ch. 4. 1, 38.
9. 1.
1 Ki. 20. 35.
κ *causing to miscarry.*
p Le. 2. 13.
Mat. 5. 13.
Mar. 9. 50.
q ch. 4. 41.
Ex. 15. 25.
Eze. 47. 8, 9.
r Ps. 107. 33, 34.
s Job 19. 18.
30. 1, 8, &c.
t Mat. 27. 29,
&c.
u Ge. 9. 25.
Ju. 9. 20, 57.
La. 3. 65.
λ *in sight,* or, *over against.*
v 1 Ki. 19. 13,
19.
w ver. 14.
Ex. 14. 21.
Jos. 3. 14..17.
x ch. 1. 17.
μ *statue.*
y Nu. 27. 20.
z 1 Ki. 16. 32.
a 1 Ki. 12. 28.
32.

הַבַּעַל אֲשֶׁר עָשָׂה אָבִיו: רַק בְּחַטֹּאות 3   וַיַּעֲמִדוּ וַיַּשְׁכִּימוּ עַל־הַגָּבֻל 22
יָרָבְעָם בֶּן־נְבָט אֲשֶׁר־הֶחֱטִיא אֶת־יִשְׂרָאֵל   וְהַשֶּׁמֶשׁ זָרְחָה עַל־הַמַּיִם וַיִּרְאוּ מוֹאָב מִנֶּגֶד
דָּבַק לֹא־סָר מִמֶּנָּה: וּמֵישַׁע מֶלֶךְ־ 4   אֶת־הַמַּיִם אֲדֻמִּים כַּדָּם: וַיֹּאמְרוּ דָּם זֶה הָחֳרֵב 23
מוֹאָב הָיָה נֹקֵד וְהֵשִׁיב לְמֶלֶךְ־יִשְׂרָאֵל מֵאָה־אֶלֶף   נֶחֶרְבוּ הַמְּלָכִים וַיַּכּוּ אִישׁ אֶת־רֵעֵהוּ וְעַתָּה
כָּרִים וּמֵאָה אֶלֶף אֵילִים צָמֶר: וַיְהִי כְּמוֹת 5   לַשָּׁלָל מוֹאָב: וַיָּבֹאוּ אֶל־מַחֲנֵה יִשְׂרָאֵל וַיָּקֻמוּ 24
אַחְאָב וַיִּפְשַׁע מֶלֶךְ־מוֹאָב בְּמֶלֶךְ יִשְׂרָאֵל: וַיֵּצֵא 6   יִשְׂרָאֵל וַיַּכּוּ אֶת־מוֹאָב וַיָּנֻסוּ מִפְּנֵיהֶם וַיַּבּוּ־בָהּ
הַמֶּלֶךְ יְהוֹרָם בַּיּוֹם הַהוּא מִשֹּׁמְרוֹן וַיִּפְקֹד אֶת־   וְהַכּוֹת אֶת־מוֹאָב: וְהֶעָרִים יַהֲרֹסוּ וְכָל־חֶלְקָה 25
כָּל־יִשְׂרָאֵל: וַיֵּלֶךְ וַיִּשְׁלַח אֶל־יְהוֹשָׁפָט מֶלֶךְ־ 7   טוֹבָה יַשְׁלִיכוּ אִישׁ־אַבְנוֹ וּמִלְאוּהָ וְכָל־מַעְיַן־מַיִם
יְהוּדָה לֵאמֹר מֶלֶךְ מוֹאָב פָּשַׁע בִּי הֲתֵלֵךְ אִתִּי   יִסְתֹּמוּ וְכָל־עֵץ־טוֹב יַפִּילוּ עַד־הִשְׁאִיר אֲבָנֶיהָ
אֶל־מוֹאָב לַמִּלְחָמָה וַיֹּאמֶר אֶעֱלֶה כָּמוֹנִי כָמוֹךָ 8   בַּקִּיר חֲרָשֶׂת וַיָּסֹבּוּ הַקַּלָּעִים וַיַּכּוּהָ: וַיַּרְא מֶלֶךְ־ 26
כְּעַמִּי כְעַמֶּךָ כְּסוּסַי כְּסוּסֶיךָ: וַיֹּאמֶר אֵי־זֶה 9   מוֹאָב כִּי־חָזַק מִמֶּנּוּ הַמִּלְחָמָה וַיִּקַּח אוֹתוֹ שְׁבַע־
הַדֶּרֶךְ נַעֲלֶה וַיֹּאמֶר דֶּרֶךְ מִדְבַּר אֱדוֹם: וַיֵּלֶךְ   מֵאוֹת אִישׁ שֹׁלֵף חֶרֶב לְהַבְקִיעַ אֶל־מֶלֶךְ אֱדוֹם
מֶלֶךְ יִשְׂרָאֵל וּמֶלֶךְ־יְהוּדָה וּמֶלֶךְ אֱדוֹם וַיָּסֹבּוּ   וְלֹא יָכֹלוּ: וַיִּקַּח אֶת־בְּנוֹ הַבְּכוֹר אֲשֶׁר־יִמְלֹךְ 27
דֶּרֶךְ שִׁבְעַת יָמִים וְלֹא־הָיָה מַיִם לַמַּחֲנֶה   תַּחְתָּיו וַיַּעֲלֵהוּ עֹלָה עַל־הַחֹמָה וַיְהִי קֶצֶף גָּדוֹל
וְלַבְּהֵמָה אֲשֶׁר בְּרַגְלֵיהֶם: וַיֹּאמֶר מֶלֶךְ יִשְׂרָאֵל 10   עַל־יִשְׂרָאֵל וַיִּסְעוּ מֵעָלָיו וַיָּשֻׁבוּ לָאָרֶץ:
אֲהָהּ כִּי־קָרָא יְהוָה לִשְׁלֹשֶׁת הַמְּלָכִים הָאֵלֶּה

CAP. IV. ד

לָתֵת אוֹתָם בְּיַד־מוֹאָב: וַיֹּאמֶר יְהוֹשָׁפָט הַאֵין 11   וְאִשָּׁה אַחַת מִנְּשֵׁי בְנֵי־הַנְּבִיאִים צָעֲקָה אֶל־אֱלִישָׁע 1
פֹּה נָבִיא לַיהוָה וְנִדְרְשָׁה אֶת־יְהוָה מֵאוֹתוֹ וַיַּעַן   לֵאמֹר עַבְדְּךָ אִישִׁי מֵת וְאַתָּה יָדַעְתָּ כִּי עַבְדְּךָ
אֶחָד מֵעַבְדֵי מֶלֶךְ־יִשְׂרָאֵל וַיֹּאמֶר פֹּה אֱלִישָׁע בֶּן־   הָיָה יָרֵא אֶת־יְהוָה וְהַנֹּשֶׁה בָּא לָקַחַת אֶת־שְׁנֵי
שָׁפָט אֲשֶׁר־יָצַק מַיִם עַל־יְדֵי אֵלִיָּהוּ: וַיֹּאמֶר 12   יְלָדַי לוֹ לַעֲבָדִים: וַיֹּאמֶר אֵלֶיהָ אֱלִישָׁע מָה 2
יְהוֹשָׁפָט יֵשׁ אוֹתוֹ דְּבַר־יְהוָה וַיֵּרְדוּ אֵלָיו מֶלֶךְ   אֶעֱשֶׂה־לָּךְ הַגִּידִי לִי מַה־יֶּשׁ־לָךְ בַּבָּיִת וַתֹּאמֶר
יִשְׂרָאֵל וִיהוֹשָׁפָט וּמֶלֶךְ אֱדוֹם: וַיֹּאמֶר אֱלִישָׁע 13   אֵין לְשִׁפְחָתְךָ כֹל בַּבַּיִת כִּי אִם־אָסוּךְ שָׁמֶן:
אֶל־מֶלֶךְ יִשְׂרָאֵל מַה־לִּי וָלָךְ לֵךְ אֶל־נְבִיאֵי אָבִיךָ   וַיֹּאמֶר לְכִי שַׁאֲלִי־לָךְ כֵּלִים מִן־הַחוּץ מֵאֵת 3
וְאֶל־נְבִיאֵי אִמֶּךָ וַיֹּאמֶר לוֹ מֶלֶךְ יִשְׂרָאֵל אַל כִּי־   כָּל־שְׁכֵנָיִךְ כֵּלִים רֵקִים אַל־תַּמְעִיטִי: וּבָאת 4
קָרָא יְהוָה לִשְׁלֹשֶׁת הַמְּלָכִים הָאֵלֶּה לָתֵת אוֹתָם   וְסָגַרְתְּ הַדֶּלֶת בַּעֲדֵךְ וּבְעַד־בָּנַיִךְ וְיָצַקְתְּ עַל כָּל־
בְּיַד־מוֹאָב: וַיֹּאמֶר אֱלִישָׁע חַי־יְהוָה צְבָאוֹת 14   הַכֵּלִים הָאֵלֶּה וְהַמָּלֵא תַּסִּיעִי: וַתֵּלֶךְ מֵאִתּוֹ 5
אֲשֶׁר עָמַדְתִּי לְפָנָיו כִּי לוּלֵי פְּנֵי יְהוֹשָׁפָט מֶלֶךְ־   וַתִּסְגֹּר הַדֶּלֶת בַּעֲדָהּ וּבְעַד בָּנֶיהָ הֵם מַגִּשִׁים
יְהוּדָה אֲנִי נֹשֵׂא אִם־אַבִּיט אֵלֶיךָ וְאִם־אֶרְאֶךָּ:   אֵלֶיהָ וְהִיא מוֹצָקֶת: וַיְהִי כִּמְלֹאת הַכֵּלִים 6
וְעַתָּה קְחוּ־לִי מְנַגֵּן וְהָיָה כְּנַגֵּן הַמְנַגֵּן וַתְּהִי עָלָיו   וַתֹּאמֶר אֶל־בְּנָהּ הַגִּישָׁה אֵלַי עוֹד כֶּלִי וַיֹּאמֶר
יַד־יְהוָה: וַיֹּאמֶר כֹּה אָמַר יְהוָה עָשֹׂה הַנַּחַל הַזֶּה 16   אֵלֶיהָ אֵין עוֹד כֶּלִי וַיַּעֲמֹד הַשָּׁמֶן: וַתָּבֹא וַתַּגֵּד 7
גֵּבִים גֵּבִים: כִּי־כֹה אָמַר יְהוָה לֹא־תִרְאוּ רוּחַ 17   לְאִישׁ הָאֱלֹהִים וַיֹּאמֶר לְכִי מִכְרִי אֶת־הַשֶּׁמֶן
וְלֹא־תִרְאוּ גֶשֶׁם וְהַנַּחַל הַהוּא יִמָּלֵא מָיִם   וְשַׁלְּמִי אֶת־נִשְׁיֵךְ וְאַתְּ בָּנַיִךְ תִחְיִי בַּנּוֹתָר:
וּשְׁתִיתֶם אַתֶּם וּמִקְנֵיכֶם וּבְהֶמְתְּכֶם: וְנָקַל 18   וַיְהִי הַיּוֹם וַיַּעֲבֹר אֱלִישָׁע אֶל־שׁוּנֵם וְשָׁם אִשָּׁה 8
זֹאת בְּעֵינֵי יְהוָה וְנָתַן אֶת־מוֹאָב בְּיֶדְכֶם: גְדוֹלָה וַתַּחֲזֶק־בּוֹ לֶאֱכָל־לָחֶם וַיְהִי מִדֵּי עָבְרוֹ יָסֻר
וְהִכִּיתֶם כָּל־עִיר מִבְצָר וְכָל־עִיר מִבְחוֹר וְכָל־עֵץ 19   שָׁמָּה לֶאֱכָל־לָחֶם: וַתֹּאמֶר אֶל־אִישָׁהּ הִנֵּה־נָא 9
טוֹב תַּפִּילוּ וְכָל־מַעְיְנֵי־מַיִם תִּסְתֹּמוּ וְכָל הַחֶלְקָה   יָדַעְתִּי כִּי אִישׁ אֱלֹהִים קָדוֹשׁ הוּא עֹבֵר עָלֵינוּ
הַטּוֹבָה תַּכְאִבוּ בָּאֲבָנִים: וַיְהִי בַבֹּקֶר כַּעֲלוֹת 20   תָּמִיד: נַעֲשֶׂה־נָּא עֲלִיַּת־קִיר קְטַנָּה וְנָשִׂים לוֹ 10
הַמִּנְחָה וְהִנֵּה־מַיִם בָּאִים מִדֶּרֶךְ אֱדוֹם וַתִּמָּלֵא   שָׁם מִטָּה וְשֻׁלְחָן וְכִסֵּא וּמְנוֹרָה וְהָיָה בְּבֹאוֹ
הָאָרֶץ אֶת־הַמָּיִם: וְכָל־מוֹאָב שָׁמְעוּ כִּי־עָלוּ 21   אֵלֵינוּ יָסוּר שָׁמָּה: וַיְהִי הַיּוֹם וַיָּבֹא שָׁמָּה וַיָּסַר 11
הַמְּלָכִים לְהִלָּחֶם בָּם וַיִּצָּעֲקוּ מִכֹּל חֹגֵר חֲגֹרָה   אֶל־הָעֲלִיָּה וַיִּשְׁכַּב־שָׁמָּה: וַיֹּאמֶר אֶל־גֵּחֲזִי נַעֲרוֹ 12

B. C. 895.

of Jeroboam the son of Nebat, which made Israel to sin; he departed not therefrom.

4 And Mesha king of Moab was a sheepmaster, and *a* rendered unto the king of Israel an hundred thousand lambs,*b* and an hundred thousand rams, with the wool.

5 But*c* it came to pass, when Ahab was dead, that the king of Moab rebelled against the king of Israel.

6 And king Jehoram went out of Samaria the same time, and numbered all Israel.

7 And he went and sent to Jehoshaphat the king of Judah, saying, The king of Moab hath rebelled against me: wilt thou go with me against Moab to battle? And he said, I will go up:*f* I am as thou art, my people as thy people, *and* my horses as thy horses.

8 And he said, Which way shall we go up? And he answered, The way through the wilderness of Edom.

9 So the king of Israel went, and the king of Judah, and the king of Edom: and they fetched a compass of seven days' journey: and there was no water for the host, and for the cattle *ζ* that followed them.

10 And the king of Israel said, Alas! that the LORD hath called these three kings together, to deliver them into the hand of Moab!

11 But*i* Jehoshaphat said, *Is there* not here a prophet of the LORD, that we may inquire of the LORD by him? And one of the king of Israel's servants answered and said, Here *is* Elisha the son of Shaphat, which poured*n* water on y*e* hands of Elijah.

12 And Jehoshaphat said, The word of the LORD *is* with him. So the king of Israel, and Jehoshaphat, and the king of Edom, went down to him.

13 And Elisha said unto y*e* king of Israel, What*q* have I to do with thee? get*r* thee to the prophets*s* of thy father, and to the prophets of thy mother. And the king of Israel said unto him, Nay: for the LORD hath called these three kings together, to deliver them into the hand of Moab.

14 And Elisha said, As*u* the LORD of hosts liveth, before whom I stand, surely, were*w* it not that I regard the presence of Jehoshaphat the king of Judah, I would not look toward thee, nor see thee.

15 But now bring me a minstrel.*x* And it came to pass when the minstrel played,that the hand *y* of the LORD came upon him.

16 And he said, Thus saith the LORD, Make*z* this valley full of ditches:

17 For thus saith the LORD, Ye shall not see wind, neither shall ye see rain; yet that valley shall be filled with water, that ye may drink, both ye, and your cattle, and your beasts.

18 And this is *but* a light thing in the sight of the LORD: he will deliver the Moabites also into your hand.

19 And ye shall smite every fenced city, and every choice city, and shall fell every good tree,*c* and stop all wells of water, and *μ*mar every good piece of land with stones.

20 And it came to pass in the morning, when the meat-offering*a* was offered, that, behold, there came water by the way of Edom, &y*e* country was filled with water.

21 And when all the Moabites heard that the kings were come up to fight against them, they *ν*gathered all that were able to put *π* on armour, and upward, and stood in the border.

22 And they rose up early in the morn-

a 2 Sa. 8. 2.
Ps.108.9,10.

b Is. 16. 1.

β destroyed.

c ch. 1. 1.
8. 20.

γ or,smote in it, even smiting.

d Is. 37. 26.

e Ge. 26. 15.

f 1 Ki. 22. 4.

δ until he left the stones thereof in Kir-haraseth.

g Is. 16.7,11.

h Mi. 6. 7.

ζ at their feet.
Ex. 11.8.

i Am. 2.1.

k Is. 37. 37.

l 1 Ki. 22. 7.

m 1Ki. 20. 35.

n Lu. 22. 26.
Jno.13.5,14.
1 Ti. 5. 10.

o Le. 25. 39.
Mat. 18. 25.

p 1 Ki. 17. 12.

q Eze. 14. 3.

r Ju. 10. 14.
Pr. 1. 28.
Je. 2. 28.

s 1 Ki. 18. 19.

t ch. 3. 16.
Ro. 4. 17.

η or, scant.

u ch. 5. 16.
1 Ki. 17. 1.

v Mar. 6. 37..
44.
8. 5..9.
Jn⁰. 2. 7..9.
Ep. 3. 20.

w Ps. 15. 4.

x 1 Sa. 10. 5.

y Eze. 1. 3.
3. 14.
8. 1.

z ch. 4. 3.

θ or,creditor.

κ there was a day.
a Jos. 19. 18.

λ laid hold on him.

b Mat. 5. 16.

c De.20.19,20.

μ grieve.

d Mat. 10. 41,
42.
Mar. 9. 41.
He. 13. 2.
1 Pe. 4. 9.

e Ex.29 39,40.

ν were cried together.

π gird himself with a girdle.

ing, and the sun shone upon the water and the Moabites saw the water on the other side *as* red as blood:

23 And they said, This *is* blood: the kings are surely *β* slain, & they have smitten one another: now therefore, Moab, to the spoil.

24 And when they came to the camp of Israel, the Israelites rose up and smote the Moabites, so that they fled before them: but they *γ* went forward smiting the Moabites, even in *their* country.

25 And they beat down*d* the cities, and on every good piece of land cast every man his stone, and filled it; and they stopped*e* all the wells of water, and felled all the good trees: *δ* only in Kir-haraseth left*g* they the stones thereof: howbeit, the slingers went about *it*, and smote it.

26 And when the king of Moab saw that the battle was too sore for him, he took with him seven hundred men that drew swords, to break through *even* unto the king of Edom: but they could not.

27 Then he took his eldest son,*h* that should have reigned in his stead, and offered him *for* a burnt-offering*i* upon the wall. And there was great indignation against Israel: and they departed from him, and*k* returned to *their own* land.

CHAP. IV.

NOW there cried a certain woman of the wives of the sons*m* of the prophets unto Elisha, saying, Thy servant my husband is dead; and thou knowest that thy servant did fear the LORD: and the*o* creditor is come to take unto him my two sons to be bondmen.

2 And Elisha said unto her, What shall I do for thee? tell me: what hast thou in the house? And she said,Thine handmaid hath not*p* any thing in the house, save a pot of oil.

3 Then he said, Go,*t* borrow thee vessels abroad of all thy neighbours, *even* empty vessels; *η* borrow not a few.

4 And when thou art come in, thou shalt shut the door upon thee and upon thy sons, and*v* shalt pour out into all those vessels, and thou shalt set aside that which is full.

5 So she went from him, and shut the door upon her and upon her sons, who brought *the vessels* to her, and she poured out.

6 And it came to pass, when the vessels were full, that she said unto her son,Bring me yet a vessel: and he said unto her, *There is* not a vessel more. And the oil stayed.

7 Then she came and told the man of God: and he said, Go, sell the oil, and pay thy *θ* debt, and live thou and thy children of the rest.

8 And *κ* it fell on a day, that Elisha passed to Shunem,*a* where *was* a great woman; and she *λ* constrained him to eat bread. And *so* it was, *that*, as oft as he passed by, he turned in thither to eat bread.

9 And she said unto her husband, Behold now, I perceive*b* that this *is* an holy man of God which passeth by us continually.

10 Let*d* us make a little chamber, I pray thee, on the wall; and let us set for him there a bed, and a table, and a stool, and a candlestick: and it shall be, when he cometh to us, that he shall turn in thither

11 And it fell on a day that he came thither, and he turned into the chamber, and lay there.

12 And he said to Gehazi his servant, Call this Shunammite. And when he had called her, she stood before him.

13 וַיֹּאמֶר לוֹ אֱמָר־נָא אֵלֶיהָ הִנֵּה חָרַדְתְּ אֵלֵינוּ אֶת־כָּל־הַחֲרָדָה הַזֹּאת מֶה לַעֲשׂוֹת לָךְ הֲיֵשׁ לְדַבֶּר־לָךְ אֶל־הַמֶּלֶךְ אוֹ אֶל־שַׂר הַצָּבָא וַתֹּאמֶר בְּתוֹךְ עַמִּי אָנֹכִי יֹשָׁבֶת׃

14 וַיֹּאמֶר וּמֶה לַעֲשׂוֹת לָהּ וַיֹּאמֶר גֵּיחֲזִי אֲבָל בֵּן אֵין־לָהּ וְאִישָׁהּ זָקֵן׃

15 וַיֹּאמֶר קְרָא־לָהּ וַיִּקְרָא־לָהּ וַתַּעֲמֹד בַּפָּתַח׃

16 וַיֹּאמֶר לַמּוֹעֵד הַזֶּה כָּעֵת חַיָּה אַתִּי חֹבֶקֶת בֵּן וַתֹּאמֶר אַל־אֲדֹנִי אִישׁ הָאֱלֹהִים אַל־תְּכַזֵּב בְּשִׁפְחָתֶךָ׃

17 וַתַּהַר הָאִשָּׁה וַתֵּלֶד בֵּן לַמּוֹעֵד הַזֶּה כָּעֵת חַיָּה אֲשֶׁר־דִּבֶּר אֵלֶיהָ אֱלִישָׁע׃

18 וַיִּגְדַּל הַיָּלֶד וַיְהִי הַיּוֹם וַיֵּצֵא אֶל־אָבִיו אֶל־הַקֹּצְרִים׃

19 וַיֹּאמֶר אֶל־אָבִיו רֹאשִׁי רֹאשִׁי וַיֹּאמֶר אֶל־הַנַּעַר שָׂאֵהוּ אֶל־אִמּוֹ׃

20 וַיִּשָּׂאֵהוּ וַיְבִיאֵהוּ אֶל־אִמּוֹ וַיֵּשֶׁב עַל־בִּרְכֶּיהָ עַד־הַצָּהֳרַיִם וַיָּמֹת׃

21 וַתַּעַל וַתַּשְׁכִּבֵהוּ עַל־מִטַּת אִישׁ הָאֱלֹהִים וַתִּסְגֹּר בַּעֲדוֹ וַתֵּצֵא׃

22 וַתִּקְרָא אֶל־אִישָׁהּ וַתֹּאמֶר שִׁלְחָה נָא לִי אֶחָד מִן־הַנְּעָרִים וְאַחַת הָאֲתֹנוֹת וְאָרוּצָה עַד־אִישׁ הָאֱלֹהִים וְאָשׁוּבָה׃

23 וַיֹּאמֶר מַדּוּעַ אַתִּי הֹלַכְתִּי אֵלָיו הַיּוֹם לֹא־חֹדֶשׁ וְלֹא שַׁבָּת וַתֹּאמֶר שָׁלוֹם׃

24 וַתַּחֲבֹשׁ הָאָתוֹן וַתֹּאמֶר אֶל־נַעֲרָהּ נְהַג וָלֵךְ אַל־תַּעֲצָר־לִי לִרְכֹּב כִּי אִם־אָמַרְתִּי לָךְ׃

25 וַתֵּלֶךְ וַתָּבוֹא אֶל־אִישׁ הָאֱלֹהִים אֶל־הַר הַכַּרְמֶל וַיְהִי כִּרְאוֹת אִישׁ־הָאֱלֹהִים אֹתָהּ מִנֶּגֶד וַיֹּאמֶר אֶל־גֵּיחֲזִי נַעֲרוֹ הִנֵּה הַשּׁוּנַמִּית הַלָּז׃

26 עַתָּה רוּץ־נָא לִקְרָאתָהּ וֶאֱמָר־לָהּ הֲשָׁלוֹם לָךְ הֲשָׁלוֹם לְאִישֵׁךְ הֲשָׁלוֹם לַיָּלֶד וַתֹּאמֶר שָׁלוֹם׃

27 וַתָּבֹא אֶל־אִישׁ הָאֱלֹהִים אֶל־הָהָר וַתַּחֲזֵק בְּרַגְלָיו וַיִּגַּשׁ גֵּיחֲזִי לְהָדְפָהּ וַיֹּאמֶר אִישׁ הָאֱלֹהִים הַרְפֵּה־לָהּ כִּי־נַפְשָׁהּ מָרָה־לָהּ וַיהוָה הֶעְלִים מִמֶּנִּי וְלֹא הִגִּיד לִי׃

28 וַתֹּאמֶר הֲשָׁאַלְתִּי בֵן מֵאֵת אֲדֹנִי הֲלֹא אָמַרְתִּי לֹא תַשְׁלֶה אֹתִי׃

29 וַיֹּאמֶר לְגֵיחֲזִי חֲגֹר מָתְנֶיךָ וְקַח מִשְׁעַנְתִּי בְיָדְךָ וָלֵךְ כִּי־תִמְצָא אִישׁ לֹא תְבָרְכֶנּוּ וְכִי־יְבָרֶכְךָ אִישׁ לֹא תַעֲנֶנּוּ וְשַׂמְתָּ מִשְׁעַנְתִּי עַל־פְּנֵי הַנָּעַר׃

30 וַתֹּאמֶר אֵם הַנַּעַר חַי־יְהוָה וְחֵי־נַפְשְׁךָ אִם־אֶעֶזְבֶךָּ וַיָּקָם וַיֵּלֶךְ אַחֲרֶיהָ׃

31 וְגֵחֲזִי עָבַר לִפְנֵיהֶם וַיָּשֶׂם אֶת־הַמִּשְׁעֶנֶת עַל־פְּנֵי הַנַּעַר וְאֵין קוֹל וְאֵין קָשֶׁב וַיָּשָׁב לִקְרָאתוֹ וַיַּגֶּד־לוֹ לֵאמֹר לֹא הֵקִיץ הַנָּעַר׃

32 וַיָּבֹא אֱלִישָׁע הַבָּיְתָה וְהִנֵּה הַנַּעַר מֵת מֻשְׁכָּב עַל־מִטָּתוֹ׃

33 וַיָּבֹא וַיִּסְגֹּר הַדֶּלֶת בְּעַד שְׁנֵיהֶם וַיִּתְפַּלֵּל אֶל־יְהוָה׃

34 וַיַּעַל וַיִּשְׁכַּב עַל־הַיֶּלֶד וַיָּשֶׂם פִּיו עַל־פִּיו וְעֵינָיו עַל־עֵינָיו וְכַפָּיו עַל־כַּפָּיו וַיִּגְהַר עָלָיו וַיָּחָם בְּשַׂר הַיָּלֶד׃

35 וַיָּשָׁב וַיֵּלֶךְ בַּבַּיִת אַחַת הֵנָּה וְאַחַת הֵנָּה וַיַּעַל וַיִּגְהַר עָלָיו וַיְזוֹרֵר הַנַּעַר עַד־שֶׁבַע פְּעָמִים וַיִּפְקַח הַנַּעַר אֶת־עֵינָיו׃

36 וַיִּקְרָא אֶל־גֵּיחֲזִי וַיֹּאמֶר קְרָא אֶל־הַשֻּׁנַמִּית הַזֹּאת וַיִּקְרָאֶהָ וַתָּבוֹא אֵלָיו וַיֹּאמֶר שְׂאִי בְנֵךְ׃

37 וַתָּבֹא וַתִּפֹּל עַל־רַגְלָיו וַתִּשְׁתַּחוּ אָרְצָה וַתִּשָּׂא אֶת־בְּנָהּ וַתֵּצֵא׃

38 וֶאֱלִישָׁע שָׁב הַגִּלְגָּלָה וְהָרָעָב בָּאָרֶץ וּבְנֵי הַנְּבִיאִים יֹשְׁבִים לְפָנָיו וַיֹּאמֶר לְנַעֲרוֹ שְׁפֹת הַסִּיר הַגְּדוֹלָה וּבַשֵּׁל נָזִיד לִבְנֵי הַנְּבִיאִים׃

39 וַיֵּצֵא אֶחָד אֶל־הַשָּׂדֶה לְלַקֵּט אֹרֹת וַיִּמְצָא גֶּפֶן שָׂדֶה וַיְלַקֵּט מִמֶּנּוּ פַּקֻּעֹת שָׂדֶה מְלֹא בִגְדוֹ וַיָּבֹא וַיְפַלַּח אֶל־סִיר הַנָּזִיד כִּי־לֹא יָדָעוּ׃

40 וַיִּצְקוּ לַאֲנָשִׁים לֶאֱכֹל וַיְהִי כְּאָכְלָם מֵהַנָּזִיד וְהֵמָּה צָעָקוּ וַיֹּאמְרוּ מָוֶת בַּסִּיר אִישׁ הָאֱלֹהִים וְלֹא יָכְלוּ לֶאֱכֹל׃

41 וַיֹּאמֶר וּקְחוּ־קֶמַח וַיַּשְׁלֵךְ אֶל־הַסִּיר וַיֹּאמֶר צַק לָעָם וְיֹאכֵלוּ וְלֹא הָיָה דָּבָר רָע בַּסִּיר׃

42 וְאִישׁ בָּא מִבַּעַל שָׁלִשָׁה וַיָּבֵא לְאִישׁ הָאֱלֹהִים לֶחֶם בִּכּוּרִים עֶשְׂרִים־לֶחֶם שְׂעֹרִים וְכַרְמֶל בְּצִקְלֹנוֹ וַיֹּאמֶר תֵּן לָעָם וְיֹאכֵלוּ׃

43 וַיֹּאמֶר מְשָׁרְתוֹ מָה אֶתֵּן זֶה לִפְנֵי מֵאָה אִישׁ וַיֹּאמֶר תֵּן לָעָם וְיֹאכֵלוּ כִּי כֹה אָמַר יְהוָה אָכוֹל וְהוֹתֵר׃

44 וַיִּתֵּן לִפְנֵיהֶם וַיֹּאכְלוּ וַיּוֹתִרוּ כִּדְבַר יְהוָה׃

CAP. V.   ה

1 וְנַעֲמָן שַׂר־צְבָא מֶלֶךְ־אֲרָם הָיָה אִישׁ גָּדוֹל לִפְנֵי אֲדֹנָיו וּנְשֻׂא פָנִים כִּי־בוֹ נָתַן־יְהוָה תְּשׁוּעָה לַאֲרָם וְהָאִישׁ הָיָה גִּבּוֹר חַיִל מְצֹרָע׃

2 וַאֲרָם יָצְאוּ גְדוּדִים וַיִּשְׁבּוּ מֵאֶרֶץ יִשְׂרָאֵל נַעֲרָה קְטַנָּה וַתְּהִי לִפְנֵי אֵשֶׁת נַעֲמָן׃

3 וַתֹּאמֶר אֶל־גְּבִרְתָּהּ אַחֲלֵי אֲדֹנִי לִפְנֵי הַנָּבִיא אֲשֶׁר בְּשֹׁמְרוֹן אָז יֶאֱסֹף אֹתוֹ מִצָּרַעְתּוֹ׃

4 וַיָּבֹא וַיַּגֵּד לַאֲדֹנָיו לֵאמֹר כָּזֹאת וְכָזֹאת דִּבְּרָה הַנַּעֲרָה אֲשֶׁר מֵאֶרֶץ יִשְׂרָאֵל׃

5 וַיֹּאמֶר מֶלֶךְ־אֲרָם לֶךְ־בֹּא וְאֶשְׁלְחָה סֵפֶר אֶל־מֶלֶךְ יִשְׂרָאֵל וַיֵּלֶךְ וַיִּקַּח בְּיָדוֹ עֶשֶׂר כִּכְּרֵי־כֶסֶף וְשֵׁשֶׁת אֲלָפִים זָהָב וְעֶשֶׂר חֲלִיפוֹת בְּגָדִים׃

6 וַיָּבֵא הַסֵּפֶר אֶל־מֶלֶךְ

13 And he said unto him, Say now unto her, Behold, thou hast been careful^b for us with all this care; what is to be done for thee? wouldest thou be spoken for to the king, or to the captain of the host? And she answered, I dwell among mine own people.

14 And he said, what then is to be done for her? And Gehazi answered, Verily she hath no child, and her husband is old.

15 And he said, Call her. And when he had called her, she stood in the door.

16 And he said, About^d this γ season, according to the time of life, thou shalt embrace a son. And she said, Nay, my lord, thou man of God, do^e not lie unto thine handmaid.

17 And the woman conceived,^f and bare a son at that season that Elisha had said unto her, according to the time of life.

18 And when the child was grown, it fell on a day, that he went out to his father to the reapers.

19 And he said unto his father, My head, my head. And he said to a lad, Carry him to his mother.

20 And when he had taken him, and brought him to his mother, he sat on her knees till noon, and then died.

21 And she went up, and laid him on the bed of the man of God, and shut the door upon him, and went out.

22 And she called unto her husband, and said, Send me, I pray thee, one of the young men, and one of the asses, that I may run to the man of God, and come again.

23 And he said, Wherefore wilt thou go to him to-day? it is neither new moon^n nor sabbath. And she said, It shall be δ well.

24 Then she saddled an ass, and said to her servant, Drive, and go forward; ζslack not thy riding for me, except I bid thee.

25 So she went, and came unto the man of God to mount Carmel.^r And it came to pass, when the man of God saw her afar off, that he said to Gehazi his servant, Behold, yonder is that Shunammite;

26 Run now, I pray thee, to meet her; and say unto her, Is it well with thee? is it well with thy husband? is it well with the child? And she answered, It is^t well.

27 And when she came to the man of God to the hill, she caught him κ by the feet: but Gehazi came near to thrust her away.^v And the man of God said, Let her alone; for her soul is λ vexed within her: and the LORD hath hid^w it from me, and hath not told me.

28 Then she said, Did I desire a son of my lord? did I not say,^y Do not deceive me?

29 Then he said to Gehazi, Gird^z up thy loins, and take my staff in thine hand, and go thy way: if thou meet any man, salute^a him not; and if any salute thee, answer him not again: and lay my staff^b upon the face of the child.

30 And the mother of the child said, As the LORD liveth, and as thy soul liveth, I will not leave thee. And he arose, and followed her.

31 And Gehazi passed on before them, and laid the staff upon the face of the child; but there was neither voice nor τ hearing: wherefore he went again to meet him, and told him, saying, The child is not awaked.^c

32 And when Elisha was come into the house, behold, the child was dead, and laid upon his bed.

33 He went in therefore, and shut^e the door upon them twain, and^a prayed unto the LORD.

34 And he went up, and lay upon the child, and put his mouth upon his mouth, and his eyes upon his eyes, and his hands upon his hands; and^o he stretched himself upon the child, and the flesh of the child waxed warm.

35 Then he returned, and walked in the house β to and fro; and went up, and stretched himself upon him: and the child sneezed seven times, and the child opened his eyes.

36 And he called Gehazi, and said, Call this Shunammite. So he called her. And when she was come in unto him, he said, Take up thy son.

37 Then she went in, and fell at his feet, and bowed herself to the ground, and took^g up her son, and went out.

38 And Elisha came again to ^h Gilgal: and there was a dearth^i in the land,^k and the sons of the prophets were^l sitting before him: and he said unto his servant, Set on the great pot, and seethe pottage for the sons of the prophets.

39 And one went out into the field to gather herbs, and found a wild vine, and gathered thereof wild^m gourds his lap full, and came and shred them into the pot of pottage: for they knew them not.

40 So they poured out for the men to eat: and it came to pass, as they were eating of the pottage, that they cried out, and said, O thou man of God, there is death in the pot. And they could not eat thereof.

41 But he said, Then bring meal.^o And he cast it into the pot; and he said, Pour out for the people, that they may eat. And there was no η harm in the pot.

42 And there came a man from Baal-shalisha,^p and brought^q the man of God bread of the first-fruits, twenty loaves of barley, and full ears of corn θ in the husk thereof. And he said, Give unto the people, that they may eat.

43 And his servitor said, What,^s should I set this before an hundred men? He said again, Give the people, that they may eat: for thus saith the LORD,^u They shall eat, and shall leave thereof.

44 So he set it before them, and they did eat, and left thereof, according to the word of the LORD.

CHAP. V.

NOW Naaman,^x captain of the host of the king of Syria, was a great man μ with his master, and ν honourable, because by him the LORD had given ξ deliverance unto Syria: he was also a mighty man in valour; but he was a leper.

2 And the Syrians had gone out by companies, and had brought away captive out of the land of Israel a little maid; and she π waited on Naaman's wife.

3 And she said unto her mistress, Would God my lord were ρ with the prophet that is in Samaria! for he would σ recover him of his leprosy.

4 And one went in, and told his lord, saying, Thus and thus said the maid that is of the land of Israel.

5 And the king of Syria said, Go to, go, and I will send a letter unto the king of Israel. And^d he departed, and took φ with him ten talents of silver, and six thousand pieces of gold, and ten changes of raiment.

6 And he brought the letter to the king of Israel, saying, Now, when this letter is

---

Center marginal references:

B. C. 895.

a 1 Ki. 17. 20, 21.
b He. 6. 10.
c Ac. 20. 10.
β once hither, and once thither.
d Ge.18.10,14.
γ set time.
e ver. 28.
f Ps. 113. 9. Lu. 1. 36.
g He. 11. 35.
h ch. 2. 1.
i ch. 8. 1.
k ch. 2. 3.
l Lu. 10. 39. Ac. 22. 3.
m Is. 5. 4. Mat. 15. 13. He. 12. 15.
n Nu. 28. 11.
o ch. 2, 21. Ex. 15. 25. Jno. 9. 6.
δ peace.
ζ restrain not for me to ride.
η evil thing.
p 1 Sa. 9. 4, 7.
q 1 Co. 9. 11. Ga. 6. 6.
r ch. 2. 25. Is. 35. 2.
θ or, in his scrip, or, garment.
s Lu. 9. 17. Jno.6.11..13.
t Le. 10. 3. Job 1.21,22. Ps. 39. 9.
u Mat. 14. 20. 15. 37.
κ by his feet. Mat. 28. 9.
v Mat. 20. 31.
λ bitter. 1 Sa. 1. 10.
w Ge. 18. 17.
x Lu. 4. 27.
μ before.
ν lifted up, or, accepted in countenance, or, gracious.
y ver. 16.
ξ or, victory.
z ch. 9. 1.
a Lu. 10. 4.
b Ex. 7. 19. Ac. 19. 12.
π was before.
ρ before.
σ gather in.
τ attention.
c Mar. 5. 39. Jno. 11. 11.
d ch. 8. 8, 9. 1 Sa. 9. 8.
φ in his hand.
e ver. 4. Mat. 6. 6.

7 מִצָּרְתֶּךָ ׃ וַיְהִי כִּקְרֹא מֶלֶךְ־יִשְׂרָאֵל אֶת־הַסֵּפֶר וַיִּקְרַע בְּגָדָיו וַיֹּאמֶר הַאֱלֹהִים אָנִי לְהָמִית וּלְהַחֲיוֹת כִּי־זֶה שֹׁלֵחַ אֵלַי לֶאֱסֹף אִישׁ מִצָּרַעְתּוֹ כִּי אַךְ־דְּעוּ־נָא וּרְאוּ כִּי־מִתְאַנֶּה הוּא לִי ׃

8 וַיְהִי כִּשְׁמֹעַ אֱלִישָׁע אִישׁ־הָאֱלֹהִים כִּי־קָרַע מֶלֶךְ־יִשְׂרָאֵל אֶת־בְּגָדָיו וַיִּשְׁלַח אֶל־הַמֶּלֶךְ לֵאמֹר לָמָּה קָרַעְתָּ בְּגָדֶיךָ יָבֹא־נָא אֵלַי וְיֵדַע כִּי יֵשׁ נָבִיא בְּיִשְׂרָאֵל ׃

9 וַיָּבֹא נַעֲמָן בְּסוּסָו וּבְרִכְבּוֹ וַיַּעֲמֹד פֶּתַח־הַבַּיִת לֶאֱלִישָׁע ׃

10 וַיִּשְׁלַח אֵלָיו אֱלִישָׁע מַלְאָךְ לֵאמֹר הָלוֹךְ וְרָחַצְתָּ שֶׁבַע־פְּעָמִים בַּיַּרְדֵּן וְיָשֹׁב בְּשָׂרְךָ לְךָ וּטְהָר ׃

11 וַיִּקְצֹף נַעֲמָן וַיֵּלַךְ וַיֹּאמֶר הִנֵּה אָמַרְתִּי אֵלַי יֵצֵא יָצוֹא וְעָמַד וְקָרָא בְּשֵׁם־יְהוָה אֱלֹהָיו וְהֵנִיף יָדוֹ אֶל־הַמָּקוֹם וְאָסַף הַמְּצֹרָע ׃

12 הֲלֹא טוֹב אֲבָנָה וּפַרְפַּר נַהֲרוֹת דַּמֶּשֶׂק מִכֹּל מֵימֵי יִשְׂרָאֵל הֲלֹא־אֶרְחַץ בָּהֶם וְטָהָרְתִּי וַיִּפֶן וַיֵּלֶךְ בְּחֵמָה ׃

13 וַיִּגְּשׁוּ עֲבָדָיו וַיְדַבְּרוּ אֵלָיו וַיֹּאמְרוּ אָבִי דָּבָר גָּדוֹל הַנָּבִיא דִּבֶּר אֵלֶיךָ הֲלוֹא תַעֲשֶׂה וְאַף כִּי־אָמַר אֵלֶיךָ רְחַץ וּטְהָר ׃

14 וַיֵּרֶד וַיִּטְבֹּל בַּיַּרְדֵּן שֶׁבַע פְּעָמִים כִּדְבַר אִישׁ הָאֱלֹהִים וַיָּשָׁב בְּשָׂרוֹ כִּבְשַׂר נַעַר קָטֹן וַיִּטְהָר ׃

15 וַיָּשָׁב אֶל־אִישׁ הָאֱלֹהִים הוּא וְכָל־מַחֲנֵהוּ וַיָּבֹא וַיַּעֲמֹד לְפָנָיו וַיֹּאמֶר הִנֵּה־נָא יָדַעְתִּי כִּי אֵין אֱלֹהִים בְּכָל־הָאָרֶץ כִּי אִם־בְּיִשְׂרָאֵל וְעַתָּה קַח־נָא בְרָכָה מֵאֵת עַבְדֶּךָ ׃

16 וַיֹּאמֶר חַי־יְהוָה אֲשֶׁר־עָמַדְתִּי לְפָנָיו אִם־אֶקָּח וַיִּפְצַר־בּוֹ לָקַחַת וַיְמָאֵן ׃

17 וַיֹּאמֶר נַעֲמָן וָלֹא יֻתַּן־נָא לְעַבְדְּךָ מַשָּׂא צֶמֶד־פְּרָדִים אֲדָמָה כִּי לוֹא־יַעֲשֶׂה עוֹד עַבְדְּךָ עֹלָה וָזֶבַח לֵאלֹהִים אֲחֵרִים כִּי אִם־לַיהוָה ׃

18 לַדָּבָר הַזֶּה יִסְלַח יְהוָה לְעַבְדֶּךָ בְּבוֹא אֲדֹנִי בֵית־רִמּוֹן לְהִשְׁתַּחֲוֺת שָׁמָּה וְהוּא נִשְׁעָן עַל־יָדִי וְהִשְׁתַּחֲוֵיתִי בֵּית רִמֹּן בְּהִשְׁתַּחֲוָיָתִי בֵּית רִמֹּן יִסְלַח־נָא יְהוָה לְעַבְדְּךָ בַּדָּבָר הַזֶּה ׃

19 וַיֹּאמֶר לוֹ לֵךְ לְשָׁלוֹם וַיֵּלֶךְ מֵאִתּוֹ כִּבְרַת־אָרֶץ ׃

20 וַיֹּאמֶר גֵּיחֲזִי נַעַר אֱלִישָׁע אִישׁ־הָאֱלֹהִים הִנֵּה חָשַׂךְ אֲדֹנִי אֶת־נַעֲמָן הָאֲרַמִּי הַזֶּה מִקַּחַת מִיָּדוֹ אֵת אֲשֶׁר־הֵבִיא חַי־יְהוָה כִּי־אִם־רַצְתִּי אַחֲרָיו וְלָקַחְתִּי מֵאִתּוֹ מְאוּמָה ׃

21 וַיִּרְדֹּף גֵּיחֲזִי אַחֲרֵי נַעֲמָן וַיִּרְאֶה נַעֲמָן רָץ אַחֲרָיו וַיִּפֹּל מֵעַל הַמֶּרְכָּבָה לִקְרָאתוֹ וַיֹּאמֶר הֲשָׁלוֹם ׃

22 וַיֹּאמֶר שָׁלוֹם אֲדֹנִי שְׁלָחַנִי לֵאמֹר הִנֵּה עַתָּה זֶה בָּאוּ אֵלַי שְׁנֵי־נְעָרִים מֵהַר אֶפְרַיִם מִבְּנֵי הַנְּבִיאִים תְּנָה־נָּא לָהֶם כִּכַּר־כֶּסֶף וּשְׁתֵּי חֲלִפוֹת בְּגָדִים ׃

23 וַיֹּאמֶר נַעֲמָן הוֹאֵל קַח כִּכָּרָיִם וַיִּפְרָץ־בּוֹ וַיָּצַר כִּכְּרַיִם כֶּסֶף בִּשְׁנֵי חֲרִטִים וּשְׁתֵּי חֲלִפוֹת בְּגָדִים ׃

24 וַיָּבֹא אֶל־הָעֹפֶל וַיִּקַּח מִיָּדָם וַיִּפְקֹד בַּבָּיִת וַיְשַׁלַּח אֶת־הָאֲנָשִׁים וַיֵּלֵכוּ ׃

25 וְהוּא־בָא וַיַּעֲמֹד אֶל־אֲדֹנָיו וַיֹּאמֶר אֵלָיו אֱלִישָׁע מֵאַיִן גֵּחֲזִי וַיֹּאמֶר לֹא־הָלַךְ עַבְדְּךָ אָנֶה וָאָנָה ׃

26 וַיֹּאמֶר אֵלָיו לֹא־לִבִּי הָלַךְ כַּאֲשֶׁר הָפַךְ־אִישׁ מֵעַל מֶרְכַּבְתּוֹ לִקְרָאתֶךָ הַעֵת לָקַחַת אֶת־הַכֶּסֶף וְלָקַחַת בְּגָדִים וְזֵיתִים וּכְרָמִים וְצֹאן וּבָקָר וַעֲבָדִים וּשְׁפָחוֹת ׃

27 וְצָרַעַת נַעֲמָן תִּדְבַּק־בְּךָ וּבְזַרְעֲךָ לְעוֹלָם וַיֵּצֵא מִלְּפָנָיו מְצֹרָע כַּשָּׁלֶג ׃

CAP. VI. ו

1 וַיֹּאמְרוּ בְנֵי־הַנְּבִיאִים אֶל־אֱלִישָׁע הִנֵּה־נָא הַמָּקוֹם אֲשֶׁר אֲנַחְנוּ יֹשְׁבִים שָׁם לְפָנֶיךָ צַר מִמֶּנּוּ ׃

2 נֵלְכָה־נָּא עַד־הַיַּרְדֵּן וְנִקְחָה מִשָּׁם אִישׁ קוֹרָה אֶחָת וְנַעֲשֶׂה־לָּנוּ שָׁם מָקוֹם לָשֶׁבֶת שָׁם וַיֹּאמֶר לֵכוּ ׃

3 וַיֹּאמֶר הָאֶחָד הוֹאֶל נָא וְלֵךְ אֶת־עֲבָדֶיךָ וַיֹּאמֶר אֲנִי אֵלֵךְ ׃

4 וַיֵּלֶךְ אִתָּם וַיָּבֹאוּ הַיַּרְדֵּנָה וַיִּגְזְרוּ הָעֵצִים ׃

5 וַיְהִי הָאֶחָד מַפִּיל הַקּוֹרָה וְאֶת־הַבַּרְזֶל נָפַל אֶל־הַמָּיִם וַיִּצְעַק וַיֹּאמֶר אֲהָהּ אֲדֹנִי וְהוּא שָׁאוּל ׃

6 וַיֹּאמֶר אִישׁ־הָאֱלֹהִים אָנָה נָפָל וַיַּרְאֵהוּ אֶת־הַמָּקוֹם וַיִּקְצָב־עֵץ וַיַּשְׁלֶךְ שָׁמָּה וַיָּצֶף הַבַּרְזֶל ׃

7 וַיֹּאמֶר הָרֶם לָךְ וַיִּשְׁלַח יָדוֹ וַיִּקָּחֵהוּ ׃

8 וּמֶלֶךְ אֲרָם הָיָה נִלְחָם בְּיִשְׂרָאֵל וַיִּוָּעַץ אֶל־עֲבָדָיו לֵאמֹר אֶל־מְקוֹם פְּלֹנִי אַלְמֹנִי תַּחֲנֹתִי ׃

9 וַיִּשְׁלַח אִישׁ הָאֱלֹהִים אֶל־מֶלֶךְ יִשְׂרָאֵל לֵאמֹר הִשָּׁמֶר מֵעֲבֹר הַמָּקוֹם הַזֶּה כִּי־שָׁם אֲרָם נְחִתִּים ׃

10 וַיִּשְׁלַח מֶלֶךְ יִשְׂרָאֵל אֶל־הַמָּקוֹם אֲשֶׁר אָמַר־לוֹ אִישׁ־הָאֱלֹהִים וְהִזְהִירֹה וְנִשְׁמַר שָׁם לֹא אַחַת וְלֹא שְׁתָּיִם ׃

11 וַיִּסָּעֵר לֵב מֶלֶךְ־אֲרָם עַל־הַדָּבָר הַזֶּה וַיִּקְרָא אֶל־עֲבָדָיו וַיֹּאמֶר אֲלֵיהֶם הֲלוֹא תַּגִּידוּ לִי מִי מִשֶּׁלָּנוּ אֶל־מֶלֶךְ יִשְׂרָאֵל ׃

12 וַיֹּאמֶר אַחַד מֵעֲבָדָיו לוֹא אֲדֹנִי הַמֶּלֶךְ כִּי־אֱלִישָׁע הַנָּבִיא אֲשֶׁר בְּיִשְׂרָאֵל יַגִּיד לְמֶלֶךְ יִשְׂרָאֵל אֶת־הַדְּבָרִים אֲשֶׁר תְּדַבֵּר בַּחֲדַר מִשְׁכָּבֶךָ ׃

come unto thee, behold, I have *therewith* sent Naaman my servant to thee, that thou mayest recover him of his leprosy.

7 And it came to pass, when *a* the king of Israel had read the letter, that he rent his clothes, and said, *Am* I *b* God, to kill *c* and to make alive, that this man doth send unto me to recover a man of his leprosy? Wherefore consider, I pray you, and see how he seeketh *e* a quarrel against me.

8 And it was *so*, when Elisha the man of God had heard that the king of Israel had rent his clothes, that he sent to the king, saying, Wherefore hast thou rent thy clothes? let him come now to me, and he shall know *f* that there is a prophet in Israel.

9 So Naaman came with his horses and with his chariot, and stood at the door of the house of Elisha.

10 And Elisha sent a messenger unto him, saying, Go and wash *i* in Jordan seven *l* times, and thy flesh shall come again to thee, and thou shalt be clean.

11 But Naaman was wroth, and went away, and said, Behold, I ζ thought, He *m* will surely come out to me, and stand and call on the name of the LORD his God, and η strike his hand over the place, and recover the leper.

12 *Are* not θ Abana and Pharpar, rivers of Damascus, better than all the waters of Israel? may I not wash in them, and be clean? So he turned, and went away in a rage.

13 And his servants came near, and spake unto him, and said, My *q* father, *if* the prophet had bid thee *do some* great thing, wouldest thou not have done *it?* how *r* much rather then, when he saith to thee, Wash, and be clean?

14 Then *s* went he down, and dipped himself seven times in Jordan, according to the saying of the man of God: and his flesh came again like *u* unto the flesh of a little child, and he was clean. *v*

15 And he returned to the man of God, he and all his company, and came and stood before him: and he said, Behold, now I know *w* that *there is* no God in all the earth, but in Israel: now therefore, I pray thee take a blessing *x* of thy servant.

16 But he said, *As* *y* the LORD liveth, before whom I stand, I will receive none. *a* And he urged him to take *it;* but he refused.

17 And Naaman said, Shall there not then, I pray thee, be given to thy servant two mules' burden of earth? for thy servant will henceforth offer neither burnt-offering nor sacrifice, unto other gods, but *b* unto the LORD.

18 In this thing the LORD pardon thy servant, *that* when my master goeth into the house of Rimmon to worship there, and he leaneth *c* on my hand, and I bow myself in the house of Rimmon; when I bow down *d* myself in the house of Rimmon, the LORD pardon *f* thy servant in this thing.

19 And he said unto him, Go *g* in peace. So he departed from him a little *μ* way.

20 But Gehazi, the servant of Elisha the man of God, said, Behold, my master hath spared Naaman this Syrian, in not receiving at his hands that which he brought: but, *as* the LORD liveth, I will run after him, and take *k* somewhat of him.

21 So Gehazi followed after Naaman. And when Naaman saw *him* running after

B. C. 894.

β Is there
  peace ?
a Is. 37. 14.
b Ge. 30. 2.
c De. 32. 39.
  1 Sa. 2. 6.
d ch. 6. 3.
e 1 Ki. 20. 7.
  Lu. 11. 54.
γ or, secret
  place.
f 1 Ki. 18. 36,
       37.
  Eze. 2. 5.
       33. 33.
g Jos 7. 21.
  Is. 29. 15.
h Eze. 33. 31.
δ not hither
  or thither.
i Jnᵒ. 9. 7.
k Pr.12.19,22.
l Jos. 6. 4..16.
ζ said, or,
  said with
  myself.
m Jnᵒ. 4. 48.
η move up
  and down.
n Is. 59. 2, 3.
  Ho. 10. 13.
θ or, Amana.
o ch. 15. 5.
  Nu. 12. 10.
p ch. 4. 38.
q ch. 2. 12.
  Ge. 41. 43.
r 1Co.1.21,27.
s Eze.47.1..9.
  Zec. 13. 1.
       14. 8.
t ch. 5. 23.
u Job 33. 25.
v Lu. 4. 27.
κ iron.
w Da. 2. 47.
   3. 29.
   6. 26, 27.
x Ge. 33. 11.
y ch. 3. 14.
z ch. 2. 21.
a Ge. 14. 23.
  Mat. 10. 8.
  Ac.20.33..35.
λ or, en-
  camping.
b 1 Th. 1. 9.
c ch. 7. 2.
d 2Ch. 20. 20.
e Ex. 20. 5
f 2Ch. 30. 18,
         19.
g Mar. 5. 34.
  Lu. 7. 50.
h Ps. 48. 4, 5.
  Mat. 2. 3. &c.
μ piece of
  ground, as
  Ge. 35. 16.
ν No.
i Am. 3. 7.
k Hab. 2. 9.
  1Ti. 6. 9, 10.
l Ps. 139.1..4.
  Je. 23. 24.
m Ps.37.32,33
  Je. 36. 26.
  Ac.23.12..27.

257

him, he lighted down from the chariot to meet him, and said, β Is all well?

22 And he said, All *is* well. My master hath sent me, saying, Behold, even now there be come to me from mount Ephraim two young men of the sons of the prophets: give them, I pray thee, a talent of silver, and two changes of garments.

23 And Naaman said, Be *d* content, take two talents. And he urged him, and bound two talents of silver in two bags, with two changes of garments, and laid *them* upon two of his servants; and they bare *them* before him.

24 And when he came to the γ tower, he took *them* from their hand, and bestowed *g them* in the house: and he let the men go, and they departed.

25 But he went in, and stood *h* before his master. And Elisha said unto him, Whence *comest thou,* Gehazi? And he said, Thy servant went δ no whither.

26 And he said unto him, Went *k* not mine heart *with thee,* when the man turned again from his chariot to meet thee? *Is it* a time to receive money, and to receive garments, and oliveyards, and vineyards, and sheep, and oxen, and menservants, and maidservants?

27 The leprosy therefore *n* of Naaman shall cleave unto thee, and unto thy seed for ever. And he went out from his presence a leper *o as white* as snow.

CHAP. VI.

AND the sons *p* of the prophets said unto Elisha, Behold now, the place where we dwell with thee is too strait for us.

2 Let us go, we pray thee, unto Jordan, and take thence every man a beam, and let us make us a place there, where we may dwell. And he answered, Go ye.

3 And one said, Be *t* content, I pray thee, and go with thy servants. And he answered, I will go.

4 So he went with them. And when they came to Jordan, they cut down wood.

5 But as one was felling a beam, the κ axe head fell into the water: and he cried, and said, Alas, master! for it was borrowed.

6 And the man of God said, Where fell it? And he shewed him the place. And *z* he cut down a stick, and cast *it* in thither; and the iron did swim.

7 Therefore said he, Take *it* up to thee. And he put out his hand, and took it.

8 Then the king of Syria warred against Israel, and took counsel with his servants, saying, In such and such a place *shall be* my λ camp.

9 And the man of God sent unto the king of Israel, saying, Beware that thou pass not such a place; for thither the Syrians are come down.

10 And the king of Israel sent to the place which the man of God told him and warned him of, and *d* saved himself there, not once nor twice.

11 Therefore the heart of the king of Syria was sore troubled *h* for this thing; and he called his servants, and said unto them, Will ye not shew me which of us *is* for the king of Israel?

12 And one of his servants said, ν None, my lord, O king: but *i* Elisha, the prophet that *is* in Israel, telleth the king of Israel the words that thou speakest in thy bed-chamber. *l*

13 And he said, Go and spy where he *is*, that I may send *m* and fetch him. And

13 וַיֹּאמֶר לְכוּ וּרְאוּ אֵיכֹה הוּא וְאֶשְׁלַח וְאֶקָּחֵהוּ וַיֻּגַּד־לוֹ לֵאמֹר הִנֵּה בְדֹתָן׃

14 וַיִּשְׁלַח־שָׁמָּה סוּסִים וְרֶכֶב וְחַיִל כָּבֵד וַיָּבֹאוּ לַיְלָה וַיַּקִּפוּ עַל־הָעִיר׃

15 וַיַּשְׁכֵּם מְשָׁרֵת אִישׁ הָאֱלֹהִים לָקוּם וַיֵּצֵא וְהִנֵּה־חַיִל סוֹבֵב אֶת־הָעִיר וְסוּס וָרָכֶב וַיֹּאמֶר נַעֲרוֹ אֵלָיו אֲהָהּ אֲדֹנִי אֵיכָה נַעֲשֶׂה׃

16 וַיֹּאמֶר אַל־תִּירָא כִּי רַבִּים אֲשֶׁר אִתָּנוּ מֵאֲשֶׁר אוֹתָם׃

17 וַיִּתְפַּלֵּל אֱלִישָׁע וַיֹּאמַר יְהוָה פְּקַח־נָא אֶת־עֵינָיו וְיִרְאֶה וַיִּפְקַח יְהוָה אֶת־עֵינֵי הַנַּעַר וַיַּרְא וְהִנֵּה הָהָר מָלֵא סוּסִים וְרֶכֶב אֵשׁ סְבִיבֹת אֱלִישָׁע׃

18 וַיֵּרְדוּ אֵלָיו וַיִּתְפַּלֵּל אֱלִישָׁע אֶל־יְהוָה וַיֹּאמַר הַךְ־נָא אֶת־הַגּוֹי־הַזֶּה בַּסַּנְוֵרִים וַיַּכֵּם בַּסַּנְוֵרִים כִּדְבַר אֱלִישָׁע׃

19 וַיֹּאמֶר אֲלֵהֶם אֱלִישָׁע לֹא זֶה הַדֶּרֶךְ וְלֹא זֹה הָעִיר לְכוּ אַחֲרַי וְאוֹלִיכָה אֶתְכֶם אֶל־הָאִישׁ אֲשֶׁר תְּבַקֵּשׁוּן וַיֹּלֶךְ אוֹתָם שֹׁמְרוֹנָה׃

20 וַיְהִי כְּבֹאָם שֹׁמְרוֹן וַיֹּאמֶר אֱלִישָׁע יְהוָה פְּקַח אֶת־עֵינֵי־אֵלֶּה וְיִרְאוּ וַיִּפְקַח יְהוָה אֶת־עֵינֵיהֶם וַיִּרְאוּ וְהִנֵּה בְּתוֹךְ שֹׁמְרוֹן׃

21 וַיֹּאמֶר מֶלֶךְ־יִשְׂרָאֵל אֶל־אֱלִישָׁע כִּרְאֹתוֹ אוֹתָם הַאַכֶּה אַכֶּה אָבִי׃

22 וַיֹּאמֶר לֹא תַכֶּה הַאֲשֶׁר שָׁבִיתָ בְּחַרְבְּךָ וּבְקַשְׁתְּךָ אַתָּה מַכֶּה שִׂים לֶחֶם וָמַיִם לִפְנֵיהֶם וְיֹאכְלוּ וְיִשְׁתּוּ וְיֵלְכוּ אֶל־אֲדֹנֵיהֶם׃

23 וַיִּכְרֶה לָהֶם כֵּרָה גְדוֹלָה וַיֹּאכְלוּ וַיִּשְׁתּוּ וַיְשַׁלְּחֵם וַיֵּלְכוּ אֶל־אֲדֹנֵיהֶם וְלֹא־יָסְפוּ עוֹד גְּדוּדֵי אֲרָם לָבוֹא בְּאֶרֶץ יִשְׂרָאֵל׃

24 וַיְהִי אַחֲרֵי־כֵן וַיִּקְבֹּץ בֶּן־הֲדַד מֶלֶךְ־אֲרָם אֶת־כָּל־מַחֲנֵהוּ וַיַּעַל וַיָּצַר עַל־שֹׁמְרוֹן׃

25 וַיְהִי רָעָב גָּדוֹל בְּשֹׁמְרוֹן וְהִנֵּה צָרִים עָלֶיהָ עַד הֱיוֹת רֹאשׁ־חֲמוֹר בִּשְׁמֹנִים כֶּסֶף וְרֹבַע הַקַּב חֲרֵייוֹנִים בַּחֲמִשָּׁה־כָסֶף׃

26 וַיְהִי מֶלֶךְ יִשְׂרָאֵל עֹבֵר עַל־הַחֹמָה וְאִשָּׁה צָעֲקָה אֵלָיו לֵאמֹר הוֹשִׁיעָה אֲדֹנִי הַמֶּלֶךְ׃

27 וַיֹּאמֶר אַל־יוֹשִׁעֵךְ יְהוָה מֵאַיִן אוֹשִׁיעֵךְ הֲמִן־הַגֹּרֶן אוֹ מִן־הַיָּקֶב׃

28 וַיֹּאמֶר־לָהּ הַמֶּלֶךְ מַה־לָּךְ וַתֹּאמֶר הָאִשָּׁה הַזֹּאת אָמְרָה אֵלַי תְּנִי אֶת־בְּנֵךְ וְנֹאכְלֶנּוּ הַיּוֹם וְאֶת־בְּנִי נֹאכַל מָחָר׃

29 וַנְּבַשֵּׁל אֶת־בְּנִי וַנֹּאכְלֵהוּ וָאֹמַר אֵלֶיהָ בַּיּוֹם הָאַחֵר תְּנִי אֶת־בְּנֵךְ וְנֹאכְלֶנּוּ וַתַּחְבִּא אֶת־בְּנָהּ׃

30 וַיְהִי כִשְׁמֹעַ הַמֶּלֶךְ אֶת־דִּבְרֵי הָאִשָּׁה וַיִּקְרַע אֶת־בְּגָדָיו וְהוּא עֹבֵר עַל־הַחֹמָה וַיַּרְא הָעָם וְהִנֵּה הַשַּׂק עַל־בְּשָׂרוֹ מִבָּיִת׃

31 וַיֹּאמֶר כֹּה־יַעֲשֶׂה־לִּי אֱלֹהִים וְכֹה יוֹסִף אִם־יַעֲמֹד רֹאשׁ אֱלִישָׁע בֶּן־שָׁפָט עָלָיו הַיּוֹם׃

32 וֶאֱלִישָׁע יֹשֵׁב בְּבֵיתוֹ וְהַזְּקֵנִים יֹשְׁבִים אִתּוֹ וַיִּשְׁלַח אִישׁ מִלְּפָנָיו בְּטֶרֶם יָבֹא הַמַּלְאָךְ אֵלָיו וְהוּא אָמַר אֶל־הַזְּקֵנִים הַרְּאִיתֶם כִּי־שָׁלַח בֶּן־הַמְרַצֵּחַ הַזֶּה לְהָסִיר אֶת־רֹאשִׁי רְאוּ כְּבֹא הַמַּלְאָךְ סִגְרוּ הַדֶּלֶת וּלְחַצְתֶּם אֹתוֹ בַּדֶּלֶת הֲלוֹא קוֹל רַגְלֵי אֲדֹנָיו אַחֲרָיו׃

33 עוֹדֶנּוּ מְדַבֵּר עִמָּם וְהִנֵּה הַמַּלְאָךְ יֹרֵד אֵלָיו וַיֹּאמֶר הִנֵּה זֹאת הָרָעָה מֵאֵת יְהוָה מָה־אוֹחִיל לַיהוָה עוֹד׃

CAP. VII.   ז

1 וַיֹּאמֶר אֱלִישָׁע שִׁמְעוּ דְּבַר־יְהוָה כֹּה אָמַר יְהוָה כָּעֵת מָחָר סְאָה־סֹלֶת בְּשֶׁקֶל וְסָאתַיִם שְׂעֹרִים בְּשֶׁקֶל בְּשַׁעַר שֹׁמְרוֹן׃

2 וַיַּעַן הַשָּׁלִישׁ אֲשֶׁר לַמֶּלֶךְ נִשְׁעָן עַל־יָדוֹ אֶת־אִישׁ הָאֱלֹהִים וַיֹּאמֶר הִנֵּה יְהוָה עֹשֶׂה אֲרֻבּוֹת בַּשָּׁמַיִם הֲיִהְיֶה הַדָּבָר הַזֶּה וַיֹּאמֶר הִנְּךָ רֹאֶה בְּעֵינֶיךָ וּמִשָּׁם לֹא תֹאכֵל׃

3 וְאַרְבָּעָה אֲנָשִׁים הָיוּ מְצֹרָעִים פֶּתַח הַשָּׁעַר וַיֹּאמְרוּ אִישׁ אֶל־רֵעֵהוּ מָה אֲנַחְנוּ יֹשְׁבִים פֹּה עַד־מָתְנוּ׃

4 אִם־אָמַרְנוּ נָבוֹא הָעִיר וְהָרָעָב בָּעִיר וָמַתְנוּ שָׁם וְאִם־יָשַׁבְנוּ פֹה וָמָתְנוּ וְעַתָּה לְכוּ וְנִפְּלָה אֶל־מַחֲנֵה אֲרָם אִם־יְחַיֻּנוּ נִחְיֶה וְאִם־יְמִיתֻנוּ וָמָתְנוּ׃

5 וַיָּקֻמוּ בַנֶּשֶׁף לָבוֹא אֶל־מַחֲנֵה אֲרָם וַיָּבֹאוּ עַד־קְצֵה מַחֲנֵה אֲרָם וְהִנֵּה אֵין־שָׁם אִישׁ׃

6 וַאדֹנָי הִשְׁמִיעַ אֶת־מַחֲנֵה אֲרָם קוֹל רֶכֶב קוֹל סוּס קוֹל חַיִל גָּדוֹל וַיֹּאמְרוּ אִישׁ אֶל־אָחִיו הִנֵּה שָׂכַר־עָלֵינוּ מֶלֶךְ יִשְׂרָאֵל אֶת־מַלְכֵי הַחִתִּים וְאֶת־מַלְכֵי מִצְרַיִם לָבוֹא עָלֵינוּ׃

7 וַיָּקוּמוּ וַיָּנוּסוּ בַנֶּשֶׁף וַיַּעַזְבוּ אֶת־אָהֳלֵיהֶם וְאֶת־סוּסֵיהֶם וְאֶת־חֲמֹרֵיהֶם הַמַּחֲנֶה כַּאֲשֶׁר־הִיא וַיָּנֻסוּ אֶל־נַפְשָׁם׃

8 וַיָּבֹאוּ הַמְצֹרָעִים הָאֵלֶּה עַד־קְצֵה הַמַּחֲנֶה וַיָּבֹאוּ אֶל־אֹהֶל אֶחָד וַיֹּאכְלוּ וַיִּשְׁתּוּ וַיִּשְׂאוּ מִשָּׁם כֶּסֶף וְזָהָב וּבְגָדִים וַיֵּלְכוּ וַיַּטְמִנוּ וַיָּשֻׁבוּ וַיָּבֹאוּ אֶל־אֹהֶל אַחֵר וַיִּשְׂאוּ מִשָּׁם וַיֵּלְכוּ וַיַּטְמִנוּ׃

9 וַיֹּאמְרוּ אִישׁ אֶל־רֵעֵהוּ לֹא־כֵן אֲנַחְנוּ עֹשִׂים הַיּוֹם הַזֶּה יוֹם־בְּשֹׂרָה הוּא וַאֲנַחְנוּ מַחְשִׁים וְחִכִּינוּ עַד־אוֹר הַבֹּקֶר וּמְצָאָנוּ עָווֹן וְעַתָּה לְכוּ וְנָבֹאָה וְנַגִּידָה בֵּית הַמֶּלֶךְ׃

10 וַיָּבֹאוּ וַיִּקְרְאוּ אֶל־שֹׁעֵר הָעִיר וַיַּגִּידוּ לָהֶם לֵאמֹר בָּאנוּ אֶל־מַחֲנֵה אֲרָם וְהִנֵּה אֵין־שָׁם אִישׁ וְקוֹל אָדָם כִּי אִם־הַסּוּס אָסוּר וְהַחֲמוֹר אָסוּר וְאֹהָלִים כַּאֲשֶׁר־הֵמָּה׃

11 וַיִּקְרָא הַשֹּׁעֲרִים וַיַּגִּידוּ בֵּית הַמֶּלֶךְ פְּנִימָה׃

12 וַיָּקָם הַמֶּלֶךְ לַיְלָה וַיֹּאמֶר אֶל־

it was told him, saying, Behold, *he is* in Dothan. *b*

14 Therefore sent he thither horses, and chariots, and a βgreat host: and they came by night, and compassed the city about.

15 And when the γservant of the man of God was risen early, & gone forth, behold, an host compassed yᵉ city both with horses and chariots. And his servant said unto him, Alas, my master! how shall we do?

16 And he answered, Fear not; for they ᵉ that *be* with us *are* more than they that *be* with them.

17 And Elisha prayed, and said, LORD, I pray thee, open his eyes, that he may see. And the LORD opened the eyes of the young man; and he saw: and, behold, the mountain *was* full of horses ʰ and chariots of fire round about Elisha.

18 And when they came down to him, Elisha prayed unto the LORD, and said, Smite this people, I pray thee, with blindness. And he smote them with *j* blindness, according to the word of Elisha.

19 And Elisha said *l* unto them, This *is* not the way, neither *is* this the city: ζfollow me, and I will bring you to the man whom ye seek. But he led them to Samaria.

20 And it came to pass, when they were come into Samaria, that Elisha said, LORD, open the eyes of these *men,* that they may see. And the LORD opened their ᵒ eyes, and they saw; and, behold, *they were* in the midst of Samaria.

21 And the king of Israel said unto Elisha, when he saw them, My father, shall I smite *them?* shall I smite *them?*

22 And he answered, Thou shalt not smite *them:* wouldest thou smite those whom thou hast taken captive with thy sword and with thy bow? Set bread ᑫ and water before them, that they may eat and drink, and go to their master.

23 And he prepared great provision for them: and when they had eaten and drunk, he sent them away, and they went to their master. So the bands ᵗ of Syria came no more into the land of Israel.

24 And it came to pass after this, that Ben-hadad king of Syria gathered all his host, and went up, and besieged Samaria.

25 And there was a great famine in Samaria: and, behold, they besieged ʷ it, until an ass's head was *sold* for fourscore *pieces* of silver, and the fourth part of a cab of dove's dung for five *pieces* of silver.

26 And as the king of Israel was passing by upon the wall, there cried a woman unto him, saying, Help, my lord, O king!

27 And he said, η If the LORD ˣ do not help thee, whence shall I help thee? out of the barn-floor, or out of the wine-press?

28 And the king said unto her, What aileth thee? And she answered, This woman said unto me, Give thy son,ᵃ that we may eat him to-day, and we will eat my son to-morrow.

29 So we boiled my son, and did eat him: and I said unto her on the κ next day, Give thy son, that we may eat him; and ᵉ she hath hid her son.

30 And it came to pass, when the king heard the words of the woman, that he rentᵈ his clothes; and he passed by upon the wall, and yᵉ people looked, and, behold, *he had* sackcloth within upon his flesh.

31 Then he said, God ᵉ do so and more also to me, if the head of Elisha the son of Shaphat shall stand on him this day.

32 But Elisha sat in his house, and ᵃ the elders sat with him; and *the king* sent a man from before him: but ᶜ ere the messenger came to him, he said to the elders, See ye how this son of a murderer ᵈ hath sent to take away mine head? look, when the messenger cometh, shut the door, and hold him fast at the door: *is* not the sound of his master's feet behind him?

33 And while he yet talked with them, behold, the messenger came down unto him: and he said, Behold, this evil *f* is of the LORD; what ᵍ should I wait for the LORD any longer?

CHAP. VII.

THEN Elisha said, Hear ye the word of the LORD; Thus saith the LORD, To-morrow,ⁱ about this time, *shall* a measure of fine flour *be sold* for a shekel, and two measures of barley for a shekel, in the gate of Samaria.

2 Then a lord, δ on whose hand the king leaned, answered the man of God, and said, Behold, *if* the LORD would make ᵏ windows in heaven, might this thing be? And he said, Behold, thou shalt see *it* with thine eyes, but ᵐ shalt not eat thereof.

3 And there were four leprous men at the entering in of the gate: ⁿ and they said one to another, Why sit we here until we die?

4 If we say, We will enter into the city, then the famine *is* in the city, and we shall die there: and if we sit still here, we die also. Now therefore come, and let us fall unto the host of the Syrians: if ᵖ they save us alive, we shall live; and if they kill us, we shall but die.

5 And they rose up in the twilight, to go unto the camp of the Syrians: and when they were come to the uttermost part of the camp of Syria, behold, *there was* no man there.

6 For the LORD had made the host of the Syrians to hear a noise ʳ of chariots, and a noise of horses, *even* the noise of a great host: and ᵉ they said one to another, Lo, the king of Israel hath hired against us the kings ᵘ of the Hittites, and the kings of the Egyptians, to come upon us.

7 Wherefore they arose,ᵛ and fled in the twilight, and left their tents, and their horses, and their asses, even the camp as it *was,* and fled for their life.

8 And when these lepers came to the uttermost part of the camp, they went into one tent, and did eat and drink, and carried thence silver, and gold, and raiment, and went and hid *it;* and came again, and entered into another tent, and carried thence *also,* and went and hid *it.*

9 Then they said one to another, We ʸ do not well: this day *is* a day of good tidings, and we hold our peace: if ᶻ we tarry till the morning-light, θ some mischief will come upon us: now therefore, come, that we may go and tell the king's household.

10 So they came, and called unto the porter ᵇ of the city; and they told them, saying, We came to the camp of the Syrians, and, behold, *there was* no man there, neither voice of man, but horses tied, and asses tied, and the tents as they *were.*

11 And he called the porters; and they told *it* to the king's house within.

12 And the king arose in the night, and said unto his servants, I will now shew you what the Syrians have done to us;

B. C. 893.

a Eze. 8. 1.
20. 1.
b Ge. 37. 17.
c 1 Ki. 14. 6.
β *heavy.*
d 1 Ki. 18. 13, 14.
γ or, *minister.*
e 2 Ch. 16. 9.
32. 7, 8.
Ps. 55. 18.
Ro. 8. 31.
f Job 1. 21.
g Ps. 37. 7, 9.
h ch. 2. 11.
Ps. 34. 7.
68. 17.
Zec. 1. 8.
6. 1. 7.
Re.19.11,14.
i ver. 18, 19.
δ *which belonged to the king, leaning upon his hand.*
ch. 5. 18.
j Ge. 19. 11.
k Ge. 7. 11.
Mal. 3. 10.
l 2 Sa. 16. 18.
ζ *come ye after me.*
m ver. 17, 20.
n Le. 13. 46.
o Lu.24.16,31.
p Es. 4. 16.
Lu.15.17,18.
q Pr.25.21,22.
Ro. 12. 20.
r ch. 19. 7.
2 Sa. 5. 24.
Job 15. 21.
s ch.3.22,&c.
t ch. 5. 2.
24. 2.
u 1 Ki. 10. 29.
v Ps. 14. 5.
48. 4..6.
68. 12.
Pr. 21. 1.
w Le. 26. 26.
Je. 52. 6.
Eze. 4. 16.
η or, *Let not the LORD save thee.*
x Ps. 127. 1.
146. 3, 5.
Je. 17. 5.
y Le. 19. 18.
Pr. 11. 26.
z Es. 4. 14.
θ *we shall find punishment.*
a Le. 26. 29.
De.28.53.57.
Is. 49. 15.
κ *other.*
b 2 Sa. 18. 26.
c 1 Ki. 3. 26.
d 1 Ki. 21. 27.
e 1 Ki. 19. 2.

עֲבָדָיו אֵלָיו מַה־הַדָּבָר אֲשֶׁר־עָשׂוּ לָנוּ אֲרָם
יֹדְעִים כִּי־רְעֵבִים אֲנַחְנוּ וַיֵּצְאוּ מִן־הַמַּחֲנֶה לְהֵחָבֵה
בְהַשָּׂדֶה לֵאמֹר כִּי־יֵצְאוּ מִן־הָעִיר וְנִתְפְּשֵׂם חַיִּים

13 וְאֶל־הָעִיר נָבֹא׃ וַיַּעַן אֶחָד מֵעֲבָדָיו וַיֹּאמֶר וְיִקְחוּ־
נָא חֲמִשָּׁה מִן־הַסּוּסִים הַנִּשְׁאָרִים אֲשֶׁר נִשְׁאֲרוּ־
בָהּ הִנָּם כְּכָל־הֲמוֹן יִשְׂרָאֵל אֲשֶׁר נִשְׁאֲרוּ־בָהּ
הִנָּם כְּכָל־הֲמוֹן יִשְׂרָאֵל אֲשֶׁר־תָּמּוּ וְנִשְׁלְחָה

14 וְנִרְאֶה׃ וַיִּקְחוּ שְׁנֵי רֶכֶב סוּסִים וַיִּשְׁלַח הַמֶּלֶךְ
15 אַחֲרֵי מַחֲנֵה־אֲרָם לֵאמֹר לְכוּ וּרְאוּ׃ וַיֵּלְכוּ
אַחֲרֵיהֶם עַד־הַיַּרְדֵּן וְהִנֵּה כָל־הַדֶּרֶךְ מְלֵאָה בְגָדִים
וְכֵלִים אֲשֶׁר־הִשְׁלִיכוּ אֲרָם בְּהֵחָפְזָם וַיָּשֻׁבוּ

16 הַמַּלְאָכִים וַיַּגִּדוּ לַמֶּלֶךְ׃ וַיֵּצֵא הָעָם וַיָּבֹזּוּ אֵת
מַחֲנֵה אֲרָם וַיְהִי סְאָה־סֹלֶת בְּשֶׁקֶל וְסָאתַיִם

17 שְׂעֹרִים בְּשֶׁקֶל כִּדְבַר יְהוָה׃ וְהַמֶּלֶךְ הִפְקִיד אֶת־
הַשָּׁלִישׁ אֲשֶׁר־נִשְׁעָן עַל־יָדוֹ עַל־הַשַּׁעַר וַיִּרְמְסֻהוּ
הָעָם בַּשַּׁעַר וַיָּמֹת כַּאֲשֶׁר דִּבֶּר אִישׁ הָאֱלֹהִים אֲשֶׁר

18 דִּבֶּר בְּרֶדֶת הַמֶּלֶךְ אֵלָיו׃ וַיְהִי כְּדַבֵּר אִישׁ הָאֱלֹהִים
אֶל־הַמֶּלֶךְ לֵאמֹר סָאתַיִם שְׂעֹרִים בְּשֶׁקֶל וּסְאָה־

19 סֹלֶת בְּשֶׁקֶל יִהְיֶה כָּעֵת מָחָר בְּשַׁעַר שֹׁמְרוֹן׃ וַיַּעַן
הַשָּׁלִישׁ אֶת־אִישׁ הָאֱלֹהִים וַיֹּאמַר וְהִנֵּה יְהוָה
עֹשֶׂה אֲרֻבּוֹת בַּשָּׁמַיִם הֲיִהְיֶה כַּדָּבָר הַזֶּה וַיֹּאמֶר

20 הִנְּךָ רֹאֶה בְּעֵינֶיךָ וּמִשָּׁם לֹא תֹאכֵל׃ וַיְהִי־לוֹ כֵּן
וַיִּרְמְסוּ אֹתוֹ הָעָם בַּשַּׁעַר וַיָּמֹת׃

CAP. VIII. ח

1 וֶאֱלִישָׁע דִּבֶּר אֶל־הָאִשָּׁה אֲשֶׁר־הֶחֱיָה אֶת־בְּנָהּ
לֵאמֹר קוּמִי וּלְכִי אַתְּ וּבֵיתֵךְ וְגוּרִי בַּאֲשֶׁר תָּגוּרִי
כִּי־קָרָא יְהוָה לָרָעָב וְגַם־בָּא אֶל־הָאָרֶץ שֶׁבַע שָׁנִים׃
2 וַתָּקָם הָאִשָּׁה וַתַּעַשׂ כִּדְבַר אִישׁ הָאֱלֹהִים וַתֵּלֶךְ
הִיא וּבֵיתָהּ וַתָּגָר בְּאֶרֶץ־פְּלִשְׁתִּים שֶׁבַע שָׁנִים׃
3 וַיְהִי מִקְצֵה שֶׁבַע שָׁנִים וַתָּשָׁב הָאִשָּׁה מֵאֶרֶץ
פְּלִשְׁתִּים וַתֵּצֵא לִצְעֹק אֶל־הַמֶּלֶךְ אֶל־בֵּיתָהּ וְאֶל־
4 שָׂדָהּ׃ וְהַמֶּלֶךְ מְדַבֵּר אֶל־גֵּחֲזִי נַעַר אִישׁ־
הָאֱלֹהִים לֵאמֹר סַפְּרָה־נָּא לִי אֵת כָּל־הַגְּדֹלוֹת אֲשֶׁר־
5 עָשָׂה אֱלִישָׁע׃ וַיְהִי הוּא מְסַפֵּר לַמֶּלֶךְ אֵת אֲשֶׁר־
הֶחֱיָה אֶת־הַמֵּת וְהִנֵּה הָאִשָּׁה אֲשֶׁר־הֶחֱיָה אֶת־בְּנָהּ
צֹעֶקֶת אֶל־הַמֶּלֶךְ עַל־בֵּיתָהּ וְעַל־שָׂדָהּ וַיֹּאמֶר
גֵּחֲזִי אֲדֹנִי הַמֶּלֶךְ זֹאת הָאִשָּׁה וְזֶה־בְּנָהּ אֲשֶׁר־
6 הֶחֱיָה אֱלִישָׁע׃ וַיִּשְׁאַל הַמֶּלֶךְ לָאִשָּׁה וַתְּסַפֶּר־לוֹ

---

7 וַיִּקְרְחָה הַמֶּלֶךְ סָרִיס אֶחָד לֵאמֹר הָשֵׁיב אֶת־כָּל־
אֲשֶׁר־לָהּ וְאֵת כָּל־תְּבוּאֹת הַשָּׂדֶה מִיּוֹם עָזְבָה אֶת־
7 הָאָרֶץ וְעַד־עָתָּה׃ וַיָּבֹא אֱלִישָׁע דַּמֶּשֶׂק
וּבֶן־הֲדַד מֶלֶךְ־אֲרָם חֹלֶה וַיֻּגַּד־לוֹ לֵאמֹר בָּא אִישׁ
8 הָאֱלֹהִים עַד־הֵנָּה׃ וַיֹּאמֶר הַמֶּלֶךְ אֶל־חֲזָהאֵל
קַח בְּיָדְךָ מִנְחָה וְלֵךְ לִקְרַאת אִישׁ הָאֱלֹהִים
וְדָרַשְׁתָּ אֶת־יְהוָה מֵאוֹתוֹ לֵאמֹר הַאֶחְיֶה מֵחֳלִי
9 זֶה׃ וַיֵּלֶךְ חֲזָאֵל לִקְרָאתוֹ וַיִּקַּח מִנְחָה בְיָדוֹ
וְכָל־טוּב דַּמֶּשֶׂק מַשָּׂא אַרְבָּעִים גָּמָל וַיָּבֹא וַיַּעֲמֹד
לְפָנָיו וַיֹּאמֶר בִּנְךָ בֶן־הֲדַד מֶלֶךְ־אֲרָם שְׁלָחַנִי אֵלֶיךָ
10 לֵאמֹר הַאֶחְיֶה מֵחֳלִי זֶה׃ וַיֹּאמֶר אֵלָיו אֱלִישָׁע
לֵךְ אֱמָר־לֹא חָיֹה תִחְיֶה וְהִרְאַנִי יְהוָה כִּי־מוֹת
11 יָמוּת׃ וַיַּעֲמֵד אֶת־פָּנָיו וַיָּשֶׂם עַד־בֹּשׁ וַיֵּבְךְּ אִישׁ
12 הָאֱלֹהִים׃ וַיֹּאמֶר חֲזָאֵל מַדּוּעַ אֲדֹנִי בֹכֶה וַיֹּאמֶר
כִּי־יָדַעְתִּי אֵת אֲשֶׁר־תַּעֲשֶׂה לִבְנֵי יִשְׂרָאֵל רָעָה
מִבְצְרֵיהֶם תְּשַׁלַּח בָּאֵשׁ וּבַחֻרֵיהֶם בַּחֶרֶב תַּהֲרֹג
13 וְעֹלְלֵיהֶם תְּרַטֵּשׁ וְהָרֹתֵיהֶם תְּבַקֵּעַ׃ וַיֹּאמֶר חֲזָהאֵל
כִּי מָה עַבְדְּךָ הַכֶּלֶב כִּי יַעֲשֶׂה הַדָּבָר הַגָּדוֹל הַזֶּה
וַיֹּאמֶר אֱלִישָׁע הִרְאַנִי יְהוָה אֹתְךָ מֶלֶךְ עַל־אֲרָם׃
14 וַיֵּלֶךְ מֵאֵת אֱלִישָׁע וַיָּבֹא אֶל־אֲדֹנָיו וַיֹּאמֶר לוֹ מָה־
אָמַר לְךָ אֱלִישָׁע וַיֹּאמֶר אָמַר לִי חָיֹה תִחְיֶה׃
15 וַיְהִי מִמָּחֳרָת וַיִּקַּח הַמַּכְבֵּר וַיִּטְבֹּל בַּמַּיִם וַיִּפְרֹשׂ
עַל־פָּנָיו וַיָּמֹת וַיִּמְלֹךְ חֲזָהאֵל תַּחְתָּיו׃ וּבִשְׁנַת 16
חָמֵשׁ לְיוֹרָם בֶּן־אַחְאָב מֶלֶךְ יִשְׂרָאֵל וִיהוֹשָׁפָט מֶלֶךְ
17 יְהוּדָה מָלַךְ יְהוֹרָם בֶּן־יְהוֹשָׁפָט מֶלֶךְ יְהוּדָה׃ בֶּן־
שְׁלֹשִׁים וּשְׁתַּיִם שָׁנָה הָיָה בְמָלְכוֹ וּשְׁמֹנֶה שָׁנָה
18 מָלַךְ בִּירוּשָׁלִָם׃ וַיֵּלֶךְ בְּדֶרֶךְ מַלְכֵי יִשְׂרָאֵל
כַּאֲשֶׁר עָשׂוּ בֵּית אַחְאָב כִּי בַּת־אַחְאָב הָיְתָה־
19 לּוֹ לְאִשָּׁה וַיַּעַשׂ הָרַע בְּעֵינֵי יְהוָה׃ וְלֹא־
אָבָה יְהוָה לְהַשְׁחִית אֶת־יְהוּדָה לְמַעַן דָּוִד עַבְדּוֹ
20 כַּאֲשֶׁר אָמַר־לוֹ לָתֵת לוֹ נִיר לְבָנָיו כָּל־הַיָּמִים׃
בְּיָמָיו פָּשַׁע אֱדוֹם מִתַּחַת יַד־יְהוּדָה וַיַּמְלִכוּ
21 עֲלֵיהֶם מֶלֶךְ׃ וַיַּעֲבֹר יוֹרָם צָעִירָה וְכָל־הָרֶכֶב
עִמּוֹ וַיְהִי־הוּא קָם לַיְלָה וַיַּכֶּה אֶת־אֱדוֹם הַסֹּבֵיב
אֵלָיו וְאֵת שָׂרֵי הָרֶכֶב וַיָּנָס הָעָם לְאֹהָלָיו׃ וַיִּפְשַׁע 22
אֱדוֹם מִתַּחַת יַד־יְהוּדָה עַד הַיּוֹם הַזֶּה אָז תִּפְשַׁע
23 לִבְנָה בָּעֵת הַהִיא׃ וְיֶתֶר דִּבְרֵי יוֹרָם וְכָל־אֲשֶׁר
עָשָׂה הֲלוֹא־הֵם כְּתוּבִים עַל־סֵפֶר דִּבְרֵי הַיָּמִים

They know that we *be* hungry, therefore are they gone out of the camp to hide themselves in the field, saying, When they come out of the city, we shall catch them alive, and get into the city.

13 And one of his servants answered and said, Let *some* take, I pray thee, five of the horses that remain, which are left β in the city, (behold, they *are* as all the multitude of Israel that are left in it; behold, *I say*, they *are* even as all the multitude of the Israelites that are consumed,) and let us send and see.

14 They took therefore two chariot horses; and the king sent after the host of the Syrians, saying, Go and see.

15 And they went after them unto Jordan; and, lo, all the way *was* full of garments and vessels, which the Syrians had cast away in their haste: and the messengers returned, and told the king.

16 And the people went out, and* spoiled the tents of the Syrians. So a measure of fine flour was *sold* for a shekel, and two measures of barley for a shekel, according to the word* of the LORD.

17 And the king appointed the lord on whose hand he leaned to have the charge of the gate: and the people trode upon him in the gate, and he died, as the man of God had said,* who spake when the king came down to him.

18 And it came to pass,* as the man of God had spoken to the king, saying, Two measures of barley for a shekel, and a measure of fine flour for a shekel, shall be to-morrow, about this time, in the gate of Samaria:

19 And that lord answered the man of God, and said, Now, behold, *if* the LORD should make windows in heaven, might such a thing be? And he said, Behold, thou shalt see it with thine eyes, but shalt* not eat thereof.

20 And so it fell out unto him: for the people trode upon him in the gate, and he died.

CHAP. VIII.

THEN spake Elisha unto the woman whose son* he had restored to life, saying, Arise, and go thou and thine household, and sojourn wheresoever thou canst sojourn: for the LORD hath called* for a famine; and it shall also come upon the land seven* years.

2 And the woman arose, and did after the saying of the man of God: and she went with her household, and sojourned in the land of the Philistines seven years.

3 And it came to pass at the seven years' end, that the woman returned out of the land of the Philistines: and she went forth to cry unto the king for her house and for her land.

4 And the king talked with Gehazi,* the servant of the man of God, saying, Tell* me, I pray thee, all the great things that Elisha hath done.

5 And it came to pass, as he was telling the king how he had restored a dead body to life,* that, behold, the woman, whose son he had restored to life, cried to the king for her house and for her land. And Gehazi said, My lord, O king, this *is* the woman, and this *is* her son, whom Elisha restored to life.

6 And when the king asked the woman, she told him. So the king appointed unto her a certain θ officer, saying, Restore all that *was* her's, and all the fruits of the

field since the day that she left the land, even until now.

7 And Elisha came to Damascus; and Ben-hadad the king of Syria was sick; and it was told him, saying, The man of God is come hither.

8 And the king said unto Hazael,* Take a present* in thine hand, and go, meet y* man of God, and inquire* of the LORD by him, saying, Shall I recover of this disease?

9 So Hazael went to meet him, and took a present γ with him, even of every good thing of Damascus, forty camels' burden, and came and stood before him, and said, Thy son Ben-hadad king of Syria hath sent me to thee, saying, Shall I recover of this disease?

10 And Elisha said unto him, Go, say unto him, Thou mayest* certainly recover: howbeit the LORD hath shewed me that he shall surely die.*

11 And he settled his countenance δ stedfastly, until he was ashamed: and the man of God wept.*

12 And Hazael said, Why weepeth my lord? And he answered, Because I know the evil* that thou wilt do unto the children of Israel: their strong holds wilt thou set on fire, and their young men wilt thou slay with the sword, and* wilt dash their children, and rip up* their women with child.

13 And Hazael said, But what! *is* thy servant a dog,* that he should do this great thing? And Elisha answered, The LORD hath shewed me* that thou *shalt be* king over Syria.

14 So he departed from Elisha, and came to his master; who said to him, What said Elisha to thee? And he answered, He told me *that* thou shouldest* surely recover.

15 And it came to pass on the* morrow, that he took a thick cloth, and dipped *it* in water, and spread *it* on his face, so that he died; and Hazael reigned in his stead.

16 And in the fifth year of Joram, the son of Ahab king of Israel, Jehoshaphat *being* then king of Judah, Jehoram,* the son of Jehoshaphat king of Judah, ζ began to reign.

17 Thirty and two years old was he when he began to reign; and he reigned eight years in Jerusalem.

18 And he walked in the way* of the kings of Israel, as did the house of Ahab; for the y daughter of Ahab was his wife: and he did evil in the sight of the LORD.

19 Yet* the LORD would not destroy Judah, for David his servant's sake, as he promised* him to give him alway a n light, *and* to his children.

20 In his days Edom revolted* from under the hand of Judah, and made a king* over themselves.

21 So Joram went over to Zair, and all the chariots with him: and he rose by night, and smote the Edomites which compassed him about, and the captains of the chariots: and the people fled into their tents.

22 Yet* Edom revolted from under the hand of Judah unto this day. Then Libnah* revolted at the same time.

23 And the rest of the acts of Joram, and all that he did, *are* they not written in the book of y* Chronicles of y* kings of Judah?

24 And Joram slept with his fathers, and was buried with his fathers in the city of David: and κ Ahaziah his* son reigned in his stead.

B. C. 892.

β *in it.*
a 1 Ki. 19. 15.
b 1 Ki. 14. 3.
γ *in his hand.*
d 1 Ki. 22. 15.
e Ps. 68. 12. Is. 33. 1, 4, 23.
f ver. 15.
δ *and set* it.
g Lu. 19. 41.
h ver. 1.
i ch. 10. 32. 12. 17. 13. 3, 7.
k ver. 2.
l Ps. 137. 8, 9. Am. 1. 3, 5.
m Ge. 18. 14. Nu. 11. 23. 23. 19.
n ch. 15. 16. Ho. 13. 16. Am. 1. 13.
o 1 Sa. 17. 43.
p 1 Ki. 19. 15.
q ver. 10.
r Mi. 2. 1.
s Nu. 20. 12. Je. 17. 5, 6. He. 3. 19.
t 2 Ch. 21. 5, &c.
u ch. 4. 18, &c.
χ *reigned.*
v Ps. 105. 16. Hag. 1. 11.
w Ge. 41. 27.
x 1 Ki. 22. 52, 53.
y ver. 26.
z Je 33. 25, 26. Ho. 11. 9.
a 2 Sa. 7. 13. 1 Ki. 11. 36. 15. 4. Ps. 132. 17.
η *candle,* or, *lamp.*
b Ge. 27. 40.
c 1 Ki. 22. 47.
d ch. 5. 20, 27.
e Mat. 2. 8. Lu. 9. 9. 23. 8. Jn°. 9. 27.
f ver. 20.
g ch. 4. 35.
h Jos. 21. 13.
θ or, *eunuch.*
κ called *Azariah,* 2 Ch. 22. 6. and *Jeho-ahaz,* 2 Ch. 21. 17. 25. 23.
i 2 Ch. 22. 1, &c.

[עמודה ימנית]

24 לַמֶּ֫לֶךְ יְהוּדָֽה׃ וַיִּשְׁכַּ֨ב יוֹרָם֙ עִם־אֲבֹתָ֔יו וַיִּקָּבֵ֥ר
עִם־אֲבֹתָ֖יו בְּעִ֣יר דָּוִ֑ד וַיִּמְלֹ֛ךְ אֲחַזְיָ֥הוּ בְנ֖וֹ תַּחְתָּֽיו׃
25 בִּשְׁנַת֙ שְׁתֵּים־עֶשְׂרֵ֣ה שָׁנָ֔ה לְיוֹרָ֖ם בֶּן־אַחְאָ֑ב
מֶ֣לֶךְ יִשְׂרָאֵ֔ל מָלַ֛ךְ אֲחַזְיָ֥הוּ בֶן־יְהוֹרָ֖ם מֶ֥לֶךְ יְהוּדָֽה׃
26 בֶּן־עֶשְׂרִ֨ים וּשְׁתַּ֤יִם שָׁנָה֙ אֲחַזְיָ֣הוּ בְמָלְכ֔וֹ וְשָׁנָ֣ה
אַחַ֗ת מָלַ֖ךְ בִּירוּשָׁלָ֑͏ִם וְשֵׁ֤ם אִמּוֹ֙ עֲתַלְיָ֔הוּ בַּת־
27 עׇמְרִ֖י מֶ֥לֶךְ יִשְׂרָאֵֽל׃ וַיֵּ֗לֶךְ בְּדֶ֙רֶךְ֙ בֵּ֣ית אַחְאָ֔ב
וַיַּ֧עַשׂ הָרַ֛ע בְּעֵינֵ֥י יְהוָ֖ה כְּבֵ֣ית אַחְאָ֑ב כִּ֛י חֲתַ֥ן
28 בֵּית־אַחְאָ֖ב הֽוּא׃ וַיֵּ֤לֶךְ אֶת־יוֹרָם֙ בֶּן־אַחְאָ֔ב
לַמִּלְחָמָ֛ה עִם־חֲזָאֵ֥ל מֶֽלֶךְ־אֲרָ֖ם בְּרָמֹ֣ת גִּלְעָ֑ד
29 וַיַּכּ֥וּ אֲרַמִּ֖ים אֶת־יוֹרָֽם׃ וַיָּ֩שׇׁב֩ יוֹרָ֨ם הַמֶּ֜לֶךְ
לְהִתְרַפֵּ֣א בְיִזְרְעֶ֗אל מִן־הַמַּכִּים֙ אֲשֶׁ֣ר יַכֻּ֣הוּ אֲרַמִּ֔ים
בְּרָמָ֕ה בְּהִלָּ֣חֲמ֔וֹ אֶת־חֲזָהאֵ֖ל מֶ֣לֶךְ אֲרָ֑ם וַאֲחַזְיָ֨הוּ
בֶן־יְהוֹרָ֜ם מֶ֣לֶךְ יְהוּדָ֗ה יָרַ֡ד לִרְא֞וֹת אֶת־יוֹרָ֧ם בֶּן־
אַחְאָ֛ב בְּיִזְרְעֶ֖אל כִּֽי־חֹלֶ֥ה הֽוּא׃

CAP. IX. ס

1 וֶאֱלִישָׁע֙ הַנָּבִ֔יא קָרָ֕א לְאַחַ֖ד מִבְּנֵ֣י הַנְּבִיאִ֑ים וַיֹּ֣אמֶר
ל֗וֹ חֲגֹ֣ר מׇתְנֶ֔יךָ וְ֠קַ֠ח פַּ֣ךְ הַשֶּׁ֤מֶן הַזֶּה֙ בְּיָדֶ֔ךָ וְלֵ֖ךְ
2 רָמֹ֥ת גִּלְעָֽד׃ וּבָ֖אתָ שָׁ֑מָּה וּרְאֵֽה־שָׁ֠ם יֵה֣וּא בֶן־
יְהוֹשָׁפָ֣ט בֶּן־נִמְשִׁ֔י וּבָ֙אתָ֙ וַהֲקֵֽמֹת֔וֹ מִתּ֖וֹךְ אֶחָ֑יו
3 וְהֵבֵיאתָ֥ אֹת֖וֹ חֶ֣דֶר בְּחָֽדֶר׃ וְלָקַחְתָּ֤ פַךְ־הַשֶּׁ֙מֶן֙
וְיָצַקְתָּ֣ עַל־רֹאשׁ֔וֹ וְאָֽמַרְתָּ֗ כֹּֽה־אָמַ֤ר יְהוָה֙ מְשַׁחְתִּ֣יךָ
לְמֶ֣לֶךְ אֶל־יִשְׂרָאֵ֑ל וּפָתַחְתָּ֥ הַדֶּ֛לֶת וְנַ֖סְתָּה וְלֹ֥א
4 תְחַכֶּֽה׃ וַיֵּ֧לֶךְ הַנַּ֛עַר הַנַּ֖עַר הַנָּבִ֑יא רָמֹ֥ת גִּלְעָֽד׃
5 וַיָּבֹ֗א וְהִנֵּ֨ה שָׂרֵ֤י הַחַ֙יִל֙ יֹֽשְׁבִ֔ים וַיֹּ֕אמֶר דָּבָ֥ר לִ֛י אֵלֶ֖יךָ
הַשָּׂ֑ר וַיֹּ֤אמֶר יֵהוּא֙ אֶל־מִ֣י מִכֻּלָּ֔נוּ וַיֹּ֖אמֶר
6 אֵלֶ֣יךָ הַשָּֽׂר׃ וַיָּ֙קׇם֙ וַיָּבֹ֣א הַבַּ֔יְתָה וַיִּצֹ֥ק הַשֶּׁ֖מֶן אֶל־
רֹאשׁ֑וֹ וַיֹּ֣אמֶר ל֗וֹ כֹּֽה־אָמַ֤ר יְהוָה֙ אֱלֹהֵ֣י יִשְׂרָאֵ֔ל
מְשַׁחְתִּ֧יךָ לְמֶ֛לֶךְ אֶל־עַ֥ם יְהוָ֖ה אֶל־יִשְׂרָאֵֽל׃
7 וְהִ֨כִּיתָ֔ה אֶת־בֵּ֖ית אַחְאָ֣ב אֲדֹנֶ֑יךָ וְנִקַּמְתִּ֞י דְּמֵ֣י ׀
עֲבָדַ֣י הַנְּבִיאִ֗ים וּדְמֵ֛י כׇּל־עַבְדֵ֥י יְהוָ֖ה מִיַּ֥ד אִיזָֽבֶל׃
8 וְאָבַ֖ד כׇּל־בֵּ֣ית אַחְאָ֑ב וְהִכְרַתִּ֤י לְאַחְאָב֙ מַשְׁתִּ֔ין
9 בְּקִ֣יר וְעָצ֥וּר וְעָז֖וּב בְּיִשְׂרָאֵֽל׃ וְנָֽתַתִּי֙ אֶת־בֵּ֣ית
אַחְאָ֔ב כְּבֵ֖ית יָרׇבְעָ֣ם בֶּן־נְבָ֑ט וּכְבֵ֖ית בַּעְשָׁ֥א בֶן־
10 אֲחִיָּֽה׃ וְאֶת־אִיזֶ֜בֶל יֹאכְל֣וּ הַכְּלָבִ֗ים בְּחֵ֙לֶק֙ יִזְרְעֶ֔אל
וְאֵ֖ין קֹבֵ֑ר וַיִּפְתַּ֥ח הַדֶּ֖לֶת וַיָּנֹֽס׃ וְיֵה֞וּא יָצָ֣א אֶל־
11 עַבְדֵ֣י אֲדֹנָ֗יו וַיֹּ֤אמֶר לוֹ֙ הֲשָׁל֔וֹם מַדּ֛וּעַ בָּֽא־
הַמְשֻׁגָּ֥ע הַזֶּ֖ה אֵלֶ֑יךָ וַיֹּ֣אמֶר אֲלֵיהֶ֔ם אַתֶּ֛ם יְדַעְתֶּ֥ם
12 אֶת־הָאִ֖ישׁ וְאֶת־שִׂיחֽוֹ׃ וַיֹּאמְר֣וּ שֶׁ֔קֶר הַגֶּד־נָ֖א לָ֑נוּ
וַיֹּ֗אמֶר כָּזֹ֤את וְכָזֹאת֙ אָמַ֤ר אֵלַי֙ לֵאמֹ֔ר כֹּ֚ה אָמַ֣ר יְהוָ֔ה

[עמודה שמאלית]

13 מְשַׁחְתִּ֤יךָ לְמֶ֙לֶךְ֙ אֶל־יִשְׂרָאֵ֔ל׃ וַֽיְמַהֲר֗וּ וַיִּקְחוּ֙ אִ֣ישׁ
בִּגְד֔וֹ וַיָּשִׂ֥ימוּ תַחְתָּ֖יו אֶל־גֶּ֣רֶם הַֽמַּעֲל֑וֹת וַֽיִּתְקְעוּ֙
14 בַּשּׁוֹפָ֔ר וַיֹּאמְר֖וּ מָלַ֥ךְ יֵהֽוּא׃ וַיִּתְקַשֵּׁ֗ר יֵה֛וּא בֶּן־
יְהוֹשָׁפָ֥ט בֶּן־נִמְשִׁ֖י אֶל־יוֹרָ֑ם וְיוֹרָם֩ הָיָ֨ה שֹׁמֵ֜ר
בְּרָמֹ֣ת גִּלְעָ֗ד ה֚וּא וְכׇל־יִשְׂרָאֵ֔ל מִפְּנֵ֖י חֲזָאֵ֥ל מֶֽלֶךְ־
15 אֲרָֽם׃ וַיָּשׇׁב֩ יְהוֹרָ֨ם הַמֶּ֜לֶךְ לְהִתְרַפֵּ֣א בְיִזְרְעֶ֗אל
מִן־הַמַּכִּים֙ אֲשֶׁ֣ר יַכֻּ֣הוּ אֲרַמִּ֔ים בְּהִלָּ֣חֲמ֔וֹ אֶת־
חֲזָאֵ֖ל מֶ֣לֶךְ אֲרָ֑ם וַיֹּ֤אמֶר יֵהוּא֙ אִם־יֵ֣שׁ נַפְשְׁכֶ֔ם
אַל־יֵצֵ֤א פָלִיט֙ מִן־הָעִ֔יר לָלֶ֖כֶת לְגִ֥יד בְּיִזְרְעֶֽאל׃
16 וַיִּרְכַּ֤ב יֵהוּא֙ וַיֵּ֣לֶךְ יִזְרְעֶ֔אלָה כִּ֥י יוֹרָ֖ם שֹׁכֵ֣ב שָׁ֑מָּה
וַֽאֲחַזְיָה֙ מֶ֣לֶךְ יְהוּדָ֔ה יָרַ֖ד לִרְא֥וֹת אֶת־יוֹרָֽם׃
17 וְהַצֹּפֶ֞ה עֹמֵ֤ד עַֽל־הַמִּגְדָּל֙ בְּיִזְרְעֶ֔אל וַיַּ֕רְא אֶת־
שִׁפְעַ֤ת יֵהוּא֙ בְּבֹא֔וֹ וַיֹּ֕אמֶר שִׁפְעַ֖ת אֲנִ֣י רֹאֶ֑ה וַיֹּ֣אמֶר
יְהוֹרָ֗ם קַ֥ח רַכָּ֛ב וּֽשְׁלַ֥ח לִקְרָאתָ֖ם וְיֹאמַ֥ר הֲשָׁלֽוֹם׃
18 וַיֵּ֩לֶךְ֩ רֹכֵ֨ב הַסּ֜וּס לִקְרָאת֗וֹ וַיֹּ֙אמֶר֙ כֹּֽה־אָמַ֤ר
הַמֶּ֙לֶךְ֙ הֲשָׁל֔וֹם וַיֹּ֧אמֶר יֵה֛וּא מַה־לְּךָ֥ וּלְשָׁל֖וֹם סֹ֣ב
אֶל־אַחֲרָ֑י וַיַּגֵּ֤ד הַצֹּפֶה֙ לֵאמֹ֔ר בָּֽא־הַמַּלְאָ֥ךְ עַד־הֶ֖ם
19 וְלֹא־שָֽׁב׃ וַיִּשְׁלַ֗ח רֹכֵ֣ב ס֙וּס֙ שֵׁנִ֔י וַיָּבֹ֣א אֲלֵהֶ֔ם
וַיֹּ֙אמֶר֙ כֹּֽה־אָמַ֣ר הַמֶּ֔לֶךְ שָׁל֑וֹם וַיֹּ֧אמֶר יֵה֛וּא מַה־
20 לְּךָ֥ וּלְשָׁל֖וֹם סֹ֥ב אֶל־אַחֲרָֽי׃ וַיַּגֵּ֤ד הַצֹּפֶה֙ לֵאמֹ֔ר בָּ֚א
עַד־אֲלֵיהֶ֔ם וְלֹא־שָׁ֑ב וְהַמִּנְהָ֗ג כְּמִנְהַג֙ יֵה֣וּא בֶן־
21 נִמְשִׁ֔י כִּ֥י בְשִׁגָּע֖וֹן יִנְהָֽג׃ וַיֹּ֤אמֶר יְהוֹרָם֙ אֱסֹ֔ר וַיֶּאְסֹ֖ר
רִכְבּ֑וֹ וַיֵּצֵ֡א יְהוֹרָ֣ם מֶֽלֶךְ־יִשְׂרָאֵ֡ל וַאֲחַזְיָהוּ֩ מֶֽלֶךְ־
יְהוּדָ֜ה אִ֣ישׁ בְּרִכְבּ֗וֹ וַיֵּֽצְאוּ֙ לִקְרַ֣את יֵה֔וּא וַיִּמְצָאֻ֔הוּ
22 בְּחֶלְקַ֖ת נָב֣וֹת הַיִּזְרְעֵאלִֽי׃ וַיְהִ֗י כִּרְא֤וֹת יְהוֹרָם֙
אֶת־יֵה֔וּא וַיֹּ֖אמֶר הֲשָׁל֣וֹם יֵה֑וּא וַיֹּ֙אמֶר֙ מָ֣ה הַשָּׁל֔וֹם
23 עַד־זְנוּנֵ֞י אִיזֶ֧בֶל אִמְּךָ֛ וּכְשָׁפֶ֖יהָ הָרַבִּֽים׃ וַיַּהֲפֹ֧ךְ
יְהוֹרָ֛ם יָדָ֖יו וַיָּנֹ֑ס וַיֹּ֥אמֶר אֶל־אֲחַזְיָ֖הוּ מִרְמָ֥ה אֲחַזְיָֽה׃
24 וְיֵה֞וּא מִלֵּ֤א יָדוֹ֙ בַּקֶּ֔שֶׁת וַיַּ֥ךְ אֶת־יְהוֹרָ֖ם בֵּ֣ין זְרֹעָ֑יו
25 וַיֵּצֵ֤א הַחֵ֙צִי֙ מִלִּבּ֔וֹ וַיִּכְרַ֖ע בְּרִכְבּֽוֹ׃ וַיֹּ֗אמֶר אֶל־בִּדְקַר֙
שָֽׁלִשֹׁ֔ה שָׂ֚א הַשְׁלִכֵ֔הוּ בְּחֶלְקַ֕ת שְׂדֵ֖ה נָב֣וֹת הַיִּזְרְעֵאלִ֑י
כִּֽי־זְכֹ֞ר אֲנִ֣י וָאַ֗תָּה אֵ֣ת רֹכְבִ֤ים צְמָדִים֙ אַחֲרֵי֙ אַחְאָ֣ב
26 אָבִ֔יו וַֽיהֹוָה֙ נָשָׂ֣א עָלָ֔יו אֶת־הַמַּשָּׂ֖א הַזֶּֽה׃ אִם־לֹ֡א
אֶת־דְּמֵ֣י נָבוֹת֩ וְאֶת־דְּמֵ֨י בָנָ֜יו רָאִ֤יתִי אֶ֙מֶשׁ֙ נְאֻם־
יְהוָ֔ה וְשִׁלַּמְתִּ֥י לְךָ֛ בַּחֶלְקָ֥ה הַזֹּ֖את נְאֻם־יְהוָ֑ה
27 וְעַתָּ֗ה שָׂ֧א הַשְׁלִכֵ֛הוּ בַּחֶלְקָ֖ה כִּדְבַ֣ר יְהוָֽה׃ וַאֲחַזְיָ֤ה
מֶֽלֶךְ־יְהוּדָה֙ רָאָ֔ה וַיָּ֕נׇס דֶּ֖רֶךְ בֵּ֣ית הַגָּ֑ן וַיִּרְדֹּ֤ף
אַחֲרָיו֙ יֵה֔וּא וַיֹּ֛אמֶר גַּם־אֹת֥וֹ הַכֻּ֖הוּ אֶל־הַמֶּרְכָּבָ֗ה
בְּמַֽעֲלֵה־ג֗וּר אֲשֶׁ֣ר אֶת־יִבְלְעָ֔ם וַיָּ֥נׇס מְגִדּ֖וֹ וַיָּ֥מׇת שָֽׁם׃
28 וַיַּרְכִּ֤בוּ אֹתוֹ֙ עֲבָדָ֔יו יְרוּשָׁלָ֑͏ְמָה וַיִּקְבְּר֨וּ אֹת֤וֹ

25 In the twelfth year of Joram, the son of Ahab king of Israel, did Ahaziah, the son of Jehoram king of Judah, begin to reign.

26 Two and twenty years old *was* Ahaziah when he began to reign, and he reigned one year in Jerusalem: and his mother's name *was* Athaliah, the δ daughter of Omri king of Israel.

27 And he walked in the way of the house of Ahab, and did evil in the sight of the LORD, as *did* the house of Ahab: for he *was* the son-in-law of the house of Ahab.

28 And *d* he went with Joram the son of Ahab to the war against Hazael king of Syria in Ramoth-gilead; and the Syrians wounded Joram.

29 And king Joram went back to be healed in Jezreel of the wounds θ which the Syrians had given him at κ Ramah, when he fought against Hazael king of Syria. And Ahaziah, the son of Jehoram king of Judah, went ε down to see Joram the son of Ahab in Jezreel, because he was λ sick.

CHAP. IX.

AND Elisha the *h* prophet called one of the children of the prophets, and said unto him, Gird *i* up thy loins, and take this box of oil in thine hand, and go to Ramoth-gilead.*k*

2 And when thou comest thither, look out there Jehu, the son of Jehoshaphat, the son of Nimshi, and go in, and make him arise up from among *l* his brethren, and carry him to an μ inner chamber:

3 Then *m* take the box of oil,*n* and pour *it* on his head, and say, Thus saith the LORD, I have anointed thee king over Israel. Then open the door, and flee, and tarry not.

4 So the young man, *even* the young man the prophet, went to Ramoth-gilead.

5 And when he came, behold, the captains of the host *were* sitting: and he said, I have an errand to thee, O captain. And Jehu said, Unto which of all us? And he said, To thee, O captain.

6 And he arose, and went into the house; and he poured the oil on his head, and said unto him, Thus *q* saith the LORD God of Israel, I *r* have anointed thee king over the people of the LORD, *even* over Israel.

7 And thou shalt smite the house of Ahab thy master, that I may avenge *t* the blood of my servants *u* the prophets, and the blood of all the servants of the LORD, at the hand of Jezebel.

8 For the whole house of Ahab shall perish; and *v* I will cut off from Ahab him that pisseth against the wall, and him that is shut up *w* and left in Israel.

9 And I will make the house of Ahab like the house of Jeroboam *x* the son of Nebat, and like the house of Baasha *y* the son of Ahijah:

10 And *d* the dogs shall eat Jezebel in the portion of Jezreel, and *there shall be* none to bury *her*. And he opened the door, and fled.

11 Then Jehu came forth to the servants of his lord: and *one* said unto him, *Is* all well? wherefore came this mad *c fellow* to thee? And he said unto them, Ye know the man, and his communication.

12 And they said, *It* is false; tell us now. And he said, Thus *d* and thus spake he to me, saying, Thus saith the LORD, I have anointed thee king over Israel.

13 Then they hasted, and took every

[center column notes]

B. C. 885.

a Mat. 21. 7.
b 2 Sa. 15. 10.
β *reigneth.*
γ *Jehoram.*
δ or, *granddaughter,*
ver. 18.
c ch. 8. 28, 29.
ζ *smote.*
η *let no escaper go.*
d ch. 9. 15.
e 2 Sa. 18. 24.
Is. 21. 6, &c.
θ *wherewith the Syrians had wounded.*
κ called Ramoth, ver. 28.
f 1 Sa. 16. 4.
17. 22.
1 Ki. 2. 13.
g ch. 9. 16.
λ *wounded.*
h 1 Ki. 20. 35.
i ch. 4. 29.
Je. 1. 17.
k ch. 8. 28.
l ver. 5, 11.
μ *chamber in a chamber.*
m 1Ki. 19. 16.
n 1 Sa. 10. 1.
ν or, *marching.*
o Hab. 1. 6.
ρ *Bind.*
σ *found.*
p Is. 48. 22.
q 2 Ch. 22. 7.
r Ps. 75. 6.
Da. 2. 21.
4. 17, 32.
5. 20, 21.
s Re. 2. 20, 23.
t Lu. 18. 7, 8.
Re. 6. 9, 10.
τ *filled his hand with a bow.*
u 1 Ki. 18. 4.
21. 15, 21.
φ *bowed.*
v 1 Ki. 14. 10.
w De. 32. 36.
x 1 Ki. 15. 29.
y 1 Ki. 16. 5, 11.
z 1 Ki. 21. 29.
χ *bloods.*
a ver. 35, 36.
1 Ki. 21. 23.
b 1 Ki. 21. 19.
ψ or, *portion.*
c Je. 29. 26.
Ho. 9. 7.
Jnᵒ. 10. 20.
Ac. 26. 24.
1 Co. 4. 10.
d ver. 6.
e Jos. 17. 11.
Ju. 1. 27.
2 Ch. 22. 9.

man his garment *a* and put *it* under him on the top of the stairs, and blew *b* with trumpets, saying, Jehu β is king.

14 So Jehu, the son of Jehoshaphat, the son of Nimshi, conspired against Joram. (Now Joram had kept Ramoth-gilead, he and all Israel, because of Hazael king of Syria.

15 But king γ Joram was returned to be healed in Jezreel of the wounds *e* which the Syrians ζ had given him, when he fought with Hazael king of Syria.) And Jehu said, If it be your minds, *then* η let none go forth *nor* escape out of the city, to go to tell *it* in Jezreel.

16 So Jehu rode in a chariot, and went to Jezreel; for Joram lay there. And Ahaziah king of Judah was come down to see Joram.

17 And there stood a watchman *g* on the tower in Jezreel, and he spied the company of Jehu as he came, and said, I see a company. And Joram said, Take an horseman, and send to meet them, and let him say, *Is it* peace? *f*

18 So there went one on horseback to meet him, and said, Thus saith the king, *Is it* peace? And Jehu said, What hast thou to do with peace? turn thee behind me. And the watchman told, saying, The messenger came to them, but he cometh not again.

19 Then he sent out a second on horseback, which came to them, and said, Thus saith the king, *Is it* peace? And Jehu answered, What hast thou to do with peace? turn thee behind me.

20 And the watchman told, saying, He came even unto them, and cometh not again: and the ν driving *is* like the driving of Jehu the son of Nimshi; for he driveth π furiously.*o*

21 And Joram said, ρMake ready. And his chariot was made ready. And Joram king of Israel, and Ahaziah king of Judah, went out, each in his chariot, and they went out against Jehu, and σ met him in the portion of Naboth the Jezreelite.

22 And it came to pass, when Joram saw Jehu, that he said, *Is it* peace, Jehu? And he answered, What *p* peace, so long as the whoredoms of thy mother Jezebel,*s* and her witchcrafts, *are so* many?

23 And Joram turned his hands, and fled, and said to Ahaziah, *There is* treachery, O Ahaziah!

24 And Jehu τ drew a bow with his full strength, and smote Jehoram between his arms; and the arrow went out at his heart, and he φ sunk down in his chariot.

25 Then said *Jehu* to Bidkar his captain, Take up, *and* cast him in the portion of the field of Naboth the Jezreelite: for remember how that, when I and thou rode together after Ahab his father, the LORD laid this burden upon him; *z*

26 Surely I have seen yesterday χ the blood of Naboth, and the blood of his sons, saith the LORD; and *b* I will requite thee in this ψplat, saith the LORD. Now therefore take *and* cast him into the plat *of ground*, according to the word of the LORD.

27 But when Ahaziah the king of Judah saw *this*, he fled by the way of the garden-house: and Jehu followed after him, and said, Smite him also in the chariot. *And they did so* at the going up to Gur, which *is* by Ibleam. And he fled to Megiddo,*e* and died there.

28 And his servants carried him in a chariot to Jerusalem, and buried him in

בִּקְבֻרַת עִם־אֲבֹתָיו בְּעִיר דָּוִד ׃ וּבִשְׁנַת אֶחָת 29
עֶשְׂרֵה שָׁנָה לְיוֹרָם בֶּן־אַחְאָב מָלַךְ אֲחַזְיָהוּ עַל־
יְהוּדָה ׃ וַיָּבוֹא יֵהוּא יִזְרְעֶאלָה וְאִיזֶבֶל שָׁמְעָה 30
וַתָּשֶׂם בַּפּוּךְ עֵינֶיהָ וַתֵּיטֶב אֶת־רֹאשָׁהּ וַתַּשְׁקֵף
בְּעַד הַחַלּוֹן ׃ וְיֵהוּא בָּא בַשָּׁעַר וַתֹּאמֶר הֲשָׁלוֹם 31
זִמְרִי הֹרֵג אֲדֹנָיו ׃ וַיִּשָּׂא פָנָיו אֶל־הַחַלּוֹן וַיֹּאמֶר מִי 32
אִתִּי מִי וַיַּשְׁקִיפוּ אֵלָיו שְׁנַיִם שְׁלֹשָׁה סָרִיסִים ׃
וַיֹּאמֶר שִׁמְטוּהָ וַיִּשְׁמְטוּהָ וַיִּז מִדָּמָהּ אֶל־הַקִּיר 33
וְאֶל־הַסּוּסִים וַיִּרְמְסֶנָּה ׃ וַיָּבֹא וַיֹּאכַל וַיֵּשְׁתְּ 34
וַיֹּאמֶר פִּקְדוּ־נָא אֶת־הָאֲרוּרָה הַזֹּאת וְקִבְרוּהָ כִּי
בַת־מֶלֶךְ הִיא ׃ וַיֵּלְכוּ לְקָבְרָהּ וְלֹא־מָצְאוּ בָהּ כִּי 35
אִם־הַגֻּלְגֹּלֶת וְהָרַגְלַיִם וְכַפּוֹת הַיָּדָיִם ׃ וַיָּשֻׁבוּ 36
וַיַּגִּידוּ לוֹ וַיֹּאמֶר דְּבַר־יְהוָה הוּא אֲשֶׁר דִּבֶּר בְּיַד־
עַבְדּוֹ אֵלִיָּהוּ הַתִּשְׁבִּי לֵאמֹר בְּחֵלֶק יִזְרְעֶאל יֹאכְלוּ
הַכְּלָבִים אֶת־בְּשַׂר אִיזָבֶל ׃ וְהָיְתָה נִבְלַת אִיזֶבֶל 37
כְּדֹמֶן עַל־פְּנֵי הַשָּׂדֶה בְּחֵלֶק יִזְרְעֶאל אֲשֶׁר לֹא־
יֹאמְרוּ זֹאת אִיזָבֶל ׃

CAP. X. י

וּלְאַחְאָב שִׁבְעִים בָּנִים בְּשֹׁמְרוֹן וַיִּכְתֹּב יֵהוּא סְפָרִים 1
וַיִּשְׁלַח שֹׁמְרוֹן אֶל־שָׂרֵי יִזְרְעֶאל הַזְּקֵנִים וְאֶל־
הָאֹמְנִים אַחְאָב לֵאמֹר ׃ וְעַתָּה כְּבֹא הַסֵּפֶר הַזֶּה 2
אֲלֵיכֶם וְאִתְּכֶם בְּנֵי אֲדֹנֵיכֶם וְאִתְּכֶם הָרֶכֶב וְהַסּוּסִים
וְעִיר מִבְצָר וְהַנָּשֶׁק ׃ וּרְאִיתֶם הַטּוֹב וְהַיָּשָׁר מִבְּנֵי 3
אֲדֹנֵיכֶם וְשַׂמְתֶּם עַל־כִּסֵּא אָבִיו וְהִלָּחֲמוּ עַל־בֵּית
אֲדֹנֵיכֶם ׃ וַיִּרְאוּ מְאֹד מְאֹד וַיֹּאמְרוּ הִנֵּה שְׁנֵי 4
הַמְּלָכִים לֹא עָמְדוּ לְפָנָיו וְאֵיךְ נַעֲמֹד אֲנָחְנוּ ׃
וַיִּשְׁלַח אֲשֶׁר־עַל־הַבַּיִת וַאֲשֶׁר עַל־הָעִיר וְהַזְּקֵנִים 5
וְהָאֹמְנִים אֶל־יֵהוּא לֵאמֹר עֲבָדֶיךָ אֲנַחְנוּ וְכֹל
אֲשֶׁר־תֹּאמַר אֵלֵינוּ נַעֲשֶׂה לֹא־נַמְלִיךְ אִישׁ הַטּוֹב
בְּעֵינֶיךָ עֲשֵׂה ׃ וַיִּכְתֹּב אֲלֵיהֶם סֵפֶר שֵׁנִית לֵאמֹר 6
אִם־לִי אַתֶּם וּלְקֹלִי אַתֶּם שֹׁמְעִים קְחוּ אֶת־רָאשֵׁי
אַנְשֵׁי בְנֵי־אֲדֹנֵיכֶם וּבֹאוּ אֵלַי כָּעֵת מָחָר יִזְרְעֶאלָה
וּבְנֵי הַמֶּלֶךְ שִׁבְעִים אִישׁ אֶת־גְּדֹלֵי הָעִיר מְגַדְּלִים
אוֹתָם ׃ וַיְהִי כְּבֹא הַסֵּפֶר אֲלֵיהֶם וַיִּקְחוּ אֶת־ 7
בְּנֵי הַמֶּלֶךְ וַיִּשְׁחֲטוּ שִׁבְעִים אִישׁ וַיָּשִׂימוּ אֶת־
רָאשֵׁיהֶם בַּדּוּדִים וַיִּשְׁלְחוּ אֵלָיו יִזְרְעֶאלָה ׃
וַיָּבֹא הַמַּלְאָךְ וַיַּגֶּד־לוֹ לֵאמֹר הֵבִיאוּ רָאשֵׁי בְנֵי־ 8
הַמֶּלֶךְ וַיֹּאמֶר שִׂימוּ אֹתָם שְׁנֵי צִבֻּרִים פֶּתַח הַשָּׁעַר

עַד־הַבֹּקֶר ׃ וַיְהִי בַבֹּקֶר וַיֵּצֵא וַיַּעֲמֹד וַיֹּאמֶר אֶל־ 9
כָּל־הָעָם צַדִּקִים אַתֶּם הִנֵּה אֲנִי קָשַׁרְתִּי עַל־אֲדֹנִי
וָאֶהְרְגֵהוּ וּמִי הִכָּה אֶת־כָּל־אֵלֶּה ׃ דְּעוּ אֵפוֹא כִּי 10
לֹא יִפֹּל מִדְּבַר יְהוָה אַרְצָה אֲשֶׁר־דִּבֶּר יְהוָה עַל־
בֵּית אַחְאָב וַיהוָה עָשָׂה אֵת אֲשֶׁר דִּבֶּר בְּיַד
עַבְדּוֹ אֵלִיָּהוּ ׃ וַיַּךְ יֵהוּא אֵת כָּל־הַנִּשְׁאָרִים 11
לְבֵית־אַחְאָב בְּיִזְרְעֶאל וְכָל־גְּדֹלָיו וּמְיֻדָּעָיו וְכֹהֲנָיו
עַד־בִּלְתִּי הִשְׁאִיר־לוֹ שָׂרִיד ׃ וַיָּקָם וַיָּבֹא וַיֵּלֶךְ 12
שֹׁמְרוֹן הוּא בֵּית־עֵקֶד הָרֹעִים בַּדָּרֶךְ ׃ וְיֵהוּא מָצָא 13
אֶת־אֲחֵי אֲחַזְיָהוּ מֶלֶךְ־יְהוּדָה וַיֹּאמֶר מִי אַתֶּם
וַיֹּאמְרוּ אֲחֵי אֲחַזְיָהוּ אֲנַחְנוּ וַנֵּרֶד לִשְׁלוֹם בְּנֵי־
הַמֶּלֶךְ וּבְנֵי הַגְּבִירָה ׃ וַיֹּאמֶר תִּפְשׂוּם חַיִּים 14
וַיִּתְפְּשׂוּם חַיִּים וַיִּשְׁחָטוּם אֶל־בּוֹר בֵּית־עֵקֶד
אַרְבָּעִים וּשְׁנַיִם אִישׁ וְלֹא־הִשְׁאִיר אִישׁ מֵהֶם ׃
וַיֵּלֶךְ מִשָּׁם וַיִּמְצָא אֶת־יְהוֹנָדָב בֶּן־רֵכָב לִקְרָאתוֹ 15
וַיְבָרֲכֵהוּ וַיֹּאמֶר אֵלָיו הֲיֵשׁ אֶת־לְבָבְךָ יָשָׁר כַּאֲשֶׁר
לְבָבִי עִם־לְבָבֶךָ וַיֹּאמֶר יְהוֹנָדָב יֵשׁ וָיֵשׁ תְּנָה אֶת־
יָדֶךָ וַיִּתֵּן יָדוֹ וַיַּעֲלֵהוּ אֵלָיו אֶל־הַמֶּרְכָּבָה ׃
וַיֹּאמֶר לְכָה אִתִּי וּרְאֵה בְּקִנְאָתִי לַיהוָה וַיַּרְכִּבוּ 16
אֹתוֹ בְּרִכְבּוֹ ׃ וַיָּבֹא שֹׁמְרוֹן וַיַּךְ אֶת־כָּל־הַנִּשְׁאָרִים 17
לְאַחְאָב בְּשֹׁמְרוֹן עַד־הִשְׁמִדוֹ כִּדְבַר יְהוָה אֲשֶׁר
דִּבֶּר אֶל־אֵלִיָּהוּ ׃ וַיִּקְבֹּץ יֵהוּא אֶת־כָּל־הָעָם 18
וַיֹּאמֶר אֲלֵהֶם אַחְאָב עָבַד אֶת־הַבַּעַל מְעָט יֵהוּא
יַעַבְדֶנּוּ הַרְבֵּה ׃ וְעַתָּה כָל־נְבִיאֵי הַבַּעַל כָּל־עֹבְדָיו 19
וְכָל־כֹּהֲנָיו קִרְאוּ אֵלַי אִישׁ אַל־יִפָּקֵד כִּי זֶבַח
גָּדוֹל לִי לַבַּעַל כֹּל אֲשֶׁר־יִפָּקֵד לֹא יִחְיֶה וְיֵהוּא
עָשָׂה בְעָקְבָּה לְמַעַן הַאֲבִיד אֶת־עֹבְדֵי הַבָּעַל ׃
וַיֹּאמֶר יֵהוּא קַדְּשׁוּ עֲצָרָה לַבַּעַל וַיִּקְרָאוּ ׃ וַיִּשְׁלַח 20
יֵהוּא בְּכָל־יִשְׂרָאֵל וַיָּבֹאוּ כָּל־עֹבְדֵי הַבַּעַל וְלֹא־נִשְׁאַר 21
אִישׁ אֲשֶׁר לֹא־בָא וַיָּבֹאוּ בֵּית הַבַּעַל וַיִּמָּלֵא בֵית־
הַבַּעַל פֶּה לָפֶה ׃ וַיֹּאמֶר לַאֲשֶׁר עַל־הַמֶּלְתָּחָה 22
הוֹצֵא לְבוּשׁ לְכֹל עֹבְדֵי הַבָּעַל וַיֹּצֵא לָהֶם
הַמַּלְבּוּשׁ ׃ וַיָּבֹא יֵהוּא וִיהוֹנָדָב בֶּן־רֵכָב בֵּית הַבָּעַל 23
וַיֹּאמֶר לְעֹבְדֵי הַבַּעַל חַפְּשׂוּ וּרְאוּ פֶּן־יֶשׁ־פֹּה עִמָּכֶם
מֵעַבְדֵי יְהוָה כִּי אִם־עֹבְדֵי הַבַּעַל לְבַדָּם ׃ וַיָּבֹאוּ 24
לַעֲשׂוֹת זְבָחִים וְעֹלוֹת וְיֵהוּא שָׂם־לוֹ בַחוּץ שְׁמֹנִים
אִישׁ וַיֹּאמֶר הָאִישׁ אֲשֶׁר־יִמָּלֵט מִן־הָאֲנָשִׁים אֲשֶׁר
אֲנִי מֵבִיא עַל־יְדֵיכֶם נַפְשׁוֹ תַּחַת נַפְשׁוֹ ׃ וַיְהִי 25

his sepulchre with his fathers in the city of David.

29 And [b] in the eleventh year of Joram the son of Ahab began Ahaziah to reign over Judah.

30 And when Jehu was come to Jezreel, Jezebel heard *of it;* and she β painted her face, and tired her head, and looked out at a window.

31 And as Jehu entered in at the gate, she said, Had Zimri [e] peace, who slew his master?

32 And he lifted up his face to the window, and said, Who *is* on my side? who? And there looked out to him two *or* three *n* eunuchs.

33 And he said, Throw her down. So they threw her down: and *some* of her blood was sprinkled on the wall, and on the horses: and he trode her under foot.

34 And when he was come in, he did eat and drink, and said, Go, see now this cursed *woman,* and bury her: for she *is* a king's daughter. [k]

35 And they went to bury her; but [l] they found no more of her than the skull, and the feet, and the palms of *her* hands.

36 Wherefore they came again, and told him. And he said, This *is* the word of the LORD, which he spake *v* by his servant Elijah the Tishbite, saying, [o] In the portion of Jezreel shall dogs eat the flesh of Jezebel:

37 And the carcase of Jezebel shall be as dung [q] upon the face of the field in the portion of Jezreel; *so* that they shall not say, This *is* Jezebel.

CHAP. X.

AND Ahab had seventy sons in Samaria. And Jehu wrote letters, and sent to Samaria, unto the rulers of Jezreel, to the elders, and to *π* them that brought up Ahab's *children,* saying,

2 Now, as soon as this letter cometh to you, seeing your master's sons *are* with you, and *there are* with you chariots and horses, a fenced city also, and armour;

3 Look even out the best & meetest of your master's sons, and set *him* on his father's throne, and fight for your master's house.

4 But they were exceedingly afraid, and said, Behold, two *x* kings stood not before him: how then shall we stand?

5 And he that *was* over the house, and he that *was* over the city, the elders also, and the bringers-up *of the children,* sent to Jehu, saying, We [y] *are* thy servants, and will do all that thou shalt bid us; we will not make any king: do thou *that which is* good in thine eyes.

6 Then he wrote a letter the second time to them, saying, If ye *be τ* mine, and if ye will hearken unto my voice, take ye the heads of the men your master's sons, and come to me to Jezreel by to-morrow this time. (Now the king's sons, *being* seventy persons, *were* with the great men of the city, which brought them up.)

7 And it came to pass, when the letter came to them, that they took the king's sons, and slew [c] seventy [d] persons, and put their heads [e] in baskets, and sent him *them* to Jezreel.

8 And there came a messenger, and told him, saying, They have brought the heads of the king's sons. And he said, Lay ye them in two heaps at the entering in of the gate until the morning.

9 And it came to pass in the morning, that he went out, and stood, and said to

---

B. C. 884.

a ch. 9. 14,24.
b ch. 8. 25.
  2Ch. 22. 1, 2.
c 1 Sa. 3. 19.
  Je.44.28,29.
d 1 Ki. 21. 19, &c.
β *put her eyes in painting.*
Eze. 23. 40.
γ *by the hand of.*
1Ki.16.9..20.
δ *acquaintance.*
f Ps. 125. 5.
  Pr. 13. 20.
g 1 Ki. 14. 10.
ζ *house of shepherds binding sheep.*
η *or, chamberlains.*
θ *found.*
κ *the peace of.*
h 1 Ki. 20. 18.
i 2 Ch. 22. 8.
k 1 Ki. 16. 31.
l Ec. 6. 3.
  Is.14.18..20.
  Je. 22. 19.
  36. 30.
λ *found.*
m Je.35.6,&c.
n 1 Ch. 2. 55.
μ *blessed.*
v *by the hand of.*
o 1 Ki. 21. 23.
p Ezr. 10. 19.
q Ps. 83. 10.
  Je. 8. 2.
  16. 4.
r 1 Ki. 19. 10.
  Pr. 27. 2.
  Eze. 33. 31.
  Mat. 6. 2,5.
s ch. 9. 8.
π *nourishers.*
t 1 Ki. 21. 21.
u 1 Ki. 16. 31, 32.
v 1 Ki. 22. 6.
w Job 13. 7.
  Pr. 29. 5.
x ch. 9. 24,27.
ρ *Sanctify.*
y 1Ki.20.4,32.
z 1Ki. 16. 32.
σ or, so *full,* that they stood mouth to mouth.
τ *for me.*
a ver. 15.
b Mat. 13. 30, 41.
  25. 32, 33.
c 1 Ki. 21. 21.
d Ju. 9. 5,&c.
e Mat.14.8,11.
f 1 Ki. 20. 39.
g Ex. 32. 27.
  De.13.6..11.
  Eze. 9.5..7.

---

all the people, Ye *be* righteous: behold, I [a] conspired against my master, and slew him: but who slew all these?

10 Know now that there shall fall [c] unto the earth nothing of the word of the LORD, which the LORD spake [d] concerning the house of Ahab: for the LORD hath done *that* which he spake γ by his servant Elijah.

11 So Jehu slew all that remained of the house of Ahab in Jezreel, and all his great men, and his δ kinsfolks, [f] and his priests, until [g] he left him none remaining.

12 And he arose and departed, and came to Samaria. *And* as he *was* at the ζ shearing-house in the way,

13 Jehu θ met with the brethren of Ahaziah king of Judah, and said, Who *are* ye? And they answered, We *are* the brethren of Ahaziah; and we go down to κ salute the children of the king, and the children of the queen.

14 And he said, Take them alive. [h] And they [i] took them alive, and slew them at the pit of the shearing-house, *even* two and forty men: neither left he any of them.

15 And when he was departed thence, he λ lighted on Jehonadab [m] the son of Rechab," *coming* to meet him: and he μ saluted him, and said to him, Is thine heart right, as my heart *is* with thy heart? And Jehonadab answered, It is. If it be, give [p] *me* thine hand. And he gave *him* his hand: and he took him up to him into the chariot.

16 And he said, Come with me, and see my zeal [r] for the LORD. So they made him ride in his chariot.

17 And when he came to Samaria, he slew all [s] that remained unto Ahab in Samaria, till he had destroyed him, according to the saying of the LORD, which he spake [t] to Elijah.

18 And Jehu gathered all the people together, and said unto them, Ahab [u] served Baal a little, *but* Jehu shall serve him much.

19 Now therefore call unto me all the prophets [v] of Baal, all his servants, and all his priests; let none be wanting: for I have a great sacrifice *to do* to Baal: whosoever shall be wanting, he shall not live. But Jehu did *it* in subtilty,[w] to the intent that he might destroy the worshippers of Baal.

20 And Jehu said, ρ Proclaim a solemn assembly for Baal. And they proclaimed *it.*

21 And Jehu sent through all Israel; and all the worshippers of Baal came, so that there was not a man left that came not. And they came into the house [x] of Baal; and the house of Baal was σ full from one end to another.

22 And he said unto him that *was* over the vestry, Bring forth vestments for all the worshippers of Baal. And he brought them forth vestments.

23 And Jehu went, and [a] Jehonadab the son of Rechab, into the house of Baal, a *λ* said unto the worshippers of Baal, Search, and look that there be here with you none of the servants of the LORD, but [b] the worshippers of Baal only.

24 And when they went in to offer sacrifices and burnt-offerings, Jehu appointed fourscore men without, and said, *If* any of the men whom I have brought into your hands escape, *he that letteth him go,* his [f] life *shall be* for the life of him.

25 And it came to pass, as soon as he had made an end of offering the burnt-offering, that Jehu said to the guard and to the captains, Go in, *and* slay [g] them; let

כְּכַלֹּתוֹ לַעֲשׂוֹת הָעֹלָה וַיֹּאמֶר יֵהוּא לָרָצִים
וְלַשָּׁלִשִׁים בֹּאוּ הַכּוּם אִישׁ אַל־יֵצֵא וַיַּכּוּם לְפִי־
חָרֶב וַיַּשְׁלִכוּ הָרָצִים וְהַשָּׁלִשִׁים וַיֵּלְכוּ עַד־עִיר
26 בֵּית־הַבָּעַל : וַיֹּצִאוּ אֶת־מַצְּבוֹת בֵּית־הַבַּעַל
27 וַיִּשְׂרְפוּהָ : וַיִּתְּצוּ אֵת מַצְּבַת הַבַּעַל וַיִּתְּצוּ אֶת־
28 בֵּית הַבַּעַל וַיְשִׂמֻהוּ לְמוֹצָאוֹת עַד־הַיּוֹם : וַיַּשְׁמֵד
29 יֵהוּא אֶת־הַבַּעַל מִיִּשְׂרָאֵל : רַק חֲטָאֵי יָרָבְעָם
בֶּן־נְבָט אֲשֶׁר הֶחֱטִיא אֶת־יִשְׂרָאֵל לֹא־סָר יֵהוּא
מֵאַחֲרֵיהֶם עֶגְלֵי הַזָּהָב אֲשֶׁר בֵּית־אֵל וַאֲשֶׁר בְּדָן :
30 וַיֹּאמֶר יְהוָה אֶל־יֵהוּא יַעַן אֲשֶׁר הֱטִיבֹתָ
לַעֲשׂוֹת הַיָּשָׁר בְּעֵינַי כְּכֹל אֲשֶׁר בִּלְבָבִי עָשִׂיתָ לְבֵית
אַחְאָב בְּנֵי רְבִעִים יֵשְׁבוּ לְךָ עַל־כִּסֵּא יִשְׂרָאֵל :
31 וְיֵהוּא לֹא שָׁמַר לָלֶכֶת בְּתוֹרַת־יְהוָה אֱלֹהֵי־
יִשְׂרָאֵל בְּכָל־לְבָבוֹ לֹא סָר מֵעַל חַטֹּאות יָרָבְעָם
32 אֲשֶׁר הֶחֱטִיא אֶת־יִשְׂרָאֵל : בַּיָּמִים הָהֵם הֵחֵל
יְהוָה לְקַצּוֹת בְּיִשְׂרָאֵל וַיַּכֵּם חֲזָאֵל בְּכָל־גְּבוּל
33 יִשְׂרָאֵל : מִן־הַיַּרְדֵּן מִזְרַח הַשֶּׁמֶשׁ אֵת כָּל־
אֶרֶץ הַגִּלְעָד הַגָּדִי וְהָרֻאוּבֵנִי וְהַמְנַשִּׁי מֵעֲרֹעֵר
34 אֲשֶׁר עַל־נַחַל אַרְנֹן וְהַגִּלְעָד וְהַבָּשָׁן : וְיֶתֶר דִּבְרֵי
יֵהוּא וְכָל־אֲשֶׁר עָשָׂה וְכָל־גְּבוּרָתוֹ הֲלוֹא־הֵם
כְּתוּבִים עַל־סֵפֶר דִּבְרֵי הַיָּמִים לְמַלְכֵי יִשְׂרָאֵל :
35 וַיִּשְׁכַּב יֵהוּא עִם־אֲבֹתָיו וַיִּקְבְּרוּ אֹתוֹ בְּשֹׁמְרוֹן
36 וַיִּמְלֹךְ יְהוֹאָחָז בְּנוֹ תַּחְתָּיו : וְהַיָּמִים אֲשֶׁר
מָלַךְ יֵהוּא עַל־יִשְׂרָאֵל עֶשְׂרִים וּשְׁמֹנֶה שָׁנָה
בְּשֹׁמְרוֹן :

CAP. XI. יא

1 וַעֲתַלְיָה אֵם אֲחַזְיָהוּ וְרָאֲתָה כִּי מֵת בְּנָהּ וַתָּקָם
וַתְּאַבֵּד אֵת כָּל־זֶרַע הַמַּמְלָכָה :
2 וַתִּקַּח יְהוֹשֶׁבַע
בַּת־הַמֶּלֶךְ־יוֹרָם אֲחוֹת אֲחַזְיָהוּ אֶת־יוֹאָשׁ בֶּן־
אֲחַזְיָה וַתִּגְנֹב אֹתוֹ מִתּוֹךְ בְּנֵי־הַמֶּלֶךְ הַמּוּמָתִים
אֹתוֹ וְאֶת־מֵינִקְתּוֹ בַּחֲדַר הַמִּטּוֹת וַיַּסְתִּרוּ אֹתוֹ
3 מִפְּנֵי עֲתַלְיָהוּ וְלֹא הוּמָת : וַיְהִי אִתָּהּ בֵּית יְהוָה
מִתְחַבֵּא שֵׁשׁ שָׁנִים וַעֲתַלְיָה מֹלֶכֶת עַל־הָאָרֶץ :
4 וּבַשָּׁנָה הַשְּׁבִיעִית שָׁלַח יְהוֹיָדָע וַיִּקַּח אֶת־
שָׂרֵי הַמֵּאוֹת לַכָּרִי וְלָרָצִים וַיָּבֵא אֹתָם אֵלָיו בֵּית
יְהוָה וַיִּכְרֹת לָהֶם בְּרִית וַיַּשְׁבַּע אֹתָם בְּבֵית יְהוָה
5 וַיַּרְא אֹתָם אֶת־בֶּן־הַמֶּלֶךְ : וַיְצַוֵּם לֵאמֹר זֶה הַדָּבָר
אֲשֶׁר תַּעֲשׂוּן הַשְּׁלִשִׁית מִכֶּם בָּאֵי הַשַּׁבָּת וְשֹׁמְרֵי
6 מִשְׁמֶרֶת בֵּית הַמֶּלֶךְ : וְהַשְּׁלִשִׁית בְּשַׁעַר סוּר

7 וְהַשְּׁלִשִׁית בַּשַּׁעַר אַחַר הָרָצִים וּשְׁמַרְתֶּם אֶת־
מִשְׁמֶרֶת הַבַּיִת מַסָּח : וּשְׁתֵּי הַיָּדוֹת בָּכֶם כֹּל
יֹצְאֵי הַשַּׁבָּת וְשֹׁמְרֵי אֶת־מִשְׁמֶרֶת בֵּית־יְהוָה אֶל־
8 הַמֶּלֶךְ : וְהִקַּפְתֶּם עַל־הַמֶּלֶךְ סָבִיב אִישׁ וְכֵלָיו בְּיָדוֹ
וְהַבָּא אֶל־הַשְּׂדֵרוֹת יוּמָת וִהְיוּ אֶת־הַמֶּלֶךְ בְּצֵאתוֹ
9 וּבְבֹאוֹ : וַיַּעֲשׂוּ שָׂרֵי הַמֵּאוֹת כְּכֹל אֲשֶׁר־צִוָּה
יְהוֹיָדָע הַכֹּהֵן וַיִּקְחוּ אִישׁ אֶת־אֲנָשָׁיו בָּאֵי הַשַּׁבָּת
10 עִם יֹצְאֵי הַשַּׁבָּת וַיָּבֹאוּ אֶל־יְהוֹיָדָע הַכֹּהֵן : וַיִּתֵּן
הַכֹּהֵן לְשָׂרֵי הַמֵּאוֹת אֶת־הַחֲנִית וְאֶת־הַשְּׁלָטִים
11 אֲשֶׁר לַמֶּלֶךְ דָּוִד אֲשֶׁר בְּבֵית יְהוָה : וַיַּעַמְדוּ הָרָצִים
אִישׁ וְכֵלָיו בְּיָדוֹ מִכֶּתֶף הַבַּיִת הַיְמָנִית עַד־כֶּתֶף
הַבַּיִת הַשְּׂמָאלִית לַמִּזְבֵּחַ וְלַבָּיִת עַל־הַמֶּלֶךְ סָבִיב :
12 וַיּוֹצִא אֶת־בֶּן־הַמֶּלֶךְ וַיִּתֵּן עָלָיו אֶת־הַנֵּזֶר וְאֶת־
הָעֵדוּת וַיַּמְלִכוּ אֹתוֹ וַיִּמְשָׁחֻהוּ וַיַּכּוּ־כָף וַיֹּאמְרוּ
13 יְחִי הַמֶּלֶךְ : וַתִּשְׁמַע עֲתַלְיָה אֶת־קוֹל הָרָצִין
הָעָם וַתָּבֹא אֶל־הָעָם בֵּית יְהוָה : וַתֵּרֶא וְהִנֵּה
14 הַמֶּלֶךְ עֹמֵד עַל־הָעַמּוּד כַּמִּשְׁפָּט וְהַשָּׂרִים
וְהַחֲצֹצְרוֹת אֶל־הַמֶּלֶךְ וְכָל־עַם הָאָרֶץ שָׂמֵחַ וְתֹקֵעַ
בַּחֲצֹצְרוֹת וַתִּקְרַע עֲתַלְיָה אֶת־בְּגָדֶיהָ וַתִּקְרָא קֶשֶׁר
15 קָשֶׁר : וַיְצַו יְהוֹיָדָע הַכֹּהֵן אֶת־שָׂרֵי הַמֵּאוֹת
פְּקֻדֵי הַחַיִל וַיֹּאמֶר אֲלֵיהֶם הוֹצִיאוּ אֹתָהּ אֶל־מִבֵּית
לַשְּׂדֵרֹת וְהַבָּא אַחֲרֶיהָ הָמֵת בֶּחָרֶב כִּי אָמַר הַכֹּהֵן
16 אַל־תּוּמַת בֵּית יְהוָה : וַיָּשִׂמוּ לָהּ יָדַיִם וַתָּבוֹא
דֶּרֶךְ־מְבוֹא הַסּוּסִים בֵּית הַמֶּלֶךְ וַתּוּמַת שָׁם :
17 וַיִּכְרֹת יְהוֹיָדָע אֶת־הַבְּרִית בֵּין יְהוָה וּבֵין
הַמֶּלֶךְ וּבֵין הָעָם לִהְיוֹת לְעָם לַיהוָה וּבֵין הַמֶּלֶךְ
18 וּבֵין הָעָם : וַיָּבֹאוּ כָל־עַם הָאָרֶץ בֵּית־הַבַּעַל
וַיִּתְּצֻהוּ אֶת־מִזְבְּחֹתָו וְאֶת־צְלָמָיו שִׁבְּרוּ הֵיטֵב
וְאֵת מַתָּן כֹּהֵן הַבַּעַל הָרְגוּ לִפְנֵי הַמִּזְבְּחוֹת וַיָּשֶׂם
הַכֹּהֵן פְּקֻדּוֹת עַל־בֵּית יְהוָה : וַיִּקַּח אֶת־שָׂרֵי
19 הַמֵּאוֹת וְאֶת־הַכָּרִי וְאֶת־הָרָצִים וְאֵת כָּל־עַם
הָאָרֶץ וַיֹּרִידוּ אֶת־הַמֶּלֶךְ מִבֵּית יְהוָה וַיָּבוֹאוּ דֶּרֶךְ־
שַׁעַר הָרָצִים בֵּית הַמֶּלֶךְ וַיֵּשֶׁב עַל־כִּסֵּא הַמְּלָכִים :
20 וַיִּשְׂמַח כָּל־עַם־הָאָרֶץ וְהָעִיר שָׁקָטָה וְאֶת־עֲתַלְיָהוּ
הֵמִיתוּ בַחֶרֶב בֵּית הַמֶּלֶךְ :

CAP. XII. יב

1 בֶּן־שֶׁבַע שָׁנִים יְהוֹאָשׁ בְּמָלְכוֹ : בִּשְׁנַת־שֶׁבַע לְיֵהוּא
מָלַךְ יְהוֹאָשׁ וְאַרְבָּעִים שָׁנָה מָלַךְ בִּירוּשָׁלַ͏ִם וְשֵׁם

none come forth. And they smote them with the β edge of the sword; and the guard and the captains cast *them* out, and went to the city of the house of Baal.

26 And they brought forth the γ images *b* out of the house of Baal, and burned*c* them.

27 And they brake down the image of Baal, & brake down the house of Baal, and*d* made it a draught-house unto this day.

28 Thus Jehu destroyed Baal out of Israel.

29 Howbeit, *from* the sins of Jeroboam the son of Nebat, who made Israel to sin, Jehu departed not from after them, *to wit,* the golden calves*f* that *were* in Beth-el, and that *were* in Dan.

30 And the LORD said unto Jehu, Because*g* thou hast done well in executing *that which is* right in mine eyes, *and* hast done unto the house of Ahab according to all that *was* in mine heart, thy children of the fourth *m generation* shall sit on the throne of Israel.

31 But Jehu η took no heed to walk in the law of the LORD God of Israel with all his heart: *o* for he departed not from the*p* sins of Jeroboam, which made Israel to sin.

32 In those days the LORD began θ to cut Israel short: and Hazael*r* smote them in all the coasts of Israel;

33 From Jordan κ eastward, all the land of Gilead, the Gadites, and the Reubenites, and the Manassites, from Aroer, (which *is* by the river Arnon,) λ even Gilead*t* and Bashan.

34 Now the rest of the acts of Jehu, and all that he did, and all his might, *are* they not written in the book of the Chronicles of the kings of Israel?

35 And Jehu slept with his fathers; and they buried him in Samaria. And Jehoahaz his son reigned in his stead.

36 And μ the time that Jehu reigned over Israel in Samaria *was* twenty and eight years.

CHAP. XI.

AND*z* when Athaliah, the mother*a* of Ahaziah, saw that her son was dead, she arose, and destroyed all the ν seed royal.

2 But ξ Jehosheba, the daughter of king Joram, sister of Ahaziah, took π Joash the son of Ahaziah, and stole him from among the king's sons *which were* slain; and they hid him, *even* him and his nurse, in the bed-chamber from Athaliah, so that he was not slain.

3 And he was with her hid in the house of the LORD six years. And Athaliah did reign over the land.

4 And*e* the seventh year Jehoiada sent and fetched the rulers over hundreds, with the captains and the guard, and brought them to him into the house of the LORD, and made a covenant with them, and took an oath of them in the house of the LORD, and shewed them the king's son.

5 And he commanded them, saying, This *is* the thing that ye shall do; a third part of you that enter in on the sabbath shall even be keepers of the watch *h* of the king's house;

6 And a third part *shall be* at the gate of Sur; and a third part at the gate behind the guard : so shall ye keep the watch of the house, σ that it be not broken down.

7 And two φparts of all you that go forth on the sabbath, even they shall keep the watch of the house of the LORD about the king.

8 And ye shall compass the king round

B. C 884.
β *mouth.*
a 1Ch. 26. 26.
γ *statues.*
b 1 Ki. 14. 23.
c 2 Sa. 5. 21.
1 Ki. 15. 13.
d Ezr. 6. 11.
Da. 2. 5.
3. 29.
e 2 Sa. 8. 7.
f 1 Ki. 12. 28,
29.
δ *shoulder.*
g Eze. 29. 18..
20.
h Ps. 21. 3.
i De. 17. 18..
20.
k 2 Sa. 2. 4, 7.
l Ps. 47. 1.
m ver. 35.
ch. 13. 1, 10.
14. 23.
15. 8. 12.
ζ *Let the king live.*
n 1 Sa. 10. 24.
1 Ki. 1. 34.
η *observed not.*
o Jnᵒ. 4. 24.
p 1 Ki. 14. 16.
q ch. 23. 3.
2 Ch. 34. 31.
θ *to cut off the ends.*
r ch. 8. 12.
s Nu.10.1..10.
κ *toward the rising of the sun.*
λ *or, even to Gilead and Bashan.*
t Am. 1. 3.
u Ex. 21. 14.
v Eze. 9. 7.
μ *the days were.*
w Ge. 9. 6.
x 2 Sa. 5. 3.
Ne. 9. 38.
10. 28, 29.
y 2 Co. 8. 5.
z 2 Ch. 22. 10.
a ch. 8. 26.
ν *seed of the kingdom.*
b ch.10.26,27.
ξ *Jehosha-beath.*
2 Ch. 22. 11.
c De. 12. 3.
π *or,Jehoash*
d Zec. 13. 2,3.
e 2 Ch. 23. 1, &c.
f Pr. 11. 10.
29. 2.
g 2 Ch. 24. 1, &c.
h ch. 16. 18.
σ *or, from breaking up.*
φ *hands, or, companies.*
i ch. 14. 4.
1 Ki. 15. 14.
22. 43.
Je. 2. 20.

about, every man with his weapons in his hand : and he that cometh within the ranges, let him be slain : and be ye with the king as he goeth out, and as he cometh in.

9 And the captains*a* over the hundreds did according to all *things* that Jehoiada the priest commanded : and they took every man his men that were to come in on the sabbath, with them that should go out on the sabbath, & came to Jehoiada the priest.

10 And to the captains over hundreds did the priest give king David's spears and shields,*b* that *were* in yᵉ temple of yᵉ LORD.

11 And the guard stood, every man with his weapons in his hand, round about the king, from the right δ corner of the temple, to the left corner of the temple, *along* by the altar and the temple.

12 And he brought forth the king's son,and put the crown*h* upon him, and*i yave him* the testimony: and they made him king, and anointed *k* him; and they clapped *l* their hands, and said, ζGod *n* save the king.

13 And when Athaliah heard the noise of the guard *and* of the people, she came to the people into the temple of the LORD.

14 And when she looked, behold, the king stood *q* by a pillar, as the manner *was,* and the princes and the trumpeters by the king, and all the people of the land rejoiced, and blew *s* with trumpets : and Athaliah rent her clothes, and cried, Treason, Treason !

15 But Jehoiada the priest commanded the captains of the hundreds, the officers of the host, and said unto them, Have her forth *u* without the ranges ; and him that followeth her kill with the sword. For the priest had said, Let her not be slain in the house *v* of the LORD.

16 And they laid hands on her : and she went by the way by the which the horses came into the king's house : and there was she slain.*w*

17 And Jehoiada made a covenant *x* between the LORD and the king and the people, that they should be the LORD's*y* people; between the king also and the people.

18 And all the people of the land went into the house *b* of Baal, and brake it down; his altars and his images*c* brake they in pieces thoroughly, and slew*d* Mattan the priest of Baal before the altars. And the priest appointed ρofficers over the house of the LORD.

19 And he took the rulers over hundreds, and the captains, and the guard, and all the people of the land; and they brought down the king from the house of the LORD, and came by the way of the gate of the guard to the king's house. And he sat on the throne of the kings.

20 And all the people of the land rejoiced,*f* and the city was in quiet : and they slew Athaliah with the sword *beside* the king's house.

21 Seven years old *was* Jehoash when he began to reign.

CHAP. XII.

IN*g* the seventh year of Jehu, Jehoash began to reign; and forty years reigned he in Jerusalem : and his mother's name *was* Zibiah of Beer-sheba.

2 And Jehoash did *that which was* right in the sight of the LORD all his days wherein Jehoiada the priest instructed him.

3 But*i* the high places were not taken away : the people still sacrificed and burnt incense in the high places.

4 And Jehoash said to the priests, All

[2] ... אִמּוֹ צִבְיָה מִבְּאֵר שָׁבַע׃ [3] וַיַּעַשׂ יְהוֹאָשׁ הַיָּשָׁר בְּעֵינֵי יְהוָה כָּל־יָמָיו אֲשֶׁר הוֹרָהוּ יְהוֹיָדָע הַכֹּהֵן׃

[4] רַק הַבָּמוֹת לֹא־סָרוּ עוֹד הָעָם מְזַבְּחִים וּמְקַטְּרִים בַּבָּמוֹת׃

[5] וַיֹּאמֶר יְהוֹאָשׁ אֶל־הַכֹּהֲנִים כֹּל כֶּסֶף הַקֳּדָשִׁים אֲשֶׁר־יוּבָא בֵית־יְהוָה כֶּסֶף עוֹבֵר אִישׁ כֶּסֶף נַפְשׁוֹת עֶרְכּוֹ כָּל־כֶּסֶף אֲשֶׁר יַעֲלֶה עַל לֶב־אִישׁ לְהָבִיא בֵּית יְהוָה׃

[6] יִקְחוּ לָהֶם הַכֹּהֲנִים אִישׁ מֵאֵת מַכָּרוֹ וְהֵם יְחַזְּקוּ אֶת־בֶּדֶק הַבַּיִת לְכֹל אֲשֶׁר־יִמָּצֵא שָׁם בָּדֶק׃

[7] וַיְהִי בִּשְׁנַת עֶשְׂרִים וְשָׁלֹשׁ שָׁנָה לַמֶּלֶךְ יְהוֹאָשׁ לֹא־חִזְּקוּ הַכֹּהֲנִים אֶת־בֶּדֶק הַבָּיִת׃

[8] וַיִּקְרָא הַמֶּלֶךְ יְהוֹאָשׁ לִיהוֹיָדָע הַכֹּהֵן וְלַכֹּהֲנִים וַיֹּאמֶר אֲלֵהֶם מַדּוּעַ אֵינְכֶם מְחַזְּקִים אֶת־בֶּדֶק הַבָּיִת וְעַתָּה אַל־תִּקְחוּ־כֶסֶף מֵאֵת מַכָּרֵיכֶם כִּי־לְבֶדֶק הַבַּיִת תִּתְּנֻהוּ׃

[9] וַיֵּאֹתוּ הַכֹּהֲנִים לְבִלְתִּי קְחַת־כֶּסֶף מֵאֵת הָעָם וּלְבִלְתִּי חַזֵּק אֶת־בֶּדֶק הַבָּיִת׃

[10] וַיִּקַּח יְהוֹיָדָע הַכֹּהֵן אֲרוֹן אֶחָד וַיִּקֹּב חֹר בְּדַלְתּוֹ וַיִּתֵּן אֹתוֹ אֵצֶל הַמִּזְבֵּחַ בְּיָמִין בְּבוֹא־אִישׁ בֵּית יְהוָה וְנָתְנוּ־שָׁמָּה הַכֹּהֲנִים שֹׁמְרֵי הַסַּף אֶת־כָּל־הַכֶּסֶף הַמּוּבָא בֵית־יְהוָה׃

[11] וַיְהִי כִּרְאוֹתָם כִּי־רַב הַכֶּסֶף בָּאָרוֹן וַיַּעַל סֹפֵר הַמֶּלֶךְ וְהַכֹּהֵן הַגָּדוֹל וַיָּצֻרוּ וַיִּמְנוּ אֶת־הַכֶּסֶף הַנִּמְצָא בֵית־יְהוָה׃

[12] וְנָתְנוּ אֶת־הַכֶּסֶף הַמְתֻכָּן עַל־יְדֵי עֹשֵׂי הַמְּלָאכָה הַמֻּפְקָדִים בֵּית יְהוָה וַיּוֹצִיאֻהוּ לְחָרָשֵׁי הָעֵץ וְלַבֹּנִים הָעֹשִׂים בֵּית יְהוָה׃

[13] וְלַגֹּדְרִים וּלְחֹצְבֵי הָאֶבֶן וְלִקְנוֹת עֵצִים וְאַבְנֵי מַחְצֵב לְחַזֵּק אֶת־בֶּדֶק בֵּית־יְהוָה וּלְכֹל אֲשֶׁר־יֵצֵא עַל־הַבַּיִת לְחָזְקָה׃

[14] אַךְ לֹא יֵעָשֶׂה בֵּית יְהוָה סִפּוֹת כֶּסֶף מְזַמְּרוֹת מִזְרָקוֹת חֲצֹצְרוֹת כָּל־כְּלִי זָהָב וּכְלִי־כָסֶף מִן־הַכֶּסֶף הַמּוּבָא בֵית־יְהוָה׃

[15] כִּי־לְעֹשֵׂי הַמְּלָאכָה יִתְּנֻהוּ וְחִזְּקוּ־בוֹ אֶת־בֵּית יְהוָה׃

[16] וְלֹא יְחַשְּׁבוּ אֶת־הָאֲנָשִׁים אֲשֶׁר יִתְּנוּ אֶת־הַכֶּסֶף עַל־יָדָם לָתֵת לְעֹשֵׂי הַמְּלָאכָה כִּי בֶאֱמֻנָה הֵם עֹשִׂים׃

[17] כֶּסֶף אָשָׁם וְכֶסֶף חַטָּאוֹת לֹא יוּבָא בֵּית יְהוָה לַכֹּהֲנִים יִהְיוּ׃

[18] אָז יַעֲלֶה חֲזָאֵל מֶלֶךְ אֲרָם וַיִּלָּחֶם עַל־גַּת וַיִּלְכְּדָהּ וַיָּשֶׂם חֲזָאֵל פָּנָיו לַעֲלוֹת עַל־יְרוּשָׁלִָם׃

[19] וַיִּקַּח יְהוֹאָשׁ מֶלֶךְ־יְהוּדָה אֵת כָּל־הַקֳּדָשִׁים אֲשֶׁר־הִקְדִּישׁוּ יְהוֹשָׁפָט וִיהוֹרָם וַאֲחַזְיָהוּ אֲבֹתָיו מַלְכֵי יְהוּדָה וְאֶת־קֳדָשָׁיו וְאֵת כָּל־הַזָּהָב הַנִּמְצָא בְּאֹצְרוֹת בֵּית־יְהוָה וּבֵית הַמֶּלֶךְ וַיִּשְׁלַח לַחֲזָאֵל מֶלֶךְ אֲרָם וַיַּעַל מֵעַל יְרוּשָׁלִָם׃

[20] וְיֶתֶר דִּבְרֵי יוֹאָשׁ וְכָל־אֲשֶׁר עָשָׂה הֲלוֹא־הֵם כְּתוּבִים עַל־סֵפֶר דִּבְרֵי הַיָּמִים לְמַלְכֵי יְהוּדָה׃

[21] וַיָּקֻמוּ עֲבָדָיו וַיִּקְשְׁרוּ־קָשֶׁר וַיַּכּוּ אֶת־יוֹאָשׁ בֵּית מִלֹּא הַיּוֹרֵד סִלָּא׃

[22] וְיוֹזָבָד בֶּן־שִׁמְעָת וִיהוֹזָבָד בֶּן־שֹׁמֵר עֲבָדָיו הִכֻּהוּ וַיָּמֹת וַיִּקְבְּרוּ אֹתוֹ עִם־אֲבֹתָיו בְּעִיר דָּוִד וַיִּמְלֹךְ אֲמַצְיָה בְנוֹ תַּחְתָּיו׃

CAP. XIII.   יג

[1] בִּשְׁנַת עֶשְׂרִים וְשָׁלֹשׁ שָׁנָה לְיוֹאָשׁ בֶּן־אֲחַזְיָהוּ מֶלֶךְ יְהוּדָה מָלַךְ יְהוֹאָחָז בֶּן־יֵהוּא עַל־יִשְׂרָאֵל בְּשֹׁמְרוֹן שְׁבַע עֶשְׂרֵה שָׁנָה׃

[2] וַיַּעַשׂ הָרַע בְּעֵינֵי יְהוָה וַיֵּלֶךְ אַחַר חַטֹּאת יָרָבְעָם בֶּן־נְבָט אֲשֶׁר־הֶחֱטִיא אֶת־יִשְׂרָאֵל לֹא־סָר מִמֶּנָּה׃

[3] וַיִּחַר אַף־יְהוָה בְּיִשְׂרָאֵל וַיִּתְּנֵם בְּיַד חֲזָאֵל מֶלֶךְ־אֲרָם וּבְיַד בֶּן־הֲדַד בֶּן־חֲזָאֵל כָּל־הַיָּמִים׃

[4] וַיְחַל יְהוֹאָחָז אֶת־פְּנֵי יְהוָה וַיִּשְׁמַע אֵלָיו יְהוָה כִּי רָאָה אֶת־לַחַץ יִשְׂרָאֵל כִּי־לָחַץ אֹתָם מֶלֶךְ אֲרָם׃

[5] וַיִּתֵּן יְהוָה לְיִשְׂרָאֵל מוֹשִׁיעַ וַיֵּצְאוּ מִתַּחַת יַד־אֲרָם וַיֵּשְׁבוּ בְנֵי־יִשְׂרָאֵל בְּאָהֳלֵיהֶם כִּתְמוֹל שִׁלְשׁוֹם׃

[6] אַךְ לֹא־סָרוּ מֵחַטֹּאות בֵּית־יָרָבְעָם אֲשֶׁר־הֶחֱטִי אֶת־יִשְׂרָאֵל בָּהּ הָלָךְ וְגַם הָאֲשֵׁרָה עָמְדָה בְּשֹׁמְרוֹן׃

[7] כִּי לֹא הִשְׁאִיר לִיהוֹאָחָז עָם כִּי אִם־חֲמִשִּׁים פָּרָשִׁים וַעֲשָׂרָה רֶכֶב וַעֲשֶׂרֶת אֲלָפִים רַגְלִי כִּי אִבְּדָם מֶלֶךְ אֲרָם וַיְשִׂמֵם כֶּעָפָר לָדֻשׁ׃

[8] וְיֶתֶר דִּבְרֵי יְהוֹאָחָז וְכָל־אֲשֶׁר עָשָׂה וּגְבוּרָתוֹ הֲלוֹא־הֵם כְּתוּבִים עַל־סֵפֶר דִּבְרֵי הַיָּמִים לְמַלְכֵי יִשְׂרָאֵל׃

[9] וַיִּשְׁכַּב יְהוֹאָחָז עִם־אֲבֹתָיו וַיִּקְבְּרֻהוּ בְּשֹׁמְרוֹן וַיִּמְלֹךְ יוֹאָשׁ בְּנוֹ תַּחְתָּיו׃

[10] בִּשְׁנַת שְׁלֹשִׁים וָשֶׁבַע שָׁנָה לְיוֹאָשׁ מֶלֶךְ יְהוּדָה מָלַךְ יְהוֹאָשׁ בֶּן־יְהוֹאָחָז עַל־יִשְׂרָאֵל בְּשֹׁמְרוֹן שֵׁשׁ עֶשְׂרֵה שָׁנָה׃

[11] וַיַּעֲשֶׂה הָרַע בְּעֵינֵי יְהוָה לֹא סָר מִכָּל־חַטֹּאות יָרָבְעָם בֶּן־נְבָט אֲשֶׁר־הֶחֱטִיא אֶת־יִשְׂרָאֵל בָּהּ הָלָךְ׃

[12] וְיֶתֶר דִּבְרֵי יוֹאָשׁ וְכָל־אֲשֶׁר עָשָׂה וּגְבוּרָתוֹ אֲשֶׁר נִלְחַם עִם אֲמַצְיָה מֶלֶךְ־יְהוּדָה הֲלֹא־הֵם כְּתוּבִים עַל־סֵפֶר דִּבְרֵי הַיָּמִים לְמַלְכֵי יִשְׂרָאֵל׃

[13] וַיִּשְׁכַּב יוֹאָשׁ עִם־אֲבֹתָיו וְיָרָבְעָם יָשַׁב עַל־כִּסְאוֹ וַיִּקָּבֵר יוֹאָשׁ בְּשֹׁמְרוֹן עִם מַלְכֵי יִשְׂרָאֵל׃

[14] וֶאֱלִישָׁע חָלָה אֶת־חָלְיוֹ אֲשֶׁר יָמוּת בּוֹ וַיֵּרֶד אֵלָיו יוֹאָשׁ מֶלֶךְ־יִשְׂרָאֵל וַיֵּבְךְּ עַל־פָּנָיו וַיֹּאמַר אָבִי אָבִי רֶכֶב יִשְׂרָאֵל וּפָרָשָׁיו׃

[15] וַיֹּאמֶר לוֹ אֱלִישָׁע קַח קֶשֶׁת וְחִצִּים וַיִּקַּח אֵלָיו קֶשֶׁת וְחִצִּים׃

[16] וַיֹּאמֶר לְמֶלֶךְ יִשְׂרָאֵל ...

the money of the β dedicated things that is brought into the house of the Lord, *even* the money^a of every one that passeth *the account,* the money δ that every man is set at, *and* all the money that ζ cometh into any man's heart^c to bring into the house of the Lord,

5 Let the priests take *it* to them, every man of his acquaintance; and let them repair the breaches of the house, wheresoever any breach shall be found.

6 But it was *so, that,* θ in the three and twentieth year of king Jehoash, the priests had not repaired the breaches of the house.

7 Then^d king Jehoash called for Jehoiada the priest, and the *other* priests, and said unto them, Why repair ye not the breaches of the house? Now, therefore, receive no *more* money of your acquaintance, but deliver it for the breaches of the house.

8 And the priests consented to receive no *more* money of the people, neither to repair the breaches of the house.

9 But Jehoiada the priest took a chest, and bored a hole in the lid of it, and set it beside the altar, on the right side as one cometh into the house of the Lord: and the priests that kept λ the door put therein all the money that was brought into the house of the Lord.

10 And it was *so,* when they saw that *there was* much money in the chest, that the king's ν scribe and the high priest came up, and they ρ put up in bags, and told the money *that was* found in the house of the Lord.

11 And they gave the money, being told, into the hands of them that did the work, that had the oversight of the house of the Lord: and they τ laid it out to the carpenters and builders, that wrought upon the house of the Lord,

12 And to masons, and hewers of stone, and to buy timber and hewed stone to repair the breaches of the house of the Lord, and for all that ϕ was laid out for the house to repair *it.*

13 Howbeit, there were not made for the house of the Lord bowls of silver, snuffers, basons, trumpets, any vessels of gold, or vessels of silver, of the money that was brought into the house of the Lord:

14 But they gave that to the workmen, and repaired therewith the house of the Lord.

15 Moreover, they^q reckoned not with the men into whose hand they delivered the money to be bestowed on workmen: for they dealt faithfully.

16 The trespass-money^s and sin-money was not brought into the house of the Lord: it^t was the priests'.

17 Then^u Hazael king of Syria went up, and fought against Gath, and took it: and Hazael set his face to go up to Jerusalem.

18 And Jehoash king of Judah took^v all the hallowed things that Jehoshaphat, and Jehoram, and Ahaziah, his fathers, kings of Judah, had dedicated, and his own hallowed things, and all the gold *that was* found in the treasures of the house of the Lord, and in the king's house, and sent *it* to Hazael king of Syria: and he went ψ away from Jerusalem.

19 And the rest of the acts of Joash, and all that he did, *are* they not written in the book of the Chronicles of the kings of Judah?

20 And his servants^y arose, and made

B. C. 856.

β holinesses, or, holy things.
γ or, Bethmillo.
a ch. 22. 4. Ex. 30. 13.
b 2Ch.24.26, Zabad.
δ of the souls of his estimation. Le. 27. 2.
ϵ or, Shimrith.
ζ ascendeth upon the heart of a man.
c Ex. 35. 5.
η the twentieth year and third year.
θ in the twentieth year and third year.
d 2 Ch. 24.5, &c.
κ walked after.
e Ju. 2. 14.
f ch. 8. 12. 12. 17.
g Ps 78. 34.
h ch. 14. 26. Ex. 3. 7.
i ver. 25.
λ threshold.
μ yesterday and third day.
ν or, secretary.
π he walked.
ρ bound up.
σ stood.
k 1 Ki. 16.33.
l Am. 1. 3.
τ brought it forth.
ϕ went forth.
m ver. 10, Jehoash.
n alone.
o In consort with his Father. ch. 14. 1.
p ch.14.15.
q ch. 22. 7.
r ch.14.9,&c. 2Ch.25.17, &c.
s Le.5.15,18.
t Le.7. 7. Nu. 18. 9.
u ch. 8. 12.
v ch.18.15,16. 1 Ki. 15. 18.
w ch. 2. 12.
x make thine hand to ride.
ψ up.
x Ju. 7. 20.
y ch. 14. 5.

---

a conspiracy, and slew Joash in γ the house of Millo, which goeth down to Silla.

21 For Jozachar^b the son of Shimeath, and Jehozabad the son of ϵ Shomer, his servants, smote him, and he died; and they buried him with his fathers in the city of David: and Amaziah his son reigned in his stead.

CHAP. XIII.

IN η the three and twentieth year of Joash, the son of Ahaziah king of Judah, Jehoahaz, the son of Jehu, began to reign over Israel in Samaria, *and reigned* seventeen years.

2 And he did *that which was* evil in the sight of the Lord, and κ followed the sins of Jeroboam the son of Nebat, which made Israel to sin; he departed not therefrom.

3 And^e the anger of the Lord was kindled against Israel; and he delivered them into the hand of Hazael^f king of Syria, and into the hand of Ben-hadad the son of Hazael, all *their* days.

4 And Jehoahaz besought^g the Lord, and the Lord hearkened unto him; for he^h saw the oppression of Israel, because the king of Syria oppressed them.

5 (And the Lord gave Israel a^i saviour, so that they went out from under the hand of the Syrians: and the children of Israel dwelt in their tents, as μ before-time.

6 Nevertheless they departed not from ye sins of the house of Jeroboam, who made Israel sin, *but* π walked therein: and there σ remained the grove also k in Samaria.)

7 Neither did he leave of the people to Jehoahaz but fifty horsemen, and ten chariots, and ten thousand footmen; for the king of Syria had destroyed them, and had made them like the dust by threshing.^{l}

8 Now the rest of the acts of Jehoahaz, and all that he did, and his might, *are* they not written in the book of the Chronicles of the kings of Israel?

9 And Jehoahaz slept with his fathers; and they buried him in Samaria: and Joash^m his son^n reigned in his stead.

10 In the thirty and seventh year of Joash king of Judah began Jehoash, the son of Jehoahaz, to reign^o over Israel in Samaria, *and reigned* sixteen years.

11 And he did *that which was* evil in the sight of the Lord; he departed not from all the sins of Jeroboam the son of Nebat, who made Israel sin; *but* he walked therein.

12 And^p the rest of the acts of Joash, and all that he did, and his might wherewith he fought^r against Amaziah king of Judah, *are* they not written in the book of the Chronicles of the kings of Israel?

13 And Joash slept with his fathers; and Jeroboam sat upon his throne: &Joash was buried in Samaria with the kings of Israel.

14 Now Elisha was fallen sick of his sickness whereof he died. And Joash the king of Israel came down unto him, and wept over his face, and said, O my father, my father! the chariot^w of Israel, and the horsemen thereof!

15 And Elisha said unto him, Take bow and arrows: and he took unto him bow and arrows.

16 And he said to the king of Israel, Put χ thine hand upon the bow: and he put his hand *upon it;* and Elisha put his hands upon the king's hands.

17 And he said, Open the window eastward: and he opened *it.* Then Elisha said, Shoot: and he shot. And he said,^{x} The arrow of the Lord's deliverance,

---

הַרְכֵּב יָדְךָ עַל־הַקֶּשֶׁת וַיַּרְכֵּב יָדוֹ וַיָּשֶׂם אֱלִישָׁע יָדָיו

17 עַל־יְדֵי הַמֶּלֶךְ:   רְדְמָה פְּתַח הַחַלּוֹן וַיֹּאמֶר

וַיִּפְתָּח וַיֹּאמֶר אֱלִישָׁע יְרֵה וַיּוֹר וַיֹּאמֶר חֵץ־תְּשׁוּעָה

לַיהוָה וְחֵץ תְּשׁוּעָה בַּאֲרָם וְהִכִּיתָ אֶת־אֲרָם

18 בַּאֲפֵק עַד־כַּלֵּה: וַיֹּאמֶר קַח הַחִצִּים וַיִּקָּח

וַיֹּאמֶר לְמֶלֶךְ־יִשְׂרָאֵל הַךְ אַרְצָה וַיַּךְ שָׁלֹשׁ

19 פְּעָמִים וַיַּעֲמֹד: וַיִּקְצֹף עָלָיו אִישׁ הָאֱלֹהִים

וַיֹּאמֶר לְהַכּוֹת חָמֵשׁ אוֹ־שֵׁשׁ פְּעָמִים אָז הִכִּיתָ

אֶת־אֲרָם עַד־כַּלֵּה וְעַתָּה שָׁלֹשׁ פְּעָמִים תַּכֶּה

20 אֶת־אֲרָם: וַיָּמָת אֱלִישָׁע וַיִּקְבְּרֻהוּ וּגְדוּדֵי

21 מוֹאָב יָבֹאוּ בָאָרֶץ בָּא שָׁנָה: וַיְהִי הֵם

קֹבְרִים אִישׁ וְהִנֵּה רָאוּ אֶת־הַגְּדוּד וַיַּשְׁלִיכוּ אֶת־

הָאִישׁ בְּקֶבֶר אֱלִישָׁע וַיֵּלֶךְ וַיִּגַּע הָאִישׁ בְּעַצְמוֹת

22 אֱלִישָׁע וַיְחִי וַיָּקָם עַל־רַגְלָיו: וַחֲזָאֵל מֶלֶךְ

23 אֲרָם לָחַץ אֶת־יִשְׂרָאֵל כֹּל יְמֵי יְהוֹאָחָז: וַיָּחָן

יְהוָה אֹתָם וַיְרַחֲמֵם וַיִּפֶן אֲלֵיהֶם לְמַעַן בְּרִיתוֹ אֶת־

אַבְרָהָם יִצְחָק וְיַעֲקֹב וְלֹא אָבָה הַשְׁחִיתָם וְלֹא־

24 הִשְׁלִיכָם מֵעַל־פָּנָיו עַד־עָתָּה: וַיָּמָת חֲזָאֵל מֶלֶךְ

25 אֲרָם וַיִּמְלֹךְ בֶּן־הֲדַד בְּנוֹ תַּחְתָּיו: וַיָּשָׁב יְהוֹאָשׁ

בֶּן־יְהוֹאָחָז וַיִּקַּח אֶת־הֶעָרִים מִיַּד בֶּן־

הֲדַד בֶּן־חֲזָאֵל אֲשֶׁר לָקַח מִיַּד יְהוֹאָחָז אָבִיו

בַּמִּלְחָמָה שָׁלֹשׁ פְּעָמִים הִכָּהוּ יוֹאָשׁ וַיָּשֶׁב אֶת־עָרֵי

יִשְׂרָאֵל:

CAP. XIV. יד

1 בִּשְׁנַת שְׁתַּיִם לְיוֹאָשׁ בֶּן־יוֹאָחָז מֶלֶךְ יִשְׂרָאֵל מָלַךְ

2 אֲמַצְיָהוּ בֶן־יוֹאָשׁ מֶלֶךְ יְהוּדָה: בֶּן־עֶשְׂרִים

וְחָמֵשׁ שָׁנָה הָיָה בְמָלְכוֹ וְעֶשְׂרִים וָתֵשַׁע שָׁנָה

מָלַךְ בִּירוּשָׁלִָם וְשֵׁם אִמּוֹ יְהוֹעַדִּין מִן־יְרוּשָׁלָיִם:

3 וַיַּעַשׂ הַיָּשָׁר בְּעֵינֵי יְהוָה רַק לֹא כְּדָוִד אָבִיו כְּכֹל

4 אֲשֶׁר־עָשָׂה יוֹאָשׁ אָבִיו עָשָׂה: רַק הַבָּמוֹת לֹא־

5 סָרוּ עוֹד הָעָם מְזַבְּחִים וּמְקַטְּרִים בַּבָּמוֹת: וַיְהִי

כַּאֲשֶׁר חָזְקָה הַמַּמְלָכָה בְּיָדוֹ וַיַּךְ אֶת־עֲבָדָיו

6 הַמַּכִּים אֶת־הַמֶּלֶךְ אָבִיו: וְאֶת־בְּנֵי הַמַּכִּים לֹא

הֵמִית כַּכָּתוּב בְּסֵפֶר תּוֹרַת־מֹשֶׁה אֲשֶׁר־צִוָּה יְהוָה

לֵאמֹר לֹא־יוּמְתוּ אָבוֹת עַל־בָּנִים וּבָנִים לֹא־יוּמְתוּ

7 עַל־אָבוֹת כִּי אִם־אִישׁ בְּחֶטְאוֹ יָמוּת: הוּא־הִכָּה

אֶת־אֱדוֹם בְּגֵיא־הַמֶּלַח עֲשֶׂרֶת אֲלָפִים וְתָפַשׂ אֶת־

הַסֶּלַע בַּמִּלְחָמָה וַיִּקְרָא אֶת־שְׁמָהּ יָקְתְאֵל עַד

8 הַיּוֹם הַזֶּה: אָז שָׁלַח אֲמַצְיָה מַלְאָכִים אֶל־

יְהוֹאָשׁ בֶּן־יְהוֹאָחָז מֶלֶךְ יִשְׂרָאֵל לֵאמֹר

9 לְכָה נִתְרָאֶה פָנִים: וַיִּשְׁלַח יְהוֹאָשׁ מֶלֶךְ־יִשְׂרָאֵל

17 אֶל־אֲמַצְיָהוּ מֶלֶךְ־יְהוּדָה לֵאמֹר הַחוֹחַ אֲשֶׁר

בַּלְּבָנוֹן שָׁלַח אֶל־הָאֶרֶז אֲשֶׁר בַּלְּבָנוֹן לֵאמֹר תְּנָה

אֶת־בִּתְּךָ לִבְנִי לְאִשָּׁה וַתַּעֲבֹר חַיַּת הַשָּׂדֶה אֲשֶׁר

10 בַּלְּבָנוֹן וַתִּרְמֹס אֶת־הַחוֹחַ:   הַכֵּה הִכִּיתָ אֶת־

אֱדוֹם וּנְשָׂאֲךָ לִבֶּךָ הִכָּבֵד וְשֵׁב בְּבֵיתֶךָ וְלָמָּה

11 תִתְגָּרֶה בְּרָעָה וְנָפַלְתָּה אַתָּה וִיהוּדָה עִמָּךְ:   וְלֹא־

שָׁמַע אֲמַצְיָהוּ וַיַּעַל יְהוֹאָשׁ מֶלֶךְ־יִשְׂרָאֵל וַיִּתְרָאוּ

פָנִים הוּא וַאֲמַצְיָהוּ מֶלֶךְ־יְהוּדָה בְּבֵית שֶׁמֶשׁ

12 אֲשֶׁר לִיהוּדָה: וַיִּנָּגֶף יְהוּדָה לִפְנֵי יִשְׂרָאֵל וַיָּנֻסוּ

13 אִישׁ לְאֹהָלָיו: וְאֵת אֲמַצְיָהוּ מֶלֶךְ־יְהוּדָה בֶּן־

יְהוֹאָשׁ בֶּן־אֲחַזְיָהוּ תָּפַשׂ יְהוֹאָשׁ מֶלֶךְ־יִשְׂרָאֵל

בְּבֵית שָׁמֶשׁ וַיָּבֹא יְרוּשָׁלִַם וַיִּפְרֹץ בְּחוֹמַת יְרוּשָׁלַ͏ִם

בְּשַׁעַר אֶפְרַיִם עַד־שַׁעַר הַפִּנָּה אַרְבַּע מֵאוֹת

14 אַמָּה: וְלָקַח אֶת־כָּל־הַזָּהָב וְהַכֶּסֶף וְאֵת כָּל־

הַכֵּלִים הַנִּמְצְאִים בֵּית־יְהוָה וּבְאֹצְרוֹת בֵּית הַמֶּלֶךְ

15 וְאֵת בְּנֵי הַתַּעֲרֻבוֹת וַיָּשָׁב שֹׁמְרוֹנָה: וְיֶתֶר דִּבְרֵי

יְהוֹאָשׁ אֲשֶׁר עָשָׂה וּגְבוּרָתוֹ וַאֲשֶׁר נִלְחַם עִם

אֲמַצְיָהוּ מֶלֶךְ־יְהוּדָה הֲלֹא־הֵם כְּתוּבִים עַל־סֵפֶר

16 דִּבְרֵי הַיָּמִים לְמַלְכֵי יִשְׂרָאֵל: וַיִּשְׁכַּב יְהוֹאָשׁ עִם־

אֲבֹתָיו וַיִּקָּבֵר בְּשֹׁמְרוֹן עִם מַלְכֵי יִשְׂרָאֵל וַיִּמְלֹךְ

17 יָרָבְעָם בְּנוֹ תַּחְתָּיו: וַיְחִי אֲמַצְיָהוּ בֶן־יוֹאָשׁ מֶלֶךְ

יְהוּדָה אַחֲרֵי מוֹת יְהוֹאָשׁ בֶּן־יְהוֹאָחָז מֶלֶךְ

18 יִשְׂרָאֵל חֲמֵשׁ עֶשְׂרֵה שָׁנָה: וְיֶתֶר דִּבְרֵי אֲמַצְיָהוּ

19 הֲלֹא־הֵם כְּתוּבִים עַל־סֵפֶר דִּבְרֵי הַיָּמִים לְמַלְכֵי

יְהוּדָה: וַיִּקְשְׁרוּ עָלָיו קֶשֶׁר בִּירוּשָׁלִַם וַיָּנָס לָכִישָׁה

20 וַיִּשְׁלְחוּ אַחֲרָיו לָכִישָׁה וַיְמִתֻהוּ שָׁם: וַיִּשְׂאוּ אֹתוֹ

עַל־הַסּוּסִים וַיִּקָּבֵר בִּירוּשָׁלִַם עִם־אֲבֹתָיו בְּעִיר

21 דָּוִד: וַיִּקְחוּ כָּל־עַם יְהוּדָה אֶת־עֲזַרְיָה וְהוּא בֶּן־

22 שֵׁשׁ עֶשְׂרֵה שָׁנָה וַיַּמְלִכוּ אֹתוֹ תַּחַת אָבִיו אֲמַצְיָהוּ:   הוּא בָּנָה אֶת־אֵילַת וַיְשִׁבֶהָ לִיהוּדָה אַחֲרֵי שְׁכַב־

23 הַמֶּלֶךְ עִם־אֲבֹתָיו: בִּשְׁנַת חֲמֵשׁ־עֶשְׂרֵה

שָׁנָה לַאֲמַצְיָהוּ בֶן־יוֹאָשׁ מֶלֶךְ יְהוּדָה מָלַךְ יָרָבְעָם

בֶּן־יוֹאָשׁ מֶלֶךְ יִשְׂרָאֵל בְּשֹׁמְרוֹן אַרְבָּעִים וְאַחַת

24 שָׁנָה: וַיַּעַשׂ הָרַע בְּעֵינֵי יְהוָה לֹא סָר מִכָּל־

חַטֹּאות יָרָבְעָם בֶּן־נְבָט אֲשֶׁר הֶחֱטִיא אֶת־יִשְׂרָאֵל:

25 הוּא הֵשִׁיב אֶת־גְּבוּל יִשְׂרָאֵל מִלְּבוֹא חֲמָת עַד־יָם

הָעֲרָבָה כִּדְבַר יְהוָה אֱלֹהֵי יִשְׂרָאֵל אֲשֶׁר דִּבֶּר בְּיַד־

עַבְדּוֹ יוֹנָה בֶן־אֲמִתַּי הַנָּבִיא אֲשֶׁר מִגַּת הַחֵפֶר:

26 כִּי־רָאָה יְהוָה אֶת־עֳנִי יִשְׂרָאֵל מֹרֶה מְאֹד וְאֶפֶס

27 עָצוּר וְאֶפֶס עָזוּב וְאֵין עֹזֵר לְיִשְׂרָאֵל: וְלֹא־דִבֶּר

and the arrow of deliverance from Syria: for thou shalt smite the Syrians in *b* Aphek, till thou have consumed *them.*

18 And he said, Take the arrows. And he took *them.* And he said unto the king of Israel, Smite upon the ground. And he smote thrice, and stayed. ·

19 And the man of God was wroth with him, and said, Thou shouldest have smitten five or six times, then hadst thou smitten Syria till thou hadst consumed *it :* whereas now thou shalt smite Syria *but* thrice.*ᵉ*

20 And Elisha died, and they buried him. And the bands of the Moabites invaded the land at the coming in of the year.

21 And it came to pass, as they were burying a man, that, behold, they spied a band *of men ;* and they cast the man into the sepulchre of Elisha: and when the man was *δ* let down, and touched the bones of Elisha, he revived, and stood up on his feet.

22 But Hazael *i* king of Syria oppressed Israel all the days of Jehoahaz.

23 And the LORD was gracious unto them, and had compassion on them, and had *l* respect unto them, because of his covenant with*ᵐ* Abraham, Isaac, and Jacob, and would not destroy them, neither cast he them from his *ζ* presence as yet.*ⁿ*

24 So Hazael king of Syria died ; and Ben-hadad his son reigned in his stead.

25 And Jehoash, the son of Jehoahaz, took *η* again, out of the hand of Ben-hadad, the son of Hazael, the cities which he had taken out of the hand of Jehoahaz his father by war: three*ᵖ* times did Joash beat him, and recovered the cities of Israel.

CHAP. XIV.

IN *q* the second year of Joash son of Jehoahaz king of Israel, reigned *r* Amaziah, the son of Joash king of Judah.

2 He was twenty and five years old when he began to reign, and reigned twenty and nine years in Jerusalem : and his mother's name *was* Jehoaddan of Jerusalem.

3 And he did *that which was* right in the sight of the LORD, yet not like David his father: he did according to all things as Joash his father did.

4 Howbeit *u* the high places were not taken away: as yet the people did sacrifice and burnt incense on the high places.

5 And it came to pass, as soon as the kingdom was confirmed in his hand, that he slew his servants *x* which had slain the king his father.

6 But the children of the murderers he slew not: according unto that which is written*y* in the book of the law of Moses, wherein the LORD commanded, saying, The fathers*ᵃ* shall not be put to death for the children, nor the children be put to death for the fathers ; but every man shall be put to death for his own sin.

7 He slew of Edom, in the valley of Salt, ten thousand, and took *θ* Selah by war, and called *eᵉ* name of it.Joktheel*ᵘ* unto this day.

8 Then*f* Amaziah sent messengers to Jehoash, the son of Jehoahaz, son of Jehu king of Israel, saying, Come, let us *h* look one another in the face.

9 And Jehoash the king of Israel sent to Amaziah king of Judah, saying, The thistle*l* that *was* in Lebanon sent to the cedar that *was* in Lebanon, saying, Give thy daughter to my son to wife : and there passed by a wild beast that *was* in Lebanon, and trode down the thistle.

10 Thou hast indeed smitten Edom, and

B. C. 839.

a De. 8. 14.
2Ch. 32. 25.
Eze. 28.2,5,
17.
Hab. 2. 4.
b 1 Ki. 20. 26.
β at thy
house.
c Pr. 3. 30.
15. 18.
25. 8.
d Jos. 19. 38.
1Sa.6.9,&c.
γ smitten.
e ver. 25.
f Ne. 8. 16.
g Je. 31. 38.
Zec. 14. 10.
h 1 Ki. 7. 51.
δ went*down.*
i ver. 3.
ch. 8. 12.
k ch. 13. 12.
l Ex.2. 24,25.
m Ge. 17.2..5.
Ex. 32. 13.
Ne. 9. 32.
Ps. 106. 45.
ζ face.
n Ge. 6. 3.
η returned
and took.
o 2Ch. 25. 25,
&c.
p ver. 18, 19.
q ch. 13. 10.
r 2 Ch. 25. 1,
&c.
s Jos. 10. 31.
t ch. 15. 13.
2 Ch. 26. 1.
he is called
Uzziah.
u ch. 12. 3.
v ch. 16. 6.
w Now he
begins to
reign
alone.
x ch. 12. 20.
y De. 24. 16.
z 1 Ki. 12. 28,
&c.
Ps. 106. 20.
a Eze.18.4,20.
b Nu. 34. 8.
c De. 3. 17.
d Jon. 1. 1.
called
Jonas,
Mat. 12. 39,
40.
θ or.*the rock?*
Ob. 3.
e Jos. 15. 38.
f 2Ch. 25. 17,
&c.
g De. 32. 36.
h 2 Sa. 2. 14.
i De. 9. 14.
Ro.11.2,&c.
k ch. 13. 5.
l Ju. 9. 8, &c.
m 2 Sa. 8. 6.
1Ki. 11. 24.
2Ch. 8. 3.

thine heart hath lifted *a* thee up : glory *of this,*and tarry *β* at home: for why shouldest thou meddle to *thy* hurt, that thou shouldest fall,*ᶜ even* thou, and Judah with thee ?

11 But Amaziah would not hear. Therefore Jehoash king of Israel went up ; and he and Amaziah king of Judah looked one another in the face at *d* Beth-shemesh, which *belongeth* to Judah.

12 And Judah was *γ* put to the worse before Israel ; and they fled every man to their tents.

13 And Jehoash king of Israel took Amaziah king of Judah, the son of Jehoash, the son of Ahaziah, at Beth-shemesh, and came to Jerusalem ; and brake down the wall of Jerusalem, from the gate*f* of Ephraim unto the corner-gate,*g* four hundred cubits.

14 And he took all the gold *h* and silver, and all the vessels that were found in the house of the LORD, and in the treasures of the king's house, and hostages, and returned to Samaria.

15 Now*k* the rest of the acts of Jehoash which he did, and his might, and how he fought with Amaziah king of Judah, *are* they not written in the book of the Chronicles of the kings of Israel ?

16 And Jehoash slept with his fathers, and was buried in Samaria with the kings of Israel ; and Jeroboam his son reigned in his stead.

17 And*ᵗ* Amaziah the son of Joash king of Judah lived after the death of Jehoash son of Jehoahaz king of Israel fifteen years.

18 And the rest of the acts of Amaziah, *are* they not written in the book of the Chronicles of the kings of Judah ?

19 Now they made a conspiracy against him in Jerusalem ; and he fled to*ᵉ* Lachish ; but they sent after him to Lachish, and slew him there.

20 And they brought him on horses ; and he was buried at Jerusalem with his fathers, in the city of David.

21 And all the people of Judah took Azariah,*ᵗ* which *was* sixteen years old, and made him king instead of his father Amaziah.

22 He built Elath,*ᵛ* and restored it to Judah, after that the king slept with his fathers.

23 In the fifteenth year of Amaziah*ʷ* the son of Joash king of Judah, Jeroboam the son of Joash king of Israel began to reign in Samaria,*and reigned* forty and one years.

24 And he did *that which was* evil in the sight of the LORD: he departed not from all the sins *z* of Jeroboam the son of Nebat, who made Israel to sin.

25 He restored the coast of Israel from the entering of Hamath*b* unto the sea*ᶜ* of the plain, according to the word of the LORD God of Israel, which he spake by the hand of his servant Jonah,*d* the son of Amittai, the prophet, which *was* of Gath-hepher.

26 For the LORD saw the affliction of Israel, *that it was* very bitter : for*ᵍ there was* not any shut up, nor any left, nor any helper for Israel.

27 And the LORD said not*ⁱ* that he would blot out the name of Israel from under heaven : but*ᵏ* he saved them by the hand of Jeroboam the son of Joash.

28 Now the rest of the acts of Jeroboam, and all that he did, and his might, and how he warred, and how he recovered Damascus, and Hamath, *which belonged*ᵐ to Judah *for* Israel, *are* they not written in the book of

יְהוָֹה לִמְחוֹת אֶת־שֵׁם יִשְׂרָאֵל מִתַּחַת הַשָּׁמָיִם׃

28 וְיֶתֶר דִּבְרֵי יָרָבְעָם וְכָל־אֲשֶׁר עָשָׂה וּגְבוּרָתוֹ אֲשֶׁר־נִלְחָם וַאֲשֶׁר הֵשִׁיב אֶת־דַּמֶּשֶׂק וְאֶת־חֲמָת לִיהוּדָה בְּיִשְׂרָאֵל הֲלֹא־הֵם כְּתוּבִים עַל־סֵפֶר דִּבְרֵי הַיָּמִים לְמַלְכֵי יִשְׂרָאֵל׃

29 וַיִּשְׁכַּב יָרָבְעָם עִם־אֲבֹתָיו עִם מַלְכֵי יִשְׂרָאֵל וַיִּמְלֹךְ זְכַרְיָה בְנוֹ תַּחְתָּיו׃

CAP. XV. טו

1 בִּשְׁנַת עֶשְׂרִים וָשֶׁבַע שָׁנָה לְיָרָבְעָם מֶלֶךְ יִשְׂרָאֵל מָלַךְ עֲזַרְיָה בֶן־אֲמַצְיָה מֶלֶךְ יְהוּדָה׃

2 בֶּן־שֵׁשׁ עֶשְׂרֵה שָׁנָה הָיָה בְמָלְכוֹ וַחֲמִשִּׁים וּשְׁתַּיִם שָׁנָה מָלַךְ בִּירוּשָׁלָ͏ִם וְשֵׁם אִמּוֹ יְכָלְיָהוּ מִירוּשָׁלָיִם׃

3 וַיַּעַשׂ הַיָּשָׁר בְּעֵינֵי יְהוָֹה כְּכֹל אֲשֶׁר־עָשָׂה אֲמַצְיָהוּ אָבִיו׃

4 רַק הַבָּמוֹת לֹא־סָרוּ עוֹד הָעָם מְזַבְּחִים וּמְקַטְּרִים בַּבָּמוֹת׃

5 וַיְנַגַּע יְהוָֹה אֶת־הַמֶּלֶךְ וַיְהִי מְצֹרָע עַד־יוֹם מֹתוֹ וַיֵּשֶׁב בְּבֵית הַחָפְשִׁית וְיוֹתָם בֶּן־הַמֶּלֶךְ עַל־הַבַּיִת שֹׁפֵט אֶת־עַם הָאָרֶץ׃

6 וְיֶתֶר דִּבְרֵי עֲזַרְיָהוּ וְכָל־אֲשֶׁר עָשָׂה הֲלֹא־הֵם כְּתוּבִים עַל־סֵפֶר דִּבְרֵי הַיָּמִים לְמַלְכֵי יְהוּדָה׃

7 וַיִּשְׁכַּב עֲזַרְיָה עִם־אֲבֹתָיו וַיִּקְבְּרוּ אֹתוֹ עִם־אֲבֹתָיו בְּעִיר דָּוִד וַיִּמְלֹךְ יוֹתָם בְּנוֹ תַּחְתָּיו׃

8 בִּשְׁנַת שְׁלֹשִׁים וּשְׁמֹנֶה שָׁנָה לַעֲזַרְיָהוּ מֶלֶךְ יְהוּדָה מָלַךְ זְכַרְיָהוּ בֶן־יָרָבְעָם עַל־יִשְׂרָאֵל בְּשֹׁמְרוֹן שִׁשָּׁה חֳדָשִׁים׃

9 וַיַּעַשׂ הָרַע בְּעֵינֵי יְהוָֹה כַּאֲשֶׁר עָשׂוּ אֲבֹתָיו לֹא סָר מֵחַטֹּאות יָרָבְעָם בֶּן־נְבָט אֲשֶׁר הֶחֱטִיא אֶת־יִשְׂרָאֵל׃

10 וַיִּקְשֹׁר עָלָיו שַׁלּוּם בֶּן־יָבֵשׁ וַיַּכֵּהוּ קָבָלְעָם וַיְמִיתֵהוּ וַיִּמְלֹךְ תַּחְתָּיו׃

11 וְיֶתֶר דִּבְרֵי שַׁלּוּם כְּתוּבִים עַל־סֵפֶר דִּבְרֵי הַיָּמִים לְמַלְכֵי יִשְׂרָאֵל׃

12 הוּא דְבַר־יְהוָֹה אֲשֶׁר דִּבֶּר אֶל־יֵהוּא לֵאמֹר בְּנֵי רְבִיעִים יֵשְׁבוּ לְךָ עַל־כִּסֵּא יִשְׂרָאֵל וַיְהִי־כֵן׃

13 שַׁלּוּם בֶּן־יָבֵשׁ מָלַךְ בִּשְׁנַת שְׁלֹשִׁים וָתֵשַׁע שָׁנָה לְעֻזִּיָּה מֶלֶךְ יְהוּדָה וַיִּמְלֹךְ יֶרַח־יָמִים בְּשֹׁמְרוֹן׃

14 וַיַּעַל מְנַחֵם בֶּן־גָּדִי מִתִּרְצָה וַיָּבֹא שֹׁמְרוֹן וַיַּךְ אֶת־שַׁלּוּם בֶּן־יָבֵשׁ בְּשֹׁמְרוֹן וַיְמִיתֵהוּ וַיִּמְלֹךְ תַּחְתָּיו׃

15 וְיֶתֶר דִּבְרֵי שַׁלּוּם וְקִשְׁרוֹ אֲשֶׁר קָשָׁר הִנָּם כְּתוּבִים עַל־סֵפֶר דִּבְרֵי הַיָּמִים לְמַלְכֵי יִשְׂרָאֵל׃

16 אָז יַכֶּה־מְנַחֵם אֶת־תִּפְסַח וְאֶת־כָּל־אֲשֶׁר־בָּהּ וְאֶת־גְּבוּלֶיהָ מִתִּרְצָה כִּי לֹא פָתַח וַיַּךְ אֵת כָּל־הֶהָרוֹתֶיהָ בִּקֵּעַ׃

17 בִּשְׁנַת שְׁלֹשִׁים וָתֵשַׁע שָׁנָה לַעֲזַרְיָה מֶלֶךְ יְהוּדָה מָלַךְ מְנַחֵם בֶּן־גָּדִי עַל־יִשְׂרָאֵל עֶשֶׂר שָׁנִים בְּשֹׁמְרוֹן׃

18 וַיַּעַשׂ הָרַע בְּעֵינֵי יְהוָֹה לֹא סָר מֵעַל חַטֹּאות יָרָבְעָם בֶּן־נְבָט אֲשֶׁר הֶחֱטִיא אֶת־יִשְׂרָאֵל כָּל־יָמָיו׃

19 בָּא פוּל מֶלֶךְ־אַשּׁוּר עַל־הָאָרֶץ וַיִּתֵּן מְנַחֵם לְפוּל אֶלֶף כִּכַּר־כָּסֶף לִהְיוֹת יָדָיו אִתּוֹ לְהַחֲזִיק הַמַּמְלָכָה בְּיָדוֹ׃

20 וַיֹּצֵא מְנַחֵם אֶת־הַכֶּסֶף עַל־יִשְׂרָאֵל עַל כָּל־גִּבּוֹרֵי הַחַיִל לָתֵת לְמֶלֶךְ אַשּׁוּר חֲמִשִּׁים שְׁקָלִים כֶּסֶף לְאִישׁ אֶחָד וַיָּשָׁב מֶלֶךְ אַשּׁוּר וְלֹא־עָמַד שָׁם בָּאָרֶץ׃

21 וְיֶתֶר דִּבְרֵי מְנַחֵם וְכָל־אֲשֶׁר עָשָׂה הֲלֹא־הֵם כְּתוּבִים עַל־סֵפֶר דִּבְרֵי הַיָּמִים לְמַלְכֵי יִשְׂרָאֵל׃

22 וַיִּשְׁכַּב מְנַחֵם עִם־אֲבֹתָיו וַיִּמְלֹךְ פְּקַחְיָה בְנוֹ תַּחְתָּיו׃

23 בִּשְׁנַת חֲמִשִּׁים שָׁנָה לַעֲזַרְיָה מֶלֶךְ יְהוּדָה מָלַךְ פְּקַחְיָה בֶן־מְנַחֵם עַל־יִשְׂרָאֵל בְּשֹׁמְרוֹן שְׁנָתָיִם׃

24 וַיַּעַשׂ הָרַע בְּעֵינֵי יְהוָֹה לֹא סָר מֵחַטֹּאות יָרָבְעָם בֶּן־נְבָט אֲשֶׁר הֶחֱטִיא אֶת־יִשְׂרָאֵל׃

25 וַיִּקְשֹׁר עָלָיו פֶּקַח בֶּן־רְמַלְיָהוּ שָׁלִישׁוֹ וַיַּכֵּהוּ בְשֹׁמְרוֹן בְּאַרְמוֹן בֵּית־מֶלֶךְ אֶת־אַרְגֹּב וְאֶת־הָאַרְיֵה וְעִמּוֹ חֲמִשִּׁים אִישׁ מִבְּנֵי גִלְעָדִים וַיְמִיתֵהוּ וַיִּמְלֹךְ תַּחְתָּיו׃

26 וְיֶתֶר דִּבְרֵי פְקַחְיָה וְכָל־אֲשֶׁר עָשָׂה הִנָּם כְּתוּבִים עַל־סֵפֶר דִּבְרֵי הַיָּמִים לְמַלְכֵי יִשְׂרָאֵל׃

27 בִּשְׁנַת חֲמִשִּׁים וּשְׁתַּיִם שָׁנָה לַעֲזַרְיָה מֶלֶךְ יְהוּדָה מָלַךְ פֶּקַח בֶּן־רְמַלְיָהוּ עַל־יִשְׂרָאֵל בְּשֹׁמְרוֹן עֶשְׂרִים שָׁנָה׃

28 וַיַּעַשׂ הָרַע בְּעֵינֵי יְהוָֹה לֹא סָר מִן־חַטֹּאות יָרָבְעָם בֶּן־נְבָט אֲשֶׁר הֶחֱטִיא אֶת־יִשְׂרָאֵל׃

29 בִּימֵי פֶּקַח מֶלֶךְ־יִשְׂרָאֵל בָּא תִּגְלַת פִּלְאֶסֶר מֶלֶךְ אַשּׁוּר וַיִּקַּח אֶת־עִיּוֹן וְאֶת־אָבֵל בֵּית־מַעֲכָה וְאֶת־יָנוֹחַ וְאֶת־קֶדֶשׁ וְאֶת־חָצוֹר וְאֶת־הַגִּלְעָד וְאֶת־הַגָּלִילָה כֹּל אֶרֶץ נַפְתָּלִי וַיַּגְלֵם אַשּׁוּרָה׃

30 וַיִּקְשָׁר־קֶשֶׁר הוֹשֵׁעַ בֶּן־אֵלָה עַל־פֶּקַח בֶּן־רְמַלְיָהוּ וַיַּכֵּהוּ וַיְמִיתֵהוּ וַיִּמְלֹךְ תַּחְתָּיו בִּשְׁנַת עֶשְׂרִים לְיוֹתָם בֶּן־עֻזִּיָּה׃

31 וְיֶתֶר דִּבְרֵי פֶּקַח וְכָל־אֲשֶׁר עָשָׂה הִנָּם כְּתוּבִים עַל־סֵפֶר דִּבְרֵי הַיָּמִים לְמַלְכֵי יִשְׂרָאֵל׃

32 בִּשְׁנַת שְׁתַּיִם לְפֶקַח בֶּן־רְמַלְיָהוּ מֶלֶךְ יִשְׂרָאֵל מָלַךְ יוֹתָם בֶּן־עֻזִּיָּהוּ מֶלֶךְ יְהוּדָה׃

33 בֶּן־עֶשְׂרִים וְחָמֵשׁ שָׁנָה הָיָה בְמָלְכוֹ וְשֵׁשׁ־עֶשְׂרֵה שָׁנָה מָלַךְ בִּירוּשָׁלָ͏ִם וְשֵׁם אִמּוֹ יְרוּשָׁא בַּת־צָדוֹק׃

34 וַיַּעַשׂ הַיָּשָׁר בְּעֵינֵי יְהוָֹה כְּכֹל אֲשֶׁר־עָשָׂה עֻזִּיָּהוּ אָבִיו עָשָׂה׃

35 רַק הַבָּמוֹת לֹא־סָרוּ עוֹד הָעָם מְזַבְּחִים וּמְקַטְּרִים בַּבָּמוֹת הוּא בָּנָה אֶת־שַׁעַר בֵּית־יְהוָֹה הָעֶלְיוֹן׃

36 וְיֶתֶר דִּבְרֵי

the Chronicles of the kings of Israel?

29 And Jeroboam slept with his fathers, *even* with the kings of Israel; and Zachariah his son reigned [c] in his stead.

CHAP. XV.

IN [d] the twenty and seventh [e] year of Jeroboam king of Israel began [f] Azariah son of Amaziah king of Judah to reign.

2 Sixteen years old was he when he began to reign, and he reigned two and fifty years in Jerusalem: and his mother's name *was* Jecholiah of Jerusalem.

3 And he did *that which was* right in the sight of the LORD, according to all that his father Amaziah had done;

4 Save [g] that the high places were not removed: the people sacrificed and burnt incense still on the high places.

5 And [h] the LORD smote the king, so that he was a leper unto the day of his death, and dwelt in a several house. And Jotham the king's son *was* over the house, judging the people of the land.

6 And the rest of the acts of Azariah, and all that he did, *are* they not written in the book of the Chronicles of the kings of Judah?

7 So Azariah slept with his fathers; and they buried him with his fathers in the city of David: and Jotham his son reigned in his stead.

8 In the thirty and eighth year of Azariah king of Judah did [i] Zachariah the son of Jeroboam, reign over Israel in Samaria six months.

9 And he did *that which was* evil in the sight of the LORD, as his fathers had done: he departed not from the sins of Jeroboam the son of Nebat, who made Israel to sin.

10 And Shallum the son of Jabesh conspired against him, and smote him before the people, and slew [l] him, and reigned in his stead.

11 And the rest of the acts of Zachariah, behold, they *are* written in the book of the Chronicles of the kings of Israel.

12 This *was* the word of the LORD [m] which he spake unto Jehu, saying, Thy sons shall sit on the throne of Israel unto the fourth *generation.* And so it came to pass.

13 Shallum the son of Jabesh began to reign in the nine and thirtieth year of Uzziah [o] king of Judah; and he reigned [γ] a full month in Samaria.

14 For Menahem the son of Gadi went up from Tirzah, and came to Samaria, and smote Shallum the son of Jabesh in Samaria, and slew him, and reigned in his stead.

15 And the rest of the acts of Shallum, and his conspiracy which he made, behold, they *are* written in the book of the Chronicles of the kings of Israel.

16 Then Menahem smote Tiphsah, [s] and all that *were* therein, and the coasts thereof from Tirzah: because they opened not *to him,* therefore he smote *it; and* all the women [t] therein that *were* with child he ripped up.

17 In the nine and thirtieth year of Azariah king of Judah began Menahem the son of Gadi to reign over Israel, *and reigned* ten years in Samaria.

18 And he did *that which was* evil in the sight of the LORD: he departed not all his days from the sins of Jeroboam the son of Nebat, who made Israel to sin.

19 *And* Pul [v] the king of Assyria came

(center column notes)

B. C. 773.

a Ho. 8. 9.
b ch. 14. 5.
c After an interregnum of eleven years.
ch. 15. 8.
β caused to come forth.
d ch. 14. 21.
2 Ch. 26. 1.
e This is the twenty-seventh year of Jeroboam's partnership in the kingdom with his father, who made him consort at his going to the Syrian wars. It is the sixteenth year of Jeroboam's monarchy.
f called Uzziah, ver. 13, 30, &c.
2 Ch. 26. 1.
g ver. 35.
h 2Ch. 26. 19.
i There having been an interregnum for eleven years.
k Is. 7. 1, 4, 9.
l As prophesied, Am. 7. 9.
m ch. 10. 30.
n Is. 9. 1.
o Mat. 1. 8, 9. called Oziias; ver. 1, Azariah.
p After an anarchy for some years, ch. 17. 1. Ho.10.3,7,15
q The fourth year of Ahaz, the twentieth after Jotham had begun to reign: (Usher.)
γ a month of days.
r 2 Ch. 27. 1, &c.
s 1 Ki. 4. 24.
t ch. 8. 12. Am. 1. 13.
u At the end of Jotham's reign.
v 1 Ch. 5. 26.
w ch. 16. 5.

against the land: and Menahem gave [a] Pul a thousand talents of silver, that his hand might be with him, to confirm [b] the kingdom in his hand.

20 And Menahem [β] exacted the money of Israel, *even* of all the mighty men of wealth, of each man fifty shekels of silver, to give to the king of Assyria: so the king of Assyria turned back, and stayed not there in the land.

21 And the rest of the acts of Menahem, and all that he did, *are* they not written in the book of the Chronicles of the kings of Israel?

22 And Menahem slept with his fathers: and Pekahiah his son reigned in his stead.

23 In the fiftieth year of Azariah king of Judah, Pekahiah the son of Menahem began to reign over Israel in Samaria, *and reigned* two years.

24 And he did *that which was* evil in the sight of the LORD; he departed not from the sins of Jeroboam the son of Nebat, who made Israel to sin.

25 But Pekah the son of Remaliah, a captain of his, conspired against him, and smote him in Samaria, in the palace of the king's house, with Argob and Arieh, and with him fifty men of the Gileadites: and he killed him, and reigned in his room.

26 And the rest of the acts of Pekahiah, and all that he did, behold, they *are* written in the book of the Chronicles of the kings of Israel.

27 In the two and fiftieth year of Azariah king of Judah, Pekah [k] the son of Remaliah began to reign over Israel in Samaria, *and reigned* twenty years.

28 And he did *that which was* evil in the sight of the LORD: he departed not from the sins of Jeroboam the son of Nebat, who made Israel to sin.

29 In the days of Pekah king of Israel, came Tiglath-pileser king of Assyria, and took Ijon, and Abel-beth-maachah, and Janoah, and Kedesh, and Hazor, and Gilead, and Galilee, all the land of [n] Naphtali, and carried them captive to Assyria.

30 And Hoshea the son of Elah made a conspiracy against Pekah the son of Remaliah, and smote him, and slew him, and reigned [p] in his stead, in the twentieth [q] year of Jotham the son of Uzziah.

31 And the rest of the acts of Pekah, and all that he did, behold, they *are* written in the book of the Chronicles of the kings of Israel.

32 In the second year of Pekah the son of Remaliah king of Israel, began [r] Jotham the son of Uzziah king of Judah to reign.

33 Five and twenty years old was he when he began to reign, and he reigned sixteen years in Jerusalem; and his mother's name *was* Jerusha, the daughter of Zadok.

34 And he did *that which was* right in the sight of the LORD: he did according to all that his father Uzziah had done.

35 Howbeit, the high places were not removed: the people sacrificed and burned incense still in the high places. He built the higher gate of the house of the LORD.

36 Now the rest of the acts of Jotham, and all that he did, *are* they not written in the book of the Chronicles of the kings of Judah?

37 In those days [u] the LORD began to send against Judah, Rezin [w] the king of

יוֹתָם וְכָל־אֲשֶׁר עָשָׂה הֲלוֹא־הֵם כְּתוּבִים עַל־סֵפֶר
37 דִּבְרֵי הַיָּמִים לְמַלְכֵי יְהוּדָה׃ בַּיָּמִים הָהֵם
הֵחֵל יְהוָה לְהַשְׁלִיחַ בִּיהוּדָה רְצִין מֶלֶךְ אֲרָם וְאֵת
38 פֶּקַח בֶּן־רְמַלְיָהוּ׃ וַיִּשְׁכַּב יוֹתָם עִם־אֲבֹתָיו וַיִּקָּבֵר
עִם־אֲבֹתָיו בְּעִיר דָּוִד אָבִיו וַיִּמְלֹךְ אָחָז בְּנוֹ תַּחְתָּיו׃

CAP. XVI. יו

1 בִּשְׁנַת שְׁבַע־עֶשְׂרֵה שָׁנָה לְפֶקַח בֶּן־רְמַלְיָהוּ מָלַךְ
2 אָחָז בֶּן־יוֹתָם מֶלֶךְ יְהוּדָה׃ בֶּן־עֶשְׂרִים שָׁנָה אָחָז
בְּמָלְכוֹ וְשֵׁשׁ־עֶשְׂרֵה שָׁנָה מָלַךְ בִּירוּשָׁלָם וְלֹא־
3 עָשָׂה הַיָּשָׁר בְּעֵינֵי יְהוָה אֱלֹהָיו כְּדָוִד אָבִיו׃ וַיֵּלֶךְ
בְּדֶרֶךְ מַלְכֵי יִשְׂרָאֵל וְגַם אֶת־בְּנוֹ הֶעֱבִיר בָּאֵשׁ
כְּתֹעֲבוֹת הַגּוֹיִם אֲשֶׁר הוֹרִישׁ יְהוָה אֹתָם מִפְּנֵי
4 בְּנֵי יִשְׂרָאֵל׃ וַיְזַבֵּחַ וַיְקַטֵּר בַּבָּמוֹת וְעַל־הַגְּבָעוֹת
5 וְתַחַת כָּל־עֵץ רַעֲנָן׃ אָז יַעֲלֶה רְצִין מֶלֶךְ־אֲרָם
וּפֶקַח בֶּן־רְמַלְיָהוּ מֶלֶךְ־יִשְׂרָאֵל יְרוּשָׁלַם לַמִּלְחָמָה
6 וַיָּצֻרוּ עַל־אָחָז וְלֹא יָכְלוּ לְהִלָּחֵם׃ בָּעֵת
הַהִיא הֵשִׁיב רְצִין מֶלֶךְ אֲרָם אֶת־אֵילַת
לַאֲרָם וַיְנַשֵּׁל אֶת־הַיְּהוּדִים מֵאֵילוֹת וַאֲרַמִּים
7 בָּאוּ אֵילַת וַיֵּשְׁבוּ שָׁם עַד הַיּוֹם הַזֶּה׃ וַיִּשְׁלַח
אָחָז מַלְאָכִים אֶל־תִּגְלַת פְּלֶסֶר מֶלֶךְ־אַשּׁוּר
לֵאמֹר עַבְדְּךָ וּבִנְךָ אָנִי עֲלֵה וְהוֹשִׁיעֵנִי מִכַּף
מֶלֶךְ־אֲרָם וּמִכַּף מֶלֶךְ יִשְׂרָאֵל הַקּוֹמִים עָלָי׃
8 וַיִּקַּח אָחָז אֶת־הַכֶּסֶף וְאֶת־הַזָּהָב הַנִּמְצָא בֵּית
יְהוָה וּבְאֹצְרוֹת בֵּית הַמֶּלֶךְ וַיִּשְׁלַח לְמֶלֶךְ־אַשּׁוּר
9 שֹׁחַד׃ וַיִּשְׁמַע אֵלָיו מֶלֶךְ אַשּׁוּר וַיַּעַל מֶלֶךְ
אַשּׁוּר אֶל־דַּמֶּשֶׂק וַיִּתְפְּשֶׂהָ וַיַּגְלֶהָ קִירָה וְאֶת־רְצִין
10 הֵמִית׃ וַיֵּלֶךְ הַמֶּלֶךְ אָחָז לִקְרַאת תִּגְלַת
פִּלְאֶסֶר מֶלֶךְ־אַשּׁוּר דּוּמֶּשֶׂק וַיַּרְא אֶת־הַמִּזְבֵּחַ
אֲשֶׁר בְּדַמָּשֶׂק וַיִּשְׁלַח הַמֶּלֶךְ אָחָז אֶל־אוּרִיָּה
11 הַכֹּהֵן אֶת־דְּמוּת הַמִּזְבֵּחַ וְאֶת־תַּבְנִיתוֹ לְכָל־
מַעֲשֵׂהוּ׃ וַיִּבֶן אוּרִיָּה הַכֹּהֵן אֶת־הַמִּזְבֵּחַ כְּכֹל
אֲשֶׁר־שָׁלַח הַמֶּלֶךְ אָחָז מִדַּמֶּשֶׂק כֵּן עָשָׂה
אוּרִיָּה הַכֹּהֵן עַד־בּוֹא הַמֶּלֶךְ־אָחָז מִדַּמָּשֶׂק׃
12 וַיָּבֹא הַמֶּלֶךְ מִדַּמֶּשֶׂק וַיַּרְא הַמֶּלֶךְ אֶת־הַמִּזְבֵּחַ
13 וַיִּקְרַב הַמֶּלֶךְ עַל־הַמִּזְבֵּחַ וַיַּעַל עָלָיו׃ וַיַּקְטֵר
אֶת־עֹלָתוֹ וְאֶת־מִנְחָתוֹ וַיַּסֵּךְ אֶת־נִסְכּוֹ וַיִּזְרֹק
14 אֶת־דַּם־הַשְּׁלָמִים אֲשֶׁר־לוֹ עַל־הַמִּזְבֵּחַ׃ וְאֵת
הַמִּזְבַּח הַנְּחֹשֶׁת אֲשֶׁר לִפְנֵי יְהוָה וַיַּקְרֵב מֵאֵת
פְּנֵי הַבַּיִת מִבֵּין הַמִּזְבֵּחַ וּמִבֵּין בֵּית יְהוָה וַיִּתֵּן
15 אֹתוֹ עַל־יֶרֶךְ הַמִּזְבֵּחַ צָפוֹנָה׃ וַיְצַוֵּהוּ הַמֶּלֶךְ

אֶת־אוּרִיָּה הַכֹּהֵן לֵאמֹר עַל הַמִּזְבֵּחַ הַגָּדוֹל
הַקְטֵר אֶת־עֹלַת־הַבֹּקֶר וְאֶת־מִנְחַת הָעֶרֶב וְאֶת־
עֹלַת הַמֶּלֶךְ וְאֶת־מִנְחָתוֹ וְאֵת עֹלַת כָּל־עַם
הָאָרֶץ וּמִנְחָתָם וְנִסְכֵּיהֶם וְכָל־דַּם עֹלָה וְכָל־דַּם
זֶבַח עָלָיו תִּזְרֹק וּמִזְבַּח הַנְּחֹשֶׁת יִהְיֶה־לִּי לְבַקֵּר׃
16 וַיַּעַשׂ אוּרִיָּה הַכֹּהֵן כְּכֹל אֲשֶׁר־צִוָּה הַמֶּלֶךְ אָחָז׃
17 וַיְקַצֵּץ הַמֶּלֶךְ אָחָז אֶת־הַמִּסְגְּרוֹת הַמְּכֹנוֹת
וַיָּסַר מֵעֲלֵיהֶם וְאֶת־הַכִּיֹּר וְאֶת־הַיָּם הוֹרִד מֵעַל
הַבָּקָר הַנְּחֹשֶׁת אֲשֶׁר תַּחְתֶּיהָ וַיִּתֵּן אֹתוֹ עַל
18 מַרְצֶפֶת אֲבָנִים׃ וְאֶת־מוּסַךְ הַשַּׁבָּת אֲשֶׁר־
בָּנוּ בַבַּיִת וְאֶת־מְבוֹא הַמֶּלֶךְ הַחִיצוֹנָה הֵסֵב בֵּית
19 יְהוָה מִפְּנֵי מֶלֶךְ אַשּׁוּר׃ וְיֶתֶר דִּבְרֵי אָחָז אֲשֶׁר
20 עָשָׂה הֲלוֹא־הֵם כְּתוּבִים עַל־סֵפֶר דִּבְרֵי הַיָּמִים
לְמַלְכֵי יְהוּדָה׃ וַיִּשְׁכַּב אָחָז עִם־אֲבֹתָיו וַיִּקָּבֵר
עִם־אֲבֹתָיו בְּעִיר דָּוִד וַיִּמְלֹךְ חִזְקִיָּהוּ בְנוֹ תַּחְתָּיו׃

CAP. XVII. יז

1 בִּשְׁנַת שְׁתֵּים עֶשְׂרֵה לְאָחָז מֶלֶךְ יְהוּדָה מָלַךְ
הוֹשֵׁעַ בֶּן־אֵלָה בְשֹׁמְרוֹן עַל־יִשְׂרָאֵל תֵּשַׁע שָׁנִים׃
2 וַיַּעַשׂ הָרַע בְּעֵינֵי יְהוָה רַק לֹא כְּמַלְכֵי יִשְׂרָאֵל אֲשֶׁר
3 הָיוּ לְפָנָיו׃ עָלָיו עָלָה שַׁלְמַנְאֶסֶר מֶלֶךְ אַשּׁוּר
4 וַיְהִי־לוֹ הוֹשֵׁעַ עֶבֶד וַיָּשֶׁב לוֹ מִנְחָה׃ וַיִּמְצָא
מֶלֶךְ־אַשּׁוּר בְּהוֹשֵׁעַ קֶשֶׁר אֲשֶׁר שָׁלַח מַלְאָכִים
אֶל־סוֹא מֶלֶךְ־מִצְרַיִם וְלֹא־הֶעֱלָה מִנְחָה לְמֶלֶךְ
אַשּׁוּר כְּשָׁנָה בְשָׁנָה וַיַּעַצְרֵהוּ מֶלֶךְ אַשּׁוּר
5 וַיַּאַסְרֵהוּ בֵּית כֶּלֶא׃ וַיַּעַל מֶלֶךְ־אַשּׁוּר בְּכָל־
הָאָרֶץ וַיַּעַל שֹׁמְרוֹן וַיָּצַר עָלֶיהָ שָׁלֹשׁ שָׁנִים׃
6 בִּשְׁנַת הַתְּשִׁיעִית לְהוֹשֵׁעַ לָכַד מֶלֶךְ־אַשּׁוּר אֶת־
שֹׁמְרוֹן וַיֶּגֶל אֶת־יִשְׂרָאֵל אַשּׁוּרָה וַיֹּשֶׁב אֹתָם
בַּחְלַח וּבְחָבוֹר נְהַר גּוֹזָן וְעָרֵי מָדָי׃
7 וַיְהִי כִּי־חָטְאוּ בְנֵי־יִשְׂרָאֵל לַיהוָה אֱלֹהֵיהֶם הַמַּעֲלֶה
אֹתָם מֵאֶרֶץ מִצְרַיִם מִתַּחַת יַד פַּרְעֹה מֶלֶךְ
8 מִצְרָיִם וַיִּירְאוּ אֱלֹהִים אֲחֵרִים׃ וַיֵּלְכוּ בְּחֻקּוֹת
הַגּוֹיִם אֲשֶׁר הוֹרִישׁ יְהוָה מִפְּנֵי בְּנֵי יִשְׂרָאֵל וּמַלְכֵי
9 יִשְׂרָאֵל אֲשֶׁר עָשׂוּ׃ וַיְחַפְּאוּ בְנֵי־יִשְׂרָאֵל דְּבָרִים
אֲשֶׁר לֹא־כֵן עַל־יְהוָה אֱלֹהֵיהֶם וַיִּבְנוּ לָהֶם בָּמוֹת
בְּכָל־עָרֵיהֶם מִמִּגְדַּל נוֹצְרִים עַד־עִיר מִבְצָר׃
10 וַיַּצִּבוּ לָהֶם מַצֵּבוֹת וַאֲשֵׁרִים עַל כָּל־גִּבְעָה גְבֹהָה
11 וְתַחַת כָּל־עֵץ רַעֲנָן׃ וַיְקַטְּרוּ־שָׁם בְּכָל־בָּמוֹת
כַּגּוֹיִם אֲשֶׁר־הֶגְלָה יְהוָה מִפְּנֵיהֶם וַיַּעֲשׂוּ דְּבָרִים
12 רָעִים לְהַכְעִיס אֶת־יְהוָה׃ וַיַּעַבְדוּ הַגִּלֻּלִים אֲשֶׁר

Syria, and Pekah *a* the son of Remaliah.

38 And Jotham slept with his fathers, and was buried with his fathers in the city of David his father: and Ahaz his son reigned in his stead.

CHAP. XVI.

IN *b* the seventeenth year of Pekah the son of Remaliah, Ahaz the son of Jotham king of Judah began to reign.

2 Twenty years old *was* Ahaz when he began to reign, and reigned sixteen years in Jerusalem, and did not *that which was* right in the sight of the LORD his God, like David his father.

3 But he walked in the way of the kings of Israel, yea, and made his son to *d* pass through the fire, according *e* to the abominations of the heathen, whom the LORD cast out from before the children of Israel.

4 And he sacrificed and burnt incense in the high places, and *g* on the hills, and under every green tree.

5 Then *h* Rezin king of Syria, and Pekah son of Remaliah king of Israel, came up to Jerusalem to war: and they besieged Ahaz, but could not overcome *him.*

6 At that time Rezin king of Syria recovered Elath *j* to Syria, and drave the Jews from *β* Elath: and the Syrians came to Elath, and dwelt there unto this day.

7 So Ahaz sent messengers to *ζ* Tiglathpileser *l* king of Assyria, saying, I *am* thy servant, and thy son: come up, and save me out of the hand of the king of Syria, and out of the hand of the king of Israel, which rise up against me.

8 And *m* Ahaz took the silver and gold that was found in the house of the LORD, and in the treasures of the king's house, and sent *it for* a present to the king of Assyria.

9 And the king of Assyria hearkened unto him: for the king of Assyria went up against *η* Damascus, and *p* took it, and carried *the people of* it captive to Kir, and slew Rezin.

10 And king Ahaz went to Damascus to meet Tiglath-pileser king of Assyria, and saw an altar that *was* at Damascus: and king Ahaz sent to Urijah the priest the fashion of the altar, and the pattern of it, according to all the workmanship thereof.

11 And Urijah the priest built *s* an altar according to all that king Ahaz had sent from Damascus: so Urijah the priest made *it* against king Ahaz came from Damascus.

12 And when the king was come from Damascus, the king saw the altar: and the king approached to the altar, and offered *v* thereon.

13 And he burnt his burnt-offering, and his meat-offering, and poured his drink-offering, and sprinkled the blood of *κ* his peace-offerings, upon the altar.

14 And he brought also the brazen altar, *x* which *was* before the LORD, from the fore-front of the house, from between the altar and the house of the LORD, and put it on the north side of the altar.

15 And king Ahaz commanded Urijah the priest, saying, Upon the great altar burn the morning *b* burnt-offering, and the evening meat-offering, and the king's burnt-sacrifice, and his meat-offering, with the burnt-offering of all the people of the land, and their meat-offering, and their

drink-offerings; and sprinkle upon it all the blood of the burnt-offering, and all the blood of the sacrifice: and the brazen altar shall be for me to inquire *by.*

16 Thus did Urijah the priest, according to all that king Ahaz commanded.

17 And *c* king Ahaz cut off the borders of the bases, and removed the laver from off them; and took down the sea from off the brazen oxen that *were* under it, and put it upon a pavement of stones:

18 And the covert for the sabbath that they had built in the house, and the king's entry without, turned he from the house of the LORD for the king of Assyria.

19 Now the rest of the acts of Ahaz which he did, *are* they not written in the book of the Chronicles of the kings of Judah?

20 And Ahaz slept with his fathers, and *f* was buried with his fathers in the city of David: and Hezekiah his son reigned in his stead.

CHAP. XVII.

IN the twelfth year of Ahaz king of Judah, began *i* Hoshea the son of Elah to reign in Samaria over Israel nine years.

2 And he did *that which was* evil in the sight of the LORD, but not as the kings of Israel that were before him.

3 Against *k* him came up Shalmaneser king of Assyria; and Hoshea became his servant, and *γ* gave him *δ* presents.

4 And the king of Assyria found conspiracy in Hoshea: for he had sent messengers to So king of Egypt, and brought no present to the king of Assyria, as *he had done* year by year: therefore the king of Assyria shut him up, and bound him in prison.

5 Then the king of Assyria came up throughout all the land, and went up to Samaria, and besieged it three years.

6 In *n* the ninth year of Hoshea the king of Assyria took Samaria, and *o* carried Israel away into Assyria, and placed them in Halah, *q* and in Habor *by* the river of Gozan, and in the cities of the Medes.

7 For *so* it was, that the children of Israel had sinned against the LORD their God, which had brought them up out of the land of Egypt, from under the hand of Pharaoh king of Egypt, and had feared other gods,

8 And walked *r* in the statutes of the heathen, whom the LORD cast out from before the children of Israel, and of the kings of Israel, which they had made.

9 And the children of Israel did *t* secretly *those* things that *were* not right against the LORD their God, and they built them high places in all their cities, from *u* the tower of the watchmen to the fenced city.

10 And *w* they set them up *θ* images and groves *x* in *y* every high hill, and under every green tree.

11 And there they burnt incense in all the high places, as *did* the heathen whom the LORD carried away before them; and wrought wicked things to provoke the LORD to anger:

12 For they served idols, whereof the LORD had said *a* unto them, Ye shall not do this thing.

13 Yet the LORD testified against Israel, and against Judah, *λ* by all the prophets, *and by* all the seers, saying,*c* Turn ye from your evil ways, and keep my commandments *and* my statutes, according to all

B. C. 742.

a ver. 27.
b 2 Ch. 28. 1, &c.
c 1Ki.7.23,28.
d Le. 18. 21.
Ps.106.37,38.
e De. 12. 31.
Ps. 106. 35.
f 2Ch. 28. 27.
g De. 12. 2.
1 Ki. 14. 23.
h Is. 7. 1, &c.
i After an interregnum, ch. 15. 30.
j ch. 14. 22.
β Eloth.
k ch. 18. 9.
γ rendered, 2 Sa. 8. 2.
δ or, tribute.
ζ Tilgath pileser, 1 Ch. 5. 26, &c.
Tilgath-pilneser, 2Ch. 28. 20.
l ch. 15. 29.
m ch. 12. 18.
n ch.18.10,11.
Foretold, Ho. 13. 16.
o Le.26.32,33.
De.28.36,64.
29.27,28.
η Dammesek.
p Foretold, Am. 1. 5.
q 1 Ch. 5. 26.
r ch. 16. 3.
Le. 18. 3.
De. 18. 9.
Ps. 106. 35.
s Ps. 106. 39.
t Eze. 8. 12.
u ch. 18. 8.
v Nu. 18. 3.
2Ch. 26. 16, 19.
w 1 Ki. 14. 23.
Is. 57. 5.
θ statues.
x De. 16. 21.
Mi. 5. 14.
y ch. 16. 4.
De. 12. 2.
κ the peace-offerings which were his.
z 2 Ch. 4. 1.
a Ex. 20. 3, 4.
Le. 26. 1.
De. 4. 19.
5. 7, 8.
b Ex.29.39,41
λ by the hand of.
c Is. 1. 16, 17.
55. 7.
Je. 18. 11.
25. 5.
35. 15.
Eze. 18. 31.
2 Pe. 3. 9.

מֵחֲדָרֵיהֶם אֲשֶׁר הִגְלוּ מִשֹּׁמְרוֹן וַיֵּשֶׁב בְּבֵית־אֵל

29 וַיִּהְיוּ עֹשִׂים גּוֹי גּוֹי אֱלֹהָיו וַיַּנִּיחוּ בְּבֵית הַבָּמוֹת אֲשֶׁר עָשׂוּ הַשֹּׁמְרֹנִים גּוֹי גּוֹי בְּעָרֵיהֶם אֲשֶׁר הֵם יֹשְׁבִים

30 שָׁם ׃ וְאַנְשֵׁי בָבֶל עָשׂוּ אֶת־סֻכּוֹת בְּנוֹת וְאַנְשֵׁי־כוּת עָשׂוּ אֶת־נֵרְגַל וְאַנְשֵׁי חֲמָת עָשׂוּ אֶת־

31 אֲשִׁימָא ׃ וְהָעַוִּים עָשׂוּ נִבְחַז וְאֶת־תַּרְתָּק וְהַסְפַרְוִים שֹׂרְפִים אֶת־בְּנֵיהֶם בָּאֵשׁ לְאַדְרַמֶּלֶךְ

32 וַעֲנַמֶּלֶךְ אֱלֹהֵי סְפַרְוָיִם ׃ וַיִּהְיוּ יְרֵאִים אֶת־יְהוָה וַיַּעֲשׂוּ לָהֶם מִקְצוֹתָם כֹּהֲנֵי בָמוֹת וַיִּהְיוּ עֹשִׂים

33 לָהֶם בְּבֵית הַבָּמוֹת ׃ אֶת־יְהוָה הָיוּ יְרֵאִים וְאֶת־אֱלֹהֵיהֶם הָיוּ עֹבְדִים כְּמִשְׁפַּט הַגּוֹיִם אֲשֶׁר־הִגְלוּ

34 אֹתָם מִשָּׁם ׃ עַד הַיּוֹם הַזֶּה הֵם עֹשִׂים כַּמִּשְׁפָּטִים הָרִאשֹׁנִים אֵינָם יְרֵאִים אֶת־יְהוָה וְאֵינָם עֹשִׂים כְּחֻקֹּתָם וּכְמִשְׁפָּטָם וְכַתּוֹרָה וְכַמִּצְוָה אֲשֶׁר צִוָּה יְהוָה אֶת־בְּנֵי יַעֲקֹב אֲשֶׁר־שָׂם

35 שְׁמוֹ יִשְׂרָאֵל ׃ וַיִּכְרֹת יְהוָה אִתָּם בְּרִית וַיְצַוֵּם לֵאמֹר לֹא תִירְאוּ אֱלֹהִים אֲחֵרִים וְלֹא תִשְׁתַּחֲווּ

36 לָהֶם וְלֹא תַעַבְדוּם וְלֹא תִזְבְּחוּ לָהֶם ׃ כִּי אִם־אֶת־יְהוָה אֲשֶׁר הֶעֱלָה אֶתְכֶם מֵאֶרֶץ מִצְרַיִם בְּכֹחַ גָּדוֹל וּבִזְרוֹעַ נְטוּיָה אֹתוֹ תִירָאוּ וְלוֹ תִשְׁתַּחֲווּ

37 וְלוֹ תִזְבָּחוּ ׃ וְאֶת־הַחֻקִּים וְאֶת־הַמִּשְׁפָּטִים וְהַתּוֹרָה וְהַמִּצְוָה אֲשֶׁר כָּתַב לָכֶם תִּשְׁמְרוּן לַעֲשׂוֹת כָּל־הַיָּמִים וְלֹא תִירְאוּ אֱלֹהִים אֲחֵרִים ׃ וְהַבְּרִית אֲשֶׁר־

38 כָּרַתִּי אִתְּכֶם לֹא תִשְׁכָּחוּ וְלֹא תִירְאוּ אֱלֹהִים

39 אֲחֵרִים ׃ כִּי אִם־אֶת־יְהוָה אֱלֹהֵיכֶם תִּירָאוּ וְהוּא

40 יַצִּיל אֶתְכֶם מִיַּד כָּל־אֹיְבֵיכֶם ׃ וְלֹא שָׁמֵעוּ כִּי־אִם־כְּמִשְׁפָּטָם הָרִאשׁוֹן הֵם עֹשִׂים ׃ וַיִּהְיוּ הַגּוֹיִם

41 הָאֵלֶּה יְרֵאִים אֶת־יְהוָה וְאֶת־פְּסִילֵיהֶם הָיוּ עֹבְדִים גַּם־בְּנֵיהֶם וּבְנֵי בְנֵיהֶם כַּאֲשֶׁר עָשׂוּ אֲבֹתָם הֵם עֹשִׂים עַד הַיּוֹם הַזֶּה ׃

CAP. XVIII. יח

26 וַיֹּאמְרוּ לְמֵךְ אַשּׁוּר לֵאמֹר הַגּוֹיִם אֲשֶׁר הִגְלֵיתִי

27 וַיְצַו מֶלֶךְ־אַשּׁוּר לֵאמֹר הֹלִיכוּ שָׁמָּה אֶחָד מֵהַכֹּהֲנִים אֲשֶׁר הִגְלִיתֶם מִשָּׁם וְיֵלְכוּ וְיֵשְׁבוּ שָׁם וְיֹרֵם אֶת־מִשְׁפַּט אֱלֹהֵי הָאָרֶץ ׃

28 וַיָּבֹא אֶחָד

---

13 אָמַר יְהוָה אֶת־הַדָּבָר הַזֶּה ׃
וַיַּעַד יְהוָה בְּיִשְׂרָאֵל וּבִיהוּדָה בְּיַד כָּל־נְבִיאוֹ כָל־חֹזֶה לֵאמֹר שֻׁבוּ מִדַּרְכֵיכֶם הָרָעִים וְשִׁמְרוּ מִצְוֺתַי חֻקּוֹתַי כְּכָל־הַתּוֹרָה אֲשֶׁר צִוִּיתִי אֶת־אֲבֹתֵיכֶם

14 וַאֲשֶׁר שָׁלַחְתִּי אֲלֵיכֶם בְּיַד עֲבָדַי הַנְּבִיאִים ׃ וְלֹא שָׁמֵעוּ וַיַּקְשׁוּ אֶת־עָרְפָּם כְּעֹרֶף אֲבוֹתָם אֲשֶׁר לֹא

15 הֶאֱמִינוּ בַּיהוָה אֱלֹהֵיהֶם ׃ וַיִּמְאֲסוּ אֶת־חֻקָּיו וְאֶת־בְּרִיתוֹ אֲשֶׁר כָּרַת אֶת־אֲבוֹתָם וְאֵת עֵדְו‍ֹתָיו אֲשֶׁר הֵעִיד בָּם וַיֵּלְכוּ אַחֲרֵי הַהֶבֶל וַיֶּהְבָּלוּ וְאַחֲרֵי הַגּוֹיִם אֲשֶׁר סְבִיבֹתָם אֲשֶׁר צִוָּה יְהוָה אֹתָם

16 לְבִלְתִּי עֲשׂוֹת כָּהֶם ׃ וַיַּעַזְבוּ אֶת־כָּל־מִצְוֺת יְהוָה אֱלֹהֵיהֶם וַיַּעֲשׂוּ לָהֶם מַסֵּכָה שְׁנֵי עֲגָלִים וַיַּעֲשׂוּ אֲשֵׁרָה וַיִּשְׁתַּחֲווּ לְכָל־צְבָא הַשָּׁמַיִם

17 וַיַּעַבְדוּ אֶת־הַבָּעַל ׃ וַיַּעֲבִירוּ אֶת־בְּנֵיהֶם וְאֶת־בְּנוֹתֵיהֶם בָּאֵשׁ וַיִּקְסְמוּ קְסָמִים וַיְנַחֵשׁוּ וַיִּתְמַכְּרוּ

18 לַעֲשׂוֹת הָרַע בְּעֵינֵי יְהוָה לְהַכְעִיסוֹ ׃ וַיִּתְאַנַּף יְהוָה מְאֹד בְּיִשְׂרָאֵל וַיְסִרֵם מֵעַל פָּנָיו לֹא נִשְׁאַר

19 רַק שֵׁבֶט יְהוּדָה לְבַדּוֹ ׃ גַּם־יְהוּדָה לֹא שָׁמַר אֶת־מִצְוֺת יְהוָה אֱלֹהֵיהֶם וַיֵּלְכוּ בְּחֻקּוֹת יִשְׂרָאֵל

20 אֲשֶׁר עָשׂוּ ׃ וַיִּמְאַס יְהוָה בְּכָל־זֶרַע יִשְׂרָאֵל וַיְעַנֵּם וַיִּתְּנֵם בְּיַד שֹׁסִים עַד אֲשֶׁר הִשְׁלִיכָם מִפָּנָיו ׃

21 כִּי־קָרַע יִשְׂרָאֵל מֵעַל בֵּית דָּוִד וַיַּמְלִיכוּ אֶת־יָרָבְעָם בֶּן־נְבָט וַיַּדַּח יָרָבְעָם אֶת־יִשְׂרָאֵל מֵאַחֲרֵי

22 יְהוָה וְהֶחֱטִיאָם חֲטָאָה גְדוֹלָה ׃ וַיֵּלְכוּ בְּנֵי יִשְׂרָאֵל בְּכָל־חַטֹּאות יָרָבְעָם אֲשֶׁר עָשָׂה לֹא־סָרוּ

23 מִמֶּנָּה ׃ עַד אֲשֶׁר־הֵסִיר יְהוָה אֶת־יִשְׂרָאֵל מֵעַל פָּנָיו כַּאֲשֶׁר דִּבֶּר בְּיַד כָּל־עֲבָדָיו הַנְּבִיאִים וַיִּגֶל יִשְׂרָאֵל מֵעַל אַדְמָתוֹ אַשּׁוּרָה עַד הַיּוֹם הַזֶּה ׃

24 וַיָּבֵא מֶלֶךְ־אַשּׁוּר מִבָּבֶל וּמִכּוּתָה וּמֵעַוָּא וּמֵחֲמָת וּסְפַרְוַיִם וַיֹּשֶׁב בְּעָרֵי שֹׁמְרוֹן תַּחַת בְּנֵי

25 יִשְׂרָאֵל וַיִּרְשׁוּ אֶת־שֹׁמְרוֹן וַיֵּשְׁבוּ בְּעָרֶיהָ ׃ וַיְהִי בִּתְחִלַּת שִׁבְתָּם שָׁם לֹא יָרְאוּ אֶת־יְהוָה וַיְשַׁלַּח יְהוָה בָּהֶם אֶת־הָאֲרָיוֹת וַיִּהְיוּ הֹרְגִים בָּהֶם ׃

CAP. XVIII. יח

1 וַיְהִי בִּשְׁנַת שָׁלֹשׁ לְהוֹשֵׁעַ בֶּן־אֵלָה מֶלֶךְ יִשְׂרָאֵל מָלַךְ חִזְקִיָּה בֶן־אָחָז מֶלֶךְ יְהוּדָה ׃

2 בֶּן־עֶשְׂרִים וְחָמֵשׁ שָׁנָה הָיָה בְמָלְכוֹ וְעֶשְׂרִים וָתֵשַׁע שָׁנָה מָלַךְ בִּירוּשָׁלָ‍ִם וְשֵׁם אִמּוֹ אֲבִי בַּת־זְכַרְיָה ׃

3 וַיַּעַשׂ הַיָּשָׁר בְּעֵינֵי יְהוָה כְּכֹל אֲשֶׁר־עָשָׂה דָּוִד אָבִיו ׃

4 הוּא הֵסִיר אֶת־הַבָּמוֹת וְשִׁבַּר אֶת־הַמַּצֵּבֹת וְכָרַת אֶת־הָאֲשֵׁרָה וְכִתַּת נְחַשׁ הַנְּחֹשֶׁת אֲשֶׁר־עָשָׂה מֹשֶׁה

the law which I commanded your fathers, and which I sent to you by my servants the prophets.

14 Notwithstanding, they would not near, but hardened [b] their necks, like to the neck of their fathers, that did not believe in the LORD their God.

15 And they rejected [d] his statutes, and his covenant [e] that he made with their fathers, and his testimonies [f] which he testified against them; and they followed vanity, [h] and became vain, [i] and went after the heathen that *were* round about them, *concerning* whom the LORD had charged [l] them, that they should not do like them.

16 And they left all the commandments of the LORD their God, and made them molten [n] images, *even* two calves, [o] and made a grove, [p] and worshipped all the host of heaven, [r] and served Baal. [s]

17 And they caused their sons and their daughters to pass [t] through the fire, and used divination and enchantments, [u] and sold [v] themselves to do evil in the sight of the LORD, to provoke him to anger.

18 Therefore the LORD was very angry with Israel, and removed them out of his sight: there was none left but [w] the tribe of Judah only.

19 Also [y] Judah kept not the commandments of the LORD their God, but walked in the statutes of Israel which they made.

20 And the LORD rejected [b] all the seed of Israel, and afflicted them, and [c] delivered them into the hand of spoilers, until he had cast them out of his sight.

21 For [e] he rent Israel from the house of David; and they made Jeroboam, the son of Nebat, king: and Jeroboam [g] drave Israel from following the LORD, and made them sin a great sin.

22 For the children of Israel walked in all the sins of Jeroboam which he did; they departed not from them;

23 Until the LORD removed Israel out of his sight, as he had said [j] by all his servants the prophets. So [k] was Israel carried away out of their own land to Assyria unto this day.

24 And [l] the king of Assyria brought *men* from Babylon, [n] and from Cuthah, and from Ava, [o] and from Hamath, and from Sepharvaim, and placed *them* in the cities of Samaria, instead of the children of Israel: and they possessed Samaria, and dwelt in the cities thereof.

25 And *so* it was, at the beginning of their dwelling there, *that* they feared not the LORD; therefore the LORD sent [q] lions among them, which slew *some* of them.

26 Wherefore they spake to the king of Assyria, saying, The nations which thou hast removed, and placed in the cities of Samaria, know not the manner of the God of the land: therefore he hath sent lions among them, and, behold, they slay them, because they know not the manner of the God of the land.

27 Then the king of Assyria commanded, saying, Carry thither one of the priests whom ye brought from thence; and let them go and dwell there, and let him teach them the manner of the God of the land.

28 Then one of the priests, whom they had carried away from Samaria, came and dwelt in Beth-el, and taught them how they should fear the LORD.

29 Howbeit every nation made gods of their own, [a] and put *them* in the houses of the high places which the Samaritans had made, every nation in their cities wherein they dwelt.

30 And the men of Babylon [c] made Succoth-benoth, and the men of Cuth made Nergal, and the men of Hamath made Ashima,

31 And [g] the Avites made Nibhaz and Tartak, and the Sepharvites burnt [k] their children in fire to Adrammelech and Anammelech, the gods of Sepharvaim.

32 So they feared the LORD, [m] and made unto themselves of the lowest of them priests of the high places, which sacrificed for them in the houses of the high places.

33 They [q] feared the LORD, and served their own gods, after the manner of the nations [β] whom they carried away from thence.

34 Unto this day they do after the former manners: they fear not the LORD, neither do they after their statutes, or after their ordinances, or after the law and commandment which the LORD commanded the children of Jacob, [x] whom he named Israel;

35 With whom the LORD had made a covenant, and charged them, [z] saying, Ye shall not fear other gods, nor [a] bow yourselves to them, nor serve them, nor sacrifice to them:

36 But the LORD, who brought you up out of the land of Egypt, with great power [d] and a stretched-out arm, him shall [f] ye fear, and him shall ye worship, and to him shall ye do sacrifice.

37 And the statutes, and the ordinances, and the law, and the commandment, which he wrote for you, ye [h] shall observe to do for evermore; and ye shall not fear other gods.

38 And the covenant that I have made with you, ye [i] shall not forget, neither shall ye fear other gods.

39 But the LORD your God ye shall fear; and he shall deliver you out of the hand of all your enemies.

40 Howbeit [m] they did not hearken, but they did after their former manner.

41 So [p] these nations feared the LORD, and served their graven images, both their children and their children's children: as did their fathers, so do they unto this day.

CHAP. XVIII.

NOW it came to pass, in the third year of Hoshea son of Elah king of Israel, *that* Hezekiah [r] the son of Ahaz king of Judah began to reign.

2 Twenty and five years old was he when he began to reign; and he reigned twenty and nine years in Jerusalem. His mother's name also *was* Abi [s] the daughter of Zachariah.

3 And he did *that which was* right in the sight of the LORD, according to all that David his father did.

4 He removed the high places, and brake the [γ] images, and cut down the groves, and brake in pieces the brazen [t] serpent that Moses had made: for unto those days the children of Israel did burn incense to it: and he called it [δ] Nehushtan.

5 He trusted in the LORD God of Israel; so [u] that after him was none like him

B. C. 721.

a Mi. 4. 5.
b De. 31. 27.
   Pr. 29. 1.
   Is. 48. 4.
   Je. 7. 26.
c ver. 24.
d Je. 8. 9.
e De.29.25,26.
f De.6.17,18.
   Je. 44. 23.
g Ezr. 4. 9.
h De. 32. 21.
   1 Sa. 12. 21.
   1 Ki. 16. 13.
i Jon. 2. 8.
   Ro. 1. 21.
k De. 12. 31.
l De.12.30,31.
m 1 Ki. 12.31.
n Ex. 32. 4, 8.
o 1 Ki. 12. 28.
p 1 Ki. 14. 15,
   23.
   15. 13.
q ver. 41.
   Zep. 1. 5.
r Je. 8. 2.
s 1 Ki. 16. 31.
   22. 53.
β or,who car-
   ried them
   away from
   thence.
t ch. 16. 3.
   Le. 18. 21.
   Eze. 23. 37.
u De. 18. 10.
v 1 Ki. 21. 20.
w 1 Ki. 11. 13,
   32.
x Ge. 32. 28.
y Je. 3. 8.
z Ju. 6. 10.
a Ex. 20. 5.
b Je. 6. 30.
c ch. 13. 3.
   15. 29.
   Ne.9.27,28.
d Ex. 6. 6.
e 1 Ki. 11. 11.
f De. 10. 20.
g 1 Ki. 12. 20,
   28.
h De. 5. 32.
i De. 4. 23.
j 1 Ki. 14. 16.
k ver. 6.
l Ezr. 4.2,10.
m Je. 13. 23.
n ver. 30.
o ch. 18. 34
   Ivah.
p ver. 32, 33.
q 1 Ki. 13. 26.
   Je. 5. 6.
   Eze. 14. 21.
r 2Ch. 28. 27.
   29. 1.
He is called
   Ezekias,
   Mat. 1. 9.
s 2 Ch. 29. 1.
   Abijah.
γ statues.
t Nu. 21. 9.
δ i. e. a piece
   of brass.
u ch. 23. 25.

5 בַּיהוָֹה אֱלֹהֵי־יִשְׂרָאֵל בָּטָח וְאַחֲרָיו לֹא־הָיָה כָמֹהוּ בְּכֹל מַלְכֵי

6 יְהוּדָה וַאֲשֶׁר הָיוּ לְפָנָיו: וַיִּדְבַּק בַּיהוָֹה לֹא־סָר מֵאַחֲרָיו וַיִּשְׁמֹר מִצְוֹתָיו אֲשֶׁר־צִוָּה יְהוָֹה אֶת־

7 מֹשֶׁה: וְהָיָה יְהוָֹה עִמּוֹ בְּכֹל אֲשֶׁר־יֵצֵא יַשְׂכִּיל וַיִּמְרֹד בְּמֶלֶךְ־אַשּׁוּר וְלֹא עֲבָדוֹ:

8 הוּא־הִכָּה אֶת־פְּלִשְׁתִּים עַד־עַזָּה וְאֶת־גְּבוּלֶיהָ מִמִּגְדַּל נוֹצְרִים עַד־

9 עִיר מִבְצָר: וַיְהִי בַּשָּׁנָה הָרְבִיעִית לַמֶּלֶךְ חִזְקִיָּהוּ הִיא הַשָּׁנָה הַשְּׁבִיעִית לְהוֹשֵׁעַ בֶּן־אֵלָה מֶלֶךְ יִשְׂרָאֵל עָלָה שַׁלְמַנְאֶסֶר מֶלֶךְ־אַשּׁוּר עַל־

10 שֹׁמְרוֹן וַיָּצַר עָלֶיהָ: וַיִּלְכְּדֻהָ מִקְצֵה שָׁלֹשׁ שָׁנִים בִּשְׁנַת־שֵׁשׁ לְחִזְקִיָּה הִיא שְׁנַת־תֵּשַׁע לְהוֹשֵׁעַ מֶלֶךְ

11 יִשְׂרָאֵל נִלְכְּדָה שֹׁמְרוֹן: וַיֶּגֶל מֶלֶךְ־אַשּׁוּר אֶת־יִשְׂרָאֵל אַשּׁוּרָה וַיַּנְחֵם בַּחְלַח וּבְחָבוֹר נְהַר גּוֹזָן

12 וְעָרֵי מָדָי: עַל אֲשֶׁר לֹא־שָׁמְעוּ בְּקוֹל יְהוָֹה אֱלֹהֵיהֶם וַיַּעַבְרוּ אֶת־בְּרִיתוֹ אֵת כָּל־אֲשֶׁר צִוָּה מֹשֶׁה עֶבֶד יְהוָֹה וְלֹא שָׁמְעוּ וְלֹא עָשׂוּ:

13 וּבְאַרְבַּע עֶשְׂרֵה שָׁנָה לַמֶּלֶךְ חִזְקִיָּהוּ עָלָה סַנְחֵרִיב מֶלֶךְ־אַשּׁוּר עַל כָּל־עָרֵי יְהוּדָה הַבְּצֻרוֹת וַיִּתְפְּשֵׂם:

14 וַיִּשְׁלַח חִזְקִיָּה מֶלֶךְ־יְהוּדָה אֶל־מֶלֶךְ־אַשּׁוּר לָכִישָׁה לֵאמֹר חָטָאתִי שׁוּב מֵעָלַי אֵת אֲשֶׁר־תִּתֵּן עָלַי אֶשָּׂא וַיָּשֶׂם מֶלֶךְ־אַשּׁוּר עַל־חִזְקִיָּה מֶלֶךְ־יְהוּדָה שְׁלֹשׁ מֵאוֹת כִּכַּר־כֶּסֶף וּשְׁלֹשִׁים כִּכַּר

15 זָהָב: וַיִּתֵּן חִזְקִיָּה אֶת־כָּל־הַכֶּסֶף הַנִּמְצָא בֵית־

16 יְהוָֹה וּבְאֹצְרוֹת בֵּית הַמֶּלֶךְ: בָּעֵת הַהִיא קִצַּץ חִזְקִיָּה אֶת־דַּלְתוֹת הֵיכַל יְהוָֹה וְאֶת־הָאֹמְנוֹת אֲשֶׁר צִפָּה חִזְקִיָּה מֶלֶךְ יְהוּדָה וַיִּתְּנֵם לְמֶלֶךְ אַשּׁוּר:

17 וַיִּשְׁלַח מֶלֶךְ־אַשּׁוּר אֶת־תַּרְתָּן וְאֶת־רַב־סָרִיס וְאֶת־רַב־שָׁקֵה מִן־לָכִישׁ אֶל־הַמֶּלֶךְ חִזְקִיָּהוּ בְּחֵיל כָּבֵד יְרוּשָׁלָ͏ִם וַיַּעֲלוּ וַיָּבֹאוּ וַיַּעַמְדוּ בִּתְעָלַת הַבְּרֵכָה הָעֶלְיוֹנָה אֲשֶׁר בִּמְסִלַּת

18 שְׂדֵה כוֹבֵס: וַיִּקְרְאוּ אֶל־הַמֶּלֶךְ וַיֵּצֵא אֲלֵהֶם אֶלְיָקִים בֶּן־חִלְקִיָּהוּ אֲשֶׁר עַל־הַבָּיִת וְשֶׁבְנָה הַסֹּפֵר

19 וְיוֹאָח בֶּן־אָסָף הַמַּזְכִּיר: וַיֹּאמֶר אֲלֵהֶם רַב־שָׁקֵה אִמְרוּ־נָא אֶל־חִזְקִיָּהוּ כֹּה־אָמַר הַמֶּלֶךְ הַגָּדוֹל מֶלֶךְ

20 אַשּׁוּר מָה הַבִּטָּחוֹן הַזֶּה אֲשֶׁר בָּטָחְתָּ: אָמַרְתָּ אַךְ־דְּבַר שְׂפָתַיִם עֵצָה וּגְבוּרָה לַמִּלְחָמָה עַתָּה

21 עַל־מִי בָטַחְתָּ כִּי מָרַדְתָּ בִּי: עַתָּה הִנֵּה בָטַחְתָּ לְּךָ עַל־מִשְׁעֶנֶת הַקָּנֶה הָרָצוּץ הַזֶּה עַל־מִצְרַיִם אֲשֶׁר יִסָּמֵךְ אִישׁ עָלָיו וּבָא בְכַפּוֹ וּנְקָבָהּ כֵּן

22 פַּרְעֹה מֶלֶךְ־מִצְרַיִם לְכָל־הַבֹּטְחִים עָלָיו: וְכִי־תֹאמְרוּן אֵלַי אֶל־יְהוָֹה אֱלֹהֵינוּ בָּטָחְנוּ הֲלוֹא־הוּא אֲשֶׁר הֵסִיר חִזְקִיָּהוּ אֶת־בָּמֹתָיו וְאֶת־מִזְבְּחֹתָיו וַיֹּאמֶר לִיהוּדָה וְלִירוּשָׁלַ͏ִם לִפְנֵי הַמִּזְבֵּחַ

23 הַזֶּה תִּשְׁתַּחֲווּ בִּירוּשָׁלָ͏ִם: וְעַתָּה הִתְעָרֶב נָא אֶת־אֲדֹנִי אֶת־מֶלֶךְ אַשּׁוּר וְאֶתְּנָה לְךָ אַלְפַּיִם סוּסִים אִם־תּוּכַל לָתֶת לְךָ רֹכְבִים עֲלֵיהֶם:

24 וְאֵיךְ תָּשִׁיב אֵת פְּנֵי פַחַת אַחַד עַבְדֵי אֲדֹנִי הַקְּטַנִּים וַתִּבְטַח לְךָ עַל־מִצְרַיִם לְרֶכֶב וּלְפָרָשִׁים:

25 עַתָּה הֲמִבַּלְעֲדֵי יְהוָֹה עָלִיתִי עַל־הַמָּקוֹם הַזֶּה לְהַשְׁחִתוֹ יְהוָֹה אָמַר אֵלַי עֲלֵה עַל־הָאָרֶץ הַזֹּאת

26 וְהַשְׁחִיתָהּ: וַיֹּאמֶר אֶלְיָקִים בֶּן־חִלְקִיָּהוּ וְשֶׁבְנָה וְיוֹאָח אֶל־רַב־שָׁקֵה דַּבֶּר־נָא אֶל־עֲבָדֶיךָ אֲרָמִית כִּי שֹׁמְעִים אֲנָחְנוּ וְאַל־תְּדַבֵּר עִמָּנוּ יְהוּדִית בְּאָזְנֵי

27 הָעָם אֲשֶׁר עַל־הַחֹמָה: וַיֹּאמֶר אֲלֵיהֶם רַב־שָׁקֵה הַעַל אֲדֹנֶיךָ וְאֵלֶיךָ שְׁלָחַנִי אֲדֹנִי לְדַבֵּר אֶת־הַדְּבָרִים הָאֵלֶּה הֲלֹא עַל־הָאֲנָשִׁים הַיֹּשְׁבִים עַל־הַחֹמָה לֶאֱכֹל אֶת־חֲרֵאיהֶם וְלִשְׁתּוֹת אֶת־שֵׁינֵיהֶם עִמָּכֶם:

28 וַיַּעֲמֹד רַב־שָׁקֵה וַיִּקְרָא בְקוֹל־גָּדוֹל יְהוּדִית וַיְדַבֵּר וַיֹּאמֶר שִׁמְעוּ דְּבַר־הַמֶּלֶךְ הַגָּדוֹל מֶלֶךְ אַשּׁוּר:

29 כֹּה אָמַר הַמֶּלֶךְ אַל־יַשִּׁיא לָכֶם חִזְקִיָּהוּ כִּי־לֹא

30 יוּכַל לְהַצִּיל אֶתְכֶם מִיָּדוֹ: וְאַל־יַבְטַח אֶתְכֶם חִזְקִיָּהוּ אֶל־יְהוָֹה לֵאמֹר הַצֵּל יַצִּילֵנוּ יְהוָֹה וְלֹא

31 תִנָּתֵן אֶת־הָעִיר הַזֹּאת בְּיַד מֶלֶךְ אַשּׁוּר: אַל־תִּשְׁמְעוּ אֶל־חִזְקִיָּהוּ כִּי כֹה אָמַר מֶלֶךְ אַשּׁוּר עֲשׂוּ־אִתִּי בְרָכָה וּצְאוּ אֵלַי וְאִכְלוּ אִישׁ־גַּפְנוֹ וְאִישׁ

32 תְּאֵנָתוֹ וּשְׁתוּ אִישׁ מֵי־בוֹרוֹ: עַד־בֹּאִי וְלָקַחְתִּי אֶתְכֶם אֶל־אֶרֶץ כְּאַרְצְכֶם אֶרֶץ דָּגָן וְתִירוֹשׁ אֶרֶץ לֶחֶם וּכְרָמִים אֶרֶץ זֵית יִצְהָר וּדְבַשׁ וִחְיוּ וְלֹא תָמֻתוּ וְאַל־תִּשְׁמְעוּ אֶל־חִזְקִיָּהוּ כִּי־יַסִּית אֶתְכֶם

33 לֵאמֹר יְהוָֹה יַצִּילֵנוּ: הַהַצֵּל הִצִּילוּ אֱלֹהֵי הַגּוֹיִם

34 אִישׁ אֶת־אַרְצוֹ מִיַּד מֶלֶךְ אַשּׁוּר: אַיֵּה אֱלֹהֵי חֲמָת וְאַרְפָּד אַיֵּה אֱלֹהֵי סְפַרְוַיִם הֵנַע וְעִוָּה כִּי־

35 הִצִּילוּ אֶת־שֹׁמְרוֹן מִיָּדִי: מִי בְּכָל־אֱלֹהֵי הָאֲרָצוֹת אֲשֶׁר־הִצִּילוּ אֶת־אַרְצָם מִיָּדִי כִּי־יַצִּיל יְהוָֹה אֶת־

36 יְרוּשָׁלַ͏ִם מִיָּדִי: וְהֶחֱרִישׁוּ הָעָם וְלֹא־עָנוּ אֹתוֹ דָּבָר כִּי־מִצְוַת הַמֶּלֶךְ הִיא לֵאמֹר לֹא תַעֲנֻהוּ:

37 וַיָּבֹא אֶלְיָקִים בֶּן־חִלְקִיָּה אֲשֶׁר־עַל־הַבַּיִת וְשֶׁבְנָא הַסֹּפֵר וְיוֹאָח בֶּן־אָסָף הַמַּזְכִּיר אֶל־חִזְקִיָּהוּ קְרוּעֵי בְגָדִים וַיַּגִּדוּ לוֹ אֵת דִּבְרֵי רַב־שָׁקֵה:

among all the kings of Judah, nor *any* that were before him.

6 For he clave *b* to the LORD, *and* departed not from β following him, but kept his commandments, which the LORD commanded Moses.

7 And the LORD was with *c* him; *and* he prospered *d* whithersoever he went forth : and he rebelled against the king of Assyria, *e* and served him not.

8 He smote the Philistines, *even* unto δ Gaza, and the borders thereof, from the tower of the watchmen to the fenced city.

9 And it came to pass in the fourth year of king Hezekiah, which *was* the seventh year of Hoshea son of Elah king of Israel, *that* Shalmaneser *f* king of Assyria came up against Samaria, and besieged it.

10 And at the end of three years they took it, *even* in the sixth year of Hezekiah (that *is*, the ninth year of Hoshea king of Israel) Samaria was taken.

11 And *h* the king of Assyria did carry away Israel unto Assyria, and put them in Halah and in Habor *by* the river of Gozan, and in the cities of the Medes:

12 Because *i* they obeyed not the voice of the LORD their God, but transgressed his covenant, *and* all that Moses the servant of the LORD commanded, and would not hear *them*, *or* do *them*.

13 Now, *l* in the fourteenth year of king Hezekiah, did η Sennacherib king of Assyria come up against all the fenced cities of Judah, and took them.

14 And Hezekiah king of Judah sent to the king of Assyria to Lachish, saying, I have offended : return from me : that which thou puttest on me will I bear. And the king of Assyria appointed unto Hezekiah king of Judah three hundred talents of silver and thirty talents of gold.

15 And *p* Hezekiah gave *him* all the silver that was found in the house of the LORD, and in the treasures of the king's house.

16 At that time did Hezekiah cut off *the gold from* the doors of the temple of the LORD, and *from* the pillars which Hezekiah king of Judah had overlaid, and gave κ it to the king of Assyria.

17 And the king of Assyria sent *q* Tartan, and Rabsaris, and Rab-shakeh, from Lachish to king Hezekiah, with a μ great host against Jerusalem : and they went up, and came to Jerusalem. And when they were come up, they came and stood by the conduit of the upper pool, which *s is* in the highway of the fuller's field.

18 And when they had called to the king, there came out to them Eliakim the son of Hilkiah, which *was* over the household, and Shebna the ξ scribe, and Joah the son of Asaph the recorder.

19 And Rab-shakeh said unto them, Speak ye now to Hezekiah, Thus saith the great king, the king of Assyria, What confidence *is* this wherein thou trustest?

20 Thou π sayest, (but *they are but* ρ vain words,) σ *I have* counsel and strength for the war. Now, on whom dost thou trust, that thou ·rebellest against me?

21 Now, behold, thou τ trustest upon the staff of this bruised reed, *y even* upon Egypt, on which if a man lean, it will go into his hand, and pierce it: so *is* Pharaoh king of Egypt unto all that trust on him.

22 But if ye say unto me, We trust in

Reference column
B. C. 725.
a ver. 4.
2 Ch. 31. 1.
b De. 10. 20.
Jos. 23. 8.
β *after him*.
c 1 Sa. 18. 14.
2 Ch. 15. 2.
γ or, *hostages*
d Ps. 60. 12.
Ro. 8. 31.
e ch. 16. 7.
δ *Azzah*.
f ch.17.3,&c.
g Is. 10. 5, 6.
Am. 3. 6.
Jnᵒ.19.10,11.
h 1 Ch. 5. 26.
i Ne. 9.26,27.
Ps. 107. 17.
Da. 9. 6, 10.
k La. 4. 5.
Eze. 4. 15.
ζ *the water of their feet*.
l 2 Ch. 32. 1, &c.
Is.36.1,&c.
η *Sanherib*.
m Ps.73.8, 9.
n 2Th. 2. 4,8.
o Ps. 11. 1.
22. 7, 8.
125. 1, 2.
p ch. 16. 8.
θ *Make with me a blessing*, or. *seek my favour*, Ge. 32. 20.
33. 11.
Pr. 18. 16.
κ *them*.
λ or, *pit*.
q Is. 20. 1.
r De. 8. 7, 8.
μ *heavy*.
ν or, *deceiveth*.
s Is. 7. 3.
t ch.19.12,13. Is.10.10,11.
u Je. 49. 23.
ξ or, *secretary*.
v ch. 17. 24. *Ava*.
w ch.19.17,18. Da. 3. 15.
π or, *talkest*.
ρ *word of the lips*.
σ or, *But counsel and strength* are *for the war*.
x Pr. 26. 4. Am. 5. 13.
τ *trustest thee*.
y Eze.29.6,7.
z Is. 33. 7.

the LORD our God : *is* not that he whose high places *a* and whose altars Hezekiah hath taken away : and hath said to Judah and Jerusalem, Ye shall worship before this altar in Jerusalem?

23 Now therefore, I pray thee, give γ pledges to my lord the king of Assyria, and I will deliver thee two thousand horses, if thou be able on thy part to set riders upon them.

24 How then wilt thou turn away the face of one captain of the least of my master's servants, and put thy trust on Egypt for chariots and for horsemen?

25 Am I now come up without the LORD against this place to destroy it? The LORD *g* said to me, Go up against this land, and destroy it.

26 Then said Eliakim the son of Hilkiah, and Shebna, and Joah, unto Rab-shakeh, Speak, I pray thee, to thy servants in the Syrian language; for we understand *it:* and talk not with us in the Jews' language, in the ears of the people that *are* on the wall.

27 But Rab-shakeh said unto them, Hath my master sent me to thy master, and to thee, to speak these words? *hath he* not *sent me* to the men which sit on the wall, that *k* they may eat their own dung, and drink ζ their own piss, with you?

28 Then Rab-shakeh stood, and cried with a loud voice in the Jews' language, and spake, saying, Hear the word of the great king, the king of Assyria :

29 Thus *m* saith the king, Let not Hezekiah deceive you; for he shall not be able to deliver you out of his hand :

30 Neither *n* let Hezekiah make you trust *o* in the LORD, saying, The LORD will surely deliver us, and this city shall not be delivered into the hand of the king of Assyria.

31 Hearken not to Hezekiah : for thus saith the king of Assyria, θMake *an agreement* with me by a present, and come out to me, and *then* eat ye every man of his own vine, and every one of his fig-tree, and drink ye every one the waters of his λ cistern ;

32 Until I come and take you away to a land like *r* your own land ; a land of corn and wine, a land of bread and vineyards, a land of oil-olive and of honey, that ye may live and not die : and hearken not unto Hezekiah, when he ν persuadeth you, saying, The LORD will deliver us.

33 Hath *t* any of the gods of the nations delivered at all his land out of the hand of the king of Assyria?

34 Where *are* the gods of Hamath *u* and of Arpad? where *are* the gods of Sepharvaim, Hena, and Ivah? *v* have they delivered Samaria out of my hand?

35 Who *w are* they among all the gods of the countries, that have delivered their country out of mine hand, that the LORD should deliver Jerusalem out of mine hand?

36 But the people held their peace, and answered him not *x* a word : for the king's commandment was, saying, Answer him not.

37 Then came Eliakim the son of Hilkiah, which *was* over the household, and Shebna the scribe, and Joah the son of Asaph the recorder, to Hezekiah, *z* with *their* clothes rent, and told him the words of Rab-shakeh.

CAP. XIX. יט

וַיְהִי כִּשְׁמֹעַ הַמֶּלֶךְ חִזְקִיָּהוּ וַיִּקְרַע אֶת־בְּגָדָיו 1
וַיִּתְכַּס בַּשָּׂק וַיָּבֹא בֵּית יְהֹוָה ׃ וַיִּשְׁלַח אֶת־ 2
אֶלְיָקִים אֲשֶׁר־עַל־הַבַּיִת וְשֶׁבְנָא הַסֹּפֵר וְאֵת זִקְנֵי
הַכֹּהֲנִים מִתְכַּסִּים בַּשַּׂקִּים אֶל־יְשַׁעְיָהוּ הַנָּבִיא בֶּן־
אָמוֹץ ׃ וַיֹּאמְרוּ אֵלָיו כֹּה אָמַר חִזְקִיָּהוּ יוֹם־ 3
צָרָה וְתוֹכֵחָה וּנְאָצָה הַיּוֹם הַזֶּה כִּי בָאוּ בָנִים
עַד־מַשְׁבֵּר וְכֹחַ אַיִן לְלֵדָה ׃ אוּלַי יִשְׁמַע יְהֹוָה 4
אֱלֹהֶיךָ אֵת כָּל־דִּבְרֵי רַבְשָׁקֵה אֲשֶׁר שְׁלָחוֹ מֶלֶךְ־
אַשּׁוּר אֲדֹנָיו לְחָרֵף אֱלֹהִים חַי וְהוֹכִיחַ בַּדְּבָרִים
אֲשֶׁר שָׁמַע יְהֹוָה אֱלֹהֶיךָ וְנָשָׂאתָ תְפִלָּה בְּעַד
הַשְּׁאֵרִית הַנִּמְצָאָה ׃ וַיָּבֹאוּ עַבְדֵי הַמֶּלֶךְ חִזְקִיָּהוּ 5
אֶל־יְשַׁעְיָהוּ ׃ וַיֹּאמֶר לָהֶם יְשַׁעְיָהוּ כֹּה תֹאמְרוּן 6
אֶל־אֲדֹנֵיכֶם כֹּה אָמַר יְהֹוָה אַל־תִּירָא מִפְּנֵי
הַדְּבָרִים אֲשֶׁר שָׁמַעְתָּ אֲשֶׁר גִּדְּפוּ נַעֲרֵי מֶלֶךְ־
אַשּׁוּר אֹתִי ׃ הִנְנִי נֹתֵן בּוֹ רוּחַ וְשָׁמַע שְׁמוּעָה 7
וְשָׁב לְאַרְצוֹ וְהִפַּלְתִּיו בַּחֶרֶב בְּאַרְצוֹ ׃ וַיָּשָׁב 8
רַבְשָׁקֵה וַיִּמְצָא אֶת־מֶלֶךְ אַשּׁוּר נִלְחָם עַל־לִבְנָה
כִּי שָׁמַע כִּי נָסַע מִלָּכִישׁ ׃ וַיִּשְׁמַע אֶל־תִּרְהָקָה 9
מֶלֶךְ־כּוּשׁ לֵאמֹר הִנֵּה יָצָא לְהִלָּחֵם אִתָּךְ וַיָּשָׁב
וַיִּשְׁלַח מַלְאָכִים אֶל־חִזְקִיָּהוּ לֵאמֹר ׃ כֹּה תֹאמְרוּן 10
אֶל־חִזְקִיָּהוּ מֶלֶךְ־יְהוּדָה לֵאמֹר אַל־יַשִּׁאֲךָ אֱלֹהֶיךָ
אֲשֶׁר אַתָּה בֹּטֵחַ בּוֹ לֵאמֹר לֹא תִנָּתֵן יְרוּשָׁלַ͏ִם בְּיַד
מֶלֶךְ אַשּׁוּר ׃ הִנֵּה אַתָּה שָׁמַעְתָּ אֵת אֲשֶׁר עָשׂוּ 11
מַלְכֵי אַשּׁוּר לְכָל־הָאֲרָצוֹת לְהַחֲרִימָם וְאַתָּה
תִּנָּצֵל ׃ הַהִצִּילוּ אֹתָם אֱלֹהֵי הַגּוֹיִם אֲשֶׁר שִׁחֲתוּ 12
אֲבוֹתַי אֶת־גּוֹזָן וְאֶת־חָרָן וְרֶצֶף וּבְנֵי־עֶדֶן אֲשֶׁר
בִּתְלַאשָּׂר ׃ אַיּוֹ מֶלֶךְ־חֲמָת וּמֶלֶךְ אַרְפָּד וּמֶלֶךְ 13
לָעִיר סְפַרְוַיִם הֵנַע וְעִוָּה ׃ וַיִּקַּח חִזְקִיָּהוּ אֶת־ 14
הַסְּפָרִים מִיַּד הַמַּלְאָכִים וַיִּקְרָאֵם וַיַּעַל בֵּית יְהֹוָה
וַיִּפְרְשֵׂהוּ חִזְקִיָּהוּ לִפְנֵי יְהֹוָה ׃ וַיִּתְפַּלֵּל 15
חִזְקִיָּהוּ לִפְנֵי יְהֹוָה וַיֹּאמַר יְהֹוָה אֱלֹהֵי יִשְׂרָאֵל
יֹשֵׁב הַכְּרֻבִים אַתָּה־הוּא הָאֱלֹהִים לְבַדְּךָ לְכֹל
מַמְלְכוֹת הָאָרֶץ אַתָּה עָשִׂיתָ אֶת־הַשָּׁמַיִם וְאֶת־
הָאָרֶץ ׃ הַטֵּה יְהֹוָה אָזְנְךָ וּשֲׁמָע פְּקַח יְהֹוָה 16
עֵינֶיךָ וּרְאֵה וּשְׁמַע אֵת דִּבְרֵי סַנְחֵרִיב אֲשֶׁר שְׁלָחוֹ
לְחָרֵף אֱלֹהִים חָי ׃ אָמְנָם יְהֹוָה הֶחֱרִיבוּ מַלְכֵי 17
אַשּׁוּר אֶת־הַגּוֹיִם וְאֶת־אַרְצָם ׃ וְנָתְנוּ אֶת־ 18

כִּי אֱלֹהֵיהֶם בָּאֵשׁ כִּי לֹא אֱלֹהִים הֵמָּה כִּי אִם־מַעֲשֵׂה
יְדֵי־אָדָם עֵץ וָאֶבֶן וַיְאַבְּדוּם ׃ וְעַתָּה יְהֹוָה אֱלֹהֵינוּ 19
הוֹשִׁיעֵנוּ נָא מִיָּדוֹ וְיֵדְעוּ כָּל־מַמְלְכוֹת הָאָרֶץ כִּי
אַתָּה יְהֹוָה אֱלֹהִים לְבַדֶּךָ ׃ וַיִּשְׁלַח יְשַׁעְיָהוּ 20
בֶן־אָמוֹץ אֶל־חִזְקִיָּהוּ לֵאמֹר כֹּה־אָמַר יְהֹוָה אֱלֹהֵי
יִשְׂרָאֵל אֲשֶׁר הִתְפַּלַּלְתָּ אֵלַי אֶל־סַנְחֵרִב מֶלֶךְ־אַשּׁוּר
שָׁמָעְתִּי ׃ זֶה הַדָּבָר אֲשֶׁר־דִּבֶּר יְהֹוָה עָלָיו בָּזָה 21
לְךָ לָעֲגָה לְךָ בְּתוּלַת בַּת־צִיּוֹן אַחֲרֶיךָ רֹאשׁ
הֵנִיעָה בַּת יְרוּשָׁלָ͏ִם ׃ אֶת־מִי חֵרַפְתָּ וְגִדַּפְתָּ וְעַל־ 22
מִי הֲרִימוֹתָ קּוֹל וַתִּשָּׂא מָרוֹם עֵינֶיךָ עַל־קְדוֹשׁ
יִשְׂרָאֵל ׃ בְּיַד מַלְאָכֶיךָ חֵרַפְתָּ אֲדֹנָי וַתֹּאמֶר בְּרֹכֶב 23
רִכְבִּי אֲנִי עָלִיתִי מְרוֹם הָרִים יַרְכְּתֵי לְבָנוֹן וְאֶכְרֹת
קוֹמַת אֲרָזָיו מִבְחוֹר בְּרֹשָׁיו וְאָבוֹאָה מְלוֹן קִצֹּה
יַעַר כַּרְמִלּוֹ ׃ אֲנִי קַרְתִּי וְשָׁתִיתִי מַיִם זָרִים וְאַחֲרִב 24
בְּכַף־פְּעָמַי כֹּל יְאֹרֵי מָצוֹר ׃ הֲלֹא־שָׁמַעְתָּ 25
לְמֵרָחוֹק אֹתָהּ עָשִׂיתִי לְמִימֵי קֶדֶם וִיצַרְתִּיהָ עַתָּה
הֲבֵיאתִיהָ וּתְהִי לַהְשׁוֹת גַּלִּים נִצִּים עָרִים בְּצֻרוֹת ׃
וְיֹשְׁבֵיהֶן קִצְרֵי־יָד חַתּוּ וַיֵּבֹשׁוּ הָיוּ עֵשֶׂב שָׂדֶה וִירַק 26
דֶּשֶׁא חֲצִיר גַּגּוֹת וּשְׁדֵפָה לִפְנֵי קָמָה ׃ וְשִׁבְתְּךָ 27
וְצֵאתְךָ וּבֹאֲךָ יָדָעְתִּי וְאֵת הִתְרַגֶּזְךָ אֵלָי ׃ יַעַן 28
הִתְרַגֶּזְךָ אֵלַי וְשַׁאֲנַנְךָ עָלָה בְאָזְנָי וְשַׂמְתִּי חַחִי
בְּאַפֶּךָ וּמִתְגִּי בִּשְׂפָתֶיךָ וַהֲשִׁבֹתִיךָ בַּדֶּרֶךְ אֲשֶׁר
בָּאתָ בָּהּ ׃ וְזֶה־לְּךָ הָאוֹת אָכוֹל הַשָּׁנָה סָפִיחַ 29
וּבַשָּׁנָה הַשֵּׁנִית סָחִישׁ וּבַשָּׁנָה הַשְּׁלִישִׁית זִרְעוּ
וְקִצְרוּ וְנִטְעוּ כְרָמִים וְאִכְלוּ פִרְיָם ׃ וְיָסְפָה פְּלֵיטַת 30
בֵּית־יְהוּדָה הַנִּשְׁאָרָה שֹׁרֶשׁ לְמָטָּה וְעָשָׂה פְרִי
לְמָעְלָה ׃ כִּי מִירוּשָׁלַ͏ִם תֵּצֵא שְׁאֵרִית וּפְלֵיטָה מֵהַר 31
צִיּוֹן קִנְאַת יְהֹוָה תַּעֲשֶׂה־זֹּאת ׃ לָכֵן 32
כֹּה־אָמַר יְהֹוָה אֶל־מֶלֶךְ אַשּׁוּר לֹא יָבֹא אֶל־הָעִיר
הַזֹּאת וְלֹא־יוֹרֶה שָׁם חֵץ וְלֹא־יְקַדְּמֶנָּה מָגֵן וְלֹא־
יִשְׁפֹּךְ עָלֶיהָ סֹלְלָה ׃ בַּדֶּרֶךְ אֲשֶׁר־יָבֹא בָּהּ יָשׁוּב 33
וְאֶל־הָעִיר הַזֹּאת לֹא יָבֹא נְאֻם־יְהֹוָה ׃ וְגַנּוֹתִי אֶל־ 34
הָעִיר הַזֹּאת לְהוֹשִׁיעָהּ לְמַעֲנִי וּלְמַעַן דָּוִד עַבְדִּי ׃
וַיְהִי בַּלַּיְלָה הַהוּא וַיֵּצֵא מַלְאַךְ יְהֹוָה וַיַּךְ 35
בְּמַחֲנֵה אַשּׁוּר מֵאָה שְׁמוֹנִים וַחֲמִשָּׁה אָלֶף
וַיַּשְׁכִּימוּ בַבֹּקֶר וְהִנֵּה כֻלָּם פְּגָרִים מֵתִים ׃ וַיִּסַּע 36
וַיֵּלֶךְ וַיָּשָׁב סַנְחֵרִיב מֶלֶךְ־אַשּׁוּר וַיֵּשֶׁב בְּנִינְוֵה ׃
וַיְהִי הוּא מִשְׁתַּחֲוֶה בֵּית נִסְרֹךְ אֱלֹהָיו וְאַדְרַמֶּלֶךְ 37

CHAP. XIX.

AND[b] it came to pass, when king Hezekiah heard *it*, that he rent his clothes, and covered himself with sackcloth, and went into the house of the LORD.

2 And he sent Eliakim which *was* over the household, and Shebna the scribe, and the elders of the priests, covered with sackcloth, to Isaiah[d] the prophet the son of Amoz.

3 And they said unto him, Thus saith Hezekiah, This day *is* a day[e] of trouble, and of rebuke, and β blasphemy: for the children are come to the birth, and *there is* not strength to bring forth.

4 It may be the LORD thy God will hear all the words of Rab-shakeh, whom the king of Assyria his master hath sent[h] to reproach[k] the living God; and will reprove[l] the words which the LORD thy God hath heard: wherefore lift up *thy* prayer for the remnant[m] that are γ left.

5 So the servants of king Hezekiah came to Isaiah.

6 And Isaiah said unto them, Thus shall ye say to your master, Thus saith the LORD, Be not afraid of the words which thou hast heard, with which[p] the servants of the king of Assyria have blasphemed me.

7 Behold, I[q] will send a blast[r] upon him, and he shall hear a rumour, and shall return to his own land; and I will cause him to fall by the sword in his own land.

8 So Rab-shakeh returned, and found the king of Assyria warring against Libnah: for he had heard that he was departed from Lachish.[s]

9 And[u] when he heard say of Tirhakah king of Ethiopia, Behold, he is come out to fight against thee; he sent messengers again unto Hezekiah, saying,

10 Thus shall ye speak to Hezekiah king of Judah, saying, Let not thy God in whom thou trustest[v] deceive thee, saying, Jerusalem shall not be delivered into the hand of the king of Assyria.

11 Behold, thou hast heard what the kings of Assyria have done to all lands, by destroying them utterly; and shalt thou be delivered?

12 Have[x] the gods of the nations delivered them which my fathers have destroyed: *as* Gozan, and Haran, and Rezeph, and the children of Eden[z] which *were* in Thelasar?

13 Where *is* the king of Hamath, and the king of Arpad, and the king of the city of Sepharvaim, of Hena, and Ivah?

14 And Hezekiah received the letter of the hand of the messengers, and read it: and Hezekiah went up into the house of the LORD, and spread it before the LORD.

15 And Hezekiah prayed[a] before the LORD, and said, O LORD God of Israel, which[c] dwellest *between* the cherubims, thou[d] *art* the God, *even* thou alone, of all the kingdoms of the earth; thou[e] hast made heaven and earth.

16 LORD, bow[f] down thine ear, and hear: open,[g] LORD, thine eyes, and see; and hear the words of Sennacherib, which hath sent him to reproach the living God.

17 Of a truth, LORD, the kings of Assyria have destroyed the nations and their lands,

18 And have ρ cast their gods into the

B. C. 710.

a Ps.115.4,&c.
Is.44.10,&c.
b Is.37.1,&c.
c 1 Ki. 20. 28.
d Lu. 3. 4,
   called
   Esaias.
e Je. 30. 7.
β or, *provocation.*
f Ps. 65. 2.
g La. 2. 13.
h ch. 18. 17.
i Job 16. 4.
La. 2. 15.
k Ps. 74. 18.
l Ps. 50. 21.
m Ro. 9. 27.
γ *found.*
n Is. 5. 24.
Je. 51. 5.
δ *by the hand of.*
o Ps. 20. 7.
p ch. 18. 35.
ζ *the tallness.*
q ver. 35..37.
r Je. 51. 1.
η or, *the forest and his fruitful field,*
Is. 10. 18.
θ or, *fenced.*
κ or, *Hast thou not heard* how *I have made it long ago, and formed it of ancient times? should I now bring it to be laid waste, and fenced cities to be ruinous heaps?*
s ch. 18. 14.
t Is. 45. 7.
u 1 Sa. 23. 27.
λ *short of hand.*
v ch. 18. 5.
w Ps. 129. 6.
μ or, *sitting.*
x ch.18,33,34.
y Eze. 38. 4.
z Eze. 27. 23.
ν *the escaping of the house of Judah that remaineth.*
a 2 Ch. 32. 20.
b ver. 4.
π *the escaping.*
c 1 Sa. 4. 4.
2 Ch. 5. 7, 8.
d 1 Ki. 18. 39.
Is. 44. 6.
e Ps. 102. 25.
f Ps. 31. 2.
g 2 Ch. 6. 40.
h ch. 20. 6.
ρ *given.*

fire: for they *were* no gods, but[a] the work of men's hands, wood and stone; therefore they have destroyed them.

19 Now therefore, O LORD our God, I beseech thee, save thou us out of his hand, that all the kingdoms of the earth may know[c] that thou *art* the LORD God, *even* thou only.

20 Then Isaiah the son of Amoz sent to Hezekiah, saying, Thus saith the LORD God of Israel, *That* which thou hast prayed to me against Sennacherib king of Assyria I have heard.[f]

21 This *is* the word that the LORD hath spoken concerning him: The virgin[g] the daughter of Zion hath despised thee, *and* laughed thee to scorn; the daughter of Jerusalem hath shaken[i] her head at thee.

22 Whom hast thou reproached and blasphemed? and against whom hast thou exalted *thy* voice, and lifted up thine eyes on high? *even* against[n] the Holy One of Israel.

23 δ By thy messengers thou hast reproached the Lord, and hast said, With the multitude of my chariots[o] I am come up to the height of the mountains, to the sides of Lebanon, and will cut down ζ the tall cedar-trees thereof, *and* the choice fir-trees thereof: and I will enter into the lodgings of his borders, *and into* η the forest of his Carmel.

24 I have digged and drunk strange waters, and with the sole of my feet have I dried up all the rivers of θ besieged places.

25 κ Hast thou not heard long ago *how* I have[t] done it, *and* of ancient times that I have formed it? now have I brought it to pass, that thou shouldest be to lay waste fenced cities *into* ruinous heaps.

26 Therefore their inhabitants were λ of small power, they were dismayed and confounded; they were *as* the grass of the field, and *as* the green herb, *as*[w] the grass on the house-tops, and *as corn* blasted before it be grown up.

27 But I know thy μ abode, and thy going out, and thy coming in, and thy rage against me.

28 Because thy rage against me and thy tumult is come up into mine ears, therefore I will put my hook[y] in thy nose, and my bridle in thy lips, and I will turn thee back by the way by which thou camest.

29 And this *shall be* a sign unto thee, Ye shall eat this year such things as grow of themselves, and in the second year that which springeth of the same; and in the third year sow ye, and reap, and plant vineyards, and eat the fruits thereof.

30 And ν the remnant that is escaped of the house of Judah shall yet again take root downward, and bear fruit upward.

31 For out of Jerusalem shall go forth a remnant,[b] and π they that escape out of mount Zion: the zeal of the LORD *of hosts* shall do this.

32 Therefore thus saith the LORD concerning the king of Assyria, He shall not come into this city, nor shoot an arrow there, nor come before it with shield, nor cast a bank against it.

33 By the way that he came, by the same shall he return, and shall not come into this city, saith the LORD.

34 For[h] I will defend this city to save it, for mine own sake, and for my servant David's sake.

הַה֔וּא וְֽאַדְרַמֶּ֨לֶךְ וְשַׂרְאֶ֤צֶר בָּנָיו֙ הִכֻּ֣הוּ בַחֶ֔רֶב וְהֵ֥מָּה נִמְלְט֖וּ אֶ֣רֶץ
אֲרָרָ֑ט וַיִּמְלֹ֛ךְ אֵֽסַר־חַדֹּ֥ן בְּנ֖וֹ תַּחְתָּֽיו׃

CAP. XX.   כ

1 בַּיָּמִ֣ים הָהֵ֔ם חָלָ֥ה חִזְקִיָּ֖הוּ לָמ֑וּת וַיָּבֹ֣א אֵלָ֗יו
יְשַׁעְיָ֨הוּ בֶן־אָמוֹץ֮ הַנָּבִיא֒ וַיֹּ֣אמֶר אֵלָ֗יו כֹּֽה־אָמַ֤ר
2 יְהוָה֙ צַ֣ו לְבֵיתֶ֔ךָ כִּ֛י מֵ֥ת אַתָּ֖ה וְלֹ֣א תִֽחְיֶֽה׃ וַיַּסֵּ֥ב
3 אֶת־פָּנָ֖יו אֶל־הַקִּ֑יר וַיִּתְפַּלֵּ֖ל אֶל־יְהוָ֥ה לֵאמֹֽר׃ אָנָּ֣ה
יְהוָ֗ה זְכָר־נָ֞א אֵ֣ת אֲשֶׁ֣ר הִתְהַלַּ֣כְתִּי לְפָנֶ֗יךָ בֶּֽאֱמֶת֙
וּבְלֵבָ֣ב שָׁלֵ֔ם וְהַטּ֥וֹב בְּעֵינֶ֖יךָ עָשִׂ֑יתִי וַיֵּ֥בְךְּ חִזְקִיָּ֖הוּ
4 בְּכִ֥י גָדֽוֹל׃ וַיְהִ֣י יְשַׁעְיָ֔הוּ
לֹ֣א יָצָ֔א הָעִ֖יר הַתִּֽיכֹנָ֑ה וּדְבַר־יְהוָ֔ה הָיָ֥ה אֵלָ֖יו
5 לֵאמֹֽר׃ שׁ֣וּב וְאָמַרְתָּ֞ אֶל־חִזְקִיָּ֣הוּ נְגִיד־עַמִּ֗י
כֹּֽה־אָמַ֤ר יְהוָה֙ אֱלֹהֵי֙ דָּוִ֣ד אָבִ֔יךָ שָׁמַ֙עְתִּי֙ אֶת־
תְּפִלָּתֶ֔ךָ רָאִ֖יתִי אֶת־דִּמְעָתֶ֑ךָ הִנְנִי֙ רֹ֣פֶא לָ֔ךְ בַּיּוֹם֙
6 הַשְּׁלִישִׁ֔י תַּעֲלֶ֖ה בֵּ֥ית יְהוָֽה׃ וְהֹסַפְתִּ֣י עַל־יָמֶ֗יךָ
חֲמֵ֤שׁ עֶשְׂרֵה֙ שָׁנָ֔ה וּמִכַּ֤ף מֶֽלֶךְ־אַשּׁוּר֙ אַצִּ֣ילְךָ֔
וְאֵ֖ת הָעִ֣יר הַזֹּ֑את וְגַנּוֹתִ֛י עַל־הָעִ֥יר הַזֹּ֖את לְמַעֲנִ֑י
7 וּלְמַ֖עַן דָּוִ֥ד עַבְדִּֽי׃ וַיֹּ֣אמֶר יְשַׁעְיָ֔הוּ קְח֖וּ דְּבֶ֣לֶת
8 תְּאֵנִ֑ים וַיִּקְח֛וּ וַיָּשִׂ֥ימוּ עַֽל־הַשְּׁחִ֖ין וַיֶּֽחִי׃ וַיֹּ֤אמֶר
חִזְקִיָּ֙הוּ֙ אֶל־יְשַׁעְיָ֔הוּ מָ֣ה א֔וֹת כִּֽי־יִרְפָּ֥א יְהוָ֖ה לִ֑י
9 וְעָלִ֛יתִי בַּיּ֥וֹם הַשְּׁלִישִׁ֖י בֵּ֥ית יְהוָֽה׃ וַיֹּ֣אמֶר
יְשַׁעְיָ֗הוּ זֶה־לְּךָ֤ הָאוֹת֙ מֵאֵ֣ת יְהוָ֔ה כִּ֚י יַעֲשֶׂ֣ה יְהוָ֔ה
אֶת־הַדָּבָ֖ר אֲשֶׁ֣ר דִּבֵּ֑ר הָלַ֤ךְ הַצֵּל֙ עֶ֣שֶׂר מַעֲל֔וֹת
10 אִם־יָשׁ֖וּב עֶ֥שֶׂר מַעֲלֽוֹת׃ וַיֹּ֙אמֶר֙ יְחִזְקִיָּ֔הוּ נָקֵ֕ל
לַצֵּ֖ל לִנְט֣וֹת עֶ֣שֶׂר מַעֲל֑וֹת לֹ֣א כִ֔י יָשׁ֥וּב הַצֵּ֖ל
11 אֲחֹרַנִּ֖ית עֶ֥שֶׂר מַעֲלֽוֹת׃ וַיִּקְרָ֛א יְשַׁעְיָ֥הוּ הַנָּבִ֖יא
אֶל־יְהוָ֑ה וַיָּ֣שֶׁב אֶת־הַצֵּ֗ל בַּֽמַּעֲלוֹת֙ אֲשֶׁ֣ר יָרְדָ֗ה
12 בְּמַעֲל֥וֹת אָחָ֛ז אֲחֹרַנִּ֖ית עֶ֥שֶׂר מַעֲלֽוֹת׃ בָּעֵ֣ת
הַהִ֡יא שָׁלַ֡ח בְּרֹאדַ֣ךְ בַּלְאֲדָ֣ן בֶּֽן־בַּלְאֲדָ֡ן מֶֽלֶךְ־בָּבֶל֩
סְפָרִ֨ים וּמִנְחָ֜ה אֶל־חִזְקִיָּ֗הוּ כִּ֤י שָׁמַע֙ כִּ֣י חָלָ֣ה
13 חִזְקִיָּֽהוּ׃ וַיִּשְׁמַ֣ע עֲלֵיהֶם֮ חִזְקִיָּהוּ֒ וַיַּרְאֵ֣ם אֶת־
כָּל־בֵּ֣ית נְכֹתֹ֗ה אֶת־הַכֶּ֤סֶף וְאֶת־הַזָּהָב֙ וְאֶת־
הַבְּשָׂמִים֙ וְאֵ֣ת ׀ שֶׁ֣מֶן הַטּ֗וֹב וְאֵת֙ בֵּ֣ית כֵּלָ֔יו
וְאֵ֣ת כָּל־אֲשֶׁ֥ר נִמְצָ֖א בְּאֽוֹצְרֹתָ֑יו לֹֽא־הָיָ֣ה דָבָ֗ר
אֲשֶׁ֧ר לֹֽא־הֶרְאָ֛ם חִזְקִיָּ֖הוּ בְּבֵית֖וֹ וּבְכָל־מֶמְשַׁלְתּֽוֹ׃
14 וַיָּבֹא֙ יְשַֽׁעְיָ֣הוּ הַנָּבִ֔יא אֶל־הַמֶּ֖לֶךְ חִזְקִיָּ֑הוּ וַיֹּ֨אמֶר
אֵלָ֜יו מָ֥ה אָמְר֣וּ ׀ הָאֲנָשִׁ֣ים הָאֵ֗לֶּה וּמֵאַ֙יִן֙ יָבֹ֣אוּ
אֵלֶ֔יךָ וַיֹּ֙אמֶר֙ חִזְקִיָּ֔הוּ מֵאֶ֧רֶץ רְחוֹקָ֛ה בָּ֖אוּ מִבָּבֶֽל׃

15 וַיֹּ֕אמֶר מָ֥ה רָא֖וּ בְּבֵיתֶ֑ךָ וַיֹּ֣אמֶר חִזְקִיָּ֗הוּ אֵת֩ כָּל־
אֲשֶׁ֤ר בְּבֵיתִי֙ רָא֔וּ לֹֽא־הָיָ֥ה דָבָ֛ר אֲשֶׁ֥ר לֹֽא־הִרְאִיתִ֖ם
16 בְּאֽוֹצְרֹתָֽי׃ וַיֹּ֥אמֶר יְשַׁעְיָ֖הוּ אֶל־חִזְקִיָּ֑הוּ שְׁמַ֖ע
17 דְּבַר־יְהוָֽה׃ הִנֵּה֙ יָמִ֣ים בָּאִ֔ים וְנִשָּׂ֣א ׀ כָּל־אֲשֶׁ֣ר
בְּבֵיתֶ֗ךָ וַאֲשֶׁ֨ר אָצְר֧וּ אֲבֹתֶ֛יךָ עַד־הַיּ֥וֹם הַזֶּ֖ה בָּבֶ֑לָה
18 לֹֽא־יִוָּתֵ֥ר דָּבָ֖ר אָמַ֥ר יְהוָֽה׃ וּמִבָּנֶ֜יךָ אֲשֶׁ֥ר יֵצְא֛וּ
מִמְּךָ֖ אֲשֶׁ֣ר תּוֹלִ֑יד יִקָּ֖ח וְהָיוּ֙ סָֽרִיסִ֔ים בְּהֵיכַ֖ל מֶ֥לֶךְ
19 בָּבֶֽל׃ וַיֹּ֤אמֶר חִזְקִיָּ֙הוּ֙ אֶל־יְשַׁעְיָ֔הוּ ט֥וֹב דְּבַר־יְהוָ֖ה
אֲשֶׁ֣ר דִּבַּ֑רְתָּ וַיֹּ֕אמֶר הֲל֣וֹא אִם־שָׁל֧וֹם וֶאֱמֶ֛ת יִהְיֶ֖ה
20 בְיָמָֽי׃ וְיֶ֨תֶר דִּבְרֵ֤י חִזְקִיָּ֙הוּ֙ וְכָל־גְּב֣וּרָת֔וֹ וַאֲשֶׁ֣ר
עָשָׂ֗ה אֶת־הַבְּרֵכָה֙ וְאֶת־הַתְּעָלָ֔ה וַיָּבֵ֥א אֶת־הַמַּ֖יִם
הָעִ֑ירָה הֲלֹא־הֵ֣ם כְּתוּבִ֗ים עַל־סֵ֛פֶר דִּבְרֵ֥י הַיָּמִ֖ים
21 לְמַלְכֵ֥י יְהוּדָֽה׃ וַיִּשְׁכַּ֥ב חִזְקִיָּ֖הוּ עִם־אֲבֹתָ֑יו
וַיִּמְלֹ֛ךְ מְנַשֶּׁ֥ה בְנ֖וֹ תַּחְתָּֽיו׃

CAP. XXI.   כא

1 בֶּן־שְׁתֵּ֧ים עֶשְׂרֵ֣ה שָׁנָ֗ה מְנַשֶּׁה֙ בְמָלְכ֔וֹ וַחֲמִשִּׁ֤ים
וְחָמֵשׁ֙ שָׁנָ֔ה מָלַ֖ךְ בִּירוּשָׁלִָ֑ם וְשֵׁ֥ם אִמּ֖וֹ חֶפְצִי־
2 בָֽהּ׃ וַיַּ֥עַשׂ הָרַ֖ע בְּעֵינֵ֣י יְהוָ֑ה כְּתֽוֹעֲבֹת֙ הַגּוֹיִ֔ם
3 אֲשֶׁר֙ הוֹרִ֣ישׁ יְהוָ֔ה מִפְּנֵ֖י בְּנֵ֣י יִשְׂרָאֵֽל׃ וַיָּ֗שָׁב וַיִּ֙בֶן֙
אֶת־הַבָּמ֔וֹת אֲשֶׁ֥ר אִבַּ֖ד חִזְקִיָּ֣הוּ אָבִ֑יו וַיָּ֨קֶם
מִזְבְּחֹ֤ת לַבַּ֙עַל֙ וַיַּ֣עַשׂ אֲשֵׁרָ֔ה כַּאֲשֶׁ֣ר עָשָׂ֗ה אַחְאָב֙
מֶ֣לֶךְ יִשְׂרָאֵ֔ל וַיִּשְׁתַּ֙חוּ֙ לְכָל־צְבָ֣א הַשָּׁמַ֔יִם וַֽיַּעֲבֹ֖ד
4 אֹתָֽם׃ וּבָנָ֥ה מִזְבְּחֹ֖ת בְּבֵ֣ית יְהוָ֑ה אֲשֶׁר֙ אָמַ֣ר
5 יְהוָ֔ה בִּירוּשָׁלִַ֖ם אָשִׂ֥ים אֶת־שְׁמִֽי׃ וַיִּ֥בֶן מִזְבְּח֖וֹת
לְכָל־צְבָ֣א הַשָּׁמָ֑יִם בִּשְׁתֵּ֖י חַצְר֥וֹת בֵּית־יְהוָֽה׃
6 וְהֶעֱבִ֤יר אֶת־בְּנוֹ֙ בָּאֵ֔שׁ וְעוֹנֵ֣ן וְנִחֵ֔שׁ וְעָ֥שָׂה א֖וֹב
וְיִדְּעֹנִ֑ים הִרְבָּ֗ה לַעֲשׂ֥וֹת הָרַ֛ע בְּעֵינֵ֥י יְהוָ֖ה
7 לְהַכְעִֽיס׃ וַיָּ֙שֶׂם֙ אֶת־פֶּ֣סֶל הָאֲשֵׁרָ֔ה אֲשֶׁ֖ר עָשָׂ֑ה
בַּבַּ֗יִת אֲשֶׁ֨ר אָמַ֤ר יְהוָה֙ אֶל־דָּוִ֔ד וְאֶל־שְׁלֹמֹ֣ה בְנ֔וֹ
בַּבַּ֣יִת הַזֶּ֗ה וּבִירוּשָׁלִַ֙ם֙ אֲשֶׁ֣ר בָּחַ֗רְתִּי מִכֹּל֙ שִׁבְטֵ֣י
8 יִשְׂרָאֵ֔ל אָשִׂ֥ים אֶת־שְׁמִ֖י לְעוֹלָֽם׃ וְלֹ֣א אֹסִ֗יף
לְהָנִיד֙ רֶ֣גֶל יִשְׂרָאֵ֔ל מִן־הָ֣אֲדָמָ֔ה אֲשֶׁ֥ר נָתַ֖תִּי
לַֽאֲבוֹתָ֑ם רַ֣ק ׀ אִם־יִשְׁמְר֣וּ לַעֲשׂ֗וֹת כְּכֹל֙ אֲשֶׁ֣ר
צִוִּיתִ֔ים וּלְכָל־הַ֨תּוֹרָ֔ה אֲשֶׁר־צִוָּ֥ה אֹתָ֖ם עַבְדִּ֥י
9 מֹשֶֽׁה׃ וְלֹ֖א שָׁמֵ֑עוּ וַיַּתְעֵ֤ם מְנַשֶּׁה֙ לַעֲשׂ֣וֹת אֶת־
הָרַ֔ע מִן־הַ֨גּוֹיִ֔ם אֲשֶׁר֙ הִשְׁמִ֣יד יְהוָ֔ה מִפְּנֵ֖י בְּנֵ֥י
10 יִשְׂרָאֵֽל׃ וַיְדַבֵּ֧ר יְהוָ֛ה בְּיַד־עֲבָדָ֥יו
11 הַנְּבִיאִ֖ים לֵאמֹֽר׃ יַ֗עַן אֲשֶׁ֤ר עָשָׂה֙ מְנַשֶּׁ֣ה מֶֽלֶךְ

35 And[a] it came to pass that night, that the angel of the LORD went out, and smote in the camp of the Assyrians an hundred fourscore and five thousand : and when they arose early in the morning, behold, they *were* all dead corpses.

36 So Sennacherib king of Assyria departed, and went and returned, and dwelt at Nineveh.[b]

37 And it came to pass, as he was worshipping in the house of Nisroch his god, that Adrammelech and Sharezer his sons smote[d] him with the sword : and they escaped into the land of β Armenia. And Esarhaddon his[e] son reigned in his stead.

CHAP. XX.

IN[g] those days was Hezekiah sick unto death. And the prophet Isaiah the son of Amoz came to him, and said unto him, Thus saith the LORD, γ Set thine house in order; for thou shalt die, and not live.

2 Then he turned his face to the wall, and prayed unto the LORD, saying,

3 I beseech thee, O LORD,[i] remember now how I have walked[m] before thee in truth[n] and with a perfect heart, and have done *that which is* good in thy sight. And Hezekiah ζ wept sore.

4 And it came to pass, afore Isaiah was gone out into the middle η court, that the word of the LORD came to him, saying,

5 Turn again, and tell Hezekiah, the captain[q] of my people, Thus saith the LORD, the God of David thy father, I have heard[r] thy prayer, I have seen thy tears : [t] behold, I will heal[u] thee : on the third day thou shalt go up unto the house of the LORD.

6 And I will add unto thy days fifteen years ; and I will deliver thee and this city out of the hand of the king of Assyria ; and[w] I will defend this city for mine own sake, and for my servant David's sake.

7 And Isaiah said, Take a lump of figs. And they took and laid *it* on the boil, and he recovered.

8 And Hezekiah said unto Isaiah, What *shall be* the sign[a] that the LORD will heal me, and that I shall go up into the house of the LORD the third day ?

9 And Isaiah said, This sign shalt thou have of the LORD, that the LORD will do the thing that he hath spoken : shall the shadow go forward ten degrees, or go back ten degrees ?

10 And Hezekiah answered, It is a light thing for the shadow to go down ten degrees : nay, but let the shadow return backward ten degrees.

11 And Isaiah the prophet cried unto the LORD : and[f] he brought the shadow ten degrees backward, by which it had gone down in the θ dial of Ahaz.

12 At[i] that time κ Berodach-baladan, the son of Baladan king of Babylon, sent letters and a present unto Hezekiah : for he had heard that Hezekiah had been sick.

13 And Hezekiah hearkened unto them, and shewed[k] them all the house of λ his precious things, the silver, and the gold, and the spices, and the precious ointment, and *all* the house of his μ armour, and all that was found in his treasures : [l] there was nothing in his house, nor in all his dominion, that Hezekiah shewed them not.

14 Then came Isaiah the prophet unto king Hezekiah, and said unto him, What said these men ? and from whence came they unto thee ? And Hezekiah said, They are come from a far country, *even* from Babylon.

15 And he said, What have they seen in thine house ? And Hezekiah answered, All[c] *the things* that *are* in mine house have they seen : there is nothing among my treasures that I have not shewed them.

16 And Isaiah said unto Hezekiah, Hear the word of the LORD.

17 Behold,[f] the days come, that all that *is* in thine house, and that which thy fathers have laid up in store unto this day, shall be carried into Babylon : nothing shall be left, saith the LORD.

18 And of thy sons that shall issue from thee, which thou shalt beget, shall they take away ; [h] and[i] they shall be eunuchs in the palace of the king of Babylon.

19 Then said Hezekiah unto Isaiah, Good[k] *is* the word of the LORD which thou hast spoken. And he said, δ *Is it* not good, if peace and truth be in my days ?

20 And the rest of the acts of Hezekiah, and all his might, and how he made a pool,[o] and a conduit, and brought water[p] into the city, *are* they not written in the book of the Chronicles of the kings of Judah ?

21 And Hezekiah slept with his fathers : and Manasseh his son reigned in his stead.

CHAP. XXI.

MANASSEH[s] *was* twelve years old when he began to reign, and reigned fifty and five years in Jerusalem. And his mother's name *was* Hephzi-bah.

2 And he did *that which was* evil in the sight of the LORD, after[v] the abominations of the heathen, whom the LORD cast out before the children of Israel.

3 For he built up again the high places which[x] Hezekiah his father had destroyed ; and he reared up altars for Baal, and made a grove, as[y] did Ahab king of Israel ; and worshipped[z] all the host of heaven, and served them.

4 And he built altars in the house[b] of the LORD, of which the LORD[c] said, In Jerusalem will I put my name.

5 And he built altars for all the host of heaven in the two courts of the house of the LORD.

6 And he made his son[d] pass through the fire, and observed times,[e] and used enchantments, and dealt with familiar spirits and wizards : he wrought much wickedness in the sight of the LORD, to provoke *him* to anger.

7 And he set a graven image of the grove that he had made in the house, of which the LORD said to David,[g] and to[h] Solomon his son, In this house, and in Jerusalem, which I have chosen out of all tribes of Israel, will I put my name for ever :

8 Neither[j] will I make the feet of Israel move any more out of the land which I gave their fathers ; only if they will observe to do according to all that I have commanded them, and according to all the law that my servant Moses commanded them.

9 But they hearkened not : and[m] Manasseh seduced them to do more evil than did the nations whom the LORD destroyed before the children of Israel.

B. C. 710.

a 2 Ch. 32. 21.
Is. 37. 36.
b Ge. 10. 11
Jon. 1. 2.
3. 2, &c.
c ver. 13.
d ver. 7.
β *Ararat.*
e Ezr. 4. 2.
f ch. 24. 13.
25. 13.
Le. 26. 19.
Je. 27. 21.
52. 17.
g 2 Ch. 32. 24, &c.
Is. 38. 1, &c.
γ *Give charge concerning thine house.*
2 Sa. 17. 23.
h ch. 24. 12.
2 Ch. 33. 11.
i Da. 1. 3.
k Job 1. 21.
l Ne. 13. 22.
δ *Shall there not be peace and truth ?*
m ch. 18. 3..6.
n Ge. 17. 1.
1 Ki. 3. 6.
ζ *with a great weeping.*
o Ne. 3. 16.
p 2 Ch. 32. 30.
η or, *city.*
q 1 Sa. 9. 16.
10. 1.
r ch. 19. 20.
Ps. 66. 19, 20.
s 2 Ch. 33. 1, &c.
t Ps. 39. 12.
56. 8.
126. 5.
u De. 32. 39.
v ch. 16. 3.
w ch. 19. 34.
x ch. 18. 4.
y 1 Ki. 16. 32.
z ch. 17. 16.
De. 4. 19.
Job 31. 26.
a Ju. 6. 17, 37.
Is. 7 11, 14.
b Je. 32. 34.
c 1 Ki. 8. 29.
d ch. 16. 3.
17. 17.
Mi. 6. 7.
e De. 18. 10.
f Jos. 10. 12.
g 2 Sa. 7. 13.
h 1 Ki. 9. 3.
θ *degrees.*
i Is. 39. 1, &c.
κ or, *Merodach-baladan.*
j 2 Sa. 7. 10.
k 2 Ch. 32. 27.
λ or, *spicery.*
μ *vessels,* or, *jewels.*
l Pr. 23. 5.
m Pr. 29. 12.

יְהוּדָה הַתּוֹעֵבֹת הָאֵלֶּה הֵרַע מִכֹּל אֲשֶׁר־עָשׂוּ
הָאֱמֹרִי אֲשֶׁר לְפָנָיו וַיַּחֲטִא גַּם־אֶת־יְהוּדָה

12 בְּגִלּוּלָיו: לָכֵן כֹּה־אָמַר יְהוָה אֱלֹהֵי יִשְׂרָאֵל
הִנְנִי מֵבִיא רָעָה עַל־יְרוּשָׁלִַם וִיהוּדָה אֲשֶׁר כָּל־

13 שֹׁמְעָיו תִּצַּלְנָה שְׁתֵּי אָזְנָיו: וְנָטִיתִי עַל־יְרוּשָׁלִַם
אֵת קַו שֹׁמְרוֹן וְאֶת־מִשְׁקֹלֶת בֵּית אַחְאָב וּמָחִיתִי
אֶת־יְרוּשָׁלִַם כַּאֲשֶׁר־יִמְחֶה אֶת־הַצַּלַּחַת

14 מָחָה וְהָפַךְ עַל־פָּנֶיהָ: וְנָטַשְׁתִּי אֵת שְׁאֵרִית
נַחֲלָתִי וּנְתַתִּים בְּיַד אֹיְבֵיהֶם וְהָיוּ לְבַז וְלִמְשִׁסָּה

15 לְכָל־אֹיְבֵיהֶם: יַעַן אֲשֶׁר עָשׂוּ אֶת־הָרַע בְּעֵינַי
וַיִּהְיוּ מַכְעִסִים אֹתִי מִן־הַיּוֹם אֲשֶׁר יָצְאוּ אֲבוֹתָם

16 מִמִּצְרַיִם וְעַד הַיּוֹם הַזֶּה: וְגַם דָּם נָקִי שָׁפַךְ
מְנַשֶּׁה הַרְבֵּה מְאֹד עַד אֲשֶׁר־מִלֵּא אֶת־יְרוּשָׁלִַם
פֶּה לָפֶה לְבַד מֵחַטָּאתוֹ אֲשֶׁר הֶחֱטִיא אֶת־יְהוּדָה

17 לַעֲשׂוֹת הָרַע בְּעֵינֵי יְהוָה: וְיֶתֶר דִּבְרֵי מְנַשֶּׁה
וְכָל־אֲשֶׁר עָשָׂה וְחַטָּאתוֹ אֲשֶׁר חָטָא הֲלֹא־הֵם
כְּתוּבִים עַל־סֵפֶר דִּבְרֵי הַיָּמִים לְמַלְכֵי יְהוּדָה:

18 וַיִּשְׁכַּב מְנַשֶּׁה עִם־אֲבֹתָיו וַיִּקָּבֵר בְּגַן־בֵּיתוֹ בְּגַן־עֻזָּא

19 וַיִּמְלֹךְ אָמוֹן בְּנוֹ תַּחְתָּיו: בֶּן־עֶשְׂרִים
וּשְׁתַּיִם שָׁנָה אָמוֹן בְּמָלְכוֹ וּשְׁתַּיִם שָׁנִים מָלַךְ
בִּירוּשָׁלִָם וְשֵׁם אִמּוֹ מְשֻׁלֶּמֶת בַּת־חָרוּץ מִן־

20 יָטְבָה: וַיַּעַשׂ הָרַע בְּעֵינֵי יְהוָה כַּאֲשֶׁר עָשָׂה

21 מְנַשֶּׁה אָבִיו: וַיֵּלֶךְ בְּכָל־הַדֶּרֶךְ אֲשֶׁר־הָלַךְ אָבִיו
וַיַּעֲבֹד אֶת־הַגִּלֻּלִים אֲשֶׁר עָבַד אָבִיו וַיִּשְׁתַּחוּ

22 לָהֶם: וַיַּעֲזֹב אֶת־יְהוָה אֱלֹהֵי אֲבֹתָיו וְלֹא הָלַךְ

23 בְּדֶרֶךְ יְהוָה: וַיִּקְשְׁרוּ עַבְדֵי־אָמוֹן עָלָיו וַיָּמִיתוּ

24 אֶת־הַמֶּלֶךְ בְּבֵיתוֹ: וַיַּךְ עַם־הָאָרֶץ אֵת כָּל־
הַקֹּשְׁרִים עַל־הַמֶּלֶךְ אָמוֹן וַיַּמְלִיכוּ עַם־הָאָרֶץ אֶת־

25 יֹאשִׁיָּהוּ בְנוֹ תַּחְתָּיו: וְיֶתֶר דִּבְרֵי אָמוֹן אֲשֶׁר
עָשָׂה הֲלֹא־הֵם כְּתוּבִים עַל־סֵפֶר דִּבְרֵי הַיָּמִים

26 לְמַלְכֵי יְהוּדָה: וַיִּקְבֹּר אֹתוֹ בִּקְבֻרָתוֹ בְּגַן־עֻזָּא
וַיִּמְלֹךְ יֹאשִׁיָּהוּ בְנוֹ תַּחְתָּיו:

CAP. XXII. כב

1 בֶּן־שְׁמֹנֶה שָׁנָה יֹאשִׁיָּהוּ בְמָלְכוֹ וּשְׁלֹשִׁים וְאַחַת
שָׁנָה מָלַךְ בִּירוּשָׁלִָם וְשֵׁם אִמּוֹ יְדִידָה בַת־עֲדָיָה

2 מִבָּצְקַת: וַיַּעַשׂ הַיָּשָׁר בְּעֵינֵי יְהוָה וַיֵּלֶךְ בְּכָל־
דֶּרֶךְ דָּוִד אָבִיו וְלֹא־סָר יָמִין וּשְׂמֹאול:

3 וַיְהִי בִּשְׁמֹנֶה עֶשְׂרֵה שָׁנָה לַמֶּלֶךְ יֹאשִׁיָּהוּ שָׁלַח

---

4 הַמֶּלֶךְ אֶת־שָׁפָן בֶּן־אֲצַלְיָהוּ בֶן־מְשֻׁלָּם הַסֹּפֵר בֵּית
יְהוָה לֵאמֹר: עֲלֵה אֶל־חִלְקִיָּהוּ הַכֹּהֵן הַגָּדוֹל

5 וְיַתֵּם אֶת־הַכֶּסֶף הַמּוּבָא בֵּית יְהוָה אֲשֶׁר אָסְפוּ
שֹׁמְרֵי הַסַּף מֵאֵת הָעָם: וְיִתְּנֻהוּ עַל־יַד עֹשֵׂי
הַמְּלָאכָה הַמֻּפְקָדִים בְּבֵית יְהוָה וְיִתְּנוּ אֹתוֹ לְעֹשֵׂי

6 הַמְּלָאכָה אֲשֶׁר בְּבֵית יְהוָה לְחַזֵּק בֶּדֶק הַבָּיִת:

7 לֶחָרָשִׁים וְלַבֹּנִים וְלַגֹּדְרִים וְלִקְנוֹת עֵצִים וְאַבְנֵי
מַחְצֵב לְחַזֵּק אֶת־הַבָּיִת: אַךְ לֹא־יֵחָשֵׁב אִתָּם

8 הַכֶּסֶף הַנִּתָּן עַל־יָדָם כִּי בֶאֱמוּנָה הֵם עֹשִׂים:
וַיֹּאמֶר חִלְקִיָּהוּ הַכֹּהֵן הַגָּדוֹל עַל־שָׁפָן הַסֹּפֵר סֵפֶר

9 הַתּוֹרָה מָצָאתִי בְּבֵית יְהוָה וַיִּתֵּן חִלְקִיָּה אֶת־
הַסֵּפֶר אֶל־שָׁפָן וַיִּקְרָאֵהוּ: וַיָּבֹא שָׁפָן הַסֹּפֵר אֶל־
הַמֶּלֶךְ וַיָּשֶׁב אֶת־הַמֶּלֶךְ דָּבָר וַיֹּאמֶר הִתִּיכוּ

10 עֲבָדֶיךָ אֶת־הַכֶּסֶף הַנִּמְצָא בַבַּיִת וַיִּתְּנֻהוּ עַל־יַד
עֹשֵׂי הַמְּלָאכָה הַמֻּפְקָדִים בֵּית יְהוָה: וַיַּגֵּד שָׁפָן

11 הַסֹּפֵר לַמֶּלֶךְ לֵאמֹר סֵפֶר נָתַן לִי חִלְקִיָּה הַכֹּהֵן
וַיִּקְרָאֵהוּ שָׁפָן לִפְנֵי הַמֶּלֶךְ: וַיְהִי כִּשְׁמֹעַ הַמֶּלֶךְ

12 אֶת־דִּבְרֵי סֵפֶר הַתּוֹרָה וַיִּקְרַע אֶת־בְּגָדָיו: וַיְצַו
הַמֶּלֶךְ אֶת־חִלְקִיָּה הַכֹּהֵן וְאֶת־אֲחִיקָם בֶּן־שָׁפָן

13 וְאֶת־עַכְבּוֹר בֶּן־מִיכָיָה וְאֵת שָׁפָן הַסֹּפֵר וְאֵת
עֲשָׂיָה עֶבֶד־הַמֶּלֶךְ לֵאמֹר: לְכוּ דִרְשׁוּ אֶת־יְהוָה
בַּעֲדִי וּבְעַד־הָעָם וּבְעַד כָּל־יְהוּדָה עַל־דִּבְרֵי הַסֵּפֶר
הַנִּמְצָא הַזֶּה כִּי־גְדוֹלָה חֲמַת יְהוָה אֲשֶׁר־הִיא

14 נִצְּתָה בָנוּ עַל אֲשֶׁר לֹא־שָׁמְעוּ אֲבֹתֵינוּ עַל־דִּבְרֵי
הַסֵּפֶר הַזֶּה לַעֲשׂוֹת כְּכָל־הַכָּתוּב עָלֵינוּ: וַיֵּלֶךְ
חִלְקִיָּהוּ הַכֹּהֵן וַאֲחִיקָם וְעַכְבּוֹר וְשָׁפָן וַעֲשָׂיָה אֶל־
חֻלְדָּה הַנְּבִיאָה אֵשֶׁת שַׁלֻּם בֶּן־תִּקְוָה בֶּן־חַרְחַס

15 שֹׁמֵר הַבְּגָדִים וְהִיא יֹשֶׁבֶת בִּירוּשָׁלִַם בַּמִּשְׁנֶה
וַיְדַבְּרוּ אֵלֶיהָ: וַתֹּאמֶר אֲלֵיהֶם כֹּה־אָמַר יְהוָה

16 אֱלֹהֵי יִשְׂרָאֵל אִמְרוּ לָאִישׁ אֲשֶׁר־שָׁלַח אֶתְכֶם
אֵלָי: כֹּה אָמַר יְהוָה הִנְנִי מֵבִיא רָעָה אֶל־

17 הַמָּקוֹם הַזֶּה וְעַל־יֹשְׁבָיו אֵת כָּל־דִּבְרֵי הַסֵּפֶר
אֲשֶׁר קָרָא מֶלֶךְ יְהוּדָה: תַּחַת אֲשֶׁר עֲזָבוּנִי
וַיְקַטְּרוּ לֵאלֹהִים אֲחֵרִים לְמַעַן הַכְעִיסֵנִי בְּכֹל מַעֲשֵׂה

18 יְדֵיהֶם וְנִצְּתָה חֲמָתִי בַּמָּקוֹם הַזֶּה וְלֹא תִכְבֶּה:
וְאֶל־מֶלֶךְ יְהוּדָה הַשֹּׁלֵחַ אֶתְכֶם לִדְרֹשׁ אֶת־יְהוָה
כֹּה תֹאמְרוּ אֵלָיו כֹּה־אָמַר יְהוָה אֱלֹהֵי יִשְׂרָאֵל

19 הַדְּבָרִים אֲשֶׁר שָׁמָעְתָּ: יַעַן רַךְ־לְבָבְךָ וַתִּכָּנַע מִפְּנֵי

10 And the LORD spake by his servants the prophets, saying,

11 Because [b] Manasseh king of Judah hath done these abominations, *and* hath done wickedly above all that the Amorites [c] did, which *were* before him, and hath made Judah also to sin with his idols:

12 Therefore thus saith the LORD God of Israel, Behold, I [e] *am* bringing *such* evil upon Jerusalem and Judah, that whosoever heareth of it, both his ears shall tingle.

13 And I will stretch over Jerusalem the line [g] of Samaria, and the plummet of the house of Ahab: and I will wipe Jerusalem as [h] *a man* wipeth a dish, [γ] wiping *it*, and turning *it* upside down.

14 And I will forsake [i] the remnant of mine inheritance, and deliver them into the hand of their enemies; [k] and they shall become a prey and a spoil to all their enemies;

15 Because they have done *that which was* evil in my sight, and have provoked me to anger, since the day their fathers came forth out of Egypt, even unto this day.

16 Moreover, Manasseh shed innocent blood [m] very much, till he had filled Jerusalem [δ] from one end to another; beside his sin wherewith [n] he made Judah to sin, in doing *that which was* evil in the sight of the LORD.

17 Now [o] the rest of the acts of Manasseh, and all that he did, and his sin that he sinned, *are* they not written in the book of the Chronicles of the kings of Judah?

18 And Manasseh slept with his fathers, and was buried in the garden of his own house, in the garden of Uzza: and Amon his son reigned in his stead.

19 Amon [q] *was* twenty and two years old when he began to reign; and he reigned two years in Jerusalem. And his mother's name *was* Meshullemeth, the daughter of Haruz of Jotbah.

20 And he did *that which was* evil in the sight of the LORD, as [t] his father Manasseh did.

21 And he walked in all the way that his father walked in, and served the idols that his father served, and worshipped them:

22 And he forsook [w] the LORD God of his fathers, and walked not in the way of the LORD.

23 And the servants of Amon conspired against him, and slew the king in his own house.

24 And the people of the land slew all them that had conspired against king Amon; and the people of the land made Josiah his son king in his stead.

25 Now the rest of the acts of Amon which he did, *are* they not written in the book of the Chronicles of the kings of Judah?

26 And he was buried in his sepulchre, in the garden of Uzza: and Josiah [a] his son reigned in his stead.

CHAP. XXII.

JOSIAH [b] *was* eight years old when he began to reign; and he reigned thirty and one years in Jerusalem. And his mother's name *was* Jedidah, the daughter of Adaiah of Boscath. [d]

2 And he did *that which was* right in the sight of the LORD, and walked in all the

B. C. 698.

a De. 5. 32.
b ch.23.26,27.
　24. 3, 4.
　Je. 15. 4.
c ver. 9.
　1 Ki. 21. 26.
d ch.12.4,&c.
e 1 Sa. 3. 11.
　Je. 19. 3.
　Am. 3. 2.
f Ps. 84. 10.
β threshold.
g Is. 10. 22.
　34. 11.
　La. 2. 8.
　Am. 7. 7, 8.
h 1 Ki. 14. 10.
γ he wipeth and turneth it upon the face thereof.
i Ps.89.38,&c.
　Je. 12. 7.
　Am. 5. 2.
k Ps. 74. 1.7
l De. 31. 24.
　2Ch. 34. 14,
　　&c.
m Je. 2. 34.
　19. 4.
δ from mouth to mouth.
n 1 Ki. 14. 16.
ζ melted.
o 2 Ch. 33. 1..
　20.
p Ne. 8. 3, 18.
　Je. 36. 6,15.
q 2Ch. 33. 21,
　　&c.
r ver. 19.
s 2Ch. 34. 20.
　Abdon.
η or, Micah.
t ver. 2, &c.
u 1Ch. 10. 14.
v Ps. 76. 7.
　Na. 1. 6.
　Re. 6. 17.
w ch. 22. 17.
　1 Ki. 11. 33.
x De. 29. 27.
y Ja.1.22...25.
z 2Ch 34. 22.
　Tikvath.
θ or, Hasrah.
κ garments.
λ or, in the second part.
a Mat. 1. 10, called Josias.
b 1 Ki. 13. 2.
　2 Ch. 34. 1,
　　&c.
c De.29.25,&c
　Ne.9.26,27.
　Da.9.11..14.
d Jos. 15. 39.
e 1 Th. 2. 16.

way of David his father, and turned not aside [a] to the right hand or to the left.

3 And it came to pass, in the eighteenth year of king Josiah, *that* the king sent Shaphan the son of Azaliah, the son of Meshullam, the scribe, to the house of the LORD, saying,

4 Go up to Hilkiah the high priest, that he may sum the silver [d] which is brought into the house of the LORD, which the keepers [f] of the [β] door have gathered of the people:

5 And let them deliver it into the hand of the doers of the work, that have the oversight of the house of the LORD: and let them give it to the doers of the work which *is* in the house of the LORD, to repair the breaches of the house,

6 Unto carpenters, and builders, and masons, and to buy timber and hewn stone, to repair the house.

7 Howbeit there was no reckoning made with them of the money that was delivered into their hand, because they dealt faithfully.

8 And Hilkiah the high priest said unto Shaphan the scribe, I have found [l] the book of the law in the house of the LORD. And Hilkiah gave the book to Shaphan, and he read it.

9 And Shaphan the scribe came to the king, and brought the king word again, and said, Thy servants have [ζ] gathered the money that was found in the house, and have delivered it into the hand of them that do the work, that have the oversight of the house of the LORD.

10 And Shaphan the scribe shewed the king, saying, Hilkiah the priest hath delivered me a book. And Shaphan read [p] it before the king.

11 And it came to pass, when the king had heard the words of the book of the law, that he rent [r] his clothes.

12 And the king commanded Hilkiah the priest, and Ahikam the son of Shaphan, and Achbor [s] the son of [η] Michaiah, and Shaphan the scribe, and Asahiah a servant of the king's, saying,

13 Go ye, inquire [u] of the LORD for me, and for the people, and for all Judah, concerning the words of this book that is found: for great [v] *is* the wrath of the LORD that is kindled against us, because our [x] fathers have not hearkened unto the words of this book, to do [y] according unto all that which is written concerning us.

14 So Hilkiah the priest, and Ahikam, and Achbor, and Shaphan, and Asahiah, went unto Huldah the prophetess, the wife of Shallum the son of Tikvah, [z] the son of [θ] Harhas, keeper of the [κ] wardrobe; (now she dwelt in Jerusalem [λ] in the college;) and they communed with her.

15 And she said unto them, Thus saith the LORD God of Israel, Tell ye the man that sent you to me,

16 Thus saith the LORD, Behold, I will bring evil upon this place, and upon the inhabitants thereof, *even* all the words of the book which the king of Judah hath read:

17 Because [e] they have forsaken me, and have burned incense unto other gods, that they might provoke me to anger with all the works of their hands; therefore [e] my wrath shall be kindled against this place, and shall not be quenched.

מִפְּנֵי יְהֹוָה בְּשָׁמְעֲךָ אֲשֶׁר דִּבַּרְתִּי עַל־הַמָּקוֹם הַזֶּה וְעַל־יֹשְׁבָיו לִהְיוֹת לְשַׁמָּה וְלִקְלָלָה וַתִּקְרַע אֶת־בְּגָדֶיךָ וַתִּבְכֶּה לְפָנַי וְגַם אָנֹכִי שָׁמַעְתִּי נְאֻם־יְהֹוָה׃

20 לָכֵן הִנְנִי אֹסִפְךָ עַל־אֲבֹתֶיךָ וְנֶאֱסַפְתָּ אֶל־קִבְרֹתֶיךָ בְּשָׁלוֹם וְלֹא־תִרְאֶינָה עֵינֶיךָ בְּכֹל הָרָעָה אֲשֶׁר אֲנִי מֵבִיא עַל־הַמָּקוֹם הַזֶּה וַיָּשִׁיבוּ אֶת־הַמֶּלֶךְ דָּבָר׃

CAP. XXIII. כג

1 וַיִּשְׁלַח הַמֶּלֶךְ וַיַּאַסְפוּ אֵלָיו כָּל־זִקְנֵי יְהוּדָה וִירוּשָׁלָ͏ִם׃

2 וַיַּעַל הַמֶּלֶךְ בֵּית־יְהֹוָה וְכָל־אִישׁ יְהוּדָה וְכָל־יֹשְׁבֵי יְרוּשָׁלַ͏ִם אִתּוֹ וְהַכֹּהֲנִים וְהַנְּבִיאִים וְכָל־הָעָם לְמִקָּטֹן וְעַד־גָּדוֹל וַיִּקְרָא בְאָזְנֵיהֶם אֶת־

3 כָּל־דִּבְרֵי סֵפֶר הַבְּרִית הַנִּמְצָא בְּבֵית יְהֹוָה׃ וַיַּעֲמֹד הַמֶּלֶךְ עַל־הָעַמּוּד וַיִּכְרֹת אֶת־הַבְּרִית לִפְנֵי יְהֹוָה לָלֶכֶת אַחַר יְהֹוָה וְלִשְׁמֹר מִצְוֹתָיו וְאֶת־עֵדְוֹתָיו וְאֶת־חֻקֹּתָיו בְּכָל־לֵב וּבְכָל־נֶפֶשׁ לְהָקִים אֶת־דִּבְרֵי הַבְּרִית הַזֹּאת הַכְּתֻבִים עַל־הַסֵּפֶר הַזֶּה וַיַּעֲמֹד כָּל־

4 הָעָם בַּבְּרִית׃ וַיְצַו הַמֶּלֶךְ אֶת־חִלְקִיָּהוּ הַכֹּהֵן הַגָּדוֹל וְאֶת־כֹּהֲנֵי הַמִּשְׁנֶה וְאֶת־שֹׁמְרֵי הַסַּף לְהוֹצִיא מֵהֵיכַל יְהֹוָה אֵת כָּל־הַכֵּלִים הָעֲשׂוּיִם לַבַּעַל וְלָאֲשֵׁרָה וּלְכֹל צְבָא הַשָּׁמָיִם וַיִּשְׂרְפֵם מִחוּץ לִירוּשָׁלַ͏ִם בְּשַׁדְמוֹת קִדְרוֹן וְנָשָׂא אֶת־עֲפָרָם בֵּית־

5 אֵל׃ וְהִשְׁבִּית אֶת־הַכְּמָרִים אֲשֶׁר נָתְנוּ מַלְכֵי יְהוּדָה וַיְקַטֵּר בַּבָּמוֹת בְּעָרֵי יְהוּדָה וּמְסִבֵּי יְרוּשָׁלָ͏ִם וְאֶת־הַמְקַטְּרִים לַבַּעַל לַשֶּׁמֶשׁ וְלַיָּרֵחַ וְלַמַּזָּלוֹת וּלְכֹל צְבָא הַשָּׁמָיִם׃

6 וַיֹּצֵא אֶת־הָאֲשֵׁרָה מִבֵּית יְהֹוָה מִחוּץ לִירוּשָׁלַ͏ִם אֶל־נַחַל קִדְרוֹן וַיִּשְׂרֹף אֹתָהּ בְּנַחַל קִדְרוֹן וַיָּדֶק לְעָפָר וַיַּשְׁלֵךְ אֶת־עֲפָרָהּ עַל־

7 קֶבֶר בְּנֵי הָעָם׃ וַיִּתֹּץ אֶת־בָּתֵּי הַקְּדֵשִׁים אֲשֶׁר בְּבֵית יְהֹוָה אֲשֶׁר הַנָּשִׁים אֹרְגוֹת שָׁם בָּתִּים

8 לָאֲשֵׁרָה׃ וַיָּבֵא אֶת־כָּל־הַכֹּהֲנִים מֵעָרֵי יְהוּדָה וַיְטַמֵּא אֶת־הַבָּמוֹת אֲשֶׁר קִטְּרוּ־שָׁמָּה הַכֹּהֲנִים מִגֶּבַע עַד־בְּאֵר שָׁבַע וְנָתַץ אֶת־בָּמוֹת הַשְּׁעָרִים אֲשֶׁר־פֶּתַח שַׁעַר יְהוֹשֻׁעַ שַׂר־הָעִיר אֲשֶׁר־עַל־

9 שְׂמֹאול אִישׁ בְּשַׁעַר הָעִיר׃ אַךְ לֹא יַעֲלוּ כֹּהֲנֵי הַבָּמוֹת אֶל־מִזְבַּח יְהֹוָה בִּירוּשָׁלָ͏ִם כִּי אִם־אָכְלוּ

10 מַצּוֹת בְּתוֹךְ אֲחֵיהֶם׃ וְטִמֵּא אֶת־הַתֹּפֶת אֲשֶׁר בְּגֵי בְנֵי־הִנֹּם לְבִלְתִּי לְהַעֲבִיר אִישׁ אֶת־בְּנוֹ וְאֶת־

11 בִּתּוֹ בָּאֵשׁ לַמֹּלֶךְ׃ וַיַּשְׁבֵּת אֶת־הַסּוּסִים אֲשֶׁר

נָתְנוּ מַלְכֵי יְהוּדָה לַשֶּׁמֶשׁ מִבֹּא בֵית־יְהֹוָה אֶל־לִשְׁכַּת נְתַן־מֶלֶךְ הַסָּרִיס אֲשֶׁר בַּפַּרְוָרִים וְאֶת־

12 מַרְכְּבוֹת הַשֶּׁמֶשׁ שָׂרַף בָּאֵשׁ׃ וְאֶת־הַמִּזְבְּחוֹת אֲשֶׁר עַל־הַגָּג עֲלִיַּת אָחָז אֲשֶׁר־עָשׂוּ מַלְכֵי יְהוּדָה וְאֶת־הַמִּזְבְּחוֹת אֲשֶׁר־עָשָׂה מְנַשֶּׁה בִּשְׁתֵּי חַצְרוֹת בֵּית־יְהֹוָה נָתַץ הַמֶּלֶךְ וַיָּרָץ מִשָּׁם וְהִשְׁלִיךְ אֶת־

13 עֲפָרָם אֶל־נַחַל קִדְרוֹן׃ וְאֶת־הַבָּמוֹת אֲשֶׁר עַל־פְּנֵי יְרוּשָׁלַ͏ִם אֲשֶׁר מִימִין לְהַר־הַמַּשְׁחִית אֲשֶׁר בָּנָה שְׁלֹמֹה מֶלֶךְ־יִשְׂרָאֵל לְעַשְׁתֹּרֶת שִׁקֻּץ צִידֹנִים וְלִכְמוֹשׁ שִׁקֻּץ מוֹאָב וּלְמִלְכֹּם תּוֹעֲבַת בְּנֵי־עַמּוֹן טִמֵּא הַמֶּלֶךְ׃

14 וְשִׁבַּר אֶת־הַמַּצֵּבוֹת וַיִּכְרֹת אֶת־הָאֲשֵׁרִים וַיְמַלֵּא אֶת־מְקוֹמָם עַצְמוֹת אָדָם׃

15 וְגַם אֶת־הַמִּזְבֵּחַ אֲשֶׁר בְּבֵית־אֵל הַבָּמָה אֲשֶׁר עָשָׂה יָרָבְעָם בֶּן־נְבָט אֲשֶׁר הֶחֱטִיא אֶת־יִשְׂרָאֵל גַּם אֶת־הַמִּזְבֵּחַ הַהוּא וְאֶת־הַבָּמָה נָתַץ וַיִּשְׂרֹף אֶת־הַבָּמָה הֵדַק לְעָפָר וְשָׂרַף אֲשֵׁרָה׃

16 וַיִּפֶן יֹאשִׁיָּהוּ וַיַּרְא אֶת־הַקְּבָרִים אֲשֶׁר־שָׁם בָּהָר וַיִּשְׁלַח וַיִּקַּח אֶת־הָעֲצָמוֹת מִן־הַקְּבָרִים וַיִּשְׂרֹף עַל־הַמִּזְבֵּחַ וַיְטַמְּאֵהוּ כִּדְבַר יְהֹוָה אֲשֶׁר קָרָא אִישׁ

17 הָאֱלֹהִים אֲשֶׁר קָרָא אֶת־הַדְּבָרִים הָאֵלֶּה׃ וַיֹּאמֶר מָה הַצִּיּוּן הַלָּז אֲשֶׁר אֲנִי רֹאֶה וַיֹּאמְרוּ אֵלָיו אַנְשֵׁי הָעִיר הַקֶּבֶר אִישׁ־הָאֱלֹהִים אֲשֶׁר־בָּא מִיהוּדָה וַיִּקְרָא אֶת־הַדְּבָרִים הָאֵלֶּה אֲשֶׁר עָשִׂיתָ עַל הַמִּזְבַּח

18 בֵּית־אֵל׃ וַיֹּאמֶר הַנִּיחוּ לוֹ אִישׁ אַל־יָנַע עַצְמֹתָיו וַיְמַלְּטוּ עַצְמֹתָיו אֵת עַצְמוֹת הַנָּבִיא אֲשֶׁר־בָּא

19 מִשֹּׁמְרוֹן׃ וְגַם אֶת־כָּל־בָּתֵּי הַבָּמוֹת אֲשֶׁר בְּעָרֵי שֹׁמְרוֹן אֲשֶׁר עָשׂוּ מַלְכֵי יִשְׂרָאֵל לְהַכְעִיס הֵסִיר יֹאשִׁיָּהוּ וַיַּעַשׂ לָהֶם כְּכָל־הַמַּעֲשִׂים אֲשֶׁר עָשָׂה

20 בְּבֵית־אֵל׃ וַיִּזְבַּח אֶת־כָּל־כֹּהֲנֵי הַבָּמוֹת אֲשֶׁר־שָׁם עַל־הַמִּזְבְּחוֹת וַיִּשְׂרֹף אֶת־עַצְמוֹת אָדָם עֲלֵיהֶם וַיָּשָׁב יְרוּשָׁלָ͏ִם׃

21 וַיְצַו הַמֶּלֶךְ אֶת־כָּל־הָעָם לֵאמֹר עֲשׂוּ פֶסַח לַיהֹוָה אֱלֹהֵיכֶם כַּכָּתוּב עַל סֵפֶר הַבְּרִית

22 הַזֶּה׃ כִּי לֹא נַעֲשָׂה כַּפֶּסַח הַזֶּה מִימֵי הַשֹּׁפְטִים אֲשֶׁר שָׁפְטוּ אֶת־יִשְׂרָאֵל וְכֹל יְמֵי מַלְכֵי יִשְׂרָאֵל

23 וּמַלְכֵי יְהוּדָה׃ כִּי אִם־בִּשְׁמֹנֶה עֶשְׂרֵה שָׁנָה לַמֶּלֶךְ יֹאשִׁיָּהוּ נַעֲשָׂה הַפֶּסַח הַזֶּה לַיהֹוָה בִּירוּשָׁלָ͏ִם׃

24 וְגַם אֶת־הָאֹבוֹת וְאֶת־הַיִּדְּעֹנִים וְאֶת־הַתְּרָפִים וְאֶת־הַגִּלֻּלִים וְאֵת כָּל־הַשִּׁקֻּצִים אֲשֶׁר נִרְאוּ בְּאֶרֶץ

18 But to the king of Judah, which sent you to inquire of the LORD, thus shall ye say to him, Thus saith the LORD God of Israel, *As touching* the words which thou hast heard;

19 Because thine heart*f* was tender, and thou hast humbled*g* thyself before the LORD, when thou heardest what I spake against this place, and against the inhabitants thereof, that they should become a desolation*h* and a curse,*i* and hast rent*k* thy clothes, and wept*l* before me; I also have heard *thee*, saith the LORD.

20 Behold, therefore, I will gather thee unto thy fathers, and*n* thou shalt be gathered into thy grave in peace; and thine eyes shall not see all the evil which I will bring upon this place. And they brought the king word again.

CHAP. XXIII.

AND*p* the king sent, and they gathered unto him all the elders of Judah and of Jerusalem.

2 And the king went up into the house of the LORD, and all the men of Judah, and all the inhabitants of Jerusalem with him, and the priests, and the prophets, and all the people, ζboth small and great: and he read in their ears all the words of the book of the covenant which was*r* found in the house of the LORD.

3 And*t* the king stood by a pillar, and made a covenant before the LORD, to walk after the LORD, and to keep his commandments and his testimonies and his statutes, with all *their* heart and all *their* soul, to perform the words of this covenant that were written in this book: and all the people stood to the covenant.

4 And the king commanded Hilkiah the high priest, and the priests of the second order, and the keepers of the door, to bring forth out of the temple of the LORD all the vessels that were made for Baal, and for the grove,*v* and for all the host of heaven; and he burned them without Jerusalem in the fields of Kidron, and carried the ashes of them unto Beth-el.

5 And he θput down κthe idolatrous priests, whom the kings of Judah had ordained to burn incense in the high places in the cities of Judah, and in the places round about Jerusalem; them also that burned incense unto Baal, to the sun, and to the moon, and to the λplanets, and to all the host of heaven.

6 And he brought out the grove from the house of the LORD, without Jerusalem, unto the brook Kidron, and burned it at the brook Kidron, and stamped *it* small to powder, and cast the powder thereof upon the graves*z* of the children of the people.

7 And he brake down the houses*b* of the sodomites, that *were* by the house of the LORD, where the women*d* wove πhangings for the grove.

8 And he brought all the priests out of the cities of Judah, and defiled the high places where the priests had burned incense, from Geba*f* to Beer-sheba, and brake down the high places of the gates that *were* in the entering in of the gate of Joshua the governor of the city, which *were* on a man's left hand at the gate of the city.

9 Nevertheless the priests*a* of the high places came not up to the altar of the LORD in Jerusalem, but they did eat of the unleavened bread*b* among their brethren.

10 And he defiled Topheth,*c*which *is* in the valley*d*of the children of Hinnom,*e* that no man might make his son or his daughter to pass through the fire to Molech.

11 And he took away the horses that the kings of Judah had given to the sun, at the entering in of the house of the LORD, by the chamber of Nathan-melech the βchamberlain, which *was* in the suburbs, and burned the chariots of the sun with fire.

12 And the altars that *were* on the *m* top of the upper chamber of Ahaz, which the kings of Judah had made, and the altars which*o* Manasseh had made in the two courts of the house of the LORD, did the king beat down, and γbrake *them* down from thence, and cast the dust of them into the brook Kidron.

13 And the high places that *were* before Jerusalem, which *were* on the right hand of δthe mount of Corruption, which Solomon*q* the king of Israel had builded for Ashtoreth the abomination of the Zidonians, and for Chemosh the abomination of the Moabites, and for Milcom the abomination of the children of Ammon, did the king defile.

14 And he brake*s* in pieces the ηimages, and cut down the groves, and filled their places with the bones of men.

15 Moreover, the altar that *was* at Beth-el, *and* the high place*u* which Jeroboam the son of Nebat, who made Israel to sin, had made, both that altar and the high place he brake down, and burned the high place, *and* stamped *it* small to powder, and burned the grove.

16 And as Josiah turned himself, he spied the sepulchres that *were* there in the mount, and sent, and took the bones out of the sepulchres, and burned *them* upon the altar, and polluted it, according to the word*w* of the LORD, which the man of God proclaimed, who proclaimed these words.

17 Then he said, What title *is* that that I see? And the men of the city told him, *It is* the sepulchre of the man of*x* God which came from Judah, and proclaimed these things that thou hast done against the altar of Beth-el.

18 And he said, Let him alone; let no man move his bones. So they let his bones μalone, with the bones of the prophet that came out of Samaria.

19 And all the houses also of the high places that *were*y in the cities of Samaria, which the kings of Israel had made to provoke *the LORD* to anger, Josiah took away, and did to them according to all the acts that he had done in Beth-el.

20 And he vslew*a* all the priests of the high places that *were* there upon the altars, and burned men's bones*c* upon them, and returned to Jerusalem.

21 And the king commanded all the people, saying, Keep the passover unto the LORD your God, as *it is* written*e* in the book of this covenant.

22 Surely*g* there was not holden such a passover from the days of the judges that judged Israel, nor in all the days of the kings of Israel, nor of the kings of Judah;

23 But in the eighteenth year of king

B. C. 624.

a Eze. 44. 10..
       14.
b 1 Sa. 2. 36.
c Is. 30. 33.
   Je. 7. 31.
d Jos. 15. 8.
e La. 18. 21.
   De. 18. 10.
   Eze.23.37,39
f Ps. 51. 17.
   Is. 57. 15.
g 1 Ki. 21. 29.
h Le.26.31,32.
i Je. 26. 6.
   44. 22.
β or, *eunuch*,
   or, *officer.*
k ver. 11.
l Ne. 1. 4.
m Je. 19. 13.
   Zep. 1. 5.
n Ps. 37. 37.
   Is. 57. 1, 2.
   Je. 22. 10.
o ch. 21. 5.
γ or,*ran from
   thence.*
p 2Ch. 34. 29,
      &c.
δ *i. e.* the
   mount of
   Olives.
q 1 Ki. 11. 7.
ζ *from small
   even unto
   great.*
r ch. 22. 8.
s Ex. 23. 24.
   Nu. 33. 52.
   De.7. 5, 25.
   Mi. 1. 7.
η *statues.*
t ch.11.14,17.
u 1 Ki. 12. 28,
      33.
v ch. 21. 3, 7.
w 1Ki. 13. 2.
θ *caused to
   cease.*
κ *chemarim*,
   Foretold,
   Ho. 10. 5.
   Zep. 1. 4.
x 1 Ki. 13. 30,
      31.
λ or, *twelve
   signs, or,
   constella-
   tions.*
μ *to escape.*
y 2Ch.34.6,7.
z 2Ch. 34. 4.
ν or, *sacri-
   ficed.*
a ch. 11. 18.
   Ex. 22. 20.
   1 Ki. 18. 40.
b 1 Ki. 14. 24.
      15. 12.
c 2 Ch. 34. 5.
d Eze. 8. 14.
   16. 16.
π *houses.*
e Ex.12.3,&c.
   Nu. 9. 2.
   De.16.2,&c.
f 1 Ki. 15. 22.
g 2Ch.35.18,
      19.

לְמַעַן הָקִים אֶת־דִּבְרֵי הַתּוֹרָה הַכְּתֻבִים עַל־הַסֵּפֶר אֲשֶׁר מָצָא
חִלְקִיָּהוּ הַכֹּהֵן בֵּית יְהוָה׃ וְכָמֹהוּ לֹא־הָיָה לְפָנָיו
25 מֶלֶךְ אֲשֶׁר־שָׁב אֶל־יְהוָה בְּכָל־לְבָבוֹ וּבְכָל־נַפְשׁוֹ
וּבְכָל־מְאֹדוֹ כְּכֹל תּוֹרַת מֹשֶׁה וְאַחֲרָיו לֹא־קָם
26 כָּמֹהוּ׃ אַךְ ׀ לֹא־שָׁב יְהוָה מֵחֲרוֹן אַפּוֹ הַגָּדוֹל
אֲשֶׁר־חָרָה אַפּוֹ בִּיהוּדָה עַל כָּל־הַכְּעָסִים אֲשֶׁר
27 הִכְעִיסוֹ מְנַשֶּׁה׃ וַיֹּאמֶר יְהוָה גַּם אֶת־יְהוּדָה
אָסִיר מֵעַל פָּנַי כַּאֲשֶׁר הֲסִרֹתִי אֶת־יִשְׂרָאֵל
וּמָאַסְתִּי אֶת־הָעִיר הַזֹּאת אֲשֶׁר־בָּחַרְתִּי אֶת־
יְרוּשָׁלַͺם וְאֶת־הַבַּיִת אֲשֶׁר אָמַרְתִּי יִהְיֶה שְׁמִי שָׁם׃
28 וְיֶתֶר דִּבְרֵי יֹאשִׁיָּהוּ וְכָל־אֲשֶׁר עָשָׂה הֲלֹא־הֵם
כְּתוּבִים עַל־סֵפֶר דִּבְרֵי הַיָּמִים לְמַלְכֵי יְהוּדָה׃
29 בְּיָמָיו עָלָה פַרְעֹה נְכֹה מֶלֶךְ־מִצְרַיִם עַל־מֶלֶךְ
אַשּׁוּר עַל־נְהַר־פְּרָת וַיֵּלֶךְ הַמֶּלֶךְ יֹאשִׁיָּהוּ לִקְרָאתוֹ
30 וַיְמִיתֵהוּ בִּמְגִדּוֹ כִּרְאֹתוֹ אֹתוֹ׃ וַיַּרְכִּבֻהוּ עֲבָדָיו
מֵת מִמְּגִדּוֹ וַיְבִאֻהוּ יְרוּשָׁלַͺם וַיִּקְבְּרֻהוּ בִּקְבֻרָתוֹ
וַיִּקַּח עַם־הָאָרֶץ אֶת־יְהוֹאָחָז בֶּן־יֹאשִׁיָּהוּ וַיִּמְשְׁחוּ
31 אֹתוֹ וַיַּמְלִיכוּ אֹתוֹ תַּחַת אָבִיו׃ בֶּן־עֶשְׂרִים
וְשָׁלֹשׁ שָׁנָה יְהוֹאָחָז בְּמָלְכוֹ וּשְׁלֹשָׁה חֳדָשִׁים מָלַךְ
בִּירוּשָׁלָͺם וְשֵׁם אִמּוֹ חֲמוּטַל בַּת־יִרְמְיָהוּ מִלִּבְנָה׃
32 וַיַּעַשׂ הָרַע בְּעֵינֵי יְהוָה כְּכֹל אֲשֶׁר־עָשׂוּ אֲבֹתָיו׃
33 וַיַּאַסְרֵהוּ פַרְעֹה נְכֹה בְרִבְלָה בְּאֶרֶץ חֲמָת בִּמְלֹךְ
בִּירוּשָׁלָͺם וַיִּתֶּן־עֹנֶשׁ עַל־הָאָרֶץ מֵאָה כִכַּר־כֶּסֶף
34 וְכִכַּר זָהָב׃ וַיַּמְלֵךְ פַּרְעֹה נְכֹה אֶת־אֶלְיָקִים בֶּן־
יֹאשִׁיָּהוּ תַּחַת יֹאשִׁיָּהוּ אָבִיו וַיַּסֵּב אֶת־שְׁמוֹ
יְהוֹיָקִים וְאֶת־יְהוֹאָחָז לָקָח וַיָּבֹא מִצְרַיִם וַיָּמָת
35 שָׁם׃ וְהַכֶּסֶף וְהַזָּהָב נָתַן יְהוֹיָקִים לְפַרְעֹה אַךְ
הֶעֱרִיךְ אֶת־הָאָרֶץ לָתֵת אֶת־הַכֶּסֶף עַל־פִּי פַרְעֹה
אִישׁ כְּעֶרְכּוֹ נָגַשׂ אֶת־הַכֶּסֶף וְאֶת־הַזָּהָב אֶת־עַם
36 הָאָרֶץ לָתֵת לְפַרְעֹה נְכֹה׃ בֶּן־עֶשְׂרִים
וְחָמֵשׁ שָׁנָה יְהוֹיָקִים בְּמָלְכוֹ וְאַחַת עֶשְׂרֵה שָׁנָה
מָלַךְ בִּירוּשָׁלָͺם וְשֵׁם אִמּוֹ זְבִידָה בַת־פְּדָיָה מִן־
37 רוּמָה׃ וַיַּעַשׂ הָרַע בְּעֵינֵי יְהוָה כְּכֹל אֲשֶׁר־עָשׂוּ
אֲבֹתָיו׃

CAP. XXIV. כד

1 בְּיָמָיו עָלָה נְבֻכַדְנֶאצַּר מֶלֶךְ בָּבֶל וַיְהִי־לוֹ יְהוֹיָקִים
2 עֶבֶד שָׁלֹשׁ שָׁנִים וַיָּשָׁב וַיִּמְרָד־בּוֹ׃ וַיְשַׁלַּח יְהוָה בּוֹ
אֶת־גְּדוּדֵי כַשְׂדִּים וְאֶת־גְּדוּדֵי אֲרָם וְאֵת ׀ גְּדוּדֵי

מוֹאָב וְאֵת גְּדוּדֵי בְנֵי־עַמּוֹן וַיְשַׁלְּחֵם בִּיהוּדָה
לְהַאֲבִידוֹ כִּדְבַר יְהוָה אֲשֶׁר דִּבֶּר בְּיַד עֲבָדָיו
3 הַנְּבִיאִים׃ אַךְ ׀ עַל־פִּי יְהוָה הָיְתָה בִּיהוּדָה לְהָסִיר
מֵעַל פָּנָיו בְּחַטֹּאת מְנַשֶּׁה כְּכֹל אֲשֶׁר עָשָׂה׃ וְגַם
4 דַּם־הַנָּקִי אֲשֶׁר שָׁפָךְ וַיְמַלֵּא אֶת־יְרוּשָׁלַͺם
5 דָּם נָקִי וְלֹא־אָבָה יְהוָה לִסְלֹחַ׃ וְיֶתֶר דִּבְרֵי
יְהוֹיָקִים וְכָל־אֲשֶׁר עָשָׂה הֲלֹא־הֵם כְּתוּבִים עַל־
6 סֵפֶר דִּבְרֵי הַיָּמִים לְמַלְכֵי יְהוּדָה׃ וַיִּשְׁכַּב יְהוֹיָקִים
7 עִם־אֲבֹתָיו וַיִּמְלֹךְ יְהוֹיָכִין בְּנוֹ תַּחְתָּיו׃ וְלֹא־הֹסִיף
עוֹד מֶלֶךְ מִצְרַיִם לָצֵאת מֵאַרְצוֹ כִּי־לָקַח מֶלֶךְ בָּבֶל
מִנַּחַל מִצְרַיִם עַד־נְהַר־פְּרָת כֹּל אֲשֶׁר הָיְתָה
8 לְמֶלֶךְ מִצְרָיִם׃ בֶּן־שְׁמֹנֶה עֶשְׂרֵה שָׁנָה
יְהוֹיָכִין בְּמָלְכוֹ וּשְׁלֹשָׁה חֳדָשִׁים מָלַךְ בִּירוּשָׁלָͺם
וְשֵׁם אִמּוֹ נְחֻשְׁתָּא בַת־אֶלְנָתָן מִירוּשָׁלָͺם׃
9 וַיַּעַשׂ הָרַע בְּעֵינֵי יְהוָה כְּכֹל אֲשֶׁר־עָשָׂה אָבִיו׃
10 בָּעֵת הַהִיא עָלָה עַבְדֵי נְבֻכַדְנֶאצַּר מֶלֶךְ־בָּבֶל
11 יְרוּשָׁלָͺם וַתָּבֹא הָעִיר בַּמָּצוֹר׃ וַיָּבֹא נְבֻכַדְנֶאצַּר
12 מֶלֶךְ־בָּבֶל עַל־הָעִיר וַעֲבָדָיו צָרִים עָלֶיהָ׃ וַיֵּצֵא
יְהוֹיָכִין מֶלֶךְ־יְהוּדָה עַל־מֶלֶךְ בָּבֶל הוּא וְאִמּוֹ
וַעֲבָדָיו וְשָׂרָיו וְסָרִיסָיו וַיִּקַּח אֹתוֹ מֶלֶךְ בָּבֶל
13 בִּשְׁנַת שְׁמֹנֶה לְמָלְכוֹ׃ וַיּוֹצֵא מִשָּׁם אֶת־כָּל־
אוֹצְרוֹת בֵּית יְהוָה וְאוֹצְרוֹת בֵּית הַמֶּלֶךְ וַיְקַצֵּץ
אֶת־כָּל־כְּלֵי הַזָּהָב אֲשֶׁר עָשָׂה שְׁלֹמֹה מֶלֶךְ
14 יִשְׂרָאֵל בְּהֵיכַל יְהוָה כַּאֲשֶׁר דִּבֶּר יְהוָה׃ וְהִגְלָה
אֶת־כָּל־יְרוּשָׁלַͺם וְאֶת־כָּל־הַשָּׂרִים וְאֵת ׀ כָּל־גִּבּוֹרֵי
הַחַיִל עֲשָׂרָה אֲלָפִים גּוֹלֶה וְכָל־הֶחָרָשׁ וְהַמַּסְגֵּר
15 לֹא נִשְׁאַר זוּלַת דַּלַּת עַם־הָאָרֶץ׃ וַיֶּגֶל אֶת־
יְהוֹיָכִין בָּבֶלָה וְאֶת־אֵם הַמֶּלֶךְ וְאֶת־נְשֵׁי הַמֶּלֶךְ
וְאֶת־סָרִיסָיו וְאֵת אֱלֵי הָאָרֶץ הוֹלִיךְ גּוֹלָה
16 מִירוּשָׁלַͺם בָּבֶלָה׃ וְאֵת כָּל־אַנְשֵׁי הַחַיִל שִׁבְעַת
אֲלָפִים וְהֶחָרָשׁ וְהַמַּסְגֵּר אֶלֶף הַכֹּל גִּבּוֹרִים עֹשֵׂי
17 מִלְחָמָה וַיְבִיאֵם מֶלֶךְ־בָּבֶל גּוֹלָה בָּבֶלָה׃ וַיַּמְלֵךְ
מֶלֶךְ־בָּבֶל אֶת־מַתַּנְיָה דֹדוֹ תַּחְתָּיו וַיַּסֵּב אֶת־שְׁמוֹ
18 צִדְקִיָּהוּ׃ בֶּן־עֶשְׂרִים וְאַחַת שָׁנָה
צִדְקִיָּהוּ בְמָלְכוֹ וְאַחַת עֶשְׂרֵה שָׁנָה מָלַךְ
בִּירוּשָׁלָͺם וְשֵׁם אִמּוֹ חֲמוּטַל בַּת־יִרְמְיָהוּ מִלִּבְנָה׃
19 וַיַּעַשׂ הָרַע בְּעֵינֵי יְהוָה כְּכֹל אֲשֶׁר־עָשָׂה יְהוֹיָקִים׃
20 כִּי ׀ עַל־אַף יְהוָה הָיְתָה בִּירוּשָׁלַͺם וּבִיהוּדָה עַד־

Josiah, *wherein* this passover was holden to the LORD in Jerusalem.

24 Moreover,[a] the *workers with* familiar spirits, and the wizards, and the β images, and the idols, and all the abominations that were spied in the land of Judah and in Jerusalem, did Josiah put away, that he might perform the words of the[c] law which were written in the book that Hilkiah the priest found in the house of the LORD.

25 And[d] like unto him was there no king before him, that turned[e] to the LORD with all his heart, and with all his soul, and with all his might, according[g] to all the law of Moses; neither after him arose there *any* like him.

26 Notwithstanding the LORD turned not from the fierceness of his great wrath, wherewith his anger was kindled against Judah, because[l] of all the δ provocations that Manasseh had provoked him withal.

27 And the LORD said, I will[m] remove Judah also out of my sight, as I have removed[o] Israel, and will cast off this city Jerusalem which I have chosen, and the house of which[q] I said, My name shall be there.

28 Now the rest of the acts of Josiah, and all that he did, *are* they not written in the book of the Chronicles of the kings of Judah?

29 In[s] his days Pharaoh-nechoh king of Egypt went up against the king of Assyria to the river Euphrates: and king Josiah went against him; and he slew him at Megiddo,[t] when he had seen him.

30 And his servants carried him in a chariot dead from Megiddo, and brought him to Jerusalem, and buried him in his own sepulchre. And[v] the people of the land took Jehoahaz the son of Josiah, and anointed him, and made him king in his father's stead.

31 θ Jehoahaz *was* twenty and three years old when he began to reign; and he reigned three months in Jerusalem. And his mother's name *was*[x] Hamutal, the daughter of Jeremiah of Libnah.

32 And he did *that which was* evil in the sight of the LORD, according to all that his fathers had done.

33 And Pharaoh-nechoh put him in bands at Riblah,[y] in the land of Hamath, λ that he might not reign in Jerusalem; and μ put the land to a tribute of an hundred talents of silver, and a talent of gold.

34 And Pharaoh-nechoh made Eliakim the son of Josiah king in the room of Josiah his father, and turned[b] his name to Jehoiakim, and took Jehoahaz away: and[c] he came to Egypt, and died there.

35 And Jehoiakim gave the silver[e] and the gold to Pharaoh; but he taxed the land to give the money according to the commandment of Pharaoh: he exacted the silver and the gold of the people of the land, of every one according to his taxation, to give *it* unto Pharaoh-nechoh.

36 Jehoiakim *was* twenty and five years old when he began to reign; and he reigned eleven years in Jerusalem: and his mother's name *was* Zebudah, the daughter of Pedaiah of Rumah.

37 And he did *that which was* evil in the sight of the LORD, according to all that his fathers had done.

CHAP. XXIV.

IN[h] his days Nebuchadnezzar king of

B. C. 623.

a ch. 21. 6.
Re. 22. 15.
β or, *tera-phim.*
Ge. 31. 19.
b Je. 25. 9.
　32. 28.
Eze. 19. 8.
c Le. 19. 31.
　20. 27.
De. 18. 11.
γ *by the hand of.*
d ch. 18. 5.
Je. 29. 13.
e 1 Ki. 8. 48.
f ch. 23. 26.
Ex. 20. 5.
g Ne. 10. 29.
h ch. 21. 16.
De. 19. 10.
Je. 2. 34
　19. 4.
i Ps. 106. 38.
k Eze. 33. 25.
l ch. 21. 11, 12.
　24. 3, 4.
Je. 15. 4.
δ *angers.*
m ch. 21. 13.
n Je. 22. 18, 19.
o ch. 17. 18, 20.
　18. 11.
p Je. 37. 5, 7.
q 1 Ki. 9. 3.
r Je. 46. 2.
ζ called *Je-coniah,*
1 Ch. 3. 16.
Je. 24. 1.
and *Coniah,*
Je. 22. 24, 28.
s 2Ch. 35. 20,
　　&c.
t Zec. 12. 11.
u Da. 1. 1, 2.
v 2 Ch. 36. 1,
　　&c.
η *came into siege.*
θ called *Shallum,*
1 Ch. 3. 15.
Je. 22. 11.
w Je. 29. 1, 2.
x ch. 24. 18.
κ or, *eunuchs.*
y ch. 25. 6.
Je. 52. 27.
λ or, *because he reigned.*
μ *set a mulct upon the land,*
2 Ch. 36. 3.
z ch. 20. 17.
a Je. 24. 1.
b ch. 24. 17.
Ge. 41. 45.
Da. 1. 7.
c Je. 22. 11, 12.
Eze. 19. 3, 4.
d ch. 25. 12.
e ver. 33.
ν or, *eunuchs.*
f Je. 37. 1.
g Je. 52. 1. &c.
h 2 Ch. 36. 5,
　　&c.

Babylon came up, and Jehoiakim became his servant three years: then he turned and rebelled against him.

2 And[b] the LORD sent against him bands of the Chaldees, and bands of the Syrians, and bands of the Moabites, and bands of the children of Ammon, and sent them against Judah to destroy it, according to the word of the LORD, which he spake γ by his servants the prophets.

3 Surely at the commandment of the LORD came *this* upon Judah, to remove *them* out of his sight, for[f] the sins of Manasseh, according to all that he did;

4 And also for the innocent blood[h] that he shed, (for[i] he filled Jerusalem with innocent blood,) which the LORD would not pardon.[k]

5 Now the rest of the acts of Jehoiakim, and all that he did, *are* they not written in the book of the Chronicles of the kings of Judah?

6 So[n] Jehoiakim slept with his fathers: and Jehoiachin his son reigned in his stead.

7 And[p] the king of Egypt came not again any more out of his land: for the king of Babylon had taken,[r] from the river of Egypt unto the river Euphrates, all that pertained to the king of Egypt.

8 ζ Jehoiachin *was* eighteen years old when he began to reign, and he reigned in Jerusalem three months. And his mother's name *was* Nehushta, the daughter of Elnathan of Jerusalem.

9 And he did *that which was* evil in the sight of the LORD, according to all that his father had done.

10 At[u] that time the servants of Nebuchadnezzar king of Babylon came up against Jerusalem, and the city η was besieged.

11 And Nebuchadnezzar king of Babylon came against the city, and his servants did besiege it.

12 And[w] Jehoiachin the king of Judah went out to the king of Babylon, he, and his mother, and his servants, and his princes, and his κ officers: and the king of Babylon took him in the eighth year of his reign.

13 And he carried out thence all the treasures of the house of the LORD, and the treasures of the king's house, and cut in pieces all the vessels of gold which Solomon king of Israel had made in the temple of the LORD, as the LORD[z] had said.

14 And[a] he carried away all Jerusalem, and all the princes, and all the mighty men of valour, *even* ten thousand captives, and all the craftsmen and smiths: none remained, save the poorest[d] sort of the people of the land.

15 And he carried away Jehoiachin to Babylon, and the king's mother, and the king's wives, and his ν officers, and the mighty of the land: *those* carried he into captivity from Jerusalem to Babylon.

16 And all the men of might, *even* seven thousand, and craftsmen and smiths a thousand; all *that were* strong *and* apt for war, even them the king of Babylon brought captive to Babylon.

17 And[f] the king of Babylon made Mattaniah his father's brother king in his stead, and changed his name to Zedekiah.

18 Zedekiah[g] *was* twenty and one years old when he began to reign; and he reigned eleven years in Jerusalem. And

273

הַיֹּלִכוּ אֹתָם מֵעַל פְּנֵי וַיַּמְלֵךְ צִדְקִיָּהוּ בְּמֶלֶךְ
בָּבֶל:

CAP. XXV. כה

1 וַיְהִי בִשְׁנַת הַתְּשִׁיעִית לְמָלְכוֹ בַּחֹדֶשׁ הָעֲשִׂירִי
בֶּעָשׂוֹר לַחֹדֶשׁ בָּא נְבֻכַדְנֶאצַּר מֶלֶךְ־בָּבֶל הוּא וְכָל־
חֵילוֹ עַל־יְרוּשָׁלִַם וַיִּחַן עָלֶיהָ וַיִּבְנוּ עָלֶיהָ דָּיֵק
2 סָבִיב: וַתָּבֹא הָעִיר בַּמָּצוֹר עַד עַשְׁתֵּי עֶשְׂרֵה
3 שָׁנָה לַמֶּלֶךְ צִדְקִיָּהוּ: בְּתִשְׁעָה לַחֹדֶשׁ וַיֶּחֱזַק
4 הָרָעָב בָּעִיר וְלֹא־הָיָה לֶחֶם לְעַם הָאָרֶץ: וַתִּבָּקַע
הָעִיר וְכָל־אַנְשֵׁי הַמִּלְחָמָה הַלַּיְלָה דֶּרֶךְ שַׁעַר
בֵּין הַחֹמֹתַיִם אֲשֶׁר עַל־גַּן הַמֶּלֶךְ וְכַשְׂדִּים עַל־
5 הָעִיר סָבִיב וַיֵּלֶךְ דֶּרֶךְ הָעֲרָבָה: וַיִּרְדְּפוּ חֵיל־
כַּשְׂדִּים אַחַר הַמֶּלֶךְ וַיַּשִּׂגוּ אֹתוֹ בְּעַרְבוֹת יְרֵחוֹ
6 וְכָל־חֵילוֹ נָפֹצוּ מֵעָלָיו: וַיִּתְפְּשׂוּ אֶת־הַמֶּלֶךְ
וַיַּעֲלוּ אֹתוֹ אֶל־מֶלֶךְ בָּבֶל רִבְלָתָה וַיְדַבְּרוּ אִתּוֹ
7 מִשְׁפָּט: וְאֶת־בְּנֵי צִדְקִיָּהוּ שָׁחֲטוּ לְעֵינָיו וְאֶת־
עֵינֵי צִדְקִיָּהוּ עִוֵּר וַיַּאַסְרֵהוּ בַנְחֻשְׁתַּיִם וַיְבִאֵהוּ
8 בָּבֶל: וּבַחֹדֶשׁ הַחֲמִישִׁי בְּשִׁבְעָה לַחֹדֶשׁ
הִיא שְׁנַת תְּשַׁע־עֶשְׂרֵה שָׁנָה לַמֶּלֶךְ נְבֻכַדְנֶאצַּר
מֶלֶךְ־בָּבֶל בָּא נְבוּזַרְאֲדָן רַב־טַבָּחִים עֶבֶד מֶלֶךְ־
9 בָּבֶל יְרוּשָׁלִָם: וַיִּשְׂרֹף אֶת־בֵּית־יְהוָה וְאֶת־בֵּית
הַמֶּלֶךְ וְאֵת כָּל־בָּתֵּי יְרוּשָׁלִַם וְאֶת־כָּל־בֵּית גָּדוֹל
10 שָׂרַף בָּאֵשׁ: וְאֶת־חוֹמֹת יְרוּשָׁלִַם סָבִיב נָתְצוּ
11 כָּל־חֵיל כַּשְׂדִּים אֲשֶׁר רַב־טַבָּחִים: וְאֵת יֶתֶר
הָעָם הַנִּשְׁאָרִים בָּעִיר וְאֶת־הַנֹּפְלִים אֲשֶׁר נָפְלוּ
עַל־הַמֶּלֶךְ בָּבֶל וְאֵת יֶתֶר הֶהָמוֹן הֶגְלָה נְבוּזַרְאֲדָן
12 רַב־טַבָּחִים: וּמִדַּלַּת הָאָרֶץ הִשְׁאִיר רַב־טַבָּחִים
13 לְכֹרְמִים וּלְיֹגְבִים: וְאֶת־עַמּוּדֵי הַנְּחֹשֶׁת אֲשֶׁר בֵּית־
יְהוָה וְאֶת־הַמְּכֹנוֹת וְאֶת־יָם הַנְּחֹשֶׁת אֲשֶׁר
בְּבֵית־יְהוָה שִׁבְּרוּ כַשְׂדִּים וַיִּשְׂאוּ אֶת־נְחֻשְׁתָּם
14 בָּבֶלָה: וְאֶת־הַסִּירֹת וְאֶת־הַיָּעִים וְאֶת־
הַמְזַמְּרוֹת וְאֶת־הַכַּפּוֹת וְאֵת כָּל־כְּלֵי
15 הַנְּחֹשֶׁת אֲשֶׁר יְשָׁרְתוּ בָם לָקָחוּ: וְאֶת־
הַמַּחְתּוֹת וְאֶת־הַמִּזְרָקוֹת אֲשֶׁר זָהָב זָהָב וַאֲשֶׁר־
16 כֶּסֶף כָּסֶף לָקַח רַב־טַבָּחִים: הָעַמּוּדִים שְׁנַיִם
הַיָּם הָאֶחָד וְהַמְּכֹנוֹת אֲשֶׁר־עָשָׂה שְׁלֹמֹה לְבֵית
יְהוָה לֹא־הָיָה מִשְׁקָל לִנְחֹשֶׁת כָּל־הַכֵּלִים הָאֵלֶּה:

17 שְׁמֹנֶה עֶשְׂרֵה אַמָּה קוֹמַת הָעַמּוּד הָאֶחָד
וְכֹתֶרֶת עָלָיו נְחֹשֶׁת וְקוֹמַת הַכֹּתֶרֶת שָׁלֹשׁ אַמָּה
וּשְׂבָכָה וְרִמֹּנִים עַל־הַכֹּתֶרֶת סָבִיב הַכֹּל נְחֹשֶׁת
18 וְכָאֵלֶּה לָעַמּוּד הַשֵּׁנִי עַל־הַשְּׂבָכָה: וַיִּקַּח רַב־
טַבָּחִים אֶת־שְׂרָיָה כֹּהֵן הָרֹאשׁ וְאֶת־צְפַנְיָהוּ כֹּהֵן
19 מִשְׁנֶה וְאֶת־שְׁלֹשֶׁת שֹׁמְרֵי הַסַּף: וּמִן־הָעִיר לָקַח
סָרִיס אֶחָד אֲשֶׁר־הוּא פָקִיד עַל־אַנְשֵׁי הַמִּלְחָמָה
וַחֲמִשָּׁה אֲנָשִׁים מֵרֹאֵי פְנֵי־הַמֶּלֶךְ אֲשֶׁר נִמְצְאוּ
בָעִיר וְאֵת הַסֹּפֵר שַׂר הַצָּבָא הַמַּצְבִּא אֶת־עַם
הָאָרֶץ וְשִׁשִּׁים אִישׁ מֵעַם הָאָרֶץ הַנִּמְצְאִים
20 בָּעִיר: וַיִּקַּח אֹתָם נְבוּזַרְאֲדָן רַב־טַבָּחִים וַיֹּלֶךְ
21 אֹתָם עַל־מֶלֶךְ בָּבֶל רִבְלָתָה: וַיַּךְ אֹתָם מֶלֶךְ
בָּבֶל וַיְמִיתֵם בְּרִבְלָה בְּאֶרֶץ חֲמָת וַיִּגֶל יְהוּדָה מֵעַל
22 אַדְמָתוֹ: וְהָעָם הַנִּשְׁאָר בְּאֶרֶץ יְהוּדָה אֲשֶׁר
הִשְׁאִיר נְבוּכַדְנֶאצַּר מֶלֶךְ בָּבֶל וַיַּפְקֵד עֲלֵיהֶם אֶת־
23 גְּדַלְיָהוּ בֶּן־אֲחִיקָם בֶּן־שָׁפָן: וַיִּשְׁמְעוּ כָל־
שָׂרֵי הַחֲיָלִים הֵמָּה וְהָאֲנָשִׁים כִּי־הִפְקִיד מֶלֶךְ־בָּבֶל
אֶת־גְּדַלְיָהוּ וַיָּבֹאוּ אֶל־גְּדַלְיָהוּ הַמִּצְפָּה וְיִשְׁמָעֵאל
בֶּן־נְתַנְיָה וְיוֹחָנָן בֶּן־קָרֵחַ וּשְׂרָיָה בֶן־תַּנְחֻמֶת
הַנְּטֹפָתִי וְיַאֲזַנְיָהוּ בֶּן־הַמַּעֲכָתִי הֵמָּה וְאַנְשֵׁיהֶם:
24 וַיִּשָּׁבַע לָהֶם גְּדַלְיָהוּ וּלְאַנְשֵׁיהֶם וַיֹּאמֶר לָהֶם אַל־
תִּירְאוּ מֵעַבְדֵי הַכַּשְׂדִּים שְׁבוּ בָאָרֶץ וְעִבְדוּ אֶת־
25 מֶלֶךְ בָּבֶל וְיִטַב לָכֶם: וַיְהִי בַּחֹדֶשׁ הַשְּׁבִיעִי
בָּא יִשְׁמָעֵאל בֶּן־נְתַנְיָה בֶּן־אֱלִישָׁמָע מִזֶּרַע
הַמְּלוּכָה וַעֲשָׂרָה אֲנָשִׁים אִתּוֹ וַיַּכּוּ אֶת־גְּדַלְיָהוּ
וַיָּמֹת וְאֶת־הַיְּהוּדִים וְאֶת־הַכַּשְׂדִּים אֲשֶׁר־הָיוּ אִתּוֹ
26 בַּמִּצְפָּה: וַיָּקֻמוּ כָל־הָעָם מִקָּטֹן וְעַד־גָּדוֹל וְשָׂרֵי
הַחֲיָלִים וַיָּבֹאוּ מִצְרָיִם כִּי יָרְאוּ מִפְּנֵי כַשְׂדִּים:
27 וַיְהִי בִשְׁלֹשִׁים וָשֶׁבַע שָׁנָה לְגָלוּת יְהוֹיָכִין
מֶלֶךְ־יְהוּדָה בִּשְׁנֵים עָשָׂר חֹדֶשׁ בְּעֶשְׂרִים וְשִׁבְעָה
לַחֹדֶשׁ נָשָׂא אֱוִיל מְרֹדַךְ מֶלֶךְ בָּבֶל בִּשְׁנַת מָלְכוֹ
28 אֶת־רֹאשׁ יְהוֹיָכִין מֶלֶךְ־יְהוּדָה מִבֵּית כֶּלֶא: וַיְדַבֵּר
אִתּוֹ טֹבוֹת וַיִּתֵּן אֶת־כִּסְאוֹ מֵעַל כִּסֵּא הַמְּלָכִים
29 אֲשֶׁר אִתּוֹ בְּבָבֶל: וְשִׁנָּא אֵת בִּגְדֵי כִלְאוֹ וְאָכַל
30 לֶחֶם תָּמִיד לְפָנָיו כָּל־יְמֵי חַיָּיו: וַאֲרֻחָתוֹ אֲרֻחַת
תָּמִיד נִתְּנָה־לּוֹ מֵאֵת הַמֶּלֶךְ דְּבַר־יוֹם בְּיוֹמוֹ כֹּל
יְמֵי חַיָּיו:

חֲזַק וְנִתְחַזָּק

his mother's name *was* Hamutal,[a] the daughter of Jeremiah of Libnah.

19 And he did *that which was* evil in the sight of the LORD, according to all that Jehoiakim had done.

20 For through the anger of the LORD it came to pass in Jerusalem and Judah, until he had cast them out from his presence, that Zedekiah rebelled[c] against the king of Babylon.

CHAP. XXV.

AND[d] it came to pass, in the ninth year of his reign, in the tenth month, in the tenth *day* of the month, *that* Nebuchadnezzar king of Babylon came, he, and all his host, against Jerusalem, and pitched against it; and they built forts against it round about.

2 And the city was besieged unto the eleventh year of king Zedekiah.

3 And on the ninth *day* of the *fourth* month the famine prevailed in the city, and there was no bread for the people of the land.

4 And the city was broken up, and all the men of war *fled* by night, by the way of the gate between two walls, which *is* by the king's garden: (now the Chaldees *were* against the city round about:) and *the king* [h] went the way toward the plain.

5 And the army of the Chaldees pursued after the king, and overtook him in the plains of Jericho: and all his army were scattered from him.

6 So they took the king, and brought him up to the king of Babylon to[j] Riblah; and they [η]gave judgment upon him.

7 And they slew the sons of Zedekiah before his eyes, and [θ]put out the eyes of[k] Zedekiah, and bound him with fetters of brass, and carried him to Babylon.

8 And in the fifth month, on the seventh *day* of the month, (which *is* the nineteenth year of king Nebuchadnezzar king of Babylon) came Nebuzar-adan, [κ]captain of the guard, a servant of the king of Babylon, unto Jerusalem:

9 And[l] he burnt the house of the LORD, and the king's house, and all the houses of Jerusalem, and[m] every great *man's* house burnt he with fire.

10 And all the army of the Chaldees, that *were with* the captain of the guard, brake down[o] the walls of Jerusalem round about.

11 Now the rest of the people *that were* left in the city, and the [μ]fugitives that fell away to the king of Babylon, with the remnant of the multitude, did Nebuzar-adan the captain of the guard carry away.

12 But the captain of the guard left of the poor[q] of the land *to be* vinedressers and husbandmen.

13 And[s] the pillars[t] of brass that *were* in the house of the LORD, and the bases, and the brazen sea that *was* in the house of the LORD, did the Chaldees break in pieces, and carried the brass of them to Babylon.

14 And the pots,[v] and the shovels, and the snuffers, and the spoons, and all the vessels of brass wherewith they ministered, took they away.

15 And the fire-pans, and the bowls, *and* such things as *were* of gold, *in* gold, and of silver, *in* silver, the captain of the guard took away.

16 The two pillars, [π]one sea, and the

B. C. 588.

a ch. 23. 31.
b 1 Ki. 7. 15.
c 2Ch. 36. 13.
  Eze. 17. 15.
d 2Ch. 36. 17,
          &c.
  Je.34.2,&c.
  39.1,&c.
  52.4,&c.
  Eze.24.2,&c.
e 1 Ch. 6. 14.
  Ezr. 7. 1.
f Je. 21. 1.
  29.25,29.
β threshold.
γ or, eunuch.
δ saw the
  king's face,
  Es. 1. 14.
ζ or, scribe of
  the captain
  of the host.
g ch. 23. 27.
  Le. 26. 33.
  De.28.36,64
  Eze.12.25..
          28.
          24. 14.
h Eze. 12. 12.
i Je.40.5,&c.
j ch. 23. 33.
η spake
  judgment
  with him.
θ made blind.
k Eze. 12. 13,
          &c.
κ or, chief
  marshal.
l 1 Ki. 9. 8.
  Ps. 79. 1.
  Is.64.10,11.
m Am. 2. 5.
n Je.41.1,&c.
λ of the
  kingdom.
o Ne. 1. 3.
  Je.52.14,&c.
μ fallen
  away.
p Je. 43. 4, 7.
q ch. 24. 14.
  Je. 40. 7.
r Je.52.31,&c.
s Je.27.19,&c.
  1Ki.7.15..27.
t Ex. 27. 3.
u Ge.40.13,20.
v 1Ki.7.47,50.
v good things
  with him.
w Da. 2. 37.
  5. 18, 19.
x Is. 61. 3.
y 2 Sa. 9. 7.
π the one.
z Ne. 11. 23.
  Da. 1. 5.
  Mat. 6. 11.
  Ac. 6. 1.

bases which Solomon had made for the house of the LORD; the brass of all these vessels was without weight.

17 The height[b] of the one pillar *was* eighteen cubits, and the chapiter upon it *was* brass: and the height of the chapiter three cubits; and the wreathen work, and pomegranates upon the chapiter round about, all of brass: and like unto these had the second pillar with wreathen work.

18 And the captain of the guard took Seraiah[e] the chief priest, and[f] Zephaniah the second priest, and the three keepers of the [β]door:

19 And out of the city he took an [γ]officer that was set over the men of war, and five men of them that [δ]were in the king's presence, which were found in the city, and the [ζ]principal scribe of the host, which mustered the people of the land, and threescore men of the people of the land *that were* found in the city:

20 And Nebuzar-adan, captain of the guard, took these, and brought them to the king of Babylon to Riblah:

21 And the king of Babylon smote them, and slew them at Riblah in the land of Hamath. So[g] Judah was carried away out of their land.

22 And[i] *as for* the people that remained in the land of Judah, whom Nebuchadnezzar king of Babylon had left, even over them he made Gedaliah the son of Ahikam, the son of Shaphan, ruler.

23 And when all the captains of the armies, they and their men, heard that the king of Babylon had made Gedaliah governor, there came to Gedaliah to Mizpah, even Ishmael the son of Nethaniah, and Johanan the son of Careah, and Seraiah the son of Tanhumeth the Netophathite, and Jaazaniah the son of a Maachathite, they and their men.

24 And Gedaliah sware to them, and to their men, and said unto them, Fear not to be the servants of the Chaldees: dwell in the land, and serve the king of Babylon; and it shall be well with you.

25 But[n] it came to pass, in the seventh month, that Ishmael the son of Nethaniah, the son of Elishama, of the seed [λ]royal, came, and ten men with him, and smote Gedaliah, that he died, and the Jews and the Chaldees that were with him at Mizpah.

26 And all the people, both small and great, and the captains of the armies, arose, and came to Egypt:[p] for they were afraid of the Chaldees.

27 And[r] it came to pass, in the seven and thirtieth year of the captivity of Jehoiachin king of Judah, in the twelfth month, on the seven and twentieth *day* of the month, *that* Evil-merodach king of Babylon, in the year that he began to reign, did lift up[u] the head of Jehoiachin king of Judah out of prison;

28 And he spake [v]kindly to him, and set his throne above the throne of the kings that[w] *were* with him in Babylon;

29 And changed[x] his prison-garments: and he did eat[y] bread continually before him all the days of his life.

30 And his allowance *was* a continual allowance given him of the king, a[z] daily rate for every day, all the days of his life.

274

דברי הימים א

PRIMUS LIBER CHRONICORUM.

1 אָדָם שֵׁת אֱנוֹשׁ :
2 קֵינָן מַהֲלַלְאֵל יָרֶד : חֲנוֹךְ
3 מְתוּשֶׁלַח לֶמֶךְ : נֹחַ שֵׁם חָם וָיָפֶת :
4 בְּנֵי
5 יֶפֶת גֹּמֶר וּמָגוֹג וּמָדַי וְיָוָן וְתֻבָל וּמֶשֶׁךְ וְתִירָס :
6 וּבְנֵי גֹּמֶר אַשְׁכֲּנַז וְדִיפַת וְתוֹגַרְמָה :
7 וּבְנֵי יָוָן אֱלִישָׁה וְתַרְשִׁישָׁה כִּתִּים וְרוֹדָנִים :
8 בְּנֵי חָם כּוּשׁ וּמִצְרַיִם פּוּט וּכְנָעַן :
9 וּבְנֵי כוּשׁ סְבָא וַחֲוִילָה וְסַבְתָּא וְרַעְמָא וְסַבְתְּכָא וּבְנֵי רַעְמָא שְׁבָא וּדְדָן :
10 וְכוּשׁ יָלַד אֶת־נִמְרוֹד הוּא הֵחֵל לִהְיוֹת גִּבּוֹר בָּאָרֶץ :
11 וּמִצְרַיִם יָלַד אֶת־לוּדִיים וְאֶת־עֲנָמִים וְאֶת־לְהָבִים
12 וְאֶת־נַפְתֻּחִים : וְאֶת־פַּתְרֻסִים וְאֶת־כַּסְלֻחִים אֲשֶׁר יָצְאוּ מִשָּׁם פְּלִשְׁתִּים וְאֶת־כַּפְתֹּרִים :
13 וּכְנַעַן יָלַד אֶת־צִידוֹן בְּכֹרוֹ וְאֶת־חֵת :
14 וְאֶת־
15 הַיְבוּסִי וְאֶת־הָאֱמֹרִי וְאֶת הַגִּרְגָּשִׁי : וְאֶת־הַחִוִּי
16 וְאֶת־הָעַרְקִי וְאֶת־הַסִּינִי : וְאֶת־הָאַרְוָדִי וְאֶת־
17 הַצְּמָרִי וְאֶת־הַחֲמָתִי : בְּנֵי שֵׁם עֵילָם וְאַשּׁוּר וְאַרְפַּכְשַׁד וְלוּד וַאֲרָם וְעוּץ וְחוּל וְגֶתֶר וָמֶשֶׁךְ :
18 וְאַרְפַּכְשַׁד יָלַד אֶת־שָׁלַח וְשֶׁלַח יָלַד אֶת־עֵבֶר :
19 וּלְעֵבֶר יֻלַּד שְׁנֵי בָנִים שֵׁם הָאֶחָד פֶּלֶג כִּי בְיָמָיו
20 נִפְלְגָה הָאָרֶץ וְשֵׁם אָחִיו יָקְטָן : וְיָקְטָן יָלַד אֶת־
21 אַלְמוֹדָד וְאֶת־שָׁלֶף וְאֶת־חֲצַרְמָוֶת וְאֶת־יָרַח :
22 וְאֶת־הֲדוֹרָם וְאֶת־אוּזָל וְאֶת־דִּקְלָה : וְאֶת־עֵיבָל
23 וְאֶת־אֲבִימָאֵל וְאֶת־שְׁבָא : וְאֶת־אוֹפִיר וְאֶת־
24 חֲוִילָה וְאֶת־יוֹבָב כָּל־אֵלֶּה בְּנֵי יָקְטָן : שֵׁם
25 אַרְפַּכְשַׁד שָׁלַח : עֵבֶר פֶּלֶג רְעוּ : שְׂרוּג
26 נָחוֹר תָּרַח : אַבְרָם הוּא אַבְרָהָם :
27 בְּנֵי אַבְרָהָם
28 יִצְחָק וְיִשְׁמָעֵאל : אֵלֶּה תֹּלְדוֹתָם בְּכוֹר יִשְׁמָעֵאל
29 נְבָיוֹת וְקֵדָר וְאַדְבְּאֵל וּמִבְשָׂם : מִשְׁמָע וְדוּמָה
30 מַשָּׂא חֲדַד וְתֵימָא : יְטוּר נָפִישׁ וָקֵדְמָה אֵלֶּה
31 הֵם בְּנֵי יִשְׁמָעֵאל :
32 וּבְנֵי קְטוּרָה פִּילֶגֶשׁ
33 אַבְרָהָם יָלְדָה אֶת־זִמְרָן וְיָקְשָׁן וּמְדָן וּמִדְיָן וְיִשְׁבָּק וְשׁוּחַ וּבְנֵי יָקְשָׁן שְׁבָא וּדְדָן : וּבְנֵי מִדְיָן עֵיפָה וָעֵפֶר וַחֲנוֹךְ וַאֲבִידָע וְאֶלְדָּעָה כָּל־אֵלֶּה בְּנֵי קְטוּרָה :
34 וַיּוֹלֶד אַבְרָהָם אֶת־יִצְחָק בְּנֵי יִצְחָק עֵשָׂו

35 וְיִשְׂרָאֵל : בְּנֵי עֵשָׂו אֱלִיפַז רְעוּאֵל וִיעוּשׁ וְיַעְלָם וְקֹרַח :
36 בְּנֵי אֱלִיפָז תֵּימָן וְאוֹמָר צְפִי וְגַעְתָּם
37 קְנַז וְתִמְנָע וַעֲמָלֵק : בְּנֵי רְעוּאֵל נַחַת זֶרַח
38 שַׁמָּה וּמִזָּה : וּבְנֵי שֵׂעִיר לוֹטָן וְשׁוֹבָל וְצִבְעוֹן
39 וַעֲנָה וְדִישֹׁן וְאֵצֶר וְדִישָׁן : וּבְנֵי לוֹטָן חֹרִי
40 וְהוֹמָם וַאֲחוֹת לוֹטָן תִּמְנָע : בְּנֵי שׁוֹבָל עַלְיָן וּמָנַחַת וְעֵיבָל שְׁפִי וְאוֹנָם וּבְנֵי צִבְעוֹן אַיָּה וַעֲנָה :
41 בְּנֵי עֲנָה דִּישׁוֹן וּבְנֵי דִישׁוֹן חַמְרָן וְאֶשְׁבָּן
42 וְיִתְרָן וּכְרָן : בְּנֵי אֵצֶר בִּלְהָן וְזַעֲוָן יַעֲקָן
43 בְּנֵי דִישׁוֹן עוּץ וַאֲרָן : וְאֵלֶּה הַמְּלָכִים אֲשֶׁר מָלְכוּ בְּאֶרֶץ אֱדוֹם לִפְנֵי מְלָךְ־מֶלֶךְ לִבְנֵי יִשְׂרָאֵל
44 בֶּלַע בֶּן־בְּעוֹר וְשֵׁם עִירוֹ דִּנְהָבָה : וַיָּמָת בָּלַע
45 וַיִּמְלֹךְ תַּחְתָּיו יוֹבָב בֶּן־זֶרַח מִבָּצְרָה : וַיָּמָת יוֹבָב
46 וַיִּמְלֹךְ תַּחְתָּיו חוּשָׁם מֵאֶרֶץ הַתֵּימָנִי : וַיָּמָת חוּשָׁם וַיִּמְלֹךְ תַּחְתָּיו הֲדַד בֶּן־בְּדַד הַמַּכֶּה אֶת־
47 מִדְיָן בִּשְׂדֵה מוֹאָב וְשֵׁם עִירוֹ עֲוִית : וַיָּמָת
48 הֲדָד וַיִּמְלֹךְ תַּחְתָּיו שַׂמְלָה מִמַּשְׂרֵקָה : וַיָּמָת שַׂמְלָה וַיִּמְלֹךְ תַּחְתָּיו שָׁאוּל מֵרְחֹבוֹת
49 הַנָּהָר : וַיָּמָת שָׁאוּל וַיִּמְלֹךְ תַּחְתָּיו בַּעַל
50 חָנָן בֶּן־עַכְבּוֹר : וַיָּמָת בַּעַל חָנָן וַיִּמְלֹךְ תַּחְתָּיו הֲדַד וְשֵׁם עִירוֹ פָּעִי וְשֵׁם אִשְׁתּוֹ מְהֵיטַבְאֵל בַּת
51 מַטְרֵד בַּת מֵי זָהָב : וַיָּמָת הֲדָד וַיִּהְיוּ אַלּוּפֵי
52 אֱדוֹם אַלּוּף תִּמְנָע אַלּוּף עַלְיָה אַלּוּף יְתֵת : אַלּוּף
53 אָהֳלִיבָמָה אַלּוּף אֵלָה אַלּוּף פִּינֹן : אַלּוּף קְנַז
54 אַלּוּף תֵּימָן אַלּוּף מִבְצָר : אַלּוּף מַגְדִּיאֵל אַלּוּף עִירָם אֵלֶּה אַלּוּפֵי אֱדוֹם :

CAP. II. ב

1 אֵלֶּה בְּנֵי יִשְׂרָאֵל רְאוּבֵן שִׁמְעוֹן לֵוִי וִיהוּדָה יִשָּׂשכָר
2 וּזְבֻלוּן : דָּן יוֹסֵף וּבִנְיָמִן נַפְתָּלִי גָּד וְאָשֵׁר :
3 בְּנֵי יְהוּדָה עֵר וְאוֹנָן וְשֵׁלָה שְׁלוֹשָׁה נוֹלַד לוֹ מִבַּת־ שׁוּעַ הַכְּנַעֲנִית וַיְהִי עֵר בְּכוֹר יְהוּדָה רַע בְּעֵינֵי יְהוָה וַיְמִיתֵהוּ : וְתָמָר כַּלָּתוֹ יָלְדָה לּוֹ אֶת־פֶּרֶץ
4 וְאֶת־זָרַח כָּל־בְּנֵי יְהוּדָה חֲמִשָּׁה :
5 בְּנֵי פֶרֶץ

The First Book of the CHRONICLES.

B. C. 4004.

CHAP. I.

ADAM,[b] Sheth, Enosh,
2 Kenan, Mahalaleel, Jered,
3 Henoch, Methuselah, Lamech,
4 Noah, Shem, Ham, and Japheth.
5 The[e] sons of Japheth ; Gomer, and Magog, and Madai, and Javan, and Tubal, and Meshech, and Tiras.
6 And the sons of Gomer ; Ashchenaz, and γ Riphath, and Togarmah.
7 And the sons of Javan ; Elishah, and Tarshish, Kittim, and δ Dodanim.
8 The sons of Ham ; Cush, and Mizraim, Put, and Canaan.
9 And the sons of Cush ; Seba, and Havilah, and Sabta, and Raamah, and Sabtecha. And the sons of Raamah ; Sheba, and Dedan.
10 And Cush begat Nimrod ; he began to be mighty upon the earth.
11 And Mizraim begat Ludim, and Anamim, and Lehabim, and Naphtuhim,
12 And Pathrusim, and Casluhim, (of whom came the Philistines,) and Caphthorim.[d]
13 And Canaan begat Zidon his firstborn, and Heth,
14 The Jebusite also, and the Amorite, and the Girgashite,
15 And the Hivite, and the Arkite, and the Sinite,
16 And the Arvadite, and the Zemarite, and the Hamathite.
17 The sons of Shem ; Elam, and Asshur, and Arphaxad, and Lud, and Aram, and Uz, and Hul, and Gether, and μ Meshech.
18 And Arphaxad begat Shelah, and Shelah begat Eber.
19 And unto Eber were born two sons : the name of the one was ν Peleg, (because in his days the earth was divided,) and his brother's name was Joktan.
20 And Joktan begat Almodad, and Sheleph, and Hazarmaveth, and Jerah,
21 Hadoram also, and Uzal, and Diklah,
22 And Ebal, and Abimael, and Sheba,
23 And Ophir, and Havilah, and Jobab. All these were the sons of Joktan.
24 Shem,[e] Arphaxad, Shelah,
25 Eber, Peleg, Reu,
26 Serug, Nahor, Terah,
27 Abram ; f the same is Abraham.
28 The sons of Abraham ; Isaac,[g] and Ishmael.[h]
29 These are their generations : The first-born[i] of Ishmael, Nebaioth ; then Kedar, and Adbeel, and Mibsam,
30 Mishma, and Dumah, Massa, φ Hadad, and Tema,
31 Jetur, Naphish, and Kedemah. These are the sons of Ishmael.
32 Now the sons of Keturah,[l] Abraham's concubine : she bare Zimran, and Jokshan, and Medan, and Midian, and Ishbak, and Shuah. And the sons of Jokshan ; Sheba, and Dedan.
33 And the sons of Midian ; Ephah, and Epher, and Henoch, and Abida, and Eldaah. All these are the sons of Keturah.
34 And[o] Abraham begat Isaac. The sons[q] of Isaac ; Esau, and Israel.

35 The[a] sons of Esau ; Eliphaz, Reuel, and Jeush, and Jaalam, and Korah.
36 The sons of Eliphaz ; Teman, and Omar, β Zephi, and Gatam, Kenaz, and Timna, and Amalek.
37 The sons of Reuel ; Nahath, Zerah, Shammah, and Mizzah.
38 And the sons of Seir ; Lotan, and Shobal, and Zibeon, and Anah, and Dishon, and Ezar, and Dishan.
39 And the sons of Lotan ; Hori, and ζ Homam : and Timna was Lotan's sister.
40 The sons of Shobal ; η Alian, and Manahath, and Ebal, θ Shephi, and Onam. And the sons of Zibeon ; Aiah, and Anah.
41 The sons of Anah ; Dishon. And the sons of Dishon ; κ Amram, and Eshban, and Ithran, and Chetan.
42 The sons of Ezer ; Bilhan, and Zavan, and λ Jakan. The sons of Dishan ; Uz, and Aran.
43 Now these are the kings that reigned in the land of Edom before any king reigned over the children of Israel ; Bela the son of Beor : and the name of his city was Dinhabah.
44 And when Bela was dead, Jobab the son of Zerah of Bozrah reigned in his stead.
45 And when Jobab was dead, Husham of the land of the Temanites reigned in his stead.
46 And when Husham was dead, Hadad the son of Bedad, (which smote Midian in the field of Moab,) reigned in his stead : and the name of his city was Avith.
47 And when Hadad was dead, Samlah of Masrekah reigned in his stead.
48 And when Samlah was dead, Shaul of Rehoboth by the river reigned in his stead.
49 And when Shaul was dead, Baal-hanan the son of Achbor reigned in his stead.
50 And when Baal-hanan was dead, π Hadad reigned in his stead : and the name of his city was ρ Pai ; and his wife's name was Mehetabel, the daughter of Matred, the daughter of Mezahab.
51 Hadad died also. And the dukes of Edom were ; duke Timnah, duke σ Aliah, duke Jetheth,
52 Duke Aholibamah, duke Elah, duke Pinon,
53 Duke Kenaz, duke Teman, duke Mibzar,
54 Duke Magdiel, duke Iram. These are the dukes of Edom.

CHAP. II.

THESE are the sons of τ Israel ; Reuben,[k] Simeon, Levi, and Judah, Issachar, and Zebulun,
2 Dan, Joseph, and Benjamin, Naphtali, Gad, and Asher.
3 The sons of Judah ; m Er, and Onan, and Shelah ; which three were born unto him of the daughter of Shua the Canaanitess. And Er, the first-born of Judah, was evil in the sight of the LORD ; and he slew him.
4 And[n] Tamar his daughter-in-law bare him Pharez and Zerah. All the sons of Judah were five.
5 The sons[p] of Pharez ; Hezron, and Hamul.

a Ge.36.9,&c.
b Ge.4.25,26.
  5.3,9.
β or, Zepho,
  Ge. 36. 11.
c Ge.10.2,&c.
γ or, Diphath, as it is in some copies.
δ or, Rodanim, according to some copies.
ζ or, Heman, Ge. 36. 22.
η or, Alvan, Ge. 36. 23.
θ or, Shepho, Ge. 36. 23.
κor,Hemdan, Ge. 36. 26.
λ or, Achan, Ge. 36. 27.
d De. 2. 23.
μ or, Mash, Ge. 10. 23.
ν i.e. Division, Ge. 10. 25.
π or, Hadar, Ge. 36. 39.
ρ or, Pau, Ge. 36. 39.
e Ge. 11. 10, &c.
σ or, Alvah.
f Ge. 17. 5.
g Ge. 21. 2, 3.
h Ge.16.11,15.
i Ge.25.13.16.
τ or, Jacob.
φ or, Hadar, Ge. 25. 15.
k Ge. 29. 32, &c.
30. 5, &c.
35. 18, &c.
46. 8, &c.
l Ge.25.1,&c.
m Ge.38.3,&c.
46. 12.
Nu. 26. 19.
n Ge.38.29,30.
Mat. 1. 3.
o Ge. 21. 2, 3.
p Ge. 46. 12.
Ru. 4. 18.
q Ge.25.25,26.

6 וּבְנֵי זֶרַח זִמְרִי וְאֵיתָן וְהֵימָן וְכַלְכֹּל וָדָרַע כֻּלָּם חֲמִשָּׁה׃

7 וּבְנֵי כַּרְמִי עָכָר עוֹכֵר יִשְׂרָאֵל אֲשֶׁר מָעַל בַּחֵרֶם׃

8 וּבְנֵי אֵיתָן עֲזַרְיָה׃

9 וּבְנֵי חֶצְרוֹן אֲשֶׁר נוֹלַד־לוֹ אֶת־יְרַחְמְאֵל וְאֶת־רָם וְאֶת־כְּלוּבָי׃

10 וְרָם הוֹלִיד אֶת־עַמִּינָדָב וְעַמִּינָדָב הוֹלִיד אֶת־נַחְשׁוֹן נְשִׂיא בְּנֵי יְהוּדָה׃

11 וְנַחְשׁוֹן הוֹלִיד אֶת־שַׂלְמָא וְשַׂלְמָא הוֹלִיד אֶת־בֹּעַז׃

12 וּבֹעַז הוֹלִיד אֶת־עוֹבֵד וְעוֹבֵד הוֹלִיד אֶת־יִשָׁי׃

13 וְאִישַׁי הוֹלִיד אֶת־בְּכֹרוֹ אֶת־אֱלִיאָב וַאֲבִינָדָב הַשֵּׁנִי וְשִׁמְעָא הַשְּׁלִישִׁי׃

14 נְתַנְאֵל הָרְבִיעִי רַדַּי הַחֲמִישִׁי׃

15 אֹצֶם הַשִּׁשִּׁי דָּוִיד הַשְּׁבִעִי׃

16 וְאַחְיֹתֵיהֶם צְרוּיָה וַאֲבִיגָיִל וּבְנֵי צְרוּיָה אַבְשַׁי וְיוֹאָב וַעֲשָׂה־אֵל שְׁלֹשָׁה׃

17 וַאֲבִיגַיִל יָלְדָה אֶת־עֲמָשָׂא וַאֲבִי עֲמָשָׂא יֶתֶר הַיִּשְׁמְעֵאלִי׃

18 וְכָלֵב בֶּן־חֶצְרוֹן הוֹלִיד אֶת־עֲזוּבָה אִשָּׁה וְאֶת־יְרִיעוֹת וְאֵלֶּה בָנֶיהָ יֵשֶׁר וְשׁוֹבָב וְאַרְדּוֹן׃

19 וַתָּמָת עֲזוּבָה וַיִּקַּח־לוֹ כָלֵב אֶת־אֶפְרָת וַתֵּלֶד לוֹ אֶת־חוּר׃

20 וְחוּר הוֹלִיד אֶת־אוּרִי וְאוּרִי הוֹלִיד אֶת־בְּצַלְאֵל׃

21 וְאַחַר בָּא חֶצְרוֹן אֶל־בַּת־מָכִיר אֲבִי גִלְעָד וְהוּא לְקָחָהּ וְהוּא בֶּן־שִׁשִּׁים שָׁנָה וַתֵּלֶד לוֹ אֶת־שְׂגוּב׃

22 וּשְׂגוּב הוֹלִיד אֶת־יָאִיר וַיְהִי־לוֹ עֶשְׂרִים וְשָׁלוֹשׁ עָרִים בְּאֶרֶץ הַגִּלְעָד׃

23 וַיִּקַּח גְּשׁוּר־וַאֲרָם אֶת־חַוֹּת יָאִיר מֵאִתָּם אֶת־קְנָת וְאֶת־בְּנֹתֶיהָ שִׁשִּׁים עִיר כָּל־אֵלֶּה בְּנֵי מָכִיר אֲבִי־גִלְעָד׃

24 וְאַחַר מוֹת־חֶצְרוֹן בְּכָלֵב אֶפְרָתָה וְאֵשֶׁת חֶצְרוֹן אֲבִיָּה וַתֵּלֶד לוֹ אֶת־אַשְׁחוּר אֲבִי תְקוֹעַ׃

25 וַיִּהְיוּ בְנֵי־יְרַחְמְאֵל בְּכוֹר חֶצְרוֹן הַבְּכוֹר רָם וּבוּנָה וָאֹרֶן וָאֹצֶם אֲחִיָּה׃

26 וַתְּהִי אִשָּׁה אַחֶרֶת לִירַחְמְאֵל וּשְׁמָהּ עֲטָרָה הִיא אֵם אוֹנָם׃

27 וַיִּהְיוּ בְנֵי־רָם בְּכוֹר יְרַחְמְאֵל מַעַץ וְיָמִין וָעֵקֶר׃

28 וַיִּהְיוּ בְנֵי־אוֹנָם שַׁמַּי וְיָדָע וּבְנֵי שַׁמַּי נָדָב וַאֲבִישׁוּר׃

29 וְשֵׁם אֵשֶׁת אֲבִישׁוּר אֲבִיהָיִל וַתֵּלֶד לוֹ אֶת־אַחְבָּן וְאֶת־מוֹלִיד׃

30 וּבְנֵי נָדָב סֶלֶד וְאַפָּיִם וַיָּמָת סֶלֶד לֹא בָנִים׃

31 וּבְנֵי אַפַּיִם יִשְׁעִי וּבְנֵי יִשְׁעִי שֵׁשָׁן וּבְנֵי שֵׁשָׁן אַחְלָי׃

32 וּבְנֵי יָדָע אֲחִי שַׁמַּי יֶתֶר וְיוֹנָתָן וַיָּמָת יֶתֶר לֹא בָנִים׃

33 וּבְנֵי יוֹנָתָן פֶּלֶת וְזָזָא אֵלֶּה הָיוּ בְּנֵי יְרַחְמְאֵל׃

34 וְלֹא־הָיָה לְשֵׁשָׁן בָּנִים כִּי אִם־בָּנוֹת וּלְשֵׁשָׁן עֶבֶד מִצְרִי וּשְׁמוֹ יַרְחָע׃

35 וַיִּתֵּן שֵׁשָׁן אֶת־בִּתּוֹ לְיַרְחָע עַבְדּוֹ לְאִשָּׁה וַתֵּלֶד לוֹ אֶת־עַתָּי׃

36 וְעַתַּי הוֹלִיד אֶת־נָתָן וְנָתָן הוֹלִיד אֶת־זָבָד׃

37 וְזָבָד הוֹלִיד אֶת־אֶפְלָל וְאֶפְלָל הוֹלִיד אֶת־עוֹבֵד׃

38 וְעוֹבֵד הוֹלִיד אֶת־יֵהוּא וְיֵהוּא הוֹלִיד אֶת־עֲזַרְיָה׃

39 וַעֲזַרְיָה הוֹלִיד אֶת־חָלֶץ וְחֶלֶץ הוֹלִיד אֶת־אֶלְעָשָׂה׃

40 וְאֶלְעָשָׂה הוֹלִיד אֶת־סִסְמָי וְסִסְמַי הוֹלִיד אֶת־שַׁלּוּם׃

41 וְשַׁלּוּם הוֹלִיד אֶת־יְקַמְיָה וִיקַמְיָה הוֹלִיד אֶת־אֱלִישָׁמָע׃

42 וּבְנֵי כָלֵב אֲחִי יְרַחְמְאֵל מֵישָׁע בְּכֹרוֹ הוּא אֲבִי־זִיף וּבְנֵי מָרֵשָׁה אֲבִי חֶבְרוֹן׃

43 וּבְנֵי חֶבְרוֹן קֹרַח וְתַפֻּחַ וְרֶקֶם וָשָׁמַע׃

44 וְשֶׁמַע הוֹלִיד אֶת־רַחַם אֲבִי יָרְקְעָם וְרֶקֶם הוֹלִיד אֶת־שַׁמָּי׃

45 וּבֶן־שַׁמַּי מָעוֹן וּמָעוֹן אֲבִי בֵית־צוּר׃

46 וְעֵיפָה פִּילֶגֶשׁ כָּלֵב יָלְדָה אֶת־חָרָן וְאֶת־מוֹצָא וְאֶת־גָּזֵז וְחָרָן הוֹלִיד אֶת־גָּזֵז׃

47 וּבְנֵי יָהְדָּי רֶגֶם וְיוֹתָם וְגֵישָׁן וָפֶלֶט וְעֵיפָה וָשָׁעַף׃

48 פִּלֶגֶשׁ כָּלֵב מַעֲכָה יָלַד שֶׁבֶר וְאֶת־תִּרְחֲנָה׃

49 וַתֵּלֶד שַׁעַף אֲבִי מַדְמַנָּה אֶת־שְׁוָא אֲבִי מַכְבֵּנָא וַאֲבִי גִבְעָא וּבַת־כָּלֵב עַכְסָה׃

50 אֵלֶּה הָיוּ בְּנֵי כָלֵב בֶּן־חוּר בְּכוֹר אֶפְרָתָה שׁוֹבָל אֲבִי קִרְיַת יְעָרִים׃

51 שַׂלְמָא אֲבִי בֵית־לָחֶם חָרֵף אֲבִי בֵית־גָּדֵר׃

52 וַיִּהְיוּ בָנִים לְשׁוֹבָל אֲבִי קִרְיַת יְעָרִים הָרֹאֶה חֲצִי הַמְּנֻחוֹת׃

53 וּמִשְׁפְּחוֹת קִרְיַת יְעָרִים הַיִּתְרִי וְהַפּוּתִי וְהַשֻּׁמָתִי וְהַמִּשְׁרָעִי מֵאֵלֶּה יָצְאוּ הַצָּרְעָתִי וְהָאֶשְׁתָּאֻלִי׃

54 בְּנֵי שַׂלְמָא בֵּית לֶחֶם וּנְטוֹפָתִי עַטְרוֹת בֵּית יוֹאָב וַחֲצִי הַמָּנַחְתִּי הַצָּרְעִי׃

55 וּמִשְׁפְּחוֹת סֹפְרִים יֹשְׁבֵי יַעְבֵּץ תִּרְעָתִים שִׁמְעָתִים שׂוּכָתִים הֵמָּה הַקִּינִים הַבָּאִים מֵחַמַּת אֲבִי בֵית־רֵכָב׃

CAP. III. ג

1 וְאֵלֶּה הָיוּ בְּנֵי דָוִיד אֲשֶׁר נוֹלַד־לוֹ בְּחֶבְרוֹן הַבְּכוֹר אַמְנֹן לַאֲחִינֹעַם הַיִּזְרְעֵאלִית שֵׁנִי דָּנִיֵּאל לַאֲבִיגַיִל הַכַּרְמְלִית׃

2 הַשְּׁלִשִׁי לְאַבְשָׁלוֹם בֶּן־מַעֲכָה בַּת־תַּלְמַי מֶלֶךְ גְּשׁוּר הָרְבִיעִי אֲדֹנִיָּה בֶן־חַגִּית׃

3 הַחֲמִישִׁי שְׁפַטְיָה לַאֲבִיטָל הַשִּׁשִּׁי יִתְרְעָם לְעֶגְלָה אִשְׁתּוֹ׃

4 שִׁשָּׁה נוֹלַד־לוֹ בְחֶבְרוֹן וַיִּמְלָךְ־שָׁם שֶׁבַע שָׁנִים וְשִׁשָּׁה חֳדָשִׁים וּשְׁלֹשִׁים וְשָׁלוֹשׁ שָׁנָה מָלַךְ בִּירוּשָׁלָיִם׃

5 וְאֵלֶּה נוּלְּדוּ־לוֹ בִּירוּשָׁלָיִם שִׁמְעָא וְשׁוֹבָב וְנָתָן וּשְׁלֹמֹה אַרְבָּעָה לְבַת־שׁוּעַ בַּת־עַמִּיאֵל׃

6 וְיִבְחָר וֶאֱלִישָׁמָע וֶאֱלִיפָלֶט׃

7 וְנֹגַהּ וְנֶפֶג וְיָפִיעַ׃

8 וֶאֱלִישָׁמָע וְאֶלְיָדָע וֶאֱלִיפֶלֶט תִּשְׁעָה׃

9 כֹּל בְּנֵי דָוִיד מִלְּבַד בְּנֵי־פִילַגְשִׁים וְתָמָר אֲחוֹתָם׃

6 And the sons of Zerah; β Zimri, and Ethan, and Heman, and Calcol, and γ Dara: five of them in all.

7 And the sons of Carmi; δ Achar the troubler [b] of Israel, who transgressed in the thing accursed.

8 And the sons of Ethan; Azariah.

9 The sons also of Hezron, that were born unto him; Jerahmeel, and ζ Ram, and η Chelubai.

10 And Ram [c] begat Amminadab; and Amminadab begat Nahshon, prince [d] of the children of Judah;

11 And Nahshon begat θ Salma, and Salma begat Boaz,

12 And Boaz begat Obed, and Obed begat Jesse,

13 And [f] Jesse begat his first-born Eliab, and Abinadab the second, and κ Shimma the third,

14 Nethaneel the fourth, Raddai the fifth, 15 Ozem the sixth, David the seventh:

16 Whose sisters *were* Zeruiah, and Abigail. And [g] the sons of Zeruiah; Abishai, and Joab, and Asahel, three.

17 And Abigail bare Amasa : [h] and the father of Amasa *was* λ Jether the Ishmeelite.

18 And Caleb the son of Hezron begat *children* of Azubah *his* wife, and of Jerioth : her sons *are* these ; Jesher, and Shobab, and Ardon.

19 And when Azubah was dead, Caleb took unto him Ephrath, [i] which bare him Hur.

20 And Hur begat Uri, and Uri begat Bezaleel. [k]

21 And afterward Hezron went in to the daughter of Machir [l] the father of Gilead, whom he ν married when he *was* threescore years old ; and she bare him Segub.

22 And Segub begat Jair, who had three and twenty cities in the land of Gilead.

23 And [m] he took Geshur, and Aram, with the towns of Jair, from them, with Kenath, and the towns thereof, *even* threescore cities : all these *belonged to* the sons of Machir the father of Gilead.

24 And after that Hezron was dead in Caleb-ephratah, then Abiah, Hezron's wife, bare him Ashur [n] the father of Tekoa.

25 And the sons of Jerahmeel the first-born of Hezron were, Ram the first-born, and Bunah, & Oren, and Ozem, *and* Ahijah.

26 Jerahmeel had also another wife, whose name *was* Atarah; she *was* the mother of Onam.

27 And the sons of Ram the first-born of Jerahmeel were, Maaz, and Jamin, & Eker.

28 And the sons of Onam were, Shammai, and Jada. And the sons of Shammai ; Nadab, and Abishur.

29 And the name of y [e] wife of Abishur *was* Abihail, and she bare him Ahban, & Molid.

30 And the sons of Nadab; Seled, and Appaim : but Seled died without children.

31 And the sons of Appaim; Ishi. And the sons of Ishi ; Sheshan. And the children of Sheshan ; [s] Ahlai.

32 And the sons of Jada, the brother of Shammai ; Jether, and Jonathan : and Jether died without children.

33 And the sons of Jonathan ; Peleth, and Zaza. These were the sons of Jerahmeel.

34 Now Sheshan had no sons, but daughters : and Sheshan had a servant, an Egyptian, whose name *was* Jarha.

35 And Sheshan gave his daughter to Jarha his servant to wife, and she bare him Attai.

B. C. 1753.

β or, *Zabdi,* Jos. 7. 1.

γ or, *Darda.* a ch. 11. 41.

δ or, *Achan.* b Jos. 6. 18. 7. 1,25.

ζ or, *Aram,* Mat. 1. 3, 4.

η or, *Caleb,* ver. 18, 42.

c Ru. 4. 19, 20. d Nu. 1. 7.

e ver. 9.

θ or, *Salmon,* Ru. 4. 21.

f 1 Sa. 16. 6, &c.

κ or, *Shammah,* 1 Sa. 16. 9.

g 2 Sa. 2. 18. h 2 Sa. 17. 25.

λ *Ithra, an Israelite.*

i ver. 50.

j Jos. 15. 17. k Ex. 31. 2.

μ *Ephrath,* ver. 19.

l Nu. 27. 1.

ν *took.*

π or, *Reaiah,* ch. 4. 2.

ρ or, *half of the Menuchites,* or, *Hatsihammenuchoth.* m Nu. 32. 41. De. 3. 14. Jos. 13. 30.

σ or, *Atarites* or, *crowns of the house of Joab.* n ch. 4. 5.

o Ju. 1. 16. p Je. 35. 2.

q 2 Sa. 3, 2, &c. r 1 Sa. 25. 42, 43.

τ or, *Chileab,* 2 Sa. 3. 3.

s ver. 34, 35. t 2 Sa. 5. 4, 14, &c.

φ or, *Shammua,* 2 Sa. 5. 14.

χ or, *Bathsheba,* 2 Sa. 11. 3.

ψ or, *Eliam,* 2 Sa. 11. 3.

β or, *Elishua,* 2 Sa. 5. 15.

γ or, *Beeliada,* ch. 14. 7.

---

36 And Attai begat Nathan, and Nathan begat Zabad, [a]

37 And Zabad begat Ephlal, and Ephlal begat Obed,

38 And Obed begat Jehu, and Jehu begat Azariah,

39 And Azariah begat Helez, and Helez begat Eleasah,

40 And Eleasah begat Sisamai, and Sisamai begat Shallum,

41 And Shallum begat Jekamiah, and Jekamiah begat Elishama.

42 Now the sons of Caleb, [e] the brother of Jerahmeel *were,* Mesha his first-born, which *was* the father of Ziph ; and the sons of Mareshah, the father of Hebron.

43 And the sons of Hebron ; Korah, and Tappuah, and Rekem, and Shema.

44 And Shema begat Raham, the father of Jorkoam ; and Rekem begat Shammai.

45 And the son of Shammai *was* Maon ; and Maon *was* the father of Beth-zur.

46 And Ephah, Caleb's concubine, bare Haran, and Moza, and Gazez : and Haran begat Gazez.

47 And the sons of Jahdai ; Regem, and Jotham, and Gesham, and Pelet, and Ephah, and Shaaph.

48 Maachah, Caleb's concubine, bare Sheber, and Tirhanah.

49 She bare also Shaaph the father of Madmannah, Sheva the father of Machbenah, and the father of Gibea : and the daughter of Caleb *was* Achsa. [j]

50 These were the sons of Caleb, the son of Hur, the first-born of μ Ephratah ; Shobal the father of Kirjath-jearim,

51 Salma the father of Beth-lehem, Hareph the father of Beth-gader.

52 And Shobal the father of Kirjath-jearim had sons ; π Haroeh, *and* ρ half of the Manahethites.

53 And the families of Kirjath-jearim ; the Ithrites, and the Puhites, and the Shumathites, and the Mishraites ; of them came the Zareathites, and the Eshtaulites.

54 The sons of Salma ; Beth-lehem, and the Netophathites, σ Ataroth, y [e] house of Joab, and half of the Manahethites, the Zorites.

55 And the families of the scribes which dwelt at Jabez ; the Tirathites, the Shimeathites, *and* Suchathites. These *are* the Kenites [o] that came of Hemath, the father of the house of Rechab. [p]

CHAP. III.

NOW these were the sons of David, which were born unto him in Hebron : the first-born [q] Amnon, of [r] Ahinoam the Jezreelitess ; the second, τ Daniel, of Abigail the Carmelitess ;

2 The third, Absalom, the son of Maachah, the daughter of Talmai king of Geshur ; the fourth, Adonijah, the son of Haggith ;

3 The fifth, Shephatiah of Abital ; the sixth, Ithream by Eglah his wife.

4 *These* six were born unto him in Hebron ; and there he reigned seven years and six months : and [t] in Jerusalem he reigned thirty and three years.

5 And these were born unto him in Jerusalem : φ Shimea, and Shobab, and Nathan, and Solomon, four, of χ Bath-shua the daughter of ψ Ammiel :

6 Ibhar also, & β Elishama, & Eliphelet,

7 And Nogah, and Nepheg, and Japhia,

8 And Elishama, and γ Eliada, and Eliphelet, nine.

9 *These were* all the sons of David,

10 וּבֶן־שְׁלֹמֹה רְחַבְעָם אֲבִיָּה בְנוֹ אָסָא בְנוֹ יְהוֹשָׁפָט בְּנוֹ׃
11 יוֹרָם בְּנוֹ אֲחַזְיָהוּ בְנוֹ יוֹאָשׁ בְּנוֹ׃
12 אֲמַצְיָהוּ בְנוֹ עֲזַרְיָה בְנוֹ יוֹתָם בְּנוֹ׃
13 אָחָז בְּנוֹ חִזְקִיָּהוּ בְנוֹ מְנַשֶּׁה בְנוֹ׃
14 אָמוֹן בְּנוֹ יֹאשִׁיָּהוּ בְנוֹ׃
15 וּבְנֵי יֹאשִׁיָּהוּ הַבְּכוֹר יוֹחָנָן הַשֵּׁנִי יְהוֹיָקִים הַשְּׁלִשִׁי צִדְקִיָּהוּ הָרְבִיעִי שַׁלּוּם׃
16 וּבְנֵי יְהוֹיָקִים יְכָנְיָה בְנוֹ צִדְקִיָּה בְנוֹ׃
17 וּבְנֵי יְכָנְיָה אַסִּר שְׁאַלְתִּיאֵל בְּנוֹ׃
18 וּמַלְכִּירָם וּפְדָיָה וְשֶׁנְאַצַּר יְקַמְיָה הוֹשָׁמָע וּנְדַבְיָה׃
19 וּבְנֵי פְדָיָה זְרֻבָּבֶל וְשִׁמְעִי וּבֶן־זְרֻבָּבֶל מְשֻׁלָּם וַחֲנַנְיָה וּשְׁלֹמִית אֲחוֹתָם׃
20 וַחֲשֻׁבָה וָאֹהֶל וּבֶרֶכְיָה וַחֲסַדְיָה יוּשַׁב חֶסֶד חָמֵשׁ׃
21 וּבֶן־חֲנַנְיָה פְּלַטְיָה וִישַׁעְיָה בְּנֵי רְפָיָה בְּנֵי אַרְנָן בְּנֵי עֹבַדְיָה בְּנֵי שְׁכַנְיָה׃
22 וּבְנֵי שְׁכַנְיָה שְׁמַעְיָה וּבְנֵי שְׁמַעְיָה חַטּוּשׁ וְיִגְאָל וּבָרִיחַ וּנְעַרְיָה וְשָׁפָט שִׁשָּׁה׃
23 וּבֶן־נְעַרְיָה אֶלְיוֹעֵינַי וְחִזְקִיָּה וְעַזְרִיקָם שְׁלֹשָׁה׃
24 וּבְנֵי אֶלְיוֹעֵינַי הוֹדַיְוָהוּ וְאֶלְיָשִׁיב וּפְלָיָה וְעַקּוּב וְיוֹחָנָן וּדְלָיָה וַעֲנָנִי שִׁבְעָה׃

CAP. IV. ד

1 בְּנֵי יְהוּדָה פֶּרֶץ חֶצְרוֹן וְכַרְמִי וְחוּר וְשׁוֹבָל׃
2 וּרְאָיָה בֶן־שׁוֹבָל הוֹלִיד אֶת־יַחַת וְיַחַת הֹלִיד אֶת־אֲחוּמַי וְאֶת־לָהַד אֵלֶּה מִשְׁפְּחוֹת הַצָּרְעָתִי׃
3 וְאֵלֶּה אֲבִי עֵיטָם יִזְרְעֶאל וְיִשְׁמָא וְיִדְבָּשׁ וְשֵׁם אֲחוֹתָם הַצְלֶלְפּוֹנִי׃
4 וּפְנוּאֵל אֲבִי גְדֹר וְעֵזֶר אֲבִי חוּשָׁה אֵלֶּה בְנֵי־חוּר בְּכוֹר אֶפְרָתָה אֲבִי בֵּית לָחֶם׃
5 וּלְאַשְׁחוּר אֲבִי תְקוֹעַ הָיוּ שְׁתֵּי נָשִׁים חֶלְאָה וְנַעֲרָה׃
6 וַתֵּלֶד לוֹ נַעֲרָה אֶת־אֲחֻזָּם וְאֶת־חֵפֶר וְאֶת־תֵּימְנִי וְאֶת־הָאֲחַשְׁתָּרִי אֵלֶּה בְּנֵי נַעֲרָה׃
7 וּבְנֵי חֶלְאָה צֶרֶת וְיִצְחָר וְאֶתְנָן׃
8 וְקוֹץ הוֹלִיד אֶת־עָנוּב וְאֶת־הַצֹּבֵבָה וּמִשְׁפְּחוֹת אֲחַרְחֵל בֶּן־הָרוּם׃
9 וַיְהִי יַעְבֵּץ נִכְבָּד מֵאֶחָיו וְאִמּוֹ קָרְאָה שְׁמוֹ יַעְבֵּץ לֵאמֹר כִּי יָלַדְתִּי בְּעֹצֶב׃
10 וַיִּקְרָא יַעְבֵּץ לֵאלֹהֵי יִשְׂרָאֵל לֵאמֹר אִם־בָּרֵךְ תְּבָרֲכֵנִי וְהִרְבִּיתָ אֶת־גְּבוּלִי וְהָיְתָה יָדְךָ עִמִּי וְעָשִׂיתָ מֵרָעָה לְבִלְתִּי עָצְבִּי וַיָּבֵא אֱלֹהִים אֵת אֲשֶׁר־שָׁאָל׃
11 וּכְלוּב אֲחִי־שׁוּחָה הוֹלִיד אֶת־מְחִיר הוּא אֲבִי אֶשְׁתּוֹן׃
12 וְאֶשְׁתּוֹן הוֹלִיד אֶת־בֵּית רָפָא וְאֶת־פָּסֵחַ וְאֶת־תְּחִנָּה אֲבִי עִיר נָחָשׁ אֵלֶּה אַנְשֵׁי רֵכָה׃
13 וּבְנֵי קְנַז עָתְנִיאֵל וּשְׂרָיָה וּבְנֵי עָתְנִיאֵל חֲתַת׃
14 וּמְעוֹנֹתַי הוֹלִיד אֶת־עָפְרָה וּשְׂרָיָה הוֹלִיד אֶת־יוֹאָב אֲבִי גֵּיא חֲרָשִׁים כִּי חֲרָשִׁים הָיוּ׃
15 וּבְנֵי כָּלֵב בֶּן־יְפֻנֶּה עִירוּ אֵלָה וָנָעַם וּבְנֵי אֵלָה וּקְנַז׃
16 וּבְנֵי יְהַלֶּלְאֵל זִיף וְזִיפָה תִּירְיָא וַאֲשַׂרְאֵל׃
17 וּבֶן־עֶזְרָה יֶתֶר וּמֶרֶד וְעֵפֶר וְיָלוֹן וַתַּהַר אֶת־מִרְיָם וְאֶת־שַׁמַּי וְאֶת־יִשְׁבָּח אֲבִי אֶשְׁתְּמֹעַ׃
18 וְאִשְׁתּוֹ הַיְהֻדִיָּה יָלְדָה אֶת־יֶרֶד אֲבִי גְדוֹר וְאֶת־חֶבֶר אֲבִי שׂוֹכוֹ וְאֶת־יְקוּתִיאֵל אֲבִי זָנוֹחַ וְאֵלֶּה בְּנֵי בִתְיָה בַת־פַּרְעֹה אֲשֶׁר לָקַח מָרֶד׃
19 וּבְנֵי אֵשֶׁת הוֹדִיָּה אֲחוֹת נַחַם אֲבִי קְעִילָה הַגַּרְמִי וְאֶשְׁתְּמֹעַ הַמַּעֲכָתִי׃
20 וּבְנֵי שִׁימוֹן אַמְנוֹן וְרִנָּה בֶּן־חָנָן וְתִילוֹן וּבְנֵי יִשְׁעִי זוֹחֵת וּבֶן־זוֹחֵת׃
21 בְּנֵי שֵׁלָה בֶן־יְהוּדָה עֵר אֲבִי לֵכָה וְלַעְדָּה אֲבִי מָרֵשָׁה וּמִשְׁפְּחוֹת בֵּית־עֲבֹדַת הַבֻּץ לְבֵית אַשְׁבֵּעַ׃
22 וְיוֹקִים וְאַנְשֵׁי כֹזֵבָא וְיוֹאָשׁ וְשָׂרָף אֲשֶׁר־בָּעֲלוּ לְמוֹאָב וְיָשֻׁבִי לָחֶם וְהַדְּבָרִים עַתִּיקִים׃
23 הֵמָּה הַיּוֹצְרִים וְיֹשְׁבֵי נְטָעִים וּגְדֵרָה עִם־הַמֶּלֶךְ בִּמְלַאכְתּוֹ יָשְׁבוּ שָׁם׃
24 בְּנֵי שִׁמְעוֹן נְמוּאֵל וְיָמִין יָרִיב זֶרַח שָׁאוּל׃
25 שַׁלֻּם בְּנוֹ מִבְשָׂם בְּנוֹ מִשְׁמָע בְּנוֹ׃
26 וּבְנֵי מִשְׁמָע חַמּוּאֵל בְּנוֹ זַכּוּר בְּנוֹ שִׁמְעִי בְנוֹ׃
27 וּלְשִׁמְעִי בָּנִים שִׁשָּׁה עָשָׂר וּבָנוֹת שֵׁשׁ וּלְאֶחָיו אֵין בָּנִים רַבִּים וְכֹל מִשְׁפַּחְתָּם לֹא הִרְבּוּ עַד־בְּנֵי יְהוּדָה׃
28 וַיֵּשְׁבוּ בִּבְאֵר־שֶׁבַע וּמוֹלָדָה וַחֲצַר שׁוּעָל׃
29 וּבְבִלְהָה וּבְעֶצֶם וּבְתוֹלָד׃
30 וּבִבְתוּאֵל וּבְחָרְמָה וּבְצִיקְלָג׃
31 וּבְבֵית מַרְכָּבוֹת וּבַחֲצַר סוּסִים וּבְבֵית בִּרְאִי וּבְשַׁעֲרָיִם אֵלֶּה עָרֵיהֶם עַד־מְלֹךְ דָּוִיד׃
32 וְחַצְרֵיהֶם עֵיטָם וָעַיִן רִמּוֹן וְתֹכֶן וְעָשָׁן עָרִים חָמֵשׁ׃
33 וְכָל־חַצְרֵיהֶם אֲשֶׁר סְבִיבוֹת הֶעָרִים הָאֵלֶּה עַד־בָּעַל זֹאת מוֹשְׁבֹתָם וְהִתְיַחְשָׂם לָהֶם׃
34 וּמְשׁוֹבָב וְיַמְלֵךְ וְיוֹשָׁה בֶּן־אֲמַצְיָה׃
35 וְיוֹאֵל וְיֵהוּא בֶּן־יוֹשִׁבְיָה בֶּן־שְׂרָיָה בֶּן־עֲשִׂיאֵל׃
36 וְאֶלְיוֹעֵינַי וְיַעֲקֹבָה וִישׁוֹחָיָה וַעֲשָׂיָה וַעֲדִיאֵל וִישִׂימִאֵל וּבְנָיָה׃
37 וְזִיזָא בֶן־שִׁפְעִי בֶן־אַלּוֹן בֶּן־יְדָיָה בֶּן־שִׁמְרִי בֶּן־שְׁמַעְיָה׃
38 אֵלֶּה הַבָּאִים בְּשֵׁמוֹת נְשִׂיאִים בְּמִשְׁפְּחוֹתָם וּבֵית אֲבוֹתֵיהֶם פָּרְצוּ לָרוֹב׃
39 וַיֵּלְכוּ לִמְבוֹא גְדֹר עַד לְמִזְרַח הַגָּיְא לְבַקֵּשׁ

beside the sons of the concubines, and Tamar[a] their sister.

10 And Solomon's son *was* Rehoboam; γ Abia his son, Asa his son, Jehoshaphat his son,

11 Joram his son, ζ Ahaziah his son, Joash his son,

12 Amaziah his son, θ Azariah his son, Jotham his son,

13 Ahaz his son, Hezekiah his son, Manasseh his son,

14 Amon his son, Josiah his son.

15 And the sons of Josiah *were*, the first-born λ Johanan, the second μ Jehoiakim, the third ν Zedekiah, the fourth Shallum.

16 And the sons of Jehoiakim; π Jeconiah his son, Zedekiah his son.

17 And the sons of Jeconiah; Assir, σ Salathiel his son,

18 Malchiram also,& Pedaiah,& Shenazar, Jecamiah, Hoshama, and Nedabiah.

19 And the sons of Pedaiah *were*, Zerubbabel, and Shimei: and the sons of Zerubbabel; Meshullam, and Hananiah, and Shelomith their sister:

20 And Hashubah, and Ohel, and Berechiah, and Hasadiah, Jushab-hesed, five.

21 And the sons of Hananiah; Pelatiah, and Jesaiah: the sons of Rephaiah, the sons of Arnan, the sons of Obadiah, the sons of Shechaniah.

22 And the sons of Shechaniah; Shemaiah: and the sons of Shemaiah; Hattush, and Igeal, and Bariah, and Neariah, and Shaphat, six.

23 And the sons of Neariah; Elioenai, and φ Hezekiah, and Azrikam, three.

24 And the sons of Elioenai *were* Hodaiah, and Eliashib, and Pelaiah, and Akkub, and Johanan, and Dalaiah, and Anani, seven.

CHAP. IV.

THE[c] sons of Judah; Pharez, Hezron, and β Carmi, and Hur, and Shobal.

2 And γ Reaiah ye son of Shobal begat Jahath; and Jahath begat Ahumai & Lahad. These *are* the families of the Zorathites.

3 And these *were* of the father of Etam; Jezreel, and Ishma, and Idbash: and the name of their sister *was* Hazelelponi:

4 And Penuel the father of Gedor, and Ezer the father of Hushah. These *are* the sons of Hur, the first-born of Ephratah, the father of Beth-lehem.

5 And Ashur the father of Tekoa had two wives, Helah and Naarah.

6 And Naarah bare him Ahuzam, and Hepher, and Temeni, and Haahashtari. These *were* the sons of Naarah.

7 And the sons of Helah *were*, Zereth, and Jezoar, and Ethnan.

8 And Coz begat Anub, and Zobebah, and the families of Aharhel the son of Harum.

9 And Jabez was more honourable[d] than his brethren: and his mother called his name ν Jabez, saying, Because I bare him with sorrow.

10 And Jabez called on the God of Israel, saying, π Oh that thou wouldest bless me indeed, and enlarge my coast, and that thine hand might be with me, and that thou wouldest ρ keep *me* from evil, that it may not grieve me! And God granted him that which he requested.

11 And Chelub the brother of Shuah begat Mehir, which *was* the father of Eshton.

12 And Eshton begat Beth-rapha, and Paseah, and Tehinnah the father of τ Irnahash. These *are* the men of Rechah.

B. C. 1300.

a 2 Sa. 23. 1.
β or, *Hathath,* and *Meonothai,* who *begat.*
γ or, *Abijam,* 1 Ki. 15. 1.
δ or, inhabitants of *the valley.*
ζ or, *Azariah,* 2 Ch. 22. 6.
or, *Jehoahaz,* 2Ch. 21. 17.
η That is, *craftsmen.*
b Ne. 11. 35.
θ or, *Uzziah,* 2 Ki. 15. 30.
κ or, *Uknaz.*
λ *Jehoahaz,* 2 Ki. 23. 30.
μ or *Eliakim* 2 Ki. 23. 34.
ν or, *Mattaniah,* 2 Ki. 24. 17.
π or, *Jehoiachin,* 2 Ki. 24. 6.
or, *Coniah,* Je. 22. 24.
ρ or, *the Jewess.*
σ *Shealtiel.*
τ or, *Jehudijah,* mentioned before.
φ *Hiskijahu.*
χ or, *Jemuel,* Ge. 46. 10.
Ex. 6. 15.
Nu. 26. 12.
ψ or, *Jachin,* *Zohar.*
c Ge. 46. 12.
β or, *Chelubai,* ch.2.9.
or, *Caleb,* ch. 2. 18.
γ or, *Haroeh,* ch. 2. 52.
δ *unto.*
ζ or, *Balah,* Jos. 19. 3.
η or, *Eltolad,* Jos. 19. 4.
θ or, *Hazarsusah,* Jos. 19. 5.
κ or, *Ether,* Jos. 19. 7.
λ *Baalathbeer,* Jos. 19. 8.
μ or, *as they divided themselves by nations among them.*
d Ge. 34. 19.
ν i.e. *sorrowful.*
π *If thou wilt.*
ρ *do me.*
σ *coming.*
τ or, *the city of Nahash.*

13 And the sons of Kenaz; Othniel, and Seraiah: & the sons of Othniel; β Hathath.

14 And Meonothai begat Ophrah: and Seraiah begat Joab, the father of the δ valley of η Charashim; for b they were craftsmen.

15 And the sons of Caleb the son of Jephunneh; Iru, Elah, and Naam: and the sons of Elah, κ even Kenaz.

16 And the sons of Jehaleleel; Ziph, and Ziphah, Tiria, and Asareel.

17 And the sons of Ezra *were*, Jether, and Mered, and Epher, and Jalon: and she bare Miriam, and Shammai, and Ishbah the father of Eshtemoa.

18 And his wife ρ Jehudijah bare Jered the father of Gedor, & Heber the father of Socho, and Jekuthiel the father of Zanoah. And these *are* the sons of Bithiah the daughter of Pharaoh, which Mered took.

19 And the sons of *his* wife τ Hodiah the sister of Naham, the father of Keilah the Garmite, and Eshtemoa the Maachathite.

20 And the sons of Shimon *were*, Amnon, and Rinnah, Ben-hanan, and Tilon. And the sons of Ishi *were*, Zoheth, and Ben-zoheth.

21 The sons of Shelah the son of Judah *were*, Er, the father of Lecah, and Laadah the father of Mareshah, and the families of the house of them that wrought fine linen, of the house of Ashbea,

22 And Jokim, and the men of Chozeba, and Joash, and Saraph, who had the dominion in Moab, and Jashubi-lehem. And *these are* ancient things.

23 These *were* the potters, and those that dwelt among plants and hedges: there they dwelt with the king for his work.

24 The sons of Simeon *were*, χ Nemuel, and Jamin, ψ Jarib, Zerah, *and* Shaul:

25 Shallum his son, Mibsam his son, Mishma his son.

26 And the sons of Mishma; Hamuel his son, Zacchur his son, Shimei his son.

27 And Shimei had sixteen sons, and six daughters; but his brethren had not many children, neither did all their family multiply δ like to the children of Judah.

28 And they dwelt at Beer-sheba, and Moladah, and Hazar-shual,

29 And at ζ Bilhah, and at Ezem, and at η Tolad,

30 And at Bethuel, and at Hormah, and at Ziklag,

31 And at Beth-marcaboth and θ Hazarsusim, and at Beth-birei, and at Shaaraim. These *were* their cities, unto the reign of David.

32 And their villages *were*, κ Etam, & Ain, Rimmon, & Tochen, & Ashan, five cities;

33 And all their villages that *were* round about the same cities, unto λ Baal. These *were* their habitations, & μ their genealogy.

34 And Meshobab, and Jamlech, and Joshah the son of Amaziah,

35 And Joel, and Jehu the son of Josibiah, the son of Seraiah, the son of Asiel,

36 And Elioenai, and Jaakobah, and Jeshohaiah, and Asaiah, and Adiel, and Jesimiel, and Benaiah,

37 And Ziza the son of Shiphi, the son of Allon, the son of Jedaiah, the son of Shimri, the son of Shemaiah:

38 These σ mentioned by *their* names *were* princes in their families; and the house of their fathers increased greatly.

39 And they went to the entrance of Gedor, *even* unto the east side of the valley, to seek pasture for their flocks.

וַיִּמְצְאוּ מִרְעֶה שָׁמֵן וָטוֹב
וְהָאָרֶץ רַחֲבַת יָדַיִם וְשֹׁקֶטֶת וּשְׁלֵוָה כִּי מִן־חָם 41 הַיֹּשְׁבִים שָׁם לְפָנִים ׃ וַיָּבֹאוּ אֵלֶּה הַכְּתוּבִים בְּשֵׁמוֹת בִּימֵי יְחִזְקִיָּהוּ מֶֽלֶךְ־יְהוּדָה וַיַּכּוּ אֶת־ אָהֳלֵיהֶם וְאֶת־הַמְּעִונִים אֲשֶׁר נִמְצְאוּ־שָׁמָּה וַיַּחֲרִימֻם עַד־הַיּוֹם הַזֶּה וַיֵּשְׁבוּ תַּחְתֵּיהֶם כִּי 42 מִרְעֶה לְצֹאנָם שָׁם ׃ וּמֵהֶם מִן־בְּנֵי שִׁמְעוֹן הָלְכוּ לְהַר שֵׂעִיר אֲנָשִׁים חֲמֵשׁ מֵאוֹת וּפְלַטְיָה וּנְעַרְיָה 43 וּרְפָיָה וְעֻזִּיאֵל בְּנֵי יִשְׁעִי בְּרֹאשָׁם ׃ וַיַּכּוּ אֶת־שְׁאֵרִית הַפְּלֵטָה לַעֲמָלֵק וַיֵּשְׁבוּ שָׁם עַד הַיּוֹם הַזֶּה ׃

CAP. V. ה

1 וּבְנֵי רְאוּבֵן בְּכוֹר־יִשְׂרָאֵל כִּי הוּא הַבְּכוֹר וּבְחַלְּלוֹ יְצוּעֵי אָבִיו נִתְּנָה בְּכֹרָתוֹ לִבְנֵי יוֹסֵף בֶּן־יִשְׂרָאֵל וְלֹא 2 לְהִתְיַחֵשׂ לַבְּכֹרָה ׃ כִּי יְהוּדָה גָּבַר בְּאֶחָיו וּלְנָגִיד 3 מִמֶּנּוּ וְהַבְּכֹרָה לְיוֹסֵף ׃ בְּנֵי רְאוּבֵן בְּכוֹר 4 יִשְׂרָאֵל חֲנוֹךְ וּפַלּוּא חֶצְרוֹן וְכַרְמִי ׃ בְּנֵי יוֹאֵל 5 שְׁמַעְיָה בְנוֹ גּוֹג בְּנוֹ שִׁמְעִי בְנוֹ ׃ מִיכָה בְנוֹ רְאָיָה 6 בְנוֹ בַּעַל בְּנוֹ ׃ בְּאֵרָה בְנוֹ אֲשֶׁר הֶגְלָה תִּלְּגַת 7 פִּלְנְאֶסֶר מֶלֶךְ אַשֻּׁר הוּא נָשִׂיא לָראוּבֵנִי ׃ וְאֶחָיו לְמִשְׁפְּחֹתָיו בְּהִתְיַחֵשׂ לְתֹלְדוֹתָם הָרֹאשׁ יְעִיאֵל 8 וּזְכַרְיָהוּ ׃ וּבֶלַע בֶּן־עָזָז בֶּן־שֶׁמַע בֶּן־יוֹאֵל הוּא יוֹשֵׁב 9 בַּעֲרֹעֵר וְעַד־נְבוֹ וּבַעַל מְעוֹן ׃ וְלַמִּזְרָח יָשַׁב עַד־ לְבוֹא מִדְבָּרָה לְמִן־הַנָּהָר פְּרָת כִּי מִקְנֵיהֶם רָבוּ 10 בְּאֶרֶץ גִּלְעָד ׃ וּבִימֵי שָׁאוּל עָשׂוּ מִלְחָמָה עִם־ הַהַגְרִאִים וַיִּפְּלוּ בְּיָדָם וַיֵּשְׁבוּ בְּאָהֳלֵיהֶם עַל־כָּל־ 11 פְּנֵי מִזְרָח לַגִּלְעָד ׃ וּבְנֵי־גָד לְנֶגְדָּם יָשְׁבוּ בְּאֶרֶץ 12 הַבָּשָׁן עַד־סַלְכָה ׃ יוֹאֵל הָרֹאשׁ וְשָׁפָם הַמִּשְׁנֶה 13 וְיַעְנַי וְשָׁפָט בַּבָּשָׁן ׃ וַאֲחֵיהֶם לְבֵית אֲבוֹתֵיהֶם מִיכָאֵל וּמְשֻׁלָּם וְשֶׁבַע וְיוֹרַי וְיַעְכָּן וְזִיעַ וָעֵבֶר 14 שִׁבְעָה ׃ אֵלֶּה בְּנֵי אֲבִיחַיִל בֶּן־חוּרִי בֶּן־יָרוֹחַ בֶּן־גִּלְעָד בֶּן־מִיכָאֵל בֶּן־יְשִׁישַׁי בֶּן־יַחְדּוֹ בֶּן־בּוּז ׃ 15 אֲחִי בֶּן־עַבְדִּיאֵל בֶּן־גּוּנִי רֹאשׁ לְבֵית אֲבוֹתָם ׃ 16 וַיֵּשְׁבוּ בַּגִּלְעָד בַּבָּשָׁן וּבִבְנֹתֶיהָ וּבְכָל־מִגְרְשֵׁי שָׁרוֹן 17 עַל־תּוֹצְאוֹתָם ׃ כֻּלָּם הִתְיַחְשׂוּ בִּימֵי יוֹתָם מֶֽלֶךְ־ 18 יְהוּדָה וּבִימֵי יָרָבְעָם מֶֽלֶךְ־יִשְׂרָאֵל ׃ בְּנֵי־ רְאוּבֵן וְגָדִי וַחֲצִי שֵׁבֶט־מְנַשֶּׁה מִן־בְּנֵי־חַיִל אֲנָשִׁים נֹשְׂאֵי מָגֵן וְחֶרֶב וְדֹרְכֵי קֶשֶׁת וּלְמוּדֵי מִלְחָמָה אַרְבָּעִים וְאַרְבָּעָה אֶלֶף וּשְׁבַע־מֵאוֹת

19 מִרְעֶה לְצֹאנָם וְשֹׁשִׁים יֹצְאֵי צָבָא ׃ וַיַּעֲשׂוּ מִלְחָמָה עִם־ 20 הַהַגְרִיאִים וִיטוּר וְנָפִישׁ וְנוֹדָב ׃ וַיֵּעָזְרוּ עֲלֵיהֶם וַיִּנָּתְנוּ בְיָדָם הַהַגְרִיאִים וְכֹל שֶׁעִמָּהֶם כִּי לֵאלֹהִים 21 זָעֲקוּ בַּמִּלְחָמָה וְנַעְתּוֹר לָהֶם כִּי־בָטְחוּ בוֹ ׃ וַיִּשְׁבּוּ מִקְנֵיהֶם גְּמַלֵּיהֶם חֲמִשִּׁים אֶלֶף וְצֹאן מָאתַיִם וַחֲמִשִּׁים אֶלֶף וַחֲמוֹרִים אַלְפָּיִם וְנֶפֶשׁ אָדָם מֵאָה 22 אָלֶף ׃ כִּי־חֲלָלִים רַבִּים נָפָלוּ כִּי מֵהָאֱלֹהִים הַמִּלְחָמָה וַיֵּשְׁבוּ תַחְתֵּיהֶם עַד־הַגֹּלָה ׃ וּבְנֵי 23 חֲצִי שֵׁבֶט מְנַשֶּׁה יָשְׁבוּ בָּאָרֶץ מִבָּשָׁן עַד־בַּעַל חֶרְמוֹן וּשְׂנִיר וְהַר־חֶרְמוֹן הֵמָּה רָבוּ ׃ וְאֵלֶּה רָאשֵׁי 24 בֵית־אֲבוֹתָם וְעֵפֶר וְיִשְׁעִי וֶאֱלִיאֵל וְעַזְרִיאֵל וְיִרְמְיָה וְהוֹדַוְיָה וְיַחְדִּיאֵל אֲנָשִׁים גִּבּוֹרֵי חַיִל אַנְשֵׁי שֵׁמוֹת 25 רָאשִׁים לְבֵית אֲבוֹתָם ׃ וַיִּמְעֲלוּ בֵּאלֹהֵי אֲבֹתֵיהֶם וַיִּזְנוּ אַחֲרֵי אֱלֹהֵי עַמֵּי־הָאָרֶץ אֲשֶׁר־הִשְׁמִיד אֱלֹהִים 26 מִפְּנֵיהֶם ׃ וַיָּעַר אֱלֹהֵי יִשְׂרָאֵל אֶת־רוּחַ פּוּל מֶֽלֶךְ־ אַשּׁוּר וְאֶת־רוּחַ תִּלְּגַת פִּלְנֶסֶר מֶלֶךְ אַשּׁוּר וַיַּגְלֵם לָראוּבֵנִי וְלַגָּדִי וְלַחֲצִי שֵׁבֶט מְנַשֶּׁה וַיְבִיאֵם לַחְלַח 27 וְחָבוֹר וְהָרָא וּנְהַר גּוֹזָן עַד הַיּוֹם הַזֶּה ׃ בְּנֵי 28 לֵוִי גֵּרְשׁוֹן קְהָת וּמְרָרִי ׃ וּבְנֵי קְהָת עַמְרָם יִצְהָר 29 וְחֶבְרוֹן וְעֻזִּיאֵל ׃ וּבְנֵי עַמְרָם אַהֲרֹן וּמֹשֶׁה וּמִרְיָם 30 וּבְנֵי אַהֲרֹן נָדָב וַאֲבִיהוּא אֶלְעָזָר וְאִיתָמָר ׃ אֶלְעָזָר 31 הוֹלִיד אֶת־פִּינְחָס פִּינְחָס הוֹלִיד אֶת־אֲבִישׁוּעַ ׃ וַאֲבִישׁוּעַ הוֹלִיד אֶת־בֻּקִּי וּבֻקִּי הוֹלִיד אֶת־עֻזִּי ׃ 32 וְעֻזִּי הוֹלִיד אֶת־זְרַחְיָה וּזְרַחְיָה הוֹלִיד אֶת־מְרָיוֹת ׃ 33 מְרָיוֹת הוֹלִיד אֶת־אֲמַרְיָה וַאֲמַרְיָה הוֹלִיד אֶת־ 34 אֲחִיטוּב ׃ וַאֲחִיטוּב הוֹלִיד אֶת־צָדוֹק וְצָדוֹק הוֹלִיד אֶת־ 35 אֲחִימַעַץ ׃ וַאֲחִימַעַץ הוֹלִיד אֶת־ 36 עֲזַרְיָה וַעֲזַרְיָה הוֹלִיד אֶת־יוֹחָנָן ׃ וְיוֹחָנָן הוֹלִיד אֶת־עֲזַרְיָה הוּא אֲשֶׁר כִּהֵן בַּבַּיִת אֲשֶׁר־בָּנָה 37 שְׁלֹמֹה בִּירוּשָׁלָ͏ִם ׃ וַיּוֹלֶד עֲזַרְיָה אֶת־אֲמַרְיָה 38 וַאֲמַרְיָה הוֹלִיד אֶת־אֲחִיטוּב ׃ וַאֲחִיטוּב הוֹלִיד 39 אֶת־צָדוֹק וְצָדוֹק הוֹלִיד אֶת־שַׁלּוּם ׃ וְשַׁלּוּם הוֹלִיד 40 אֶת־חִלְקִיָּה וְחִלְקִיָּה הוֹלִיד אֶת־עֲזַרְיָה ׃ וַעֲזַרְיָה הוֹלִיד אֶת־שְׂרָיָה וּשְׂרָיָה הוֹלִיד אֶת־יְהוֹצָדָק ׃ 41 וִיהוֹצָדָק הָלַךְ בְּהַגְלוֹת יְהוָה אֶת־יְהוּדָה וִירוּשָׁלָ͏ִם בְּיַד נְבֻכַדְנֶאצַּר ׃

CAP. VI. ו

1 בְּנֵי לֵוִי גֵּרְשֹׁם קְהָת וּמְרָרִי ׃

40 And they found fat pasture and good, and the land *was* wide, and quiet, and peaceable; for *they* of Ham had dwelt there of old.

41 And these written by name came in the days of Hezekiah king of Judah, and smote *b* their tents, and the habitations that were found there, and destroyed them utterly unto this day, and dwelt in their rooms: because *there was* pasture *e* there for their flocks.

42 And *some* of them, *even* of the sons of Simeon, five hundred men, went to mount Seir, having for their captains Pelatiah, and Neariah, and Rephaiah, and Uzziel, the sons of Ishi.

43 And they smote the rest of the Amalekites *g* that were escaped, and dwelt there unto this day.

CHAP. V.

NOW the sons of Reuben the first-born of Israel, (for he *k was* the first-born; but forasmuch as he *l* defiled his father's bed, his birthright was given *m* unto the sons of Joseph the son of Israel: and the genealogy is not to be reckoned after the birthright.

2 For Judah *n* prevailed above his brethren, and of him *came* the chief δ ruler; but the birthright *was* Joseph's ;)

3 The sons, *o I say*, of Reuben the first-born of Israel, *were*, Hanoch, and Pallu, Hezron, and Carmi.

4 The sons of Joel; Shemaiah his son, Gog his son, Shimei his son,

5 Micah his son, Reaia his son, Baal his son,

6 Beerah his son, whom η Tilgath-pilneser king of Assyria carried away *captive*: he *was* prince of the Reubenites.

7 And his brethren by their families, (when the genealogy of their generations was reckoned,) *were* the chief, Jeiel, and Zechariah,

8 And Bela the son of Azaz, the son of κ Shema, the son of Joel, who dwelt in Aroer, *t* even unto Nebo and Baal-meon:

9 And eastward he inhabited unto the entering in of the wilderness from the river Euphrates; because their cattle were multiplied in the land of Gilead.

10 And in the days of Saul they made war with the Hagarites, *y* who fell by their hand: and they dwelt in their tents λ throughout all the east *land* of Gilead.

11 And the children of Gad dwelt over against them, in the land of *z* Bashan, unto Salcah:

12 Joel the chief, and Shapham the next, and Jaanai, and Shaphat in Bashan.

13 And their brethren of the house of their fathers *were*, Michael, and Meshullam, and Sheba, and Jorai, and Jachan, and Zia, and Heber, seven.

14 These *are* the children of Abihail the son of Huri, the son of Jaroah, the son of Gilead, the son of Michael, the son of Jeshishai, the son of Jahdo, the son of Buz;

15 Ahi the son of Abdiel, the son of Guni, chief of the house of their fathers.

16 And they dwelt in Gilead in Bashan, and in her towns, and in all the suburbs of Sharon, *e* upon their π borders.

17 All these were reckoned by genealogies in the days of Jotham *f* king of Judah, & in the days of Jeroboam *h* king of Israel.

18 The sons of Reuben and the Gadites, and half the tribe of Manasseh, ρ of valiant men, men able to bear buckler and sword,

and to shoot with bow, and skilful in war, *were* four & forty thousand seven hundred and threescore, that went out to the war.

19 And *a* they made war with the Hagarites, with Jetur, and Nephish, and Nodab.

20 And *c* they were helped against them, and the Hagarites were delivered into their hand, and all that *were* with them: for they *d* cried to God in the battle, and he was entreated of them; because *f* they put their trust in him.

21 And they β took away their cattle; of their camels fifty thousand, and of sheep two hundred and fifty thousand, and of asses two thousand, and of γ men an hundred thousand.

22 For there fell down many slain, because *h* the war *was* of God. And they dwelt in their steads until the captivity.

23 And the children of the half tribe of Manasseh dwelt in the land: they increased from Bashan unto Baal-hermon, and Senir, and unto mount Hermon.

24 And these *were* the heads of the house of their fathers, even Epher, and Ishi, and Eliel, and Azriel, and Jeremiah, and Hodaviah, and Jahdiel, mighty men of valour, famous ζ men, *and* heads of the house of their fathers.

25 And *p* they transgressed against the God of their fathers, and went a whoring after the gods of the people of the land, whom God destroyed before them.

26 And *q* the God of Israel stirred up the spirit of Pul king of Assyria, and the spirit of Tilgath-pilneser king of Assyria, and he carried them away (even the Reubenites, and the Gadites, and the half tribe of Manasseh,) and brought them unto Halah, *r* and Habor, and Hara, and to the river Gozan, unto this day.

CHAP. VI.

THE *s* sons of Levi; θ Gershon, Kohath, and Merari.

2 And the sons of Kohath; Amram, Izhar, *u* and Hebron, and Uzziel.

3 And the children of Amram; Aaron, and Moses, and Miriam. The sons also of Aaron; Nadab *v* and Abihu, Eleazar and Ithamar.

4 Eleazar begat Phinehas, *x* Phinehas begat Abishua,

5 And Abishua begat Bukki, and Bukki begat Uzzi,

6 And Uzzi begat Zerahiah, and Zerahiah begat Meraioth,

7 Meraioth begat Amariah, and Amariah begat Ahitub,

8 And Ahitub *a* begat Zadok, and Zadok begat Ahimaaz,

9 And Ahimaaz begat Azariah, and Azariah begat Johanan,

10 And Johanan begat Azariah, (he *it is* that *b* executed the priest's office in the μ temple that Solomon built in Jerusalem,)

11 And Azariah begat Amariah, *c* and Amariah begat Ahitub,

12 And Ahitub begat Zadok, and Zadok begat ν Shallum,

13 And Shallum begat Hilkiah, and Hilkiah begat Azariah,

14 And Azariah begat Seraiah, *d* and Seraiah begat Jehozadak,

15 And Jehozadak went *into captivity*, when *g* the LORD carried away Judah and Jerusalem by the hand of Nebuchadnezzar.

16 The sons of Levi; σ Gershom, Kohath, and Merari.

B. C. 1300.

a ver. 10.
b 2Ki.18 8,&c
c ver. 22.
d 2Ch. 18. 31.
e Nu.32.1.4.
f 2Ch. 14. 11.
Ps. 22. 4, 5.
84. 11,12.
β led captive.
γ souls of men : as Nu. 31. 35.
g Ex. 17. 16.
De.25.17,19.
1 Sa. 15. 8.
30. 17.
2 Sa. 8. 12.
h Jos. 23. 10.
2 Ch. 32. 8.
i 2 Ki. 15. 29.
17. 6.
k Ge. 29. 32.
l Ge. 35. 22.
m Ge. 48. 15.
n Ge.49. 8,10.
Ps. 60. 7.
Mi. 5. 2.
He. 7. 14.
δ or, prince.
ζ men of names.
o Ge. 46. 9.
Ex. 6. 14.
Nu. 26. 5.
p 2Ki.17.7..18
q 2 Ki. 15. 19.
η or, Tiglath-pileser.
2 Ki. 15. 29.
16. 7.
r 2 Ki. 18. 11.
s Ge. 46. 11.
Nu. 26. 57.
θ or, Gershom, ver.16.
κ or, Shemaiah, ver. 4.
t Jos. 13. 16.
u ver. 22.
Ex.6.21,24.
v Le.10.1,16.
w Jos. 22. 9.
x Nu.25.11,13
y Ge. 25. 12.
Ps. 83. 6.
λ upon all the face of the East.
z Jos. 13. 11.
a 2 Sa. 8. 17.
b 2Ch. 26. 17.
μ house.
c Ezr. 7. 3.
ν or, Meshullam, ch. 9. 11.
d Ne. 11. 11.
e ch. 27. 29.
Ca. 2. 1.
π goings forth.
f 2 Ki. 15. 32.
g 2 Ki. 25. 18.
h 2 Ki. 14. 16.
ρ sons of valour.
σ or,Gershon, ver. 1.

2 וְאֵלֶּה שְׁמוֹת בְּנֵי־גֵרְשׁוֹם לִבְנִי וְשִׁמְעִי ׀ וּבְנֵי

3 קְהָת עַמְרָם וְיִצְהָר וְחֶבְרוֹן וְעֻזִּיאֵל ׀ בְּנֵי מְרָרִי
מַחְלִי וּמֻשִׁי ׀ וְאֵלֶּה מִשְׁפְּחוֹת הַלֵּוִי לַאֲבֹתֵיהֶם

4 לְגֵרְשׁוֹם לִבְנִי בְנוֹ יַחַת בְּנוֹ זִמָּה בְנוֹ ׀ יוֹאָח בְּנוֹ

5 עִדּוֹ בְנוֹ זֶרַח בְּנוֹ יְאָתְרַי בְּנוֹ ׀ בְּנֵי קְהָת עַמִּינָדָב בְּנוֹ

6 בְּנוֹ קֹרַח בְּנוֹ אַסִּיר בְּנוֹ ׀ אֶלְקָנָה בְנוֹ וְאֶבְיָסָף

7 בְּנוֹ וְאַסִּיר בְּנוֹ ׀ תַּחַת בְּנוֹ אוּרִיאֵל בְּנוֹ עֻזִּיָּה

8 בְנוֹ וְשָׁאוּל בְּנוֹ ׀ וּבְנֵי אֶלְקָנָה עֲמָשַׂי וַאֲחִימוֹת

9 אֶלְקָנָה בְּנוֹ אֶלְקָנָה צוֹפַי בְּנוֹ וְנַחַת בְּנוֹ ׀ אֱלִיאָב

10 בְּנוֹ יְרֹחָם בְּנוֹ אֶלְקָנָה בְּנוֹ ׀ וּבְנֵי שְׁמוּאֵל הַבְּכֹר

11 וָשְׁנִי וַאֲבִיָּה ׀ בְּנֵי מְרָרִי מַחְלִי לִבְנִי בְנוֹ שִׁמְעִי
12

13 בְנוֹ ׀ שִׁמְעָא בְנוֹ חַגִּיָּה בְנוֹ עֲשָׂיָה

14 בְּנוֹ ׀ וְאֵלֶּה אֲשֶׁר הֶעֱמִיד דָּוִיד עַל־יְדֵי

15 שִׁיר בֵּית יְהוָה מִמְּנוֹחַ הָאָרוֹן ׀ וַיִּהְיוּ מְשָׁרְתִים
לִפְנֵי מִשְׁכַּן אֹהֶל־מוֹעֵד בַּשִּׁיר עַד־בְּנוֹת שְׁלֹמֹה
אֶת־בֵּית יְהוָה בִּירוּשָׁלָ͏ִם וַיַּעַמְדוּ כְמִשְׁפָּטָם עַל־

16 עֲבוֹדָתָם ׀ וְאֵלֶּה הָעֹמְדִים וּבְנֵיהֶם מִבְּנֵי הַקְּהָתִי

17 הֵימָן הַמְשׁוֹרֵר בֶּן־יוֹאֵל בֶּן־שְׁמוּאֵל ׀ בֶּן־אֶלְקָנָה

18 בֶּן־יְרֹחָם בֶּן־אֱלִיאֵל בֶּן־תּוֹחַ ׀ בֶּן־צוּף בֶּן־אֶלְקָנָה

19 בֶּן־מַחַת בֶּן־עֲמָשָׂי ׀ בֶּן־אֶלְקָנָה בֶּן־יוֹאֵל בֶּן־עֲזַרְיָה בֶּן־

20 בֶּן־צְפַנְיָה בֶּן־תַּחַת בֶּן־אַסִּיר בֶּן־אֶבְיָסָף בֶּן־

21 קֹרַח ׀ בֶּן־יִצְהָר בֶּן־קְהָת בֶּן־לֵוִי בֶּן־יִשְׂרָאֵל

22 וְאָחִיו אָסָף הָעֹמֵד עַל־יְמִינוֹ אָסָף בֶּן־בֶּרֶכְיָהוּ בֶּן־

23 בֶּן־שִׁמְעָא ׀ בֶּן־מִיכָאֵל בֶּן־בַּעֲשֵׂיָה בֶּן־מַלְכִּיָּה ׀

24 בֶּן־אֶתְנִי בֶן־זֶרַח בֶּן־עֲדָיָה ׀ בֶּן־אֵיתָן בֶּן־זִמָּה בֶּן־

25 שִׁמְעִי ׀ בֶּן־יַחַת בֶּן־גֵּרְשֹׁם בֶּן־לֵוִי ׀ וּבְנֵי

26 מְרָרִי אֲחֵיהֶם עַל־הַשְּׂמֹאול אֵיתָן בֶּן־קִישִׁי בֶּן־עַבְדִּי
27
28 בֶּן־מַלּוּךְ ׀ בֶּן־חֲשַׁבְיָה בֶן־אֲמַצְיָה בֶּן־חִלְקִיָּה
29

30 בֶּן־אַמְצִי בֶן־בָּנִי בֶּן־שָׁמֶר ׀ בֶּן־מַחְלִי בֶּן־מוּשִׁי בֶּן־
31
32 מְרָרִי בֶּן־לֵוִי ׀ וַאֲחֵיהֶם הַלְוִיִּם נְתוּנִים לְכָל־עֲבוֹדַת
33

34 מִשְׁכַּן בֵּית הָאֱלֹהִים ׀ וְאַהֲרֹן וּבָנָיו מַקְטִירִים
עַל־מִזְבַּח הָעוֹלָה וְעַל־מִזְבַּח הַקְּטֹרֶת לְכֹל מְלֶאכֶת
קֹדֶשׁ הַקֳּדָשִׁים וּלְכַפֵּר עַל־יִשְׂרָאֵל כְּכֹל אֲשֶׁר צִוָּה

35 מֹשֶׁה עֶבֶד הָאֱלֹהִים ׀ וְאֵלֶּה בְּנֵי אַהֲרֹן

36 אֶלְעָזָר בְּנוֹ פִּינְחָס בְּנוֹ אֲבִישׁוּעַ בְּנוֹ ׀ בֻּקִּי בְנוֹ עֻזִּי

37 בְּנוֹ זְרַחְיָה בְּנוֹ ׀ מְרָיוֹת בְּנוֹ אֲמַרְיָה בְנוֹ אֲחִיטוּב

[עמודה שמאלית — left column]

38 צָדוֹק בְּנוֹ ׀ אֲחִימַעַץ בְּנוֹ ׀ וְאֵלֶּה
39 מוֹשְׁבוֹתָם לְטִירוֹתָם בִּגְבוּלָם לִבְנֵי אַהֲרֹן לְמִשְׁפַּחַת
הַקְּהָתִי כִּי לָהֶם הָיָה הַגּוֹרָל ׀

40 וַיִּתְּנוּ לָהֶם אֶת־חֶבְרוֹן בְּאֶרֶץ יְהוּדָה וְאֶת־מִגְרָשֶׁיהָ סְבִיבֹתֶיהָ ׀

41 וְאֶת־שְׂדֵה הָעִיר וְאֶת־חֲצֵרֶיהָ נָתְנוּ לְכָלֵב בֶּן־יְפֻנֶּה ׀

42 וְלִבְנֵי אַהֲרֹן נָתְנוּ אֶת־עָרֵי הַמִּקְלָט אֶת־חֶבְרוֹן וְאֶת־לִבְנָה
וְאֶת־מִגְרָשֶׁיהָ וְאֶת־יַתִּר וְאֶת־אֶשְׁתְּמֹעַ וְאֶת־מִגְרָשֶׁיהָ

43 וְאֶת־חִילֵז וְאֶת־מִגְרָשֶׁיהָ אֶת־דְּבִיר וְאֶת־מִגְרָשֶׁיהָ

44 וְאֶת־עָשָׁן וְאֶת־מִגְרָשֶׁיהָ וְאֶת־בֵּית שֶׁמֶשׁ וְאֶת־מִגְרָשֶׁיהָ ׀

45 וּמִמַּטֵּה בִנְיָמִן אֶת־גֶּבַע וְאֶת־מִגְרָשֶׁיהָ וְאֶת־עָלֶמֶת וְאֶת־
מִגְרָשֶׁיהָ וְאֶת־עֲנָתוֹת וְאֶת־מִגְרָשֶׁיהָ כָּל־עָרֵיהֶם

46 שְׁלֹשׁ־עֶשְׂרֵה עִיר בְּמִשְׁפְּחוֹתֵיהֶם ׀ וְלִבְנֵי
קְהָת הַנּוֹתָרִים מִמִּשְׁפַּחַת הַמַּטֶּה מִמַּחֲצִית מַטֵּה
חֲצִי מְנַשֶּׁה בַּגּוֹרָל עָרִים עָשֶׂר ׀

47 וְלִבְנֵי גֵרְשׁוֹם לְמִשְׁפְּחוֹתָם מִמַּטֵּה יִשָּׂשכָר וּמִמַּטֵּה
אָשֵׁר וּמִמַּטֵּה נַפְתָּלִי וּמִמַּטֵּה מְנַשֶּׁה בַּבָּשָׁן עָרִים
שְׁלֹשׁ עֶשְׂרֵה ׀

48 לִבְנֵי מְרָרִי לְמִשְׁפְּחוֹתָם
מִמַּטֵּה רְאוּבֵן וּמִמַּטֵּה־גָד וּמִמַּטֵּה זְבוּלֻן בַּגּוֹרָל

49 עָרִים שְׁתֵּים עֶשְׂרֵה ׀ וַיִּתְּנוּ בְנֵי־יִשְׂרָאֵל לַלְוִיִּם
אֶת־הֶעָרִים וְאֶת־מִגְרְשֵׁיהֶם ׀

50 וַיִּתְּנוּ בַגּוֹרָל
מִמַּטֵּה בְנֵי־יְהוּדָה וּמִמַּטֵּה בְנֵי־שִׁמְעוֹן וּמִמַּטֵּה
בְּנֵי בִנְיָמִן אֵת הֶעָרִים הָאֵלֶּה אֲשֶׁר־יִקְרְאוּ אֶתְהֶם
בְּשֵׁמוֹת ׀

51 וּמִמִּשְׁפְּחוֹת בְּנֵי קְהָת וַיְהִי

52 עָרֵי גְבוּלָם מִמַּטֵּה אֶפְרָיִם ׀ וַיִּתְּנוּ לָהֶם אֶת־עָרֵי
הַמִּקְלָט אֶת־שְׁכֶם וְאֶת־מִגְרָשֶׁיהָ בְּהַר אֶפְרָיִם

53 וְאֶת־גֶּזֶר וְאֶת־מִגְרָשֶׁיהָ וְאֶת־יָקְמְעָם וְאֶת־

54 מִגְרָשֶׁיהָ וְאֶת־בֵּית חוֹרוֹן וְאֶת־מִגְרָשֶׁיהָ וְאֶת־

55 אַיָּלוֹן וְאֶת־מִגְרָשֶׁיהָ וְאֶת־גַּת־רִמּוֹן וְאֶת־מִגְרָשֶׁיהָ ׀
וּמִמַּחֲצִית מַטֵּה מְנַשֶּׁה אֶת־עָנֵר וְאֶת־מִגְרָשֶׁיהָ
וְאֶת־בִּלְעָם וְאֶת־מִגְרָשֶׁיהָ לְמִשְׁפַּחַת לִבְנֵי־קְהָת
הַנּוֹתָרִים ׀

56 וְלִבְנֵי גֵרְשׁוֹם מִמִּשְׁפַּחַת חֲצִי
מַטֵּה מְנַשֶּׁה אֶת־גּוֹלָן בַּבָּשָׁן וְאֶת־מִגְרָשֶׁיהָ וְאֶת־
עַשְׁתָּרוֹת וְאֶת־מִגְרָשֶׁיהָ ׀

57 וּמִמַּטֵּה יִשָּׂשכָר
אֶת־קֶדֶשׁ וְאֶת־מִגְרָשֶׁיהָ אֶת־דָּבְרַת וְאֶת־מִגְרָשֶׁיהָ ׀

17 And these *be* the names of the sons of Gershom ; Libni, and Shimei.

18 And the sons of Kohath *were*,Amram, and Izhar, and Hebron, and Uzziel.

19 The sons of Merari ; Mahli and Mushi. And these *are* the families of the Levites, according to their fathers.

20 Of Gershom ; Libni his son, Jahath his son, Zimmah his son,

21 β Joah his son, γ Iddo his son, Zerah his son, δ Jeaterai his son.

22 The sons of Kohath ; ζ Amminadab his son ; Korah his son, Assir his son.

23 Elkanah his son, and Ebiasaph his son, and Assir his son,

24 Tahath his son, ηUriel his son, Uzziah his son, and Shaul his son.

25 And the sons of Elkanah ; Amasai, and Ahimoth.

26 *As for* Elkanah : the sons of Elkanah ; θ Zophai his son, and Nahath *d* his son.

27 Eliab his son, Jeroham his son, Elkanah his son.

28 And the sons of Samuel ; the firstborn κ Vashni, and Abiah.

29 The sons of Merari ; Mahli, Libni his son, Shimei his son, Uzza his son,

30 Shimea his son, Haggiah his son, Asaiah his son.

31 And these *are they* whom David set over the service of song in the house of the LORD, after that the ark had rest.*f*

32 And they ministered before the dwelling-place of the tabernacle of the congregation with singing, until Solomon had built the house of the LORD in Jerusalem ; and *then* they waited on their office according to their order.

33 And these *are* they that ξ waited, with their children. Of the sons of the Kohathites ; Heman *h* a singer, the son of Joel, the son of Shemuel,

34 The son of Elkanah, the son of Jeroham, the son of Eliel, the son of π Toah,

35 The son of ρ Zuph, the son of Elkanah, the son of Mahath, the son of Amasai,

36 The son of Elkanah, the son of σ Joel, the son of Azariah, the son of Zephaniah,

37 The son of Tahath, the son of Assir, the son of Ebiasaph, *k* the son of Korah,

38 The son of Izhar, the son of Kohath, the son of Levi, the son of Israel.

39 And his brother Asaph,*l* (who stood on his right hand,) *even* Asaph the son of Berachiah, the son of Shimea,

40 The son of Michael, the son of Baaseiah, the son of Malchiah,

41 The son of Ethni,*n* the son of Zerah, the son of Adaiah,

42 The son of Ethan, the son of Zimmah, the son of Shimei,

43 The son of Jahath, the son of Gershom, the son of Levi.

44 And their brethren, the sons of Merari, *stood* on the left hand : φ Ethan *p* the son of χ Kishi, the son of Abdi, the son of Malluch,

45 The son of Hashabiah, the son of Amaziah, the son of Hilkiah,

46 The son of Amzi, the son of Bani, the son of Shamer,

47 The son of Mahli, the son of Mushi, the son of Merari, the son of Levi.

48 Their brethren also the Levites *were* appointed *q* unto all manner of service of the tabernacle of the house of God.

49 But Aaron and his sons offered upon the altar of the burnt-offering,*r* and

B. C. 1300.

a Ex. 30. 7.
b ver. 4..8.
β or, *Ethan,* ver. 42.
γ or,*Adaiah,* ver. 41.
δ or, *Ethni,* ver. 41.
ζ or, *Izhar,* ver. 2, 18.
c Jos. XXI.
η or, *Zephaniah,Azariah, Joel,* ver. 36.
θ or, *Zuph,* ver. 35.
1 Sa. 1. 1.
d ver. 34, *Toah.*
e Jos. 14. 13. 15. 13.
κ called also *Joel,* ver.33. 1 Sa. 8. 2.
λ or, *Holon,* Jos. 21. 15.
μ or, *Ain,* Jos. 21. 16.
f ch. 16. 1.
v or, *Almon.* Jos. 21. 18.
g ver. 66.
ξ *stood.*
h Ps.88,*title.*
π ver. 26, *Nahath.*
ρ or, *Zophai.*
i Nu. 3. 20.
σ ver. 24, *Shaul, Uzziah, Uriel.*
k Ex. 6. 24.
l Ne. 7. 44. Ps. 73, &c. *titles.*
m ver. 61.
n ver. 21.
oJos.21.21.35 where many of these cities have other names.
φ called *Jeduthun,* ch. 9. 16. 25. 1,3,6.
p Ps.89,*title.*
χ or, *Kushaiah,* ch. 15. 17.
q Nu.8. 5..11.
r Le. 1. 9.

on the altar*a* of incense, *and were appointed* for all the work of the *place* most holy, and to make an atonement for Israel, according to all that Moses the servant of God had commanded.

50 And these *are* the sons of Aaron ; Eleazar *b* his son, Phinehas his son, Abishua his son,

51 Bukki his son, Uzzi his son, Zerahiah his son,

52 Meraioth his son, Amariah his son, Ahitub his son,

53 Zadok his son, Ahimaaz his son.

54 Now these *c are* their dwelling-places throughout their castles in their coasts, of the sons of Aaron, of the families of the Kohathites : for their's was the lot.

55 And they gave them Hebron in the land of Judah, and the suburbs thereof round about it.

56 But the fields of the city, and the villages thereof, they gave *e* to Caleb, the son of Jephunneh.

57 And to the sons of Aaron they gave the cities of Judah, *namely,* Hebron, *the city* of refuge,and Libnah with her suburbs,and Jattir, and Eshtemoa, with their suburbs,

58 And λ Hilen with her suburbs, Debir with her suburbs,

59 And μ Ashan with her suburbs, and Beth-shemesh with her suburbs :

60 And out of the tribe of Benjamin ; Geba with her suburbs, and *v* Alemeth with her suburbs, and Anathoth with her suburbs. All their cities, throughout their families, *were* thirteen cities.

61 And unto the sons of Kohath, *which were* left *g* of the family of that tribe, *were cities given* out of the half tribe, *namely, out of* the half *tribe* of Manasseh, by lot, ten cities.

62 And to the sons of Gershom, throughout their families, out of the tribe of Issachar, and out of the tribe of Asher, & out of the tribe of Naphtali, and out of the tribe of Manasseh in Bashan, thirteen cities.

63 Unto the sons of Merari*i were given* by lot, throughout their families, out of the tribe of Reuben,and out of the tribe ofGad, & out of the tribe of Zebulun,twelve cities.

64 And the children of Israel gave to the Levites *these* cities with their suburbs.

65 And they gave by lot, out of the tribe of the children of Judah, and out of the tribe of the children of Simeon, and out of the tribe of the children of Benjamin,these cities, which are called by *their* names.

66 And *m the residue* of the families of the sons of Kohath had cities of their coasts out of the tribe of Ephraim.

67 And they gave unto them, *of* the cities of refuge, Shechem in mount Ephraim with her suburbs ; *they gave* also Gezer with her suburbs,

68 And Jokmeam *o* with her suburbs, and Beth-horon with her suburbs,

69 And Aijalon with her suburbs, and Gath-rimmon with her suburbs :

70 And out of the half tribe of Manasseh ; Aner with her suburbs, and Bileam with her suburbs, for the family of the remnant of the sons of Kohath.

71 Unto the sons of Gershom *were given* out of the family of the half tribe of Manasseh, Golan in Bashan with her suburbs, and Ashtaroth with her suburbs :

72 And out of the tribe of Issachar ; Kedesh with her suburbs, Daberath with her suburbs,

58 וְאֶת־רָאמוֹת וְאֶת־מִגְרָשֶׁיהָ וְאֶת־עָנֵם וְאֶת־

59 מִגְרָשֶׁיהָ : וּמִמַּטֵּה אָשֵׁר אֶת־מָשָׁל וְאֶת־

60 מִגְרָשֶׁיהָ וְאֶת־עַבְדּוֹן וְאֶת־מִגְרָשֶׁיהָ : וְאֶת־חוּקֹק
וְאֶת־מִגְרָשֶׁיהָ וְאֶת־רְחֹב וְאֶת־מִגְרָשֶׁיהָ :

61 וּמִמַּטֵּה נַפְתָּלִי אֶת־קֶדֶשׁ בַּגָּלִיל וְאֶת־מִגְרָשֶׁיהָ וְאֶת־
וְאֶת־חַמּוֹן וְאֶת־מִגְרָשֶׁיהָ וְאֶת־קִרְיָתַיִם וְאֶת־

62 מִגְרָשֶׁיהָ : לִבְנֵי מְרָרִי הַנּוֹתָרִים מִמַּטֵּה
זְבֻלוּן אֶת־רִמּוֹנוֹ וְאֶת־מִגְרָשֶׁיהָ אֶת־תָּבוֹר וְאֶת־

63 מִגְרָשֶׁיהָ : וּמֵעֵבֶר לְיַרְדֵּן יְרֵחוֹ לְמִזְרַח הַיַּרְדֵּן
מִמַּטֵּה רְאוּבֵן אֶת־בֶּצֶר בַּמִּדְבָּר וְאֶת־מִגְרָשֶׁיהָ וְאֶת־

64 וְאֶת־יַהְצָה וְאֶת־מִגְרָשֶׁיהָ : וְאֶת־קְדֵמוֹת אֶת־
מִגְרָשֶׁיהָ וְאֶת־מֵיפָעַת וְאֶת־מִגְרָשֶׁיהָ :

65 וּמִמַּטֵּה־גָד אֶת־רָאמוֹת בַּגִּלְעָד וְאֶת־מִגְרָשֶׁיהָ וְאֶת־

66 וְאֶת־מַחֲנַיִם וְאֶת־מִגְרָשֶׁיהָ : וְאֶת־חֶשְׁבּוֹן וְאֶת־
מִגְרָשֶׁיהָ וְאֶת־יַעְזֵיר וְאֶת־מִגְרָשֶׁיהָ :

CAP. VII. ז

1 וְלִבְנֵי יִשָּׂשכָר תּוֹלָע וּפוּאָה יָשׁיב וְשִׁמְרוֹן אַרְבָּעָה :

2 וּבְנֵי תוֹלָע עֻזִּי וּרְפָיָה וִירִיאֵל וְיַחְמַי וְיִבְשָׂם
וּשְׁמוּאֵל רָאשִׁים לְבֵית־אֲבוֹתָם לְתוֹלָע גִּבּוֹרֵי חַיִל
לְתֹלְדוֹתָם מִסְפָּרָם בִּימֵי דָוִיד עֶשְׂרִים וּשְׁנַיִם אֶלֶף

3 וְשֵׁשׁ מֵאוֹת : וּבְנֵי עֻזִּי יִזְרַחְיָה וּבְנֵי יִזְרַחְיָה
מִיכָאֵל וְעֹבַדְיָה וְיוֹאֵל יִשִּׁיָּה חֲמִשָּׁה רָאשִׁים כֻּלָּם :

4 וַעֲלֵיהֶם לְתֹלְדוֹתָם לְבֵית אֲבוֹתָם גְּדוּדֵי צְבָא
מִלְחָמָה שְׁלֹשִׁים וְשִׁשָּׁה אָלֶף כִּי־הִרְבּוּ נָשִׁים

5 וּבָנִים : וַאֲחֵיהֶם לְכֹל מִשְׁפְּחוֹת יִשָּׂשכָר גִּבּוֹרֵי
חֲיָלִים שְׁמוֹנִים וְשִׁבְעָה אֶלֶף הִתְיַחְשָׂם לַכֹּל :

6 בִּנְיָמִן בֶּלַע וָבֶכֶר וִידִיעֲאֵל שְׁלֹשָׁה :

7 וּבְנֵי בֶלַע אֶצְבּוֹן וְעֻזִּי וְעֻזִּיאֵל וִירִימוֹת וְעִירִי חֲמִשָּׁה
רָאשֵׁי בֵּית אָבוֹת גִּבּוֹרֵי חֲיָלִים וְהִתְיַחְשָׂם עֶשְׂרִים

8 וּשְׁנַיִם אֶלֶף וּשְׁלֹשִׁים וְאַרְבָּעָה : וּבְנֵי בֶכֶר
זְמִירָה וְיוֹעָשׁ וֶאֱלִיעֶזֶר וְאֶלְיוֹעֵינַי וְעָמְרִי וִירֵמוֹת
וַאֲבִיָּה וַעֲנָתוֹת וְעָלָמֶת כָּל־אֵלֶּה בְּנֵי בָכֶר :

9 וְהִתְיַחְשָׂם לְתֹלְדוֹתָם רָאשֵׁי בֵּית אֲבוֹתָם גִּבּוֹרֵי חָיִל

10 עֶשְׂרִים אֶלֶף וּמָאתָיִם : וּבְנֵי יְדִיעֲאֵל
בִּלְהָן וּבְנֵי בִלְהָן יְעִישׁ וּבִנְיָמִן וְאֵהוּד וּכְנַעֲנָה

11 וְזֵיתָן וְתַרְשִׁישׁ וַאֲחִישָׁחַר : כָּל־אֵלֶּה בְּנֵי יְדִיעֲאֵל
לְרָאשֵׁי הָאָבוֹת גִּבּוֹרֵי חֲיָלִים שִׁבְעָה־עָשָׂר אֶלֶף

12 וּמָאתַיִם יֹצְאֵי צָבָא לַמִּלְחָמָה : וְשֻׁפִּם וְחֻפִּם בְּנֵי

13 עִיר הָשֻׁם בְּנֵי אַחֵר : בְּנֵי נַפְתָּלִי יַחֲצִיאֵל וְגוּנִי

14 וְיֵצֶר וְשַׁלּוּם בְּנֵי בִלְהָה : בְּנֵי מְנַשֶּׁה אַשְׂרִיאֵל
אֲשֶׁר יָלָדָה פִּילַגְשׁוֹ הָאֲרַמִּיָּה יָלְדָה אֶת־מָכִיר אֲבִי

15 גִלְעָד : וּמָכִיר לָקַח אִשָּׁה לְחֻפִּים וּלְשֻׁפִּים וְשֵׁם
אֲחֹתוֹ מַעֲכָה וְשֵׁם הַשֵּׁנִי צְלָפְחָד וַתִּהְיֶנָה

16 לִצְלָפְחָד בָּנוֹת : וַתֵּלֶד מַעֲכָה אֵשֶׁת־מָכִיר בֵּן
וַתִּקְרָא שְׁמוֹ פֶּרֶשׁ וְשֵׁם אָחִיו שָׁרֶשׁ וּבָנָיו אוּלָם

17 וָרָקֶם : וּבְנֵי אוּלָם בְּדָן אֵלֶּה בְּנֵי גִלְעָד בֶּן־מָכִיר

18 בֶּן־מְנַשֶּׁה : וַאֲחֹתוֹ הַמֹּלֶכֶת יָלְדָה אֶת־אִישְׁהוֹד

19 וְאֶת־אֲבִיעֶזֶר וְאֶת־מַחְלָה : וַיִּהְיוּ בְּנֵי שְׁמִידָע

20 אַחְיָן וָשֶׁכֶם וְלִקְחִי וַאֲנִיעָם : וּבְנֵי אֶפְרַיִם
שׁוּתֶלַח וּבֶרֶד בְּנוֹ וְתַחַת בְּנוֹ וְאֶלְעָדָה בְנוֹ וְתַחַת

21 בְּנוֹ : וְזָבָד בְּנוֹ וְשׁוּתֶלַח בְּנוֹ וְעֵזֶר וְאֶלְעָד וַהֲרָגוּם
אַנְשֵׁי־גַת הַנּוֹלָדִים בָּאָרֶץ כִּי יָרְדוּ לָקַחַת אֶת־

22 מִקְנֵיהֶם : וַיִּתְאַבֵּל אֶפְרַיִם אֲבִיהֶם יָמִים רַבִּים

23 וַיָּבֹאוּ אֶחָיו לְנַחֲמוֹ : וַיָּבֹא אֶל־אִשְׁתּוֹ וַתַּהַר
וַתֵּלֶד בֵּן וַיִּקְרָא אֶת־שְׁמוֹ בְּרִיעָה כִּי בְרָעָה הָיְתָה

24 בְּבֵיתוֹ : וּבִתּוֹ שֶׁאֱרָה וַתִּבֶן אֶת־בֵּית־חוֹרוֹן

25 הַתַּחְתּוֹן וְאֶת־הָעֶלְיוֹן וְאֵת אֻזֵּן שֶׁאֱרָה : וְרֶפַח בְּנוֹ

26 וְרֶשֶׁף וְתֶלַח בְּנוֹ וְתַחַן בְּנוֹ : לַעְדָּן בְּנוֹ עַמִּיהוּד

27 בְּנוֹ אֱלִישָׁמָע בְּנוֹ : נוֹן בְּנוֹ יְהוֹשֻׁעַ בְּנוֹ : וַאֲחֻזָּתָם

28 וּמֹשְׁבוֹתָם בֵּית אֵל וּבְנֹתֶיהָ וְלַמִּזְרָח נַעֲרָן וְלַמַּעֲרָב
גֶּזֶר וּבְנֹתֶיהָ וּשְׁכֶם וּבְנֹתֶיהָ עַד־עַיָּה וּבְנֹתֶיהָ :

29 וְעַל־יְדֵי בְנֵי־מְנַשֶּׁה בֵּית־שְׁאָן וּבְנֹתֶיהָ תַּעְנַךְ
וּבְנֹתֶיהָ מְגִדּוֹ וּבְנוֹתֶיהָ דּוֹר וּבְנוֹתֶיהָ בְּאֵלֶּה יָשְׁבוּ

30 בְּנֵי יוֹסֵף בֶּן־יִשְׂרָאֵל : בְּנֵי אָשֵׁר יִמְנָה וְיִשְׁוָה

31 וְיִשְׁוִי וּבְרִיעָה וְשֶׂרַח אֲחוֹתָם : וּבְנֵי בְרִיעָה חֶבֶר

32 וּמַלְכִּיאֵל הוּא אֲבִי בִרְזָיִת : וְחֶבֶר הוֹלִיד אֶת־
יַפְלֵט וְאֶת־שׁוֹמֵר וְאֶת־חוֹתָם וְאֵת שׁוּעָא

33 אֲחוֹתָם : וּבְנֵי יַפְלֵט פָּסַךְ וּבִמְהָל וְעַשְׁוָת אֵלֶּה

34 בְּנֵי יַפְלֵט : וּבְנֵי שָׁמֶר אֲחִי וְרָהְגָּה יְחֻבָּה

35 וַאֲרָם : וּבֶן־הֵלֶם אָחִיו צוֹפַח וְיִמְנָע וְשֵׁלֶשׁ

36 וְעָמָל : בְּנֵי צוֹפַח סוּחַ וְחַרְנֶפֶר וְשׁוּעָל וּבֵרִי

37 וְיִמְרָה : בֶּצֶר וָהוֹד וְשַׁמָּא וְשִׁלְשָׁה וְיִתְרָן וּבְאֵרָא :

38 וּבְנֵי יֶתֶר יְפֻנֶּה וּפִסְפָּה וַאֲרָא : וּבְנֵי עֻלָּא אָרַח

39,40 וְחַנִּיאֵל וְרִצְיָא : כָּל־אֵלֶּה בְנֵי־אָשֵׁר רָאשֵׁי בֵית־
הָאָבוֹת בְּרוּרִים גִּבּוֹרֵי חֲיָלִים רָאשֵׁי הַנְּשִׂיאִים
וְהִתְיַחְשָׂם בַּצָּבָא בַּמִּלְחָמָה מִסְפָּרָם אֲנָשִׁים
עֶשְׂרִים וְשִׁשָּׁה אָלֶף :

73 And Ramoth with her suburbs, and Anem with her suburbs:

74 And out of the tribe of Asher; Mashal with her suburbs, and Abdon with her suburbs,

75 And Hukok with her suburbs, and Rehob with her suburbs,

76 And out of the tribe of Naphtali: Kedesh in Galilee with her suburbs, and Hammon with her suburbs, and Kirjathaim with her suburbs.

77 Unto the rest of the children of Merari *were given*, out of the tribe of Zebulun, Rimmon with her suburbs, Tabor with her suburbs:

78 And *c* on the other side Jordan by Jericho, on the east side of Jordan, *were given them* out of the tribe of Reuben, Bezer in the wilderness with her suburbs, and Jahzah with her suburbs,

79 Kedemoth also with her suburbs, and Mephaath with her suburbs:

80 And out of the tribe of Gad; *f* Ramoth in Gilead with her suburbs, and Mahanaim *g* with her suburbs,

81 And Heshbon with her suburbs, and Jazer with her suburbs.

CHAP. VII.

NOW *k* the sons of Issachar *were* Tola, and *β* Puah, Jashub, and Shimrom, four.

2 And the sons of Tola; Uzzi, and Rephaiah, and Jeriel, and Jahmai, and Jibsam, and Shemuel, heads of their father's house, *to wit*, of Tola: they *were* valiant men of might in their generations; whose number *n was*, in the days of David, two and twenty thousand and six hundred.

3 And the sons of Uzzi; Izrahiah: and the sons of Izrahiah; Michael, and Obadiah, and Joel, Ishiah, five: all of them chief men.

4 And with them, by their generations, after the house of their fathers, *were* bands of soldiers for war, six and thirty thousand *men*: for they had many wives and sons.

5 And their brethren, among all the families of Issachar, *p were* valiant men of might, reckoned in all, by their genealogies, fourscore and seven thousand.

6 *The sons* of Benjamin; *r* Bela, and Becher, and Jediael, three.

7 And the sons of Bela; Ezbon, and Uzzi, and Uzziel, and Jerimoth, and Iri, five: heads of the house of *their* fathers, mighty men of valour; and were reckoned, by their genealogies, twenty and two thousand and thirty and four.

8 And the sons of Becher; Zemira, and Joash, and Eliezer, and Elioenai, and Omri, and Jerimoth, and Abiah, and Anathoth, and Alameth. All these *are* the sons of Becher.

9 And the number of them, after their genealogy by their generations, heads of the house of their fathers, mighty men of valour, *was* twenty thousand & two hundred.

10 The sons also of Jediael; Bilhan: and the sons of Bilhan; Jeush, and Benjamin, and Ehud, and Chenaanah, and Zethan, and Tharshish, and Ahishahar.

11 All these, the sons of Jediael, by the heads of their fathers, mighty *v* men of valour, *were* seventeen thousand & two hundred *soldiers*, fit to go out for war *and* battle.

12 Shuppim *w* also, and Huppim, the children of *θ* Ir, *and* Hushim, the sons of *κ* Aher.

13 The sons of Naphtali; Jahziel, and Guni, &. Jezer, & Shallum, the sons of Bilhah.

14 The sons of Manasseh; Ashriel, whom

---

a ver. 12.

b 1 Sa. 12. 11.

c De. 4. 41. 43.

d Nu. 26. 30, Jezer.

e Nu. 26. 35.

f 1 Ki. 22. 3, &c.

g Ge. 32. 2. 2 Sa. 17. 24, 27.

h Ge. 37. 34.

i Job 2. 11.

k Ge. 46. 13. Nu. 26. 23.

β Phuvah, Job.

γ i. e. in evil.

l Ge. 35. 18. 1 Sa. 4. 21.

m 2 Sa. 23. 5.

n ch. 27. 1.

δ or, Num, Nu. 13. 8. 16.

o Jos. 16. 7.

ζ daughters.

η or, Adasa.

p ch. 12. 32.

q Jos. 17. 7, 11.

r ch. 8. 1, &c. Ge. 46. 21.

s Ge. 46. 17. Nu. 26. 44.

t ver. 34, Shamer.

u ver. 32. Shomer.

v 2 Ch. 17. 13, &c.

w Nu. 26. 39, Shupham & Hupham.

θ or, Iri, ver. 7.

κ or, Ahiram, Nu. 26. 38.

---

she bare; (*but* his concubine the Aramitess bare Machir the father of Gilead,

15 And Machir took to wife *the sister* of Huppim *a* and Shuppim, whose sister's name *was* Maachah;) and the name of the second *was* Zelophehad: and Zelophehad had daughters:

16 And Maachah the wife of Machir bare a son, and she called his name Peresh; and the name of his brother *was* Sheresh; and his sons *were* Ulam and Rakem.

17 And the sons of Ulam; Bedan. *b* These *were* the sons of Gilead, the son of Machir, the son of Manasseh.

18 And his sister Hammoleketh bare Ishod, and Abiezer, *d* and Mahalah.

19 And the sons of Shemidah were, Ahian, and Shechem, and Likhi, and Aniam.

20 And *e* the sons of Ephraim; Shuthelah, and Bered his son, and Tahath his son, and Eladah his son, and Tahath his son,

21 And Zabad his son, and Shuthelah his son, and Ezer, and Elead, whom the men of Gath *that were* born in *that* land slew, because they came down to take away their cattle.

22 And Ephraim their father *h* mourned many days, and his brethren came *i* to comfort him.

23 And when he went in to his wife, she conceived, and bare a son, and he called his name *γ* Beriah, because *l* it went evil with his house. *m*

24 (And his daughter *was* Sherah, who built Beth-horon the nether, and the upper, and Uzzen-sherah.)

25 And Rephah *was* his son, also Resheph, and Telah his son, & Tahan his son,

26 Laadan his son, Ammihud his son, Elishama his son,

27 *δ* Non his son, Jehoshuah his son.

28 And their possessions and habitations *were*, Beth-el & the towns thereof, and eastward Naaran, *o* & westward Gezer with the towns *ζ* thereof, Shechem also & the towns thereof, unto *η* Gaza and the towns thereof:

29 And by the borders of the children of Manasseh, *q* Beth-shean and her towns, Taanach and her towns, Megiddo and her towns, Dor and her towns. In these dwelt the children of Joseph the son of Israel.

30 The sons of Asher; *s* Imnah, and Isuah, and Ishuai, and Beriah, and Serah their sister.

31 And the sons of Beriah; Heber, and Malchiel, who *is* the father of Birzavith.

32 And Heber begat Japhlet, and Shomer, *t* and Hotham, and Shua their sister.

33 And the sons of Japhlet; Pasach, and Bimhal, and Ashvath: these *are* the children of Japhlet.

34 And the sons of Shamer; *u* Ahi, and Rohgah, Jehubbah, and Aram.

35 And the sons of his brother Helem; Zophah, and Imna, and Shelesh, & Amal.

36 The sons of Zophah; Suah, and Harnepher, and Shual, and Beri, and Imrah,

37 Bezer, and Hod, and Shamma, and Shilshah, and Ithran, and Beera.

38 And the sons of Jether; Jephunneh, and Pispah, and Ara.

39 And the sons of Ulla; Arah, and Haniel, and Rezia.

40 All these *were* the children of Asher, heads of *their* father's house, choice *and* mighty men of valour, chief of the princes. And the number, throughout *ye* genealogy of them that were apt to the war *and* to battle, *was* twenty and six thousand men.

ח CAP. VIII.

1 וּבִנְיָמִן הוֹלִיד אֶת־בֶּלַע בְּכֹרוֹ אַשְׁבֵּל הַשֵּׁנִי וְאַחְרַח
הַשְּׁלִישִׁי:

2,3 נוֹחָה הָרְבִיעִי וְרָפָא הַחֲמִישִׁי: וַיִּהְיוּ
בָנִים לְבֶלַע אַדָּר וְגֵרָא וַאֲבִיהוּד: וַאֲבִישׁוּעַ

4,5,6 וְנַעֲמָן וַאֲחוֹחַ: וְגֵרָא וּשְׁפוּפָן וְחוּרָם: וְאֵלֶּה
בְּנֵי אֵחוּד אֵלֶּה הֵם רָאשֵׁי אָבוֹת לְיוֹשְׁבֵי גֶבַע וַיַּגְלוּם

7 אֶל־מָנָחַת: וְנַעֲמָן וַאֲחִיָּה וְגֵרָא הוּא הֶגְלָם

8 וְהוֹלִיד אֶת־עֻזָּא וְאֶת־אֲחִיחֻד: וְשַׁחֲרַיִם הוֹלִיד
בִּשְׂדֵה מוֹאָב מִן־שִׁלְחוֹ אֹתָם חוּשִׁים וְאֶת־

9 בַּעֲרָא נָשָׁיו: וַיּוֹלֶד מִן־חֹדֶשׁ אִשְׁתּוֹ אֶת־יוֹבָב

10 וְאֶת־צִבְיָא וְאֶת־מֵישָׁא וְאֶת־מַלְכָּם: וְאֶת־יְעוּץ
וְאֶת־שָׂכְיָה וְאֶת־מִרְמָה אֵלֶּה בָנָיו רָאשֵׁי אָבוֹת:

11 וּמֵחֻשִׁים הוֹלִיד אֶת־אֲבִיטוּב וְאֶת־אֶלְפָּעַל:

12 וּבְנֵי אֶלְפַּעַל עֵבֶר וּמִשְׁעָם וָשָׁמֶר הוּא בָּנָה אֶת־

13 אוֹנוֹ וְאֶת־לֹד וּבְנֹתֶיהָ: וּבְרִעְיָה וָשֶׁמַע הֵמָּה
רָאשֵׁי הָאָבוֹת לְיוֹשְׁבֵי אַיָּלוֹן הֵמָּה הִבְרִיחוּ אֶת־

14,15 יוֹשְׁבֵי גַת: וְאַחְיוֹ שָׁשָׁק וִירֵמוֹת: וּזְבַדְיָה וַעֲרָד וָעָדֶר:

16 וּמִיכָאֵל וְיִשְׁפָּה וְיוֹחָא בְּנֵי בְרִיעָה:

17,18 וּזְבַדְיָה וּמְשֻׁלָּם וְחִזְקִי וָחָבֶר: וְיִשְׁמְרַי וְיִזְלִיאָה
וְיוֹבָב בְּנֵי אֶלְפָּעַל:

19 וְיָקִים וְזִכְרִי וְזַבְדִּי:

20,21 וֶאֱלִיעֵנַי וְצִלְּתַי וֶאֱלִיאֵל: וַעֲדָיָה וּבְרָאיָה וְשִׁמְרָת בְּנֵי

22,23 שִׁמְעִי: וְיִשְׁפָּן וָעֵבֶר וֶאֱלִיאֵל: וְעַבְדּוֹן וְזִכְרִי

24,25 וְחָנָן: וַחֲנַנְיָה וְעֵילָם וְעַנְתֹתִיָּה: וְיִפְדְיָה וּפְנוּאֵל

26,27 בְּנֵי שָׁשָׁק: וְשַׁמְשְׁרַי וּשְׁחַרְיָה וַעֲתַלְיָה:
וְיַעֲרֶשְׁיָה וְאֵלִיָּה וְזִכְרִי בְּנֵי יְרֹחָם: אֵלֶּה רָאשֵׁי

28 אָבוֹת לְתֹלְדוֹתָם רָאשִׁים אֵלֶּה יָשְׁבוּ בִירוּשָׁלִָם:

29 וּבְגִבְעוֹן יָשְׁבוּ אֲבִי גִבְעוֹן וְשֵׁם אִשְׁתּוֹ

30 מַעֲכָה: וּבְנוֹ הַבְּכוֹר עַבְדּוֹן וְצוּר וְקִישׁ וּבַעַל

31,32 וְנָדָב: וּגְדוֹר וְאַחְיוֹ וָזָכֶר: וּמִקְלוֹת הוֹלִיד אֶת־
שִׁמְאָה וְאַף־הֵמָּה נֶגֶד אֲחֵיהֶם יָשְׁבוּ בִירוּשָׁלִַם

33 עִם־אֲחֵיהֶם: וְנֵר הוֹלִיד אֶת־קִישׁ וְקִישׁ
הוֹלִיד אֶת־שָׁאוּל וְשָׁאוּל הוֹלִיד אֶת־יְהוֹנָתָן וְאֶת־

34 מַלְכִּי־שׁוּעַ וְאֶת־אֲבִינָדָב וְאֶת־אֶשְׁבָּעַל: וּבֶן־
יְהוֹנָתָן מְרִיב בָּעַל וּמְרִיב בַּעַל הוֹלִיד אֶת־מִיכָה:

35,36 וּבְנֵי מִיכָה פִּיתוֹן וָמֶלֶךְ וְתַאְרֵעַ וְאָחָז: וְאָחָז
הוֹלִיד אֶת־יְהוֹעַדָּה וִיהוֹעַדָּה הוֹלִיד אֶת־עָלֶמֶת
וְאֶת־עַזְמָוֶת וְאֶת־זִמְרִי וְזִמְרִי הוֹלִיד אֶת־מוֹצָא:

37 וּמוֹצָא הוֹלִיד אֶת־בִּנְעָא רָפָה בְנוֹ אֶלְעָשָׂה בְנוֹ

38 אָצֵל בְּנוֹ: וּלְאָצֵל שִׁשָּׁה בָנִים וְאֵלֶּה שְׁמוֹתָם
עַזְרִיקָם בֹּכְרוּ וְיִשְׁמָעֵאל וּשְׁעַרְיָה וְעֹבַדְיָה וְחָנָן

39 כָּל־אֵלֶּה בְּנֵי אָצַל: וּבְנֵי עֵשֶׁק אָחִיו אוּלָם בְּכֹרוֹ

40 יְעוּשׁ הַשֵּׁנִי וֶאֱלִיפֶלֶט הַשְּׁלִשִׁי: וַיִּהְיוּ בְנֵי־אוּלָם
אֲנָשִׁים גִּבּוֹרֵי־חַיִל דֹּרְכֵי קֶשֶׁת וּמַרְבִּים בָּנִים וּבְנֵי
בָנִים מֵאָה וַחֲמִשִּׁים כָּל־אֵלֶּה מִבְּנֵי בִנְיָמִן:

ט CAP. IX.

1 וְכָל־יִשְׂרָאֵל הִתְיַחְשׂוּ וְהִנָּם כְּתוּבִים עַל־סֵפֶר
מַלְכֵי יִשְׂרָאֵל וִיהוּדָה הָגְלוּ לְבָבֶל בְּמַעֲלָם:

2 וְהַיּוֹשְׁבִים הָרִאשֹׁנִים אֲשֶׁר בַּאֲחֻזָּתָם בְּעָרֵיהֶם

3 יִשְׂרָאֵל הַכֹּהֲנִים הַלְוִיִּם וְהַנְּתִינִים: וּבִירוּשָׁלִַם
יָשְׁבוּ מִן־בְּנֵי יְהוּדָה וּמִן־בְּנֵי בִנְיָמִן וּמִן־בְּנֵי אֶפְרַיִם

4 וּמְנַשֶּׁה: עוּתַי בֶּן־עַמִּיהוּד בֶּן־עָמְרִי בֶּן־אִמְרִי

5 בֶּן־בָּנִי מִן־בְּנֵי־פֶרֶץ בֶּן־יְהוּדָה: וּמִן־הַשִּׁילוֹנִי עֲשָׂיָה

6 הַבְּכוֹר וּבָנָיו: וּמִן־בְּנֵי זֶרַח יְעוּאֵל וַאֲחֵיהֶם

7 שֵׁשׁ־מֵאוֹת וְתִשְׁעִים: וּמִן־בְּנֵי בִּנְיָמִן סַלּוּא בֶּן־

8 מְשֻׁלָּם בֶּן־הוֹדַוְיָה בֶּן־הַסְּנֻאָה: וְיִבְנְיָה בֶּן־יְרֹחָם
וְאֵלָה בֶּן־עֻזִּי בֶּן־מִכְרִי וּמְשֻׁלָּם בֶּן־שְׁפַטְיָה בֶּן־

9 רְעוּאֵל בֶּן־יִבְנִיָּה: וַאֲחֵיהֶם לְתֹלְדוֹתָם תְּשַׁע
מֵאוֹת וַחֲמִשִּׁים וְשִׁשָּׁה כָּל־אֵלֶּה אֲנָשִׁים רָאשֵׁי

10 אָבוֹת לְבֵית אֲבֹתֵיהֶם: וּמִן־הַכֹּהֲנִים יְדַעְיָה

11 וִיהוֹיָרִיב וְיָכִין: וַעֲזַרְיָה בֶן־חִלְקִיָּה בֶּן־מְשֻׁלָּם
בֶּן־צָדוֹק בֶּן־מְרָיוֹת בֶּן־אֲחִיטוּב נְגִיד בֵּית הָאֱלֹהִים:

12 וַעֲדָיָה בֶּן־יְרֹחָם בֶּן־פַּשְׁחוּר בֶּן־מַלְכִּיָּה וּמַעְשַׂי
בֶּן־עֲדִיאֵל בֶּן־יַחְזֵרָה בֶּן־מְשֻׁלָּם בֶּן־מְשִׁלֵּמִית בֶּן־

13 אִמֵּר: וַאֲחֵיהֶם רָאשִׁים לְבֵית אֲבוֹתָם אֶלֶף וּשְׁבַע
מֵאוֹת וְשִׁשִּׁים גִּבּוֹרֵי חֵיל מְלֶאכֶת עֲבוֹדַת בֵּית־

14 הָאֱלֹהִים: וּמִן־הַלְוִיִּם שְׁמַעְיָה בֶן־חַשּׁוּב בֶּן־

15 עַזְרִיקָם בֶּן־חֲשַׁבְיָה מִן־בְּנֵי מְרָרִי: וּבַקְבַּקַּר
חֶרֶשׁ וְגָלָל וּמַתַּנְיָה בֶּן־מִיכָא בֶּן־זִכְרִי בֶּן־אָסָף:

16 וְעֹבַדְיָה בֶּן־שְׁמַעְיָה בֶּן־גָּלָל בֶּן־יְדוּתוּן וּבֶרֶכְיָה בֶן־
אָסָא בֶּן־אֶלְקָנָה הַיּוֹשֵׁב בְּחַצְרֵי נְטוֹפָתִי:

17 וְהַשֹּׁעֲרִים שַׁלּוּם וְעַקּוּב וְטַלְמֹן וַאֲחִימָן וַאֲחִיהֶם

18 שַׁלּוּם הָרֹאשׁ: וְעַד־הֵנָּה בְּשַׁעַר הַמֶּלֶךְ מִזְרָחָה
הֵמָּה הַשֹּׁעֲרִים לְמַחֲנוֹת בְּנֵי לֵוִי:

19 וְשַׁלּוּם בֶּן־
קוֹרֵא בֶּן־אֶבְיָסָף בֶּן־קֹרַח וְאֶחָיו לְבֵית־אָבִיו הַקָּרְחִים

CHAP. VIII.

NOW Benjamin begat Bela his first-born, Ashbel the second, and Aharah the third.

2 Nohah the fourth, and Rapha the fifth.

3 And the sons of Bela were, β Addar, and Gera, and Abihud,

4 And Abishua, and Naaman, & Ahoah,

5 And Gera,ᵃ and γ Shephuphan, and Huram.

6 And these *are* the sons of Ehud : these are the heads of the fathers of the inhabitants of Geba, and they removed them to Manahath : ᵇ

7 And Naaman, and Ahiah, and Gera, he removed them, and begat Uzza, and Ahihud.

8 And Shaharaim begat *children* in the country of Moab,ᶜ after he had sent them away ; Hushim and Baara *were* his wives.

9 And he begat of Hodesh his wife, Jobab, and Zibia, and Mesha, and Malcham,

10 And Jeuz, and Shachia, and Mirma. These *were* his sons, heads of the fathers.

11 And of Hushim he begat Abitub, and Elpaal.

12 The sons of Elpaal ; Eber, and Misham, and Shamed, who built Onoᵍ and Lod, with the towns thereof :

13 Beriah also, and Shema,ʰ who *were* heads of the fathers of the inhabitants of Aijalon, who drove away the inhabitants of Gath :

14 And Ahio, Shashak, and Jeremoth,

15 And Zebadiah, and Arad, and Ader,

16 And Michael, and Ispah, and Joha, the sons of Beriah ;

17 And Zebadiah, and Meshullam, and Hezeki, and Heber,

18 Ishmerai also, and Jezliah, and Jobab, the sons of Elpaal ;

19 And Jakim, and Zichri, and Zabdi,

20 And Elienai, and Zilthai, and Eliel,

21 And Adaiah, and Beraiah, and Shimrath, the sons of δ Shimhi ;

22 And Ishpan, and Heber, and Eliel,

23 And Abdon, and Zichri, and Hanan,

24 And Hananiah, and Elam, and Antothijah,

25 And Iphedeiah, and Penuel, the sons of Shashak ;

26 And Shamsherai, and Shehariah, and Athaliah,

27 And Jaresiah, and Eliah, and Zichri, the sons of Jeroham.

28 These *were* heads of the fathers, by their generations, chief *men*. Theseˡ dwelt in Jerusalem.

29 And at Gibeon dwelt the η father of Gibeon, (whose wife's name *was* Maachah;)

30 And his first-born son Abdon, and Zur, and Kish, and Baal, and Nadab,

31 And Gedor, and Ahio, and θ Zacher.

32 And Mikloth begat κ Shimeah. And these also dwelt with their brethren in Jerusalem, over against them.

33 And Ner begat Kish, and Kish begat Saul, and Saul begat Jonathan, and Malchi-shua, and Abinadab,ᵐ and λ Esh-baal.

34 And the son of Jonathan *was* μMerib-baal ; and Merib-baal begat Micah.

35 And the sons of Micah *were*, Pithon, and Melech, and νTarea, and Ahaz.

36 And Ahaz begat Jehoadah ; ⁿ and Jehoadah begat Alemeth, and Azmaveth, and Zimri ; and Zimri begat Moza,

37 And Moza begat Binea : Raphaᵒ *was* his son, Eleasah his son, Azel his son.

38 And Azel had six sons, whose names

B. C. 1400.	
β or, *Ard*, Ge. 46. 21.	
ᵃ Ju. 3. 15.	
γ or, *Shupham*, ch. 7. 12. Nu. 26. 39.	
ᵇ ch. 2. 52.	
ᶜ Ru. 1. 1.	
ᵈ Ezr. 2. 70. Ne. 7. 73.	
ᵉ Jos. 9. 27. Ezr. 2. 43. 8. 20.	
ᶠ Ne. 11. 1.	
ᵍ Ezr. 2. 33. Ne. 6. 2. 11. 35.	
ʰ ver. 21.	
δ or, *Shema*, ver. 13.	
ⁱ Ne. 11. 10, &c.	
ᵏ Ne. 11. 11, Seraiah.	
ˡ Jos. 18. 28. Ne. 11. 1.	
ζ *mighty men of valour.*	
η called *Jehiel*, ch. 9. 35.	
θ or, *Zechariah*, ch. 9. 37.	
κ or, *Shimeam*, ch. 9. 38.	
m 1 Sa. 14. 49, *Ishui.*	
λ or, *Ishbosheth*, 2 Sa. 2. 8.	
μ or, *Mephibosheth*, 2 Sa. 4. 4. 9. 6, 10.	
ν or, *Tahrea*, ch. 9. 41.	
ⁿ ch. 9. 42, *Jarah.*	
ᵒ ch. 9. 43. *Rephaiah.*	

are these, Azrikam, Bocheru, and Ishmael, and Sheariah, and Obadiah, and Hanan. All these *were* the sons of Azel.

39 And the sons of Eshek his brother *were*, Ulam his first-born, Jehush the second, and Eliphelet the third.

40 And the sons of Ulam were mighty men of valour, archers, and had many sons, and sons' sons, an hundred and fifty. All these *are* of the sons of Benjamin.

CHAP. IX.

SO all Israel were reckoned by genealogies ; and, behold, they *were* written in the book of the kings of Israel and Judah, *who* were carried away to Babylon for their transgression.

2 Now ᵈ the first inhabitants that *dwelt* in their possessions in their cities *were*, the Israelites, the priests, Levites, and the Nethinims.ᵉ

3 And in Jerusalemᶠ dwelt of the children of Judah, and of the children of Benjamin, and of the children of Ephraim, and Manasseh ;

4 Uthai the son of Ammihud, the son of Omri, the son of Imri, the son of Bani, of the children of Pharez the son of Judah.

5 And of the Shilonites ; Asaiah the first-born, and his sons.

6 And of the sons of Zerah ; Jeuel, and their brethren, six hundred and ninety.

7 And of the sons of Benjamin ; Sallu the son of Meshullam, the son of Hodaviah, the son of Hasenuah,

8 And Ibneiah the son of Jeroham, and Elah the son of Uzzi, the son of Michri, and Meshullam the son of Shephathiah, the son of Reuel, the son of Ibnijah ;

9 And their brethren, according to their generations, nine hundred and fifty and six. All these men *were* chief of the fathers in the house of their fathers.

10 And ⁱ of the priests ; Jedaiah, and Jehoiarib, and Jachin,

11 And Azariahᵏ the son of Hilkiah, the son of Meshullam, the son of Zadok, the son of Meraioth, the son of Ahitub, the ruler of the house of God ;

12 And Adaiah the son of Jeroham, the son of Pashur, the son of Malchijah, and Maasiai the son of Adiel, the son of Jahzerah, the son of Meshullam, the son of Meshillemith, the son of Immer ;

13 And their brethren, heads of the house of their fathers, a thousand and seven hundred and threescore ; ζ very able men for the work of the service of the house of God.

14 And of the Levites ; Shemaiah the son of Hasshub, the son of Azrikam, the son of Hashabiah, of the sons of Merari ;

15 And Bakbakkar, Heresh, and Galal, and Mattaniah the son of Micah, the son of Zichri, the son of Asaph ;

16 And Obadiah the son of Shemaiah, the son of Galal, the son of Jeduthun ; and Berechiah the son of Asa, the son of Elkanah, that dwelt in the villages of the Netophathites.

17 And the porters *were*, Shallum, and Akkub, and Talmon, and Ahiman, and their brethren : Shallum *was* the chief ;

18 (Who hitherto *waited* in the king's gate eastward :) they *were* porters in the companies of the children of Levi.

19 And Shallum the son of Kore, the son of Ebiasaph, the son of Korah, and his brethren (of the house of his father)

עַל מְלֶאכֶת הָעֲבוֹדָה שֹׁמְרֵי הַסִּפִּים לָאֹהֶל׃　וְעֹבַדְיָהוּ וְחָנָן אֵלֶּה בְּנֵי אָצַל׃

וַאֲבֹתֵיהֶם עַל־מַחֲנֵה יְהֹוָה שֹׁמְרֵי הַמָּבוֹא׃

CAP. X. י

20 וּפִינְחָס בֶּן־אֶלְעָזָר נָגִיד הָיָה עֲלֵיהֶם לְפָנִים יְהֹוָה

1 וּפְלִשְׁתִּים נִלְחֲמוּ בְיִשְׂרָאֵל וַיָּנָס אִישׁ־יִשְׂרָאֵל מִפְּנֵי

21 עִמּוֹ׃　זְכַרְיָה בֶּן מְשֶׁלֶמְיָה שֹׁעֵר פֶּתַח לְאֹהֶל

2 פְלִשְׁתִּים וַיִּפְּלוּ חֲלָלִים בְּהַר גִּלְבֹּעַ׃　וַיַּדְבְּקוּ

22 מוֹעֵד׃　כֻּלָּם הַבְּרוּרִים לְשֹׁעֲרִים בַּסִּפִּים מָאתַיִם

פְלִשְׁתִּים אַחֲרֵי שָׁאוּל וְאַחֲרֵי בָנָיו וַיַּכּוּ פְלִשְׁתִּים

וּשְׁנֵים עָשָׂר הֵמָּה בְחַצְרֵיהֶם הִתְיַחְשָׂם הֵמָּה יִסַּד

אֶת־יוֹנָתָן וְאֶת־אֲבִינָדָב וְאֶת־מַלְכִּי־שׁוּעַ בְּנֵי שָׁאוּל׃

23 דָּוִיד וּשְׁמוּאֵל הָרֹאֶה בֶּאֱמוּנָתָם׃　וְהֵם וּבְנֵיהֶם עַל־

3 וַתִּכְבַּד הַמִּלְחָמָה עַל־שָׁאוּל וַיִּמְצָאֻהוּ הַמּוֹרִים

הַשְּׁעָרִים לְבֵית־יְהֹוָה לְבֵית הָאֹהֶל לְמִשְׁמָרוֹת׃

4 בַּקָּשֶׁת וַיָּחֶל מִן־הַיּוֹרִים׃　וַיֹּאמֶר שָׁאוּל אֶל־

24 לְאַרְבַּע רוּחוֹת יִהְיוּ הַשְּׁעָרִים מִזְרָח יָמָּה צָפוֹנָה

נֹשֵׂא כֵלָיו שְׁלֹף חַרְבְּךָ וְדָקְרֵנִי בָהּ פֶּן־יָבֹאוּ

25 וָנֶגְבָּה׃　וַאֲחֵיהֶם בְּחַצְרֵיהֶם לָבוֹא לְשִׁבְעַת

הָעֲרֵלִים הָאֵלֶּה וְהִתְעַלְּלוּ־בִי וְלֹא אָבָה נֹשֵׂא כֵלָיו

26 הַיָּמִים מֵעֵת אֶל־עֵת עִם־אֵלֶּה׃　כִּי בֶאֱמוּנָה

כִּי יָרֵא מְאֹד וַיִּקַּח שָׁאוּל אֶת־הַחֶרֶב וַיִּפֹּל עָלֶיהָ׃

הֵמָּה אַרְבַּעַת גִּבֹּרֵי הַשֹּׁעֲרִים הֵם הַלְוִיִּם וְהָיוּ עַל־

5 וַיַּרְא נֹשֵׂא־כֵלָיו כִּי מֵת שָׁאוּל וַיִּפֹּל גַּם־הוּא עַל־

27 הַלְּשָׁכוֹת וְעַל הָאוֹצָרוֹת בֵּית הָאֱלֹהִים׃　וּסְבִיבוֹת

6 הַחֶרֶב וַיָּמֹת׃　וַיָּמָת שָׁאוּל וּשְׁלֹשֶׁת בָּנָיו וְכָל־

בֵּית־הָאֱלֹהִים יָלִינוּ כִּי־עֲלֵיהֶם מִשְׁמֶרֶת וְהֵם עַל־

7 בֵּיתוֹ יַחְדָּו מֵתוּ׃　וַיִּרְאוּ כָּל־אִישׁ יִשְׂרָאֵל אֲשֶׁר־

28 הַמַּפְתֵּחַ וְלַבֹּקֶר לַבֹּקֶר׃　וּמֵהֶם עַל־כְּלֵי הָעֲבוֹדָה

בָּעֵמֶק כִּי נָסוּ וְכִי־מֵתוּ שָׁאוּל וּבָנָיו וַיַּעַזְבוּ עָרֵיהֶם

29 כִּי־בְמִסְפָּר יְבִיאוּם וּבְמִסְפָּר יוֹצִיאוּם׃　וּמֵהֶם

8 וַיָּנֻסוּ וַיָּבֹאוּ פְלִשְׁתִּים וַיֵּשְׁבוּ בָּהֶם׃　וַיְהִי

מְמֻנִּים עַל־הַכֵּלִים וְעַל כָּל־כְּלֵי הַקֹּדֶשׁ וְעַל־הַסֹּלֶת

מִמָּחֳרָת וַיָּבֹאוּ פְלִשְׁתִּים לְפַשֵּׁט אֶת־הַחֲלָלִים

30 וְהַיַּיִן וְהַשֶּׁמֶן וְהַלְּבוֹנָה וְהַבְּשָׂמִים׃　וּמִן־בְּנֵי

וַיִּמְצְאוּ אֶת־שָׁאוּל וְאֶת־בָּנָיו נֹפְלִים בְּהַר גִּלְבֹּעַ׃

31 הַכֹּהֲנִים רֹקְחֵי הַמִּרְקַחַת לַבְּשָׂמִים׃　וּמַתִּתְיָה

9 וַיַּפְשִׁיטֻהוּ וַיִּשְׂאוּ אֶת־רֹאשׁוֹ וְאֶת־כֵּלָיו וַיְשַׁלְּחוּ

מִן־הַלְוִיִּם הוּא הַבְּכוֹר לְשַׁלֻּם הַקָּרְחִי בֶּאֱמוּנָה עַל

בְאֶרֶץ־פְלִשְׁתִּים סָבִיב לְבַשֵּׂר אֶת־עֲצַבֵּיהֶם וְאֶת־

32 מַעֲשֵׂה הַחֲבִתִּים׃　וּמִן־בְּנֵי הַקְּהָתִי מִן־אֲחֵיהֶם

10 הָעָם׃　וַיָּשִׂימוּ אֶת־כֵּלָיו בֵּית אֱלֹהֵיהֶם וְאֶת־

עַל־לֶחֶם הַמַּעֲרָכֶת לְהָכִין שַׁבַּת שַׁבָּת׃

11 גֻּלְגָּלְתּוֹ תָקְעוּ בֵּית דָּגוֹן׃　וַיִּשְׁמְעוּ כֹּל יָבֵישׁ

33 וְאֵלֶּה הַמְשֹׁרְרִים רָאשֵׁי אָבוֹת לַלְוִיִּם בַּלְּשָׁכוֹת

12 גִּלְעָד אֵת כָּל־אֲשֶׁר־עָשׂוּ פְלִשְׁתִּים לְשָׁאוּל׃　וַיָּקוּמוּ

34 פְּטוּרִים כִּי־יוֹמָם וָלַיְלָה עֲלֵיהֶם בַּמְּלָאכָה׃　אֵלֶּה

כָּל־אִישׁ חַיִל וַיִּשְׂאוּ אֶת־גּוּפַת שָׁאוּל וְאֵת גּוּפֹת

רָאשֵׁי הָאָבוֹת לַלְוִיִּם לְתֹלְדוֹתָם רָאשִׁים אֵלֶּה

בָּנָיו וַיְבִיאוּם יָבֵישָׁה וַיִּקְבְּרוּ אֶת־עַצְמוֹתֵיהֶם תַּחַת

35 יָשְׁבוּ בִירוּשָׁלָ͏ִם׃　וּבְגִבְעוֹן יָשְׁבוּ אֲבִי־גִבְעוֹן

13 הָאֵלָה בְּיָבֵישׁ וַיָּצֻמוּ שִׁבְעַת יָמִים׃　וַיָּמָת שָׁאוּל

36 יְעִיאֵל וְשֵׁם אִשְׁתּוֹ מַעֲכָה׃　וּבְנוֹ הַבְּכוֹר עַבְדּוֹן

בְּמַעֲלוֹ אֲשֶׁר מָעַל בַּיהֹוָה עַל־דְּבַר יְהֹוָה אֲשֶׁר לֹא־

37 וְצוּר וְקִישׁ וּבַעַל וְנֵר וְנָדָב׃　וּגְדוֹר וְאַחְיוֹ וּזְכַרְיָה

14 שָׁמָר וְגַם־לִשְׁאוֹל בָּאוֹב לִדְרוֹשׁ׃　וְלֹא־דָרַשׁ בַּיהֹוָה

38 וּמִקְלוֹת׃　וּמִקְלוֹת הוֹלִיד אֶת־שִׁמְאָם וְאַף־הֵם

וַיְמִיתֵהוּ וַיַּסֵּב אֶת־הַמְּלוּכָה לְדָוִיד בֶּן־יִשָׁי׃

נֶגֶד אֲחֵיהֶם יָשְׁבוּ בִירוּשָׁלַ͏ִם עִם־אֲחֵיהֶם׃

CAP. XI. יא

39 וְנֵר הוֹלִיד אֶת־קִישׁ וְקִישׁ הוֹלִיד אֶת־שָׁאוּל וְשָׁאוּל

1 וַיִּקָּבְצוּ כָל־יִשְׂרָאֵל אֶל־דָּוִיד חֶבְרוֹנָה לֵאמֹר הִנֵּה

הוֹלִיד אֶת־יְהוֹנָתָן וְאֶת־מַלְכִּי־שׁוּעַ וְאֶת־אֲבִינָדָב

2 עַצְמְךָ וּבְשָׂרְךָ אֲנָחְנוּ׃　גַּם־תְּמוֹל גַּם־שִׁלְשׁוֹם גַּם

40 וְאֶת־אֶשְׁבָּעַל׃　וּבֶן־יְהוֹנָתָן מְרִיב בָּעַל וּמְרִיב

בִּהְיוֹת שָׁאוּל מֶלֶךְ אַתָּה הַמּוֹצִיא וְהַמֵּבִיא אֶת־

41 בַּעַל הוֹלִיד אֶת־מִיכָה׃　וּבְנֵי מִיכָה פִּיתוֹן וָמֶלֶךְ

יִשְׂרָאֵל וַיֹּאמֶר יְהֹוָה אֱלֹהֶיךָ לְךָ אַתָּה תִרְעֶה

42 וְתַחְרֵעַ׃　וְאָחָז הוֹלִיד אֶת־יַעְרָה וְיַעְרָה הוֹלִיד

אֶת־עַמִּי אֶת־יִשְׂרָאֵל וְאַתָּה תִּהְיֶה נָגִיד עַל עַמִּי

אֶת־עָלֶמֶת וְאֶת־עַזְמָוֶת וְאֶת־זִמְרִי וְזִמְרִי הוֹלִיד

3 יִשְׂרָאֵל׃　וַיָּבֹאוּ כָּל־זִקְנֵי יִשְׂרָאֵל אֶל־הַמֶּלֶךְ חֶבְרוֹנָה

43 אֶת־מוֹצָא׃　וּמוֹצָא הוֹלִיד אֶת־בִּנְעָא וּרְפָיָה בְנוֹ

וַיִּכְרֹת לָהֶם דָּוִיד בְּרִית בְּחֶבְרוֹן לִפְנֵי יְהֹוָה וַיִּמְשְׁחוּ

44 אֶלְעָשָׂה בְנוֹ אָצֵל בְּנוֹ׃　וּלְאָצֵל שִׁשָּׁה בָנִים

אֶת־דָּוִיד לְמֶלֶךְ עַל־יִשְׂרָאֵל כִּדְבַר יְהֹוָה בְּיַד־

וְאֵלֶּה שְׁמוֹתָם עַזְרִיקָם׀ בֹּכְרוּ וְיִשְׁמָעֵאל וּשְׁעַרְיָה

4 שְׁמוּאֵל׃　וַיֵּלֶךְ דָּוִיד וְכָל־יִשְׂרָאֵל יְרוּשָׁלַ͏ִם הִיא

the Korahites, *were* over the work of the service, keepers of the β gates of the tabernacle: and their fathers, *being* over the host of the LORD, *were* keepers of the entry.

20 And Phinehas*a* the son of Eleazar was the ruler over them in time past, *and* the LORD *was* with him.

21 *And* Zechariah the son of Meshelemiah *was* porter of the door of the tabernacle of the congregation.

22 All these, *which were* chosen to be porters in the gates, *were* two hundred and twelve. These were reckoned by their genealogy in their villages, whom David*c* and Samuel the*d* seer ζ did ordain in their η set office.

23 So they and their children *had* the oversight of the gates of the house of the LORD, *namely*, the house of the tabernacle, by wards.

24 In four quarters were the porters, toward the east, west, north, and south.

25 And their brethren, *which were* in their villages, *were* to come after*e* seven days from time to time with them.

26 For these Levites, the four chief porters, were in *their* μ set office, and were over the ν chambers and treasuries of the house of God.

27 And they lodged round about the house of God, because the charge *was* upon them, and the opening thereof every morning *pertained* to them.

28 And *certain* of them had the charge of the ministering vessels, that they should π bring them in and out by tale.

29 *Some* of them also *were* appointed to oversee the vessels, and all the ρ instruments of the sanctuary, and the fine flour, and the wine, and the oil, and the frankincense, and the spices.

30 And *some* of the sons of the priests made the ointment*s* of the spices.

31 And Mattithiah, *one* of the Levites, who *was* the first-born of Shallum the Korahite, had the σ set office over the things*i* that were made φ in the pans.

32 And *other* of their brethren, of the sons of the Kohathites, *were* over the χ shew-bread, to prepare *it* every sabbath.

33 And these *are* the singers,*k* chief of the fathers of the Levites, *who remaining* in the chambers *were* free; for ψ they were employed in *that* work day and night.

34 These chief fathers of the Levites *were* chief throughout their generations: these dwelt at Jerusalem.

35 And in Gibeon dwelt the father of Gibeon, Jehiel, whose wife's name *was* Maachah:*n*

36 And his first-born son Abdon, then Zur, and Kish, and Baal, and Ner, and Nadab,

37 And Gedor, and Ahio, and Zechariah, and Mikloth.

38 And Mikloth begat Shimeam. And they also dwelt with their brethren at Jerusalem, over against their brethren.

39 And*q* Ner begat Kish; and Kish begat Saul; and Saul begat Jonathan, and Malchi-shua, and Abinadab, and Esh-baal.

40 And the son of Jonathan *was* Merib-baal: and Merib-baal begat Micah.

41 And the sons of Micah *were*, Pithon, and Melech, and Tahrea, *and*4 Ahaz.

42 And Ahaz begat Jarah; and Jarah begat Alemeth, and Azmaveth, and Zimri; and Zimri begat Moza:

43 And Moza begat Binea; and Re-

B. C. 1200.

β *thresholds.*

a Nu. 31. 6.

b 1Sa.31.1,&c

γ *wounded.*

δ or, *Ishui*, 1 Sa. 14. 49.

c ch.26.1,&c.

d 1 Sa. 9. 9.

ζ *founded.*

η or, *trust.*

θ *shooters with bows.*

κ *found.*

λ or, *mock.*

e 2 Ki. 11. 5.

μ or, *trust.*

ν or, *store-houses.*

f Le. 26. 31.

π *bring them in by tale, and carry them out by tale.*

ρ or, *vessels.*

g Ex.30.23,25.

h 1 Sa. 31. 10.

σ or, *trust.*

i Le. 2. 5. 6. 21.

φ or, *on flat plates, or, slices.*

χ *bread of ordering,* Le. 24. 8. 25. 4.

k ch. 6. 31.

ψ *upon them was.*

ω *transgressed.*

l 1Sa. 13. 13. 15. 23.

m 1 Sa. 28. 7, &c.

n ch. 8. 29.

o 1Sa.16.1,13. 28. 17. 2Sa. 3.9,10. 5. 3.

β *Isai.*

p 2Sa.5.1,&c.

q ch. 8. 33.

γ *both yesterday, and the third day.*

δ *rule.*

r Ps. 78. 71. Je. 3. 15.

s ch. 8. 35.

ζ *by the hand of.*

t 1Sa.16.1,12.

---

phaiah his son, Eleasah his son, Azel his son.

44 And Azel had six sons, whose names *are* these, Azrikam, Bocheru, and Ishmael, and Sheariah, and Obadiah, and Hanan. These *were* the sons of Azel.

CHAP. X.

NOW*b* the Philistines fought against Israel; and the men of Israel fled from before the Philistines, and fell down γ slain in mount Gilboa.

2 And the Philistines followed hard after Saul, and after his sons; and the Philistines slew Jonathan, and δ Abinadab, and Malchi-shua, the sons of Saul.

3 And the battle went sore against Saul, and the θ archers κ hit him, and he was wounded of the archers.

4 Then said Saul to his armour-bearer, Draw thy sword, and thrust me through therewith, lest these uncircumcised come and λ abuse me. But his armour-bearer would not; for he was sore afraid. So Saul took a sword, and fell upon it.

5 And when his armour-bearer saw that Saul was dead, he fell likewise on the sword, and died.

6 So Saul died, and his three sons, and all his house died together.

7 And when all the men of Israel that *were* in the valley saw that they fled, and that Saul and his sons were dead, then they forsook their cities,*f* and fled: and the Philistines came and dwelt in them.

8 And it came to pass on the morrow, when the Philistines came to strip the slain, that they found Saul and his sons fallen in mount Gilboa.

9 And when they had stripped him, they took his head, and his armour, and sent into the land of the Philistines round about, to carry tidings unto their idols, and to the people.

10 And*h* they put his armour in the house of their gods, and fastened his head in the temple of Dagon.

11 And when all Jabesh-gilead heard all that the Philistines had done to Saul,

12 They arose, all the valiant men, and took away the body of Saul, and the bodies of his sons, and brought them to Jabesh, and buried their bones under the oak in Jabesh, and fasted seven days.

13 So Saul died for his transgression which he ω committed against the LORD, *even*1 against the word of the LORD, which he kept not, and also for asking counsel*m* of *one that had* a familiar spirit, to inquire of *it*;

14 And inquired not of the LORD: therefore he slew him, and turned*o* the kingdom unto David the son of β Jesse.

CHAP. XI.

THEN*p* all Israel gathered themselves to David unto Hebron, saying, Behold, we *are* thy bone and thy flesh.

2 And, moreover, γ in time past, even when Saul was king, thou *wast* he that leddest out and broughtest in Israel: and the LORD thy God said unto thee, Thou shalt δ feed *r* my people Israel, and thou shalt be ruler over my people Israel.

3 Therefore came all the elders of Israel to the king to Hebron; and David made a covenant with them in Hebron before the LORD; and they anointed David king over Israel, according to the word of the LORD ζ by Samuel.*t*

4 And David and all Israel went to

5 יָבֻס וְשָׁם הַיְבוּסִי יֹשְׁבֵי הָאָרֶץ : וַיֹּאמְרוּ יֹשְׁבֵי
יְבוּס לְדָוִיד לֹא תָבוֹא הֵנָּה וַיִּלְכֹּד דָּוִיד אֶת־מְצֻדַת
6 צִיּוֹן הִיא עִיר דָּוִיד : וַיֹּאמֶר דָּוִיד כָּל־מַכֵּה יְבוּסִי
בָּרִאשׁוֹנָה יִהְיֶה לְרֹאשׁ וּלְשָׂר וַיַּעַל בָּרִאשׁוֹנָה יוֹאָב
7 בֶּן־צְרוּיָה וַיְהִי לְרֹאשׁ : וַיֵּשֶׁב דָּוִיד בַּמְצָד עַל־כֵּן
8 קָרְאוּ־לוֹ עִיר דָּוִיד : וַיִּבֶן הָעִיר מִסָּבִיב מִן־
הַמִּלּוֹא וְעַד־הַסָּבִיב וְיוֹאָב יְחַיֶּה אֶת־שְׁאָר הָעִיר :
9 וַיֵּלֶךְ דָּוִיד הָלוֹךְ וְגָדוֹל וַיהוָה צְבָאוֹת עִמּוֹ :
10 וְאֵלֶּה רָאשֵׁי הַגִּבּוֹרִים אֲשֶׁר לְדָוִיד הַמִּתְחַזְּקִים
עִמּוֹ בְמַלְכוּתוֹ עִם־כָּל־יִשְׂרָאֵל לְהַמְלִיכוֹ כִּדְבַר
11 יְהוָה עַל־יִשְׂרָאֵל : וְאֵלֶּה מִסְפַּר הַגִּבֹּרִים אֲשֶׁר
לְדָוִיד יָשָׁבְעָם בֶּן־חַכְמוֹנִי רֹאשׁ הַשָּׁלוֹשִׁים הוּא־
עוֹרֵר אֶת־חֲנִיתוֹ עַל־שְׁלֹשׁ־מֵאוֹת חָלָל בְּפַעַם
12 אֶחָת : וְאַחֲרָיו אֶלְעָזָר בֶּן־דּוֹדוֹ הָאֲחוֹחִי הוּא
13 בִּשְׁלוֹשָׁה הַגִּבֹּרִים : הוּא־הָיָה עִם־דָּוִיד בַּפַּס
דַּמִּים וְהַפְּלִשְׁתִּים נֶאֶסְפוּ־שָׁם לַמִּלְחָמָה וַתְּהִי
חֶלְקַת הַשָּׂדֶה מְלֵאָה שְׂעוֹרִים וְהָעָם נָסוּ מִפְּנֵי
14 פְלִשְׁתִּים : וַיִּתְיַצְּבוּ בְתוֹךְ־הַחֶלְקָה וַיַּצִּילוּהָ וַיַּכּוּ
15 אֶת־פְּלִשְׁתִּים וַיּוֹשַׁע יְהוָה תְּשׁוּעָה גְדוֹלָה : וַיֵּרְדוּ
שְׁלוֹשָׁה מִן־הַשְּׁלוֹשִׁים רֹאשׁ עַל־הַצֻּר אֶל־דָּוִיד
אֶל־מְעָרַת עֲדֻלָּם וּמַחֲנֵה פְלִשְׁתִּים חֹנָה בְּעֵמֶק
16 רְפָאִים : וְדָוִיד אָז בַּמְּצוּדָה וּנְצִיב פְּלִשְׁתִּים אָז
17 בְּבֵית לָחֶם : וַיִּתְאָו דָּוִיד וַיֹּאמַר מִי יַשְׁקֵנִי מַיִם
מִבּוֹר בֵּית־לֶחֶם אֲשֶׁר בַּשָּׁעַר : וַיִּבְקְעוּ הַשְּׁלֹשָׁה
18 בְּמַחֲנֵה פְלִשְׁתִּים וַיִּשְׁאֲבוּ־מַיִם מִבּוֹר בֵּית־לֶחֶם
אֲשֶׁר בַּשַּׁעַר וַיִּשְׂאוּ וַיָּבִאוּ אֶל־דָּוִיד וְלֹא־אָבָה דָוִיד
19 לִשְׁתּוֹתָם וַיְנַסֵּךְ אֹתָם לַיהוָה : וַיֹּאמֶר חָלִילָה לִּי
מֵאֱלֹהַי מֵעֲשׂוֹת זֹאת הֲדַם הָאֲנָשִׁים הָאֵלֶּה אֶשְׁתֶּה
בְנַפְשׁוֹתָם כִּי בְנַפְשׁוֹתָם הֱבִיאוּם וְלֹא אָבָה
20 לִשְׁתּוֹתָם אֵלֶּה עָשׂוּ שְׁלֹשֶׁת הַגִּבֹּרִים : וְאַבְשַׁי
אֲחִי־יוֹאָב הוּא הָיָה רֹאשׁ הַשְּׁלוֹשָׁה וְהוּא עוֹרֵר
אֶת־חֲנִיתוֹ עַל־שְׁלֹשׁ מֵאוֹת חָלָל וְלֹא־שֵׁם בַּשְּׁלוֹשָׁה :
21 מִן־הַשְּׁלוֹשָׁה בַשְּׁנַיִם נִכְבָּד וַיְהִי לָהֶם לְשָׂר וְעַד־
22 הַשְּׁלוֹשָׁה לֹא־בָא : בְּנָיָה בֶן־יְהוֹיָדָע בֶּן־אִישׁ־חַיִל
רַב־פְּעָלִים מִן־קַבְצְאֵל הוּא הִכָּה אֵת שְׁנֵי אֲרִיאֵל
מוֹאָב וְהוּא יָרַד וְהִכָּה אֶת־הָאֲרִי בְּתוֹךְ הַבּוֹר בְּיוֹם
23 הַשָּׁלֶג : וְהוּא־הִכָּה אֶת־הָאִישׁ הַמִּצְרִי אִישׁ מִדָּה

24 חָמֵשׁ בָּאַמָּה וּבְיַד הַמִּצְרִי חֲנִית כִּמְנוֹר אֹרְגִים
וַיֵּרֶד אֵלָיו בַּשָּׁבֶט וַיִּגְזֹל אֶת־הַחֲנִית מִיַּד הַמִּצְרִי
וַיַּהַרְגֵהוּ בַּחֲנִיתוֹ : אֵלֶּה עָשָׂה בְּנָיָהוּ בֶּן־יְהוֹיָדָע
25 וְלוֹ־שֵׁם בִּשְׁלוֹשָׁה הַגִּבֹּרִים : מִן־הַשְּׁלוֹשִׁים הִנּוֹ
נִכְבָּד הוּא וְאֶל־הַשְּׁלוֹשָׁה לֹא־בָא וַיְשִׂימֵהוּ דָוִיד
26 עַל־מִשְׁמַעְתּוֹ : וְגִבּוֹרֵי הַחֲיָלִים עֲשָׂהאֵל אֲחִי
27 יוֹאָב אֶלְחָנָן בֶּן־דּוֹדוֹ מִבֵּית לָחֶם : שַׁמּוֹת
28 הַהֲרוֹרִי חֶלֶץ הַפְּלוֹנִי : עִירָא בֶן־עִקֵּשׁ
29 הַתְּקוֹעִי אֲבִיעֶזֶר הָעֲנְּתוֹתִי : סִבְּכַי הַחֻשָׁתִי
30 עִילַי הָאֲחוֹחִי : מַהְרַי הַנְּטֹפָתִי חֵלֶד בֶּן־
31 בַּעֲנָה הַנְּטוֹפָתִי : אִיתַי בֶּן־רִיבַי מִגִּבְעַת בְּנֵי
32 בִנְיָמִן בְּנָיָה הַפִּרְעָתֹנִי : חוּרַי מִנַּחֲלֵי גָעַשׁ
33 אֲבִיאֵל הָעַרְבָתִי : עַזְמָוֶת הַבַּחֲרוּמִי אֶלְיַחְבָּא
34 הַשַּׁעַלְבֹנִי : בְּנֵי הָשֵׁם הַגִּזוֹנִי יוֹנָתָן בֶּן־שָׁגֵא
35 הַהֲרָרִי : אֲחִיאָם בֶּן־שָׂכָר הַהֲרָרִי אֱלִיפָל
36 בֶּן־אוּר : חֵפֶר הַמְּכֵרָתִי אֲחִיָּה הַפְּלֹנִי : חֶצְרוֹ
37 38 הַכַּרְמְלִי נַעֲרַי בֶּן־אֶזְבָּי : יוֹאֵל אֲחִי נָתָן
39 מִבְחָר בֶּן־הַגְרִי : צֶלֶק הָעַמּוֹנִי נַחְרַי
40 הַבֵּרֹתִי נֹשֵׂא כְּלֵי יוֹאָב בֶּן־צְרוּיָה : עִירָא
41 הַיִּתְרִי גָּרֵב הַיִּתְרִי : אוּרִיָּה הַחִתִּי זָבָד בֶּן־
42 אַחְלָי : עֲדִינָא בֶן־שִׁיזָא הָראוּבֵנִי רֹאשׁ לָראוּבֵנִי
43 וְעָלָיו שְׁלוֹשִׁים : חָנָן בֶּן־מַעֲכָה וְיוֹשָׁפָט הַמִּתְנִי :
44 עֻזִּיָּא הָעַשְׁתְּרָתִי שָׁמָע וִיעִיאֵל בְּנֵי חוֹתָם
45 הָעֲרֹעֵרִי : יְדִיעֲאֵל בֶּן־שִׁמְרִי וְיֹחָא אָחִיו הַתִּיצִי :
46 אֱלִיאֵל הַמַּחֲוִים וִירִיבַי וְיוֹשַׁוְיָה בְּנֵי אֶלְנָעַם וְיִתְמָה
47 הַמּוֹאָבִי : אֱלִיאֵל וְעוֹבֵד וְיַעֲשִׂיאֵל הַמְּצֹבָיָה :

CAP. XII.   יב

1 וְאֵלֶּה הַבָּאִים אֶל־דָּוִיד לְצִיקְלַג עוֹד עָצוּר מִפְּנֵי
שָׁאוּל בֶּן־קִישׁ וְהֵמָּה בַּגִּבּוֹרִים עֹזְרֵי הַמִּלְחָמָה :
2 נֹשְׁקֵי קֶשֶׁת מַיְמִינִים וּמַשְׂמִאלִים בָּאֲבָנִים וּבַחִצִּים
בַּקָּשֶׁת מֵאֲחֵי שָׁאוּל מִבִּנְיָמִן :
3 הָרֹאשׁ אֲחִיעֶזֶר וְיוֹאָשׁ בְּנֵי הַשְּׁמָעָה הַגִּבְעָתִי וִיזִיאֵל וָפֶלֶט בְּנֵי
4 עַזְמָוֶת וּבְרָכָה וְיֵהוּא הָעֲנְּתֹתִי : וְיִשְׁמַעְיָה
הַגִּבְעוֹנִי גִּבּוֹר בַּשְּׁלֹשִׁים וְעַל־הַשְּׁלֹשִׁים וְיִרְמְיָה
5 וִיחֲזִיאֵל וְיוֹחָנָן וְיוֹזָבָד הַגְּדֵרָתִי : אֶלְעוּזַי וִירִימוֹת
6 וּבְעַלְיָה וּשְׁמַרְיָהוּ וּשְׁפַטְיָהוּ הַחֲרוּפִי : אֶלְקָנָה

Jerusalem, which *is* Jebus;[a] where the Jebusites *were*, the inhabitants of the land.

5 And the inhabitants of Jebus said to David, Thou shalt not come hither. Nevertheless David took the castle of Zion, which *is* the city of David.

6 And David said, Whosoever smiteth the Jebusites first shall be β chief and captain. So Joab the son of Zeruiah went first up, and was chief.

7 And David dwelt in the castle: therefore they called γ it the city of David.

8 And he built the city round about, even from Millo round about: and Joab θ repaired the rest of the city.

9 So David κ waxed greater and greater: for the LORD of hosts *was* with him.

10 These also *are* the chief of the mighty men whom David had, who π strengthened themselves with him in his kingdom, *and* with all Israel, to make him king, according to the word[c] of the LORD concerning Israel.

11 And this *is* the number of the mighty men whom David had; Jashobeam σ an Hachmonite, the chief of the captains: he lifted up his spear against three hundred slain *by him* at one time.

12 And after him *was* Eleazar the son of Dodo the Ahohite, who *was* one of the three mighties:

13 He was with David at β Pas-dammim, and there the Philistines were gathered together to battle, where was a parcel of ground full of barley; and the people fled from before the Philistines.

14 And they η set themselves in the midst of *that* parcel, and delivered it, and slew the Philistines; and the LORD saved *them* by a great θ deliverance.

15 Now κ three of the thirty captains went down[d] to the rock to David, into the cave of Adullam; and the host of the Philistines encamped in the valley of Rephaim.[e]

16 And David *was* then in the hold, and the Philistines' garrison *was* then at Bethlehem.

17 And David longed,*f* and said, Oh, that one would give me drink of the water of the well of Bethlehem, that *is* at the gate!

18 And the three brake through the host of the Philistines, and drew water out of the well of Bethlehem, that *was* by the gate, and took *it*, and brought *it* to David: but David would not drink *of* it, but poured it[g] out to the LORD,

19 And said, My God forbid it me, that I should do this thing: shall I drink the blood[h] of these men μ that have put[i] their lives in jeopardy? for with *the jeopardy of* their lives they brought it. Therefore he would not drink it. These things did these three mightiest.

20 And[l] Abishai the brother of Joab, he was chief of the three: for lifting up his spear against three hundred, he slew *them*, and had a name among the three.

21 Of the three, he was more honourable than the two, for he was their captain: howbeit he attained not to the *first* three.

22 Benaiah the son of Jehoiada, the son of a valiant man of Kabzeel, ρ who had done many acts; he slew two lion-like men of Moab: also he went down and slew a lion in a pit in a snowy day.

23 And he slew an Egyptian, a man σ of *great* stature, five cubits high; and in the Egyptian's hand *was* a spear like a weaver's beam; and he went down to him

---

with a staff, and plucked the spear out of the Egyptian's hand, and slew him with his own[b] spear.

24 These *things* did Benaiah the son of Jehoiada, and had a name among the three mighties.

25 Behold, he was honourable among the thirty, but attained not to the *first* three: and David set him over his guard.

26 Also the valiant men of the armies *were*, Asahel the brother of Joab, Elhanan the son of Dodo of Bethlehem,

27 Shammoth δ the ζ Harorite, Helez the η Pelonite,

28 Ira the son of Ikkesh the Tekoite, Abi-ezer the Antothite,

29 λ Sibbecai the Hushathite, μ Ilai the Ahohite,

30 Maharai the Netophathite, ν Heled the son of Baanah the Netophathite,

31 Ithai the son of Ribai of Gibeah, *that* pertained to the children of Benjamin, Benaiah the Pirathonite,

32 ρ Hurai of the brooks of Gaash, τ Abiel the Arbathite,

33 Azmaveth the Baharumite, Eliahba the Shaalbonite,

34 The sons of φ Hashem the Gizonite, Jonathan the son of Shage the Hararite,

35 Ahiam the son of χ Sacar the Hararite, ψ Eliphal the son of ω Ur,

36 Hepher the Mecherathite, Ahijah the Pelonite,

37 γ Hezro the Carmelite, δ Naarai the son of Ezbai,

38 Joel the brother of Nathan, Mibhar, ζ the son of Haggeri,

39 Zelek the Ammonite, Naharai the Berothite, the armour-bearer of Joab the son of Zeruiah,

40 Ira the Ithrite, Gareb the Ithrite,

41 Uriah the Hittite, Zabad the son of Ahlai,

42 Adina the son of Shiza the Reubenite, a captain of the Reubenites, and thirty with him,

43 Hanan the son of Maachah, and Joshaphat the Mithnite,

44 Uzzia the Ashterathite, Shama and Jehiel the sons of Hothan the Aroerite,

45 Jediael the λ son of Shimri, and Joha his brother, the Tizite,

46 Eliel the Mahavite, and Jeribai and Joshaviah, the sons of Elnaam, and Ithmah the Moabite,

47 Eliel, and Obed, and Jasiel the Mesobaite.

CHAP. XII.

NOW[k] these *are* they that came to David to Ziklag, ν while he yet kept himself close, because of Saul the son of Kish: and they *were* among the mighty men, helpers of the war.

2 *They* were armed with bows, and could use both the right hand and the left[m] in *hurling* stones and *shooting* arrows out of a bow, *even* of Saul's brethren of Benjamin.

3 The chief *was* Ahiezer, then Joash, the sons of π Shemaah the Gibeathite; and Jeziel and Pelet, the sons of Azmaveth; and Berachah, and Jehu the Antothite,

4 And Ismaiah the Gibeonite, a mighty man among the thirty, and over the thirty; and Jeremiah, and Jahaziel, and Johanan, and Josabad the Gederathite,

5 Eluzai, and Jerimoth, and Bealiah, and Shemariah, and Shephatiah the Haruphite,

6 Elkanah, and Jesiah, and Azareel,

Center column notes:

B. C. 1048.

a Ju. 1. 21.
    19. 10.
b 1 Sa. 17.51.

β head.

γ i. e. Zion,
   2 Sa. 5. 7.
δ or, Shammah.

ζ or, Harodite,
   2 Sa. 23. 25.

η or, Paltite,
   2 Sa. 23. 26.

θ revived.

κ went in going and increasing.

λ or, Mebunnai.

μ or, Zalmon

ν or, Heleb.

π or, held strongly with him.

c 1 Sa. 16. 1, 12

ρ or, Hiddai.

σ or, son of Hachmoni.

τ or, Abi-albon.

φ or, Jashen,
   2 Sa. 23. 32, 33.

χ or, Sharar.

ψ or, Eliphelet.

ω or, Ahasbai.

β or, Ephesdammin,
   1 Sa. 17. 1.

γ or, Hezrai,
δ or, Paarai the Arbite.

ζ or, the Haggerite.

η or, stood.

θ or, salvation.

κ or, three captains over the thirty,
d 2 Sa. 23. 13,
    &c.

e ch. 14. 9.

f Ps. 107. 5.
λ or, Shimrite.

g 1 Sa. 7. 6.
h Le. 17. 10,11
   Ps. 72. 14.

μ with their lives.

i Ju. 5. 18.
   9. 17.
   1 Sa. 19. 5.

k 1 Sa. 27. 2, 6.
ν being yet shut up.

l 2 Sa. 23. 18, &c.

m Ju. 20. 16.
π or, Hasmaah.

ρ great of deeds.

σ of measure

283

וִישַׁעְיָ֖ה וַעֲזַרְאֵ֑ל וְיוֹעֶ֤זֶר וְיָשָׁבְעָ֔ם הַקָּרְחִֽים׃

‏7 וְזֹאת אֶלְעָדָה וּזְבַדְיָ֖ה בְּנֵ֣י יְרֹחָ֑ם מִן־הַגְּדֽוֹר׃ וּמִן־הַגָּדִ֗י נִבְדְּל֤וּ אֶל־דָּוִיד֙ לַמְצַ֣ד מִדְבָּ֔רָה גִּבֹּרֵ֖י הַחַ֑יִל אַנְשֵׁ֥י צָבָ֖א לַמִּלְחָמָ֑ה עֹרְכֵ֤י צִנָּ֣ה וָרֹ֔מַח וּפְנֵ֤י אַרְיֵה֙

‏9 פְּנֵיהֶ֔ם וְכִצְבָאִ֥ים עַל־הֶהָרִ֖ים לְמַהֵֽר׃ עֵ֖זֶר הָרֹ֑אשׁ

‏10 עֹבַדְיָה֙ הַשֵּׁנִ֔י אֱלִיאָ֖ב הַשְּׁלִשִֽׁי׃ מִשְׁמַנָּה֙ הָרְבִיעִ֔י

‏11 יִרְמְיָ֖ה הַחֲמִשִֽׁי׃ עַתַּ֤י הַשִּׁשִּׁי֙ אֱלִיאֵ֔ל הַשְּׁבִעִֽי׃

‏12,13 יֽוֹחָנָן֙ הַשְּׁמִינִ֔י אֶלְזָבָ֖ד הַתְּשִׁיעִֽי׃ יִרְמְיָ֙הוּ֙ הָעֲשִׂירִ֔י

‏14 מַכְבַּנַּ֖י עַשְׁתֵּ֥י עָשָֽׂר׃ אֵ֥לֶּה מִבְּנֵי־גָ֖ד רָאשֵׁ֣י

‏15 הַצָּבָ֑א אֶחָ֤ד לְמֵאָה֙ הַקָּטָ֔ן וְהַגָּד֖וֹל לְאָֽלֶף׃ אֵ֣לֶּה הֵ֗ם אֲשֶׁ֨ר עָבְר֤וּ אֶת־הַיַּרְדֵּן֙ בַּחֹ֣דֶשׁ הָֽרִאשׁ֔וֹן וְה֣וּא מְמַלֵּ֔א עַל־כָּל־גְּדוֹתָ֑יו וַיַּבְרִ֙יחוּ֙ אֶת־כָּל־הָ֣עֲמָקִ֔ים

‏16 לַמִּזְרָ֖ח וְלַֽמַּעֲרָֽב׃ וַיָּבֹ֗אוּ מִן־בְּנֵ֤י בִנְיָמִן֙ וִיהוּדָ֑ה עַד־

‏17 לַמְצָ֖ד לְדָוִֽיד׃ וַיֵּצֵ֣א דָוִ֗יד לִפְנֵיהֶם֙ וַיַּ֙עַן֙ וַיֹּ֣אמֶר לָהֶ֔ם אִם־לְשָׁל֞וֹם בָּאתֶ֤ם אֵלַי֙ לְעָזְרֵ֔נִי יִֽהְיֶה־לִּ֧י עֲלֵיכֶ֛ם לֵבָ֖ב לְיָ֑חַד וְאִם־לְרַמּוֹתַ֣נִי לְצָרַ֗י בְּלֹ֤א חָמָס֙

‏18 בְּכַפַּ֔י יֵ֛רֶא אֱלֹהֵ֥י אֲבוֹתֵ֖ינוּ וְיוֹכַֽח׃ וְר֣וּחַ לָבְשָׁ֗ה אֶת־עֲמָשַׂ֞י רֹ֣אשׁ הַשָּׁלִישִׁ֗ים לְךָ֤ דָוִיד֙ וְעִמְּךָ֣ בֶן־יִשַׁ֔י שָׁל֣וֹם ׀ שָׁל֣וֹם לְךָ֗ וְשָׁל֤וֹם לְעֹֽזְרֶ֔ךָ כִּ֥י עֲזָרְךָ֖ אֱלֹהֶ֑יךָ וַיְקַבְּלֵ֣ם דָּוִ֔יד וַֽיִּתְּנֵ֖ם בְּרָאשֵׁ֥י הַגְּדֽוּד׃

‏19 וּמִֽמְּנַשֶּׁ֞ה נָפְל֣וּ עַל־דָּוִ֗יד בְּבֹא֨וֹ עִם־פְּלִשְׁתִּ֧ים עַל־שָׁא֛וּל לַמִּלְחָמָ֖ה וְלֹ֣א עֲזָרֻ֑ם כִּ֣י בְעֵצָ֗ה שִׁלְּחֻ֜הוּ סַרְנֵ֤י פְלִשְׁתִּים֙ לֵאמֹ֔ר בְּרָאשֵׁ֖ינוּ יִפּ֥וֹל אֶל־אֲדֹנָ֖יו

‏20 שָׁאֽוּל׃ בְּלֶכְתּ֣וֹ אֶל־צִֽיקְלַ֗ג נָפְל֣וּ עָלָ֣יו ׀ מִֽמְּנַשֶּׁ֡ה עַ֠דְנַח וְיוֹזָבָ֤ד וִידִֽיעֲאֵל֙ וּמִיכָאֵ֣ל וְיוֹזָבָ֔ד וֶאֱלִיה֖וּא

‏21 וְצִלְּתָ֑י רָאשֵׁ֧י הָאֲלָפִ֛ים אֲשֶׁ֥ר לִמְנַשֶּֽׁה׃ וְהֵ֙מָּה֙ עָזְר֤וּ עִם־דָּוִיד֙ עַל־הַגְּד֔וּד כִּֽי־גִבּ֥וֹרֵי חַ֖יִל כֻּלָּ֑ם וַיִּהְי֥וּ שָׂרִ֖ים

‏22 בַּצָּבָֽא׃ כִּ֚י לְעֶת־י֣וֹם בְּי֔וֹם יָבֹ֥אוּ עַל־דָּוִ֖יד לְעָזְר֑וֹ

‏23 עַד־לְמַחֲנֶ֥ה גָד֖וֹל כְּמַחֲנֵ֥ה אֱלֹהִֽים׃ וְ֠אֵלֶּה מִסְפְּרֵ֞י רָאשֵׁ֤י הֶֽחָלוּץ֙ לַצָּבָ֔א בָּ֥אוּ עַל־דָּוִ֖יד חֶבְר֑וֹנָה לְהָסֵ֞ב מַלְכ֥וּת שָׁא֛וּל אֵלָ֖יו כְּפִ֥י יְהוָֽה׃

‏24 בְּנֵ֣י יְהוּדָ֗ה נֹשְׂאֵ֥י צִנָּ֖ה וָרֹ֑מַח שֵׁ֧שֶׁת אֲלָפִ֛ים וּשְׁמוֹנֶ֖ה

‏25 מֵא֑וֹת חֲלוּצֵ֥י צָבָֽא׃ מִן־בְּנֵ֣י שִׁמְע֗וֹן גִּבּ֤וֹרֵי חַ֙יִל֙

‏26 לַצָּבָ֔א שִׁבְעַ֥ת אֲלָפִ֖ים וּמֵאָֽה׃ מִן־בְּנֵ֖י הַלֵּוִ֑י

‏27 אַרְבַּ֥עַת אֲלָפִ֖ים וְשֵׁ֥שׁ מֵאֽוֹת׃ וִיהוֹיָדָ֖ע הַנָּגִ֣יד לְאַהֲרֹ֑ן וְעִמּ֕וֹ שְׁלֹ֥שֶׁת אֲלָפִ֖ים וּשְׁבַ֥ע מֵאֽוֹת׃

‏28 וְצָד֥וֹק נַ֖עַר גִּבּ֣וֹר חָ֑יִל וּבֵית־אָבִ֣יו שָׂרִ֖ים עֶשְׂרִ֥ים

‏29 וּשְׁנָֽיִם׃ וּמִן־בְּנֵ֣י בִנְיָמִ֗ן אֲחֵ֤י שָׁאוּל֙ שְׁלֹ֣שֶׁת

<hr>

‏30 אֲלָפִ֑ים וְעַד־הֵ֙נָּה֙ מַרְבִּיתָ֔ם שֹׁמְרִ֖ים מִשְׁמֶ֥רֶת בֵּ֥ית שָׁאֽוּל׃

‏31 וּמִן־בְּנֵ֣י אֶפְרַ֔יִם עֶשְׂרִ֥ים אֶ֖לֶף וּשְׁמוֹנֶ֣ה מֵא֑וֹת גִּבּ֣וֹרֵי חַ֔יִל אַנְשֵׁ֥י שֵׁמ֖וֹת לְבֵ֥ית אֲבוֹתָֽם׃ וּמֵחֲצִ֞י מַטֵּ֣ה מְנַשֶּׁ֗ה שְׁמוֹנָ֥ה עָשָׂ֖ר אָ֑לֶף אֲשֶׁ֤ר נִקְּב֣וּ בְּשֵׁמ֔וֹת לָב֖וֹא לְהַמְלִ֥יךְ אֶת־דָּוִֽיד׃

‏32 וּמִבְּנֵ֣י יִשָּׂשכָ֗ר יוֹדְעֵ֤י בִינָה֙ לַֽעִתִּ֔ים לָדַ֖עַת מַה־יַּעֲשֶׂ֣ה יִשְׂרָאֵ֑ל רָאשֵׁיהֶ֤ם מָאתַ֙יִם֙ וְכָל־אֲחֵיהֶ֖ם עַל־

‏33 פִּיהֶֽם׃ מִזְּבֻל֞וּן יוֹצְאֵ֣י צָבָ֗א עֹרְכֵ֧י מִלְחָמָ֛ה בְּכָל־כְּלֵ֥י מִלְחָמָ֖ה חֲמִשִּׁ֣ים אָ֑לֶף וְלַעֲדֹ֖ר בְּלֹא־לֵ֥ב

‏34 וָלֵֽב׃ וּמִנַּפְתָּלִ֖י שָׂרִ֣ים אָ֑לֶף וְעִמָּהֶ֕ם בְּצִנָּ֥ה

‏35 וַחֲנִ֖ית שְׁלֹשִׁ֥ים וְשִׁבְעָ֥ה אָֽלֶף׃ וּמִן־הַדָּנִ֗י עֹרְכֵ֙י מִלְחָמָ֔ה עֶשְׂרִֽים־וּשְׁמוֹנָ֥ה אֶ֖לֶף וְשֵׁ֥שׁ מֵאֽוֹת׃

‏36 וּמֵֽאָשֵׁ֗ר יוֹצְאֵ֣י צָבָ֔א לַעֲרֹ֖ךְ מִלְחָמָ֑ה

‏37 אַרְבָּעִ֖ים אָֽלֶף׃ וּמֵעֵ֣בֶר לַיַּרְדֵּ֗ן מִן־הָראוּבֵנִ֤י וְהַגָּדִי֙ וַחֲצִי֙ שֵׁ֣בֶט מְנַשֶּׁ֔ה בְּכֹ֖ל כְּלֵ֣י צְבָ֣א מִלְחָמָ֑ה

‏38 מֵ֥אָה וְעֶשְׂרִ֖ים אָֽלֶף׃ כָּל־אֵ֜לֶּה אַנְשֵׁ֣י מִלְחָמָה֮ עֹדְרֵ֣י מַעֲרָכָה֒ בְּלֵבָ֤ב שָׁלֵם֙ בָּ֣אוּ חֶבְר֔וֹנָה לְהַמְלִ֥יךְ אֶת־דָּוִ֖יד עַל־כָּל־יִשְׂרָאֵ֑ל וְ֠גַם כָּל־שֵׁרִ֙ית יִשְׂרָאֵ֜ל

‏39 לֵ֥ב אֶחָ֖ד לְהַמְלִ֥יךְ אֶת־דָּוִֽיד׃ וַיִּֽהְיוּ־שָׁ֤ם עִם־דָּוִיד֙ יָמִ֣ים שְׁלוֹשָׁ֔ה אֹכְלִ֖ים וְשׁוֹתִ֑ים כִּי־הֵכִ֥ינוּ לָהֶ֖ם

‏40 אֲחֵיהֶֽם׃ וְ֠גַם הַקְּרֽוֹבִים־אֲלֵיהֶ֞ם עַד־יִשָּׂשכָ֤ר וּזְבֻלוּן֙ וְנַפְתָּלִ֔י מְבִיאִ֥ים לֶ֙חֶם֙ בַּחֲמוֹרִ֔ים וּבַגְּמַלִּ֥ים וּבַפְּרָדִ֖ים ׀ וּֽבַבָּקָ֡ר מַאֲכָ֣ל קֶ֠מַח דְּבֵלִ֙ים וְצִמּוּקִ֤ים וְיַֽיִן־וְשֶׁ֙מֶן֙ וּבָקָ֣ר וְצֹ֔אן לָרֹ֑ב כִּ֥י שִׂמְחָ֖ה בְּיִשְׂרָאֵֽל׃

CAP. XIII. יג

‏1 וַיִּוָּעַ֣ץ דָּוִ֗יד עִם־שָׂרֵ֧י הָאֲלָפִ֛ים וְהַמֵּא֖וֹת לְכָל־נָגִֽיד׃

‏2 וַיֹּ֨אמֶר דָּוִ֜יד לְכֹ֣ל ׀ קְהַ֣ל יִשְׂרָאֵ֗ל אִם־עֲלֵיכֶ֨ם ט֜וֹב וּמִן־יְהוָ֣ה אֱלֹהֵ֔ינוּ נִפְרְצָ֣ה נִשְׁלְחָ֗ה עַל־אַחֵ֙ינוּ֙ הַנִּשְׁאָרִ֔ים בְּכֹ֖ל אַרְצ֣וֹת יִשְׂרָאֵ֑ל וְעִמָּהֶ֛ם הַכֹּהֲנִ֥ים

‏3 וְהַלְוִיִּ֖ם בְּעָרֵ֣י מִגְרְשֵׁיהֶ֑ם וְיִקָּבְצ֖וּ אֵלֵֽינוּ׃ וְנָסֵ֛בָּה אֶת־אֲר֥וֹן אֱלֹהֵ֖ינוּ אֵלֵ֑ינוּ כִּי־לֹ֥א דְרַשְׁנֻ֖הוּ בִּימֵ֥י

‏4 שָׁאֽוּל׃ וַיֹּאמְר֥וּ כָל־הַקָּהָ֖ל לַעֲשׂ֣וֹת כֵּ֑ן כִּֽי־יָשַׁ֥ר

‏5 הַדָּבָ֖ר בְּעֵינֵ֥י כָל־הָעָֽם׃ וַיַּקְהֵ֤ל דָּוִיד֙ אֶת־כָּל־יִשְׂרָאֵ֔ל מִן־שִׁיח֥וֹר מִצְרַ֖יִם וְעַד־לְב֣וֹא חֲמָ֑ת לְהָבִיא֙

‏6 אֶת־אֲר֣וֹן הָאֱלֹהִ֔ים מִקִּרְיַ֖ת יְעָרִֽים׃ וַיַּ֣עַל דָּוִ֣יד וְכָל־יִשְׂרָאֵ֗ל בַּעֲלָ֙תָה֙ אֶל־קִרְיַ֣ת יְעָרִ֔ים אֲשֶׁ֖ר לִֽיהוּדָ֑ה לְהַעֲל֣וֹת מִשָּׁ֗ם אֵ֣ת אֲר֤וֹן הָֽאֱלֹהִים֙ ׀ יְהוָ֔ה יוֹשֵׁ֣ב

‏7 הַכְּרוּבִ֔ים אֲשֶׁר־נִקְרָ֖א שֵֽׁם׃ וַיַּרְכִּ֙יבוּ֙ אֶת־אֲר֣וֹן

and Joezer, and Jashobeam, the Korhites,

7 And Joelah, and Zebadiah, the sons of Jeroham of Gedor.

8 And of the Gadites there separated themselves unto David, into the hold to the wilderness, men of might, *and* men δ of war *fit* for the battle, that could handle shield and buckler, whose faces *were like* the faces of lions, and *were* η as swift as the roes [b] upon the mountains;

9 Ezer the first, Obadiah the second, Eliab the third,

10 Mishmannah the fourth, Jeremiah the fifth,

11 Attai the sixth, Eliel the seventh,

12 Johanan the eighth, Elzabad the ninth,

13 Jeremiah the tenth, Machbanai the eleventh.

14 These *were* of the sons of Gad, captains of the host: θ one of the least *was* over an hundred, and the greatest over a thousand.

15 These *are* they that went over Jordan in the first month, when it had ν overflown [d] all his banks; and they put to flight all *them* of the valleys, *both* toward the east, and toward the west.

16 And there came of y[e] children of Benjamin and Judah to the hold unto David.

17 And David went out ξ to meet them, and answered and said unto them, If ye be come peaceably unto me to help me, mine heart shall ρ be knit unto you: but if *ye be come* to betray me to mine enemies, seeing *there is* no σ wrong in mine hands, the God of our fathers look *thereon,* and rebuke *it.*

18 Then the spirit φ came upon [e] Amasai, *who was* chief of the captains, *and he said,* Thine *are* we, David, and on thy side, thou son of Jesse: peace, peace *be* unto thee, and peace *be* to thine helpers: for thy God helpeth thee. Then David received them, and made them captains of the band.

19 And there fell *some* of Manasseh to David, when [f] he came with the Philistines against Saul to battle; but they helped them not: for the lords of the Philistines, upon advisement, sent him away, saying, He will fall to his master Saul, ψ to *the jeopardy of* our heads.

20 As he went to Ziklag, there fell to him of Manasseh, Adnah, and Jozabad, and Jediael, and Michael, and Jozabad, and Elihu, and Zilthai, captains of the thousands that *were* of Manasseh.

21 And they helped David ω against the band[g] *of the rovers:* for they *were* all mighty men of valour, and were captains in the host.

22 For at *that* time, day by day, there came to David to help him, until *it was* a great host, like the host of God.

23 And these *are* the numbers of the δ bands *that were* ready armed to the war, *and* came to David to Hebron, to turn [i] the kingdom of Saul to him, according to the word of the LORD.

24 The children of Judah that bare shield and spear *were* six thousand and eight hundred, ready η armed to the war.

25 Of the children of Simeon, mighty men of valour for the war, seven thousand and one hundred.

26 Of the children of Levi, four thousand and six hundred.

27 And Jehoiada *was* the leader of the Aaronites, and with him *were* three thousand and seven hundred.

28 And Zadok,[p] a young man mighty of

B. C. 1058.

β *brethren,*
Ge. 31. 23.
a 2 Sa. 2. 8, 9.
γ *a multitude*
δ *of the host.*
ζ *men of*
names.
η *as the roes*
upon the
mountains
to make
haste.
b 2 Sa. 2. 18.
Ca. 8. 14.
c Es. 1. 13.
Is. 33. 6.
Mi. 6. 9.
Ja. 3. 13, 17.
θ *or, one that*
was least
could resist
an hundred,
and the
greatest a
thousand.
κ *or, rangers*
of battle,
or, ranged
in battle.
λ *or, set the*
battle in
array.
μ *without a*
heart and
a heart,
Ps. 12. 2.
ν *filled over.*
d Jos. 3. 15.
ξ *before*
them.
π *or, keeping*
their rank,
ver. 33.
Joel 2. 7.
ρ *be one.*
σ *or, violence*
φ *clothed,*
Ju. 6. 34.
Is. 59. 17.
e 2 Sa. 17. 25.
f 1 Sa. 29. 2, 3.
χ *or, victual*
of meal.
ψ *on our*
heads.
ω *or, with a*
band.
g 1 Sa. 30. 1..10
β *break*
forth, and
send.
h 1 Sa. 31. 1.
2 Sa. 6. 1..11
γ *the cities*
of their
suburbs.
ζ *heads, or,*
captains,
or, *men.*
ε *about.*
i ch. 11. 1.
k 1 Sa. 7. 1, 2.
η or, *pre-*
pared.
l 2Sa.6.1.&c.
m Jos. 13. 3.
Je. 2. 18.
n Jos.15.9,60.
o 1 Sa. 4. 4.
p 2 Sa. 8. 17.
θ *made the*
ark to ride.

---

valour, and of his father's house twenty and two captains.

29 And of the children of Benjamin, the β kindred of Saul, three thousand : for hitherto[a] γ the greatest part of them had kept the ward of the house of Saul.

30 And of the children of Ephraim, twenty thousand and eight hundred mighty men of valour, ζ famous throughout the house of their fathers.

31 And of the half tribe of Manasseh eighteen thousand, which were expressed by name, to come and make David king.

32 And of the children of Issachar, which[c] *were men* that had understanding of the times, to know what Israel ought to do; the heads of them *were* two hundred, and all their brethren *were* at their commandment.

33 Of Zebulun, such as went forth to battle, κ expert in war, with all instruments of war, fifty thousand which could λ keep rank: *they were* μ not of double heart.

34 And of Naphtali a thousand captains, and with them, with shield and spear, thirty and seven thousand.

35 And of the Danites, expert in war, twenty and eight thousand & six hundred.

36 And of Asher, such as went forth to battle, π expert in war, forty thousand.

37 And on the other side of Jordan, of the Reubenites, and the Gadites, and of the half tribe of Manasseh, with all manner of instruments of war for the battle, an hundred and twenty thousand.

38 All these men of war, that could keep rank, came with a perfect heart to Hebron, to make David king over all Israel : and all the rest also of Israel *were* of one heart to make David king.

39 And there they were with David three days, eating and drinking: for their brethren had prepared for them.

40 Moreover, they that were nigh them, *even* unto Issachar and Zebulun & Naphtali, brought bread on asses, and on camels, and on mules, and on oxen ; *and* χ meat, meal, cakes of figs, and bunches of raisins, and wine, and oil, and oxen, and sheep abundantly : for *there was* joy in Israel.

CHAP. XIII.

AND David consulted with the captains of thousands and hundreds, *and* with every leader.

2 And David said unto all the congregation of Israel, If *it seem* good unto you, and *that it be* of the LORD our God, let us β send abroad unto our brethren everywhere, *that are* left[h] in all the land of Israel, and with them *also* to the priests and Levites which *are* in γ their cities *and* suburbs, that they may gather themselves unto us :

3 And let us bring ζ again the ark of our God to us : for[k] we inquired not at it in the days of Saul.

4 And all the congregation said that they would do so : for the thing was right in the eyes of all the people.

5 So[l] David gathered all Israel together, from Shihor[m] of Egypt even unto the entering of Hemath, to bring the ark of God from Kirjath-jearim.

6 And David went up, and all Israel, to Baalah,[n] *that is,* to Kirjath-jearim, which *be-longed* to Judah, to bring up thence the ark of God the LORD, that dwelleth[o] *between* the cherubims, whose name is called *on it.*

7 And they θ carried the ark of God in a

הָאֱלֹהִים עַל־יְעָלֵהוּ חֲדָשָׁה מִבֵּית אֲבִינָדָב וְעֻזָּא

8 וְאַחְיוֹ נֹהֲגִים בָּעֲגָלָה : וְדָוִיד וְכָל־יִשְׂרָאֵל מְשַׂחֲקִים לִפְנֵי הָאֱלֹהִים בְּכָל־עֹז וּבְשִׁירִים וּבְכִנֹּרוֹת

9 וּבִנְבָלִים וּבְתֻפִּים וּבִמְצִלְתַּיִם וּבַחֲצֹצְרוֹת : וַיָּבֹאוּ עַד־גֹּרֶן כִּידֹן וַיִּשְׁלַח עֻזָּא אֶת־יָדוֹ לֶאֱחֹז אֶת־

10 הָאָרוֹן כִּי שָׁמְטוּ הַבָּקָר : וַיִּחַר־אַף יְהוָה בְּעֻזָּא וַיַּכֵּהוּ עַל אֲשֶׁר־שָׁלַח יָדוֹ עַל־הָאָרוֹן וַיָּמָת שָׁם

11 לִפְנֵי אֱלֹהִים : וַיִּחַר לְדָוִיד כִּי־פָרַץ יְהוָה פֶּרֶץ בְּעֻזָּא וַיִּקְרָא לַמָּקוֹם הַהוּא פֶּרֶץ עֻזָּא עַד הַיּוֹם

12 הַזֶּה : וַיִּירָא דָוִיד אֶת־הָאֱלֹהִים בַּיּוֹם הַהוּא לֵאמֹר

13 הֵיךְ אָבִיא אֵלַי אֵת אֲרוֹן הָאֱלֹהִים : וְלֹא־הֵסִיר דָּוִיד אֶת־הָאָרוֹן אֵלָיו אֶל־עִיר דָּוִיד וַיַּטֵּהוּ אֶל־

14 בֵּית־עֹבֵד אֱדֹם הַגִּתִּי : וַיֵּשֶׁב אֲרוֹן הָאֱלֹהִים עִם־בֵּית עֹבֵד אֱדֹם בְּבֵיתוֹ שְׁלֹשָׁה חֳדָשִׁים וַיְבָרֶךְ יְהוָה אֶת־בֵּית עֹבֵד אֱדֹם וְאֶת־כָּל־אֲשֶׁר־לוֹ :

CAP. XIV. יד

1 וַיִּשְׁלַח חִירָם מֶלֶךְ־צֹר מַלְאָכִים אֶל־דָּוִיד וַעֲצֵי אֲרָזִים וְחָרָשֵׁי קִיר וְחָרָשֵׁי עֵצִים לִבְנוֹת לוֹ בָּיִת :

2 וַיֵּדַע דָּוִיד כִּי־הֱכִינוֹ יְהוָה לְמֶלֶךְ עַל־יִשְׂרָאֵל כִּי־נִשֵּׂאת לְמַעְלָה מַלְכוּתוֹ בַּעֲבוּר עַמּוֹ יִשְׂרָאֵל :

3 וַיִּקַּח דָּוִיד עוֹד נָשִׁים בִּירוּשָׁלָיִם וַיּוֹלֶד דָּוִיד עוֹד בָּנִים וּבָנוֹת :

4 וְאֵלֶּה שְׁמוֹת הַיְלוּדִים אֲשֶׁר הָיוּ־לוֹ בִּירוּשָׁלָיִם שַׁמּוּעַ וְשׁוֹבָב נָתָן וּשְׁלֹמֹה :

5 וְיִבְחָר וֶאֱלִישׁוּעַ וְאֶלְפָּלֶט :

6 וְנֹגַהּ וְנֶפֶג וְיָפִיעַ :

7 וֶאֱלִישָׁמָע וּבְעֶלְיָדָע וֶאֱלִיפָלֶט :

8 וַיִּשְׁמְעוּ פְלִשְׁתִּים כִּי־נִמְשַׁח דָּוִיד לְמֶלֶךְ עַל־כָּל־יִשְׂרָאֵל וַיַּעֲלוּ כָל־פְּלִשְׁתִּים לְבַקֵּשׁ אֶת־דָּוִיד וַיִּשְׁמַע דָּוִיד וַיֵּצֵא לִפְנֵיהֶם :

9 וּפְלִשְׁתִּים בָּאוּ וַיִּפְשְׁטוּ בְּעֵמֶק רְפָאִים :

10 וַיִּשְׁאַל דָּוִיד בֵּאלֹהִים לֵאמֹר הַאֶעֱלֶה עַל־פְּלִשְׁתִּיִּים וּנְתַתָּם בְּיָדִי וַיֹּאמֶר לוֹ יְהוָה עֲלֵה וּנְתַתִּים בְּיָדֶךָ :

11 וַיַּעֲלוּ בְּבַעַל־פְּרָצִים וַיַּכֵּם שָׁם דָּוִיד וַיֹּאמֶר דָּוִיד פָּרַץ הָאֱלֹהִים אֶת־אוֹיְבַי בְּיָדִי כְּפֶרֶץ מָיִם עַל־כֵּן קָרְאוּ שֵׁם־הַמָּקוֹם הַהוּא בַּעַל פְּרָצִים :

12 וַיַּעַזְבוּ־שָׁם אֶת־אֱלֹהֵיהֶם וַיֹּאמֶר דָּוִיד וַיִּשָּׂרְפוּ בָּאֵשׁ :

13 וַיֹּסִיפוּ עוֹד פְּלִשְׁתִּים וַיִּפְשְׁטוּ בָּעֵמֶק :

14 וַיִּשְׁאַל עוֹד דָּוִיד בֵּאלֹהִים וַיֹּאמֶר לוֹ הָאֱלֹהִים לֹא תַעֲלֶה אַחֲרֵיהֶם הָסֵב מֵעֲלֵיהֶם וּבָאתָ לָהֶם מִמּוּל בְּכָאִים :

15 וִיהִי כְּשָׁמְעֲךָ אֶת־קוֹל הַצְּעָדָה בְּרָאשֵׁי הַבְּכָאִים אָז תֵּצֵא בַמִּלְחָמָה כִּי־יָצָא הָאֱלֹהִים

16 לְפָנֶיךָ לְהַכּוֹת אֶת־מַחֲנֵה פְלִשְׁתִּים : וַיַּעַשׂ דָּוִיד כַּאֲשֶׁר צִוָּהוּ הָאֱלֹהִים וַיַּכּוּ אֶת־מַחֲנֵה פְלִשְׁתִּים

17 מִגִּבְעוֹן וְעַד־גָּזְרָה : וַיֵּצֵא שֵׁם־דָּוִיד בְּכָל־הָאֲרָצוֹת וַיהוָה נָתַן אֶת־פַּחְדּוֹ עַל־כָּל־הַגּוֹיִם :

CAP. XV. טו

1 וַיַּעַשׂ־לוֹ בָתִּים בְּעִיר דָּוִיד וַיָּכֶן מָקוֹם לַאֲרוֹן

2 הָאֱלֹהִים וַיֶּט־לוֹ אֹהֶל : אָז אָמַר דָּוִיד לֹא לָשֵׂאת אֶת־אֲרוֹן הָאֱלֹהִים כִּי אִם־הַלְוִיִּם כִּי־בָם בָּחַר יְהוָה לָשֵׂאת אֶת־אֲרוֹן הָאֱלֹהִים וּלְשָׁרְתוֹ עַד־עוֹלָם :

3 וַיַּקְהֵל דָּוִיד אֶת־כָּל־יִשְׂרָאֵל אֶל־יְרוּשָׁלָיִם לְהַעֲלוֹת אֶת־אֲרוֹן יְהוָה אֶל־מְקוֹמוֹ אֲשֶׁר־הֵכִין לוֹ :

4 וַיֶּאֱסֹף דָּוִיד אֶת־בְּנֵי אַהֲרֹן וְאֶת־הַלְוִיִּם :

5 לִבְנֵי קְהָת אוּרִיאֵל הַשָּׂר וְאֶחָיו מֵאָה וְעֶשְׂרִים :

6 לִבְנֵי מְרָרִי עֲשָׂיָה הַשָּׂר וְאֶחָיו מָאתַיִם וְעֶשְׂרִים :

7 לִבְנֵי גֵּרְשׁוֹם יוֹאֵל הַשָּׂר וְאֶחָיו מֵאָה וּשְׁלֹשִׁים :

8 לִבְנֵי אֱלִיצָפָן שְׁמַעְיָה הַשָּׂר וְאֶחָיו מָאתָיִם :

9 לִבְנֵי חֶבְרוֹן אֱלִיאֵל הַשָּׂר וְאֶחָיו שְׁמוֹנִים :

10 לִבְנֵי עֻזִּיאֵל עַמִּינָדָב הַשָּׂר וְאֶחָיו מֵאָה וּשְׁנֵים עָשָׂר :

11 וַיִּקְרָא דָוִיד לְצָדוֹק וּלְאֶבְיָתָר הַכֹּהֲנִים וְלַלְוִיִּם לְאוּרִיאֵל עֲשָׂיָה וְיוֹאֵל

12 שְׁמַעְיָה וֶאֱלִיאֵל וְעַמִּינָדָב : וַיֹּאמֶר לָהֶם אַתֶּם רָאשֵׁי הָאָבוֹת לַלְוִיִּם הִתְקַדְּשׁוּ אַתֶּם וַאֲחֵיכֶם וְהַעֲלִיתֶם אֵת אֲרוֹן יְהוָה אֱלֹהֵי יִשְׂרָאֵל אֶל־הֲכִינוֹתִי לוֹ :

13 כִּי לְמַבָּרִאשׁוֹנָה לֹא אַתֶּם פָּרַץ יְהוָה אֱלֹהֵינוּ בָּנוּ כִּי־לֹא דְרַשְׁנֻהוּ כַּמִּשְׁפָּט :

14 וַיִּתְקַדְּשׁוּ הַכֹּהֲנִים וְהַלְוִיִּם לְהַעֲלוֹת אֶת־אֲרוֹן יְהוָה אֱלֹהֵי יִשְׂרָאֵל :

15 וַיִּשְׂאוּ בְנֵי־הַלְוִיִּם אֵת אֲרוֹן הָאֱלֹהִים כַּאֲשֶׁר צִוָּה מֹשֶׁה כִּדְבַר יְהוָה בִּכְתֵפָם בַּמֹּטוֹת עֲלֵיהֶם :

16 וַיֹּאמֶר דָּוִיד לְשָׂרֵי הַלְוִיִּם לְהַעֲמִיד אֶת־אֲחֵיהֶם הַמְשֹׁרְרִים בִּכְלֵי־שִׁיר נְבָלִים וְכִנֹּרוֹת וּמְצִלְתָּיִם מַשְׁמִיעִים לְהָרִים־בְּקוֹל לְשִׂמְחָה :

17 וַיַּעֲמִידוּ הַלְוִיִּם אֵת הֵימָן בֶּן־יוֹאֵל וּמִן־אֶחָיו אָסָף בֶּן־בֶּרֶכְיָהוּ וּמִן־בְּנֵי מְרָרִי אֲחֵיהֶם אֵיתָן בֶּן־קוּשָׁיָהוּ :

18 וְעִמָּהֶם אֲחֵיהֶם הַמִּשְׁנִים זְכַרְיָהוּ בֵּן וְיַעֲזִיאֵל וּשְׁמִירָמוֹת וִיחִיאֵל וְעֻנִּי אֱלִיאָב וּבְנָיָהוּ וּמַעֲשֵׂיָהוּ וּמַתִּתְיָהוּ וֶאֱלִיפְלֵהוּ וּמִקְנֵיָהוּ וְעֹבֵד אֱדֹם וִיעִיאֵל הַשֹּׁעֲרִים :

19 וְהַמְשֹׁרְרִים הֵימָן אָסָף וְאֵיתָן בִּמְצִלְתַּיִם נְחֹשֶׁת לְהַשְׁמִיעַ :

22 וּכְנַנְיָהוּ וַעֲזִיאֵל וּשְׁמִירָמוֹת וִיחִיאֵל וְעֻנִּי

new cart out of the house of*a* Abinadab: and Uzza and Ahio drave the cart.

8 And*b* David and all Israel played before God with all *their* might, and with *β* singing, and with harps, and with psalteries, and with timbrels, and with cymbals, and with trumpets.

9 And when they came unto the threshing-floor of *γ* Chidon, Uzza put forth his hand to hold the ark; for the oxen *δ* stumbled.

10 And the anger of the LORD was kindled against Uzza, and he smote him, because*h* he put his hand to the ark: and there he died*i* before God.

11 And David was displeased, because the LORD had made a breach upon Uzza: wherefore that place is called *η* Perez-uzza to this day.

12 And David was afraid of God that day, saying, How shall I bring the ark of God *home* to me?

13 So David *θ* brought not the ark *home* to himself to the city of David, but carried it aside into the house of Obed-edom the Gittite.

14 And the ark of God remained with the family of Obed-edom in his house three months. And the LORD blessed*l* the house of Obed-edom, and all that he had.

CHAP. XIV.

NOW*n* Hiram king of Tyre sent messengers to David, and timber of cedars, with masons and carpenters, to build him an house.

2 And David perceived that the LORD had confirmed him king over Israel; for his kingdom was lifted up on high, because of his people Israel.

3 And David took *λ* more wives at Jerusalem: and David begat more sons and daughters.

4 Now these *are* the names of *his* children*q* which he had in Jerusalem; Shammua, and Shobab, Nathan, and Solomon,

5 And Ibhar, and Elishua, and Elpalet,

6 And Nogah, and Nepheg, and Japhia,

7 And Elishama, and *μ* Beeliada, and Eliphalet.

8 And when the Philistines heard that David was anointed king over all Israel, all the Philistines went up to seek David: and David heard *of it*, and went out against them.

9 And the Philistines came and spread themselves*t* in the valley of Rephaim.

10 And David inquired of God, saying, Shall I go up against the Philistines? and wilt thou deliver them into mine hand? And the LORD said unto him, Go up; for I will deliver them into thine hand.

11 So they came up to Baal-perazim; and David smote them there. Then David said, God hath broken in upon mine enemies by mine hand, like the breaking forth of waters: therefore they called the name of that place *v* Baal-perazim.

12 And when they had left their gods there, David gave a commandment, and they were burned with fire.

13 And the Philistines yet again*x* spread themselves abroad in the valley.

14 Therefore David inquired again of God: and God said unto him, Go not up after them; turn away from them, and come upon them over against the mulberry-trees.

15 And it shall be, when thou shalt hear a sound of going in the tops of the mulberry-trees, *that* then thou shall go out to

B. C. 1045.

a 1 Sa. 7. 1.
b 2 Sa. 6. 5, &c.
β songs.
c 2 Sa. 5. 25, *Geba.*
d Jos. 6. 27.
2 Ch. 26. 8.
Ps. 18. 44.
e De. 2. 25.
11. 25.
γ called *Nachon,* 2 Sa. 6. 6.
δ shook it.
f ch. 16. 1.
ζ It is *not to carry the ark of God, but for the Levites.*
g Nu. 4. 2..15.
De. 10. 8.
31. 9.
h ch. 15. 13, 15.
Nu. 4. 15.
i Le. 10. 2.
η i. e. *The breach of Uzza.*
k ch. 13. 5.
1 Ki. 8. 1.
θ removed.
κ or, *kinsmen.*
l ch. 26. 5.
Ge. 30. 27.
Pr. 10. 22.
m Ex. 6. 22.
n 2 Sa. 5. 11, &c.
o Ex. 6. 18.
λ yet.
p 2 Ch. 5. 11.
29. 5.
Eze. 48. 11.
q ch. 3. 5, &c.
μ or, *Eliada,* 2 Sa. 5. 16.
r ch. 13. 9, 10.
2 Sa. 6. 7, 8.
s 2 Ch. 13. 17..20.
1 Co. 11. 2.
14. 40.
t ch. 11. 15.
u Ex. 25. 14.
Nu. 4. 15.
7. 9.
v 2 Ch. 5. 13.
w ch. 6. 33.
x ch. 6. 39.
v i. e. *a place of breaches.*
y ch. 6. 44.
z ver. 9.
π Jaaziel, ver. 18.

battle: for God is gone forth before thee to smite the host of the Philistines.

16 David therefore did as God commanded him: and they smote the host of the Philistines from Gibeon*c* even to Gazer.

17 And the fame*d* of David went out into all lands; and the LORD*e* brought the fear of him upon all nations.

CHAP. XV.

AND *David* made him houses in the city of David, and prepared a place for the ark of God, and pitched for it a*f* tent.

2 Then David said, *ζ* None*g* ought to carry the ark of God but the Levites: for them hath the LORD chosen to carry the ark of God, and to minister unto him for ever.

3 And David gathered all Israel together to Jerusalem, to bring up*k* the ark of the LORD unto his place, which he had prepared for it.

4 And David assembled the children of Aaron, and the Levites:

5 Of the sons of Kohath; Uriel the chief, and his*κ* brethren, an hundred and twenty.

6 Of the sons of Merari; Asaiah the chief, and his brethren, two hundred and twenty.

7 Of the sons of Gershom; Joel the chief, and his brethren, an hundred and thirty.

8 Of the sons of Elizaphan;*m* Shemaiah the chief, and his brethren, two hundred.

9 Of the sons of Hebron;*o* Eliel the chief, and his brethren, fourscore.

10 Of the sons of Uzziel; Amminadab the chief, and his brethren, an hundred and twelve.

11 And David called for Zadok and Abiathar the priests, and for the Levites, for Uriel, Asaiah, and Joel, Shemaiah, and Eliel, and Amminadab,

12 And said unto them, Ye *are* the chief of the fathers of the Levites; sanctify*p* yourselves, *both* ye and your brethren, that ye may bring up the ark of the LORD God of Israel unto *the place that* I have prepared for it.

13 For because ye *did it* not at the first, the LORD our God made a breach*r* upon us, for that we sought him not after the due order.*s*

14 So the priests and the Levites sanctified themselves to bring up the ark of the LORD God of Israel.

15 And the children of the Levites bare the ark of God upon their shoulders, with the staves thereon, as Moses*u* commanded, according to the word of the LORD.

16 And David spake to the chief of the Levites to appoint their brethren *to be* the singers with instruments of music, psalteries, and harps, and cymbals, sounding, by lifting*v* up the voice with joy.

17 So the Levites appointed Heman*w* the son of Joel; and of his brethren, Asaph*x* the son of Berechiah; and of the sons of Merari their brethren, Ethan*y* the son of Kushaiah;

18 And with them their brethren of the second *degree*, Zechariah, Ben, and Jaaziel, and Shemiramoth, and Jehiel, and Unni, Eliab, and Benaiah, and Maaseiah, and Mattithiah, and Elipheleh, and Mikneiah, and Obed-edom, and Jeiel, the porters.

19 So the singers, Heman, Asaph, and Ethan, *were appointed* to sound with cymbals of brass;

20 And Zechariah, and *π* Aziel, and Shemiramoth, and Jehiel, and Unni, and

וְאֵלִיאָב וּמַעֲשֵׂיָהוּ וּבְנָיָהוּ בִּנְבָלִים עַל־עֲלָמוֹת :

21 וּמַתִּתְיָהוּ וֶאֱלִיפְלֵהוּ וּמִקְנֵיָהוּ וְעֹבֵד אֱדֹם וִיעִיאֵל וּבְנָיָהוּ

22 וְעֹבֵד אֱדֹם בְּכֹרוֹת עַל־הַשְּׁמִינִית לְנַצֵּחַ : שֹׁר־הַלְוִיִּם בְּמַשָּׂא יָסֹר בַּמַּשָּׂא כִּי מֵבִין הוּא :

23 וּבֶרֶכְיָה וְאֶלְקָנָה שֹׁעֲרִים לָאָרוֹן : וּשְׁבַנְיָהוּ

24 וְיוֹשָׁפָט וּנְתַנְאֵל וַעֲמָשַׂי וּזְכַרְיָהוּ וּבְנָיָהוּ וֶאֱלִיעֶזֶר הַכֹּהֲנִים מַחֲצֹצְרִים בַּחֲצֹצְרוֹת לִפְנֵי אֲרוֹן הָאֱלֹהִים

25 וְעֹבֵד אֱדֹם וִיחִיָּה שֹׁעֲרִים לָאָרוֹן : וַיְהִי דָוִיד וְזִקְנֵי יִשְׂרָאֵל וְשָׂרֵי הָאֲלָפִים הַהֹלְכִים לְהַעֲלוֹת אֶת־אֲרוֹן בְּרִית־יְהוָה מִן־בֵּית עֹבֵד־אֱדֹם בְּשִׂמְחָה :

26 וַיְהִי בֶּעְזֹר הָאֱלֹהִים אֶת־הַלְוִיִּם נֹשְׂאֵי אֲרוֹן בְּרִית־יְהוָה וַיִּזְבְּחוּ שִׁבְעָה־פָרִים וְשִׁבְעָה

27 אֵילִים : וְדָוִיד מְכֻרְבָּל בִּמְעִיל בּוּץ וְכָל־הַלְוִיִּם הַנֹּשְׂאִים אֶת־הָאָרוֹן וְהַמְשֹׁרְרִים וּכְנַנְיָה הַשַּׂר

28 הַמַּשָּׂא הַמְשֹׁרְרִים וְעַל־דָּוִיד אֵפוֹד בָּד : וְכָל־יִשְׂרָאֵל מַעֲלִים אֶת־אֲרוֹן בְּרִית־יְהוָה בִּתְרוּעָה וּבְקוֹל שׁוֹפָר וּבַחֲצֹצְרוֹת וּבִמְצִלְתָּיִם מַשְׁמִעִים בִּנְבָלִים וְכִנֹּרוֹת :

29 וַיְהִי אֲרוֹן בְּרִית־יְהוָה בָּא עַד־עִיר דָּוִיד וּמִיכַל בַּת־שָׁאוּל נִשְׁקְפָה בְּעַד הַחַלּוֹן וַתֵּרֶא אֶת־הַמֶּלֶךְ דָּוִיד מְרַקֵּד וּמְשַׂחֵק וַתִּבֶז לוֹ בְּלִבָּהּ :

CAP. XVI. יו

1 וַיָּבִיאוּ אֶת־אֲרוֹן הָאֱלֹהִים וַיַּצִּיגוּ אֹתוֹ בְּתוֹךְ הָאֹהֶל אֲשֶׁר נָטָה־לוֹ דָּוִיד וַיַּקְרִיבוּ עֹלוֹת וּשְׁלָמִים לִפְנֵי הָאֱלֹהִים :

2 וַיְכַל דָּוִיד מֵהַעֲלוֹת הָעֹלָה וְהַשְּׁלָמִים וַיְבָרֶךְ אֶת־הָעָם בְּשֵׁם יְהוָה : וַיְחַלֵּק לְכָל־אִישׁ

3 יִשְׂרָאֵל מֵאִישׁ וְעַד־אִשָּׁה לְאִישׁ כִּכַּר־לֶחֶם וְאֶשְׁפָּר וַאֲשִׁישָׁה :

4 וַיִּתֵּן לִפְנֵי אֲרוֹן יְהוָה מִן־הַלְוִיִּם מְשָׁרְתִים וּלְהַזְכִּיר וּלְהוֹדוֹת וּלְהַלֵּל לַיהוָה אֱלֹהֵי יִשְׂרָאֵל :

5 אָסָף הָרֹאשׁ וּמִשְׁנֵהוּ זְכַרְיָה יְעִיאֵל וּשְׁמִירָמוֹת וִיחִיאֵל וּמַתִּתְיָה וֶאֱלִיאָב וּבְנָיָהוּ וְעֹבֵד אֱדֹם וִיעִיאֵל בִּכְלֵי נְבָלִים וּבְכִנֹּרוֹת וְאָסָף בַּמְצִלְתַּיִם מַשְׁמִיעַ :

6 וּבְנָיָהוּ וְיַחֲזִיאֵל הַכֹּהֲנִים בַּחֲצֹצְרוֹת תָּמִיד לִפְנֵי אֲרוֹן בְּרִית־הָאֱלֹהִים :

7 בַּיּוֹם הַהוּא אָז נָתַן דָּוִיד בָּרֹאשׁ לְהֹדוֹת לַיהוָה בְּיַד־אָסָף וְאֶחָיו :

8 הוֹדוּ לַיהוָה קִרְאוּ בִשְׁמוֹ הוֹדִיעוּ בָעַמִּים עֲלִילֹתָיו :

9 שִׁירוּ לוֹ זַמְּרוּ־לוֹ שִׂיחוּ בְּכָל־

10 נִפְלְאֹתָיו : הִתְהַלְלוּ בְּשֵׁם קָדְשׁוֹ יִשְׂמַח לֵב

11 מְבַקְשֵׁי יְהוָה : דִּרְשׁוּ יְהוָה וְעֻזּוֹ בַּקְּשׁוּ פָנָיו

12 תָּמִיד : זִכְרוּ נִפְלְאֹתָיו אֲשֶׁר עָשָׂה מֹפְתָיו

13 וּמִשְׁפְּטֵי־פִיהוּ : זֶרַע יִשְׂרָאֵל עַבְדּוֹ בְּנֵי יַעֲקֹב

14 בְּחִירָיו : הוּא יְהוָה אֱלֹהֵינוּ בְּכָל־הָאָרֶץ מִשְׁפָּטָיו

15 זִכְרוּ לְעוֹלָם בְּרִיתוֹ דָּבָר צִוָּה לְאֶלֶף דּוֹר : אֲשֶׁר

16 כָּרַת אֶת־אַבְרָהָם וּשְׁבוּעָתוֹ לְיִצְחָק : וַיַּעֲמִידֶהָ

17 לְיַעֲקֹב לְחֹק לְיִשְׂרָאֵל בְּרִית עוֹלָם : לֵאמֹר לְךָ

18 אֶתֵּן אֶרֶץ־כְּנָעַן חֶבֶל נַחֲלַתְכֶם : בִּהְיוֹתְכֶם מְתֵי

19 מִסְפָּר כִּמְעַט וְגָרִים בָּהּ : וַיִּתְהַלְּכוּ מִגּוֹי אֶל־גּוֹי

20 וּמִמַּמְלָכָה אֶל־עַם אַחֵר : לֹא־הִנִּיחַ לְאִישׁ לְעָשְׁקָם

21 וַיּוֹכַח עֲלֵיהֶם מְלָכִים : אַל־תִּגְּעוּ בִּמְשִׁיחָי וּבִנְבִיאַי

22 אַל־תָּרֵעוּ : שִׁירוּ לַיהוָה כָּל־הָאָרֶץ בַּשְּׂרוּ מִיּוֹם־

23 אֶל־יוֹם יְשׁוּעָתוֹ : סַפְּרוּ בַגּוֹיִם אֶת־כְּבוֹדוֹ בְּכָל־

24 הָעַמִּים נִפְלְאֹתָיו : כִּי גָדוֹל יְהוָה וּמְהֻלָּל מְאֹד

25 וְנוֹרָא הוּא עַל־כָּל־אֱלֹהִים : כִּי כָּל־אֱלֹהֵי הָעַמִּים

26 אֱלִילִים וַיהוָה שָׁמַיִם עָשָׂה : הוֹד וְהָדָר לְפָנָיו

27 עֹז וְחֶדְוָה בִּמְקֹמוֹ : הָבוּ לַיהוָה מִשְׁפְּחוֹת עַמִּים

28 הָבוּ לַיהוָה כָּבוֹד וָעֹז : הָבוּ לַיהוָה כְּבוֹד שְׁמוֹ

29 שְׂאוּ מִנְחָה וּבֹאוּ לְפָנָיו הִשְׁתַּחֲווּ לַיהוָה בְּהַדְרַת־

30 קֹדֶשׁ : חִילוּ מִלְּפָנָיו כָּל־הָאָרֶץ אַף־תִּכּוֹן תֵּבֵל

31 בַּל־תִּמּוֹט : יִשְׂמְחוּ הַשָּׁמַיִם וְתָגֵל הָאָרֶץ וְיֹאמְרוּ

32 בַגּוֹיִם יְהוָה מָלָךְ : יִרְעַם הַיָּם וּמְלֹאוֹ יַעֲלֹץ

33 הַשָּׂדֶה וְכָל־אֲשֶׁר־בּוֹ : אָז יְרַנְּנוּ עֲצֵי הַיָּעַר מִלִּפְנֵי

34 יְהוָה כִּי־בָא לִשְׁפּוֹט אֶת־הָאָרֶץ : הוֹדוּ לַיהוָה

35 כִּי טוֹב כִּי לְעוֹלָם חַסְדּוֹ : וְאִמְרוּ הוֹשִׁיעֵנוּ אֱלֹהֵי

36 יִשְׁעֵנוּ וְקַבְּצֵנוּ וְהַצִּילֵנוּ מִן־הַגּוֹיִם לְהֹדוֹת לְשֵׁם

37 קָדְשֶׁךָ לְהִשְׁתַּבֵּחַ בִּתְהִלָּתֶךָ : בָּרוּךְ יְהוָה אֱלֹהֵי יִשְׂרָאֵל מִן־הָעוֹלָם וְעַד־הָעֹלָם וַיֹּאמְרוּ כָל־הָעָם אָמֵן וְהַלֵּל לַיהוָה : וַיַּעֲזָב־שָׁם

38 לִפְנֵי אֲרוֹן בְּרִית־יְהוָה לְאָסָף וּלְאֶחָיו לְשָׁרֵת לִפְנֵי הָאָרוֹן תָּמִיד לִדְבַר־יוֹם בְּיוֹמוֹ : וְעֹבֵד אֱדֹם וַאֲחֵיהֶם שִׁשִּׁים וּשְׁמוֹנָה וְעֹבֵד אֱדֹם

39 בֶּן־יְדִיתוּן וְחֹסָה לְשֹׁעֲרִים : וְאֵת צָדוֹק הַכֹּהֵן וְאֶחָיו הַכֹּהֲנִים לִפְנֵי מִשְׁכַּן יְהוָה בַּבָּמָה אֲשֶׁר

40 בְּגִבְעוֹן : לְהַעֲלוֹת עֹלוֹת לַיהוָה עַל־מִזְבַּח הָעֹלָה תָּמִיד לַבֹּקֶר וְלָעָרֶב וּלְכָל־הַכָּתוּב בְּתוֹרַת יְהוָה

41 אֲשֶׁר צִוָּה עַל־יִשְׂרָאֵל : וְעִמָּהֶם הֵימָן וִידוּתוּן

Eliab, and Maaseiah, and Benaiah, with psalteries on Alamoth;[a]

21 And Mattithiah, and Elipheleh, and Mikneiah, and Obed-edom, and Jeiel, and Azaziah, with harps on the [β] Sheminith to excel.

22 And Chenaniah, chief of the Levites was [γ] for [δ] song: he instructed about the song, because he was skilful.

23 And Berechiah and Elkanah were door-keepers for the ark.

24 And Shebaniah, and Jehoshaphat, and Nethaneel, and Amasai, and Zechariah, and Benaiah, and Eliezer, the priests, did blow[d] with the trumpets before the ark of God: and Obed-edom and Jehiah were door-keepers for the ark.

25 So[h] David, and the elders of Israel, and the captains over thousands, went to bring up the ark of the covenant of the LORD out of the house of Obed-edom with joy.

26 And it came to pass, when God helped the Levites that bare the ark of the covenant of the LORD, that they offered seven bullocks and seven rams.

27 And David was clothed with a robe of fine linen, and all the Levites that bare the ark, and the singers, and Chenaniah the master of the [θ] song, with the singers: David also had upon him an ephod of linen.

28 Thus[m] all Israel brought up the ark of the covenant of the LORD with shouting, and with sound of the cornet, and with trumpets, and with cymbals, making a noise with psalteries and harps.

29 And it came to pass, as the ark of the covenant of the LORD came to the city of David, that Michal, the daughter of Saul, looking out at a window, saw king David dancing[p] and playing: and she despised him[q] in her heart.

CHAP. XVI.

SO[r] they brought the ark of God, and set it in the midst of the tent that David had pitched for it: and they offered burnt-sacrifices and peace-offerings before God.

2 And when David had made an end of offering the burnt-offerings and the peace-offerings, he blessed the people in the name of the LORD.

3 And he dealt to every one of Israel, both man and woman, to every one a loaf of bread, and a good piece of flesh, and a flagon of wine.

4 And he appointed certain of the Levites to minister before the ark of the LORD, and to record,[u] and to thank and praise the LORD God of Israel:

5 Asaph the chief, and next to him Zechariah, Jeiel, and Shemiramoth, and Jehiel, and Mattithiah, and Eliab, and Benaiah, and Obed-edom; and Jeiel with [κ] psalteries and with harps; but Asaph made a sound with cymbals;

6 Benaiah also and Jahaziel the priests with trumpets continually before the ark of the covenant of God.

7 Then[x] on that day David delivered first this psalm, to thank the LORD, into the hand of Asaph and his brethren.

8 Give[y] thanks unto the LORD, call upon his name, make known his deeds among the people.

9 Sing unto him, sing psalms unto him, talk[a] ye of all his wondrous works.

10 Glory ye in his holy name; let the heart of them rejoice that seek the LORD.

11 Seek the LORD and his strength, seek his face continually.

B. C. 1042.

a Ps.46,title.
β or, eighth to oversee. Ps. 6, title.
γ or, was for the carriage: he instructed about the carriage.
δ lifting up.
b Ge. 17. 2.
c Ge. 26. 3.
d Nu. 10. 8. Ps. 81. 3. Joel 2.1,15.
e Ge. 28. 13. 35. 11.
f Ex. 3. 17. Jos.24.11..13
g Je. 11. 2..7.
h 2 Sa. 6. 15, &c. 1 Ki. 8. 1.
ζ cord.
η men of number.
i Ge. 34. 30.
k Ge. 12. 17. 20. 3. Ex.7.15 &c
l Ps. XCVI.
θ or, carriage.
m ch. 13. 8. 2 Ch. 5. 12. Ezr.3.10,11 Ps.47.1,&c. 68. 25. 98. 4..6. 150. 3..5.
n Le. 19. 4. Is.44.9,&c. Je.10.10..14
o Ps. 102. 25. Is. 40. 26. 44. 24. Re. 14. 7.
p Ps. 149. 3. Ec. 3. 4.
q Ps. 69. 7..9.
r 2Sa.6.17..19
s 2 Ch. 5. 13. 7. 3. Ps. 106. 1. 107. 1. 118. 1. 136. 1.
t Ps.106.47,48
u Ps. 38, 70, title.
v 1 Ki. 8. 15.
w De. 27. 15. Ne. 8. 6. 1 Co. 14.16.
κ instruments of psalteries and harps.
x 2 Sa. 22. 1. 23. 1.
y Ps.105.1..15.
z 2 Ch.1,3,13.
a Mal. 3. 16.
λ in the morning and in the evening.
b Ex. 29. 38. Nu. 28. 3,4.

---

12 Remember his marvellous works that he hath done, his wonders, and the judgments of his mouth;

13 O ye seed of Israel his servant, ye children of Jacob, his chosen ones.

14 He is the LORD our God; his judgments are in all the earth.

15 Be ye mindful always of his covenant, the word which he commanded to a thousand generations;

16 Even of the covenant which he made with Abraham,[b] and of his oath unto Isaac;[c]

17 And hath confirmed the same to Jacob[e] for a law, and to Israel[f] for an everlasting covenant,[g]

18 Saying, Unto thee will I give the land of Canaan, the [ζ] lot of your inheritance;

19 When ye were but [η] few, even a few,[i] and strangers in it.

20 And when they went from nation to nation, and from one kingdom to another people;

21 He suffered no man to do them wrong; yea, he reproved kings[k] for their sakes,

22 Saying, Touch not mine anointed, and do my prophets no harm.

23 Sing[l] unto the LORD, all the earth; shew forth from day to day his salvation.

24 Declare his glory among the heathen; his marvellous works among all nations.

25 For great is the LORD, and greatly to be praised: he also is to be feared above all gods.

26 For all the gods of the people are idols:[n] but the LORD made the heavens.[o]

27 Glory and honour are in his presence: strength and gladness are in his place.

28 Give unto the LORD, ye kindreds of the people, give unto the LORD glory and strength.

29 Give unto the LORD the glory due unto his name: bring an offering, and come before him: worship the LORD in the beauty of holiness.

30 Fear before him, all the earth: y[e] world also shall be stable, that it be not moved.

31 Let the heavens be glad, and let the earth rejoice: and let men say among the nations, The LORD reigneth.

32 Let the sea roar, & the fulness thereof: let the fields rejoice, and all that is therein.

33 Then shall the trees of the wood sing out at the presence of the LORD, because he cometh to judge the earth.

34 O[s] give thanks unto the LORD; for he is good: for his mercy endureth for ever.

35 And say ye, Save[t] us, O God of our salvation, and gather us together, and deliver us from the heathen, that we may give thanks to thy holy name, and glory in thy praise.

36 Blessed[v] be the LORD God of Israel for ever and ever. And all[w] the people said, Amen, and praised the LORD.

37 So he left there, before the ark of the covenant of the LORD, Asaph and his brethren, to minister before the ark continually, as every day's work required:

38 And Obed-edom, with their brethren, threescore and eight: Obed-edom also, the son of Jeduthun, and Hosah, to be porters:

39 And Zadok the priest, and his brethren the priests, before the tabernacle of the LORD in the high place that was at Gibeon,[z]

40 To offer burnt-offerings unto the LORD upon the altar of the burnt-offering continually,[λ] morning[b] and evening, and to do according to all that is written in the law of the LORD, which he commanded Israel;

41 And with them Heman and Jeduthun,

שְׁאָר הַדְּבָרִים אֲשֶׁר נִקְבוּ בְּשֵׁמוֹת לְהֹדוֹת לַיהוָה
42 כִּי לְעוֹלָם חַסְדּוֹ׃ וְעִמָּהֶם הֵימָן וִידוּתוּן חֲצֹצְרוֹת
וּמְצִלְתַּיִם לְמַשְׁמִיעִים וּכְלֵי שִׁיר הָאֱלֹהִים וּבְנֵי
43 יְדוּתוּן לַשָּׁעַר׃ וַיֵּלְכוּ כָל־הָעָם אִישׁ לְבֵיתוֹ וַיִּסֹּב
דָּוִיד לְבָרֵךְ אֶת־בֵּיתוֹ׃

CAP. XVII. יז

1 וַיְהִי כַּאֲשֶׁר יָשַׁב דָּוִיד בְּבֵיתוֹ וַיֹּאמֶר דָּוִיד אֶל־
נָתָן הַנָּבִיא הִנֵּה אָנֹכִי יוֹשֵׁב בְּבֵית הָאֲרָזִים וַאֲרוֹן
2 בְּרִית־יְהוָה תַּחַת יְרִיעוֹת׃ וַיֹּאמֶר נָתָן אֶל־דָּוִיד
כֹּל אֲשֶׁר בִּלְבָבְךָ עֲשֵׂה כִּי הָאֱלֹהִים עִמָּךְ׃
3 וַיְהִי בַּלַּיְלָה הַהוּא וַיְהִי דְּבַר אֱלֹהִים אֶל־נָתָן
4 לֵאמֹר׃ לֵךְ וְאָמַרְתָּ אֶל־דָּוִיד עַבְדִּי כֹּה אָמַר יְהוָה
5 לֹא אַתָּה תִּבְנֶה־לִּי הַבַּיִת לָשָׁבֶת׃ כִּי לֹא יָשַׁבְתִּי
בְּבַיִת מִן־הַיּוֹם אֲשֶׁר הֶעֱלֵיתִי אֶת־יִשְׂרָאֵל עַד הַיּוֹם
6 הַזֶּה וָאֶהְיֶה מֵאֹהֶל אֶל־אֹהֶל וּמִמִּשְׁכָּן׃ בְּכֹל
אֲשֶׁר־הִתְהַלַּכְתִּי בְּכָל־יִשְׂרָאֵל הֲדָבָר דִּבַּרְתִּי אֶת־
אַחַד שֹׁפְטֵי יִשְׂרָאֵל אֲשֶׁר צִוִּיתִי לִרְעוֹת אֶת־עַמִּי
7 לֵאמֹר לָמָּה לֹא־בְנִיתֶם לִי בֵּית אֲרָזִים׃ וְעַתָּה
כֹּה־תֹאמַר לְעַבְדִּי לְדָוִיד כֹּה אָמַר יְהוָה צְבָאוֹת
אֲנִי לְקַחְתִּיךָ מִן־הַנָּוֶה מִן־אַחֲרֵי הַצֹּאן לִהְיוֹת
8 נָגִיד עַל עַמִּי יִשְׂרָאֵל׃ וָאֶהְיֶה עִמְּךָ בְּכֹל אֲשֶׁר
הָלַכְתָּ וָאַכְרִית אֶת־כָּל־אוֹיְבֶיךָ מִפָּנֶיךָ וְעָשִׂיתִי לְךָ
9 שֵׁם כְּשֵׁם הַגְּדוֹלִים אֲשֶׁר בָּאָרֶץ׃ וְשַׂמְתִּי מָקוֹם
לְעַמִּי יִשְׂרָאֵל וּנְטַעְתִּיהוּ וְשָׁכַן תַּחְתָּיו וְלֹא יִרְגַּז
עוֹד וְלֹא־יוֹסִיפוּ בְנֵי־עַוְלָה לְבַלֹּתוֹ כַּאֲשֶׁר
10 בָּרִאשׁוֹנָה׃ וּלְמִיָּמִים אֲשֶׁר צִוִּיתִי שֹׁפְטִים עַל־
עַמִּי יִשְׂרָאֵל וְהִכְנַעְתִּי אֶת־כָּל־אוֹיְבֶיךָ וָאַגִּד לָךְ
11 וּבַיִת יִבְנֶה־לְּךָ יְהוָה׃ וְהָיָה כִּי־מָלְאוּ יָמֶיךָ
לָלֶכֶת עִם־אֲבֹתֶיךָ וַהֲקִימוֹתִי אֶת־זַרְעֲךָ אַחֲרֶיךָ
12 אֲשֶׁר יִהְיֶה מִבָּנֶיךָ וַהֲכִינוֹתִי אֶת־מַלְכוּתוֹ׃ הוּא
13 יִבְנֶה־לִּי בָּיִת וְכֹנַנְתִּי אֶת־כִּסְאוֹ עַד־עוֹלָם׃ אֲנִי
אֶהְיֶה־לּוֹ לְאָב וְהוּא יִהְיֶה־לִּי לְבֵן וְחַסְדִּי לֹא
אָסִיר מֵעִמּוֹ כַּאֲשֶׁר הֲסִירוֹתִי מֵאֲשֶׁר הָיָה לְפָנֶיךָ׃
14 וְהַעֲמַדְתִּיהוּ בְּבֵיתִי וּבְמַלְכוּתִי עַד־הָעוֹלָם וְכִסְאוֹ
15 יִהְיֶה נָכוֹן עַד־עוֹלָם׃ כְּכֹל הַדְּבָרִים הָאֵלֶּה וּכְכֹל
16 הֶחָזוֹן הַזֶּה כֵּן דִּבֶּר נָתָן אֶל־דָּוִיד׃ וַיָּבֹא
הַמֶּלֶךְ דָּוִיד וַיֵּשֶׁב לִפְנֵי יְהוָה וַיֹּאמֶר מִי־אֲנִי יְהוָה
17 אֱלֹהִים וּמִי בֵיתִי כִּי הֲבִיאֹתַנִי עַד־הֲלֹם׃ וַתִּקְטַן
זֹאת בְּעֵינֶיךָ אֱלֹהִים וַתְּדַבֵּר עַל־בֵּית־עַבְדְּךָ לְמֵרָחוֹק

וּרְאִיתַנִי כְּתוֹר הָאָדָם הַמַּעֲלָה יְהוָה אֱלֹהִים׃
18 מַה־יּוֹסִיף עוֹד דָּוִיד אֵלֶיךָ לְכָבוֹד אֶת־עַבְדֶּךָ וְאַתָּה
19 אֶת־עַבְדְּךָ יָדָעְתָּ׃ יְהוָה בַּעֲבוּר עַבְדְּךָ וּכְלִבְּךָ
עָשִׂיתָ אֵת כָּל־הַגְּדוּלָּה הַזֹּאת לְהוֹדִיעַ אֶת־כָּל־
20 הַגְּדֻלּוֹת׃ יְהוָה אֵין כָּמוֹךָ וְאֵין אֱלֹהִים זוּלָתֶךָ
21 בְּכֹל אֲשֶׁר־שָׁמַעְנוּ בְּאָזְנֵינוּ׃ וּמִי כְּעַמְּךָ יִשְׂרָאֵל
גּוֹי אֶחָד בָּאָרֶץ אֲשֶׁר הָלַךְ הָאֱלֹהִים לִפְדּוֹת לוֹ עָם
לָשׂוּם לְךָ שֵׁם גְּדֻלּוֹת וְנֹרָאוֹת לְגָרֵשׁ מִפְּנֵי עַמְּךָ
22 אֲשֶׁר־פָּדִיתָ מִמִּצְרַיִם גּוֹיִם׃ וַתִּתֵּן אֶת־עַמְּךָ
יִשְׂרָאֵל לְךָ לְעָם עַד־עוֹלָם וְאַתָּה יְהוָה הָיִיתָ לָהֶם
23 לֵאלֹהִים׃ וְעַתָּה יְהוָה הַדָּבָר אֲשֶׁר דִּבַּרְתָּ עַל־
עַבְדְּךָ וְעַל־בֵּיתוֹ יֵאָמֵן עַד־עוֹלָם וַעֲשֵׂה כַּאֲשֶׁר
24 דִּבַּרְתָּ׃ וְיֵאָמֵן וְיִגְדַּל שִׁמְךָ עַד־עוֹלָם לֵאמֹר יְהוָה
צְבָאוֹת אֱלֹהֵי יִשְׂרָאֵל אֱלֹהִים לְיִשְׂרָאֵל וּבֵית־דָּוִיד
25 עַבְדְּךָ נָכוֹן לְפָנֶיךָ׃ כִּי אַתָּה אֱלֹהַי גָּלִיתָ אֶת־אֹזֶן
עַבְדֶּךָ לִבְנוֹת לוֹ בָּיִת עַל־כֵּן מָצָא עַבְדְּךָ לְהִתְפַּלֵּל
26 לְפָנֶיךָ׃ וְעַתָּה יְהוָה אַתָּה־הוּא הָאֱלֹהִים וַתְּדַבֵּר
27 עַל־עַבְדְּךָ הַטּוֹבָה הַזֹּאת׃ וְעַתָּה הוֹאַלְתָּ לְבָרֵךְ אֶת־
בֵּית עַבְדְּךָ לִהְיוֹת לְעוֹלָם לְפָנֶיךָ כִּי־אַתָּה
יְהוָה בֵּרַכְתָּ וּמְבֹרָךְ לְעוֹלָם׃

CAP. XVIII. יח

1 וַיְהִי אַחֲרֵי־כֵן וַיַּךְ דָּוִיד אֶת־פְּלִשְׁתִּים וַיַּכְנִיעֵם
וַיִּקַּח אֶת־גַּת וּבְנֹתֶיהָ מִיַּד פְּלִשְׁתִּים׃ וַיַּךְ אֶת־
2 מוֹאָב וַיִּהְיוּ מוֹאָב עֲבָדִים לְדָוִיד נֹשְׂאֵי מִנְחָה׃
3 וַיַּךְ דָּוִיד אֶת־הֲדַדְעֶזֶר מֶלֶךְ־צוֹבָה חֲמָתָה בְּלֶכְתּוֹ
4 לְהַצִּיב יָדוֹ בִּנְהַר־פְּרָת׃ וַיִּלְכֹּד דָּוִיד מִמֶּנּוּ אֶלֶף
רֶכֶב וְשִׁבְעַת אֲלָפִים פָּרָשִׁים וְעֶשְׂרִים אֶלֶף אִישׁ
רַגְלִי וַיְעַקֵּר דָּוִיד אֶת־כָּל־הָרֶכֶב וַיּוֹתֵר מִמֶּנּוּ מֵאָה
5 רָכֶב׃ וַיָּבֹא אֲרַם דַּרְמֶשֶׂק לַעְזוֹר לַהֲדַדְעֶזֶר
מֶלֶךְ צוֹבָה וַיַּךְ דָּוִיד בַּאֲרָם עֶשְׂרִים־וּשְׁנַיִם אֶלֶף
6 אִישׁ׃ וַיָּשֶׂם דָּוִיד בַּאֲרַם דַּרְמֶשֶׂק וַיְהִי אֲרָם
לְדָוִיד עֲבָדִים נֹשְׂאֵי מִנְחָה וַיּוֹשַׁע יְהוָה לְדָוִיד
7 בְּכֹל אֲשֶׁר הָלָךְ׃ וַיִּקַּח דָּוִיד אֵת שִׁלְטֵי הַזָּהָב
אֲשֶׁר הָיוּ עַל עַבְדֵי הֲדַדְעָזֶר וַיְבִיאֵם יְרוּשָׁלִָם׃
8 וּמִטִּבְחַת וּמִכּוּן עָרֵי הֲדַדְעֶזֶר לָקַח דָּוִיד נְחֹשֶׁת
רַבָּה מְאֹד בָּהּ עָשָׂה שְׁלֹמֹה אֶת־יָם הַנְּחֹשֶׁת
9 וְאֶת־הָעַמּוּדִים וְאֵת כְּלֵי הַנְּחֹשֶׁת׃ וַיִּשְׁמַע
תֹּעוּ מֶלֶךְ חֲמָת כִּי הִכָּה דָוִיד אֶת־כָּל־חֵיל
10 הֲדַדְעֶזֶר מֶלֶךְ־צוֹבָה׃ וַיִּשְׁלַח אֶת־הֲדוֹרָם־בְּנוֹ

and the rest that were chosen, who were expressed by name, to give thanks to the LORD, because *a* his mercy *endureth* for ever:

42 And with them Heman and Jeduthun, with trumpets and cymbals *b* for those that should make a sound, and with musical instruments of God. And the sons of Jeduthun *were* β porters. *d*

43 And *f* all the people departed, every man to his house: and David returned to bless his *house.*

CHAP. XVII.

NOW *h* it came to pass, as David sat in his house, that David said to Nathan the prophet, Lo, I dwell in an house of cedars, but the ark of the covenant of the LORD *remaineth* under curtains.

2 Then *k* Nathan said unto David, Do all that *is* in thine heart; for God *is* with thee.

3 And it came to pass the same night, that the word of God came to Nathan, saying,

4 Go and tell David my servant, Thus saith the LORD, Thou shalt not build me an house to dwell in:

5 For I have not dwelt in an house since the day that I brought up Israel unto this day; but have δ gone from tent to tent, and from *one* tabernacle *to another.*

6 Wheresoever I have walked with all Israel, spake I a word to any of the judges of Israel, whom I commanded to feed my people, saying, Why have ye not built me an house of cedars?

7 Now therefore thus shalt thou say unto my servant David, Thus saith the LORD of hosts, I took thee from the *p* sheepcote, *even* from η following the sheep, that thou shouldest be ruler over my people Israel;

8 And *q* I have been with thee whithersoever thou hast walked, and have cut off all thine enemies *r* from before thee, and have made thee a name like the name of the great men that *are* in the earth.

9 Also I will ordain a place for my people Israel, and will plant *u* them, and they shall dwell in their place, and shall be moved *v* no more: neither *w* shall the children of wickedness waste them any more, as at the beginning,

10 And since the time that I commanded judges *x to be* over my people Israel. Moreover, I will subdue all thine enemies. *y* Furthermore I tell thee, that the LORD will build thee an house.

11 And it shall come to pass, when thy days be expired that thou must go *to be* with thy fathers, that I will raise up thy seed after thee, which shall be of thy sons; and I will establish his kingdom.

12 He shall build me an house, and I will stablish his throne for ever.

13 I *z* will be his father, and he shall be my son; and *a* I will not take my mercy away from him, as I took *it* from *him* that was before thee:

14 But *b* I will settle him in mine house and in my kingdom for ever: and *c* his throne shall be established for evermore.

15 According to all these words, and according to all this vision, so did Nathan speak unto David.

16 And David the king came and sat before the LORD, and said, Who *e am* I, O LORD God, and what *is* mine house, *f* that thou hast brought me hitherto?

17 And *yet* this was a small thing in thine eyes, O God; for thou hast *also*

B. C. 1042.

━━━◆━━━

a ver. 34.
Ezr. 3. 11.
Ps. 103. 17.
Je. 33. 11.
b Ps. 150. 5.
c Is. 37. 35.
  42. 1.
  49. 5, 6.
Da. 9. 17.
β *for the gate.*
d Ps. 84. 10.
e Mat. 11. 26.
f 2Sa.6.19,20.
γ *greatnesses.*
g De. 33. 26.
  Ps. 86. 8.
  Ep. 3. 20.
h 2Sa.7.1,&c.
  2Ch.6.7-.9.
i De. 4. 7, 32.
  33. 29.
k 1 Co. 13. 9.
l Ex. 19.5, 6.
  1 Sa. 12. 22.
  Ro. 9. 4, 5.
  11.1,2,&c.
m Ps. 119. 49.
  Je. 11. 5.
δ *been.*
n He. 8. 10.
  11. 16.
  Re. 21. 3.
o Ps. 90. 17.
ζ *revealed the ear of thy servant.*
p 1Sa.16,11,12
η *after.*
g Ge. 28. 15.
  1 Sa. 18. 14.
  2 Sa. 8. 6,14.
θ *or, it hath pleased.*
r Ps. 18, title.
s Ro. 11. 29.
t 2Sa.8.1,&c.
u Ps. 92. 13.
  Is. 61. 3.
  Je. 24. 6.
v Re. 3. 12.
w Eze. 28. 24.
  Re. 21. 4.
x or, Hadadezer,
  2 Sa. 8. 3.
x Ju.2.14..18.
y Ps.18,40,&c
  1 Co.15. 25.
λ *hundred,*
  2 Sa. 8. 4.
μ *Darmesek.*
z 2Sa.7.14,15.
a Ps.89,28,&c
  Is. 55. 3.
b Lu. 1. 33.
c Ps. 72. 17.
*v called in the book of Samuel,
Betah, and Berothai.*
d 1Ki.7,15,&c
e Ge. 32. 10.
  Ep. 3. 8.
f Ju. 6. 15.
π *or, Toi,*
  2 Sa. 8. 9.
ρ *or, Joram,*
  2 Sa. 8. 10.

---

spoken of thy servant's house for a great while to come, and hast regarded me according to the estate of a man of high degree, O LORD God.

18 What can David *speak* more to thee for the honour of thy servant? for thou knowest thy servant.

19 O LORD, for *c* thy servant's sake, and according to thine own *e* heart, hast thou done all this greatness, in making known all *these* γ great things.

20 O LORD, *there* β *is* none like thee, neither *is there any* God beside thee, according to all that we have heard with our ears.

21 And *i* what one nation in the earth *is* like thy people Israel, whom God went to redeem *to be* his own people, to make thee a name of greatness and terribleness,by driving out nations from before thy people, whom thou hast redeemed out of Egypt?

22 For thy people Israel didst thou make thine own *l* people for ever; and thou, LORD, becamest their God.

23 Therefore now, LORD, let the thing that thou hast spoken concerning thy servant, and concerning his house, be established *m* for ever, and do as thou hast said.

24 Let it even be established, that thy name may be magnified for ever, saying, The LORD of hosts *is* the God of Israel, *even* a God to *n* Israel: and *let* the house of David thy servant be established *o* before thee.

25 For thou, O my God, hast ζ told thy servant that thou wilt build him an house; therefore thy servant hath found *in his heart* to pray before thee.

26 And now, LORD, thou art God, and hast promised this goodness unto thy servant:

27 Now, therefore, θ let it please thee to bless the house of thy servant, that it may be before thee for ever; for thou blessest, O LORD, and *s it shall be* blessed for ever.

CHAP. XVIII.

NOW *t* after this it came to pass, that David smote the Philistines, and subdued them, and took Gath and her towns out of the hand of the Philistines.

2 And he smote Moab: and the Moabites became David's servants,*and* brought gifts.

3 And David smote κ Hadarezer king of Zobah unto Hamath, as he went to stablish his dominion by the river Euphrates.

4 And David took from him a thousand chariots, and seven λ thousand horsemen, and twenty thousand footmen: David also houghed all the chariot *horses,* but reserved of them an hundred chariots.

5 And when the Syrians of μ Damascus came to help Hadarezer king of Zobah, David slew of the Syrians two and twenty thousand men.

6 Then David put *garrisons* in Syria-damascus; and the Syrians became David's servants,*and* brought gifts. Thus the LORD preserved David whithersoever he went.

7 And David took the shields of gold that were on the servants of Hadarezer, and brought them to Jerusalem.

8 Likewise from *v* Tibhath, and from Chun, cities of Hadarezer, brought David very much brass, wherewith *d* Solomon made the brazen sea, and the pillars, and the vessels of brass.

9 Now when π Tou king of Hamath heard how David had smitten all the host of Hadarezer king of Zobah;

10 He sent ρ Hadoram his son to king

אֶל־הַמֶּלֶךְ דָּוִיד לִשְׁאָול־לוֹ לְשָׁלוֹם וּלְבָרְכוֹ עַל
אֲשֶׁר נִלְחַם בַּהֲדַרְעֶזֶר וַיַּכֵּהוּ כִּי־אִישׁ מִלְחָמוֹת
הָיָה הֲדַרְעֶזֶר וְכָל כְּלֵי זָהָב וָכֶסֶף וּנְחֹשֶׁת׃
11 גַּם־אֹתָם הִקְדִּישׁ דָּוִיד הַמֶּלֶךְ לַיהוָה עִם־הַכֶּסֶף
וְהַזָּהָב אֲשֶׁר נָשָׂא מִכָּל־הַגּוֹיִם מֵאֱדוֹם וּמִמּוֹאָב
12 וּמִבְּנֵי עַמּוֹן וּמִפְּלִשְׁתִּים וּמֵעֲמָלֵק׃ וְאַבְשַׁי בֶּן־
צְרוּיָה הִכָּה אֶת־אֱדוֹם בְּגֵיא הַמֶּלַח שְׁמוֹנָה עָשָׂר
13 אָלֶף׃ וַיָּשֶׂם בֶּאֱדוֹם נְצִיבִים וַיִּהְיוּ כָל־אֱדוֹם
עֲבָדִים לְדָוִיד וַיּוֹשַׁע יְהוָה אֶת־דָּוִיד בְּכֹל אֲשֶׁר
14 הָלָךְ׃ וַיִּמְלֹךְ דָּוִיד עַל־כָּל־יִשְׂרָאֵל וַיְהִי עֹשֶׂה
15 מִשְׁפָּט וּצְדָקָה לְכָל־עַמּוֹ׃ וְיוֹאָב בֶּן־צְרוּיָה עַל־
16 הַצָּבָא וִיהוֹשָׁפָט בֶּן־אֲחִילוּד מַזְכִּיר׃ וְצָדוֹק בֶּן־
אֲחִיטוּב וַאֲבִימֶלֶךְ בֶּן־אֶבְיָתָר כֹּהֲנִים וְשַׁוְשָׁא
17 סֹפֵר׃ וּבְנָיָהוּ בֶּן־יְהוֹיָדָע עַל הַכְּרֵתִי וְהַפְּלֵתִי וּבְנֵי
דָויִד הָרִאשֹׁנִים לְיַד הַמֶּלֶךְ׃

CAP. XIX. יט

1 וַיְהִי אַחֲרֵי־כֵן וַיָּמָת נָחָשׁ מֶלֶךְ בְּנֵי־עַמּוֹן וַיִּמְלֹךְ
2 בְּנוֹ תַּחְתָּיו׃ וַיֹּאמֶר דָּוִיד אֶעֱשֶׂה־חֶסֶד עִם־חָנוּן
בֶּן־נָחָשׁ כִּי־עָשָׂה אָבִיו עִמִּי חֶסֶד וַיִּשְׁלַח דָּוִיד
מַלְאָכִים לְנַחֲמוֹ עַל־אָבִיו וַיָּבֹאוּ עַבְדֵי דָוִיד אֶל־
3 אֶרֶץ בְּנֵי־עַמּוֹן אֶל־חָנוּן לְנַחֲמוֹ׃ וַיֹּאמְרוּ שָׂרֵי
בְנֵי־עַמּוֹן לְחָנוּן הַמְכַבֵּד דָּוִיד אֶת־אָבִיךָ בְּעֵינֶיךָ
כִּי־שָׁלַח לְךָ מְנַחֲמִים הֲלֹא בַּעֲבוּר לַחְקֹר וְלַהֲפֹךְ
4 וּלְרַגֵּל הָאָרֶץ בָּאוּ עֲבָדָיו אֵלֶיךָ׃ וַיִּקַּח חָנוּן אֶת־
עַבְדֵי דָוִיד וַיְגַלְּחֵם וַיִּכְרֹת אֶת־מַדְוֵיהֶם בַּחֵצִי עַד־
5 הַמִּפְשָׂעָה וַיְשַׁלְּחֵם׃ וַיֵּלְכוּ וַיַּגִּידוּ לְדָוִיד עַל־
הָאֲנָשִׁים וַיִּשְׁלַח לִקְרָאתָם כִּי־הָיוּ הָאֲנָשִׁים
נִכְלָמִים מְאֹד וַיֹּאמֶר הַמֶּלֶךְ שְׁבוּ בִירֵחוֹ עַד
6 אֲשֶׁר־יְצַמַּח זְקַנְכֶם וְשַׁבְתֶּם׃ וַיִּרְאוּ בְּנֵי עַמּוֹן
כִּי הִתְבָּאֲשׁוּ עִם־דָּוִיד וַיִּשְׁלַח חָנוּן וּבְנֵי עַמּוֹן אֶלֶף
כִּכַּר־כֶּסֶף לִשְׂכֹּר לָהֶם מִן־אֲרַם נַהֲרַיִם וּמִן־אֲרַם
7 מַעֲכָה וּמִצּוֹבָה רֶכֶב וּפָרָשִׁים׃ וַיִּשְׂכְּרוּ לָהֶם
שְׁנַיִם וּשְׁלֹשִׁים אֶלֶף רֶכֶב וְאֶת־מֶלֶךְ מַעֲכָה וְאֶת־
עַמּוֹ וַיָּבֹאוּ וַיַּחֲנוּ לִפְנֵי מֵידְבָא וּבְנֵי עַמּוֹן נֶאֶסְפוּ
8 מֵעָרֵיהֶם וַיָּבֹאוּ לַמִּלְחָמָה׃ וַיִּשְׁמַע דָּוִיד
9 וַיִּשְׁלַח אֶת־יוֹאָב וְאֵת כָּל־צָבָא הַגִּבֹּרִים׃ וַיֵּצְאוּ
בְּנֵי עַמּוֹן וַיַּעַרְכוּ מִלְחָמָה פֶּתַח הָעִיר וְהַמְּלָכִים

---

10 אֲשֶׁר־בָּאוּ לְבַדָּם בַּשָּׂדֶה׃ וַיַּרְא יוֹאָב כִּי־הָיְתָה
פְּנֵי־הַמִּלְחָמָה אֵלָיו פָּנִים וְאָחוֹר וַיִּבְחַר מִכָּל־
11 בָּחוּר בְּיִשְׂרָאֵל וַיַּעֲרֹךְ לִקְרַאת אֲרָם׃ וְאֵת יֶתֶר
הָעָם נָתַן בְּיַד אַבְשַׁי אָחִיו וַיַּעַרְכוּ לִקְרַאת בְּנֵי
12 עַמּוֹן׃ וַיֹּאמֶר אִם־תֶּחֱזַק מִמֶּנִּי אֲרָם וְהָיִיתָ לִּי
לִתְשׁוּעָה וְאִם־בְּנֵי עַמּוֹן יֶחֶזְקוּ מִמְּךָ וְהוֹשַׁעְתִּיךָ׃
13 חֲזַק וְנִתְחַזְּקָה בְּעַד־עַמֵּנוּ וּבְעַד עָרֵי אֱלֹהֵינוּ וַיהוָה
14 הַטּוֹב בְּעֵינָיו יַעֲשֶׂה׃ וַיִּגַּשׁ יוֹאָב וְהָעָם אֲשֶׁר־
15 עִמּוֹ לִפְנֵי אֲרָם לַמִּלְחָמָה וַיָּנוּסוּ מִפָּנָיו׃ וּבְנֵי
עַמּוֹן רָאוּ כִּי־נָס אֲרָם וַיָּנוּסוּ גַם־הֵם מִפְּנֵי אַבְשַׁי
אָחִיו וַיָּבֹאוּ הָעִירָה וַיָּבֹא יוֹאָב יְרוּשָׁלָ͏ם׃
16 וַיַּרְא אֲרָם כִּי נִגְּפוּ לִפְנֵי יִשְׂרָאֵל וַיִּשְׁלְחוּ מַלְאָכִים
וַיּוֹצִיאוּ אֶת־אֲרָם אֲשֶׁר מֵעֵבֶר הַנָּהָר וְשׁוֹפַךְ שַׂר־
17 צְבָא הֲדַרְעֶזֶר לִפְנֵיהֶם׃ וַיֻּגַּד לְדָוִיד וַיֶּאֱסֹף אֶת־
כָּל־יִשְׂרָאֵל וַיַּעֲבֹר הַיַּרְדֵּן וַיָּבֹא אֲלֵהֶם וַיַּעֲרֹךְ
אֲלֵהֶם וַיַּעֲרֹךְ דָּוִיד לִקְרַאת אֲרָם מִלְחָמָה וַיִּלָּחֲמוּ
18 עִמּוֹ׃ וַיָּנָס אֲרָם מִלִּפְנֵי יִשְׂרָאֵל וַיַּהֲרֹג דָּוִיד
מֵאֲרָם שִׁבְעַת אֲלָפִים רֶכֶב וְאַרְבָּעִים אֶלֶף אִישׁ
19 רַגְלִי וְאֵת שׁוֹפַךְ שַׂר־הַצָּבָא הֵמִית׃ וַיִּרְאוּ
עַבְדֵי הֲדַרְעֶזֶר כִּי נִגְּפוּ לִפְנֵי יִשְׂרָאֵל וַיַּשְׁלִימוּ עִם־
דָּוִיד וַיַּעַבְדֻהוּ וְלֹא־אָבָה אֲרָם לְהוֹשִׁיעַ אֶת־בְּנֵי־
עַמּוֹן עוֹד׃

CAP. XX. כ

1 וַיְהִי לְעֵת תְּשׁוּבַת הַשָּׁנָה לְעֵת צֵאת הַמְּלָכִים
וַיִּנְהַג יוֹאָב אֶת־חֵיל הַצָּבָא וַיַּשְׁחֵת אֶת־אֶרֶץ
בְּנֵי־עַמּוֹן וַיָּבֹא וַיָּצַר אֶת־רַבָּה וְדָוִיד יֹשֵׁב
בִּירוּשָׁלָ͏ם וַיַּךְ יוֹאָב אֶת־רַבָּה וַיֶּהֶרְסֶהָ׃ וַיִּקַּח
2 דָּוִיד אֶת־עֲטֶרֶת־מַלְכָּם מֵעַל רֹאשׁוֹ וַיִּמְצָאָהּ
מִשְׁקַל כִּכַּר־זָהָב וּבָהּ אֶבֶן יְקָרָה וַתְּהִי עַל־רֹאשׁ
3 דָּוִיד וּשְׁלַל הָעִיר הוֹצִיא הַרְבֵּה מְאֹד׃ וְאֶת־הָעָם
אֲשֶׁר־בָּהּ הוֹצִיא וַיָּשַׂר בַּמְּגֵרָה וּבַחֲרִיצֵי הַבַּרְזֶל
וּבַמְּגֵרוֹת וְכֵן יַעֲשֶׂה דָוִיד לְכֹל עָרֵי בְנֵי־עַמּוֹן
4 וַיָּשָׁב דָּוִיד וְכָל־הָעָם יְרוּשָׁלָ͏ם׃ וַיְהִי אַחֲרֵי־כֵן
וַתַּעֲמֹד מִלְחָמָה בְּגֶזֶר עִם־פְּלִשְׁתִּים אָז הִכָּה
סִבְּכַי הַחֻשָׁתִי אֶת־סִפַּי מִילִדֵי הָרְפָא וַיִּכָּנֵעוּ׃
5 וַתְּהִי־עוֹד מִלְחָמָה אֶת־פְּלִשְׁתִּים וַיַּךְ
אֶלְחָנָן בֶּן־יָעוּר אֶת־לַחְמִי אֲחִי גָּלְיַת הַגִּתִּי וְעֵץ

David, to β inquire of his welfare, and to δ congratulate him, because he had fought against Hadarezer, and smitten him : (for Hadarezer η had war with Tou ;) and *with him* all manner of vessels of gold and silver and brass.

11 Them also king David dedicated unto the LORD, with the silver ^a and the gold that he brought from all *these* nations : from Edom, and from Moab, and from the children of Ammon, and from the Philistines, and from Amalek.

12 Moreover θ Abishai the son of Zeruiah, slew of the Edomites,^c in the valley of Salt, eighteen thousand.

13 And he put garrisons in Edom ; and all the Edomites became David's servants. Thus the LORD preserved David whithersoever he went.

14 So David reigned over all Israel, and*f* executed judgment and justice among all his people.

15 And Joab the son of Zeruiah *was* over the host ; and Jehoshaphat the son of Ahilud, κ recorder.

16 And Zadok the son of Ahitub, and λ Abimelech the son of Abiathar, *were* the priests ; and μ Shavsha was scribe ;

17 And Benaiah the son of Jehoiada *was* over the Cherethites and the Pelethites ; and the sons of David *were* chief ρ about the king.

CHAP. XIX.

NOW^g it came to pass after this, that Nahash the king of the children of Ammon died, and his son reigned in his stead.

2 And David said, I will shew kindness unto Hanun the son of Nahash, because his father shewed kindness to me. And David sent messengers to comfort him concerning his father. So the servants of David came into the land of the children of Ammon, to Hanun, to comfort him.

3 But the princes of the children of Ammon said to Hanun σ Thinkest thou that David doth honour thy father, that he hath sent comforters unto thee? are not his servants come unto thee for toⁱ search, and to overthrow, and toⁱ spy out the land?

4 Wherefore^l Hanun took David's servants, and shaved them, and cut off their garments in the midst, hard by their buttocks, and sent them away.

5 Then there went *certain*, and told David how the men were served. And he sent to meet them ; (for the men were greatly ashamed.) And the king said, Tarry at Jericho until your beards be grown, and *then* return.

6 And when the children of Ammon saw that they had made themselves χ odious to David, Hanun and the children of Ammon sent a thousand talents of silver to hireⁿ them chariots and horsemen out of Mesopotamia, and out of Syria-maachah, and out of Zobah.^o

7 So they hired thirty and two thousand chariots, and the king of Maachah and his people, who came and pitched before Medeba. And the children of Ammon gathered themselves together from their cities, and came to battle.

8 And when David heard *of it*, he sent Joab, and all the host of the mighty men.

9 And the children of Ammon came out, and put the battle in array before the gate of the city ; and the kings that were come *were* by themselves in the field.

B. C. 1037.

β or, *salute*.

γ *face of the battle*.

δ *bless*.

ζ or, *young men*.

η *was the man of wars*.

θ *Abishai*.

a Jos. 6. 19.

b Ne. 4. 14.

c 2Sa.8.13,14.
  Ps. LX.

d Ju. 10. 15.

e Je.46.15,16.

f Ge. 18. 19.
  1 Ki. 10. 9.
  Ps. 78. 72.
  89. 14.
  Is. 9. 7.
  32. 1.

κ or, *remembrancer*.

λ called *Ahimelech*, 2 Sa. 8. 17.

μ called *Seraiah*, 2 Sa. 8. 17. and *Shisha*, 1 Ki. 4. 3.

ν i. e. *Euphrates*.

π or,*Shobach* 2 Sa. 10. 16.

ρ *at the hand of*.

g2Sa.10.1,&c.

h Ps.18.39,44.

σ *In thine eyes doth David*.

i Ge. 42. 9.

k 2 Sa. 11. 1.

τ *at the return of the year*.

l Ps. 35. 12.
  109. 4, 5.

m 2Sa. 12.26, &c.

φ *the weight of*.

χ *to stink*, Ge. 34. 30.

n Ps. 46. 9.

o ch. 18. 5, 9.

p 2 Sa.21.18, &c.

ψ *stood*, or, *continued*.

ω or, *Gob*.

β or, *Saph*, 2 Sa. 21. 18.

γ or, *Rapha*.

δ called also *Jaareoregim*, 2 Sa. 21. 19.

---

10 Now when Joab saw that the γ battle was set against him before and behind, he chose out of all the ζ choice of Israel, and put *them* in array against the Syrians.

11 And the rest of the people he delivered unto the hand of θ Abishai his brother, and they set *themselves* in array against the children of Ammon.

12 And he said, If the Syrians be too strong for me, then thou shalt help me ; but if the children of Ammon be too strong for thee, then I will help thee.

13 Be^b of good courage, and let us behave ourselves valiantly for our people, and for the cities of our God ; and ^d let the LORD do *that which is* good in his sight.

14 So Joab, and the people that *were* with him, drew nigh before the Syrians unto the battle ; and they fled^e before him.

15 And when the children of Ammon saw that the Syrians were fled, they likewise fled before Abishai his brother, and entered into the city. Then Joab came to Jerusalem.

16 And when the Syrians saw that they were put to the worse before Israel, they sent messengers, and drew forth the Syrians that *were* beyond the ν river ; and π Shophach, the captain of the host of Hadarezer, *went* before them.

17 And it was told David ; and he gathered all Israel, and passed over Jordan, and came upon them, and set *the battle* in array against them. So when David had put the battle in array against the Syrians, they fought with him.

18 But the Syrians fled before Israel ; and David slew of the Syrians seven thousand *men which fought in* chariots, and forty thousand footmen, and killed Shophach the captain of the host.

19 And when ^h the servants of Hadarezer saw that they were put to the worse before Israel, they made peace with David, and became his servants ; neither would the Syrians help the children of Ammon any more.

CHAP. XX.

AND^k it came to pass, that τ after the year was expired, at the time that kings go out *to battle*, Joab led forth the power of the army, and wasted the country of the children of Ammon, and came and besieged Rabbah. But David tarried at Jerusalem. And^m Joab smote Rabbah, and destroyed it.

2 And David took the crown of their king from off his head, and found it φ to weigh a talent of gold, and *there were* precious stones in it : and it was set upon David's head : and he brought also exceeding much spoil out of the city.

3 And he brought out the people that *were* in it, and cut *them* with saws, and with harrows of iron, and with axes : even so dealt David with all the cities of the children of Ammon. And David and all the people returned to Jerusalem.

4 And^p it came to pass after this, that there ψ arose war at ω Gezer with the Philistines, at which time Sibbechai the Hushathite slew β Sippai, *that was* of the children of γ the giant : and they were subdued.

5 And there was war again with the Philistines ; and Elhanan the son of δ Jair slew Lahmi, the brother of Goliath the Gittite, whose spear-staff *was* like a weaver's beam.

עמודה ימנית

6 וַתְּהִי־עוֹד מִלְחָמָה
בְּגַת וַיְהִי ׀ אִישׁ מִדָּה וְאֶצְבְּעֹתָיו שֵׁשׁ־וָשֵׁשׁ עֶשְׂרִים
7 וְאַרְבַּע וְגַם־הוּא נוֹלַד לְהָרָפָא : וַיְחָרֵף אֶת־
8 יִשְׂרָאֵל וַיַּכֵּהוּ יְהוֹנָתָן בֶּן־שִׁמְעָא אֲחִי דָוִיד : אֵל
נוּלְּדוּ לְהָרָפָא בְּגַת וַיִּפְּלוּ בְיַד־דָּוִיד וּבְיַד עֲבָדָיו :

CAP. XXI. כא

1 וַיַּעֲמֹד שָׂטָן עַל־יִשְׂרָאֵל וַיָּסֶת אֶת־דָּוִיד לִמְנוֹת
2 אֶת־יִשְׂרָאֵל : וַיֹּאמֶר דָּוִיד אֶל־יוֹאָב וְאֶל־שָׂרֵי הָעָם
לְכוּ סִפְרוּ אֶת־יִשְׂרָאֵל מִבְּאֵר שֶׁבַע וְעַד־דָּן וְהָבִיאוּ
3 אֵלַי וְאֵדְעָה אֶת־מִסְפָּרָם : וַיֹּאמֶר יוֹאָב יוֹסֵף
יְהוָה עַל־עַמּוֹ ׀ כָּהֵם מֵאָה פְעָמִים הֲלֹא אֲדֹנִי
הַמֶּלֶךְ כֻּלָּם לַאדֹנִי לַעֲבָדִים לָמָּה יְבַקֵּשׁ זֹאת אֲדֹנִי
4 לָמָּה יִהְיֶה לְאַשְׁמָה לְיִשְׂרָאֵל : וּדְבַר־הַמֶּלֶךְ חָזַק
עַל־יוֹאָב וַיֵּצֵא יוֹאָב וַיִּתְהַלֵּךְ בְּכָל־יִשְׂרָאֵל וַיָּבֹא
5 יְרוּשָׁלָ͏ִם : וַיִּתֵּן יוֹאָב אֶת־מִסְפַּר מִפְקַד־הָעָם
אֶל־דָּוִיד וַיְהִי כָל־יִשְׂרָאֵל אֶלֶף אֲלָפִים וּמֵאָה אֶלֶף
אִישׁ שֹׁלֵף חֶרֶב וִיהוּדָה אַרְבַּע מֵאוֹת וְשִׁבְעִים
6 אֶלֶף אִישׁ שֹׁלֵף חָרֶב : וְלֵוִי וּבִנְיָמִן לֹא פָקַד
7 בְּתוֹכָם כִּי־נִתְעַב דְּבַר־הַמֶּלֶךְ אֶת־יוֹאָב : וַיֵּרַע
בְּעֵינֵי הָאֱלֹהִים עַל־הַדָּבָר הַזֶּה וַיַּךְ אֶת־יִשְׂרָאֵל :
8 וַיֹּאמֶר דָּוִיד אֶל־הָאֱלֹהִים חָטָאתִי מְאֹד אֲשֶׁר
עָשִׂיתִי אֶת־הַדָּבָר הַזֶּה וְעַתָּה הַעֲבֶר־נָא אֶת־עֲוֺן
9 עַבְדְּךָ כִּי נִסְכַּלְתִּי מְאֹד : וַיְדַבֵּר יְהוָה אֶל־גָּד
10 חֹזֵה דָוִיד לֵאמֹר : לֵךְ וְדִבַּרְתָּ אֶל־דָּוִיד לֵאמֹר
כֹּה אָמַר יְהוָה שָׁלוֹשׁ אֲנִי נֹטֶה עָלֶיךָ בְּחַר־לְךָ
11 אַחַת מֵהֵנָּה וְאֶעֱשֶׂה־לָּךְ : וַיָּבֹא גָד אֶל־דָּוִיד
12 וַיֹּאמֶר לוֹ כֹּה־אָמַר יְהוָה קַבֶּל־לָךְ : אִם־שָׁלוֹשׁ
שָׁנִים רָעָב וְאִם־שְׁלֹשָׁה חֳדָשִׁים נִסְפֶּה מִפְּנֵי־
צָרֶיךָ וְחֶרֶב אוֹיְבֶיךָ ׀ לְמַשֶּׂגֶת וְאִם־שְׁלֹשֶׁת יָמִים
חֶרֶב יְהוָה וְדֶבֶר בָּאָרֶץ וּמַלְאַךְ יְהוָה מַשְׁחִית
בְּכָל־גְּבוּל יִשְׂרָאֵל וְעַתָּה רְאֵה מָה־אָשִׁיב אֶת־
13 שֹׁלְחִי דָּבָר : וַיֹּאמֶר דָּוִיד אֶל־גָּד צַר־
לִי מְאֹד אֶפְּלָה־נָּא בְיַד־יְהוָה כִּי־רַבִּים רַחֲמָיו
14 מְאֹד וּבְיַד־אָדָם אַל־אֶפֹּל : וַיִּתֵּן יְהוָה דֶּבֶר
בְּיִשְׂרָאֵל וַיִּפֹּל מִיִּשְׂרָאֵל שִׁבְעִים אֶלֶף אִישׁ :
15 וַיִּשְׁלַח הָאֱלֹהִים ׀ מַלְאָךְ ׀ לִירוּשָׁלַ͏ִם לְהַשְׁחִיתָהּ
וּכְהַשְׁחִית רָאָה יְהוָה וַיִּנָּחֶם עַל־הָרָעָה וַיֹּאמֶר
לַמַּלְאָךְ הַמַּשְׁחִית רַב עַתָּה הֶרֶף יָדֶךָ וּמַלְאַךְ
16 יְהוָה עֹמֵד עִם־גֹּרֶן אָרְנָן הַיְבוּסִי : וַיִּשָּׂא

עמודה שמאלית

6 דָּוִיד אֶת־עֵינָיו וַיַּרְא אֶת־מַלְאַךְ יְהוָה עֹמֵד בֵּין
הָאָרֶץ וּבֵין הַשָּׁמַיִם וְחַרְבּוֹ שְׁלוּפָה בְּיָדוֹ נְטוּיָה
עַל־יְרוּשָׁלָ͏ִם וַיִּפֹּל דָּוִיד וְהַזְּקֵנִים מְכֻסִּים בַּשַּׂקִּים
17 עַל־פְּנֵיהֶם : וַיֹּאמֶר דָּוִיד אֶל־הָאֱלֹהִים הֲלֹא אֲנִי
אָמַרְתִּי לִמְנוֹת בָּעָם וַאֲנִי־הוּא אֲשֶׁר־חָטָאתִי
וְהָרֵעַ הֲרֵעוֹתִי וְאֵלֶּה הַצֹּאן מֶה עָשׂוּ יְהוָה אֱלֹהַי
תְּהִי נָא יָדְךָ בִּי וּבְבֵית אָבִי וּבְעַמְּךָ לֹא לְמַגֵּפָה :
18 וּמַלְאַךְ יְהוָה אָמַר אֶל־גָּד לֵאמֹר לְדָוִיד כִּי ׀
יַעֲלֶה דָוִיד לְהָקִים מִזְבֵּחַ לַיהוָה בְּגֹרֶן אָרְנָן
19 הַיְבֻסִי : וַיַּעַל דָּוִיד בִּדְבַר־גָּד אֲשֶׁר דִּבֶּר בְּשֵׁם
20 יְהוָה : וַיָּשָׁב אָרְנָן וַיַּרְא אֶת־הַמַּלְאָךְ וְאַרְבַּעַת
בָּנָיו עִמּוֹ מִתְחַבְּאִים וְאָרְנָן דָּשׁ חִטִּים :
21 וַיָּבֹא דָוִיד עַד־אָרְנָן וַיַּבֵּט אָרְנָן וַיַּרְא אֶת־דָּוִיד וַיֵּצֵא
22 מִן־הַגֹּרֶן וַיִּשְׁתַּחוּ לְדָוִיד אַפַּיִם אָרְצָה : וַיֹּאמֶר
דָּוִיד אֶל־אָרְנָן תְּנָה־לִּי מְקוֹם הַגֹּרֶן וְאֶבְנֶה־בּוֹ
מִזְבֵּחַ לַיהוָה בְּכֶסֶף מָלֵא תְּנֵהוּ לִי וְתֵעָצַר הַמַּגֵּפָה
23 מֵעַל הָעָם : וַיֹּאמֶר אָרְנָן אֶל־דָּוִיד קַח־לָךְ וְיַעַשׂ
אֲדֹנִי הַמֶּלֶךְ הַטּוֹב בְּעֵינָיו רְאֵה נָתַתִּי הַבָּקָר
לָעֹלוֹת וְהַמּוֹרִגִּים לָעֵצִים וְהַחִטִּים לַמִּנְחָה הַכֹּל
24 נָתָתִּי : וַיֹּאמֶר הַמֶּלֶךְ דָּוִיד לְאָרְנָן לֹא כִּי־קָנֹה
אֶקְנֶה בְּכֶסֶף מָלֵא כִּי לֹא־אֶשָּׂא אֲשֶׁר־לְךָ לַיהוָה
25 וְהַעֲלוֹת עוֹלָה חִנָּם : וַיִּתֵּן דָּוִיד לְאָרְנָן בַּמָּקוֹם
26 שִׁקְלֵי זָהָב מִשְׁקָל שֵׁשׁ מֵאוֹת : וַיִּבֶן שָׁם דָּוִיד
מִזְבֵּחַ לַיהוָה וַיַּעַל עֹלוֹת וּשְׁלָמִים וַיִּקְרָא אֶל־יְהוָה
וַיַּעֲנֵהוּ בָאֵשׁ מִן־הַשָּׁמַיִם עַל מִזְבַּח הָעֹלָה :
27 וַיֹּאמֶר יְהוָה לַמַּלְאָךְ וַיָּשֶׁב חַרְבּוֹ אֶל־נְדָנָהּ : בָּעֵת
28 הַהִיא בִּרְאוֹת דָּוִיד כִּי־עָנָהוּ יְהוָה בְּגֹרֶן אָרְנָן
29 הַיְבוּסִי וַיִּזְבַּח שָׁם : וּמִשְׁכַּן יְהוָה אֲשֶׁר־עָשָׂה
מֹשֶׁה בַמִּדְבָּר וּמִזְבַּח הָעוֹלָה בָּעֵת הַהִיא בַּבָּמָה
30 בְּגִבְעוֹן : וְלֹא־יָכֹל דָּוִיד לָלֶכֶת לְפָנָיו לִדְרֹשׁ אֱלֹהִים
כִּי נִבְעַת מִפְּנֵי חֶרֶב מַלְאַךְ יְהוָה :

CAP. XXII. כב

1 וַיֹּאמֶר דָּוִיד זֶה הוּא בֵּית יְהוָה הָאֱלֹהִים וְזֶה־
2 מִּזְבֵּחַ לְעֹלָה לְיִשְׂרָאֵל : וַיֹּאמֶר דָּוִיד לִכְנוֹס
אֶת־הַגֵּרִים אֲשֶׁר בְּאֶרֶץ יִשְׂרָאֵל וַיַּעֲמֵד חֹצְבִים
3 לַחְצוֹב אַבְנֵי גָזִית לִבְנוֹת בֵּית הָאֱלֹהִים : וּבַרְזֶל ׀
לָרֹב לַמַּסְמְרִים לְדַלְתוֹת הַשְּׁעָרִים וְלַמְחַבְּרוֹת הֵכִין
4 דָּוִיד וּנְחֹשֶׁת לָרֹב אֵין מִשְׁקָל : וַעֲצֵי אֲרָזִים לְאֵין
מִסְפָּר כִּי־הֵבִיאוּ הַצִּידֹנִים וְהַצֹּרִים עֲצֵי אֲרָזִים

6 And *a* yet again there was war at Gath, where was a man of *great β* stature, whose fingers and toes *were* four and twenty, six *on each hand,* and six *on each foot :* and he also was *γ* the son of the giant.

7 But when he *δ* defied Israel, Jonathan y*e* son of *ζ* Shimea, David's brother, slew him.

8 These were born unto the giant in Gath; and they fell by the hand of David, and by the hand of his servants.

CHAP. XXI.

AND *d* Satan stood up *e* against Israel, and provoked David to number Israel.

2 And David said to Joab, and to the rulers of the people, Go, number Israel, from Beer-sheba even to Dan; and bring *g* the number of them to me, that I may know *it.*

3 And Joab answered, The LORD make his people an hundred times so many more as they *be :* but, my lord the king, *are* they not all my lord's servants? why then doth my lord require this thing? why will he be a cause of trespass to Israel?

4 Nevertheless the king's word prevailed *h* against Joab: wherefore Joab departed, and went throughout all Israel, and came to Jerusalem.

5 And Joab gave the sum of the number of the people unto David. And all *they of* Israel were a thousand thousand and an hundred thousand men that drew sword : and Judah *was* four hundred threescore and ten thousand men that drew sword.

6 But *i* Levi and Benjamin counted he not among them; for the king's word was abominable to Joab.

7 And *λ* God was displeased with this thing; therefore he smote Israel.

8 And David said unto God, I have sinned greatly, because I have done this thing: but now, I beseech thee, do *l* away the iniquity of thy servant; for I have done very foolishly. *m*

9 And the LORD spake unto Gad, David's seer, *o* saying,

10 Go and tell David, saying, Thus saith the LORD, *μ* offer thee three *things:* choose thee one of them, that I may do *it* unto thee.

11 So Gad came to David, and said unto him, Thus saith the LORD, *ν* Choose thee

12 Either three years' famine ; or three months to be destroyed before thy foes, while that the sword of thine enemies overtaketh *thee;* or else three days the sword of the LORD, even the pestilence, in the land, and the angel of the LORD destroying throughout all y*e* coasts of Israel. Now, therefore, advise thyself what word I shall bring again to him that sent me.

13 And David said unto Gad, I am in a great strait : *s* let me fall *t* now into the hand of the LORD ; for very *π* great *u are* his mercies: but let me not fall into the hand of man. *w*

14 So the LORD sent pestilence y upon Israel : and there fell of Israel seventy thousand men.

15 And God sent an angel unto Jerusalem to destroy it : and as he was destroying, the LORD beheld, and he repented *a* him of the evil, and said to the angel that destroyed, It is enough, stay *c* now thine hand. And the angel of the LORD stood by the threshing-floor of *ρ* Ornan *d* the Jebusite.

16 And David lifted up his eyes, and saw the angel *g* of the LORD stand between the earth and the heaven, having a drawn sword in his hand stretched out over

B. C. 1017.

a 2 Sa. 21. 20.
β measure.
γ born to the giant, or, *Rapha,* ver. 4.
δ or, *re-proached.*
ζ called *Shammah,* 1 Sa. 16. 9.
b Ps. 44. 11.
c Jn*o*.10.11,12
d 2 Sa.24.1,&c
e Job 1,6,&c. 2.1,&c.
Zec. 3. 1.
f ver. 15
g ch. 27. 23.
η or, *When.*
θ or, then he *and.*
h Ec. 8. 4.
κ Give.
i ch. 27. 24.
k Ge. 23. 13.
λ it was evil in the eyes of God concerning.
l 2 Sa. 12. 13.
m De. 16. 17.
n 1 Sa. 26. 21.
o 1 Sa. 9. 9.
μ stretch out.
p Le. 9. 24.
Ju. 6. 21.
1 Ki.18.24,33.
2 Ch. 7. 1.
ν Take to thee.
q Ex. XL.
r ch. 16. 39.
1 Ki.3.4,&c.
s Jn*o*.12.27.
t He. 10. 31.
u Ps. 90. 11.
Je. 5. 22.
10. 7.
He.12.28,29.
Re. 15. 4.
π or, *many.*
v Ps. 86.5,15.
w 2 Ch. 28. 9.
Pr. 12. 10.
Is. 46. 7.
La. 5. 2..15.
x ch. 21. 28.
De. 12. 5.
2 Ch. 3. 1.
y Nu. 16. 46.. 49.
z 1 Ki. 9. 21.
a Ju. 2. 18.
Jon. 4. 2.
b ver. 14.
c Ps. 78. 38.
ρ or, *Arau-nah,* 2 Sa. 24. 18.
d 2 Ch. 3. 1.
e 1 Ki. 7. 47.
f 1 Ki. 5. 6.
g Ge. 3. 24.
Nu. 22. 31.
Jos.5.13,14.

Jerusalem : then David and the elders *of* Israel, *who were* clothed in sackcloth, fell upon their faces.

17 And David said unto God, *Is it* not I *that* commanded the people to be numbered? even I it is that have sinned and done evil indeed : but *as for* these *b* sheep, what have they done? Let thine hand, I pray thee, O LORD my God, be on *e* me, and on my father's house ; but not on thy people, that they should be plagued.

18 Then the angel *f* of y*e* LORD commanded Gad to say to David, that David should go up, & set up an altar unto the LORD in the threshing-floor of Ornan the Jebusite.

19 And David went up at the saying of Gad, which he spake in the name of the LORD.

20 And Ornan turned back, & saw y*e* angel ; *θ* and his four sons with him hid themselves. Now Ornan was threshing wheat.

21 And as David came to Ornan, Ornan looked, and saw David, and went out of the threshing-floor, and bowed himself to David with *his* face to the ground.

22 Then David said to Ornan, *κ* Grant me the place of *this* threshing-floor, that I may build an altar therein unto the LORD ; thou shalt grant it me for the full price, that the plague may be stayed from the people.

23 And Ornan said unto David, Take *it* to thee, and let my lord the king do *that which is* good in his eyes: lo, I give *thee* the oxen *also* for burnt-offerings, and the threshing instruments for wood, and the wheat for the meat-offering : I give it all.

24 And king David said to Ornan, Nay ; but I will verily buy *k* it for the full price : for I will not take *that* which *is* thine for the LORD, nor offer burnt-offerings without cost. *m*

25 So David gave to Ornan for the place six hundred shekels of gold by weight.

26 And David built there an altar unto the LORD, and offered burnt-offerings and peace-offerings, & called upon the LORD ; and *p* he answered him from heaven by fire upon the altar of burnt-offering.

27 And the LORD commanded the angel; and he put up his sword again into the sheath thereof.

28 At that time, when David saw that the LORD had answered him in the threshing-floor of Ornan the Jebusite, then he sacrificed there.

29 For the tabernacle of the LORD, which Moses made *q* in the wilderness, and the altar of the burnt-offering, *were* at that season in the high place *r* at Gibeon :

30 But David could not go before it to inquire of God : for he was afraid, *u* because of the sword of the angel of the LORD.

CHAP. XXII.

THEN David said, This *x is* the house of the LORD God, and this *is* the altar of the burnt-offering for Israel.

2 And David commanded to gather together the strangers *z* that *were* in the land of Israel ; and he set masons to hew wrought stones to build the house of God.

3 And David prepared *b* iron in abundance for the nails for the doors of the gates, and for the joinings ; and brass in abundance without *e* weight ;

4 Also cedar-trees in abundance : *f* for the Zidonians and they of Tyre brought much cedar-wood to David.

5 And David said, Solomon my son *is*

כב
5 לָדָוִיד : וַיֹּאמֶר דָּוִיד שְׁלֹמֹה בְנִי נַעַר
וָרָךְ וְהַבַּיִת לִבְנוֹת לַיהוָה לְהַגְדִּיל לְמַעְלָה לְשֵׁם
וּלְתִפְאֶרֶת לְכָל־הָאֲרָצוֹת אָכִינָה נָּא לוֹ וַיָּכֶן דָּוִיד
6 לָרֹב לִפְנֵי מוֹתוֹ : וַיִּקְרָא לִשְׁלֹמֹה בְנוֹ וַיְצַוֵּהוּ
7 לִבְנוֹת בַּיִת לַיהוָה אֱלֹהֵי יִשְׂרָאֵל : וַיֹּאמֶר
דָּוִיד לִשְׁלֹמֹה בְּנִי אֲנִי הָיָה עִם־לְבָבִי לִבְנוֹת בַּיִת
8 לְשֵׁם יְהוָה אֱלֹהָי : וַיְהִי עָלַי דְּבַר־יְהוָה לֵאמֹר
דָּם לָרֹב שָׁפַכְתָּ וּמִלְחָמוֹת גְּדֹלוֹת עָשִׂיתָ לֹא־תִבְנֶה
בַיִת לִשְׁמִי כִּי דָּמִים רַבִּים שָׁפַכְתָּ אַרְצָה לְפָנָי :
9 הִנֵּה־בֵן נוֹלָד לָךְ הוּא יִהְיֶה אִישׁ מְנוּחָה וַהֲנִחוֹתִי
לוֹ מִכָּל־אוֹיְבָיו מִסָּבִיב כִּי שְׁלֹמֹה יִהְיֶה שְׁמוֹ
וְשָׁלוֹם וָשֶׁקֶט אֶתֵּן עַל־יִשְׂרָאֵל בְּיָמָיו : הוּא־יִבְנֶה
10 בַיִת לִשְׁמִי וְהוּא יִהְיֶה־לִּי לְבֵן וַאֲנִי־לוֹ לְאָב
וַהֲכִינוֹתִי אֶת־כִּסֵּא מַלְכוּתוֹ עַל־יִשְׂרָאֵל עַד־עוֹלָם :
11 עַתָּה בְנִי יְהִי יְהוָה עִמָּךְ וְהִצְלַחְתָּ וּבָנִיתָ בֵּית
12 יְהוָה אֱלֹהֶיךָ כַּאֲשֶׁר דִּבֶּר עָלֶיךָ : אַךְ יִתֶּן־לְךָ יְהוָה
שֵׂכֶל וּבִינָה וִיצַוְּךָ עַל־יִשְׂרָאֵל וְלִשְׁמוֹר אֶת־תּוֹרַת
13 יְהוָה אֱלֹהֶיךָ : אָז תַּצְלִיחַ אִם־תִּשְׁמוֹר לַעֲשׂוֹת
אֶת־הַחֻקִּים וְאֶת־הַמִּשְׁפָּטִים אֲשֶׁר צִוָּה יְהוָה אֶת־
מֹשֶׁה עַל־יִשְׂרָאֵל חֲזַק וֶאֱמָץ אַל־תִּירָא וְאַל־תֵּחָת :
14 וְהִנֵּה בְעָנְיִי הֲכִינוֹתִי לְבֵית־יְהוָה זָהָב כִּכָּרִים
מֵאָה־אֶלֶף וְכֶסֶף אֶלֶף אֲלָפִים כִּכָּרִים וְלַנְּחֹשֶׁת
וְלַבַּרְזֶל אֵין מִשְׁקָל כִּי לָרֹב הָיָה וְעֵצִים וַאֲבָנִים
15 הֲכִינוֹתִי וַעֲלֵיהֶם תּוֹסִיף : וְעִמְּךָ לָרֹב עֹשֵׂי
מְלָאכָה חֹצְבִים וְחָרָשֵׁי אֶבֶן וָעֵץ וְכָל־חָכָם בְּכָל־
16 מְלָאכָה : לַזָּהָב לַכֶּסֶף וְלַנְּחֹשֶׁת וְלַבַּרְזֶל אֵין
17 מִסְפָּר קוּם וַעֲשֵׂה וִיהִי יְהוָה עִמָּךְ : וַיְצַו דָּוִיד
18 לְכָל־שָׂרֵי יִשְׂרָאֵל לַעְזֹר לִשְׁלֹמֹה בְנוֹ : הֲלֹא יְהוָה
אֱלֹהֵיכֶם עִמָּכֶם וְהֵנִיחַ לָכֶם מִסָּבִיב כִּי נָתַן בְּיָדִי
אֵת יֹשְׁבֵי הָאָרֶץ וְנִכְבְּשָׁה הָאָרֶץ לִפְנֵי יְהוָה וְלִפְנֵי
19 עַמּוֹ : עַתָּה תְּנוּ לְבַבְכֶם וְנַפְשְׁכֶם לִדְרוֹשׁ לַיהוָה
אֱלֹהֵיכֶם וְקוּמוּ וּבְנוּ אֶת־מִקְדַּשׁ יְהוָה הָאֱלֹהִים
לְהָבִיא אֶת־אֲרוֹן בְּרִית־יְהוָה וּכְלֵי קֹדֶשׁ הָאֱלֹהִים
לַבַּיִת הַנִּבְנֶה לְשֵׁם־יְהוָה :

CAP. XXIII. כג

1 וְדָוִיד זָקֵן וְשָׂבַע יָמִים וַיַּמְלֵךְ אֶת־שְׁלֹמֹה בְנוֹ עַל־
2 יִשְׂרָאֵל : וַיֶּאֱסֹף אֶת־כָּל־שָׂרֵי יִשְׂרָאֵל וְהַכֹּהֲנִים

---

3 וְהַלְוִיִּם : וַיִּסָּפְרוּ הַלְוִיִּם מִבֶּן שְׁלֹשִׁים שָׁנָה
וָמַעְלָה וַיְהִי מִסְפָּרָם לְגֻלְגְּלֹתָם לִגְבָרִים שְׁלֹשִׁים
4 וּשְׁמֹנָה אָלֶף : מֵאֵלֶּה לְנַצֵּחַ עַל־מְלֶאכֶת בֵּית־
יְהוָה עֶשְׂרִים וְאַרְבָּעָה אָלֶף וְשֹׁטְרִים וְשֹׁפְטִים
5 שֵׁשֶׁת אֲלָפִים : וְאַרְבַּעַת אֲלָפִים שֹׁעֲרִים וְאַרְבַּעַת
אֲלָפִים מְהַלְלִים לַיהוָה בַּכֵּלִים אֲשֶׁר עָשִׂיתִי
6 לְהַלֵּל : וַיֶּחָלְקֵם דָּוִיד מַחְלְקוֹת לִבְנֵי לֵוִי
7 לְגֵרְשׁוֹן קְהָת וּמְרָרִי : לַגֵּרְשֻׁנִּי לַעְדָּן וְשִׁמְעִי :
8 בְּנֵי לַעְדָּן הָרֹאשׁ יְחִיאֵל וְזֵתָם וְיוֹאֵל שְׁלֹשָׁה :
9 בְּנֵי שִׁמְעִי שְׁלוֹמִית וַחֲזִיאֵל וְהָרָן שְׁלֹשָׁה אֵלֶּה
10 רָאשֵׁי הָאָבוֹת לְלַעְדָּן : וּבְנֵי שִׁמְעִי יַחַת זִינָא
11 וִיעוּשׁ וּבְרִיעָה אֵלֶּה בְנֵי־שִׁמְעִי אַרְבָּעָה : וַיְהִי
יַחַת הָרֹאשׁ וְזִיזָה הַשֵּׁנִי וִיעוּשׁ וּבְרִיעָה לֹא־הִרְבּוּ
12 בָנִים וַיִּהְיוּ לְבֵית אָב לִפְקֻדָּה אֶחָת : בְּנֵי קְהָת
13 עַמְרָם יִצְהָר חֶבְרוֹן וְעֻזִּיאֵל אַרְבָּעָה : בְּנֵי עַמְרָם
אַהֲרֹן וּמֹשֶׁה וַיִּבָּדֵל אַהֲרֹן לְהַקְדִּישׁוֹ קֹדֶשׁ קָדָשִׁים
הוּא־וּבָנָיו עַד־עוֹלָם לְהַקְטִיר לִפְנֵי יְהוָה לְשָׁרְתוֹ
14 וּלְבָרֵךְ בִּשְׁמוֹ עַד־עוֹלָם : וּמֹשֶׁה אִישׁ הָאֱלֹהִים
15 בָּנָיו יִקָּרְאוּ עַל־שֵׁבֶט הַלֵּוִי : בְּנֵי מֹשֶׁה גֵּרְשׁוֹם
16 וֶאֱלִיעֶזֶר : בְּנֵי גֵרְשׁוֹם שְׁבוּאֵל הָרֹאשׁ : וַיִּהְיוּ
17 בְנֵי־אֱלִיעֶזֶר רְחַבְיָה הָרֹאשׁ וְלֹא־הָיָה לֶאֱלִיעֶזֶר בָּנִים
אֲחֵרִים וּבְנֵי רְחַבְיָה רָבוּ לְמָעְלָה : בְּנֵי יִצְהָר
18 שְׁלֹמִית הָרֹאשׁ : בְּנֵי חֶבְרוֹן יְרִיָּהוּ הָרֹאשׁ
19 אֲמַרְיָה הַשֵּׁנִי יַחֲזִיאֵל הַשְּׁלִישִׁי וִיקַמְעָם הָרְבִיעִי : בְּנֵי
20 עֻזִּיאֵל מִיכָה הָרֹאשׁ וְיִשִּׁיָּה הַשֵּׁנִי : בְּנֵי מְרָרִי
21 מַחְלִי וּמוּשִׁי בְּנֵי מַחְלִי אֶלְעָזָר וְקִישׁ : וַיָּמָת
22 אֶלְעָזָר וְלֹא־הָיוּ לוֹ בָּנִים כִּי אִם־בָּנוֹת וַיִּשָּׂאוּם בְּנֵי־
23 קִישׁ אֲחֵיהֶם : בְּנֵי מוּשִׁי מַחְלִי וְעֵדֶר וִירֵמוֹת
24 שְׁלֹשָׁה : אֵלֶּה בְנֵי־לֵוִי לְבֵית אֲבֹתֵיהֶם רָאשֵׁי
הָאָבוֹת לִפְקוּדֵיהֶם בְּמִסְפַּר שֵׁמוֹת לְגֻלְגְּלֹתָם עֹשֵׂה
הַמְּלָאכָה לַעֲבֹדַת בֵּית יְהוָה מִבֶּן עֶשְׂרִים שָׁנָה
25 וָמָעְלָה : כִּי אָמַר דָּוִיד הֵנִיחַ יְהוָה אֱלֹהֵי־יִשְׂרָאֵל
26 לְעַמּוֹ וַיִּשְׁכֹּן בִּירוּשָׁלַםִ עַד־לְעוֹלָם : וְגַם לַלְוִיִּם אֵין־
27 לָשֵׂאת אֶת־הַמִּשְׁכָּן וְאֶת־כָּל־כֵּלָיו לַעֲבֹדָתוֹ : כִּי
בְדִבְרֵי דָוִיד הָאַחֲרֹנִים הֵמָּה מִסְפַּר בְּנֵי־לֵוִי מִבֶּן
28 עֶשְׂרִים שָׁנָה וּלְמָעְלָה : כִּי מַעֲמָדָם לְיַד־בְּנֵי־אַהֲרֹן
לַעֲבֹדַת בֵּית יְהוָה עַל־הַחֲצֵרוֹת וְעַל־הַלְּשָׁכוֹת וְעַל־
טָהֳרַת לְכָל־קֹדֶשׁ וּמַעֲשֵׂה עֲבֹדַת בֵּית הָאֱלֹהִים :

young[a] and tender, and the house *that is to* be builded for the LORD *must be* exceeding magnifical,[b] of fame and of glory throughout all countries : I will *therefore* now make preparation for it. So David prepared abundantly before his death.

6 Then he called for Solomon his son, and charged him to build an house for the LORD God of Israel.

7 And David said to Solomon, My son, as for me, it was[e] in my mind to build an house[f] unto y[e] name of y[e] LORD my God :

8 But the word of the LORD came to me, saying, Thou[g] hast shed blood[h] abundantly, and hast made great wars : thou shalt not build an house unto my name, because thou hast shed much blood upon the earth in my sight.

9 Behold, a son shall be born to thee, who shall be a man of rest ; and I will give him rest from all his enemies round about : for his name shall be η Solomon, and I will give peace[i] and quietness unto Israel in his days.

10 He[k] shall build an house for my name, and he shall be my son,[l] and I *will be* his father ; and I will establish the throne of his kingdom over Israel for ever.

11 Now, my son, y[e] LORD[m] be with thee ; and prosper thou, and build the house of the LORD thy God, as he hath said of thee.

12 Only the LORD give[o] thee wisdom and understanding, and give thee charge concerning Israel, that thou mayest keep the law of the LORD thy God.

13 Then[r] shalt thou prosper, if thou takest heed to fulfil the statutes and judgments which the LORD charged Moses with concerning Israel : be[s] strong, and of good courage, dread not, nor be dismayed.

14 Now, behold, in my λ trouble I have prepared for the house of the LORD an hundred thousand talents of gold, and a thousand thousand talents of silver ; and of brass and iron without weight ; for it is in abundance : timber also and stone have I prepared ; and thou mayest add thereto.

15 Moreover, *there are* workmen with thee in abundance, hewers and ρ workers of stone and timber, and all manner of cunning men for every manner of work.

16 Of the gold, the silver, and the brass, and the iron, *there is* no number. Arise *therefore*, and be doing, and the[t] LORD be with thee.

17 David also commanded all the princes of Israel to help Solomon his son, *saying*,

18 *Is* not the LORD your God with you ? and hath he *not* given you rest[u] on every side ? for he hath given the inhabitants of the land into mine hand ; and the land is subdued before the LORD, and before his people.

19 Now, set[w] your heart and your soul to seek[x] the LORD your God : arise, therefore, and build ye the sanctuary of the LORD God, to bring[z] the ark of the covenant of the LORD, and the holy vessels of God into the house that is to be built to the name of the LORD.

CHAP. XXIII.

SO[b] when David was old and full of days, he made Solomon his son king over Israel.

2 And he gathered together all y[e] princes of Israel, with the priests and the Levites.

3 Now the Levites were numbered from the age of thirty[d] years and upward ; and their number by their polls, man by man, was thirty and eight thousand.

B. C. 1017.

a 1 Ki. 3. 7.
b Ezr. 3. 12.
  Is. 64. 11.
  Eze. 7. 20.
  Hag. 2. 3.
β or, *oversee.*
c De. 16. 18.
d 2Ch. 29. 25, 26.
  Am. 6. 5.
γ *divisions.*
e ch.17.1,&c.
  28.2,&c.
f De.12.5,11.
δ or, *Libni,*
  ch. 6. 17.
g 1 Ki. 5. 3.
h Nu. 31. 19.
ζ or, *Zizah,* ver. 11.
η *That is, peaceable.*
i 1 Ki. 4. 25.
  Ps. 72. 7.
θ *did not multiply sons.*
k 2 Sa. 7. 13.
l Ps. 89. 26.
  He. 1. 5.
m ver. 16.
n Ex.28.1,&c.
  He. 5. 4.
o 1Ki.3. 9, 12.
  Ps. 72. 1.
  Pr. 2. 6, 7.
  Ja. 1. 5.
p Nu. 16. 40.
q Nu.6.23.26.
r 2Ch. 20. 20.
  Ps. 119. 6.
s De. 31. 7, 8.
  Jos. 1. 6.9.
κ *Shubael,* ch. 24. 20.
λ or, *poverty.*
μ or, *first.*
ν *highly multiplied.*
π *Shelomoth,* ch. 24.22.
ρ *That is, masons and carpenters.*
t ver. 11.
σ or, *kinsmen.*
u ch. 23. 25.
  De. 12. 10.
  Jos. 22. 4.
  2 Sa. 7. 1.
v Nu.10.17,21
w 2 Ch. 20. 3.
x Ps. 27. 4.
y ver. 27.
  Ezr. 3. 8.
z 1Ki.8.6,21.
a ch. 22. 18.
τ or, *and he dwelleth.*
b ch. 28. 5.
  1Ki.1.33,&c.
φ *numbers.*
c ver. 3, 24.
ι *station* was *at the hand of,* Ne. 11. 24.
d Nu. 4. 3, 47.

---

4 Of which, twenty and four thousand *were* to β set forward the work of the house of the LORD ; and six thousand *were* officers[c] and judges.

5 Moreover, four thousand *were* porters : and four thousand praised the LORD with the instruments[d] which I made (*said David*) to praise *therewith.*

6 And David divided them into γ courses among the sons of Levi, *namely*, Gershon, Kohath, and Merari.

7 Of the Gershonites *were*, δ Laadan, and Shimei.

8 The sons of Laadan ; the chief *was* Jehiel, and Zetham, and Joel, three.

9 The sons of Shimei ; Shelomith, and Haziel, and Haran, three. These *were* the chief of the fathers of Laadan.

10 And the sons of Shimei *were*, Jahath, ζ Zina, and Jeush, and Beriah. These four *were* the sons of Shimei.

11 And Jahath was the chief, and Zizah the second ; but Jeush and Beriah θ had not many sons ; therefore they were in one reckoning according to *their* father's house.

12 The sons of Kohath ; Amram, Izhar, Hebron, and Uzziel, four.

13 The sons of Amram ; Aaron and Moses : and Aaron[n] was separated, that he should sanctify the most holy things, he and his sons for ever, to[p] burn incense before the LORD, to minister unto him, and to bless[q] in his name for ever.

14 Now *concerning* Moses the man of God, his sons were named of the tribe of Levi.

15 The sons of Moses *were*, Gershom and Eliezer.

16 Of the sons of Gershom, κ Shebuel *was* the chief.

17 And the sons of Eliezer *were*, Rehabiah the μ chief. And Eliezer had none other sons ; but the sons of Rehabiah were ν very many.

18 Of the sons of Izhar ; π Shelomith the chief.

19 Of the sons of Hebron ; Jeriah the first, Amariah the second, Jahaziel the third, and Jekameam the fourth.

20 Of the sons of Uzziel ; Micah the first, and Jesiah the second.

21 The sons of Merari ; Mahli and Mushi. The sons of Mahli ; Eleazar and Kish.

22 And Eleazar died, and had no sons, but daughters : and their σ brethren the sons of Kish took them.

23 The sons of Mushi ; Mahli, and Eder, and Jeremoth, three.

24 These *were* the sons of Levi, after the house of their fathers ; *even* the chief of the fathers, as they were counted[v] by number of names by their polls, that did the work for the service of the house of the LORD, from the age of twenty[y] years and upward.

25 For David said, The LORD God of Israel hath given rest[a] unto his people, τ that they may dwell in Jerusalem for ever :

26 And also unto the Levites ; they shall no *more* carry the tabernacle, nor any vessels of it for the service thereof.

27 For by the last words of David, the Levites *were* φ numbered from[c] twenty years old and above :

28 Because their χ office *was* to wait on the sons of Aaron, for the service of the house of the LORD, in the courts, and in the chambers, and in the purifying of all

CAP. XXIV. כד

1 וְלִבְנֵי אַהֲרֹן מַחְלְקוֹתָם בְּנֵי אַהֲרֹן נָדָב וַאֲבִיהוּא

2 אֶלְעָזָר וְאִיתָמָר וַיָּמָת נָדָב וַאֲבִיהוּא לִפְנֵי אֲבִיהֶם וּבָנִים לֹא־הָיוּ לָהֶם וַיְכַהֲנוּ אֶלְעָזָר

3 וְאִיתָמָר וַיֶּחָלְקֵם דָּוִיד וְצָדוֹק מִן־בְּנֵי אֶלְעָזָר וַאֲחִימֶלֶךְ מִן־בְּנֵי אִיתָמָר לִפְקֻדָּתָם בַּעֲבֹדָתָם

4 וַיִּמָּצְאוּ בְנֵי־אֶלְעָזָר רַבִּים לְרָאשֵׁי הַגְּבָרִים מִן־בְּנֵי אִיתָמָר וַיַּחְלְקוּם לִבְנֵי אֶלְעָזָר רָאשִׁים לְבֵית־אָבוֹת שִׁשָּׁה עָשָׂר וְלִבְנֵי אִיתָמָר לְבֵית אֲבוֹתָם שְׁמוֹנָה

5 וַיַּחְלְקוּם בְּגוֹרָלוֹת אֵלֶּה עִם־אֵלֶּה כִּי־הָיוּ שָׂרֵי־קֹדֶשׁ וְשָׂרֵי הָאֱלֹהִים מִבְּנֵי אֶלְעָזָר וּבִבְנֵי אִיתָמָר

6 וַיִּכְתְּבֵם שְׁמַעְיָה בֶן־נְתַנְאֵל הַסּוֹפֵר מִן־הַלֵּוִי לִפְנֵי הַמֶּלֶךְ וְהַשָּׂרִים וְצָדוֹק הַכֹּהֵן וַאֲחִימֶלֶךְ בֶּן־אֶבְיָתָר וְרָאשֵׁי הָאָבוֹת לַכֹּהֲנִים וְלַלְוִיִּם בֵּית־אָב

7 וַיֵּצֵא הַגּוֹרָל הָרִאשׁוֹן לִיהוֹיָרִיב לִידַעְיָה הַשֵּׁנִי

8 לְחָרִם הַשְּׁלִשִׁי לִשְׂעֹרִים הָרְבִעִי

9 לְמַלְכִּיָּה הַחֲמִישִׁי לְמִיָּמִן הַשִּׁשִּׁי

10 לְהַקּוֹץ הַשְּׁבִעִי לַאֲבִיָּה הַשְּׁמִינִי

11 לְיֵשׁוּעַ הַתְּשִׁעִי לִשְׁכַנְיָהוּ הָעֲשִׂרִי

12 לְאֶלְיָשִׁיב עַשְׁתֵּי עָשָׂר לְיָקִים שְׁנֵים עָשָׂר

13 לְחֻפָּה שְׁלֹשָׁה עָשָׂר לְיֶשֶׁבְאָב אַרְבָּעָה עָשָׂר

14 לְבִלְגָּה חֲמִשָּׁה עָשָׂר לְאִמֵּר שִׁשָּׁה עָשָׂר

15 לְחֵזִיר שִׁבְעָה עָשָׂר לְהַפִּצֵּץ שְׁמוֹנָה עָשָׂר

16 לִפְתַחְיָה תִּשְׁעָה עָשָׂר לִיחֶזְקֵאל הָעֶשְׂרִים

17 לְיָכִין אֶחָד וְעֶשְׂרִים לְגָמוּל שְׁנַיִם וְעֶשְׂרִים

18 לִדְלָיָהוּ שְׁלֹשָׁה וְעֶשְׂרִים לְמַעַזְיָהוּ אַרְבָּעָה וְעֶשְׂרִים

19 אֵלֶּה פְקֻדָּתָם לַעֲבֹדָתָם לָבוֹא לְבֵית־יְהוָה כְּמִשְׁפָּטָם בְּיַד אַהֲרֹן אֲבִיהֶם כַּאֲשֶׁר צִוָּהוּ יְהוָה אֱלֹהֵי יִשְׂרָאֵל

20 וְלִבְנֵי לֵוִי הַנּוֹתָרִים לִבְנֵי עַמְרָם שׁוּבָאֵל לִבְנֵי שׁוּבָאֵל יֶחְדְּיָהוּ

21 לִרְחַבְיָהוּ לִבְנֵי רְחַבְיָהוּ הָרֹאשׁ יִשִּׁיָּה לַיִּצְהָרִי

22 שְׁלֹמוֹת לִבְנֵי שְׁלֹמוֹת יָחַת וּבְנֵי יְרִיָּהוּ אֲמַרְיָהוּ

23 הַשֵּׁנִי יַחֲזִיאֵל הַשְּׁלִישִׁי יְקַמְעָם הָרְבִיעִי בְּנֵי עֻזִּיאֵל

24 מִיכָה לִבְנֵי מִיכָה שָׁמִיר אֲחִי מִיכָה יִשִּׁיָּה

25 לִבְנֵי יִשִּׁיָּה זְכַרְיָהוּ בְּנֵי מְרָרִי מַחְלִי וּמוּשִׁי בְּנֵי

26 יַעֲזִיָּהוּ בְנוֹ בְּנֵי מְרָרִי לְיַעֲזִיָּהוּ בְנוֹ וְשֹׁהַם וְזַכּוּר וְעִבְרִי

27 לְמַחְלִי אֶלְעָזָר וְלֹא הָיָה לוֹ בָּנִים לְקִישׁ

28 בְּנֵי קִישׁ יְרַחְמְאֵל

29 וּבְנֵי מוּשִׁי מַחְלִי וְעֵדֶר וִירֵמוֹת

30 אֵלֶּה בְנֵי הַלְוִיִּם לְבֵית אֲבֹתֵיהֶם וַיַּפִּילוּ גַם־הֵם גּוֹרָלוֹת לְעֻמַּת אֲחֵיהֶם בְּנֵי־אַהֲרֹן לִפְנֵי דָוִיד הַמֶּלֶךְ וְצָדוֹק וַאֲחִימֶלֶךְ וְרָאשֵׁי הָאָבוֹת לַכֹּהֲנִים וְלַלְוִיִּם אֲבוֹת הָרֹאשׁ לְעֻמַּת אָחִיו הַקָּטָן

CAP. XXV. כה

1 וַיַּבְדֵּל דָּוִיד וְשָׂרֵי הַצָּבָא לַעֲבֹדָה לִבְנֵי אָסָף וְהֵימָן וִידוּתוּן הַנִּבְּאִים בְּכִנֹּרוֹת בִּנְבָלִים וּבִמְצִלְתָּיִם וַיְהִי מִסְפָּרָם אַנְשֵׁי מְלָאכָה לַעֲבֹדָתָם

2 לִבְנֵי אָסָף זַכּוּר וְיוֹסֵף וּנְתַנְיָה וַאֲשַׂרְאֵלָה בְּנֵי אָסָף עַל יַד־אָסָף הַנִּבָּא עַל־יְדֵי הַמֶּלֶךְ

3 לִידוּתוּן בְּנֵי יְדוּתוּן גְּדַלְיָהוּ וּצְרִי וִישַׁעְיָהוּ חֲשַׁבְיָהוּ וּמַתִּתְיָהוּ שִׁשָּׁה עַל יְדֵי אֲבִיהֶם יְדוּתוּן בַּכִּנּוֹר הַנִּבָּא עַל־הֹדוֹת וְהַלֵּל לַיהוָה

4 לְהֵימָן בְּנֵי הֵימָן בֻּקִּיָּהוּ מַתַּנְיָהוּ עֻזִּיאֵל שְׁבוּאֵל וִירִימוֹת חֲנַנְיָה חֲנָנִי אֱלִיאָתָה גִּדַּלְתִּי וְרֹמַמְתִּי עֶזֶר יָשְׁבְּקָשָׁה מַלּוֹתִי הוֹתִיר מַחֲזִיאוֹת

5 כָּל־אֵלֶּה בָנִים לְהֵימָן חֹזֵה הַמֶּלֶךְ בְּדִבְרֵי הָאֱלֹהִים לְהָרִים קָרֶן וַיִּתֵּן הָאֱלֹהִים לְהֵימָן בָּנִים אַרְבָּעָה עָשָׂר וּבָנוֹת שָׁלוֹשׁ

6 כָּל־אֵלֶּה עַל־יְדֵי אֲבִיהֶם בַּשִּׁיר בֵּית יְהוָה בִּמְצִלְתַּיִם נְבָלִים וְכִנֹּרוֹת לַעֲבֹדַת בֵּית הָאֱלֹהִים עַל יְדֵי הַמֶּלֶךְ אָסָף וִידוּתוּן וְהֵימָן

7 וַיְהִי מִסְפָּרָם עִם־אֲחֵיהֶם מְלֻמְּדֵי־שִׁיר לַיהוָה כָּל־הַמֵּבִין מָאתַיִם שְׁמוֹנִים וּשְׁמוֹנָה

8 וַיַּפִּילוּ גּוֹרָלוֹת מִשְׁמֶרֶת לְעֻמַּת כַּקָּטֹן כַּגָּדוֹל מֵבִין עִם־תַּלְמִיד

9 וַיֵּצֵא הַגּוֹרָל הָרִאשׁוֹן לְאָסָף לְיוֹסֵף גְּדַלְיָהוּ הַשֵּׁנִי הוּא־וְאֶחָיו וּבָנָיו שְׁנֵים עָשָׂר

10 הַשְּׁלִשִׁי זַכּוּר בָּנָיו וְאֶחָיו שְׁנֵים עָשָׂר

11 הָרְבִיעִי לַיִּצְרִי בָּנָיו וְאֶחָיו שְׁנֵים עָשָׂר

holy things, and the work of the service of the house of God ;

29 Both for the shew-bread,[b] and for the fine flour[c] for meat-offering, and for[d] the unleavened cakes,and for *that which is baked in* the β pan, and for that which is fried, and for all manner of measure[f] and size ;

30 And[g] to stand every morning to thank and praise the Lord, and likewise at even:

31 And to offer all burnt-sacrifices unto the Lord, in[h] the sabbaths, in the new moons, and on the set feasts,[i] by number, according to the order commanded unto them, continually before the Lord:

32 And that they should keep the[k] charge of the tabernacle of the congregation, and the charge of the holy *place*, and[m] the charge of the sons of Aaron their brethren, in the service of the house of the Lord.

CHAP. XXIV.

NOW[o] *these are* the divisions of the sons of Aaron. The sons of Aaron; Nadab, and Abihu, Eleazar, and Ithamar.

2 But Nadab and Abihu died[p] before their father,& had no children : therefore Eleazar & Ithamar executed the priest's office.

3 And David distributed them, both Zadok of the sons of Eleazar, and Ahimelech[r] of the sons of Ithamar, according to their offices in their service.

4 And there were more chief men found of the sons of Eleazar than of the sons of Ithamar; and *thus* were they divided: among the sons of Eleazar *there were* sixteen chief men of the house of *their* fathers, and eight among the sons of Ithamar, according to the house of their fathers.

5 Thus were they divided by lot,[t] one sort with another: for the governors of the sanctuary, and governors *of the house* of God, were of the sons of Eleazar, and of the sons of Ithamar.

6 And Shemaiah the son of Nethaneel the scribe, *one* of the Levites, wrote them before the king, and the princes, and Zadok the priest, and Ahimelech the son of Abiathar, and *before* the chief of the fathers of the priests and Levites: one ζprincipal household being taken for Eleazar, and *one* taken for Ithamar.

7 Now the first lot came forth to Jehoiarib, the second to Jedaiah,

8 The third to Harim, y[e] fourth to Seorim,

9 The fifth to Malchijah, the sixth to Mijamin,

10 The seventh to Hakkoz, the eighth to Abijah,[u]

11 The ninth to Jeshuah, the tenth to Shecaniah,

12 The eleventh to Eliashib, the twelfth to Jakim,

13 The thirteenth to Huppah, the fourteenth to Jeshebeab,

14 The fifteenth to Bilgah, the sixteenth to Immer,

15 The seventeenth to Hezir, the eighteenth to Aphses,

16 The nineteenth to Pethahiah, the twentieth to Jehezekel,

17 The one and twentieth to Jachin, the two and twentieth to Gamul,

18 The three and twentieth to Delaiah, the four and twentieth to Maaziah.

19 These *were* the orderings[x] of them in their service, to come into the house of the Lord, according to their manner, under Aaron their father, as the Lord God of Israel had commanded him.

20 And the rest of the sons of Levi *were*

B. C. 1018.

a ch. 23. 16, Shebuel.

b Ex. 25. 30.

c Le. 6. 20.

d Le. 2. 4..7.

β or, *flat plate*.

e ch. 23. 18, *Shelomith*.

f Le. 19. 35.

g 2Ch. 29. 25, 26.
Ezr.3.10.11.
Ps. 135.1,2.

h Nu. 10. 10.
Ps. 81. 3.

i Le.23.4,&c.

k Nu. 1. 53.

l Ex. 6. 19.

m Nu. 3. 6..9.

n ch. 23. 22.

o Le. 10. 1, 6.
Nu. 26. 60.

p Nu. 3. 4.

q ch. 25. 8.

r 1 Sa. 21. 1.
22. 9, &c.

s ch.6.33,&c.

t Jos. 18. 10.
Pr. 16. 33.
Jon. 1. 7.
Ac. 1. 26.

γ otherwise called *Jesharelah*, ver. 14.

δ *by the hands of the king*, ver. 6.

ζ *house of the father*.

η or, *Izri*, ver. 11.

θ with Shimei, mentioned ver. 17.

κ or.*Azareel* ver. 18.

λ or.*Shubael*, ver. 20.

u Ne.12.4,17.
Lu. 1. 5.

μ or,*matters*.

ν *by the hands of the king*, ver. 2.

v ch. 24. 5.

w 2Ch. 23. 13.

x ch. 9. 25.

---

these : Of the sons of Amram : Shubael:[a] of the sons of Shubael ; Jehdeiah.

21 Concerning Rehabiah; of the sons of Rehabiah, the first *was* Isshiah.

22 Of the Izharites; Shelomoth:[e] of the sons of Shelomoth ; Jahath.

23 And the sons *of Hebron;* Jeriah *the first*, Amariah the second, Jahaziel the third, Jekameam the fourth.

24 *Of* the sons of Uzziel ; Michah : of the sons of Michah ; Shamir.

25 The brother of Michah *was* Isshiah : of the sons of Isshiah ; Zechariah.

26 The[l] sons of Merari *were* Mahli and Mushi: the sons of Jaaziah ; Beno.

27 The sons of Merari by Jaaziah ; Beno, and Shoham, and Zaccur, and Ibri.

28 Of Mahli *came* Eleazar, who[n] had no sons.

29 Concerning Kish ; the son of Kish *was* Jerahmeel.

30 The sons also of Mushi ; Mahli, and Eder, and Jerimoth. These *were* the sons of the Levites, after the house of their fathers.

31 These likewise cast lots over[q] against their brethren the sons of Aaron, in the presence of David the king, and Zadok and Ahimelech, and the chief of the fathers of the priests and Levites, even the principal fathers, over against their younger brethren.

CHAP. XXV.

MOREOVER, David and the captains of the host, separated to the service of the sons of Asaph,[s] and of Heman, and of Jeduthun, who should prophesy with harps, with psalteries, and with cymbals : and the number of the workmen, according to their service, was:

2 Of the sons of Asaph ; Zaccur, and Joseph, and Nethaniah, and γAsarelah, the sons of Asaph, under the hands of Asaph, which prophesied δ according to the order of the king.

3 Of Jeduthun : the sons of Jeduthun ; Gedaliah, and ηZeri, and Jeshaiah, Hashabiah, and Mattithiah, θ six, under the hands of their father Jeduthun, who prophesied with a harp, to give thanks and to praise the Lord.

4 Of Heman : the sons of Heman ; Bukkiah, Mattaniah, κ Uzziel, λ Shebuel, and Jerimoth, Hananiah, Hanani, Eliathah, Giddalti, and Romamti-ezer, Joshbekashah, Mallothi, Hothir, *and* Mahazioth:

5 All these *were* the sons of Heman the king's seer in the μ words of God, to lift up the horn. And God gave to Heman fourteen sons and three daughters.

6 All these *were* under the hands of their father for song *in* the house of the Lord, with cymbals, psalteries, and harps, for the service of the house of God, νaccording to the king's order to Asaph, Jeduthun, and Heman.

7 So the number of them with their brethren, that were instructed in the songs of the Lord, *even* all that were cunning, was two hundred fourscore and eight.

8 And[v] they cast lots, ward against ward, as well the small as the great, the teacher[w] as the scholar.

9 Now, the first lot came forth for Asaph to Joseph: the second to Gedaliah, who with his brethren and sons *were* twelve:

10 The third to Zaccur, *he*, his sons and his brethren, *were* twelve:

11 The fourth to Izri, *he*, his sons and his brethren, *were* twelve:

הַחֲמִישִׁי נְתַנְאֵל :   בָּנָיו וְאֶחָיו שְׁנֵים עָשָׂר 12

הַשִּׁשִּׁי בָּקְבֻקְיָה בָּנָיו :   בָּנָיו וְאֶחָיו שְׁנֵים עָשָׂר 13

הַשְּׁבִעִי יְשַׂרְאֵלָה בָּנָיו וְאֶחָיו :   וְאֶחָיו שְׁנֵים עָשָׂר 14

הַשְּׁמִינִי יְשַׁעְיָהוּ בָּנָיו וְאֶחָיו שְׁנֵים :   שְׁנֵים עָשָׂר 15

עָשָׂר :   הַתְּשִׁיעִי מַתַּנְיָהוּ בָּנָיו וְאֶחָיו שְׁנֵים עָשָׂר 16

הָעַשְׂתֵּי עָשָׂר שִׁמְעִי בָּנָיו וְאֶחָיו שְׁנֵים עָשָׂר : עַשְׁתֵּי 17
  18

הַשְּׁנֵים עָשָׂר לַחֲשַׁבְיָה בָּנָיו וְאֶחָיו שְׁנֵים עָשָׂר : 19

לִשְׁלֹשָׁה עָשָׂר שׁוּבָאֵל בָּנָיו וְאֶחָיו שְׁנֵים עָשָׂר : 20

לְאַרְבָּעָה עָשָׂר מַתִּתְיָהוּ בָּנָיו וְאֶחָיו שְׁנֵים עָשָׂר : 21

לַחֲמִשָּׁה עָשָׂר לִירֵמוֹת בָּנָיו וְאֶחָיו שְׁנֵים עָשָׂר : 22

לִשִּׁשָּׁה עָשָׂר לַחֲנַנְיָהוּ בָּנָיו וְאֶחָיו שְׁנֵים עָשָׂר : 23

לְשִׁבְעָה עָשָׂר לְיָשְׁבְּקָשָׁה בָּנָיו וְאֶחָיו שְׁנֵים עָשָׂר : 24

לִשְׁמוֹנָה עָשָׂר לַחֲנָנִי בָּנָיו וְאֶחָיו שְׁנֵים עָשָׂר : 25

לְתִשְׁעָה עָשָׂר לְמַלּוֹתִי בָּנָיו וְאֶחָיו שְׁנֵים עָשָׂר : 26

לְעֶשְׂרִים לֶאֱלִיָּתָה בָּנָיו וְאֶחָיו שְׁנֵים עָשָׂר : 27

לְאֶחָד וְעֶשְׂרִים לְהוֹתִיר בָּנָיו וְאֶחָיו שְׁנֵים עָשָׂר : 28

לִשְׁנַיִם וְעֶשְׂרִים לְגִדַּלְתִּי בָּנָיו וְאֶחָיו שְׁנֵים עָשָׂר : 29

לִשְׁלֹשָׁה   30

וְעֶשְׂרִים לְמַחֲזִיאוֹת בָּנָיו וְאֶחָיו שְׁנֵים עָשָׂר : 31
לְאַרְבָּעָה וְעֶשְׂרִים לְרוֹמַמְתִּי עֶזֶר בָּנָיו וְאֶחָיו שְׁנֵים
עָשָׂר :

CAP. XXVI. כו

לְמַחְלְקוֹת לְשֹׁעֲרִים לַקָּרְחִים מְשֶׁלֶמְיָהוּ בֶן־קֹרֵא 1
מִן־בְּנֵי אָסָף :   וְלִמְשֶׁלֶמְיָהוּ בָּנִים זְכַרְיָהוּ הַבְּכוֹר 2
יְדִיעֲאֵל הַשֵּׁנִי זְבַדְיָהוּ הַשְּׁלִשִׁי יַתְנִיאֵל הָרְבִיעִי :
עֵילָם הַחֲמִישִׁי יְהוֹחָנָן הַשִּׁשִּׁי אֶלְיְהוֹעֵינַי הַשְּׁבִיעִי : 3
וּלְעֹבֵד אֱדֹם בָּנִים שְׁמַעְיָה הַבְּכוֹר יְהוֹזָבָד הַשֵּׁנִי 4
יוֹאָח הַשְּׁלִשִׁי וְשָׂכָר הָרְבִיעִי וּנְתַנְאֵל הַחֲמִישִׁי :
עַמִּיאֵל הַשִּׁשִּׁי יִשָּׂשכָר הַשְּׁבִיעִי פְּעֻלְּתַי הַשְּׁמִינִי 5
כִּי בֵרֲכוֹ אֱלֹהִים :   וְלִשְׁמַעְיָה בְנוֹ נוֹלַד בָּנִים 6
הַמִּמְשָׁלִים לְבֵית אֲבִיהֶם כִּי־גִבּוֹרֵי חַיִל הֵמָּה :
בְּנֵי שְׁמַעְיָה עָתְנִי וּרְפָאֵל וְעוֹבֵד אֶלְזָבָד אֶחָיו 7
בְּנֵי־חַיִל אֱלִיהוּ וּסְמַכְיָהוּ :   כָּל־אֵלֶּה מִבְּנֵי־עֹבֵד 8
אֱדֹם הֵמָּה וּבְנֵיהֶם וַאֲחֵיהֶם אִישׁ־חַיִל בַּכֹּחַ
לַעֲבֹדָה שִׁשִּׁים וּשְׁנַיִם לְעֹבֵד אֱדֹם :   וְלִמְשֶׁלֶמְיָהוּ 9
בָּנִים וְאַחִים בְּנֵי־חַיִל שְׁמוֹנָה עָשָׂר :   וּלְחֹסָה 10
מִן־בְּנֵי־מְרָרִי בָּנִים שִׁמְרִי הָרֹאשׁ כִּי לֹא־הָיָה בְכוֹר
וַיְשִׂימֵהוּ אָבִיהוּ לְרֹאשׁ :   חִלְקִיָּהוּ הַשֵּׁנִי טְבַלְיָהוּ 11
הַשְּׁלִשִׁי זְכַרְיָהוּ הָרְבִעִי כָּל־בָּנִים וְאַחִים לְחֹסָה

שְׁלֹשָׁה עָשָׂר :   לְאֵלֶּה מַחְלְקוֹת הַשֹּׁעֲרִים לְרָאשֵׁי 12

הַגְּבָרִים מִשְׁמָרוֹת לְעֻמַּת אֲחֵיהֶם לְשָׁרֵת בְּבֵית 13

יְהוָה :   וַיַּפִּילוּ גוֹרָלוֹת כַּקָּטֹן כַּגָּדוֹל לְבֵית אֲבוֹתָם 13

לְשַׁעַר וָשָׁעַר :   וַיִּפֹּל הַגּוֹרָל מִזְרָחָה לְשֶׁלֶמְיָהוּ 14

וּזְכַרְיָהוּ בְנוֹ יוֹעֵץ בְּשֶׂכֶל הִפִּילוּ גוֹרָלוֹת וַיֵּצֵא גוֹרָלוֹ 15

צָפוֹנָה :   לְעֹבֵד אֱדֹם נֶגְבָּה וּלְבָנָיו בֵּית הָאֲסֻפִּים : 15

לְשֻׁפִּים וּלְחֹסָה לַמַּעֲרָב עִם שַׁעַר שַׁלֶּכֶת בַּמְסִלָּה 16

הָעוֹלָה מִשְׁמָר לְעֻמַּת מִשְׁמָר :   לַמִּזְרָח הַלְוִיִּם 17

שִׁשָּׁה לַצָּפוֹנָה לַיּוֹם אַרְבָּעָה לַנֶּגְבָּה לַיּוֹם אַרְבָּעָה

וְלָאֲסֻפִּים שְׁנַיִם שְׁנָיִם :   לַפַּרְבָּר לַמַּעֲרָב אַרְבָּעָה 18

לַמְסִלָּה שְׁנַיִם לַפַּרְבָּר :   אֵלֶּה מַחְלְקוֹת הַשֹּׁעֲרִים 19

לִבְנֵי הַקָּרְחִי וְלִבְנֵי מְרָרִי :   וְהַלְוִיִּם אֲחִיָּה עַל 20

אוֹצְרוֹת בֵּית הָאֱלֹהִים וּלְאֹצְרוֹת הַקֳּדָשִׁים :   בְּנֵי 21

לַעְדָּן בְּנֵי הַגֵּרְשֻׁנִּי לְלַעְדָּן רָאשֵׁי הָאָבוֹת לְלַעְדָּן

הַגֵּרְשֻׁנִּי יְחִיאֵלִי :   בְּנֵי יְחִיאֵלִי זֵתָם וְיוֹאֵל אָחִיו 22

עַל־אֹצְרוֹת בֵּית יְהוָה :   לַעַמְרָמִי לַיִּצְהָרִי 23

לַחֶבְרוֹנִי לָעָזִּיאֵלִי :   וּשְׁבֻאֵל בֶּן־גֵּרְשׁוֹם בֶּן־מֹשֶׁה 24

נָגִיד עַל־הָאֹצָרוֹת :   וְאֶחָיו לֶאֱלִיעֶזֶר רְחַבְיָהוּ בְנוֹ 25

וִישַׁעְיָהוּ בְנוֹ וְיֹרָם בְּנוֹ וְזִכְרִי בְנוֹ וּשְׁלֹמוֹת בְּנוֹ :

הוּא שְׁלֹמוֹת וְאֶחָיו עַל כָּל־אֹצְרוֹת הַקֳּדָשִׁים 26

אֲשֶׁר הִקְדִּישׁ דָּוִיד הַמֶּלֶךְ וְרָאשֵׁי הָאָבוֹת לְשָׂרֵי

הָאֲלָפִים וְהַמֵּאוֹת וְשָׂרֵי הַצָּבָא :   מִן־הַמִּלְחָמוֹת 27

וּמִן־הַשָּׁלָל הִקְדִּישׁוּ לְחַזֵּק לְבֵית יְהוָה :   וְכֹל 28

הַהִקְדִּישׁ שְׁמוּאֵל הָרֹאֶה וְשָׁאוּל בֶּן־קִישׁ וְאַבְנֵר

בֶּן־נֵר וְיוֹאָב בֶּן־צְרוּיָה כֹּל הַמַּקְדִּישׁ עַל יַד־שְׁלֹמִית

וְאֶחָיו :   לַיִּצְהָרִי כְּנַנְיָהוּ וּבָנָיו לַמְּלָאכָה הַחִיצוֹנָה 29

עַל־יִשְׂרָאֵל לְשֹׁטְרִים וּלְשֹׁפְטִים :   לַחֶבְרוֹנִי 30

חֲשַׁבְיָהוּ וְאֶחָיו בְּנֵי־חַיִל אֶלֶף וּשְׁבַע־מֵאוֹת עַל

פְּקֻדַּת יִשְׂרָאֵל מֵעֵבֶר לַיַּרְדֵּן מַעֲרָבָה לְכֹל מְלֶאכֶת

יְהוָה וְלַעֲבֹדַת הַמֶּלֶךְ :   לַחֶבְרוֹנִי יְרִיָּה הָרֹאשׁ 31

לַחֶבְרוֹנִי לְתֹלְדֹתָיו לְאָבוֹת בִּשְׁנַת הָאַרְבָּעִים לְמַלְכוּת

דָּוִיד נִדְרָשׁוּ וַיִּמָּצֵא בָהֶם גִּבּוֹרֵי חַיִל בְּיַעְזֵיר

גִּלְעָד :   וְאֶחָיו בְּנֵי־חַיִל אַלְפַּיִם וּשְׁבַע מֵאוֹת 32

רָאשֵׁי הָאָבוֹת וַיַּפְקִידֵם דָּוִיד הַמֶּלֶךְ עַל הָראוּבֵנִי

וְהַגָּדִי וַחֲצִי שֵׁבֶט הַמְנַשִּׁי לְכָל־דְּבַר הָאֱלֹהִים וּדְבַר

הַמֶּלֶךְ :

CAP. XXVII. כו

וּבְנֵי יִשְׂרָאֵל לְמִסְפָּרָם רָאשֵׁי הָאָבוֹת וְשָׂרֵי 1

12 The fifth to Nethaniah, *he*, his sons and his brethren, *were* twelve :

13 The sixth to Bukkiah, *he*, his sons and his brethren, *were* twelve :

14 The seventh to Jesharelah, *he*, his sons and his brethren, *were* twelve :

15 The eighth to Jeshaiah, *he*, his sons and his brethren, *were* twelve :

16 The ninth to Mattaniah, *he*, his sons and his brethren, *were* twelve :

17 The tenth to Shimei, *he*, his sons and his brethren, *were* twelve :

18 The eleventh to Azareel,*b he*, his sons and his brethren, *were* twelve :

19 The twelfth to Hashabiah, *he*, his sons and his brethren, *were* twelve :

20 The thirteenth to Shubael, *he*, his sons and his brethren, *were* twelve :

21 The fourteenth to Mattithiah, *he*, his sons and his brethren, *were* twelve :

22 The fifteenth to Jeremoth, *he*, his sons and his brethren, *were* twelve :

23 The sixteenth to Hananiah, *he*, his sons and his brethren, *were* twelve :

24 The seventeenth to Joshbekashah, *he*, his sons and his brethren, *were* twelve :

25 The eighteenth to Hanani, *he*, his sons and his brethren, *were* twelve :

26 The nineteenth to Mallothi, *he*, his sons and his brethren, *were* twelve :

27 The twentieth to Eliathah, *he*, his sons and his brethren, *were* twelve :

28 The one and twentieth to Hothir, *he*, his sons and his brethren, *were* twelve :

29 The two and twentieth to Giddalti, *he*, his sons and his brethren, *were* twelve :

30 The three and twentieth to Mahazioth, *he*, his sons and his brethren, *were* twelve :

31 The four & twentieth to Romamti-ezer, *he*, his sons and his brethren, *were* twelve.

CHAP. XXVI.

CONCERNING ye divisions of the porters : Of the Korhites *was* κ Meshelemiah the son of Kore, of the sons of λ Asaph.

2 And the sons of Meshelemiah *were*, Zechariah ye first-born, Jediael ye second, Zebadiah the third, Jathniel the fourth,

3 Elam the fifth, Jehohanan the sixth, Elioenai the seventh.

4 Moreover the sons of Obed-edom *were*, Shemaiah the first-born, Jehozabad the second, Joah the third, and Sacar the fourth, and Nethaneel the fifth,

5 Ammiel ye sixth, Issachar ye seventh, Peulthai ye eighth ; for God ν blessed him.

6 Also unto Shemaiah his son were sons born, that ruled throughout the house of their father : for they *were* mighty men *m* of valour.

7 The sons of Shemaiah ; Othni, and Rephael, and Obed, Elzabad, whose brethren *were* strong men, Elihu, and Semachiah.

8 All these of the sons of Obed-edom ; they, and their sons, and their brethren, able*o* men for strength for the service, *were* threescore and two of Obed-edom.

9 And Meshelemiah had sons and brethren, strong men, eighteen.

10 Also Hosah,*p* of the children of Merari, had sons ; Simri the chief, (for *though* he was not the first-born, yet his father made him the chief ;)

11 Hilkiah the second, Tebaliah the third, Zechariah the fourth : all the sons and brethren of Hosah *were* thirteen.

12 Among these *were* the divisions of the porters, *even* among the chief men, *having* wards one against another, to minister in the house of the LORD.

B. C. 1015.

β or, *as well for the small as for the great.*

γ called *Meshelemiah,* ver. 1.

δ *gatherings.*

a 1 Ki. 10. 5. 2 Ch. 9. 4.

b ver. 4, *Uzziel.*

c ver. 15.

d ch. 28. 12. Mal. 3. 10.

ξ *holy.*

η or, *Libni,* ch. 6. 17.

θ or, *Jehiel,* ch. 23. 8. 29. 8.

e ch. 23. 16.

f ch. 23. 18.

κ or, *Shelemiah,* ver. 14.

λ or, *Ebiasaph,* ch. 6. 37. 9. 19.

g Jos. 6. 19.

μ *battles and spoils.*

h 1 Sa. 9. 9.

i ch. 15. 18, 21. 16. 5, 38.

ν i. e. Obededom, as ch. 13. 14. Ps. 128. 1, 2.

k ch. 23. 4.

l ver. 6.

π *over the charge.*

m Ne. 11. 14.

n ch. 23. 19.

o Mat. 25. 15. 1 Co. 12. 4. 11. 2 Co. 3. 6. 1 Pe. 4. 11.

p ch. 16. 38.

q Jos. 21. 39.

ρ *thing.*

r 2 Ch. 19. 11.

13 And they cast lots, β as well the small as the great, according to the house of their fathers, for every gate.

14 And the lot eastward fell to γ Shelemiah. Then for Zechariah his son (a wise counsellor) they cast lots, and his lot came out northward.

15 To Obed-edom southward, and to his sons the house of δ Asuppim.

16 To Shuppim and Hosah *the lot came forth* westward, with the gate Shallecheth, by the causeway of the going *a* up, ward against ward.

17 Eastward *were* six Levites, northward four a day, southward four a day, and toward Asuppim*c* two *and* two.

18 At Parbar westward, four at the causeway, *and* two at Parbar.

19 These *are* the divisions of the porters among the sons of Kore, and among the sons of Merari.

20 And of the Levites, Ahijah *was* over the treasures of the house of God, and over the treasures*d* of the ζ dedicated things.

21 *As* concerning the sons of η Laadan : the sons of the Gershonite Laadan, chief fathers, *even* of Laadan the Gershonite, *were* θ Jehieli.

22 The sons of Jehieli ; Zetham, and Joel his brother, *which were* over the treasures of the house of the LORD.

23 Of the Amramites, *and* the Izharites, the Hebronites, *and* the Uzzielites :

24 And Shebuel*e* the son of Gershom, the son of Moses, *was* ruler of the treasures.

25 And his brethren by Eliezer ; Rehabiah his son, and Jeshaiah his son, and Joram his son, and Zichri his son, and Shelomith*f* his son.

26 Which Shelomith and his brethren *were* over all the treasures of the dedicated things, which David the king, and the chief fathers, the captains over thousands and hundreds, and the captains of the host, had dedicated.

27 Out*g* of the μ spoils won in battles did they dedicate to maintain the house of the LORD.

28 And all that Samuel the seer,*h* and Saul the son of Kish, and Abner the son of Ner, and Joab the son of Zeruiah, had dedicated ; *and* whosoever had dedicated *any thing, it was* under the hand of Shelomith, and of his brethren.

29 Of the Izharites, Chenaniah and his sons *were* for the outward business over Israel, for officers *k* and judges.

30 *And* of the Hebronites, Hashabiah and his brethren, men *l* of valour, a thousand and seven hundred, *were* π officers among them of Israel on this side Jordan, westward, in all the business of the LORD, and in the service of the king.

31 Among the Hebronites *was*ᵐ Jerijah the chief, *even* among the Hebronites, according to the generations of his fathers. In the fortieth year of the reign of David they were sought for, and there were found among them mighty men of valour at Jazer*q* of Gilead.

32 And his brethren, men of valour, *were* two thousand and seven hundred chief fathers, whom king David made rulers over the Reubenites, the Gadites, and the half tribe of Manasseh, for every matter pertaining to God, and ρ affairs*r* of the king.

CHAP. XXVII.

NOW the children of Israel after their

הָאֱלָפִים ׳וְהַמֵּאוֹת וְשֹׂטְרֵיהֶם הַמְשָׁרְתִים אֶת־ 22 לְבִנְיָמִן יַעֲשִׂיאֵל בֶּן־אַבְנֵר ׃ לִוִ֔י עֲשָׂרְאֵל בֶּן־יְרֹחָם

הַמֶּלֶךְ לְכֹל ׳ דְּבַר הַמַּחְלְקוֹת הַבָּאָה וְהַיֹּצֵאת 23 אֵלֶּה שָׂרֵי שִׁבְטֵי יִשְׂרָאֵל ׃ וְלֹא־נָשָׂא דָוִיד מִסְפָּרָם

חֹדֶשׁ בְּחֹדֶשׁ לְכֹל חׇדְשֵׁי הַשָּׁנָה הַמַּחֲלֹקֶת הָאֶחָת ׃ לְמִבֶּן עֶשְׂרִים שָׁנָה וּלְמָ֑טָּה כִּי אָמַר יְהֹוָה לְהַרְבּוֹת

2 עֶשְׂרִים וְאַרְבָּעָה אָלֶף ׃ עַל הַמַּחֲלֹקֶת אֶת־יִשְׂרָאֵל כְּכוֹכְבֵי הַשָּׁמָיִם ׃ 24 יוֹאָב בֶּן־צְרוּיָה

הָרִאשׁוֹנָה לַחֹדֶשׁ הָרִאשׁוֹן יָשׇׁבְעָם בֶּן־זַבְדִּיאֵל הֵחֵל לִמְנוֹת וְלֹא כִלָּה וַיְהִי בָּזֹאת קֶצֶף עַל־

3 וְעַל מַחֲלֻקְתּוֹ עֶשְׂרִים וְאַרְבָּעָה אָלֶף ׃ מִן־בְּנֵי יִשְׂרָאֵל וְלֹא עָלָה הַמִּסְפָּר בְּמִסְפַּר דִּבְרֵי הַיָּמִים

פֶרֶץ הָרֹאשׁ לְכׇל־שָׂרֵי הַצְּבָאוֹת לַחֹדֶשׁ הָרִאשׁוֹן ׃ לַמֶּלֶךְ דָּוִיד ׃ 25 וְעַל אֹצְרוֹת הַמֶּלֶךְ עַזְמָוֶת בֶּן־

4 וְעַל מַחֲלֹקֶת הַחֹדֶשׁ הַשֵּׁנִי דּוֹדַי הָאֲחוֹחִי עֲדִיאֵל וְעַל הָאֹצָרוֹת בַּשָּׂדֶה בֶּעָרִים וּבַכְּפָרִים

וּמַחֲלֻקְתּוֹ וּמִקְלוֹת הַנָּגִיד וְעַל מַחֲלֻקְתּוֹ עֶשְׂרִים ׃ 26 וְעַל עֹשֵׂי מְלֶאכֶת הַשָּׂדֶה לַעֲבֹדַת הָאֲדָמָה עֶזְרִי בֶּן־כְּלוּב ׃

5 וְאַרְבָּעָה אָלֶף ׃ שַׂר הַצָּבָא הַשְּׁלִישִׁי לַחֹדֶשׁ 27 וְעַל הַכְּרָמִים שִׁמְעִי הָרָמָתִי וְעַל שֶׁבַּכְּרָמִים

הַשְּׁלִישִׁי בְּנָיָהוּ בֶן־יְהוֹיָדָע הַכֹּהֵן רֹאשׁ וְעַל מַחֲלֻקְתּוֹ לְאֹצְרוֹת הַיַּיִן זַבְדִּי הַשִּׁפְמִי ׃ 28 וְעַל־הַזֵּיתִים

6 עֶשְׂרִים וְאַרְבָּעָה אָלֶף ׃ הוּא בְנָיָהוּ גִּבּוֹר הַשְּׁלֹשִׁים וְהַשִּׁקְמִים אֲשֶׁר בַּשְּׁפֵלָה בַּעַל חָנָן הַגְּדֵרִי וְעַל־

7 וְעַל מַחֲלֻקְתּוֹ עַמִּיזָבָד בְּנוֹ ׃ הָרְבִיעִי אֹצְרוֹת הַשֶּׁמֶן יוֹעָשׁ ׃ 29 וְעַל הַבָּקָר הָרֹעִים בַּשָּׁרוֹן

לַחֹדֶשׁ הָרְבִיעִי עֲשָׂהאֵל אֲחִי יוֹאָב וּזְבַדְיָה בְנוֹ אַחֲרָיו שִׁטְרַי הַשָּׁרוֹנִי וְעַל־הַבָּקָר בָּעֲמָקִים שָׁפָט בֶּן־

8 וְעַל מַחֲלֻקְתּוֹ עֶשְׂרִים וְאַרְבָּעָה אָלֶף ׃ הַחֲמִישִׁי עַדְלָי ׃ 30 וְעַל הַגְּמַלִּים אוֹבִיל הַיִּשְׁמְעֵלִי וְעַל־

לַחֹדֶשׁ הַחֲמִישִׁי הַשַּׂר שַׁמְהוּת הַיִּזְרָח וְעַל הָאֲתֹנוֹת יֶחְדְּיָהוּ הַמֵּרֹנֹתִי ׃ 31 וְעַל־הַצֹּאן יָזִיז

9 מַחֲלֻקְתּוֹ עֶשְׂרִים וְאַרְבָּעָה אָלֶף ׃ הַשִּׁשִּׁי לַחֹדֶשׁ הַהַגְרִי כׇּל־אֵלֶּה שָׂרֵי הָרְכוּשׁ אֲשֶׁר לַמֶּלֶךְ דָּוִיד ׃

הַשִּׁשִּׁי עִירָא בֶן־עִקֵּשׁ הַתְּקוֹעִי וְעַל מַחֲלֻקְתּוֹ 32 וִיהוֹנָתָן דּוֹד־דָּוִיד יוֹעֵץ אִישׁ־מֵבִין וְסוֹפֵר

10 עֶשְׂרִים וְאַרְבָּעָה אָלֶף ׃ הַשְּׁבִיעִי לַחֹדֶשׁ הוּא וִיחִיאֵל בֶּן־חַכְמוֹנִי עִם־בְּנֵי הַמֶּלֶךְ ׃ 33 וַאֲחִיתֹפֶל

הַשְּׁבִיעִי חֶלֶץ הַפְּלוֹנִי מִן־בְּנֵי אֶפְרָיִם וְעַל מַחֲלֻקְתּוֹ יוֹעֵץ לַמֶּלֶךְ וְחוּשַׁי הָאַרְכִּי רֵעַ הַמֶּלֶךְ ׃ 34 וְאַחֲרֵי

11 עֶשְׂרִים וְאַרְבָּעָה אָלֶף ׃ הַשְּׁמִינִי לַחֹדֶשׁ אֲחִיתֹפֶל יְהוֹיָדָע בֶּן־בְּנָיָהוּ וְאֶבְיָתָר וְשַׂר־צָבָא לַמֶּלֶךְ

12 הַשְּׁמִינִי סִבְּכַי הַחֻשָׁתִי לַזַּרְחִי וְעַל מַחֲלֻקְתּוֹ עֶשְׂרִים יוֹאָב ׃

וְאַרְבָּעָה אָלֶף ׃ הַתְּשִׁיעִי לַחֹדֶשׁ הַתְּשִׁיעִי

13 אֲבִיעֶזֶר הָעַנְּתֹתִי לַבֶּנְיָמִינִי וְעַל מַחֲלֻקְתּוֹ עֶשְׂרִים
וְאַרְבָּעָה אָלֶף ׃ הָעֲשִׂירִי לַחֹדֶשׁ הָעֲשִׂירִי מַהְרַי

CAP. XXVIII. כח

13 הַנְּטוֹפָתִי לַזַּרְחִי וְעַל מַחֲלֻקְתּוֹ עֶשְׂרִים וְאַרְבָּעָה 1 וַיַּקְהֵל דָּוִיד אֶת־כׇּל־שָׂרֵי יִשְׂרָאֵל שָׂרֵי הַשְּׁבָטִים

14 אָלֶף ׃ עַשְׁתֵּי עָשָׂר לְעַשְׁתֵּי עָשָׂר הַחֹדֶשׁ וְשָׂרֵי הַמַּחְלְקוֹת הַמְשָׁרְתִים אֶת־הַמֶּלֶךְ וְשָׂרֵי

בְּנָיָה הַפִּרְעָתוֹנִי מִן־בְּנֵי אֶפְרָיִם וְעַל מַחֲלֻקְתּוֹ הָאֲלָפִים וְשָׂרֵי הַמֵּאוֹת וְשָׂרֵי כׇל־רְכוּשׁ־וּמִקְנֶה

15 עֶשְׂרִים וְאַרְבָּעָה אָלֶף ׃ הַשְּׁנֵים עָשָׂר לַמֶּלֶךְ וּלְבָנָיו עִם־הַסָּרִיסִים וְהַגִּבּוֹרִים וּלְכׇל־גִּבּוֹר

לִשְׁנֵים עָשָׂר הַחֹדֶשׁ חֶלְדַּי הַנְּטוֹפָתִי לְעׇתְנִיאֵל 2 חַיִל אֶל־יְרוּשָׁלָ͏ִם ׃ וַיָּקׇם דָּוִיד הַמֶּלֶךְ עַל־רַגְלָיו

16 וְעַל מַחֲלֻקְתּוֹ עֶשְׂרִים וְאַרְבָּעָה אָלֶף ׃ וַיֹּאמֶר שְׁמָעוּנִי אַחַי וְעַמִּי אֲנִי עִם־לְבָבִי לִבְנוֹת

שִׁבְטֵי יִשְׂרָאֵל לָרְאוּבֵנִי נָגִיד אֱלִיעֶזֶר בֶּן־זִכְרִי בֵּית מְנוּחָה לַאֲרוֹן בְּרִית־יְהֹוָה וְלַהֲדֹם רַגְלֵי

17 לַשִּׁמְעוֹנִי שְׁפַטְיָהוּ בֶּן־מַעֲכָה ׃ לְלֵוִי חֲשַׁבְיָה בֶּן־ 3 אֱלֹהֵינוּ וַהֲכִינוֹתִי לִבְנוֹת ׃ וְהָאֱלֹהִים אָמַר לִי לֹא־

18 קְמוּאֵל לְאַהֲרֹן צָדוֹק ׃ לִיהוּדָה אֱלִיהוּ מֵאֲחֵי דָוִיד תִבְנֶה בַיִת לִשְׁמִי כִּי אִישׁ מִלְחָמוֹת אַתָּה וְדָמִים

19 לְיִשָּׂשכָר עׇמְרִי בֶּן־מִיכָאֵל ׃ לִזְבוּלֻן יִשְׁמַעְיָהוּ בֶּן־ 4 שָׁפָכְתָּ ׃ וַיִּבְחַר יְהֹוָה אֱלֹהֵי יִשְׂרָאֵל בִּי מִכֹּל בֵּית־

20 עֹבַדְיָהוּ לְנַפְתָּלִי יְרִימוֹת בֶּן־עַזְרִיאֵל ׃ לִבְנֵי אֶפְרַיִם אָבִי לִהְיוֹת לְמֶלֶךְ עַל־יִשְׂרָאֵל לְעוֹלָם כִּי בִיהוּדָה

הוֹשֵׁעַ בֶּן־עֲזַזְיָהוּ לַחֲצִי שֵׁבֶט מְנַשֶּׁה יוֹאֵל בֶּן־ בָּחַר לְנָגִיד וּבְבֵית יְהוּדָה בֵּית אָבִי וּבִבְנֵי אָבִי בִּי

21 פְדָיָהוּ ׃ לַחֲצִי הַמְנַשֶּׁה גִּלְעָדָה יִדּוֹ בֶּן־זְכַרְיָהוּ 5 רָצָה לְהַמְלִיךְ עַל־כׇּל־יִשְׂרָאֵל ׃ וּמִכׇּל־בָּנַי כִּי רַבִּים

בָּנִים נָתַן לִי יְהֹוָה וַיִּבְחַר בִּשְׁלֹמֹה בְנִי לָשֶׁבֶת עַל

number, *to wit,* the chief fathers and captains of thousands and hundreds, and their officers that served the king in any matter of the courses, which came in and went out month*ᵃ* by month, throughout all the months of the year, of every course *were* twenty and four thousand.

2 Over the first course, for the first month, *was* Jashobeam*ᵉ* the son of Zabdiel: and in his course *were* twenty and four thousand.

3 Of the children of Perez *was* the chief of all the captains of the host for the first month.

4 And over the course of the second month *was* γ Dodai an Ahohite, and of his course *was* Mikloth also the ruler: in his course likewise *were* twenty and four thousand.

5 The third captain of the host, for the third month, *was* Benaiah the son of Jehoiada, a δ chief priest: and in his course *were* twenty and four thousand.

6 This *is that* Benaiah*ᵉ who was* mighty *among* the thirty, and above the thirty: and in his course *was* Ammizabad his son.

7 The fourth *captain,* for the fourth month, *was* Asahel*ᵍ* the brother of Joab, and Zebadiah his son after him: and in his course *were* twenty and four thousand.

8 The fifth captain, for the fifth month, *was* Shamhuth the Izrahite: and in his course *were* twenty and four thousand.

9 The sixth *captain,* for the sixth month, *was* Ira*ʰ* the son of Ikkesh the Tekoite: and in his course *were* twenty and four thousand.

10 The seventh *captain,* for the seventh month, *was* Helez*ⁱ* the Pelonite, of the children of Ephraim: and in his course *were* twenty and four thousand.

11 The eighth *captain,* for the eighth month, *was* Sibbecai*ᵏ* the Hushathite, of the Zarhites; and in his course *were* twenty and four thousand.

12 The ninth *captain,* for the ninth month, *was* Abiezer*ⁿ* the Anetothite, of the Benjamites: and in his course *were* twenty and four thousand.

13 The tenth *captain* for the tenth month, *was* Maharai*ᵩ* the Netophathite, of the Zarhites: and in his course *were* twenty and four thousand.

14 The eleventh *captain,* for the eleventh month, *was* Benaiah*ᵗ* the Pirathonite, of the children of Ephraim: and in his course *were* twenty and four thousand.

15 The twelfth *captain* for the twelfth month, *was* v Heldai the Netophathite, of Othniel: and in his course *were* twenty and four thousand.

16 Furthermore over the tribes of Israel; the ruler of the Reubenites *was* Eliezer the son of Zichri: of the Simeonites, Shephatiah the son of Maachah:

17 Of the Levites, Hashabiah*ˣ* the son of Kemuel: of the Aaronites, Zadok:

18 Of Judah, Elihu,*ᶻ one* of the brethren of David: of Issachar, Omri the son of Michael.

19 Of Zebulun, Ishmaiah the son of Obadiah: of Naphtali, Jerimoth the son of Azriel:

20 Of the children of Ephraim, Hoshea the son of Azaziah: of the half tribe of Manasseh, Joel the son of Pedaiah:

21 Of the half *tribe* of Manasseh in Gilead, Iddo the son of Zechariah: of Benjamin, Jaasiel the son of Abner:

22 Of Dan, Azareel the son of Jeroham.

B. C. 1015.

a 1Ki.4.7,27.
b Ge. 15. 5.
c ch. 11. 11.
d ch. 21. 7.
2 Sa. 24. 15.
β *ascended.*
γ or, *Dodo,* 2 Sa. 23. 9.
δ or, *principal officer,* 1 Ki. 4. 5.
ζ *that which was of the vineyards.*
e ch.11.22.24. 2 Sa. 23. 20, 22.
f 1 Ki. 20. 27.
g ch. 11. 26. 2Sa 2.18..23. 23. 24.
h ch. 11. 28.
i ch. 11. 27.
η or, *secretary.*
θ or, *Hackmonite.*
k ch. 11. 29. 2 Sa. 21. 18.
l 2Sa. 15. 12.
m 2Sa. 15. 37. 16. 16.
n ch. 11. 28.
o 1 Ki. 1. 7.
p ch. 11. 6.
q ch. 11. 30. 2 Sa. 23. 28.
r ch. 27. 16.
s ch. 27. 1, 2.
t ch. 11. 31.
u ch. 27. 25.
κ or, *cattle.*
λ or, *and his sons.*
μ or,*eunuchs.*
ν or, *Heled,* ch. 11. 30.
v ch.11.30,&c
w 2 Sa. 7. 2. Ps.132. 2.,7.
x ch. 26. 30.
y Ps. 99. 5. La. 2. 1.
z 1 Sa. 16. 6, *Eliab.*
a 1 Ki. 5. 3.
π *bloods.*
b 1Sa.16.7,.13
c ch. 5. 2. Ge.49.8,10. Ps. 60. 7. 78. 68. He. 7. 14.
d 1 Sa. 16. 1.
e ch 3.1, &c.

These *were* the princes of the tribes of Israel.

23 But David took not the number of them from twenty years old and under: because the LORD had said*ᵇ* he would increase Israel like to the stars of the heavens.

24 Joab the son of Zeruiah began to number, but he finished not, because there fell wrath*ᵈ* for it against Israel; neither β was the number put in the account of the Chronicles of king David.

25 And over the king's treasures *was* Azmaveth the son of Adiel: and over the storehouses in the fields, in the cities, and in the villages, and in the castles, *was* Jehonathan the son of Uzziah:

26 And over them that did the work of the field, for tillage of the ground, *was* Ezri the son of Chelub:

27 And over the vineyards *was* Shimei the Ramathite: over ζ the increase of the vineyards for the wine-cellars *was* Zabdi the Shiphmite;

28 And over the olive-trees, and the sycamore-trees *f* that *were* in the low plains, *was* Baal-hanan the Gederite: and over the cellars of oil *was* Joash:

29 And over the herds that fed in Sharon *was* Shitrai the Sharonite: and over the herds *that were* in the valleys *was* Shaphat the son of Adlai;

30 Over the camels also *was* Obil the Ishmaelite: and over the asses *was* Jehdeiah the Meronothite:

31 And over the flocks *was* Jaziz the Hagerite. All these *were* the rulers of the substance which *was* king David's.

32 Also Jonathan, David's uncle, *was* a counsellor, a wise man, and a η scribe: and Jehiel the θ son of Hachmoni *was* with the king's sons.

33 And Ahithophel*l was* the king's counsellor: and Hushai*ᵐ* the Archite *was* the king's companion:

34 And after Ahithophel *was* Jehoiada the son of Benaiah, and Abiathar:*ᵒ* and the general of the king's army *was* Joab.*ᴾ*

CHAP. XXVIII.

AND David assembled all the princes of Israel, the princes*ʳ* of the tribes, and the captains of the companies*ˢ* that ministered to the king by course, and the captains over the thousands, and captains over the hundreds, and the stewards*ᵘ* over all the substance and κ possession of the king, λ and of his sons, with the μ officers, and with the*ᵛ* mighty men, and with all the valiant men, unto Jerusalem.

2 Then David the king stood up upon his feet, and said, Hear me, my brethren, and my people: *As for me,* I had*ʷ* in mine heart to build an house of rest for the ark of the covenant of the LORD, and for the footstool*ʸ* of our God, and had made ready for the building:

3 But God said unto me, Thou shalt not build an house for my name,*ᵃ* because thou *hast been* a man of war, and hast shed π blood.

4 Howbeit the LORD God of Israel chose me*ᵇ* before all the house of my father to be king over Israel for ever: for he hath chosen Judah*ᶜ to be* the ruler; and of the house of Judah, the house*ᵈ* of my father; and among the sons of my father he liked me, to make *me* king over all Israel:

5 And of all my sons (for*ᵉ* the LORD hath given me many sons) he hath chosen

6 וַיֹּ֤אמֶר לִי֙ שְׁלֹמֹ֣ה בִנְךָ֔ הֽוּא־יִבְנֶ֥ה בֵיתִ֖י וַחֲצֵרוֹתָ֑י כִּֽי־בָחַ֨רְתִּי ב֥וֹ לִי֙ לְבֵ֔ן

7 וַאֲנִ֥י אֶֽהְיֶה־לּ֖וֹ לְאָ֑ב וַהֲכִינוֹתִ֞י אֶת־מַלְכוּת֤וֹ עַד־לְעוֹלָ֔ם אִם־יֶחֱזַ֗ק לַעֲשׂ֛וֹת מִצְוֺתַ֥י וּמִשְׁפָּטַ֖י כַּיּ֥וֹם

8 הַזֶּֽה׃ וְעַתָּ֡ה לְעֵינֵ֣י כָל־יִשְׂרָאֵל֩ קְהַ֨ל יְהוָ֜ה וּבְאָזְנֵ֣י אֱלֹהֵ֗ינוּ שִׁמְר֤וּ וְדִרְשׁוּ֙ כָּל־מִצְוֺ֣ת יְהוָ֣ה אֱלֹהֵיכֶ֔ם לְמַ֨עַן תִּֽירְשׁ֜וּ אֶת־הָאָ֣רֶץ הַטּוֹבָ֗ה וְהִנְחַלְתֶּ֛ם לִבְנֵיכֶ֥ם אַחֲרֵיכֶ֖ם עַד־עוֹלָֽם׃

9 וְאַתָּ֣ה שְׁלֹמֹ֣ה בְנִ֡י דַּע֩ אֶת־אֱלֹהֵ֨י אָבִ֜יךָ וְעָבְדֵ֗הוּ בְּלֵ֤ב שָׁלֵם֙ וּבְנֶ֣פֶשׁ חֲפֵצָ֔ה כִּ֤י כָל־לְבָבוֹת֙ דּוֹרֵ֣שׁ יְהוָ֔ה וְכָל־יֵ֥צֶר מַחֲשָׁב֖וֹת מֵבִ֑ין אִֽם־תִּדְרְשֶׁ֙נּוּ֙ יִמָּ֣צֵא לָ֔ךְ

10 וְאִם־תַּֽעַזְבֶ֖נּוּ יַזְנִיחֲךָ֥ לָעַֽד׃ רְאֵ֣ה ׀ עַתָּ֗ה כִּֽי־יְהוָ֞ה בָּ֣חַר בְּךָ֗

11 לִבְנֽוֹת־בַּ֧יִת לַמִּקְדָּ֛שׁ חֲזַ֖ק וַעֲשֵֽׂה׃ וַיִּתֵּ֣ן דָּוִ֣יד לִשְׁלֹמֹ֣ה בְנ֡וֹ אֶת־תַּבְנִ֣ית הָאוּלָ֣ם וְֽאֶת־בָּ֫תָּ֥יו וְגַנְזַכָּ֙יו֙ וַעֲלִיֹּתָ֣יו וַחֲדָרָ֣יו הַפְּנִימִ֑ים וּבֵ֖ית

12 הַכַּפֹּֽרֶת׃ וְתַבְנִ֗ית כֹּל֩ אֲשֶׁ֨ר הָיָ֤ה בָר֙וּחַ֙ עִמּ֔וֹ לְחַצְר֤וֹת בֵּית־יְהוָה֙ וּלְכָל־הַלְּשָׁכ֣וֹת סָבִ֔יב לְאֹֽצְר֖וֹת

13 בֵּ֣ית הָאֱלֹהִ֑ים וּֽלְאֹצְר֖וֹת הַקֳּדָשִֽׁים׃ וּֽלְמַחְלְק֣וֹת הַכֹּהֲנִ֣ים וְהַלְוִיִּ֔ם וּֽלְכָל־מְלֶ֖אכֶת עֲבוֹדַ֣ת בֵּית־יְהוָ֑ה

14 וּֽלְכָל־כְּלֵ֖י עֲבוֹדַ֥ת בֵּית־יְהוָֽה׃ לַזָּהָ֣ב בַּמִּשְׁקָ֣ל לַזָּהָ֗ב לְכָל־כְּלֵ֤י עֲבוֹדָה֙ וַעֲבוֹדָ֔ה לְכֹ֛ל כְּלֵ֥י הַכֶּ֖סֶף בְּמִשְׁקָ֑ל לְכָל־כְּלֵ֖י עֲבוֹדָ֥ה

15 וַעֲבוֹדָֽה׃ וּמִשְׁקָ֞ל לִמְנֹר֣וֹת הַזָּהָ֗ב וְנֵרֹֽתֵיהֶם֮ זָהָב֒ בְּמִשְׁקַל־מְנוֹרָ֤ה וּמְנוֹרָה֙ וְנֵ֣רֹתֶ֔יהָ וְלִמְנֹר֨וֹת הַכֶּ֜סֶף בְּמִשְׁקָ֗ל לִמְנוֹרָה֙ וְנֵ֣רֹתֶ֔יהָ כַּעֲבוֹדַ֖ת מְנוֹרָ֥ה

16 וּמְנוֹרָֽה׃ וְאֶת־הַזָּהָ֥ב מִשְׁקָ֛ל לְשֻׁלְחֲנ֥וֹת הַֽמַּעֲרֶ֖כֶת לְשֻׁלְחַ֣ן וְשֻׁלְחָ֑ן וְכֶ֖סֶף לְשֻׁלְחֲנ֥וֹת הַכָּֽסֶף׃

17 וְהַמִּזְלָג֧וֹת וְהַמִּזְרָק֛וֹת וְהַקְּשָׂוֺ֖ת זָהָ֣ב טָה֑וֹר וְלִכְפוֹרֵ֨י הַזָּהָ֤ב בְּמִשְׁקָל֙ לִכְפ֣וֹר וּכְפ֔וֹר וְלִכְפוֹרֵ֥י הַכֶּ֛סֶף בְּמִשְׁקָ֖ל לִכְפ֥וֹר

18 וּכְפֽוֹר׃ וּלְמִזְבַּ֧ח הַקְּטֹ֛רֶת זָהָ֥ב מְזֻקָּ֖ק בַּמִּשְׁקָ֑ל וּלְתַבְנִ֣ית הַמֶּרְכָּבָ֗ה הַכְּרֻבִ֤ים זָהָב֙

19 לְפֹ֣רְשִׂ֔ים וְסֹכְכִ֖ים עַל־אֲר֣וֹן בְּרִית־יְהוָֽה׃ הַכֹּ֗ל בִּכְתָ֛ב מִיַּ֥ד יְהוָ֖ה עָלַ֣י הִשְׂכִּ֑יל כֹּ֖ל מַלְאֲכ֥וֹת הַתַּבְנִֽית׃

20 וַיֹּ֨אמֶר דָּוִ֜יד לִשְׁלֹמֹ֣ה בְנ֗וֹ חֲזַ֤ק וֶֽאֱמַץ֙ וַעֲשֵׂ֔ה אַל־תִּירָ֖א וְאַל־תֵּחָ֑ת כִּי֩ יְהוָ֨ה אֱלֹהִ֤ים אֱלֹהַי֙ עִמָּ֔ךְ לֹ֤א יַרְפְּךָ֙ וְלֹ֣א יַֽעַזְבֶ֔ךָּ עַד־לִכְל֕וֹת כָּל־מְלֶ֖אכֶת עֲבוֹדַ֥ת בֵּית־יְהוָֽה׃

21 וְהִנֵּ֥ה מַחְלְק֖וֹת הַכֹּהֲנִ֣ים וְהַלְוִיִּ֑ם לְכָל־עֲבוֹדַ֣ת בֵּ֣ית הָאֱלֹהִ֗ים וְעִמְּךָ֤ בְכָל־מְלָאכָה֙ לְכָל־נָדִ֣יב בַּֽחָכְמָ֔ה לְכָל־עֲבוֹדָ֑ה וְהַשָּׂרִ֥ים וְכָל־הָעָ֖ם לְכָל־דְּבָרֶֽיךָ׃

CAP. XXIX. כט

1 וַיֹּ֨אמֶר דָּוִ֤יד הַמֶּ֙לֶךְ֙ לְכָל־הַקָּהָ֔ל שְׁלֹמֹ֨ה בְנִ֤י אֶחָד֙ בָּֽחַר־בּ֣וֹ אֱלֹהִ֔ים נַ֥עַר וָרָ֖ךְ וְהַמְּלָאכָ֣ה גְדוֹלָ֑ה

2 כִּ֣י לֹ֤א לְאָדָם֙ הַבִּירָ֔ה כִּ֖י לַיהוָ֥ה אֱלֹהִֽים׃ וּבְכָל־כֹּ֣חִי הֲכִינ֣וֹתִי לְבֵית־אֱלֹהַ֡י הַזָּהָ֣ב ׀ לַ֠זָּהָב וְהַכֶּ֨סֶף לַכֶּ֜סֶף וְהַנְּחֹ֣שֶׁת לַנְּחֹ֗שֶׁת הַבַּרְזֶל֙ לַבַּרְזֶ֔ל וְהָעֵצִים֙ לָעֵצִ֔ים אַבְנֵי־שֹׁ֙הַם֙ וּמִלּוּאִ֔ים אַבְנֵי־פ֖וּךְ וְרִקְמָ֑ה

3 וְכֹ֨ל אֶ֤בֶן יְקָרָה֙ וְאַבְנֵי־שַׁ֔יִשׁ לָרֹֽב׃ וְע֗וֹד בִּרְצוֹתִי֙ בְּבֵ֣ית אֱלֹהַ֔י יֶשׁ־לִ֥י סְגֻלָּ֖ה זָהָ֣ב וָכָ֑סֶף נָתַ֤תִּי לְבֵית־אֱלֹהַי֙ לְמַ֔עְלָה מִכָּל־הֲכִינ֖וֹתִי לְבֵ֥ית

4 הַקֹּֽדֶשׁ׃ שְׁלֹ֧שֶׁת אֲלָפִ֣ים כִּכְּרֵ֣י זָהָ֗ב מִזְּהַ֤ב אוֹפִיר֙ וְשִׁבְעַ֤ת אֲלָפִים֙ כִּכַּר־כֶּ֣סֶף מְזֻקָּ֔ק לָט֖וּחַ קִיר֥וֹת הַבָּתִּֽים׃

5 לַזָּהָ֤ב לַזָּהָב֙ וְלַכֶּ֣סֶף לַכֶּ֔סֶף וּלְכָל־מְלָאכָ֖ה בְּיַ֣ד חָרָשִׁ֑ים וּמִ֣י מִתְנַדֵּ֗ב לְמַלֹּ֥אות יָד֛וֹ הַיּ֖וֹם

6 לַיהוָֽה׃ וַיִּֽתְנַדְּבוּ֩ שָׂרֵ֨י הָאָב֜וֹת וְשָׂרֵ֣י ׀ שִׁבְטֵ֣י יִשְׂרָאֵ֗ל וְשָׂרֵ֤י הָֽאֲלָפִים֙ וְהַמֵּא֔וֹת וּלְשָׂרֵ֖י מְלֶ֥אכֶת הַמֶּֽלֶךְ׃

7 וַיִּתְּנ֞וּ לַעֲבוֹדַ֣ת בֵּית־הָאֱלֹהִים֮ זָהָ֡ב כִּכָּרִ֣ים חֲמֵֽשֶׁת־אֲלָפִ֣ים וַאֲדַרְכֹנִ֣ים רִבּ֗וֹ וְכֶ֙סֶף֙ כִּכָּרִים֙ עֲשֶׂ֣רֶת אֲלָפִ֔ים וּנְחֹ֗שֶׁת רִבּ֤וֹ וּשְׁמוֹנַת֙ אֲלָפִ֣ים כִּכָּרִ֔ים וּבַרְזֶ֖ל מֵֽאָה־אֶ֥לֶף כִּכָּרִֽים׃

8 וְהַנִּמְצָ֤א אִתּוֹ֙ אֲבָנִ֔ים נָתְנ֖וּ

9 לְאוֹצַ֥ר בֵּית־יְהוָ֖ה עַל יַד־יְחִיאֵ֥ל הַגֵּרְשֻׁנִּֽי׃ וַיִּשְׂמְח֤וּ הָעָם֙ עַל־הִֽתְנַדְּבָ֔ם כִּ֚י בְּלֵ֣ב שָׁלֵ֔ם הִתְנַדְּב֖וּ לַיהוָ֑ה וְגַם֙ דָּוִ֣יד הַמֶּ֔לֶךְ שָׂמַ֖ח שִׂמְחָ֥ה גְדוֹלָֽה׃

10 וַיְבָ֧רֶךְ דָּוִ֛יד אֶת־יְהוָ֖ה לְעֵינֵ֣י כָּל־הַקָּהָ֑ל וַיֹּ֣אמֶר דָּוִ֗יד בָּר֨וּךְ אַתָּ֤ה יְהוָה֙ אֱלֹהֵי֙ יִשְׂרָאֵ֣ל אָבִ֔ינוּ מֵעוֹלָ֖ם וְעַד־עוֹלָֽם׃

11 לְךָ֣ יְהוָ֗ה הַגְּדֻלָּ֤ה וְהַגְּבוּרָה֙ וְהַתִּפְאֶ֙רֶת֙ וְהַנֵּ֣צַח וְהַה֔וֹד כִּי־כֹ֖ל בַּשָּׁמַ֣יִם וּבָאָ֑רֶץ לְךָ֤ יְהוָה֙ הַמַּמְלָכָ֔ה וְהַמִּתְנַשֵּׂ֖א לְכֹ֥ל ׀ לְרֹֽאשׁ׃

12 וְהָעֹ֤שֶׁר וְהַכָּבוֹד֙ מִלְּפָנֶ֔יךָ וְאַתָּה֙ מוֹשֵׁ֣ל בַּכֹּ֔ל וּבְיָדְךָ֖ כֹּ֣חַ וּגְבוּרָ֑ה וּבְיָ֣דְךָ֔ לְגַדֵּ֥ל וּלְחַזֵּ֖ק לַכֹּֽל׃

13 וְעַתָּ֣ה אֱלֹהֵ֔ינוּ מוֹדִ֥ים אֲנַ֖חְנוּ לָ֑ךְ וּֽמְהַֽלְלִ֖ים לְשֵׁ֥ם תִּפְאַרְתֶּֽךָ׃

14 וְכִ֨י מִ֤י אֲנִי֙ וּמִ֣י עַמִּ֔י כִּֽי־נַעְצֹ֥ר כֹּ֖חַ לְהִתְנַדֵּ֣ב כָּזֹ֑את

Solomon[a] my son to sit upon the throne of the kingdom of the LORD over Israel.

6 And he said[c] unto me, Solomon thy son, he shall build my house and my courts: for I have chosen him *to be* my son, and I will be his father.

7 Moreover, I will establish his kingdom for ever, if[f] he be β constant to do my commandments and my judgments, as at this day.

8 Now therefore, in the sight[g] of all Israel, the congregation of the LORD, and in the audience of our God,[i] keep[k] and[l] seek for all the commandments of the LORD your God: that[m] ye may possess this good land, and leave[n] *it* for an inheritance for your children after you for ever.

9 And thou, Solomon my son,[o] know thou the God of thy father, and serve[p] him with a perfect heart,[q] and with a willing mind: for the LORD searcheth[s] all hearts, and understandeth[t] all the imaginations of the thoughts: if[u] thou seek him, he will be found of thee; but if thou forsake him, he will cast thee off for ever.

10 Take heed now; for[v] the LORD hath chosen thee to build an house for the sanctuary: be strong, and do *it*.

11 Then David gave to Solomon his son the pattern of the porch, and of the houses thereof, and of the treasuries thereof, and of the upper chambers thereof, and of the inner parlours thereof, and of the place of the mercy-seat,

12 And the pattern[x] of all that γ he had by the Spirit,[y] of the courts of the house of the LORD, and of all the chambers round about, of the treasuries of the house of God, and of the treasuries[z] of the dedicated things:

13 Also for the courses of the priests and the Levites, and for all the work of the service of the house of the LORD, and for all the vessels[b] of service in the house of the LORD.

14 *He gave* of gold by weight for *things* of gold, for all instruments of all manner of service; *silver also* for all instruments of silver by weight, for all instruments of every kind of service:

15 Even the weight for the[d] candlesticks of gold, and for their lamps of gold, by weight for every candlestick, and for the lamps thereof; and for the candlesticks of silver by weight, *both* for the candlestick, and *also* for the lamps thereof, according to the use of every candlestick.

16 And by weight *he gave* gold for the tables of shew-bread, for every table; and *likewise* silver for the tables of silver:

17 Also pure gold for the[g] flesh-hooks, and the bowls, and the cups; and for the golden basons *he gave gold* by weight for every bason; and *likewise silver* by weight for every bason of silver:

18 And for the altar of incense refined gold by weight; and gold for the pattern of the chariot of the cherubims,[m] that spread out *their wings*, and covered the ark of the covenant of the LORD.

19 All *this, said* David, the LORD[n] made me understand in writing by *his* hand upon me, *even* all the works of this pattern.

20 And David said to Solomon his son, Be[p] strong, and of good courage, and do *it:* fear not, nor be dismayed; for the LORD God, *even* my God, *will be* with thee:[s] he will not fail thee, nor forsake

thee, until thou hast finished all the work for the service of the house of the LORD.

21 And, behold, the courses[b] of the priests and the Levites, *even they shall be with thee* for all the service of the house of God: and *there shall be* with thee, for all manner of workmanship, every willing skilful[d] man, for any manner of service; also the princes and all the people *will be* wholly[e] at thy commandment.

CHAP. XXIX.

FURTHERMORE, David the king said unto all the congregation, Solomon my son, whom alone God hath chosen, *is yet* young[h] and tender, and the work *is* great: for the palace *is* not for man, but for the LORD God.

2 Now I have prepared with all my might for the house of my God, the gold for *things to be made* of gold, and the silver for *things* of silver, and the brass for *things* of brass, the iron for *things* of iron, and wood for *things* of wood: onyx-stones,[r] and *stones* to be set, glistering stones, and of divers colours, and all manner of precious stones, and marble stones in abundance.

3 Moreover, because I have set my affection to the house of my God, I have, of mine own proper good, of gold and silver, *which* I have given to the house of my God, over and above all that I have prepared for the holy house,

4 *Even* three thousand talents of gold, of the gold of Ophir,[w] and seven thousand talents of refined silver, to overlay the walls of the houses *withal:*

5 The gold for *things* of gold, and the silver for *things* of silver, and for all manner of work *to be made* by the hands of artificers. And who *then* is willing to δ consecrate his service this day unto the LORD?

6 Then[a] the chief of the fathers, and princes of the tribes of Israel, and the captains of thousands and of hundreds, with the rulers of the king's work, offered willingly,[c]

7 And gave, for the service of the house of God, of gold, five thousand talents and ten thousand drams; and of silver, ten thousand talents; and of brass, eighteen thousand talents; and one hundred thousand talents of iron.

8 And they with whom *precious* stones were found gave *them* to the treasure of the house of the LORD, by the hand of Jehiel[e] the Gershonite.

9 Then the people rejoiced, for that they offered willingly, because with perfect heart they offered willingly to the LORD: and David the king also[f] rejoiced with great joy.

10 Wherefore David blessed[h] the LORD before all the congregation: and David said, Blessed[i] *be* thou, LORD God of Israel[k] our father, for ever and ever.

11 Thine,[l] O LORD, *is* the greatness, and the power, and the glory, and the victory, and the majesty: for all *that is* in the heaven and in the earth *is thine;* thine *is* the kingdom, O LORD, and thou art exalted as head above all.

12 Both[o] riches and honour *come* of thee, and thou reignest over all; and in thine hand *is* power and might, and in thine hand *it is*[q] to make great, and to give strength[r] unto all.

13 Now therefore, our God, we thank thee, and praise thy glorious name.

14 But who *am* I, and what *is* my people

B. C. 1015.

a ch. 22. 9,10.
b ch. XXIV.
XXVI.
c 2Sa.7.13,14.
d Ex.35.25,26.
36. 1, 2.
Ro. 13. 1.
e Tit. 3. 1.
f ch. 22. 13.
β strong.
g De. 4. 6.
Mat.5.14.16.
h ch. 22. 5.
1 Ki. 3. 7.
Pr. 4. 3.
i De.29.10,15.
k Ps.119.4,10.
l Is. 34. 16.
Ac. 17. 11.
m De. 6. 1. 3.
n Ezr. 9. 12.
Pr. 13. 22.
o Je. 9. 24.
Jn '. 17. 3.
p Job36.11.12
q 2 Ki. 20. 3.
Ps. 101. 2.
Jn⁰. 4. 24.
Ro. 1. 9.
He. 12. 28.
r Ex. 28. 20.
39. 6, &c.
Is.54.11,12.
Re. 21. 18.
s 1 Sa. 16. 7.
Ps. 7. 9.
Je. 17. 10.
Re. 2. 23.
t Ps. 139. 2.
u 2 Ch. 15. 2.
v ver. 6.
w 1 Ki. 9. 28.
Job 28. 16.
x Ex. 31. 2,3.
γ *was with him.*
y Ex. 25. 40.
He. 8. 5.
z ch. 26. 20.
δ *fill his hand.*
a ch.27. 1.&c
b 1Ki.7.13,&c
c 2 Co. 9. 7.
d Zec. 4. 2.
Re.1.13,20.
e ch. 26. 21.
f Pr. 23. 15.
g 1Sa.2.13.14.
h 2Ch. 20. 26,
28.
i Ps. 89. 52.
1 Ti. 1. 17.
Re.5.12,13.
k Ge. 33. 20.
l Mat. 6. 13.
m Ex. 25. 18..
22.
1 Sa. 4. 4.
1 Ki. 6. 23.
He. 9. 5.
n ver. 11, 12.
o De. 8. 18.
Pr. 8. 18.
Ec. 5. 19.
Ro. 11. 36.
p ch. 22. 13.
De.31. 7, 8.
Jos. 1. 6..9.
q Ps. 75. 6, 7.
r Is. 40. 29.
s He. 13. 5.

דברי הימים א — כט (המשך)

15 כִּי־גֵרִים אֲנַחְנוּ לְפָנֶיךָ וְתוֹשָׁבִים כְּכָל־אֲבֹתֵינוּ כַּצֵּל ׀ יָמֵינוּ עַל־הָאָרֶץ וְאֵין מִקְוֶה׃

16 יְהוָֹה אֱלֹהֵינוּ כֹּל הֶהָמוֹן הַזֶּה אֲשֶׁר הֲכִינֹנוּ לִבְנוֹת־לְךָ בַיִת לְשֵׁם קָדְשֶׁךָ מִיָּדְךָ היא וּלְךָ הַכֹּל׃

17 וְיָדַעְתִּי אֱלֹהַי כִּי אַתָּה בֹּחֵן לֵבָב וּמֵישָׁרִים תִּרְצֶה אֲנִי בְּיֹשֶׁר לְבָבִי הִתְנַדַּבְתִּי כָל־אֵלֶּה וְעַתָּה עַמְּךָ הַנִּמְצְאוּ־פֹה רָאִיתִי בְשִׂמְחָה לְהִתְנַדֶּב־לָךְ׃

18 יְהוָֹה אֱלֹהֵי אַבְרָהָם יִצְחָק וְיִשְׂרָאֵל אֲבֹתֵינוּ שָׁמְרָה־זֹּאת לְעוֹלָם לְיֵצֶר מַחְשְׁבוֹת לְבַב עַמֶּךָ וְהָכֵן לְבָבָם אֵלֶיךָ׃

19 וְלִשְׁלֹמֹה בְנִי תֵּן לֵבָב שָׁלֵם לִשְׁמוֹר מִצְוֺתֶיךָ עֵדְוֺתֶיךָ וְחֻקֶּיךָ וְלַעֲשׂוֹת הַכֹּל וְלִבְנוֹת הַבִּירָה אֲשֶׁר־הֲכִינוֹתִי׃

20 וַיֹּאמֶר דָּוִיד לְכָל־הַקָּהָל בָּרְכוּ־נָא אֶת־יְהוָֹה אֱלֹהֵיכֶם וַיְבָרְכוּ כָל־הַקָּהָל לַיהוָֹה אֱלֹהֵי אֲבֹתֵיהֶם וַיִּקְּדוּ וַיִּשְׁתַּחֲווּ לַיהוָֹה וְלַמֶּלֶךְ׃

21 וַיִּזְבְּחוּ לַיהוָֹה זְבָחִים וַיַּעֲלוּ עֹלוֹת לַיהוָֹה לְמָחֳרַת הַיּוֹם הַהוּא פָּרִים אֶלֶף אֵילִים אֶלֶף וּכְבָשִׂים אֶלֶף וְנִסְכֵּיהֶם וּזְבָחִים לָרֹב לְכָל־יִשְׂרָאֵל׃

22 וַיֹּאכְלוּ וַיִּשְׁתּוּ לִפְנֵי יְהוָֹה בַּיּוֹם הַהוּא

23 וַיֵּשֶׁב שְׁלֹמֹה עַל־כִּסֵּא יְהוָֹה ׀ לְמֶלֶךְ תַּחַת־דָּוִיד אָבִיו וַיַּצְלַח וַיִּשְׁמְעוּ אֵלָיו כָּל־יִשְׂרָאֵל׃

24 וְכָל־הַשָּׂרִים וְהַגִּבֹּרִים וְגַם כָּל־בְּנֵי הַמֶּלֶךְ דָּוִיד נָתְנוּ יָד תַּחַת שְׁלֹמֹה הַמֶּלֶךְ׃

25 וַיְגַדֵּל יְהוָֹה אֶת־שְׁלֹמֹה לְמַעְלָה לְעֵינֵי כָּל־יִשְׂרָאֵל וַיִּתֵּן עָלָיו הוֹד מַלְכוּת אֲשֶׁר לֹא־הָיָה עַל־כָּל־מֶלֶךְ לְפָנָיו עַל־יִשְׂרָאֵל׃

26 וְדָוִיד בֶּן־יִשָׁי מָלַךְ עַל־כָּל־יִשְׂרָאֵל׃

27 וְהַיָּמִים אֲשֶׁר מָלַךְ עַל־יִשְׂרָאֵל אַרְבָּעִים שָׁנָה בְּחֶבְרוֹן מָלַךְ שֶׁבַע שָׁנִים וּבִירוּשָׁלַ͏ִם מָלַךְ שְׁלֹשִׁים וְשָׁלוֹשׁ׃

28 וַיָּמָת בְּשֵׂיבָה טוֹבָה שְׂבַע יָמִים עֹשֶׁר וְכָבוֹד וַיִּמְלֹךְ שְׁלֹמֹה בְנוֹ תַּחְתָּיו׃

29 וְדִבְרֵי דָּוִיד הַמֶּלֶךְ הָרִאשֹׁנִים וְהָאַחֲרֹנִים הִנָּם כְּתוּבִים עַל־דִּבְרֵי שְׁמוּאֵל הָרֹאֶה וְעַל־דִּבְרֵי נָתָן הַנָּבִיא וְעַל־דִּבְרֵי גָּד הַחֹזֶה׃

30 עִם כָּל־מַלְכוּתוֹ וּגְבוּרָתוֹ וְהָעִתִּים אֲשֶׁר עָבְרוּ עָלָיו וְעַל־יִשְׂרָאֵל וְעַל כָּל־מַמְלְכוֹת הָאֲרָצוֹת׃

דברי הימים ב

SECUNDUS LIBER CHRONICORUM.

CAP. I. א

1 וַיִּתְחַזֵּק שְׁלֹמֹה בֶן־דָּוִיד עַל־מַלְכוּתוֹ וַיהוָֹה אֱלֹהָיו עִמּוֹ וַיְגַדְּלֵהוּ לְמָעְלָה׃

2 וַיֹּאמֶר שְׁלֹמֹה לְכָל־יִשְׂרָאֵל לְשָׂרֵי הָאֲלָפִים וְהַמֵּאוֹת וְלַשֹּׁפְטִים וּלְכֹל נָשִׂיא לְכָל־יִשְׂרָאֵל רָאשֵׁי הָאָבוֹת׃

3 וַיֵּלְכוּ שְׁלֹמֹה וְכָל־הַקָּהָל עִמּוֹ לַבָּמָה אֲשֶׁר בְּגִבְעוֹן כִּי־שָׁם הָיָה אֹהֶל מוֹעֵד הָאֱלֹהִים אֲשֶׁר עָשָׂה מֹשֶׁה עֶבֶד־יְהוָֹה בַּמִּדְבָּר׃

4 אֲבָל אֲרוֹן הָאֱלֹהִים הֶעֱלָה דָוִיד מִקִּרְיַת יְעָרִים בַּהֵכִין לוֹ דָּוִיד כִּי נָטָה־לוֹ אֹהֶל בִּירוּשָׁלָ͏ִם׃

5 וּמִזְבַּח הַנְּחֹשֶׁת אֲשֶׁר עָשָׂה בְּצַלְאֵל בֶּן־אוּרִי בֶן־חוּר שָׂם לִפְנֵי מִשְׁכַּן יְהוָֹה וַיִּדְרְשֵׁהוּ שְׁלֹמֹה וְהַקָּהָל׃

6 וַיַּעַל שְׁלֹמֹה שָׁם עַל־מִזְבַּח הַנְּחֹשֶׁת לִפְנֵי יְהוָֹה אֲשֶׁר לְאֹהֶל מוֹעֵד וַיַּעַל עָלָיו עֹלוֹת אָלֶף׃

7 בַּלַּיְלָה הַהוּא נִרְאָה אֱלֹהִים לִשְׁלֹמֹה וַיֹּאמֶר לוֹ שְׁאַל מָה אֶתֶּן־לָךְ׃

8 וַיֹּאמֶר שְׁלֹמֹה לֵאלֹהִים אַתָּה עָשִׂיתָ עִם־דָּוִיד אָבִי חֶסֶד גָּדוֹל

9 וְעַתָּה יְהוָֹה אֱלֹהִים יֵאָמֵן דְּבָרְךָ עִם דָּוִיד אָבִי כִּי אַתָּה הִמְלַכְתַּנִי עַל־עַם רַב כַּעֲפַר הָאָרֶץ׃

10 עַתָּה חָכְמָה וּמַדָּע תֶּן־לִי וְאֵצְאָה לִפְנֵי הָעָם־הַזֶּה וְאָבוֹאָה כִּי־מִי יִשְׁפֹּט אֶת־עַמְּךָ הַזֶּה הַגָּדוֹל׃

11 וַיֹּאמֶר אֱלֹהִים לִשְׁלֹמֹה יַעַן אֲשֶׁר הָיְתָה זֹּאת עִם־לְבָבֶךָ וְלֹא־שָׁאַלְתָּ עֹשֶׁר נְכָסִים וְכָבוֹד וְאֵת נֶפֶשׁ שֹׂנְאֶיךָ וְגַם־יָמִים רַבִּים לֹא שָׁאָלְתָּ וַתִּשְׁאַל־לְךָ חָכְמָה וּמַדָּע אֲשֶׁר תִּשְׁפּוֹט אֶת־עַמִּי אֲשֶׁר הִמְלַכְתִּיךָ עָלָיו׃

12 הַחָכְמָה וְהַמַּדָּע נָתוּן לָךְ וְעֹשֶׁר וּנְכָסִים וְכָבוֹד אֶתֶּן־לָךְ אֲשֶׁר לֹא־הָיָה כֵן לַמְּלָכִים אֲשֶׁר לְפָנֶיךָ וְאַחֲרֶיךָ לֹא יִהְיֶה־כֵּן׃

13 וַיָּבֹא שְׁלֹמֹה לַבָּמָה אֲשֶׁר־בְּגִבְעוֹן יְרוּשָׁלַ͏ִם מִלִּפְנֵי אֹהֶל מוֹעֵד וַיִּמְלֹךְ עַל־יִשְׂרָאֵל׃

14 וַיֶּאֱסֹף שְׁלֹמֹה רֶכֶב וּפָרָשִׁים וַיְהִי־לוֹ אֶלֶף וְאַרְבַּע־מֵאוֹת רֶכֶב וּשְׁנֵים־עָשָׂר אֶלֶף פָּרָשִׁים וַיַּנִּיחֵם בְּעָרֵי הָרֶכֶב וְעִם־הַמֶּלֶךְ בִּירוּשָׁלָ͏ִם׃

15 וַיִּתֵּן הַמֶּלֶךְ

that we should β be able to offer so willingly after this sort? for all things *come* of thee, and [a] of thine γ own have we given thee.

15 For [b] we *are* strangers before thee, and sojourners, as *were* all our fathers: our [c] days on the earth *are* as a shadow, and *there is* none δ abiding.

16 O LORD our God, all this store that we have prepared to build thee an house for thine holy name, *cometh* of thine hand, and *is* all thine own.[e]

17 I know also, my God, that thou [f] triest the heart, and hast pleasure [g] in uprightness. As for me, in the uprightness of mine heart I have willingly offered all these things: and now have I seen with joy thy people, which are η present here, to offer willingly unto thee.

18 O LORD God of Abraham, Isaac, and of Israel, our fathers, keep this for ever in the imagination of the thoughts of the heart of thy people, and θ prepare [i] their heart unto thee:

19 And give unto Solomon my son a perfect heart, to keep thy commandments, thy testimonies, and thy statutes, and to do all *these things*, and to build the palace *for* the which [l] I have made provision.

20 And David said to all the congregation, Now bless [o] the LORD your God. And all the congregation blessed the LORD God of their fathers, and bowed down their heads, and worshipped the LORD and the king.

21 And they sacrificed sacrifices unto the LORD, and offered burnt-offerings unto the LORD, on the morrow after that day, *even* a thousand bullocks, a

B. C. 1015.

β *retain, or, obtain strength.*
a Ro. 11. 36. Ja. 1. 17.
γ *hand.*
b Ps. 39. 12. He. 11. 13. 1 Pe. 2. 11.
c Job 14. 2. Ps. 90. 9. 102. 11. 144. 4. Is. 40. 6..8. Ja. 4. 14.
d 1 Ki. 1. 34, &c
δ *expectation.*
e Ps. 24. 1.
f ch. 28. 9.
g Pr. 11. 20.
ζ *gave the hand under,* Ge. 24. 2. 47. 29. 2 Ch. 30. 8. Eze. 17. 18.
h Ec. 2. 9.
θ *or, stablish.* Ps. 10. 17.
i Pr. 16. 1.
k 1 Ki. 2. 11.
l ch. 22. 14.
m Ge. 25. 8.
n Job 5. 26.
o Ps. 145. 1.
κ *words, or, history.*
p Da. 4. 23, 25.

thousand rams, *and* a thousand lambs, with their drink-offerings, and sacrifices in abundance for all Israel:

22 And did eat and drink before the LORD on that day with great gladness; and they made Solomon, the son of David, king the second time, and [d] anointed *him* unto the LORD *to be* the chief governor, and Zadok *to be* priest.

23 Then Solomon sat on the throne of the LORD as king instead of David his father, and prospered; and all Israel obeyed him.

24 And all the princes, and the mighty men, and all the sons likewise of king David, ζ submitted themselves unto Solomon the king.

25 And the LORD magnified Solomon exceedingly in the sight of all Israel, and bestowed [h] upon him *such* royal majesty, as had not been on any king before him in Israel.

26 Thus David the son of Jesse reigned over all Israel.

27 And [k] the time that he reigned over Israel *was* forty years; seven years reigned he in Hebron, and thirty and three *years* reigned he in Jerusalem.

28 And he died [m] in a good old age, full [n] of days, riches, and honour: and Solomon his son reigned in his stead.

29 Now the acts of David the king, first and last, behold, they *are* written in the book of Samuel the seer, and in the κ book of Nathan the prophet, and in the book of Gad the seer,

30 With all his reign and his might, and the times [p] that went over him, and over Israel, and over all the kingdoms of the countries.

The Second Book of the CHRONICLES.

CHAP. I.

AND [a] Solomon the son of David was strengthened in his kingdom, and the LORD [b] his God *was* with him, and magnified [d] him exceedingly.

2 Then Solomon spake unto all Israel, to the captains [e] of thousands and of hundreds, and to the judges, and to every governor in all Israel, the chief of the fathers.

3 So Solomon, and all the congregation with him, went [h] to the high place that *was* at Gibeon; for there [i] was the tabernacle of the congregation of God, which Moses the servant of the LORD had made in the wilderness.

4 But [l] the ark of God had David brought up from Kirjath-jearim to *the place which* David had prepared for it: for he had pitched a tent for it at Jerusalem.

5 Moreover the brazen altar [n] that Bezaleel the son of Uri, the son of Hur, had made, γ he put before the tabernacle of the LORD; and Solomon and the congregation sought unto it.

6 And Solomon went up thither to the brazen altar before the LORD, which *was* at the tabernacle of the congregation, and offered a thousand burnt-offerings upon it.

7 In that night did God appear unto Solomon, and said unto him, Ask what I shall give thee.

8 And Solomon said unto God, Thou hast shewed great mercy unto David my

B. C. 1015.

a 1 Ki. 2. 46.
b 1 Ch. 28. 5.
c Ge. 39. 2.
d 1 Ch. 29. 25.
e 1 Ch. 27. 1.
β *much as the dust of the earth.*
f Pr. 4. 7. Ja. 1. 5, 6.
g Nu. 27. 17. De. 31. 2.
h 1 Ki. 3. 4, &c.
i 1 Ch. 16. 39.
k Pr. 28. 7. He. 4. 12.
l 1 Ch. 15. 1, &c.
m ch. 9. 22. Ec. 2. 9. Ja. 1. 5.
n Ex. 38. 1, 2.
γ *or, was there.*
o Mat. 6. 33.
p 1 Ch. 29. 25.
q 1 Ki. 10. 16, &c.

father, and hast made me to reign in his stead.[b]

9 Now, O LORD God, let thy promise unto David my father be established; for thou hast made me king over a people β like the dust of the earth in multitude.

10 Give me now wisdom [f] and knowledge, that I may go [g] out and come in before this people: for who can judge this thy people *that is so* great?

11 And God said to Solomon, Because this was in thine heart, [k] and thou hast not asked riches, wealth, or honour, nor the life of thine enemies, neither yet hast asked long life; but hast asked wisdom and knowledge for thyself, that thou mayest judge my people, over whom I have made thee king:

12 Wisdom and knowledge *is* [m] granted unto thee; and [o] I will give thee riches, and wealth, and honour, such as none of [p] the kings have had that *have been* before thee, neither shall there any after thee have the like.

13 Then Solomon came *from his journey* to the high place that *was* at Gibeon to Jerusalem, from before the tabernacle of the congregation, and reigned over Israel.

14 And Solomon gathered chariots [q] and horsemen: and he had a thousand and four hundred chariots, and twelve thousand horsemen, which he placed in the chariot-cities, and with the king at Jerusalem.

16 הֶהָרִים נָרְתֶּן בַּשִּׁקְמִים אֲשֶׁר־בַּשְּׁפֵלָה לָרֹב׃ וּמוֹצָא
הַסּוּסִים אֲשֶׁר לִשְׁלֹמֹה מִמִּצְרַיִם וּמִקְוֵא סֹחֲרֵי
17 הַמֶּלֶךְ מִקְוֵא יִקְחוּ בִּמְחִיר׃ וַיַּעֲלוּ וַיּוֹצִיאוּ
מִמִּצְרַיִם מֶרְכָּבָה בְּשֵׁשׁ מֵאוֹת כֶּסֶף וְסוּס
בַּחֲמִשִּׁים וּמֵאָה וְכֵן לְכָל־מַלְכֵי הַחִתִּים וּמַלְכֵי אֲרָם
18 בְּיָדָם יוֹצִיאוּ׃ וַיֹּאמֶר שְׁלֹמֹה לִבְנוֹת בַּיִת לְשֵׁם
יְהוָה וּבַיִת לְמַלְכוּתוֹ׃

CAP. II. ב

1 וַיִּסְפֹּר שְׁלֹמֹה שִׁבְעִים אֶלֶף אִישׁ סַבָּל וּשְׁמֹנִים
אֶלֶף אִישׁ חֹצֵב בָּהָר וּמְנַצְּחִים עֲלֵיהֶם שְׁלֹשֶׁת
2 אֲלָפִים וְשֵׁשׁ מֵאוֹת׃ וַיִּשְׁלַח שְׁלֹמֹה אֶל־
חוּרָם מֶלֶךְ־צֹר לֵאמֹר כַּאֲשֶׁר עָשִׂיתָ עִם־דָּוִיד אָבִי
3 וַתִּשְׁלַח־לוֹ אֲרָזִים לִבְנוֹת־לוֹ בַיִת לָשֶׁבֶת בּוֹ׃ הִנֵּה
אֲנִי בוֹנֶה־בַּיִת לְשֵׁם יְהוָה אֱלֹהָי לְהַקְדִּישׁ לוֹ
לְהַקְטִיר לְפָנָיו קְטֹרֶת־סַמִּים וּמַעֲרֶכֶת תָּמִיד וְעֹלוֹת
לַבֹּקֶר וְלָעֶרֶב לַשַּׁבָּתוֹת וְלֶחֳדָשִׁים וּלְמוֹעֲדֵי יְהוָה
4 אֱלֹהֵינוּ לְעוֹלָם זֹאת עַל־יִשְׂרָאֵל׃ וְהַבַּיִת אֲשֶׁר־
אֲנִי בוֹנֶה גָּדוֹל כִּי־גָדוֹל אֱלֹהֵינוּ מִכָּל־הָאֱלֹהִים׃
5 וּמִי יַעֲצָר־כֹּחַ לִבְנוֹת־לוֹ בַיִת כִּי הַשָּׁמַיִם וּשְׁמֵי
הַשָּׁמַיִם לֹא יְכַלְכְּלֻהוּ וּמִי אֲנִי אֲשֶׁר אֶבְנֶה־לּוֹ בַיִת
6 כִּי אִם־לְהַקְטִיר לְפָנָיו׃ וְעַתָּה שְׁלַח־לִי אִישׁ־
חָכָם לַעֲשׂוֹת בַּזָּהָב וּבַכֶּסֶף וּבַנְּחֹשֶׁת וּבַבַּרְזֶל
וּבָאַרְגְּוָן וְכַרְמִיל וּתְכֵלֶת וְיֹדֵעַ לְפַתֵּחַ פִּתּוּחִים עִם־
הַחֲכָמִים אֲשֶׁר עִמִּי בִּיהוּדָה וּבִירוּשָׁלִַם אֲשֶׁר
7 הֵכִין דָּוִיד אָבִי׃ וּשְׁלַח־לִי עֲצֵי אֲרָזִים בְּרוֹשִׁים
וְאַלְגּוּמִּים מֵהַלְּבָנוֹן כִּי אֲנִי יָדַעְתִּי אֲשֶׁר עֲבָדֶיךָ
יוֹדְעִים לִכְרוֹת עֲצֵי לְבָנוֹן וְהִנֵּה עֲבָדַי עִם־עֲבָדֶיךָ׃
8 וּלְהָכִין לִי עֵצִים לָרֹב כִּי הַבַּיִת אֲשֶׁר־אֲנִי בוֹנֶה
9 גָּדוֹל וְהַפְלֵא׃ וְהִנֵּה לַחֹטְבִים לְכֹרְתֵי הָעֵצִים
נָתַתִּי חִטִּים מַכּוֹת לַעֲבָדֶיךָ כֹּרִים עֶשְׂרִים אֶלֶף
וּשְׂעֹרִים כֹּרִים עֶשְׂרִים אָלֶף וְיַיִן בַּתִּים עֶשְׂרִים
10 אֶלֶף וְשֶׁמֶן בַּתִּים עֶשְׂרִים אָלֶף׃ וַיֹּאמֶר
חוּרָם מֶלֶךְ־צֹר בִּכְתָב וַיִּשְׁלַח אֶל־שְׁלֹמֹה בְּאַהֲבַת
11 יְהוָה אֶת־עַמּוֹ נְתָנְךָ עֲלֵיהֶם מֶלֶךְ׃ וַיֹּאמֶר
חוּרָם בָּרוּךְ יְהוָה אֱלֹהֵי יִשְׂרָאֵל אֲשֶׁר עָשָׂה אֶת־
הַשָּׁמַיִם וְאֶת־הָאָרֶץ אֲשֶׁר נָתַן לְדָוִיד הַמֶּלֶךְ בֵּן
חָכָם יוֹדֵעַ שֵׂכֶל וּבִינָה אֲשֶׁר יִבְנֶה־בַּיִת לַיהוָה
12 וּבַיִת לְמַלְכוּתוֹ׃ וְעַתָּה שָׁלַחְתִּי אִישׁ־חָכָם יוֹדֵעַ
13 בִּינָה לְחוּרָם אָבִי׃ בֶּן־אִשָּׁה מִן־בְּנוֹת דָּן וְאָבִיו

אִישׁ־צֹרִי יוֹדֵעַ לַעֲשׂוֹת בַּזָּהָב־וּבַכֶּסֶף בַּנְּחֹשֶׁת
בַּבַּרְזֶל בָּאֲבָנִים וּבָעֵצִים בָּאַרְגָּמָן בַּתְּכֵלֶת וּבַבּוּץ
וּבַכַּרְמִיל וּלְפַתֵּחַ כָּל־פִּתּוּחַ וְלַחְשֹׁב כָּל־מַחֲשָׁבֶת
אֲשֶׁר יִנָּתֶן־לוֹ עִם־חֲכָמֶיךָ וְחַכְמֵי אֲדֹנִי דָּוִיד
14 אָבִיךָ׃ וְעַתָּה הַחִטִּים וְהַשְּׂעֹרִים הַשֶּׁמֶן וְהַיַּיִן
15 אֲשֶׁר אָמַר אֲדֹנִי יִשְׁלַח לַעֲבָדָיו׃ וַאֲנַחְנוּ נִכְרֹת
עֵצִים מִן־הַלְּבָנוֹן כְּכָל־צָרְכֶּךָ וּנְבִיאֵם לְךָ רַפְסֹדוֹת
עַל־יָם יָפוֹ וְאַתָּה תַעֲלֶה אֹתָם יְרוּשָׁלִַם׃
16 וַיִּסְפֹּר שְׁלֹמֹה כָּל־הָאֲנָשִׁים הַגֵּרִים אֲשֶׁר בְּאֶרֶץ
יִשְׂרָאֵל אַחֲרֵי הַסְּפָר אֲשֶׁר סְפָרָם דָּוִיד אָבִיו
וַיִּמָּצְאוּ מֵאָה וַחֲמִשִּׁים אֶלֶף וּשְׁלֹשֶׁת אֲלָפִים וְשֵׁשׁ
17 מֵאוֹת׃ וַיַּעַשׂ מֵהֶם שִׁבְעִים אֶלֶף סַבָּל וּשְׁמֹנִים
אֶלֶף חֹצֵב בָּהָר וּשְׁלֹשֶׁת אֲלָפִים וְשֵׁשׁ מֵאוֹת
מְנַצְּחִים לְהַעֲבִיד אֶת־הָעָם׃

CAP. III. ג

1 וַיָּחֶל שְׁלֹמֹה לִבְנוֹת אֶת־בֵּית־יְהוָה בִּירוּשָׁלִַם
בְּהַר הַמּוֹרִיָּה אֲשֶׁר נִרְאָה לְדָוִיד אָבִיהוּ אֲשֶׁר
הֵכִין בִּמְקוֹם דָּוִיד בְּגֹרֶן אָרְנָן הַיְבוּסִי׃ וַיָּחֶל
2 לִבְנוֹת בַּחֹדֶשׁ הַשֵּׁנִי בַּשֵּׁנִי בִּשְׁנַת אַרְבַּע
3 לְמַלְכוּתוֹ׃ וְאֵלֶּה הוּסַד שְׁלֹמֹה לִבְנוֹת אֶת־בֵּית
הָאֱלֹהִים הָאֹרֶךְ אַמּוֹת בַּמִּדָּה הָרִאשׁוֹנָה אַמּוֹת
4 שִׁשִּׁים וְרֹחַב אַמּוֹת עֶשְׂרִים׃ וְהָאוּלָם אֲשֶׁר עַל־
פְּנֵי הָאֹרֶךְ עַל־פְּנֵי רֹחַב־הַבַּיִת אַמּוֹת עֶשְׂרִים
וְהַגֹּבַהּ מֵאָה וְעֶשְׂרִים וַיְצַפֵּהוּ מִפְּנִימָה זָהָב
5 טָהוֹר׃ וְאֵת הַבַּיִת הַגָּדוֹל חִפָּה עֵץ בְּרוֹשִׁים
וַיְחַפֵּהוּ זָהָב טוֹב וַיַּעַל עָלָיו תִּמֹרִים וְשַׁרְשְׁרֹת׃
6 וַיְצַף אֶת־הַבַּיִת אֶבֶן יְקָרָה לְתִפְאָרֶת וְהַזָּהָב זְהַב
7 פַּרְוָיִם׃ וַיְחַף אֶת־הַבַּיִת הַקֹּרוֹת הַסִּפִּים וְקִירוֹתָיו
וְדַלְתוֹתָיו זָהָב וּפִתַּח כְּרוּבִים עַל־הַקִּירוֹת׃
8 וַיַּעַשׂ אֶת־בֵּית־קֹדֶשׁ הַקֳּדָשִׁים אָרְכּוֹ עַל־פְּנֵי רֹחַב־
הַבַּיִת אַמּוֹת עֶשְׂרִים וְרָחְבּוֹ אַמּוֹת עֶשְׂרִים וַיְחַפֵּהוּ
9 זָהָב טוֹב לְכִכָּרִים שֵׁשׁ מֵאוֹת׃ וּמִשְׁקָל לְמִסְמְרוֹת
לִשְׁקָלִים חֲמִשִּׁים זָהָב וְהָעֲלִיּוֹת חִפָּה זָהָב׃
10 וַיַּעַשׂ בְּבֵית־קֹדֶשׁ הַקֳּדָשִׁים כְּרוּבִים שְׁנַיִם מַעֲשֵׂה
11 צַעֲצֻעִים וַיְצַפּוּ אֹתָם זָהָב׃ וְכַנְפֵי הַכְּרוּבִים
אָרְכָּם אַמּוֹת עֶשְׂרִים כְּנַף הָאֶחָד לְאַמּוֹת חָמֵשׁ
מַגַּעַת לְקִיר הַבַּיִת וְהַכָּנָף הָאַחֶרֶת אַמּוֹת חָמֵשׁ
12 מַגִּיעַ לִכְנַף הַכְּרוּב הָאַחֵר׃ וּכְנַף הַכְּרוּב הָאֶחָד
אַמּוֹת חָמֵשׁ מַגִּיעַ לְקִיר הַבָּיִת וְהַכָּנָף הָאַחֶרֶת
13 אַמּוֹת חָמֵשׁ דְּבֵקָה לִכְנַף הַכְּרוּב הָאַחֵר׃ כַּנְפֵי

15 And*a* the king β made silver and gold at Jerusalem *as plenteous* as stones, and cedar-trees made he as the sycamore-trees that *are* in the vale for abundance.

16 And γ Solomon had horses brought out of Egypt, and linen yarn ; the king's merchants received the linen yarn at a price.

17 And they fetched up, and brought forth out of Egypt, a chariot for six hundred *shekels* of silver, and an horse for an hundred and fifty : and so brought they out *horses* for all the kings of the Hittites, and for the kings of Syria, by their δ means.

CHAP. II.

AND Solomon determined to build an house for the name of the LORD, and an house for his kingdom.

2 And Solomon told out threescore and ten thousand men to bear burdens, and fourscore thousand to hew in the mountain, and three thousand and six hundred to oversee them.

3 And *d* Solomon sent to κ Huram the king of Tyre, saying, As thou didst deal with David *e* my father, and didst send him cedars to build him an house to dwell therein, *even so deal with me.*

4 Behold, I build an house to the name of the LORD my God, to dedicate *it* to him, *and* to burn g before him λ sweet incense, and for the continual shew-bread, *h* and for the burnt-offerings *i* morning and evening, on the sabbaths, and on the new moons, and on the solemn feasts of the LORD our God. This *is an ordinance* for ever to Israel.

5 And the house which I build *is* great : for *m* great *is* our God above all gods.

6 But *n* who π is able to build him an house, seeing *o* the heaven and heaven of heavens cannot contain him ? who *am* I then, that I should build him an house, save only to burn sacrifice before him ?

7 Send me now, therefore, a man cunning to work in gold, and in silver, and in brass, and in iron, and in purple, and crimson, and blue, and that can skill σ to grave with the cunning men that *are* with me in Judah and in Jerusalem, whom *r* David my father did provide.

8 Send me also cedar-trees, fir-trees, and τ algum-trees, out of Lebanon ; (for I know that thy servants can skill to cut timber in Lebanon ;) and, behold, my servants *shall be* with thy servants,

9 Even to prepare me timber in abundance : for the house which I am about to build *shall be* χ wonderful great.

10 And, behold, I will give to thy servants, the hewers that cut timber, twenty thousand measures of beaten wheat, and twenty thousand measures of barley, and twenty thousand baths of wine, and twenty thousand baths of oil.

11 Then Huram the king of Tyre answered in writing, which he sent to Solomon, Because *u* the LORD hath loved his people, he hath made thee king over them.

12 Huram said moreover, Blessed *be* the LORD God of Israel, that made heaven *v* and earth, who hath given to David the king a wise son, β endued with prudence and understanding, that might build an house for the LORD, and an house for his kingdom.

13 And now I have sent a cunning man, endued with understanding, of Huram my father's,

14 The *w* son of a woman of the daughters of Dan, and his father *was* a man of

Tyre, skilful to work in gold, and in silver, in brass, in iron, in stone, and in timber, in purple, in blue, and in fine linen, and in crimson ; also to grave any manner of graving, and to find out every device which shall be put to him, with thy cunning men, and with the cunning men of my lord David thy father.

15 Now therefore the wheat, and the barley, the oil, and the wine, which my lord hath spoken of, let him send unto his servants :

16 And we will cut wood out of Lebanon, as ζ much as thou shalt need ; and we will bring it to thee in floats by sea to η Joppa, and thou shalt carry it up to Jerusalem.

17 And *b* Solomon numbered all θ the strangers that *were* in the land of Israel, after the numbering *c* wherewith David his father had numbered them ; and they were found an hundred and fifty thousand and three thousand and six hundred.

18 And he set threescore and ten thousand of them *to be* bearers of burdens, and fourscore thousand *to be* hewers in the mountain, and three thousand and six hundred overseers to set the people a work.

CHAP. III.

THEN *f* Solomon began to build the house of the LORD at Jerusalem in mount Moriah, *i* where μ *the LORD k* appeared unto David his father, in the place that David had prepared in the threshing-floor of ν Ornan the Jebusite.

2 And he began to build in the second day of the second month, in the fourth year of his reign.

3 Now these *are the things wherein* Solomon was ρ instructed *p* for the building of the house of God. The length by cubits after the first measure *was* threescore cubits, and the breadth twenty cubits.

4 And the porch *q* that *was* in the front *of the house,* the length *of it was* according to the breadth of the house, twenty cubits, and the height *was* an hundred and twenty : and he overlaid it within with pure gold.

5 And the greater house he cieled with fir-tree, which he overlaid with fine gold, and set thereon palm-trees and chains.

6 And he φ garnished the house with precious stones *s* for beauty : and the gold *was* gold of Parvaim.

7 He overlaid also the house, the beams, the posts, and the walls thereof, and the doors thereof, with gold ; and graved cherubims on the walls.

8 And he made the most holy *t* house, the length whereof *was* according to the breadth of the house, twenty cubits, and the breadth thereof twenty cubits : and he overlaid it with fine gold, *amounting* to six hundred talents.

9 And the weight of the nails *was* fifty shekels of gold. And he overlaid the upper chambers with gold.

10 And in the most holy house he made two cherubims ψ of image work, and overlaid them with gold.

11 And the wings of the cherubims *were* twenty cubits long : one wing *of the one cherub was* five cubits, reaching to the wall of the house ; and the other wing *was likewise* five cubits, reaching to the wing of the other cherub.

12 And *one* wing of the other cherub *was* five cubits, reaching to the wall of the house ; and y *e* other wing *was* five cubits *also,* joining to the wing of the other cherub.

Center column (marginal references)

B. C. 1015.

a 1 Ki. 10. 27, &c.
Job 22. 24.
β *gave.*
γ *the going forth of the horses which was Solomon's.*
δ *hand.*
ε *according to all thy need.*
η *Japho,* Jos. 19. 46. Ac. 9. 36.
b ch. 8. 7, 8. 1 Ki.9.20,21.
θ *the men, the strangers.*
c 1 Ch. 22. 2.
d 1 Ki.5.2,&c.
κ or, *Hiram,* 1 Ki. 5. 1.
e 1 Ch. 14. 1.
f 1 Ki 6.1,&c.
g Ex. 30. 7.
λ *incense of spices.*
h Ex. 25. 30. Le. 24. 5..9.
i Ge.22. 2,14.
μ or, *which was seen of David his father.*
k 1 Ch. 21. 18.
l Nu.28.3,&c.
ν or, *Arannah,* 2 Sa. 24. 18.
m Ps. 135. 5.
1 Ti. 6. 15.
n Is. 66. 1, 2.
π *hath retained, or, obtained strength.*
o ch. 6. 18.
ρ *founded.*
p 1Ch. 28. 11.
q Jno. 10. 23.
Ac. 3. 11.
5. 12.
σ *to grave gravings.*
r 1 Ch. 22. 15.
τ or, *almug-gim,* 1 Ki. 10. 11.
φ *covered.*
s 1Ch.29.2,8. Is.54.11,12. Re.21.18,21.
χ *great and wonderful.*
t He. 9. 3..9.
u 1 Ki. 10. 9. Ps. 72. 17.
ψ or, (as some think) of *moveable work.*
v Ps. 33. 6. Je.10.10,11. Ac. 14. 15. Re. 10. 6.
β *knowing.*
w 1Ki.7.13,14.

הַכְּרֻבִים הָאֵלֶּה פֹּרְשִׂים כַּנְפַיִם עֶשְׂרִים וְהֵם
עֹמְדִים עַל־רַגְלֵיהֶם וּפְנֵיהֶם לַבָּיִת ׃ 14 וַיַּעַשׂ
אֶת־הַפָּרֹכֶת תְּכֵלֶת וְאַרְגָּמָן וְכַרְמִיל וּבוּץ וַיַּעַל
עָלָיו כְּרוּבִים ׃ 15 וַיַּעַשׂ לִפְנֵי הַבַּיִת עַמּוּדִים
שְׁנַיִם אַמּוֹת שְׁלֹשִׁים וְחָמֵשׁ אֹרֶךְ וְהַצֶּפֶת אֲשֶׁר־
עַל־רֹאשׁוֹ אַמּוֹת חָמֵשׁ ׃ 16 וַיַּעַשׂ שַׁרְשְׁרוֹת
בַּדְּבִיר וַיִּתֵּן עַל־רֹאשׁ הָעַמֻּדִים וַיַּעַשׂ רִמּוֹנִים
מֵאָה וַיִּתֵּן בַּשַּׁרְשְׁרוֹת ׃ 17 וַיָּקֶם אֶת־הָעַמּוּדִים
עַל־פְּנֵי הַהֵיכָל אֶחָד מִיָּמִין וְאֶחָד מֵהַשְּׂמֹאול
וַיִּקְרָא שֵׁם־הַיְמִינִי יָכִין וְשֵׁם הַשְּׂמָאלִי בֹּעַז ׃

CAP. IV. ד

1 וַיַּעַשׂ מִזְבַּח נְחֹשֶׁת עֶשְׂרִים אַמָּה אָרְכּוֹ וְעֶשְׂרִים
2 אַמָּה רָחְבּוֹ וְעֶשֶׂר אַמּוֹת קוֹמָתוֹ ׃ וַיַּעַשׂ אֶת־
הַיָּם מוּצָק עֶשֶׂר בָּאַמָּה מִשְּׂפָתוֹ אֶל־שְׂפָתוֹ עָגֹל
סָבִיב וְחָמֵשׁ בָּאַמָּה קוֹמָתוֹ וְקָו שְׁלֹשִׁים בָּאַמָּה
3 יָסֹב אֹתוֹ סָבִיב ׃ וּדְמוּת בְּקָרִים תַּחַת לוֹ סָבִיב
סָבִיב סוֹבְבִים אֹתוֹ עֶשֶׂר בָּאַמָּה מַקִּיפִים אֶת־
הַיָּם סָבִיב שְׁנַיִם טוּרִים הַבָּקָר יְצוּקִים בְּמֻצַקְתּוֹ ׃
4 עוֹמֵד עַל־שְׁנֵים עָשָׂר בָּקָר שְׁלֹשָׁה פֹנִים ׀ צָפוֹנָה
וּשְׁלוֹשָׁה פֹנִים יָמָּה וּשְׁלֹשָׁה ׀ פֹּנִים נֶגְבָּה וּשְׁלֹשָׁה
פֹּנִים מִזְרָחָה וְהַיָּם עֲלֵיהֶם מִלְמָעְלָה וְכָל־
5 אֲחֹרֵיהֶם בָּיְתָה ׃ וְעָבְיוֹ שֶׂפַח וּשְׂפָתוֹ כְּמַעֲשֵׂה
שְׂפַת־כּוֹס פֶּרַח שׁוֹשַׁנָּה מַחֲזִיק בַּתִּים שְׁלֹשֶׁת
6 אֲלָפִים יָכִיל ׃ וַיַּעַשׂ כִּיּוֹרִים עֲשָׂרָה וַיִּתֵּן חֲמִשָּׁה
מִיָּמִין וַחֲמִשָּׁה מִשְּׂמֹאול לְרָחְצָה בָהֶם אֶת־
מַעֲשֵׂה הָעוֹלָה יָדִיחוּ בָם וְהַיָּם לְרָחְצָה לַכֹּהֲנִים
7 בּוֹ ׃ וַיַּעַשׂ אֶת־מְנֹרוֹת הַזָּהָב עֶשֶׂר כְּמִשְׁפָּטָם
וַיִּתֵּן בַּהֵיכָל חָמֵשׁ מִיָּמִין וְחָמֵשׁ מִשְּׂמֹאול ׃
8 וַיַּעַשׂ שֻׁלְחָנוֹת עֲשָׂרָה וַיַּנַּח בַּהֵיכָל חֲמִשָּׁה מִיָּמִין
וַחֲמִשָּׁה מִשְּׂמֹאול וַיַּעַשׂ מִזְרְקֵי זָהָב מֵאָה ׃
9 וַיַּעַשׂ חֲצַר הַכֹּהֲנִים וְהָעֲזָרָה הַגְּדוֹלָה וּדְלָתוֹת
10 לָעֲזָרָה וְדַלְתוֹתֵיהֶם צִפָּה נְחֹשֶׁת ׃ וְאֶת־הַיָּם
11 נָתַן מִכֶּתֶף הַיְמָנִית קֵדְמָה מִמּוּל נֶגְבָּה ׃ וַיַּעַשׂ
חוּרָם אֶת־הַסִּירוֹת וְאֶת־הַיָּעִים וְאֶת־הַמִּזְרָקוֹת
וַיְכַל חוּרָם לַעֲשׂוֹת אֶת־הַמְּלָאכָה אֲשֶׁר עָשָׂה
12 לַמֶּלֶךְ שְׁלֹמֹה בְּבֵית הָאֱלֹהִים ׃ עַמּוּדִים שְׁנַיִם
וְהַגֻּלּוֹת וְהַכֹּתָרוֹת עַל־רֹאשׁ הָעַמּוּדִים שְׁתָּיִם
וְהַשְּׂבָכוֹת שְׁתַּיִם לְכַסּוֹת אֶת־שְׁתֵּי גֻּלּוֹת הַכֹּתָרוֹת
13 אֲשֶׁר עַל־רֹאשׁ הָעַמּוּדִים ׃ וְאֶת־הָרִמּוֹנִים אַרְבַּע
מֵאוֹת לִשְׁתֵּי הַשְּׂבָכוֹת שְׁנַיִם טוּרִים רִמּוֹנִים לַשְּׂבָכָה

הָאֶחָת לְכַסּוֹת אֶת־שְׁתֵּי גֻּלּוֹת הַכֹּתָרוֹת אֲשֶׁר עַל־
14 פְּנֵי הָעַמּוּדִים ׃ וְאֶת־הַמְּכֹנוֹת עָשָׂה וְאֶת־הַכִּיֹּרוֹת
15 עָשָׂה עַל־הַמְּכֹנוֹת ׃ אֶת־הַיָּם אֶחָד וְאֶת־הַבָּקָר
16 שְׁנֵים־עָשָׂר תַּחְתָּיו ׃ וְאֶת־הַסִּירוֹת וְאֶת־הַיָּעִים
וְאֶת־הַמִּזְלָגוֹת וְאֶת־כָּל־כְּלֵיהֶם עָשָׂה חוּרָם אָבִיו
17 לַמֶּלֶךְ שְׁלֹמֹה לְבֵית יְהוָה נְחֹשֶׁת מָרוּק ׃ בְּכִכַּר
הַיַּרְדֵּן יְצָקָם הַמֶּלֶךְ בַּעֲבִי הָאֲדָמָה בֵּין סֻכּוֹת וּבֵין
18 צְרֵדָתָה ׃ וַיַּעַשׂ שְׁלֹמֹה כָּל־הַכֵּלִים הָאֵלֶּה
19 לָרֹב מְאֹד כִּי לֹא נֶחְקַר מִשְׁקַל הַנְּחֹשֶׁת ׃ וַיַּעַשׂ
שְׁלֹמֹה אֵת כָּל־הַכֵּלִים אֲשֶׁר בֵּית הָאֱלֹהִים וְאֵת
מִזְבַּח הַזָּהָב וְאֶת־הַשֻּׁלְחָנוֹת וַעֲלֵיהֶם לֶחֶם
20 הַפָּנִים ׃ וְאֶת־הַמְּנֹרוֹת וְנֵרֹתֵיהֶם לְבַעֲרָם כַּמִּשְׁפָּט
21 לִפְנֵי הַדְּבִיר זָהָב סָגוּר ׃ וְהַפֶּרַח וְהַנֵּרוֹת
22 וְהַמֶּלְקַחַיִם זָהָב הוּא מִכְלוֹת זָהָב ׃ וְהַמְזַמְּרוֹת
וְהַמִּזְרָקוֹת וְהַכַּפּוֹת וְהַמַּחְתּוֹת זָהָב סָגוּר וּפֶתַח
הַבַּיִת דַּלְתוֹתָיו הַפְּנִימִיּוֹת לְקֹדֶשׁ הַקֳּדָשִׁים וְדַלְתֵי
הַבַּיִת לַהֵיכָל זָהָב ׃

CAP. V. ה

1 וַתִּשְׁלַם כָּל־הַמְּלָאכָה אֲשֶׁר־עָשָׂה שְׁלֹמֹה לְבֵית
יְהוָה וַיָּבֵא שְׁלֹמֹה אֶת־קָדְשֵׁי ׀ דָּוִיד אָבִיו וְאֶת־
הַכֶּסֶף וְאֶת־הַזָּהָב וְאֶת־כָּל־הַכֵּלִים נָתַן בְּאֹצְרוֹת
2 בֵּית הָאֱלֹהִים ׃ אָז יַקְהֵיל שְׁלֹמֹה אֶת־זִקְנֵי יִשְׂרָאֵל
וְאֶת־כָּל־רָאשֵׁי הַמַּטּוֹת נְשִׂיאֵי הָאָבוֹת לִבְנֵי יִשְׂרָאֵל
אֶל־יְרוּשָׁלִַם לְהַעֲלוֹת אֶת־אֲרוֹן בְּרִית־יְהוָה מֵעִיר
3 דָּוִיד הִיא צִיּוֹן ׃ וַיִּקָּהֲלוּ אֶל־הַמֶּלֶךְ כָּל־אִישׁ יִשְׂרָאֵל
4 בֶּחָג הוּא הַחֹדֶשׁ הַשְּׁבִעִי ׃ וַיָּבֹאוּ כֹּל זִקְנֵי יִשְׂרָאֵל
5 וַיִּשְׂאוּ הַלְוִיִּם אֶת־הָאָרוֹן ׃ וַיַּעֲלוּ אֶת־הָאָרוֹן
וְאֶת־אֹהֶל מוֹעֵד וְאֶת־כָּל־כְּלֵי הַקֹּדֶשׁ אֲשֶׁר בָּאֹהֶל
6 הֶעֱלוּ אֹתָם הַכֹּהֲנִים הַלְוִיִּם ׃ וְהַמֶּלֶךְ שְׁלֹמֹה וְכָל־
עֲדַת יִשְׂרָאֵל הַנּוֹעָדִים עָלָיו לִפְנֵי הָאָרוֹן מְזַבְּחִים
7 צֹאן וּבָקָר אֲשֶׁר לֹא־יִסָּפְרוּ וְלֹא יִמָּנוּ מֵרֹב ׃ וַיָּבִיאוּ
הַכֹּהֲנִים אֶת־אֲרוֹן בְּרִית־יְהוָה אֶל־מְקוֹמוֹ אֶל־דְּבִיר
הַבַּיִת אֶל־קֹדֶשׁ הַקֳּדָשִׁים אֶל־תַּחַת כַּנְפֵי הַכְּרוּבִים ׃
8 וַיִּהְיוּ הַכְּרוּבִים פֹּרְשִׂים כְּנָפַיִם עַל־מְקוֹם הָאָרוֹן
וַיְכַסּוּ הַכְּרוּבִים עַל־הָאָרוֹן וְעַל־בַּדָּיו מִלְמָעְלָה ׃
9 וַיַּאֲרִיכוּ הַבַּדִּים וַיֵּרָאוּ רָאשֵׁי הַבַּדִּים מִן־הָאָרוֹן
עַל־פְּנֵי הַדְּבִיר וְלֹא יֵרָאוּ הַחוּצָה וַיְהִי־שָׁם עַד
10 הַיּוֹם הַזֶּה ׃ אֵין בָּאָרוֹן רַק שְׁנֵי הַלֻּחוֹת אֲשֶׁר־
נָתַן מֹשֶׁה בְּחֹרֵב אֲשֶׁר כָּרַת יְהוָה עִם־בְּנֵי יִשְׂרָאֵל
11 בְּצֵאתָם מִמִּצְרָיִם ׃ וַיְהִי בְּצֵאת הַכֹּהֲנִים
מִן־הַקֹּדֶשׁ כִּי כָּל־הַכֹּהֲנִים הַנִּמְצְאִים הִתְקַדָּשׁוּ אֵין

B. C. 1012.

13 The wings of these cherubims spread themselves forth twenty cubits; and they stood on their feet, and their faces were γ inward.

14 And he made the vail *b* of blue, and purple, and crimson, and fine linen, and δ wrought cherubims thereon.

15 Also he made before the house two pillars *d* of thirty and five cubits η high, and the chapiter that *was* on the top of each of them *was* five cubits.

16 And he made chains, *as* in the oracle, and put *them* on the heads of the pillars; and made an hundred pomegranates, and put *them* on the chains.

17 And he reared up the pillars before the temple, one on the right hand, and the other on the left; and called the name of that on the right hand κ Jachin, and the name of that on the left λ Boaz.

CHAP. IV.

MOREOVER, he made an altar *h* of brass, twenty cubits the length thereof, and twenty cubits the breadth thereof, and ten cubits the height thereof.

2 Also he made a molten sea *i* of ten cubits π from brim to brim, round in compass, and five cubits the height thereof; and a line of thirty cubits did compass it round about.

3 And under it *was* the similitude of oxen, which did compass it round about; ten in a cubit, compassing the sea round about. Two rows of oxen *were* cast, when it was cast.

4 It stood upon twelve oxen, three looking toward the north, and three looking toward the west, and three looking toward the south, and three looking toward the east; and the sea *was set* above upon them, and all their hinder parts *were* inward.

5 And the thickness of it *was* an handbreadth, and the brim of it like the work of the brim of a cup, ρ with flowers of lilies: *and* it received and held three thousand baths.

6 He made also ten lavers, & put five on the right hand, and five on the left, to wash in them: σ such things as they offered for the burnt-offering that they washed *r* in them; but the sea *was* for the priests to wash in.

7 And he made ten candlesticks of gold according to their form, *g* and set *them* in the temple, five on the right hand, and five on the left.

8 He made also ten tables, and placed *them* in the temple, five on the right side, and five on the left: and he made an hundred τ basons of gold.

9 Furthermore, he made the court *u* of the priests, and the great court, and doors for the court, and overlaid the doors of them with brass.

10 And he set the sea on the right side of the east end, over against the south.

11 And Huram made the pots, and the shovels, and the τ basons. And Huram φ finished the work that he was to make for king Solomon for the house of God;

12 *To wit,* the two pillars, and the pommels, and the chapiters *which were* on the top of the two pillars, & the two wreaths to cover the two pommels of the chapiters which *were* on the pillars;

13 And four hundred pomegranates on the two wreaths; two rows of pomegranates on each wreath, to cover the two pommels of the chapiters which *were* upon the γ pillars.

---

a 1Ki.7.27,43.

β or, *caldrons.*

γ or, *toward the house.*

b Ex. 26. 31.

c 1Ki.7.14,45.

d caused to ascend.

ζ made bright, or, *scoured.*

d 1Ki.7.15..21.
Je.52.20,21.

η long.

θ thicknesses of the ground.

e Ex. 25. 30.

κ i. e. *he shall establish.*

f Ex.27.20,21.

λ i. e. *in it is strength.*

g Ex. 25. 31, &c.

h Ex. 27. 1, 2.
2 Ki. 16. 14.
Eze. 43. 13..
17.

μ perfections of gold.

ν or, *bowls.*

i 1 Ki. 7. 23, &c.

π from his brim to his brim.

k 1Ki.7. 51.
l 1 Ch. 22. 14.
m 1Ki.8.1,&c.
n Nu. 10. 33, 36.

o 2 Sa. 6. 12.
p Ps. 2. 6.
87. 2.
132. 13..17.

ρ or, *like a lily-flower.*

q ch. 7. 8..10.

σ the work of burnt-offering.

r He. 9. 23.

s Ex.25.31..40.
1 Ch.28.12..
19.

He. 8. 5.

t Ps. 132. 8.

π or, *bowls.*

u 1 Ki. 6. 36.

v Ex. 37.7..9.
He. 9. 4, 5.
w Ex. 37. 15.

φ finished to make.

χ or, *they are there,* as 1 Ki.8.8.

x De. 10. 2..5.

ψ or, *where.*

β found.

γ face of the.

y ch. 35. 4.

---

14 He made also λ bases; *a* and β lavers made he upon the bases;

15 One sea, and twelve oxen under it.

16 The pots also, and the shovels, and the flesh-hooks, and all their instruments, did Huram *c* his father make to king Solomon, for the house of ye LORD, of ζ bright brass.

17 In the plain of Jordan did the king cast them, in the θ clay-ground between Succoth and Zeredathah.

18 Thus Solomon made all these vessels in great abundance: for the weight of the brass could not be found out.

19 And Solomon made all the vessels that *were for* the house of God, the golden altar also, and the tables whereon the shew-bread *e was set;*

20 Moreover the candlesticks with their lamps, that they should burn *f* after the manner, before the oracle, of pure gold;

21 And the flowers, *g* and the lamps, and the tongs, *made he of* gold, *and* that μ perfect gold;

22 And the snuffers, & the ν basons, & the spoons, and the censers, *of* pure gold: & the entry of the house, the inner doors thereof for the most holy *place,* and the doors or the house of the temple, *were* of gold.

CHAP. V.

THUS *k* all the work that Solomon made for the house of the LORD was finished: and Solomon brought in *all* the *l* things that David his father had dedicated; and the silver, and the gold, and all the instruments, put he among the treasures of the house of God.

2 Then *m* Solomon assembled the elders of Israel, and all the heads of the tribes, the chief of the fathers of the children of Israel, unto Jerusalem, to bring up the ark *n* of the covenant of the LORD out of the city *o* of David, which *is* Zion.*p*

3 Wherefore all the men of Israel assembled themselves unto the king, in the feast *q* which *was* in the seventh month.

4 And all the elders of Israel came; and the Levites took up the ark.

5 And they brought up the ark, and the tabernacle of the congregation, and all the holy vessels that *were* in the tabernacle, these did the priests & the Levites bring up.

6 Also king Solomon, and all the congregation of Israel that were assembled unto him before the ark, sacrificed sheep and oxen, which could not be told nor numbered for multitude.

7 And the priests brought in *t* the ark of the covenant of the LORD unto his place, to the oracle of the house, into the most holy *place, even* under the wings of the cherubims: *v*

8 For the cherubims spread forth *their* wings over the place of the ark, and the cherubims covered the ark and the *w* staves thereof above.

9 And they drew out the staves *of the ark,* that the ends of the staves were seen from the ark before the oracle, but they were not seen without. And χ there it is unto this day.

10 *There was* nothing in the ark save the two tables which Moses *x* put *therein* at Horeb, ψ when the LORD made *a covenant* with the children of Israel, when they came out of Egypt.

11 And it came to pass, when the priests were come out of the holy *place;* (for all the priests *that were* β present were sanctified, *and* did not *then* wait by course; *y*

וְהַלְוִיִּם הַמְשֹׁרֲרִים לְכֻלָּם לְאָסָף לְהֵימָן לִידֻתוּן וְלִבְנֵיהֶם וְלַאֲחֵיהֶם מְלֻבָּשִׁים בּוּץ בִּמְצִלְתַּיִם וּבִנְבָלִים וְכִנֹּרוֹת עֹמְדִים מִזְרָח לַמִּזְבֵּחַ וְעִמָּהֶם כֹּהֲנִים לְמֵאָה וְעֶשְׂרִים מַחְצְרִים בַּחֲצֹצְרוֹת׃ 12

וַיְהִי כְאֶחָד לַמְחַצְּרִים וְלַמְשֹׁרֲרִים לְהַשְׁמִיעַ קוֹל־אֶחָד לְהַלֵּל וּלְהֹדוֹת לַיהוָה וּכְהָרִים קוֹל בַּחֲצֹצְרוֹת וּבִמְצִלְתַּיִם וּבִכְלֵי הַשִּׁיר וּבְהַלֵּל לַיהוָה כִּי טוֹב כִּי לְעוֹלָם חַסְדּוֹ וְהַבַּיִת מָלֵא עָנָן 13

בֵּית יְהוָה׃ וְלֹא־יָכְלוּ הַכֹּהֲנִים לַעֲמוֹד לְשָׁרֵת מִפְּנֵי הֶעָנָן כִּי־מָלֵא כְבוֹד־יְהוָה אֶת־בֵּית הָאֱלֹהִים׃ 14

CAP. VI. ו

אָז אָמַר שְׁלֹמֹה יְהוָה אָמַר לִשְׁכּוֹן בָּעֲרָפֶל׃ וַאֲנִי 1

בָּנִיתִי בֵית־זְבֻל לָךְ וּמָכוֹן לְשִׁבְתְּךָ עוֹלָמִים׃ וַיַּסֵּב 2

הַמֶּלֶךְ אֶת־פָּנָיו וַיְבָרֶךְ אֵת כָּל־קְהַל יִשְׂרָאֵל וְכָל־ 3

קְהַל יִשְׂרָאֵל עוֹמֵד׃ וַיֹּאמֶר בָּרוּךְ יְהוָה אֱלֹהֵי יִשְׂרָאֵל אֲשֶׁר דִּבֶּר בְּפִיו אֵת דָּוִיד אָבִי 4

וּבְיָדָיו מִלֵּא לֵאמֹר׃ מִן־הַיּוֹם אֲשֶׁר הוֹצֵאתִי אֶת־עַמִּי מֵאֶרֶץ מִצְרַיִם לֹא־בָחַרְתִּי בְעִיר מִכֹּל שִׁבְטֵי יִשְׂרָאֵל לִבְנוֹת בַּיִת לִהְיוֹת שְׁמִי שָׁם וְלֹא־בָחַרְתִּי 5

בְאִישׁ לִהְיוֹת נָגִיד עַל־עַמִּי יִשְׂרָאֵל׃ וָאֶבְחַר בִּירוּשָׁלַ͏ִם לִהְיוֹת שְׁמִי שָׁם וָאֶבְחַר בְּדָוִיד לִהְיוֹת עַל־ 6

עַמִּי יִשְׂרָאֵל׃ וַיְהִי עִם־לְבַב דָּוִיד אָבִי לִבְנוֹת בַּיִת 7

לְשֵׁם יְהוָה אֱלֹהֵי יִשְׂרָאֵל׃ וַיֹּאמֶר יְהוָה אֶל־דָּוִיד אָבִי יַעַן אֲשֶׁר הָיָה עִם־לְבָבְךָ לִבְנוֹת בַּיִת לִשְׁמִי 8

הֱטִיבוֹתָ כִּי הָיָה עִם־לְבָבֶךָ׃ רַק אַתָּה לֹא תִבְנֶה הַבָּיִת כִּי בִנְךָ הַיּוֹצֵא מֵחֲלָצֶיךָ הוּא־יִבְנֶה הַבַּיִת 9

לִשְׁמִי׃ וַיָּקֶם יְהוָה אֶת־דְּבָרוֹ אֲשֶׁר דִּבֵּר וָאָקוּם תַּחַת דָּוִיד אָבִי וָאֵשֵׁב עַל־כִּסֵּא יִשְׂרָאֵל כַּאֲשֶׁר דִּבֶּר יְהוָה וָאֶבְנֶה הַבַּיִת לְשֵׁם יְהוָה אֱלֹהֵי יִשְׂרָאֵל׃ 10

וָאָשִׂים שָׁם אֶת־הָאָרוֹן אֲשֶׁר־שָׁם בְּרִית יְהוָה 11

אֲשֶׁר כָּרַת עִם־בְּנֵי יִשְׂרָאֵל׃ וַיַּעֲמֹד לִפְנֵי מִזְבַּח 12

יְהוָה נֶגֶד כָּל־קְהַל יִשְׂרָאֵל וַיִּפְרֹשׂ כַּפָּיו׃ כִּי־עָשָׂה שְׁלֹמֹה כִּיּוֹר נְחֹשֶׁת וַיִּתְּנֵהוּ בְּתוֹךְ הָעֲזָרָה חָמֵשׁ אַמּוֹת אָרְכּוֹ וְחָמֵשׁ אַמּוֹת רָחְבּוֹ וְאַמּוֹת שָׁלוֹשׁ קוֹמָתוֹ וַיַּעֲמֹד עָלָיו וַיִּבְרַךְ עַל־בִּרְכָּיו נֶגֶד 13

כָּל־קְהַל יִשְׂרָאֵל וַיִּפְרֹשׂ כַּפָּיו הַשָּׁמָיְמָה׃ וַיֹּאמַר יְהוָה אֱלֹהֵי יִשְׂרָאֵל אֵין־כָּמוֹךָ אֱלֹהִים בַּשָּׁמַיִם וּבָאָרֶץ שֹׁמֵר הַבְּרִית וְהַחֶסֶד לַעֲבָדֶיךָ הַהֹלְכִים 14

לְפָנֶיךָ בְּכָל־לִבָּם׃ אֲשֶׁר שָׁמַרְתָּ לְעַבְדְּךָ דָּוִיד אָבִי אֵת אֲשֶׁר־דִּבַּרְתָּ לוֹ וַתְּדַבֵּר בְּפִיךָ וּבְיָדְךָ מִלֵּאתָ 15

כַּיּוֹם הַזֶּה׃ וְעַתָּה יְהוָה אֱלֹהֵי יִשְׂרָאֵל שְׁמֹר לְעַבְדְּךָ דָוִיד אָבִי אֵת אֲשֶׁר דִּבַּרְתָּ לּוֹ לֵאמֹר לֹא־יִכָּרֵת לְךָ אִישׁ מִלְּפָנַי יוֹשֵׁב עַל־כִּסֵּא יִשְׂרָאֵל רַק אִם־יִשְׁמְרוּ בָנֶיךָ אֶת־דַּרְכָּם לָלֶכֶת בְּתוֹרָתִי 16

כַּאֲשֶׁר הָלַכְתָּ לְפָנָי׃ וְעַתָּה יְהוָה אֱלֹהֵי יִשְׂרָאֵל יֵאָמֵן דְּבָרְךָ אֲשֶׁר דִּבַּרְתָּ לְעַבְדְּךָ לְדָוִיד׃ 17

כִּי הַאֻמְנָם יֵשֵׁב אֱלֹהִים אֶת־הָאָדָם עַל־הָאָרֶץ הִנֵּה שָׁמַיִם וּשְׁמֵי הַשָּׁמַיִם לֹא יְכַלְכְּלוּךָ אַף כִּי־ 18

הַבַּיִת הַזֶּה אֲשֶׁר בָּנִיתִי׃ וּפָנִיתָ אֶל־תְּפִלַּת עַבְדְּךָ וְאֶל־תְּחִנָּתוֹ יְהוָה אֱלֹהָי לִשְׁמֹעַ אֶל־הָרִנָּה וְאֶל־ 19

הַתְּפִלָּה אֲשֶׁר עַבְדְּךָ מִתְפַּלֵּל לְפָנֶיךָ׃ לִהְיוֹת עֵינֶיךָ פְתֻחוֹת אֶל־הַבַּיִת הַזֶּה יוֹמָם וָלַיְלָה אֶל־הַמָּקוֹם אֲשֶׁר אָמַרְתָּ לָשׂוּם שִׁמְךָ שָׁם לִשְׁמוֹעַ אֶל־הַתְּפִלָּה אֲשֶׁר יִתְפַּלֵּל עַבְדְּךָ אֶל־הַמָּקוֹם הַזֶּה׃ 20

וְשָׁמַעְתָּ אֶל־תַּחֲנוּנֵי עַבְדְּךָ וְעַמְּךָ יִשְׂרָאֵל אֲשֶׁר יִתְפַּלְלוּ אֶל־הַמָּקוֹם הַזֶּה וְאַתָּה תִּשְׁמַע מִמְּקוֹם 21

שִׁבְתְּךָ מִן־הַשָּׁמַיִם וְשָׁמַעְתָּ וְסָלָחְתָּ׃ אִם־יֶחֱטָא אִישׁ לְרֵעֵהוּ וְנָשָׁא־בוֹ אָלָה לְהַאֲלֹתוֹ וּבָא אָלָה 22

לִפְנֵי מִזְבַּחֲךָ בַּבַּיִת הַזֶּה׃ וְאַתָּה תִּשְׁמַע מִן־הַשָּׁמַיִם וְעָשִׂיתָ וְשָׁפַטְתָּ אֶת־עֲבָדֶיךָ לְהָשִׁיב לְרָשָׁע לָתֵת דַּרְכּוֹ בְּרֹאשׁוֹ וּלְהַצְדִּיק צַדִּיק לָתֶת לוֹ כְּצִדְקָתוֹ׃ 23

וְאִם־יִנָּגֵף עַמְּךָ יִשְׂרָאֵל לִפְנֵי אוֹיֵב כִּי יֶחֶטְאוּ־לָךְ וְשָׁבוּ וְהוֹדוּ אֶת־שְׁמֶךָ וְהִתְפַּלְלוּ וְהִתְחַנְּנוּ לְפָנֶיךָ בַּבַּיִת הַזֶּה׃ וְאַתָּה תִּשְׁמַע מִן־ 24

הַשָּׁמַיִם וְסָלַחְתָּ לְחַטַּאת עַמְּךָ יִשְׂרָאֵל וַהֲשֵׁיבוֹתָם אֶל־הָאֲדָמָה אֲשֶׁר־נָתַתָּה לָהֶם וְלַאֲבֹתֵיהֶם׃ 25

בְּהֵעָצֵר הַשָּׁמַיִם וְלֹא־יִהְיֶה מָטָר כִּי יֶחֶטְאוּ־לָךְ וְהִתְפַּלְלוּ אֶל־הַמָּקוֹם הַזֶּה וְהוֹדוּ אֶת־שְׁמֶךָ 26

מֵחַטָּאתָם יְשׁוּבוּן כִּי תַעֲנֵם׃ וְאַתָּה תִּשְׁמַע הַשָּׁמַיִם וְסָלַחְתָּ לְחַטַּאת עֲבָדֶיךָ וְעַמְּךָ יִשְׂרָאֵל כִּי תוֹרֵם אֶל־הַדֶּרֶךְ הַטּוֹבָה אֲשֶׁר יֵלְכוּ־בָהּ וְנָתַתָּה 27

מָטָר עַל־אַרְצְךָ אֲשֶׁר־נָתַתָּה לְעַמְּךָ לְנַחֲלָה׃ רָעָב כִּי־יִהְיֶה בָאָרֶץ דֶּבֶר כִּי־יִהְיֶה שִׁדָּפוֹן וְיֵרָקוֹן אַרְבֶּה וְחָסִיל כִּי יִהְיֶה כִּי יָצַר־לוֹ אֹיְבָיו 28

בְּאֶרֶץ שְׁעָרָיו כָּל־נֶגַע וְכָל־מַחֲלָה׃ כָּל־תְּפִלָּה כָל־ תְּחִנָּה אֲשֶׁר יִהְיֶה לְכָל־הָאָדָם וּלְכֹל עַמְּךָ יִשְׂרָאֵל אֲשֶׁר יֵדְעוּ אִישׁ נִגְעוֹ וּמַכְאֹבוֹ וּפָרַשׂ כַּפָּיו 29

אֶל־הַבַּיִת הַזֶּה׃ וְאַתָּה תִּשְׁמַע מִן־הַשָּׁמַיִם מְכוֹן שִׁבְתֶּךָ וְסָלַחְתָּ וְנָתַתָּה לָאִישׁ כְּכָל־דְּרָכָיו אֲשֶׁר תֵּדַע אֶת־לְבָבוֹ כִּי אַתָּה לְבַדְּךָ 30

12 Also[a] the Levites, *which were* the singers, all of them of Asaph, of Heman, of Jeduthun, with their sons and their brethren, *being* arrayed in white linen, having cymbals and psalteries and harps, stood at the east end of the altar, and with them an hundred and twenty priests sounding[e] with trumpets ;)

13 It came even to pass, as the trumpeters & singers *were* as one, to make one[g] sound to be heard in praising and thanking the Lord ; and when they lifted up *their* voice with the trumpets and cymbals and instruments of music, and praised the Lord, *saying,* For[h] he is good ; for his mercy *endureth* for ever: that *then* the house was filled with a cloud,*even* the house of y[e] Lord ;

14 So that the priests could not stand to minister by reason of y[e] cloud ; for the glory of the Lord had filled the house of God.

CHAP. VI.

THEN[m] said Solomon, The Lord hath said that he would dwell in the thick darkness.[n]

2 But I have built an house of habitation for thee, and a place for thy dwelling for ever.

3 And the king turned his face, & blessed[p] the whole congregation of Israel : and all the congregation of Israel stood : [q]

4 And he said, Blessed *be* the Lord God of Israel, who[r] hath with his hands fulfilled *that* which he spake with his mouth to my father David, saying,

5 Since the day that I brought forth my people out of the land of Egypt, I chose no city among all the tribes of Israel to build an house in, that[t] my name might be there ; neither chose I any man to be a ruler over my people Israel :

6 But I have chosen Jerusalem,[u] that my name might be there ; and have chosen David[w] to be over my people Israel.

7 Now[x] it was in the heart of David my father to build an house for the name of the Lord God of Israel.

8 But the Lord said to David my father, Forasmuch as it was in thine heart to build an house for my name, thou didst well in that it was in thine heart :

9 Notwithstanding, thou shalt not build the house ; but thy son which shall come forth out of thy loins, he shall build the house for my name.

10 The Lord therefore hath performed his word that he hath spoken ; for I am risen up in the room of David my father, and am set[a] on the throne of Israel, as the Lord promised,[b] and have built the house for the name of the Lord God of Israel :

11 And in it have I put[e] the ark, wherein *is* the covenant of the Lord, that he made with the children of Israel.

12 And[e] he stood before the altar of the Lord, in the presence of all the congregation of Israel, and spread forth his hands,

13 (For Solomon had made a brazen scaffold of five cubits[κ] long, & five cubits broad, and three cubits high, and had set it in the midst of the court ; and upon it he stood,[i] and kneeled down upon his knees before all the congregation of Israel, and spread forth his hands toward heaven,)

14 And said, O Lord God of Israel, *there is*[l] no god like thee in the heaven, nor in the earth ; which[m] keepest covenant, and *shewest* mercy unto thy servants that walk before thee with all their hearts :

15 Thou which hast kept with thy

B. C. 1004.

a 1 Ch. 25. 1.
b 1 Ch. 22. 9.
c ver. 4.
d 2 Sa. 7. 12.
    16.
1 Ki. 2. 4.
    6. 12.
e 1 Ch. 15. 24.
Ps. 68. 25.
β *a man be cut off.*
f Ps. 132. 12.
g Re. 5. 8..14.
h 1 Ch.16.34..
    41.
i Ex.29.45.46.
Ps. 68. 18.
k ch. 2. 6.
Is. 66. 1.
Ac. 7. 49.
l ch. 7. 2.
Ex. 40. 35.
Eze. 10. 4.
Re. 15. 8.
m 1 Ki. 8. 12,
    &c.
n Le. 16. 2.
Ps. 18. 11.
Na. 1. 3.
He. 12. 18.
o Ps. 121. 4.
p Nu.6.23..27.
q Ne. 8. 5.
γ or, *in.*
r Lu.1.68..70.
δ *pray.*
s ch. 30. 27.
ζ *he require an oath of him.*
t De. 12.5,11.
u ch. 12. 13.
v 2 Ki. 9. 26.
Ps. 10. 14.
Je.28. 16,17.
    51. 56.
w 1 Ch. 28. 4.
x 2 Sa.7.2,&c.
1Ch. 28.2,&c.
η or, *smitten.*
θ or, *toward.*
y Ps. 106. 40..
    47.
z 1Ki.17.&18.
Is. 5. 6.
a 1 Ch. 29.23.
b 1 Ch. 17.11.
c ch. 5. 7, 10.
d Je. 5. 24.
Eze. 34. 26.
Hos.2.21,22.
e 1Ki.8.22,&c.
f ch.20.5..13.
g Joel 1. 4,11.
    2. 25.
κ *the length thereof,&c.*
λ *land of their gates.*
h ch. 32. 24.
Ja. 5. 13.
i Ne. 8. 4.
k Ps.32. 2..6.
    142. 1, 2.
l Ex. 15. 11.
De. 4. 39.
    7. 9.
μ or, *toward.*
m Ne. 1. 5.
Da. 9. 4.
n Ps. 62. 12.

servant David my father that which thou hast promised[b] him : and spakest with thy mouth, and[c] hast fulfilled *it* with thine hand, as *it is* this day.

16 Now therefore,O Lord God of Israel, keep with thy servant David my father that which thou hast promised[d] him, saying, There shall not[β] fail thee a man inmysight to sit upon y[e] throne of Israel ; yet so[f] that thy children take heed to their way to walk in my law, as thou hast walked before me.

17 Now then, O Lord God of Israel, let thy word be verified, which thou hast spoken unto thy servant David.

18 But will God in very deed dwell with[i] men on the earth ! Behold,[k] heaven and the heaven of heavens cannot contain thee ; how much less this house which I have built !

19 Have respect, therefore, to the prayer of thy servant, and to his supplication, O Lord my God, to hearken unto the cry and the prayer which thy servant prayeth before thee :

20 That thine eyes may be open[o] upon this house day and night, upon the place whereof thou hast said that thou wouldest put thy name there ; to hearken unto the prayer which thy servant prayeth[γ] toward this place.

21 Hearken,therefore,unto the supplications of thy servant, & of thy people Israel, which they shall[δ] make toward this place ; hear thou from thy dwelling-place,[s] *even* from heaven; &when thou hearest, forgive.

22 If a man sin against his neighbour, and[ζ] an oath be laid upon him to make him swear, and the oath come before thine altar in this house ;

23 Then hear thou from heaven, and do and judge thy servants, by requiting the wicked, by recompensing[v] his way upon his own head; & by justifying the righteous,by giving him according to his righteousness.

24 And if thy people Israel be[η] put to the worse before the enemy, because they have sinned against thee, and shall return and confess thy name, and pray and make supplication before thee[θ] in this house ;

25 Then[y] hear thou from the heavens, and forgive the sin of thy people Israel, and bring them again unto the land which thou gavest to them and to their fathers.

26 When the heaven is shut up, and there is no rain,[z] because they have sinned against thee ; yet if they pray toward this place,and confess thy name,and turn from their sin, when thou dost afflict them ;

27 Then hear thou from heaven, and forgive the sin of thy servants, and of thy people Israel, when thou hast taught them the good way wherein they should walk ; & send rain[d] upon thy land, which thou hast given unto thy people for an inheritance.

28 If there be dearth[f] in the land, if there be pestilence, if there be blasting, or mildew, locusts,[g] or caterpillars ; if their enemies besiege them in the[λ] cities of their land ; whatsoever sore,[h] or whatsoever sickness *there be ;*

29 *Then* what prayer *or* what supplication soever shall be made of any man, or of all thy people Israel, when every one shall know his[k] own sore and his own grief, and shall spread forth his hands[μ] in this house;

30 Then hear thou from heaven thy dwelling-place, and forgive, &[n] render un to every man according unto all his ways, whose heart thou knowest; (for thou only

יָדַעְתָּ אֶת־לְבַב בְּנֵי הָאָדָם׃ לְמַעַן יִֽירָאוּךָ

לָלֶכֶת בִּדְרָכֶיךָ כָּל־הַיָּמִים אֲשֶׁר־הֵם חַיִּים עַל־
פְּנֵי הָאֲדָמָה אֲשֶׁר נָתַתָּה לַאֲבֹתֵֽינוּ׃

32 וְגַם אֶל־הַנָּכְרִי אֲשֶׁר לֹא מֵֽעַמְּךָ יִשְׂרָאֵל הוּא וּבָא
מֵאֶרֶץ רְחוֹקָה לְמַעַן שִׁמְךָ הַגָּדוֹל וְיָדְךָ הַחֲזָקָה
וּזְרֽוֹעֲךָ הַנְּטוּיָה וּבָאוּ וְהִתְפַּֽלְלוּ אֶל־הַבַּיִת הַזֶּֽה׃

33 וְאַתָּה תִּשְׁמַע מִן־הַשָּׁמַיִם מִמְּכוֹן שִׁבְתֶּךָ וְעָשִׂיתָ
כְּכֹל אֲשֶׁר־יִקְרָא אֵלֶיךָ הַנָּכְרִי לְמַעַן יֵדְעוּ כָל־עַמֵּי
הָאָרֶץ אֶת־שְׁמֶךָ וּלְיִרְאָה אֹֽתְךָ כְּעַמְּךָ יִשְׂרָאֵל
וְלָדַעַת כִּֽי־שִׁמְךָ נִקְרָא עַל־הַבַּיִת הַזֶּה אֲשֶׁר בָּנִֽיתִי׃

34 כִּֽי־יֵצֵא עַמְּךָ לַמִּלְחָמָה עַל־אֽוֹיְבָיו בַּדֶּרֶךְ אֲשֶׁר
תִּשְׁלָחֵם וְהִתְפַּֽלְלוּ אֵלֶיךָ דֶּרֶךְ הָעִיר הַזֹּאת אֲשֶׁר
בָּחַרְתָּ בָּהּ וְהַבַּיִת אֲשֶׁר־בָּנִיתִי לִשְׁמֶֽךָ׃ וְשָׁמַעְתָּ

35 מִן־הַשָּׁמַיִם אֶת־תְּפִלָּתָם וְאֶת־תְּחִנָּתָם וְעָשִׂיתָ
מִשְׁפָּטָֽם׃ כִּי יֶֽחֶטְאוּ־לָךְ כִּי אֵין אָדָם אֲשֶׁר לֹא־

36 יֶחֱטָא וְאָנַפְתָּ בָם וּנְתַתָּם לִפְנֵי אוֹיֵב וְשָׁבוּם
שֽׁוֹבֵיהֶם אֶל־אֶרֶץ רְחוֹקָה אוֹ קְרוֹבָֽה׃ וְהֵשִׁיבוּ

37 אֶל־לְבָבָם בָּאָרֶץ אֲשֶׁר נִשְׁבּוּ־שָׁם וְשָׁבוּ וְהִֽתְחַנְּנוּ
אֵלֶיךָ בְּאֶרֶץ שִׁבְיָם לֵאמֹר חָטָאנוּ הֶעֱוִינוּ
וְרָשָֽׁעְנוּ׃ וְשָׁבוּ אֵלֶיךָ בְּכָל־לִבָּם וּבְכָל־נַפְשָׁם בְּאֶרֶץ

38 שִׁבְיָם אֲשֶׁר־שָׁבוּ אֹתָם וְהִֽתְפַּֽלְלוּ דֶּרֶךְ אַרְצָם
אֲשֶׁר נָתַתָּה לַאֲבוֹתָם וְהָעִיר אֲשֶׁר בָּחַרְתָּ וְלַבַּיִת
אֲשֶׁר־בָּנִיתִי לִשְׁמֶֽךָ׃ וְשָׁמַעְתָּ מִן־הַשָּׁמַיִם לִמְכוֹן

39 שִׁבְתְּךָ אֶת־תְּפִלָּתָם וְאֶת־תְּחִנֹּתֵיהֶם וְעָשִׂיתָ
מִשְׁפָּטָם וְסָלַחְתָּ לְעַמְּךָ אֲשֶׁר חָֽטְאוּ־לָֽךְ׃ עַתָּה

40 אֱלֹהַי יִֽהְיוּ־נָא עֵינֶיךָ פְּתֻחוֹת וְאָזְנֶיךָ קַשֻּׁבוֹת
לִתְפִלַּת הַמָּקוֹם הַזֶּֽה׃ וְעַתָּה קוּמָה יְהוָה אֱלֹהִים

41 לְנוּחֶךָ אַתָּה וַאֲרוֹן עֻזֶּךָ כֹּהֲנֶיךָ יְהוָה אֱלֹהִים
יִלְבְּשׁוּ תְשׁוּעָה וַחֲסִידֶיךָ יִשְׂמְחוּ בַטּֽוֹב׃ יְהוָה

42 אֱלֹהִים אַל־תָּשֵׁב פְּנֵי מְשִׁיחֶיךָ זָכְרָה לְחַֽסְדֵי דָּוִיד
עַבְדֶּֽךָ׃

CAP. VII. ז

1 וּכְכַלּוֹת שְׁלֹמֹה לְהִתְפַּלֵּל וְהָאֵשׁ יָֽרְדָה מֵהַשָּׁמַיִם
וַתֹּאכַל הָעֹלָה וְהַזְּבָחִים וּכְבוֹד יְהוָה מָלֵא אֶת־
הַבָּֽיִת׃ וְלֹא יָֽכְלוּ הַכֹּהֲנִים לָבוֹא אֶל־בֵּית יְהוָה 2

3 כִּֽי־מָלֵא כְבוֹד־יְהוָה אֶת־בֵּית יְהוָֽה׃ וְכֹל בְּנֵי
יִשְׂרָאֵל רֹאִים בְּרֶדֶת הָאֵשׁ וּכְבוֹד יְהוָה עַל־הַבָּיִת
וַיִּכְרְעוּ אַפַּיִם אַרְצָה עַל־הָרִֽצְפָה וַיִּֽשְׁתַּחֲווּ וְהוֹדוֹת
4 לַיהוָה כִּי טוֹב כִּי לְעוֹלָם חַסְדּֽוֹ׃ וְהַמֶּלֶךְ וְכָל־הָעָם
5 זֹבְחִים זֶבַח לִפְנֵי יְהוָֽה׃ וַיִּזְבַּח הַמֶּלֶךְ שְׁלֹמֹה

וְהַכֹּהֲנִים עַל־מִשְׁמְרוֹתָם עֹמְדִים׃ וְהַלְוִיִּם 6
בִּכְלֵי־שִׁיר יְהוָה אֲשֶׁר עָשָׂה דָּוִיד הַמֶּלֶךְ
לְהֹדוֹת לַיהוָה כִּֽי־לְעוֹלָם חַסְדּוֹ בְּהַלֵּל דָּוִיד בְּיָדָם
וְהַכֹּהֲנִים מַחְצְרִים נֶגְדָּם וְכָל־יִשְׂרָאֵל עֹמְדִֽים׃

7 וַיְקַדֵּשׁ שְׁלֹמֹה אֶת־תּוֹךְ הֶחָצֵר אֲשֶׁר לִפְנֵי בֵית־
יְהוָה כִּֽי־עָשָׂה שָׁם הָעֹלוֹת וְאֵת חֶלְבֵי הַשְּׁלָמִים
כִּֽי־מִזְבַּח הַנְּחֹשֶׁת אֲשֶׁר עָשָׂה שְׁלֹמֹה לֹא יָכוֹל
לְהָכִיל אֶת־הָעֹלָה וְאֶת־הַמִּנְחָה וְאֶת־הַחֲלָבִֽים׃

8 וַיַּעַשׂ שְׁלֹמֹה אֶת־הֶחָג בָּעֵת הַהִיא שִׁבְעַת יָמִים
וְכָל־יִשְׂרָאֵל עִמּוֹ קָהָל גָּדוֹל מְאֹד מִלְּבוֹא חֲמָת עַד־
9 נַחַל מִצְרָֽיִם׃ וַֽיַּעֲשׂוּ בַּיּוֹם הַשְּׁמִינִי עֲצָרֶת כִּי
חֲנֻכַּת הַמִּזְבֵּחַ עָשׂוּ שִׁבְעַת יָמִים וְהֶחָג שִׁבְעַת
10 יָמִים׃ וּבְיוֹם עֶשְׂרִים וּשְׁלֹשָׁה לַחֹדֶשׁ הַשְּׁבִיעִי
שִׁלַּח אֶת־הָעָם לְאָהֳלֵיהֶם שְׂמֵחִים וְטוֹבֵי לֵב עַל־
הַטּוֹבָה אֲשֶׁר עָשָׂה יְהוָה לְדָוִיד וְלִשְׁלֹמֹה וּלְיִשְׂרָאֵל
11 עַמּֽוֹ׃ וַיְכַל שְׁלֹמֹה אֶת־בֵּית יְהוָה וְאֶת־בֵּית הַמֶּלֶךְ
וְאֵת כָּל־הַבָּא עַל־לֵב שְׁלֹמֹה לַעֲשׂוֹת בְּבֵית יְהוָה
12 וּבְבֵיתוֹ הִצְלִֽיחַ׃ וַיֵּרָא יְהוָה אֶל־שְׁלֹמֹה בַּלָּיְלָה
וַיֹּאמֶר לוֹ שָׁמַעְתִּי אֶת־תְּפִלָּתֶךָ וּבָחַרְתִּי בַּמָּקוֹם
13 הַזֶּה לִי לְבֵית זָֽבַח׃ הֵן אֶֽעֱצֹר הַשָּׁמַיִם וְלֹֽא־יִהְיֶה
מָטָר וְהֵן־אֲצַוֶּה עַל־חָגָב לֶאֱכוֹל הָאָרֶץ וְאִם־
14 אֲשַׁלַּח דֶּבֶר בְּעַמִּֽי׃ וְיִכָּנְעוּ עַמִּי אֲשֶׁר נִֽקְרָא־שְׁמִי
עֲלֵיהֶם וְיִֽתְפַּֽלְלוּ וִֽיבַקְשׁוּ פָנַי וְיָשֻׁבוּ מִדַּרְכֵיהֶם
הָרָעִים וַאֲנִי אֶשְׁמַע מִן־הַשָּׁמַיִם וְאֶסְלַח לְחַטָּאתָם
15 וְאֶרְפָּא אֶת־אַרְצָֽם׃ עַתָּה עֵינַי יִהְיוּ פְתֻחוֹת
16 וְאָזְנַי קַשֻּׁבוֹת לִתְפִלַּת הַמָּקוֹם הַזֶּֽה׃ וְעַתָּה
בָּחַרְתִּי וְהִקְדַּשְׁתִּי אֶת־הַבַּיִת הַזֶּה לִהְיוֹת־שְׁמִי שָׁם
17 עַד־עוֹלָם וְהָיוּ עֵינַי וְלִבִּי שָׁם כָּל־הַיָּמִֽים׃ וְאַתָּה
אִם־תֵּלֵךְ לְפָנַי כַּאֲשֶׁר הָלַךְ דָּוִיד אָבִיךָ וְלַעֲשׂוֹת
18 כְּכֹל אֲשֶׁר צִוִּיתִיךָ וְחֻקַּי וּמִשְׁפָּטַי תִּשְׁמֽוֹר׃
וַהֲקִימוֹתִי אֵת כִּסֵּא מַלְכוּתֶךָ כַּאֲשֶׁר כָּרַתִּי לְדָוִיד
אָבִיךָ לֵאמֹר לֹא־יִכָּרֵת לְךָ אִישׁ מוֹשֵׁל בְּיִשְׂרָאֵֽל׃
19 וְאִם־תְּשׁוּבוּן אַתֶּם וַעֲזַבְתֶּם חֻקּוֹתַי וּמִצְוֺתַי אֲשֶׁר
נָתַתִּי לִפְנֵיכֶם וַהֲלַכְתֶּם וַעֲבַדְתֶּם אֱלֹהִים אֲחֵרִים
20 וְהִשְׁתַּחֲוִיתֶם לָהֶֽם׃ וּנְתַשְׁתִּים מֵעַל אַדְמָתִי
אֲשֶׁר נָתַתִּי לָהֶם וְאֶת־הַבַּיִת הַזֶּה אֲשֶׁר הִקְדַּשְׁתִּי
לִשְׁמִי אַשְׁלִיךְ מֵעַל פָּנָי וְאֶתְּנֶנּוּ לְמָשָׁל וְלִשְׁנִינָה

knowest the hearts of the children of men:)

31 That they may fear thee, to walk in thy ways, β so long as they live γ in the land which thou gavest unto our fathers.

32 Moreover concerning the a stranger, which is not of thy people Israel, but is come from a far country for thy great name's sake, and thy mighty hand, and thy stretched-out arm; if they come and pray in this house;

33 Then hear thou from the heavens, even from thy dwelling place, and do according to all that the stranger calleth to thee for; that all d people of the earth may know thy name, and fear e thee, as doth thy people Israel, and may know that ζ this house which I have built is called by thy name.

34 If thy people go out to war f against their enemies by the way that thou shalt send them, and they pray unto thee toward this city which thou hast chosen, and the house which I have built for thy name;

35 Then hear thou from the heavens their prayer and their supplication, and maintain h their η cause.

36 If they sin against thee, (for i *there is* no man which sinneth not,) and thou be angry with them, and deliver them over before *their* enemies, and κ they carry them away captives unto a land far off or near;

37 Yet *if* they λ bethink themselves in the land whither they are carried captive, and turn and pray unto thee in the land of their captivity, saying, We have sinned, we have done amiss, and have dealt wickedly;

38 If l they return to thee with all their heart and with all their soul in the land of their captivity, whither they have carried them captives, and pray toward their land, which thou gavest unto their fathers, and *toward* the city m which thou hast chosen, and toward the house which I have built for thy name:

39 Then p hear thou from the heavens, *even* from thy dwelling place, their prayer and their supplications, and maintain their μ cause, and forgive thy people which have sinned against thee.

40 Now, my God, let, I beseech thee, thine eyes be open, and *let* thine ears *be* attent π unto the prayer *that is made* in this place.

41 Now therefore arise, v O LORD God, into thy resting w place, thou, and the ark of thy strength: let thy priests, O LORD God, be clothed with salvation, and let thy saints rejoice in goodness. x

42 O LORD God, turn not away the face of thine anointed: remember the y mercies of David thy servant.

CHAP. VII.

NOW z when Solomon had made an end of praying, the fire a came down from heaven, and consumed the burnt-offering and the sacrifices; and the glory b of the LORD filled the house.

2 And the priests could not enter into the house of the LORD, because the glory of the LORD had filled the LORD's house.

3 And when all the children of Israel saw how the fire came down, and the glory of the LORD upon the house, they bowed themselves with their faces to the ground upon the pavement, and worshipped, and praised the LORD, *saying*, For *he is* good; for d his mercy *endureth* for ever.

4 Then the king and all the people offered sacrifices before the LORD.

B. C. 1004.

β *all the days which.*

γ *upon the face of.*

a Is. 56.3,6,7. Jnº. 10. 16. Ac.8.27..39. Ep.2.12,13.

b 1 Ch. 15.16. Ps. 87. 7.

δ *hand.*

c ch. 5. 12.

d Ps. 46. 10.

e Je. 10. 7.

ζ *thy name is called upon this house.*

f ch.14.11,12. 20.4, &c.

g Jos. 13.3,5.

h Ps. 9. 3, 4.

η *or, right.*

θ *restraint.*

i Ec. 7.20. Ja. 3. 2. 1 Jnº. 1. 8.

κ *they that take them captives carry them away.*

λ *bring back to their heart.*

k 1Ki.9.1,&c.

l Je.29.12..14.

m Da. 6. 10.

n De. 12. 5.

o ch.6.26, 28. Ps. 107. 34.

p Da.9.16..19.

μ *or, right.*

v *upon whom my name is called.*

q Ja. 4. 10.

r Ac. 9. 11.

s Is. 45. 19. La.3.40,41.

t Is. 59. 20.

u ch. 6.27,30.

π *to the prayer of this place.*

v Ps.132.8,&c

w 1 Ch. 28. 2. Is. 66. 1.

x Ne. 9. 25. Ps.65.4,11. Zec. 9. 17.

y Is. 55. 3.

z 1Ki.8.54,&c

a Ex. 29. 43. Le. 9. 24. Ju. 6. 21. 1 Ki. 18. 38. 1 Ch. 21.26. Mal. 3. 1, 2.

b ch.5.13,14. Eze. 10.3,4.

ρ *be cut off to thee.*

c Le.26.14,&c De. 28. 36.

d ch. 20. 21. 1 Ch. 16.41. Ps. 103. 17. 136. 1. He.7.24,25.

---

5 And king Solomon offered a sacrifice of twenty and two thousand oxen, and an hundred and twenty thousand sheep. So the king and all the people dedicated the house of God.

6 And the priests waited on their offices: the b Levites also with instruments of music of the LORD, which David the king had made to praise the LORD, because his mercy *endureth* for ever, when David praised by their δ ministry; and c the priests sounded, trumpets before them, and all Israel stood.

7 Moreover, Solomon hallowed the middle of the court that *was* before the house of the LORD: for there he offered burnt-offerings, and the fat of the peace-offerings, because the brazen altar which Solomon had made was not able to receive the burnt-offerings, and the meat-offerings, & the fat.

8 Also, at the same time, Solomon kept the feast seven days, & all Israel with him, a very great congregation, from the entering in of Hamath g unto the river of Egypt.

9 And in the eighth day they made a solemn θ assembly: for they kept the dedication of the altar seven days, and the feast seven days.

10 And on the three and twentieth day of the seventh month he sent the people away into their tents, glad and merry in heart for the goodness that the LORD had shewed unto David, and to Solomon, and to Israel his people.

11 Thus k Solomon finished the house of the LORD, and the king's house: and all that came into Solomon's heart to make in the house of the LORD, and in his own house, he prosperously effected.

12 And the LORD appeared to Solomon by night, and said unto him, I have heard thy prayer, and n have chosen this place to myself for an house of sacrifice.

13 If o I shut up heaven that there be no rain, or if I command the locusts to devour the land, or if I send pestilence among my people;

14 If my people v which are called by my name, shall humble q themselves, and pray, r and seek s my face, and turn t from their wicked ways; then u will I hear from heaven, and will forgive their sin, and will heal their land.

15 Now mine eyes shall be open, and mine ears attent π unto the prayer *that is made* in this place.

16 For now have I chosen and sanctified this house, that my name may be there for ever: and mine eyes and mine heart shall be there perpetually.

17 And as for thee, if thou wilt walk before me, as David thy father walked, and do according to all that I have commanded thee, and shalt observe my statutes and my judgments;

18 Then will I stablish the throne of thy kingdom, according as I have covenanted with David thy father, saying, There shall not ρ fail thee a man *to be* ruler in Israel.

19 But c if ye turn away, and forsake my statutes and my commandments, which I have set before you, and shall go and serve other gods, and worship them;

20 Then will I pluck them up by the roots out of my land which I have given them; and this house, which I have sanctified for my name, will I cast out of my sight, and will make it *to be* a proverb and a by-word among all nations.

בְּכָל־הָעַמִּים : וְהַבַּיִת הַזֶּה אֲשֶׁר הָיָה עֶלְיוֹן
לְכָל־עֹבֵר עָלָיו יִשֹּׁם וְאָמַר בַּמֶּה עָשָׂה יְהוָה כָּכָה
לָאָרֶץ הַזֹּאת וְלַבַּיִת הַזֶּה : וְאָמְרוּ עַל אֲשֶׁר עָזְבוּ
אֶת־יְהוָה ׀ אֱלֹהֵי אֲבֹתֵיהֶם אֲשֶׁר הוֹצִיאָם מֵאֶרֶץ
מִצְרַיִם וַיַּחֲזִיקוּ בֵּאלֹהִים אֲחֵרִים וַיִּשְׁתַּחֲווּ לָהֶם
וַיַּעַבְדוּם עַל־כֵּן הֵבִיא עֲלֵיהֶם אֵת כָּל־הָרָעָה
הַזֹּאת :

CAP. VIII. ח

1 וַיְהִי מִקֵּץ ׀ עֶשְׂרִים שָׁנָה אֲשֶׁר בָּנָה שְׁלֹמֹה
אֶת־בֵּית יְהוָה וְאֶת־בֵּיתוֹ : 2 וְהֶעָרִים אֲשֶׁר נָתַן
חוּרָם לִשְׁלֹמֹה בָּנָה שְׁלֹמֹה אֹתָם וַיּוֹשֶׁב שָׁם אֶת־
בְּנֵי יִשְׂרָאֵל : 3 וַיֵּלֶךְ שְׁלֹמֹה חֲמָת צוֹבָה וַיֶּחֱזַק
עָלֶיהָ : 4 וַיִּבֶן אֶת־תַּדְמֹר בַּמִּדְבָּר וְאֵת כָּל־עָרֵי
הַמִּסְכְּנוֹת אֲשֶׁר בָּנָה בַּחֲמָת : 5 וַיִּבֶן אֶת־בֵּית חוֹרוֹן
הָעֶלְיוֹן וְאֶת־בֵּית חוֹרוֹן הַתַּחְתּוֹן עָרֵי מָצוֹר חוֹמוֹת
דְּלָתַיִם וּבְרִיחַ : 6 וְאֶת־בַּעֲלָת וְאֵת כָּל־עָרֵי הַמִּסְכְּנוֹת
אֲשֶׁר הָיוּ לִשְׁלֹמֹה וְאֵת כָּל־עָרֵי הָרֶכֶב וְאֵת עָרֵי
הַפָּרָשִׁים וְאֵת ׀ כָּל־חֵשֶׁק שְׁלֹמֹה אֲשֶׁר חָשַׁק לִבְנוֹת
בִּירוּשָׁלִַם וּבַלְּבָנוֹן וּבְכֹל אֶרֶץ מֶמְשַׁלְתּוֹ : 7 כָּל־הָעָם
הַנּוֹתָר מִן הַחִתִּי וְהָאֱמֹרִי וְהַפְּרִזִּי וְהַחִוִּי וְהַיְבוּסִי
אֲשֶׁר לֹא מִיִּשְׂרָאֵל הֵמָּה : 8 מִן־בְּנֵיהֶם אֲשֶׁר נוֹתְרוּ
אַחֲרֵיהֶם בָּאָרֶץ אֲשֶׁר לֹא־כִלּוּם בְּנֵי יִשְׂרָאֵל וַיַּעֲלֵם
שְׁלֹמֹה לְמַס עַד הַיּוֹם הַזֶּה : 9 וּמִן־בְּנֵי יִשְׂרָאֵל
אֲשֶׁר לֹא־נָתַן שְׁלֹמֹה לַעֲבָדִים לִמְלַאכְתּוֹ כִּי־הֵמָּה
אַנְשֵׁי מִלְחָמָה וְשָׂרֵי שָׁלִישָׁיו וְשָׂרֵי רִכְבּוֹ וּפָרָשָׁיו :
10 וְאֵלֶּה שָׂרֵי הַנְּצִיבִים אֲשֶׁר־לַמֶּלֶךְ שְׁלֹמֹה חֲמִשִּׁים
וּמָאתָיִם הָרֹדִים בָּעָם : 11 וְאֶת־בַּת־פַּרְעֹה הֶעֱלָה
שְׁלֹמֹה מֵעִיר דָּוִיד לַבַּיִת אֲשֶׁר בָּנָה־לָהּ כִּי אָמַר
לֹא־תֵשֵׁב אִשָּׁה לִי בְּבֵית דָּוִיד מֶלֶךְ־יִשְׂרָאֵל כִּי־
קֹדֶשׁ הֵמָּה אֲשֶׁר־בָּאָה אֲלֵיהֶם אֲרוֹן יְהוָה :
12 אָז הֶעֱלָה שְׁלֹמֹה עֹלוֹת לַיהוָה עַל מִזְבַּח יְהוָה
אֲשֶׁר בָּנָה לִפְנֵי הָאוּלָם : 13 וּבִדְבַר־יוֹם בְּיוֹם לְהַעֲלוֹת
כְּמִצְוַת מֹשֶׁה לַשַּׁבָּתוֹת וְלֶחֳדָשִׁים וְלַמּוֹעֲדוֹת
שָׁלוֹשׁ פְּעָמִים בַּשָּׁנָה בְּחַג הַמַּצּוֹת וּבְחַג הַשָּׁבֻעוֹת
וּבְחַג הַסֻּכּוֹת : 14 וַיַּעֲמֵד כְּמִשְׁפַּט דָּוִיד־אָבִיו אֶת־
מַחְלְקוֹת הַכֹּהֲנִים עַל־עֲבֹדָתָם וְהַלְוִיִּם עַל־
מִשְׁמְרוֹתָם לְהַלֵּל וּלְשָׁרֵת נֶגֶד הַכֹּהֲנִים לִדְבַר־יוֹם
בְּיוֹמוֹ וְהַשּׁוֹעֲרִים בְּמַחְלְקוֹתָם לְשַׁעַר וָשָׁעַר כִּי כֵן
מִצְוַת דָּוִיד אִישׁ־הָאֱלֹהִים : 15 וְלֹא סָרוּ מִצְוַת
הַמֶּלֶךְ עַל־הַכֹּהֲנִים וְהַלְוִיִּם לְכָל־דָּבָר וְלָאֹצָרוֹת :
16 וַתִּכֹּן כָּל־מְלֶאכֶת שְׁלֹמֹה עַד־הַיּוֹם מוּסַד בֵּית־

---

17 יְהוָה וְעַד־כְּלֹתוֹ שָׁלֵם בֵּית יְהוָה : אָז
הָלַךְ שְׁלֹמֹה לְעֶצְיוֹן־גֶּבֶר וְאֶל־אֵילוֹת עַל־שְׂפַת
18 הַיָּם בְּאֶרֶץ אֱדוֹם : וַיִּשְׁלַח־לוֹ חוּרָם בְּיַד־עֲבָדָיו
אֳנִיּוֹת וַעֲבָדִים יוֹדְעֵי יָם וַיָּבֹאוּ עִם־עַבְדֵי שְׁלֹמֹה
אוֹפִירָה וַיִּקְחוּ מִשָּׁם אַרְבַּע־מֵאוֹת וַחֲמִשִּׁים כִּכַּר
זָהָב וַיָּבִיאוּ אֶל־הַמֶּלֶךְ שְׁלֹמֹה :

CAP. IX. ט

1 וּמַלְכַּת־שְׁבָא שָׁמְעָה אֶת־שֵׁמַע שְׁלֹמֹה וַתָּבוֹא
לְנַסּוֹת אֶת־שְׁלֹמֹה בְחִידוֹת בִּירוּשָׁלִַם בְּחַיִל כָּבֵד
מְאֹד וּגְמַלִּים נֹשְׂאִים בְּשָׂמִים וְזָהָב לָרֹב וְאֶבֶן
יְקָרָה וַתָּבוֹא אֶל־שְׁלֹמֹה וַתְּדַבֵּר עִמּוֹ אֵת כָּל־אֲשֶׁר
2 הָיָה עִם־לְבָבָהּ : וַיַּגֶּד־לָהּ שְׁלֹמֹה אֶת־כָּל־דְּבָרֶיהָ
וְלֹא־נֶעְלַם דָּבָר מִשְּׁלֹמֹה אֲשֶׁר לֹא הִגִּיד לָהּ :
3 וַתֵּרֶא מַלְכַּת־שְׁבָא אֵת חָכְמַת שְׁלֹמֹה וְהַבַּיִת אֲשֶׁר
4 בָּנָה : וּמַאֲכַל שֻׁלְחָנוֹ וּמוֹשַׁב עֲבָדָיו וּמַעֲמַד
מְשָׁרְתָיו וּמַלְבּוּשֵׁיהֶם וּמַשְׁקָיו וּמַלְבּוּשֵׁיהֶם
וַעֲלִיָּתוֹ אֲשֶׁר יַעֲלֶה בֵּית יְהוָה וְלֹא־הָיָה עוֹד בָּהּ
5 רוּחַ : וַתֹּאמֶר אֶל־הַמֶּלֶךְ אֱמֶת הַדָּבָר אֲשֶׁר
6 שָׁמַעְתִּי בְּאַרְצִי עַל־דְּבָרֶיךָ וְעַל־חָכְמָתֶךָ : וְלֹא־
הֶאֱמַנְתִּי לְדִבְרֵיהֶם עַד אֲשֶׁר־בָּאתִי וַתִּרְאֶינָה עֵינַי
וְהִנֵּה לֹא הֻגַּד־לִי חֲצִי מַרְבִּית חָכְמָתֶךָ יָסַפְתָּ
7 עַל־הַשְּׁמוּעָה אֲשֶׁר שָׁמָעְתִּי : אַשְׁרֵי אֲנָשֶׁיךָ
וְאַשְׁרֵי עֲבָדֶיךָ אֵלֶּה הָעֹמְדִים לְפָנֶיךָ תָּמִיד
8 וְשֹׁמְעִים אֶת־חָכְמָתֶךָ : יְהִי יְהוָה אֱלֹהֶיךָ בָּרוּךְ
אֲשֶׁר ׀ חָפֵץ בְּךָ לְתִתְּךָ עַל־כִּסְאוֹ לְמֶלֶךְ לַיהוָה
אֱלֹהֶיךָ בְּאַהֲבַת אֱלֹהֶיךָ אֶת־יִשְׂרָאֵל לְהַעֲמִידוֹ
לְעוֹלָם וַיִּתֶּנְךָ עֲלֵיהֶם לְמֶלֶךְ לַעֲשׂוֹת מִשְׁפָּט
9 וּצְדָקָה : וַתִּתֵּן לַמֶּלֶךְ מֵאָה וְעֶשְׂרִים ׀ כִּכַּר זָהָב
וּבְשָׂמִים לָרֹב מְאֹד וְאֶבֶן יְקָרָה וְלֹא הָיָה כַּבֹּשֶׂם
הַהוּא אֲשֶׁר נָתְנָה מַלְכַּת־שְׁבָא לַמֶּלֶךְ שְׁלֹמֹה :
10 וְגַם־עַבְדֵי חוּרָם וְעַבְדֵי שְׁלֹמֹה אֲשֶׁר־הֵבִיאוּ זָהָב
11 מֵאוֹפִיר הֵבִיאוּ עֲצֵי אַלְגּוּמִּים וְאֶבֶן יְקָרָה : וַיַּעַשׂ
הַמֶּלֶךְ אֶת־עֲצֵי הָאַלְגּוּמִּים מְסִלּוֹת לְבֵית־יְהוָה
וּלְבֵית הַמֶּלֶךְ וְכִנֹּרוֹת וּנְבָלִים לַשָּׁרִים וְלֹא־נִרְאוּ
12 כָהֵם לְפָנִים בְּאֶרֶץ יְהוּדָה : וְהַמֶּלֶךְ שְׁלֹמֹה נָתַן
לְמַלְכַּת־שְׁבָא אֶת־כָּל־חֶפְצָהּ אֲשֶׁר שָׁאָלָה מִלְּבַד
אֲשֶׁר־הֵבִיאָה אֶל־הַמֶּלֶךְ וַתַּהֲפֹךְ וַתֵּלֶךְ לְאַרְצָהּ
13 הִיא וַעֲבָדֶיהָ : וַיְהִי מִשְׁקַל הַזָּהָב אֲשֶׁר־
בָּא לִשְׁלֹמֹה בְּשָׁנָה אֶחָת שֵׁשׁ מֵאוֹת וְשִׁשִּׁים וָשֵׁשׁ
14 כִּכְּרֵי זָהָב : לְבַד מֵאַנְשֵׁי הַתָּרִים וְהַסֹּחֲרִים

21 And this house, which is high, shall be an astonishment to every one that passeth by it; so that he shall say,[a] Why hath the LORD done thus unto this land, and unto this house?

22 And it shall be answered, Because they forsook the LORD God of their fathers, which brought them forth out of the land of Egypt, and laid hold on other gods, and worshipped them, and served them: therefore hath he brought all this evil upon them.

CHAP. VIII.

AND *f* it came to pass at ye end of twenty years, wherein Solomon had built the house of the LORD, and his own house,

2 That the cities which Huram had restored to Solomon, Solomon built them, & caused ye children of Israel to dwell there.

3 And Solomon went to *h* Hamath-zobah, and prevailed against it.

4 And he built Tadmor in the wilderness, and all the store-cities which he built in Hamath.

5 Also he built Beth-horon *k* the upper, and Beth-horon the nether, fenced cities, with walls, gates, and bars;

6 And Baalath, and all the store-cities that Solomon had, and all the chariot-cities, and the cities of the horsemen, and all *β* that Solomon desired *l* to build in Jerusalem, and in Lebanon,*m* and throughout all the land of his dominion.

7 *As for* all the people *that were* left of the Hittites, and the Amorites, and the Perizzites, and the Hivites, and the Jebusites, which *were* not of Israel,

8 *But* of their children, who were left after them in the land, whom the children of Israel consumed not, them did Solomon make to pay tribute *o* until this day.

9 But of the children of Israel did Solomon make no servants for his work; but they *were* men of war, and chief of his captains, and captains of his chariots and horsemen.

10 And these *were* the chief of king Solomon's officers, *even* two *q* hundred and fifty, that bare rule over the people.

11 And Solomon brought up the daughter *r* of Pharaoh out of the city of David unto the house that he had built for her: for he said, My wife shall not dwell in the house of David king of Israel, because the places *are η* holy whereunto the ark of the LORD hath come.

12 Then Solomon offered burnt-offerings unto the LORD on the altar of the LORD, which he had built before the *w* porch,

13 Even after a certain rate every *y* day, offering according to the commandment of Moses, on the sabbaths, and on the new moons, and on the solemn feasts, three *a* times in the year, *even* in the feast of unleavened bread, and in the feast of weeks, and in the feast of tabernacles.

14 And he appointed, according to the order of David his father, the courses *b* of the priests to their service, and the Levites to their charges, to praise and minister before the priests, as the duty of every day required; the porters *c* also by their courses at every gate; for so *κ* had David the man of God commanded.

15 And they departed not from the commandment of the king unto the priests and Levites, concerning any matter, or concerning the treasures.

16 Now all the work of Solomon was

Center column references

B. C. 992.

a Je. 22. 8, 9.
b 1Ki.9.26,27.

c Elath,
De. 2. 8.
2 Ki. 14. 22.

d ch. 9. 10, 13.
e Ec. 2. 8.
f 1Ki.9.10,&c
g 1Ki.10.1,&c
Mat. 12. 42.
Lu. 11. 31.

h Nu. 34. 8.
2 Sa. 8. 3.
i Pr. 18. 4.
Ja. 1. 5.

k Jos. 16. 3, 5.
1 Ch. 7. 24.

β the desire of Solomon which he.

l Ec. 2. 4, &c.

γ or, butlers.

m 1 Ki. 7. 2.
Ca. 4. 8.

δ word.

ζ or, sayings.

n Ps. 31. 19.

o Jos. 16. 10.
17. 13.

p Ps.72.18,19.

q 1 Ki. 9. 23.

r 1 Ki. 3. 1.
7. 8.

s 1 Ki. 3. 28.
Pr. 21. 3.

t Ps.72.10,15.

u Ec. 2. 8.

η holiness.

v ch. 8. 18.

w Jn°. 10. 23.

x 1 Ki. 10. 11,
almug.

y Ex. 29. 38.

θ highways, or, stays.

z Ps. 92. 3.
Re. 5. 8.
14. 2.

a Ex. 23. 14.
De. 16. 16.

b 1Ch.XXIV
XXV.

c 1 Ch. 9. 17.
26. 1.

κ was the commandment of David the man of God.

d Ps. 68. 29.

λ or, captains.

e ch.12.9, 10.

prepared unto the day of the foundation of the house of the LORD, and until it was finished: so the house of the LORD was perfected.

17 Then *b* went Solomon to Ezion-geber, and to Eloth,*c* at the sea-side in the land of Edom.

18 And *d* Huram sent him, by the hands of his servants, ships, and servants that had knowledge of the sea; and they went with the servants of Solomon to Ophir, and took thence four hundred and fifty talents of gold, *e* and brought *them* to king Solomon.

CHAP. IX.

AND *g* when the queen of Sheba heard of the fame of Solomon, she came to prove Solomon with hard questions at Jerusalem, with a very great company, and camels that bare spices, and gold in abundance, and precious stones: and when she was come to Solomon, she communed with him of all that was in her heart.

2 And Solomon told her all *i* her questions: and there was nothing hid from Solomon which he told her not.

3 And when the queen of Sheba had seen the wisdom of Solomon, and the house that he had built,

4 And the meat of his table, and the sitting of his servants, & the attendance of his ministers, and their apparel; his *γ* cupbearers also, and their apparel; and his ascent by which he went up into the house of the LORD; there was no more spirit in her.

5 And she said to the king, *It was* a true *δ* report which I heard in mine own land of thine *ζ* acts, and of thy wisdom;

6 Howbeit, I believed not their words, until I came, and mine eyes had seen *it:* and, behold, the *n* one half of the greatness of thy wisdom was not told me: *for* thou exceedest the fame that I heard.

7 Happy *are* thy men, and happy *are* these thy servants, which stand continually before thee, and hear thy wisdom.

8 Blessed *p* be the LORD thy God, which delighted in thee to set thee on his throne, *to be* king for the LORD thy God: because thy God loved Israel, to establish them for ever, therefore made he thee king over them, to do judgment *s* and justice.

9 And *t* she gave the king an hundred and twenty talents of gold, and of spices great abundance, and precious stones: neither *u* was there any such spice as the queen of Sheba gave king Solomon.

10 And the servants also of Huram, and the servants of Solomon, which *v* brought gold from Ophir, brought *x* algum-trees and precious stones.

11 And the king made of the algum-trees *θ* terraces to the house of the LORD, and to the king's palace, and harps *z* and psalteries for singers: and there were none such seen before in the land of Judah.

12 And king Solomon gave to the queen of Sheba all her desire, whatsoever she asked, beside *that* which she had brought unto the king: so she turned, & went away to her own land, she and her servants.

13 Now the weight of gold that came to Solomon in one year was six hundred and threescore and six talents of gold;

14 Beside *that which* chapmen and merchants brought. And all the *d* kings of Arabia and *λ* governors of the country brought gold and silver to Solomon.

15 And king Solomon made two hundred targets *e of* beaten gold: six hundred

מְבִיאִים וְכָל־מַלְכֵי עֲרַב וּפַחוֹת הָאָרֶץ מְבִיאִים זָהָב
וָכֶסֶף לִשְׁלֹמֹה׃ 15 וַיַּעַשׂ הַמֶּלֶךְ שְׁלֹמֹה מָאתַיִם
צִנָּה זָהָב שָׁחוּט שֵׁשׁ מֵאוֹת זָהָב שָׁחוּט יַעֲלֶה
16 עַל־הַצִּנָּה הָאֶחָת׃ וּשְׁלֹשׁ־מֵאוֹת מָגִנִּים זָהָב
שָׁחוּט שְׁלֹשׁ מֵאוֹת זָהָב יַעֲלֶה עַל־הַמָּגֵן הָאֶחָת
17 וַיִּתְּנֵם הַמֶּלֶךְ׃ וַיַּעַשׂ הַמֶּלֶךְ כִּסֵּא־שֵׁן גָּדוֹל
18 וַיְצַפֵּהוּ זָהָב טָהוֹר׃ וְשֵׁשׁ מַעֲלוֹת
לַכִּסֵּא וְכֶבֶשׁ בַּזָּהָב לַכִּסֵּא מָאֳחָזִים וְיָדוֹת מִזֶּה
וּמִזֶּה עַל־מְקוֹם הַשָּׁבֶת וּשְׁנַיִם אֲרָיוֹת עֹמְדִים אֵצֶל
19 הַיָּדוֹת׃ וּשְׁנֵים עָשָׂר אֲרָיוֹת עֹמְדִים שָׁם עַל־
שֵׁשׁ הַמַּעֲלוֹת מִזֶּה וּמִזֶּה לֹא־נַעֲשָׂה כֵן לְכָל־
20 מַמְלָכָה׃ וְכֹל כְּלֵי מַשְׁקֵה הַמֶּלֶךְ שְׁלֹמֹה זָהָב
וְכֹל כְּלֵי בֵּית־יַעַר הַלְּבָנוֹן זָהָב סָגוּר אֵין כֶּסֶף
21 נֶחְשָׁב בִּימֵי שְׁלֹמֹה לִמְאוּמָה׃ כִּי־אֳנִיּוֹת לַמֶּלֶךְ
הֹלְכוֹת תַּרְשִׁישׁ עִם עַבְדֵי חוּרָם אַחַת לְשָׁלוֹשׁ
שָׁנִים תָּבוֹאנָה אֳנִיּוֹת תַּרְשִׁישׁ נֹשְׂאוֹת זָהָב וָכֶסֶף
22 שֶׁנְהַבִּים וְקוֹפִים וְתוּכִּיִּים׃ וַיִּגְדַּל הַמֶּלֶךְ שְׁלֹמֹה
23 מִכֹּל מַלְכֵי הָאָרֶץ לְעֹשֶׁר וְחָכְמָה׃ וְכֹל מַלְכֵי
הָאָרֶץ מְבַקְשִׁים אֶת־פְּנֵי שְׁלֹמֹה לִשְׁמֹעַ אֶת־
24 חָכְמָתוֹ אֲשֶׁר־נָתַן הָאֱלֹהִים בְּלִבּוֹ׃ וְהֵם מְבִיאִים
אִישׁ מִנְחָתוֹ כְּלֵי כֶסֶף וּכְלֵי זָהָב וּשְׂלָמוֹת נֵשֶׁק
וּבְשָׂמִים סוּסִים וּפְרָדִים דְּבַר־שָׁנָה בְּשָׁנָה׃
25 וַיְהִי לִשְׁלֹמֹה אַרְבַּעַת אֲלָפִים אֻרְיוֹת סוּסִים
וּמַרְכָּבוֹת וּשְׁנֵים־עָשָׂר אֶלֶף פָּרָשִׁים וַיַּנִּיחֵם
26 בְּעָרֵי הָרֶכֶב וְעִם־הַמֶּלֶךְ בִּירוּשָׁלִָם׃ וַיְהִי מוֹשֵׁל
בְּכָל־הַמְּלָכִים מִן־הַנָּהָר וְעַד־אֶרֶץ פְּלִשְׁתִּים וְעַד
27 גְּבוּל מִצְרָיִם׃ וַיִּתֵּן הַמֶּלֶךְ אֶת־הַכֶּסֶף בִּירוּשָׁלִַם
כָּאֲבָנִים וְאֵת הָאֲרָזִים נָתַן כַּשִּׁקְמִים אֲשֶׁר־
28 בַּשְּׁפֵלָה לָרֹב׃ וּמוֹצִיאִים סוּסִים מִמִּצְרַיִם לִשְׁלֹמֹה
29 וּמִכָּל־הָאֲרָצוֹת׃ וּשְׁאָר דִּבְרֵי שְׁלֹמֹה הָרִאשֹׁנִים
וְהָאַחֲרוֹנִים הֲלֹא־הֵם כְּתוּבִים עַל־דִּבְרֵי נָתָן הַנָּבִיא
וְעַל־נְבוּאַת אֲחִיָּה הַשִּׁילוֹנִי וּבַחֲזוֹת יֶעְדִּי הַחֹזֶה
30 עַל־יָרָבְעָם בֶּן־נְבָט׃ וַיִּמְלֹךְ שְׁלֹמֹה
31 בִירוּשָׁלִַם עַל־כָּל־יִשְׂרָאֵל אַרְבָּעִים שָׁנָה׃ וַיִּשְׁכַּב
שְׁלֹמֹה עִם־אֲבֹתָיו וַיִּקְבְּרֻהוּ בְּעִיר דָּוִיד אָבִיו וַיִּמְלֹךְ
רְחַבְעָם בְּנוֹ תַּחְתָּיו׃

CAP. X. י

1 וַיֵּלֶךְ רְחַבְעָם שְׁכֶמָה כִּי שְׁכֶם בָּאוּ כָל־יִשְׂרָאֵל
2 לְהַמְלִיךְ אֹתוֹ׃ וַיְהִי כִּשְׁמֹעַ יָרָבְעָם בֶּן־נְבָט
וְהוּא בְמִצְרַיִם אֲשֶׁר בָּרַח מִפְּנֵי שְׁלֹמֹה הַמֶּלֶךְ
3 וַיָּשָׁב יָרָבְעָם מִמִּצְרָיִם׃ וַיִּשְׁלְחוּ וַיִּקְרְאוּ־לוֹ

---

4 אָבִיךָ הִקְשָׁה אֶת־עֻלֵּנוּ וְעַתָּה הָקֵל
מֵעֲבוֹדַת אָבִיךָ הַקָּשָׁה וּמֵעֻלּוֹ הַכָּבֵד אֲשֶׁר־נָתַן
5 עָלֵינוּ וְנַעַבְדֶךָּ׃ וַיֹּאמֶר אֲלֵהֶם עוֹד שְׁלֹשֶׁת יָמִים
6 וְשׁוּבוּ אֵלָי וַיֵּלֶךְ הָעָם׃ וַיִּוָּעַץ הַמֶּלֶךְ רְחַבְעָם
אֶת־הַזְּקֵנִים אֲשֶׁר־הָיוּ עֹמְדִים לִפְנֵי שְׁלֹמֹה אָבִיו
בִּהְיֹתוֹ חַי לֵאמֹר אֵיךְ אַתֶּם נוֹעָצִים לְהָשִׁיב לָעָם־
7 הַזֶּה דָּבָר׃ וַיְדַבְּרוּ אֵלָיו לֵאמֹר אִם־תִּהְיֶה לְטוֹב
לְהָעָם הַזֶּה וּרְצִיתָם וְדִבַּרְתָּ אֲלֵהֶם דְּבָרִים טוֹבִים
8 וְהָיוּ לְךָ עֲבָדִים כָּל־הַיָּמִים׃ וַיַּעֲזֹב אֶת־עֲצַת
הַזְּקֵנִים אֲשֶׁר יְעָצֻהוּ וַיִּוָּעַץ אֶת־הַיְלָדִים אֲשֶׁר גָּדְלוּ
9 אִתּוֹ הָעֹמְדִים לְפָנָיו׃ וַיֹּאמֶר אֲלֵהֶם מָה אַתֶּם
נוֹעָצִים וְנָשִׁיב דָּבָר אֶת־הָעָם הַזֶּה אֲשֶׁר דִּבְּרוּ אֵלַי
לֵאמֹר הָקֵל מִן־הָעֹל אֲשֶׁר־נָתַן אָבִיךָ עָלֵינוּ׃
10 וַיְדַבְּרוּ אִתּוֹ הַיְלָדִים אֲשֶׁר גָּדְלוּ אִתּוֹ לֵאמֹר כֹּה־
תֹאמַר לָעָם אֲשֶׁר־דִּבְּרוּ אֵלֶיךָ לֵאמֹר אָבִיךָ הִכְבִּיד
אֶת־עֻלֵּנוּ וְאַתָּה הָקֵל מֵעָלֵינוּ כֹּה תֹּאמַר אֲלֵהֶם
11 קָטָנִּי עָבָה מִמָּתְנֵי אָבִי׃ וְעַתָּה אָבִי הֶעְמִיס
עֲלֵיכֶם עֹל כָּבֵד וַאֲנִי אֹסִיף עַל־עֻלְּכֶם אָבִי יִסַּר
12 אֶתְכֶם בַּשּׁוֹטִים וַאֲנִי בָּעַקְרַבִּים׃ וַיָּבֹא יָרָבְעָם
וְכָל־הָעָם אֶל־רְחַבְעָם בַּיּוֹם הַשְּׁלִשִׁי כַּאֲשֶׁר דִּבֶּר
13 הַמֶּלֶךְ לֵאמֹר שׁוּבוּ אֵלַי בַּיּוֹם הַשְּׁלִשִׁי׃ וַיַּעֲנֵם
הַמֶּלֶךְ קָשָׁה וַיַּעֲזֹב הַמֶּלֶךְ רְחַבְעָם אֵת עֲצַת
14 הַזְּקֵנִים׃ וַיְדַבֵּר אֲלֵהֶם כַּעֲצַת הַיְלָדִים לֵאמֹר אַכְבִּיד
אֶת־עֻלְּכֶם וַאֲנִי אֹסִיף עָלָיו אָבִי יִסַּר אֶתְכֶם
15 בַּשּׁוֹטִים וַאֲנִי בָּעַקְרַבִּים׃ וְלֹא־שָׁמַע הַמֶּלֶךְ אֶל־
הָעָם כִּי־הָיְתָה נְסִבָּה מֵעִם הָאֱלֹהִים לְמַעַן הָקִים
יְהוָה אֶת־דְּבָרוֹ אֲשֶׁר דִּבֶּר בְּיַד אֲחִיָּהוּ הַשִּׁלוֹנִי אֶל־
16 יָרָבְעָם בֶּן־נְבָט׃ וְכָל־יִשְׂרָאֵל כִּי לֹא־שָׁמַע
הַמֶּלֶךְ לָהֶם וַיָּשִׁיבוּ הָעָם אֶת־הַמֶּלֶךְ לֵאמֹר מַה־
לָּנוּ חֵלֶק בְּדָוִיד וְלֹא־נַחֲלָה בְּבֶן־יִשַׁי אִישׁ לְאֹהָלֶיךָ
17 יִשְׂרָאֵל עַתָּה רְאֵה בֵיתְךָ דָּוִיד וַיֵּלֶךְ כָּל־יִשְׂרָאֵל
לְאֹהָלָיו׃ וּבְנֵי יִשְׂרָאֵל הַיֹּשְׁבִים בְּעָרֵי יְהוּדָה וַיִּמְלֹךְ
18 עֲלֵיהֶם רְחַבְעָם׃ וַיִּשְׁלַח הַמֶּלֶךְ רְחַבְעָם אֶת־
הֲדֹרָם אֲשֶׁר עַל־הַמַּס וַיִּרְגְּמוּ־בוֹ בְנֵי־יִשְׂרָאֵל אֶבֶן
וַיָּמֹת וְהַמֶּלֶךְ רְחַבְעָם הִתְאַמֵּץ לַעֲלוֹת בַּמֶּרְכָּבָה
19 לָנוּס יְרוּשָׁלִָם׃ וַיִּפְשְׁעוּ יִשְׂרָאֵל בְּבֵית דָּוִיד עַד
הַיּוֹם הַזֶּה׃

CAP. XI. יא

1 וַיָּבֹא רְחַבְעָם יְרוּשָׁלִַם וַיַּקְהֵל אֶת־בֵּית יְהוּדָה
וּבִנְיָמִן מֵאָה וּשְׁמוֹנִים אֶלֶף בָּחוּר עֹשֵׂה מִלְחָמָה

Solomon's riches and power.

shekels of beaten gold went to one target.

16 And three hundred shields *made he of* beaten gold; three hundred *shekels* of gold went to one shield : and the king put them in the house *c* of the forest of Lebanon.

17 Moreover, the king made a great throne of ivory, and overlaid it with pure gold.

18 And *there were* six steps to the throne, with a footstool of gold, *which were* fastened to the throne, and β stays on each side of the sitting-place, and two lions standing by the stays ;

19 And twelve lions stood there on the one side and on the other upon the six steps. There was not the like made in any kingdom.

20 And all the drinking-vessels of king Solomon *were of* gold, and all the vessels of the house of the forest of Lebanon *were of* γ pure gold : δ none *were of* silver ; it was *not* any thing accounted of in the days of Solomon.

21 For the king's ships went to Tarshish with the servants of Huram : every three years once came the ships of Tarshish, bringing gold, and silver, ζ ivory, and apes, and peacocks.

22 And ε king Solomon passed all the kings of the earth in riches and wisdom.

23 And all the kings of the earth sought the presence of Solomon, to hear his wisdom that God had put in his heart.

24 And they brought every man his present, vessels of silver, and vessels of gold, and raiment, harness, and spices, horses and mules, a rate year by year.

25 And Solomon had four thousand stalls for horses and chariots, and twelve thousand horsemen, whom he bestowed in the chariot-cities, and with the king at Jerusalem.

26 And he reigned *i* over all the kings from the θ river even unto the land of the Philistines, and to the border of Egypt.

27 And *k* the king κ made silver in Jerusalem as stones, and cedar-trees made he as the sycamore-trees that *are* in the low plains in abundance.

28 And they brought unto Solomon horses out of Egypt, and out of all lands.

29 Now *n* the rest of the acts of Solomon, first and last, *are* they not written in the λ book of Nathan the prophet, and in the prophecy of Ahijah *p* the Shilonite, and in the visions of Iddo *q* the seer against Jeroboam the son of Nebat?

30 And Solomon reigned in Jerusalem over all Israel forty years.

31 And Solomon slept with his fathers, and he was buried in the city of David his father : and Rehoboam his son reigned in his stead.

CHAP. X.

AND *s* Rehoboam went to Shechem : *t* for to Shechem were all Israel come to make him king.

2 And it came to pass, when *v* Jeroboam the son of Nebat, (who *was* in Egypt, whither he had fled from the presence of Solomon the king,) heard *it*, that Jeroboam returned out of Egypt.

3 And they sent and called him. So Jeroboam and all Israel came, and spake to Rehoboam, saying,

4 Thy father made our yoke grievous ; now, therefore, ease thou somewhat the grievous servitude of thy father, and his heavy yoke that he put upon us, and we will serve thee.

B. C. 992.

a Pr. 12. 15.
19. 20.

b Job 12. 12,
13.

c 1 Ki. 7. 2.

d Pr. 27. 10.

β hands.

e Pr. 15. 1.

f Is. 30. 1.

γ shut up.

δ or, there
was *no*
silver in
them.

ζ or, ele-
phants'
teeth.

g 1 Ki.3.12,13.
4. 30, &c.

η laded.

h Pr. 19. 27.

i Ge. 15. 18.
1 Ki. 4. 21.
Ps. 72. 8.

θ i. e. Eu-
phrates.

k ch.1.15.17.
1 Ki. 10. 27,
&c.

κ gave.

l Is.30.12,13.

m De. 2. 30.
1 Sa. 2. 25.
Is. 19. 14.

n 1 Ki.11.41.
43.

o 1 Ki. 11. 31.

λ words.

p 1 Ki. 11. 29.

q ch. 12. 15.
13. 22.

r 2 Sa. 20. 1.

s 1 Ki.12.1,&c.

t Ge.37.12,13.
Ju. 9. 1.

u 1 Ki. 4. 6.
5. 14.
Adoniram.

v 1 Ki. 11. 26,
40.

μ strength-
ened him-
self.

w Ps. 89. 30,
&c.

x 1 Ki. 12. 21,
&c.

y Pr. 21. 30.

---

5 And he said unto them, Come again unto me after three days. And the people departed.

6 And king Rehoboam took *a* counsel with the old *b* men that had stood before Solomon his father *d* while he yet lived, saying, What counsel give ye *me*, to return answer to this people?

7 And they spake unto him, saying, If thou be kind to this people, and please them, and speak *e* good words to them, they will be thy servants for ever.

8 But he forsook the counsel which the old men gave him, and *f* took counsel with the young men that were brought up with him, that stood before him.

9 And he said unto them, What advice give ye, that we may return answer to this people, which have spoken to me, saying, Ease somewhat *the* yoke that thy father did put upon us?

10 And the young men that were brought up with him spake unto him, saying, Thus shalt thou answer the people that spake unto thee, saying, Thy father made our yoke heavy, but make thou *it* somewhat lighter for us; thus shalt thou say unto them, My little *finger* shall be thicker than my father's loins.

11 For whereas my father η put a heavy yoke upon you, I will put more to your yoke : my father chastised you with whips, but I *will chastise you* with scorpions.

12 So Jeroboam and all the people came to Rehoboam on the third day, as the king bade, saying, Come again to me on the third day.

13 And the king answered them roughly : and king Rehoboam *h* forsook the counsel of the old men,

14 And answered them after the advice of the young men, saying, My father made your yoke heavy, but I will add thereto : my father chastised you with whips, but I *will chastise you* with scorpions.

15 So *l* the king hearkened not unto the people ; for *m* the cause was of God, that the LORD might perform his word, which he spake *o* by the hand of Ahijah the Shilonite to Jeroboam the son of Nebat.

16 And when all Israel *saw* that the king would not hearken unto them, the people answered the king, saying, *r* What portion have we in David? and *we have* none inheritance in the son of Jesse : every man to your tents, O Israel : *and* now, David, see to thine own house. So all Israel went to their tents.

17 But *as for* the children of Israel that dwelt in the cities of Judah, Rehoboam reigned over them.

18 Then king Rehoboam sent Hadoram, *u* that *was* over the tribute ; and the children of Israel stoned him with stones that he died : but king Rehoboam μ made speed to get him up to *his* chariot, to flee to Jerusalem.

19 And *w* Israel rebelled against the house of David unto this day.

CHAP. XI.

AND *x* when Rehoboam was come to Jerusalem, he gathered of the house of Judah and Benjamin an hundred and fourscore thousand chosen *men*, which were warriors, to fight against Israel, that he might bring the kingdom again to Rehoboam.

2 But *y* the word of the LORD came

לְהָרָם עִם־יִשְׂרָאֵל לְהָבִיא לְהָרָע אֶת־דַּמַּמְלָכָה
2 לְחַרְבְּעָם: וַיְהִי דְּבַר־יְהוָה אֶל־שְׁמַעְיָה אִישׁ
3 הָאֱלֹהִים לֵאמֹר: אֱמֹר אֶל־רְחַבְעָם בֶּן־שְׁלֹמֹה מֶלֶךְ
יְהוּדָה וְאֶל כָּל־יִשְׂרָאֵל בִּיהוּדָה וּבְנְיָמִן לֵאמֹר:
4 כֹּה אָמַר יְהוָה אַתֶּם עֲזַבְתֶּם אֹתִי וְאַף־אֲנִי
שִׁיבוּ אִישׁ לְבָנָיו כִּי־מֵאִתִּי מִהְיֶה הַדָּבָר הַזֶּה
וַיִּשְׁמְעוּ אֶת־דִּבְרֵי יְהוָה וַיָּשֻׁבוּ מִלֶּכֶת אֶל־רְחַבְעָם:
5 וַיֵּשֶׁב רְחַבְעָם בִּירוּשָׁלִַם וַיִּבֶן עָרִים לְמָצוֹר
6 בִּיהוּדָה: וַיִּבֶן אֶת־בֵּית־לֶחֶם וְאֶת־עֵיטָם וְאֶת־
7 תְּקוֹעַ: וְאֶת־בֵּית־צוּר וְאֶת־שׂוֹכוֹ וְאֶת־עֲדֻלָּם:
9 וְאֶת־גַּת וְאֶת־מָרֵשָׁה וְאֶת־זִיף: וְאֶת־אֲדוֹרַיִם וְאֶת־לָכִישׁ וְאֶת־עֲזֵקָה: וְאֶת־צָרְעָה וְאֶת־אַיָּלוֹן
10 וְאֶת־חֶבְרוֹן אֲשֶׁר בִּיהוּדָה וּבְבִנְיָמִן עָרֵי מְצֻרוֹת:
11 וַיְחַזֵּק אֶת־הַמְּצֻרוֹת וַיִּתֵּן בָּהֶם נְגִידִים וְאֹצְרוֹת
12 מַאֲכָל וְשֶׁמֶן וָיָיִן: וּבְכָל־עִיר וָעִיר צִנּוֹת וּרְמָחִים
וַיְחַזְּקֵם לְהַרְבֵּה מְאֹד וַיְהִי־לוֹ יְהוּדָה וּבִנְיָמִן:
13 וְהַכֹּהֲנִים וְהַלְוִיִּם אֲשֶׁר בְּכָל־יִשְׂרָאֵל הִתְיַצְּבוּ עָלָיו
14 מִכָּל־גְּבוּלָם: כִּי־עָזְבוּ הַלְוִיִּם אֶת־מִגְרְשֵׁיהֶם וַאֲחֻזָּתָם וַיֵּלְכוּ לִיהוּדָה וְלִירוּשָׁלִָם כִּי־הִזְנִיחָם
15 יָרָבְעָם וּבָנָיו מִכַּהֵן לַיהוָה: וַיַּעֲמֶד־לוֹ כֹּהֲנִים
16 לַבָּמוֹת וְלַשְּׂעִירִים וְלָעֲגָלִים אֲשֶׁר עָשָׂה: וְאַחֲרֵיהֶם מִכֹּל שִׁבְטֵי יִשְׂרָאֵל הַנֹּתְנִים אֶת־לְבָבָם לְבַקֵּשׁ אֶת־
17 יְהוָה אֱלֹהֵי יִשְׂרָאֵל בָּאוּ יְרוּשָׁלִַם לִזְבּוֹחַ לַיהוָה
18 אֱלֹהֵי אֲבוֹתֵיהֶם: וַיְחַזְּקוּ אֶת־מַלְכוּת יְהוּדָה
וַיְאַמְּצוּ אֶת־רְחַבְעָם בֶּן־שְׁלֹמֹה לְשָׁנִים שָׁלוֹשׁ כִּי
הָלְכוּ בְּדֶרֶךְ דָּוִיד וּשְׁלֹמֹה לְשָׁנִים שָׁלוֹשׁ:
19 וַיִּקַּח־לוֹ רְחַבְעָם אִשָּׁה אֶת־מַחֲלַת בַּן־יְרִימוֹת בֶּן־
20 דָּוִיד אֲבִיחַיִל בַּת־אֱלִיאָב בֶּן־יִשָׁי: וַתֵּלֶד לוֹ בָּנִים
אֶת־יְעוּשׁ וְאֶת־שְׁמַרְיָה וְאֶת־זָהַם: וְאַחֲרֶיהָ לָקַח
21 אֶת־מַעֲכָה בַּת־אַבְשָׁלוֹם וַתֵּלֶד לוֹ אֶת־אֲבִיָּה וְאֶת־
עַתַּי וְאֶת־זִיזָא וְאֶת־שְׁלֹמִית: וַיֶּאֱהַב רְחַבְעָם
אֶת־מַעֲכָה בַת־אַבְשָׁלוֹם מִכָּל־נָשָׁיו וּפִילַגְשָׁיו כִּי
נָשִׁים שְׁמוֹנֶה עֶשְׂרֵה נָשָׂא וּפִילַגְשִׁים שִׁשִּׁים וַיּוֹלֶד
22 עֶשְׂרִים וּשְׁמוֹנָה בָּנִים וְשִׁשִּׁים בָּנוֹת: וַיַּעֲמֵד
לָרֹאשׁ רְחַבְעָם אֶת־אֲבִיָּה בֶן־מַעֲכָה לְנָגִיד בְּאֶחָיו
23 כִּי לְהַמְלִיכוֹ: וַיָּבֶן וַיִּפְרֹץ מִכָּל־בָּנָיו לְכָל־אַרְצוֹת
יְהוּדָה וּבִנְיָמִן לְכֹל עָרֵי הַמְּצֻרוֹת וַיִּתֵּן לָהֶם הַמָּזוֹן
לָרֹב וַיִּשְׁאַל הֲמוֹן נָשִׁים:

CAP. XII. יב

1 וַיְהִי כְּהָכִין מַלְכוּת רְחַבְעָם וּכְחֶזְקָתוֹ עָזַב אֶת־
תּוֹרַת יְהוָה וְכָל־יִשְׂרָאֵל עִמּוֹ:

הֶחֱמִישִׁית לַמֶּלֶךְ רְחַבְעָם עָלָה שִׁישַׁק מֶלֶךְ־מִצְרַיִם
3 עַל יְרוּשָׁלִַם כִּי מָעֲלוּ בַּיהוָה: בְּאֶלֶף וּמָאתַיִם
רֶכֶב וּבְשִׁשִּׁים אֶלֶף פָּרָשִׁים וְאֵין מִסְפָּר לָעָם אֲשֶׁר
4 בָּאוּ עִמּוֹ מִמִּצְרַיִם לוּבִים סֻכִּיִּים וְכוּשִׁים: וַיִּלְכֹּד
אֶת־עָרֵי הַמְּצֻרוֹת אֲשֶׁר לִיהוּדָה וַיָּבֹא עַד־יְרוּשָׁלִָם:
5 וּשְׁמַעְיָה הַנָּבִיא בָּא אֶל־רְחַבְעָם וְשָׂרֵי יְהוּדָה
אֲשֶׁר־נֶאֶסְפוּ אֶל־יְרוּשָׁלִַם מִפְּנֵי שִׁישָׁק וַיֹּאמֶר
לָהֶם כֹּה־אָמַר יְהוָה אַתֶּם עֲזַבְתֶּם אֹתִי וְאַף־אֲנִי
6 עָזַבְתִּי אֶתְכֶם בְּיַד־שִׁישָׁק: וַיִּכָּנְעוּ שָׂרֵי־יִשְׂרָאֵל
7 וְהַמֶּלֶךְ וַיֹּאמְרוּ צַדִּיק יְהוָה: וּבִרְאוֹת יְהוָה כִּי
נִכְנָעוּ הָיָה דְבַר־יְהוָה אֶל־שְׁמַעְיָה לֵאמֹר נִכְנְעוּ
לֹא אַשְׁחִיתֵם וְנָתַתִּי לָהֶם כִּמְעַט לִפְלֵיטָה וְלֹא־
8 תִתַּךְ חֲמָתִי בִּירוּשָׁלִַם בְּיַד־שִׁישָׁק: כִּי יִהְיוּ־לוֹ
לַעֲבָדִים וְיֵדְעוּ עֲבוֹדָתִי וַעֲבוֹדַת מַמְלְכוֹת
9 הָאֲרָצוֹת: וַיַּעַל שִׁישַׁק מֶלֶךְ־מִצְרַיִם עַל־
יְרוּשָׁלִַם וַיִּקַּח אֶת־אֹצְרוֹת בֵּית־יְהוָה וְאֶת־אֹצְרוֹת
בֵּית הַמֶּלֶךְ אֶת־הַכֹּל לָקָח וַיִּקַּח אֶת־מָגִנֵּי הַזָּהָב
10 אֲשֶׁר עָשָׂה שְׁלֹמֹה: וַיַּעַשׂ הַמֶּלֶךְ רְחַבְעָם
תַּחְתֵּיהֶם מָגִנֵּי נְחֹשֶׁת וְהִפְקִיד עַל־יַד שָׂרֵי הָרָצִים
11 הַשֹּׁמְרִים פֶּתַח בֵּית הַמֶּלֶךְ: וַיְהִי מִדֵּי־בוֹא הַמֶּלֶךְ
בֵּית יְהוָה בָּאוּ הָרָצִים וּנְשָׂאוּם וֶהֱשִׁיבוּם אֶל־תָּא
12 הָרָצִים: וּבְהִכָּנְעוֹ שָׁב מִמֶּנּוּ אַף־יְהוָה וְלֹא
לְהַשְׁחִית לְכָלָה וְגַם בִּיהוּדָה הָיָה דְּבָרִים
13 טוֹבִים: וַיִּתְחַזֵּק הַמֶּלֶךְ רְחַבְעָם בִּירוּשָׁלִַם
וַיִּמְלֹךְ כִּי בֶן־אַרְבָּעִים וְאַחַת שָׁנָה רְחַבְעָם
בְּמָלְכוֹ וּשֲׁבַע עֶשְׂרֵה שָׁנָה מָלַךְ בִּירוּשָׁלִַם הָעִיר
אֲשֶׁר־בָּחַר יְהוָה לָשׂוּם אֶת־שְׁמוֹ שָׁם מִכֹּל
14 שִׁבְטֵי יִשְׂרָאֵל וְשֵׁם אִמּוֹ נַעֲמָה הָעַמֹּנִית: וַיַּעַשׂ
הָרָע כִּי לֹא הֵכִין לִבּוֹ לִדְרוֹשׁ אֶת־
15 יְהוָה: וְדִבְרֵי רְחַבְעָם הָרִאשֹׁנִים וְהָאַחֲרוֹנִים
הֲלֹא־הֵם כְּתוּבִים בְּדִבְרֵי שְׁמַעְיָה הַנָּבִיא וְעִדּוֹ
הַחֹזֶה לְהִתְיַחֵשׂ וּמִלְחֲמוֹת רְחַבְעָם וְיָרָבְעָם כָּל־
16 הַיָּמִים: וַיִּשְׁכַּב רְחַבְעָם עִם־אֲבֹתָיו וַיִּקָּבֵר בְּעִיר
דָּוִיד וַיִּמְלֹךְ אֲבִיָּה בְנוֹ תַּחְתָּיו:

CAP. XIII. יג

1 בִּשְׁנַת שְׁמוֹנֶה עֶשְׂרֵה לַמֶּלֶךְ יָרָבְעָם וַיִּמְלֹךְ אֲבִיָּה
2 עַל־יְהוּדָה: שָׁלוֹשׁ שָׁנִים מָלַךְ בִּירוּשָׁלִַם וְשֵׁם
אִמּוֹ מִיכָיָהוּ בַת־אוּרִיאֵל מִן־גִּבְעָה וּמִלְחָמָה
3 הָיְתָה בֵּין אֲבִיָּה וּבֵין יָרָבְעָם: וַיֶּאְסֹר אֲבִיָּה אֶת־
הַמִּלְחָמָה בְּחַיִל גִּבּוֹרֵי מִלְחָמָה אַרְבַּע־מֵאוֹת אֶלֶף

to Shemaiah *a* the man of God, saying,

3 Speak unto Rehoboam the son of Solomon, king of Judah, and to all Israel in Judah and Benjamin, saying,

4 Thus saith the LORD, Ye shall not go up nor fight against your *c* brethren: return every man to his house; for *d* this thing is done of me. And they obeyed the words of the LORD, and returned from going against Jeroboam.

5 And Rehoboam dwelt in Jerusalem, and built cities for defence in Judah.

6 He built even Bethlehem, and Etam, and Tekoa,

7 And Beth-zur, and Shoco, & Adullam,

8 And Gath, and Mareshah, and Ziph,

9 And Adoraim, & Lachish, & Azekah,

10 And Zorah, and Aijalon, and Hebron, which *are* in Judah and in Benjamin fenced cities.

11 And he fortified *k* the strong holds, and put captains *m* in them, and store of victual, and of oil and wine.

12 And in every several city *he put* shields and spears, & made them exceeding strong, having Judah and Benjamin on his side.

13 And the priests and the Levites that *were* in all Israel *γ* resorted to him out of all their coasts.

14 For the Levites left their *p* suburbs, and their possession, and came to Judah and Jerusalem: for Jeroboam and his sons had cast them off *q* from executing the priest's office unto the LORD:

15 And *s* he ordained him priests for the high places, and for the devils, *t* and for the calves *u* which he had made.

16 And after them, out of all *w* the tribes of Israel, such as set their hearts to seek the LORD God of Israel, came to Jerusalem, to sacrifice unto the LORD God of their fathers.

17 So they strengthened *x* the kingdom of Judah, and made Rehoboam the son of Solomon strong, three years: for three years they walked in the way of David and Solomon.

18 And Rehoboam took him Mahalath the daughter of Jerimoth the son of David to wife, *and* Abihail the daughter of Eliab the son of Jesse;

19 Which bare him children; Jeush, and Shamariah, and Zaham.

20 And after her he took Maachah *z* the daughter of Absalom, which bare him Abijah, and Attai, and Ziza, and Shelomith.

21 And Rehoboam loved Maachah the daughter of Absalom above all his wives and his concubines: (for he took eighteen wives, and threescore concubines; and begat twenty and eight sons, and threescore daughters.)

22 And Rehoboam made *d* Abijah the son of Maachah the chief, *to be* ruler among his brethren: for *he thought* to make him king.

23 And he dealt wisely, and dispersed of all his children throughout all the countries of Judah and Benjamin, unto every fenced city; and he gave them victual in abundance. And he desired *θ* many wives.

CHAP. XII.

AND it came to pass, when Rehoboam had established *h* the kingdom, and had strengthened himself, he *i* forsook *k* the law of the LORD, and all Israel with him.

2 And it came to pass, *that* in the fifth year of king Rehoboam, Shishak king of Egypt came up against Jerusalem, because they had transgressed against the LORD,

B. C. 975.

a ch. 12. 5.
b ch. 16. 8.
c Ge. 13. 8.
d ch. 10. 15.
  Ps. 33. 11.
e ch. 11. 2.
f ch. 15. 2
g Je.13.15,18.
  Ja. 4. 6, 10.
h Ex. 9. 27.
i 1Ki.21.28,29
k Is.22.10,11.
l Le.26.41,42.
m ch. 17. 19.
β or, *a little while.*
n Ne.9.36,37.
  Is. 26. 13.
γ presented themselves.
o De.28.47,48.
p Nu.35.2,&c.
q ch. 13. 9.
r ch. 9. 15, 16.
s 1 Ki. 12. 31.
  13. 33.
t Le. 17. 7.
  De. 32. 17.
  1Co. 10. 20.
u 1 Ki. 12. 28.
  14. 9.
  Ho. 13. 2.
v 2 Sa. 8. 18.
w ch. 15. 9.
  30. 11, 18.
  Ps. 84. 5,7.
x ch. 12. 1.
y ch.13.12,13.
  Is. 57. 15.
  1 Pe. 5. 6.
δ or, *and yet in Judah there were good things.*
  ch. 19. 3.
  Ge. 18. 24.
  1 Ki. 14. 13.
z 1 Ki. 15. 2.
  She is called Michaiah the daughter of Uriel, ch. 13. 2.
ζ fixed.
a De. 5. 29.
  Eze. 33. 31.
η words.
b ver. 5.
c ch. 9. 29.
d ch. 12. 16.
  De.21.15,17.
e 1 Ki. 14.31. *Abijam.*
f 1Ki.15.1,&c.
θ a multitude of wives.
g ch. 11. 20.
h ch. 11. 17.
i 1 Ki. 14. 22.
k De.32.15,18.
κ bound together.

3 With twelve hundred chariots, and threescore thousand horsemen: and the people *were* without number that came with him out of Egypt; the Lubims, *b* the Sukkiims, and the Ethiopians.

4 And he took the fenced cities which *pertained* to Judah, and came to Jerusalem.

5 Then came Shemaiah *e* the prophet to Rehoboam, and *to* the princes of Judah, that were gathered together to Jerusalem because of Shishak, and said unto them, Thus saith the LORD, Ye *f* have forsaken me, and therefore have I also left you in the hand of Shishak.

6 Whereupon the princes of Israel and the king humbled *g* themselves; and they said, The *h* LORD *is* righteous.

7 And *i* when the LORD saw that they humbled themselves, the word of the LORD came to Shemaiah, saying, They have humbled themselves, *therefore l* I will not destroy them, but I will grant them *β* some deliverance; and my wrath shall not be poured out upon Jerusalem by the hand of Shishak.

8 Nevertheless they shall be his *n* servants; that they may know my service, and the service of the kingdoms *o* of the countries.

9 So Shishak king of Egypt came up against Jerusalem, and took away the treasures of the house of the LORD, and the treasures of the king's house; he took all: he carried away also the shields of gold which *r* Solomon had made.

10 Instead of which king Rehoboam made shields of brass, and committed *them* to the hands of the chief *v* of the guard, that kept the entrance of the king's house.

11 And when the king entered into the house of the LORD, the guard came and fetched them, and brought them again into the guard chamber.

12 And when *y* he humbled himself, the wrath of the LORD turned from him, that he would not destroy *him* altogether: *δ* and also in Judah things went well.

13 So king Rehoboam strengthened himself in Jerusalem, and reigned: for Rehoboam *was* one and forty years old when he began to reign, and he reigned seventeen years in Jerusalem, the city which the LORD had chosen out of all the tribes of Israel, to put his name there. And his mother's name *was* Naamah, an Ammonitess.

14 And he did evil, because he *ζ* prepared not his heart *a* to seek the LORD.

15 Now the acts of Rehoboam, first and last, *are* they not written in the *η* book of Shemaiah *b* the prophet, and of Iddo *c* the seer, concerning genealogies? And *there were* wars between Rehoboam and Jeroboam continually.

16 And Rehoboam slept with his fathers, and was buried in the city of David: and Abijah *e* his son reigned in his stead.

CHAP. XIII.

NOW *f* in the eighteenth year of king Jeroboam began Abijah to reign over Judah.

2 He reigned three years in Jerusalem: (his mother's name also *was g* Michaiah the daughter of Uriel of Gibeah:) and there was war between Abijah and Jeroboam.

3 And Abijah *κ* set the battle in array with an army of valiant men of war, *even* four hundred thousand chosen men: Jeroboam also set the battle in array against him with eight hundred thousand chosen men, *being* mighty men of valour.

(עמוד ימני — פרק יג)

4 מֵאוֹת אֶלֶף אִישׁ בָּחוּר אִישׁ גִּבּוֹר חָיִל: וַיָּקָם אֲבִיָּה מֵעַל לְהַר צְמָרַיִם אֲשֶׁר בְּהַר אֶפְרַיִם וַיֹּאמֶר שְׁמָעוּנִי

5 יָרָבְעָם וְכָל־יִשְׂרָאֵל: הֲלֹא לָכֶם לָדַעַת כִּי יְהֹוָה אֱלֹהֵי יִשְׂרָאֵל נָתַן מַמְלָכָה לְדָוִיד עַל־יִשְׂרָאֵל לְעוֹלָם

6 לוֹ וּלְבָנָיו בְּרִית מֶלַח: וַיָּקָם יָרָבְעָם בֶּן־נְבָט עֶבֶד שְׁלֹמֹה בֶן־דָּוִיד וַיִּמְרֹד עַל־אֲדֹנָיו:

7 וַיִּקָּבְצוּ עָלָיו אֲנָשִׁים רֵקִים בְּנֵי בְלִיַּעַל וַיִּתְאַמְּצוּ עַל־רְחַבְעָם בֶּן־שְׁלֹמֹה וּרְחַבְעָם הָיָה נַעַר וְרַךְ

8 לֵבָב וְלֹא הִתְחַזַּק לִפְנֵיהֶם: וְעַתָּה אַתֶּם אֹמְרִים לְהִתְחַזֵּק לִפְנֵי מַמְלֶכֶת יְהֹוָה בְּיַד בְּנֵי דָוִיד וְאַתֶּם הָמוֹן רָב וְעִמָּכֶם עֶגְלֵי זָהָב אֲשֶׁר עָשָׂה לָכֶם

9 יָרָבְעָם לֵאלֹהִים: הֲלֹא הִדַּחְתֶּם אֶת־כֹּהֲנֵי יְהֹוָה אֶת־בְּנֵי אַהֲרֹן וְהַלְוִיִּם וַתַּעֲשׂוּ לָכֶם כֹּהֲנִים כְּעַמֵּי הָאֲרָצוֹת כָּל־הַבָּא לְמַלֵּא יָדוֹ בְּפַר בֶּן־בָּקָר וְאֵילִם

10 שִׁבְעָה וְהָיָה כֹהֵן לְלֹא אֱלֹהִים: וַאֲנַחְנוּ יְהֹוָה אֱלֹהֵינוּ וְלֹא עֲזַבְנֻהוּ וְכֹהֲנִים מְשָׁרְתִים לַיהֹוָה בְּנֵי

11 אַהֲרֹן וְהַלְוִיִּם בַּמְּלָאכֶת: וּמַקְטִרִים לַיהֹוָה עֹלוֹת בַּבֹּקֶר־בַּבֹּקֶר וּבָעֶרֶב בָּעֶרֶב וּקְטֹרֶת־סַמִּים וּמַעֲרֶכֶת לֶחֶם עַל־הַשֻּׁלְחָן הַטָּהוֹר וּמְנוֹרַת הַזָּהָב וְנֵרֹתֶיהָ לְבָעֵר בָּעֶרֶב בָּעֶרֶב כִּי שֹׁמְרִים אֲנַחְנוּ אֶת־מִשְׁמֶרֶת

12 יְהֹוָה אֱלֹהֵינוּ וְאַתֶּם עֲזַבְתֶּם אֹתוֹ: וְהִנֵּה עִמָּנוּ בָרֹאשׁ הָאֱלֹהִים וְכֹהֲנָיו וַחֲצֹצְרוֹת הַתְּרוּעָה לְהָרִיעַ עֲלֵיכֶם בְּנֵי יִשְׂרָאֵל אַל־תִּלָּחֲמוּ עִם־יְהֹוָה

13 אֱלֹהֵי־אֲבֹתֵיכֶם כִּי־לֹא תַצְלִיחוּ: וְיָרָבְעָם הֵסֵב אֶת־הַמַּאְרָב לָבוֹא מֵאַחֲרֵיהֶם וַיִּהְיוּ לִפְנֵי יְהוּדָה

14 וְהַמַּאְרָב מֵאַחֲרֵיהֶם: וַיִּפְנוּ יְהוּדָה וְהִנֵּה לָהֶם הַמִּלְחָמָה פָּנִים וְאָחוֹר וַיִּצְעֲקוּ לַיהֹוָה וְהַכֹּהֲנִים

15 מַחְצְרִים בַּחֲצֹצְרוֹת: וַיָּרִיעוּ אִישׁ יְהוּדָה וַיְהִי בְּהָרִיעַ אִישׁ יְהוּדָה וְהָאֱלֹהִים נָגַף אֶת־יָרָבְעָם

16 וְכָל־יִשְׂרָאֵל לִפְנֵי אֲבִיָּה וִיהוּדָה: וַיָּנוּסוּ בְנֵי־יִשְׂרָאֵל מִפְּנֵי יְהוּדָה וַיִּתְּנֵם אֱלֹהִים בְּיָדָם:

17 וַיַּכּוּ בָהֶם אֲבִיָּה וְעַמּוֹ מַכָּה רַבָּה וַיִּפְּלוּ חֲלָלִים מִיִּשְׂרָאֵל חֲמֵשׁ־מֵאוֹת אֶלֶף אִישׁ בָּחוּר:

18 וַיִּכָּנְעוּ בְנֵי־יִשְׂרָאֵל בָּעֵת הַהִיא וַיֶּאֶמְצוּ בְּנֵי יְהוּדָה כִּי נִשְׁעֲנוּ עַל־יְהֹוָה אֱלֹהֵי אֲבוֹתֵיהֶם:

19 וַיִּרְדֹּף אֲבִיָּה אַחֲרֵי יָרָבְעָם וַיִּלְכֹּד מִמֶּנּוּ עָרִים אֶת־בֵּית־אֵל וְאֶת־בְּנוֹתֶיהָ וְאֶת־יְשָׁנָה וְאֶת־בְּנוֹתֶיהָ וְאֶת־עֶפְרוֹן וּבְנֹתֶיהָ:

20 וְלֹא־עָצַר כֹּחַ יָרָבְעָם עוֹד בִּימֵי אֲבִיָּהוּ

(עמוד שמאלי)

21 וַיִּגְּפֵהוּ יְהֹוָה וַיָּמֹת: וַיִּתְחַזֵּק אֲבִיָּהוּ וַיִּשָּׂא־לוֹ נָשִׁים אַרְבַּע עֶשְׂרֵה וַיּוֹלֶד עֶשְׂרִים וּשְׁנַיִם בָּנִים

22 וְשֵׁשׁ עֶשְׂרֵה בָּנוֹת: וְיֶתֶר דִּבְרֵי אֲבִיָּה וּדְרָכָיו

23 וּדְבָרָיו כְּתוּבִים בְּמִדְרַשׁ הַנָּבִיא עִדּוֹ: וַיִּשְׁכַּב אֲבִיָּה עִם־אֲבֹתָיו וַיִּקְבְּרוּ אֹתוֹ בְּעִיר דָּוִיד וַיִּמְלֹךְ אָסָא בְנוֹ תַּחְתָּיו בְּיָמָיו שָׁקְטָה הָאָרֶץ עֶשֶׂר שָׁנִים:

CAP. XIV. יד

1 וַיַּעַשׂ אָסָא הַטּוֹב וְהַיָּשָׁר בְּעֵינֵי יְהֹוָה אֱלֹהָיו:

2 וַיָּסַר אֶת־מִזְבְּחוֹת הַנֵּכָר וְהַבָּמוֹת וַיְשַׁבֵּר אֶת־הַמַּצֵּבוֹת וַיְגַדַּע אֶת־הָאֲשֵׁרִים:

3 וַיֹּאמֶר לִיהוּדָה לִדְרוֹשׁ אֶת־יְהֹוָה אֱלֹהֵי אֲבוֹתֵיהֶם וְלַעֲשׂוֹת הַתּוֹרָה וְהַמִּצְוָה:

4 וַיָּסַר מִכָּל־עָרֵי יְהוּדָה אֶת־הַבָּמוֹת וְאֶת־הַחַמָּנִים וַתִּשְׁקֹט הַמַּמְלָכָה לְפָנָיו:

5 וַיִּבֶן עָרֵי מְצוּרָה בִּיהוּדָה כִּי־שָׁקְטָה הָאָרֶץ וְאֵין עִמּוֹ מִלְחָמָה בַּשָּׁנִים הָאֵלֶּה כִּי־הֵנִיחַ יְהֹוָה לוֹ:

6 וַיֹּאמֶר לִיהוּדָה נִבְנֶה אֶת־הֶעָרִים הָאֵלֶּה וְנָסֵב חוֹמָה וּמִגְדָּלִים דְּלָתַיִם וּבְרִיחִים עוֹדֶנּוּ הָאָרֶץ לְפָנֵינוּ כִּי דָרַשְׁנוּ אֶת־יְהֹוָה אֱלֹהֵינוּ דָּרַשְׁנוּ וַיָּנַח לָנוּ מִסָּבִיב וַיִּבְנוּ וַיַּצְלִיחוּ:

7 וַיְהִי לְאָסָא חַיִל נֹשֵׂא צִנָּה וָרֹמַח מִיהוּדָה שְׁלֹשׁ מֵאוֹת אֶלֶף וּמִבִּנְיָמִן נֹשְׂאֵי מָגֵן וְדֹרְכֵי קֶשֶׁת מָאתַיִם וּשְׁמוֹנִים אֶלֶף כָּל־אֵלֶּה גִּבּוֹרֵי חָיִל:

8 וַיֵּצֵא אֲלֵיהֶם זֶרַח הַכּוּשִׁי בְּחַיִל אֶלֶף אֲלָפִים וּמַרְכָּבוֹת שְׁלֹשׁ מֵאוֹת וַיָּבֹא עַד־מָרֵשָׁה:

9 וַיֵּצֵא אָסָא לְפָנָיו וַיַּעַרְכוּ מִלְחָמָה בְּגֵיא צְפַתָה לְמָרֵשָׁה:

10 וַיִּקְרָא אָסָא אֶל־יְהֹוָה אֱלֹהָיו וַיֹּאמַר יְהֹוָה אֵין־עִמְּךָ לַעְזוֹר בֵּין רַב לְאֵין כֹּחַ עָזְרֵנוּ יְהֹוָה אֱלֹהֵינוּ כִּי־עָלֶיךָ נִשְׁעַנּוּ וּבְשִׁמְךָ בָאנוּ עַל־הֶהָמוֹן הַזֶּה יְהֹוָה אֱלֹהֵינוּ אַתָּה

11 אַל־יַעְצֹר עִמְּךָ אֱנוֹשׁ: וַיִּגֹּף יְהֹוָה אֶת־הַכּוּשִׁים לִפְנֵי אָסָא וְלִפְנֵי יְהוּדָה וַיָּנֻסוּ הַכּוּשִׁים:

12 וַיִּרְדְּפֵם אָסָא וְהָעָם אֲשֶׁר־עִמּוֹ עַד־לִגְרָר וַיִּפֹּל מִכּוּשִׁים לְאֵין לָהֶם מִחְיָה כִּי־נִשְׁבְּרוּ לִפְנֵי־יְהֹוָה וְלִפְנֵי מַחֲנֵהוּ

13 וַיִּשְׂאוּ שָׁלָל הַרְבֵּה מְאֹד: וַיַּכּוּ אֵת כָּל־הֶעָרִים סְבִיבוֹת גְּרָר כִּי־הָיָה פַחַד־יְהֹוָה עֲלֵיהֶם וַיָּבֹזּוּ אֶת־כָּל־הֶעָרִים כִּי־בִזָּה רַבָּה הָיְתָה

14 בָהֶם: וְגַם־אָהֳלֵי מִקְנֶה הִכּוּ וַיִּשְׁבּוּ צֹאן לָרֹב וּגְמַלִּים וַיָּשֻׁבוּ יְרוּשָׁלָ͏ִם:

CAP. XV. טו

1 וַעֲזַרְיָהוּ בֶּן־עוֹדֵד הָיְתָה עָלָיו רוּחַ אֱלֹהִים:

2 וַיֵּצֵא לִפְנֵי אָסָא וַיֹּאמֶר לוֹ שְׁמָעוּנִי אָסָא וְכָל־

4 And Abijah stood up upon mount Ze-maraim,*ª* which *is* in mount Ephraim, and said, Hear me, thou Jeroboam,& all Israel;

5 Ought ye not to know that the LORD God of Israel gave the kingdom over Israel to David for ever, *even* to him and to his sons *c* by a covenant*ᵈ* of salt?

6 Yet Jeroboam the son of Nebat, the servant of Solomon, the son of David, is risen up, and hath rebelled*ᶠ* against his lord.

7 And there are gathered unto him*ᵍ* vain men, the children of Belial, and have strengthened themselves against Rehoboam the son of Solomon, when Rehoboam was young*ⁱ* and tender-hearted, and could not withstand them.

8 And now ye think to withstand the kingdom of the LORD in the hand of the sons of David; and ye *be* a great multitude, and *there are* with you golden calves, which*ˡ* Jeroboam made you for gods.

9 Have ye not cast*ᵐ* out the priests of the LORD, the sons of Aaron, and the Levites, and have made you priests after the manner of the nations of *other* lands? so that whosoever cometh to ζ consecrate himself with a young bullock and seven rams, *the same* may be a priest of *them that are* no gods.

10 But as for us, the LORD *is* our God, and we have not forsaken him; and the priests, which minister unto the LORD, *are* the sons of Aaron, and the Levites *wait* upon *their* business:

11 And*ᵖ* they burn unto the LORD, every morning and every evening, burnt-sacrifices and sweet incense: the shew-bread*�q* also *set they in order* upon the pure table; and the candlestick of gold with the lamps thereof, to burn*ʳ* every evening: for we keep the charge of the LORD our God; but ye have forsaken him.

12 And, behold, God*ᵗ* himself *is* with us for *our* captain,*ᵘ* and his priests with sounding trumpets*ʷ* to cry alarm against you. O children of Israel,*ˣ* fight ye not against the LORD God of your fathers; for ye shall not prosper.

13 But Jeroboam caused an ambushment to come about behind them: so they were before Judah, and the ambushment *was* behind them.

14 And when Judah looked back, behold, the battle *was* before and behind: and they cried unto the LORD, and the priests sounded with the trumpets.

15 Then the men of Judah gave a shout: and as the men of Judah shouted, it came to pass, that God*ᶜ* smote Jeroboam and all Israel before Abijah and Judah.

16 And the children of Israel fled before Judah; and God delivered them into their hand.

17 And Abijah and his people slew them with a great slaughter: so there fell down slain of Israel five hundred thousand chosen men.

18 Thus the children of Israel were brought under at that time, and the children of Judah prevailed, because*ᶠ* they relied upon the LORD God of their fathers.

19 And Abijah pursued after Jeroboam, and took cities from him; Beth-el with the towns thereof, and Jeshanah with the towns thereof, and Ephrain with the towns thereof.

20 Neither did Jeroboam*ʰ* recover strength again in the days of Abijah: and the LORD struck*ⁱ* him, and he died.

B. C. 957.

a Jos. 18. 22.

β or, *commentary.*

b ch. 12. 15.

c 2 Sa. 7. 12..16.

d Nu. 18. 19.

e 1 Ki. 15. 3, &c

f 1 Ki. 11. 26. 12. 20.

g Ju. 9. 4.

h ch. 15. 17. 1 Ki. 11. 7.

i ch. 10. 16.

γ *statues.*

k Ex. 34. 13.

l 1 Ki. 12. 28. Ho. 8. 5, 6.

δ *sun images.*

m ch. 11. 14, 15.

n Jos. 23. 1.

ζ *fill his hand,* Ex. 29. 1. Le. 8. 2.

o Ps. 105. 3, 4. Je. 29. 13.

p ch. 2. 4.

q Le. 24. 5..9.

r Ex. 27. 20, 21. Le. 24. 2, 3.

s ch. 16. 8.

t Is. 8. 10.

u Jos. 5. 14, 15.

v Jos. 15. 44.

w Nu. 10. 8. Jos. 6. 13...20.

x Job 9. 4. Je. 50. 24. Ac. 5. 39.

y ch. 13. 14. Ex. 14. 10. Ps. 18. 6. 120. 1.

z 1 Sa. 14. 6.

a 1 Sa. 17. 45. Pr. 18. 10.

η or, *mortal man.*

b ch. 13. 15.

c ch. 14. 12.

d Ge. 20. 1.

θ *broken.*

e ch. 17. 10. Ge. 35. 5. Jos. 2. 9, 24. Is. 31. 9.

f 1 Ch. 5. 20. Ps. 22. 5. Da. 3. 28. Na. 1. 7.

g ch. 20. 14. 24. 20. Nu. 24. 2. Ju. 3. 10.

h Ps. 18. 37, 38.

i 1 Sa. 25. 38.

κ before.

---

21 But Abijah waxed mighty, and married fourteen wives, and begat twenty and two sons, and sixteen daughters.

22 And the rest of the acts of Abijah, and his ways, and his sayings, *are* written in the *β* story of the prophet Iddo.*ᵇ*

CHAP. XIV.

SO*ᵉ* Abijah slept with his fathers, and they buried him in the city of David; and Asa his son reigned in his stead. In his days the land was quiet ten years.

2 And Asa did *that which was* good and right in the eyes of the LORD his God:

3 For he took away the altars of the strange *gods*, and*ʰ* the high places, and brake down the γ images, and cut*ᵏ* down the groves;

4 And commanded Judah to seek the LORD God of their fathers, and to do the law and the commandment.

5 Also he took away, out of all the cities of Judah, the high places and the *δ* images; and the kingdom was quiet before him.

6 And he built fenced cities in Judah: for the land had rest, and he had no war in those years; because*ⁿ* the LORD had given him rest.

7 Therefore he said unto Judah, Let us build these cities, and make about *them* walls and towers, gates and bars, *while* the land *is* yet before us; because we have sought*ᵒ* the LORD our God, we have sought *him*, and he hath given us rest on every side. So they built and prospered.

8 And Asa had an army *of men* that bare targets and spears, out of Judah three hundred thousand, and out of Benjamin, that bare shields and drew bows, two hundred and fourscore thousand: all these *were* mighty men of valour.

9 And*ˢ* there came out against them Zerah the Ethiopian, with an host of a thousand thousand, and three hundred chariots; and came unto Mareshah.*ᵛ*

10 Then Asa went out against him, and they set the battle in array in the valley of Zephathah, at Mareshah.

11 And Asa cried*ʸ* unto the LORD his God, and said, LORD, *it is* nothing with thee to help, whether*ᶻ* with many, or with them that have no power: help us, O LORD our God; for we rest on thee, and in thy name*ᵃ* we go against this multitude. O LORD, thou *art* our God; let not *η* man prevail against thee.

12 So the LORD smote*ᵇ* the Ethiopians before Asa, and before Judah; and the Ethiopians fled.

13 And Asa, and the people that *were* with him, pursued them unto Gerar:*ᵈ* and the Ethiopians were overthrown, that they could not recover themselves; for they were *θ* destroyed before the LORD, and before his host; and they carried away very much spoil.

14 And they smote all the cities round about Gerar; for the fear*ᵉ* of the LORD came upon them: and they spoiled all the cities; for there was exceeding much spoil in them.

15 They smote also the tents of cattle, and carried away sheep and camels in abundance, and returned to Jerusalem.

CHAP. XV.

AND the Spirit*ᵍ* of God came upon Azariah the son of Oded:

2 And he went out κ to meet Asa, and said unto him, Hear ye me, Asa, and al.

יְהוּדָה וּבִנְיָמִן יְהֹוָה עִמָּכֶם בִּהְיֽוֹתְכֶם עִמּוֹ וְאִם־
תִּדְרְשֻׁהוּ יִמָּצֵא לָכֶם וְאִם־תַּעַזְבֻהוּ יַעֲזֹב אֶתְכֶם ׃
3 וְיָמִים רַבִּים לְיִשְׂרָאֵל לְלֹא ׀ אֱלֹהֵי אֱמֶת
4 וּלְלֹא כֹּהֵן מוֹרֶה וּלְלֹא תוֹרָה ׃ וַיָּשָׁב בַּצַּר־לוֹ
עַל־יְהֹוָה אֱלֹהֵי יִשְׂרָאֵל וַיְבַקְשֻׁהוּ וַיִּמָּצֵא לָהֶם ׃
5 וּבָעִתִּים הָהֵם אֵין שָׁלוֹם לַיּוֹצֵא וְלַבָּא כִּי מְהוּמֹת
6 רַבּוֹת עַל כָּל־יֹשְׁבֵי הָאֲרָצוֹת ׃ וְכֻתְּתוּ גוֹי־בְּגוֹי
7 וְעִיר בְּעִיר כִּי־אֱלֹהִים הֲמָמָם בְּכָל־צָרָה ׃ וְאַתֶּם
חִזְקוּ וְאַל־יִרְפּוּ יְדֵיכֶם כִּי יֵשׁ שָׂכָר לִפְעֻלַּתְכֶם ׃
8 וְכִשְׁמֹעַ אָסָא הַדְּבָרִים הָאֵלֶּה וְהַנְּבוּאָה
עֹדֵד הַנָּבִיא הִתְחַזַּק וַיַּעֲבֵר הַשִּׁקּוּצִים מִכָּל־אֶרֶץ
יְהוּדָה וּבִנְיָמִן וּמִן־הֶעָרִים אֲשֶׁר לָכַד מֵהַר אֶפְרָיִם
וַיְחַדֵּשׁ אֶת־מִזְבַּח יְהֹוָה אֲשֶׁר לִפְנֵי אוּלָם יְהֹוָה ׃
9 וַיִּקְבֹּץ אֶת־כָּל־יְהוּדָה וּבִנְיָמִן וְהַגָּרִים עִמָּהֶם
מֵאֶפְרַיִם וּמְנַשֶּׁה וּמִשִּׁמְעוֹן כִּי־נָפְלוּ עָלָיו מִיִּשְׂרָאֵל
לָרֹב בִּרְאֹתָם כִּי־יְהֹוָה אֱלֹהָיו עִמּוֹ ׃
10 וַיִּקָּבְצוּ יְרוּשָׁלִַם בַּחֹדֶשׁ הַשְּׁלִשִׁי לִשְׁנַת חֲמֵשׁ־
11 עֶשְׂרֵה לְמַלְכוּת אָסָא ׃ וַיִּזְבְּחוּ לַיהֹוָה בַּיּוֹם
הַהוּא מִן־הַשָּׁלָל הֵבִיאוּ בָּקָר שְׁבַע מֵאוֹת וְצֹאן
12 שִׁבְעַת אֲלָפִים ׃ וַיָּבֹאוּ בַבְּרִית לִדְרוֹשׁ אֶת־יְהֹוָה
13 אֱלֹהֵי אֲבוֹתֵיהֶם בְּכָל־לְבָבָם וּבְכָל־נַפְשָׁם ׃ וְכֹל
אֲשֶׁר לֹא־יִדְרֹשׁ לַיהֹוָה אֱלֹהֵי־יִשְׂרָאֵל יוּמָת לְמִן־קָטֹן
14 וְעַד־גָּדוֹל לְמֵאִישׁ וְעַד־אִשָּׁה ׃ וַיִּשָּׁבְעוּ לַיהֹוָה בְּקוֹל
15 גָּדוֹל וּבִתְרוּעָה וּבַחֲצֹצְרוֹת וּבְשׁוֹפָרוֹת ׃ וַיִּשְׂמְחוּ
כָל־יְהוּדָה עַל־הַשְּׁבוּעָה כִּי בְכָל־לְבָבָם נִשְׁבָּעוּ
וּבְכָל־רְצוֹנָם בִּקְשֻׁהוּ וַיִּמָּצֵא לָהֶם וַיָּנַח יְהֹוָה לָהֶם
16 מִסָּבִיב ׃ וְגַם־מַעֲכָה אֵם ׀ אָסָא הַמֶּלֶךְ הֱסִירָהּ
מִגְּבִירָה אֲשֶׁר־עָשְׂתָה לַאֲשֵׁרָה מִפְלָצֶת וַיִּכְרֹת
אָסָא אֶת־מִפְלַצְתָּהּ וַיָּדֶק וַיִּשְׂרֹף בְּנַחַל קִדְרוֹן ׃
17 וְהַבָּמוֹת לֹא־סָרוּ מִיִּשְׂרָאֵל רַק לְבַב־אָסָא הָיָה שָׁלֵם
18 כָּל־יָמָיו ׃ וַיָּבֵא אֶת־קָדְשֵׁי אָבִיו וְקָדָשָׁיו בֵּית
הָאֱלֹהִים כֶּסֶף וְזָהָב וְכֵלִים ׃ וּמִלְחָמָה לֹא הָיָתָה
עַד שְׁנַת־שְׁלֹשִׁים וְחָמֵשׁ לְמַלְכוּת אָסָא ׃

CAP. XVI. ס

1 בִּשְׁנַת שְׁלֹשִׁים וָשֵׁשׁ לְמַלְכוּת אָסָא עָלָה בַּעְשָׁא
מֶלֶךְ־יִשְׂרָאֵל עַל־יְהוּדָה וַיִּבֶן אֶת־הָרָמָה לְבִלְתִּי
2 תֵּת יוֹצֵא וָבָא לְאָסָא מֶלֶךְ יְהוּדָה ׃ וַיֹּצֵא אָסָא
כֶּסֶף וְזָהָב מֵאֹצְרוֹת בֵּית יְהֹוָה וּבֵית הַמֶּלֶךְ וַיִּשְׁלַח

אֶל־בֶּן־הֲדַד מֶלֶךְ אֲרָם הַיּוֹשֵׁב בְּדַרְמֶשֶׂק לֵאמֹר ׃
3 בְּרִית בֵּינִי וּבֵינֶךָ וּבֵין אָבִי וּבֵין אָבִיךָ הִנֵּה שָׁלַחְתִּי
לְךָ כֶּסֶף וְזָהָב לֵךְ הָפֵר בְּרִיתְךָ אֶת־בַּעְשָׁא מֶלֶךְ
4 יִשְׂרָאֵל וְיַעֲלֶה מֵעָלָי ׃ וַיִּשְׁמַע בֶּן־הֲדַד אֶל־הַמֶּלֶךְ
אָסָא וַיִּשְׁלַח אֶת־שָׂרֵי הַחֲיָלִים אֲשֶׁר־לוֹ אֶל־עָרֵי
יִשְׂרָאֵל וַיַּכּוּ אֶת־עִיּוֹן וְאֶת־דָּן וְאֵת אָבֵל מָיִם וְאֵת
5 כָּל־מִסְכְּנוֹת עָרֵי נַפְתָּלִי ׃ וַיְהִי כִּשְׁמֹעַ בַּעְשָׁא
וַיֶּחְדַּל מִבְּנוֹת אֶת־הָרָמָה וַיַּשְׁבֵּת אֶת־מְלַאכְתּוֹ ׃
6 וְאָסָא הַמֶּלֶךְ לָקַח אֶת־כָּל־יְהוּדָה וַיִּשְׂאוּ
אֶת־אַבְנֵי הָרָמָה וְאֶת־עֵצֶיהָ אֲשֶׁר בָּנָה בַּעְשָׁא
7 וַיִּבֶן בָּהֶם אֶת־גֶּבַע וְאֶת־הַמִּצְפָּה ׃ וּבָעֵת
הַהִיא בָּא חֲנָנִי הָרֹאֶה אֶל־אָסָא מֶלֶךְ יְהוּדָה
וַיֹּאמֶר אֵלָיו בְּהִשָּׁעֶנְךָ עַל־מֶלֶךְ אֲרָם וְלֹא נִשְׁעַנְתָּ
עַל־יְהֹוָה אֱלֹהֶיךָ עַל־כֵּן נִמְלַט חֵיל מֶלֶךְ־אֲרָם
8 מִיָּדֶךָ ׃ הֲלֹא הַכּוּשִׁים וְהַלּוּבִים הָיוּ לְחַיִל ׀ לָרֹב
לְרֶכֶב וּלְפָרָשִׁים לְהַרְבֵּה מְאֹד וּבְהִשָּׁעֶנְךָ עַל־יְהֹוָה
9 נְתָנָם בְּיָדֶךָ ׃ כִּי יְהֹוָה עֵינָיו מְשֹׁטְטוֹת בְּכָל־
הָאָרֶץ לְהִתְחַזֵּק עִם־לְבָבָם שָׁלֵם אֵלָיו נִסְכַּלְתָּ עַל־
10 זֹאת כִּי מֵעַתָּה יֵשׁ עִמְּךָ מִלְחָמוֹת ׃ וַיִּכְעַס אָסָא
אֶל־הָרֹאֶה וַיִּתְּנֵהוּ בֵּית הַמַּהְפֶּכֶת כִּי־בְזַעַף עִמּוֹ עַל־
11 זֹאת וַיְרַצֵּץ אָסָא מִן־הָעָם בָּעֵת הַהִיא ׃ וְהִנֵּה
דִּבְרֵי אָסָא הָרִאשׁוֹנִים וְהָאַחֲרוֹנִים הִנָּם כְּתוּבִים
12 עַל־סֵפֶר הַמְּלָכִים לִיהוּדָה וְיִשְׂרָאֵל ׃ וַיֶּחֱלֶא
אָסָא בִּשְׁנַת שְׁלוֹשִׁים וָתֵשַׁע לְמַלְכוּתוֹ בְּרַגְלָיו
עַד־לְמַעְלָה חָלְיוֹ וְגַם־בְּחָלְיוֹ לֹא־דָרַשׁ אֶת־יְהֹוָה
13 כִּי בָּרֹפְאִים ׃ וַיִּשְׁכַּב אָסָא עִם־אֲבֹתָיו וַיָּמָת בִּשְׁנַת
14 אַרְבָּעִים וְאַחַת לְמָלְכוֹ ׃ וַיִּקְבְּרֻהוּ בְקִבְרֹתָיו אֲשֶׁר
כָּרָה־לוֹ בְּעִיר דָּוִיד וַיַּשְׁכִּיבֻהוּ בַּמִּשְׁכָּב אֲשֶׁר מִלֵּא
בְּשָׂמִים וּזְנִים מְרֻקָּחִים בְּמִרְקַחַת מַעֲשֶׂה וַיִּשְׂרְפוּ־
לוֹ שְׂרֵפָה גְּדוֹלָה עַד־לִמְאֹד ׃

CAP. XVII. ס

1 וַיִּמְלֹךְ יְהוֹשָׁפָט בְּנוֹ תַּחְתָּיו וַיִּתְחַזֵּק עַל־יִשְׂרָאֵל ׃
2 וַיִּתֶּן־חַיִל בְּכָל־עָרֵי יְהוּדָה הַבְּצֻרוֹת וַיִּתֵּן נְצִיבִים
בְּאֶרֶץ יְהוּדָה וּבְעָרֵי אֶפְרַיִם אֲשֶׁר לָכַד אָסָא אָבִיו ׃
3 וַיְהִי יְהֹוָה עִם־יְהוֹשָׁפָט כִּי הָלַךְ בְּדַרְכֵי דָּוִיד אָבִיו
4 הָרִאשֹׁנִים וְלֹא דָרַשׁ לַבְּעָלִים ׃ כִּי לֵאלֹהֵי אָבִיו
דָּרָשׁ וּבְמִצְוֹתָיו הָלָךְ וְלֹא כְּמַעֲשֵׂה יִשְׂרָאֵל ׃ וַיָּכֶן
5 יְהֹוָה אֶת־הַמַּמְלָכָה בְּיָדוֹ וַיִּתְּנוּ כָל־יְהוּדָה מִנְחָה

Judah and Benjamin: The *a* LORD *is* with you, while ye be with him: and if *b* ye seek him, he will be found of you: but if ye forsake *c* him, he will forsake you.

3 Now for *d* a long season Israel *hath been* without the true God, and without a teaching *e* priest, and without law.

4 But when *f* they in their trouble did turn unto the LORD God of Israel, and sought him, he was found of them.

5 And in those times *g* *there was* no peace to him that went out, nor to him that came in, but great vexations *were* upon all the inhabitants of the countries.

6 And nation was *δ* destroyed of nation, *h* and city of city: for God did *i* vex them with all adversity.

7 Be ye strong, *k* therefore, and let not your hands be weak: for your work shall be rewarded.

8 And when Asa heard these words, and the prophecy of Oded the prophet, he took courage, and put away the *ζ* abominable idols out of all the land of Judah and Benjamin, and out of the cities which he had taken *n* from mount Ephraim, and renewed the altar of the LORD, that *was* before the porch of the LORD.

9 And he gathered all Judah and Benjamin, and the strangers *p* with them out of Ephraim and Manasseh, and out of Simeon; for they fell to him out of Israel in abundance, when they saw that the LORD his God *was* with him.

10 So they gathered themselves together at Jerusalem in the third month, in the fifteenth year of the reign of Asa.

11 And they offered unto the LORD *κ* the same time, of the spoil *s* *which* they had brought, seven hundred oxen, and seven thousand sheep.

12 And they entered into a covenant *u* to seek the LORD God of their *v* fathers with all their heart and with all their soul;

13 That *w* whosoever would not seek the LORD God of Israel should be put to death, whether small or great, whether man or woman.

14 And they sware unto the LORD with a loud voice, and with shouting, and with trumpets, and with cornets.

15 And all Judah rejoiced at the oath: for they had sworn with all their heart, and sought him with their whole desire; *x* and he was found of them: and the LORD gave them rest round about.

16 And *y* also *concerning* Maachah the *ν* mother of Asa the king, he removed her from *being* queen, because she had made an *π* idol in a grove: and Asa cut down her idol, and stamped *it*, and burnt *it* at the brook Kidron.

17 But the high places *z* were not taken away out of Israel: nevertheless the heart of Asa was perfect all his days.

18 And he brought into the house of God the things that his father had dedicated, and that he himself had dedicated, silver, and gold, and vessels.

19 And there was no *more* war unto the five and thirtieth year of the reign of Asa.

CHAP. XVI.

IN *c* the six and thirtieth year of the reign of Asa, Baasha king of Israel came up against Judah, and built Ramah, to the intent *e* that he might let none go out or come in to Asa king of Judah.

2 Then Asa brought out silver and gold out of the treasures of the house of the

---

B. C. 941.

a Ja. 4. 8.
b ver. 4, 15.
   ch.23.12,13.
   1 Ch. 28. 9.
   Je.29.12,13.
   Mat. 7.7,8.
β Darmesek.
c ch. 24. 20.
   He. 10. 38.
d Ho. 3. 4.
e Le. 10. 11.
   Mal. 2. 7.
f De. 4. 29.
   Ps. 106. 44.
γ armies
   which were
   his.
g Ju. 5. 6.
   1 Sa. 13. 6.
δ beaten in
   pieces.
h Mat. 24. 7.
i Am. 3. 6.
k Jos. 1. 7, 9.
   1Ch. 28. 20.
l ch. 19. 2.
   1 Ki. 16. 1.
ζ abomina-
   tions.
m Ps.146.3,6.
   Is. 31. 1.
   Je. 17. 5.
n ch. 13. 19.
o ch. 12. 3.
   14. 9.
η in abun-
   dance.
p ch. 11. 16.
q Job 34. 21.
   Pr. 5. 21.
   15. 3.
   Je. 16. 17.
   32. 19.
   Zec. 4. 10.
θ or,strongly
   to hold with
   them.
κ in that day.
r 1 Ki. 15. 32.
s ch.14.13,15.
t ch. 18. 26.
   Je. 20. 2.
u ch. 34. 31.
   2 Ki. 23. 3.
   Ne. 10. 29.
λ crushed.
v Ac. 24. 14.
w Ex. 22. 20.
   De.13.5.15.
   17..2..5.
x ver. 12.
y 1 Ki. 15. 13,
   &c.
μ digged.
ν i.e. *grand-*
   mother,
   1Ki.15.2,10.
π horror.
z ch. 14. 3, 5.
a 1 Ki. 15. 24.
b ch. 15. 8.
ρ or, *of his*
   father and
   of David.
c 1 Ki. 15. 17,
   &c.
d 1 Ki. 12. 30.
e ch. 15. 5.
σ gave.

LORD and of the king's house, and sent to Ben-hadad king of Syria, that dwelt at *β* Damascus, saying,

3 *There is* a league between me and thee, as *there was* between my father and thy father: behold, I have sent thee silver and gold; go, break thy league with Baasha king of Israel, that he may depart from me.

4 And Ben-hadad hearkened unto king Asa, and sent the captains of *γ* his armies against the cities of Israel; and they smote Ijon, and Dan, and Abel-maim, and all the store-cities of Naphtali.

5 And it came to pass, when Baasha heard *it*, that he left off building of Ramah, and let his work cease.

6 Then Asa the king took all Judah; and they carried away the stones of Ramah, and the timber thereof, wherewith Baasha was building; and he built therewith Geba and Mizpah.

7 And at that time Hanani *l* the seer came to Asa king of Judah, and said unto him, Because *m* thou hast relied on the king of Syria, and not relied on the LORD thy God, therefore is the host of the king of Syria escaped out of thine hand.

8 Were not the Ethiopians *o* and the Lubims *η* a huge host, with very many chariots and horsemen? yet, because thou didst rely on the LORD, he delivered them into thine hand.

9 For *q* the eyes of the LORD run to and fro throughout the whole earth, *θ* to shew himself strong in the behalf of *them* whose heart is perfect toward him. Herein thou hast done foolishly; therefore from henceforth thou shalt have wars.*r*

10 Then Asa was wroth with the seer, and put him in a prison-house; *t* for *he was* in a rage with him because of this thing. And Asa *λ* oppressed *some* of the people the same time.

11 And, behold, the acts of Asa, first and last, lo, they *are* written in the book of the kings of Judah and Israel.

12 And Asa, in the thirty and ninth year of his reign, was diseased in his feet, until his disease *was* exceeding *great:* yet in his disease he sought not to the LORD, but to the physicians.

13 And Asa slept with his fathers, and died in the one and fortieth year of his reign.

14 And they buried him in his own sepulchres, which he had *μ* made for himself in the city of David, and laid him in the bed which was filled with sweet odours and divers kinds *of spices* prepared by the apothecaries' art; and they made a very great burning for him.

CHAP. XVII.

AND *a* Jehoshaphat his son reigned in his stead, and strengthened himself against Israel.

2 And he placed forces in all the fenced cities of Judah, and set garrisons in the land of Judah, and in the cities of Ephraim, which *b* Asa his father had taken.

3 And the LORD was with Jehoshaphat, because he walked in the first ways *ρ* of his father David, and sought not unto Baalim;

4 But sought to the LORD God of his father, and walked in his commandments, and not after the doings *d* of Israel.

5 Therefore the LORD stablished the kingdom in his hand; and all Judah *σ* brought to Jehoshaphat presents; and he had riches and honour in abundance.

6 וַיִּגְבַּהּ לִבּוֹ בְּדַרְכֵי יְהוָה וְעוֹד הֵסִיר אֶת־הַבָּמוֹת וְאֶת־הָאֲשֵׁרִים מִיהוּדָה׃

7 וּבִשְׁנַת שָׁלוֹשׁ לְמָלְכוֹ שָׁלַח לְשָׂרָיו לְבֶן־חַיִל וּלְעֹבַדְיָה וְלִזְכַרְיָה וְלִנְתַנְאֵל וּלְמִיכָיָהוּ לְלַמֵּד בְּעָרֵי יְהוּדָה׃

8 וְעִמָּהֶם הַלְוִיִּם שְׁמַעְיָהוּ וּנְתַנְיָהוּ וּזְבַדְיָהוּ וַעֲשָׂהאֵל וּשְׁמִרָמוֹת וִיהוֹנָתָן וַאֲדֹנִיָּהוּ וְטוֹבִיָּהוּ וְטוֹב אֲדוֹנִיָּה הַלְוִיִּם וְעִמָּהֶם אֱלִישָׁמָע וִיהוֹרָם הַכֹּהֲנִים׃

9 וַיְלַמְּדוּ בִּיהוּדָה וְעִמָּהֶם סֵפֶר תּוֹרַת יְהוָה וַיָּסֹבּוּ בְּכָל־עָרֵי יְהוּדָה וַיְלַמְּדוּ בָּעָם׃

10 וַיְהִי פַּחַד יְהוָה עַל כָּל־מַמְלְכוֹת הָאֲרָצוֹת אֲשֶׁר סְבִיבוֹת יְהוּדָה וְלֹא נִלְחֲמוּ עִם־יְהוֹשָׁפָט׃

11 וּמִן־פְּלִשְׁתִּים מְבִיאִים לִיהוֹשָׁפָט מִנְחָה וְכֶסֶף מַשָּׂא גַּם הָעַרְבִיאִים מְבִיאִים לוֹ צֹאן אֵילִים שִׁבְעַת אֲלָפִים וּשְׁבַע מֵאוֹת וּתְיָשִׁים שִׁבְעַת אֲלָפִים וּשְׁבַע מֵאוֹת׃

12 וַיְהִי יְהוֹשָׁפָט הֹלֵךְ וְגָדֵל עַד־לְמָעְלָה וַיִּבֶן בִּיהוּדָה בִּירָנִיּוֹת וְעָרֵי מִסְכְּנוֹת׃

13 וּמְלָאכָה רַבָּה הָיָה לוֹ בְּעָרֵי יְהוּדָה וְאַנְשֵׁי מִלְחָמָה גִּבּוֹרֵי חַיִל בִּירוּשָׁלִָם׃

14 וְאֵלֶּה פְקֻדָּתָם לְבֵית אֲבוֹתֵיהֶם לִיהוּדָה שָׂרֵי אֲלָפִים עַדְנָה הַשָּׂר וְעִמּוֹ גִּבּוֹרֵי חַיִל שְׁלֹשׁ מֵאוֹת אָלֶף׃

15 וְעַל־יָדוֹ יְהוֹחָנָן הַשָּׂר וְעִמּוֹ מָאתַיִם וּשְׁמוֹנִים אָלֶף׃

16 וְעַל־יָדוֹ עֲמַסְיָה בֶן־זִכְרִי הַמִּתְנַדֵּב לַיהוָה וְעִמּוֹ מָאתַיִם אֶלֶף גִּבּוֹר חָיִל׃

17 וּמִן־בִּנְיָמִן גִּבּוֹר חַיִל אֶלְיָדָע וְעִמּוֹ נֹשְׁקֵי־קֶשֶׁת וּמָגֵן מָאתַיִם אָלֶף׃

18 וְעַל־יָדוֹ יְהוֹזָבָד וְעִמּוֹ מֵאָה וּשְׁמוֹנִים אֶלֶף חֲלוּצֵי צָבָא׃

19 אֵלֶּה הַמְשָׁרְתִים אֶת־הַמֶּלֶךְ מִלְּבַד אֲשֶׁר־נָתַן הַמֶּלֶךְ בְּעָרֵי הַמִּבְצָר בְּכָל־יְהוּדָה׃

CAP. XVIII. יח

1 וַיְהִי לִיהוֹשָׁפָט עֹשֶׁר וְכָבוֹד לָרֹב וַיִּתְחַתֵּן לְאַחְאָב׃

2 וַיֵּרֶד לְקֵץ שָׁנִים אֶל־אַחְאָב לְשֹׁמְרוֹן וַיִּזְבַּח־לוֹ אַחְאָב צֹאן וּבָקָר לָרֹב וְלָעָם אֲשֶׁר עִמּוֹ וַיְסִיתֵהוּ לַעֲלוֹת אֶל־רָמֹת גִּלְעָד׃

3 וַיֹּאמֶר אַחְאָב מֶלֶךְ יִשְׂרָאֵל אֶל־יְהוֹשָׁפָט מֶלֶךְ יְהוּדָה הֲתֵלֵךְ עִמִּי רָמֹת גִּלְעָד וַיֹּאמֶר לוֹ כָּמוֹנִי כָמוֹךָ וּכְעַמְּךָ עַמִּי וְעִמְּךָ בַּמִּלְחָמָה׃

4 וַיֹּאמֶר יְהוֹשָׁפָט אֶל־מֶלֶךְ יִשְׂרָאֵל דְּרָשׁ־נָא כַיּוֹם אֶת־דְּבַר יְהוָה׃

5 וַיִּקְבֹּץ מֶלֶךְ יִשְׂרָאֵל אֶת־הַנְּבִאִים אַרְבַּע מֵאוֹת אִישׁ וַיֹּאמֶר אֲלֵהֶם הֲנֵלֵךְ אֶל־רָמֹת גִּלְעָד לַמִּלְחָמָה אִם־אֶחְדָּל וַיֹּאמְרוּ עֲלֵה וְיִתֵּן הָאֱלֹהִים בְּיַד הַמֶּלֶךְ׃

6 וַיֹּאמֶר יְהוֹשָׁפָט הַאֵין פֹּה נָבִיא לַיהוָה עוֹד וְנִדְרְשָׁה מֵאֹתוֹ׃

7 וַיֹּאמֶר מֶלֶךְ־יִשְׂרָאֵל אֶל־יְהוֹשָׁפָט עוֹד אִישׁ־אֶחָד לִדְרוֹשׁ אֶת־יְהוָה מֵאֹתוֹ וַאֲנִי שְׂנֵאתִיהוּ כִּי אֵינֶנּוּ מִתְנַבֵּא עָלַי לְטוֹבָה כִּי כָל־יָמָיו לְרָעָה הוּא מִיכָיְהוּ בֶן־יִמְלָא וַיֹּאמֶר יְהוֹשָׁפָט אַל־יֹאמַר הַמֶּלֶךְ כֵּן׃

8 וַיִּקְרָא מֶלֶךְ יִשְׂרָאֵל אֶל־סָרִיס אֶחָד וַיֹּאמֶר מַהֵר מִיכָיְהוּ בֶן־יִמְלָא׃

9 וּמֶלֶךְ יִשְׂרָאֵל וִיהוֹשָׁפָט מֶלֶךְ־יְהוּדָה יוֹשְׁבִים אִישׁ עַל־כִּסְאוֹ מְלֻבָּשִׁים בְּגָדִים וְיֹשְׁבִים בְּגֹרֶן פֶּתַח שַׁעַר שֹׁמְרוֹן וְכָל־הַנְּבִיאִים מִתְנַבְּאִים לִפְנֵיהֶם׃

10 וַיַּעַשׂ לוֹ צִדְקִיָּהוּ בֶן־כְּנַעֲנָה קַרְנֵי בַרְזֶל וַיֹּאמֶר כֹּה־אָמַר יְהוָה בְּאֵלֶּה תְּנַגַּח אֶת־אֲרָם עַד־כַּלּוֹתָם׃

11 וְכָל־הַנְּבִאִים נִבְּאִים כֵּן לֵאמֹר עֲלֵה רָמֹת גִּלְעָד וְהַצְלַח וְנָתַן יְהוָה בְּיַד הַמֶּלֶךְ׃

12 וְהַמַּלְאָךְ אֲשֶׁר־הָלַךְ לִקְרֹא לְמִיכָיְהוּ דִּבֶּר אֵלָיו לֵאמֹר הִנֵּה דִּבְרֵי הַנְּבִאִים פֶּה־אֶחָד טוֹב אֶל־הַמֶּלֶךְ וִיהִי־נָא דְבָרְךָ כְּאַחַד מֵהֶם וְדִבַּרְתָּ טּוֹב׃

13 וַיֹּאמֶר מִיכָיְהוּ חַי־יְהוָה כִּי אֶת־אֲשֶׁר־יֹאמַר אֱלֹהַי אֹתוֹ אֲדַבֵּר׃

14 וַיָּבֹא אֶל־הַמֶּלֶךְ וַיֹּאמֶר הַמֶּלֶךְ אֵלָיו מִיכָה הֲנֵלֵךְ אֶל־רָמֹת גִּלְעָד לַמִּלְחָמָה אִם־אֶחְדָּל וַיֹּאמֶר עֲלוּ וְהַצְלִיחוּ וְיִנָּתְנוּ בְּיֶדְכֶם׃

15 וַיֹּאמֶר אֵלָיו הַמֶּלֶךְ עַד־כַּמֶּה פְעָמִים אֲנִי מַשְׁבִּיעֶךָ אֲשֶׁר לֹא־תְדַבֵּר אֵלַי רַק־אֱמֶת בְּשֵׁם יְהוָה׃

16 וַיֹּאמֶר רָאִיתִי אֶת־כָּל־יִשְׂרָאֵל נְפוֹצִים עַל־הֶהָרִים כַּצֹּאן אֲשֶׁר אֵין־לָהֶן רֹעֶה וַיֹּאמֶר יְהוָה לֹא־אֲדֹנִים לָאֵלֶּה יָשׁוּבוּ אִישׁ־לְבֵיתוֹ בְּשָׁלוֹם׃

17 וַיֹּאמֶר מֶלֶךְ־יִשְׂרָאֵל אֶל־יְהוֹשָׁפָט הֲלֹא אָמַרְתִּי אֵלֶיךָ לֹא־יִתְנַבֵּא עָלַי טוֹב כִּי אִם־לְרָע׃

18 וַיֹּאמֶר לָכֵן שִׁמְעוּ דְבַר־יְהוָה רָאִיתִי אֶת־יְהוָה יוֹשֵׁב עַל־כִּסְאוֹ וְכָל־צְבָא הַשָּׁמַיִם עֹמְדִים עַל־יְמִינוֹ וּשְׂמֹאלוֹ׃

19 וַיֹּאמֶר יְהוָה מִי יְפַתֶּה אֶת־אַחְאָב מֶלֶךְ־יִשְׂרָאֵל וְיַעַל וְיִפֹּל בְּרָמֹת גִּלְעָד וַיֹּאמֶר זֶה אֹמֵר כָּכָה וְזֶה אֹמֵר כָּכָה׃

20 וַיֵּצֵא הָרוּחַ וַיַּעֲמֹד לִפְנֵי יְהוָה וַיֹּאמֶר אֲנִי אֲפַתֶּנּוּ וַיֹּאמֶר יְהוָה אֵלָיו בַּמָּה׃

21 וַיֹּאמֶר אֵצֵא וְהָיִיתִי לְרוּחַ שֶׁקֶר בְּפִי כָּל־נְבִיאָיו וַיֹּאמֶר תְּפַתֶּה וְגַם־תּוּכָל צֵא וַעֲשֵׂה־כֵן׃

22 וְעַתָּה הִנֵּה נָתַן יְהוָה רוּחַ שֶׁקֶר בְּפִי נְבִיאֶיךָ אֵלֶּה וַיהוָה דִּבֶּר עָלֶיךָ רָעָה׃

23 וַיִּגַּשׁ צִדְקִיָּהוּ בֶן־כְּנַעֲנָה וַיַּךְ אֶת־מִיכָיְהוּ עַל־הַלֶּחִי וַיֹּאמֶר אֵי זֶה הַדֶּרֶךְ עָבַר רוּחַ־יְהוָה מֵאִתִּי לְדַבֵּר אֹתָךְ׃

6 And his heart β was lifted up in y^e^a ways of the LORD: moreover, he ^b took away the high places and groves out of Judah.

7 Also, in the third year of his reign, he sent to his princes, *even* to Ben-hail, and to Obadiah, and to Zechariah, and to Nethaneel, and to Michaiah, to ^c teach in the cities of Judah.

8 And with them *he sent* Levites,^e *even* Shemaiah, and Nethaniah, and Zebadiah, and Asahel, and Shemiramoth, and Jehonathan, and Adonijah, and Tobijah, and Tob-adonijah, Levites; and with them Eli-shama and Jehoram, priests.^f

9 And they taught in Judah, and *had* the book of the law of the LORD with them, and went about throughout all the cities of Judah, and taught the people.

10 And the fear ^g of the LORD θ fell upon all the kingdoms of the lands that *were* round about Judah, so that^k they made no war against Jehoshaphat.

11 Also *some* of the Philistines brought Jehoshaphat presents,^k and tribute-silver: and the Arabians brought him flocks, seven thousand and seven hundred rams, and seven thousand & seven hundred he-goats.

12 And Jehoshaphat waxed great exceedingly; and he built in Judah λ castles, and cities of store.

13 And ^l he had much business in the cities of Judah: and the men of war, mighty men of valour, *were* in Jerusalem.

14 And these *are* the numbers of them, according to the house of their fathers: Of Judah, the captains of thousands; Adnah the chief, and with him mighty men of valour three hundred thousand.

15 And ν next to him *was* Jehohanan the captain, and with him two hundred and fourscore thousand.

16 And next him *was* Amasiah the son of Zichri, who^o willingly offered himself unto the LORD; and with him two hundred thousand mighty men of valour.

17 And of Benjamin; Eliada a mighty man of valour,& with him armed men with bow and shield, two hundred thousand.

18 And next him *was* Jehozabad, and with him an hundred and fourscore thousand ready prepared for the war.

19 These waited on the king, beside *those* whom the king put in the fenced cities^r throughout all Judah.

CHAP. XVIII.

NOW ^u Jehoshaphat had riches and honour in abundance, and joined ^v affinity with Ahab.

2 And ρ after *certain* years^w he went down to Ahab to Samaria; and Ahab killed sheep and oxen for him in abundance, and for the people that *he had* with him, and persuaded him to go up *with* him to Ramoth-gilead.

3 And Ahab king of Israel said unto Jehoshaphat king of Judah, Wilt thou go with me to Ramoth-gilead? And he answered him, I *am* as thou *art*, and my people as thy people; and *we will be* with thee in the war.

4 And Jehoshaphat said unto the king of Israel, Inquire,^x I pray thee, at the word of the LORD to-day.

5 Therefore the king of Israel gathered together of prophets four hundred men, and said unto them, Shall we go to Ramoth-gilead to battle, or shall I forbear? And ^d they said, Go up; for God will deliver *it* into the king's hand.

B. C. 914.

β *i. e. was encouraged.*
a Ps.18.21,22.
b ch. 19. 3.
   20. 33.
γ *yet, or, more.*
c ch. 15. 3.
d Ps. 34. 21.
   55. 3.
   69. 14.
Pr. 29. 10.
Am. 5. 10.
Lu. 6. 22.
e ch. 35. 3.
Ne. 8. 7.
δ or,*eunuchs.*
ζ *Hasten.*
f Mal. 2. 7.
η or,*floor.*
g ch. 14. 14.
θ *was.*
h Ex. 34. 24.
Pr. 16. 7.
i Je.28.10,11.
k ver. 5.
2 Sa. 8. 2.
κ *thou consume them.*
λ or,*palaces.*
l ch.26.10,15.
1Ch. 27.25..
   31.
μ *mouth.*
m Is. 30. 10.
Mi. 2. 6.
n Nu.22.18,20
   23. 12, 26.
   24. 13.
ν *at his hand.*
o Ju. 5. 2, 9.
2Co. 8. 5.
p Je. 23. 1, 2.
Eze.34.5.,8.
Zec. 10. 2.
   13. 7.
q 2 Sa. 2. 7.
2 Ki. 10. 3.
π *for evil.*
r ver. 2.
s Is. 6. 1,&c.
Da. 7. 9,10.
Ac.7.55,56.
Re.1.10,12,
   &c.
t Ge. 32. 2.
Ps. 103. 21.
u ch. 17. 5.
v 2 Ki. 8. 18.
2 Co. 6. 14.
ρ *at the end of years.*
w 1 Ki. 22. 2,
   &c.
x Job 1. 6.
y Job 12. 16.
  2 1 h.2.11,12
z 1Sa. 23.2,4,
   9.
2 Sa. 2. 1.
a Is. 19. 14.
Eze. 14. 9.
b Je. 18. 11.
Mi. 2. 3.
c Je. 20. 2.
Mar. 14. 65.
Ac. 23. 2.
d Je. 23. 14.
28. 1, &c.

---

6 But Jehoshaphat said, *Is there* not here a prophet of the LORD γ besides, that we might inquire of him?

7 And the king of Israel said unto Jehoshaphat, *There is* yet one man, by whom we may inquire of the LORD: but I hate ^d him; for he never prophesied good unto me, but always evil: the same *is* Micaiah the son of Imla. And Jehoshaphat said, Let not the king say so.

8 And the king of Israel called for one *of his* δ officers, and said, ζ Fetch quickly Micaiah the son of Imla.

9 And the king of Israel, and Jehoshaphat king of Judah, sat either of them on his throne, clothed in *their* robes, and they sat in a η void place at the entering in of the gate of Samaria; and all the prophets prophesied before them.

10 And Zedekiah the son of Chenaanah had made him horns of iron, and said, Thusⁱ saith the LORD, With these thou shalt push Syria until κ they be consumed.

11 And all the prophets prophesied so, saying, Go up to Ramoth-gilead, and prosper; for the LORD shall deliver *it* into the hand of the king.

12 And the messenger that went to call Micaiah spake unto him, saying, Behold, the words of the prophets *declare* good to the king with one μ assent: let ^m thy word therefore, I pray thee, be like one of theirs, and speak thou good.

13 And Micaiah said,*As* the LORD liveth, evenⁿ what my God saith,that will I speak.

14 And when he was come to the king, the king said unto him, Micaiah, shall we go to Ramoth-gilead to battle, or shall I forbear? And he said, Go ye up, and prosper, and they shall be delivered into your hand.

15 And the king said to him, How many times shall I adjure thee, that thou say nothing but the truth to me in the name of the LORD?

16 Then he said, I did see all Israel scattered^p upon the mountains, as sheep that have no shepherd: and the LORD said, These have no master:^q let them return, *therefore*,every man to his house in peace.

17 And the king of Israel said to Jehoshaphat, Did I not tell thee *that* he would not prophesy good unto me, π but evil?

18 Again he said,I therefore,hear the word of the LORD; I saw^s the LORD sitting upon his throne, and all the host^t of heaven standing on his right hand, and *on* his left.

19 And the LORD said, Who shall entice Ahab king of Israel, that he may go up and fall at Ramoth-gilead? And one spake, saying after this manner, and another saying after that manner.

20 Then there came out a spirit,^x and stood before the LORD, and said, I will entice^y him. And the LORD said unto him, Wherewith?

21 And he said, I will go out, and be a lying spirit in the mouth of all his prophets. And *the LORD* said, Thou shalt entice *him*, and thou shalt also prevail: go out, and do *even* so.

22 Now therefore, behold, the LORD hath put^a a lying spirit in the mouth of these thy prophets; and the LORD hath spoken evil ^b against thee.

23 Then Zedekiah the son of Chenaanah came near, and smote ^c Micaiah upon the cheek,and said,Which way went the Spirit of the LORD from me to speak unto thee?

24 וַיֹּאמֶר מִיכָיְהוּ הִנְּךָ רֹאֶה בַּיּוֹם הַהוּא אֲשֶׁר תָּבוֹא חֶדֶר בְּחֶדֶר לְהֵחָבֵא׃

25 וַיֹּאמֶר מֶלֶךְ יִשְׂרָאֵל קְחוּ אֶת־מִיכָיְהוּ וַהֲשִׁיבֻהוּ אֶל־אָמוֹן שַׂר־הָעִיר וְאֶל־יוֹאָשׁ בֶּן־הַמֶּלֶךְ׃

26 וַאֲמַרְתֶּם כֹּה אָמַר הַמֶּלֶךְ שִׂימוּ זֶה בֵּית הַכֶּלֶא וְהַאֲכִלֻהוּ לֶחֶם לַחַץ וּמַיִם לַחַץ עַד שׁוּבִי בְשָׁלוֹם׃

27 וַיֹּאמֶר מִיכָיְהוּ אִם־שׁוֹב תָּשׁוּב בְּשָׁלוֹם לֹא־דִבֶּר יְהוָה בִּי וַיֹּאמֶר שִׁמְעוּ עַמִּים כֻּלָּם׃

28 וַיַּעַל מֶלֶךְ־יִשְׂרָאֵל וִיהוֹשָׁפָט מֶלֶךְ־יְהוּדָה אֶל־רָמֹת גִּלְעָד׃

29 וַיֹּאמֶר מֶלֶךְ יִשְׂרָאֵל אֶל־יְהוֹשָׁפָט הִתְחַפֵּשׂ וָבוֹא בַמִּלְחָמָה וְאַתָּה לְבַשׁ בְּגָדֶיךָ וַיִּתְחַפֵּשׂ מֶלֶךְ יִשְׂרָאֵל וַיָּבֹאוּ בַּמִּלְחָמָה׃

30 וּמֶלֶךְ אֲרָם צִוָּה אֶת־שָׂרֵי הָרֶכֶב אֲשֶׁר־לוֹ לֵאמֹר לֹא תִּלָּחֲמוּ אֶת־הַקָּטֹן אֶת־הַגָּדוֹל כִּי אִם־אֶת־מֶלֶךְ יִשְׂרָאֵל לְבַדּוֹ׃

31 וַיְהִי כִּרְאוֹת שָׂרֵי הָרֶכֶב אֶת־יְהוֹשָׁפָט וְהֵמָּה אָמְרוּ מֶלֶךְ יִשְׂרָאֵל הוּא וַיָּסֹבּוּ עָלָיו לְהִלָּחֵם וַיִּזְעַק יְהוֹשָׁפָט וַיהוָה עֲזָרוֹ וַיְסִיתֵם אֱלֹהִים מִמֶּנּוּ׃

32 וַיְהִי כִּרְאוֹת שָׂרֵי הָרֶכֶב כִּי לֹא־הָיָה מֶלֶךְ יִשְׂרָאֵל וַיָּשֻׁבוּ מֵאַחֲרָיו׃

33 וְאִישׁ מָשַׁךְ בַּקֶּשֶׁת לְתֻמּוֹ וַיַּךְ אֶת־מֶלֶךְ יִשְׂרָאֵל בֵּין הַדְּבָקִים וּבֵין הַשִּׁרְיָן וַיֹּאמֶר לָרַכָּב הֲפֹךְ יָדְךָ וְהוֹצֵאתַנִי מִן־הַמַּחֲנֶה כִּי הָחֳלֵיתִי׃

34 וַתַּעַל הַמִּלְחָמָה בַּיּוֹם הַהוּא וּמֶלֶךְ יִשְׂרָאֵל הָיָה מַעֲמִיד בַּמֶּרְכָּבָה נֹכַח אֲרָם עַד־הָעָרֶב וַיָּמָת לְעֵת בּוֹא הַשָּׁמֶשׁ׃

CAP. XIX. יט

1 וַיָּשָׁב יְהוֹשָׁפָט מֶלֶךְ־יְהוּדָה אֶל־בֵּיתוֹ בְּשָׁלוֹם לִירוּשָׁלָ͏ִם׃

2 וַיֵּצֵא אֶל־פָּנָיו יֵהוּא בֶן־חֲנָנִי הַחֹזֶה וַיֹּאמֶר אֶל־הַמֶּלֶךְ יְהוֹשָׁפָט הֲלָרָשָׁע לַעְזֹר וּלְשֹׂנְאֵי יְהוָה תֶּאֱהָב וּבָזֹאת עָלֶיךָ קֶּצֶף מִלִּפְנֵי יְהוָה׃

3 אֲבָל דְּבָרִים טוֹבִים נִמְצְאוּ עִמָּךְ כִּי־בִעַרְתָּ הָאֲשֵׁרוֹת מִן־הָאָרֶץ וַהֲכִינוֹתָ לְבָבְךָ לִדְרֹשׁ הָאֱלֹהִים׃

4 וַיֵּשֶׁב יְהוֹשָׁפָט בִּירוּשָׁלָ͏ִם וַיָּשָׁב וַיֵּצֵא בָעָם מִבְּאֵר שֶׁבַע עַד־הַר אֶפְרַיִם וַיְשִׁיבֵם אֶל־יְהוָה אֱלֹהֵי אֲבוֹתֵיהֶם׃

5 וַיַּעֲמֵד שֹׁפְטִים בָּאָרֶץ בְּכָל־עָרֵי יְהוּדָה הַבְּצֻרוֹת לְעִיר וָעִיר׃

6 וַיֹּאמֶר אֶל־הַשֹּׁפְטִים רְאוּ מָה־אַתֶּם עֹשִׂים כִּי לֹא לְאָדָם תִּשְׁפְּטוּ כִּי לַיהוָה וְעִמָּכֶם בִּדְבַר מִשְׁפָּט׃

7 וְעַתָּה יְהִי פַחַד־יְהוָה עֲלֵיכֶם שִׁמְרוּ וַעֲשׂוּ כִּי־אֵין עִם־יְהוָה אֱלֹהֵינוּ עַוְלָה

8 וְגַם בִּירוּשָׁלַ͏ִם הֶעֱמִיד יְהוֹשָׁפָט מִן־הַלְוִיִּם וְהַכֹּהֲנִים וּמֵרָאשֵׁי הָאָבוֹת לְיִשְׂרָאֵל לְמִשְׁפַּט יְהוָה וְלָרִיב וַיָּשֻׁבוּ יְרוּשָׁלָ͏ִם׃

9 וַיְצַו עֲלֵיהֶם לֵאמֹר כֹּה תַעֲשׂוּן בְּיִרְאַת יְהוָה בֶּאֱמוּנָה וּבְלֵבָב שָׁלֵם׃

10 וְכָל־רִיב אֲשֶׁר־יָבוֹא עֲלֵיכֶם מֵאֲחֵיכֶם הַיֹּשְׁבִים בְּעָרֵיהֶם בֵּין־דָּם לְדָם בֵּין־תּוֹרָה לְמִצְוָה לְחֻקִּים וּלְמִשְׁפָּטִים וְהִזְהַרְתֶּם אֹתָם וְלֹא יֶאְשְׁמוּ לַיהוָה וְהָיָה־קֶצֶף עֲלֵיכֶם וְעַל־אֲחֵיכֶם כֹּה תַעֲשׂוּן וְלֹא תֶאְשָׁמוּ׃

11 וְהִנֵּה אֲמַרְיָהוּ כֹהֵן הָרֹאשׁ עֲלֵיכֶם לְכֹל דְּבַר־יְהוָה וּזְבַדְיָהוּ בֶן־יִשְׁמָעֵאל הַנָּגִיד לְבֵית־יְהוּדָה לְכֹל דְּבַר־הַמֶּלֶךְ וְשֹׁטְרִים הַלְוִיִּם לִפְנֵיכֶם חִזְקוּ וַעֲשׂוּ וִיהִי יְהוָה עִם־הַטּוֹב׃

CAP. XX. כ

1 וַיְהִי אַחֲרֵיכֵן בָּאוּ בְנֵי־מוֹאָב וּבְנֵי עַמּוֹן וְעִמָּהֶם מֵהָעַמּוֹנִים עַל־יְהוֹשָׁפָט לַמִּלְחָמָה׃

2 וַיָּבֹאוּ וַיַּגִּידוּ לִיהוֹשָׁפָט לֵאמֹר בָּא עָלֶיךָ הָמוֹן רָב מֵעֵבֶר לַיָּם מֵאֲרָם וְהִנָּם בְּחַצְצוֹן תָּמָר הִיא עֵין גֶּדִי׃

3 וַיִּרָא וַיִּתֵּן יְהוֹשָׁפָט אֶת־פָּנָיו לִדְרוֹשׁ לַיהוָה וַיִּקְרָא־צוֹם עַל־כָּל־יְהוּדָה׃

4 וַיִּקָּבְצוּ יְהוּדָה לְבַקֵּשׁ מֵיְהוָה גַּם מִכָּל־עָרֵי יְהוּדָה בָּאוּ לְבַקֵּשׁ אֶת־יְהוָה׃

5 וַיַּעֲמֹד יְהוֹשָׁפָט בִּקְהַל יְהוּדָה וִירוּשָׁלַ͏ִם בְּבֵית יְהוָה לִפְנֵי הֶחָצֵר הַחֲדָשָׁה׃

6 וַיֹּאמַר יְהוָה אֱלֹהֵי אֲבֹתֵינוּ הֲלֹא אַתָּה־הוּא אֱלֹהִים בַּשָּׁמַיִם וְאַתָּה מוֹשֵׁל בְּכֹל מַמְלְכוֹת הַגּוֹיִם וּבְיָדְךָ כֹּחַ וּגְבוּרָה וְאֵין עִמְּךָ לְהִתְיַצֵּב׃

7 הֲלֹא אַתָּה אֱלֹהֵינוּ הוֹרַשְׁתָּ אֶת־יֹשְׁבֵי הָאָרֶץ הַזֹּאת מִלִּפְנֵי עַמְּךָ יִשְׂרָאֵל וַתִּתְּנָהּ לְזֶרַע אַבְרָהָם אֹהַבְךָ לְעוֹלָם׃

8 וַיֵּשְׁבוּ־בָהּ וַיִּבְנוּ לְךָ בָּהּ מִקְדָּשׁ לְשִׁמְךָ לֵאמֹר׃

9 אִם־תָּבוֹא עָלֵינוּ רָעָה חֶרֶב שְׁפוֹט וְדֶבֶר וְרָעָב נַעַמְדָה לִפְנֵי הַבַּיִת הַזֶּה וּלְפָנֶיךָ כִּי שִׁמְךָ בַּבַּיִת הַזֶּה וְנִזְעַק אֵלֶיךָ מִצָּרָתֵנוּ וְתִשְׁמַע וְתוֹשִׁיעַ׃

10 וְעַתָּה הִנֵּה בְנֵי־עַמּוֹן וּמוֹאָב וְהַר־שֵׂעִיר אֲשֶׁר לֹא־נָתַתָּה לְיִשְׂרָאֵל לָבוֹא בָהֶם בְּבֹאָם מֵאֶרֶץ מִצְרָיִם כִּי סָרוּ מֵעֲלֵיהֶם וְלֹא הִשְׁמִידוּם׃

11 וְהִנֵּה־הֵם גֹּמְלִים עָלֵינוּ לָבוֹא לְגָרְשֵׁנוּ מִיְּרֻשָּׁתְךָ אֲשֶׁר הוֹרַשְׁתָּנוּ׃

12 אֱלֹהֵינוּ הֲלֹא תִשְׁפָּט־בָּם כִּי אֵין בָּנוּ כֹּחַ לִפְנֵי הֶהָמוֹן הָרָב הַזֶּה הַבָּא עָלֵינוּ וַאֲנַחְנוּ לֹא נֵדַע מַה־נַּעֲשֶׂה כִּי עָלֶיךָ עֵינֵינוּ׃

13 וְכָל־יְהוּדָה

24 And Micaiah said, Behold, thou shalt see on that day when thou shalt go β into an γ inner chamber to hide thyself.

25 Then the king of Israel said, Take ye Micaiah, and carry him back to Amon the governor of the city, and to Joash the king's son;

26 And say, Thus saith the king, Put this *c fellow* in the prison, and feed him with bread of affliction and with water of affliction, until I return in peace.

27 And Micaiah said, If *d* thou certainly return in peace, *then* *e* hath not the LORD spoken by me. And he said, Hearken, all ye people.

28 So the king of Israel, and Jehoshaphat the king of Judah, went up to Ramoth-gilead.

29 And the king of Israel said unto Jehoshaphat, I will disguise myself, and will go to the battle; but put thou on thy robes. So *i* the king of Israel disguised himself, and they went to the battle.

30 Now the king of Syria had commanded the captains of the chariots that *were* with him, saying, Fight ye not with small or great, save only with the king of Israel.

31 And it came to pass, when the captains of the chariots saw Jehoshaphat, that they said, It *is* the king of Israel: therefore they compassed about him to fight: but Jehoshaphat cried out, and the LORD helped *l* him; and God moved them to *depart* from him.

32 For it came to pass, that, when the captains of the chariots perceived that it was not the king of Israel, they turned back again from η pursuing him.

33 And a *certain* man drew a bow θ at a venture, and smote the king of Israel between the joints κ of the harness: therefore he said to his chariot-man, Turn thine hand, that thou mayest carry me out of the host; for I am λ wounded.

34 And the battle increased that day: howbeit the king of Israel stayed *himself* up in *his* chariot against the Syrians until the even; and about the time of the sun going down he died.

CHAP. XIX.

AND Jehoshaphat the king of Judah returned to his house in peace to Jerusalem.

2 And Jehu, the son of Hanani *c* the seer, went out to meet him, and said to king Jehoshaphat, Shouldest thou help the ungodly, and love *w* them that hate the LORD? therefore *x is* wrath upon thee from before the LORD.

3 Nevertheless, there are good *z* things found in thee, in that thou hast taken away the groves out of the land, and hast prepared *e* thine heart to seek God.

4 And Jehoshaphat dwelt at Jerusalem: and he *v* went out again through the people, from Beer-sheba to mount Ephraim, and brought them back unto the LORD God of their fathers.

5 And he set judges *f* in the land, throughout all the fenced cities of Judah, city by city,

6 And said to the judges, Take heed what ye do: for *h* ye judge not for man, but for the LORD, who *i is* with you in the π judgment.

7 Wherefore now, let the fear of the LORD be upon you; take heed and do *it:* for *there is* no iniquity *l* with the LORD our God, nor respect *m* of persons, nor taking of gifts.

B. C. 897.

a De. 17. 8, 9.
β or, *from chamber to chamber.*
γ *a chamber in a chamber,* 1 Ki. 20. 30.
b 2 Sa. 23. 3.
c ch. 16. 10.
d Am. 9. 10.
e Eze. 3. 18.
g Nu. 16. 46.
h 1 Ch. 26. 30.
i ch.35,22,23.
δ *Take courage & do.*
k ch. 15. 2.
Ec. 2. 26.
l Ps. 34. 7.
m Ge. 14. 7.
n Jos. 15. 62.
ζ *his face.*
o ch. 19. 3.
p Ezr. 8. 21.
Je. 36. 9.
Da. 9. 3.
Joel 2. 15, &c.
Jon. 3. 5.
η *after.*
θ *in his simplicity,* 2 Sa.15. 11.
κ *and between the breast-plate.*
λ *made sick.*
q De. 4. 39.
Jos. 2. 11.
Ps. 115. 3.
r Da. 4.17,25.
μ *thou.*
s Ps. 44. 2.
t ch. 16. 7.
v Ja. 2. 23.
w Ps. 139. 21.
x ch. 32. 25.
y ch. 6. 28,30.
z ch. 12. 12.
17. 4, 6.
α Mat. 18.20.
b ch. 6. 20.
c ch. 30. 19.
Ezr. 7. 10.
v returned and went out.
d De.24,9,19.
e Nu. 20. 21.
f De. 16. 18.
g Ps. 83. 12.
h De. 1. 17.
i Ps. 82. 1.
Ec. 5. 8.
π *matter of judgment.*
k Ps. 123 1,2.
l De. 32. 4.
Ro. 3. 5, 6.
9. 14.
m De. 10. 17.
Job 34. 19.
Ac. 10. 34.
Ro. 2. 11.
Ep. 6. 9.
1 Pe. 1. 17.

8 Moreover, in Jerusalem did Jehoshaphat set of the Levites, *a* and *of* the priests, and of the chief of the fathers of Israel, for the judgment of the LORD, and for controversies, when they returned to Jerusalem.

9 And he charged them, saying, Thus shall ye do in the fear *b* of the LORD, faithfully, and with a perfect heart.

10 And what cause soever shall come to you of your brethren that dwell in their cities, between blood and blood, between law and commandment, statutes and judgments, ye shall even warn *f* them that they trespass not against the LORD, and *so* wrath *g* come upon you, and upon your brethren: this do, and ye shall not trespass.

11 And, behold, Amariah, the chief priest *is* over you in all matters *h* of the LORD; and Zebadiah the son of Ishmael, the ruler of the house of Judah, for all the king's matters: also the Levites *shall be* officers before you. δ Deal courageously, and the LORD *k* shall be with the good.

CHAP. XX.

IT came to pass after this also, *that* the children of Moab, and the children of Ammon, and with them *other* beside the Ammonites, came against Jehoshaphat to battle.

2 Then there came some that told Jehoshaphat, saying, There cometh a great multitude against thee from beyond the sea, on this side Syria: and, behold, they *be* in Hazazon-tamar, *m* which *is* En-gedi. *n*

3 And Jehoshaphat feared, and set ζ himself to seek *o* the LORD, and proclaimed a fast *p* throughout all Judah.

4 And Judah gathered themselves together, to ask *help* of the LORD: even out of all the cities of Judah they came to seek the LORD.

5 And Jehoshaphat stood in the congregation of Judah and Jerusalem, in the house of the LORD, before the new court,

6 And said, O LORD God of our fathers, *art* not thou God in heaven? *q* and rulest *not* thou over all the kingdoms *r* of the heathen? and in thine hand *is there not* power and might, so that none is able to withstand thee?

7 *Art* not thou our God, μ *who* didst drive *s* out the inhabitants of this land before thy people Israel, and gavest it to the seed *u* of Abraham thy friend *v* for ever?

8 And they dwelt therein, and have built thee a sanctuary therein for thy name, saying,

9 If,*t when* evil cometh upon us, *as* the sword, judgment, or pestilence, or famine, we stand before this house, and in thy presence,*v* (for thy name *b is* in this house,) and cry unto thee in our affliction, then thou wilt hear and help.

10 And now, behold, the children of Ammon, and Moab, and mount Seir, whom thou wouldest not *d* let Israel invade, when they came out of the land of Egypt, but they *c* turned from them, and destroyed them not;

11 Behold, *I say, how* they reward us, to *g* come to cast us out of thy possession, which thou hast given us to inherit.

12 O our God, wilt thou not judge them? for we have no might against this great company that cometh against us; neither know we what to do: but our eyes *k are* upon thee.

13 And all Judah stood before the LORD,

עֹמְדִים לִפְנֵי יְהֹוָה גַּם־טַפָּם נְשֵׁיהֶם וּבְנֵיהֶם׃

14 וְיַחֲזִיאֵל בֶּן־זְכַרְיָהוּ בֶּן־בְּנָיָה בֶּן־יְעִיאֵל בֶּן־מַתַּנְיָה הַלֵּוִי מִן־בְּנֵי אָסָף הָיְתָה עָלָיו רוּחַ יְהֹוָה בְּתוֹךְ הַקָּהָל׃

15 וַיֹּאמֶר הַקְשִׁיבוּ כָל־יְהוּדָה וְיֹשְׁבֵי יְרוּשָׁלַ͏ִם וְהַמֶּלֶךְ יְהוֹשָׁפָט כֹּה־אָמַר יְהֹוָה לָכֶם אַתֶּם אַל־תִּירְאוּ וְאַל־תֵּחַתּוּ מִפְּנֵי הֶהָמוֹן הָרָב הַזֶּה כִּי לֹא לָכֶם הַמִּלְחָמָה כִּי לֵאלֹהִים׃

16 מָחָר רְדוּ עֲלֵיהֶם הִנָּם עֹלִים בְּמַעֲלֵה הַצִּיץ וּמְצָאתֶם אֹתָם בְּסוֹף

17 הַנַּחַל פְּנֵי מִדְבַּר יְרוּאֵל׃ לֹא לָכֶם לְהִלָּחֵם בָּזֹאת הִתְיַצְּבוּ עִמְדוּ וּרְאוּ אֶת־יְשׁוּעַת יְהֹוָה עִמָּכֶם יְהוּדָה וִירוּשָׁלַ͏ִם אַל־תִּירְאוּ וְאַל־תֵּחַתּוּ מָחָר צְאוּ

18 לִפְנֵיהֶם וַיהֹוָה עִמָּכֶם׃ וַיִּקֹּד יְהוֹשָׁפָט אַפַּיִם אָרְצָה וְכָל־יְהוּדָה וְיֹשְׁבֵי יְרוּשָׁלַ͏ִם נָפְלוּ לִפְנֵי יְהֹוָה

19 לְהִשְׁתַּחֲוֹת לַיהֹוָה׃ וַיָּקֻמוּ הַלְוִיִּם מִן־בְּנֵי הַקְּהָתִים וּמִן־בְּנֵי הַקָּרְחִים לְהַלֵּל לַיהֹוָה אֱלֹהֵי יִשְׂרָאֵל בְּקוֹל

20 גָּדוֹל לְמָעְלָה׃ וַיַּשְׁכִּימוּ בַבֹּקֶר וַיֵּצְאוּ לְמִדְבַּר תְּקוֹעַ וּבְצֵאתָם עָמַד יְהוֹשָׁפָט וַיֹּאמֶר שְׁמָעוּנִי יְהוּדָה וְיֹשְׁבֵי יְרוּשָׁלַ͏ִם הַאֲמִינוּ בַּיהֹוָה אֱלֹהֵיכֶם וְתֵאָמֵנוּ

21 הַאֲמִינוּ בִנְבִיאָיו וְהַצְלִיחוּ׃ וַיִּוָּעַץ אֶל־הָעָם וַיַּעֲמֵד מְשֹׁרְרִים לַיהֹוָה וּמְהַלְלִים לְהַדְרַת־קֹדֶשׁ בְּצֵאת לִפְנֵי הֶחָלוּץ וְאֹמְרִים הוֹדוּ לַיהֹוָה כִּי לְעוֹלָם

22 חַסְדּוֹ׃ וּבְעֵת הֵחֵלּוּ בְרִנָּה וּתְהִלָּה נָתַן יְהֹוָה מְאָרְבִים עַל־בְּנֵי עַמּוֹן מוֹאָב וְהַר־שֵׂעִיר הַבָּאִים

23 לִיהוּדָה וַיִּנָּגֵפוּ׃ וַיַּעַמְדוּ בְּנֵי עַמּוֹן וּמוֹאָב עַל־יֹשְׁבֵי הַר־שֵׂעִיר לְהַחֲרִים וּלְהַשְׁמִיד וּכְכַלּוֹתָם בְּיוֹשְׁבֵי

24 שֵׂעִיר עָזְרוּ אִישׁ־בְּרֵעֵהוּ לְמַשְׁחִית׃ וִיהוּדָה בָּא עַל־הַמִּצְפֶּה לַמִּדְבָּר וַיִּפְנוּ אֶל־הֶהָמוֹן וְהִנָּם פְּגָרִים נֹפְלִים אַרְצָה וְאֵין פְּלֵיטָה׃

25 וַיָּבֹא יְהוֹשָׁפָט וְעַמּוֹ לָבֹז אֶת־שְׁלָלָם וַיִּמְצְאוּ בָהֶם לָרֹב וּרְכוּשׁ וּפְגָרִים וּכְלֵי חֲמֻדוֹת וַיְנַצְּלוּ לָהֶם לְאֵין מַשָּׂא וַיִּהְיוּ יָמִים

26 בֹּזְזִים אֶת־הַשָּׁלָל כִּי רַב־הוּא׃ וּבַיּוֹם הָרְבִעִי נִקְהֲלוּ לְעֵמֶק בְּרָכָה כִּי־שָׁם בֵּרְכוּ אֶת־יְהֹוָה עַל־כֵּן קָרְאוּ אֶת־שֵׁם הַמָּקוֹם הַהוּא עֵמֶק

27 בְּרָכָה עַד־הַיּוֹם׃ וַיָּשֻׁבוּ כָּל־אִישׁ יְהוּדָה וִירוּשָׁלַ͏ִם וִיהוֹשָׁפָט בְּרֹאשָׁם לָשׁוּב אֶל־יְרוּשָׁלַ͏ִם בְּשִׂמְחָה כִּי־שִׂמְּחָם יְהֹוָה מֵאוֹיְבֵיהֶם׃

28 וַיָּבֹאוּ יְרוּשָׁלַ͏ִם בִּנְבָלִים וּבְכִנֹּרוֹת וּבַחֲצֹצְרוֹת אֶל־בֵּית יְהֹוָה׃

---

29 וַיְהִי פַּחַד אֱלֹהִים עַל כָּל־מַמְלְכוֹת הָאֲרָצוֹת בְּשָׁמְעָם כִּי נִלְחַם יְהֹוָה עִם אוֹיְבֵי יִשְׂרָאֵל׃

30 וַתִּשְׁקֹט מַלְכוּת יְהוֹשָׁפָט וַיָּנַח לוֹ אֱלֹהָיו מִסָּבִיב׃

31 וַיִּמְלֹךְ יְהוֹשָׁפָט עַל־יְהוּדָה בֶּן־שְׁלֹשִׁים וְחָמֵשׁ שָׁנָה בְּמָלְכוֹ וְעֶשְׂרִים וְחָמֵשׁ שָׁנָה מָלַךְ בִּירוּשָׁלַ͏ִם וְשֵׁם אִמּוֹ עֲזוּבָה בַּת־שִׁלְחִי׃

32 וַיֵּלֶךְ בְּדֶרֶךְ אָבִיו אָסָא וְלֹא־סָר מִמֶּנָּה לַעֲשׂוֹת הַיָּשָׁר בְּעֵינֵי יְהֹוָה׃

33 אַךְ הַבָּמוֹת לֹא־סָרוּ וְעוֹד הָעָם לֹא־הֵכִינוּ לְבָבָם לֵאלֹהֵי אֲבֹתֵיהֶם׃

34 וְיֶתֶר דִּבְרֵי יְהוֹשָׁפָט הָרִאשֹׁנִים וְהָאַחֲרֹנִים הִנָּם כְּתוּבִים בְּדִבְרֵי יֵהוּא בֶן־חֲנָנִי אֲשֶׁר הֹעֲלָה עַל־סֵפֶר מַלְכֵי יִשְׂרָאֵל׃

35 וְאַחֲרֵי־כֵן אֶתְחַבַּר יְהוֹשָׁפָט מֶלֶךְ־יְהוּדָה עִם אֲחַזְיָה מֶלֶךְ־יִשְׂרָאֵל הוּא הִרְשִׁיעַ לַעֲשׂוֹת׃

36 וַיְחַבְּרֵהוּ עִמּוֹ לַעֲשׂוֹת אֳנִיּוֹת לָלֶכֶת תַּרְשִׁישׁ וַיַּעֲשׂוּ אֳנִיּוֹת בְּעֶצְיוֹן גָּבֶר׃

37 וַיִּתְנַבֵּא אֱלִיעֶזֶר בֶּן־דֹּדָוָהוּ מִמָּרֵשָׁה עַל־יְהוֹשָׁפָט לֵאמֹר כְּהִתְחַבֶּרְךָ עִם־אֲחַזְיָהוּ פָּרַץ יְהֹוָה אֶת־מַעֲשֶׂיךָ וַיִּשָּׁבְרוּ אֳנִיּוֹת וְלֹא עָצְרוּ לָלֶכֶת אֶל־תַּרְשִׁישׁ׃

CAP. XXI. כא

1 וַיִּשְׁכַּב יְהוֹשָׁפָט עִם־אֲבֹתָיו וַיִּקָּבֵר עִם־אֲבֹתָיו בְּעִיר דָּוִיד וַיִּמְלֹךְ יְהוֹרָם בְּנוֹ תַּחְתָּיו׃

2 וְלוֹ־אַחִים בְּנֵי יְהוֹשָׁפָט עֲזַרְיָה וִיחִיאֵל וּזְכַרְיָהוּ וַעֲזַרְיָהוּ וּמִיכָאֵל וּשְׁפַטְיָהוּ כָּל־אֵלֶּה בְּנֵי יְהוֹשָׁפָט מֶלֶךְ־יִשְׂרָאֵל׃

3 וַיִּתֵּן לָהֶם אֲבִיהֶם מַתָּנוֹת רַבּוֹת לְכֶסֶף וּלְזָהָב וּלְמִגְדָּנוֹת עִם־עָרֵי מְצֻרוֹת בִּיהוּדָה וְאֶת־הַמַּמְלָכָה נָתַן לִיהוֹרָם כִּי־הוּא הַבְּכוֹר׃

4 וַיָּקָם יְהוֹרָם עַל־מַמְלֶכֶת אָבִיו וַיִּתְחַזַּק וַיַּהֲרֹג אֶת־כָּל־אֶחָיו בֶּחָרֶב וְגַם מִשָּׂרֵי יִשְׂרָאֵל׃

5 בֶּן־שְׁלֹשִׁים וּשְׁתַּיִם שָׁנָה יְהוֹרָם בְּמָלְכוֹ וּשְׁמוֹנֶה שָׁנִים מָלַךְ בִּירוּשָׁלָ͏ִם׃

6 וַיֵּלֶךְ בְּדֶרֶךְ מַלְכֵי יִשְׂרָאֵל כַּאֲשֶׁר עָשׂוּ בֵּית אַחְאָב כִּי בַּת־אַחְאָב הָיְתָה לּוֹ אִשָּׁה וַיַּעַשׂ הָרַע בְּעֵינֵי יְהֹוָה׃

7 וְלֹא־אָבָה יְהֹוָה לְהַשְׁחִית אֶת־בֵּית דָּוִיד לְמַעַן הַבְּרִית אֲשֶׁר כָּרַת לְדָוִיד וְכַאֲשֶׁר אָמַר לָתֵת לוֹ נִיר וּלְבָנָיו כָּל־הַיָּמִים׃

8 בְּיָמָיו פָּשַׁע אֱדוֹם מִתַּחַת יַד־יְהוּדָה וַיַּמְלִיכוּ עֲלֵיהֶם מֶלֶךְ׃

9 וַיַּעֲבֹר יְהוֹרָם עִם־שָׂרָיו וְכָל־הָרֶכֶב עִמּוֹ וַיְהִי קָם לַיְלָה

with their little ones, their wives, and their children.

14 Then [a] upon Jahaziel, the son of Zechariah, the son of Benaiah, the son of Jeiel, the son of Mattaniah, a Levite, of the sons of Asaph, came the Spirit [c] of the LORD in the midst of the congregation;

15 And he said, Hearken ye, all Judah, and ye inhabitants of Jerusalem, and thou king Jehoshaphat; Thus saith the LORD unto you, Be [e] not afraid nor dismayed by reason of this great multitude; for the battle *is* not your's, but God's.

16 To-morrow go ye down against them: behold, they come up by the β cliff of Ziz; and ye shall find them at the end of the γ brook, before the wilderness of Jeruel.

17 Ye shall not *need* to fight in this *battle;* set yourselves, stand [g] ye *still,* and see the salvation of the LORD with you, O Judah and Jerusalem: fear not, nor be dismayed; to-morrow go out against them; for [k] the LORD *will be* with you.

18 And Jehoshaphat bowed [l] his head, with *his* face to the ground: and all Judah and the inhabitants of Jerusalem fell [m] before the LORD, worshipping the LORD.

19 And the Levites of the children of the Kohathites, and of the children of the Korhites, stood up to praise [n] the LORD God of Israel with a loud [o] voice on high.

20 And they rose early in the morning, and went forth into the wilderness of Tekoa: and as they went forth, Jehoshaphat stood and said, Hear me, O Judah, and ye inhabitants of Jerusalem; Believe [q] in the LORD your God, so shall ye be established; believe his prophets, so shall ye prosper.

21 And when he had consulted with the people, he appointed singers [s] unto the LORD, and η that should praise the beauty [u] of holiness as they went out before the army, and to say, Praise [w] the LORD; [x] for his mercy *endureth* for ever.

22 And θ when they began κ to sing and to praise, the LORD set ambushments against the children of Ammon, Moab, and mount Seir, which were come against Judah; and they λ were smitten.

23 For [y] the children of Ammon and Moab stood up against the inhabitants of mount Seir, utterly to slay and destroy *them:* and when they had made an end of the inhabitants of Seir, every one helped μ to destroy another.

24 And when Judah came toward the watch-tower in the wilderness, they looked unto the multitude, and, behold, they *were* dead [a] bodies fallen to the earth, and ν none escaped.

25 And when Jehoshaphat and his people came to take away the spoil of them, they found among them in abundance, both riches with the dead bodies, and precious jewels, (which they stripped off for themselves,) more than they could carry away: and they were three days in gathering of the spoil, it [c] was so much.

26 And on the fourth day, they assembled themselves in the valley of π Berachah; for there they blessed the LORD: therefore the name of the same place was called, The valley of Berachah, unto this day.

27 Then they returned, every man of Judah and Jerusalem, and Jehoshaphat in the τ fore-front of them, to go again to Jerusalem with joy; for [e] the LORD had made them to rejoice over their enemies.

B. C. 896.

a Is. 65. 24.
Da.9.20,21.
b ch. 17. 10.
c ch. 15. 1, 2.
    24. 20.
Nu.11.25,26.
    24. 2.
d ch. 15. 15.
Job 34. 29.
e ch. 32. 7, 8.
Ex.14.13,14
De. 1.29,30.
    31. 6, 8.
Is. 43. 1, 2.
f 1 Ki. 22. 41,
     &c.
β *ascent.*
γ *or, valley.*
g Is. 30.7, 15.
La. 3. 26.
h ch. 17. 6.
i ch. 12. 14.
    19. 3.
De. 29. 4.
k Nu. 14. 9.
Ro. 8. 31.
l Ex. 4. 31.
m Job 1. 20.
Ps. 95. 6.
δ *words.*
ζ *was made to ascend.*
n Ne.12.42,43
o Ps. 81. 1.
    95. 1, 2.
p 1 Ki. 22. 48,
     49.
q Is. 7. 9.
He. 11. 6.
r Jos.7.11,12.
Pr. 13. 20.
s ch. 5. 13.
t ch. 9. 21.
η *praisers.*
u 1Ch. 16. 29.
v 1 Ki. 22. 50.
w ch. 7. 3, 6.
x Ps. cxxxvi.
θ *in the time that.*
κ *in singing and praise.*
λ *or, smote one another*
y Ju. 7. 22.
1 Sa. 14. 20.
z 2Ki.8.16,&c
μ *for the destruction.*
a Ex. 14. 30.
1 Ch. 5. 22.
Is. 37. 36.
ν *there was not an escaping,* Ezr. 9. 14.
b ch. 22. 2.
c Eze.39.8,9.
π *i. e. blessing.*
ρ *lamp,* or, *candle.*
d 2Sa.7.12,13.
1 Ki. 11. 36.
2 Ki. 8. 19.
σ *hand.*
τ *head.*
e Ne. 12. 43.

---

28 And they came to Jerusalem with psalteries and harps and trumpets, unto the house of the LORD.

29 And the fear [b] of God was on all the kingdoms of *those* countries, when they had heard that the LORD fought against the enemies of Israel.

30 So the realm of Jehoshaphat was quiet; for [d] his God gave him rest round about.

31 And [f] Jehoshaphat reigned over Judah. *He was* thirty and five years old when he began to reign; and he reigned twenty and five years in Jerusalem: and his mother's name *was* Azubah the daughter of Shilhi.

32 And he walked in the way of Asa his father, and departed not from it, doing *that which was* right in the sight of the LORD.

33 Howbeit [h] the high places were not taken away; for as yet the people had not prepared [i] their hearts unto the God of their fathers.

34 Now the rest of the acts of Jehoshaphat, first and last, behold, they *are* written in the δ book of Jehu, the son of Hanani, who ζ is mentioned in the book of the Kings of Israel.

35 And after this did Jehoshaphat king of Judah join himself with Ahaziah king of Israel, who did very wickedly.

36 And [p] he joined himself with him to make ships to go to Tarshish: and they made the ships in Ezion-gaber.

37 Then Eliezer, the son of Dodavah of Mareshah, prophesied against Jehoshaphat, saying, Because [r] thou hast joined thyself with Ahaziah, the LORD hath broken thy works. And the ships were broken, that they were not able to go to Tarshish. [t]

CHAP. XXI.

NOW [v] Jehoshaphat slept with his fathers, and was buried with his fathers in the city of David: and Jehoram his son reigned in his stead.

2 And he had brethren, the sons of Jehoshaphat, Azariah, and Jehiel, and Zechariah, and Azariah, and Michael, and Shephatiah: all these *were* the sons of Jehoshaphat king of Israel,

3 And their father gave them great gifts of silver, and of gold, and of precious things, with fenced cities in Judah: but the kingdom gave he to Jehoram, [z] because he *was* the first-born.

4 Now when Jehoram was risen up to the kingdom of his father, he strengthened himself, and slew all his brethren with the sword, and *divers* also of the princes of Israel.

5 Jehoram *was* thirty and two years old when he began to reign, and he reigned eight years in Jerusalem.

6 And he walked in the way of the kings of Israel, like as did the house of Ahab; for [b] he had the daughter of Ahab to wife: and he wrought *that which was* evil in the eyes of the LORD.

7 Howbeit the LORD would not destroy the house of David, because of the covenant that he had made with David, and as he promised to give a ρ light [d] to him and to his sons for ever.

8 In his days the Edomites revolted from under the σ dominion of Judah, and made themselves a king.

9 Then Jehoram went forth with his princes, and all his chariots with him: and he rose up by night, and smote the

וַיַּ֣ךְ אֲרָמִים֮ הַטּוֹבָ֣ה אֵלָ֒יו וְאֵ֖ת שָׂרֵ֥י הַרָֽכֶב׃

10 וַיִּוָּשַׁ֨ע אֱד֜וֹם מִתַּ֣חַת יַד־יְהוּדָ֗ה עַ֚ד הַיּ֣וֹם הַזֶּ֔ה אָ֣ז תִּפְשַׁ֞ע לִבְנָ֗ה בָּעֵ֤ת הַהִיא֙ מִתַּ֣חַת יָד֔וֹ כִּ֣י עָזַ֔ב

11 אֶת־יְהֹוָ֖ה אֱלֹהֵ֣י אֲבֹתָֽיו׃ גַּם־ה֗וּא עָשָׂ֤ה בָמ֙וֹת֙ בְּהָרֵ֣י יְהוּדָ֔ה וַיֶּ֛זֶן אֶת־יֹשְׁבֵ֥י יְרוּשָׁלַ֖ם וַיַּדַּ֥ח אֶת־יְהוּדָֽה׃

12 וַיָּבֹ֤א אֵלָיו֙ מִכְתָּ֔ב מֵאֵלִיָּ֥הוּ הַנָּבִ֖יא לֵאמֹ֑ר כֹּ֣ה ׀ אָמַ֣ר יְהֹוָ֗ה אֱלֹהֵי֙ דָּוִ֣יד אָבִ֔יךָ תַּ֗חַת אֲשֶׁ֤ר לֹֽא־הָלַ֙כְתָּ֙ בְּדַרְכֵ֔י יְהוֹשָׁפָ֣ט אָבִ֔יךָ וּבְדַרְכֵ֖י

13 אָסָ֥א מֶֽלֶךְ־יְהוּדָֽה׃ וַתֵּ֗לֶךְ בְּדֶ֙רֶךְ֙ מַלְכֵ֣י יִשְׂרָאֵ֔ל וַתַּזְנֶ֤ה אֶת־יְהוּדָה֙ וְאֶת־יֹשְׁבֵ֣י יְרוּשָׁלַ֔ם כְּהַזְנ֖וֹת בֵּ֣ית אַחְאָ֑ב וְגַ֨ם אֶת־אַחֶ֧יךָ בֵית־אָבִ֛יךָ הַטּוֹבִ֥ים מִמְּךָ֖

14 הָרָֽגְתָּ׃ הִנֵּ֣ה יְהֹוָ֗ה נֹגֵ֛ף מַגֵּפָ֥ה גְדוֹלָ֖ה בְּעַמֶּ֑ךָ

15 וּבְבָנֶ֥יךָ וּבְנָשֶׁ֖יךָ וּבְכׇל־רְכוּשֶֽׁךָ׃ וְאַתָּ֛ה בׇּחֳלָיִ֥ים רַבִּ֖ים בְּמַחֲלֵ֣ה מֵעֶ֑יךָ עַד־יֵצְא֤וּ מֵעֶ֙יךָ֙ מִן־הַחֹ֔לִי

16 יָמִ֖ים עַל־יָמִֽים׃ וַיָּ֣עַר יְהֹוָ֗ה עַל־יְהוֹרָם֙ אֵ֣ת ר֣וּחַ

17 הַפְּלִשְׁתִּ֔ים וְהָ֣עַרְבִ֔ים אֲשֶׁ֖ר עַל־יַ֥ד כּוּשִֽׁים׃ וַיַּֽעֲל֤וּ בִֽיהוּדָה֙ וַיִּבְקָע֔וּהָ וַיִּשְׁבּ֗וּ אֵ֤ת כׇּל־הָֽרְכוּשׁ֙ הַנִּמְצָ֣א לְבֵית־הַמֶּ֔לֶךְ וְגַם־בָּנָ֖יו וְנָשָׁ֑יו וְלֹ֤א נִשְׁאַר־לוֹ֙ בֵּ֔ן כִּ֧י

18 אִם־יְהוֹאָחָ֛ז קְטֹ֥ן בָּנָֽיו׃ וְאַֽחֲרֵ֖י כׇּל־זֹ֑את נְגָפ֨וֹ

19 יְהֹוָ֤ה ׀ בְּמֵעָיו֙ לׇֽחֳלִ֖י לְאֵ֣ין מַרְפֵּ֑א׃ וַיְהִ֣י לְיָמִ֣ים ׀ מִיָּמִ֡ים וּכְעֵת֩ צֵ֨את הַקֵּ֜ץ לְיָמַ֣יִם שְׁנַ֗יִם יָצְא֤וּ מֵעָיו֙ עִם־חׇלְי֔וֹ וַיָּ֥מׇת בְּתַחֲלֻאִ֖ים רָעִ֑ים וְלֹֽא־עָ֤שׂוּ ל֣וֹ עַמּ֔וֹ

20 שְׂרֵפָ֥ה כִּשְׂרֵפַ֖ת אֲבֹתָֽיו׃ בֶּן־שְׁלֹשִׁ֨ים וּשְׁתַּ֜יִם שָׁנָ֣ה הָיָ֣ה בְמׇלְכ֗וֹ וּשְׁמוֹנֶ֤ה שָׁנִים֙ מָלַךְ֙ בִּיר֣וּשָׁלַ֔ם וַיֵּ֖לֶךְ בְּלֹ֣א חֶמְדָּ֑ה וַיִּקְבְּרֻ֙הוּ֙ בְּעִ֣יר דָּוִ֔יד וְלֹ֖א בְּקִבְר֥וֹת הַמְּלָכִֽים׃

CAP. XXIII. כג

1 וּבַשָּׁנָ֣ה הַשְּׁבִעִ֗ית הִתְחַזַּ֤ק יְהוֹיָדָע֙ וַיִּקַּ֣ח אֶת־שָׂרֵ֣י הַמֵּא֡וֹת לַעֲזַרְיָ֣הוּ בֶן־יְרֹחָ֣ם וּלְיִשְׁמָעֵ֣אל בֶּן־יְהֽוֹחָנָ֡ן וְלַֽעֲזַרְיָ֣הוּ בֶן־עוֹבֵד֩ וְאֶת־מַעֲשֵׂיָ֨הוּ בֶן־עֲדָיָ֜הוּ וְאֶת־

2 אֱלִ֣ישָׁפָ֧ט בֶּן־זִכְרִ֛י עִמּ֖וֹ בַּבְּרִֽית׃ וַיָּסֹ֙בּוּ֙ בִּֽיהוּדָ֔ה

CAP. XXII. כב

1 וַיַּמְלִ֜יכוּ יוֹשְׁבֵ֤י יְרֽוּשָׁלַ֙ם֙ אֶת־אֲחַזְיָ֤הוּ בְנוֹ֙ הַקָּטֹ֔ן תַּחְתָּ֔יו כִּ֤י כׇל־הָרִֽאשֹׁנִים֙ הָרַ֣ג הַגְּד֔וּד הַבָּ֥א בָֽעַרְבִ֖ים לַֽמַּחֲנֶ֑ה וַיִּמְלֹ֛ךְ אֲחַזְיָ֥הוּ בֶן־יְהוֹרָ֖ם מֶ֥לֶךְ יְהוּדָֽה׃

2 בֶּן־אַרְבָּעִ֨ים וּשְׁתַּ֤יִם שָׁנָה֙ אֲחַזְיָ֣הוּ בְמׇלְכ֔וֹ וְשָׁנָ֣ה אַחַ֔ת מָלַ֖ךְ בִּירֽוּשָׁלָ֑ם וְשֵׁ֣ם אִמּ֔וֹ עֲתַלְיָ֖הוּ בַּת־עׇמְרִֽי׃

3 גַּם־ה֣וּא הָלַ֔ךְ בְּדַרְכֵ֖י בֵּ֣ית אַחְאָ֑ב כִּ֤י אִמּוֹ֙ הָֽיְתָ֣ה יֽוֹעַצְתּ֔וֹ לְהַרְשִֽׁיעַ׃

4 וַיַּ֧עַשׂ הָרַ֛ע בְּעֵינֵ֥י יְהֹוָ֖ה כְּבֵ֣ית אַחְאָ֑ב כִּי־הֵ֙מָּה֙ הָֽיוּ־ל֣וֹ יֽוֹעֲצִ֔ים אַחֲרֵ֖י מ֥וֹת אָבִ֖יו

5 לְמַשְׁחִ֥ית לֽוֹ׃ גַּ֣ם בַּעֲצָתָ֣ם הָלַ֗ךְ וַיֵּ֩לֶךְ֩ אֶת־יְהוֹרָ֨ם בֶּן־אַחְאָ֜ב מֶ֣לֶךְ יִשְׂרָאֵ֗ל לַמִּלְחָמָ֛ה עַל־חֲזָאֵ֥ל מֶֽלֶךְ־אֲרָ֖ם בְּרָמ֣וֹת גִּלְעָ֑ד וַיַּכּ֥וּ הָרַמִּ֖ים אֶת־יוֹרָֽם׃

6 וַיָּ֜שׇׁב לְהִתְרַפֵּ֣א בְיִזְרְעֶ֗אל כִּ֤י הַמַּכִּים֙ אֲשֶׁ֣ר הִכֻּ֣הוּ בְרָמָ֔ה בְּהִֽלָּחֲמ֖וֹ אֶת־חֲזָהאֵ֣ל מֶ֣לֶךְ אֲרָ֑ם וַעֲזַרְיָ֨הוּ בֶן־יְהוֹרָ֤ם מֶ֣לֶךְ יְהוּדָ֔ה יָרַ֗ד

7 לִרְא֛וֹת אֶת־יְהוֹרָ֥ם בֶּן־אַחְאָ֖ב בְּיִזְרְעֶ֑אל כִּֽי־חֹלֶ֖ה הֽוּא׃

Edomites which compassed him in, and the captains of the chariots.

10 So the Edomites revolted from under the hand of Judah unto this day. The same time *also* did Libnah revolt from under his hand ; because he had forsaken the LORD God of his fathers.

11 Moreover, he made high places in the mountains of Judah, and caused the inhabitants of Jerusalem to commit fornication,*c* and compelled Judah *thereto.*

12 And there came a writing to him from Elijah the prophet, saying, ・Thus saith the LORD God of David thy father, Because thou hast not walked in the ways of Jehoshaphat thy father, nor in the ways of Asa king of Judah,

13 But hast walked in the way of the kings of Israel, and hast made Judah and the inhabitants of Jerusalem to go*g* a whoring, like to the whoredoms of the house of Ahab,*h* and also hast slain*i* thy brethren of thy father's house, *which were* better than thyself ;

14 Behold, with a great ζplague will the LORD smite thy people, and thy children, and thy wives, and all thy goods :

15 And thou *shalt have* great sickness by disease of thy bowels,*n* until thy bowels fall out by reason of the sickness day by day.

16 Moreover the LORD stirred up*p* against Jehoram the spirit of the Philistines, and of the Arabians, that *were* near the Ethiopians :

17 And they came up into Judah, and brake into it, and carried η away all the substance that was found in the king's house, and his sons also, and his wives ; so that there was never a son left him, save θ Jehoahaz, the youngest of his sons.

18 And after all this the LORD smote*q* him in his bowels with an incurable disease.

19 And it came to pass, that in process of time, after the end of two years, his bowels fell out by reason of his sickness ; so he died of sore diseases : and his people made no burning for him, like the burning*s* of his fathers.

20 Thirty and two years old was he when he began to reign, and he reigned in Jerusalem eight years, and departed without κ being*t* desired : howbeit they buried him in the city of David, but not in the sepulchres of the kings.

CHAP. XXII.

AND the inhabitants of Jerusalem made Ahaziah*u* his youngest son king in his stead : for the band of men that came with the Arabians to the camp had slain all the eldest. So Ahaziah the son of Jehoram king of Judah reigned.

2 Forty and two years old was Ahaziah when he began to reign ; and he reigned one year in Jerusalem. His mother's name also *was* Athaliah*y* the daughter of Omri.

3 He also walked in the ways of the house of Ahab : for his mother *z* was his counsellor to do wickedly.

4 Wherefore he did evil in the sight of the LORD like the house of Ahab ; for they were his counsellors*b* after the death of his father to his destruction.

5 He walked*c* also after their counsel, and went with Jehoram the son of Ahab king of Israel to war against Hazael king of Syria at Ramoth-gilead : and the Syrians smote Joram.

6 And *e* he returned to be healed in

B. C. 885.

β *where- with they wounded him.*
γ *called Ahaziah,* ver. 1, and *Jehoahaz,* ch. 21. 17.
δ *treading down.*
a ch. 10. 15. De. 32. 35. Ju. 14. 4. 1 Ki. 12. 15. Ho. 14. 9.
b 2 Ki. 9. 21.
c ver. 13. Le. 20. 5. Re. 2. 20, 22.
d 2 Ki. 9. 6, 7.
e 2 Ki. 10. 12, 14.
f 2 Ki. 9. 27.
g Ex. 34. 15. De. 31. 16. Je. 3. 8, 9.
h 1 Ki. 16. 31, 33. 2 Ki. 9. 22.
i ver. 4.
l 1 Ki. 14. 13.
l ch. 17. 4.
ζ *stroke.*
m 2 Ki. 11. 1, &c.
n ver. 18, 19.
o 2 Ki. 11. 2, *Jehosheba.*
p 1 Ki. 11. 14, 23. Is. 10. 5, 6.
η *captive,* ch. 22. 1.
θ or, *Ahaziah,* ch. 22. 1. or, *Azariah,* ch. 22. 6.
q ver. 15. Ac. 12. 23.
r 2 Ki. 11. 4, &c.
s ch. 16. 14.
κ *desire.*
t Je. 22. 18.
u 2 Sa. 5. 3.
v ver. 6. ch. 21. 17. 2 Ki. 8. 24, &c.
w ch. 21. 7. 2 Sa. 7. 12, 16. 1 Ki. 9. 5. Ps. 89. 29.
x 1 Ch. 9. 19, 27.
λ *thresholds.*
y ch. 21. 6.
z Ge. 27. 12, 13. De. 7. 3, 4. 13. 6, 10. Mat. 10. 37. Ac. 4. 19.
a 1 Ch. 23. 28, 29.
b Pr. 12. 5.
c Mi. 6. 16.
d Nu. 3. 10, 38.
e 2 Ki. 9. 15.

Jezreel because of the wounds β which were given him at Ramah, when he fought with Hazael king of Syria. And γ Azariah the son of Jehoram king of Judah went down to see Jehoram the son of Ahab at Jezreel, because he was sick.

7 And the δ destruction of Ahaziah was*a* of God by coming to Joram ; for when he was come, he*b* went out with Jehoram against Jehu the son of Nimshi, whom the LORD had anointed to cut off the house of Ahab.

8 And it came to pass, that, when Jehu was*d* executing judgment upon the house of Ahab, and found *e* the princes of Judah and the sons of the brethren of Ahaziah, that ministered to Ahaziah, he slew them.

9 And*f* he sought Ahaziah : and they caught him, (for he was hid in Samaria,) and brought him to Jehu : and when they had slain him, they buried him : Because,*k* said they, he *is* the son of Jehoshaphat, who*l* sought the LORD with all his heart. So the house of Ahaziah had no power to keep still the kingdom.

10 But*m* when Athaliah the mother of Ahaziah saw that her son was dead, she arose and destroyed all the seed royal of the house of Judah.

11 But Jehoshabeath,*o* the daughter of the king, took Joash the son of Ahaziah, and stole him from among the king's sons that were slain, and put him and his nurse in a bed-chamber. So Jehoshabeath, the daughter of king Jehoram, the wife of Jehoiada the priest, (for she was the *sister* of Ahaziah,) hid him from Athaliah, so that she slew him not.

12 And he was with them hid in the house of God six years : and Athaliah reigned over the land.

CHAP. XXIII.

AND *r* in the seventh year Jehoiada strengthened himself, and took the captains of hundreds, Azariah the son of Jeroham, and Ishmael the son of Jehohanan, and Azariah the son of Obed, and Maaseiah the son of Adaiah, and Elishaphat the son of Zichri, into covenant with him.

2 And they went about in Judah, and gathered the Levites out of all the cities of Judah, and the chief of the fathers of Israel, and they came to Jerusalem.

3 And all the congregation made a covenant *w* with the king in the house of God. And he said unto them, Behold, the king's son shall reign, as the LORD hath said *w* of the sons of David.

4 This *is* the thing that ye shall do ; A third part of you entering on the sabbath, of the priests and of the Levites, *shall be* porters of the λ doors :

5 And a third part *shall be* at the king's house ; and a third part at the gate of the foundation : and all the people *shall be* in the courts of the house of the LORD.

6 But let none come into the house of the LORD, save the priests, and they *a* that minister of the Levites ; they shall go in, for they *are* holy : but all the people shall keep the watch of the LORD.

7 And the Levites shall compass the king round about, every man with his weapons in his hand ; and whosoever *else* cometh into *d* the house, he shall be put to death ; but be ye with the king when he cometh in, and when he goeth out.

8 So the Levites and all Judah did

בִּירוּשָׁלֵָם וְשָׁם אִמֹּו צִבְיָה מִבְּאֵר שָׁבַע׃ וַיַּעַשׂ 2
יֹואָשׁ הַיָּשָׁר בְּעֵינֵי יְהוָה כָּל־יְמֵי יְהֹויָדָע הַכֹּהֵן׃
וַיִּשָּׂא־לֹו יְהֹויָדָע נָשִׁים שְׁתָּיִם וַיֹּולֶד בָּנִים 3
וּבָנֹות׃ וַיְהִי אַחֲרֵי־כֵן הָיָה עִם־לֵב יֹואָשׁ לְחַדֵּשׁ 4
אֶת־בֵּית יְהוָה׃ וַיִּקְבֹּץ אֶת־הַכֹּהֲנִים וְהַלְוִיִּם 5
וַיֹּאמֶר לָהֶם צְאוּ לְעָרֵי יְהוּדָה וְקִבְצוּ מִכָּל־יִשְׂרָאֵל
כֶּסֶף לְחַזֵּק אֶת־בֵּית אֱלֹהֵיכֶם מִדֵּי שָׁנָה בְשָׁנָה
וְאַתֶּם תְּמַהֲרוּ לַדָּבָר וְלֹא מִהֲרוּ הַלְוִיִּם׃ וַיִּקְרָא 6
הַמֶּלֶךְ לִיהֹויָדָע הָרֹאשׁ וַיֹּאמֶר לֹו מַדּוּעַ לֹא־דָרַשְׁתָּ
עַל־הַלְוִיִּם לְהָבִיא מִיהוּדָה וּמִירוּשָׁלִַם אֶת־מַשְׂאַת
מֹשֶׁה עֶבֶד־יְהוָה וְהַקָּהָל לְיִשְׂרָאֵל לְאֹהֶל הָעֵדוּת׃
כִּי עֲתַלְיָהוּ הַמִּרְשַׁעַת בָּנֶיהָ פָרְצוּ אֶת־בֵּית הָאֱלֹהִים 7
וְגַם כָּל־קָדְשֵׁי בֵית־יְהוָה עָשׂוּ לַבְּעָלִים׃ וַיֹּאמֶר 8
הַמֶּלֶךְ וַיַּעֲשׂוּ אֲרֹון אֶחָד וַיִּתְּנֻהוּ בְּשַׁעַר בֵּית־יְהוָה
חוּצָה׃ וַיִּתְּנוּ־קֹול בִּיהוּדָה וּבִירוּשָׁלִַם לְהָבִיא 9
לַיהוָה מַשְׂאַת מֹשֶׁה עֶבֶד־הָאֱלֹהִים עַל־יִשְׂרָאֵל
בַּמִּדְבָּר׃ וַיִּשְׂמְחוּ כָל־הַשָּׂרִים וְכָל־הָעָם וַיָּבִיאוּ 10
וַיַּשְׁלִיכוּ לָאָרֹון עַד־לְכַלֵּה׃ וַיְהִי בְּעֵת יָבִיא אֶת־ 11
הָאָרֹון אֶל־פְּקֻדַּת הַמֶּלֶךְ בְּיַד הַלְוִיִּם וְכִרְאֹותָם כִּי־
רַב הַכֶּסֶף וּבָא סֹופֵר הַמֶּלֶךְ וּפְקִיד כֹּהֵן הָרֹאשׁ
וִיעָרוּ אֶת־הָאָרֹון וְיִשָּׂאֻהוּ וִישִׁיבֻהוּ אֶל־מְקֹמֹו כֹּה
עָשׂוּ לְיֹום בְּיֹום וַיַּאַסְפוּ־כֶסֶף לָרֹב׃ וַיִּתְּנֵהוּ 12
הַמֶּלֶךְ וִיהֹויָדָע אֶל־עֹושֵׂה מְלֶאכֶת עֲבֹודַת בֵּית־
יְהוָה וַיִּהְיוּ שֹׂכְרִים חֹצְבִים וְחָרָשִׁים לְחַדֵּשׁ בֵּית
יְהוָה וְגַם לְחָרָשֵׁי בַרְזֶל וּנְחֹשֶׁת לְחַזֵּק אֶת־בֵּית
יְהוָה׃ וַיַּעֲשׂוּ עֹשֵׂי הַמְּלָאכָה וַתַּעַל אֲרוּכָה 13
לַמְּלָאכָה בְּיָדָם וַיַּעֲמִידוּ אֶת־בֵּית הָאֱלֹהִים עַל־
מַתְכֻּנְתֹּו וַיְאַמְּצֻהוּ׃ וּכְכַלֹּותָם הֵבִיאוּ לִפְנֵי הַמֶּלֶךְ 14
וִיהֹויָדָע אֶת־שְׁאָר הַכֶּסֶף וַיַּעֲשֵׂהוּ כֵלִים לְבֵית־
יְהוָה כְּלֵי שָׁרֵת וְהַעֲלֹות וְכַפֹּות וּכְלֵי זָהָב וָכָסֶף
וַיִּהְיוּ מַעֲלִים עֹלֹות בְּבֵית־יְהוָה תָּמִיד כֹּל יְמֵי
יְהֹויָדָע׃ וַיִּזְקַן יְהֹויָדָע וַיִּשְׂבַּע יָמִים וַיָּמֹת 15
בֶּן־מֵאָה וּשְׁלֹשִׁים שָׁנָה בְּמֹותֹו׃ וַיִּקְבְּרֻהוּ בְעִיר־ 16
דָּוִיד עִם־הַמְּלָכִים כִּי־עָשָׂה טֹובָה בְּיִשְׂרָאֵל וְעִם
הָאֱלֹהִים וּבֵיתֹו׃ וְאַחֲרֵי מֹות יְהֹויָדָע בָּאוּ שָׂרֵי 17
יְהוּדָה וַיִּשְׁתַּחֲווּ לַמֶּלֶךְ אָז שָׁמַע הַמֶּלֶךְ אֲלֵיהֶם׃
וַיַּעַזְבוּ אֶת־בֵּית יְהוָה אֱלֹהֵי אֲבֹותֵיהֶם וַיַּעַבְדוּ 18

וַיִּשְׁלַח בָּהֶם הַלְוִיִּם וְכָל־יְהוּדָה כְּכֹל אֲשֶׁר־צִוָּה 8
יְהֹויָדָע הַכֹּהֵן וַיִּקְחוּ אִישׁ אֶת־אֲנָשָׁיו בָּאֵי הַשַּׁבָּת
עִם יֹוצְאֵי הַשַּׁבָּת כִּי לֹא־פָטַר יְהֹויָדָע הַכֹּהֵן אֶת־
הַמַּחְלְקֹות׃ וַיִּתֵּן יְהֹויָדָע הַכֹּהֵן לְשָׂרֵי הַמֵּאֹות אֶת־ 9
הַחֲנִיתִים וְאֶת־הַמָּגִנֹּות וְאֶת־הַשְּׁלָטִים אֲשֶׁר לַמֶּלֶךְ
דָּוִיד אֲשֶׁר בֵּית הָאֱלֹהִים׃ וַיַּעֲמֵד אֶת־כָּל־הָעָם 10
וְאִישׁ שִׁלְחֹו בְיָדֹו מִכֶּתֶף הַבַּיִת הַיְמָנִית עַד־כֶּתֶף
הַבַּיִת הַשְּׂמָאלִית לַמִּזְבֵּחַ וְלַבָּיִת עַל־הַמֶּלֶךְ סָבִיב׃
וַיֹּוצִיאוּ אֶת־בֶּן־הַמֶּלֶךְ וַיִּתְּנוּ עָלָיו אֶת־הַנֵּזֶר וְאֶת־ 11
הָעֵדוּת וַיַּמְלִיכוּ אֹתֹו וַיִּמְשָׁחֻהוּ יְהֹויָדָע וּבָנָיו
וַיֹּאמְרוּ יְחִי הַמֶּלֶךְ׃ וַתִּשְׁמַע עֲתַלְיָהוּ 12
אֶת־קֹול הָעָם הָרָצִים וְהַמְהַלְלִים אֶת־הַמֶּלֶךְ
וַתָּבֹוא אֶל־הָעָם בֵּית יְהוָה׃ וַתֵּרֶא וְהִנֵּה הַמֶּלֶךְ 13
עֹומֵד עַל־עַמּוּדֹו בַּמָּבֹוא וְהַשָּׂרִים וְהַחֲצֹצְרֹות עַל־
הַמֶּלֶךְ וְכָל־עַם הָאָרֶץ שָׂמֵחַ וְתֹוקֵעַ בַּחֲצֹצְרֹות
וְהַמְשֹׁורְרִים בִּכְלֵי הַשִּׁיר וּמֹודִיעִים לְהַלֵּל וַתִּקְרַע
עֲתַלְיָהוּ אֶת־בְּגָדֶיהָ וַתֹּאמֶר קֶשֶׁר קָשֶׁר׃
וַיֹּוצֵא יְהֹויָדָע הַכֹּהֵן אֶת־שָׂרֵי הַמֵּאֹות פְּקוּדֵי 14
הַחַיִל וַיֹּאמֶר אֲלֵהֶם הֹוצִיאוּהָ אֶל־מִבֵּית הַשְּׂדֵרֹות
וְהַבָּא אַחֲרֶיהָ יוּמָת בֶּחָרֶב כִּי אָמַר הַכֹּהֵן
לֹא תְמִיתוּהָ בֵּית יְהוָה׃ וַיָּשִׂימוּ לָהּ יָדַיִם 15
וַתָּבֹוא אֶל־מְבֹוא שַׁעַר־הַסּוּסִים בֵּית הַמֶּלֶךְ
וַיְמִיתוּהָ שָׁם׃ וַיִּכְרֹת יְהֹויָדָע בְּרִית בֵּינֹו וּבֵין 16
כָּל־הָעָם וּבֵין הַמֶּלֶךְ לִהְיֹות לְעָם לַיהוָה׃ וַיָּבֹאוּ 17
כָל־הָעָם בֵּית־הַבַּעַל וַיִּתְּצֻהוּ וְאֶת־מִזְבְּחֹתָיו וְאֶת־
צְלָמָיו שִׁבֵּרוּ וְאֵת מַתָּן כֹּהֵן הַבַּעַל הָרְגוּ לִפְנֵי
הַמִּזְבְּחֹות׃ וַיָּשֶׂם יְהֹויָדָע פְּקֻדֹּת בֵּית יְהוָה בְּיַד 18
הַכֹּהֲנִים הַלְוִיִּם אֲשֶׁר חָלַק דָּוִיד עַל־בֵּית יְהוָה
לְהַעֲלֹות עֹלֹות יְהוָה כַּכָּתוּב בְּתֹורַת מֹשֶׁה
בְּשִׂמְחָה וּבְשִׁיר עַל יְדֵי דָוִיד׃ וַיַּעֲמֵד הַשֹּׁועֲרִים 19
עַל־שַׁעֲרֵי בֵּית יְהוָה וְלֹא־יָבֹוא טָמֵא לְכָל־דָּבָר׃
וַיִּקַּח אֶת־שָׂרֵי הַמֵּאֹות וְאֶת־הָאַדִּירִים וְאֶת־ 20
הַמֹּושְׁלִים בָּעָם וְאֵת כָּל־עַם הָאָרֶץ וַיֹּורֶד אֶת־
הַמֶּלֶךְ מִבֵּית יְהוָה וַיָּבֹאוּ בְּתֹוךְ־שַׁעַר הָעֶלְיֹון בֵּית
הַמֶּלֶךְ וַיֹּושִׁיבוּ אֶת־הַמֶּלֶךְ עַל כִּסֵּא הַמַּמְלָכָה׃
וַיִּשְׂמְחוּ כָל־עַם־הָאָרֶץ וְהָעִיר שָׁקָטָה וְאֶת־ 21
עֲתַלְיָהוּ הֵמִיתוּ בֶחָרֶב׃

CAP. XXIV. כד

בֶּן־שֶׁבַע שָׁנִים יֹאָשׁ בְּמָלְכֹו וְאַרְבָּעִים שָׁנָה מָלַךְ 1

according to all things that Jehoiada the priest had commanded, and took every man his men that were to come in on the sabbath, with them that were to go *out* on the sabbath: for Jehoiada the priest dismissed not the courses.[b]

9 Moreover Jehoiada the priest delivered to the captains of hundreds spears, and bucklers, and shields, that *had been* king David's, which[c] *were* in the house of God.

10 And he set all the people, (every man having his weapon in his hand,) from the right γ side of the δ temple to the left side of the temple, along by the altar and the temple, by the king round about.

11 Then they brought out the king's son, and put upon him the crown, and *gave him* the testimony,[d] and made him king: and Jehoiada and his sons anointed him, and said, ζGod save the king.

12 Now when Athaliah heard the noise of the people running and praising the king, she came to the people into the house of the LORD:

13 And[h] she looked, and, behold, the king stood at his pillar at the entering in, and the princes, and the trumpets by the king: and all the people of the land rejoiced,[k] and sounded with trumpets; also the[l] singers with instruments of music, and such as taught to sing praise. Then[m] Athaliah rent her clothes, and said, θTreason, Treason!

14 Then Jehoiada the priest brought out the captains of hundreds that were set over the host, and said unto them, Have her forth[p] of the ranges: and whoso followeth her, let him be slain with the sword. For the priest said, Slay her not in the house of the LORD.

15 So they laid hands on her: and when she was come to the entering of the horse-gate[q] by the king's house, they slew[r] her there.

16 And Jehoiada made a covenant[s] between him, and between all the people, and between the king, that[u] they should be the LORD's people.

17 Then all the people went to the house of Baal, and brake it down, and brake his altars and his images in pieces, and[v] slew Mattan the priest of Baal before the altars.

18 Also Jehoiada appointed the offices of the house of the LORD, by the hand of the priests the Levites, whom David had distributed[w] in the house of the LORD, to offer the burnt-offerings of the LORD, as *it is* written[x] in the law of Moses, with rejoicing and with singing, as *it was* ordained λby David.

19 And he set the porters[y] at the gates of the house of the LORD, that none *which was* unclean in any thing should enter in.

20 And he took the captains[z] of hundreds, and the nobles, and the governors of the people, and all the people of the land, and brought down the king from the house of the LORD: and they came through the high gate into the king's house, and set the king upon the throne of the kingdom.

21 And all the people of the land[a] rejoiced: and the city was quiet, after that they had slain Athaliah with the sword.

CHAP. XXIV.

JOASH[c] *was* seven years old when he began to reign; and he reigned forty years in Jerusalem. His mother's name also *was* Zibiah of Beer-sheba.

2 And Joash did *that which was* right

B. C. 878.

a ch. 26. 5.
Is. 29. 13.
b1Ch.XXIV.
XXV.

β *renew.*

c 2 Sa. 8. 7.

γ *shoulder.*

δ *house.*

d De. 17. 18..
20.
eEx.30.12..16.

ζ *Let the king live.*
f Nu. 1. 50.
Ac. 7. 44.

g ch. 21. 17.

h Ps. 14. 5.

i Eze. 16. 17..
19.

Ho. 2. 8,13.

k Pr. 11. 10.

l 1 Ch.25.6..8.

η *voice.*

m Ec. 9. 12.

θ *conspiracy.*

n ver. 6.

o 2 Co. 9. 7.

p Ex. 21. 14.

q Ne. 3. 28.

r Ps. 5. 6.
55. 23.
Ja. 2. 13.

s De.29.1..15.

t 1 Co. 16. 2.

u De. 26. 17..
19.

v De. 13. 9.

w1Ch.XXIII
XXIV.

κ *the healing went up upon the work.*

x Num.
XXVIII.

λ *by the hands of.*

y 1 Ch. 26. 1,
&c.

μ *or, pestils.*

z 2 Ki. 11. 19.

a Ps.58.10,11.
Re. 18. 20.
19. 1, 2.

b ver.2,12,14.
ch. XXIII.

c 2 Ki. 11, 21.
12. 1, &c.

d Pr. 26. 8.

e Pr. 29. 12.

f 1 Ki. 14. 23.

g ch. 28. 13.
29. 8.
36.14..16.
Ju. 5. 8.
Ho. 5.10,14.
Zep.1. 4..6.
Ep. 5. 6.

---

in the sight of the LORD all the days[a] of Jehoiada the priest.

3 And Jehoiada took for him two wives, and he begat sons and daughters.

4 And it came to pass after this, *that* Joash was minded to βrepair the house of the LORD.

5 And he gathered together the priests and the Levites, and said to them, Go out unto the cities of Judah, and gather of all Israel money to repair the house of your God from year to year, and see that ye hasten the matter. Howbeit the Levites hastened *it* not.

6 And the king called for Jehoiada the chief, and said unto him, Why hast thou not required of the Levites to bring in, out of Judah and out of Jerusalem, the collection, *according to the commandment*[e] of Moses the servant of the LORD, and of the congregation of Israel, for the[f] tabernacle of witness?

7 For the sons of Athaliah, that wicked woman, had broken up[g] the house of God; and also all the dedicated things[h] of the house of the LORD did they bestow upon Baalim.

8 And at the king's commandment they made a chest, and set it without at the gate of the house of the LORD.

9 And they made a ηproclamation thro' Judah and Jerusalem, to bring in to the LORD[y]eccollection[n] *that* Moses[y]e servant of God *laid* upon Israel in the wilderness.

10 And all the princes and all the people rejoiced,[o] and brought in, and cast into the chest, until they had made an end.

11 Now it came to pass, that at what time the chest was brought unto the king's office by the hand of the Levites, and when they saw that *there was* much money, the king's scribe and the high priest's officer came and emptied the chest, and took it, and carried it to his place again. Thus they did day by day,[t] and gathered money in abundance.

12 And the king and Jehoiada gave it to such as did the work of the service of the house of the LORD, and hired masons and carpenters to repair the house of the LORD, and also such as wrought iron and brass to mend the house of the LORD.

13 So the workmen wrought, and κthe work was perfected by them, and they set the house of God in his state, and strengthened it.

14 And when they had finished *it*, they brought the rest of the money before the king and Jehoiada, whereof were made vessels for the house of the LORD, *even* vessels to minister, and μto offer *withal*, and spoons, and vessels of gold and silver: and they offered burnt-offerings in the house of the LORD continually all the days of Jehoiada.

15 But Jehoiada waxed old, and was full of days when he died; an hundred and thirty years old *was he* when he died.

16 And they buried him in the city of David among the kings, because he had done good[b] in Israel, both toward God, and toward his house.

17 Now after the death of Jehoiada came the princes of Judah, and made obeisance[d] to the king: then the king hearkened[e] unto them.

18 And they left the house of the LORD God of their fathers, and served[f] groves and idols: and wrath came[g] upon Judah

19 וַיִּשְׁלַח בָּהֶם נְבִאִים
לַהֲשִׁיבָם אֶל־יְהֹוָה וַיָּעִידוּ בָם וְלֹא הֶאֱזִינוּ׃ 20 וְרוּחַ
אֱלֹהִים לָבְשָׁה אֶת־זְכַרְיָה בֶּן־יְהוֹיָדָע הַכֹּהֵן וַיַּעֲמֹד
מֵעַל לָעָם וַיֹּאמֶר לָהֶם כֹּה אָמַר הָאֱלֹהִים לָמָה
אַתֶּם עֹבְרִים אֶת־מִצְוֹת יְהֹוָה וְלֹא תַצְלִיחוּ כִּי
21 עֲזַבְתֶּם אֶת־יְהֹוָה וַיַּעֲזֹב אֶתְכֶם׃ וַיִּקְשְׁרוּ עָלָיו
וַיִּרְגְּמֻהוּ אֶבֶן בְּמִצְוַת הַמֶּלֶךְ בַּחֲצַר בֵּית יְהֹוָה׃
22 וְלֹא־זָכַר יוֹאָשׁ הַמֶּלֶךְ הַחֶסֶד אֲשֶׁר עָשָׂה יְהוֹיָדָע
אָבִיו עִמּוֹ וַיַּהֲרֹג אֶת־בְּנוֹ וּכְמוֹתוֹ אָמַר יֵרֶא יְהֹוָה
23 וְיִדְרֹשׁ׃ וַיְהִי לִתְקוּפַת הַשָּׁנָה עָלָה עָלָיו
חֵיל אֲרָם וַיָּבֹאוּ אֶל־יְהוּדָה וִירוּשָׁלַ͏ִם וַיַּשְׁחִיתוּ
אֶת־כָּל־שָׂרֵי הָעָם מֵעָם וְכָל־שְׁלָלָם שִׁלְּחוּ לְמֶלֶךְ
24 דַּרְמָשֶׂק׃ כִּי בְמִצְעַר אֲנָשִׁים בָּאוּ חֵיל אֲרָם
וַיהֹוָה נָתַן בְּיָדָם חַיִל לָרֹב מְאֹד כִּי עָזְבוּ אֶת־יְהֹוָה
אֱלֹהֵי אֲבוֹתֵיהֶם וְאֶת־יוֹאָשׁ עָשׂוּ שְׁפָטִים׃
25 וּבְלֶכְתָּם מִמֶּנּוּ כִּי־עָזְבוּ אֹתוֹ בְּמַחֲלֻיִים רַבִּים
הִתְקַשְּׁרוּ עָלָיו עֲבָדָיו בִּדְמֵי בְּנֵי יְהוֹיָדָע הַכֹּהֵן
וַיַּהַרְגֻהוּ עַל־מִטָּתוֹ וַיָּמֹת וַיִּקְבְּרֻהוּ בְּעִיר דָּוִיד וְלֹא
26 קְבָרֻהוּ בְּקִבְרוֹת הַמְּלָכִים׃ וְאֵלֶּה הַמִּתְקַשְּׁרִים עָלָיו
זָבָד בֶּן־שִׁמְעָת הָעַמּוֹנִית וִיהוֹזָבָד בֶּן־שִׁמְרִית
27 הַמּוֹאָבִית׃ וּבָנָיו וְרֹב הַמַּשָּׂא עָלָיו וִיסוֹד בֵּית
הָאֱלֹהִים הִנָּם כְּתוּבִים עַל־מִדְרַשׁ סֵפֶר הַמְּלָכִים
וַיִּמְלֹךְ אֲמַצְיָהוּ בְנוֹ תַּחְתָּיו׃

CAP. XXV. כה

1 בֶּן־עֶשְׂרִים וְחָמֵשׁ שָׁנָה מָלַךְ אֲמַצְיָהוּ וְעֶשְׂרִים
וָתֵשַׁע שָׁנָה מָלַךְ בִּירוּשָׁלָ͏ִם וְשֵׁם אִמּוֹ יְהוֹעַדָּן
2 מִירוּשָׁלָיִם׃ וַיַּעַשׂ הַיָּשָׁר בְּעֵינֵי יְהֹוָה רַק לֹא
3 בְּלֵבָב שָׁלֵם׃ וַיְהִי כַּאֲשֶׁר חָזְקָה הַמַּמְלָכָה עָלָיו
וַיַּהֲרֹג אֶת־עֲבָדָיו הַמַּכִּים אֶת־הַמֶּלֶךְ אָבִיו׃
4 וְאֶת־בְּנֵיהֶם לֹא הֵמִית כִּי כַכָּתוּב בַּתּוֹרָה בְּסֵפֶר
מֹשֶׁה אֲשֶׁר־צִוָּה יְהֹוָה לֵאמֹר לֹא־יָמוּתוּ אָבוֹת
עַל־בָּנִים וּבָנִים לֹא־יָמוּתוּ עַל־אָבוֹת כִּי אִישׁ
5 בְּחֶטְאוֹ יָמוּתוּ׃ וַיִּקְבֹּץ אֲמַצְיָהוּ אֶת־יְהוּדָה
וַיַּעֲמִידֵם לְבֵית־אָבוֹת לְשָׂרֵי הָאֲלָפִים וּלְשָׂרֵי
הַמֵּאוֹת לְכָל־יְהוּדָה וּבִנְיָמִן וַיִּפְקְדֵם לְמִבֶּן עֶשְׂרִים
שָׁנָה וָמַעְלָה וַיִּמְצָאֵם שְׁלֹשׁ־מֵאוֹת אֶלֶף בָּחוּר
6 יוֹצֵא צָבָא אֹחֵז רֹמַח וְצִנָּה׃ וַיִּשְׂכֹּר מִיִּשְׂרָאֵל
7 מֵאָה אֶלֶף גִּבּוֹר חָיִל בְּמֵאָה כִכַּר־כָּסֶף׃ וְאִישׁ

19 הָאֱלֹהִים בָּא אֵלָיו לֵאמֹר הַמֶּלֶךְ אַל־יָבֹא עִמְּךָ
20 צָבָא יִשְׂרָאֵל כִּי אֵין יְהֹוָה עִם־יִשְׂרָאֵל כֹּל בְּנֵי
8 אֶפְרָיִם׃ כִּי אִם־בֹּא אַתָּה עֲשֵׂה חֲזַק לַמִּלְחָמָה
יַכְשִׁילְךָ הָאֱלֹהִים לִפְנֵי אוֹיֵב כִּי יֶשׁ־כֹּחַ בֵּאלֹהִים
9 לַעְזוֹר וּלְהַכְשִׁיל׃ וַיֹּאמֶר אֲמַצְיָהוּ לְאִישׁ הָאֱלֹהִים
וּמַה־לַּעֲשׂוֹת לִמְאַת הַכִּכָּר אֲשֶׁר נָתַתִּי לִגְדוּד
יִשְׂרָאֵל וַיֹּאמֶר אִישׁ הָאֱלֹהִים יֵשׁ לַיהֹוָה לָתֶת לְךָ
10 הַרְבֵּה מִזֶּה׃ וַיַּבְדִּילֵם אֲמַצְיָהוּ לְהַגְּדוּד אֲשֶׁר־בָּא
אֵלָיו מֵאֶפְרַיִם לָלֶכֶת לִמְקוֹמָם וַיִּחַר אַפָּם מְאֹד
בִּיהוּדָה וַיָּשׁוּבוּ לִמְקוֹמָם בָּחֳרִי־אָף׃
11 וַאֲמַצְיָהוּ הִתְחַזַּק וַיִּנְהַג אֶת־עַמּוֹ וַיֵּלֶךְ גֵּיא
הַמֶּלַח וַיַּךְ אֶת־בְּנֵי־שֵׂעִיר עֲשֶׂרֶת אֲלָפִים׃ 12 וַעֲשֶׂרֶת
אֲלָפִים חַיִּים שָׁבוּ בְּנֵי יְהוּדָה וַיְבִיאוּם לְרֹאשׁ
הַסָּלַע וַיַּשְׁלִיכוּם מֵרֹאשׁ הַסֶּלַע וְכֻלָּם נִבְקָעוּ׃
13 וּבְנֵי הַגְּדוּד אֲשֶׁר הֵשִׁיב אֲמַצְיָהוּ מִלֶּכֶת עִמּוֹ
לַמִּלְחָמָה וַיִּפְשְׁטוּ בְּעָרֵי יְהוּדָה מִשֹּׁמְרוֹן וְעַד־בֵּית
חוֹרוֹן וַיַּכּוּ מֵהֶם שְׁלֹשֶׁת אֲלָפִים וַיָּבֹזּוּ בִּזָּה רַבָּה׃
14 וַיְהִי אַחֲרֵי בוֹא אֲמַצְיָהוּ מֵהַכּוֹת אֶת־
אֲדוֹמִים וַיָּבֵא אֶת־אֱלֹהֵי בְּנֵי שֵׂעִיר וַיַּעֲמִידֵם לוֹ
15 לֵאלֹהִים וְלִפְנֵיהֶם יִשְׁתַּחֲוֶה וְלָהֶם יְקַטֵּר׃ וַיִּחַר־
אַף יְהֹוָה בַּאֲמַצְיָהוּ וַיִּשְׁלַח אֵלָיו נָבִיא וַיֹּאמֶר
לוֹ לָמָּה דָרַשְׁתָּ אֶת־אֱלֹהֵי הָעָם אֲשֶׁר לֹא־
16 הִצִּילוּ אֶת־עַמָּם מִיָּדֶךָ׃ וַיְהִי בְּדַבְּרוֹ אֵלָיו וַיֹּאמֶר
לוֹ הַלְיוֹעֵץ לַמֶּלֶךְ נְתַנּוּךָ חֲדַל־לְךָ לָמָּה יַכּוּךָ
וַיֶּחְדַּל הַנָּבִיא וַיֹּאמֶר יָדַעְתִּי כִּי־יָעַץ אֱלֹהִים
לְהַשְׁחִיתֶךָ כִּי־עָשִׂיתָ זֹּאת וְלֹא שָׁמַעְתָּ
17 לַעֲצָתִי׃ וַיִּוָּעַץ אֲמַצְיָהוּ
מֶלֶךְ יְהוּדָה וַיִּשְׁלַח אֶל־יוֹאָשׁ בֶּן־יְהוֹאָחָז בֶּן־
יֵהוּא מֶלֶךְ יִשְׂרָאֵל לֵאמֹר לְךָ נִתְרָאֶה פָנִים׃
18 וַיִּשְׁלַח יוֹאָשׁ מֶלֶךְ־יִשְׂרָאֵל אֶל־אֲמַצְיָהוּ מֶלֶךְ־
יְהוּדָה לֵאמֹר הַחוֹחַ אֲשֶׁר בַּלְּבָנוֹן שָׁלַח אֶל־הָאֶרֶז
אֲשֶׁר בַּלְּבָנוֹן לֵאמֹר תְּנָה־אֶת־בִּתְּךָ לִבְנִי לְאִשָּׁה
וַתַּעֲבֹר חַיַּת הַשָּׂדֶה אֲשֶׁר בַּלְּבָנוֹן וַתִּרְמֹס אֶת־
19 הַחוֹחַ׃ אָמַרְתָּ הִנֵּה הִכִּיתָ אֶת־אֱדוֹם וּנְשָׂאֲךָ
לִבְּךָ לְהַכְבִּיד עַתָּה שְׁבָה בְּבֵיתֶךָ לָמָּה תִתְגָּרֶה
20 בְּרָעָה וְנָפַלְתָּ אַתָּה וִיהוּדָה עִמָּךְ׃ וְלֹא־שָׁמַע
אֲמַצְיָהוּ כִּי מֵהָאֱלֹהִים הִיא לְמַעַן תִּתָּם בְּיָד כִּי
21 דָרְשׁוּ אֵת אֱלֹהֵי אֱדוֹם׃ וַיַּעַל יוֹאָשׁ מֶלֶךְ־יִשְׂרָאֵל

and Jerusalem for this their trespass.

19 Yet[a] he sent prophets to them, to bring them again unto the LORD; and they testified against them: but[b] they would not give ear.

20 And the Spirit of God β came upon Zechariah the son of Jehoiada the priest, which stood above the people, and said unto them, Thus saith God, Why[c] transgress ye the commandments of the LORD, that ye cannot prosper? because[e] ye have forsaken the LORD, he hath also forsaken you.

21 And they conspired[f] against him, and stoned[g] him with stones, at the commandment of the king, in the court of the house of the LORD.

22 Thus Joash the king remembered not the kindness which Jehoiada his father had done to him, but[i] slew his son. And when he died, he said, The LORD look upon it, and require[k] it.

23 And it came to pass ζat the end of the year, that[l] the host of Syria came up against him: and they came to Judah and Jerusalem, and destroyed all the princes of the people from among the people, and sent all the spoil of them unto the king of θ Damascus.

24 For the army of the Syrians came with a small[m] company of men, and the LORD delivered[n] a very great host into their hand, because they had forsaken the LORD God of their fathers. So they executed judgment[o] against Joash.

25 And when they were departed from him, (for they left him in great diseases,) his own servants conspired against him for the blood of the sons of Jehoiada[p] the priest, and slew him on his bed, and he died: and they buried him in the city of David, but they buried him not in the sepulchres of the kings.

26 And these are they that conspired against him; λ Zabad the son of Shimeath an Ammonitess, and Jehozabad the son of μ Shimrith a Moabitess.

27 Now concerning his sons, and the greatness of the burdens laid upon him, and the νrepairing of the house of God, behold, they are written in the πstory of the book of the Kings. And Amaziah his son reigned in his stead.

CHAP. XXV.

AMAZIAH[t] was twenty & five years old when he began to reign, & he reigned twenty & nine years in Jerusalem. And his mother's name was Jehoaddan of Jerusalem.

2 And he did that which was right in the sight of the LORD, but not[w] with a perfect heart.

3 Now it came to pass, when the kingdom was σ established to him, that he slew his servants that had killed the king his father.

4 But he slew not their children, but did as it is written[x] in the law in the book of Moses, where the LORD commanded, saying, The[y] fathers shall not die for the children, neither shall the children die for the fathers, but every man shall die for his own sin.

5 Moreover, Amaziah gathered Judah together, and made them captains over thousands, and captains over hundreds, according to the houses of their fathers, throughout all Judah and Benjamin: and he numbered them from twenty[z] years old and above, and found them three hundred thousand choice men, able to go forth to war, that could handle spear and shield.

6 He hired also an hundred thousand mighty men of valour out of Israel for an hundred talents of silver.

7 But there came a man of God to him, saying, O king, let not the army of Israel go with thee; for the LORD is not with Israel, to wit, with all the children of Ephraim.

8 But if thou wilt go, do it, be strong for the battle: God shall make thee fall before the enemy: for God[d] hath power to help, and to cast down.

9 And Amaziah said to the man of God, But what shall we do for the hundred talents which I have given to the γarmy of Israel? And the man of God answered, The LORD is able[h] to give thee much more than this.

10 Then Amaziah separated them, to wit the army that was come to him out of Ephraim, to go δhome again: wherefore their anger was greatly kindled against Judah, and they returned home in ηgreat anger.

11 And Amaziah strengthened himself, and led forth his people, and went to the valley of Salt, and smote of the children of Seir ten thousand.

12 And other ten thousand left alive did the children of Judah carry away captive, and brought them unto the top of the rock, and cast them down from the top of the rock, that they all were broken in pieces.

13 But the κsoldiers of the army which Amaziah sent back, that they should not go with him to battle, fell upon the cities of Judah, from Samaria even unto Bethhoron, and smote three thousand of them, and took much spoil.

14 Now it came to pass, after that Amaziah was come from the slaughter of the Edomites, that he brought[q] the gods of the children of Seir, and set them up to be his gods, and bowed[r] down himself before them, and burned incense unto them.

15 Wherefore the anger of the LORD was kindled against Amaziah, and he sent unto him a prophet, which said unto him, Why hast thou sought after the gods of the people, which[s] could not deliver their own people out of thine hand?

16 And it came to pass, as he talked with him, that the king said unto him, Art thou made of the king's counsel? forbear; why shouldest thou be smitten? Then the prophet forbare, and said, I know that God hath ρdetermined to destroy thee, because[u] thou hast done this, and hast not hearkened unto my counsel.

17 Then[v] Amaziah king of Judah took advice, and sent to Joash, the son of Jehoahaz, the son of Jehu, king of Israel, saying, Come, let us see one another in the face.

18 And Joash king of Israel sent to Amaziah king of Judah, saying, The τthistle that was in Lebanon sent to the cedar that was in Lebanon, saying, Give thy daughter to my son to wife: and there passed by a φwild beast that was in Lebanon, and trode down the thistle.

19 Thou sayest, Lo, thou hast smitten the Edomites; and thine heart lifteth thee up to boast: abide now at home; why shouldest thou meddle to thine hurt, that thou shouldest fall, even thou, and Judah with thee?

20 But Amaziah would not hear; for it[a] came of God, that he might deliver them into the hand of their enemies, because they sought after the gods of Edom.

21 So Joash the king of Israel went up:

Center reference column

B. C. 840.

a Je. 7. 25, 26.
  25. 4.
  26. 5.
b Ps. 95. 7, 8.
  Ac. 7. 51.
β clothed,
  Ju. 6. 34.
c Nu. 14. 41.
d ch. 20. 6.
  Ps. 62. 11.
  Ec. 9. 11.
e ch. 15. 2.
f Je. 18. 18.
g Mat. 21. 35.
  23. 35.
Ac. 7. 58, 59.
γ band.
h Ps. 24. 1.
  Pr. 10. 22.
  Ph. 4. 19.
i Pr. 17. 13.
δ to their
  place.
k Ps. 10. 14.
  Je. 51. 56.
  Lu. 11. 51.
  2 Ti. 4. 16.
ζ in the revolution of.
η heat of anger.
l 2 Ki. 12. 17.
θ Darmesek.
m Le. 26. 37.
  De. 32. 30.
  Is. 30. 17.
n Le. 26. 25.
  De. 28. 25, 48.
κ sons of the band.
o ch. 22. 8.
  Is. 10. 5.
p ver. 21, 22.
q ch. 28. 23.
r Ex. 20. 3, 5.
  Is. 44. 19.
λ or, Jozachar,
  2 Ki. 12. 21.
μ or Shomer,
s ver. 11, 12.
  Ps. 96. 5.
ν founding.
π or, commentary.
t 2 Ki. 14. 1, &c.
p counselled.
u 1 Sa. 2. 25.
v 2 Ki. 14. 8, &c.
w Ps. 78. 37.
  Is. 29. 13.
  Ho. 10. 2.
  Ja. 1. 8.
  4. 8.
σ confirmed upon him.
τ or, furze bush, or, thorn.
x De. 24. 16.
y Je. 31. 30.
  Eze. 18. 20.
φ beast of the field.
z Nu. 1. 3.
a ver. 16.
  ch. 22. 7.
  1 Ki. 12. 15.

310

22 וַיִּנָּגֶף יְהוּדָה לִפְנֵי יִשְׂרָאֵל וַיָּנֻסוּ אִישׁ לְאֹהָלָיו׃

23 וְאֵת אֲמַצְיָהוּ מֶלֶךְ־יְהוּדָה בֶּן־יוֹאָשׁ בֶּן־יְהוֹאָחָז תָּפַשׂ יוֹאָשׁ מֶלֶךְ־יִשְׂרָאֵל בְּבֵית שָׁמֶשׁ וַיְבִיאֵהוּ יְרוּשָׁלִַם וַיִּפְרֹץ בְּחוֹמַת יְרוּשָׁלִַם מִשַּׁעַר אֶפְרַיִם עַד־שַׁעַר הַפּוֹנֶה אַרְבַּע מֵאוֹת אַמָּה׃

24 וְכָל־הַזָּהָב וְהַכֶּסֶף וְאֵת כָּל־הַכֵּלִים הַנִּמְצְאִים בְּבֵית־הָאֱלֹהִים עִם־עֹבֵד אֱדוֹם וְאֶת־אֹצְרוֹת בֵּית הַמֶּלֶךְ וְאֵת בְּנֵי הַתַּעֲרֻבוֹת וַיָּשָׁב שֹׁמְרוֹן׃

25 וַיְחִי אֲמַצְיָהוּ בֶן־יוֹאָשׁ מֶלֶךְ יְהוּדָה אַחֲרֵי מוֹת יוֹאָשׁ בֶּן־יְהוֹאָחָז מֶלֶךְ יִשְׂרָאֵל חֲמֵשׁ עֶשְׂרֵה שָׁנָה׃

26 וְיֶתֶר דִּבְרֵי אֲמַצְיָהוּ הָרִאשֹׁנִים וְהָאַחֲרוֹנִים הֲלֹא הִנָּם כְּתוּבִים עַל־סֵפֶר מַלְכֵי־יְהוּדָה וְיִשְׂרָאֵל׃

27 וּמֵעֵת אֲשֶׁר־סָר אֲמַצְיָהוּ מֵאַחֲרֵי יְהוָה וַיִּקְשְׁרוּ עָלָיו קֶשֶׁר בִּירוּשָׁלִַם וַיָּנָס לָכִישָׁה וַיִּשְׁלְחוּ אַחֲרָיו לָכִישָׁה וַיְמִיתֻהוּ שָׁם׃

28 וַיִּשָּׂאֻהוּ עַל־הַסּוּסִים וַיִּקְבְּרוּ אֹתוֹ עִם־אֲבֹתָיו בְּעִיר יְהוּדָה׃

CAP. XXVI. כו

1 וַיִּקְחוּ כָּל־עַם יְהוּדָה אֶת־עֻזִּיָּהוּ וְהוּא בֶּן־שֵׁשׁ עֶשְׂרֵה שָׁנָה וַיַּמְלִיכוּ אֹתוֹ תַּחַת אָבִיו אֲמַצְיָהוּ׃

2 הוּא בָּנָה אֶת־אֵילוֹת וַיְשִׁיבֶהָ לִיהוּדָה אַחֲרֵי שְׁכַב־הַמֶּלֶךְ עִם־אֲבֹתָיו׃

3 בֶּן־שֵׁשׁ עֶשְׂרֵה שָׁנָה עֻזִּיָּהוּ בְמָלְכוֹ וַחֲמִשִּׁים וּשְׁתַּיִם שָׁנָה מָלַךְ בִּירוּשָׁלִָם וְשֵׁם אִמּוֹ יְכָלְיָה מִן־יְרוּשָׁלִָם׃

4 וַיַּעַשׂ הַיָּשָׁר בְּעֵינֵי יְהוָה כְּכֹל אֲשֶׁר־עָשָׂה אֲמַצְיָהוּ אָבִיו׃

5 וַיְהִי לִדְרֹשׁ אֱלֹהִים בִּימֵי זְכַרְיָהוּ הַמֵּבִין בִּרְאֹת הָאֱלֹהִים וּבִימֵי דָּרְשׁוֹ אֶת־יְהוָה הִצְלִיחוֹ הָאֱלֹהִים׃

6 וַיֵּצֵא וַיִּלָּחֶם בַּפְּלִשְׁתִּים וַיִּפְרֹץ אֶת־חוֹמַת גַּת וְאֵת חוֹמַת יַבְנֵה וְאֵת חוֹמַת אַשְׁדּוֹד וַיִּבְנֶה עָרִים בְּאַשְׁדּוֹד וּבַפְּלִשְׁתִּים׃

7 וַיַּעְזְרֵהוּ הָאֱלֹהִים עַל־פְּלִשְׁתִּים וְעַל־הָעַרְבִים הַיֹּשְׁבִים בְּגוּר־בָּעַל וְהַמְּעוּנִים׃

8 וַיִּתְּנוּ הָעַמּוֹנִים מִנְחָה לְעֻזִּיָּהוּ וַיֵּלֶךְ שְׁמוֹ עַד־לְבוֹא מִצְרַיִם כִּי הֶחֱזִיק עַד־לְמָעְלָה׃

9 וַיִּבֶן עֻזִּיָּהוּ מִגְדָּלִים בִּירוּשָׁלִַם עַל־שַׁעַר הַפִּנָּה וְעַל־שַׁעַר הַגַּיְא וְעַל־הַמִּקְצוֹעַ וַיְחַזְּקֵם׃

10 וַיִּבֶן מִגְדָּלִים בַּמִּדְבָּר וַיַּחְצֹב בֹּרוֹת רַבִּים כִּי מִקְנֶה־רַּב הָיָה לוֹ וּבַשְּׁפֵלָה וּבַמִּישׁוֹר אִכָּרִים וְכֹרְמִים בֶּהָרִים וּבַכַּרְמֶל כִּי־אֹהֵב אֲדָמָה הָיָה׃

11 וַיְהִי לְעֻזִּיָּהוּ חַיִל עֹשֵׂה מִלְחָמָה יוֹצְאֵי צָבָא לִגְדוּד בְּמִסְפַּר פְּקֻדָּתָם בְּיַד יְעִיאֵל

12 כֹּל מִסְפַּר רָאשֵׁי הָאָבוֹת לְגִבּוֹרֵי חָיִל אַלְפַּיִם וְשֵׁשׁ מֵאוֹת׃

13 וְעַל־יָדָם חֵיל צָבָא שְׁלֹשׁ מֵאוֹת אֶלֶף וְשִׁבְעַת אֲלָפִים וַחֲמֵשׁ מֵאוֹת עוֹשֵׂי מִלְחָמָה בְּכֹחַ חָיִל לַעְזֹר לַמֶּלֶךְ עַל־הָאוֹיֵב׃

14 וַיָּכֶן לָהֶם עֻזִּיָּהוּ לְכָל־הַצָּבָא מָגִנִּים וּרְמָחִים וְכוֹבָעִים וְשִׁרְיֹנוֹת וּקְשָׁתוֹת וּלְאַבְנֵי קְלָעִים׃

15 וַיַּעַשׂ בִּירוּשָׁלִַם חִשְּׁבֹנוֹת מַחֲשֶׁבֶת חוֹשֵׁב לִהְיוֹת עַל־הַמִּגְדָּלִים וְעַל־הַפִּנּוֹת לִירוֹא בַּחִצִּים וּבָאֲבָנִים גְּדֹלוֹת וַיֵּצֵא שְׁמוֹ עַד־לְמֵרָחוֹק כִּי־הִפְלִיא לְהֵעָזֵר עַד כִּי־חָזָק׃

16 וּכְחֶזְקָתוֹ גָּבַהּ לִבּוֹ עַד־לְהַשְׁחִית וַיִּמְעַל בַּיהוָה אֱלֹהָיו וַיָּבֹא אֶל־הֵיכַל יְהוָה לְהַקְטִיר עַל־מִזְבַּח הַקְּטֹרֶת׃

17 וַיָּבֹא אַחֲרָיו עֲזַרְיָהוּ הַכֹּהֵן וְעִמּוֹ כֹּהֲנִים לַיהוָה שְׁמוֹנִים בְּנֵי־חָיִל׃

18 וַיַּעַמְדוּ עַל־עֻזִּיָּהוּ הַמֶּלֶךְ וַיֹּאמְרוּ לוֹ לֹא־לְךָ עֻזִּיָּהוּ לְהַקְטִיר לַיהוָה כִּי לַכֹּהֲנִים בְּנֵי־אַהֲרֹן הַמְקֻדָּשִׁים לְהַקְטִיר צֵא מִן־הַמִּקְדָּשׁ כִּי מָעַלְתָּ

19 וְלֹא־לְךָ לְכָבוֹד מֵיְהוָה אֱלֹהִים וַיִּזְעַף עֻזִּיָּהוּ וּבְיָדוֹ מִקְטֶרֶת לְהַקְטִיר וּבְזַעְפּוֹ עִם־הַכֹּהֲנִים וְהַצָּרַעַת זָרְחָה בְמִצְחוֹ לִפְנֵי הַכֹּהֲנִים בְּבֵית יְהוָה מֵעַל לְמִזְבַּח הַקְּטֹרֶת׃

20 וַיִּפֶן אֵלָיו עֲזַרְיָהוּ כֹהֵן הָרֹאשׁ וְכָל־הַכֹּהֲנִים וְהִנֵּה־הוּא מְצֹרָע בְּמִצְחוֹ וַיַּבְהִלוּהוּ מִשָּׁם וְגַם־הוּא נִדְחַף לָצֵאת כִּי נִגְּעוֹ יְהוָה׃

21 וַיְהִי עֻזִּיָּהוּ הַמֶּלֶךְ מְצֹרָע עַד־יוֹם מוֹתוֹ וַיֵּשֶׁב בֵּית הַחָפְשִׁית מְצֹרָע כִּי נִגְזַר מִבֵּית יְהוָה וְיוֹתָם בְּנוֹ עַל־בֵּית הַמֶּלֶךְ שׁוֹפֵט אֶת־עַם הָאָרֶץ׃

22 וְיֶתֶר דִּבְרֵי עֻזִּיָּהוּ הָרִאשֹׁנִים וְהָאַחֲרֹנִים כָּתַב יְשַׁעְיָהוּ בֶן־אָמוֹץ הַנָּבִיא׃

23 וַיִּשְׁכַּב עֻזִּיָּהוּ עִם־אֲבֹתָיו וַיִּקְבְּרוּ אֹתוֹ עִם־אֲבֹתָיו בִּשְׂדֵה הַקְּבוּרָה אֲשֶׁר לַמְּלָכִים כִּי אָמְרוּ מְצוֹרָע הוּא וַיִּמְלֹךְ יוֹתָם בְּנוֹ תַּחְתָּיו׃

CAP. XXVII. כז

1 בֶּן־עֶשְׂרִים וְחָמֵשׁ שָׁנָה יוֹתָם בְּמָלְכוֹ וְשֵׁשׁ עֶשְׂרֵה שָׁנָה מָלַךְ בִּירוּשָׁלִָם וְשֵׁם אִמּוֹ יְרוּשָׁה בַּת־צָדוֹק׃

2 וַיַּעַשׂ הַיָּשָׁר בְּעֵינֵי יְהוָה כְּכֹל אֲשֶׁר־עָשָׂה עֻזִּיָּהוּ אָבִיו רַק לֹא־בָא אֶל־הֵיכַל יְהוָה וְעוֹד הָעָם מַשְׁחִיתִים׃

3 הוּא בָּנָה אֶת־שַׁעַר בֵּית־יְהוָה הָעֶלְיוֹן וּבְחוֹמַת הָעֹפֶל בָּנָה לָרֹב׃

4 וְעָרִים בָּנָה בְּהַר־יְהוּדָה וּבֶחֳרָשִׁים בָּנָה בִּירָנִיּוֹת וּמִגְדָּלִים׃

5 וְהוּא נִלְחַם עִם־מֶלֶךְ בְּנֵי־עַמּוֹן וַיֶּחֱזַק עֲלֵיהֶם

and they saw one another in the face, both he and Amaziah king of Judah, at Beth-shemesh, which *belongeth* to Judah.

22 And Judah was β put to the worse before Israel; and they fled every man to his tent.

23 And Joash the king of Israel took Amaziah king of Judah, the son of Joash, the son of Jehoahaz,*a* at Beth-shemesh, and brought him to Jerusalem, and brake down the wall of Jerusalem, from the gate of Ephraim to the δ corner-gate,*b* four hundred cubits.

24 And *he took* all the gold and the silver, and all the vessels that were found in the house of God with Obed-edom, and the treasures of the king's house, the hostages also, and returned to Samaria.

25 And*c* Amaziah, the son of Joash king of Judah, lived after the death of Joash, son of Jehoahaz king of Israel, fifteen years.

26 Now the rest of the acts of Amaziah, first and last, behold, *are* they not written in the book of the Kings of Judah and Israel?

27 Now*h* after the time that Amaziah did turn away from θfollowing the LORD, they κ made a conspiracy against him in Jerusalem; and he fled to Lachish: but they sent to Lachish after him, and slew him there.

28 And they brought him upon horses, and buried him with his fathers in the city of λ Judah.

CHAP. XXVI.

THEN*m* all the people of Judah took μ Uzziah, who *was* sixteen years old, and made him king in the room of his father Amaziah.

2 He built Eloth, and restored it to Judah, after that the king slept with his fathers.

3 Sixteen years old *was* Uzziah when he began to reign; and he reigned fifty and two years in Jerusalem. His mother's name also *was* Jecoliah of Jerusalem.

4 And he did *that which was* right in the sight of the LORD, according to all that his father Amaziah did.

5 And he sought God in the days*r* of Zechariah, who had understanding in the π visions of God: and as long*t* as he sought the LORD, God made him to prosper.

6 And he went forth, and warred against the Philistines, and brake down the wall of Gath, and the wall of Jabneh, and the wall of Ashdod, and built cities ρ about Ashdod, and among the Philistines.

7 And God helped him against*w* the Philistines,*x* and against the Arabians that dwelt in Gur-baal, and the Mehunims.

8 And the Ammonites gave gifts*y* to Uzziah: and his name σ spread abroad *even* to the entering in of Egypt; for he strengthened *himself* exceedingly.

9 Moreover, Uzziah built towers in Jerusalem, at the corner-gate,*a* and at the valley-gate, and at the turning *of the wall*, and τ fortified them.

10 Also he built towers in the desert, and φ digged many wells: for he had much cattle, both in the low country and in the plains; husbandmen *also*, and vinedressers in the mountains, and in χ Carmel: for he loved ψ husbandry.

11 Moreover, Uzziah had an host of fighting men, that went out to war by bands, according to the number of their account by the hand of Jeiel the scribe and Maaseiah the ruler, under the hand of Hananiah, *one* of the king's captains.

B. C. 810.

β *smitten.*
γ *the power of an army.*
a ch. 21. 17.
δ *gate of it that looketh.*
b ch. 26. 9.
ζ *stones of slings.*
η *went forth.*
c 2 Ki. 14. 17, &c.
d ch. 25. 19.
De. 8. 14.
32. 15.
e Pr. 16. 18.
f 2 Ki. 16. 12, 13.
g 1 Ch. 6. 10.
h ch. 15. 2.
θ *after.*
κ *conspired a conspiracy.*
i Nu. 16. 40.
18. 7.
j Ex. 30. 7, 8.
He. 5. 4.
k 1 Co. 5. 5.
λ i. e. *the city of David,*
2 Ki. 14. 20.
l 1 Sa. 2. 30.
m 2 Ki. 14. 21, 22.
15. 1, &c.
n ch. 25. 16.
μ or, *Azariah.*
o Nu. 12. 10.
2 Ki. 5. 27.
p Es. 6. 12.
q 2 Ki. 15. 5.
r ch. 24. 2.
Ge. 41.15.38.
Da. 1. 17.
10. 1.
ν *free.*
s i.e. 13. 46.
Nu. 5. 2.
12. 15.
2 Ki. 7. 3.
π *seeing.*
t 1Ch. 22. 13.
u Is. 1. 1.
ρ or, *in the country of Ashdod.*
υ Is. 6. 1.
w 1 Ch. 5. 20.
Is. 14. 29.
x ch. 21. 16.
y ch. 17. 11.
σ *went.*
z 2 Ki. 15. 32, &c.
a ch. 25. 23.
Ne.3.13,32.
Zec. 14. 10.
τ or,*repaired*
φ or, *cut out many cisterns.*
χ or, *fruitful fields.*
ψ *ground.*
β *the tower,* ch. 33. 14.
Ne.3 26,27.

12 The whole number of the chief of the fathers of the mighty men of valour *were* two thousand and six hundred.

13 And under their hand *was* γ an army, three hundred thousand and seven thousand and five hundred, that made war with mighty power, to help the king against the enemy.

14 And Uzziah prepared for them, throughout all the host, shields, and spears, and helmets, and habergeons, and bows, and ζslings *to cast* stones.

15 And he made in Jerusalem engines, invented by cunning men, to be on the towers and upon the bulwarks, to shoot arrows and great stones withal: and his name η spread far abroad; for he was marvellously helped till he was strong.

16 But*d* when he was strong, his heart was lifted up to *his* destruction:*e* for he transgressed against the LORD his God, and went*f* into the temple of the LORD to burn incense upon the altar of incense.

17 And Azariah*g* the priest went in after him, and with him fourscore priests of the LORD, *that were* valiant men:

18 And they withstood Uzziah the king, and said unto him, *It appertaineth* not*i* unto thee, Uzziah, to burn incense unto the LORD, but to the priests the sons of Aaron, that are consecrated*j* to burn incense: go out*k* of the sanctuary; for thou hast trespassed: neither *shall it be* for thine honour*l* from the LORD God.

19 Then Uzziah was wroth,*n* and *had* a censer in his hand to burn incense; and while*o* he was wroth with the priests, the leprosy even rose up in his forehead before the priests in the house of the LORD, from beside the incense-altar.

20 And Azariah the chief priest, and all the priests, looked upon him, and, behold, he *was* leprous in his forehead, and they thrust him out from thence; yea, himself*p* hasted also to go out, because the LORD had smitten him.

21 And*q* Uzziah the king was a leper unto the day of his death, and dwelt in a ν several house,*s* *being* a leper; for he was cut off from the house of the LORD: and Jotham his son *was* over the king's house, judging the people of the land.

22 Now the rest of the acts of Uzziah, first and last, did Isaiah*u* the prophet the son of Amoz, write.

23 So*v* Uzziah slept with his fathers, and they buried him with his fathers in the field of the burial which *belonged* to the kings; for they said, He *is* a leper: and Jotham his son reigned in his stead.

CHAP. XXVII.

JOTHAM*z* *was* twenty and five years old when he began to reign; and he reigned sixteen years in Jerusalem. His mother's name also *was* Jerushah, the daughter of Zadok.

2 And he did *that which was* right in the sight of the LORD, according to all that his father Uzziah did: howbeit he entered not into the temple of the LORD. And the people did yet corruptly.

3 He built the high gate of the house of the LORD, and on the wall of β Ophel he built much.

4 Moreover, he built cities in the mountains of Judah, and in the forests he built castles and towers.

5 He fought also with the king of the Ammonites, and prevailed against them,

311

וַיִּתְּנוּ־לוֹ בְנֵי־עַמּוֹן בַּשָּׁנָה הַהִיא מֵאָה כִּכַּר־כֶּסֶף
וַעֲשֶׂרֶת אֲלָפִים כֹּרִים חִטִּים וּשְׂעוֹרִים עֲשֶׂרֶת
אֲלָפִים זֹאת הֵשִׁיבוּ לוֹ בְּנֵי עַמּוֹן וּבַשָּׁנָה הַשֵּׁנִית

6 וְהַשְּׁלִשִׁית׃ וַיִּתְחַזַּק יוֹתָם כִּי הֵכִין דְּרָכָיו לִפְנֵי
7 יְהוָה אֱלֹהָיו׃ וְיֶתֶר דִּבְרֵי יוֹתָם וְכָל־מִלְחֲמֹתָיו
וּדְרָכָיו הִנָּם כְּתוּבִים עַל־סֵפֶר מַלְכֵי יִשְׂרָאֵל
8 וִיהוּדָה׃ בֶּן־עֶשְׂרִים וְחָמֵשׁ שָׁנָה הָיָה
9 בְמָלְכוֹ וְשֵׁשׁ־עֶשְׂרֵה שָׁנָה מָלַךְ בִּירוּשָׁלִָם׃ וַיִּשְׁכַּב
יוֹתָם עִם־אֲבֹתָיו וַיִּקְבְּרוּ אֹתוֹ בְּעִיר דָּוִיד וַיִּמְלֹךְ
אָחָז בְּנוֹ תַּחְתָּיו׃

CAP. XXVIII. סח

1 בֶּן־עֶשְׂרִים שָׁנָה אָחָז בְּמָלְכוֹ וְשֵׁשׁ־עֶשְׂרֵה שָׁנָה
מָלַךְ בִּירוּשָׁלִָם וְלֹא־עָשָׂה הַיָּשָׁר בְּעֵינֵי יְהוָה
2 כְּדָוִיד אָבִיו׃ וַיֵּלֶךְ בְּדַרְכֵי מַלְכֵי יִשְׂרָאֵל וְגַם
3 מַסֵּכוֹת עָשָׂה לַבְּעָלִים׃ וְהוּא הִקְטִיר בְּגֵיא בֶן־
הִנֹּם וַיַּבְעֵר אֶת־בָּנָיו בָּאֵשׁ כְּתֹעֲבוֹת הַגּוֹיִם אֲשֶׁר
4 הֹרִישׁ יְהוָה מִפְּנֵי בְּנֵי יִשְׂרָאֵל׃ וַיְזַבֵּחַ וַיְקַטֵּר
5 בַּבָּמוֹת וְעַל־הַגְּבָעוֹת וְתַחַת כָּל־עֵץ רַעֲנָן׃ וַיִּתְּנֵהוּ
יְהוָה אֱלֹהָיו בְּיַד מֶלֶךְ אֲרָם וַיַּכּוּ־בוֹ וַיִּשְׁבּוּ מִמֶּנּוּ
שִׁבְיָה גְדוֹלָה וַיָּבִיאוּ דַּרְמָשֶׂק וְגַם בְּיַד־מֶלֶךְ יִשְׂרָאֵל
6 נִתָּן וַיַּךְ־בּוֹ מַכָּה גְדוֹלָה׃ וַיַּהֲרֹג פֶּקַח בֶּן־
רְמַלְיָהוּ בִּיהוּדָה מֵאָה וְעֶשְׂרִים אֶלֶף בְּיוֹם אֶחָד
הַכֹּל בְּנֵי־חָיִל בְּעָזְבָם אֶת־יְהוָה אֱלֹהֵי אֲבוֹתָם׃
7 וַיַּהֲרֹג זִכְרִי גִּבּוֹר אֶפְרַיִם אֶת־מַעֲשֵׂיָהוּ בֶּן־
הַמֶּלֶךְ וְאֶת־עַזְרִיקָם נְגִיד הַבָּיִת וְאֶת־אֶלְקָנָה
8 מִשְׁנֵה הַמֶּלֶךְ׃ וַיִּשְׁבּוּ בְנֵי־יִשְׂרָאֵל מֵאֲחֵיהֶם
מָאתַיִם אֶלֶף נָשִׁים בָּנִים וּבָנוֹת וְגַם־שָׁלָל רָב
9 בָּזְזוּ מֵהֶם וַיָּבִיאוּ אֶת־הַשָּׁלָל לְשֹׁמְרוֹן׃ וְשָׁם הָיָה
נָבִיא לַיהוָה עֹדֵד שְׁמוֹ וַיֵּצֵא לִפְנֵי הַצָּבָא הַבָּא
לְשֹׁמְרוֹן וַיֹּאמֶר לָהֶם הִנֵּה בַּחֲמַת יְהוָה אֱלֹהֵי־
אֲבוֹתֵיכֶם עַל־יְהוּדָה נְתָנָם בְּיֶדְכֶם וַתַּהַרְגוּ־בָם
10 בְּזַעַף עַד לַשָּׁמַיִם הִגִּיעַ׃ וְעַתָּה בְּנֵי־יְהוּדָה
וִירוּשָׁלִַם אַתֶּם אֹמְרִים לִכְבֹּשׁ לַעֲבָדִים וְלִשְׁפָחוֹת
לָכֶם הֲלֹא רַק־אַתֶּם עִמָּכֶם אֲשָׁמוֹת
11 לַיהוָה אֱלֹהֵיכֶם׃ וְעַתָּה שְׁמָעוּנִי וְהָשִׁיבוּ
הַשִּׁבְיָה אֲשֶׁר שְׁבִיתֶם מֵאֲחֵיכֶם כִּי חֲרוֹן
12 אַף־יְהוָה עֲלֵיכֶם׃ וַיָּקֻמוּ אֲנָשִׁים
מֵרָאשֵׁי בְנֵי־אֶפְרַיִם עֲזַרְיָהוּ בֶן־יְהוֹחָנָן בֶּרֶכְיָהוּ

בֶן־מְשִׁלֵּמוֹת וִיחִזְקִיָּהוּ בֶן־שַׁלֻּם וַעֲמָשָׂא בֶּן־
13 חַדְלָי עַל־הַבָּאִים מִן־הַצָּבָא׃ וַיֹּאמְרוּ לָהֶם לֹא־
תָבִיאוּ אֶת־הַשִּׁבְיָה הֵנָּה כִּי לְאַשְׁמַת יְהוָה עָלֵינוּ
אַתֶּם אֹמְרִים לְהֹסִיף עַל־חַטֹּאתֵינוּ וְעַל־אַשְׁמָתֵנוּ
כִּי־רַבָּה אַשְׁמָה לָנוּ וַחֲרוֹן אָף עַל־יִשְׂרָאֵל׃
14 וַיַּעֲזֹב הֶחָלוּץ אֶת־הַשִּׁבְיָה וְאֶת־הַבִּזָּה לִפְנֵי
15 הַשָּׂרִים וְכָל־הַקָּהָל׃ וַיָּקֻמוּ הָאֲנָשִׁים אֲשֶׁר־נִקְּבוּ
בְשֵׁמוֹת וַיַּחֲזִיקוּ בַשִּׁבְיָה וְכָל־מַעֲרֻמֵּיהֶם הִלְבִּישׁוּ
מִן־הַשָּׁלָל וַיַּלְבִּשׁוּם וַיַּנְעִלוּם וַיַּאֲכִלוּם וַיַּשְׁקוּם
וַיְסֻכוּם וַיְנַהֲלוּם בַּחֲמֹרִים לְכָל־כּוֹשֵׁל וַיְבִיאוּם
יְרֵחוֹ עִיר־הַתְּמָרִים אֵצֶל אֲחֵיהֶם וַיָּשׁוּבוּ שֹׁמְרוֹן׃
16 בָּעֵת הַהִיא שָׁלַח הַמֶּלֶךְ אָחָז עַל־מַלְכֵי אַשּׁוּר
17 לַעְזֹר לוֹ׃ וְעוֹד אֲדוֹמִים בָּאוּ וַיַּכּוּ בִיהוּדָה וַיִּשְׁבּוּ־
18 שֶׁבִי׃ וּפְלִשְׁתִּים פָּשְׁטוּ בְּעָרֵי הַשְּׁפֵלָה וְהַנֶּגֶב
לִיהוּדָה וַיִּלְכְּדוּ אֶת־בֵּית־שֶׁמֶשׁ וְאֶת־אַיָּלוֹן וְאֶת־
הַגְּדֵרוֹת וְאֶת־שׂוֹכוֹ וּבְנוֹתֶיהָ וְאֶת־תִּמְנָה וּבְנוֹתֶיהָ וְאֶת־
19 גִּמְזוֹ וְאֶת־בְּנֹתֶיהָ וַיֵּשְׁבוּ שָׁם׃ כִּי־
הִכְנִיעַ יְהוָה אֶת־יְהוּדָה בַּעֲבוּר אָחָז מֶלֶךְ יִשְׂרָאֵל
20 כִּי הִפְרִיעַ בִּיהוּדָה וּמָעוֹל מַעַל בַּיהוָה׃ וַיָּבֹא
עָלָיו תִּלְּגַת פִּלְנְאֶסֶר מֶלֶךְ אַשּׁוּר וַיָּצַר לוֹ
21 וְלֹא חֲזָקוֹ׃ כִּי־חָלַק אָחָז אֶת־בֵּית יְהוָה וְאֶת־בֵּית
הַמֶּלֶךְ וְהַשָּׂרִים וַיִּתֵּן לְמֶלֶךְ אַשּׁוּר וְלֹא לְעֶזְרָה לוֹ׃
22 וּבְעֵת הָצֵר לוֹ וַיּוֹסֶף לִמְעוֹל בַּיהוָה הוּא הַמֶּלֶךְ
23 אָחָז׃ וַיִּזְבַּח לֵאלֹהֵי דַרְמֶשֶׂק הַמַּכִּים בּוֹ וַיֹּאמֶר כִּי
אֱלֹהֵי מַלְכֵי־אֲרָם הֵם מַעְזְרִים אֹתָם לָהֶם אֲזַבֵּחַ
וְיַעְזְרוּנִי וְהֵם הָיוּ־לוֹ לְהַכְשִׁילוֹ וּלְכָל־יִשְׂרָאֵל׃
24 וַיֶּאֱסֹף אָחָז אֶת־כְּלֵי בֵית־הָאֱלֹהִים וַיְקַצֵּץ אֶת־כְּלֵי
בֵית־הָאֱלֹהִים וַיִּסְגֹּר אֶת־דַּלְתוֹת בֵּית־יְהוָה וַיַּעַשׂ
25 לוֹ מִזְבְּחוֹת בְּכָל־פִּנָּה בִּירוּשָׁלִָם׃ וּבְכָל־עִיר וָעִיר
לִיהוּדָה עָשָׂה בָמוֹת לְקַטֵּר לֵאלֹהִים אֲחֵרִים וַיַּכְעֵס
26 אֶת־יְהוָה אֱלֹהֵי אֲבֹתָיו׃ וְיֶתֶר דְּבָרָיו וְכָל־דְּרָכָיו
הָרִאשֹׁנִים וְהָאַחֲרוֹנִים הִנָּם כְּתוּבִים עַל־סֵפֶר
27 מַלְכֵי־יְהוּדָה וְיִשְׂרָאֵל׃ וַיִּשְׁכַּב אָחָז עִם־אֲבֹתָיו
וַיִּקְבְּרֻהוּ בָעִיר בִּירוּשָׁלִַם כִּי לֹא הֱבִיאֻהוּ לְקִבְרֵי
מַלְכֵי יִשְׂרָאֵל וַיִּמְלֹךְ יְחִזְקִיָּהוּ בְנוֹ תַּחְתָּיו׃

CAP. XXIX. כט

1 יְחִזְקִיָּהוּ מָלַךְ בֶּן־עֶשְׂרִים וְחָמֵשׁ שָׁנָה וְעֶשְׂרִים
וָתֵשַׁע שָׁנָה מָלַךְ בִּירוּשָׁלִָם וְשֵׁם אִמּוֹ אֲבִיָּה

And the children of Ammon gave him the same year an hundred talents of silver, and ten thousand measures of wheat, and ten thousand of barley. β So much did the children of Ammon pay unto him, both the second year and the third.

6 So Jotham became mighty,ᵃ because he γ preparedᵇ his ways before the LORD his God.

7 Now the rest of the acts of Jotham, and all his wars, and his ways, lo, they *are* written in the book of the Kings of Israel and Judah.

8 He was five and twenty years old when he began to reign, and reigned sixteen years in Jerusalem.

9 And Jotham slept with his fathers, and they buried him in the city of David: and Ahaz his son reigned in his stead.

CHAP. XXVIII.

AHAZᵍ *was* twenty years old when he began to reign; and he reigned sixteen years in Jerusalem: but he did not *that which was* right in the sight of the LORD, like David his father:

2 For he walked in the ways of the kings of Israel, and made also molten images for Baalim. ᵐ

3 Moreover, he ζ burnt incense in the valleyⁿ of the son of Hinnom, andᵒ burnt his children in the fire, after the abominations of the heathen, whom the LORD had cast out before the children of Israel.

4 He sacrificed also, and burnt incense in the high places, and on the hills, and under every green tree.

5 Wherefore ᑫ the LORD his God delivered him into the hand of the king of Syria; and they smote him, and carried away a great multitude of them captives, and brought *them* to η Damascus. And he was also delivered into the hand of the king of Israel, who smote him with a great slaughter.

6 For Pekahᵗ the son of Remaliah slew in Judah an hundred and twenty thousand in one day, *which were* all θ valiant men; because ᵏ they had forsaken the LORD God of their fathers.

7 And Zichri, a mighty man of Ephraim, slew Maaseiah the king's son, and Azrikam the governor of the house, and Elkanah *that was* κ next to the king.

8 And the children of Israel carried away captive of their brethren ᵘ two hundred thousand, women, sons, and daughters, and took also away much spoil from them, and brought the spoil to Samaria.

9 But a prophet of the LORD was there, whose name *was* Oded; and he went out before the host that came to Samaria, and said unto them, Behold, because the LORD God of your fathers was wroth with Judah, he hath delivered them into your hand, and yeᵃ have slain them in a rage *that* reachethᵇ up unto heaven.

10 And now ye purpose to keep under the children of Judah and Jerusalem for bondmenᶜ and bondwomen unto you: *but are there* not with you, even ᵈ with you, sins against the LORD your God?

11 Now hear me, therefore, and deliverᵉ the captives again, which ye have taken captive of your brethren: for/ the fierce wrath of the LORD *is* upon you.

12 Then certain of the heads of the children of Ephraim, Azariah the son of Johanan, Berechiah the son of Meshillemoth, and Jehizkiah the son of Shallum,

B. C. 741.

β *This.*
ᵃ ch. 26. 5.
γ or, *established.*
ᵇ ch. 19. 3.
ᶜ ver. 12.
ᵈ 2 Ki. 6. 22.
  Pr.25.21,22.
  Lu.6.27,35.
ᵉ Ro. 15. 1.
/ De. 34. 3.
  Ju. 1. 16.
ᵍ 2Ki.16,2,&c.
ʰ 2 Ki. 16. 7.
ⁱ Ob.10,13,14.
δ *a captivity.*
ᵏ Ex. 34. 17.
  Le. 19. 4.
l Eze.16.27,57
ᵐ Ju. 2. 11.
  Ho.2.13,17.
ζ or, *offered sacrifice.*
ⁿ 2 Ki. 23. 10.
ᵒ ch. 33. 6.
  Le. 18. 21.
  Ps. 106. 37.
  Je. 32. 35.
  Eze.16.20,21
  Mi. 6. 7.
ᵖ Ps. 106. 43.
ᑫ Is. 7. 1.
ʳ Ex. 32. 25.
  Re.3.17,18.
  16. 15.
ˢ 2 Ki. 15. 29.
  16. 7.-9.
η *Darmesek.*
ᵗ 2 Ki. 15. 27.
θ *sons of valour.*
ᵘ De.31.16,17.
  Jos. 24. 20.
  Is. 1. 28.
  Je. 15. 6.
κ *the second.*
v Je. 16. 5.
  44. 17.-23.
w ch. 11. 4.
ˣ Is. 1. 28.
  Ho. 13. 9.
y ch. 29. 3, 7.
ᶻ Je. 11. 13.
λ *offer.*
ᵃ Ps. 69. 26.
  Is. 10. 5.-7.
  47. 6.
  Je.50.17,18.
  Eze. 25. 12.-
  17.
  26. 2, 3.
  Ob. 10, &c.
  Zec. 1. 15.
ᵇ Ge. 4. 10.
  Ezr. 9. 6.
  Re. 18. 5.
ᶜ Le.25.39,&c.
ᵈ Je. 25. 29.
  Mat. 7. 2. 4.
ᵉ Is. 58. 6.
  Je. 34. 14.
/ Ja. 2. 13.
ᵍ 2Ki.18.1,&c

and Amasa the son of Hadlai, stood up against them that came from the war,

13 And said unto them, Ye shall not bring in the captives hither: for whereas we have offended against the LORD *already*, ye intend to add *more* to our sins and to our trespass; for our trespass is great, and *there is* fierce wrath against Israel.

14 So the armed men left the captives and the spoil before the princes and all the congregation.

15 And the men which were expressed by nameᶜ rose up, and took the captives, and with the spoil clothed all that were naked among them, and arrayed them, and shod them, and gave them to eatᵈ and to drink, and anointed them, and carried all the feebleᵉ of them upon asses, and brought them to Jericho, the city/ of palm-trees, to their brethren: then they returned to Samaria.

16 At that timeʰ did king Ahaz send unto the kings of Assyria to help him.

17 For again the Edomitesⁱ had come and smitten Judah, and carried away δ captives.

18 The Philistinesˡ also had invaded the cities of the low country, and of the south of Judah, and had taken Bethshemesh, and Ajalon, and Gederoth, and Shocho with the villages thereof, and Timnah with the villages thereof, Gimzo also and the villages thereof: and they dwelt there.

19 For the LORD brought Judahᵖ low, because of Ahaz king of Israel: for he made Judah naked,ʳ and transgressed sore against the LORD.

20 And Tilgath-pilneserˢ king of Assyria came unto him, and distressed him, but strengthened him not.

21 For Ahaz took away a portion *out of* the house of the LORD, and *out of* the house of the king, and of the princes, and gave *it* unto the king of Assyria: but he helped him not.

22 And in the time of his distress did he trespass yet more against the LORD: this *is that* king Ahaz.

23 For he sacrificed unto the gods of η Damascus, which smote him: and he said, Because the gods of the kings of Syria help them, *therefore* will I sacrifice to them, that they may helpʷ me. But they were the ruinˣ of him, and of all Israel.

24 And Ahaz gathered together the vessels of the house of God, and cut in pieces the vessels of the house of God, and shut upʸ the doors of the house of the LORD, and he made him altars in every corner of Jerusalem.

25 And in everyᶻ several city of Judah he made high places to λ burn incense unto other gods, and provoked to anger the LORD God of his fathers.

26 Now the rest of his acts, and of all his ways, first and last, behold, they *are* written in the book of the Kings of Judah and Israel.

27 And Ahaz slept with his fathers, and they buried him in the city, *even* in Jerusalem; but they brought him not into the sepulchres of the kings of Israel: and Hezekiah his son reigned in his stead.

CHAP. XXIX.

HEZEKIAHᵍ began to reign *when he was* five and twenty years old, and he reigned nine and twenty years in Jeru-

2 וַיַּעַשׂ הַיָּשָׁר בְּעֵינֵי יְהוָה כְּכֹל אֲשֶׁר־עָשָׂה דָּוִיד אָבִיו׃
3 הוּא בַשָּׁנָה הָרִאשׁוֹנָה לְמָלְכוֹ בַּחֹדֶשׁ הָרִאשׁוֹן פָּתַח אֶת־דַּלְתוֹת בֵּית־יְהוָה וַיְחַזְּקֵם׃
4 וַיָּבֵא אֶת־הַכֹּהֲנִים וְאֶת־הַלְוִיִּם וַיַּאַסְפֵם לִרְחוֹב הַמִּזְרָח׃
5 וַיֹּאמֶר לָהֶם שְׁמָעוּנִי הַלְוִיִּם עַתָּה הִתְקַדְּשׁוּ וְקַדְּשׁוּ אֶת־בֵּית יְהוָה אֱלֹהֵי אֲבֹתֵיכֶם וְהוֹצִיאוּ אֶת־הַנִּדָּה מִן־הַקֹּדֶשׁ׃
6 כִּי־מָעֲלוּ אֲבֹתֵינוּ וְעָשׂוּ הָרַע בְּעֵינֵי יְהוָה־אֱלֹהֵינוּ וַיַּעַזְבֻהוּ וַיַּסֵּבּוּ פְנֵיהֶם מִמִּשְׁכַּן יְהוָה וַיִּתְּנוּ־עֹרֶף׃
7 גַּם סָגְרוּ דַּלְתוֹת הָאוּלָם וַיְכַבּוּ אֶת־הַנֵּרוֹת וּקְטֹרֶת לֹא הִקְטִירוּ וְעֹלָה לֹא־הֶעֱלוּ בַקֹּדֶשׁ לֵאלֹהֵי יִשְׂרָאֵל׃
8 וַיְהִי קֶצֶף יְהוָה עַל־יְהוּדָה וִירוּשָׁלִָם וַיִּתְּנֵם לְזַעֲוָה לְשַׁמָּה וְלִשְׁרֵקָה כַּאֲשֶׁר אַתֶּם רֹאִים בְּעֵינֵיכֶם׃
9 וְהִנֵּה נָפְלוּ אֲבוֹתֵינוּ בֶּחָרֶב וּבָנֵינוּ וּבְנוֹתֵינוּ וְנָשֵׁינוּ בַּשְּׁבִי עַל־זֹאת׃
10 עַתָּה עִם־לְבָבִי לִכְרוֹת בְּרִית לַיהוָה אֱלֹהֵי יִשְׂרָאֵל וְיָשֹׁב מִמֶּנּוּ חֲרוֹן אַפּוֹ׃
11 בָּנַי עַתָּה אַל־תִּשָּׁלוּ כִּי־בָכֶם בָּחַר יְהוָה לַעֲמֹד לְפָנָיו לְשָׁרְתוֹ וְלִהְיוֹת לוֹ מְשָׁרְתִים וּמַקְטִרִים׃
12 וַיָּקֻמוּ הַלְוִיִּם מַחַת בֶּן־עֲמָשַׂי וְיוֹאֵל בֶּן־עֲזַרְיָהוּ מִן־בְּנֵי הַקְּהָתִי וּמִן־בְּנֵי מְרָרִי קִישׁ בֶּן־עַבְדִּי וַעֲזַרְיָהוּ בֶּן־יְהַלֶּלְאֵל וּמִן־הַגֵּרְשֻׁנִּי יוֹאָח בֶּן־זִמָּה וְעֵדֶן בֶּן־יוֹאָח׃
13 וּמִן־בְּנֵי אֱלִיצָפָן שִׁמְרִי וִיעִיאֵל וּמִן־בְּנֵי אָסָף זְכַרְיָהוּ וּמַתַּנְיָהוּ׃
14 וּמִן־בְּנֵי הֵימָן יְחִיאֵל וְשִׁמְעִי וּמִן־בְּנֵי יְדוּתוּן שְׁמַעְיָה וְעֻזִּיאֵל׃
15 וַיַּאַסְפוּ אֶת־אֲחֵיהֶם וַיִּתְקַדְּשׁוּ וַיָּבֹאוּ כְמִצְוַת־הַמֶּלֶךְ בְּדִבְרֵי יְהוָה לְטַהֵר בֵּית יְהוָה׃
16 וַיָּבֹאוּ הַכֹּהֲנִים לִפְנִימָה בֵית־יְהוָה לְטַהֵר וַיּוֹצִיאוּ אֵת כָּל־הַטֻּמְאָה אֲשֶׁר מָצְאוּ בְּהֵיכַל יְהוָה לַחֲצַר בֵּית יְהוָה וַיְקַבְּלוּ הַלְוִיִּם לְהוֹצִיא לְנַחַל־קִדְרוֹן חוּצָה׃
17 וַיָּחֵלּוּ בְּאֶחָד לַחֹדֶשׁ הָרִאשׁוֹן לְקַדֵּשׁ וּבְיוֹם שְׁמוֹנָה לַחֹדֶשׁ בָּאוּ לְאוּלָם יְהוָה וַיְקַדְּשׁוּ אֶת־בֵּית־יְהוָה לְיָמִים שְׁמוֹנָה וּבְיוֹם שִׁשָּׁה עָשָׂר לַחֹדֶשׁ הָרִאשׁוֹן כִּלּוּ׃
18 וַיָּבוֹאוּ פְנִימָה אֶל־חִזְקִיָּהוּ הַמֶּלֶךְ וַיֹּאמְרוּ טִהַרְנוּ אֶת־כָּל־בֵּית יְהוָה אֶת־מִזְבַּח הָעוֹלָה וְאֶת־כָּל־כֵּלָיו וְאֶת־שֻׁלְחַן הַמַּעֲרֶכֶת וְאֶת־כָּל־כֵּלָיו׃
19 וְאֵת כָּל־

20 וַיַּשְׁכֵּם יְחִזְקִיָּהוּ הַמֶּלֶךְ וַיֶּאֱסֹף אֵת שָׂרֵי הָעִיר וַיַּעַל בֵּית יְהוָה׃
21 וַיָּבִיאוּ פָרִים־שִׁבְעָה וְאֵילִים שִׁבְעָה וּכְבָשִׂים שִׁבְעָה וּצְפִירֵי עִזִּים שִׁבְעָה לְחַטָּאת עַל־הַמַּמְלָכָה וְעַל־הַמִּקְדָּשׁ וְעַל־יְהוּדָה וַיֹּאמֶר לִבְנֵי אַהֲרֹן הַכֹּהֲנִים לְהַעֲלוֹת עַל־מִזְבַּח יְהוָה׃
22 וַיִּשְׁחֲטוּ הַבָּקָר וַיְקַבְּלוּ הַכֹּהֲנִים אֶת־הַדָּם וַיִּזְרְקוּ הַמִּזְבֵּחָה וַיִּשְׁחֲטוּ הָאֵלִים וַיִּזְרְקוּ הַדָּם הַמִּזְבֵּחָה וַיִּשְׁחֲטוּ הַכְּבָשִׂים וַיִּזְרְקוּ הַדָּם הַמִּזְבֵּחָה׃
23 וַיַּגִּישׁוּ אֶת־שְׂעִירֵי הַחַטָּאת לִפְנֵי הַמֶּלֶךְ וְהַקָּהָל וַיִּסְמְכוּ יְדֵיהֶם עֲלֵיהֶם׃
24 וַיִּשְׁחָטוּם הַכֹּהֲנִים וַיְחַטְּאוּ אֶת־דָּמָם הַמִּזְבֵּחָה לְכַפֵּר עַל־כָּל־יִשְׂרָאֵל כִּי לְכָל־יִשְׂרָאֵל אָמַר הַמֶּלֶךְ הָעוֹלָה וְהַחַטָּאת׃
25 וַיַּעֲמֵד אֶת־הַלְוִיִּם בֵּית יְהוָה בִּמְצִלְתַּיִם בִּנְבָלִים וּבְכִנֹּרוֹת בְּמִצְוַת דָּוִיד וְגָד חֹזֵה־הַמֶּלֶךְ וְנָתָן הַנָּבִיא כִּי בְיַד־יְהוָה הַמִּצְוָה בְּיַד־נְבִיאָיו׃
26 וַיַּעַמְדוּ הַלְוִיִּם בִּכְלֵי דָוִיד וְהַכֹּהֲנִים בַּחֲצֹצְרוֹת׃
27 וַיֹּאמֶר חִזְקִיָּהוּ לְהַעֲלוֹת הָעֹלָה לְהַמִּזְבֵּחַ וּבְעֵת הֵחֵל הָעוֹלָה הֵחֵל שִׁיר־יְהוָה וְהַחֲצֹצְרוֹת וְעַל־יְדֵי כְּלֵי דָּוִיד מֶלֶךְ־יִשְׂרָאֵל׃
28 וְכָל־הַקָּהָל מִשְׁתַּחֲוִים וְהַשִּׁיר מְשׁוֹרֵר וְהַחֲצֹצְרוֹת מַחְצְרִים הַכֹּל עַד לִכְלוֹת הָעֹלָה׃
29 וּכְכַלּוֹת לְהַעֲלוֹת כָּרְעוּ הַמֶּלֶךְ וְכָל־הַנִּמְצְאִים אִתּוֹ וַיִּשְׁתַּחֲווּ׃
30 וַיֹּאמֶר יְחִזְקִיָּהוּ הַמֶּלֶךְ וְהַשָּׂרִים לַלְוִיִּם לְהַלֵּל לַיהוָה בְּדִבְרֵי דָוִיד וְאָסָף הַחֹזֶה וַיְהַלְלוּ עַד־לְשִׂמְחָה וַיִּקְּדוּ וַיִּשְׁתַּחֲווּ׃
31 וַיַּעַן יְחִזְקִיָּהוּ וַיֹּאמֶר עַתָּה מִלֵּאתֶם יֶדְכֶם לַיהוָה גֹּשׁוּ וְהָבִיאוּ זְבָחִים וְתוֹדוֹת לְבֵית יְהוָה וַיָּבִיאוּ הַקָּהָל זְבָחִים וְתוֹדוֹת וְכָל־נְדִיב לֵב עֹלוֹת׃
32 וַיְהִי מִסְפַּר הָעֹלָה אֲשֶׁר הֵבִיאוּ הַקָּהָל בָּקָר שִׁבְעִים אֵילִים מֵאָה כְּבָשִׂים מָאתָיִם לְעֹלָה לַיהוָה כָּל־אֵלֶּה׃
33 וְהַקֳּדָשִׁים בָּקָר שֵׁשׁ מֵאוֹת וְצֹאן שְׁלֹשֶׁת אֲלָפִים׃
34 רַק הַכֹּהֲנִים הָיוּ לִמְעָט וְלֹא יָכְלוּ לְהַפְשִׁיט אֶת־כָּל־הָעֹלוֹת וַיְחַזְּקוּם אֲחֵיהֶם הַלְוִיִּם עַד־כְּלוֹת הַמְּלָאכָה וְעַד יִתְקַדְּשׁוּ הַכֹּהֲנִים כִּי הַלְוִיִּם יִשְׁרֵי לֵבָב לְהִתְקַדֵּשׁ מֵהַכֹּהֲנִים׃
35 וְגַם־

salem; and his mother's name *was* Abijah, the daughter of Zechariah.[a]

2 And he did *that which was* right in the sight of the LORD, according to all that David his father had done.

3 He, in the first[b] year of his reign, in the first month, opened[c] the doors of the house of the LORD, and repaired them.

4 And he brought in the priests and the Levites, and gathered them together into the east street,

5 And said unto them, Hear me, ye Levites; sanctify[e] now yourselves, and sanctify the house of the LORD God of your fathers, and carry forth the filthiness out of the holy[g] *place*.

6 For[h] our fathers have trespassed, and done *that which was* evil in the eyes of the LORD our God, and have forsaken him, and[i] have turned away their faces from the habitation of the LORD, and [γ] turned *their* backs.

7 Also they have shut up[k] the doors of the porch, and put out the lamps, and have not burned incense nor offered burnt-offerings in the holy *place*, unto the God of Israel.

8 Wherefore[l] the wrath of the LORD was upon Judah and Jerusalem, and he hath delivered them to [δ] trouble, to astonishment, and to hissing,[m] as ye see with your eyes.

9 For, lo, our fathers have fallen[n] by the sword; and our sons, and our daughters, and our wives, *are* in captivity for this.

10 Now *it is* in mine heart to make a covenant[r] with the LORD God of Israel, that his fierce wrath may turn away from us.

11 My sons, be not now [η] negligent: for the LORD hath chosen[t] you to stand before him, to serve him, and that ye should minister unto him, and [θ] burn incense.

12 Then the Levites arose, Mahath the son of Amasai, and Joel the son of Azariah, of the sons of the Kohathites:[w] and of the sons of Merari; Kish the son of Abdi, and Azariah the son of Jehalelel: and of the Gershonites; Joah the son of Zimmah, and Eden the son of Joah:

13 And of the sons of Elizaphan; Shimri, and Jeiel: and of the sons of Asaph; Zechariah, and Mattaniah:

14 And of the sons of Heman; Jehiel, and Shimei: and of the sons of Jeduthun; Shemaiah, and Uzziel.

15 And they gathered their brethren, and sanctified[y] themselves, and came, according to the commandment of the king, [π] by the words of the LORD, to cleanse[a] the house of the LORD.

16 And the priests went into the inner part of the house of the LORD to cleanse *it*, and brought out[c] all the uncleanness that they found in the temple of the LORD into the court of the house of the LORD. And the Levites took *it*, to carry *it* out abroad into the brook Kidron.

17 Now they began on the first *day* of the first month to sanctify, & on the eighth day of the month came they to the porch[e] of the LORD: so they sanctified the house of the LORD in eight days; and in the sixteenth day of the first month they made an end.

18 Then they went in to Hezekiah the king, and said, We have cleansed all the house of the LORD, and the altar of burnt-offering, with all the vessels thereof, and the shew-bread table, with all the vessels thereof.

19 Moreover, all the vessels which king Ahaz in his reign did cast away[g] in his

---

B. C. 726.

a ch. 26. 5.
b Ps. 101. 3.
   Ga. 1. 16.
c ver. 7.
d Le. 4. 3, 14.
e ch. 35. 6.
   1 Ch. 15. 12.
f Le. 8. 14, &c.
   He. 9. 21.
g Eze. 8. 3, 9,
   &c.
h Ne. 9. 16.
β *near.*
i Je. 2. 27.
   Eze. 8. 16.
γ *given the
   neck.*
k ver. 3.
   ch. 28. 24.
   Mal. 1. 10.
l ch. 24. 18.
δ *commotion,*
   De. 28. 25.
m 1 Ki. 9. 8.
   Je. 18. 15, 16.
   25. 9, 18.
n ch. 28. 5, 8,
   &c.
   La. 5. 7.
o ch. 8. 14.
   1 Ch. 16. 4.
   23. 5.
   25. 1, &c.
p 2 Sa. 24. 11.
q ch. 30. 12.
ζ *by the
   hand of.*
r ch. 15. 12.
η or, *deceived*
s 1 Ch. 23. 5.
   Ps. 87. 7.
   150. 3. 5.
   Is. 38. 20.
t Nu. 3. 6, 7.
   18. 2. 6.
u 1 Ch. 16. 6.
θ or, *offer
   sacrifice.*
κ *In the time.*
v ch. 23. 18.
   Ps. 137. 3, 4.
w Nu. 4. 2, &c.
λ *hands of
   instru-
   ments.*
μ *song.*
ν *found.*
x ch. 20. 18.
   Ps. 72. 11.
y ver. 5.
π or, *in the
   business.*
z Ps. 100. 2.
   1 Ch. 23. 28.
b Ps. 95. 6.
ρ or, *filled
   your hand,*
   ch. 13. 9.
c Mat. 21. 12,
   13.
d Le. 7. 12.
e 1 Ki. 6. 3.
σ *strength-
   ened.*
f ch. 35. 11.
g ch. 28. 24.
h ch. 30. 3.

---

transgression, have we prepared and sanctified, and, behold, they *are* before the altar of the LORD.

20 Then Hezekiah the king rose early, and gathered the rulers of the city, and went up to the house of the LORD.

21 And they brought seven bullocks, and seven rams, and seven lambs, and seven he-goats, for a sin-offering[d] for the kingdom, and for the sanctuary, and for Judah: and he commanded the priests, the sons of Aaron, to offer *them* on the altar of the LORD.

22 So they killed the bullocks, and the priests received the blood, and sprinkled[f] *it* on the altar: likewise, when they had killed the rams, they sprinkled the blood upon the altar: they killed also the lambs, & they sprinkled the blood upon the altar.

23 And they brought [β] forth the he-goats *for* the sin-offering before the king and the congregation; and they laid their hands upon them:

24 And the priests killed them, and they made reconciliation with their blood upon the altar, to make an atonement for all Israel; for the king commanded, *that* the burnt-offering and the sin-offering *should be made* for all Israel.

25 And he set the Levites in the house of the LORD with cymbals, with psalteries, and with harps, according[o] to the commandment of David, and of Gad[p] the king's seer, and Nathan the prophet; for[q] *so was* the commandment of the LORD [ζ] by his prophets.

26 And the Levites stood with the instruments[s] of David, and the priests with the trumpets.[u]

27 And Hezekiah commanded to offer the burnt-offering upon the altar. κ And when the burnt-offering began, the[v] song of the LORD began *also* with the trumpets, and with the [λ] instruments *ordained* by David king of Israel.

28 And all the congregation worshipped, and the [μ] singers sang, and the trumpeters sounded: *and* all *this continued* until the burnt-offering was finished.

29 And when they had made an end of offering, the king and all that were [ν] present with him bowed[x] themselves, and worshipped.

30 Moreover, Hezekiah the king, and the princes, commanded the Levites to sing praise unto the LORD with the words of David, and of Asaph the seer: and they sang praises with gladness,[z] and they bowed[b] their heads and worshipped.

31 Then Hezekiah answered and said, Now ye have [ρ] consecrated yourselves unto the LORD, come near, and bring sacrifices and thank-offerings[d] into the house of the LORD. And the congregation brought in sacrifices and thank-offerings; and as many as were of a free heart, burnt-offerings.

32 And the number of the burnt-offerings, which the congregation brought, was threescore and ten bullocks, an hundred rams, *and* two hundred lambs; all these *were* for a burnt-offering to the LORD.

33 And the consecrated things *were* six hundred oxen, and three thousand sheep.

34 But the priests were too few, so that they could not flay all the burnt-offerings: wherefore their brethren the Levites [σ] did help[f] them till the work was ended, and until the *other* priests had sanctified themselves: for[h] the Levites *were* more

---

עֹלָה לָרֹב בְּחֶלְבֵי הַשְּׁלָמִים וּבַנְּסָכִים לְעֹלָה וַתִּכּוֹן
36 עֲבוֹדַת בֵּית־יְהוָה: וַיִּשְׂמַח יְחִזְקִיָּהוּ וְכָל־הָעָם
עַל הַהֵכִין הָאֱלֹהִים לָעָם כִּי בְּפִתְאֹם הָיָה הַדָּבָר:

CAP. XXX. ל

1 וַיִּשְׁלַח יְחִזְקִיָּהוּ עַל־כָּל־יִשְׂרָאֵל וִיהוּדָה וְגַם־אִגְּרוֹת
כָּתַב עַל־אֶפְרַיִם וּמְנַשֶּׁה לָבוֹא לְבֵית־יְהוָה
בִּירוּשָׁלִַם לַעֲשׂוֹת פֶּסַח לַיהוָה אֱלֹהֵי יִשְׂרָאֵל:
2 וַיִּוָּעַץ הַמֶּלֶךְ וְשָׂרָיו וְכָל־הַקָּהָל בִּירוּשָׁלִַם לַעֲשׂוֹת
3 הַפֶּסַח בַּחֹדֶשׁ הַשֵּׁנִי: כִּי לֹא יָכְלוּ לַעֲשׂתוֹ בָּעֵת
הַהִיא כִּי הַכֹּהֲנִים לֹא־הִתְקַדְּשׁוּ לְמַדַּי וְהָעָם לֹא
4 נֶאֶסְפוּ לִירוּשָׁלִָם: וַיִּישַׁר הַדָּבָר בְּעֵינֵי הַמֶּלֶךְ
5 וּבְעֵינֵי כָּל־הַקָּהָל: וַיַּעֲמִידוּ דָבָר לְהַעֲבִיר קוֹל
בְּכָל־יִשְׂרָאֵל מִבְּאֵר־שֶׁבַע וְעַד־דָּן לָבוֹא לַעֲשׂוֹת
פֶּסַח לַיהוָה אֱלֹהֵי־יִשְׂרָאֵל בִּירוּשָׁלִַם כִּי לֹא לָרֹב
6 עָשׂוּ כַּכָּתוּב: וַיֵּלְכוּ הָרָצִים בָּאִגְּרוֹת מִיַּד הַמֶּלֶךְ
וְשָׂרָיו בְּכָל־יִשְׂרָאֵל וִיהוּדָה וּכְמִצְוַת הַמֶּלֶךְ לֵאמֹר
בְּנֵי יִשְׂרָאֵל שׁוּבוּ אֶל־יְהוָה אֱלֹהֵי אַבְרָהָם יִצְחָק
וְיִשְׂרָאֵל וְיָשֹׁב אֶל־הַפְּלֵיטָה הַנִּשְׁאֶרֶת לָכֶם מִכַּף
7 מַלְכֵי אַשּׁוּר: וְאַל־תִּהְיוּ כַּאֲבוֹתֵיכֶם וְכַאֲחֵיכֶם
אֲשֶׁר מָעֲלוּ בַּיהוָה אֱלֹהֵי אֲבוֹתֵיהֶם וַיִּתְּנֵם לְשַׁמָּה
8 כַּאֲשֶׁר אַתֶּם רֹאִים: עַתָּה אַל־תַּקְשׁוּ עָרְפְּכֶם
כַּאֲבוֹתֵיכֶם תְּנוּ־יָד לַיהוָה וּבֹאוּ לְמִקְדָּשׁוֹ אֲשֶׁר
הִקְדִּישׁ לְעוֹלָם וְעִבְדוּ אֶת־יְהוָה אֱלֹהֵיכֶם וְיָשֹׁב
9 מִכֶּם חֲרוֹן אַפּוֹ: כִּי בְשׁוּבְכֶם עַל־יְהוָה אֲחֵיכֶם
וּבְנֵיכֶם לְרַחֲמִים לִפְנֵי שׁוֹבֵיהֶם וְלָשׁוּב לָאָרֶץ
הַזֹּאת כִּי־חַנּוּן וְרַחוּם יְהוָה אֱלֹהֵיכֶם וְלֹא־יָסִיר
10 פָּנִים מִכֶּם אִם־תָּשׁוּבוּ אֵלָיו: וַיִּהְיוּ הָרָצִים
עֹבְרִים מֵעִיר לָעִיר בְּאֶרֶץ־אֶפְרַיִם וּמְנַשֶּׁה וְעַד־
זְבֻלוּן וַיִּהְיוּ מַשְׂחִיקִים עֲלֵיהֶם וּמַלְעִגִים בָּם:
11 אַךְ־אֲנָשִׁים מֵאָשֵׁר וּמְנַשֶּׁה וּמִזְּבֻלוּן נִכְנְעוּ וַיָּבֹאוּ
12 לִירוּשָׁלִָם: גַּם בִּיהוּדָה הָיְתָה יַד הָאֱלֹהִים לָתֵת
לָהֶם לֵב אֶחָד לַעֲשׂוֹת מִצְוַת הַמֶּלֶךְ וְהַשָּׂרִים
13 בִּדְבַר יְהוָה: וַיֵּאָסְפוּ יְרוּשָׁלִַם עַם־רָב לַעֲשׂוֹת
אֶת־חַג הַמַּצּוֹת בַּחֹדֶשׁ הַשֵּׁנִי קָהָל לָרֹב מְאֹד:
14 וַיָּקֻמוּ וַיָּסִירוּ אֶת־הַמִּזְבְּחוֹת אֲשֶׁר בִּירוּשָׁלִָם וְאֵת
כָּל־הַמְקַטְּרוֹת הֵסִירוּ וַיַּשְׁלִיכוּ לְנַחַל קִדְרוֹן:

15 וַיִּשְׁחֲטוּ הַפֶּסַח בְּאַרְבָּעָה עָשָׂר לַחֹדֶשׁ הַשֵּׁנִי
וְהַכֹּהֲנִים וְהַלְוִיִּם נִכְלְמוּ וַיִּתְקַדְּשׁוּ וַיָּבִיאוּ עֹלוֹת
16 בֵּית יְהוָה: וַיַּעַמְדוּ עַל־עָמְדָם כְּמִשְׁפָּטָם
כְּתוֹרַת מֹשֶׁה אִישׁ־הָאֱלֹהִים הַכֹּהֲנִים זֹרְקִים אֶת־
17 הַדָּם מִיַּד הַלְוִיִּם: כִּי־רַבַּת בַּקָּהָל אֲשֶׁר לֹא־
הִתְקַדָּשׁוּ וְהַלְוִיִּם עַל־שְׁחִיטַת הַפְּסָחִים לְכֹל לֹא
18 טָהוֹר לְהַקְדִּישׁ לַיהוָה: כִּי מַרְבִּית הָעָם רַבַּת
מֵאֶפְרַיִם וּמְנַשֶּׁה יִשָּׂשכָר וּזְבֻלוּן לֹא הִטֶּהָרוּ כִּי־
אָכְלוּ אֶת־הַפֶּסַח בְּלֹא כַכָּתוּב כִּי הִתְפַּלֵּל יְחִזְקִיָּהוּ
19 עֲלֵיהֶם לֵאמֹר יְהוָה הַטּוֹב יְכַפֵּר בְּעַד: כָּל־לְבָבוֹ
הֵכִין לִדְרוֹשׁ הָאֱלֹהִים יְהוָה אֱלֹהֵי אֲבוֹתָיו וְלֹא
20 כְּטָהֳרַת הַקֹּדֶשׁ: וַיִּשְׁמַע יְהוָה אֶל־יְחִזְקִיָּהוּ
21 וַיִּרְפָּא אֶת־הָעָם: וַיַּעֲשׂוּ בְנֵי־יִשְׂרָאֵל
הַנִּמְצְאִים בִּירוּשָׁלִַם אֶת־חַג הַמַּצּוֹת שִׁבְעַת יָמִים
בְּשִׂמְחָה גְדוֹלָה וּמְהַלְלִים לַיהוָה יוֹם בְּיוֹם הַלְוִיִּם
22 וְהַכֹּהֲנִים בִּכְלֵי־עֹז לַיהוָה: וַיְדַבֵּר יְחִזְקִיָּהוּ עַל־
לֵב כָּל־הַלְוִיִּם הַמַּשְׂכִּילִים שֵׂכֶל־טוֹב לַיהוָה וַיֹּאכְלוּ
אֶת־הַמּוֹעֵד שִׁבְעַת הַיָּמִים מְזַבְּחִים זִבְחֵי שְׁלָמִים
23 וּמִתְוַדִּים לַיהוָה אֱלֹהֵי אֲבוֹתֵיהֶם: וַיִּוָּעֲצוּ כָּל־
הַקָּהָל לַעֲשׂוֹת שִׁבְעַת יָמִים אֲחֵרִים וַיַּעֲשׂוּ
24 שִׁבְעַת יָמִים שִׂמְחָה: כִּי יְחִזְקִיָּהוּ מֶלֶךְ־יְהוּדָה
הֵרִים לַקָּהָל אֶלֶף פָּרִים וְשִׁבְעַת אֲלָפִים צֹאן וְהַשָּׂרִים
הֵרִימוּ לַקָּהָל פָּרִים אֶלֶף וְצֹאן עֲשֶׂרֶת אֲלָפִים
25 וַיִּתְקַדְּשׁוּ כֹהֲנִים לָרֹב: וַיִּשְׂמְחוּ כָּל־קְהַל יְהוּדָה
וְהַכֹּהֲנִים וְהַלְוִיִּם וְכָל־הַקָּהָל הַבָּאִים מִיִּשְׂרָאֵל
וְהַגֵּרִים הַבָּאִים מֵאֶרֶץ יִשְׂרָאֵל וְהַיּוֹשְׁבִים בִּיהוּדָה:
26 וַתְּהִי שִׂמְחָה גְדוֹלָה בִּירוּשָׁלִָם כִּי מִימֵי שְׁלֹמֹה
בֶן־דָּוִיד מֶלֶךְ יִשְׂרָאֵל לֹא כָזֹאת בִּירוּשָׁלִָם:
27 וַיָּקֻמוּ הַכֹּהֲנִים הַלְוִיִּם וַיְבָרֲכוּ אֶת־הָעָם וַיִּשָּׁמַע
בְּקוֹלָם וַתָּבוֹא תְפִלָּתָם לִמְעוֹן קָדְשׁוֹ לַשָּׁמָיִם:

CAP. XXXI. לא

1 וּכְכַלּוֹת כָּל־זֹאת יָצְאוּ כָל־יִשְׂרָאֵל הַנִּמְצְאִים לְעָרֵי
יְהוּדָה וַיְשַׁבְּרוּ הַמַּצֵּבוֹת וַיְגַדְּעוּ הָאֲשֵׁרִים וַיְנַתְּצוּ
אֶת־הַבָּמוֹת וְאֶת־הַמִּזְבְּחֹת מִכָּל־יְהוּדָה וּבִנְיָמִן
וּבְאֶפְרַיִם וּמְנַשֶּׁה עַד־לְכַלֵּה וַיָּשׁוּבוּ כָּל־בְּנֵי יִשְׂרָאֵל

upright[a] in heart to sanctify themselves than the priests.

35 And also the burnt-offerings *were* in abundance, with the fat[c] of the peace-offerings, and the drink-offerings[d] for *every* burnt-offering. So the service of the house of the LORD was set in order.

36 And[e] Hezekiah rejoiced, and all the people, that God had prepared[g] the people: for the thing was *done* suddenly.

CHAP. XXX.

AND Hezekiah sent to all Israel and Judah, and wrote letters also to Ephraim and Manasseh, that they should come to the house of the LORD at Jerusalem, to keep the passover unto the LORD God of Israel.

2 For the king had taken counsel, and his princes, and all the congregation in Jerusalem, to keep the passover in the second[h] month.

3 For they could not keep it at that time,[k] because the priests had not[l] sanctified themselves sufficiently, neither had the people gathered themselves together to Jerusalem.

4 And the thing γ pleased the king and all the congregation.

5 So they established a decree, to make proclamation throughout all Israel, from Beer-sheba even to Dan, that they should come to keep the passover unto the LORD God of Israel at Jerusalem; for they had not done *it* of a long *time in such sort* as it was written.[p]

6 So the posts went with the letters ζ from the king and his princes throughout all Israel and Judah, and according to the commandment of the king, saying, Ye children of Israel, turn[q] again unto the LORD God of Abraham, Isaac, and Israel, and he will return to the remnant[s] of you that are escaped out of the hand of the kings of Assyria.

7 And be not ye like your fathers,[t] and like your brethren, which trespassed against the LORD God of their fathers, *who*, therefore, gave them up[v] to desolation, as ye see.

8 Now κ be ye not stiff-necked,[w] as your fathers *were, but* μ yield[x] yourselves unto the LORD, and enter into his sanctuary, which he hath sanctified for ever; and serve the LORD your God, that the fierceness[y] of his wrath may turn away from you.

9 For if ye turn again unto the LORD, your brethren and your children *shall find* compassion before them[z] that led them captive, so that they shall come again into this land: for the LORD your God *is* gracious[a] and merciful, and will not turn away *his* face from you, if ye return[b] unto him.

10 So the posts passed from city to city, through the country of Ephraim and Manasseh, even unto Zebulun: *c* but they laughed them to scorn, and mocked them.

11 Nevertheless divers[d] of Asher and Manasseh and of Zebulun humbled themselves, and came to Jerusalem.

12 Also in Judah, the hand of God[e] was to give them one heart to do the commandment of the king and of the princes, by[h] the word of the LORD.

13 And there assembled at[i] Jerusalem much people to keep the feast of unleavened bread in the second month, a very great congregation.

B. C. 726.

a Ps. 26. 6.
   94. 15.
b ch. 28. 24.
c Le. 3. 16.
d Nu.15.5–10.
e Ezr. 6. 22.
f ch. 29. 34.
g Ps. 10. 17.
   Pr. 16. 1.
β standing.
h Nu.9.10,11.
i ver. 11.
k Ex.12.6,18.
l ch. 29. 34.
m Nu. 9. 10,
   &c.
γ was right
   in the eyes
   of.
n ch. 19. 3.
o Ja. 5. 15.
p De. 12. 32.
   1 Co. 11. 2.
δ found.
ζ from the
   hand of.
η instru-
   ments of
   strength.
θ to the
   heart of all,
   Is. 40. 2.
q Je. 4. 1.
   La. 5. 21.
   Joel 2.13,14.
r De. 33. 10.
s Is. 6. 13.
t Eze. 20. 13,
   &c.
   He. 3. 7–11.
u Ezr. 10. 11.
v ch. 29. 8.
κ harden not
   your necks.
w De. 10. 16.
   Ro. 10. 21.
λ lifted up,
   or, offered.
μ give the
   hand,
   1Ch. 29. 24.
   Ezr. 10. 19.
x Ro.6.13–19.
y ch. 29. 10.
z Ps. 106. 46.
a Ex. 34. 6.
   Ne.9.17,31.
   Ps. 111. 4.
   Jon. 4. 2.
b Pr. 28. 13.
   Is. 55. 7.
c ch. 36. 16.
v the habita-
   tion of his
   holiness,
   Ps. 68. 5.
d ver. 18, 21.
   ch. 11. 16.
π found.
e Je. 24. 7.
   Eze. 36. 26.
   Phi. 2. 13.
g statues.
f 2 Ki. 18. 4.
g ch. 30. 14.
h ch. 29. 25.
i Ps. 84. 7.
σ to make
   an end.

314

---

14 And they arose, and took away the altars[b] that *were* in Jerusalem, and all the altars for incense took they away, and cast *them* into the brook Kidron.

15 Then they killed the passover on the fourteenth *day* of the second month: and the priests[f] and the Levites were ashamed, and sanctified themselves, and brought in the burnt-offerings into the house of the LORD.

16 And they stood in their β place after their manner, according to the law of Moses the man of God: the priests sprinkled the blood, *which they received* of the hand of the Levites:

17 For *there were* many in the congregation that were not sanctified; therefore the Levites had the charge of the killing of the passovers for every one *that was* not clean, to sanctify *them* unto the LORD.

18 For[i] a multitude of the people, *even* many of Ephraim and Manasseh, Issachar and Zebulun, had not cleansed[m] themselves, yet did they eat the passover otherwise than it was written: but Hezekiah prayed for them, saying, The good LORD pardon every one

19 *That* prepareth[n] his heart to seek God, the LORD God of his fathers, though *he* be not *cleansed* according to the purification of the sanctuary.

20 And the LORD hearkened[o] to Hezekiah, and healed the people.

21 And the children of Israel that were δ present at Jerusalem kept the feast of unleavened bread seven days with great gladness: and the Levites and the priests praised the LORD day by day, *singing* with η loud instruments unto the LORD.

22 And Hezekiah spake θ comfortably unto all the Levites that[r] taught the good knowledge of the LORD: and they did eat throughout the feast seven days, offering peace-offerings, and making[u] confession to the LORD God of their fathers.

23 And the whole assembly took counsel to keep other seven days: and they kept *other* seven days with gladness.

24 For Hezekiah king of Judah λ did give to the congregation a thousand bullocks and seven thousand sheep; and the princes gave to the congregation a thousand bullocks and ten thousand sheep: and a great number of priests sanctified themselves.

25 And all the congregation of Judah, with the priests and the Levites, and all the congregation that came out of Israel, and the strangers that came out of the land of Israel, and that dwelt in Judah, rejoiced.

26 So there was great joy in Jerusalem: for since the time of Solomon the son of David king of Israel *there was* not the like in Jerusalem.

27 Then the priests the Levites arose and blessed the people: and their voice was heard, and their prayer came up to ν his holy dwelling-place, *even* unto heaven.

CHAP. XXXI.

NOW when all this was finished, all Israel that were π present went out to the cities of Judah, and brake the ρ images in pieces,[f] and cut down the groves, and threw down the high places and the altars[g] out of all Judah and Benjamin, in Ephraim also and Manasseh; until σ they had utterly destroyed them all. Then all the children of Israel returned, every man

וַיַּעֲמֵד יְחִזְקִיָּהוּ אֶת־מַחְלְקוֹת הַכֹּהֲנִים וְהַלְוִיִּם עַל־מַחְלְקוֹתָם אִישׁ כְּפִי עֲבֹדָתוֹ לַכֹּהֲנִים וְלַלְוִיִּם לְעֹלָה וְלִשְׁלָמִים לְשָׁרֵת וּלְהֹדוֹת וּלְהַלֵּל בְּשַׁעֲרֵי מַחֲנוֹת יְהוָה:

3 וּמְנָת הַמֶּלֶךְ מִן־רְכוּשׁוֹ לָעֹלוֹת לְעֹלוֹת הַבֹּקֶר וְהָעֶרֶב וְהָעֹלוֹת לַשַּׁבָּתוֹת וְלֶחֳדָשִׁים וְלַמֹּעֲדִים כַּכָּתוּב בְּתוֹרַת יְהוָה:

4 וַיֹּאמֶר לָעָם לְיוֹשְׁבֵי יְרוּשָׁלַ͏ִם לָתֵת מְנָת הַכֹּהֲנִים וְהַלְוִיִּם לְמַעַן יֶחֶזְקוּ בְּתוֹרַת יְהוָה:

5 וְכִפְרֹץ הַדָּבָר הִרְבּוּ בְנֵי־יִשְׂרָאֵל רֵאשִׁית דָּגָן תִּירוֹשׁ וְיִצְהָר וּדְבַשׁ וְכֹל תְּבוּאַת שָׂדֶה וּמַעְשַׂר הַכֹּל לָרֹב הֵבִיאוּ:

6 וּבְנֵי יִשְׂרָאֵל וִיהוּדָה הַיּוֹשְׁבִים בְּעָרֵי יְהוּדָה גַּם־הֵם מַעְשַׂר בָּקָר וָצֹאן וּמַעְשַׂר קָדָשִׁים הַמְקֻדָּשִׁים לַיהוָה אֱלֹהֵיהֶם הֵבִיאוּ וַיִּתְּנוּ עֲרֵמוֹת עֲרֵמוֹת:

7 בַּחֹדֶשׁ הַשְּׁלִשִׁי הֵחֵלּוּ הָעֲרֵמוֹת לְיִסּוֹד וּבַחֹדֶשׁ הַשְּׁבִיעִי כִּלּוּ:

8 וַיָּבֹאוּ יְחִזְקִיָּהוּ וְהַשָּׂרִים וַיִּרְאוּ אֶת־הָעֲרֵמוֹת וַיְבָרֲכוּ אֶת־יְהוָה וְאֵת עַמּוֹ יִשְׂרָאֵל:

9 וַיִּדְרֹשׁ יְחִזְקִיָּהוּ עַל־הַכֹּהֲנִים וְהַלְוִיִּם עַל־הָעֲרֵמוֹת:

10 וַיֹּאמֶר אֵלָיו עֲזַרְיָהוּ הַכֹּהֵן הָרֹאשׁ לְבֵית צָדוֹק וַיֹּאמֶר מֵהָחֵל הַתְּרוּמָה לָבִיא בֵית־יְהוָה אָכוֹל וְשָׂבוֹעַ וְהוֹתֵר עַד־לָרוֹב כִּי יְהוָה בֵּרַךְ אֶת־עַמּוֹ וְהַנּוֹתָר אֶת־הֶהָמוֹן הַזֶּה:

11 וַיֹּאמֶר יְחִזְקִיָּהוּ לְהָכִין לְשָׁכוֹת בְּבֵית יְהוָה וַיָּכִינוּ:

12 וַיָּבִיאוּ אֶת־הַתְּרוּמָה וְהַמַּעֲשֵׂר וְהַקֳּדָשִׁים בֶּאֱמוּנָה וַעֲלֵיהֶם נָגִיד כֹּונַנְיָהוּ הַלֵּוִי וְשִׁמְעִי אָחִיהוּ מִשְׁנֶה:

13 וִיחִיאֵל וַעֲזַזְיָהוּ וְנַחַת וַעֲשָׂהאֵל וִירִימוֹת וְיוֹזָבָד וֶאֱלִיאֵל וְיִסְמַכְיָהוּ וּמַחַת וּבְנָיָהוּ פְּקִידִים מִיַּד כֹּונַנְיָהוּ וְשִׁמְעִי אָחִיו בְּמִפְקַד יְחִזְקִיָּהוּ הַמֶּלֶךְ וַעֲזַרְיָהוּ נְגִיד בֵּית־הָאֱלֹהִים:

14 וְקוֹרֵא בֶן־יִמְנָה הַלֵּוִי הַשּׁוֹעֵר לַמִּזְרָחָה עַל נִדְבוֹת הָאֱלֹהִים לָתֵת תְּרוּמַת יְהוָה וְקָדְשֵׁי הַקֳּדָשִׁים:

15 וְעַל־יָדוֹ עֵדֶן וּמִנְיָמִן וְיֵשׁוּעַ וּשְׁמַעְיָהוּ אֲמַרְיָהוּ וּשְׁכַנְיָהוּ בְּעָרֵי הַכֹּהֲנִים בֶּאֱמוּנָה לָתֵת לַאֲחֵיהֶם בְּמַחְלְקוֹת כַּגָּדוֹל כַּקָּטָן:

16 מִלְּבַד הִתְיַחְשָׂם לִזְכָרִים מִבֶּן שָׁלוֹשׁ שָׁנִים וּלְמַעְלָה לְכָל־הַבָּא לְבֵית־יְהוָה לִדְבַר־יוֹם בְּיוֹמוֹ לַעֲבוֹדָתָם בְּמִשְׁמְרוֹתָם כְּמַחְלְקוֹתֵיהֶם:

17 וְאֵת הִתְיַחֵשׂ הַכֹּהֲנִים לְבֵית אֲבוֹתֵיהֶם וְהַלְוִיִּם מִבֶּן עֶשְׂרִים שָׁנָה וּלְמָעְלָה בְּמִשְׁמְרוֹתֵיהֶם בְּמַחְלְקוֹתֵיהֶם:

18 וּלְהִתְיַחֵשׂ בְּכָל־טַפָּם נְשֵׁיהֶם וּבְנֵיהֶם וּבְנוֹתֵיהֶם לְכָל־קָהָל כִּי בֶאֱמוּנָתָם יִתְקַדְּשׁוּ־קֹדֶשׁ:

19 וְלִבְנֵי אַהֲרֹן הַכֹּהֲנִים בִּשְׂדֵי מִגְרַשׁ עָרֵיהֶם בְּכָל־עִיר וָעִיר אֲנָשִׁים אֲשֶׁר נִקְּבוּ בְּשֵׁמוֹת לָתֵת מָנוֹת לְכָל־זָכָר בַּכֹּהֲנִים וּלְכָל־הִתְיַחֵשׂ בַּלְוִיִּם:

20 וַיַּעַשׂ כָּזֹאת יְחִזְקִיָּהוּ בְּכָל־יְהוּדָה וַיַּעַשׂ הַטּוֹב וְהַיָּשָׁר וְהָאֱמֶת לִפְנֵי יְהוָה אֱלֹהָיו:

21 וּבְכָל־מַעֲשֶׂה אֲשֶׁר־הֵחֵל בַּעֲבוֹדַת בֵּית־הָאֱלֹהִים וּבַתּוֹרָה וּבַמִּצְוָה לִדְרֹשׁ לֵאלֹהָיו בְּכָל־לְבָבוֹ עָשָׂה וְהִצְלִיחַ:

CAP. XXXII. לב

1 אַחֲרֵי הַדְּבָרִים וְהָאֱמֶת הָאֵלֶּה בָּא סַנְחֵרִיב מֶלֶךְ־אַשּׁוּר וַיָּבֹא בִיהוּדָה וַיִּחַן עַל־הֶעָרִים הַבְּצֻרוֹת וַיֹּאמֶר לְבִקְעָם אֵלָיו:

2 וַיַּרְא יְחִזְקִיָּהוּ כִּי־בָא סַנְחֵרִיב וּפָנָיו לַמִּלְחָמָה עַל־יְרוּשָׁלָ͏ִם:

3 וַיִּוָּעַץ עִם־שָׂרָיו וְגִבֹּרָיו לִסְתּוֹם אֶת־מֵימֵי הָעֲיָנוֹת אֲשֶׁר מִחוּץ לָעִיר וַיַּעְזְרוּהוּ:

4 וַיִּקָּבְצוּ עַם־רָב וַיִּסְתְּמוּ אֶת־כָּל־הַמַּעְיָנוֹת וְאֶת־הַנַּחַל הַשּׁוֹטֵף בְּתוֹךְ־הָאָרֶץ לֵאמֹר לָמָּה יָבוֹאוּ מַלְכֵי אַשּׁוּר וּמָצְאוּ מַיִם רַבִּים:

5 וַיִּתְחַזַּק וַיִּבֶן אֶת־כָּל־הַחוֹמָה הַפְּרוּצָה וַיַּעַל עַל־הַמִּגְדָּלוֹת וְלַחוּצָה הַחוֹמָה אַחֶרֶת וַיְחַזֵּק אֶת־הַמִּלּוֹא עִיר דָּוִיד וַיַּעַשׂ שֶׁלַח לָרֹב וּמָגִנִּים:

6 וַיִּתֵּן שָׂרֵי מִלְחָמוֹת עַל־הָעָם וַיִּקְבְּצֵם אֵלָיו אֶל־רְחוֹב שַׁעַר הָעִיר וַיְדַבֵּר עַל־לְבָבָם לֵאמֹר:

7 חִזְקוּ וְאִמְצוּ אַל־תִּירְאוּ וְאַל־תֵּחַתּוּ מִפְּנֵי מֶלֶךְ אַשּׁוּר וּמִלִּפְנֵי כָּל־הֶהָמוֹן אֲשֶׁר־עִמּוֹ כִּי־עִמָּנוּ רַב מֵעִמּוֹ:

8 עִמּוֹ זְרוֹעַ בָּשָׂר וְעִמָּנוּ יְהוָה אֱלֹהֵינוּ לְעָזְרֵנוּ וּלְהִלָּחֵם מִלְחֲמֹתֵנוּ וַיִּסָּמְכוּ הָעָם עַל־דִּבְרֵי יְחִזְקִיָּהוּ מֶלֶךְ־יְהוּדָה:

9 אַחַר זֶה שָׁלַח סַנְחֵרִיב מֶלֶךְ־אַשּׁוּר עֲבָדָיו יְרוּשָׁלַיְמָה וְהוּא עַל־לָכִישׁ וְכָל־מֶמְשַׁלְתּוֹ עִמּוֹ עַל־יְחִזְקִיָּהוּ מֶלֶךְ יְהוּדָה וְעַל־כָּל־יְהוּדָה אֲשֶׁר בִּירוּשָׁלַ͏ִם לֵאמֹר:

10 כֹּה אָמַר סַנְחֵרִיב מֶלֶךְ אַשּׁוּר עַל־מָה אַתֶּם בֹּטְחִים וְיֹשְׁבִים בְּמָצוֹר בִּירוּשָׁלָ͏ִם:

11 הֲלֹא יְחִזְקִיָּהוּ מַסִּית אֶתְכֶם לָתֵת אֶתְכֶם לָמוּת בְּרָעָב וּבְצָמָא לֵאמֹר יְהוָה אֱלֹהֵינוּ יַצִּילֵנוּ מִכַּף מֶלֶךְ אַשּׁוּר:

12 הֲלֹא־הוּא יְחִזְקִיָּהוּ הֵסִיר אֶת־בָּמֹתָיו וְאֶת־מִזְבְּחֹתָיו וַיֹּאמֶר לִיהוּדָה וְלִירוּשָׁלַ͏ִם לֵאמֹר לִפְנֵי מִזְבֵּחַ אֶחָד תִּשְׁתַּחֲווּ

to his possession, into their own cities.

2 And Hezekiah appointed the *b* courses of the priests and the Levites after their courses, every man according to his service, the priests and Levites *c* for burnt-offerings and for peace-offerings, to minister, and to give thanks, and to praise in the gates of the tents of the LORD.

3 *He appointed* also the king's portion of his substance for the burnt-offerings, *to wit,* for the morning and evening burnt-offerings, and the burnt-offerings for the sabbaths, and for the new moons, and for the set feasts, as *it is* written*f* in the law of the LORD.

4 Moreover, he commanded the people that dwelt in Jerusalem to give the *g* portion of the priests and the Levites, that they might be encouraged *i* in the law of the LORD.

5 And as soon as the commandment came *γ* abroad, the children of Israel brought in abundance the first-fruits *l* of corn, wine, and oil, and *δ* honey, and of all the increase of the field; and the tithe of all *things* brought they in abundantly.

6 *And concerning* the children of Israel and Judah, that dwelt in the cities of Judah, they also brought in the tithe of oxen and sheep, and the tithe *o* of holy things which were consecrated unto the LORD their God, and laid *them θ* by heaps.

7 In the third *p* month they began to lay the foundation of the heaps, and finished *them* in the seventh month.

8 And when Hezekiah and the princes came and saw the heaps, they blessed the *r* LORD, and his people Israel.

9 Then Hezekiah questioned with the priests and the Levites concerning the heaps.

10 And Azariah the chief priest, of the house of Zadok, answered him and said, Since *the people* began to bring the offerings into the house of the LORD, we have had enough to eat, and have left *t* plenty: for the LORD hath blessed his people: and that which is left *is* this great store.

11 Then Hezekiah commanded to prepare *μ* chambers in the house of the LORD; and they prepared *them,*

12 And brought in the offerings, and the tithes, and the dedicated *things,v* faithfully: over which Cononiah the Levite *was* ruler, and Shimei his brother *was* the next.

13 And Jehiel, and Azaziah, and Nahath, and Asahel, and Jerimoth, and Jozabad, and Eliel, and Ismachiah, and Mahath, and Benaiah, *were* overseers, *π* under the hand of Cononiah and Shimei his brother, at the commandment of Hezekiah the king, and Azariah the ruler of the house of God.

14 And Kore the son of Imnah the Levite, the porter toward the east, *was* over the free will offerings of God, to *e* distribute the oblations of the LORD, and the most holy things.

15 And *τ* next him *were* Eden, and Miniamin, and Jeshua, and Shemaiah, Amariah, and Shecaniah, in the cities *d* of the priests, in *their φ* set office, to give to their brethren by courses, as well to the great as to the small:

16 Beside their genealogy of males from three years old and upward, *even* unto every one that entereth into the house of the LORD, his daily portion for their service in their charges, according to their courses;

17 Both to the genealogy of the priests

B. C. 726.

a 1Ch. 23.24, 27.
b 1Ch.23.6.
24.1,&c.
c 1 Ch. 23.30.
β or, *trust.*
d Le. 25. 34. Nu.35. 2.
e ver. 12.,15.
f Nu. xxviii. xxix.
g Nu.18.8,&c. Ne.13.10.,13.
h 2 Ki. 20. 3.
Jn°. 1. 47.
Ac. 24. 16.
1 Th. 2. 10.
3 Jn°. 5.
i Mal. 2. 7.
1 Co.9.9.,11.
Ga. 6. 6.
k Ps. 1. 2, 3.
γ brake forth.
l Ex. 22. 29.
m ch. 26. 5.
Jos. 1. 7, 8.
Mat. 6. 33.
7. 24.,27.
δ or, *dates.*
n 2 Ki. 18.13, &c.
Is. 36.1,&c.
ζ break them up.
o Le. 27. 30. De. 14. 28.
η his face was to war.
θ heaps, heaps.
p Le. 23. 16, &c.
q Is.22.9, 11.
r 1 Ch. 29.14.
Ezr. 7. 27.
2 Co.8. 16.
Ph. 4.10,19.
κ over-flowed.
s ch. 25. 23.
t Mal. 3. 10.
u 2 Sa. 5. 9.
1 Ki. 9. 24.
λ or, *swords,* or *weapons.*
μ or, *store-houses.*
v to their heart, ch. 30. 22.
v 2 Ki. 12.15.
w De. 31. 6.
x ch. 20. 15.
y 2 Ki. 6. 16.
z Je. 17. 5.
π at,
a ch. 13. 12.
Ro. 8. 31.
1 Jn°. 4. 4.
ρ leaned.
b Pr. 12. 25.
c Ne. 13. 13.
σ dominion.
τ at his hand.
d Jos. 21. 9.
φ or, *trust,* 1 Ch. 9. 22.
χ or, *strong hold.*

---

by the house of their fathers, and the Levites from *a* twenty years old and upward, in their charges by their courses:

18 And to the genealogy of all their little ones, their wives, and their sons, and their daughters, through all the congregation: for in their *β* set office they sanctified themselves in holiness:

19 Also of the sons of Aaron the priests, *which were* in the fields *d* of the suburbs of their cities, in every several city, the men that were expressed by name,*e* to give portions to all the males among the priests, and to all that were reckoned by genealogies among the Levites.

20 And thus did Hezekiah throughout all Judah, and wrought *that which was* good *h* and right and truth, before the LORD his God.

21 And in every work that he began in the service of the house of God, and in the law,*k* and in the commandments, to seek his God, he did *it* with all his heart, and prospered.*m*

CHAP. XXXII.

AFTER *n* these things, and the establishment thereof, Sennacherib king of Assyria came, and entered into Judah, and encamped against the fenced cities, and thought to *ζ* win them for himself.

2 And when Hezekiah saw that Sennacherib was come, and that *η* he was purposed to fight against Jerusalem,

3 He took counsel with his princes and his mighty men to stop the waters *q* of the fountains which *were* without the city; and they did help him.

4 So there was gathered much people together, who stopped all the fountains, and the brook that *κ* ran through the midst of the land, saying, Why should the kings of Assyria come, and find much water?

5 Also he strengthened himself, and built up all the wall *s* that was broken, and raised *it* up to the towers, and another wall without, and repaired Millo*u in* the city of David, and made *λ* darts and shields in abundance.

6 And he set captains of war over the people, and gathered them together to him in the street of the gate of the city, and spake *v* comfortably to them, saying,

7 Be *w* strong and courageous, be *x* not afraid nor dismayed for the king of Assyria, nor for all the multitude that *is* with him: for *there y* be more with us than with him:

8 With him *is* an *z* arm of flesh; but with us*a is* the LORD our God, to help us, and to fight our battles. And the people *ρ* rested themselves upon the *b* words of Hezekiah king of Judah.

9 After this did Sennacherib king of Assyria send his servants to Jerusalem, (but he *himself laid siege* against Lachish, and all his *σ* power with him,) unto Hezekiah king of Judah, and unto all Judah that *were* at Jerusalem, saying,

10 Thus saith Sennacherib king of Assyria, Whereon do ye trust, that ye abide in the *χ* siege in Jerusalem?

11 Doth not Hezekiah persuade you to give over yourselves to die by famine and by thirst, saying, The LORD our God shall deliver us out of the hand of the king of Assyria?

12 Hath not the same Hezekiah taken away his high places and his altars, and commanded Judah and Jerusalem, saying,

13 הֲלֹא תֵדְעוּ מֶה עָשִׂיתִי אֲנִי וַאֲבוֹתַי לְכֹל עַמֵּי הָאֲרָצוֹת הֲיָכוֹל יָכְלוּ אֱלֹהֵי גּוֹיֵ הָאֲרָצוֹת לְהַצִּיל אֶת־אַרְצָם מִיָּדִי׃

14 מִי בְּכָל־אֱלֹהֵי הַגּוֹיִם הָאֵלֶּה אֲשֶׁר הֶחֱרִימוּ אֲבוֹתַי אֲשֶׁר יָכוֹל לְהַצִּיל אֶת־עַמּוֹ מִיָּדִי כִּי יוּכַל אֱלֹהֵיכֶם לְהַצִּיל אֶתְכֶם מִיָּדִי׃

15 וְעַתָּה אַל־יַשִּׁיא אֶתְכֶם חִזְקִיָּהוּ וְאַל־יַסִּית אֶתְכֶם כָּזֹאת וְאַל־תַּאֲמִינוּ לוֹ כִּי־לֹא יוּכַל כָּל־אֱלוֹהַ כָּל־גּוֹי וּמַמְלָכָה לְהַצִּיל עַמּוֹ מִיָּדִי וּמִיַּד אֲבוֹתָי אַף כִּי אֱלֹהֵיכֶם לֹא־יַצִּילוּ אֶתְכֶם מִיָּדִי׃

16 וְעוֹד דִּבְּרוּ עֲבָדָיו עַל־יְהוָה הָאֱלֹהִים וְעַל יְחִזְקִיָּהוּ עַבְדּוֹ׃

17 וּסְפָרִים כָּתַב לְחָרֵף לַיהוָה אֱלֹהֵי יִשְׂרָאֵל וְלֵאמֹר עָלָיו לֵאמֹר כֵּאלֹהֵי גּוֹיֵ הָאֲרָצוֹת אֲשֶׁר לֹא־הִצִּילוּ עַמָּם מִיָּדִי כֵּן לֹא־יַצִּיל אֱלֹהֵי יְחִזְקִיָּהוּ עַמּוֹ מִיָּדִי׃

18 וַיִּקְרְאוּ בְקוֹל־גָּדוֹל יְהוּדִית עַל־עַם יְרוּשָׁלִַם אֲשֶׁר עַל־הַחוֹמָה לְיָרְאָם וּלְבַהֲלָם לְמַעַן יִלְכְּדוּ אֶת־הָעִיר׃

19 וַיְדַבְּרוּ אֶל־אֱלֹהֵי יְרוּשָׁלִָם כְּעַל אֱלֹהֵי עַמֵּי הָאָרֶץ מַעֲשֵׂה יְדֵי הָאָדָם׃

20 וַיִּתְפַּלֵּל יְחִזְקִיָּהוּ הַמֶּלֶךְ וִישַׁעְיָהוּ בֶן־אָמוֹץ הַנָּבִיא עַל־זֹאת וַיִּזְעֲקוּ הַשָּׁמָיִם׃

21 וַיִּשְׁלַח יְהוָה מַלְאָךְ וַיַּכְחֵד כָּל־גִּבּוֹר חַיִל וְנָגִיד וְשָׂר בְּמַחֲנֵה מֶלֶךְ אַשּׁוּר וַיָּשָׁב בְּבֹשֶׁת פָּנִים לְאַרְצוֹ וַיָּבֹא בֵּית אֱלֹהָיו וּמִיצִיאֵו מֵעָיו שָׁם הִפִּילֻהוּ בֶחָרֶב׃

22 וַיּוֹשַׁע יְהוָה אֶת־יְחִזְקִיָּהוּ וְאֵת יֹשְׁבֵי יְרוּשָׁלִַם מִיַּד סַנְחֵרִיב מֶלֶךְ־אַשּׁוּר וּמִיַּד־כֹּל וַיְנַהֲלֵם מִסָּבִיב׃

23 וְרַבִּים מְבִיאִים מִנְחָה לַיהוָה לִירוּשָׁלִַם וּמִגְדָּנוֹת לִיחִזְקִיָּהוּ מֶלֶךְ יְהוּדָה וַיִּנַּשֵּׂא לְעֵינֵי כָל־הַגּוֹיִם מֵאַחֲרֵי־כֵן׃

24 בַּיָּמִים הָהֵם חָלָה יְחִזְקִיָּהוּ עַד־לָמוּת וַיִּתְפַּלֵּל אֶל־יְהוָה וַיֹּאמֶר לוֹ וּמוֹפֵת נָתַן לוֹ׃

25 וְלֹא־כִגְמֻל עָלָיו הֵשִׁיב יְחִזְקִיָּהוּ כִּי גָבַהּ לִבּוֹ וַיְהִי עָלָיו קֶצֶף וְעַל־יְהוּדָה וִירוּשָׁלִָם׃

26 וַיִּכָּנַע יְחִזְקִיָּהוּ בְּגֹבַהּ לִבּוֹ הוּא וְיֹשְׁבֵי יְרוּשָׁלִָם וְלֹא־בָא עֲלֵיהֶם קֶצֶף יְהוָה בִּימֵי יְחִזְקִיָּהוּ׃

27 וַיְהִי לִיחִזְקִיָּהוּ עֹשֶׁר וְכָבוֹד הַרְבֵּה מְאֹד וְאֹצָרוֹת עָשָׂה־לוֹ לְכֶסֶף וּלְזָהָב וּלְאֶבֶן יְקָרָה וְלִבְשָׂמִים וּלְמָגִנִּים וּלְכֹל כְּלֵי חֶמְדָּה׃

28 וּמִסְכְּנוֹת לִתְבוּאַת דָּגָן וְתִירוֹשׁ וְיִצְהָר וְאֻרָוֺת לְכָל־בְּהֵמָה וּבְהֵמָה וַעֲדָרִים לָאֲוֵרוֹת׃

29 וְעָרִים עָשָׂה לוֹ וּמִקְנֵה־צֹאן וּבָקָר לָרֹב כִּי נָתַן־לוֹ אֱלֹהִים רְכוּשׁ רַב מְאֹד׃

30 וְהוּא יְחִזְקִיָּהוּ סָתַם אֶת־מוֹצָא מֵימֵי גִיחוֹן הָעֶלְיוֹן וַיַּישְּׁרֵם לְמַטָּה־מַּעְרָבָה לְעִיר דָּוִיד וַיַּצְלַח יְחִזְקִיָּהוּ בְּכָל־מַעֲשֵׂהוּ׃

31 וְכֵן בִּמְלִיצֵי שָׂרֵי בָּבֶל הַמְשַׁלְּחִים עָלָיו לִדְרֹשׁ הַמּוֹפֵת אֲשֶׁר הָיָה בָאָרֶץ עֲזָבוֹ הָאֱלֹהִים לְנַסּוֹתוֹ לָדַעַת כָּל־בִּלְבָבוֹ׃

32 וְיֶתֶר דִּבְרֵי יְחִזְקִיָּהוּ וַחֲסָדָיו הִנָּם כְּתוּבִים בַּחֲזוֹן יְשַׁעְיָהוּ בֶן־אָמוֹץ הַנָּבִיא עַל־סֵפֶר מַלְכֵי־יְהוּדָה וְיִשְׂרָאֵל׃

33 וַיִּשְׁכַּב יְחִזְקִיָּהוּ עִם־אֲבֹתָיו וַיִּקְבְּרֻהוּ בְּמַעֲלֵה קִבְרֵי בְנֵי־דָוִיד וְכָבוֹד עָשׂוּ־לוֹ בְמוֹתוֹ כָּל־יְהוּדָה וְיֹשְׁבֵי יְרוּשָׁלִָם וַיִּמְלֹךְ מְנַשֶּׁה בְנוֹ תַּחְתָּיו׃

CAP. XXXIII.   לג

1 בֶּן־שְׁתֵּים עֶשְׂרֵה שָׁנָה מְנַשֶּׁה בְמָלְכוֹ וַחֲמִשִּׁים וְחָמֵשׁ שָׁנָה מָלַךְ בִּירוּשָׁלִָם׃

2 וַיַּעַשׂ הָרַע בְּעֵינֵי יְהוָה כְּתוֹעֲבוֹת הַגּוֹיִם אֲשֶׁר הוֹרִישׁ יְהוָה מִפְּנֵי בְּנֵי יִשְׂרָאֵל׃

3 וַיָּשָׁב וַיִּבֶן אֶת־הַבָּמוֹת אֲשֶׁר נִתַּץ יְחִזְקִיָּהוּ אָבִיו וַיָּקֶם מִזְבְּחוֹת לַבְּעָלִים וַיַּעַשׂ אֲשֵׁרוֹת וַיִּשְׁתַּחוּ לְכָל־צְבָא הַשָּׁמַיִם וַיַּעֲבֹד אֹתָם׃

4 וּבָנָה מִזְבְּחוֹת בְּבֵית יְהוָה אֲשֶׁר אָמַר יְהוָה בִּירוּשָׁלִַם יִהְיֶה־שְּׁמִי לְעוֹלָם׃

5 וַיִּבֶן מִזְבְּחוֹת לְכָל־צְבָא הַשָּׁמָיִם בִּשְׁתֵּי חַצְרוֹת בֵּית־יְהוָה׃

6 וְהוּא הֶעֱבִיר אֶת־בָּנָיו בָּאֵשׁ בְּגֵי בֶן־הִנֹּם וְעוֹנֵן וְנִחֵשׁ וְכִשֵּׁף וְעָשָׂה אוֹב וְיִדְּעֹנִי הִרְבָּה לַעֲשׂוֹת הָרַע בְּעֵינֵי יְהוָה לְהַכְעִיסוֹ׃

7 וַיָּשֶׂם אֶת־פֶּסֶל הַסֶּמֶל אֲשֶׁר עָשָׂה בְּבֵית הָאֱלֹהִים אֲשֶׁר אָמַר אֱלֹהִים אֶל־דָּוִיד וְאֶל־שְׁלֹמֹה בְנוֹ בַּבַּיִת הַזֶּה וּבִירוּשָׁלִַם אֲשֶׁר בָּחַרְתִּי מִכֹּל שִׁבְטֵי יִשְׂרָאֵל אָשִׂים אֶת־שְׁמִי לְעֵילוֹם׃

8 וְלֹא אוֹסִיף לְהָסִיר אֶת־רֶגֶל יִשְׂרָאֵל מֵעַל הָאֲדָמָה אֲשֶׁר הֶעֱמַדְתִּי לַאֲבֹתֵיכֶם רַק אִם־יִשְׁמְרוּ לַעֲשׂוֹת אֵת כָּל־אֲשֶׁר צִוִּיתִים לְכָל־הַתּוֹרָה וְהַחֻקִּים וְהַמִּשְׁפָּטִים בְּיַד־מֹשֶׁה׃

9 וַיֶּתַע מְנַשֶּׁה אֶת־יְהוּדָה וְיֹשְׁבֵי יְרוּשָׁלִָם לַעֲשׂוֹת רָע מִן־הַגּוֹיִם אֲשֶׁר הִשְׁמִיד יְהוָה מִפְּנֵי בְּנֵי יִשְׂרָאֵל׃

10 וַיְדַבֵּר יְהוָה אֶל־מְנַשֶּׁה וְאֶל־עַמּוֹ וְלֹא הִקְשִׁיבוּ׃

11 וַיָּבֵא יְהוָה עֲלֵיהֶם אֶת־שָׂרֵי הַצָּבָא אֲשֶׁר לְמֶלֶךְ אַשּׁוּר וַיִּלְכְּדוּ אֶת־מְנַשֶּׁה בַּחֹחִים וַיַּאַסְרֻהוּ בַּנְחֻשְׁתַּיִם וַיּוֹלִיכֻהוּ בָּבֶלָה׃

12 וּכְהָצֵר לוֹ חִלָּה אֶת־פְּנֵי יְהוָה אֱלֹהָיו וַיִּכָּנַע מְאֹד מִלִּפְנֵי אֱלֹהֵי אֲבֹתָיו׃

Ye shall worship before one altar, and burn incense upon it?

13 Know ye not what I and my fathers have done [b] unto all the people of *other* lands? were the gods of the nations of those lands any ways able to deliver their lands out of mine hand?

14 Who *was there* among all the gods of those nations that my fathers utterly destroyed, that could deliver his people out of mine hand, that your God should be able to deliver you out of mine hand?

15 Now therefore let not Hezekiah deceive you, nor persuade you on this manner, neither yet believe him; for no god of any nation or kingdom was able to deliver his people out of mine hand, and out of the hand of my fathers: how much[f] less shall your God deliver you out of mine hand?

16 And his servants spake yet *more* against the LORD God, and against his servant Hezekiah.

17 He wrote also letters[i] to rail on the LORD God of Israel, and to speak against him, saying, As the gods of the nations of *other* lands have not delivered their people out of mine hand, so shall not the God of Hezekiah deliver his people out of mine hand.

18 Then they cried with a loud voice, in the Jews' speech, unto the people of Jerusalem that *were* on the wall, to affright[n] them, and to trouble them, that they might take the city.

19 And[o] they spake against the God of Jerusalem, as against the gods of the people of the earth, *which were* the work of the hands of man.

20 And[s] for this *cause* Hezekiah the king, and the prophet Isaiah the son of Amoz, prayed[t] and cried to heaven.

21 And[u] the LORD sent an angel,[w] which cut off all the mighty men of valour, and the leaders and captains, in the camp of the king of Assyria: so he returned with shame of face to his own land. And when he was come into the house of his god, they that came forth of his own bowels, [v] slew him there with the sword.

22 Thus[y] the LORD saved Hezekiah and the inhabitants of Jerusalem from the hand of Sennacherib the king of Assyria, and from the hand of all *other*, and[z] guided them on every side.

23 And many brought gifts unto the LORD to Jerusalem, and[θ] presents to Hezekiah king of Judah: so that he was magnified in the sight of all nations from thenceforth.

24 In[a] those days Hezekiah was sick to the death, and prayed unto the LORD: and he spake unto him, and he gave him a sign.

25 But Hezekiah rendered[b] not again according to the benefit *done* unto him; for his heart was[c] lifted up:[d] therefore there was wrath upon him, and upon Judah and Jerusalem.

26 Notwithstanding, Hezekiah humbled himself for the λ pride of his heart, (*both* he[e] and the inhabitants of Jerusalem,) so that[f] the wrath of the LORD came not upon them in the days of Hezekiah.

27 And[g] Hezekiah had exceeding much riches and honour: and he made himself treasuries for silver, & for gold, & for precious stones, and for spices, and for shields, and for all manner of [v] pleasant jewels;

28 Storehouses also for the increase of corn, and wine, and oil; and stalls for

Middle column references

B. C. 710.

a Job 1.3, 9.
  42. 11.
b Is. 10. 14.
  Da. 5. 19.
c Is. 22.9, 11.
β *interpreters.*
d 2 Ki. 20.12, &c.
  Is. 39.1, &c.
e De. 8. 2, 16.
  Ja. 1. 13.
γ *kindnesses.*
f Da. 3. 15.
g Is. xxxvi.
  xxxix.
h 2 Ki.xviii.
  xx.
δ or, *highest.*
i 2Ki.19.9, &c.
k Pr. 10. 7.
l 2Ki.21.1, &c.
m ch. 28. 3.
  De. 18.9,12.
n Ne. 6. 9.
o 1 Sa. 17.36.
  Job15.25,26.
  Ps.10,13,14.
  73. 8. 11.
  139. 19.20.
ζ *returned and built.*
p ch. 30. 14.
  31. 1.
  32. 12.
q De. 16. 21.
r De. 17. 3.
s Is. 37. 1,&c.
t Ps. 50. 15.
  91.14,15.
u Is.10.16.18.
  42. 8.
v 2 Sa. 24.16.
  Ps. 18.50.
  Da. 3. 28.
  6. 22.
w Eze. 28. 37, 39.
x De.18.10,11.
η *made him fall.*
y Ps.37.39,40.
  Hos. 1. 7.
z Ps. 48. 14.
  71.20,21.
θ *precious things.*
a2Ki.20.1,&c.
  Is. 38.1, &c.
κ or,*wrought a miracle for him.*
b Ps. 116. 12.
c ch. 26. 16.
  Da. 5.20,23.
  Hab. 2. 4.
d ch. 24. 18.
λ *lifting up,*
  2 Ki. 14. 10.
e Je.26.18,19.
f 1 Ki. 21. 19.
g Pr. 10. 22.
μ *which were the king's.*
ν *instruments of desire.*
h La. 3. 7.
i Ps.107.10,14
π or, *chains.*
k Ho. 5. 15.
1 Pe. 5. 6.

all manner of beasts, and cotes for flocks.

29 Moreover he provided him cities, and possessions of flocks[a] and herds in abundance; for God had given him substance very much.

30 This same Hezekiah also stopped the upper water-course[c] of Gihon, and brought it straight down to the west side of the city of David. And Hezekiah prospered in all his works.

31 Howbeit, in *the business* of the β ambassadors of the princes of Babylon, who sent[d] unto him to inquire of the wonder that was *done* in the land, God left him to try[e] him, that he might know all *that was* in his heart.

32 Now the rest of the acts of Hezekiah, and his γ goodness, behold, they *are* written in the Vision of Isaiah[g] the prophet, the son of Amoz, *and* in the book of the Kings[h] of Judah and Israel.

33 And Hezekiah slept with his fathers, and they buried him in the δ chiefest of the sepulchres of the sons of David: and all Judah and the inhabitants of Jerusalem did him honour[k] at his death. And Manasseh his son reigned in his stead.

CHAP. XXXIII.

MANASSEH[l] *was* twelve years old when he began to reign: and he reigned fifty and five years in Jerusalem:

2 But did *that which was* evil in the sight of the LORD, like unto the[m] abominations of the heathen, whom the LORD had cast out before the children of Israel.

3 For he ζbuilt again the high places which Hezekiah his father[p] had broken down, and he reared up altars for Baalim, and made groves,[q] and worshipped[r] all the host of heaven, and served them.

4 Also he built altars in the house of the LORD, whereof the LORD had said, In Jerusalem shall my name be for ever.

5 And he built altars for all the host of heaven in the two courts of the house of the LORD.

6 And[w] he caused his children to pass through the fire in the valley of the son of Hinnom: also[x] he observed times, and used enchantments, and used witchcraft, and dealt with a familiar spirit, and with wizards: he wrought much evil in the sight of the LORD, to provoke him to anger.

7 And he set a carved image, the idol which he had made, in the house of God, of which God had said to David, and to Solomon his son, In this house, and in Jerusalem, which I have chosen before all the tribes of Israel, will I put my name for ever:

8 Neither will I any more remove the foot of Israel from out of the land which I have appointed for your fathers; so that they will take heed to do all that I have commanded them, according to the whole law and the statutes and the ordinances by the hand of Moses.

9 So Manasseh made Judah and the inhabitants of Jerusalem to err, *and* to do worse than the heathen, whom the LORD had destroyed before the children of Israel.

10 And the LORD spake to Manasseh, and to his people: but they would not hearken.

11 Wherefore the LORD brought upon them the captains of the host μ of the king of Assyria, which took Manasseh among the thorns,[h] and bound[i] him with π fetters, and carried him to Babylon.

12 And when he was in affliction, he besought the LORD his God, and[k] humbled

13 וַיִּתְפַּלֵּל אֵלָיו וַיֵּעָתֶר לוֹ וַיִּשְׁמַע תְּחִנָּתוֹ וַיְשִׁיבֵהוּ יְרוּשָׁלַ͏ִם לְמַלְכוּתוֹ וַיֵּדַע מְנַשֶּׁה כִּי יְהוָה הוּא הָאֱלֹהִים׃

14 וְאַחֲרֵי־כֵן בָּנָה חוֹמָה חִיצוֹנָה לְעִיר־דָּוִיד מַעְרָבָה לְגִיחוֹן בַּנַּחַל וְלָבוֹא בְשַׁעַר הַדָּגִים וְסָבַב לָעֹפֶל וַיַּגְבִּיהֶהָ מְאֹד וַיָּשֶׂם שָׂרֵי־חַיִל בְּכָל־הֶעָרִים הַבְּצֻרוֹת בִּיהוּדָה׃

15 וַיָּסַר אֶת־אֱלֹהֵי הַנֵּכָר וְאֶת־הַסֶּמֶל מִבֵּית יְהוָה וְכָל־הַמִּזְבְּחוֹת אֲשֶׁר בָּנָה בְּהַר בֵּית־יְהוָה וּבִירוּשָׁלָ͏ִם וַיַּשְׁלֵךְ חוּצָה לָעִיר׃

16 וַיִּבֶן אֶת־מִזְבַּח יְהוָה וַיִּזְבַּח עָלָיו זִבְחֵי שְׁלָמִים וְתוֹדָה וַיֹּאמֶר לִיהוּדָה לַעֲבוֹד אֶת־יְהוָה אֱלֹהֵי יִשְׂרָאֵל׃

17 אֲבָל עוֹד הָעָם זֹבְחִים בַּבָּמוֹת רַק לַיהוָה אֱלֹהֵיהֶם׃

18 וְיֶתֶר דִּבְרֵי מְנַשֶּׁה וּתְפִלָּתוֹ אֶל־אֱלֹהָיו וְדִבְרֵי הַחֹזִים הַמְדַבְּרִים אֵלָיו בְּשֵׁם יְהוָה אֱלֹהֵי יִשְׂרָאֵל הִנָּם עַל־דִּבְרֵי מַלְכֵי יִשְׂרָאֵל׃

19 וּתְפִלָּתוֹ וְהֵעָתֶר־לוֹ וְכָל־חַטָּאתוֹ וּמַעְלוֹ וְהַמְּקֹמוֹת אֲשֶׁר בָּנָה בָהֶם בָּמוֹת וְהֶעֱמִיד הָאֲשֵׁרִים וְהַפְּסִלִים לִפְנֵי הִכָּנְעוֹ הִנָּם כְּתוּבִים עַל דִּבְרֵי חוֹזָי׃

20 וַיִּשְׁכַּב מְנַשֶּׁה עִם־אֲבֹתָיו וַיִּקְבְּרֻהוּ בֵּיתוֹ וַיִּמְלֹךְ אָמוֹן בְּנוֹ תַּחְתָּיו׃

21 בֶּן־עֶשְׂרִים וּשְׁתַּיִם שָׁנָה אָמוֹן בְּמָלְכוֹ וּשְׁתַּיִם שָׁנִים מָלַךְ בִּירוּשָׁלָ͏ִם׃

22 וַיַּעַשׂ הָרַע בְּעֵינֵי יְהוָה כַּאֲשֶׁר עָשָׂה מְנַשֶּׁה אָבִיו וּלְכָל־הַפְּסִילִים אֲשֶׁר עָשָׂה מְנַשֶּׁה אָבִיו זִבַּח אָמוֹן וַיַּעַבְדֵם׃

23 וְלֹא נִכְנַע מִלִּפְנֵי יְהוָה כְּהִכָּנַע מְנַשֶּׁה אָבִיו כִּי הוּא אָמוֹן הִרְבָּה אַשְׁמָה׃

24 וַיִּקְשְׁרוּ עָלָיו עֲבָדָיו וַיְמִיתֻהוּ בְּבֵיתוֹ׃

25 וַיַּכּוּ עַם־הָאָרֶץ אֵת כָּל־הַקֹּשְׁרִים עַל־הַמֶּלֶךְ אָמוֹן וַיַּמְלִיכוּ עַם־הָאָרֶץ אֶת־יֹאשִׁיָּהוּ בְנוֹ תַּחְתָּיו׃

CAP. XXXIV. לד

1 בֶּן־שְׁמוֹנֶה שָׁנִים יֹאשִׁיָּהוּ בְמָלְכוֹ וּשְׁלֹשִׁים וְאַחַת שָׁנָה מָלַךְ בִּירוּשָׁלָ͏ִם׃

2 וַיַּעַשׂ הַיָּשָׁר בְּעֵינֵי יְהוָה וַיֵּלֶךְ בְּדַרְכֵי דָּוִיד אָבִיו וְלֹא־סָר יָמִין וּשְׂמֹאול׃

3 וּבִשְׁמוֹנֶה שָׁנִים לְמָלְכוֹ וְהוּא עוֹדֶנּוּ נַעַר הֵחֵל לִדְרוֹשׁ לֵאלֹהֵי דָּוִיד אָבִיו וּבִשְׁתֵּים עֶשְׂרֵה שָׁנָה הֵחֵל לְטַהֵר אֶת־יְהוּדָה וִירוּשָׁלַ͏ִם מִן־הַבָּמוֹת וְהָאֲשֵׁרִים וְהַפְּסִלִים וְהַמַּסֵּכוֹת׃

4 וַיְנַתְּצוּ לְפָנָיו אֵת מִזְבְּחוֹת הַבְּעָלִים וְהַחַמָּנִים אֲשֶׁר־לְמַעְלָה מֵעֲלֵיהֶם גִּדֵּעַ וְהָאֲשֵׁרִים וְהַפְּסִלִים וְהַמַּסֵּכוֹת שִׁבַּר וְהֵדַק וַיִּזְרֹק עַל־פְּנֵי הַקְּבָרִים הַזֹּבְחִים לָהֶם׃

5 וְעַצְמוֹת כֹּהֲנִים שָׂרַף עַל־מִזְבְּחוֹתָם וַיְטַהֵר אֶת־יְהוּדָה וְאֶת־יְרוּשָׁלָ͏ִם׃

6 וּבְעָרֵי מְנַשֶּׁה וְאֶפְרַיִם וְשִׁמְעוֹן וְעַד־נַפְתָּלִי בְּחַרְבֹתֵיהֶם סָבִיב׃

7 וַיְנַתֵּץ אֶת־הַמִּזְבְּחוֹת וְאֶת־הָאֲשֵׁרִים וְהַפְּסִלִים כִּתַּת לְהֵדַק וְכָל־הַחַמָּנִים גִּדַּע בְּכָל־אֶרֶץ יִשְׂרָאֵל וַיָּשָׁב לִירוּשָׁלָ͏ִם׃

8 וּבִשְׁנַת שְׁמוֹנֶה עֶשְׂרֵה לְמָלְכוֹ לְטַהֵר הָאָרֶץ וְהַבָּיִת שָׁלַח אֶת־שָׁפָן בֶּן־אֲצַלְיָהוּ וְאֶת־מַעֲשֵׂיָהוּ שַׂר־הָעִיר וְאֵת יוֹאָח בֶּן־יוֹאָחָז הַמַּזְכִּיר לְחַזֵּק אֶת־בֵּית יְהוָה אֱלֹהָיו׃

9 וַיָּבֹאוּ אֶל־חִלְקִיָּהוּ הַכֹּהֵן הַגָּדוֹל וַיִּתְּנוּ אֶת־הַכֶּסֶף הַמּוּבָא בֵית־אֱלֹהִים אֲשֶׁר אָסְפוּ־הַלְוִיִּם שֹׁמְרֵי הַסַּף מִיַּד מְנַשֶּׁה וְאֶפְרַיִם וּמִכֹּל שְׁאֵרִית יִשְׂרָאֵל וּמִכָּל־יְהוּדָה וּבִנְיָמִן וַיָּשֻׁבוּ יְרוּשָׁלָ͏ִם׃

10 וַיִּתְּנוּ עַל־יַד עֹשֵׂה הַמְּלָאכָה הַמֻּפְקָדִים בְּבֵית יְהוָה וַיִּתְּנוּ אֹתוֹ עוֹשֵׂי הַמְּלָאכָה אֲשֶׁר עֹשִׂים בְּבֵית יְהוָה לִבְדּוֹק וּלְחַזֵּק הַבָּיִת׃

11 וַיִּתְּנוּ לֶחָרָשִׁים וְלַבֹּנִים לִקְנוֹת אַבְנֵי מַחְצֵב וְעֵצִים לַמְחַבְּרוֹת וּלְקָרוֹת אֶת־הַבָּתִּים אֲשֶׁר הִשְׁחִיתוּ מַלְכֵי יְהוּדָה׃

12 וְהָאֲנָשִׁים עֹשִׂים בֶּאֱמוּנָה בַּמְּלָאכָה וַעֲלֵיהֶם מֻפְקָדִים יַחַת וְעֹבַדְיָהוּ הַלְוִיִּם מִן־בְּנֵי מְרָרִי וּזְכַרְיָה וּמְשֻׁלָּם מִן־בְּנֵי הַקְּהָתִים לְנַצֵּחַ וְהַלְוִיִּם כָּל־מֵבִין בִּכְלֵי־שִׁיר׃

13 וְעַל הַסַּבָּלִים וּמְנַצְּחִים לְכֹל עֹשֵׂה מְלָאכָה לַעֲבוֹדָה וַעֲבוֹדָה וּמֵהַלְוִיִּם סוֹפְרִים וְשֹׁטְרִים וְשׁוֹעֲרִים׃

14 וּבְהוֹצִיאָם אֶת־הַכֶּסֶף הַמּוּבָא בֵּית יְהוָה מָצָא חִלְקִיָּהוּ הַכֹּהֵן אֶת־סֵפֶר תּוֹרַת־יְהוָה בְּיַד־מֹשֶׁה׃

15 וַיַּעַן חִלְקִיָּהוּ וַיֹּאמֶר אֶל־שָׁפָן הַסּוֹפֵר סֵפֶר הַתּוֹרָה מָצָאתִי בְּבֵית יְהוָה וַיִּתֵּן חִלְקִיָּהוּ אֶת־הַסֵּפֶר אֶל־שָׁפָן׃

16 וַיָּבֵא שָׁפָן אֶת־הַסֵּפֶר אֶל־הַמֶּלֶךְ וַיָּשֶׁב עוֹד אֶת־הַמֶּלֶךְ דָּבָר לֵאמֹר כֹּל אֲשֶׁר־נִתַּן בְּיַד־עֲבָדֶיךָ הֵם עֹשִׂים׃

17 וַיַּתִּיכוּ אֶת־הַכֶּסֶף הַנִּמְצָא בְּבֵית־יְהוָה וַיִּתְּנוּהוּ עַל־יַד הַמֻּפְקָדִים וְעַל יַד עוֹשֵׂי הַמְּלָאכָה׃

18 וַיַּגֵּד שָׁפָן הַסּוֹפֵר לַמֶּלֶךְ לֵאמֹר סֵפֶר נָתַן לִי חִלְקִיָּהוּ הַכֹּהֵן וַיִּקְרָא־בוֹ שָׁפָן לִפְנֵי הַמֶּלֶךְ׃

19 וַיְהִי כִּשְׁמֹעַ הַמֶּלֶךְ אֵת דִּבְרֵי הַתּוֹרָה וַיִּקְרַע אֶת־בְּגָדָיו׃

20 וַיְצַו הַמֶּלֶךְ אֶת־חִלְקִיָּהוּ וְאֶת־אֲחִיקָם בֶּן־שָׁפָן וְאֶת־עַבְדּוֹן בֶּן־מִיכָה וְאֵת שָׁפָן הַסּוֹפֵר וְאֵת עֲשָׂיָה עֶבֶד־הַמֶּלֶךְ לֵאמֹר׃

21 לְכוּ דִרְשׁוּ אֶת־יְהוָה בַּעֲדִי וּבְעַד הַנִּשְׁאָר

himself greatly before the God of his fathers,

13 And prayed unto him: and[b] he was intreated of him, and heard his supplication, and brought him again to Jerusalem into his kingdom. Then[d] Manasseh knew that the LORD he *was* God.

14 Now after this he built a wall without the city of David, on the west side of Gihon, in the valley, even to the entering in at the fish-gate, and compassed about δ Ophel, and raised it up a very great height, and put captains of war in all the fenced cities of Judah.

15 And he took away the strange[f] gods, and the idol out of the house of the LORD, and all the altars that he had built in the mount of the house of the LORD, and in Jerusalem, and cast *them* out of the city.

16 And he repaired the altar of the LORD, and sacrificed thereon peace-offerings, and thank-offerings,[g] and commanded Judah to serve the LORD God of Israel.

17 Nevertheless,[i] the people did sacrifice still in the high places, *yet* unto the LORD their God only.

18 Now the rest of the acts of Manasseh, and his prayer unto his God, and the words of the seers that spake to him in the name of the LORD God of Israel, behold, they *are written* in the book of the Kings of Israel.

19 His prayer also, and *how God was* entreated[k] of him, and all[l] his sins, and his trespass, and the places wherein he built high places, and set up groves and graven images, before[m] he was humbled: behold, they *are* written among the sayings of θ the seers.

20 So Manasseh slept with his fathers, and they buried him in his own house: and Amon his son reigned in his stead.

21 Amon[o] *was* two and twenty years old when he began to reign; and reigned two years in Jerusalem.

22 But he did *that which was* evil in the sight of the LORD, as did Manasseh his father; for Amon sacrificed unto all the carved[q] images which Manasseh his father had made, and served them;

23 And humbled not himself before the LORD, as Manasseh his father had humbled himself: but Amon κ trespassed more[s] and more.

24 And his servants conspired against him, and slew him in his own house.

25 But the people of the land slew[u] all them that had conspired against king Amon: and the people of the land made Josiah his son king in his stead.

CHAP. XXXIV.

JOSIAH[w] *was* eight years old when he began to reign: and he reigned in Jerusalem one and thirty years.

2 And he did *that which was* right in the sight of the LORD, and walked in the ways of David his father, and declined *neither*[x] to the right hand nor to the left.

3 For in the eighth year of his reign, while he was yet young,[y] he began to seek after the God of David his father: and in the twelfth year he began to[z] purge Judah and Jerusalem from the high[a] places, and the groves, and the carved images, and the molten images.

4 And they brake down the altars of Baalim, in his presence: and the σ images that *were* on high above them he cut down: and the groves, and the carved images, and the molten images, he brake

---

B. C. 610.

a 2 Ki. 23. 4.
β *face of the graves.*
b 1 Ch. 5. 20.
Ezr. 8. 23.
c 1 Ki. 13. 2.
d Ps. 9. 16.
Da. 4. 34,35.
γ or, *mauls.*
δ or, *the tower,*
ch. 27. 3.
ζ *to make powder.*
e De. 9. 21.
f ver. 3, 5, 7.
g Le. 7. 12.
h 2 Ki. 12. 4.
i 2 Ki. 15. 4.
k 1 Jnᵒ. 1. 9.
l Ro. 5. 16.
m Ps. 119. 67, 71, 75.
η or, *rafter.*
θ or, *Hosai.*
n ch. 31. 12.
Ne. 7. 2.
1 Co. 4. 2.
o 2 Ki. 21. 19, &c.
p ch. 2. 18.
Ne. 4. 10.
q Is. 44. 13 &c.
r 1Ch. 23. 4,5.
κ *multiplied trespass.*
s Je. 7. 26.
t De. 17. 18, 19.
Jos. 1. 8.
λ *by the hand of.*
u Ge. 9. 6.
Nu. 35. 31, 33.
v Je. 36. 20, 21.
w 2 Ki. 22. 1, &c.
μ *to the hand of.*
ν *poured out,* or, *melted.*
x De. 5. 32.
17. 11, 20.
28. 14.
Jos. 1. 7.
π *in it.*
y Pr. 8. 17.
Ec. 12. 1.
z Le. 26. 30.
a Ro. 7. 7, 9.
b ch. 33. 17, 22.
ρ or, *Achbor,* 2 Ki. 22. 12.
σ or, *sun images,* ch. 14. 5.
c Je. 21. 2.
Eze. 14. 1, &c.
20. 1, &c.
d Is. 37. 4.

---

in pieces, and made dust *of them,*[a] and strowed *it* upon the β graves of them that had sacrificed unto them.

5 And he burnt[c] the bones of the priests upon their altars, and cleansed Judah and Jerusalem.

6 And *so did he* in the cities of Manasseh, and Ephraim, and Simeon, even unto Naphtali, with their γ mattocks round about.

7 And when he had broken down the altars and the groves, and had beaten the graven images ζ into powder,[e] and cut down all the idols throughout all the land of Israel, he returned to Jerusalem.

8 Now in the eighteenth year of his reign, when he had purged the land, and the house, he sent Shaphan the son of Azaliah, and Maaseiah the governor of the city, and Joah the son of Joahaz the recorder, to repair the house of the LORD his God.

9 And when they came to Hilkiah the high priest, they delivered[h] the money *that was* brought into the house of God, which the Levites that kept the doors had gathered of the hand of Manasseh and Ephraim, and of all the remnant of Israel, and of all Judah and Benjamin, and they returned to Jerusalem.

10 And they put *it* in the hand of the workmen that had the oversight of the house of the LORD, and they gave it to the workmen that wrought in the house of the LORD, to repair and amend the house:

11 Even to the artificers and builders gave they *it,* to buy hewn stone, and timber for couplings, and to η floor the houses which the kings of Judah had destroyed.

12 And the men did the work[n] faithfully: and the overseers of them *were* Jahath and Obadiah, the Levites, of the sons of Merari; and Zechariah and Meshullam, of the sons of the Kohathites, to set *it* forward: and *other of* the Levites, all that could skill of instruments of music.

13 Also *they were* over the bearers[p] of burdens, and *were* overseers of all that wrought the work in any manner of service; and[r] of the Levites *there were* scribes, and officers, and porters.

14 And when they brought out the money that was brought into the house of the LORD, Hilkiah the priest found a book[t] of the law of the LORD *given* λ by Moses.

15 And Hilkiah answered and said to Shaphan the scribe, I have found the book of the law in the house of the LORD. And Hilkiah delivered the book to Shaphan.

16 And Shaphan carried[v] the book to the king, and brought the king word back again, saying, All that was committed μ to thy servants, they do *it.*

17 And they have ν gathered together the money that was found in the house of the LORD, & have delivered it into the hand of the overseers,& to the hand of the workmen.

18 Then Shaphan the scribe told the king, saying, Hilkiah the priest hath given me a book. And Shaphan read π it before the king.

19 And it came to pass, when the king had heard[a] the words of the law, that he rent his clothes.

20 And the king commanded Hilkiah, and Ahikam the son of Shaphan, and ρ Abdon the son of Micah, and Shaphan the scribe, and Asaiah a servant of the king's, saying,

21 Go, inquire[c] of the LORD for me, and for them that are left[d] in Israel, and in

בְּיִשְׂרָאֵל וּבִיהוּדָה עַל־דִּבְרֵי הַסֵּפֶר אֲשֶׁר נִמְצָא
כִּי־גְדוֹלָה חֲמַת־יְהוָה אֲשֶׁר נִתְּכָה בָּנוּ עַל
אֲשֶׁר לֹא־שָׁמְרוּ אֲבוֹתֵינוּ אֶת־דְּבַר יְהוָה לַעֲשׂוֹת
22 כְּכָל־הַכָּתוּב עַל־הַסֵּפֶר הַזֶּה׃ וַיֵּלֶךְ חִלְקִיָּהוּ
וַאֲשֶׁר הַמֶּלֶךְ אֶל־חֻלְדָּה הַנְּבִיאָה אֵשֶׁת ׀ שַׁלֻּם בֶּן־
תָּקְהַת בֶּן־חַסְרָה שׁוֹמֵר הַבְּגָדִים וְהִיא יוֹשֶׁבֶת
23 בִּירוּשָׁלִַם בַּמִּשְׁנֶה וַיְדַבְּרוּ אֵלֶיהָ כָּזֹאת׃ וַתֹּאמֶר
לָהֶם כֹּה־אָמַר יְהוָה אֱלֹהֵי יִשְׂרָאֵל אִמְרוּ לָאִישׁ
24 אֲשֶׁר־שָׁלַח אֶתְכֶם אֵלָי׃ כֹּה אָמַר יְהוָה
הִנְנִי מֵבִיא רָעָה עַל־הַמָּקוֹם הַזֶּה וְעַל־יוֹשְׁבָיו
אֵת כָּל־הָאָלוֹת הַכְּתוּבוֹת עַל־הַסֵּפֶר אֲשֶׁר
25 קָרְאוּ לִפְנֵי מֶלֶךְ יְהוּדָה׃ תַּחַת ׀ אֲשֶׁר עֲזָבוּנִי
וַיְקַטְּרוּ לֵאלֹהִים אֲחֵרִים לְמַעַן הַכְעִיסֵנִי בְּכֹל
מַעֲשֵׂי יְדֵיהֶם וְתִתַּךְ חֲמָתִי בַּמָּקוֹם הַזֶּה וְלֹא
26 תִכְבֶּה׃ וְאֶל־מֶלֶךְ יְהוּדָה הַשֹּׁלֵחַ אֶתְכֶם לִדְרוֹשׁ
בַּיהוָה כֹּה תֹאמְרוּ אֵלָיו כֹּה־אָמַר יְהוָה אֱלֹהֵי
27 יִשְׂרָאֵל הַדְּבָרִים אֲשֶׁר שָׁמָעְתָּ׃ יַעַן רַךְ־לְבָבְךָ
וַתִּכָּנַע ׀ מִלִּפְנֵי אֱלֹהִים בְּשָׁמְעֲךָ אֶת־דְּבָרָיו
עַל־הַמָּקוֹם הַזֶּה וְעַל־יֹשְׁבָיו וַתִּכָּנַע לְפָנַי וַתִּקְרַע
אֶת־בְּגָדֶיךָ וַתֵּבְךְּ לְפָנָי וְגַם־אֲנִי שָׁמַעְתִּי נְאֻם
28 יְהוָה׃ הִנְנִי אֹסִפְךָ אֶל־אֲבֹתֶיךָ וְנֶאֱסַפְתָּ אֶל
קִבְרֹתֶיךָ בְּשָׁלוֹם וְלֹא־תִרְאֶינָה עֵינֶיךָ בְּכֹל הָרָעָה
אֲשֶׁר אֲנִי מֵבִיא עַל־הַמָּקוֹם הַזֶּה וְעַל־יֹשְׁבָיו
29 וַיָּשִׁיבוּ אֶת־הַמֶּלֶךְ דָּבָר׃ וַיִּשְׁלַח הַמֶּלֶךְ
30 וַיֶּאֱסֹף אֶת־כָּל־זִקְנֵי יְהוּדָה וִירוּשָׁלִָם׃ וַיַּעַל
הַמֶּלֶךְ בֵּית־יְהוָה וְכָל־אִישׁ יְהוּדָה וְיֹשְׁבֵי יְרוּשָׁלִַם
וְהַכֹּהֲנִים וְהַלְוִיִּם וְכָל־הָעָם מִגָּדוֹל וְעַד־קָטָן וַיִּקְרָא
בְאָזְנֵיהֶם אֶת־כָּל־דִּבְרֵי סֵפֶר הַבְּרִית הַנִּמְצָא בֵּית
31 יְהוָה׃ וַיַּעֲמֹד הַמֶּלֶךְ עַל־עָמְדוֹ וַיִּכְרֹת אֶת־הַבְּרִית
לִפְנֵי יְהוָה לָלֶכֶת אַחֲרֵי יְהוָה וְלִשְׁמוֹר אֶת־מִצְוֹתָיו
וְעֵדְוֹתָיו וְחֻקָּיו בְּכָל־לְבָבוֹ וּבְכָל־נַפְשׁוֹ לַעֲשׂוֹת
אֶת־דִּבְרֵי הַבְּרִית הַכְּתוּבִים עַל־הַסֵּפֶר הַזֶּה׃
32 וַיַּעֲמֵד אֵת כָּל־הַנִּמְצָא בִירוּשָׁלִַם וּבִנְיָמִן וַיַּעֲשׂוּ
33 יֹשְׁבֵי יְרוּשָׁלִַם כִּבְרִית אֱלֹהִים אֱלֹהֵי אֲבוֹתֵיהֶם׃ וַיָּסַר
יֹאשִׁיָּהוּ אֶת־כָּל־הַתּוֹעֵבוֹת מִכָּל־הָאֲרָצוֹת אֲשֶׁר לִבְנֵי
יִשְׂרָאֵל וַיַּעֲבֵד אֵת כָּל־הַנִּמְצָא בְּיִשְׂרָאֵל לַעֲבוֹד
אֶת־יְהוָה אֱלֹהֵיהֶם כָּל־יָמָיו לֹא סָרוּ מֵאַחֲרֵי יְהוָה
אֱלֹהֵי אֲבוֹתֵיהֶם׃

CAP. XXXV. לה

1 וַיַּעַשׂ יֹאשִׁיָּהוּ בִירוּשָׁלִַם פֶּסַח לַיהוָה וַיִּשְׁחֲטוּ
הַפֶּסַח בְּאַרְבָּעָה עָשָׂר לַחֹדֶשׁ הָרִאשׁוֹן׃ 2 וַיַּעֲמֵד
הַכֹּהֲנִים עַל־מִשְׁמְרוֹתָם וַיְחַזְּקֵם לַעֲבוֹדַת בֵּית
יְהוָה׃ 3 וַיֹּאמֶר לַלְוִיִּם הַמְּבִינִים לְכָל־יִשְׂרָאֵל
הַקְּדוֹשִׁים לַיהוָה תְּנוּ אֶת־אֲרוֹן־הַקֹּדֶשׁ בַּבַּיִת אֲשֶׁר
בָּנָה שְׁלֹמֹה בֶן־דָּוִיד מֶלֶךְ יִשְׂרָאֵל אֵין־לָכֶם מַשָּׂא
בַּכָּתֵף עַתָּה עִבְדוּ אֶת־יְהוָה אֱלֹהֵיכֶם וְאֵת עַמּוֹ
4 יִשְׂרָאֵל׃ וְהָכִונוּ לְבֵית־אֲבוֹתֵיכֶם כְּמַחְלְקוֹתֵיכֶם
בִּכְתָב דָּוִיד מֶלֶךְ יִשְׂרָאֵל וּבְמִכְתַּב שְׁלֹמֹה בְנוֹ׃
5 וְעִמְדוּ בַקֹּדֶשׁ לִפְלֻגּוֹת בֵּית הָאָבוֹת לַאֲחֵיכֶם בְּנֵי
הָעָם וַחֲלֻקַּת בֵּית־אָב לַלְוִיִּם׃ 6 וְשַׁחֲטוּ הַפָּסַח
וְהִתְקַדְּשׁוּ וְהָכִינוּ לַאֲחֵיכֶם לַעֲשׂוֹת כִּדְבַר־יְהוָה
בְּיַד־מֹשֶׁה׃ 7 וַיָּרֶם יֹאשִׁיָּהוּ לִבְנֵי הָעָם צֹאן
כְּבָשִׂים וּבְנֵי־עִזִּים הַכֹּל לַפְּסָחִים לְכָל־הַנִּמְצָא
לְמִסְפַּר שְׁלֹשִׁים אֶלֶף וּבָקָר שְׁלֹשֶׁת אֲלָפִים אֵלֶּה
מֵרְכוּשׁ הַמֶּלֶךְ׃ 8 וְשָׂרָיו לִנְדָבָה לָעָם לַכֹּהֲנִים
וְלַלְוִיִּם הֵרִימוּ חִלְקִיָּה וּזְכַרְיָהוּ וִיחִיאֵל נְגִידֵי בֵּית
הָאֱלֹהִים לַכֹּהֲנִים נָתְנוּ לַפְּסָחִים אַלְפַּיִם וְשֵׁשׁ מֵאוֹת
9 וּבָקָר שְׁלֹשׁ מֵאוֹת׃ וְכָנַנְיָהוּ וּשְׁמַעְיָהוּ וּנְתַנְאֵל
אֶחָיו וַחֲשַׁבְיָהוּ וִיעִיאֵל וְיוֹזָבָד שָׂרֵי הַלְוִיִּם הֵרִימוּ
לַלְוִיִּם לַפְּסָחִים חֲמֵשֶׁת אֲלָפִים וּבָקָר חֲמֵשׁ
10 מֵאוֹת׃ וַתִּכּוֹן הָעֲבוֹדָה וַיַּעַמְדוּ הַכֹּהֲנִים עַל־
עָמְדָם וְהַלְוִיִּם עַל־מַחְלְקוֹתָם כְּמִצְוַת הַמֶּלֶךְ׃
11 וַיִּשְׁחֲטוּ הַפָּסַח וַיִּזְרְקוּ הַכֹּהֲנִים מִיָּדָם וְהַלְוִיִּם
מַפְשִׁיטִים׃ 12 וַיָּסִירוּ הָעֹלָה לְתִתָּם לְמִפְלַגּוֹת לְבֵית־
אָבוֹת לִבְנֵי הָעָם לְהַקְרִיב לַיהוָה כַּכָּתוּב בְּסֵפֶר
מֹשֶׁה וְכֵן לַבָּקָר׃ 13 וַיְבַשְּׁלוּ הַפֶּסַח בָּאֵשׁ כַּמִּשְׁפָּט
וְהַקֳּדָשִׁים בִּשְּׁלוּ בַּסִּירוֹת וּבַדְּוָדִים וּבַצֵּלָחוֹת וַיָּרִיצוּ
14 לְכָל־בְּנֵי הָעָם׃ וְאַחַר הֵכִינוּ לָהֶם וְלַכֹּהֲנִים כִּי
הַכֹּהֲנִים בְּנֵי אַהֲרֹן בְּהַעֲלוֹת הָעוֹלָה וְהַחֲלָבִים
עַד־לָיְלָה וְהַלְוִיִּם הֵכִינוּ לָהֶם וְלַכֹּהֲנִים בְּנֵי אַהֲרֹן׃
15 וְהַמְשֹׁרְרִים בְּנֵי־אָסָף עַל־מַעֲמָדָם כְּמִצְוַת דָּוִיד
וְאָסָף וְהֵימָן וִידֻתוּן חוֹזֵה הַמֶּלֶךְ וְהַשֹּׁעֲרִים לְשַׁעַר
וָשָׁעַר אֵין לָהֶם לָסוּר מֵעַל עֲבֹדָתָם כִּי־אֲחֵיהֶם
הַלְוִיִּם הֵכִינוּ לָהֶם׃ 16 וַתִּכּוֹן כָּל־עֲבוֹדַת יְהוָה
בַּיּוֹם הַהוּא לַעֲשׂוֹת הַפֶּסַח וְהַעֲלוֹת עֹלוֹת עַל
מִזְבַּח יְהוָה כְּמִצְוַת הַמֶּלֶךְ יֹאשִׁיָּהוּ׃ 17 וַיַּעֲשׂוּ בְנֵי־

Judah, concerning the words of the book that is found : for great[b] *is* the wrath of the LORD that is poured out upon us, because our fathers have not kept the word of the LORD, to do after all that is written in this book.

22 And Hilkiah, and *they* that the king *had appointed*, went to Huldah the prophetess, the wife of Shallum the son of Tikvath, the son of [β] Hasrah, keeper of the [γ] wardrobe ; (now she dwelt in Jerusalem in the [δ] college ;) and they spake to her to that *effect*.

23 And she answered them, Thus saith the LORD God of Israel, Tell ye the man that sent you to me,

24 Thus saith the LORD, Behold, I[h] will bring evil upon this place, and upon the inhabitants thereof, *even* all the curses that are written in the book which they have read before the king of Judah :

25 Because they have forsaken me, and have burned incense unto other gods, that they might provoke me to anger with all the works of their hands ; therefore my wrath shall be poured out[l] upon this place, and shall not be quenched.

26 And as for the king of Judah, who sent you to inquire of the LORD, so shall ye say unto him, Thus saith the LORD God of Israel, *concerning* the words which thou hast heard ;

27 Because thine heart was[m] tender, and thou didst humble[n] thyself before God, when thou heardest his words against this place, and against the inhabitants thereof, and humbledst thyself before me, and didst rend thy clothes, and weep before me ; I have even heard *thee*[o] also, saith the LORD.

28 Behold, I will gather thee to thy fathers, and thou shalt be gathered to thy grave in peace, neither[p] shall thine eyes see all the evil that I will bring upon this place, and upon the inhabitants of the same. So they brought the king word again.

29 Then[r] the king sent and gathered together all the elders of Judah and Jerusalem.

30 And the king went up into the house of the LORD, and all the men of Judah, and the inhabitants of Jerusalem, and the priests, and the Levites, and all the people, [κ]great and small; and he read in their ears all the words of the book of the covenant that was found in the house of the LORD.

31 And the king stood[u] in his place, and made a covenant[w] before the LORD, to walk after the LORD, and to keep his commandments, and his testimonies,[y] and his statutes, with all his heart, and with all his soul, to perform[z] the words of the covenant which are written in this book.

32 And he caused all that were [μ] present in Jerusalem and Benjamin to stand *to it*. And the inhabitants of Jerusalem did according to the covenant of God, the God of their fathers.

33 And Josiah took away all the abominations[a] out of all the countries that *pertained* to the children of Israel, and made all that were present in Israel to serve,*even* to serve the LORD their God. *And* all his days[d] they departed not from [π] following the LORD, the God of their fathers.

CHAP. XXXV.

MOREOVER,[e] Josiah kept a passover unto the LORD in Jerusalem : and they killed the passover on the fourteenth *day*[f] of the first month.

B. C. 624.

---

a ch. 23. 18.

b Le. 26. 14,
&c.
De.28.15,&c.
29. 18.28.
30. 17..19.
31. 16..22.
32. 15..25.
Ro. 1. 18.
2. 8.12.

c ch. 30. 22.
De. 33. 10.
Mal. 2. 7.

d 1 Ch. 23. 26.

β or, *Harhas*,
2 Ki. 22. 14.

γ *garments*.

δ or, *school*,
or, *second
part*.

e 1 Ch. 23.26.

f ch. 8. 14.

g Ps. 134. 1.

h Je. 6. 19.
19. 3, 15.
35. 17.

ζ *house*.

η *sons of the
people*.

i ch. 30. 3, 15.
Ezr. 6. 20.

θ *offered*.

k ch. 7. 8..10.
30. 24.

l Is. 42. 25.
Je. 7. 20.
La. 2. 4.
4. 11.

m ch.33.12,13.
Ps. 34. 18.
51. 17.
Is. 57. 15.
66. 2.
Eze. 9. 4.

n Ja. 4. 6, 10.

o Ps. 10. 17.
Is. 65. 24.

p 1 Ki. 21. 29.
2 Ki. 20. 19.

q Ezr. 6. 18.

r 2 Ki.23.1,&c.

s ch.29.22,34.

κ *from great
even to
small*.

t Le. 3. 3.

u ch. 6. 13.
2 Ki. 11. 14.

v Ex. 12.8, 9.
De. 16. 7.

w Je. 50. 5.

x 1Sa.2.13.15.

y Ps. 119.111,
112.

λ *made* them
run.

z Ps. 119.106.

μ *found*.

a 1 Ki. 11. 5.

ν *station*.

b 1 Ch. 25. 1,
&c.

c 1 Ch.9. 17.

d Je. 3. 10.
Hos. 6. 4.

π *after*.

e 2 Ki. 23. 21,
&c.

f Ex. 12. 6.
Ezr. 6. 19.

---

2 And he set the priests in their[n] charges, and encouraged them to the service of the house of the LORD,

3 And said unto the Levites that taught all[c] Israel, which were holy unto the LORD, Put the holy ark in the house which Solomon the son of David king of Israel did build : it[d] *shall* not *be* a burden upon *your* shoulders ; serve now the LORD your God, and his people Israel,

4 And prepare *yourselves* by the houses of your fathers, after your courses, according to the writing of David[e] king of Israel, and according to the writing of Solomon[f] his son.

5 And stand[g] in the holy *place*,according to the divisions of the [ζ] families of the fathers of your [η]brethren the people,& *after* the division of the families of the Levites.

6 So kill the passover, and sanctify[i] yourselves, and prepare your brethren, that *they* may do according to the word of the LORD by the hand of Moses.

7 And Josiah [θ] gave to[k] the people, of the flock, lambs and kids, all for the passover-offerings, for all that were present, to the number of thirty thousand, and three thousand bullocks : these *were* of the king's substance.

8 And his princes [θ] gave willingly unto the people, to the priests, and to the Levites : Hilkiah and Zechariah and Jehiel, rulers for the house of God, gave unto the priests for the passover-offerings, two thousand and six hundred *small cattle*, and three hundred oxen.

9 Conaniah also, and Shemaiah and Nethaneel his brethren, and Hashabiah, and Jeiel, and Jozabad, chief of the Levites, [θ] gave unto the Levites, for passover-offerings, five thousand *small cattle*, and five hundred oxen.

10 So the service was prepared, and the priests stood in their place, and the Levites in their courses,[q] according to the king's commandment.

11 And[s] they killed the passover, and the priests sprinkled *the blood* from their hands, and the Levites flayed *them*.

12 And they removed the burnt-offerings that they might give according to the divisions of the families of the people, to offer unto the LORD, as *it is* written[t] in the book of Moses: and so *did they* with the oxen.

13 And they roasted[v] the passover with fire, according to the ordinance : but the *other* holy *offerings* sod[x] they in pots, and in caldrons, and in pans, and [λ] divided *them* speedily among all the people.

14 And afterward they made ready for themselves, and for the priests : because the priests the sons of Aaron *were busied* in offering of burnt-offerings and the fat until night ; therefore the Levites prepared for themselves, and for the priests the sons of Aaron.

15 And the singers the sons of Asaph, *were* in their [ν] place, according to the commandment of David,[b] and Asaph, and Heman, and Jeduthun the king's seer : and the porters[c] *waited* at every gate : they might not depart from their service ; for their brethren the Levites prepared for them.

16 So all the service of the LORD was prepared the same day, to keep the passover, and to offer burnt-offerings upon the altar of the LORD, according to the commandment of king Josiah

יִשְׂרָאֵל הַנִּמְצָאִים אֶת־הַפֶּסַח בָּעֵת הַהִיא וְאֶת־הֶחָג

18 הַמַּצּוֹת שִׁבְעַת יָמִים: וְלֹא־נַעֲשָׂה פֶסַח כָּמֹהוּ
בְּיִשְׂרָאֵל מִימֵי שְׁמוּאֵל הַנָּבִיא וְכָל־מַלְכֵי יִשְׂרָאֵל
לֹא־עָשׂוּ כַּפֶּסַח אֲשֶׁר־עָשָׂה יֹאשִׁיָּהוּ וְהַכֹּהֲנִים
וְהַלְוִיִּם וְכָל־יְהוּדָה וְיִשְׂרָאֵל הַנִּמְצָא וְיוֹשְׁבֵי

19 יְרוּשָׁלִָם: בִּשְׁמוֹנֶה עֶשְׂרֵה שָׁנָה לְמַלְכוּת

20 יֹאשִׁיָּהוּ נַעֲשָׂה הַפֶּסַח הַזֶּה: אַחֲרֵי כָל־זֹאת
אֲשֶׁר הֵכִין יֹאשִׁיָּהוּ אֶת־הַבַּיִת עָלָה נְכוֹ מֶלֶךְ־
מִצְרַיִם לְהִלָּחֵם בְּכַרְכְּמִישׁ עַל־פְּרָת וַיֵּצֵא לִקְרָאתוֹ

21 יֹאשִׁיָּהוּ: וַיִּשְׁלַח אֵלָיו מַלְאָכִים לֵאמֹר מַה־לִּי
וָלָךְ מֶלֶךְ יְהוּדָה לֹא־עָלֶיךָ אַתָּה הַיּוֹם כִּי אֶל־בֵּית
מִלְחַמְתִּי וֵאלֹהִים אָמַר לְבַהֲלֵנִי חֲדַל־לְךָ מֵאֱלֹהִים

22 אֲשֶׁר־עִמִּי וְאַל־יַשְׁחִיתֶךָ: וְלֹא־הֵסֵב יֹאשִׁיָּהוּ פָנָיו
מִמֶּנּוּ כִּי לְהִלָּחֶם־בּוֹ הִתְחַפֵּשׂ וְלֹא שָׁמַע אֶל־דִּבְרֵי
נְכוֹ מִפִּי אֱלֹהִים וַיָּבֹא לְהִלָּחֵם בְּבִקְעַת מְגִדּוֹ:

23 וַיֹּרוּ הַיֹּרִים לַמֶּלֶךְ יֹאשִׁיָּהוּ וַיֹּאמֶר הַמֶּלֶךְ לַעֲבָדָיו

24 הַעֲבִירוּנִי כִּי הָחֳלֵיתִי מְאֹד: וַיַּעֲבִירֻהוּ עֲבָדָיו מִן־
הַמֶּרְכָּבָה וַיַּרְכִּיבֻהוּ עַל רֶכֶב הַמִּשְׁנֶה אֲשֶׁר־לוֹ
וַיּוֹלִיכֻהוּ יְרוּשָׁלִַם וַיָּמָת וַיִּקָּבֵר בְּקִבְרוֹת אֲבֹתָיו
וְכָל־יְהוּדָה וִירוּשָׁלִַם מִתְאַבְּלִים עַל־יֹאשִׁיָּהוּ:

25 וַיְקוֹנֵן יִרְמְיָהוּ עַל־יֹאשִׁיָּהוּ וַיֹּאמְרוּ כָל־הַשָּׁרִים
וְהַשָּׁרוֹת בְּקִינוֹתֵיהֶם עַל־יֹאשִׁיָּהוּ עַד־הַיּוֹם וַיִּתְּנוּם

26 לְחֹק עַל־יִשְׂרָאֵל וְהִנָּם כְּתוּבִים עַל־הַקִּינוֹת: וְיֶתֶר
דִּבְרֵי יֹאשִׁיָּהוּ וַחֲסָדָיו כַּכָּתוּב בְּתוֹרַת יְהוָה:

27 וּדְבָרָיו הָרִאשֹׁנִים וְהָאַחֲרֹנִים הִנָּם כְּתוּבִים עַל־סֵפֶר
מַלְכֵי־יִשְׂרָאֵל וִיהוּדָה: לו CAP. XXXVI.

1 וַיִּקְחוּ עַם־הָאָרֶץ אֶת־יְהוֹאָחָז בֶּן־יֹאשִׁיָּהוּ וַיַּמְלִיכֻהוּ

2 תַחַת־אָבִיו בִּירוּשָׁלִָם: בֶּן־שָׁלוֹשׁ וְעֶשְׂרִים שָׁנָה
יוֹאָחָז בְּמָלְכוֹ וּשְׁלֹשָׁה חֳדָשִׁים מָלַךְ בִּירוּשָׁלִָם:

3 וַיְסִירֵהוּ מֶלֶךְ־מִצְרַיִם בִּירוּשָׁלִַם וַיַּעֲנֹשׁ אֶת־

4 הָאָרֶץ מֵאָה כִכַּר־כֶּסֶף וְכִכַּר זָהָב: וַיַּמְלֵךְ מֶלֶךְ־
מִצְרַיִם אֶת־אֶלְיָקִים אָחִיו עַל־יְהוּדָה וִירוּשָׁלִַם
וַיַּסֵּב אֶת־שְׁמוֹ יְהוֹיָקִים וְאֶת־יוֹאָחָז אָחִיו לָקַח

5 נְכוֹ וַיְבִיאֵהוּ מִצְרָיְמָה: בֶּן־עֶשְׂרִים וְחָמֵשׁ
שָׁנָה יְהוֹיָקִים בְּמָלְכוֹ וְאַחַת עֶשְׂרֵה שָׁנָה מָלַךְ

6 בִּירוּשָׁלִָם וַיַּעַשׂ הָרַע בְּעֵינֵי יְהוָה אֱלֹהָיו: עָלָיו
עָלָה נְבוּכַדְנֶאצַּר מֶלֶךְ בָּבֶל וַיַּאַסְרֵהוּ בַּנְחֻשְׁתַּיִם

7 לְהֹלִיכוֹ בָּבֶלָה: וּמִכְּלֵי בֵּית יְהוָה הֵבִיא נְבוּכַדְנֶאצַּר

8 לְבָבֶל וַיִּתְּנֵם בְּהֵיכָלוֹ בְּבָבֶל: וְיֶתֶר דִּבְרֵי יְהוֹיָקִים

וְתוֹעֲבֹתָיו אֲשֶׁר־עָשָׂה וְהַנִּמְצָא עָלָיו הִנָּם כְּתוּבִים
עַל־סֵפֶר מַלְכֵי יִשְׂרָאֵל וִיהוּדָה וַיִּמְלֹךְ יְהוֹיָכִין בְּנוֹ

9 תַּחְתָּיו: בֶּן־שְׁמוֹנֶה שָׁנִים יְהוֹיָכִין בְּמָלְכוֹ
וּשְׁלֹשָׁה חֳדָשִׁים וַעֲשֶׂרֶת יָמִים מָלַךְ בִּירוּשָׁלִָם

10 וַיַּעַשׂ הָרַע בְּעֵינֵי יְהוָה: וְלִתְשׁוּבַת הַשָּׁנָה שָׁלַח
הַמֶּלֶךְ נְבוּכַדְנֶאצַּר וַיְבִאֵהוּ בָבֶלָה עִם־כְּלֵי חֶמְדַּת
בֵּית־יְהוָה וַיַּמְלֵךְ אֶת־צִדְקִיָּהוּ אָחִיו עַל־יְהוּדָה

11 וִירוּשָׁלִָם: בֶּן־עֶשְׂרִים וְאַחַת שָׁנָה צִדְקִיָּהוּ
בְמָלְכוֹ וְאַחַת עֶשְׂרֵה שָׁנָה מָלַךְ בִּירוּשָׁלִָם:

12 וַיַּעַשׂ הָרַע בְּעֵינֵי יְהוָה אֱלֹהָיו לֹא נִכְנַע מִלִּפְנֵי

13 יִרְמְיָהוּ הַנָּבִיא מִפִּי יְהוָה: וְגַם בַּמֶּלֶךְ
נְבוּכַדְנֶאצַּר מָרָד אֲשֶׁר הִשְׁבִּיעוֹ בֵּאלֹהִים וַיֶּקֶשׁ
אֶת־עָרְפּוֹ וַיְאַמֵּץ אֶת־לְבָבוֹ מִשּׁוּב אֶל־יְהוָה אֱלֹהֵי

14 יִשְׂרָאֵל: גַּם כָּל־שָׂרֵי הַכֹּהֲנִים וְהָעָם הִרְבּוּ לִמְעָל־
מַעַל כְּכֹל תֹּעֲבוֹת הַגּוֹיִם וַיְטַמְּאוּ אֶת־בֵּית יְהוָה

15 אֲשֶׁר הִקְדִּישׁ בִּירוּשָׁלִָם: וַיִּשְׁלַח יְהוָה אֱלֹהֵי
אֲבוֹתֵיהֶם עֲלֵיהֶם בְּיַד מַלְאָכָיו הַשְׁכֵּם וְשָׁלוֹחַ כִּי־

16 חָמַל עַל־עַמּוֹ וְעַל־מְעוֹנוֹ: וַיִּהְיוּ מַלְעִבִים
בְּמַלְאֲכֵי הָאֱלֹהִים וּבוֹזִים דְּבָרָיו וּמִתַּעְתְּעִים בִּנְבִאָיו
עַד עֲלוֹת חֲמַת־יְהוָה בְּעַמּוֹ עַד־לְאֵין מַרְפֵּא:

17 וַיַּעַל עֲלֵיהֶם אֶת־מֶלֶךְ כַּשְׂדִּיים וַיַּהֲרֹג בַּחוּרֵיהֶם
בַּחֶרֶב בְּבֵית מִקְדָּשָׁם וְלֹא חָמַל עַל־בָּחוּר וּבְתוּלָה

18 זָקֵן וְיָשֵׁשׁ הַכֹּל נָתַן בְּיָדוֹ: וְכֹל
כְּלֵי בֵּית הָאֱלֹהִים הַגְּדֹלִים וְהַקְּטַנִּים וְאֹצְרוֹת
בֵּית יְהוָה וְאֹצְרוֹת הַמֶּלֶךְ וְשָׂרָיו הַכֹּל הֵבִיא

19 בָבֶל: וַיִּשְׂרְפוּ אֶת־בֵּית הָאֱלֹהִים וַיְנַתְּצוּ אֵת
חוֹמַת יְרוּשָׁלִָם וְכָל־אַרְמְנוֹתֶיהָ שָׂרְפוּ בָאֵשׁ וְכָל־

20 כְּלֵי מַחֲמַדֶּיהָ לְהַשְׁחִית: וַיֶּגֶל הַשְּׁאֵרִית מִן־
הַחֶרֶב אֶל־בָּבֶל וַיִּהְיוּ־לוֹ וּלְבָנָיו לַעֲבָדִים עַד־

21 מְלֹךְ מַלְכוּת פָּרָס: לְמַלֹּאות דְּבַר־יְהוָה בְּפִי
יִרְמְיָהוּ עַד־רָצְתָה הָאָרֶץ אֶת־שַׁבְּתוֹתֶיהָ כָּל־יְמֵי
הָשַּׁמָּה שָׁבָתָה לְמַלֹּאות שִׁבְעִים שָׁנָה:

22 וּבִשְׁנַת אַחַת לְכוֹרֶשׁ מֶלֶךְ פָּרַס לִכְלוֹת דְּבַר־יְהוָה
בְּפִי יִרְמְיָהוּ הֵעִיר יְהוָה אֶת־רוּחַ כּוֹרֶשׁ מֶלֶךְ־
פָּרַס וַיַּעֲבֶר־קוֹל בְּכָל־מַלְכוּתוֹ וְגַם־בְּמִכְתָּב לֵאמֹר:

23 כֹּה־אָמַר כּוֹרֶשׁ מֶלֶךְ פָּרַס כֹּל מַמְלְכוֹת הָאָרֶץ
נָתַן לִי יְהוָה אֱלֹהֵי הַשָּׁמַיִם וְהוּא־פָקַד עָלַי
לִבְנוֹת־לוֹ בַיִת בִּירוּשָׁלִַם אֲשֶׁר בִּיהוּדָה מִי־בָכֶם
מִכָּל־עַמּוֹ יְהוָה אֱלֹהָיו עִמּוֹ וְיָעַל:

17 And the children of Israel that were βpresent kept the passover at that time, and the feast of unleavened bread seven days.

18 And there was no passover like to that kept in Israel, from the days of Samuel the prophet; neither did all the kings of Israel keep such a passover as Josiah kept, and the priests, and the Levites, and all Judah and Israel that were present, and the inhabitants of Jerusalem.

19 In the eighteenth year of the reign of Josiah was this passover kept.

20 After*c* all this, when Josiah had prepared the θtemple, Necho*e* king of Egypt came up to fight against Charchemish by Euphrates. & Josiah went out against him.

21 But he sent ambassadors to him, saying, What have I to do with thee, thou king of Judah? *I come* not against thee this day, but against the house κ wherewith I have war; for God commanded me to make haste: forbear thee from *meddling with* God, who *is* with me, that he destroy thee not.

22 Nevertheless, Josiah would not turn his face from him, but disguised himself, that he might fight with him, and hearkened not unto the words of Necho from the mouth of God, and came to fight in the valley of Megiddo.

23 And the archers shot at king Josiah: and the king said to his servants, Have me away; for I am sore μ wounded.

24 His servants therefore took him out of that chariot, and put him in the second chariot that he had; and they brought him to Jerusalem, and he died, and was buried π in *one of* the sepulchres of his fathers: and all Judah and Jerusalem mourned for Josiah.

25 And Jeremiah lamented *m* for Josiah; and all the singing-men *n* and the singing-women spake of Josiah in their lamentations to this day, and made them an ordinance*p* in Israel: and, behold, they *are* written in the Lamentations.

26 Now the rest of the acts of Josiah, and his σgoodness, according to *that which was* written in the law of the LORD,

27 And his deeds, first and last, behold, they *are* written in the book of the Kings of Israel and Judah.

CHAP. XXXVI.

THEN *q* the people of the land took Jehoahaz the son of Josiah, and made him king in his father's stead in Jerusalem.

2 Jehoahaz *was* twenty and three years old when he began to reign; and he reigned three months in Jerusalem.

3 And the king of Egypt φput him down at Jerusalem, and χcondemned the land in an hundred talents of silver & a talent of gold.

4 And the king of Egypt made Eliakim his brother king over Judah and Jerusalem, and turned his name to Jehoiakim. And Necho took Jehoahaz his brother, and carried him to Egypt.

5 Jehoiakim *was* twenty and five years old when he began to reign; and he reigned eleven years in Jerusalem: and he did *that which was* evil in the sight of the LORD his God.

6 Against*w* him came up Nebuchadnezzar king of Babylon, and bound him in ψ fetters, to carry him to Babylon.

7 Nebuchadnezzar also carried of the vessels of the house of the LORD to Babylon, and put them in his temple at Babylon.

8 Now the rest of the acts of Jehoiakim, and his abominations which he did, and

B. C. 610.

β found.
γ or, Jeco-niah,
1 Ch. 3. 16.
or, Coniah,
Je. 22. 24.
a 2 Ki.24.8,&c
δ at the re-turn of the year.
ζ vessels of desire.
b Da. 1. 1, 2. 5. 2.
η or, Matta-niah, his father's brother,
2 Ki. 24. 17.
c 2 Ki. 23. 29, &c.
d Je. 37. 1.
θ house.
e Je.46.2,&c.
f Je.52.1,&c.
κ of my war.
g Je. 52. 3.
Eze.17.15,18.
h 2 Ki. 17. 14.
i Je. 25. 3, 4. 35. 15.
λ by the hand of.
μ made sick,
1 Ki. 22. 34.
ν i. e. conti-nually and carefully.
k Is. 28. 22.
π or, among the sepul-chres.
l Pr. 1.24.30.
m Zec. 12. 11. La. 4. 20.
η healing.
n Mat. 9. 23.
o De. 28. 49. 2Ki.25.1,&c.
Ezr. 9. 7.
p Je. 22. 20.
σ kindnesses, ch. 32. 32.
q 2 Ki. 23. 30, &c.
r Ps. 74. 6,8. Is. 64. 11.
τ the remain-der from the sword.
φ removed him.
χ mulcted.
s Je. 25. 9..12. 26. 6, 7. 29. 10.
t Le.26.34,43. Da. 9. 2.
u Ezr.1.1,&c.
v Is. 44. 28. 45.1,&c.
w 2 Ki. 24. 13, &c.
ψ or, chains: foretold. Hab.1.6,&c.

that which was found in him, behold, they *are* written in the book of the Kings of Israel and Judah: and γ Jehoiachin his son reigned in his stead.

9 Jehoiachin*a was* eight years old when he began to reign; & he reigned three months and ten days in Jerusalem: and he did *that which was* evil in the sight of the LORD.

10 And δwhen the year was expired, king Nebuchadnezzar sent, and brought him to Babylon, with the ζgoodly vessels *b* of the house of the LORD, and made *n* Zedekiah his*d* brother king over Judah & Jerusalem.

11 Zedekiah*f was* one and twenty years old when he began to reign; and reigned eleven years in Jerusalem.

12 And he did *that which was* evil in the sight of the LORD his God, *and* humbled not himself before Jeremiah the prophet, speaking from the mouth of the LORD.

13 And he also rebelled*g* against king Nebuchadnezzar, who had made him swear by God: but he stiffened*h* his neck, and hardened his heart from turning unto the LORD God of Israel.

14 Moreover, all the chief of the priests, and the people, transgressed very much, after all the abominations of the heathen; and polluted the house of the LORD which he had hallowed in Jerusalem.

15 And*i* the LORD God of their fathers sent to them λby his messengers, rising up νbetimes, and sending; because he had compassion on his people, and on his dwelling place.

16 But they mocked*k* the messengers of God, and despised*l* his words, and misused his prophets, until the wrath of the LORD arose against his people, till *there was* no ρ remedy.

17 Therefore*o* he brought upon them the king of the Chaldees, who slew their young men with the sword in the house of their sanctuary, and had no compassion upon young man or maiden, old man, or him that stooped for age; he gave *them* all into his hand.

18 And all the vessels of the house of God, great and small, and the treasures of the house of the LORD, and the treasures of the king and of his princes, all *these* he brought to Babylon.

19 And*r* they burnt the house of God, and brake down the wall of Jerusalem,and burnt all the palaces thereof with fire,and destroyed all the goodly vessels thereof.

20 And τ them that had escaped from the sword carried he away to Babylon, where they were servants to him and his sons, until the reign of the kingdom of Persia:

21 To fulfil the word of the LORD by the mouth of Jeremiah,*s* until the land had enjoyed her sabbaths: *t for* as long as she lay desolate she kept sabbath, to fulfil threescore and ten years.

22 Now,*u* in the first year of Cyrus king of Persia, (that the word of the LORD *spoken* by the mouth of Jeremiah might be accomplished,) the LORD stirred up the spirit of Cyrus*v* king of Persia, that he made a proclamation throughout all his kingdom, and *put it* also in writing, saying,

23 Thus saith Cyrus king of Persia, Al: the kingdoms of the earth hath the LORD God of heaven given me; and he hath charged me to build him an house in Jerusalem, which *is* in Judah. Who *is there* among you of all his people? The LORD his God *be* with him, and let him go up.

עזרא

LIBER EZRÆ.

1 וּבִשְׁנַת אַחַת לְכֹורֶשׁ מֶלֶךְ פָּרַס לִכְלֹות דְּבַר־יְהֹוָה
מִפִּי יִרְמְיָה הֵעִיר יְהֹוָה אֶת־רוּחַ כֹּרֶשׁ מֶלֶךְ־פָּרַס
2 וַיַּעֲבֶר־קֹול בְּכָל־מַלְכוּתֹו וְגַם־בְּמִכְתָּב לֵאמֹר ׃ כֹּה
אָמַר כֹּרֶשׁ מֶלֶךְ פָּרַס כֹּל מַמְלְכֹות הָאָרֶץ נָתַן לִי
יְהֹוָה אֱלֹהֵי הַשָּׁמָיִם וְהוּא־פָקַד עָלַי לִבְנֹות־לֹו
3 בַיִת בִּירוּשָׁלִַם אֲשֶׁר בִּיהוּדָה ׃ מִי־בָכֶם מִכָּל־
עַמֹּו יְהִי אֱלֹהָיו עִמֹּו וְיַעַל לִירוּשָׁלִַם אֲשֶׁר בִּיהוּדָה
וְיִבֶן אֶת־בֵּית יְהֹוָה אֱלֹהֵי יִשְׂרָאֵל הוּא הָאֱלֹהִים
4 אֲשֶׁר בִּירוּשָׁלָ‍ִם ׃ וְכָל־הַנִּשְׁאָר מִכָּל־הַמְּקֹמֹות
אֲשֶׁר הוּא גָר־שָׁם יְנַשְּׂאוּהוּ אַנְשֵׁי מְקֹמֹו בְּכֶסֶף
וּבְזָהָב וּבִרְכֻשׁ וּבִבְהֵמָה עִם־הַנְּדָבָה לְבֵית הָאֱלֹהִים
5 אֲשֶׁר בִּירוּשָׁלָ‍ִם ׃ וַיָּקוּמוּ רָאשֵׁי הָאָבֹות לִיהוּדָה
וּבִנְיָמִן וְהַכֹּהֲנִים וְהַלְוִיִּם לְכֹל הֵעִיר הָאֱלֹהִים אֶת־
6 רוּחֹו לַעֲלֹות לִבְנֹות אֶת־בֵּית יְהֹוָה אֲשֶׁר בִּירוּשָׁלָ‍ִם ׃
וְכָל־סְבִיבֹתֵיהֶם חִזְּקוּ בִידֵיהֶם בִּכְלֵי־כֶסֶף בַּזָּהָב
בָּרְכוּשׁ וּבַבְּהֵמָה וּבַמִּגְדָּנֹות לְבַד עַל־כָּל־הִתְנַדֵּב ׃
7 וְהַמֶּלֶךְ כֹּורֶשׁ הֹוצִיא אֶת־כְּלֵי בֵית־יְהֹוָה אֲשֶׁר הֹוצִיא
8 נְבוּכַדְנֶצַּר מִירוּשָׁלִַם וַיִּתְּנֵם בְּבֵית אֱלֹהָיו ׃ וַיֹּוצִיאֵם
כֹּורֶשׁ מֶלֶךְ פָּרַס עַל־יַד מִתְרְדָת הַגִּזְבָּר וַיִּסְפְּרֵם
9 לְשֵׁשְׁבַּצַּר הַנָּשִׂיא לִיהוּדָה ׃ וְאֵלֶּה מִסְפָּרָם אֲגַרְטְלֵי
זָהָב שְׁלֹשִׁים אֲגַרְטְלֵי־כֶסֶף אָלֶף מַחֲלָפִים תִּשְׁעָה
10 וְעֶשְׂרִים ׃ כְּפֹורֵי זָהָב שְׁלֹשִׁים כְּפֹורֵי כֶסֶף מִשְׁנִים
11 אַרְבַּע מֵאֹות וַעֲשָׂרָה כֵּלִים אֲחֵרִים אָלֶף ׃ כָּל־כֵּלִים
לַזָּהָב וְלַכֶּסֶף חֲמֵשֶׁת אֲלָפִים וְאַרְבַּע מֵאֹות הַכֹּל
הֶעֱלָה שֵׁשְׁבַּצַּר עִם הֵעָלֹות הַגֹּולָה מִבָּבֶל
לִירוּשָׁלָ‍ִם ׃

CAP. II. ב

1 וְאֵלֶּה בְּנֵי הַמְּדִינָה הָעֹלִים מִשְּׁבִי הַגֹּולָה אֲשֶׁר
הֶגְלָה נְבוּכַדְנֶצֹּור מֶלֶךְ־בָּבֶל לְבָבֶל וַיָּשׁוּבוּ לִירוּשָׁלִַם
2 וִיהוּדָה אִישׁ לְעִירֹו ׃ אֲשֶׁר־בָּאוּ עִם־זְרֻבָּבֶל יֵשׁוּעַ

נְחֶמְיָה שְׂרָיָה רְעֵלָיָה מָרְדֳּכַי בִּלְשָׁן מִסְפָּר בִּגְוַי
3 רְחוּם בַּעֲנָה מִסְפַּר אַנְשֵׁי עַם יִשְׂרָאֵל ׃ בְּנֵי פַרְעֹשׁ
4 אַלְפַּיִם מֵאָה שִׁבְעִים וּשְׁנָיִם ׃ בְּנֵי שְׁפַטְיָה שְׁלֹשׁ
5 מֵאֹות שִׁבְעִים וּשְׁנָיִם ׃ בְּנֵי אָרַח שְׁבַע מֵאֹות
6 חֲמִשָּׁה וְשִׁבְעִים ׃ בְּנֵי־פַחַת מֹואָב לִבְנֵי יֵשׁוּעַ יֹואָב
7 אַלְפַּיִם שְׁמֹנֶה מֵאֹות וּשְׁנֵים עָשָׂר ׃ בְּנֵי עֵילָם
8 אֶלֶף מָאתַיִם חֲמִשִּׁים וְאַרְבָּעָה ׃ בְּנֵי זַתּוּא תְּשַׁע
9 מֵאֹות וְאַרְבָּעִים וַחֲמִשָּׁה ׃ בְּנֵי זַכָּי שְׁבַע מֵאֹות
10 וְשִׁשִּׁים ׃ בְּנֵי בָנִי שֵׁשׁ מֵאֹות אַרְבָּעִים וּשְׁנָיִם ׃
11 בְּנֵי בֵבָי שֵׁשׁ מֵאֹות עֶשְׂרִים וּשְׁלֹשָׁה ׃ בְּנֵי עַזְגָּד
12 אֶלֶף מָאתַיִם עֶשְׂרִים וּשְׁנָיִם ׃ בְּנֵי אֲדֹנִיקָם שֵׁשׁ
13 מֵאֹות שִׁשִּׁים וְשִׁשָּׁה ׃ בְּנֵי בִגְוָי אַלְפַּיִם חֲמִשִּׁים
14 וְשִׁשָּׁה ׃ בְּנֵי עָדִין אַרְבַּע מֵאֹות חֲמִשִּׁים וְאַרְבָּעָה ׃
15 בְּנֵי־אָטֵר לִיחִזְקִיָּה תִּשְׁעִים וּשְׁמֹנָה ׃ בְּנֵי בֵצָי
16 שְׁלֹשׁ מֵאֹות עֶשְׂרִים וּשְׁלֹשָׁה ׃ בְּנֵי יֹורָה מֵאָה
17 וּשְׁנֵים עָשָׂר ׃ בְּנֵי חָשֻׁם מָאתַיִם עֶשְׂרִים וּשְׁלֹשָׁה ׃
18 בְּנֵי גִבָּר תִּשְׁעִים וַחֲמִשָּׁה ׃ בְּנֵי בֵית־לָחֶם מֵאָה
19 וְעֶשְׂרִים וּשְׁלֹשָׁה ׃ אַנְשֵׁי נְטֹפָה חֲמִשִּׁים וְשִׁשָּׁה ׃
20 אַנְשֵׁי עֲנָתֹות מֵאָה עֶשְׂרִים וּשְׁמֹנָה ׃ בְּנֵי עַזְמָוֶת
21 אַרְבָּעִים וּשְׁנָיִם ׃ בְּנֵי קִרְיַת עָרִים כְּפִירָה וּבְאֵרֹות
22 שְׁבַע מֵאֹות וְאַרְבָּעִים וּשְׁלֹשָׁה ׃ בְּנֵי הָרָמָה וָגֶבַע
23 שֵׁשׁ מֵאֹות עֶשְׂרִים וְאֶחָד ׃ אַנְשֵׁי מִכְמָס מֵאָה
24 עֶשְׂרִים וּשְׁנָיִם ׃ אַנְשֵׁי בֵית־אֵל וְהָעָי מָאתַיִם
25 עֶשְׂרִים וּשְׁלֹשָׁה ׃ בְּנֵי נְבֹו חֲמִשִּׁים וּשְׁנָיִם ׃
26 בְּנֵי מַגְבִּישׁ מֵאָה חֲמִשִּׁים וְשִׁשָּׁה ׃ בְּנֵי עֵילָם
27 אַחֵר אֶלֶף מָאתַיִם חֲמִשִּׁים וְאַרְבָּעָה ׃ בְּנֵי
33 חָרִם שְׁלֹשׁ מֵאֹות וְעֶשְׂרִים ׃ בְּנֵי־לֹד חָדִיד
34 וְאֹונֹו שְׁבַע מֵאֹות עֶשְׂרִים וַחֲמִשָּׁה ׃ בְּנֵי יְרֵחֹו
35 שְׁלֹשׁ מֵאֹות אַרְבָּעִים וַחֲמִשָּׁה ׃ בְּנֵי סְנָאָה
36 שְׁלֹשֶׁת אֲלָפִים וְשֵׁשׁ מֵאֹות וּשְׁלֹשִׁים ׃ הַכֹּהֲנִים

E Z R A

CHAP. I.

NOW^a in the first year of Cyrus king of Persia, (that the word of the^b LORD by the mouth of Jeremiah might be fulfilled,) the LORD^c stirred up the spirit of Cyrus king of Persia, that he ^βmade a proclamation^e throughout all his kingdom, and *put it* also in writing, saying,

2 Thus saith Cyrus king of Persia, The LORD^g God of heaven hath given me all the kingdoms of the earth; andⁱ he hath charged me to build him an house at Jerusalem, which *is* in Judah.

3 Who *is there* among you of all his people? his God be with him, and let him go up to Jerusalem, which *is* in Judah, and build the house of the LORD God of Israel (He^k *is* the God,) which *is* in Jerusalem.

4 And whosoever remaineth in any place where he sojourneth, let the men of his place δ help him with silver, and with gold, and with goods, and with beasts, beside the free-will-offering for the house of God that *is* in Jerusalem.

5 Then rose up the chief of the fathers of Judah and Benjamin, and the priests, and the Levites, with all *them* whose spirit God^l had raised, to go up to build the house of the LORD which *is* in Jerusalem.

6 And all they that *were* about them ζstrengthened their hands with vessels of silver, with gold, with goods, and with beasts, and with precious things, beside all *that* was willingly offered.

7 Also Cyrus the king brought forth the vessels^m of the house of the LORD, whichⁿ Nebuchadnezzar had brought forth out of Jerusalem, and had put them in the house of his gods;

8 Even those did Cyrus king of Persia bring forth by the hand of Mithredath the treasurer, and numbered them unto Sheshbazzar the prince of Judah.

9 And this *is* the number of them: thirty chargers of gold, a thousand chargers of silver, nine and twenty knives,

10 Thirty basons of gold, silver basons of a second *sort* four hundred and ten, *and* other vessels a thousand.

11 All the vessels^o of gold and of silver *were* five thousand and four hundred. All these did Sheshbazzar bring up with *them* of the λ captivity, that were brought up from Babylon unto Jerusalem.

CHAP. II.

NOW^p these *are* the children of the province that went up out of the captivity,^q of those which had been carried away, whom Nebuchadnezzar the king of Babylon had carried away unto Babylon, and came again unto Jerusalem and Judah, every one unto his city;

2 Which came with Zerubbabel:^s Jeshua, Nehemiah, ν Seraiah, π Reelaiah, Mordecai, Bilshan, ρMizpar, Bigvai, σRehum,^t Baanah. The number of the men of the people of Israel:

3 The children of Parosh, two thousand an hundred seventy and two.

4 The children of Shephatiah, three hundred seventy and two.

5 The children of Arah,^d seven hundred seventy and five.

6 The children of Pahath-moab,^f of the children of Jeshua *and* Joab, two thousand eight hundred and twelve.

7 The children of Elam,^h a thousand two hundred fifty and four.

8 The children of Zattu, nine hundred forty and five.

9 The children of Zaccai, seven hundred and threescore.

10 The children of γ Bani, six hundred forty and two.

11 The children of Bebai, six hundred twenty and three.

12 The children of Azgad, a thousand two hundred twenty and two.

13 The children of Adonikam, six hundred sixty and six.

14 The children of Bigvai, two thousand fifty and six.

15 The children of Adin, four hundred fifty and four.

16 The children of Ater of Hezekiah, ninety and eight.

17 The children of Bezai, three hundred twenty and three.

18 The children of η Jorah, an hundred and twelve.

19 The children of Hashum, two hundred twenty and three.

20 The children of θGibbar, ninety and five.

21 The children of Bethlehem, an hundred twenty and three.

22 The men of Netophah, fifty and six.

23 The men of Anathoth, an hundred twenty and eight.

24 The children of κ Azmaveth, forty and two.

25 The children of Kirjath-arim, Chephirah, and Beeroth, seven hundred and forty and three.

26 The children of Ramah and Gaba, six hundred twenty and one.

27 The men of Michmas, an hundred twenty and two.

28 The men of Beth-el and Ai, two hundred twenty and three.

29 The children of Nebo, fifty and two.

30 The children of Magbish, an hundred fifty and six.

31 The children of the other Elam,^r a thousand two hundred fifty and four.

32 The children of Harim, three hundred and twenty.

33 The children of Lod, μ Hadid, and Ono, seven hundred twenty and five.

34 The children of Jericho, three hundred forty and five.

35 The children of Senaah, three thousand and six hundred and thirty.

Marginal notes

B. C. 536.

a 2Ch. 36. 22, 23.
b Je. 25. 12. 29. 10. 33.7..13.
β caused a voice to pass.
c Pr. 21. 1. Da. 2. 1.
d Ne. 7. 10.
e ch. 5.13,14.
f Ne. 7. 11.
g Da. 2. 21.
h ver. 31.
i Is. 44. 28. 45. 1, 13.
γ or, Binnui, Ne. 7. 15.
k Ps. 83. 18. Is. 45. 5. Je. 10. 10. Da 6. 26.
δ lift him up.
l Ne. 2. 12. Pr. 16. 1. Phi. 2. 13. 3 Jn°. 11.
ζ i. e. helped them.
η or, Hariph, Ne. 7. 24.
m ch. 5. 14. 6. 5.
θ or, Gibeon, Ne. 7. 25.
n 2 Ki. 24. 13. 2 Ch. 36. 7. Da. 5. 2.
κ or, Bethazmaveth, Ne. 7. 28.
o 2Ti.2.20,21.
λ transportation, Mat.1.11,12.
p Ne. 7. 6,&c.
q 2Ki.24. 14. 16. 2Ch.36.20. La. 1. 3, 5. 4. 22. Zep. 2. 7.
r ver. 7.
μ or, Harid, as it is in some copies
s Hag.1.1,&c.
ν or,Azariah Ne.7.7.
π or, Raamiah.
ρ or, Mispereth.
σ or,Nehum.
t ch. 4. 8.

320

בְּנֵי יְדַעְיָה לְבֵית יֵשׁוּעַ תְּשַׁע מֵאוֹת שִׁבְעִים
38 וּשְׁלֹשָׁה׃ בְּנֵי אִמֵּר אֶלֶף חֲמִשִּׁים וּשְׁנָיִם׃ בְּנֵי
39 פַשְׁחוּר אֶלֶף מָאתַיִם אַרְבָּעִים וְשִׁבְעָה׃ בְּנֵי חָרִם
40 אֶלֶף וְשִׁבְעָה עָשָׂר׃ הַלְוִיִּם בְּנֵי־יֵשׁוּעַ וְקַדְמִיאֵל
41 לִבְנֵי הוֹדַוְיָה שִׁבְעִים וְאַרְבָּעָה׃ הַמְשֹׁרְרִים
42 בְּנֵי אָסָף מֵאָה עֶשְׂרִים וּשְׁמֹנָה׃ בְּנֵי
הַשֹּׁעֲרִים בְּנֵי־שַׁלּוּם בְּנֵי־אָטֵר בְּנֵי־טַלְמוֹן
בְּנֵי־עַקּוּב בְּנֵי חֲטִיטָא בְּנֵי שֹׁבָי הַכֹּל מֵאָה
43 שְׁלֹשִׁים וְתִשְׁעָה׃ הַנְּתִינִים בְּנֵי־צִיחָא בְנֵי־חֲשׂוּפָא
44 בְּנֵי טַבָּעוֹת׃ בְּנֵי־קֵרֹס בְּנֵי־סִיעֲהָא בְּנֵי פָדוֹן׃
45 בְּנֵי־לְבָנָה בְנֵי־חֲגָבָה בְּנֵי עַקּוּב׃ בְּנֵי־
46 חָגָב בְּנֵי־שַׁלְמַי בְּנֵי חָנָן׃ בְּנֵי־גִדֵּל בְּנֵי־גַחַר בְּנֵי רְאָיָה׃
47
48 בְּנֵי־רְצִין בְּנֵי־נְקוֹדָא בְּנֵי גַזָּם׃ בְּנֵי־עֻזָּא בְנֵי־פָסֵחַ
49
50 בְּנֵי בֵסָי׃ בְּנֵי־אַסְנָה בְנֵי־מְעוּנִים בְּנֵי נְפוּסִים׃
51 בְּנֵי־בַקְבּוּק בְּנֵי־חֲקוּפָא בְּנֵי חַרְחוּר׃
52 בְּנֵי־בַצְלוּת בְּנֵי־מְחִידָא בְּנֵי חַרְשָׁא׃
53 בְּנֵי־בַרְקוֹס בְּנֵי־סִיסְרָא בְּנֵי־תָמַח׃
54 בְּנֵי נְצִיחַ בְּנֵי חֲטִיפָא׃ בְּנֵי עַבְדֵי
55
56 שְׁלֹמֹה בְּנֵי־סֹטַי בְּנֵי־הַסֹּפֶרֶת בְּנֵי פְרוּדָא׃ בְּנֵי־
57 יַעְלָה בְנֵי־דַרְקוֹן בְּנֵי גִדֵּל׃ בְּנֵי שְׁפַטְיָה בְנֵי־חַטִּיל
58 בְּנֵי פֹּכֶרֶת הַצְּבָיִים בְּנֵי אָמִי׃ כָּל־הַנְּתִינִים
וּבְנֵי עַבְדֵי שְׁלֹמֹה שְׁלֹשׁ מֵאוֹת תִּשְׁעִים וּשְׁנָיִם׃
59 וְאֵלֶּה הָעֹלִים מִתֵּל מֶלַח תֵּל חַרְשָׁא
כְּרוּב אַדָּן אִמֵּר וְלֹא יָכְלוּ לְהַגִּיד בֵּית־אֲבוֹתָם
60 וְזַרְעָם אִם מִיִּשְׂרָאֵל הֵם׃ בְּנֵי־דְלָיָה בְנֵי־טוֹבִיָּה
61 בְּנֵי נְקוֹדָא שֵׁשׁ מֵאוֹת חֲמִשִּׁים וּשְׁנָיִם׃ וּמִבְּנֵי
הַכֹּהֲנִים בְּנֵי חֳבַיָּה בְּנֵי הַקּוֹץ בְּנֵי בַרְזִלַּי אֲשֶׁר
לָקַח מִבְּנוֹת בַּרְזִלַּי הַגִּלְעָדִי אִשָּׁה וַיִּקָּרֵא עַל־
62 שְׁמָם׃ אֵלֶּה בִּקְשׁוּ כְתָבָם הַמִּתְיַחְשִׂים וְלֹא
63 נִמְצָאוּ וַיְגֹאֲלוּ מִן־הַכְּהֻנָּה׃ וַיֹּאמֶר הַתִּרְשָׁתָא
לָהֶם אֲשֶׁר לֹא־יֹאכְלוּ מִקֹּדֶשׁ הַקֳּדָשִׁים עַד עֲמֹד
64 כֹּהֵן לְאוּרִים וּלְתֻמִּים׃ כָּל־הַקָּהָל כְּאֶחָד אַרְבַּע
65 רִבּוֹא אַלְפַּיִם שְׁלֹשׁ־מֵאוֹת שִׁשִּׁים׃ מִלְּבַד עַבְדֵיהֶם
וְאַמְהֹתֵיהֶם אֵלֶּה שִׁבְעַת אֲלָפִים שְׁלֹשׁ מֵאוֹת
שְׁלֹשִׁים וְשִׁבְעָה וְלָהֶם מְשֹׁרְרִים וּמְשֹׁרְרוֹת
66 מָאתָיִם׃ סוּסֵיהֶם שְׁבַע מֵאוֹת שְׁלֹשִׁים וְשִׁשָּׁה

67 פִּרְדֵיהֶם מָאתַיִם אַרְבָּעִים וַחֲמִשָּׁה׃ גְּמַלֵּיהֶם
אַרְבַּע מֵאוֹת שְׁלֹשִׁים וַחֲמִשָּׁה חֲמֹרִים שֵׁשֶׁת
68 אֲלָפִים שְׁבַע מֵאוֹת וְעֶשְׂרִים׃ וּמֵרָאשֵׁי
הָאָבוֹת בְּבוֹאָם לְבֵית יְהוָה אֲשֶׁר בִּירוּשָׁלָ͏ִם
הִתְנַדְּבוּ לְבֵית הָאֱלֹהִים לְהַעֲמִידוֹ עַל־מְכוֹנוֹ׃
69 כְּכֹחָם נָתְנוּ לְאוֹצַר הַמְּלָאכָה זָהָב דַּרְכְּמוֹנִים שֵׁשׁ־
רִבֹּאות וָאֶלֶף וְכֶסֶף מָנִים חֲמֵשֶׁת אֲלָפִים וְכָתְנֹת
70 כֹּהֲנִים מֵאָה׃ וַיֵּשְׁבוּ הַכֹּהֲנִים וְהַלְוִיִּם וּמִן־
הָעָם וְהַמְשֹׁרְרִים וְהַשּׁוֹעֲרִים וְהַנְּתִינִים בְּעָרֵיהֶם
וְכָל־יִשְׂרָאֵל בְּעָרֵיהֶם׃

CAP. III. ג

1 וַיִּגַּע הַחֹדֶשׁ הַשְּׁבִיעִי וּבְנֵי יִשְׂרָאֵל בֶּעָרִים וַיֵּאָסְפוּ
2 הָעָם כְּאִישׁ אֶחָד אֶל־יְרוּשָׁלָ͏ִם׃ וַיָּקָם יֵשׁוּעַ בֶּן־יוֹצָדָק
וְאֶחָיו הַכֹּהֲנִים וּזְרֻבָּבֶל בֶּן־שְׁאַלְתִּיאֵל וְאֶחָיו וַיִּבְנוּ
אֶת־מִזְבַּח אֱלֹהֵי יִשְׂרָאֵל לְהַעֲלוֹת עָלָיו עֹלוֹת כַּכָּתוּב
3 בְּתוֹרַת מֹשֶׁה אִישׁ־הָאֱלֹהִים׃ וַיָּכִינוּ הַמִּזְבֵּחַ עַל־
מְכוֹנֹתָיו כִּי בְּאֵימָה עֲלֵיהֶם מֵעַמֵּי הָאֲרָצוֹת וַיַּעַל
עָלָיו עֹלוֹת לַיהוָה עֹלוֹת לַבֹּקֶר וְלָעָרֶב׃ וַיַּעֲשׂוּ 4
אֶת־חַג הַסֻּכּוֹת כַּכָּתוּב וְעֹלַת יוֹם בְּיוֹם בְּמִסְפָּר
5 כְּמִשְׁפַּט דְּבַר־יוֹם בְּיוֹמוֹ׃ וְאַחֲרֵי־כֵן עֹלַת תָּמִיד
וְלֶחֳדָשִׁים וּלְכָל־מוֹעֲדֵי יְהוָה הַמְקֻדָּשִׁים וּלְכֹל
6 מִתְנַדֵּב נְדָבָה לַיהוָה׃ מִיּוֹם אֶחָד לַחֹדֶשׁ הַשְּׁבִיעִי
הֵחֵלּוּ לְהַעֲלוֹת עֹלוֹת לַיהוָה וְהֵיכַל יְהוָה לֹא יֻסָּד׃
7 וַיִּתְּנוּ־כֶסֶף לַחֹצְבִים וְלֶחָרָשִׁים וּמַאֲכָל וּמִשְׁתֶּה
וָשֶׁמֶן לַצִּדֹנִים וְלַצֹּרִים לְהָבִיא עֲצֵי אֲרָזִים מִן־
הַלְּבָנוֹן אֶל־יָם יָפוֹא כְּרִשְׁיוֹן כּוֹרֶשׁ מֶלֶךְ־פָּרַס
8 עֲלֵיהֶם׃ וּבַשָּׁנָה הַשֵּׁנִית לְבוֹאָם אֶל־בֵּית
הָאֱלֹהִים לִירוּשָׁלַ͏ִם בַּחֹדֶשׁ הַשֵּׁנִי הֵחֵלּוּ זְרֻבָּבֶל בֶּן־
שְׁאַלְתִּיאֵל וְיֵשׁוּעַ בֶּן־יוֹצָדָק וּשְׁאָר אֲחֵיהֶם הַכֹּהֲנִים
וְהַלְוִיִּם וְכָל־הַבָּאִים מֵהַשְּׁבִי יְרוּשָׁלַ͏ִם וַיַּעֲמִידוּ אֶת־
הַלְוִיִּם מִבֶּן עֶשְׂרִים שָׁנָה וָמַעְלָה לְנַצֵּחַ עַל־מְלֶאכֶת
9 בֵּית־יְהוָה׃ וַיַּעֲמֹד יֵשׁוּעַ בָּנָיו וְאֶחָיו קַדְמִיאֵל
וּבָנָיו בְּנֵי־יְהוּדָה כְּאֶחָד לְנַצֵּחַ עַל־עֹשֵׂה הַמְּלָאכָה

36 The priests : the children of Jedaiah,[a] of the house of Jeshua, nine hundred seventy and three.

37 The children of Immer,[b] a thousand fifty and two.

38 The children of Pashur,[c] a thousand two hundred forty and seven.

39 The children of Harim,[d] a thousand and seventeen.

40 The Levites: the children of Jeshua and Kadmiel, of the children of [β] Hodaviah, seventy and four.

41 The singers : the children of Asaph, an hundred twenty and eight.

42 The children of the porters : the children of Shallum, the children of Ater, the children of Talmon, the children of Akkub, the children of Hatita, the children of Shobai, in all, an hundred thirty and nine.

43 The Nethinims:[g] the children of Ziha, the children of Hasupha, the children of Tabbaoth,

44 The children of Keros, the children of Siaha, the children of Padon,

45 The children of Lebanah, the children of Hagabah, the children of Akkub,

46 The children of Hagab, the children of [δ] Shalmai, the children of Hanan,

47 The children of Giddel, the children of Gahar, the children of Reaiah,

48 The children of Rezin, the children of Nekoda, the children of Gazzam,

49 The children of Uzza, the children of Paseah, the children of Besai,

50 The children of Asnah, the children of Mehunim, the children of [κ] Nephusim,

51 The children of Bakbuk, the children of Hakupha, the children of Harhur,

52 The children of [λ] Bazluth, the children of Mehida, the children of Harsha,

53 The children of Barkos, the children of Sisera, the children of Thamah,

54 The children of Neziah, the children of Hatipha.

55 The children of Solomon's[k] servants : the children of Sotai, the children of Sophereth, the children of [μ] Peruda,

56 The children of Jaalah, the children of Darkon, the children of Giddel,

57 The children of Shephatiah, the children of Hattil, the children of Pochereth, of Zebaim, the children of [π] Ami.

58 All the Nethinims,[n] and the children of Solomon's servants, were three hundred ninety and two.

59 And these were they which went up from Tel-melah, Tel-harsa, Cherub, [σ] Addan, and Immer ; but they could not shew their father's house, and their [τ] seed, whether they were of Israel :

60 The children of Delaiah, the children of Tobiah, the children of Nekoda, six hundred fifty and two.

61 And of the children of the priests : the children of Habaiah, the children of Koz, the children of Barzillai ; (which took a wife of the daughters of[q] Barzillai the Gileadite, and was called after their name ;)

62 These sought their register among those that were reckoned by genealogy, but[s] they were not found ; therefore [χ] were they, as polluted, put from the priesthood.

63 And the [ψ] Tirshatha said unto them, that they should not eat[u] of the most holy things. till there stood up a priest with Urim[v] and with Thummim.

64 The[w] whole congregation together

was forty and two thousand three hundred and threescore,

65 Beside their servants and their maids, of whom there were seven thousand three hundred thirty and seven : and there were among them two hundred singing-men and singing-women.

66 Their horses were seven hundred thirty and six ; their mules, two hundred forty and five ;

67 Their camels, four hundred thirty and five ; their asses, six thousand seven hundred and twenty.

68 And[e] some of the chief of the fathers, when they came to the house of the LORD which is at Jerusalem, offered freely for the house of God to set it up in his place :

69 They gave after their ability unto the treasure[f] of the work, threescore and one thousand drams of gold, and five thousand pound of silver, and one hundred priests' garments.

70 So the priests, and the Levites, and some of the people, and the singers, and the porters, and the Nethinims, dwelt in their cities, and all Israel in their cities.

CHAP. III.

A ND when the seventh month was come, and the children of Israel were in the cities, the people gathered themselves together as one man to Jerusalem.

2 Then stood up [ζ] Jeshua the son of Jozadak, and his brethren the priests, and [η] Zerubbabel the son of [θ] Shealtiel, and his brethren, and builded the altar of the God of Israel, to offer burnt-offerings thereon, as it is written[h] in the law of Moses the man of God.

3 And they set the altar upon his bases ; (for fear was upon them because of the people of those countries ;) and they offered burnt-offerings thereon unto the LORD, even burnt-offering morning and evening.

4 They[i] kept also the feast of tabernacles. as it is written, and offered the daily burnt-offerings by number, according to the custom, [ν] as the duty of every day[l] required ;

5 And afterward offered the continual burnt-offering, both of the new moons, and of all the set feasts[m] of the LORD that were consecrated, and of every one that willingly offered a free-will offering unto the LORD.

6 From the first day of the seventh month began they to offer burnt-offerings unto the LORD. But [ρ] the foundation of the temple of the LORD was not yet laid.

7 They gave money also unto the masons, and to the [φ] carpenters ; and meat, and drink, and oil, unto them of Zidon, and to them of Tyre, to bring cedar-trees from Lebanon[o] to the sea of Joppa, according to the grant[p] that they had of Cyrus king of Persia.

8 Now in the second year of their coming unto the house of God at Jerusalem, in the second month, began[r] Zerubbabel the son of Shealtiel, and Jeshua the son of Jozadak, and the remnant of their brethren the priests and the Levites, and all they that were come out of the captivity unto Jerusalem ; and appointed the Levites, from[t] twenty years old and upward, to set forward the work of the house of the LORD.

9 Then stood Jeshua with his sons and his brethren, Kadmiel and his sons, the sons of [β] Judah, [γ] together, to set forward the workmen in the house of God ; the

בֵּית הָאֱלֹהִים בְּנֵי הַגֹּלָה בְּנֵיהֶם וַאֲחֵיהֶם הַלְוִיִּם
10 וַיִּפְקְדוּ הַכֹּהֲנִים אֶת־הֵיכַל יְהוָה וַיַּעֲמִידוּ הַכֹּהֲנִים
מְלֻבָּשִׁים בַּחֲצֹצְרוֹת וְהַלְוִיִּם בְּנֵי־אָסָף בַּמְצִלְתַּיִם
11 לְהַלֵּל אֶת־יְהוָה עַל־יְדֵי דָּוִיד מֶלֶךְ־יִשְׂרָאֵל : וַיַּעֲנוּ
בְּהַלֵּל וּבְהוֹדֹת לַיהוָה כִּי טוֹב כִּי־לְעוֹלָם חַסְדּוֹ עַל־
יִשְׂרָאֵל וְכָל־הָעָם הֵרִיעוּ תְרוּעָה גְדוֹלָה בְהַלֵּל
12 לַיהוָה עַל הוּסַד בֵּית־יְהוָה : וְרַבִּים מֵהַכֹּהֲנִים
וְהַלְוִיִּם וְרָאשֵׁי הָאָבוֹת הַזְּקֵנִים אֲשֶׁר רָאוּ אֶת־
הַבַּיִת הָרִאשׁוֹן בְּיָסְדוֹ זֶה הַבַּיִת בְּעֵינֵיהֶם בֹּכִים
בְּקוֹל גָּדוֹל וְרַבִּים בִּתְרוּעָה בְשִׂמְחָה לְהָרִים קוֹל
13 וְאֵין הָעָם מַכִּירִים קוֹל תְּרוּעַת הַשִּׂמְחָה לְקוֹל
בְּכִי הָעָם כִּי הָעָם מְרִיעִים תְּרוּעָה גְדוֹלָה וְהַקּוֹל
נִשְׁמַע עַד־לְמֵרָחוֹק :

CAP. IV. ד

1 וַיִּשְׁמְעוּ צָרֵי יְהוּדָה וּבִנְיָמִן כִּי־בְנֵי הַגּוֹלָה בּוֹנִים
2 הֵיכָל לַיהוָה אֱלֹהֵי יִשְׂרָאֵל : וַיִּגְּשׁוּ אֶל־זְרֻבָּבֶל וְאֶל־
רָאשֵׁי הָאָבוֹת וַיֹּאמְרוּ לָהֶם נִבְנֶה עִמָּכֶם כִּי כָכֶם
נִדְרוֹשׁ לֵאלֹהֵיכֶם וְלֹא אֲנַחְנוּ זֹבְחִים מִימֵי אֵסַר
3 חַדֹּן מֶלֶךְ אַשּׁוּר הַמַּעֲלֶה אֹתָנוּ פֹּה : וַיֹּאמֶר
לָהֶם זְרֻבָּבֶל וְיֵשׁוּעַ וּשְׁאָר רָאשֵׁי הָאָבוֹת לְיִשְׂרָאֵל
לֹא־לָכֶם וָלָנוּ לִבְנוֹת בַּיִת לֵאלֹהֵינוּ כִּי אֲנַחְנוּ יַחַד
נִבְנֶה לַיהוָה אֱלֹהֵי יִשְׂרָאֵל כַּאֲשֶׁר צִוָּנוּ הַמֶּלֶךְ כּוֹרֶשׁ
4 מֶלֶךְ־פָּרָס : וַיְהִי עַם הָאָרֶץ מְרַפִּים יְדֵי עַם־
5 יְהוּדָה וּמְבַלֲהִים אוֹתָם לִבְנוֹת : וְסֹכְרִים עֲלֵיהֶם
יוֹעֲצִים לְהָפֵר עֲצָתָם כָּל־יְמֵי כּוֹרֶשׁ מֶלֶךְ פָּרַס וְעַד־
6 מַלְכוּת דָּרְיָוֶשׁ מֶלֶךְ פָּרָס : וּבְמַלְכוּת
אֲחַשְׁוֵרוֹשׁ בִּתְחִלַּת מַלְכוּתוֹ כָּתְבוּ שִׂטְנָה עַל־יֹשְׁבֵי
7 יְהוּדָה וִירוּשָׁלָ͏ִם : וּבִימֵי אַרְתַּחְשַׁשְׂתָּא כָּתַב
בִּשְׁלָם מִתְרְדָת טָבְאֵל וּשְׁאָר כְּנָוֹתָו עַל־
אַרְתַּחְשַׁשְׂתְּ מֶלֶךְ פָּרָס וּכְתָב הַנִּשְׁתְּוָן כָּתוּב
8 אֲרָמִית וּמְתֻרְגָּם אֲרָמִית : רְחוּם בְּעֵל־טְעֵם
וְשִׁמְשַׁי סָפְרָא כְּתַבוּ אִגְּרָה חֲדָה עַל־יְרוּשְׁלֶם
9 לְאַרְתַּחְשַׁשְׂתְּא מַלְכָּא כְּנֵמָא : אֱדַיִן רְחוּם בְּעֵל־

לְמַלְכָּא דִּי יְהוּדָיֵא דִּי סְלִקוּ מִן־לְוָתָךְ עֲלֶינָא אֲתוֹ
לִירוּשְׁלֶם קִרְיְתָא מָרָדְתָּא וּבִאישְׁתָּא בָּנַיִן וְשׁוּרַיָּ͏א
13 אַשְׁכְלִלוּ וְאֻשַּׁיָּא יַחִיטוּ : כְּעַן יְדִיעַ לֶהֱוֵא לְמַלְכָּא
דִּי הֵן קִרְיְתָא דָךְ תִּתְבְּנֵא וְשׁוּרַיָּא יִשְׁתַּכְלְלוּן
מִנְדָּה־בְלוֹ וַהֲלָךְ לָא יִנְתְּנוּן וְאַפְּתֹם מַלְכִים
14 תְּהַנְזִק : כְּעַן כָּל־קֳבֵל דִּי־מְלַח הֵיכְלָא מְלַחְנָא
וְעַרְוַת מַלְכָּא לָא אֲרִיךְ־לָנָא לְמֶחֱזֵא עַל־דְּנָה
15 שְׁלַחְנָא וְהוֹדַעְנָא לְמַלְכָּא : דִּי יְבַקַּר בִּסְפַר־
דָּכְרָנַיָּא דִּי אֲבָהָתָךְ וּתְהַשְׁכַּח בִּסְפַר דָּכְרָנַיָּא
וְתִנְדַּע דִּי קִרְיְתָא דָךְ קִרְיָא מָרָדָא וּמְהַנְזְקַת
מַלְכִין וּמְדִנָן וְאֶשְׁתַּדּוּר עָבְדִין בְּגַוַּהּ מִן־יוֹמָת
16 עָלְמָא עַל־דְּנָה קִרְיְתָא דָךְ הָחָרְבַת : מְהוֹדְעִין
אֲנַחְנָה לְמַלְכָּא דִּי הֵן קִרְיְתָא דָךְ תִּתְבְּנֵא
וְשׁוּרַיָּא יִשְׁתַּכְלְלוּן לָקֳבֵל דְּנָה חֲלָק בַּעֲבַר נַהֲרָא
17 לָא אִיתַי לָךְ : פִּתְגָמָא שְׁלַח מַלְכָּא עַל־רְחוּם
בְּעֵל־טְעֵם וְשִׁמְשַׁי סָפְרָא וּשְׁאָר כְּנָוָתְהוֹן דִּי יָתְבִין
18 בְּשָׁמְרָיִן וּשְׁאָר עֲבַר־נַהֲרָה שְׁלָם וּכְעֶת : נִשְׁתְּוָנָא
19 דִּי שְׁלַחְתּוּן עֲלֶינָא מְפָרַשׁ קֱרִי קֳדָמָי : וּמִנִּי שִׂים
טְעֵם וּבַקַּרוּ וְהַשְׁכַּחוּ דִּי קִרְיְתָא דָךְ מִן־יוֹמָת
עָלְמָא עַל־מַלְכִין מִתְנַשְּׂאָה וּמְרַד וְאֶשְׁתַּדּוּר
20 מִתְעֲבֶד־בַּהּ : וּמַלְכִין תַּקִּיפִין הֲווֹ עַל־יְרוּשְׁלֶם
וְשַׁלִּיטִין בְּכֹל עֲבַר נַהֲרָה וּמִדָּה בְלוֹ וַהֲלָךְ מִתְיְהֵב
21 לְהוֹן : כְּעַן שִׂימוּ טְּעֵם לְבַטָּלָא גֻּבְרַיָּא אִלֵּךְ
וְקִרְיְתָא דָךְ לָא תִתְבְּנֵא עַד־מִנִּי טַעְמָא יִתְּשָׂם :
22 וּזְהִירִין הֱווֹ שָׁלוּ לְמֶעְבַּד עַל־דְּנָה לְמָה יִשְׂגֵּא
23 חֲבָלָא לְהַנְזָקַת מַלְכִין : אֱדַיִן מִן־דִּי פַּרְשֶׁגֶן
נִשְׁתְּוָנָא דִּי אַרְתַּחְשַׁשְׂתְּ מַלְכָּא קֱרִי קֳדָם־רְחוּם
וְשִׁמְשַׁי סָפְרָא וּכְנָוָתְהוֹן אֲזַלוּ בִבְהִילוּ לִירוּשְׁלֶם
24 עַל־יְהוּדָיֵא וּבַטִּלוּ הִמּוֹ בְּאֶדְרָע וְחָיִל : בֵּאדַיִן
בְּטֵלַת עֲבִידַת בֵּית־אֱלָהָא דִּי בִּירוּשְׁלֶם וַהֲוָת
בָּטְלָא עַד שְׁנַת תַּרְתֵּין לְמַלְכוּת דָּרְיָוֶשׁ מֶלֶךְ פָּרָס :

CAP. V. ה

1 וְהִתְנַבִּי חַגַּי נְבִיאָה וּזְכַרְיָה בַר־עִדּוֹא נְבִיאַיָּ͏א עַל־
יְהוּדָיֵא דִּי בִיהוּד וּבִירוּשְׁלֶם בְּשֻׁם אֱלָהּ יִשְׂרָאֵל
2 עֲלֵיהוֹן : בֵּאדַיִן קָמוּ זְרֻבָּבֶל בַּר־שְׁאַלְתִּיאֵל וְיֵשׁוּעַ
בַּר־יוֹצָדָק וְשָׁרִיו לְמִבְנֵא בֵּית אֱלָהָא דִּי בִירוּשְׁלֶם
3 וְעִמְּהוֹן נְבִיאַיָּא דִי־אֱלָהָא מְסָעֲדִין לְהוֹן : בֵּהּ
זִמְנָא אֲתָא עֲלֵיהוֹן תַּתְּנַי פַּחַת עֲבַר־נַהֲרָה וּשְׁתַר
בּוֹזְנַי וּכְנָוָתְהוֹן וְכֵן אָמְרִין לְהֹם מַן־שָׂם לְכֹם טְעֵם

sons of Henadad, *with* their sons and their brethren the Levites.

10 And when the builders*a* laid the foundation of the temple of the LORD, they set*b* the priests in their apparel with trumpets, and the Levites the sons of Asaph with cymbals, to praise the LORD, after the ordinance of David king of Israel.

11 And they sang together by course, in praising and giving thanks unto the LORD; because*d* *he is* good, for his mercy *endureth* for ever toward Israel. And all the people shouted with a great shout when they praised the LORD, because the foundation*f* of the house of the LORD was laid.

12 But*g* many of the priests and Levites, and chief of the fathers, *who were* ancient men, that had seen the first house, when the foundation of this house was laid before their eyes, wept*h* with a loud voice; and many shouted*i* aloud for joy;

13 So that the people could not discern the noise of the shout of joy from the noise of the weeping*l* of the people: for the people shouted with a loud shout, and the noise was heard afar off.

CHAP. IV.

NOW when the adversaries*n* of Judah and Benjamin heard that the λ children of the captivity builded the temple unto the LORD God of Israel,

2 Then they came to Zerubbabel, and to the chief of the fathers, and said unto them, Let us build with you: for*o* we seek your God, as ye *do;* and we do sacrifice unto him, since the days of Esar-haddon*p* king of Assur, which brought us up hither.

3 But Zerubbabel, and Jeshua, and the rest of the chief of the fathers of Israel, said unto them, Ye*r* have nothing to do with us to build an house unto our God; but we ourselves together will build unto the LORD God of Israel, as king*s* Cyrus, the king of Persia,hath commanded us.

4 Then the people of the land*v* weakened the hands of the people of Judah, and troubled*w* them in building;

5 And hired counsellors*x* against them, to frustrate their purpose, all the days of Cyrus king of Persia, even until the reign of Darius king of Persia.

6 And in the reign of σ Ahasuerus, in the beginning of his reign, wrote they *unto him* an accusation against the inhabitants of Judah and Jerusalem.

7 And in the days of Artaxerxes wrote τBishlam, Mithredath,Tabeel, and the rest of their φcompanions, unto Artaxerxes king of Persia: and the writing of the letter *was* written in the Syrian tongue, and interpreted in the Syrian tongue.

8 Rehum the chancellor, and Shimshai the ψscribe, wrote a letter against Jerusalem to Artaxerxes the king in this sort:

9 Then *wrote* Rehum the chancellor, and Shimshai the scribe, and the rest of their βcompanions; the Dinaites,*a* the Apharsathchites,theTarpelites,the Apharsites, the Archevites, the Babylonians, the Susanchites, the Dehavites, *and* the Elamites,

10 And the rest of the nations whom the great and noble*b* Asnapper brought over, and set in the cities of Samaria, and the rest *that are* on this side the river, and γ at such a time.*c*

11 This *is* the copy of the letter that they sent unto him, *even* unto Artaxerxes

---

Marginal references (center column)

B. C. 535.

a Zec. 4. 10.
b 1 Ch. 6.31, &c.
  16. 4, &c.
  25. 1, &c.
Ne. 12. 24, &c.
c Eze. 17.12..21.
β or*finished.*
γ *sewed together.*
δ *give.*
d 1Ch. 16.34, 41.
Ps. cxxxvi.
145. 1..11.
Je. 33. 11.
e ch. 7. 24.
ζ or,*strength.*
η *are salted with the salt of the palace.*
f Ne.21.10..14.
g Hag. 2. 3.
h Ps. 126. 6.
Je. 31. 8, 9.
i Ps. 5. 11.
k Est. 3. 8.
θ *made.*
κ *in the midst thereof.*
l Ju. 2. 5.
m 2 Ki. 24. 20.
  25. 1, 4.
n ver. 7..9.
λ *sons of the transportation.*
μ *societies.*
o 2 Ki. 17.24, &c.
p 2 Ki. 19.37.
ν by me a de*cree is set.*
q 2 Ki. 18. 7.
π *lifted up itself.*
r Ne. 2. 20.
Ac. 8. 21.
3 Jn`. 9, 10.
s ch. 1. 1..3.
t 1Ki.4.21,24.
Ps. 72. 8.
u Ge. 15. 18.
Jos. 1. 3, 4.
Ne. 6. 9.
ρ *Make a decree.*
w ch. 3. 3.
x Ac.24.1,&c.
σ *Ahashve-rosh.*
τ or,*in peace.*
φ *societies.*
χ *arm.*
ψ or,*secretary.*
y Hag. 1. 1.
z Zec. 1. 1.
β *societies.*
a 2 Ki.17.30, 31.
b Ro. 13. 7.
γ *Cheeneth.*
c ver. 11, 17.
ch. 7. 12.

---

the king: Thy servants, the men on this side the river, and at such a time.

12 Be it known unto the king, that the Jews which came up from thee to us are come unto Jerusalem, building the rebellious*e* and the bad city, and have β set up the walls *thereof,* and γ joined the foundations.

13 Be it known now unto the king, that if this city be builded, and the walls set up *again, then* will they not δ pay toll, tribute,*e* and custom, and *so* thou shalt endamage the ζ revenue of the kings.

14 Now, because we ηhave maintenance from *the king's* palace,and it was not meet for us to see the king's dishonour, therefore have we sent and certified the king,

15 That search may be made in the book of the records of thy fathers: so shalt thou find in the book of the records, and know, that this city *is* a rebellious city, and hurtful*k* unto kings and provinces, and that they have θ moved sedition κ within the same of old time: for which cause was this city destroyed.*m*

16 We certify the king, that if this city be builded *again,* and the walls thereof set up, by this means thou shalt have no portion on this side the river.

17 *Then* sent the king an answer unto Rehum the chancellor, and *to* Shimshai the scribe, and to the rest of their μ companions that dwell in Samaria, and *unto* the rest beyond the river, Peace, and at such a time.

18 The letter which ye sent unto us hath been plainly read before me.

19 And *ν* I commanded, and search hath been made, and it is found *q* that this city of old time hath π made insurrection against kings, and *that* rebellion and sedition have been made therein.

20 There have been mighty kings also over Jerusalem, which *t* have ruled over all *countries* beyond *u* the river; and toll, tribute, and custom, was paid unto them.

21 ρ Give ye now commandment to cause these men to cease, and that this city be not builded, until *another* commandment shall be given from me.

22 Take heed now that ye fail not to do this: why should damage grow to the hurt of the kings?

23 Now when the copy of king Artaxerxes' letter *was* read before Rehum, and Shimshai the scribe, and their companions, they went up in haste to Jerusalem, unto the Jews, and made them to cease by χ force and power.

24 Then ceased the work of the house of God which *is* at Jerusalem. So it ceased unto the second year of the reign of Darius king of Persia.

CHAP. V.

THEN the prophets, Haggai*y* the prophet, and Zechariah*z* the son of Iddo, prophesied unto the Jews that *were* in Judah and Jerusalem in the name of the God of Israel, *even* unto them.

2 Then rose up Zerubbabel the son of Shealtiel, and Jeshua the son of Jozadak, and began to build the house of God which *is* at Jerusalem: and with them *were* the prophets of God helping them.

3 At the same time came to them Tatnai, governor on this side the river, and Shethar-boznai and their companions, and said thus unto them, Who hath com-

CAP. V.

4 בֵּאדַיִן כְּנֵמָא אֲמַרְנָא לְּהֹם מַן־אִנּוּן שְׁמָהָת גֻּבְרַיָּא דִּי־דְנָה בִנְיָנָא בָּנַיִן׃

5 וְעֵין אֱלָהֲהֹם הֲוָת עַל־שָׂבֵי יְהוּדָיֵא וְלָא־בַטִּלוּ הִמּוֹ עַד־טַעְמָא לְדָרְיָוֶשׁ יְהָךְ וֶאֱדַיִן יְתִיבוּן נִשְׁתְּוָנָא עַל־דְּנָה׃

6 פַּרְשֶׁגֶן אִגַּרְתָּא דִּי־שְׁלַח תַּתְּנַי ׀ פַּחַת עֲבַר־נַהֲרָה וּשְׁתַר בּוֹזְנַי וּכְנָוָתֵהּ אֲפַרְסְכָיֵא דִּי בַּעֲבַר נַהֲרָה עַל־דָּרְיָוֶשׁ מַלְכָּא׃

7 פִּתְגָמָא שְׁלַחוּ עֲלוֹהִי וְכִדְנָה כְּתִיב בְּגַוֵּהּ לְדָרְיָוֶשׁ מַלְכָּא שְׁלָמָא כֹלָּא׃

8 יְדִיעַ ׀ לֶהֱוֵא לְמַלְכָּא דִּי־אֲזַלְנָא לִיהוּד מְדִינְתָּא לְבֵית אֱלָהָא רַבָּא וְהוּא מִתְבְּנֵא אֶבֶן גְּלָל וְאָע מִתְּשָׂם בְּכֻתְלַיָּא וַעֲבִידְתָּא דָךְ אָסְפַּרְנָא מִתְעַבְדָא וּמַצְלַח בְּיֶדְהֹם׃

9 אֱדַיִן שְׁאֵלְנָא לְשָׂבַיָּא אִלֵּךְ כְּנֵמָא אֲמַרְנָא לְּהֹם מַן־שָׂם לְכֹם טְעֵם בַּיְתָא דְנָה לְמִבְנְיָה וְאֻשַּׁרְנָא דְנָה לְשַׁכְלָלָה׃

10 וְאַף שְׁמָהָתְהֹם שְׁאֵלְנָא לְּהֹם לְהוֹדָעוּתָךְ דִּי נִכְתֻּב שֻׁם־גֻּבְרַיָּא דִּי בְרָאשֵׁיהֹם׃

11 וּכְנֵמָא פִתְגָמָא הֲתִיבוּנָא לְמֵמַר אֲנַחְנָא הִמּוֹ עַבְדוֹהִי דִּי־אֱלָהּ שְׁמַיָּא וְאַרְעָא וּבָנַיִן בַּיְתָא דִּי־הֲוָא בְנֵה מִקַּדְמַת דְּנָה שְׁנִין שַׂגִּיאָן וּמֶלֶךְ לְיִשְׂרָאֵל רַב בְּנָהִי וְשַׁכְלְלֵהּ׃

12 לָהֵן מִן־דִּי הַרְגִּזוּ אֲבָהֳתַנָא לֶאֱלָהּ שְׁמַיָּא יְהַב הִמּוֹ בְּיַד נְבוּכַדְנֶצַּר מֶלֶךְ־בָּבֶל כַּסְדָּיָא וּבַיְתָה דְנָה סַתְרֵהּ וְעַמָּה הַגְלִי לְבָבֶל׃

13 בְּרַם בִּשְׁנַת חֲדָה לְכוֹרֶשׁ מַלְכָּא דִּי בָבֶל כּוֹרֶשׁ מַלְכָּא שָׂם טְעֵם בֵּית־אֱלָהָא דְנָה לִבְּנֵא׃

14 וְאַף מָאנַיָּא דִי־בֵית־אֱלָהָא דִּי דַהֲבָה וְכַסְפָּא דִּי נְבוּכַדְנֶצַּר הַנְפֵּק מִן־הֵיכְלָא דִּי בִירוּשְׁלֶם וְהֵיבֵל הִמּוֹ לְהֵיכְלָא דִּי בָבֶל הַנְפֵּק הִמּוֹ כּוֹרֶשׁ מַלְכָּא מִן־הֵיכְלָא דִּי בָבֶל וִיהִיבוּ לְשֵׁשְׁבַּצַּר שְׁמֵהּ דִּי פֶחָה שָׂמֵהּ׃

15 וַאֲמַר־לֵהּ ׀ אֵלֶּה מָאנַיָּא שֵׂא אֵזֶל־אֲחֵת הִמּוֹ בְּהֵיכְלָא דִּי בִירוּשְׁלֶם וּבֵית אֱלָהָא יִתְבְּנֵא עַל־אַתְרֵהּ׃

16 אֱדַיִן שֵׁשְׁבַּצַּר דֵּךְ אֲתָא יְהַב אֻשַּׁיָּא דִּי־בֵית אֱלָהָא דִּי בִירוּשְׁלֶם וּמִן־אֱדַיִן וְעַד־כְּעַן מִתְבְּנֵא וְלָא שְׁלִם׃

17 וּכְעַן הֵן עַל־מַלְכָּא טָב יִתְבַּקַּר בְּבֵית גִּנְזַיָּא דִּי־מַלְכָּא תַמָּה דִּי בְּבָבֶל הֵן אִיתַי דִּי־מִן־כּוֹרֶשׁ מַלְכָּא שִׂים טְעֵם לְמִבְנֵא בֵּית־אֱלָהָא דֵךְ בִּירוּשְׁלֶם וּרְעוּת מַלְכָּא עַל־דְּנָה יִשְׁלַח עֲלֶינָא׃

CAP. VI.

1 בֵּאדַיִן דָּרְיָוֶשׁ מַלְכָּא שָׂם טְעֵם וּבַקַּרוּ ׀ בְּבֵית סִפְרַיָּא דִּי גִנְזַיָּא מְהַחֲתִין תַּמָּה בְּבָבֶל׃

2 וְהִשְׁתְּכַח בְּאַחְמְתָא בְּבִירְתָא דִּי בְּמָדַי מְדִינְתָּה מְגִלָּה חֲדָה וְכֵן־כְּתִיב בְּגַוַּהּ דִּכְרוֹנָה׃

3 בִּשְׁנַת חֲדָה לְכוֹרֶשׁ מַלְכָּא כּוֹרֶשׁ מַלְכָּא שָׂם טְעֵם בֵּית־אֱלָהָא בִירוּשְׁלֶם בַּיְתָא יִתְבְּנֵא אֲתַר דִּי־דָבְחִין דִּבְחִין וְאֻשּׁוֹהִי מְסוֹבְלִין רוּמֵהּ אַמִּין שִׁתִּין פְּתָיֵהּ אַמִּין שִׁתִּין׃

4 נִדְבָּכִין דִּי־אֶבֶן גְּלָל תְּלָתָא וְנִדְבָּךְ דִּי־אָע חֲדַת וְנִפְקְתָא מִן־בֵּית מַלְכָּא תִּתְיְהִב׃

5 וְאַף מָאנֵי בֵית־אֱלָהָא דִּי דַהֲבָה וְכַסְפָּא דִּי נְבוּכַדְנֶצַּר הַנְפֵּק מִן־הֵיכְלָא דִי־בִירוּשְׁלֶם וְהֵיבֵל לְבָבֶל יַהֲתִיבוּן וִיהָךְ לְהֵיכְלָא דִי־בִירוּשְׁלֶם לְאַתְרֵהּ וְתַחֵת בְּבֵית אֱלָהָא׃

6 כְּעַן תַּתְּנַי פַּחַת עֲבַר־נַהֲרָה שְׁתַר בּוֹזְנַי וּכְנָוָתְהוֹן אֲפַרְסְכָיֵא דִּי בַּעֲבַר נַהֲרָה רַחִיקִין הֲווֹ מִן־תַּמָּה׃

7 שְׁבֻקוּ לַעֲבִידַת בֵּית־אֱלָהָא דֵךְ פַּחַת יְהוּדָיֵא וּלְשָׂבֵי יְהוּדָיֵא בֵּית־אֱלָהָא דֵךְ יִבְנוֹן עַל־אַתְרֵהּ׃

8 וּמִנִּי שִׂים טְעֵם לְמָא דִי־תַעַבְדוּן עִם־שָׂבֵי יְהוּדָיֵא אִלֵּךְ לְמִבְנֵא בֵּית־אֱלָהָא דֵךְ וּמִנִּכְסֵי מַלְכָּא דִּי מִדַּת עֲבַר נַהֲרָה אָסְפַּרְנָא נִפְקְתָא תֶּהֱוֵא מִתְיַהֲבָא לְגֻבְרַיָּא אִלֵּךְ דִּי־לָא לְבַטָּלָא׃

9 וּמָה חַשְׁחָן וּבְנֵי תוֹרִין וְדִכְרִין וְאִמְּרִין ׀ לַעֲלָוָן לֶאֱלָהּ שְׁמַיָּא חִנְטִין מְלַח ׀ חֲמַר וּמְשַׁח כְּמֵאמַר כָּהֲנַיָּא דִי־בִירוּשְׁלֶם לֶהֱוֵא מִתְיְהֵב לְהֹם יוֹם ׀ בְּיוֹם דִּי־לָא שָׁלוּ׃

10 דִּי־לֶהֱוֹן מְהַקְרְבִין נִיחוֹחִין לֶאֱלָהּ שְׁמַיָּא וּמְצַלַּיִן לְחַיֵּי מַלְכָּא וּבְנוֹהִי׃

11 וּמִנִּי שִׂים טְעֵם דִּי כָל־אֱנָשׁ דִּי יְהַשְׁנֵא פִּתְגָמָא דְנָה יִתְנְסַח אָע מִן־בַּיְתֵהּ וּזְקִיף יִתְמְחֵא עֲלֹהִי וּבַיְתֵהּ נְוָלוּ יִתְעֲבֵד עַל־דְּנָה׃

12 וֵאלָהָא דִּי שַׁכִּן שְׁמֵהּ תַּמָּה יְמַגַּר כָּל־מֶלֶךְ וְעַם דִּי ׀ יִשְׁלַח יְדֵהּ לְהַשְׁנָיָה לְחַבָּלָה בֵּית־אֱלָהָא דֵךְ דִּי בִירוּשְׁלֶם אֲנָה דָרְיָוֶשׁ שָׂמֶת טְעֵם אָסְפַּרְנָא יִתְעֲבִד׃

13 אֱדַיִן תַּתְּנַי פַּחַת עֲבַר־נַהֲרָה שְׁתַר בּוֹזְנַי וּכְנָוָתְהוֹן לָקֳבֵל דִּי־שְׁלַח דָּרְיָוֶשׁ מַלְכָּא כְּנֵמָא אָסְפַּרְנָא עֲבַדוּ׃

14 וְשָׂבֵי יְהוּדָיֵא בָּנַיִן וּמַצְלְחִין בִּנְבוּאַת חַגַּי נְבִיאָה וּזְכַרְיָה בַּר־עִדּוֹא וּבְנוֹ וְשַׁכְלִלוּ מִן־טַעַם אֱלָהּ יִשְׂרָאֵל וּמִטְּעֵם כּוֹרֶשׁ וְדָרְיָוֶשׁ וְאַרְתַּחְשַׁשְׂתְּא מֶלֶךְ פָּרָס׃

15 וְשֵׁיצִיא בַּיְתָה דְנָה עַד יוֹם תְּלָתָה לִירַח אֲדָר דִּי־הִיא שְׁנַת־שֵׁת לְמַלְכוּת דָּרְיָוֶשׁ מַלְכָּא׃

16 וַעֲבַדוּ בְנֵי־יִשְׂרָאֵל כָּהֲנַיָּא וְלֵוָיֵא וּשְׁאָר בְּנֵי־גָלוּתָא חֲנֻכַּת בֵּית־אֱלָהָא דְנָה בְּחֶדְוָה׃

manded you to build this house, and to make up this wall?

4 Then said we unto them after this manner, What are the names of the men that β make this building?

5 But the eye *a* of their God was upon the elders of the Jews, that they could not *c* cause them to cease, till the matter came to Darius: and then they returned *e* answer by letter concerning this *matter*.

6 The copy of the letter that Tatnai, governor on this side the river, and She-thar-boznai, and his companions the Aph-arsachites, which *were* on this side the river, sent unto Darius the king:

7 They sent a letter unto him, γ where-in was written thus: Unto Darius the king, all peace.

8 Be it known unto the king, that we went into the province of Judea, to the house of the great God, which is builded with ζ great stones, and timber is laid in the walls, and this work goeth fast on, and prospereth in their hands.

9 Then asked *i* we those elders, *and* said unto them thus, Who commanded you to build this house, and to make up these walls?

10 We asked their names also, to cer-tify thee, that we might write the names of the men that *were* the chief of them.

11 And thus they returned us answer, saying, We are the servants *l* of the God of heaven and earth, and build the house that was builded these many years ago, which a great king of Israel *m* builded and set up.

12 But after *n* that our fathers had pro-voked the God of heaven unto wrath, he gave them *o* into the hand of Nebuchad-nezzar the king of Babylon, the Chal-dean, who destroyed this house, and carried the people away into Babylon.

13 But *q* in the first year of Cyrus the king of Babylon, *the same* king Cyrus made a decree to build this house of God.

14 And the vessels also of gold and silver of the house of God, which Nebu-chadnezzar took *t* out of the temple that *was* in Jerusalem, and brought them into the temple of Babylon, those did Cyrus the king take out of the temple of Baby-lon, and they were delivered unto *one v* whose name *was* Sheshbazzar, whom he had made ν governor;

15 And said unto him, Take these ves-sels, go, carry them into the temple that *is* in Jerusalem, and let the house of God be builded in his place.

16 Then came the same Sheshbazzar, *and* laid *y* the foundation of the house of God which *is* in Jerusalem: and since that time, even until now, hath it been in building, and *yet a* it is not finished.

17 Now therefore, if *it seem* good to the king, let there be search *b* made in the king's treasure-house, which *is* there at Babylon, whether it be *so*, that a decree was made of Cyrus the king to build this house of God at Jerusalem, and let the king send his pleasure to us concerning this matter.

CHAP. VI.

THEN Darius the king made a decree, and search *f* was made in the house of the ρ rolls, where the treasures were σ laid up in Babylon.

2 And there was found at φ Achmetha,

B. C. 519.

β build?
a ch. 7. 6, 28.
Ps. 32. 8.
33. 18.
34. 15.
76. 10.
b 2Ch. 36. 22, 23.
c Ps.129. 2..5.
d Ps. 122. 4.
e ch. 6. 6.
f 1 Ki. 6. 36.
γ *in the midst whereof.*
g ch. 1. 7, 8.
5. 14.
Da. 5. 2.
δ *go.*
ζ *stones of rolling.*
h ch. 5. 3.
η *their socie-ties.*
i ver. 3, 4.
k Ac.5.38,39.
θ *by me a decree is made.*
l Da. 3. 26.
Ac. 27. 23.
Ro. 6. 16.
m 1 Ki. 6. 1.
κ *made to cease.*
n 2Ch. 36. 16, 17.
o 2 Ki. 24. 2.
25. 8.11.
p Is. 49. 23.
q ch. 1. 1..8.
r ch. 7. 23.
Je. 29. 7.
λ *of rest.*
s 1 Ti. 2. 1, 2.
t Je. 52. 19.
μ *destroyed.*
u Da. 2. 5.
3. 29.
v Hag. 1. 14.
2. 2, 21.
w 1 Ki. 9. 3.
x Ps.137. 8, 9.
Ob. 10.
ν *or, deputy.*
y ch. 3. 8, 10.
z ch. 5. 1, 2.
b ch. 6. 1, 2.
π *decree.*
c ver. 3.
d ch. 4. 24.
e ch. 7. 1.
f ch. 5. 17.
ρ *books.*
σ *made to descend.*
τ *sons of the transporta-tion*, ch. 4.1.
g 1 Ki. 8. 63.
2 Ch. 7. 5.
φ *or, Ecba-tana*, or, *in a coffer.*
h ver. 22.
Ne. 8. 10.
12. 43.
Ps. 122. 1.

---

in the palace that *is* in the province of the Medes, a roll, and therein *was* a record thus written:

3 In the first year of Cyrus the king, *the same* Cyrus the king made a decree *concerning b* the house of God at Jerusa-lem, Let the house be builded, the place *d* where they offered sacrifices, and let the foundations thereof be strongly laid; the height thereof threescore cubits, *and* the breadth thereof threescore cubits;

4 *With f* three rows of great stones, and a row of new timber: and let the ex-pences be given out of the king's house.

5 And also let the golden and silver vessels *g* of the house of God, which Ne-buchadnezzar took forth out of the tem-ple which *is* at Jerusalem, and δ brought unto Babylon, be restored, and brought again unto the temple which *is* at Jeru-salem, *every one* to his place, and place *them* in the house of God.

6 Now *therefore*, Tatnai, *h* governor be-yond the river, Shethar-boznai, and η your companions the Apharsachites, which *are* beyond the river, be ye far from thence;

7 Let *k* the work of this house of God alone; let the governor of the Jews, and the elders of the Jews, build this house of God in his place.

8 Moreover, θ I make a decree what ye shall do to the elders of these Jews, for the building of this house of God; that, of the king's goods, *even* of the tribute beyond the river, forthwith expences be given unto these men, that they be not κ hindered.

9 And that which they have need of, both young bullocks, and rams, and lambs, for the burnt-offerings of the God of heaven, wheat, salt, wine, and oil, ac-cording to the appointment of the priests which *are* at Jerusalem, let it be *p* given them day by day without fail;

10 That *r* they may offer sacrifices λ of sweet savours unto the God of heaven, and pray for *s* the life of the king, and of his sons.

11 Also I have made a decree that who-soever shall alter this word, let timber be pulled down from his house, and, being set up, let him be μ hanged thereon; and let his house *u* be made a dunghill for this.

12 And the God that hath caused his name *w* to dwell there, destroy *x* all kings and people that shall put to their hand to alter *and* to destroy this house of God which *is* at Jerusalem. I Darius have made a decree; let it be done with speed.

13 Then Tatnai, governor on this side the river, Shethar-boznai, and their com-panions, according to that which Darius the king had sent, so they did speedily.

14 And *z* the elders of the Jews builded, and they prospered through the prophesy-ing of Haggai the prophet, and Zechariah the son of Iddo: and they builded, and finished *it*, according to the command-ment of the God of Israel, and according to the π commandment of Cyrus, *c* and Darius, *d* and Artaxerxes king *e* of Persia.

15 And this house was finished on the third day of the month Adar, which was in the sixth year of the reign of Darius the king.

16 And the children of Israel, the priests and the Levites, and the rest of the τ chil-dren of the captivity, kept *g* the dedica-tion of this house of God with joy, *h*

17 וְהַקְרִבוּ לַחֲנֻכַּת בֵּית־אֱלָהָא דְנָה תּוֹרִין מְאָה דִּכְרִין מָאתַיִן אִמְּרִין אַרְבַּע מְאָה וּצְפִירֵי עִזִּין לְחַטָּאָה עַל־כָּל־יִשְׂרָאֵל תְּרֵי־עֲשַׂר לְמִנְיָן שִׁבְטֵי יִשְׂרָאֵל׃

18 וַהֲקִימוּ כָהֲנַיָּא בִּפְלֻגָּתְהוֹן וְלֵוָיֵא בְּמַחְלְקָתְהוֹן עַל־עֲבִידַת אֱלָהָא דִּי בִירוּשְׁלֶם כִּכְתָב סְפַר מֹשֶׁה׃

19 וַיַּעֲשׂוּ בְנֵי־הַגּוֹלָה אֶת־הַפָּסַח בְּאַרְבָּעָה עָשָׂר לַחֹדֶשׁ הָרִאשׁוֹן׃

20 כִּי הִטַּהֲרוּ הַכֹּהֲנִים וְהַלְוִיִּם כְּאֶחָד כֻּלָּם טְהוֹרִים וַיִּשְׁחֲטוּ הַפֶּסַח לְכָל־בְּנֵי הַגּוֹלָה וְלַאֲחֵיהֶם הַכֹּהֲנִים וְלָהֶם׃

21 וַיֹּאכְלוּ בְנֵי־יִשְׂרָאֵל הַשָּׁבִים מֵהַגּוֹלָה וְכֹל הַנִּבְדָּל מִטֻּמְאַת גּוֹיֵ־הָאָרֶץ אֲלֵהֶם לִדְרֹשׁ לַיהוָה אֱלֹהֵי יִשְׂרָאֵל׃

22 וַיַּעֲשׂוּ חַג־מַצּוֹת שִׁבְעַת יָמִים בְּשִׂמְחָה כִּי שִׂמְּחָם יְהוָה וְהֵסֵב לֵב מֶלֶךְ־אַשּׁוּר עֲלֵיהֶם לְחַזֵּק יְדֵיהֶם בִּמְלֶאכֶת בֵּית־הָאֱלֹהִים אֱלֹהֵי יִשְׂרָאֵל׃

CAP. VII.

1 וְאַחַר הַדְּבָרִים הָאֵלֶּה בְּמַלְכוּת אַרְתַּחְשַׁסְתְּא מֶלֶךְ־פָּרָס עֶזְרָא בֶּן־שְׂרָיָה בֶּן־עֲזַרְיָה בֶּן־חִלְקִיָּה׃

2 בֶּן־שַׁלּוּם בֶּן־צָדוֹק בֶּן־אֲחִיטוּב׃

3 בֶּן־אֲמַרְיָה בֶן־עֲזַרְיָה בֶּן־מְרָיוֹת׃

4 בֶּן־זְרַחְיָה בֶן־עֻזִּי בֶּן־בֻּקִּי׃

5 בֶּן־אֲבִישׁוּעַ בֶּן־פִּינְחָס בֶּן־אֶלְעָזָר בֶּן־אַהֲרֹן הַכֹּהֵן הָרֹאשׁ׃

6 הוּא עֶזְרָא עָלָה מִבָּבֶל וְהוּא־סֹפֵר מָהִיר בְּתוֹרַת מֹשֶׁה אֲשֶׁר־נָתַן יְהוָה אֱלֹהֵי יִשְׂרָאֵל וַיִּתֶּן־לוֹ הַמֶּלֶךְ כְּיַד־יְהוָה אֱלֹהָיו עָלָיו כֹּל בַּקָּשָׁתוֹ׃

7 וַיַּעֲלוּ מִבְּנֵי־יִשְׂרָאֵל וּמִן־הַכֹּהֲנִים וְהַלְוִיִּם וְהַמְשֹׁרְרִים וְהַשֹּׁעֲרִים וְהַנְּתִינִים אֶל־יְרוּשָׁלִָם בִּשְׁנַת־שֶׁבַע לְאַרְתַּחְשַׁסְתְּא הַמֶּלֶךְ׃

8 וַיָּבֹא יְרוּשָׁלִַם בַּחֹדֶשׁ הַחֲמִישִׁי הִיא שְׁנַת הַשְּׁבִיעִית לַמֶּלֶךְ׃

9 כִּי בְּאֶחָד לַחֹדֶשׁ הָרִאשׁוֹן הוּא יְסֻד הַמַּעֲלָה מִבָּבֶל וּבְאֶחָד לַחֹדֶשׁ הַחֲמִישִׁי בָּא אֶל־יְרוּשָׁלִַם כְּיַד־אֱלֹהָיו הַטּוֹבָה עָלָיו׃

10 כִּי עֶזְרָא הֵכִין לְבָבוֹ לִדְרוֹשׁ אֶת־תּוֹרַת יְהוָה וְלַעֲשֹׂת וּלְלַמֵּד בְּיִשְׂרָאֵל חֹק וּמִשְׁפָּט׃

11 וְזֶה פַּרְשֶׁגֶן הַנִּשְׁתְּוָן אֲשֶׁר נָתַן הַמֶּלֶךְ אַרְתַּחְשַׁסְתְּא לְעֶזְרָא הַכֹּהֵן הַסֹּפֵר סֹפֵר דִּבְרֵי מִצְוֺת־יְהוָה וְחֻקָּיו עַל־יִשְׂרָאֵל׃

12 אַרְתַּחְשַׁסְתְּא מֶלֶךְ מַלְכַיָּא לְעֶזְרָא כָהֲנָא סָפַר דָּתָא דִּי־אֱלָהּ שְׁמַיָּא גְּמִיר וּכְעֶנֶת׃

13 מִנִּי שִׂים טְעֵם דִּי כָל־מִתְנַדַּב בְּמַלְכוּתִי מִן־

14 עַמָּא יִשְׂרָאֵל וְכָהֲנוֹהִי וְלֵוָיֵא לִמְהָךְ לִירוּשְׁלֶם עִמָּךְ יְהָךְ׃ כָּל־קֳבֵל דִּי מִן־קֳדָם מַלְכָּא וְשִׁבְעַת יָעֲטֹהִי שְׁלִיחַ לְבַקָּרָא עַל־יְהוּד וְלִירוּשְׁלֶם בְּדָת אֱלָהָךְ דִּי בִידָךְ׃

15 וּלְהֵיבָלָה כְּסַף וּדְהַב דִּי־מַלְכָּא וְיָעֲטוֹהִי הִתְנַדַּבוּ לֶאֱלָהּ יִשְׂרָאֵל דִּי בִירוּשְׁלֶם מִשְׁכְּנֵהּ׃

16 וְכֹל כְּסַף וּדְהַב דִּי תְהַשְׁכַּח בְּכֹל מְדִינַת בָּבֶל עִם הִתְנַדָּבוּת עַמָּא וְכָהֲנַיָּא מִתְנַדְּבִין לְבֵית אֱלָהֲהֹם דִּי בִירוּשְׁלֶם׃

17 כָּל־קֳבֵל דְּנָה אָסְפַּרְנָא תִקְנֵא בְּכַסְפָּא דְנָה תּוֹרִין דִּכְרִין אִמְּרִין וּמִנְחָתְהוֹן וְנִסְכֵּיהוֹן וּתְקָרֵב הִמּוֹ עַל־מַדְבְּחָה דִּי בֵּית אֱלָהֲכֹם דִּי בִירוּשְׁלֶם׃

18 וּמָה דִי עֲלָךְ וְעַל־אֶחָךְ יֵיטַב בִּשְׁאָר כַּסְפָּא וְדַהֲבָה לְמֶעְבַּד כִּרְעוּת אֱלָהֲכֹם תַּעַבְדוּן׃

19 וּמָאנַיָּא דִּי־מִתְיַהֲבִין לָךְ לְפָלְחָן בֵּית אֱלָהָךְ הַשְׁלֵם קֳדָם אֱלָהּ יְרוּשְׁלֶם׃

20 וּשְׁאָר חַשְׁחוּת בֵּית אֱלָהָךְ דִּי יִפֶּל־לָךְ לְמִנְתַּן תִּנְתֵּן מִן־בֵּית גִּנְזֵי מַלְכָּא׃

21 וּמִנִּי אֲנָה אַרְתַּחְשַׁסְתְּא מַלְכָּא שִׂים טְעֵם לְכֹל גִּזַּבְרַיָּא דִּי בַּעֲבַר נַהֲרָה דִּי כָל־דִּי יִשְׁאֲלֶנְכוֹן עֶזְרָא כָהֲנָא סָפַר דָּתָא דִּי־אֱלָהּ שְׁמַיָּא אָסְפַּרְנָא יִתְעֲבִד׃

22 עַד־כְּסַף כַּכְּרִין מְאָה וְעַד־חִנְטִין כֹּרִין מְאָה וְעַד־חֲמַר בַּתִּין מְאָה וְעַד־בַּתִּין מְשַׁח מְאָה וּמְלַח דִּי־לָא כְתָב׃

23 כָּל־דִּי מִן־טַעַם אֱלָהּ שְׁמַיָּא יִתְעֲבֵד אַדְרַזְדָּא לְבֵית אֱלָהּ שְׁמַיָּא דִּי־לְמָה לֶהֱוֵא קְצַף עַל־מַלְכוּת מַלְכָּא וּבְנוֹהִי׃

24 וּלְכֹם מְהוֹדְעִין דִּי כָל־כָּהֲנַיָּא וְלֵוָיֵא זַמָּרַיָּא תָרָעַיָּא נְתִינַיָּא וּפָלְחֵי בֵּית אֱלָהָא דְנָה מִנְדָּה בְלוֹ וַהֲלָךְ לָא שַׁלִּיט לְמִרְמֵא עֲלֵיהֹם׃

25 וְאַנְתְּ עֶזְרָא כְּחָכְמַת אֱלָהָךְ דִּי־בִידָךְ מֶנִּי שָׁפְטִין וְדַיָּנִין דִּי־לֶהֱוֹן דָּאֲנִין לְכָל־עַמָּא דִּי בַּעֲבַר נַהֲרָה לְכָל־יָדְעֵי דָּתֵי אֱלָהָךְ וְדִי לָא יָדַע תְּהוֹדְעוּן׃

26 וְכָל־דִּי־לָא לֶהֱוֵא עָבֵד דָּתָא דִי־אֱלָהָךְ וְדָתָא דִּי מַלְכָּא אָסְפַּרְנָא דִּינָה לֶהֱוֵא מִתְעֲבֵד מִנֵּהּ הֵן לְמוֹת הֵן לִשְׁרֹשִׁי הֵן־לַעֲנָשׁ נִכְסִין וְלֶאֱסוּרִין׃

27 בָּרוּךְ יְהוָה אֱלֹהֵי אֲבוֹתֵינוּ אֲשֶׁר נָתַן כָּזֹאת בְּלֵב הַמֶּלֶךְ לְפָאֵר אֶת־בֵּית יְהוָה אֲשֶׁר בִּירוּשָׁלִָם׃

28 וְעָלַי הִטָּה־חֶסֶד לִפְנֵי הַמֶּלֶךְ וְיוֹעֲצָיו וּלְכָל־שָׂרֵי הַמֶּלֶךְ הַגִּבֹּרִים וַאֲנִי הִתְחַזַּקְתִּי כְּיַד־יְהוָה אֱלֹהַי עָלַי וָאֶקְבְּצָה מִיִּשְׂרָאֵל רָאשִׁים לַעֲלוֹת עִמִּי׃

CAP. VIII. ח

1 וְאֵלֶּה רָאשֵׁי אֲבֹתֵיהֶם וְהִתְיַחְשָׂם הָעֹלִים עִמִּי

17 And offered[a] at the dedication of this house of God an hundred bullocks, two hundred rams, four hundred lambs; and, for a sin-offering for all Israel, twelve he-goats, according to the number of the tribes of Israel.

18 And they set the priests[c] in their divisions, and the Levites[d] in their courses, for the service of God which *is* at Jerusalem; [γ] as it is written[g] in the book of Moses.

19 And the children of the captivity kept the passover upon the fourteenth *day*[i] of the first month.

20 For the priests and the Levites were purified[l] together, all of them *were* pure, and killed[m] the passover for all the children of the captivity, and for their brethren the priests, and for themselves.

21 And the children of Israel, which were come again out of captivity, and all such as had separated themselves unto them from the filthiness[p] of the heathen of the land, to seek the LORD God of Israel, did eat,

22 And kept the feast[q] of unleavened bread seven days with joy: for the LORD had made them joyful, and turned the heart[s] of the king of Assyria unto them, to strengthen their hands in the work of the house of God, the God of Israel.

CHAP. VII.

NOW after these things, in the reign of Artaxerxes[t] king of Persia, Ezra the son of Seraiah,[u] the son of Azariah, the son of Hilkiah,

2 The son of Shallum, the son of Zadok, the son of Ahitub,

3 The son of Amariah, the son of Azariah, the son of Meraioth,

4 The son of Zerahiah, the son of Uzzi, the son of Bukki,

5 The son of Abishua, the son of Phinehas,[v] the son of Eleazar, the son of Aaron[w] the chief priest:

6 This Ezra went up from Babylon; and he *was* a ready scribe[x] in the law of Moses, which the LORD God of Israel had given: and the king granted him all his request, according[a] to the hand of the LORD his God upon him.

7 And[b] there went up *some* of the children of Israel, and of the priests, and the Levites, and the singers, and the porters, and the Nethinims,[c] unto Jerusalem, in the seventh year of Artaxerxes the king.

8 And he came to Jerusalem in the fifth month, which *was* in the seventh year of the king.

9 For upon the first *day* of the first month [η] began he to go up from Babylon, and on the first *day* of the fifth month came he to Jerusalem, according[f] to the good hand of his God upon him.

10 For Ezra had prepared[g] his heart to seek[h] the law of the LORD, and to do[i] *it,* and to teach[k] in Israel statutes and judgments.

11 Now this *is* the copy of the letter that the king Artaxerxes gave unto Ezra the priest, the scribe, *even* a scribe of the words of the commandments of the LORD, and of his statutes to Israel.

12 Artaxerxes, king[o] of kings, [κ] unto Ezra the priest, a scribe of the law of the God of heaven, perfect *peace,* and at such a time.

13 I make a decree, that all they of the people of Israel, and *of* his priests and Levites, in my realm, which are minded of their own free will to go up to Jerusalem, go with thee.

B. C. 457.

a ch. 8. 35.
β from before the king.
b Es. 1. 14.
c 1 Ch. 24. 1.
d Ps. 68. 29. 76. 11.
e 1 Ch. 23. 6.
f 2 Ch. 6. 2. Ps. 9. 11. 26. 8. 135. 21.
γ according to the writing.
g Nu. 3. 6. 8. 9.
h ch. 8. 25.
i Ex. 12. 6.
k 1Ch.29.6,9.
l 2 Ch. 30. 15.
m 2Ch.35. 11.
n Nu.15.4.13.
o De.12.5..11.
p ch. 9. 11.
q Ex. 12. 15. 13. 6. 2Ch. 30. 21. 35. 17.
1 Co.5.7,8.
r Ep.5. 17.
s ver. 6. Pr. 21. 1.
t Ne. 2. 1.
u 1 Ch. 6. 14.
δ cors.
*v*Nu.25.11..13
w He. 5. 4.
x ver.11,12,21
ζ of the decree.
y ver. 18.
z Ps. 119. 4.
a ver. 9. ch. 8. 22,31. Ne. 2. 8, 18. Pr. 3. 6.
*b*ch.8.1,15,&c
c ch. 2. 43.
d Ex.18.21,22. De. 16. 18.
η was the foundation of the going up.
e ver. 10. Ro.10.14..17.
f ver. 6.
g 2 Ch. 19. 3.
h Ps. 119. 45.
i De. 16. 12. Da. 6. 5.
θ rooting out
k De. 33. 10. Mal. 2. 7. Tit. 2. 1, 15.
l 1Ch. 29. 10.
m ch. 6. 22.
n ch. 9. 9.
o Eze. 26. 7. Da. 2. 37.
κ or,to Ezra the priest, a perfect scribe of the law of the God of heaven, peace, &c.
p ver. 6. ch. 8. 18.

---

14 Forasmuch as thou art sent [β] of the king, and of his seven[b] counsellors, to inquire concerning Judah and Jerusalem, according to the law of thy God which *is* in thine hand;

15 And to carry the silver and gold, which[d] the king and his counsellors have freely offered unto the God of Israel, whose habitation[f] *is* in Jerusalem,

16 And[h] all the silver and gold that thou canst find in all the province of Babylon, with the free will offering of the people, and of the priests, offering[k] willingly for the house of their God which *is* in Jerusalem;

17 That thou mayest buy speedily with this money, bullocks, rams, lambs, with their meat-offerings,[n] and their drink-offerings, and offer them upon the[o] altar of the house of your God which *is* in Jerusalem.

18 And whatsoever shall seem good to thee, and to thy brethren, to do with the rest of the silver and the gold, that do[r] after the will of your God.

19 The vessels also that are given thee for the service of the house of thy God, *those* deliver thou before the God of Jerusalem.

20 And whatsoever more shall be needful for the house of thy God, which thou shalt have occasion to bestow, bestow *it* out of the king's treasure-house.

21 And I, *even* I, Artaxerxes the king, do make a decree to all the treasurers which *are* beyond the river, that whatsoever Ezra the priest, the scribe of the law of the God of heaven, shall require of you, it be done speedily,

22 Unto an hundred talents of silver, and to an hundred [δ] measures of wheat, and to an hundred baths of wine, and to an hundred baths of oil, and salt without prescribing *how much.*

23 Whatsoever is [ζ]commanded[y] by the God of heaven, let it be diligently[z] done for the house of the God of heaven: for why should there be wrath against the realm of the king and his sons?

24 Also we certify you, that touching any of the priests and Levites, singers, porters, Nethinims, or ministers of this house of God, it shall not be lawful to impose toll, tribute, or custom, upon them.

25 And thou, Ezra, after the wisdom of thy God that *is* in thine hand, set magistrates[d] and judges, which may judge all the people that *are* beyond the river, all such as know the laws of thy God; and teach[e] ye them that know *them* not.

26 And whosoever will not do the law of thy God, and the law of the king, let judgment be executed speedily upon him, whether *it be* unto death, or to [θ]banishment, or to confiscation of goods, or to imprisonment.

27 Blessed[l] *be* the LORD God of our fathers, which hath put[m] *such a thing* as this in the king's heart, to beautify the house of the LORD which *is* in Jerusalem;

28 And[n] hath extended mercy unto me before the king, and his counsellors, and before all the king's mighty princes. And I was strengthened as[p] the hand of the LORD my God *was* upon me; and I gathered together out of Israel chief men to go up with me.

CHAP. VIII.

THESE *are* now the chief of their

2 בְּמַלְכוּת אַרְתַּחְשַׁסְתְּא הַמֶּלֶךְ : מִבְּנֵי מִבָּבֶל
פִּינְחָס גֵּרְשֹׁם מִבְּנֵי אִיתָמָר דָּנִיֵּאל מִבְּנֵי דָוִיד
3 חַטּוּשׁ : מִבְּנֵי שְׁכַנְיָה מִבְּנֵי פַרְעֹשׁ זְכַרְיָה וְעִמּוֹ
4 הִתְיַחֵשׂ לִזְכָרִים מֵאָה וַחֲמִשִּׁים : מִבְּנֵי פַחַת
מוֹאָב אֶלְיְהוֹעֵינַי בֶּן־זְרַחְיָה וְעִמּוֹ מָאתַיִם הַזְּכָרִים
5 מִבְּנֵי שְׁכַנְיָה בֶּן־יַחֲזִיאֵל וְעִמּוֹ שְׁלֹשׁ מֵאוֹת
6 הַזְּכָרִים : וּמִבְּנֵי עָדִין עֶבֶד בֶּן־יוֹנָתָן וְעִמּוֹ
7 חֲמִשִּׁים הַזְּכָרִים : וּמִבְּנֵי עֵילָם יְשַׁעְיָה בֶּן־עֲתַלְיָה וְעִמּוֹ
8 שִׁבְעִים הַזְּכָרִים : וּמִבְּנֵי שְׁפַטְיָה זְבַדְיָה בֶּן
9 מִיכָאֵל וְעִמּוֹ שְׁמֹנִים הַזְּכָרִים : מִבְּנֵי יוֹאָב עֹבַדְיָה
בֶּן־יְחִיאֵל וְעִמּוֹ מָאתַיִם וּשְׁמֹנָה עָשָׂר הַזְּכָרִים
10 וּמִבְּנֵי שְׁלוֹמִית בֶּן־יוֹסִפְיָה וְעִמּוֹ מֵאָה וְשִׁשִּׁים
11 הַזְּכָרִים : וּמִבְּנֵי בֵבַי זְכַרְיָה בֶּן־בֵּבָי וְעִמּוֹ עֶשְׂרִים
12 וּשְׁמֹנָה הַזְּכָרִים : וּמִבְּנֵי עַזְגָּד יוֹחָנָן בֶּן־הַקָּטָן
13 וְעִמּוֹ מֵאָה וַעֲשָׂרָה הַזְּכָרִים : וּמִבְּנֵי אֲדֹנִיקָם
אַחֲרֹנִים וְאֵלֶּה שְׁמוֹתָם אֱלִיפֶלֶט יְעִיאֵל וּשְׁמַעְיָה
14 וְעִמָּהֶם שִׁשִּׁים הַזְּכָרִים : וּמִבְּנֵי בִגְוַי עוּתַי וְזַבּוּד
15 וְעִמָּהֶם שִׁבְעִים הַזְּכָרִים : וָאֶקְבְּצֵם אֶל־הַנָּהָר
הַבָּא אֶל־אַהֲוָא וַנַּחֲנֶה שָׁם יָמִים שְׁלֹשָׁה וָאָבִינָה
בָעָם וּבַכֹּהֲנִים וּמִבְּנֵי לֵוִי לֹא־מָצָאתִי שָׁם
16 וָאֶשְׁלְחָה לֶאֱלִיעֶזֶר לַאֲרִיאֵל לִשְׁמַעְיָה וּלְאֶלְנָתָן
וּלְיָרִיב וּלְאֶלְנָתָן וּלְנָתָן וְלִזְכַרְיָה וְלִמְשֻׁלָּם רָאשִׁים
17 וּלְיוֹיָרִיב וּלְאֶלְנָתָן מְבִינִים : וָאֲצַוֶּה אוֹתָם עַל
אִדּוֹ הָרֹאשׁ בְּכָסִפְיָא הַמָּקוֹם וָאָשִׂימָה בְּפִיהֶם
דְּבָרִים לְדַבֵּר אֶל־אִדּוֹ אָחִיו הַנְּתִינִים בְּכָסִפְיָא
הַמָּקוֹם לְהָבִיא־לָנוּ מְשָׁרְתִים לְבֵית אֱלֹהֵינוּ
18 וַיָּבִיאוּ לָנוּ כְּיַד־אֱלֹהֵינוּ הַטּוֹבָה עָלֵינוּ אִישׁ שֶׂכֶל
מִבְּנֵי מַחְלִי בֶּן־לֵוִי בֶּן־יִשְׂרָאֵל וְשֵׁרֵבְיָה וּבָנָיו וְאֶחָיו
19 שְׁמֹנָה עָשָׂר : וְאֶת־חֲשַׁבְיָה וְאִתּוֹ יְשַׁעְיָה מִבְּנֵי
20 מְרָרִי אֶחָיו וּבְנֵיהֶם עֶשְׂרִים : וּמִן־הַנְּתִינִים שֶׁ
שֶׁנָּתַן דָּוִיד וְהַשָּׂרִים לַעֲבֹדַת הַלְוִיִּם נְתִינִים מָאתַיִם
21 וְעֶשְׂרִים כֻּלָּם נִקְּבוּ בְשֵׁמוֹת : וָאֶקְרָא שָׁם צוֹם
עַל־הַנָּהָר אַהֲוָא לְהִתְעַנּוֹת לִפְנֵי אֱלֹהֵינוּ לְבַקֵּשׁ
22 מִמֶּנּוּ דֶּרֶךְ יְשָׁרָה לָנוּ וּלְטַפֵּנוּ וּלְכָל־רְכוּשֵׁנוּ : כִּי
בֹשְׁתִּי לִשְׁאוֹל מִן־הַמֶּלֶךְ חַיִל וּפָרָשִׁים לְעָזְרֵנוּ
מֵאוֹיֵב בַּדָּרֶךְ כִּי־אָמַרְנוּ לַמֶּלֶךְ לֵאמֹר יַד־אֱלֹהֵינוּ

23 צַל־כָּל־מְבַקְשָׁיו לְטוֹבָה וְעֻזּוֹ וְאַפּוֹ עַל כָּל־עֹזְבָיו
וַנָּצוּמָה וַנְּבַקְשָׁה מֵאֱלֹהֵינוּ עַל־זֹאת וַיֵּעָתֵר לָנוּ :
24 וָאַבְדִּילָה מִשָּׂרֵי הַכֹּהֲנִים שְׁנֵים עָשָׂר לְשֵׁרֵבְיָה
25 חֲשַׁבְיָה וְעִמָּהֶם מֵאַחֵיהֶם עֲשָׂרָה : וָאֶשְׁקֳלָה
לָהֶם אֶת־הַכֶּסֶף וְאֶת־הַזָּהָב וְאֶת־הַכֵּלִים תְּרוּמַת
בֵּית־אֱלֹהֵינוּ הַהֵרִימוּ הַמֶּלֶךְ וְיֹעֲצָיו וְשָׂרָיו וְכָל־
26 יִשְׂרָאֵל הַנִּמְצָאִים : וָאֶשְׁקֳלָה עַל־יָדָם כֶּסֶף
כִּכָּרִים שֵׁשׁ־מֵאוֹת וַחֲמִשִּׁים וּכְלֵי־כֶסֶף מֵאָה
27 לְכִכָּרִים זָהָב מֵאָה כִּכָּר : וּכְפוֹרֵי זָהָב עֶשְׂרִים
לַאֲדַרְכֹנִים אָלֶף וּכְלֵי נְחֹשֶׁת מֻצְהָב טוֹבָה שְׁנַיִם
28 חֲמוּדֹת כַּזָּהָב : וָאֹמְרָה אֲלֵהֶם אַתֶּם קֹדֶשׁ לַיהוָה
וְהַכֵּלִים קֹדֶשׁ וְהַכֶּסֶף וְהַזָּהָב נְדָבָה לַיהוָה
29 אֱלֹהֵי אֲבֹתֵיכֶם : שִׁקְדוּ וְשִׁמְרוּ עַד־תִּשְׁקְלוּ לִפְנֵי
שָׂרֵי הַכֹּהֲנִים וְהַלְוִיִּם וְשָׂרֵי־הָאָבוֹת לְיִשְׂרָאֵל
30 בִּירוּשָׁלִָם הַלִּשְׁכוֹת בֵּית יְהוָה : וְקִבְּלוּ הַכֹּהֲנִים
וְהַלְוִיִּם מִשְׁקַל הַכֶּסֶף וְהַזָּהָב וְהַכֵּלִים לְהָבִיא
31 לִירוּשָׁלִָם לְבֵית אֱלֹהֵינוּ : וַנִּסְעָה מִנְּהַר
אַהֲוָא בִּשְׁנֵים עָשָׂר לַחֹדֶשׁ הָרִאשׁוֹן לָלֶכֶת יְרוּשָׁלִָם
וְיַד־אֱלֹהֵינוּ הָיְתָה עָלֵינוּ וַיַּצִּילֵנוּ מִכַּף אוֹיֵב וְאוֹרֵב
32 עַל־הַדָּרֶךְ : וַנָּבוֹא יְרוּשָׁלִָם וַנֵּשֶׁב שָׁם יָמִים
33 שְׁלֹשָׁה : וּבַיּוֹם הָרְבִיעִי נִשְׁקַל הַכֶּסֶף וְהַזָּהָב
וְהַכֵּלִים בְּבֵית אֱלֹהֵינוּ עַל יַד־מְרֵמוֹת בֶּן־אוּרִיָּה
הַכֹּהֵן וְעִמּוֹ אֶלְעָזָר בֶּן־פִּינְחָס וְעִמָּהֶם יוֹזָבָד בֶּן
34 יֵשׁוּעַ וְנוֹעַדְיָה בֶן־בִּנּוּי הַלְוִיִּם : בְּמִסְפָּר בְּמִשְׁקָל
לַכֹּל וַיִּכָּתֵב כָּל־הַמִּשְׁקָל בָּעֵת הַהִיא :
35 הַבָּאִים מֵהַשְּׁבִי בְנֵי־הַגּוֹלָה הִקְרִיבוּ עֹלוֹת לֵאלֹהֵי
יִשְׂרָאֵל פָּרִים שְׁנֵים־עָשָׂר עַל־כָּל־יִשְׂרָאֵל אֵילִים
תִּשְׁעִים וְשִׁשָּׁה כְּבָשִׂים שִׁבְעִים וְשִׁבְעָה צְפִירֵי
36 חַטָּאת שְׁנֵים עָשָׂר הַכֹּל עוֹלָה לַיהוָה : וַיִּתְּנוּ
אֶת־דָּתֵי הַמֶּלֶךְ לַאֲחַשְׁדַּרְפְּנֵי הַמֶּלֶךְ וּפַחֲווֹת עֵבֶר
הַנָּהָר וְנִשְּׂאוּ אֶת־הָעָם וְאֶת־בֵּית־הָאֱלֹהִים :

CAP. IX. ס

1 וּכְכַלּוֹת אֵלֶּה נִגְּשׁוּ אֵלַי הַשָּׂרִים לֵאמֹר לֹא־נִבְדְּלוּ
הָעָם יִשְׂרָאֵל וְהַכֹּהֲנִים וְהַלְוִיִּם מֵעַמֵּי הָאֲרָצוֹת

fathers, and *this is* the genealogy of them that went up with me from Babylon, in the reign of Artaxerxes the king.

2 Of[a] the sons of Phinehas ; Gershom: of the sons of Ithamar ; Daniel : of the sons of David ; Hattush :[d]

3 Of the sons of Shechaniah, of the sons of Pharosh ;[f] Zechariah : and with him were reckoned, by genealogy, of the males an hundred and fifty.

4 Of the sons of Pahath-moab ; Elihoenai the son of Zerahiah, and with him two hundred males.

5 Of the sons of Shechaniah ; the son of Jahaziel, and with him three hundred males.

6 Of the sons also of Adin ; Ebed the son of Jonathan, and with him fifty males.

7 And of the sons of Elam ; Jeshaiah the son of Athaliah, and with him seventy males.

8 And of the sons of Shephatiah ; Zebadiah the son of Michael, and with him fourscore males.

9 Of the sons of Joab ; Obadiah the son of Jehiel, and with him two hundred and eighteen males.

10 And of the sons of Shelomith ; the son of Josiphiah, and with him an hundred and threescore males.

11 And of the sons of Bebai ; Zechariah the son of Bebai, and with him twenty and eight males.

12 And of the sons of Azgad ; Johanan the δson of Hakkatan, and with him an hundred and ten males.

13 And of the last sons of Adonikam, whose names *are* these, Eliphelet, Jeiel, and Shemaiah, and with them threescore males.

14 Of the sons also of Bigvai ; Uthai, and ζ Zabbud, and with them seventy males.

15 And I gathered them together to the river that runneth to Ahava ; and there [n]abode we in tents three days : and I viewed the people and the priests, and found there none[o] of the sons of Levi.

16 Then sent I for Eliezer, for Ariel, for Shemaiah, and for Elnathan, and for Jarib, and for Elnathan, and for Nathan, and for Zechariah, and for Meshullam, chief men ; also for Joiarib, and for Elnathan, men of understanding.[q]

17 And I sent them with commandment unto Iddo the chief at the place Casiphia, and θ I told them what they should say unto Iddo, *and* to his brethren the Nethinims, at the place Casiphia, that they should bring[r] unto us ministers for the house of our God.

18 And, by the good hand of our God upon us, they[t] brought us a man of understanding, of the sons of Mahli, the son of Levi, the son of Israel ; and Sherebiah, with his sons and his brethren, eighteen ;

19 And Hashabiah, and with him Jeshaiah, of the sons of Merari, his brethren and their sons, twenty ;

20 Also of the Nethinims,[v] whom David and the princes had appointed for the service of the Levites, two hundred and twenty Nethinims : all of them were expressed by name.[w]

21 Then I proclaimed a fast[x] there, at the river of Ahava, that we might[y] afflict ourselves before our God, to[z] seek of him a right way for us, and for our[b] little ones, and for all our substance.

22 For[d] I was ashamed to require of the

B. C. 457.

a 1Ch.6.4,&c.
b ch.7.6,9,28.
c Ps.33.18,19.
34.15,22.
La. 3. 25.
Ro. 8. 28.
d 1 Ch. 3. 22.
e 2 Ch. 15. 2.
Zep. 1. 4, 6.
He. 10. 38.
f ch. 2. 3.
g 1 Ch. 5. 20.
Ps.66.18...20
Is. 19. 22.
Je.29.12,13.
h ch.7.15,16.
β *yellow,*or, *shining* brass.
γ desirable.
i Le.21.6..8.
22. 2, 3.
De. 33. 8.
k Nu. 4. 15.
Ro. 9. 22.
δ or, *youngest son.*
l ver. 32.
ζ or, *Zaccur,* as some read.
m ch. 7. 28.
η or,*pitched.*
n Ne. 2. 11.
o ch. 7. 7.
p ver. 26, 30.
q 1Ch. 12. 32.
Pr. 20. 5.
28. 2.
θ *I put words in their mouth,*
2Sa.14.3,19.
r Tit. 1. 5.
s ch. 6. 17.
t Ne. 8. 7.
9. 4, 5.
u ch. 7. 21.
v ch. 2. 43.
w Phi. 4. 3.
x 2 Ch. 20. 3.
y Le. 16. 29.
23. 29.
Is. 58. 3, 5.
Joel 2. 13.
z Ps. 5. 8.
143. 8, 10.
Pr. 3. 6.
Is. 30. 21.
42. 16.
Je. 10. 23.
a ch. 6. 21.
Ne. 9. 2.
2 Co. 6. 17.
b Ps. 8. 2.
Mar. 10. 13,
16.
c De.12.30,31.
Ro.2.17..25.
d 1 Co. 9. 15.

---

king a band of soldiers and horsemen to help us against the enemy in the way : because we had spoken unto the king, saying, The hand[b] of our God *is* upon all them for good that seek[c] him ; but his power and his wrath[e] *is* against all them that forsake him.

23 So we fasted, and besought our God for this ; and he was entreated[g] of us.

24 Then I separated twelve of the chief of the priests, Sherebiah, Hashabiah, and ten of their brethren with them,

25 And weighed unto them the[h] silver, and the gold, and the vessels, *even* the offering of the house of our God, which the king, and his counsellors, and his lords, and all Israel *there* present, had offered ;

26 I even weighed unto their hand six hundred and fifty talents of silver, and silver vessels an hundred talents, *and* of gold an hundred talents ;

27 Also twenty basons of gold, of a thousand drams ; and two vessels of βfine copper, γprecious as gold.

28 And I said unto them, Ye are[i] holy unto the LORD ; the vessels[k] *are* holy also ; and the silver and the gold *are* a free will offering unto the LORD God of your fathers :

29 Watch ye, and keep *them*, until ye weigh *them* before the chief of the priests and the Levites, and chief of the fathers of Israel, at Jerusalem, in the chambers of the house of the LORD.

30 So took the priests and the Levites the weight of the silver, and the gold, and the vessels, to bring *them* to Jerusalem,[l] unto the house of our God.

31 Then we departed from the river of Ahava, on the twelfth *day* of the first month, to go unto Jerusalem : and the[m] hand of our God was upon us, and he delivered us from the hand of the enemy, and of such as lay in wait by the way.

32 And[n] we came to Jerusalem, and abode there three days;

33 Now on the fourth day was the silver, and the gold, and the vessels,[p] weighed in the house of our God by the hand of Meremoth the son of Uriah the priest ; and with him *was* Eleazar the son of Phinehas ; and with them *was* Jozabad the son of Jeshua, and Noadiah the son of Binnui, Levites ;

34 By number *and* by weight of every one : and all the weight was written at that time.

35 *Also* the children of those that had been carried away, which were come out of the captivity, offered[s] burnt-offerings unto the God of Israel, twelve bullocks for all Israel, ninety and six rams, seventy and seven lambs, twelve he-goats *for* a sin-offering : all *this was* a burnt-offering unto the LORD.

36 And they delivered the king's commissions[u] unto the king's lieutenants, and to the governors on this side the river ; and they furthered the people, and the house of God.

CHAP. IX.

NOW when these things were done, the princes came to me, saying, The people of Israel, and the priests, and the Levites, have not separated[d] themselves from the people of the lands, *doing*[c] according to their abominations, *even* of the Canaanites, the Hittites, the Perizzites, the Jebusites,

פְּתֹעֲבֹתֵיהֶם לַכְּנַעֲנִי הַחִתִּי הַפְּרִזִּי הַיְבוּסִי הָעַמֹּנִי ׃
2 הַמֹּאָבִי הַמִּצְרִי וְהָאֱמֹרִי ׃ כִּי־נָשְׂאוּ מִבְּנֹתֵיהֶם
לָהֶם וְלִבְנֵיהֶם וְהִתְעָרְבוּ זֶרַע הַקֹּדֶשׁ בְּעַמֵּי
הָאֲרָצוֹת וְיַד הַשָּׂרִים וְהַסְּגָנִים הָיְתָה בַּמַּעַל הַזֶּה
3 רִאשׁוֹנָה ׃ וּכְשָׁמְעִי אֶת־הַדָּבָר הַזֶּה קָרַעְתִּי אֶת־
בִּגְדִי וּמְעִילִי וָאֶמְרְטָה מִשְּׂעַר רֹאשִׁי וּזְקָנִי וָאֵשְׁבָה
4 מְשׁוֹמֵם ׃ וְאֵלַי יֵאָסְפוּ כֹּל חָרֵד בְּדִבְרֵי אֱלֹהֵי
יִשְׂרָאֵל עַל מַעַל הַגּוֹלָה וַאֲנִי יֹשֵׁב מְשׁוֹמֵם עַד
5 לְמִנְחַת הָעָרֶב ׃ וּבְמִנְחַת הָעֶרֶב קַמְתִּי מִתַּעֲנִיתִי
וּבְקָרְעִי בִגְדִי וּמְעִילִי וָאֶכְרְעָה עַל־בִּרְכַּי וָאֶפְרְשָׂה
6 כַּפַּי אֶל־יְהוָה אֱלֹהָי ׃ וָאֹמְרָה אֱלֹהַי בֹּשְׁתִּי
וְנִכְלַמְתִּי לְהָרִים אֱלֹהַי פָּנַי אֵלֶיךָ כִּי עֲוֹנֹתֵינוּ רָבוּ
7 לְמַעְלָה רֹּאשׁ וְאַשְׁמָתֵנוּ גָדְלָה עַד לַשָּׁמָיִם ׃ מִימֵי
אֲבֹתֵינוּ אֲנַחְנוּ בְּאַשְׁמָה גְדֹלָה עַד הַיּוֹם הַזֶּה
וּבַעֲוֹנֹתֵינוּ נִתַּנּוּ אֲנַחְנוּ מְלָכֵינוּ כֹהֲנֵינוּ בְּיַד מַלְכֵי
הָאֲרָצוֹת בַּחֶרֶב בַּשְּׁבִי וּבַבִּזָּה וּבְבֹשֶׁת פָּנִים כְּהַיּוֹם
8 הַזֶּה ׃ וְעַתָּה כִּמְעַט־רֶגַע הָיְתָה תְחִנָּה מֵאֵת
יְהוָה אֱלֹהֵינוּ לְהַשְׁאִיר לָנוּ פְּלֵיטָה וְלָתֶת־לָנוּ יָתֵד
בִּמְקוֹם קָדְשׁוֹ לְהָאִיר עֵינֵינוּ אֱלֹהֵינוּ וּלְתִתֵּנוּ מִחְיָה
9 מְעַט בְּעַבְדֻתֵנוּ ׃ כִּי־עֲבָדִים אֲנַחְנוּ וּבְעַבְדֻתֵנוּ לֹא
עֲזָבָנוּ אֱלֹהֵינוּ וַיַּט־עָלֵינוּ חֶסֶד לִפְנֵי מַלְכֵי פָרַס
לָתֶת־לָנוּ מִחְיָה לְרוֹמֵם אֶת־בֵּית אֱלֹהֵינוּ וּלְהַעֲמִיד
אֶת־חָרְבֹתָיו וְלָתֶת־לָנוּ גָדֵר בִּיהוּדָה וּבִירוּשָׁלִָם ׃
10 וְעַתָּה מַה־נֹּאמַר אֱלֹהֵינוּ אַחֲרֵי־זֹאת כִּי עָזַבְנוּ
11 מִצְוֺתֶיךָ ׃ אֲשֶׁר צִוִּיתָ בְּיַד עֲבָדֶיךָ הַנְּבִיאִים לֵאמֹר
הָאָרֶץ אֲשֶׁר אַתֶּם בָּאִים לְרִשְׁתָּהּ אֶרֶץ נִדָּה
הִיא בְּנִדַּת עַמֵּי הָאֲרָצוֹת בְּתוֹעֲבֹתֵיהֶם אֲשֶׁר
12 מִלְאוּהָ מִפֶּה אֶל־פֶּה בְּטֻמְאָתָם ׃ וְעַתָּה בְּנוֹתֵיכֶם
אַל־תִּתְּנוּ לִבְנֵיהֶם וּבְנֹתֵיהֶם אַל־תִּשְׂאוּ לִבְנֵיכֶם
וְלֹא־תִדְרְשׁוּ שְׁלֹמָם וְטוֹבָתָם עַד־עוֹלָם לְמַעַן
תֶּחֶזְקוּ וַאֲכַלְתֶּם אֶת־טוּב הָאָרֶץ וְהוֹרַשְׁתֶּם
13 לִבְנֵיכֶם עַד־עוֹלָם ׃ וְאַחֲרֵי כָּל־הַבָּא עָלֵינוּ בְּמַעֲשֵׂינוּ
הָרָעִים וּבְאַשְׁמָתֵנוּ הַגְּדֹלָה כִּי אַתָּה אֱלֹהֵינוּ
חָשַׂכְתָּ לְמַטָּה מֵעֲוֺנֵנוּ וְנָתַתָּה לָּנוּ פְּלֵיטָה כָּזֹאת ׃
14 הֲנָשׁוּב לְהָפֵר מִצְוֺתֶיךָ וּלְהִתְחַתֵּן בְּעַמֵּי הַתֹּעֵבוֹת
הָאֵלֶּה הֲלוֹא תֶאֱנַף־בָּנוּ עַד־כַּלֵּה לְאֵין שְׁאֵרִית

15 וּפְלֵיטָה ׃ יְהוָה אֱלֹהֵי יִשְׂרָאֵל צַדִּיק אַתָּה כִּי
נִשְׁאַרְנוּ פְלֵיטָה כְּהַיּוֹם הַזֶּה הִנְנוּ לְפָנֶיךָ
בְּאַשְׁמָתֵינוּ כִּי אֵין לַעֲמוֹד לְפָנֶיךָ עַל־זֹאת ׃

CAP. X. י

1 וּכְהִתְפַּלֵּל עֶזְרָא וּכְהִתְוַדֹּתוֹ בֹּכֶה וּמִתְנַפֵּל לִפְנֵי
בֵּית הָאֱלֹהִים נִקְבְּצוּ אֵלָיו מִיִּשְׂרָאֵל קָהָל רַב־מְאֹד
אֲנָשִׁים וְנָשִׁים וִילָדִים כִּי־בָכוּ הָעָם הַרְבֵּה בֶכֶה ׃
2 וַיַּעַן שְׁכַנְיָה בֶן־יְחִיאֵל מִבְּנֵי עֵולָם וַיֹּאמֶר לְעֶזְרָא
אֲנַחְנוּ מָעַלְנוּ בֵאלֹהֵינוּ וַנֹּשֶׁב נָשִׁים נָכְרִיּוֹת מֵעַמֵּי
3 הָאָרֶץ וְעַתָּה יֵשׁ־מִקְוֶה לְיִשְׂרָאֵל עַל־זֹאת ׃ וְעַתָּה
נִכְרָת־בְּרִית לֵאלֹהֵינוּ לְהוֹצִיא כָל־נָשִׁים וְהַנּוֹלָד
מֵהֶם בַּעֲצַת אֲדֹנָי וְהַחֲרֵדִים בְּמִצְוַת אֱלֹהֵינוּ
4 וְכַתּוֹרָה יֵעָשֶׂה ׃ קוּם כִּי־עָלֶיךָ הַדָּבָר וַאֲנַחְנוּ
5 עִמָּךְ חֲזַק וַעֲשֵׂה ׃ וַיָּקָם עֶזְרָא וַיַּשְׁבַּע אֶת־
שָׂרֵי הַכֹּהֲנִים הַלְוִיִּם וְכָל־יִשְׂרָאֵל לַעֲשׂוֹת כַּדָּבָר
6 הַזֶּה וַיִּשָּׁבֵעוּ ׃ וַיָּקָם עֶזְרָא מִלִּפְנֵי בֵּית הָאֱלֹהִים
וַיֵּלֶךְ אֶל־לִשְׁכַּת יְהוֹחָנָן בֶּן־אֶלְיָשִׁיב וַיֵּלֶךְ שָׁם
לֶחֶם לֹא־אָכַל וּמַיִם לֹא־שָׁתָה כִּי מִתְאַבֵּל עַל־
7 מַעַל הַגּוֹלָה ׃ וַיַּעֲבִירוּ קוֹל בִּיהוּדָה וִירוּשָׁלִַם לְכֹל
8 בְּנֵי הַגּוֹלָה לְהִקָּבֵץ יְרוּשָׁלִָם ׃ וְכֹל אֲשֶׁר לֹא־
יָבוֹא לִשְׁלֹשֶׁת הַיָּמִים כַּעֲצַת הַשָּׂרִים וְהַזְּקֵנִים
יָחֳרַם כָּל־רְכוּשׁוֹ וְהוּא יִבָּדֵל מִקְּהַל הַגּוֹלָה ׃
9 וַיִּקָּבְצוּ כָל־אַנְשֵׁי־יְהוּדָה וּבִנְיָמִן יְרוּשָׁלִַם לִשְׁלֹשֶׁת
הַיָּמִים הוּא חֹדֶשׁ הַתְּשִׁיעִי בְּעֶשְׂרִים בַּחֹדֶשׁ וַיֵּשְׁבוּ
כָל־הָעָם בִּרְחוֹב בֵּית הָאֱלֹהִים מַרְעִידִים עַל־הַדָּבָר
10 וּמֵהַגְּשָׁמִים ׃ וַיָּקָם עֶזְרָא הַכֹּהֵן וַיֹּאמֶר אֲלֵהֶם
אַתֶּם מְעַלְתֶּם וַתֹּשִׁיבוּ נָשִׁים נָכְרִיּוֹת לְהוֹסִיף עַל־
11 אַשְׁמַת יִשְׂרָאֵל ׃ וְעַתָּה תְּנוּ תוֹדָה לַיהוָה אֱלֹהֵי־
אֲבֹתֵיכֶם וַעֲשׂוּ רְצוֹנוֹ וְהִבָּדְלוּ מֵעַמֵּי הָאָרֶץ וּמִן־
12 הַנָּשִׁים הַנָּכְרִיּוֹת ׃ וַיַּעֲנוּ כָל־הַקָּהָל וַיֹּאמְרוּ קוֹל
13 גָּדוֹל כֵּן כִּדְבָרְךָ עָלֵינוּ לַעֲשׂוֹת ׃ אֲבָל הָעָם
רָב וְהָעֵת גְּשָׁמִים וְאֵין כֹּחַ לַעֲמוֹד בַּחוּץ
וְהַמְּלָאכָה לֹא־לְיוֹם אֶחָד וְלֹא לִשְׁנַיִם כִּי־הִרְבִּינוּ
14 לִפְשֹׁעַ בַּדָּבָר הַזֶּה ׃ יַעֲמְדוּ־נָא שָׂרֵינוּ לְכָל־הַקָּהָל
וְכֹל אֲשֶׁר בְּעָרֵינוּ הַהֹשִׁיב נָשִׁים נָכְרִיּוֹת יָבֹא

the Ammonites, the Moabites, the Egyptians, and the Amorites.

2 For they have taken *b* of their daughters for themselves, and for their sons ; so that the holy *d* seed have *e* mingled themselves with the people of *those* lands : yea, the hand of the princes and rulers hath been chief in this trespass.*j*

3 And when I heard this thing, I *g* rent my garment and my mantle, and plucked off the hair *h* of my head and of my beard, and sat down astonied.*i*

4 Then were assembled unto me every one that trembled *k* at the words of the God of Israel, because of the transgression of those that had been carried away ; and I sat astonied until the evening sacrifice.*n*

5 And at the evening sacrifice I arose up from my *δ* heaviness ; and having rent my garment and my mantle, I fell upon my knees, and spread*p* out my hands unto the LORD my God,

6 And said, O my God, I am*s* ashamed and blush to lift up my face to thee, my God : for our iniquities are increased over *our* head,*t* and our *ζ* trespass is grown*u* up unto the heavens.

7 Since the days of our fathers*v* have we *been* in a great trespass unto this day : and for our iniquities have we, our kings, *and* our priests, been delivered*x* into the hand of the kings of the lands, to the sword, to captivity, and to a spoil, and to confusion of face, as *it is* this day.

8 And now for a little *η* space grace hath been *shewed* from the LORD our God, to leave us a remnant to escape, and to give us *θ* a nail in his holy place, that our God may lighten*z* our eyes, and give us a little reviving*a* in our bondage.

9 For we *were* bond-men ;*b* yet*c* our God hath not forsaken us in our bondage, but hath extended mercy unto us in the sight of the kings of Persia, to give us a reviving, to set up the house of our God, and to *λ* repair the desolations thereof, and to give us a wall*d* in Judah and in Jerusalem.

10 And now, O our God, what shall we say after this? for we have forsaken thy commandments,

11 Which thou hast commanded *μ* by thy servants the prophets, saying, The land, unto which ye go to possess it, is an unclean land with the filthiness of the people of the lands, with their abominations, which have filled it from *π* one end to another with their uncleanness.

12 Now, therefore, give not your daughters unto their sons, neither take their daughters unto your sons, nor seek their peace*g* or their wealth for ever : that ye may be strong, and eat the good of the land, and leave *it* for an inheritance to your children for ever.

13 And after all that is come upon us for our evil deeds, and for our great trespass, seeing that thou our God hast *σ* punished us less*h* than our iniquities *deserve*, and hast given us *such* deliverance as this ;

14 Should*i* we again break thy commandments, and join in affinity with the people of these abominations? wouldest not thou be angry with us till*k* thou hadst consumed *us*, so that *there should be* no remnant nor escaping?

15 O LORD God of Israel, thou*l* *art* righteous ; for we remain yet escaped,*m*

B. C. 457.

a Jn°.8.21,24.
1 Co.15.17.
b Ex. 34. 16.
Ne. 13. 23.
c Ps. 130. 3.
d De. 14. 2.
Is. 6. 13.
e 2 Co. 6. 14.
f 2 Ch. 20. 9.
g 2 Ki. 19. 1.
h Is. 15. 2.
β a great weeping.
i Ps. 60. 3.
k ch. 10. 3.
Ps.119.136.
Is. 66. 2.
Eze. 9. 4.
l Ne. 13. 27.
m Is. 55. 6, 7.
n Ex. 29. 39.
o 2Ch. 34.31.
γ bring forth.
δ or,*affliction*
p 1 Ki. 8. 22.
q ch. 9. 4.
r De. 7. 2, 3.
s Da. 9. 7, 8.
t Ps. 38. 4.
ζ or, *guiltiness.*
u 2 Ch. 28. 9.
Lu. 15. 21.
Re. 18. 5.
v Ps. 106. 6.
w Ne. 5. 12.
x De.28.36,64.
y De. 9. 18.
η moment.
θ or, *a pin : that is, a constant & sure abode.* Is. 22. 23.
z Ps. 13. 3.
a Ps. 85. 6.
b Ne. 9. 36.
c Ps. 136. 23.
Eze. 11. 16.
κ devoted.
λ set up.
d ch. 6. 8, 14.
μ by the hand of.
e 1 Sa. 12. 18.
ν showers.
π month to month.
2 Ki. 21. 16.
ρ caused to dwell, or, have brought back.
f Pr. 28. 13.
1 Jn°. 1. 9.
g De. 23. 6.
σ withheld beneath our iniquities.
h Ps. 103. 10.
i Jn°. 5. 14.
2Pe.2.20,21.
τ or, *have greatly offended.*
k De. 9. 8.
l Ne. 9. 33.
Da. 9. 14.
m La.3.22,23.

326

as *it is* this day ; behold, we *are* before thee in our*q* trespasses ; for we cannot stand*e* before thee because of this.

CHAP. X.

NOW when Ezra had prayed, and when he had confessed, weeping and casting himself down before*f* the house of God, there assembled unto him out of Israel a very great congregation of men, and women, and children : for the people wept *β* very sore.

2 And Shechaniah the son of Jehiel, *one* of the sons of Elam, answered and said unto Ezra, We have trespassed*l* against our God, and have taken strange wives of the people of the land : yet now there is*m* hope in Israel concerning this thing.

3 Now therefore let us make a*o* covenant with our God to *γ* put away all the wives, and such as are born of them, according to the counsel of my lord, and of those that tremble*q* at the commandment*r* of our God ; and let it be done according to the law.

4 Arise ; for *this* matter *belongeth* unto thee : we also *will be* with thee : be of good courage, and do *it*.

5 Then arose Ezra, and made the chief priests, the Levites, and all Israel, to swear*w* that they should do according to this word. And they sware.

6 Then Ezra rose up from before the house of God, and went into the chamber of Johanan the son of Eliashib : and *when* he came thither, he*y* did eat no bread, nor drink water ; for he mourned because of the transgression of them that had been carried away.

7 And they made proclamation throughout Judah and Jerusalem unto all the children of the captivity, that they should gather themselves together unto Jerusalem ;

8 And that whosoever would not come within three days, according to the counsel of the princes and the elders, all his substance should be *κ* forfeited, and himself separated from the congregation of those that had been carried away.

9 Then all the men of Judah and Benjamin gathered themselves together unto Jerusalem within three days : it *was* the ninth month, and the twentieth *day* of the month ; and all the people sat in the street of the house of God, trembling because*e* of *this* matter, and for the great *ν* rain.

10 And Ezra the priest stood up, and said unto them, Ye have transgressed, and have *ρ* taken strange wives, to increase the trespass of Israel.

11 Now therefore make confession unto*f* the LORD God of your fathers, and do his pleasure ; and separate yourselves from the people of the land, and from the strange wives.

12 Then all the congregation answered and said with a loud voice, As thou hast said, so must we do.

13 But the people *are* many, and *it is* a time of much rain, and we are not able to stand without, neither *is this* a work of one day or two ; for we *τ* are many that have transgressed in this thing.

14 Let now our rulers of all the congregation stand, and let all them which have taken strange wives in our cities come at appointed times, and with them the elders of every city, and the judges

לְעָתִּים מְזֻמָּנִים וְעִמָּהֶם זִקְנֵי־עִיר וָעִיר וְשֹׁפְטֶיהָ ׀ מִבְּנֵי פַרְעֹשׁ רַמְיָה וְיִזִּיָּה וּמַלְכִּיָּה וּמִיָּמִן וְאֶלְעָזָר

עַד לְהָשִׁיב חֲרוֹן אַף־אֱלֹהֵינוּ מִמֶּנּוּ עַד לַדָּבָר ׀ וּמַלְכִּיָּה וּבְנָיָה ׃ וּמִבְּנֵי עֵילָם מַתַּנְיָה זְכַרְיָה 26

15 הַזֶּה ׃ אַךְ יוֹנָתָן בֶּן־עֲשָׂהאֵל וְיַחְזְיָה בֶן־תִּקְוָה ׀ וִיחִיאֵל וְעַבְדִּי וִירֵמוֹת וְאֵלִיָּה ׃ וּמִבְּנֵי זַתּוּא 27

עָמְדוּ עַל־זֹאת וּמְשֻׁלָּם וְשַׁבְּתַי הַלֵּוִי עֲזָרָם ׃ ׀ אֶלְיוֹעֵנַי אֶלְיָשִׁיב מַתַּנְיָה וִירֵמוֹת וְזָבָד וַעֲזִיזָא ׃

16 וַיַּעֲשׂוּ־כֵן בְּנֵי הַגּוֹלָה וַיִּבָּדְלוּ עֶזְרָא הַכֹּהֵן אֲנָשִׁים ׀ וּמִבְּנֵי בֵּבַי יְהוֹחָנָן חֲנַנְיָה זַבַּי עַתְלָי ׃ וּמִבְּנֵי בָּנִי 28, 29

רָאשֵׁי הָאָבוֹת לְבֵית אֲבֹתָם וְכֻלָּם בְּשֵׁמוֹת וַיֵּשְׁבוּ ׀ מְשֻׁלָּם מַלּוּךְ וַעֲדָיָה יָשׁוּב וּשְׁאָל יְרֵמוֹת ׃ וּמִבְּנֵי 30

17 בְּיוֹם אֶחָד לַחֹדֶשׁ הָעֲשִׂירִי לְדַרְיוֹשׁ הַדָּבָר ׃ וַיְכַלּוּ ׀ פַּחַת מוֹאָב עַדְנָא וּכְלָל בְּנָיָה מַעֲשֵׂיָה מַתַּנְיָה

בַכֹּל אֲנָשִׁים הַהֹשִׁיבוּ נָשִׁים נָכְרִיּוֹת עַד יוֹם אֶחָד ׀ בְּצַלְאֵל וּבִנּוּי וּמְנַשֶּׁה ׃ וּבְנֵי חָרִם אֱלִיעֶזֶר יִשִּׁיָּה 31

18 לַחֹדֶשׁ הָרִאשׁוֹן ׃ וַיִּמָּצֵא מִבְּנֵי הַכֹּהֲנִים אֲשֶׁר ׀ מַלְכִּיָּה שְׁמַעְיָה שִׁמְעוֹן ׃ בִּנְיָמִן מַלּוּךְ שְׁמַרְיָה ׃ 32

הֹשִׁיבוּ נָשִׁים נָכְרִיּוֹת מִבְּנֵי יֵשׁוּעַ בֶּן־יוֹצָדָק וְאֶחָיו ׀ מִבְּנֵי חָשֻׁם מַתְּנַי מַתַּתָּה זָבָד אֱלִיפֶלֶט יְרֵמַי 33

19 מַעֲשֵׂיָה וֶאֱלִיעֶזֶר וְיָרִיב וּגְדַלְיָה ׃ וַיִּתְּנוּ יָדָם ׀ מְנַשֶּׁה שִׁמְעִי ׃ מִבְּנֵי בָנִי מַעֲדַי עַמְרָם וְאוּאֵל ׃ 34

לְהוֹצִיא נְשֵׁיהֶם וַאֲשֵׁמִים אֵיל־צֹאן עַל־אַשְׁמָתָם ׃ ׀ בְּנָיָה בֵדְיָה כְּלוּהִי ׃ וַנְיָה מְרֵמוֹת אֶלְיָשִׁיב ׃ 35, 36

20, 21 וּמִבְּנֵי אִמֵּר חֲנָנִי וּזְבַדְיָה ׃ וּמִבְּנֵי חָרִם מַעֲשֵׂיָה ׀ מַתַּנְיָה מַתְּנַי וְיַעֲשׂוֹ ׃ וּבָנִי וּבִנּוּי שִׁמְעִי ׃ 37, 38

22 וְאֵלִיָּה וּשְׁמַעְיָה וִיחִיאֵל וְעֻזִּיָּה ׃ וּמִבְּנֵי פַּשְׁחוּר ׀ וְשֶׁלֶמְיָה וְנָתָן וַעֲדָיָה ׃ מַכְנַדְבַי שָׁשַׁי שָׁרָי ׃ 39

אֶלְיוֹעֵנַי מַעֲשֵׂיָה יִשְׁמָעֵאל נְתַנְאֵל יוֹזָבָד וְאֶלְעָשָׂה ׃ ׀ עֲזַרְאֵל וְשֶׁלֶמְיָהוּ שְׁמַרְיָה ׃ שַׁלּוּם אֲמַרְיָה 40, 41

23 וּמִן־הַלְוִיִּם יוֹזָבָד וְשִׁמְעִי וְקֵלָיָה הוּא קְלִיטָא ׀ יוֹסֵף ׃ מִבְּנֵי נְבוֹ יְעִיאֵל מַתִּתְיָה זָבָד זְבִינָא יַדּוּ ׃ 42, 43

24 פְּתַחְיָה יְהוּדָה וֶאֱלִיעֶזֶר ׃ וּמִן־הַמְשֹׁרְרִים אֶלְיָשִׁיב ׀ וְיוֹאֵל בְּנָיָה ׃ כָּל־אֵלֶּה נָשְׂאוּ נָשִׁים נָכְרִיּוֹת וְיֵשׁ 44

25 וּמִן־הַשֹּׁעֲרִים שַׁלֻּם וָטֶלֶם וְאוּרִי ׃ וּמִיִּשְׂרָאֵל ׀ מֵהֶם נָשִׁים וַיָּשִׂימוּ בָּנִים ׃

thereof, until the fierce wrath of our God for β this matter be turned from us.

15 Only Jonathan the son of Asahel, and Jahaziah the son of Tikvah, γ were employed about this *matter;* and Meshullam and Shabbethai the Levite helped them.

16 And the children of the captivity did so. And Ezra the priest, *with* certain chief of the fathers, after the house of their fathers, and all of them by *their* names, were separated, and sat down in the first day of the tenth month to examine *a* the matter.

17 And they made an end with all the men that had taken strange wives by the first day of the first month.

18 And among the sons of the *b* priests there were found that had taken strange wives; *namely*, of the sons of Jeshua the son of Jozadak, and his brethren; Maaseiah, and Eliezer, and Jarib, and Gedaliah.

19 And they gave *c* their hands that they would put away their wives; and *being* guilty, *they offered d* a ram of the flock for their trespass.

20 And of the sons of Immer; Hanani, and Zebadiah.

21 And of the sons of Harim; Maaseiah, and Elijah, and Shemaiah, and Jehiel, and Uzziah.

22 And of the sons of Pashur; *e* Elioenai, Maaseiah, Ishmael, Nethaneel, Jozabad, and Elasah.

23 Also of the Levites; Jozabad, and Shimei, and Kelaiah, (the same *is* Kelita,) Pethahiah, Judah, and Eliezer.

24 Of the singers also; Eliashib: and of the porters; Shallum, and Telem, and Uri.

25 Moreover of Israel: of the sons of

B. C. 457.

β or, *be turned from us till this matter be* dispatched.

γ *stood.*

a De. 13. 14.
Job 29. 16.
Jnº. 7. 51.

b Je. 23. 11.
Mal. 2. 8, 9.

c 2 Ki. 10. 15.
1 Ch. 29. 24.
2 Ch. 30. 8.
La. 5. 6.

d Le. 5. 15, 16.
6. 4, 6.

e Ne. 7. 41.

δ or, *Mahnadebai,* according to some copies.

f Pr. 5. 20.

Parosh; Ramiah, and Jeziah, and Malchiah, and Miamin, and Eleazar, and Malchijah, and Benaiah.

26 And of the sons of Elam; Mattaniah, Zechariah, and Jehiel, and Abdi, and Jeremoth, and Eliah.

27 And of the sons of Zattu; Elioenai, Eliashib, Mattaniah, and Jeremoth, and Zabad, and Aziza.

28 Of the sons also of Bebai; Jehohanan, Hananiah, Zabbai, *and* Athlai.

29 And of the sons of Bani; Meshullam, Malluch, and Adaiah, Jashub, and Sheal, and Ramoth.

30 And of the sons of Pahath-moab; Adna, and Chelal, Benaiah, Maaseiah, Mattaniah, Bezaleel, and Binnui, and Manasseh.

31 And *of* the sons of Harim; Eliezer, Ishijah, Malchiah, Shemaiah, Shimeon,

32 Benjamin, Malluch, *and* Shemariah.

33 Of the sons of Hashum; Mattenai, Mattathah, Zabad, Eliphelet, Jeremai, Manasseh, *and* Shimei.

34 Of the sons of Bani; Maadai, Amram, and Uel,

35 Benaiah, Bedeiah, Chelluh,

36 Vaniah, Meremoth, Eliashib,

37 Mattaniah, Mattenai, and Jaasau,

38 And Bani, and Binnui, Shimei,

39 And Shelemiah, and Nathan, and Adaiah,

40 δ Machnadebai, Shashai, Sharai,

41 Azareel, and Shelemiah, Shemariah,

42 Shallum, Amariah, *and* Joseph.

43 Of the sons of Nebo; Jeiel, Mattithiah, Zabad, Zebina, Jadau, and Joel, Benaiah.

44 All these had taken strange *f* wives: and *some* of them had wives by whom they had children.

327

CAP. I. א

1 דִּבְרֵי נְחֶמְיָה בֶּן־חֲכַלְיָה וַיְהִי בְחֹדֶשׁ־כִּסְלֵו שְׁנַת
עֶשְׂרִים וַאֲנִי הָיִיתִי בְּשׁוּשַׁן הַבִּירָה: 2 וַיָּבֹא חֲנָנִי
אֶחָד מֵאַחַי הוּא וַאֲנָשִׁים מִיהוּדָה וָאֶשְׁאָלֵם עַל־
הַיְּהוּדִים הַפְּלֵיטָה אֲשֶׁר־נִשְׁאֲרוּ מִן־הַשֶּׁבִי וְעַל־
יְרוּשָׁלָ͏ִם: 3 וַיֹּאמְרוּ לִי הַנִּשְׁאָרִים אֲשֶׁר־נִשְׁאֲרוּ
מִן־הַשְּׁבִי שָׁם בַּמְּדִינָה בְּרָעָה גְדֹלָה וּבְחֶרְפָּה
וְחוֹמַת יְרוּשָׁלַ͏ִם מְפֹרָצֶת וּשְׁעָרֶיהָ נִצְּתוּ בָאֵשׁ:
4 וַיְהִי כְּשָׁמְעִי ׀ אֶת־הַדְּבָרִים הָאֵלֶּה יָשַׁבְתִּי
וָאֶבְכֶּה וָאֶתְאַבְּלָה יָמִים וָאֱהִי צָם וּמִתְפַּלֵּל לִפְנֵי
אֱלֹהֵי הַשָּׁמָיִם: 5 וָאֹמַר אָנָּא יְהוָה אֱלֹהֵי הַשָּׁמַיִם
הָאֵל הַגָּדוֹל וְהַנּוֹרָא שֹׁמֵר הַבְּרִית וָחֶסֶד לְאֹהֲבָיו
וּלְשֹׁמְרֵי מִצְוֹתָיו: 6 תְּהִי־נָא אָזְנְךָ־קַשֶּׁבֶת וְעֵינֶיךָ
פְתֻחוֹת לִשְׁמֹעַ אֶל־תְּפִלַּת עַבְדְּךָ אֲשֶׁר אָנֹכִי
מִתְפַּלֵּל לְפָנֶיךָ הַיּוֹם יוֹמָם וָלַיְלָה עַל־בְּנֵי יִשְׂרָאֵל
עֲבָדֶיךָ וּמִתְוַדֶּה עַל־חַטֹּאות בְּנֵי־יִשְׂרָאֵל אֲשֶׁר
חָטָאנוּ לָךְ וַאֲנִי וּבֵית־אָבִי חָטָאנוּ: 7 חֲבֹל חָבַלְנוּ
לָךְ וְלֹא־שָׁמַרְנוּ אֶת־הַמִּצְוֹת וְאֶת־הַחֻקִּים וְאֶת־
הַמִּשְׁפָּטִים אֲשֶׁר צִוִּיתָ אֶת־מֹשֶׁה עַבְדֶּךָ: 8 זְכָר־
נָא אֶת־הַדָּבָר אֲשֶׁר צִוִּיתָ אֶת־מֹשֶׁה עַבְדְּךָ לֵאמֹר
אַתֶּם תִּמְעָלוּ אֲנִי אָפִיץ אֶתְכֶם בָּעַמִּים: 9 וְשַׁבְתֶּם
אֵלַי וּשְׁמַרְתֶּם מִצְוֹתַי וַעֲשִׂיתֶם אֹתָם אִם־יִהְיֶה
נִדַּחֲכֶם בִּקְצֵה הַשָּׁמַיִם מִשָּׁם אֲקַבְּצֵם וַהֲבוֹאֹתִים
10 אֶל־הַמָּקוֹם אֲשֶׁר בָּחַרְתִּי לְשַׁכֵּן אֶת־שְׁמִי שָׁם: וְהֵם
עֲבָדֶיךָ וְעַמֶּךָ אֲשֶׁר פָּדִיתָ בְּכֹחֲךָ הַגָּדוֹל וּבְיָדְךָ
11 הַחֲזָקָה: אָנָּא אֲדֹנָי תְּהִי נָא אָזְנְךָ־קַשֶּׁבֶת אֶל־
תְּפִלַּת עַבְדְּךָ וְאֶל־תְּפִלַּת עֲבָדֶיךָ הַחֲפֵצִים לְיִרְאָה
אֶת־שְׁמֶךָ וְהַצְלִיחָה־נָּא לְעַבְדְּךָ הַיּוֹם וּתְנֵהוּ
לְרַחֲמִים לִפְנֵי הָאִישׁ הַזֶּה וַאֲנִי הָיִיתִי מַשְׁקֶה
לַמֶּלֶךְ:

CAP. II. ב

1 וַיְהִי בְּחֹדֶשׁ נִיסָן שְׁנַת עֶשְׂרִים לְאַרְתַּחְשַׁסְתְּא
הַמֶּלֶךְ יַיִן לְפָנָי וָאֶשָּׂא אֶת־הַיַּיִן וָאֶתְּנָה לַמֶּלֶךְ

---

2 וְלֹא־הָיִיתִי רַע לְפָנָיו: וַיֹּאמֶר לִי הַמֶּלֶךְ מַדּוּעַ ׀
פָּנֶיךָ רָעִים וְאַתָּה אֵינְךָ חוֹלֶה אֵין זֶה כִּי־אִם רֹעַ
3 לֵב וָאִירָא הַרְבֵּה מְאֹד: וָאֹמַר לַמֶּלֶךְ הַמֶּלֶךְ
לְעוֹלָם יִחְיֶה מַדּוּעַ לֹא־יֵרְעוּ פָנַי אֲשֶׁר הָעִיר בֵּית־
קִבְרוֹת אֲבֹתַי חֲרֵבָה וּשְׁעָרֶיהָ אֻכְּלוּ בָאֵשׁ: 4 וַיֹּאמֶר
לִי הַמֶּלֶךְ עַל־מַה־זֶּה אַתָּה מְבַקֵּשׁ וָאֶתְפַּלֵּל אֶל־
5 אֱלֹהֵי הַשָּׁמָיִם: וָאֹמַר לַמֶּלֶךְ אִם־עַל־הַמֶּלֶךְ
טוֹב וְאִם־יִיטַב עַבְדְּךָ לְפָנֶיךָ אֲשֶׁר תִּשְׁלָחֵנִי אֶל־
6 יְהוּדָה אֶל־עִיר קִבְרוֹת אֲבֹתַי וְאֶבְנֶנָּה: וַיֹּאמֶר
לִי הַמֶּלֶךְ וְהַשֵּׁגַל ׀ יוֹשֶׁבֶת אֶצְלוֹ עַד־מָתַי יִהְיֶה
מַהֲלָכֲךָ וּמָתַי תָּשׁוּב וַיִּיטַב לִפְנֵי־הַמֶּלֶךְ וַיִּשְׁלָחֵנִי
7 וָאֶתְּנָה לוֹ זְמָן: וָאוֹמַר לַמֶּלֶךְ אִם־עַל־הַמֶּלֶךְ
טוֹב אִגְּרוֹת יִתְּנוּ־לִי עַל־פַּחֲווֹת עֵבֶר הַנָּהָר אֲשֶׁר
8 יַעֲבִירוּנִי עַד אֲשֶׁר־אָבוֹא אֶל־יְהוּדָה: וְאִגֶּרֶת
אֶל־אָסָף שֹׁמֵר הַפַּרְדֵּס אֲשֶׁר לַמֶּלֶךְ אֲשֶׁר יִתֶּן־לִי
עֵצִים לְקָרוֹת אֶת־שַׁעֲרֵי הַבִּירָה אֲשֶׁר־לַבַּיִת
וּלְחוֹמַת הָעִיר וְלַבַּיִת אֲשֶׁר־אָבוֹא אֵלָיו וַיִּתֶּן־לִי
9 הַמֶּלֶךְ כְּיַד־אֱלֹהַי הַטּוֹבָה עָלָי: וָאָבוֹא אֶל־פַּחֲווֹת
עֵבֶר הַנָּהָר וָאֶתְּנָה לָהֶם אֵת אִגְּרוֹת הַמֶּלֶךְ
10 וַיִּשְׁלַח עִמִּי הַמֶּלֶךְ שָׂרֵי חַיִל וּפָרָשִׁים: וַיִּשְׁמַע
סַנְבַלַּט הַחֹרֹנִי וְטוֹבִיָּה הָעֶבֶד הָעַמֹּנִי וַיֵּרַע לָהֶם
רָעָה גְדֹלָה אֲשֶׁר־בָּא אָדָם לְבַקֵּשׁ טוֹבָה לִבְנֵי
11 יִשְׂרָאֵל: וָאָבוֹא אֶל־יְרוּשָׁלָ͏ִם וָאֱהִי־שָׁם יָמִים
12 שְׁלֹשָׁה: וָאָקוּם ׀ לַיְלָה אֲנִי וַאֲנָשִׁים ׀ מְעַט עִמִּי
וְלֹא־הִגַּדְתִּי לְאָדָם מָה אֱלֹהַי נֹתֵן אֶל־לִבִּי לַעֲשׂוֹת
לִירוּשָׁלָ͏ִם וּבְהֵמָה אֵין עִמִּי כִּי אִם־הַבְּהֵמָה אֲשֶׁר
13 אֲנִי רֹכֵב בָּהּ: וָאֵצְאָה בְשַׁעַר־הַגַּיְא לַיְלָה וְאֶל־
פְּנֵי עֵין הַתַּנִּין וְאֶל־שַׁעַר הָאַשְׁפֹּת וָאֱהִי שֹׂבֵר
בְּחוֹמֹת יְרוּשָׁלַ͏ִם אֲשֶׁר־הֵם פְּרוּצִים וּשְׁעָרֶיהָ אֻכְּלוּ
14 בָאֵשׁ: וָאֶעֱבֹר אֶל־שַׁעַר הָעַיִן וְאֶל־בְּרֵכַת הַמֶּלֶךְ
15 וְאֵין־מָקוֹם לַבְּהֵמָה לַעֲבֹר תַּחְתָּי: וָאֱהִי עֹלֶה
בַנַּחַל לַיְלָה וָאֱהִי שֹׂבֵר בַּחוֹמָה וָאָשׁוּב וָאָבוֹא
16 בְּשַׁעַר הַגַּיְא וָאָשׁוּב: וְהַסְּגָנִים לֹא יָדְעוּ אָנָה
הָלַכְתִּי וּמָה אֲנִי עֹשֶׂה וְלַיְּהוּדִים וְלַכֹּהֲנִים וְלַחֹרִים

The Book of NEHEMIAH.

CHAP. I.

THE words of Nehemiah[a] the son of Hachaliah. And it came to pass in the month Chisleu, in the twentieth year, as I was in Shushan the palace,

2 That Hanani, one of my brethren, came, he and *certain* men of Judah; and I asked them concerning the Jews that had escaped, which were left of the captivity, and concerning Jerusalem.

3 And they said unto me, The remnant that are left of the captivity there in the province *are*[g] in great affliction and reproach: the wall of Jerusalem also *is* broken[h] down, and the gates thereof are burned with fire.

4 And it came to pass, when I heard these words, that I sat down and wept, and mourned *certain* days, and fasted, and prayed before the God of heaven,

5 And said, I beseech thee,[i] O LORD God of heaven, the great and terrible God, that keepeth[l] covenant and mercy for them that love him and observe his commandments;

6 Let[m] thine ear now be attentive, and thine eyes open,[n] that thou mayest hear the prayer of thy servant, which I pray before thee now, day and night, for the children of Israel thy servants, and confess[o] the sins of the children of Israel, which we have sinned against thee: both I and my father's house have sinned.

7 We[q] have dealt very corruptly against thee, and have not kept[s] the commandments, nor the statutes, nor the judgments, which thou commandedst thy servant Moses.

8 Remember, I beseech thee, the word that thou commandedst thy servant Moses, saying, If[t] ye transgress, I will scatter you abroad among the nations:

9 But *if* ye turn unto me, and keep my commandments, and do them; though there[v] were of you cast out unto the uttermost part of the heaven, *yet* will I gather[x] them from thence, and will bring them unto the place that I have chosen to set my name there.

10 Now these[z] *are* thy servants, and thy people, whom thou hast redeemed by thy great power, and by thy strong hand.

11 O Lord, I beseech thee, let now thine ear be attentive[b] to the prayer of thy servant, and to the prayer of thy servants, who desire[c] to fear thy name; and prosper, I pray thee, thy servant this day, and grant him mercy in the sight of this man. For[e] I was the king's cupbearer.

CHAP. II.

AND it came to pass in the month Nisan, in the twentieth year of[g] Artaxerxes the king, *that* wine *was* before him: and I took up[i] the wine, and gave *it* unto the king. Now I had not been *beforetime* sad in his presence.

2 Wherefore the king said unto me, Why *is* thy countenance sad, seeing thou

B. C. 446.

a ch. 10. 1.
b Pr. 15. 13.
c 1 Ki. 1. 31.
  Da. 2. 4.
d ch. 1. 3.
e 2Ch. 21. 20.
  28. 27.
  32. 33.
f Pr. 3. 6.
  Phi. 4. 6.
g Ps. 137.1..3.
  La. 1. 7.
  3. 61.
  5. 1.
h 2 Ki. 25. 10.
  Is.64.10,11.
β wife.
i Da. 9. 4, &c.
k ch. 5. 14.
  13. 6.
l Ex. 20. 6.
m 1Ki.8.28,29.
  2 Ch. 6. 40.
n Ps. 34. 15.
o Ps. 32. 5.
  1 Jn°. 1. 9.
p ch. 3. 7.
q Ps. 106. 6.
r ver. 18.
  Ezr. 5. 5.
s De. 28. 15.
t Le.26.33,&c.
  De.4.25,&c.
  28. 64.
u Ps. 112. 10.
  Eze.25.6..8.
v De. 30. 4.
w Ezr. 8. 32.
x Ps. 147. 2.
  Is. 11. 12.
  56. 8.
  Je. 12. 15.
  50. 19, 20.
y Ps. 51. 18.
  122. 6.
z De. 9. 29.
  Da.9.15,&c.
a 2 Ch. 26. 9.
b Ps. 86. 6.
c Is. 26. 8.
  He. 13. 18.
d ch. 1. 3.
e ch. 2. 1.
f ch. 3. 15.
g Ezr. 7. 1.
h 2 Sa. 15. 23.
  Je.31.38..40.
i ch. 1. 11.

art not sick? this *is* nothing *else* but sorrow[b] of heart. Then I was very sore afraid,

3 And said unto the king, Let[c] the king live for ever: why should not my countenance be sad, when the city,[d] the place of my fathers' sepulchres,[e] *lieth* waste, and the gates thereof are consumed with fire?

4 Then the king said unto me, For what dost thou make request? So I prayed[f] to the God of heaven.

5 And I said unto the king, If it please the king, and if thy servant have found favour in thy sight, that thou wouldest send me unto Judah, unto the city of my fathers' sepulchres, that I may build it.

6 And the king said unto me, (the[β] queen also sitting by him,) For how long shall thy journey be? and when wilt thou return? So it pleased the king to send me; and I set him a time.[k]

7 Moreover, I said unto the king, If it please the king, let letters be given me to the governors beyond the river, that they may convey me over, till I come into Judah;

8 And a letter unto Asaph the keeper of the king's forest, that he may give me timber to make beams for the gates of the palace which *appertained* to the house, and for the wall of the city, and for the house[p] that I shall enter into. And the king granted me, according[r] to the good hand of my God upon me.

9 Then I came to the governors beyond the river, and gave them the king's letters. (Now the king had sent captains of the army and horsemen with me.)

10 When Sanballat the Horonite, and Tobiah the servant, the Ammonite, heard *of it*, it grieved[u] them exceedingly that there was come a man to seek the welfare of the children of Israel.

11 So[w] I came to Jerusalem, and was there three days.

12 And I arose in the night, I and some few men with me; neither told I *any* man what my God[y] had put in my heart to do at Jerusalem: neither *was there any* beast with me, save the beast that I rode upon.

13 And I went out by night, by the gate[a] of the valley, even before the dragon-well, and to the dung-port, and viewed the walls of Jerusalem, which were[d] broken down, and the gates thereof were consumed with fire.

14 Then I went on to the gate of the fountain,[f] and to the king's pool: but *there was* no place for the beast *that was* under me to pass.

15 Then went I up in the night by the brook,[h] and viewed the wall, and turned back, and entered by the gate of the valley, and *so* returned.

16 And the rulers knew not whither I went, or what I did; neither had I as yet told *it* to the Jews, nor to the priests, nor to the nobles, nor to the rulers, nor to the rest that did the work.

17 וָאוֹמַר אֲלֵהֶם אַתֶּם רֹאִים הָרָעָה אֲשֶׁר אֲנַחְנוּ בָהּ אֲשֶׁר יְרוּשָׁלִַם חֲרֵבָה וּשְׁעָרֶיהָ נִצְּתוּ בָאֵשׁ לְכוּ וְנִבְנֶה אֶת־חוֹמַת יְרוּשָׁלִַם וְלֹא־נִהְיֶה עוֹד חֶרְפָּה׃

18 וָאַגִּיד לָהֶם אֶת־יַד אֱלֹהַי אֲשֶׁר־הִיא טוֹבָה עָלַי וְאַף־דִּבְרֵי הַמֶּלֶךְ אֲשֶׁר אָמַר־לִי וַיֹּאמְרוּ נָקוּם וּבָנִינוּ וַיְחַזְּקוּ יְדֵיהֶם לַטּוֹבָה׃

19 וַיִּשְׁמַע סַנְבַלַּט הַחֹרֹנִי וְטֹבִיָּה הָעֶבֶד הָעַמּוֹנִי וְגֶשֶׁם הָעַרְבִי וַיַּלְעִגוּ לָנוּ וַיִּבְזוּ עָלֵינוּ וַיֹּאמְרוּ מָה־הַדָּבָר הַזֶּה אֲשֶׁר אַתֶּם עֹשִׂים הַעַל הַמֶּלֶךְ אַתֶּם מֹרְדִים׃

20 וָאָשִׁיב אוֹתָם דָּבָר וָאוֹמַר לָהֶם אֱלֹהֵי הַשָּׁמַיִם הוּא יַצְלִיחַ לָנוּ וַאֲנַחְנוּ עֲבָדָיו נָקוּם וּבָנִינוּ וְלָכֶם אֵין־חֵלֶק וּצְדָקָה וְזִכָּרוֹן בִּירוּשָׁלִָם׃

CAP. III. ג

1 וַיָּקָם אֶלְיָשִׁיב הַכֹּהֵן הַגָּדוֹל וְאֶחָיו הַכֹּהֲנִים וַיִּבְנוּ אֶת־שַׁעַר הַצֹּאן הֵמָּה קִדְּשׁוּהוּ וַיַּעֲמִידוּ דַּלְתֹתָיו וְעַד־מִגְדַּל הַמֵּאָה קִדְּשׁוּהוּ עַד מִגְדַּל חֲנַנְאֵל׃

2 וְעַל־יָדוֹ בָנוּ אַנְשֵׁי יְרֵחוֹ וְעַל־יָדוֹ בָנָה זַכּוּר בֶּן־אִמְרִי׃

3 וְאֵת שַׁעַר הַדָּגִים בָּנוּ בְּנֵי הַסְּנָאָה הֵמָּה קֵרוּהוּ וַיַּעֲמִידוּ דַּלְתֹתָיו מַנְעוּלָיו וּבְרִיחָיו׃

4 וְעַל־יָדָם הֶחֱזִיק מְרֵמוֹת בֶּן־אוּרִיָּה בֶּן־הַקּוֹץ וְעַל־יָדָם הֶחֱזִיק מְשֻׁלָּם בֶּן־בֶּרֶכְיָה בֶּן־מְשֵׁיזַבְאֵל וְעַל־יָדָם הֶחֱזִיק צָדוֹק בֶּן־בַּעֲנָא׃

5 וְעַל־יָדָם הֶחֱזִיקוּ הַתְּקוֹעִים וְאַדִּירֵיהֶם לֹא־הֵבִיאוּ צַוָּרָם בַּעֲבֹדַת אֲדֹנֵיהֶם׃

6 וְאֵת שַׁעַר הַיְשָׁנָה הֶחֱזִיקוּ יוֹיָדָע בֶּן־פָּסֵחַ וּמְשֻׁלָּם בֶּן־בְּסוֹדְיָה הֵמָּה קֵרוּהוּ וַיַּעֲמִידוּ דַּלְתֹתָיו וּמַנְעֻלָיו וּבְרִיחָיו׃

7 וְעַל־יָדָם הֶחֱזִיק מְלַטְיָה הַגִּבְעֹנִי וְיָדוֹן הַמֵּרֹנֹתִי אַנְשֵׁי גִבְעוֹן וְהַמִּצְפָּה לְכִסֵּא פַּחַת עֵבֶר הַנָּהָר׃

8 עַל־יָדוֹ הֶחֱזִיק עֻזִּיאֵל בֶּן־חַרְהֲיָה צוֹרְפִים וְעַל־יָדוֹ הֶחֱזִיק חֲנַנְיָה בֶּן־הָרַקָּחִים וַיַּעַזְבוּ יְרוּשָׁלִַם עַד הַחוֹמָה הָרְחָבָה׃

9 וְעַל־יָדָם הֶחֱזִיק רְפָיָה בֶן־חוּר שַׂר חֲצִי פֶּלֶךְ יְרוּשָׁלִָם׃

10 וְעַל־יָדָם הֶחֱזִיק יְדָיָה בֶן־חֲרוּמַף וְנֶגֶד בֵּיתוֹ וְעַל־יָדוֹ הֶחֱזִיק חַטּוּשׁ בֶּן־חֲשַׁבְנְיָה׃

11 מִדָּה שֵׁנִית הֶחֱזִיק מַלְכִּיָּה בֶן־חָרִם וְחַשּׁוּב בֶּן־פַּחַת מוֹאָב וְאֵת מִגְדַּל הַתַּנּוּרִים׃

12 וְעַל־יָדוֹ הֶחֱזִיק שַׁלּוּם בֶּן־הַלּוֹחֵשׁ שַׂר חֲצִי פֶּלֶךְ יְרוּשָׁלִָם הוּא

13 אֵת שַׁעַר הַגַּיְא הֶחֱזִיק חָנוּן וְיֹשְׁבֵי זָנוֹחַ הֵמָּה בָנוּהוּ וַיַּעֲמִידוּ דַּלְתֹתָיו מַנְעֻלָיו וּבְרִיחָיו וְאֶלֶף אַמָּה בַּחוֹמָה עַד שַׁעַר הָשְׁפוֹת׃

14 וְאֵת שַׁעַר הָאַשְׁפּוֹת הֶחֱזִיק מַלְכִּיָּה בֶן־רֵכָב שַׂר פֶּלֶךְ בֵּית־הַכָּרֶם הוּא יִבְנֶנּוּ וְיַעֲמִיד דַּלְתֹתָיו מַנְעֻלָיו וּבְרִיחָיו׃

15 וְאֵת שַׁעַר הָעַיִן הֶחֱזִיק שַׁלּוּן בֶּן־כָּל־חֹזֶה שַׂר פֶּלֶךְ הַמִּצְפָּה הוּא יִבְנֶנּוּ וִיטַלְלֶנּוּ וְיַעֲמִיד דַּלְתֹתָיו מַנְעֻלָיו וּבְרִיחָיו וְאֵת חוֹמַת בְּרֵכַת הַשֶּׁלַח לְגַן־הַמֶּלֶךְ וְעַד־הַמַּעֲלוֹת הַיּוֹרְדוֹת מֵעִיר דָּוִיד׃

16 אַחֲרָיו הֶחֱזִיק נְחֶמְיָה בֶן־עַזְבּוּק שַׂר חֲצִי פֶּלֶךְ בֵּית־צוּר עַד־נֶגֶד קִבְרֵי דָוִיד וְעַד־הַבְּרֵכָה הָעֲשׂוּיָה וְעַד בֵּית הַגִּבֹּרִים׃

17 אַחֲרָיו הֶחֱזִיקוּ הַלְוִיִּם רְחוּם בֶּן־בָּנִי עַל־יָדוֹ הֶחֱזִיק חֲשַׁבְיָה שַׂר־חֲצִי־פֶלֶךְ קְעִילָה לְפִלְכּוֹ׃

18 אַחֲרָיו הֶחֱזִיקוּ אֲחֵיהֶם בַּוַּי בֶּן־חֵנָדָד שַׂר חֲצִי פֶּלֶךְ קְעִילָה׃

19 וַיְחַזֵּק עַל־יָדוֹ עֵזֶר בֶּן־יֵשׁוּעַ שַׂר הַמִּצְפָּה מִדָּה שֵׁנִית מִנֶּגֶד עֲלֹת הַנֶּשֶׁק הַמִּקְצֹעַ׃

20 אַחֲרָיו הֶחֱרָה הֶחֱזִיק בָּרוּךְ בֶּן־זַבַּי מִדָּה שֵׁנִית מִן־הַמִּקְצוֹעַ עַד־פֶּתַח בֵּית אֶלְיָשִׁיב הַכֹּהֵן הַגָּדוֹל׃

21 אַחֲרָיו הֶחֱזִיק מְרֵמוֹת בֶּן־אוּרִיָּה בֶּן־הַקּוֹץ מִדָּה שֵׁנִית מִפֶּתַח בֵּית אֶלְיָשִׁיב וְעַד־תַּכְלִית בֵּית אֶלְיָשִׁיב׃

22 וְאַחֲרָיו הֶחֱזִיקוּ הַכֹּהֲנִים אַנְשֵׁי הַכִּכָּר׃

23 אַחֲרָיו הֶחֱזִיק בִּנְיָמִן וְחַשּׁוּב נֶגֶד בֵּיתָם אַחֲרָיו הֶחֱזִיק עֲזַרְיָה בֶן־מַעֲשֵׂיָה בֶּן־עֲנָנְיָה אֵצֶל בֵּיתוֹ׃

24 אַחֲרָיו הֶחֱזִיק בִּנּוּי בֶּן־חֵנָדָד מִדָּה שֵׁנִית מִבֵּית עֲזַרְיָה עַד־הַמִּקְצוֹעַ וְעַד־הַפִּנָּה׃

25 פָּלָל בֶּן־אוּזַי מִנֶּגֶד הַמִּקְצוֹעַ וְהַמִּגְדָּל הַיּוֹצֵא מִבֵּית הַמֶּלֶךְ הָעֶלְיוֹן אֲשֶׁר לַחֲצַר הַמַּטָּרָה אַחֲרָיו פְּדָיָה בֶן־פַּרְעֹשׁ׃

26 וְהַנְּתִינִים הָיוּ יֹשְׁבִים בָּעֹפֶל עַד נֶגֶד שַׁעַר הַמַּיִם לַמִּזְרָח וְהַמִּגְדָּל הַיּוֹצֵא׃

27 אַחֲרָיו הֶחֱזִיקוּ הַתְּקֹעִים מִדָּה שֵׁנִית מִנֶּגֶד הַמִּגְדָּל הַגָּדוֹל הַיּוֹצֵא וְעַד חוֹמַת הָעֹפֶל׃

28 מֵעַל שַׁעַר הַסּוּסִים הֶחֱזִיקוּ הַכֹּהֲנִים אִישׁ לְנֶגֶד בֵּיתוֹ׃

29 אַחֲרָיו הֶחֱזִיק צָדוֹק בֶּן־אִמֵּר נֶגֶד בֵּיתוֹ וְאַחֲרָיו הֶחֱזִיק שְׁמַעְיָה בֶן־שְׁכַנְיָה שֹׁמֵר שַׁעַר הַמִּזְרָח׃

30 אַחֲרָיו הֶחֱזִיק חֲנַנְיָה בֶן־שֶׁלֶמְיָה וְחָנוּן בֶּן־צָלָף הַשִּׁשִּׁי מִדָּה שֵׁנִי אַחֲרָיו הֶחֱזִיק מְשֻׁלָּם בֶּן־בֶּרֶכְיָה נֶגֶד נִשְׁכָּתוֹ׃

31 אַחֲרָיו הֶחֱזִיק מַלְכִּיָּה בֶּן־הַצֹּרְפִי עַד־בֵּית הַנְּתִינִים וְהָרֹכְלִים נֶגֶד שַׁעַר הַמִּפְקָד וְעַד עֲלִיַּת הַפִּנָּה׃

17 Then said I unto them, Ye see the distress that we *are* in, how Jerusalem *lieth* waste,[b] and the gates thereof are burned with fire: come, and let us build up the wall of Jerusalem, that we be no more a reproach.[c]

18 Then I told them of the hand[d] of my God, which was good upon me; as also the king's words that he had spoken unto me. And they said, Let us rise up and build. So they strengthened[f] their hands for *this* good *work*.

19 But when Sanballat the Horonite, and Tobiah the servant, the Ammonite, and Geshem the Arabian, heard *it*, they laughed[h] us to scorn, and despised us, and said, What *is* this thing that ye do? will ye rebel[i] against the king?

20 Then answered I them, and said unto them, The God of heaven, he[l] will prosper us; therefore we, his servants, will arise and build: but ye[m] have no portion, nor right, nor memorial, in Jerusalem.[n]

CHAP. III.

THEN Eliashib[o] the high priest rose up with his brethren the priests, and they builded the[q] sheep-gate; they sanctified it, and set up the doors of it; even unto the tower of Meah[r] they sanctified it, unto the tower[s] of Hananeel.

2 And[β] next unto him builded the men of Jericho.[u] And next to them builded Zaccur the son[β] of Imri.

3 But the[v] fish-gate did the sons of Hassenaah build, who *also* laid the beams thereof, and set up the doors thereof, the locks thereof, and the bars thereof.

4 And next unto them repaired Meremoth, the son of Urijah, the son of Koz. And next unto them repaired Meshullam the son of Berechiah, the son of Meshezabeel. And next unto them repaired Zadok the son of Baana.

5 And next unto them the Tekoites repaired; but their nobles[x] put not their necks to the work[y] of their Lord.

6 Moreover, the old gate repaired Jehoiada the son of Paseah, and Meshullam the son of Besodeiah; they laid the beams thereof, and set up the doors thereof, and the locks thereof, and the bars thereof.

7 And next unto them repaired Melatiah the Gibeonite, and Jadon the Meronothite, the men of Gibeon, and of Mizpah, unto the throne[b] of the governor on this side the river.

8 Next unto him repaired Uzziel the son of Harhaiah, of the goldsmiths. Next unto him also repaired Hananiah the son of *one of* the apothecaries, and they *n* fortified Jerusalem unto the broad wall.[f]

9 And next unto him repaired Rephaiah, the son of Hur, the ruler of the half part of Jerusalem.

10 And next unto them repaired Jedaiah, the son of Harumaph, even over against his house. And next unto him repaired Hattush, the son of Hashabniah.

11 Malchijah the son of Harim, and Hashub the son of Pahath-moab, repaired the[θ] other piece, and the tower of the furnaces.

12 And next unto him repaired Shallum the son of Halohesh, the ruler of the half part of Jerusalem, he and his daughters.

13 The valley-gate[h] repaired Hanun, and the inhabitants of Zanoah; they built it, and set up the doors thereof, the locks

B. C. 445.

a ch. 2. 13.

b La. 2. 2,8,9.

c ch. 1. 3.
  Ps. 44. 13.
  79.4,12.
Je. 24. 9.
Eze.5.14,15.
  22. 4.

d ver. 8.

e ch. 2. 14.

f 2 Sa. 2. 7.
  Ezr. 6. 22.

g Jn°. 9. 7.

h Ps. 80. 6.

i ch. 6. 6.

k 2 Ki. 20. 20.
  Is. 7. 3.
  22. 11.

l Ps.102.13,14
  Ec. 7. 10.

m Ezr. 4. 3.

n Is. 56. 5.

o ch. 12. 10.

p 1 Sa. 23. 1,
  &c.

q Jn°. 5. 2.

r ch. 12. 39.

s Je. 31. 38.
  Zec. 14. 10.

t 2 Ch. 26. 9.

β *at his hand.*

γ *or, Zaccai.*

u Ezr. 2. 34.

v 2 Ch. 33.14.
  Zep. 1. 10.

w ch. 12. 28.

x Je. 5. 4, 5.
  1 Co. 1. 26.
  1Ti.6.17,18.

y Ju. 5. 23.

z ver. 19.

a Je. 32. 2.
  37. 21.

b ch. 2. 8.

c Ezr.2.43,&c.

δ *or, which dwelt in Ophel,* repaired *unto.*

ζ *or, the tower.*

d 2 Ch. 27. 3.

e ch. 8. 1, 3.
  12. 37.

η *or, left.*

f ch. 12. 38.

g 2 Ki. 11. 16.
  Je. 31. 40.

θ *second measure.*

h ch. 2. 13.

thereof, and the bars thereof, and a thousand cubits on the wall unto the dung-gate.[a]

14 But the dung-gate repaired Malchiah the son of Rechab, the ruler of part of Beth-haccerem; he built it, and set up the doors thereof, the locks thereof, and the bars thereof.

15 But the gate of the fountain[e] repaired Shallum the son of Col-hozeh, the ruler of part of Mizpah; he built it, and covered it, and set up the doors thereof, the locks thereof, and the bars thereof, and the wall of the pool of Siloah[g] by the king's garden, and unto the stairs that go down from the city of David.

16 After him repaired Nehemiah the son of Azbuk, the ruler of the half part of Beth-zur, unto *the place* over against the sepulchres of David, and to the pool[k] that was made, and unto the house of the mighty.

17 And after him repaired the Levites, Rehum the son of Bani. Next unto him repaired Hashabiah, the ruler of the half part of Keilah, in his part.

18 After him repaired their brethren, Bavai the son of Henadad, the ruler of the half part of Keilah.[p]

19 And next to him repaired Ezer the son of Jeshua, the ruler of Mizpah, another piece over against the going up to the armoury at the turning[s] *of the wall*.

20 After him Baruch the son of[γ] Zabbai, earnestly repaired the other piece, from the turning *of the wall* unto the door of the house of Eliashib the high priest.

21 After him repaired Meremoth, the son of Urijah, the son of Koz, another piece, from the door of the house of Eliashib, even to the end of the house of Eliashib.

22 And after him repaired the priests, the men of the plain.[w]

23 After him repaired Benjamin and Hashub, over against their house. After him repaired Azariah, the son of Maaseiah, the son of Ananiah, by his house.

24 After him repaired Binnui, the son of Henadad, another piece, from the house of Azariah unto the turning[s] *of the wall*, even unto the corner.

25 Palal, the son of Uzai, over against the turning *of the wall*, and the tower which lieth out from the king's high house, that *was* by the court[a] of the prison. After him Pedaiah, the son of Parosh.

26 Moreover, the[c] Nethinims[δ]dwelt in[ζ]Ophel,[d] unto *the place* over against the water-gate[e] toward the east, and the tower that lieth out.

27 After them, the Tekoites repaired another piece, over against the great tower that lieth out, even unto the wall of Ophel.

28 From above the horse[g] gate repaired the priests, every one over against his house.

29 After them repaired Zadok, the son of Immer, over against his house. After him repaired also Shemaiah, the son of Shechaniah, the keeper of the east gate.

30 After him repaired Hananiah, the son of Shelemiah, and Hanun the sixth son of Zalaph, another piece. After him repaired Meshullam, the son of Berechiah, over against his chamber.

31 After him repaired Malchiah, the goldsmith's son, unto the place of the

32 הַמִּפְקָד ׀ וְעַד עֲלַיַּת הַפִּנָּה ׃ וּבֵן עֲלַיַּת הַפִּנָּה
לְשַׁעַר הַצֹּאן הֶחֱזִיקוּ הַצֹּרְפִים וְהָרֹכְלִים ׃

33 וַיְהִי כַּאֲשֶׁר שָׁמַע סַנְבַלַּט כִּי־אֲנַחְנוּ בוֹנִים אֶת־
הַחוֹמָה וַיִּחַר לוֹ וַיִּכְעַס הַרְבֵּה וַיַּלְעֵג עַל־הַיְּהוּדִים ׃

34 וַיֹּאמֶר ׀ לִפְנֵי אֶחָיו וְחֵיל שֹׁמְרוֹן וַיֹּאמֶר מָה
הַיְּהוּדִים הָאֲמֵלָלִים עֹשִׂים הֲיַעַזְבוּ לָהֶם הֲיִזְבָּחוּ
הַיְכַלּוּ בַיּוֹם הַיְחַיּוּ אֶת־הָאֲבָנִים מֵעֲרֵמוֹת הֶעָפָר

35 וְהֵמָּה שְׂרוּפוֹת ׃ וְטוֹבִיָּה הָעַמֹּנִי אֶצְלוֹ וַיֹּאמֶר
גַּם אֲשֶׁר־הֵם בּוֹנִים אִם־יַעֲלֶה שׁוּעָל וּפָרַץ חוֹמַת

36 אַבְנֵיהֶם ׃ שְׁמַע אֱלֹהֵינוּ כִּי־הָיִינוּ בוּזָה וְהָשֵׁב
חֶרְפָּתָם אֶל־רֹאשָׁם וּתְנֵם לְבִזָּה בְּאֶרֶץ שִׁבְיָה ׃

37 וְאַל־תְּכַס עַל־עֲוֹנָם וְחַטָּאתָם מִלְּפָנֶיךָ אַל־תִּמָּחֶה

38 כִּי הִכְעִיסוּ לְנֶגֶד הַבּוֹנִים ׃ וַנִּבְנֶה אֶת־הַחוֹמָה
וַתִּקָּשֵׁר כָּל־הַחוֹמָה עַד־חֶצְיָהּ וַיְהִי לֵב לָעָם
לַעֲשׂוֹת ׃

CAP. IV. ד

1 וַיְהִי ׀ כַּאֲשֶׁר שָׁמַע סַנְבַלַּט וְטוֹבִיָּה וְהָעַרְבִים
וְהָעַמֹּנִים וְהָאַשְׁדּוֹדִים כִּי־עָלְתָה אֲרוּכָה לְחֹמוֹת
יְרוּשָׁלִַם כִּי־הֵחֵלּוּ הַפְּרֻצִים לְהִסָּתֵם וַיִּחַר לָהֶם

2 מְאֹד ׃ וַיִּקְשְׁרוּ כֻלָּם יַחְדָּו לָבוֹא לְהִלָּחֵם
בִּירוּשָׁלִָם וְלַעֲשׂוֹת לוֹ תּוֹעָה ׃ וַנִּתְפַּלֵּל אֶל־אֱלֹהֵינוּ
וַנַּעֲמִיד מִשְׁמָר עֲלֵיהֶם יוֹמָם וָלַיְלָה מִפְּנֵיהֶם ׃

4 וַיֹּאמֶר יְהוּדָה כָּשַׁל כֹּחַ הַסַּבָּל וְהֶעָפָר הַרְבֵּה

5 וַאֲנַחְנוּ לֹא נוּכַל לִבְנוֹת בַּחוֹמָה ׃ וַיֹּאמְרוּ צָרֵינוּ
לֹא יֵדְעוּ וְלֹא יִרְאוּ עַד אֲשֶׁר־נָבוֹא אֶל־תּוֹכָם

6 וַהֲרַגְנוּם וְהִשְׁבַּתְנוּ אֶת־הַמְּלָאכָה ׃ וַיְהִי כַּאֲשֶׁר
בָּאוּ הַיְּהוּדִים הַיֹּשְׁבִים אֶצְלָם וַיֹּאמְרוּ לָנוּ עֶשֶׂר
פְּעָמִים מִכָּל־הַמְּקֹמוֹת אֲשֶׁר־תָּשׁוּבוּ עָלֵינוּ ׃

7 וָאַעֲמִיד מִתַּחְתִּיּוֹת לַמָּקוֹם מֵאַחֲרֵי לַחוֹמָה
בַּצְּחִחִים וָאַעֲמִיד אֶת־הָעָם לְמִשְׁפָּחוֹת עִם־

8 חַרְבֹתֵיהֶם רָמְחֵיהֶם וְקַשְּׁתֹתֵיהֶם ׃ וָאֵרֶא וָאָקוּם
וָאֹמַר אֶל־הַחֹרִים וְאֶל־הַסְּגָנִים וְאֶל־יֶתֶר הָעָם
אַל־תִּירְאוּ מִפְּנֵיהֶם אֶת־אֲדֹנָי הַגָּדוֹל וְהַנּוֹרָא

9 זְכֹרוּ וְהִלָּחֲמוּ עַל־אֲחֵיכֶם בְּנֵיכֶם וּבְנֹתֵיכֶם
נְשֵׁיכֶם וּבָתֵּיכֶם ׃ וַיְהִי כַּאֲשֶׁר שָׁמְעוּ אוֹיְבֵינוּ
כִּי־נוֹדַע לָנוּ וַיָּפֶר הָאֱלֹהִים אֶת־עֲצָתָם וַנָּשׁוּב

10 כֻּלָּנוּ אֶל־הַחוֹמָה אִישׁ אֶל־מְלַאכְתּוֹ ׃ וַיְהִי ׀ מִן־
הַיּוֹם הַהוּא חֲצִי נְעָרַי עֹשִׂים בַּמְּלָאכָה וְחֶצְיָם

11 מַחֲזִיקִים וְהָרְמָחִים הַמָּגִנִּים וְהַקְּשָׁתוֹת וְהַשִּׁרְיֹנִים
וְהַשָּׂרִים אַחֲרֵי כָּל־בֵּית יְהוּדָה ׃ הַבּוֹנִים בַּחוֹמָה

12 וְהַנֹּשְׂאִים בַּסֵּבֶל עֹמְשִׂים בְּאַחַת יָדוֹ עֹשֶׂה
בַמְּלָאכָה וְאַחַת מַחֲזֶקֶת הַשָּׁלַח ׃ וְהַבּוֹנִים אִישׁ

13 חַרְבּוֹ אֲסוּרִים עַל־מָתְנָיו וּבוֹנִים וְהַתּוֹקֵעַ בַּשּׁוֹפָר
אֶצְלִי ׃ וָאֹמַר אֶל־הַחֹרִים וְאֶל־הַסְּגָנִים וְאֶל־יֶתֶר

14 הָעָם הַמְּלָאכָה הַרְבֵּה וּרְחָבָה וַאֲנַחְנוּ נִפְרָדִים
עַל־הַחוֹמָה רְחוֹקִים אִישׁ מֵאָחִיו ׃ בִּמְקוֹם אֲשֶׁר

15 תִּשְׁמְעוּ אֶת־קוֹל הַשּׁוֹפָר שָׁמָּה תִּקָּבְצוּ אֵלֵינוּ
אֱלֹהֵינוּ יִלָּחֶם לָנוּ ׃ וַאֲנַחְנוּ עֹשִׂים בַּמְּלָאכָה

16 וְחֶצְיָם מַחֲזִיקִים בָּרְמָחִים מֵעֲלוֹת הַשַּׁחַר עַד צֵאת
הַכּוֹכָבִים ׃ גַּם בָּעֵת הַהִיא אָמַרְתִּי לָעָם אִישׁ

17 וְנַעֲרוֹ יָלִינוּ בְּתוֹךְ יְרוּשָׁלִָם וְהָיוּ־לָנוּ הַלַּיְלָה
מִשְׁמָר וְהַיּוֹם מְלָאכָה ׃ וְאֵין אֲנִי וְאַחַי וּנְעָרַי
וְאַנְשֵׁי הַמִּשְׁמָר אֲשֶׁר אַחֲרַי אֵין־אֲנַחְנוּ פֹשְׁטִים
בְּגָדֵינוּ אִישׁ שִׁלְחוֹ הַמָּיִם ׃

CAP. V. ה

1 וַתְּהִי צַעֲקַת הָעָם וּנְשֵׁיהֶם גְּדוֹלָה אֶל־אֲחֵיהֶם

2 הַיְּהוּדִים ׃ וְיֵשׁ אֲשֶׁר אֹמְרִים בָּנֵינוּ וּבְנֹתֵינוּ
אֲנַחְנוּ רַבִּים וְנִקְחָה דָגָן וְנֹאכְלָה וְנִחְיֶה ׃ וְיֵשׁ

3 אֲשֶׁר אֹמְרִים שְׂדֹתֵינוּ וּכְרָמֵינוּ וּבָתֵּינוּ אֲנַחְנוּ

4 עֹרְבִים וְנִקְחָה דָגָן בָּרָעָב ׃ וְיֵשׁ אֲשֶׁר אֹמְרִים לָוִינוּ

5 כֶסֶף לְמִדַּת הַמֶּלֶךְ שְׂדֹתֵינוּ וּכְרָמֵינוּ ׃ וְעַתָּה כִּבְשַׂר
אַחֵינוּ בְּשָׂרֵנוּ כִּבְנֵיהֶם בָּנֵינוּ וְהִנֵּה אֲנַחְנוּ כֹבְשִׁים
אֶת־בָּנֵינוּ וְאֶת־בְּנֹתֵינוּ לַעֲבָדִים וְיֵשׁ מִבְּנֹתֵינוּ

6 נִכְבָּשׁוֹת וְאֵין לְאֵל יָדֵנוּ וּשְׂדֹתֵינוּ וּכְרָמֵינוּ
לַאֲחֵרִים ׃ וַיִּחַר לִי מְאֹד כַּאֲשֶׁר שָׁמַעְתִּי אֶת־

7 זַעֲקָתָם וְאֵת הַדְּבָרִים הָאֵלֶּה ׃ וַיִּמָּלֵךְ לִבִּי עָלַי
וָאָרִיבָה אֶת־הַחֹרִים וְאֶת־הַסְּגָנִים וָאֹמְרָה לָהֶם
מַשָּׁא אִישׁ־בְּאָחִיו אַתֶּם נֹשְׁאִים וָאֶתֵּן עֲלֵיהֶם

8 קְהִלָּה גְדוֹלָה ׃ וָאֹמְרָה לָהֶם אֲנַחְנוּ קָנִינוּ אֶת־
אַחֵינוּ הַיְּהוּדִים הַנִּמְכָּרִים לַגּוֹיִם כְּדֵי בָנוּ וְגַם־
אַתֶּם תִּמְכְּרוּ אֶת־אֲחֵיכֶם וְנִמְכְּרוּ־לָנוּ וַיַּחֲרִישׁוּ וְלֹא

9 מָצְאוּ דָּבָר ׃ וַיֹּאמֶר לֹא־טוֹב הַדָּבָר אֲשֶׁר־אַתֶּם
עֹשִׂים הֲלוֹא בְּיִרְאַת אֱלֹהֵינוּ תֵּלֵכוּ מֵחֶרְפַּת הַגּוֹיִם

10 אוֹיְבֵינוּ ׃ וְגַם־אֲנִי אַחַי וּנְעָרַי נֹשִׁים בָּהֶם כֶּסֶף

11 וְדָגָן נַעַזְבָה־נָּא אֶת־הַמַּשָּׁא הַזֶּה ׃ הָשִׁיבוּ נָא
לָהֶם כְּהַיּוֹם שְׂדֹתֵיהֶם כַּרְמֵיהֶם זֵיתֵיהֶם וּבָתֵּיהֶם

Nethinims,*a* and of the merchants, over against the gate Miphkad, and to the going up of the *β* corner.

32 And between the going up of the corner unto the sheep-gate*b* repaired the goldsmiths and the merchants.

CHAP. IV.

BUT it came to pass, that*d* when Sanballat heard that we builded the wall, he was wroth, and took great*e* indignation, and*f* mocked the Jews.

2 And he spake before his brethren and the army of Samaria, and said, What do these*g* feeble Jews? will they *δ* fortify themselves? will they sacrifice? will they make an end in a day? will they revive the stones out of the heaps of the rubbish which are burned?

3 Now Tobiah the Ammonite *was* by him, and he said, Even*i* that which they build, if a fox go up, he shall even break down their stone wall.

4 Hear,*k* O our God; for we are *ζ* despised: and turn*l* their reproach upon their own head, and give them for a prey in the land of captivity;

5 And*m* cover not their iniquity, and let not their sin be blotted out from before thee: for they have provoked *thee* to anger before the builders.

6 So built we the wall; and all the wall was joined together unto the half thereof: for the people had a mind *o* to work.

7 But it came to pass, *that* when Sanballat, and Tobiah, and the Arabians, and the Ammonites, and the Ashdodites, heard that the walls of Jerusalem were *θ* made up, *and* that the breaches began to be stopped, then they were very wroth,

8 And conspired *q* all of them together to come *and* to fight against Jerusalem, and to *κ* hinder it.

9 Nevertheless we made our*s* prayer unto our God, and set a watch*t* against them day and night, because of them.

10 And Judah said, The strength of the bearers of burdens is decayed, and *there is* much rubbish, so that we are not able to build the wall.

11 And our adversaries said,*v* They shall not know, neither see, till we come in the midst among them, and slay them, and cause the work to cease.

12 And it came to pass, that when the Jews which dwelt by them came, they said unto us ten times, *λ* From all places whence ye shall return unto us *they will be upon you.*

13 Therefore set I *v* in the lower places behind the wall, *and* on the higher places, I even set the people after their families with their swords, their spears, and their bows.

14 And I looked, and rose up, and said unto the nobles, and to the rulers, and to the rest of the people, Be*z* not ye afraid of them: remember the LORD *which is* great*a* and terrible, and fight*b* for your brethren, your sons, and your daughters, your wives, and your houses.

15 And it came to pass, when our enemies heard that it was known unto us, and God had brought their counsel to nought,*c* that we returned all of us to the wall, every one unto his work.

16 And it came to pass from that time forth,*that* the half of my servants wrought in the work, and the other half of them held both the spears, the shields, and the

bows, and the habergeons; and the rulers *were* behind all the house of Judah.

17 They which builded on the wall, and they that bare burdens, with those that laded, *every one* with one of his hands wrought in the work, and with the other *hand* held a weapon.*c*

18 For the builders, every one had his sword girded *γ* by his side, and *so* builded. And he that sounded the trumpet *was* by me.

19 And I said unto the nobles, and to the rulers, and to the rest of the people, The work *is* great and large, and we are separated upon the wall, one far from another:

20 In what place *therefore* ye hear the sound of the trumpet, resort ye thither unto us: our God *h* shall fight for us.

21 So we laboured in the work: and half of them held the spears, from the rising of the morning till the stars appeared.

22 Likewise at the same time said I unto the people, Let every one with his servant lodge within Jerusalem, that in the night they may be a guard to us, and labour on the day.

23 So neither I,*n* nor my brethren, nor my servants, nor the men of the guard which followed me, none of us put off our clothes, *η saving that* every one put them off for washing.

CHAP. V.

AND there was a great cry*p* of the people, and of their wives, against their brethren the Jews.

2 For there were that said, We, our sons, and our daughters, *are* many; therefore we take up corn *for them*, that we may eat and live.

3 *Some* also there were that said, We have mortgaged *r* our lands, vineyards, and houses, that we might buy corn, because of the dearth.

4 There were also that said, We have borrowed money for the king's tribute, *and that upon* our lands and vineyards.

5 Yet now our flesh*u is* as the flesh of our brethren, our children as their children: and, lo, we bring into bondage our sons and our daughters to be servants, and *some* of our daughters*w* are brought unto bondage *already: neither is it* in our power *to redeem them;* for other men have our lands and vineyards.

6 And I was very angry when I heard their cry, and these words.

7 Then *μ* I consulted with myself, and I rebuked the nobles, and the rulers, and said unto them, Ye exact usury,*x* every one of his brother. And I set a great assembly against them:

8 And I said unto them, We, after our ability, have redeemed *y* our brethren the Jews, which were sold unto the heathen; and will ye even sell your brethren? or shall they be sold unto us? Then held they their peace, and found nothing *to answer.*

9 Also I said, It *is* not good that ye do: ought ye not to walk in the fear*c* of our God, because of the reproach*d* of the heathen our enemies?

10 I likewise, *and* my brethren, and my servants, might exact of them money and corn: I pray you, let us leave off this usury.

11 Restore, I pray you, to them, even this day, their lands, their vineyards, their olive-yards, and their houses, also the

B. C. 445.

a ver. 26.
β or, *corner chamber.*
b ver. 1.
c 1 Co. 16.13. Phi. 1.28.
d ch.2.10,19.
γ on his loins
e Ac. 5.17.
f He. 11.36.
g Zec. 12.8.
δ leave to themselves.
h Ex.14.14,25. De. 1.30. Zec. 14.3.
i 2 Ki. 18.23.
k Ps.123.3,4.
ζ despite.
l Ps. 79.12.
Pr. 3.34.
m Ps. 69.27. Je. 18.23. 2 Ti. 4.14.
n 1 Co. 15.10.
η or, *every one went with his weapon for water.* Ju. 5.11.
o 2Ch. 29.36. Ps. 110.3.
p 1s. 5.7.
θ ascended.
q Ps. 83.3.5.
r Le.25.35.39 De. 15.7.
κ make an error to it. Je. 20.10. Da. 6.4,5.
s Ps. 50.15. 55.16,22.
t Lu. 21.36, Ac.4 24.29.
u 1s. 58.7.
v 2 Sa. 17.2. Ac.23.12,21
w Ex. 21.7.
λ or, *that from all places ye must return to us.*
μ my heart consulted in me. Ps. 4.4.
x Ex. 22.25. Ps. 15.1,5. Eze. 22.12.
v from the lower parts of the place.
y Le. 25.48.
z De.1.29,30. Mat. 10.28.
a De. 10.17. Ps. 66.3,5. Na. 1.6,7.
b 2 Sa. 10.12.
c ver. 15.
d 2 Sa. 12.14. Ro. 2.24. 1 Pe. 2.12.
e Job 5.12. Ps. 33.10. La. 3.37,58.

וּמְאַת הַכֶּסֶף וְהַדָּגָן הַתִּירוֹשׁ וְהַיִּצְהָר אֲשֶׁר אַתֶּם

12 נֹשִׁים בָּהֶם: וַיֹּאמְרוּ נָשִׁיב וּמֵהֶם לֹא נְבַקֵּשׁ כֵּן נַעֲשֶׂה כַּאֲשֶׁר אַתָּה אוֹמֵר וָאֶקְרָא אֶת־הַכֹּהֲנִים

13 וָאַשְׁבִּיעֵם לַעֲשׂוֹת כַּדָּבָר הַזֶּה: גַּם־חָצְנִי נָעַרְתִּי וָאֹמְרָה כָּכָה יְנַעֵר הָאֱלֹהִים אֶת־כָּל־הָאִישׁ אֲשֶׁר לֹא־יָקִים אֶת־הַדָּבָר הַזֶּה מִבֵּיתוֹ וּמִיגִיעוֹ וְכָכָה יִהְיֶה נָעוּר וָרֵק וַיֹּאמְרוּ כָל־הַקָּהָל אָמֵן וַיְהַלְלוּ

14 אֶת־יְהוָה וַיַּעַשׂ הָעָם כַּדָּבָר הַזֶּה: גַּם מִיּוֹם אֲשֶׁר־צִוָּה אֹתִי לִהְיוֹת פֶּחָם בְּאֶרֶץ יְהוּדָה מִשְּׁנַת עֶשְׂרִים וְעַד שְׁנַת שְׁלֹשִׁים וּשְׁתַּיִם לְאַרְתַּחְשַׁסְתְּא הַמֶּלֶךְ שָׁנִים שְׁתֵּים עֶשְׂרֵה אֲנִי וְאַחַי

15 לֶחֶם הַפֶּחָה לֹא אָכַלְתִּי: וְהַפַּחוֹת הָרִאשֹׁנִים אֲשֶׁר־לְפָנַי הִכְבִּידוּ עַל־הָעָם וַיִּקְחוּ מֵהֶם בְּלֶחֶם וָיַיִן אַחַר כֶּסֶף־שְׁקָלִים אַרְבָּעִים גַּם נַעֲרֵיהֶם שָׁלְטוּ עַל־הָעָם וַאֲנִי לֹא־עָשִׂיתִי כֵן מִפְּנֵי יִרְאַת

16 אֱלֹהִים: וְגַם בִּמְלֶאכֶת הַחוֹמָה הַזֹּאת הֶחֱזַקְתִּי וְשָׂדֶה לֹא קָנִינוּ וְכָל־נְעָרַי קְבוּצִים שָׁם עַל־

17 הַמְּלָאכָה: וְהַיְּהוּדִים וְהַסְּגָנִים מֵאָה וַחֲמִשִּׁים אִישׁ וְהַבָּאִים אֵלֵינוּ מִן־הַגּוֹיִם אֲשֶׁר־סְבִיבֹתֵינוּ עַל־

18 שֻׁלְחָנִי: וַאֲשֶׁר הָיָה נַעֲשֶׂה לְיוֹם אֶחָד שׁוֹר אֶחָד צֹאן שֵׁשׁ־בְּרֻרוֹת וְצִפֳּרִים נַעֲשׂוּ־לִי וּבֵין עֲשֶׂרֶת יָמִים בְּכָל־יַיִן לְהַרְבֵּה וְעִם־זֶה לֶחֶם הַפֶּחָה לֹא בִקַּשְׁתִּי כִּי־כָבְדָה הָעֲבֹדָה עַל־הָעָם

19 הַזֶּה: זָכְרָה־לִּי אֱלֹהַי לְטוֹבָה כֹּל אֲשֶׁר־עָשִׂיתִי עַל־הָעָם הַזֶּה:

CAP. VI. ו

1 וַיְהִי כַאֲשֶׁר נִשְׁמַע לְסַנְבַלַּט וְטוֹבִיָּה וּלְגֶשֶׁם הָעַרְבִי וּלְיֶתֶר אֹיְבֵינוּ כִּי בָנִיתִי אֶת־הַחוֹמָה וְלֹא־נוֹתַר בָּהּ פָּרֶץ גַּם עַד־הָעֵת הַהִיא

2 דְּלָתוֹת לֹא־הֶעֱמַדְתִּי בַשְּׁעָרִים: וַיִּשְׁלַח סַנְבַלַּט וְגֶשֶׁם אֵלַי לֵאמֹר לְכָה וְנִוָּעֲדָה יַחְדָּו בַּכְּפִירִים בְּבִקְעַת אוֹנוֹ וְהֵמָּה חֹשְׁבִים לַעֲשׂוֹת לִי רָעָה:

3 וָאֶשְׁלְחָה עֲלֵיהֶם מַלְאָכִים לֵאמֹר מְלָאכָה גְדוֹלָה אֲנִי עֹשֶׂה וְלֹא אוּכַל לָרֶדֶת לָמָּה תִשְׁבַּת הַמְּלָאכָה

4 כַּאֲשֶׁר אַרְפֶּהָ וְיָרַדְתִּי אֲלֵיכֶם: וַיִּשְׁלְחוּ אֵלַי כַּדָּבָר הַזֶּה אַרְבַּע פְּעָמִים וָאָשִׁיב אוֹתָם כַּדָּבָר הַזֶּה:

5 וַיִּשְׁלַח אֵלַי סַנְבַלַּט כַּדָּבָר הַזֶּה פַּעַם חֲמִישִׁית אֶת־

6 נַעֲרוֹ וְאִגֶּרֶת פְּתוּחָה בְּיָדוֹ: כָּתוּב בָּהּ בַּגּוֹיִם נִשְׁמָע וְגַשְׁמוּ אֹמֵר אַתָּה וְהַיְּהוּדִים חֹשְׁבִים לִמְרוֹד עַל־כֵּן אַתָּה בוֹנֶה הַחוֹמָה וְאַתָּה הֹוֶה לָהֶם לְמֶלֶךְ

7 כַּדְּבָרִים הָאֵלֶּה: וְגַם־נְבִיאִים הֶעֱמַדְתָּ לִקְרֹא עָלֶיךָ בִירוּשָׁלִַם לֵאמֹר מֶלֶךְ בִּיהוּדָה וְעַתָּה יִשָּׁמַע לַמֶּלֶךְ כַּדְּבָרִים הָאֵלֶּה וְעַתָּה לְכָה וְנִוָּעֲצָה יַחְדָּו:

8 וָאֶשְׁלְחָה אֵלָיו לֵאמֹר לֹא נִהְיָה כַּדְּבָרִים הָאֵלֶּה

9 אֲשֶׁר אַתָּה אוֹמֵר כִּי מִלִּבְּךָ אַתָּה בוֹדָאם: כִּי כֻלָּם מְיָרְאִים אוֹתָנוּ לֵאמֹר יִרְפּוּ יְדֵיהֶם מִן־

10 הַמְּלָאכָה וְלֹא תֵעָשֶׂה וְעַתָּה חַזֵּק אֶת־יָדָי: וַאֲנִי־בָאתִי בֵּית שְׁמַעְיָה בֶן־דְּלָיָה בֶּן־מְהֵיטַבְאֵל וְהוּא עָצוּר וַיֹּאמֶר נִוָּעֵד אֶל־בֵּית הָאֱלֹהִים אֶל־תּוֹךְ הַהֵיכָל וְנִסְגְּרָה דַּלְתוֹת הַהֵיכָל כִּי בָּאִים לְהָרְגֶךָ

11 וְלַיְלָה בָּאִים לְהָרְגֶךָ: וָאֹמְרָה הַאִישׁ כָּמוֹנִי יִבְרָח וּמִי כָמוֹנִי אֲשֶׁר־יָבוֹא אֶל־הַהֵיכָל וָחָי לֹא אָבוֹא:

12 וָאַכִּירָה וְהִנֵּה לֹא־אֱלֹהִים שְׁלָחוֹ כִּי הַנְּבוּאָה דִּבֶּר

13 עָלַי וְטוֹבִיָּה וְסַנְבַלַּט שְׂכָרוֹ: לְמַעַן שָׂכוּר הוּא לְמַעַן־אִירָא וְאֶעֱשֶׂה־כֵּן וְחָטָאתִי וְהָיָה לָהֶם לְשֵׁם

14 רָע לְמַעַן יְחָרְפוּנִי: זָכְרָה אֱלֹהַי לְטוֹבִיָּה וּלְסַנְבַלַּט כְּמַעֲשָׂיו אֵלֶּה וְגַם לְנוֹעַדְיָה הַנְּבִיאָה וּלְיֶתֶר הַנְּבִיאִים אֲשֶׁר הָיוּ מְיָרְאִים אוֹתִי:

15 וַתִּשְׁלַם הַחוֹמָה בְּעֶשְׂרִים וַחֲמִשָּׁה לֶאֱלוּל לַחֲמִשִּׁים

16 וּשְׁנַיִם יוֹם: וַיְהִי כַּאֲשֶׁר שָׁמְעוּ כָּל־אוֹיְבֵינוּ וַיִּרְאוּ כָּל־הַגּוֹיִם אֲשֶׁר סְבִיבֹתֵינוּ וַיִּפְּלוּ מְאֹד בְּעֵינֵיהֶם וַיֵּדְעוּ כִּי מֵאֵת אֱלֹהֵינוּ נֶעֶשְׂתָה הַמְּלָאכָה

17 הַזֹּאת: גַּם בַּיָּמִים הָהֵם מַרְבִּים חֹרֵי יְהוּדָה אִגְּרֹתֵיהֶם הוֹלְכוֹת עַל־טוֹבִיָּה וַאֲשֶׁר לְטוֹבִיָּה

18 בָּאוֹת אֲלֵיהֶם: כִּי־רַבִּים בִּיהוּדָה בַּעֲלֵי שְׁבוּעָה לוֹ כִּי־חָתָן הוּא לִשְׁכַנְיָה בֶן־אָרַח וִיהוֹחָנָן בְּנוֹ

19 לָקַח אֶת־בַּת־מְשֻׁלָּם בֶּן בֶּרֶכְיָה: גַּם טוֹבֹתָיו הָיוּ אֹמְרִים לְפָנַי וּדְבָרַי הָיוּ מוֹצִיאִים לוֹ אִגְּרוֹת שָׁלַח טוֹבִיָּה לְיָרְאֵנִי:

CAP. VII. ז

1 וַיְהִי כַּאֲשֶׁר נִבְנְתָה הַחוֹמָה וָאַעֲמִיד הַדְּלָתוֹת

2 וַיִּפָּקְדוּ הַשּׁוֹעֲרִים וְהַמְשֹׁרְרִים וְהַלְוִיִּם: וָאֲצַוֶּה אֶת־חֲנָנִי אָחִי וְאֶת־חֲנַנְיָה שַׂר הַבִּירָה עַל־יְרוּשָׁלִָם כִּי־הוּא כְּאִישׁ אֱמֶת וְיָרֵא אֶת־הָאֱלֹהִים מֵרַבִּים:

3 וָאֹמַר לָהֶם לֹא יִפָּתְחוּ שַׁעֲרֵי יְרוּשָׁלִַם עַד־חֹם הַשֶּׁמֶשׁ וְעַד הֵם עֹמְדִים יָגִיפוּ הַדְּלָתוֹת וֶאֱחֹזוּ וְהַעֲמֵיד מִשְׁמְרוֹת יֹשְׁבֵי יְרוּשָׁלִַם אִישׁ בְּמִשְׁמָרוֹ

4 וְאִישׁ נֶגֶד בֵּיתוֹ: וְהָעִיר רַחֲבַת יָדַיִם וּגְדוֹלָה

5 וְהָעָם מְעַט בְּתוֹכָהּ וְאֵין בָּתִּים בְּנוּיִם: וַיִּתֵּן אֱלֹהַי אֶל־לִבִּי וָאֶקְבְּצָה אֶת־הַחֹרִים וְאֶת־

hundredth *part* of the money, and of the corn, the wine, and the oil, that ye exact of them.

12 Then said they, We will restore *them,* and will require nothing of them ; so will we do as thou sayest. Then I called the priests, and[a] took an oath of them, that they should do according to this promise.

13 Also I shook[b] my lap, and said, So God shake out every man from his house, and from his labour, that performeth not this promise, even thus be he shaken out, and β emptied. And[c] all the congregation said, Amen, and praised the LORD. And[e] the people did according to this promise.

14 Moreover, from the time that I was appointed to be their governor in the land of Judah, from the twentieth year even unto the two and thirtieth[f] year of Artaxerxes the king, *that is,* twelve years, I and my brethren have not[h] eaten the bread of the governor.

15 But the former governors that *had been* before me were chargeable unto the people, and had taken of them bread and wine, beside forty shekels of silver ; yea, even their servants bare rule over the people : but[k] so did not I, because of the fear[l] of God.

16 Yea, also, I continued in the work of this wall, neither bought we any land : and all my servants *were* gathered thither unto the work.

17 Moreover, *there were* at my table an hundred and fifty of the Jews and rulers, beside those that came unto us from among the heathen that *are* about us.

18 Now *that* which was prepared *for me* daily *was* one ox *and* six choice sheep ; also fowls were prepared for me, and once in ten days store of all sorts of wine : yet for all this required not I the bread[p] of the governor, because[q] the bondage was heavy upon this people.

19 Think[r] upon me, my God, for good, *according[t]* to all that I have done for this people.

CHAP. VI.

NOW it came to pass, when Sanballat,[u] and Tobiah, and δGeshem the Arabian, and the rest of our enemies, heard that I had builded the wall, and *that* there was no breach left therein, (though at that time I had not set up the doors upon the gates,)

2 That Sanballat and Geshem[v] sent unto me, saying, Come, let us meet together in *some one of* the villages in the plain of Ono.[w] But they[x] thought to do me mischief.

3 And I sent messengers unto them, saying, I *am* doing a great work, so that I cannot come down : why should the work cease, whilst I leave it, and come down to you ?

4 Yet they sent unto me four times after this sort ; and[a] I answered them after the same manner.

5 Then sent Sanballat his servant unto me in like manner, the fifth time, with an open letter in his hand ;

6 Wherein *was* written, It is[e] reported among the heathen, and η Gashmu saith *it, that* thou and the Jews think to rebel : for which cause thou buildest the wall, that thou mayest be their king, according to these words.

7 And thou hast also appointed pro-

B. C. 445.

a 2 Ki. 23, 23.
Ezr. 10. 5.
Je. 34. 8, 9.
b Mat. 10.14.
Ac. 13. 51.
18. 6.
β empty, or, void.
c De. 27. 15, &c.
d 1 Sa. 30. 6.
Ps. 71. 1.
e 2 Ki. 23. 3.
f ch. 13. 6.
g Job 24. 16.
h 1Co.9.4,15.
i Ps. 11. 1.
112. 6, 8.
Lu. 13. 31..
33.
Ac. 20. 24.
21. 13.
k Pr. 16. 6.
2 Co. 11. 9.
12. 13.
l ver. 9.
m Eze. 13.17, &c.
n Ja. 4. 17.
o ch. 13. 29.
Ps. 36. 11, 12.
p ver. 14, 15.
q Ps. 37. 21, 26.
r ch. 13. 22.
Ps. 40. 17.
s Ps. 126. 2.
Ac. 5. 38,39.
t Mat. 25. 40.
Mar. 9. 41.
γ multiplied their letters passing to Tobiah.
u ch. 2. 10,19. 4. 1, 7.
δ or, Gashmu, ver. 6.
v Pr. 26. 24, 25.
ζ or, matters.
w ch. 11. 35.
1 Ch. 8. 12.
x Ps. 37. 12, 32.
y ch. 6. 1.
z Ac. 6. 3, 5.
a Pr. 14. 15.
b Ex. 18. 21.
c Je. 20. 10.
η or, Geshem, ver. 1.
θ broad in spaces.
d Ezr. 7. 27.

phets to preach of thee at Jerusalem, saying, *There is* a king in Judah : and now shall it be reported to the king according to these words. Come now therefore, and let us take counsel together.

8 Then I sent unto him, saying, There are no such things done as thou sayest, but thou feignest them out of thine own heart.

9 For they all made us afraid, saying, Their hands shall be weakened from the work, that it be not done. Now therefore, O God,[d] strengthen my hands.

10 Afterward I came unto the house of Shemaiah the son of Delaiah, the son of Mehetabeel, who *was* shut up ; and he said, Let us meet together in the house of God, within the temple ; and let us shut the doors of the temple : for they will come to slay thee ; yea, in the night[g] will they come to slay thee.

11 And I said, Should[i] such a man as I flee ? and who *is there,* that, *being* as I *am,* would go into the temple to save his life ? I will not go in.

12 And, lo, I perceived that God had not sent him ; but that he pronounced this prophecy against me : for Tobiah and Sanballat had hired him.

13 Therefore[m] *was* he hired, that I should be afraid, and do so, and sin,[n] and *that* they might have *matter* for an evil report, that they might reproach me.

14 My God, think[o] thou upon Tobiah and Sanballat according to these their works, and on the prophetess Noadiah, and the rest of the prophets, that would have put me in fear.

15 So the wall was finished in the twenty and fifth *day* of *the month* Elul, in fifty and two days.

16 And it came to pass, that when all our enemies heard *thereof,* and all the heathen that *were* about us saw *these things,* they were much cast down in their own eyes : for[s] they perceived that this work was wrought of our God.

17 Moreover, in those days, the nobles of Judah γ sent many letters unto Tobiah, and *the letters* of Tobiah came unto them.

18 For *there were* many in Judah sworn unto him, because he *was* the son in law of Shechaniah, the son of Arah ; and his son Johanan had taken the daughter of Meshullam the son of Berechiah.

19 Also they reported his good deeds before me, and uttered my ζ words to him. *And* Tobiah sent letters to put me in fear.

CHAP. VII.

NOW it came to pass, when the wall was built, and I had set up the[y] doors, and the porters, and the singers, and the Levites were appointed,

2 That I gave my brother Hanani, and Hananiah the ruler of the palace, charge over Jerusalem : (for[z] he *was* a faithful man, and feared[b] God above many :)

3 And I said unto them, Let not the gates of Jerusalem be opened until the sun be hot ; and while they stand by, let them shut the doors, and bar *them :* and appoint watches of the inhabitants of Jerusalem, every one in his watch, and every one *to be* over against his house.

4 Now the city *was* θ large and great ; but the people *were* few therein, and the houses *were* not builded.

5 And my God put[d] into mine heart

6 הַכֹּהֲנִים וְאֶת־הָעָם לְהִתְיַחֵשׂ וָאֶמְצָא סֵפֶר הַיַּחַשׂ

הָעוֹלִים בָּרִאשׁוֹנָה וָאֶמְצָא כָּתוּב בּוֹ ׃ אֵלֶּה ׀

בְּנֵי הַמְּדִינָה הָעֹלִים מִשְּׁבִי הַגּוֹלָה אֲשֶׁר הֶגְלָה

נְבוּכַדְנֶצַּר מֶלֶךְ בָּבֶל וַיָּשׁוּבוּ לִירוּשָׁלַ͏ִם וְלִיהוּדָה

7 אִישׁ לְעִירוֹ ׃ הַבָּאִים עִם־זְרֻבָּבֶל יֵשׁוּעַ נְחֶמְיָה

עֲזַרְיָה רַעַמְיָה נַחֲמָנִי מָרְדֳּכַי בִּלְשָׁן מִסְפֶּרֶת בִּגְוַי

8 נְחוּם בַּעֲנָה מִסְפַּר אַנְשֵׁי עַם יִשְׂרָאֵל ׃ בְּנֵי

9 פַרְעֹשׁ אַלְפַּיִם מֵאָה וְשִׁבְעִים וּשְׁנָיִם ׃ בְּנֵי

10 שְׁפַטְיָה שְׁלֹשׁ מֵאוֹת שִׁבְעִים וּשְׁנָיִם ׃ בְּנֵי

11 אָרַח שֵׁשׁ מֵאוֹת חֲמִשִּׁים וּשְׁנָיִם ׃ בְּנֵי־פַחַת

מוֹאָב לִבְנֵי יֵשׁוּעַ וְיוֹאָב אַלְפַּיִם וּשְׁמֹנֶה מֵאוֹת

12 שְׁמֹנָה עָשָׂר ׃ בְּנֵי עֵילָם אֶלֶף מָאתַיִם חֲמִשִּׁים

13 וְאַרְבָּעָה ׃ בְּנֵי זַתּוּא שְׁמֹנֶה מֵאוֹת אַרְבָּעִים

14 וַחֲמִשָּׁה ׃ בְּנֵי זַכָּי שְׁבַע מֵאוֹת וְשִׁשִּׁים ׃ בְּנֵי

15 בִנּוּי שֵׁשׁ מֵאוֹת אַרְבָּעִים וּשְׁמֹנָה ׃ בְּנֵי בֵבָי

16 שֵׁשׁ מֵאוֹת עֶשְׂרִים וּשְׁמֹנָה ׃ בְּנֵי עַזְגָּד אַלְפַּיִם

17 שְׁלֹשׁ מֵאוֹת עֶשְׂרִים וּשְׁנָיִם ׃ בְּנֵי אֲדֹנִיקָם שֵׁשׁ

18 מֵאוֹת שִׁשִּׁים וְשִׁבְעָה ׃ בְּנֵי בִגְוָי אַלְפַּיִם שִׁשִּׁים

19 וְשִׁבְעָה ׃ בְּנֵי עָדִין שֵׁשׁ מֵאוֹת חֲמִשִּׁים וַחֲמִשָּׁה

20 בְּנֵי אָטֵר לְחִזְקִיָּה תִּשְׁעִים וּשְׁמֹנָה ׃ בְּנֵי חָשֻׁם

21 שְׁלֹשׁ מֵאוֹת עֶשְׂרִים וּשְׁמֹנָה ׃ בְּנֵי בֵצָי שְׁלֹשׁ

22 מֵאוֹת עֶשְׂרִים וְאַרְבָּעָה ׃ בְּנֵי חָרִף מֵאָה שְׁנֵים

23 עָשָׂר ׃ בְּנֵי גִבְעוֹן תִּשְׁעִים וַחֲמִשָּׁה ׃ אַנְשֵׁי בֵית־

24 לֶחֶם וּנְטֹפָה מֵאָה שְׁמֹנִים וּשְׁמֹנָה ׃ אַנְשֵׁי

25 עֲנָתוֹת מֵאָה עֶשְׂרִים וּשְׁמֹנָה ׃ אַנְשֵׁי בֵית־

26 עַזְמָוֶת אַרְבָּעִים וּשְׁנָיִם ׃ אַנְשֵׁי קִרְיַת יְעָרִים

27 כְּפִירָה וּבְאֵרוֹת שְׁבַע מֵאוֹת אַרְבָּעִים וּשְׁלֹשָׁה ׃

28 אַנְשֵׁי הָרָמָה וָגָבַע שֵׁשׁ מֵאוֹת עֶשְׂרִים וְאֶחָד ׃

29 אַנְשֵׁי מִכְמָס מֵאָה עֶשְׂרִים וּשְׁנָיִם ׃ אַנְשֵׁי בֵית־

30 אֵל וְהָעָי מֵאָה עֶשְׂרִים וּשְׁלֹשָׁה ׃ אַנְשֵׁי נְבוֹ אַחֵר

31 חֲמִשִּׁים וּשְׁנָיִם ׃ בְּנֵי עֵילָם אַחֵר אֶלֶף מָאתַיִם

32 חֲמִשִּׁים וְאַרְבָּעָה ׃ בְּנֵי חָרִם שְׁלֹשׁ מֵאוֹת

33 וְעֶשְׂרִים ׃ בְּנֵי יְרֵחוֹ שְׁלֹשׁ מֵאוֹת אַרְבָּעִים

37 בְּנֵי לֹד חָדִיד וְאוֹנוֹ שְׁבַע מֵאָה ׃ וַחֲמִשָּׁה

38 וְשֹׁעֲרִים וְאָתָד ׃ בְּנֵי סְנָאָה שְׁלֹשֶׁת אֲלָפִים

39 תְּשַׁע מֵאוֹת וּשְׁלֹשִׁים ׃ הַכֹּהֲנִים בְּנֵי יְדַעְיָה

40 לְבֵית יֵשׁוּעַ תְּשַׁע מֵאוֹת שִׁבְעִים וּשְׁלֹשָׁה ׃ בְּנֵי

41 אִמֵּר אֶלֶף חֲמִשִּׁים וּשְׁנָיִם ׃ בְּנֵי פַשְׁחוּר אֶלֶף

42 מָאתַיִם אַרְבָּעִים וְשִׁבְעָה ׃ בְּנֵי חָרִם אֶלֶף שִׁבְעָה עָשָׂר

43 הַלְוִיִּם בְּנֵי־יֵשׁוּעַ לְקַדְמִיאֵל לִבְנֵי לְהוֹדְוָה

44 שִׁבְעִים וְאַרְבָּעָה ׃ הַמְשֹׁרְרִים בְּנֵי אָסָף מֵאָה

45 אַרְבָּעִים וּשְׁמֹנָה ׃ הַשֹּׁעֲרִים בְּנֵי־שַׁלּוּם בְּנֵי־אָטֵר

בְּנֵי־טַלְמֹן בְּנֵי־עַקּוּב בְּנֵי חֲטִיטָא בְּנֵי שֹׁבָי מֵאָה

46 שְׁלֹשִׁים וּשְׁמֹנָה ׃ הַנְּתִינִים בְּנֵי־צִחָא בְּנֵי־חֲשֻׂפָא

47 בְּנֵי טַבָּעוֹת ׃ בְּנֵי־קֵירֹס בְּנֵי־סִיעָא בְּנֵי פָדוֹן ׃

48 בְּנֵי־לְבָנָה בְּנֵי־חֲגָבָה בְּנֵי שַׁלְמָי ׃ בְּנֵי־חָנָן בְּנֵי־

49 גִדֵּל בְּנֵי־גָחַר ׃ בְּנֵי־רְאָיָה בְּנֵי־רְצִין בְּנֵי נְקוֹדָא ׃

50 בְּנֵי־גַזָּם בְּנֵי־עֻזָּא בְּנֵי פָסֵחַ ׃ בְּנֵי־בֵסַי בְּנֵי־מְעוּנִים

52 בְּנֵי נְפוּשְׁסִים ׃ בְּנֵי־בַקְבּוּק בְּנֵי־חֲקוּפָא בְּנֵי חַרְחוּר ׃

53

54 בְּנֵי־בַצְלִית בְּנֵי־מְחִידָא בְּנֵי חַרְשָׁא ׃ בְּנֵי־בַרְקוֹס

55 בְּנֵי־סִיסְרָא בְּנֵי־תָמַח ׃ בְּנֵי נְצִיחַ בְּנֵי חֲטִיפָא ׃

56

57 בְּנֵי עַבְדֵי שְׁלֹמֹה בְּנֵי־סוֹטַי בְּנֵי־סֹפֶרֶת בְּנֵי פְרִידָא ׃

58 בְּנֵי־יַעְלָא בְּנֵי־דַרְקוֹן בְּנֵי גִדֵּל ׃ בְּנֵי שְׁפַטְיָה

59 בְּנֵי־חַטִּיל בְּנֵי פֹּכֶרֶת הַצְּבָיִים בְּנֵי אָמוֹן ׃ כָּל־

60 הַנְּתִינִים וּבְנֵי עַבְדֵי שְׁלֹמֹה שְׁלֹשׁ מֵאוֹת תִּשְׁעִים

61 וּשְׁנָיִם ׃ וְאֵלֶּה הָעוֹלִים מִתֵּל מֶלַח תֵּל חַרְשָׁא

כְּרוּב אַדּוֹן וְאִמֵּר וְלֹא יָכְלוּ לְהַגִּיד בֵּית־

62 אֲבוֹתָם וְזַרְעָם אִם מִיִּשְׂרָאֵל הֵם ׃ בְּנֵי־דְלָיָה בְנֵי־

טוֹבִיָּה בְּנֵי נְקוֹדָא שֵׁשׁ מֵאוֹת אַרְבָּעִים וּשְׁנָיִם ׃

63 וּמִן־הַכֹּהֲנִים בְּנֵי חֳבַיָּה בְּנֵי הַקּוֹץ בְּנֵי בַרְזִלַּי אֲשֶׁר

לָקַח מִבְּנוֹת בַּרְזִלַּי הַגִּלְעָדִי אִשָּׁה וַיִּקָּרֵא עַל־

64 שְׁמָם ׃ אֵלֶּה בִּקְשׁוּ כְתָבָם הַמִּתְיַחְשִׂים וְלֹא

65 נִמְצָא וַיְגֹאֲלוּ מִן־הַכְּהֻנָּה ׃ וַיֹּאמֶר הַתִּרְשָׁתָא

לָהֶם אֲשֶׁר לֹא־יֹאכְלוּ מִקֹּדֶשׁ הַקֳּדָשִׁים עַד עֲמֹד

66 הַכֹּהֵן לְאוּרִים וְתֻמִּים ׃ כָּל־הַקָּהָל כְּאֶחָד אַרְבַּע

67 רִבּוֹא אַלְפַּיִם שְׁלֹשׁ־מֵאוֹת וְשִׁשִּׁים ׃ מִלְּבַד

to gather together the nobles, and the rulers, and the people, that they might be reckoned by genealogy: and I found a register^a of the genealogy of them which came up at the first, and found written therein,

6 These^c *are* the children of the province, that went up out of the captivity, of those that had been carried away, whom^e Nebuchadnezzar the king of Babylon had carried away, and came again to Jerusalem and to Judah, every one unto his city;

7 Who came with Zerubbabel,^f Jeshua, Nehemiah, γ Azariah, Raamiah, Nahamani, Mordecai, Bilshan, Mispereth, Bigvai, Nehum, Baanah. The number, *I say*, of the men of the people of Israel, *was this;*

8 The children of Parosh, two thousand an hundred seventy and two.

9 The children of Shephatiah, three hundred seventy and two.

10 The children of Arah, six hundred fifty and two.

11 The children of Pahath-moab, of the children of Jeshua and Joab, two thousand and eight hundred *and* eighteen.

12 The children of Elam, a thousand two hundred fifty and four.

13 The children of Zattu, eight hundred forty and five.

14 The children of Zaccai, seven hundred and threescore.

15 The children of η Binnui, six hundred forty and eight.

16 The children of Bebai, six hundred twenty and eight.

17 The children of Azgad, two thousand three hundred twenty and two.

18 The children of Adonikam, six hundred threescore and seven.

19 The children of Bigvai, two thousand threescore and seven.

20 The children of Adin, six hundred fifty and five.

21 The children of Ater of Hezekiah, ninety and eight.

22 The children of Hashum, three hundred twenty and eight.

23 The children of Bezai, three hundred twenty and four.

24 The children of μ Hariph, an hundred and twelve.

25 The children of π Gibeon, ninety and five.

26 The men of Beth-lehem and Netophah, an hundred fourscore and eight.

27 The men of Anathoth, an hundred twenty and eight.

28 The men of σ Beth-azmaveth, forty and two.

29 The men of φ Kirjath-jearim, Chephirah, and Beeroth, seven hundred forty and three.

30 The men of Ramah and Gaba, six hundred twenty and one.

31 The men of Michmas, an hundred and twenty and two.

32 The men of Beth-el and Ai, an hundred twenty and three.

33 The men of the other Nebo, fifty and two.

34 The children of the other Elam,^l a thousand two hundred fifty and four.

35 The children of Harim, three hundred and twenty.

36 The children of Jericho, three hundred forty and five.

B. C. 445.

a 1 Ch. 9. 1, &c.

b 1 Ch. 24. 7, &c.

c Ezr. 2. 1.

d 1 Ch. 9. 12.

e 2 Ki. 24. 14.. 16.

f Hag. 1. 1.

β or, *Hadaviah,* Ezr. 2. 40, or, *Judah,* Ezr. 3. 9.

γ or, *Seraiah* Ezr. 2. 2.

δ or, *Siaha.*

ζ or, *Shamlai.*

η or, *Bani.*

θ or, *Nephusim.*

κ or, *Bazluth*

λ or, *Peruda.*

μ or, *Jorah.*

ν or, *Ami.*

π or, *Gibbar.*

g Ezr. 2. 59.

ρ or, *Addan.*

σ or, *Azmaveth.*

τ or, *pedigree.*

φ or, *Kirjath-arim.*

h 2 Sa. 17. 27. 19. 31..39. 1 Ki. 2. 7.

i Mat. 22. 11.. 13.

k Mat. 25. 11, 12.

l ver. 12.

m ch. 13. 29. Le. 4. 3.

χ or, *governor,* ch. 8. 9.

n Le. 7. 19,20.

o Ex. 28. 30.

---

37 The children of Lod, Hadid, and Ono, seven hundred twenty and one.

38 The children of Senaah, three thousand nine hundred and thirty.

39 The priests: the children of Jedaiah,^b of the house of Jeshua, nine hundred seventy and three.

40 The children of Immer, a thousand fifty and two.

41 The children of Pashur,^d a thousand two hundred forty and seven.

42 The children of Harim, a thousand and seventeen.

43 The Levites: the children of Jeshua, of Kadmiel, *and* of the children of β Hodevah, seventy and four.

44 The singers: the children of Asaph, an hundred forty and eight.

45 The porters: the children of Shallum, the children of Ater, the children of Talmon, the children of Akkub, the children of Hatita, the children of Shobai, an hundred thirty and eight.

46 The Nethinims: the children of Ziha, the children of Hashupha, the children of Tabbaoth,

47 The children of Keros, the children of δ Sia, the children of Padon,

48 The children of Lebana, the children of Hagaba, the children of ζ Shalmai,

49 The children of Hanan, the children of Giddel, the children of Gahar,

50 The children of Reaiah, the children of Rezin, the children of Nekoda,

51 The children of Gazzam, the children of Uzza, the children of Phaseah,

52 The children of Besai, the children of Meunim, the children of θ Nephishesim,

53 The children of Bakbuk, the children of Hakupha, the children of Harhur,

54 The children of κ Bazlith, the children of Mehida, the children of Harsha,

55 The children of Barkos, the children of Sisera, the children of Tamah,

56 The children of Neziah, the children of Hatipha.

57 The children of Solomon's servants: the children of Sotai, the children of Sophereth, the children of λ Perida,

58 The children of Jaala, the children of Darkon, the children of Giddel,

59 The children of Shephatiah, the children of Hattil, the children of Pochereth of Zebaim, the children of ν Amon.

60 All the Nethinims, and the children of Solomon's servants, *were* three hundred ninety and two.

61 And these^g *were* they which went up *also* from Tel-melah, Tel-haresha, Cherub, ρ Addon, and Immer: but they could not shew their father's house, nor their τ seed, whether they *were* of Israel.

62 The children of Delaiah, the children of Tobiah, the children of Nekoda, six hundred forty and two.

63 And of the priests: the children of Habaiah, the children of Koz, the children of Barzillai,^h which took *one* of the daughters of Barzillai the Gileadite to wife, and was called after their name.

64 These soughtⁱ their register *among* those that were reckoned by genealogy, but it was not^k found: therefore were they, as polluted,^m put from the priesthood.

65 And the χ Tirshatha said unto them, that they should not eatⁿ of the most holy things, till there stood *up* a priest with Urim^o and Thummim.

66 The whole congregation together

עֲבָדֵיהֶם וְאַמְהֹתֵיהֶם אֵלֶּה שִׁבְעַת אֲלָפִים שְׁלֹשׁ

68 מֵאוֹת שְׁלֹשִׁים וְשִׁבְעָה וְלָהֶם מְשֹׁרְרִים וּמְשֹׁרְרוֹת : סוּסֵיהֶם שְׁבַע מֵאוֹת וְאַרְבָּעִים וַחֲמִשָּׁה פִּרְדֵיהֶם מָאתַיִם אַרְבָּעִים וַחֲמִשָּׁה :

69 גְּמַלִּים אַרְבַּע מֵאוֹת שְׁלֹשִׁים וַחֲמִשָּׁה חֲמֹרִים שֵׁשֶׁת אֲלָפִים שְׁבַע מֵאוֹת וְעֶשְׂרִים :

70 וּמִקְצָת רָאשֵׁי הָאָבוֹת נָתְנוּ לַמְּלָאכָה הַתִּרְשָׁתָא נָתַן לָאוֹצָר זָהָב דַּרְכְּמֹנִים אֶלֶף מִזְרָקוֹת חֲמִשִּׁים כָּתְנוֹת כֹּהֲנִים שְׁלֹשִׁים וַחֲמֵשׁ מֵאוֹת :

71 וּמֵרָאשֵׁי הָאָבוֹת נָתְנוּ לְאוֹצַר הַמְּלָאכָה זָהָב דַּרְכְּמוֹנִים שְׁתֵּי רִבּוֹת וְכֶסֶף מָנִים אַלְפַּיִם :

72 וּמָאתָיִם וַאֲשֶׁר נָתְנוּ שְׁאֵרִית הָעָם זָהָב דַּרְכְּמוֹנִים שְׁתֵּי רִבּוֹא וְכֶסֶף מָנִים אַלְפַּיִם וְכָתְנֹת כֹּהֲנִים שִׁשִּׁים וְשִׁבְעָה :

73 וַיֵּשְׁבוּ הַכֹּהֲנִים וְהַלְוִיִּם וְהַשּׁוֹעֲרִים וְהַמְשֹׁרְרִים וּמִן־הָעָם וְהַנְּתִינִים וְכָל־יִשְׂרָאֵל בְּעָרֵיהֶם וַיִּגַּע הַחֹדֶשׁ הַשְּׁבִיעִי וּבְנֵי יִשְׂרָאֵל בְּעָרֵיהֶם :

CAP. VIII. ח

1 וַיֵּאָסְפוּ כָל־הָעָם כְּאִישׁ אֶחָד אֶל־הָרְחוֹב אֲשֶׁר לִפְנֵי שַׁעַר־הַמָּיִם וַיֹּאמְרוּ לְעֶזְרָא הַסֹּפֵר לְהָבִיא אֶת־ סֵפֶר תּוֹרַת מֹשֶׁה אֲשֶׁר־צִוָּה יְהוָה אֶת־

2 יִשְׂרָאֵל : וַיָּבִיא עֶזְרָא הַכֹּהֵן אֶת־הַתּוֹרָה לִפְנֵי הַקָּהָל מֵאִישׁ וְעַד־אִשָּׁה וְכֹל מֵבִין לִשְׁמֹעַ בְּיוֹם

3 אֶחָד לַחֹדֶשׁ הַשְּׁבִיעִי : וַיִּקְרָא־בוֹ לִפְנֵי הָרְחוֹב אֲשֶׁר לִפְנֵי שַׁעַר־הַמַּיִם מִן־הָאוֹר עַד־מַחֲצִית הַיּוֹם נֶגֶד הָאֲנָשִׁים וְהַנָּשִׁים וְהַמְּבִינִים וְאָזְנֵי כָל־

4 הָעָם אֶל־סֵפֶר הַתּוֹרָה : וַיַּעֲמֹד עֶזְרָא הַסֹּפֵר עַל־ מִגְדַּל־עֵץ אֲשֶׁר עָשׂוּ לַדָּבָר וַיַּעֲמֹד אֶצְלוֹ מַתִּתְיָה וְשֶׁמַע וַעֲנָיָה וְאוּרִיָּה וְחִלְקִיָּה וּמַעֲשֵׂיָה עַל־יְמִינוֹ וּמִשְּׂמֹאלוֹ פְּדָיָה וּמִישָׁאֵל וּמַלְכִּיָּה וְחָשֻׁם וְחַשְׁבַּדָּנָה

5 זְכַרְיָה מְשֻׁלָּם : וַיִּפְתַּח עֶזְרָא הַסֵּפֶר לְעֵינֵי כָל־ הָעָם כִּי־מֵעַל כָּל־הָעָם הָיָה וּכְפִתְחוֹ עָמְדוּ כָל־

6 הָעָם : וַיְבָרֶךְ עֶזְרָא אֶת־יְהוָה הָאֱלֹהִים הַגָּדוֹל וַיַּעֲנוּ כָל־הָעָם אָמֵן אָמֵן בְּמֹעַל יְדֵיהֶם וַיִּקְּדוּ

7 וַיִּשְׁתַּחֲוֻ לַיהוָה אַפַּיִם אָרְצָה : וְיֵשׁוּעַ וּבָנִי וְשֵׁרֵבְיָה יָמִין עַקּוּב שַׁבְּתַי הוֹדִיָּה מַעֲשֵׂיָה קְלִיטָא עֲזַרְיָה יוֹזָבָד חָנָן פְּלָאיָה וְהַלְוִיִּם מְבִינִים

8 אֶת־הָעָם לַתּוֹרָה וְהָעָם עַל־עָמְדָם : וַיִּקְרְאוּ בַסֵּפֶר בְּתוֹרַת הָאֱלֹהִים מְפֹרָשׁ וְשׂוֹם שֶׂכֶל וַיָּבִינוּ בַּמִּקְרָא :

---

9 וַיֹּאמֶר נְחֶמְיָה הוּא הַתִּרְשָׁתָא וְעֶזְרָא הַכֹּהֵן הַסֹּפֵר וְהַלְוִיִּם הַמְּבִינִים אֶת־הָעָם לְכָל־הָעָם הַיּוֹם קָדֹשׁ־הוּא לַיהוָה אֱלֹהֵיכֶם אַל־ תִּתְאַבְּלוּ וְאַל־תִּבְכּוּ כִּי בוֹכִים כָּל־הָעָם כְּשָׁמְעָם

10 אֶת־דִּבְרֵי הַתּוֹרָה : וַיֹּאמֶר לָהֶם לְכוּ אִכְלוּ מַשְׁמַנִּים וּשְׁתוּ מַמְתַּקִּים וְשִׁלְחוּ מָנוֹת לְאֵין נָכוֹן לוֹ כִּי־קָדוֹשׁ הַיּוֹם לַאֲדֹנֵינוּ וְאַל־תֵּעָצֵבוּ כִּי־חֶדְוַת

11 יְהוָה הִיא מָעֻזְּכֶם : וְהַלְוִיִּם מַחְשִׁים לְכָל־הָעָם לֵאמֹר הַסּוּ כִּי הַיּוֹם קָדֹשׁ וְאַל־תֵּעָצֵבוּ :

12 וַיֵּלְכוּ כָל־הָעָם לֶאֱכֹל וְלִשְׁתּוֹת וּלְשַׁלַּח מָנוֹת וְלַעֲשׂוֹת שִׂמְחָה גְדוֹלָה כִּי הֵבִינוּ בַּדְּבָרִים אֲשֶׁר הוֹדִיעוּ

13 לָהֶם : וּבַיּוֹם הַשֵּׁנִי נֶאֶסְפוּ רָאשֵׁי הָאָבוֹת לְכָל־ הָעָם הַכֹּהֲנִים וְהַלְוִיִּם אֶל־עֶזְרָא הַסֹּפֵר וּלְהַשְׂכִּיל

14 אֶל־דִּבְרֵי הַתּוֹרָה : וַיִּמְצְאוּ כָּתוּב בַּתּוֹרָה אֲשֶׁר צִוָּה יְהוָה בְּיַד־מֹשֶׁה אֲשֶׁר יֵשְׁבוּ בְנֵי־יִשְׂרָאֵל

15 בַּסֻּכּוֹת בֶּחָג בַּחֹדֶשׁ הַשְּׁבִיעִי : וַאֲשֶׁר יַשְׁמִיעוּ וְיַעֲבִירוּ קוֹל בְּכָל־עָרֵיהֶם וּבִירוּשָׁלַ͏ִם לֵאמֹר צְאוּ הָהָר וְהָבִיאוּ עֲלֵי־זַיִת וַעֲלֵי־עֵץ שֶׁמֶן וַעֲלֵי הֲדַס וַעֲלֵי תְמָרִים וַעֲלֵי עֵץ עָבֹת לַעֲשֹׂת סֻכֹּת כַּכָּתוּב :

16 וַיֵּצְאוּ הָעָם וַיָּבִיאוּ וַיַּעֲשׂוּ לָהֶם סֻכּוֹת אִישׁ עַל־גַּגּוֹ וּבְחַצְרֹתֵיהֶם וּבְחַצְרוֹת בֵּית הָאֱלֹהִים וּבִרְחוֹב שַׁעַר הַמַּיִם וּבִרְחוֹב שַׁעַר אֶפְרָיִם :

17 וַיַּעֲשׂוּ כָל־הַקָּהָל הַשָּׁבִים מִן־הַשְּׁבִי סֻכּוֹת וַיֵּשְׁבוּ בַסֻּכּוֹת כִּי לֹא־עָשׂוּ מִימֵי יֵשׁוּעַ בִּן־נוּן כֵּן בְּנֵי יִשְׂרָאֵל עַד הַיּוֹם הַהוּא וַתְּהִי שִׂמְחָה גְדוֹלָה

18 מְאֹד : וַיִּקְרָא בְּסֵפֶר תּוֹרַת הָאֱלֹהִים יוֹם בְּיוֹם מִן־הַיּוֹם הָרִאשׁוֹן עַד הַיּוֹם הָאַחֲרוֹן וַיַּעֲשׂוּ־חָג שִׁבְעַת יָמִים וּבַיּוֹם הַשְּׁמִינִי עֲצֶרֶת כַּמִּשְׁפָּט :

CAP. IX. ט

1 וּבְיוֹם עֶשְׂרִים וְאַרְבָּעָה לַחֹדֶשׁ הַזֶּה נֶאֶסְפוּ בְנֵי־

2 יִשְׂרָאֵל בְּצוֹם וּבְשַׂקִּים וַאֲדָמָה עֲלֵיהֶם : וַיִּבָּדְלוּ זֶרַע יִשְׂרָאֵל מִכֹּל בְּנֵי נֵכָר וַיַּעַמְדוּ וַיִּתְוַדּוּ עַל־

3 חַטֹּאתֵיהֶם וַעֲוֹנוֹת אֲבֹתֵיהֶם : וַיָּקוּמוּ עַל־עָמְדָם וַיִּקְרְאוּ בְּסֵפֶר תּוֹרַת יְהוָה אֱלֹהֵיהֶם רְבִיעִית הַיּוֹם וּרְבִיעִית מִתְוַדִּים וּמִשְׁתַּחֲוִים לַיהוָה

4 אֱלֹהֵיהֶם : וַיָּקָם עַל־מַעֲלֵה הַלְוִיִּם יֵשׁוּעַ וּבָנִי קַדְמִיאֵל שְׁבַנְיָה בֻּנִּי שֵׁרֵבְיָה בָּנִי כְנָנִי

5 וַיִּזְעֲקוּ בְּקוֹל גָּדוֹל אֶל־יְהוָה אֱלֹהֵיהֶם : וַיֹּאמְרוּ הַלְוִיִּם יֵשׁוּעַ וְקַדְמִיאֵל בָּנִי חֲשַׁבְנְיָה שֵׁרֵבְיָה

was forty and two thousand three hundred and threescore.

67 Beside their man-servants[b] and their maid-servants, of whom *there were* seven thousand three hundred thirty and seven: and they had two hundred forty and five singing-men and singing-women.

68 Their horses, seven hundred thirty and six; their mules, two hundred forty and five;

69 *Their* camels, four hundred thirty and five; six thousand seven hundred and twenty asses.

70 And β some of the chief of the fathers gave unto the work. The Tirshatha[h] gave to the treasure a thousand drams of gold, fifty basons, five hundred and thirty priests' garments.

71 And *some* of the chief of the fathers gave to the treasure of the work twenty thousand drams of gold, and two thousand and two hundred pound of silver.

72 And *that* which the rest of the people gave *was* twenty thousand drams of gold, and two thousand pound of silver, and threescore and seven priests' garments.

73 So the priests, and the Levites, and the porters, and the singers, and *some* of the people, and the Nethinims, and all Israel, dwelt in their cities; and [m] when the seventh month came, the children of Israel *were* in their cities.

CHAP. VIII.

AND[n] all the people gathered themselves together as one man into the street that *was* before the water-gate; [o] and they spake unto Ezra the scribe,[p] to bring the book of the law of Moses, which the LORD had commanded to Israel.

2 And Ezra the priest brought the law before the congregation[r] both of men and women, and all that ζ could hear with understanding, upon[t] the first day of the seventh month.

3 And he read therein before the street that *was* before the water-gate, from the η morning until mid-day, before the men and the women, and those that could understand; and the ears of all the people *were* attentive unto the book of the law.

4 And Ezra the scribe stood upon a θ pulpit of wood, which they had made for the purpose; and beside him stood Mattithiah, and Shema, and Anaiah, and Urijah, and Hilkiah, and Maaseiah, on his right hand; and on his left hand, Pedaiah, and Mishael, and Malchiah, and Hashum, and Hashbadana, Zechariah, *and* Meshullam.

5 And Ezra opened[x] the book in the λ sight of all the people: (for he was above all the people;) and when he opened it, all the people stood[z] up.

6 And Ezra blessed[b] the LORD, the great God: and all the people answered, Amen,[c] Amen, with lifting[d] up their hands: and they bowed[e] their heads, and worshipped the LORD with *their* faces to the ground.

7 Also Jeshua, and Bani, and Sherebiah, Jamin, Akkub, Shabbethai, Hodijah, Maaseiah, Kelita, Azariah, Jozabad, Hanan, Pelaiah, and the Levites, caused[g] the people to understand the law: and the people *stood* in their place.

8 So they read in the book, in the law of God, distinctly, and gave the sense, and caused *them* to understand[i] the reading.

9 And Nehemiah, which *is* the π Tirshatha, and Ezra the priest the scribe, and

---

B. C. 445.

a Le. 23. 24.
  Nu. 29. 1.
b Is. 14. 1, 2.
c De. 16. 14.
  Ec. 3. 4.
  Is. 61. 3.
d 2Ch. 34. 19, 21.
  Ro. 7. 9.
e Ca. 5. 1.
f Es. 9. 19, 22.
  Re. 11. 10.
g Ps. 149. 2.
  Is. 12. 2, 3.
  35. 1, 4.
  61. 10.
  Joel 2. 23.
  Phi. 3. 3.
β *part.*
h ch. 8. 9.
i Ps. 126. 1, 3.
j Ro. 7. 1, 8.
k ver. 7, 8.
γ or, *that they might instruct in.*
δ *by the hand of.*
l Le. 23, 34, 42,
  De. 16. 13, &c.
m Ezr 3. 1.
n Ezr. 3. 1, &c.
o ch. 3. 26.
p Ezr. 7. 6.
  Is. 34. 16.
q De. 22. 8.
r Ac. 15. 21.
ζ *understood in the hearing.*
s ch. 12. 37, 39.
  2 Ki. 14. 13.
t Le. 23. 24.
η *light.*
u 2Ch. 30. 21.
v De. 31. 10. 13
θ *tower.*
κ *restraint.*
w Nu. 29. 35.
x Lu. 4. 16, &c.
λ *eyes.*
y 1 Sa. 4. 12.
z Ju. 3. 20.
  1 Ki. 8. 14.
c Ezr. 9. 2.
  10. 11.
μ *strange children,*
  Ps. 144. 11.
b 2 Ch. 6. 4.
c 1Co. 14. 16
d Ps. 63. 4.
  La. 3. 41.
  1 Ti. 2. 8.
e Ex. 12. 27.
  2Ch. 20. 18.
f ch. 8. 7, 8.
v or, *scaffold.*
g De. 33. 10.
  2Ch. 17. 7, 9.
  30. 22.
  Mal. 2. 7.
h Ps. 3. 4.
i Lu. 24. 27, 45.
  Ac 8. 30, &c.
π or, *governor.*
k Ps. 135. 1, 2.

---

the Levites that taught the people, said unto all the people, This[a] day *is* holy unto the LORD your God; mourn[e] not, nor weep. For all the people wept, when they heard[d] the words of the law.

10 Then he said unto them, Go your way, eat[e] the fat, and drink the sweet, and send[f] portions unto them for whom nothing is prepared: for *this* day *is* holy unto our Lord: neither be ye sorry; for the joy[g] of the LORD is your strength.

11 So the Levites stilled all the people, saying, Hold your peace, for the day *is* holy; neither be ye grieved.

12 And all the people went their way to eat, and to drink, and to send portions, and to make great mirth,[i] because[j] they had understood[k] the words that were declared unto them.

13 And on the second day were gathered together the chief of the fathers of all the people, the priests, and the Levites, unto Ezra the scribe, even γ to understand the words of the law.

14 And they found written in the law which the LORD had commanded δ by Moses, that the children of Israel should dwell in booths[l] in the feast of the seventh month:

15 And that they should publish and proclaim in all their cities, and in Jerusalem, saying, Go forth unto the mount, and fetch olive-branches, and pine-branches, and myrtle-branches, and palm-branches, and branches of thick trees, to make booths, as *it is* written.

16 So the people went forth, and brought *them*, and made themselves booths, every one upon the roof[q] of his house, and in their courts, and in the courts of the house of God, and in the street of the water-gate, and[s] in the street of the gate of Ephraim.

17 And all the congregation of them that were come again out of the captivity made booths, and sat under the booths: for since the days of Jeshua the son of Nun, unto that day, had not the children of Israel done so. And there was very great[w] gladness.

18 Also[v] day by day, from the first day unto the last day, he read in the book of the law of God. And they kept the feast seven days; and on the eighth day *was* a κ solemn assembly, according unto the manner.[w]

CHAP. IX.

NOW in the twenty and fourth day of this month the children of Israel were assembled with fasting, and with sackclothes, and earth[y] upon them.

2 And the seed of Israel separated themselves[a] from all μ strangers, and stood and confessed their sins, and the iniquities of their fathers.

3 And they stood up in their place, and read[f] in the book of the law of the LORD their God *one* fourth part of the day; and *another* fourth part they confessed, and worshipped the LORD their God.

4 Then stood up upon the ν stairs, of the Levites, Jeshua, and Bani, Kadmiel, Shebaniah, Bunni, Sherebiah, Bani, *and* Chenani, and cried[h] with a loud voice unto the LORD their God.

5 Then the Levites, Jeshua, and Kadmiel, Bani, Hashabniah, Sherebiah, Hodijah, Shebaniah, *and* Pethahiah, said, Stand[k] up, *and* bless the LORD your God

6 וּמְרוֹמַם עַל־כָּל־בְּרָכָה וּתְהִלָּה : אַתָּה־הוּא יְהֹוָה
לְבַדֶּךָ אַתְּ עָשִׂיתָ אֶת־הַשָּׁמַיִם שְׁמֵי הַשָּׁמַיִם וְכָל־
צְבָאָם הָאָרֶץ וְכָל־אֲשֶׁר עָלֶיהָ הַיַּמִּים וְכָל־אֲשֶׁר
בָּהֶם וְאַתָּה מְחַיֶּה אֶת־כֻּלָּם וּצְבָא הַשָּׁמַיִם לְךָ

7 מִשְׁתַּחֲוִים : אַתָּה הוּא יְהֹוָה הָאֱלֹהִים אֲשֶׁר
בָּחַרְתָּ בְּאַבְרָם וְהוֹצֵאתוֹ מֵאוּר כַּשְׂדִּים וְשַׂמְתָּ

8 שְּׁמוֹ אַבְרָהָם : וּמָצָאתָ אֶת־לְבָבוֹ נֶאֱמָן לְפָנֶיךָ
וְכָרוֹת עִמּוֹ הַבְּרִית לָתֵת אֶת־אֶרֶץ הַכְּנַעֲנִי הַחִתִּי
הָאֱמֹרִי וְהַפְּרִזִּי וְהַיְבוּסִי וְהַגִּרְגָּשִׁי לָתֵת לְזַרְעוֹ וַתָּקֶם

9 אֶת־דְּבָרֶיךָ כִּי צַדִּיק אָתָּה : וַתֵּרֶא אֶת־עֳנִי
אֲבֹתֵינוּ בְּמִצְרָיִם וְאֶת־זַעֲקָתָם שָׁמַעְתָּ עַל־יַם־

10 סוּף : וַתִּתֵּן אֹתֹת וּמֹפְתִים בְּפַרְעֹה וּבְכָל־עֲבָדָיו
וּבְכָל־עַם אַרְצוֹ כִּי יָדַעְתָּ כִּי הֵזִידוּ עֲלֵיהֶם וַתַּעַשׂ־

11 לְךָ שֵׁם כְּהַיּוֹם הַזֶּה : וְהַיָּם בָּקַעְתָּ לִפְנֵיהֶם
וַיַּעַבְרוּ בְתוֹךְ־הַיָּם בַּיַּבָּשָׁה וְאֶת־רֹדְפֵיהֶם הִשְׁלַכְתָּ

12 בִמְצוֹלֹת כְּמוֹ־אֶבֶן בְּמַיִם עַזִּים : וּבְעַמּוּד עָנָן
הִנְחִיתָם יוֹמָם וּבְעַמּוּד אֵשׁ לַיְלָה לְהָאִיר לָהֶם אֶת־

13 הַדֶּרֶךְ אֲשֶׁר יֵלְכוּ־בָהּ : וְעַל הַר־סִינַי יָרַדְתָּ וְדַבֵּר
עִמָּהֶם מִשָּׁמָיִם וַתִּתֵּן לָהֶם מִשְׁפָּטִים יְשָׁרִים

14 וְתוֹרוֹת אֱמֶת חֻקִּים וּמִצְוֹת טוֹבִים : וְאֶת־
שַׁבַּת קָדְשְׁךָ הוֹדַעְתָּ לָהֶם וּמִצְוֹת וְחֻקִּים וְתוֹרָה

15 צִוִּיתָ לָהֶם בְּיַד מֹשֶׁה עַבְדֶּךָ : וְלֶחֶם מִשָּׁמַיִם
נָתַתָּה לָהֶם לִרְעָבָם וּמַיִם מִסֶּלַע הוֹצֵאתָ לָהֶם
לִצְמָאָם וַתֹּאמֶר לָהֶם לָבוֹא לָרֶשֶׁת אֶת־הָאָרֶץ

16 אֲשֶׁר־נָשָׂאתָ אֶת־יָדְךָ לָתֵת לָהֶם : וְהֵם וַאֲבֹתֵינוּ
הֵזִידוּ וַיַּקְשׁוּ אֶת־עָרְפָּם וְלֹא שָׁמְעוּ אֶל־מִצְוֹתֶיךָ :

17 וַיְמָאֲנוּ לִשְׁמֹעַ וְלֹא־זָכְרוּ נִפְלְאֹתֶיךָ אֲשֶׁר עָשִׂיתָ
עִמָּהֶם וַיַּקְשׁוּ אֶת־עָרְפָּם וַיִּתְּנוּ־רֹאשׁ לָשׁוּב
לְעַבְדֻתָם בְּמִרְיָם וְאַתָּה אֱלוֹהַּ סְלִיחוֹת חַנּוּן וְרַחוּם

18 אֶרֶךְ־אַפַּיִם וְרַב־חֶסֶד וְלֹא עֲזַבְתָּם : אַף כִּי־עָשׂוּ
לָהֶם עֵגֶל מַסֵּכָה וַיֹּאמְרוּ זֶה אֱלֹהֶיךָ אֲשֶׁר הֶעֶלְךָ

19 מִמִּצְרָיִם וַיַּעֲשׂוּ נֶאָצוֹת גְּדֹלוֹת : וְאַתָּה בְּרַחֲמֶיךָ
הָרַבִּים לֹא עֲזַבְתָּם בַּמִּדְבָּר אֶת־עַמּוּד הֶעָנָן לֹא־
סָר מֵעֲלֵיהֶם בְּיוֹמָם לְהַנְחֹתָם בְּהַדֶּרֶךְ וְאֶת־עַמּוּד
הָאֵשׁ בְּלַיְלָה לְהָאִיר לָהֶם וְאֶת־הַדֶּרֶךְ אֲשֶׁר יֵלְכוּ־

20 בָהּ : וְרוּחֲךָ הַטּוֹבָה נָתַתָּ לְהַשְׂכִּילָם וּמַנְךָ לֹא־
מָנַעְתָּ מִפִּיהֶם וּמַיִם נָתַתָּה לָהֶם לִצְמָאָם :

21 וְאַרְבָּעִים שָׁנָה כִּלְכַּלְתָּם בַּמִּדְבָּר לֹא חָסֵרוּ
שַׂלְמֹתֵיהֶם לֹא בָלוּ וְרַגְלֵיהֶם לֹא בָצֵקוּ : וַתִּתֵּן

22 לָהֶם מַמְלָכוֹת וַעֲמָמִים וַתַּחְלְקֵם לְפֵאָה וַיִּירְשׁוּ
אֶת־אֶרֶץ סִיחוֹן וְאֶת־אֶרֶץ מֶלֶךְ חֶשְׁבּוֹן וְאֶת־אֶרֶץ

23 עוֹג מֶלֶךְ־הַבָּשָׁן : וּבְנֵיהֶם הִרְבִּיתָ כְּכֹכְבֵי הַשָּׁמָיִם
וַתְּבִיאֵם אֶל־הָאָרֶץ אֲשֶׁר־אָמַרְתָּ לַאֲבֹתֵיהֶם לָבוֹא

24 לָרֶשֶׁת : וַיָּבֹאוּ הַבָּנִים וַיִּירְשׁוּ אֶת־הָאָרֶץ וַתַּכְנַע
לִפְנֵיהֶם אֶת־יֹשְׁבֵי הָאָרֶץ הַכְּנַעֲנִים וַתִּתְּנֵם בְּיָדָם
וְאֶת־מַלְכֵיהֶם וְאֶת־עַמְמֵי הָאָרֶץ לַעֲשׂוֹת בָּהֶם

25 כִּרְצוֹנָם : וַיִּלְכְּדוּ עָרִים בְּצֻרוֹת וַאֲדָמָה שְׁמֵנָה
וַיִּירְשׁוּ בָּתִּים מְלֵאִים כָּל־טוּב בֹּרוֹת חֲצוּבִים
כְּרָמִים וְזֵיתִים וְעֵץ מַאֲכָל לָרֹב וַיֹּאכְלוּ וַיִּשְׂבְּעוּ

26 וַיַּשְׁמִינוּ וַיִּתְעַדְּנוּ בְּטוּבְךָ הַגָּדוֹל : וַיַּמְרוּ וַיִּמְרְדוּ
בָּךְ וַיַּשְׁלִכוּ אֶת־תּוֹרָתְךָ אַחֲרֵי גַוָּם וְאֶת־נְבִיאֶיךָ
הָרָגוּ אֲשֶׁר־הֵעִידוּ בָם לַהֲשִׁיבָם אֵלֶיךָ וַיַּעֲשׂוּ

27 נֶאָצוֹת גְּדוֹלֹת : וַתִּתְּנֵם בְּיַד צָרֵיהֶם וַיָּצֵרוּ לָהֶם
וּבְעֵת צָרָתָם יִצְעֲקוּ אֵלֶיךָ וְאַתָּה מִשָּׁמַיִם תִּשְׁמָע
וּכְרַחֲמֶיךָ הָרַבִּים תִּתֵּן לָהֶם מוֹשִׁיעִים וְיוֹשִׁיעוּם

28 מִיַּד צָרֵיהֶם : וּכְנוֹחַ לָהֶם יָשׁוּבוּ לַעֲשׂוֹת רַע
לְפָנֶיךָ וַתַּעַזְבֵם בְּיַד אֹיְבֵיהֶם וַיִּרְדּוּ בָהֶם וַיָּשׁוּבוּ
וַיִּזְעָקוּךָ וְאַתָּה מִשָּׁמַיִם תִּשְׁמַע וְתַצִּילֵם כְּרַחֲמֶיךָ

29 רַבּוֹת עִתִּים : וַתָּעַד בָּהֶם לַהֲשִׁיבָם אֶל־תּוֹרָתֶךָ
וְהֵמָּה הֵזִידוּ וְלֹא־שָׁמְעוּ לְמִצְוֹתֶיךָ וּבְמִשְׁפָּטֶיךָ
חָטְאוּ־בָם אֲשֶׁר־יַעֲשֶׂה אָדָם וְחָיָה בָהֶם

30 וַיִּתְּנוּ כָתֵף סוֹרֶרֶת וְעָרְפָּם הִקְשׁוּ וְלֹא שָׁמֵעוּ :
וַתִּמְשֹׁךְ עֲלֵיהֶם שָׁנִים רַבּוֹת וַתָּעַד בָּם בְּרוּחֲךָ

31 בְּיַד־נְבִיאֶיךָ וְלֹא הֶאֱזִינוּ וַתִּתְּנֵם בְּיַד עַמֵּי
הָאֲרָצֹת : וּבְרַחֲמֶיךָ הָרַבִּים לֹא־עֲשִׂיתָם כָּלָה

32 וְלֹא עֲזַבְתָּם כִּי אֵל־חַנּוּן וְרַחוּם אָתָּה : וְעַתָּה
אֱלֹהֵינוּ הָאֵל הַגָּדוֹל הַגִּבּוֹר וְהַנּוֹרָא שׁוֹמֵר הַבְּרִית
וְהַחֶסֶד אַל־יִמְעַט לְפָנֶיךָ אֵת כָּל־הַתְּלָאָה אֲשֶׁר־
מְצָאַתְנוּ לִמְלָכֵינוּ לְשָׂרֵינוּ וּלְכֹהֲנֵינוּ וְלִנְבִיאֵנוּ
וְלַאֲבֹתֵינוּ וּלְכָל־עַמֶּךָ מִימֵי מַלְכֵי אַשּׁוּר עַד הַיּוֹם

33 הַזֶּה : וְאַתָּה צַדִּיק עַל כָּל־הַבָּא עָלֵינוּ כִּי־אֱמֶת

34 עָשִׂיתָ וַאֲנַחְנוּ הִרְשָׁעְנוּ : וְאֶת־מְלָכֵינוּ שָׂרֵינוּ

for ever and ever; and blessed[a] be thy glorious name, which is exalted above[b] all blessing and praise.

6 Thou,[d] *even* thou, *art* LORD alone : thou hast made[e] heaven, the heaven of heavens,[f] with all their host, the earth, and all *things* that *are* therein, the seas, and all that *is* therein, and thou[h] preservest them all ; and the host[i] of heaven worshippeth thee.

7 Thou *art* the LORD the God, who[k] didst choose Abram, and broughtest him forth out of Ur of the Chaldees, and gavest him the name[l] of Abraham :

8 And foundest his heart faithful[n] before thee, and madest a covenant[p] with him, to give the land of the Canaanites, the Hittites, the Amorites, and the Perizzites, and the Jebusites, and the Girgashites, to give *it, I say*, to his seed, and hast performed[q] thy words; for thou *art* righteous:

9 And didst see[r] the affliction of our fathers in Egypt, and heardest their cry by[s] the Red sea:

10 And shewedst signs[t] and wonders upon Pharaoh, and on all his servants, and on all the people of his land ; for thou knewest that they dealt proudly[w] against them : so didst thou get thee a name,[x] as *it* is this day.

11 And[a] thou didst divide the sea before them, so that they went through the midst of the sea on the dry land ; and their persecutors thou threwest into the deeps, as a stone into the mighty waters.

12 Moreover, thou leddest them in the day by a cloudy pillar,[y] and in the night by a pillar of fire, to give them light in the way wherein they should go.

13 Thou camest down also upon mount Sinai, and spakest with them from heaven, & gavest them[d] right judgments and η true laws, good statutes and commandments :

14 And madest known unto them thy holy sabbath, and commandedst them precepts, statutes, and laws, by the hand of Moses thy servant :

15 And gavest them bread[e] from heaven for their hunger, and broughtest forth water[f] for them out of the rock for their thirst, and promisedst them that they should go in to possess the land which thou hadst θ sworn to give them.

16 But they and our fathers dealt proudly, and hardened[g] their necks, and hearkened not to thy commandments,

17 And refused to obey, neither[h] were mindful of thy wonders that thou didst among them ; but hardened their necks, and in their rebellion appointed[k] a captain to return to their bondage : but thou *art* a God ν ready to pardon, gracious and merciful, slow to anger, and of great kindness, and forsookest them not.

18 Yea, when[l] they had made them a molten calf, and said, This *is* thy God that brought thee up out of Egypt, and had wrought great provocations ;

19 Yet thou, in thy manifold mercies, forsookest[m] them not in the wilderness : the pillar of the cloud departed not from them by day, to lead them in the way ; neither the pillar of fire by night, to shew them light, and the way wherein they should go.

20 Thou gavest also thy good[o] spirit to instruct them, and withheldest not thy manna from their mouth, and gavest them water for their thirst.

21 Yea, forty[r] years didst thou sustain

B. C. 445.

a 1Ch. 29, 13.
b Ps. 16. 2.
  106. 2.
c De. 8. 4.
d Ps. 86. 10.
  Is. 37. 16.
e Ge. 1. 1.
  Ex. 20. 11.
f De. 10. 14.
g Nu. 21. 21,
  &c.
h Ps. 36. 6.
i Re.5.11.,13.
k Ge. 12. 1.
l Ge. 17. 5.
m Nu. 14. 31.
  Jos 21.43,45.
n Ge. 15.6,18.
o Ps. 44. 2, 3.
p Ps. 105. 8.
β *according to their will.*
q Jos. 23. 14.
r Ex. 3. 7, 8.
γ or, *cisterns.*
δ *trees of food.*
s Ex. 14. 10.
t Ex. VII.
    XIV.
u De. 32. 15.
v Ju. 2. 11,12.
  Eze. 20. 21.
w Ex. 18. 11.
x Is.63.12.,14.
  Je. 32. 20.
y Ps. 50. 17.
z 1 Ki. 18. 4.
  Ac. 7. 52.
a Ex. XIV.
    XV.
b Ps. 106. 41.
c Ex.13.21,22.
ζ *returned to do evil.*
d Ex. XX.&c.
η *laws of truth.*
e Ex.16.14,15.
  Ju°.6.31..35.
f Ex. 17. 6.
  Nu.20.7..11.
θ *lift up thine hand.*
  Nu. 14. 30.
κ *they gave a withdrawing shoulder,*
  Zec. 7. 11.
g De. 31. 27.
  Ps.78.8,&c.
h Ps. 86. 5, 15.
λ *protract over.*
i 2Ch. 36. 15.
μ *in the hand of.*
k Nu. 14. 4.
ν *of pardons.*
l Ex. 32. 4.
π *weariness.*
m 1Sa. 12. 22,
  Is. 44. 21.
ρ *found.*
n 2 Ki. 17.3.
o Is. 63. 11.
p Ps.119.137.
  145. 17.
  Da. 9. 5..14.
q Ps. 106. 6.
r De. 2. 7.

---

them in the wilderness, *so that* they lacked nothing; their[c] clothes waxed not old, and their feet swelled not.

22 Moreover, thou gavest them kingdoms and nations, and didst divide them into corners: so they possessed the land of[g] Sihon, and the land of the king of Heshbon, and the land of Og, king of Bashan.

23 Their children also multipliedst thou as the stars of heaven, and broughtest them into the land, concerning which thou hadst promised to their fathers, that they should go in to possess *it*.

24 So the children[m] went in and possessed the land, and[o] thou subduedst before them the inhabitants of the land, the Canaanites, and gavest them into their hands, with their kings, and the people of the land, that they might do with them β as they would.

25 And they took strong cities, and a fat land, and possessed houses full of all goods, γ wells digged, vine-yards, and olive-yards, and δ fruit trees in abundance : so they did eat, and were filled, and became fat,[u] and delighted themselves in thy great goodness.

26 Nevertheless they were disobedient,[v] and rebelled against thee, and cast thy law behind[y] their backs, and slew[z] thy prophets, which testified against them to turn them to thee; and they wrought great provocations.

27 Therefore[b] thou deliveredst them into the hand of their enemies, who vexed them: and in the time of their trouble, when they cried unto thee, thou heardest *them* from heaven ; and according to thy manifold mercies thou gavest them saviours, who saved them out of the hand of their enemies.

28 But after they had rest, they ζ did evil again before thee : therefore leftest thou them in the hand of their enemies, so that they had the dominion over them : yet when they returned, and cried unto thee, thou heardest *them* from heaven ; and many times didst thou deliver them, according to thy mercies ;

29 And testifiedst against them, that thou mightest bring them again unto thy law : yet they dealt proudly, and hearkened not unto thy commandments, but sinned against thy judgments, (which, if a man do, he shall live in them,) and κ withdrew the shoulder, and hardened their neck, and would not hear :

30 Yet many years didst thou λ forbear them, and testifiedst[i] against them by thy spirit μ in thy prophets ; yet would they not give ear : therefore gavest thou them into the hand of the people of the lands.

31 Nevertheless, for thy great mercies' sake, thou didst not utterly consume them, nor forsake them ; for thou *art* a gracious and merciful God.

32 Now therefore, our God, the great, the mighty, and the terrible God, who keepest covenant and mercy, let not all the π trouble seem little before thee, that hath ρ come upon us, on our kings, on our princes, and on our priests, and on our prophets, and on our fathers, and on all thy people, since the time[n] of the kings of Assyria unto this day.

33 Howbeit, thou *art* just[p] in all that is brought upon us ; for thou hast done right, but we[q] have done wickedly :

34 Neither have our kings, our princes,

כֹּהֲנֵינוּ וַאֲבֹתֵינוּ לֹא עָשׂוּ תּוֹרָתֶךָ וְלֹא הִקְשִׁיבוּ
אֶל־מִצְוֹתֶיךָ וּלְעֵדְוֹתֶיךָ אֲשֶׁר הַעִידֹתָ בָּהֶם׃
35 וְהֵם בְּמַלְכוּתָם וּבְטוּבְךָ הָרָב אֲשֶׁר־נָתַתָּ לָהֶם
וּבְאֶרֶץ הָרְחָבָה וְהַשְּׁמֵנָה אֲשֶׁר־נָתַתָּה לִפְנֵיהֶם
36 לֹא עֲבָדוּךָ וְלֹא־שָׁבוּ מִמַּעַלְלֵיהֶם הָרָעִים׃ הִנֵּה
אֲנַחְנוּ הַיּוֹם עֲבָדִים וְהָאָרֶץ אֲשֶׁר־נָתַתָּה לַאֲבֹתֵינוּ
לֶאֱכֹל אֶת־פִּרְיָהּ וְאֶת־טוּבָהּ הִנֵּה אֲנַחְנוּ עֲבָדִים
37 עָלֶיהָ׃ וּתְבוּאָתָהּ מַרְבָּה לַמְּלָכִים אֲשֶׁר־נָתַתָּה
עָלֵינוּ בְּחַטֹּאותֵינוּ וְעַל גְּוִיֹּתֵינוּ מֹשְׁלִים וּבִבְהֶמְתֵּנוּ
כִּרְצוֹנָם וּבְצָרָה גְדוֹלָה אֲנָחְנוּ׃

CAP. X. י

1 וּבְכָל־זֹאת אֲנַחְנוּ כֹּרְתִים אֲמָנָה וְכֹתְבִים וְעַל
2 הֶחָתוּם שָׂרֵינוּ לְוִיֵּנוּ כֹּהֲנֵינוּ׃ וְעַל הַחֲתוּמִים
3 נְחֶמְיָה הַתִּרְשָׁתָא בֶּן־חֲכַלְיָה וְצִדְקִיָּה׃ שְׂרָיָה
4, 5 עֲזַרְיָה יִרְמְיָה׃ פַּשְׁחוּר אֲמַרְיָה מַלְכִּיָּה׃ חַטּוּשׁ
6, 7 שְׁבַנְיָה מַלּוּךְ׃ חָרִם מְרֵמוֹת עֹבַדְיָה׃ דָּנִיֵּאל
8, 9 גִּנְּתוֹן בָּרוּךְ׃ מְשֻׁלָּם אֲבִיָּה מִיָּמִן׃ מַעַזְיָה
10 בִלְגַּי שְׁמַעְיָה אֵלֶּה הַכֹּהֲנִים׃ וְהַלְוִיִּם וְיֵשׁוּעַ
11 בֶּן־אֲזַנְיָה בִּנּוּי מִבְּנֵי חֵנָדָד קַדְמִיאֵל׃ וַאֲחֵיהֶם
12 שְׁבַנְיָה הוֹדִיָּה קְלִיטָא פְּלָאיָה חָנָן׃ מִיכָא
13 רְחוֹב חֲשַׁבְיָה׃ זַכּוּר שֵׁרֵבְיָה שְׁבַנְיָה׃ הוֹדִיָּה
14 בָנִי בְּנִינוּ׃ רָאשֵׁי הָעָם פַּרְעֹשׁ פַּחַת מוֹאָב עֵילָם
15, 16 זַתּוּא בָּנִי׃ בֻּנִּי עַזְגָּד בֵּבָי׃ אֲדֹנִיָּה בִגְוַי עָדִין׃
17 אָטֵר חִזְקִיָּה עַזּוּר׃ הוֹדִיָּה חָשֻׁם בֵּצָי׃ חָרִיף
18, 19 עֲנָתוֹת נֵיבָי׃ מַגְפִּיעָשׁ מְשֻׁלָּם חֵזִיר׃ מְשֵׁיזַבְאֵל
20, 21 צָדוֹק יַדּוּעַ׃ פְּלַטְיָה חָנָן עֲנָיָה׃ הוֹשֵׁעַ חֲנַנְיָה
22 חַשּׁוּב׃ הַלּוֹחֵשׁ פִּלְחָא שׁוֹבֵק׃ רְחוּם חֲשַׁבְנָה
23, 24 מַעֲשֵׂיָה׃ וַאֲחִיָּה חָנָן עָנָן׃ מַלּוּךְ חָרִם בַּעֲנָה׃
25, 26 וּשְׁאָר הָעָם הַכֹּהֲנִים הַלְוִיִּם הַשּׁוֹעֲרִים הַמְשֹׁרְרִים
27 הַנְּתִינִים וְכָל־הַנִּבְדָּל מֵעַמֵּי הָאֲרָצוֹת אֶל־תּוֹרַת
28 הָאֱלֹהִים נְשֵׁיהֶם בְּנֵיהֶם וּבְנֹתֵיהֶם כֹּל יוֹדֵעַ מֵבִין׃
29 מַחֲזִיקִים עַל־אֲחֵיהֶם אַדִּירֵיהֶם וּבָאִים בְּאָלָה וּבִשְׁבוּעָה לָלֶכֶת בְּתוֹרַת הָאֱלֹהִים אֲשֶׁר נִתְּנָה בְּיַד
מֹשֶׁה עֶבֶד־הָאֱלֹהִים וְלִשְׁמוֹר וְלַעֲשׂוֹת אֶת־כָּל־
30 מִצְוֹת יְהוָה אֲדֹנֵינוּ וּמִשְׁפָּטָיו וְחֻקָּיו׃ וַאֲשֶׁר
לֹא־נִתֵּן בְּנֹתֵינוּ לְעַמֵּי הָאָרֶץ וְאֶת־בְּנֹתֵיהֶם לֹא
31 נִקַּח לְבָנֵינוּ׃ וְעַמֵּי הָאָרֶץ הַמְבִיאִים אֶת־
הַמַּקָּחוֹת וְכָל־שֶׁבֶר בְּיוֹם הַשַּׁבָּת לִמְכּוֹר לֹא־נִקַּח

33 מֵהֶם בַּשַּׁבָּת וּבְיוֹם קֹדֶשׁ וְנַטֹּשׁ אֶת־הַשָּׁנָה
הַשְּׁבִיעִית וּמַשָּׁא כָל־יָד׃ וְהֶעֱמַדְנוּ עָלֵינוּ מִצְוֹת
34 לָתֵת עָלֵינוּ שְׁלִשִׁית הַשֶּׁקֶל בַּשָּׁנָה לַעֲבֹדַת בֵּית
אֱלֹהֵינוּ׃ לְלֶחֶם הַמַּעֲרֶכֶת וּמִנְחַת הַתָּמִיד
וּלְעוֹלַת הַתָּמִיד הַשַּׁבָּתוֹת הֶחֳדָשִׁים לַמּוֹעֲדִים
וְלַקֳּדָשִׁים וְלַחַטָּאוֹת לְכַפֵּר עַל־יִשְׂרָאֵל וְכֹל מְלֶאכֶת
35 בֵּית אֱלֹהֵינוּ׃ וְהַגּוֹרָלוֹת הִפַּלְנוּ עַל־קֻרְבַּן הָעֵצִים
הַכֹּהֲנִים הַלְוִיִּם וְהָעָם לְהָבִיא לְבֵית אֱלֹהֵינוּ לְבֵית
אֲבֹתֵינוּ לְעִתִּים מְזֻמָּנִים שָׁנָה בְשָׁנָה לְבַעֵר עַל־
36 מִזְבַּח יְהוָה אֱלֹהֵינוּ כַּכָּתוּב בַּתּוֹרָה׃ וּלְהָבִיא
אֶת־בִּכּוּרֵי אַדְמָתֵנוּ וּבִכּוּרֵי כָּל־פְּרִי כָל־עֵץ שָׁנָה
37 בְשָׁנָה לְבֵית יְהוָה׃ וְאֶת־בְּכֹרוֹת בָּנֵינוּ וּבְהֶמְתֵּנוּ
כַּכָּתוּב בַּתּוֹרָה וְאֶת־בְּכוֹרֵי בְקָרֵינוּ וְצֹאנֵנוּ לְהָבִיא
לְבֵית אֱלֹהֵינוּ לַכֹּהֲנִים הַמְשָׁרְתִים בְּבֵית אֱלֹהֵינוּ׃
38 וְאֶת־רֵאשִׁית עֲרִיסֹתֵינוּ וּתְרוּמֹתֵינוּ וּפְרִי כָל־עֵץ
תִּירוֹשׁ וְיִצְהָר נָבִיא לַכֹּהֲנִים אֶל־לִשְׁכוֹת בֵּית־
אֱלֹהֵינוּ וּמַעְשַׂר אַדְמָתֵנוּ לַלְוִיִּם וְהֵם הַלְוִיִּם
39 הַמְעַשְּׂרִים בְּכֹל עָרֵי עֲבֹדָתֵנוּ׃ וְהָיָה הַכֹּהֵן בֶּן־
אַהֲרֹן עִם־הַלְוִיִּם בַּעְשֵׂר הַלְוִיִּם וְהַלְוִיִּם יַעֲלוּ אֶת־
מַעֲשַׂר הַמַּעֲשֵׂר לְבֵית אֱלֹהֵינוּ אֶל־הַלְּשָׁכוֹת לְבֵית
40 הָאוֹצָר׃ כִּי אֶל־הַלְּשָׁכוֹת יָבִיאוּ בְנֵי־יִשְׂרָאֵל וּבְנֵי
הַלֵּוִי אֶת־תְּרוּמַת הַדָּגָן הַתִּירוֹשׁ וְהַיִּצְהָר וְשָׁם
כְּלֵי הַמִּקְדָּשׁ וְהַכֹּהֲנִים הַמְשָׁרְתִים וְהַשּׁוֹעֲרִים
וְהַמְשֹׁרְרִים וְלֹא נַעֲזֹב אֶת־בֵּית אֱלֹהֵינוּ׃

CAP. XI. יא

1 וַיֵּשְׁבוּ שָׂרֵי־הָעָם בִּירוּשָׁלִָם וּשְׁאָר הָעָם הִפִּילוּ
גוֹרָלוֹת לְהָבִיא אֶחָד מִן־הָעֲשָׂרָה לָשֶׁבֶת בִּירוּשָׁלִַם
2 עִיר הַקֹּדֶשׁ וְתֵשַׁע הַיָּדוֹת בֶּעָרִים׃ וַיְבָרֲכוּ הָעָם
לְכֹל הָאֲנָשִׁים הַמִּתְנַדְּבִים לָשֶׁבֶת בִּירוּשָׁלִָם׃
3 וְאֵלֶּה רָאשֵׁי הַמְּדִינָה אֲשֶׁר יָשְׁבוּ בִּירוּשָׁלִָם וּבְעָרֵי
יְהוּדָה יָשְׁבוּ אִישׁ בַּאֲחֻזָּתוֹ בְּעָרֵיהֶם יִשְׂרָאֵל
הַכֹּהֲנִים וְהַלְוִיִּם וְהַנְּתִינִים וּבְנֵי עַבְדֵי שְׁלֹמֹה׃
4 וּבִירוּשָׁלִַם יָשְׁבוּ מִבְּנֵי יְהוּדָה וּמִבְּנֵי בִנְיָמִן מִבְּנֵי
יְהוּדָה עֲתָיָה בֶן־עֻזִּיָּה בֶּן־זְכַרְיָה בֶן־אֲמַרְיָה בֶּן־
5 שְׁפַטְיָה בֶּן־מַהֲלַלְאֵל מִבְּנֵי־פָרֶץ׃ וּמַעֲשֵׂיָה בֶן־
בָּרוּךְ בֶּן־כָּל־חֹזֶה בֶּן־חֲזָיָה בֶן־עֲדָיָה בֶן־יוֹיָרִיב בֶּן־
6 זְכַרְיָה בֶּן־הַשִּׁלֹנִי׃ כָּל־בְּנֵי־פֶרֶץ הַיֹּשְׁבִים בִּירוּשָׁלִָם
אַרְבַּע מֵאוֹת שִׁשִּׁים וּשְׁמֹנָה אַנְשֵׁי־חָיִל׃

our priests, nor our fathers, kept thy law, nor hearkened [b] unto thy commandments and thy testimonies, wherewith thou didst testify [d] against them.

35 For [e] they have not served thee in their kingdom, and in thy great goodness that thou gavest them, and in the large and fat [g] land which thou gavest before them, neither turned they from their wicked works.

36 Behold, we *are* servants [k] this day; and *for* the land that thou gavest unto our fathers to eat the fruit thereof and the good thereof, behold, we *are* servants in it:

37 And it yieldeth much increase unto the kings [m] whom thou hast set over us because of our sins: also they have dominion over our bodies, and over our cattle, at their pleasure, and we *are* in great distress.

38 And because of all this, we make [o] a sure *covenant*, and write *it:* and our princes, Levites, *and* priests, γ seal *unto it.*

CHAP. X.

NOW those δ that sealed *were*, Nehemiah the ζTir-hatha, the son of Hachaliah, [r] and Zidkijah,

2 Seraiah, [t] Azariah, Jeremiah,
3 Pashur, Amariah, Malchijah,
4 Hattush, Shebaniah, Malluch,
5 Harim, Meremoth, Obadiah,
6 Daniel, Ginnethon, Baruch,
7 Meshullam, Abijah, Mijamin,
8 Maaziah, Bilgai, Shemaiah: these *were* the priests.

9 And the Levites: both Jeshua, the son of Azaniah, Binnui of the sons of Henadad, Kadmiel ;

10 And their brethren, Shebaniah, Hodijah, Kelita, Pelaiah, Hanan,
11 Micha, Rehob, Hashabiah,
12 Zaccur, Sherebiah, Shebaniah,
13 Hodijah, Bani, Beninu.

14 The chief of the people ; Parosh, [y] Pahath-moab, Elam, Zatthu, Bani,
15 Bunni, Azgad, Bebai,
16 Adonijah, Bigvai, Adin,
17 Ater, Hizkijah, Azzur,
18 Hodijah, Hashum, Bezai,
19 Hariph, Anathoth, Nebai,
20 Magpiash, Meshullam, Hezir,
21 Meshezabeel, Zadok, Jaddua,
22 Pelatiah, Hanan, Anaiah,
23 Hoshea, Hananiah, Hashub,
24 Hallohesh, Pileha, Shobek,
25 Rehum, Hashabnah, Maaseiah,
26 And Ahijah, Hanan, Anan,
27 Malluch, Harim, Baanah.

28 And [d] the rest of the people, the priests, the Levites, the porters, the singers, the Nethinims, and all they that had separated [f] themselves from the people of the lands unto the law [g] of God, their wives, their sons, and their daughters, every [h] one having knowledge, and having understanding ;

29 They clave to their brethren, their nobles, and entered into a curse, and into an oath, [l] to walk [m] in God's law, which was given η by Moses, the servant of God, and to observe and do all the commandments of the LORD our Lord, and his judgments and his statutes ;

30 And that we would not give our daughters [o] unto the people of the land, nor take their daughters for our sons :

31 And *if* the people of the land bring ware, or any victuals, on the [p] sabbathday to sell, *that* we would not buy it of them on the sabbath, or on the holy-day ;

B. C. 445.

a Le. 25, 4.
b Je. 29. 19.
c ch. 5. 1..13. De. 15. 2.
β *hand.*
d De. 31. 21. 2 Ki. 17. 13.
e De. 28. 47.
f Le. 24. 5.
g De. 31. 21.
h Nu. xxviii. xxix.
i He. 10. 11.
k Ezr. 9. 9.
l ch. 13. 31. Is. 40. 16.
m De. 28. 33.
n He. 10. 3..7.
o ch. 10. 29. 2 Ki. 23. 3. 2 Ch. 29. 10.
p Le. 6. 12.
q Ex. 23. 19. Nu. 18. 2. De. 26. 2.
γ are *at the sealing,* or, *sealed.*
δ *at the sealings,* ch. 9. 38.
ζ or, *governor.*
ch. 8. 9.
r ch. 1. 1.
s Ex. 13. 2, 12, 13.
I.e. 27. 26.
t ch. 12. 1, &c.
u Nu. 15. 19. De. 18. 4.
v De. 26. 2.
w Nu. 18. 21. Mal. 3. 8, 10.
x 1 Ch. 9. 26. 2 Ch. 31. 11, 12
y ch. 7. 8, &c. Ezr. 2. 3, &c.
z De. 12. 6, 11.
a ch. 13. 10..12.
b Jos. 18. 10.
c ver. 18. Mat. 4. 5. 27..53.
d Ezr. 2. 36.
e Ju. 5. 9.
f ch. 9. 2. 13. 3.
I.e. 20. 24. Ezr. 10. 11..19
g Ro. 1. 1.
h ch. 8. 2. Ps. 47. 7.
i Ezr. 2. 43, 55.
k 1 Ch. 9. 3, &c.
l ch. 5. 12, 13. De. 29. 12, 14. Ps. 119. 106.
m 2 Ch. 34. 31.
η *by the hand of.*
n Ge. 38. 29, *Pharez.*
o Ex. 34. 16. De. 7. 3. Ezr. 9. 12, 14.
p ch. 13. 15, &c. Le. 23. 3. De. 5. 12. Is. 58. 13, 14.

---

and *that* we would leave the [a] seventh year, and the exaction [c] of every βdebt.

32 Also we made ordinances for us, to charge ourselves yearly with the third part of a shekel for the service of the house of our God ;

33 For the shew-bread, [f] and for the continual meat-offering, [h] and for the [i] continual burnt-offering, of the sabbaths, of the new moons, for the set feasts, and for the holy *things*, and for the sin-offerings, to make an atonement for Israel, and *for* all the work of the house of our God.

34 And we cast the lots among the priests, the Levites, and the people, for [l] the wood-offering, to bring *it* into the house of our God, after the houses of our fathers, at times appointed year by year, [n] to burn upon the altar of the LORD our God, as *it is* written [p] in the law ,

35 And to bring the first-fruits [q] of our ground, and the first-fruits of all fruit of all trees, year by year, unto the house of the LORD :

36 Also the first-born of our sons, and of our cattle, as *it is* written [s] in the law, and the firstlings of our herds and of our flocks, to bring to the house of our God, unto the priests that minister in the house of our God :

37 And *that* we should bring the first-fruits of our dough, [u] and our offerings, and the fruit [v] of all manner of trees, of wine and of oil, unto the priests, to the chambers of the house of our God ; and the tithes [w] of our ground unto the Levites, that the same Levites might have the tithes in all the cities of our tillage.

38 And the priest, the son of Aaron, shall be with the Levites, when the Levites take tithes : and the Levites shall bring up the tithe of the tithes unto the house of our God, to the chambers, [x] into the treasure-house.

39 For the children of Israel, and the children of Levi, shall bring [z] the offering of the corn, of the new wine, and the oil, unto the chambers, where *are* the vessels of the sanctuary, and the priests that minister, and the porters, and the singers ; and [a] we will not forsake the house of our God.

CHAP. XI.

AND the rulers of the people dwelt at Jerusalem : the rest of the people also cast lots, [b] to bring one of ten to dwell in Jerusalem, the holy [c] city, and nine parts *to dwell in other* cities.

2 And the people blessed all the men, that willingly [e] offered themselves to dwell at Jerusalem.

3 Now these *are* the chief of the province that dwelt in Jerusalem, but in the cities of Judah dwelt every one in his possession in their cities, *to wit,* Israel, the priests, and the Levites, and the [i] Nethinims, and the children of Solomon's servants.

4 And [k] at Jerusalem dwelt *certain* of the children of Judah, and of the children of Benjamin. Of the children of Judah ; Athaiah the son of Uzziah, the son of Zechariah, the son of Amariah, the son of Shephatiah, the son of Mahalaleel, of the children of Perez ; [n]

5 And Maaseiah the son of Baruch, the son of Col-hozeh, the son of Hazaiah, the son of Adaiah, the son of Joiarib, the son of Zechariah, the son of Shiloni.

6 All the sons of Perez that dwelt at Jerusalem *were* four hundred threescore and eight valiant men.

7 וְאֵלֶּה בְּנֵי בִנְיָמִן סַלֻּא בֶּן־מְשֻׁלָּם בֶּן־יוֹעֵד בֶּן־פְּדָיָה בֶּן־קוֹלָיָה בֶּן־מַעֲשֵׂיָה בֶּן־אִיתִיאֵל בֶּן־יְשַׁעְיָה׃

8 וְאַחֲרָיו גַּבַּי סַלָּי תְּשַׁע מֵאוֹת עֶשְׂרִים וּשְׁמֹנָה׃

9 וְיוֹאֵל בֶּן־זִכְרִי פָּקִיד עֲלֵיהֶם וִיהוּדָה בֶן־הַסְּנוּאָה עַל־הָעִיר מִשְׁנֶה׃

10 מִן־הַכֹּהֲנִים יְדַעְיָה בֶן־

11 יוֹיָרִיב יָכִין׃ שְׂרָיָה בֶן־חִלְקִיָּה בֶּן־מְשֻׁלָּם בֶּן־צָדוֹק בֶּן־מְרָיוֹת בֶּן־אֲחִיטוּב נְגִד בֵּית הָאֱלֹהִים׃

12 וַאֲחֵיהֶם עֹשֵׂי הַמְּלָאכָה לַבַּיִת שְׁמֹנֶה מֵאוֹת עֶשְׂרִים וּשְׁנָיִם וַעֲדָיָה בֶּן־יְרֹחָם בֶּן־פְּלַלְיָה בֶּן־

13 אַמְצִי בֶּן־זְכַרְיָה בֶּן־פַּשְׁחוּר בֶּן־מַלְכִּיָּה׃ וְאָחָיו רָאשִׁים לְאָבוֹת מָאתַיִם אַרְבָּעִים וּשְׁנָיִם וַעֲמַשְׁסַי בֶּן־עֲזַרְאֵל בֶּן־אַחְזַי בֶּן־מְשִׁלֵּמוֹת בֶּן־אִמֵּר׃

14 וַאֲחֵיהֶם גִּבּוֹרֵי חַיִל מֵאָה עֶשְׂרִים וּשְׁמֹנָה וּפָקִיד

15 עֲלֵיהֶם זַבְדִּיאֵל בֶּן־הַגְּדוֹלִים׃ וּמִן־הַלְוִיִּם שְׁמַעְיָה בֶן־חַשּׁוּב בֶּן־עַזְרִיקָם בֶּן־חֲשַׁבְיָה בֶּן־בּוּנִּי׃

16 וְשַׁבְּתַי וְיוֹזָבָד עַל־הַמְּלָאכָה הַחִיצֹנָה לְבֵית הָאֱלֹהִים׃

17 וּמַתַּנְיָה בֶן־מִיכָא בֶּן־זַבְדִּי בֶּן־אָסָף רֹאשׁ הַתְּחִלָּה יְהוֹדֶה לַתְּפִלָּה וּבַקְבֻּקְיָה מִשְׁנֶה מֵרָאשֵׁי הַלְוִיִּם

18 וְעַבְדָּא בֶּן־שַׁמּוּעַ בֶּן־גָּלָל בֶּן־יְדִיתוּן׃ כָּל־הַלְוִיִּם בְּעִיר הַקֹּדֶשׁ מָאתַיִם שְׁמֹנִים וְאַרְבָּעָה׃

19 וְהַשּׁוֹעֲרִים עַקּוּב טַלְמוֹן וַאֲחֵיהֶם הַשֹּׁמְרִים

20 בַּשְּׁעָרִים מֵאָה שִׁבְעִים וּשְׁנָיִם׃ וּשְׁאָר יִשְׂרָאֵל הַכֹּהֲנִים הַלְוִיִּם בְּכָל־עָרֵי יְהוּדָה אִישׁ בְּנַחֲלָתוֹ׃

21 וְהַנְּתִינִים יֹשְׁבִים בָּעֹפֶל וְצִיחָא וְגִשְׁפָּא עַל־

22 הַנְּתִינִים׃ וּפְקִיד הַלְוִיִּם בִּירוּשָׁלַ͏ִם עֻזִּי בֶן־בָּנִי בֶּן־חֲשַׁבְיָה בֶּן־מַתַּנְיָה בֶּן־מִיכָא מִבְּנֵי אָסָף

23 הַמְשֹׁרְרִים לְנֶגֶד מְלֶאכֶת בֵּית־הָאֱלֹהִים׃ כִּי מִצְוַת הַמֶּלֶךְ עֲלֵיהֶם וַאֲמָנָה עַל־הַמְשֹׁרְרִים דְּבַר־

24 יוֹם בְּיוֹמוֹ׃ וּפְתַחְיָה בֶן־מְשֵׁיזַבְאֵל מִבְּנֵי־זֶרַח בֶּן־

25 יְהוּדָה לְיַד הַמֶּלֶךְ לְכָל־דָּבָר לָעָם׃ וְאֶל־הַחֲצֵרִים בִּשְׂדֹתָם מִבְּנֵי יְהוּדָה יָשְׁבוּ בְּקִרְיַת הָאַרְבַּע וּבְנֹתֶיהָ וּבְדִיבֹן וּבְנֹתֶיהָ וּבִיקַבְצְאֵל

26 וַחֲצֵרֶיהָ׃

31 וּבְנֵי בִנְיָמִן מִגָּבַע מִכְמָשׂ וְעַיָּה וּבֵית־אֵל וּבְנֹתֶיהָ׃

32 עֲנָתוֹת נֹב עֲנָנְיָה׃

33 חָצוֹר רָמָה גִּתָּיִם׃

34 חָדִיד צְבֹעִים נְבַלָּט׃

35 לֹד וְאוֹנוֹ גֵּי הַחֲרָשִׁים׃

36 וּמִן־הַלְוִיִּם מַחְלְקוֹת יְהוּדָה לְבִנְיָמִין׃

CAP. XII.   יב

1 וְאֵלֶּה הַכֹּהֲנִים וְהַלְוִיִּם אֲשֶׁר עָלוּ עִם־זְרֻבָּבֶל בֶּן־שְׁאַלְתִּיאֵל וְיֵשׁוּעַ שְׂרָיָה יִרְמְיָה עֶזְרָא׃

2 אֲמַרְיָה מַלּוּךְ חַטּוּשׁ׃

3 שְׁכַנְיָה רְחֻם מְרֵמֹת׃

4 עִדּוֹא גִּנְּתוֹי אֲבִיָּה׃

5 מִיָּמִין מַעַדְיָה בִּלְגָּה׃

6 שְׁמַעְיָה וְיוֹיָרִיב יְדַעְיָה׃

7 סַלּוּ עָמוֹק חִלְקִיָּה יְדַעְיָה אֵלֶּה רָאשֵׁי הַכֹּהֲנִים וַאֲחֵיהֶם בִּימֵי יֵשׁוּעַ׃

8 וְהַלְוִיִּם יֵשׁוּעַ בִּנּוּי קַדְמִיאֵל שֵׁרֵבְיָה יְהוּדָה מַתַּנְיָה עַל־הֻיְּדוֹת הוּא וְאֶחָיו׃

9 וּבַקְבֻּקְיָה וְעֻנִּי אֲחֵיהֶם לְנֶגְדָּם לְמִשְׁמָרוֹת׃

10 וְיֵשׁוּעַ הוֹלִיד אֶת־יוֹיָקִים וְיוֹיָקִים הוֹלִיד אֶת־אֶלְיָשִׁיב וְאֶלְיָשִׁיב הוֹלִיד אֶת־

11 יוֹיָדָע׃ וְיוֹיָדָע הוֹלִיד אֶת־יוֹנָתָן וְיוֹנָתָן הוֹלִיד אֶת־יַדּוּעַ׃

12 וּבִימֵי יוֹיָקִים הָיוּ כֹהֲנִים רָאשֵׁי

13 הָאָבוֹת לִשְׂרָיָה מְרָיָה לְיִרְמְיָה חֲנַנְיָה׃ לְעֶזְרָא

14 מְשֻׁלָּם לַאֲמַרְיָה יְהוֹחָנָן׃ לִמְלוּכִי יוֹנָתָן לִשְׁבַנְיָה יוֹסֵף׃

15 לְחָרִם עַדְנָא לִמְרָיוֹת חֶלְקָי׃

16 לְעִדּוֹא זְכַרְיָה לְגִנְּתוֹן מְשֻׁלָּם׃

17 לַאֲבִיָּה זִכְרִי לְמִנְיָמִין לְמוֹעַדְיָה פִּלְטָי׃

18 לְבִלְגָּה שַׁמּוּעַ לִשְׁמַעְיָה יְהוֹנָתָן׃

19 וּלְיוֹיָרִיב מַתְּנַי לִידַעְיָה עֻזִּי׃

20 לְסַלַּי קַלָּי לְעָמוֹק עֵבֶר׃

21 לְחִלְקִיָּה חֲשַׁבְיָה לִידַעְיָה נְתַנְאֵל׃

22 הַלְוִיִּם בִּימֵי אֶלְיָשִׁיב יוֹיָדָע וְיוֹחָנָן וְיַדּוּעַ כְּתוּבִים רָאשֵׁי אָבוֹת וְהַכֹּהֲנִים עַל־מַלְכוּת דָּרְיָוֶשׁ הַפָּרְסִי׃

23 בְּנֵי לֵוִי רָאשֵׁי הָאָבוֹת כְּתוּבִים עַל־סֵפֶר

24 דִּבְרֵי הַיָּמִים וְעַד־יְמֵי יוֹחָנָן בֶּן־אֶלְיָשִׁיב׃ וְרָאשֵׁי הַלְוִיִּם חֲשַׁבְיָה שֵׁרֵבְיָה וְיֵשׁוּעַ בֶּן־קַדְמִיאֵל וַאֲחֵיהֶם לְנֶגְדָּם לְהַלֵּל לְהוֹדוֹת בְּמִצְוַת דָּוִיד אִישׁ־הָאֱלֹהִים

25 מִשְׁמָר לְעֻמַּת מִשְׁמָר׃ מַתַּנְיָה וּבַקְבֻּקְיָה עֹבַדְיָה מְשֻׁלָּם טַלְמוֹן עַקּוּב שֹׁמְרִים שׁוֹעֲרִים מִשְׁמָר בַּאֲסֻפֵּי הַשְּׁעָרִים׃

26 אֵלֶּה בִּימֵי יוֹיָקִים בֶּן־יֵשׁוּעַ בֶּן־יוֹצָדָק

7 And these *are* the sons of Benjamin; Sallu the son of Meshullam, the son of Joed, the son of Pedaiah, the son of Kolaiah, the son of Maaseiah, the son of Ithiel, the son of Jesaiah.

8 And after him Gabbai, Sallai, nine hundred twenty and eight.

9 And Joel the son of Zichri *was* their overseer : and Judah the son of Senuah *was* second over the city.

10 Of the priests:*^c* Jedaiah the son of Joiarib, Jachin.

11 Seraiah the son of Hilkiah, the son of Meshullam, the son of Zadok, the son of Meraioth, the son of Ahitub, *was* the ruler of the house of God.

12 And their brethren, that did the work of the house, *were* eight hundred twenty and two : and Adaiah the son of Jeroham, the son of Pelaliah, the son of Amzi, the son of Zechariah, the son of Pashur, the son of Malchiah,

13 And his brethren, chief of the fathers, two hundred forty and two : and Amashai the son of Azareel, the son of Ahasai, the son of Meshillemoth, the son of Immer,

14 And their brethren, mighty men of valour, an hundred twenty and eight : and their overseer *was* Zabdiel, the son of π one of the great men.

15 Also of the Levites: Shemaiah the son of Hashub, the son of Azrikam, the son of Hashabiah, the son of Bunni :

16 And Shabbethai and Jozabad, of the chief of the Levites, σ had the oversight *^k* of the outward *^l* business of the house of God.

17 And Mattaniah *^m* the son of Micha, the son of Zabdi, the son of Asaph, was the principal to begin the*ⁿ* thanksgiving in prayer;*^o* and Bakbukiah, the second among his brethren, and Abda the son of Shammua, the son of Galal, the son of Jeduthun.

18 All the Levites in the holy*^p* city *were* two hundred fourscore and four.

19 Moreover, the porters, Akkub, Talmon, and their brethren τ that kept the gates,*^q* *were* an hundred seventy and two.

20 And the residue of Israel, of the priests *and* the Levites *were* in all the cities of Judah, every one in his inheritance.

21 But*^r* the Nethinims dwelt in φOphel: and Ziha and Gispa *were* over the Nethinims.

22 The overseer also of the Levites at Jerusalem *was* Uzzi the son of Bani, the son of Hashabiah, the son of Mattaniah, the son of Micha. Of the sons of Asaph, the singers *were* over the business of the house of God.

23 For *^s* *it was* the king's commandment concerning them, that χ a certain portion should be for the singers, due for every day.

24 And Pethahiah the son of Meshezabeel, of the children of Zerah,*^t* the son of Judah, *was* at *^u* the king's hand in all matters concerning the people.

25 And for the villages, with their fields, *some* of the children of Judah dwelt at Kirjath-arba,*^w* and *in* the villages thereof, and at Dibon, and *in* the villages thereof, and at Jekabzeel, and *in* the villages thereof,

26 And at Jeshua, and at Moladah, and at Beth-phelet,

27 And at Hazar-shual, and at Beersheba, and *in* the villages thereof,

28 And at Ziklag, and at Mekonah, and *in* the villages thereof,

29 And at En-rimmon, and at Zareah, and at Jarmuth,

30 Zanoah, Adullam, and *in* their villages, at Lachish, and the fields thereof, at Azekah, and *in* the villages thereof. And they dwelt from Beer-sheba*^a* unto the valley *^b* of Hinnom.

31 The children also of Benjamin βfrom Geba γ *dwelt* at Michmash, and Aija, and Beth-el, and *in* their villages,

32 *And* at Anathoth, Nob, Ananiah,

33 Hazor, Ramah, Gittaim,

34 Hadid, Zeboim, Neballat,

35 Lod, & Ono, the valley*^d* of craftsmen.

36 And of the Levites *were* divisions *in* Judah, *and* in Benjamin.

CHAP. XII.

NOW *^e* these *are* the priests and the Levites that went up with Zerubbabel the son of Shealtiel, and Jeshua: Seraiah,*^f* Jeremiah, Ezra,

2 Amariah, δMalluch, Hattush,

3 ζShechaniah, η Rehum, θ Meremoth, 4 Iddo, κ Ginnetho, Abijah,*^g*

5 λMiamin, μMaadiah, Bilgah,

6 Shemaiah, and Joiarib, Jedaiah,

7 νSallu, Amok, Hilkiah, Jedaiah. These *were* the chief of the priests, and of their brethren, in the days of Jeshua.*^h*

8 Moreover, the Levites : Jeshua, Binnui, Kadmiel, Sherebiah, Judah, *and* Mattaniah,*ⁱ* *which was* over ρthe thanksgiving, he and his brethren.

9 And so Bakbukiah and Unni, their brethren, *were* over against them in the watches.

10 And Jeshua begat Joiakim, Joiakim also begat Eliashib, and Eliashib begat Joiada,

11 And Joiada begat Jonathan, and Jonathan begat Jaddua.

12 And in the days of Joiakim were priests, the chief of the fathers : of Seraiah, Meraiah : of Jeremiah, Hananiah :

13 Of Ezra, Meshullam : of Amariah, Jehohanan :

14 Of Melicu, Jonathan : of Shebaniah, Joseph :

15 Of Harim, Adna : of Meraioth, Helkai :

16 Of Iddo, Zechariah : of Ginnethon, Meshullam :

17 Of Abijah, Zichri : of Miniamin, of Moadiah, Piltai :

18 Of Bilgah, Shammua : of Shemaiah, Jehonathan :

19 And of Joiarib, Mattenai : of Jedaiah, Uzzi :

20 Of Sallai, Kallai : of Amok, Eber :

21 Of Hilkiah, Hashabiah : of Jedaiah, Nethaneel.

22 The Levites, in the days of Eliashib, Joiada, and Johanan, and Jaddua, *were* recorded chief of the fathers : also the priests, to the reign of Darius the Persian.

23 The sons of Levi, the chief of the fathers, *were* written *^v* in the book of the Chronicles, even until the days of Johanan the son of Eliashib.

24 And the chief of the Levites : Hashabiah, Sherebiah, and Jeshua the son of Kadmiel, with their brethren over against them, to praise *and* to give thanks, according to the commandment *^x* of David the man of God, ward *^y* over against ward.

25 Mattaniah, and Bakbukiah, Obadiah, Meshullam, Talmon, Akkub, *were* porters, keeping the ward at the ψ thresholds of the gates.

26 These *were* in the days of Joiakim

Center column (cross-references)

B. C. 445.

a Ge. 26. 33.
Am. 8. 14.
b Jos. 15. 8.
2 Ki. 23. 10.
Je. 32. 35.
β or, *of.*
γ or, *to.*
c 1 Ch. 9. 10, &c.
d 1 Ch. 4. 14.
e Ezr. 2. 1, 2.
f ch. 10. 2..8.
δ or, *Melicu,* ver. 14.
ζ or, *Sheba-niah,* ver. 14.
η or, *Harim,* ver. 15.
θ or, *Me-raioth,* ver. 15.
κ or, *Ginne-thon,* ver. 16.
g Lu. 1. 5, *Abia.*
λ or, *Minia-min,* ver. 17.
μ or, *Moa-diah,* ver. 17.
ν or, *Sallai,* ver. 20.
h Ezr. 3. 2, *Joshua.*
Hag. 1. 1.
Zec. 3. 1.
π or, *Hagge-dolim.*
i ch. 11. 17.
ρ i. e. *the psalms of thanks-giving.*
σ *were over.*
k 1Ch. 26. 20.
l Ac. 6. 2, 3.
m ch. 12. 8.
n 1Ch. 16. 4. 25. 4..6.
o Phi. 4. 6.
p ver. 1.
τ *at the gates.*
q Ps. 84. 10.
r ch. 3. 26.
φ or, *the tower.*
s Ezr. 6. 8, 9. 7. 20, &c.
χ or, *to a sure ordi-nance.*
t Ge. 38. 30, *Zarah.*
u 1Ch. 18. 17.
v 1 Ch. 9. 14, &c.
w Jos. 14. 15.
x 1Ch.XXIII XXV. XXVI.
y Ezr. 3. 11.
ψ or, *trea-suries, or, assemblies.*

וּבִימֵ֣י נְחֶמְיָ֣ה הַפֶּחָ֔ה וְעֶזְרָ֥א הַכֹּהֵ֖ן הַסֹּפֵ֑ר

27 וּבַחֲנֻכַּ֞ת חוֹמַ֣ת יְרוּשָׁלִַ֗ם בִּקְשׁ֤וּ אֶת־
הַלְוִיִּם֙ מִכָּל־מְקֽוֹמֹתָ֔ם לַהֲבִיאָ֖ם לִירוּשָׁלָ֑͏ִם לַעֲשֹׂ֣ת
חֲנֻכָּ֣ה וְשִׂמְחָ֔ה וּבְתוֹדוֹת֙ וּבְשִׁ֔יר מְצִלְתַּ֖יִם נְבָלִ֑ים

28 וּבְכִנֹּרֽוֹת ׃ וַיֵּאָ֣סְפ֔וּ בְּנֵ֖י הַמְשֹׁרְרִ֑ים וּמִן־הַכִּכָּ֞ר

29 סְבִיב֤וֹת יְרוּשָׁלִַ֙ם֙ וּמִן־חַצְרֵ֣י נְטֹפָתִ֔י ׃ וּמִבֵּ֙ית
הַגִּלְגָּ֔ל וּמִשְּׂד֥וֹת גֶּ֖בַע וְעַזְמָ֑וֶת כִּ֣י חֲצֵרִ֗ים בָּנ֤וּ לָהֶם֙

30 הַֽמְשֹׁרֲרִ֔ים סְבִיב֖וֹת יְרוּשָׁלָֽ͏ִם ׃ וַיִּֽטַּהֲר֔וּ הַכֹּהֲנִ֖ים
וְהַלְוִיִּ֑ם וַֽיְטַהֲרוּ֙ אֶת־הָעָ֔ם וְאֶת־הַשְּׁעָרִ֖ים וְאֶת־

31 הַֽחוֹמָֽה ׃ וָאַעֲלֶה֙ אֶת־שָׂרֵ֣י יְהוּדָ֔ה מֵעַ֖ל לַחוֹמָ֑ה
וָאַעֲמִ֗ידָה שְׁתֵּ֣י תוֹדֹת֮ גְּדוֹלֹת֒ וְתַהֲלֻכֹ֣ת לַיָּמִ֔ין מֵעַ֥ל

32 לַחוֹמָ֖ה לְשַׁ֥עַר הָאַשְׁפֹּֽת ׃ וַיֵּ֤לֶךְ אַחֲרֵיהֶם֙

33 הוֹשַׁ֔עְיָה וַחֲצִ֖י שָׂרֵ֣י יְהוּדָֽה ׃ וַעֲזַרְיָ֥ה עֶזְרָ֖א

34 וּמְשֻׁלָּֽם ׃ יְהוּדָ֥ה וּבִנְיָמִ֖ן וּֽשְׁמַֽעְיָ֥ה וְיִרְמְיָֽה ׃

35 וּמִבְּנֵ֥י הַכֹּהֲנִ֖ים בַּחֲצֹצְר֑וֹת זְכַרְיָ֡ה בֶן־
יֽוֹנָתָ֡ן בֶּן־שְׁמַֽעְיָ֡ה בֶּן־מַתַּנְיָ֡ה בֶּן־מִ֣יכָיָ֔ה בֶּן־זַכּ֖וּר בֶּן־

36 אָסָֽף ׃ וְאֶחָ֡יו שְֽׁמַעְיָ֡ה וַעֲזַרְאֵ֡ל מִֽלֲלַ֡י גִּֽלֲלַ֡י מָעַ֞י
נְתַנְאֵ֣ל וִֽיהוּדָ֗ה חֲנָ֙נִי֙ בִּכְלֵי־שִׁ֣יר דָּוִ֣יד אִ֣ישׁ הָאֱלֹהִ֑ים

37 וְעֶזְרָ֥א הַסּוֹפֵ֖ר לִפְנֵיהֶֽם ׃ וְעַל֩ שַׁ֨עַר הָעַ֜יִן וְנֶגְדָּ֗ם
עָלוּ֙ עַֽל־מַעֲל֣וֹת עִ֣יר דָּוִ֗יד בַּֽמַּעֲלֶ֖ה לַחוֹמָ֑ה מֵעַל֙

38 לְבֵ֣ית דָּוִ֔יד וְעַ֛ד שַׁ֥עַר הַמַּ֖יִם מִזְרָֽח ׃ וְהַתּוֹדָ֧ה
הַשֵּׁנִ֛ית הַהוֹלֶ֥כֶת לְמ֖וֹאל וַאֲנִ֣י אַחֲרֶ֑יהָ וַחֲצִ֨י הָעָ֜ם
מֵעַ֣ל לְהַחוֹמָ֗ה מֵעַל֙ לְמִגְדַּ֣ל הַתַּנּוּרִ֔ים וְעַ֖ד הַחוֹמָ֥ה

39 הָרְחָבָֽה ׃ וּמֵעַ֣ל לְשַֽׁעַר־אֶ֠פְרַיִם וְעַל־שַׁ֨עַר הַיְשָׁנָ֜ה
וְעַל־שַׁ֣עַר הַדָּגִ֗ים וּמִגְדַּ֤ל חֲנַנְאֵל֙ וּמִגְדַּ֣ל הַמֵּאָ֔ה
וְעַ֖ד שַׁ֣עַר הַצֹּ֑אן וְעָֽמְד֔וּ בְּשַׁ֖עַר הַמַּטָּרָֽה ׃

40 וַתַּעֲמֹ֛דְנָה שְׁתֵּ֥י הַתּוֹדֹ֖ת בְּבֵ֣ית הָאֱלֹהִ֑ים וַאֲנִ֕י וַחֲצִ֥י

41 הַסְּגָנִ֖ים עִמִּֽי ׃ וְהַכֹּֽהֲנִ֡ים אֶלְיָקִ֡ים מַעֲשֵׂיָ֡ה מִֽנְיָמִ֡ין

42 מִיכָיָ֡ה אֶלְיוֹעֵינַ֡י זְכַרְיָ֣ה חֲנַנְיָ֔ה בַּחֲצֹצְרֽוֹת ׃ וּמַעֲשֵׂיָ֨ה
וּֽשְׁמַֽעְיָ֜ה וְאֶלְעָזָ֣ר וְעֻזִּ֗י וִֽיהוֹחָנָן֙ וּמַלְכִּיָּ֣ה וְעֵילָ֣ם וָעָ֔זֶר
וַיַּשְׁמִ֙יעוּ֙ הַמְשֹׁ֣רְרִ֔ים וְיִֽזְרַחְיָ֖ה הַפָּקִֽיד ׃

43 וַיִּזְבְּח֣וּ בַיּוֹם־הַ֠הוּא זְבָחִ֨ים גְּדוֹלִ֜ים וַיִּשְׂמָ֗חוּ
כִּ֤י הָאֱלֹהִים֙ שִׂמְּחָם֙ שִׂמְחָ֣ה גְדוֹלָ֔ה וְגַ֤ם
הַנָּשִׁים֙ וְהַיְלָדִ֣ים שָׂמֵ֔חוּ וַתִּשָּׁמַ֛ע שִׂמְחַ֥ת

44 יְרוּשָׁלִַ֖ם מֵֽרָחֽוֹק ׃ וַיִּפָּקְד֣וּ בַיּוֹם֩ הַה֨וּא אֲנָשִׁ֜ים
עַל־הַנְּשָׁכ֗וֹת לָא֨וֹצָר֥וֹת לַתְּרוּמוֹת֮ לָרֵאשִׁית֒
וְלַמַּֽעַשְׂרוֹת֒ לִכְנ֣וֹס בָּהֶ֗ם לִשְׂדֵ֤י הֶֽעָרִים֙
מְנָא֣וֹת הַתּוֹרָ֔ה לַכֹּהֲנִ֖ים וְלַלְוִיִּ֑ם כִּ֤י שִׂמְחַ֣ת

יְהוּדָ֔ה עַל־הַכֹּהֲנִ֖ים וְעַל־הַלְוִיִּ֑ם הָעֹמְדִֽים ׃

45 וַֽיִּשְׁמְר֞וּ מִשְׁמֶ֣רֶת אֱלֹֽהֵיהֶ֗ם וּמִשְׁמֶ֙רֶת֙ הַֽטׇּהֳרָ֔ה
וְהַמְשֹׁרְרִ֖ים וְהַשֹּׁעֲרִ֑ים כְּמִצְוַ֥ת דָּוִ֖יד שְׁלֹמֹ֥ה בְנֽוֹ ׃

46 כִּֽי־בִימֵ֥י דָוִ֛יד וְאָסָ֖ף מִקֶּ֑דֶם רֹ֥אשׁ הַֽמְשֹׁרְרִ֖ים

47 וְשִׁיר־תְּהִלָּ֥ה וְהֹד֖וֹת לֵֽאלֹהִֽים ׃ וְכׇל־יִשְׂרָאֵ֡ל בִּימֵי֩
זְרֻבָּבֶ֨ל וּבִימֵ֜י נְחֶמְיָ֗ה נֹֽתְנִ֛ים מְנָי֥וֹת הַמְשֹׁרְרִ֖ים
וְהַשֹּׁעֲרִ֑ים דְּבַר־י֣וֹם בְּיוֹמ֑וֹ וּמַקְדִּשִׁים֙ לַלְוִיִּ֔ם וְהַלְוִיִּ֔ם
מַקְדִּשִׁ֖ים לִבְנֵ֥י אַהֲרֹֽן ׃

CAP. XIII.

יג

1 בַּיּ֣וֹם הַה֗וּא נִקְרָ֛א בְּסֵ֥פֶר מֹשֶׁ֖ה בְּאׇזְנֵ֣י הָעָ֑ם
וְנִמְצָא֙ כָּת֣וּב בּ֔וֹ אֲשֶׁ֨ר לֹא־יָב֧וֹא עַמֹּנִ֛י וּמֹאָבִ֖י

2 בִּקְהַ֥ל הָאֱלֹהִ֖ים עַד־עוֹלָֽם ׃ כִּ֣י לֹ֧א קִדְּמ֛וּ אֶת־בְּנֵ֥י
יִשְׂרָאֵ֖ל בַּלֶּ֣חֶם וּבַמָּ֑יִם וַיִּשְׂכֹּ֨ר עָלָ֤יו אֶת־בִּלְעָם֙

3 לְקַֽלְל֔וֹ וַיַּהֲפֹ֧ךְ אֱלֹהֵ֛ינוּ הַקְּלָלָ֖ה לִבְרָכָֽה ׃ וַיְהִ֖י
כְּשָׁמְעָ֣ם אֶת־הַתּוֹרָ֑ה וַיַּבְדִּ֥ילוּ כׇל־עֵ֖רֶב

4 מִיִּשְׂרָאֵֽל ׃ וְלִפְנֵ֣י מִזֶּ֔ה אֶלְיָשִׁיב֙ הַכֹּהֵ֔ן נָת֖וּן

5 בְּלִשְׁכַּ֣ת בֵּית־אֱלֹהֵ֑ינוּ קָר֖וֹב לְטוֹבִיָּֽה ׃ וַיַּ֨עַשׂ ל֜וֹ
לִשְׁכָּ֣ה גְדוֹלָ֗ה וְשָׁ֣ם הָי֪וּ לְ֠פָנִים נֹתְנִ֨ים אֶת־הַמִּנְחָ֜ה
הַלְּבוֹנָ֣ה וְהַכֵּלִ֗ים וּמַעְשַׂ֤ר הַדָּגָן֙ הַתִּיר֣וֹשׁ וְהַיִּצְהָ֔ר מִצְוַ֣ת
הַלְוִיִּ֗ם וְהַמְשֹׁרְרִ֖ים וְהַשֹּׁעֲרִ֑ים וּתְרוּמַ֖ת

6 הַכֹּהֲנִֽים ׃ וּבְכׇל־זֶ֕ה לֹ֥א הָיִ֖יתִי בִּירוּשָׁלָ֑͏ִם כִּ֡י
בִּשְׁנַת֩ שְׁלֹשִׁ֨ים וּשְׁתַּ֜יִם לְאַרְתַּחְשַׁ֤סְתְּא מֶֽלֶךְ־בָּבֶל֙
בָּ֣אתִי אֶל־הַמֶּ֔לֶךְ וּלְקֵ֥ץ יָמִ֖ים נִשְׁאַ֥לְתִּי מִן־הַמֶּֽלֶךְ ׃

7 וָאָב֖וֹא לִירוּשָׁלָ֑͏ִם וָאָבִ֣ינָה בָרָעָ֗ה אֲשֶׁ֨ר עָשָׂ֤ה
אֶלְיָשִׁיב֙ לְט֣וֹבִיָּ֔ה לַעֲשׂ֥וֹת לוֹ֙ נִשְׁכָּ֔ה בְּחַצְרֵ֖י בֵּ֥ית

8 הָאֱלֹהִֽים ׃ וַיֵּ֥רַֽע לִ֖י מְאֹ֑ד וָֽאַשְׁלִ֜יכָה אֶֽת־כׇּל־כְּלֵ֧י

9 בֵּית־טוֹבִיָּ֛ה הַח֖וּץ מִן־הַלִּשְׁכָּֽה ׃ וָאֹ֣מְרָ֔ה וַֽיְטַהֲר֖וּ
הַלְּשָׁכ֑וֹת וָאָשִׁ֣יבָה שָּׁ֗ם כְּלֵי֙ בֵּ֣ית הָאֱלֹהִ֔ים אֶת־

10 הַמִּנְחָ֖ה וְהַלְּבוֹנָֽה ׃ וָאֵ֣דְעָ֔ה כִּֽי־מְנָי֥וֹת הַלְוִיִּ֖ם לֹ֣א
נִתָּ֑נָה וַיִּבְרְח֧וּ אִישׁ־לְשָׂדֵ֛הוּ הַלְוִיִּ֥ם וְהַמְשֹׁרְרִ֖ים

11 עֹשֵׂ֥י הַמְּלָאכָֽה ׃ וָאָרִ֙יבָה֙ אֶת־הַסְּגָנִ֔ים וָאֹ֣מְרָ֔ה
מַדּ֖וּעַ נֶעֱזַ֣ב בֵּית־הָאֱלֹהִ֑ים וָֽאֶ֨קְבְּצֵ֔ם וָאַֽעֲמִדֵ֖ם עַל־

12 עׇמְדָֽם ׃ וְכׇל־יְהוּדָ֗ה הֵבִ֜יאוּ מַעְשַׂ֧ר הַדָּגָ֛ן וְהַתִּיר֥וֹשׁ

13 וְהַיִּצְהָ֖ר לָאוֹצָרֽוֹת ׃ וָאוֹצְרָ֣ה עַל־א֠וֹצָרוֹת שֶׁלֶמְיָ֨ה
הַכֹּהֵ֜ן וְצָד֣וֹק הַסּוֹפֵ֗ר וּפְדָיָה֙ מִן־הַלְוִיִּ֔ם וְעַל־יָדָ֔ם
חָנָ֥ן בֶּן־זַכּ֖וּר בֶּן־מַתַּנְיָ֑ה כִּ֤י נֶאֱמָנִים֙ נֶחְשָׁ֔בוּ

14 וַעֲלֵיהֶ֖ם לַחֲלֹ֣ק לַאֲחֵיהֶֽם ׃ זׇכְרָה־לִּ֥י אֱלֹהַ֖י עַל־
זֹ֑את וְאַל־תֶּ֣מַח חֲסָדַ֗י אֲשֶׁ֤ר עָשִׂ֙יתִי֙ בְּבֵ֣ית

the son of Jeshua, the son of Jozadak, and in the days of Nehemiah [a] the governor, and of Ezra the priest, the [b] scribe.

27 And at the dedication [c] of the wall of Jerusalem they sought the Levites out of all their places, to bring them to Jerusalem, to keep the dedication with gladness, both [f] with thanksgivings, and with singing, *with* cymbals, psalteries, and with harps.

28 And the sons of the singers gathered themselves together, both out of the plain country round about Jerusalem, and from the villages of Netophathi;

29 Also from the house of Gilgal, and out of the fields of Geba and Azmaveth: for the singers had builded them villages round about Jerusalem.

30 And the priests and the Levites purified themselves, and purified [i] the people, and the gates, and the wall.

31 Then I brought up the princes of Judah upon the wall, and appointed two great *companies of them that gave* thanks, *whereof* [l] *one* went on the right hand upon the wall, toward [n] the dung-gate:

32 And after them went Hoshaiah, and half of the princes of Judah,

33 And Azariah, Ezra, and Meshullam,

34 Judah, and Benjamin, and Shemaiah, and Jeremiah,

35 And *certain* of the priests' sons with trumpets; [q] *namely*, Zechariah the son of Jonathan, the son of Shemaiah, the son of Mattaniah, the son of Michaiah, the son of Zaccur, the son of Asaph;

36 And his brethren, Shemaiah, and Azarael, Milalai, Gilalai, Maai, Nethaneel, and Judah, Hanani, with the musical instruments [t] of David the man of God, and Ezra the scribe before them.

37 And at the fountain-gate, [u] which was over against them, they went up by the stairs of the city of David, at the going up of the wall, above the house of David, even unto the water-gate eastward.

38 And the other [w] *company of them that gave* thanks went over against *them*, and I after them, and the half of the people upon the wall, from beyond the tower of the furnaces even unto the broad wall ;

39 And from above the gate of [x] Ephraim, and above the old gate, and above the fish-gate, and the tower of Hananeel, and the tower of Meah, even unto the sheep-gate: and they stood still in the [y] prison-gate.

40 So stood the two *companies of them that gave* thanks in the house of God, and I, and the half of the rulers with me :

41 And the priests; Eliakim, Maaseiah, Miniamin, Michaiah, Elioenai, Zechariah, *and* Hananiah, with trumpets ;

42 And Maaseiah, and Shemaiah, and Eleazar, and Uzzi, and Jehohanan, and Malchijah, and Elam, and Ezer. And the singers [μ] sang loud, [z] with Jezrahiah *their* overseer.

43 Also that day they offered great sacrifices, and rejoiced ; for God had made them rejoice with great joy : the wives also and the children rejoiced ; so that the joy of Jerusalem was heard [b] even afar off.

44 And at that time were some appointed over the chambers [c] for the treasures, for the offerings, for the first-fruits, and for the tithes, to gather into them, out of the fields of the cities, the portions [σ] of the law for the priests and Levites : [φ] for Judah rejoiced for the priests and for the Levites that [χ] waited.

B. C. 445.

a ch. 8, 9.
b Ezr. 7.6,11.
c Ps.30, *title.*
d 1Ch. XXV.
    XXVI.
e 2Ch. 29. 30.
f 1 Ch. 25, 6.
   2 Ch. 5. 13.
g Nu.18.21,26
β i. e. *set apart.*
γ *there was read.*
h ch. 8. 3, 8.
   De.31.11,12
   2 Ki. 23. 2.
δ ears.
i He. 5. 1, 3.
j De. 23. 3, 4.
k Mat. 25. 40.
l ver. 38, 40.
m Nu. 22. 5.
n ch. 3. 13.
o Nu. 24. 10.
   De. 23. 5.
   Jos.24.9,10.
   Mi. 6. 5.
p ch. 9. 2.
ζ being set over.
q Nu. 10. 2, 8.
r ch. 12. 44.
   2 Ch. 31.11.
η the commandment of the Levites.
s Nu.18 21,24
t 1 Ch. 23. 5.
u ch.3.15,&c.
v ch. 5. 14.
θ at the end of days.
κ, *or, I earnestly requested.*
w ver. 31.
x ch. 8. 16.
   2 Ki. 14. 13.
y Je. 32. 2.
λ standing.
μ made their voice to be heard.
z Ps. 81. 1.
   98. 4..6.
v or, *storehouses,*
   Mal. 3. 10.
a ver. 5.
   ch. 12. 44.
b Ezr. 3. 13.
π at their hand.
c ch.13.12,13.
d Ac. 6. 3.
   1 Ti. 3. 10.
ρ it was upon them.
e Ps. 122.6..9.
   He. 6. 10.
σ i. e. *appointed by the law.*
τ kindnesses.
φ for the joy of Judah.
χ stood.
ψ or, *observations.*

45 And both the singers and the porters kept the ward of their God, and the ward of the purification, according to the commandment [d] of David, *and* of Solomon his son.

46 For in the days of David and [e] Asaph, of old, *there were* chief of the singers, and songs of praise and thanksgiving unto God.

47 And all Israel, in the days of Zerubbabel, and in the days of Nehemiah, gave the portions of the singers and the porters every day his portion ; [g] and they [β] sanctified *holy things* unto the Levites, and the Levites sanctified *them* unto the children of Aaron.

CHAP. XIII.

ON that day [γ] they read [h] in the book of Moses in the [δ] audience of the people ; and therein [j] was found written, that the Ammonite and the Moabite should not come into the congregation of God for ever ;

2 Because [k] they met not the children of Israel with bread and with water, but hired [m] Balaam against them, that he should curse them ; howbeit [o] our God turned the curse into a blessing.

3 Now it came to pass, when they had heard the law, that they separated [p] from Israel all the mixed multitude.

4 And before this, Eliashib the priest, [ζ] having the oversight of the chamber of the house of our God, *was* allied unto Tobiah :

5 And he had prepared for him a great chamber, where [r] aforetime they laid the meat-offerings, the frankincense, and the vessels, and the tithes of the corn, the new wine, and the oil, (which was [η] commanded [s] *to be given* to the Levites, and the singers, and the porters,) and the offerings of the priests.

6 But in all this *time* was not I at Jerusalem : for [v] in the two and thirtieth year of Artaxerxes king of Babylon came I unto the king, and [θ] after certain days [κ] obtained I leave of the king.

7 And I came to Jerusalem, and understood of the evil that Eliashib did for Tobiah, in preparing him a chamber in the courts of the house of God.

8 And it grieved me sore ; therefore I cast forth all the household-stuff of Tobiah out of the chamber.

9 Then I commanded, and they cleansed the chambers ; and thither brought I again the vessels of the house of God, with the meat-offering and the frankincense.

10 And I perceived that the portions of the Levites had not been given *them :* for the Levites and the singers that did the work were fled every one to his field.

11 Then contended I with the rulers, and said, Why is the house of God forsaken? And I gathered them together, and set them in their [λ] place.

12 Then brought all Judah the tithe of the corn, and the new wine, and the oil, unto the [v] treasuries.

13 And I made treasurers over the treasuries, [a] Shelemiah the priest, and Zadok the scribe ; and of the Levites, Pedaiah ; and [π] next to them *was* Hanan the son of Zaccur, the son of Mattaniah : for they were counted faithful ; [d] and [ρ] their office *was* to distribute unto their brethren.

14 Remember [e] me, O my God, concerning this, and wipe not out my [τ] good deeds that I have done for the house of my God, and for the [ψ] offices thereof.

אֵלֶּה וּבִמְשֹׁמְרָיו ׃ בַּיָּמִים הָהֵמָּה רָאִיתִי בִיהוּדָה ׀ אֶת־יֹום הַשַּׁבָּת בַּסֹּאות זָכְרָה־לִּי אֱלֹהַי וְהֹוסָה 15

עָלַי כְּרֹב חַסְדֶּךָ ׃ גַּם ׀ בַּיָּמִים הָהֵם רָאִיתִי אֶת־ 23 דֹּרְכִים־גִּתֹּות ׀ בַּשַּׁבָּת וּמְבִיאִים הָעֲרֵמֹות וְעֹמְסִים

הַיְּהוּדִים הֹשִׁיבוּ נָשִׁים אַשְׁדֹּודִיֹּות עַמֳּנִיֹּות 24 עַל־הַחֲמֹרִים וְאַף־יַיִן עֲנָבִים וּתְאֵנִים וְכָל־מַשָּׂא

מֹואֲבִיֹּות ׃ וּבְנֵיהֶם חֲצִי מְדַבֵּר אַשְׁדֹּודִית וְאֵינָם וּמְבִיאִים יְרוּשָׁלִַם בְּיֹום הַשַּׁבָּת וָאָעִיד בְּיֹום

מַכִּירִים לְדַבֵּר יְהוּדִית וְכִלְשֹׁון עַם וָעָם ׃ וָאָרִיב 25 מִכְרָם צָיִד ׃ וְהַצֹּרִים יָשְׁבוּ בָהּ מְבִיאִים דָּאג

עִמָּם וָאֲקַלְלֵם וָאַכֶּה מֵהֶם אֲנָשִׁים וָאֶמְרְטֵם וְכָל־מֶכֶר וּמֹכְרִים בַּשַּׁבָּת לִבְנֵי יְהוּדָה וּבִירוּשָׁלִָם ׃

וָאַשְׁבִּיעֵם בֵּאלֹהִים אִם־תִּתְּנוּ בְנֹתֵיכֶם לִבְנֵיהֶם וָאָרִיבָה אֵת חֹרֵי יְהוּדָה וָאֹמְרָה לָהֶם מָה־הַדָּבָר 17

וְאִם־תִּשְׂאוּ מִבְּנֹתֵיהֶם לִבְנֵיכֶם וְלָכֶם ׃ הֲלֹוא עַל־ 26 הָרָע הַזֶּה אֲשֶׁר אַתֶּם עֹשִׂים וּמְחַלְּלִים אֶת־יֹום

אֵלֶּה חָטָא־שְׁלֹמֹה מֶלֶךְ יִשְׂרָאֵל וּבַגֹּויִם הָרַבִּים הַשַּׁבָּת ׃ הֲלֹוא כֹה עָשׂוּ אֲבֹתֵיכֶם וַיָּבֵא אֱלֹהֵינוּ 18

לֹא־הָיָה מֶלֶךְ כָּמֹהוּ וְאָהוּב לֵאלֹהָיו הָיָה עָלֵינוּ אֵת כָּל־הָרָעָה הַזֹּאת וְעַל הָעִיר הַזֹּאת וְאַתֶּם

וַיִּתְּנֵהוּ אֱלֹהִים מֶלֶךְ עַל־כָּל־יִשְׂרָאֵל גַּם־אֹותֹו מֹוסִיפִים חָרֹון עַל־יִשְׂרָאֵל לְחַלֵּל אֶת־הַשַּׁבָּת ׃

הֶחֱטִיאוּ הַנָּשִׁים הַנָּכְרִיֹּות ׃ וְלָכֶם הֲנִשְׁמַע 27 וַיְהִי כַּאֲשֶׁר צָלֲלוּ שַׁעֲרֵי יְרוּשָׁלִַם לִפְנֵי הַשַּׁבָּת 19

לַעֲשֹׂת אֵת כָּל־הָרָעָה הַגְּדֹולָה הַזֹּאת לִמְעֹל וָאֹמְרָה וַיִּסָּגְרוּ הַדְּלָתֹות וָאֹמְרָה אֲשֶׁר לֹא יִפְתָּחוּם

בֵּאלֹהֵינוּ לְהֹשִׁיב נָשִׁים נָכְרִיֹּות ׃ וּמִבְּנֵי יֹויָדָע 28 עַד אַחַר הַשַּׁבָּת וּמִנְּעָרַי הֶעֱמַדְתִּי עַל־הַשְּׁעָרִים

בֶּן־אֶלְיָשִׁיב הַכֹּהֵן הַגָּדֹול חָתָן לְסַנְבַלַּט הַחֹרֹנִי לֹא־יָבֹוא מַשָּׂא בְּיֹום הַשַּׁבָּת ׃ וַיָּלִינוּ הָרֹכְלִים 20

וָאַבְרִיחֵהוּ מֵעָלָי ׃ זָכְרָה לָהֶם אֱלֹהָי עַל גָּאֳלֵי 29 וּמֹכְרֵי כָל־מִמְכָּר מִחוּץ לִירוּשָׁלִָם פַּעַם וּשְׁתָּיִם ׃

הַכְּהֻנָּה וּבְרִית הַכְּהֻנָּה וְהַלְוִיִּם ׃ וְטִהַרְתִּים 30 וָאָעִידָה בָהֶם וָאֹמְרָה אֲלֵיהֶם מַדּוּעַ אַתֶּם לֵנִים 21

מִכָּל־נֵכָר וָאַעֲמִידָה מִשְׁמָרֹות לַכֹּהֲנִים וְלַלְוִיִּם נֶגֶד הַחֹומָה אִם־תִּשְׁנוּ יָד אֶשְׁלַח בָּכֶם מִן־הָעֵת

אִישׁ בִּמְלַאכְתֹּו ׃ וּלְקֻרְבַּן הָעֵצִים בְּעִתִּים 31 הַהִיא לֹא־בָאוּ בַשַּׁבָּת ׃ וָאֹמְרָה לַלְוִיִּם אֲשֶׁר 22

מְזֻמָּנֹות וְלַבִּכּוּרִים זָכְרָה־לִּי אֱלֹהַי לְטֹובָה ׃ יִהְיוּ מִטַּהֲרִים וּבָאִים שֹׁמְרִים הַשְּׁעָרִים לְקַדֵּשׁ

חזק

15 In those days saw I in Judah *some* treading wine-presses on the[b] sabbath, and bringing in sheaves, and lading asses; as also wine, grapes, and figs, and all *manner of* burdens, which[c] they brought into Jerusalem on the sabbath-day: and I testified *against them* in the day wherein they sold victuals.

16 There dwelt men of Tyre also therein, which brought fish, and all manner of ware, and sold on the sabbath unto the children of Judah, and in Jerusalem.

17 Then[f] I contended with the nobles of Judah, and said unto them, What evil thing *is* this that ye do, and profane the sabbath-day?

18 Did not your fathers thus,[h] and did not our God bring all this evil upon us, and upon this city? yet ye bring more wrath upon Israel by profaning the sabbath.

19 And it came to pass, that when the gates of Jerusalem began to be dark before[m] the sabbath, I commanded that the gates should be shut, and charged that they should not be opened till after the sabbath: and *some* of my servants set I at the gates, *that* there should no burden be brought in on the sabbath-day.

20 So the merchants and sellers of all kind of ware lodged without Jerusalem once or twice.

21 Then I testified against them, and said unto them, Why lodge ye κ about the wall? if ye do *so* again, I will lay hands on you. From that time forth came they no *more* on the sabbath.

22 And I commanded the Levites that they[r] should cleanse themselves, and *that* they should come *and* keep the gates, to sanctify the sabbath-day. Remem-

ber[a] me, O my God, *concerning* this also, and spare me according to the β greatness of thy mercy.

23 In those days also saw I Jews *that* had γ married wives[d] of Ashdod, of Ammon, *and* of Moab:

24 And their children spake half in the speech of Ashdod, and δ could not speak in the Jews' language, but according to the language of ζ each people.

25 And[e] I contended with them, and η cursed them, and smote certain of them, and plucked off their hair, and made them swear[g] by God, *saying*, Ye shall not give your daughters unto their sons, nor take their daughters unto your sons, or for yourselves.

26 Did not Solomon[i] king of Israel sin by these things? yet[k] among many nations was there no king like him, who was beloved[l] of his God, and God made him king over all Israel: nevertheless, even him did outlandish women cause to sin.

27 Shall we then hearken unto you to do all this great evil, to transgress against our God in marrying strange wives?

28 And *one* of the sons of Joiada,[n] the son of Eliashib the high priest, *was* son-in-law to Sanballat the Horonite: therefore I chased him from me.

29 Remember[o] them, O my God, θ because they have defiled the priesthood, and the covenant[p] of the priesthood, and of the Levites.

30 Thus cleansed I them from all strangers, and appointed the wards[q] of the priests and the Levites, every one in his business;

31 And for the wood-offering, at times appointed, and for the first-fruits. Remember[s] me, O my God, for good.

B. C. 434.

a ver. 14, 31.
b Ex. 20. 10.
β or, *multitude.*
c ch. 10. 31.
γ *made to dwell* with them.
d Ezr. 9. 2.
δ *they discerned not to speak.*
ζ *people and people.*
e ver. 11, 17.
η or, *reviled,* Ps. 15. 4.
f ver. 11. Pr. 28. 4.
g ch.10.29,30. Ezr. 10. 5.
h Je.17.21..23.
i 1Ki.11.1,&c 2 Ch. 9. 22.
k 1 Ki. 3. 13.
l 2 Sa. 12. 24.
m Le. 23. 32.
n ch.12.10,22.
o ch. 6. 14.
θ *for the defilings.*
p Mal.2.4,10.
κ *before.*
q ch. 10. 34.
r ch. 12. 30.
s Ps. 26. 8, 9.

אסתר

LIBER ESTHERÆ.

CAP. I. א

1 וַיְהִי בִּימֵי אֲחַשְׁוֵרוֹשׁ הוּא אֲחַשְׁוֵרוֹשׁ הַמֹּלֵךְ
מֵהֹדּוּ וְעַד־כּוּשׁ שֶׁבַע וְעֶשְׂרִים וּמֵאָה מְדִינָה׃
2 בַּיָּמִים הָהֵם כְּשֶׁבֶת הַמֶּלֶךְ אֲחַשְׁוֵרוֹשׁ עַל כִּסֵּא
3 מַלְכוּתוֹ אֲשֶׁר בְּשׁוּשַׁן הַבִּירָה׃ בִּשְׁנַת שָׁלוֹשׁ
לְמָלְכוֹ עָשָׂה מִשְׁתֶּה לְכָל־שָׂרָיו וַעֲבָדָיו חֵיל׳ פָּרַס
4 וּמָדַי הַפַּרְתְּמִים וְשָׂרֵי הַמְּדִינוֹת לְפָנָיו׃ בְּהַרְאֹתוֹ
אֶת־עֹשֶׁר כְּבוֹד מַלְכוּתוֹ וְאֶת־יְקָר תִּפְאֶרֶת גְּדוּלָּתוֹ
5 יָמִים רַבִּים שְׁמוֹנִים וּמְאַת יוֹם׃ וּבִמְלוֹאת
הַיָּמִים הָאֵלֶּה עָשָׂה הַמֶּלֶךְ לְכָל־הָעָם הַנִּמְצְאִים
בְּשׁוּשַׁן הַבִּירָה לְמִגָּדוֹל וְעַד־קָטָן מִשְׁתֶּה שִׁבְעַת
6 יָמִים בַּחֲצַר גִּנַּת בִּיתַן הַמֶּלֶךְ׃ חוּר׳ כַּרְפַּס
וּתְכֵלֶת אָחוּז בְּחַבְלֵי־בוּץ וְאַרְגָּמָן עַל־גְּלִילֵי כֶסֶף
וְעַמּוּדֵי שֵׁשׁ מִטּוֹת׳ זָהָב וָכֶסֶף עַל רִצְפַת בַּהַט־
7 וָשֵׁשׁ וְדַר וְסֹחָרֶת׃ וְהַשְׁקוֹת בִּכְלֵי זָהָב וְכֵלִים
מִכֵּלִים שׁוֹנִים וְיֵין מַלְכוּת רָב כְּיַד הַמֶּלֶךְ׃
8 וְהַשְּׁתִיָּה כַדָּת אֵין אֹנֵס כִּי־כֵן׳ יִסַּד הַמֶּלֶךְ
עַל כָּל־רַב בֵּיתוֹ לַעֲשׂוֹת כִּרְצוֹן אִישׁ־וָאִישׁ׃
9 גַּם וַשְׁתִּי הַמַּלְכָּה עָשְׂתָה מִשְׁתֵּה נָשִׁים בֵּית
10 הַמַּלְכוּת אֲשֶׁר לַמֶּלֶךְ אֲחַשְׁוֵרוֹשׁ׃ בַּיּוֹם הַשְּׁבִיעִי
כְּטוֹב לֵב־הַמֶּלֶךְ בַּיָּיִן אָמַר לִמְהוּמָן בִּזְּתָא
חַרְבוֹנָא בִּגְתָא וַאֲבַגְתָא זֵתַר וְכַרְכַּס שִׁבְעַת
הַסָּרִיסִים הַמְשָׁרְתִים אֶת־פְּנֵי הַמֶּלֶךְ אֲחַשְׁוֵרוֹשׁ׃
11 לְהָבִיא אֶת־וַשְׁתִּי הַמַּלְכָּה לִפְנֵי הַמֶּלֶךְ בְּכֶתֶר
מַלְכוּת לְהַרְאוֹת הָעַמִּים וְהַשָּׂרִים אֶת־יָפְיָהּ כִּי־
12 טוֹבַת מַרְאֶה הִיא׃ וַתְּמָאֵן הַמַּלְכָּה וַשְׁתִּי
לָבוֹא בִּדְבַר הַמֶּלֶךְ אֲשֶׁר בְּיַד הַסָּרִיסִים וַיִּקְצֹף
הַמֶּלֶךְ מְאֹד וַחֲמָתוֹ בָּעֲרָה בוֹ׃
13 וַיֹּאמֶר הַמֶּלֶךְ לַחֲכָמִים יֹדְעֵי הָעִתִּים כִּי־כֵן
14 דְּבַר הַמֶּלֶךְ לִפְנֵי כָּל־יֹדְעֵי דָּת וָדִין׃ וְהַקָּרֹב
אֵלָיו כַּרְשְׁנָא שֵׁתָר אַדְמָתָא תַרְשִׁישׁ מֶרֶס
מַרְסְנָא מְמוּכָן שִׁבְעַת שָׂרֵי׳ פָּרַס וּמָדַי רֹאֵי

---

15 פְּנֵי הַמֶּלֶךְ הַיֹּשְׁבִים רִאשֹׁנָה בַּמַּלְכוּת׃ כְּדָת
מַה־לַּעֲשׂוֹת בַּמַּלְכָּה וַשְׁתִּי עַל׳ אֲשֶׁר לֹא־עָשְׂתָה
אֶת־מַאֲמַר הַמֶּלֶךְ אֲחַשְׁוֵרוֹשׁ בְּיַד הַסָּרִיסִים׃
16 וַיֹּאמֶר מְמוּכָן לִפְנֵי הַמֶּלֶךְ וְהַשָּׂרִים לֹא
עַל־הַמֶּלֶךְ לְבַדּוֹ עָוְתָה וַשְׁתִּי הַמַּלְכָּה כִּי עַל־
כָּל־הַשָּׂרִים וְעַל־כָּל־הָעַמִּים אֲשֶׁר בְּכָל־מְדִינוֹת
17 הַמֶּלֶךְ אֲחַשְׁוֵרוֹשׁ׃ כִּי־יֵצֵא דְבַר־הַמַּלְכָּה עַל־
כָּל־הַנָּשִׁים לְהַבְזוֹת בַּעְלֵיהֶן בְּעֵינֵיהֶן בְּאָמְרָם
הַמֶּלֶךְ אֲחַשְׁוֵרוֹשׁ אָמַר לְהָבִיא אֶת־וַשְׁתִּי הַמַּלְכָּה
18 לְפָנָיו וְלֹא־בָאָה׃ וְהַיּוֹם הַזֶּה תֹּאמַרְנָה׳ שָׂרוֹת
פָּרַס־וּמָדַי אֲשֶׁר שָׁמְעוּ אֶת־דְּבַר הַמַּלְכָּה לְכֹל
19 שָׂרֵי הַמֶּלֶךְ וּכְדַי בִּזָּיוֹן וָקָצֶף׃ אִם־עַל־הַמֶּלֶךְ
טוֹב יֵצֵא דְבַר־מַלְכוּת מִלְּפָנָיו וְיִכָּתֵב בְּדָתֵי
פָרַס־וּמָדַי וְלֹא יַעֲבוֹר אֲשֶׁר לֹא־תָבוֹא וַשְׁתִּי
לִפְנֵי הַמֶּלֶךְ אֲחַשְׁוֵרוֹשׁ וּמַלְכוּתָהּ יִתֵּן הַמֶּלֶךְ
20 לִרְעוּתָהּ הַטּוֹבָה מִמֶּנָּה׃ וְנִשְׁמַע פִּתְגָם הַמֶּלֶךְ
אֲשֶׁר־יַעֲשֶׂה בְּכָל־מַלְכוּתוֹ כִּי רַבָּה הִיא וְכָל־
הַנָּשִׁים יִתְּנוּ יְקָר לְבַעְלֵיהֶן לְמִגָּדוֹל וְעַד־קָטָן׃
21 וַיִּיטַב הַדָּבָר בְּעֵינֵי הַמֶּלֶךְ וְהַשָּׂרִים וַיַּעַשׂ
22 הַמֶּלֶךְ כִּדְבַר מְמוּכָן׃ וַיִּשְׁלַח סְפָרִים אֶל־כָּל־
מְדִינוֹת הַמֶּלֶךְ אֶל־מְדִינָה וּמְדִינָה כִּכְתָבָהּ וְאֶל־
עַם וָעָם כִּלְשׁוֹנוֹ לִהְיוֹת כָּל־אִישׁ שֹׂרֵר בְּבֵיתוֹ
וּמְדַבֵּר כִּלְשׁוֹן עַמּוֹ׃

CAP. II. ב

1 אַחַר הַדְּבָרִים הָאֵלֶּה כְּשֹׁךְ חֲמַת הַמֶּלֶךְ
אֲחַשְׁוֵרוֹשׁ זָכַר אֶת־וַשְׁתִּי וְאֵת אֲשֶׁר־עָשָׂתָה
2 וְאֵת אֲשֶׁר־נִגְזַר עָלֶיהָ׃ וַיֹּאמְרוּ נַעֲרֵי־הַמֶּלֶךְ
מְשָׁרְתָיו יְבַקְשׁוּ לַמֶּלֶךְ נְעָרוֹת בְּתוּלוֹת טוֹבוֹת
3 מַרְאֶה׃ וְיַפְקֵד הַמֶּלֶךְ פְּקִידִים בְּכָל־מְדִינוֹת
מַלְכוּתוֹ וְיִקְבְּצוּ אֶת־כָּל־נַעֲרָה־בְתוּלָה טוֹבַת
מַרְאֶה אֶל־שׁוּשַׁן הַבִּירָה אֶל־בֵּית הַנָּשִׁים אֶל־
יַד הֵגֶא סְרִיס הַמֶּלֶךְ שֹׁמֵר הַנָּשִׁים וְנָתוֹן

The Book of ESTHER.

CHAP. I.

NOW it came to pass in the days of Ahasuerus,[c] (this *is* Ahasuerus which reigned from India even unto Ethiopia, over[d] an hundred and seven and twenty provinces,)

2 *That* in those days, when the king Ahasuerus sat on the throne of his kingdom, which *was* in Shushan[e] the palace,

3 In the third year of his reign, he made a feast[f] unto all his princes and his servants; the power of Persia and Media, the nobles and princes of the provinces, *being* before him ;

4 When he shewed the riches of his glorious kingdom, and the honour of his excellent majesty, many days, *even* an hundred and fourscore days.

5 And when these days were expired, the king made a feast unto all the people that were [γ] present in Shushan the palace, both unto great and small, seven days, in the court of the garden of the king's palace ;

6 *Where were* white, green, and [δ] blue hangings, fastened with cords of fine linen and purple to silver rings and pillars of marble : the beds[g] *were of* gold and silver, upon a pavement [θ] of red, and blue, and white, and black marble.

7 And they gave *them* drink in vessels of gold, (the vessels being diverse one from another,) and [μ] royal wine in abundance, according to the [ν] state of the king.

8 And the drinking *was* according to the law ; none did compel ;[h] for so the king had appointed to all the officers of his house, that they should do according to every man's pleasure.

9 Also Vashti the queen made a feast for the women *in* the royal house which *belonged* to king Ahasuerus.

10 On the seventh day, when the[l] heart of the king was merry[m] with wine, he commanded Mehuman, Biztha, Harbona,[n] Bigtha, and Abagtha, Zethar, and Carcas, the seven [ρ] chamberlains that served in the presence of Ahasuerus the king,

11 To bring Vashti the queen before the king, with the crown royal, to shew the people and the princes her beauty : for she *was* [τ] fair to look on.

12 But the queen Vashti refused to come at the king's commandment [φ] by *his* chamberlains : therefore was the king very wroth, and his anger burned in him.

13 Then the king said to the wise[q] men, which knew[r] the times, (for so *was* the king's manner toward all that knew law and judgment ;

14 And the next unto him *was* Carshena, Shethar Admatha, Tarshish, Meres, Mar-

a Ezr. 7. 14.
b 2 Ki. 25. 19.
c Ezr. 4. 6.
Da. 9. 1.
βWhat to do.
d ch. 8. 9.
Da. 6. 1.
e Ne. 1. 1.
f ch. 2. 18.
Ge. 40. 20.
Mar. 6. 21.
γ *found*.
δ or, *violet*,
ch. 8. 15.
ζ *be good with*
η *from before him*.
g Eze. 23. 41.
Am. 6. 4.
θ or, *of porphyre, and marble, and alabaster, and stone of blue colour*
κ *pass not away*, ch.8.8.
Da.6.8.,15.
λ *her companion*.
μ *wine of the kingdom*.
ν *hand*.
h Hab. 2. 15.
i Ep. 5. 33.
Col. 3. 18.
π *was good in the eyes of*
k ch. 8. 9.
l 2 Sa. 13. 28.
m Ec. 10.19.
n ch. 7. 9.
o Ep.5.22..24.
1 Ti. 2. 12.
ρ or, *eunuchs*.
σ *one should publish it according to the language of his people*.
τ *good of countenance*.
1 Sa. 25. 3.
p ch. 1. 19,20.
φ *which was by the hand of his eunuchs*.
q Je. 10. 7.
r 1 Ch. 12. 32.
χ *hand*.
ψ or, *Hegai*, ver. 8.

sena, *and* Memucan, the seven [α] princes of Persia and Media, which[b] saw the king's face, *and* which sat the first in the kingdom ;)

15 What [β] shall we do unto the queen Vashti according to law, because she hath not performed the commandment of the king Ahasuerus by the chamberlains ?

16 And Memucan answered before the king and the princes, Vashti the queen hath not done wrong to the king only, but also to all the princes, and to all the people that *are* in all the provinces of the king Ahasuerus.

17 For *this* deed of the queen shall come abroad unto all women, so that they shall despise their husbands in their eyes, when it shall be reported. The king Ahasuerus commanded Vashti the queen to be brought in before him, but she came not.

18 *Likewise* shall the ladies of Persia and Media say this day unto all the king's princes, which have heard of the deed of the queen. Thus *shall there arise* too much contempt and wrath.

19 If it [ζ] please the king, let there go a royal commandment [η] from him, and let it be written among the laws of the Persians and the Medes, that it [κ] be not altered, That Vashti come no more before king Ahasuerus ; and let the king give her royal estate unto [λ] another that is better than she.

20 And when the king's decree which he shall make shall be published throughout all his empire, (for it is great,) all the wives shall give to their husbands honour,[i] both to great and small.

21 And the saying [π] pleased the king and the princes ; and the king did according to the word of Memucan :

22 For he sent letters[k] into all the king's provinces, into every province according to the writing thereof, and to every people after their language, that every man should bear rule[o] in his own house ; and that [σ] it should be published according to the language of every people.

CHAP. II.

AFTER these things, when the wrath of king Ahasuerus was appeased, he remembered Vashti, and what she had done, and what[p] was decreed against her.

2 Then said the king's servants that ministered unto him, Let there be fair young virgins sought for the king :

3 And let the king appoint officers in all the provinces of his kingdom, that they may gather together all the fair young virgins unto Shushan the palace, to the house of the women, unto the [χ] custody of [ψ] Hege the king's chamberlain, keeper of the women ; and let their things

4 וְתָגֵעֲרָה אֲשֶׁר תִּיטַב בְּעֵינֵי הַמֶּלֶךְ
תַּחַת וַשְׁתִּי וַיִּיטַב הַדָּבָר בְּעֵינֵי הַמֶּלֶךְ
5 וַיַּעַשׂ כֵּן : אִישׁ יְהוּדִי הָיָה בְּשׁוּשַׁן
הַבִּירָה וּשְׁמוֹ מָרְדֳּכַי בֶּן יָאִיר בֶּן שִׁמְעִי בֶּן
6 קִישׁ אִישׁ יְמִינִי : אֲשֶׁר הָגְלָה מִירוּשָׁלַיִם עִם
הַגֹּלָה אֲשֶׁר הָגְלְתָה עִם יְכָנְיָה מֶלֶךְ יְהוּדָה
7 אֲשֶׁר הֶגְלָה נְבוּכַדְנֶצַּר מֶלֶךְ בָּבֶל : וַיְהִי אֹמֵן
אֶת הֲדַסָּה הִיא אֶסְתֵּר בַּת דֹּדוֹ כִּי אֵין לָהּ אָב
וָאֵם וְהַנַּעֲרָה יְפַת תֹּאַר וְטוֹבַת מַרְאֶה וּבְמוֹת
8 אָבִיהָ וְאִמָּהּ לְקָחָהּ מָרְדֳּכַי לוֹ לְבַת : וַיְהִי
בְּהִשָּׁמַע דְּבַר הַמֶּלֶךְ וְדָתוֹ וּבְהִקָּבֵץ נְעָרוֹת רַבּוֹת
אֶל שׁוּשַׁן הַבִּירָה אֶל יַד הֵגַי וַתִּלָּקַח אֶסְתֵּר
אֶל בֵּית הַמֶּלֶךְ אֶל יַד הֵגַי שֹׁמֵר הַנָּשִׁים :
9 וַתִּיטַב הַנַּעֲרָה בְעֵינָיו וַתִּשָּׂא חֶסֶד לְפָנָיו
וַיְבַהֵל אֶת תַּמְרוּקֶיהָ וְאֶת מָנוֹתֶהָ לָתֶת לָהּ
וְאֵת שֶׁבַע הַנְּעָרוֹת הָרְאֻיוֹת לָתֶת לָהּ מִבֵּית
הַמֶּלֶךְ וַיְשַׁנֶּהָ וְאֶת נַעֲרוֹתֶיהָ לְטוֹב בֵּית הַנָּשִׁים :
10 לֹא הִגִּידָה אֶסְתֵּר אֶת עַמָּהּ וְאֶת מוֹלַדְתָּהּ כִּי
11 מָרְדֳּכַי צִוָּה עָלֶיהָ אֲשֶׁר לֹא תַגִּיד : וּבְכָל יוֹם
וָיוֹם מָרְדֳּכַי מִתְהַלֵּךְ לִפְנֵי חֲצַר בֵּית הַנָּשִׁים
לָדַעַת אֶת שְׁלוֹם אֶסְתֵּר וּמַה יֵּעָשֶׂה בָּהּ :
12 וּבְהַגִּיעַ תֹּר נַעֲרָה וְנַעֲרָה לָבוֹא אֶל הַמֶּלֶךְ
אֲחַשְׁוֵרוֹשׁ מִקֵּץ הֱיוֹת לָהּ כְּדָת הַנָּשִׁים שְׁנֵים
עָשָׂר חֹדֶשׁ כִּי כֵּן יִמְלְאוּ יְמֵי מְרוּקֵיהֶן שִׁשָּׁה
חֳדָשִׁים בְּשֶׁמֶן הַמֹּר וְשִׁשָּׁה חֳדָשִׁים בַּבְּשָׂמִים
13 וּבְתַמְרוּקֵי הַנָּשִׁים : וּבָזֶה הַנַּעֲרָה בָּאָה אֶל הַמֶּלֶךְ
אֵת כָּל אֲשֶׁר תֹּאמַר יִנָּתֵן לָהּ לָבוֹא עִמָּהּ
14 מִבֵּית הַנָּשִׁים עַד בֵּית הַמֶּלֶךְ : בָּעֶרֶב
הִיא בָאָה וּבַבֹּקֶר הִיא שָׁבָה אֶל בֵּית הַנָּשִׁים
שֵׁנִי אֶל יַד שַׁעַשְׁגַז סְרִיס הַמֶּלֶךְ שֹׁמֵר
הַפִּילַגְשִׁים לֹא תָבוֹא עוֹד אֶל הַמֶּלֶךְ
כִּי אִם חָפֵץ בָּהּ הַמֶּלֶךְ וְנִקְרְאָה בְשֵׁם :
15 וּבְהַגִּיעַ תֹּר אֶסְתֵּר בַּת אֲבִיחַיִל דֹּד מָרְדֳּכַי אֲשֶׁר
לָקַח לוֹ לְבַת לָבוֹא אֶל הַמֶּלֶךְ לֹא בִקְשָׁה דָּבָר
כִּי אִם אֶת אֲשֶׁר יֹאמַר הֵגַי סְרִיס הַמֶּלֶךְ שֹׁמֵר
הַנָּשִׁים וַתְּהִי אֶסְתֵּר נֹשֵׂאת חֵן בְּעֵינֵי כָּל רֹאֶיהָ :
16 וַתִּלָּקַח אֶסְתֵּר אֶל הַמֶּלֶךְ אֲחַשְׁוֵרוֹשׁ אֶל בֵּית
מַלְכוּתוֹ בַּחֹדֶשׁ הָעֲשִׂירִי הוּא חֹדֶשׁ טֵבֵת בִּשְׁנַת
17 שֶׁבַע לְמַלְכוּתוֹ : וַיֶּאֱהַב הַמֶּלֶךְ אֶת אֶסְתֵּר מִכָּל

הַנָּשִׁים וַתִּשָּׂא חֵן וָחֶסֶד לְפָנָיו מִכָּל הַבְּתוּלוֹת
וַיָּשֶׂם כֶּתֶר מַלְכוּת בְּרֹאשָׁהּ וַיַּמְלִיכֶהָ תַּחַת
18 וַשְׁתִּי : וַיַּעַשׂ הַמֶּלֶךְ מִשְׁתֶּה גָדוֹל לְכָל שָׂרָיו
וַעֲבָדָיו אֵת מִשְׁתֵּה אֶסְתֵּר וַהֲנָחָה לַמְּדִינוֹת עָשָׂה
19 וַיִּתֵּן מַשְׂאֵת כְּיַד הַמֶּלֶךְ : וּבְהִקָּבֵץ בְּתוּלוֹת
20 שֵׁנִית וּמָרְדֳּכַי יֹשֵׁב בְּשַׁעַר הַמֶּלֶךְ : אֵין אֶסְתֵּר
מַגֶּדֶת מוֹלַדְתָּהּ וְאֶת עַמָּהּ כַּאֲשֶׁר צִוָּה עָלֶיהָ
מָרְדֳּכַי וְאֶת מַאֲמַר מָרְדֳּכַי אֶסְתֵּר עֹשָׂה כַּאֲשֶׁר
21 הָיְתָה בְאָמְנָה אִתּוֹ : בַּיָּמִים הָהֵם
וּמָרְדֳּכַי יֹשֵׁב בְּשַׁעַר הַמֶּלֶךְ קָצַף בִּגְתָן וָתֶרֶשׁ
שְׁנֵי סָרִיסֵי הַמֶּלֶךְ מִשֹּׁמְרֵי הַסַּף וַיְבַקְשׁוּ לִשְׁלֹחַ יָד
22 בַּמֶּלֶךְ אֲחַשְׁוֵרוֹשׁ : וַיִּוָּדַע הַדָּבָר לְמָרְדֳּכַי וַיַּגֵּד
לְאֶסְתֵּר הַמַּלְכָּה וַתֹּאמֶר אֶסְתֵּר לַמֶּלֶךְ בְּשֵׁם
23 מָרְדֳּכָי : וַיְבֻקַּשׁ הַדָּבָר וַיִּמָּצֵא וַיִּתָּלוּ שְׁנֵיהֶם עַל
עֵץ וַיִּכָּתֵב בְּסֵפֶר דִּבְרֵי הַיָּמִים לִפְנֵי הַמֶּלֶךְ :

CAP. III. ג

1 אַחַר הַדְּבָרִים הָאֵלֶּה גִּדַּל הַמֶּלֶךְ אֲחַשְׁוֵרוֹשׁ
אֶת הָמָן בֶּן הַמְּדָתָא הָאֲגָגִי וַיְנַשְּׂאֵהוּ וַיָּשֶׂם אֶת
2 כִּסְאוֹ מֵעַל כָּל הַשָּׂרִים אֲשֶׁר אִתּוֹ : וְכָל עַבְדֵי
הַמֶּלֶךְ אֲשֶׁר בְּשַׁעַר הַמֶּלֶךְ כֹּרְעִים וּמִשְׁתַּחֲוִים
לְהָמָן כִּי כֵן צִוָּה לוֹ הַמֶּלֶךְ וּמָרְדֳּכַי לֹא יִכְרַע
3 וְלֹא יִשְׁתַּחֲוֶה : וַיֹּאמְרוּ עַבְדֵי הַמֶּלֶךְ אֲשֶׁר
בְּשַׁעַר הַמֶּלֶךְ לְמָרְדֳּכָי מַדּוּעַ אַתָּה עוֹבֵר אֵת
4 מִצְוַת הַמֶּלֶךְ : וַיְהִי בְּאָמְרָם אֵלָיו יוֹם וָיוֹם וְלֹא
שָׁמַע אֲלֵיהֶם וַיַּגִּידוּ לְהָמָן לִרְאוֹת הֲיַעַמְדוּ
5 דִּבְרֵי מָרְדֳּכַי כִּי הִגִּיד לָהֶם אֲשֶׁר הוּא יְהוּדִי :
וַיַּרְא הָמָן כִּי אֵין מָרְדֳּכַי כֹּרֵעַ וּמִשְׁתַּחֲוֶה לוֹ
6 וַיִּמָּלֵא הָמָן חֵמָה : וַיִּבֶז בְּעֵינָיו לִשְׁלֹחַ יָד
בְּמָרְדֳּכַי לְבַדּוֹ כִּי הִגִּידוּ לוֹ אֶת עַם מָרְדֳּכָי וַיְבַקֵּשׁ
הָמָן לְהַשְׁמִיד אֶת כָּל הַיְּהוּדִים אֲשֶׁר בְּכָל
7 מַלְכוּת אֲחַשְׁוֵרוֹשׁ עַם מָרְדֳּכָי : בַּחֹדֶשׁ הָרִאשׁוֹן
הוּא חֹדֶשׁ נִיסָן בִּשְׁנַת שְׁתֵּים עֶשְׂרֵה לַמֶּלֶךְ
אֲחַשְׁוֵרוֹשׁ הִפִּיל פּוּר הוּא הַגּוֹרָל לִפְנֵי הָמָן מִיּוֹם
לְיוֹם וּמֵחֹדֶשׁ לְחֹדֶשׁ שְׁנֵים עָשָׂר הוּא חֹדֶשׁ אֲדָר :
8 וַיֹּאמֶר הָמָן לַמֶּלֶךְ אֲחַשְׁוֵרוֹשׁ יֶשְׁנוֹ עַם אֶחָד מְפֻזָּר
וּמְפֹרָד בֵּין הָעַמִּים בְּכֹל מְדִינוֹת מַלְכוּתֶךָ וְדָתֵיהֶם
שֹׁנוֹת מִכָּל עָם וְאֶת דָּתֵי הַמֶּלֶךְ אֵינָם עֹשִׂים
9 וְלַמֶּלֶךְ אֵין שֹׁוֶה לְהַנִּיחָם : אִם עַל הַמֶּלֶךְ טוֹב
יִכָּתֵב לְאַבְּדָם וַעֲשֶׂרֶת אֲלָפִים כִּכַּר כֶּסֶף אֶשְׁקוֹל עַל

fur purification be given *them:*

4 And let the maiden which pleaseth the king be queen[a] instead of Vashti. And the thing pleased the king; and he did so.

5 Now in Shushan the palace there was a certain Jew, whose name *was* Mordecai, the son of Jair, the son of Shimei, the son of Kish, a Benjamite,

6 Who had been carried away from Jerusalem with the captivity[d] which had been carried away with γ Jeconiah king of Judah, whom Nebuchadnezzar the king of Babylon had carried away.

7 And he δ brought up Hadassah (that *is* Esther) his uncle's daughter; for she had neither father nor mother, and the maid *was* ζ fair and beautiful; whom Mordecai, when her father and mother were dead, took for his own daughter.

8 So it came to pass, when the king's commandment and his decree was heard, and when many maidens were gathered together[g] unto Shushan the palace, to the custody of Hegai, that Esther was brought also unto the king's house, to the custody of Hegai, keeper of the women.

9 And the maiden pleased him, and she obtained kindness[i] of him; and he speedily gave her her things for[k] purification, with κ such things as belonged to her, and seven maidens, *which were* meet to be given her, out of the king's house: and he λ preferred her and her maids unto the best *place* of the house of the women.

10 Esther had not shewed her people nor her kindred: for Mordecai had charged her[m] that she should not shew *it.*

11 And Mordecai walked every day before the court of the women's house to know μ how Esther did, and what should become of her.

12 Now, when every maid's turn was come to go in to king Ahasuerus, after that she had been twelve months, according to the manner of the women, (for so were the days of their purifications accomplished, *to wit,* six months with oil of myrrh,[q] and six months with sweet odours, and with *other* things for the purifying of the women,)

13 Then thus came *every* maiden unto the king; whatsoever she desired was given her, to go with her out of the house of the women unto the king's house.

14 In the evening she went, and on the morrow she returned into the second house of the women, to the custody of Shaashgaz the king's chamberlain, which kept the concubines: she came in unto the king no more, except[u] the king delighted in her, and that she were called by[v] name.

15 Now when the turn of Esther, the daughter of Abihail the uncle of Mordecai, who had taken her for his daughter, was come to go in unto the king, she required nothing but what Hegai the king's chamberlain, the keeper of the women, appointed: and Esther obtained favour[y] in the sight of all them that looked upon her.

16 So Esther was taken unto king Ahasuerus into his house royal in the tenth month, which *is* the month Tebeth, in the seventh year of his reign.

17 And the king loved Esther above all the women, and she obtained grace and σ favour τ in his sight more than all the

	B. C. 519.
	—————
a	Mat. 20. 16. 22. 14.
b	ch. 1. 3.
β	rest.
c	Ne. 8. 12.
d	2 Ki. 24. 14, 15.
	Je. 24. 1.
e	ch. 3. 2.
γ	or, *Jehoiachin,* 2 Ki. 24. 6.
f	Ep. 6. 1..3.
δ	*nourished,* Eph. 6. 4.
ζ	*fair of form, and good of countenance.*
η	or, *Bigthana,* ch. 6. 2.
θ	threshold.
g	ver. 3.
h	ch. 6. 1, 2.
i	Ps. 106. 46.
k	ver. 3, 12.
κ	*her portions.*
λ	changed.
l	Nu. 24. 7. 1 Sa. 15. 8,33.
m	ver. 20.
n	Ge. 41. 43.
μ	*the peace of Esther,* Ge. 37. 14. 1 Sa. 17. 18.
o	Ps. 15. 4.
p	ver. 2.
q	Pr. 7. 17. Is. 57. 9.
r	ver. 2. ch. 5. 9.
s	Ge. 4. 5, 6. Da. 3. 19.
t	Ps. 83. 4. Re. 12. 17.
u	Ge. 34. 19. De. 21. 14. Is. 62. 4, 5.
v	Is. 43. 1.
w	ch. 9. 24.
x	Ezr. 4. 13. Ac. 16. 20.
y	Ca. 6. 9. 8. 10. Ac. 7. 10.
ν	*meet, or, equal.*
π	*to destroy them.*
ρ	*weigh.*
σ	or, *kindness.*
τ	*before him.*

virgins; so that he set the royal crown upon her head, and made her queen instead of Vashti.

18 Then the king made a great[b] feast unto all his princes and his servants, *even* Esther's feast; and he made a β release to the provinces, and gave gifts,[c] according to the state of the king.

19 And when the virgins were gathered together the second time, then Mordecai sat[e] in the king's gate.

20 Esther had not *yet* shewed her kindred nor her people, as Mordecai had charged her: for[f] Esther did the commandment of Mordecai, like as when sne was brought up with him.

21 In those days, while Mordecai sat in the king's gate, two of the king's chamberlains, η Bigthan and Teresh, of those which kept the θ door, were wroth, and sought to lay hand on the king Ahasuerus.

22 And the thing was known to Mordecai, who[h] told *it* unto Esther the queen, and Esther certified the king *thereof* in Mordecai's name.

23 And when inquisition was made of the matter, it was found out; therefore they were both hanged on a tree: and it was written in the book of the Chronicles before the king.

CHAP. III.

AFTER these things did king Ahasuerus promote Haman the son of Hammedatha the Agagite,[l] and advanced him, and set his seat above all the princes that *were* with him.

2 And all the king's servants, that *were* in the king's gate, bowed[n] and reverenced Haman: for the king had so commanded concerning him: but Mordecai bowed not,[o] nor did *him* reverence.

3 Then the king's servants, which *were* in the king's gate, said unto Mordecai, Why transgressest thou the king's[p] commandment?

4 Now it came to pass, when they spake daily unto him, and he hearkened not unto them, that they told Haman, to see whether Mordecai's matters would stand: for he had told them that he *was* a Jew.

5 And when Haman saw that Mordecai bowed not,[r] nor did him reverence, then was Haman full of[s] wrath.

6 And he thought scorn to lay hands on Mordecai alone; for they had shewed him the people of Mordecai: wherefore Haman sought to destroy all[t] the Jews that *were* throughout the whole kingdom of Ahasuerus, *even* the people of Mordecai.

7 In the first month, (that *is* the month Nisan,) in the twelfth year of king Ahasuerus, they cast Pur,[w] that *is,* the lot, before Haman, from day to day, and from month to month, *to* the twelfth *month,* that *is,* the month Adar.

8 And Haman said unto king Ahasuerus, There is a certain people scattered abroad and dispersed among the people in all the provinces of thy kingdom; and[x] their laws *are* diverse from all people, neither keep they the king's laws, therefore it *is* not ν for the king's profit to suffer them.

9 If it please the king, let it be written π that they may be destroyed; and I will ρ pay ten thousand talents of silver to the hands of those that have the charge of the business, to bring *it* into the king's treasuries.

10 וַיָּסַר הַמֶּלֶךְ אֶת־טַבַּעְתּוֹ מֵעַל יָדוֹ וַיִּתְּנָהּ לְהָמָן בֶּן־הַמְּדָתָא הָאֲגָגִי צֹרֵר הַיְּהוּדִים׃

11 וַיֹּאמֶר הַמֶּלֶךְ לְהָמָן הַכֶּסֶף נָתוּן לָךְ וְהָעָם לַעֲשׂוֹת בּוֹ כַּטּוֹב בְּעֵינֶיךָ׃

12 וַיִּקָּרְאוּ סֹפְרֵי הַמֶּלֶךְ בַּחֹדֶשׁ הָרִאשׁוֹן בִּשְׁלוֹשָׁה עָשָׂר יוֹם בּוֹ וַיִּכָּתֵב כְּכָל־אֲשֶׁר־צִוָּה הָמָן אֶל אֲחַשְׁדַּרְפְּנֵי־הַמֶּלֶךְ וְאֶל־הַפַּחוֹת אֲשֶׁר עַל־מְדִינָה וּמְדִינָה וְאֶל־שָׂרֵי עַם וָעָם מְדִינָה וּמְדִינָה כִּכְתָבָהּ וְעַם וָעָם כִּלְשׁוֹנוֹ בְּשֵׁם הַמֶּלֶךְ אֲחַשְׁוֵרֹשׁ נִכְתָּב וְנֶחְתָּם בְּטַבַּעַת הַמֶּלֶךְ׃

13 וְנִשְׁלוֹחַ סְפָרִים בְּיַד הָרָצִים אֶל־כָּל־מְדִינוֹת הַמֶּלֶךְ לְהַשְׁמִיד לַהֲרֹג וּלְאַבֵּד אֶת־כָּל־הַיְּהוּדִים מִנַּעַר וְעַד־זָקֵן טַף וְנָשִׁים בְּיוֹם אֶחָד בִּשְׁלוֹשָׁה עָשָׂר לְחֹדֶשׁ שְׁנֵים־עָשָׂר הוּא־חֹדֶשׁ אֲדָר וּשְׁלָלָם לָבוֹז׃

14 פַּתְשֶׁגֶן הַכְּתָב לְהִנָּתֵן דָּת בְּכָל־מְדִינָה וּמְדִינָה גָּלוּי לְכָל־הָעַמִּים לִהְיוֹת עֲתִדִים לַיּוֹם הַזֶּה׃

15 הָרָצִים יָצְאוּ דְחוּפִים בִּדְבַר הַמֶּלֶךְ וְהַדָּת נִתְּנָה בְּשׁוּשַׁן הַבִּירָה וְהַמֶּלֶךְ וְהָמָן יָשְׁבוּ לִשְׁתּוֹת וְהָעִיר שׁוּשָׁן נָבוֹכָה׃

CAP. IV. ד

1 וּמָרְדֳּכַי יָדַע אֶת־כָּל־אֲשֶׁר נַעֲשָׂה וַיִּקְרַע מָרְדֳּכַי אֶת־בְּגָדָיו וַיִּלְבַּשׁ שַׂק וָאֵפֶר וַיֵּצֵא בְּתוֹךְ הָעִיר וַיִּזְעַק זְעָקָה גְדוֹלָה וּמָרָה׃

2 וַיָּבוֹא עַד לִפְנֵי שַׁעַר־הַמֶּלֶךְ כִּי אֵין לָבוֹא אֶל־שַׁעַר הַמֶּלֶךְ בִּלְבוּשׁ שָׂק׃

3 וּבְכָל־מְדִינָה וּמְדִינָה מְקוֹם אֲשֶׁר דְּבַר־הַמֶּלֶךְ וְדָתוֹ מַגִּיעַ אֵבֶל גָּדוֹל לַיְּהוּדִים וְצוֹם וּבְכִי וּמִסְפֵּד שַׂק וָאֵפֶר יֻצַּע לָרַבִּים׃

4 וַתָּבוֹאינָה נַעֲרוֹת אֶסְתֵּר וְסָרִיסֶיהָ וַיַּגִּידוּ לָהּ וַתִּתְחַלְחַל הַמַּלְכָּה מְאֹד וַתִּשְׁלַח בְּגָדִים לְהַלְבִּישׁ אֶת־מָרְדֳּכַי וּלְהָסִיר שַׂקּוֹ מֵעָלָיו וְלֹא קִבֵּל׃

5 וַתִּקְרָא אֶסְתֵּר לַהֲתָךְ מִסָּרִיסֵי הַמֶּלֶךְ אֲשֶׁר הֶעֱמִיד לְפָנֶיהָ וַתְּצַוֵּהוּ עַל־מָרְדֳּכָי לָדַעַת מַה־זֶּה וְעַל־מַה־זֶּה׃

6 וַיֵּצֵא הֲתָךְ אֶל־מָרְדֳּכָי אֶל־רְחוֹב הָעִיר אֲשֶׁר לִפְנֵי שַׁעַר־הַמֶּלֶךְ׃

7 וַיַּגֶּד־לוֹ מָרְדֳּכַי אֵת כָּל־אֲשֶׁר קָרָהוּ וְאֵת פָּרָשַׁת הַכֶּסֶף אֲשֶׁר אָמַר הָמָן לִשְׁקוֹל עַל־גִּנְזֵי הַמֶּלֶךְ בַּיְּהוּדִים לְאַבְּדָם׃

8 וְאֶת־פַּתְשֶׁגֶן כְּתָב־הַדָּת אֲשֶׁר־נִתַּן בְּשׁוּשָׁן לְהַשְׁמִידָם נָתַן לוֹ לְהַרְאוֹת אֶת־אֶסְתֵּר וּלְהַגִּיד לָהּ וּלְצַוּוֹת עָלֶיהָ לָבוֹא אֶל־הַמֶּלֶךְ לְהִתְחַנֶּן־לוֹ וּלְבַקֵּשׁ מִלְּפָנָיו עַל־עַמָּהּ׃

9 וַיָּבוֹא הֲתָךְ וַיַּגֵּד לְאֶסְתֵּר אֵת דִּבְרֵי מָרְדֳּכָי׃

10 וַתֹּאמֶר אֶסְתֵּר לַהֲתָךְ וַתְּצַוֵּהוּ אֶל־מָרְדֳּכָי׃

11 כָּל־עַבְדֵי הַמֶּלֶךְ וְעַם מְדִינוֹת הַמֶּלֶךְ יוֹדְעִים אֲשֶׁר כָּל־אִישׁ וְאִשָּׁה אֲשֶׁר יָבוֹא־אֶל־הַמֶּלֶךְ אֶל־הֶחָצֵר הַפְּנִימִית אֲשֶׁר לֹא־יִקָּרֵא אַחַת דָּתוֹ לְהָמִית לְבַד מֵאֲשֶׁר יוֹשִׁיט־לוֹ הַמֶּלֶךְ אֶת־שַׁרְבִיט הַזָּהָב וְחָיָה וַאֲנִי לֹא נִקְרֵאתִי לָבוֹא אֶל־הַמֶּלֶךְ זֶה שְׁלוֹשִׁים יוֹם׃

12 וַיַּגִּידוּ לְמָרְדֳּכָי אֵת דִּבְרֵי אֶסְתֵּר׃

13 וַיֹּאמֶר מָרְדֳּכַי לְהָשִׁיב אֶל־אֶסְתֵּר אַל־תְּדַמִּי בְנַפְשֵׁךְ לְהִמָּלֵט בֵּית־הַמֶּלֶךְ מִכָּל־הַיְּהוּדִים׃

14 כִּי אִם־הַחֲרֵשׁ תַּחֲרִישִׁי בָּעֵת הַזֹּאת רֶוַח וְהַצָּלָה יַעֲמוֹד לַיְּהוּדִים מִמָּקוֹם אַחֵר וְאַתְּ וּבֵית־אָבִיךְ תֹּאבֵדוּ וּמִי יוֹדֵעַ אִם־לְעֵת כָּזֹאת הִגַּעַתְּ לַמַּלְכוּת׃

15 וַתֹּאמֶר אֶסְתֵּר לְהָשִׁיב אֶל־מָרְדֳּכָי׃

16 לֵךְ כְּנוֹס אֶת־כָּל־הַיְּהוּדִים הַנִּמְצְאִים בְּשׁוּשָׁן וְצוּמוּ עָלַי וְאַל־תֹּאכְלוּ וְאַל־תִּשְׁתּוּ שְׁלֹשֶׁת יָמִים לַיְלָה וָיוֹם גַּם־אֲנִי וְנַעֲרֹתַי אָצוּם כֵּן וּבְכֵן אָבוֹא אֶל־הַמֶּלֶךְ אֲשֶׁר לֹא־כַדָּת וְכַאֲשֶׁר אָבַדְתִּי אָבָדְתִּי׃

17 וַיַּעֲבֹר מָרְדֳּכָי וַיַּעַשׂ כְּכֹל אֲשֶׁר־צִוְּתָה עָלָיו אֶסְתֵּר׃

CAP. V. ה

1 וַיְהִי בַּיּוֹם הַשְּׁלִישִׁי וַתִּלְבַּשׁ אֶסְתֵּר מַלְכוּת וַתַּעֲמֹד בַּחֲצַר בֵּית־הַמֶּלֶךְ הַפְּנִימִית נֹכַח בֵּית הַמֶּלֶךְ וְהַמֶּלֶךְ יוֹשֵׁב עַל־כִּסֵּא מַלְכוּתוֹ בְּבֵית הַמַּלְכוּת נֹכַח פֶּתַח הַבָּיִת׃

2 וַיְהִי כִרְאוֹת הַמֶּלֶךְ אֶת־אֶסְתֵּר הַמַּלְכָּה עֹמֶדֶת בֶּחָצֵר נָשְׂאָה חֵן בְּעֵינָיו וַיּוֹשֶׁט הַמֶּלֶךְ לְאֶסְתֵּר אֶת־שַׁרְבִיט הַזָּהָב אֲשֶׁר בְּיָדוֹ וַתִּקְרַב אֶסְתֵּר וַתִּגַּע בְּרֹאשׁ הַשַּׁרְבִיט׃

3 וַיֹּאמֶר לָהּ הַמֶּלֶךְ מַה־לָּךְ אֶסְתֵּר הַמַּלְכָּה וּמַה־בַּקָּשָׁתֵךְ עַד־חֲצִי הַמַּלְכוּת וְיִנָּתֵן לָךְ׃

4 וַתֹּאמֶר אֶסְתֵּר אִם־עַל־הַמֶּלֶךְ טוֹב יָבוֹא הַמֶּלֶךְ וְהָמָן הַיּוֹם אֶל־הַמִּשְׁתֶּה אֲשֶׁר־עָשִׂיתִי לוֹ׃

5 וַיֹּאמֶר הַמֶּלֶךְ מַהֲרוּ אֶת־הָמָן לַעֲשׂוֹת אֶת־דְּבַר אֶסְתֵּר וַיָּבֹא הַמֶּלֶךְ וְהָמָן אֶל־הַמִּשְׁתֶּה אֲשֶׁר־עָשְׂתָה אֶסְתֵּר׃

6 וַיֹּאמֶר הַמֶּלֶךְ לְאֶסְתֵּר בְּמִשְׁתֵּה הַיַּיִן מַה־שְּׁאֵלָתֵךְ וְיִנָּתֵן לָךְ וּמַה־בַּקָּשָׁתֵךְ עַד־חֲצִי הַמַּלְכוּת וְתֵעָשׂ׃

7 וַתַּעַן אֶסְתֵּר וַתֹּאמַר שְׁאֵלָתִי וּבַקָּשָׁתִי׃

8 אִם־מָצָאתִי חֵן בְּעֵינֵי הַמֶּלֶךְ וְאִם־עַל־הַמֶּלֶךְ טוֹב לָתֵת אֶת־שְׁאֵלָתִי וְלַעֲשׂוֹת אֶת־בַּקָּשָׁתִי יָבוֹא הַמֶּלֶךְ וְהָמָן אֶל־הַמִּשְׁתֶּה אֲשֶׁר אֶעֱשֶׂה

10 And the king took^a his ring from his hand, and gave it unto Haman the son of Hammedatha the Agagite, the Jews' β enemy.

11 And the king said unto Haman, The silver *is* given to thee, the people also, to do with them as it seemeth good to thee.

12 Then^b were the king's γ scribes called on the thirteenth day of the first month, and there was written according to all that Haman had commanded, unto the king's lieutenants, and to the governors that *were* over every province, and to the rulers of every people of every province, according to the writing thereof, and to every people after their language; in*f* the name of king Ahasuerus was it written, and sealed with the king's ring.

13 And the letters were sent by posts into all the king's provinces, to destroy, to kill, and to cause to perish, all Jews, both young and old, little children and women, in one day, *even* upon the thirteenth *day* of the twelfth month, which *is* the month Adar, and *to take* the spoil of them for a prey.

14 The copy of the writing, for a commandment to be given in every province, was published unto all people, that they should be ready against that day.

15 The posts went out, being hastened by the king's commandment; and the decree was given in Shushan the palace. And the king and Haman sat down to drink; but^k the city Shushan was perplexed.

CHAP. IV.

WHEN Mordecai perceived all that was done, Mordecai rent^m his clothes, and put on sackcloth with ashes,ⁿ and went out into the midst of the city, and cried with a loud and a bitter^o cry;

2 And came even before the king's gate: for none might enter into the king's gate clothed with sackcloth.

3 And in every province, whithersoever the king's commandment and his decree came, *there was* great mourning^r among the Jews, and fasting, and weeping, and wailing: and θ many lay in sackcloth and ashes.

4 So Esther's maids and her κ chamberlains came and told *it* her. Then was the queen exceedingly grieved; and she sent raiment to clothe Mordecai, and to take away his sackcloth from him: but^u he received *it* not.

5 Then called Esther for Hatach, *one* of the king's chamberlains, whom he had λ appointed to attend upon her, and gave him a commandment to Mordecai, to know what it *was*, and why it *was*.

6 So Hatach went forth to Mordecai unto the street of the city, which *was* before the king's gate.

7 And Mordecai told him of all that had happened unto him, and of the sum of^w the money that Haman had promised to pay to the king's treasuries for the Jews, to destroy them:

8 Also he gave him the copy of the writing^x of the decree that was given at Shushan to destroy them, to shew *it* unto Esther, and to declare *it* unto her, and to charge her that she should go in unto the king, to make supplication^z unto him, and to make request before him for her people.

B. C. 510.

---

a ch. 8. 2, 8.
Ge. 41. 42.

β or, *oppressor*,
ch. 7. 6.

b ch. 8. 9, &c.

γ or, *secretaries*.

c ch. 5. 1.

d Da. 2. 9.

e ch. 5. 2.
8. 4.

f 1 Ki. 21. 8.

g Pr. 24. 11, 12.

h Nu. 23. 23.
1 Sa. 12. 22.
Is. 54. 17.

δ *respiration*,
Job 9. 18.

ζ *found*.

i Jon. 3. 4..9.

k Pr. 29. 2.

l Ge. 43. 14.

η *passed*.

m 2 Sa. 1. 11.
Job 1. 20.

n Jos. 7. 6.
Eze. 27. 30.
Jon. 3. 6.

θ Ge. 27. 34.

p ch. 4. 16.

q ch. 4. 11.
6. 4.

r Is. 22. 4, 5.
37. 1.3.

θ *sackcloth
and ashes
were laid
under
many*,
Is. 58. 5.
Da. 9. 3.

s Ne. 1. 11.
2. 4, &c.
Pr. 21. 1.

κ *eunuchs*.

t ch. 8. 4.

u Ps. 77. 2.

v ver. 6.
Mar. 6. 23.

λ *set before*.

w ch. 3. 9.

x ch. 7. 2.
9. 12.

y ver. 3.

z ch. 3. 14, 15.

a Ne. 2. 4.
Pr. 21. 1.

μ *do*.

---

9 And Hatach came and told Esther the words of Mordecai.

10 Again Esther spake unto Hatach, and gave him commandment unto Mordecai;

11 All the king's servants, and the people of the king's provinces, do know, that whosoever, whether man or woman, shall come unto the king into the inner^c court, who is not called, *there is* one^d law of his to put *him* to death, except such to whom the king shall hold out^e the golden sceptre, that he may live: but I have not been called to come in unto the king these thirty days.

12 And they told to Mordecai Esther's words.

13 Then Mordecai commanded to answer Esther, Think not^g with thyself that thou shalt escape in the king's house, more than all the Jews.

14 For^h if thou altogether holdest thy peace at this time, *then* shall there δ enlargement and deliverance arise to the Jews from another place; but thou and thy father's house shall be destroyed: and who knoweth whether thou art come to the kingdom for *such* a time as this?

15 Then Esther bade *them* return Mordecai *this answer;*

16 Go, gather together all the Jews that are ζ present in Shushan, and fastⁱ ye for me, and neither eat nor drink three days, night or day: I also and my maidens will fast likewise; and so will I go in unto the king, which *is* not according to the law; and if I*l* perish, I perish.

17 So Mordecai η went his way, and did according to all that Esther had commanded him.

CHAP. V.

NOW it came to pass on the third^p day, that Esther put on *her* royal *apparel*, and stood in the inner court^q of the king's house, over against the king's house: and the king sat upon his royal throne in the royal house, over against the gate of the house.

2 And it was so, when the king saw Esther the queen standing in the court, *that* she obtained favour^s in his sight: and the king held out^t to Esther the golden sceptre that *was* in his hand. So Esther drew near, and touched the top of the sceptre.

3 Then said the king unto her, What wilt thou, queen Esther? and what *is* thy request? it^v shall be even given thee to the half of the kingdom.

4 And Esther answered, If *it seem* good unto the king, let the king and Haman come this day unto the banquet that I have prepared for him.

5 Then the king said, Cause Haman to make haste, that he may do as Esther hath said. So the king and Haman came to the banquet that Esther had prepared.

6 And the king said unto Esther at the banquet of wine, What^x *is* thy petition? and it shall be granted thee: and what *is* thy request? even^y to the half of the kingdom it shall be performed.

7 Then answered Esther, and said, My petition and my request *is;*

8 If I have found favour in the sight of the king, and if it please the king to grant my petition, and to μ perform my request, let the king and Haman come to the banquet that I shall prepare for them,

9 וַיֵּצֵא הָמָן בַּיּוֹם הַהוּא שָׂמֵחַ וְטוֹב לֵב וְכִרְאוֹת הָמָן אֶת־מָרְדֳּכַי בְּשַׁעַר הַמֶּלֶךְ וְלֹא־קָם וְלֹא־זָע מִמֶּנּוּ וַיִּמָּלֵא הָמָן עַל־מָרְדֳּכַי חֵמָה :
10 וַיִּתְאַפַּק הָמָן וַיָּבוֹא אֶל־בֵּיתוֹ וַיִּשְׁלַח וַיָּבֵא אֶת־אֹהֲבָיו וְאֶת־זֶרֶשׁ אִשְׁתּוֹ :
11 וַיְסַפֵּר לָהֶם הָמָן אֶת־כְּבוֹד עָשְׁרוֹ וְרֹב בָּנָיו וְאֵת כָּל־אֲשֶׁר גִּדְּלוֹ הַמֶּלֶךְ וְאֵת אֲשֶׁר נִשְּׂאוֹ עַל־הַשָּׂרִים וְעַבְדֵי הַמֶּלֶךְ :
12 וַיֹּאמֶר הָמָן אַף לֹא־הֵבִיאָה אֶסְתֵּר הַמַּלְכָּה עִם־הַמֶּלֶךְ אֶל־הַמִּשְׁתֶּה אֲשֶׁר־עָשָׂתָה כִּי אִם־אוֹתִי וְגַם־לְמָחָר אֲנִי קָרוּא־לָהּ עִם־הַמֶּלֶךְ :
13 וְכָל־זֶה אֵינֶנּוּ שֹׁוֶה לִי בְּכָל־עֵת אֲשֶׁר אֲנִי רֹאֶה אֶת־מָרְדֳּכַי הַיְּהוּדִי יוֹשֵׁב בְּשַׁעַר הַמֶּלֶךְ :
14 וַתֹּאמֶר לוֹ זֶרֶשׁ אִשְׁתּוֹ וְכָל־אֹהֲבָיו יַעֲשׂוּ־עֵץ גָּבֹהַּ חֲמִשִּׁים אַמָּה וּבַבֹּקֶר אֱמֹר לַמֶּלֶךְ וְיִתְלוּ אֶת־מָרְדֳּכַי עָלָיו וּבֹא עִם־הַמֶּלֶךְ אֶל־הַמִּשְׁתֶּה שָׂמֵחַ וַיִּיטַב הַדָּבָר לִפְנֵי הָמָן וַיַּעַשׂ הָעֵץ :

CAP. VI. ו

1 בַּלַּיְלָה הַהוּא נָדְדָה שְׁנַת הַמֶּלֶךְ וַיֹּאמֶר לְהָבִיא אֶת־סֵפֶר הַזִּכְרֹנוֹת דִּבְרֵי הַיָּמִים וַיִּהְיוּ נִקְרָאִים לִפְנֵי הַמֶּלֶךְ :
2 וַיִּמָּצֵא כָתוּב אֲשֶׁר הִגִּיד מָרְדֳּכַי עַל־בִּגְתָנָא וָתֶרֶשׁ שְׁנֵי סָרִיסֵי הַמֶּלֶךְ מִשֹּׁמְרֵי הַסַּף אֲשֶׁר בִּקְשׁוּ לִשְׁלֹחַ יָד בַּמֶּלֶךְ אֲחַשְׁוֵרוֹשׁ :
3 וַיֹּאמֶר הַמֶּלֶךְ מַה־נַּעֲשָׂה יְקָר וּגְדוּלָּה לְמָרְדֳּכַי עַל־זֶה וַיֹּאמְרוּ נַעֲרֵי הַמֶּלֶךְ מְשָׁרְתָיו לֹא־נַעֲשָׂה עִמּוֹ דָּבָר :
4 וַיֹּאמֶר הַמֶּלֶךְ מִי בֶחָצֵר וְהָמָן בָּא לַחֲצַר בֵּית־הַמֶּלֶךְ הַחִיצוֹנָה לֵאמֹר לַמֶּלֶךְ לִתְלוֹת אֶת־מָרְדֳּכַי עַל־הָעֵץ אֲשֶׁר־הֵכִין לוֹ :
5 וַיֹּאמְרוּ נַעֲרֵי הַמֶּלֶךְ אֵלָיו הִנֵּה הָמָן עֹמֵד בֶּחָצֵר וַיֹּאמֶר הַמֶּלֶךְ יָבוֹא :
6 וַיָּבוֹא הָמָן וַיֹּאמֶר לוֹ הַמֶּלֶךְ מַה־לַעֲשׂוֹת בָּאִישׁ אֲשֶׁר הַמֶּלֶךְ חָפֵץ בִּיקָרוֹ וַיֹּאמֶר הָמָן בְּלִבּוֹ לְמִי יַחְפֹּץ הַמֶּלֶךְ לַעֲשׂוֹת יְקָר יוֹתֵר מִמֶּנִּי :
7 וַיֹּאמֶר הָמָן אֶל־הַמֶּלֶךְ אִישׁ אֲשֶׁר הַמֶּלֶךְ חָפֵץ בִּיקָרוֹ :
8 יָבִיאוּ לְבוּשׁ מַלְכוּת אֲשֶׁר לָבַשׁ־בּוֹ הַמֶּלֶךְ וְסוּס אֲשֶׁר רָכַב עָלָיו הַמֶּלֶךְ וַאֲשֶׁר נִתַּן כֶּתֶר מַלְכוּת בְּרֹאשׁוֹ :
9 וְנָתוֹן הַלְּבוּשׁ וְהַסּוּס עַל־יַד־אִישׁ מִשָּׂרֵי הַמֶּלֶךְ הַפַּרְתְּמִים וְהִלְבִּישׁוּ אֶת־הָאִישׁ אֲשֶׁר הַמֶּלֶךְ חָפֵץ בִּיקָרוֹ וְהִרְכִּיבֻהוּ עַל־הַסּוּס בִּרְחוֹב הָעִיר וְקָרְאוּ לְפָנָיו כָּכָה יֵעָשֶׂה לָאִישׁ אֲשֶׁר הַמֶּלֶךְ חָפֵץ בִּיקָרוֹ :
10 וַיֹּאמֶר הַמֶּלֶךְ לְהָמָן מַהֵר קַח אֶת־הַלְּבוּשׁ וְאֶת־הַסּוּס כַּאֲשֶׁר דִּבַּרְתָּ וַעֲשֵׂה־כֵן לְמָרְדֳּכַי הַיְּהוּדִי הַיֹּשֵׁב בְּשַׁעַר הַמֶּלֶךְ אַל־תַּפֵּל דָּבָר מִכֹּל אֲשֶׁר דִּבַּרְתָּ :
11 וַיִּקַּח הָמָן אֶת־הַלְּבוּשׁ וְאֶת־הַסּוּס וַיַּלְבֵּשׁ אֶת־מָרְדֳּכָי וַיַּרְכִּיבֵהוּ בִּרְחוֹב הָעִיר וַיִּקְרָא לְפָנָיו כָּכָה יֵעָשֶׂה לָאִישׁ אֲשֶׁר הַמֶּלֶךְ חָפֵץ בִּיקָרוֹ :
12 וַיָּשָׁב מָרְדֳּכַי אֶל־שַׁעַר הַמֶּלֶךְ וְהָמָן נִדְחַף אֶל־בֵּיתוֹ אָבֵל וַחֲפוּי רֹאשׁ :
13 וַיְסַפֵּר הָמָן לְזֶרֶשׁ אִשְׁתּוֹ וּלְכָל־אֹהֲבָיו אֵת כָּל־אֲשֶׁר קָרָהוּ וַיֹּאמְרוּ לוֹ חֲכָמָיו וְזֶרֶשׁ אִשְׁתּוֹ אִם מִזֶּרַע הַיְּהוּדִים מָרְדֳּכַי אֲשֶׁר הַחִלּוֹתָ לִנְפֹּל לְפָנָיו לֹא־תוּכַל לוֹ כִּי־נָפוֹל תִּפּוֹל לְפָנָיו :
14 עוֹדָם מְדַבְּרִים עִמּוֹ וְסָרִיסֵי הַמֶּלֶךְ הִגִּיעוּ וַיַּבְהִלוּ לְהָבִיא אֶת־הָמָן אֶל־הַמִּשְׁתֶּה אֲשֶׁר־עָשְׂתָה אֶסְתֵּר :

CAP. VII. ז

1 וַיָּבֹא הַמֶּלֶךְ וְהָמָן לִשְׁתּוֹת עִם־אֶסְתֵּר הַמַּלְכָּה :
2 וַיֹּאמֶר הַמֶּלֶךְ לְאֶסְתֵּר גַּם בַּיּוֹם הַשֵּׁנִי בְּמִשְׁתֵּה הַיַּיִן מַה־שְּׁאֵלָתֵךְ אֶסְתֵּר הַמַּלְכָּה וְתִנָּתֵן לָךְ וּמַה־בַּקָּשָׁתֵךְ עַד־חֲצִי הַמַּלְכוּת וְתֵעָשׂ :
3 וַתַּעַן אֶסְתֵּר הַמַּלְכָּה וַתֹּאמַר אִם־מָצָאתִי חֵן בְּעֵינֶיךָ הַמֶּלֶךְ וְאִם־עַל־הַמֶּלֶךְ טוֹב תִּנָּתֶן־לִי נַפְשִׁי בִּשְׁאֵלָתִי וְעַמִּי בְּבַקָּשָׁתִי :
4 כִּי נִמְכַּרְנוּ אֲנִי וְעַמִּי לְהַשְׁמִיד לַהֲרוֹג וּלְאַבֵּד וְאִלּוּ לַעֲבָדִים וְלִשְׁפָחוֹת נִמְכַּרְנוּ הֶחֱרַשְׁתִּי כִּי אֵין הַצָּר שֹׁוֶה בְּנֵזֶק הַמֶּלֶךְ :
5 וַיֹּאמֶר הַמֶּלֶךְ אֲחַשְׁוֵרוֹשׁ וַיֹּאמֶר לְאֶסְתֵּר הַמַּלְכָּה מִי הוּא זֶה וְאֵי־זֶה הוּא אֲשֶׁר־מְלָאוֹ לִבּוֹ לַעֲשׂוֹת כֵּן :
6 וַתֹּאמֶר אֶסְתֵּר אִישׁ צַר וְאוֹיֵב הָמָן הָרָע הַזֶּה וְהָמָן נִבְעַת מִלִּפְנֵי הַמֶּלֶךְ וְהַמַּלְכָּה :
7 וְהַמֶּלֶךְ קָם בַּחֲמָתוֹ מִמִּשְׁתֵּה הַיַּיִן אֶל־גִּנַּת הַבִּיתָן וְהָמָן עָמַד לְבַקֵּשׁ עַל־נַפְשׁוֹ מֵאֶסְתֵּר הַמַּלְכָּה כִּי רָאָה כִּי־כָלְתָה אֵלָיו הָרָעָה מֵאֵת הַמֶּלֶךְ :
8 וְהַמֶּלֶךְ שָׁב מִגִּנַּת הַבִּיתָן אֶל־בֵּית מִשְׁתֵּה הַיַּיִן וְהָמָן נֹפֵל עַל־הַמִּטָּה אֲשֶׁר אֶסְתֵּר עָלֶיהָ וַיֹּאמֶר הַמֶּלֶךְ הֲגַם לִכְבּוֹשׁ אֶת־הַמַּלְכָּה עִמִּי בַּבָּיִת הַדָּבָר יָצָא מִפִּי הַמֶּלֶךְ וּפְנֵי הָמָן חָפוּ :
9 וַיֹּאמֶר חַרְבוֹנָה אֶחָד מִן־הַסָּרִיסִים לִפְנֵי הַמֶּלֶךְ גַּם הִנֵּה־הָעֵץ אֲשֶׁר־עָשָׂה הָמָן לְמָרְדֳּכַי אֲשֶׁר דִּבֶּר־טוֹב עַל־הַמֶּלֶךְ עֹמֵד בְּבֵית הָמָן גָּבֹהַּ חֲמִשִּׁים אַמָּה וַיֹּאמֶר הַמֶּלֶךְ תְּלֻהוּ עָלָיו :
10 וַיִּתְלוּ אֶת־הָמָן עַל־הָעֵץ אֲשֶׁר־

and I will do to-morrow as the king hath said.

9 Then went Haman forth that day joyful and with a glad heart: but when Haman saw Mordecai in the king's gate, that *a* he stood not up, nor moved for him, he was full of indignation against Mordecai.

10 Nevertheless, Haman *b* refrained himself: and when he came home, he sent and *γ* called for his friends, and Zeresh his wife.

11 And Haman told them of the glory of his riches, and the multitude of his children,*d* and all *the things* wherein the king had promoted him, and how*f* he had advanced him above the princes and servants of the king.

12 Haman said moreover, Yea, Esther the queen did let no man come in with the king unto the banquet that she had prepared, but myself; and to-morrow am I invited unto her also with the king.

13 Yet *i* all this availeth me nothing, so long as I see Mordecai the Jew sitting at the king's gate.

14 Then said Zeresh his wife, and all his friends unto him, Let a *δ* gallows*l* be made of fifty cubits high, and to-morrow speak *m* thou unto the king, that Mordecai may be hanged thereon: then go thou in merrily with the king unto the banquet. And the thing pleased Haman; and he caused the gallows to be made.*n*

CHAP. VI.

ON that night *n* could not the king sleep, and he commanded to bring the book*o* of records of the chronicles; and they were read before the king.

2 And it was found written, that Mordecai had told of *θ* Bigthana and Teresh, two of the king's chamberlains, the keepers of the *κ* door, who sought to lay hand on the king Ahasuerus.

3 And the king said, What honour and dignity hath been done to Mordecai for this? Then said the king's servants that ministered unto him, There is nothing*q* done for him.

4 And the king said, Who *is* in the court? Now Haman was come into the outward court of the king's house, to speak unto the king to hang Mordecai on the gallows that he had prepared for him.

5 And the king's servants said unto him, Behold, Haman standeth in the court. And the king said, Let him come in.

6 So Haman came in. And the king said unto him, What shall be done unto the man *π* whom the king delighteth to honour? Now*s* Haman thought in his heart, To whom would the king delight to do honour more than to myself?

7 And Haman answered the king, For the man *ρ* whom the king delighteth to honour,

8 Let *σ* the royal apparel be *τ* brought which the king *useth* to wear, and the horse that the king rideth upon, and the crown royal which is set upon his head:

9 And let this apparel and horse be delivered to the hand of one of the king's most noble princes, that they may array the man *withal* whom the king delighteth to honour, and bring *ψ* him on horseback through the street of the city, and *w* proclaim before him, Thus shall it be done to the man whom the king delighteth to honour.

10 Then the king said to Haman, Make

haste, *and* take the apparel and the horse, as thou hast said, and do even so to Mordecai the Jew, that sitteth at the king's gate : *β* let nothing fail of all that thou hast spoken.

11 Then took Haman the apparel and the horse, and arrayed Mordecai, and brought him on horseback through the street of the city, and proclaimed before him, Thus shall it be done unto the man whom the king delighteth to honour.

12 And Mordecai came again to the king's gate. But Haman hasted*c* to his house, mourning, and having his head covered.*e*

13 And Haman told Zeresh his wife, and all his friends, every *thing* that had befallen him. Then said his wise men and Zeresh his wife unto him, If*g* Mordecai *be* of the seed of the Jews, before whom thou hast begun to fall, thou shalt not prevail against him, but shalt surely fall*h* before him.

14 And while they *were* yet talking with him, came the king's chamberlains, and hasted to bring Haman unto the banquet that*k* Esther had prepared.

CHAP. VII.

SO the king and Haman came to *ζ* banquet with Esther the queen.

2 And the king said again unto Esther on the second day at the banquet of wine, What *is* thy petition, queen Esther? and it shall be granted thee : and what *is* thy request? and it shall be performed, *even* to the half of the kingdom.

3 Then Esther the queen answered and said, If I have found favour in thy sight, O king, and if it please the king, let my life be given me at my petition, and my people at my request;

4 For*p* we are sold, I and my people, to *λ* be destroyed, to be slain, and to perish. But if we had been sold for bondmen and bondwomen, I had held my tongue, although the enemy could not countervail the king's damage.

5 Then the king Ahasuerus answered and said unto Esther the queen, Who is he, and where is he, *μ* that durst presume in his heart to do so?

6 And Esther said, *ν* The adversary and enemy *is* this wicked Haman. Then Haman was afraid*r* before *ξ* the king and the queen.

7 And the king, arising from the banquet of wine in his wrath, *went* into the palace garden; and Haman stood up to make request for his life to Esther the queen; for he saw that there was evil determined against him by the king.

8 Then the king returned out of the palace garden into the place of the banquet of wine; and Haman was fallen upon the bed whereon Esther *was.* Then said the king, Will he force the queen also *φ* before me in the house? As the word went out of the king's mouth, they covered*t* Haman's face.

9 And Harbonah,*u* one of the chamberlains, said before the king, Behold also, the *χ* gallows,*v* fifty cubits high, which Haman had made for Mordecai, who had spoken good for the king, standeth in the house of Haman. Then the king said, Hang him thereon.

10 So they hanged Haman on the gallows that he had prepared*x* for Mordecai. Then was the king's wrath pacified.

B. C. 510.

β suffer not a whit to fall.
a ch. 3. 5.
Da.3.16..19.
Mat. 2. 16.
b 2 Sa. 13. 22.
γ caused to come.
c 2 Ch. 26. 20.
d ch. 9. 12, 13.
e 2 Sa. 15. 30.
Je. 14. 3, 4.
f ch. 3. 1.
g Job 15. 24.
h Pr. 28. 18.
Ho. 14. 9.
i 1 Ki. 21. 4.
Job 15. 20.
k ch. 5. 8.
δ tree.
l ch. 7. 9.
ζ drink.
m ch. 6. 4.
n Ps.37.14 32.
η the king's sleep fled away.
o ch. 2. 23.
θ Rig-than, ch. 2. 21.
κ threshold.
p ch. 3. 9.
4. 7.
λ that they should destroy, and kill, and cause to perish.
q Ec. 9. 15.
μ whose heart hath filled him.
ν The man adversary.
r Pr. 16. 14.
ξ or, at the presence of.
π in whose honour the king delighteth.
s Pr. 18. 12.
ρ in whose honour the king delighteth.
σ them bring the royal apparel.
τ wherewith the king clotheth himself.
φ with.
t Job 9. 24.
u ch. 1. 10.
χ tree.
v ch. 5. 14.
Ps. 7.15,16.
35. 8.
141. 10.
Pr. 11. 5, 6.
ψ cause him to ride.
w Ge. 41. 43.
1Ki.1.33,34.
x Da. 6. 24.
Ps.37.35,36.

342

הֵכִין לְמָרְדֳּכַי וַחֲמַת הַמֶּלֶךְ שָׁכָכָה :

CAP. VIII. ח

1 בַּיּוֹם הַהוּא נָתַן הַמֶּלֶךְ אֲחַשְׁוֵרוֹשׁ לְאֶסְתֵּר הַמַּלְכָּה אֶת־בֵּית הָמָן צֹרֵר הַיְּהוּדִיִּים וּמָרְדֳּכַי בָּא

2 לִפְנֵי הַמֶּלֶךְ כִּי־הִגִּידָה אֶסְתֵּר מַה הוּא־לָהּ : וַיָּסַר הַמֶּלֶךְ אֶת־טַבַּעְתּוֹ אֲשֶׁר הֶעֱבִיר מֵהָמָן וַיִּתְּנָהּ לְמָרְדֳּכָי וַתָּשֶׂם אֶסְתֵּר אֶת־מָרְדֳּכַי עַל־בֵּית הָמָן :

3 וַתּוֹסֶף אֶסְתֵּר וַתְּדַבֵּר לִפְנֵי הַמֶּלֶךְ וַתִּפֹּל לִפְנֵי רַגְלָיו וַתֵּבְךְּ וַתִּתְחַנֶּן־לוֹ לְהַעֲבִיר אֶת־רָעַת הָמָן הָאֲגָגִי וְאֵת מַחֲשַׁבְתּוֹ אֲשֶׁר חָשַׁב עַל־

4 הַיְּהוּדִים : וַיּוֹשֶׁט הַמֶּלֶךְ לְאֶסְתֵּר אֵת שַׁרְבִט הַזָּהָב וַתָּקָם אֶסְתֵּר וַתַּעֲמֹד לִפְנֵי הַמֶּלֶךְ :

5 וַתֹּאמֶר אִם־עַל־הַמֶּלֶךְ טוֹב וְאִם־מָצָאתִי חֵן לְפָנָיו וְכָשֵׁר הַדָּבָר לִפְנֵי הַמֶּלֶךְ וְטוֹבָה אֲנִי בְּעֵינָיו יִכָּתֵב לְהָשִׁיב אֶת־הַסְּפָרִים מַחֲשֶׁבֶת הָמָן בֶּן־הַמְּדָתָא הָאֲגָגִי אֲשֶׁר כָּתַב לְאַבֵּד אֶת־הַיְּהוּדִים אֲשֶׁר בְּכָל־

6 מְדִינוֹת הַמֶּלֶךְ : כִּי אֵיכָכָה אוּכַל וְרָאִיתִי בְּרָעָה אֲשֶׁר־יִמְצָא אֶת־עַמִּי וְאֵיכָכָה אוּכַל וְרָאִיתִי בְּאָבְדַן

7 מוֹלַדְתִּי : וַיֹּאמֶר הַמֶּלֶךְ אֲחַשְׁוֵרוֹשׁ לְאֶסְתֵּר הַמַּלְכָּה וּלְמָרְדֳּכַי הַיְּהוּדִי הִנֵּה בֵית־הָמָן נָתַתִּי לְאֶסְתֵּר וְאֹתוֹ תָּלוּ עַל־הָעֵץ עַל אֲשֶׁר־שָׁלַח יָדוֹ

8 בַּיְּהוּדִים : וְאַתֶּם כִּתְבוּ עַל־הַיְּהוּדִים כַּטּוֹב בְּעֵינֵיכֶם בְּשֵׁם הַמֶּלֶךְ וְחִתְמוּ בְּטַבַּעַת הַמֶּלֶךְ כִּי־כְתָב אֲשֶׁר־נִכְתָּב בְּשֵׁם־הַמֶּלֶךְ וְנַחְתּוֹם בְּטַבַּעַת

9 הַמֶּלֶךְ אֵין לְהָשִׁיב : וַיִּקָּרְאוּ סֹפְרֵי־הַמֶּלֶךְ בָּעֵת־הַהִיא בַּחֹדֶשׁ הַשְּׁלִישִׁי הוּא־חֹדֶשׁ סִיוָן בִּשְׁלוֹשָׁה וְעֶשְׂרִים בּוֹ וַיִּכָּתֵב כְּכָל־אֲשֶׁר־צִוָּה מָרְדֳּכַי אֶל־הַיְּהוּדִים וְאֶל הָאֲחַשְׁדַּרְפְּנִים־וְהַפַּחוֹת וְשָׂרֵי הַמְּדִינוֹת אֲשֶׁר מֵהֹדּוּ וְעַד־כּוּשׁ שֶׁבַע וְעֶשְׂרִים וּמֵאָה מְדִינָה מְדִינָה וּמְדִינָה כִּכְתָבָהּ וְעַם וָעָם

10 כִּלְשֹׁנוֹ וְאֶל־הַיְּהוּדִים כִּכְתָבָם וְכִלְשׁוֹנָם : וַיִּכְתֹּב בְּשֵׁם הַמֶּלֶךְ אֲחַשְׁוֵרֹשׁ וַיַּחְתֹּם בְּטַבַּעַת הַמֶּלֶךְ וַיִּשְׁלַח סְפָרִים בְּיַד הָרָצִים בַּסּוּסִים רֹכְבֵי הָרֶכֶשׁ הָאֲחַשְׁתְּרָנִים בְּנֵי הָרַמָּכִים :

11 אֲשֶׁר נָתַן הַמֶּלֶךְ לַיְּהוּדִים אֲשֶׁר בְּכָל־עִיר־וָעִיר לְהִקָּהֵל וְלַעֲמֹד עַל־נַפְשָׁם לְהַשְׁמִיד וְלַהֲרֹג וּלְאַבֵּד אֶת־כָּל־חֵיל עַם וּמְדִינָה הַצָּרִים אֹתָם טַף וְנָשִׁים וּשְׁלָלָם לָבוֹז :

12 בְּיוֹם אֶחָד בְּכָל־מְדִינוֹת הַמֶּלֶךְ אֲחַשְׁוֵרוֹשׁ בִּשְׁלוֹשָׁה עָשָׂר לְחֹדֶשׁ שְׁנֵים־עָשָׂר הוּא־חֹדֶשׁ אֲדָר :

13 שַׁתֶּשֶׁגֶן הַכְּתָב לְהִנָּתֵן דָּת בְּכָל־מְדִינָה וּמְדִינָה גָּלוּי לְכָל־הָעַמִּים וְלִהְיוֹת הַיְּהוּדִים עֲתִידִים לַיּוֹם

14 הַזֶּה לְהִנָּקֵם מֵאֹיְבֵיהֶם : הָרָצִים רֹכְבֵי הָרֶכֶשׁ הָאֲחַשְׁתְּרָנִים יָצְאוּ מְבֹהָלִים וּדְחוּפִים בִּדְבַר הַמֶּלֶךְ

15 וְהַדָּת נִתְּנָה בְּשׁוּשַׁן הַבִּירָה : וּמָרְדֳּכַי יָצָא מִלִּפְנֵי הַמֶּלֶךְ בִּלְבוּשׁ מַלְכוּת תְּכֵלֶת וָחוּר וַעֲטֶרֶת זָהָב גְּדוֹלָה וְתַכְרִיךְ בּוּץ וְאַרְגָּמָן וְהָעִיר שׁוּשָׁן

16 צָהֲלָה וְשָׂמֵחָה : לַיְּהוּדִים הָיְתָה אוֹרָה וְשִׂמְחָה

17 וְשָׂשֹׂן וִיקָר : וּבְכָל־מְדִינָה וּמְדִינָה וּבְכָל־עִיר וָעִיר מְקוֹם אֲשֶׁר דְּבַר־הַמֶּלֶךְ וְדָתוֹ מַגִּיעַ שִׂמְחָה וְשָׂשׂוֹן לַיְּהוּדִים מִשְׁתֶּה וְיוֹם טוֹב וְרַבִּים מֵעַמֵּי הָאָרֶץ מִתְיַהֲדִים כִּי־נָפַל פַּחַד־הַיְּהוּדִים עֲלֵיהֶם :

CAP. IX. ט

1 וּבִשְׁנֵים עָשָׂר חֹדֶשׁ הוּא־חֹדֶשׁ אֲדָר בִּשְׁלוֹשָׁה עָשָׂר יוֹם בּוֹ אֲשֶׁר הִגִּיעַ דְּבַר־הַמֶּלֶךְ וְדָתוֹ לְהֵעָשׂוֹת בַּיּוֹם אֲשֶׁר שִׂבְּרוּ אֹיְבֵי הַיְּהוּדִים לִשְׁלוֹט בָּהֶם וְנַהֲפוֹךְ הוּא אֲשֶׁר יִשְׁלְטוּ הַיְּהוּדִים הֵמָּה

2 בְּשֹׂנְאֵיהֶם : נִקְהֲלוּ הַיְּהוּדִים בְּעָרֵיהֶם בְּכָל־מְדִינוֹת הַמֶּלֶךְ אֲחַשְׁוֵרוֹשׁ לִשְׁלֹחַ יָד בִּמְבַקְשֵׁי רָעָתָם וְאִישׁ לֹא־עָמַד בִּפְנֵיהֶם כִּי־נָפַל פַּחְדָּם עַל־כָּל־הָעַמִּים :

3 וְכָל־שָׂרֵי הַמְּדִינוֹת וְהָאֲחַשְׁדַּרְפְּנִים וְהַפַּחוֹת וְעֹשֵׂי הַמְּלָאכָה אֲשֶׁר לַמֶּלֶךְ מְנַשְּׂאִים אֶת־הַיְּהוּדִים כִּי־

4 נָפַל פַּחַד־מָרְדֳּכַי עֲלֵיהֶם : כִּי־גָדוֹל מָרְדֳּכַי בְּבֵית הַמֶּלֶךְ וְשָׁמְעוֹ הוֹלֵךְ בְּכָל־הַמְּדִינוֹת כִּי־הָאִישׁ

5 מָרְדֳּכַי הוֹלֵךְ וְגָדוֹל : וַיַּכּוּ הַיְּהוּדִים בְּכָל־אֹיְבֵיהֶם מַכַּת־חֶרֶב וְהֶרֶג וְאַבְדָן וַיַּעֲשׂוּ בְשֹׂנְאֵיהֶם כִּרְצוֹנָם :

6 וּבְשׁוּשַׁן הַבִּירָה הָרְגוּ הַיְּהוּדִים וְאַבֵּד חֲמֵשׁ מֵאוֹת

7 אִישׁ : וְאֵת פַּרְשַׁנְדָּתָא וְאֵת דַּלְפוֹן וְאֵת

8 אַסְפָּתָא : וְאֵת פּוֹרָתָא וְאֵת אֲדַלְיָא וְאֵת

9 אֲרִידָתָא : וְאֵת פַּרְמַשְׁתָּא וְאֵת אֲרִיסַי וְאֵת

10 אֲרִידַי וְאֵת וַיְזָתָא : עֲשֶׂרֶת בְּנֵי הָמָן בֶּן־הַמְּדָתָא צֹרֵר הַיְּהוּדִים הָרָגוּ וּבַבִּזָּה לֹא שָׁלְחוּ אֶת־יָדָם :

11 בַּיּוֹם הַהוּא בָּא מִסְפַּר הַהֲרוּגִים בְּשׁוּשַׁן הַבִּירָה

12 לִפְנֵי הַמֶּלֶךְ : וַיֹּאמֶר הַמֶּלֶךְ לְאֶסְתֵּר הַמַּלְכָּה בְּשׁוּשַׁן הַבִּירָה הָרְגוּ הַיְּהוּדִים וְאַבֵּד חֲמֵשׁ מֵאוֹת אִישׁ וְאֵת עֲשֶׂרֶת בְּנֵי־הָמָן בִּשְׁאָר מְדִינוֹת הַמֶּלֶךְ מֶה עָשׂוּ וּמַה־שְּׁאֵלָתֵךְ וְיִנָּתֵן לָךְ וּמַה־בַּקָּשָׁתֵךְ

13 עוֹד וְתֵעָשׂ : וַתֹּאמֶר אֶסְתֵּר אִם־עַל־הַמֶּלֶךְ טוֹב יִנָּתֵן גַּם־מָחָר לַיְּהוּדִים אֲשֶׁר בְּשׁוּשָׁן לַעֲשׂוֹת

CHAP. VIII.

ON that day did the king Ahasuerus give the house of Haman, the Jews' enemy, unto[a] Esther the queen. And Mordecai came before the king; for Esther had told what he *was*[b] unto her.

2 And the king took off his ring,[c] which he had taken from Haman, and gave it unto Mordecai. And[d] Esther set Mordecai over the house of Haman.

3 And Esther spake yet again before the king, and fell down at his feet, and [gamma] besought him with tears to put away the mischief of Haman the Agagite, and his device that he had devised against the Jews.

4 Then the king held out[f] the golden sceptre toward Esther. So Esther arose, and stood before the king,

5 And said, If it please the king, and if I have found favour in his sight, and the thing *seem* right before the king, and I *be* pleasing in his eyes, let it be written to reverse the [delta] letters devised by Haman the son of Hammedatha the Agagite, which [zeta] he wrote to destroy the Jews which *are* in all the king's provinces:

6 For how[l] can I [eta] endure to see the evil that shall come unto my people? or how can I endure to see the destruction of my kindred?

7 Then the king Ahasuerus said unto Esther the queen, and to Mordecai the Jew, Behold, I[n] have given Esther the house of Haman, and him they have hanged upon the gallows, because he laid his hand upon the Jews.

8 Write ye also for the Jews, as it liketh you, in the king's name, and seal *it* with the king's ring: for the writing which is written in the king's name, and sealed with the king's ring, may[q] no man reverse.

9 Then[s] were the king's scribes called at that time in the third month, that *is*, the month Sivan, on the three and twentieth *day* thereof: and it was written, according to all that Mordecai commanded, unto the Jews, and to the lieutenants, and the deputies and rulers of the provinces which *are* from[u] India unto Ethiopia, an hundred twenty and seven provinces, unto every province according to the writing thereof, and unto every people after their language, and to the Jews according to their writing, and according to their language.

10 And he wrote[v] in the king Ahasuerus' name, and sealed *it* with the king's ring; and sent letters by posts on horseback, *and* riders on mules, camels. *and* young dromedaries;

11 Wherein the king granted the Jews which *were* in every city to gather themselves together, and to stand for their life, to destroy,[y] to slay, and to cause to perish, all the power of the people and province that would assault them, *both* little ones and women, and *to take* the spoil of them for a prey,

12 Upon one day, in all the provinces of king Ahasuerus, *namely*, upon the thirteenth[z] *day* of the twelfth month, which *is* the month Adar.

13 The copy of the writing, for a commandment to be given in every province, *was* published unto all people, and that the Jews should be ready against that day to avenge themselves on their enemies.

B. C. 510.

a Pr. 13. 22.
b ch. 2. 7.
c ch. 3. 10.
[beta] or, *violet,* ch. 1. 6.
d Ps. 37. 34. Da. 2. 48.
e Ps. 18. 28. 30.5..11. 97. 11. Pr. 11. 10. Is. 30. 29.
[gamma] *she wept and besought him.*
f ch. 4. 11. 5. 2.
g ch. 9. 19,22.
h ch. 9. 2. Ex. 15. 16. De. 2. 25. 11. 25.
i ch. 8. 12.
[delta] *device.*
k ch. 3. 13.
[zeta] or, *who wrote.*
l ch. 7. 4. Ne. 2. 3.
[eta] *be able that I may see.*
m ver. 16. ch. 8. 11.
n ver. 1.
o Ps.71.13,24.
p ch. 8. 17. Ge. 35. 5.
[theta] *those which did the business that belonged to the king.*
q ch. 1. 19. Da.6.8,12,15.
r Ps. 18. 43.
s ch. 3. 12.
t 2 Sa. 3. 1. 1 Ch. 11. 9 Pr. 4. 18.
[kappa] *according to their will.*
u ch. 1. 1.
v 1 Ki. 21. 8.
w ch. 5. 11. Job 18. 19. 27.13..15. Ps. 21. 10.
x ch. 8. 11.
[lambda] *came.*
y Ps.37.14,15. 68. 23. 137. 8. 149. 6..9. Eze. 39. 10.
z ch.3.13,&c. 9. 1.
[mu] *revealed.*
[nu] *let men hang.*

---

14 So the posts that rode upon mules *and* camels went out, being hastened and pressed on by the king's commandment. And the decree was given at Shushan the palace.

15 And Mordecai went out from the presence of the king in royal apparel of [beta] blue and white, and with a great crown of gold, and with a garment of fine linen and purple : and the city of Shushan rejoiced and was glad.

16 The Jews had[e] light, and gladness, and joy, and honour.

17 And in every province, and in every city, whithersoever the king's commandment and his decree came, the Jews had joy and gladness, a feast and a good[g] day. And many of the people of the land became Jews; for the fear[h] of the Jews fell upon them.

CHAP. IX.

NOW in[i] the twelfth month, that *is* the month Adar, on the thirteenth day of the same, when the king's commandment[k] and his decree drew near to be put in execution, in the day that the enemies of the Jews hoped to have power over them, (though it was turned to the contrary, that the Jews had rule over them that hated them,)

2 The Jews gathered themselves together[m] in their cities throughout all the provinces of the king Ahasuerus, to lay hand on such[o] as sought their hurt; and no man could withstand them ; for the[p] fear of them fell upon all people.

3 And all the rulers of the provinces, and the lieutenants, and the deputies, and [theta] officers of the king, helped the Jews; because the fear of Mordecai fell upon them.

4 For Mordecai *was* great[r] in the king's house, and his fame went out throughout all the provinces: for this man Mordecai waxed greater[t] and greater.

5 Thus the Jews smote all their enemies with the stroke of the sword, and slaughter, and destruction, and did [kappa] what they would unto those that hated them.

6 And in Shushan the palace the Jews slew and destroyed five hundred men.

7 And Parshandatha, and Dalphon, and Aspatha,

8 And Poratha, and Adalia, and Aridatha,

9 And Parmashta, and Arisai, and Aridai, and Vajezatha,

10 The ten sons[w] of Haman the son of Hammedatha, the enemy of the Jews, slew they, but[x] on the spoil laid they not their hand.

11 On that day the number of those that were slain in Shushan the palace [lambda] was brought before the king.

12 And the king said unto Esther the queen, The Jews have slain and destroyed five hundred men in Shushan the palace, and the ten sons of Haman ; what have they done in the rest of the king's provinces? Now what *is* thy petition? and it shall be granted thee: or what *is* thy request further? and it shall be done.

13 Then said Esther, If it please the king, let it be granted to the Jews which *are* in Shushan to do to-morrow also according unto this day's decree, and [nu] let

343

‫כְּדָת הַיּוֹם וְאֵת עֲשֶׂרֶת בְּנֵי־הָמָן יִתְלוּ עַל־הָעֵץ׃‬

14 ‫וַיֹּאמֶר הַמֶּלֶךְ לְהֵעָשׂוֹת כֵּן וַתִּנָּתֵן דָּת בְּשׁוּשָׁן וְאֵת עֲשֶׂרֶת בְּנֵי־הָמָן תָּלוּ׃‬

15 ‫וַיִּקָּהֲלוּ הַיְּהוּדִיים אֲשֶׁר־בְּשׁוּשָׁן גַּם בְּיוֹם אַרְבָּעָה עָשָׂר לְחֹדֶשׁ אֲדָר וַיַּהַרְגוּ בְשׁוּשָׁן שְׁלֹשׁ מֵאוֹת אִישׁ וּבַבִּזָּה לֹא שָׁלְחוּ אֶת־יָדָם׃‬

16 ‫וּשְׁאָר הַיְּהוּדִים אֲשֶׁר בִּמְדִינוֹת הַמֶּלֶךְ נִקְהֲלוּ וְעָמֹד עַל־נַפְשָׁם וְנוֹחַ מֵאֹיְבֵיהֶם וְהָרֹג בְּשֹׂנְאֵיהֶם חֲמִשָּׁה וְשִׁבְעִים אָלֶף וּבַבִּזָּה לֹא שָׁלְחוּ אֶת־יָדָם׃‬

17 ‫בְּיוֹם־שְׁלוֹשָׁה עָשָׂר לְחֹדֶשׁ אֲדָר וְנוֹחַ בְּאַרְבָּעָה עָשָׂר בּוֹ וְעָשֹׂה אֹתוֹ יוֹם מִשְׁתֶּה וְשִׂמְחָה׃‬

18 ‫וְהַיְּהוּדִיים אֲשֶׁר־בְּשׁוּשָׁן נִקְהֲלוּ בִּשְׁלוֹשָׁה עָשָׂר בּוֹ וּבְאַרְבָּעָה עָשָׂר בּוֹ וְנוֹחַ בַּחֲמִשָּׁה עָשָׂר בּוֹ וְעָשֹׂה אֹתוֹ יוֹם מִשְׁתֶּה וְשִׂמְחָה׃‬

19 ‫עַל־כֵּן הַיְּהוּדִים הַפְּרוֹזִים הַיֹּשְׁבִים בְּעָרֵי הַפְּרָזוֹת עֹשִׂים אֵת יוֹם אַרְבָּעָה עָשָׂר לְחֹדֶשׁ אֲדָר שִׂמְחָה וּמִשְׁתֶּה וְיוֹם טוֹב וּמִשְׁלוֹחַ מָנוֹת אִישׁ לְרֵעֵהוּ׃‬

20 ‫וַיִּכְתֹּב מָרְדֳּכַי אֶת־הַדְּבָרִים הָאֵלֶּה וַיִּשְׁלַח סְפָרִים אֶל־כָּל־הַיְּהוּדִים אֲשֶׁר בְּכָל־מְדִינוֹת הַמֶּלֶךְ אֲחַשְׁוֵרוֹשׁ הַקְּרוֹבִים וְהָרְחוֹקִים׃‬

21 ‫לְקַיֵּם עֲלֵיהֶם לִהְיוֹת עֹשִׂים אֵת יוֹם אַרְבָּעָה עָשָׂר לְחֹדֶשׁ אֲדָר וְאֵת יוֹם־חֲמִשָּׁה עָשָׂר בּוֹ בְּכָל־שָׁנָה וְשָׁנָה׃‬

22 ‫כַּיָּמִים אֲשֶׁר־נָחוּ בָהֶם הַיְּהוּדִים מֵאֹיְבֵיהֶם וְהַחֹדֶשׁ אֲשֶׁר נֶהְפַּךְ לָהֶם מִיָּגוֹן לְשִׂמְחָה וּמֵאֵבֶל לְיוֹם טוֹב לַעֲשׂוֹת אוֹתָם יְמֵי מִשְׁתֶּה וְשִׂמְחָה וּמִשְׁלֹחַ מָנוֹת אִישׁ לְרֵעֵהוּ וּמַתָּנוֹת לָאֶבְיֹנִים׃‬

23 ‫וְקִבֵּל הַיְּהוּדִים אֵת אֲשֶׁר־הֵחֵלּוּ לַעֲשׂוֹת וְאֵת אֲשֶׁר־כָּתַב מָרְדֳּכַי אֲלֵיהֶם׃‬

24 ‫כִּי הָמָן בֶּן־הַמְּדָתָא הָאֲגָגִי צֹרֵר כָּל־הַיְּהוּדִים חָשַׁב עַל־הַיְּהוּדִים לְאַבְּדָם וְהִפִּיל פּוּר הוּא הַגּוֹרָל לְהֻמָּם וּלְאַבְּדָם׃‬

25 ‫וּבְבֹאָהּ לִפְנֵי הַמֶּלֶךְ אָמַר עִם־הַסֵּפֶר יָשׁוּב מַחֲשַׁבְתּוֹ הָרָעָה אֲשֶׁר־חָשַׁב עַל־הַיְּהוּדִים עַל־רֹאשׁוֹ וְתָלוּ אֹתוֹ וְאֶת־בָּנָיו עַל־הָעֵץ׃‬

26 ‫עַל־כֵּן קָרְאוּ לַיָּמִים הָאֵלֶּה פוּרִים עַל־שֵׁם הַפּוּר עַל־כֵּן עַל־כָּל־דִּבְרֵי הָאִגֶּרֶת הַזֹּאת וּמָה־רָאוּ עַל־כָּכָה וּמָה הִגִּיעַ אֲלֵיהֶם׃‬

27 ‫קִיְּמוּ וְקִבְּלוּ הַיְּהוּדִים עֲלֵיהֶם וְעַל־זַרְעָם וְעַל כָּל־הַנִּלְוִים עֲלֵיהֶם וְלֹא יַעֲבוֹר לִהְיוֹת עֹשִׂים אֵת שְׁנֵי הַיָּמִים הָאֵלֶּה כִּכְתָבָם וְכִזְמַנָּם בְּכָל־שָׁנָה וְשָׁנָה׃‬

28 ‫וְהַיָּמִים הָאֵלֶּה נִזְכָּרִים וְנַעֲשִׂים בְּכָל־דּוֹר וָדוֹר מִשְׁפָּחָה וּמִשְׁפָּחָה מְדִינָה וּמְדִינָה וְעִיר וָעִיר וִימֵי הַפּוּרִים הָאֵלֶּה לֹא יַעַבְרוּ מִתּוֹךְ הַיְּהוּדִים וְזִכְרָם לֹא־יָסוּף מִזַּרְעָם׃‬

29 ‫וַתִּכְתֹּב אֶסְתֵּר הַמַּלְכָּה בַת־אֲבִיחַיִל וּמָרְדֳּכַי הַיְּהוּדִי אֶת־כָּל־תֹּקֶף לְקַיֵּם אֵת אִגֶּרֶת הַפֻּרִים הַזֹּאת הַשֵּׁנִית׃‬

30 ‫וַיִּשְׁלַח סְפָרִים אֶל־כָּל־הַיְּהוּדִים אֶל־שֶׁבַע וְעֶשְׂרִים וּמֵאָה מְדִינָה מַלְכוּת אֲחַשְׁוֵרוֹשׁ דִּבְרֵי שָׁלוֹם וֶאֱמֶת׃‬

31 ‫לְקַיֵּם אֵת־יְמֵי הַפֻּרִים הָאֵלֶּה בִּזְמַנֵּיהֶם כַּאֲשֶׁר קִיַּם עֲלֵיהֶם מָרְדֳּכַי הַיְּהוּדִי וְאֶסְתֵּר הַמַּלְכָּה וְכַאֲשֶׁר קִיְּמוּ עַל־נַפְשָׁם וְעַל־זַרְעָם דִּבְרֵי הַצֹּמוֹת וְזַעֲקָתָם׃‬

32 ‫וּמַאֲמַר אֶסְתֵּר קִיַּם דִּבְרֵי הַפֻּרִים הָאֵלֶּה וְנִכְתָּב בַּסֵּפֶר׃‬

CAP. X. ‫י‬

1 ‫וַיָּשֶׂם הַמֶּלֶךְ אֲחַשְׁוֵרֹשׁ מַס עַל־הָאָרֶץ וְאִיֵּי הַיָּם׃‬

2 ‫וְכָל־מַעֲשֵׂה תָקְפּוֹ וּגְבוּרָתוֹ וּפָרָשַׁת גְּדֻלַּת מָרְדֳּכַי אֲשֶׁר גִּדְּלוֹ הַמֶּלֶךְ הֲלוֹא־הֵם כְּתוּבִים עַל־סֵפֶר דִּבְרֵי הַיָּמִים לְמַלְכֵי מָדַי וּפָרָס׃‬

3 ‫כִּי מָרְדֳּכַי הַיְּהוּדִי מִשְׁנֶה לַמֶּלֶךְ אֲחַשְׁוֵרוֹשׁ וְגָדוֹל לַיְּהוּדִים וְרָצוּי לְרֹב אֶחָיו דֹּרֵשׁ טוֹב לְעַמּוֹ וְדֹבֵר שָׁלוֹם לְכָל־זַרְעוֹ׃‬

Haman's ten sons be hanged^a upon the gallows.

14 And the king commanded it so to be done; and the decree was given at Shushan ; and they hanged Haman's ten sons.

15 For^d the Jews that *were* in Shushan gathered themselves together on the fourteenth day also of the month Adar, and slew three hundred men at Shushan ; but/ on the prey they laid not their hand.

16 But the other Jews that *were* in the king's provinces gathered themselves together, and stood for their lives, and had rest from their enemies, and slew of their foes seventy and five thousand (but they laid not their hands on the prey)

17 On the thirteenth day of the month Adar ; and on the fourteenth day δ of the same rested they, and made it a day of feasting and gladness.

18 But the Jews that *were* at Shushan assembled together on the thirteenth *day* thereof, and on the fourteenth thereof ; and on the fifteenth *day* of the same they rested, and made it a day of feasting and gladness.

19 Therefore the Jews of the villages, that dwelt in the unwalled towns, made the fourteenth day of the month Adar *a day of* gladnessⁱ and feasting, and a good day, and of sending^k portions one to another.

20 And Mordecai wrote these things, and sent letters unto all the Jews that *were* in all the provinces of the king Ahasuerus, *both* nigh and far,

21 To establish *this* among them, that they should keep the fourteenth day of the month Adar, and the fifteenth day of the same, yearly,

22 As the days wherein the Jews rested from their enemies, and the month which was turned^m unto them from sorrow to joy, and from mourning into a good day ; that they should make them days of feasting and joy, and of sending portions one to another, and gifts to the poor.

23 And the Jews undertook to do as they had begun, and as Mordecai had written unto them ;

24 Because Haman the son of Hammedatha the Agagite, the enemy of all the Jews, had devised^q against the Jews to destroy them, and had cast Pur (that *is*, the lot) to μ consume them, and to destroy them :

25 But when ν *Esther* came before the

B. C. 509.

a De. 21. 23.
2Sa.21.6,9.
Ga. 3. 13.

b ch. 8. 3, 11.

c Ps. 7. 16.

d ver. 2, 13.

β that is, *lot.*

e ver. 20.

f ver. 10.

g ch. 8. 17.
Is. 56. 3, 6.
Zec. 2. 11.

γ *pass.*

δ *in it.*

ζ *pass.*

η *be ended.*

θ *strength.*

h ver. 20.
ch. 8. 10.

i ch. 8. 17.
De.16.11,14.

k ver. 22.
Ne.8.10..12.

κ *their souls.*

l ch. 4. 3, 16.

m Ps. 30. 11.

n Lu. 2. 1.

o Ge. 10. 5.
Ps. 72. 10.
Is. 24. 15.

λ *made him great,*
Da. 2. 48.

p Ge. 41. 40.
Da.5.16,29.

q ch. 3. 6, 7.

r Ne. 14. 18.

μ *crush.*

s Ne. 2. 10.
Ps.122.6..9.
Ro. 10. 1.

ν *she.*

king, he commanded^b by letters, that his wicked device, which he devised against the Jews, should return^e upon his own head, and that he and his sons should be hanged on the gallows.

26 Wherefore they called these days Purim, after the name of β Pur : therefore, for all the words of this letter,^e and *of that* which they had seen concerning this matter, and which had come unto them,

27 The Jews ordained, and took upon them, and upon their seed, and upon all such as joined^g themselves unto them, so as it should not γ fail, that they would keep these two days according to their writing, and according to their *appointed* time, every year ;

28 And *that* these days *should be* remembered and kept throughout every generation, every family, every province, and every city ; and *that* these days of Purim should not ζ fail from among the Jews, nor the memorial of them η perish from their seed.

29 Then Esther the queen, the daughter of Abihail, and Mordecai the Jew, wrote with all θ authority, to confirm this second^h letter of Purim.

30 And he sent the letters unto all the Jews, to the hundred twenty and seven provinces of the kingdom of Ahasuerus, *with* words of peace and truth,

31 To confirm these days of Purim in their times *appointed*, according as Mordecai the Jew and Esther the queen had enjoined them, and as they had decreed for κ themselves, and for their seed, the matters of the fastings^l and their cry.

32 And the decree of Esther confirmed these matters of Purim ; and it was written in the book.

CHAP. X.

AND the king Ahasuerus laid a tributeⁿ upon the land, and *upon* the^o isles of the sea.

2 And all the acts of his power, and of his might, and the declaration of the greatness of Mordecai, whereunto the king λ advanced him, *are* they not written in the book of the Chronicles of the kings of Media and Persia ?

3 For Mordecai the Jew *was* next^p unto king Ahasuerus, and great among the Jews, and accepted^r of the multitude of his brethren, seeking^s the wealth of his people, and speaking peace to all his seed.

אִיּוֹב

LIBER JOBI.

1 אִישׁ הָיָה בְאֶרֶץ־עוּץ אִיּוֹב שְׁמוֹ וְהָיָה הָאִישׁ
הַהוּא תָּם וְיָשָׁר וִירֵא אֱלֹהִים וְסָר מֵרָע׃ וַיִּוָּלְדוּ 2
לוֹ שִׁבְעָה בָנִים וְשָׁלוֹשׁ בָּנוֹת׃ וַיְהִי מִקְנֵהוּ 3
שִׁבְעַת אַלְפֵי־צֹאן וּשְׁלֹשֶׁת אַלְפֵי גְמַלִּים וַחֲמֵשׁ
מֵאוֹת צֶמֶד־בָּקָר וַחֲמֵשׁ מֵאוֹת אֲתוֹנוֹת וַעֲבֻדָּה
רַבָּה מְאֹד וַיְהִי הָאִישׁ הַהוּא גָּדוֹל מִכָּל־בְּנֵי־קֶדֶם׃
וְהָלְכוּ בָנָיו וְעָשׂוּ מִשְׁתֶּה בֵּית אִישׁ יוֹמוֹ וְשָׁלְחוּ 4
וְקָרְאוּ לִשְׁלֹשֶׁת אַחְיֹתֵיהֶם לֶאֱכֹל וְלִשְׁתּוֹת עִמָּהֶם׃
וַיְהִי כִּי הִקִּיפוּ יְמֵי הַמִּשְׁתֶּה וַיִּשְׁלַח אִיּוֹב וַיְקַדְּשֵׁם 5
וְהִשְׁכִּים בַּבֹּקֶר וְהֶעֱלָה עֹלוֹת מִסְפַּר כֻּלָּם כִּי אָמַר
אִיּוֹב אוּלַי חָטְאוּ בָנַי וּבֵרֲכוּ אֱלֹהִים בִּלְבָבָם כָּכָה
יַעֲשֶׂה אִיּוֹב כָּל־הַיָּמִים׃ וַיְהִי הַיּוֹם וַיָּבֹאוּ בְּנֵי 6
הָאֱלֹהִים לְהִתְיַצֵּב עַל־יְהוָה וַיָּבוֹא גַם־הַשָּׂטָן
בְּתוֹכָם׃ וַיֹּאמֶר יְהוָה אֶל־הַשָּׂטָן מֵאַיִן תָּבֹא 7
וַיַּעַן הַשָּׂטָן אֶת־יְהוָה וַיֹּאמַר מִשּׁוּט בָּאָרֶץ
וּמֵהִתְהַלֵּךְ בָּהּ׃ וַיֹּאמֶר יְהוָה אֶל־הַשָּׂטָן הֲשַׂמְתָּ 8
לִבְּךָ עַל־עַבְדִּי אִיּוֹב כִּי אֵין כָּמֹהוּ בָּאָרֶץ אִישׁ תָּם
וְיָשָׁר יְרֵא אֱלֹהִים וְסָר מֵרָע׃ וַיַּעַן הַשָּׂטָן אֶת־ 9
יְהוָה וַיֹּאמַר הַחִנָּם יָרֵא אִיּוֹב אֱלֹהִים׃ הֲלֹא־ 10
אַתָּה שַׂכְתָּ בַעֲדוֹ וּבְעַד־בֵּיתוֹ וּבְעַד כָּל־אֲשֶׁר־לוֹ
מִסָּבִיב מַעֲשֵׂה יָדָיו בֵּרַכְתָּ וּמִקְנֵהוּ פָּרַץ בָּאָרֶץ׃
וְאוּלָם שְׁלַח־נָא יָדְךָ וְגַע בְּכָל־אֲשֶׁר־לוֹ אִם־לֹא 11
עַל־פָּנֶיךָ יְבָרֲכֶךָּ׃ וַיֹּאמֶר יְהוָה אֶל־הַשָּׂטָן הִנֵּה 12
כָל־אֲשֶׁר־לוֹ בְּיָדֶךָ רַק אֵלָיו אַל־תִּשְׁלַח יָדֶךָ וַיֵּצֵא
הַשָּׂטָן מֵעִם פְּנֵי יְהוָה׃ וַיְהִי הַיּוֹם וּבָנָיו וּבְנֹתָיו 13
אֹכְלִים וְשֹׁתִים יַיִן בְּבֵית אֲחִיהֶם הַבְּכוֹר׃ וּמַלְאָךְ 14
בָּא אֶל־אִיּוֹב וַיֹּאמַר הַבָּקָר הָיוּ חֹרְשׁוֹת וְהָאֲתֹנוֹת
רֹעוֹת עַל־יְדֵיהֶם׃ וַתִּפֹּל שְׁבָא וַתִּקָּחֵם וְאֶת־ 15
הַנְּעָרִים הִכּוּ לְפִי־חָרֶב וָאִמָּלְטָה רַק־אֲנִי לְבַדִּי
לְהַגִּיד לָךְ׃ עוֹד זֶה מְדַבֵּר וְזֶה בָּא וַיֹּאמַר אֵשׁ 16
אֱלֹהִים נָפְלָה מִן־הַשָּׁמַיִם וַתִּבְעַר בַּצֹּאן וּבַנְּעָרִים
וַתֹּאכְלֵם וָאִמָּלְטָה רַק־אֲנִי לְבַדִּי לְהַגִּיד לָךְ׃ עוֹד 17
זֶה מְדַבֵּר וְזֶה בָּא וַיֹּאמַר כַּשְׂדִּים שָׂמוּ שְׁלֹשָׁה
רָאשִׁים וַיִּפְשְׁטוּ עַל־הַגְּמַלִּים וַיִּקָּחוּם וְאֶת־הַנְּעָרִים

הִכּוּ לְפִי־חָרֶב וָאִמָּלְטָה רַק־אֲנִי לְבַדִּי לְהַגִּיד לָךְ׃
עַד זֶה מְדַבֵּר וְזֶה בָּא וַיֹּאמַר בָּנֶיךָ וּבְנוֹתֶיךָ 18
אֹכְלִים וְשֹׁתִים יַיִן בְּבֵית אֲחִיהֶם הַבְּכוֹר׃ וְהִנֵּה 19
רוּחַ גְּדוֹלָה בָּאָה מֵעֵבֶר הַמִּדְבָּר וַיִּגַּע בְּאַרְבַּע
פִּנּוֹת הַבַּיִת וַיִּפֹּל עַל־הַנְּעָרִים וַיָּמוּתוּ וָאִמָּלְטָה רַק־
אֲנִי לְבַדִּי לְהַגִּיד לָךְ׃ וַיָּקָם אִיּוֹב וַיִּקְרַע אֶת־ 20
מְעִלוֹ וַיָּגָז אֶת־רֹאשׁוֹ וַיִּפֹּל אַרְצָה וַיִּשְׁתָּחוּ׃
וַיֹּאמֶר עָרֹם יָצָתִי מִבֶּטֶן אִמִּי וְעָרֹם אָשׁוּב שָׁמָּה 21
יְהוָה נָתַן וַיהוָה לָקָח יְהִי שֵׁם יְהוָה מְבֹרָךְ׃
בְּכָל־זֹאת לֹא־חָטָא אִיּוֹב וְלֹא־נָתַן תִּפְלָה לֵאלֹהִים׃ 22

CAP. II. ב

1 וַיְהִי הַיּוֹם וַיָּבֹאוּ בְּנֵי הָאֱלֹהִים לְהִתְיַצֵּב עַל־יְהוָה
וַיָּבוֹא גַם־הַשָּׂטָן בְּתֹכָם לְהִתְיַצֵּב עַל־יְהוָה׃ וַיֹּאמֶר 2
יְהוָה אֶל־הַשָּׂטָן אֵי מִזֶּה תָּבֹא וַיַּעַן הַשָּׂטָן אֶת־
יְהוָה וַיֹּאמַר מִשֻּׁט בָּאָרֶץ וּמֵהִתְהַלֵּךְ בָּהּ׃ וַיֹּאמֶר 3
יְהוָה אֶל־הַשָּׂטָן הֲשַׂמְתָּ לִבְּךָ אֶל־עַבְדִּי אִיּוֹב כִּי
אֵין כָּמֹהוּ בָּאָרֶץ אִישׁ תָּם וְיָשָׁר יְרֵא אֱלֹהִים וְסָר
מֵרָע וְעֹדֶנּוּ מַחֲזִיק בְּתֻמָּתוֹ וַתְּסִיתֵנִי בוֹ לְבַלְּעוֹ
חִנָּם׃ וַיַּעַן הַשָּׂטָן אֶת־יְהוָה וַיֹּאמַר עוֹר בְּעַד־ 4
עוֹר וְכֹל אֲשֶׁר לָאִישׁ יִתֵּן בְּעַד נַפְשׁוֹ׃ אוּלָם שְׁלַח־ 5
נָא יָדְךָ וְגַע אֶל־עַצְמוֹ וְאֶל־בְּשָׂרוֹ אִם־לֹא אֶל־
פָּנֶיךָ יְבָרֲכֶךָּ׃ וַיֹּאמֶר יְהוָה אֶל־הַשָּׂטָן הִנּוֹ 6
בְיָדֶךָ אַךְ אֶת־נַפְשׁוֹ שְׁמֹר׃ וַיֵּצֵא הַשָּׂטָן 7
מֵאֵת פְּנֵי יְהוָה וַיַּךְ אֶת־אִיּוֹב בִּשְׁחִין רָע
מִכַּף רַגְלוֹ עַד קָדְקֳדוֹ׃ וַיִּקַּח־לוֹ חֶרֶשׂ לְהִתְגָּרֵד 8
בּוֹ וְהוּא יֹשֵׁב בְּתוֹךְ־הָאֵפֶר׃ וַתֹּאמֶר לוֹ אִשְׁתּוֹ 9
עֹדְךָ מַחֲזִיק בְּתֻמָּתֶךָ בָּרֵךְ אֱלֹהִים וָמֻת׃
וַיֹּאמֶר אֵלֶיהָ כְּדַבֵּר אַחַת הַנְּבָלוֹת תְּדַבֵּרִי גַּם אֶת־ 10
הַטּוֹב נְקַבֵּל מֵאֵת הָאֱלֹהִים וְאֶת־הָרָע לֹא נְקַבֵּל
בְּכָל־זֹאת לֹא־חָטָא אִיּוֹב בִּשְׂפָתָיו׃ וַיִּשְׁמְעוּ 11
שְׁלֹשֶׁת רֵעֵי אִיּוֹב אֵת כָּל־הָרָעָה הַזֹּאת הַבָּאָה
עָלָיו וַיָּבֹאוּ אִישׁ מִמְּקֹמוֹ אֱלִיפַז הַתֵּימָנִי וּבִלְדַּד
הַשּׁוּחִי וְצוֹפַר הַנַּעֲמָתִי וַיִּוָּעֲדוּ יַחְדָּו לָבוֹא לָנוּד
לוֹ וּלְנַחֲמוֹ׃ וַיִּשְׂאוּ אֶת־עֵינֵיהֶם מֵרָחוֹק וְלֹא 12

*The Book of JOB.

CHAP. I.

THERE was a man in the land of ^aUz, whose name *was* Job;^b and that man was perfect and upright, and one that^c feared God, and eschewed evil.

2 And there were born unto him seven sons and three daughters.

3 His ^β substance also was seven thousand sheep, and three thousand camels, and five hundred yoke of oxen, and five hundred she-asses, and a very great ^δ household; so that this man was the greatest of all the ζmen of the east.

4 And his sons went and feasted *in their* houses every one his day; and sent and called for their three sisters, to eat and to drink with them.

5 And it was so, when the days of *their* feasting were gone about, that Job sent and sanctified them, and rose up early in the morning, and offered burnt-offerings *according* to the number of them all: for Job said, It may be that my sons have sinned, and cursed^k God in their hearts. Thus did Job κ continually.

6 Now there was a day^m when the sons of God cameⁿ to present themselves before the LORD, and λSatan came also μamong them.

7 And the LORD said unto Satan, Whence comest thou? Then Satan answered the LORD, and said, From going^o to and fro in the earth, and from walking up and down in it.

8 And the LORD said unto Satan, Hast thou νconsidered my servant Job, that *there is* none like him in the earth, a perfect and an upright man, one that feareth God, and escheweth evil?

9 Then Satan answered the LORD, and said, Doth Job fear God for nought?

10 Hast not thou made an hedge^q about him, and about his house, and about all that he hath on every side? Thou hast blessed the work of his hands, and his ρsubstance is increased in the land:

11 But put forth thine hand now, and touch^s all that he hath, σand he will^t curse thee to thy face.

12 And the LORD said unto Satan, Behold, all that he hath *is* in thy φpower; only upon himself put not forth thine hand. So Satan went forth from the presence of the LORD.

13 And there was a day^u when his sons and his daughters *were* eating and drinking wine in their eldest brother's house:

14 And there came a messenger unto Job, and said, The oxen were plowing, and the asses feeding beside them;

15 And the Sabeans fell *upon them,* and took them away; yea, they have slain the servants with the edge of the sword: and I only am escaped alone to tell thee.

16 While he *was* yet speaking, there came also another, and said, χThe fire of God is fallen from heaven, and hath burned up the sheep, and the servants, and consumed them; and I only am escaped alone to tell thee.

17 While he *was* yet speaking, there came also another, and said, The Chaldeans made out three bands, and ψfell upon the camels, and have carried them

B. C. 1520.
———
α Moses is thought to have wrote the Book of Job, whilst among the Midianites, B. C. 1520.
a 1Ch.1.17,42 La.4.21.
b Eze. 14.14, 20.
c Pr. 16.6.
β or, cattle.
γ from aside.
δ or, husbandry.
ζ sons.
d Ge. 37.29.
η or, robe.
e 1 Pe. 5.6.
f 1 Ti. 6.7.
g La. 3.38.
h Ps.89.38,52.
i ch. 2. 10.
θ or, attributed folly to God.
k Le.24.15,16
l ch.1.6, &c.
κ all the days
m ch.2.1,&c.
n ch. 38. 7.
   1 Ki. 22. 19.
λ the adversary,
   1 Ch. 21.1.
   Zec. 3. 1.
   Re. 12.9,10.
μ in the midst of them.
o Mat. 12.43.
   1 Pe. 5.8.
ν set thine heart on.
p ch. 27.5, 6.
   Ps. 26. 1.
      41. 12.
π swallow him up.
q Ps. 34. 7.
r Mat. 6. 25.
ρ or, cattle.
s ch. 19. 21.
σ if he curse thee not.
t Is. 8. 21.
τ or, only.
φ hand,
   Ge. 16. 6.
u Ec. 9. 12.
v Mat. 11. 21.
w Ja. 5. 10,11.
x Ps. 39. 1.
χ or,a great fire.
y Ge. 36. 11.
   Je. 49. 7.
z Ge. 25. 2.
a Ro. 12. 15.
ψ rushed.

away, yea, and slain the servants with the edge of the sword; and I only am escaped alone to tell thee.

18 While he *was* yet speaking, there came also another, and said, Thy sons and thy daughters *were* eating and drinking wine in their eldest brother's house:

19 And, behold, there came a great wind from γ the wilderness, and smote the four corners of the house, and it fell upon the young men, and they are dead; and I only am escaped alone to tell thee.

20 Then Job arose, and rent^d his η mantle, and shaved his head, and fell ^edown upon the ground, and worshipped,

21 And said, Naked^f came I out of my mother's womb, and naked shall I return thither: the LORD^g gave, and the LORD hath taken away; blessed^h be the name of the LORD.

22 Inⁱ all this Job sinned not, nor θ charged God foolishly.

CHAP. II.

AGAIN ^l there was a day when the sons of God came to present themselves before the LORD, and Satan came also among them to present himself before the LORD.

2 And the LORD said unto Satan, From whence comest thou? And Satan answered the LORD, and said, From going to and fro in the earth, and from walking up and down in it.

3 And the LORD said unto Satan, Hast thou considered my servant Job, that *there is* none like him in the earth, a perfect and an upright man, one that feareth God, and escheweth evil? and still he holdeth fast his integrity,^p although thou movedst me against him, to π destroy him without cause.

4 And Satan answered the LORD, and said, Skin for skin; yea, all that a man hath will he give^r for his life.

5 But put forth thine hand now, and touch his bone and his flesh, and he will curse thee to thy face.

6 And the LORD said unto Satan, Behold, he *is* in thine hand; τ but save his life.

7 So went Satan forth from the presence of the LORD, and smote Job with sore boils from the sole of his foot unto his crown.

8 And he took him a potsherd to scrape himself withal; and he sat down among the ashes.^v

9 Then said his wife unto him, Dost thou still retain thine integrity? curse God, and die.

10 But he said unto her, Thou speakest as one of the foolish women speaketh. What! shall^w we receive good at the hand of God, and shall we not receive evil? In all this did not Job sin^x with his lips.

11 Now when Job's three friends heard of all this evil that was come upon him, they came every one from his own place; Eliphaz the Temanite,^y and Bildad the Shuhite,^z and Zophar the Naamathite: for they had made an appointment together to come^a to mourn with him, and to comfort him.

12 And when they lifted up their eyes afar off, and knew him not, they lifted up their voice and wept; and they rent every

הִפִּילּוֹהוּ ׃ וַיִּשְׂאוּ קוֹלָם וַיִּבְכּוּ וַיִּקְרְעוּ אִישׁ מְעִלּוֹ
13 וַיִּזְרְקוּ עָפָר עַל־רָאשֵׁיהֶם הַשָּׁמָיְמָה ׃ וַיֵּשְׁבוּ
אִתּוֹ לָאָרֶץ שִׁבְעַת יָמִים וְשִׁבְעַת לֵילוֹת וְאֵין־דֹּבֵר
אֵלָיו דָּבָר כִּי רָאוּ כִּי־גָדַל הַכְּאֵב מְאֹד ׃

CAP. III. ג

1 אַחֲרֵי־כֵן פָּתַח אִיּוֹב אֶת־פִּיהוּ וַיְקַלֵּל אֶת־יוֹמוֹ ׃
2 3 וַיַּעַן אִיּוֹב וַיֹּאמַר ׃ יֹאבַד יוֹם אִוָּלֶד בּוֹ
4 וְהַלַּיְלָה אָמַר הֹרָה גָבֶר ׃ הַיּוֹם הַהוּא יְהִי
חֹשֶׁךְ אַל־יִדְרְשֵׁהוּ אֱלוֹהַּ מִמָּעַל וְאַל־תּוֹפַע עָלָיו
5 נְהָרָה ׃ יִגְאָלֻהוּ חֹשֶׁךְ וְצַלְמָוֶת תִּשְׁכָּן־עָלָיו
6 עֲנָנָה יְבַעֲתֻהוּ כִּמְרִירֵי יוֹם ׃ הַלַּיְלָה הַהוּא
יִקָּחֵהוּ אֹפֶל אַל־יִחַדְּ בִּימֵי שָׁנָה בְּמִסְפַּר יְרָחִים
7 אַל־יָבֹא ׃ הִנֵּה הַלַּיְלָה הַהוּא יְהִי גַלְמוּד אַל־
8 תָּבֹא רְנָנָה בוֹ ׃ יִקְּבֻהוּ אֹרְרֵי־יוֹם הָעֲתִידִים
9 עֹרֵר לִוְיָתָן ׃ יֶחְשְׁכוּ כּוֹכְבֵי נִשְׁפּוֹ יְקַו־לְאוֹר וָאַיִן
10 וְאַל־יִרְאֶה בְּעַפְעַפֵּי־שָׁחַר ׃ כִּי לֹא סָגַר דַּלְתֵי
11 בִטְנִי וַיַּסְתֵּר עָמָל מֵעֵינָי ׃ לָמָּה לֹּא מֵרֶחֶם
12 אָמוּת מִבֶּטֶן יָצָאתִי וְאֶגְוָע ׃ מַדּוּעַ קִדְּמוּנִי
13 בִרְכָּיִם וּמַה־שָּׁדַיִם כִּי אִינָק ׃ כִּי־עַתָּה שָׁכַבְתִּי
14 וְאֶשְׁקוֹט יָשַׁנְתִּי אָז יָנוּחַ לִי ׃ עִם־מְלָכִים וְיֹעֲצֵי
15 אָרֶץ הַבֹּנִים חֳרָבוֹת לָמוֹ ׃ אוֹ עִם־שָׂרִים זָהָב
16 לָהֶם הַמְמַלְאִים בָּתֵּיהֶם כָּסֶף ׃ אוֹ כְנֵפֶל טָמוּן
17 לֹא אֶהְיֶה כְּעֹלְלִים לֹא־רָאוּ אוֹר ׃ שָׁם רְשָׁעִים
18 חָדְלוּ רֹגֶז וְשָׁם יָנוּחוּ יְגִיעֵי כֹחַ ׃ יַחַד אֲסִירִים
19 שַׁאֲנָנוּ לֹא שָׁמְעוּ קוֹל נֹגֵשׂ ׃ קָטֹן וְגָדוֹל שָׁם
20 הוּא וְעֶבֶד חָפְשִׁי מֵאֲדֹנָיו ׃ לָמָּה יִתֵּן לְעָמֵל אוֹר
21 וְחַיִּים לְמָרֵי נָפֶשׁ ׃ הַמְחַכִּים לַמָּוֶת וְאֵינֶנּוּ
22 וַיַּחְפְּרֻהוּ מִמַּטְמוֹנִים ׃ הַשְּׂמֵחִים אֱלֵי־גִיל יָשִׂישׂוּ
23 כִּי יִמְצְאוּ־קָבֶר ׃ לְגֶבֶר אֲשֶׁר־דַּרְכּוֹ נִסְתָּרָה
24 וַיָּסֶךְ אֱלוֹהַּ בַּעֲדוֹ ׃ כִּי־לִפְנֵי לַחְמִי אַנְחָתִי תָבֹא
25 וַיִּתְּכוּ כַמַּיִם שַׁאֲגֹתָי ׃ כִּי פַחַד פָּחַדְתִּי וַיֶּאֱתָיֵנִי
26 וַאֲשֶׁר יָגֹרְתִּי יָבֹא לִי ׃ לֹא שָׁלַוְתִּי וְלֹא שָׁקַטְתִּי
וְלֹא־נָחְתִּי וַיָּבֹא רֹגֶז ׃

CAP. IV. ד

1 2 וַיַּעַן אֱלִיפַז הַתֵּימָנִי וַיֹּאמַר ׃ הֲנִסָּה דָבָר אֵלֶיךָ

תִּלְאֶה וַעְצֹר בְּמִלִּין מִי יוּכָל ׃ הִנֵּה יִסַּרְתָּ רַבִּים 3
וְיָדַיִם רָפוֹת תְּחַזֵּק ׃ כּוֹשֵׁל יְקִימוּן מִלֶּיךָ 4
וּבִרְכַּיִם כֹּרְעוֹת תְּאַמֵּץ ׃ כִּי עַתָּה תָּבוֹא אֵלֶיךָ 5
וַתֵּלֶא תִּגַּע עָדֶיךָ וַתִּבָּהֵל ׃ הֲלֹא יִרְאָתְךָ 6
כִּסְלָתֶךָ תִּקְוָתְךָ וְתֹם דְּרָכֶיךָ ׃ זְכָר־נָא מִי הוּא 7
נָקִי אָבָד וְאֵיפֹה יְשָׁרִים נִכְחָדוּ ׃ כַּאֲשֶׁר רָאִיתִי 8
חֹרְשֵׁי אָוֶן וְזֹרְעֵי עָמָל יִקְצְרֻהוּ ׃ מִנִּשְׁמַת אֱלוֹהַּ 9
יֹאבֵדוּ וּמֵרוּחַ אַפּוֹ יִכְלוּ ׃ שַׁאֲגַת אַרְיֵה וְקוֹל 10
שָׁחַל וְשִׁנֵּי כְפִירִים נִתָּעוּ ׃ לַיִשׁ אֹבֵד מִבְּלִי־ 11
טָרֶף וּבְנֵי לָבִיא יִתְפָּרָדוּ ׃ וְאֵלַי דָּבָר יְגֻנָּב 12
וַתִּקַּח אָזְנִי שֵׁמֶץ מֶנְהוּ ׃ בִּשְׂעִפִּים מֵחֶזְיֹנוֹת 13
לָיְלָה בִּנְפֹל תַּרְדֵּמָה עַל־אֲנָשִׁים ׃ פַּחַד קְרָאַנִי 14
וּרְעָדָה וְרֹב עַצְמוֹתַי הִפְחִיד ׃ וְרוּחַ עַל־פָּנַי 15
יַחֲלֹף תְּסַמֵּר שַׂעֲרַת בְּשָׂרִי ׃ יַעֲמֹד וְלֹא־אַכִּיר 16
מַרְאֵהוּ תְּמוּנָה לְנֶגֶד עֵינָי דְּמָמָה וָקוֹל אֶשְׁמָע ׃
הַאֱנוֹשׁ מֵאֱלוֹהַּ יִצְדָּק אִם מֵעֹשֵׂהוּ יִטְהַר־ 17
גָּבֶר ׃ הֵן בַּעֲבָדָיו לֹא יַאֲמִין וּבְמַלְאָכָיו יָשִׂים 18
תָּהֳלָה ׃ אַף שֹׁכְנֵי בָתֵּי־חֹמֶר אֲשֶׁר־בֶּעָפָר יְסוֹדָם 19
יְדַכְּאוּם לִפְנֵי־עָשׁ ׃ מִבֹּקֶר לָעֶרֶב יֻכַּתּוּ מִבְּלִי 20
מֵשִׂים לָנֶצַח יֹאבֵדוּ ׃ הֲלֹא־נִסַּע יִתְרָם בָּם יָמוּתוּ 21
וְלֹא בְחָכְמָה ׃

CAP. V. ה

1 קְרָא־נָא הֲיֵשׁ עוֹנֶךָּ וְאֶל־מִי מִקְּדֹשִׁים תִּפְנֶה ׃
2 3 כִּי־לֶאֱוִיל יַהֲרָג־כָּעַשׂ וּפֹתֶה תָּמִית קִנְאָה ׃ אֲנִי
רָאִיתִי אֱוִיל מַשְׁרִישׁ וָאֶקּוֹב נָוֵהוּ פִתְאֹם ׃
4 יִרְחֲקוּ בָנָיו מִיֶּשַׁע וְיִדַּכְּאוּ בַשַּׁעַר וְאֵין מַצִּיל ׃
5 אֲשֶׁר קְצִירוֹ רָעֵב יֹאכֵל וְאֶל־מִצִּנִּים יִקָּחֵהוּ
6 וְשָׁאַף צַמִּים חֵילָם ׃ כִּי לֹא־יֵצֵא מֵעָפָר אָוֶן
7 וּמֵאֲדָמָה לֹא־יִצְמַח עָמָל ׃ כִּי־אָדָם לְעָמָל יוּלָּד
8 וּבְנֵי רֶשֶׁף יַגְבִּיהוּ עוּף ׃ אוּלָם אֲנִי אֶדְרֹשׁ אֶל־אֵל
9 וְאֶל־אֱלֹהִים אָשִׂים דִּבְרָתִי ׃ עֹשֶׂה גְדֹלוֹת וְאֵין
10 חֵקֶר נִפְלָאוֹת עַד־אֵין מִסְפָּר ׃ הַנֹּתֵן מָטָר עַל־
11 פְּנֵי־אָרֶץ וְשֹׁלֵחַ מַיִם עַל־פְּנֵי חוּצוֹת ׃ לָשׂוּם
12 שְׁפָלִים לְמָרוֹם וְקֹדְרִים שָׂגְבוּ יֶשַׁע ׃ מֵפֵר

one his mantle, and sprinkled dust[a] upon their heads toward heaven.

13 So they sat down[c] with him upon the ground seven[d] days and seven nights, and none spake a word unto him: for they saw that *his* grief was very great.

CHAP. III.

AFTER this Job opened his mouth, and cursed his day.

2 And Job γ spake, and said,

3 Let[e] the day perish wherein I was born, and the night *in which* it was said, There is a man child conceived.

4 Let that day be darkness; let not God regard it from above, neither let the light shine upon it.

5 Let darkness and the shadow of death ζ stain it; let a cloud dwell upon it; η let the blackness of the day terrify it.

6 *As for* that night, let darkness seize upon it; let it not be θ joined unto the days of the year; let it not come into the number of the months.

7 Lo, let that night be solitary; let no joyful voice come therein.

8 Let them curse it that curse the day, who[h] are ready to raise up λ their mourning.

9 Let the stars of the twilight thereof be dark; let it look for light, but *have* none; neither let it see the π dawning of the day:

10 Because it shut not up the doors of my *mother's* womb, nor hid sorrow from mine eyes.

11 Why died I not from the womb? *why* did I *not* give up the ghost when I came out of the belly?

12 Why did the knees[i] prevent me? or why the breasts that I should suck?

13 For now should I have lain still and been quiet, I should have slept: then had I been at rest,

14 With kings and counsellors of the earth, which built desolate *l* places for themselves;

15 Or with princes that had gold, who filled their houses with silver:

16 Or as an hidden untimely birth[o] I had not been; as infants *which* never saw light.

17 There the wicked cease *from* troubling; and there the φ weary be at rest.

18 *There* the prisoners rest together; they hear not the voice of the oppressor.

19 The small and great are there; and the servant *is* free from his master.

20 Wherefore is light given to him that is in misery, and life unto the bitter *in* soul;

21 Which ω long[q] for death, but it *cometh* not; and dig for it more than for hid treasures;

22 Which rejoice exceedingly, *and* are glad when they can find the grave?

23 *Why is light given* to a man whose way is hid, and whom God hath hedged[r] in?

24 For my sighing cometh before γ I eat, and my roarings are poured out like the waters.

25 For η the thing which I greatly feared is come upon me, and that which I was afraid of is come unto me.

26 I was not in safety, neither had I rest, neither was I quiet; yet trouble came.

CHAP. IV.

THEN Eliphaz the Temanite answered and said,

2 *If* we assay μ to commune with thee, wilt thou be grieved? but who can ν withhold himself from speaking?

B. C. 1520.

a Ne. 9. 1.
  La. 2. 10.
b Is. 35. 3.
c Ezr. 9. 3, 5.
d Ge. 50. 10.
β *bowing.*
  He. 12. 12.
γ *answered.*
e ch.10.18,&c
  Je. 20. 14.
f Ga. 6. 7, 8.
δ i. e. *his anger,*
  ch. 15. 30.
  Is. 11. 4.
g Ps. 58. 6.
ζ or, *challenge.*
η or,*let them terrify it, as those who have a bitter day,*
  Am. 8. 10.
θ or. *rejoice among.*
κ *by stealth.*
h Je. 9. 17..20.
λ or, *a leviathan.*
μ *met me.*
ν *the multitude of.*
π *eyelids of the morning*
ρ or, *I heard a still voice.*
i Is. 66. 12.
σ or, *nor in his angels,* in whom *he put light.*
k 2 Pe. 2. 4.
τ *beaten in pieces.*
l ch. 15. 28.
m Ps. 146. 3, 4.
n Is. 2. 22.
o Ps. 58. 8.
φ *wearied in strength.*
χ or, *look.*
ψ or, *indignation.*
p Ps. 37. 35.
ω *wait.*
q Re. 9. 6.
β or,*iniquity*
r ch. 19. 8.
  La. 3. 7.
γ *my meat.*
s 1 Co. 10. 13.
δ or, *labour.*
ε *sons of the burning coal lift up to fly.*
η *I feared a fear, and it came upon me.*
θ *there is no search.*
κ *till there be no number.*
λ *out-places.*
μ *a word.*
ν *refrain from words.*
t Ne. 4. 15.

---

3 Behold, thou hast instructed many, and thou hast strengthened[b] the weak hands.

4 Thy words have upholden him that was falling; and thou hast strengthened the β feeble knees.

5 But now it is come upon thee, and thou faintest; it toucheth thee, and thou art troubled.

6 *Is* not *this* thy fear, thy confidence, thy hope, and the uprightness of thy ways?

7 Remember, I pray thee, who *ever* perished, being innocent? or where were the righteous cut off?

8 Even as I have seen, they *f* that plow iniquity, and sow wickedness, reap the same.

9 By the blast of God they perish, and by δ the breath of his nostrils are they consumed.

10 The roaring of the lion, and the voice of the fierce lion, and the teeth[g] of the young lions, are broken.

11 The old lion perisheth for lack of prey, and the stout lion's whelps are scattered abroad.

12 Now a thing was κ secretly brought to me, and mine ear received a little thereof.

13 In thoughts from the visions of the night, when deep sleep falleth on men,

14 Fear μ came upon me, and trembling, which made ν all my bones to shake.

15 Then a spirit passed before my face; the hair of my flesh stood up:

16 It stood still, but I could not discern the form thereof: an image *was* before mine eyes; ρ *there was* silence, and I heard a voice, *saying,*

17 Shall mortal man be more just than God? shall a man be more pure than his Maker?

18 Behold, he put no trust in his servants; and σ his angels[k] he charged with folly.

19 How much less *in* them that dwell in houses of clay, whose foundation *is* in the dust, *which* are crushed before the moth?

20 They are τ destroyed from morning to evening: they perish for ever, without any regarding *it.*

21 Doth[m] not their excellency *which is* in them go away? they die,[n] even without wisdom.

CHAP. V.

CALL now, if there be any that will answer thee; and to which of the saints wilt thou χ turn?

2 For wrath killeth the foolish man, and ψ envy slayeth the silly one.

3 I[p] have seen the foolish taking root: but suddenly I cursed his habitation.

4 His children are far from safety, and they are crushed in the gate, neither *is there* any to deliver *them.*

5 Whose harvest the hungry eateth up, and taketh it even out of the thorns, and the robber swalloweth up their substance.

6 Although β affliction cometh not forth of the dust, neither doth trouble spring out of the ground;

7 Yet[s] man is born unto δ trouble, as the ζ sparks fly upward.

8 I would seek unto God, and unto God would I commit my cause;

9 Which doeth great things and θ unsearchable; marvellous things κ without number:

10 Who giveth rain upon the earth, and sendeth waters upon the λ fields:

11 To set up on high those that be low; that those which mourn may be exalted to safety.

12 He[t] disappointeth the devices of the

Right column — Job 5:13–27, then Cap. VI:1–14

13 לֹכֵד חֲכָמִים בְּעָרְמָם וַעֲצַת נִפְתָּלִים נִמְהָרָה:

14 יוֹמָם יְפַגְּשׁוּ־חֹשֶׁךְ וְכַלַּיְלָה יְמַשְׁשׁוּ בַצָּהֳרָיִם:

15 וַיֹּשַׁע מֵחֶרֶב מִפִּיהֶם וּמִיַּד חָזָק אֶבְיוֹן: וַתְּהִי

16 לַדַּל תִּקְוָה וְעֹלָתָה קָפְצָה פִּיהָ: הִנֵּה אַשְׁרֵי

17 אֱנוֹשׁ יוֹכִחֶנּוּ אֱלוֹהַּ וּמוּסַר שַׁדַּי אַל־תִּמְאָס:

18 כִּי הוּא יַכְאִיב וְיֶחְבָּשׁ יִמְחַץ וְיָדָיו תִּרְפֶּינָה:

19 בְּשֵׁשׁ צָרוֹת יַצִּילֶךָ וּבְשֶׁבַע לֹא־יִגַּע בְּךָ רָע:

20 בְּרָעָב פָּדְךָ מִמָּוֶת וּבְמִלְחָמָה מִידֵי חָרֶב: בְּשׁוֹט

21 לָשׁוֹן תֵּחָבֵא וְלֹא־תִירָא מִשֹּׁד כִּי יָבוֹא: לְשֹׁד

22 וּלְכָפָן תִּשְׂחָק וּמֵחַיַּת הָאָרֶץ אַל־תִּירָא: כִּי עִם

23 אַבְנֵי הַשָּׂדֶה בְרִיתֶךָ וְחַיַּת הַשָּׂדֶה הָשְׁלְמָה־לָּךְ:

24 וְיָדַעְתָּ כִּי־שָׁלוֹם אָהֳלֶךָ וּפָקַדְתָּ נָוְךָ וְלֹא תֶחֱטָא:

25 וְיָדַעְתָּ כִּי־רַב זַרְעֶךָ וְצֶאֱצָאֶיךָ כְּעֵשֶׂב הָאָרֶץ:

26 תָּבוֹא בְכֶלַח אֱלֵי־קָבֶר כַּעֲלוֹת גָּדִישׁ בְּעִתּוֹ:

27 הִנֵּה־זֹאת חֲקַרְנוּהָ כֶּן־הִיא שְׁמָעֶנָּה וְאַתָּה דַע־לָךְ:

CAP. VI. ו

1,2 וַיַּעַן אִיּוֹב וַיֹּאמַר: לוּ שָׁקוֹל יִשָּׁקֵל כַּעְשִׂי

3 וְהַוָּתִי בְּמֹאזְנַיִם יִשְׂאוּ־יָחַד: כִּי־עַתָּה מֵחוֹל

4 יַמִּים יִכְבָּד עַל־כֵּן דְּבָרַי לָעוּ: כִּי חִצֵּי שַׁדַּי
עִמָּדִי אֲשֶׁר חֲמָתָם שֹׁתָה רוּחִי בִּעוּתֵי אֱלוֹהַּ

5 יַעַרְכוּנִי: הֲיִנְהַק־פֶּרֶא עֲלֵי־דֶשֶׁא אִם יִגְעֶה

6 שּׁוֹר עַל־בְּלִילוֹ: הֲיֵאָכֵל תָּפֵל מִבְּלִי־מֶלַח אִם

7 יֶשׁ־טַעַם בְּרִיר חַלָּמוּת: מֵאֲנָה לִנְגּוֹעַ נַפְשִׁי

8 הֵמָּה כִּדְוֵי לַחְמִי: מִי־יִתֵּן תָּבוֹא שֶׁאֱלָתִי וְתִקְוָתִי

9 יִתֵּן אֱלוֹהַּ: וְיֹאֵל אֱלוֹהַּ וִידַכְּאֵנִי יַתֵּר יָדוֹ

10 וִיבַצְּעֵנִי: וּתְהִי־עוֹד נֶחָמָתִי וַאֲסַלְּדָה בְחִילָה

11 לֹא יַחְמוֹל כִּי־לֹא כִחַדְתִּי אִמְרֵי קָדוֹשׁ: מַה־

12 כֹּחִי כִי־אֲיַחֵל וּמַה־קִּצִּי כִּי־אַאֲרִיךְ נַפְשִׁי: אִם

13 כֹּחַ אֲבָנִים כֹּחִי אִם־בְּשָׂרִי נָחוּשׁ: הַאִם אֵין

14 עֶזְרָתִי בִי וְתֻשִׁיָּה נִדְּחָה מִמֶּנִּי: לַמָּס מֵרֵעֵהוּ

Left column — Job 6:15–30, then Cap. VII:1–15

15 חֶסֶד וְיִרְאַת שַׁדַּי יַעֲזוֹב: אַחַי בָּגְדוּ כְמוֹ־נָחַל

16 כַּאֲפִיק נְחָלִים יַעֲבֹרוּ: הַקֹּדְרִים מִנִּי־קָרַח עָלֵימוֹ

17 יִתְעַלֶּם־שָׁלֶג: בְּעֵת יְזֹרְבוּ נִצְמָתוּ בְּחֻמּוֹ נִדְעֲכוּ

18 מִמְּקוֹמָם: יִלָּפְתוּ אָרְחוֹת דַּרְכָּם יַעֲלוּ בַתֹּהוּ

19 וְיֹאבֵדוּ: הִבִּיטוּ אָרְחוֹת תֵּמָא הֲלִיכֹת שְׁבָא

20 קִוּוּ־לָמוֹ: בֹּשׁוּ כִּי־בָטָח בָּאוּ עָדֶיהָ וַיֶּחְפָּרוּ:

21 כִּי־עַתָּה הֱיִיתֶם לֹא תִּרְאוּ חֲתַת וַתִּירָאוּ: הֲכִי

22 אָמַרְתִּי הָבוּ לִי וּמִכֹּחֲכֶם שִׁחֲדוּ בַעֲדִי: וּמַלְּטוּנִי

23 מִיַּד־צָר וּמִיַּד עָרִיצִים תִּפְדּוּנִי: הוֹרוּנִי וַאֲנִי

24 אַחֲרִישׁ וּמַה־שָּׁגִיתִי הָבִינוּ לִי: מַה־נִּמְרְצוּ

25 אִמְרֵי־יֹשֶׁר וּמַה־יּוֹכִיחַ הוֹכֵחַ מִכֶּם: הַלְהוֹכַח

26 מִלִּים תַּחְשֹׁבוּ וּלְרוּחַ אִמְרֵי נֹאָשׁ: אַף עַל־

27 יָתוֹם תַּפִּילוּ וְתִכְרוּ עַל־רֵיעֲכֶם: וְעַתָּה הוֹאִילוּ

28 פְנוּ־בִי וְעַל־פְּנֵיכֶם אִם־אֲכַזֵּב: שֻׁבוּ נָא אַל־

29 תְּהִי עַוְלָה וְשֻׁבִי עוֹד צִדְקִי־בָהּ: הֲיֵשׁ־בִּלְשׁוֹנִי

30 עַוְלָה אִם־חִכִּי לֹא־יָבִין הַוּוֹת:

CAP. VII. ז

1 הֲלֹא־צָבָא לֶאֱנוֹשׁ עַל־אָרֶץ וְכִימֵי שָׂכִיר יָמָיו:

2,3 כְּעֶבֶד יִשְׁאַף־צֵל וּכְשָׂכִיר יְקַוֶּה פָעֳלוֹ: כֵּן

3 הָנְחַלְתִּי לִי יַרְחֵי־שָׁוְא וְלֵילוֹת עָמָל מִנּוּ־לִי:

4 אִם־שָׁכַבְתִּי וְאָמַרְתִּי מָתַי אָקוּם וּמִדַּד־עָרֶב

5 וְשָׂבַעְתִּי נְדֻדִים עֲדֵי־נָשֶׁף: לָבַשׁ בְּשָׂרִי רִמָּה

6 וְגִישׁ עָפָר עוֹרִי רָגַע וַיִּמָּאֵס: יָמַי קַלּוּ מִנִּי־

7 אָרֶג וַיִּכְלוּ בְּאֶפֶס תִּקְוָה: זְכֹר כִּי־רוּחַ חַיָּי

8 לֹא־תָשׁוּב עֵינִי לִרְאוֹת טוֹב: לֹא־תְשׁוּרֵנִי עֵין

9 רֹאִי עֵינֶיךָ בִּי וְאֵינֶנִּי: כָּלָה עָנָן וַיֵּלַךְ כֵּן

10 יוֹרֵד שְׁאוֹל לֹא יַעֲלֶה: לֹא־יָשׁוּב עוֹד לְבֵיתוֹ

11 וְלֹא־יַכִּירֶנּוּ עוֹד מְקֹמוֹ: גַּם־אֲנִי לֹא אֶחֱשָׂךְ

12 פִּי אֲדַבְּרָה בְּצַר רוּחִי אָשִׂיחָה בְּמַר נַפְשִׁי:

13 הֲיָם־אָנִי אִם־תַּנִּין כִּי־תָשִׂים עָלַי מִשְׁמָר: כִּי־

14 אָמַרְתִּי תְּנַחֲמֵנִי עַרְשִׂי יִשָּׂא בְשִׂיחִי מִשְׁכָּבִי:

15 וְחִתַּתַּנִי בַחֲלֹמוֹת וּמֵחֶזְיֹנוֹת תְּבַעֲתַנִּי: וַתִּבְחַר

crafty, so that their hands cannot perform β *their* enterprise.

13 He[a] taketh the wise in their own craftiness; and the counsel of the froward is carried headlong.

14 They γmeet with darkness in the daytime,& grope in the noonday as in yε night.

15 But[c] he saveth the poor from the sword, from their mouth, and from the hand of the mighty.

16 So the poor hath hope, and iniquity stoppeth her mouth.

17 Behold, happy[d] *is* the man whom God correcteth; therefore despise not thou the chastening of the Almighty:

18 For[f] he maketh sore, and bindeth up; he woundeth, and his hands make whole.

19 He[g] shall deliver thee in six troubles; yea, in seven there shall no evil touch thee.

20 In famine[h] he shall redeem thee from death; and in war from the λpower of the sword.

21 Thou shalt be hid μ from the scourge of the tongue;[i] neither shalt thou be afraid of destruction when it cometh.

22 At destruction and famine thou shalt laugh: neither shalt thou be afraid of the beasts of the earth.

23 For thou shalt be in league with the stones of the field; and the beasts[k] of the field shall be at peace with thee.

24 And thou shalt know νthat thy tabernacle *shall be* in peace; and thou shalt visit thy habitation, and shalt not ρsin.

25 Thou shalt know also that thy seed *shall be* τgreat, and thine offspring as the grass of the earth.

26 Thou shalt come to *thy* grave in a full age,[l] like as a shock of corn χcometh in in his season.

27 Lo this, we have searched[m] it, so it *is;* hear it, and know thou *it* for β thy good.

CHAP. VI.

BUT Job answered and said,

2 Oh that my grief were throughly weighed, and my calamity ζlaid in the balances together!

3 For now it would be heavier than the sand[o] of the sea: therefore ηmy words are swallowed up.

4 For the arrows of the Almighty *are* within me, the poison whereof drinketh up my spirit: the terrors[r] of God do set themselves in array against me.

5 Doth the wild ass bray κwhen he hath grass? or loweth the ox over his fodder?

6 Can that which is unsavoury be eaten without salt? or is there *any* taste in the white of an egg?

7 The things *that* my soul refused to touch *are* as my sorrowful meat.

8 Oh that I might have my request; and that God would grant *me* νthe thing that I long for!

9 Even that[t] it would please God to destroy me; that he would let loose his hand, and cut me off!

10 Then should I yet have comfort; yea, I would harden myself in sorrow: let him not spare; for[u] I have not concealed the words of the Holy[w] One.

11 What *is* my strength, that I should hope? and what *is* mine end, that I should prolong my life?

12 *Is* my strength the strength of stones? or *is* my flesh ρof brass?

13 *Is* not my help in me? and is wisdom driven quite from me?

14 To him that σis afflicted [x] pity *should*

B. C. 1520.

β or anything
a 1 Co. 3. 19.
b Ps. 38. 11.
γ or, run into,
　Is. 59. 10.
　Am. 8. 9.
c Ps. 107. 41.
δ are cut off.
ζ in the heat thereof.
η extinguished.
d He. 12. 5.
　Ja. 1. 12.
e Ge. 25. 15.
f De. 32. 39.
g Ps. 91. 3.
θ or, ye are like to it, or, them.
κ not.
h Ps. 37. 19.
λ hands.
μ or, when the tongue scourgeth.
i Ps. 31. 20.
j Ec. 12. 11.
k Is. 11. 9.
ν or, that peace is thy tabernacle.
π cause to fall upon.
ρ or, err.
σ before your face.
τ or, much.
φ i. e. this matter.
l Pr. 9. 11.
χ ascendeth.
ψ palate.
m Pr. 2. 3.5.
β thyself,
　Pr. 9. 12.
γ a warfare.
n ch. 14.5,14.
δ gapeth after.
ζ lifted up.
o Pr. 27. 3.
η i. e. I want words to express my grief,
　Ps. 77. 4.
p Ps. 6. 6.
q De. 28. 67.
θ evening be measured.
　Ps. 88.15,16.
κ at grass.
s Ge. 42. 36.
λ not return.
μ to see, i. e. to enjoy.
ν my expectation.
π i. e. I can live no longer.
t 1 Ki. 19. 4.
　Jon. 4. 3, 8.
u Ps. 40. 9.
　Ac. 20.20 27.
v Ps.49.12 14.
w Is. 57. 15.
ρ brazen.
σ melteth.
x He.13. 3.

be shewed from his friend; but he forsaketh the fear of the Almighty.

15 My brethren[b] have dealt deceitfully as a brook, *and* as the stream of brooks they pass away;

16 Which are blackish by reason of the ice, *and* wherein the snow is hid:

17 What time they wax warm, they δvanish: ζwhen it is hot, they are ηconsumed out of their place.

18 The paths of their way are turned aside; they go to nothing, and perish.

19 The troops of Tema[e] looked, the companies of Sheba waited for them.

20 They were confounded because they had hoped; they came thither, and were ashamed.

21 For now θye are κnothing; ye see *my* casting down, and are afraid.

22 Did I say, Bring unto me? or, Give a reward for me of your substance?

23 Or, Deliver me from the enemy's hand? or, Redeem me from yε hand of the mighty?

24 Teach me, and I will hold my tongue; and cause me to understand wherein I have erred.

25 How forcible[j] are right words! but what doth your arguing reprove?

26 Do ye imagine to reprove words, and the speeches of one that is desperate, *which are* as wind?

27 Yea, ye πoverwhelm the fatherless, and ye dig *a pit* for your friend.

28 Now, therefore, be content; look upon me: for *it is* σevident unto you if I lie.

29 Return, I pray you, let it not be iniquity; yea, return again, my righteousness *is* in φit.

30 Is there iniquity in my tongue? cannot my ψtaste discern perverse things?

CHAP. VII.

IS there not γan appointed[n] time to man upon earth? *are not* his days also like the days of an hireling?

2 As a servant δearnestly desireth the shadow, and as an hireling looketh for *the reward of* his work;

3 So am I made to possess months of vanity, and wearisome nights[p] are appointed to me.

4 When[q] I lie down, I say, When shall I arise, and the θnight be gone? and I am full of tossings to and fro unto the dawning of the day.

5 My flesh is clothed with worms and clods of dust; my skin is broken, and become loathsome.

6 My days are swifter than a weaver's shuttle, and are spent without hope.

7 O remember that my life *is* wind: mine[s] eye shall λno more μsee good.

8 The eye of him that hath seen me shall see me no *more:* thine eyes *are* upon me, and π I *am* not.

9 *As* the cloud is consumed and vanisheth away; so he that goeth down to the grave shall come up no *more.*

10 He[v] shall return no more to his house, neither shall his place know him any more.

11 Therefore I will not refrain my mouth; I will speak in the anguish of my spirit; I will complain in the bitterness of my soul.

12 *Am* I a sea, or a whale, that thou settest a watch over me?

13 When I say, My bed shall comfort me, my couch shall ease my complaint;

14 Then thou scarest me with dreams, and terrifiest me through visions;

16 מְאַסְתִּי מֵעֲצָמוֹתָי ׃ כִּמְהַנַּק נַפְשִׁי מָוֶת
17 לְעֹלָם אֶחְיֶה חֲדַל מִמֶּנִּי כִּי־הֶבֶל יָמָי ׃ מָה־
18 אֱנוֹשׁ כִּי תְגַדְּלֶנּוּ וְכִי־תָשִׁית אֵלָיו לִבֶּךָ ׃
19 וַתִּפְקְדֶנּוּ לִבְקָרִים לִרְגָעִים תִּבְחָנֶנּוּ ׃ כַּמָּה לֹא־
20 תִשְׁעֶה מִמֶּנִּי לֹא־תַרְפֵּנִי עַד־בִּלְעִי רֻקִּי ׃ חָטָאתִי
מָה אֶפְעַל לָךְ נֹצֵר הָאָדָם לָמָה שַׂמְתַּנִי לְמִפְגָּע
21 לָךְ וָאֶהְיֶה עָלַי לְמַשָּׂא ׃ וּמֶה לֹא־תִשָּׂא פִשְׁעִי
וְתַעֲבִיר אֶת־עֲוֺנִי כִּי־עַתָּה לֶעָפָר אֶשְׁכָּב
וְשִׁחֲרְתַּנִי וְאֵינֶנִּי ׃

CAP. VIII. ח

1 וַיַּעַן בִּלְדַּד הַשּׁוּחִי וַיֹּאמַר ׃ עַד־אָן תְּמַלֶּל
2 אֵלֶּה וְרוּחַ כַּבִּיר אִמְרֵי־פִיךָ ׃ הַאֵל יְעַוֵּת
3 מִשְׁפָּט וְאִם־שַׁדַּי יְעַוֵּת־צֶדֶק ׃ אִם־בָּנֶיךָ חָטְאוּ־
4 לוֹ וַיְשַׁלְּחֵם בְּיַד־פִּשְׁעָם ׃ אִם־אַתָּה תְּשַׁחֵר
5 אֶל־אֵל וְאֶל־שַׁדַּי תִּתְחַנָּן ׃ אִם־זַךְ וְיָשָׁר אָתָּה
6 כִּי־עַתָּה יָעִיר עָלֶיךָ וְשִׁלַּם נְוַת צִדְקֶךָ ׃ וְהָיָה
7 רֵאשִׁיתְךָ מִצְעָר וְאַחֲרִיתְךָ יִשְׂגֶּה מְאֹד ׃ כִּי־
8 שְׁאַל־נָא לְדֹר רִישׁוֹן וְכוֹנֵן לְחֵקֶר אֲבוֹתָם ׃ כִּי־
9 תְמוֹל אֲנַחְנוּ וְלֹא נֵדָע כִּי צֵל יָמֵינוּ עֲלֵי־אָרֶץ ׃
10 הֲלֹא־הֵם יוֹרוּךָ יֹאמְרוּ לָךְ וּמִלִּבָּם יוֹצִאוּ
11 מִלִּים ׃ הֲיִגְאֶה־גֹּמֶא בְּלֹא בִצָּה יִשְׂגֶּה־אָחוּ בְלִי־
12 מָיִם ׃ עֹדֶנּוּ בְאִבּוֹ לֹא יִקָּטֵף וְלִפְנֵי כָל־חָצִיר
13 יִיבָשׁ ׃ כֵּן אָרְחוֹת כָּל־שֹׁכְחֵי אֵל וְתִקְוַת חָנֵף
14 תֹּאבֵד ׃ אֲשֶׁר־יָקוֹט כִּסְלוֹ וּבֵית עַכָּבִישׁ מִבְטַחוֹ ׃
15 יִשָּׁעֵן עַל־בֵּיתוֹ וְלֹא יַעֲמֹד יַחֲזִיק בּוֹ וְלֹא יָקוּם ׃
16 רָטֹב הוּא לִפְנֵי־שָׁמֶשׁ וְעַל־גַּנָּתוֹ יֹנַקְתּוֹ תֵצֵא ׃
17 עַל־גַּל שָׁרָשָׁיו יְסֻבָּכוּ בֵּית אֲבָנִים יֶחֱזֶה ׃ אִם־
18 יְבַלְּעֶנּוּ מִמְּקוֹמוֹ וְכִחֶשׁ בּוֹ לֹא רְאִיתִיךָ ׃ הֶן־
19 הוּא מְשׂוֹשׂ דַּרְכּוֹ וּמֵעָפָר אַחֵר יִצְמָחוּ ׃ הֶן־
20 אֵל לֹא יִמְאַס־תָּם וְלֹא־יַחֲזִיק בְּיַד־מְרֵעִים ׃ עַד־
21 יְמַלֶּה שְׂחוֹק פִּיךָ וּשְׂפָתֶיךָ תְרוּעָה ׃ שֹׂנְאֶיךָ
22 יִלְבְּשׁוּ־בֹשֶׁת וְאֹהֶל רְשָׁעִים אֵינֶנּוּ ׃

CAP. IX. ט

1 וַיַּעַן אִיּוֹב וַיֹּאמַר ׃ אָמְנָם יָדַעְתִּי כִי־כֵן וּמַה־
2 יִּצְדַּק אֱנוֹשׁ עִם־אֵל ׃ אִם־יַחְפֹּץ לָרִיב עִמּוֹ לֹא־
3

4 חֲכַם לֵבָב וְאַמִּיץ כֹּחַ ׃ יַעֲנֶנּוּ אַחַת מִנִּי־אָלֶף ׃
5 הַמַּעְתִּיק הָרִים וְלֹא יָדָעוּ ׃ מִי־הִקְשָׁה אֵלָיו וַיִּשְׁלָם ׃
6 הַמַּרְגִּיז אֶרֶץ מִמְּקוֹמָהּ ׃ הָאֹמֵר לַחֶרֶס וְלֹא יִזְרָח ׃
7 וְעַמּוּדֶיהָ יִתְפַּלָּצוּן ׃
8 נֹטֶה שָׁמַיִם לְבַדּוֹ וְדוֹרֵךְ עַל־בָּמֳתֵי יָם ׃
9 עֹשֶׂה עָשׁ כְּסִיל וְכִימָה וְחַדְרֵי תֵמָן ׃
10 עֹשֶׂה גְדֹלוֹת עַד־אֵין חֵקֶר וְנִפְלָאוֹת עַד־
11 אֵין מִסְפָּר ׃ הֵן יַעֲבֹר עָלַי וְלֹא אֶרְאֶה וְיַחֲלֹף
12 וְלֹא־אָבִין לוֹ ׃ הֵן יַחְתֹּף מִי יְשִׁיבֶנּוּ מִי־יֹאמַר
13 אֵלָיו מַה־תַּעֲשֶׂה ׃ אֱלוֹהַּ לֹא־יָשִׁיב אַפּוֹ תחתו
14 שָׁחֲחוּ עֹזְרֵי רָהַב ׃ אַף כִּי־אָנֹכִי אֶעֱנֶנּוּ אֶבְחֲרָה
15 דְבָרַי עִמּוֹ ׃ אֲשֶׁר אִם־צָדַקְתִּי לֹא אֶעֱנֶה
16 לִמְשֹׁפְטִי אֶתְחַנָּן ׃ אִם־קָרָאתִי וַיַּעֲנֵנִי לֹא־
17 אַאֲמִין כִּי־יַאֲזִין קוֹלִי ׃ אֲשֶׁר־בִּשְׂעָרָה יְשׁוּפֵנִי
18 וְהִרְבָּה פְצָעַי חִנָּם ׃ לֹא־יִתְּנֵנִי הָשֵׁב רוּחִי כִּי
19 יַשְׂבִּעַנִי מַמְּרֹרִים ׃ אִם־לְכֹחַ אַמִּיץ הִנֵּה וְאִם־
20 לְמִשְׁפָּט מִי יוֹעִידֵנִי ׃ אִם־אֶצְדָּק פִּי יַרְשִׁיעֵנִי
21 תָּם־אָנִי וַיַּקְשֵׁנִי ׃ תָּם־אָנִי לֹא־אֵדַע נַפְשִׁי
22 אֶמְאַס חַיָּי ׃ אַחַת הִיא עַל־כֵּן אָמַרְתִּי תָּם וְרָשָׁע
23 הוּא מְכַלֶּה ׃ אִם־שׁוֹט יָמִית פִּתְאֹם לְמַסַּת נְקִיִּם
24 יִלְעָג ׃ אֶרֶץ נִתְּנָה בְיַד־רָשָׁע פְּנֵי־שֹׁפְטֶיהָ יְכַסֶּה אִם־
25 לֹא אֵפוֹא מִי־הוּא ׃ וְיָמַי קַלּוּ מִנִּי־רָץ בָּרְחוּ לֹא־רָאוּ
26 טוֹבָה ׃ חָלְפוּ עִם־אֳנִיּוֹת אֵבֶה כְּנֶשֶׁר יָטוּשׂ עֲלֵי־
27 אֹכֶל ׃ אִם־אָמְרִי אֶשְׁכְּחָה שִׂיחִי אֶעֶזְבָה פָנַי
28 וְאַבְלִיגָה ׃ יָגֹרְתִּי כָל־עַצְּבֹתָי יָדַעְתִּי כִּי־לֹא
29 תְנַקֵּנִי ׃ אָנֹכִי אֶרְשָׁע לָמָּה־זֶּה הֶבֶל אִיגָע ׃
30 אִם־הִתְרָחַצְתִּי בְמֵו־שָׁלֶג וַהֲזִכּוֹתִי בְּבֹר כַּפָּי ׃
31 אָז בַּשַּׁחַת תִּטְבְּלֵנִי וְתִעֲבוּנִי שַׂלְמוֹתָי ׃ כִּי־לֹא
32 אִישׁ כָּמוֹנִי אֶעֱנֶנּוּ נָבוֹא יַחְדָּו בַּמִּשְׁפָּט ׃ לֹא יֵשׁ־
33 בֵּינֵינוּ מוֹכִיחַ יָשֵׁת יָדוֹ עַל־שְׁנֵינוּ ׃ יָסֵר מֵעָלַי
34 שִׁבְטוֹ וְאֵמָתוֹ אַל־תְּבַעֲתַנִּי ׃ אֲדַבְּרָה וְלֹא
35 אִירָאֶנּוּ כִּי־לֹא־כֵן אָנֹכִי עִמָּדִי ׃

CAP. X. י

1 נָקְטָה נַפְשִׁי בְּחַיָּי אֶעֶזְבָה עָלַי שִׂיחִי אֲדַבְּרָה
2

15 So that my soul chooseth strangling, *and* death rather than my β life.

16 I *b* loathe *it ;* I would not live alway : let me alone ; for my days *are* vanity.

17 What *e* is man, that thou shouldest magnify him? and that thou shouldest set thine heart upon him ?

18 And *that* thou shouldest visit him every morning, *and* try him every moment?

19 How *f* long wilt thou not depart from me, nor let me alone till I swallow down my spittle ?

20 I have sinned ; what shall I do unto thee, O thou Preserver *i* of men? why hast thou set me as a mark *j* against thee, so that I am a burden to myself ?

21 And why dost thou not pardon my transgression, & take away *l* mine iniquity? for now shall I sleep in ye dust; &thou shalt seek me in the morning, but I^m *shall* not *be.*

CHAP. VIII.

THEN answered Bildad the Shuhite, and said,

2 How long wilt thou speak these *things?* and *how long shall* the words of thy mouth *be like* a strong wind ?

3 Doth^o God pervert judgment? or doth the Almighty pervert justice ?

4 If thy children have sinned against him, and he have cast them away θ for their transgression ;

5 I *f* thou wouldst seek unto God betimes, and make thy supplication to ye Almighty;

6 If thou *wert* pure & upright; surely now he would awake for thee, and make the habitation of thy righteousness prosperous.

7 Though thy beginning was small, yet thy latter end should greatly increase.

8 For inquire, I pray thee, of the former age, and prepare thyself to the search of their fathers:

9 (For we^r *are but of* yesterday, and know κ nothing, because our days upon earth *are* a^s shadow :)

10 Shall not they teach thee, *and* tell thee, and utter words out of their heart ?

11 Can the rush grow up without mire ? can the flag grow without water ?

12 Whilst^u it *is* yet in his greenness, *and* not cut down, it withereth before any *other* herb.

13 So *are* the paths of all that forget God ; and the hypocrite's hope^v shall perish :

14 Whose hope shall be cut off, and whose trust *shall be* a spider's λ web.

15 He shall lean upon his house, but it^w shall not stand : he shall hold it fast, but it shall not endure.

16 He *is* green before the sun, and his branch shooteth forth in his garden.

17 His roots are wrapped about the heap, *and* seeth the place of stones.

18 If he destroy him from his place, then *it* shall deny him, *saying,* I *y* have not seen thee.

19 Behold, this *is* the joy of his way, and out of the earth shall others^z grow.

20 Behold,God^a will not cast away a perfect *man,*neither will he π help ye evildoers ;

21 Till he fill thy mouth with laughing, and thy lips with τ rejoicing.

22 They that hate thee shall be clothed with^e shame ; and the dwelling-place of the wicked shall ϕ come to nought.

CHAP. IX.

THEN Job answered and said,

2 I know *it is* so of a truth : but^e how should man be just ψ with God ?

3 If he will contend with him, he can-

β *bones.*
a Jude 24,25.
b ch. 10. 1,20.
c Ps. 8. 4.
d He. 12. 26.
e Jos. 10. 12.
f Ps. 104. 2,3.
  Is.40.22,28.
g Ps. 80. 4.
h Mat. 14. 25.
γ *heights.*
i Ps. 36. 6.
j La. 3. 12.
k Am. 5. 8.
δ *Ash, Cesil,
  and Cimah.*
l Mi. 7. 18,19.
  1 Jno. 1. 9.
m Ps. 103. 15.
ζ *turn him
  away ?*
  ch. 11. 10.
n Da. 4. 35.
η *helpers of
  pride, or,
  strength.*
o ch.34.12,17.
  De. 32. 4.
  2 Ch. 19. 7.
  Ps. 89. 14.
  Da. 9. 14.
  Ro. 3 5, 6.
p ch. 34. 31.
θ *in the
  hand of
  their.*
q ch. 11. 13.
  22,23,&c.
r Ps. 39. 5.
κ *not.*
s 1 Ch. 29. 15.
t Eze. 21. 3.
u Ps. 129. 6.
  Mat. 13. 20.
v ch. 11. 20.
  27. 8.
  Pr. 10. 28.
λ *house,*
  Is. 59. 5, 6.
μ *ships of
  desire, or,
  ships of
  Ebeh.*
w Mat. 7. 26.
x Je. 2. 22.
y Ps. 37. 36.
ν *make me
  to be ab-
  horred.*
z Mat. 3. 9.
a Ps. 94. 14.
π *take the
  ungodly by
  the hand,*
ρ *one that
  should
  argue.*
σ *or, umpire.*
τ *shouting
  for joy.*
b Ps. 106. 23.
c Ps. 132. 18.
d Ps. 39. 10.
ϕ *not be.*
χ *I am not so
  with myself.*
e Ps. 143. 2.
  Ro. 3. 20.
ψ *or, before,*
β *or, cut off
  while I live.*

---

not answer him one of a thousand.

4 He^a *is* wise in heart, and mighty in strength: who hath hardened *himself* against him, and hath prospered ?

5 Which removeth the mountains, and they know not ; which overturneth them in his anger ;

6 Which^d shaketh the earth out of her place, and the pillars thereof tremble ;

7 Which commandeth the sun,^e and it riseth not, and sealeth up the stars ;

8 Which alone spreadeth out the^f heavens, and treadeth^h upon the γ waves of the sea ;

9 Which^k maketh δ Arcturus, Orion, and Pleiades, and the chambers of the south ;

10 Which doeth great things past finding out ; yea, and wonders without number.

11 Lo, he goeth by me, and I see *him* not: he passeth on also, but I perceive him not.

12 Behold, he taketh away, who can ζ hinder him? who^n will say unto him, What doest thou ?

13 *If* God will not withdraw his anger, the η proud helpers do stoop under him.

14 How much less shall I answer him, *and* choose out my words *to reason* with him ?

15 Whom, though I were righteous, *yet* would I not answer, but^p I would make supplication to my Judge.

16 If I had called, and he had answered me, *yet* would I not believe that he had hearkened unto my voice.

17 For he breaketh me with a tempest, and multiplieth my wounds without cause.

18 He will not suffer me to take my breath, but filleth me with bitterness.

19 If I *speak* of strength, lo, *he is* strong: and if of judgment, who shall set me a time *to plead ?*

20 If I justify myself, mine own mouth shall condemn me: *if I say,* I *am* perfect, it shall also prove me perverse.

21 *Though* I *were* perfect,*yet* would I not know my soul : I would despise my life.

22 This *is* one *thing,* therefore I said *it,* He^d destroyeth the perfect and the wicked.

23 If the scourge slay suddenly, he will laugh at the trial of the innocent.

24 The earth is given into the hand of the wicked : he covereth the faces of the judges thereof; if not, where, & who *is* he ?

25 Now my days are swifter than a post : they flee away, they see no good.

26 They are passed away as the μ swift ships; as the eagle *that* hasteth to the prey.

27 If I say, I will forget my complaint, I will leave off my heaviness, and comfort *myself ;*

28 I am afraid of all my sorrows, I know that thou wilt not hold me innocent.

29 *If* I be wicked, why then labour I in vain ?

30 If^x I wash myself with snow water, and make my hands never so clean ;

31 Yet shalt thou plunge me in the ditch, and mine own clothes shall ν abhor me.

32 For *he is* not a man, as I *am,* that I should answer him, *and* we should come together in judgment.

33 Neither is there ρ any σ days-man betwixt^b us, *that* might lay his hand upon us both.

34 Let him take^d his rod away from me, and let not his fear terrify me ;

35 *Then* would I speak, and not fear him : but χ it *is* not so with me.

CHAP. X.

MY soul is β weary of my life: I will

2 אֹמַר אֶל־אֱלוֹהַּ אַל־תַּרְשִׁיעֵנִי הוֹדִיעֵנִי עַל מַה־תְּרִיבֵנִי׃
3 הֲטוֹב לְךָ כִּי־תַעֲשֹׁק כִּי־תִמְאַס יְגִיעַ כַּפֶּיךָ וְעַל־עֲצַת רְשָׁעִים הוֹפָעְתָּ׃
4 הַעֵינֵי בָשָׂר לָךְ אִם־כִּרְאוֹת אֱנוֹשׁ תִּרְאֶה׃
5 הֲכִימֵי אֱנוֹשׁ יָמֶיךָ אִם־שְׁנוֹתֶיךָ כִּימֵי גָבֶר׃
6 כִּי־תְבַקֵּשׁ לַעֲוֺנִי וּלְחַטָּאתִי תִדְרוֹשׁ׃
7 עַל־דַּעְתְּךָ כִּי־לֹא אֶרְשָׁע וְאֵין מִיָּדְךָ מַצִּיל׃
8 יָדֶיךָ עִצְּבוּנִי וַיַּעֲשׂוּנִי יַחַד סָבִיב וַתְּבַלְּעֵנִי׃
9 זְכָר־נָא כִּי־כַחֹמֶר עֲשִׂיתָנִי וְאֶל־עָפָר תְּשִׁיבֵנִי׃
10 הֲלֹא כֶחָלָב תַּתִּיכֵנִי וְכַגְּבִנָּה תַּקְפִּיאֵנִי׃
11 עוֹר וּבָשָׂר תַּלְבִּישֵׁנִי וּבַעֲצָמוֹת וְגִידִים תְּסֹכְכֵנִי׃
12 חַיִּים וָחֶסֶד עָשִׂיתָ עִמָּדִי וּפְקֻדָּתְךָ שָׁמְרָה רוּחִי׃
13 וְאֵלֶּה צָפַנְתָּ בִלְבָבֶךָ יָדַעְתִּי כִּי־זֹאת עִמָּךְ׃
14 אִם־חָטָאתִי וּשְׁמַרְתָּנִי וּמֵעֲוֺנִי לֹא תְנַקֵּנִי׃
15 אִם־רָשַׁעְתִּי אַלְלַי לִי וְצָדַקְתִּי לֹא־אֶשָּׂא רֹאשִׁי שְׂבַע קָלוֹן וּרְאֵה עָנְיִי׃
16 וְיִגְאֶה כַּשַּׁחַל תְּצוּדֵנִי וְתָשֹׁב תִּתְפַּלָּא־בִי׃
17 תְּחַדֵּשׁ עֵדֶיךָ נֶגְדִּי וְתֶרֶב כַּעַשְׂךָ עִמָּדִי חֲלִיפוֹת וְצָבָא עִמִּי׃
18 וְלָמָּה מֵרֶחֶם הֹצֵאתָנִי אֶגְוַע וְעַיִן לֹא־תִרְאֵנִי׃
19 כַּאֲשֶׁר לֹא־הָיִיתִי אֶהְיֶה מִבֶּטֶן לַקֶּבֶר אוּבָל׃
20 הֲלֹא־מְעַט יָמַי וַחֲדָל יְשִׁית מִמֶּנִּי וְאַבְלִיגָה מְּעָט׃
21 בְּטֶרֶם אֵלֵךְ וְלֹא אָשׁוּב אֶל־אֶרֶץ חֹשֶׁךְ וְצַלְמָוֶת׃
22 אֶרֶץ עֵיפָתָה כְּמוֹ אֹפֶל צַלְמָוֶת וְלֹא סְדָרִים וַתֹּפַע כְּמוֹ־אֹפֶל׃

CAP. XI. א

1 וַיַּעַן צֹפַר הַנַּעֲמָתִי וַיֹּאמַר׃
2 הֲרֹב דְּבָרִים לֹא יֵעָנֶה וְאִם־אִישׁ שְׂפָתַיִם יִצְדָּק׃
3 בַּדֶּיךָ מְתִים יַחֲרִישׁוּ וַתִּלְעַג וְאֵין מַכְלִם׃
4 וַתֹּאמֶר זַךְ לִקְחִי וּבַר הָיִיתִי בְעֵינֶיךָ׃
5 וְאוּלָם מִי־יִתֵּן אֱלוֹהַּ דַּבֵּר וְיִפְתַּח שְׂפָתָיו עִמָּךְ׃
6 וְיַגֶּד־לְךָ תַּעֲלֻמוֹת חָכְמָה כִּי־כִפְלַיִם לְתוּשִׁיָּה וְדַע כִּי־יַשֶּׁה לְךָ אֱלוֹהַ מֵעֲוֺנֶךָ׃
7 הַחֵקֶר אֱלוֹהַ תִּמְצָא אִם עַד־

8 תַּכְלִית שַׁדַּי תִּמְצָא גָּבְהֵי שָׁמַיִם מַה־תִּפְעָל עֲמֻקָּה מִשְּׁאוֹל מַה־תֵּדָע׃
9 אֲרֻכָּה מֵאֶרֶץ מִדָּהּ וּרְחָבָה מִנִּי־יָם׃
10 אִם־יַחֲלֹף וְיַסְגִּיר וְיַקְהִיל וּמִי יְשִׁיבֶנּוּ׃
11 כִּי־הוּא יָדַע מְתֵי־שָׁוְא וַיַּרְא־אָוֶן וְלֹא יִתְבּוֹנָן׃
12 וְאִישׁ נָבוּב יִלָּבֵב וְעַיִר פֶּרֶא אָדָם יִוָּלֵד׃
13 אִם־אַתָּה הֲכִינוֹתָ לִבֶּךָ וּפָרַשְׂתָּ אֵלָיו כַּפֶּךָ׃
14 אִם־אָוֶן בְּיָדְךָ הַרְחִיקֵהוּ וְאַל־תַּשְׁכֵּן בְּאֹהָלֶיךָ עַוְלָה׃
15 כִּי־אָז תִּשָּׂא פָנֶיךָ מִמּוּם וְהָיִיתָ מֻצָק וְלֹא תִירָא׃
16 כִּי־אַתָּה עָמָל תִּשְׁכָּח כְּמַיִם עָבְרוּ תִזְכֹּר׃
17 וּמִצָּהֳרַיִם יָקוּם חָלֶד תָּעֻפָה כַּבֹּקֶר תִּהְיֶה׃
18 וּבָטַחְתָּ כִּי־יֵשׁ תִּקְוָה וְחָפַרְתָּ לָבֶטַח תִּשְׁכָּב׃
19 וְרָבַצְתָּ וְאֵין מַחֲרִיד וְחִלּוּ פָנֶיךָ רַבִּים׃
20 וְעֵינֵי רְשָׁעִים תִּכְלֶינָה וּמָנוֹס אָבַד מִנְהֶם וְתִקְוָתָם מַפַּח־נָפֶשׁ׃

CAP. XII. יב

1 וַיַּעַן אִיּוֹב וַיֹּאמַר׃
2 אָמְנָם כִּי אַתֶּם־עָם וְעִמָּכֶם תָּמוּת חָכְמָה׃
3 גַּם־לִי לֵבָב כְּמוֹכֶם לֹא־נֹפֵל אָנֹכִי מִכֶּם וְאֶת־מִי־אֵין כְּמוֹ־אֵלֶּה׃
4 שְׂחֹק לְרֵעֵהוּ אֶהְיֶה קֹרֵא לֶאֱלוֹהַּ וַיַּעֲנֵהוּ שְׂחוֹק צַדִּיק תָּמִים׃
5 לַפִּיד בּוּז לְעַשְׁתּוּת שַׁאֲנָן נָכוֹן לְמוֹעֲדֵי רָגֶל׃
6 יִשְׁלָיוּ אֹהָלִים לְשֹׁדְדִים וּבַטֻּחוֹת לְמַרְגִּיזֵי אֵל לַאֲשֶׁר הֵבִיא אֱלוֹהַּ בְּיָדוֹ׃
7 וְאוּלָם שְׁאַל־נָא בְהֵמוֹת וְתֹרֶךָּ וְעוֹף הַשָּׁמַיִם וְיַגֶּד־לָךְ׃
8 אוֹ שִׂיחַ לָאָרֶץ וְתֹרֶךָּ וִיסַפְּרוּ לְךָ דְּגֵי הַיָּם׃
9 מִי לֹא־יָדַע בְּכָל־אֵלֶּה כִּי יַד־יְהוָה עָשְׂתָה זֹּאת׃
10 אֲשֶׁר בְּיָדוֹ נֶפֶשׁ כָּל־חָי וְרוּחַ כָּל־בְּשַׂר־אִישׁ׃
11 הֲלֹא־אֹזֶן מִלִּין תִּבְחָן וְחֵךְ אֹכֶל יִטְעַם־לוֹ׃
12 בִּישִׁישִׁים חָכְמָה וְאֹרֶךְ יָמִים תְּבוּנָה׃
13 עִמּוֹ חָכְמָה וּגְבוּרָה לוֹ עֵצָה וּתְבוּנָה׃
14 הֵן יַהֲרוֹס וְלֹא יִבָּנֶה יִסְגֹּר עַל־אִישׁ וְלֹא יִפָּתֵחַ׃
15 הֵן יַעְצֹר בַּמַּיִם וְיִבָשׁוּ וִישַׁלְּחֵם וְיַהַפְכוּ אָרֶץ׃
16 עִמּוֹ עֹז וְתוּשִׁיָּה לוֹ שֹׁגֵג וּמַשְׁגֶּה׃
17 מוֹלִיךְ יוֹעֲצִים שׁוֹלָל וְשֹׁפְטִים יְהוֹלֵל׃
18 מוּסַר מְלָכִים פִּתֵּחַ וַיֶּאְסֹר אֵזוֹר בְּמָתְנֵיהֶם׃

leave my complaint upon myself; I will speak in the bitterness of my soul.

2 I will say unto God, Do not*a* condemn me; shew me wherefore*b* thou contendest with me.

3 *Is it* good unto thee that thou shouldest oppress, that thou shouldest despise the γ work of thine hands, and shine upon the counsel of the wicked?

4 Hast thou eyes of flesh? or*d* seest thou as man seeth?

5 *Are* thy days as the days of man? *are* thy years as man's days,

6 That thou inquirest after mine iniquity, and searchest*δ* after my sin?

7 Thou θ knowest*i* that I am not wicked; and *there is* none that can deliver out of thine hand.

8 Thine hands κ have made me, and fashioned me together round about; yet thou dost destroy me.

9 Remember, I beseech thee, that thou hast made me as the clay; *k* and wilt thou bring me into dust again?

10 Hast thou not poured me out as milk, and curdled me like cheese?

11 Thou *m* hast clothed me with skin and flesh, and hast *μ* fenced me with bones and sinews.

12 Thou hast granted me life and favour, and thy visitation hath preserved my spirit.

13 And these *things* hast thou hid in thine heart: I know that this *is* with thee.

14 If I sin, then thou markest me, and thou wilt not acquit me from mine iniquity.

15 If I be wicked, woe *p* unto me; and *if* I be righteous, *yet* will I not lift up my head. I *am* full of confusion; therefore see thou mine affliction;

16 For it increaseth. Thou huntest me as a fierce lion; *q* and again thou shewest thyself marvellous upon me.

17 Thou renewest thy φ witnesses against me, and increasest thine indignation upon me; changes and war *are* against me.

18 Wherefore then hast thou brought me forth out of the womb? Oh° that I had given up the ghost, and no eye had seen me!

19 I should have been as though I had not been; I should have been carried from the womb to the grave.

20 *Are* not my days few? *t* cease *then, and* let me alone, that I may take comfort a little,

21 Before I go *whence* I shall not return, *even* to the land*u* of darkness and the *v* shadow of death;

22 A land of darkness, as darkness *itself; and* of the shadow of death, without any order, and *where* the light *is* as darkness.

CHAP. XI.

THEN answered Zophar the Naamathite, and said,

2 Should not the multitude of words be*w* answered? and should a man δ full of talk be justified?

3 Should thy ζ lies make men hold their peace? and when thou mockest, shall no man make thee ashamed?

4 For*z* thou hast said, My doctrine *is* pure, and I am clean in thine eyes.

5 But oh that God would speak, and open his lips against thee;

6 And that he would shew thee the secrets of wisdom, that *they are* double to that which is! Know, therefore, that God exacteth of thee *less b* than thine iniquity *deserveth.*

7 Canst thou by searching*d* find out

---

a Ps. 143. 2.
  Ro. 8. 1.

β the heights of heaven.

b La. 5.16,17.

γ labour.

c Re. 3. 7.

δ or, make a change.

ζ turn him away?

d 1 Sa. 16. 7.

e Ps. 10. 14.
  Jno.2.24,‥5.

η empty.

g Ps. 10. 15.

h 1 Sa. 7. 3.

θ It is upon thy knowledge.

i Jnᵛ. 21. 17.

κ took pains about me.

j Ps. 101. 3.

k Je. 18. 6.
  Ro. 9. 21.

λ arise above the noon-day.

l Pr. 4. 18.

m Is. 58. 8,10.

μ hedged.

v intreat thy face,
  Ps. 45. 12.

n De. 28. 65.

π flight shall perish from them.

o Pr. 11. 7.

p Is. 6. 5.

ρ or, a puff of breath.

q La. 3. 10.
  Hos.13.7,8.

σ an heart.

τ fall not lower than you.

φ that is, plagues.

χ with whom are not such as these?

r ch. 3. 11.

s Ps.73.12,&c.
  Je. 12.1,&c.

t Ps. 39. 5,13.

u Ps. 88. 12.

v Ps. 23. 4.

ψ or, life.

β flesh of man.

γ palate.

δ of lips.

x ch. 32. 7.

ζ or, devices.

η i. e. God.

y Pr. 8. 14.

z ch. 6. 30.
  10. 7.

θ upon.

a Eze. 14. 9.

b Ezr. 9. 13.

c Is. 19. 13.

d Is. 40. 28.
  Ro. 11. 33.

God? canst thou find out the Almighty unto perfection?

8 *It is β* as high as heaven; what canst thou do? deeper than hell; what canst thou know?

9 The measure thereof *is* longer than the earth, and broader than the sea.

10 If*c* he δ cut off, and shut up, or gather together, then who can ζ hinder him?

11 For*e* he knoweth vain men : he seeth wickedness also: will he not then consider *it?*

12 For η vain man would be wise, though man be born *like* a wild ass's colt.

13 If thou prepare *h* thine heart, and stretch out thine hands toward him;

14 If iniquity *be* in thine hand, put it far away, and let not wickedness dwell in *j* thy tabernacles.

15 For then shalt thou lift up thy face without spot; yea, thou shalt be steadfast, and shalt not fear:

16 Because thou shalt forget *thy* misery, *and* remember *it* as waters *that* pass away:

17 And *thine* age shall λ be clearer than the noon-day; thou shalt shine*l* forth, thou shalt be as the morning.

18 And thou shalt be secure, because there is hope; yea, thou shalt dig *about thee, and* thou shalt take thy rest in safety.

19 Also thou shalt lie down, and none shall make *thee* afraid; yea, many shall *v* make suit unto thee.

20 But the eyes *n* of the wicked shall fail, and π they shall not escape, and their° hope *shall be as* ρ the giving up of the ghost.

CHAP. XII.

AND Job answered and said,

2 No doubt but ye *are* the people, and wisdom shall die with you.

3 But I have σ understanding as well as you; I τ *am* not inferior to you: yea, χ who knoweth not such things as these?

4 I am as one mocked of his neighbour, who calleth upon God, and he answereth him : the just upright *man is* laughed to scorn.

5 He that is ready to slip with *his* feet *is as* a lamp despised in the thought of him that is at ease.

6 The tabernacles of robbers*s* prosper, and they that provoke God are secure: into whose hand God bringeth *abundantly.*

7 But ask now the beasts, and they shall teach thee; and the fowls of the air, and they shall tell thee:

8 Or speak to the earth, and it shall teach thee; and the fishes of the sea shall declare unto thee.

9 Who knoweth not in all these, that the hand of the LORD hath wrought this?

10 In whose hand is the ψ soul of every living thing, and the breath of all β mankind.

11 Doth not the ear try words? and the γ mouth taste his meat?

12 With the ancient*x is* wisdom; and in length of days understanding.

13 With *η* him *is* wisdom and strength, he hath counsel*y* and understanding.

14 Behold, he breaketh down, and it cannot be built again; he shutteth θ up a man, and there can be no opening.

15 Behold, he withholdeth the waters, and they dry up; also he sendeth them out, and they overturn the earth.

16 With him *is* strength and wisdom: the deceived*a* and the deceiver *are* his.

17 He leadeth counsellors away spoiled, and maketh the judges *c* fools.

19 וַיֹּאמֶר אֵלוֹר בְּמַתְנֵיהֶם ׃ מוֹלִיךְ כֹּהֲנִים שׁוֹלָל ׃
20 וְאֵיתָנִים יְסַלֵּף ׃ מֵסִיר שָׂפָה לְנֶאֱמָנִים וְטַעַם
21 זְקֵנִים יִקָּח ׃ שׁוֹפֵךְ בּוּז עַל־נְדִיבִים וּמְזִיחַ
22 אֲפִיקִים רִפָּה ׃ מְגַלֶּה עֲמֻקוֹת מִנִּי־חֹשֶׁךְ וַיֹּצֵא
23 לָאוֹר צַלְמָוֶת ׃ מַשְׂגִּיא לַגּוֹיִם וַיְאַבְּדֵם שֹׁטֵחַ
24 לַגּוֹיִם וַיַּנְחֵם ׃ מֵסִיר לֵב רָאשֵׁי עַם־הָאָרֶץ
25 וַיַּתְעֵם בְּתֹהוּ לֹא־דָרֶךְ ׃ יְמַשְׁשׁוּ־חֹשֶׁךְ וְלֹא
אוֹר וַיַּתְעֵם כַּשִּׁכּוֹר ׃

CAP. XIII. יג

1 הֶן־כֹּל רָאֲתָה עֵינִי שָׁמְעָה אָזְנִי וַתָּבֶן לָהּ ׃
2 כְּדַעְתְּכֶם יָדַעְתִּי גַם־אָנִי לֹא־נֹפֵל אָנֹכִי מִכֶּם ׃
3 אוּלָם אֲנִי אֶל־שַׁדַּי אֲדַבֵּר וְהוֹכֵחַ אֶל־אֵל אֶחְפָּץ ׃
4 וְאוּלָם אַתֶּם טֹפְלֵי־שָׁקֶר רֹפְאֵי אֱלִל כֻּלְּכֶם ׃
5 מִי־יִתֵּן הַחֲרֵשׁ תַּחֲרִישׁוּן וּתְהִי לָכֶם לְחָכְמָה ׃
6 שִׁמְעוּ־נָא תוֹכַחְתִּי וְרִבוֹת שְׂפָתַי הַקְשִׁיבוּ ׃
7 הַלְאֵל תְּדַבְּרוּ עַוְלָה וְלוֹ תְּדַבְּרוּ רְמִיָּה ׃
8 הֲפָנָיו תִּשָּׂאוּן אִם־לָאֵל תְּרִיבוּן ׃
9 הֲטוֹב כִּי־יַחְקֹר אֶתְכֶם אִם־כְּהָתֵל בֶּאֱנוֹשׁ תְּהָתֵלּוּ בוֹ ׃
10 הוֹכֵחַ יוֹכִיחַ אֶתְכֶם אִם־בַּסֵּתֶר פָּנִים תִּשָּׂאוּן ׃
11 הֲלֹא שְׂאֵתוֹ תְּבַעֵת אֶתְכֶם וּפַחְדּוֹ יִפֹּל עֲלֵיכֶם ׃
12 זִכְרֹנֵיכֶם מִשְׁלֵי־אֵפֶר לְגַבֵּי־חֹמֶר גַּבֵּיכֶם ׃
13 הַחֲרִישׁוּ מִמֶּנִּי וַאֲדַבְּרָה־אָנִי וְיַעֲבֹר עָלַי מָה ׃
14 עַל־מָה אֶשָּׂא בְשָׂרִי בְשִׁנָּי וְנַפְשִׁי אָשִׂים בְּכַפִּי ׃
15 הֵן יִקְטְלֵנִי לוֹ אֲיַחֵל אַךְ־דְּרָכַי אֶל־פָּנָיו אוֹכִיחַ ׃
16 גַּם־הוּא־לִי לִישׁוּעָה כִּי־לֹא לְפָנָיו חָנֵף יָבוֹא ׃
17 שִׁמְעוּ שָׁמוֹעַ מִלָּתִי וְאַחֲוָתִי בְּאָזְנֵיכֶם ׃
18 הִנֵּה־נָא עָרַכְתִּי מִשְׁפָּט יָדַעְתִּי כִּי־אֲנִי אֶצְדָּק ׃
19 מִי־הוּא יָרִיב עִמָּדִי כִּי־עַתָּה אַחֲרִישׁ וְאֶגְוָע ׃
20 אַךְ־שְׁתַּיִם אַל־תַּעַשׂ עִמָּדִי אָז מִפָּנֶיךָ לֹא אֶסָּתֵר ׃
21 כַּפְּךָ מֵעָלַי הַרְחַק וְאֵמָתְךָ אַל־תְּבַעֲתַנִּי ׃
22 וּקְרָא וְאָנֹכִי אֶעֱנֶה אוֹ־אֲדַבֵּר וַהֲשִׁיבֵנִי ׃
23 כַּמָּה לִי עֲוֹנוֹת וְחַטָּאוֹת פִּשְׁעִי וְחַטָּאתִי הֹדִיעֵנִי ׃
24 לָמָּה־פָנֶיךָ תַסְתִּיר וְתַחְשְׁבֵנִי לְאוֹיֵב לָךְ ׃
25 הֶעָלֶה נִדָּף תַּעֲרוֹץ וְאֶת־קַשׁ יָבֵשׁ תִּרְדֹּף ׃
26 כִּי־תִכְתֹּב עָלַי מְרֹרוֹת ...

27 ... וְתוֹרִישֵׁנִי עֲוֹנוֹת נְעוּרָי ׃ וְתָשֵׂם בַּסַּד
רַגְלַי וְתִשְׁמוֹר כָּל־אָרְחוֹתָי עַל־שָׁרְשֵׁי רַגְלַי תִּתְחַקֶּה ׃
28 וְהוּא כְּרָקָב יִבְלֶה כְּבֶגֶד אֲכָלוֹ עָשׁ ׃

CAP. XIV. יד

1 אָדָם יְלוּד אִשָּׁה קְצַר יָמִים וּשְׂבַע־רֹגֶז ׃
2 כְּצִיץ יָצָא וַיִּמָּל וַיִּבְרַח כַּצֵּל וְלֹא יַעֲמוֹד ׃
3 אַף־עַל־זֶה פָּקַחְתָּ עֵינֶךָ וְאֹתִי תָבִיא בְמִשְׁפָּט עִמָּךְ ׃
4 מִי־יִתֵּן טָהוֹר מִטָּמֵא לֹא אֶחָד ׃
5 אִם חֲרוּצִים יָמָיו מִסְפַּר־חֳדָשָׁיו אִתָּךְ חֻקָּיו עָשִׂיתָ וְלֹא יַעֲבוֹר ׃
6 שְׁעֵה מֵעָלָיו וְיֶחְדָּל עַד־יִרְצֶה כְּשָׂכִיר יוֹמוֹ ׃
7 כִּי יֵשׁ לָעֵץ תִּקְוָה אִם־יִכָּרֵת וְעוֹד יַחֲלִיף וְיֹנַקְתּוֹ
לֹא תֶחְדָּל ׃
8 אִם־יַזְקִין בָּאָרֶץ שָׁרְשׁוֹ וּבֶעָפָר יָמוּת גִּזְעוֹ ׃
9 מֵרֵיחַ מַיִם יַפְרִחַ וְעָשָׂה קָצִיר כְּמוֹ־נָטַע ׃
10 וְגֶבֶר יָמוּת וַיֶּחֱלָשׁ וַיִּגְוַע אָדָם וְאַיּוֹ ׃
11 אָזְלוּ־מַיִם מִנִּי־יָם וְנָהָר יֶחֱרַב וְיָבֵשׁ ׃
12 וְאִישׁ שָׁכַב וְלֹא־יָקוּם עַד־בִּלְתִּי שָׁמַיִם לֹא יָקִיצוּ וְלֹא יֵעֹרוּ מִשְּׁנָתָם ׃
13 מִי יִתֵּן בִּשְׁאוֹל תַּצְפִּנֵנִי תַּסְתִּירֵנִי עַד־שׁוּב אַפֶּךָ
14 אִם־יָמוּת גֶּבֶר הֲיִחְיֶה כָּל־יְמֵי צְבָאִי אֲיַחֵל עַד־בּוֹא חֲלִיפָתִי ׃
15 תִּקְרָא וְאָנֹכִי אֶעֱנֶךָּ לְמַעֲשֵׂה יָדֶיךָ תִכְסֹף ׃
16 כִּי־עַתָּה צְעָדַי תִּסְפּוֹר לֹא־תִשְׁמוֹר עַל־חַטָּאתִי ׃
17 חָתֻם בִּצְרוֹר פִּשְׁעִי וַתִּטְפֹּל עַל־עֲוֹנִי ׃
18 וְאוּלָם הַר־נוֹפֵל יִבּוֹל וְצוּר יֶעְתַּק מִמְּקֹמוֹ ׃
19 אֲבָנִים שָׁחֲקוּ מַיִם תִּשְׁטֹף־סְפִיחֶיהָ עֲפַר־אָרֶץ וְתִקְוַת אֱנוֹשׁ הֶאֱבַדְתָּ ׃
20 תִּתְקְפֵהוּ לָנֶצַח וַיַּהֲלֹךְ מְשַׁנֶּה פָנָיו וַתְּשַׁלְּחֵהוּ ׃
21 יִכְבְּדוּ בָנָיו וְלֹא יֵדָע וְיִצְעֲרוּ וְלֹא־יָבִין לָמוֹ ׃
22 אַךְ־בְּשָׂרוֹ עָלָיו יִכְאָב וְנַפְשׁוֹ עָלָיו תֶּאֱבָל ׃

CAP. XV. טו

1 וַיַּעַן אֱלִיפַז הַתֵּימָנִי וַיֹּאמַר ׃
2 הֶחָכָם יַעֲנֶה דַעַת־רוּחַ וִימַלֵּא קָדִים בִּטְנוֹ ׃
3 הוֹכֵחַ בְּדָבָר לֹא יִסְכּוֹן וּמִלִּים לֹא יוֹעִיל בָּם ׃
4 אַף־אַתָּה תָּפֵר ...

18 He looseth the bond of kings, and girdeth their loins with a girdle.

19 He *a* leadeth princes away spoiled, and overthroweth the mighty.

20 He removeth *c* away the γ speech of the trusty, and taketh away the understanding of the aged.

21 He *e* poureth contempt upon princes, and ζ weakeneth the strength of the mighty.

22 He discovereth *f* deep things out of darkness, and bringeth out to light the shadow *g* of death.

23 He increaseth *i* the nations, and destroyeth them ; he enlargeth the nations, and θ straiteneth them *again.*

24 He taketh away the heart *l* of the chief of the people of the earth, and causeth them to wander in a wilderness *where there is* no way.

25 They grope *p* in the dark without light, and he maketh them to λ stagger like *a* drunken *man.*

CHAP. XIII.

LO, mine eye hath seen all *this,* mine ear hath heard and understood it.

2 What ye know, *the same* do I know also ; I *am* not inferior unto you.

3 Surely I would speak to the Almighty, *r* and I desire to reason *s* with God.

4 But ye *are* forgers of lies, ye *are* all physicians of no *t* value.

5 O that ye would altogether hold your peace ! and *u* it should be your wisdom.

6 Hear now my reasoning, and hearken to the pleadings of my lips.

7 Will ye speak wickedly for God ? and talk deceitfully *x* for him ?

8 Will *w* ye accept his person ? will ye contend for God ?

9 Is it good that he should search you out ? or as one man mocketh another, do ye *so* mock *z* him ?

10 He will surely reprove you, if ye do secretly accept *a* persons.

11 Shall not his excellency make you afraid ? *b* and his dread fall upon you ?

12 Your remembrances *are* like unto ashes, your bodies to bodies of clay.

13 ξ Hold your peace, let me alone, that I may speak, and let come on me what *will.*

14 Wherefore do I take my flesh in my teeth, and put my life in mine hand ?

15 Though *f* he slay me, yet will I trust in him ; but I will π maintain mine own ways before him.

16 He also *shall be* my salvation ; *g* for an hypocrite *h* shall not come before him.

17 Hear diligently my speech, and my declaration with your ears.

18 Behold now, I have ordered *my* cause : I know that I shall be justified.

19 Who *i is* he *that* will plead with me ? for now, if I hold my tongue, I shall give up the ghost.

20 Only do not two *things* unto me : then will I not hide myself from thee.

21 Withdraw *k* thine hand far from me : and let not thy dread make me afraid.

22 Then call *l* thou, and I will answer : or let me speak, and answer thou me.

23 How many *are* mine iniquities and sins ? make me to know *m* my transgression and my sin.

24 Wherefore hidest *n* thou thy face, and holdest me for thine enemy ? *o*

25 Wilt thou break *p* a leaf driven to and fro ? and wilt thou pursue the dry stubble ?

26 For thou writest bitter things against

B. C. 1520.

a Is. 45. 1.
b Ps. 25. 7.
c Is. 3. 1..3.
d ch. 33. 11.
β *observest.*
γ *lip of the faithful.*
δ *roots.*
e Da. 2.21,22.
ζ *or, looseth the girdle of the strong.*
f 1 Co. 4. 5.
η *short of.*
g ch. 34. 22.
h Ec. 2. 23.
i Ps. 107.38.
k Ps.90.5.10.
θ *leadeth in.*
l Da.4.16,33.
m Ps. 144. 3.
n Ps. 143. 2.
κ *will give.*
o Ps.51.2,10.
Jn⁰. 3. 6.
p De. 28. 29.
λ *wander.*
q ver. 14.
He. 9. 27.
μ *cease.*
r ch. 23. 3.
31..35.
s Is. 1. 18.
Mi. 6.2,&c.
t ch. 16. 2.
u Pr. 17. 28.
Am. 5. 13.
v *is weakened,* or, *cut off:*
w 2 Co. 4. 2.
x ch.32.21,22.
y Ps. 102. 26.
Is. 51. 6.
2Pe.3.10,11.
Re. 20. 11.
z Ga. 6. 7.
a Ps. 82. 1, 2.
b Je. 5. 22.
10.7,10.
c 1Th.4.14..16.
d 1Co.15.51..
54.
ξ *Be silent from me.*
e Pr. 5. 21.
f Ps. 23. 4.
Pr. 14. 32.
π *prove,* or, *argue.*
g Ps. 27. 1.
h Is. 33. 14.
ρ *fadeth.*
σ *overfloweth*
i Is. 50. 8.
Ro.8.33,34.
k Ps. 39. 10.
l ch. 38. 3.
m ch. 34. 32.
Ju⁰. 16. 8,9.
n Ps. 102. 2.
φ *knowledge of wind.*
o La. 2. 5.
p Is. 42. 3.
q 1Ti. 6. 4, 5.
x *makest void.*
ψ *or, speech.*

me, and makest me to possess the iniquities of my youth. *b*

27 Thou puttest my feet also in the stocks, *d* and β lookest narrowly unto all my paths ; thou settest a print upon the δ heels of my feet.

28 And he, as a rotten thing, consumeth. as a garment that is moth-eaten.

CHAP. XIV.

MAN that *is* born of a woman, *is* η of few days, and full *h* of trouble.

2 He *k* cometh forth like a flower, and is cut down : he fleeth also as a shadow, and continueth not.

3 And *m* dost thou open thine eyes upon such an one, and bringest *n* me into judgment with thee ?

4 Who κ can bring a clean *o* *thing* out of an unclean ? not one.

5 Seeing his days *are* determined, the number of his months *are* with thee, thou hast appointed *q* his bounds that he cannot pass ;

6 Turn from him, that he may μ rest, till he shall accomplish, as an hireling, his day.

7 For there is hope of a tree, if it be cut down, that it will sprout again, and that the tender branch thereof will not cease.

8 Though the root thereof wax old in the earth, and the stock thereof die in the ground ;

9 *Yet* through the scent of water it will bud, and bring forth boughs like a plant.

10 But man dieth, and ν wasteth away : yea, man giveth up the ghost,& where *is* he ?

11 *As* the waters fail from the sea, and the flood decayeth and drieth up :

12 So man lieth down, and riseth not : till the heavens *y* be no more, they shall not awake, nor be raised out of their sleep.

13 O that thou wouldest hide me in the grave, that thou wouldest keep me secret, until thy wrath be past, that thou wouldest appoint me a set time, and remember me

14 If a man die, shall *c* he live *again* ? all the days of my appointed time will I wait, till my change *d* come.

15 Thou shalt call, and I will answer thee : thou wilt have a desire to the work of thine hands.

16 For *e* now thou numberest my steps : dost thou not watch over my sin ?

17 My transgression *is* sealed up in a bag, and thou sewest up mine iniquity.

18 And surely the mountain falling ρ cometh to nought, and the rock is removed out of his place.

19 The waters wear the stones : thou σ washest away the things which grow *out* of the dust of the earth ; and thou destroyest the hope of man.

20 Thou prevailest for ever against him, and he passeth : thou changest his countenance, and sendest him away.

21 His sons come to honour, and he knoweth *it* not ; and they are brought low, but he perceiveth *it* not of them.

22 But his flesh upon him shall have pain, and his soul within him shall mourn.

CHAP. XV.

THEN answered Eliphaz the Temanite, and said,

2 Should a wise man utter φ vain knowledge, and fill his belly with the east wind ?

3 Should he reason with unprofitable talk ? *q* or with speeches wherewith he can do no good ?

4 Yea, thou. χ castest off fear, and restrainest ψ prayer before God.

5 כִּי יְאַלֵּף עֲוֺנְךָ פִּיךָ ׃ וְתִבְחַר לְשׁוֹן עֲרוּמִים ׃   3 עָמָל כֻּלְּכֶם ׃ הֲקֵץ לְדִבְרֵי רוּחַ אוֹ מַה
6 יַּרְשִׁיעֲךָ פִיךָ וְלֹא אָנִי ׃ וּשְׂפָתֶיךָ יַעֲנוּ בָךְ ׃   4 יַּמְרִיצְךָ כִּי תַעֲנֶה ׃ גַּם אָנֹכִי כָּכֶם אֲדַבֵּרָה לוּ
7 הֲרִאישׁוֹן אָדָם תִּוָּלֵד ׃ הַבְּסוֹד אֱלוֹהַּ תִּשְׁמָע ׃   יֵשׁ נַפְשְׁכֶם תַּחַת נַפְשִׁי אַחְבִּירָה עֲלֵיכֶם בְּמִלִּים
8 וְלִפְנֵי גְבָעוֹת חוֹלָלְתָּ ׃ הַבְּסוֹד אֱלוֹהַּ תִּשְׁמָע ׃   5 וְאָנִיעָה עֲלֵיכֶם בְּמוֹ רֹאשִׁי ׃ אֲאַמִּצְכֶם בְּמוֹ פִי
9 וְתִגְרַע אֵלֶיךָ חָכְמָה ׃ מַה יָדַעְתָּ וְלֹא נֵדָע תָּבִין ׃   6 וְנִיד שְׂפָתַי יַחְשֹׂךְ ׃ אִם אֲדַבְּרָה לֹא יֵחָשֵׂךְ
10 וְלֹא עִמָּנוּ הוּא ׃ גַּם שָׂב גַּם יָשִׁישׁ בָּנוּ ׃   7 כְּאֵבִי וְאַחְדְּלָה מַה מִנִּי יַהֲלֹךְ ׃ אַךְ עַתָּה הֶלְאָנִי
11 כַּבִּיר מֵאָבִיךָ יָמִים ׃ הַמְעַט מִמְּךָ תַּנְחוּמוֹת אֵל ׃   8 הֲשִׁמּוֹתָ כָּל עֲדָתִי ׃ וַתִּקְמְטֵנִי לְעֵד הָיָה וַיָּקָם
12 וְדָבָר לָאַט עִמָּךְ ׃ מַה יִּקָּחֲךָ לִבֶּךָ וּמַה יִּרְזְמוּן ׃   9 בִּי כַחֲשִׁי בְּפָנַי יַעֲנֶה ׃ אַפּוֹ טָרַף וַיִּשְׂטְמֵנִי
13 עֵינֶיךָ ׃ כִּי תָשִׁיב אֶל אֵל רוּחֶךָ וְהֹצֵאתָ מִפִּיךָ ׃   10 חָרַק עָלַי בְּשִׁנָּיו צָרִי יִלְטוֹשׁ עֵינָיו לִי ׃ פָּעֲרוּ עָלַי
14 מִלִּין ׃ מָה אֱנוֹשׁ כִּי יִזְכֶּה וְכִי יִצְדַּק יְלוּד אִשָּׁה ׃   11 בְּפִיהֶם בְּחֶרְפָּה הִכּוּ לְחָיָי יַחַד עָלַי יִתְמַלָּאוּן ׃
15 הֵן בִּקְדֹשָׁיו לֹא יַאֲמִין וְשָׁמַיִם לֹא זַכּוּ בְעֵינָיו ׃   12 יַסְגִּירֵנִי אֵל אֶל עֲוִיל וְעַל יְדֵי רְשָׁעִים יִרְטֵנִי ׃
16 אַף כִּי נִתְעָב וְנֶאֱלָח אִישׁ שֹׁתֶה כַמַּיִם עַוְלָה ׃   שָׁלֵו הָיִיתִי וַיְפַרְפְּרֵנִי וְאָחַז בְּעָרְפִּי
17 אֲחַוְךָ שְׁמַע לִי וְזֶה חָזִיתִי וַאֲסַפֵּרָה ׃ אֲשֶׁר   13 וַיְפַצְפְּצֵנִי וַיְקִימֵנִי לוֹ לְמַטָּרָה ׃ יָסֹבּוּ עָלַי רַבָּיו
18 חֲכָמִים יַגִּידוּ וְלֹא כִחֲדוּ מֵאֲבוֹתָם ׃ לָהֶם   יְפַלַּח כִּלְיוֹתַי וְלֹא יַחְמוֹל יִשְׁפֹּךְ לָאָרֶץ מְרֵרָתִי ׃
19 לָהֶם לְבַדָּם נִתְּנָה הָאָרֶץ וְלֹא עָבַר זָר בְּתוֹכָם ׃ כָּל   14 יִפְרְצֵנִי פֶרֶץ עַל פְּנֵי פָרֶץ יָרֻץ עָלַי כְּגִבּוֹר ׃
20 יְמֵי רָשָׁע הוּא מִתְחוֹלֵל וּמִסְפַּר שָׁנִים נִצְפְּנוּ   15 שַׂק תָּפַרְתִּי עֲלֵי גִלְדִּי וְעֹלַלְתִּי בֶעָפָר קַרְנִי ׃
21 לֶעָרִיץ ׃ קוֹל פְּחָדִים בְּאָזְנָיו בַּשָּׁלוֹם שׁוֹדֵד   16 פָּנַי חֳמַרְמְרָה מִנִּי בֶכִי וְעַל עַפְעַפַּי צַלְמָוֶת ׃
22 יְבוֹאֶנּוּ ׃ לֹא יַאֲמִין שׁוּב מִנִּי חֹשֶׁךְ וְצָפוּ הוּא   17 עַל לֹא חָמָס בְּכַפָּי וּתְפִלָּתִי זַכָּה ׃ אֶרֶץ אַל
23 אֱלֵי חָרֶב ׃ נֹדֵד הוּא לַלֶּחֶם אַיֵּה יָדַע כִּי נָכוֹן   18 תְּכַסִּי דָמִי וְאַל יְהִי מָקוֹם לְזַעֲקָתִי ׃ גַּם עַתָּה
24 בְּיָדוֹ יוֹם חֹשֶׁךְ ׃ יְבַעֲתֻהוּ צַר וּמְצוּקָה תִּתְקְפֵהוּ   19 הִנֵּה בַשָּׁמַיִם עֵדִי וְשָׂהֲדִי בַּמְּרוֹמִים ׃ מְלִיצַי
25 כְּמֶלֶךְ עָתִיד לַכִּידוֹר ׃ כִּי נָטָה אֶל אֵל יָדוֹ וְאֶל   20 רֵעַי אֶל אֱלוֹהַּ דָּלְפָה עֵינִי ׃ וְיוֹכַח לְגֶבֶר עִם
26 שַׁדַּי יִתְגַּבָּר ׃ יָרוּץ אֵלָיו בְּצַוָּאר בַּעֲבִי גַּבֵּי מָגִנָּיו ׃   21 אֱלוֹהַּ וּבֶן אָדָם לְרֵעֵהוּ ׃ כִּי שְׁנוֹת מִסְפָּר יֶאֱתָיוּ
27 כִּי כִסָּה פָנָיו בְּחֶלְבּוֹ וַיַּעַשׂ פִּימָה עֲלֵי כָסֶל ׃   22 וְאֹרַח לֹא אָשׁוּב אֶהֱלֹךְ ׃
28 וַיִּשְׁכּוֹן עָרִים נִכְחָדוֹת בָּתִּים לֹא יֵשְׁבוּ לָמוֹ ׃
29 אֲשֶׁר הִתְעַתְּדוּ לְגַלִּים ׃ לֹא יֶעְשַׁר וְלֹא יָקוּם
30 חֵילוֹ וְלֹא יִטֶּה לָאָרֶץ מִנְלָם ׃ לֹא יָסוּר מִנִּי

CAP. XVII. ז

חֹשֶׁךְ יֹנַקְתּוֹ תְּיַבֵּשׁ שַׁלְהָבֶת וְיָסוּר בְּרוּחַ פִּיו ׃
31 אַל יַאֲמֵן בַּשָּׁו נִתְעָה כִּי שָׁוְא תִּהְיֶה תְמוּרָתוֹ ׃   1 רוּחִי חֻבָּלָה יָמַי נִזְעָכוּ קְבָרִים לִי ׃ אִם לֹא
32 בְּלֹא יוֹמוֹ תִּמָּלֵא וְכִפָּתוֹ לֹא רַעֲנָנָה ׃ יַחְמֹס   2 הֲתֻלִים עִמָּדִי וּבְהַמְּרוֹתָם תָּלַן עֵינִי ׃ שִׂימָה
33   3 נָּא עָרְבֵנִי עִמָּךְ מִי הוּא לְיָדִי יִתָּקֵעַ ׃ כִּי לִבָּם
34 כַּגֶּפֶן בִּסְרוֹ וְיַשְׁלֵךְ כַּזַּיִת נִצָּתוֹ ׃ כִּי עֲדַת חָנֵף   4 צָפַנְתָּ מִשָּׂכֶל עַל כֵּן לֹא תְרוֹמֵם ׃ לְחֵלֶק יַגִּיד
35 גַּלְמוּד וְאֵשׁ אָכְלָה אָהֳלֵי שֹׁחַד ׃ הָרֹה עָמָל   5 רֵעִים וְעֵינֵי בָנָיו תִּכְלֶנָה ׃ וְהִצִּיגַנִי לִמְשֹׁל עַמִּים
וְיָלֹד אָוֶן וּבִטְנָם תָּכִין מִרְמָה ׃   6 וְתֹפֶת לְפָנִים אֶהְיֶה ׃ וַתֵּכַהּ מִכַּעַשׂ עֵינִי וִיצֻרַי
   7 כַּצֵּל כֻּלָּם ׃ יָשֹׁמּוּ יְשָׁרִים עַל זֹאת וְנָקִי עַל

CAP. XVI. יו

1 וַיַּעַן אִיּוֹב וַיֹּאמַר ׃ שָׁמַעְתִּי כְאֵלֶּה רַבּוֹת מְנַחֲמֵי

5 For thy mouth βuttereth thine iniquity, and thou choosest the tongue of the crafty.

6 Thine *a* own mouth condemneth thee, and not I; yea, thine own lips testify against thee.

7 *Art* thou the first man *that* was born? or wast thou made before *c* the hills?

8 Hast *d* thou heard the secret of God? and dost thou restrain wisdom to thyself?

9 What *f* knowest thou, that we know not? *what* understandest thou, which *is* not in us?

10 With us *are* both the gray-headed *g* and very aged men,much elder than thy father.

11 *Are* the consolations of God small with thee? is there any secret thing with thee?

12 Why doth thine heart carry thee away? and what do thy eyes wink at,

13 That thou turnest thy spirit against God,*i* and lettest *such* words go out of thy mouth?

14 What *i* is man, that he should be clean? and *he which is* born of a woman, that he should be righteous?

15 Behold, he putteth no trust in his saints; yea, the heavens *n* are not clean in his sight:

16 How much more abominable and filthy *q* is man, which drinketh *r* iniquity like water?

17 I will shew thee, hear me; and that *which* I have seen I will declare;

18 Which wise men have told from their fathers, and have not hid *it* :

19 Unto whom *u* alone the earth was given, and no stranger *v* passed among them.

20 The wicked man travaileth *w* with pain all *his* days, and the number *y* of years is hidden to the oppressor.

21 θ A dreadful sound *is z* in his ears: in prosperity *a* the destroyer shall come upon him.

22 He believeth not that he shall return out of darkness, and he is waited for of the sword.

23 He wandereth abroad for bread, *saying,* Where is it? he knoweth that the day of darkness is ready at his hand.

24 Trouble and anguish shall make him afraid; they shall prevail against him, as a king ready to the battle.

25 For *f* he stretcheth out his hand against God, and strengtheneth himself against *g* the Almighty.

26 He runneth upon him, *even on his* neck, upon the thick bosses of his bucklers;

27 Because *i* he covereth his face with his fatness, and maketh collops of fat on *his* flanks.

28 And he dwelleth in desolate cities, *and* in houses which no man inhabiteth, which are ready to become heaps.

29 He shall not be rich, neither shall his substance continue, neither shall he prolong the perfection thereof upon the earth.

30 He shall not depart out of darkness: the flame shall dry up his branches, and by the breath of his mouth shall he go away.

31 Let not him that is deceived trust *m* in vanity; for vanity shall be his recompence.

32 It shall be σ accomplished before *o* his time, and his branch shall not be green.

33 He shall shake off his unripe grape as the vine, and shall cast off his flower as the olive.

34 For the congregation of *q* hypocrites *shall be* desolate, and fire shall consume the tabernacles of *r* bribery.

35 They *s* conceive mischief, & bring forth χ vanity, and their belly prepareth deceit.

β *teacheth.*
γ or, *troublesome.*
a Lu. 19. 22.
b ch. 13. 4.
δ *words of wind,*
ch. 15. 2.
c Ps. 90. 2.
Pr. 8. 25.
d Ro. 11. 34.
1 Co. 2. 11.
e Ps. 22. 7.
f ch. 13. 2.
g ch. 32. 6..9.
h Pr. 27. 9.
ζ *goeth from me* ♪
i Mal. 3. 13.
k Ep. 5. 27.
l Ps. 14. 3.
Pr. 20. 9.
Eph. 2. 3.
1 Jnⁿ. 1. 8, 10.
m ch.10.16,17.
n ch. 25. 5.
o ch. 13. 24.
p La. 3. 30.
q Ps. 53. 3.
r ch. 20. 12.
Pr. 19. 28.
s Ps. 35. 15.
t ch. 1. 15,17.
η *shut me up.*
u De. 32. 8.
v Joel 3. 17.
w Ec. 9. 3.
x ch. 7. 20.
y Ps. 90. 12.
θ *A sound of fears.*
z Le. 26. 36.
a 1 Th. 5. 3.
b Ps. 42. 7.
c ch. 30. 19.
d Ps. 44. 17..21.
e Ps.66.18,19.
f Is. 27. 4.
κ *in the high places,* Eph. 1. 3.
g ch. 9. 4.
λ *are my scorners.*
h Ro. 9. 20.
i Ps.73.7,&c.
μ or, *friend.*
ν *years of number.*
k Ec. 12. 5.
π or, *spirit is spent.*
l Ps. 88. 3, 4.
ρ *lodge.*
m Is. 59. 4.
n Pr. 6. 1.
σ or, *cut off.*
o Ps. 55. 23.
p Ps. 12. 3.
q ch. 27. 8.
Is. 33. 14.
τ or, *before them.*
r Am.5.11,12.
φ or thoughts
s Hos. 10. 13.
Ga. 6. 7, 8.
χ or iniquity

CHAP. XVI.

THEN Job answered and said,

2 I have heard many such things: γ miserable *b* comforters *are* ye all.

3 Shall δ vain words have an end? or what emboldeneth thee that thou answerest?

4 I also could speak as ye *do* : if your soul were in my soul's stead, I could heap up words against you, and shake *e* mine head at you.

5 *But* I would strengthen you with my mouth, *h* and the moving of my lips should assuage *your grief.*

6 Though I speak, my grief is not asswaged ; and *though* I forbear, what ζ am I eased?

7 But now he hath made me weary : thou hast made desolate all my company.

8 And thou hast filled me with *k* wrinkles, *which* is a witness *against me ;* and my leanness rising up in me beareth witness to my face.

9 He teareth *m me* in his wrath,who hateth me : he gnasheth upon me with his teeth ; mine enemy *x* sharpeneth his eyes upon me.

10 They have gaped upon me with their mouth ; they have smitten *p* me upon the cheek reproachfully ; they have *s* gathered themselves together against me.

11 God *t* hath η delivered me to the ungodly, and turned me over into the hands of the wicked.

12 I was at ease, but he hath broken me asunder : he hath also taken *me* by my neck, and shaken me to pieces, and set me *x* up for his mark.

13 His archers compass me round about ; he cleaveth my reins asunder, and doth not spare ; he poureth out my gall upon the ground.

14 He breaketh me with breach upon breach ; *b* he runneth upon me like a giant.

15 I have sewed sackcloth upon my skin, and defiled my horn in the *c* dust.

16 My face is foul with weeping, and on my eyelids *is* the shadow of death ;

17 Not *d* for *any* injustice in mine hands: also my prayer *e is* pure.

18 O earth, cover not thou my blood, and let my cry have no place.

19 Also now, behold, my witness *is* in heaven, and my record *is* κ on high.

20 My friends λ scorn me ; *but* mine eye poureth out *tears* unto God.

21 O *h* that one might plead for a man with God, as a man *pleadeth* for his μ neighbour !

22 When ν a few years are come, then I shall go *k* the way *whence* I shall not return.

CHAP. XVII.

MY π breath is corrupt, my days are extinct, the graves *l are* ready for me.

2 *Are there* not mockers with me ? and doth not mine eye ρ continue in their provocation ?

3 Lay down now, put me in a surety with thee ; who *is* he *that* will strike hands *n* with me ?

4 For thou hast hid their heart from understanding: therefore shalt thou not exalt *them.*

5 He that speaketh flattery *p* to *his* friends, even the eyes of his children shall fail.

6 He hath made me also a by-word of the people, and τ aforetime I was as a tabret.

7 Mine eye also is dim by reason of sorrow,and all my φ members *are* as a shadow.

8 Upright *men* shall be astonied at this, and the innocent shall stir up him-

וְיֹאחֵז צַדִּיק דַּרְכּוֹ וּטְהָר־יָדַיִם יֹסִיף אֹמֶץ׃
וְאוּלָם כֻּלָּם תָּשֻׁבוּ וּבֹאוּ נָא וְלֹא־אֶמְצָא בָכֶם חָכָם׃
יָמַי עָבְרוּ זִמֹּתַי נִתְּקוּ מוֹרָשֵׁי לְבָבִי׃
לַיְלָה לְיוֹם יָשִׂימוּ אוֹר קָרוֹב מִפְּנֵי־חֹשֶׁךְ׃
אִם־אֲקַוֶּה שְׁאוֹל בֵּיתִי בַּחֹשֶׁךְ רִפַּדְתִּי יְצוּעָי׃
לַשַּׁחַת קָרָאתִי אָבִי אָתָּה אִמִּי וַאֲחֹתִי לָרִמָּה׃
וְאַיֵּה אֵפוֹ תִקְוָתִי וְתִקְוָתִי מִי יְשׁוּרֶנָּה׃
בַּדֵּי שְׁאֹל תֵּרַדְנָה אִם־יַחַד עַל־עָפָר נָחַת׃

CAP. XVIII. יח

וַיַּעַן בִּלְדַּד הַשֻּׁחִי וַיֹּאמַר׃ עַד־אָנָה ׀ תְּשִׂימוּן
קִנְצֵי לְמִלִּין תָּבִינוּ וְאַחַר נְדַבֵּר׃ מַדּוּעַ נֶחְשַׁבְנוּ
כַבְּהֵמָה נִטְמִינוּ בְּעֵינֵיכֶם׃ טֹרֵף נַפְשׁוֹ בְּאַפּוֹ
הַלְמַעַנְךָ תֵּעָזַב אָרֶץ וְיֶעְתַּק־צוּר מִמְּקֹמוֹ׃
גַּם אוֹר רְשָׁעִים יִדְעָךְ וְלֹא־יִגַּהּ שְׁבִיב אִשּׁוֹ׃
אוֹר חָשַׁךְ בְּאָהֳלוֹ וְנֵרוֹ עָלָיו יִדְעָךְ׃ יֵצְרוּ צַעֲדֵי אוֹנוֹ
אֹנוֹ וְתַשְׁלִיכֵהוּ עֲצָתוֹ׃ כִּי־שֻׁלַּח בְּרֶשֶׁת בְּרַגְלָיו
וְעַל־שְׂבָכָה יִתְהַלָּךְ׃ יֹאחֵז בְּעָקֵב פָּח יַחֲזֵק עָלָיו
צַמִּים׃ טָמוּן בָּאָרֶץ חַבְלוֹ וּמַלְכֻּדְתּוֹ עֲלֵי נָתִיב׃
סָבִיב בִּעֲתֻהוּ בַלָּהוֹת וֶהֱפִיצֻהוּ לְרַגְלָיו׃ יְהִי
רָעֵב אֹנוֹ וְאֵיד נָכוֹן לְצַלְעוֹ׃ יֹאכַל בַּדֵּי עוֹרוֹ
יֹאכַל בַּדָּיו בְּכוֹר מָוֶת׃ יִנָּתֵק מֵאָהֳלוֹ מִבְטַחוֹ
וְתַצְעִדֵהוּ לְמֶלֶךְ בַּלָּהוֹת׃ תִּשְׁכּוֹן בְּאָהֳלוֹ מִבְּלִי
לֹא יִזֹרֶה עַל־נָוֵהוּ גָפְרִית׃ מִתַּחַת שָׁרָשָׁיו יִבָשׁוּ
וּמִמַּעַל יִמַּל קְצִירוֹ׃ זִכְרוֹ־אָבַד מִנִּי־אָרֶץ וְלֹא
שֵׁם לוֹ עַל־פְּנֵי־חוּץ׃ יֶהְדְּפֻהוּ מֵאוֹר אֶל־חֹשֶׁךְ
וּמִתֵּבֵל יְנִדֻּהוּ׃ לֹא נִין לוֹ וְלֹא־נֶכֶד בְּעַמּוֹ וְאֵין
שָׂרִיד בִּמְגוּרָיו׃ עַל־יוֹמוֹ נָשַׁמּוּ אַחֲרֹנִים
וְקַדְמֹנִים אָחֲזוּ שָׂעַר׃ אַךְ־אֵלֶּה מִשְׁכְּנוֹת עַוָּל
וְזֶה מְקוֹם לֹא־יָדַע־אֵל׃

CAP. XIX. יט

וַיַּעַן אִיּוֹב וַיֹּאמַר׃ עַד־אָנָה תּוֹגְיוּן נַפְשִׁי
וּתְדַכְּאוּנַנִי בְמִלִּים׃ זֶה עֶשֶׂר פְּעָמִים תַּכְלִימוּנִי לֹא־תֵבֹשׁוּ תַּהְכְּרוּ־לִי׃

CAP. XX. כ

וַיַּעַן צֹפַר הַנַּעֲמָתִי וַיֹּאמַר׃ לָכֵן שְׂעִפַּי יְשִׁיבוּנִי
וּבַעֲבוּר חוּשִׁי בִי׃ מוּסַר כְּלִמָּתִי אֶשְׁמָע וְרוּחַ
מִבִּינָתִי יַעֲנֵנִי׃ הֲזֹאת יָדַעְתָּ מִנִּי־עַד מִנִּי שִׂים
אָדָם עֲלֵי־אָרֶץ׃ כִּי רִנְנַת רְשָׁעִים מִקָּרוֹב וְשִׂמְחַת

self against the hypocrite.

9 The righteous[a] also shall hold on his way, and he that hath clean[b] hands shall be stronger and β stronger.

10 But as for you all, do ye return, and come now : for I cannot find one wise *man* among you.

11 My days are past, my purposes[d] are broken off, *even* the δ thoughts of my heart.

12 They change the night into day : the light *is* ζ short because of darkness.

13 If I wait, the grave *is* mine house: I have made my bed in the darkness.

14 I have η said to corruption, Thou *art* my father : to the worm, Thou *art* my mother, and my sister.

15 And where *is* now my hope ? as for my hope, who shall see it ?

16 They shall go down to the bars[f] of the pit, when *our* rest[g] together *is* in the dust.

CHAP. XVIII.

THEN answered Bildad the Shuhite, and said,

2 How long *will it be ere* ye make an end of words? mark,& afterwards we will speak.

3 Wherefore are we counted as beasts, *and* reputed vile in your sight ?

4 He[h] teareth θ himself in his anger ; shall the earth be forsaken for thee ? and shall the rock be removed out of his place ?

5 Yea,the light of the wicked shall[k] be put out, and the spark of his fire shall not shine.

6 The light shall be dark in his tabernacle, and his κ candle shall be put out with him.

7 The steps of his strength shall be straitened, and his own[l] counsel shall cast him down.

8 For he is cast into a net[m] by his own feet, and he walketh upon a snare.

9 The gin shall take *him* by the heel, *and* the robber shall prevail against him.

10 The snare *is* π laid for him in the ground, and a trap for him in the way.

11 Terrors[o] shall make him afraid on every side, and shall ρdrive him to his feet.

12 His strength shall be hunger-bitten, and destruction *shall be* ready at his side.

13 It shall devour the σ strength of his skin: *even* the first-born of death shall devour his strength.

14 His confidence[q] shall be rooted out of his tabernacle ; and it shall bring him to the king of terrors.

15 It shall dwell in his tabernacle, because *it is* none of his : brimstone shall be scattered upon his habitation.

16 His roots[r] shall be dried up beneath, and above shall his branch be cut off.

17 His remembrance[t] shall perish from the earth, and he shall have no name in the street.

18 He ψ shall be driven from light into darkness, and chased out of the world.

19 He shall neither[w] have son nor nephew among his people, nor any remaining in his dwellings.

20 They that come after *him* shall be astonied at his day,[x] as they that ζ went before η were affrighted.

21 Surely such *are* the dwellings of the wicked, and this *is* the place *of him that* knoweth not[z] God.

CHAP. XIX.

THEN Job answered and said,

2 How long will ye vex my soul, and break me in pieces with words?

3 These ten[a] times have ye reproached me: ye are not ashamed *that* ye κ make yourselves strange to me.

B. C. 1520.

a Ps. 84.7,11.
Pr. 14. 18.
b Ps. 24. 4.
c Ps. 38. 16.
β add
strength.
d Pr. 16. 9.
19. 21.
γ or,*violence*
δ possessions
ζ near.
η cried, or,
called.
e La. 2. 5, 6.
f Jon. 2. 6.
g ch.3.17..19.
h ch. 13. 14.
θ his soul.
i Ps. 38. 11.
k Pr. 24. 20.
κ or, lamp.
l Pr. 1.30..32.
λ my belly.
m Pr. 5. 22.
29. 6.
μ or, the
wicked.
ν the men of
my secret.
π hidden.
n Ps. 102. 5.
o Je.20. 3, 4.
ρ scatter.
σ bars.
p Ps. 69. 26.
r Who will
give.
q Pr. 10. 23.
r Is. 5. 24.
φ or, after I
shall awake,
though this
body be de-
stroyed,yet
out of my
flesh shall I
see God.
s 1Co. 15. 53.
t Ps. 34. 16.
u 1 Jnº. 3. 2.
χ a stranger.
ψ They shall
drive him.
β or, my
reins with-
in me are
consumed
with ear-
nest desire
for that
day.
γ in my
bosom.
w Is. 14. 22.
δ or, and
what root
of matter
is found
in me.
x Ps. 37. 13.
ζ or, lived
with him.
y Ps.58.10,11.
η laid hold
on horror.
z 2 Th. 1. 8.
θ my haste
is in me.
a Ge. 31. 7.
κ or, harden
yourselves
against me.

4 And be it indeed *that* I have erred : mine error remaineth with myself.

5 If indeed ye will magnify[c] *yourselves* against me, and plead against me my reproach ;

6 Know now that God hath overthrown me, and hath compassed me with his net.

7 Behold, I cry out of γ wrong, but I am not heard : I cry aloud, but *there is* no judgment.

8 He hath fenced up my way that I cannot pass, and he hath set darkness in my paths.

9 He hath stripped me of my glory, and taken the crown *from* my head.

10 He[e] hath destroyed me on every side, and I am gone: and mine hope hath he removed like a tree.

11 He hath also kindled his wrath against me, and he counteth me unto him as *one of* his enemies.

12 His troops come together, and raise up their way against me, and encamp round about my tabernacle.

13 He hath put my brethren far from me, and mine acquaintance are verily estranged from me.

14 My[i] kinsfolk have failed, and my familiar friends have forgotten me.

15 They that dwell in mine house, and my maids, count me for a stranger : I am an alien in their sight.

16 I called my servant, and he gave *me* no answer : I entreated him with my mouth.

17 My breath is strange to my wife, though I entreated for the children's *sake* of λ mine own body.

18 Yea, μ young children despised me , I arose, and they spake against me.

19 All[v]my inward friends abhorred me: & they whom I loved are turned against me.

20 My[n] bone cleaveth to my skin and to my flesh, and I am escaped with the skin of my teeth.

21 Have pity upon me, have pity upon me, O ye my friends ; for the hand of God hath touched me.

22 Why do ye persecute[p] me as God, and are not satisfied with my flesh ?

23 Oh τ that my words were now written ! oh that they were printed in a book !

24 That they were graven with an iron pen and lead in the rock for ever !

25 For I know *that* my Redeemer liveth, and *that* he shall stand at the latter *day* upon the earth :

26 And φ though, after my skin, *worms* destroy this *body*, yet in my flesh[s] shall I see[u] God.

27 Whom I shall see for myself, and mine eyes shall behold,and not χ another ; *though* βmyreins be consumed γ within me.

28 But ye should say, Why persecute we him? δ seeing the root of the matter is found in me.

29 Be ye afraid of the sword : for wrath *bringeth* the punishments of the sword, that[y] ye may know *there is* a judgment.

CHAP. XX.

THEN answered Zophar the Naamathite, and said,

2 Therefore do my thoughts cause me to answer, and for *this* θ I make haste.

3 I have heard the check of my reproach, and the spirit of my understanding causeth me to answer.

4 Knowest thou *not* this of old, since man was placed upon earth,

5 That the triumphing of the wicked *is*

6 אִם־יַעֲלֶה לַשָּׁמַיִם שִׂיאוֹ וְרֹאשׁוֹ לָעָב יַגִּֽיעַ׃
7 כְּֽגֶלֲלוֹ לָנֶצַח יֹאבֵד רֹאָיו יֹאמְרוּ אַיּֽוֹ׃
8 כַּחֲלוֹם יָעוּף וְלֹא יִמְצָאוּהוּ וְיֻדַּד כְּחֶזְיוֹן לָֽיְלָה׃
9 עַיִן שְׁזָפַתּוּ וְלֹא תוֹסִיף וְלֹא־עוֹד תְּשׁוּרֶנּוּ מְקוֹמֽוֹ׃
10 בָּנָיו יְרַצּוּ דַלִּים וְיָדָיו תָּשֵׁבְנָה אוֹנֽוֹ׃
11 עַצְמוֹתָיו מָלְאוּ עֲלוּמָו וְעִמּוֹ עַל־עָפָר תִּשְׁכָּֽב׃
12 אִם־תַּמְתִּיק בְּפִיו רָעָה יַכְחִידֶנָּה תַּחַת לְשׁוֹנֽוֹ׃
13 יַחְמֹל עָלֶיהָ וְלֹא יַֽעַזְבֶנָּה וְיִמְנָעֶנָּה בְּתוֹךְ חִכּֽוֹ׃
14 לַחְמוֹ בְּמֵעָיו נֶהְפָּךְ מְרוֹרַת פְּתָנִים בְּקִרְבּֽוֹ׃
15 חַיִל בָּלַע וַיְקִאֶנּוּ מִבִּטְנוֹ יֹרִשֶׁנּוּ אֵֽל׃
16 רֹאשׁ־פְּתָנִים יִינָק תַּֽהַרְגֵהוּ לְשׁוֹן אֶפְעֶֽה׃
17 אַל־יֵרֶא בִפְלַגּוֹת נַהֲרֵי נַחֲלֵי דְּבַשׁ וְחֶמְאָֽה׃
18 מֵשִׁיב יָגָע וְלֹא יִבְלָע כְּחֵיל תְּמוּרָתוֹ וְלֹא יַעֲלֹֽס׃
19 כִּֽי־רִצַּץ עָזַב דַּלִּים בַּיִת גָּזַל וְלֹא יִבְנֵֽהוּ׃
20 כִּי לֹא־יָדַע שָׁלֵו בְּבִטְנוֹ בַּחֲמוּדוֹ לֹא יְמַלֵּֽט׃
21 אֵין־שָׂרִיד לְאָכְלוֹ עַל־כֵּן לֹא־יָחִיל טוּבֽוֹ׃
22 בִּמְלֹאות שִׂפְקוֹ יֵצֶר לוֹ כָּל־יַד עָמֵל תְּבוֹאֶֽנּוּ׃
23 יְהִי לְמַלֵּא בִטְנוֹ יְשַׁלַּח־בּוֹ חֲרוֹן אַפּוֹ וְיַמְטֵר עָלֵימוֹ בִּלְחוּמֽוֹ׃
24 יִבְרַח מִנֵּשֶׁק בַּרְזֶל תַּחְלְפֵהוּ קֶשֶׁת נְחוּשָֽׁה׃
25 שָׁלַף וַיֵּצֵא מִגֵּוָה וּבָרָק מִֽמְּרֹרָתוֹ יַהֲלֹךְ עָלָיו אֵמִֽים׃
26 כָּל־חֹשֶׁךְ טָמוּן לִצְפּוּנָיו תְּאָכְלֵהוּ אֵשׁ לֹֽא־נֻפָּח יֵרַע שָׂרִיד בְּאָהֳלֽוֹ׃
27 יְגַלּוּ שָׁמַיִם עֲוֹנוֹ וְאֶרֶץ מִתְקוֹמָמָה לֽוֹ׃
28 יִגֶל יְבוּל בֵּיתוֹ נִגָּרוֹת בְּיוֹם אַפּֽוֹ׃
29 זֶה חֵלֶק אָדָם רָשָׁע מֵאֱלֹהִים וְנַחֲלַת אִמְרוֹ מֵאֵֽל׃

CAP. XXI. כא

1 וַיַּעַן אִיּוֹב וַיֹּאמַֽר׃
2 שִׁמְעוּ שָׁמוֹעַ מִלָּתִי וּתְהִי־זֹאת תַּנְחוּמֹֽתֵיכֶֽם׃
3 שָׂאוּנִי וְאָנֹכִי אֲדַבֵּר וְאַחַר דַּבְּרִי תַלְעִֽיג׃
4 הֶאָנֹכִי לְאָדָם שִׂיחִי וְאִם־מַדּוּעַ לֹא־תִקְצַר רוּחִֽי׃
5 פְּנוּ־אֵלַי וְהָשַׁמּוּ וְשִׂימוּ יָד עַל־פֶּֽה׃
6 וְאִם־זָכַרְתִּי וְנִבְהָלְתִּי וְאָחַז בְּשָׂרִי פַּלָּצֽוּת׃
7 מַדּוּעַ רְשָׁעִים יִחְיוּ עָתְקוּ גַּם־גָּבְרוּ חָֽיִל׃

8 זַרְעָם נָכוֹן לִפְנֵיהֶם עִמָּם וְצֶאֱצָאֵיהֶם לְעֵינֵיהֶֽם׃
9 בָּתֵּיהֶם שָׁלוֹם מִפָּחַד וְלֹא שֵׁבֶט אֱלוֹהַּ עֲלֵיהֶֽם׃
10 שׁוֹרוֹ עִבַּר וְלֹא יַגְעִל תְּפַלֵּט פָּרָתוֹ וְלֹא תְשַׁכֵּֽל׃
11 יְשַׁלְּחוּ כַצֹּאן עֲוִילֵיהֶם וְיַלְדֵיהֶם יְרַקֵּדֽוּן׃
12 יִשְׂאוּ כְּתֹף וְכִנּוֹר וְיִשְׂמְחוּ לְקוֹל עוּגָֽב׃
13 יְבַלּוּ בַטּוֹב יְמֵיהֶם וּבְרֶגַע שְׁאוֹל יֵחָֽתּוּ׃
14 וַיֹּאמְרוּ לָאֵל סוּר מִמֶּנּוּ וְדַעַת דְּרָכֶיךָ לֹא חָפָֽצְנוּ׃
15 מַה־שַּׁדַּי כִּֽי־נַעַבְדֶנּוּ וּמַה־נּוֹעִיל כִּי נִפְגַּע־בּֽוֹ׃
16 הֵן לֹא בְיָדָם טוּבָם עֲצַת רְשָׁעִים רָחֲקָה מֶֽנִּי׃
17 כַּמָּה נֵר־רְשָׁעִים יִדְעָךְ וְיָבֹא עָלֵימוֹ אֵידָם חֲבָלִים יְחַלֵּק בְּאַפּֽוֹ׃
18 יִהְיוּ כְּתֶבֶן לִפְנֵי־רוּחַ וּכְמֹץ גְּנָבַתּוּ סוּפָֽה׃
19 אֱלוֹהַּ יִצְפֹּן־לְבָנָיו אוֹנוֹ יְשַׁלֵּם אֵלָיו וְיֵדָֽע׃
20 יִרְאוּ עֵינָו כִּידוֹ וּמֵחֲמַת שַׁדַּי יִשְׁתֶּֽה׃
21 כִּי מַה־חֶפְצוֹ בְּבֵיתוֹ אַחֲרָיו וּמִסְפַּר חֳדָשָׁיו חֻצָּֽצוּ׃
22 הַלְאֵל יְלַמֶּד־דָּעַת וְהוּא רָמִים יִשְׁפּֽוֹט׃
23 זֶה יָמוּת בְּעֶצֶם תֻּמּוֹ כֻּלּוֹ שַׁלְאֲנַן וְשָׁלֵֽיו׃
24 עֲטִינָיו מָלְאוּ חָלָב וּמֹחַ עַצְמוֹתָיו יְשֻׁקֶּֽה׃
25 וְזֶה יָמוּת בְּנֶפֶשׁ מָרָה וְלֹא אָכַל בַּטּוֹבָֽה׃
26 יַחַד עַל־עָפָר יִשְׁכָּבוּ וְרִמָּה תְּכַסֶּה עֲלֵיהֶֽם׃
27 הֵן יָדַעְתִּי מַחְשְׁבֽוֹתֵיכֶם וּמְזִמּוֹת עָלַי תַּחְמֹֽסוּ׃
28 כִּי תֹאמְרוּ אַיֵּה בֵית־נָדִיב וְאַיֵּה אֹהֶל מִשְׁכְּנוֹת רְשָׁעִֽים׃
29 הֲלֹא שְׁאֶלְתֶּם עוֹבְרֵי דָרֶךְ וְאֹתֹתָם לֹא תְנַכֵּֽרוּ׃
30 כִּי לְיוֹם אֵיד יֵחָשֶׂךְ רָע לְיוֹם עֲבָרוֹת יוּבָֽלוּ׃
31 מִֽי־יַגִּיד עַל־פָּנָיו דַּרְכּוֹ וְהֽוּא־עָשָׂה מִי יְשַׁלֶּם־לֽוֹ׃
32 וְהוּא לִקְבָרוֹת יוּבָל וְעַל־גָּדִישׁ יִשְׁקֽוֹד׃
33 מָתְקוּ־לוֹ רִגְבֵי נָחַל וְאַחֲרָיו כָּל־אָדָם יִמְשֹׁךְ וּלְפָנָיו אֵין מִסְפָּֽר׃
34 וְאֵיךְ תְּנַחֲמוּנִי הָבֶל וּתְשֽׁוּבֹתֵיכֶם נִשְׁאַר־מָֽעַל׃

CAP. XXII. כב

1 וַיַּעַן אֱלִיפַז הַתֵּמָנִי וַיֹּאמַֽר׃
2 הַלְאֵל יִסְכָּן־גָּבֶר כִּֽי־יִסְכֹּן עָלֵימוֹ מַשְׂכִּֽיל׃
3 הַחֵפֶץ לְשַׁדַּי כִּי תִצְדָּק וְאִם־בֶּצַע כִּֽי־תַתֵּם דְּרָכֶֽיךָ׃
4 הֲמִיִּרְאָתְךָ יֹכִיחֶךָ יָבוֹא עִמְּךָ בַּמִּשְׁפָּֽט׃

β short, and the joy of the hypocrite *but* for a [a] moment?

6 Though [b] his excellency mount up to the heavens, and his head reach unto the γ clouds;

7 *Yet* he shall perish for ever, like [d] his own dung: they which have seen him shall say, Where *is* he?

8 He shall fly away as a dream, [e] and shall not be found; yea, he shall be chased away as a vision of the night.

9 The eye also *which* saw him shall *see him* no more; neither shall his place any more behold him.

10 η His children shall seek to please the poor, and his hands shall restore their [f] goods.

11 His bones are full of *the sin* [g] of his youth, which shall lie down with him in the dust.

12 Though wickedness be sweet [i] in his mouth, *though* he hide it under his tongue;

13 *Though* he spare it, and forsake it not, but keep it still κ within his mouth;

14 *Yet* his meat in his bowels is turned, *it is* the gall of asps within him.

15 He hath swallowed down riches, and he shall vomit them up again: God shall cast them out of his belly.

16 He shall suck the poison [n] of asps: the viper's tongue shall slay him.

17 He shall not see the rivers, the π floods, the brooks of honey and butter.

18 That which he laboured for shall he restore, and shall not swallow *it* down: according to *his* substance *shall* the restitution *be*, and he shall not rejoice *therein.*

19 Because he hath σ oppressed *and* hath forsaken y [e] poor; *because* he hath violently taken away an house which he builded not;

20 Surely he shall not τ feel quietness in his belly, he shall not save of that which he desired.

21 There shall χ none of his meat be [q] left; therefore shall no man look for his goods.

22 In the fulness of his sufficiency he shall be in straits: every hand of the β wicked shall come upon him.

23 *When* he is about to fill his belly, *God* shall cast the fury of his wrath upon him, & shall rain *it* upon him while [r] he is eating.

24 He shall flee from the iron weapon, *and* the bow of steel shall strike him through.

25 It is drawn, and cometh out of the body; yea, the glittering sword cometh out of his gall: terrors [s] *are* upon him.

26 All darkness *shall be* hid in his secret places; a fire [t] not blown shall consume him; it shall go ill with him that is left in his tabernacle.

27 The heaven shall reveal his iniquity; and the earth shall rise up against him.

28 The increase of his house shall depart, *and his goods* shall flow away in the day of his wrath.

29 This *is* the portion of a wicked man from God, and the heritage θ appointed unto him by God.

CHAP. XXI.

BUT Job answered and said,

2 Hear diligently my speech, and let this be your consolations.

3 Suffer me that I may speak; and after that I have spoken, mock on.

4 As for me, *is* my complaint to man? and if *it were so*, why should not my spirit be μ troubled?

5 ν Mark me, and be astonished, and lay [x] *your* hand upon *your* mouth.

β *from near.*
a Mat. 7. 21.
b Is. 14. 13, 14.
c Je. 12. 1, 2.
γ *cloud.*
d 1 Ki. 14. 10.
ζ *peace from*
e Ps. 73. 20.
η or, *the poor shall oppress his children.*
θ or, *mirth.*
f ver. 18.
g ch. 13. 26.
h ch. 22. 17.
i ch. 15. 16.
k Ex. 5. 2.
l Mal. 3. 14.
κ *in the midst of his palate.*
m Ps. 1. 1.
λ or, *lamp.*
n Ro. 3. 13.
μ *stealeth away.*
ν i. e. *the punishment of his iniquity.*
π or, *streaming brooks.*
o Ex. 20. 5.
Eze. 18. 14.
ρ *the substance of his exchange.*
σ *crushed.*
p Ro. 11. 34.
τ *know.*
φ *very perfection*, or, *in the strength of his perfection.*
χ or, *be none left for his meat.*
q Ec. 5. 13, 14.
ψ or, *milk-pails.*
β or, *troublesome.*
r Ps. 78. 30, 31.
γ *tent of the tabernacles*
s Ps. 21. 9.
Mat. 3. 12.
δ *wraths.*
ζ *graves.*
η *watch in the heap.*
u He. 9. 27.
θ of *his decree from.*
ν ch. 16. 2.
κ *transgression.*
ω Ps. 16. 2.
λ or, *if he may be profitable, doth his good success depend thereon?*
μ *shortened.*
ν *look unto.*
x ch. 40. 4.

---

6 Even when I remember, I am afraid, and trembling taketh hold on my flesh.

7 Wherefore [c] do the wicked live, become old, yea, are mighty in power?

8 Their seed is established in their sight with them, and their offspring before their eyes.

9 Their houses *are* ζ safe from fear, neither *is* the rod of God upon them.

10 Their bull gendereth, and faileth not, their cow calveth, and casteth not her calf.

11 They send forth their little ones like a flock, and their children dance.

12 They take the timbrel and harp, and rejoice at the sound of the organ.

13 They spend their days in θ wealth, and in a moment go down to the grave.

14 Therefore [h] they say unto God, Depart from us; for we desire not the knowledge of thy ways.

15 What [k] *is* the Almighty, that we should serve him? and what profit [l] should we have, if we pray unto him?

16 Lo, their good *is* not in their hand: the counsel [m] of the wicked is far from me.

17 How oft is the λ candle of the wicked put out? and *how oft* cometh their destruction upon them? *God* distributeth sorrows in his anger.

18 They are as stubble before the wind, and as chaff that the storm μ carrieth away.

19 God layeth up ν his iniquity for his children: [o] he rewardeth him, and he shall know *it.*

20 His eyes shall see his destruction, & he shall drink of the wrath of the Almighty.

21 For what pleasure *hath* he in his house after him, when the number of his months is cut off in the midst?

22 Shall [p] *any* teach God knowledge? seeing he judgeth those that are high.

23 One dieth in his φ full strength, being wholly at ease and quiet:

24 His ψ breasts are full of milk, and his bones are moistened with marrow.

25 And another dieth in the bitterness of his soul, and never eateth with pleasure.

26 They shall lie down alike in the dust, and the worms shall cover them.

27 Behold, I know your thoughts, and the devices *which* ye wrongfully imagine against me.

28 For ye say, Where *is* the house of the prince? and where *are* γ the dwelling-places of the wicked?

29 Have ye not asked them that go by the way? and do ye not know their tokens,

30 That the wicked is reserved to the day of destruction? they shall be brought forth to the day of δ wrath.

31 Who shall declare his way to his face? & who shall repay him *what* he hath done?

32 Yet shall he be brought to the ζ grave, and shall η remain in the tomb.

33 The clods of the valley shall be sweet unto him, and every [u] man shall draw after him, as *there* are innumerable before him.

34 How then comfort ye me in [v] vain, seeing in your answers there remaineth κ falsehood?

CHAP. XXII.

THEN Eliphaz the Temanite answered and said,

2 Can a man be profitable [w] unto God, as λ he that is wise may be profitable unto himself?

3 *Is it* any pleasure to the Almighty, that thou art righteous? or *is it* gain *to* him, that thou makest thy ways perfect?

5 הֲלֹא רָעָתְךָ רַבָּה וְאֵין־קֵץ לַעֲוֺנֹתֶיךָ׃
6 כִּי־תַחְבֹּל אַחֶיךָ חִנָּם וּבִגְדֵי עֲרוּמִּים תַּפְשִׁיט׃
7 לֹא־מַיִם עָיֵף תַּשְׁקֶה וּמֵרָעֵב תִּמְנַע־לָחֶם׃
8 וְאִישׁ זְרוֹעַ לוֹ הָאָרֶץ וּנְשׂוּא פָנִים יֵשֶׁב בָּהּ׃
9 אַלְמָנוֹת שִׁלַּחְתָּ רֵיקָם וּזְרֹעוֹת יְתֹמִים יְדֻכָּא׃
10 עַל־כֵּן סְבִיבוֹתֶיךָ פַחִים וִיבַהֶלְךָ פַּחַד פִּתְאֹם׃
11 אוֹ־חֹשֶׁךְ לֹא־תִרְאֶה וְשִׁפְעַת־מַיִם תְּכַסֶּךָּ׃
12 הֲלֹא־אֱלוֹהַּ גֹּבַהּ שָׁמָיִם וּרְאֵה רֹאשׁ כּוֹכָבִים כִּי־רָמּוּ׃
13 וְאָמַרְתָּ מַה־יָּדַע אֵל הַבְעַד עֲרָפֶל יִשְׁפּוֹט׃
14 עָבִים סֵתֶר־לוֹ וְלֹא יִרְאֶה וְחוּג שָׁמַיִם יִתְהַלָּךְ׃
15 הַאֹרַח עוֹלָם תִּשְׁמֹר אֲשֶׁר דָּרְכוּ מְתֵי־אָוֶן׃
16 אֲשֶׁר־קֻמְּטוּ וְלֹא־עֵת נָהָר יוּצַק יְסוֹדָם׃
17 הָאֹמְרִים לָאֵל סוּר מִמֶּנּוּ וּמַה־יִּפְעַל שַׁדַּי לָמוֹ׃
18 וְהוּא מִלֵּא בָתֵּיהֶם טוֹב וַעֲצַת רְשָׁעִים רָחֲקָה מֶנִּי׃
19 יִרְאוּ צַדִּיקִים וְיִשְׂמָחוּ וְנָקִי יִלְעַג־לָמוֹ׃
20 אִם־לֹא נִכְחַד קִימָנוּ וְיִתְרָם אָכְלָה אֵשׁ׃
21 הַסְכֶּן־נָא עִמּוֹ וּשְׁלָם בָּהֶם תְּבוֹאַתְךָ טוֹבָה׃
22 קַח־נָא מִפִּיו תּוֹרָה וְשִׂים אֲמָרָיו בִּלְבָבֶךָ׃
23 אִם־תָּשׁוּב עַד־שַׁדַּי תִּבָּנֶה תַּרְחִיק עַוְלָה מֵאָהֳלֶךָ׃
24 וְשִׁית־עַל־עָפָר בָּצֶר וּבְצוּר נְחָלִים אוֹפִיר׃
25 וְהָיָה שַׁדַּי בְּצָרֶיךָ וְכֶסֶף תּוֹעָפוֹת לָךְ׃
26 כִּי־אָז עַל־שַׁדַּי תִּתְעַנָּג וְתִשָּׂא אֶל־אֱלוֹהַּ פָּנֶיךָ׃
27 תַּעְתִּיר אֵלָיו וְיִשְׁמָעֶךָּ וּנְדָרֶיךָ תְשַׁלֵּם׃
28 וְתִגְזַר־אֹמֶר וְיָקָם לָךְ וְעַל־דְּרָכֶיךָ נָגַהּ אוֹר׃
29 כִּי־הִשְׁפִּילוּ וַתֹּאמֶר גֵּוָה וְשַׁח עֵינַיִם יוֹשִׁעַ׃
30 יְמַלֵּט אִי־נָקִי וְנִמְלַט בְּבֹר כַּפֶּיךָ׃

CAP. XXIII. כג

1 וַיַּעַן אִיּוֹב וַיֹּאמַר׃
2 גַּם־הַיּוֹם מְרִי שִׂחִי יָדִי כָּבְדָה עַל־אַנְחָתִי׃
3 מִי־יִתֵּן יָדַעְתִּי וְאֶמְצָאֵהוּ אָבוֹא עַד־תְּכוּנָתוֹ׃
4 אֶעֶרְכָה לְפָנָיו מִשְׁפָּט וּפִי אֲמַלֵּא תוֹכָחוֹת׃
5 אֵדְעָה מִלִּים יַעֲנֵנִי וְאָבִינָה מַה־יֹּאמַר לִי׃
6 הַבְּרָב־כֹּחַ יָרִיב עִמָּדִי לֹא אַךְ־הוּא יָשִׂם בִּי׃
7 שָׁם יָשָׁר נוֹכָח עִמּוֹ וַאֲפַלְּטָה לָנֶצַח מִשֹּׁפְטִי׃
8 הֵן קֶדֶם אֶהֱלֹךְ וְאֵינֶנּוּ וְאָחוֹר וְלֹא־אָבִין לוֹ׃
9 שְׂמֹאול בַּעֲשֹׂתוֹ וְלֹא־אָחַז יַעְטֹף יָמִין וְלֹא אֶרְאֶה׃
10 כִּי־יָדַע דֶּרֶךְ עִמָּדִי בְּחָנַנִי כַּזָּהָב אֵצֵא׃
11 בַּאֲשֻׁרוֹ אָחֲזָה רַגְלִי דַּרְכּוֹ שָׁמַרְתִּי וְלֹא־אָט׃
12 מִצְוַת שְׂפָתָיו וְלֹא אָמִישׁ מֵחֻקִּי צָפַנְתִּי אִמְרֵי־פִיו׃
13 וְהוּא בְאֶחָד וּמִי יְשִׁיבֶנּוּ וְנַפְשׁוֹ אִוְּתָה וַיָּעַשׂ׃
14 כִּי יַשְׁלִים חֻקִּי וְכָהֵנָּה רַבּוֹת עִמּוֹ׃
15 עַל־כֵּן מִפָּנָיו אֶבָּהֵל אֶתְבּוֹנֵן וְאֶפְחַד מִמֶּנּוּ׃
16 וְאֵל הֵרַךְ לִבִּי וְשַׁדַּי הִבְהִילָנִי׃
17 כִּי־לֹא נִצְמַתִּי מִפְּנֵי־חֹשֶׁךְ וּמִפָּנַי כִּסָּה־אֹפֶל׃

CAP. XXIV. כד

1 מַדּוּעַ מִשַּׁדַּי לֹא־נִצְפְּנוּ עִתִּים וְיֹדְעָו לֹא־חָזוּ יָמָיו׃
2 גְּבֻלוֹת יַשִּׂיגוּ עֵדֶר גָּזְלוּ וַיִּרְעוּ׃
3 חֲמוֹר יְתוֹמִים יִנְהָגוּ יַחְבְּלוּ שׁוֹר אַלְמָנָה׃
4 יַטּוּ אֶבְיוֹנִים מִדָּרֶךְ יַחַד חֻבְּאוּ עֲנִיֵּי־אָרֶץ׃
5 הֵן פְּרָאִים בַּמִּדְבָּר יָצְאוּ בְּפָעֳלָם מְשַׁחֲרֵי לַטָּרֶף עֲרָבָה לוֹ לֶחֶם לַנְּעָרִים׃
6 בַּשָּׂדֶה בְּלִילוֹ יִקְצוֹרוּ וְכֶרֶם רָשָׁע יְלַקֵּשׁוּ׃
7 עָרוֹם יָלִינוּ מִבְּלִי לְבוּשׁ וְאֵין כְּסוּת בַּקָּרָה׃
8 מִזֶּרֶם הָרִים יִרְטָבוּ וּמִבְּלִי מַחְסֶה חִבְּקוּ־צוּר׃
9 יִגְזְלוּ מִשֹּׁד יָתוֹם וְעַל־עָנִי יַחְבֹּלוּ׃
10 עָרוֹם הִלְּכוּ בְּלִי לְבוּשׁ וּרְעֵבִים נָשְׂאוּ עֹמֶר׃
11 בֵּין־שׁוּרֹתָם יַצְהִירוּ יְקָבִים דָּרְכוּ וַיִּצְמָאוּ׃
12 מֵעִיר מְתִים יִנְאָקוּ וְנֶפֶשׁ־חֲלָלִים תְּשַׁוֵּעַ וֶאֱלוֹהַּ לֹא־יָשִׂים תִּפְלָה׃
13 הֵמָּה הָיוּ בְּמֹרְדֵי־אוֹר לֹא־הִכִּירוּ דְרָכָיו וְלֹא יָשְׁבוּ בִּנְתִיבֹתָיו׃
14 לָאוֹר יָקוּם רוֹצֵחַ יִקְטָל־עָנִי וְאֶבְיוֹן וּבַלַּיְלָה יְהִי כַגַּנָּב׃
15 וְעֵין נֹאֵף שָׁמְרָה נֶשֶׁף לֵאמֹר לֹא־תְשׁוּרֵנִי עָיִן וְסֵתֶר פָּנִים יָשִׂים׃
16 חָתַר בַּחֹשֶׁךְ בָּתִּים יוֹמָם חִתְּמוּ־לָמוֹ לֹא־יָדְעוּ אוֹר׃
17 כִּי יַחְדָּו ...

4 Will he reprove thee for fear of thee? will he enter with thee into judgment?

5 *Is* not thy wickedness great? and thine iniquities infinite?

6 For thou hast taken a pledge from thy brother for nought, and stripped the β naked of their clothing.

7 Thou hast not given water to the weary to drink, and thou hast withholden bread from the hungry.

8 But *as for* the γ mighty man, he had the earth; and the δ honourable man dwelt in it.

9 Thou hast sent widows away empty,and ye arms of the fatherless have been broken.

10 Therefore snares *b* are round about thee, and sudden fear troubleth thee;

11 Or darkness, *that* thou canst not see; and abundance of waters cover thee.

12 *Is* not God in the height of heaven? and behold the η height of the stars, how high they are!

13 And thou sayest, κ How *e* doth God know? can he judge through ye dark cloud!

14 Thick clouds *are* a covering to him, that he seeth not; and he walketh in the circuit of heaven.

15 Hast thou marked the old way which wicked men have trodden?

16 Which were cut down out of time,whose μ foundation was overflown with a flood:

17 Which *i* said unto God, Depart from us: and what can the Almighty do ν for them?

18 Yet *j* he filled their houses with good *things:* but the counsel of the wicked is far from me.

19 The righteous see *it*, and are glad: and the innocent laugh them to scorn.

20 Whereas our π substance is not cut down, but ρ the remnant of them the fire consumeth.

21 Acquaint now thyself with τ him, and be at peace: *k* thereby good shall come unto thee.

22 Receive, I pray thee, the law from his mouth, & lay up *m* his words in thine heart.

23 If thou return *n* to the Almighty, thou shalt be built up, thou shalt put away *o* iniquity far from thy tabernacles.

24 Then shalt thou lay up gold φ as dust, and the *gold* of Ophir as the stones of the brooks.

25 Yea, the Almighty shall be thy β defence,and thou shalt have γ plenty of silver.

26 For then shalt thou have thy delight in the Almighty, and shalt lift up thy face unto God.

27 Thou *q* shalt make thy prayer unto him, and he shall hear thee, and thou shalt pay thy vows.

28 Thou shalt also decree *r* a thing, and it shall be established unto thee: and the light shall shine upon thy ways.

29 When *men* are cast down, then thou shalt say, *There is* lifting up; and he shall save δ the humble *s* person.

30 He ζ shall deliver the island of the innocent: and it is delivered by the pureness of thine hands.

CHAP. XXIII.

THEN Job answered and said,

2 Even to-day *s is* my complaint bitter: my η stroke is heavier than my groaning.

3 Oh *v* that I knew where I might find him! *that* I might come *even* to his seat!

4 I would order *my* cause *x* before him, and fill my mouth with arguments.

5 I would know the words *which* he would answer me, and understand what he would say unto me.

B. C. 1520.

a Is. 57. 16.
β *clothes of the naked.*
γ *man of arm.*
δ *eminent, or, accepted for countenance.*
ζ *is with me.*
b ch.18.8..10. Ps. 11. 6.
c 1 Pe. 1. 7.
η *head.*
d Ps.19.9, 10.
θ *hid, or, laid up.*
κ *or, what ?*
e Ps. 10. 11. 73. 11.
λ *or, appointed portion.*
f Je. 15. 16.
g 1 Th. 3. 3.
μ *or, a flood was poured upon their foundation,* Ge.7. 10,&c. 2 Pe. 2. 5.
h Ps.119.120.
i ch. 21. 14.
ν *or, to.*
j Ac.14.15,17.
π *or, estate.*
ρ *or, their excellency.*
σ *or, them.*
τ *i. e. God.* Phi. 4. 7.
k Is. 27. 5.
l De.24.6,17.
m Ps. 119. 11.
n Ho. 14. 1,2.
o 2 Ti. 2. 19.
φ *or, on the dust.*
χ *mingled corn, or, dredge.*
ψ *the wicked gather the vintage.*
β *or, gold.*
γ *silver of strength.*
p La. 4. 5.
q Ps.66.17..20
r Mat. 21. 22.
δ *him that hath low eyes.*
s 1 Pe. 5. 5.
ζ *or, the innocent shall deliver the island,* Ge. 18. 26.
t Ps. 10. 8..11.
u Ps. 77. 2..9.
η *hand.*
v Is. 26. 8. 55. 6, 7.
w Pr. 7. 8, 9.
x Is. 43. 26.
θ *setteth his face in secret.*
y Jno. 3. 20.

6 Will *a* he plead against me with *his* great power? No; but he would put *strength* in me.

7 There the righteous might dispute with him; so should I be delivered for ever from my judge.

8 Behold, I go forward, but he *is* not *there;* and backward, but I cannot perceive him:

9 On the left hand, where he doth work, but I cannot behold *him:* he hideth himself on ye right hand, that I cannot see *him.*

10 But he knoweth the way that ζ I take: *when e* he hath tried me, I shall come forth as gold.

11 My foot hath held his steps, his way have I kept, and not declined.

12 Neither have I gone back from the commandment of his lips; I *d* have θ esteemed the words of his mouth more than my λ necessary *food.f*

13 But he *is* in one *mind*, and who can turn him? and *what* his soul desireth, even *that* he doeth.

14 For he performeth *the thing that is* appointed *g* for me: and many such *things* are with him.

15 Therefore am I troubled at his presence: when I consider, I am afraid *h* of him.

16 For God maketh my heart soft, and the Almighty troubleth me:

17 Because I was not cut off before the darkness, *neither* hath he covered the darkness from my face.

CHAP. XXIV.

WHY, seeing times are not hidden from the Almighty, do they that know him not see his days?

2 *Some* remove the land-marks; they violently take away flocks, and feed σ thereof.

3 They drive away the ass of the fatherless, they take *l* the widow's ox for a pledge.

4 They turn the needy out of the way: the poor of the earth hide themselves together.

5 Behold, *as* wild asses in the desert, go they forth to their work; rising betimes for a prey: the wilderness *yieldeth* food for them *and for their children.*

6 They reap *every* one his χ corn in ye field: and ψ they gather the vintage of the wicked.

7 They cause the naked to lodge without clothing, that *they have* no covering in the cold.

8 They are wet with the showers of the mountains, and embrace *p* the rock for want of a shelter.

9 They pluck the fatherless from the breast, and take a pledge of the poor.

10 They cause *him* to go naked without clothing, and they take away the sheaf *from* the hungry;

11 *Which* make oil within their walls, *and* tread *their* wine-presses, and suffer thirst.

12 Men groan from out of the city, and the soul of the wounded crieth out: yet God layeth not folly *to them.*

13 They *are* of those that rebel against the light; they know not the ways thereof, nor abide in the paths thereof.

14 The *t* murderer rising with the light killeth the poor and needy, and in the night is as a thief.

15 The eye also of the adulterer waiteth for the twilight, *w* saying, No eye shall see me: and θ disguiseth *his* face.

16 In the dark they dig through houses, *which* they had marked for themselves in the day-time: they *y* know not the light.

17 For the morning *is* to them even as

354

18 בַּקֶּר לָמוֹ צַלְמָוֶת כִּי יַחְדָּו בַּלְהוֹת צַלְמָוֶת׃
קַל־הוּא ׀ עַל־פְּנֵי־מַיִם תְּקֻלַּל חֶלְקָתָם בָּאָרֶץ
19 לֹא־יִפְנֶה דֶּרֶךְ כְּרָמִים׃ צִיָּה גַם־חֹם יִגְזְלוּ
20 מֵימֵי־שֶׁלֶג שְׁאוֹל חָטָאוּ׃ יִשְׁכָּחֵהוּ רֶחֶם ׀ מְתָקוֹ
21 רִמָּה עוֹד לֹא־יִזָּכֵר וַתִּשָּׁבֵר כָּעֵץ עַוְלָה׃ רֹעֶה
22 עֲקָרָה לֹא תֵלֵד וְאַלְמָנָה לֹא יְמֵיב׃ וּמָשַׁךְ
23 אַבִּירִים בְּכֹחוֹ יָקוּם וְלֹא־יַאֲמִין בַּחַיִּין׃ יִתֶּן־לוֹ
24 לָבֶטַח וְיִשָּׁעֵן וְעֵינֵיהוּ עַל־דַּרְכֵיהֶם׃ רֹמּוּ מְּעַט ׀
וְאֵינֶנּוּ וְהֻמְּכוּ כַּכֹּל יִקָּפְצוּן וּכְרֹאשׁ שִׁבֹּלֶת יִמָּלוּ׃
25 וְאִם־לֹא אֵפוֹ מִי יַכְזִיבֵנִי וְיָשֵׂם לְאַל מִלָּתִי׃

CAP. XXV.   כה

1 וַיַּעַן בִּלְדַּד הַשֻּׁחִי וַיֹּאמַר׃ הַמְשֵׁל וָפַחַד עִמּוֹ
2 עֹשֶׂה שָׁלוֹם בִּמְרוֹמָיו׃ הֲיֵשׁ מִסְפָּר לִגְדוּדָיו וְעַל־
3 מִי לֹא־יָקוּם אוֹרֵהוּ׃ וּמַה־יִּצְדַּק אֱנוֹשׁ עִם־אֵל
4 וּמַה־יִּזְכֶּה יְלוּד אִשָּׁה׃ הֵן עַד־יָרֵחַ וְלֹא יַאֲהִיל
5 וְכוֹכָבִים לֹא־זַכּוּ בְעֵינָיו׃ אַף כִּי־אֱנוֹשׁ רִמָּה
6 וּבֶן־אָדָם תּוֹלֵעָה׃

CAP. XXVI.   כו

1 וַיַּעַן אִיּוֹב וַיֹּאמַר׃ מָה־עָזַרְתָּ לְלֹא־כֹחַ הוֹשַׁעְתָּ
2 זְרוֹעַ לֹא־עֹז׃ מַה־יָּעַצְתָּ לְלֹא חָכְמָה וְתוּשִׁיָּה
3 לָרֹב הוֹדָעְתָּ׃ אֶת־מִי הִגַּדְתָּ מִלִּין וְנִשְׁמַת־מִי
4 יָצְאָה מִמֶּךָּ׃ הָרְפָאִים יְחוֹלָלוּ מִתַּחַת מַיִם
5 וְשֹׁכְנֵיהֶם׃ עָרוֹם שְׁאוֹל נֶגְדּוֹ וְאֵין כְּסוּת לָאֲבַדּוֹן׃
6 נֹטֶה צָפוֹן עַל־תֹּהוּ תֹּלֶה אֶרֶץ עַל־בְּלִי־מָה׃
7 צֹרֵר־מַיִם בְּעָבָיו וְלֹא־נִבְקַע עָנָן תַּחְתָּם׃ מְאַחֵז
8 פְּנֵי־כִסֵּה פַּרְשֵׁז עָלָיו עֲנָנוֹ׃ חֹק־חָג עַל־פְּנֵי־מָיִם
9,10 עַד־תַּכְלִית אוֹר עִם־חֹשֶׁךְ׃ עַמּוּדֵי שָׁמַיִם יְרוֹפָפוּ
11 וְיִתְמְהוּ מִגַּעֲרָתוֹ׃ בְּכֹחוֹ רָגַע הַיָּם וּבִתְבוּנָתוֹ
12 מָחַץ רָהַב׃ בְּרוּחוֹ שָׁמַיִם שִׁפְרָה חֹלֲלָה יָדוֹ
13 נָחָשׁ בָּרִיחַ׃ הֶן־אֵלֶּה ׀ קְצוֹת דְּרָכָו וּמַה־שֵּׁמֶץ
14 דָּבָר נִשְׁמַע־בּוֹ וְרַעַם גְּבוּרֹתָו מִי יִתְבּוֹנָן׃

CAP. XXVII.   כז

1 וַיֹּסֶף אִיּוֹב שְׂאֵת מְשָׁלוֹ וַיֹּאמַר׃ חַי־אֵל הֵסִיר
2 מִשְׁפָּטִי וְשַׁדַּי הֵמַר נַפְשִׁי׃ כִּי־כָל־עוֹד נִשְׁמָתִי
3 בִי וְרוּחַ אֱלוֹהַּ בְּאַפִּי׃ אִם־תְּדַבֵּרְנָה שְׂפָתַי עַוְלָה
4 וּלְשׁוֹנִי אִם־יֶהְגֶּה רְמִיָּה׃ חָלִילָה לִּי אִם־אַצְדִּיק
5 אֶתְכֶם עַד־אֶגְוָע לֹא־אָסִיר תֻּמָּתִי מִמֶּנִּי׃ בְּצִדְקָתִי
6 הֶחֱזַקְתִּי וְלֹא אַרְפֶּהָ לֹא־יֶחֱרַף לְבָבִי מִיָּמָי׃
7 יְהִי כְרָשָׁע אֹיְבִי וּמִתְקוֹמְמִי כְעַוָּל׃ כִּי מַה־
8 תִּקְוַת חָנֵף כִּי יִבְצָע כִּי יֵשֶׁל אֱלוֹהַּ נַפְשׁוֹ׃
9 הַצַעֲקָתוֹ יִשְׁמַע ׀ אֵל כִּי־תָבוֹא עָלָיו צָרָה׃ אִם־
10 עַל־שַׁדַּי יִתְעַנָּג יִקְרָא אֱלוֹהַּ בְּכָל־עֵת׃ אוֹרֶה
11 אֶתְכֶם בְּיַד־אֵל אֲשֶׁר עִם־שַׁדַּי לֹא אֲכַחֵד׃ הֵן־
12 אַתֶּם כֻּלְּכֶם חֲזִיתֶם וְלָמָּה־זֶּה הֶבֶל תֶּהְבָּלוּ׃
13 זֶה ׀ חֵלֶק־אָדָם רָשָׁע ׀ עִם־אֵל וְנַחֲלַת עָרִיצִים
14 מִשַּׁדַּי יִקָּחוּ׃ אִם־יִרְבּוּ בָנָיו לְמוֹ־חָרֶב וְצֶאֱצָאָיו
15 לֹא יִשְׂבְּעוּ־לָחֶם׃ שְׂרִידָיו בַּמָּוֶת יִקָּבֵרוּ וְאַלְמְנֹתָיו
16 לֹא תִבְכֶּינָה׃ אִם־יִצְבֹּר כֶּעָפָר כָּסֶף וְכַחֹמֶר יָכִין
17 מַלְבּוּשׁ׃ יָכִין וְצַדִּיק יִלְבָּשׁ וְכֶסֶף נָקִי יַחֲלֹק׃
18 בָּנָה כָעָשׁ בֵּיתוֹ וּכְסֻכָּה עָשָׂה נֹצֵר׃ עָשִׁיר
19,20 יִשְׁכַּב וְלֹא יֵאָסֵף עֵינָיו פָּקַח וְאֵינֶנּוּ׃ תַּשִּׂיגֵהוּ
21 כַמַּיִם בַּלָּהוֹת לַיְלָה גְּנָבַתּוּ סוּפָה׃ יִשָּׂאֵהוּ
22 קָדִים וְיֵלַךְ וִישָׂעֲרֵהוּ מִמְּקֹמוֹ׃ וְיַשְׁלֵךְ עָלָיו
23 וְלֹא יַחְמֹל מִיָּדוֹ בָּרוֹחַ יִבְרָח׃ יִשְׂפֹּק עָלֵימוֹ
כַפֵּימוֹ וְיִשְׁרֹק עָלָיו מִמְּקֹמוֹ׃

CAP. XXVIII.   כח

1 כִּי יֵשׁ לַכֶּסֶף מוֹצָא וּמָקוֹם לַזָּהָב יָזֹקּוּ׃ בַּרְזֶל
2 מֵעָפָר יֻקָּח וְאֶבֶן יָצוּק נְחוּשָׁה׃ קֵץ ׀ שָׂם לַחֹשֶׁךְ
3 וּלְכָל־תַּכְלִית הוּא חוֹקֵר אֶבֶן אֹפֶל וְצַלְמָוֶת׃
4 פָּרַץ נַחַל ׀ מֵעִם־גָּר הַנִּשְׁכָּחִים מִנִּי־רָגֶל דַּלּוּ
5 מֵאֱנוֹשׁ נָעוּ׃ אֶרֶץ מִמֶּנָּה יֵצֵא־לָחֶם וְתַחְתֶּיהָ
6 נֶהְפַּךְ כְּמוֹ־אֵשׁ׃ מְקוֹם־סַפִּיר אֲבָנֶיהָ וְעַפְרֹת
7 זָהָב לוֹ׃ נָתִיב לֹא־יְדָעוֹ עָיִט וְלֹא שְׁזָפַתּוּ עֵין
8 אַיָּה׃ לֹא־הִדְרִיכֻהוּ בְנֵי־שָׁחַץ לֹא־עָדָה עָלָיו שָׁחַל׃

the shadow of death: if *one* know *them,they are in* the terrors *a* of the shadow of death.

18 He *is* swift as the waters; their portion is cursed in the earth: he beholdeth not the way of the vineyards.

19 Drought and heat γ consume the snow-waters; *so doth* the grave *those which* have sinned.

20 The womb shall forget him; the worm shall feed sweetly on him: he shall be no more *b* remembered; and wickedness shall be broken as a tree.

21 He evil-entreateth the barren *that* beareth not,& doeth not good to the widow.

22 He draweth also the mighty with his power: he riseth up, ζand no *man* is sure of life.

23 *Though* it be given him *to be* in safety, whereon he resteth; yet his *e* eyes *are* upon their ways.

24 They are exalted for a little *g* while, but are θ gone and brought low; they are κ taken out of the way as all *other*, and cut off as the tops of the ears of corn.

25 And if *it be* not *so* now, who will make me a liar, and make my speech nothing worth?

CHAP. XXV.

THEN answered Bildad the Shuhite, and said,

2 Dominion *k* and fear *are* with him; he maketh peace in his high places.

3 Is there any number of his armies? and upon whom *l* doth not his light arise?

4 How then can man be justified *m* with God? or how can he be clean *o* that is born of a woman?

5 Behold even to the moon, and it shineth not; yea, the stars are not pure in his sight:

6 How much less man, *that is* a worm? and the son of man, *which is* a worm?

CHAP. XXVI.

BUT Job answered and said,

2 How *r* hast thou helped *him that is* without power? *how* savest thou the arm *that hath* no strength?

3 How hast thou counselled *him that hath* no wisdom? and *how* hast thou plentifully declared the thing as it is?

4 To whom hast thou uttered words? and whose spirit *t* came from thee?

5 Dead *things* are formed from under the waters, μand the inhabitants thereof.

6 Hell *v is* naked before him, and destruction hath no covering.

7 He stretcheth out *w* the north over the empty place, *and* hangeth the earth upon nothing.

8 He bindeth up *x* the waters in his thick clouds; and the cloud is not rent under them.

9 He holdeth back the face of his throne, *and* spreadeth his cloud *y* upon it.

10 He hath compassed the waters with bounds, *z* until the σ day and night come to an end.

11 The pillars of heaven tremble,*a* and are astonished at his reproof.

12 He *b* divideth the sea with his power, and by his understanding he smiteth through τ the proud.*c*

13 By his spirit he *d* hath garnished the heavens; his hand hath formed the crooked serpent.

14 Lo, these *are* parts *e* of his ways; but how little a portion is heard of him? but the thunder of his power who can understand?

B. C. 1520.

a Ps.73.18,19.
β added to take up.
γ violently take.
δ made my soul bitter, Ru. 1. 20.
ε i. e. the breath which God gave him, Ge. 2. 7.
b Pr. 10. 7. Is. 26. 14.
c ch. 2. 3, 9.
d Ac. 24. 16. 1 Jnᵒ.3.19.. 21.
ζ or,he trusteth not his own life.
η from my days.
e Pr. 5.21..23.
f Mat. 16. 26.
g Ps.37.35,36.
θ not.
κ closed up.
h Pr. 1. 28.
i Mat. 13. 21.
λ or,being in.
k Da. 4. 3, 34. Jude 25.
l Mat. 5. 45.
m ch.4.17,&c. 15. 14. &c. Ps.143.2,&c Ro.5.1,21.
n De. 28. 41. 2 Ki.10.7, 8. Hos. 9. 14.
o Zec. 13.1. 1 Co. 6. 11. 1 Jnᵒ. 1. 9.
*Re. 1. 5.
p Ps. 78. 64.
q Ec. 2. 26.
r Is. 40. 14.
s Lu.16.22,23.
t Ec. 12. 7.
μ or, with.
u Ps. 58. 9.
v Ps.139.8,11. Pr. 15. 11. He. 4. 13.
w Ps. 104. 2.
v in fleeing he would flee.
x Ge. 1. 6, 7. Pr. 30. 4.
π or, mine.
ρ or, dust.
y Ps. 97. 2.
z Pr. 8. 29.
σ end of light with darkness.
a He. 12. 26.
b Ex. 14. 21. Is. 51. 15.
τ pride.
c Da. 4. 37.
d Ps. 33. 6. 7.
φ or, gold ore.
e 1Co.13.9,12
f ch. 11. 6.

CHAP. XXVII.

MOREOVER, Job β continued his parable, and said,

2 *As* God liveth, *who* hath taken away my judgment; and the Almighty, *who* hath δ vexed my soul;

3 All the while my breath *is* in me, and the ε spirit of God *is* in my nostrils,

4 My lips shall not speak wickedness, nor my tongue utter deceit.

5 God forbid that I should justify you: till I die I will not remove mine *ε* integrity from me.

6 My righteousness I hold fast, and will not let it go: my heart *d* shall not reproach *me n* so long as I live.

7 Let mine enemy be as the wicked, and he that riseth up against me as the unrighteous.

8 For *f* what *is* the hope of the hypocrite, though he hath gained, when God taketh away his soul?

9 Will God hear *h* his cry when trouble cometh upon him?

10 Will he delight himself in the Almighty? will he always *i* call upon God?

11 I will teach you λ by the hand of God: *that* which *is* with the Almighty will I not conceal.

12 Behold, all ye yourselves have seen *it;* why then are ye thus altogether vain?

13 This *is* the portion of a wicked man with God, and the heritage of oppressors, *which* they shall receive of the Almighty.

14 If *n* his children be multiplied, *it is* for the sword; and his offspring shall not be satisfied with bread.

15 Those that remain of him shall be buried in death; and his widows shall not weep.*p*

16 Though he heap up silver as the dust, and prepare raiment as the clay;

17 He may prepare *it,* but *q* the just shall put *it* on, and the innocent shall divide the silver.

18 He buildeth his house as a moth, and as a booth *that* the keeper maketh.

19 The rich *s* man shall lie down, but he shall not be gathered: he openeth his eyes, and he *is* not.

20 Terrors take hold on him as waters, a tempest stealeth him away in the night.

21 The east wind carrieth him away, and he departeth; and, as a *u* storm, hurleth him out of his place.

22 For God shall cast upon him, and not spare: *v* he would fain flee out of his hand.

23 *Men* shall clap their hands at him, and shall hiss him out of his place.

CHAP. XXVIII.

SURELY there is a π vein for the silver, and a place for gold *where* they fine *it*.

2 Iron is taken out of the ρ earth, and brass is molten *out of* the stone.

3 He setteth an end to darkness, and searcheth out all perfection: the stones of darkness, and the shadow of death.

4 The flood breaketh out from the inhabitant: *even the waters* forgotten of the foot: they are dried up, they are gone away from men.

5 *As for* the earth, out of it cometh bread; and under it is turned up as it were fire.

6 The stones of it *are* the place of sapphires; and it hath φdust of gold.

7 *There f is* a path which no fowl knoweth, and which the vulture's eye hath not seen:

8 The lion's whelps have not trodden it, nor the fierce lion passed by it.

9/10 בַּחֲלָמִישׁ שָׁלַח יָדוֹ הָפַךְ מִשֹּׁרֶשׁ הָרִים : בַּצּוּרוֹת

11 יְאֹרִים בִּקֵּעַ וְכָל־יְקָר רָאֲתָה עֵינוֹ : מִבְּכִי

נְהָרוֹת חִבֵּשׁ וְתַעֲלֻמָהּ יֹצִא אוֹר :

12 וְהַחָכְמָה מֵאַיִן תִּמָּצֵא וְאֵי זֶה מְקוֹם בִּינָה :

13 לֹא־יָדַע אֱנוֹשׁ עֶרְכָּהּ וְלֹא תִמָּצֵא בְּאֶרֶץ הַחַיִּים :

14 תְּהוֹם אָמַר לֹא בִי־הִיא וְיָם אָמַר אֵין עִמָּדִי :

15 לֹא־יֻתַּן סְגוֹר תַּחְתֶּיהָ וְלֹא יִשָּׁקֵל כֶּסֶף מְחִירָהּ :

16 לֹא־תְסֻלֶּה בְּכֶתֶם אוֹפִיר בְּשֹׁהַם יָקָר וְסַפִּיר :

17 לֹא־יַעַרְכֶנָּה זָהָב וּזְכוֹכִית וּתְמוּרָתָהּ כְּלִי־פָז :

18 רָאמוֹת וְגָבִישׁ לֹא יִזָּכֵר וּמֶשֶׁךְ חָכְמָה מִפְּנִינִים :

19 לֹא־יַעַרְכֶנָּה פִּטְדַת־כּוּשׁ בְּכֶתֶם טָהוֹר לֹא תְסֻלֶּה :

20 וְהַחָכְמָה מֵאַיִן תָּבוֹא וְאֵי זֶה מְקוֹם

21 בִּינָה : וְנֶעֶלְמָה מֵעֵינֵי כָל־חָי וּמֵעוֹף הַשָּׁמַיִם

22 נִסְתָּרָה : אֲבַדּוֹן וָמָוֶת אָמְרוּ בְּאָזְנֵינוּ שָׁמַעְנוּ

23 שִׁמְעָהּ : אֱלֹהִים הֵבִין דַּרְכָּהּ וְהוּא יָדַע אֶת־

24 מְקוֹמָהּ : כִּי־הוּא לִקְצוֹת הָאָרֶץ יַבִּיט תַּחַת כָּל־

25 הַשָּׁמַיִם יִרְאֶה : לַעֲשׂוֹת לָרוּחַ מִשְׁקָל וּמַיִם

26 תִּכֵּן בְּמִדָּה : בַּעֲשֹׂתוֹ לַמָּטָר חֹק וְדֶרֶךְ לַחֲזִיז

27 קֹלוֹת : אָז רָאָה וַיְסַפְּרָהּ הֱכִינָהּ וְגַם־חֲקָרָהּ :

28 וַיֹּאמֶר לָאָדָם הֵן יִרְאַת אֲדֹנָי הִיא חָכְמָה

וְסוּר מֵרָע בִּינָה :

CAP. XXIX. כט

1 וַיֹּסֶף אִיּוֹב שְׂאֵת מְשָׁלוֹ וַיֹּאמַר : מִי־יִתְּנֵנִי

2 כְיַרְחֵי־קֶדֶם כִּימֵי אֱלוֹהַּ יִשְׁמְרֵנִי : בְּהִלּוֹ נֵרוֹ

3 עֲלֵי רֹאשִׁי לְאוֹרוֹ אֵלֶךְ חֹשֶׁךְ : כַּאֲשֶׁר הָיִיתִי

4 בִּימֵי חָרְפִּי בְּסוֹד אֱלוֹהַּ עֲלֵי אָהֳלִי : בְּעוֹד שַׁדַּי

5 עִמָּדִי סְבִיבוֹתַי נְעָרָי : בִּרְחֹץ הֲלִיכַי בְּחֵמָה וְצוּר

6 יָצוּק עִמָּדִי פַּלְגֵי־שָׁמֶן : בְּצֵאתִי שַׁעַר עֲלֵי־קָרֶת

7 בָּרְחוֹב אָכִין מוֹשָׁבִי : רָאוּנִי נְעָרִים וְנֶחְבָּאוּ

8 וִישִׁישִׁים קָמוּ עָמָדוּ : שָׂרִים עָצְרוּ בְמִלִּים וְכַף

9 יָשִׂימוּ לְפִיהֶם : קוֹל־נְגִידִים נֶחְבָּאוּ וּלְשׁוֹנָם

10 לְחִכָּם דָּבֵקָה : כִּי אֹזֶן שָׁמְעָה וַתְּאַשְּׁרֵנִי וְעַיִן

11 רָאֲתָה וַתְּעִידֵנִי : כִּי־אֲמַלֵּט עָנִי מְשַׁוֵּעַ וְיָתוֹם

12

13 וְלֹא־עֹזֵר לוֹ : בִּרְכַּת אֹבֵד עָלַי תָּבֹא וְלֵב אַלְמָנָה

14 אַרְנִן : צֶדֶק לָבַשְׁתִּי וַיִּלְבָּשֵׁנִי כִּמְעִיל וְצָנִיף

15 מִשְׁפָּטִי : עֵינַיִם הָיִיתִי לַעִוֵּר וְרַגְלַיִם לַפִּסֵּחַ אָנִי :

16 אָב אָנֹכִי לָאֶבְיוֹנִים וְרִב לֹא־יָדַעְתִּי אֶחְקְרֵהוּ :

17 וָאֲשַׁבְּרָה מְתַלְּעוֹת עַוָּל וּמִשִּׁנָּיו אַשְׁלִיךְ טָרֶף :

18 וָאֹמַר עִם־קִנִּי אֶגְוָע וְכַחוֹל אַרְבֶּה יָמִים :

19 שָׁרְשִׁי פָתוּחַ אֱלֵי־מָיִם וְטַל יָלִין בִּקְצִירִי : כְּבוֹדִי

20 חָדָשׁ עִמָּדִי וְקַשְׁתִּי בְּיָדִי תַחֲלִיף : לִי־שָׁמְעוּ

21 וְיִחֵלּוּ וְיִדְּמוּ לְמוֹ עֲצָתִי : אַחֲרֵי דְבָרִי לֹא יִשְׁנוּ

22 וְעָלֵימוֹ תִּטֹּף מִלָּתִי : וְיִחֲלוּ כַמָּטָר לִי וּפִיהֶם

23 פָּעֲרוּ לְמַלְקוֹשׁ : אֶשְׂחַק אֲלֵהֶם לֹא יַאֲמִינוּ וְאוֹר

24 פָּנַי לֹא יַפִּילוּן : אֶבְחַר דַּרְכָּם וְאֵשֵׁב רֹאשׁ וְאֶשְׁכּוֹן

25 כְּמֶלֶךְ בַּגְּדוּד כַּאֲשֶׁר אֲבֵלִים יְנַחֵם :

CAP. XXX. ל

1 וְעַתָּה שָׂחֲקוּ עָלַי צְעִירִים מִמֶּנִּי לְיָמִים אֲשֶׁר־

2 מָאַסְתִּי אֲבוֹתָם לָשִׁית עִם־כַּלְבֵי צֹאנִי : גַּם־כֹּחַ

3 יְדֵיהֶם לָמָּה לִּי עָלֵימוֹ אָבַד כָּלַח : בְּחֶסֶר וּבְכָפָן

גַּלְמוּד הַעֹרְקִים צִיָּה אֶמֶשׁ שׁוֹאָה וּמְשֹׁאָה :

4 הַקֹּטְפִים מַלּוּחַ עֲלֵי־שִׂיחַ וְשֹׁרֶשׁ רְתָמִים לַחְמָם :

5 מִן־גֵּו יְגֹרָשׁוּ יָרִיעוּ עָלֵימוֹ כַּגַּנָּב :

6 בַּעֲרוּץ נְחָלִים לִשְׁכֹּן חֹרֵי עָפָר וְכֵפִים : בֵּין־שִׂיחִים יִנְהָקוּ תַּחַת

7 חָרוּל יְסֻפָּחוּ : בְּנֵי־נָבָל גַּם־בְּנֵי בְלִי־שֵׁם נִכְּאוּ

8 מִן־הָאָרֶץ : וְעַתָּה נְגִינָתָם הָיִיתִי וָאֱהִי לָהֶם

9 לְמִלָּה : תִּעֲבוּנִי רָחֲקוּ מֶנִּי וּמִפָּנַי לֹא־חָשְׂכוּ רֹק :

10 כִּי־יִתְרוֹ פִּתַּח וַיְעַנֵּנִי וְרֶסֶן מִפָּנַי שִׁלֵּחוּ : עַל־

11 יָמִין פִּרְחַח יָקוּמוּ רַגְלַי שִׁלֵּחוּ וַיָּסֹלּוּ עָלַי אָרְחוֹת

12 אֵידָם : נָתְסוּ נְתִיבָתִי לְהַוָּתִי יֹעִילוּ לֹא עֹזֵר לָמוֹ :

13 כְּפֶרֶץ רָחָב יֶאֱתָיוּ תַּחַת שֹׁאָה הִתְגַּלְגָּלוּ : הָהְפַּךְ

14

15 עָלַי בַּלָּהוֹת תִּרְדֹּף כָּרוּחַ נְדִבָתִי וּכְעָב עָבְרָה

16 יְשֻׁעָתִי : וְעַתָּה עָלַי תִּשְׁתַּפֵּךְ נַפְשִׁי יֹאחֲזוּנִי

17 יְמֵי־עֹנִי : לַיְלָה עֲצָמַי נִקַּר מֵעָלָי וְעֹרְקַי לֹא

18 יִשְׁכָּבוּן : בְּרָב־כֹּחַ יִתְחַפֵּשׂ לְבוּשִׁי כְּפִי כֻתָּנְתִּי

19 יַאַזְרֵנִי : הֹרָנִי לַחֹמֶר וָאֶתְמַשֵּׁל כֶּעָפָר וָאֵפֶר :

9 He putteth forth his hand upon the β rock; he overturneth the mountains by the roots.

10 He[b] cutteth out rivers among the rocks; and his eye seeth every precious thing.

11 He bindeth[d] the floods from γ overflowing; and *the thing that is* hid*f* bringeth he forth to light.

12 But where*g* shall wisdom be found? and where *is* the place of understanding?

13 Man knoweth not the price *i* thereof; neither is it found in the land of the living.

14 The depth saith, It *is* not in me: and the sea saith, *It is* not with me.

15 It θcannot be gotten for gold,*k* neither shall silver be weighed *for* the price thereof.

16 It cannot be valued with the gold of Ophir, with the precious onyx, or the sapphire.

17 The gold and the crystal cannot equal it: and the exchange of it *shall not be for* μ jewels of fine gold.

18 No mention shall be made of ν coral, or of pearls: for the price of wisdom *is* above rubies.

19 The topaz of Ethiopia shall not equal it, neither shall it be valued with pure gold.

20 Whence *m* then cometh wisdom? and where *is* the place of understanding?

21 Seeing it is hid from the eyes of all living, & kept close from the fowls of the π air.

22 Destruction and death say, We have heard the fame thereof with our ears.

23 God *n* understandeth the way thereof, and he knoweth the place thereof.

24 For he *o* looketh to the ends of the earth, *and* seeth under the whole heaven;

25 To make*p* the weight for the winds; and he weigheth the waters by measure.

26 When he made a decree for the rain, and a way for the lightning of the thunder;

27 Then did he see it, and φ declare it; he prepared it, yea, and searched it out.

28 And unto man he said, Behold, the fear*q* of the LORD, that *is* wisdom;*r* and to depart from evil *is* understanding.

CHAP. XXIX.

MOREOVER, Job ψ continued his parable, and said,

2 Oh that I were as *in* months past, as *in* the days *when* God preserved me;

3 When his γ candle shined upon my head, *and when* by his light I *t* walked *through* darkness;

4 As I was in the days of my youth, when the secret *w* of God *was* upon my tabernacle;

5 When the Almighty *was* yet with me, *when* my children *were* about me;

6 When *y* I washed my steps with butter, and the rock poured ζ me out rivers of oil;

7 When I went out to the gate through the city, *when* I prepared my seat in the street!

8 The young men saw me, and hid themselves; and the aged arose, *and* stood up.

9 The princes refrained talking, and laid *their* hand on their mouth.

10 The *η*nobles held their peace, and their tongue cleaved to the roof of their mouth.

11 When the ear heard *me*, then it blessed *z* me; and when the eye saw *me*, it gave witness to me:

12 Because I delivered *b* the poor that cried, and the fatherless, and *him that* had none to help him.

13 The blessing of him that was ready to perish came upon me: and I caused the widow's heart to sing for joy.

B. C. 1520.

a Is. 61. 10. Ep. 6. 14.
β or, *flint.*
b Hab. 3. 9.
c Nu. 10. 31.
d ch. 26. 8.
γ *weeping.*
e Pr. 29. 7.
f 1 Co. 4. 5.
δ *jaw-teeth,* or, *grinders.*
g Ec. 7. 24.
ζ *cast.*
h Ps. 30. 6.
i Pr.3.13.15.
η *opened.*
θ *fine gold shall not be given for it.*
k Pr. 8. 11,19. 16. 16.
κ *new.*
l Ge. 49. 24.
λ *changed.*
μ or, *vessels.*
ν or,*Ramoth* m ver. 12.
Ja. 1. 5, 17.
π or *heaven.*
ε *of fewer days.*
n Pr. 2. 6.
o Pr. 15. 3.
p Ps. 135. 7.
σ or, *dark as the night.*
τ *yesternight.*
φ or,*number.*
q De. 4. 6.
Ps. 111. 10.
Pr. 1. 7.
9. 10.
Ec. 12. 13.
r Ja. 3. 17.
χ *holes.*
ψ *added to take up.*
s Ps. 49. 10. 13.
β *men of no name.*
γ or, *lamp.*
t Ps. 23. 4.
u Ps. 69, 12. La.3.14, 63.
v ch. 17. 6.
w Ps. 25. 14.
δ *withhold not spittle from.*
x Is. 50. 6. Mat. 26. 67. 27. 30.
y De. 33. 24.
ζ *with me.*
η *The voice of the nobles was hid.*
θ *principal one.*
z Lu. 4. 22. 11. 27.
a Ps. 42. 4.
b Ps. 72. 12. Pr.21.13. 24.11,12.
c ch. 9. 31.

---

14 I *a* put on righteousness, and it clothed me: my judgment *was* as a robe and a diadem.

15 I was eyes *c* to the blind, and feet *was* I to the lame.

16 I *was* a father to the poor: and *e* the cause *which* I knew not I searched out.

17 And I brake the δ jaws of the wicked, and ζ plucked the spoil out of his teeth.

18 Then *h* I said, I shall die in my nest, and I shall multiply *my* days as the sand.

19 My root *was* η spread out by the waters, and the dew lay all night upon my branch.

20 My glory *was* κ fresh in me, and my *l* bow was λ renewed in my hand.

21 Unto me *men* gave ear, and waited, and kept silence at my counsel.

22 After my words they spake not again; and my speech dropped upon them.

23 And they waited for me as for the rain; and they opened their mouth wide *as* for the latter rain.

24 *If* I laughed on them, they believed *it* not; and the light of my countenance they cast not down.

25 I chose out their way, and sat chief, and dwelt as a king in the army, as one *that* comforteth the mourners.

CHAP. XXX.

BUT now *they that are* ρ younger than I have me in derision, whose fathers I would have disdained to have set with the dogs of my flock.

2 Yea, whereto *might* the strength of their hands *profit* me, in whom old age was perished?

3 For want and famine *they were* σ solitary; fleeing into the wilderness τ in former time desolate and waste;

4 Who cut up mallows by the bushes, and juniper-roots *for* their meat.

5 They were driven forth from among *men*, (they cried after them as *after* a thief,)

6 To dwell in the cliffs of the valleys, *in* χ caves of the earth, and *in* the rocks.

7 Among the bushes they brayed; under the nettles they were gathered together.

8 *They were* children of fools, yea, children *s* of β base men; they were viler than the earth.

9 And now *u* am I their song; yea, I am their *v* by-word.

10 They abhor me, they flee far from me, and *δ* spare not to spit *x* in my face.

11 Because he hath loosed my cord, and afflicted me, they have also let loose the bridle before me.

12 Upon *my* right *hand* rise the youth, they push away my feet, and they raise up against me the ways of their destruction.

13 They mar my path, they set forward my calamity, they have no helper.

14 They came *upon me* as a wide breaking-in *of waters*: in the desolation they rolled themselves *upon* me.

15 Terrors are turned upon me: they pursue my θ soul as the wind; and my welfare passeth away as a cloud.

16 And now my soul is poured out upon*a* me: the days of affliction have taken hold upon me.

17 My bones are pierced in me in the night-season; and my sinews take no rest.

18 By the great force of *my disease* is my garment changed; it bindeth me about as the collar of my coat.

19 He hath cast *c* me into the mire, and I am become like dust and ashes.

20 אֲשֵׁעַ אֵלֶיךָ וְלֹא תַעֲנֵנִי עָמַדְתִּי וַתִּתְבֹּנֶן בִּי׃   יְתוֹם יְדִי כִּי־אֶרְאֶה בַּשַּׁעַר עֶזְרָתִי ׃ כְּתֵף 22
21 תֵּהָפֵךְ לְאַכְזָר לִי בְּעֹצֶם יָדְךָ תִשְׂטְמֵנִי׃   מִשִּׁכְמָה הִפֹּל וְאֶזְרֹעִי מִקָּנָה תִשָּׁבֵר ׃ כִּי־פַחַד 23
22 תִּשָּׂאֵנִי
23 אֶל־רוּחַ תַּרְכִּיבֵנִי וּתְמֹגְגֵנִי תּוּשִׁיָּה׃   אֵלַי אֵיד אֵל וּמִשְּׂאֵתוֹ לֹא אוּכָל ׃ אִם־שַׂמְתִּי 24
24 כִּי־יָדַעְתִּי
25 מָוֶת תְּשִׁיבֵנִי וּבֵית מוֹעֵד לְכָל־חָי׃   זָהָב כִּסְלִי וְלַכֶּתֶם אָמַרְתִּי מִבְטַחִי ׃ אִם־אֶשְׂמַח 25
26 אַךְ לֹא
27 בְּעִי יִשְׁלַח־יָד אִם־בְּפִידוֹ לָהֶן שׁוּעַ׃   כִּי־רַב חֵילִי וְכִי־כַבִּיר מָצְאָה יָדִי ׃ אִם־אֶרְאֶה 26
28 אִם־לֹא שַׁוַּע
29 בָּכִיתִי לִקְשֵׁה־יוֹם עָגְמָה נַפְשִׁי לָאֶבְיוֹן׃   אוֹר כִּי יָהֵל וְיָרֵחַ יָקָר הֹלֵךְ ׃ וַיִּפְתְּ בַּסֵּתֶר לִבִּי 27
30 כִּי
31 טוֹב קִוִּיתִי וַיָּבֹא רָע וַאֲיַחֲלָה לְאוֹר וַיָּבֹא אֹפֶל׃   וַתִּשַּׁק יָדִי לְפִי ׃ גַּם־הוּא עָוֹן פְּלִילִי כִּי־כִחַשְׁתִּי 28
     מֵעַי רֻתְּחוּ וְלֹא־דָמּוּ קִדְּמֻנִי יְמֵי־עֹנִי ׃   לָאֵל מִמָּעַל ׃ אִם־אֶשְׂמַח בְּפִיד מְשַׂנְאִי 27
     קֹדֵר הִלַּכְתִּי בְּלֹא חַמָּה קַמְתִּי בַקָּהָל אֲשַׁוֵּעַ׃   אֶה 28
     אָח הָיִיתִי לְתַנִּים וְרֵעַ לִבְנוֹת יַעֲנָה ׃   וְהִתְעֹרַרְתִּי כִּי־מָצְאוּ רָע ׃ וְלֹא־הֵנַחְתָּ לַהֲבֹא 29
     עוֹרִי שָׁחַר   חִכִּי לֹא־שָׁאַל בְּאָלָה נַפְשׁוֹ ׃ אִם־לֹא אָמְרוּ מְתֵי 30
     אָהֳלִי מִי־יִתֵּן מִבְּשָׂרוֹ לֹא נִשְׂבָּע ׃   בַּדּוּן לֹא־אֵלֵךְ 31
     גֵּר דְּלָתַי לָאֹרַח אֶפְתָּח ׃ אִם־כִּסִּיתִי כְאָדָם 32
     פְּשָׁעָי לִטְמוֹן בְּחֻבִּי עֲוֹנִי ׃ כִּי אֶעֱרוֹץ הֲמוֹן רַבָּה 33
     וּבוּז־מִשְׁפָּחוֹת יְחִתֵּנִי וָאֶדֹּם לֹא־אֵצֵא פָתַח ׃ 34
     מִי יִתֶּן־לִי שֹׁמֵעַ לִי הֶן תָּוִי שַׁדַּי יַעֲנֵנִי וְסֵפֶר 35
     כָּתַב אִישׁ רִיבִי ׃ אִם־לֹא עַל־שִׁכְמִי אֶשָּׂאֶנּוּ 36
     אֶעֶנְדֶנּוּ עֲטָרוֹת לִי ׃ מִסְפַּר צְעָדַי אַגִּידֶנּוּ כְּמוֹ־ 37
     נָגִיד אֲקָרֲבֶנּוּ ׃ אִם־עָלַי אַדְמָתִי תִזְעָק וְיַחַד 38
     תְּלָמֶיהָ יִבְכָּיוּן ׃ אִם־כֹּחָהּ אָכַלְתִּי בְלִי־כָסֶף 39
     וְנֶפֶשׁ בְּעָלֶיהָ הִפָּחְתִּי ׃ תַּחַת חִטָּה יֵצֵא חוֹחַ 40
     וְתַחַת־שְׂעֹרָה בָאְשָׁה תַּמּוּ דִּבְרֵי אִיּוֹב ׃

CAP. XXXI. לא

1 בְּרִית כָּרַתִּי לְעֵינָי וּמָה אֶתְבּוֹנֵן עַל־בְּתוּלָה ׃
2 וּמֶה ׀ חֵלֶק אֱלוֹהַּ מִמָּעַל וְנַחֲלַת שַׁדַּי מִמְּרֹמִים ׃
3 הֲלֹא־אֵיד לְעַוָּל וְנֵכֶר לְפֹעֲלֵי אָוֶן ׃ הֲלֹא־הוּא 4
5 יִרְאֶה דְרָכָי וְכָל־צְעָדַי יִסְפּוֹר ׃ אִם־הָלַכְתִּי עִם־
6 שָׁוְא וַתַּחַשׁ עַל־מִרְמָה רַגְלִי ׃ יִשְׁקְלֵנִי בְמֹאזְנֵי־
7 צֶדֶק וְיֵדַע אֱלוֹהַּ תֻּמָּתִי ׃ אִם תִּטֶּה אַשֻּׁרִי מִנִּי
     הַדָּרֶךְ וְאַחַר עֵינַי הָלַךְ לִבִּי וּבְכַפַּי דָּבַק מְאוּם ׃
8 אֶזְרְעָה וְאַחֵר יֹאכֵל וְצֶאֱצָאַי יְשֹׁרָשׁוּ ׃ אִם־ 9
     נִפְתָּה לִבִּי עַל־אִשָּׁה וְעַל־פֶּתַח רֵעִי אָרָבְתִּי ׃
10 תִּטְחַן לְאַחֵר אִשְׁתִּי וְעָלֶיהָ יִכְרְעוּן אֲחֵרִין ׃ כִּי־ 11
12 הִוא זִמָּה וְהוּא עָוֹן פְּלִילִים ׃ כִּי אֵשׁ הִיא עַד־
13 אֲבַדּוֹן תֹּאכֵל וּבְכָל־תְּבוּאָתִי תְשָׁרֵשׁ ׃ אִם־אֶמְאַס
14 מִשְׁפַּט עַבְדִּי וַאֲמָתִי בְּרִבָם עִמָּדִי ׃ וּמָה אֶעֱשֶׂה 15
15 כִּי־יָקוּם אֵל וְכִי יִפְקֹד מָה אֲשִׁיבֶנּוּ ׃ הֲלֹא־בַבֶּטֶן
16 עֹשֵׂנִי עָשָׂהוּ וַיְכֻנֶנּוּ בָּרֶחֶם אֶחָד ׃ אִם־אֶמְנַע 17
17 מֵחֵפֶץ דַּלִּים וְעֵינֵי אַלְמָנָה אֲכַלֶּה ׃ וְאֹכַל פִּתִּי
18 לְבַדִּי וְלֹא־אָכַל יָתוֹם מִמֶּנָּה ׃ כִּי מִנְּעוּרַי גְּדֵלַנִי
     כְאָב וּמִבֶּטֶן אִמִּי אַנְחֶנָּה ׃ אִם־אֶרְאֶה אוֹבֵד 19
20 מִבְּלִי לְבוּשׁ וְאֵין כְּסוּת לָאֶבְיוֹן ׃ אִם־לֹא בֵרֲכוּנִי
     חֲלָצָיו וּמִגֵּז כְּבָשַׂי יִתְחַמָּם ׃ אִם־הֲנִיפוֹתִי עַל־ 21

CAP. XXXII. לב

1 וַיִּשְׁבְּתוּ שְׁלֹשֶׁת הָאֲנָשִׁים הָאֵלֶּה מֵעֲנוֹת אֶת־
     אִיּוֹב כִּי הוּא צַדִּיק בְּעֵינָיו ׃
2 וַיִּחַר אַף ׀ אֱלִיהוּא בֶן־בַּרַכְאֵל הַבּוּזִי מִמִּשְׁפַּחַת
     רָם בְּאִיּוֹב חָרָה אַפּוֹ עַל־צַדְּקוֹ נַפְשׁוֹ מֵאֱלֹהִים ׃
3 וּבִשְׁלֹשֶׁת רֵעָיו חָרָה אַפּוֹ עַל אֲשֶׁר לֹא־מָצְאוּ
4 מַעֲנֶה וַיַּרְשִׁיעוּ אֶת־אִיּוֹב ׃ וֶאֱלִיהוּ חִכָּה אֶת־אִיּוֹב
5 בִּדְבָרִים כִּי זְקֵנִים־הֵמָּה מִמֶּנּוּ לְיָמִים ׃ וַיַּרְא
     אֱלִיהוּא כִּי אֵין מַעֲנֶה בְּפִי שְׁלֹשֶׁת הָאֲנָשִׁים
     וַיִּחַר אַפּוֹ ׃
6 וַיַּעַן ׀ אֱלִיהוּא
     בֶן־בַּרַכְאֵל הַבּוּזִי וַיֹּאמַר צָעִיר אֲנִי לְיָמִים
     וְאַתֶּם יְשִׁישִׁים עַל־כֵּן זָחַלְתִּי וָאִירָא ׀ מֵחַוֹּת
7 דֵּעִי אֶתְכֶם ׃ אָמַרְתִּי יָמִים יְדַבֵּרוּ וְרֹב שָׁנִים

20 I cry unto thee, and thou dost not hear me : I stand up, and thou regardest me *not*.

21 Thou art β become cruel to me : with γ thy strong hand thou opposest thyself against me.

22 Thou liftest me up to the wind; thou causest me to ride *upon it*, and dissolvest my ζ substance.

23 For I know *that* thou wilt bring me *to* death, and *to* the house appointed *for* all living.

24 Howbeit he will not stretch out *his* hand to the η grave, though they cry in his destruction.

25 Did not I weep for him that was κ in trouble? *was not* my soul grieved for the poor?

26 When *f* I looked for good, then evil came *unto me;* and when I waited for light, there came darkness.

27 My bowels boiled, and rested not; the days of affliction prevented me.

28 I went mourning without the sun : I stood up, *and* I cried in the congregation.

29 I am a brother to dragons, and a companion to π owls.

30 My skin *h* is black upon me, and my bones are burned with heat.

31 My harp also is *turned* to mourning,& my organ into the voice of them that weep.

CHAP. XXXI.

I MADE a covenant with mine eyes ; *l* why then should I think *m* upon a maid ?

2 For what portion of God *is there* from above? and *what* inheritance of the Almighty from on high?

3 *Is* not destruction to the wicked? and a strange *punishment* to the workers of iniquity ?

4 Doth *p* not he see my ways, and count all my steps ?

5 If *q* I have walked with vanity, or if my foot hath hasted to deceit ;

6 Let χ me be weighed in an even balance, that God may know mine integrity.

7 If my step hath turned out of the way, and mine heart *r* walked after mine eyes, and if any blot hath cleaved to mine hands;

8 *Then* let me sow, and let another eat ; yea, let my offspring be rooted out.

9 If mine heart have been deceived by a woman ; or *if* I have laid wait at my neighbour's door ;

10 *Then* let my wife grind unto another, and let others bow down upon her.

11 For this is an heinous crime ; yea, it *is s* an iniquity *to be punished by* the judges.

12 For it *is* a fire *that* consumeth to destruction,*u* and would root out all mine increase.

13 If I did despise the cause of my man-servant, or of my maid-servant, when they contended with me ;

14 What then shall I do when God riseth up? and, when he visiteth, what shall I answer him ?

15 Did *v* not he that made me in the womb make him? and θ did not one fashion us in the womb?

16 If I have withheld the poor from *their* desire, or have caused the eyes of the widow to fail ;

17 Or have eaten my morsel myself alone, and the fatherless hath not eaten thereof ;

18 (For from my youth he was brought up with me, as *with* a father, and I have guided ν her from my mother's womb ;)

19 If I have seen any perish for want of clothing, or any poor without covering ;

20 If *x* his loins have not blessed me,

B. C. 1520.

β *turned to be.*

γ *the strength of thy hand.*

δ *or, the chanel-bone*

b Ps. 119.120.

ζ *or, wisdom.*

c Ps. 76. 7.

d Ge. 3. 19.

e 1 Ti. 6. 17.

η *heap.*

θ *found.*

κ *hard of day*

λ *light.*

μ *bright.*

f Je. 8. 15.

ν *my hand hath kissed my mouth.*

g De 17. 2. 7.

π *or, ostriches*

ρ *palate.*

h La. 4. 8.
5. 10.

i Ec. 5. 6.

k Is. 58. 7.
He. 13. 2.

l Mat. 5. 28.

m Pr. 6. 25.

σ *or, way.*

τ *or, after the manner of men.*

n Ge. 3. 8, 12.

o Ex. 23. 2.

p Jn'. 1. 48.
Je. 32. 19.

φ *or, my sign is that the Almighty will answer me.*

q Ps. 44. 20 21.

χ *him weigh me in balances of justice.*

r Eze. 14 3. 7.

ψ *weep.*

β *strength.*

γ *or, the soul of the owners thereof to expire,*
or, breathe out.

s 1 Ki. 21. 13.

δ *or, noisome weeds.*

t Le. 20. 10.

ς *from answering.*

u Mal. 3. 5.
He. 13. 4.

η *his soul.*

v Pr. 22. 2.

θ *or, did he not fashion us in one womb?*

κ *expected Job in words*

λ *elder than days.*

μ *few of days.*

ν *i. e. the widow.*

w ch. 15. 10.

π *feared.*

x De. 24. 13.

and *if* he were *not* warmed with the fleece of my sheep ;

21 If I have lifted up my hand against the fatherless, when I saw my help in the gate:

22 *Then* let mine arm fall from my shoulder blade, and mine arm be broken from δ the bone.

23 For *b* destruction *from God was* a terror to me, and by reason of his highness *c* I could not endure.

24 If *e* I have made gold my hope, or have said to y *e* fine gold, *Thou art* my confidence;

25 If I rejoiced because my wealth *was* great, and because mine hand had gotten much ;

26 If I beheld the λ sun when it shined, or the moon walking μ in brightness,

27 And my heart hath been secretly enticed, or ν my mouth hath kissed my hand :

28 This also δ *were* an iniquity *to be punished by* the judge : for I should have denied the God *that is* above.

29 If I rejoiced at the destruction of him that hated me, or lifted up myself when evil found him ;

30 Neither have I suffered my ρ mouth to sin,*i* by wishing a curse to his soul ;

31 If the men of my tabernacle said not, Oh that we had of his flesh! we cannot be satisfied.

32 The stranger *k* did not lodge in the street; *but* I opened my doors to the σ traveller ;

33 If I covered my transgressions τ as Adam,*n* by hiding mine iniquity in my bosom ;

34 Did I fear a great multitude,*o* or did the contempt of families terrify me, that I kept silence, *and* went not out of the door ?

35 Oh that one would hear me! behold, φ my desire *is, that* the Almighty would answer me, and *that* mine adversary had written a book :

36 Surely I would take it upon my shoulder, *and* bind it *as* a crown to me.

37 I would declare unto him the number of my steps ; as a prince would I go near unto him.

38 If my land cry against me, or that the furrows likewise thereof ψ complain ;

39 If I have eaten the β fruits thereof without money, or have caused γ the owners thereof to lose their life ; *s*

40 Let thistles grow instead of wheat, and δ cockle instead of barley. The words of Job are ended.

CHAP. XXXII.

SO these three men ceased ζ to answer Job, because he *was* righteous in his own eyes.

2 Then was kindled the wrath of Elihu, the son of Barachel the Buzite, of the kindred of Ram ; against Job was his wrath kindled, because he justified η himself, rather than God.

3 Also against his three friends was his wrath kindled, because they had found no answer, and *yet* had condemned Job.

4 Now Elihu had κ waited till Job had spoken, because they *were* λ elder than he.

5 When Elihu saw that *there was* no answer in the mouth of *these* three men, then his wrath was kindled.

6 And Elihu, the son of Barachel the Buzite, answered and said, I am μ young &ye *are* very old,*w* wherefore I was afraid, and π durst not shew you mine opinion.

7 I said, Days should speak, and multitude of years should teach wisdom.

357

CAP. XXXIII. (right column)

8 תֵּדַע חָכְמָה : אָכֵן רוּחַ־הִיא בֶאֱנוֹשׁ וְנִשְׁמַת
9 שַׁדַּי תְּבִינֵם : לֹא־רַבִּים יֶחְכָּמוּ וּזְקֵנִים יָבִינוּ
10 מִשְׁפָּט : לָכֵן אָמַרְתִּי שִׁמְעָה־לִּי אֲחַוֶּה דֵעִי אַף־
11 אָנִי : הֵן הוֹחַלְתִּי לְדִבְרֵיכֶם אָזִין עַד־
12 תְּבוּנֹתֵיכֶם עַד־תַּחְקְרוּן מִלִּין : וְעָדֵיכֶם אֶתְבּוֹנָן
   וְהִנֵּה אֵין לְאִיּוֹב מוֹכִיחַ עוֹנֶה אֲמָרָיו מִכֶּם :
13 פֶּן־תֹּאמְרוּ מָצָאנוּ חָכְמָה אֵל יִדְּפֶנּוּ לֹא־אִישׁ :
14 וְלֹא־עָרַךְ אֵלַי מִלִּין וּבְאִמְרֵיכֶם לֹא אֲשִׁיבֶנּוּ :
15/16 חַתּוּ לֹא־עָנוּ עוֹד הֶעְתִּיקוּ מֵהֶם מִלִּים : וְהוֹחַלְתִּי
17 כִּי־לֹא יְדַבֵּרוּ כִּי עָמְדוּ לֹא־עָנוּ עוֹד : אַעֲנֶה
18 אַף־אֲנִי חֶלְקִי אֲחַוֶּה דֵעִי אַף־אָנִי : כִּי מָלֵתִי
19 מִלִּים הֱצִיקַתְנִי רוּחַ בִּטְנִי : הִנֵּה בִטְנִי כְּיַיִן
20 לֹא יִפָּתֵחַ כְּאֹבוֹת חֲדָשִׁים יִבָּקֵעַ : אֲדַבְּרָה
21 וְיִרְוַח־לִי אֶפְתַּח שְׂפָתַי וְאֶעֱנֶה : אַל־נָא אֶשָּׂא
22 פְנֵי־אִישׁ וְאֶל־אָדָם לֹא אֲכַנֶּה : כִּי לֹא יָדַעְתִּי
   אֲכַנֶּה כִּמְעַט יִשָּׂאֵנִי עֹשֵׂנִי :

CAP. XXXIII.   לג

1 וְאוּלָם שְׁמַע־נָא אִיּוֹב מִלָּי וְכָל־דְּבָרַי הַאֲזִינָה :
2/3 הִנֵּה־נָא פָּתַחְתִּי פִי דִּבְּרָה לְשׁוֹנִי בְחִכִּי : יֹשֶׁר־
4 לִבִּי אֲמָרַי וְדַעַת שְׂפָתַי בָּרוּר מִלֵּלוּ : רוּחַ־אֵל
5 עָשָׂתְנִי וְנִשְׁמַת שַׁדַּי תְּחַיֵּנִי : אִם־תּוּכַל הֲשִׁיבֵנִי
6 עֶרְכָה לְפָנַי הִתְיַצָּבָה : הֵן־אֲנִי כְפִיךָ לָאֵל
7 מֵחֹמֶר קֹרַצְתִּי גַם־אָנִי : הִנֵּה אֵימָתִי לֹא
8 תְבַעֲתֶךָּ וְאַכְפִּי עָלֶיךָ לֹא־יִכְבָּד : אַךְ אָמַרְתָּ
9 בְאָזְנָי וְקוֹל מִלִּין אֶשְׁמָע : זַךְ אֲנִי בְּלִי־פָשַׁע
10 חַף אָנֹכִי וְלֹא עָוֹן לִי : הֵן תְּנוּאוֹת עָלַי
11 יִמְצָא יַחְשְׁבֵנִי לְאוֹיֵב לוֹ : יָשֵׂם בַּסַּד רַגְלָי
12 יִשְׁמֹר כָּל־אָרְחֹתָי : הֶן־זֹאת לֹא־צָדַקְתָּ אֶעֱנֶךָּ כִּי־
13 יִרְבֶּה אֱלוֹהַּ מֵאֱנוֹשׁ : מַדּוּעַ אֵלָיו רִיבוֹתָ כִּי
14 כָל־דְּבָרָיו לֹא יַעֲנֶה : כִּי־בְאַחַת יְדַבֶּר־אֵל וּבִשְׁתַּיִם
15 לֹא יְשׁוּרֶנָּה : בַּחֲלוֹם חֶזְיוֹן לַיְלָה בִּנְפֹל תַּרְדֵּמָה
16 עַל־אֲנָשִׁים בִּתְנוּמוֹת עֲלֵי מִשְׁכָּב : אָז יִגְלֶה
17 אֹזֶן אֲנָשִׁים וּבְמֹסָרָם יַחְתֹּם : לְהָסִיר אָדָם
18 מַעֲשֶׂה וְגֵוָה מִגֶּבֶר יְכַסֶּה : יַחְשֹׂךְ נַפְשׁוֹ

(left column — continuation of ch. 33)

19 מִנִּי־שַׁחַת וְחַיָּתוֹ מֵעֲבֹר בַּשָּׁלַח : וְהוּכַח
   בְּמַכְאוֹב עַל־מִשְׁכָּבוֹ וְרִיב עֲצָמָיו אֵתָן :
20 וְזִהֲמַתּוּ חַיָּתוֹ לָחֶם וְנַפְשׁוֹ מַאֲכַל תַּאֲוָה : יִכֶל
21 בְּשָׂרוֹ מֵרֹאִי וְשֻׁפּוּ עַצְמֹתָיו לֹא רֻאּוּ : וַתִּקְרַב
22 לַשַּׁחַת נַפְשׁוֹ וְחַיָּתוֹ לַמְמִתִים : אִם־יֵשׁ עָלָיו
23 מַלְאָךְ מֵלִיץ אֶחָד מִנִּי־אָלֶף לְהַגִּיד לְאָדָם
24 יָשְׁרוֹ : וַיְחֻנֶּנּוּ וַיֹּאמֶר פְּדָעֵהוּ מֵרֶדֶת שַׁחַת
25 מָצָאתִי כֹפֶר : רֻטֲפַשׁ בְּשָׂרוֹ מִנֹּעַר יָשׁוּב לִימֵי
26 עֲלוּמָיו : יֶעְתַּר אֶל־אֱלוֹהַּ וַיִּרְצֵהוּ וַיַּרְא פָּנָיו
27 בִּתְרוּעָה וַיָּשֶׁב לֶאֱנוֹשׁ צִדְקָתוֹ : יָשֹׁר עַל־
   אֲנָשִׁים וַיֹּאמֶר חָטָאתִי וְיָשָׁר הֶעֱוֵיתִי וְלֹא־שָׁוָה
28 לִי : פָּדָה נַפְשׁוֹ מֵעֲבֹר בַּשָּׁחַת וְחַיָּתוֹ בָּאוֹר
29 תִּרְאֶה : הֶן־כָּל־אֵלֶּה יִפְעַל־אֵל פַּעֲמַיִם שָׁלוֹשׁ
30 עִם־גָּבֶר : לְהָשִׁיב נַפְשׁוֹ מִנִּי־שָׁחַת לֵאוֹר
31 בְּאוֹר הַחַיִּים : הַקְשֵׁב אִיּוֹב שְׁמַע־לִי הַחֲרֵשׁ
32 וְאָנֹכִי אֲדַבֵּר : אִם־יֵשׁ־מִלִּין הֲשִׁיבֵנִי דַּבֵּר כִּי־
33 חָפַצְתִּי צַדְּקֶךָּ : אִם־אַיִן אַתָּה שְׁמַע־לִי הַחֲרֵשׁ
   וַאֲאַלֶּפְךָ חָכְמָה :

CAP. XXXIV.   לד

1 וַיַּעַן אֱלִיהוּא וַיֹּאמַר : שִׁמְעוּ חֲכָמִים מִלָּי
2 וְיֹדְעִים הַאֲזִינוּ לִי : כִּי־אֹזֶן מִלִּין תִּבְחָן וְחֵךְ
3 יִטְעַם לֶאֱכֹל : מִשְׁפָּט נִבְחֲרָה־לָּנוּ נֵדְעָה בֵינֵינוּ
4 מַה־טּוֹב : כִּי־אָמַר אִיּוֹב צָדַקְתִּי וְאֵל הֵסִיר
5 מִשְׁפָּטִי : עַל־מִשְׁפָּטִי אֲכַזֵּב אָנוּשׁ חִצִּי בְלִי־
6 פָשַׁע : מִי־גֶבֶר כְּאִיּוֹב יִשְׁתֶּה־לַּעַג כַּמָּיִם :
7 וְאָרַח לְחֶבְרָה עִם־פֹּעֲלֵי אָוֶן וְלָלֶכֶת עִם־אַנְשֵׁי־
8 רֶשַׁע : כִּי־אָמַר לֹא יִסְכָּן־גָּבֶר בִּרְצֹתוֹ עִם־אֱלֹהִים :
9 לָכֵן אַנְשֵׁי לֵבָב שִׁמְעוּ לִי חָלִלָה לָאֵל מֵרֶשַׁע
10 וְשַׁדַּי מֵעָוֶל : כִּי פֹעַל אָדָם יְשַׁלֶּם־לוֹ וּכְאֹרַח
11 אִישׁ יַמְצִאֶנּוּ : אַף־אָמְנָם אֵל לֹא־יַרְשִׁיעַ וְשַׁדַּי לֹא־
12 יְעַוֵּת מִשְׁפָּט : מִי־פָקַד עָלָיו אָרְצָה וּמִי שָׂם תֵּבֵל כֻּלָּהּ :
13 אִם־יָשִׂים אֵלָיו לִבּוֹ רוּחוֹ וְנִשְׁמָתוֹ אֵלָיו
14 יֶאֱסֹף : יִגְוַע כָּל־בָּשָׂר יָחַד וְאָדָם עַל־עָפָר יָשׁוּב :
15 וְאִם־בִּינָה שִׁמְעָה־זֹּאת הַאֲזִינָה לְקוֹל מִלָּי :
16

8 But *there is* a spirit*ᵃ* in man: and the inspiration*ᵇ* of the Almighty giveth them understanding.

9 Great*ᵈ* men are not *always* wise; neither do the aged understand judgment.

10 Therefore I said, Hearken to me; I also will shew mine opinion.

11 Behold, I waited for your words; I gave ear to your *δ* reasons, whilst ye searched out *ζ* what to say.

12 Yea, I attended unto you, and, behold, *there was* none of you that convinced Job, *or* that answered his words:

13 Lest ye should say, We*ᵉ* have found out wisdom: God thrusteth him down, not man.

14 Now he hath not *η* directed *his* words against me; neither will I answer him with your speeches.

15 They were amazed; they answered no more; they *λ* left off speaking.

16 When I had waited, (for they spake not, but stood still, *and* answered no more,)

17 *I said,* I will answer also my part; I also will shew mine opinion.

18 For I am full of *μ* matter; the spirit *π* within me constraineth me.

19 Behold, my belly *is* as wine *which* *ρ* hath no vent; it is ready to burst like new bottles.

20 I will speak, that I may *τ* be refreshed: I will open my lips, and answer.

21 Let me not, I pray you, accept any man's person; neither let me give flattering titles unto man.

22 For *ι* I know not to give flattering titles; *in so doing* my Maker *κ* would soon take me away.

CHAP. XXXIII.

WHEREFORE, Job, I pray thee, hear my speeches, and hearken to all my words.

2 Behold, now I have opened my mouth, my tongue hath spoken in my *χ* mouth.

3 My words*ˡ* *shall be of* the uprightness of my heart; and my lips shall utter knowledge*ᵐ* clearly.

4 The Spirit of God hath made me, & the breath of the Almighty hath given me life.

5 If thou canst answer me, set *thy words* in order before me; stand up;

6 Behold, I *am* according to thy *β* wish in*ᵒ* God's stead; I also am *γ* formed out of the clay.

7 Behold, my*ᵖ* terror shall not make thee afraid, neither shall my hand be heavy upon thee.

8 Surely thou hast spoken in mine *ζ* hearing, and I have heard the voice of *thy*�q words, *saying,*

9 I am clean without transgression, I *am* innocent; neither *is there* iniquity in me.

10 Behold, he findeth occasions against me, he*ˢ* counteth me for his enemy;

11 He*ᵗ* putteth my feet in the stocks, he marketh all my paths.

12 Behold, *in* this thou art not just: I will answer thee, that God is greater than man.

13 Why dost thou strive against *v* him? for he *θ* giveth not account *w* of any of his matters.

14 For God speaketh once, yea twice, *yet man* perceiveth it not.

15 In a dream, in a vision of the night, when deep sleep falleth upon men, in slumberings upon the bed,

16 Then he *μ* openeth the ears of men, and sealeth their instruction,

17 That he may withdraw*ʸ* man *from* *his v* purpose, and hide pride*ᶻ* from man.

B. C. 1520.

a Pr. 20. 27.
b Pr. 2. 6.
  Da. 2. 21.
β passing by.
c Ps. 107. 17.
d Mat. 11. 25.
  1 Co. 1. 27.
γ meat of desire.
δ understandings.
ζ words.
e Je. 9. 23.
η or, ordered.
θ or, an atonement.
κ childhood.
λ removed speeches from themselves.
μ words.
ν or, he shall look upon men, and say, I have sinned.
f 1 Juº. 1. 9.
π of my belly.
ρ is not opened.
σ or. *He hath delivered my soul, &c. and my life.*
τ breathe.
φ twice and thrice.
g Ps. 40. 1, 2.
  Is. 38. 17.
h Ps. 56. 13.
  Ac. 26. 18.
i Ga. l. 10.
k Ps. 12. 2, 3.
γ palate.
l Pr. 8. 6, 9.
ψ palate.
m Tit. 2. 7, 8.
n ch. 27. 2.
β mouth.
o ch. 9. 32, 33.
γ cut.
δ arrow,
  ch. 6. 4.
p ch. 9. 34.
ζ ears,
q ch. 10. 7.
  16. 17.
  23. 11, 12
  27. 5. 6.
  29. 14.
r ch. 9. 22, 23.
s ch. 19. 11.
η heart.
t ch. 13. 27.
u Rev. 22. 12.
v Is. 45. 9.
w Da. 4. 35.
θ answereth not.
x Ps. 62. 11.
κ all of it.
λ him.
μ revealeth, or, uncovereth.
y ch. 17. 11.
v work.
z Is. 23. 9.

---

18 He keepeth back his soul from the pit, and his life from *β* perishing by the sword.

19 He*ᶜ* is chastened also with pain upon his bed, and the multitude of his bones with strong *pain:*

20 So that his life abhorreth bread, and his soul *γ* dainty meat.

21 His flesh is consumed away, that it cannot be seen; and his bones *that* were not seen, stick out.

22 Yea, his soul draweth near unto the grave, and his life to the destroyers.

23 If there be a messenger with him, an interpreter, one among a thousand, to shew unto man his uprightness:

24 Then he is gracious unto him, and saith, Deliver him from going down to the pit; I have found *θ* a ransom.

25 His flesh shall be fresher than *κ* a child's: he shall return to the days of his youth:

26 He shall pray unto God, and he will be favourable unto him; and he shall see his face with joy: for he will render unto man his righteousness.

27 *v* He looketh upon men; and *if any* say, *f* I have sinned, and perverted *that which was* right, and it profited me not;

28 *σ* He will deliver his soul from going into the pit, and his life shall see the light.

29 Lo, all these *things* worketh God *φ* oftentimes with man,

30 To bring back his soul from the pit,*ᵍ* to be enlightened with the light*ʰ* of the living.

31 Mark well, O Job, hearken unto me: hold thy peace, and I will speak.

32 If thou hast any thing to say, answer me: speak, for I desire to justify thee.

33 If not, hearken unto me: hold thy peace, and I shall teach thee wisdom.

CHAP. XXXIV.

FURTHERMORE, Elihu answered and said,

2 Hear my words, O ye wise *men;* and give ear unto me, ye that have knowledge.

3 For the ear trieth words, as the *ψ* mouth tasteth meat.

4 Let us choose to us judgment: let us know among ourselves what *is* good.

5 For Job hath said,*ⁿ* I am righteous: and God hath taken away my judgment.

6 Should I lie against my right? my *δ* wound *is* incurable without transgression.

7 What man *is* like Job, *who* drinketh up scorning like water?

8 Which goeth in company with the workers of iniquity, and walketh with wicked men.

9 For he hath said, It profiteth a man nothing*ʳ* that he should delight himself with God.

10 Therefore hearken unto me, ye men of *η* understanding: Far be it from God, *that he should do* wickedness; and *from the* Almighty, *that he should commit* iniquity.

11 For the work *u* of a man shall he render unto him, and cause every man to find according to *his* ways.

12 Yea, surely God will not do wickedly, neither will ye*ᵉ* Almighty pervert judgment.

13 Who hath given him a charge over the earth? or who hath disposed *κ* the whole world?

14 If he set his heart upon *λ* man, *if* he gather unto himself his spirit & his breath;

15 All flesh shall perish together, and man shall turn again unto dust.

16 If now *thou hast* understanding, hear this; hearken to the voice of my words.

Right column (Job 34:17–37; CAP. XXXV)

17 הַאַף שׂוֹנֵא מִשְׁפָּט יַחֲבוֹשׁ וְאִם־צַדִּיק כַּבִּיר
18 הַאֲמֹר לְמֶלֶךְ בְּלִיָּעַל רָשָׁע אֶל־נְדִיבִים
19 אֲשֶׁר לֹא־נָשָׂא פְּנֵי שָׂרִים וְלֹא נִכַּר־שׁוֹעַ לִפְנֵי
20 דָּל כִּי־מַעֲשֵׂה יָדָיו כֻּלָּם רֶגַע יָמֻתוּ וַחֲצוֹת לָיְלָה יְגֹעֲשׁוּ עָם וְיַעֲבֹרוּ וְיָסִירוּ אַבִּיר לֹא בְיָד
21 כִּי־עֵינָיו עַל־דַּרְכֵי־אִישׁ וְכָל־צְעָדָיו יִרְאֶה
22 אֵין־חֹשֶׁךְ וְאֵין צַלְמָוֶת לְהִסָּתֶר שָׁם פֹּעֲלֵי אָוֶן
23 כִּי לֹא עַל־אִישׁ יָשִׂים עוֹד לַהֲלֹךְ אֶל־אֵל בַּמִּשְׁפָּט
24 יָרֹעַ כַּבִּירִים לֹא־חֵקֶר וַיַּעֲמֵד אֲחֵרִים תַּחְתָּם
25 לָכֵן יַכִּיר מַעְבָּדֵיהֶם וְהָפַךְ לַיְלָה וְיִדַּכָּאוּ
26 תַּחַת־רְשָׁעִים סְפָקָם בִּמְקוֹם רֹאִים
27 אֲשֶׁר עַל־כֵּן סָרוּ מֵאַחֲרָיו וְכָל־דְּרָכָיו לֹא הִשְׂכִּילוּ
28 לְהָבִיא עָלָיו צַעֲקַת־דָּל וְצַעֲקַת עֲנִיִּים יִשְׁמָע
29 וְהוּא יַשְׁקִט וּמִי יַרְשִׁעַ וְיַסְתֵּר פָּנִים וּמִי יְשׁוּרֶנּוּ וְעַל־גּוֹי וְעַל־אָדָם יָחַד
30 מִמְּלֹךְ אָדָם חָנֵף מִמֹּקְשֵׁי עָם
31 כִּי־אֶל־אֵל הֶאָמַר נָשָׂאתִי לֹא אֶחְבֹּל
32 בִּלְעֲדֵי אֶחֱזֶה אַתָּה הֹרֵנִי אִם־עָוֶל פָּעַלְתִּי לֹא אֹסִיף
33 הֲמֵעִמְּךָ יְשַׁלְמֶנָּה כִּי־מָאַסְתָּ כִּי־אַתָּה תִבְחַר וְלֹא־אָנִי וּמַה־יָדַעְתָּ דַבֵּר
34 אַנְשֵׁי לֵבָב יֹאמְרוּ לִי וְגֶבֶר חָכָם שֹׁמֵעַ לִי
35 אִיּוֹב לֹא־בְדַעַת יְדַבֵּר וּדְבָרָיו לֹא בְהַשְׂכֵּיל
36 אָבִי יִבָּחֵן אִיּוֹב עַד־נֶצַח עַל־תְּשֻׁבֹת בְּאַנְשֵׁי־אָוֶן
37 כִּי יֹסִיף עַל־חַטָּאתוֹ פֶּשַׁע בֵּינֵינוּ יִסְפּוֹק וְיֶרֶב אֲמָרָיו לָאֵל

CAP. XXXV. לה

1 וַיַּעַן אֱלִיהוּ וַיֹּאמַר
2 הֲזֹאת חָשַׁבְתָּ לְמִשְׁפָּט אָמַרְתָּ צִדְקִי מֵאֵל
3 כִּי־תֹאמַר מַה־יִּסְכָּן־לָךְ מָה־אֹעִיל מֵחַטָּאתִי
4 אֲנִי אֲשִׁיבְךָ מִלִּין וְאֶת־רֵעֶיךָ עִמָּךְ
5 הַבֵּט שָׁמַיִם וּרְאֵה וְשׁוּר שְׁחָקִים גָּבְהוּ מִמֶּךָּ
6 אִם־חָטָאתָ מַה־תִּפְעָל־בּוֹ וְרַבּוּ פְשָׁעֶיךָ מַה־תַּעֲשֶׂה־לּוֹ
7 אִם־צָדַקְתָּ מַה־תִּתֶּן־לוֹ אוֹ מַה־מִיָּדְךָ יִקָּח

Left column — CAP. XXXVI. לו

1 וַיֹּסֶף אֱלִיהוּא וַיֹּאמַר
2 כַּתַּר־לִי זְעֵיר וַאֲחַוֶּךָּ כִּי עוֹד לֶאֱלוֹהַּ מִלִּים
3 אֶשָּׂא דֵעִי לְמֵרָחוֹק וּלְפֹעֲלִי אֶתֵּן־צֶדֶק
4 כִּי־אָמְנָם לֹא־שֶׁקֶר מִלָּי תְּמִים דֵּעוֹת עִמָּךְ
5 הֶן־אֵל כַּבִּיר וְלֹא יִמְאָס כַּבִּיר כֹּחַ לֵב
6 לֹא־יְחַיֶּה רָשָׁע וּמִשְׁפַּט עֲנִיִּים יִתֵּן
7 לֹא־יִגְרַע מִצַּדִּיק עֵינָיו וְאֶת־מְלָכִים לַכִּסֵּא וַיֹּשִׁיבֵם לָנֶצַח וַיִּגְבָּהוּ
8 וְאִם־אֲסוּרִים בַּזִּקִּים יִלָּכְדוּן בְּחַבְלֵי־עֹנִי
9 וַיַּגֵּד לָהֶם פָּעֳלָם וּפִשְׁעֵיהֶם כִּי יִתְגַּבָּרוּ
10 וַיִּגֶל אָזְנָם לַמּוּסָר וַיֹּאמֶר כִּי־יְשֻׁבוּן מֵאָוֶן
11 אִם־יִשְׁמְעוּ וְיַעֲבֹדוּ יְכַלּוּ יְמֵיהֶם בַּטּוֹב וּשְׁנֵיהֶם בַּנְּעִימִים
12 וְאִם־לֹא יִשְׁמְעוּ בְּשֶׁלַח יַעֲבֹרוּ וְיִגְוְעוּ כִּבְלִי דָעַת
13 וְחַנְפֵי־לֵב יָשִׂימוּ אָף לֹא יְשַׁוְּעוּ כִּי אֲסָרָם
14 תָּמֹת בַּנֹּעַר נַפְשָׁם וְחַיָּתָם בַּקְּדֵשִׁים
15 יְחַלֵּץ עָנִי בְעָנְיוֹ וְיִגֶל בַּלַּחַץ אָזְנָם
16 וְאַף הֲסִיתְךָ מִפִּי־צָר רַחַב לֹא־מוּצָק תַּחְתֶּיהָ וְנַחַת שֻׁלְחָנְךָ מָלֵא דָשֶׁן
17 וְדִין־רָשָׁע מָלֵאתָ דִּין וּמִשְׁפָּט יִתְמֹכוּ
18 כִּי־חֵמָה פֶּן־יְסִיתְךָ בְסָפֶק וְרָב־כֹּפֶר אַל־יַטֶּךָּ
19 הֲיַעֲרֹךְ שׁוּעֲךָ לֹא בְצָר וְכֹל מַאֲמַצֵּי־כֹחַ
20 אַל־תִּשְׁאַף הַלָּיְלָה לַעֲלוֹת עַמִּים תַּחְתָּם
21 הִשָּׁמֶר אַל־תֵּפֶן אֶל

17 Shall*a* even he that hateth right *β* govern? and wilt thou condemn him that is most just?

18 *Is it fit* to say to a king,*b* *Thou art* wicked? *and* to princes, Ye *are* ungodly?

19 *How much less to him**c* that accepteth*d* not the persons of princes, nor regardeth the rich more than the poor? for they all *are* the work of his hands.

20 In a moment shall they die, and the people shall be troubled at midnight, and *γ* pass away: and *γ* the mighty shall be taken away without hand.

21 For his eyes*e* *are* upon the ways of man, and he seeth*f* all his goings.

22 *There is* no darkness,*h* nor shadow of death, where the workers of iniquity may hide *i* themselves.

23 For he will not lay upon man more *than**l* right, that he should *δ*enter into judgment with God.

24 He shall break in pieces mgihty men without *θ*number, and set others in their stead.

25 Therefore he knoweth their works, and he overturneth *them* in the night, so that they are *κ*destroyed.

26 He striketh them as wicked men in the *λ* open sight*n* of others;

27 Because they turned back *ν* from him, and *o* would not consider any of his ways:

28 So that they cause the cry of the poor to come unto him, and he heareth*p* the cry of the afflicted.

29 When he*q* giveth quietness, who then can make trouble? and when he hideth*s* *his* face, who then can behold him? whether *it be done* against a nation, or against a man only:

30 That the hypocrite reign not, lest the people *u* be ensnared.

31 Surely it is meet to be said unto God, I*v* have borne *chastisement*, I will not offend *any more:*

32 *That which* I see not, teach*x* thou me: if I have done iniquity, I*y* will do no more.

33 *Should it be σ* according to thy mind? He will recompense it, whether thou refuse, or whether thou choose; and not I: therefore speak what thou knowest.

34 Let men of *τ*understanding tell me, and let a wise man hearken unto me.

35 Job hath spoken without*z* knowledge, and his words *were* without wisdom.

36 *χ* My desire *is, that* Job may be tried unto the end, because of *his* answers for wicked men.

37 For he addeth rebellion unto his sin: he clappeth *his* hands among us, and multiplieth his words against God.

CHAP. XXXV.

ELIHU spake moreover, and said,

2 Thinkest thou this to be right, *that* thou saidst,*d* My righteousness *is* more than God's?

3 For thou saidst, What*f* advantage will it be unto thee? *and,* What profit shall I have,*ζ* if *I be cleansed* from my sin?

4 I will *η*answer thee, and thy companions with thee.

5 Look unto the heavens, and see; and behold the clouds, *which* are higher than thou.

6 If thou sinnest, what doest thou against him?*k* or *if* thy transgressions be multiplied, what doest thou unto him?

7 If thou be righteous, what givest thou him? or what receiveth he of thine hand?

B. C. 1520.

β bind.

a 2 Sa. 23. 3.
b Ex. 22, 28.
c He. 12. 28.
d 1 Pe. 1. 17.
γ *they shall take away the mighty.*
e 2 Ch. 16. 9.
f Ps. 139. 2,3.
g Is. 1. 15.
h Am. 9. 2, 3.
He. 4. 13.
i Re. 6.15,16.
k Ps. 77.5..10.
l Is. 42. 3.
1Co. 10. 13.
δ go.
ζ i. e. God.
η i. e. Job.
m Ho. 11. 8. 9.
θ searching out.
κ crushed.
λ place of beholders.
n 1 Ti. 5. 24.
μ there are yet words for God.
ν from after
o Pr. 1. 29,30.
p Ex. 22. 27.
q Ro.8.31..34.
r Je. 32. 19.
π heart.
s Ps. 143. 7.
ρ or,afflicted.
t He. 13. 5.
u 1 Ki. 12. 28.
v Da. 9. 7..14.
w Ps. 107. 10.
x Ps 32. 8.
y Ep. 4. 22.
σ from with thee?
τ heart.
z ch. 38. 2.
φ pass away.
χ or, My father, let Job be tried.
a Ro. 2. 5.
ψ their soul dieth.
b Ps. 55. 23.
β or, Sodomites,
De. 23. 17.
γ or afflicted.
c Ps. 31. 8.
δ the rest of thy table.
d ch. 9. 17,34.
16.12..17.
27. 2..6.
e Ps. 23. 5.
f ch.31.2,&c.
ζ or, by it more than by my sin.
η return to thee words.
θ or, should uphold thee
κ turn thee aside.
g Pr. 11. 4.
h Je. 7. 19.
i Ps. 16. 2.
Pr. 9. 12.

---

8 Thy wickedness *may hurt* a man as thou *art;* and thy righteousness *may profit* the son of man.

9 By reason of the multitude of oppressions they make *the oppressed* to cry; they cry out by reason of the arm of the mighty.

10 But none saith, Where *is* God my Maker, who giveth songs in the night;

11 Who teacheth us more than the beasts of the earth, and maketh us wiser than the fowls of heaven?

12 There they cry, but none giveth answer, because of the pride of evil men.

13 Surely God will not*g* hear vanity, neither will the Almighty regard it.

14 Although thou sayest thou shalt not see him, *yet* judgment *is* before him; therefore trust thou in him.

15 But now, because *it is* not *so,* *ζ*he hath visited in his anger; yet *η* he knoweth *it**m* not in great extremity:

16 Therefore doth Job open his mouth in vain: he multiplieth words without knowledge.

CHAP. XXXVI.

ELIHU also proceeded, and said,

2 Suffer me a little, and I will shew thee *μ* that *I have* yet to speak on God's behalf.

3 I will fetch my knowledge from afar,& will ascribe righteousness to my Maker.

4 For truly my words *shall* not *be* false: he that is perfect in knowledge *is* with thee.

5 Behold, God *is* mighty, and despiseth not *any: he**r* *is* mighty in strength and *π* wisdom.

6 He preserveth not the life of the wicked: but giveth right to the *ρ* poor.

7 He*t* withdraweth not his eyes from the righteous: but with kings *are they* on the throne; yea, he doth establish them for ever, and they are exalted.

8 And if*w* *they be* bound in fetters, *and* be holden in cords of affliction;

9 Then he sheweth them their work, and their transgressions that they have exceeded.

10 He openeth also their ear to discipline, and commandeth that they return from iniquity.

11 If they obey and serve *him,* they shall spend their days in prosperity, and their years in pleasures:

12 But if they obey not, they shall *φ* perish by the sword, and they shall die without knowledge.

13 But the hypocrites in heart heap*a* up wrath; they cry not when he bindeth them:

14 *ψ* They die in youth,*b* and their life *is* among the *β* unclean.

15 He delivereth the *γ* poor in his affliction, and openeth their ears in oppression:

16 Even so would he have removed thee out of the strait *into* a broad*c* place, where *there* is no straitness; and *δ* that which should be set on thy table*e* *should* be full of fatness.

17 But thou hast fulfilled the judgment of the wicked: judgment and justice *θ* take hold *on thee.*

18 Because *there is* wrath, *beware* lest he take thee away with *his* stroke: then a great ransom cannot *κ* deliver thee.

19 Will he esteem thy riches?*g* *no,* not gold, nor all the forces of strength.

20 Desire not the night, when people are cut off in their place.

21 Take heed, regard not iniquity: for this hast thou chosen rather than affliction.

הֵן־אֵל יַשְׂגִּיב בְּכֹחוֹ מִי כָמֹהוּ מוֹרֶה׃   22 הֲיֵדַע כִּי־עָלָיו בָּחַרְתָּ מַעֲנֵי הַסְפִּרְלוֹ כִּי אֲדַבֵּר אִם־אָמַר אִישׁ כִּי יְבֻלָּע׃   20

מִי־פָקַד עָלָיו דַּרְכּוֹ וּמִי־אָמַר פָּעַלְתָּ עַוְלָה׃   23 וְעַתָּה לֹא־רָאוּ אוֹר בָּהִיר הוּא בַּשְּׁחָקִים וְרוּחַ 21

זְכֹר כִּי־תַשְׂגִּיא פָעֳלוֹ אֲשֶׁר שֹׁרְרוּ אֲנָשִׁים׃   24 עָבְרָה וַתְּטַהֲרֵם׃ מִצָּפוֹן זָהָב יֶאֱתֶה עַל־אֱלוֹהַּ 22

כָּל־אָדָם חָזוּ־בוֹ אֱנוֹשׁ יַבִּיט מֵרָחוֹק׃   25 נוֹרָא הוֹד׃ שַׁדַּי לֹא־מְצָאנֻהוּ שַׂגִּיא־כֹחַ וּמִשְׁפָּט 23

הֶן־אֵל שַׂגִּיא וְלֹא נֵדָע מִסְפַּר שָׁנָיו וְלֹא־חֵקֶר׃   26 וְרֹב־צְדָקָה לֹא יְעַנֶּה׃ לָכֵן יְרֵאוּהוּ אֲנָשִׁים לֹא 24

כִּי יְגָרַע נִטְפֵי־מָיִם יָזֹקּוּ מָטָר לְאֵדוֹ׃   27 יִרְאֶה כָּל־חַכְמֵי־לֵב׃

אֲשֶׁר־יִזְּלוּ שְׁחָקִים יִרְעֲפוּ עֲלֵי אָדָם רָב׃   28

אַף אִם־יָבִין מִפְרְשֵׂי־עָב תְּשֻׁאוֹת סֻכָּתוֹ׃   29

הֵן־פָּרַשׂ עָלָיו אוֹרוֹ וְשָׁרְשֵׁי הַיָּם כִּסָּה׃   30, 31

כִּי־בָם יָדִין עַמִּים יִתֶּן־אֹכֶל לְמַכְבִּיר׃   32 עַל־כַּפַּיִם כִּסָּה־אוֹר

CAP. XXXVIII.   לח

יַגֵּיד עָלָיו רֵעוֹ מִקְנֶה אַף עַל־עוֹלֶה׃   33

וַיַּעַן־יְהֹוָה אֶת־אִיּוֹב מִן הַסְּעָרָה וַיֹּאמַר׃ מִי   1, 2
זֶה מַחְשִׁיךְ עֵצָה בְמִלִּין בְּלִי־דָעַת׃ אֱזָר־נָא   3

CAP. XXXVII.   לז

כְגֶבֶר חֲלָצֶיךָ וְאֶשְׁאָלְךָ וְהוֹדִיעֵנִי׃ אֵיפֹה הָיִיתָ   4 אַף־לְזֹאת יֶחֱרַד לִבִּי וְיִתַּר מִמְּקוֹמוֹ׃ שִׁמְעוּ   1, 2
בְּיָסְדִי־אָרֶץ הַגֵּד אִם־יָדַעְתָּ בִינָה׃ מִי־שָׂם   5 שָׁמוֹעַ בְּרֹגֶז קֹלוֹ וְהֶגֶה מִפִּיו יֵצֵא׃ תַּחַת כָּל־   3
מְמַדֶּיהָ כִּי תֵדָע אוֹ מִי־נָטָה עָלֶיהָ קָּו׃ עַל־מָה   6 הַשָּׁמַיִם יִשְׁרֵהוּ וְאוֹרוֹ עַל־כַּנְפוֹת הָאָרֶץ׃ אַחֲרָיו   4
אֲדָנֶיהָ הָטְבָּעוּ אוֹ מִי־יָרָה אֶבֶן פִּנָּתָהּ׃ בְּרָן־   7 יִשְׁאַג־קוֹל יַרְעֵם בְּקוֹל גְּאוֹנוֹ וְלֹא יְעַקְּבֵם כִּי־
יַחַד כּוֹכְבֵי בֹקֶר וַיָּרִיעוּ כָּל־בְּנֵי אֱלֹהִים׃ וַיָּסֶךְ   8 יִשָּׁמַע קוֹלוֹ׃ יַרְעֵם אֵל בְּקוֹלוֹ נִפְלָאוֹת עֹשֶׂה   5
בִּדְלָתַיִם יָם בְּגִיחוֹ מֵרֶחֶם יֵצֵא׃ בְּשׂוּמִי עָנָן   9 גְדֹלוֹת וְלֹא נֵדָע׃ כִּי לַשֶּׁלֶג יֹאמַר הֱוֵא־אָרֶץ   6
לְבֻשׁוֹ וַעֲרָפֶל חֲתֻלָּתוֹ׃ וָאֶשְׁבֹּר עָלָיו חֻקִּי וָאָשִׂים   10 וְגֶשֶׁם מָטָר וְגֶשֶׁם מִטְרוֹת עֻזּוֹ׃ בְּיַד־כָּל־אָדָם   7
בְּרִיחַ וּדְלָתָיִם׃ וָאֹמַר עַד־פֹּה תָבוֹא וְלֹא   11 יַחְתּוֹם לָדַעַת כָּל־אַנְשֵׁי מַעֲשֵׂהוּ׃ וַתָּבֹא חַיָּה   8
תֹסִיף וּפֹא־יָשִׁית בִּגְאוֹן גַּלֶּיךָ׃ הֲמִיָּמֶיךָ צִוִּיתָ   12 בְמוֹ־אָרֶב וּבִמְעוֹנֹתֶיהָ תִשְׁכֹּן׃ מִן־הַחֶדֶר תָּבוֹא   9
בֹּקֶר יִדַּעְתָּה שַׁחַר מְקֹמוֹ׃ לֶאֱחֹז בְּכַנְפוֹת   13 סוּפָה וּמִמְּזָרִים קָרָה׃ מִנִּשְׁמַת־אֵל יִתֶּן־קָרַח   10
הָאָרֶץ וְיִנָּעֲרוּ רְשָׁעִים מִמֶּנָּה׃ תִּתְהַפֵּךְ כְּחֹמֶר   14 וְרֹחַב מַיִם בְּמוּצָק׃ אַף־בְּרִי יַטְרִיחַ עָב יָפִיץ   11
חוֹתָם וְיִתְיַצְּבוּ כְּמוֹ לְבוּשׁ׃ וְיִמָּנַע מֵרְשָׁעִים   15 עֲנַן אוֹרוֹ׃ וְהוּא מְסִבּוֹת מִתְהַפֵּךְ בְּתַחְבּוּלֹתָו   12
אוֹרָם וּזְרוֹעַ רָמָה תִּשָּׁבֵר׃ הֲבָאתָ עַד־נִבְכֵי־יָם   16 לְפָעֳלָם כֹּל אֲשֶׁר יְצַוֵּם עַל־פְּנֵי תֵבֵל אָרְצָה׃
וּבְחֵקֶר תְּהוֹם הִתְהַלָּכְתָּ׃ הֲנִגְלוּ לְךָ שַׁעֲרֵי־מָוֶת   17 אִם־לְשֵׁבֶט אִם־לְאַרְצוֹ אִם־לְחֶסֶד יַמְצִאֵהוּ׃   13
וְשַׁעֲרֵי צַלְמָוֶת תִּרְאֶה׃ הִתְבֹּנַנְתָּ עַד־רַחֲבֵי־   18 הַאֲזִינָה זֹּאת אִיּוֹב עֲמֹד וְהִתְבּוֹנֵן נִפְלְאוֹת אֵל׃   14
אָרֶץ הַגֵּד אִם־יָדַעְתָּ כֻלָּהּ׃ אֵי־זֶה הַדֶּרֶךְ   19 הֲתֵדַע בְּשׂוּם־אֱלוֹהַּ עֲלֵיהֶם וְהוֹפִיעַ אוֹר עֲנָנוֹ׃   15
יִשְׁכָּן־אוֹר וְחֹשֶׁךְ אֵי־זֶה מְקֹמוֹ׃ כִּי תִקָּחֶנּוּ   20 הֲתֵדַע עַל־מִפְלְשֵׂי־עָב מִפְלְאוֹת תְּמִים דֵּעִים׃   16
אֶל־גְּבוּלוֹ וְכִי תָבִין נְתִיבוֹת בֵּיתוֹ׃ יָדַעְתָּ   21 אֲשֶׁר־בְּגָדֶיךָ חַמִּים בְּהַשְׁקִט אֶרֶץ מִדָּרוֹם׃   17
כִּי־אָז תִּוָּלֵד וּמִסְפַּר יָמֶיךָ רַבִּים׃ הֲבָאתָ   22 תַּרְקִיעַ עִמּוֹ לִשְׁחָקִים חֲזָקִים כִּרְאִי מוּצָק׃   18
אֶל־אֹצְרוֹת שָׁלֶג וְאֹצְרוֹת בָּרָד תִּרְאֶה׃   23 הוֹדִיעֵנוּ מַה־נֹּאמַר לוֹ לֹא נַעֲרֹךְ מִפְּנֵי־חֹשֶׁךְ׃   19
אֲשֶׁר־חָשַׂכְתִּי לְעֶת־צָר לְיוֹם קְרָב וּמִלְחָמָה׃   23
אֵי־זֶה הַדֶּרֶךְ יֵחָלֶק אוֹר יָפֵץ קָדִים עֲלֵי־אָרֶץ׃   24
מִי־פִלַּג לַשֶּׁטֶף תְּעָלָה וְדֶרֶךְ לַחֲזִיז קֹלוֹת׃   25

22 Behold, God *a* exalteth by his power: who teacheth *b* like him?

23 Who hath enjoined him his way? or who can say, Thou hast wrought iniquity?

24 Remember that thou magnify *c* his work, which men behold.

25 Every man may see it; man may behold *it* afar off.

26 Behold, God *is* great, and we know *him* not; neither *i* can the number of his years be searched out.

27 For he maketh small the drops of water: they pour down rain *m* according to the vapour thereof,

28 Which the clouds do drop *and* distil upon man abundantly.

29 Also can *any* understand *y*e spreadings of the clouds, *or* the noise of his tabernacle?

30 Behold, he spreadeth *p* his light upon it, and covereth the *δ* bottom of the sea.

31 For by them *q* judgeth he the people; he *r* giveth meat in abundance.

32 With clouds he covereth the light; and commandeth it *not to shine,* by the *cloud* that cometh betwixt.

33 The noise *s* thereof sheweth concerning it, the cattle also concerning *κ* the vapour.

CHAP. XXXVII.

AT this also my heart trembleth, *u* and is moved out of his place.

2 *λ* Hear attentively the noise of his voice, and the sound *that* goeth out of his mouth.

3 He directeth it under the whole heaven, and his *μ* lightning unto the *v* ends of the earth.

4 After it a voice *v* roareth: he thundereth *w* with the voice of his excellency; and he will not stay them when his voice is heard.

5 God thundereth marvellously with his voice; great things doeth he, *x* which we cannot comprehend.

6 For he saith to the snow, Be thou *on* the earth; *σ* likewise to the small rain, and to the great rain of his strength.

7 He sealeth up the hand of every man, that *z* all men may know his work.

8 Then the beasts go *a* into dens, and remain in their places.

9 Out of the *φ* south cometh the whirlwind; and cold out of the *χ* north.

10 By the breath of God frost *c* is given; and the breadth of the waters is straitened.

11 Also by watering he wearieth the thick cloud; he scattereth *ψ* his bright cloud,

12 And it is turned round about by his counsels; that they may do *a* whatsoever he commandeth them upon the face of the world in the earth.

13 He causeth it to come, whether *β* for correction, *f* or for his land, *g* or for mercy. *h*

14 Hearken unto this, O Job: stand still, and consider the wondrous works of God.

15 Dost thou know when God disposed them, and caused the light of his cloud to shine?

16 Dost thou know the balancings of the clouds, the wondrous works of him which is perfect in knowledge?

17 How thy garments *are* warm, when he quieteth the earth by the south *wind?*

18 Hast thou with him spread *i* out the sky, *which is* strong, *and* as a molten looking-glass?

19 Teach us what we shall say unto him: *for* we cannot order *our speech by* reason of darkness.

20 Shall it be told him that I speak? If a man speak, surely he shall be swallowed up.

B. C. 1520.

a Da.4.25,32.
b Ps. 94. 12.
β *Gold.*
c Ps.111.2.8.
d 1 Ti. 6. 16.
e Ps. 62. 11.
   66. 3.
f Ps. 99. 4.
ζ Is. 45. 21.
h La. 3. 33.
i Ps. 102. 24.
k Mat. 10. 28.
l Mat. 11. 25.
   1 Co. 1. 26.
m Ps.147.8,9.
u ch. 34. 35.
   35. 16.
γ *make me known.*
o Pr.8.22..30.
p Lu. 17. 24.
δ roots.
ζ *knowest.*
q De. 8. 2, 15.
r Ps. 136. 25.
   Ac. 14. 17.
v sockets.
θ *made to sink.*
s 1 Ki. 18.41, 45.
κ that which goeth up.
t Re. 2. 28.
u Da. 10. 7, 8.
   Mat. 28. 2..4.
   Ac.16.26..29.
λ *Hear in hearing.*
μ *light.*
v wings.
v Ps. 68. 33.
π established my decree upon it.
w Ps. 29. 3.
ρ *the pride of thy waves.*
x Ec. 3. 11.
   Ro. 11. 33.
y Ps. 89. 9.
σ and to the shower of rain, and to the showers of rain of his strength
τ wings.
z Ps. 109. 27.
a Ps. 104. 22.
φ *chamber.*
χ *scattering winds.*
b Ps. 10. 15.
c Ps. 147. 17, 18.
ψ *the cloud of his light.*
d Ps. 9. 13.
e Ps. 148. 8.
β *a rod.*
f 1 Sa. 12. 18.
   Ezr. 10. 9.
g 1 Ki. 18. 45.
h Joel 2. 23.
v or, *at.*
i Is. 40. 22.
   44. 24.
k Ex.9.18,24.
   Jos. 10. 11.
   Is. 30. 30.
   Re. 16. 21.

---

21 And now *men* see not the bright light which *is* in the clouds; but the wind passeth, and cleanseth them.

22 *β* Fair weather cometh out of the north: with God *is* terrible majesty.

23 *Touching* the Almighty, we *d* cannot find him out: *he is* excellent in *e* power, and in judgment, *f* and in plenty of justice: *g* he will not afflict. *h*

24 Men do therefore *k* fear him: he respecteth not any *that are* wise *l* of heart.

CHAP. XXXVIII.

THEN the LORD answered Job out of the whirlwind, and said,

2 Who *is* this that darkeneth counsel by words *n* without knowledge?

3 Gird up now thy loins like a man; for I will demand of thee, and *γ* answer thou me.

4 Where *o* wast thou when I laid the foundations of the earth? declare, if thou *ζ* hast understanding.

5 Who hath laid the measures thereof, if thou knowest? or who hath stretched the line upon it?

6 Whereupon are the *η* foundations thereof *θ* fastened? or who laid the corner-stone thereof,

7 When the morning-stars *t* sang together, and all the sons of God shouted for joy?

8 Or *who* shut up the sea with doors, when it brake forth *as if* it had issued out of the womb?

9 When I made the cloud the garment thereof, and thick darkness a swaddling-band for it,

10 And *π* brake up for it my decreed *place,* and set bars and doors,

11 And said, Hitherto shalt thou come, but no further; and here shall *ρ* thy proud waves be stayed? *y*

12 Hast thou commanded the morning since thy days; *and* caused the day spring to know his place;

13 That it might take hold of the *τ* ends of the earth, that the wicked might be shaken out of it?

14 It is turned as clay *to* the seal; and they stand as a garment.

15 And from the wicked their light is withholden, and the high arm *b* shall be broken.

16 Hast thou entered into the springs of the sea? or hast thou walked in the search of the depth?

17 Have the gates *d* of death been opened unto thee? or hast thou seen the doors of the shadow of death?

18 Hast thou perceived the breadth of the earth? declare, if thou knowest it all.

19 Where *is* the way *where* light dwelleth? and *as for* darkness, where *is* the place thereof,

20 That thou shouldest take it *γ* to the bound thereof, and that thou shouldest know the paths *to* the house thereof?

21 Knowest thou *it,* because thou wast then born? or *because* the number of thy days *is* great?

22 Hast thou entered into the treasures of the snow? or hast thou seen the treasures of the hail,

23 Which *k* I have reserved against the time of trouble, against the day of battle and war?

24 By what way is the light parted, *which* scattereth the east wind upon the earth?

25 Who hath divided a water-course for the overflowing of waters; or a way for the lightning of thunder;

26 לְהַמְטִיר עַל־אֶרֶץ לֹא־אִישׁ מִדְבָּר לֹא־אָדָם
27 בּוֹ׃ לְהַשְׂבִּיעַ שֹׁאָה וּמְשֹׁאָה וּלְהַצְמִיחַ מֹצָא
28 דֶשֶׁא׃ הֲיֵשׁ לַמָּטָר אָב אוֹ מִי־הוֹלִיד אֶגְלֵי
29 טָל׃ מִבֶּטֶן מִי יָצָא הַקָּרַח וּכְפֹר שָׁמַיִם מִי
30 יְלָדוֹ׃ כָּאֶבֶן מַיִם יִתְחַבָּאוּ וּפְנֵי תְהוֹם יִתְלַכָּדוּ׃
31 הַתְקַשֵּׁר מַעֲדַנּוֹת כִּימָה אוֹ־מֹשְׁכוֹת כְּסִיל
32 תְּפַתֵּחַ׃ הֲתֹצִיא מַזָּרוֹת בְּעִתּוֹ וְעַיִשׁ עַל־בָּנֶיהָ
33 תַנְחֵם׃ הֲיָדַעְתָּ חֻקּוֹת שָׁמָיִם אִם־תָּשִׂים
34 מִשְׁטָרוֹ בָאָרֶץ׃ הֲתָרִים לָעָב קוֹלֶךָ וְשִׁפְעַת־
35 מַיִם תְּכַסֶּךָּ׃ הַתְשַׁלַּח בְּרָקִים וְיֵלֵכוּ וְיֹאמְרוּ
36 לְךָ הִנֵּנוּ׃ מִי־שָׁת בַּטֻּחוֹת חָכְמָה אוֹ מִי־
37 נָתַן לַשֶּׂכְוִי בִינָה׃ מִי־יְסַפֵּר שְׁחָקִים בְּחָכְמָה
38 וְנִבְלֵי שָׁמַיִם מִי יַשְׁכִּיב׃ בְּצֶקֶת עָפָר לַמּוּצָק
39 וּרְגָבִים יְדֻבָּקוּ׃ הֲתָצוּד לְלָבִיא טָרֶף וְחַיַּת
40 כְּפִירִים תְּמַלֵּא׃ כִּי־יָשֹׁחוּ בַּמְּעוֹנוֹת יֵשְׁבוּ
41 בַסֻּכָּה לְמוֹ־אָרֶב׃ מִי יָכִין לָעֹרֵב צֵידוֹ כִּי־
יְלָדָו אֶל־אֵל יְשַׁוֵּעוּ יִתְעוּ לִבְלִי־אֹכֶל׃

CAP. XXXIX. לֹט

1 הֲיָדַעְתָּ עֵת לֶדֶת יַעֲלֵי־סָלַע חֹלֵל אַיָּלוֹת תִּשְׁמֹר׃
2 תִּסְפֹּר יְרָחִים תְּמַלֶּאנָה וְיָדַעְתָּ עֵת לִדְתָּנָה׃
3 תִּכְרַעְנָה יַלְדֵיהֶן תְּפַלַּחְנָה חֶבְלֵיהֶם תְּשַׁלַּחְנָה׃
4 יַחְלְמוּ בְנֵיהֶם יִרְבּוּ בַבָּר יָצְאוּ וְלֹא־שָׁבוּ לָמוֹ׃
5 מִי־שִׁלַּח פֶּרֶא חָפְשִׁי וּמֹסְרוֹת עָרוֹד מִי פִתֵּחַ׃
6 אֲשֶׁר־שַׂמְתִּי עֲרָבָה בֵיתוֹ וּמִשְׁכְּנוֹתָיו מְלֵחָה׃
7 יִשְׂחַק לַהֲמוֹן קִרְיָה תְּשֻׁאוֹת נוֹגֵשׂ לֹא יִשְׁמָע׃
8 יְתוּר הָרִים מִרְעֵהוּ וְאַחַר כָּל־יָרוֹק יִדְרוֹשׁ׃
9 הֲיֹאבֶה רֵּים עָבְדֶךָ אִם־יָלִין עַל־אֲבוּסֶךָ׃
10 הֲתִקְשָׁר־רֵים בְּתֶלֶם עֲבֹתוֹ אִם־יְשַׂדֵּד עֲמָקִים אַחֲרֶיךָ׃
11 הֲתִבְטַח־בּוֹ כִּי־רַב כֹּחוֹ וְתַעֲזֹב אֵלָיו יְגִיעֶךָ׃
12 הֲתַאֲמִין בּוֹ כִּי־יָשִׁיב זַרְעֶךָ וְגָרְנְךָ יֶאֱסֹף׃
13 כְּנַף־רְנָנִים נֶעֱלָסָה אִם־אֶבְרָה חֲסִידָה וְנֹצָה׃
14 כִּי־תַעֲזֹב לָאָרֶץ בֵּצֶיהָ וְעַל־עָפָר תְּחַמֵּם׃
15 וַתִּשְׁכַּח כִּי־רֶגֶל תְּזוּרֶהָ וְחַיַּת הַשָּׂדֶה תְּדוּשֶׁהָ׃
16 הִקְשִׁיחַ

17 בָּנֶיהָ לְּלֹא־לָהּ לְרִיק יְגִיעָהּ בְּלִי־פָחַד׃ כִּי־הִשָּׁהּ
18 אֱלוֹהַּ חָכְמָה וְלֹא־חָלַק לָהּ בַּבִּינָה׃ כָּעֵת
19 בַּמָּרוֹם תַּמְרִיא תִּשְׂחַק לַסּוּס וּלְרֹכְבוֹ׃ הֲתִתֵּן
20 לַסּוּס גְּבוּרָה הֲתַלְבִּישׁ צַוָּארוֹ רַעְמָה׃ הֲתַרְעִישֶׁנּוּ
21 כָּאַרְבֶּה הוֹד נַחְרוֹ אֵימָה׃ יַחְפְּרוּ בָעֵמֶק
22 וְיָשִׂישׂ בְּכֹחַ יֵצֵא לִקְרַאת־נָשֶׁק׃ יִשְׂחַק לְפַחַד
23 וְלֹא יֵחָת וְלֹא־יָשׁוּב מִפְּנֵי־חָרֶב׃ עָלָיו תִּרְנֶה
24 אַשְׁפָּה לַהַב חֲנִית וְכִידוֹן׃ בְּרַעַשׁ וְרֹגֶז יְגַמֶּא־
25 אֶרֶץ וְלֹא־יַאֲמִין כִּי־קוֹל שׁוֹפָר׃ בְּדֵי שֹׁפָר
26 יֹאמַר הֶאָח וּמֵרָחוֹק יָרִיחַ מִלְחָמָה רַעַם שָׂרִים
וּתְרוּעָה׃ הֲמִבִּינָתְךָ יַאֲבֶר־נֵץ יִפְרֹשׂ כְּנָפָו
27 לְתֵימָן׃ אִם־עַל־פִּיךָ יַגְבִּיהַּ נָשֶׁר וְכִי יָרִים
28 קִנּוֹ׃ סֶלַע יִשְׁכֹּן וְיִתְלֹנָן עַל־שֶׁן־סֶלַע וּמְצוּדָה׃
29 מִשָּׁם חָפַר־אֹכֶל לְמֵרָחוֹק עֵינָיו יַבִּיטוּ׃ וְאֶפְרֹחָו
30 יְעַלְעוּ־דָם וּבַאֲשֶׁר חֲלָלִים שָׁם הוּא׃

CAP. XL. מ

1 וַיַּעַן יְהוָה אֶת־אִיּוֹב וַיֹּאמַר׃ הֲרֹב עִם־שַׁדַּי
2 יִסּוֹר מוֹכִיחַ אֱלוֹהַּ יַעֲנֶנָּה׃ וַיַּעַן
3,4 אִיּוֹב אֶת־יְהוָה וַיֹּאמַר׃ הֵן קַלֹּתִי מָה אֲשִׁיבֶךָּ
5 יָדִי שַׂמְתִּי לְמוֹ־פִי׃ אַחַת דִּבַּרְתִּי וְלֹא אֶעֱנֶה
6 וּשְׁתַּיִם וְלֹא אוֹסִיף׃ וַיַּעַן יְהוָה אֶת־
7 אִיּוֹב מִנ סְעָרָה וַיֹּאמַר׃ אֱזָר־נָא כְגֶבֶר
8 חֲלָצֶיךָ אֶשְׁאָלְךָ וְהוֹדִיעֵנִי׃ הַאַף תָּפֵר מִשְׁפָּטִי
9 תַּרְשִׁיעֵנִי לְמַעַן תִּצְדָּק׃ וְאִם־זְרוֹעַ כָּאֵל לָךְ
10 וּבְקוֹל כָּמֹהוּ תַרְעֵם׃ עֲדֵה־נָא גָאוֹן וָגֹבַהּ
11 וְהוֹד וְהָדָר תִּלְבָּשׁ׃ הָפֵץ עֶבְרוֹת אַפֶּךָ וּרְאֵה
12 כָל־גֵּאֶה וְהַשְׁפִּילֵהוּ׃ רְאֵה כָל־גֵּאֶה הַכְנִיעֵהוּ
13 וַהֲדֹךְ רְשָׁעִים תַּחְתָּם׃ טָמְנֵם בֶּעָפָר יָחַד
14 פְּנֵיהֶם חֲבֹשׁ בַּטָּמוּן׃ וְגַם־אֲנִי אוֹדֶךָּ כִּי־
15 תוֹשִׁיעַ לְךָ יְמִינֶךָ׃ הִנֵּה־נָא בְהֵמוֹת אֲשֶׁר־
16 עָשִׂיתִי עִמָּךְ חָצִיר כַּבָּקָר יֹאכֵל׃ הִנֵּה־נָא
17 כֹחוֹ בְמָתְנָיו וְאֹנוֹ בִּשְׁרִירֵי בִטְנוֹ׃ יַחְפֹּץ זְנָבוֹ
18 כְמוֹ־אָרֶז גִּידֵי פַחֲדָו יְשֹׂרָגוּ׃ עֲצָמָיו אֲפִיקֵי

26 To cause it to rain [a] on the earth, *where* no man *is; on* the wilderness, wherein *there is* no man;

27 To satisfy [c] the desolate and waste *ground;* and to cause the bud of the tender herb to spring forth?

28 Hath the rain a father? or who hath begotten the drops of dew?

29 Out of whose womb came the ice? and the hoary frost [e] of heaven, who hath gendered it?

30 The waters are hid as *with* a stone, and the face of the deep is [γ] frozen.

31 Canst thou bind the sweet influences of [e]Pleiades,[g]or loose the bands of [ζ]Orion?

32 Canst thou bring forth [θ] Mazzaroth in his season? or canst thou [κ] guide Arcturus with his sons?

33 Knowest thou the ordinances [h] of heaven? canst thou set the dominion thereof in the earth?

34 Canst thou lift up thy voice to the clouds, that abundance of waters may cover thee?

35 Canst thou send lightnings, that they may go, and say unto thee, [λ] Here we *are?*

36 Who hath put wisdom in the inward [i] parts? or who hath given understanding to the heart?

37 Who can number the clouds in wisdom? or who can [v] stay the bottles of heaven,

38 When the dust [π] groweth into hardness, and the clods cleave fast together?

39 Wilt thou hunt the prey for the [l] lion? or fill the [ρ] appetite of the young lions,

40 When they couch in *their* dens, *and* abide in the covert to lie in wait?

41 Who provideth for the raven [n] his food? when his young ones cry unto God, they wander for lack of meat.

CHAP. XXXIX.

KNOWEST thou the time when the wild goats of the rock bring forth? *or* canst thou mark when the hinds [p] do calve?

2 Canst thou number the months *that* they fulfil? or knowest thou the time when they bring forth?

3 They bow themselves, they bring forth their young ones, they cast out their sorrows.

4 Their young ones are in good liking, they grow up with corn; they go forth, and return not unto them.

5 Who hath sent out the wild ass [t] free? or who hath loosed the bands of the wild ass?

6 Whose [u] house I have made the wilderness, and the [σ] barren land his dwellings.

7 He scorneth [y]e multitude of [y]e city, neither regardeth he the crying of the [τ]driver.

8 The range of [y]e mountains *is* his pasture, and he searcheth after every green thing.

9 Will the unicorn [x] be willing to serve thee, or abide by thy crib?

10 Canst thou bind the unicorn with his band in the furrow? or will he harrow the valleys after thee?

11 Wilt thou trust him, because his strength *is* great? or wilt thou leave thy labour to him?

12 Wilt thou believe him, that he will bring home thy seed, and gather *it into* thy barn?

13 Gavest *thou* the goodly wings unto the peacocks? or [χ] wings and feathers unto the ostrich?

14 Which leaveth her eggs in the earth, and warmeth them in dust,

15 And forgetteth that the foot may crush them, or that [y]e wild beast may break them.

---

16 She is hardened [b] against her young ones, as though *they were* not her's: her labour is in vain without fear;

17 Because God hath deprived her of wisdom, neither [d] hath he imparted to her understanding.

18 What time she lifteth up herself on high, she scorneth the horse and his rider.

19 Hast thou given the horse strength? hast thou clothed his neck with thunder?

20 Canst thou make him afraid as a grasshopper? [y]e glory of his nostrils *is* [β]terrible.

21 [δ] He paweth in the valley, and rejoiceth in *his* strength: he goeth [f] on to meet the [η] armed men.

22 He mocketh at fear, and is not at frighted; neither turneth he back from the sword.

23 The quiver rattleth against him, the glittering spear and the shield.

24 He swalloweth the ground with fierceness and rage; neither believeth he that *it is* the sound of the trumpet.

25 He saith among the trumpets, Ha, ha; and he smelleth the battle afar off, the thunder of the captains, and the shouting.

26 Doth the hawk fly by thy wisdom, *and* stretch her wings toward the south?

27 Doth the eagle mount up [μ] at thy command, and make her nest on [k] high?

28 She dwelleth and abideth on the rock, upon the crag of the rock, and the strong place.

29 From thence she seeketh the prey, *and* her eyes behold afar off.

30 Her young ones also suck up blood: and where [m] the slain *are,* there *is* she.

CHAP. XL.

MOREOVER the LORD answered Job, and said,

2 Shall he that contendeth [o] with the Almighty instruct *him?* he that reproveth God, let him answer it.

3 Then Job answered the LORD, & said,

4 Behold, I am vile: [q] what shall I answer thee? I will lay [r] mine hand upon my mouth.

5 Once have I spoken; but I will not answer: yea, twice; but I will proceed no further.

6 Then [s] answered the LORD unto Job out of the whirlwind, and said.

7 Gird up thy loins now like a man: I will demand of thee, and declare thou unto me.

8 Wilt thou also disannul my judgment? wilt thou condemn me, that thou mayest be righteous?

9 Hast thou an arm like God? or canst thou thunder with a voice [v] like him?

10 Deck thyself now *with* majesty [w] and excellency; and array thyself with glory and beauty.

11 Cast abroad the rage of thy wrath: and behold every one *that is* proud, and abase him.

12 Look on every one *that is* [y] proud *and* bring him low; and tread down the wicked in their place.

13 Hide them in the dust together; *and* bind their faces in secret.

14 Then will I also confess unto thee that thine own right hand can save thee.

15 Behold now [φ] behemoth, which I made with thee; he eateth grass as an ox.

16 Lo now, his strength *is* in his loins, and his force *is* in the navel of his belly.

17 He [ψ] moveth his tail like a cedar: the sinews of his stones are wrapped together.

18 His bones *are as* strong pieces of

B. C. 1520.

a Ps. 147. 8.
Je. 14. 22.
b La. 4. 3.
c Ps. 107. 35.
d ch. 35. 11.
e ch. 37. 10.
β *terrors.*
γ *taken.*
δ or, His feet *dig.*
f Je. 8. 6.
g *Cimah,* or, *the seven stars.*
g ch. 9. 9.
Am. 5. 8.
ζ *Cesil.*
η *armour.*
θ or, *the twelve signs.*
κ *guide them.*
h Je. 31. 35, 36.
λ *Behold us.*
i Ps. 51. 6.
μ *by thy mouth.*
k Je. 49. 16.
Ob. 4.
v *cause to lie down.*
π *is poured, or, is turned into mire.*
l Ps. 104. 21.
ρ *life.*
m Mat. 24. 28
Lu. 17. 37.
n Ps. 147. 9.
Mat. 6. 26.
o ch. 33. 13.
Is. 27. 4.
p Ps. 29. 9.
q ch. 42. 6.
Ezr. 9. 6.
Ps. 51. 4.
Is. 6. 5.
64. 6.
Da. 9. 5, 7.
Lu. 18. 13.
r ch. 29. 9.
Mi. 7. 16.
Zec. 2. 13.
Ro. 3. 19.
s ch.38. 1.&c.
t Je. 2. 24.
Hos. 8. 9.
u ch. 24. 5.
σ *salt places.*
τ *exactor,*
ch. 3. 18.
v Ps. 29. 3, 4.
w Ps. 93. 1.
104. 1.
x De. 33. 17.
Ps. 92. 10.
y Ex. 18. 11.
Pr. 15. 25.
Is. 2. 12.
Da. 4. 37.
φ or, *the elephant,* as some think
χ or, *the feathers of the stork and ostrich.*
ψ or, *setteth up.*

19 הוּא רֵאשִׁית דַּרְכֵי־אֵל ׃ הָעֹשׂוֹ יַגֵּשׁ חַרְבּוֹ׃

20 כִּי־בוּל הָרִים יִשְׂאוּ־ ׃ לֹו וְכָל־חַיַּת הַשָּׂדֶה יְשַׂחֲקוּ־שָׁם׃

21 תַּחַת־צֶאֱלִים יִשְׁכָּב ׃ בְּסֵתֶר קָנֶה וּבִצָּה׃

22 יְסֻכֻּהוּ צֶאֱלִים צִלֲלֹו ׃ יְסֻבּוּהוּ עַרְבֵי־נָחַל׃

23 הֵן יַעֲשֹׁק נָהָר לֹא יַחְפֹּז ׃ יִבְטַח כִּי־יָגִיחַ יַרְדֵּן אֶל־פִּיהוּ׃

24 בְּעֵינָיו יִקָּחֶנּוּ ׃ בְּמֹוקְשִׁים יִנְקָב־אָף׃

25 תִּמְשֹׁךְ לִוְיָתָן בְּחַכָּה ׃ וּבְחֶבֶל תַּשְׁקִיעַ לְשֹׁנֹו׃

26 הֲתָשִׂים אַגְמֹון בְּאַפֹּו ׃ וּבְחֹוחַ תִּקֹּוב לֶחֱיֹו׃

27 הֲיַרְבֶּה אֵלֶיךָ תַּחֲנוּנִים ׃ אִם־יְדַבֵּר אֵלֶיךָ רַכֹּות׃

28 הֲיִכְרֹת בְּרִית עִמָּךְ ׃ תִּקָּחֶנּוּ לְעֶבֶד עֹולָם׃

29 הַתְשַׂחֶק־בֹּו כַּצִּפֹּור ׃ וְתִקְשְׁרֶנּוּ לְנַעֲרֹותֶיךָ׃

30 יִכְרוּ עָלָיו חַבָּרִים יֶחֱצוּהוּ בֵּין ׃ כְּנַעֲנִים׃

31 הַתְמַלֵּא בְשֻׂכֹּות עֹורֹו וּבְצִלְצַל דָּגִים ׃ רֹאשֹׁו׃

33 שִׂים־עָלָיו כַּפֶּךָ זְכֹר מִלְחָמָה אַל־תֹּוסַף׃

CAP. XLI.   מא

1 הֵן־תֹּחַלְתֹּו נִכְזָבָה הֲגַם אֶל־מַרְאָיו יֻטָל׃ לֹא־
2 אַכְזָר כִּי יְעוּרֶנּוּ וּמִי הוּא לְפָנַי יִתְיַצָּב׃ מִי
3 הִקְדִּימַנִי וַאֲשַׁלֵּם תַּחַת כָּל־הַשָּׁמַיִם לִי־הוּא׃
4 לֹא־אַחֲרִישׁ בַּדָּיו וּדְבַר־גְּבוּרֹות וְחִין עֶרְכֹּו׃ מִי־
5 גִלָּה פְּנֵי לְבוּשֹׁו בְּכֶפֶל רִסְנֹו מִי יָבֹוא׃ דַּלְתֵי פָנָיו
6 מִי פִתֵּחַ סְבִיבֹות שִׁנָּיו אֵימָה׃ גַּאֲוָה אֲפִיקֵי
7 מָגִנִּים סָגוּר חֹותָם צָר׃ אֶחָד בְּאֶחָד יִגַּשׁוּ וְרוּחַ
8 לֹא־יָבֹוא בֵינֵיהֶם׃ אִישׁ־בְּאָחִיהוּ יְדֻבָּקוּ
9 יִתְלַכְּדוּ וְלֹא יִתְפָּרָדוּ׃ עֲטִישֹׁתָיו תָּהֶל אֹור וְעֵינָיו
10 כְּעַפְעַפֵּי־שָׁחַר׃ מִפִּיו לַפִּידִים יַהֲלֹכוּ כִּידֹודֵי
11 אֵשׁ יִתְמַלָּטוּ׃ מִנְּחִירָיו יֵצֵא עָשָׁן כְּדוּד נָפוּחַ
12 וְאַגְמֹן׃ נַפְשֹׁו גֶּחָלִים תְּלַהֵט וְלַהַב מִפִּיו יֵצֵא׃
13 בְּצַוָּארֹו יָלִין עֹז וּלְפָנָיו תָּדוּץ דְּאָבָה׃ מַפְּלֵי
14 15 בְשָׂרֹו דָּבֵקוּ יָצוּק עָלָיו בַּל־יִמֹּוט׃ לִבֹּו יָצוּק כְּמֹו־
16 אָבֶן וְיָצוּק כְּפֶלַח תַּחְתִּית׃ מִשֵּׂתֹו יָגוּרוּ אֵלִים
17 מִשְּׁבָרִים יִתְחַטָּאוּ׃ מַשִּׂיגֵהוּ חֶרֶב בְּלִי תָקוּם
18 חֲנִית מַסָּע וְשִׁרְיָה׃ יַחְשֹׁב לְתֶבֶן בַּרְזֶל לְעֵץ
19 רִקָּבֹון נְחוּשָׁה׃ לֹא־יַבְרִיחֶנּוּ בֶן־קָשֶׁת לְקַשׁ
20 נֶהְפְּכוּ־לֹו אַבְנֵי־קָלַע׃ כְּקַשׁ נֶחְשְׁבוּ תֹותָח
21 וְיִשְׂחַק לְרַעַשׁ כִּידֹון׃ תַּחְתָּיו חַדּוּדֵי חָרֶשׂ
22 יִרְפַּד חָרוּץ עֲלֵי־טִיט׃ יַרְתִּיחַ כַּסִּיר מְצוּלָה יָם יָשִׂים
23 כַּמֶּרְקָחָה׃

24 אַחֲרָיו יָאִיר נָתִיב יַחְשֹׁב תְּהֹום לְשֵׂיבָה׃

25 אֵין־עַל־עָפָר מָשְׁלֹו הֶעָשׂוּ לִבְלִי־חָת׃

26 אֶת־כָּל־גָּבֹהַּ יִרְאֶה הוּא מֶלֶךְ עַל־כָּל־בְּנֵי־שָׁחַץ׃

CAP. XLII.   מב

1 2 וַיַּעַן אִיּוֹב אֶת־יְהוָה וַיֹּאמַר׃ יָדַעְתָּ כִּי־כֹל
3 תּוּכָל וְלֹא־יִבָּצֵר מִמְּךָ מְזִמָּה׃ מִי זֶה מַעְלִים
עֵצָה בְּלִי דָעַת לָכֵן הִגַּדְתִּי וְלֹא אָבִין נִפְלָאֹות
4 מִמֶּנִּי וְלֹא אֵדָע׃ שְׁמַע־נָא וְאָנֹכִי אֲדַבֵּר
5 אֶשְׁאָלְךָ וְהֹודִיעֵנִי׃ לְשֵׁמַע־אֹזֶן שְׁמַעְתִּיךָ וְעַתָּה עֵינִי
6 רָאָתְךָ׃ עַל־כֵּן אֶמְאַס וְנִחַמְתִּי עַל־עָפָר וָאֵפֶר׃
7 וַיְהִי אַחַר דִּבֶּר יְהוָה אֶת־הַדְּבָרִים הָאֵלֶּה
אֶל־אִיּוֹב וַיֹּאמֶר יְהוָה אֶל־אֱלִיפַז הַתֵּימָנִי חָרָה
אַפִּי בְךָ וּבִשְׁנֵי רֵעֶיךָ כִּי לֹא דִבַּרְתֶּם אֵלַי נְכֹונָה
8 כְּעַבְדִּי אִיּוֹב׃ וְעַתָּה קְחוּ־לָכֶם שִׁבְעָה־פָרִים
וְשִׁבְעָה אֵילִים וּלְכוּ אֶל־עַבְדִּי אִיּוֹב וְהַעֲלִיתֶם
עֹולָה בַּעַדְכֶם וְאִיּוֹב עַבְדִּי יִתְפַּלֵּל עֲלֵיכֶם כִּי אִם־
פָּנָיו אֶשָּׂא לְבִלְתִּי עֲשֹׂות עִמָּכֶם נְבָלָה כִּי לֹא
9 דִבַּרְתֶּם אֵלַי נְכֹונָה כְּעַבְדִּי אִיּוֹב׃ וַיֵּלְכוּ אֱלִיפַז
הַתֵּימָנִי וּבִלְדַּד הַשּׁוּחִי צֹפַר הַנַּעֲמָתִי וַיַּעֲשׂוּ
כַּאֲשֶׁר דִּבֶּר אֲלֵיהֶם יְהוָה וַיִּשָּׂא יְהוָה אֶת־פְּנֵי
10 אִיּוֹב׃ וַיהוָה שָׁב אֶת־שְׁבוּת אִיּוֹב בְּהִתְפַּלְלֹו
בְּעַד רֵעֵהוּ וַיֹּסֶף יְהוָה אֶת־כָּל־אֲשֶׁר לְאִיּוֹב
11 לְמִשְׁנֶה׃ וַיָּבֹאוּ אֵלָיו כָּל־אֶחָיו וְכָל־אַחְיֹותָיו וְכָל־
יֹדְעָיו לְפָנִים וַיֹּאכְלוּ עִמֹּו לֶחֶם בְּבֵיתֹו וַיָּנֻדוּ לֹו
וַיְנַחֲמוּ אֹתֹו עַל כָּל־הָרָעָה אֲשֶׁר־הֵבִיא יְהוָה
עָלָיו וַיִּתְּנוּ־לֹו אִישׁ קְשִׂיטָה אֶחָת וְאִישׁ נֶזֶם
12 זָהָב אֶחָד׃ וַיהוָה בֵּרַךְ אֶת־אַחֲרִית אִיּוֹב
מֵרֵאשִׁתֹו וַיְהִי־לֹו אַרְבָּעָה עָשָׂר אֶלֶף צֹאן וְשֵׁשֶׁת
אֲלָפִים גְּמַלִּים וְאֶלֶף־צֶמֶד בָּקָר וְאֶלֶף אֲתֹונֹות׃
13 14 וַיְהִי־לֹו שִׁבְעָנָה בָנִים וְשָׁלֹושׁ בָּנֹות׃ וַיִּקְרָא
שֵׁם־הָאַחַת יְמִימָה וְשֵׁם הַשֵּׁנִית קְצִיעָה וְשֵׁם
15 הַשְּׁלִישִׁית קֶרֶן הַפּוּךְ׃ וְלֹא נִמְצָא נָשִׁים יָפֹות
כִּבְנֹות אִיּוֹב בְּכָל־הָאָרֶץ וַיִּתֵּן לָהֶם אֲבִיהֶם
16 נַחֲלָה בְּתֹוךְ אֲחֵיהֶם׃ וַיְחִי אִיּוֹב אַחֲרֵי־זֹאת
מֵאָה וְאַרְבָּעִים שָׁנָה וַיַּרְאֶה אֶת־בָּנָיו וְאֶת־בְּנֵי בָנָיו
17 אַרְבָּעָה דֹּרֹות׃ וַיָּמָת אִיּוֹב זָקֵן וּשְׂבַע יָמִים׃

ח ז ק

brass ; his bones *are* like bars of iron.

19 He *is* the chief of the ways of God : he that made him can make his sword to approach *unto him.*

20 Surely the mountains bring him forth food,*a* where all the beasts of the field play.

21 He lieth under the shady trees, in the covert of the reed, and fens.

22 The shady trees cover him *with* their shadow ; the willows of the brook compass him about.

23 Behold, he *γ* drinketh up a river, *and* hasteth not : he trusteth that he can draw up Jordan into his mouth.

24 He *ζ* taketh it with his eyes : his nose pierceth through snares.

CHAP. XLI.

CANST thou draw out *η* leviathan *b* with an hook ? or his tongue with a cord *which* thou *κ* lettest down ?

2 Canst thou put an hook*d* into his nose ? or bore his jaw through with a thorn ?

3 Will he make many supplications unto thee ? will he speak soft *words* unto thee ?

4 Will he make a covenant with thee ? wilt thou take him for a servant for ever ?

5 Wilt thou play with him as *with* a bird ? or wilt thou bind him for thy maidens ?

6 Shall the companions make a banquet of him ? shall they part him among the merchants ?

7 Canst thou fill his skin with barbed irons ? or his head with fish spears ?

8 Lay thine hand upon him, remember the battle, do no more.

9 Behold, the hope of him is in vain : shall not one*be* cast down even at y*e*sight of him?

10 None *is so* fierce that dare stir him up : who then is able to stand before me ?

11 Who*m* hath prevented me, that I should repay *him? whatsoever is* under the whole heaven is mine.*n*

12 I will not conceal his parts, nor his power, nor his comely proportion.

13 Who can discover the face of his garment ? *or* who can come *to him μ* with his double bridle ?

14 Who can open the doors of his face ? his teeth *are* terrible round about.

15 *His π* scales *are his* pride, shut up together *as with* a close seal.

16 One is so near to another, that no air can come between them.

17 They are joined one to another, they stick together, that they cannot be sundered.

18 By his neesings a light doth shine, and his eyes *are* like the eyelids of the morning.

19 Out of his mouth go burning lamps, *and* sparks of fire leap out.

20 Out of his nostrils goeth smoke, as *out* of a seething pot or caldron.

21 His breath kindleth coals, and a flame goeth out of his mouth.

22 In his neck remaineth strength, and sorrow *σ* is turned into joy before him.

23 The *τ* flakes of his flesh are joined together : they are firm in themselves ; they cannot be moved.

24 His heart is as firm as a stone ; yea, as hard as a piece of the nether *millstone.*

25 When he raiseth up himself, the mighty are afraid ; by reason of breakings they purify themselves.

26 The sword of him that layeth at him cannot hold ; the spear, the dart, nor the *φ* habergeon.

27 He esteemeth iron as straw, *and* brass as rotten wood.

β pieces of potsherd.
a Ps. 104. 14.
γ oppresseth.
δ or, behave themselves without.
ζ or, Will any take him in his sight, or, bore his nose with a gin ?
ch. 41. 1, 2.
η i.e. a whale, or, a whirl-pool.
b Ps. 104. 26.
Is. 27. 1.
c Ge. 18. 14.
Is. 43. 13
Mat. 19. 26.
θ or, of thine can be hindered.
κ drowness.
d Is. 37. 29.
e ch. 38. 2, 3.
f Ps. 131. 1.
139. 6.
g ch. 40. 7.
h ch. 40. 3.
Ezr. 9. 6.
Ps. 51. 17.
Je. 31. 19.
Ja. 4. 10.
i Da. 9. 3.
Mat. 11. 21.
k Ps. 51. 4.
l Nu. 23. 1.
m Ro. 11. 35.
n Ex. 19. 5.
De. 10. 14.
Ps. 24. 1.
50. 12.
1 Co. 10. 26, 28.
o Ja. 5. 16.
1 Jn'. 5. 16.
λ his face, or, person, 1 Sa. 25. 35.
Mal. 1. 9.
μ or, within.
p Pr. 3. 11, 12.
ν the face of Job.
π strong pieces of shields.
q Ge. 20. 17.
Ps. 14. 7.
126. 1.
ρ added all that had been to Job unto the double.
r ch. 19. 15.
s ch. 8. 7.
De. 8. 16.
Ja. 5. 11.
t ch. 1. 3.
σ rejoiceth.
τ fallings.
φ or, breast-plate.
u ch. 5. 26.

---

28 The arrow cannot make him flee : sling stones are turned with him into stubble.

29 Darts are counted as stubble ; he laugheth at the shaking of a spear.

30 Sharp *β* stones *are* under him : he spreadeth sharp pointed things upon the mire.

31 He maketh the deep to boil like a pot : he maketh the sea like a pot of ointment.

32 He maketh a path to shine after him ; *one* would think the deep *to be* hoary.

33 Upon earth there is not his like, who *δ* is made without fear.

34 He beholdeth all high *things :* he *is* a king over all the children of pride.

CHAP. XLII.

THEN Job answered the LORD & said,

2 I know that thou*e* canst do every thing, and *that* no thought *θ* can be withholden from thee.

3 Who*e is* he that hideth counsel without knowledge ? therefore have I uttered that I understood not ; things too wonderful*f* for me, which I knew not.

4 Hear, I beseech thee, and I will speak : I*g* will demand of thee, and declare thou unto me.

5 I have heard of thee by the hearing of the ear : but now mine eye seeth thee.

6 Wherefore*h* I abhor *myself,* and repent in dust and ashes.*i*

7 And it was *so,* that after the LORD had spoken these words unto Job, the LORD said to Eliphaz the Temanite, My wrath is kindled against thee, and against thy two friends : for ye have not spoken of me*k the thing that is* right, as my servant Job hath.

8 Therefore take unto you now*l* seven bullocks and seven rams, and go to my servant Job, and offer up for yourselves a burnt-offering : and my servant Job shall pray*o* for you ; for *λ* him will I accept : lest I deal with you *after your* folly, in that ye have not spoken of me *the thing which is* right, like my servant Job.

9 So Eliphaz the Temanite, & Bildad the Shuhite *and* Zophar the Naamathite, went and did according as the LORD commanded them : the LORD*p* also accepted *ν*Job.

10 And the LORD turned*q* the captivity of Job, when he prayed for his friends : also the LORD *ρ* gave Job twice as much as he had before.

11 Then came there unto him all*r* his brethren, and all his sisters, and all they that had been of his acquaintance before, & did eat bread with him in his house : and they bemoaned him, and comforted him over al. the evil that the LORD had brought upon him : every man also gave him a piece of money, and every one an ear-ring of gold.

12 So*s* the LORD blessed the latter end of Job more than his beginning : for he had*t* fourteen thousand sheep, and six thousand camels, and a thousand yoke of oxen, and a thousand she-asses.

13 He had also seven sons and three daughters.

14 And he called the name of the first, Jemima ; and the name of the second, Kezia ; and the name of the third, Keren-happuch.

15 And in all the land were no women found *so* fair as the daughters of Job : and their father gave them inheritance among their brethren.

16 After this lived Job an hundred and forty years, and saw his sons, and his sons' sons, *even* four generations.

17 So Job died,*u being* old & full of days.

תהלים

LIBER PSALMORUM.

PSAL. I. א

1 אַשְׁרֵי הָאִישׁ אֲשֶׁר לֹא הָלַךְ בַּעֲצַת רְשָׁעִים וּבְדֶרֶךְ חַטָּאִים לֹא עָמָד וּבְמוֹשַׁב לֵצִים לֹא יָשָׁב׃

2 כִּי אִם בְּתוֹרַת יְהוָה חֶפְצוֹ וּבְתוֹרָתוֹ יֶהְגֶּה יוֹמָם וָלָיְלָה׃

3 וְהָיָה כְּעֵץ שָׁתוּל עַל־פַּלְגֵי־מָיִם אֲשֶׁר פִּרְיוֹ יִתֵּן בְּעִתּוֹ וְעָלֵהוּ לֹא־יִבּוֹל וְכֹל אֲשֶׁר־יַעֲשֶׂה יַצְלִיחַ׃

4 לֹא־כֵן הָרְשָׁעִים כִּי אִם־כַּמֹּץ אֲשֶׁר־תִּדְּפֶנּוּ רוּחַ׃

5 עַל־כֵּן לֹא־יָקֻמוּ רְשָׁעִים בַּמִּשְׁפָּט וְחַטָּאִים בַּעֲדַת צַדִּיקִים׃

6 כִּי־יוֹדֵעַ יְהוָה דֶּרֶךְ צַדִּיקִים וְדֶרֶךְ רְשָׁעִים תֹּאבֵד׃

PSAL. II. ב

1 לָמָּה רָגְשׁוּ גוֹיִם וּלְאֻמִּים יֶהְגּוּ־רִיק׃

2 יִתְיַצְּבוּ מַלְכֵי־אֶרֶץ וְרוֹזְנִים נוֹסְדוּ־יָחַד עַל־יְהוָה וְעַל־מְשִׁיחוֹ׃

3 נְנַתְּקָה אֶת־מוֹסְרוֹתֵימוֹ וְנַשְׁלִיכָה מִמֶּנּוּ עֲבֹתֵימוֹ׃

4 יוֹשֵׁב בַּשָּׁמַיִם יִשְׂחָק אֲדֹנָי יִלְעַג־לָמוֹ׃

5 אָז יְדַבֵּר אֵלֵימוֹ בְאַפּוֹ וּבַחֲרוֹנוֹ יְבַהֲלֵמוֹ׃

6 וַאֲנִי נָסַכְתִּי מַלְכִּי עַל־צִיּוֹן הַר־קָדְשִׁי׃

7 אֲסַפְּרָה אֶל חֹק יְהוָה אָמַר אֵלַי בְּנִי אַתָּה אֲנִי הַיּוֹם יְלִדְתִּיךָ׃

8 שְׁאַל מִמֶּנִּי וְאֶתְּנָה גוֹיִם נַחֲלָתֶךָ וַאֲחֻזָּתְךָ אַפְסֵי־אָרֶץ׃

9 תְּרֹעֵם בְּשֵׁבֶט בַּרְזֶל כִּכְלִי יוֹצֵר תְּנַפְּצֵם׃

10 וְעַתָּה מְלָכִים הַשְׂכִּילוּ הִוָּסְרוּ שֹׁפְטֵי אָרֶץ׃

11 עִבְדוּ אֶת־יְהוָה בְּיִרְאָה וְגִילוּ בִּרְעָדָה׃

12 נַשְּׁקוּ־בַר פֶּן־יֶאֱנַף וְתֹאבְדוּ דֶרֶךְ כִּי־יִבְעַר כִּמְעַט אַפּוֹ אַשְׁרֵי כָּל־חוֹסֵי בוֹ׃

PSAL. III. ג

1, 2 מִזְמוֹר לְדָוִד בְּבָרְחוֹ מִפְּנֵי אַבְשָׁלוֹם בְּנוֹ׃ יְהוָה מָה־רַבּוּ צָרָי רַבִּים קָמִים עָלָי׃

3 רַבִּים אֹמְרִים לְנַפְשִׁי אֵין יְשׁוּעָתָה לּוֹ בֵאלֹהִים סֶלָה׃

4 וְאַתָּה יְהוָה מָגֵן בַּעֲדִי כְּבוֹדִי וּמֵרִים רֹאשִׁי׃

5 קוֹלִי אֶל־יְהוָה אֶקְרָא וַיַּעֲנֵנִי מֵהַר קָדְשׁוֹ סֶלָה׃

6 אֲנִי שָׁכַבְתִּי וָאִישָׁנָה הֱקִיצוֹתִי כִּי יְהוָה יִסְמְכֵנִי׃

7 לֹא־אִירָא מֵרִבְבוֹת עָם אֲשֶׁר סָבִיב שָׁתוּ עָלָי׃

8 קוּמָה יְהוָה הוֹשִׁיעֵנִי אֱלֹהַי כִּי־הִכִּיתָ אֶת־כָּל־אֹיְבַי לֶחִי שִׁנֵּי רְשָׁעִים שִׁבַּרְתָּ׃

9 לַיהוָה הַיְשׁוּעָה עַל־עַמְּךָ בִרְכָתֶךָ סֶּלָה׃

PSAL. IV. ד

1, 2 לַמְנַצֵּחַ בִּנְגִינוֹת מִזְמוֹר לְדָוִד׃ בְּקָרְאִי עֲנֵנִי אֱלֹהֵי צִדְקִי בַּצָּר הִרְחַבְתָּ לִּי חָנֵּנִי וּשְׁמַע תְּפִלָּתִי׃

3 בְּנֵי־אִישׁ עַד־מֶה כְבוֹדִי לִכְלִמָּה תֶּאֱהָבוּן רִיק תְּבַקְשׁוּ כָזָב סֶלָה׃

4 וּדְעוּ כִּי־הִפְלָה יְהוָה חָסִיד לוֹ יְהוָה יִשְׁמַע בְּקָרְאִי אֵלָיו׃

5 רִגְזוּ וְאַל־תֶּחֱטָאוּ אִמְרוּ בִלְבַבְכֶם עַל־מִשְׁכַּבְכֶם וְדֹמּוּ סֶלָה׃

6 זִבְחוּ זִבְחֵי־צֶדֶק וּבִטְחוּ אֶל־יְהוָה׃

7 רַבִּים אֹמְרִים מִי־יַרְאֵנוּ טוֹב נְסָה־עָלֵינוּ אוֹר פָּנֶיךָ יְהוָה׃

8 נָתַתָּה שִׂמְחָה בְלִבִּי מֵעֵת דְּגָנָם וְתִירוֹשָׁם רָבּוּ׃

9 בְּשָׁלוֹם יַחְדָּו אֶשְׁכְּבָה וְאִישָׁן כִּי־אַתָּה יְהוָה לְבָדָד לָבֶטַח תּוֹשִׁיבֵנִי׃

PSAL. V. ה

1, 2 לַמְנַצֵּחַ אֶל־הַנְּחִילוֹת מִזְמוֹר לְדָוִד׃ אֲמָרַי הַאֲזִינָה יְהוָה בִּינָה הֲגִיגִי׃

3 הַקְשִׁיבָה לְקוֹל שַׁוְעִי מַלְכִּי וֵאלֹהָי כִּי־אֵלֶיךָ אֶתְפַּלָּל׃

4 יְהוָה בֹּקֶר תִּשְׁמַע קוֹלִי בֹּקֶר אֶעֱרָךְ־לְךָ וַאֲצַפֶּה׃

5 כִּי לֹא אֵל חָפֵץ רֶשַׁע אָתָּה לֹא יְגֻרְךָ רָע׃

6 לֹא־יִתְיַצְּבוּ הוֹלְלִים לְנֶגֶד עֵינֶיךָ שָׂנֵאתָ כָּל־פֹּעֲלֵי אָוֶן׃

7 תְּאַבֵּד דֹּבְרֵי כָזָב אִישׁ־דָּמִים וּמִרְמָה יְתָעֵב יְהוָה׃

8 וַאֲנִי בְּרֹב חַסְדְּךָ אָבוֹא בֵיתֶךָ אֶשְׁתַּחֲוֶה אֶל־

The Book of PSALMS.

PSALM I.

BLESSED *is* the man that walketh not[a] in the counsel of the βungodly, nor standeth in the way of sinners, nor sitteth[b] in the seat of the scornful:

2 But his delight[d] *is* in the law of the LORD; and in his law[f] doth he meditate day and night.

3 And he shall be like a tree[g] planted by the rivers of water, that bringeth forth his fruit in his season; his leaf also shall not δwither; and whatsoever he doeth shall prosper.

4 The ungodly *are* not so: but *are* like the chaff[h] which the wind driveth away.

5 Therefore the ungodly shall not stand[i] in the judgment, nor sinners in the congregation of the righteous.

6 For the LORD knoweth[k] the way of the righteous: but the way[l] of the ungodly shall perish.

PSALM II.

WHY[m] do the heathen ηrage,[n] and the people θimagine a vain thing?

2 The kings of the earth set themselves, and the rulers take counsel together, against the LORD, and against his anointed,[p] *saying*,

3 Let[q] us break their bands asunder, and cast away their cords from us.

4 He that sitteth in the heavens shall laugh; the LORD shall have them in derision.[s]

5 Then shall he speak unto them in his wrath, and κvex them in his sore displeasure.

6 Yet have I λset my king[t] upon μmy holy hill of Zion.

7 I will declare νthe decree: the LORD hath said unto me, Thou[u] *art* my Son; this day have I begotten thee.

8 Ask of me, and I shall give *thee* the heathen *for* thine inheritance, and the uttermost parts of the earth *for* thy possession.

9 Thou shalt break them with a[w] rod of iron; thou shalt dash them in pieces like a potter's vessel.

10 Be wise now, therefore, O ye kings: be instructed, ye judges of the earth.

11 Serve the LORD with fear,[x] and rejoice with trembling.

12 Kiss[y] the Son, lest he be angry, and ye perish *from* the way, when his wrath is kindled but a little. Blessed[z] *are* all they that put their trust in him.

PSALM III.

A Psalm of David, when he fled[a] from Absalom his Son.

LORD, how are they increased that trouble me? many *are* they that rise up against me.

2 Many *there be* which say of my soul, *There* [b] *is* no help for him in God. Selah.

3 But thou, O LORD, *art* a shield for me; my glory, and the lifter up of mine head.

4 I cried unto the LORD with my voice, and he heard me out of his holy hill. Selah.

5 I laid me down and slept;[d] I awaked: for the LORD sustained me.

6 I[e] will not be afraid of ten thousands of people, that have set *themselves* against me round about.

Center references

a Pr.4.14,15.
β or,*wicked.*
b Je.15.17.
c Is.43.11.
d Job 23.12.
e Ps.115.13.
f Ps.119.97.
γ or,*overseer*
  Hab. 3.19.
g Je.17.8.
δ *fade.*
ζ or, be gra-
  cious unto.
h Ps.46.6.
i Mat.25.41,
  46.
k Job 23.10.
l Pr.15.9.
m Ac.4.25,26.
η or, *tumul
  tuously
  assemble.*
n Ps.46.6.
θ *meditate.*
o De.33.19.
p Ps.45.7.
q Lu.19.14.
r Ps.3.5.
s Pr.1.26.
κ or,*trouble.*
λ *anointed.*
t Ac.5.31.
μ *Zion, the
  hill of my
  holiness.*
ν or, *for a*
u Mat.3.17.
  17.5.
  Ac.13.33.
v Hab.1.13.
π *before
  thine eyes.*
w Re.2.27.
x He.12.28.
ρ *man of
  bloods and
  deceit.*
y Jn⁰.5.23.
z Ps.84.12.
σ *the temple
  of thy
  holiness.*
a 2 Sa. XV.
  XVIII.
τ *those which
  observe me,*
  Ps.27.11.
φ or, *sted-
  fastness.*
χ *his, i. e. in
  the mouth
  of any of
  them.*
ψ *wicked-
  nesses.*
b Ps.71.11.
β or, *make
  them guilty.*
γ or, *about.*
δ or, *from
  their
  counsels.*
c Is.65.13.16.
d Ps.127.2.
ζ *coverest
  over, or,
  protectest.*
e Ps.27.1,&c.

---

7 Arise, O LORD; save me, O my God; for thou hast smitten all mine enemies *upon* the cheek-bone; thou hast broken the teeth of the ungodly.

8 Salvation[c] *belongeth* unto the LORD: thy blessing[e] *is* upon thy people. Selah.

PSALM IV.

To the γ chief Musician on Neginoth.

A Psalm of David.

HEAR me when I call, O God of my righteousness: thou hast enlarged me *when I was* in distress; ζhave mercy upon me, and hear my prayer.

2 O ye sons of men, how long *will ye turn* my glory into shame? *how long* will ye love vanity, *and* seek after leasing? Selah.

3 But know that the LORD hath set apart him that is godly for himself: the LORD will hear when I call unto him.

4 Stand in awe, and sin not: commune with your own heart upon your bed, and be still. Selah.

5 Offer the sacrifices[o] of righteousness; and put your trust in the LORD.

6 *There be* many that say, Who will shew us *any* good? LORD, lift thou up the light of thy countenance upon us.

7 Thou hast put gladness in my heart, more than in the time *that* their corn and their wine increased.

8 I will[r] both lay me down in peace, and sleep: for thou, LORD, only makest me dwell in safety.

PSALM V.

To the chief Musician upon Nehiloth.

A Psalm of David.

GIVE ear to my words, O LORD; consider my meditation.

2 Hearken unto the voice of my cry, my king, and my God: for unto thee will I pray.

3 My voice shalt thou hear in the morning, O LORD; in the morning will I direct *my prayer* unto thee, and will look up.

4 For[v] thou *art* not a God that hath pleasure in wickedness; neither shall evil dwell with thee.

5 The foolish shall not stand πin thy sight: thou hatest all workers of iniquity.

6 Thou shalt destroy them that speak leasing: the LORD will abhor the ρbloody and deceitful man.

7 But as for me, I will come *into* thy house in the multitude of thy mercy, *and* in thy fear will I worship toward σthy holy temple.

8 Lead me, O LORD, in thy righteousness because of τmine enemies; make thy way straight before my face.

9 For *there is* no φfaithfulness in χtheir mouth; their inward part *is* ψvery wickedness: their throat *is* an open sepulchre; they flatter with their tongue.

10 Destroy βthou them, O God; let them fall δby their own counsels; cast them out in the multitude of their transgressions; for they have rebelled against thee.

11 But[e] let all those that put their trust in thee rejoice; let them ever shout for joy, because thou ζdefendest them: let them also that love thy name be joyful in thee.

12 For thou, LORD, wilt bless the righteous; with favour wilt thou compass him as *with* a shield.

13 בְּךָ אֹהֲבֵי שְׁמֶךָ ׃ כִּי־אַתָּה תְּבָרֵךְ צַדִּיק יְהֹוָה
18 אוֹדֶה יְהֹוָה ... יְרֵךְ ׃ כַּצִּנָּה רָצוֹן תַּעְטְרֶנּוּ׃
עֶלְיוֹן ׃

PSAL. VIII. ח   ## PSAL. VI. ו

1 לַמְנַצֵּחַ עַל־הַגִּתִּית מִזְמוֹר לְדָוִד ׃   1 לַמְנַצֵּחַ בִּנְגִינוֹת עַל־הַשְּׁמִינִית מִזְמוֹר לְדָוִד ׃
2 יְהֹוָה אֲדֹנֵינוּ מָה־אַדִּיר שִׁמְךָ בְּכָל־הָאָרֶץ אֲשֶׁר תְּנָה הוֹדְךָ עַל־הַשָּׁמָיִם ׃   2 יְהֹוָה אַל־בְּאַפְּךָ תוֹכִיחֵנִי וְאַל־בַּחֲמָתְךָ תְיַסְּרֵנִי ׃
3 מִפִּי עוֹלְלִים וְיֹנְקִים יִסַּדְתָּ עֹז לְמַעַן ׃   3 חָנֵּנִי יְהֹוָה כִּי אֻמְלַל אָנִי רְפָאֵנִי יְהֹוָה כִּי נִבְהֲלוּ
4 צוֹרְרֶיךָ לְהַשְׁבִּית אוֹיֵב וּמִתְנַקֵּם ׃ כִּי־אֶרְאֶה   4 עֲצָמָי ׃ וְנַפְשִׁי נִבְהֲלָה מְאֹד וְאַתְּ יְהֹוָה עַד־מָתָי ׃
5 שָׁמֶיךָ מַעֲשֵׂי אֶצְבְּעֹתֶיךָ יָרֵחַ וְכוֹכָבִים אֲשֶׁר   5 שׁוּבָה יְהֹוָה חַלְּצָה נַפְשִׁי הוֹשִׁיעֵנִי לְמַעַן חַסְדֶּךָ ׃
6 כּוֹנָנְתָּה ׃ מָה־אֱנוֹשׁ כִּי־תִזְכְּרֶנּוּ וּבֶן־אָדָם כִּי   6 כִּי אֵין בַּמָּוֶת זִכְרֶךָ בִּשְׁאוֹל מִי יוֹדֶה־לָּךְ ׃
7 תִפְקְדֶנּוּ ׃ וַתְּחַסְּרֵהוּ מְעַט מֵאֱלֹהִים וְכָבוֹד וְהָדָר   7 יָגַעְתִּי בְּאַנְחָתִי אַשְׂחֶה בְכָל־לַיְלָה מִטָּתִי בְּדִמְעָתִי
8 תְּעַטְּרֵהוּ ׃ תַּמְשִׁילֵהוּ בְּמַעֲשֵׂי יָדֶיךָ כֹּל שַׁתָּה   8 עַרְשִׂי אַמְסֶה ׃ עָשְׁשָׁה מִכַּעַס עֵינִי עָתְקָה בְּכָל־צוֹרְרָי ׃
9 תַחַת־רַגְלָיו ׃ צֹנֶה וַאֲלָפִים כֻּלָּם וְגַם בַּהֲמוֹת   9 סוּרוּ מִמֶּנִּי כָּל־פֹּעֲלֵי אָוֶן כִּי־שָׁמַע יְהֹוָה קוֹל בִּכְיִי ׃
10 שָׂדָי ׃ צִפּוֹר שָׁמַיִם וּדְגֵי הַיָּם עֹבֵר אָרְחוֹת יַמִּים ׃   10 שָׁמַע יְהֹוָה תְּחִנָּתִי יְהֹוָה תְּפִלָּתִי יִקָּח ׃
10 יְהֹוָה אֲדֹנֵינוּ מָה־אַדִּיר שִׁמְךָ בְּכָל־הָאָרֶץ ׃   11 יֵבֹשׁוּ וְיִבָּהֲלוּ מְאֹד כָּל־אֹיְבָי יָשֻׁבוּ יֵבֹשׁוּ רָגַע ׃

PSAL. IX. ט   ## PSAL. VII. ז

1 לַמְנַצֵּחַ עַל־מוּת לַבֵּן מִזְמוֹר לְדָוִד ׃   1 שִׁגָּיוֹן לְדָוִד אֲשֶׁר־שָׁר לַיהֹוָה עַל־דִּבְרֵי־כוּשׁ בֶּן־
2 אוֹדֶה יְהֹוָה   יְמִינִי ׃ יְהֹוָה אֱלֹהַי בְּךָ חָסִיתִי הוֹשִׁיעֵנִי מִכָּל־
3 בְּכָל־לִבִּי אֲסַפְּרָה כָּל־נִפְלְאוֹתֶיךָ ׃ אֶשְׂמְחָה   3 רֹדְפַי וְהַצִּילֵנִי ׃ פֶּן־יִטְרֹף כְּאַרְיֵה נַפְשִׁי פֹּרֵק
4 וְאֶעֶלְצָה בָךְ אֲזַמְּרָה שִׁמְךָ עֶלְיוֹן ׃ בְּשׁוּב־אוֹיְבַי   4 וְאֵין מַצִּיל ׃ יְהֹוָה אֱלֹהַי אִם־עָשִׂיתִי זֹאת אִם־יֶשׁ־עָוֶל
5 אָחוֹר יִכָּשְׁלוּ וְיֹאבְדוּ מִפָּנֶיךָ ׃ כִּי־עָשִׂיתָ מִשְׁפָּטִי   5 בְּכַפָּי ׃ אִם־גָּמַלְתִּי שׁוֹלְמִי רָע וָאֲחַלְּצָה
6 וְדִינִי יָשַׁבְתָּ לְכִסֵּא שׁוֹפֵט צֶדֶק ׃ גָּעַרְתָּ גוֹיִם   6 צוֹרְרִי רֵיקָם ׃ יִרַדֹּף אוֹיֵב נַפְשִׁי וְיַשֵּׂג וְיִרְמֹס
7 אִבַּדְתָּ רָשָׁע שְׁמָם מָחִיתָ לְעוֹלָם וָעֶד ׃ הָאוֹיֵב   7 לָאָרֶץ חַיָּי וּכְבוֹדִי לֶעָפָר יַשְׁכֵּן סֶלָה ׃
8 תַּמּוּ חֳרָבוֹת לָנֶצַח וְעָרִים נָתַשְׁתָּ אָבַד זִכְרָם   8 קוּמָה יְהֹוָה בְּאַפֶּךָ הִנָּשֵׂא בְּעַבְרוֹת צוֹרְרָי וְעוּרָה אֵלַי
9 הֵמָּה ׃ וַיהֹוָה לְעוֹלָם יֵשֵׁב כּוֹנֵן לַמִּשְׁפָּט כִּסְאוֹ ׃   9 מִשְׁפָּט צִוִּיתָ ׃ וַעֲדַת לְאֻמִּים תְּסוֹבְבֶךָּ וְעָלֶיהָ
10 וְהוּא יִשְׁפֹּט־תֵּבֵל בְּצֶדֶק יָדִין לְאֻמִּים בְּמֵישָׁרִים ׃   10 לַמָּרוֹם שׁוּבָה ׃ יְהֹוָה יָדִין עַמִּים שָׁפְטֵנִי יְהֹוָה
11 וִיהִי יְהֹוָה מִשְׂגָּב לַדָּךְ מִשְׂגָּב לְעִתּוֹת בַּצָּרָה ׃   11 כְּצִדְקִי וּכְתֻמִּי עָלָי ׃ יִגְמָר־נָא רַע רְשָׁעִים וּתְכוֹנֵן צַדִּיק
12 וְיִבְטְחוּ בְךָ יוֹדְעֵי שְׁמֶךָ כִּי לֹא־עָזַבְתָּ דֹרְשֶׁיךָ   12 וּבֹחֵן לִבּוֹת וּכְלָיוֹת אֱלֹהִים צַדִּיק ׃ מָגִנִּי
13 יְהֹוָה ׃ זַמְּרוּ לַיהֹוָה יֹשֵׁב צִיּוֹן הַגִּידוּ בָעַמִּים   12 עַל־אֱלֹהִים מוֹשִׁיעַ יִשְׁרֵי־לֵב ׃ אֱלֹהִים שׁוֹפֵט
14 עֲלִילוֹתָיו ׃ כִּי־דֹרֵשׁ דָּמִים אוֹתָם זָכָר לֹא־שָׁכַח   13 צַדִּיק וְאֵל זֹעֵם בְּכָל־יוֹם ׃ אִם־לֹא יָשׁוּב חַרְבּוֹ
14 צַעֲקַת עֲנָוִים ׃ חָנְנֵנִי יְהֹוָה רְאֵה עָנְיִי מִשֹּׂנְאָי   14 יִלְטוֹשׁ קַשְׁתּוֹ דָרַךְ וַיְכוֹנְנֶהָ ׃
15 מְרוֹמְמִי מִשַּׁעֲרֵי מָוֶת ׃ לְמַעַן אֲסַפְּרָה כָּל־   15 וְלוֹ הֵכִין כְּלֵי־מָוֶת חִצָּיו לְדֹלְקִים יִפְעָל ׃ הִנֵּה
16 תְּהִלָּתֶיךָ בְּשַׁעֲרֵי בַת־צִיּוֹן אָגִילָה בִּישׁוּעָתֶךָ ׃   15 יְחַבֶּל־אָוֶן וְהָרָה עָמָל וְיָלַד שָׁקֶר ׃
16 טָבְעוּ גוֹיִם בְּשַׁחַת עָשׂוּ בְּרֶשֶׁת־זוּ טָמָנוּ   16 בּוֹר כָּרָה וַיַּחְפְּרֵהוּ וַיִּפֹּל בְּשַׁחַת יִפְעָל ׃
17 נִלְכְּדָה רַגְלָם ׃ נוֹדַע יְהֹוָה מִשְׁפָּט עָשָׂה בְּפֹעַל   17 יָשׁוּב עֲמָלוֹ בְרֹאשׁוֹ וְעַל קָדְקֳדוֹ חֲמָסוֹ יֵרֵד ׃
18 כַּפָּיו נוֹקֵשׁ רָשָׁע הִגָּיוֹן סֶלָה ׃ יָשׁוּבוּ רְשָׁעִים   18 ...

PSALM VI.

To the chief Musician on Neginoth upon
β Sheminith.b A Psalm of David.

O LORD, rebuke me not in thine^c anger,
neither chasten me in thy hot^e displeasure.

2 Have mercy upon me, O LORD; for
I am weak: O LORD, heal me; for my
bones^g are vexed.

3 My soul is also sore vexed: but thou,
O LORD, how long?

4 Return, O LORD, deliver my soul:
O save me for thy mercies'^i sake.

5 For^k in death there is no remembrance
of thee: in the grave^l who shall give thee
thanks?

6 I am weary with my groaning; δ all
the night^n make I my bed to swim; I
water my couch with my tears.

7 Mine eye is consumed because of grief;
it waxeth old because of all mine enemies.

8 Depart^o from me, all ye workers of
iniquity: for the LORD hath heard^q the
voice of my weeping.

9 The LORD hath heard my supplica-
tion; the LORD will receive my prayer.

10 Let all mine enemies be ashamed
and sore vexed: let them return and be
ashamed suddenly.

PSALM VII.

Shiggaion^r of David, which he sang unto the
Lord, concerning the η words of ^s Cush
the Benjamite.

O LORD my God, in thee do I put my
trust: save me from all them that perse-
cute me, and deliver me;

2 Lest he tear my soul like a lion, rending
it in pieces, while there is θ none to deliver.

3 O LORD my God, if I have done
this; if there be iniquity in my hands;

4 If I have rewarded evil unto him that
was at peace with me; (yea, I have deliver-
ed him that without cause is mine enemy;)

5 Let the enemy persecute my soul,
and take it; yea, let him tread down my
life upon the earth, and lay mine honour
in the dust. Selah.

6 Arise, O LORD, in thine anger;^w lift
up thyself, because of the rage of mine
enemies; and awake^y for me to the judg-
ment that thou hast commanded.

7 So shall the congregation of the
people compass thee about: for their
sakes, therefore, return thou on high.

8 The LORD shall judge the people:
judge me, O LORD, according^b to my
righteousness, and according to mine
integrity that is in me.

9 Oh let the wickedness of ye wicked come
to an end; but establish the just: for the
righteous God trieth the hearts^d and reins.

10 My π defence^e is of God, which
saveth the upright in heart.

11 God ρ judgeth the righteous, and
God is angry with the wicked every day.

12 If he turn not, he will whet his sword;
he hath bent his bow, and made it ready.

13 He hath also prepared for him the
instruments of death; he ordaineth his
arrows^g against the persecutors.

14 Behold, he travaileth with iniquity,
and hath conceived mischief, and brought
forth falsehood.

15 He τ made a pit, and digged it, and
is^h fallen into the ditch which he made.

16 His mischief shall return upon his
own head, and his violent dealing shall
come down upon his own pate.

17 I will praise the LORD according to
his righteousness; and will sing praise
to the name of the LORD most high.

Center references

a Ps.81,& 84, title.
β or, the eighth.
b 1 Ch. 15.21. Ps.12,title.
c Je. 10.24.
d Ps. 143. 13.
e Ps. 2. 5.
f Mat. 11.25. 21.16. 1 Co.1. 27.
g Ps. 51. 8.
γ founded.
h Ps. 44. 16.
i Ep. 2. 7, 8.
k Is. 38. 18.
l Ps. 88. 11.
m Ps. 144. 3. He. 2. 6.,9.
δ or, every.
n Job 7.3.
o Ps.119.115. 139 19.
p 1Co. 15.27.
q Ps. 145. 18.
ζ flocks and oxen all of them.
r Hab. 3 1.
η or,business
s 2 Sa. XVI.
t Ps. 139.14.
u Ps. 83. 18.
θ not a de- liverer.
κ made my judgment.
λ in right- eousness.
υ Pr. 10.7.
μ or, The destructi- ons of the enemy are come to a perpetual end; and their cities hast thou destroyed.
w Ps. 94. 1, 2.
x 2Ki. 19. 25, &c.
y Ps.44.23. 73.20. Is. 51. 9.
z Ps. 102. 26.
a Re.20,12,13
ν an high place.
b Ps. 18. 20.
c Pr. 18. 10.
d Re. 2. 23.
π buckler is upon.
e Ps. 89. 18.
ρ or, is a righteous judge.
σ afflicted.
f Mat. 3. 10.
g De. 32. 23. Ps. 45. 5.
τ hath dig- ged a pit.
h Es. 9. 25. Ec. 10. 8.
φ i. e. medi- tation.
i Ps. 19. 14. 92. 3.
k Ps. 50. 22.

PSALM VIII.

To the chief Musician upon ^a Gittith.
A Psalm of David.

O LORD, our Lord, how excellent^d is
thy name in all the earth! who hast set
thy glory above the heavens.

2 Out of the mouth of babes^f and
sucklings hast thou γ ordained strength,
because of thine enemies; that thou
mightest still the enemy^h and the avenger.

3 When I consider thy heavens, the
work of thy fingers; the moon and the
stars, which thou hast ordained;

4 What^m is man, that thou art mindful of
him?& ye son of man,that thou visitest him?

5 For thou hast made him a little lower
than the angels, and hast crowned him
with glory and honour.

6 Thou madest him to have dominion
over the works of thy hands: thou^p hast
put all things under his feet:

7 All ζ sheep and oxen, yea, and the
beasts of the field;

8 The fowl of the air, and the fish of
the sea, and whatsoever passeth through
the paths of the seas.

9 O LORD, our Lord, how excellent is
thy name in all the earth!

PSALM IX.

To the chief Musician upon Muth-labben.
A Psalm of David.

I WILL praise thee, O LORD, with my
whole heart; I will shew forth all thy
marvellous^t works.

2 I will be glad and rejoice in thee: I will
sing praise to thy name,O thou^u most High.

3 When mine enemies are turned back,
they shall fall and perish at thy presence.

4 For thou hast κ maintained my right
and my cause; thou satest in the throne
judging λ right.

5 Thou hast rebuked the heathen, thou
hast destroyed the wicked, thou hast put
out their name^v for ever and ever.

6 μ O thou enemy! destructions are
come to a perpetual end; and thou hast
destroyed cities;^x their memorial is pe-
rished with them.

7 But^z the LORD shall endure for ever:
he hath prepared his throne for judgment:

8 And^a he shall judge the world in
righteousness, he shall minister judgment
to the people in uprightness.

9 The LORD also will be ν a refuge for
the oppressed, a refuge in times of trouble.

10 And they that know thy name^c will
put their trust in thee: for thou, LORD,
hast not forsaken them that seek thee.

11 Sing praises to the LORD, which
dwelleth in Zion: declare among the
people his doings.

12 When he maketh inquisition for
blood, he remembereth them: he for-
getteth not the cry of the σ humble.

13 Have mercy upon me, O LORD;
consider my trouble which I suffer of
them that hate me, thou that liftest me
up from the gates of death:

14 That I may shew forth all thy praise
in the gates of the daughter of Zion: I
will rejoice in thy salvation.

15 The heathen are sunk down in the
pit that they made: in the net which
they hid is their own foot taken.

16 The LORD is known by the judg-
ment which he executeth: the wicked is
snared in the work of his own hands.
φ Higgaion.^i Selah.

17 The wicked shall be turned into hell,
and all the nations that forget^k God.

19 לְשָׁאֲלָה כָל־גּוֹיִם שְׁכֵחֵי אֱלֹהִים : כִּי לֹא לָנֶצַח
20 יִשָׁכַח אֶבְיוֹן תִּקְוַת עֲנָוִים תֹּאבַד לָעַד : קוּמָה
יְהֹוָה אַל־יָעֹז אֱנוֹשׁ יִשָׁפְטוּ גוֹיִם עַל־פָּנֶיךָ :
21 שִׁיתָה יְהֹוָה מוֹרָה לָהֶם יֵדְעוּ גוֹיִם אֱנוֹשׁ הֵמָּה
סֶלָה :

PSAL. X.

1 לָמָה יְהֹוָה תַּעֲמֹד בְּרָחוֹק תַּעְלִים לְעִתּוֹת בַּצָּרָה :
2 בְּגַאֲוַת רָשָׁע יִדְלַק עָנִי יִתָּפְשׂוּ בִּמְזִמּוֹת זוּ חָשָׁבוּ :
3 כִּי־הִלֵּל רָשָׁע עַל־תַּאֲוַת נַפְשׁוֹ וּבֹצֵעַ בֵּרֵךְ נִאֵץ
4 יְהֹוָה : רָשָׁע כְּגֹבַהּ אַפּוֹ בַּל־יִדְרֹשׁ אֵין אֱלֹהִים
5 כָּל־מְזִמּוֹתָיו : יָחִילוּ דְרָכָו בְּכָל־עֵת מָרוֹם
6 מִשְׁפָּטֶיךָ מִנֶּגְדּוֹ כָּל־צוֹרְרָיו יָפִיחַ בָּהֶם : אָמַר
7 בְּלִבּוֹ בַּל־אֶמּוֹט לְדֹר וָדֹר אֲשֶׁר לֹא בְרָע : אָלָה
פִּיהוּ מָלֵא וּמִרְמוֹת וָתֹךְ תַּחַת לְשׁוֹנוֹ עָמָל וָאָוֶן :
8 יֵשֵׁב בְּמַאְרַב חֲצֵרִים בַּמִּסְתָּרִים יַהֲרֹג נָקִי עֵינָיו
9 לְחֵלְכָה יִצְפֹּנוּ : יֶאֱרֹב בַּמִּסְתָּר כְּאַרְיֵה בְסֻכֹּה
יֶאֱרֹב לַחֲטוֹף עָנִי יַחְטֹף עָנִי בְּמָשְׁכוֹ בְרִשְׁתּוֹ :
10 יִדְכֶּה יָשֹׁחַ וְנָפַל בַּעֲצוּמָיו חֵלְכָּאִים : אָמַר בְּלִבּוֹ
11 שָׁכַח אֵל הִסְתִּיר פָּנָיו בַּל־רָאָה לָנֶצַח : קוּמָה
12 יְהֹוָה אֵל נְשָׂא יָדֶךָ אַל־תִּשְׁכַּח עֲנָוִים : עַל־מֶה
13 נִאֵץ רָשָׁע אֱלֹהִים אָמַר בְּלִבּוֹ לֹא תִדְרֹשׁ :
14 רָאִתָה כִּי־אַתָּה עָמָל וָכַעַס תַּבִּיט לָתֵת בְּיָדֶךָ
עָלֶיךָ יַעֲזֹב חֵלֵכָה יָתוֹם אַתָּה הָיִיתָ עוֹזֵר :
15 שְׁבֹר זְרוֹעַ רָשָׁע וָרָע תִּדְרוֹשׁ־רִשְׁעוֹ בַל־תִּמְצָא :
16 יְהֹוָה מֶלֶךְ עוֹלָם וָעֶד אָבְדוּ גוֹיִם מֵאַרְצוֹ : תַּאֲוַת
17 עֲנָוִים שָׁמַעְתָּ יְהֹוָה תָּכִין לִבָּם תַּקְשִׁיב אָזְנֶךָ :
18 לִשְׁפֹּט יָתוֹם וָדָךְ בַּל־יוֹסִיף עוֹד לַעֲרֹץ אֱנוֹשׁ
מִן־הָאָרֶץ :

PSAL. XI.   אי

1 לַמְנַצֵּחַ לְדָוִד בַּיהֹוָה חָסִיתִי אֵיךְ תֹּאמְרוּ לְנַפְשִׁי
2 נוּדִי הַרְכֶם צִפּוֹר : כִּי הִנֵּה הָרְשָׁעִים יִדְרְכוּן
קֶשֶׁת כּוֹנְנוּ חִצָּם עַל־יֶתֶר לִירוֹת בְּמוֹ־אֹפֶל לְיִשְׁרֵי־לֵב :
3 כִּי הַשָּׁתוֹת יֵהָרֵסוּן צַדִּיק מַה־פָּעָל :
4 יְהֹוָה בְּהֵיכַל קָדְשׁוֹ יְהֹוָה בַּשָּׁמַיִם כִּסְאוֹ עֵינָיו
5 יֶחֱזוּ עַפְעַפָּיו יִבְחֲנוּ בְּנֵי אָדָם : יְהֹוָה צַדִּיק יִבְחָן
6 וְרָשָׁע וְאֹהֵב חָמָס שָׂנְאָה נַפְשׁוֹ : יַמְטֵר
עַל־רְשָׁעִים פַּחִים אֵשׁ וְגָפְרִית וְרוּחַ זִלְעָפוֹת מְנָת

כּוֹסָם : כִּי צַדִּיק יְהֹוָה צְדָקוֹת אָהֵב יָשָׁר יֶחֱזוּ 7
פָנֵימוֹ :

PSAL. XII.   יב

1 לַמְנַצֵּחַ עַל־הַשְּׁמִינִית מִזְמוֹר לְדָוִד : הוֹשִׁיעָה 2
יְהֹוָה כִּי־גָמַר חָסִיד כִּי־פַסּוּ אֱמוּנִים מִבְּנֵי אָדָם :
3 שָׁוְא יְדַבְּרוּ אִישׁ אֶת־רֵעֵהוּ שְׂפַת חֲלָקוֹת בְּלֵב
4 וָלֵב יְדַבֵּרוּ : יַכְרֵת יְהֹוָה כָּל־שִׂפְתֵי חֲלָקוֹת לָשׁוֹן
5 מְדַבֶּרֶת גְּדֹלוֹת : אֲשֶׁר אָמְרוּ לִלְשֹׁנֵנוּ נַגְבִּיר
6 שְׂפָתֵינוּ אִתָּנוּ מִי אָדוֹן לָנוּ : מִשֹּׁד עֲנִיִּים
מֵאַנְקַת אֶבְיוֹנִים עַתָּה אָקוּם יֹאמַר יְהֹוָה אָשִׁית
7 בְּיֵשַׁע יָפִיחַ לוֹ : אִמְרוֹת יְהֹוָה אֲמָרוֹת טְהֹרוֹת
8 כֶּסֶף צָרוּף בַּעֲלִיל לָאָרֶץ מְזֻקָּק שִׁבְעָתָיִם : אַתָּה
9 יְהֹוָה תִּשְׁמְרֵם תִּצְּרֶנּוּ מִן־הַדּוֹר זוּ לְעוֹלָם : סָבִיב
רְשָׁעִים יִתְהַלָּכוּן כְּרֻם זֻלּוּת לִבְנֵי אָדָם :

PSAL. XIII.   יג

1 לַמְנַצֵּחַ מִזְמוֹר לְדָוִד : עַד־אָנָה יְהֹוָה תִּשְׁכָּחֵנִי 2
נֶצַח עַד־אָנָה תַּסְתִּיר אֶת־פָּנֶיךָ מִמֶּנִּי : עַד־ 3
אָנָה אָשִׁית עֵצוֹת בְּנַפְשִׁי יָגוֹן בִּלְבָבִי יוֹמָם עַד־
4 אָנָה יָרוּם אֹיְבִי עָלָי : הַבִּיטָה עֲנֵנִי יְהֹוָה אֱלֹהָי
5 הָאִירָה עֵינַי פֶּן־אִישַׁן הַמָּוֶת : פֶּן־יֹאמַר אֹיְבִי
יְכָלְתִּיו צָרַי יָגִילוּ כִּי אֶמּוֹט : וַאֲנִי בְּחַסְדְּךָ 6
בָטַחְתִּי יָגֵל לִבִּי בִּישׁוּעָתֶךָ אָשִׁירָה לַיהֹוָה כִּי
גָמַל עָלָי :

PSAL. XIV.   יד

1 לַמְנַצֵּחַ לְדָוִד אָמַר נָבָל בְּלִבּוֹ אֵין אֱלֹהִים הִשְׁחִיתוּ
2 הִתְעִיבוּ עֲלִילָה אֵין עֹשֵׂה־טוֹב : יְהֹוָה מִשָּׁמַיִם
הִשְׁקִיף עַל־בְּנֵי־אָדָם לִרְאוֹת הֲיֵשׁ מַשְׂכִּיל דֹּרֵשׁ
3 אֶת־אֱלֹהִים : הַכֹּל סָר יַחְדָּו נֶאֱלָחוּ אֵין עֹשֵׂה־טוֹב
4 אֵין גַּם־אֶחָד : הֲלֹא יָדְעוּ כָּל־פֹּעֲלֵי אָוֶן אֹכְלֵי
5 עַמִּי אָכְלוּ לֶחֶם יְהֹוָה לֹא קָרָאוּ : שָׁם פָּחֲדוּ
פָחַד כִּי־אֱלֹהִים בְּדוֹר צַדִּיק : עֲצַת־עָנִי תָבִישׁוּ כִּי 6
יְהֹוָה מַחְסֵהוּ : מִי יִתֵּן מִצִּיּוֹן יְשׁוּעַת יִשְׂרָאֵל
בְּשׁוּב יְהֹוָה שְׁבוּת עַמּוֹ יָגֵל יַעֲקֹב יִשְׂמַח יִשְׂרָאֵל :

PSAL. XV.   טו

1 מִזְמוֹר לְדָוִד יְהֹוָה מִי־יָגוּר בְּאָהֳלֶךָ מִי־יִשְׁכֹּן בְּהַר
2 קָדְשֶׁךָ : הוֹלֵךְ תָּמִים וּפֹעֵל צֶדֶק וְדֹבֵר אֱמֶת
3 בִּלְבָבוֹ : לֹא־רָגַל עַל־לְשֹׁנוֹ לֹא־עָשָׂה לְרֵעֵהוּ רָעָה

18 For the needy *b* shall not alway be forgotten : the expectation of the poor shall *not* perish for ever.

19 Arise, O Lord ; let not man prevail ; let the heathen be judged in thy sight.

20 Put them in fear,*c* O Lord ; *that* the nations may know themselves *to be but* men. Selah.

PSALM X.

WHY standest thou afar off, O Lord? *why* hidest thou *thyself* in times of trouble?

2 The *γ* wicked in *his* pride doth persecute the poor : let *d* them be taken in the devices that they have imagined.

3 For the wicked boasteth of his *ζ* heart's desire, and *θ* blesseth the covetous, *whom* the Lord abhorreth.

4 The wicked, through the pride of his countenance, will not seek *after God* : *λ* God *is* not*f* in all his thoughts.

5 His ways are always grievous; thy judgments *are* far above out of his sight : *as for* all his enemies, he puffeth at them.

6 He hath said in his heart, I shall not be moved ; for *I shall v* never *be* in adversity.

7 His mouth is full of cursing and *π* deceit and fraud ; under his tongue *is* mischief and *σ* vanity.

8 He sitteth in the lurking-places of the villages ; in the secret places doth he murder the innocent : his eyes *φ* are privily set against the poor.

9 He lieth in wait *β* secretly, as a lion in his den : he lieth in wait to catch the poor : he doth catch the poor, when he draweth him into his net.

10 He *γ* croucheth, *and* humbleth himself, that the poor may fall *δ* by his strong ones.

11 He hath said in his heart, God hath forgotten : *i* he hideth his face ; he will never see *it.*

12 Arise, O Lord ; O God, lift up thine hand : forget not the *ζ* humble.

13 Wherefore doth the wicked contemn God? he hath said in his heart, Thou wilt not require *it.*

14 Thou hast seen *it;* for thou beholdest mischief and spite, to requite *it* with thy hand : the poor *η* committeth himself unto thee ; thou art the helper of the fatherless.

15 Break *l* thou the arm of the wicked and the evil *man* : seek out his wickedness *till m* thou find none.

16 The Lord *is* King *n* for ever and ever : the heathen are perished out of his land.

17 Lord, thou hast heard *o* the desire of the humble : thou wilt *θ* prepare their heart, thou wilt cause thine ear to hear ;

18 To judge *p* the fatherless and the oppressed, that the man of the earth may no more *λ* oppress.

PSALM XI.

To the chief Musician. *A Psalm* of David.

IN ye Lord put I my trust : how say ye to my soul, Flee *as* a bird to your mountain?

2 For, lo, the wicked *r* bend *their* bow, they make ready their arrow upon the string, that they may *v* privily shoot at the upright in heart.

3 If the foundations *s* be destroyed, what can the righteous do?

4 The Lord *is* in his holy temple,*u* the Lord's throne *is* in heaven : his eyes behold, his eyelids try, the children of men.

5 The Lord trieth the righteous : but the wicked, and him that loveth violence, his soul hateth.

6 Upon the wicked he shall rain *σ* snares, fire*v* and brimstone, and an *τ* horrible tem-

---

b Is. 41. 17.
c Ps.83.15,16.
β the eighth,
   Ps. 6, *title.*
γ In the pride
   of the wick-
   ed he doth.
d Pr. 5 22.
δ cn heart &
   an heart.
ζ soul's.
η great.
e i Sa. 2. 3.
   Da. 7. 8,25.
θ the covet-
   ous blesseth
   himself, he
   abhorreth
   the LORD.
κ with us.
λ or, *all his*
   thoughts
   are, There
   is *no God,*
   Ps. 14. 1.
f Ep. 2. 12.
μ or, *would*
   ensnare
   him.
g Ps.119.140.
v unto gene-
   ration and
   generation.
π deceits.
ϱ him : i. e.
   every one
   of them.
σ or,*iniquity*
τ of the sons
   of men.
φ hide them-
   selves.
χ or,*overseer*
β in the se-
   cret places.
h Ps. 88. 14.
γ breaketh
   himself.
δ or, *into his*
   strong parts
i Ec. 8. 11.
k Je. 51. 39.
ζ or,*afflicted.*
η leaveth.
i Ps. 37. 17.
m 2Ki.21.12..
   15.
n 1Ti.6.15,16.
o Is. 65. 24.
θ or, *esta-*
   blish.
p Is. 11. 4.
κ or, *terrify.*
μ they fear-
   ed a fear.
q Ps. 53. 5.
r Ps. 64. 2. 4.
v in darkness
π Who will
   give.
s Ro. 11. 26.
t 2 Ti. 2. 19.
u Hab. 2. 20.
ρ sojourn.
σ or, *quick*
   burning
   coals.
v Ge. 19. 24.
τ or,*burning*
φ or, *receiv-*
   eth, or,
   endureth.

---

pest : *this shall be* the portion of their cup.

7 For the righteous Lord loveth righteousness ; his countenance doth behold the upright.

PSALM XII.
To the chief Musician upon *β* Sheminith.
A Psalm of David.

HELP, Lord ; for the godly man ceaseth ; for the faithful fail from among the children of men.

2 They speak vanity every one with his neighbour : *with* flattering lips, *and* with a *δ* double heart, do they speak.

3 The Lord shall cut off all flattering lips, & the tongue that speaketh *η* proud*e* things;

4 Who have said, With our tongue will we prevail ; our lips *are κ* our own : who *is* Lord over us?

5 For the oppression of the poor, for the sighing of the needy, now will I arise, saith the Lord ; I will set *him* in safety *from him that μ* puffeth at him.

6 The words of the Lord *are g* pure words ; *as* silver tried in a furnace of earth, purified seven times.

7 Thou shalt keep them, O Lord, thou shalt preserve *ρ* them from this generation for ever.

8 The wicked walk on every side, when the vilest *τ* men are exalted.

PSALM XIII.
To the *λ* chief Musician. A Psalm of David.

HOW long wilt thou forget me, O Lord? for ever? how long wilt thou hide *h* thy face from me?

2 How long shall I take counsel in my soul, *having* sorrow in my heart daily? how long shall mine enemy be exalted over me?

3 Consider *and* hear me, O Lord my God ; lighten mine eyes, lest I sleep *k* the *sleep of* death ;

4 Lest mine enemy say, I have prevailed against him ; *and* those that trouble me rejoice when I am moved.

5 But I have trusted in thy mercy ; my heart shall rejoice in thy salvation.

6 I will sing unto the Lord, because he hath dealt bountifully with me.

PSALM XIV.
To the chief Musician. *A Psalm* of David.

THE fool hath said in his heart, *There is* no God. They are corrupt ; they have done abominable works ; *there is* none that doeth good.

2 The Lord looked down from heaven upon the children of men, to see if there were any that did understand, *and* seek God.

3 They are all gone aside, they are *all* together become *κ* filthy ; *there is* none that doeth good, no, not one.

4 Have all the workers of iniquity no knowledge? who eat up my people *as* they eat bread, and call not upon the Lord.

5 *μ* There were they in great fear : *q* for God *is* in the generation of the righteous.

6 Ye have shamed the counsel of the poor ; because the Lord *is* his refuge.

7 *π* Oh that the salvation of Israel *were come s* out of Zion! When the Lord bringeth back the captivity of his people, Jacob shall rejoice, *and* Israel shall be glad.

PSALM XV. A Psalm of David.

LORD, who shall *ρ* abide in thy tabernacle? who shall dwell in thy holy hill?

2 He that walketh uprightly, and worketh righteousness, and speaketh the truth in his heart.

3 *He that* backbiteth not with his tongue, nor doeth evil to his neighbour, nor *φ* tak-

4 וְחָרְפָּה לֹא־נָשָׂא עַל־קְרֹבוֹ : נִבְזֶה בְּעֵינָיו
נִמְאָס וְאֶת־יִרְאֵי יְהוָה יְכַבֵּד נִשְׁבַּע לְהָרַע וְלֹא
יָמִר : כַּסְפּוֹ לֹא־נָתַן בְּנֶשֶׁךְ וְשֹׁחַד עַל־נָקִי לֹא
5 לָקָח עֹשֵׂה־אֵלֶּה לֹא יִמּוֹט לְעוֹלָם :

קוּמָה יְהוָה קַדְּמָה פָנָיו הַכְרִיעֵהוּ פַּלְּטָה נַפְשִׁי
13 מֵרָשָׁע חַרְבֶּךָ : מִמְתִים־יָדְךָ יְהוָה מִמְתִים מֵחֶלֶד
14 חֶלְקָם בַּחַיִּים וּצְפוּנְךָ תְּמַלֵּא בִטְנָם
יִשְׂבְּעוּ בָנִים וְהִנִּיחוּ יִתְרָם לְעוֹלְלֵיהֶם : אֲנִי
15 בְּצֶדֶק אֶחֱזֶה פָנֶיךָ אֶשְׂבְּעָה בְהָקִיץ תְּמוּנָתֶךָ :

PSAL. XVI. ט

1 מִכְתָּם לְדָוִד שָׁמְרֵנִי אֵל כִּי־חָסִיתִי בָךְ : אָמַרְתְּ
2 לַיהוָה אֲדֹנָי אָתָּה טוֹבָתִי בַּל־עָלֶיךָ : לִקְדוֹשִׁים
3 אֲשֶׁר־בָּאָרֶץ הֵמָּה וְאַדִּירֵי כָּל־חֶפְצִי־בָם : יִרְבּוּ
4 עַצְּבוֹתָם אַחֵר מָהָרוּ בַּל־אַסִּיךְ נִסְכֵּיהֶם מִדָּם
5 וּבַל־אֶשָּׂא אֶת־שְׁמוֹתָם עַל־שְׂפָתָי : יְהוָה מְנָת־
6 חֶלְקִי וְכוֹסִי אַתָּה תּוֹמִיךְ גּוֹרָלִי : חֲבָלִים נָפְלוּ־
7 לִי בַּנְּעִמִים אַף־נַחֲלָת שָׁפְרָה עָלָי : אֲבָרֵךְ אֶת־
8 יְהוָה אֲשֶׁר יְעָצָנִי אַף־לֵילוֹת יִסְּרוּנִי כִלְיוֹתָי :
9 שִׁוִּיתִי יְהוָה לְנֶגְדִּי תָמִיד כִּי מִימִינִי בַּל־אֶמּוֹט :
10 לָכֵן שָׂמַח לִבִּי וַיָּגֶל כְּבוֹדִי אַף־בְּשָׂרִי יִשְׁכֹּן
11 לָבֶטַח : כִּי לֹא־תַעֲזֹב נַפְשִׁי לִשְׁאוֹל לֹא־תִתֵּן
חֲסִידְךָ לִרְאוֹת שָׁחַת : תּוֹדִיעֵנִי אֹרַח חַיִּים
שֹׂבַע שְׂמָחוֹת אֶת־פָּנֶיךָ נְעִמוֹת בִּימִינְךָ נֶצַח :

PSAL. XVII. י

1 תְּפִלָּה לְדָוִד שִׁמְעָה יְהוָה צֶדֶק הַקְשִׁיבָה רִנָּתִי
2 הַאֲזִינָה תְפִלָּתִי בְּלֹא שִׂפְתֵי מִרְמָה : מִלְּפָנֶיךָ
3 מִשְׁפָּטִי יֵצֵא עֵינֶיךָ תֶּחֱזֶינָה מֵישָׁרִים : בָּחַנְתָּ
לִבִּי פָּקַדְתָּ לַּיְלָה צְרַפְתַּנִי בַל־תִּמְצָא זַמֹּתִי בַּל־
4 יַעֲבָר־פִּי : לִפְעֻלּוֹת אָדָם בִּדְבַר שְׂפָתֶיךָ אֲנִי
5 שָׁמַרְתִּי אָרְחוֹת פָּרִיץ : תָּמֹךְ אֲשֻׁרַי בְּמַעְגְּלוֹתֶיךָ
6 בַּל־נָמוֹטּוּ פְעָמָי : אֲנִי־קְרָאתִיךָ כִי־תַעֲנֵנִי אֵל
7 הַט־אָזְנְךָ לִי שְׁמַע אִמְרָתִי : הַפְלֵה חֲסָדֶיךָ
8 מוֹשִׁיעַ חוֹסִים מִמִּתְקוֹמְמִים בִּימִינֶךָ : שָׁמְרֵנִי
9 כְּאִישׁוֹן בַּת־עָיִן בְּצֵל כְּנָפֶיךָ תַּסְתִּירֵנִי : מִפְּנֵי
רְשָׁעִים זוּ שַׁדּוּנִי אֹיְבַי בְּנֶפֶשׁ יַקִּיפוּ עָלָי :
10 חֶלְבָּמוֹ סָגְרוּ פִּימוֹ דִּבְּרוּ בְגֵאוּת : אַשֻּׁרֵינוּ עַתָּה
11 סְבָבוּנִי עֵינֵיהֶם יָשִׁיתוּ לִנְטוֹת בָּאָרֶץ : דִּמְיֹנוֹ
12 כְּאַרְיֵה יִכְסוֹף לִטְרֹף וְכִכְפִיר יֹשֵׁב בְּמִסְתָּרִים :

PSAL. XVIII. יח

1 לַמְנַצֵּחַ לְעֶבֶד יְהוָה לְדָוִד אֲשֶׁר דִּבֶּר לַיהוָה
אֶת־דִּבְרֵי הַשִּׁירָה הַזֹּאת בְּיוֹם הִצִּיל־יְהוָה אוֹתוֹ
2 מִכַּף כָּל־אֹיְבָיו וּמִיַּד שָׁאוּל : וַיֹּאמַר אֶרְחָמְךָ
3 יְהוָה חִזְקִי : יְהוָה סַלְעִי וּמְצוּדָתִי וּמְפַלְטִי
4 אֵלִי צוּרִי אֶחֱסֶה־בּוֹ מָגִנִּי וְקֶרֶן יִשְׁעִי מִשְׂגַּבִּי :
5 מְהֻלָּל אֶקְרָא יְהוָה וּמִן־אֹיְבַי אִוָּשֵׁעַ : אֲפָפוּנִי
6 חֶבְלֵי־מָוֶת וְנַחֲלֵי בְלִיַּעַל יְבַעֲתוּנִי : חֶבְלֵי שְׁאוֹל
7 סְבָבוּנִי קִדְּמוּנִי מוֹקְשֵׁי מָוֶת : בַּצַּר־לִי אֶקְרָא
יְהוָה וְאֶל־אֱלֹהַי אֲשַׁוֵּעַ יִשְׁמַע מֵהֵיכָלוֹ קוֹלִי
8 וְשַׁוְעָתִי לְפָנָיו תָּבוֹא בְאָזְנָיו : וַתִּגְעַשׁ וַתִּרְעַשׁ
הָאָרֶץ וּמוֹסְדֵי הָרִים יִרְגָּזוּ וַיִּתְגָּעֲשׁוּ כִּי־חָרָה
9 לוֹ : עָלָה עָשָׁן בְּאַפּוֹ וְאֵשׁ־מִפִּיו תֹּאכֵל
10 גֶּחָלִים בָּעֲרוּ מִמֶּנּוּ : וַיֵּט שָׁמַיִם וַיֵּרַד וַעֲרָפֶל
11 תַּחַת רַגְלָיו : וַיִּרְכַּב עַל־כְּרוּב וַיָּעֹף וַיֵּדֶא עַל־
12 כַּנְפֵי־רוּחַ : יָשֶׁת חֹשֶׁךְ סִתְרוֹ סְבִיבוֹתָיו סֻכָּתוֹ
13 חֶשְׁכַת־מַיִם עָבֵי שְׁחָקִים : מִנֹּגַהּ נֶגְדּוֹ עָבָיו
14 עָבְרוּ בָּרָד וְגַחֲלֵי־אֵשׁ : וַיַּרְעֵם בַּשָּׁמַיִם יְהוָה
15 וְעֶלְיוֹן יִתֵּן קֹלוֹ בָּרָד וְגַחֲלֵי־אֵשׁ : וַיִּשְׁלַח חִצָּיו
16 וַיְפִיצֵם וּבְרָקִים רָב וַיְהֻמֵּם : וַיֵּרָאוּ אֲפִיקֵי
מַיִם וַיִּגָּלוּ מוֹסְדוֹת תֵּבֵל מִגַּעֲרָתְךָ יְהוָה
17 מִנִּשְׁמַת רוּחַ אַפֶּךָ : יִשְׁלַח מִמָּרוֹם יִקָּחֵנִי
18 יַמְשֵׁנִי מִמַּיִם רַבִּים : יַצִּילֵנִי מֵאֹיְבִי עָז וּמִשֹּׂנְאַי
19 כִּי־אָמְצוּ מִמֶּנִּי : יְקַדְּמוּנִי בְיוֹם־אֵידִי וַיְהִי־יְהוָה
20 לְמִשְׁעָן לִי : וַיּוֹצִיאֵנִי לַמֶּרְחָב יְחַלְּצֵנִי כִּי חָפֵץ
21 בִּי : יִגְמְלֵנִי יְהוָה כְּצִדְקִי כְּבֹר יָדַי יָשִׁיב לִי :
22 כִּי־שָׁמַרְתִּי דַּרְכֵי יְהוָה וְלֹא־רָשַׁעְתִּי מֵאֱלֹהָי : כִּי
23 כָל־מִשְׁפָּטָיו לְנֶגְדִּי וְחֻקֹּתָיו לֹא־אָסִיר מֶנִּי : וָאֱהִי
24 תָמִים עִמּוֹ וָאֶשְׁתַּמֵּר מֵעֲוֹנִי : וַיָּשֶׁב־יְהוָה לִי
25

eth up a reproach against his neighbour.

4 In whose eyes a vile person is contemned; but he honoureth them that fear the LORD. *He that* sweareth to *his own* hurt, and changeth not.

5 *He that* putteth not out his money to usury,^c nor taketh reward against the innocent. He that doeth these *things* shall never^e be moved.

PSALM XVI. ζ Michtam of David.

PRESERVE me, O God: for in thee do I put my trust.

2 *O my soul*, thou hast said unto the LORD, Thou *art* my Lord: my^h goodness *extendeth* not to thee;

3 *But* to the saints that *are* in the earth, and *to* the excellent,ⁱ in whom *is* all my delight.

4 Their sorrows shall be multiplied *that* θ hasten *after* another *god:* their drink-offerings of blood will I not offer, nor take up their names^l into my lips.

5 The LORD *is* the portion^m of κ mine inheritance and of my cup: thou maintainest my lot.

6 The lines are fallen unto me in pleasant *places;* yea, I have a goodly heritage.

7 I will bless the LORD, who hath given me counsel; my reins also instruct me in the night-seasons.

8 I^p have set the LORD always before me: because he^q *is* at my right hand, I shall not be moved.

9 Therefore my heart is glad, & my glory rejoiceth: my flesh also shall ν rest in hope.

10 For thou wilt not leave^s my soul in hell; neither wilt thou suffer thine Holy One to see corruption.

11 Thou wilt shew me the path^t of life: in thy presence *is* fulness of joy;^v at thy right hand^w *there are* pleasures^x for evermore.

PSALM XVII. A Prayer of David.

HEAR ρ the right, O LORD, attend unto my cry; give ear unto my prayer, *that goeth* σ not out of feigned lips.

2 Let my sentence come forth from thy presence; let thine eyes behold the things that are equal.

3 Thou hast proved^a mine heart; thou hast visited *me* in the night; thou hast tried me, *and* shalt find nothing: I am purposed *that* my mouth^c shall not transgress.

4 Concerning the works of men, by the^d word of thy lips I have kept *me from* the paths of the destroyer.

5 Hold up my goings in thy paths, *that* my footsteps τ slip not.

6 I have called upon thee, for thou wilt hear me, O God: incline thine ear unto me, *and hear* my speech.

7 Shew thy marvellous loving-kindness, O thou that savest χ by thy right hand them which put their trust *in thee* from those that rise up *against them.*

8 Keep me as the apple of the eye; hide me under the shadow of thy wings,

9 From the wicked that ψ oppress me, *from* my β deadly enemies *who* compass me about.

10 They are inclosed in their own fat: with their mouth they speak proudly.

11 They have now compassed us in our steps; they have set their eyes bowing down to the earth;

12 γ Like as a lion *that* is greedy of his prey, and as it were a young lion δ lurking in secret places.

13 Arise, O LORD, η disappoint him, cast him down: deliver my soul from the wicked, θ *which is* thyⁱ sword:

γ by thine.
b Lu. 16.25.
δ or, their children are full.
c Eze.18.8,17. 22. 12.
d 1 Jn\`. 3. 2.
e 2 Pe. 1. 10.
ζ or, *A golden* Psalm, Ps. LVI.. LX.
f Ps.36. title.
ξ 2Sa. XXII.
h Job 35.7, 8.
i Mal. 3. 17.
k 1 Jn\`. 4. 19.
η *rock.*
θ or, *give gifts to another.*
l Hos. 2.17.
m La. 3. 24.
κ *my part.*
n Re.5.11..13.
o Ps. 50. 15.
λ *Belial.*
μ or, *cords.*
p Ac.2.25,&c.
q Ps.73.23..26.
r 2Ch. 30. 27.
ν *dwell confidently.*
s Ac. 3. 15.
π *by.*
t Mat. 7. 14.
u Ps.145.5,&c
v Jude 24.
w Mat. 25. 33.
x Ps. 36. 8.
ρ *justice.*
y Ps. 27. 5.
σ *without lips of deceit.*
z Ps. 97. 2.
a Ps. 139.23.
b 1 Sa. 7. 10.
c Ps. 39. 1, 2. Pr. 13. 3.
d Pr.2. 10..15.
e Ps. 106. 9.
τ *be not moved.*
φ or, *great.*
χ or, *them which trust in thee from those that rise up against thy right hand.*
f 1 Sa. 30. 6. Ps. 3. 1..5.
ψ *waste.*
β *enemies against the soul.*
g 1Sa.24.17,20
γ *The likeness of him* (that is, *of every one of them*) is, *as a lion that desireth to ravin*
δ *sitting.*
ζ *with.*
η *prevent his face.*
h Ps. 37. 27.
θ or, *by thy.*
i Is. 10.5.

---

14 From men γ *which are* thy hand, O LORD, from men of the world, *which have* their portion in *this*^b life, and whose belly thou fillest with thy hid *treasure:* δ they are full of children, and leave the rest of their *substance* to their babes.

15 As for me, I will behold thy^d face in righteousness: I shall be satisfied, when I awake, with thy likeness.

PSALM XVIII.

To the chief Musician. *A Psalm* of David, the servant^f of the Lord, who spake unto the Lord the words^g of this song in the day *that* the Lord delivered him from the hand of all his enemies, and from the hand of Saul: And he said,

I WILL love^k thee, O LORD, my strength.

2 The LORD *is* my rock, and my fortress, and my deliverer; my God, my η strength, in whom I will trust; my buckler, and the horn of my salvation, *and* my high tower.

3 I will call upon the LORD, *who is worthy*ⁿ to be praised: so^o shall I be saved from mine enemies.

4 The sorrows of death compassed me, *and* the γ floods of λ ungodly men made me afraid.

5 The μ sorrows of hell compassed me about; the snares of death prevented me.

6 In my distress I called upon the LORD, and cried unto my God: he heard my voice out of his temple, and my cry came before^r him, *even* into his ears.

7 Then the earth shook and trembled; the foundations also of the hills moved and were shaken, because he was wroth.

8 There went up a smoke π out of his nostrils, and fire out of his mouth devoured: coals were kindled by it.

9 He bowed^u the heavens also, and came down: and darkness *was* under his feet.

10 And he rode upon a cherub, and did fly; yea, he did fly upon the wings of the wind.

11 He made darkness his secret place: his pavilion^y round about him *were* dark waters *and* thick clouds^z of the skies.

12 At the brightness *that was* before him his thick clouds passed, hail-*stones* and coals of fire.

13 The LORD also thundered^b in the heavens, and the Highest gave his voice; hail-*stones* and coals of fire.

14 Yea, he sent out his arrows, and scattered them; and he shot out lightnings, and discomfited them.

15 Then^e the channels of waters were seen, and the foundations of the world were discovered at thy rebuke, O LORD, at the blast of the breath of thy nostrils.

16 He sent from above, he took me, he drew me out of φ many waters.

17 He delivered me from my strong enemy, and from them which hated me: for they were too strong for me.

18 They prevented me in the day of my calamity: but^f the LORD was my stay.

19 He brought me forth also into a large place: he delivered me, because he delighted in me.

20 The LORD rewarded^g me according to my righteousness; according to the cleanness of my hands hath he recompensed me.

21 For I have kept the ways of the LORD, and have not wickedly departed from my God.

22 For all his judgments *were* before me, & I did not put away his statutes from me.

23 I was also upright ζ before him, and I kept myself from mine iniquity. λ

24 Therefore hath the LORD recompensed me according to my righteousness ac-

26 עִם־חָסִיד תִּתְחַסָּד ׃ עִם־גְּבַר תָּמִים תִּתַּמָּם ׃

27 עִם־נָבָר תִּתְבָּרָר ׃ וְעִם־עִקֵּשׁ תִּתְפַּתָּל ׃

28 כִּי־אַתָּה עַם־עָנִי תוֹשִׁיעַ ׃ וְעֵינַיִם רָמוֹת תַּשְׁפִּיל ׃

29 כִּי־אַתָּה תָּאִיר נֵרִי ׃ יְהוָה אֱלֹהַי יַגִּיהַּ חָשְׁכִּי ׃

30 כִּי־בְךָ אָרֻץ גְּדוּד ׃ וּבֵאלֹהַי אֲדַלֶּג־שׁוּר ׃

31 הָאֵל תָּמִים דַּרְכּוֹ ׃ אִמְרַת־יְהוָה צְרוּפָה מָגֵן הוּא לְכֹל ׀ הַחֹסִים בּוֹ ׃

32 כִּי מִי אֱלוֹהַּ מִבַּלְעֲדֵי יְהוָה ׃ וּמִי צוּר זוּלָתִי אֱלֹהֵינוּ ׃

33 הָאֵל הַמְאַזְּרֵנִי חָיִל ׃ וַיִּתֵּן תָּמִים דַּרְכִּי ׃

34 מְשַׁוֶּה רַגְלַי כָּאַיָּלוֹת ׃ וְעַל בָּמֹתַי יַעֲמִידֵנִי ׃

35 מְלַמֵּד יָדַי לַמִּלְחָמָה ׃ וְנִחֲתָה קֶשֶׁת־נְחוּשָׁה זְרוֹעֹתָי ׃

36 וַתִּתֶּן־לִי מָגֵן יִשְׁעֶךָ ׃ וִימִינְךָ תִסְעָדֵנִי וְעַנְוַתְךָ תַרְבֵּנִי ׃

37 תַּרְחִיב צַעֲדִי תַחְתָּי ׃ וְלֹא מָעֲדוּ קַרְסֻלָּי ׃

38 אֶרְדּוֹף אוֹיְבַי וְאַשִּׂיגֵם ׃ וְלֹא־אָשׁוּב עַד־כַּלּוֹתָם ׃

39 אֶמְחָצֵם וְלֹא־יֻכְלוּ קוּם ׃ יִפְּלוּ תַּחַת רַגְלָי ׃

40 וַתְּאַזְּרֵנִי חַיִל לַמִּלְחָמָה ׃ תַּכְרִיעַ קָמַי תַּחְתָּי ׃

41 וְאֹיְבַי נָתַתָּה לִּי עֹרֶף ׃ וּמְשַׂנְאַי אַצְמִיתֵם ׃

42 יְשַׁוְּעוּ וְאֵין־מוֹשִׁיעַ עַל־יְהוָה וְלֹא עָנָם ׃

43 וְאֶשְׁחָקֵם כְּעָפָר עַל־פְּנֵי־רוּחַ ׃ כְּטִיט חוּצוֹת אֲרִיקֵם ׃

44 תְּפַלְּטֵנִי מֵרִיבֵי עָם ׃ תְּשִׂימֵנִי לְרֹאשׁ גּוֹיִם עַם לֹא־יָדַעְתִּי יַעַבְדוּנִי ׃

45 לְשֵׁמַע אֹזֶן יִשָּׁמְעוּ לִי ׃ בְּנֵי־נֵכָר יְכַחֲשׁוּ־לִי ׃

46 בְּנֵי־נֵכָר יִבֹּלוּ ׃ וְיַחְרְגוּ מִמִּסְגְּרוֹתֵיהֶם ׃

47 חַי־יְהוָה וּבָרוּךְ צוּרִי ׃ וְיָרוּם אֱלֹהֵי יִשְׁעִי ׃

48 הָאֵל הַנּוֹתֵן נְקָמוֹת לִי ׃ וַיַּדְבֵּר עַמִּים תַּחְתָּי ׃

49 מְפַלְּטִי מֵאֹיְבָי אַף מִן־קָמַי תְּרוֹמְמֵנִי ׃ מֵאִישׁ חָמָס תַּצִּילֵנִי ׃

50 עַל־כֵּן ׀ אוֹדְךָ בַגּוֹיִם יְהוָה ׃ וּלְשִׁמְךָ אֲזַמֵּרָה ׃

51 מַגְדִּל יְשׁוּעוֹת מַלְכּוֹ וְעֹשֶׂה חֶסֶד ׀ לִמְשִׁיחוֹ לְדָוִד וּלְזַרְעוֹ עַד־עוֹלָם ׃

PSAL. XIX. ט

1 לַמְנַצֵּחַ מִזְמוֹר לְדָוִד ׃

2 הַשָּׁמַיִם מְסַפְּרִים כְּבוֹד־אֵל ׃ וּמַעֲשֵׂה יָדָיו מַגִּיד הָרָקִיעַ ׃

3 יוֹם לְיוֹם יַבִּיעַ אֹמֶר ׃ וְלַיְלָה לְּלַיְלָה יְחַוֶּה־דָּעַת ׃

4 אֵין־אֹמֶר וְאֵין דְּבָרִים ׃ בְּלִי נִשְׁמָע קוֹלָם ׃

5 בְּכָל־הָאָרֶץ ׀ יָצָא קַוָּם וּבִקְצֵה תֵבֵל מִלֵּיהֶם לַשֶּׁמֶשׁ

---

6 שָׂשׂ־אֹהֶל בָּהֶם ׃ וְהוּא כְּחָתָן יֹצֵא מֵחֻפָּתוֹ

7 יָשִׂישׂ כְּגִבּוֹר לָרוּץ אֹרַח ׃ מִקְצֵה הַשָּׁמַיִם ׀ מוֹצָאוֹ וּתְקוּפָתוֹ עַל־קְצוֹתָם וְאֵין נִסְתָּר מֵחַמָּתוֹ ׃

8 תּוֹרַת יְהוָה תְּמִימָה מְשִׁיבַת נָפֶשׁ עֵדוּת יְהוָה

9 נֶאֱמָנָה מַחְכִּימַת פֶּתִי ׃ פִּקּוּדֵי יְהוָה יְשָׁרִים

10 מְשַׂמְּחֵי־לֵב מִצְוַת יְהוָה בָּרָה מְאִירַת עֵינָיִם ׃ יִרְאַת יְהוָה ׀ טְהוֹרָה עוֹמֶדֶת לָעַד מִשְׁפְּטֵי־

11 יְהוָה אֱמֶת צָדְקוּ יַחְדָּו ׃ הַנֶּחֱמָדִים מִזָּהָב

12 וּמִפַּז רָב וּמְתוּקִים מִדְּבַשׁ וְנֹפֶת צוּפִים ׃ גַּם־

13 עַבְדְּךָ נִזְהָר בָּהֶם בְּשָׁמְרָם עֵקֶב רָב ׃ שְׁגִיאוֹת

14 מִי־יָבִין מִנִּסְתָּרוֹת נַקֵּנִי ׃ גַּם מִזֵּדִים ׀ חֲשֹׂךְ

15 עַבְדֶּךָ אַל־יִמְשְׁלוּ־בִי אָז אֵיתָם וְנִקֵּיתִי מִפֶּשַׁע רָב ׃ יִהְיוּ לְרָצוֹן ׀ אִמְרֵי־פִי וְהֶגְיוֹן לִבִּי לְפָנֶיךָ יְהוָה צוּרִי וְגֹאֲלִי ׃

PSAL. XX. כ

1 לַמְנַצֵּחַ מִזְמוֹר לְדָוִד ׃

2 יַעַנְךָ יְהוָה בְּיוֹם צָרָה יְשַׂגֶּבְךָ שֵׁם ׀ אֱלֹהֵי יַעֲקֹב ׃

3 יִשְׁלַח־עֶזְרְךָ מִקֹּדֶשׁ וּמִצִּיּוֹן יִסְעָדֶךָּ ׃

4 יִזְכֹּר כָּל־מִנְחֹתֶךָ וְעוֹלָתְךָ יְדַשְּׁנֶה סֶלָה ׃

5 יִתֶּן־לְךָ כִלְבָבֶךָ וְכָל־עֲצָתְךָ יְמַלֵּא ׃

6 נְרַנְּנָה ׀ בִּישׁוּעָתֶךָ וּבְשֵׁם־אֱלֹהֵינוּ נִדְגֹּל יְמַלֵּא יְהוָה כָּל־מִשְׁאֲלוֹתֶיךָ ׃

7 עַתָּה יָדַעְתִּי כִּי הוֹשִׁיעַ ׀ יְהוָה מְשִׁיחוֹ יַעֲנֵהוּ מִשְּׁמֵי קָדְשׁוֹ בִּגְבֻרוֹת יֵשַׁע יְמִינוֹ ׃

8 אֵלֶּה בָרֶכֶב וְאֵלֶּה בַסּוּסִים וַאֲנַחְנוּ ׀ בְּשֵׁם־יְהוָה אֱלֹהֵינוּ נַזְכִּיר ׃

9 הֵמָּה כָּרְעוּ וְנָפָלוּ וַאֲנַחְנוּ קַּמְנוּ וַנִּתְעוֹדָד ׃

10 יְהוָה הוֹשִׁיעָה הַמֶּלֶךְ יַעֲנֵנוּ בְיוֹם־קָרְאֵנוּ ׃

PSAL. XXI. כא

1 לַמְנַצֵּחַ מִזְמוֹר לְדָוִד ׃

2 יְהוָה בְּעָזְּךָ יִשְׂמַח־מֶלֶךְ וּבִישׁוּעָתְךָ מַה־יָּגֶל מְאֹד ׃

3 תַּאֲוַת לִבּוֹ נָתַתָּה לּוֹ וַאֲרֶשֶׁת שְׂפָתָיו בַּל־מָנַעְתָּ סֶּלָה ׃

4 כִּי־תְקַדְּמֶנּוּ בִּרְכוֹת טוֹב תָּשִׁית לְרֹאשׁוֹ עֲטֶרֶת פָּז ׃

5 חַיִּים ׀ שָׁאַל מִמְּךָ נָתַתָּה לּוֹ אֹרֶךְ יָמִים עוֹלָם וָעֶד ׃

6 גָּדוֹל כְּבוֹדוֹ בִּישׁוּעָתֶךָ הוֹד וְהָדָר תְּשַׁוֶּה עָלָיו ׃

7 כִּי־תְשִׁיתֵהוּ בְרָכוֹת לָעַד

cording to the cleanness of my hands β in his eye-sight.

25 With the merciful thou wilt shew thyself merciful; with an upright man thou wilt shew thyself upright;

26 With the pure thou wilt shew thyself pure; and with the froward *a* thou wilt ζshew thyself froward.

27 For thou wilt save the afflicted people; but wilt bring down high *b* looks.

28 For thou wilt light my ηcandle; *c* the Lord my God will enlighten my darkness.

29 For by thee I have λrun thro' a troop; and by my God have I leaped over a wall.

30 *As for* God, his way *is* perfect: the word of the Lord is μtried; *d* he *is a* buckler *e* to all those that trust in him.

31 For who *is* God save the Lord? or who *is* a rock save our God?

32 *It is* God *f* that girdeth me with strength, and maketh my way perfect.

33 He maketh my feet like hinds' *feet*, and setteth me upon my high places.

34 He teacheth my hands to war, so that a bow of steel is broken by mine arms.

35 Thou hast also given me the shield of thy salvation: and thy right hand hath holden me up, and ρ thy gentleness hath made me great.

36 Thou hast enlarged my steps under me, that my σ feet did not slip.*g*

37 I have pursued mine enemies, and overtaken them: neither did I turn again till they were consumed.

38 I have wounded them that they were not able to rise: *i* they are fallen under my feet.

39 For thou hast girded me with strength unto the battle: thou hast χsubdued under me those that rose up against me.

40 Thou hast also given me the necks of mine enemies, that I might destroy them that hate me.

41 They cried, but *there was* none to save *them: even* unto the Lord, but *k* he answered them not.

42 Then did I beat them small as the dust before the wind; I did cast them out as the dirt in the streets.

43 Thou hast delivered me from the strivings of the people; *and* thou hast made me the head of the heathen: a *l* people *whom* I have not known shall serve me.

44 θ As soon as they hear of me, they shall obey me: the κ strangers shall λ submit themselves unto me.

45 The strangers shall fade away, and be afraid out of their close places.

46 The Lord liveth: & blessed *be* my rock; and let the God of my salvation be exalted.

47 *It is* God that μ avengeth me, and ν subdueth the people unto me.

48 He delivereth me from mine enemies; yea, thou liftest me up above those that rise up against me: thou hast delivered me from the π violent man.

49 Therefore will I ρ give thanks unto thee, O Lord, among the heathen, and sing praises unto thy name.

50 Great deliverance giveth he to his king; and sheweth mercy to his anointed, to David, and to his seed for evermore.*m*

PSALM XIX.

To the chief Musician. A Psalm of David.

THE heavens *n* declare the glory of God: & the firmament sheweth his handy work.

2 Day unto day uttereth speech, and night unto night sheweth knowledge.

3 *There is* no speech nor language,

β before his eyes.
γ without their voice heard, or, *without these their voice is heard.*
δ or, rule, or, direction.
a Pr. 3. 34.
ε or, wrestle.
b Pr. 6.16,17.
η or, *lamp*, Job 29. 3.
c Pr. 20. 27.
θ doctrine.
κ restoring.
λ broken.
μ refined.
d Ps. 12. 6.
e Pr. 30. 5.
f 2 Co. 3. 5.
ν truth.
π the dropping of honey-combs.
ρ or, with thy meekness thou hast multiplied me.
σ ancles.
g Pr. 4. 12.
h Ro.6.12..14.
τ or, much.
i 2 Sa. 5. 20.
φ rock.
χ caused to bow.
ψ set thee on an high place.
β thy help.
γ support.
δ turn to ashes, or, *make fat,* 1 Ki.18.38. 2 Ch. 7. 1.
k Je. 11. 11.
l Is. 55. 5.
ζ heaven of his holiness.
η by the strength of the salvation of.
θ at the hearing of the ear.
κ sons of the stranger.
λ lie, or, yield feigned obedience
μ giveth avengements for me.
ν destroyeth.
π man of violence.
ρ or, confess.
m Ro. 11. 29.
n Ro. 1.19,20.
σ set him to be blessings, Ge. 12. 2.
τ gladded him with joy
ν Ps. 4. 6, 7. 16. 11.

γ *where* their voice is not heard.

4 Their δ line is gone out through all the earth, and their words to the end of the world. In them hath he set a tabernacle for the sun;

5 Which *is* as a bridegroom coming out of his chamber, *and* rejoiceth as a strong man to run a race.

6 His going forth *is* from the end of the heaven, & his circuit unto the ends of it: & there is nothing hid from the heat thereof.

7 The θlaw of the Lord *is* perfect, κconverting the soul: the testimony of the Lord *is* sure, making wise the simple:

8 The statutes of the Lord *are* right, rejoicing the heart: the commandment of the Lord *is* pure, enlightening the eyes:

9 The fear of the Lord *is* clean, enduring for ever: the judgments of the Lord *are* νtrue *and* righteous altogether.

10 More to be desired *are they* than gold, yea, than much fine gold; sweeter also than honey and π the honey-comb.

11 Moreover, by them is thy servant warned: *and* in keeping of them *there is* great reward.

12 Who can understand *his* errors? cleanse thou me from secret *faults.*

13 Keep back thy servant also from presumptuous *sins;* let them not have dominion *h* over me: then shall I be upright, and I shall be innocent from τ the great transgression.

14 Let y*e* words of my mouth, & y*e* meditation of my heart, be acceptable in thy sight, O Lord, my φstrength and my redeemer.

PSALM XX.

To the chief Musician. A Psalm of David.

THE Lord hear thee in the day of trouble; the name of the God of Jacob ψ defend thee.

2 Send β thee help from the sanctuary, and γ strengthen thee out of Zion.

3 Remember all thy offerings, and δ accept thy burnt sacrifice. Selah.

4 Grant thee according to thine own heart, and fulfil all thy counsel.

5 We will rejoice in thy salvation, and in the name of our God we will set up *our* banners: the Lord fulfil all thy petitions.

6 Now know I that the Lord saveth his anointed: he will hear him from ζhis holy heaven ηwith the saving strength of his right hand.

7 Some *trust* in chariots, and some in horses: but we will remember the name of the Lord our God.

8 They are brought down and fallen; but we are risen, and stand upright.

9 Save, Lord: let the king hear us when we call.

PSALM XXI.

To the chief Musician. A Psalm of David.

THE king shall joy in thy strength, O Lord; and in thy salvation how greatly shall he rejoice!

2 Thou hast given him his heart's desire, and hast not withholden the request of his lips. Selah.

3 For thou preventest him with the blessings of goodness: thou settest a crown of pure gold on his head.

4 He asked life of thee, *and* thou gavest *it* him, *even* length of days for ever and ever.

5 His glory *is* great in thy salvation: honour and majesty hast thou laid upon him.

6 For thou hast σ made him most blessed for ever: thou hast τ made him exceeding glad *o* with thy countenance.

8 תִּתְחַדֵּהוּ בְשִׂמְחָה אֶת־פָּנֶיךָ : כִּי־הַמֶּלֶךְ בֹּטֵחַ
9 בַּיהוָה וּבְחֶסֶד עֶלְיוֹן בַּל־יִמּוֹט : תִּמְצָא יָדְךָ
10 לְכָל־אֹיְבֶיךָ יְמִינְךָ תִּמְצָא שֹׂנְאֶיךָ : תְּשִׁיתֵמוֹ
כְּתַנּוּר אֵשׁ לְעֵת פָּנֶיךָ יְהוָה בְּאַפּוֹ יְבַלְּעֵם
11 וְתֹאכְלֵם אֵשׁ : פִּרְיָמוֹ מֵאֶרֶץ תְּאַבֵּד וְזַרְעָם מִבְּנֵי
12 אָדָם : כִּי־נָטוּ עָלֶיךָ רָעָה חָשְׁבוּ מְזִמָּה בַּל־יוּכָלוּ
13 כִּי תְּשִׁיתֵמוֹ שֶׁכֶם בְּמֵיתָרֶיךָ תְּכוֹנֵן עַל־פְּנֵיהֶם
14 רוּמָה יְהוָה בְעֻזֶּךָ נָשִׁירָה וּנְזַמְּרָה גְּבוּרָתֶךָ :

PSAL. XXII.   כב

1 2 לַמְנַצֵּחַ עַל־אַיֶּלֶת הַשַּׁחַר מִזְמוֹר לְדָוִד : אֵלִי
אֵלִי לָמָה עֲזַבְתָּנִי רָחוֹק מִישׁוּעָתִי דִּבְרֵי שַׁאֲגָתִי
3 אֱלֹהַי אֶקְרָא יוֹמָם וְלֹא תַעֲנֶה וְלַיְלָה וְלֹא־דֻמִיָּה
4 5 לִי : וְאַתָּה קָדוֹשׁ יוֹשֵׁב תְּהִלּוֹת יִשְׂרָאֵל : בְּךָ
6 בָּטְחוּ אֲבֹתֵינוּ בָּטְחוּ וַתְּפַלְּטֵמוֹ : אֵלֶיךָ זָעֲקוּ
7 וְנִמְלָטוּ בְּךָ בָטְחוּ וְלֹא־בוֹשׁוּ : וְאָנֹכִי תוֹלַעַת
8 וְלֹא־אִישׁ חֶרְפַּת אָדָם וּבְזוּי עָם : כָּל־רֹאַי יַלְעִגוּ
9 לִי יַפְטִירוּ בְשָׂפָה יָנִיעוּ רֹאשׁ : גֹּל אֶל־יְהוָה
10 יְפַלְּטֵהוּ יַצִּילֵהוּ כִּי חָפֵץ בּוֹ : כִּי־אַתָּה גֹחִי
11 מִבָּטֶן מַבְטִיחִי עַל־שְׁדֵי אִמִּי : עָלֶיךָ הָשְׁלַכְתִּי
12 מֵרָחֶם מִבֶּטֶן אִמִּי אֵלִי אָתָּה : אַל־תִּרְחַק מִמֶּנִּי
13 כִּי־צָרָה קְרוֹבָה כִּי־אֵין עוֹזֵר : סְבָבוּנִי פָּרִים
14 רַבִּים אַבִּירֵי בָשָׁן כִּתְּרוּנִי : פָּצוּ עָלַי פִּיהֶם
15 אַרְיֵה טֹרֵף וְשֹׁאֵג : כַּמַּיִם נִשְׁפַּכְתִּי וְהִתְפָּרְדוּ
כָּל־עַצְמוֹתָי הָיָה לִבִּי כַּדּוֹנָג נָמֵס בְּתוֹךְ מֵעָי
16 יָבֵשׁ כַּחֶרֶשׂ כֹּחִי וּלְשׁוֹנִי מֻדְבָּק מַלְקוֹחָי וְלַעֲפַר
17 מָוֶת תִּשְׁפְּתֵנִי : כִּי סְבָבוּנִי כְּלָבִים עֲדַת מְרֵעִים
18 הִקִּיפוּנִי כָּאֲרִי יָדַי וְרַגְלָי : אֲסַפֵּר כָּל־עַצְמוֹתָי
19 הֵמָּה יַבִּיטוּ יִרְאוּ־בִי : יְחַלְּקוּ בְגָדַי לָהֶם וְעַל־
20 לְבוּשִׁי יַפִּילוּ גוֹרָל : וְאַתָּה יְהוָה אַל־תִּרְחָק
21 אֱיָלוּתִי לְעֶזְרָתִי חוּשָׁה : הַצִּילָה מֵחֶרֶב נַפְשִׁי
22 מִיַּד־כֶּלֶב יְחִידָתִי : הוֹשִׁיעֵנִי מִפִּי אַרְיֵה וּמִקַּרְנֵי
23 רֵמִים עֲנִיתָנִי : אֲסַפְּרָה שִׁמְךָ לְאֶחָי בְּתוֹךְ קָהָל
24 אֲהַלְלֶךָּ : יִרְאֵי יְהוָה הַלְלוּהוּ כָּל־זֶרַע יַעֲקֹב יְכַבְּדוּהוּ
25 וְגוּרוּ מִמֶּנּוּ כָּל־זֶרַע יִשְׂרָאֵל : כִּי לֹא
בָזָה וְלֹא שִׁקַּץ עֱנוּת עָנִי וְלֹא־הִסְתִּיר פָּנָיו מִמֶּנּוּ

26 וּבְשַׁוְּעוֹ אֵלָיו שָׁמֵעַ : מֵאִתְּךָ תְּהִלָּתִי בְּקָהָל רָב
27 נְדָרַי אֲשַׁלֵּם נֶגֶד יְרֵאָיו : יֹאכְלוּ עֲנָוִים וְיִשְׂבָּעוּ
28 יְהַלְלוּ יְהוָה דֹּרְשָׁיו יְחִי לְבַבְכֶם לָעַד : יִזְכְּרוּ
וְיָשֻׁבוּ אֶל־יְהוָה כָּל־אַפְסֵי־אָרֶץ וְיִשְׁתַּחֲווּ לְפָנֶיךָ
29 כָּל־מִשְׁפְּחוֹת גּוֹיִם : כִּי לַיהוָה הַמְּלוּכָה וּמֹשֵׁל
30 בַּגּוֹיִם : אָכְלוּ וַיִּשְׁתַּחֲווּ כָּל־דִּשְׁנֵי־אֶרֶץ לְפָנָיו
31 יִכְרְעוּ כָּל־יוֹרְדֵי עָפָר וְנַפְשׁוֹ לֹא חִיָּה : זֶרַע
32 יַעַבְדֶנּוּ יְסֻפַּר לַאדֹנָי לַדּוֹר : יָבֹאוּ וְיַגִּידוּ צִדְקָתוֹ
לְעַם נוֹלָד כִּי עָשָׂה :

PSAL. XXIII.   כג

1 2 מִזְמוֹר לְדָוִד יְהוָה רֹעִי לֹא אֶחְסָר : בִּנְאוֹת דֶּשֶׁא
2 יַרְבִּיצֵנִי עַל־מֵי מְנֻחוֹת יְנַהֲלֵנִי : נַפְשִׁי יְשׁוֹבֵב
3 יַנְחֵנִי בְמַעְגְּלֵי־צֶדֶק לְמַעַן שְׁמוֹ : גַּם כִּי־אֵלֵךְ
4 בְּגֵיא צַלְמָוֶת לֹא־אִירָא רָע כִּי־אַתָּה עִמָּדִי שִׁבְטְךָ
וּמִשְׁעַנְתֶּךָ הֵמָּה יְנַחֲמֻנִי : תַּעֲרֹךְ לְפָנַי שֻׁלְחָן
5 נֶגֶד צֹרְרָי דִּשַּׁנְתָּ בַשֶּׁמֶן רֹאשִׁי כּוֹסִי רְוָיָה
6 אַךְ טוֹב וָחֶסֶד יִרְדְּפוּנִי כָּל־יְמֵי חַיָּי וְשַׁבְתִּי
בְּבֵית־יְהוָה לְאֹרֶךְ יָמִים :

PSAL. XXIV.   כד

1 לְדָוִד מִזְמוֹר לַיהוָה הָאָרֶץ וּמְלוֹאָהּ תֵּבֵל וְיֹשְׁבֵי
2 בָהּ : כִּי־הוּא עַל־יַמִּים יְסָדָהּ וְעַל־נְהָרוֹת
3 יְכוֹנְנֶהָ : מִי־יַעֲלֶה בְהַר־יְהוָה וּמִי־יָקוּם בִּמְקוֹם
4 קָדְשׁוֹ : נְקִי כַפַּיִם וּבַר־לֵבָב אֲשֶׁר לֹא־נָשָׂא
5 לַשָּׁוְא נַפְשִׁי וְלֹא נִשְׁבַּע לְמִרְמָה : יִשָּׂא בְרָכָה
6 מֵאֵת יְהוָה וּצְדָקָה מֵאֱלֹהֵי יִשְׁעוֹ : זֶה דּוֹר
7 דֹּרְשָׁיו מְבַקְשֵׁי פָנֶיךָ יַעֲקֹב סֶלָה : שְׂאוּ שְׁעָרִים
רָאשֵׁיכֶם וְהִנָּשְׂאוּ פִּתְחֵי עוֹלָם וְיָבוֹא מֶלֶךְ הַכָּבוֹד :
8 מִי זֶה מֶלֶךְ הַכָּבוֹד יְהוָה עִזּוּז וְגִבּוֹר יְהוָה גִּבּוֹר
9 מִלְחָמָה : שְׂאוּ שְׁעָרִים רָאשֵׁיכֶם וּשְׂאוּ פִּתְחֵי
10 עוֹלָם וְיָבֹא מֶלֶךְ הַכָּבוֹד : מִי הוּא זֶה מֶלֶךְ
הַכָּבוֹד יְהוָה צְבָאוֹת הוּא מֶלֶךְ הַכָּבוֹד סֶלָה :

PSAL. XXV.   כה

1 2 לְדָוִד אֵלֶיךָ יְהוָה נַפְשִׁי אֶשָּׂא : אֱלֹהַי בְּךָ בָטַחְתִּי

7 For *a* the king trusteth in the LORD, and, through the mercy of the Most High, he shall not be moved.

8 Thine hand shall find *c* out all thine enemies : thy right hand shall find out those that hate thee.

9 Thou shalt make them as a fiery *e* oven in the time of thine anger : the LORD shall swallow them up in his wrath, and the fire *f* shall devour them.

10 Their *h* fruit shalt thou destroy from the earth, and their seed from among the children of men.

11 For they intended evil against thee ; they imagined a mischievous device, *which* *m* they are not able *to perform :*

12 Therefore shalt thou *β* make them turn their *γ* back, *when* thou shalt make ready *thine arrows* upon thy strings against the face of them.

13 Be thou exalted, LORD, in thine own *n* strength : *so* will we sing and praise thy power.

PSALM XXII.
To the chief Musician upon *δ* Aijeleth Shahar. A Psalm of David.

MY *o* God, my God, why hast thou forsaken me ? *why art thou so* far from *ζ* helping me, *and from* the words of my *p* roaring?

2 O my God, I cry in the day-time, but thou hearest not ; and in the night-season, and *η* am not silent.

3 But thou *art* holy, O *thou* that inhabitest the praises *t* of Israel.

4 Our fathers trusted in thee : they trusted, and thou didst deliver them.

5 They cried unto thee, and were delivered ; they trusted in thee, and were not confounded.

6 But I *am* a worm,*u* and no man ; a reproach of men,and despised" of the people.

7 All *w* they that see me laugh me to scorn : they *λ* shoot out the lip, they shake *y* the head, *saying,*

8 He *μ* trusted on the LORD *that* he would deliver him : let him deliver *z* him, *ν* seeing he delighted in him.

9 But thou *art* he that took me out of the womb ; thou *ρ* didst make me hope *when I was* upon my mother's breasts.

10 I was cast upon thee from the womb ; thou *σ* art my God from my mother's belly.

11 Be not far from me, for trouble *is* near ; for *there is* *τ* none to help.

12 Many bulls have compassed me : strong *bulls* of Bashan have beset me round.

13 They *φ* gaped upon me *with* their mouths, *as* a ravening and a roaring lion.

14 I am poured out like water, and all my bones are *ψ* out of joint : my heart is like wax; it is melted in the midst of my bowels.

15 My strength is dried up like a potsherd ; and my tongue cleaveth to my jaws ; and thou hast brought me into the dust of death.

16 For dogs *d* have compassed me ; the assembly of the wicked have inclosed me : they *e* pierced my hands and my feet.

17 I *f* may tell all my bones : they look *and* stare upon me.

18 *g* They part my garments among them, and cast lots upon my vesture.

19 But be not thou far from me, O LORD: O my strength, haste thee to help me.

20 Deliver my soul from the sword ; my *γ* darling from the *δ* power of the dog.

21 Save me from the lion's *h* mouth : for thou hast heard me from the horns of the *i* unicorns.

22 I *b* will declare thy name unto my brethren : in the midst of the congregation will'I praise thee.

23 Ye *d* that fear the LORD, praise him : all ye the seed of Jacob, glorify him ; and fear him, all ye the seed of Israel.

24 For he hath not despised nor abhorred the affliction of the afflicted, neither hath he hid his face from him ; but when he *g* cried unto him, he heard.

25 My praise *shall be* of thee in the great congregation : *i* I *k* will pay my vows before them that fear him.

26 The meek *l* shall eat and be satisfied ; they shall praise the LORD that seek him : your heart shall live for ever.

27 All the ends of the world shall remember and turn unto the LORD ; and all the kindreds of the nations shall worship before thee.

28 For the kingdom *is* the LORD's ; and he *is* the governor among the nations.

29 All *they that be* fat upon earth shall eat and worship : all they that go down to the dust shall bow before him : and none can keep alive his own soul.

30 A seed shall serve him ; it shall be accounted to the LORD for a generation.

31 They shall come, and shall declare his righteousness *q* unto a people that shall be born, that he hath done *this.*

PSALM XXIII. A Psalm of David.
THE LORD *is* my shepherd ; *r* I *s* shall not want.

2 He maketh me to lie down in *θ* green pastures : he leadeth me beside the *κ* still waters.

3 He restoreth my soul : he leadeth me in the paths of righteousness for his name's sake.

4 Yea, though I walk through the valley of the shadow of death, I will fear no evil : for thou *x* art with me ; thy rod and thy staff they comfort me.

5 Thou preparest a table before me in the presence of mine enemies : thou *π* anointest my head with oil ; my cup runneth over.

6 Surely goodness and mercy shall follow me all the days of my life ; and I will dwell in the house of the LORD *σ* for ever.

PSALM XXIV. A Psalm of David.
THE earth *is* the LORD's, and the fulness thereof ; the world, and they that dwell therein :

2 For he hath founded it upon the seas, and established it upon the floods.

3 Who *b* shall ascend into the hill of the LORD? or who shall stand in his holy place?

4 *χ* He that hath clean hands, and a pure heart ; who hath not lifted up his soul unto vanity, nor sworn deceitfully.

5 He *e* shall receive the blessing from the LORD, and righteousness from the God of his salvation.

6 This *is* the generation of them that seek him, that seek thy face, *β* O Jacob. Selah.

7 Lift up your heads, O ye gates ; and be ye lift up, ye everlasting doors ; and the King of glory shall come in.

8 Who *is* this King of glory ? The LORD strong and mighty, the LORD mighty in battle.

9 Lift up your heads, O ye gates ; even lift *them* up, ye everlasting doors ; and the King of glory shall come in.

10 Who *is* this King of glory ? The LORD of hosts, he *is* the King of glory. Selah.

PSALM XXV. *A Psalm* of David.
UNTO thee,O LORD,do I lift up my soul.

[center column notes]
a 1 Sa. 30. 6.
Ps. 26. 1.
b Ps. 40. 9.
He.2.11,12.
c Am. 9.2, 3.
d Ps.115.11,13.
e Mal. 4. 1.
f Is. 26. 11.
g He. 5. 7.
h Ps. 37. 28.
i Ps.66.13,16.
k Ps. 116. 14.
Ec.5.4, 5.
l Mat. 5. 5.
m Ps. 2. 1, 4.
β or, set them as a butt.
γ shoulder.
n Job 9. 19.
δ or, the hind of the morning.
o Mat. 27. 46. Lu. 24. 44.
ζ my salvation.
p He. 5. 7.
q Ro.3.21..26.
η there is no silence to me.
r Is. 40. 11. Jno.10.11,14.
s Ps. 84. 11.
t Ps. 65. 1.
θ pastures of tender grass.
κ waters of quietness.
u Is. 41. 14.
v Is. 53. 3.
w Mar. 15.29, &c.
Lu.23.35,&c.
λ open.
x Is. 43. 2.
y Ps. 109. 25.
μ rolled himself.
z Ps.91 14.
ν or, if he delight in him.
π makest fat.
ρ or, keptest me in safety.
σ to length of days.
a Is. 46. 3. 49. 1.
τ not a helper
φ opened their mouths against me.
b Ps. XV.
χ The clean of hands.
ψ or,sundred.
c Is.33.15..17.
d Re. 22. 15.
β or, O God of Jacob.
e Jno.20.25..27
f Is. 52. 14.
g Jno. 19. 23.
γ only one.
δ hand.
h 2 Ti. 4. 17.
i Is. 34. 7.

3 אַל־תְּבֹשָׁה אַל־יַעַלְצוּ אֹיְבַי לִי׃ גַּם כָּל־קֹוֶיךָ
4 לֹא יֵבֹשׁוּ הַבּוֹגְדִים רֵיקָם׃ דְּרָכֶיךָ יְהֹוָה
5 הוֹדִיעֵנִי אֹרְחוֹתֶיךָ לַמְּדֵנִי׃ הַדְרִיכֵנִי בַאֲמִתֶּךָ
וְלַמְּדֵנִי כִּי־אַתָּה אֱלֹהֵי יִשְׁעִי אוֹתְךָ קִוִּיתִי כָּל־
6 הַיּוֹם׃ זְכֹר־רַחֲמֶיךָ יְהֹוָה וַחֲסָדֶיךָ כִּי מֵעוֹלָם
7 הֵמָּה׃ חַטֹּאות נְעוּרַי וּפְשָׁעַי אַל־תִּזְכֹּר כְּחַסְדְּךָ
8 זְכָר־לִי־אַתָּה לְמַעַן טוּבְךָ יְהֹוָה׃ טוֹב־וְיָשָׁר יְהֹוָה
9 עַל־כֵּן יוֹרֶה חַטָּאִים בַּדָּרֶךְ׃ יַדְרֵךְ עֲנָוִים
10 בַּמִּשְׁפָּט וִילַמֵּד עֲנָוִים דַּרְכּוֹ׃ כָּל־אָרְחוֹת יְהֹוָה
11 חֶסֶד וֶאֱמֶת לְנֹצְרֵי בְרִיתוֹ וְעֵדֹתָיו׃ לְמַעַן־שִׁמְךָ
12 יְהֹוָה וְסָלַחְתָּ לַעֲוֹנִי כִּי רַב־הוּא׃ מִי־זֶה הָאִישׁ
13 יְרֵא יְהֹוָה יוֹרֶנּוּ בְּדֶרֶךְ יִבְחָר׃ נַפְשׁוֹ בְּטוֹב תָּלִין
14 וְזַרְעוֹ יִירַשׁ אָרֶץ׃ סוֹד יְהֹוָה לִירֵאָיו וּבְרִיתוֹ
15 לְהוֹדִיעָם׃ עֵינַי תָּמִיד אֶל־יְהֹוָה כִּי הוּא־יוֹצִיא
16 מֵרֶשֶׁת רַגְלָי׃ פְּנֵה־אֵלַי וְחָנֵּנִי כִּי־יָחִיד וְעָנִי אָנִי׃ רְאֵה
17/18 צָרוֹת לְבָבִי הִרְחִיבוּ מִמְּצוּקוֹתַי הוֹצִיאֵנִי׃ רְאֵה
19 עָנְיִי וַעֲמָלִי וְשָׂא לְכָל־חַטֹּאותָי׃ רְאֵה־אֹויְבַי כִּי
20 רָבּוּ וְשִׂנְאַת חָמָס שְׂנֵאוּנִי׃ שָׁמְרָה נַפְשִׁי
21 וְהַצִּילֵנִי אַל־אֵבוֹשׁ כִּי־חָסִיתִי בָךְ׃ תֹּם־וָיֹשֶׁר
22 יִצְּרוּנִי כִּי קִוִּיתִיךָ׃ פְּדֵה אֱלֹהִים אֶת־יִשְׂרָאֵל
מִכֹּל צָרוֹתָיו׃

PSAL. XXVI. כו

1 לְדָוִד שָׁפְטֵנִי יְהֹוָה כִּי־אֲנִי בְּתֻמִּי הָלַכְתִּי וּבַיהֹוָה
2 בָּטַחְתִּי לֹא אֶמְעָד׃ בְּחָנֵנִי יְהֹוָה וְנַסֵּנִי צְרוֹפָה
3 כִלְיוֹתַי וְלִבִּי׃ כִּי־חַסְדְּךָ לְנֶגֶד עֵינָי וְהִתְהַלַּכְתִּי
4 בַּאֲמִתֶּךָ׃ לֹא־יָשַׁבְתִּי עִם־מְתֵי־שָׁוְא וְעִם נַעֲלָמִים
5 לֹא אָבוֹא׃ שָׂנֵאתִי קְהַל מְרֵעִים וְעִם־רְשָׁעִים
6 לֹא אֵשֵׁב׃ אֶרְחַץ בְּנִקָּיוֹן כַּפָּי וַאֲסֹבְבָה אֶת־
7 מִזְבַּחֲךָ יְהֹוָה׃ לַשְׁמִעַ בְּקוֹל תּוֹדָה וּלְסַפֵּר כָּל־
8 נִפְלְאוֹתֶיךָ׃ יְהֹוָה אָהַבְתִּי מְעוֹן בֵּיתֶךָ וּמְקוֹם
9 מִשְׁכַּן כְּבוֹדֶךָ׃ אַל־תֶּאֱסֹף עִם־חַטָּאִים נַפְשִׁי
10 וְעִם־אַנְשֵׁי דָמִים חַיָּי׃ אֲשֶׁר־בִּידֵיהֶם זִמָּה וִימִינָם
11 מָלְאָה שֹּׁחַד׃ וַאֲנִי בְּתֻמִּי אֵלֵךְ פְּדֵנִי וְחָנֵּנִי׃
12 רַגְלִי עָמְדָה בְמִישׁוֹר בְּמַקְהֵלִים אֲבָרֵךְ יְהֹוָה׃

PSAL. XXVII. כז

1 לְדָוִד יְהֹוָה אוֹרִי וְיִשְׁעִי מִמִּי אִירָא יְהֹוָה מָעוֹז־
2 חַיַּי מִמִּי אֶפְחָד׃ בִּקְרֹב עָלַי מְרֵעִים לֶאֱכֹל אֶת־
3 בְּשָׂרִי צָרַי וְאֹיְבַי לִי הֵמָּה כָשְׁלוּ וְנָפָלוּ׃ אִם־
4 תַּחֲנֶה עָלַי מַחֲנֶה לֹא־יִירָא לִבִּי אִם־תָּקוּם עָלַי
מִלְחָמָה בְּזֹאת אֲנִי בוֹטֵחַ׃ אַחַת שָׁאַלְתִּי מֵאֵת־
יְהֹוָה אוֹתָהּ אֲבַקֵּשׁ שִׁבְתִּי בְּבֵית־יְהֹוָה כָּל־יְמֵי חַיַּי
5 לַחֲזוֹת בְּנֹעַם־יְהֹוָה וּלְבַקֵּר בְּהֵיכָלוֹ׃ כִּי יִצְפְּנֵנִי
בְּסֻכֹּה בְּיוֹם רָעָה יַסְתִּרֵנִי בְּסֵתֶר אָהֳלוֹ בְּצוּר
6 יְרוֹמְמֵנִי׃ וְעַתָּה יָרוּם רֹאשִׁי עַל אֹיְבַי סְבִיבוֹתַי
וְאֶזְבְּחָה בְאָהֳלוֹ זִבְחֵי תְרוּעָה אָשִׁירָה וַאֲזַמְּרָה
7 לַיהֹוָה׃ שְׁמַע־יְהֹוָה קוֹלִי אֶקְרָא וְחָנֵּנִי וַעֲנֵנִי׃
8 לְךָ אָמַר לִבִּי בַּקְּשׁוּ פָנָי אֶת־פָּנֶיךָ יְהֹוָה אֲבַקֵּשׁ׃
9 אַל־תַּסְתֵּר פָּנֶיךָ מִמֶּנִּי אַל־תַּט־בְּאַף עַבְדֶּךָ
עֶזְרָתִי הָיִיתָ אַל־תִּטְּשֵׁנִי וְאַל־תַּעַזְבֵנִי אֱלֹהֵי יִשְׁעִי׃
10 כִּי־אָבִי וְאִמִּי עֲזָבוּנִי וַיהֹוָה יַאַסְפֵנִי׃ הוֹרֵנִי
11 יְהֹוָה דַּרְכֶּךָ וּנְחֵנִי בְּאֹרַח מִישׁוֹר לְמַעַן שׁוֹרְרָי׃
12 אַל־תִּתְּנֵנִי בְּנֶפֶשׁ צָרָי כִּי קָמוּ־בִי עֵדֵי־שֶׁקֶר וִיפֵחַ
13 חָמָס׃ לוּלֵא הֶאֱמַנְתִּי לִרְאוֹת בְּטוּב־יְהֹוָה
14 בְּאֶרֶץ חַיִּים׃ קַוֵּה אֶל־יְהֹוָה חֲזַק וְיַאֲמֵץ לִבֶּךָ
וְקַוֵּה אֶל־יְהֹוָה׃

PSAL. XXVIII. כח

1 לְדָוִד אֵלֶיךָ יְהֹוָה אֶקְרָא צוּרִי אַל־תֶּחֱרַשׁ מִמֶּנִּי
פֶּן־תֶּחֱשֶׁה מִמֶּנִּי וְנִמְשַׁלְתִּי עִם־יוֹרְדֵי בוֹר׃ שְׁמַע
2 קוֹל תַּחֲנוּנַי בְּשַׁוְּעִי אֵלֶיךָ בְּנָשְׂאִי יָדַי אֶל־דְּבִיר
3 קָדְשֶׁךָ׃ אַל־תִּמְשְׁכֵנִי עִם־רְשָׁעִים וְעִם־פֹּעֲלֵי
4 אָוֶן דֹּבְרֵי שָׁלוֹם עִם־רֵעֵיהֶם וְרָעָה בִּלְבָבָם׃ תֶּן־
לָהֶם כְּפָעֳלָם וּכְרֹעַ מַעַלְלֵיהֶם כְּמַעֲשֵׂה יְדֵיהֶם תֵּן
5 לָהֶם הָשֵׁב גְּמוּלָם לָהֶם׃ כִּי לֹא יָבִינוּ אֶל־פְּעֻלֹּת
6 יְהֹוָה וְאֶל־מַעֲשֵׂה יָדָיו יֶהֶרְסֵם וְלֹא יִבְנֵם׃ בָּרוּךְ
7 יְהֹוָה כִּי־שָׁמַע קוֹל תַּחֲנוּנָי׃ יְהֹוָה עֻזִּי וּמָגִנִּי
בּוֹ בָטַח לִבִּי וְנֶעֱזָרְתִּי וַיַּעֲלֹז לִבִּי וּמִשִּׁירִי אֲהוֹדֶנּוּ׃
8 יְהֹוָה עֹז־לָמוֹ וּמָעוֹז יְשׁוּעוֹת מְשִׁיחוֹ הוּא׃

2 O my God, I trust in thee : let me not be ashamed ; *a* let not mine enemies triumph over me.

3 Yea, let none that wait on thee be ashamed : let them be ashamed which transgress without cause.

4 Shew *e* me thy ways, O LORD ; teach me thy paths.

5 Lead me in thy truth, and teach me : for thou *art* the God of my salvation ; on thee do I wait all the day.

6 Remember, O LORD, thy *γ* tender mercies and thy loving-kindnesses ; for they *have been* ever of old.

7 Remember not the sins of my *d* youth, nor my transgressions : according *e* to thy mercy remember thou me, for thy goodness' sake, O LORD.

8 Good and upright *is* the LORD : therefore will he teach sinners in the way.

9 The meek will he guide in judgment, and the meek will he teach his way.

10 All the paths of the LORD *are* mercy and truth unto such *i* as keep his covenant and his testimonies.

11 For *k* thy name's sake, O LORD, pardon mine iniquity ; for it *is l* great.

12 What man *is* he that feareth the LORD ? him *m* shall he teach in the way *that* he shall choose.

13 His soul shall *n* dwell at ease ; and his seed shall inherit *n* the earth.

14 The secret *o* of the LORD *is* *with* them that fear him ; and *κ* he will shew them his covenant.

15 Mine eyes *are* ever toward the LORD; for he shall λpluck my feet out of the *p* net.

16 Turn *q* thee unto me, and have mercy upon me ; for I *am* desolate and afflicted.

17 The troubles of my heart are *r* enlarged : *O* bring thou me out of my distresses.

18 Look upon mine affliction, and my pain ; and forgive all my sins.

19 Consider mine enemies ; for they are many; & they hate me with *p*cruel hatred.

20 O keep my soul,*and* deliver me; let me not be ashamed ; for I put my trust in thee.

21 Let integrity and uprightness preserve me ; for I wait on thee.

22 Redeem *t* Israel, O God, out of all his troubles.

PSALM XXVI. *A Psalm* of David.

JUDGE me, O LORD ; for I have walked in mine integrity : I have trusted also in the LORD ; *therefore* I shall not slide.

2 Examine *u* me, O LORD, and prove me ; try *v* my reins and my heart.

3 For thy loving-kindness *is* before mine eyes ; and I have walked in thy truth.

4 I *x* have not sat with vain persons, neither will I go in with dissemblers.

5 I have hated the congregation of evildoers ; and will not sit with the wicked.

6 I will wash *z* my hands in innocency : so will I compass thine altar, O LORD :

7 That I may publish with the voice of thanksgiving, and tell of all thy wondrous works.

8 LORD, I have loved *b* the habitation of thy house, and the place *φ* where thine honour dwelleth.

9 χ Gather not my soul with sinners, nor my life with ψ bloody men ;

10 In whose hands *is* mischief, and their right hand is *β* full of bribes.

11 But as for me, I will walk in mine integrity : redeem me, & be merciful unto me.

12 My foot *e* standeth in an even place : in the congregation will I bless the LORD.

a Ps. 22. 4, 5.
Is. 49. 23.
b Mi. 7. 7, 8.
c Is. 2. 3.
Je. 50. 5.
β approached against.
γ bowels,
Is. 63. 15.
d Job 13. 26.
e Ps. 51. 1.
f Ps. 65. 4.
g Ps. 63. 2.
δ or, delight.
h Is. 4. 5, 6.
i Hos. 14. 9.
k Ps. 79. 9.
Ez.36.22,32.
1 Jn⁰. 2. 12.
l Ro.5.15..21.
ζ shouting.
m Ps. 32. 8.
37. 23.
η lodge in goodness.
θ or, My heart said unto thee, Let my face seek thy face.
n Ps.37.11,22.
o Pr. 3. 32.
Jn⁰. 7. 17.
Eph.1.9,18.
κ or, his covenant to make them know it.
λ*bring forth* Ps.124.7,8.
q Mi. 7. 19.
μ gather me, Is. 40. 11.
r Hab. 3. 17..19.
v way of plainness, Ps. 26. 12.
π those which observe me, Ps.5. 8.
ρ hatred of violence.
s Ep. 2. 8.
t Ps. 130. 8.
σ from
u Ps. 139. 23.
v Zec. 13. 9.
w Ps. 138. 2.
τ or,*the oracle of thy sanctuary.*
x Ps. 1. 1.
y Ps. 125. 5
z Ex.30.19..21
a Job 34. 26, 27.
b Ps. 27. 4.
84. 1, 2.
φ of the tabernacle of thine honour.
χ or, Take not away.
ψ men of blood.
β filled with.
γ or, his.
c Ps. 40. 2.
δ strength of salvations.

PSALM XXVII. *A Psalm* of David.

THE LORD *b* is my light and my salvation ; whom shall I fear ? the LORD *is* the strength of my life ; of whom shall I be afraid ?

2 When the wicked, *even* mine enemies and my foes, *β* came upon me to eat up my flesh, they stumbled and fell.

3 Though an host should encamp against me, my heart shall not fear ; though war should rise against me, in this *will* I *be* confident.

4 One *thing* have I desired of the LORD, that will I seek after ; that I may dwell *f* in the house of the LORD all the days of my life, to behold *g* the δ beauty of the LORD, and to inquire in his temple.

5 For *h* in the time of trouble he shall hide me in his pavilion : in the secret of his tabernacle shall he ʰide me : he shall set me up upon a rock.

6 And now shall mine head be lifted up above mine enemies round about me : therefore will I offer in his tabernacle sacrifices of ζjoy ; I will sing, yea, I will sing praises unto the LORD.

7 Hear, O LORD, *when* I cry with my voice : have mercy also upon me, and answer me.

8 θ *When thou saidst,* Seek ye my face ; my heart said unto thee, Thy face, LORD, will I seek.

9 Hide not thy face *far* from me ; put not thy servant away in anger : thou hast been my help ; leave me not, neither forsake me, O God of my salvation.

10 When my father and my mother forsake me, then the LORD will *μ* take me up.

11 Teach me thy way, O LORD, and lead me in a *v* plain path, because of *π* mine enemies.

12 Deliver me not over unto the will of mine enemies ; for false witnesses are risen up against me, and such as breathe out cruelty.

13 *I had fainted,* unless I had believed to *s* see the goodness of the LORD in the land of the living.

14 Wait on the LORD ; be of good courage, and he shall strengthen thine heart : wait, I say, on the LORD.

PSALM XXVIII. *A Psalm* of David.

UNTO thee will I cry, O LORD, my rock ; be not silent σto me : lest, *if* thou be silent to me, I become like them that go down into the pit.

2 Hear the voice of my supplications, when I cry unto thee, when *w* I lift up my hands toward τthy holy oracle.

3 Draw *y* me not away with the wicked, and with the workers of iniquity ; which speak peace to their neighbours, but mischief *is* in their hearts.

4 Give them according to their deeds, and according to the wickedness of their endeavours : give them after the work of their hands ; render to them their desert.

5 Because *a* they regard not the works of the LORD,nor the operation of his hands,he shall destroy them, and not build them up.

6 Blessed *be* the LORD, because he hath heard the voice of my supplications.

7 The LORD *is* my strength and my shield : my heart trusted in him, and I am helped ; therefore my heart greatly rejoiceth,and with my songwill I praise him.

8 The LORD *is* γtheir strength, and he *is* the δ saving strength of his anointed.

9 הוֹשִׁיעָה ׀ אֶת־עַמֶּךָ וּבָרֵךְ אֶת־נַחֲלָתֶךָ וּרְעֵם וְנַשְּׂאֵם עַד־הָעוֹלָם׃

PSAL. XXIX. כט

1 מִזְמוֹר לְדָוִד הָבוּ לַיהוָה בְּנֵי אֵלִים הָבוּ לַיהוָה כָּבוֹד וָעֹז׃
2 הָבוּ לַיהוָה כְּבוֹד שְׁמוֹ הִשְׁתַּחֲווּ לַיהוָה בְּהַדְרַת־קֹדֶשׁ׃
3 קוֹל יְהוָה עַל־הַמָּיִם אֵל־הַכָּבוֹד הִרְעִים יְהוָה עַל־מַיִם רַבִּים׃
4 קוֹל־יְהוָה בַּכֹּחַ קוֹל יְהוָה בֶּהָדָר׃
5 קוֹל יְהוָה שֹׁבֵר אֲרָזִים וַיְשַׁבֵּר יְהוָה אֶת־אַרְזֵי הַלְּבָנוֹן׃
6 וַיַּרְקִידֵם כְּמוֹ־עֵגֶל לְבָנוֹן וְשִׂרְיֹן כְּמוֹ בֶן־רְאֵמִים׃
7 קוֹל־יְהוָה חֹצֵב לַהֲבוֹת אֵשׁ׃
8 קוֹל יְהוָה יָחִיל מִדְבָּר יָחִיל יְהוָה מִדְבַּר קָדֵשׁ׃
9 קוֹל יְהוָה ׀ יְחוֹלֵל אַיָּלוֹת וַיֶּחֱשֹׂף יְעָרוֹת וּבְהֵיכָלוֹ כֻּלּוֹ אֹמֵר כָּבוֹד׃
10 יְהוָה לַמַּבּוּל יָשָׁב וַיֵּשֶׁב יְהוָה מֶלֶךְ לְעוֹלָם׃
11 יְהוָה עֹז לְעַמּוֹ יִתֵּן יְהוָה ׀ יְבָרֵךְ אֶת־עַמּוֹ בַשָּׁלוֹם׃

PSAL. XXX. ל

1,2 מִזְמוֹר שִׁיר־חֲנֻכַּת הַבַּיִת לְדָוִד׃ אֲרוֹמִמְךָ
3 יְהוָה כִּי דִלִּיתָנִי וְלֹא־שִׂמַּחְתָּ אֹיְבַי לִי׃ יְהוָה
4 אֱלֹהָי שִׁוַּעְתִּי אֵלֶיךָ וַתִּרְפָּאֵנִי׃ יְהוָה הֶעֱלִיתָ
5 מִן־שְׁאוֹל נַפְשִׁי חִיִּיתַנִי מִיָּרְדִי־בוֹר׃ זַמְּרוּ
6 לַיהוָה חֲסִידָיו וְהוֹדוּ לְזֵכֶר קָדְשׁוֹ׃ כִּי רֶגַע ׀
בְּאַפּוֹ חַיִּים בִּרְצוֹנוֹ בָּעֶרֶב יָלִין בֶּכִי וְלַבֹּקֶר רִנָּה׃
7,8 וַאֲנִי אָמַרְתִּי בְשַׁלְוִי בַּל־אֶמּוֹט לְעוֹלָם׃ יְהוָה
בִּרְצוֹנְךָ הֶעֱמַדְתָּה לְהַרְרִי עֹז הִסְתַּרְתָּ פָנֶיךָ הָיִיתִי נִבְהָל׃
9 אֵלֶיךָ יְהוָה אֶקְרָא וְאֶל־אֲדֹנָי אֶתְחַנָּן׃
10 מַה־בֶּצַע בְּדָמִי בְּרִדְתִּי אֶל־שָׁחַת הֲיוֹדְךָ עָפָר
11 הֲיַגִּיד אֲמִתֶּךָ׃ שְׁמַע־יְהוָה וְחָנֵּנִי יְהוָה הֱיֵה־
12 עֹזֵר לִי׃ הָפַכְתָּ מִסְפְּדִי לְמָחוֹל לִי פִּתַּחְתָּ
13 שַׂקִּי וַתְּאַזְּרֵנִי שִׂמְחָה׃ לְמַעַן ׀ יְזַמֶּרְךָ כָבוֹד
וְלֹא יִדֹּם יְהוָה אֱלֹהַי לְעוֹלָם אוֹדֶךָּ׃

PSAL. XXXI. לא

1 לַמְנַצֵּחַ מִזְמוֹר לְדָוִד׃ בְּךָ־יְהוָה חָסִיתִי אַל־
3 אֵבוֹשָׁה לְעוֹלָם בְּצִדְקָתְךָ פַלְּטֵנִי׃ הַטֵּה אֵלַי ׀
אָזְנְךָ מְהֵרָה הַצִּילֵנִי הֱיֵה לִי ׀ לְצוּר־מָעוֹז

---

4 לְבֵית מְצוּדוֹת לְהוֹשִׁיעֵנִי׃ כִּי־סַלְעִי וּמְצוּדָתִי
5 אַתָּה וּלְמַעַן שִׁמְךָ תַּנְחֵנִי וּתְנַהֲלֵנִי׃ תּוֹצִיאֵנִי
6 מֵרֶשֶׁת זוּ טָמְנוּ לִי כִּי אַתָּה מָעוּזִּי׃ בְּיָדְךָ
אַפְקִיד רוּחִי פָּדִיתָה אוֹתִי יְהוָה אֵל אֱמֶת׃
7 שָׂנֵאתִי הַשֹּׁמְרִים הַבְלֵי־שָׁוְא וַאֲנִי אֶל־יְהוָה
8 בָּטָחְתִּי׃ אָגִילָה וְאֶשְׂמְחָה בְּחַסְדֶּךָ אֲשֶׁר
9 רָאִיתָ אֶת־עָנְיִי יָדַעְתָּ בְּצָרוֹת נַפְשִׁי׃ וְלֹא
הִסְגַּרְתַּנִי בְּיַד־אוֹיֵב הֶעֱמַדְתָּ בַמֶּרְחָב רַגְלָי׃
10 חָנֵּנִי יְהוָה כִּי צַר־לִי עָשְׁשָׁה בְכַעַס עֵינִי נַפְשִׁי
11 וּבִטְנִי׃ כִּי כָלוּ בְיָגוֹן חַיַּי וּשְׁנוֹתַי בַּאֲנָחָה כָּשַׁל
12 בַּעֲוֹנִי כֹחִי וַעֲצָמַי עָשֵׁשׁוּ׃ מִכָּל־צֹרְרַי הָיִיתִי
חֶרְפָּה וְלִשְׁכֵנַי ׀ מְאֹד וּפַחַד לִמְיֻדָּעָי רֹאַי בַּחוּץ
13 נָדְדוּ מִמֶּנִּי׃ נִשְׁכַּחְתִּי כְּמֵת מִלֵּב הָיִיתִי כִּכְלִי
14 אֹבֵד׃ כִּי שָׁמַעְתִּי ׀ דִּבַּת רַבִּים מָגוֹר מִסָּבִיב
בְּהִוָּסְדָם יַחַד עָלַי לָקַחַת נַפְשִׁי זָמָמוּ׃ וַאֲנִי ׀
15 עָלֶיךָ בָטַחְתִּי יְהוָה אָמַרְתִּי אֱלֹהַי אָתָּה׃ בְּיָדְךָ
16 עִתֹּתָי הַצִּילֵנִי מִיַּד־אוֹיְבַי וּמֵרֹדְפָי׃ הָאִירָה פָנֶיךָ
17 עַל־עַבְדֶּךָ הוֹשִׁיעֵנִי בְחַסְדֶּךָ׃ יְהוָה אַל־אֵבוֹשָׁה
18 כִּי קְרָאתִיךָ יֵבֹשׁוּ רְשָׁעִים יִדְּמוּ לִשְׁאוֹל׃
19 תֵּאָלַמְנָה שִׂפְתֵי שָׁקֶר הַדֹּבְרוֹת עַל־צַדִּיק עָתָק
20 בְּגַאֲוָה וָבוּז׃ מָה רַב־טוּבְךָ אֲשֶׁר־צָפַנְתָּ לִּירֵאֶיךָ
21 פָּעַלְתָּ לַחֹסִים בָּךְ נֶגֶד בְּנֵי אָדָם׃ תַּסְתִּירֵם ׀
בְּסֵתֶר פָּנֶיךָ מֵרֻכְסֵי אִישׁ תִּצְפְּנֵם בְּסֻכָּה מֵרִיב
22 לְשֹׁנוֹת׃ בָּרוּךְ יְהוָה כִּי הִפְלִיא חַסְדּוֹ לִי בְּעִיר
23 מָצוֹר׃ וַאֲנִי ׀ אָמַרְתִּי בְחָפְזִי נִגְרַזְתִּי מִנֶּגֶד
עֵינֶיךָ אָכֵן שָׁמַעְתָּ קוֹל תַּחֲנוּנַי בְּשַׁוְּעִי אֵלֶיךָ׃
24 אֶהֱבוּ אֶת־יְהוָה כָּל־חֲסִידָיו אֱמוּנִים נֹצֵר יְהוָה
וּמְשַׁלֵּם עַל־יֶתֶר עֹשֵׂה גַאֲוָה׃
25 חִזְקוּ וְיַאֲמֵץ לְבַבְכֶם כָּל־הַמְיַחֲלִים לַיהוָה׃

PSAL. XXXII. לב

1 לְדָוִד מַשְׂכִּיל אַשְׁרֵי נְשׂוּי־פֶּשַׁע כְּסוּי חֲטָאָה׃
2 אַשְׁרֵי אָדָם לֹא יַחְשֹׁב יְהוָה לוֹ עָוֹן וְאֵין בְּרוּחוֹ
3 רְמִיָּה׃ כִּי־הֶחֱרַשְׁתִּי בָּלוּ עֲצָמָי בְּשַׁאֲגָתִי כָּל־
4 הַיּוֹם׃ כִּי ׀ יוֹמָם וָלַיְלָה תִּכְבַּד עָלַי יָדֶךָ נֶהְפַּךְ
5 לְשַׁדִּי בְּחַרְבֹנֵי קַיִץ סֶלָה׃ חַטָּאתִי אוֹדִיעֲךָ
וַעֲוֹנִי לֹא־כִסִּיתִי אָמַרְתִּי אוֹדֶה עֲלֵי פְשָׁעַי לַיהוָה
6 וְאַתָּה נָשָׂאתָ עֲוֹן חַטָּאתִי סֶלָה׃ עַל־זֹאת

9 Save thy people, and bless *a* thine inheritance: *β* feed them also, and lift them up for ever.

PSALM XXIX. A Psalm of David.

GIVE *c* unto the LORD, O ye *γ* mighty, give unto the LORD *d* glory and strength.

2 Give unto the LORD the *δ* glory due unto his name; worship the LORD in the *ζ* beauty of holiness.

3 The voice of the LORD *is* upon the waters: the God of glory thundereth; the LORD *is* upon *η* many waters.

4 The voice of the LORD *is θ* powerful; the voice of the LORD *is κ* full of majesty.

5 The voice of the LORD breaketh the cedars; yea, the LORD breaketh the cedars of Lebanon.

6 He maketh them also to skip like a calf; Lebanon and Sirion like a young unicorn.

7 The voice of the LORD *λ* divideth the flames of fire.

8 The voice of the LORD shaketh the wilderness; the LORD shaketh the wilderness of Kadesh.

9 The voice of the LORD maketh the hinds to *μ* calve, and discovereth the forests: and *l* in his temple *π* doth every one speak of *his* glory.

10 The LORD sitteth upon the flood; *m* yea, the LORD sitteth King *n* for ever.

11 The LORD will give strength *o* unto his people; the LORD will bless his people with peace. *p*

PSALM XXX.

A Psalm *and* Song *at* the dedication of the house of David.

I WILL extol thee, O LORD; for thou hast lifted me up, and hast not made my foes to rejoice over me.

2 O LORD my God, I cried unto thee, and thou hast healed me.

3 O LORD, thou *r* hast brought up my soul from the grave: thou hast kept me alive, that I should not go down to the pit.

4 Sing unto the LORD, O ye saints of his, and give thanks *τ* at the remembrance of his holiness.

5 For *φ* his anger *endureth but* a moment: in his favour *is* life: weeping may endure for *χ* a night, but *ψ* joy *cometh* in *y* morning.

6 And in my prosperity I said, I shall never be moved.

7 LORD, by thy favour thou *u* hast *β* made my mountain to stand strong: thou didst hide thy face, *and* I was troubled.

8 I cried *v* to thee, O LORD; and unto the LORD I made supplication.

9 What profit *is there* in my blood, when I go down to the pit? Shall the dust praise thee? shall it declare thy truth?

10 Hear, O LORD, and have mercy upon me: LORD, be thou my helper.

11 Thou hast turned *x* for me my mourning into dancing: thou hast put off my sackcloth, and girded me with gladness;

12 To the end that *my ζ* glory may sing praise to thee, & not be silent. O LORD my God, I will give thanks unto thee for ever.

PSALM XXXI.

To the chief Musician. A Psalm of David.

IN *a* thee, O LORD, do I put my trust; let me never be ashamed: deliver me in thy righteousness. *b*

2 Bow down thine ear to me; deliver me speedily: be thou *η* my strong rock, for an house of defence to save me.

3 For thou *art* my rock and my fortress: therefore, for thy name's sake, lead me and guide me.

---

a 1 Ki.8.51,53.
β or, *rule.*
Mi. 7.14.
b Lu. 23. 46.
Ac. 7. 59.
c Ps. 96. 7..9.
1 Ch. 16. 23, 29.
γ sons of the mighty.
Ps. 89. 6.
d Re.5.11.14.
e Jon. 2. 8.
δ honour of his name.
ζ or, his *glorious sanctuary.*
f Ps. 90. 17.
2 Ch. 20. 21.
g Ps. 142. 3.
η or, *great.*
h Ps. 18. 19.
θ in power.
κ in majesty.
i Ps.102.3,&c.
λ cutteth out.
k Job 19. 13.
μ or, *be in pain.*
ν vessel that perisheth.
l Ps. 63. 2.
π or, *every whit of it uttereth.*
m Ge. 8. 1, 2.
n Ps. 2. 6..9.
o Is.40.29.31.
p Ps. 85. 8,10.
q Nu.6.25,26.
ρ or, *cut off for.*
r Is. 38. 17.
σ a hard thing.
s Is. 64. 4.
τ or, *to the memorial.*
φ there is but *a moment in his anger.*
χ in the evening.
ψ singing.
t Job 5. 21.
u Ps.18.35,36.
β settled strength for my mountain.
γ or, *fenced.*
v Ps. 34. 6.
w Job 35. 14.
x Ps. 126. 1,2.
Is. 61. 3.
δ or, *giving instruction.*
ζ i.e. tongue, or, *soul,*
Ps. 16. 9.
y Ro. 4. 6,8.
z 2 Co. 5. 19.
a Ps. 71. 1.4
b Ps. 143. 1.
η to me for a rock of strength.
c 1 Jn°. 1. 9.

---

4 Pull me out of the net that they have laid privily for me; for thou *art* my strength.

5 Into *b* thine hand I commit my spirit: thou hast redeemed me, O LORD God of truth.

6 I have hated them that regard *e* lying vanities: but I trust in the LORD.

7 I will be glad and rejoice in thy mercy: for thou hast considered my trouble; thou hast known *g* my soul in adversities,

8 And hast not shut me up into the hand of the enemy: thou *h* hast set my feet in a large room.

9 Have mercy upon me, O LORD, for I am in trouble; mine eye is consumed with grief, *yea*, my soul and my belly.

10 For *i* my life is spent with grief, and my years with sighing: my strength faileth because of mine iniquity, and my bones are consumed.

11 I was a reproach among all mine enemies, but especially among my neighbours, *k* and a fear to mine acquaintance: they that did see me without fled from me.

12 I am forgotten as a dead man out of mind: I am like a *ν* broken vessel.

13 For I have heard the slander of many: fear *was* on every side: while they took counsel together against me, they devised to take away my life.

14 But I trusted in thee, O LORD: I said, Thou *art* my God.

15 My times *are* in thy hand: deliver me from the hand of mine enemies, and from them that persecute me.

16 Make *l* thy face to shine upon thy servant: save me for thy mercies' sake.

17 Let me not be ashamed, O LORD: f r I have called upon thee: let the wicked be ashamed, & let them be *ρ* silent in y *e* grave.

18 Let the lying lips be put to silence, which speak *σ* grievous things proudly and contemptuously against the righteous.

19 *Oh* how great *s* is thy goodness, which thou hast laid up for them that fear thee; *which* thou hast wrought for them that trust in thee before the sons of men!

20 Thou shalt hide them in the secret of thy presence from the pride of man; thou *t* shalt keep them secretly in a pavilion from the strife of tongues.

21 Blessed *be* the LORD; for he hath shewed me his marvellous kindness in a *γ* strong city.

22 For I said in my haste, I am cut off *w* from before thine eyes: nevertheless thou heardest the voice of my supplications, when I cried unto thee.

23 O love the LORD, all ye his saints: *for* the LORD preserveth the faithful, and plentifully rewardeth the proud doer.

24 Be of good courage, and he shall strengthen your heart, all ye that hope in the LORD.

PSALM XXXII.

A Psalm of David, *δ* Maschil.

BLESSED *y* is he *whose* transgression *is* forgiven, *whose* sin *is* covered.

2 Blessed *is* the man unto whom the LORD imputeth *z* not iniquity, and in whose spirit *there is* no guile.

3 When I kept silence, my bones waxed old, through my roaring all the day long.

4 For day and night thy hand was heavy upon me: my moisture is turned into the drought of summer. Selah.

5 I acknowledged my sin unto thee, and mine iniquity have I not hid. I said, I *c* will confess my transgressions unto the

יִתְפַּלֵּל כָּל־חָסִיד ׀ אֵלֶיךָ לְעֵת מְצֹא רַק לְשֵׁטֶף 6
מַיִם רַבִּים אֵלָיו לֹא יַגִּיעוּ ׃ אַתָּה ׀ סֵתֶר לִי 7
מִצַּר תִּצְּרֵנִי רָנֵּי פַלֵּט תְּסוֹבְבֵנִי סֶלָה ׃ אַשְׂכִּילְךָ ׀ 8
וְאוֹרְךָ בְּדֶרֶךְ־זוּ תֵלֵךְ אִיעֲצָה עָלֶיךָ עֵינִי ׃ אַל־ 9
תִּהְיוּ ׀ כְּסוּס כְּפֶרֶד אֵין הָבִין בְּמֶתֶג־וָרֶסֶן עֶדְיוֹ
לִבְלוֹם בַּל קְרֹב אֵלֶיךָ ׃ רַבִּים מַכְאוֹבִים לָרָשָׁע 10
וְהַבּוֹטֵחַ בַּיהוָה חֶסֶד יְסוֹבְבֶנּוּ ׃ שִׂמְחוּ בַיהוָה 11
וְגִילוּ צַדִּיקִים וְהַרְנִינוּ כָּל־יִשְׁרֵי־לֵב ׃

PSAL. XXXIII.   לג

רַנְּנוּ צַדִּיקִים בַּיהוָה לַיְשָׁרִים נָאוָה תְהִלָּה ׃ 1
הוֹדוּ לַיהוָה בְּכִנּוֹר בְּנֵבֶל עָשׂוֹר זַמְּרוּ־לוֹ ׃ שִׁירוּ־ 2
לוֹ שִׁיר חָדָשׁ הֵיטִיבוּ נַגֵּן בִּתְרוּעָה ׃ כִּי־יָשָׁר דְּבַר־ 3
יְהוָה וְכָל־מַעֲשֵׂהוּ בֶּאֱמוּנָה ׃ אֹהֵב צְדָקָה 4
וּמִשְׁפָּט חֶסֶד יְהוָה מָלְאָה הָאָרֶץ ׃ בִּדְבַר יְהוָה 5,6
שָׁמַיִם נַעֲשׂוּ וּבְרוּחַ פִּיו כָּל־צְבָאָם ׃ כֹּנֵס כַּנֵּד מֵי 7
הַיָּם נֹתֵן בְּאוֹצָרוֹת תְּהוֹמוֹת ׃ יִירְאוּ מֵיְהוָה כָּל־ 8
הָאָרֶץ מִמֶּנּוּ יָגוּרוּ כָּל־יֹשְׁבֵי תֵבֵל ׃ כִּי הוּא אָמַר 9
וַיֶּהִי הוּא־צִוָּה וַיַּעֲמֹד ׃ יְהוָה הֵפִיר עֲצַת־גּוֹיִם 10
הֵנִיא מַחְשְׁבוֹת עַמִּים ׃ עֲצַת יְהוָה לְעוֹלָם תַּעֲמֹד 11
מַחְשְׁבוֹת לִבּוֹ לְדֹר וָדֹר ׃ אַשְׁרֵי הַגּוֹי אֲשֶׁר־ 12
יְהוָה אֱלֹהָיו הָעָם ׀ בָּחַר לְנַחֲלָה לוֹ ׃ מִשָּׁמַיִם 13
הִבִּיט יְהוָה רָאָה אֶת־כָּל־בְּנֵי הָאָדָם ׃ מִמְּכוֹן־ 14
שִׁבְתּוֹ הִשְׁגִּיחַ אֶל כָּל־יֹשְׁבֵי הָאָרֶץ ׃ הַיֹּצֵר יַחַד 15
לִבָּם הַמֵּבִין אֶל־כָּל־מַעֲשֵׂיהֶם ׃ אֵין הַמֶּלֶךְ נוֹשָׁע 16
בְּרָב־חָיִל גִּבּוֹר לֹא־יִנָּצֵל בְּרָב־כֹּחַ ׃ שֶׁקֶר הַסּוּס 17
לִתְשׁוּעָה וּבְרֹב חֵילוֹ לֹא יְמַלֵּט ׃ הִנֵּה עֵין יְהוָה 18
אֶל־יְרֵאָיו לַמְיַחֲלִים לְחַסְדּוֹ ׃ לְהַצִּיל מִמָּוֶת 19
נַפְשָׁם וּלְחַיּוֹתָם בָּרָעָב ׃ נַפְשֵׁנוּ חִכְּתָה לַיהוָה 20
עֶזְרֵנוּ וּמָגִנֵּנוּ הוּא ׃ כִּי־בוֹ יִשְׂמַח לִבֵּנוּ כִּי בְשֵׁם 21
קָדְשׁוֹ בָטָחְנוּ ׃ יְהִי־חַסְדְּךָ יְהוָה עָלֵינוּ כַּאֲשֶׁר 22
יִחַלְנוּ לָךְ ׃

PSAL. XXXIV.   לד

לְדָוִד בְּשַׁנּוֹתוֹ אֶת־טַעְמוֹ לִפְנֵי אֲבִימֶלֶךְ וַיְגָרֲשֵׁהוּ 1
וַיֵּלֵךְ ׃ אֲבָרֲכָה אֶת־יְהוָה בְּכָל־עֵת תָּמִיד תְּהִלָּתוֹ 2
בְּפִי ׃ בַּיהוָה תִּתְהַלֵּל נַפְשִׁי יִשְׁמְעוּ עֲנָוִים 3
וְיִשְׂמָחוּ ׃ גַּדְּלוּ לַיהוָה אִתִּי וּנְרוֹמְמָה שְׁמוֹ יַחְדָּו ׃ 4
דָּרַשְׁתִּי אֶת־יְהוָה וְעָנָנִי וּמִכָּל־מְגוּרוֹתַי הִצִּילָנִי ׃ 5
הִבִּיטוּ אֵלָיו וְנָהָרוּ וּפְנֵיהֶם אַל־יֶחְפָּרוּ ׃ זֶה עָנִי 6
קָרָא וַיהוָה שָׁמֵעַ וּמִכָּל־צָרוֹתָיו הוֹשִׁיעוֹ ׃ חֹנֶה 7
מַלְאַךְ־יְהוָה סָבִיב לִירֵאָיו וַיְחַלְּצֵם ׃ טַעֲמוּ וּרְאוּ 8
כִּי־טוֹב יְהוָה אַשְׁרֵי הַגֶּבֶר יֶחֱסֶה־בּוֹ ׃ יְראוּ אֶת־ 9
יְהוָה קְדֹשָׁיו כִּי־אֵין מַחְסוֹר לִירֵאָיו ׃ כְּפִירִים 10
רָשׁוּ וְרָעֵבוּ וְדֹרְשֵׁי יְהוָה לֹא־יַחְסְרוּ כָל־טוֹב ׃ 11
לְכוּ־בָנִים שִׁמְעוּ־לִי יִרְאַת יְהוָה אֲלַמֶּדְכֶם ׃ מִי־ 12
הָאִישׁ הֶחָפֵץ חַיִּים אֹהֵב יָמִים לִרְאוֹת טוֹב ׃ 13
נְצֹר לְשׁוֹנְךָ מֵרָע וּשְׂפָתֶיךָ מִדַּבֵּר מִרְמָה ׃ סוּר 14
מֵרָע וַעֲשֵׂה־טוֹב בַּקֵּשׁ שָׁלוֹם וְרָדְפֵהוּ ׃ עֵינֵי 15
יְהוָה אֶל־צַדִּיקִים וְאָזְנָיו אֶל־שַׁוְעָתָם ׃ פְּנֵי יְהוָה 16
בְּעֹשֵׂי רָע לְהַכְרִית מֵאֶרֶץ זִכְרָם ׃ צָעֲקוּ וַיהוָה 17
שָׁמֵעַ וּמִכָּל־צָרוֹתָם הִצִּילָם ׃ קָרוֹב יְהוָה לְנִשְׁבְּרֵי־ 18
לֵב וְאֶת־דַּכְּאֵי־רוּחַ יוֹשִׁיעַ ׃ רַבּוֹת רָעוֹת צַדִּיק 19
וּמִכֻּלָּם יַצִּילֶנּוּ יְהוָה ׃ שֹׁמֵר כָּל־עַצְמוֹתָיו אַחַת 20
מֵהֵנָּה לֹא נִשְׁבָּרָה ׃ תְּמוֹתֵת רָשָׁע רָעָה וְשֹׂנְאֵי 21
צַדִּיק יֶאְשָׁמוּ ׃ פּוֹדֶה יְהוָה נֶפֶשׁ עֲבָדָיו וְלֹא 22
יֶאְשְׁמוּ כָּל־הַחֹסִים בּוֹ ׃ 23

PSAL. XXXV.   לה

לְדָוִד ׀ רִיבָה יְהוָה אֶת־יְרִיבַי לְחַם אֶת־לֹחֲמָי ׃ 1
הַחֲזֵק מָגֵן וְצִנָּה וְקוּמָה בְּעֶזְרָתִי ׃ וְהָרֵק חֲנִית 2
וּסְגֹר לִקְרַאת רֹדְפָי אֱמֹר לְנַפְשִׁי יְשֻׁעָתֵךְ אָנִי ׃ 3
יֵבֹשׁוּ וְיִכָּלְמוּ מְבַקְשֵׁי נַפְשִׁי יִסֹּגוּ אָחוֹר וְיַחְפְּרוּ 4
חֹשְׁבֵי רָעָתִי ׃ יִהְיוּ כְּמֹץ לִפְנֵי־רוּחַ וּמַלְאַךְ יְהוָה 5
דֹּחֶה ׃ יְהִי־דַרְכָּם חֹשֶׁךְ וַחֲלַקְלַקֹּת וּמַלְאַךְ יְהוָה 6
רֹדְפָם ׃ כִּי־חִנָּם טָמְנוּ־לִי שַׁחַת רִשְׁתָּם חִנָּם 7
חָפְרוּ לְנַפְשִׁי ׃ תְּבוֹאֵהוּ שׁוֹאָה לֹא־יֵדָע וְרִשְׁתּוֹ 8
אֲשֶׁר־טָמַן תִּלְכְּדוֹ בְּשׁוֹאָה יִפָּל־בָּהּ ׃ וְנַפְשִׁי 9
תָּגִיל בַּיהוָה תָּשִׂישׂ בִּישׁוּעָתוֹ ׃ כָּל עַצְמוֹתַי ׀ 10
תֹּאמַרְנָה יְהוָה מִי כָמוֹךָ מַצִּיל עָנִי מֵחָזָק מִמֶּנּוּ

LORD; and thou forgavest the iniquity of my sin. Selah.

6 For [a] this shall every one that is godly pray unto thee in a time [γ] when thou mayst be found: [c] surely in the floods of great waters [e] they shall not come nigh unto him.

7 Thou [g] art my hiding-place; thou shalt preserve me from trouble; thou shalt compass me about with songs [i] of deliverance. Selah.

8 I will instruct thee, and teach thee in the way which thou shalt go: I will [ζ] guide thee with mine eye.

9 Be ye not as the horse, [m] or as the mule, which have no understanding; whose mouth must be held in with bit and bridle, lest they come near unto thee.

10 Many [p] sorrows shall be to the wicked: but he [r] that trusteth in the LORD, mercy shall compass him about.

11 Be glad in the LORD, and rejoice, ye righteous: and shout for joy, all ye that are upright in heart.

PSALM XXXIII.

REJOICE [t] in the LORD, O ye righteous: for praise is comely for the upright.

2 Praise the LORD with harp: sing unto him with the psaltery [v] and an instrument of ten strings.

3 Sing [w] unto him a new song; play skilfully with a loud noise.

4 For the word of the LORD is right; and all his works are done in truth.

5 He loveth righteousness and judgment: ye [e] earth is full [x] of ye [n] goodness of ye LORD.

6 By [b] the word of the LORD were the heavens made: and all [c] the host of them by the breath of his mouth.

7 He [d] gathereth the waters of the sea together as an heap: he layeth up the depth in storehouses. [f]

8 Let all ye earth fear [g] the LORD; let all ye inhabitants of ye world stand in awe of him.

9 For he spake, [h] and it was done; he commanded, and it stood fast.

10 The LORD [λ] bringeth the counsel of the heathen to nought; he [i] maketh the devices of the people of none effect.

11 The counsel [k] of the LORD standeth for ever, the thoughts of his heart to [v] all generations.

12 Blessed [l] is the nation whose God is the LORD; and the people whom he hath chosen for his own inheritance.

13 The LORD looketh from heaven; he [o] beholdeth all the sons of men.

14 From the place of his habitation he looketh upon all the inhabitants of ye earth.

15 He [p] fashioneth their hearts alike; he considereth all their works.

16 There [s] is no king saved by the multitude of an host: a mighty man is not delivered by much strength.

17 An horse [s] is a vain thing for safety: neither shall he deliver any by his great strength.

18 Behold, the eye [t] of the LORD is upon them that fear him, upon them that hope in his mercy;

19 To deliver their soul from death, and to keep them alive in famine. [v]

20 Our soul waiteth for the LORD; [w] he is our help and our shield.

21 For [x] our heart shall rejoice in him; because [y] we have trusted in his holy name.

22 Let thy mercy, O LORD, be upon us, according as we hope in thee.

PSALM XXXIV.

A Psalm of David, when he changed his be-

Center reference column

β or, Achish, 1 Sa. 21. 13.
a 1 Ti. 1. 16.
b Ep. 5. 20.
γ of finding.
c Is. 55. 6.
d 1 Co. 1. 31.
e Is. 43. 2.
f Ps. 119. 74.
g Ps. 143. 9.
h Lu.1.46,&c.
i Ex.15.1,&c.
Re. 15. 2, 3.
k Lu. 11. 9.
δ or, flowed.
ζ counsel thee, mine eye shall be upon thee.
l Ps. 3. 4.
m Pr. 26. 3.
n 2 Sa. 22. 1.
o He. 1. 14.
p Ps. 16. 4.
1 Ti. 6. 10.
q 1 Pe. 2. 3.
r Je. 17.7,8.
s Ps. 2. 12.
t Ps. 97. 12.
Phi. 4. 4.
u 1 Pe.3.10,&c.
v Ps.150.3,4.
w Ps. 144. 9.
Re. 5. 9.
x 2 Ti. 2. 19.
y Mat.5. 9.
z Ps. 119. 64.
η or, mercy.
a Eze.14.7,8.
b He. 11. 3.
c Ge. 2. 1.
d Job 26. 10.
e Is. 65. 24.
f Job38.8..11.
θ to the broken of heart.
g Je. 10. 7
κ the contrite of spirit.
h Ge.1.3,&c.
λ maketh frustrate.
i Is. 44.25.
k Is. 46. 10.
μ or, guilty.
ν generation and generation.
l Ps. 65. 4.
m Ps.84.11,12.
n La. 3. 58.
o Pr. 15. 3.
p Pr. 22. 2.
q Ps. 44.3..7.
r Ps. 71. 24.
s Pr. 21. 31.
Hos. 14. 3.
t 1 Pe. 3. 12.
u Ps. 1. 4.
π darkness and slipperiness.
v Ps. 37. 19.
w Ps.115.9..11
x Zec. 10. 7.
Jn⁰. 16. 22.
ρ which he knoweth not of.
y Is. 25. 9.
z 1 Th. 5. 3.

haviour before β Abimelech; who drove him away, and he departed.

I WILL bless the LORD at all [b] times: his praise shall continually be in my mouth.

2 My soul shall make her boast [d] in the LORD: the [f] humble shall hear thereof, and be glad.

3 O magnify [h] the LORD with me, and let us exalt his name together.

4 I sought [k] the LORD, and he heard me, and delivered me from all my fears

5 They [δ] looked unto him, and were lightened; and their faces were not ashamed.

6 This [l] poor man cried,& the LORD heard him, and saved [n] him out of all his troubles.

7 The angel [o] of the LORD encampeth round about them that fear him, and delivereth them.

8 O taste [q] and see that the LORD is good: blessed [s] is the man that trusteth in him.

9 O fear the LORD, ye his saints: for there is no want to them that fear him.

10 The young lions do lack and suffer hunger: but they that seek the LORD shall not want any good thing.

11 Come, ye children, hearken unto me: I will teach you the fear of the LORD.

12 What [u] man is he that desireth life, and loveth many days, that he may see good?

13 Keep thy tongue from evil, and thy lips from speaking guile.

14 Depart [x] from evil, and do good; seek peace, [y] and pursue it.

15 The eyes of ye LORD are upon ye righteous, and his ears are open unto their cry.

16 The face [a] of the LORD is against them that do evil, to cut off the remembrance of them from the earth.

17 The righteous cry,& the LORD heareth, [e] & delivereth them out of all their troubles.

18 The LORD is nigh [θ] unto them that are of a broken heart, and saveth [κ] such as be of a contrite spirit.

19 Many are the afflictions of the righteous: but the LORD delivereth him out of them all.

20 He keepeth all his bones: not one of them is broken.

21 Evil shall slay the wicked; and they that hate the righteous shall be [μ] desolate.

22 The LORD redeemeth the soul of his servants; and none [m] of them that trust in him shall be desolate.

PSALM XXXV. A Psalm of David.

PLEAD [n] my cause, O LORD, with them that strive with me: fight against them that fight against me.

2 Take hold of shield and buckler, and stand up for mine help.

3 Draw out also the spear, and stop the way against them that persecute me: say unto my soul, I am thy salvation.

4 Let [r] them be confounded and put to shame that seek after my soul: let them be turned back and brought to confusion that devise my hurt.

5 Let them be as chaff [u] before the wind: and let the angel of the LORD chase them.

6 Let their way be [π] dark and slippery; & let the angel of the LORD persecute them.

7 For without cause have they hid for me their net in a pit, which without cause they have digged for my soul.

8 Let destruction come upon him [ρ] at unawares; [e] and let his net that he hath hid catch himself: into that very destruction let him fall.

9 And my soul shall be joyful in the LORD: it shall rejoice in his salvation.

11 יְקוּמוּן עֵדֵי חָמָס אֲשֶׁר לֹא־יָדַעְתִּי יִשְׁאָלוּנִי׃
12 יְשַׁלְּמוּנִי רָעָה תַּחַת טוֹבָה שְׁכוֹל לְנַפְשִׁי׃
13 וַאֲנִי בַּחֲלוֹתָם לְבוּשִׁי שָׂק עִנֵּיתִי בַצּוֹם נַפְשִׁי וּתְפִלָּתִי עַל־חֵיקִי תָשׁוּב׃
14 כְּרֵעַ כְּאָח לִי הִתְהַלָּכְתִּי כַּאֲבֶל־אֵם קֹדֵר שַׁחוֹתִי׃
15 וּבְצַלְעִי שָׂמְחוּ וְנֶאֱסָפוּ נֶאֶסְפוּ עָלַי נֵכִים וְלֹא יָדַעְתִּי קָרְעוּ וְלֹא־דָמּוּ׃
16 בְּחַנְפֵי לַעֲגֵי מָעוֹג חָרֹק עָלַי שִׁנֵּימוֹ׃
17 אֲדֹנָי כַּמָּה תִּרְאֶה הָשִׁיבָה נַפְשִׁי מִשֹּׁאֵיהֶם מִכְּפִירִים יְחִידָתִי׃
18 אוֹדְךָ בְּקָהָל רָב בְּעַם עָצוּם אֲהַלְלֶךָּ׃
19 אַל־יִשְׂמְחוּ־לִי אֹיְבַי שֶׁקֶר שֹׂנְאַי חִנָּם יִקְרְצוּ־עָיִן׃
20 כִּי לֹא שָׁלוֹם יְדַבֵּרוּ וְעַל רִגְעֵי־אֶרֶץ דִּבְרֵי מִרְמוֹת יַחֲשֹׁבוּן׃
21 וַיַּרְחִיבוּ עָלַי פִּיהֶם אָמְרוּ הֶאָח הֶאָח רָאֲתָה עֵינֵינוּ׃
22 רָאִיתָה יְהוָה אַל־תֶּחֱרַשׁ אֲדֹנָי אַל־תִּרְחַק מִמֶּנִּי׃
23 הָעִירָה וְהָקִיצָה לְמִשְׁפָּטִי אֱלֹהַי וַאדֹנָי לְרִיבִי׃
24 שָׁפְטֵנִי כְצִדְקְךָ יְהוָה אֱלֹהָי וְאַל־יִשְׂמְחוּ־לִי׃
25 אַל־יֹאמְרוּ בְלִבָּם הֶאָח נַפְשֵׁנוּ אַל־יֹאמְרוּ בִּלַּעֲנוּהוּ׃
26 יֵבֹשׁוּ וְיַחְפְּרוּ יַחְדָּו שְׂמֵחֵי רָעָתִי יִלְבְּשׁוּ־בֹשֶׁת וּכְלִמָּה הַמַּגְדִּילִים עָלָי׃
27 יָרֹנּוּ וְיִשְׂמְחוּ חֲפֵצֵי צִדְקִי וְיֹאמְרוּ תָמִיד יִגְדַּל יְהוָה הֶחָפֵץ שְׁלוֹם עַבְדּוֹ׃
28 וּלְשׁוֹנִי תֶּהְגֶּה צִדְקֶךָ כָּל־הַיּוֹם תְּהִלָּתֶךָ׃

PSAL. XXXVI. לו

1,2 לַמְנַצֵּחַ לְעֶבֶד־יְהוָה לְדָוִד׃ נְאֻם־פֶּשַׁע לָרָשָׁע בְּקֶרֶב לִבִּי אֵין־פַּחַד אֱלֹהִים לְנֶגֶד עֵינָיו׃
3 כִּי־הֶחֱלִיק אֵלָיו בְּעֵינָיו לִמְצֹא עֲוֺנוֹ לִשְׂנֹא׃
4 דִּבְרֵי־פִיו אָוֶן וּמִרְמָה חָדַל לְהַשְׂכִּיל לְהֵיטִיב׃
5 אָוֶן יַחְשֹׁב עַל־מִשְׁכָּבוֹ יִתְיַצֵּב עַל־דֶּרֶךְ לֹא־טוֹב רָע לֹא יִמְאָס׃
6 יְהוָה בְּהַשָּׁמַיִם חַסְדֶּךָ אֱמוּנָתְךָ עַד־שְׁחָקִים׃
7 צִדְקָתְךָ כְּהַרְרֵי־אֵל מִשְׁפָּטֶךָ תְּהוֹם רַבָּה אָדָם וּבְהֵמָה תוֹשִׁיעַ יְהוָה׃
8 מַה־יָּקָר חַסְדְּךָ אֱלֹהִים

9 וּבְנֵי אָדָם בְּצֵל כְּנָפֶיךָ יֶחֱסָיוּן׃ יִרְוְיֻן מִדֶּשֶׁן
10 בֵּיתֶךָ וְנַחַל עֲדָנֶיךָ תַשְׁקֵם׃ כִּי־עִמְּךָ מְקוֹר
11 חַיִּים בְּאוֹרְךָ נִרְאֶה־אוֹר׃ מְשֹׁךְ חַסְדְּךָ
  לְיֹדְעֶיךָ וְצִדְקָתְךָ לְיִשְׁרֵי־לֵב׃
12 אַל־תְּבוֹאֵנִי רֶגֶל גַּאֲוָה וְיַד־רְשָׁעִים אַל־תְּנִדֵנִי׃
13 שָׁם נָפְלוּ פֹּעֲלֵי אָוֶן דֹּחוּ וְלֹא־יָכְלוּ קוּם׃

PSAL. XXXVII. לז

1 לְדָוִד אַל־תִּתְחַר בַּמְּרֵעִים אַל־תְּקַנֵּא בְּעֹשֵׂי עַוְלָה׃
2 כִּי כֶחָצִיר מְהֵרָה יִמָּלוּ וּכְיֶרֶק דֶּשֶׁא יִבּוֹלוּן׃
3 בְּטַח בַּיהוָה וַעֲשֵׂה־טוֹב שְׁכָן־אֶרֶץ וּרְעֵה אֱמוּנָה׃
4 וְהִתְעַנַּג עַל־יְהוָה וְיִתֶּן־לְךָ מִשְׁאֲלֹת לִבֶּךָ׃
5 גּוֹל עַל־יְהוָה דַּרְכֶּךָ וּבְטַח עָלָיו וְהוּא יַעֲשֶׂה׃
6 וְהוֹצִיא כָאוֹר צִדְקֶךָ וּמִשְׁפָּטֶךָ כַּצָּהֳרָיִם׃
7 דּוֹם לַיהוָה וְהִתְחוֹלֵל לוֹ אַל־תִּתְחַר בְּמַצְלִיחַ דַּרְכּוֹ בְּאִישׁ עֹשֶׂה מְזִמּוֹת׃
8 הֶרֶף מֵאַף וַעֲזֹב חֵמָה אַל־תִּתְחַר אַךְ־לְהָרֵעַ׃
9 כִּי־מְרֵעִים יִכָּרֵתוּן וְקֹוֵי יְהוָה הֵמָּה יִירְשׁוּ־אָרֶץ׃
10 וְעוֹד מְעַט וְאֵין רָשָׁע וְהִתְבּוֹנַנְתָּ עַל־מְקוֹמוֹ וְאֵינֶנּוּ׃
11 וַעֲנָוִים יִירְשׁוּ־אָרֶץ וְהִתְעַנְּגוּ עַל־רֹב שָׁלוֹם׃
12 זֹמֵם רָשָׁע לַצַּדִּיק וְחֹרֵק עָלָיו שִׁנָּיו׃
13 אֲדֹנָי יִשְׂחַק־לוֹ כִּי־רָאָה כִּי־יָבֹא יוֹמוֹ׃
14 חֶרֶב פָּתְחוּ רְשָׁעִים וְדָרְכוּ קַשְׁתָּם לְהַפִּיל עָנִי וְאֶבְיוֹן לִטְבוֹחַ יִשְׁרֵי־דָרֶךְ׃
15 חַרְבָּם תָּבוֹא בְלִבָּם וְקַשְּׁתוֹתָם תִּשָּׁבַרְנָה׃
16 טוֹב מְעַט לַצַּדִּיק מֵהֲמוֹן רְשָׁעִים רַבִּים׃
17 כִּי זְרוֹעוֹת רְשָׁעִים תִּשָּׁבַרְנָה וְסוֹמֵךְ צַדִּיקִים יְהוָה׃
18 יוֹדֵעַ יְהוָה יְמֵי תְמִימִם וְנַחֲלָתָם לְעוֹלָם תִּהְיֶה׃
19 לֹא־יֵבֹשׁוּ בְּעֵת רָעָה וּבִימֵי רְעָבוֹן יִשְׂבָּעוּ׃
20 כִּי רְשָׁעִים יֹאבֵדוּ וְאֹיְבֵי יְהוָה כִּיקַר כָּרִים כָּלוּ בֶעָשָׁן כָּלוּ׃
21 לוֶֹה רָשָׁע וְלֹא יְשַׁלֵּם וְצַדִּיק חוֹנֵן וְנוֹתֵן׃
22 כִּי מְבֹרָכָיו יִירְשׁוּ אָרֶץ וּמְקֻלָּלָיו יִכָּרֵתוּ׃
23 מֵיְהוָה מִצְעֲדֵי־גֶבֶר כּוֹנָנוּ וְדַרְכּוֹ יֶחְפָּץ׃
24 כִּי־

10 All my bones shall say, LORD, who *is* like unto thee, which deliverest *a* the poor from him that is too strong for him, yea, the poor and the needy from him that spoileth him?

11 γ False witnesses *c* did rise up : they δ laid to my charge *things* that I knew not.

12 They rewarded me evil *e* for good, *to* the η spoiling of my soul.

13 But as for me, when they were sick, my clothing *was* sackcloth : I θ humbled my soul with fasting ; and my prayer returned into my own bosom.

14 I λ behaved myself μ as though *he had been* my friend *or* brother : I bowed down heavily,*as one that* mourneth*for his*mother.

15 But in mine ν adversity they rejoiced, and gathered themselves together ; *yea,* the abjects *i* gathered themselves together against me, and I knew *it* not ; they did tear *me,* and ceased not.

16 With hypocritical mockers in feasts, they gnashed *l* upon me with their teeth.

17 LORD, how long wilt thou look on ? rescue my soul from their destructions, my π darling from the *m* lions.

18 I will give thee thanks in the great congregation : I will praise thee among σ much people.

19 Let not them that are mine enemies τ wrongfully rejoice over me ; *neither let* them wink with the eye that *o* hate me without a cause.

20 For they speak not peace ; but they devise *q* deceitful matters against *them that are* quiet in the land.

21 Yea, they opened their mouth wide against me, *and* said, Aha,*s* aha! our eye hath seen *it.*

22 *This* thou hast seen, O LORD ; keep not silence :*t* O LORD, be not far from me.

23 Stir *u* up thyself, and awake to my judgment, *even* unto my cause, my God and my Lord.

24 Judge *v* me, O LORD my God, according to thy righteousness ; *w* and let them not rejoice over me.

25 Let them not say in their hearts, ψ Ah, so would we have it: let them not say, We have swallowed him up.

26 Let them be ashamed and brought to confusion together that rejoice at my hurt: let them be clothed *y* with shame and dishonour that magnify *themselves* against me.

27 Let them shout for joy, and be glad, that favour my γ righteous cause ; yea, let them *z* say continually, Let the LORD be magnified, which hath pleasure in the prosperity of his servant.

28 And *a* my tongue shall speak of thy righteousness, *and* of thy praise, all the day long.

PSALM XXXVI.
To the chief Musician. *A Psalm* of David the servant of the Lord.

THE transgression of the wicked saith within my heart, *that there is* no fear of God before his eyes.

2 For he flattereth himself in his own eyes, ζ until his iniquity be found to be hateful.

3 The words of his mouth *are* iniquity and deceit : he hath left off to be wise, *and* to *e* do good.

4 He deviseth θ mischief upon his *f* bed ; he setteth himself in a way *that is* not good ; he abhorreth *g* not evil.

5 Thy mercy,O LORD, *is* in y*e* heavens,*and* thy faithfulness *reacheth* unto the clouds.

6 Thy righteousness*is*like y*e* κ great moun-

a Pr.22.22,23.
b Ro. 11.33.
β *precious,* 1 Pe. 2.7.
γ *witnesses of wrong.*
c Ps. 27.12. Mat.26.59.. 61.
δ *asked me.*
d Ps 65.4.
ζ *watered.*
ε Jn*o*. 10.32.
η *depriving.*
f Re.22.1,17.
g Je.2.13.
θ Jn*o*.4.10,14.
θ *or,afflicted.*
h 2 Co. 4.6.
κ *draw out at length.*
λ *walked.*
μ *as a friend, as a brother to me.*
ν *halting.*
i Job 30. 1,8, &c.
j 1 Sa.1.6. Pr.24.19.
k Ps. 73.3.
l La.2.16. Ac.7.54.
π *only one.*
m Ps. 22.20.
ρ *in truth or stableness.*
ς *strong.*
n Is. 58.14.
τ *falsely.*
φ *roll thy way upon,* Ps. 22.8.
o Jn*o*. 15.25.
φ Mat.12.24.
χ*Besilent to.*
r Pr. 20.22. La.3.25,26.
s Ps. 40.15.
t Ps. 50.21. Is. 65.6.
u Ps. 80.2.
v 1 Pe. 2.23.
w 2 Th. 1.6.
x Mat.5.5.
ψ *Ah, ah, our soul!*
β *or, practiseth.*
y Ps. 132.18.
γ *righteousness.*
z Ps. 70.4.
δ *the upright of way.*
a Ps.34.1.
b Pr. 15.16.
c Eze. 30.21, &c.
d 1 Pe. 1.3,4.
ζ *to find his iniquity to hate.*
η *preciousness.*
e Je. 4.22.
θ *or, vanity.*
f Pr. 4.16.
g Ps. 97.10.
κ *mountains of God.*

tains ; thy judgments *are* a great *b* deep : O LORD, thou preservest man and beast.

7 How β excellent *is* thy loving-kindness, O God! therefore the children of men put their trust under the shadow of thy wings.

8 They *d* shall be ζ abundantly satisfied with the fatness of thy house ; and thou shalt make them drink of the river*f* of thy pleasures.

9 For *g* with thee *is* the fountain of life : in *h* thy light shall we see light.

10 O κ continue thy loving-kindness unto them that know thee ; and thy righteousness to the upright in heart.

11 Let not y*e* foot of pride come against me, & let not the hand of the wicked remove me.

12 There are the workers of iniquity fallen : they are cast down,and shall not be able to rise.

PSALM XXXVII. *A Psalm* of David.

FRET *j* not thyself because of evildoers, neither be thou envious *k* against the workers of iniquity :

2 For they shall soon be cut down like the grass, and wither as the green herb.

3 Trust in the LORD, and do good : *so* shalt thou dwell in the land, and ρ verily thou shalt be fed.

4 Delight *n* thyself also in the LORD ; and he shall give thee the desires of thine heart.

5 φ Commit thy way unto the LORD ; trust also in him, and he shall bring *it* to pass :

6 And *p* he shall bring forth thy righteousness as the light, and thy judgment as the noon-day.

7 χ Rest in the LORD,and wait *r* patiently for him : fret not thyself because of him who prospereth in his way, because of the man who bringeth wicked devices to pass.

8 Cease from anger, and forsake wrath ; fret not thyself in any wise to do evil.

9 For evil-doers shall be cut off : but those that wait upon the LORD, they shall inherit the earth.

10 For yet a little while, and the wicked *shall not be ;* yea, thou shalt diligently consider his place, and it *shall not be.*

11 But *x* the meek shall inherit the earth, and shall delight themselves in the abundance of peace.

12 The wicked β plotteth against the just, and gnasheth upon him with his teeth.

13 The LORD shall laugh at him ; for he seeth that his day is coming.

14 The wicked have drawn out the sword, and have bent their bow, to cast down the poor and needy, *and* to slay δ such as be of upright conversation.

15 Their sword shall enter into their own heart, and their bows shall be broken.

16 A *b* little that a righteous man hath *is* better than the riches of many wicked.

17 For the arms*c* of y*e* wicked shall be broken: but the LORD upholdeth the righteous.

18 The LORD knoweth the days of the upright;& their inheritance *d* shall be for ever.

19 They shall not be ashamed in the evil time ; and in the days of famine they shall be satisfied.

20 But the wicked shall perish, and the enemies of the LORD *shall be* as the η fat of lambs : they shall consume ; into smoke shall they consume away.

21 The wicked borroweth, and payeth not again : but the righteous sheweth mercy, and giveth.

22 For *such as be* blessed of him shall inherit the earth : and *they that be* cursed of him shall be cut off.

25 נַעַר הָיִיתִי גַּם־זָקַנְתִּי וְלֹא רָאִיתִי צַדִּיק נֶעֱזָב וְזַרְעוֹ מְבַקֶּשׁ־לָחֶם:

26 כָּל־הַיּוֹם חוֹנֵן וּמַלְוֶה וְזַרְעוֹ לִבְרָכָה:

27 סוּר מֵרָע וַעֲשֵׂה־טוֹב וּשְׁכֹן לְעוֹלָם:

28 כִּי יְהוָה אֹהֵב מִשְׁפָּט וְלֹא־יַעֲזֹב אֶת־חֲסִידָיו לְעוֹלָם נִשְׁמָרוּ וְזֶרַע רְשָׁעִים נִכְרָת:

29 צַדִּיקִים יִירְשׁוּ־אָרֶץ וְיִשְׁכְּנוּ לָעַד עָלֶיהָ:

30 פִּי־צַדִּיק יֶהְגֶּה חָכְמָה וּלְשׁוֹנוֹ תְּדַבֵּר מִשְׁפָּט:

31 תּוֹרַת אֱלֹהָיו בְּלִבּוֹ לֹא תִמְעַד אֲשֻׁרָיו:

32 צוֹפֶה רָשָׁע לַצַּדִּיק וּמְבַקֵּשׁ לַהֲמִיתוֹ:

33 יְהוָה לֹא־יַעַזְבֶנּוּ בְיָדוֹ וְלֹא יַרְשִׁיעֶנּוּ בְּהִשָּׁפְטוֹ:

34 קַוֵּה אֶל־יְהוָה וּשְׁמֹר דַּרְכּוֹ וִירוֹמִמְךָ לָרֶשֶׁת אָרֶץ בְּהִכָּרֵת רְשָׁעִים תִּרְאֶה:

35 רָאִיתִי רָשָׁע עָרִיץ וּמִתְעָרֶה כְּאֶזְרָח רַעֲנָן:

36 וַיַּעֲבֹר וְהִנֵּה אֵינֶנּוּ וָאֲבַקְשֵׁהוּ וְלֹא נִמְצָא:

37 שְׁמָר־תָּם וּרְאֵה יָשָׁר כִּי־אַחֲרִית לְאִישׁ שָׁלוֹם:

38 וּפֹשְׁעִים נִשְׁמְדוּ יַחְדָּו אַחֲרִית רְשָׁעִים נִכְרָתָה:

39 וּתְשׁוּעַת צַדִּיקִים מֵיְהוָה מָעוּזָּם בְּעֵת צָרָה:

40 וַיַּעְזְרֵם יְהוָה וַיְפַלְּטֵם יְפַלְּטֵם מֵרְשָׁעִים וְיוֹשִׁיעֵם כִּי־חָסוּ בוֹ:

PSAL. XXXVIII.   לח

1 מִזְמוֹר לְדָוִד לְהַזְכִּיר:

2 יְהוָה אַל־בְּקֶצְפְּךָ תוֹכִיחֵנִי וּבַחֲמָתְךָ תְיַסְּרֵנִי:

3 כִּי־חִצֶּיךָ נִחֲתוּ בִי וַתִּנְחַת עָלַי יָדֶךָ:

4 אֵין־מְתֹם בִּבְשָׂרִי מִפְּנֵי זַעְמֶךָ אֵין־שָׁלוֹם בַּעֲצָמַי מִפְּנֵי חַטָּאתִי:

5 כִּי עֲוֺנֹתַי עָבְרוּ רֹאשִׁי כְּמַשָּׂא כָבֵד יִכְבְּדוּ מִמֶּנִּי:

6 הִבְאִישׁוּ נָמַקּוּ חַבּוּרֹתָי מִפְּנֵי אִוַּלְתִּי:

7 נַעֲוֵיתִי שַׁחֹתִי עַד־מְאֹד כָּל־הַיּוֹם קֹדֵר הִלָּכְתִּי:

8 כִּי־כְסָלַי מָלְאוּ נִקְלֶה וְאֵין מְתֹם בִּבְשָׂרִי:

9 נְפוּגוֹתִי וְנִדְכֵּיתִי עַד־מְאֹד שָׁאַגְתִּי מִנַּהֲמַת לִבִּי:

10 אֲדֹנָי נֶגְדְּךָ כָל־תַּאֲוָתִי וְאַנְחָתִי מִמְּךָ לֹא־נִסְתָּרָה:

11 לִבִּי סְחַרְחַר עֲזָבַנִי כֹחִי וְאוֹר־עֵינַי גַּם־הֵם אֵין אִתִּי:

12 אֹהֲבַי וְרֵעַי מִנֶּגֶד נִגְעִי יַעֲמֹדוּ וּקְרוֹבַי מֵרָחֹק עָמָדוּ:

13 וַיְנַקְשׁוּ מְבַקְשֵׁי נַפְשִׁי וְדֹרְשֵׁי רָעָתִי דִּבְּרוּ הַוּוֹת וּמִרְמוֹת כָּל־הַיּוֹם יֶהְגּוּ:

14 וַאֲנִי כְחֵרֵשׁ לֹא אֶשְׁמָע וּכְאִלֵּם לֹא יִפְתַּח־פִּיו:

15 וָאֱהִי כְּאִישׁ אֲשֶׁר לֹא־שֹׁמֵעַ

16 כִּי־לְךָ יְהוָה הוֹחָלְתִּי אַתָּה תַעֲנֶה אֲדֹנָי אֱלֹהָי:

17 כִּי־אָמַרְתִּי פֶּן־יִשְׂמְחוּ־לִי בְּמוֹט רַגְלִי עָלַי הִגְדִּילוּ:

18 כִּי־אֲנִי לְצֶלַע נָכוֹן וּמַכְאוֹבִי נֶגְדִּי תָמִיד:

19 כִּי־עֲוֺנִי אַגִּיד אֶדְאַג מֵחַטָּאתִי:

20 וְאֹיְבַי חַיִּים עָצֵמוּ וְרַבּוּ שֹׂנְאַי שָׁקֶר:

21 וּמְשַׁלְּמֵי רָעָה תַּחַת טוֹבָה יִשְׂטְנוּנִי תַּחַת רָדְפִי־טוֹב:

22 אַל־תַּעַזְבֵנִי יְהוָה אֱלֹהַי אַל־תִּרְחַק מִמֶּנִּי:

23 חוּשָׁה לְעֶזְרָתִי אֲדֹנָי תְּשׁוּעָתִי:

PSAL. XXXIX.   לט

1 לַמְנַצֵּחַ לִידוּתוּן מִזְמוֹר לְדָוִד:

2 אָמַרְתִּי אֶשְׁמְרָה דְרָכַי מֵחֲטוֹא בִלְשׁוֹנִי אֶשְׁמְרָה לְפִי מַחְסוֹם בְּעֹד רָשָׁע לְנֶגְדִּי:

3 נֶאֱלַמְתִּי דוּמִיָּה הֶחֱשֵׁיתִי מִטּוֹב וּכְאֵבִי נֶעְכָּר:

4 חַם־לִבִּי בְּקִרְבִּי בַּהֲגִיגִי תִבְעַר־אֵשׁ דִּבַּרְתִּי בִּלְשׁוֹנִי:

5 הוֹדִיעֵנִי יְהוָה קִצִּי וּמִדַּת יָמַי מַה־הִיא אֵדְעָה מֶה־חָדֵל אָנִי:

6 הִנֵּה טְפָחוֹת נָתַתָּה יָמַי וְחֶלְדִּי כְאַיִן נֶגְדֶּךָ אַךְ כָּל־הֶבֶל כָּל־אָדָם נִצָּב סֶלָה:

7 אַךְ־בְּצֶלֶם יִתְהַלֶּךְ־אִישׁ אַךְ־הֶבֶל יֶהֱמָיוּן יִצְבֹּר וְלֹא־יֵדַע מִי־אֹסְפָם:

8 וְעַתָּה מַה־קִּוִּיתִי אֲדֹנָי תּוֹחַלְתִּי לְךָ הִיא:

9 מִכָּל־פְּשָׁעַי הַצִּילֵנִי חֶרְפַּת נָבָל אַל־תְּשִׂימֵנִי:

10 נֶאֱלַמְתִּי לֹא אֶפְתַּח־פִּי כִּי אַתָּה עָשִׂיתָ:

11 הָסֵר מֵעָלַי נִגְעֶךָ מִתִּגְרַת יָדְךָ אֲנִי כָלִיתִי:

12 בְּתוֹכָחוֹת עַל־עָוֺן יִסַּרְתָּ אִישׁ וַתֶּמֶס כָּעָשׁ חֲמוּדוֹ אַךְ הֶבֶל כָּל־אָדָם סֶלָה:

13 שִׁמְעָה־תְפִלָּתִי יְהוָה וְשַׁוְעָתִי הַאֲזִינָה אֶל־דִּמְעָתִי אַל־תֶּחֱרַשׁ כִּי גֵר אָנֹכִי עִמָּךְ תּוֹשָׁב כְּכָל־אֲבוֹתָי:

14 הָשַׁע מִמֶּנִּי וְאַבְלִיגָה בְּטֶרֶם אֵלֵךְ וְאֵינֶנִּי:

PSAL. XL.   מ

1 לַמְנַצֵּחַ לְדָוִד מִזְמוֹר:

2 קַוֺּה קִוִּיתִי יְהוָה וַיֵּט אֵלַי וַיִּשְׁמַע שַׁוְעָתִי:

3 וַיַּעֲלֵנִי מִבּוֹר שָׁאוֹן מִטִּיט הַיָּוֵן וַיָּקֶם עַל־סֶלַע רַגְלַי כּוֹנֵן אֲשֻׁרָי:

4 וַיִּתֵּן בְּפִי שִׁיר חָדָשׁ תְּהִלָּה לֵאלֹהֵינוּ יִרְאוּ רַבִּים

5 אַשְׁרֵי הַגֶּבֶר אֲשֶׁר

23 The steps*a* of a *good* man are β ordered by the LORD, and he delighteth in his way.

24 Though*c* he fall, he shall not be utterly cast down : for the LORD upholdeth *him with* his hand.

25 I have been young, and *now* am old ; yet*d* have I not seen the righteous forsaken, nor his seed begging bread.

26 *He is* ζ ever merciful, and lendeth ; and his seed *is* blessed.

27 Depart from evil, and do good ; and dwell for evermore.

28 For*e* the LORD loveth judgment, and forsaketh not his saints ; they are preserved*f* for ever : but*g* the seed of the wicked shall be cut off.

29 The righteous shall inherit the land, and dwell therein for ever.

30 The*i* mouth of the righteous speaketh wisdom, & his tongue talketh of judgment.

31 The law of his God *is* in his*k* heart : none of his κ steps shall slide.

32 The wicked watcheth the righteous, and seeketh to slay him.

33 The LORD*l* will not leave him in his hand,nor condemn*m* him when he is judged.

34 Wait*n* on the LORD, and keep his way, and he shall exalt thee to inherit the land : when y*e* wicked are cut off,thou shalt see *it.*

35 I *p* have seen y*e* wicked in great power, & spreading himself like a μgreen baytree.

36 Yet he passed away, and, lo, he *was* not : yea, I sought him, but he could not be found.

37 Mark the perfect *man,* and behold the upright : for the end*s* of *that* man *is* peace.

38 But*t* the transgressors shall be destroyed together : the end of the wicked shall be cut off.

39 But the salvation of the righteous *is* of the LORD ; he *is* their strength in the time of trouble.

40 And the LORD shall help them, and deliver them ; he*v* shall deliver them from the wicked, and save them, because they trust in him.

PSALM XXXVIII.

A Psalm of David, to bring to*w* remembrance.

O LORD, rebuke me not in thy wrath ; neither chasten me in thy hot displeasure.

2 For thine arrows*y* stick fast in me, and thy hand presseth me sore.

3 *There is* no soundness in my flesh, because of thine anger ; neither *is there any* φ rest in my bones,*z* because of my sin.

4 For mine iniquities are gone over mine*a* head ; as an heavy burden they are too heavy for me.

5 My wounds*b* stink, *and* are corrupt, because of my foolishness.

6 I am β troubled ; I am bowed down greatly ; I go mourning all the day long.

7 For my loins are filled with a loathsome *disease;& there is* no soundness in my flesh.

8 I am feeble & sore broken : I have roared*c* by reason of y*e* disquietness of my heart.

9 LORD, all my desire *is* before*d* thee ; and my groaning is not hid from thee.

10 My heart panteth, my strength faileth me : as for the light*e* of mine eyes, it also is gone δ from me.

11 My lovers and my friends stand aloof*f* from my η sore ; and my θ kinsmen stand*g* afar off.

12 They also that seek after my life lay snares *for me :* and they that seek my hurt speak mischievous things, and imagine deceits all the day long.

---

a Pr. 16. 9.
β or, *established.*
b 2 Sa. 16. 10, &c.
Is.42.19,20.
c Mi. 7. 8.
γ thre do I *wait for.*
d Is. 33. 16.
δ or, *answer.*
ζ *all the day.*
η *for halting.*
e Is. 30. 18.
f 1 Pe. 1. 5.
g Is.14.20..22.
h 2Co.7.9,10.
θ being *living, are strong.*
i Mat. 12. 35.
k De. 6. 6.
Is. 51. 7.
κ or, *goings.*
λ *for my help.*
l 2 Pe. 2. 9.
m Ro. 8.1,34.
n ver. 7.
o 1Ch. 16. 41.
p Job 5. 3.
Is.14.14..19.
q Pr. 21. 23.
Ja. 3. 2, &c.
μ or, *tree that groweth in his own soil.*
ν *a bridle,* or, *muzzle for my mouth.*
r Col. 4. 5.
π *troubled.*
s Pr. 14. 32.
t Mat. 13. 30.
ρ or, *what time I have here.*
u Ps.90.4,&c.
v Da.3.17,28.
σ *settled.*
τ *an image.*
w Ps.70,*title.*
x Ec.2.18,&c.
Lu.12.20,21.
y Job 6. 4.
φ *peace,* or, *health.*
z Ps. 51. 8.
χ *conflict.*
a Ezr. 9. 6.
ψ *that which is to be desired in him to melt away.*
b Is. 1. 5, 6.
β *uried.*
c Ps. 32. 3.
d Jn. 1. 48.
γ *In waiting I waited.*
e La.5.16,17.
δ *not with.*
ζ *a pit of noise.*
f Mat. 26. 56.
Lu.10.31,32.
g Lu. 23. 49.

---

13 But*b* I, as a deaf *man,* heard not ; and *I was* as a dumb man *that* openeth not his mouth.

14 Thus I was as a man that heareth not, and in whose mouth *are* no reproofs.

15 For γ in thee, O LORD, do I hope : thou wilt δ hear, O LORD my God.

16 For I said, Hear me ; lest *otherwise* they should rejoice over me : when my foot slippeth, they magnify *themselves* against me.

17 For I *am* ready η to halt, and my sorrow *is* continually before me.

18 For I will declare mine iniquity ; I will be sorry*h* for my sin.

19 But mine enemies θ*are* lively, *and* they are strong ; and they that hate me wrongfully are multiplied.

20 They also that render evil for good are mine adversaries ; because I follow *the thing that* good *is.*

21 Forsake me not, O LORD : O my God, be not far from me.

22 Make haste λ to help me, O LORD my salvation.

PSALM XXXIX.

To the chief Musician, *even* to*o* Jeduthun.

A Psalm of David.

I SAID, I will take heed to my ways, that I sin not with my tongue :*q* I will keep ν my mouth with a bridle, while the wicked is before me.

2 I was dumb with silence : I held my peace, *even* from good ; and my sorrow was π stirred.

3 My heart was hot within me ; while I was musing the fire burned : *then* spake I with my tongue,

4 LORD, make me to know mine end, and the measure of my days, what it *is, that* I may know ρ how frail I *am.*

5 Behold, thou hast made my days *as* an handbreadth ; and*s* mine age *is* as nothing before thee : verily every man σ at his best state *is* altogether vanity. Selah.

6 Surely every man walketh in τ a vain shew ; surely they are disquieted in vain : he*x* heapeth up *riches,* and knoweth not who shall gather them.

7 And now, LORD, what wait I for ! my hope *is* in thee.

8 Deliver me from all my transgressions ; make me not the reproach of the foolish.

9 I was dumb, I opened not my mouth ; because thou didst *it.*

10 Remove thy stroke away from me : I am consumed by the χ blow of thine hand.

11 When thou with rebukes dost correct man for iniquity, thou makest ψ his beauty to consume away like a moth : surely every man *is* vanity. Selah.

12 Hear my prayer, O LORD, and give ear unto my cry ; hold not thy peace at my tears : for I *am* a stranger with thee, *and* a sojourner, as all my fathers *were.*

13 O spare me, that I may recover strength, before I go hence, and be no more.

PSALM XL.

To the chief Musician. A Psalm of David.

I γ WAITED patiently for the LORD ; and he inclined unto me, and heard my cry.

2 He brought me up also out of an ζ horrible pit, out of the miry clay, and set my feet upon a rock, *and* established my goings.

3 And he hath put a new song in my mouth, *even* praise unto our God : many shall see *it,* and fear, and shall trust in the LORD.

4 Blessed *is* that man that maketh the

373

יְהוָה מִבְטַחוֹ וְלֹא־פָנָה אֶל־רְהָבִים וְשָׂטֵי כָזָב׃

6 רַבּוֹת עָשִׂיתָ ׀ אַתָּה ׀ יְהוָה אֱלֹהַי נִפְלְאֹתֶיךָ וּמַחְשְׁבֹתֶיךָ אֵלֵינוּ אֵין ׀ עֲרֹךְ אֵלֶיךָ אַגִּידָה וַאֲדַבֵּרָה עָצְמוּ מִסַּפֵּר׃

7 זֶבַח וּמִנְחָה ׀ לֹא־חָפַצְתָּ אָזְנַיִם כָּרִיתָ לִּי עוֹלָה וַחֲטָאָה לֹא שָׁאָלְתָּ׃

8 אָז אָמַרְתִּי הִנֵּה־בָאתִי בִּמְגִלַּת־סֵפֶר כָּתוּב עָלָי׃

9 לַעֲשׂוֹת־רְצוֹנְךָ אֱלֹהַי חָפָצְתִּי וְתוֹרָתְךָ בְּתוֹךְ מֵעָי׃

10 בִּשַּׂרְתִּי צֶדֶק ׀ בְּקָהָל רָב הִנֵּה שְׂפָתַי לֹא אֶכְלָא יְהוָה אַתָּה יָדָעְתָּ׃

11 צִדְקָתְךָ לֹא־כִסִּיתִי ׀ בְּתוֹךְ לִבִּי אֱמוּנָתְךָ וּתְשׁוּעָתְךָ אָמָרְתִּי לֹא־כִחַדְתִּי חַסְדְּךָ וַאֲמִתְּךָ לְקָהָל רָב׃

12 אַתָּה יְהוָה לֹא־תִכְלָא רַחֲמֶיךָ מִמֶּנִּי חַסְדְּךָ וַאֲמִתְּךָ תָּמִיד יִצְּרוּנִי׃

13 כִּי אָפְפוּ־עָלַי ׀ רָעוֹת עַד־אֵין מִסְפָּר הִשִּׂיגוּנִי עֲוֹנֹתַי וְלֹא־יָכֹלְתִּי לִרְאוֹת עָצְמוּ מִשַּׂעֲרוֹת רֹאשִׁי וְלִבִּי עֲזָבָנִי׃

14 רְצֵה יְהוָה לְהַצִּילֵנִי יְהוָה לְעֶזְרָתִי חוּשָׁה׃

15 יֵבֹשׁוּ וְיַחְפְּרוּ ׀ יַחַד מְבַקְשֵׁי נַפְשִׁי לִסְפּוֹתָהּ יִסֹּגוּ אָחוֹר וְיִכָּלְמוּ חֲפֵצֵי רָעָתִי׃

16 יָשֹׁמּוּ עַל־עֵקֶב בָּשְׁתָּם הָאֹמְרִים לִי הֶאָח ׀ הֶאָח׃

17 יָשִׂישׂוּ וְיִשְׂמְחוּ ׀ בְּךָ כָּל־מְבַקְשֶׁיךָ יֹאמְרוּ תָמִיד יִגְדַּל יְהוָה אֹהֲבֵי תְּשׁוּעָתֶךָ׃

18 וַאֲנִי ׀ עָנִי וְאֶבְיוֹן אֲדֹנָי יַחֲשָׁב־לִי אַתָּה עֶזְרָתִי וּמְפַלְטִי אַתָּה אֱלֹהַי אַל־תְּאַחַר׃

PSAL. XLI. מא

1,2 לַמְנַצֵּחַ מִזְמוֹר לְדָוִד׃ אַשְׁרֵי מַשְׂכִּיל אֶל־דָּל בְּיוֹם רָעָה יְמַלְּטֵהוּ יְהוָה׃

3 יְהוָה ׀ יִשְׁמְרֵהוּ וִיחַיֵּהוּ יְאֻשַּׁר בָּאָרֶץ וְאַל־תִּתְּנֵהוּ בְּנֶפֶשׁ אֹיְבָיו׃

4 יְהוָה יִסְעָדֶנּוּ עַל־עֶרֶשׂ דְּוָי כָּל־מִשְׁכָּבוֹ הָפַכְתָּ בְחָלְיוֹ׃

5 אֲנִי־אָמַרְתִּי יְהוָה חָנֵּנִי רְפָאָה נַפְשִׁי כִּי־חָטָאתִי לָךְ׃

6 אוֹיְבַי יֹאמְרוּ רַע לִי מָתַי יָמוּת וְאָבַד שְׁמוֹ׃

7 וְאִם־בָּא לִרְאוֹת ׀ שָׁוְא יְדַבֵּר לִבּוֹ יִקְבָּץ־אָוֶן לוֹ יֵצֵא לַחוּץ יְדַבֵּר׃

8 יַחַד עָלַי יִתְלַחֲשׁוּ כָּל־שֹׂנְאָי עָלַי ׀ יַחְשְׁבוּ רָעָה לִי׃

9 דְּבַר־בְּלִיַּעַל יָצוּק בּוֹ וַאֲשֶׁר שָׁכַב לֹא־יוֹסִיף לָקוּם׃

10 גַּם־אִישׁ שְׁלוֹמִי ׀ אֲשֶׁר־בָּטַחְתִּי בוֹ אוֹכֵל לַחְמִי הִגְדִּיל עָלַי עָקֵב׃

11 וְאַתָּה יְהוָה חָנֵּנִי וַהֲקִימֵנִי וַאֲשַׁלְּמָה לָהֶם׃

12 בְּזֹאת יָדַעְתִּי כִּי־חָפַצְתָּ בִּי כִּי לֹא־יָרִיעַ אֹיְבִי עָלָי׃

13 וַאֲנִי בְּתֻמִּי תָּמַכְתָּ בִּי וַתַּצִּיבֵנִי לְפָנֶיךָ לְעוֹלָם׃

14 בָּרוּךְ יְהוָה ׀ אֱלֹהֵי יִשְׂרָאֵל מֵהָעוֹלָם וְעַד הָעוֹלָם אָמֵן ׀ וְאָמֵן׃

PSAL. XLII. מב

1,2 לַמְנַצֵּחַ מַשְׂכִּיל לִבְנֵי־קֹרַח׃ כְּאַיָּל תַּעֲרֹג עַל־אֲפִיקֵי־מָיִם כֵּן נַפְשִׁי תַעֲרֹג אֵלֶיךָ אֱלֹהִים׃

3 צָמְאָה נַפְשִׁי ׀ לֵאלֹהִים לְאֵל חָי מָתַי אָבוֹא וְאֵרָאֶה פְּנֵי אֱלֹהִים׃

4 הָיְתָה־לִּי דִמְעָתִי לֶחֶם יוֹמָם וָלָיְלָה בֶּאֱמֹר אֵלַי כָּל־הַיּוֹם אַיֵּה אֱלֹהֶיךָ׃

5 אֵלֶּה אֶזְכְּרָה ׀ וְאֶשְׁפְּכָה עָלַי ׀ נַפְשִׁי כִּי אֶעֱבֹר ׀ בַּסָּךְ אֶדַּדֵּם עַד־בֵּית אֱלֹהִים בְּקוֹל־רִנָּה וְתוֹדָה הָמוֹן חוֹגֵג׃

6 מַה־תִּשְׁתּוֹחֲחִי ׀ נַפְשִׁי וַתֶּהֱמִי עָלָי הוֹחִילִי לֵאלֹהִים כִּי־עוֹד אוֹדֶנּוּ יְשׁוּעוֹת פָּנָיו׃

7 אֱלֹהַי עָלַי נַפְשִׁי תִשְׁתּוֹחָח עַל־כֵּן אֶזְכָּרְךָ מֵאֶרֶץ יַרְדֵּן וְחֶרְמוֹנִים מֵהַר מִצְעָר׃

8 תְּהוֹם־אֶל־תְּהוֹם קוֹרֵא לְקוֹל צִנּוֹרֶיךָ כָּל־מִשְׁבָּרֶיךָ וְגַלֶּיךָ עָלַי עָבָרוּ׃

9 יוֹמָם ׀ יְצַוֶּה יְהוָה ׀ חַסְדּוֹ וּבַלַּיְלָה שִׁירֹה עִמִּי תְּפִלָּה לְאֵל חַיָּי׃

10 אוֹמְרָה ׀ לְאֵל סַלְעִי לָמָה שְׁכַחְתָּנִי לָמָּה־קֹדֵר אֵלֵךְ בְּלַחַץ אוֹיֵב׃

11 בְּרֶצַח ׀ בְּעַצְמוֹתַי חֵרְפוּנִי צוֹרְרָי בְּאָמְרָם אֵלַי כָּל־הַיּוֹם אַיֵּה אֱלֹהֶיךָ׃

12 מַה־תִּשְׁתּוֹחֲחִי ׀ נַפְשִׁי וּמַה־תֶּהֱמִי עָלָי הוֹחִילִי לֵאלֹהִים כִּי־עוֹד אוֹדֶנּוּ יְשׁוּעֹת פָּנַי וֵאלֹהָי׃

PSAL. XLIII. מג

1 שָׁפְטֵנִי אֱלֹהִים ׀ וְרִיבָה רִיבִי מִגּוֹי לֹא־חָסִיד מֵאִישׁ־מִרְמָה וְעַוְלָה תְפַלְּטֵנִי׃

2 כִּי־אַתָּה ׀ אֱלֹהֵי מָעוּזִּי לָמָה זְנַחְתָּנִי לָמָּה־קֹדֵר אֶתְהַלֵּךְ בְּלַחַץ אוֹיֵב׃

3 שְׁלַח־אוֹרְךָ וַאֲמִתְּךָ הֵמָּה יַנְחוּנִי יְבִיאוּנִי אֶל־הַר־קָדְשְׁךָ וְאֶל־מִשְׁכְּנוֹתֶיךָ׃

4 וְאָבוֹאָה ׀ אֶל־מִזְבַּח אֱלֹהִים אֶל־אֵל שִׂמְחַת גִּילִי וְאוֹדְךָ בְכִנּוֹר אֱלֹהִים אֱלֹהָי׃

5 מַה־תִּשְׁתּוֹחֲחִי ׀ נַפְשִׁי וּמַה־תֶּהֱמִי עָלָי הוֹחִילִי לֵאלֹהִים כִּי־עוֹד אוֹדֶנּוּ יְשׁוּעֹת פָּנַי וֵאלֹהָי׃

PSAL. XLIV. מד

1,2 לַמְנַצֵּחַ לִבְנֵי־קֹרַח מַשְׂכִּיל׃ אֱלֹהִים ׀ בְּאָזְנֵינוּ שָׁמַעְנוּ אֲבוֹתֵינוּ סִפְּרוּ־לָנוּ פֹּעַל פָּעַלְתָּ בִימֵיהֶם בִּימֵי קֶדֶם׃

3 אַתָּה ׀ יָדְךָ גּוֹיִם הוֹרַשְׁתָּ וַתִּטָּעֵם תָּרַע לְאֻמִּים וַתְּשַׁלְּחֵם׃

4 כִּי לֹא בְחַרְבָּם יָרְשׁוּ אָרֶץ

LORD his trust; and respecteth a not the proud, nor such as turn aside b to lies.

5 Many, O LORD my God, are thy wonderful works c which thou hast done, and thy thoughts d which are to us-ward : β they cannot be reckoned up in order unto thee : if I would declare and speak of them, they are more than can be numbered.

6 Sacrifice e and offering thou didst not desire; mine ears hast thou δ opened : burnt-offering and sin-offering hast thou not required.

7 Then said I, Lo, I come: in f the volume of the book it is written of me,

8 I g delight to do thy will, O my God: yea, thy law is η within my heart.

9 I have preached k righteousness in the great congregation: lo, I have not refrained my lips, O LORD, thou knowest.

10 I have not hid l thy righteousness within my heart; I have declared thy faithfulness and thy salvation: I have not concealed thy loving-kindness and thy truth from the great congregation.

11 Withhold not thou thy tender mercies from me, O LORD: let thy loving-kindness and thy truth n continually preserve me.

12 For innumerable o evils have compassed me about: mine iniquities q have taken hold upon me, so that I am not able to look up : r they are more than the hairs of mine head; therefore my heart v faileth me.

13 Be pleased, O LORD, to deliver me : O LORD, make haste to help me.

14 Let them be ashamed and confounded together that seek after my soul to destroy it ; let them be driven backward, and put to shame, that wish me evil.

15 Let them be desolate for a reward of their shame, that say unto me, Aha, aha!

16 Let all those that seek thee rejoice & be glad in thee : let such as love thy salvation say continually, The LORD be magnified.

17 But I am poor & needy ; yet the LORD thinketh t upon me : thou art my help and my deliverer; make no tarrying, O my God.

PSALM XLI.
To the chief Musician. A Psalm of David.

BLESSED u is he that considereth the ρ poor : the LORD will deliver him in σ time of trouble.

2 The LORD will preserve him, and keep him alive ; and he shall be blessed upon the earth : and χ thou wilt not v deliver him unto the will of his enemies.

3 The LORD will strengthen him upon the bed of languishing : thou wilt ψ make all his bed in his sickness.

4 I said,w LORD, be merciful unto me ; heal x my soul ; for I have sinned against thee.

5 Mine enemies speak evil of me, When shall he die, and his name perish?

6 And if he come to see me, he z speaketh vanity : his heart gathereth iniquity to itself; when he goeth abroad, he telleth it.

7 All that hate me whisper together against me : against me do they γ devise my hurt.

8 δ An evil disease, say they, cleaveth fast unto him : and now that he lieth, he shall rise up no more.

9 Yea, ζ mine own familiar friend, in whom I trusted, which a did eat of my bread, hath η lifted up his heel against me.

10 But thou, O LORD, be merciful unto me, and raise me up, that I may requite them.

11 By this I know that thou favourest me, because mine enemy doth not triumph over me.

Marginal notes:

a Ps. 15. 4.
b Ps. 125. 5.
c Job 9. 10.
d Je. 29. 11.
β or, none can order them unto thee.
e Ps. 51. 16. He.10.4.10.
γ or, A Psalm giving instruction to the sons, &c.
δ digged, Ex. 21. 6.
ζ brayeth.
f Lu. 24. 44. Jn'. 5. 39.
g Ps. 63. 1. Jn'. 7. 37.
h Job 23. 3.
i Jn'. 4. 34.
η in the midst of my bowels.
k Lu.4.16.22.
l Ac.20.20.27.
m Ps. 122. 1.
θ bowed down.
κ or, give thanks.
n Ps. 85. 10.
λ or, his presence is salvation.
o He. 4. 15.
p Ps.77.3.10.
q Ps.38.4,&c.
r Lu.18.13,14.
μ or, the little hill, Ps. 133. 3.
v forsaketh.
s Ps. 88. 7.
π or, killing.
t ver. 5. 1 Pe. 5. 7.
u Pr. 14. 21. He. 6. 10.
ρ weak, or, sick.
σ the day of evil.
τ or, unmerciful.
φ a man of deceit and iniquity.
χ or, do not thou.
v Ps.37.32,33.
ψ turn.
w Ps. 32. 5.
x Ps. 147. 3. Ho. 6. 1.
β the gladness of my joy.
y Ps. 42. 5, 11.
z Ps.26.24,25.
γ evil to me.
δ A thing of Belial.
ζ the man of my peace.
a Job 19. 19.
b Jos. 24. 12.
η magnified.
c De. 4. 37.

12 And as for me, thou upholdest me in mine integrity, and settest me before thy face for ever.

13 Blessed be the LORD God of Israel from everlasting, and to everlasting. Amen, and Amen.

PSALM XLII.
To the chief Musician, γ Maschil, for the Sons of Korah.

AS the hart ζ panteth after the waterbrooks, so panteth my soul after thee, O God.

2 My soul g thirsteth for God, for the living God : when h shall I come and appear before God?

3 My tears have been my meat day and night, while they continually say unto me, Where is thy God?

4 When I remember these things, I pour out my soul in me : for I had gone with the multitude ; I went with them to the house of God, with the voice of m joy and praise, with a multitude that kept holyday.

5 Why art thou θ cast down, O my soul? and why art thou disquieted in me? Hope thou in God ; for I shall yet κ praise him λ for the help of his countenance.

6 O my God, my soul P is cast down within me : therefore will I remember thee from the land of Jordan, and of the Hermonites, from μ the hill Mizar.

7 Deep calleth unto deep at the noise of thy water-spouts : all thy waves s and thy billows are gone over me.

8 Yet the LORD will command his loving-kindness in the day-time, and in the night his song shall be with me, and my prayer unto the God of my life.

9 I will say unto God my rock, Why hast thou forgotten me? why go I mourning because of the oppression of the enemy?

10 As with a π sword in my bones, mine enemies reproach me ; while they say daily unto me, Where is thy God?

11 Why art thou cast down, O my soul? & why art thou disquieted within me? Hope thou in God; for I shall yet praise him, who is ye health of my countenance, & my God.

PSALM XLIII.

JUDGE me, O God, and plead my cause against an τ ungodly nation: O deliver me from φ the deceitful and unjust man.

2 For thou art the God of my strength : why dost thou cast me off? why go I mourning because of the oppression of ye enemy?

3 O send out thy light and thy truth: let them lead me ; let them bring me unto thy holy hill, and to thy tabernacles.

4 Then will I go unto the altar of God, unto God β my exceeding joy : yea, upon the harp will I praise thee, O God, my God.

5 Why y art thou cast down, O my soul ! & why art thou disquieted within me? Hope in God : for I shall yet praise him, who is the health of my countenance,and my God.

PSALM XLIV.
To the chief Musician for the Sons of Korah, Maschil.

WE have heard with our ears, O God, our fathers have told us, what work thou didst in their days, in the times of old.

2 How thou didst drive out ye heathen with thy hand, and plantedst them ; how thou didst afflict the people, and cast them out.

3 For b they got not the land in possession by their own sword, neither did their own arm save them ; but thy right hand, and thine arm,and the light of thy countenance, because e thou hadst a favour unto them.

אֶרֶץ וּרִיעוּ לֹא־הוֹשִׁיעָה לָמוֹ כִּי־יְמִינְךָ וּזְרוֹעֲךָ
5 וְאוֹר פָּנֶיךָ כִּי רְצִיתָם ׃ אַתָּה־הוּא מַלְכִּי אֱלֹהִים ׃
6 צַוֵּה יְשׁוּעוֹת יַעֲקֹב ׃ בְּךָ צָרֵינוּ נְנַגֵּחַ בְּשִׁמְךָ
7 נָבוּס קָמֵינוּ ׃ כִּי לֹא בְקַשְׁתִּי אֶבְטָח וְחַרְבִּי לֹא
8 תוֹשִׁיעֵנִי ׃ כִּי הוֹשַׁעְתָּנוּ מִצָּרֵינוּ וּמְשַׂנְאֵינוּ
9 הֱבִישׁוֹתָ ׃ בֵּאלֹהִים הִלַּלְנוּ כָל־הַיּוֹם וְשִׁמְךָ
10 לְעוֹלָם נוֹדֶה סֶלָה ׃ אַף־זָנַחְתָּ וַתַּכְלִימֵנוּ
11 וְלֹא־תֵצֵא בְּצִבְאוֹתֵינוּ ׃ תְּשִׁיבֵנוּ אָחוֹר מִנִּי
12 צָר וּמְשַׂנְאֵינוּ שָׁסוּ לָמוֹ ׃ תִּתְּנֵנוּ כְּצֹאן מַאֲכָל
13 וּבַגּוֹיִם זֵרִיתָנוּ ׃ תִּמְכֹּר־עַמְּךָ בְלֹא־הוֹן וְלֹא־
14 רִבִּיתָ בִּמְחִירֵיהֶם ׃ תְּשִׂימֵנוּ חֶרְפָּה לִשְׁכֵנֵינוּ
15 לַעַג וָקֶלֶס לִסְבִיבוֹתֵינוּ ׃ תְּשִׂימֵנוּ מָשָׁל
16 בַּגּוֹיִם מְנוֹד־רֹאשׁ בַּלְאֻמִּים ׃ כָּל־הַיּוֹם כְּלִמָּתִי
17 נֶגְדִּי וּבֹשֶׁת פָּנַי כִּסָּתְנִי ׃ מִקּוֹל מְחָרֵף וּמְגַדֵּף
18 מִפְּנֵי אוֹיֵב וּמִתְנַקֵּם ׃ כָּל־זֹאת בָּאַתְנוּ וְלֹא
19 שְׁכַחֲנוּךָ וְלֹא־שִׁקַּרְנוּ בִּבְרִיתֶךָ ׃ לֹא־נָסוֹג אָחוֹר
20 לִבֵּנוּ וַתֵּט אֲשֻׁרֵינוּ מִנִּי אָרְחֶךָ ׃ כִּי דִכִּיתָנוּ
21 בִּמְקוֹם תַּנִּים וַתְּכַס עָלֵינוּ בְצַלְמָוֶת ׃ אִם־שָׁכַחְנוּ
22 שֵׁם אֱלֹהֵינוּ וַנִּפְרֹשׂ כַּפֵּינוּ לְאֵל זָר ׃ הֲלֹא אֱלֹהִים
23 יַחֲקָר־זֹאת כִּי־הוּא יֹדֵעַ תַּעֲלֻמוֹת לֵב ׃ כִּי־עָלֶיךָ
24 הֹרַגְנוּ כָל־הַיּוֹם נֶחְשַׁבְנוּ כְּצֹאן טִבְחָה ׃ עוּרָה
לָמָּה תִישַׁן אֲדֹנָי הָקִיצָה אַל־תִּזְנַח לָנֶצַח ׃
25 לָמָּה־פָנֶיךָ תַסְתִּיר תִּשְׁכַּח עָנְיֵנוּ וְלַחֲצֵנוּ ׃ כִּי
27 שָׁחָה לֶעָפָר נַפְשֵׁנוּ דָּבְקָה לָאָרֶץ בִּטְנֵנוּ ׃ קוּמָה
עֶזְרָתָה לָּנוּ וּפְדֵנוּ לְמַעַן חַסְדֶּךָ ׃

PSAL. XLV. מה

1 לַמְנַצֵּחַ עַל־שֹׁשַׁנִּים לִבְנֵי־קֹרַח מַשְׂכִּיל שִׁיר יְדִידֹת
2 רָחַשׁ לִבִּי דָּבָר טוֹב אֹמֵר אָנִי מַעֲשַׂי לְמֶלֶךְ
3 לְשׁוֹנִי עֵט סוֹפֵר מָהִיר ׃ יָפְיָפִיתָ מִבְּנֵי אָדָם
הוּצַק חֵן בְּשִׂפְתוֹתֶיךָ עַל־כֵּן בֵּרַכְךָ אֱלֹהִים לְעוֹלָם ׃
4 חֲגוֹר חַרְבְּךָ עַל־יָרֵךְ גִּבּוֹר הוֹדְךָ וַהֲדָרֶךָ ׃
5 וַהֲדָרְךָ צְלַח רְכַב עַל־דְּבַר־אֱמֶת וְעַנְוָה־צֶדֶק
6 וְתוֹרְךָ נוֹרָאוֹת יְמִינֶךָ ׃ חִצֶּיךָ שְׁנוּנִים עַמִּים
7 תַּחְתֶּיךָ יִפְּלוּ בְּלֵב אוֹיְבֵי הַמֶּלֶךְ ׃ כִּסְאֲךָ אֱלֹהִים
8 עוֹלָם וָעֶד שֵׁבֶט מִישֹׁר שֵׁבֶט מַלְכוּתֶךָ ׃ אָהַבְתָּ

צֶדֶק וַתִּשְׂנָא רֶשַׁע עַל־כֵּן מְשָׁחֲךָ אֱלֹהִים
9 אֱלֹהֶיךָ שֶׁמֶן שָׂשׂוֹן מֵחֲבֵרֶךָ ׃ מֹר־וַאֲהָלוֹת
קְצִיעוֹת כָּל־בִּגְדֹתֶיךָ מִן־הֵיכְלֵי שֵׁן מִנִּי שִׂמְּחוּךָ ׃
10 בְּנוֹת מְלָכִים בִּיקְּרוֹתֶיךָ נִצְּבָה שֵׁגַל לִימִינְךָ בְּכֶתֶם
11 אוֹפִיר ׃ שִׁמְעִי־בַת וּרְאִי וְהַטִּי אָזְנֵךְ וְשִׁכְחִי עַמֵּךְ
12 וּבֵית אָבִיךְ ׃ וְיִתְאָו הַמֶּלֶךְ יָפְיֵךְ כִּי־הוּא אֲדֹנַיִךְ
13 וְהִשְׁתַּחֲוִי־לוֹ ׃ וּבַת־צֹר בְּמִנְחָה פָּנַיִךְ יְחַלּוּ
14 עֲשִׁירֵי עָם ׃ כָּל־כְּבוּדָּה בַת־מֶלֶךְ פְּנִימָה
15 מִמִּשְׁבְּצוֹת זָהָב לְבוּשָׁהּ ׃ לִרְקָמוֹת תּוּבַל לַמֶּלֶךְ
16 בְּתוּלוֹת אַחֲרֶיהָ רֵעוֹתֶיהָ מוּבָאוֹת לָךְ ׃ תּוּבַלְנָה
17 בִּשְׂמָחֹת וָגִיל תְּבֹאֶינָה בְּהֵיכַל מֶלֶךְ ׃ תַּחַת אֲבֹתֶיךָ
18 יִהְיוּ בָנֶיךָ תְּשִׁיתֵמוֹ לְשָׂרִים בְּכָל־הָאָרֶץ ׃ אַזְכִּירָה
שִׁמְךָ בְּכָל־דֹּר וָדֹר עַל־כֵּן עַמִּים יְהוֹדֻךָ לְעֹלָם
וָעֶד ׃

PSAL. XLVI. מו

1 לַמְנַצֵּחַ לִבְנֵי־קֹרַח עַל־עֲלָמוֹת שִׁיר ׃ אֱלֹהִים
2 לָנוּ מַחֲסֶה וָעֹז עֶזְרָה בְצָרוֹת נִמְצָא מְאֹד ׃
3 עַל־כֵּן לֹא־נִירָא בְּהָמִיר אָרֶץ וּבְמוֹט הָרִים
4 בְּלֵב יַמִּים ׃ יֶהֱמוּ יֶחְמְרוּ מֵימָיו יִרְעֲשׁוּ־הָרִים
5 בְּגַאֲוָתוֹ סֶלָה ׃ נָהָר פְּלָגָיו יְשַׂמְּחוּ עִיר־אֱלֹהִים
6 קְדֹשׁ מִשְׁכְּנֵי עֶלְיוֹן ׃ אֱלֹהִים בְּקִרְבָּהּ בַּל־תִּמּוֹט
7 יַעְזְרֶהָ אֱלֹהִים לִפְנוֹת בֹּקֶר ׃ הָמוּ גוֹיִם מָטוּ
8 מַמְלָכוֹת נָתַן בְּקוֹלוֹ תָּמוּג אָרֶץ ׃ יְהוָה צְבָאוֹת
9 עִמָּנוּ מִשְׂגָּב לָנוּ אֱלֹהֵי יַעֲקֹב סֶלָה ׃ לְכוּ חֲזוּ
10 מִפְעֲלוֹת יְהוָה אֲשֶׁר־שָׂם שַׁמּוֹת בָּאָרֶץ ׃ מַשְׁבִּית
מִלְחָמוֹת עַד־קְצֵה הָאָרֶץ קֶשֶׁת יְשַׁבֵּר וְקִצֵּץ
11 חֲנִית עֲגָלוֹת יִשְׂרֹף בָּאֵשׁ ׃ הַרְפּוּ וּדְעוּ כִּי־אָנֹכִי
12 אֱלֹהִים אָרוּם בַּגּוֹיִם אָרוּם בָּאָרֶץ ׃ יְהוָה צְבָאוֹת
עִמָּנוּ מִשְׂגָּב לָנוּ אֱלֹהֵי יַעֲקֹב סֶלָה ׃

PSAL. XLVII. מז

1 לַמְנַצֵּחַ לִבְנֵי־קֹרַח מִזְמוֹר ׃ כָּל־הָעַמִּים תִּקְעוּ־
2 כָף הָרִיעוּ לֵאלֹהִים בְּקוֹל רִנָּה ׃ כִּי־יְהוָה עֶלְיוֹן
3 נוֹרָא מֶלֶךְ גָּדוֹל עַל־כָּל־הָאָרֶץ ׃ יַדְבֵּר עַמִּים

4 Thou art my King, O God: command deliverances for Jacob.

5 Through thee will we push down our enemies; through thy name will we tread them under that rise up against us.

6 For [e] I will not trust in my bow, neither shall my sword save me.

7 But thou hast saved us from our enemies, and hast put them to [e] shame that hated us.

8 In God we boast all the day long, and praise thy name for ever. Selah.

9 But thou hast cast off, [h] and put us to shame; & goest not forth with our armies.

10 Thou makest us to turn back [k] from the enemy; and they which hate us spoil for themselves.

11 Thou hast given us [γ] like sheep appointed for meat; and hast scattered us among the heathen.

12 Thou sellest [q] thy people [ζ] for nought, &dost not increase thy wealth by their price.

13 Thou makest us a reproach [t] to our neighbours, a scorn and a derision to them that are round about us.

14 Thou makest us a by-word among the heathen, a shaking of the head among the people.

15 My confusion is continually before me, and the shame of my face hath covered me,

16 For the voice of him that reproacheth and blasphemeth; by reason of the enemy [y] and avenger.

17 All [z] this is come upon us; yet have we not forgotten thee, neither have we dealt falsely in thy covenant.

18 Our heart is not turned back, [a] neither have our [θ] steps declined from thy way;

19 Though thou hast sore broken us in the place of dragons, [d] and covered us with the shadow [e] of death.

20 If we have forgotten the name of our God, or [f] stretched out our hands to a strange god;

21 Shall not God search this out? for he knoweth the secrets of the heart.

22 Yea, [h] for thy sake are we killed all the day long; we are counted as sheep for the slaughter.

23 Awake, why sleepest thou, O Lord? arise, cast [k] us not off for ever.

24 Wherefore hidest thou thy face, and forgettest our affliction & our oppression?

25 For our soul is bowed down to the dust; our belly cleaveth unto the earth.

26 Arise [μ] for our help, and redeem us for thy mercies' sake.

PSALM XLV.
To the chief Musician upon Shoshannim [l] for the sons of Korah, [π] Maschil. A song of loves.

MY heart [ρ] is inditing a good matter: I speak of the things which I have made touching the King; my tongue is the pen of a ready writer.

2 Thou art fairer [n] than the children of men; grace [o] is poured into thy lips: therefore God hath blessed thee for ever.

3 Gird thy sword [q] upon thy thigh, O most Mighty, with thy glory and thy majesty.

4 And in thy majesty [σ] ride [r] prosperously because of truth and meekness and righteousness; and thy right hand shall teach thee terrible [s] things.

5 Thine arrows [t] are sharp in the heart of the King's enemies; whereby the people fall under thee.

6 Thy throne, [u] O God, is for ever and ever: the sceptre of thy kingdom is a right sceptre.

β or, O God.
a Is. 61. 1.
b 1Ki.1.39,40.
c Hos. 1. 7.
d Ca. 1. 3.
e Ps. 132. 18.
f Ca. 6. 8.
g 1 Ki. 2. 19.
h Ps. 74. 1.
La.3.31,32.
i De. 33. 9.
Mat. 10. 37.
k Le. 26. 17.
De.28.25,64.
l Ca. 4.9,&c.
m Is. 54. 5.
n Ps. 95. 6.
γ as sheep of meat.
o Is. 23. 18.
Ac. 21. 3. 6.
p Is. 60. 3.
δ face.
q De. 32. 20.
ζ without riches.
r Is. 61. 10.
s Ca. 1. 4.
t Je. 24. 9.
u Is. 35. 10.
Jude 24.
v Ps. 22. 30.
w Re. 1. 6.
x Mal. 1. 11.
y Ps. 8. 2.
z Da. 9. 13.
η or. of.
a Job23 11.12
Ps. 119.157.
b Ps.XLVIII
LXVI.
c 1 Ch. 15 20.
θ or, goings.
d Is. 35. 7.
e Ps. 23. 4.
κ heart of the seas.
f Job31.26,28
g Eze.47.1,12
h Ro. 8. 36.
i Re. 21. 2, 3.
λ when the morning appeareth,
Ex.14.24,27.
Ps. 30. 5.
h ver. 9.
μ a help for us.
v an high place for us.
l Ps. LXIX.
LXXX.
π or, of instruction.
ρ boileth or, bubbleth up.
m Eze.39.9,10
n Ca. 5.9,15.
o Lu. 4. 22.
p Is. 2.11,17.
q He. 4. 12.
Re. 1. 16.
σ prosper thou, ride thou.
r He. 6. 2.
s or, of.
t Ps. 65. 5.
t Ps. 58. 2.
u Ps. 93. 2.
He. 1. 8.

7 Thou lovest righteousness, and hatest wickedness: therefore [β] God, thy God, hath anointed [d] thee with the oil of gladness [b] above thy fellows.

8 All [d] thy garments smell of myrrh, and aloes, and cassia, out of the ivory palaces, whereby they have made thee glad.

9 Kings' daughters [f] were among thy honourable women: upon thy right [g] hand did stand the queen in gold of Ophir.

10 Hearken, O daughter, and consider, and incline thine ear; forget [i] also thine own people, and thy father's house;

11 So [l] shall the King greatly desire thy beauty; for [m] he is thy Lord; and worship [n] thou him.

12 And the daughter of Tyre [o] shall be there with a gift; even the rich [p] among the people shall entreat thy [δ] favour.

13 The King's daughter is all glorious within; her clothing [r] is of wrought gold.

14 She shall be brought [s] unto the King in raiment of needle-work: the virgins her companions that follow her shall be brought unto thee.

15 With gladness [u] and rejoicing shall they be brought: they shall enter into the King's palace.

16 Instead [w] of thy fathers shall be thy children, whom thou mayest make princes [w] in all the earth.

17 I will make thy name [x] to be remembered in all generations; therefore shall the people praise thee for ever and ever.

PSALM XLVI.
To the chief Musician [η] for the sons of Korah. A Song [b] upon Alamoth. [c]

GOD is our refuge and strength, a very present help in trouble.

2 Therefore will not we fear, though the earth be removed, and though the mountains be carried into the [κ] midst of the sea;

3 Though the waters thereof roar and be troubled, though the mountains shake with the swelling thereof. Selah.

4 There is a river, [g] the streams whereof shall make glad the city [i] of God, the holy place of the tabernacles of the Most High.

5 God is in the midst of her; she shall not be moved: God shall help her, [λ] and that right early.

6 The heathen raged, the kingdoms were moved: he uttered his voice, the earth melted.

7 The Lord of hosts is with us; the God of Jacob is [v] our refuge. Selah.

8 Come, behold the works of the Lord, what desolations he hath made in the earth.

9 He maketh wars to cease unto the end of the earth; he breaketh the bow, and cutteth the spear in sunder: he burneth [m] the chariot in the fire.

10 Be still, and know that I am God; I will be exalted among the heathen, I will be exalted [b] in the earth.

11 The Lord of hosts is with us; the God of Jacob is our refuge. Selah.

PSALM XLVII.
To the chief Musician. A Psalm [τ] for the sons of Korah.

O CLAP your hands, all ye people; shout unto God with the voice of triumph.

2 For the Lord most high is terrible; he is a great King over all the earth.

3 He shall subdue the people under us, and the nations under our feet.

4 He shall choose our inheritance for us, the excellency of Jacob whom he loved. Selah.

5 תַּחְתֵּינוּ וּלְאֻמִּים תַּחַת רַגְלֵינוּ ׃ יִבְחַר־לָנוּ אֶת־

6 נַחֲלָתֵנוּ אֶת גְּאוֹן יַעֲקֹב אֲשֶׁר־אָהֵב סֶלָה ׃ עָלָה

7 אֱלֹהִים בִּתְרוּעָה יְהֹוָה בְּקוֹל שׁוֹפָר ׃ זַמְּרוּ אֱלֹהִים

8 זַמֵּרוּ זַמְּרוּ לְמַלְכֵּנוּ זַמֵּרוּ ׃ כִּי מֶלֶךְ כָּל־הָאָרֶץ

9 אֱלֹהִים זַמְּרוּ מַשְׂכִּיל ׃ מָלַךְ אֱלֹהִים עַל־גּוֹיִם

10 אֱלֹהִים יָשַׁב ׀ עַל־כִּסֵּא קָדְשׁוֹ ׃ נְדִיבֵי עַמִּים
נֶאֱסָפוּ עַם אֱלֹהֵי אַבְרָהָם כִּי לֵאלֹהִים מָגִנֵּי־אֶרֶץ
מְאֹד נַעֲלָה ׃

PSAL. XLVIII. מח

1/2 שִׁיר מִזְמוֹר לִבְנֵי־קֹרַח ׃ גָּדוֹל יְהֹוָה וּמְהֻלָּל

3 מְאֹד בְּעִיר אֱלֹהֵינוּ הַר־קָדְשׁוֹ ׃ יְפֵה נוֹף מְשׂוֹשׂ
כָּל־הָאָרֶץ הַר־צִיּוֹן יַרְכְּתֵי צָפוֹן קִרְיַת מֶלֶךְ רָב ׃

4/5 אֱלֹהִים בְּאַרְמְנוֹתֶיהָ נוֹדַע לְמִשְׂגָּב ׃ כִּי־הִנֵּה

6 הַמְּלָכִים נוֹעֲדוּ עָבְרוּ יַחְדָּו ׃ הֵמָּה רָאוּ כֵּן

7 תָּמָהוּ נִבְהֲלוּ נֶחְפָּזוּ ׃ רְעָדָה אֲחָזָתַם שָׁם חִיל

8 כַּיּוֹלֵדָה ׃ בְּרוּחַ קָדִים תְּשַׁבֵּר אֳנִיּוֹת תַּרְשִׁישׁ ׃

9 כַּאֲשֶׁר שָׁמַעְנוּ ׀ כֵּן רָאִינוּ בְּעִיר־יְהֹוָה צְבָאוֹת
בְּעִיר אֱלֹהֵינוּ אֱלֹהִים יְכוֹנְנֶהָ עַד־עוֹלָם סֶלָה ׃

10 דִּמִּינוּ אֱלֹהִים חַסְדֶּךָ בְּקֶרֶב הֵיכָלֶךָ ׃ כְּשִׁמְךָ

11 אֱלֹהִים כֵּן תְּהִלָּתְךָ עַל־קַצְוֵי־אֶרֶץ צֶדֶק מָלְאָה

12 יְמִינֶךָ ׃ יִשְׂמַח ׀ הַר־צִיּוֹן תָּגֵלְנָה בְּנוֹת יְהוּדָה

13 לְמַעַן מִשְׁפָּטֶיךָ ׃ סֹבּוּ צִיּוֹן וְהַקִּיפוּהָ סִפְרוּ

14 מִגְדָּלֶיהָ ׃ שִׁיתוּ לִבְּכֶם ׀ לְחֵילָה פַּסְּגוּ אַרְמְנוֹתֶיהָ

15 לְמַעַן תְּסַפְּרוּ לְדוֹר אַחֲרוֹן ׃ כִּי זֶה ׀ אֱלֹהִים
אֱלֹהֵינוּ עוֹלָם וָעֶד הוּא יְנַהֲגֵנוּ עַל־מוּת ׃

PSAL. XLIX. מט

1/2 לַמְנַצֵּחַ לִבְנֵי־קֹרַח מִזְמוֹר ׃ שִׁמְעוּ־זֹאת כָּל־

3 הָעַמִּים הַאֲזִינוּ כָּל־יֹשְׁבֵי חָלֶד ׃ גַּם־בְּנֵי אָדָם

4 גַּם־בְּנֵי־אִישׁ יַחַד עָשִׁיר וְאֶבְיוֹן ׃ פִּי יְדַבֵּר חָכְמוֹת

5 וְהָגוּת לִבִּי תְבוּנוֹת ׃ אַטֶּה לְמָשָׁל אָזְנִי אֶפְתַּח

6 בְּכִנּוֹר חִידָתִי ׃ לָמָּה אִירָא בִּימֵי רָע עֲוֹן עֲקֵבַי

7 יְסוּבֵּנִי ׃ הַבֹּטְחִים עַל־חֵילָם וּבְרֹב עָשְׁרָם יִתְהַלָּלוּ ׃

8 אָח לֹא־פָדֹה יִפְדֶּה אִישׁ לֹא־יִתֵּן לֵאלֹהִים כָּפְרוֹ ׃

9/10 וְיֵקַר פִּדְיוֹן נַפְשָׁם וְחָדַל לְעוֹלָם ׃ וִיחִי־עוֹד

11 לָנֶצַח לֹא יִרְאֶה הַשָּׁחַת ׃ כִּי יִרְאֶה ׀ חֲכָמִים

12 יָמוּתוּ יַחַד כְּסִיל וָבַעַר יֹאבֵדוּ וְעָזְבוּ לַאֲחֵרִים
חֵילָם ׃ קִרְבָּם בָּתֵּימוֹ ׀ לְעוֹלָם מִשְׁכְּנֹתָם לְדֹר

13 וָדֹר קָרְאוּ בִשְׁמוֹתָם עֲלֵי אֲדָמוֹת ׃ וְאָדָם בִּיקָר

14 בַּל־יָלִין נִמְשַׁל כַּבְּהֵמוֹת נִדְמוּ ׃ זֶה דַרְכָּם כֵּסֶל

15 לָמוֹ וְאַחֲרֵיהֶם ׀ בְּפִיהֶם יִרְצוּ סֶלָה ׃ כַּצֹּאן ׀
לִשְׁאוֹל שַׁתּוּ מָוֶת יִרְעֵם וַיִּרְדּוּ בָם יְשָׁרִים ׀ לַבֹּקֶר

16 וְצוּרָם לְבַלּוֹת שְׁאוֹל מִזְּבֻל לוֹ ׃ אַךְ־אֱלֹהִים

17 יִפְדֶּה נַפְשִׁי מִיַּד־שְׁאוֹל כִּי יִקָּחֵנִי סֶלָה ׃ אַל־

18 תִּירָא כִּי־יַעֲשִׁר אִישׁ כִּי־יִרְבֶּה כְּבוֹד בֵּיתוֹ ׃ כִּי

19 לֹא בְמוֹתוֹ יִקַּח הַכֹּל לֹא־יֵרֵד אַחֲרָיו כְּבוֹדוֹ ׃ כִּי־

20 נַפְשׁוֹ בְּחַיָּיו יְבָרֵךְ וְיוֹדֻךָ כִּי־תֵיטִיב לָךְ ׃ תָּבוֹא

21 עַד־דּוֹר אֲבוֹתָיו עַד־נֵצַח לֹא יִרְאוּ־אוֹר ׃ אָדָם
בִּיקָר וְלֹא יָבִין נִמְשַׁל כַּבְּהֵמוֹת נִדְמוּ ׃

PSAL. L. נ

1 מִזְמוֹר לְאָסָף אֵל ׀ אֱלֹהִים יְהֹוָה דִּבֶּר וַיִּקְרָא־

2 אָרֶץ מִמִּזְרַח־שֶׁמֶשׁ עַד־מְבֹאוֹ ׃ מִצִּיּוֹן מִכְלַל־

3 יֹפִי אֱלֹהִים הוֹפִיעַ ׃ יָבֹא אֱלֹהֵינוּ וְאַל־יֶחֱרַשׁ

4 אֵשׁ־לְפָנָיו תֹּאכֵל וּסְבִיבָיו נִשְׂעֲרָה מְאֹד ׃ יִקְרָא

5 אֶל־הַשָּׁמַיִם מֵעָל וְאֶל־הָאָרֶץ לָדִין עַמּוֹ ׃ אִסְפוּ־לִי

6 חֲסִידָי כֹּרְתֵי בְרִיתִי עֲלֵי־זָבַח ׃ וַיַּגִּידוּ שָׁמַיִם

7 צִדְקוֹ כִּי־אֱלֹהִים ׀ שֹׁפֵט הוּא סֶלָה ׃ שִׁמְעָה עַמִּי ׀

8 וַאֲדַבֵּרָה יִשְׂרָאֵל וְאָעִידָה בָּךְ אֱלֹהִים אֱלֹהֶיךָ
אָנֹכִי ׃ לֹא עַל־זְבָחֶיךָ אוֹכִיחֶךָ וְעוֹלֹתֶיךָ לְנֶגְדִּי

9 תָמִיד ׃ לֹא־אֶקַּח מִבֵּיתְךָ פָר מִמִּכְלְאֹתֶיךָ

10 עַתּוּדִים ׃ כִּי־לִי כָל־חַיְתוֹ־יָעַר בְּהֵמוֹת בְּהַרְרֵי־

11 אָלֶף ׃ יָדַעְתִּי כָּל־עוֹף הָרִים וְזִיז שָׂדַי עִמָּדִי ׃

12 אִם־אֶרְעַב לֹא־אֹמַר לָךְ כִּי־לִי תֵבֵל וּמְלֹאָהּ ׃

13 הַאוֹכַל בְּשַׂר אַבִּירִים וְדַם עַתּוּדִים אֶשְׁתֶּה ׃

14 זְבַח לֵאלֹהִים תּוֹדָה וְשַׁלֵּם לְעֶלְיוֹן נְדָרֶיךָ ׃

15 וּקְרָאֵנִי בְּיוֹם צָרָה אֲחַלֶּצְךָ וּתְכַבְּדֵנִי ׃ וְלָרָשָׁע ׀ אָמַר

16 אֱלֹהִים מַה־לְּךָ לְסַפֵּר חֻקָּי וַתִּשָּׂא בְרִיתִי עֲלֵי־

17 פִיךָ ׃ וְאַתָּה שָׂנֵאתָ מוּסָר וַתַּשְׁלֵךְ דְּבָרַי

18 אַחֲרֶיךָ ׃ אִם־רָאִיתָ גַנָּב וַתִּרֶץ עִמּוֹ וְעִם

19 מְנָאֲפִים חֶלְקֶךָ ׃ פִּיךָ שָׁלַחְתָּ בְרָעָה וּלְשׁוֹנְךָ

20 תַּצְמִיד מִרְמָה ׃ תֵּשֵׁב בְּאָחִיךָ תְדַבֵּר בְּבֶן־אִמְּךָ

5 God is gone up*ᵃ* with a shout, the Lord with the sound of a trumpet.

6 Sing praises to God, sing praises; sing praises unto our King, sing praises.

7 For*ᶜ* God *is* the King of all the earth: sing ye praises *γ* with understanding.*ᵈ*

8 God reigneth over the heathen: God sitteth upon the throne of his holiness.

9 *ζ* The princes of the people are gathered together, *even* the people of the God of Abraham: for the shields*f* of the earth *belong* unto God: he is greatly exalted.

PSALM XLVIII.

A Sorg *and* Psalm *λ* for the sons of Korah.

GREAT *is* the Lord, and greatly to be praised in*ᵍ* the city of our God, *in* the mountain of his holiness.

2 Beautiful*ⁱ* for situation, the joy of the whole earth, *is* mount Zion, *on* the sides of the north,*j* the city*ᵏ* of the great King.

3 God is known in her palaces for a refuge.

4 For, lo, the kings*l* were assembled, they passed by together.

5 They saw *it, and* so they marvelled; they were troubled, *and* hasted away.

6 Fear*ⁿ* took hold upon them there, *and* pain, as of a woman in travail.

7 Thou breakest the ships of*ᵖ* Tarshish with an east wind.

8 As we have heard, so have we seen in the city of the Lord of hosts, in the city of our God: God will establish*ʳ* it for ever. Selah.

9 We have thought of thy loving-kindness, O God, in the midst of thy temple.

10 According to thy name,*ᵘ* O God, so *is* thy praise unto the ends of the earth: thy right hand is full of righteousness.

11 Let mount Zion rejoice, let the daughters of Judah be glad, because of thy judgments.

12 Walk about Zion, and go round about her: tell the towers thereof.

13 *ρ* Mark ye well her bulwarks, *σ* consider her palaces; that ye may tell *it* to the generation following.

14 For this God *is* our God for ever and ever; he will be our guide*ᵉ* *even* unto death.

PSALM XLIX.

To the chief Musician. A Psalm *τ* for the sons of Korah.

HEAR this, all *ye* people; give ear, all *ye* inhabitants of the world:

2 Both low and high, rich and poor, together.

3 My mouth shall speak of wisdom; and the meditation of my heart *shall be* of understanding.

4 I will incline mine ear to a parable; I will open my dark saying upon the harp.

5 Wherefore*ᵇ* should I fear in the days of evil, *when* the iniquity of my heels shall compass*ᶜ* me about?

6 They that trust in their wealth, & boast themselves in the multitude of their riches;

7 None *of them* can by any means redeem his brother, nor*ᵉ* give to God a ransom for him;

8 (For the redemption of their soul *is* precious, and it ceaseth for ever;)

9 That he should still live for ever, *and* not see corruption.*ᵏ*

10 For*ⁱ* he seeth *that* wise men die, likewise the fool and the brutish person perish, and leave their wealth to others.

11 Their inward thought *is, that* their houses *shall continue* for ever, *and* their dwelling-places to *β* all generations: they call *their* lands*ᵏ* after their own names.

Center references

a Ps.68.18,33.
Ac. 1. 5...11.
b Ps. 39. 5.
β delight in their month.
c Zec. 14. 9.
γ or, every one *that hath understanding.*
d 1Co. 14. 15.
Col. 3. 16.
e Da. 7. 22.
Re.2.26,27.
δ or,*strength.*
ζ or,*The voluntary of the people are gathered* unto *the people of,* &c.
2 Co. 8. 5.
η or, *the grave being an habitation to every one of them.*
f Pr. 30. 5.
θ hand.
κ or, *hell.*
λ or, *of.*
g Ps. 65. 1.
h Lu. 12. 20.
i Ps. 50. 2.
Is.a. 2, 15.
ι in his life.
j Is. 14. 13.
k Mat. 5. 35.
l 2Sa 10.6..19.
ν The soul *shall go.*
m Ec.3.18,19.
n Ex.15.14..16
o Is. 9. 6.
π or, *for.*
p Eze. 27.25.
q Ps. 68. 24.
r Is. 2. 2.
s Re. 22. 20.
t Da. 7. 10.
u Jos. 7. 9.
Ps. 113. 3.
v Mat. 24.31.
w He. 12. 24.
x Re. 20. 12.
ρ Set your heart to.
σ or,*raise up.*
y Mi. 6. 1..8.
z Ps. 73. 24.
Is. 58. 11.
τ or, *of.*
a Ac. 17. 25.
He. 10. 4,6.
φ with me.
b Ro.8.33,34.
c Hos. 7. 2.
d Ps.107,6,&c.
e Job 36. 18.
f Is.1. 11..15.
Jn⁰. 4. 24.
g Pr. 5.12,13.
h Ac.13.33.37.
i Ec.2.16..21.
λ thy portion was.
ψ sendest.
β generation and generation.
k 2 Sa. 18.18.

12 Nevertheless, man*ᵇ* *being* in honour abideth not: he is like the beasts *that* perish.

13 This their way *is* their folly: yet their posterity *β* approve their sayings. Selah.

14 Like sheep they are laid in the grave; death shall feed on them; and the upright shall have dominion*ᵉ* over them in the morning; and their *δ* beauty shall consume *η* in the grave from their dwelling.

15 But God will redeem my soul from the *θ* power of *κ* the grave; for he shall receive me. Selah.

16 Be not thou afraid when one is made rich, when the glory of his house is increased;

17 For when he dieth, he shall carry nothing*ʰ* away; his glory shall not descend after him.

18 Though, *μ* while he lived, he blessed his soul: (and *men* will praise thee when thou doest well to thyself:)

19 *ν* He shall go to the generation of his fathers; they shall never see light.

20 Man *that is* in honour, & understandeth not, is like the beasts*ᵐ* *that* perish.

PSALM L. A Psalm *π* of Asaph.

THE*ᵉ* mighty God, *even* the Lord, hath spoken, and called the earth from the rising of the sun unto the going down thereof.

2 Out*ᵠ* of Zion, the perfection of beauty, God hath shined.

3 Our God shall come,*ʳ* and shall not keep silence; a fire*ᵗ* shall devour before him, and it shall be very tempestuous round about him.

4 He shall call to the heavens from above, and to the earth, (that he may judge his people.)

5 Gather*ᵛ* my saints together unto me; those that have made a covenant*ʷ* with me by sacrifice.

6 And y*ᵉ* heavens shall declare his righteousness: for God*ˣ* *is* judge himself. Selah.

7 Hear,*ʸ* O my people, and I will speak; O Israel, and I will testify against thee: I am God, *even* thy God.

8 I will not reprove thee for thy sacrifices or thy burnt-offerings, *to have been* continually before me.

9 I*ᶻ* will take no bullock out of thy house, *nor* he-goats out of thy folds:

10 For every beast of the forest *is* mine, *and* the cattle upon a thousand hills.

11 I know all the fowls of the mountains; and the wild beasts of the field *are φ* mine.

12 If I were hungry, I would not tell thee: for the world *is* mine, and the fulness thereof.

13 Will I eat the flesh of bulls, or drink the blood of goats?

14 Offer unto God thanksgiving; and pay thy vows unto the Most High:

15 And call*ᵈ* upon me in the day of trouble; I will deliver thee, and thou shalt glorify me.

16 But unto the wicked, God saith, What*f* hast thou to do, to declare my statutes, or *that* thou ·shouldest take my covenant in thy mouth?

17 Seeing thou hatest*ᵍ* instruction, and castest my words behind thee.

18 When thou sawest a thief, then thou consentedst with him, and *χ* hast been partaker with adulterers.

19 Thou *ψ* givest thy mouth to evil, and thy tongue frameth deceit.

20 Thou sittest *and* speakest against thy brother; thou slanderest thine own mother's son.

21 תַּחְתִּי דְפִי׃ אֵלֶּה עָשִׂיתָ וְהֶחֱרַשְׁתִּי דִּמִּיתָ הֱיוֹת

22 אֶהְיֶה כָמוֹךָ אוֹכִיחֲךָ וְאֶעֶרְכָה לְעֵינֶיךָ׃ בִּינוּ
נָא זֹאת שֹׁכְחֵי אֱלוֹהַּ פֶּן־אֶטְרֹף וְאֵין מַצִּיל׃

23 זֹבֵחַ תּוֹדָה יְכַבְּדָנְנִי וְשָׂם דֶּרֶךְ אַרְאֶנּוּ בְּיֵשַׁע
אֱלֹהִים׃

PSAL. LI. א

1/2 לַמְנַצֵּחַ מִזְמוֹר לְדָוִד׃ בְּבוֹא־אֵלָיו נָתָן הַנָּבִיא

3 כַּאֲשֶׁר־בָּא אֶל־בַּת־שָׁבַע׃ חָנֵּנִי אֱלֹהִים

4 כְּחַסְדֶּךָ כְּרֹב רַחֲמֶיךָ מְחֵה פְשָׁעָי׃ הֶרֶב

5 כַּבְּסֵנִי מֵעֲוֺנִי וּמֵחַטָּאתִי טַהֲרֵנִי׃ כִּי פְשָׁעַי אֲנִי

6 אֵדָע וְחַטָּאתִי נֶגְדִּי תָמִיד׃ לְךָ לְבַדְּךָ חָטָאתִי
וְהָרַע בְּעֵינֶיךָ עָשִׂיתִי לְמַעַן תִּצְדַּק בְּדָבְרֶךָ

7 תִּזְכֶּה בְשָׁפְטֶךָ׃ הֵן־בְּעָווֹן חוֹלָלְתִּי וּבְחֵטְא

8 יֶחֱמַתְנִי אִמִּי׃ הֵן־אֱמֶת חָפַצְתָּ בַטֻּחוֹת וּבְסָתֻם

9 חָכְמָה תוֹדִיעֵנִי׃ תְּחַטְּאֵנִי בְאֵזוֹב וְאֶטְהָר תְּכַבְּסֵנִי

10 וּמִשֶּׁלֶג אַלְבִּין׃ תַּשְׁמִיעֵנִי שָׂשׂוֹן וְשִׂמְחָה תָּגֵלְנָה

11 עֲצָמוֹת דִּכִּיתָ׃ הַסְתֵּר פָּנֶיךָ מֵחֲטָאָי וְכָל־עֲוֺנֹתַי מְחֵה׃

12 מְחֵה׃ לֵב טָהוֹר בְּרָא־לִי אֱלֹהִים וְרוּחַ נָכוֹן

13 חַדֵּשׁ בְּקִרְבִּי׃ אַל־תַּשְׁלִיכֵנִי מִלְּפָנֶיךָ וְרוּחַ קָדְשְׁךָ

14 אַל־תִּקַּח מִמֶּנִּי׃ הָשִׁיבָה לִּי שְׂשׂוֹן יִשְׁעֶךָ וְרוּחַ

15 נְדִיבָה תִסְמְכֵנִי׃ אֲלַמְּדָה פֹשְׁעִים דְּרָכֶיךָ וְחַטָּאִים

16 אֵלֶיךָ יָשׁוּבוּ׃ הַצִּילֵנִי מִדָּמִים אֱלֹהִים אֱלֹהֵי

17 תְּשׁוּעָתִי תְּרַנֵּן לְשׁוֹנִי צִדְקָתֶךָ׃ אֲדֹנָי שְׂפָתַי תִּפְתָּח

18 וּפִי יַגִּיד תְּהִלָּתֶךָ׃ כִּי לֹא־תַחְפֹּץ זֶבַח וְאֶתֵּנָה

19 עוֹלָה לֹא תִרְצֶה׃ זִבְחֵי אֱלֹהִים רוּחַ נִשְׁבָּרָה לֵב־נִשְׁבָּר

20 וְנִדְכֶּה אֱלֹהִים לֹא תִבְזֶה׃ הֵיטִיבָה בִרְצוֹנְךָ אֶת־צִיּוֹן תִּבְנֶה חוֹמוֹת יְרוּשָׁלִָם׃

21 אָז תַּחְפֹּץ זִבְחֵי־צֶדֶק עוֹלָה וְכָלִיל אָז יַעֲלוּ עַל־מִזְבַּחֲךָ פָרִים׃

PSAL. LII. נב

1/2 לַמְנַצֵּחַ מַשְׂכִּיל לְדָוִד׃ בְּבוֹא דּוֹאֵג הָאֲדֹמִי
וַיַּגֵּד לְשָׁאוּל וַיֹּאמֶר לוֹ בָּא דָוִד אֶל־בֵּית אֲחִימֶלֶךְ׃

3 מַה־תִּתְהַלֵּל בְּרָעָה הַגִּבּוֹר חֶסֶד אֵל כָּל־הַיּוֹם׃

4 הַוּוֹת תַּחְשֹׁב לְשׁוֹנֶךָ כְּתַעַר מְלֻטָּשׁ עֹשֵׂה רְמִיָּה׃

5 אָהַבְתָּ רָּע מִטּוֹב שֶׁקֶר מִדַּבֵּר צֶדֶק סֶלָה׃

6/7 אָהַבְתָּ כָל־דִּבְרֵי־בָלַע לָשׁוֹן מִרְמָה׃ גַּם־אֵל

---

21 יַבְּתְךָ לָנֶצַח יַחְתְּךָ וְיִסָּחֲךָ מֵאֹהֶל וְשֵׁרֶשְׁךָ

8 מֵאֶרֶץ חַיִּים סֶלָה׃ וְיִרְאוּ צַדִּיקִים וְיִירָאוּ

9 וְעָלָיו יִשְׂחָקוּ׃ הִנֵּה הַגֶּבֶר לֹא יָשִׂים אֱלֹהִים מָעוּזּוֹ

10 וַיִּבְטַח בְּרֹב עָשְׁרוֹ יָעֹז בְּהַוָּתוֹ׃ וַאֲנִי כְּזַיִת רַעֲנָן בְּבֵית אֱלֹהִים בָּטַחְתִּי בְחֶסֶד אֱלֹהִים עוֹלָם

11 וָעֶד׃ אוֹדְךָ לְעוֹלָם כִּי עָשִׂיתָ וַאֲקַוֶּה שִׁמְךָ כִי־טוֹב נֶגֶד חֲסִידֶיךָ׃

PSAL. LIII. נג

1/2 לַמְנַצֵּחַ עַל־מָחֲלַת מַשְׂכִּיל לְדָוִד׃ אָמַר נָבָל
בְּלִבּוֹ אֵין אֱלֹהִים הִשְׁחִיתוּ וְהִתְעִיבוּ עָוֶל אֵין עֹשֵׂה

3 טוֹב׃ אֱלֹהִים מִשָּׁמַיִם הִשְׁקִיף עַל־בְּנֵי־אָדָם

4 לִרְאוֹת הֲיֵשׁ מַשְׂכִּיל דֹּרֵשׁ אֶת־אֱלֹהִים׃ כֻּלּוֹ
סָג יַחְדָּו נֶאֱלָחוּ אֵין עֹשֵׂה־טוֹב אֵין גַּם־אֶחָד׃

5 הֲלֹא יָדְעוּ פֹּעֲלֵי אָוֶן אֹכְלֵי עַמִּי אָכְלוּ לֶחֶם
אֱלֹהִים לֹא קָרָאוּ׃ שָׁם פָּחֲדוּ פַחַד לֹא־הָיָה פָחַד כִּי־
אֱלֹהִים פִּזַּר עַצְמוֹת חֹנָךְ הֱבִשֹׁתָה כִּי־
אֱלֹהִים מְאָסָם׃ מִי יִתֵּן מִצִּיּוֹן יְשֻׁעוֹת יִשְׂרָאֵל
בְּשׁוּב אֱלֹהִים שְׁבוּת עַמּוֹ יָגֵל יַעֲקֹב יִשְׂמַח יִשְׂרָאֵל׃

PSAL. LIV. נד

1/2 לַמְנַצֵּחַ בִּנְגִינֹת מַשְׂכִּיל לְדָוִד׃ בְּבוֹא הַזִּיפִים

3 וַיֹּאמְרוּ לְשָׁאוּל הֲלֹא דָוִד מִסְתַּתֵּר עִמָּנוּ׃ אֱלֹהִים

4 בְּשִׁמְךָ הוֹשִׁיעֵנִי וּבִגְבוּרָתְךָ תְדִינֵנִי׃ אֱלֹהִים שְׁמַע

5 תְּפִלָּתִי הַאֲזִינָה לְאִמְרֵי־פִי׃ כִּי זָרִים קָמוּ עָלַי
וְעָרִיצִים בִּקְשׁוּ נַפְשִׁי לֹא שָׂמוּ אֱלֹהִים לְנֶגְדָּם

6 סֶלָה׃ הִנֵּה אֱלֹהִים עֹזֵר לִי אֲדֹנָי בְּסֹמְכֵי נַפְשִׁי׃

7/8 יָשׁוֹב הָרַע לְשֹׁרְרָי בַּאֲמִתְּךָ הַצְמִיתֵם׃ בִּנְדָבָה

9 אֶזְבְּחָה־לָּךְ אוֹדֶה שִּׁמְךָ יְהוָה כִּי־טוֹב׃ כִּי
מִכָּל־צָרָה הִצִּילָנִי וּבְאֹיְבַי רָאֲתָה עֵינִי׃

PSAL. LV. נה

1/2 לַמְנַצֵּחַ בִּנְגִינֹת מַשְׂכִּיל לְדָוִד׃ הַאֲזִינָה אֱלֹהִים

3 תְּפִלָּתִי וְאַל־תִּתְעַלַּם מִתְּחִנָּתִי׃ הַקְשִׁיבָה לִּי

4 וַעֲנֵנִי אָרִיד בְּשִׂיחִי וְאָהִימָה׃ מִקּוֹל אוֹיֵב מִפְּנֵי

5 עָקַת רָשָׁע כִּי־יָמִיטוּ עָלַי אָוֶן וּבְאַף יִשְׂטְמוּנִי׃

5/6 לִבִּי יָחִיל בְּקִרְבִּי וְאֵימוֹת מָוֶת נָפְלוּ עָלָי׃ יִרְאָה

21 These *things* hast thou done, and I kept silence; thou thoughtest that I was altogether *such an one* as thyself; *but* I will reprove thee, and set *them* in order before thine eyes.

22 Now consider this, ye that *forget* God, lest I tear *you* in pieces, and *there be* none to deliver.

23 Whoso offereth praise glorifieth me: and to him that ordereth *his* conversation *aright* will I shew the salvation of God.

PSALM LI

To the chief Musician. A Psalm of David, when Nathan the prophet came unto him, after he had gone in to Bath-sheba.

HAVE mercy upon me, O God, according to thy loving-kindness; according unto the multitude of thy tender mercies blot out my transgressions.

2 Wash me throughly from mine iniquity, and cleanse me from my sin.

3 For I acknowledge my transgressions; and my sin *is* ever before me.

4 Against thee, thee only, have I sinned, and done *this* evil in thy sight; that thou mightest be justified when thou speakest, *and* be clear when thou judgest.

5 Behold, I was shapen in iniquity, and in sin did my mother conceive me.

6 Behold, thou desirest truth in the inward parts; and in the hidden *part* thou shalt make me to know wisdom.

7 Purge me with hyssop, and I shall be clean: wash me, and I shall be whiter than snow.

8 Make me to hear joy and gladness; *that* the bones which thou hast broken may rejoice.

9 Hide thy face from my sins, and blot out all mine iniquities.

10 Create in me a clean heart, O God; and renew a right spirit within me.

11 Cast me not away from thy presence; and take not thy holy spirit from me.

12 Restore unto me the joy of thy salvation and uphold me *with thy free* Spirit:

13 Then will I teach transgressors thy ways; and sinners shall be converted unto thee.

14 Deliver me from blood-guiltiness, O God, thou God of my salvation; *and* my tongue shall sing aloud of thy righteousness.

15 O LORD, open thou my lips; and my mouth shall shew forth thy praise.

16 For thou desirest not sacrifice, *else* would I give *it:* thou delightest not in burnt-offering.

17 The sacrifices of God *are* a broken spirit: a broken and a contrite heart, O God, thou wilt not despise.

18 Do good in thy good pleasure unto Zion: build thou the walls of Jerusalem.

19 Then shalt thou be pleased with the sacrifices of righteousness, with burnt-offering, and whole burnt-offering: then shall they offer bullocks upon thine altar.

PSALM LII.

To the chief Musician, Maschil. A Psalm of David, when Doeg the Edomite came and told Saul, and said unto him, David is come to the house of Ahimelech.

WHY boastest thou thyself in mischief, O mighty man? the goodness of God endureth continually.

2 Thy tongue deviseth mischiefs, like a sharp razor, working deceitfully.

3 Thou lovest evil more than good, *and* lying rather than to speak righteousness. Selah.

4 Thou lovest all devouring words, O thou deceitful tongue.

5 God shall likewise destroy thee for ever: he shall take thee away, and pluck thee out of *thy* dwelling-place, and root thee out of the land of the living. Selah.

6 The righteous also shall see, and fear, and shall laugh at him:

7 Lo, *this is* the man *that* made not God his strength; but trusted in the abundance of his riches, *and* strengthened himself in his wickedness.

8 But I *am* like a green olive-tree in the house of God: I trust in the mercy of God for ever and ever.

9 I will praise thee for ever, because thou hast done *it:* and I will wait on thy name; for *it is* good before thy saints.

PSALM LIII.

To the chief Musician upon Mahalath, Maschil. A Psalm of David.

THE fool hath said in his heart, *There is* no God. Corrupt are they, and have done abominable iniquity: *there is* none that doeth good.

2 God looked down from heaven upon the children of men, to see if there were *any* that did understand, that did seek God.

3 Every one of them is gone back; they are altogether become filthy. *there is* none that doeth good, no, not one.

4 Have the workers of iniquity no knowledge? who eat up my people *as* they eat bread: they have not called upon God.

5 There were they in great fear, *where* no fear was; for God hath scattered the bones of him that encampeth *against* thee: thou hast put *them* to shame, because God hath despised them.

6 Oh that the salvation of Israel *were* come out of Zion! When God bringeth back the captivity of his people, Jacob shall rejoice, and Israel shall be glad.

PSALM LIV.

To the chief Musician on Neginoth, Maschil. *A Psalm* of David, when the Ziphims came and said to Saul, Doth not David hide himself with us?

SAVE me, O God, by thy name, and judge me by thy strength.

2 Hear my prayer, O God; give ear to the words of my mouth.

3 For strangers are risen up against me, and oppressors seek after my soul: they have not set God before them. Selah.

4 Behold, God *is* my helper: the LORD *is* with them that uphold my soul.

5 He shall reward evil unto mine enemies: cut them off in thy truth.

6 I will freely sacrifice unto thee: I will praise thy name, O LORD, for *it is* good.

7 For he hath delivered me out of all trouble; and mine eye hath seen *his desire* upon mine enemies.

PSALM LV.

To the chief Musician on Neginoth, Maschil. *A Psalm* of David.

GIVE ear to my prayer, O God; and hide not thyself from my supplication.

2 Attend unto me, and hear me: I mourn in my complaint, and make a noise;

3 Because of the voice of the enemy, because of the oppression of the wicked: for they cast iniquity upon me, and in wrath they hate me.

4 My heart is sore pained within me; and the terrors of death are fallen upon me.

5 Fearfulness and trembling are come upon me, and horror hath overwhelmed me.

Reference notes:

a Ee.8.11,12.
Ro.2.4.
2 Pe.3.3.
β or, and the.
b Pr.19.5,9.
γ beat thee down.
c Pr.2.22.
d Ps.9.17.
e 1 Pe.2.9.
δ disposeth his way.
f Phi.1.27.
g 1 Ti.6.17.
ζ or, substance.
ϊ Ps.1.3. 92.12. &c.
i 2 Sa.12.1, &c.
k 2Sa.11.2,4.
l La.3.25,26.
m Ps.73.28.
n Is.43.25. 44.22. Ac.3.19.
o Re.1.5.
p Pr.28.13.
q Ps.14.1,&c.
r Ge.6.5,12.
s 2 Sa.12.13.
t Ep.5.12.
u Lu.15.21.
v Ps.11.4.
w Ep.2.3.
η warm.
x Le.14.4,9. Nu.19.18. He.9.19.
y Is.1.18.
θ they feared a fear.
z Pr.23.1.
a Mat.5.4.
b Je.16.17.
c Je.6.30.
κ Who will give salvations, &c.
d Ac.15.9.
e Ps.126.1.3.
λ or, constant.
f Lu.11.13.
g 2 Co.3.17.
h 1 Sa.23.19.
i Zec.3.1,3.
μ bloods.
j Ps.71.23,24.
k Ps.36.1.
l Ho.6.6. Mi.6.7,8. He.10.4.10.
m Ps.118.7.
v or, that I should.
π those that observe me, Ps.5.8.
n Is.66.2.
o 1 Sa.26.24.
p Ps.4.5. Ro.12.1.
q 1 Sa.21.7. 22.9.
r Eze.22.9.
s Ps.136.1,2.
t 2Sa.16,7,8.
u Ps.116.3.
v Je.9.4,5.
ρ covered.

7 וָאֹמַר מִי־יִתֶּן־לִּי אֵבֶר כַּיּוֹנָה אָעוּפָה וְאֶשְׁכֹּנָה׃

8 הִנֵּה אַרְחִיק נְדֹד אָלִין בַּמִּדְבָּר סֶלָה׃

9 אָחִישָׁה מִפְלָט לִי מֵרוּחַ סֹעָה מִסָּעַר׃

10 בַּלַּע אֲדֹנָי פַּלַּג לְשׁוֹנָם כִּי־רָאִיתִי חָמָס וְרִיב בָּעִיר׃

11 יוֹמָם וָלַיְלָה יְסוֹבְבֻהָ עַל־חוֹמֹתֶיהָ וְאָוֶן וְעָמָל בְּקִרְבָּהּ׃

12 הַוּוֹת בְּקִרְבָּהּ וְלֹא־יָמִישׁ מֵרְחֹבָהּ תֹּךְ וּמִרְמָה׃

13 כִּי לֹא־אוֹיֵב יְחָרְפֵנִי וְאֶשָּׂא לֹא־מְשַׂנְאִי עָלַי הִגְדִּיל וְאֶסָּתֵר מִמֶּנּוּ׃

14 וְאַתָּה אֱנוֹשׁ כְּעֶרְכִּי אַלּוּפִי וּמְיֻדָּעִי׃

15 אֲשֶׁר יַחְדָּו נַמְתִּיק סוֹד בְּבֵית אֱלֹהִים נְהַלֵּךְ בְּרָגֶשׁ׃

16 יַשִּׁימָוֶת עָלֵימוֹ יֵרְדוּ שְׁאוֹל חַיִּים כִּי־רָעוֹת בִּמְגוּרָם בְּקִרְבָּם׃

17 אֲנִי אֶל־אֱלֹהִים אֶקְרָא וַיהוָה יוֹשִׁיעֵנִי׃

18 עֶרֶב וָבֹקֶר וְצָהֳרַיִם אָשִׂיחָה וְאֶהֱמֶה וַיִּשְׁמַע קוֹלִי׃

19 פָּדָה בְשָׁלוֹם נַפְשִׁי מִקְּרָב־לִי כִּי־בְרַבִּים הָיוּ עִמָּדִי׃

20 יִשְׁמַע אֵל וְיַעֲנֵם וְיֹשֵׁב קֶדֶם סֶלָה אֲשֶׁר אֵין חֲלִיפוֹת לָמוֹ וְלֹא יָרְאוּ אֱלֹהִים׃

21 שָׁלַח יָדָיו בִּשְׁלֹמָיו חִלֵּל בְּרִיתוֹ׃

22 חָלְקוּ מַחְמָאֹת פִּיו וּקֲרָב־לִבּוֹ רַכּוּ דְבָרָיו מִשֶּׁמֶן וְהֵמָּה פְתִחוֹת׃

23 הַשְׁלֵךְ עַל־יְהוָה יְהָבְךָ וְהוּא יְכַלְכְּלֶךָ לֹא־יִתֵּן לְעוֹלָם מוֹט לַצַּדִּיק׃

24 וְאַתָּה אֱלֹהִים תּוֹרִדֵם לִבְאֵר שַׁחַת אַנְשֵׁי דָמִים וּמִרְמָה לֹא־יֶחֱצוּ יְמֵיהֶם וַאֲנִי אֶבְטַח־בָּךְ׃

PSAL. LVI. נ

1 לַמְנַצֵּחַ עַל־יוֹנַת אֵלֶם רְחֹקִים לְדָוִד מִכְתָּם בֶּאֱחֹז אֹתוֹ פְלִשְׁתִּים בְּגַת׃

2 חָנֵּנִי אֱלֹהִים כִּי־שְׁאָפַנִי אֱנוֹשׁ כָּל־הַיּוֹם לֹחֵם יִלְחָצֵנִי׃

3 שָׁאֲפוּ שׁוֹרְרַי כָּל־הַיּוֹם כִּי־רַבִּים לֹחֲמִים לִי מָרוֹם׃

4 יוֹם אִירָא אֲנִי אֵלֶיךָ אֶבְטָח׃

5 בֵּאלֹהִים אֲהַלֵּל דְּבָרוֹ בֵּאלֹהִים בָּטַחְתִּי לֹא אִירָא מַה־יַּעֲשֶׂה בָשָׂר לִי׃

6 כָּל־הַיּוֹם דְּבָרַי יְעַצֵּבוּ עָלַי כָּל־מַחְשְׁבֹתָם לָרָע׃

7 יָגוּרוּ יִצְפֹּנוּ הֵמָּה עֲקֵבַי יִשְׁמֹרוּ כַּאֲשֶׁר קִוּוּ נַפְשִׁי׃

8 עַל־אָוֶן פַּלֶּט־לָמוֹ בְּאַף עַמִּים הוֹרֵד אֱלֹהִים׃

9 נֹדִי סָפַרְתָּה אָתָּה שִׂימָה דִמְעָתִי בְנֹאדֶךָ הֲלֹא בְּסִפְרָתֶךָ׃

10 אָז יָשׁוּבוּ אוֹיְבַי אָחוֹר בְּיוֹם אֶקְרָא זֶה־יָדַעְתִּי כִּי־אֱלֹהִים לִי׃

11 בֵּאלֹהִים אֲהַלֵּל דָּבָר בַּיהוָה אֲהַלֵּל דָּבָר׃

12 בֵּאלֹהִים בָּטַחְתִּי לֹא אִירָא מַה־יַּעֲשֶׂה אָדָם לִי׃

13 עָלַי אֱלֹהִים נְדָרֶיךָ אֲשַׁלֵּם תּוֹדֹת לָךְ׃

14 כִּי הִצַּלְתָּ נַפְשִׁי מִמָּוֶת הֲלֹא רַגְלַי מִדֶּחִי לְהִתְהַלֵּךְ לִפְנֵי אֱלֹהִים בְּאוֹר הַחַיִּים׃

PSAL. LVII. נ

1 לַמְנַצֵּחַ אַל־תַּשְׁחֵת לְדָוִד מִכְתָּם בְּבָרְחוֹ מִפְּנֵי־שָׁאוּל בַּמְּעָרָה׃

2 חָנֵּנִי אֱלֹהִים חָנֵּנִי כִּי בְךָ חָסָיָה נַפְשִׁי וּבְצֵל־כְּנָפֶיךָ אֶחְסֶה עַד יַעֲבֹר הַוּוֹת׃

3 אֶקְרָא לֵאלֹהִים עֶלְיוֹן לָאֵל גֹּמֵר עָלָי׃

4 יִשְׁלַח מִשָּׁמַיִם וְיוֹשִׁיעֵנִי חֵרֵף שֹׁאֲפִי סֶלָה יִשְׁלַח אֱלֹהִים חַסְדּוֹ וַאֲמִתּוֹ׃

5 נַפְשִׁי בְּתוֹךְ לְבָאִם אֶשְׁכְּבָה לֹהֲטִים בְּנֵי־אָדָם שִׁנֵּיהֶם חֲנִית וְחִצִּים וּלְשׁוֹנָם חֶרֶב חַדָּה׃

6 רוּמָה עַל־הַשָּׁמַיִם אֱלֹהִים עַל כָּל־הָאָרֶץ כְּבוֹדֶךָ׃

7 רֶשֶׁת הֵכִינוּ לִפְעָמַי כָּפַף נַפְשִׁי כָּרוּ לְפָנַי שִׁיחָה נָפְלוּ בְתוֹכָהּ סֶלָה׃

8 נָכוֹן לִבִּי אֱלֹהִים נָכוֹן לִבִּי אָשִׁירָה וַאֲזַמֵּרָה׃

9 עוּרָה כְבוֹדִי עוּרָה הַנֵּבֶל וְכִנּוֹר אָעִירָה שָּׁחַר׃

10 אוֹדְךָ בָעַמִּים אֲדֹנָי אֲזַמֶּרְךָ בַּל־אֻמִּים׃

11 כִּי־גָדֹל עַד־שָׁמַיִם חַסְדֶּךָ וְעַד־שְׁחָקִים אֲמִתֶּךָ׃

12 רוּמָה עַל־שָׁמַיִם אֱלֹהִים עַל כָּל־הָאָרֶץ כְּבוֹדֶךָ׃

PSAL. LVI. נ

PSAL. LVIII. נה

1 2 לַמְנַצֵּחַ אַל־תַּשְׁחֵת לְדָוִד מִכְתָּם הַאֻמְנָם

3 אֵלֶם צֶדֶק תְּדַבֵּרוּן מֵישָׁרִים תִּשְׁפְּטוּ בְּנֵי אָדָם׃

4 אַף־בְּלֵב עוֹלֹת תִּפְעָלוּן בָּאָרֶץ חֲמַס יְדֵיכֶם תְּפַלֵּסוּן׃

5 זֹרוּ רְשָׁעִים מֵרָחֶם תָּעוּ מִבֶּטֶן דֹּבְרֵי כָזָב׃

6 חֲמַת־לָמוֹ כִּדְמוּת חֲמַת־נָחָשׁ כְּמוֹ־פֶתֶן חֵרֵשׁ יַאְטֵם אָזְנוֹ׃

7 אֲשֶׁר לֹא־יִשְׁמַע לְקוֹל מְלַחֲשִׁים חוֹבֵר חֲבָרִים מְחֻכָּם׃

8 אֱלֹהִים הֲרָס שִׁנֵּימוֹ בְּפִימוֹ מַלְתְּעוֹת כְּפִירִים נְתֹץ יְהוָה׃

9 יִמָּאֲסוּ כְמוֹ־מַיִם יִתְהַלְּכוּ־לָמוֹ יִדְרֹךְ חִצָּיו כְּמוֹ יִתְמֹלָלוּ׃

10 כְּמוֹ שַׁבְּלוּל תֶּמֶס יַהֲלֹךְ נֵפֶל אֵשֶׁת בַּל־חָזוּ שָׁמֶשׁ׃

11 בְּטֶרֶם יָבִינוּ סִּירֹתֵיכֶם אָטָד כְּמוֹ־חַי כְּמוֹ־חָרוֹן יִשְׂעָרֶנּוּ׃

יִשְׂמַח צַדִּיק כִּי־חָזָה נָקָם

6 And I said, Oh that I had wings like a dove! *for then* would I fly away & be at rest.

7 Lo, *then* would I wander far off, *and* remain in the wilderness. Selah.

8 I would hasten my escape from the windy storm *and* tempest.

9 Destroy, O LORD, *and* divide their tongues: for I have seen*a* violence and strife in the city.

10 Day and night they go about it, upon the walls thereof; mischief also and sorrow *are* in the midst of it.

11 Wickedness *is* in the midst thereof; deceit & guile depart not from her streets.

12 For *it was* not an enemy that reproached me; then I could have borne *it:* neither *was* it he that hated me *that* did magnify *himself* against me; then I would have hid myself from him;

13 But *it was* thou,*d* a man γ mine equal, my guide,*e* and mine acquaintance.

14 We δ took sweet counsel together,*and* walked *f* unto y*e* house of God in company.

15 Let death seize upon them, *and* let them go down quick*g* into η hell: for wickedness *is* in their dwellings *&* among them.

16 As*h* for me, I will call upon God; and the LORD shall save me.

17 Evening,*i* and morning, and at noon, will I pray, and cry aloud; and he shall hear my voice.

18 He hath delivered my soul in peace from the battle *that was* against me: for there were many*m* with me.

19 God shall hear and afflict them, even he that abideth of old. Selah. κ Because they have no changes,*n* therefore they fear not God.

20 He hath put forth his hands against such as be at peace with him; he hath λ broken his covenant.

21 *The words* of his mouth were smoother than butter, but war *was* in his heart: his words were softer than oil, yet *were* they drawn swords.

22 Cast*p* thy μ burden upon the LORD, and he shall sustain thee: he*q* shall never suffer the righteous to be moved.

23 But thou, O God, shalt bring them down into the pit of destruction: π bloody and deceitful men shall not ρ live out half their days;*r* but I will trust in thee.

PSALM LVI.

To the chief Musician upon Jonath-elem-rechokim, σ Michtam of David, when*t* the Philistines took him in Gath.

BE merciful unto me, O God; for man would swallow*u* me up: he fighting daily, oppresseth me.

2 Mine χ enemies would daily swallow *me* up: for *they be* many that fight against me, O thou Most High.

3 What time I am afraid,*w* I will trust in thee.

4 In God I will praise his word; in God I have put my trust:*x* I will not fear what flesh can do unto me.

5 Every day they wrest my words:*z* all their thoughts *are* against me for evil.

6 They gather themselves together, they hide themselves, they mark*a* my steps, when they wait for my soul.

7 Shall they escape by iniquity?*b* in *thine* anger cast down the people, O God.

8 Thou tellest my wanderings: put thou my tears into thy bottle: *are they* not in thy book?*d*

9 When I cry *unto thee,* then shall mine enemies turn back: this I know; for*g* God *is* for me.

---

a Je. 6. 7.
β or, *Destroy not, A golden Psalm.*
b Ps.142,title.
1 Sa. 22. 1.
c Ps. 63. 7.
d Ps. 41. 9.
γ *according to my rank.*
e 2 Sa. 15. 12.
δ *Who sweetened counsel.*
f Ps. 42. 4.
ζ or, *he re proacheth.*
g Nu. 16. 30.—32.
η or, *the grave.*
h Ps. 73. 28.
i Da. 6. 10.
Ac. 3. 1.
k Ps. 52. 2.
l Mi. 7. 2.
m 2Ch.32.7,8.
1 Jn'. 4. 4.
θ or, *prepared.*
κ or, *With whom also there be no changes, yet they.*
n Ps.73.5,&c.
o Ps.108.1.-5.
λ *profaned.*
p Mat.6.25 30
1 Pe. 5. 7.
μ or, *gift.*
q Ps. 121. 3.
v or, *Destroy not.A golden Psalm of David.*
π *men of blood and deceit.*
ρ *halve.*
r Pr. 10. 27.
s Ps. 21. 11.
σ or, *a golden Psalm of David.*
Ps.16,title.
t 1 Sa. 21. 11.
29. 4.
τ *from the belly.*
u Ho. 8. 8.
v Ro. 3. 13.
φ *according to the likeness of.*
χ *observers.*
ψ or, *asp.*
w 1 Sa. 30. 6.
β or, *be the charmer never so cunning.*
x Lu. 12.4, 5.
y Ex. 15. 15.
z Lu. 11. 54.
a Ps. 37. 32.
b Ec. 8. 8.
c Pr. 10. 25.
γ *as living as wrath.*
d Mal. 3. 16.
e Re.11.17,18.
f Ps. 68. 23.
g Ro. 8. 31.

---

10 In God wi I praise *his* word; in the LORD will praise *his* word.

11 In God ha e I put my trust: I will not be afraid what man can do unto me.

12 Thy vows *are* upon me, O God. I will render praises unto thee.

13 For thou hast delivered my soul from death; *wilt* not *thou deliver* my feet from falling, that I may walk before God in the light of the living?

PSALM LVII.

To the chief Musician, β Al-taschith, Michtam of David, when*b* he fled from Saul in the cave.

BE merciful unto me, O God, be merciful unto me: for my soul trusteth in thee: yea, in*c* the shadow of thy wings will I make my refuge, until *these* calamities be overpast.

2 I will cry unto God most high; unto God that performeth *all things* for me.

3 He shall send from heaven, and save me ζ*from* the reproach of him that would swallow me up. Selah. God shall send forth his mercy and his truth.

4 My soul *is* among lions; *and* I lie *even among* them that are set on fire, *even* the sons of men, whose teeth *are* spears and arrows, and their tongue *k* a sharp sword.

5 Be thou exalted, O God, above the heavens; *let* thy glory *be* above all the earth.

6 They have prepared a net *l* for my steps; my soul is bowed down: they have digged a pit before me, into the midst whereof they are fallen *themselves.* Selah.

7 My heart is θ fixed, O God, my heart is fixed; I will sing and give praise.

8 Awake up, my glory; awake *o* psaltery and harp; I *myself* will awake early.

9 I will praise thee, O LORD, among the people; I will sing unto thee among the nations.

10 For thy mercy *is* great unto the heavens, and thy truth unto the clouds.

11 Be thou exalted, O God, above the heavens: *let* thy glory *be* above all the earth.

PSALM LVIII.

To the chief Musician, ν Al-taschith, Michtam of David.

DO ye indeed speak righteousness, O congregation? do ye judge uprightly, O ye sons of men?

2 Yea, in heart*e* ye work wickedness; ye weigh the violence of your hands in the earth.

3 The wicked are estranged from the womb; they go astray τ as soon as they be born, speaking lies.

4 Their*v* poison *is* φ like the poison of a serpent; *they are* like the deaf ψ adder *that* stoppeth her ear;

5 Which will not hearken to the voice of charmers, β charming never so wisely.

6 Break their teeth, O God, in their mouth; break out the great teeth of the young lions, O LORD.

7 Let them melt*y* away as waters *which* run continually: *when* he bendeth *his bow to shoot* his arrows, let them be as cut in pieces.

8 As a snail *which* melteth, let *every one of them* pass away; *like* the untimely birth of a woman, *that* they may not see the sun.

9 Before your pots can feel the thorns, he shall take them away as*c* with a whirlwind, γ both living, and in *his* wrath.

10 The righteous shall rejoice*e* when he seeth the vengeance: he*f* shall wash his feet in the blood of the wicked.

11 So that a man shall say, Verily *there*

נָכָם פְּעָמָיו יִרְחַץ בַּדָּם הָרָשָׁע ׀ וַיֹּאמַר אָדָם   12
אַךְ־פְּרִי לַצַּדִּיק אַךְ יֵשׁ־אֱלֹהִים שֹׁפְטִים בָּאָרֶץ ׃

PSAL. LIX. נט

1 לַמְנַצֵּחַ אַל־תַּשְׁחֵת לְדָוִד מִכְתָּם בִּשְׁלֹחַ שָׁאוּל
2 וַיִּשְׁמְרוּ אֶת־הַבַּיִת לַהֲמִיתוֹ ׃ הַצִּילֵנִי מֵאֹיְבַי
3 אֱלֹהָי מִמִּתְקוֹמְמַי תְּשַׂגְּבֵנִי ׃ הַצִּילֵנִי מִפֹּעֲלֵי
4 אָוֶן וּמֵאַנְשֵׁי דָמִים הוֹשִׁיעֵנִי ׃ כִּי הִנֵּה אָרְבוּ
לְנַפְשִׁי יָגוּרוּ עָלַי עַזִּים לֹא־פִשְׁעִי וְלֹא־חַטָּאתִי
5 יְהוָה ׃ בְּלִי־עָוֹן יְרוּצוּן וְיִכּוֹנָנוּ עוּרָה לִקְרָאתִי
6 וּרְאֵה ׃ וְאַתָּה יְהוָה־אֱלֹהִים צְבָאוֹת אֱלֹהֵי
יִשְׂרָאֵל הָקִיצָה לִפְקֹד כָּל־הַגּוֹיִם אַל־תָּחֹן כָּל־
7 בֹּגְדֵי אָוֶן סֶלָה ׃ יָשׁוּבוּ לָעֶרֶב יֶהֱמוּ כַכָּלֶב
8 וִיסוֹבְבוּ עִיר ׃ הִנֵּה יַבִּיעוּן בְּפִיהֶם חֲרָבוֹת
9 בְּשִׂפְתוֹתֵיהֶם כִּי־מִי שֹׁמֵעַ ׃ וְאַתָּה יְהוָה תִּשְׂחַק־
10 לָמוֹ תִּלְעַג לְכָל־גּוֹיִם ׃ עֻזּוֹ אֵלֶיךָ אֶשְׁמֹרָה כִּי־
11 אֱלֹהִים מִשְׂגַּבִּי ׃ אֱלֹהֵי חַסְדִּי יְקַדְּמֵנִי אֱלֹהִים
12 יַרְאֵנִי בְשֹׁרְרָי ׃ אַל־תַּהַרְגֵם פֶּן־יִשְׁכְּחוּ עַמִּי
13 הֲנִיעֵמוֹ בְחֵילְךָ וְהוֹרִידֵמוֹ מָגִנֵּנוּ אֲדֹנָי ׃ חַטַּאת־
פִּימוֹ דְּבַר־שְׂפָתֵימוֹ וְיִלָּכְדוּ בִגְאוֹנָם וּמֵאָלָה וּמִכַּחַשׁ
14 יְסַפֵּרוּ ׃ כַּלֵּה בְחֵמָה כַּלֵּה וְאֵינֵמוֹ
וְיֵדְעוּ כִּי־אֱלֹהִים מֹשֵׁל בְּיַעֲקֹב לְאַפְסֵי הָאָרֶץ
15 סֶלָה ׃ וְיָשֻׁבוּ לָעֶרֶב יֶהֱמוּ כַכָּלֶב וִיסוֹבְבוּ עִיר ׃
16 הֵמָּה יְנִועוּן לֶאֱכֹל אִם־לֹא יִשְׂבְּעוּ וַיָּלִינוּ ׃
17 וַאֲנִי אָשִׁיר עֻזֶּךָ וַאֲרַנֵּן לַבֹּקֶר חַסְדֶּךָ כִּי־הָיִיתָ
18 מִשְׂגָּב לִי וּמָנוֹס בְּיוֹם צַר־לִי ׃ עֻזִּי אֵלֶיךָ
אֲזַמֵּרָה כִּי־אֱלֹהִים מִשְׂגַּבִּי אֱלֹהֵי חַסְדִּי ׃

PSAL. LX. ס

1 לַמְנַצֵּחַ עַל־שׁוּשַׁן עֵדוּת מִכְתָּם לְדָוִד לְלַמֵּד ׃
2 בְּהַצּוֹתוֹ אֶת אֲרַם נַהֲרַיִם וְאֶת־אֲרַם צוֹבָה
וַיָּשָׁב יוֹאָב וַיַּךְ אֶת־אֱדוֹם בְּגֵיא־מֶלַח שְׁנֵים
3 עָשָׂר אָלֶף ׃ אֱלֹהִים זְנַחְתָּנוּ פְרַצְתָּנוּ אָנַפְתָּ
4 תְּשׁוֹבֵב לָנוּ ׃ הִרְעַשְׁתָּה אֶרֶץ פְּצַמְתָּהּ רְפָה
5 שְׁבָרֶיהָ כִּי־מָטָה ׃ הִרְאִיתָ עַמְּךָ קָשָׁה הִשְׁקִיתָנוּ
6 יַיִן תַּרְעֵלָה ׃ נָתַתָּה לִּירֵאֶיךָ נֵּס לְהִתְנוֹסֵס
7 מִפְּנֵי קֹשֶׁט סֶלָה ׃ לְמַעַן יֵחָלְצוּן יְדִידֶיךָ
8 הוֹשִׁיעָה יְמִינְךָ וַעֲנֵנִי ׃ אֱלֹהִים דִּבֶּר בְּקָדְשׁוֹ

אֶעְלֹזָה אֲחַלְּקָה שְׁכֶם וְעֵמֶק סֻכּוֹת אֲמַדֵּד ׃
9 לִי גִלְעָד וְלִי מְנַשֶּׁה וְאֶפְרַיִם מָעוֹז רֹאשִׁי
10 יְהוּדָה מְחֹקְקִי ׃ מוֹאָב סִיר רַחְצִי עַל־אֱדוֹם
11 אַשְׁלִיךְ נַעֲלִי עָלַי פְּלֶשֶׁת הִתְרֹעָעִי ׃ מִי
12 יֹבִלֵנִי עִיר מָצוֹר מִי נָחַנִי עַד־אֱדוֹם ׃ הֲלֹא־
אַתָּה אֱלֹהִים זְנַחְתָּנוּ וְלֹא־תֵצֵא אֱלֹהִים
13 בְּצִבְאוֹתֵינוּ ׃ הָבָה־לָּנוּ עֶזְרָת מִצָּר וְשָׁוְא תְּשׁוּעַת
14 אָדָם ׃ בֵּאלֹהִים נַעֲשֶׂה־חָיִל וְהוּא יָבוּס צָרֵינוּ ׃

PSAL. LXI. סא

1 לַמְנַצֵּחַ עַל־נְגִינַת לְדָוִד ׃ שִׁמְעָה אֱלֹהִים רִנָּתִי
2 הַקְשִׁיבָה תְּפִלָּתִי ׃ מִקְצֵה הָאָרֶץ אֵלֶיךָ אֶקְרָא
3 בַּעֲטֹף לִבִּי בְּצוּר־יָרוּם מִמֶּנִּי תַנְחֵנִי ׃ כִּי־
4 הָיִיתָ מַחְסֶה לִי מִגְדַּל־עֹז מִפְּנֵי אוֹיֵב ׃ אָגוּרָה
5 בְאָהָלְךָ עוֹלָמִים אֶחֱסֶה בְסֵתֶר כְּנָפֶיךָ סֶּלָה ׃
6 כִּי־אַתָּה אֱלֹהִים שָׁמַעְתָּ לִנְדָרָי נָתַתָּ יְרֻשַּׁת
7 יִרְאֵי שְׁמֶךָ ׃ יָמִים עַל־יְמֵי־מֶלֶךְ תּוֹסִיף שְׁנוֹתָיו
8 כְּמוֹ־דֹר וָדֹר ׃ יֵשֵׁב עוֹלָם לִפְנֵי אֱלֹהִים חֶסֶד
9 וֶאֱמֶת מַן יִנְצְרֻהוּ ׃ כֵּן אֲזַמְּרָה שִׁמְךָ לָעַד
לְשַׁלְּמִי נְדָרַי יוֹם יוֹם ׃

PSAL. LXII. סב

1 לַמְנַצֵּחַ עַל־יְדוּתוּן מִזְמוֹר לְדָוִד ׃ אַךְ אֶל־
2 אֱלֹהִים דּוּמִיָּה נַפְשִׁי מִמֶּנּוּ יְשׁוּעָתִי ׃ אַךְ־הוּא
3 צוּרִי וִישׁוּעָתִי מִשְׂגַּבִּי לֹא־אֶמּוֹט רַבָּה ׃ עַד־
4 אָנָה תְּהוֹתְתוּ עַל־אִישׁ תְּרָצְּחוּ כֻלְּכֶם בְּקִיר
5 נָטוּי גָּדֵר הַדְּחוּיָה ׃ אַךְ מִשְּׂאֵתוֹ יָעֲצוּ
לְהַדִּיחַ יִרְצוּ כָזָב בְּפִיו יְבָרֵכוּ וּבְקִרְבָּם יְקַלְלוּ־
6 סֶלָה ׃ אַךְ לֵאלֹהִים דּוֹמִּי נַפְשִׁי כִּי־מִמֶּנּוּ
7 תִּקְוָתִי ׃ אַךְ־הוּא צוּרִי וִישׁוּעָתִי מִשְׂגַּבִּי לֹא
8 אֶמּוֹט ׃ עַל־אֱלֹהִים יִשְׁעִי וּכְבוֹדִי צוּר־עֻזִּי
9 מַחְסִי בֵּאלֹהִים ׃ בִּטְחוּ בוֹ בְכָל־עֵת עָם
שִׁפְכוּ־לְפָנָיו לְבַבְכֶם אֱלֹהִים מַחֲסֶה־לָּנוּ סֶלָה ׃
10 אַךְ הֶבֶל בְּנֵי־אָדָם כָּזָב בְּנֵי אִישׁ בְּמֹאזְנַיִם
11 לַעֲלוֹת הֵמָּה מֵהֶבֶל יָחַד ׃ אַל־תִּבְטְחוּ בְעֹשֶׁק
וּבְגָזֵל אַל־תֶּהְבָּלוּ חַיִל כִּי־יָנוּב אַל־תָּשִׁיתוּ לֵב ׃
12 אַחַת דִּבֶּר אֱלֹהִים שְׁתַּיִם־זוּ שָׁמָעְתִּי כִּי עֹז
13 לֵאלֹהִים ׃ וּלְךָ־אֲדֹנָי חָסֶד כִּי־אַתָּה תְשַׁלֵּם
לְאִישׁ כְּמַעֲשֵׂהוּ ׃

is β a reward for the righteous: verily he is a God that judgeth ^{a} in the earth.

PSALM LIX.

To the chief Musician, Al-taschith,^{b} Michtam of David; when^c Saul sent, and they watched the house to kill him.

DELIVER^d me from mine enemies, O my God: ζ defend me from them that rise up against me.

2 Deliver me from the workers of iniquity, and save me from bloody^e men.

3 For, lo, they lie in wait for my soul; the mighty are gathered against me; not^f for my transgression, nor for my sin, O LORD.

4 They run and prepare themselves without *my* fault: awake to θ help me, and behold.

5 Thou, therefore, O LORD God of hosts, the God of Israel, awake to visit all the heathen: be not merciful to any wicked transgressors. Selah.

6 They return at evening: they make a noise like a dog, & go round about the city.

7 Behold, they belch out with their mouth: swords^h *are* in their lips; for who, *say they,* doth hear?

8 But thou, O LORD, shalt laugh j at them; thou shalt have all the heathen in derision.

9 *Because of* his strength will I wait upon thee: for God *is* my κ defence.

10 The God of my mercy shall prevent$l$ me: God shall let me see *my desire* upon mine μ enemies.

11 Slay ^{m} them not, lest my people forget: scatter them by thy power; and bring them down, O LORD our shield.

12 For^n the sin of their mouth, *and* the words of their lips, let them even be taken in their pride; and for cursing and lying *which* they speak.

13 Consume *them* in wrath, consume *them,* that they *may* not *be;* and^p let them know that God ruleth in Jacob unto the ends of the earth. Selah.

14 And at evening let them return, *and* let them make a noise like a dog, and go round about the city.

15 Let them wander up and down τ for meat, χ and grudge if they be not satisfied.

16 But I will sing of thy power; yea, I will sing aloud of thy mercy in the morning: ^{s} for thou hast been my defence and refuge in the day of my trouble.

17 Unto^t thee, O my strength, will I sing: for God is my defence, *and* the God of my mercy.

PSALM LX.

To the chief Musician upon ^{u} Shushan-eduth, β Michtam of David, to teach; when ^{v} he strove with Aram-naharaim, and with Aram-zobah, when Joab returned, and smote of Edom in the Valley of Salt twelve thousand.

O GOD, thou ^{w} hast cast us off, thou hast γ scattered us, thou hast been displeased; O turn ^{x} thyself to us again.

2 Thou hast made the earth to tremble; thou hast broken it: heal ^{z} the breaches thereof; for it shaketh.

3 Thou hast shewed thy people ^{a} hard things; thou hast made us to ^{b} drink the wine of astonishment.

4 Thou hast given a banner ^{c} to them that feared thee, that it may be displayed because of the truth. Selah.

5 That^d thy beloved may be delivered, save *with* thy right hand, and hear me.

6 God hath spoken in his holiness: I will rejoice; I will divide Shechem, and mete out the valley of Succoth.

Center reference column

β *fruit of,* Is. 3. 10.
a Ps. 9. 16.
b Ps.57,*title.*
c 1Sa. 19. 11, &c.
γ *or, over me:* (by an irony.)
d Ps. 18. 48.
δ *city of strength.*
ζ *set me on high.*
e Ps. 139. 19.
f 1Sa. 24. 11, 17.
η *salvation.*
g Is. 63. 3.
θ *meet.*
h Pr. 12. 18.
i Is. 54. 11.
j Ps. 2. 4.
k Pr. 18. 10.
κ *high place.*
λ or, *make my refuge.*
l Ps. 21. 3.
μ *observers,* Ps. 56. 2.
m Ge.4.12,15. Re. 9. 6.
ν *shalt add days to the days of the king.*
π *generation and generation.*
n Pr. 12. 13.
o Ps. 43. 3.
p Ps.46.10,11.
q 1Ch.25.1,3.
ρ or, *only.*
σ *is silent,* Ps. 65. 1.
τ *to eat,* 1s. 65. 13.
ϕ *high-place* r Ps. 37. 24. Mi. 7. 8.
χ or, *if they be not satisfied, then they will stay all night.*
s Ps. 30. 5.
t Ps. 18. 1.
ψ *in their inward parts.*
u Ps.80, *title.*
β or, *a golden Psalm.*
v 2Sa.8.3..13. 1Ch.8.3..12.
w Ps. 44. 9.
γ *broken.*
x La. 3.31,32. Zec. 10. 6.
y 1 Sa. 1. 15.
z 2 Ch. 7. 14. Je. 30. 17.
δ or, *alike.*
a Ps. 71. 20.
b Is.51.17,22.
c Ca. 2. 4.
d Ps. 108. 6, &c.
ζ or,*strength.*
e Re. 19. 1.
f 2 Co. 5. 10.

---

7 Gilead *is* mine, and Manasseh *is* mine; Ephraim also *is* the strength of mine head; Judah *is* my lawgiver;

8 Moab *is* my wash-pot; over Edom will I cast out my shoe: Philistia, triumph thou γ because of me.

9 Who will bring me *into* the δ strong city? who will lead me into Edom?

10 *Wilt* not thou, O God, *which* hadst cast us off? and *thou,* O God, *which* didst not go out with our armies?

11 Give us help from trouble: for vain *is* the η help of man.

12 Through God we shall do valiantly, for he *it is that* shall tread^g down our enemies.

PSALM LXI.

To the chief Musician upon Neginah.

A Psalm of David.

HEAR my cry, O God; attend unto my prayer.

2 From the end of the earth will I cry unto thee, when my heart is overwhelmed: ^{i} lead me to the rock *that* is higher than I.

3 For thou hast been a shelter for me, *and* a strong tower ^{k} from the enemy.

4 I will abide in thy tabernacle for ever; I will λ trust in the covert of thy wings. Selah.

5 For thou, O God, hast heard my vows· thou hast given *me* the heritage of those that fear thy name.

6 ν Thou wilt prolong the king's life; *and* his years as π many generations.

7 He shall abide before God for ever: O prepare mercy and truth,^{o} *which* may preserve him.

8 So will I sing praise unto thy name for ever, that I may daily perform my vows.

PSALM LXII.

To the chief Musician, to ^{q} Jeduthun.

A Psalm of David.

TRULY ρ my soul σ waiteth upon God: from him *cometh* my salvation.

2 He only *is* my rock and my salvation; *he is* my ϕ defence: I shall not be ^{r} greatly moved.

3 How long will ye imagine mischief against a man? ye shall be slain all of you: as a bowing wall *shall ye be, and as* a tottering fence.

4 They only consult to cast *him* down from his excellency; they delight in lies: they bless with their mouth, but they curse ψ inwardly. Selah.

5 My soul, wait thou only upon God: for my expectation *is* from him.

6 He only *is* my rock and my salvation: *he is* my defence: I shall not be moved.

7 In God *is* my salvation, and my glory: the rock of my strength, *and* my refuge, *is* in God.

8 Trust in him at all times; ye people, pour^y out your heart before him: God *is* a refuge for us. Selah.

9 Surely men of low degree *are* vanity, *and* men of high degree *are* a lie: to be laid in the balance, they *are* δ altogether *lighter* than vanity.

10 Trust not in oppression, and become not vain in robbery: if riches increase, set not your heart *upon them.*

11 God hath spoken once; twice have I heard this, that ζ power^e *belongeth* unto God.

12 Also unto thee, O LORD, *belongeth* mercy: for^f thou renderest to every man according·to his work.

379

PSAL. LXIII. ס

מִזְמוֹר לְדָוִד בִּהְיוֹתוֹ בְּמִדְבַּר יְהוּדָה׃ אֱלֹהִים 1/2
אֵלִי אַתָּה אֲשַׁחֲרֶךָּ צָמְאָה לְךָ נַפְשִׁי כָּמַהּ לְךָ
בְשָׂרִי בְּאֶרֶץ־צִיָּה וְעָיֵף בְּלִי־מָיִם׃ כֵּן בַּקֹּדֶשׁ 3
חֲזִיתִךָ לִרְאוֹת עֻזְּךָ וּכְבוֹדֶךָ׃ כִּי־טוֹב חַסְדְּךָ 4
מֵחַיִּים שְׂפָתַי יְשַׁבְּחוּנְךָ׃ כֵּן אֲבָרֶכְךָ בְחַיָּי 5
בְּשִׁמְךָ אֶשָּׂא כַפָּי׃ כְּמוֹ חֵלֶב וָדֶשֶׁן תִּשְׂבַּע 6
נַפְשִׁי וְשִׂפְתֵי רְנָנוֹת יְהַלֶּל־פִּי׃ אִם־זְכַרְתִּיךָ עַל־ 7
יְצוּעָי בְּאַשְׁמֻרוֹת אֶהְגֶּה־בָּךְ׃ כִּי־הָיִיתָ עֶזְרָתָה 8
לִּי וּבְצֵל כְּנָפֶיךָ אֲרַנֵּן׃ דָּבְקָה נַפְשִׁי אַחֲרֶיךָ 9
בִּי תָּמְכָה יְמִינֶךָ׃ וְהֵמָּה לְשׁוֹאָה יְבַקְשׁוּ 10
נַפְשִׁי יָבֹאוּ בְּתַחְתִּיּוֹת הָאָרֶץ׃ יַגִּירֻהוּ עַל־יְדֵי־ 11
חָרֶב מְנָת שֻׁעָלִים יִהְיוּ׃ וְהַמֶּלֶךְ יִשְׂמַח 12
בֵּאלֹהִים יִתְהַלֵּל כָּל־הַנִּשְׁבָּע בּוֹ כִּי יִסָּכֵר פִּי
דוֹבְרֵי־שָׁקֶר׃

PSAL. LXIV. סד

לַמְנַצֵּחַ מִזְמוֹר לְדָוִד׃ שְׁמַע־אֱלֹהִים קוֹלִי 1/2
בְשִׂיחִי מִפַּחַד אוֹיֵב תִּצֹּר חַיָּי׃ תַּסְתִּירֵנִי 3
מִסּוֹד מְרֵעִים מֵרִגְשַׁת פֹּעֲלֵי אָוֶן׃ אֲשֶׁר 4
שָׁנְנוּ כַחֶרֶב לְשׁוֹנָם דָּרְכוּ חִצָּם דָּבָר מָר׃ לִירוֹת 5
בַּמִּסְתָּרִים תָּם פִּתְאֹם יֹרֻהוּ וְלֹא יִירָאוּ׃ יְחַזְּקוּ־ 6
לָמוֹ דָּבָר רָע יְסַפְּרוּ לִטְמוֹן מוֹקְשִׁים אָמְרוּ מִי
יִרְאֶה־לָּמוֹ׃ יַחְפְּשׂוּ־עוֹלֹת תַּמְנוּ חֵפֶשׂ מְחֻפָּשׂ 7
וְקֶרֶב אִישׁ וְלֵב עָמֹק׃ וַיֹּרֵם אֱלֹהִים חֵץ פִּתְאֹם 8
הָיוּ מַכּוֹתָם׃ וַיַּכְשִׁילוּהוּ עָלֵימוֹ לְשׁוֹנָם יִתְנֹדְדוּ 9
כָּל־רֹאֵה בָם׃ וַיִּירְאוּ כָּל־אָדָם וַיַּגִּידוּ פֹּעַל אֱלֹהִים 10
וּמַעֲשֵׂהוּ הִשְׂכִּילוּ׃ יִשְׂמַח צַדִּיק בַּיהוָה וְחָסָה 11
בוֹ וְיִתְהַלְלוּ כָּל־יִשְׁרֵי־לֵב׃

PSAL. LXV. סה

לַמְנַצֵּחַ מִזְמוֹר לְדָוִד שִׁיר׃ לְךָ דֻמִיָּה תְהִלָּה 1/2
אֱלֹהִים בְּצִיּוֹן וּלְךָ יְשֻׁלַּם־נֶדֶר׃ שֹׁמֵעַ תְּפִלָּה 3
עָדֶיךָ כָּל־בָּשָׂר יָבֹאוּ׃ דִּבְרֵי עֲוֹנֹת גָּבְרוּ מֶנִּי 4

פְּשָׁעֵינוּ אַתָּה תְכַפְּרֵם׃ אַשְׁרֵי תִּבְחַר וּתְקָרֵב 5
יִשְׁכֹּן חֲצֵרֶיךָ נִשְׂבְּעָה בְּטוּב בֵּיתֶךָ קְדֹשׁ הֵיכָלֶךָ׃
נוֹרָאוֹת בְּצֶדֶק תַּעֲנֵנוּ אֱלֹהֵי יִשְׁעֵנוּ מִבְטָח כָּל־ 6
קַצְוֵי־אֶרֶץ וְיָם רְחֹקִים׃ מֵכִין הָרִים בְּכֹחוֹ נֶאְזָר 7
בִּגְבוּרָה׃ מַשְׁבִּיחַ שְׁאוֹן יַמִּים שְׁאוֹן גַּלֵּיהֶם 8
וַהֲמוֹן לְאֻמִּים׃ וַיִּירְאוּ יֹשְׁבֵי קְצָוֹת מֵאוֹתֹתֶיךָ 9
מוֹצָאֵי־בֹקֶר וָעֶרֶב תַּרְנִין׃ פָּקַדְתָּ הָאָרֶץ וַתְּשֹׁקְקֶהָ 10
רַבַּת תַּעְשְׁרֶנָּה פֶּלֶג אֱלֹהִים מָלֵא מָיִם תָּכִין דְּגָנָם
כִּי־כֵן תְּכִינֶהָ׃ תְּלָמֶיהָ רַוֵּה נַחֵת גְּדוּדֶיהָ בִּרְבִיבִים 11
תְּמֹגְגֶנָּה צִמְחָהּ תְּבָרֵךְ׃ עִטַּרְתָּ שְׁנַת טוֹבָתֶךָ 12
וּמַעְגָּלֶיךָ יִרְעֲפוּן דָּשֶׁן׃ יִרְעֲפוּ נְאוֹת מִדְבָּר וְגִיל 13
גְּבָעוֹת תַּחְגֹּרְנָה׃ לָבְשׁוּ כָרִים הַצֹּאן וַעֲמָקִים 14
יַעַטְפוּ־בָר יִתְרוֹעֲעוּ אַף־יָשִׁירוּ׃

PSAL. LXVI. ס

לַמְנַצֵּחַ שִׁיר מִזְמוֹר הָרִיעוּ לֵאלֹהִים כָּל־הָאָרֶץ׃ 1
זַמְּרוּ כְבוֹד־שְׁמוֹ שִׂימוּ כָבוֹד תְּהִלָּתוֹ׃ אִמְרוּ 2/3
לֵאלֹהִים מַה־נּוֹרָא מַעֲשֶׂיךָ בְּרֹב עֻזְּךָ יְכַחֲשׁוּ לְךָ
אֹיְבֶיךָ׃ כָּל־הָאָרֶץ יִשְׁתַּחֲווּ לְךָ וִיזַמְּרוּ־לָךְ 4
יְזַמְּרוּ שִׁמְךָ סֶלָה׃ לְכוּ וּרְאוּ מִפְעֲלוֹת אֱלֹהִים 5
נוֹרָא עֲלִילָה עַל־בְּנֵי אָדָם׃ הָפַךְ יָם לְיַבָּשָׁה 6
בַּנָּהָר יַעַבְרוּ בְרָגֶל שָׁם נִשְׂמְחָה־בּוֹ׃ מֹשֵׁל
בִּגְבוּרָתוֹ עוֹלָם עֵינָיו בַּגּוֹיִם תִּצְפֶּינָה הַסּוֹרְרִים 7
אַל־יָרוּמוּ לָמוֹ סֶלָה׃ בָּרְכוּ עַמִּים אֱלֹהֵינוּ 8
וְהַשְׁמִיעוּ קוֹל תְּהִלָּתוֹ׃ הַשָּׂם נַפְשֵׁנוּ בַּחַיִּים וְלֹא־ 9
נָתַן לַמּוֹט רַגְלֵנוּ׃ כִּי־בְחַנְתָּנוּ אֱלֹהִים צְרַפְתָּנוּ 10
כִּצְרָף־כָּסֶף׃ הֲבֵאתָנוּ בַמְּצוּדָה שַׂמְתָּ מוּעָקָה 11
בְמָתְנֵינוּ׃ הִרְכַּבְתָּ אֱנוֹשׁ לְרֹאשֵׁנוּ בָּאנוּ בָאֵשׁ 12
וּבַמַּיִם וַתּוֹצִיאֵנוּ לָרְוָיָה׃ אָבוֹא בֵיתְךָ בְעוֹלוֹת
אֲשַׁלֵּם לְךָ נְדָרָי׃ אֲשֶׁר־פָּצוּ שְׂפָתָי וְדִבֶּר־פִּי 13/14
בַּצַּר־לִי׃ עֹלוֹת מֵחִים אַעֲלֶה־לָּךְ עִם־קְטֹרֶת 15
אֵילִים אֶעֱשֶׂה בָקָר עִם־עַתּוּדִים סֶלָה׃ לְכוּ־ 16
שִׁמְעוּ וַאֲסַפְּרָה כָּל־יִרְאֵי אֱלֹהִים אֲשֶׁר עָשָׂה
לְנַפְשִׁי׃ אֵלָיו פִּי־קָרָאתִי וְרוֹמַם תַּחַת לְשׁוֹנִי׃ 17
אָוֶן אִם־רָאִיתִי בְלִבִּי לֹא יִשְׁמַע אֲדֹנָי׃ אָכֵן 18/19
שָׁמַע אֱלֹהִים הִקְשִׁיב בְּקוֹל תְּפִלָּתִי׃ בָּרוּךְ
אֱלֹהִים אֲשֶׁר לֹא־הֵסִיר תְּפִלָּתִי וְחַסְדּוֹ מֵאִתִּי׃ 20

PSALM LXIII.

A Psalm of David, when[a] he was in the wilderness of Judah.

O GOD, thou *art* my God: early[b] will I seek thee: my soul thirsteth[c] for thee, my flesh longeth for thee in a dry and *β* thirsty land, *γ* where no water is;

2 To see[e] thy power and thy glory, so *as* I have seen thee in the *f* sanctuary.

3 Because thy loving-kindness is[g] better than life, my lips shall praise thee.

4 Thus will I bless thee while I live; I will lift up my hands in thy name.

5 My soul shall be satisfied[h] as *with* *η* marrow and fatness; and my mouth shall praise *thee* with joyful lips:

6 When I remember thee upon my[i] bed, *and* meditate on thee in the *night*-watches.

7 Because thou hast been my help, therefore in y[e]shadow of thy wings will I rejoice.

8 My soul followeth hard after thee: thy[k] right hand upholdeth me.

9 But those *that* seek my soul, to destroy *it*,shall go into the lower parts of the earth.

10 They shall *v* fall by the sword; they shall be a portion for[l] foxes.

11 But the king shall rejoice in God: every one that sweareth[m] by him shall glory: but the mouth of them that speak lies shall be stopped.

PSALM LXIV.

To the chief Musician. A Psalm of David.

HEAR my voice, O God, in my prayer: preserve my life from fear of the enemy.

2 Hide me from the secret counsel[o] of the wicked; from the insurrection of the workers of iniquity:

3 Who[p] whet their tongue like a sword, *and* bend *their bows to shoot* their arrows, *even* bitter words;

4 That they may shoot in secret at the perfect: suddenly do they shoot at him, and fear not.

5 They[q] encourage themselves in an evil *ϖ*matter: they commune *σ* of laying snares privily; they say, Who shall see them?

6 They search out iniquities; *τ* they accomplish *φ* a diligent search: both the inward *thought* of every one *of them*, and the heart, *is* deep.

7 But God shall shoot at them *with* an arrow; suddenly *χ* shall they be wounded.

8 So they shall make their own tongue to fall upon themselves: all that see them shall flee away.

9 And all men shall fear, and shall declare the work of God: for they shall wisely consider of his doing.

10 The righteous shall be glad in the LORD, and shall trust in him; and all the upright in heart shall glory.

PSALM LXV.

To the chief Musician. A Psalm *and* Song of David.

PRAISE *γ* waiteth for thee, O God, in Zion; and unto thee shall the vow be performed.

2 O thou that hearest prayer, unto thee shall all flesh come.

3 Iniquities *η* prevail against me: *as for* our transgressions, thou shalt[v] purge them away.

4 Blessed *is the man whom* thou choosest, and causest to approach *unto thee, that* he may dwell in thy courts: we[w] shall be satisfied with the goodness of thy house, *even* of thy holy temple.

5 *By* terrible[y] things in righteous ness wilt thou answer us, O God of our salvation; *who art* the confidence of all the

a 1 Sa. 22. 5.
23. 14.16.
b Pr. 8. 17.
Ca. 3. 1..3.
c Ps. 42. 2.
Jn°. 7. 37.
d Mat. 8. 26.
β weary.
γ without water,
Is. 41. 17.
e Ps. 27. 4.
f Ps. 84.2,11.
1s. 60. 13.
g Ps. 30. 5.
1 Jn°. 3. 2.
δ or, sing.
ζ or, after thou hadst made it to desire rain.
h Ca. 1. 4.
η fatness.
i Ca. 5. 2.
θ or, causest rain to descend into.
κ dissolvest it.
λ of.
k Ps. 18. 35.
μ are girded with joy.
v make him run out like water by the hands of the sword.
l Ca. 2. 15.
m Is. 65. 16.
n Is. 55. 12.
π the earth.
o Ge. 49. 6.
ρ lie, or, yield feigned obedience, Ps.81.15.
p Je. 9. 3.
q Pr.1.11..13.
r Ex. 14. 21.
v or,speech.
σ to hide.
τ or, we are consumed by that which they have throughly searched.
φ a search searched.
χ their wound shall be.
ψ putteth.
s Is. 48. 10.
1 Pe. 1. 7.
t Ho. 7. 12.
β moist.
γ is silent, Ps. 62. 1.
δ opened.
ζ marrow.
η words, or, matters of iniquities.
u Ps.34.2..11.
v 1Jn°. 1.7,9.
w Ps. 63. 5.
x Pr. 28. 9.
y Ps. 45. 4.

380

ends of the earth, and of them that are afar off *upon* the sea:

6 Which by his strength setteth fast the mountains; *being* girded with power:

7 Which[d] stilleth the noise of the seas, the noise of their waves, and the tumult of the people.

8 They also that dwell in the uttermost parts are afraid at thy tokens: thou makest the outgoings of the morning and evening to *δ* rejoice.

9 Thou visitest the earth, and *ζ* waterest it: thou greatly enrichest it with the river of God, *which* is full of water: thou Freparest them corn, when thou hast so provided for it.

10 Thou waterest the ridges thereof abundantly; thou *θ* settlest the furrows thereof; thou *κ* makest it soft with showers: thou blessest the springing thereof.

11 Thou crownest the year *λ* with thy goodness; and thy paths drop fatness.

12 They drop *upon* the pastures of the wilderness; and the little hills *μ* rejoice on every side.

13 The pastures are clothed with flocks; the valleys also are covered over with corn: they[n] shout for joy, they also sing.

PSALM LXVI.

To the chief Musician. A Song *or* Psalm.

MAKE a joyful noise unto God, all *π* ye lands.

2 Sing forth the honour of his name; make his praise glorious.

3 Say unto God, How terrible *art thou in* thy works! through the greatness of thy power shall thine enemies *ρ* submit themselves unto thee.

4 All the earth shall worship thee, and shall sing unto thee; they shall sing *to* thy name. Selah.

5 Come and see the works of God: *he is* terrible *in his* doing toward the children of men.

6 He[r] turned the sea into dry *land*: they went through the flood on foot: there did we rejoice in him.

7 He ruleth by his power for ever; his eyes behold the nations: let not the rebellious exalt themselves. Selah.

8 O bless our God, ye people, and make the voice of his praise to be heard;

9 Which *ψ* holdeth our soul in life, and suffereth not our feet to be moved.

10 For thou, O God, hast proved us: thou hast tried us, as silver[s] is tried.

11 Thou broughtest us into the[t] net, thou layedst affliction upon our loins.

12 Thou hast caused men to ride over our heads: we went through fire and through water; but thou broughtest us out into a *β* wealthy *place.*

13 I will go into thy house with burntofferings; I will pay thee my vows,

14 Which my lips have *δ* uttered, and my mouth hath spoken, when I was in trouble.

15 I will offer unto thee burnt-sacrifices of *ζ* fatlings, with the incense of rams: I will offer bullocks with goats. Selah.

16 Come[u] *and* hear, all ye that fear God, and I will declare what he hath done for my soul.

17 I cried unto him with my mouth, and he was extolled with my tongue.

18 If[x] I regard iniquity in my heart, the LORD will not hear *me*:

19 *But* verily God hath heard *me;* he hath attended to the voice of my prayer.

20 Blessed *be* God, which hath not turned away my prayer,nor his mercy from me.

PSAL. LXVII. ס

1 לַמְנַצֵּחַ בִּנְגִינֹת מִזְמוֹר שִׁיר: אֱלֹהִים יְחָנֵּנוּ
2 וִיבָרְכֵנוּ יָאֵר פָּנָיו אִתָּנוּ סֶלָה: לָדַעַת בָּאָרֶץ
3 דַּרְכֶּךָ בְּכָל־גּוֹיִם יְשׁוּעָתֶךָ: יוֹדוּךָ עַמִּים
4 אֱלֹהִים יוֹדוּךָ עַמִּים כֻּלָּם: יִשְׂמְחוּ וִירַנְּנוּ
5 לְאֻמִּים כִּי־תִשְׁפֹּט עַמִּים מִישׁוֹר וּלְאֻמִּים בָּאָרֶץ
6 תַּנְחֵם סֶלָה: יוֹדוּךָ עַמִּים אֱלֹהִים יוֹדוּךָ עַמִּים
7 כֻּלָּם: אֶרֶץ נָתְנָה יְבוּלָהּ יְבָרְכֵנוּ אֱלֹהִים אֱלֹהֵינוּ
8 יְבָרְכֵנוּ אֱלֹהִים וְיִירְאוּ אֹתוֹ כָּל־אַפְסֵי־אָרֶץ

PSAL. LXVIII. סח

1 לַמְנַצֵּחַ לְדָוִד מִזְמוֹר שִׁיר: יָקוּם אֱלֹהִים יָפוּצוּ
2 אוֹיְבָיו וְיָנוּסוּ מְשַׂנְאָיו מִפָּנָיו: כְּהִנְדֹּף עָשָׁן תִּנְדֹּף
3 כְּהִמֵּס דּוֹנַג מִפְּנֵי־אֵשׁ יֹאבְדוּ רְשָׁעִים מִפְּנֵי אֱלֹהִים
4 וְצַדִּיקִים יִשְׂמְחוּ יַעַלְצוּ לִפְנֵי אֱלֹהִים
5 וְיָשִׂישׂוּ בְשִׂמְחָה: שִׁירוּ לֵאלֹהִים זַמְּרוּ שְׁמוֹ
סֹלּוּ לָרֹכֵב בָּעֲרָבוֹת בְּיָהּ שְׁמוֹ וְעִלְזוּ לְפָנָיו
6 אֲבִי יְתוֹמִים וְדַיַּן אַלְמָנוֹת אֱלֹהִים בִּמְעוֹן קָדְשׁוֹ
7 אֱלֹהִים מוֹשִׁיב יְחִידִים בַּיְתָה מוֹצִיא אֲסִירִים
8 בַּכּוֹשָׁרוֹת אַךְ סוֹרְרִים שָׁכְנוּ צְחִיחָה: אֱלֹהִים
9 בְּצֵאתְךָ לִפְנֵי עַמֶּךָ בְּצַעְדְּךָ בִישִׁימוֹן סֶלָה: אֶרֶץ
רָעָשָׁה אַף־שָׁמַיִם נָטְפוּ מִפְּנֵי אֱלֹהִים זֶה סִינַי
10 מִפְּנֵי אֱלֹהִים אֱלֹהֵי יִשְׂרָאֵל: גֶּשֶׁם נְדָבוֹת תָּנִיף
11 אֱלֹהִים נַחֲלָתְךָ וְנִלְאָה אַתָּה כוֹנַנְתָּהּ: חַיָּתְךָ
12 יָשְׁבוּ־בָהּ תָּכִין בְּטוֹבָתְךָ לֶעָנִי אֱלֹהִים: אֲדֹנָי
13 יִתֶּן־אֹמֶר הַמְבַשְּׂרוֹת צָבָא רָב: מַלְכֵי צְבָאוֹת
14 יִדֹּדוּן יִדֹּדוּן וּנְוַת בַּיִת תְּחַלֵּק שָׁלָל: אִם־
תִּשְׁכְּבוּן בֵּין שְׁפַתָּיִם כַּנְפֵי יוֹנָה נֶחְפָּה בַכֶּסֶף
15 וְאֶבְרוֹתֶיהָ בִּירַקְרַק חָרוּץ: בְּפָרֵשׂ שַׁדַּי מְלָכִים
16 בָּהּ תַּשְׁלֵג בְּצַלְמוֹן: הַר־אֱלֹהִים הַר־בָּשָׁן הַר
17 גַּבְנֻנִּים הַר־בָּשָׁן: לָמָּה תְּרַצְּדוּן הָרִים גַּבְנֻנִּים
הָהָר חָמַד אֱלֹהִים לְשִׁבְתּוֹ אַף־יְהוָה יִשְׁכֹּן
18 לָנֶצַח: רֶכֶב אֱלֹהִים רִבֹּתַיִם אַלְפֵי שִׁנְאָן אֲדֹנָי
19 בָם סִינַי בַּקֹּדֶשׁ: עָלִיתָ לַמָּרוֹם שָׁבִיתָ שֶּׁבִי

PSAL. LXIX. סט

1 לַמְנַצֵּחַ עַל־שׁוֹשַׁנִּים לְדָוִד: הוֹשִׁיעֵנִי אֱלֹהִים
2 כִּי בָאוּ מַיִם עַד־נָפֶשׁ: טָבַעְתִּי בִּיוֵן מְצוּלָה
3 וְאֵין מָעֳמָד בָּאתִי בְמַעֲמַקֵּי־מַיִם וְשִׁבֹּלֶת
4 שְׁטָפָתְנִי: יָגַעְתִּי בְקָרְאִי נִחַר גְּרוֹנִי כָּלוּ עֵינַי
5 מְיַחֵל לֵאלֹהָי: רַבּוּ מִשַּׂעֲרוֹת רֹאשִׁי שֹׂנְאַי
חִנָּם עָצְמוּ מַצְמִיתַי אֹיְבַי שֶׁקֶר אֲשֶׁר לֹא־גָזַלְתִּי
6 אָז אָשִׁיב: אֱלֹהִים אַתָּה יָדַעְתָּ לְאִוַּלְתִּי וְאַשְׁמוֹתַי
7 מִמְּךָ לֹא־נִכְחָדוּ: אַל־יֵבֹשׁוּ בִי קוֹיֶךָ אֲדֹנָי
יְהוִה צְבָאוֹת אַל־יִכָּלְמוּ בִי מְבַקְשֶׁיךָ אֱלֹהֵי
8 יִשְׂרָאֵל: כִּי־עָלֶיךָ נָשָׂאתִי חֶרְפָּה כִּסְּתָה כְלִמָּה
9 פָנָי: מוּזָר הָיִיתִי לְאֶחָי וְנָכְרִי לִבְנֵי אִמִּי:

(Left column — continuation of PSAL. LXVIII)

20 לָקַחְתָּ מַתָּנוֹת בָּאָדָם וְאַף סוֹרְרִים לִשְׁכֹּן יָהּ
21 אֱלֹהִים: בָּרוּךְ אֲדֹנָי יוֹם יוֹם יַעֲמָס־לָנוּ
הָאֵל יְשׁוּעָתֵנוּ סֶלָה: הָאֵל לָנוּ אֵל לְמוֹשָׁעוֹת
22 וְלֵיהוִה אֲדֹנָי לַמָּוֶת תּוֹצָאוֹת: אַךְ־אֱלֹהִים
23 יִמְחַץ רֹאשׁ אֹיְבָיו קָדְקֹד שֵׂעָר מִתְהַלֵּךְ בַּאֲשָׁמָיו:
אָמַר אֲדֹנָי מִבָּשָׁן אָשִׁיב אָשִׁיב מִמְּצֻלוֹת יָם:
24 לְמַעַן תִּמְחַץ רַגְלְךָ בְּדָם לְשׁוֹן כְּלָבֶיךָ מֵאֹיְבִים
25 מִנֵּהוּ: רָאוּ הֲלִיכוֹתֶיךָ אֱלֹהִים הֲלִיכוֹת אֵלִי
26 מַלְכִּי בַקֹּדֶשׁ: קִדְּמוּ שָׁרִים אַחַר נֹגְנִים בְּתוֹךְ
27 עֲלָמוֹת תּוֹפֵפוֹת: בְּמַקְהֵלוֹת בָּרְכוּ אֱלֹהִים
28 אֲדֹנָי מִמְּקוֹר יִשְׂרָאֵל: שָׁם בִּנְיָמִן צָעִיר רֹדֵם
שָׂרֵי יְהוּדָה רִגְמָתָם שָׂרֵי זְבֻלוּן שָׂרֵי נַפְתָּלִי:
29 צִוָּה אֱלֹהֶיךָ עֻזֶּךָ עוּזָּה אֱלֹהִים זוּ פָּעַלְתָּ לָּנוּ:
30 מֵהֵיכָלֶךָ עַל־יְרוּשָׁלָ͏ִם לְךָ יוֹבִילוּ מְלָכִים שָׁי:
31 גְּעַר חַיַּת קָנֶה עֲדַת אַבִּירִים בְּעֶגְלֵי עַמִּים
מִתְרַפֵּס בְּרַצֵּי־כָסֶף בִּזַּר עַמִּים קְרָבוֹת יֶחְפָּצוּ:
32 יֶאֱתָיוּ חַשְׁמַנִּים מִנִּי מִצְרָיִם כּוּשׁ תָּרִיץ יָדָיו
33 לֵאלֹהִים: מַמְלְכוֹת הָאָרֶץ שִׁירוּ לֵאלֹהִים זַמְּרוּ
34 אֲדֹנָי סֶלָה: לָרֹכֵב בִּשְׁמֵי שְׁמֵי־קֶדֶם הֵן יִתֵּן
35 בְּקוֹלוֹ קוֹל עֹז: תְּנוּ עֹז לֵאלֹהִים עַל־יִשְׂרָאֵל
36 גַּאֲוָתוֹ וְעֻזּוֹ בַּשְּׁחָקִים: נוֹרָא אֱלֹהִים מִמִּקְדָּשֶׁיךָ
אֵל יִשְׂרָאֵל הוּא נֹתֵן עֹז וְתַעֲצֻמוֹת לָעָם
בָּרוּךְ אֱלֹהִים:

PSALM LXVII.

To the chief Musician on Neginoth. A Psalm or Song.

GOD _b_ be merciful unto us, and bless us; _and_ cause^c his face to shine βupon us. Selah.

2 That thy way may be known upon earth, thy saving health among all^e nations.

3 Let the people praise thee, O God; let all the people praise thee.

4 O let the nations be glad, and sing for joy; for thou shalt judge the people righteously, and δ govern the nations upon earth. Selah.

5 Let the people praise thee, O God; let all the people praise thee.

6 Then^i shall the earth yield her increase; and God, _even_ our own God, shall bless us.

7 God shall bless us; and all^l the ends of the earth shall fear him.

PSALM LXVIII.

To the chief Musician. A Psalm or Song of David.

LET^m God arise, let his enemies be scattered: let them also that hate him flee θ before him.

2 As^n smoke is driven away, _so_ drive _them_ away: as wax^o melteth before the fire, _so_ let the wicked perish at the presence of God.

3 But let the righteous be glad: let them rejoice^q before God; yea, let them ^κ exceedingly rejoice.

4 Sing unto God, sing praises to his name: extol him that rideth upon the heavens by his name JAH, and rejoice before him.

5 A father of the fatherless,^r and a judge of the widows, _is_ God in his holy habitation.

6 God setteth the solitary in ν families: he^u bringeth out those which are bound with chains; but the rebellious dwell in a dry _land_.

7 O God, when thou wentest forth before thy people, when thou didst march through the wilderness; Selah:

8 The earth^v shook, the heavens also dropped at the presence of God: _even_ Sinai^w itself _was moved_ at the presence of God, the God of Israel.

9 Thou, O God, didst σ send a plentiful rain,^z whereby thou didst confirm τ thine inheritance, when it was weary.

10 Thy congregation hath dwelt therein: thou, O God, hast prepared of thy goodness for the^b poor.

11 The LORD gave the word; great _was_ the φcompany of those that published it.

12 Kings of armies ψdid flee apace; and she that tarried at home divided the spoil.

13 Though ye have lien among the pots,^c yet shall ye be as^yℇ wings of a dove covered with silver,^χ her feathers with yellow gold.

14 When^e the Almighty scattered kings γ in it, it was _white_ as snow in Salmon.

15 The hill of God _is as_ the hill of Bashan; an high hill, _as_ the hill of Bashan.

16 Why leap ye, ye high hills? this _is_ the hill _which_ God desireth to dwell in; yea, the LORD will dwell _in it_ for ever.

17 The chariots of God _are_ twenty thousand, _even_ ζthousands^g of angels: the LORD _is_ among them _as in_ Sinai, in the holy _place_.

18 Thou^h hast ascended on high, thou hast led captivity captive: thou^i hast received gifts ηfor men; yea, _for_ the rebellious^k also, that the LORD God might dwell^l _among_ them.

19 Blessed be the LORD, _who_ daily loadeth us _with benefits, even_ the God of our salvation. Selah.

20 He that is our God _is_ the God of salvation; and^a unto GOD the Lord _belong_ the issues from death.

21 But God shall wound^d the head of his enemies, _and_ the hairy scalp of such an one as goeth on still in his trespasses.

22 The LORD said, I will bring again from Bashan; f I will bring _my people_ g again from the depths of the sea:

23 That thy foot may be γ dipped in the blood^h of _thine_ enemies, _and_ the tongue of thy dogs in the same.

24 They have seen thy goings, O God; _even_ the goings of my God, my King, in the sanctuary.

25 The singers^k went before, the players on instruments _followed_ after; among _them were_ the damsels playing with timbrels.

26 Bless ye God in the congregations; _even_ the Lord ℓfrom the fountain of Israel.

27 There _is_ little Benjamin _with_ their ruler, the princes of Judah η _and_ their council, the princes of Zebulun, _and_ the princes of Naphtali.

28 Thy God hath commanded thy strength: ρ strengthen, O God, that which thou hast wrought for us.

29 Because of thy temple at Jerusalem shall kings bring presents unto thee.

30 Rebuke λ the company of spearmen, the multitude of the bulls, with the calves of the people, _till every one_ submit himself with pieces of silver: μ scatter thou the people _that_ delight in war.

31 Princes shall come out of^s Egypt; Ethiopia^t shall soon stretch out her hands unto God.

32 Sing unto God, ye kingdoms of the earth; O sing praises unto the LORD; Selah:

33 To him that rideth upon the heavens of heavens, _which were_ of old: lo, he doth πsend out his voice, _and that_ a mighty voice.

34 Ascribe ye strength unto God: his excellency _is_ over Israel, and his strength _is_ in the ρ clouds.

35 O God, _thou art_ terrible^x out of thy holy places: the God of Israel _is_ he^y that giveth strength and power unto _his_ people. Blessed _be_ God.

PSALM LXIX.

To the chief Musician upon^a Shoshannim. A Psalm of David.

SAVE me, O God; for the waters are come in unto _my_ soul.

2 I sink in χ deep mire, where _there is_ no standing: I am come into β deep waters, where the floods overflow me.

3 I am weary of my crying; my throat is dried: mine eyes fail while I wait for my God.

4 They^d that hate me without a cause are more than the hairs of mine head: they that would destroy me, _being_ mine enemies wrongfully, are mighty: then I restored _that_ which I took not away.

5 O God, thou knowest my foolishness, and my δ sins are not hid from thee.

6 Let not them that wait on thee, O Lord GOD of hosts, be ashamed for my sake; let not those that seek thee be confounded for my sake, O God of Israel.

7 Because for thy sake I have borne reproach: shame hath covered my face.

8 I f am become a stranger unto my brethren, and an alien unto my mother's children.

9 For^m the zeal of thine house hath eaten me up; and^n the reproaches of them that reproached thee are fallen upon me.

Marginal references

a De.32.39. Re.1.18.
b Nu.6.25.
c Ps.4.6.
β with.
d Hab.3.13.
e Mat.28.19.
f Nu.21.33.
g Ex.14.22.
γ or, red.
h Is.63.1..6.
δ lead.
i Le.26.4. Eze.34.27. Ho.2.21.22.
k Re.15.2,3.
l Ps.22.27.
ζ or, ye that are of.
m Nu.10.35. Is.33.3.
η or, with their company.
θ from his face.
u Ho.13.3.
o Mi.1.4.
p Is.40.31.
q 1 Th.5.16.
κ rejoice with gladness.
λ or, the beasts of the reeds, Je.51.32.
μ or, he scattereth.
r Je.49.11.
s Is.19.18..25.
t Zep.3.10. Ac.8.27.
v a house.
u Ps.107.10.
π give.
v Hab.3.13.
ρ or, heavens.
w Ex.19.16.
x Ex.15.11.
y Is.45.24.
σ shake out.
z De.11.11..14
τ it.
α Ps.45,title.
b Mat.11.5.
φ army.
λ the mire of the depth.
ψ did flee, did flee.
β depth of.
c Ps.81.6.
d Jn.10.35.
e Jos.12.1,&c
γ or for her, she was.
f 1 Ki.9.3.
δ guiltiness.
ε or, many thousands.
g De.33.2.
h Ac.1.2,9. Ep.4.8.
i Ac.2.4,33.
j Jn.7.5.
η in the man.
k 1Co.6.9..11. 1Ti.1.13,15.
l Re.21.3.
m Jn.2.17.
n Ro.15.3.

10 כִּי־קִנְאַת בֵּיתְךָ אֲכָלָתְנִי וְחֶרְפּוֹת חוֹרְפֶיךָ נָפְלוּ

11 עָלָי ׃ וָאֶבְכֶּה בַצּוֹם נַפְשִׁי וַתְּהִי לַחֲרָפוֹת לִי ׃

12 וָאֶתְּנָה לְבוּשִׁי שָׂק וָאֱהִי לָהֶם לְמָשָׁל ׃ יָשִׂיחוּ בִי

14 יֹשְׁבֵי שָׁעַר וּנְגִינוֹת שׁוֹתֵי שֵׁכָר ׃ וַאֲנִי תְפִלָּתִי

לְךָ יְהֹוָה עֵת רָצוֹן אֱלֹהִים בְּרָב־חַסְדֶּךָ עֲנֵנִי

15 בֶּאֱמֶת יִשְׁעֶךָ ׃ הַצִּילֵנִי מִטִּיט וְאַל־אֶטְבָּעָה

16 אִנָּצְלָה מִשֹּׂנְאַי וּמִמַּעֲמַקֵּי־מָיִם ׃ אַל־תִּשְׁטְפֵנִי

שִׁבֹּלֶת מַיִם וְאַל־תִּבְלָעֵנִי מְצוּלָה וְאַל־תֶּאְטַר־

17 עָלַי בְּאֵר פִּיהָ ׃ עֲנֵנִי יְהֹוָה כִּי־טוֹב חַסְדֶּךָ כְּרֹב

18 רַחֲמֶיךָ פְּנֵה אֵלָי ׃ וְאַל־תַּסְתֵּר פָּנֶיךָ מֵעַבְדֶּךָ

19 כִּי־צַר־לִי מַהֵר עֲנֵנִי ׃ קָרְבָה אֶל־נַפְשִׁי גְאָלָהּ

20 לְמַעַן אֹיְבַי פְּדֵנִי ׃ אַתָּה יָדַעְתָּ חֶרְפָּתִי וּבָשְׁתִּי

21 וּכְלִמָּתִי נֶגְדְּךָ כָּל־צוֹרְרָי ׃ חֶרְפָּה שָׁבְרָה לִבִּי

וָאָנוּשָׁה וָאֲקַוֶּה לָנוּד וָאַיִן וְלַמְנַחֲמִים וְלֹא

22 מָצָאתִי ׃ וַיִּתְּנוּ בְּבָרוּתִי רֹאשׁ וְלִצְמָאִי יַשְׁקוּנִי

23 חֹמֶץ ׃ יְהִי־שֻׁלְחָנָם לִפְנֵיהֶם לְפָח וְלִשְׁלוֹמִים

24 לְמוֹקֵשׁ ׃ תֶּחְשַׁכְנָה עֵינֵיהֶם מֵרְאוֹת וּמָתְנֵיהֶם

25 תָּמִיד הַמְעַד ׃ שְׁפָךְ־עֲלֵיהֶם זַעְמֶךָ וַחֲרוֹן אַפְּךָ

26 יַשִּׂיגֵם ׃ תְּהִי־טִירָתָם נְשַׁמָּה בְּאָהֳלֵיהֶם אַל־יְהִי

27 יֹשֵׁב ׃ כִּי־אַתָּה אֲשֶׁר־הִכִּיתָ רָדָפוּ וְאֶל־מַכְאוֹב חֲלָלֶיךָ

28 יְסַפֵּרוּ ׃ תְּנָה־עָוֹן עַל־עֲוֹנָם וְאַל־יָבֹאוּ בְּצִדְקָתֶךָ ׃

29 יִמָּחוּ מִסֵּפֶר חַיִּים וְעִם צַדִּיקִים אַל־יִכָּתֵבוּ ׃

30 וַאֲנִי עָנִי וְכוֹאֵב יְשׁוּעָתְךָ אֱלֹהִים תְּשַׂגְּבֵנִי ׃

31 אֲהַלְלָה שֵׁם־אֱלֹהִים בְּשִׁיר וַאֲגַדְּלֶנּוּ בְתוֹדָה ׃

32 וְתִיטַב לַיהֹוָה מִשּׁוֹר פָּר מַקְרִן מַפְרִיס ׃ רָאוּ

34 עֲנָוִים יִשְׂמָחוּ דֹּרְשֵׁי אֱלֹהִים וִיחִי לְבַבְכֶם ׃

שֹׁמֵעַ אֶל־אֶבְיוֹנִים יְהֹוָה וְאֶת־אֲסִירָיו לֹא בָזָה ׃

35 יְהַלְלוּהוּ שָׁמַיִם וָאָרֶץ יַמִּים וְכָל־רֹמֵשׂ בָּם ׃ כִּי

36 אֱלֹהִים יוֹשִׁיעַ צִיּוֹן וְיִבְנֶה עָרֵי יְהוּדָה וְיָשְׁבוּ

37 שָׁם וִירֵשׁוּהָ ׃ וְזֶרַע עֲבָדָיו יִנְחָלוּהָ וְאֹהֲבֵי שְׁמוֹ

יִשְׁכְּנוּ־בָהּ ׃

PSAL. LXX. ע

1 לַמְנַצֵּחַ לְדָוִד לְהַזְכִּיר ׃ אֱלֹהִים לְהַצִּילֵנִי יְהֹוָה

3 לְעֶזְרָתִי חוּשָׁה ׃ יֵבֹשׁוּ וְיַחְפְּרוּ מְבַקְשֵׁי נַפְשִׁי

4 יִסֹּגוּ אָחוֹר וְיִכָּלְמוּ חֲפֵצֵי רָעָתִי ׃ יָשׁוּבוּ עַל־

5 עֵקֶב בָּשְׁתָּם הָאֹמְרִים הֶאָח הֶאָח ׃ יָשִׂישׂוּ

וְיִשְׂמְחוּ בְּךָ כָּל־מְבַקְשֶׁיךָ וְיֹאמְרוּ תָמִיד יִגְדַּל

6 אֱלֹהִים אֹהֲבֵי יְשׁוּעָתֶךָ ׃ וַאֲנִי עָנִי וְאֶבְיוֹן

אֱלֹהִים חוּשָׁה־לִּי עֶזְרִי וּמְפַלְּטִי אַתָּה יְהֹוָה

אַל־תְּאַחַר ׃

PSAL. LXXI. שא

1 בְּךָ־יְהֹוָה חָסִיתִי אַל־אֵבוֹשָׁה לְעוֹלָם ׃ בְּצִדְקָתְךָ

2 תַּצִּילֵנִי וּתְפַלְּטֵנִי הַטֵּה־אֵלַי אָזְנְךָ וְהוֹשִׁיעֵנִי ׃

3 הֱיֵה לִי לְצוּר מָעוֹן לָבוֹא תָּמִיד צִוִּיתָ לְהוֹשִׁיעֵנִי

4 כִּי־סַלְעִי וּמְצוּדָתִי אָתָּה ׃ אֱלֹהַי פַּלְּטֵנִי מִיַּד

5 רָשָׁע מִכַּף מְעַוֵּל וְחוֹמֵץ ׃ כִּי־אַתָּה תִקְוָתִי

6 אֲדֹנָי יְהֹוִה מִבְטַחִי מִנְּעוּרָי ׃ עָלֶיךָ נִסְמַכְתִּי

מִבֶּטֶן מִמְּעֵי אִמִּי אַתָּה גוֹזִי בְּךָ תְהִלָּתִי תָמִיד ׃

7 כְּמוֹפֵת הָיִיתִי לְרַבִּים וְאַתָּה מַחֲסִי־עֹז ׃ יִמָּלֵא

9 פִי תְּהִלָּתֶךָ כָּל־הַיּוֹם תִּפְאַרְתֶּךָ ׃ אַל־תַּשְׁלִיכֵנִי

10 לְעֵת זִקְנָה כִּכְלוֹת כֹּחִי אַל־תַּעַזְבֵנִי ׃ כִּי־אָמְרוּ

11 אֹיְבַי לִי וְשֹׁמְרֵי נַפְשִׁי נוֹעֲצוּ יַחְדָּו ׃ לֵאמֹר

אֱלֹהִים עֲזָבוֹ רִדְפוּ וְתִפְשׂוּהוּ כִּי־אֵין מַצִּיל ׃

12 אֱלֹהִים אַל־תִּרְחַק מִמֶּנִּי אֱלֹהַי לְעֶזְרָתִי חישה ׃

13 יֵבֹשׁוּ יִכְלוּ שֹׂטְנֵי נַפְשִׁי יַעֲטוּ חֶרְפָּה וּכְלִמָּה

14 מְבַקְשֵׁי רָעָתִי ׃ וַאֲנִי תָּמִיד אֲיַחֵל וְהוֹסַפְתִּי עַל־

15 כָּל־תְּהִלָּתֶךָ ׃ פִּי יְסַפֵּר צִדְקָתֶךָ כָּל־הַיּוֹם

16 תְּשׁוּעָתֶךָ כִּי לֹא יָדַעְתִּי סְפֹרוֹת ׃ אָבוֹא בִּגְבֻרוֹת

17 אֲדֹנָי יְהֹוִה אַזְכִּיר צִדְקָתְךָ לְבַדֶּךָ ׃ אֱלֹהִים

18 לִמַּדְתַּנִי מִנְּעוּרָי וְעַד־הֵנָּה אַגִּיד נִפְלְאוֹתֶיךָ ׃

וְגַם עַד־זִקְנָה וְשֵׂיבָה אֱלֹהִים אַל־תַּעַזְבֵנִי עַד־

19 אַגִּיד זְרוֹעֲךָ לְדוֹר לְכָל־יָבוֹא גְּבוּרָתֶךָ ׃ וְצִדְקָתְךָ

אֱלֹהִים עַד־מָרוֹם אֲשֶׁר־עָשִׂיתָ גְדֹלוֹת אֱלֹהִים מִי

20 כָמוֹךָ ׃ אֲשֶׁר הִרְאִיתַנוּ צָרוֹת רַבּוֹת וְרָעוֹת

תָּשׁוּב תְּחַיֵּינוּ וּמִתְּהֹמוֹת הָאָרֶץ תָּשׁוּב תַּעֲלֵנִי ׃

21 תֶּרֶב גְּדֻלָּתִי וְתִסֹּב תְּנַחֲמֵנִי ׃ גַּם־אֲנִי אוֹדְךָ

22 בִכְלִי־נֶבֶל אֲמִתְּךָ אֱלֹהַי אֲזַמְּרָה לְךָ בְכִנּוֹר קְדוֹשׁ

23 יִשְׂרָאֵל ׃ תְּרַנֵּנָּה שְׂפָתַי כִּי אֲזַמְּרָה־לָּךְ וְנַפְשִׁי

24 אֲשֶׁר פָּדִיתָ ׃ גַּם־לְשׁוֹנִי כָּל־הַיּוֹם תֶּהְגֶּה צִדְקָתֶךָ

כִּי־בֹשׁוּ כִי־חָפְרוּ מְבַקְשֵׁי רָעָתִי ׃

10 When [a] I wept, *and chastened* my soul with fasting, that was to my reproach.

11 I made sackcloth also my garment; and I became a proverb to them.

12 They that sit in the gate speak against me; and I *was* the song of the β drunkards.

13 But as for me, my prayer *is* unto thee, O LORD, *in* an acceptable [d] time: O God, in the multitude of thy mercy hear [e] me, in the truth of thy salvation.

14 Deliver me out of the mire, and let me not sink: let me be delivered from them that hate me, and out of the deep waters.

15 Let [h] not the waterflood overflow me, neither let the deep swallow me up, and let not the pit [k] shut her mouth upon me.

16 Hear me, O LORD; for thy loving-kindness *is* good: turn [l] unto me according to the multitude of thy tender mercies.

17 And hide not thy face from thyservant; for I am in trouble: δ hear me speedily.

18 Draw nigh unto my soul, *and* redeem it: deliver me, because of mine enemies.

19 Thou hast known my [o] reproach, and my shame, and my dishonour: mine adversaries *are* all before thee.

20 Reproach hath broken my heart, and I am full of heaviness: and I [r] looked *for some* to ζ take pity, but *there was* [s] none; and for comforters, but I found none.

21 They [t] gave me also gall for my meat;& in my thirst they gave me vinegar to drink.

22 Let [u] their table become a snare before them : and *that which should have been* for *their* welfare, *let it become* a trap.

23 Let their eyes be darkened, that they [w] see not; and make their loins continually to shake.

24 Pour out [x] thine indignation upon them, & let thy wrathful anger take hold of them.

25 Let their θ habitation be [y] desolate; *and* let κ none dwell in their tents.

26 For [z] they persecute *him* whom thou hast smitten ; [a] and they talk to the grief of λ those whom thou hast wounded.

27 Add μ iniquity unto their iniquity ; & let them not come into thy righteousness.

28 Let them be blotted out of y [e] book of y [e] living,& not be written [b] with the righteous.

29 But I *am* poor and sorrowful : let thy salvation, O God, set me up on high.

30 I will praise y [c] name of God with a song, and will magnify him with thanksgiving.

31 *This* also shall please the LORD better than an ox or bullock that hath horns and hoofs.

32 The π humble shall see *this, and* be glad: & your heart shall live that seek God.

33 For the LORD heareth the poor, and despiseth not his prisoners.

34 Let the heaven & earth praise him, the seas,and every thing that σ moveth therein.

35 For God will save Zion, and will build [g] the cities of Judah ; that they may dwell there, and have it in possession.

36 The seed also of his servants shall inherit it; and they [i] that love his name shall dwell therein.

PSALM LXX.

To the chief Musician. *A Psalm of David,* to [l] bring to remembrance.

MAKE [n] haste, O God, to deliver me ; make haste to φ help me, O LORD.

2 Let them be ashamed and confounded that seek after my soul : let them be turned backward, and put to confusion, that desire my hurt.

3 Let them be turned back for a reward of their shame that say, Aha, Aha !

a Ps.35.13 &c
b La. 3. 25.
c Ps. 97. 12.
Is. 61. 10.
β *drinkers of strong drink.*
d Is. 49. 8.
2 Co. 6. 2.
e He. 5. 7.
f Ps. 31. 1.3.
g Ps. 34. 15.
h Is. 43. 1, 2.
γ *to me for a rock of habitation.*
i Pr. 18. 10.
k Ps. 16. 10.
Ac.2.24,&c.
l Ps. 86. 16.
Mi. 7. 19.
δ *make haste to hear me.*
m Je. 17.7,17.
n Ps.22. 9,10.
Is. 46. 3, 4.
o Ps. 22. 6, 7.
Is. 53. 3.
He. 12. 2.
p Ps.145.1,2.
q Zec. 3. 8.
r Is. 63. 5.
ζ *lament with me.*
s Mar. 14.50.
t Mat. 27.34, 48.
Jn⁰.19.29,30.
u Ro.11.8..10.
η *watch,* or, *observe.*
v 2Sa.17.1,&c
Mat. 27 1.
w 2 Co. 3. 14.
x 1Th.2.15,16.
θ *palace.*
y Mat. 23.38.
κ *there not be a dweller.*
z Zec. 1. 15.
a Is. 53. 4.
λ *thy wounded.*
μ or,*punishment of iniquity,*
Mat. 23. 36.
b Re. 13. 8.
c Ps. 139. 17.
d Is.45.24,25.
Phi. 3. 9.
ν *unto old age and grey hairs.*
e Is. 46. 4.
π or, *meek.*
ρ *thine arm.*
f Is. 55. 9.
σ *creepeth.*
g Eze. 36. 35, 36.
h Ho. 6. 1, 2.
i Jn⁰. 14. 23.
Re. 21. 27.
τ *instrument of psaltery.*
k Ps. 150. 3.
l Ps.38,*title.*
m Ps. 92. 3.
n Ps.40.13.17
φ *my help.*

---

4 Let all those that seek [b] thee [c] rejoice and be glad in thee : and let such as love thy salvation say continually, Let God be magnified.

5 But I *am* poor and needy ; make haste unto me, O God : thou *art* my help and my deliverer; O LORD, make no tarrying.

PSALM LXXI.

IN *f* thee, O LORD, do I put my trust; let me never be put to confusion.

2 Deliver me in thy righteousness, and cause me to escape : incline thine ear [g] unto me, and save me.

3 Be thou γ my strong habitation, where unto [i] I may continually resort: thou hast given commandment to save me ; for thou *art* my rock and my fortress.

4 Deliver me, O my God, out of the hand of the wicked, out of the hand of the unrighteous and cruel man.

5 For thou *art* my hope, [m] O Lord GOD: thou *art* my trust from my youth.

6 By [n] thee have I been holden up from the womb : thou art he that took me out of my mother's bowels : my [p] praise *shall be* continually of thee.

7 I am as a wonder [q] unto many: but thou *art* my strong refuge.

8 Let my mouth be filled *with* thy praise *and with* thy honour all the day.

9 Cast me not off in the time of old age ; forsake me not when my strength faileth.

10 For mine enemies speak against me ; and they that η lay wait for my soul take counsel [v] together,

11 Saying, God hath forsaken him : persecute and take him ; for *there is* none to deliver *him.*

12 O God, be not far from me: O my God, make haste for my help.

13 Let them be confounded *and* consumed that are adversaries to my soul : let them be covered *with* reproach and dishonour that seek my hurt.

14 But I will hope continually, and will yet praise thee more and more.

15 My mouth shall shew forth thy righteousness *and* thy salvation all the day ; for [c] I know not the numbers *thereof.*

16 I will go in the strength of the Lord GOD: I will make mention of thy righteousness,[d] *even* of thine only.

17 O God, thou hast taught me from my youth : and hitherto have I declared thy wondrous works.

18 Now also, ν when I am old [e] and grey-headed,O God, forsake me not,until I have shewed ρ thy strength unto *this* generation, *and* thy power to every one *that* is to come.

19 Thy righteousness also, O God, *is* very high,[f] who hast done great things : O God, who *is* like unto thee !

20 *Thou,* which hast shewed me great and sore troubles, shalt [h] quicken me again, and shalt bring me up again from the depths of the earth.

21 Thou shalt increase my greatness, and comfort me on every side.

22 I will also praise thee with the τ psaltery,[k] *even* thy truth, O my God : unto thee will I sing with the harp,[m] O thou Holy One of Israel.

23 My lips shall greatly rejoice when I sing unto thee ; and my soul, which thou hast redeemed.

24 My tongue also shall talk of thy righteousness all the day long : for they are confounded, for they are brought unto shame, that seek my hurt.

PSAL. LXXII. עב

1 לִשְׁלֹמֹה ׀ אֱלֹהִים מִשְׁפָּטֶיךָ לְמֶלֶךְ תֵּן וְצִדְקָתְךָ

2 לְבֶן־מֶלֶךְ : יָדִין עַמְּךָ בְצֶדֶק וַעֲנִיֶּיךָ בְמִשְׁפָּט :

3 יִשְׂאוּ הָרִים שָׁלוֹם לָעָם וּגְבָעוֹת בִּצְדָקָה : יִשְׁפֹּט ׀

4 עֲנִיֵּי־עָם יוֹשִׁיעַ לִבְנֵי אֶבְיוֹן וִידַכֵּא עוֹשֵׁק : יִירָאוּךָ

5 עִם־שָׁמֶשׁ וְלִפְנֵי יָרֵחַ דּוֹר דּוֹרִים : יֵרֵד כְּמָטָר

6 עַל־גֵּז כִּרְבִיבִים זַרְזִיף אָרֶץ : יִפְרַח־בְּיָמָיו צַדִּיק

7 וְרֹב שָׁלוֹם עַד־בְּלִי יָרֵחַ : וְיֵרְדְּ מִיָּם עַד־יָם

8 וּמִנָּהָר עַד־אַפְסֵי־אָרֶץ : לְפָנָיו יִכְרְעוּ צִיִּים

9 וְאֹיְבָיו עָפָר יְלַחֵכוּ : מַלְכֵי תַרְשִׁישׁ וְאִיִּים

10 מִנְחָה יָשִׁיבוּ מַלְכֵי שְׁבָא וּסְבָא אֶשְׁכָּר יַקְרִיבוּ :

11 וְיִשְׁתַּחֲווּ־לוֹ כָל־מְלָכִים כָּל־גּוֹיִם יַעַבְדוּהוּ :

12 כִּי־יַצִּיל אֶבְיוֹן מְשַׁוֵּעַ וְעָנִי וְאֵין־עֹזֵר לוֹ :

13 יָחֹס עַל־דַּל וְאֶבְיוֹן וְנַפְשׁוֹת אֶבְיוֹנִים יוֹשִׁיעַ :

14 מִתּוֹךְ וּמֵחָמָס יִגְאַל נַפְשָׁם וְיֵיקַר דָּמָם בְּעֵינָיו :

15 וִיחִי וְיִתֶּן־לוֹ מִזְּהַב שְׁבָא וְיִתְפַּלֵּל בַּעֲדוֹ

16 תָמִיד כָּל־הַיּוֹם יְבָרֲכֶנְהוּ : יְהִי פִסַּת־בַּר ׀
בָּאָרֶץ בְּרֹאשׁ הָרִים יִרְעַשׁ כַּלְּבָנוֹן פִּרְיוֹ וְיָצִיצוּ

17 מֵעִיר כְּעֵשֶׂב הָאָרֶץ : יְהִי שְׁמוֹ ׀ לְעוֹלָם
לִפְנֵי־שֶׁמֶשׁ יִנּוֹן שְׁמוֹ וְיִתְבָּרְכוּ־בוֹ כָּל־גּוֹיִם

18 יְאַשְּׁרוּהוּ : בָּרוּךְ ׀ יְהוָה אֱלֹהִים אֱלֹהֵי יִשְׂרָאֵל

19 עֹשֵׂה נִפְלָאוֹת לְבַדּוֹ : וּבָרוּךְ ׀ שֵׁם כְּבוֹדוֹ
לְעוֹלָם וְיִמָּלֵא כְבוֹדוֹ אֶת־כֹּל הָאָרֶץ אָמֵן ׀ וְאָמֵן :

20 כָּלּוּ תְפִלּוֹת דָּוִד בֶּן־יִשָׁי :

PSAL. LXXIII. עג

1 מִזְמוֹר לְאָסָף אַךְ טוֹב לְיִשְׂרָאֵל אֱלֹהִים לְבָרֵי

2 לֵבָב : וַאֲנִי כִּמְעַט נָטוּי רַגְלָי כְּאַיִן שֻׁפְּכָה אֲשֻׁרָי :

3 כִּי־קִנֵּאתִי בַּהוֹלְלִים שְׁלוֹם רְשָׁעִים אֶרְאֶה :

4 כִּי אֵין חַרְצֻבּוֹת לְמוֹתָם וּבָרִיא אוּלָם :

5 בַּעֲמַל אֱנוֹשׁ אֵינֵימוֹ וְעִם־אָדָם לֹא יְנֻגָּעוּ :

6 לָכֵן עֲנָקַתְמוֹ גַאֲוָה יַעֲטָף־שִׁית חָמָס לָמוֹ :

7 יָצָא מֵחֵלֶב עֵינֵמוֹ עָבְרוּ מַשְׂכִּיּוֹת לֵבָב :

---

8 יָמִיקוּ ׀ וִידַבְּרוּ בְרָע עֹשֶׁק מִמָּרוֹם יְדַבֵּרוּ : שַׁתּוּ

9 בַשָּׁמַיִם פִּיהֶם וּלְשׁוֹנָם תִּהֲלַךְ בָּאָרֶץ : לָכֵן ׀

10 יָשׁוּב עַמּוֹ הֲלֹם וּמֵי מָלֵא יִמָּצוּ לָמוֹ : וְאָמְרוּ

11 אֵיכָה יָדַע־אֵל וְיֵשׁ דֵּעָה בְעֶלְיוֹן : הִנֵּה־אֵלֶּה

12 רְשָׁעִים וְשַׁלְוֵי עוֹלָם הִשְׂגּוּ־חָיִל : אַךְ־רִיק

13 זִכִּיתִי לְבָבִי וָאֶרְחַץ בְּנִקָּיוֹן כַּפָּי : וָאֱהִי נָגוּעַ

14 כָּל־הַיּוֹם וְתוֹכַחְתִּי לַבְּקָרִים : אִם־אָמַרְתִּי

15 אֲסַפְּרָה כְמוֹ הִנֵּה דוֹר בָּנֶיךָ בָגָדְתִּי : וָאֲחַשְּׁבָה

16 לָדַעַת זֹאת עָמָל הִיא בְעֵינָי : עַד־אָבוֹא אֶל־

17 מִקְדְּשֵׁי־אֵל אָבִינָה לְאַחֲרִיתָם : אַךְ בַּחֲלָקוֹת

18 תָּשִׁית לָמוֹ הִפַּלְתָּם לְמַשּׁוּאוֹת : אֵיךְ הָיוּ

19 לְשַׁמָּה כְרָגַע סָפוּ תַמּוּ מִן־בַּלָּהוֹת : כַּחֲלוֹם

20 מֵהָקִיץ אֲדֹנָי בָּעִיר ׀ צַלְמָם תִּבְזֶה : כִּי יִתְחַמֵּץ

21 לְבָבִי וְכִלְיוֹתַי אֶשְׁתּוֹנָן : וַאֲנִי־בַעַר וְלֹא אֵדָע

22 בְּהֵמוֹת הָיִיתִי עִמָּךְ : וַאֲנִי תָמִיד עִמָּךְ

23 אָחַזְתָּ בְּיַד־יְמִינִי : בַּעֲצָתְךָ תַנְחֵנִי וְאַחַר

24 כָּבוֹד תִּקָּחֵנִי : מִי־לִי בַשָּׁמַיִם וְעִמְּךָ לֹא־חָפַצְתִּי

25 בָאָרֶץ : כָּלָה שְׁאֵרִי וּלְבָבִי צוּר־לְבָבִי וְחֶלְקִי

26 אֱלֹהִים לְעוֹלָם : כִּי־הִנֵּה רְחֵקֶיךָ יֹאבֵדוּ הִצְמַתָּה

27 כָּל־זוֹנֶה מִמֶּךָּ : וַאֲנִי ׀ קִרֲבַת אֱלֹהִים לִי טוֹב

28 שַׁתִּי ׀ בַּאדֹנָי יְהוִה מַחְסִי לְסַפֵּר כָּל־מַלְאֲכוֹתֶיךָ :

PSAL. LXXIV. עד

1 מַשְׂכִּיל לְאָסָף לָמָה אֱלֹהִים זָנַחְתָּ לָנֶצַח יֶעְשַׁן

2 אַפְּךָ בְּצֹאן מַרְעִיתֶךָ : זְכֹר עֲדָתְךָ ׀ קָנִיתָ
קֶּדֶם גָּאַלְתָּ שֵׁבֶט נַחֲלָתֶךָ הַר־צִיּוֹן זֶה ׀ שָׁכַנְתָּ

3 בּוֹ : הָרִימָה פְעָמֶיךָ לְמַשֻּׁאוֹת נֶצַח כָּל־הֵרַע

4 אוֹיֵב בַּקֹּדֶשׁ : שָׁאֲגוּ צֹרְרֶיךָ בְּקֶרֶב מוֹעֲדֶךָ

5 שָׂמוּ אוֹתֹתָם אֹתוֹת : יִוָּדַע כְּמֵבִיא לְמָעְלָה

6 בִּסְבָךְ־עֵץ קַרְדֻּמּוֹת : וְעַתָּ פִּתּוּחֶיהָ יָּחַד בְּכַשִּׁיל

7 וְכֵילַפּוֹת יַהֲלֹמוּן : שִׁלְחוּ בָאֵשׁ מִקְדָּשֶׁךָ

8 לָאָרֶץ חִלְּלוּ מִשְׁכַּן־שְׁמֶךָ : אָמְרוּ בְלִבָּם

9 נִינָם יָחַד שָׂרְפוּ כָל־מוֹעֲדֵי־אֵל בָּאָרֶץ : אוֹתֹתֵינוּ
לֹא רָאִינוּ אֵין־עוֹד נָבִיא וְלֹא־אִתָּנוּ יֹדֵעַ עַד־

10 מָה : עַד־מָתַי אֱלֹהִים יְחָרֶף צָר יְנָאֵץ אוֹיֵב

11 שִׁמְךָ לָנֶצַח : לָמָּה תָשִׁיב יָדְךָ וִימִינֶךָ

PSALM LXXII.
A Psalm β for Solomon.

GIVE[a] the king thy judgments, O God, and thy righteousness unto the king's son.

2 He[c] shall judge thy people with righteousness, and thy poor with judgment.

3 The mountains[d] shall bring peace to the people, & the little hills, by righteousness.

4 He shall judge the poor of the people, he shall save the children of the needy, and shall break in pieces the oppressor.[f]

5 They shall fear thee as long as the sun & moon endure, throughout all generations.

6 He shall come down like rain upon[g] the mown grass; as showers that water[y] earth.

7 In his days shall the righteous flourish; and abundance of peace ζ so long as the moon endureth.

8 He[i] shall have dominion also from sea to sea, and from the river unto the ends of the earth.

9 They that dwell in the wilderness shall bow before him; and [k] his enemies shall lick the dust.

10 The[m] kings of Tarshish and of the isles shall bring presents: the kings of Sheba and Seba shall offer gifts.

11 Yea, all kings shall fall down[n] before him; all nations shall serve him.

12 For he shall deliver[o] the needy when he crieth; the poor also, and him that hath no helper.

13 He shall spare the poor and needy, and shall save the souls of the needy.

14 He shall redeem their soul from deceit and violence: and precious shall their blood be in his sight.

15 And he shall live,[q] and to him κ shall be given of the gold of Sheba:[r] prayer also shall be made for him continually; and daily shall he be praised.[t]

16 There shall be an handful of corn in the earth upon the top of the mountains; the fruit thereof shall shake like Lebanon: and[u] they of the city shall flourish like grass of the earth.

17 His name shall μ endure for ever: his name shall be[v] continued as long as the sun; and men shall be blessed[v] in him: all nations shall call him blessed.

18 Blessed be the LORD God, the God of Israel, who only[w] doeth wondrous things.

19 And blessed[x] be his glorious name for ever: and let the whole earth be filled[y] with his glory. Amen, and amen.

20 The prayers of David the son of Jesse, are ended.

PSALM LXXIII.
A Psalm ε of Asaph.

TRULY τ God is good to Israel, even to such as are φ of a clean heart.

2 But as for me, my feet were almost gone; my steps had well nigh slipped.

3 For I was envious[a] at the foolish, when I saw the prosperity of the wicked.

4 For there are no bands in their death; but their strength is χ firm.

5 They are not in β trouble as other men; neither are they plagued γ like other men.

6 Therefore pride compasseth them about as a chain; violence covereth them as a garment.[b]

7 Their eyes stand out with fatness: they ζ have more than heart could wish.

8 They are corrupt, and speak wickedly concerning oppression: they speak[e] loftily.

9 They set their mouth against the heavens; and their tongue walketh through the earth.

β or, of.
Ps.127, title.
a 1Ki.1.36,37.
b Job 22. 13.
Ps. 94. 7.
c Is.,11. 2..5.
32.1,17.
d Ps. 85. 11.
e Job 9.27..31.
γ my chastisement was.
f Is 51.12,13.
Re. 12. 10.
g 2 Sa. 23. 4.
Hos. 6. 3.
δ labour in mine eyes.
ζ till there be no moon.
h Ps. 37. 38.
i 1Ki.4.20..24
Ps.89.25,36.
Zec. 9. 10.
k Mi. 7. 17.
l Is. 29. 7, 8.
m 2 Ch. 9. 21.
Mat. 2. 11.
n Is. 49. 7,23.
η I knew not.
o Is. 41. 17.
He. 7. 25.
θ with.
p Ps. 48. 14.
q Re. 1. 18.
κ one shall give.
r 2 Ch. 9. 1.
λ rock.
s La. 3. 24.
t Jude 25.
u Hos.14.5..7.
μ be.
ν as a son to continue his father's name for ever.
π or,APsalm for Asaph to give instruction.
v Ep. 1. 3.
w Ex. 15. 11.
x Re. 5. 13.
ο or, tribe.
y Nu.14.21.
Hab. 2. 14.
σ or, for.
τ or, Yet.
z La.2.7,&c.
φ clean of heart.
Ps. 18. 26.
Mat. 5. 8.
a Ps. 37. 1.
Ja. 4. 5.
χ fat.
ψ sent thy sanctuary into the fire.
β the trouble of.
γ with.
δ break.
b Ps. 109. 18.
ζ pass the thoughts of the heart.
c Jude 16.

---

10 Therefore his people return hither; & waters of a full cup are wrung out to them.

11 And they say, How[b] doth God know? and is there knowledge in the Most High?

12 Behold, these are the ungodly, who prosper in y[e] world; they increase in riches.

13 Verily[e] I have cleansed my heart in vain, and washed my hands in innocency.

14 For all the day long have I been plagued, and γ chastened every morning.

15 If I say, I will speak thus; behold, I should offend against the generation of thy children.

16 When I thought to know this, it was δ too painful for me,

17 Until I went into the sanctuary of God; then understood I their end.[h]

18 Surely thou didst set them in slippery places: thou castedst them down into destruction.

19 How are they brought into desolation as in a moment! they are utterly consumed with terrors.

20 As a dream[l] when one awaketh; so O Lord, when thou awakest, thou shalt despise their image.

21 Thus my heart was grieved, and I was pricked in my reins.

22 So foolish was I, and η ignorant; I was as a beast θ before thee.

23 Nevertheless, I am continually with thee; thou hast holden me by my right hand.

24 Thou[p] shalt guide me with thy counsel, and afterward receive me to glory.

25 Whom have I in heaven but thee? and there is none upon earth that I desire beside thee.

26 My flesh and my heart faileth: but God is the λ strength of my heart, and my portion[s] for ever.

27 For, lo, they that are far from thee shall perish; thou hast destroyed all them that go a whoring from thee.

28 But it is good for me to draw near to God: I have put my trust in the Lord GOD, that I may declare all thy works.

PSALM LXXIV.
Maschil π of Asaph.

O GOD, why hast thou cast us off for ever? why doth thine anger smoke against the sheep of thy pasture?

2 Remember thy congregation, which thou hast purchased of old; the ρ rod of thine inheritance, which thou hast redeemed; this mount Zion, wherein thou hast dwelt.

3 Lift up thy feet unto the perpetual desolations; even all that the enemy hath done wickedly in the sanctuary.

4 Thine[z] enemies roar in the midst of thy congregations; they set up their ensigns for signs.

5 A man was famous according as he had lifted up axes upon the thick trees.

6 But now they break down the carved work thereof at once with axes & hammers.

7 They have ψ cast fire into thy sanctuary; they have defiled by casting down the dwelling-place of thy name to the ground.

8 They said in their hearts, Let us δ destroy them together: they have burned up all the synagogues of God in the land.

9 We see not our signs: there is no more any prophet: neither is there among us any that knoweth how long.

10 O God, how long shall the adversary reproach? shall the enemy blaspheme thy name for ever?

11 Why withdrawest thou thy hand,

Psalm 74 (continuation)

מְיַקֵּב הַיְקֹף ׃ וֵאלֹהִים מַלְכִּי מִקֶּדֶם 12
אַתָּה פוֹרַרְתָּ בְעָזְּךָ יָם ׃ פֹּעֵל יְשׁוּעוֹת בְּקֶרֶב הָאָרֶץ 13
בְעָזְּךָ יָם שִׁבַּרְתָּ רָאשֵׁי תַנִּינִים עַל־הַמָּיִם ׃ 14
אַתָּה רִצַּצְתָּ רָאשֵׁי לִוְיָתָן תִּתְּנֶנּוּ מַאֲכָל לְעָם לְצִיִּים ׃ 15
אַתָּה בָקַעְתָּ מַעְיָן וָנָחַל אַתָּה הוֹבַשְׁתָּ 16
נַהֲרוֹת אֵיתָן ׃ לְךָ יוֹם אַף־לְךָ לָיְלָה אַתָּה 17
הֲכִינוֹתָ מָאוֹר וָשָׁמֶשׁ ׃ אַתָּה הִצַּבְתָּ כָּל־גְּבוּלוֹת 18
אָרֶץ קַיִץ וָחֹרֶף אַתָּה יְצַרְתָּם ׃ זְכָר־זֹאת 19
אוֹיֵב חֵרֵף יְהוָה וְעַם־נָבָל נִאֲצוּ שְׁמֶךָ ׃ אַל־ 20
תִּתֵּן לְחַיַּת נֶפֶשׁ תּוֹרֶךָ חַיַּת עֲנִיֶּיךָ אַל־תִּשְׁכַּח 21
לָנֶצַח ׃ הַבֵּט לַבְּרִית כִּי־מָלְאוּ מַחֲשַׁכֵּי־אֶרֶץ 22
נְאוֹת חָמָס ׃ אַל־יָשֹׁב דַּךְ נִכְלָם עָנִי וְאֶבְיוֹן 23
יְהַלְלוּ שְׁמֶךָ ׃ קוּמָה אֱלֹהִים רִיבָה רִיבֶךָ זְכֹר
חֶרְפָּתְךָ מִנִּי־נָבָל כָּל־הַיּוֹם ׃ אַל־תִּשְׁכַּח קוֹל
צֹרְרֶיךָ שְׁאוֹן קָמֶיךָ עֹלֶה תָמִיד ׃

PSAL. LXXV. עה

לַמְנַצֵּחַ אַל־תַּשְׁחֵת מִזְמוֹר לְאָסָף שִׁיר ׃ 1
הוֹדִינוּ לְּךָ אֱלֹהִים הוֹדִינוּ וְקָרוֹב שְׁמֶךָ סִפְּרוּ 2
נִפְלְאוֹתֶיךָ ׃ כִּי אֶקַּח מוֹעֵד אֲנִי מֵישָׁרִים אֶשְׁפֹּט ׃ 3
נְמֹגִים אֶרֶץ וְכָל־יֹשְׁבֶיהָ אָנֹכִי תִכַּנְתִּי עַמּוּדֶיהָ 4
סֶּלָה ׃ אָמַרְתִּי לַהוֹלְלִים אַל־תָּהֹלּוּ וְלָרְשָׁעִים אַל־ 5
תָּרִימוּ קָרֶן ׃ אַל־תָּרִימוּ לַמָּרוֹם קַרְנְכֶם תְּדַבְּרוּ 6
בְצַוָּאר עָתָק ׃ כִּי לֹא מִמּוֹצָא וּמִמַּעֲרָב וְלֹא 7
מִמִּדְבַּר הָרִים ׃ כִּי־אֱלֹהִים שֹׁפֵט זֶה יַשְׁפִּיל וְזֶה 8
יָרִים ׃ כִּי כוֹס בְּיַד־יְהוָה וְיַיִן חָמַר מָלֵא מֶסֶךְ 9
וַיַּגֵּר מִזֶּה אַךְ־שְׁמָרֶיהָ יִמְצוּ יִשְׁתּוּ כֹּל רִשְׁעֵי־
אָרֶץ ׃ וַאֲנִי אַגִּיד לְעֹלָם אֲזַמְּרָה לֵאלֹהֵי יַעֲקֹב ׃ 10
וְכָל־קַרְנֵי רְשָׁעִים אֲגַדֵּעַ תְּרוֹמַמְנָה קַרְנוֹת צַדִּיק ׃ 11

PSAL. LXXVI. עו

לַמְנַצֵּחַ בִּנְגִינֹת מִזְמוֹר לְאָסָף שִׁיר ׃ נוֹדָע 1·2
בִּיהוּדָה אֱלֹהִים בְּיִשְׂרָאֵל גָּדוֹל שְׁמוֹ ׃ וַיְהִי בְשָׁלֵם 3
סֻכּוֹ וּמְעוֹנָתוֹ בְצִיּוֹן ׃ שָׁמָּה שִׁבַּר רִשְׁפֵי־קָשֶׁת 4
מָגֵן וְחֶרֶב וּמִלְחָמָה סֶלָה ׃ נָאוֹר אַתָּה אַדִּיר 5
מֵהַרְרֵי־טָרֶף ׃ אֶשְׁתּוֹלְלוּ אַבִּירֵי לֵב נָמוּ שְׁנָתָם 6
וְלֹא־מָצְאוּ כָל־אַנְשֵׁי־חַיִל יְדֵיהֶם ׃ מִגַּעֲרָתְךָ 7

PSAL. LXXVII. עז

לַמְנַצֵּחַ עַל־יְדִיתוּן לְאָסָף מִזְמוֹר ׃ קוֹלִי אֶל־ 1·2
אֱלֹהִים וְאֶצְעָקָה קוֹלִי אֶל־אֱלֹהִים וְהַאֲזִין אֵלָי ׃
בְּיוֹם צָרָתִי אֲדֹנָי דָּרָשְׁתִּי יָדִי לַיְלָה נִגְּרָה וְלֹא 3
תָפוּג מֵאֲנָה הִנָּחֵם נַפְשִׁי ׃ אֶזְכְּרָה אֱלֹהִים 4
וְאֶהֱמָיָה אָשִׂיחָה וְתִתְעַטֵּף רוּחִי סֶלָה ׃ אָחַזְתָּ 5
שְׁמֻרוֹת עֵינָי נִפְעַמְתִּי וְלֹא אֲדַבֵּר ׃ חִשַּׁבְתִּי יָמִים 6
מִקֶּדֶם שְׁנוֹת עוֹלָמִים ׃ אֶזְכְּרָה נְגִינָתִי בַּלָּיְלָה 7
עִם־לְבָבִי אָשִׂיחָה וַיְחַפֵּשׂ רוּחִי ׃ הַלְעוֹלָמִים 8
יִזְנַח אֲדֹנָי וְלֹא־יֹסִיף לִרְצוֹת עוֹד ׃ הֶאָפֵס 9
לָנֶצַח חַסְדּוֹ גָּמַר אֹמֶר לְדֹר וָדֹר ׃ הֲשָׁכַח חַנּוֹת 10
אֵל אִם־קָפַץ בְּאַף רַחֲמָיו סֶלָה ׃ וָאֹמַר חַלּוֹתִי 11
הִיא שְׁנוֹת יְמִין עֶלְיוֹן ׃ אֶזְכּוֹר מַעַלְלֵי־יָהּ כִּי־ 12
אֶזְכְּרָה מִקֶּדֶם פִּלְאֶךָ ׃ וְהָגִיתִי בְכָל־פָּעֳלֶךָ 13
וּבַעֲלִילוֹתֶיךָ אָשִׂיחָה ׃ אֱלֹהִים בַּקֹּדֶשׁ דַּרְכֶּךָ 14
מִי־אֵל גָּדוֹל כֵּאלֹהִים ׃ אַתָּה הָאֵל עֹשֵׂה פֶלֶא 15
הוֹדַעְתָּ בָעַמִּים עֻזֶּךָ ׃ גָּאַלְתָּ בִּזְרוֹעַ עַמֶּךָ בְּנֵי־ 16
יַעֲקֹב וְיוֹסֵף סֶלָה ׃ רָאוּךָ מַּיִם אֱלֹהִים רָאוּךָ 17
מַּיִם יָחִילוּ אַף יִרְגְּזוּ תְהֹמוֹת ׃ זֹרְמוּ מַיִם 18
עָבוֹת קוֹל נָתְנוּ שְׁחָקִים אַף־חֲצָצֶיךָ יִתְהַלָּכוּ ׃
קוֹל רַעַמְךָ בַּגַּלְגַּל הֵאִירוּ בְרָקִים תֵּבֵל רָגְזָה 19
וַתִּרְעַשׁ הָאָרֶץ ׃ בַּיָּם דַּרְכֶּךָ וּשְׁבִילְךָ בְּמַיִם 20
רַבִּים וְעִקְּבוֹתֶיךָ לֹא נֹדָעוּ ׃ נָחִיתָ כַצֹּאן עַמֶּךָ 21
בְּיַד־מֹשֶׁה וְאַהֲרֹן ׃

PSAL. LXXVIII. עח

מַשְׂכִּיל לְאָסָף הַאֲזִינָה עַמִּי תּוֹרָתִי הַטּוּ אָזְנְכֶם 1
לְאִמְרֵי־פִי ׃ אֶפְתְּחָה בְמָשָׁל פִּי אַבִּיעָה חִידוֹת 2
מִנִּי־קֶדֶם ׃ אֲשֶׁר שָׁמַעְנוּ וַנֵּדָעֵם וַאֲבוֹתֵינוּ סִפְּרוּ־ 3

even thy right hand? pluck *it* out of thy bosom.

12 For God *is* my King *b* of old, working salvation in the midst of the earth.

13 Thou *e* didst β divide the sea by thy strength : thou brakest *f* the heads of the γ dragons in the waters.

14 Thou brakest the heads of leviathan in pieces, *and* gavest him *to he* meat *h* to the people inhabiting the wilderness.

15 Thou didst cleave *k* the fountain & the flood : thou driedst *m* up δ mighty rivers.

16 The day *is* thine, the night also *is* thine: thou hast prepared the light and the sun.

17 Thou hast set all the borders of the earth : thou hast made η summer & winter.

18 Remember this, *that* the enemy hath reproached, O Lord, and *that* the *o* foolish people have blasphemed thy name.

19 O deliver not the soul of thy turtle-dove *q* unto the multitude *of the wicked :* forget not the congregation of thy poor for ever.

20 Have respect unto the *r* covenant : for the dark places of the earth are full of the habitations of cruelty.

21 O let not the oppressed return ashamed : let the poor & needy praise thy name.

22 Arise, O God, plead thine own cause: remember how the foolish man reproacheth thee daily.

23 Forget not the voice of thine enemies : the tumult of those that rise up against thee λ increaseth continually.

PSALM LXXV.
To the chief Musician, μ Al-taschith.π
A Psalm *or* Song ν of Asaph.

UNTO thee, O God, do we give thanks, *unto thee* do we give thanks : for *that* thy name is near, thy wondrous works declare.

2 ρ When I shall receive the congregation, I will judge *a* uprightly.

3 The earth and all the inhabitants thereof are dissolved : I bear up the pillars of it. Selah.

4 I said unto the fools, Deal not foolishly; and to the wicked, Lift not up the *d* horn :

5 Lift not up your horn on high : speak *not with* a stiff neck.

6 For promotion *cometh* neither from the east, nor from the west, nor from the σ south:

7 But God *is* the judge ; he *g* putteth down one, and setteth up another.

8 For in the hand of the Lord *there is* a cup, *h* and the wine is red ; it is full of mixture, and he poureth out of the same : but the dregs thereof, all the wicked of the earth shall wring *them* out, *and* drink *them.*

9 But I will declare for ever ; I will sing praises to the God of Jacob.

10 All *k* the horns of the wicked also will I cut off ; *but* the horns of the righteous shall be exalted.

PSALM LXXVI.
To the chief Musician on Neginoth. A Psalm *or* Song φ of Asaph.

IN *m* Judah *n* *is* God known ; his name *is* great in Israel.

2 In *o* Salem also is his tabernacle, and his dwelling-place in Zion.

3 There *q* brake he the arrows of the bow, the shield, and the sword, and the battle. Selah.

4 Thou *art* more glorious *and* excellent than the mountains of prey.

5 The stout-hearted *t* are spoiled, they have slept *u* their sleep ; and none of the men of might have found their hands.

6 At thy rebuke, O God of Jacob, both

the chariot and horse *a* are cast into a dead sleep.

7 Thou, *c* even* thou, *art* to be feared ; and who *d* may stand in thy sight when once thou art angry ?

8 Thou *g* didst cause judgment to be heard from heaven ; the earth feared, & was still,

9 When God arose to judgment, to save all the meek of the earth. Selah.

10 Surely the wrath of man *i* shall praise thee : the remainder *l* of wrath shalt thou restrain.

11 Vow, & pay unto the Lord your God: let all that be round about him bring presents ζ unto him that ought to be feared.

12 He *n* shall cut off the spirit of princes : *he is* terrible to the kings of the earth.

PSALM LXXVII.
To the chief Musician, to *p* Jeduthun.
A Psalm θ of Asaph.

I CRIED unto God with my voice, *even* unto God with my voice ; and he gave ear unto me.

2 In the day of my trouble I sought the Lord: my κ sore ran in the night, & ceased not : my soul refused to be comforted.

3 I remembered God, and was troubled: I complained, and my spirit *was* overwhelmed. Selah.

4 Thou holdest mine eyes waking : I am so troubled that I cannot speak.

5 I have considered *t* the days of old, the years of ancient times.

6 I call to remembrance my song *u* in the night : I commune *v* with mine own heart, and my spirit made diligent *w* search.

7 Will the Lord cast off for *y* ever? and will he be favourable no more ?

8 Is his mercy clean gone for ever? doth *his* promise fail π for evermore ?

9 Hath God forgotten *z* to be gracious? hath he in anger shut up his tender mercies ? Selah.

10 And I said, This *b* *is* my infirmity : *but I will remember* the years of the right hand of the Most High.

11 I will remember the works *c* of y *e* Lord; surely I will remember thy wonders of old.

12 I will meditate also of all thy work, and talk of thy doings.

13 Thy way, O God, *is* *e* in the sanctuary : who *f* is so great a God as *our* God !

14 Thou *art* the God that doest wonders : thou hast declared thy strength among the people.

15 Thou hast with *thine* arm redeemed thy people, the sons of Jacob and Joseph. Selah.

16 The waters *i* saw thee, O God, the waters saw thee : they were afraid ; the depths also were troubled.

17 The clouds τ poured out water ; the skies sent out a sound : thine arrows also went abroad.

18 The voice *l* of thy thunder *was* in the heaven : the lightnings lightened the world : the earth trembled and shook.

19 Thy way *is* in the sea, and thy path in the great waters, and thy footsteps are not known.

20 Thou *p* leddest thy people like a flock by the hand of Moses and Aaron.

PSALM LXXVIII.
Maschil *r* of Asaph.

GIVE *s* ear, O my people, *to* my law : incline your ears to the words of my mouth.

2 I will open my mouth in a *u* parable ; I will utter dark sayings of old ;

3 Which we have heard and known, and our fathers have told us.

Center references:
a Zec. 12. 4.
b Ps. 44. 4.
c Je. 10. 7.
d Na. 1. 6.
e Ex. 14. 21.
β *break.*
f Is. 51. 9, 10.
Eze. 29. 3.
γ or, *whales.*
g Ex. 19. 10, &c.
h Nu. 14. 9.
i Da. 3. 19, 28.
k Ex. 17. 5, 6.
Nu. 20. 11.
l Ps. 65. 7.
m Jos. 3. 13, &c
δ *rivers of strength.*
ζ *to fear.*
n Ps. 2. 5, 10.
η *them.*
o Ps. 94. 7, 8.
p Ps. 62, *title.*
θ or, *for.*
q Ca. 2. 14.
r Ge. 17. 7, 8.
Le. 26. 45.
2 Sa. 23. 5.
Ps. 106. 45.
Je. 33. 20. 21.
He. 8. 10.
κ *hand.*
s Ps. 143. 4, 5.
La. 3. 17, &c.
t De. 32. 7.
Is. 63. 11.
u Ps. 42. 8.
λ *ascendeth,*
Jon. 1. 2.
v Ps. 4. 4.
w La. 3. 40.
μ or, *Destroy not.*
π Ps. 57, *title.*
y Ps. 74. 1.
La. 3. 31, 32.
ν or, *for.*
π *to generation & generation.*
z Is. 49. 15.
ρ or, *shall I take a set time.*
a 2 Sa. 23. 3, 4.
b Ps. 31. 22.
c Ps. 111. 4.
d Zec. 1. 21.
e Ps. 68. 24.
σ *desert.*
f Ex. 15. 11, &c.
g 1 Sa. 2. 7, 8.
h Re. 14. 9, 10.
i Hab. 3. 8, &c
k Ps. 101. 8.
τ *were poured forth with water.*
l 2 Sa. 22. 14.
φ or, *for.*
m Ps. 48. 1, &c.
n De. 4. 7, 8.
o Ps. 132. 13.
p Is. 63. 11.
q Is. 37. 35, 36.
r Ps. 74, *title.*
s Is. 51. 4.
t Is. 46. 12.
u Je. 51. 39.
v Mat. 13. 13, 35.

4 לֹא נְכַחֵד מִבְּנֵיהֶם לְדוֹר אַחֲרוֹן מְסַפְּרִים תְּהִלּוֹת יְהוָה וֶעֱזוּזוֹ וְנִפְלְאֹתָיו אֲשֶׁר עָשָׂה ׃

5 וַיָּקֶם עֵדוּת בְּיַעֲקֹב וְתוֹרָה שָׂם בְּיִשְׂרָאֵל אֲשֶׁר צִוָּה אֶת־אֲבוֹתֵינוּ לְהוֹדִיעָם לִבְנֵיהֶם ׃

6 לְמַעַן יֵדְעוּ דּוֹר אַחֲרוֹן בָּנִים יִוָּלֵדוּ יָקֻמוּ וִיסַפְּרוּ לִבְנֵיהֶם ׃

7 וְיָשִׂימוּ בֵאלֹהִים כִּסְלָם וְלֹא יִשְׁכְּחוּ מַעַלְלֵי־אֵל וּמִצְוֹתָיו יִנְצֹרוּ ׃

8 וְלֹא יִהְיוּ כַּאֲבוֹתָם דּוֹר סוֹרֵר וּמֹרֶה דּוֹר לֹא־הֵכִין לִבּוֹ וְלֹא־נֶאֶמְנָה אֶת־אֵל רוּחוֹ ׃

9 בְּנֵי־אֶפְרַיִם נוֹשְׁקֵי רוֹמֵי־קָשֶׁת הָפְכוּ בְּיוֹם קְרָב ׃

10 לֹא שָׁמְרוּ בְּרִית אֱלֹהִים וּבְתוֹרָתוֹ מֵאֲנוּ לָלֶכֶת ׃

11 וַיִּשְׁכְּחוּ עֲלִילוֹתָיו וְנִפְלְאוֹתָיו אֲשֶׁר הֶרְאָם ׃

12 נֶגֶד אֲבוֹתָם עָשָׂה פֶלֶא בְּאֶרֶץ מִצְרַיִם שְׂדֵה־צֹעַן ׃

13 בָּקַע יָם וַיַּעֲבִירֵם וַיַּצֶּב־מַיִם כְּמוֹ־נֵד ׃

14 וַיַּנְחֵם בֶּעָנָן יוֹמָם וְכָל־הַלַּיְלָה בְּאוֹר אֵשׁ ׃

15 יְבַקַּע צֻרִים בַּמִּדְבָּר וַיַּשְׁקְ כִּתְהֹמוֹת רַבָּה ׃

16 וַיּוֹצִא נוֹזְלִים מִסָּלַע וַיּוֹרֶד כַּנְּהָרוֹת מָיִם ׃

17 וַיּוֹסִיפוּ עוֹד לַחֲטֹא־לוֹ לַמְרוֹת עֶלְיוֹן בַּצִּיָּה ׃

18 וַיְנַסּוּ־אֵל בִּלְבָבָם לִשְׁאָל־אֹכֶל לְנַפְשָׁם ׃

19 וַיְדַבְּרוּ בֵּאלֹהִים אָמְרוּ הֲיוּכַל אֵל לַעֲרֹךְ שֻׁלְחָן בַּמִּדְבָּר ׃

20 הֵן הִכָּה־צוּר וַיָּזוּבוּ מַיִם וּנְחָלִים יִשְׁטֹפוּ הֲגַם־לֶחֶם יוּכַל תֵּת אִם־יָכִין שְׁאֵר לְעַמּוֹ ׃

21 לָכֵן שָׁמַע יְהוָה וַיִּתְעַבָּר וְאֵשׁ נִשְּׂקָה בְיַעֲקֹב וְגַם־אַף עָלָה בְיִשְׂרָאֵל ׃

22 כִּי לֹא הֶאֱמִינוּ בֵּאלֹהִים וְלֹא בָטְחוּ בִּישׁוּעָתוֹ ׃

23 וַיְצַו שְׁחָקִים מִמָּעַל וְדַלְתֵי שָׁמַיִם פָּתָח ׃

24 וַיַּמְטֵר עֲלֵיהֶם מָן לֶאֱכֹל וּדְגַן־שָׁמַיִם נָתַן לָמוֹ ׃

25 לֶחֶם אַבִּירִים אָכַל אִישׁ צֵידָה שָׁלַח לָהֶם לָשֹׂבַע ׃

26 יַסַּע קָדִים בַּשָּׁמָיִם וַיְנַהֵג בְּעֻזּוֹ תֵימָן ׃

27 וַיַּמְטֵר עֲלֵיהֶם כֶּעָפָר שְׁאֵר וּכְחוֹל יַמִּים עוֹף כָּנָף ׃

28 וַיַּפֵּל בְּקֶרֶב מַחֲנֵהוּ סָבִיב לְמִשְׁכְּנֹתָיו ׃

29 וַיֹּאכְלוּ וַיִּשְׂבְּעוּ מְאֹד וְתַאֲוָתָם יָבִא לָהֶם ׃

30 לֹא־זָרוּ מִתַּאֲוָתָם עוֹד אָכְלָם בְּפִיהֶם ׃

31 וְאַף אֱלֹהִים עָלָה בָהֶם וַיַּהֲרֹג בְּמִשְׁמַנֵּיהֶם וּבַחוּרֵי יִשְׂרָאֵל הִכְרִיעַ ׃

32 בְּכָל־זֹאת חָטְאוּ־עוֹד וְלֹא־הֶאֱמִינוּ בְּנִפְלְאוֹתָיו ׃

33 וַיְכַל־בַּהֶבֶל יְמֵיהֶם וּשְׁנוֹתָם בַּבֶּהָלָה ׃

34 אִם־הֲרָגָם וּדְרָשׁוּהוּ וְשָׁבוּ וְשִׁחֲרוּ־אֵל ׃

35 וַיִּזְכְּרוּ כִּי־אֱלֹהִים צוּרָם וְאֵל עֶלְיוֹן גֹּאֲלָם ׃

36 וַיְפַתּוּהוּ בְּפִיהֶם וּבִלְשׁוֹנָם יְכַזְּבוּ־לוֹ ׃

37 וְלִבָּם לֹא־נָכוֹן עִמּוֹ וְלֹא נֶאֶמְנוּ בִּבְרִיתוֹ ׃

38 וְהוּא רַחוּם יְכַפֵּר עָוֹן וְלֹא־יַשְׁחִית וְהִרְבָּה לְהָשִׁיב אַפּוֹ וְלֹא־יָעִיר כָּל־חֲמָתוֹ ׃

39 וַיִּזְכֹּר כִּי־בָשָׂר הֵמָּה רוּחַ הוֹלֵךְ וְלֹא יָשׁוּב ׃

40 כַּמָּה יַמְרוּהוּ בַמִּדְבָּר יַעֲצִיבוּהוּ בִּישִׁימוֹן ׃

41 וַיָּשׁוּבוּ וַיְנַסּוּ אֵל וּקְדוֹשׁ יִשְׂרָאֵל הִתְווּ ׃

42 לֹא־זָכְרוּ אֶת־יָדוֹ יוֹם אֲשֶׁר־פָּדָם מִנִּי־צָר ׃

43 אֲשֶׁר־שָׂם בְּמִצְרַיִם אֹתוֹתָיו וּמוֹפְתָיו בִּשְׂדֵה־צֹעַן ׃

44 וַיַּהֲפֹךְ לְדָם יְאֹרֵיהֶם וְנֹזְלֵיהֶם בַּל־יִשְׁתָּיוּן ׃

45 יְשַׁלַּח בָּהֶם עָרֹב וַיֹּאכְלֵם וּצְפַרְדֵּעַ וַתַּשְׁחִיתֵם ׃

46 וַיִּתֵּן לֶחָסִיל יְבוּלָם וִיגִיעָם לָאַרְבֶּה ׃

47 יַהֲרֹג בַּבָּרָד גַּפְנָם וְשִׁקְמוֹתָם בַּחֲנָמַל ׃

48 וַיַּסְגֵּר לַבָּרָד בְּעִירָם וּמִקְנֵיהֶם לָרְשָׁפִים ׃

49 יְשַׁלַּח־בָּם חֲרוֹן אַפּוֹ עֶבְרָה וָזַעַם וְצָרָה מִשְׁלַחַת מַלְאֲכֵי רָעִים ׃

50 יְפַלֵּס נָתִיב לְאַפּוֹ לֹא־חָשַׂךְ מִמָּוֶת נַפְשָׁם וְחַיָּתָם לַדֶּבֶר הִסְגִּיר ׃

51 וַיַּךְ כָּל־בְּכוֹר בְּמִצְרָיִם רֵאשִׁית אוֹנִים בְּאָהֳלֵי־חָם ׃

52 וַיַּסַּע כַּצֹּאן עַמּוֹ וַיְנַהֲגֵם כַּעֵדֶר בַּמִּדְבָּר ׃

53 וַיַּנְחֵם לָבֶטַח וְלֹא פָחָדוּ וְאֶת־אוֹיְבֵיהֶם כִּסָּה הַיָּם ׃

54 וַיְבִיאֵם אֶל־גְּבוּל קָדְשׁוֹ הַר־זֶה קָנְתָה יְמִינוֹ ׃

55 וַיְגָרֶשׁ מִפְּנֵיהֶם גּוֹיִם וַיַּפִּילֵם בְּחֶבֶל נַחֲלָה וַיַּשְׁכֵּן בְּאָהֳלֵיהֶם שִׁבְטֵי יִשְׂרָאֵל ׃

56 וַיְנַסּוּ וַיַּמְרוּ אֶת־אֱלֹהִים עֶלְיוֹן וְעֵדוֹתָיו לֹא שָׁמָרוּ ׃

57 וַיִּסֹּגוּ וַיִּבְגְּדוּ כַּאֲבוֹתָם נֶהְפְּכוּ כְּקֶשֶׁת רְמִיָּה ׃

58 וַיַּכְעִיסוּהוּ בְּבָמוֹתָם וּבִפְסִילֵיהֶם יַקְנִיאוּהוּ ׃

59 שָׁמַע אֱלֹהִים וַיִּתְעַבָּר וַיִּמְאַס מְאֹד בְּיִשְׂרָאֵל ׃

60 וַיִּטֹּשׁ מִשְׁכַּן שִׁלוֹ אֹהֶל שִׁכֵּן בָּאָדָם ׃

61 וַיִּתֵּן לַשְּׁבִי עֻזּוֹ וְתִפְאַרְתּוֹ בְיַד־צָר ׃

62 וַיַּסְגֵּר לַחֶרֶב עַמּוֹ וּבְנַחֲלָתוֹ הִתְעַבָּר ׃

63 בַּחוּרָיו אָכְלָה־אֵשׁ

4 We *a* will not hide *them* from their children, shewing to the generation to come the praises of the Lord, and his strength, and his wonderful works that he hath done.

5 For he established a testimony in Jacob, and appointed a law *c* in Israel, which he commanded our fathers, that they should make them known to their children ;

6 That *e* the generation to come might know *them, even* the children *which* should be born, *who* should arise and declare *them* to their children :

7 That they might set their hope in God, and not forget the works of God, but keep his commandments :

8 And *h* might not be as their fathers, a stubborn and rebellious *i* generation ; a generation *that β* set not their heart aright, & whose spirit was not stedfast with God.

9 The children of Ephraim, *being* armed, *and γ* carrying bows, turned back *n* in the day of battle.

10 They *p* kept not the covenant of God, and refused to walk in his law ;

11 And forgat *r* his works, and his wonders that he had shewed them.

12 Marvellous things *s* did he in the sight of their fathers in the land of Egypt, *in* the field of *t* Zoan.

13 He divided *v* the sea, and caused them to pass through ; and he made *x* the waters to stand as an heap.

14 In *z* the day-time also he led them with a cloud, & all the night with a light of fire.

15 He clave *a* the rocks in the wilderness, and gave *them* drink as *out of* the great depths.

16 He *c* brought streams also out of the rock, and caused waters to run down like rivers.

17 And they sinned yet more against him, by provoking *e* the Most High in the wilderness.

18 And *f* they tempted God in their heart, by asking meat for their lust.

19 Yea, they spake against God; they said, Can God *π* furnish a table in y*c* wilderness?

20 Behold, he smote the rock, that the waters gushed out, and the streams overflowed ; can he give bread also? can he provide flesh for his people ?

21 Therefore the Lord heard *this,* and was *h* wroth : so a fire was kindled against Jacob,& anger also came up against Israel ;

22 Because they believed not in God, and trusted not in his salvation ;

23 Though he had commanded the clouds from above,& opened the doors *t* of heaven,

24 And had rained down manna upon them to eat, and had given them of the corn of heaven.

25 *τ* Man did eat angels' food : he sent them meat to the full.

26 He caused an east wind to *φ* blow in the heaven ; and by his power he brought in the south wind.

27 He *m* rained flesh also upon them as dust, and *χ* feathered fowls like as the sand of the sea ;

28 And he let *it* fall in the midst of their camp, round about their habitations.

29 So they did eat, and were well filled : for *o* he gave them their own desire ;

30 They were not estranged from their lust : but while their meat *was* yet in their mouths,

31 The wrath of God came upon them, and slew the fattest of them, and *ψ* smote down the *β* chosen *men* of Israel.

32 For all this they sinned still, and believed not for his wondrous works.

33 Therefore their days did he consume in vanity, and their years in trouble.

34 When *b* he slew them, then they sought him ; and they returned and inquired early after God :

35 And they remembered that God *was* their rock,*d*& the high God their redeemer.

36 Nevertheless they did flatter *f* him with their mouth, and they lied unto him with their tongues :

37 For their heart was not right with him, neither were they stedfast in his covenant.

38 But he *being* full of compassion, forgave *g their* iniquity, and destroyed *them* not : yea, many a time turned he his anger away, and *k* did not stir up all his wrath :

39 For he remembered *l* that they *were but* flesh ; a wind *m* that passeth away, and cometh not again.

40 How oft did they *δ* provoke *o* him in the wilderness, *and* grieve him in the desert !

41 Yea, they turned back, and tempted God, and limited *q* the Holy One of Israel.

42 They remembered not his hand, *nor* the day when he delivered them from the *ζ* enemy :

43 How he had *n* wrought his signs in Egypt,& his wonders *u* in the field of Zoan.

44 And had turned their rivers into *w* blood; and their floods, that they could not drink.

45 He *y* sent divers sorts of flies among them, which devoured them ; and frogs, which destroyed them.

46 He *b* gave also their increase unto the caterpillar, & their labour unto the locust.

47 He *θ* destroyed their vines with *d* hail, and their sycamore-trees with *κ* frost.

48 He *λ* gave up their cattle also to y*e* hail, and their flocks to *μ* hot thunderbolts.

49 He cast upon them the fierceness of his anger, wrath, and indignation, and trouble, by sending evil angels *among them.*

50 He *ν* made a way to his anger ; he spared not their soul from death, but gave their *ρ* life over to the pestilence ;

51 And smote all the first-born *g* in Egypt ; the chief of *their* strength in the tabernacles of Ham :

52 But made his own people to go forth like sheep, and guided them in the wilderness like a flock.

53 And *i* he led them on safely, so that they feared not : but the sea *σ* overwhelmed their enemies.

54 And he brought them to the border of his sanctuary, *even to* this mountain, *which* his right hand had purchased.

55 He cast out the heathen also before them, and divided *l* them an inheritance by line, and made the tribes of Israel to dwell in their tents.

56 Yet they tempted and provoked the most high God,& kept not his testimonies;

57 But turned back, and dealt unfaithfully like their fathers : they were turned aside like a deceitful bow.

58 For *n* they provoked him to anger with their high places, and moved him to jealousy with their graven images.

59 When God heard *this,* he was wroth, and greatly abhorred Israel :

60 So that he forsook the tabernacle of Shiloh,& the tent *which* he placed among men;

61 And delivered his strength into captivity, and his glory into the enemy's hand.

62 He *p* gave his people over also unto the sword ; & was wroth with his inheritance.

a Ex.13.8,14.	
b Is. 26. 16.	
Ho. 5. 15.	
c De. 6. 7.	
11. 19.	
d De. 32.4,15.	
e Ps. 102. 18.	
f De. 5.28,29.	
g Nu.14.18,20	
h Eze. 20. 18.	
i Eze. 2. 3.8.	
k Is. 48. 9.	
β prepared not their heart,	
2Ch. 20. 33.	
l Ps. 103. 14.	
m Ja. 4. 14.	
γ throwing forth.	
n De.1.41..44.	
δ or, rebel against.	
o Ps.95.8..10.	
p 2 Ki. 17. 15.	
q ver. 19, 20.	
r Ps. 106. 13.	
s Ex. VII..	
XII.	
ζ or, affliction γ set.	
t Is.19.11,13.	
u ver. 12.	
v Ex. 14. 21.	
w Ex. 7. 20.	
x Ex. 15. 8.	
y Ex. 8. 6,24.	
z Ex. 13. 21.	
a Ex. 17. 6.	
Nu. 20. 11.	
1Co.10. 3,4.	
b Ex. 10. 13.	
c Ps. 105. 41.	
θ killed.	
d Ex.9.23..25.	
κ or, great hailstones.	
λ shut up.	
μ or, lightnings.	
e De. 9. 22.	
He.3.16..19.	
f Ex.16.2,&c.	
ν weighed a path.	
π order.	
ρ or, beasts to the murrain,	
Ex. 9. 3, 6.	
g Ex. 12. 29.	
h Nu.11.1,&c	
i Ex. XIV.	
XV.	
σ covered.	
k Mal. 3. 10.	
l Jos. 19. 51.	
τ or, Every one did eat the bread of the mighty,	
Ps. 103. 20.	
φ go.	
m Nu. 11. 18.	
χ fowl of wing.	
n Ju.2.12,20.	
o Ps. 106. 15.	
ψ made to bow.	
p 1Sa.4.10,11	
β or, young,	
Is.40.30,31.	

(Psalm LXXIX — right column)

PSAL. LXXIX. עט

1 מִזְמוֹר לְאָסָף אֱלֹהִים בָּאוּ גוֹיִם בְּנַחֲלָתֶךָ טִמְּאוּ

2 אֶת־הֵיכַל קָדְשֶׁךָ שָׂמוּ אֶת־יְרוּשָׁלַםִ לְעִיִּים׃ נָתְנוּ אֶת־נִבְלַת עֲבָדֶיךָ מַאֲכָל לְעוֹף הַשָּׁמַיִם בְּשַׂר חֲסִידֶיךָ

3 לְחַיְתוֹ־אָרֶץ׃ שָׁפְכוּ דָמָם כַּמַּיִם סְבִיבוֹת יְרוּשָׁלַםִ וְאֵין קוֹבֵר׃

4 הָיִינוּ חֶרְפָּה לִשְׁכֵנֵינוּ לַעַג וָקֶלֶס לִסְבִיבוֹתֵינוּ׃

5 עַד־מָה יְהוָה תֶּאֱנַף לָנֶצַח תִּבְעַר כְּמוֹ־אֵשׁ קִנְאָתֶךָ׃

6 שְׁפֹךְ חֲמָתְךָ אֶל־הַגּוֹיִם אֲשֶׁר לֹא־יְדָעוּךָ וְעַל־מַמְלָכוֹת אֲשֶׁר בְּשִׁמְךָ לֹא קָרָאוּ׃

7 כִּי אָכַל אֶת־יַעֲקֹב וְאֶת־נָוֵהוּ הֵשַׁמּוּ׃

8 אַל־תִּזְכָּר־לָנוּ עֲוֹנֹת רִאשֹׁנִים מַהֵר יְקַדְּמוּנוּ

9 רַחֲמֶיךָ כִּי דַלּוֹנוּ מְאֹד׃ עָזְרֵנוּ אֱלֹהֵי יִשְׁעֵנוּ עַל־דְּבַר כְּבוֹד־שְׁמֶךָ וְהַצִּילֵנוּ וְכַפֵּר עַל־חַטֹּאתֵינוּ

10 לְמַעַן שְׁמֶךָ׃ לָמָּה יֹאמְרוּ הַגּוֹיִם אַיֵּה אֱלֹהֵיהֶם יִוָּדַע בַּגֹּיִים לְעֵינֵינוּ נִקְמַת דַּם־עֲבָדֶיךָ

11 הַשָּׁפוּךְ׃ תָּבוֹא לְפָנֶיךָ אֶנְקַת אָסִיר כְּגֹדֶל זְרוֹעֲךָ הוֹתֵר בְּנֵי תְמוּתָה׃

12 וְהָשֵׁב לִשְׁכֵנֵינוּ שִׁבְעָתַיִם אֶל־חֵיקָם חֶרְפָּתָם אֲשֶׁר חֵרְפוּךָ אֲדֹנָי׃

13 וַאֲנַחְנוּ עַמְּךָ וְצֹאן מַרְעִיתֶךָ נוֹדֶה לְּךָ לְעוֹלָם לְדוֹר וָדֹר נְסַפֵּר תְּהִלָּתֶךָ׃

PSAL. LXXX. פ

1 לַמְנַצֵּחַ אֶל־שֹׁשַׁנִּים עֵדוּת לְאָסָף מִזְמוֹר׃

(Psalm LXXX continued — left column)

2 רֹעֵה יִשְׂרָאֵל הַאֲזִינָה נֹהֵג כַּצֹּאן יוֹסֵף יֹשֵׁב הַכְּרוּבִים הוֹפִיעָה׃

3 לִפְנֵי אֶפְרַיִם וּבִנְיָמִן וּמְנַשֶּׁה עוֹרְרָה אֶת־גְּבוּרָתֶךָ וּלְכָה לִישֻׁעָתָה לָּנוּ׃

4 אֱלֹהִים הֲשִׁיבֵנוּ וְהָאֵר פָּנֶיךָ וְנִוָּשֵׁעָה׃

5 יְהוָה אֱלֹהִים צְבָאוֹת עַד־מָתַי עָשַׁנְתָּ בִּתְפִלַּת עַמֶּךָ׃

6 הֶאֱכַלְתָּם לֶחֶם דִּמְעָה וַתַּשְׁקֵמוֹ בִּדְמָעוֹת שָׁלִישׁ׃

7 תְּשִׂימֵנוּ מָדוֹן לִשְׁכֵנֵינוּ וְאֹיְבֵינוּ יִלְעֲגוּ־לָמוֹ׃

8 אֱלֹהִים צְבָאוֹת הֲשִׁיבֵנוּ וְהָאֵר פָּנֶיךָ וְנִוָּשֵׁעָה׃

9 גֶּפֶן מִמִּצְרַיִם תַּסִּיעַ תְּגָרֵשׁ גּוֹיִם וַתִּטָּעֶהָ׃

10 פִּנִּיתָ לְפָנֶיהָ וַתַּשְׁרֵשׁ שָׁרָשֶׁיהָ וַתְּמַלֵּא־אָרֶץ׃

11 כָּסּוּ הָרִים צִלָּהּ וַעֲנָפֶיהָ אַרְזֵי־אֵל׃

12 תְּשַׁלַּח קְצִירֶהָ עַד־יָם וְאֶל־נָהָר יוֹנְקוֹתֶיהָ׃

13 לָמָּה פָּרַצְתָּ גְדֵרֶיהָ וְאָרוּהָ כָּל־עֹבְרֵי דָרֶךְ׃

14 יְכַרְסְמֶנָּה חֲזִיר מִיָּעַר וְזִיז שָׂדַי יִרְעֶנָּה׃

15 אֱלֹהִים צְבָאוֹת שׁוּב־נָא הַבֵּט מִשָּׁמַיִם וּרְאֵה וּפְקֹד גֶּפֶן זֹאת׃

16 וְכַנָּה אֲשֶׁר־נָטְעָה יְמִינֶךָ וְעַל־בֵּן אִמַּצְתָּה לָּךְ׃

17 שְׂרֻפָה בָאֵשׁ כְּסוּחָה מִגַּעֲרַת פָּנֶיךָ יֹאבֵדוּ׃

18 תְּהִי־יָדְךָ עַל־אִישׁ יְמִינֶךָ עַל־בֶּן־אָדָם אִמַּצְתָּ לָּךְ׃

19 וְלֹא־נָסוֹג מִמֶּךָּ תְּחַיֵּנוּ וּבְשִׁמְךָ נִקְרָא׃

20 יְהוָה אֱלֹהִים צְבָאוֹת הֲשִׁיבֵנוּ הָאֵר פָּנֶיךָ וְנִוָּשֵׁעָה׃

PSAL. LXXXI. פא

1,2 לַמְנַצֵּחַ עַל־הַגִּתִּית לְאָסָף׃ הַרְנִינוּ לֵאלֹהִים עוּזֵּנוּ הָרִיעוּ לֵאלֹהֵי יַעֲקֹב׃

3 שְׂאוּ־זִמְרָה וּתְנוּ־תֹף כִּנּוֹר נָעִים עִם־נָבֶל׃

4 תִּקְעוּ בַחֹדֶשׁ שׁוֹפָר בַּכֵּסֶה לְיוֹם חַגֵּנוּ׃

5 כִּי חֹק לְיִשְׂרָאֵל הוּא מִשְׁפָּט לֵאלֹהֵי יַעֲקֹב׃

6 עֵדוּת בִּיהוֹסֵף שָׂמוֹ בְּצֵאתוֹ עַל־אֶרֶץ מִצְרָיִם שְׂפַת לֹא־יָדַעְתִּי אֶשְׁמָע׃

7 הֲסִירוֹתִי מִסֵּבֶל שִׁכְמוֹ כַּפָּיו מִדּוּד תַּעֲבֹרְנָה׃

8 בַּצָּרָה קָרָאתָ וָאֲחַלְּצֶךָּ אֶעֶנְךָ בְּסֵתֶר רַעַם אֶבְחָנְךָ עַל־מֵי מְרִיבָה סֶלָה׃

9 שְׁמַע עַמִּי

63 The fire consumed their young men; and their maidens were not β given to marriage.

64 Their priests fell by the sword; and their widows made no lamentation.

65 Then the LORD awaked ^d as one out of sleep, *and* like a mighty man^f that shouteth by reason of wine.

66 And ^g he smote his enemies in the hinder part; he put them to a perpetual reproach.

67 Moreover, he refused the tabernacle of Joseph, and chose not the tribe of Ephraim;

68 But chose the tribe of Judah,^k the mount Zion,^l which he loved.

69 And he built his sanctuary like high *palaces,* like the earth which he hath ζ established for ever.

70 He chose David ^m also his servant, and took him from the sheep-folds:

71 From η following the ewes great with young, he brought him to feed^o Jacob his people, and Israel his inheritance.

72 So he fed them according to the integrity^p of his heart, and guided them by the skilfulness of his hands.

PSALM LXXIX.
A Psalm κ of Asaph.

O GOD, the heathen^q are come into thine inheritance; thy^r holy temple have they defiled; they^s have laid Jerusalem on heaps.

2 The dead bodies of thy servants have they given *to be* meat unto the fowls of the heaven, the flesh of thy saints unto the beasts of the earth.

3 Their blood have they shed like water round about Jerusalem; and *there was* none ^w to bury *them.*

4 We are become a reproach ^x to our neighbours, a scorn and derision to them that are round about us.

5 How long, LORD? wilt thou be angry for ever? shall thy jealousy^a burn like fire?

6 Pour ^b out thy wrath upon the heathen that have not known thee, and upon the kingdoms that have not called upon thy name.

7 For they have devoured Jacob, and laid waste his dwelling-place.

8 O^d remember not against us λ former iniquities: let thy tender mercies speedily prevent us; for we are brought very^e low.

9 Help us, O God of our salvation, for the glory of thy name; and deliver us, and purge away our sins, for thy name's sake.

10 Wherefore should the heathen say, Where *is* their God? let him be known among the heathen in our sight, *by* the ν revenging of the blood of thy servants *which is* shed.

11 Let^g the sighing of the prisoner come before thee; according to the greatness of π thy power ρ preserve thou those that are appointed to die:

12 And render unto our neighbours sevenfold into their bosom their reproach,^k wherewith they have reproached thee, O LORD.

13 So we thy people, and sheep of thy pasture, will give thee thanks for ever; we will shew ^m forth thy praise to φ all generations.

PSALM LXXX.
To the chief Musician upon Shoshannim-eduth.^o A Psalm ψ of Asaph.

G IVE ear, O Shepherd of Israel, thou that leadest^P Joseph like a flock : ^q thou

Marginal notes (center column)
a De. 33. 2.
β *praised.*
b Nu.2.18..24.
γ *for salvation to us.*
c ver. 7, 19.
La. 5. 21.
d Ps. 7. 6.
e Nu. 6. 25.
f Is. 42. 13.
δ *smoke,*
Ps. 74. 1.
g 1Sa.5.6,12.
h Ps. 42. 3.
Is. 30. 20.
i Ps. 79. 4.
k Ge. 49. 10.
l Ps. 87. 2.
ζ *founded.*
m 2 Sa. 7. 8.
n Is. 5. 1..7.
Je. 2. 21.
η *after.*
o Is. 40. 11.
p 1 Ki. 9. 4.
θ *cedars of God.*
κ or, *for.*
q La. 1. 10.
r Ps. 74. 2..7.
s Na. 2. 2.
t 2Ki.25.9,10.
Mi. 3. 12.
u Is. 63. 15.
v Is.11.1,&c.
Zec. 3. 8.
w Je. 16. 4.
34. 20.
x De. 28. 37.
y Ps. 76. 7.
z Is. 53. 5.
a Zep. 1. 18.
b Je. 10. 25.
Re. 16. 1.
c Ep. 2. 1, 5.
d Ps. 130. 3.
Is. 64. 9.
λ or, *the iniquities of them that were before us.*
e De. 28. 43.
f Ps. 8, *title.*
μ or, *for.*
ν *vengeance.*
g Ps. 102. 20.
h Le.23.24,26.
π *thine arm.*
ρ *reserve the children of death.*
σ or,*against.*
i Ps. 114. 1.
k Ps. 74. 18.
τ *passed away.*
l Ex. 1. 14.
m Is. 43. 21.
φ*generation and generation.*
n Ex. 17.2..7.
χ or, *strife.*
o Ps.69, *title.*
ψ or, *for.*
p Ps. 23. 2.
77. 20.
q Ex.25.20,22.
2 Sa. 6. 2.

that dwellest *between* the cherubims, shine ^a forth.

2 Before ^b Ephraim, and Benjamin, and Manasseh, stir up thy strength, and come γ and save us.

3 Turn^e us again, O God, and cause thy face^e to shine; and we shall be saved.

4 O LORD God of hosts, how long wilt thou δ be angry against the prayer of thy people?

5 Thou feedest them with the ^h bread of tears; and givest them tears to drink in great measure.

6 Thouⁱ makest us a strife unto our neighbours; and our enemies laugh among themselves.

7 Turn us again, O God of hosts, and cause thy face to shine; and we shall be saved.

8 Thou hast brought a vineⁿ out of Egypt; thou hast cast out the heathen,& planted it.

9 Thou preparedst *room* before it, and didst cause it to take deep root, and it filled the land.

10 The hills were covered with the shadow of it, and the boughs thereof *were like* the θ goodly cedars.

11 She sent out her boughs unto the sea, and her branches unto the river.

12 Why hast thou *then* broken down her hedges, so that^s all they which pass by the way do pluck her?

13 The boar out of the wood doth waste it, & the wild beast of the field doth devour it.

14 Return, we beseech thee, O God of hosts: look ^u down from heaven, and behold, and visit this vine;

15 And the vineyard which thy right hand hath planted, and the^v branch *that* thou madest strong for thyself.

16 *It is* burned with fire; *it is* cut down: they perish^y at the rebuke of thy countenance.

17 Let thy hand^z be upon the man of thy right hand, upon the son of man *whom* thou madest strong for thyself.

18 So will not we go back from thee: quicken^e us,& we will call upon thy name.

19 Turn us again, O LORD God of hosts, cause thy face to shine, and we shall be saved.

PSALM LXXXI.
To the chief Musician upon Gittith.^f A Psalm μ of Asaph.

S ING aloud unto God our strength : make a joyful noise unto the God of Jacob.

2 Take a psalm, and bring hither the timbrel, the pleasant harp with the psaltery.

3 Blow up the trumpet in the new moon, in the time appointed, on our solemn feast day:

4 For this ^h *was* a statute for Israel, *and* a law of the God of Jacob.

5 This he ordained in Joseph *for* a testimony, when he went out σ through the land of Egypt; *where* I heard a languageⁱ *that* I understood not.

6 I removed his shoulder from ye burden: his hands τ were delivered from the pots.^l

7 Thou calledst in trouble, and I delivered thee: I answered thee in the secret place of thunder; I proved ⁿ thee at the waters of χ Meribah. Selah.

8 Hear, O my ^p people, and I will testify unto thee: O Israel, if thou wilt hearken unto me;

9 There shall no strange god be in thee; neither shalt thou worship any strange god.

י לֹא־יִהְיֶה בְךָ אֵל זָר וְלֹא תִשְׁתַּחֲוֶה לְאֵל נֵכָר:
יא אָנֹכִי יְהוָה אֱלֹהֶיךָ הַמַּעַלְךָ מֵאֶרֶץ מִצְרָיִם הַרְחֶב־
יב פִּיךָ וַאֲמַלְאֵהוּ: וְלֹא־שָׁמַע עַמִּי לְקוֹלִי וְיִשְׂרָאֵל
יג לֹא־אָבָה לִי: וָאֲשַׁלְּחֵהוּ בִּשְׁרִירוּת לִבָּם יֵלְכוּ
יד בְּמוֹעֲצוֹתֵיהֶם: לוּ עַמִּי שֹׁמֵעַ לִי יִשְׂרָאֵל בִּדְרָכַי
טו יְהַלֵּכוּ: כִּמְעַט אוֹיְבֵיהֶם אַכְנִיעַ וְעַל־צָרֵיהֶם
טז אָשִׁיב יָדִי: מְשַׂנְאֵי יְהוָה יְכַחֲשׁוּ־לוֹ וִיהִי עִתָּם
יז לְעוֹלָם: וַיַּאֲכִילֵהוּ מֵחֵלֶב חִטָּה וּמִצּוּר דְּבַשׁ
אַשְׂבִּיעֶךָ:

PSAL. LXXXII. פב

א מִזְמוֹר לְאָסָף אֱלֹהִים נִצָּב בַּעֲדַת־אֵל בְּקֶרֶב
ב אֱלֹהִים יִשְׁפֹּט: עַד־מָתַי תִּשְׁפְּטוּ־עָוֶל וּפְנֵי
ג רְשָׁעִים תִּשְׂאוּ־סֶלָה: שִׁפְטוּ־דַל וְיָתוֹם עָנִי וָרָשׁ
ד הַצְדִּיקוּ: פַּלְּטוּ־דַל וְאֶבְיוֹן מִיַּד רְשָׁעִים הַצִּילוּ:
ה לֹא יָדְעוּ וְלֹא יָבִינוּ בַּחֲשֵׁכָה יִתְהַלָּכוּ יִמּוֹטוּ
ו כָּל־מוֹסְדֵי אָרֶץ: אֲנִי־אָמַרְתִּי אֱלֹהִים אַתֶּם וּבְנֵי
ז עֶלְיוֹן כֻּלְּכֶם: אָכֵן כְּאָדָם תְּמוּתוּן וּכְאַחַד הַשָּׂרִים
ח תִּפֹּלוּ: קוּמָה אֱלֹהִים שָׁפְטָה הָאָרֶץ כִּי־אַתָּה תִנְחַל בְּכָל־הַגּוֹיִם:

PSAL. LXXXIII. פג

א שִׁיר מִזְמוֹר לְאָסָף: אֱלֹהִים אַל־דֳּמִי־לָךְ אַל־
ב תֶּחֱרַשׁ וְאַל־תִּשְׁקֹט אֵל: כִּי־הִנֵּה אוֹיְבֶיךָ
ג יֶהֱמָיוּן וּמְשַׂנְאֶיךָ נָשְׂאוּ רֹאשׁ: עַל־עַמְּךָ
ד יַעֲרִימוּ סוֹד וְיִתְיָעֲצוּ עַל־צְפוּנֶיךָ: אָמְרוּ לְכוּ
ה וְנַכְחִידֵם מִגּוֹי וְלֹא־יִזָּכֵר שֵׁם־יִשְׂרָאֵל עוֹד:
ו כִּי נוֹעֲצוּ לֵב יַחְדָּו עָלֶיךָ בְּרִית יִכְרֹתוּ: אָהֳלֵי
ז אֱדוֹם וְיִשְׁמְעֵאלִים מוֹאָב וְהַגְרִים: גְּבָל וְעַמּוֹן
ח וַעֲמָלֵק פְּלֶשֶׁת עִם־יֹשְׁבֵי צוֹר: גַּם־אַשּׁוּר
ט נִלְוָה עִמָּם הָיוּ זְרוֹעַ לִבְנֵי־לוֹט סֶלָה: עֲשֵׂה־
י לָהֶם כְּמִדְיָן כְּסִיסְרָא כְיָבִין בְּנַחַל קִישׁוֹן:
יא נִשְׁמְדוּ בְעֵין־דֹּאר הָיוּ דֹּמֶן לָאֲדָמָה: שִׁיתֵמוֹ
יב נְדִיבֵמוֹ כְּעֹרֵב וְכִזְאֵב וּכְזֶבַח וּכְצַלְמֻנָּע כָּל־נְסִיכֵמוֹ:
יג אֲשֶׁר אָמְרוּ נִירֲשָׁה לָּנוּ אֵת נְאוֹת אֱלֹהִים:
יד יה אֱלֹהַי שִׁיתֵמוֹ כַגַּלְגַּל כְּקַשׁ לִפְנֵי־רוּחַ:

טז תִּבְעַר־יַעַר וּכְלֶהָבָה תְּלַהֵט הָרִים: כֵּן תִּרְדְּפֵם
יז בְּסַעֲרֶךָ וּבְסוּפָתְךָ תְבַהֲלֵם: מַלֵּא פְנֵיהֶם קָלוֹן
יח וִיבַקְשׁוּ שִׁמְךָ יְהוָה: יֵבֹשׁוּ וְיִבָּהֲלוּ עֲדֵי־עַד
יט וְיַחְפְּרוּ וְיֹאבֵדוּ: וְיֵדְעוּ כִּי־אַתָּה שִׁמְךָ יְהוָה
לְבַדֶּךָ עֶלְיוֹן עַל־כָּל־הָאָרֶץ:

PSAL. LXXXIV. פד

א לַמְנַצֵּחַ עַל־הַגִּתִּית לִבְנֵי־קֹרַח מִזְמוֹר: מַה־
ב יְּדִידוֹת מִשְׁכְּנוֹתֶיךָ יְהוָה צְבָאוֹת: נִכְסְפָה
ג וְגַם־כָּלְתָה נַפְשִׁי לְחַצְרוֹת יְהוָה לִבִּי וּבְשָׂרִי
ד יְרַנְּנוּ אֶל־אֵל חָי: גַּם־צִפּוֹר מָצְאָה בַיִת וּדְרוֹר
קֵן לָהּ אֲשֶׁר־שָׁתָה אֶפְרֹחֶיהָ אֶת־מִזְבְּחוֹתֶיךָ
ה יְהוָה צְבָאוֹת מַלְכִּי וֵאלֹהָי: אַשְׁרֵי יוֹשְׁבֵי בֵיתֶךָ
ו עוֹד יְהַלְלוּךָ סֶּלָה: אַשְׁרֵי אָדָם עוֹז־לוֹ בָךְ
ז מְסִלּוֹת בִּלְבָבָם: עֹבְרֵי בְּעֵמֶק הַבָּכָא מַעְיָן
ח יְשִׁיתוּהוּ גַּם־בְּרָכוֹת יַעְטֶה מוֹרֶה: יֵלְכוּ מֵחַיִל
ט אֶל־חָיִל יֵרָאֶה אֶל־אֱלֹהִים בְּצִיּוֹן: יְהוָה אֱלֹהִים
צְבָאוֹת שִׁמְעָה תְפִלָּתִי הַאֲזִינָה אֱלֹהֵי יַעֲקֹב
י סֶלָה: מָגִנֵּנוּ רְאֵה אֱלֹהִים וְהַבֵּט פְּנֵי מְשִׁיחֶךָ:
יא כִּי טוֹב־יוֹם בַּחֲצֵרֶיךָ מֵאָלֶף בָּחַרְתִּי הִסְתּוֹפֵף
בְּבֵית אֱלֹהַי מִדּוּר בְּאָהֳלֵי־רֶשַׁע: כִּי שֶׁמֶשׁ
יב וּמָגֵן יְהוָה אֱלֹהִים חֵן וְכָבוֹד יִתֵּן יְהוָה לֹא
יג יִמְנַע־טוֹב לַהֹלְכִים בְּתָמִים: יְהוָה צְבָאוֹת
אַשְׁרֵי אָדָם בֹּטֵחַ בָּךְ:

PSAL. LXXXV. פה

א לַמְנַצֵּחַ לִבְנֵי־קֹרַח מִזְמוֹר: רָצִיתָ יְהוָה אַרְצֶךָ
ב ג שַׁבְתָּ שְׁבִית יַעֲקֹב: נָשָׂאתָ עֲוֹן עַמֶּךָ כִּסִּיתָ
ד כָל־חַטָּאתָם סֶלָה: אָסַפְתָּ כָל־עֶבְרָתֶךָ הֱשִׁיבוֹתָ
ה מֵחֲרוֹן אַפֶּךָ: שׁוּבֵנוּ אֱלֹהֵי יִשְׁעֵנוּ וְהָפֵר כַּעַסְךָ
ו עִמָּנוּ: הַלְעוֹלָם תֶּאֱנַף־בָּנוּ תִּמְשֹׁךְ אַפְּךָ לְדֹר
ז וָדֹר: הֲלֹא־אַתָּה תָּשׁוּב תְּחַיֵּנוּ וְעַמְּךָ יִשְׂמְחוּ־
ח בָךְ: הַרְאֵנוּ יְהוָה חַסְדֶּךָ וְיֶשְׁעֲךָ תִּתֶּן־לָנוּ:
ט אֶשְׁמְעָה מַה־יְדַבֵּר הָאֵל יְהוָה כִּי יְדַבֵּר שָׁלוֹם
י אֶל־עַמּוֹ וְאֶל־חֲסִידָיו וְאַל־יָשׁוּבוּ לְכִסְלָה: אַךְ
יא קָרוֹב לִירֵאָיו יִשְׁעוֹ לִשְׁכֹּן כָּבוֹד בְּאַרְצֵנוּ: חֶסֶד־
יב וֶאֱמֶת נִפְגָּשׁוּ צֶדֶק וְשָׁלוֹם נָשָׁקוּ: אֱמֶת

10 I *a* am the LORD thy God, which brought thee out of the land of Egypt: open *b* thy mouth wide, and I will fill it.

11 But *c* my people would not hearken to my voice: and Israel would none of me.

12 So *d* I gave them up *β* unto their own hearts' lust: *and* they walked in their own counsels.

13 Oh *f* that my people had hearkened unto me, *and* Israel had walked in my ways!

14 I should soon have subdued their enemies, and turned my hand against their adversaries.

15 The haters of the LORD should have *δ* submitted themselves unto him: but their time should have endured for ever.

16 He should have fed them also with the *ζ* finest of the wheat: and with honey *i* out of the rock should I have satisfied thee.

PSALM LXXXII.
A Psalm *η* of Asaph.

GOD standeth in the congregation of the mighty: he *l* judgeth among the gods.

2 How long will ye judge unjustly, and accept the persons of the wicked? Selah.

3 *κ* Defend the poor and fatherless: do justice *m* to the afflicted and needy.

4 Deliver the poor and needy: rid *them* out of the hand of the wicked.

5 They know not, neither will they understand: they walk on in darkness: *p* all the *q* foundations of the earth are *ν* out of course.

6 I have said, Ye *are* gods; *s* and all of you *are* children of the Most High:

7 But ye shall die like men, and fall like one of the princes.

8 Arise, O God, judge the earth: for thou *u* shalt inherit all nations.

PSALM LXXXIII.
A Song *or* Psalm *ρ* of Asaph.

KEEP not thou silence, O God: hold not thy peace, and be not still, O God.

2 For, lo, thine enemies make a *w* tumult: and they that hate thee have lifted up the head.

3 They have taken crafty counsel against thy people, and consulted against thy hidden *x* ones.

4 They have said, *y* Come, and let us cut them off from *being* a nation; that the name of Israel may be no more in remembrance.

5 For they have consulted *a* together with one *χ* consent: they are confederate against thee:

6 The *b* tabernacles of Edom, & the Ishmaelites; of Moab, and the Hagarenes;

7 Gebal, and Ammon, and Amalek; the Philistines; with the inhabitants of Tyre;

8 Assur also is joined with them: they have *ψ* holpen the children of Lot. Selah.

9 Do unto them as *unto* the *c* Midianites; as *to* Sisera, *d* as *to* Jabin, at the brook of Kison;

10 *Which* perished at En-dor: they became as dung for the earth.

11 Make their nobles like Oreb *f* and like Zeeb; yea, all their princes as Zebah *g* and as Zalmunna:

12 Who said, Let us take to ourselves the houses of God in possession.

13 O my God, make them like a wheel; as *h* the stubble before the wind.

14 As the fire burneth a wood, and as the flame setteth the mountains on fire;

15 So persecute them with thy tempest, and make them afraid with thy storm.

---

a Ex. 20. 2.
b Jn⁰. 15. 7.
c De. 32. 15, 18.
d Ac. 7. 42.
β or, *to the hardness of their own hearts,* or, *imaginations.*
e Is. 42. 8.
f Is. 48. 18. De. 32. 29.
g Ps. 8, *title.*
γ or, *of.*
h Ps. 27. 4.
δ lied, or, *yielded feigned obedience,* Ps. 66. 3.
ζ fat.
i De. 32. 13.
k Ps. 65. 4.
η or. *for.*
l 2 Ch.19.6,7.
θ or,*mulberry trees make him a well,* 2 Sa. 5. 23.
κ judge.
λ covereth.
m Je. 22. 3.
n Job 17. 9. Pr. 4. 18.
μ or, *company to company.*
o Jn⁰. 10. 23.
p Jn⁰. 12. 35.
q Ps.75. 3. 2 Ti. 2. 19.
ν moved.
r Ge. 15. 1.
s Jn⁰. 10. 34, 35.
π I would choose rather to sit at the threshold.
t Is. 60. 19.
u Re. 11. 15.
v Phi. 4. 19.
ρ or, *for.*
w Is. 37. 29.
σ or, *of,* Ps.42,*title.*
τ or, *well pleased with,* Ps. 77. 7.
x Ps. 31. 20.
y Est. 3. 6, 9.
z Col. 2. 13.
a Ps. 2. 2.
φ or, *thine anger from waxing hot,* De. 13. 17.
χ heart.
b 2 Ch.20.10.
ψ been an arm to.
c Nu.31.1..12.
d Ju. 4. 15,24.
e Ps. 130. 4.
f Ju. 7. 25.
g Ju. 8.12,21.
h Is.17.13,14. Mat. 3. 12.
i Is. 32. 17.

---

16 Fill their faces with shame; that they may seek thy name, O LORD.

17 Let them be confounded and troubled for ever; yea, let them be put to shame, and perish:

18 That *men* may know that thou, whose name *e* alone *is* JEHOVAH, *art* the Most High over all the earth.

PSALM LXXXIV.
To the chief Musician upon *g* Gittith.
A Psalm *γ* for the sons of Korah.

HOW amiable *are* thy tabernacles, O LORD of hosts!

2 My *h* soul longeth, yea, even fainteth, for the courts of the LORD; my heart and my flesh crieth out for the living God.

3 Yea, the sparrow hath found an house, and the swallow a nest for herself, where she may lay her young, *even* thine altars, O LORD of hosts, my King and my God.

4 Blessed *k* *are* they that dwell in thy house: they will be still praising thee. Selah.

5 Blessed *is* the man whose strength *is* in thee: in whose heart *are* the ways *of them*:

6 *Who* passing through the valley of *θ* Baca, make it a well: the rain also *λ* filleth the pools.

7 They *n* go from *μ* strength to strength; every one *o* of them in Zion appeareth before God.

8 O LORD God of hosts, hear my prayer: give ear, O God of Jacob. Selah.

9 Behold, O God, our shield, *r* and look upon the face of thine anointed.

10 For a day in thy courts *is* better than a thousand. *π* I had rather be a doorkeeper in the house of my God, than to dwell in the tents of wickedness.

11 For the LORD God *is* a sun *t* and shield: the LORD will give grace and glory: no good *v* *thing* will he withhold from them that walk uprightly.

12 O LORD of hosts, blessed *is* the man that trusteth in thee.

PSALM LXXXV.
To the chief Musician. A Psalm *σ* for the sons of Korah.

LORD, thou hast been *τ* favourable unto thy land: thou hast brought back the captivity of Jacob.

2 Thou hast forgiven *z* the iniquity of thy people; thou hast covered all their sin. Selah.

3 Thou hast taken away all thy wrath: thou hast turned *φ* *thyself* from the fierceness of thine anger.

4 Turn us, O God of our salvation, and cause thine anger toward us to cease.

5 Wilt thou be angry with us for ever? wilt thou draw out thine anger to all generations?

6 Wilt thou not revive us again, that thy people may rejoice in thee?

7 Shew us thy mercy, O LORD, and grant us thy salvation.

8 I will hear what God the LORD will speak: for he will speak peace unto his people, and to his saints: but *e* let them not turn again to folly.

9 Surely his salvation *is* nigh them that fear him: that glory may dwell in our land.

10 Mercy and truth are met together; righteousness *i* and peace have kissed each other.

11 Truth shall spring out of the earth; and righteousness shall look down from heaven.

13 מֵאֶרֶץ תִּצְמָח וְצֶדֶק מִשָּׁמַיִם נִשְׁקָף: גַּם

14 יְהֹוָה יִתֵּן הַטּוֹב וְאַרְצֵנוּ תִּתֵּן יְבוּלָהּ: צֶדֶק
לְפָנָיו יְהַלֵּךְ וְיָשֵׂם לְדֶרֶךְ פְּעָמָיו:

PSAL. LXXXVI. פו

1 תְּפִלָּה לְדָוִד הַטֵּה־יְהֹוָה אָזְנְךָ עֲנֵנִי כִּי־עָנִי

2 וְאֶבְיוֹן אָנִי: שָׁמְרָה נַפְשִׁי כִּי־חָסִיד אָנִי הוֹשַׁע

3 עַבְדְּךָ אַתָּה אֱלֹהַי הַבּוֹטֵחַ אֵלֶיךָ: חָנֵּנִי אֲדֹנָי

4 כִּי אֵלֶיךָ אֶקְרָא כָּל־הַיּוֹם: שַׂמֵּחַ נֶפֶשׁ עַבְדֶּךָ

5 כִּי אֵלֶיךָ אֲדֹנָי נַפְשִׁי אֶשָּׂא: כִּי־אַתָּה אֲדֹנָי

6 טוֹב וְסַלָּח וְרַב־חֶסֶד לְכָל־קֹרְאֶיךָ: הַאֲזִינָה

7 יְהֹוָה תְּפִלָּתִי וְהַקְשִׁיבָה בְּקוֹל תַּחֲנוּנוֹתָי: בְּיוֹם

8 צָרָתִי אֶקְרָאֶךָּ כִּי תַעֲנֵנִי: אֵין־כָּמוֹךָ בָאֱלֹהִים

9 אֲדֹנָי וְאֵין כְּמַעֲשֶׂיךָ: כָּל־גּוֹיִם אֲשֶׁר עָשִׂיתָ

10 יָבוֹאוּ וְיִשְׁתַּחֲווּ לְפָנֶיךָ אֲדֹנָי וִיכַבְּדוּ לִשְׁמֶךָ: כִּי־גָדוֹל אַתָּה וְעֹשֵׂה נִפְלָאוֹת אַתָּה אֱלֹהִים

11 לְבַדֶּךָ: הוֹרֵנִי יְהֹוָה דַּרְכֶּךָ אֲהַלֵּךְ בַּאֲמִתֶּךָ

12 יַחֵד לְבָבִי לְיִרְאָה שְׁמֶךָ: אוֹדְךָ אֲדֹנָי אֱלֹהַי

13 בְּכָל־לְבָבִי וַאֲכַבְּדָה שִׁמְךָ לְעוֹלָם: כִּי־חַסְדְּךָ גָּדוֹל

14 עָלָי וְהִצַּלְתָּ נַפְשִׁי מִשְּׁאוֹל תַּחְתִּיָּה: אֱלֹהִים זֵדִים
קָמוּ עָלַי וַעֲדַת עָרִיצִים בִּקְשׁוּ נַפְשִׁי וְלֹא שָׂמוּךָ

15 לְנֶגְדָּם: וְאַתָּה אֲדֹנָי אֵל־רַחוּם וְחַנּוּן אֶרֶךְ אַפַּיִם

16 וְרַב־חֶסֶד וֶאֱמֶת: פְּנֵה אֵלַי וְחָנֵּנִי תְּנָה־עֻזְּךָ

17 לְעַבְדֶּךָ וְהוֹשִׁיעָה לְבֶן־אֲמָתֶךָ: עֲשֵׂה־עִמִּי אוֹת
לְטוֹבָה וְיִרְאוּ שֹׂנְאַי וְיֵבֹשׁוּ כִּי־אַתָּה יְהֹוָה עֲזַרְתַּנִי
וְנִחַמְתָּנִי:

PSAL. LXXXVII. פז

1 לִבְנֵי־קֹרַח מִזְמוֹר שִׁיר יְסוּדָתוֹ בְּהַרְרֵי־קֹדֶשׁ:

2 אֹהֵב יְהֹוָה שַׁעֲרֵי צִיּוֹן מִכֹּל מִשְׁכְּנוֹת יַעֲקֹב:

3 נִכְבָּדוֹת מְדֻבָּר בָּךְ עִיר הָאֱלֹהִים סֶלָה: אַזְכִּיר

4 רַהַב וּבָבֶל לְיֹדְעָי הִנֵּה פְלֶשֶׁת וְצוֹר עִם־כּוּשׁ זֶה

5 יֻלַּד־שָׁם: וּלְצִיּוֹן יֵאָמַר אִישׁ וְאִישׁ יֻלַּד־בָּהּ

6 וְהוּא יְכוֹנְנֶהָ עֶלְיוֹן: יְהֹוָה יִסְפֹּר בִּכְתוֹב עַמִּים זֶה

7 יֻלַּד־שָׁם סֶלָה: וְשָׁרִים כְּחֹלְלִים כָּל־מַעְיָנַי בָּךְ:

PSAL. LXXXVIII. פח

1 שִׁיר מִזְמוֹר לִבְנֵי־קֹרַח לַמְנַצֵּחַ עַל־מַחֲלַת לְעַנּוֹת

2 מַשְׂכִּיל לְהֵימָן הָאֶזְרָחִי: יְהֹוָה אֱלֹהֵי יְשׁוּעָתִי

3 יוֹם־צָעַקְתִּי בַלַּיְלָה נֶגְדֶּךָ: תָּבוֹא לְפָנֶיךָ תְּפִלָּתִי

4 הַטֵּה־אָזְנְךָ לְרִנָּתִי: כִּי־שָׂבְעָה בְרָעוֹת נַפְשִׁי

5 וְחַיַּי לִשְׁאוֹל הִגִּיעוּ: נֶחְשַׁבְתִּי עִם־יוֹרְדֵי בוֹר

6 הָיִיתִי כְּגֶבֶר אֵין־אֱיָל: בַּמֵּתִים חָפְשִׁי כְּמוֹ
חֲלָלִים שֹׁכְבֵי קֶבֶר אֲשֶׁר לֹא זְכַרְתָּם עוֹד וְהֵמָּה

7 מִיָּדְךָ נִגְזָרוּ: שַׁתַּנִי בְּבוֹר תַּחְתִּיּוֹת בְּמַחֲשַׁכִּים

8 בִּמְצֹלוֹת: עָלַי סָמְכָה חֲמָתֶךָ וְכָל־מִשְׁבָּרֶיךָ

9 עִנִּיתָ סֶּלָה: הִרְחַקְתָּ מְיֻדָּעַי מִמֶּנִּי שַׁתַּנִי תוֹעֵבוֹת

10 לָמוֹ כָּלֻא וְלֹא אֵצֵא: עֵינִי דָאֲבָה מִנִּי־עֹנִי

11 קְרָאתִיךָ יְהֹוָה בְּכָל־יוֹם שִׁטַּחְתִּי אֵלֶיךָ כַפָּי:

12 הֲלַמֵּתִים תַּעֲשֶׂה־פֶּלֶא אִם־רְפָאִים יָקוּמוּ יוֹדוּךָ
סֶּלָה: הַיְסֻפַּר בַּקֶּבֶר חַסְדֶּךָ אֱמוּנָתְךָ בָּאֲבַדּוֹן:

13 הֲיִוָּדַע בַּחֹשֶׁךְ פִּלְאֶךָ וְצִדְקָתְךָ בְּאֶרֶץ נְשִׁיָּה:

14 וַאֲנִי אֵלֶיךָ יְהֹוָה שִׁוַּעְתִּי וּבַבֹּקֶר תְּפִלָּתִי תְקַדְּמֶךָּ:

15,16 לָמָה יְהֹוָה תִּזְנַח נַפְשִׁי תַּסְתִּיר פָּנֶיךָ מִמֶּנִּי: עָנִי

17 אֲנִי וְגֹוֵעַ מִנֹּעַר נָשָׂאתִי אֵמֶיךָ אָפוּנָה: עָלַי

18 עָבְרוּ חֲרוֹנֶיךָ בִּעוּתֶיךָ צִמְּתוּתֻנִי: סַבּוּנִי כַמַּיִם
כָּל־הַיּוֹם הִקִּיפוּ עָלַי יָחַד: הִרְחַקְתָּ מִמֶּנִּי אֹהֵב

19 וָרֵעַ מְיֻדָּעַי מַחְשָׁךְ:

PSAL. LXXXIX. פט

1 מַשְׂכִּיל לְאֵיתָן הָאֶזְרָחִי: חַסְדֵי יְהֹוָה עוֹלָם

2 אָשִׁירָה לְדֹר וָדֹר אוֹדִיעַ אֱמוּנָתְךָ בְּפִי: כִּי־

3 אָמַרְתִּי עוֹלָם חֶסֶד יִבָּנֶה שָׁמַיִם תָּכִן אֱמוּנָתְךָ

4 בָהֶם: כָּרַתִּי בְרִית לִבְחִירִי נִשְׁבַּעְתִּי לְדָוִד עַבְדִּי:

5 עַד־עוֹלָם אָכִין זַרְעֶךָ וּבָנִיתִי לְדֹר־וָדוֹר כִּסְאֲךָ

6 סֶּלָה: וְיוֹדוּ שָׁמַיִם פִּלְאֲךָ יְהֹוָה אַף

7 אֱמוּנָתְךָ בִּקְהַל קְדֹשִׁים: כִּי מִי בַשַּׁחַק יַעֲרֹךְ

8 לַיהֹוָה יִדְמֶה לַיהֹוָה בִּבְנֵי אֵלִים: אֵל נַעֲרָץ

9 בְּסוֹד־קְדֹשִׁים רַבָּה וְנוֹרָא עַל־כָּל־סְבִיבָיו: יְהֹוָה

10 אֱלֹהֵי צְבָאוֹת מִי־כָמוֹךָ חֲסִין יָהּ וֶאֱמוּנָתְךָ סְבִיבוֹתֶיךָ: אַתָּה מוֹשֵׁל בְּגֵאוּת

12 Yea, the LORD shall give *that which is* good; [b] and our land shall yield her increase.

13 Righteousness [d] shall go before him, and [e] shall set *us* in the way of his steps.

PSALM LXXXVI.
A Prayer [d] of David.

BOW down thine ear, O LORD, hear me; for I *am* poor and needy.

2 Preserve my soul, for I *am* [ζ] holy: O thou my God, save thy servant that trusteth [f] in thee.

3 Be merciful unto me, O LORD: for I cry unto thee [η] daily.

4 Rejoice the soul of thy servant: for unto thee, O LORD, do I lift up my soul.

5 For [g] thou, LORD, *art* good, and ready to forgive; and plenteous in mercy unto all them that call upon thee.

6 Give ear, O LORD, unto my prayer; and attend to the voice of my supplications.

7 In the day of my trouble I will [k] call upon thee: for thou wilt answer me.

8 Among the gods *there is* none [m] like unto thee, O LORD; neither [n] *are there any works* like unto thy works.

9 All [o] nations whom thou hast made shall come and worship before thee, O LORD; and shall glorify thy name.

10 For thou *art* great, and doest wondrous things: thou [q] *art* God alone.

11 Teach [r] me thy way, O LORD; I will walk in thy truth: unite [s] my heart to fear thy name.

12 I [t] will praise thee, O LORD my God, with all my heart; and I will glorify thy name for evermore.

13 For great [u] *is* thy mercy toward me; and thou hast delivered [v] my soul from the lowest [κ] hell.

14 O God, the proud are risen against me, and the assemblies of [λ] violent *men* have sought after my soul, and have not set thee [x] before them.

15 But [z] thou, O LORD, *art* a God full of compassion, and gracious; long-suffering, and plenteous in mercy [a] and truth.

16 O turn unto me, and have mercy upon me: give thy strength [b] unto thy servant, and save the son of thine handmaid.

17 Shew me a token [c] for good; that they which hate me may see *it*, and be ashamed; because thou, LORD, hast holpen me, and comforted me.

PSALM LXXXVII.

A Psalm or Song [ρ] for the sons of Korah.

H IS foundation *is* in the holy [e] mountains.

2 The [f] LORD loveth the gates of Zion more than all the dwellings of Jacob.

3 Glorious things [h] are spoken of thee, O city of God. Selah.

4 I will make mention of Rahab [i] and Babylon to them that know me; behold Philistia, [l] and Tyre, with Ethiopia: [m] this *man* was born there.

5 And of Zion it shall be said, [n] This and that man was born in her; and the Highest himself shall establish her.

6 The LORD shall count, when he writeth [o] up the people, *that* this *man* was born there. Selah.

7 As well the singers as the players on instruments [q] *shall be there:* all my springs [r] *are* in thee.

PSALM LXXXVIII.

A Song or Psalm [σ] for the sons of Korah.
To the chief Musician upon Mahalath

Column 2 (notes)
γ or, A Psalm *of Heman the Ezra-hite, giving instruction.*
a 1 Ki. 4. 31.
b Ps. 84. 11.
c Lu. 18. 7.
d Ps. 89. 14.
e Ps. 119. 35.
δ or, being a Psalm *of.*
ζ or, *one whom thou favourest.*
f Is. 26. 3.
η or, *all the day.*
θ or, *by.*
g Joel 2. 13.
h 1 Pe. 2. 24.
i Job 19. 13, &c.
k Ps. 50. 15.
l Job 12. 14.
m Is.40.18,25.
n De. 3. 24.
o Re. 15. 4.
p Is. 38. 18.
q De. 32. 39.
1 Co. 8. 4.
r Ps. 119. 33.
s Jno. 17. 20, 21.
1 Co. 6. 17.
t Ps. 145. 1, 2.
u Ps. 103. 11.
v 1 Th. 1. 10.
κ or, *grave.*
λ *terrible.*
w Job 6. 4.
x Ps. 10. 4.
y Re. 6. 17.
z Ne. 9. 17.
μ or, *all the day.*
a Ps. 85. 10.
b Is. 45. 24.
c 1 Co. 5. 5.
ν or, A Psalm *for Ethan the Ezra-hite to give instruction.*
d 1 Ch. 2. 6.
π *generation & generation;*
so ver. 4.
Ps. 119. 90.
ρ or, *of.*
e Ps. 48. 1.
f Ps.78.67,68.
g 2 Sa. 7. 11, &c.
h Is.54.2,&c. Re.21.2,&c
i Is. 51. 9.
k Ps. 19. 1.
l Is.19.23..25.
m Ps. 68. 31. Ac. 8. 27.
n Is. 60. 1..9.
o Eze. 13. 9.
p 1 Sa. 2. 2.
q 1 Ch. 23. 5.
r Ja. 1. 17.
s Job 38. 11. Mar.4.39,41
σ or, *of.*
τ or, *Egypt.*

Leannoth, γ Maschil of Heman [a] the Ezrahite.

O LORD God of my salvation, I [e] have cried day *and* night before thee.

2 Let my prayer come before thee: incline thine ear unto my cry;

3 For my soul is full of troubles, and my life draweth nigh unto the grave.

4 I am counted with them that go down into the pit: I am as a man *that hath* no strength;

5 Free among the dead, like the slain that lie in the grave, whom thou rememberest no more: and they are cut off [θ] from thy hand.

6 Thou hast laid me in the lowest pit, in darkness, in the deeps.

7 Thy wrath [h] lieth hard upon me, and thou hast afflicted *me* with all thy waves. Selah.

8 Thou [i] hast put away mine acquaintance far from me: thou hast made me an abomination unto them: *I am* [l] shut up, and I cannot come forth.

9 Mine eye mourneth by reason of affliction: LORD, I have called daily upon thee, I have stretched out my hands unto thee.

10 Wilt [p] thou shew wonders to the dead? shall the dead arise *and* praise thee? Selah.

11 Shall thy loving-kindness be declared in the grave? *or* thy faithfulness in destruction?

12 Shall thy wonders be known in the dark? and thy righteousness in the land of forgetfulness?

13 But unto thee have I cried, O LORD; and in the morning shall my prayer prevent thee.

14 LORD, why castest thou off my soul? *why* hidest thou thy face from me?

15 I *am* afflicted and ready to die from *my* youth up: *while* [w] I suffer thy terrors I am distracted.

16 Thy fierce wrath [y] goeth over me; thy terrors have cut me off.

17 They came round about me [μ] daily like water; they compassed me about together.

18 Lover & friend hast thou put far from me, *and* mine aquaintance into darkness.

PSALM LXXXIX.

Maschil [ν] of Ethan [d] the Ezrahite.

I WILL sing of the mercies of the LORD for ever: with my mouth will I make known thy faithfulness to [π] all generations.

2 For I have said, Mercy shall be built up for ever: thy faithfulness shalt thou establish in the very heavens.

3 I have made a covenant with my chosen, I have sworn [g] unto David my servant,

4 Thy seed will I establish for ever, and build up thy throne to all generations. Selah.

5 And the heavens [k] shall praise thy wonders, O LORD; thy faithfulness also in the congregation of the saints.

6 For who in the heaven can be compared unto the LORD? *who* among the sons of the mighty can be likened unto the LORD?

7 God is greatly to be feared in the assembly of the saints, and to be had in reverence of all *them that are* about him.

8 O LORD God of hosts, who [p] *is* a strong LORD like unto thee? or to thy faithfulness round about thee?

9 Thou [s] rulest y [e] raging of y [e] sea: when the waves thereof arise, thou stillest them.

10 Thou hast broken [τ] Rahab in pieces,

11 הָיָם בְּשׂוֹא גַלָּיו אַתָּה תְשַׁבְּחֵם: אַתָּה דִכִּאתָ בְּאֶרֶץ מִפַּרְזְקָה

12 כְהָלָל רַחַב בִּזְרוֹעַ עֻזֶּךָ פִּזַּרְתָּ אוֹיְבֶיךָ: לְךָ שָׁמַיִם אַף לְךָ אָרֶץ עֲלֵי בוֹשָׁה תִּסָּעֶדָה לָנֶצַח

13 אַף לְךָ אֶרֶץ תֵּבֵל וּמְלֹאָהּ אַתָּה יְסַדְתָּם: צָפוֹן וְיָמִין אַתָּה בְרָאתָם תָּבוֹר וְחֶרְמוֹן בְּשִׁמְךָ יְרַנֵּנוּ

14 לְךָ זְרוֹעַ עִם גְּבוּרָה תָּעֹז יָדְךָ תָּרוּם יְמִינֶךָ: צֶדֶק

15 וּמִשְׁפָּט מְכוֹן כִּסְאֶךָ חֶסֶד וֶאֱמֶת יְקַדְּמוּ פָנֶיךָ: אַשְׁרֵי

16 הָעָם יֹדְעֵי תְרוּעָה יְהוָה בְּאוֹר פָּנֶיךָ יְהַלֵּכוּן: בְּשִׁמְךָ

17 יְגִילוּן כָּל הַיּוֹם וּבְצִדְקָתְךָ יָרוּמוּ: כִּי תִפְאֶרֶת עֻזָּמוֹ

18 אָתָּה וּבִרְצוֹנְךָ תָּרוּם קַרְנֵנוּ: כִּי לַיהוָה מָגִנֵּנוּ וְלִקְדוֹשׁ

19 יִשְׂרָאֵל מַלְכֵּנוּ: אָז דִּבַּרְתָּ בְחָזוֹן לַחֲסִידֶיךָ וַתֹּאמֶר

20 שִׁוִּיתִי עֵזֶר עַל גִּבּוֹר הֲרִימוֹתִי

21 בָחוּר מֵעָם: מָצָאתִי דָּוִד עַבְדִּי בְּשֶׁמֶן קָדְשִׁי

22 מְשַׁחְתִּיו: אֲשֶׁר יָדִי תִּכּוֹן עִמּוֹ אַף זְרוֹעִי

23 תְאַמְּצֶנּוּ: לֹא יַשִּׁא אוֹיֵב בּוֹ וּבֶן עַוְלָה לֹא

24 יְעַנֶּנּוּ: וְכַתּוֹתִי מִפָּנָיו צָרָיו וּמְשַׂנְאָיו אֶגּוֹף

25 וֶאֱמוּנָתִי וְחַסְדִּי עִמּוֹ וּבִשְׁמִי תָּרוּם קַרְנוֹ

26 וְשַׂמְתִּי בַיָּם יָדוֹ וּבַנְּהָרוֹת יְמִינוֹ: הוּא יִקְרָאֵנִי

27 אָבִי אָתָּה אֵלִי וְצוּר יְשׁוּעָתִי: אַף אָנִי

28 בְּכוֹר אֶתְּנֵהוּ עֶלְיוֹן לְמַלְכֵי אָרֶץ: לְעוֹלָם

29 אֶשְׁמָר לוֹ חַסְדִּי וּבְרִיתִי נֶאֱמֶנֶת לוֹ: וְשַׂמְתִּי

30 לָעַד זַרְעוֹ וְכִסְאוֹ כִּימֵי שָׁמָיִם: אִם יַעַזְבוּ

31 בָנָיו תּוֹרָתִי וּבְמִשְׁפָּטַי לֹא יֵלֵכוּן: אִם חֻקֹּתַי

32 יְחַלֵּלוּ וּמִצְוֹתַי לֹא יִשְׁמֹרוּ: וּפָקַדְתִּי בְשֵׁבֶט פִּשְׁעָם

33 וּבִנְגָעִים עֲוֹנָם: וְחַסְדִּי לֹא אָפִיר מֵעִמּוֹ וְלֹא

34 אֲשַׁקֵּר בֶּאֱמוּנָתִי: לֹא אֲחַלֵּל בְּרִיתִי וּמוֹצָא

35 שְׂפָתַי לֹא אֲשַׁנֶּה: אַחַת נִשְׁבַּעְתִּי בְקָדְשִׁי אִם

36 לְדָוִד אֲכַזֵּב: זַרְעוֹ לְעוֹלָם יִהְיֶה וְכִסְאוֹ כַשֶּׁמֶשׁ

37 נֶגְדִּי: כְּיָרֵחַ יִכּוֹן עוֹלָם וְעֵד בַּשַּׁחַק נֶאֱמָן סֶלָה

38 וְאַתָּה זָנַחְתָּ וַתִּמְאָס הִתְעַבַּרְתָּ עִם מְשִׁיחֶךָ

39 נֵאַרְתָּה בְּרִית עַבְדֶּךָ חִלַּלְתָּ לָאָרֶץ נִזְרוֹ: פָּרַצְתָּ

40 כָל גְּדֵרֹתָיו שַׂמְתָּ מִבְצָרָיו מְחִתָּה: שַׁסֻּהוּ כָּל

41 עֹבְרֵי דָרֶךְ הָיָה חֶרְפָּה לִשְׁכֵנָיו: הֲרִימוֹתָ יְמִין

42 צָרָיו הִשְׂמַחְתָּ כָּל אוֹיְבָיו: אַף תָּשִׁיב צוּר חַרְבּוֹ

43 וְלֹא הֲקֵמֹתוֹ בַּמִּלְחָמָה: הִשְׁבַּתָּ מִטְּהָרוֹ וְכִסְאוֹ

PSAL. XC. צ

1 תְּפִלָּה לְמֹשֶׁה אִישׁ הָאֱלֹהִים אֲדֹנָי מָעוֹן אַתָּה

2 הָיִיתָ לָּנוּ בְּדֹר וָדֹר: בְּטֶרֶם הָרִים יֻלָּדוּ

3 וַתְּחוֹלֵל אֶרֶץ וְתֵבֵל וּמֵעוֹלָם עַד עוֹלָם אַתָּה אֵל: תָּשֵׁב אֱנוֹשׁ עַד דַּכָּא וַתֹּאמֶר שׁוּבוּ בְנֵי

4 אָדָם: כִּי אֶלֶף שָׁנִים בְּעֵינֶיךָ כְּיוֹם אֶתְמוֹל כִּי

5 יַעֲבֹר וְאַשְׁמוּרָה בַלָּיְלָה: זְרַמְתָּם שֵׁנָה יִהְיוּ

6 בַּבֹּקֶר כֶּחָצִיר יַחֲלֹף: בַּבֹּקֶר יָצִיץ וְחָלָף לָעֶרֶב

7 יְמוֹלֵל וְיָבֵשׁ: כִּי כָלִינוּ בְאַפֶּךָ וּבַחֲמָתְךָ נִבְהָלְנוּ:

8 שַׁתָּה עֲוֹנֹתֵינוּ לְנֶגְדֶּךָ עֲלֻמֵנוּ לִמְאוֹר פָּנֶיךָ: כִּי

9 כָל יָמֵינוּ פָּנוּ בְעֶבְרָתֶךָ כִּלִּינוּ שָׁנֵינוּ כְמוֹ הֶגֶה:

10 יְמֵי שְׁנוֹתֵינוּ בָהֶם שִׁבְעִים שָׁנָה וְאִם בִּגְבוּרֹת שְׁמוֹנִים שָׁנָה וְרָהְבָּם עָמָל וָאָוֶן כִּי גָז חִישׁ

11 וַנָּעֻפָה: מִי יוֹדֵעַ עֹז אַפֶּךָ וּכְיִרְאָתְךָ עֶבְרָתֶךָ:

12 לִמְנוֹת יָמֵינוּ כֵּן הוֹדַע וְנָבִא לְבַב חָכְמָה: שׁוּבָה

13 יְהוָה עַד מָתָי וְהִנָּחֵם עַל עֲבָדֶיךָ: שַׂבְּעֵנוּ

14 בַבֹּקֶר חַסְדֶּךָ וּנְרַנְּנָה וְנִשְׂמְחָה בְּכָל יָמֵינוּ:

15 שַׂמְּחֵנוּ כִּימוֹת עִנִּיתָנוּ שְׁנוֹת רָאִינוּ רָעָה:

16 יֵרָאֶה אֶל עֲבָדֶיךָ פָעֳלֶךָ וַהֲדָרְךָ עַל בְּנֵיהֶם:

17 וִיהִי נֹעַם אֲדֹנָי אֱלֹהֵינוּ עָלֵינוּ וּמַעֲשֵׂה יָדֵינוּ כּוֹנְנָה

as one that is slain: thou hast scattered thine enemies with β thy strong arm.

11 The heavens *are* thine, the earth also *is* thine: *as for* the world, and the fulness thereof, thou hast founded them.

12 The north and the south thou hast created them: Tabor*a* and Hermon*b* shall rejoice in thy name.

13 Thou hast δa mighty arm: strong is thy hand, *and* high is thy right hand.

14 Justice*c* and judgment *are* the ζ habitation of thy throne: mercy and truth shall go before thy face.

15 Blessed *is* the people that know the joyful sound:*e* they shall walk, O LORD, in the light*f* of thy countenance.

16 In thy name shall they rejoice all the day: and in thy righteousness*h* shall they be exalted.

17 For thou *art* the glory of their strength; and in thy favour our horn shall be exalted.

18 For η the LORD *is* our defence; and the Holy One of Israel *is* our King.*k*

19 Then thou spakest in vision to thy Holy One, and saidst, I have laid help upon *one that is* mighty;*l* I have exalted *one* chosen out of the people.

20 I*n* have found David my servant; with my holy oil have I anointed him:

21 With*o* whom my hand shall be established; mine arm also shall strengthen him.

22 The enemy shall not exact upon him; nor the son of wickedness afflict him.

23 And I will beat down his foes before his face, and plague them that hate him.

24 But my faithfulness and my mercy *shall be* with him; and in my name shall his horn be exalted.

25 I will set his hand also in the *t* sea, and his right hand in the rivers.

26 He shall cry unto me, Thou *art* my father, my God, and the rock of my salvation.

27 Also I will make him *my*u first-born, higher*v* than the kings of the earth.

28 My mercy*x* will I keep for him for evermore, and my covenant*z* shall stand fast with him.

29 His seed also will I make *to endure* for ever, and his throne as the days of heaven.

30 If*a* his children forsake my law, and walk not in my judgments;

31 If they ν break my statutes, and keep not my commandments;

32 Then will I visit their transgression with the rod, & their iniquity with stripes.

33 Nevertheless*c* my loving-kindness τ will I not utterly take from him, nor suffer my faithfulness to φ fail.

34 My covenant will I not break,*d* nor alter the thing that is gone out of my lips.

35 Once have I sworn by my holiness, χ that I will not lie unto David.

36 His seed shall endure for ever, and his throne as the sun before me.

37 It shall be established for ever as the moon, and *as* a faithful witness in heaven. Selah.

38 But*g* thou hast cast off and abhorred, thou hast been wroth with thine anointed.

39 Thou hast made void the covenant of thy servant; thou hast profaned his crown, *by casting it* to the ground.

40 Thou hast broken down*h* all his hedges; thou hast brought his strong holds to ruin.

41 All that pass by the way spoil him: he is a reproach to his neighbours.

42 Thou hast set up the right hand of

β the arm of thy strength.
a Ju. 4. 6, 12.
b Jos. 12. 1.
γ brightness.
δ an arm with might.
c Ps. 97. 2.
ζ or, establishment, Is. 16. 5.
d Ps. 85. 5.
e Le. 25. 9. Ps. 98. 6. Ro. 10. 18.
f Nu. 6. 26.
g He. 9. 27.
h 1 Co. 1. 30.
i ver. 35.
η or, our shield is of theLORD, & our king is of the Holy One of Israel, Ps. 47. 9.
k Is. 33. 22.
l Is. 9. 6.
m Hab. 3. 17.. 19.
n 1 Sa. 16. 1, 12.
o 2 Sa. 7. 8..16.
θ or, being a Psalm of.
p De. 33. 1.
q Ps. 71. 3. Eze. 11. 16.
κ generation and generation.
r Pr. 8. 25, 26.
s Ge. 3. 19.
t Ps. 72. 8.
λ Or, he hath passed them
u Col. 1. 15, 16.
v Re. 19. 16.
w Is. 40. 6.
μ is changed.
x Is. 55. 3.
y Job 14. 2.
z 2 Sa. 23. 5.
a Je. 9. 13..16.
b Je. 2. 22.
ν profane.
π turned.
ρ or, meditation.
La. 3. 31, 32.
σ as for the days of our years, in them are seventy years.
τ I will not make void from.
φ lie.
d Je. 33. 20.
e Ja. 4. 14.
χ if I lie.
ψ cause to come.
f Pr. 4. 7.
g 1 Ch. 28. 9. Ps. 60. 1, 10. Ho. 9. 17.
h Is. 5. 5, 6.
i Ps. 110. 3.
k Job 22. 28. Pr. 16. 3.

---

his adversaries; thou hast made all his enemies to rejoice.

43 Thou hast also turned the edge of his sword, and hast not made him to stand in the battle.

44 Thou hast made his γ glory to cease, and cast his throne down to the ground.

45 The days of his youth hast thou shortened: thou hast covered him with shame. Selah.

46 How long, LORD? wilt thou hide*d* thyself for ever? shall thy wrath burn like fire?

47 Remember how short my time is: wherefore hast thou made all men in vain?

48 What*g* man *is he that* liveth, and shall not see death? shall he deliver his soul from the hand of the grave? Selah.

49 LORD, where *are* thy former loving-kindnesses, *which* thou swarest*i* unto David in thy truth?

50 Remember, LORD, the reproach of thy servants; *how* I do bear in my bosom *the reproach of* all the mighty people;

51 Wherewith thine enemies have reproached, O LORD; wherewith they have reproached the footsteps of thine anointed.

52 Blessed*m* *be* the LORD for evermore. Amen, and amen.

PSALM XC.

A Prayer θ of Moses, the man*p* of God.

LORD, thou hast been our dwelling place*q* in κ all generations.

2 Before*r* the mountains were brought forth, or ever thou hadst formed the earth and the world, even from everlasting to everlasting, thou *art* God.

3 Thou turnest man to destruction; and sayest, Return,*s* ye children of men.

4 For a thousand years in thy sight *are but* as yesterday when λ it is past, and *as* a watch in the night.

5 Thou carriest them away as with a flood; they are *as* a sleep: in the morning *they are* like grass*w* *which* μ groweth up.

6 In*y* the morning it flourisheth, and groweth up; in the evening it is cut down, and withereth.

7 For we are consumed by thine anger, and by thy wrath are we troubled.

8 Thou*b* hast set our iniquities before thee, our secret *sins* in the light of thy countenance.

9 For all our days are π passed away in thy wrath; we spend our years as a ρ tale *that is told*.

10 σ The days of our years *are* threescore years and ten; and if by reason of strength *they be* fourscore years, yet *is* their strength labour and sorrow: for*e* it is soon cut off, and we fly away.

11 Who knoweth the power of thine anger? even according to thy fear; *so is* thy wrath.

12 So teach *us* to number our days, that we may ψ apply *our* hearts unto*f* wisdom.

13 Return, O LORD, how long? and let it repent thee concerning thy servants.

14 O satisfy us early with thy mercy; that we may rejoice and be glad all our days.

15 Make us glad according to the days *wherein* thou hast afflicted us, *and* the years *wherein* we have seen evil.

16 Let thy work appear unto thy servants, and thy glory unto their children.

17 And let the beauty*i* of the LORD our God be upon us: and establish thou the work of our hands upon us; yea, the work of our hands establish*k* thou it.

עָלֵינוּ וּמַעֲשֵׂה יָדֵינוּ כּוֹנְנֵהוּ ׃

עָלֵינוּ וּמַעֲשֵׂה יָדֵינוּ כּוֹנְנֵהוּ ׃

PSAL. XCI.   צא

1,2 יֹשֵׁב בְּסֵתֶר עֶלְיוֹן בְּצֵל שַׁדַּי יִתְלוֹנָן ׃ אֹמַר לַיהוָה
3 מַחְסִי וּמְצוּדָתִי אֱלֹהַי אֶבְטַח־בּוֹ ׃ כִּי הוּא
4 יַצִּילְךָ מִפַּח יָקוּשׁ מִדֶּבֶר הַוּוֹת ׃ בְּאֶבְרָתוֹ יָסֶךְ
5 לָךְ וְתַחַת־כְּנָפָיו תֶּחְסֶה צִנָּה וְסֹחֵרָה אֲמִתּוֹ ׃ לֹא־
6 תִירָא מִפַּחַד לָיְלָה מֵחֵץ יָעוּף יוֹמָם ׃ מִדֶּבֶר
7 בָּאֹפֶל יַהֲלֹךְ מִקֶּטֶב יָשׁוּד צָהֳרָיִם ׃ יִפֹּל מִצִּדְּךָ
8 אֶלֶף וּרְבָבָה מִימִינֶךָ אֵלֶיךָ לֹא יִגָּשׁ ׃ רַק
9 בְּעֵינֶיךָ תַבִּיט וְשִׁלֻּמַת רְשָׁעִים תִּרְאֶה ׃ כִּי־
10 אַתָּה יְהוָה מַחְסִי עֶלְיוֹן שַׂמְתָּ מְעוֹנֶךָ ׃ לֹא־
תְאֻנֶּה אֵלֶיךָ רָעָה וְנֶגַע לֹא־יִקְרַב בְּאָהֳלֶךָ ׃
11,12 כִּי מַלְאָכָיו יְצַוֶּה־לָּךְ לִשְׁמָרְךָ בְּכָל־דְּרָכֶיךָ ׃ עַל־
13 כַּפַּיִם יִשָּׂאוּנְךָ פֶּן־תִּגֹּף בָּאֶבֶן רַגְלֶךָ ׃ עַל־שַׁחַל
14 וָפֶתֶן תִּדְרֹךְ תִּרְמֹס כְּפִיר וְתַנִּין ׃ כִּי בִי חָשַׁק
15 וַאֲפַלְּטֵהוּ אֲשַׂגְּבֵהוּ כִּי־יָדַע שְׁמִי ׃ יִקְרָאֵנִי
וְאֶעֱנֵהוּ עִמּוֹ־אָנֹכִי בְצָרָה אֲחַלְּצֵהוּ וַאֲכַבְּדֵהוּ ׃
16 אֹרֶךְ יָמִים אַשְׂבִּיעֵהוּ וְאַרְאֵהוּ בִּישׁוּעָתִי ׃

PSAL. XCII.   צב

1,2 מִזְמוֹר שִׁיר לְיוֹם הַשַּׁבָּת ׃ טוֹב לְהֹדוֹת לַיהוָה
3 וּלְזַמֵּר לְשִׁמְךָ עֶלְיוֹן ׃ לְהַגִּיד בַּבֹּקֶר חַסְדֶּךָ
4 וֶאֱמוּנָתְךָ בַּלֵּילוֹת ׃ עֲלֵי־עָשׂוֹר וַעֲלֵי־נָבֶל עֲלֵי
5 הִגָּיוֹן בְּכִנּוֹר ׃ כִּי שִׂמַּחְתַּנִי יְהוָה בְּפָעֳלֶךָ
6 בְּמַעֲשֵׂי יָדֶיךָ אֲרַנֵּן ׃ מַה־גָּדְלוּ מַעֲשֶׂיךָ יְהוָה
7 מְאֹד עָמְקוּ מַחְשְׁבֹתֶיךָ ׃ אִישׁ־בַּעַר לֹא יֵדָע
8 וּכְסִיל לֹא־יָבִין אֶת־זֹאת ׃ בִּפְרֹחַ רְשָׁעִים
כְּמוֹ עֵשֶׂב וַיָּצִיצוּ כָּל־פֹּעֲלֵי אָוֶן לְהִשָּׁמְדָם עֲדֵי־
9,10 עַד ׃ וְאַתָּה מָרוֹם לְעֹלָם יְהוָה ׃ כִּי הִנֵּה אֹיְבֶיךָ
יְהוָה כִּי־הִנֵּה אֹיְבֶיךָ יֹאבֵדוּ יִתְפָּרְדוּ כָּל־פֹּעֲלֵי אָוֶן ׃
11,12 וַתָּרֶם כִּרְאֵים קַרְנִי בַּלֹּתִי בְּשֶׁמֶן רַעֲנָן ׃ וַתַּבֵּט
עֵינִי בְּשׁוּרָי בַּקָּמִים עָלַי מְרֵעִים תִּשְׁמַעְנָה אָזְנָי ׃
13,14 צַדִּיק כַּתָּמָר יִפְרָח כְּאֶרֶז בַּלְּבָנוֹן יִשְׂגֶּה ׃ שְׁתוּלִים

PSAL. XCIII.   צג

1 יְהוָה מָלָךְ גֵּאוּת לָבֵשׁ לָבֵשׁ יְהוָה עֹז הִתְאַזָּר
2 אַף־תִּכּוֹן תֵּבֵל בַּל־תִּמּוֹט ׃ נָכוֹן כִּסְאֲךָ מֵאָז
3 מֵעוֹלָם אָתָּה ׃ נָשְׂאוּ נְהָרוֹת יְהוָה נָשְׂאוּ
4 נְהָרוֹת קוֹלָם יִשְׂאוּ נְהָרוֹת דָּכְיָם ׃ מִקֹּלוֹת מַיִם
רַבִּים אַדִּירִים מִשְׁבְּרֵי־יָם אַדִּיר בַּמָּרוֹם יְהוָה ׃
5 עֵדֹתֶיךָ נֶאֶמְנוּ מְאֹד לְבֵיתְךָ נַאֲוָה־קֹדֶשׁ יְהוָה
לְאֹרֶךְ יָמִים ׃

PSAL. XCIV.   צד

1,2 אֵל־נְקָמוֹת יְהוָה אֵל נְקָמוֹת הוֹפִיעַ ׃ הִנָּשֵׂא
3 שֹׁפֵט הָאָרֶץ הָשֵׁב גְּמוּל עַל־גֵּאִים ׃ עַד־מָתַי
4 רְשָׁעִים יְהוָה עַד־מָתַי רְשָׁעִים יַעֲלֹזוּ ׃ יַבִּיעוּ
5 יְדַבְּרוּ עָתָק יִתְאַמְּרוּ כָּל־פֹּעֲלֵי אָוֶן ׃ עַמְּךָ יְהוָה
6 יְדַכְּאוּ וְנַחֲלָתְךָ יְעַנּוּ ׃ אַלְמָנָה וְגֵר יַהֲרֹגוּ
7 וִיתוֹמִים יְרַצֵּחוּ ׃ וַיֹּאמְרוּ לֹא יִרְאֶה־יָּהּ וְלֹא־
8 יָבִין אֱלֹהֵי יַעֲקֹב ׃ בִּינוּ בֹּעֲרִים בָּעָם וּכְסִילִים
9 מָתַי תַּשְׂכִּילוּ ׃ הֲנֹטַע אֹזֶן הֲלֹא יִשְׁמָע אִם־
10 יֹצֵר עַיִן הֲלֹא יַבִּיט ׃ הֲיֹסֵר גּוֹיִם הֲלֹא יוֹכִיחַ
11 הַמְלַמֵּד אָדָם דָּעַת ׃ יְהוָה יֹדֵעַ מַחְשְׁבוֹת אָדָם
12 כִּי־הֵמָּה הָבֶל ׃ אַשְׁרֵי הַגֶּבֶר אֲשֶׁר־תְּיַסְּרֶנּוּ יָּהּ
13 וּמִתּוֹרָתְךָ תְלַמְּדֶנּוּ ׃ לְהַשְׁקִיט לוֹ מִימֵי רָע עַד
14 יִכָּרֶה לָרָשָׁע שָׁחַת ׃ כִּי לֹא־יִטֹּשׁ יְהוָה עַמּוֹ
15 וְנַחֲלָתוֹ לֹא יַעֲזֹב ׃ כִּי־עַד־צֶדֶק יָשׁוּב מִשְׁפָּט
16 וְאַחֲרָיו כָּל־יִשְׁרֵי־לֵב ׃ מִי־יָקוּם לִי עִם־מְרֵעִים
17 מִי־יִתְיַצֵּב לִי עִם־פֹּעֲלֵי אָוֶן ׃ לוּלֵי יְהוָה
18 עֶזְרָתָה לִּי כִּמְעַט שָׁכְנָה דוּמָה נַפְשִׁי ׃ אִם־
19 אָמַרְתִּי מָטָה רַגְלִי חַסְדְּךָ יְהוָה יִסְעָדֵנִי ׃ בְּרֹב
20 שַׂרְעַפַּי בְּקִרְבִּי תַּנְחוּמֶיךָ יְשַׁעַשְׁעוּ נַפְשִׁי ׃
הַיְחָבְרְךָ כִּסֵּא הַוּוֹת יֹצֵר עָמָל עֲלֵי־חֹק ׃

PSALM XCI.

HE that dwelleth *b* in the secret place of the Most High, shall *β* abide under the shadow *c* of the Almighty.

2 I will say of the LORD, *He is* my refuge, and my fortress : my God ; in him will I trust.

3 Surely *d* he shall deliver thee from the snare of the fowler, *and* from the noisome pestilence.

4 He shall cover thee with his feathers, and under his wings shalt thou trust : his truth *shall be thy* shield and buckler.

5 Thou *h* shalt not be afraid for the terror by night, *nor* for the arrow *that* flieth by day,

6 *Nor* for the pestilence *that* walketh in darkness, *nor* for the destruction *that* wasteth at noon-day.

7 A thousand shall fall at thy side, and ten thousand at thy right hand ; *but* it shall not come nigh thee.

8 Only *k* with thine eyes shalt thou behold, and see the reward of the wicked.

9 Because thou hast made the LORD, *which is* my refuge, *even* the Most High, thy habitation,

10 There *n* shall no evil befall thee, neither shall any plague come nigh thy dwelling.

11 For *o* he shall give his angels charge over thee, to keep thee in all thy ways.

12 They shall bear thee up in *their* hands, lest thou dash thy foot against a stone.

13 Thou *q* shalt tread upon the lion and *κ* adder ; the young lion and the dragon shalt thou trample under feet.

14 Because he hath set his love upon me, therefore will I deliver him : I will set him on high, because he hath known my name.

15 He *t* shall call upon me, and I will answer him : I *u will be* with him in trouble ; I will deliver him, and honour him.

16 With *λ* long life *v* will I satisfy him, and shew him my salvation.

PSALM XCII.

A Psalm or Song for the sabbath-day.

IT *x is* a good *thing* to give thanks unto the LORD, and to sing praises unto thy name, O Most High :

2 To shew forth thy loving-kindness in the morning, *a* and thy faithfulness *μ* every night,

3 Upon an instrument of ten strings, and upon the psaltery ; *ν* upon the harp with *π* a solemn sound.

4 For thou, LORD, hast made me glad through thy work ; I will triumph in the works of thy hands.

5 O LORD, how great are thy works ! *and* thy thoughts *e* are very deep.

6 A brutish man knoweth not ; neither doth a fool understand this.

7 When *g* the wicked spring as the grass, and when all the workers of iniquity do flourish, *it is* that they shall be destroyed for ever :

8 But thou, LORD, *art most* high for evermore.

9 For, lo, thine enemies, O LORD, for, lo, thine enemies shall perish : all *h* the workers of iniquity shall be scattered ;

10 But my horn shalt thou exalt like *the horn of* an unicorn : I shall be anointed *l* with fresh oil.

11 Mine eye also shall see *my desire* on mine enemies ; *and* mine ears shall hear *my desire* of the wicked that rise up against me.

12 The righteous *a* shall flourish like the palm-tree ; he shall grow like a cedar in Lebanon.

13 Those that be planted in the house of the LORD shall flourish in the courts of our God.

14 They shall still bring forth fruit in old age ; they shall be fat and *γ* flourishing ;

15 To shew that the LORD *is* upright : *he is* my rock, *e* and *there is* no unrighteousness *f* in him.

PSALM XCIII.

THE *g* LORD reigneth ; he is clothed with majesty ; the LORD is clothed with strength, *wherewith* he hath girded himself : the world also is established, that it cannot be moved.

2 Thy throne *i is* established *δ* of old : thou *art* from everlasting.

3 The floods have lifted up, O LORD, the floods have lifted up their voice ; the floods lift up their waves.

4 The *l* LORD on high *is* mightier than the noise of many waters, *yea, than* the mighty waves of the sea.

5 Thy testimonies are very sure : holiness *m* becometh thine house, O LORD, *ζ* for ever.

PSALM XCIV.

O LORD *η* God, to whom *p* vengeance belongeth ; O God, to whom vengeance belongeth, *θ* shew thyself.

2 Lift up thyself, thou judge of the earth : render a reward to the proud.

3 LORD, how long *r* shall the wicked, how long shall the wicked triumph ?

4 *How long* shall they utter *and* speak hard *s* things ? *and* all the workers of iniquity boast themselves ?

5 They break in pieces, thy people, O LORD, and afflict thine heritage.

6 They slay the widow and the stranger, and murder the fatherless.

7 Yet they say, The LORD shall not see, neither shall the God of Jacob regard *it.*

8 Understand, *w* ye brutish among the people ; and, *ye* fools, when will ye be wise ?

9 He *y* that planted the ear, shall he not hear ? he that formed the eye, shall he not see ?

10 He that chastiseth the heathen, *z* shall not he correct ? he *b* that teacheth man knowledge, *shall not he know ?*

11 The LORD knoweth the thoughts of man, that they *are c* vanity.

12 Blessed *d is* the man whom thou chastenest, O LORD, and teachest him out of thy law ;

13 That thou mayest give him rest from the days of adversity, until the pit be digged for the wicked.

14 For *f* the LORD will not cast off his people, neither will he forsake his inheritance :

15 But judgment shall return unto righteousness ; and all the upright in heart *ρ* shall follow it.

16 Who will rise up for me against the evil-doers ? *or* who will stand up for me against the workers of iniquity ?

17 Unless *i* the LORD *had been* my help, my soul had *σ* almost dwelt in silence.

18 When I said, My foot *k* slippeth ; thy mercy, O LORD, held me up.

19 In the multitude of my thoughts within me thy comforts *m* delight my soul.

20 Shall the throne of iniquity have fellowship with thee, which *h* frameth mischief by a law ?

Marginal notes (center column)

a Ps. 52. 8.
Ho. 14. 5,6.
b Ps. 27. 5.
β lodge.
c Ps. 57. 1.
γ green.
d Ps. 124. 7.
e De. 32. 4.
f Zep 3. 5.
g Re. 19. 6.
h Ps. 121. 5,6.
i Ps. 45. 6.
δ from them.
k Pr. 3. 25,26.
l Ps. 89. 9.
m He. 12. 14.
Re. 21. 27.
n Pr. 12. 21.
ζ to length of days, Ps. 23. 6.
o Mat. 4. 6.
η God of revenges.
p De. 32. 35. Na. 1. 2.
θ shine forth Ps. 80. 1.
q Job 5. 23.
r or, *asp.* Job 20. 5. Je. 12. 1, 2.
s Ps.73.8,&c. Jude 15.
t Is. 65. 24.
u Is. 43. 2.
λ length of days.
v Pr. 3. 2. 22. 4.
w Ps. 92. 6. Re. 3. 11.
x Ps. 147. 1.
y Ex. 4. 11.
z Eze. 39, 21. Hab. 3. 12.
a La. 3. 23.
μ in the nights.
b Pr. 2. 6.
ν or, *upon the solemn sound with the harp.*
c 1Co.3.19,20.
π Higgaion, Ps. 9. 16.
d Job 5. 17. Pr. 3. 11. He.12.5,&c.
e Is. 55. 9. Ro. 11. 33.
f 1 Sa. 12. 22. Ro. 11. 1,2.
g Ps.73.18,20. Mal. 4. 1.
ρ be after.
h Mat. 7. 23.
i Ps. 124. 1,2.
σ or, *quickly.*
k Ps. 38. 16.
l 2 Co. 1. 21. 1 Jn°. 2. 20.
m Ps. 63. 5, 6. 2Co 1. 3, 4.
n Is. 10. 1.

21 יָגוֹדּוּ עַל־נֶפֶשׁ צַדִּיק וְדָם נָקִי יַרְשִׁיעוּ׃
22 וַיְהִי יְהוָה לִי לְמִשְׂגָּב וֵאלֹהַי לְצוּר מַחְסִי׃
23 וַיָּשֶׁב עֲלֵיהֶם אֶת־אוֹנָם וּבְרָעָתָם יַצְמִיתֵם יַצְמִיתֵם יְהוָה אֱלֹהֵינוּ׃

PSAL. XCV.   צה

1 לְכוּ נְרַנְּנָה לַיהוָה נָרִיעָה לְצוּר יִשְׁעֵנוּ׃
2 נְקַדְּמָה פָנָיו בְּתוֹדָה בִּזְמִרוֹת נָרִיעַ לוֹ׃
3 כִּי אֵל גָּדוֹל יְהוָה וּמֶלֶךְ גָּדוֹל עַל־כָּל־אֱלֹהִים׃
4 אֲשֶׁר בְּיָדוֹ מֶחְקְרֵי־אָרֶץ וְתוֹעֲפֹת הָרִים לוֹ׃
5 אֲשֶׁר־לוֹ הַיָּם וְהוּא עָשָׂהוּ וְיַבֶּשֶׁת יָדָיו יָצָרוּ׃
6 בֹּאוּ נִשְׁתַּחֲוֶה וְנִכְרָעָה נִבְרְכָה לִפְנֵי־יְהוָה עֹשֵׂנוּ׃
7 כִּי הוּא אֱלֹהֵינוּ וַאֲנַחְנוּ עַם מַרְעִיתוֹ וְצֹאן יָדוֹ הַיּוֹם אִם־בְּקֹלוֹ תִשְׁמָעוּ׃
8 אַל־תַּקְשׁוּ לְבַבְכֶם כִּמְרִיבָה כְּיוֹם מַסָּה בַּמִּדְבָּר׃
9 אֲשֶׁר נִסּוּנִי אֲבוֹתֵיכֶם בְּחָנוּנִי גַּם־רָאוּ פָעֳלִי׃
10 אַרְבָּעִים שָׁנָה אָקוּט בְּדוֹר וָאֹמַר עַם תֹּעֵי לֵבָב הֵם וְהֵם לֹא־יָדְעוּ דְרָכָי׃
11 אֲשֶׁר־נִשְׁבַּעְתִּי בְאַפִּי אִם־יְבֹאוּן אֶל־מְנוּחָתִי׃

PSAL. XCVI.   צו

1 שִׁירוּ לַיהוָה שִׁיר חָדָשׁ שִׁירוּ לַיהוָה כָּל־הָאָרֶץ׃
2 שִׁירוּ לַיהוָה בָּרְכוּ שְׁמוֹ בַּשְּׂרוּ מִיּוֹם־לְיוֹם יְשׁוּעָתוֹ׃
3 סַפְּרוּ בַגּוֹיִם כְּבוֹדוֹ בְּכָל־הָעַמִּים נִפְלְאוֹתָיו׃
4 כִּי גָדוֹל יְהוָה וּמְהֻלָּל מְאֹד נוֹרָא הוּא עַל־כָּל־אֱלֹהִים׃
5 כִּי כָּל־אֱלֹהֵי הָעַמִּים אֱלִילִים וַיהוָה שָׁמַיִם עָשָׂה׃
6 הוֹד־וְהָדָר לְפָנָיו עֹז וְתִפְאֶרֶת בְּמִקְדָּשׁוֹ׃
7 הָבוּ לַיהוָה מִשְׁפְּחוֹת עַמִּים הָבוּ לַיהוָה כָּבוֹד וָעֹז׃
8 הָבוּ לַיהוָה כְּבוֹד שְׁמוֹ שְׂאוּ־מִנְחָה וּבֹאוּ לְחַצְרוֹתָיו׃
9 הִשְׁתַּחֲווּ לַיהוָה בְּהַדְרַת־קֹדֶשׁ חִילוּ מִפָּנָיו כָּל־הָאָרֶץ׃
10 אִמְרוּ בַגּוֹיִם יְהוָה מָלָךְ אַף־תִּכּוֹן תֵּבֵל בַּל־תִּמּוֹט יָדִין עַמִּים בְּמֵישָׁרִים׃
11 יִשְׂמְחוּ הַשָּׁמַיִם וְתָגֵל הָאָרֶץ יִרְעַם הַיָּם וּמְלֹאוֹ׃
12 יַעֲלֹז שָׂדַי וְכָל־אֲשֶׁר־בּוֹ אָז יְרַנְּנוּ כָּל־עֲצֵי־יָעַר׃
13 לִפְנֵי יְהוָה כִּי בָא כִּי בָא לִשְׁפֹּט הָאָרֶץ יִשְׁפֹּט־תֵּבֵל בְּצֶדֶק וְעַמִּים בֶּאֱמוּנָתוֹ׃

PSAL. XCVII.   צז

1 יְהוָה מָלָךְ תָּגֵל הָאָרֶץ יִשְׂמְחוּ אִיִּים רַבִּים׃

2 עָנָן וַעֲרָפֶל סְבִיבָיו צֶדֶק וּמִשְׁפָּט מְכוֹן כִּסְאוֹ׃
3 אֵשׁ לְפָנָיו תֵּלֵךְ וּתְלַהֵט סָבִיב צָרָיו׃
4 הֵאִירוּ בְרָקָיו תֵּבֵל רָאֲתָה וַתָּחֵל הָאָרֶץ׃
5 הָרִים כַּדּוֹנַג נָמַסּוּ מִלִּפְנֵי יְהוָה מִלִּפְנֵי אֲדוֹן כָּל־הָאָרֶץ׃
6 הִגִּידוּ הַשָּׁמַיִם צִדְקוֹ וְרָאוּ כָל־הָעַמִּים כְּבוֹדוֹ׃
7 יֵבֹשׁוּ כָּל־עֹבְדֵי פֶסֶל הַמִּתְהַלְלִים בָּאֱלִילִים הִשְׁתַּחֲווּ־לוֹ כָּל־אֱלֹהִים׃
8 שָׁמְעָה וַתִּשְׂמַח צִיּוֹן וַתָּגֵלְנָה בְּנוֹת יְהוּדָה לְמַעַן מִשְׁפָּטֶיךָ יְהוָה׃
9 כִּי־אַתָּה יְהוָה עֶלְיוֹן עַל־כָּל־הָאָרֶץ מְאֹד נַעֲלֵיתָ עַל־כָּל־אֱלֹהִים׃
10 אֹהֲבֵי יְהוָה שִׂנְאוּ רָע שֹׁמֵר נַפְשׁוֹת חֲסִידָיו מִיַּד רְשָׁעִים יַצִּילֵם׃
11 אוֹר זָרֻעַ לַצַּדִּיק וּלְיִשְׁרֵי־לֵב שִׂמְחָה׃
12 שִׂמְחוּ צַדִּיקִים בַּיהוָה וְהוֹדוּ לְזֵכֶר קָדְשׁוֹ׃

PSAL. XCVIII.   צח

1 מִזְמוֹר שִׁירוּ לַיהוָה שִׁיר חָדָשׁ כִּי־נִפְלָאוֹת עָשָׂה הוֹשִׁיעָה־לּוֹ יְמִינוֹ וּזְרוֹעַ קָדְשׁוֹ׃
2 הוֹדִיעַ יְהוָה יְשׁוּעָתוֹ לְעֵינֵי הַגּוֹיִם גִּלָּה צִדְקָתוֹ׃
3 זָכַר חַסְדּוֹ וֶאֱמוּנָתוֹ לְבֵית יִשְׂרָאֵל רָאוּ כָל־אַפְסֵי־אָרֶץ אֵת יְשׁוּעַת אֱלֹהֵינוּ׃
4 הָרִיעוּ לַיהוָה כָּל־הָאָרֶץ פִּצְחוּ וְרַנְּנוּ וְזַמֵּרוּ׃
5 זַמְּרוּ לַיהוָה בְּכִנּוֹר בְּכִנּוֹר וְקוֹל זִמְרָה׃
6 בַּחֲצֹצְרוֹת וְקוֹל שׁוֹפָר הָרִיעוּ לִפְנֵי הַמֶּלֶךְ יְהוָה׃
7 יִרְעַם הַיָּם וּמְלֹאוֹ תֵּבֵל וְיֹשְׁבֵי בָהּ׃
8 נְהָרוֹת יִמְחֲאוּ־כָף יַחַד הָרִים יְרַנֵּנוּ׃
9 לִפְנֵי יְהוָה כִּי בָא לִשְׁפֹּט הָאָרֶץ יִשְׁפֹּט־תֵּבֵל בְּצֶדֶק וְעַמִּים בְּמֵישָׁרִים׃

PSAL. XCIX.   צט

1 יְהוָה מָלָךְ יִרְגְּזוּ עַמִּים יֹשֵׁב כְּרוּבִים תָּנוּט הָאָרֶץ׃
2 יְהוָה בְּצִיּוֹן גָּדוֹל וְרָם הוּא עַל־כָּל־הָעַמִּים׃
3 יוֹדוּ שִׁמְךָ גָּדוֹל וְנוֹרָא קָדוֹשׁ הוּא׃
4 וְעֹז מֶלֶךְ מִשְׁפָּט אָהֵב אַתָּה כּוֹנַנְתָּ מֵישָׁרִים מִשְׁפָּט וּצְדָקָה בְּיַעֲקֹב אַתָּה עָשִׂיתָ׃
5 רוֹמְמוּ יְהוָה אֱלֹהֵינוּ וְהִשְׁתַּחֲווּ לַהֲדֹם רַגְלָיו קָדוֹשׁ הוּא׃
6 מֹשֶׁה וְאַהֲרֹן בְּכֹהֲנָיו וּשְׁמוּאֵל בְּקֹרְאֵי שְׁמוֹ קֹרִאים אֶל־יְהוָה וְהוּא יַעֲנֵם׃
7 בְּעַמּוּד עָנָן יְדַבֵּר אֲלֵיהֶם שָׁמְרוּ עֵדֹתָיו וְחֹק נָתַן־לָמוֹ׃
8 יְהוָה אֱלֹהֵינוּ אַתָּה עֲנִיתָם אֵל נֹשֵׂא

21 They *a* gather themselves together against the soul of the righteous, and condemn the innocent blood.

22 But the LORD is my defence ; and my God *is* the rock of my refuge.

23 And he shall bring upon them their own iniquity, and shall cut them off in their own *e* wickedness ; *yea,* the LORD our God shall cut them off.

PSALM XCV.

O COME, let us sing unto the LORD ; let *g* us make a joyful noise to the rock *i* of our salvation.

2 Let us *γ* come before his presence with thanksgiving, and make a joyful noise unto him with psalms.

3 For *l* the LORD *is* a great God, and a great King *m* above all gods.

4 In *δ* his hand *are* the deep places of the earth ; the *ζ* strength of the hills *is* his also.

5 *η* The sea *is* his, and he made *o* it : and his hands formed the dry *land.*

6 O come, let us worship and bow down : let us kneel *q* before the LORD our Maker.

7 For he *is* our God ; and we *are* the people of his pasture, and the sheep of his hand. To-day, *s* if ye will hear his voice,

8 Harden not your heart, as in the *κ* provocation, *t and as in* the day of temptation in the wilderness :

9 When your fathers tempted *u* me, proved me, and saw my work.

10 Forty years long was I grieved with *this* generation, and said, It *is* a people that do err in their heart, and they have not known my ways :

11 Unto whom I sware *x* in my wrath, that *μ* they should not enter into my rest.

PSALM XCVI.

O SING *a* unto the LORD a new song ; sing unto the LORD, all the earth.

2 Sing unto the LORD, bless his name : shew forth his salvation from day to day.

3 Declare his glory among the heathen, his wonders among all people.

4 For the LORD *is* great, and *b* greatly to be praised : he *is* to be feared above all gods.

5 For *c* all the gods of the nations *are* idols : but *d* the LORD made the heavens.

6 Honour and majesty *are* before him : strength *e* and beauty *are* in his sanctuary.

7 Give *f* unto the LORD, O ye kindreds of the people, give unto the LORD glory and strength.

8 Give unto the LORD the glory *ν due* unto his name : bring an offering, *h* and come into his courts.

9 O worship the LORD in the *π* beauty of holiness : fear before him, all the earth.

10 Say among the heathen, *l* that the LORD reigneth : *m* the world also shall be established that it shall not be moved : he shall judge the people righteously.

11 Let *o* the heavens rejoice, and let the earth be glad ; let the sea roar, and the fulness thereof.

12 Let the field be joyful, and all that *is* therein : then shall all the trees of the wood rejoice

13 Before the LORD : for he cometh, for he cometh to judge the earth : he shall judge the world with righteousness, *s* and the people with his truth.

PSALM XCVII.

T HE *u* LORD reigneth, let the earth rejoice ; *v* let the *τ* multitude of isles *w* be glad *thereof.*

2 Clouds *b* and darkness *are* round about him : righteousness *c* and judgment *are* the *β* habitation of his throne.

3 A fire *d* goeth before him, and burneth up his enemies round about.

4 His lightnings enlightened the world : the earth saw, and trembled.

5 The hills melted *f* like wax at the presence of the LORD, at the presence of the LORD of the whole earth.

6 The heavens declare his righteousness, and all the people see *h* his glory.

7 Confounded be all they that serve graven images, that boast themselves of idols : worship *k* him, all *ye* gods.

8 Zion heard, and was glad ; and the daughters of Judah rejoiced, because of thy judgments, O LORD.

9 For thou, LORD, *art* high above all the earth ; thou art exalted far above all gods.

10 Ye that love the LORD, hate *n* evil : he preserveth the souls of his saints ; he delivereth *p* them out of the hand of the wicked.

11 Light is sown for the righteous, and gladness for the upright in heart.

12 Rejoice *r* in the LORD, ye righteous ; and give thanks *θ* at the remembrance of his holiness.

PSALM XCVIII. A Psalm.

O SING unto the LORD a new song ; for he hath done marvellous things : his right *v* hand, and his holy arm, hath gotten him the victory.

2 The *w* LORD hath made known his salvation : his righteousness hath he *λ* openly shewed in the sight of the heathen.

3 He *y* hath remembered his mercy and his truth toward the house of Israel : all the *z* ends of the earth have seen the salvation of our God.

4 Make a joyful noise unto the LORD, all the earth ; make a loud noise, and rejoice, and sing praise.

5 Sing unto the LORD with the harp ; with the harp, and the voice of a psalm.

6 With trumpets, and sound of cornet, make a joyful noise before the LORD the King.

7 Let the sea roar, and the fulness thereof ; the world, and they that dwell therein.

8 Let the floods clap *their* hands : let the hills be joyful together

9 Before the LORD : for *g* he cometh to judge the earth : with righteousness shall he judge the world, and the people with equity.

PSALM XCIX.

T HE *i* LORD reigneth ; let *k* the people tremble : he sitteth *between* the cherubims ; let the earth *ρ* be moved.

2 The LORD *is* great in Zion, and he *is* high above all the people.

3 Let them praise thy great *π* and terrible name ; *for* it *is* holy.

4 The king's strength also loveth judgment : thou *p* dost establish equity, thou executest judgment and righteousness in Jacob.

5 Exalt ye the LORD our God, and worship at his footstool ; *q for σ* he *is* holy.

6 Moses and Aaron among his priests, and Samuel among them that call upon his name : they *r* called upon the LORD, and he answered them.

7 He spake unto them in *t* the cloudy pillar : they kept his testimonies, and the ordinance *that* he gave them.

8 Thou answeredst them, O LORD our

Marginal references (center column)

a Pr. 1.11,16. Mat. 27. 1.
b 1 Ki. 8. 12.
c Ps. 89. 14.
β or, *establishment.*
d Da. 7. 10. He. 12. 29.
e Pr. 5. 22.
f Ju. 5. 5. Mi. 1. 4.
g Ps. 100. 1.
h Nu. 14. 21. Mat. 25. 31.
i 2 Sa. 22.47.
γ prevent his face.
k He. 1. 6.
l Ps. 97. 9.
m Mal. 1. 14.
δ whose.
ζ or, *heights of the hills* are *his.*
n Pr. 3.7. Ro. 12. 9.
η Whose the sea is.
o Ge. 1. 9, 10.
p Da. 3. 28.
q Ac. 21. 5. Phi. 2. 10.
r Phi. 4. 4.
s He. 3. 7, 15.
θ or, *to the memorial.*
ε contention. Ex. 17.2, 7. Nu.14.2,&c. De. 6. 16.
u 1 Co. 10. 9.
v Ex. 15. 6. Is. 59. 16.
w Is. 52. 10.
λ or, *revealed.*
x He. 4. 3. 5.
y Lu. 1.54,72.
μ if they enter.
z Ro.10.12,18
a 1Ch.16. 23.. 33.
b Ps. 18. 3.
c Je.10.11,12.
d Is. 42. 5.
e Ps. 63. 2.
f Jude 25.
g Re. 1. 7.
ν of.
h He. 13. 15.
i Ps. 93. 1.
k Je. 5. 22.
π or,*glorious sanctuary.*
ρ stagger.
l Ps. 46. 6,10.
m Re. 19. 6.
n De. 28. 58.
o Ps. 69. 34.
p Job 36.5..7.
q 1 Ch. 28. 2.
σ or, *it.*
r Ex. 15. 25. 1 Sa. 7. 9.
s Re. 19. 11. 20. 13.
t Ex. 33. 9.
u Ps. 99. 1.
v Ps. 2. 11.
τ many, or, *great.*
w Is. 60. 9.

9 הָיִיתָ לָהֶם וְנֹקֵם עַל־עֲלִילוֹתָם׃ רוֹמְמוּ יְהוָה
אֱלֹהֵינוּ וְהִשְׁתַּחֲווּ לְהַר קָדְשׁוֹ כִּי־קָדוֹשׁ
יְהוָה אֱלֹהֵינוּ׃

PSAL. C. ק

1 מִזְמוֹר לְתוֹדָה הָרִיעוּ לַיהוָה כָּל־הָאָרֶץ׃
2 עִבְדוּ אֶת־יְהוָה בְּשִׂמְחָה בֹּאוּ לְפָנָיו בִּרְנָנָה׃
3 דְּעוּ כִּי־יְהוָה הוּא אֱלֹהִים הוּא עָשָׂנוּ וְלֹא
אֲנַחְנוּ עַמּוֹ וְצֹאן מַרְעִיתוֹ׃ 4 בֹּאוּ שְׁעָרָיו
בְּתוֹדָה חֲצֵרֹתָיו בִּתְהִלָּה הוֹדוּ לוֹ בָּרֲכוּ
שְׁמוֹ׃ 5 כִּי־טוֹב יְהוָה לְעוֹלָם חַסְדּוֹ וְעַד־דֹּר
וָדֹר אֱמוּנָתוֹ׃

PSAL. CI. קא

1 לְדָוִד מִזְמוֹר חֶסֶד־וּמִשְׁפָּט אָשִׁירָה לְךָ יְהוָה
אֲזַמֵּרָה׃ 2 אַשְׂכִּילָה בְּדֶרֶךְ תָּמִים מָתַי תָּבוֹא
אֵלָי אֶתְהַלֵּךְ בְּתָם־לְבָבִי בְּקֶרֶב בֵּיתִי׃ 3 לֹא־
אָשִׁית לְנֶגֶד עֵינַי דְּבַר־בְּלִיָּעַל עֲשֹׂה־סֵטִים
4 שָׂנֵאתִי לֹא יִדְבַּק בִּי׃ לֵבָב עִקֵּשׁ יָסוּר מִמֶּנִּי
5 רָע לֹא אֵדָע׃ מְלָשְׁנִי בַסֵּתֶר רֵעֵהוּ אוֹתוֹ
אַצְמִית גְּבַהּ־עֵינַיִם וּרְחַב לֵבָב אֹתוֹ לֹא אוּכָל׃
6 עֵינַי בְּנֶאֶמְנֵי־אֶרֶץ לָשֶׁבֶת עִמָּדִי הֹלֵךְ בְּדֶרֶךְ
7 תָּמִים הוּא יְשָׁרְתֵנִי׃ לֹא־יֵשֵׁב בְּקֶרֶב בֵּיתִי
עֹשֵׂה רְמִיָּה דֹּבֵר שְׁקָרִים לֹא־יִכּוֹן לְנֶגֶד עֵינָי׃
8 לַבְּקָרִים אַצְמִית כָּל־רִשְׁעֵי־אָרֶץ לְהַכְרִית מֵעִיר־
יְהוָה כָּל־פֹּעֲלֵי אָוֶן׃

PSAL. CII. קב

1 תְּפִלָּה לְעָנִי כִי־יַעֲטֹף וְלִפְנֵי יְהוָה יִשְׁפֹּךְ
2 שִׂיחוֹ׃ יְהוָה שִׁמְעָה תְפִלָּתִי וְשַׁוְעָתִי אֵלֶיךָ
3 תָבוֹא׃ אַל־תַּסְתֵּר פָּנֶיךָ מִמֶּנִּי בְּיוֹם צַר־לִי
הַטֵּה־אֵלַי אָזְנֶךָ בְּיוֹם אֶקְרָא מַהֵר עֲנֵנִי׃
4 כִּי־כָלוּ בְעָשָׁן יָמָי וְעַצְמוֹתַי כְּמוֹקֵד נִחָרוּ׃
5 הוּכָּה־כָעֵשֶׂב וַיִּבַשׁ לִבִּי כִּי־שָׁכַחְתִּי מֵאֲכֹל
6 לַחְמִי׃ מִקּוֹל אַנְחָתִי דָּבְקָה עַצְמִי לִבְשָׂרִי׃
7 דָּמִיתִי לִקְאַת מִדְבָּר הָיִיתִי כְּכוֹס חֳרָבוֹת׃
8 9 שָׁקַדְתִּי וָאֶהְיֶה כְּצִפּוֹר בּוֹדֵד עַל־גָּג׃ כָּל־הַיּוֹם

---

10 כִּי־אֵפֶר כַּלֶּחֶם אָכָלְתִּי וְשִׁקֻּוַי בִּבְכִי מָסָכְתִּי׃
11 מִפְּנֵי־זַעַמְךָ וְקִצְפֶּךָ כִּי נְשָׂאתַנִי וַתַּשְׁלִיכֵנִי׃
12 יָמַי כְּצֵל נָטוּי וַאֲנִי כָּעֵשֶׂב אִיבָשׁ׃
13 וְאַתָּה יְהוָה לְעוֹלָם תֵּשֵׁב וְזִכְרְךָ לְדֹר וָדֹר׃
14 אַתָּה תָקוּם תְּרַחֵם צִיּוֹן כִּי־
עֵת לְחֶנְנָהּ כִּי־בָא מוֹעֵד׃
15 כִּי־רָצוּ עֲבָדֶיךָ אֶת־
אֲבָנֶיהָ וְאֶת־עֲפָרָהּ יְחֹנֵנוּ׃
16 וְיִירְאוּ גוֹיִם אֶת־
שֵׁם יְהוָה וְכָל־מַלְכֵי הָאָרֶץ אֶת־כְּבוֹדֶךָ׃ 17 כִּי־
בָנָה יְהוָה צִיּוֹן נִרְאָה בִּכְבוֹדוֹ׃ 18 פָּנָה אֶל־תְּפִלַּת
הָעַרְעָר וְלֹא־בָזָה אֶת־תְּפִלָּתָם׃ 19 תִּכָּתֶב זֹאת לְדוֹר
אַחֲרוֹן וְעַם נִבְרָא יְהַלֶּל־יָהּ׃ 20 כִּי־הִשְׁקִיף מִמְּרוֹם
קָדְשׁוֹ יְהוָה מִשָּׁמַיִם אֶל־אֶרֶץ הִבִּיט׃ 21 לִשְׁמֹעַ
אֶנְקַת אָסִיר לְפַתֵּחַ בְּנֵי תְמוּתָה׃ 22 לְסַפֵּר בְּצִיּוֹן
שֵׁם יְהוָה וּתְהִלָּתוֹ בִּירוּשָׁלָ͏ִם׃ 23 בְּהִקָּבֵץ עַמִּים
יַחְדָּו וּמַמְלָכוֹת לַעֲבֹד אֶת־יְהוָה׃ 24 עִנָּה בַדֶּרֶךְ
כֹּחִי קִצַּר יָמָי׃ 25 אֹמַר אֵלִי אַל־תַּעֲלֵנִי בַּחֲצִי יָמָי
בְּדוֹר דּוֹרִים שְׁנוֹתֶיךָ׃ 26 לְפָנִים הָאָרֶץ יָסַדְתָּ
וּמַעֲשֵׂה יָדֶיךָ שָׁמָיִם׃ 27 הֵמָּה יֹאבֵדוּ וְאַתָּה
תַעֲמֹד וְכֻלָּם כַּבֶּגֶד יִבְלוּ כַּלְּבוּשׁ תַּחֲלִיפֵם וְיַחֲלֹפוּ׃
28 29 וְאַתָּה־הוּא וּשְׁנוֹתֶיךָ לֹא יִתָּמּוּ׃ בְּנֵי־עֲבָדֶיךָ
יִשְׁכּוֹנוּ וְזַרְעָם לְפָנֶיךָ יִכּוֹן׃

PSAL. CIII. קג

1 לְדָוִד בָּרֲכִי נַפְשִׁי אֶת־יְהוָה וְכָל־קְרָבַי אֶת־שֵׁם
2 קָדְשׁוֹ׃ בָּרֲכִי נַפְשִׁי אֶת־יְהוָה וְאַל־תִּשְׁכְּחִי כָּל־
3 גְּמוּלָיו׃ הַסֹּלֵחַ לְכָל־עֲוֺנֵכִי הָרֹפֵא לְכָל־
4 תַּחֲלֻאָיְכִי׃ הַגּוֹאֵל מִשַּׁחַת חַיָּיְכִי הַמְעַטְּרֵכִי
5 חֶסֶד וְרַחֲמִים׃ הַמַּשְׂבִּיעַ בַּטּוֹב עֶדְיֵךְ תִּתְחַדֵּשׁ
6 כַּנֶּשֶׁר נְעוּרָיְכִי׃ עֹשֵׂה צְדָקוֹת יְהוָה וּמִשְׁפָּטִים
7 לְכָל־עֲשׁוּקִים׃ יוֹדִיעַ דְּרָכָיו לְמֹשֶׁה לִבְנֵי יִשְׂרָאֵל
8 עֲלִילוֹתָיו׃ רַחוּם וְחַנּוּן יְהוָה אֶרֶךְ אַפַּיִם
9 וְרַב־חָסֶד׃ לֹא־לָנֶצַח יָרִיב וְלֹא לְעוֹלָם יִטּוֹר׃
10 לֹא כַחֲטָאֵינוּ עָשָׂה לָנוּ וְלֹא כַעֲוֺנֹתֵינוּ גָּמַל
11 עָלֵינוּ׃ כִּי כִגְבֹהַּ שָׁמַיִם עַל־הָאָרֶץ גָּבַר חַסְדּוֹ
12 עַל־יְרֵאָיו׃ כִּרְחֹק מִזְרָח מִמַּעֲרָב הִרְחִיק מִמֶּנּוּ
13 אֶת־פְּשָׁעֵינוּ׃ כְּרַחֵם אָב עַל־בָּנִים רִחַם יְהוָה
14 עַל־יְרֵאָיו׃ כִּי־הוּא יָדַע יִצְרֵנוּ זָכוּר כִּי־עָפָר
15 אֲנָחְנוּ׃ אֱנוֹשׁ כֶּחָצִיר יָמָיו כְּצִיץ הַשָּׂדֶה כֵּן

God : thou ^a wast a God that forgavest them, though thou tookest vengeance of their inventions.

9 Exalt the LORD our God, and worship at his holy ^d hill : for the LORD our God *is* holy.

PSALM C. A Psalm of β praise.

MAKE a joyful noise unto the LORD, all γ ye lands.

2 Serve the LORD with gladness ; come before his presence with singing.

3 Know ye that the LORD he *is* God : *it is he* ^f *that* hath made us, and δ not we ourselves : *we are* his people, ^h and the sheep ⁱ of his pasture.

4 Enter ^k into his gates with thanksgiving, *and* into his courts with praise : be thankful unto him, *and* bless his name.

5 For the LORD *is* good, his mercy *is* everlasting ; and his truth *endureth* to ζall generations.

PSALM CI. A Psalm of David.

I WILL sing of mercy and judgment : unto thee, O LORD, will I sing.

2 I will behave ⁿ myself wisely in a perfect way. O when wilt thou come unto me ? I will walk ^o within my house with a perfect heart.

3 I ^p will set no κ wicked thing before mine eyes : I hate the works of them ^r that turn aside ; *it* shall not cleave to me.

4 A froward heart shall depart from me ; I will not know ^t a wicked *person.*

5 Whoso privily slandereth his neighbour, him will I cut off : him that hath an high look & a proud heart will not I suffer.

6 Mine eyes *shall be* upon the faithful of the land, that they may dwell with me : he that walketh μ in a perfect way, he shall serve me.

7 He that worketh deceit shall not dwell within my house ; he that telleth lies ^v shall not νtarry in my sight.

8 I ^w will early destroy all the wicked of the land, that I may cut off all wicked doers from the city of the LORD.

PSALM CII.

A Prayer π of the afflicted ; when ^x he is overwhelmed, and poureth ^y out his complaint before the LORD.

HEAR ^b my prayer, O LORD, and let my cry come unto thee.

2 Hide ^c not thy face from me in the day *when* I am in trouble ; incline thine ear unto me : in the day *when* I call, answer me speedily.

3 For my days are consumed ρlike smoke, and my bones are burned as an hearth.

4 My heart is smitten, and withered like grass ; so that I forget to eat my bread.

5 By reason of the voice of my groaning, my bones cleave to my σ skin.

6 I am like a pelican of the wilderness ; I am like an owl of the desert.

7 I watch, and am as a sparrow alone upon the house-top.

8 Mine enemies reproach me all the day ; *and* they that are mad against me are sworn^f against me.

9 For I have eaten ashes like bread, and mingled my drink with weeping ;

10 Because of thine indignation and thy wrath : for ^k thou hast lifted me up, and cast me down.

11 My days *are* like a shadow ⁱ that declineth ; and I am withered like ^k grass.

12 But thou, ^l O LORD, shalt endure for ever, and thy remembrance unto all generations.

a Ps. 89. 33.
Je.33.25,26.
b Is.60.1,&c.
Zec.1.12,13.
c Is. 40. 2.
d Ps. 2. 6.
β or, *thanksgiving,*
Ps.145,*title.*
γ *the earth.*
e Ne.1.6,11.
2.1..8.
f Ps. 149. 2.
δ or, *his we are.*
g Ro. 15. 4.
1Co. 10. 11.
h Is. 63. 19.
i Eze. 34. 11,
&c.
1 Pe. 2. 25.
k Ps. 65. 1.
Is. 35. 10.
l Ps. 146. 7.
ζ *generation and generation,*
Ps. 89. 1.
η *the children of death.*
m 1 Pe. 2. 9.
n 1Sa. 18. 14.
ο 1 Ki. 9. 4.
θ *afflicted.*
p Is. 33. 15.
κ *thing of Belial.*
q Ps. 39. 13.
r Ps. 38. 10.
r Ps. 125. 5.
s He.1.10..12.
t 1Co. 15. 33.
λ *stand.*
μ or, *perfect in the way,*
Ps. 119. 1.
u Mal. 3. 6.
He. 13. 8.
v Re. 21. 27.
ν *be established.*
w Je. 21. 12.
π or, *for.*
x Ps. 61. 2.
y Ps. 62. 8.
z Mat. 9. 2..6.
Ep. 1. 7.
a Ex. 15. 26.
b Ps. 145. 19.
c Is. 43. 2.
1Co. 10. 13.
d Is. 40. 31.
ρ or, (as some read) *into.*
σ or, *flesh.*
τ *great of.*
e Is. 57. 16.
Mi. 7.18,19.
φ *according to the height of heaven.*
f Ac. 23. 12.
g Je. 50. 20.
h Ps. 30. 7.
i Ec. 6. 12.
k Ja. 1. 10.
l La. 5. 19.
m Ge. 3. 19.
n Is. 40. 6..8.
Ja. 1. 10,11.

13 Thou shalt arise, *and* have mercy upon Zion : for the time ^b to favour her, yea, the set ^a time, is come.

14 For thy servants take pleasure in her stones, and favour the dust thereof.

15 So the heathen shall fear the name of the LORD, and all the kings of the earth thy glory.

16 When the LORD shall build up Zion, he shall appear in his glory.

17 He ^e will regard the prayer of the destitute, and not despise their prayer.

18 This ^g shall be written for the generation to come ; and the people which shall be created shall praise the LORD.

19 For he hath looked down from the height of his sanctuary ; from heaven did the LORD behold the earth ;

20 To ^l hear the groaning of the prisoner, to loose η those that are appointed to death ;

21 To ^m declare the name of the LORD in Zion, and his praise in Jerusalem ;

22 When the people are gathered together, and the kingdoms, to serve the LORD.

23 He θ weakened my strength in the way ; he shortened my days.

24 I ^q said, O my God, take me not away in the midst of my days : thy years *are* throughout all generations.

25 Of ^s old hast thou laid the foundation of the earth ; and the heavens *are* the work of thy hands.

26 They shall perish, but thou shalt λ endure ; yea, all of them shall wax old like a garment ; as a vesture shalt thou change them, and they shall be changed :

27 But ^u thou *art* the same, and thy years shall have no end.

28 The children of thy servants shall continue, and their seed shall be established before thee.

PSALM CIII. *A Psalm* of David.

BLESS the LORD, O my soul ; and all that is within me, *bless* his holy name.

2 Bless the LORD, O my soul, and forget not all his benefits :

3 Who forgiveth ^z all thine iniquities ; who healeth ^a all thy diseases ;

4 Who redeemeth thy life from destruction ; who crowneth thee with lovingkindness and tender mercies ;

5 Who satisfieth thy mouth with good *things ; so that* thy youth is ^d renewed like the eagle's.

6 The LORD executeth righteousness and judgment for all that are oppressed.

7 He made known his ways unto Moses, his acts unto the children of Israel.

8 The LORD *is* merciful and gracious, slow to anger, and τ plenteous in mercy.

9 He ^e will not always chide ; neither will he keep *his anger* for ever.

10 He hath not dealt with us after our sins, nor rewarded us according to our iniquities.

11 For φ as the heaven is high above the earth, *so* great is his mercy toward them that fear him.

12 As far as the east is from the west, *so* far hath he removed ^g our transgressions from us.

13 Like as a father pitieth *his* children, *so* the LORD pitieth them that fear him.

14 For he knoweth our frame ; he remembereth that we *are* dust.^m

15 *As for* man, his days *are* as grass ; as ⁿ a flower of the field, so he flourisheth.

16 כִּי רוּחַ עָבְרָה־בּוֹ וְאֵינֶנּוּ וְלֹא־יַכִּירֶנּוּ עוֹד
מְקוֹמוֹ ׃
17 וְחֶסֶד יְהֹוָה מֵעוֹלָם וְעַד־עוֹלָם עַל־
יְרֵאָיו וְצִדְקָתוֹ לִבְנֵי בָנִים ׃
18 לְשֹׁמְרֵי בְרִיתוֹ וּלְזֹכְרֵי פִקֻּדָיו לַעֲשׂוֹתָם ׃
19 יְהֹוָה בַּשָּׁמַיִם הֵכִין כִּסְאוֹ וּמַלְכוּתוֹ בַּכֹּל מָשָׁלָה ׃
20 בָּרֲכוּ יְהֹוָה מַלְאָכָיו גִּבֹּרֵי כֹחַ עֹשֵׂי דְבָרוֹ לִשְׁמֹעַ בְּקוֹל דְּבָרוֹ ׃
21 בָּרֲכוּ יְהֹוָה
כָּל־צְבָאָיו מְשָׁרְתָיו עֹשֵׂי רְצוֹנוֹ ׃
22 בָּרֲכוּ יְהֹוָה
כָּל־מַעֲשָׂיו בְּכָל־מְקֹמוֹת מֶמְשַׁלְתּוֹ בָּרֲכִי נַפְשִׁי
אֶת־יְהֹוָה ׃

PSAL. CIV. קד

1 בָּרֲכִי נַפְשִׁי אֶת־יְהֹוָה יְהֹוָה אֱלֹהַי גָּדַלְתָּ מְּאֹד
הוֹד וְהָדָר לָבָשְׁתָּ ׃
2 עֹטֶה־אוֹר כַּשַּׂלְמָה נוֹטֶה שָׁמַיִם כַּיְרִיעָה ׃
3 הַמְקָרֶה בַמַּיִם עֲלִיּוֹתָיו הַשָּׂם־עָבִים רְכוּבוֹ הַמְהַלֵּךְ עַל־כַּנְפֵי־רוּחַ ׃
4 עֹשֶׂה מַלְאָכָיו רוּחוֹת מְשָׁרְתָיו אֵשׁ לֹהֵט ׃
5 יָסַד־אֶרֶץ עַל־מְכוֹנֶיהָ בַּל־תִּמּוֹט עוֹלָם וָעֶד ׃
6 תְּהוֹם כַּלְּבוּשׁ כִּסִּיתוֹ עַל־הָרִים יַעַמְדוּ־מָיִם ׃
7 מִן־גַּעֲרָתְךָ יְנוּסוּן מִן־קוֹל רַעַמְךָ יֵחָפֵזוּן ׃
8 יַעֲלוּ הָרִים יֵרְדוּ בְקָעוֹת אֶל־מְקוֹם זֶה יָסַדְתָּ לָהֶם ׃
9 גְּבוּל־שַׂמְתָּ בַּל־יַעֲבֹרוּן בַּל־יְשׁוּבוּן לְכַסּוֹת הָאָרֶץ ׃
10 הַמְשַׁלֵּחַ מַעְיָנִים בַּנְּחָלִים בֵּין הָרִים יְהַלֵּכוּן ׃
11 יַשְׁקוּ כָּל־חַיְתוֹ שָׂדָי יִשְׁבְּרוּ פְרָאִים צְמָאָם ׃
12 עֲלֵיהֶם עוֹף־הַשָּׁמַיִם יִשְׁכּוֹן מִבֵּין עֳפָאיִם יִתְּנוּ־קוֹל ׃
13 מַשְׁקֶה הָרִים מֵעֲלִיּוֹתָיו מִפְּרִי מַעֲשֶׂיךָ תִּשְׂבַּע הָאָרֶץ ׃
14 מַצְמִיחַ חָצִיר לַבְּהֵמָה וְעֵשֶׂב לַעֲבֹדַת הָאָדָם לְהוֹצִיא לֶחֶם מִן־הָאָרֶץ ׃
15 וְיַיִן יְשַׂמַּח לְבַב־אֱנוֹשׁ לְהַצְהִיל פָּנִים מִשָּׁמֶן וְלֶחֶם לְבַב־אֱנוֹשׁ יִסְעָד ׃
16 יִשְׂבְּעוּ עֲצֵי יְהֹוָה אַרְזֵי לְבָנוֹן אֲשֶׁר נָטָע ׃
17 אֲשֶׁר־שָׁם צִפֳּרִים יְקַנֵּנוּ חֲסִידָה בְּרוֹשִׁים בֵּיתָהּ ׃
18 הָרִים הַגְּבֹהִים לַיְּעֵלִים סְלָעִים מַחְסֶה לַשְׁפַנִּים ׃
19 עָשָׂה יָרֵחַ לְמוֹעֲדִים שֶׁמֶשׁ יָדַע מְבוֹאוֹ ׃
20 תָּשֶׁת־חֹשֶׁךְ וִיהִי לָיְלָה בּוֹ־תִרְמֹשׂ כָּל־חַיְתוֹ־יָעַר ׃
21 הַכְּפִירִים שֹׁאֲגִים לַטָּרֶף וּלְבַקֵּשׁ

22 מֵאֵל אָכְלָם ׃ תִּזְרַח הַשֶּׁמֶשׁ יֵאָסֵפוּן וְאֶל־
מְעוֹנֹתָם יִרְבָּצוּן ׃
23 יֵצֵא אָדָם לְפָעֳלוֹ וְלַעֲבֹדָתוֹ
עֲדֵי־עָרֶב ׃
24 מָה־רַבּוּ מַעֲשֶׂיךָ יְהֹוָה כֻּלָּם
בְּחָכְמָה עָשִׂיתָ מָלְאָה הָאָרֶץ קִנְיָנֶךָ ׃
25 זֶה הַיָּם
גָּדוֹל וּרְחַב יָדָיִם שָׁם־רֶמֶשׂ וְאֵין מִסְפָּר חַיּוֹת
קְטַנּוֹת עִם־גְּדֹלוֹת ׃
26 שָׁם אֳנִיּוֹת יְהַלֵּכוּן לִוְיָתָן
זֶה־יָצַרְתָּ לְשַׂחֶק־בּוֹ ׃
27 כֻּלָּם אֵלֶיךָ יְשַׂבֵּרוּן לָתֵת
אָכְלָם בְּעִתּוֹ ׃
28 תִּתֵּן לָהֶם יִלְקֹטוּן תִּפְתַּח יָדְךָ
יִשְׂבְּעוּן טוֹב ׃
29 תַּסְתִּיר פָּנֶיךָ יִבָּהֵלוּן תֹּסֵף רוּחָם
יִגְוָעוּן וְאֶל־עֲפָרָם יְשׁוּבוּן ׃
30 תְּשַׁלַּח רוּחֲךָ
יִבָּרֵאוּן וּתְחַדֵּשׁ פְּנֵי אֲדָמָה ׃
31 יְהִי כְבוֹד יְהֹוָה
לְעוֹלָם יִשְׂמַח יְהֹוָה בְּמַעֲשָׂיו ׃
32 הַמַּבִּיט לָאָרֶץ
וַתִּרְעָד יִגַּע בֶּהָרִים וְיֶעֱשָׁנוּ ׃
33 אָשִׁירָה לַיהֹוָה
בְּחַיָּי אֲזַמְּרָה לֵאלֹהַי בְּעוֹדִי ׃
34 יֶעֱרַב עָלָיו שִׂיחִי
אָנֹכִי אֶשְׂמַח בַּיהֹוָה ׃
35 יִתַּמּוּ חַטָּאִים מִן־הָאָרֶץ
וּרְשָׁעִים עוֹד אֵינָם בָּרֲכִי נַפְשִׁי אֶת־יְהֹוָה
הַלְלוּ־יָהּ ׃

PSAL. CV. קה

1 הוֹדוּ לַיהֹוָה קִרְאוּ בִשְׁמוֹ הוֹדִיעוּ בָעַמִּים
עֲלִילוֹתָיו ׃
2 שִׁירוּ־לוֹ זַמְּרוּ־לוֹ שִׂיחוּ בְּכָל־נִפְלְאוֹתָיו ׃
3 הִתְהַלְלוּ בְּשֵׁם קָדְשׁוֹ יִשְׂמַח לֵב מְבַקְשֵׁי יְהֹוָה ׃
4 דִּרְשׁוּ יְהֹוָה וְעֻזּוֹ בַּקְּשׁוּ פָנָיו תָּמִיד ׃
5 זִכְרוּ
נִפְלְאוֹתָיו אֲשֶׁר־עָשָׂה מֹפְתָיו וּמִשְׁפְּטֵי־פִיו ׃
6 זֶרַע
אַבְרָהָם עַבְדּוֹ בְּנֵי יַעֲקֹב בְּחִירָיו ׃
7 הוּא יְהֹוָה
אֱלֹהֵינוּ בְּכָל־הָאָרֶץ מִשְׁפָּטָיו ׃
8 זָכַר לְעוֹלָם
בְּרִיתוֹ דָּבָר צִוָּה לְאֶלֶף דּוֹר ׃
9 אֲשֶׁר כָּרַת אֶת־
אַבְרָהָם וּשְׁבוּעָתוֹ לְיִשְׂחָק ׃
10 וַיַּעֲמִידֶהָ לְיַעֲקֹב
לְחֹק לְיִשְׂרָאֵל בְּרִית עוֹלָם ׃
11 לֵאמֹר לְךָ אֶתֵּן אֶת־
אֶרֶץ־כְּנָעַן חֶבֶל נַחֲלַתְכֶם ׃
12 בִּהְיוֹתָם מְתֵי
מִסְפָּר כִּמְעַט וְגָרִים בָּהּ ׃
13 וַיִּתְהַלְּכוּ מִגּוֹי אֶל־גּוֹי
מִמַּמְלָכָה אֶל־עַם אַחֵר ׃
14 לֹא־הִנִּיחַ אָדָם
לְעָשְׁקָם וַיּוֹכַח עֲלֵיהֶם מְלָכִים ׃
15 אַל־תִּגְּעוּ
בִמְשִׁיחָי וְלִנְבִיאַי אַל־תָּרֵעוּ ׃
16 וַיִּקְרָא רָעָב עַל־

16 For the wind passeth over it, and it is β gone; and the place b thereof shall know it no more.

17 But the mercy of the LORD *is* from everlasting to everlasting upon them that fear him, and his righteousness unto children's children;

18 To d such as keep his covenant, and to those that remember his commandments to do them.

19 The LORD hath prepared his f throne in the heavens; and his kingdom h ruleth over all.

20 Bless the LORD, ye his angels, γ that excel in strength, i that do his commandments, hearkening unto the voice of his word.

21 Bless ye the LORD, all *ye* his hosts; *ye* ministers l of his that do his pleasure.

22 Bless the LORD, all m his works, in all places of his dominion: bless the LORD, O my soul.

PSALM CIV.

BLESS the LORD, O my soul. O LORD my God, thou art very great; thou o art clothed with honour and majesty:

2 Who coverest *thyself* with light q as *with* a garment; who r stretchest out the heavens like a curtain;

3 Who t layeth the beams of his chambers in the waters; who maketh the clouds v his chariot; who w walketh upon the wings of the wind;

4 Who y maketh his angels spirits; his ministers a flaming fire; z

5 n *Who* laid the foundations of the earth, *that* it should not be removed for ever.

6 Thou c coveredst it with the deep as *with* a garment: the waters stood above the mountains.

7 At f thy rebuke they fled; at the voice of thy thunder they hasted away.

8 θ They go up by the mountains; they go down by the valleys unto the place which thou hast founded for them.

9 Thou i hast set a bound that they may not pass over, that they turn not again to cover the earth.

10 κ He sendeth the springs into the valleys, *which* λ run among the hills.

11 They give drink to every beast of the field: the wild asses μ quench their thirst.

12 By them shall the fowls of the heaven have their habitation, *which* ν sing among the branches.

13 He watereth the hills from his chambers: the earth is satisfied with the fruit of thy works.

14 He causeth the grass to grow for the cattle, and herb for the service of man, that he may bring forth food out of the earth;

15 And wine q *that* maketh glad the heart of man, *and* π oil to make *his* face to shine, and bread *which* strengtheneth man's heart.

16 The trees of the LORD are full of *sap:* the cedars s of Lebanon which he hath planted;

17 Where the birds make their nests: *as* for the stork, the fir-trees *are* her house.

18 The high hills *are* a refuge for the wild goats, *and* the rocks for the conies.

19 He appointed the moon for seasons: the sun knoweth his going down.

20 Thou makest darkness, and it is night, wherein all the beasts σ of the forest do creep *forth.*

21 The young lions a roar after their prey, and seek their meat from God.

22 The sun ariseth, they gather themselves together, and lay them down in their dens.

23 Man c goeth forth unto his work, and to his labour, until the evening.

24 O LORD, how manifold are thy works! in wisdom e hast thou made them all: the earth is full of thy riches.

25 So *is* this great and wide g sea, wherein *are* things creeping innumerable, both small and great beasts.

26 There go the ships; *there is* that leviathan, k *whom* thou hast δ made to play therein.

27 These wait all upon thee, that thou mayest give *them* their meat in due season.

28 *That* thou givest them they gather: thou n openest thine hand, they are filled with good.

29 Thou hidest thy face, they are troubled; thou takest away their breath, they die, and return to their dust.

30 Thou p sendest forth thy spirit, they are created; and thou renewest the face of the earth.

31 The glory of ye LORD shall ζ endure for ever: the LORD shall rejoice e in his works.

32 He looketh on the earth, and it trembleth; u he toucheth the hills, and they smoke. x

33 I will sing unto the LORD as long as I live; I will sing praise to my God while I have my being.

34 My a meditation of him shall be sweet: I will be glad b in the LORD.

35 Let d the sinners be consumed out of the earth, and let the wicked e be no more. Bless thou the LORD, O my soul. Praise ye the LORD.

PSALM CV.

O GIVE thanks unto the LORD; call upon his name; make h known his deeds among the people.

2 Sing unto him, sing psalms unto him: talk ye of all his wondrous works.

3 Glory ye in his holy name: let the heart of them rejoice that seek the LORD.

4 Seek k the LORD, and his strength; seek l his face evermore.

5 Remember his marvellous works that he hath done; his wonders, and the judgments of his mouth;

6 O ye seed of Abraham his servant, ye children of Jacob his chosen.

7 He *is* the LORD our God; his m judgments *are* in all the earth.

8 He n hath remembered his covenant for ever, the word *which* he commanded to a thousand generations:

9 Which *covenant* he made with Abraham, o and his oath unto Isaac; p

10 And confirmed the same unto Jacob r for a law, *and* to Israel *for* an everlasting covenant;

11 Saying, Unto thee will I give the land of Canaan, the ρ lot of your inheritance:

12 When there were *but* a few t men in number; yea, very few, and strangers in it.

13 When they went from one nation to another, from *one* kingdom to another people,

14 He suffered no man to do them wrong; yea, he reproved kings for their sakes:

15 *Saying,* Touch not mine anointed, and do my prophets no harm.

16 Moreover, u he called for a famine upon the land: he brake the whole staff v of bread.

a Job 38. 39.
β *not.*
b Job 20. 9.
c Ge. 3. 19.
d Ex. 20. 6. De. 7. 9.
e Pr. 3. 19.
f Ps. 11. 4.
g Ps. 95. 5.
h Da.4.34,35.
γ *mighty in.*
i Joel 2. 11.
k Job 41. 1, &c.
δ *formed.*
l Da. 7. 10. He. 1. 14.
m Ps. 145. 10.
n Ps. 145. 16.
o Re.1.13,&c
p Is.32.14,15.
Eze. 37. 9.
q Da. 7. 9.
1 Ti. 6. 16.
r Is. 40. 22.
ζ *be.*
s Ge. 1. 31.
Is. 62. 5.
t Am. 9. 6.
u Hab. 3. 10.
v Is. 19. 1.
w Ps. 18. 10.
x Ex. 19. 18.
y He. 1. 7.
z 2 Ki. 2. 11. 6. 17.
η *He hath founded the earth upon her bases.*
a Ps. 63. 5, 6.
b Ps. 32. 11. Hab.3.17,18.
c Ge. 7. 19.
d Pr. 2. 22.
e Ps. 1. 4.
f Ge. 8. 1.5.
θ or, *The mountains ascend, the valleys descend.*
g 1Ch.16.8.22
h Is. 12. 4.
i Job38.10,11.
κ *Who.*
λ *walk.*
k Am. 5. 4, 6.
l Ps. 27. 8.
μ *break.*
ν *give a voice*
m Is. 26. 9.
n Lu. 1. 73.
o Ge. 17. 2.
p Ge. 26. 3.
q Pr. 31. 6, 7.
π *to make his face shine with oil,* or, *more than oil.*
r Ge.28.13..15
ρ *cord.*
s Ps. 92. 12.
t De. 7. 7.
σ *thereof do trample on the forest.*
u Ge. 41. 54.
v Is. 3. 1.

17 הָאָרֶץ כָּל־מַטֵּה־לֶחֶם שָׁבָר ׃ שָׁלַח לִפְנֵיהֶם
18 אִישׁ לְעֶבֶד נִמְכַּר יוֹסֵף ׃ עִנּוּ בַכֶּבֶל רַגְלָיו
19 בַּרְזֶל בָּאָה נַפְשׁוֹ ׃ עַד־עֵת בֹּא־דְבָרוֹ אִמְרַת
20 יְהוָה צְרָפָתְהוּ ׃ שָׁלַח מֶלֶךְ וַיַתִּירֵהוּ מֹשֵׁל עַמִּים
21 וַיְפַתְּחֵהוּ ׃ שָׂמוֹ אָדוֹן לְבֵיתוֹ וּמֹשֵׁל בְּכָל־קִנְיָנוֹ
22 לֶאְסֹר שָׂרָיו בְּנַפְשׁוֹ וּזְקֵנָיו יְחַכֵּם ׃
23 וַיָּבֹא יִשְׂרָאֵל
24 מִצְרָיִם וְיַעֲקֹב גָּר בְּאֶרֶץ חָם ׃ וַיֶּפֶר אֶת־עַמּוֹ
25 מְאֹד וַיַּעֲצִמֵהוּ מִצָּרָיו ׃ הָפַךְ לִבָּם לִשְׂנֹא עַמּוֹ
26 לְהִתְנַכֵּל בַּעֲבָדָיו ׃ שָׁלַח מֹשֶׁה עַבְדּוֹ אַהֲרֹן
27 אֲשֶׁר בָּחַר בּוֹ ׃ שָׂמוּ בָם דִּבְרֵי אֹתוֹתָיו וּמֹפְתִים
28 בְּאֶרֶץ חָם ׃ שָׁלַח חֹשֶׁךְ וַיַּחְשִׁךְ וְלֹא מָרוּ אֶת־
29 דְּבָרוֹ ׃ הָפַךְ אֶת־מֵימֵיהֶם לְדָם וַיָּמֶת אֶת־
30 דְּגָתָם ׃ שָׁרַץ אַרְצָם צְפַרְדְּעִים בְּחַדְרֵי מַלְכֵיהֶם
31,32 אָמַר וַיָּבֹא עָרֹב כִּנִּים בְּכָל־גְּבוּלָם ׃ נָתַן
33 גִּשְׁמֵיהֶם בָּרָד אֵשׁ לֶהָבוֹת בְּאַרְצָם ׃ וַיַּךְ
34 גַּפְנָם וּתְאֵנָתָם וַיְשַׁבֵּר עֵץ גְּבוּלָם ׃ אָמַר וַיָּבֹא
35 אַרְבֶּה וְיֶלֶק וְאֵין מִסְפָּר ׃ וַיֹּאכַל כָּל־עֵשֶׂב בְּאַרְצָם
36 וַיֹּאכַל פְּרִי אַדְמָתָם ׃ וַיַּךְ כָּל־בְּכוֹר בְּאַרְצָם
37 רֵאשִׁית לְכָל־אוֹנָם ׃ וַיּוֹצִיאֵם בְּכֶסֶף וְזָהָב וְאֵין
38 בִּשְׁבָטָיו כּוֹשֵׁל ׃ שָׂמַח מִצְרַיִם בְּצֵאתָם כִּי־נָפַל
39 פַּחְדָּם עֲלֵיהֶם ׃ פָּרַשׂ עָנָן לְמָסָךְ וְאֵשׁ לְהָאִיר
40 לָיְלָה ׃ שָׁאַל וַיָּבֵא שְׂלָו וְלֶחֶם שָׁמַיִם יַשְׂבִּיעֵם
41,42 פָּתַח צוּר וַיָּזוּבוּ מָיִם הָלְכוּ בַּצִּיּוֹת נָהָר ׃ כִּי
43 זָכַר אֶת־דְּבַר קָדְשׁוֹ אֶת־אַבְרָהָם עַבְדּוֹ ׃ וַיּוֹצִא
44 עַמּוֹ בְשָׂשׂוֹן בְּרִנָּה אֶת־בְּחִירָיו ׃ וַיִּתֵּן לָהֶם
45 אַרְצוֹת גּוֹיִם וַעֲמַל לְאֻמִּים יִירָשׁוּ ׃ בַּעֲבוּר
יִשְׁמְרוּ חֻקָּיו וְתוֹרֹתָיו יִנְצֹרוּ הַלְלוּ־יָהּ ׃

PSAL. CVI. ק

1 הַלְלוּ יָהּ הוֹדוּ לַיהוָה כִּי־טוֹב כִּי לְעוֹלָם חַסְדּוֹ ׃
2 מִי יְמַלֵּל גְּבוּרוֹת יְהוָה יַשְׁמִיעַ כָּל־תְּהִלָּתוֹ ׃
3 אַשְׁרֵי שֹׁמְרֵי מִשְׁפָּט עֹשֵׂה צְדָקָה בְכָל־עֵת ׃

4 זָכְרֵנִי יְהוָה בִּרְצוֹן עַמֶּךָ פָּקְדֵנִי בִּישׁוּעָתֶךָ ׃
5 לִרְאוֹת בְּטוֹבַת בְּחִירֶיךָ לִשְׂמֹחַ בְּשִׂמְחַת גּוֹיֶךָ
6 לְהִתְהַלֵּל עִם־נַחֲלָתֶךָ ׃ חָטָאנוּ עִם־אֲבוֹתֵינוּ
7 הֶעֱוִינוּ הִרְשָׁעְנוּ ׃ אֲבוֹתֵינוּ בְמִצְרַיִם לֹא־
הִשְׂכִּילוּ נִפְלְאוֹתֶיךָ לֹא זָכְרוּ אֶת־רֹב חֲסָדֶיךָ
8 וַיַּמְרוּ עַל־יָם בְּיַם־סוּף ׃ וַיּוֹשִׁיעֵם לְמַעַן שְׁמוֹ
9 לְהוֹדִיעַ אֶת־גְּבוּרָתוֹ ׃ וַיִּגְעַר בְּיַם־סוּף וַיֶּחֱרָב
10 וַיּוֹלִיכֵם בַּתְּהֹמוֹת כַּמִּדְבָּר ׃ וַיּוֹשִׁיעֵם מִיַּד
11 שׂוֹנֵא וַיִּגְאָלֵם מִיַּד אוֹיֵב ׃ וַיְכַסּוּ־מַיִם צָרֵיהֶם
12 אֶחָד מֵהֶם לֹא נוֹתָר ׃ וַיַּאֲמִינוּ בִדְבָרָיו
13 יָשִׁירוּ תְּהִלָּתוֹ ׃ מִהֲרוּ שָׁכְחוּ מַעֲשָׂיו לֹא־
14 חִכּוּ לַעֲצָתוֹ ׃ וַיִּתְאַוּוּ תַאֲוָה בַּמִּדְבָּר וַיְנַסּוּ־
15 אֵל בִּישִׁימוֹן ׃ וַיִּתֵּן לָהֶם שֶׁאֱלָתָם וַיְשַׁלַּח רָזוֹן
16 בְּנַפְשָׁם ׃ וַיְקַנְאוּ לְמֹשֶׁה בַּמַּחֲנֶה לְאַהֲרֹן
17 קְדוֹשׁ יְהוָה ׃ תִּפְתַּח־אֶרֶץ וַתִּבְלַע דָּתָן
18 וַתְּכַס עַל־עֲדַת אֲבִירָם ׃ וַתִּבְעַר־אֵשׁ בַּעֲדָתָם
19 לֶהָבָה תְּלַהֵט רְשָׁעִים ׃ יַעֲשׂוּ־עֵגֶל בְּחֹרֵב
20 וַיִּשְׁתַּחֲווּ לְמַסֵּכָה ׃ וַיָּמִירוּ אֶת־כְּבוֹדָם בְּתַבְנִית
21 שׁוֹר אֹכֵל עֵשֶׂב ׃ שָׁכְחוּ אֵל מוֹשִׁיעָם עֹשֶׂה
22 גְדֹלוֹת בְּמִצְרָיִם ׃ נִפְלָאוֹת בְּאֶרֶץ חָם נוֹרָאוֹת
23 עַל־יַם־סוּף ׃ וַיֹּאמֶר לְהַשְׁמִידָם לוּלֵי מֹשֶׁה
בְחִירוֹ עָמַד בַּפֶּרֶץ לְפָנָיו לְהָשִׁיב חֲמָתוֹ
24 מֵהַשְׁחִית ׃ וַיִּמְאֲסוּ בְּאֶרֶץ חֶמְדָּה לֹא־הֶאֱמִינוּ
25 לִדְבָרוֹ ׃ וַיֵּרָגְנוּ בְאָהֳלֵיהֶם לֹא שָׁמְעוּ בְּקוֹל
26 יְהוָה ׃ וַיִּשָּׂא יָדוֹ לָהֶם לְהַפִּיל אוֹתָם בַּמִּדְבָּר
27 וּלְהַפִּיל זַרְעָם בַּגּוֹיִם וּלְזָרוֹתָם בָּאֲרָצוֹת ׃
28 וַיִּצָּמְדוּ לְבַעַל פְּעוֹר וַיֹּאכְלוּ זִבְחֵי מֵתִים ׃
29,30 וַיַּכְעִיסוּ בְּמַעַלְלֵיהֶם וַתִּפְרָץ־בָּם מַגֵּפָה ׃ וַיַּעֲמֹד
31 פִּינְחָס וַיְפַלֵּל וַתֵּעָצַר הַמַּגֵּפָה ׃ וַתֵּחָשֶׁב לוֹ
32 לִצְדָקָה לְדֹר וָדֹר עַד־עוֹלָם ׃ וַיַּקְצִיפוּ עַל־מֵי
33 מְרִיבָה וַיֵּרַע לְמֹשֶׁה בַּעֲבוּרָם ׃ כִּי־הִמְרוּ אֶת־
34 רוּחוֹ וַיְבַטֵּא בִּשְׂפָתָיו ׃ לֹא־הִשְׁמִידוּ אֶת־
35 הָעַמִּים אֲשֶׁר אָמַר יְהוָה לָהֶם ׃ וַיִּתְעָרְבוּ
36 בַגּוֹיִם וַיִּלְמְדוּ מַעֲשֵׂיהֶם ׃ וַיַּעַבְדוּ אֶת־עֲצַבֵּיהֶם
37 וַיִּהְיוּ לָהֶם לְמוֹקֵשׁ ׃ וַיִּזְבְּחוּ אֶת־בְּנֵיהֶם וְאֶת־
38 בְּנוֹתֵיהֶם לַשֵּׁדִים ׃ וַיִּשְׁפְּכוּ דָם נָקִי דַּם־בְּנֵיהֶם

17 He[a] sent a man before them, *even* Joseph, *who* was sold[b] for a servant;

18 Whose feet they hurt with fetters: [β] he was laid in iron;

19 Until the time that his word came; the word of the LORD tried him.

20 The king[d] sent and loosed him; *even* the ruler of the people, and let him go free.

21 He made him lord of his house, and ruler of all his [γ] substance;

22 To bind his princes at his pleasure, and teach his senators wisdom.

23 Israel[h] also came into Egypt, and Jacob sojourned in the land of Ham.

24 And[i] he increased his people greatly, & made them stronger than their enemies.

25 He turned their heart to hate his people, to deal subtilly with his servants.

26 He sent Moses[l] his servant, *and* Aaron whom he had chosen.

27 They shewed [ζ] his signs[o] among them, and wonders in the land of Ham.

28 He sent darkness,[q] and made it dark; and they rebelled not against his word.

29 He turned their waters[r] into blood, and slew their fish.

30 Their land brought forth frogs[u] in abundance, in the chambers of their kings.

31 He[v] spake, and there came divers sorts of flies, *and* lice in all their coasts.

32 He gave [θ] them hail[w] for rain, *and* flaming fire in their land.

33 He smote their vines also and their fig-trees; and brake the trees of their coasts.

34 He spake, and the locusts[y] came, and caterpillars, and that without number,

35 And did eat up all the herbs in their land,& devoured the fruit of their ground.

36 He smote also all the first-born[a] in their land, the chief[b] of all their strength.

37 He[c] brought them forth also with silver and gold; and *there was* not one feeble *person* among their tribes.

38 Egypt[e] was glad when they departed; for the fear of them fell upon them.

39 He[f] spread a cloud for a covering, and fire to give light in the night.

40 *The people* asked,[h] and he brought quails,[i] and satisfied them with the bread of heaven.

41 He[k] opened the rock, and the waters gushed out; they ran in the dry places *like* a river.

42 For he remembered his holy promise,[l] *and* Abraham his servant.

43 And he brought forth his people with joy, *and* his chosen with [μ] gladness;

44 And[n] gave them the lands of the heathen: and they inherited the labour of the people;

45 That[o] they might observe his statutes, and keep his laws. [ν] Praise ye the LORD.

PSALM CVI.

PRAISE[ν] ye the LORD. O[p] give thanks unto the LORD; for *he is* good: for his mercy *endureth* for ever.

2 Who[r] can utter the mighty acts of the LORD? *who* can shew forth all his praise?

3 Blessed[s] *are* they that keep judgment, *and* he that doeth righteousness at all times.[u]

4 Remember[v] me, O LORD, with the favour *that thou bearest unto* thy people: O visit me with thy salvation;

5 That I may see the good of thy chosen,[w] that I may rejoice in the gladness[y] of thy nation, that I may glory with thine inheritance.[a]

6 We[b] have sinned with our fathers,

---

we have committed iniquity, we have done wickedly.

7 Our[ ] fathers understood not thy wonders in Egypt; they remembered not the multitude of thy mercies; but[c] provoked *him* at the sea, *even* at the Red Sea.

8 Nevertheless, he saved them for[e] his name's sake, that[f] he might make his mighty power to be known.

9 He[g] rebuked the Red Sea also, and it was dried up: so he led them through the depths, as through the wilderness.

10 And he saved them from the hand of him that hated *them,* and redeemed them from the hand of the enemy.

11 And[k] the waters covered their enemies; there was not one of them left.

12 Then believed they his words; they sang[m] his praise.

13 They[δ] soon forgat[n] his works; they waited not for his counsel;

14 But[η] lusted[p] exceedingly in the wilderness, and tempted God in the desert.

15 And he gave them their request; but sent leanness[s] into their soul.

16 They[t] envied Moses also in the camp, *and* Aaron the saint of the LORD.

17 The earth opened and swallowed up Dathan, and covered the company of Abiram.

18 And a fire was kindled in their company; the flame burned up the wicked.

19 They made a calf[x] in Horeb, and worshipped the molten image.

20 Thus[z] they changed their glory into the similitude of an ox that eateth grass.

21 They forgat God their saviour, which had done great things in Egypt;

22 Wondrous works in the land of Ham, *and* terrible things by the Red Sea.

23 Therefore[d] he said that he would destroy them, had not Moses his chosen stood before him in the breach, to turn away his wrath, lest he should destroy *them.*

24 Yea, they despised [κ] the pleasant land; [g] they believed not his word;

25 But murmured in their tents,& hearkened not unto the voice of the LORD:

26 Therefore he lifted up his hand against them, to overthrow them in the wilderness:

27 To [λ] overthrow their seed also among the nations, and to scatter them in the lands.

28 They[m] joined themselves also unto Baal-peor, & ate the sacrifices of the dead.

29 Thus they provoked *him* to anger with their inventions; and the plague brake in upon them.

30 Then stood up Phinehas, & executed judgment: and *so* the plague was stayed.

31 And that was counted unto him for righteousness, unto all generations for evermore.

32 They[q] angered *him* also at the waters of strife, so that it went ill with Moses for their sakes:

33 Because they provoked his spirit, so that he spake unadvisedly with his lips.

34 They[t] did not destroy the nations, concerning whom the LORD commanded them:

35 But were mingled among the heathen, and learned their works.

36 And[x] they served their idols; which were a snare unto them.

37 Yea, they sacrificed[z] their sons and their daughters unto devils.

38 And shed innocent blood, *even* the

Center reference column:

a Ge. 45. 5.
b Ge. 39. 1,20.
β *his soul came into.*
c Ex.14.11,12.
d Ge.41.14,40.
e Eze. 20. 14.
f Ex. 9. 16.
γ *possession.*
g Ex. 14. 21, &c.
h Ge. 46.6, 7.
i Ex.1.7,&c.
k Ex. 15. 5.
l Ex.4.12,&c.
m Ex.15.1,&c.
δ *made haste,they forgat.*
n Ex. XV.. XVII.
ζ *words of his signs.*
o Ex. VII.. XII.
η *lusted a lust.*
p Nu.11.4,33. Ps. 78. 18.
q Ex. 10. 21, 23.
r Ex.7.20,21.
s Is. 10. 16.
t Nu.16.1,&c.
u Ex. 8. 5, 6.
v Ex. 8.17,24.
θ *their rain hail.*
w Ex.9.23,25.
x Ex. 32. 4.
y Ex.10.12,14.
z Je. 2. 11.
a Ex. 12. 29.
b Ge. 49. 3.
c Ex. 12. 35.
d Eze. 20. 13.
z Ex. 12. 33.
κ *a land of desire.*
f Ex. 13. 21. Ne. 9. 12.
g De. 8. 7.
h Ps. 78. 18.
i Ex.16.13,14.
k Ex. 17. 6. Nu. 20. 11. 1 Co. 10. 4.
λ *make them fall.*
l Ge. 15. 14.
m Nu. 25. 2, &c.
μ *singing.*
n Jos. 21. 43.
o De. 4. 1, 40. 6.21,25.
ν *Hallelujah.* 1 Ch. 16.34.
q Nu.20.3,&c.
r Ps. 40. 5.
s Ps. 15. 2.
t Ju.1.21,&c.
u Ga. 6. 9.
v Ps.119.132.
w Ep. 1. 4.
x Ju. 2.3,&c.
y Is. 35. 10. Jn°. 16. 22.
z Eze. 16. 20.
a Ep. 1. 18.
b Da. 9. 5.

הָאָרֶץ בַּדָּמִים: וַיִּטְמְאוּ בְמַעֲשֵׂיהֶם וַיִּזְנוּ 39

בְּמַעַלְלֵיהֶם: וַיִּחַר־אַף יְהֹוָה בְּעַמּוֹ וַיְתָעֵב אֶת־ 40

נַחֲלָתוֹ: וַיִּתְּנֵם בְּיַד־גּוֹיִם וַיִּמְשְׁלוּ בָהֶם שֹׂנְאֵיהֶם: 41

וַיִּלְחָצוּם אוֹיְבֵיהֶם וַיִּכָּנְעוּ תַּחַת 42

יָדָם: פְּעָמִים רַבּוֹת יַצִּילֵם וְהֵמָּה יַמְרוּ 43

בַעֲצָתָם וַיָּמֹכּוּ בַּעֲוֹנָם: וַיַּרְא בַּצַּר לָהֶם 44

בְּשָׁמְעוֹ אֶת־רִנָּתָם: וַיִּזְכֹּר לָהֶם בְּרִיתוֹ וַיִּנָּחֵם 45

כְּרֹב חֲסָדָיו: וַיִּתֵּן אוֹתָם לְרַחֲמִים לִפְנֵי כָּל־ 46

שׁוֹבֵיהֶם: הוֹשִׁיעֵנוּ יְהֹוָה אֱלֹהֵינוּ וְקַבְּצֵנוּ מִן־ 47

הַגּוֹיִם לְהֹדוֹת לְשֵׁם קָדְשֶׁךָ לְהִשְׁתַּבֵּחַ בִּתְהִלָּתֶךָ:

בָּרוּךְ יְהֹוָה אֱלֹהֵי יִשְׂרָאֵל מִן־הָעוֹלָם וְעַד 48

הָעוֹלָם וְאָמַר כָּל־הָעָם אָמֵן הַלְלוּ־יָהּ:

PSAL. CVII. קז

הֹדוּ לַיהֹוָה כִּי־טוֹב כִּי לְעוֹלָם חַסְדּוֹ: יֹאמְרוּ 1,2

גְּאוּלֵי יְהֹוָה אֲשֶׁר גְּאָלָם מִיַּד־צָר: וּמֵאֲרָצוֹת 3

קִבְּצָם מִמִּזְרָח וּמִמַּעֲרָב מִצָּפוֹן וּמִיָּם: תָּעוּ 4

בַמִּדְבָּר בִּישִׁימוֹן דָּרֶךְ עִיר מוֹשָׁב לֹא מָצָאוּ: 5

רְעֵבִים גַּם־צְמֵאִים נַפְשָׁם בָּהֶם תִּתְעַטָּף: 6

וַיִּצְעֲקוּ אֶל־יְהֹוָה בַּצַּר לָהֶם מִמְּצוּקוֹתֵיהֶם 7

יַצִּילֵם: וַיַּדְרִיכֵם בְּדֶרֶךְ יְשָׁרָה לָלֶכֶת אֶל־ 8

עִיר מוֹשָׁב: יוֹדוּ לַיהֹוָה חַסְדּוֹ וְנִפְלְאוֹתָיו 9

לִבְנֵי אָדָם: כִּי־הִשְׂבִּיעַ נֶפֶשׁ שֹׁקֵקָה וְנֶפֶשׁ 10

רְעֵבָה מִלֵּא־טוֹב: יֹשְׁבֵי חֹשֶׁךְ וְצַלְמָוֶת אֲסִירֵי 11

עֳנִי וּבַרְזֶל: כִּי־הִמְרוּ אִמְרֵי־אֵל וַעֲצַת עֶלְיוֹן 12

נָאָצוּ: וַיַּכְנַע בֶּעָמָל לִבָּם כָּשְׁלוּ וְאֵין עֹזֵר: 13

וַיִּזְעֲקוּ אֶל־יְהֹוָה בַּצַּר לָהֶם מִמְּצֻקוֹתֵיהֶם 14

יוֹשִׁיעֵם: יוֹצִיאֵם מֵחֹשֶׁךְ וְצַלְמָוֶת וּמוֹסְרוֹתֵיהֶם 15

יְנַתֵּק: יוֹדוּ לַיהֹוָה חַסְדּוֹ וְנִפְלְאוֹתָיו לִבְנֵי אָדָם: 16

כִּי־שִׁבַּר דַּלְתוֹת נְחֹשֶׁת וּבְרִיחֵי בַרְזֶל גִּדֵּעַ: אֱוִלִים 17

מִדַּרְכָּם פִּשְׁעָם וּמֵעֲוֹנֹתֵיהֶם יִתְעַנּוּ: כָּל־אֹכֶל 18

תְּתַעֵב נַפְשָׁם וַיַּגִּיעוּ עַד־שַׁעֲרֵי מָוֶת: וַיִּזְעֲקוּ 19

אֶל־יְהֹוָה בַּצַּר לָהֶם מִמְּצֻקוֹתֵיהֶם יוֹשִׁיעֵם: יוֹדוּ 20,21

לַיהֹוָה חַסְדּוֹ וְנִפְלְאוֹתָיו לִבְנֵי אָדָם: וְיִזְבְּחוּ 22

זִבְחֵי תוֹדָה וִיסַפְּרוּ מַעֲשָׂיו בְּרִנָּה: יוֹרְדֵי הַיָּם 23

בָּאֳנִיּוֹת עֹשֵׂי מְלָאכָה בְּמַיִם רַבִּים: הֵמָּה רָאוּ 24

מַעֲשֵׂי יְהֹוָה וְנִפְלְאוֹתָיו בִּמְצוּלָה: וַיֹּאמֶר וַיַּעֲמֵד 25

רוּחַ סְעָרָה וַתְּרוֹמֵם גַּלָּיו: יַעֲלוּ שָׁמַיִם יֵרְדוּ 26

תְהוֹמוֹת נַפְשָׁם בְּרָעָה תִתְמוֹגָג: יָחוֹגּוּ וְיָנוּעוּ 27

כַּשִּׁכּוֹר וְכָל־חָכְמָתָם תִּתְבַּלָּע: וַיִּצְעֲקוּ אֶל־יְהֹוָה 28

בַּצַּר לָהֶם וּמִמְּצוּקֹתֵיהֶם יוֹצִיאֵם: יָקֵם סְעָרָה 29

לִדְמָמָה וַיֶּחֱשׁוּ גַּלֵּיהֶם: וַיִּשְׂמְחוּ כִי־יִשְׁתֹּקוּ 30

וַיַּנְחֵם אֶל־מְחוֹז חֶפְצָם: יוֹדוּ לַיהֹוָה חַסְדּוֹ 31

וְנִפְלְאוֹתָיו לִבְנֵי אָדָם: וִירֹמְמוּהוּ בִּקְהַל־עָם 32

וּבְמוֹשַׁב זְקֵנִים יְהַלְלוּהוּ: יָשֵׂם נְהָרוֹת לְמִדְבָּר 33

וּמֹצָאֵי מַיִם לְצִמָּאוֹן: אֶרֶץ פְּרִי לִמְלֵחָה מֵרָעַת 34

יֹשְׁבֵי בָהּ: יָשֵׂם מִדְבָּר לַאֲגַם־מַיִם וְאֶרֶץ צִיָּה 35

לְמֹצָאֵי מָיִם: וַיּוֹשֶׁב שָׁם רְעֵבִים וַיְכוֹנְנוּ עִיר 36

מוֹשָׁב: וַיִּזְרְעוּ שָׂדוֹת וַיִּטְּעוּ כְרָמִים וַיַּעֲשׂוּ פְּרִי 37

תְבוּאָה: וַיְבָרְכֵם וַיִּרְבּוּ מְאֹד וּבְהֶמְתָּם לֹא 38

יַמְעִיט: וַיִּמְעֲטוּ וַיָּשֹׁחוּ מֵעֹצֶר רָעָה וְיָגוֹן: 39

שֹׁפֵךְ בּוּז עַל־נְדִיבִים וַיַּתְעֵם בְּתֹהוּ לֹא־דָרֶךְ: 40

וַיְשַׂגֵּב אֶבְיוֹן מֵעוֹנִי וַיָּשֶׂם כַּצֹּאן מִשְׁפָּחוֹת: 41

יִרְאוּ יְשָׁרִים וְיִשְׂמָחוּ וְכָל־עַוְלָה קָפְצָה פִּיהָ: 42

מִי־חָכָם וְיִשְׁמָר־אֵלֶּה וְיִתְבּוֹנְנוּ חַסְדֵי יְהֹוָה: 43

PSAL. CVIII. קח

שִׁיר מִזְמוֹר לְדָוִד: נָכוֹן לִבִּי אֱלֹהִים אָשִׁירָה 1,2

וַאֲזַמְּרָה אַף־כְּבוֹדִי: עוּרָה הַנֵּבֶל וְכִנּוֹר אָעִירָה 3

שָּׁחַר: אוֹדְךָ בָעַמִּים יְהֹוָה וַאֲזַמֶּרְךָ בַּלְאֻמִּים: 4

blood of their sons and of their daughters, whom they sacrificed unto the idols of Canaan: and the land *a* was polluted with blood.

39 Thus were they defiled *c* with their own works, and went a whoring *d* with their own inventions.

40 Therefore *g* was the wrath of the LORD kindled against his people, insomuch that he abhorred *h* his own inheritance.

41 And he gave them into the hand of the heathen; and they that hated them ruled over them.

42 Their enemies also oppressed them, and they were brought into subjection under their hand.

43 Many times did he deliver them; but they provoked *him* with their counsel, and were *δ* brought low for their iniquity.

44 Nevertheless, *m* he regarded their affliction, when he heard their cry:

45 And he remembered for them his covenant, and repented according to the multitude of his mercies.

46 He made them also to be pitied *o* of all those that carried them captives.

47 Save *p* us, O LORD our God, and gather us from among the heathen, to give thanks unto thy holy name, *and* to triumph in thy praise.

48 Blessed *be* ye *c* LORD God of Israel from everlasting to everlasting: and let all the people say, Amen. *η* Praise ye the LORD.

PSALM CVII.

O GIVE thanks unto the LORD, for *he is* good; *s* for his mercy *endureth* for ever.

2 Let the redeemed of the LORD say *so,* whom he hath redeemed *u* from the hand of the enemy;

3 And gathered *v* them out of the lands, from the east, and from the west, from the north, and from the *θ* south.

4 They wandered in the wilderness *y* in a solitary way; they found no city to dwell in.

5 Hungry and thirsty, their soul fainted in them.

6 Then *a* they cried unto the LORD in their trouble, *and* he delivered them out of their distresses.

7 And he led them forth by the right *b* way, that they might go to a city of habitation.

8 Oh that *men* would praise the LORD for his goodness, and *for* his wonderful works to the children of men!

9 For *d* he satisfieth the longing soul, and filleth the hungry soul with goodness.

10 Such as sit in darkness & in y *e* shadow of death, *being* bound *f* in affliction & iron;

11 Because *g* they rebelled against the words of God, and contemned the counsel *i* of the Most High;

12 Therefore he brought down their heart with labour; they fell down, and *there was* none *l* to help.

13 Then they cried unto the LORD in their trouble, *and* he saved them out of their distresses.

14 He *n* brought them out of darkness and the shadow of death, and brake their bands in sunder.

15 Oh that *men* would praise the LORD for his goodness, and *for* his wonderful works to the children of men!

16 For *p* he hath broken the gates of brass, and cut the bars of iron in sunder.

17 Fools, because *q* of their transgression, & because of their iniquities, are afflicted:

18 Their soul abhorreth all manner of

---

a Nu. 35. 33.
b Job 33. 19, &c.
c Eze. 20. 18.
d Le. 17. 7.
    Je. 3. 6, 9.
e 2 Ki.20,4,5.
    Mat. 8. 8.
f Ps. 30. 2, 3.
g Ju.2.14,&c.
    Ne.9.27,&c.
    Ps. 78. 59.
h La. 2. 7.
i Ps. 66. 5.
k Le. 7. 12.
    He. 13. 15.
β singing.
l Jon.1,4,&c.
γ maketh to stand.
δ or, impoverished,
or, weakened.
m Le. 26. 40.. 42.
n Na. 2. 10.
o Ezr. 9. 9.
ζ all their wisdom is swallowed up.
p 1 Ch.16.35.
q Ps. 89. 9.
    Mat. 8. 26.
r Ps. 41. 13.
η Hallelujah.
s Ps. 119. 68.
    Mat. 19. 17.
t Ps. 22. 22.
    66. 16.
    111. 1.
u Ps. 106. 10.
v Is. 43. 5, 6.
    Eze. 39. 25, &c.
w 1 Ki.17.1,7.
θ sea
x Ge. 13. 10.
    19. 25.
κ saltness.
y De. 32. 10.
z Ps. 114. 8.
    Is. 41. 18.
a v. 13,19,28.
    Ps. 50. 15.
    Ho. 5. 15.
b Ezr. 8. 21.
    Is. 30. 21.
c 2 Ki. 10. 32.
d Lu. 1.53,79.
e Job 12. 21, 24.
f Job 36. 8,9.
g La. 3. 42.
    5. 16, 17.
λ or, void places.
h 1 Sa. 2.5..8.
    Ps.113.7..9.
i Lu. 7. 30.
μ after.
k Job5.15,16. 22. 19.
l Job 9. 13.
m Je. 9. 12.
    Ho. 14. 9.
n Ps. 146. 7.
o Ps.57.7..11.
p Is. 45. 2.
q Ps. 38. 3, 5.
v or, skies.

---

meat; and they draw near unto the gates of death.

19 Then *b* they cry unto the LORD in their trouble; *and* he saveth them out of their distresses.

20 He sent his word *e* and healed them, *f* and delivered *them* from their destructions.

21 Oh that *men* would praise the LORD for his goodness, and *for* his wonderful works *i* to the children of men!

22 And let them sacrifice the sacrifices of thanksgiving, *k* and declare his works with *β* rejoicing.

23 They that go down to the sea in ships, that do business in great waters;

24 These see the works of the LORD, and his wonders in the deep.

25 For *l* he commandeth, and *γ* raiseth the stormy wind, which lifteth up the waves thereof.

26 They mount up to the heaven, they go down again to the depths; their soul is melted *n* because of trouble.

27 They reel to and fro, and stagger like a drunken man, and *ζ* are at their wit's end.

28 Then they cry unto the LORD in their trouble, and he bringeth them out of their distresses.

29 He *q* maketh the storm a calm, so that the waves thereof are still.

30 Then are they glad because they be quiet; so he bringeth them unto their desired haven.

31 Oh that *men* would praise the LORD for his goodness, and *for* his wonderful works to the children of men!

32 Let them exalt him also in *t* the congregation of the people, and praise him in the assembly of the elders.

33 He *w* turneth rivers into a wilderness, and the water-springs into dry ground;

34 A *x* fruitful land into *κ* barrenness, for the wickedness of them that dwell therein.

35 He *z* turneth the wilderness into a standing water, and dry ground into water-springs.

36 And there he maketh the hungry to dwell, that they may prepare a city for habitation;

37 And sow the fields, and plant vineyards, which may yield fruits of increase.

38 He blesseth them also, so that they are multiplied greatly, and suffereth not their cattle to decrease.

39 Again they are minished, *e* and brought low through oppression, affliction, and sorrow.

40 He *e* poureth contempt upon princes, and causeth them to wander in the *λ* wilderness, *where there is* no way.

41 Yet *h* setteth he the poor on high *μ* from affliction, and maketh *him* families like a flock.

42 The *k* righteous shall see *it,* and rejoice; and all iniquity shall stop her mouth.

43 Whoso *m is* wise, and will observe these *things,* even they shall understand the loving-kindness of the LORD.

PSALM CVIII.

A Song *or* Psalm of David.

O GOD, *o* my heart is fixed; I will sing and give praise, even with my glory.

2 Awake, psaltery and harp; I *myself* will awake early.

3 I will praise thee, O LORD, among the people; and I will sing praises unto thee among the nations.

4 For thy mercy *is* great above the heavens, and thy truth *reacheth* unto the *v* clouds.

5 כִּי־גָדוֹל מֵעַל־שָׁמַיִם חַסְדֶּךָ וְעַד־שְׁחָקִים אֲמִתֶּךָ ׃
6 רוּמָה עַל־שָׁמַיִם אֱלֹהִים וְעַל כָּל־הָאָרֶץ כְּבוֹדֶךָ ׃
7 לְמַעַן יֵחָלְצוּן יְדִידֶיךָ הוֹשִׁיעָה יְמִינְךָ וַעֲנֵנִי ׃
8 אֱלֹהִים דִּבֶּר בְּקָדְשׁוֹ אֶעְלֹזָה אֲחַלְּקָה שְׁכֶם וְעֵמֶק סֻכּוֹת אֲמַדֵּד ׃
9 לִי גִלְעָד לִי מְנַשֶּׁה וְאֶפְרַיִם מָעוֹז רֹאשִׁי יְהוּדָה מְחֹקְקִי ׃
10 מוֹאָב סִיר רַחְצִי עַל־אֱדוֹם אַשְׁלִיךְ נַעֲלִי עֲלֵי־פְלֶשֶׁת אֶתְרוֹעָע ׃
11 מִי יֹבִלֵנִי עִיר מִבְצָר מִי נָחַנִי עַד־אֱדוֹם ׃
12 הֲלֹא־אֱלֹהִים זְנַחְתָּנוּ וְלֹא־תֵצֵא אֱלֹהִים בְּצִבְאֹתֵינוּ ׃
13 הָבָה־לָּנוּ עֶזְרָת מִצָּר וְשָׁוְא תְּשׁוּעַת אָדָם ׃
14 בֵּאלֹהִים נַעֲשֶׂה־חָיִל וְהוּא יָבוּס צָרֵינוּ ׃

PSAL. CIX. קט

1 לַמְנַצֵּחַ לְדָוִד מִזְמוֹר אֱלֹהֵי תְהִלָּתִי אַל־תֶּחֱרַשׁ ׃
2 כִּי פִי רָשָׁע וּפִי־מִרְמָה עָלַי פָּתָחוּ דִּבְּרוּ אִתִּי לְשׁוֹן שָׁקֶר ׃
3 וְדִבְרֵי שִׂנְאָה סְבָבוּנִי וַיִּלָּחֲמוּנִי חִנָּם ׃
4 תַּחַת־אַהֲבָתִי יִשְׂטְנוּנִי וַאֲנִי תְפִלָּה ׃
5 וַיָּשִׂימוּ עָלַי רָעָה תַּחַת טוֹבָה וְשִׂנְאָה תַּחַת אַהֲבָתִי ׃
6 הַפְקֵד עָלָיו רָשָׁע וְשָׂטָן יַעֲמֹד עַל־יְמִינוֹ ׃
7 בְּהִשָּׁפְטוֹ יֵצֵא רָשָׁע וּתְפִלָּתוֹ תִּהְיֶה לַחֲטָאָה ׃
8 יִהְיוּ־יָמָיו מְעַטִּים פְּקֻדָּתוֹ יִקַּח אַחֵר ׃
9 יִהְיוּ־בָנָיו יְתוֹמִים וְאִשְׁתּוֹ אַלְמָנָה ׃
10 וְנוֹעַ יָנוּעוּ בָנָיו וְשִׁאֵלוּ וְדָרְשׁוּ מֵחָרְבוֹתֵיהֶם ׃
11 יְנַקֵּשׁ נוֹשֶׁה לְכָל־אֲשֶׁר־לוֹ וְיָבֹזּוּ זָרִים יְגִיעוֹ ׃
12 אַל־יְהִי־לוֹ מֹשֵׁךְ חָסֶד וְאַל־יְהִי חוֹנֵן לִיתוֹמָיו ׃
13 יְהִי־אַחֲרִיתוֹ לְהַכְרִית בְּדוֹר אַחֵר יִמַּח שְׁמָם ׃
14 יִזָּכֵר עֲוֺן אֲבֹתָיו אֶל־יְהוָה וְחַטַּאת אִמּוֹ אַל־תִּמָּח ׃
15 יִהְיוּ נֶגֶד־יְהוָה תָּמִיד וְיַכְרֵת מֵאֶרֶץ זִכְרָם ׃
16 יַעַן אֲשֶׁר לֹא זָכַר עֲשׂוֹת חָסֶד וַיִּרְדֹּף אִישׁ־עָנִי וְאֶבְיוֹן וְנִכְאֵה לֵבָב לְמוֹתֵת ׃
17 וַיֶּאֱהַב קְלָלָה וַתְּבוֹאֵהוּ וְלֹא־חָפֵץ בִּבְרָכָה וַתִּרְחַק מִמֶּנּוּ ׃
18 וַיִּלְבַּשׁ קְלָלָה כְּמַדּוֹ וַתָּבֹא כַמַּיִם בְּקִרְבּוֹ וְכַשֶּׁמֶן בְּעַצְמוֹתָיו ׃
19 תְּהִי־לוֹ כְּבֶגֶד יַעְטֶה וּלְמֵזַח תָּמִיד יַחְגְּרֶהָ ׃
20 זֹאת פְּעֻלַּת שֹׂטְנַי מֵאֵת יְהוָה וְהַדֹּבְרִים רָע עַל־נַפְשִׁי ׃
21 וְאַתָּה יְהוִה אֲדֹנָי עֲשֵׂה־אִתִּי לְמַעַן שְׁמֶךָ ׃
22 כִּי־עָנִי וְאֶבְיוֹן אָנֹכִי וְלִבִּי חָלַל בְּקִרְבִּי ׃
23 כְּצֵל־כִּנְטוֹתוֹ נֶהֱלָכְתִּי נִנְעַרְתִּי כָּאַרְבֶּה ׃
24 בִּרְכַּי כָּשְׁלוּ מִצּוֹם וּבְשָׂרִי כָּחַשׁ מִשָּׁמֶן ׃
25 וַאֲנִי הָיִיתִי חֶרְפָּה לָהֶם יִרְאוּנִי יְנִיעוּן רֹאשָׁם ׃
26 עָזְרֵנִי יְהוָה אֱלֹהָי הוֹשִׁיעֵנִי כְחַסְדֶּךָ ׃
27 וְיֵדְעוּ כִּי־יָדְךָ זֹּאת אַתָּה יְהוָה עֲשִׂיתָהּ ׃
28 יְקַלְלוּ־הֵמָּה וְאַתָּה תְבָרֵךְ קָמוּ וַיֵּבֹשׁוּ וְעַבְדְּךָ יִשְׂמָח ׃
29 יִלְבְּשׁוּ שׂוֹטְנַי כְּלִמָּה וְיַעֲטוּ כַמְעִיל בָּשְׁתָּם ׃
30 אוֹדֶה יְהוָה מְאֹד בְּפִי וּבְתוֹךְ רַבִּים אֲהַלְלֶנּוּ ׃
31 כִּי־יַעֲמֹד לִימִין אֶבְיוֹן לְהוֹשִׁיעַ מִשֹּׁפְטֵי נַפְשׁוֹ ׃

PSAL. CX. ק

1 לְדָוִד מִזְמוֹר נְאֻם יְהוָה לַאדֹנִי שֵׁב לִימִינִי עַד־אָשִׁית אֹיְבֶיךָ הֲדֹם לְרַגְלֶיךָ ׃
2 מַטֵּה־עֻזְּךָ יִשְׁלַח יְהוָה מִצִּיּוֹן רְדֵה בְּקֶרֶב אֹיְבֶיךָ ׃
3 עַמְּךָ נְדָבֹת בְּיוֹם חֵילֶךָ בְּהַדְרֵי־קֹדֶשׁ מֵרֶחֶם מִשְׁחָר לְךָ טַל יַלְדֻתֶיךָ ׃
4 נִשְׁבַּע יְהוָה וְלֹא יִנָּחֵם אַתָּה־כֹהֵן לְעוֹלָם עַל־דִּבְרָתִי מַלְכִּי־צֶדֶק ׃
5 אֲדֹנָי עַל־יְמִינְךָ מָחַץ בְּיוֹם־אַפּוֹ מְלָכִים ׃
6 יָדִין בַּגּוֹיִם מָלֵא גְוִיּוֹת מָחַץ רֹאשׁ עַל־אֶרֶץ רַבָּה ׃
7 מִנַּחַל בַּדֶּרֶךְ יִשְׁתֶּה עַל־כֵּן יָרִים רֹאשׁ ׃

PSAL. CXI. קיא

1 הַלְלוּ יָהּ אוֹדֶה יְהוָה בְּכָל־לֵבָב בְּסוֹד יְשָׁרִים וְעֵדָה ׃
2 גְּדֹלִים מַעֲשֵׂי יְהוָה דְּרוּשִׁים לְכָל־חֶפְצֵיהֶם ׃
3 הוֹד־וְהָדָר פָּעֳלוֹ וְצִדְקָתוֹ עֹמֶדֶת לָעַד ׃
4 זֵכֶר עָשָׂה לְנִפְלְאֹתָיו חַנּוּן וְרַחוּם יְהוָה ׃
5 טֶרֶף נָתַן לִירֵאָיו יִזְכֹּר לְעוֹלָם בְּרִיתוֹ ׃
6 כֹּחַ מַעֲשָׂיו הִגִּיד לְעַמּוֹ לָתֵת לָהֶם נַחֲלַת גּוֹיִם ׃
7 מַעֲשֵׂי יָדָיו אֱמֶת וּמִשְׁפָּט נֶאֱמָנִים כָּל־פִּקּוּדָיו ׃
8 סְמוּכִים לָעַד לְעוֹלָם עֲשׂוּיִם בֶּאֱמֶת וְיָשָׁר ׃
9 פְּדוּת שָׁלַח לְעַמּוֹ צִוָּה־לְעוֹלָם בְּרִיתוֹ קָדוֹשׁ ׃

5 Be thou exalted, O God, above the heavens; and thy glory above all the earth :

6 That *a* thy beloved may be delivered, save *with* thy right hand, and answer me.

7 God hath spoken in his holiness, I will rejoice ; I will divide Shechem, and mete out the valley of Succoth.

8 Gilead *is* mine ; Manasseh *is* mine ; Ephraim also *is* the strength of mine head ; Judah *d is* my lawgiver ;

9 Moab *is* my wash-pot; over Edom will I cast out my shoe ; over Philistia will I triumph.

10 Who will bring me into the strong city ? who will lead me into Edom ?

11 *Wilt* not *thou*, O God, *who* hast cast us off ? and wilt not .hou, O God, go forth with our hosts ?

12 Give us help from trouble : for *i* vain *is* the help of man.

13 Through God *i* we shall do valiantly : for he *n it is that* shall tread down our enemies.

PSALM CIX.

To the chief Musician. A Psalm of David.

HOLD *p* not thy peace, O God of my praise ; *r*

2 For the mouth of the wicked, and the mouth of *β* the deceitful *γ* are opened against me : they have spoken against me with a lying *t* tongue.

3 They compassed me about also with words of hatred ; and fought against me without *v* a cause.

4 For my love they are my adversaries : but *w* I *give myself unto* prayer.

5 And *x* they have rewarded me evil for good, and hatred for my love.

6 Set thou a wicked man over him ; and let *ζ*Satan stand at his right hand.

7 When he shall be judged, let him *n* be condemned : and let his prayer *b* become sin.

8 Let his days be few : *and* let another take *c* his *λ* office.

9 Let his children be fatherless, *e* and his wife a widow.

10 Let his children be continually vagabonds, and beg : let them seek *their* bread also out of their desolate places.

11 Let *g* the extortioner catch all that he hath : and let the strangers spoil his labour.

12 Let there be none to extend mercy unto him ; neither let there be any to favour his fatherless children.

13 Let his posterity *k* be cut off ; *and* in the generation following let their name be *l* blotted out.

14 Let the iniquity of his fathers *n* be remembered with the LORD ; and let not the sin of his mother be blotted *p* out.

15 Let them be before the LORD continually, that he may cut off the memory of them from the earth.

16 Because that he remembered not to shew mercy, but persecuted the poor and needy man, that he might even slay the broken in heart.

17 As *r* he loved cursing, so let it come unto him ; as he delighted not in blessing, so let it be far from him.

18 As he clothed himself with cursing like as with his garment, so let it come into *ρ*his bowels like water, *s* and like oil into his bones.

19 Let it be unto him as the garment *which* covereth him, and for a girdle wherewith he is girded continually.

20 *Let* this *be* the reward of mine ad-

a Ps.60.5,&c.
b Ps. 25. 11.
c Ps. 102. 11.
 144. 4.
d Ge. 49. 10.
e He. 12. 12.
f Ps. 22. 6, 7.
g Mat. 27.39.
h Ps.17.13,14.
i Job 16. 2.
 Is. 2. 22.
k 2 Sa.16.11,
 12.
l 2 Ch. 20.12.
 Is. 45. 24.
m Is. 65. 14.
n Ro. 16. 20.
 2 Co. 2. 14.
o Ps. 35. 26.
p Ps. 83. 1.
q Ps. 111. 1.
r Je. 17. 14.
s Ps. 73. 23.
β deceit.
γ haveopened themselves.
δ the judges of.
t Mat. 26. 60.
 Ac. 6. 13.
u Mat. 22. 44.
 Ac. 2. 34.
 1 Co.15.25.
 He. 1. 13.
v Jn⁰.15. 25.
w Lu.6.11,12.
x Ps.35.7,12.
y Ps. 45. 5.
z Ju. 5. 2.
 Ga. 1.15,16.
ε or, an adversary,
 Zec. 3. 1.
a Ps. 96. 9.
η go out guilty, or, *wicked.*
θ more than.
b Pr. 28. 9.
κ shalt have.
c Ac. 1. 20.
λ or, *charge.*
d He. 5. 6.
 6. 20.
 7.17.21.
e Ex. 22, 24.
f Ro. 2. 5.
 Re. 6. 17.
g Job 18,9,19.
h Hab. 3. 13.
μ or, *great.*
i Ju. 7. 5, 6.
k Ps. 37. 28.
 Is. 14. 20.
ν Hallelujah.
l Pr. 10. 7.
m Ps. 109. 30.
n Ex. 20. 5.
o Job 38..41.
 Ps. 92. 5.
 Re. 15. 3.
p Is. 43. 25.
q Mat. 6. 26,
 33.
π prey.
ρ Eze. 35. 6.
ϱ within him.
s Nu. 5. 22.
t Ps. 19. 7.
σ are established.

versaries from the LORD, and of them that speak evil against my soul.

21 But do thou for me, O GOD the Lord, for thy name's *b* sake : because thy mercy *is* good, deliver thou me.

22 For I *am* poor and needy, and my heart is wounded within me.

23 I am gone like the shadow *c* when it declineth : I am tossed up and down as the locust.

24 My knees *e* are weak through fasting, and my flesh faileth of fatness.

25 I became also a reproach *f* unto them : *when* they looked upon me *g* they shaked their heads.

26 Help me, O LORD my God : O save me according to thy mercy ;

27 That they may know that this *is* thy hand ; *h that* thou, LORD, hast done it.

28 Let *k* them curse, but bless thou : when they arise, let them be ashamed ; but let thy servant *m* rejoice.

29 Let *o* mine adversaries be clothed with shame, and let them cover themselves with their own confusion as with a mantle.

30 I will greatly praise the LORD with my mouth ; yea, I *q* will praise him among the multitude.

31 For he shall stand at the right *s* hand of the poor, to save *him* from *δ* those that condemn his soul.

PSALM CX.

A Psalm of David.

THE *u* LORD said unto my Lord, Sit thou at my right hand, until ¸I make thine enemies thy footstool.

2 The LORD shall send the rod of thy strength out of Zion : rule *y* thou in the midst of thine enemies.

3 Thy people *shall be* willing *s* in the day of thy power, in the beauties *a* of holiness *θ* from the womb of the morning : thou *κ* hast the dew of thy youth.

4 The LORD hath sworn, and will not repent, Thou *d art* a priest for ever after the order of Melchizedek.

5 The LORD at thy right hand shall strike through kings in the day *f* of his wrath.

6 He shall judge among the heathen, he shall fill *the places* with the dead bodies ; he *h* shall wound the heads over *μ* many countries.

7 He shall drink of the brook *i* in the way : therefore shall he lift up the head.

PSALM CXI.

PRAISE *ν* ye the LORD. I will praise the LORD with *my* whole heart, in the assembly *m* of the upright, and *in* the congregation.

2 The works *o* of the LORD *are* great, sought out of all them that have pleasure therein.

3 His work *is* honourable and glorious : and his righteousness endureth for ever.

4 He hath made his wonderful works to be remembered : the LORD *is* gracious, and full of compassion.

5 He *q* hath given *π* meat unto them that fear him : he will ever be mindful of his covenant.

6 He hath shewed his people the power of his works, that he may give them the heritage of the heathen.

7 The works of his hands *are* verity and judgment: all *t*his commandments *are* sure.

8 They *σ* stand fast for ever and ever, *and are* done in truth and uprightness.

9 He sent redemption unto his people : he hath commanded his covenant for

10 וְנוֹרָא שְׁמוֹ׃ רֵאשִׁית חָכְמָה ׀ יִרְאַת יְהוָה שֵׂכֶל
טוֹב לְכָל־עֹשֵׂיהֶם תְּהִלָּתוֹ עֹמֶדֶת לָעַד ׃

PSAL. CXII. קיב

1 הַלְלוּ יָהּ ׀ אַשְׁרֵי־אִישׁ יָרֵא אֶת־יְהוָה בְּמִצְוֹתָיו
2 חָפֵץ מְאֹד ׃ גִּבּוֹר בָּאָרֶץ יִהְיֶה זַרְעוֹ דּוֹר יְשָׁרִים
3 יְבֹרָךְ ׃ הוֹן־וָעֹשֶׁר בְּבֵיתוֹ וְצִדְקָתוֹ עֹמֶדֶת לָעַד ׃
4 זָרַח בַּחֹשֶׁךְ אוֹר לַיְשָׁרִים חַנּוּן וְרַחוּם וְצַדִּיק ׃
5 טוֹב־אִישׁ חוֹנֵן וּמַלְוֶה יְכַלְכֵּל דְּבָרָיו בְּמִשְׁפָּט ׃
6 כִּי־לְעוֹלָם לֹא־יִמּוֹט לְזֵכֶר עוֹלָם יִהְיֶה צַדִּיק ׃
7 מִשְּׁמוּעָה רָעָה לֹא יִירָא נָכוֹן לִבּוֹ בָּטֻחַ בַּיהוָה ׃
8 סָמוּךְ לִבּוֹ לֹא יִירָא עַד אֲשֶׁר־יִרְאֶה בְצָרָיו ׃
9 פִּזַּר ׀ נָתַן לָאֶבְיוֹנִים צִדְקָתוֹ עֹמֶדֶת
10 לָעַד קַרְנוֹ תָּרוּם בְּכָבוֹד ׃ רָשָׁע יִרְאֶה ׀ וְכָעָס
שִׁנָּיו יַחֲרֹק וְנָמָס תַּאֲוַת רְשָׁעִים תֹּאבֵד ׃

PSAL. CXIII. קיג

1 הַלְלוּ יָהּ ׀ הַלְלוּ עַבְדֵי יְהוָה הַלְלוּ אֶת־שֵׁם
2 יְהוָה ׃ יְהִי שֵׁם יְהוָה מְבֹרָךְ מֵעַתָּה וְעַד־
3 עוֹלָם ׃ מִמִּזְרַח־שֶׁמֶשׁ עַד־מְבוֹאוֹ מְהֻלָּל שֵׁם
4 יְהוָה ׃ רָם עַל־כָּל־גּוֹיִם ׀ יְהוָה עַל הַשָּׁמַיִם
5 כְּבוֹדוֹ ׃ מִי כַּיהוָה אֱלֹהֵינוּ הַמַּגְבִּיהִי לָשָׁבֶת ׃
6/7 הַמַּשְׁפִּילִי לִרְאוֹת בַּשָּׁמַיִם וּבָאָרֶץ ׃ מְקִימִי
8 מֵעָפָר דָּל מֵאַשְׁפֹּת יָרִים אֶבְיוֹן ׃ לְהוֹשִׁיבִי עִם־
9 נְדִיבִים עִם נְדִיבֵי עַמּוֹ ׃ מוֹשִׁיבִי ׀ עֲקֶרֶת הַבַּיִת
אֵם־הַבָּנִים שְׂמֵחָה הַלְלוּ־יָהּ ׃

PSAL. CXIV. קיד

1 בְּצֵאת יִשְׂרָאֵל מִמִּצְרָיִם בֵּית יַעֲקֹב מֵעַם לֹעֵז ׃
2 הָיְתָה יְהוּדָה לְקָדְשׁוֹ יִשְׂרָאֵל מַמְשְׁלוֹתָיו ׃ הַיָּם
3 רָאָה וַיָּנֹס הַיַּרְדֵּן יִסֹּב לְאָחוֹר ׃ הֶהָרִים רָקְדוּ
4 כְאֵילִים גְּבָעוֹת כִּבְנֵי־צֹאן ׃ מַה־לְּךָ הַיָּם כִּי
5 תָנוּס הַיַּרְדֵּן תִּסֹּב לְאָחוֹר ׃ הֶהָרִים תִּרְקְדוּ
6/7 כְאֵילִים גְּבָעוֹת כִּבְנֵי־צֹאן ׃ מִלִּפְנֵי אָדוֹן חוּלִי
8 אָרֶץ מִלִּפְנֵי אֱלוֹהַּ יַעֲקֹב ׃ הַהֹפְכִי הַצּוּר אֲגַם־
מָיִם חַלָּמִישׁ לְמַעְיְנוֹ־מָיִם ׃

PSAL. CXV. קטו

1 לֹא לָנוּ יְהוָה לֹא־לָנוּ כִּי־לְשִׁמְךָ תֵּן כָּבוֹד עַל־
2 חַסְדְּךָ עַל־אֲמִתֶּךָ ׃ לָמָּה יֹאמְרוּ הַגּוֹיִם אַיֵּה־נָא
3 אֱלֹהֵיהֶם ׃ וֵאלֹהֵינוּ בַשָּׁמָיִם כֹּל אֲשֶׁר־חָפֵץ
4 עָשָׂה ׃ עֲצַבֵּיהֶם כֶּסֶף וְזָהָב מַעֲשֵׂה יְדֵי אָדָם ׃
5 פֶּה־לָהֶם וְלֹא יְדַבֵּרוּ עֵינַיִם לָהֶם וְלֹא יִרְאוּ ׃
6 אָזְנַיִם לָהֶם וְלֹא יִשְׁמָעוּ אַף לָהֶם וְלֹא יְרִיחוּן ׃
7 יְדֵיהֶם ׀ וְלֹא יְמִישׁוּן רַגְלֵיהֶם וְלֹא יְהַלֵּכוּ לֹא־
8 יֶהְגּוּ בִּגְרוֹנָם ׃ כְּמוֹהֶם יִהְיוּ עֹשֵׂיהֶם כֹּל אֲשֶׁר־
9 בֹּטֵחַ בָּהֶם ׃ יִשְׂרָאֵל בְּטַח בַּיהוָה עֶזְרָם וּמָגִנָּם
10 הוּא ׃ בֵּית אַהֲרֹן בִּטְחוּ בַיהוָה עֶזְרָם וּמָגִנָּם
11 הוּא ׃ יִרְאֵי יְהוָה בִּטְחוּ בַיהוָה עֶזְרָם וּמָגִנָּם
12 הוּא ׃ יְהוָה זְכָרָנוּ יְבָרֵךְ יְבָרֵךְ אֶת־בֵּית יִשְׂרָאֵל
13 יְבָרֵךְ אֶת־בֵּית אַהֲרֹן ׃ יְבָרֵךְ יִרְאֵי יְהוָה הַקְּטַנִּים
14 עִם־הַגְּדֹלִים ׃ יֹסֵף יְהוָה עֲלֵיכֶם עֲלֵיכֶם וְעַל־
15 בְּנֵיכֶם ׃ בְּרוּכִים אַתֶּם לַיהוָה עֹשֵׂה שָׁמַיִם
16 וָאָרֶץ ׃ הַשָּׁמַיִם שָׁמַיִם לַיהוָה וְהָאָרֶץ נָתַן לִבְנֵי־
17 אָדָם ׃ לֹא הַמֵּתִים יְהַלְלוּ־יָהּ וְלֹא כָּל־יֹרְדֵי
18 דוּמָה ׃ וַאֲנַחְנוּ ׀ נְבָרֵךְ יָהּ מֵעַתָּה וְעַד־
עוֹלָם הַלְלוּ־יָהּ ׃

PSAL. CXVI. קטז

1 אָהַבְתִּי כִּי־יִשְׁמַע ׀ יְהוָה אֶת־קוֹלִי תַּחֲנוּנָי ׃ כִּי־
2/3 הִטָּה אָזְנוֹ לִי וּבְיָמַי אֶקְרָא ׃ אֲפָפוּנִי ׀ חֶבְלֵי־מָוֶת
4 וּמְצָרֵי שְׁאוֹל מְצָאוּנִי צָרָה וְיָגוֹן אֶמְצָא ׃ וּבְשֵׁם־
5 יְהוָה אֶקְרָא אָנָּה יְהוָה מַלְּטָה נַפְשִׁי ׃ חַנּוּן
6 יְהוָה וְצַדִּיק וֵאלֹהֵינוּ מְרַחֵם ׃ שֹׁמֵר פְּתָאיִם
7 יְהוָה דַּלּוֹתִי וְלִי יְהוֹשִׁיעַ ׃ שׁוּבִי נַפְשִׁי לִמְנוּחָיְכִי
8 כִּי־יְהוָה גָּמַל עָלָיְכִי ׃ כִּי חִלַּצְתָּ נַפְשִׁי מִמָּוֶת
9 אֶת־עֵינִי מִן־דִּמְעָה אֶת־רַגְלִי מִדֶּחִי ׃ אֶתְהַלֵּךְ
10 לִפְנֵי יְהוָה בְּאַרְצוֹת הַחַיִּים ׃ הֶאֱמַנְתִּי כִּי אֲדַבֵּר
11 אֲנִי עָנִיתִי מְאֹד ׃ אֲנִי אָמַרְתִּי בְחָפְזִי כָּל־הָאָדָם
12 כֹּזֵב ׃ מָה־אָשִׁיב לַיהוָה כָּל־תַּגְמוּלוֹהִי עָלָי ׃
13/14 כּוֹס־יְשׁוּעוֹת אֶשָּׂא וּבְשֵׁם יְהוָה אֶקְרָא ׃ נְדָרַי
15 לַיהוָה אֲשַׁלֵּם נֶגְדָה־נָּא לְכָל־עַמּוֹ ׃ יָקָר בְּעֵינֵי
16 יְהוָה הַמָּוְתָה לַחֲסִידָיו ׃ אָנָּה יְהוָה כִּי־אֲנִי
עַבְדֶּךָ אֲנִי־עַבְדְּךָ בֶּן־אֲמָתֶךָ פִּתַּחְתָּ לְמוֹסֵרָי ׃

ever; holy^a and reverend *is* his name.

10 The^b fear of the LORD *is* the beginning of wisdom: β a good understanding have all they that do γ *his commandments:* his praise endureth for ever.

PSALM CXII.
PRAISE δ ye the LORD. Blessed *is* the man *that* feareth the LORD, *that* delighteth/ greatly in his commandments.

2 His seed shall be mighty upon earth: the generation of the upright shall be blessed.

3 Wealth and riches *shall be* in his house; and his righteousness endureth for ever.

4 Unto the upright there ariseth^h light in the darkness: *he is* gracious, and full of compassion, and righteous.

5 A good man sheweth favour, and .endeth:ⁱ he will guide his affairs with ζ discretion.^k

6 Surely heⁿ shall not be moved for ever: the righteous shall be in everlasting remembrance.

7 He^o shall not be afraid of evil tidings: his heart is fixed, trusting in the LORD.

8 His heart *is* established, he shall not be afraid, until he see *his desire* upon his enemies.

9 He hath dispersed: he hath given to the poor; his^r righteousness^s endureth for ever: his horn shall be exalted with honour.

10 The wicked shall see *it,* and be grieved; he shall gnash^u with his teeth, and melt away; the^v desire of the wicked shall perish.

PSALM CXIII.
PRAISE θ ye the LORD. Praise, O ye servants of the LORD, praise the name of the LORD.

2 Blessed be the name of the LORD, from this time forth and for evermore.

3 From^y the rising of the sun, unto the going down of the same, the LORD's name *is* to be praised.

4 The LORD *is* high above all nations, *and* his glory above the heavens.

5 Who *is* like unto the LORD our God, who λ dwelleth on high;

6 Who^b humbleth *himself* to behold *the things that are* in heaven, and in the earth!

7 He^d raiseth up the poor out of the dust, *and* lifteth the needy out of the dunghill;

8 That he may set *him* with princes, *even* with the princes^g of his people.

9 He maketh the barren woman to ν keep house, *and to be* a joyful mother of children. Praise ye the LORD.

PSALM CXIV.
WHENⁱ Israel went out of Egypt, the house of Jacob from a people of strange language,^k

2 Judah^m was his sanctuary, *and*ⁿ Israel his dominion.

3 The sea^o saw *it,* and fled: Jordan^p was driven back.

4 The mountains^r skipped like rams, *and* the little hills like lambs.

5 What *ailed* thee, O thou sea, that thou fleddest? thou Jordan, *that* thou wast driven back?

6 Ye mountains, *that* ye skipped like rams, *and* ye little hills, like lambs?

7 Tremble,^t thou earth, at the presence of the LORD, at the presence of the God of Jacob;

8 Which^v turned the rock *into* a standing water, the flint into a fountain of waters.

Center column notes
a De. 28. 58.
b Job 28. 28.
Pr. 1. 7.
9. 10.
Ec. 12. 13.
c Is. 48. 11.
Eze. 36. 32.
β or, *good success,*
Pr. 3. 4.
γ *them.*
d Joel 2. 17.
δ *Hallelujah.*
e Da. 4. 35.
/ Ps. 1. 1.3.
119. 16.
g Ps. 135. 15..
18.
Is. 40. 19.
Je. 10. 3. 7.
h Ps. 97. 11.
Is. 58. 10.
i Lu. 6. 35.
ζ *judgment.*
k Ep. 5. 15.
l Ps. 33. 20.
m Ps. 84. 11.
Pr. 30. 5.
n Ps. 15. 5.
o Pr.3. 25,26.
p Is. 44. 21.
q Ps. 29. 11.
η *with.*
r De. 24. 13.
s Re. 22. 11.
t Ps. 3. 8.
Ep. 1. 3, 4.
u Lu. 13. 28.
v Pr. 11. 7.
w Ps. 88. 10..
12.
Is.38,18,19.
θ *Hallelujah.*
x Da. 2. 20.
y Is. 59. 19.
Mal. 1. 11.
z Ps. 18. 1..6.
κ *in my days.*
λ *exalteth himself to dwell.*
a Jon.2.2,&c.
μ *found me.*
b Is. 57. 15.
c Ps. 34. 6.
d 1 Sa. 2. 8.
e Ps. 103. 8.
/ Ezr. 9. 15.
Ne. 9. 8.
Da. 9. 7.
g Ps. 45. 16.
ν *dwell in an.*
h Ge. 6. 16.
Mat. 11. 29.
He. 4. 3.
i Ex. 12. 41.
k Ps. 81. 5.
l Jude 24.
m De.27,9,12.
n Ex. 25. 8.
o Ex. 14. 21.
p Jos 3.13,16.
q 2 Co. 4. 13.
r Hab. 3. 6,8.
s Jon. 2. 9.
t Mi. 6. 1, 2.
u Ps. 72. 14.
v Ex. 17. 6.
Nu. 20. 11.

PSALM CXV.
NOT^c unto us, O LORD, not unto us, but unto thy name give glory, for thy mercy, *and* for thy truth's sake.

2 Wherefore^d should the heathen say, Where *is* now their God?

3 But^e our God *is* in the heavens; he hath done whatsoever he hath pleased.

4 Their idols^g *are* silver and gold, the work of men's hands.

5 They have mouths, but they speak not; eyes have they, but they see not;

6 They have ears, but they hear not; noses have they, but they smell not;

7 They have hands, but they handle not; feet have they, but they walk not; neither speak they through their throat.

8 They that make them are like unto them; *so is* every one that trusteth in them.

9 O Israel, trust thou in the LORD; he *is*^l their help and their shield.^m

10 O house of Aaron, trust in the LORD; he *is* their help and their shield.

11 Ye that fear the LORD, trust in the LORD: he *is* their help and their shield.

12 The LORD hath been mindful^p of us; he will bless *us:* he will bless the house of Israel, he will bless the house of Aaron.

13 He^q will bless them that fear the LORD, *both* small η and great.

14 The LORD shall increase you more and more, you and your children.

15 Ye^t *are* blessed of the LORD, which made heaven and earth.

16 The heaven, *even* the heavens, *are* the LORD's: but the earth hath he given to the children of men.

17 The dead^w praise not the LORD, neither any that go down into silence.

18 But we^x will bless the LORD from this time forth and for evermore. Praise the LORD.

PSALM CXVI.
I LOVE^z the LORD, because he hath heard my voice *and* my supplications.

2 Because he hath inclined his ear unto me, therefore will I call upon *him* κ as long as I live.

3 The sorrows of death compassed me, and^a the pains of hell μ gat hold upon me: I found trouble and sorrow.

4 Then^c called I upon the name of the LORD: O LORD, I beseech thee, deliver my soul.

5 Gracious^e *is* the LORD, and righteous;/ yea, our God *is* merciful.

6 The LORD preserveth the simple: I was brought low, and he helped me.

7 Return unto thy rest,^h O my soul; for the LORD hath dealt bountifully with thee.

8 For thou hast delivered my soul from death, mine eyes from tears, *and* my feet from falling.^l

9 I will walk before the LORD in the land of the living.

10 I^q believed, therefore have I spoken: I was greatly afflicted.

11 I said in my haste, All men *are* liars.

12 What shall I render unto the LORD *for* all his benefits toward me?

13 I will take the cup of salvation, and call upon the name of the LORD.

14 I^s will pay my vows unto the LORD now in the presence of all his people.

15 Precious^u *is* in the sight of the LORD *is* the death of his saints.

16 O LORD, truly I *am* thy servant; I *am* thy servant, *and* the son of thine handmaid: thou hast loosed my bonds.

17,18 לְךָ אֶזְבַּח זֶבַח תּוֹדָה וּבְשֵׁם יְהֹוָה אֶקְרָא ׃ נְדָרַי

19 לַיהֹוָה אֲשַׁלֵּם נֶגְדָה־נָּא לְכָל־עַמּוֹ ׃ בְּחַצְרוֹת ׀
בֵּית יְהֹוָה בְּתוֹכֵכִי יְרוּשָׁלִַם הַלְלוּ־יָהּ ׃

PSAL. CXVII. קיז

1 הַלְלוּ אֶת־יְהֹוָה כָּל־גּוֹיִם שַׁבְּחוּהוּ כָּל־הָאֻמִּים ׃

2 כִּי גָבַר עָלֵינוּ ׀ חַסְדּוֹ וֶאֱמֶת־יְהֹוָה לְעוֹלָם
הַלְלוּ־יָהּ ׃

PSAL. CXVIII. קיח

1 הוֹדוּ לַיהֹוָה כִּי־טוֹב כִּי לְעוֹלָם חַסְדּוֹ ׃ יֹאמַר־נָא

2,3 יִשְׂרָאֵל כִּי לְעוֹלָם חַסְדּוֹ ׃ יֹאמְרוּ־נָא בֵית־אַהֲרֹן

4 כִּי לְעוֹלָם חַסְדּוֹ ׃ יֹאמְרוּ־נָא יִרְאֵי יְהֹוָה כִּי

5 לְעוֹלָם חַסְדּוֹ ׃ מִן־הַמֵּצַר קָרָאתִי יָּהּ עָנָנִי

6 בַמֶּרְחָב יָהּ ׃ יְהֹוָה לִי לֹא אִירָא מַה־יַּעֲשֶׂה לִי

7 אָדָם ׃ יְהֹוָה לִי בְּעֹזְרָי וַאֲנִי אֶרְאֶה בְשֹׂנְאָי ׃

8,9 טוֹב לַחֲסוֹת בַּיהֹוָה מִבְּטֹחַ בָּאָדָם ׃ טוֹב

10 לַחֲסוֹת בַּיהֹוָה מִבְּטֹחַ בִּנְדִיבִים ׃ כָּל־גּוֹיִם

11 סְבָבוּנִי בְּשֵׁם יְהֹוָה כִּי אֲמִילַם ׃ סַבּוּנִי גַם־

12 סְבָבוּנִי בְּשֵׁם יְהֹוָה כִּי אֲמִילַם ׃ סַבּוּנִי כִדְבֹרִים

13 דֹּעֲכוּ כְּאֵשׁ קוֹצִים בְּשֵׁם יְהֹוָה כִּי אֲמִילַם ׃ דָּחֹה

14 דְחִיתַנִי לִנְפֹּל וַיהֹוָה עֲזָרָנִי ׃ עָזִּי וְזִמְרָת יָהּ וַיְהִי־

15 לִי לִישׁוּעָה ׃ קוֹל ׀ רִנָּה וִישׁוּעָה בְּאָהֳלֵי צַדִּיקִים יְמִין

16 יְהֹוָה עֹשָׂה חָיִל ׃ יְמִין יְהֹוָה רוֹמֵמָה יְמִין

17 יְהֹוָה עֹשָׂה חָיִל ׃ לֹא־אָמוּת כִּי־אֶחְיֶה וַאֲסַפֵּר

18 מַעֲשֵׂי יָהּ ׃ יַסֹּר יִסְּרַנִּי יָּהּ וְלַמָּוֶת לֹא נְתָנָנִי ׃

19,20 פִּתְחוּ־לִי שַׁעֲרֵי־צֶדֶק אָבֹא־בָם אוֹדֶה יָהּ ׃ זֶה־

21 הַשַּׁעַר לַיהֹוָה צַדִּיקִים יָבֹאוּ בוֹ ׃ אוֹדְךָ כִּי

22 עֲנִיתָנִי וַתְּהִי־לִי לִישׁוּעָה ׃ אֶבֶן מָאֲסוּ הַבּוֹנִים

23 הָיְתָה לְרֹאשׁ פִּנָּה ׃ מֵאֵת יְהֹוָה הָיְתָה זֹּאת הִיא

24 נִפְלָאת בְּעֵינֵינוּ ׃ זֶה־הַיּוֹם עָשָׂה יְהֹוָה נָגִילָה

25 וְנִשְׂמְחָה בוֹ ׃ אָנָּא יְהֹוָה ׀ הוֹשִׁיעָה נָּא אָנָּא

26 יְהֹוָה הַצְלִיחָה נָּא ׃ בָּרוּךְ הַבָּא בְּשֵׁם יְהֹוָה

27 בֵּרַכְנוּכֶם מִבֵּית יְהֹוָה ׃ אֵל ׀ יְהֹוָה וַיָּאֶר לָנוּ

28 אִסְרוּ־חַג בַּעֲבֹתִים עַד־קַרְנוֹת הַמִּזְבֵּחַ ׃ אֵלִי אַתָּה

29 וְאוֹדֶךָּ אֱלֹהַי אֲרוֹמְמֶךָּ ׃ הוֹדוּ לַיהֹוָה כִּי־טוֹב כִּי
לְעוֹלָם חַסְדּוֹ ׃

PSAL. CXIX. קיט

1 אַשְׁרֵי תְמִימֵי־דָרֶךְ הַהֹלְכִים בְּתוֹרַת יְהֹוָה ׃

2 אַשְׁרֵי נֹצְרֵי עֵדֹתָיו בְּכָל־לֵב יִדְרְשׁוּהוּ ׃

3 אַף לֹא־פָעֲלוּ עַוְלָה בִּדְרָכָיו הָלָכוּ ׃

4 אַתָּה צִוִּיתָה פִקֻּדֶיךָ לִשְׁמֹר מְאֹד ׃

5 אַחֲלַי יִכֹּנוּ דְרָכָי לִשְׁמֹר חֻקֶּיךָ ׃

6 אָז לֹא־אֵבוֹשׁ בְּהַבִּיטִי אֶל־כָּל־מִצְוֹתֶיךָ ׃

7,8 אוֹדְךָ בְּיֹשֶׁר לֵבָב בְּלָמְדִי מִשְׁפְּטֵי צִדְקֶךָ ׃ אֶת־
חֻקֶּיךָ אֶשְׁמֹר אַל־תַּעַזְבֵנִי עַד־מְאֹד ׃

9 בַּמֶּה יְזַכֶּה־נַּעַר אֶת־אָרְחוֹ לִשְׁמֹר כִּדְבָרֶךָ ׃

10 בְּכָל־לִבִּי דְרַשְׁתִּיךָ אַל־תַּשְׁגֵּנִי מִמִּצְוֹתֶיךָ ׃

11 בְּלִבִּי צָפַנְתִּי אִמְרָתֶךָ לְמַעַן לֹא אֶחֱטָא־לָךְ ׃

12 בָּרוּךְ אַתָּה יְהֹוָה לַמְּדֵנִי חֻקֶּיךָ ׃

13 בִּשְׂפָתַי סִפַּרְתִּי כֹּל מִשְׁפְּטֵי־פִיךָ ׃

14 בְּדֶרֶךְ עֵדְוֺתֶיךָ שַׂשְׂתִּי כְּעַל כָּל־הוֹן ׃

15 בְּפִקֻּדֶיךָ אָשִׂיחָה וְאַבִּיטָה אֹרְחֹתֶיךָ ׃

16 בְּחֻקֹּתֶיךָ אֶשְׁתַּעֲשָׁע לֹא אֶשְׁכַּח דְּבָרֶךָ ׃

17 גְּמֹל עַל־עַבְדְּךָ אֶחְיֶה וְאֶשְׁמְרָה דְבָרֶךָ ׃

18 גַּל־עֵינַי וְאַבִּיטָה נִפְלָאוֹת מִתּוֹרָתֶךָ ׃

19,20 גֵּר אָנֹכִי בָאָרֶץ אַל־תַּסְתֵּר מִמֶּנִּי מִצְוֹתֶיךָ ׃ גָּרְסָה נַפְשִׁי לְתַאֲבָה

21 אֶל־מִשְׁפָּטֶיךָ בְכָל־עֵת ׃ גָּעַרְתָּ זֵדִים אֲרוּרִים

22 הַשֹּׁגִים מִמִּצְוֺתֶיךָ ׃ גַּל מֵעָלַי חֶרְפָּה וָבוּז כִּי

23 עֵדֹתֶיךָ נָצָרְתִּי ׃ גַּם יָשְׁבוּ שָׂרִים בִּי נִדְבָּרוּ עַבְדְּךָ

24 יָשִׂיחַ בְּחֻקֶּיךָ ׃ גַּם־עֵדֹתֶיךָ שַׁעֲשֻׁעָי אַנְשֵׁי עֲצָתִי ׃

25 דָּבְקָה לֶעָפָר נַפְשִׁי חַיֵּנִי כִּדְבָרֶךָ ׃ דְּרָכַי סִפַּרְתִּי

26 וַתַּעֲנֵנִי לַמְּדֵנִי חֻקֶּיךָ ׃ דֶּרֶךְ־פִּקּוּדֶיךָ הֲבִינֵנִי

27 וְאָשִׂיחָה בְּנִפְלְאוֹתֶיךָ ׃ דָּלְפָה נַפְשִׁי מִתּוּגָה קַיְּמֵנִי

28 כִּדְבָרֶךָ ׃ דֶּרֶךְ־שֶׁקֶר הָסֵר מִמֶּנִּי וְתוֹרָתְךָ חָנֵּנִי ׃

29,30 דֶּרֶךְ־אֱמוּנָה בָחָרְתִּי מִשְׁפָּטֶיךָ שִׁוִּיתִי ׃

31 דָּבַקְתִּי

17 I will offer to thee the sacrifice ^a of thanksgiving, and will call upon the name of the Lord.

18 I ^c will pay my vows unto the Lord now in the presence of all his people,

19 In the courts ^e of the Lord's house, in the midst of thee, O Jerusalem. Praise ye the Lord.

PSALM CXVII.

O PRAISE ^f the Lord, all ye nations: praise him, all ye people.

2 For his merciful kindness is great toward us: and the truth ^h of the Lord *endureth* for ever. Praise ye the Lord.

PSALM CXVIII.

O GIVE ⁱ thanks unto the Lord; for *he is* good; because his mercy ⁿ *endureth* for ever.

2 Let ^o Israel now say, that his mercy *endureth* for ever.

3 Let the house of Aaron now say, that his mercy *endureth* for ever.

4 Let them now that fear the Lord say, that his mercy *endureth* for ever.

5 I ^r called upon the Lord δ in distress: the Lord answered me, *and set me* in a large place.

6 The ^s Lord *is* ζon my side; I will not fear: what can man do unto me?

7 The Lord taketh my part with them that help me: therefore shall I see *my desire* upon them that hate me.

8 It ^v *is* better to trust in the Lord, than to put confidence in man:

9 *It is* better to trust in the Lord, than to put confidence in ^x princes.

10 All nations compassed me about: but in the name of the Lord will I ηdestroy them.

11 They compassed me about; yea, they compassed me about: but in the name of the Lord I will destroy them.

12 They compassed me about like bees; ^z they are quenched as the fire of thorns: ^b for in the name of the Lord I will θdestroy them.

13 Thou hast thrust sore at me, that I might fall: but ^c the Lord helped me.

14 The Lord ^e *is* my strength and song, and is become my salvation.

15 The voice of rejoicing and salvation *is* in the tabernacles of the righteous: the right hand of the Lord doeth valiantly.

16 The right hand of the Lord is exalted; the right hand of the Lord doeth valiantly.

17 I ⁱ shall not die, but live, and declare the ^k works of the Lord.

18 The Lord hath chastened ^l me sore: but he hath not given me over unto death.

19 Open ^m to me the gates of righteousness: I will go into them, *and* I will praise the Lord.

20 This gate of the Lord, into which the righteous shall enter.

21 I will praise thee; for thou hast heard me, and art become my salvation.

22 The ^p stone *which* the builders refused is become the head *stone* of the corner.

23 This is μ the Lord's doing; it *is* marvellous in our eyes.

24 This *is* the day *which* the Lord hath made; we will rejoice and be glad in it.

25 Save now, I beseech thee, O Lord! O Lord, I beseech thee, send now prosperity.

26 Blessed ^q *be* he that cometh in the name of the Lord: we have blessed you out of the house of the Lord.

27 God *is* the Lord, which hath shewed us light; ^s bind the sacrifice with

---

a Le. 7. 12.
b Is. 25. 1.
c Ec. 5. 5.
d ver. 1.
e Ps. 96. 8.
100. 4.
β *or, perfect, or, sincere.*
f Ro. 15. 11.
g Ps. 128. 1.
h Is. 25. 1.
Jn⁰. 14. 6.
1 Jn⁰. 5. 6.
i Pr. 23. 26.
1 Jn⁰. 3. 20.
k 1 Jn⁰. 3. 9.
5. 18.
l 1 Ch. 16. 8. 34.
m De. 6. 17.
11. 13, 22.
n Ps. 103. 17.
o Ps. 115. 9,
&c.
p 1 Jn⁰. 2. 28.
q ver. 171.
γ *judgments of thy righteousness.*
r Ps. 120. 1.
δ *out of distress.*
s Ps. 27. 1.
He. 13. 6.
ζ *for me.*
t Pr. 1. 4.
u 2 Ch. 15. 15.
v Je. 17. 5, 7.
w Ps. 1. 2.
x Ps. 146. 3.
y ver. 26, &c.
Ps. 25. 4.
η *cut them off.*
z De. 1. 44.
a Ps. 1. 2.
b 2 Sa. 23. 6.
Na. 1. 10.
θ *cut down.*
c Mi. 7. 8.
d Ps. 116. 7.
e Ex. 15. 2, 6.
Is. 12. 2.
κ *Reveal.*
f Ps. 39. 12.
He. 11. 13.
1 Pe. 2. 11.
g Ps. 63. 1.
h 1 Pe. 5. 5.
i Hab. 1. 12.
k Ps. 73. 28.
l 2 Co. 6. 9.
m Is. 26. 2.
Re. 22. 14.
n ver. 77, 92.
λ *men of counsel.*
o Pr. 7. 1. 4.
p Mat. 21. 42.
Ac. 4. 11.
Ep. 2. 20.
1 Pe. 2. 4, 7.
μ *from the LORD.*
v droppeth.
q Mat. 21. 9.
23. 39.
r Pr. 30. 8.
s Es. 8. 16.
1 Pe. 2. 9.

---

cords, *even* unto the horns of the altar.

28 Thou ^b *art* my God, and I will praise thee; *thou art* my God, I will exalt thee.

29 O ^d give thanks unto the Lord; for *he is* good: for his mercy *endureth* for ever.

PSALM CXIX.

ALEPH.

BLESSED *are* the β undefiled in the way, who ^g walk in the law of the Lord.

2 Blessed *are* they that keep his testimonies, *and that* seek him with the whole heart. ⁱ

3 They ^k also do no iniquity: they walk in his ways.

4 Thou ^m hast commanded *us* to keep thy precepts diligently.

5 O that my ways were directed to keep thy statutes!

6 Then ^p shall I not be ashamed, when I have respect unto all thy commandments.

7 I ^q will praise thee with uprightness of heart, when I shall have learned γ thy righteous judgments.

8 I will keep thy statutes: O forsake me not utterly.

BETH.

9 Wherewithal shall a young ^t man cleanse his way? By taking heed *thereto* according to thy word.

10 With ^u my whole heart have I sought thee: O let me not wander from thy commandments.

11 Thy ^w word have I hid in mine heart, that I might not sin against thee.

12 Blessed *art* thou, O Lord: teach ^y me thy statutes.

13 With my lips have I declared all the judgments of thy mouth.

14 I have rejoiced in the way of thy testimonies as *much as* in all riches.

15 I will meditate ^a in thy precepts, and have respect unto thy ways.

16 I will delight myself in thy statutes: I will not forget thy word.

GIMEL.

17 Deal ^d bountifully with thy servant, *that* I may live, and keep thy word.

18 κ Open thou mine eyes, that I may behold wondrous things out of thy law.

19 I *am* a stranger ^f in the earth: hide not thy commandments from me.

20 My ^g soul breaketh for the longing *that it hath* unto thy judgments at all times.

21 Thou hast rebuked the proud ^h *that are* cursed, which do err from thy commandments.

22 Remove from me reproach and contempt; for I have kept thy testimonies.

23 Princes also did sit *and* speak against me: *but* thy servant did meditate in thy statutes.

24 Thy testimonies also *are* my ⁿ delight, *and* λ my ^o counsellors.

DALETH.

25 My soul cleaveth unto the dust: quicken thou me according to thy word.

26 I have declared my ways, and thou heardest me: teach me thy statutes.

27 Make me to understand the way of thy precepts: so shall I talk of thy wondrous works.

28 My soul *v*melteth for heaviness: strengthen thou me according unto thy word.

29 Remove ^r from me the way of lying; and grant me thy law graciously.

30 I have chosen the way of truth: thy judgments have I laid *before* me.

32 דֶּרֶךְ־מִצְוֺתֶיךָ אָרוּץ כִּי תַרְחִיב לִבִּי׃   בְּמִצְוֺתֶיךָ יְהוָה אַל־תְּבִישֵׁנִי׃

33 הוֹרֵנִי יְהוָה 34 הֲבִינֵנִי וְאֶצְּרָה דֶּרֶךְ חֻקֶּיךָ וְאֶצְּרֶנָּה עֵקֶב׃

35 הַדְרִיכֵנִי בִּנְתִיב תוֹרָתֶךָ וְאֶשְׁמְרֶנָּה בְכָל־לֵב׃

36 הַט־לִבִּי אֶל־עֵדְוֺתֶיךָ מִצְוֺתֶיךָ כִּי בוֹ חָפָצְתִּי׃

37 הַעֲבֵר עֵינַי מֵרְאוֹת שָׁוְא וְאַל־אֶל־בָּצַע׃ בִּדְרָכֶךָ חַיֵּנִי׃

38 הָקֵם לְעַבְדְּךָ אִמְרָתֶךָ אֲשֶׁר לְיִרְאָתֶךָ׃

39 הַעֲבֵר חֶרְפָּתִי אֲשֶׁר יָגֹרְתִּי כִּי מִשְׁפָּטֶיךָ טוֹבִים׃

40 הִנֵּה תָּאַבְתִּי לְפִקֻּדֶיךָ בְּצִדְקָתְךָ חַיֵּנִי׃

41 וִיבֹאֻנִי חֲסָדֶךָ יְהוָה תְּשׁוּעָתְךָ כְּאִמְרָתֶךָ׃

42 וְאֶעֱנֶה חֹרְפִי דָבָר כִּי־בָטַחְתִּי בִּדְבָרֶךָ׃ וְאַל־תַּצֵּל

43 מִפִּי דְבַר־אֱמֶת עַד־מְאֹד כִּי לְמִשְׁפָּטֶךָ יִחָלְתִּי׃

44 וְאֶשְׁמְרָה תוֹרָתְךָ תָמִיד לְעוֹלָם וָעֶד׃ 45 וְאֶתְהַלְּכָה בָרְחָבָה כִּי פִקֻּדֶיךָ דָרָשְׁתִּי׃

46 וַאֲדַבְּרָה בְעֵדֹתֶיךָ נֶגֶד מְלָכִים וְלֹא אֵבוֹשׁ׃

47 וְאֶשְׁתַּעֲשַׁע בְּמִצְוֺתֶיךָ אֲשֶׁר אָהָבְתִּי׃

48 וְאֶשָּׂא כַפַּי אֶל־מִצְוֺתֶיךָ אֲשֶׁר אָהָבְתִּי וְאָשִׂיחָה בְחֻקֶּיךָ׃

49 זְכֹר־דָּבָר לְעַבְדֶּךָ עַל אֲשֶׁר יִחַלְתָּנִי׃

50 זֹאת נֶחָמָתִי בְעָנְיִי כִּי אִמְרָתְךָ חִיָּתְנִי׃

51 זֵדִים הֱלִיצֻנִי עַד־מְאֹד מִתּוֹרָתְךָ לֹא נָטִיתִי׃

52 זָכַרְתִּי מִשְׁפָּטֶיךָ מֵעוֹלָם יְהוָה וָאֶתְנֶחָם׃

53 זַלְעָפָה אֲחָזַתְנִי מֵרְשָׁעִים עֹזְבֵי תוֹרָתֶךָ׃

54 זְמִרוֹת הָיוּ־לִי חֻקֶּיךָ בְּבֵית מְגוּרָי׃

55 זָכַרְתִּי בַלַּיְלָה שִׁמְךָ יְהוָה וָאֶשְׁמְרָה תוֹרָתֶךָ׃

56 זֹאת הָיְתָה־לִּי כִּי פִקֻּדֶיךָ נָצָרְתִּי׃

57 חֶלְקִי יְהוָה אָמַרְתִּי לִשְׁמֹר דְּבָרֶיךָ׃ 58 חִלִּיתִי

59 חִשַּׁבְתִּי דְרָכָי פָנֶיךָ בְכָל־לֵב חָנֵּנִי כְּאִמְרָתֶךָ׃ וָאָשִׁיבָה רַגְלַי אֶל־עֵדֹתֶיךָ׃

60 חַשְׁתִּי וְלֹא הִתְמַהְמָהְתִּי לִשְׁמֹר מִצְוֺתֶיךָ׃

61 חֶבְלֵי רְשָׁעִים עִוְּדֻנִי תוֹרָתְךָ לֹא שָׁכָחְתִּי׃

62 חֲצוֹת־לַיְלָה אָקוּם לְהוֹדוֹת לָךְ עַל מִשְׁפְּטֵי צִדְקֶךָ׃

63 חָבֵר אָנִי לְכָל־אֲשֶׁר יְרֵאוּךָ וּלְשֹׁמְרֵי פִּקּוּדֶיךָ׃

64 חַסְדְּךָ יְהוָה מָלְאָה הָאָרֶץ חֻקֶּיךָ לַמְּדֵנִי׃

65 טוֹב עָשִׂיתָ עִם־עַבְדְּךָ יְהוָה כִּדְבָרֶךָ׃ 66 טוּב

66 טַעַם וָדַעַת לַמְּדֵנִי כִּי בְמִצְוֺתֶיךָ הֶאֱמָנְתִּי׃

67 טֶרֶם אֶעֱנֶה אֲנִי שֹׁגֵג וְעַתָּה אִמְרָתְךָ שָׁמָרְתִּי׃

68 טוֹב־אַתָּה וּמֵטִיב לַמְּדֵנִי חֻקֶּיךָ׃ 69 טָפְלוּ עָלַי

69 שֶׁקֶר זֵדִים אֲנִי בְּכָל־לֵב אֱצֹּר פִּקּוּדֶיךָ׃ 70 טָפַשׁ

70 כַּחֵלֶב לִבָּם אֲנִי תּוֹרָתְךָ שִׁעֲשָׁעְתִּי׃ 71 טוֹב־לִי כִי

71 עֻנֵּיתִי לְמַעַן אֶלְמַד חֻקֶּיךָ׃ 72 טוֹב־לִי תוֹרַת־

72 פִּיךָ מֵאַלְפֵי זָהָב וָכָסֶף׃

73 יָדֶיךָ עָשׂוּנִי וַיְכוֹנְנוּנִי הֲבִינֵנִי וְאֶלְמְדָה מִצְוֺתֶיךָ׃

74 יְרֵאֶיךָ יִרְאוּנִי וְיִשְׂמָחוּ כִּי לִדְבָרְךָ יִחָלְתִּי׃

75 יָדַעְתִּי יְהוָה כִּי־צֶדֶק מִשְׁפָּטֶיךָ וֶאֱמוּנָה עִנִּיתָנִי׃

76 יְהִי־נָא חַסְדְּךָ לְנַחֲמֵנִי כְּאִמְרָתְךָ לְעַבְדֶּךָ׃

77 יְבֹאוּנִי רַחֲמֶיךָ וְאֶחְיֶה כִּי־תוֹרָתְךָ שַׁעֲשֻׁעָי׃

78 יֵבֹשׁוּ זֵדִים כִּי־שֶׁקֶר עִוְּתוּנִי אֲנִי אָשִׂיחַ בְּפִקּוּדֶיךָ׃

79 יָשׁוּבוּ לִי יְרֵאֶיךָ וְיֹדְעֵי עֵדֹתֶיךָ׃ 80 יְהִי־לִבִּי תָמִים

81 כָּלְתָה בְחֻקֶּיךָ לְמַעַן לֹא אֵבוֹשׁ׃

81 לִתְשׁוּעָתְךָ נַפְשִׁי לִדְבָרְךָ יִחָלְתִּי׃ 82 כָּלוּ עֵינַי

82 לְאִמְרָתֶךָ לֵאמֹר מָתַי תְּנַחֲמֵנִי׃ 83 כִּי־הָיִיתִי

83 כְּנֹאד בְּקִיטוֹר חֻקֶּיךָ לֹא שָׁכָחְתִּי׃ 84 כַּמָּה יְמֵי־

84 עַבְדֶּךָ מָתַי תַּעֲשֶׂה בְרֹדְפַי מִשְׁפָּט׃ 85 כָּרוּ־לִי

85 זֵדִים שִׁיחוֹת אֲשֶׁר לֹא כְתוֹרָתֶךָ׃ 86 כָּל־מִצְוֺתֶיךָ

86 אֱמוּנָה שֶׁקֶר רְדָפוּנִי עָזְרֵנִי׃ 87 כִּמְעַט כִּלּוּנִי

87 בָאָרֶץ וַאֲנִי לֹא־עָזַבְתִּי פִקֻּדֶיךָ׃ 88 כְּחַסְדְּךָ חַיֵּנִי

89 וְאֶשְׁמְרָה עֵדוּת פִּיךָ׃ 89 לְעוֹלָם יְהוָה

90 דְּבָרְךָ נִצָּב בַּשָּׁמָיִם׃ לְדֹר וָדֹר אֱמוּנָתֶךָ

91 כּוֹנַנְתָּ אֶרֶץ וַתַּעֲמֹד׃ לְמִשְׁפָּטֶיךָ עָמְדוּ הַיּוֹם

92 כִּי הַכֹּל עֲבָדֶיךָ׃ לוּלֵי תוֹרָתְךָ שַׁעֲשֻׁעָי אָז

93 אָבַדְתִּי בְעָנְיִי׃ לְעוֹלָם לֹא־אֶשְׁכַּח פִּקּוּדֶיךָ כִּי־

94 בָם חִיִּיתָנִי׃ לְךָ־אֲנִי הוֹשִׁיעֵנִי כִּי פִקּוּדֶיךָ

95 דָרָשְׁתִּי׃ לִי קִוּוּ רְשָׁעִים לְאַבְּדֵנִי עֵדֹתֶיךָ

96 אֶתְבּוֹנָן׃ לְכָל־תִּכְלָה רָאִיתִי קֵץ רְחָבָה

97 מִצְוָתְךָ מְאֹד׃ מָה־אָהַבְתִּי תוֹרָתֶךָ

31 I have stuck unto thy testimonies: O Lord, put me not to *a* shame.

32 I will run the way of thy commandments, when thou shalt enlarge *b* my heart.

HE.

33 Teach me, O Lord, the way of thy statutes, and I shall keep *d* it *unto* the end.

34 Give *e* me understanding, and *f* I shall keep thy law; yea, I shall observe it with *my* whole heart.

35 Make me to go in the path of thy commandments; for therein do I delight.

36 Incline my heart *i* unto thy testimonies, and not to *k* covetousness.

37 *β* Turn away mine eyes from beholding *l* vanity; *&* quicken thou me in thy way.

38 Stablish *m* thy word unto thy servant, who *is devoted* to thy fear.

39 Turn away my reproach which I fear: for thy judgments *are* good.

40 Behold, I have longed after thy precepts: quicken *p* me in thy righteousness.

VAU.

41 Let thy mercies come also unto me, O Lord; *even* thy salvation, according to thy word.

42 So shall I *γ* have wherewith to answer him that reproacheth me: for I trust in thy word.

43 And take not *s* the word of truth utterly out of my mouth; for I have hoped in thy judgments.

44 So shall I keep thy law continually for ever and ever.

45 And I will walk at *η* liberty: *u* for I seek thy precepts.

46 I will speak of thy testimonies also before kings, *w* and will not be ashamed.

47 And I will delight myself in thy commandments, which I have loved.

48 My hands also will I lift up unto thy commandments, which I have loved; and I will meditate in thy statutes.

ZAIN.

49 Remember the word unto thy servant, upon which thou hast caused me to *a* hope.

50 This *is* my comfort in my affliction: for thy word hath quickened me.

51 The proud have had me greatly in derision; *yet b* have I not declined from thy law.

52 I remembered thy judgments of old, O Lord; and have comforted myself.

53 Horror *c* hath taken hold upon me, because of the wicked that forsake thy law.

54 Thy statutes have been my songs in the house of my pilgrimage.

55 I have remembered thy name, O Lord, in the night, *g* and have kept thy law.

56 This I had, because I kept thy precepts.

CHETH.

57 *Thou art* my portion, *h* O Lord: I have said that I would keep thy words.

58 I entreated thy *κ* favour with *my* whole *k* heart: be merciful unto me according to thy word.

59 I thought *l* on my ways, and turned my feet unto thy testimonies.

60 I made haste, and delayed not, to keep thy commandments.

61 The *v* bands of the wicked have robbed me: *but* I have not forgotten thy law.

62 At midnight I will rise to give thanks unto thee, because of thy righteous judgments.

63 I *am* a companion *o* of all *them* that fear thee, and of them that keep thy precepts.

64 The earth, O Lord, is full of thy mercy: teach me thy statutes.

---

a Is. 49. 23.
b Is. 60. 5.
  1 Co. 6. 11.
c Je. 3. 15.
d Re. 2. 26.
e Pr. 2. 6.
f De. 4. 6.
g Je.31.18,19.
  He. 12. 11.
h Ps. 25. 8.
  Mat. 19.17.
i Eze. 33.31.
k Lu.12. 15.
  1 Ti. 6. 10.
  He. 13.5.
β *Make to pass.*
l Is. 33. 15.
m 2 Sa. 7. 25.
  2 Co. 1. 20.
n ver. 67.
o Ps. 19. 10.
  Pr. 8.11,19.
p Jnᵒ. 10. 10.
q ver.34,144.
  Ps. 111. 10.
r Ps. 34. 2.
γ or, *answer him that reproacheth me in a thing.*
δ *righteousness.*
s Is. 59. 21.
t Re. 3. 19.
ζ to comfort me.
η large.
u Jnᵒ.8.32,36.
  Ga. 5. 1, 13.
v 1 Pe. 2. 20.
w Mat. 10.18, 19.
  Ac.26.1,&c.
x De. 26. 16.
  Eze. 11. 19.
y ver. 6.
z Ps. 84. 2.
a 1Pe.1.13,21.
b Job 23.11.
  Is. 38. 3.
c 2 Th. 1. 6.
  Re. 6. 10.
d Ps. 35. 7.
e Ezr. 9. 3.
f ver. 138.
θ faithfulness.
g Ps. 53. 6.
  77. 6.
h Je. 10. 16.
  La. 3. 24.
i Mat. 24.34, 35.
κ face, Job 11. 19.
λ to generation & generation, Ps. 89. 1.
k He. 10. 22.
μ standeth.
l La.3.40,41.
  Lu.15.17,18.
m Je. 33. 25.
v or, *companies.*
n Zep. 3. 17.
o Pr. 13. 20.

TETH.

65 Thou hast dealt well with thy servant, O Lord, according unto thy word.

66 Teach *c* me good judgment and knowledge: for I have believed thy commandments.

67 Before I was afflicted *g* I went astray; but now have I kept thy word.

68 Thou *h art* good, and doest good: teach me thy statutes.

69 The proud have forged a lie against me: *but* I will keep thy precepts with *my* whole heart.

70 Their heart is as fat as grease: *but* I delight in thy law.

71 *It n is* good for me that I have been afflicted; that I might learn thy statutes.

72 The *o* law of thy mouth *is* better unto me than thousands of gold and silver.

JOD.

73 Thy hands have made me, and fashioned me: give me understanding, *q* that I may learn thy commandments.

74 They *r* that fear thee will be glad when they see me; because I have hoped in thy word.

75 I know, O Lord, that thy judgments *are δ* right, and *that* thou in faithfulness *t* hast afflicted me.

76 Let, I pray thee, thy merciful kindness be *ζ* for my comfort, according to thy word unto thy servant.

77 Let thy tender mercies come unto me, that I may live: for thy law *is* my delight.

78 Let the proud be ashamed; for they dealt perversely with me without *a* cause: *but* I will meditate in thy precepts.

79 Let those that fear thee turn unto me, and those that have known thy testimonies.

80 Let my heart be sound *x* in thy statutes, that I be not *y* ashamed.

CAPH.

81 My soul fainteth *z* for thy salvation; *but* I hope in thy word.

82 Mine eyes fail for thy word, saying, When wilt thou comfort me?

83 For I am become like a bottle in the smoke; *yet* do I not forget thy statutes.

84 How many *are* the days of thy servant? when *c* wilt thou execute judgment on them that persecute me?

85 The proud have digged *d* pits for me, which *are* not after thy law.

86 All *f* thy commandments *are θ* faithful: they persecute me wrongfully; help thou me.

87 They had almost consumed me upon earth: but I forsook not thy precepts.

88 Quicken me after thy loving-kindness; so shall I keep the testimony of thy mouth.

LAMED.

89 For *i* ever, O Lord, thy word is settled in heaven.

90 Thy faithfulness *is λ* unto all generations; thou hast established the earth, and it *μ* abideth.

91 They continue this day according to thine ordinances: *m* for all *are* thy servants.

92 Unless thy law *had been* my delights, I should then have perished in mine affliction.

93 I will never forget thy precepts: for with them thou hast quickened me.

94 I *am* thine, save *n* me: for I have sought thy precepts.

95 The wicked have waited for me, to destroy me: *but* I will consider thy testimonies.

96 I have seen an end of all perfection: *but* thy commandment *is* exceeding broad.

98 כָּל־הַיּוֹם הִיא שִׂיחָתִי: מֵאֹיְבַי תְּחַכְּמֵנִי
99 מִצְוֹתֶךָ כִּי לְעוֹלָם הִיא־לִי: מִכָּל־מְלַמְּדַי
100 הִשְׂכַּלְתִּי כִּי עֵדְוֹתֶיךָ שִׂיחָה לִי: מִזְּקֵנִים
101 אֶתְבּוֹנָן כִּי פִקּוּדֶיךָ נָצָרְתִּי: מִכָּל־אֹרַח
רָע כָּלִאתִי רַגְלָי לְמַעַן אֶשְׁמֹר דְּבָרֶךָ:
102 מִמִּשְׁפָּטֶיךָ לֹא־סָרְתִּי כִּי־אַתָּה הוֹרֵתָנִי:
103 מַה־נִּמְלְצוּ לְחִכִּי אִמְרָתֶךָ מִדְּבַשׁ לְפִי: כָּל־
104 מִפִּקּוּדֶיךָ אֶתְבּוֹנָן עַל־כֵּן שָׂנֵאתִי ׀
105 אֹרַח שָׁקֶר: נֵר־לְרַגְלִי דְבָרֶךָ
106 וְאוֹר לִנְתִיבָתִי: נִשְׁבַּעְתִּי וָאֲקַיֵּמָה לִשְׁמֹר
107 מִשְׁפְּטֵי צִדְקֶךָ: נַעֲנֵיתִי עַד־מְאֹד יְהוָה
108 חַיֵּנִי כִדְבָרֶךָ: נִדְבוֹת פִּי רְצֵה־נָא יְהוָה
109 וּמִשְׁפָּטֶיךָ לַמְּדֵנִי: נַפְשִׁי בְכַפִּי תָמִיד
110 וְתוֹרָתְךָ לֹא שָׁכָחְתִּי: נָתְנוּ רְשָׁעִים פַּח
111 לִי וּמִפִּקּוּדֶיךָ לֹא תָעִיתִי: נָחַלְתִּי
112 עֵדְוֹתֶיךָ לְעוֹלָם כִּי־שְׂשׂוֹן לִבִּי הֵמָּה: נָטִיתִי
לִבִּי לַעֲשׂוֹת חֻקֶּיךָ לְעוֹלָם עֵקֶב:
113 סֵעֲפִים שָׂנֵאתִי וְתוֹרָתְךָ אָהָבְתִּי: סִתְרִי
114
115 וּמָגִנִּי אָתָּה לִדְבָרְךָ יִחָלְתִּי: סוּרוּ מִמֶּנִּי
116 מְרֵעִים וְאֶצְּרָה מִצְוֹת אֱלֹהָי: סָמְכֵנִי
כְאִמְרָתְךָ וְאֶחְיֶה וְאַל־תְּבִישֵׁנִי מִשִּׂבְרִי:
117 סְעָדֵנִי וְאִוָּשֵׁעָה וְאֶשְׁעָה בְחֻקֶּיךָ תָמִיד:
118 סָלִיתָ כָּל־שׁוֹגִים מֵחֻקֶּיךָ כִּי־שֶׁקֶר תַּרְמִיתָם:
119 סִגִים הִשְׁבַּתָּ כָל־רִשְׁעֵי־אָרֶץ לָכֵן אָהַבְתִּי
120 עֵדֹתֶיךָ: סָמַר מִפַּחְדְּךָ בְשָׂרִי וּמִמִּשְׁפָּטֶיךָ
121 יָרֵאתִי: עָשִׂיתִי מִשְׁפָּט וָצֶדֶק
122 בַּל־תַּנִּיחֵנִי לְעֹשְׁקָי: עֲרֹב עַבְדְּךָ לְטוֹב אַל־
123 יַעַשְׁקֻנִי זֵדִים: עֵינַי כָּלוּ לִישׁוּעָתֶךָ וּלְאִמְרַת
124 צִדְקֶךָ: עֲשֵׂה עִם־עַבְדְּךָ כְחַסְדֶּךָ וְחֻקֶּיךָ
125 לַמְּדֵנִי: עַבְדְּךָ־אָנִי הֲבִינֵנִי וְאֵדְעָה עֵדֹתֶיךָ:
126 עֵת לַעֲשׂוֹת לַיהוָה הֵפֵרוּ תוֹרָתֶךָ: עַל־
127 כֵּן אָהַבְתִּי מִצְוֹתֶיךָ מִזָּהָב וּמִפָּז: עַל־
128 כֵּן כָּל־פִּקּוּדֵי כֹל יִשָּׁרְתִּי כָּל־אֹרַח שֶׁקֶר
שָׂנֵאתִי:

129 פְּלָאוֹת עֵדְוֹתֶיךָ עַל־כֵּן נְצָרָתַם נַפְשִׁי:
130 פֵּתַח דְּבָרֶיךָ יָאִיר מֵבִין פְּתָיִים: פִּי־פָעַרְתִּי
131
132 וָאֶשְׁאָפָה כִּי לְמִצְוֹתֶיךָ יָאָבְתִּי: פְּנֵה־אֵלַי
133 וְחָנֵּנִי כְּמִשְׁפָּט לְאֹהֲבֵי שְׁמֶךָ: פְּעָמַי
הָכֵן בְּאִמְרָתֶךָ וְאַל־תַּשְׁלֶט־בִּי כָל־אָוֶן:
134 פְּדֵנִי מֵעֹשֶׁק אָדָם וְאֶשְׁמְרָה פִּקּוּדֶיךָ: פָּנֶיךָ
135
136 הָאֵר בְּעַבְדֶּךָ וְלַמְּדֵנִי אֶת־חֻקֶּיךָ: פַּלְגֵי־
מַיִם יָרְדוּ עֵינָי עַל לֹא־שָׁמְרוּ תוֹרָתֶךָ:
137 צַדִּיק אַתָּה יְהוָה וְיָשָׁר
138 מִשְׁפָּטֶיךָ: צִוִּיתָ צֶדֶק עֵדֹתֶיךָ וֶאֱמוּנָה
139 מְאֹד: צִמְּתַתְנִי קִנְאָתִי כִּי־שָׁכְחוּ דְבָרֶיךָ
140 צָרָי: צְרוּפָה אִמְרָתְךָ מְאֹד וְעַבְדְּךָ
141 אֲהֵבָהּ: צָעִיר אָנֹכִי וְנִבְזֶה פִּקֻּדֶיךָ לֹא
142 שָׁכָחְתִּי: צִדְקָתְךָ צֶדֶק לְעוֹלָם וְתוֹרָתְךָ
143 אֱמֶת: צַר־וּמָצוֹק מְצָאוּנִי מִצְוֹתֶיךָ
144 שַׁעֲשֻׁעָי: צֶדֶק עֵדְוֹתֶיךָ לְעוֹלָם הֲבִינֵנִי
145 וְאֶחְיֶה: קָרָאתִי בְכָל־לֵב עֲנֵנִי
146 יְהוָה חֻקֶּיךָ אֶצֹּרָה: קְרָאתִיךָ הוֹשִׁיעֵנִי
147 וְאֶשְׁמְרָה עֵדֹתֶיךָ: קִדַּמְתִּי בַנֶּשֶׁף וָאֲשַׁוֵּעָה
148 לִדְבָרְךָ יִחָלְתִּי: קִדְּמוּ עֵינַי אַשְׁמֻרוֹת
149 לָשִׂיחַ בְּאִמְרָתֶךָ: קוֹלִי שִׁמְעָה כְחַסְדֶּךָ
150 יְהוָה כְּמִשְׁפָּטֶךָ חַיֵּנִי: קָרְבוּ רֹדְפֵי זִמָּה
151 מִתּוֹרָתְךָ רָחָקוּ: קָרוֹב אַתָּה יְהוָה וְכָל־
152 מִצְוֹתֶיךָ אֱמֶת: קֶדֶם יָדַעְתִּי מֵעֵדֹתֶיךָ כִּי
153 לְעוֹלָם יְסַדְתָּם: רְאֵה־עָנְיִי וְחַלְּצֵנִי
154 כִּי־תוֹרָתְךָ לֹא שָׁכָחְתִּי: רִיבָה רִיבִי
155 וּגְאָלֵנִי לְאִמְרָתְךָ חַיֵּנִי: רָחוֹק מֵרְשָׁעִים
156 יְשׁוּעָה כִּי־חֻקֶּיךָ לֹא דָרָשׁוּ: רַחֲמֶיךָ
157 רַבִּים יְהוָה כְּמִשְׁפָּטֶיךָ חַיֵּנִי: רַבִּים
158 רֹדְפַי וְצָרָי מֵעֵדְוֹתֶיךָ לֹא נָטִיתִי: רָאִיתִי
בֹגְדִים וָאֶתְקוֹטָטָה אֲשֶׁר אִמְרָתְךָ לֹא
159 שָׁמָרוּ: רְאֵה כִּי־פִקּוּדֶיךָ אָהָבְתִּי יְהוָה
160 כְּחַסְדְּךָ חַיֵּנִי: רֹאשׁ־דְּבָרְךָ אֱמֶת וּלְעוֹלָם
כָּל־מִשְׁפַּט צִדְקֶךָ:

MEM.

97 O how love I thy law! it *is* [a] my meditation all the day.

98 Thou, through thy commandments, hast made me wiser than mine enemies: for β they *are* ever with me.

99 I [e] have more understanding than all my teachers: for thy testimonies *are* my meditation.

100 I understand more than the ancients; [f] because I keep thy precepts.

101 I have refrained[g] my feet from every evil way, that I might keep thy word.

102 I have not departed from thy judgments: for thou hast taught me.

103 How sweet [k] are thy words unto my δ taste! *yea, sweeter* than honey to my mouth!

104 Through thy precepts I get understanding: therefore I hate[n] every false way.

NUN.

105 Thy word *is* a ζlamp[p] unto my feet, and a light unto my path.

106 I have sworn,[q] and I will perform *it*, that I will keep thy righteous judgments.

107 I am afflicted very much: quicken me, O LORD, according unto thy word.

108 Accept, I beseech thee, the[s] freewill offerings of my mouth, O LORD, and teach me thy judgments.

109 My soul *is* continually in[t] my hand: yet do I not forget thy law.

110 The wicked have laid a snare [v] for me: yet I erred not from thy precepts.

111 Thy testimonies have I taken as an heritage for ever: for they *are* the rejoicing [w] of my heart.

112 I have inclined [x] my heart to [v] perform thy statutes always, *even unto* the end.[z]

SAMECH.

113 I hate *vain*[a] thoughts: but thy law do I love.

114 Thou[b] *art* my hiding place and my shield: I hope in thy word.

115 Depart[d] from me, ye evil-doers: for I will keep the commandments of my God.

116 Uphold me according unto thy word, that I may live: and let me not be ashamed[e] of my hope.

117 Hold thou me up, and I shall be safe: and I will have respect unto thy statutes continually.

118 Thou hast trodden[f] down all them that err from thy statutes: for their deceit *is* [h] falsehood.

119 Thou ρ puttest away all the wicked of the earth *like* dross: [i] therefore I love thy testimonies.

120 My flesh trembleth[l] for fear of thee; and I am afraid of thy judgments.

AIN.

121 I have done judgment and justice: leave[o] me not to mine oppressors.

122 Be surety[q] for thy servant for good: let not the proud oppress me.

123 Mine eyes fail for thy salvation, and for the word of thy righteousness.

124 Deal[r] with thy servant according unto thy mercy, and teach me thy statutes.

125 I [s] *am* thy servant, give me understanding, that I may know thy testimonies.

126 *It is* time for *thee*, LORD, to work; *for* they have made void thy law.

127 Therefore I love thy commandments above[t] gold, yea, above fine gold.

128 Therefore I esteem all *thy* precepts *concerning* all *things to be* right; *and* I hate every false way.

a Ps. 1. 2.
b ver. 18.
Is. 25. 1.
c 2 Co. 4.4,6.
d Pr. 1. 4.
9. 4..6.
β *it is.*
e De. 4. 6, 8.
2 Ti. 3. 15.
γ *according to the custom toward.*
f Job 32.7..9.
g Pr. 1. 15.
h Ps. 17. 5.
i Ps. 19. 13.
Ro.6.12,14.
k Job 23. 12.
Ps. 19. 10.
l Nu.6.25,26.
δ *palate.*
m Je. 13. 17.
14. 17.
Eze. 9. 4.
n Pr. 8. 13.
o Da. 9. 7.
ζ *or, candle.*
p Pr. 6. 23.
η *righteousness.*
θ *faithfulness.*
q Ne. 10. 29.
r Ps. 69. 9.
κ *cut me off.*
λ *tried, or, refined.*
s He. 13.15.
t Job 13. 14.
u Jn°. 17. 17.
μ *found me.*
v Je. 15. 16.
x 2 Ch. 19. 3.
y Pr. 10. 21.
ν *do.*
z Re. 2. 10.
a Je. 4. 14.
π *or, that I may.*
b Ps. 32. 7.
c Ps. 130. 6.
d Ps. 139. 19.
1Co. 15. 33.
e Ro. 5. 5.
f Mal. 4. 3.
g Ps.139.2,&c
h 1 Jn°.2.21.
ρ *causest to cease.*
i Eze. 22. 18.
k Lu. 21. 33.
l Hab. 3. 16.
m La. 5. 1.
n Mi. 7. 9.
1 Jn°. 2. 1.
o Ps.37,32,33.
p Lu. 16. 24.
q He. 7. 22.
σ *or, Many.*
r Ps. 103. 10.
s Ps. 116. 16.
t Ps. 19. 10.
Pr. 8. 11.
τ *The beginning of thy word is true.*

PE.

129 Thy testimonies *are*[b] wonderful: therefore doth my soul keep them.

130 The entrance of thy words giveth light;[c] it[d] giveth understanding unto the simple.

131 I opened my mouth, and panted: for I longed for thy commandments.

132 Look thou upon me, and be merciful unto me, γ as thou usest to do unto those that love thy name.

133 Order[h] my steps in thy word: & [i] let not any iniquity have dominion over me.

134 Deliver me from the oppression of man; so will I keep thy precepts.

135 Make[l] thy face to shine upon thy servant; and teach me thy statutes.

136 Rivers[m] of waters run down mine eyes, because they keep not thy law.

TZADDI.

137 Righteous[o] *art* thou, O LORD, and upright *are* thy judgments.

138 Thy testimonies *that* thou hast com manded *are* ηrighteous and very θfaithful.

139 My zeal[r] hath κ consumed me: because mine enemies have forgotten thy words.

140 Thy word *is* very λ pure: therefore thy servant loveth it.

141 I *am* small and despised; *yet* do not I forget thy precepts.

142 Thy righteousness *is* an everlasting righteousness, and[u] thy law *is* the truth.

143 Trouble and anguish have μ taken hold on me; *yet* thy commandments *are* my delights.

144 The righteousness of thy testimonies *is* everlasting: give me understanding, and I shall [y] live.

KOPH.

145 I cried with *my* whole heart; hear me, O LORD: I will keep thy statutes.

146 I cried unto thee; save me, π and I shall keep thy testimonies.

147 I [c] prevented the dawning of the morning, and cried; I hoped in thy word.

148 Mine eyes prevent the *night*-watches, that I might meditate in thy word.

149 Hear my voice, according unto thy loving-kindness: O LORD, quicken me according to thy judgment.

150 They draw nigh that follow after mischief: they are far from thy law.

151 Thou [s] *art* near, O LORD; and all thy commandments *are* truth.

152 Concerning thy testimonies, I have known of old that thou hast founded them for[k] ever.

RESH.

153 Consider[m] mine affliction, and deliver me; for I do not forget thy law.

154 Plead[n] my cause, and deliver me: quicken me according to thy word.

155 Salvation *is* far[p] from the wicked: for they seek not thy statutes.

156 σGreat *are* thy tender mercies, O LORD; quicken me according to thy judgments.

157 Many *are* my persecutors and mine enemies; *yet* do I not decline from thy testimonies.

158 I beheld the transgressors, and was grieved; because they kept not thy word.

159 Consider how I love thy precepts: quicken me, O LORD, according to thy loving-kindness.

160 τThy word is true *from* the beginning: and every one of thy righteous judgments *endureth* for ever.

161 שָׂרִים רְדָפוּנִי חִנָּם וּמִדְּבָרְךָ פָּחַד לִבִּי׃
162 שָׂשׂ אָנֹכִי עַל־אִמְרָתֶךָ כְּמוֹצֵא שָׁלָל רָב׃
163 שֶׁקֶר שָׂנֵאתִי וַאֲתַעֵבָה תּוֹרָתְךָ אָהָבְתִּי׃
164 שֶׁבַע בַּיּוֹם הִלַּלְתִּיךָ עַל מִשְׁפְּטֵי צִדְקֶךָ׃
165 שָׁלוֹם רָב לְאֹהֲבֵי תוֹרָתֶךָ וְאֵין־לָמוֹ מִכְשׁוֹל׃
166 שִׂבַּרְתִּי לִישׁוּעָתְךָ יְהוָה וּמִצְוֺתֶיךָ עָשִׂיתִי׃
167 שָׁמְרָה נַפְשִׁי עֵדֹתֶיךָ וָאֹהֲבֵם מְאֹד׃
168 שָׁמַרְתִּי פִקּוּדֶיךָ וְעֵדֹתֶיךָ כִּי כָל־דְּרָכַי נֶגְדֶּךָ׃
169 תִּקְרַב רִנָּתִי לְפָנֶיךָ יְהוָה כִּדְבָרְךָ הֲבִינֵנִי׃
170 תָּבוֹא תְּחִנָּתִי לְפָנֶיךָ כְּאִמְרָתְךָ הַצִּילֵנִי׃
171 תַּבַּעְנָה שְׂפָתַי תְּהִלָּה כִּי תְלַמְּדֵנִי חֻקֶּיךָ׃
172 תַּעַן לְשׁוֹנִי אִמְרָתֶךָ כִּי כָל־מִצְוֺתֶיךָ צֶּדֶק׃
173 תְּהִי־יָדְךָ לְעָזְרֵנִי כִּי פִקּוּדֶיךָ בָחָרְתִּי׃
174 תָּאַבְתִּי לִישׁוּעָתְךָ יְהוָה וְתוֹרָתְךָ שַׁעֲשֻׁעָי׃
175 תְּחִי־נַפְשִׁי וּתְהַלְלֶךָּ וּמִשְׁפָּטֶךָ יַעֲזְרֻנִי׃
176 תָּעִיתִי כְּשֶׂה אֹבֵד בַּקֵּשׁ עַבְדֶּךָ כִּי מִצְוֺתֶיךָ לֹא שָׁכָחְתִּי׃

PSAL. CXX.   קכ

1 שִׁיר הַמַּעֲלוֹת אֶל־יְהוָה בַּצָּרָתָה לִּי קָרָאתִי וַיַּעֲנֵנִי׃
2 יְהוָה הַצִּילָה נַפְשִׁי מִשְּׂפַת־שֶׁקֶר מִלָּשׁוֹן רְמִיָּה׃
3 מַה־יִּתֵּן לְךָ וּמַה־יֹּסִיף לָךְ לָשׁוֹן רְמִיָּה׃
4 חִצֵּי גִבּוֹר שְׁנוּנִים עִם גַּחֲלֵי רְתָמִים׃
5 אוֹיָה־לִי כִּי־גַרְתִּי מֶשֶׁךְ שָׁכַנְתִּי עִם־אָהֳלֵי קֵדָר׃
6 רַבַּת שָׁכְנָה־לָּהּ נַפְשִׁי עִם שׂוֹנֵא שָׁלוֹם׃
7 אֲנִי־שָׁלוֹם וְכִי אֲדַבֵּר הֵמָּה לַמִּלְחָמָה׃

PSAL. CXXI.   קכא

1 שִׁיר לַמַּעֲלוֹת אֶשָּׂא עֵינַי אֶל־הֶהָרִים מֵאַיִן יָבֹא עֶזְרִי׃
2 עֶזְרִי מֵעִם יְהוָה עֹשֵׂה שָׁמַיִם וָאָרֶץ׃
3 אַל־יִתֵּן לַמּוֹט רַגְלֶךָ אַל־יָנוּם שֹׁמְרֶךָ׃
4 הִנֵּה לֹא־יָנוּם וְלֹא יִישָׁן שׁוֹמֵר יִשְׂרָאֵל׃
5 יְהוָה שֹׁמְרֶךָ יְהוָה צִלְּךָ עַל־יַד יְמִינֶךָ׃
6 יוֹמָם הַשֶּׁמֶשׁ לֹא־יַכֶּכָּה וְיָרֵחַ בַּלָּיְלָה׃
7 יְהוָה יִשְׁמָרְךָ מִכָּל־רָע יִשְׁמֹר אֶת־נַפְשֶׁךָ׃
8 יְהוָה יִשְׁמָר־צֵאתְךָ וּבוֹאֶךָ מֵעַתָּה וְעַד־עוֹלָם׃

PSAL. CXXII.   קכב

1 שִׁיר הַמַּעֲלוֹת לְדָוִד שָׂמַחְתִּי בְּאֹמְרִים לִי בֵּית יְהוָה נֵלֵךְ׃
2 עֹמְדוֹת הָיוּ רַגְלֵינוּ בִּשְׁעָרַיִךְ יְרוּשָׁלָ͏ִם׃
3 יְרוּשָׁלַ͏ִם הַבְּנוּיָה כְּעִיר שֶׁחֻבְּרָה־לָּהּ יַחְדָּו׃
4 שֶׁשָּׁם עָלוּ שְׁבָטִים שִׁבְטֵי־יָהּ עֵדוּת

5 לְיִשְׂרָאֵל לְהֹדוֹת לְשֵׁם יְהוָה׃ כִּי שָׁמָּה יָשְׁבוּ
6 כִסְאוֹת לְמִשְׁפָּט כִּסְאוֹת לְבֵית דָּוִיד׃ שַׁאֲלוּ
7 שְׁלוֹם יְרוּשָׁלָ͏ִם יִשְׁלָיוּ אֹהֲבָיִךְ׃ יְהִי־שָׁלוֹם
8 בְּחֵילֵךְ שַׁלְוָה בְּאַרְמְנוֹתָיִךְ׃ לְמַעַן אַחַי וְרֵעָי
9 אֲדַבְּרָה־נָּא שָׁלוֹם בָּךְ׃ לְמַעַן בֵּית־יְהוָה אֱלֹהֵינוּ אֲבַקְשָׁה טוֹב לָךְ׃

PSAL. CXXIII.   קכג

1 שִׁיר הַמַּעֲלוֹת אֵלֶיךָ נָשָׂאתִי אֶת־עֵינַי הַיֹּשְׁבִי בַּשָּׁמָיִם׃
2 הִנֵּה כְעֵינֵי עֲבָדִים אֶל־יַד אֲדוֹנֵיהֶם כְּעֵינֵי שִׁפְחָה אֶל־יַד גְּבִרְתָּהּ כֵּן עֵינֵינוּ אֶל־יְהוָה אֱלֹהֵינוּ עַד שֶׁיְּחָנֵּנוּ׃
3 חָנֵּנוּ יְהוָה חָנֵּנוּ כִּי־רַב שָׂבַעְנוּ בוּז׃
4 רַבַּת שָׂבְעָה־לָּהּ נַפְשֵׁנוּ הַלַּעַג הַשַּׁאֲנַנִּים הַבּוּז לִגְאֵיוֹנִים׃

PSAL. CXXIV.   קכד

1 שִׁיר הַמַּעֲלוֹת לְדָוִד לוּלֵי יְהוָה שֶׁהָיָה לָנוּ
2 יֹאמַר־נָא יִשְׂרָאֵל׃ לוּלֵי יְהוָה שֶׁהָיָה לָנוּ
3 בְּקוּם עָלֵינוּ אָדָם׃ אֲזַי חַיִּים בְּלָעוּנוּ בַּחֲרוֹת
4 אַפָּם בָּנוּ׃ אֲזַי הַמַּיִם שְׁטָפוּנוּ נַחְלָה עָבַר
5 עַל־נַפְשֵׁנוּ׃ אֲזַי עָבַר עַל־נַפְשֵׁנוּ הַמַּיִם הַזֵּידוֹנִים׃
6 בָּרוּךְ יְהוָה שֶׁלֹּא נְתָנָנוּ טֶרֶף לְשִׁנֵּיהֶם׃
7 נַפְשֵׁנוּ כְּצִפּוֹר נִמְלְטָה מִפַּח יוֹקְשִׁים הַפַּח נִשְׁבָּר
8 וַאֲנַחְנוּ נִמְלָטְנוּ׃ עֶזְרֵנוּ בְּשֵׁם יְהוָה עֹשֵׂה שָׁמַיִם וָאָרֶץ׃

PSAL. CXXV.   קכה

1 שִׁיר הַמַּעֲלוֹת הַבֹּטְחִים בַּיהוָה כְּהַר־צִיּוֹן לֹא־
2 יִמּוֹט לְעוֹלָם יֵשֵׁב׃ יְרוּשָׁלַ͏ִם הָרִים סָבִיב לָהּ
3 וַיהוָה סָבִיב לְעַמּוֹ מֵעַתָּה וְעַד־עוֹלָם׃ כִּי לֹא
יָנוּחַ שֵׁבֶט הָרֶשַׁע עַל גּוֹרַל הַצַּדִּיקִים לְמַעַן
4 לֹא־יִשְׁלְחוּ הַצַּדִּיקִים בְּעַוְלָתָה יְדֵיהֶם׃ הֵיטִיבָה
5 יְהוָה לַטּוֹבִים וְלִישָׁרִים בְּלִבּוֹתָם׃ וְהַמַּטִּים
עֲקַלְקַלּוֹתָם יוֹלִיכֵם יְהוָה אֶת־פֹּעֲלֵי הָאָוֶן שָׁלוֹם עַל־יִשְׂרָאֵל׃

PSAL. CXXVI.   קכו

1 שִׁיר הַמַּעֲלוֹת בְּשׁוּב יְהוָה אֶת־שִׁיבַת צִיּוֹן הָיִינוּ
2 כְּחֹלְמִים׃ אָז יִמָּלֵא שְׂחוֹק פִּינוּ וּלְשׁוֹנֵנוּ רִנָּה
אָז יֹאמְרוּ בַגּוֹיִם הִגְדִּיל יְהוָה לַעֲשׂוֹת עִם־
3 אֵלֶּה׃ הִגְדִּיל יְהוָה לַעֲשׂוֹת עִמָּנוּ הָיִינוּ

SCHIN.

161 Princes[a] have persecuted me without a cause : but my heart standeth in awe of thy word.

162 I rejoice[b] at thy word, as one that findeth great spoil.

163 I hate and abhor lying ; *but* thy law do I love.

164 Seven times a day do I praise thee because of thy righteous judgments.

165 Great peace[d] have they which love thy law : and γ nothing shall offend them.

166 LORD, I have hoped for thy salvation, and done thy commandments.

167 My soul hath kept thy testimonies ; and I love them exceedingly.

168 I have kept thy precepts and thy testimonies: for[f] all my ways *are* before thee.

TAU.

169 Let my cry come near before thee, O LORD : give[h] me understanding according to thy word.

170 Let my supplication come before thee : deliver me according to thy word.

171 My lips shall utter praise, when thou hast taught me thy statutes.

172 My tongue shall speak of thy word : for all thy commandments *are* righteousness.

173 Let thine hand help me : for I[i] have chosen thy precepts.

174 I have longed for thy salvation, O LORD ; and thy law *is* my[k] delight.

175 Let my soul live, and it shall praise thee ; and let thy judgments help me.

176 I[m] have gone astray like a lost sheep: seek thy servant ; for I do not forget thy commandments.

PSALM CXX. A Song of Degrees.

IN[n] my distress I cried unto the LORD, and he heard me.

2 Deliver my soul, O LORD, from lying lips, *and* from a deceitful tongue.

3 δ What shall be given unto thee? or what shall be ζdone unto thee, thou false tongue?

4 ηSharp arrows of the mighty, with coals of juniper.

5 Woe is me that I sojourn in[o] Mesech, *that* I dwell in the tents of[p] Kedar !

6 My soul hath long dwelt with him that hateth peace.

7 I *am* θ*for* peace : but when I speak, they *are* for war.

PSALM CXXI. A Song of Degrees.

I[κ] WILL lift up mine eyes unto the hills, from whence cometh my help.

2 My[q] help *cometh* from the LORD, which made heaven and earth.

3 He[s] will not suffer thy foot to be moved : he[t] that keepeth thee will not slumber.

4 Behold, he that keepeth Israel shall neither slumber nor sleep.

5 The LORD *is* thy keeper ; the LORD *is* thy shade[u] upon thy right hand.

6 The[x] sun shall not smite thee by day, nor the moon by night.

7 The[x] LORD shall preserve thee from all evil : he shall preserve thy soul.

8 The LORD shall preserve thy[y] going out, and thy coming in, from this time forth, and even for evermore.

PSALM CXXII.
A Song of Degrees of David.

I WAS glad when they said unto me, Let[a] us go into the house of the LORD.

2 Our feet shall stand within thy gates, O Jerusalem.

a 1Sa.24.11, 17.
26.21.23.
b ver. 111.
c De.17.8,9.
2 Ch. 19. 8.
β *do sit.*
d Pr.3.2.
Is. 32. 17.
Jn¹.14.27.
Phi. 4.7.
γ *they shall have no stumbling block,*
1 Pe. 2.8.
1 Jnⁿ.2.10.
e Ne.2.10.
f Ps. 139.3.
Pr. 5.21.
g Ps. 121.1.
h Pr. 2.6,7.
Ja. 1. 5.
i Jos. 24.22.
Pr. 1. 29.
Lu. 10. 42.
k Ps. 1. 2.
l Ex.15.1,&c.
m Is. 53. 6.
Lu.15.4,&c.
1 Pe. 2. 25.
n Jon. 2. 2.
δ or, *What shall he deceitful tongue give unto thee?* or, *what shall it profit thee?*
ζ *added.*
η or, It is as *the sharp arrows of the mighty man.*
o Ge. 10. 2.
p Ge. 25. 13.
θ or, *a man of peace*
κ or, *Shall I lift up mine eyes to the hills? whence should my help come?*
Je.3.23.
q Hos. 13. 9.
λ *wickedness.*
r Is. 14. 5, 6.
s 1 Sa. 2. 9.
Pr.3. 23,26.
t Is. 27. 3.
u Is. 25. 4.
v Is. 49. 10.
Re. 7. 16,
w Ga. 6. 16.
x 2Ti. 4. 18.
y De. 28. 6.
Pr. 2. 8.
μ *returned the re-turning.*
z Ps. 53. 6.
85. 1.
v *magnified to do with them.*
a Is. 2. 2, 3.
Je. 50. 5.
Zec. 8. 21.

3 Jerusalem is builded as a city that is compact together :

4 Whither the tribes go up, the tribes of the LORD, unto the testimony of Israel, to give thanks unto the name of the LORD.

5 For[c] there β are set thrones of judgment, the thrones of the house of David.

6 Pray for the peace of Jerusalem: they shall prosper that love thee.

7 Peace be within thy walls, *and* prosperity within thy palaces.

8 For my brethren and companions' sakes, I will now say, Peace be within thee.

9 Because of the house of the LORD our God I will seek[e] thy good.

PSALM CXXIII.
A Song of Degrees.

UNTO thee[g] lift I up mine eyes, O thou that dwellest in the heavens.

2 Behold, as the eyes of servants *look* unto the hand of their masters, *and* as the eyes of a maiden unto the hand of her mistress ; so our eyes *wait* upon the LORD our God, until that he have mercy upon us.

3 Have mercy upon us, O LORD, have mercy upon us: for we are exceedingly filled with contempt.

4 Our soul is exceedingly filled with the scorning of those that are at ease, *and* with the contempt of the proud.

PSALM CXXIV.
A Song of Degrees of David.

IF[l] *it had not been* the LORD who was on our side, now may Israel say ;

2 If *it had not been* the LORD who was on our side, when men rose up against us ;

3 Then they had swallowed us up quick, when their wrath was kindled against us :

4 Then the waters had overwhelmed us, the stream had gone over our soul :

5 Then the proud waters had gone over our soul.

6 Blessed *be* the LORD, who hath not given us *as* a prey to their teeth.

7 Our soul is escaped as a bird out of the snare of the fowlers : the snare is broken, and we are escaped.

8 Our help *is* in the name of the LORD, who made heaven and earth.

PSALM CXXV. A Song of Degrees.

THEY that trust in the LORD *shall be* as mount Zion, *which* cannot be removed, *but* abideth for ever.

2 *As* the mountains *are* round about Jerusalem, so the LORD *is* round about his people from henceforth even for ever.

3 For the rod of λ the wicked shall not rest[r] upon the lot of the righteous ; lest the righteous put forth their hands unto iniquity.

4 Do good, O LORD, unto *those that be* good, and to *them that are* upright in their hearts.

5 As for such as turn aside unto their crooked ways, the LORD shall lead them forth with the workers of iniquity : *but* peace[w] *shall be* upon Israel.

PSALM CXXVI.
A Song of Degrees.

WHEN the LORD μ turned[z] again the captivity of Zion, we were like them that dream.

2 Then was our mouth filled with laughter, and our tongue with singing : then said they among the heathen, The LORD hath ɩ done great things for them.

3 The LORD hath done great things for us ; *whereof* we are glad.

4 שׁוּבָה יְהוָה אֶת־שְׁבִיתֵנוּ כַּאֲפִיקִים בַּנֶּגֶב:
5 הַזֹּרְעִים בְּדִמְעָה בְּרִנָּה יִקְצֹרוּ:
6 הָלֹוךְ יֵלֵךְ וּבָכֹה נֹשֵׂא מֶשֶׁךְ־הַזָּרַע בֹּא־יָבֹא בְרִנָּה נֹשֵׂא אֲלֻמֹּתָיו:

PSAL. CXXVII. קכז

1 שִׁיר הַמַּעֲלֹות לִשְׁלֹמֹה אִם־יְהוָה לֹא־יִבְנֶה בַיִת שָׁוְא עָמְלוּ בֹונָיו בֹּו אִם־יְהוָה לֹא־יִשְׁמָר־עִיר שָׁוְא שָׁקַד שֹׁומֵר:
2 שָׁוְא לָכֶם מַשְׁכִּימֵי קוּם מְאַחֲרֵי־שֶׁבֶת אֹכְלֵי לֶחֶם הָעֲצָבִים כֵּן יִתֵּן לִידִידֹו שֵׁנָא:
3 הִנֵּה נַחֲלַת יְהוָה בָּנִים שָׂכָר פְּרִי הַבָּטֶן:
4 כְּחִצִּים בְּיַד־גִּבֹּור כֵּן בְּנֵי הַנְּעוּרִים:
5 אַשְׁרֵי הַגֶּבֶר אֲשֶׁר מִלֵּא אֶת־אַשְׁפָּתֹו מֵהֶם לֹא־יֵבֹשׁוּ כִּי־יְדַבְּרוּ אֶת־אֹויְבִים בַּשָּׁעַר:

PSAL. CXXVIII. קכח

1 שִׁיר הַמַּעֲלֹות אַשְׁרֵי כָּל־יְרֵא יְהוָה הַהֹלֵךְ בִּדְרָכָיו:
2 יְגִיעַ כַּפֶּיךָ כִּי תֹאכֵל אַשְׁרֶיךָ וְטֹוב לָךְ:
3 אֶשְׁתְּךָ כְּגֶפֶן פֹּרִיָּה בְּיַרְכְּתֵי בֵיתֶךָ בָּנֶיךָ כִּשְׁתִלֵי זֵיתִים סָבִיב לְשֻׁלְחָנֶךָ:
4 הִנֵּה כִי־כֵן יְבֹרַךְ גָּבֶר יְרֵא יְהוָה:
5 יְבָרֶכְךָ יְהוָה מִצִּיֹּון וּרְאֵה בְּטוּב יְרוּשָׁלִָם כֹּל יְמֵי חַיֶּיךָ:
6 וּרְאֵה־בָנִים לְבָנֶיךָ שָׁלֹום עַל־יִשְׂרָאֵל:

PSAL. CXXIX. קכט

1 שִׁיר הַמַּעֲלֹות רַבַּת צְרָרוּנִי מִנְּעוּרַי יֹאמַר־נָא יִשְׂרָאֵל:
2 רַבַּת צְרָרוּנִי מִנְּעוּרָי גַּם לֹא־יָכְלוּ לִי:
3 עַל־גַּבִּי חָרְשׁוּ חֹרְשִׁים הֶאֱרִיכוּ לְמַעֲנֹותָם:
4,5 יְהוָה צַדִּיק קִצֵּץ עֲבֹות רְשָׁעִים: יֵבֹשׁוּ וְיִסֹּגוּ
6 אָחֹור כֹּל שֹׂנְאֵי צִיֹּון: יִהְיוּ כַּחֲצִיר גַּגֹּות
7 שֶׁקַּדְמַת שָׁלַף יָבֵשׁ: שֶׁלֹּא מִלֵּא כַפֹּו קֹוצֵר
8 וְחִצְנֹו מְעַמֵּר: וְלֹא אָמְרוּ הָעֹבְרִים בִּרְכַּת־יְהוָה
אֲלֵיכֶם בֵּרַכְנוּ אֶתְכֶם בְּשֵׁם יְהוָה:

PSAL. CXXX. קל

1,2 שִׁיר הַמַּעֲלֹות מִמַּעֲמַקִּים קְרָאתִיךָ יְהוָה: אֲדֹנָי
שִׁמְעָה בְקֹולִי תִּהְיֶינָה אָזְנֶיךָ קַשֻּׁבֹות לְקֹול
3 תַּחֲנוּנָי: אִם־עֲוֹנֹות תִּשְׁמָר־יָהּ אֲדֹנָי מִי יַעֲמֹד:
4,5 כִּי־עִמְּךָ הַסְּלִיחָה לְמַעַן תִּוָּרֵא: קִוִּיתִי יְהוָה
6 קִוְּתָה נַפְשִׁי וְלִדְבָרֹו הֹוחָלְתִּי: נַפְשִׁי לַאדֹנָי
7 מִשֹּׁמְרִים לַבֹּקֶר שֹׁמְרִים לַבֹּקֶר: יַחֵל יִשְׂרָאֵל

---

4 אֶל־יְהוָה כִּי־עִם־יְהוָה הַחֶסֶד וְהַרְבֵּה עִמֹּו
8 פְדוּת: וְהוּא יִפְדֶּה אֶת־יִשְׂרָאֵל מִכֹּל עֲוֹנֹתָיו:

PSAL. CXXXI. קלא

1 שִׁיר הַמַּעֲלֹות לְדָוִד יְהוָה לֹא־גָבַהּ לִבִּי וְלֹא־
רָמוּ עֵינַי וְלֹא־הִלַּכְתִּי בִּגְדֹלֹות וּבְנִפְלָאֹות
2 מִמֶּנִּי: אִם־לֹא שִׁוִּיתִי וְדֹומַמְתִּי נַפְשִׁי כְּגָמֻל
3 עֲלֵי אִמֹּו כַּגָּמֻל עָלַי נַפְשִׁי: יַחֵל יִשְׂרָאֵל אֶל־
יְהוָה מֵעַתָּה וְעַד־עֹולָם:

PSAL. CXXXII. קלב

1 שִׁיר הַמַּעֲלֹות זְכֹור־יְהוָה לְדָוִד אֵת כָּל־
2 עֻנֹּותֹו: אֲשֶׁר נִשְׁבַּע לַיהוָה נָדַר לַאֲבִיר
3 יַעֲקֹב: אִם־אָבֹא בְּאֹהֶל בֵּיתִי אִם־אֶעֱלֶה עַל־
4 עֶרֶשׂ יְצוּעָי: אִם־אֶתֵּן שְׁנַת לְעֵינָי לְעַפְעַפַּי
5 תְּנוּמָה: עַד־אֶמְצָא מָקֹום לַיהוָה מִשְׁכָּנֹות
6 לַאֲבִיר יַעֲקֹב: הִנֵּה שְׁמַעֲנוּהָ בְאֶפְרָתָה מְצָאנוּהָ
7 בִּשְׂדֵי־יָעַר: נָבֹואָה לְמִשְׁכְּנֹותָיו נִשְׁתַּחֲוֶה לַהֲדֹם
8 רַגְלָיו: קוּמָה יְהוָה לִמְנוּחָתֶךָ אַתָּה וַאֲרֹון עֻזֶּךָ:
9 כֹּהֲנֶיךָ יִלְבְּשׁוּ־צֶדֶק וַחֲסִידֶיךָ יְרַנֵּנוּ:
10 בַּעֲבוּר דָּוִד עַבְדֶּךָ אַל־תָּשֵׁב פְּנֵי מְשִׁיחֶךָ:
11 נִשְׁבַּע־יְהוָה לְדָוִד אֱמֶת לֹא־יָשׁוּב מִמֶּנָּה מִפְּרִי
12 בִטְנְךָ אָשִׁית לְכִסֵּא־לָךְ: אִם־יִשְׁמְרוּ בָנֶיךָ
בְּרִיתִי וְעֵדֹתִי זֹו אֲלַמְּדֵם גַּם־בְּנֵיהֶם עֲדֵי־עַד
13 יֵשְׁבוּ לְכִסֵּא־לָךְ: כִּי־בָחַר יְהוָה בְּצִיֹּון אִוָּהּ
14 לְמֹושָׁב לֹו: זֹאת־מְנוּחָתִי עֲדֵי־עַד פֹּה־אֵשֵׁב
15 כִּי אִוִּתִיהָ: צֵידָהּ בָּרֵךְ אֲבָרֵךְ אֶבְיֹונֶיהָ אַשְׂבִּיעַ
16 לָחֶם: וְכֹהֲנֶיהָ אַלְבִּישׁ יֶשַׁע וַחֲסִידֶיהָ רַנֵּן
17 יְרַנֵּנוּ: שָׁם אַצְמִיחַ קֶרֶן לְדָוִד עָרַכְתִּי נֵר
18 לִמְשִׁיחִי: אֹויְבָיו אַלְבִּישׁ בֹּשֶׁת וְעָלָיו
יָצִיץ נִזְרֹו:

PSAL. CXXXIII. קלג

1 שִׁיר הַמַּעֲלֹות לְדָוִד הִנֵּה מַה־טֹּוב וּמַה־נָּעִים
2 שֶׁבֶת אַחִים גַּם־יָחַד: כַּשֶּׁמֶן הַטֹּוב עַל־
הָרֹאשׁ יֹרֵד עַל־הַזָּקָן זְקַן־אַהֲרֹן שֶׁיֹּרֵד עַל־פִּי
3 מִדֹּותָיו: כְּטַל־חֶרְמֹון שֶׁיֹּרֵד עַל־הַרְרֵי צִיֹּון כִּי
שָׁם צִוָּה יְהוָה אֶת־הַבְּרָכָה חַיִּים עַד־הָעֹולָם:

PSAL. CXXXIV. קלד

1 שִׁיר הַמַּעֲלֹות הִנֵּה בָּרֲכוּ אֶת־יְהוָה כָּל־עַבְדֵי

4 Turn again our captivity O Lord, as the streams in the south.

5 They *b* that sow in tears shall reap in β joy.

6 He that goeth forth and weepeth, bearing γ precious seed, shall, doubtless, come again with rejoicing,*e* bringing his sheaves *with him.*

PSALM CXXVII.
A Song of Degrees ζ for Solomon.

EXCEPT*f* the Lord build the house, they labour in vain θ that build it; except the Lord keep the city, the watchman waketh *but* in vain.

2 *It is* vain for you to rise up early, to sit up late, to eat*h* the bread of sorrows: *for* so he giveth his beloved sleep.

3 Lo, children*i are* an heritage of the Lord : *and* the fruit of the womb *is his* reward.

4 As arrows *are* in the hand of a mighty man : so *are* children of the youth.

5 Happy *is* the man that hath μ his quiver full of them : they shall not be ashamed, but they shall *v* speak with the enemies in the*l* gate.

PSALM CXXVIII.
A Song of Degrees.

BLESSED*m is* every one that feareth the Lord, that walketh in his ways.

2 For*n* thou shalt eat the labour of thine hands: happy *shalt* thou *be*, and *it shall be* well with thee.

3 Thy wife*o shall be* as a fruitful vine by the sides of thine house : thy children like olive-plants*r* round about thy table.

4 Behold, that thus shall the man be blessed that feareth the Lord.

5 The Lord shall bless thee out*t* of Zion : and thou shalt see the good of Jerusalem all the days of thy life.

6 Yea, thou shalt see thy children's children,*v and* peace*w* upon Israel.

PSALM CXXIX.
A Song of Degrees.

MANY σ a time have they afflicted me from *y* my youth, may Israel now say :

2 Many a time have they afflicted me from my youth ; yet*z* they have not prevailed against me.

3 The plowers plowed upon my back ; they made long their furrows.

4 The Lord *is* righteous : he hath cut asunder the cords of the wicked.

5 Let*b* them all be confounded and turned back that hate Zion.

6 Let them be as the grass *upon* the housetops, which*e* withereth afore it groweth up;

7 Wherewith the mower filleth not his hand, nor he that bindeth sheaves, his bosom.

8 Neither do they which go by say, The blessing*g* of the Lord *be* upon you : we bless you in the name of the Lord.

PSALM CXXX.
A Song of Degrees.

OUT of the depths*h* have I cried unto thee, O Lord.

2 Lord, hear my voice; let*k* thine ears be attentive to the voice of my supplications.

3 If*l* thou, Lord, shouldest mark iniquities, O Lord, who shall stand ?

4 But*n there is* forgiveness with thee, that*o* thou mayest be feared.

5 I wait for the Lord, my soul doth wait, and in his word do I hope.

6 My soul *waiteth* for the Lord more than they that watch for the morning ; ψ *I say*, *more than* they that watch for the morning.

---

a Ps. 71. 5.
Ro. 8. 24.
He. 10. 35.
b Je. 31.9.14.
c Ps. 103. 8.
d Mat. 1. 21.
γ or, *seed basket.*
e Ps. 30. 5.
δ *walk.*
ζ or, *of,* Ps.72, *title.*
f 1 Co. 3. 6,7.
η *wonderful,* Job 42. 3.
θ *that are builders of it in it.*
κ *my soul.*
g Mat. 18. 3.
h Ge. 3.17,19.
λ *from now.*
i Ge. 33. 5. 1 Sa. 2. 5.
μ *filled his quiver with.*
k 2Sa.7.1,&c.
ν or, *subdue*, Ps. 18. 47, or,*destroy.*
l Job 5. 4.
m Ps. 112. 1.
π *habitations.*
n 1s. 3. 10.
o Eze. 19.10.
p Ps. 122. 1.
q Ps. 99. 5.
r Ps. 144. 12.
s Ps. 78. 61.
t Ps. 134. 3.
u 1s. 65. 14.
v Ge. 50. 23.
Job 42. 16.
w Ps. 125. 5.
x 1 Ki. 8. 25.
ρ *belly.*
σ or, *much.*
y Ex.1.13,14 La. 1. 3.
z Jn°. 16. 33.
a Ps. 68. 16.
τ or, *surely.*
b 1Co.16.22. *c* Lu. 1. 53.
d ver. 9.
c Mat. 13. 6, 21.
φ or,*candle.*
f 2 Ch. 21. 7.
g Ru. 2. 4.
χ *even together.*
h La. 3. 55. Jon. 2. 2.
i Ex.30.25,30.
k 2 Ch. 6. 40.
l Ps. 143. 2. Ro.3:20.24.
m De. 4. 48.
n Ex. 34. 7. Da. 9. 9. Ro. 8. 1.
o Je. 33. 8, 9. 2 Ti. 2. 19.
ψ or, *which watch unto the morning.*

---

7 Let Israel hope*a* in the Lord : for with the Lord *there is* mercy, and with him *is* plenteous*c* redemption.

8 And*d* he shall redeem Israel from all his iniquities.

PSALM CXXXI.
A Song of Degrees of David.

LORD, my heart is not haughty, nor mine eyes lofty : neither do I δ exercise myself in great matters, or in things too η high for me.

2 Surely I have behaved and quieted κ myself, as a child *g* that is weaned of his mother : my soul *is* even as a weaned child.

3 Let Israel hope in the Lord, λ from henceforth and for ever.

PSALM CXXXII.
A Song of Degrees.

LORD, remember David, *and* all his afflictions ;

2 How he sware unto the Lord, *and* vowed *k* unto the mighty *God* of Jacob ;

3 Surely I will not come into the tabernacle of my house, nor go up into my bed ;

4 I will not give sleep to mine eyes, *or* slumber to mine eyelids,

5 Until I find out a place for the Lord, π an habitation for the mighty *God* of Jacob.

6 Lo, we heard of it at Ephratah ; we found it in the fields of the wood.

7 We *p* will go into his tabernacles ; we will worship*q* at his footstool. *t*

8 Arise, O Lord, into thy rest ; thou and the ark of thy *s* strength.

9 Let thy priests be clothed with righteousness ; and let thy saints shout*u* for joy.

10 For thy servant David's sake turn not away the face of thine anointed.

11 The Lord hath sworn *in* truth unto David, he will not turn from it, Of *x* the fruit of thy ρ body will I set upon thy throne.

12 If thy children will keep my covenant, and my testimony that I shall teach them, their children shall also sit upon thy throne for evermore.

13 For the Lord hath chosen Zion : he hath desired *it* for his habitation.

14 This*a is* my rest for ever : here will I dwell ; for I have desired it.

15 I will τ abundantly bless her provision : I will satisfy her poor with*c* bread.

16 I *d* will also clothe her priests with salvation ; and her saints shall shout aloud for joy.

17 There will I make the horn of David to bud : I have ordained a φ lamp*f* for mine anointed.

18 His enemies will I clothe with shame ; but upon himself shall his crown flourish.

PSALM CXXXIII.
A Song of Degrees of David.

BEHOLD, how good and how pleasant *it is* for brethren to dwell χ together in unity !

2 *It is* like the precious ointment*i* upon the head, that ran down upon the beard, *even* Aaron's beard ; that went down to the skirts of his garments ;

3 As the dew of Hermon,*m and as the dew* that descended upon the mountains of Zion : for there the Lord commanded the blessing, *even* life for evermore.

PSALM CXXXIV.
A Song of Degrees.

BEHOLD, bless ye the Lord, all *ye* servants of the Lord, which by night stand in the house of the Lord.

2 יְהֹוָה הָעֹמְדִים בְּבֵית־יְהֹוָה בַּלֵּילוֹת׃ שְׂאוּ־
3 יְדֵכֶם קֹדֶשׁ וּבָרְכוּ אֶת־יְהֹוָה׃ יְבָרֶכְךָ יְהֹוָה
מִצִּיּוֹן עֹשֵׂה שָׁמַיִם וָאָרֶץ׃

PSAL. CXXXV.   קלה

1 הַלְלוּ יָהּ ׀ הַלְלוּ אֶת־שֵׁם יְהֹוָה הַלְלוּ עַבְדֵי יְהֹוָה׃
2 שֶׁעֹמְדִים בְּבֵית יְהֹוָה בְּחַצְרוֹת בֵּית אֱלֹהֵינוּ׃
3 הַלְלוּ־יָהּ כִּי־טוֹב יְהֹוָה זַמְּרוּ לִשְׁמוֹ כִּי נָעִים׃
4 כִּי־יַעֲקֹב בָּחַר לוֹ יָהּ יִשְׂרָאֵל לִסְגֻלָּתוֹ׃ כִּי אֲנִי
5 יָדַעְתִּי כִּי־גָדוֹל יְהֹוָה וַאֲדֹנֵינוּ מִכָּל־אֱלֹהִים׃
6 כֹּל אֲשֶׁר־חָפֵץ יְהֹוָה עָשָׂה בַּשָּׁמַיִם וּבָאָרֶץ
7 בַּיַּמִּים וְכָל־תְּהֹמוֹת׃ מַעֲלֶה נְשִׂאִים מִקְצֵה
הָאָרֶץ בְּרָקִים לַמָּטָר עָשָׂה מוֹצֵא רוּחַ
8 מֵאוֹצְרוֹתָיו׃ שֶׁהִכָּה בְּכוֹרֵי מִצְרָיִם מֵאָדָם עַד־
9 בְּהֵמָה׃ שָׁלַח ׀ אֹתוֹת וּמֹפְתִים בְּתוֹכֵכִי מִצְרָיִם
10 בְּפַרְעֹה וּבְכָל־עֲבָדָיו׃ שֶׁהִכָּה גּוֹיִם רַבִּים וְהָרַג
11 מְלָכִים עֲצוּמִים׃ לְסִיחוֹן ׀ מֶלֶךְ הָאֱמֹרִי וּלְעוֹג
12 מֶלֶךְ הַבָּשָׁן וּלְכֹל מַמְלְכוֹת כְּנָעַן׃ וְנָתַן אַרְצָם
13 נַחֲלָה נַחֲלָה לְיִשְׂרָאֵל עַמּוֹ׃ יְהֹוָה שִׁמְךָ לְעוֹלָם
14 יְהֹוָה זִכְרְךָ לְדֹר־וָדֹר׃ כִּי־יָדִין יְהֹוָה עַמּוֹ וְעַל־
15 עֲבָדָיו יִתְנֶחָם׃ עֲצַבֵּי הַגּוֹיִם כֶּסֶף וְזָהָב מַעֲשֵׂה
16 יְדֵי אָדָם׃ פֶּה־לָהֶם וְלֹא יְדַבֵּרוּ עֵינַיִם לָהֶם
17 וְלֹא יִרְאוּ׃ אָזְנַיִם לָהֶם וְלֹא יַאֲזִינוּ אַף אֵין־יֶשׁ־
18 רוּחַ בְּפִיהֶם׃ כְּמוֹהֶם יִהְיוּ עֹשֵׂיהֶם כֹּל אֲשֶׁר־
19 בֹּטֵחַ בָּהֶם׃ בֵּית יִשְׂרָאֵל בָּרְכוּ אֶת־יְהֹוָה בֵּית
20 אַהֲרֹן בָּרְכוּ אֶת־יְהֹוָה׃ בֵּית הַלֵּוִי בָּרְכוּ אֶת־
21 יְהֹוָה יִרְאֵי יְהֹוָה בָּרְכוּ אֶת־יְהֹוָה׃ בָּרוּךְ יְהֹוָה ׀
מִצִּיּוֹן שֹׁכֵן יְרוּשָׁלָ͏ִם הַלְלוּ־יָהּ׃

PSAL. CXXXVI.   קלו

1 הוֹדוּ לַיהֹוָה כִּי־טוֹב כִּי לְעוֹלָם חַסְדּוֹ׃ הוֹדוּ
2 לֵאלֹהֵי הָאֱלֹהִים כִּי לְעוֹלָם חַסְדּוֹ׃ הוֹדוּ לַאֲדֹנֵי
3 הָאֲדֹנִים כִּי לְעוֹלָם חַסְדּוֹ׃ לְעֹשֵׂה נִפְלָאוֹת
4 גְּדֹלוֹת לְבַדּוֹ כִּי לְעוֹלָם חַסְדּוֹ׃ לְעֹשֵׂה הַשָּׁמַיִם
5 בִּתְבוּנָה כִּי לְעוֹלָם חַסְדּוֹ׃ לְרֹקַע הָאָרֶץ עַל־
6 הַמָּיִם כִּי לְעוֹלָם חַסְדּוֹ׃ לְעֹשֵׂה אוֹרִים
7 גְּדֹלִים כִּי לְעוֹלָם חַסְדּוֹ׃ אֶת־הַשֶּׁמֶשׁ
8 לְמֶמְשֶׁלֶת בַּיּוֹם כִּי לְעוֹלָם חַסְדּוֹ׃ אֶת־
9 הַיָּרֵחַ וְכוֹכָבִים לְמֶמְשְׁלוֹת בַּלָּיְלָה כִּי לְעוֹלָם
10 חַסְדּוֹ׃ לְמַכֵּה מִצְרַיִם בִּבְכוֹרֵיהֶם כִּי לְעוֹלָם
11 חַסְדּוֹ׃ וַיּוֹצֵא יִשְׂרָאֵל מִתּוֹכָם כִּי לְעוֹלָם
12 חַסְדּוֹ׃ בְּיָד חֲזָקָה וּבִזְרוֹעַ נְטוּיָה כִּי לְעוֹלָם
13 חַסְדּוֹ׃ לְגֹזֵר יַם־סוּף לִגְזָרִים כִּי לְעוֹלָם חַסְדּוֹ׃
14 וְהֶעֱבִיר יִשְׂרָאֵל בְּתוֹכוֹ כִּי לְעוֹלָם חַסְדּוֹ׃
15 וְנִעֵר פַּרְעֹה וְחֵילוֹ בְיַם־סוּף כִּי לְעוֹלָם
16 חַסְדּוֹ׃ לְמוֹלִיךְ עַמּוֹ בַּמִּדְבָּר כִּי לְעוֹלָם
17 חַסְדּוֹ׃ לְמַכֵּה מְלָכִים גְּדֹלִים כִּי לְעוֹלָם חַסְדּוֹ׃
18 וַיַּהֲרֹג מְלָכִים אַדִּירִים כִּי לְעוֹלָם חַסְדּוֹ׃
19 לְסִיחוֹן מֶלֶךְ הָאֱמֹרִי כִּי לְעוֹלָם חַסְדּוֹ׃
20 וּלְעוֹג מֶלֶךְ הַבָּשָׁן כִּי לְעוֹלָם חַסְדּוֹ׃ וְנָתַן
21 אַרְצָם לְנַחֲלָה כִּי לְעוֹלָם חַסְדּוֹ׃ נַחֲלָה
22 לְיִשְׂרָאֵל עַבְדּוֹ כִּי לְעוֹלָם חַסְדּוֹ׃ שֶׁבְּשִׁפְלֵנוּ
23 זָכַר לָנוּ כִּי לְעוֹלָם חַסְדּוֹ׃ וַיִּפְרְקֵנוּ מִצָּרֵינוּ
24 כִּי לְעוֹלָם חַסְדּוֹ׃ נֹתֵן לֶחֶם לְכָל־בָּשָׂר כִּי
25 לְעוֹלָם חַסְדּוֹ׃ הוֹדוּ לְאֵל הַשָּׁמָיִם כִּי
26 לְעוֹלָם חַסְדּוֹ׃

PSAL. CXXXVII.   קלז

1 עַל נַהֲרוֹת ׀ בָּבֶל שָׁם יָשַׁבְנוּ גַּם־בָּכִינוּ בְּזָכְרֵנוּ
2 אֶת־צִיּוֹן׃ עַל־עֲרָבִים בְּתוֹכָהּ תָּלִינוּ כִּנֹּרוֹתֵינוּ׃
3 כִּי שָׁם ׀ שְׁאֵלוּנוּ שׁוֹבֵינוּ דִּבְרֵי־שִׁיר וְתוֹלָלֵינוּ
4 שִׂמְחָה שִׁירוּ לָנוּ מִשִּׁיר צִיּוֹן׃ אֵיךְ נָשִׁיר אֶת־
5 שִׁיר־יְהֹוָה עַל אַדְמַת נֵכָר׃ אִם־אֶשְׁכָּחֵךְ
6 יְרוּשָׁלָ͏ִם תִּשְׁכַּח יְמִינִי׃ תִּדְבַּק לְשׁוֹנִי ׀ לְחִכִּי
אִם־לֹא אֶזְכְּרֵכִי אִם־לֹא אַעֲלֶה אֶת־יְרוּשָׁלַ͏ִם
7 עַל רֹאשׁ שִׂמְחָתִי׃ זְכֹר יְהֹוָה ׀ לִבְנֵי אֱדוֹם
אֵת יוֹם יְרוּשָׁלָ͏ִם הָאֹמְרִים עָרוּ ׀ עָרוּ עַד הַיְסוֹד
8 בָּהּ׃ בַּת־בָּבֶל הַשְּׁדוּדָה אַשְׁרֵי שֶׁיְשַׁלֶּם־לָךְ
9 אֶת־גְּמוּלֵךְ שֶׁגָּמַלְתְּ לָנוּ׃ אַשְׁרֵי ׀ שֶׁיֹּאחֵז וְנִפֵּץ
אֶת־עֹלָלַיִךְ אֶל־הַסָּלַע׃

PSAL. CXXXVIII.   קלח

1 לְדָוִד ׀ אוֹדְךָ בְכָל־לִבִּי נֶגֶד אֱלֹהִים אֲזַמְּרֶךָּ׃
2 אֶשְׁתַּחֲוֶה אֶל־הֵיכַל קָדְשְׁךָ וְאוֹדֶה אֶת־שְׁמֶךָ
עַל־חַסְדְּךָ וְעַל־אֲמִתֶּךָ כִּי־הִגְדַּלְתָּ עַל־כָּל־שִׁמְךָ
3 אִמְרָתֶךָ׃ בְּיוֹם קָרָאתִי וַתַּעֲנֵנִי תַּרְהִבֵנִי בְנַפְשִׁי
4 עֹז׃ יוֹדוּךָ יְהֹוָה כָּל־מַלְכֵי־אָרֶץ כִּי שָׁמְעוּ

2 Lift[a] up your hands in β the sanctuary, and bless the LORD.

3 The LORD, that made heaven and earth, bless thee out of Zion.

PSALM CXXXV.

PRAISE ye the LORD. Praise[c] ye the name of the LORD; praise him, O ye servants of the LORD.

2 Ye[e] that stand in the house of the LORD, in the courts of the house of our God,

3 Praise the LORD; for the LORD is good: sing praises unto his name; for[f] it is pleasant.

4 For[g] the LORD hath chosen Jacob unto himself, and Israel for his peculiar treasure.

5 For I know that the LORD is great, and that our Lord is above all gods.

6 Whatsoever[i] the LORD pleased, that did he in heaven, and in earth, in the seas, and all deep places.

7 He[m] causeth the vapours to ascend from the ends of the earth: he[n] maketh lightnings for the rain: he bringeth the wind out of his treasuries.

8 Who smote[p] the first-born of Egypt, δ both of man and beast.

9 Who sent tokens[q] and wonders into the midst of thee, O Egypt, upon Pharaoh, and upon all his servants.

10 Who[s] smote great nations, and slew mighty kings;

11 Sihon king of the Amorites, and Og king of Bashan, and all the kingdoms of Canaan.

12 And gave[u] their land for an heritage, an heritage unto Israel his people.

13 Thy[v] name, O LORD, endureth for ever; and thy memorial, O LORD, throughout ζ all generations.

14 For[w] the LORD will judge his people, and he will repent himself concerning his servants.

15 The[x] idols of the heathen are silver and gold, the work of men's hands.

16 They have mouths, but they speak not; eyes have they, but they see not;

17 They have ears, but they hear not; neither is there any breath in their mouths.

18 They that make them are like unto them: so is every one that trusteth in them.

19 Bless the LORD, O house of Israel: bless the LORD, O house of Aaron:

20 Bless the LORD, O house of Levi: ye that fear the LORD, bless the LORD.

21 Blessed be the LORD out of Zion, which dwelleth at Jerusalem. Praise ye the LORD.

PSALM CXXXVI.

O GIVE thanks unto the LORD; for he is good:[c] for[d] his mercy endureth for ever.

2 O give thanks unto the[e] God of gods: for his mercy endureth for ever.

3 O give thanks to the Lord of lords: for his mercy endureth for ever.

4 To him who alone[f] doeth great wonders: for his mercy endureth for ever.

5 To him that[g] by wisdom made the heavens: for his mercy endureth for ever.

6 To him that stretched out[h] the earth above the waters: for his mercy endureth for ever.

7 To him that made great lights: for his mercy endureth for ever.

8 The sun σ to rule by day: for his mercy endureth for ever.

9 The moon and stars to rule by night: for his mercy endureth for ever.

a 1 Ti. 2. 8.
b Ps.135.8,&c
Ex. 12. 29.
β or, holiness,
1 Ch. 16.29.
c Ps. 145. 1.
Ne. 9. 5.
d Ps. 78. 13.
Ex.14.21,22
e Ps. 92. 13.
γ shaked off.
f Ps. 147. 1.
g Ex. 19.5.
De. 7. 6, 7.
1 Pe. 2. 9.
h Ex. 13. 18.
De. 8. 15.
i Ps.33.9,11.
Da. 4. 35.
k De. 29. 7.
l Nu. 21. 21,
　　　23.
m Je. 14. 22.
Zec. 10. 1.
n Je. 10. 13.
o Jos.12.1,&c.
p Ex. 12. 29.
δ from man
　unto.
q Ex.VII.&c.
r De. 32. 36.
Lu. 1. 48.
s Nu. 21. 24.
　　　35.
Ps. 136. 17,
　　　&c.
t Ps. 145. 15.
u Jos. 12. 7.
Ps. 44. 1.3,
　78. 55.
v Ex. 3. 15.
ζ to generation and
generation.
w De. 32. 36.
x Ps.115.4 &c
Is.44.12,&c
η the words
of a song.
θ laid us on
heaps.
y Ps. 79. 1.
κ land of a
stranger.
z Da.6.10,11.
a Ps. 84. 10.
λ the head
of my joy.
μ make bare.
b Is. 13.1,&c.
Re. 18. 6.
ν wasted.
c Ps. 119. 68.
d 1 Ch. 16.34.
2 Ch. 20.21.
π recompenseth
unto thee
thy deed
which thou
didst to us.
e De. 10. 17.
Ps. 82. 1.
ρ rock.
f Ps. 72. 18.
g Pr. 3. 19.
h Ge. 1.9,&c.
Je. 10. 12.
i Is. 42. 21.
σ for the
rulings.

10 To[b] him that smote Egypt in their first-born: for his mercy endureth for ever.

11 And brought out Israel from among them: for his mercy endureth for ever:

12 With a strong hand, and with a stretched-out arm: for his mercy endureth for ever.

13 To him which divided[d] the Red sea into parts: for his mercy endureth for ever.

14 And made Israel to pass through the midst of it: for his mercy endureth for ever.

15 But γ overthrew Pharaoh and his host in the Red sea: for his mercy endureth for ever.

16 To him which led[h] his people through the wilderness: for his mercy endureth for ever.

17 To him which smote great kings: for his mercy endureth for ever:

18 And[k] slew famous kings: for his mercy endureth for ever:

19 Sihon[l] king of the Amorites: for his mercy endureth for ever:

20 And Og the king of Bashan: for his mercy endureth for ever:

21 And gave[o] their land for an heritage: for his mercy endureth for ever.

22 Even an heritage unto Israel his servant: for his mercy endureth for ever.

23 Who remembered[r] us in our low estate: for his mercy endureth for ever.

24 And hath redeemed us from our enemies: for his mercy endureth for ever.

25 Who[t] giveth food to all flesh: for his mercy endureth for ever.

26 O give thanks unto the God of heaven: for his mercy endureth for ever.

PSALM CXXXVII.

BY the rivers of Babylon there we sat down; yea, we wept, when we remembered Zion.

2 We hanged our harps upon the willows in the midst thereof.

3 For there they that carried us away captive required of us η a song: and they that θ wasted[y] us required of us mirth, saying, Sing us one of the songs of Zion.

4 How shall we sing the LORD's song in a κ strange land?

5 If[z] I forget thee, O Jerusalem, let my right hand forget her cunning.

6 If I do not remember thee, let my tongue cleave to the roof of my mouth; if I prefer[a] not Jerusalem above λ my chief joy.

7 Remember, O LORD, the children of Edom in the day of Jerusalem; who said, μ Rase it, rase it, even to the foundation thereof.

8 O daughter of Babylon, who[b] art to be ν destroyed; happy shall he be that π rewardeth thee as thou hast served us.

9 Happy shall he be that taketh and dasheth thy little ones against the ρ stones.

PSALM CXXXVIII.
A Psalm of David.

I WILL praise thee with my whole heart; before the gods will I sing praise unto thee.

2 I will worship toward thy holy temple, and praise thy name for thy lovingkindness and for thy truth: for[f] thou hast magnified thy word above all thy name.

3 In the day when I cried thou answeredst me, and strengthenedst me with strength in my soul.

4 All the kings of the earth shall praise thee, O LORD, when they hear the words of thy mouth.

PSAL. CXXXIX. קלט

5 וְיָשִׁירוּ בְּדַרְכֵי יְהוָה כִּי גָדוֹל כְּבוֹד אָמְרֵי־פִיךָ׃
6 יְהוָה ׃ כִּי־רָם יְהוָה וְשָׁפָל יִרְאֶה וְגָבֹהַּ מִמֶּרְחָק יְיֵדָע ׃
7 אִם־אֵלֵךְ בְּקֶרֶב צָרָה תְּחַיֵּנִי עַל אַף אֹיְבַי תִּשְׁלַח יָדֶךָ וְתוֹשִׁיעֵנִי יְמִינֶךָ ׃ יְהוָה
8 יְהוָה יִגְמֹר בַּעֲדִי יְהוָה חַסְדְּךָ לְעוֹלָם מַעֲשֵׂי יָדֶיךָ אַל־תֶּרֶף׃

PSAL. CXXXIX. קלט

1 לַמְנַצֵּחַ לְדָוִד מִזְמוֹר יְהוָה חֲקַרְתַּנִי וַתֵּדָע׃
2 אַתָּה יָדַעְתָּ שִׁבְתִּי וְקוּמִי בַּנְתָּה לְרֵעִי מֵרָחוֹק׃
3 אָרְחִי וְרִבְעִי זֵרִיתָ וְכָל־דְּרָכַי הִסְכַּנְתָּה׃ כִּי אֵין
4 מִלָּה בִּלְשׁוֹנִי הֵן יְהוָה יָדַעְתָּ כֻלָּהּ׃ אָחוֹר
5 וָקֶדֶם צַרְתָּנִי וַתָּשֶׁת עָלַי כַּפֶּכָה׃ פְּלִאָיה דַעַת
6 נְקֵדֶם צַרְתָּנִי וַתָּשֶׁת עָלַי כַּפֶּכָה׃ פְּלִאָיה דַעַת
7 מִמֶּנִּי נִשְׂגְּבָה לֹא־אוּכַל לָהּ׃ אָנָה אֵלֵךְ מֵרוּחֶךָ
8 וְאָנָה מִפָּנֶיךָ אֶבְרָח׃ אִם־אֶסַּק שָׁמַיִם שָׁם
9 אָתָּה וְאַצִּיעָה שְּׁאוֹל הִנֶּךָּ׃ אֶשָּׂא כַנְפֵי־שָׁחַר
10 אֶשְׁכְּנָה בְּאַחֲרִית יָם׃ גַּם־שָׁם יָדְךָ תַנְחֵנִי
11 וְתֹאחֲזֵנִי יְמִינֶךָ׃ וָאֹמַר אַךְ־חֹשֶׁךְ יְשׁוּפֵנִי
12 וְלַיְלָה אוֹר בַּעֲדֵנִי׃ גַּם־חֹשֶׁךְ לֹא־יַחְשִׁיךְ מִמֶּךָ וְלַיְלָה כַּיּוֹם יָאִיר כַּחֲשֵׁיכָה כָּאוֹרָה׃
13 כִּי־אַתָּה קָנִיתָ כִלְיֹתָי תְּסֻכֵּנִי בְּבֶטֶן אִמִּי׃ עַל כִּי
14 נוֹרָאוֹת נִפְלֵיתִי נִפְלָאִים מַעֲשֶׂיךָ וְנַפְשִׁי יֹדַעַת מְאֹד׃
15 לֹא־נִכְחַד עָצְמִי מִמֶּךָּ אֲשֶׁר־עֻשֵּׂיתִי בַסֵּתֶר רֻקַּמְתִּי בְּתַחְתִּיּוֹת אָרֶץ׃
16 גָּלְמִי רָאוּ עֵינֶיךָ וְעַל־סִפְרְךָ כֻּלָּם יִכָּתֵבוּ יָמִים יֻצָּרוּ וְלֹא אֶחָד בָּהֶם׃
17 וְלִי מַה־יָּקְרוּ רֵעֶיךָ אֵל מֶה עָצְמוּ רָאשֵׁיהֶם׃
18 אֶסְפְּרֵם מֵחוֹל יִרְבּוּן הֱקִיצֹתִי וְעוֹדִי עִמָּךְ׃ אִם־
19 תִּקְטֹל אֱלוֹהַּ רָשָׁע וְאַנְשֵׁי דָמִים סוּרוּ מֶנִּי׃
20 אֲשֶׁר יֹאמְרֻךָ לִמְזִמָּה נָשׂוּא לַשָּׁוְא עָרֶיךָ׃
21 הֲלוֹא־מְשַׂנְאֶיךָ יְהוָה אֶשְׂנָא וּבִתְקוֹמְמֶיךָ אֶתְקוֹטָט׃
22 תַּכְלִית שִׂנְאָה שְׂנֵאתִים לְאוֹיְבִים הָיוּ לִי׃
23 חָקְרֵנִי אֵל וְדַע לְבָבִי בְּחָנֵנִי וְדַע שַׂרְעַפָּי׃
24 וּרְאֵה אִם־דֶּרֶךְ־עֹצֶב בִּי וּנְחֵנִי בְּדֶרֶךְ עוֹלָם׃

PSAL. CXL. קמ

1,2 לַמְנַצֵּחַ מִזְמוֹר לְדָוִד׃ חַלְּצֵנִי יְהוָה מֵאָדָם רָע
3 מֵאִישׁ חֲמָסִים תִּנְצְרֵנִי׃ אֲשֶׁר חָשְׁבוּ רָעוֹת
4 בְּלֵב כָּל־יוֹם יָגוּרוּ מִלְחָמוֹת׃ שָׁנֲנוּ לְשׁוֹנָם כְּמוֹ־נָחָשׁ חֲמַת עַכְשׁוּב תַּחַת שְׂפָתֵימוֹ סֶלָה׃
5 שָׁמְרֵנִי יְהוָה מִידֵי רָשָׁע מֵאִישׁ חֲמָסִים
6 תִּנְצְרֵנִי אֲשֶׁר חָשְׁבוּ לִדְחוֹת פְּעָמָי׃ טָמְנוּ
7 גֵאִים פַּח לִי וַחֲבָלִים פָּרְשׂוּ רֶשֶׁת לְיַד־מַעְגָּל מֹקְשִׁים שָׁתוּ־לִי סֶלָה׃ אָמַרְתִּי לַיהוָה אֵלִי אָתָּה
8 הַאֲזִינָה יְהוָה קוֹל תַּחֲנוּנָי׃ יְהוִה אֲדֹנָי עֹז
9 יְשׁוּעָתִי סַכֹּתָה לְרֹאשִׁי בְּיוֹם נָשֶׁק׃ אַל־תִּתֵּן
10,11 יְהוָה מַאֲוַיֵּי רָשָׁע זְמָמוֹ אַל־תָּפֵק יָרוּמוּ סֶלָה׃ רֹאשׁ מְסִבָּי עֲמַל שְׂפָתֵימוֹ יְכַסֵּמוֹ׃ יִמּוֹטוּ
12 עֲלֵיהֶם גֶּחָלִים בָּאֵשׁ יַפִּלֵם בְּמַהֲמֹרוֹת בַּל־יָקוּמוּ׃ אִישׁ לָשׁוֹן בַּל־יִכּוֹן בָּאָרֶץ אִישׁ־חָמָס
13 רָע יְצוּדֶנּוּ לְמַדְחֵפֹת׃ יָדַעְתִּי כִּי־יַעֲשֶׂה יְהוָה
14 דִּין עָנִי מִשְׁפַּט אֶבְיֹנִים׃ אַךְ צַדִּיקִים יוֹדוּ לִשְׁמֶךָ יֵשְׁבוּ יְשָׁרִים אֶת־פָּנֶיךָ׃

PSAL. CXLI. קמא

1 מִזְמוֹר לְדָוִד יְהוָה קְרָאתִיךָ חוּשָׁה לִּי הַאֲזִינָה
2 קוֹלִי בְּקָרְאִי־לָךְ׃ תִּכּוֹן תְּפִלָּתִי קְטֹרֶת לְפָנֶיךָ
3 מַשְׂאַת כַּפַּי מִנְחַת־עָרֶב׃ שִׁיתָה יְהוָה שָׁמְרָה
4 לְפִי נִצְּרָה עַל־דַּל שְׂפָתָי׃ אַל־תַּט־לִבִּי לְדָבָר רָע לְהִתְעוֹלֵל עֲלִלוֹת בְּרֶשַׁע אֶת־אִישִׁים פֹּעֲלֵי־
5 אָוֶן וּבַל־אֶלְחַם בְּמַנְעַמֵּיהֶם׃ יֶהֶלְמֵנִי צַדִּיק חֶסֶד וְיוֹכִיחֵנִי שֶׁמֶן רֹאשׁ אַל־יָנִי רֹאשִׁי כִּי־עוֹד
6 וּתְפִלָּתִי בְּרָעוֹתֵיהֶם׃ נִשְׁמְטוּ בִידֵי־סֶלַע שֹׁפְטֵיהֶם
7 וְשָׁמְעוּ אֲמָרַי כִּי נָעֵמוּ׃ כְּמוֹ פֹלֵחַ וּבֹקֵעַ
8 בָּאָרֶץ נִפְזְרוּ עֲצָמֵינוּ לְפִי שְׁאוֹל׃ כִּי אֵלֶיךָ
יְהוִה אֲדֹנָי עֵינָי בְּכָה חָסִיתִי אַל־תְּעַר נַפְשִׁי׃
9 שָׁמְרֵנִי מִידֵי פַח יָקְשׁוּ לִי וּמֹקְשׁוֹת פֹּעֲלֵי
10 אָוֶן׃ יִפְּלוּ בְמַכְמֹרָיו רְשָׁעִים יַחַד אָנֹכִי עַד־אֶעֱבוֹר׃

PSAL. CXLII. קמב

1,2 מַשְׂכִּיל לְדָוִד בִּהְיוֹתוֹ בַמְּעָרָה תְפִלָּה׃ קוֹלִי

5 Yea, they shall sing in the ways of the LORD: for great *is* the glory of the LORD.

6 Though *a* the LORD *be* high, yet hath he respect unto the lowly : but the proud he knoweth afar off.

7 Though *b* I walk in the midst of trouble, thou wilt revive me ; thou shalt stretch iorth thine hand against the wrath of mine enemies, and thy right hand shall save me.

8 The LORD will perfect *d that which* concerneth me : thy mercy, O LORD, *endureth* for ever : forsake not the works of thine own hands.

PSALM CXXXIX.

O To the chief Musician. A Psalm of David. LORD, thou hast searched *f* me, and known *me.*

2 Thou *g* knowest my down-sitting and mine up-rising ; thou *h* understandest my thought afar off.

3 Thou *γ* compassest my path, and my lying down, and art acquainted *with* all my ways.

4 For *there is* not a word in my tongue, *but,* lo,O LORD,thou*i* knowest it altogether.

5 Thou hast beset me behind and before, and laid thine hand upon me.

6 *Such* knowledge *is* too wonderful for me ; it is high, I cannot *attain* unto it.

7 Whither *k* shall I go from thy Spirit ? or whither shall I flee from thy presence ?

8 If *m* I ascend up into heaven, thou *art* there : if I make my bed in hell,*n* behold, thou *art there.*

9 *If* I take the wings of the morning, *and* dwell in the uttermost parts of the sea ;

10 Even there shall thy hand lead me, and thy right hand shall hold me.

11 If I say, Surely the darkness shall cover me ; even the night shall be light about me.

12 Yea, the darkness *n* hideth not from thee:*p* but the night shineth as the day: *θ*the darkness and the light *are* both alike *to thee.*

13 For thou hast possessed my reins: thou hast covered me in my mother's womb.

14 I will praise thee ; for I am fearfully *and* wonderfully made : marvellous *are* thy works : and *that* my soul knoweth *λ* right well.

15 My *μ*substance was not hid from thee, when*r* I was made in secret,*and* curiously wrought in the lowest parts of the earth.

16 Thine eyes did see my substance, yet being unperfect; and in thy book *v* all *my members* were written, *π* which in continuance were fashioned, when *as yet there was* none of them.

17 How precious also are thy thoughts unto me, O God! how great*t* is the sum of them!

18 *If* I should count them, they are more in number than the sand : when I awake, I am still with thee.

19 Surely thou wilt slay the wicked, O God : depart from me, therefore, ye bloody men.

20 For they speak against thee wickedly, *and* thine enemies take *thy name* in vain.

21 Do*v* not I hate them, O LORD, that hate thee *?* and am not I grieved with those that rise up against thee *?*

22 I hate them with perfect hatred ; I count them mine enemies.

23 Search me, O God, and know my neart ; try me, and know my thoughts ;

24 And see if *there be any ψ* wicked way in me, and lead me in the way everlasting.

a Isa. 57. 15.
66. 1, 2.
1 Pe.5. 5.
β man of violences.
b Mi. 7. 8, 9.
c Ro. 3. 13.
d Phi. 1. 6.
1 Th. 5. 24.
e Je. 18. 22.
f Je.17. 10.
Re. 2. 23.
g 2 Ki. 6. 12.
19. 27.
h Mat. 9. 4.
Jn 2.24,25.
γ or, *winnowest.*
i He. 4. 13.
δ or, *let them not be exalted.*
k Je. 23. 24.
Jon. 1. 3.
l Ps. 11. 6.
m Am. 9. 2.4.
n Job 26. 6.
Pr. 15. 11.
ζ a man of tongue, or, *an evil speaker; a wicked man of violence, be established in the earth: let him be hunted to his overthrow.*
o 1 Ki. 8. 45.
η darkeneth.
p Da. 2. 22.
θ as is the darkness,so is the light.
κ directed.
Re. 5. 8.
λ greatly.
μ or,*strength* or, *body.*
r Job 10.8,9.
s Pr. 23. 6.
v all of them.
π or, what *days they should be fashioned.*
ρ or, *kindly, & reprove me; let not their precious oil break my head.*
t Ps. 40. 5.
u 2 Sa. 23. 1.
σ make.
τ bare.
v 2 Ch. 19. 2.
w Pr. 13. 14.
φ pass over.
χ or.A Psalm *of David, giving instruction.*
ψ way of pain, or, *grief.*
1 Ch. 4. 10.
x 1 Sa. 22. 1.

PSALM CXL.

D To the chief Musician. A Psalm of David. ELIVER me, O LORD, from the evil man : preserve me from the *β*violent man ;

2 Which imagine mischiefs in *their* heart: continually are they gathered together *for* war.

3 They have sharpened their tongues like a serpent ; adders' poison*c is* under their lips. Selah.

4 Keep me, O LORD, from the hands of the wicked ; preserve me from the violent man ; who have purposed to over throw my goings.

5 The proud have hid a snare*e* for me, and cords : they have spread a net by the way-side : they have set gins for me. Selah.

6 I said unto the LORD, Thou *art* my God : hear the voice of my supplications, O LORD.

7 O GOD the Lord, the strength of my salvation ; thou hast covered my head in the day of battle.

8 Grant not, O LORD, the desires of the wicked ; further not his wicked device, *δ lest* they exalt themselves. Selah.

9 *As for* the head of those that compass me about, let the mischief of their own lips cover them.

10 Let*l* burning coals fall upon them : let them be cast into the fire ; into deep pits, that they rise not up again.

11 Let not *ζ*an evil speaker be established in the earth: evil shall hunt the violent man to overthrow *him.*

12 I*o* know that the LORD will maintain the cause of the afflicted, *and* the right of the poor.

13 Surely the righteous shall give thanks unto thy name : the upright shall dwell in thy presence.

L PSALM CXLI. A Psalm of David. ORD, I cry unto thee : make haste unto me ; give ear unto my voice, when I cry unto thee.

2 Let my prayer be *κ*set forth before thee *as* incense,*f and* the lifting up of my hands *as* the evening sacrifice.

3 Set a watch, O LORD, before my mouth : keep the door of my lips.

4 Incline not my heart to *any* evil thing, to practise wicked works with men that work iniquity : and*s* let me not eat of their dainties.

5 Let the righteous smite me ; *ρ*it shall *be* a kindness : and let him reprove me ; *it shall be* an excellent oil, *which* shall not break my head : for yet my prayer also *shall be* in their calamities.

6 When their judges are overthrown in stony places, they shall hear my words ; for they are*u* sweet.

7 Our bones are scattered at the grave's mouth, as when one cutteth and cleaveth *wood* upon the earth.

8 But mine eyes *are* unto thee, O GOD the Lord : in thee is my trust, *σ* leave not my soul *τ* destitute.

9 Keep me from the snares*w which* they have laid for me, and the gins of the workers of iniquity.

10 Let the wicked fall into their own nets, whilst that I withal *φ*escape.

PSALM CXLII.
Maschil *χ* of David ; a Prayer when he was in the cave.*x*

I CRIED unto the LORD with my voice: with my voice unto the LORD did I make my supplication.

3 אֶל־יְהוָה אֶזְעַק קוֹלִי אֶל־יְהוָה אֶתְחַנָּן׃
4 אֶשְׁפֹּךְ לְפָנָיו שִׂיחִי צָרָתִי לְפָנָיו אַגִּיד׃ בְּהִתְעַטֵּף
עָלַי רוּחִי וְאַתָּה יָדַעְתָּ נְתִיבָתִי בְּאֹרַח־זוּ אֲהַלֵּךְ
5 טָמְנוּ פַח לִי׃ הַבֵּיט יָמִין וּרְאֵה וְאֵין־לִי
מַכִּיר אָבַד מָנוֹס מִמֶּנִּי אֵין דּוֹרֵשׁ לְנַפְשִׁי׃
6 זָעַקְתִּי אֵלֶיךָ יְהוָה אָמַרְתִּי אַתָּה מַחְסִי חֶלְקִי
7 בְּאֶרֶץ הַחַיִּים׃ הַקְשִׁיבָה אֶל־רִנָּתִי כִּי־דַלּוֹתִי מְאֹד
8 הַצִּילֵנִי מֵרֹדְפַי כִּי אָמְצוּ מִמֶּנִּי׃ הוֹצִיאָה
מִמַּסְגֵּר נַפְשִׁי לְהוֹדוֹת אֶת־שְׁמֶךָ בִּי יַכְתִּרוּ
צַדִּיקִים כִּי תִגְמֹל עָלָי׃

PSAL. CXLIII. קמג

1 מִזְמוֹר לְדָוִד יְהוָה שְׁמַע תְּפִלָּתִי הַאֲזִינָה אֶל־
2 תַּחֲנוּנַי בֶּאֱמֻנָתְךָ עֲנֵנִי בְּצִדְקָתֶךָ׃ וְאַל־תָּבוֹא
בְמִשְׁפָּט אֶת־עַבְדֶּךָ כִּי לֹא־יִצְדַּק לְפָנֶיךָ כָל־חָי׃
3 כִּי רָדַף אוֹיֵב נַפְשִׁי דִּכָּא לָאָרֶץ חַיָּתִי הוֹשִׁיבַנִי
4 בְמַחֲשַׁכִּים כְּמֵתֵי עוֹלָם׃ וַתִּתְעַטֵּף עָלַי רוּחִי
5 בְּתוֹכִי יִשְׁתּוֹמֵם לִבִּי׃ זָכַרְתִּי יָמִים מִקֶּדֶם
הָגִיתִי בְכָל־פָּעֳלֶךָ בְּמַעֲשֵׂה יָדֶיךָ אֲשׂוֹחֵחַ׃
6 פֵּרַשְׂתִּי יָדַי אֵלֶיךָ נַפְשִׁי כְּאֶרֶץ־עֲיֵפָה לְךָ סֶלָה׃
7 מַהֵר עֲנֵנִי יְהוָה כָּלְתָה רוּחִי אַל־תַּסְתֵּר פָּנֶיךָ
8 מִמֶּנִּי וְנִמְשַׁלְתִּי עִם־יֹרְדֵי בוֹר׃ הַשְׁמִיעֵנִי
בַבֹּקֶר חַסְדֶּךָ כִּי־בְךָ בָטָחְתִּי הוֹדִיעֵנִי דֶּרֶךְ־זוּ
9 אֵלֵךְ כִּי־אֵלֶיךָ נָשָׂאתִי נַפְשִׁי׃ הַצִּילֵנִי מֵאֹיְבַי
10 יְהוָה אֵלֶיךָ כִסִּתִי׃ לַמְּדֵנִי לַעֲשׂוֹת רְצוֹנֶךָ
כִּי־אַתָּה אֱלוֹהָי רוּחֲךָ טוֹבָה תַּנְחֵנִי בְּאֶרֶץ
11 מִישׁוֹר׃ לְמַעַן־שִׁמְךָ יְהוָה תְּחַיֵּנִי בְּצִדְקָתְךָ
12 תוֹצִיא מִצָּרָה נַפְשִׁי׃ וּבְחַסְדְּךָ תַּצְמִית אֹיְבָי
וְהַאֲבַדְתָּ כָּל־צֹרְרֵי נַפְשִׁי כִּי אֲנִי עַבְדֶּךָ׃

PSAL. CXLIV. קמד

1 לְדָוִד בָּרוּךְ יְהוָה צוּרִי הַמְלַמֵּד יָדַי לַקְרָב
2 אֶצְבְּעוֹתַי לַמִּלְחָמָה׃ חַסְדִּי וּמְצוּדָתִי מִשְׂגַּבִּי
וּמְפַלְטִי־לִי מָגִנִּי וּבוֹ חָסִיתִי הָרוֹדֵד עַמִּי תַחְתָּי׃
3 יְהוָה מָה־אָדָם וַתֵּדָעֵהוּ בֶּן־אֱנוֹשׁ וַתְּחַשְּׁבֵהוּ׃
4 אָדָם לַהֶבֶל דָּמָה יָמָיו כְּצֵל עוֹבֵר׃
5 יְהוָה הַט־שָׁמֶיךָ וְתֵרֵד גַּע בֶּהָרִים וְיֶעֱשָׁנוּ׃
6 בְּרוֹק

7 בָּרָק וּתְפִיצֵם שְׁלַח חִצֶּיךָ וּתְהֻמֵּם׃ שְׁלַח יָדֶיךָ
8 מִמָּרוֹם פְּצֵנִי וְהַצִּילֵנִי מִמַּיִם רַבִּים מִיַּד בְּנֵי
נֵכָר׃ אֲשֶׁר פִּיהֶם דִּבֶּר־שָׁוְא וִימִינָם יְמִין
9 שָׁקֶר׃ אֱלֹהִים שִׁיר חָדָשׁ אָשִׁירָה לָּךְ בְּנֵבֶל
10 עָשׂוֹר אֲזַמְּרָה־לָּךְ׃ הַנּוֹתֵן תְּשׁוּעָה לַמְּלָכִים
11 הַפּוֹצֶה אֶת־דָּוִד עַבְדּוֹ מֵחֶרֶב רָעָה׃ פְּצֵנִי
וְהַצִּילֵנִי מִיַּד בְּנֵי־נֵכָר אֲשֶׁר פִּיהֶם דִּבֶּר־שָׁוְא
12 וִימִינָם יְמִין שָׁקֶר׃ אֲשֶׁר בָּנֵינוּ כִּנְטִעִים
מְגֻדָּלִים בִּנְעוּרֵיהֶם בְּנוֹתֵינוּ כְזָוִיֹּת מְחֻטָּבוֹת
13 תַּבְנִית הֵיכָל׃ מְזָוֵינוּ מְלֵאִים מְפִיקִים מִזַּן אֶל־
זַן צֹאונֵנוּ מַאֲלִיפוֹת מְרֻבָּבוֹת בְּחוּצוֹתֵינוּ׃
14 אַלּוּפֵינוּ מְסֻבָּלִים אֵין פֶּרֶץ וְאֵין יוֹצֵאת וְאֵין
15 צְוָחָה בִּרְחֹבֹתֵינוּ׃ אַשְׁרֵי הָעָם שֶׁכָּכָה לּוֹ אַשְׁרֵי
הָעָם שֶׁיְהוָה אֱלֹהָיו׃

PSAL. CXLV. קמה

1 תְּהִלָּה לְדָוִד אֲרוֹמִמְךָ אֱלוֹהַי הַמֶּלֶךְ וַאֲבָרֲכָה
2 שִׁמְךָ לְעוֹלָם וָעֶד׃ בְּכָל־יוֹם אֲבָרֲכֶךָּ וַאֲהַלְלָה
3 שִׁמְךָ לְעוֹלָם וָעֶד׃ גָּדוֹל יְהוָה וּמְהֻלָּל מְאֹד
4 וְלִגְדֻלָּתוֹ אֵין חֵקֶר׃ דּוֹר לְדוֹר יְשַׁבַּח מַעֲשֶׂיךָ
5 וּגְבוּרֹתֶיךָ יַגִּידוּ׃ הֲדַר כְּבוֹד הוֹדֶךָ וְדִבְרֵי
6 נִפְלְאֹתֶיךָ אָשִׂיחָה׃ וֶעֱזוּז נוֹרְאֹתֶיךָ יֹאמֵרוּ
7 וּגְדוּלָּתְךָ אֲסַפְּרֶנָּה׃ זֵכֶר רַב־טוּבְךָ יַבִּיעוּ
8 וְצִדְקָתְךָ יְרַנֵּנוּ׃ חַנּוּן וְרַחוּם יְהוָה אֶרֶךְ אַפַּיִם
9 וּגְדָל־חָסֶד׃ טוֹב־יְהוָה לַכֹּל וְרַחֲמָיו עַל־כָּל־
10 מַעֲשָׂיו׃ יוֹדוּךָ יְהוָה כָּל־מַעֲשֶׂיךָ וַחֲסִידֶיךָ
11 יְבָרֲכוּכָה׃ כְּבוֹד מַלְכוּתְךָ יֹאמֵרוּ וּגְבוּרָתְךָ
12 יְדַבֵּרוּ׃ לְהוֹדִיעַ לִבְנֵי הָאָדָם גְּבוּרֹתָיו וּכְבוֹד
13 הֲדַר מַלְכוּתוֹ׃ מַלְכוּתְךָ מַלְכוּת כָּל־עֹלָמִים
14 וּמֶמְשַׁלְתְּךָ בְּכָל־דּוֹר וָדֹר׃ סוֹמֵךְ יְהוָה לְכָל־
15 הַנֹּפְלִים וְזוֹקֵף לְכָל־הַכְּפוּפִים׃ עֵינֵי־כֹל אֵלֶיךָ
16 יְשַׂבֵּרוּ וְאַתָּה נוֹתֵן־לָהֶם אֶת־אָכְלָם בְּעִתּוֹ׃ פּוֹתֵחַ
17 אֶת־יָדֶךָ וּמַשְׂבִּיעַ לְכָל־חַי רָצוֹן׃ צַדִּיק יְהוָה
18 בְּכָל־דְּרָכָיו וְחָסִיד בְּכָל־מַעֲשָׂיו׃ קָרוֹב יְהוָה
19 לְכָל־קֹרְאָיו לְכֹל אֲשֶׁר יִקְרָאֻהוּ בֶאֱמֶת׃ רְצוֹן־
20 יְרֵאָיו יַעֲשֶׂה וְאֶת־שַׁוְעָתָם יִשְׁמַע וְיוֹשִׁיעֵם׃
שׁוֹמֵר יְהוָה אֶת־כָּל־אֹהֲבָיו וְאֵת כָּל־הָרְשָׁעִים
21 יַשְׁמִיד׃ תְּהִלַּת יְהוָה יְדַבֶּר־פִּי וִיבָרֵךְ כָּל־

2 I poured out *a* my complaint before him : I shewed before him my trouble.

3 When *b* my spirit was overwhelmed within me, then thou knewest my path : in *c* the way wherein I walked have they privily laid a snare for me.

4 I γ looked *d* on *my* right hand, and beheld, but *there was* no man that would know me : refuge ζ failed me ; no man η cared for my soul.

5 I cried unto thee, O LORD : I said, Thou *art* my refuge,*e* *and* my portion*f* in the land of the living.

6 Attend unto my cry ; for I am brought very low : deliver me from my persecutors ; for they are stronger *h* than I.

7 Bring my soul out of prison,*i* that I may praise thy name : the righteous shall compass me about ; for thou shalt deal bountifully *k* with me.

PSALM CXLIII.
A Psalm of David.

HEAR my prayer, O LORD ; give ear to my supplications : in thy faithfulness answer me, *and* in thy righteousness.

2 And enter not *l* into judgment with thy servant: for *m* in thy sight shall no man living be justified.

3 For the enemy hath persecuted my soul ; he hath smitten my life down to the ground : he hath made me to dwell in darkness,as those that have been long dead.

4 Therefore is my spirit overwhelmed within me : my heart within me is desolate.

5 I remember the days of old ;*p* I meditate on all thy works ; I muse on the work of thy hands.

6 I stretch forth my hands unto thee : my soul *thirsteth r* after thee, as a thirsty land. Selah

7 Hear me speedily, O LORD ; my spirit faileth : hide not thy face from me, π lest I be like unto them that go down into the pit.

8 Cause me to hear thy loving-kindness in the morning ;*s* for in thee do I trust : cause me to know the way *t* wherein I should walk ; for I lift up my soul unto thee.

9 Deliver me, O LORD, from mine enemies: I τ flee unto thee to hide me.

10 Teach *w* me to do thy will ; for thou *art* my God : thy Spirit *is* good ;*x* lead me into the land *y* of uprightness.

11 Quicken *z* me, O LORD, for thy name's sake : for thy righteousness' sake bring my soul out of trouble.

12 And of thy mercy cut off mine enemies, and destroy all them that afflict my soul : for I *am* thy servant.

PSALM CXLIV.
A Psalm of David.

BLESSED *be* the LORD my χ strength,*b* which teacheth my hands to ψ war, *and* my fingers to fight.

2 My γ goodness, and my fortress ; my high tower, and my deliverer ; my shield, and *he* in whom I trust ; who subdueth my people under me.

3 LORD,*d* what *is* man, that thou takest knowledge of him! *or* the son of man, that thou makest account of him!

4 Man *e* is like to vanity: his days *are* as a shadow that passeth away.

5 Bow*f* thy heavens, O LORD, and come down : touch the mountains, and they shall smoke.

6 Cast forth lightning, and scatter them : shoot out thine arrows, and destroy them.

β *hands.*
a Ps. 62. 8.
   102, *title.*
b Ps. 143. 4.
c Ps. 140. 5.
γ *or, look on the right hand and see.*
d Ps. 69. 20.
δ *or, victory.*
ζ *perished from me.*
η *sought after.*
e Ps. 46. 1.
f Ps. 73. 26.
   La. 3. 24.
g Ps. 128. 3.
h Ro.8.33,37.
i Ps. 146. 7.
   Is. 61. 1.
θ *cut.*
k Ps. 13. 6.
   119. 17.
l Job 14. 3.
κ *from kind to kind.*
λ *able to bear burdens,* or, *loaden with flesh.*
m Ps. 130. 3.
   Ex. 34. 7.
   Job 9. 2, 3.
   Ec. 7. 20.
   Ro. 3. 20.
   Ga. 2. 16.
n De. 33. 29.
o Ps. 89. 15.
p Ps.77.5,11.
μ *of his greatness there is no search.*
q Ro. 11. 33.
r Ps. 63. 1.
ν *things,* or, *words.*
π *or, for I am become,* Ps. 88. 4.
φ *it.*
s Ps. 30. 5.
t Ps. 73. 24.
u Nu. 14. 18.
σ *great in.*
τ *hide me with thee.*
v Na. 1. 7.
w Mi. 4. 2.
   1 Jnⁿ. 2. 27.
x Ne. 9. 20.
y Is. 26. 10.
z Hab. 3. 2.
   Ep. 2. 1.
φ *a kingdom of all ages.*
a Da. 2. 44.
ι *rock.*
b Ps.18. 2,31.
ψ *the war.*
β *look unto.*
γ *or, mercy.*
c Ps. 104. 28
d Ps. 8. 4.
δ *or, merciful,* or, *bountiful.*
e Ps. 39. 5.
f Is. 64. 1.
g Ex. 20. 6.

---

7 Send thine β hand from above ; rid me, and deliver me out of great waters, from the hand of strange children ;

8 Whose mouth speaketh vanity,and their right hand *is* a right hand of falsehood.

9 I will sing a new song unto thee, O God : upon a psaltery, *and* an instrument of ten strings, will I sing praises unto thee.

10 *It is he* that giveth δ salvation unto kings : who delivereth David his servant from the hurtful sword.

11 Rid me, and deliver me from the hand of strange children, whose mouth speaketh vanity, and their right hand *is* a right hand of falsehood :

12 That our sons *may be* as plants *g* grown up in their youth ; *that* our daughters *may be* as corner-stones, θ polished *after* the similitude of a palace :

13 *That* our garners *may be* full, affording all κ manner of store ; *that* our sheep may bring forth thousands and ten thousands in our streets :

14 *That* our oxen *may be* λ strong to labour : *that there be* no breaking in, nor going out ; that *there be* no complaining in our streets.

15 Happy *n is that* people that is in such a case : *yea,*o happy *is that* people, whose God *is* the LORD.

PSALM CXLV.
David's Psalm of praise.

I WILL extol thee, my God, O King ; and I will bless thy name for ever and ever.

2 Every day will I bless thee, and I will praise thy name for ever and ever.

3 Great *is* the LORD, and greatly to be praised ; & μ his greatness *is*q unsearchable.

4 One generation shall praise thy works to another, and shall declare thy mighty acts.

5 I will speak of the glorious honour of thy majesty, and of thy wondrous ν works.

6 And *men* shall speak of the might of thy terrible acts : and I will declare ρ thy greatness.

7 They shall abundantly utter the memory of thy great goodness, and shall sing of thy righteousness.

8 The LORD *is* gracious, and full of compassion ; slow to anger,& σ of great mercy.

9 The LORD *is* good *v* to all ; and his tender mercies are over all his works.

10 All thy works shall praise thee, O LORD ; and thy saints shall bless thee.

11 They shall speak of the glory of thy kingdom, and talk of thy power ;

12 To make known to the sons of men his mighty acts, and the glorious majesty of his kingdom.

13 Thy kingdom *is* φ an everlasting *a* kingdom, and thy dominion *endureth* throughout all generations.

14 The LORD upholdeth all that fall, and raiseth up all *those that be* bowed down.

15 The eyes of all β wait upon thee ; and thou givest them their meat in due season.

16 Thou *b* openest thine hand, and satisfiest the desire of every living thing.

17 The LORD *is* righteous in all his ways, and δ holy in all his works.

18 The LORD *is* nigh unto all them that call upon him, to all that call upon him in truth.

19 He will fulfil the desire of them that fear him : he also will hear their cry, and will save them.

20 The LORD preserveth all them that love *g* him : but all the wicked will he destroy.

וּמִשְׁפָּטִים בַּל־יְדָעוּם הַלְלוּיָהּ ׃ | בְּשַׂר שֵׁם קָדְשׁוֹ לְעוֹלָם וָעֶד ׃

PSAL. CXLVI. קמו

1 הַלְלוּ יָהּ הַלְלִי נַפְשִׁי אֶת־יְהוָה ׃ אֲהַלְלָה יְהוָה
2 בְּחַיָּי אֲזַמְּרָה לֵאלֹהַי בְּעוֹדִי ׃ אַל־תִּבְטְחוּ
3 בִנְדִיבִים בְּבֶן־אָדָם שֶׁאֵין לוֹ תְשׁוּעָה ׃ תֵּצֵא
4 רוּחוֹ יָשֻׁב לְאַדְמָתוֹ בַּיּוֹם הַהוּא אָבְדוּ עֶשְׁתֹּנֹתָיו ׃
5 אַשְׁרֵי שֶׁאֵל יַעֲקֹב בְּעֶזְרוֹ שִׂבְרוֹ עַל־יְהוָה אֱלֹהָיו ׃
6 עֹשֶׂה שָׁמַיִם וָאָרֶץ אֶת־הַיָּם וְאֶת־כָּל־אֲשֶׁר־בָּם
7 הַשֹּׁמֵר אֱמֶת לְעוֹלָם ׃ עֹשֶׂה מִשְׁפָּט לַעֲשׁוּקִים
8 נֹתֵן לֶחֶם לָרְעֵבִים יְהוָה מַתִּיר אֲסוּרִים ׃ יְהוָה
פֹּקֵחַ עִוְרִים יְהוָה זֹקֵף כְּפוּפִים יְהוָה אֹהֵב
9 צַדִּיקִים ׃ יְהוָה שֹׁמֵר אֶת־גֵּרִים יָתוֹם וְאַלְמָנָה
10 יְעוֹדֵד וְדֶרֶךְ רְשָׁעִים יְעַוֵּת ׃ יִמְלֹךְ יְהוָה לְעוֹלָם
אֱלֹהַיִךְ צִיּוֹן לְדֹר וָדֹר הַלְלוּיָהּ ׃

PSAL. CXLVII. קמז

1 הַלְלוּ יָהּ כִּי־טוֹב זַמְּרָה אֱלֹהֵינוּ כִּי־נָעִים נָאוָה
2 תְהִלָּה ׃ בּוֹנֵה יְרוּשָׁלִַם יְהוָה נִדְחֵי יִשְׂרָאֵל
3 יְכַנֵּס ׃ הָרֹפֵא לִשְׁבוּרֵי לֵב וּמְחַבֵּשׁ לְעַצְּבוֹתָם ׃
4 מוֹנֶה מִסְפָּר לַכּוֹכָבִים לְכֻלָּם שֵׁמוֹת יִקְרָא ׃ גָּדוֹל
5,6 אֲדוֹנֵינוּ וְרַב־כֹּחַ לִתְבוּנָתוֹ אֵין מִסְפָּר ׃ מְעוֹדֵד
7 עֲנָוִים יְהוָה מַשְׁפִּיל רְשָׁעִים עֲדֵי־אָרֶץ ׃ עֱנוּ
8 לַיהוָה בְּתוֹדָה זַמְּרוּ לֵאלֹהֵינוּ בְכִנּוֹר ׃ הַמְכַסֶּה
שָׁמַיִם בְּעָבִים הַמֵּכִין לָאָרֶץ מָטָר הַמַּצְמִיחַ
9 הָרִים חָצִיר ׃ נוֹתֵן לִבְהֵמָה לַחְמָהּ לִבְנֵי עֹרֵב
10 אֲשֶׁר יִקְרָאוּ ׃ לֹא בִגְבוּרַת הַסּוּס יֶחְפָּץ לֹא
11 בְשׁוֹקֵי הָאִישׁ יִרְצֶה ׃ רוֹצֶה יְהוָה אֶת־יְרֵאָיו
12 אֶת־הַמְיַחֲלִים לְחַסְדּוֹ ׃ שַׁבְּחִי יְרוּשָׁלִַם אֶת־
13 יְהוָה הַלְלִי אֱלֹהַיִךְ צִיּוֹן ׃ כִּי־חִזַּק בְּרִיחֵי
14 שְׁעָרָיִךְ בֵּרַךְ בָּנַיִךְ בְּקִרְבֵּךְ ׃ הַשָּׂם־גְּבוּלֵךְ שָׁלוֹם
15 חֵלֶב חִטִּים יַשְׂבִּיעֵךְ ׃ הַשֹּׁלֵחַ אִמְרָתוֹ אָרֶץ
16 עַד־מְהֵרָה יָרוּץ דְּבָרוֹ ׃ הַנֹּתֵן שֶׁלֶג כַּצָּמֶר
17 כְּפוֹר כָּאֵפֶר יְפַזֵּר ׃ מַשְׁלִיךְ קַרְחוֹ כְפִתִּים לִפְנֵי
18 קָרָתוֹ מִי יַעֲמֹד ׃ יִשְׁלַח דְּבָרוֹ וְיַמְסֵם יַשֵּׁב
19 רוּחוֹ יִזְּלוּ־מָיִם ׃ מַגִּיד דְּבָרָו לְיַעֲקֹב חֻקָּיו
20 וּמִשְׁפָּטָיו לְיִשְׂרָאֵל ׃ לֹא עָשָׂה כֵן לְכָל־גּוֹי

PSAL. CXLVIII. קמח

1 הַלְלוּ יָהּ הַלְלוּ אֶת־יְהוָה מִן־הַשָּׁמַיִם
2 הַלְלוּהוּ בַּמְּרוֹמִים ׃ הַלְלוּהוּ כָל־מַלְאָכָיו
3 הַלְלוּהוּ כָּל־צְבָאָו ׃ הַלְלוּהוּ שֶׁמֶשׁ וְיָרֵחַ
4 הַלְלוּהוּ כָּל־כּוֹכְבֵי אוֹר ׃ הַלְלוּהוּ שְׁמֵי
5 הַשָּׁמַיִם וְהַמַּיִם אֲשֶׁר מֵעַל הַשָּׁמָיִם ׃ יְהַלְלוּ
6 אֶת־שֵׁם יְהוָה כִּי הוּא צִוָּה וְנִבְרָאוּ ׃ וַיַּעֲמִידֵם
7 לָעַד לְעוֹלָם חָק־נָתַן וְלֹא יַעֲבוֹר ׃ הַלְלוּ אֶת־
8 יְהוָה מִן־הָאָרֶץ תַּנִּינִים וְכָל־תְּהֹמוֹת ׃ אֵשׁ
וּבָרָד שֶׁלֶג וְקִיטוֹר רוּחַ סְעָרָה עֹשָׂה דְבָרוֹ ׃
9 הֶהָרִים וְכָל־גְּבָעוֹת עֵץ פְּרִי וְכָל־אֲרָזִים ׃ הַחַיָּה
10 וְכָל־בְּהֵמָה רֶמֶשׂ וְצִפּוֹר כָּנָף ׃ מַלְכֵי־אֶרֶץ
11 וְכָל־לְאֻמִּים שָׂרִים וְכָל־שֹׁפְטֵי אָרֶץ ׃ בַּחוּרִים
12 וְגַם־בְּתוּלוֹת זְקֵנִים עִם־נְעָרִים ׃ יְהַלְלוּ אֶת־שֵׁם
13 יְהוָה כִּי־נִשְׂגָּב שְׁמוֹ לְבַדּוֹ הוֹדוֹ עַל־אֶרֶץ
14 וְשָׁמָיִם ׃ וַיָּרֶם קֶרֶן לְעַמּוֹ תְּהִלָּה לְכָל־חֲסִידָיו
לִבְנֵי יִשְׂרָאֵל עַם קְרֹבוֹ הַלְלוּיָהּ ׃

PSAL. CXLIX. קמט

1 הַלְלוּ יָהּ שִׁירוּ לַיהוָה שִׁיר חָדָשׁ תְּהִלָּתוֹ בִּקְהַל
2 חֲסִידִים ׃ יִשְׂמַח יִשְׂרָאֵל בְּעֹשָׂיו בְּנֵי־צִיּוֹן יָגִילוּ
3 בְמַלְכָּם ׃ יְהַלְלוּ שְׁמוֹ בְמָחוֹל בְּתֹף וְכִנּוֹר יְזַמְּרוּ־
4 לוֹ ׃ כִּי־רוֹצֶה יְהוָה בְּעַמּוֹ יְפָאֵר עֲנָוִים בִּישׁוּעָה ׃
5 יַעְלְזוּ חֲסִידִים בְּכָבוֹד יְרַנְּנוּ עַל־מִשְׁכְּבוֹתָם ׃
6 רוֹמְמוֹת אֵל בִּגְרוֹנָם וְחֶרֶב פִּיפִיּוֹת בְּיָדָם ׃ לַעֲשׂוֹת
7 נְקָמָה בַּגּוֹיִם תּוֹכֵחוֹת בַּלְאֻמִּים ׃ לֶאְסֹר מַלְכֵיהֶם
8 בְּזִקִּים וְנִכְבְּדֵיהֶם בְּכַבְלֵי בַרְזֶל ׃ לַעֲשׂוֹת בָּהֶם
9 מִשְׁפָּט כָּתוּב הָדָר הוּא לְכָל־חֲסִידָיו הַלְלוּיָהּ ׃

PSAL. CL. קנ

1 הַלְלוּ יָהּ הַלְלוּ־אֵל בְּקָדְשׁוֹ הַלְלוּהוּ בִּרְקִיעַ עֻזּוֹ ׃
2 הַלְלוּהוּ בִגְבוּרֹתָיו הַלְלוּהוּ כְּרֹב גֻּדְלוֹ ׃ הַלְלוּהוּ
3 בְּתֵקַע שׁוֹפָר הַלְלוּהוּ בְּנֵבֶל וְכִנּוֹר ׃ הַלְלוּהוּ
4 בְתֹף וּמָחוֹל הַלְלוּהוּ בְּמִנִּים וְעֻגָב ׃ הַלְלוּהוּ
5 בְצִלְצְלֵי־שָׁמַע הַלְלוּהוּ בְּצִלְצְלֵי תְרוּעָה ׃ כֹּל
6 הַנְּשָׁמָה תְּהַלֵּל יָהּ הַלְלוּיָהּ ׃

חֲזַק

21 My mouth shall speak the praise of the LORD;*a* and let all flesh bless his holy name for ever and ever.

PSALM CXLVI.

PRAISE *β* ye the LORD. Praise *b* the LORD, O my soul.

2 While *c* I live will I praise the LORD: I will sing praises unto my God while I have any being.

3 Put *e* not your trust in princes, *nor* in the son of man, in whom *there is* no *δ* help.

4 His breath goeth forth, he *f* returneth to his earth; in that very day his thoughts perish.

5 Happy *is he* that *hath* the God of Jacob for his help, whose hope *is* in the LORD his God:

6 Which *i* made heaven, and earth, the sea, and all that therein *is;* which keepeth truth for ever;

7 Which executeth judgment for the oppressed: which giveth food to the hungry.*l* The LORD looseth *m* the prisoners:

8 The LORD *n* openeth *the eyes of* the blind: the LORD raiseth them *o* that are bowed down: the LORD loveth the righteous:

9 The LORD preserveth the strangers; he *p* relieveth the fatherless and widow: but the way of the wicked he *q* turneth upside down.

10 The LORD shall reign for ever, *even* my God, O Zion, unto all generations. Praise ye the LORD.

PSALM CXLVII.

PRAISE ye the LORD: for *it is s* good to sing praises unto our God; for *it is* pleasant; *and* praise is comely.

2 The LORD doth build up Jerusalem; he gathereth together the outcasts *u* of Israel.

3 He *v* healeth the broken in heart, and bindeth up their *κ* wounds.

4 He telleth the number of the stars; he calleth them all by *their* names.

5 Great *is* our LORD, and of great power: *λ* his understanding *x is* infinite.

6 The LORD lifteth up the meek: *y* he casteth the wicked down to the ground.

7 Sing unto the LORD with thanksgiving; sing praise upon the harp unto our God;

8 Who covereth the heaven with clouds, who prepareth rain for the earth, who maketh grass to grow upon the mountains.

9 He giveth to the beast his food, *and* to the young ravens *a* which cry.

10 He delighteth not in the strength of the horse; he taketh not pleasure in the legs of a man.

11 The *c* LORD taketh pleasure in them that fear him, in those that hope in his mercy.

12 Praise the LORD, O Jerusalem; praise thy God, O Zion.

13 For he hath strengthened the bars of thy gates; he hath blessed thy children *d* within thee.

14 *ρ* He maketh peace *in* thy borders, *and* filleth thee with the *σ* finest of the wheat.

15 He *e* sendeth forth his commandment *upon* earth: his word runneth very swiftly.

16 He giveth snow like wool: he scattereth the hoar-frost like ashes.

17 He casteth forth his ice like morsels: who can stand before his cold?

18 He sendeth out his word, and melteth them: he causeth his wind to blow, *and* the waters flow.

19 He *h* sheweth his *ψ* word unto Jacob, his statutes *i* and his judgments unto Israel.

20 He *k* hath not dealt so with any na-

[center notes]
a Re. 5. 13.
β *Hallelujah.*
b Ps. 103. 1.
γ *Hallelujah.*
c Ps. 104. 33.
d Ps. 103. 20.
e Is. 2. 22.
Je. 17. 6, 7.
δ or, *salvation.*
f Ec. 12. 7.
g 1 Ki. 8. 27.
2 Co. 12. 2.
h Ge. 1. 1, &c.
i Re. 14. 7.
k Is. 43. 20.
l Lu. 1. 53.
m Ps. 68. 6.
107. 14.
n Mat. 9. 30.
Jn⁰. 9. 6, &c.
1 Pe. 2. 9.
o Ps. 147. 6.
Lu. 13. 13.
ζ *birds of wing.*
p Pr. 15. 25.
q Job 5. 12, 13.
Pr. 4. 19.
r Ps. 8. 1.
Is. 12. 4.
η *exalted.*
s Ps. 92. 1.
t Ep. 2. 13, 17.
u De. 30. 3, 4.
v Ps. 61. 1.
θ *Hallelujah.*
κ *griefs.*
w Ps. 100. 3.
λ *of his understanding there is no number.*
x Is. 40. 28.
y Ps. 25. 9.
Mat. 5. 5.
1 Pe. 3. 4.
μ or, *with the pipe.*
z Ps. 147. 11.
a Job 38. 41.
Mat. 6. 26.
ν *throat.*
b He. 4. 12.
c Is. 62. 4.
Mal. 3. 16, 17.
π *Hallelujah.*
d Ps. 115. 14.
ρ *Who maketh thy border peace.*
σ *fat of wheat.*
Ps. 81. 16.
De. 32. 14.
e Ps. 107. 20.
f Da. 3. 5, &c.
τ or, *cornet,*
Ps. 98. 6.
φ or, *pipe,*
Ps. 149. 3.
g 1 Ch. 15. 16,
&c.
h De. 33. 3, 4.
Ro. 3. 2.
ψ *words.*
i Mal. 4. 4.
j Re. 5. 13.
k De. 4 32, 34.

tion; and *as for his* judgments, they have not known them. Praise ye the LORD.

PSALM CXLVIII.

PRAISE *γ* ye the LORD. Praise ye the LORD from the heavens: praise him in the heights.

2 Praise *d* ye him, all his angels: praise ye him, all his hosts.

3 Praise ye him, sun and moon: praise him, all ye stars of light.

4 Praise him, ye heavens *g* of heavens, and ye waters that *be* above the heavens.

5 Let them praise the name of the LORD: *h* for he commanded, and they were created.

6 He hath also established them for ever and ever: he hath made a decree which shall not pass.

7 Praise the LORD from the earth, ye dragons, *k* and all deeps:

8 Fire, and hail; snow, and vapours; stormy wind fulfilling his word:

9 Mountains, and all hills; fruitful trees, and all cedars:

10 Beasts, and all cattle; creeping things, and *ζ* flying fowl:

11 Kings of the earth, and all people; princes, and all judges of the earth:

12 Both young men and maidens; old men and children:

13 Let them praise the name of the LORD: for *r* his name alone is *η* excellent; his glory *is* above the earth and heaven.

14 He also exalteth the horn of his people, the praise of all his saints, *even* of the children of Israel, a people near *t* unto him. Praise ye the LORD.

PSALM CXLIX.

PRAISE *θ* ye the LORD. Sing unto the LORD a new song, *and* his praise in the congregation of saints.

2 Let Israel rejoice in him that *w* made him; let the children of Zion be joyful in their King.

3 Let them praise his name *μ* in the dance: let them sing praises unto him with the timbrel and harp.

4 For *z* the LORD taketh pleasure in his people: he will beautify the meek with salvation.

5 Let the saints be joyful in glory: let them sing aloud upon their beds.

6 *Let* the high *praises* of God *be* in their *ν* mouth, and a two-edged *b* sword in their hand;

7 To execute vengeance upon the heathen, *and* punishments upon the people;

8 To bind their kings with chains, and their nobles with fetters of iron.

9 To execute upon them the judgment written: this honour have all his saints. Praise ye the LORD.

PSALM CL.

PRAISE *π* ye the LORD. Praise God in his sanctuary: praise him in the firmament of his power.

2 Praise him for his mighty acts: praise him according to his excellent greatness.

3 Praise him with the sound *f* of the *τ* trumpet: praise him with the psaltery and harp.

4 Praise him with the timbrel and *φ* dance: praise him with stringed instruments and organs.

5 Praise him upon the loud *g* cymbals: praise him upon the high-sounding cymbals.

6 Let *j* every thing that hath breath praise the LORD. Praise ye the LORD.

406

מ ש ל י

LIBER PROVERBIORUM.

CAP. I. א

1 מִשְׁלֵי שְׁלֹמֹה בֶן־דָּוִד מֶלֶךְ יִשְׂרָאֵל ׃
2 לָדַעַת חָכְמָה וּמוּסָר לְהָבִין אִמְרֵי בִינָה ׃
3 לָקַחַת מוּסַר הַשְׂכֵּל צֶדֶק וּמִשְׁפָּט וּמֵישָׁרִים ׃
4 לָתֵת לִפְתָאיִם עָרְמָה לְנַעַר דַּעַת וּמְזִמָּה ׃
5 יִשְׁמַע חָכָם וְיוֹסֶף לֶקַח וְנָבוֹן תַּחְבֻּלוֹת יִקְנֶה ׃
6 לְהָבִין מָשָׁל וּמְלִיצָה דִּבְרֵי חֲכָמִים וְחִידֹתָם ׃
7 יִרְאַת יְהוָה רֵאשִׁית דָּעַת חָכְמָה וּמוּסָר אֱוִילִים בָּזוּ ׃
8 שְׁמַע בְּנִי מוּסַר אָבִיךָ וְאַל־תִּטֹּשׁ תּוֹרַת אִמֶּךָ ׃
9 כִּי לִוְיַת חֵן הֵם לְרֹאשֶׁךָ וַעֲנָקִים לְגַרְגְּרֹתֶיךָ ׃
10 בְּנִי אִם־יְפַתּוּךָ חַטָּאִים אַל־תֹּבֵא ׃
11 אִם־יֹאמְרוּ לְכָה אִתָּנוּ נֶאֶרְבָה לְדָם נִצְפְּנָה לְנָקִי חִנָּם ׃
12 נִבְלָעֵם כִּשְׁאוֹל חַיִּים וּתְמִימִים כְּיוֹרְדֵי בוֹר ׃
13 כָּל־הוֹן יָקָר נִמְצָא נְמַלֵּא בָתֵּינוּ שָׁלָל ׃
14 גּוֹרָלְךָ תַּפִּיל בְּתוֹכֵנוּ כִּיס אֶחָד יִהְיֶה לְכֻלָּנוּ ׃
15 בְּנִי אַל־תֵּלֵךְ בְּדֶרֶךְ אִתָּם מְנַע רַגְלְךָ מִנְּתִיבָתָם ׃
16 כִּי רַגְלֵיהֶם לָרַע יָרוּצוּ וִימַהֲרוּ לִשְׁפָּךְ־דָּם ׃
17 כִּי־חִנָּם מְזֹרָה הָרָשֶׁת בְּעֵינֵי כָל־בַּעַל כָּנָף ׃
18 וְהֵם לְדָמָם יֶאֱרֹבוּ יִצְפְּנוּ לְנַפְשֹׁתָם ׃
19 כֵּן אָרְחוֹת כָּל־בֹּצֵעַ בָּצַע אֶת־נֶפֶשׁ בְּעָלָיו יִקָּח ׃
20 חָכְמוֹת בַּחוּץ תָּרֹנָּה בָּרְחֹבוֹת תִּתֵּן קוֹלָהּ ׃
21 בְּרֹאשׁ הֹמִיּוֹת תִּקְרָא בְּפִתְחֵי שְׁעָרִים בָּעִיר אֲמָרֶיהָ תֹאמֵר ׃
22 עַד־מָתַי פְּתָיִם תְּאֵהֲבוּ פֶתִי וְלֵצִים לָצוֹן חָמְדוּ לָהֶם וּכְסִילִים יִשְׂנְאוּ־דָעַת ׃
23 תָּשׁוּבוּ לְתוֹכַחְתִּי הִנֵּה אַבִּיעָה לָכֶם רוּחִי אוֹדִיעָה דְבָרַי אֶתְכֶם ׃
24 יַעַן קָרָאתִי וַתְּמָאֵנוּ נָטִיתִי יָדִי וְאֵין מַקְשִׁיב ׃
25 וַתִּפְרְעוּ כָל־עֲצָתִי וְתוֹכַחְתִּי לֹא אֲבִיתֶם ׃
26 גַּם־אֲנִי בְּאֵידְכֶם אֶשְׂחָק אֶלְעַג בְּבֹא פַחְדְּכֶם ׃
27 בְּבֹא כְשַׁאֲוָה פַּחְדְּכֶם וְאֵידְכֶם כְּסוּפָה יֶאֱתֶה בְּבֹא עֲלֵיכֶם צָרָה וְצוּקָה ׃
28 אָז יִקְרָאֻנְנִי וְלֹא אֶעֱנֶה יְשַׁחֲרֻנְנִי וְלֹא יִמְצָאֻנְנִי ׃
29 תַּחַת כִּי־שָׂנְאוּ דָעַת וְיִרְאַת יְהוָה לֹא בָחָרוּ ׃
30 לֹא־אָבוּ לַעֲצָתִי נָאֲצוּ כָּל־תּוֹכַחְתִּי ׃
31 וְיֹאכְלוּ מִפְּרִי דַרְכָּם וּמִמֹּעֲצֹתֵיהֶם יִשְׂבָּעוּ ׃
32 כִּי מְשׁוּבַת פְּתָיִם תַּהַרְגֵם וְשַׁלְוַת כְּסִילִים תְּאַבְּדֵם ׃
33 וְשֹׁמֵעַ לִי יִשְׁכָּן־בֶּטַח וְשַׁאֲנַן מִפַּחַד רָעָה ׃

CAP. II. ב

1 בְּנִי אִם־תִּקַּח אֲמָרָי וּמִצְוֹתַי תִּצְפֹּן אִתָּךְ ׃
2 לְהַקְשִׁיב לַחָכְמָה אָזְנֶךָ תַּטֶּה לִבְּךָ לַתְּבוּנָה ׃
3 כִּי אִם לַבִּינָה תִקְרָא לַתְּבוּנָה תִּתֵּן קוֹלֶךָ ׃
4 אִם־תְּבַקְשֶׁנָּה כַכָּסֶף וְכַמַּטְמוֹנִים תַּחְפְּשֶׂנָּה ׃
5 אָז תָּבִין יִרְאַת יְהוָה וְדַעַת אֱלֹהִים תִּמְצָא ׃
6 כִּי־יְהוָה יִתֵּן חָכְמָה מִפִּיו דַּעַת וּתְבוּנָה ׃
7 וְצָפַן לַיְשָׁרִים תּוּשִׁיָּה מָגֵן לְהֹלְכֵי תֹם ׃
8 לִנְצֹר אָרְחוֹת מִשְׁפָּט וְדֶרֶךְ חֲסִידָו יִשְׁמֹר ׃
9 אָז תָּבִין צֶדֶק וּמִשְׁפָּט וּמֵישָׁרִים כָּל־מַעְגַּל־טוֹב ׃
10 כִּי־תָבוֹא חָכְמָה בְלִבֶּךָ וְדַעַת לְנַפְשְׁךָ יִנְעָם ׃
11 מְזִמָּה תִּשְׁמֹר עָלֶיךָ תְּבוּנָה תִנְצְרֶכָּה ׃
12 לְהַצִּילְךָ מִדֶּרֶךְ רָע מֵאִישׁ מְדַבֵּר תַּהְפֻּכוֹת ׃
13 הַעֹזְבִים אָרְחוֹת יֹשֶׁר לָלֶכֶת בְּדַרְכֵי־חֹשֶׁךְ ׃
14 הַשְּׂמֵחִים לַעֲשׂוֹת רָע יָגִילוּ בְּתַהְפֻּכוֹת רָע ׃
15 אֲשֶׁר אָרְחֹתֵיהֶם עִקְּשִׁים וּנְלוֹזִים בְּמַעְגְּלוֹתָם ׃
16 לְהַצִּילְךָ מֵאִשָּׁה זָרָה מִנָּכְרִיָּה אֲמָרֶיהָ הֶחֱלִיקָה ׃
17 הַעֹזֶבֶת אַלּוּף נְעוּרֶיהָ וְאֶת־בְּרִית אֱלֹהֶיהָ שָׁכֵחָה ׃
18 כִּי שָׁחָה אֶל־מָוֶת בֵּיתָהּ וְאֶל־רְפָאִים מַעְגְּלֹתֶיהָ ׃
19 כָּל־בָּאֶיהָ לֹא יְשׁוּבוּן וְלֹא־יַשִּׂיגוּ אָרְחוֹת חַיִּים ׃
20 לְמַעַן תֵּלֵךְ בְּדֶרֶךְ טוֹבִים וְאָרְחוֹת צַדִּיקִים תִּשְׁמֹר ׃
21 כִּי־יְשָׁרִים יִשְׁכְּנוּ־אָרֶץ וּתְמִימִים יִוָּתְרוּ בָהּ ׃
22 וּרְשָׁעִים מֵאֶרֶץ יִכָּרֵתוּ וּבוֹגְדִים יִסְּחוּ מִמֶּנָּה ׃

The PROVERBS.

CHAP. I.

THE proverbs[b] of Solomon, the son of David, king of Israel;

2 To know wisdom and instruction; to perceive the words of understanding;

3 To[d] receive the instruction of wisdom, justice, and judgment, and β equity;

4 To give subtilty to the simple,[f] to the young[h] man knowledge and γ discretion.

5 A wise *man* will hear, and will increase learning; and a man of understanding shall attain unto wise counsels;

6 To understand a proverb, and ζ the interpretation; the words of the wise, and their dark[i] sayings.

7 The fear of the LORD *is* the η beginning[k] of knowledge: *but* fools despise wisdom and instruction.

8 My son, hear the instruction of thy father, and forsake not the law of thy mother:

9 For they *shall be* an θ ornament of grace unto thy head, and chains about thy neck.

10 My son, if sinners entice thee, consent[n] thou not.

11 If they say, Come with us, let us lay wait for blood, let us lurk privily for the innocent without cause:

12 Let us swallow them up alive, as the grave; and whole, as those that go down into the pit:

13 We shall find all precious substance, we shall fill our houses with spoil:

14 Cast in thy lot among us; let us all have one purse:

15 My son, walk[q] not thou in the way with them; refrain[s] thy foot from their path:

16 For their feet run to evil, and make haste to shed blood.

17 (Surely in vain the net is spread in the λ sight of any bird:)

18 And they lay wait for their *own* blood; they lurk privily for their *own* lives.

19 So[u] *are* the ways of every one that is greedy of gain; *which* taketh away the life of the owners thereof.

20 μ Wisdom[v] crieth without; she uttereth her voice in the streets;

21 She crieth in the chief place of concourse, in the openings of the gates: in the city she uttereth her words, *saying,*

22 How long, ye simple ones, will ye love simplicity? and the scorners delight in their scorning, and fools hate knowledge?

23 Turn you at my reproof: behold, I[a] will pour out my spirit unto you, I will make known my words unto you.

24 Because[c] I have called, and ye refused; I have stretched out my hand, and no man regarded;

25 But ye have set at nought all my counsel, and would none of my reproof;

26 I[e] also will laugh at your calamity; I will mock when your fear cometh;

27 When your fear cometh as desolation, and your destruction cometh as a whirlwind; when distress and anguish cometh upon you;

B. C. 1000.

a Ge. 6. 3.
   Job 27. 9.
   Is. 1. 15.
   Je. 11. 11.
      14. 12.
   Eze. 8. 18.
   Mi. 3. 4.
b 1 Ki. 4. 32.
   Ec. 12. 9.
c Job 21. 14.
d ch. 2. 1, 9.
β *equities.*
e ch. 6. 23.
f ch. 9. 4,&c.
g Je. 2. 19.
      6. 19.
h Ps. 119. 9.
γ or, *advisement.*
δ or, *ease.*
ζ or, *an eloquent speech.*
i Ps. 49. 4.
      78. 2.
η or, *principal part.*
k Ps. 111. 10.
l Ps. 119. 11.
m Is. 55. 3.
θ *adding.*
κ *givest.*
n Ep. 5. 11.
o Mat. 13.44.
p 1Ki. 3.9,12.
   Ja. 1. 5.
q Ps. 1. 1.
r 1 Sa. 2. 9.
   Jude 24.
s Ps.119.101.
t Ps. 119. 99.
λ *eyes of everything that hath a wing.*
u Hab.2.9..12.
   1 Ti. 6. 10.
μ *wisdoms, that is, excellent wisdom.*
v ch.8. 1.&c.
   Jn°. 7. 37.
w Jn°. 12. 35.
x Ro. 1. 32.
y Ps. 125. 5.
z ch. 5. 20.
a Joel 2. 28.
   Lu. 11. 13.
b Mal. 2. 14.
c Is. 65. 12.
      66. 4.
   Zec.7.11..14
d Ec. 7. 26.
e Lu. 14. 24.
ν or,*plucked up.*

---

28 Then[a] shall they call upon me, but I will not answer; they shall seek me early, but they shall not find me:

29 For that they hated[c] knowledge, and did not choose the fear of the LORD:

30 They would none of my counsel; they despised all my[e] reproof:

31 Therefore[g] shall they eat of the fruit of their own way, and be filled with their own devices.

32 For the turning away of the simple shall slay them, and the δ prosperity of fools shall destroy them.

33 But whoso hearkeneth unto me shall dwell safely, and shall be quiet from fear of evil.

CHAP. II.

MY son, if thou wilt receive my words, and hide[l] my commandments with thee:

2 So that thou incline[m] thine ear unto wisdom, *and* apply thine heart to understanding;

3 Yea, if thou criest after knowledge,*and* κ liftest up thy voice for understanding;

4 If thou seekest her as silver,[o] and searchest for her as *for* hid treasures;

5 Then shalt thou understand the fear of the LORD, and find the knowledge of God.

6 For[p] the LORD giveth wisdom: out of his mouth *cometh* knowledge and understanding.

7 He layeth up sound wisdom for the righteous: *he is* a buckler to them that walk uprightly.

8 He keepeth the paths of judgment, and preserveth[r] the way of his saints.

9 Then[t] shalt thou understand righteousness, and judgment, and equity; *yea,* every good path.

10 When wisdom entereth into thine heart, and knowledge is pleasant unto thy soul,

11 Discretion shall preserve thee, understanding shall keep thee;

12 To deliver thee from the way of the evil *man,* from the man that speaketh froward things;

13 Who leave the paths of uprightness, to walk[w] in the ways of darkness;

14 Who rejoice to do evil, *and* delight[x] in the frowardness of the wicked;

15 Whose ways *are* crooked,[y] and *they* froward in their paths;

16 To deliver thee from the [z] strange woman, *even* from the stranger *which* flattereth with her words;

17 Which forsaketh the guide of her youth, and forgetteth the covenant[b] of her God.

18 For her house inclineth unto death, and her paths unto the dead.

19 None[d] that go unto her return again, neither take they hold of the paths of life.

20 That thou mayest walk in the way of good men,&keep the paths of the righteous.

21 For the upright shall dwell in the land, and the perfect shall remain in it.

22 But the wicked shall be cut off from the earth, and the transgressors shall be ν rooted out of it.

CAP. III. ג

בְּנִי תּוֹרָתִי אַל־תִּשְׁכָּח וּמִצְוֹתַי יִצֹּר לִבֶּךָ׃ כִּי

אֹרֶךְ יָמִים וּשְׁנוֹת חַיִּים וְשָׁלוֹם יוֹסִיפוּ לָךְ׃

חֶסֶד וֶאֱמֶת אַל־יַעַזְבֻךָ קָשְׁרֵם עַל־גַּרְגְּרוֹתֶיךָ כָּתְבֵם

עַל־לוּחַ לִבֶּךָ׃ וּמְצָא־חֵן וְשֵׂכֶל טוֹב בְּעֵינֵי

אֱלֹהִים וְאָדָם׃ בְּטַח אֶל־יְהוָה בְּכָל־לִבֶּךָ וְאֶל־

בִּינָתְךָ אַל־תִּשָּׁעֵן׃ בְּכָל־דְּרָכֶיךָ דָעֵהוּ וְהוּא

יְיַשֵּׁר אֹרְחֹתֶיךָ׃ אַל־תְּהִי חָכָם בְּעֵינֶיךָ יְרָא אֶת־

יְהוָה וְסוּר מֵרָע׃ רִפְאוּת תְּהִי לְשָׁרֶּךָ וְשִׁקּוּי

לְעַצְמוֹתֶיךָ׃ כַּבֵּד אֶת־יְהוָה מֵהוֹנֶךָ וּמֵרֵאשִׁית

כָּל־תְּבוּאָתֶךָ׃ וְיִמָּלְאוּ אֲסָמֶיךָ שָׂבָע וְתִירוֹשׁ

יְקָבֶיךָ יִפְרֹצוּ׃ מוּסַר יְהוָה בְּנִי אַל־תִּמְאָס וְאַל־

תָּקֹץ בְּתוֹכַחְתּוֹ׃ כִּי אֶת אֲשֶׁר יֶאֱהַב יְהוָה

יוֹכִיחַ וּכְאָב אֶת־בֵּן יִרְצֶה׃ אַשְׁרֵי אָדָם מָצָא

חָכְמָה וְאָדָם יָפִיק תְּבוּנָה׃ כִּי טוֹב סַחְרָהּ

מִסְּחַר־כָּסֶף וּמֵחָרוּץ תְּבוּאָתָהּ׃ יְקָרָה הִיא

מִפְּנִיִּים וְכָל־חֲפָצֶיךָ לֹא יִשְׁווּ־בָהּ׃ אֹרֶךְ יָמִים

בִּימִינָהּ בִּשְׂמֹאולָהּ עֹשֶׁר וְכָבוֹד׃ דְּרָכֶיהָ דַרְכֵי

נֹעַם וְכָל־נְתִיבוֹתֶיהָ שָׁלוֹם׃ עֵץ־חַיִּים הִיא

לַמַּחֲזִיקִים בָּהּ וְתֹמְכֶיהָ מְאֻשָּׁר׃ יְהוָה

בְּחָכְמָה יָסַד־אָרֶץ כּוֹנֵן שָׁמַיִם בִּתְבוּנָה׃

בְּדַעְתּוֹ תְּהוֹמוֹת נִבְקָעוּ וּשְׁחָקִים יִרְעֲפוּ־טָל׃

בְּנִי אַל־יָלֻזוּ מֵעֵינֶיךָ נְצֹר תֻּשִׁיָּה וּמְזִמָּה׃

וְיִהְיוּ חַיִּים לְנַפְשֶׁךָ וְחֵן לְגַרְגְּרֹתֶיךָ׃

אָז תֵּלֵךְ לָבֶטַח דַּרְכֶּךָ וְרַגְלְךָ לֹא תִגּוֹף׃

אִם־תִּשְׁכַּב לֹא־תִפְחָד וְשָׁכַבְתָּ וְעָרְבָה שְׁנָתֶךָ׃

אַל־תִּירָא מִפַּחַד פִּתְאֹם וּמִשֹּׁאַת רְשָׁעִים כִּי תָבֹא׃

כִּי־יְהוָה יִהְיֶה בְכִסְלֶךָ וְשָׁמַר רַגְלְךָ מִלָּכֶד׃

אַל־תִּמְנַע־טוֹב מִבְּעָלָיו בִּהְיוֹת לְאֵל יָדֶיךָ

לַעֲשׂוֹת׃ אַל־תֹּאמַר לְרֵעֲךָ לֵךְ וָשׁוּב וּמָחָר

אֶתֵּן וְיֵשׁ אִתָּךְ׃ אַל־תַּחֲרֹשׁ עַל־רֵעֲךָ רָעָה

וְהוּא־יוֹשֵׁב לָבֶטַח אִתָּךְ׃ אַל־תָּרִוב עִם־אָדָם חִנָּם אִם־לֹא גְמָלְךָ רָעָה׃

אַל־תְּקַנֵּא בְּאִישׁ חָמָס וְאַל־תִּבְחַר בְּכָל־דְּרָכָיו׃

כִּי תוֹעֲבַת יְהוָה נָלוֹז וְאֶת־יְשָׁרִים סוֹדוֹ׃

מְאֵרַת יְהוָה בְּבֵית רָשָׁע וּנְוֵה צַדִּיקִים יְבָרֵךְ׃

אִם־לַלֵּצִים הוּא־יָלִיץ וְלַעֲנָוִים יִתֶּן־חֵן׃ כָּבוֹד חֲכָמִים

יִנְחָלוּ וּכְסִילִים מֵרִים קָלוֹן׃

CAP. IV. ד

שִׁמְעוּ בָנִים מוּסַר אָב וְהַקְשִׁיבוּ לָדַעַת בִּינָה׃

כִּי לֶקַח טוֹב נָתַתִּי לָכֶם תּוֹרָתִי אַל־תַּעֲזֹבוּ׃

כִּי־בֵן הָיִיתִי לְאָבִי רַךְ וְיָחִיד לִפְנֵי אִמִּי׃ וַיֹּרֵנִי

וַיֹּאמֶר לִי יִתְמָךְ־דְּבָרַי לִבֶּךָ שְׁמֹר מִצְוֹתַי

וֶחְיֵה׃ קְנֵה חָכְמָה קְנֵה בִינָה אַל־תִּשְׁכַּח

וְאַל־תֵּט מֵאִמְרֵי־פִי׃ אַל־תַּעַזְבֶהָ וְתִשְׁמְרֶךָּ

אֱהָבֶהָ וְתִצְּרֶךָּ׃ רֵאשִׁית חָכְמָה קְנֵה חָכְמָה

וּבְכָל־קִנְיָנְךָ קְנֵה בִינָה׃ סַלְסְלֶהָ וּתְרוֹמְמֶךָּ

תְּכַבֵּדְךָ כִּי תְחַבְּקֶנָּה׃ תִּתֵּן לְרֹאשְׁךָ לִוְיַת־חֵן

עֲטֶרֶת תִּפְאֶרֶת תְּמַגְּנֶךָּ׃ שְׁמַע בְּנִי

וְקַח אֲמָרָי וְיִרְבּוּ לְךָ שְׁנוֹת חַיִּים׃ בְּדֶרֶךְ

חָכְמָה הֹרֵתִיךָ הִדְרַכְתִּיךָ בְּמַעְגְּלֵי־יֹשֶׁר׃

בְּלֶכְתְּךָ לֹא־יֵצַר צַעֲדֶךָ וְאִם־תָּרוּץ לֹא תִכָּשֵׁל׃

הַחֲזֵק בַּמּוּסָר אַל־תֶּרֶף נִצְּרֶהָ כִּי־הִיא חַיֶּיךָ׃

בְּאֹרַח רְשָׁעִים אַל־תָּבֹא וְאַל־תְּאַשֵּׁר בְּדֶרֶךְ רָעִים׃

פְּרָעֵהוּ אַל־תַּעֲבָר־בּוֹ שְׂטֵה מֵעָלָיו וַעֲבֹר׃ כִּי

לֹא יִשְׁנוּ אִם־לֹא יָרֵעוּ וְנִגְזְלָה שְׁנָתָם אִם־לֹא

יַכְשִׁילוּ׃ כִּי לָחֲמוּ לֶחֶם רֶשַׁע וְיֵין חֲמָסִים

יִשְׁתּוּ׃ וְאֹרַח צַדִּיקִים כְּאוֹר נֹגַהּ הוֹלֵךְ וָאוֹר

עַד־נְכוֹן הַיּוֹם׃ דֶּרֶךְ רְשָׁעִים כָּאֲפֵלָה לֹא

יָדְעוּ בַּמֶּה יִכָּשֵׁלוּ׃ בְּנִי לִדְבָרַי הַקְשִׁיבָה

לַאֲמָרַי הַט־אָזְנֶךָ׃ אַל־יַלִּיזוּ מֵעֵינֶיךָ שָׁמְרֵם

בְּתוֹךְ לְבָבֶךָ׃ כִּי־חַיִּים הֵם לְמֹצְאֵיהֶם וּלְכָל־

בְּשָׂרוֹ מַרְפֵּא׃ מִכָּל־מִשְׁמָר נְצֹר לִבֶּךָ כִּי־

מִמֶּנּוּ תּוֹצְאוֹת חַיִּים׃ הָסֵר מִמְּךָ עִקְּשׁוּת

פֶּה וּלְזוּת שְׂפָתַיִם הַרְחֵק מִמֶּךָּ׃ עֵינֶיךָ לְנֹכַח

יַבִּיטוּ וְעַפְעַפֶּיךָ יַיְשִׁרוּ נֶגְדֶּךָ׃ פַּלֵּס מַעְגַּל

רַגְלֶךָ וְכָל־דְּרָכֶיךָ יִכֹּנוּ׃ אַל־תֵּט יָמִין וּשְׂמֹאל

הָסֵר רַגְלְךָ מֵרָע׃

CAP. V. ה

בְּנִי לְחָכְמָתִי הַקְשִׁיבָה לִתְבוּנָתִי הַט־אָזְנֶךָ׃

לִשְׁמֹר מְזִמּוֹת וְדַעַת שְׂפָתֶיךָ יִנְצֹרוּ׃ כִּי נֹפֶת

CHAP. III.

MY son, forget not my law; but let thine heart [b] keep my commandments:

2 For [c] length of days, and [d] long life, and peace, shall they add to thee.

3 Let not mercy and truth forsake thee; bind them about thy neck; write [f] them upon the table of thine heart:

4 So shalt thou find favour and good [zeta] understanding in the sight of God and man.

5 Trust in the LORD with all thine heart; &lean not [h] unto thine own understanding.

6 In all thy ways acknowledge him, and he shall direct thy paths.

7 Be not wise in thine own eyes: fear the LORD, and depart from evil.

8 It shall be [theta] health to thy navel, and [kappa] marrow to thy bones.

9 Honour the LORD with thy substance, and with the first-fruits [m] of all thine increase:

10 So [n] shall thy barns be filled with plenty, and thy presses shall burst out with new wine.

11 My [o] son, despise not the chastening of the LORD; neither be weary of his correction:

12 For whom the LORD loveth he correcteth, even as a father the son *in whom* he delighteth.

13 Happy [p] *is* the man *that* findeth wisdom, and the man *that* [lambda] getteth understanding.

14 For [q] the merchandize of it *is* better than the merchandise of silver, and [r] the gain thereof than fine gold.

15 She *is* more precious [s] than rubies: and all the things thou canst desire are not to be compared unto her.

16 Length of days *is* in her right hand; *and* in her left hand riches [t] and honour.

17 Her ways *are* ways of pleasantness, and all her paths *are* [u] peace.

18 She *is* a tree [v] of life to them that lay hold upon her; and happy *is every one* that retaineth her.

19 The LORD by wisdom [x] hath founded the earth; by understanding hath he [v] established the heavens.

20 By his knowledge the depths are broken [y] up, and the clouds drop down the [z] dew.

21 My son, let not them depart from thine eyes; keep sound wisdom and discretion:

22 So shall they be life unto thy soul, and grace to thy neck.

23 Then shalt thou walk in thy way safely, and thy foot shall not stumble.

24 When [c] thou liest down thou shalt not be afraid; yea, thou shalt lie down, and thy sleep [d] shall be sweet.

25 Be [e] not afraid of sudden fear, neither of the desolation of the wicked, when it cometh.

26 For the LORD shall be thy confidence, and [f] shall keep thy foot from being taken.

27 Withhold not good from [sigma] them to whom it is due, [g] when [h] it is in the power of thine hand to do *it*.

28 Say [i] not unto thy neighbour, Go, and come again, and to-morrow I will give; when thou hast it by thee.

29 [chi] Devise not evil against thy neighbour, seeing he dwelleth securely by thee.

30 Strive [k] not with a man without cause, if he have done thee no harm.

31 Envy thou not [psi] the oppressor, and choose none of his ways.

32 For the froward *is* abomination to the LORD: but his secret [u] *is* with the righteous.

33 The [d] curse of the LORD *is* in the house of the wicked; but [e] he blesseth the habitation of the just.

34 Surely he scorneth the scorners; but he giveth grace unto the lowly.

35 The wise [g] shall inherit glory; but shame [eta] shall be the promotion of fools.

CHAP. IV.

HEAR, ye children, the instruction of a father, and attend to know understanding.

2 For I give you good doctrine, [i] forsake ye not my law.

3 For I was my father's son, tender [k] and only *beloved* in the sight of my mother.

4 He [l] taught me also, and said unto me, Let thine heart retain my words; keep my commandments, and live.

5 Get wisdom, get understanding; forget *it* not: neither decline from the words of my mouth.

6 Forsake her not, and she shall preserve thee: love her, and she shall keep thee.

7 Wisdom *is* the principal thing: *therefore* get wisdom: and with all thy getting get understanding.

8 Exalt her, and she shall promote thee: she shall bring thee to honour, when thou dost embrace her.

9 She shall give to thine head an ornament of grace; [mu] a crown of glory shall she deliver to thee.

10 Hear, O my son, and receive my sayings; and the years of thy life shall be many.

11 I have taught thee in the way of wisdom; I have led thee in right paths.

12 When thou goest, thy steps shall not be straitened; and when thou runnest, thou shalt not stumble.

13 Take fast hold of instruction; let *her* not go: keep her; for she *is* thy life.

14 Enter [w] not into the path of the wicked, and go not in the way of evil *men*.

15 Avoid it, pass not by it, turn from it, and pass away.

16 For they sleep not, except they have done mischief; and their sleep is taken away, unless they cause *some* to fall.

17 For they eat the bread of wickedness, and drink the wine of violence.

18 But [a] the path of the just *is* as the shining light, that shineth more and more unto the perfect day.

19 The way of the wicked *is* as darkness; they [b] know not at what they stumble.

20 My son, attend to my words; incline thine ear unto my sayings:

21 Let them not depart from thine eyes; keep them in the midst of thine heart:

22 For they *are* life unto those that find them, and [pi] health to all their flesh.

23 Keep thy heart [rho] with all diligence; for out of it *are* the issues of life.

24 Put away from thee [tau] a froward mouth, and perverse lips put far from thee.

25 Let thine eyes look right on, and let thine eyelids look straight before thee.

26 Ponder the path of thy feet, and [phi] let all thy ways be established.

27 Turn not to the right hand nor to the left: remove thy foot from evil.

CHAP. V.

MY son, attend unto my wisdom, *and* bow thine ear to my understanding;

2 That thou mayest regard discretion,

Center reference column:

B. C. 1000.

a Ps 25. 14.
b Is. 51. 7.
  Je. 31. 33.
c De.30.16,20.
  1 Ti. 4. 8.
d *years of.*
d Zec. 5. 4.
e Job 8. 6, 7.
f 2 Co. 3. 3.
g *or, success.*
g Da. 12. 3.
[eta] *exalteth the fools.*
h Je. 10. 23.
  Ro. 12. 16.
i De. 32. 2.
[theta] *medicine.*
k 1 Ch. 29. 1.
[kappa] *watering, or, moistening.*
l 1 Ch. 28, 9.
m Ex. 22. 29.
  Mal.3.10.12.
n Ec. 11. 1, 2.
  Mat. 10. 42.
o He. 12. 5, 6.
  Re. 3. 19.
p ch 8. 35, 36.
[lambda] *draweth out.*
q Phi. 3. 8, 9.
[mu] *or, she shall compass thee with a crown of glory.*
r Ps. 19. 10.
s Job 28. 13, &c.
t ch. 8. 18.
u Ps.119.165.
  Mat. 11. 29.
v Ge.3.22,24.
  Re. 22. 2.
w Ps. 1. 1.
x Je. 51. 15.
v *or, prepared.*
y Ge. 7. 11.
z Job 36, 27.
a Ps. 84.7.
  Phi. 2. 15.
b Jn⁰. 12. 35.
c Le. 26. 6.
d Ps.127. 2.
e Ps. 112. 7.
[pi] *medicine.*
f 1 Sa. 2. 9.
[rho] *above all keeping.*
[sigma] *the owners thereof.*
[tau] *frowardness of mouth, and perverseness of lips.*
[zeta] Ro. 13. 7.
h Ga. 6. 10.
i Le. 19. 13.
[phi] *or, all thy ways shall be ordered aright.*
x *or, Practise no evil.*
k ch. 25. 8.
[psi] *a man of violence.*

תִּטֹּפְנָה שִׂפְתֵי זָרָה וְחָלָק מִשֶּׁמֶן חִכָּהּ׃
4 וְאַחֲרִיתָהּ מָרָה כַלַּעֲנָה חַדָּה כְּחֶרֶב פִּיּוֹת׃
5 רַגְלֶיהָ יֹרְדוֹת מָוֶת שְׁאוֹל צְעָדֶיהָ יִתְמֹכוּ׃
6 אֹרַח חַיִּים פֶּן־תְּפַלֵּס נָעוּ מַעְגְּלֹתֶיהָ לֹא תֵדָע׃
7 וְעַתָּה בָנִים שִׁמְעוּ־לִי וְאַל־תָּסוּרוּ מֵאִמְרֵי־פִי׃
8 הַרְחֵק מֵעָלֶיהָ דַרְכֶּךָ וְאַל־תִּקְרַב אֶל־פֶּתַח בֵּיתָהּ׃
9 פֶּן־תִּתֵּן לַאֲחֵרִים הוֹדֶךָ וּשְׁנֹתֶיךָ לְאַכְזָרִי׃
10 פֶּן־יִשְׂבְּעוּ זָרִים כֹּחֶךָ וַעֲצָבֶיךָ בְּבֵית נָכְרִי׃
11 וְנָהַמְתָּ בְאַחֲרִיתֶךָ בִּכְלוֹת בְּשָׂרְךָ וּשְׁאֵרֶךָ׃
12 וְאָמַרְתָּ אֵיךְ שָׂנֵאתִי מוּסָר וְתוֹכַחַת נָאַץ לִבִּי׃
13 וְלֹא־שָׁמַעְתִּי בְּקוֹל מוֹרָי וְלִמְלַמְּדַי לֹא־הִטִּיתִי אָזְנִי׃
14 כִּמְעַט הָיִיתִי בְכָל־רָע בְּתוֹךְ קָהָל וְעֵדָה׃
15 שְׁתֵה־מַיִם מִבּוֹרֶךָ וְנֹזְלִים מִתּוֹךְ בְּאֵרֶךָ׃
16 יָפוּצוּ מַעְיְנֹתֶיךָ חוּצָה בָּרְחֹבוֹת פַּלְגֵי־מָיִם׃
17 יִהְיוּ־לְךָ לְבַדֶּךָ וְאֵין לְזָרִים אִתָּךְ׃
18 יְהִי־מְקוֹרְךָ בָרוּךְ וּשְׂמַח מֵאֵשֶׁת נְעוּרֶךָ׃
19 אַיֶּלֶת אֲהָבִים וְיַעֲלַת־חֵן דַּדֶּיהָ יְרַוֻּךָ בְכָל־עֵת בְּאַהֲבָתָהּ תִּשְׁגֶּה תָמִיד׃
20 וְלָמָּה תִשְׁגֶּה בְנִי בְזָרָה וּתְחַבֵּק חֵק נָכְרִיָּה׃
21 כִּי נֹכַח עֵינֵי יְהוָה דַּרְכֵי־אִישׁ וְכָל־מַעְגְּלֹתָיו מְפַלֵּס׃
22 עַווֹנוֹתָיו יִלְכְּדֻנוֹ אֶת־הָרָשָׁע וּבְחַבְלֵי חַטָּאתוֹ יִתָּמֵךְ׃
23 הוּא יָמוּת בְּאֵין מוּסָר וּבְרֹב אִוַּלְתּוֹ יִשְׁגֶּה׃

CAP. VI. ו

1 בְּנִי אִם־עָרַבְתָּ לְרֵעֶךָ תָּקַעְתָּ לַזָּר כַּפֶּיךָ׃
2 נוֹקַשְׁתָּ בְאִמְרֵי־פִיךָ נִלְכַּדְתָּ בְּאִמְרֵי־פִיךָ׃
3 עֲשֵׂה זֹאת אֵפוֹא בְּנִי וְהִנָּצֵל כִּי בָאתָ בְכַף־רֵעֶךָ׃
4 לֵךְ הִתְרַפֵּס וּרְהַב רֵעֶיךָ אַל־תִּתֵּן שֵׁנָה לְעֵינֶיךָ
5 לְמֵינֶךָ וּתְנוּמָה לְעַפְעַפֶּיךָ הִנָּצֵל כִּצְבִי מִיָּד
6 וּכְצִפּוֹר מִיַּד יָקוּשׁ׃ לֵךְ אֶל־נְמָלָה עָצֵל רְאֵה דְרָכֶיהָ וַחֲכָם׃
8 אֲשֶׁר אֵין־לָהּ קָצִין שֹׁטֵר וּמֹשֵׁל׃ תָּכִין בַּקַּיִץ לַחְמָהּ אָגְרָה בַקָּצִיר מַאֲכָלָהּ׃
9 עַד־מָתַי עָצֵל תִּשְׁכָּב מָתַי תָּקוּם מִשְּׁנָתֶךָ׃
10 מְעַט שֵׁנוֹת מְעַט תְּנוּמוֹת מְעַט׃

11 חָזָק יָדַיִם לִשְׁכָּב וּבָא־כִמְהַלֵּךְ רֵאשֶׁךָ וּמַחְסֹרְךָ
12 כְּאִישׁ מָגֵן׃ אָדָם בְּלִיַּעַל אִישׁ אָוֶן הוֹלֵךְ עִקְּשׁוּת פֶּה׃
13 קֹרֵץ בְּעֵינָיו מֹלֵל בְּרַגְלָו מֹרֶה בְּאֶצְבְּעֹתָיו׃
14 תַּהְפֻּכוֹת בְּלִבּוֹ חֹרֵשׁ רָע בְּכָל־עֵת מְדָנִים יְשַׁלֵּחַ׃
15 עַל־כֵּן פִּתְאֹם יָבוֹא אֵידוֹ פֶּתַע יִשָּׁבֵר וְאֵין מַרְפֵּא׃
16 שֶׁשׁ־הֵנָּה שָׂנֵא יְהוָה וְשֶׁבַע תּוֹעֲבוֹת נַפְשׁוֹ׃
17 עֵינַיִם רָמוֹת לְשׁוֹן שָׁקֶר וְיָדַיִם שֹׁפְכוֹת דָּם־נָקִי׃
18 לֵב חֹרֵשׁ מַחְשְׁבוֹת אָוֶן רַגְלַיִם מְמַהֲרוֹת לָרוּץ לָרָעָה׃
19 יָפִיחַ כְּזָבִים עֵד שָׁקֶר וּמְשַׁלֵּחַ מְדָנִים בֵּין אַחִים׃
20 נְצֹר בְּנִי מִצְוַת אָבִיךָ וְאַל־תִּטֹּשׁ תּוֹרַת אִמֶּךָ׃
21 קָשְׁרֵם עַל־לִבְּךָ תָמִיד עָנְדֵם עַל־גַּרְגְּרֹתֶךָ׃
22 בְּהִתְהַלֶּכְךָ תַּנְחֶה אֹתָךְ בְּשָׁכְבְּךָ תִּשְׁמֹר עָלֶיךָ וַהֲקִיצוֹתָ הִיא תְשִׂיחֶךָ׃
23 כִּי נֵר מִצְוָה וְתוֹרָה אוֹר וְדֶרֶךְ חַיִּים תּוֹכְחוֹת מוּסָר׃
24 לִשְׁמָרְךָ מֵאֵשֶׁת רָע מֵחֶלְקַת לָשׁוֹן נָכְרִיָּה׃
25 אַל־תַּחְמֹד יָפְיָהּ בִּלְבָבֶךָ וְאַל־תִּקָּחֲךָ בְּעַפְעַפֶּיהָ׃
26 כִּי בְעַד־אִשָּׁה זוֹנָה עַד־כִּכַּר־לָחֶם וְאֵשֶׁת אִישׁ נֶפֶשׁ יְקָרָה תָצוּד׃
27 הֲיַחְתֶּה אִישׁ אֵשׁ בְּחֵיקוֹ וּבְגָדָיו לֹא תִשָּׂרַפְנָה׃
28 אִם־יְהַלֵּךְ אִישׁ עַל־הַגֶּחָלִים וְרַגְלָיו לֹא תִכָּוֶינָה׃
29 כֵּן הַבָּא אֶל־אֵשֶׁת רֵעֵהוּ לֹא יִנָּקֶה כָּל־הַנֹּגֵעַ בָּהּ׃
30 לֹא־יָבוּזוּ לַגַּנָּב כִּי יִגְנוֹב לְמַלֵּא נַפְשׁוֹ כִּי יִרְעָב׃
31 וְנִמְצָא יְשַׁלֵּם שִׁבְעָתָיִם אֶת־כָּל־הוֹן בֵּיתוֹ יִתֵּן׃
32 נֹאֵף אִשָּׁה חֲסַר־לֵב מַשְׁחִית נַפְשׁוֹ הוּא יַעֲשֶׂנָּה׃
33 נֶגַע־וְקָלוֹן יִמְצָא וְחֶרְפָּתוֹ לֹא תִמָּחֶה׃
34 כִּי־קִנְאָה חֲמַת־גָּבֶר וְלֹא־יַחְמוֹל בְּיוֹם נָקָם׃
35 לֹא־יִשָּׂא פְּנֵי כָל־כֹּפֶר וְלֹא־יֹאבֶה כִּי תַרְבֶּה־שֹׁחַד׃

CAP. VII. ז

1 בְּנִי שְׁמֹר אֲמָרָי וּמִצְוֺתַי תִּצְפֹּן אִתָּךְ׃
2 שְׁמֹר מִצְוֺתַי וֶחְיֵה וְתוֹרָתִי כְּאִישׁוֹן עֵינֶיךָ׃
3 קָשְׁרֵם עַל־אֶצְבְּעֹתֶיךָ כָּתְבֵם עַל־לוּחַ לִבֶּךָ׃
4 אֱמֹר לַחָכְמָה אֲחֹתִי אָתְּ וּמֹדָע לַבִּינָה תִקְרָא׃
5 לִשְׁמָרְךָ מֵאִשָּׁה זָרָה מִנָּכְרִיָּה אֲמָרֶיהָ הֶחֱלִיקָה׃
6 כִּי בְּחַלּוֹן בֵּיתִי בְּעַד אֶשְׁנַבִּי נִשְׁקָפְתִּי׃
7 וָאֵרֶא בַפְּתָאיִם אָבִינָה

and *that* thy lips may keep knowledge.

3 For[a] the lips of a strange woman drop *as* an honey-comb, and her mouth *is* smoother than oil :

4 But her end is bitter[b] as wormwood, sharp[d] as a two-edged sword.

5 Her[e] feet go down to death, her steps take hold on hell.

6 Lest thou shouldest ponder the path of life, her ways are moveable, *that* thou canst not know *them:*

7 Hear me now, therefore, O ye children, & depart not from the words of my mouth.

8 Remove thy way far from her, and come not nigh the door of her house ;

9 Lest thou give thine honour unto others, and thy years unto the cruel :

10 Lest strangers be filled with thy ζwealth, and thy labours *be* in the house of a stranger;

11 And thou mourn at the last,[q] when thy flesh and thy body are consumed,

12 And say, How[t] have I hated instruction, and my heart despised[v] reproof ;

13 And have not obeyed the voice of my teachers, nor inclined mine ear to them that instructed me!

14 I was almost in all evil in the midst of the congregation and assembly.

15 Drink waters out of thine own[x] cistern, and running waters out of thine own well.

16 Let thy fountains be dispersed abroad, *and* rivers of waters in the streets.

17 Let them be only thine own, and not strangers' with thee.

18 Let thy fountain be blessed; and rejoice with the wife[z] of thy youth.

19 *Let*[b] her be *as* the loving hind and pleasant roe ; let her κ breasts satisfy thee at all times, and μ be thou ravished always with her love.

20 And why wilt thou, my son, be ravished with a strange woman, and embrace the bosom of a stranger?

21 For[f] the ways of man *are* before the eyes of the LORD, and he pondereth all his goings.

22 His own iniquities shall take the wicked himself, and he shall be holden with the cords of his νsins.

23 He[g] shall die without instruction ; and in the greatness of his folly he shall go astray.

CHAP. VI.

MY son, if thou be surety[h] for thy friend, *if* thou hast stricken thy hand with a stranger,

2 Thou art snared with the words of thy mouth, thou art taken with the words of thy mouth.

3 Do this now, my son, and deliver thyself, when thou art come into the hand of thy friend ; go, humble thyself, σ and make sure thy friend.

4 Give not sleep to thine eyes, nor slumber to thine eyelids.

5 Deliver thyself as a roe from the hand of *the hunter*, and as a bird from the hand of the fowler.

6 Go[o] to the ant, thou sluggard ; consider her ways, and be wise:

7 Which having no guide, overseer, or ruler,

8 Provideth her meat in the summer, *and* gathereth her food in the harvest.

9 How long wilt thou sleep, O sluggard? when wilt thou arise out of thy sleep?

10 *Yet*[q] a little sleep, a little slumber, a little folding of the hands to sleep :

11 So shall thy poverty come as one that travelleth, and thy want as an armed man.

12 A naughty person, a wicked man, walketh with a froward mouth.

13 He[e] winketh with his eyes, he speaketh with his feet, he teacheth with his fingers ;

14 Frowardness *is* in his heart, he[f] deviseth mischief continually ; he βsoweth discord.[g]

15 Therefore[h] shall his calamity come suddenly ; suddenly shall he be[i] broken without[k] remedy.

16 These six *things* doth the LORD hate; yea, seven *are* an abomination γ unto him:

17 δA proud look,[i] a lying[m] tongue, and hands[n] that shed innocent blood,

18 An heart[o] that deviseth wicked imaginations, feet[p] that be swift in running to mischief,

19 A[r] false witness *that* speaketh lies,& he[s] that soweth discord among brethren.

20 My son, keep[u] thy father's commandment,& forsake not the law of thy mother:

21 Bind them continually upon thine heart, *and* tie them about thy neck.

22 When[w] thou goest, it shall lead thee ; when thou sleepest, it shall keep thee ; and *when* thou awakest, it shall talk with thee.

23 For the commandment *is* a η lamp, and the law *is* light;[y] and reproofs of instruction *are* the way of life.

24 To keep thee from the evil woman, from the flattery of the θ tongue of a strange woman.

25 Lust[z] not after her beauty in thine heart ; neither let her take thee with her eyelids :

26 For[c] by means of a whorish woman *a man is brought* to a piece of bread; and[d] the λadulteress will hunt[e] for the precious life.

27 Can a man take fire in his bosom, and his clothes not be burned ?

28 Can one go upon hot coals, and his feet not be burned !

29 So he that goeth in to his neighbour's wife; whosoever toucheth her shall not be innocent.

30 *Men* do not despise a thief, if he steal to satisfy his soul when he is hungry :

31 But *if* he be found, he shall restore seven-fold; he shall give all the substance of his house.

32 *But* whoso committeth adultery with a woman lacketh π understanding : he *that*[i] doeth it destroyeth his own soul.

33 A wound and dishonour shall he get, and his reproach shall not be wiped away.

34 For jealousy[k] *is* the rage of a man : therefore he will not spare in the day of vengeance.

35 He will not ρregard any ransom ; neither will he rest content, though thou givest many gifts.

CHAP. VII.

MY son, keep my words, and lay up[l] my commandments with thee.

2 Keep[m] my commandments, and live ; and my law as the apple[n] of thine eye.

3 Bind[p] them upon thy fingers, write them upon the table of thine heart.

4 Say unto wisdom, Thou *art* my sister; and call understanding *thy* kinswoman :

5 That they may keep thee from the strange woman, from the stranger *which* flattereth with her words.

6 For at the window of my house I looked through my casement,

7 And beheld among the simple ones, I

B. C. 1000.

a ch. 6. 24.
a palate.
b Ec. 7. 26.
c Job 15. 12.
d Ps. 55. 21.
e ch. 7. 27.
f Is. 57. 20.
β casteth forth.
g Ro. 16. 17.
h ch. 1. 27.
i Je. 19. 11.
k 2Ch. 36.16.
γ of his soul.
δ haughty eyes.
l Ps. 18. 27.
m Ps.120.3,4. Re. 22. 15.
n 2Ki.24.3,4. Is. 1. 15.
o Mi. 2. 1.
ε strength.
p Is. 59. 7.
q He. 13. 4.
r ch. 19. 9.
s 3 Jn°. 9, 10.
t Zec.7.11..14
u Ep. 6. 1.
v ch. 1. 25. 6. 23. 12. 1.
w Da. 11. 18. 21.
x 1 Co. 7. 2.
η or, candle.
y Ps.119.105.
θ or, strange tongue.
z Mat. 5. 28.
a Mal. 2. 14.
b Ca. 2. 9. 7. 3..8.
κ water.
c ch. 29. 3.
λ woman of a man, or, a man's wife.
d Ge. 39. 14, &c.
μ err thou always in.
e Eze. 13. 18.
f 2 Ch. 16. 9. Job 31. 4. Je. 16. 17. 32. 19. Ho. 7. 2. He. 4. 13.
ν sin.
g ch. 10. 21. Job 36. 12.
h ch. 11. 15. 17. 18. 22. 26.
π heart.
i He. 13. 4.
k Ca. 8. 6.
ρ accept the face of.
σ or, so shalt thou prevail with.
l ch. 2. 1, 7.
m Le. 18. 5. Is. 55. 3.
n De. 32. 10.
o Job 12. 7.
p ch. 6. 21. De. 6. 8.
q ch.24.33 34.

8 עֹבֵר בַּשּׁוּק אֵצֶל פִּנָּהּ ׃ בְּבָנִים נַעַר חֲסַר־לֵב

9 בְּנֶשֶׁף־בְּעֶרֶב יוֹם בְּאִישׁוֹן לַיְלָה וַאֲפֵלָה ׃ וְדֶרֶךְ בֵּיתָהּ יִצְעָד

10 וְהִנֵּה אִשָּׁה לִקְרָאתוֹ שִׁית זוֹנָה

11 הֹמִיָּה הִיא וְסֹרָרֶת בְּבֵיתָהּ לֹא ׃ וּנְצֻרַת לֵב

12 פַּעַם ׀ בַּחוּץ פַּעַם בָּרְחֹבוֹת וְאֵצֶל ׃ יִשְׁכְּנוּ רַגְלֶיהָ

13 וְהֶחֱזִיקָה בּוֹ וְנָשְׁקָה־לּוֹ הֵעֵזָה ׃ כָּל־פִּנָּה תֶאֱרֹב

14 זִבְחֵי שְׁלָמִים עָלָי הַיּוֹם ׃ פָנֶיהָ וַתֹּאמַר לוֹ

15 עַל־כֵּן יָצָאתִי לִקְרָאתֶךָ לְשַׁחֵר ׃ שִׁלַּמְתִּי נְדָרָי

16 מַרְבַדִּים רָבַדְתִּי עַרְשִׂי חֲטֻבוֹת ׃ פָּנֶיךָ וָאֶמְצָאֶךָּ

17 נַפְתִּי מִשְׁכָּבִי מֹר אֲהָלִים ׃ אֵטוּן מִצְרָיִם

18 לְכָה נִרְוֶה דֹדִים עַד־הַבֹּקֶר נִתְעַלְּסָה ׃ וְקִנָּמוֹן

19 כִּי אֵין הָאִישׁ בְּבֵיתוֹ הָלַךְ בְּדֶרֶךְ מֵרָחוֹק ׃ בָּאֳהָבִים

20 צְרוֹר־הַכֶּסֶף לָקַח בְּיָדוֹ לְיוֹם הַכֵּסֶא ׃ מֵרָחוֹק

21 הִטַּתּוּ בְּרֹב לִקְחָהּ בְּחֵלֶק שְׂפָתֶיהָ ׃ יָבֹא בֵיתוֹ

22 הוֹלֵךְ אַחֲרֶיהָ פִּתְאֹם כְּשׁוֹר אֶל־טֶבַח יָבוֹא ׃ תַּדִּיחֶנּוּ

23 עַד יְפַלַּח חֵץ כְּבֵדוֹ כְּמַהֵר צִפּוֹר אֶל־פָּח וְלֹא־יָדַע כִּי־בְנַפְשׁוֹ הוּא ׃ וּכְעֶכֶס אֶל־מוּסַר אֱוִיל

24 וְעַתָּה בָנִים שִׁמְעוּ־לִי וְהַקְשִׁיבוּ לְאִמְרֵי

25 אַל־יֵשְׂטְ אֶל־דְּרָכֶיהָ לִבֶּךָ אַל־תֵּתַע בְּדַרְכֶיהָ ׃ פִי

26 כִּי־רַבִּים חֲלָלִים הִפִּילָה וַעֲצֻמִים ׃ בִּנְתִיבוֹתֶיהָ

27 דַּרְכֵי שְׁאוֹל בֵּיתָהּ יֹרְדוֹת אֶל־חַדְרֵי ׃ כָּל־הֲרֻגֶיהָ
מָוֶת ׃

CAP. VIII. ח

1 הֲלֹא־חָכְמָה תִקְרָא וּתְבוּנָה תִּתֵּן קוֹלָהּ ׃

2 בְּרֹאשׁ־מְרוֹמִים עֲלֵי־דָרֶךְ בֵּית נְתִיבוֹת נִצָּבָה ׃

3 לְיַד־שְׁעָרִים לְפִי־קָרֶת מְבוֹא פְתָחִים תָּרֹנָּה ׃

4 אֲלֵיכֶם אִישִׁים אֶקְרָא וְקוֹלִי אֶל־בְּנֵי אָדָם ׃

5 הָבִינוּ פְתָאיִם עָרְמָה וּכְסִילִים הָבִינוּ לֵב ׃

6 שִׁמְעוּ כִּי־נְגִידִים אֲדַבֵּר וּמִפְתַּח שְׂפָתַי מֵישָׁרִים ׃

7 כִּי־אֱמֶת יֶהְגֶּה חִכִּי וְתוֹעֲבַת שְׂפָתַי רֶשַׁע ׃

8 בְּצֶדֶק כָּל־אִמְרֵי־פִי אֵין בָּהֶם נִפְתָּל וְעִקֵּשׁ ׃

9 כֻּלָּם נְכֹחִים לַמֵּבִין וִישָׁרִים לְמֹצְאֵי דָעַת ׃

10 קְחוּ־מוּסָרִי וְאַל־כָּסֶף וְדַעַת מֵחָרוּץ נִבְחָר ׃

11 כִּי־טוֹבָה חָכְמָה מִפְּנִינִים וְכָל־חֲפָצִים לֹא יִשְׁווּ־בָהּ ׃

12 אֲנִי־

חָכְמָה שָׁכַנְתִּי עָרְמָה וְדַעַת מְזִמּוֹת אֶמְצָא ׃

13 יִרְאַת יְהֹוָה שְׂנֹאת רָע גֵּאָה וְגָאוֹן ׀ וְדֶרֶךְ רָע וּפִי

14 תַהְפֻּכוֹת שָׂנֵאתִי ׃ לִי־עֵצָה וְתוּשִׁיָּה אֲנִי בִינָה

15 לִי גְבוּרָה ׃ בִּי מְלָכִים יִמְלֹכוּ וְרוֹזְנִים יְחֹקְקוּ

16 צֶדֶק ׃ בִּי שָׂרִים יָשֹׂרוּ וּנְדִיבִים כָּל־שֹׁפְטֵי

17 אָרֶץ ׃ אֲנִי אֹהֲבַי אֵהָב וּמְשַׁחֲרַי יִמְצָאֻנְנִי

18 עֹשֶׁר־וְכָבוֹד אִתִּי הוֹן עָתֵק וּצְדָקָה ׃ טוֹב פִּרְיִי

19 מֵחָרוּץ וּמִפָּז וּתְבוּאָתִי מִכֶּסֶף נִבְחָר ׃ בְּאֹרַח

20 צְדָקָה אֲהַלֵּךְ בְּתוֹךְ נְתִיבוֹת מִשְׁפָּט ׃ לְהַנְחִיל

21 אֹהֲבַי יֵשׁ וְאֹצְרֹתֵיהֶם אֲמַלֵּא ׃ יְהֹוָה

22 קָנָנִי רֵאשִׁית דַּרְכּוֹ קֶדֶם מִפְעָלָיו מֵאָז ׃

23 מֵעוֹלָם נִסַּכְתִּי מֵרֹאשׁ מִקַּדְמֵי־אָרֶץ ׃ בְּאֵין

24 תְּהֹמוֹת חוֹלָלְתִּי בְּאֵין מַעְיָנוֹת נִכְבַּדֵּי־מָיִם ׃

25 בְּטֶרֶם הָרִים הָטְבָּעוּ לִפְנֵי גְבָעוֹת חוֹלָלְתִּי ׃

26 עַד־לֹא עָשָׂה אֶרֶץ וְחוּצוֹת וְרֹאשׁ עַפְרוֹת תֵּבֵל ׃

27 בַּהֲכִינוֹ שָׁמַיִם שָׁם אָנִי בְּחוּקוֹ חוּג

28 עַל־פְּנֵי תְהוֹם ׃ בְּאַמְּצוֹ שְׁחָקִים מִמָּעַל בַּעֲזוֹז

29 עִינוֹת תְּהוֹם ׃ בְּשׂוּמוֹ לַיָּם ׀ חֻקּוֹ וּמַיִם לֹא

30 יַעַבְרוּ־פִיו בְּחוּקוֹ מוֹסְדֵי אָרֶץ ׃ וָאֶהְיֶה אֶצְלוֹ
אָמוֹן וָאֶהְיֶה שַׁעֲשֻׁעִים יוֹם ׀ יוֹם מְשַׂחֶקֶת

31 לְפָנָיו בְּכָל־עֵת ׃ מְשַׂחֶקֶת בְּתֵבֵל אַרְצוֹ וְשַׁעֲשֻׁעַי

32 אֶת־בְּנֵי אָדָם ׃ וְעַתָּה בָנִים שִׁמְעוּ־
לִי וְאַשְׁרֵי דְּרָכַי יִשְׁמֹרוּ ׃ שִׁמְעוּ מוּסָר וַחֲכָמוּ

33 וְאַל־תִּפְרָעוּ ׃ אַשְׁרֵי אָדָם שֹׁמֵעַ לִי לִשְׁקֹד

34 עַל־דַּלְתֹתַי יוֹם ׀ יוֹם לִשְׁמֹר מְזוּזֹת פְּתָחָי ׃ כִּי

35 מֹצְאִי מָצָא חַיִּים וַיָּפֶק רָצוֹן מֵיְהֹוָה ׃ וְחֹטְאִי

36 חֹמֵס נַפְשׁוֹ כָּל־מְשַׂנְאַי אָהֲבוּ מָוֶת ׃

CAP. IX. ט

1 חָכְמוֹת בָּנְתָה בֵיתָהּ חָצְבָה עַמּוּדֶיהָ שִׁבְעָה ׃

2 טָבְחָה טִבְחָהּ מָסְכָה יֵינָהּ אַף עָרְכָה שֻׁלְחָנָהּ ׃

3 שָׁלְחָה נַעֲרֹתֶיהָ תִקְרָא עַל־גַּפֵּי מְרֹמֵי קָרֶת ׃

4 מִי־פֶתִי יָסֻר הֵנָּה חֲסַר־לֵב אָמְרָה לּוֹ ׃ לְכוּ

5
6 לַחֲמוּ בְלַחֲמִי וּשְׁתוּ בְּיַיִן מָסָכְתִּי ׃ עִזְבוּ פְתָאיִם

discerned among the β youths, a young man, void[a] of understanding,

8 Passing through the street near her corner; and he went the way[c] to her house,

9 In the twilight, in the γ evening, in the black and dark night:

10 And, behold, there met him a woman with the attire of an harlot,&subtile of heart.

11 (She *is* loud[f] and stubborn;[g] her feet[h] abide not in her house:

12 Now *is she* without, now in the streets, and lieth in wait at every corner.)

13 So she caught him, and kissed him, and δwith an impudent face said unto him,

14 ζ *I have* peace-offerings with me; this day have I paid my vows:

15 Therefore came I forth to meet thee, diligently to seek thy face; and I have found thee.

16 I have decked my bed with coverings of tapestry, with carved *works,* with fine linen[m] of Egypt.

17 I have perfumed my bed with myrrh, aloes, and cinnamon.

18 Come, let us take our fill of love until the morning; let us solace ourselves with loves:

19 For the good man *is* not at home, he is gone a long journey:

20 He hath taken a bag of money θ with him, *and* will come home at κ the day appointed.

21 With her much fair speech[q] she caused him to yield, with the flattering[r] of her lips she forced him.

22 He goeth after her π straightway, as an ox goeth to the slaughter, or as a fool to the correction of the stocks;

23 Till a dart strike through his liver, as a bird hasteth to the snare,[s] and knoweth not that it *is* for his life.

24 Hearken unto me now, therefore, O ye children, and attend to the words of my mouth.

25 Let not thine heart decline to her ways, go not astray in her paths:

26 For she hath cast down many wounded; yea, many strong[w] *men* have been slain by her.

27 Her[x] house *is* the way to hell, going down to the chambers of death.

CHAP. VIII.

DOTH[y] not wisdom cry? and understanding put forth her voice?

2 She standeth in the top of high places, by the way in the places of the paths;

3 She crieth at the gates, at the entry of the city, at the coming in at the doors;

4 Unto you, O men, I call; and my voice *is* to the sons of man.

5 O[a] ye simple, understand wisdom, and ye fools,[b] be ye of an understanding heart.

6 Hear; for I will speak of[c] excellent things; and the opening of my lips *shall be* right things.

7 For my mouth shall speak truth;[e] and wickedness *is* σ an abomination to my lips.

8 All the words of my mouth *are* in righteousness; *there is* nothing φ froward[g] or perverse in them.

9 They *are* all plain to him[i] that understandeth, and right to them that find knowledge.

10 Receive[k] my instruction, and not silver; & knowledge rather than choice gold.

11 For[l] wisdom *is* better than rubies; and all the things that may be desired are[n] not to be compared to it.

12 I wisdom dwell with χ prudence, and

B. C. 1000.

β *sons.*
a ch. 6. 32.
  9. 4, 16.
b ch. 16. 6.
  Ps. 97. 10.
  Ro. 12. 9.
  1 Th. 5. 22.
  2 Ti. 2. 19.
c ch. 5. 9.
γ *evening of the day.*
d Ec. 7. 19.
e Da. 2. 21.
  Ro. 13. 1.
f ch. 9. 13.
g Je. 3. 3.
h 1 Ti. 5. 13.
  Tit. 2. 5.
i 1 Sa. 2. 30.
  Jn⁰. 14. 21.
k Is. 45. 19.
δ *she strengthened her face, and said.*
ζ *Peace-offerings* are *upon me.*
η *or, walk.*
m Is. 19. 9.
n Jn⁰. 1.1, &c.
o Ps. 2. 6.
p Is. 53. 8.
θ *in his hand.*
κ *or, new-moon.*
λ *or, open places.*
μ *or, chief.*
q ch. 5. 3.
r Ps. 12. 2.
s He. 1. 2.
ν *or, circle.*
π *suddenly.*
t Ec. 9. 12.
u Job 38. 10, 11
  Je. 5. 22.
v Mat. 3. 17.
  Col. 1. 13.
w Ju.16.19.30
  Ne. 13. 26.
x ch. 5. 5.
y ch. 1. 20.
  9. 3, &c.
z Mat. 7. 24.
  Lu. 11. 28.
ρ *bring forth.*
a Is. 55. 1. 3.
b 1 Co. 1. 27.
  6. 9. 11.
c ch. 22. 20.
  Ps. 19. 7. 11.
d Ep. 2. 20. 22.
σ *the abomination of.*
f Mat. 22. 3, &c.
τ *killing.*
φ *wreathed.*
g Ps. 12. 6.
h Ro. 10. 15.
i Mi. 2. 7.
k ch. 23. 23.
l ch. 3. 14,15.
  16. 16.
m Jn⁰. 6. 27.
n Phi. 3. 8, 9.
χ *or, subtilty.*

find out knowledge of witty inventions.

13 The[b] fear of the LORD *is* to hate evil: pride, and arrogancy, and the evil way, and the froward mouth, do I hate.

14 Counsel *is* mine, and sound wisdom: I *am* understanding; I have[d] strength.

15 By me[e] kings reign, and princes decree justice.

16 By me princes rule, and nobles, *even* all the judges of the earth.

17 I[i] love them that love me; and those[k] that seek me early shall find me.

18 Riches[l] and honour *are* with me; yea, durable riches and righteousness:

19 My fruit *is* better than gold, yea, than fine gold; and my revenue than choice silver.

20 I η lead in the way of righteousness, in the midst of the paths of judgment.

21 That I may cause those that love me to inherit substance; and I will fill their treasures.

22 The[n] LORD possessed me in the beginning of his way, before his works of old.

23 I was set up[o] from everlasting, from the beginning, or ever the earth was.

24 When *there were* no depths, I was brought forth; when *there were* no fountains abounding with water.

25 Before[p] the mountains were settled, before the hills was I brought forth:

26 While as yet he had not made the earth, nor the λ fields, nor the μ highest part of the dust of the world.

27 When[s] he prepared the heavens, I *was* there: when he set a ν compass upon the face of the depth;

28 When he established the clouds above; when he strengthened the fountains of the deep;

29 When[u] he gave to the sea his decree, that the waters should not pass his commandment; when he appointed the foundations of the earth:

30 Then I was by him, *as* one brought up *with him;* and I[v] was daily *his* delight, rejoicing always before him;

31 Rejoicing in the habitable part of his earth; and my delights *were* with the sons of men.

32 Now therefore hearken unto me, O ye children: for blessed *are they that* keep my ways.

33 Hear instruction, and be wise, and refuse it not.

34 Blessed[z] *is* the man that heareth me, watching daily at my gates, waiting at the posts of my doors.

35 For whoso findeth me findeth life, and shall ρ obtain favour of the LORD.

36 But he that sinneth against me wrongeth his own soul: all they that hate me love death.

CHAP. IX.

WISDOM hath builded her house,[d] she hath hewn out her seven pillars:

2 She[f] hath killed her τ beasts; she hath mingled her wine; she hath also furnished her table:

3 She[h] hath sent forth her maidens: she crieth upon the highest places of the city,

4 Whoso *is* simple, let him turn in hither: *as for* him that wanteth understanding, she saith to him,

5 Come,[m] eat of my bread, and drink of the wine *which* I have mingled.

6 Forsake the foolish, and live; and go in the way of understanding.

7 וַחֲיוּ וְאִשְׁרוּ בְּדֶרֶךְ בִּינָה׃ יֹסֵר לֵץ לֹקֵחַ

8 עַל קָלוֹן וּמוֹכִיחַ לְרָשָׁע מוּמוֹ׃ אַל־תּוֹכַח לֵץ

9 פֶּן־יִשְׂנָאֶךָּ הוֹכַח לְחָכָם וְיֶאֱהָבֶךָּ׃ תֵּן לְחָכָם

10 וַיֶּחְכַּם עוֹד הוֹדַע לְצַדִּיק וְיוֹסֶף לֶקַח׃ תְּחִלַּת

11 חָכְמָה יִרְאַת יְהוָה וְדַעַת קְדֹשִׁים בִּינָה׃ כִּי־

12 בִי יִרְבּוּ יָמֶיךָ וְיוֹסִיפוּ לְּךָ שְׁנוֹת חַיִּים׃ אִם־

13 חָכַמְתָּ חָכַמְתָּ לָּךְ וְלַצְתָּ לְבַדְּךָ תִשָּׂא׃ אֵשֶׁת

14 כְּסִילוּת הוֹמִיָּה פְּתַיּוּת וּבַל־יָדְעָה מָּה׃ וְיָשְׁבָה

15 לְפֶתַח בֵּיתָהּ עַל־כִּסֵּא מְרֹמֵי קָרֶת׃ לִקְרֹא

16 לְעֹבְרֵי־דָרֶךְ הַמְיַשְּׁרִים אֹרְחוֹתָם׃ מִי־פֶתִי יָסֻר

17 הֵנָּה וַחֲסַר־לֵב וְאָמְרָה לּוֹ׃ מַיִם־גְּנוּבִים

18 יִמְתָּקוּ וְלֶחֶם סְתָרִים יִנְעָם׃ וְלֹא־יָדַע כִּי־רְפָאִים

שָׁם בְּעִמְקֵי שְׁאוֹל קְרֻאֶיהָ׃

CAP. X.

1 מִשְׁלֵי שְׁלֹמֹה בֵּן חָכָם יְשַׂמַּח־אָב וּבֵן כְּסִיל

2 תּוּגַת אִמּוֹ׃ לֹא־יוֹעִילוּ אוֹצְרוֹת רֶשַׁע וּצְדָקָה

3 תַּצִּיל מִמָּוֶת׃ לֹא־יַרְעִיב יְהוָה נֶפֶשׁ צַדִּיק

4 וְהַוַּת רְשָׁעִים יֶהְדֹּף׃ רָאשׁ עֹשֶׂה כַף־רְמִיָּה

5 וְיַד חָרוּצִים תַּעֲשִׁיר׃ אֹגֵר בַּקַּיִץ בֵּן מַשְׂכִּיל

6 נִרְדָּם בַּקָּצִיר בֵּן מֵבִישׁ׃ בְּרָכוֹת לְרֹאשׁ צַדִּיק

7 וּפִי רְשָׁעִים יְכַסֶּה חָמָס׃ זֵכֶר צַדִּיק לִבְרָכָה

8 וְשֵׁם רְשָׁעִים יִרְקָב׃ חֲכַם־לֵב יִקַּח מִצְוֹת

9 וֶאֱוִיל שְׂפָתַיִם יִלָּבֵט׃ הוֹלֵךְ בַּתֹּם יֵלֶךְ

10 בֶּטַח וּמְעַקֵּשׁ דְּרָכָיו יִוָּדֵעַ׃ קֹרֵץ עַיִן יִתֵּן

11 עַצָּבֶת וֶאֱוִיל שְׂפָתַיִם יִלָּבֵט׃ מְקוֹר חַיִּים

12 פִּי צַדִּיק וּפִי רְשָׁעִים יְכַסֶּה חָמָס׃ שִׂנְאָה

13 תְּעֹרֵר מְדָנִים וְעַל כָּל־פְּשָׁעִים תְּכַסֶּה אַהֲבָה׃

14 בְּשִׂפְתֵי נָבוֹן תִּמָּצֵא חָכְמָה וְשֵׁבֶט לְגֵו חֲסַר־

15 לֵב׃ חֲכָמִים יִצְפְּנוּ־דָעַת וּפִי אֱוִיל מְחִתָּה קְרֹבָה׃

16 הוֹן עָשִׁיר קִרְיַת עֻזּוֹ מְחִתַּת דַּלִּים

17 רֵישָׁם׃ פְּעֻלַּת צַדִּיק לְחַיִּים תְּבוּאַת רָשָׁע

לְחַטָּאת׃ אֹרַח לְחַיִּים שֹׁמֵר מוּסָר וְעוֹזֵב

18 תּוֹכַחַת מָתְהֶּה׃ מְכַסֶּה שִׂנְאָה שִׂפְתֵי־שָׁקֶר

19 וּמוֹצִיא דִבָּה הוּא כְסִיל׃ בְּרֹב דְּבָרִים לֹא

20 יֶחְדַּל־פָּשַׁע וְחֹשֵׂךְ שְׂפָתָיו מַשְׂכִּיל׃ כֶּסֶף נִבְחָר

21 לְשׁוֹן צַדִּיק לֵב רְשָׁעִים כִּמְעָט׃ שִׂפְתֵי צַדִּיק

22 יִרְעוּ רַבִּים וֶאֱוִילִים בַּחֲסַר־לֵב יָמוּתוּ׃ בִּרְכַּת

23 יְהוָה הִיא תַעֲשִׁיר וְלֹא־יוֹסִף עֶצֶב עִמָּהּ׃

24 כִּשְׂחוֹק לַכְּסִיל עֲשׂוֹת זִמָּה וְחָכְמָה לְאִישׁ תְּבוּנָה׃

25 מְגוֹרַת רָשָׁע הִיא תְבוֹאֶנּוּ וְתַאֲוַת צַדִּיקִים יִתֵּן׃

26 כַּעֲבוֹר סוּפָה וְאֵין רָשָׁע וְצַדִּיק יְסוֹד עוֹלָם׃

27 כַּחֹמֶץ לַשִּׁנַּיִם וְכֶעָשָׁן לָעֵינָיִם כֵּן הֶעָצֵל לְשֹׁלְחָיו׃

28 יִרְאַת יְהוָה תּוֹסִיף יָמִים וּשְׁנוֹת רְשָׁעִים תִּקְצֹרְנָה׃

29 תּוֹחֶלֶת צַדִּיקִים שִׂמְחָה וְתִקְוַת רְשָׁעִים תֹּאבֵד׃ מָעוֹז לַתֹּם דֶּרֶךְ יְהוָה

30 וּמְחִתָּה לְפֹעֲלֵי אָוֶן׃ צַדִּיק לְעוֹלָם בַּל־יִמּוֹט

31 וּרְשָׁעִים לֹא יִשְׁכְּנוּ־אָרֶץ׃ פִּי־צַדִּיק יָנוּב

32 חָכְמָה וּלְשׁוֹן תַּהְפֻּכוֹת תִּכָּרֵת׃ שִׂפְתֵי צַדִּיק

יֵדְעוּן רָצוֹן וּפִי רְשָׁעִים תַּהְפֻּכוֹת׃

CAP. XI.   יא

1 מֹאזְנֵי מִרְמָה תּוֹעֲבַת יְהוָה וְאֶבֶן שְׁלֵמָה רְצוֹנוֹ׃

2 בָּא זָדוֹן וַיָּבֹא קָלוֹן וְאֶת־צְנוּעִים חָכְמָה׃ תֻּמַּת

3 יְשָׁרִים תַּנְחֵם וְסֶלֶף בּוֹגְדִים וְשַׁדֵּם׃ לֹא־יוֹעִיל

4 הוֹן בְּיוֹם עֶבְרָה וּצְדָקָה תַּצִּיל מִמָּוֶת׃ צִדְקַת

5 תָּמִים תְּיַשֵּׁר דַּרְכּוֹ וּבְרִשְׁעָתוֹ יִפֹּל רָשָׁע׃

6 צִדְקַת יְשָׁרִים תַּצִּילֵם וּבְהַוַּת בֹּגְדִים יִלָּכֵדוּ׃

7 בְּמוֹת אָדָם רָשָׁע תֹּאבַד תִּקְוָה וְתוֹחֶלֶת אוֹנִים

8 אָבָדָה׃ צַדִּיק מִצָּרָה נֶחֱלָץ וַיָּבֹא רָשָׁע תַּחְתָּיו׃

9 בְּפֶה חָנֵף יַשְׁחִת רֵעֵהוּ וּבְדַעַת צַדִּיקִים יֵחָלֵצוּ׃

10 בְּטוּב צַדִּיקִים תַּעֲלֹץ קִרְיָה וּבַאֲבֹד רְשָׁעִים

11 רִנָּה׃ בְּבִרְכַּת יְשָׁרִים תָּרוּם קָרֶת וּבְפִי רְשָׁעִים

12 תֵּהָרֵס׃ בָּז־לְרֵעֵהוּ חֲסַר־לֵב וְאִישׁ תְּבוּנוֹת

13 יַחֲרִישׁ׃ הוֹלֵךְ רָכִיל מְגַלֶּה־סּוֹד וְנֶאֱמַן־רוּחַ

14 מְכַסֶּה דָבָר׃ בְּאֵין תַּחְבֻּלוֹת יִפָּל־עָם וּתְשׁוּעָה

15 בְּרֹב יוֹעֵץ׃ רַע־יֵרוֹעַ כִּי־עָרַב זָר וְשֹׂנֵא תֹקְעִים

7 He that reproveth a scorner getteth to himself shame; and he that rebuketh a wicked *man getteth* himself a blot.

8 Reprove[b] not a scorner, lest he hate thee: rebuke a wise man, and he will love thee.

9 Give[c] *instruction* to a wise *man,* and he will be yet wiser: teach a just *man,* and he will increase in learning.

10 The fear[e] of the LORD *is* the beginning of wisdom; and the knowledge of the holy *is* understanding.

11 For by me thy days[f] shall be multiplied, and the years of thy life shall be increased.

12 If[h] thou be wise, thou shalt be wise for thyself: but *if* thou scornest, thou alone shalt bear *it.*

13 A foolish woman *is* clamorous; [k] *she is* simple, and knoweth nothing.

14 For she sitteth at the door of her house, on a seat in the high places of the city,

15 To call passengers who go right on their ways:

16 Whoso *is* simple, let him turn in hither: and *as for* him that wanteth understanding, she saith to him,

17 Stolen waters are sweet, and bread [δ] *eaten* in secret is pleasant.

18 But he knoweth not that[n] the dead *are* there; *and that* her guests *are* in the depths of hell.

CHAP. X.

THE proverbs of Solomon. A wise[o] son maketh a glad father: but a foolish son *is* the heaviness of his mother.

2 Treasures[p] of wickedness profit nothing: but righteousness[r] delivereth from death.

3 The[s] LORD will not suffer the soul of the righteous to famish: but he casteth away the [θ] substance of the wicked.

4 He[u] becometh poor that dealeth *with* a slack hand: but[w] the hand of the diligent maketh rich.

5 He that gathereth in summer *is* a wise son: *but* he that sleepeth in harvest *is* a son that causeth shame.

6 Blessings *are* upon the head of the just: but[a] violence covereth the mouth of the wicked.

7 The memory[b] of the just *is* blessed: but[c] the name of the wicked shall rot.

8 The wise in heart will receive commandments: but [μ] a prating fool shall [v] fall.

9 He[d] that walketh uprightly, walketh surely: but he that perverteth his ways shall be known.

10 He[e] that winketh with the eye causeth sorrow; but a prating fool shall [v] fall.

11 The mouth[f] of a righteous *man is* a well of life: but violence covereth the mouth of the wicked.

12 Hatred stirreth up strifes: but love covereth[h] all sins.

13 In the lips of him that hath understanding wisdom is found: but a rod[i] *is* for the back of him that is void of πunderstanding.

14 Wise *men* lay up[l] knowledge: but the mouth of the foolish *is* near destruction.

15 The rich[m] man's wealth *is* his strong city: the destruction of the poor *is* their poverty.

16 The labour of the righteous *tendeth* to life: the fruit of the wicked to sin.

17 He[n] *is in* the way of life that keepeth instruction: but he[o] that refuseth reproof τerreth.

18 He that hideth hatred *with* lying lips,

and he that uttereth a slander, *is* a fool.

19 In[a] the multitude of words there wanteth not sin: but he that refraineth his lips *is* wise.

20 The tongue of the just *is as* choice silver: the heart of the wicked *is* little worth.

21 The lips of the righteous feed many: but fools die for want of [β] wisdom.

22 The blessing[d] of the LORD, it maketh rich; and he addeth no sorrow with it.

23 *It is* as sport to a fool to do mischief: but a man of understanding hath wisdom.

24 The fear of the wicked, it shall come upon him: but the desire[g] of the righteous shall be granted.

25 As the whirlwind passeth, so *is* the wicked no *more:* but the righteous[i] *is* an everlasting foundation.

26 As vinegar to the teeth, and as smoke to the eyes, so *is* the sluggard to them that send him.

27 The fear[l] of the LORD γprolongeth days: but[m] the years of the wicked shall be shortened.

28 The hope of the righteous *shall be* gladness: but the expectation of the wicked shall perish.

29 The way of the LORD *is* strength to the upright; but destruction *shall be* to the workers of iniquity.

30 The righteous shall never be removed: but the wicked shall not inhabit the earth.

31 The mouth of the just bringeth forth wisdom: but the froward tongue shall be cut out.

32 The lips of the righteous know what is acceptable: [q] but the mouth of the wicked *speaketh* ζfrowardness.

CHAP. XI.

A[n] FALSE balance[i] *is* abomination to the LORD: but a κjust weight *is* his delight.

2 *When*[v] pride cometh, then cometh shame: but with the lowly *is* wisdom.

3 The integrity[x] of the upright shall guide them: but the perverseness of transgressors shall destroy them.

4 Riches[y] profit not in the day of wrath: but righteousness[z] delivereth from death.

5 The righteousness of the perfect shall λdirect his way: but the wicked shall fall by his own wickedness.

6 The righteousness of the upright shall deliver them: but transgressors shall be taken in *their own* naughtiness.

7 When a wicked man dieth, *his* expectation shall perish; and the hope of unjust *men* perisheth.

8 The righteous is delivered out of trouble, and the wicked cometh in his stead.

9 An hypocrite with *his* mouth destroyeth his neighbour: but through knowledge shall the just be delivered.

10 When[g] it goeth well with the righteous, the city rejoiceth: and when the wicked perish, *there* is shouting.

11 By[k] the blessing of the upright the city is exalted: but it is overthrown by the mouth of the wicked.

12 He that is ρvoid of wisdom despiseth his neighbour: but a man of understanding holdeth his peace.

13 A σtale-bearer revealeth secrets: but he that is of a faithful spirit concealeth the matter.

14 Where no counsel *is,* the people fall: but in the multitude of counsellors *there* is safety.

15 He that is surety for a stranger shall

B. C. 1000.

a Ec. 5. 2, 3.
Ja. 3. 2.
b Mat. 7. 6.
c H). 6. 3.
Mat. 13. 12.
β *heart.*
d Ge. 24. 35.
Ps. 37. 22.
e ch. 1. 7.
Job 28. 28.
Ps. 111. 10.
f ch. 10. 27.
g Ps. 145. 19.
Mat. 5. 6.
Jn .5.14,15.
h Job 35. 6, 7.
Eze. 18. 20.
i Mat.7.24,25.
k ch. 7. 11.
l ch. 9. 11.
γ *addeth.*
m Ec. 7. 17.
δ *of secrecies.*
n ch. 2. 18.
o ch. 15. 20.
23. 15, 16.
29. 3, 15.
p Lu. 12. 19.
21.
q Ec.12.9.,11.
Tit. 2. 8.
r Da. 4. 27.
Phi. 3. 9.
ζ *frowardnesses.*
s Ps. 37. 25.
η *balances of deceit.*
t De.25.13.16
θ *or, wicked for their wickedness.*
κ *perfect stone.*
u ch. 11. 24.
v Da. 4 30,31.
w ch. 13. 4.
19. 15.
x ch. 13. 6.
y Eze. 7. 19.
Zep. 1. 18.
z Ge. 7. 1.
a Es. 7. 8.
λ *rectify.*
b Ps. 112. 6.
c Ec. 8. 10.
μ *fool of lips*
v *be beaten.*
d Is.33.15,16.
e ch. 6. 13.
f Ps. 37. 30.
g Es. 8. 15.
h 1Co.13.4,7.
1 Pe. 4. 8.
i ch. 26. 3.
k ch. 14. 34.
π *heart.*
l Mat. 12. 35.
13. 52.
ρ *destitute of heart.*
m Ps. 52. 7.
Ec. 7. 12.
σ *he that walketh, being a tale-bearer.*
n 2Pe.1.5.,11.
o ch. 1. 25,30.
τ *or, causeth to err.*

411

16 אֱוִיל בַּיּוֹם יִוָּדַע כַּעְסוֹ ׃ וְכֹסֶה קָלוֹן עָרוּם ׃
17 יָפִיחַ אֱמוּנָה יַגִּיד צֶדֶק וְעֵד שְׁקָרִים מִרְמָה ׃
18 יֵשׁ בּוֹטֶה כְּמַדְקְרוֹת חָרֶב וּלְשׁוֹן חֲכָמִים מַרְפֵּא ׃
19 שְׂפַת־אֱמֶת תִּכּוֹן לָעַד וְעַד־אַרְגִּיעָה לְשׁוֹן שָׁקֶר ׃
20 מִרְמָה בְּלֶב־חֹרְשֵׁי רָע וּלְיֹעֲצֵי שָׁלוֹם שִׂמְחָה ׃
21 לֹא־יְאֻנֶּה לַצַּדִּיק כָּל־אָוֶן וּרְשָׁעִים מָלְאוּ רָע ׃
22 תּוֹעֲבַת יְהוָה שִׂפְתֵי־שָׁקֶר וְעֹשֵׂי אֱמוּנָה רְצוֹנוֹ ׃
23 אָדָם עָרוּם כֹּסֶה דָּעַת וְלֵב כְּסִילִים יִקְרָא אִוֶּלֶת ׃
24 יַד־חָרוּצִים תִּמְשׁוֹל וּרְמִיָּה תִּהְיֶה לָמַס ׃
25 דְּאָגָה בְלֶב־אִישׁ יַשְׁחֶנָּה וְדָבָר טוֹב יְשַׂמְּחֶנָּה ׃
26 יָתֵר מֵרֵעֵהוּ צַדִּיק וְדֶרֶךְ רְשָׁעִים תַּתְעֵם ׃
27 לֹא־יַחֲרֹךְ רְמִיָּה צֵידוֹ וְהוֹן־אָדָם יָקָר חָרוּץ ׃
28 בְּאֹרַח־צְדָקָה חַיִּים וְדֶרֶךְ נְתִיבָה אַל־מָוֶת ׃

---

16 בּוֹסֵחַ אֱוִיל הֶן תִּתְמֶךְ כָּבוֹד וְעָרְיצִים יִתְמֹכוּ ־
17 עֹשֶׁר ׃ גֹּמֵל נַפְשׁוֹ אִישׁ חָסֶד וְעֹכֵר שְׁאֵרוֹ
18 אַכְזָרִי ׃ רָשָׁע עֹשֶׂה פְעֻלַּת־שָׁקֶר וְזֹרֵעַ צְדָקָה
19 שֶׂכֶר אֱמֶת ׃ כֵּן־צְדָקָה לְחַיִּים וּמְרַדֵּף רָעָה
20 לְמוֹתוֹ ׃ תּוֹעֲבַת יְהוָה עִקְּשֵׁי־לֵב וּרְצוֹנוֹ תְּמִימֵי
21 דָרֶךְ ׃ יָד לְיָד לֹא־יִנָּקֶה רָּע וְזֶרַע צַדִּיקִים נִמְלָט ׃
22 נֶזֶם זָהָב בְּאַף חֲזִיר אִשָּׁה יָפָה וְסָרַת טָעַם ׃
23 תַּאֲוַת צַדִּיקִים אַךְ־טוֹב תִּקְוַת רְשָׁעִים עֶבְרָה ׃
24 יֵשׁ מְפַזֵּר וְנוֹסָף עוֹד וְחוֹשֵׂךְ מִיֹּשֶׁר אַךְ־לְמַחְסוֹר ׃
25 נֶפֶשׁ־בְּרָכָה תְדֻשָּׁן וּמַרְוֶה גַּם־הוּא יוֹרֶא ׃
26 מֹנֵעַ בָּר יִקְּבֻהוּ לְאוֹם וּבְרָכָה לְרֹאשׁ מַשְׁבִּיר ׃
27 שֹׁחֵר טוֹב יְבַקֵּשׁ רָצוֹן וְדֹרֵשׁ רָעָה תְבוֹאֶנּוּ ׃
28 בּוֹטֵחַ בְּעָשְׁרוֹ הוּא יִפֹּל וְכֶעָלֶה צַדִּיקִים יִפְרָחוּ ׃
29 עֹכֵר בֵּיתוֹ יִנְחַל־רוּחַ וְעֶבֶד אֱוִיל לַחֲכַם־לֵב ׃
30 פְּרִי־צַדִּיק עֵץ חַיִּים וְלֹקֵחַ נְפָשׁוֹת חָכָם ׃
31 הֵן צַדִּיק בָּאָרֶץ יְשֻׁלָּם אַף כִּי־רָשָׁע וְחוֹטֵא ׃

CAP. XII. יב

CAP. XIII. יג

1 בֵּן חָכָם מוּסַר אָב וְלֵץ לֹא־שָׁמַע גְּעָרָה ׃
2 מִפְּרִי פִי־אִישׁ יֹאכַל טוֹב וְנֶפֶשׁ בֹּגְדִים חָמָס ׃
3 נֹצֵר פִּיו שֹׁמֵר נַפְשׁוֹ פֹּשֵׂק שְׂפָתָיו מְחִתָּה־לוֹ ׃
4 מִתְאַוָּה וָאַיִן נַפְשׁוֹ עָצֵל וְנֶפֶשׁ חָרֻצִים תְּדֻשָּׁן ׃
5 דְּבַר־שֶׁקֶר יִשְׂנָא צַדִּיק וְרָשָׁע יַבְאִישׁ וְיַחְפִּיר ׃
6 צְדָקָה תִּצֹּר תָּם־דָּרֶךְ וְרִשְׁעָה תְּסַלֵּף חַטָּאת ׃
7 יֵשׁ מִתְעַשֵּׁר וְאֵין כֹּל מִתְרוֹשֵׁשׁ וְהוֹן רָב ׃
8 כֹּפֶר נֶפֶשׁ־אִישׁ עָשְׁרוֹ וְרָשׁ לֹא־שָׁמַע גְּעָרָה ׃
9 אוֹר־צַדִּיקִים יִשְׂמָח וְנֵר רְשָׁעִים יִדְעָךְ ׃
10 רַק־בְּזָדוֹן יִתֵּן מַצָּה וְאֶת־נוֹעָצִים חָכְמָה ׃
11 הוֹן מֵהֶבֶל יִמְעָט וְקֹבֵץ עַל־יָד יַרְבֶּה ׃
12 תּוֹחֶלֶת מְמֻשָּׁכָה מַחֲלָה־לֵב וְעֵץ חַיִּים תַּאֲוָה בָאָה ׃

β smart *for it :* and he that hateth γ sure-
tiship is sure.

16 A gracious[b] woman retaineth ho-
nour : and strong *men* retain riches.

17 The[d] merciful man doeth good to his
own soul : but *he that is* cruel troubleth
his own flesh.

18 The wicked worketh a deceitful
work : but to him*f* that soweth righteous-
ness *shall be* a sure reward.

19 As righteousness *tendeth* to life ; so
he that pursueth evil, *pursueth it* to his
own death.

20 They that are of a froward heart *are*
abomination to the LORD : but*i* *such as*
are upright in *their* way *are* his delight.

21 *Though*[k] hand *join* in hand, the wick-
ed shall not be unpunished : but the seed
of the righteous shall be delivered.

22 *As* a jewel of gold in a swine's snout,
so is a fair woman which θ is without dis-
cretion.

23 The desire of the righteous *is* only
good : *but*[m] the expectation of the wicked
is wrath.

24 There[n] is that scattereth, and yet in-
creaseth ; and *there is* that withholdeth
more than is meet, but *it tendeth* to poverty.

25 The κ liberal[p] soul shall be made
fat : and he that watereth shall be wa-
tered also himself.

26 He that withholdeth corn, the peo-
ple shall curse him : but blessing*s* *shall*
be upon the head of him that selleth *it.*

27 He that diligently seeketh good pro-
cureth favour : but he that seeketh mis-
chief, it shall come unto him.

28 He[u] that trusteth in his riches shall
fall : but the righteous shall flourish as a
branch.

29 He that troubleth his own house
shall inherit the wind : and the fool *shall*
be servant to the wise of heart.

30 The fruit of the righteous *is* a tree of
life ; and he that ν winneth souls[x] *is* wise.

31 Behold, the righteous shall be re-
compensed in the earth : much more*y*
the wicked and the sinner.

CHAP. XII.

WHOSO loveth instruction loveth
knowledge : but he that hateth reproof *is*
brutish.

2 A good *man* obtaineth favour of the
LORD : but a man of wicked devices
will he condemn.

3 A man[c] shall not be established by
wickedness : but the root of the righteous
shall not be moved.

4 A virtuous[e] woman *is* a crown to her
husband : but she that maketh ashamed
is as rottenness in his bones.

5 The thoughts of the righteous *are* right :
but the counsels of the wicked *are* deceit.

6 The words of the wicked *are* to lie in
wait for blood : but the mouth of the up-
right shall deliver them.

7 The wicked[h] are overthrown, and *are*
not : but the house of the righteous shall
stand.

8 A man shall be commended accord-
ing to his wisdom : but he that is ρ of a
perverse heart shall be despised.

9 *He that is* despised, and hath a ser-
vant, *is* better than he that honoureth
himself, and lacketh bread.

10 A righteous *man* regardeth the life
of his beast : but the τ tender mercies of
the wicked *are* cruel.

11 He[o] that tilleth his land shall be sa-

B. C. 1000.

β *be sore*
broken.
γ *those that*
strike
hands,
ch. 6. 1.
a Jon. 2. 8.
b ch. 31. 30.
d or. fortress.
c Hab.1.15,16
d Mat. 5. 7.
25. 34, &c.
ζ *The snare*
of the
wicked is
in the
transgres-
sion of lips.
e 2 Pe. 2. 9.
f Ho. 10. 12.
Ga. 6. 8, 9.
Ja. 3. 18.
g Is. 3. 10, 11.
h ch. 3. 7.
i Ps. 11. 7.
η *in that*
day.
k Is. 27. 4.
θ *departeth*
from.
l Ps. 57. 4.
m Ro. 2. 8, 9.
He. 10. 27.
n 2 Co. 9. 6.
o 1 Pe. 3. 13.
κ *or, soul of*
blessing.
p Is. 32. 8.
q ch. 6. 16,17.
Re. 22. 15.
r ch. 15. 2.
Ec.10.12..14.
s Job 29. 13.
Ec. 10. 3.
u Mar. 10. 24.
1 Ti. 6. 9.
λ *or, deceit-*
ful.
v ch. 15. 23.
μ *or, abun-*
dant.
w ver. 13.
ν *taketh.*
x Mat. 4. 19.
Ja. 5. 20.
y Je. 25. 29.
1Pe.4.17,18.
z Is.28,14,15.
a Ps. 75. 8.
Je.25.27..31.
b Ja.3. 2, &c.
c Ec. 8. 8.
d ch. 10. 4.
e 1 Sa. 25. 33.
1 Co. 11. 7.
f Ps.119. 163.
g ch. 11. 5, 6.
π *sin.*
h Mat. 7. 24..
27.
i ver. 11.
k Ec. 11. 1, 2.
ρ *perverse*
of heart.
l Job 18. 5, 6.
σ *or, candle.*
m ch. 20. 21.
τ *or, bowels.*
φ *with the*
hand.
n Ps. 128. 2.
o Ps. 128. 2.

412

tisfied with bread : but[a] he that followeth
vain *persons is* void of understanding.

12 The wicked desireth the δ net[c] of
evil *men :* but the root of the righteous
yieldeth *fruit.*

13 ζ The wicked is snared by the trans-
gression of *his* lips : but[e] the just shall
come out of trouble.

14 A man shall be satisfied with good
by the fruit of *his* mouth ; and*g* the re-
compence of a man's hands shall be ren-
dered unto him.

15 The way of a fool *is* right in his
own eyes : but he[h] that hearkeneth unto
counsel *is* wise.

16 A fool's wrath is η presently known :
but a prudent *man* covereth shame.

17 *He that* speaketh truth sheweth forth
righteousness : but a false witness deceit.

18 There is that speaketh like the pierc-
ings of a sword : *l* but the tongue of the
wise *is* health.

19 The lip of truth shall be established
for ever : but a lying tongue *is* but for
a moment.

20 Deceit *is* in the heart of them that
imagine evil : but to the counsellors of
peace *is* joy.

21 There[o] shall no evil happen to the just :
but the wicked shall be filled with mischief.

22 Lying*q* lips *are* abomination to the
LORD : but they that deal truly *are* his
delight.

23 A prudent[r] man concealeth know-
ledge : but the heart of fools proclaimeth*t*
foolishness.

24 The hand of the diligent shall bear rule :
but the λ slothful shall be under tribute.

25 Heaviness in the heart of man maketh
it stoop : but[v] a good word maketh it glad.

26 The righteous *is* more μ excellent
than his neighbour : but the way of the
wicked seduceth*w* them.

27 The slothful *man* roasteth not that
which he took in hunting : but the sub-
stance of a diligent man *is* precious.

28 In the way of righteousness *is* life ; and
in the pathway *thereof there* is no death.

CHAP. XIII.

A WISE son *heareth* his father's instruc-
tion : but a scorner heareth not[z] rebuke.

2 A man shall eat good by the fruit of
his mouth : but[a] the soul of the trans-
gressors *shall eat* violence.

3 He[b] that keepeth his mouth keepeth
his life : *but* he that openeth wide his lips
shall have destruction.

4 The[d] soul of the sluggard desireth,
and *hath* nothing : but the soul of the
diligent shall be made fat.

5 A righteous *man* hateth*f* lying : but
a wicked *man* is loathsome, and cometh
to shame.

6 Righteousness*g* keepeth *him that is*
upright in the way : but wickedness over-
throweth π the sinner.

7 There is that maketh himself rich,
yet *hath* *i* nothing : *there is*[k] that maketh
himself poor, yet *hath* great riches.

8 The ransom of a man's life *are* his
riches : but the poor heareth not rebuke.

9 The light of the righteous rejoiceth : but*l*
the σ lamp of the wicked shall be put out.

10 Only by pride cometh contention :
but with the well advised is wisdom.

11 Wealth[m] *gotten* by vanity shall be
diminished : but he that gathereth φ by
labour*n* shall increase.

12 Hope deferred maketh the heart

CAP. XIV. יד

1 חַכְמוֹת נָשִׁים בָּנְתָה בֵיתָהּ וְאִוֶּלֶת בְּיָדֶיהָ
2 תֶהֶרְסֶנּוּ ׃ הוֹלֵךְ בְּיָשְׁרוֹ יְרֵא יְהוָה וּנְלוֹז דְּרָכָיו
3 בּוֹזֵהוּ ׃ בְּפִי־אֱוִיל חֹטֶר גַּאֲוָה וְשִׂפְתֵי חֲכָמִים
4 תִּשְׁמוּרֵם ׃ בְּאֵין אֲלָפִים אֵבוּס בָּר וְרָב־
5 תְּבוּאוֹת בְּכֹחַ שׁוֹר ׃ עֵד אֱמוּנִים לֹא יְכַזֵּב
6 וְיָפִיחַ כְּזָבִים עֵד שָׁקֶר ׃ בִּקֶּשׁ־לֵץ חָכְמָה וָאָיִן
7 וְדַעַת לְנָבוֹן נָקָל ׃ לֵךְ מִנֶּגֶד לְאִישׁ כְּסִיל וּבַל־
8 יָדַעְתָּ שִׂפְתֵי־דָעַת ׃ חָכְמַת עָרוּם הָבִין דַּרְכּוֹ וְאִוֶּלֶת
9 כְּסִילִים מִרְמָה ׃ אֱוִלִים יָלִיץ אָשָׁם וּבֵין
10 יְשָׁרִים רָצוֹן ׃ לֵב יוֹדֵעַ מָרַּת נַפְשׁוֹ וּבְשִׂמְחָתוֹ
11 לֹא־יִתְעָרַב זָר ׃ בֵּית רְשָׁעִים יִשָּׁמֵד וְאֹהֶל יְשָׁרִים
12 יַפְרִיחַ ׃ יֵשׁ דֶּרֶךְ יָשָׁר לִפְנֵי־אִישׁ וְאַחֲרִיתָהּ
13 דַּרְכֵי־מָוֶת ׃ גַּם־בִּשְׂחֹק יִכְאַב־לֵב וְאַחֲרִיתָהּ
14 שִׂמְחָה תוּגָה ׃ מִדְּרָכָיו יִשְׂבַּע סוּג לֵב וּמֵעָלָיו
15 אִישׁ טוֹב ׃ פֶּתִי יַאֲמִין לְכָל־דָּבָר וְעָרוּם יָבִין
16 לַאֲשֻׁרוֹ ׃ חָכָם יָרֵא וְסָר מֵרָע וּכְסִיל מִתְעַבֵּר

13 מֵחֲלָה לֵב וְעֵץ חַיִּים תַּאֲוָה בָאָה ׃ בָּז לְדָבָר
17 וּבוֹטֵחַ ׃ קְצַר־אַפַּיִם יַעֲשֶׂה אִוֶּלֶת וְאִישׁ מְזִמּוֹת
18 יִשָּׂנֵא ׃ נָחֲלוּ פְתָאיִם אִוֶּלֶת וַעֲרוּמִים יַכְתִּרוּ
19 דָעַת ׃ שַׁחוּ רָעִים לִפְנֵי טוֹבִים וּרְשָׁעִים עַל־
20 שַׁעֲרֵי צַדִּיק ׃ גַּם־לְרֵעֵהוּ יִשָּׂנֵא רָשׁ וְאֹהֲבֵי
21 עָשִׁיר רַבִּים ׃ בָּז־לְרֵעֵהוּ חוֹטֵא וּמְחוֹנֵן עֲנָיִים
22 אַשְׁרָיו ׃ הֲלוֹא־יִתְעוּ חֹרְשֵׁי רָע וְחֶסֶד וֶאֱמֶת
23 חֹרְשֵׁי טוֹב ׃ בְּכָל־עֶצֶב יִהְיֶה מוֹתָר וּדְבַר שְׂפָתַיִם
24 אַךְ לְמַחְסוֹר ׃ עֲטֶרֶת חֲכָמִים עָשְׁרָם אִוֶּלֶת
25 כְּסִילִים אִוֶּלֶת ׃ מַצִּיל נְפָשׁוֹת עֵד אֱמֶת
26 וְיָפִחַ כְּזָבִים מִרְמָה ׃ בְּיִרְאַת יְהוָה מִבְטַח־עֹז
27 וּלְבָנָיו יִהְיֶה מַחְסֶה ׃ יִרְאַת יְהוָה מְקוֹר חַיִּים
28 לָסוּר מִמֹּקְשֵׁי מָוֶת ׃ בְּרָב־עָם הַדְרַת־מֶלֶךְ
29 וּבְאֶפֶס לְאֹם מְחִתַּת רָזוֹן ׃ אֶרֶךְ אַפַּיִם רַב־
30 תְּבוּנָה וּקְצַר־רוּחַ מֵרִים אִוֶּלֶת ׃ חַיֵּי בְשָׂרִים לֵב
31 מַרְפֵּא וּרְקַב עֲצָמוֹת קִנְאָה ׃ עֹשֵׁק דָּל חֵרֵף
32 עֹשֵׂהוּ וּמְכַבְּדוֹ חֹנֵן אֶבְיוֹן ׃ בְּרָעָתוֹ יִדָּחֶה
33 רָשָׁע וְחֹסֶה בְמוֹתוֹ צַדִּיק ׃ בְּלֵב נָבוֹן תָּנוּחַ
34 חָכְמָה וּבְקֶרֶב כְּסִילִים תִּוָּדֵעַ ׃ צְדָקָה תְרוֹמֵם
35 גּוֹי וְחֶסֶד לְאֻמִּים חַטָּאת ׃ רְצוֹן־מֶלֶךְ לְעֶבֶד
מַשְׂכִּיל וְעֶבְרָתוֹ תִּהְיֶה מֵבִישׁ ׃

CAP. XV. טו

1 מַעֲנֶה־רַּךְ יָשִׁיב חֵמָה וּדְבַר־עֶצֶב יַעֲלֶה־אָף ׃
2 לְשׁוֹן חֲכָמִים תֵּיטִיב דָּעַת וּפִי כְסִילִים יַבִּיעַ
3 אִוֶּלֶת ׃ בְּכָל־מָקוֹם עֵינֵי יְהוָה צֹפוֹת רָעִים
4 וְטוֹבִים ׃ מַרְפֵּא לָשׁוֹן עֵץ חַיִּים וְסֶלֶף בָּהּ
5 שֶׁבֶר בְּרוּחַ ׃ אֱוִיל יִנְאַץ מוּסַר אָבִיו וְשֹׁמֵר
6 תּוֹכַחַת יַעְרִם ׃ בֵּית צַדִּיק חֹסֶן רָב וּבִתְבוּאַת
7 רָשָׁע נֶעְכָּרֶת ׃ שִׂפְתֵי חֲכָמִים יְזָרוּ דָעַת וְלֵב
8 כְּסִילִים לֹא־כֵן ׃ זֶבַח רְשָׁעִים תּוֹעֲבַת יְהוָה
9 וּתְפִלַּת יְשָׁרִים רְצוֹנוֹ ׃ תּוֹעֲבַת יְהוָה דֶּרֶךְ רָשָׁע
10 וּמְרַדֵּף צְדָקָה יֶאֱהָב ׃ מוּסָר רָע לְעֹזֵב אֹרַח

sick : but *when* the desire cometh, *it is* a tree of life.

13 Whoso[b] despiseth the word shall be destroyed : but he[c] that feareth the commandment shall be βrewarded.

14 The[e] law of the wise *is* a fountain of life, to depart from the snares[f] of death.

15 Good understanding giveth favour : but the way of transgressors *is* hard.

16 Every prudent *man* dealeth with knowledge : but a fool γ layeth open *his* folly.

17 A wicked messenger falleth into mischief: but ζa faithful ambassador *is* health.

18 Poverty and shame *shall be to* him that refuseth instruction : but he that regardeth[k] reproof shall be honoured.

19 The desire accomplished[l] is sweet to the soul : but *it is* abomination to fools to depart from evil.

20 He that walketh with wise *men* shall be wise : but[m] a companion of fools shall be η destroyed.

21 Evil[n] pursueth sinners : but to the righteous good shall be repaid.

22 A good *man* leaveth an inheritance to his children's children ; and[p] the wealth of the sinner *is* laid up for the just.

23 Much food *is in* the tillage of the poor : but there is *that is* destroyed for want of judgment.

24 He[r] that spareth his rod hateth his son : but he that loveth him chasteneth him betimes.

25 The righteous eateth to the satisfying of his soul : but the belly of the wicked shall[s] want.

CHAP. XIV.

EVERY wise woman buildeth[v] her house : but the foolish plucketh it down with her hands.

2 He that walketh in his[w] uprightness feareth the LORD : but *he that is* perverse in his ways despiseth[y] him.

3 In the mouth of the foolish *is* a rod of pride : but the lips of the wise shall preserve them.

4 Where no oxen *are*, the crib *is* clean: but much increase *is* by the strength of the ox.

5 A faithful witness will not lie : but a false witness will utter lies.

6 A scorner seeketh wisdom, and *findeth it* not : but[c] knowledge *is* easy unto him that understandeth.

7 Go from the presence of a foolish man, when thou perceivest not *in him* the lips of knowledge.

8 The wisdom of the prudent *is* to understand his way : but the folly of fools *is* deceit.

9 Fools[f] make a mock at sin : but among the righteous *there is* favour.

10 The heart knoweth *v* his own bitterness ; and a stranger doth not intermeddle with his joy.

11 The house[h] of the wicked shall be overthrown : but the tabernacle of the upright shall flourish.

12 There is a way which seemeth right unto a man, but the end *i* thereof *are* the ways of death.

13 Even[k] in laughter the heart is sorrowful ; and the end of that mirth *is* heaviness.

14 The backslider[l] in heart shall be filled with his own ways ; and a good man *shall be satisfied* from himself.

15 The simple believeth every word: but the prudent *man* looketh well[o] to his going.

B. C. 1000.

a ch. 16. 6.
b 2 Ch.36.16.
   Lu. 16.31.
c Ps. 115. 13.
d Ja. 1. 19.
β *or,in peace*
e ch. 14. 27.
f 2 Sa. 22.6,7.
g Ps. 49. 14.
   Mal. 4. 3.
h ch. 19. 7.
γ *spreadeth.*
δ *many are
the lovers
of the rich.*
i Ps. 41. 1.3.
   Mat. 25.34,
     &c.
   He. 6. 10.
ζ *an ambassador of
faithfulness.*
k ch. 15. 5.
l ver. 12.
m 1 Co. 15.33.
η *broken.*
n Ps. 32. 10.
    140. 11.
o Ec. 7. 18.
p Ec. 2. 26.
q Is. 33. 6.
r ch. 19. 18.
    22. 15.
    23. 13.
    29.15,17.
s ch. 16. 32.
θ *short of.*
t 2 Th. 3. 10.
u ch. 22. 2.
v ch. 24. 3.
   Ru. 4. 11.
w Ps. 25. 21.
x Ps. 23. 4.
y Ro. 2. 4.
z ch. 29. 11.
κ *nations.*
a Mat. 24.45.
b Ju. 8. 1.3.
   1Sa.25,24,&c
c ch. 8. 9.
λ *belcheth,or,
bubbleth.*
d Job 34. 21.
   Je. 32. 19.
   He. 4. 13.
μ *the healing of the
tongue.*
e 1 Ti. 6. 3.
f ch. 10. 23.
v *the bitterness of his
soul.*
g ch. 13. 18.
h Job 8. 15.
   Mat.7.26,27.
i Ro. 6. 21.
j ch. 28. 9.
   Is. 1. 11.
     61. 8.
   Je. 6. 20.
   Am. 5. 22.
   Jnᵛ. 4. 24.
k Ec. 2. 2.
l ch. 1. 31.
   Je. 2. 19.
m Is. 26. 7.
π *or, instruction.*
n ch. 5.11,12.
o ch. 4. 26.

---

16 A[a] wise *man* feareth, and departeth from evil : but the fool rageth, and is confident.

17 *He that is* soon[d] angry dealeth foolishly;and a man of wicked devices is hated.

18 The simple inherit folly : but the prudent are crowned with knowledge.

19 The evil[g] bow before the good ; and the wicked at the gates of the righteous.

20 The poor[h] is hated even of his own neighbour: but δyᵉrich hath many friends.

21 He that despiseth his neighbour sinneth: but[i] he that hath mercy on the poor, happy *is* he.

22 Do they not err that devise evil ? but mercy and truth *shall be* to them that devise good.

23 In all labour there is profit : but the talk of the lips *tendeth* only to penury.

24 The crown of the wise *is* their riches: *but* the foolishness of fools *is* folly.

25 A true witness delivereth souls : but a deceitful *witness* speaketh lies.

26 In[o] the fear of the LORD *is* strong confidence ; and his children shall have a place of refuge.

27 The fear of the LORD *is* a fountain[q] of life, to depart from the snares of death.

28 In the multitude of people *is* the king's honour : but in the want of people *is* the destruction of the prince.

29 He[s] *that is* slow to wrath *is* of great understanding : but *he that is* θ hasty of spirit exalteth folly.

30 A sound heart *is* the life of the flesh: but envy the rottenness of the bones.

31 He that oppresseth the poor reproacheth his Maker:[u] but he that honoureth him hath mercy on the poor.

32 The wicked is driven away in his wickedness: but the righteous hath hope in his[x] death.

33 Wisdom resteth in the heart of him that hath understanding : but *that which is* in the midst of fools is made[z] known.

34 Righteousness exalteth a nation : but sin *is* a reproach to κ any people.

35 The king's favour *is* toward a wise servant:[a] but his wrath is *against* him that causeth shame.

CHAP. XV.

A SOFT[b] answer turneth away wrath : but grievous words stir up anger.

2 The tongue of the wise useth knowledge aright : but the mouth of fools λ poureth out foolishness.

3 The eyes[d] of the LORD *are* in every place, beholding the evil and the good.

4 A μ wholesome[e] tongue is a tree of life : but perverseness therein *is* a breach in the spirit.

5 A fool despiseth his father's instruction : but[g] he that regardeth reproof is prudent.

6 In the house of the righteous *is* much treasure : but in the revenues of the wicked is trouble.

7 The lips of the wise disperse knowledge : but the heart of the foolish *doeth* not so.

8 The[j] sacrifice of the wicked *is* an abomination to the LORD : but the prayer of the upright *is* his delight.

9 The way of the wicked *is* an abomination unto the LORD : but he[m] loveth him that followeth after righteousness.

10 π Correction *is* grievous unto him that forsaketh the way ; *and* he[n] that hateth reproof shall die.

11 שְׁאוֹל וַאֲבַדּוֹן נֶגֶד יְהוָה אַף כִּי־לִבּוֹת בְּנֵי־אָדָם׃
12 לֹא יֶאֱהַב־לֵץ הוֹכֵחַ לוֹ אֶל־חֲכָמִים לֹא יֵלֵךְ׃
13 לֵב שָׂמֵחַ יֵיטִב פָּנִים וּבְעַצְּבַת־לֵב רוּחַ נְכֵאָה׃
14 לֵב נָבוֹן יְבַקֶּשׁ־דָּעַת וּפִי כְסִילִים יִרְעֶה אִוֶּלֶת׃
15 כָּל־יְמֵי עָנִי רָעִים וְטוֹב־לֵב מִשְׁתֶּה תָמִיד׃
16 טוֹב־מְעַט בְּיִרְאַת יְהוָה מֵאוֹצָר רָב וּמְהוּמָה בוֹ׃
17 טוֹב אֲרֻחַת יָרָק וְאַהֲבָה־שָׁם מִשּׁוֹר אָבוּס וְשִׂנְאָה־בוֹ׃
18 אִישׁ חֵמָה יְגָרֶה מָדוֹן וְאֶרֶךְ אַפַּיִם יַשְׁקִיט רִיב׃
19 דֶּרֶךְ עָצֵל כִּמְשֻׂכַת חָדֶק וְאֹרַח יְשָׁרִים סְלֻלָה׃
20 בֵּן חָכָם יְשַׂמַּח־אָב וּכְסִיל אָדָם בּוֹזֶה אִמּוֹ׃
21 אִוֶּלֶת שִׂמְחָה לַחֲסַר־לֵב וְאִישׁ תְּבוּנָה יְיַשֶּׁר־לָכֶת׃
22 הָפֵר מַחֲשָׁבוֹת בְּאֵין סוֹד וּבְרֹב יוֹעֲצִים תָּקוּם׃
23 שִׂמְחָה לָאִישׁ בְּמַעֲנֵה־פִיו וְדָבָר בְּעִתּוֹ מַה־טּוֹב׃
24 אֹרַח חַיִּים לְמַעְלָה לְמַשְׂכִּיל לְמַעַן סוּר מִשְּׁאוֹל מָטָּה׃
25 בֵּית גֵּאִים יִסַּח יְהוָה וְיַצֵּב גְּבוּל אַלְמָנָה׃
26 תּוֹעֲבַת יְהוָה מַחְשְׁבוֹת רָע וּטְהֹרִים אִמְרֵי־נֹעַם׃
27 עֹכֵר בֵּיתוֹ בּוֹצֵעַ בָּצַע וְשׂוֹנֵא מַתָּנֹת יִחְיֶה׃
28 לֵב צַדִּיק יֶהְגֶּה לַעֲנוֹת וּפִי רְשָׁעִים יַבִּיעַ רָעוֹת׃
29 רָחוֹק יְהוָה מֵרְשָׁעִים וּתְפִלַּת צַדִּיקִים יִשְׁמָע׃
30 מְאוֹר־עֵינַיִם יְשַׂמַּח־לֵב שְׁמוּעָה טוֹבָה תְּדַשֶּׁן־עָצֶם׃
31 אֹזֶן שֹׁמַעַת תּוֹכַחַת חַיִּים בְּקֶרֶב חֲכָמִים תָּלִין׃
32 פּוֹרֵעַ מוּסָר מוֹאֵס נַפְשׁוֹ וְשׁוֹמֵעַ תּוֹכַחַת קוֹנֶה לֵּב׃
33 יִרְאַת יְהוָה מוּסַר חָכְמָה וְלִפְנֵי כָבוֹד עֲנָוָה׃

CAP. XVI. פ

1 לְאָדָם מַעַרְכֵי־לֵב וּמֵיְהוָה מַעֲנֵה לָשׁוֹן׃
2 כָּל־דַּרְכֵי־אִישׁ זַךְ בְּעֵינָיו וְתֹכֵן רוּחוֹת יְהוָה׃
3 גֹּל אֶל־יְהוָה מַעֲשֶׂיךָ וְיִכֹּנוּ מַחְשְׁבֹתֶיךָ׃
4 כֹּל פָּעַל יְהוָה לַמַּעֲנֵהוּ וְגַם־רָשָׁע לְיוֹם רָעָה׃
5 תּוֹעֲבַת יְהוָה כָּל־גְּבַהּ־לֵב יָד לְיָד לֹא יִנָּקֶה׃
6 בְּחֶסֶד וֶאֱמֶת יְכֻפַּר עָוֹן וּבְיִרְאַת יְהוָה סוּר מֵרָע׃
7 בִּרְצוֹת יְהוָה דַּרְכֵי־אִישׁ גַּם־אוֹיְבָיו יַשְׁלִם אִתּוֹ׃

8 טוֹב מְעַט בִּצְדָקָה מֵרֹב תְּבוּאוֹת בְּלֹא מִשְׁפָּט׃
9 לֵב אָדָם יְחַשֵּׁב דַּרְכּוֹ וַיהוָה יָכִין צַעֲדוֹ׃
10 קֶסֶם עַל־שִׂפְתֵי־מֶלֶךְ בְּמִשְׁפָּט לֹא יִמְעַל־פִּיו׃
11 פֶּלֶס וּמֹאזְנֵי מִשְׁפָּט לַיהוָה מַעֲשֵׂהוּ כָּל־אַבְנֵי־כִיס׃
12 תּוֹעֲבַת מְלָכִים עֲשׂוֹת רֶשַׁע כִּי בִצְדָקָה יִכּוֹן כִּסֵּא׃
13 רְצוֹן מְלָכִים שִׂפְתֵי־צֶדֶק וְדֹבֵר יְשָׁרִים יֶאֱהָב׃
14 חֲמַת־מֶלֶךְ מַלְאֲכֵי־מָוֶת וְאִישׁ חָכָם יְכַפְּרֶנָּה׃
15 בְּאוֹר־פְּנֵי־מֶלֶךְ חַיִּים וּרְצוֹנוֹ כְּעָב מַלְקוֹשׁ׃
16 קְנֹה־חָכְמָה מַה־טּוֹב מֵחָרוּץ וּקְנוֹת בִּינָה נִבְחָר מִכָּסֶף׃
17 מְסִלַּת יְשָׁרִים סוּר מֵרָע שֹׁמֵר נַפְשׁוֹ נֹצֵר דַּרְכּוֹ׃
18 לִפְנֵי־שֶׁבֶר גָּאוֹן וְלִפְנֵי כִשָּׁלוֹן גֹּבַהּ רוּחַ׃
19 טוֹב שְׁפַל־רוּחַ אֶת־עֲנָוִים מֵחַלֵּק שָׁלָל אֶת־גֵּאִים׃
20 מַשְׂכִּיל עַל־דָּבָר יִמְצָא־טוֹב וּבוֹטֵחַ בַּיהוָה אַשְׁרָיו׃
21 לַחֲכַם־לֵב יִקָּרֵא נָבוֹן וּמֶתֶק שְׂפָתַיִם יֹסִיף לֶקַח׃
22 מְקוֹר חַיִּים שֵׂכֶל בְּעָלָיו וּמוּסַר אֱוִלִים אִוֶּלֶת׃
23 לֵב חָכָם יַשְׂכִּיל פִּיהוּ וְעַל־שְׂפָתָיו יֹסִיף לֶקַח׃
24 צוּף־דְּבַשׁ אִמְרֵי־נֹעַם מָתוֹק לַנֶּפֶשׁ וּמַרְפֵּא לָעָצֶם׃
25 יֵשׁ דֶּרֶךְ יָשָׁר לִפְנֵי־אִישׁ וְאַחֲרִיתָהּ דַּרְכֵי־מָוֶת׃
26 נֶפֶשׁ עָמֵל עָמְלָה לּוֹ כִּי־אָכַף עָלָיו פִּיהוּ׃
27 אִישׁ בְּלִיַּעַל כֹּרֶה רָעָה וְעַל־שְׂפָתוֹ כְּאֵשׁ צָרָבֶת׃
28 אִישׁ תַּהְפֻּכוֹת יְשַׁלַּח מָדוֹן וְנִרְגָּן מַפְרִיד אַלּוּף׃
29 אִישׁ חָמָס יְפַתֶּה רֵעֵהוּ וְהוֹלִיכוֹ בְּדֶרֶךְ לֹא־טוֹב׃
30 עֹצֶה עֵינָיו לַחְשֹׁב תַּהְפֻּכוֹת קֹרֵץ שְׂפָתָיו כִּלָּה רָעָה׃
31 עֲטֶרֶת תִּפְאֶרֶת שֵׂיבָה בְּדֶרֶךְ צְדָקָה תִּמָּצֵא׃
32 טוֹב אֶרֶךְ אַפַּיִם מִגִּבּוֹר וּמֹשֵׁל בְּרוּחוֹ מִלֹּכֵד עִיר׃
33 בַּחֵיק יוּטַל אֶת־הַגּוֹרָל וּמֵיְהוָה כָּל־מִשְׁפָּטוֹ׃

CAP. XVII. פ

1 טוֹב פַּת חֲרֵבָה וְשַׁלְוָה־בָהּ מִבַּיִת מָלֵא זִבְחֵי־רִיב׃
2 עֶבֶד־מַשְׂכִּיל יִמְשֹׁל בְּבֵן מֵבִישׁ וּבְתוֹךְ אַחִים יַחֲלֹק נַחֲלָה׃
3 מַצְרֵף לַכֶּסֶף וְכוּר לַזָּהָב וּבֹחֵן לִבּוֹת יְהוָה׃

11 Hell[a] and destruction *are* before the LORD; how much more then the hearts[c] of the children of men?

12 A scorner[d] loveth not one that reproveth him; neither will he go[e] unto the wise.

13 A merry heart maketh a cheerful countenance: but[g] by sorrow of the heart the spirit is broken.

14 The heart of him that hath understanding seeketh knowledge: but the mouth of fools feedeth on foolishness.

15 All the days of the afflicted *are* evil: but he that is of a merry heart *hath* a continual feast.

16 Better[k] *is* little with the fear of the LORD, than great treasure, and trouble therewith.

17 Better *is* a dinner of herbs where love is, than a stalled ox and hatred therewith.

18 A wrathful man stirreth up strife: but he that is slow to anger appeaseth strife.

19 The way of the slothful[l] *man is* as an hedge of thorns: but[m] the way of the righteous *is* δ made plain.

20 A wise son maketh a glad father: but a foolish man despiseth his mother.

21 Folly *is* joy to *him that is* ζ destitute of wisdom: but a man of understanding walketh[p] uprightly.

22 Without counsel purposes are disappointed: but in the multitude of counsellors they are established.

23 A man hath joy by the answer of his mouth; and a word *spoken* in η due season, how good *is it!*

24 The way[r] of life *is* above to the wise, that he may depart from hell beneath.

25 The LORD will destroy the house of the proud: but he will establish the border of the widow.

26 The thoughts[s] of the wicked *are* an abomination to the LORD: but[t] *the words* of the pure *are* κ pleasant words.

27 He[u] that is greedy of gain troubleth his own house: but he that hateth gifts shall live.

28 The heart of the righteous studieth to answer:[w] but the mouth of the wicked poureth out evil things.

29 The LORD *is* far from the wicked: but he heareth the prayer of the righteous.

30 The light of the eyes rejoiceth the heart; *and* a good report maketh the bones fat.

31 The ear[y] that heareth the reproof of life abideth[z] among the wise.

32 He that refuseth σ instruction despiseth his own soul: but he that τ heareth reproof φ getteth understanding.

33 The fear of the LORD *is* the instruction of wisdom; and before honour *is*[a] humility.

CHAP. XVI.

THE χ preparations[b] of the heart in man, and the answer[c] of the tongue, *is* from the LORD.

2 All the ways of a man *are* clean in his own eyes: but ye LORD weigheth ye spirits.

3 ψ Commit thy works unto the LORD, and thy thoughts shall be established.

4 The LORD hath made all *things* for himself; yea, even the wicked[e] for the day of evil.

5 Every one *that is* proud[f] in heart *is* an abomination to the LORD: *though* hand *join* in hand, he shall not be γ unpunished.

6 By[g] mercy and truth iniquity is purged; and by the fear[h] of the LORD *men* depart from evil.

B. C. 1000.

a Job 26. 6.
  Ps. 139. 8.
b Ro. 8. 31.
c 2 Ch. 6. 30.
  Ps. 7. 9.
  Jnᵛ. 21. 17.
  Ac. 1. 24.
d Am. 5. 10.
  2 Ti. 4. 3.
e Job 21. 14.
f ch. 19. 21.
g ch. 12. 25.
β Divination.
  Ge. 44. 15.
γ *stones.*
i ch. 29. 14.
k 1 Ti. 6. 6.
l ch. 22. 5, 13.
m Ps. 27. 11.
  Is. 35. 8.
n ch. 8.11, 19.
δ *raised up as a causey.*
ζ *void of heart.*
o ch. 10. 9.
p Ep. 5. 15.
q Es. 6. 6, &c.
  Da. 4. 31.
η *his season.*
θ or, *understandeth a matter.*
r Jnᵒ. 14. 6.
s ch. 6. 16, 18.
t Ps. 37. 30.
κ *words of pleasantness.*
λ *maketh wise.*
u Is. 5. 8.
  Hab. 2. 9, 10.
v Ps. 19. 10.
w 1 Pe. 3. 15.
x ch. 12. 26.
μ *the soul of him that.*
ν *boweth unto.*
π *a man of Belial.*
y ver. 5.
ρ *sendeth forth.*
z Jnᵒ. 15. 3, 4.
σ or, *correction.*
τ or, *obeyeth.*
φ *possesseth an heart.*
  ch. 17. 16.
a Ja. 4. 10.
χ or, *disposings.*
b ch. 20. 24.
  Je. 10. 23.
c Mat. 10. 19, 20.
ψ *Roll.*
  Ps. 37. 5.
d Jon. 1. 7.
e Ro. 9. 22.
β or, *good cheer.*
f ch. 8. 13.
γ *held innocent.*
g Ps. 85. 10.
h ch. 14. 27.
i Je. 17. 10.

---

7 When[b] a man's ways please the LORD, he maketh even his enemies to be at peace with him.

8 Better *is* a little with righteousness, than great revenues without right.

9 A[f] man's heart deviseth his way: but the LORD directeth his steps.

10 A β divine sentence *is* in the lips of the king: his mouth transgresseth not in judgment.

11 A[h] just weight and balance *are* the LORD's; all the γ weights of the bag *are* his work.

12 *It is* an abomination to kings to commit wickedness; for[i] the throne is established by righteousness.

13 Righteous lips *are* the delight of kings; and they love him that speaketh right.

14 The wrath of a king *is as* messengers of death; but a wise man will pacify it.

15 In the light of the king's countenance *is* life; and his favour *is* as a cloud of the latter rain.

16 How[n] much better *is it* to get wisdom than gold? and to get understanding rather to be chosen than silver?

17 The highway of the upright *is* to depart from evil: he that keepeth his way preserveth[o] his soul.

18 Pride[q] *goeth* before destruction, and an haughty spirit before a fall.

19 Better *it is to be* of an humble spirit with the lowly, than to divide the spoil with the proud.

20 He that θ handleth a matter wisely shall find good; and whoso trusteth in the LORD, happy *is* he.

21 The wise in heart shall be called prudent: and the sweetness of the lips increaseth learning.

22 Understanding *is* a well-spring of life unto him that hath it: but the instruction of fools *is* folly.

23 The heart of the wise λ teacheth his mouth, and addeth learning to his lips.

24 Pleasant words *are as* an honeycomb,[v] sweet to the soul, and health to the bones.

25 There[x] is a way that seemeth right unto a man; but the end thereof *are* the ways of death.

26 He μ that laboureth, laboureth for himself; for his mouth ν craveth it of him.

27 An π ungodly man diggeth up evil; and in his lips *there is* as a burning fire.

28 A froward man ρ soweth strife; and a whisperer separateth chief friends.

29 A violent man enticeth his neighbour, and leadeth him into the way *that is* not good.

30 He shutteth his eyes to devise froward things; moving his lips he bringeth evil to pass.

31 The hoary head *is* a crown of glory, *if* it be found in the way of righteousness.

32 *He that is* slow to anger *is* better than the mighty; and he that ruleth his spirit than he that taketh a city.

33 The lot[d] is cast into the lap; but the whole disposing thereof *is* of the LORD.

CHAP. XVII.

BETTER *is* a dry morsel, and quietness therewith, than an house full of β sacrifices *with* strife.

2 A wise servant shall have rule over a son that causeth shame, and shall have part of the inheritance among the brethren.

3 The fining pot *is* for silver, & the furnace for gold: but[f] the LORD trieth the hearts.

[Proverbs 17, continued]

4 מֵרַע מַקְשִׁיב עַל־שְׂפַת־אָוֶן שֶׁקֶר מֵזִין עַל־לְשׁוֹן הַוֺּת׃
5 לֹעֵג לָרָשׁ חֵרֵף עֹשֵׂהוּ שָׂמֵחַ לְאֵיד לֹא יִנָּקֶה׃
6 עֲטֶרֶת זְקֵנִים בְּנֵי בָנִים וְתִפְאֶרֶת בָּנִים אֲבוֹתָם׃
7 לֹא־נָאוָה לְנָבָל שְׂפַת־יֶתֶר אַף כִּי־לְנָדִיב שְׂפַת־שָׁקֶר׃
8 אֶבֶן־חֵן הַשֹּׁחַד בְּעֵינֵי בְעָלָיו אֶל־כָּל־אֲשֶׁר יִפְנֶה יַשְׂכִּיל׃
9 מְכַסֶּה־פֶּשַׁע מְבַקֵּשׁ אַהֲבָה וְשֹׁנֶה בְדָבָר מַפְרִיד אַלּוּף׃
10 תֵּחַת גְּעָרָה בְמֵבִין מֵהַכּוֹת כְּסִיל מֵאָה׃
11 אַךְ־מְרִי יְבַקֶּשׁ־רָע וּמַלְאָךְ אַכְזָרִי יְשֻׁלַּח־בּוֹ׃
12 פָּגוֹשׁ דֹּב שַׁכּוּל בְּאִישׁ וְאַל־כְּסִיל בְּאִוַּלְתּוֹ׃
13 מֵשִׁיב רָעָה תַּחַת טוֹבָה לֹא־תָמוּשׁ רָעָה מִבֵּיתוֹ׃
14 פּוֹטֵר מַיִם רֵאשִׁית מָדוֹן וְלִפְנֵי הִתְגַּלַּע הָרִיב נְטוֹשׁ׃
15 מַצְדִּיק רָשָׁע וּמַרְשִׁיעַ צַדִּיק תּוֹעֲבַת יְהוָה גַּם־שְׁנֵיהֶם׃
16 לָמָּה־זֶּה מְחִיר בְּיַד־כְּסִיל לִקְנוֹת חָכְמָה וְלֶב־אָיִן׃
17 בְּכָל־עֵת אֹהֵב הָרֵעַ וְאָח לְצָרָה יִוָּלֵד׃
18 אָדָם חֲסַר־לֵב תּוֹקֵעַ כָּף עֹרֵב עֲרֻבָּה לִפְנֵי רֵעֵהוּ׃
19 אֹהֵב פֶּשַׁע אֹהֵב מַצָּה מַגְבִּיהַּ פִּתְחוֹ מְבַקֶּשׁ־שָׁבֶר׃
20 עִקֶּשׁ־לֵב לֹא יִמְצָא־טוֹב וְנֶהְפָּךְ בִּלְשׁוֹנוֹ יִפּוֹל בְּרָעָה׃
21 יֹלֵד כְּסִיל לְתוּגָה לוֹ וְלֹא־יִשְׂמַח אֲבִי נָבָל׃
22 לֵב שָׂמֵחַ יֵיטִב גֵּהָה וְרוּחַ נְכֵאָה תְּיַבֶּשׁ־גָּרֶם׃
23 שֹׁחַד מֵחֵיק רָשָׁע יִקָּח לְהַטּוֹת אָרְחוֹת מִשְׁפָּט׃
24 אֶת־פְּנֵי מֵבִין חָכְמָה וְעֵינֵי כְסִיל בִּקְצֵה־אָרֶץ׃
25 כַּעַס לְאָבִיו בֵּן כְּסִיל וּמֶמֶר לְיוֹלַדְתּוֹ׃
26 גַּם עֲנוֹשׁ לַצַּדִּיק לֹא־טוֹב לְהַכּוֹת נְדִיבִים עַל־יֹשֶׁר׃
27 חוֹשֵׂךְ אֲמָרָיו יוֹדֵעַ דָּעַת וְקַר־רוּחַ אִישׁ תְּבוּנָה׃
28 גַּם אֱוִיל מַחֲרִישׁ חָכָם יֵחָשֵׁב אֹטֵם שְׂפָתָיו נָבוֹן׃

CAP. XVIII. יח

1 לְתַאֲוָה יְבַקֵּשׁ נִפְרָד בְּכָל־תּוּשִׁיָּה יִתְגַּלָּע׃
2 לֹא־יַחְפֹּץ כְּסִיל בִּתְבוּנָה כִּי אִם־בְּהִתְגַּלּוֹת לִבּוֹ׃
3 בְּבוֹא־רָשָׁע בָּא גַם־בּוּז וְעִם־קָלוֹן חֶרְפָּה׃
4 מַיִם עֲמֻקִּים דִּבְרֵי פִי־אִישׁ נַחַל נֹבֵעַ מְקוֹר חָכְמָה׃
5 שְׂאֵת פְּנֵי־רָשָׁע לֹא־טוֹב לְהַטּוֹת צַדִּיק בַּמִּשְׁפָּט׃

[Proverbs 18, continued]

6 שִׂפְתֵי כְסִיל יָבֹאוּ בְרִיב וּפִיו לְמַהֲלֻמוֹת יִקְרָא׃
7 פִּי־כְסִיל מְחִתָּה־לוֹ וּשְׂפָתָיו מוֹקֵשׁ נַפְשׁוֹ׃
8 דִּבְרֵי נִרְגָּן כְּמִתְלַהֲמִים וְהֵם יָרְדוּ חַדְרֵי־בָטֶן׃
9 גַּם מִתְרַפֶּה בִמְלַאכְתּוֹ אָח הוּא לְבַעַל מַשְׁחִית׃
10 מִגְדַּל־עֹז שֵׁם יְהוָה בּוֹ־יָרוּץ צַדִּיק וְנִשְׂגָּב׃
11 הוֹן עָשִׁיר קִרְיַת עֻזּוֹ וּכְחוֹמָה נִשְׂגָּבָה בְּמַשְׂכִּיתוֹ׃
12 לִפְנֵי־שֶׁבֶר יִגְבַּהּ לֵב־אִישׁ וְלִפְנֵי כָבוֹד עֲנָוָה׃
13 מֵשִׁיב דָּבָר בְּטֶרֶם יִשְׁמָע אִוֶּלֶת הִיא־לוֹ וּכְלִמָּה׃
14 רוּחַ־אִישׁ יְכַלְכֵּל מַחֲלֵהוּ וְרוּחַ נְכֵאָה מִי יִשָּׂאֶנָּה׃
15 לֵב נָבוֹן יִקְנֶה־דָּעַת וְאֹזֶן חֲכָמִים תְּבַקֶּשׁ־דָּעַת׃
16 מַתָּן אָדָם יַרְחִיב לוֹ וְלִפְנֵי גְדֹלִים יַנְחֶנּוּ׃
17 צַדִּיק הָרִאשׁוֹן בְּרִיבוֹ וּבָא־רֵעֵהוּ וַחֲקָרוֹ׃
18 מִדְיָנִים יַשְׁבִּית הַגּוֹרָל וּבֵין עֲצוּמִים יַפְרִיד׃
19 אָח נִפְשָׁע מִקִּרְיַת־עֹז וּמִדְיָנִים כִּבְרִיחַ אַרְמוֹן׃
20 מִפְּרִי פִי־אִישׁ תִּשְׂבַּע בִּטְנוֹ תְּבוּאַת שְׂפָתָיו יִשְׂבָּע׃
21 מָוֶת וְחַיִּים בְּיַד־לָשׁוֹן וְאֹהֲבֶיהָ יֹאכַל פִּרְיָהּ׃
22 מָצָא אִשָּׁה מָצָא טוֹב וַיָּפֶק רָצוֹן מֵיְהוָה׃
23 תַּחֲנוּנִים יְדַבֶּר־רָשׁ וְעָשִׁיר יַעֲנֶה עַזּוֹת׃
24 אִישׁ רֵעִים לְהִתְרֹעֵעַ וְיֵשׁ אֹהֵב דָּבֵק מֵאָח׃

CAP. XIX. ט

1 טוֹב־רָשׁ הוֹלֵךְ בְּתֻמּוֹ מֵעִקֵּשׁ שְׂפָתָיו וְהוּא כְסִיל׃
2 גַּם בְּלֹא־דַעַת נֶפֶשׁ לֹא־טוֹב וְאָץ בְּרַגְלַיִם חוֹטֵא׃
3 אִוֶּלֶת אָדָם תְּסַלֵּף דַּרְכּוֹ וְעַל־יְהוָה יִזְעַף לִבּוֹ׃
4 הוֹן יֹסִיף רֵעִים רַבִּים וְדָל מֵרֵעֵהוּ יִפָּרֵד׃
5 עֵד שְׁקָרִים לֹא יִנָּקֶה וְיָפִיחַ כְּזָבִים לֹא יִמָּלֵט׃
6 רַבִּים יְחַלּוּ פְנֵי־נָדִיב וְכָל־הָרֵעַ לְאִישׁ מַתָּן׃
7 כָּל אֲחֵי־רָשׁ שְׂנֵאֻהוּ אַף כִּי מְרֵעֵהוּ רָחֲקוּ מִמֶּנּוּ מְרַדֵּף אֲמָרִים לֹא־הֵמָּה׃
8 קֹנֶה־לֵּב אֹהֵב נַפְשׁוֹ שֹׁמֵר תְּבוּנָה לִמְצֹא־טוֹב׃
9 עֵד שְׁקָרִים לֹא יִנָּקֶה וְיָפִיחַ כְּזָבִים יֹאבֵד׃
10 לֹא־נָאוֶה לִכְסִיל תַּעֲנוּג אַף כִּי־לְעֶבֶד מְשֹׁל בְּשָׂרִים׃
11 שֵׂכֶל אָדָם הֶאֱרִיךְ אַפּוֹ וְתִפְאַרְתּוֹ עֲבֹר עַל־פָּשַׁע׃
12 נַהַם כַּכְּפִיר זַעַף מֶלֶךְ

4 A wicked doer giveth heed to false lips: *and* a liar giveth ear to a naughty tongue.

5 Whoso *b* mocketh the poor reproacheth his Maker; *and* he *c* that is glad at calamities shall not be *δ* unpunished.

6 Children's *e* children *are* the crown of old men; and the glory of children *are* their fathers.

7 *η* Excellent speech becometh not a fool; much less do *θ* lying lips a prince.

8 A gift *is as a κ* precious stone in the eyes of him that hath it; whithersoever it turneth, it prospereth.

9 He that covereth a transgression *μ* seeketh love: but he that repeateth a matter separateth *very* friends.

10 A *h* reproof *ν* entereth more into a wise man than an hundred stripes into a fool.

11 An evil *man* seeketh only rebellion; therefore a cruel messenger shall be sent against him.

12 Let a *l* bear robbed of her whelps meet a man, rather than a fool in his folly.

13 Whoso *n* rewardeth evil for good, evil shall not depart from his house.

14 The beginning of strife *is as* when one letteth out water; therefore *o* leave off contention before it be meddled with.

15 He *p* that justifieth the wicked, and he that condemneth the just, even they both *are* abomination to the LORD.

16 Wherefore *is there* a price in the hand of a fool to get wisdom, seeing *he hath* no heart *to it?*

17 A friend *r* loveth at all times, and a brother is born for adversity.

18 A man void of *ρ* understanding striketh hands, *and* becometh surety in the presence of his friend.

19 He *t* loveth transgression that loveth strife: *and* he that exalteth his gate seeketh destruction.

20 *σ* He that hath a froward heart findeth no good; and he that hath a perverse tongue falleth into mischief.

21 He that begetteth a fool *doeth it* to his sorrow; and the father of a fool hath no joy.

22 A merry heart doeth good *τ like* a medicine: but a broken spirit *ω* drieth the bones.

23 A wicked *man* taketh a gift out of the bosom to pervert the ways of judgment.

24 Wisdom *y* is before him that hath understanding; but the eyes of a fool *are* in the ends of the earth.

25 A foolish son *is* a grief to his father, and bitterness to her that bare him.

26 Also to punish the just *is* not good, *nor* to strike princes for equity.

27 He that hath knowledge *z* spareth his words: *and* a man of understanding is of *χ* an excellent spirit.

28 Even a fool when he holdeth his peace is counted wise; *and* he that shutteth his lips *is esteemed* a man of understanding.

CHAP. XVIII.

THROUGH *β* desire a man, having separated himself, seeketh *and* intermeddleth with all wisdom.

2 A fool hath no delight in understanding, but that his heart may discover itself.

3 When the wicked cometh, *then* cometh also contempt, & with ignominy reproach.

4 The words of a man's mouth *are as* deep waters, *and b* the well-spring of wisdom *as* a flowing brook.

5 *It c is* not good to accept the person of the wicked, to overthrow the righteous in judgment.

6 A fool's lips enter into contention, and his mouth calleth for strokes.

7 A fool's mouth *is* his *a* destruction, and his lips *are* the snare of his soul.

8 The words of a *β* tale-bearer *γ are* as wounds, *d* and they go down into the *ζ* innermost parts of the belly.

9 He also that is slothful in his work is brother to him that is a great waster.

10 The name of the LORD *is* a strong tower; *f* the righteous runneth into it, and is *λ* safe.

11 The rich man's wealth *is* his strong city, and as an high wall in his own conceit.

12 Before destruction the heart of man is haughty, and before *g* honour *is* humility.

13 He that *π* answereth a matter *i* before he heareth *it*, it *is* folly and shame unto him.

14 The spirit of a man will sustain his infirmity: but a wounded *k* spirit who can bear?

15 The heart of the prudent *m* getteth knowledge; and the ear of the wise seeketh knowledge.

16 A man's gift maketh room for him, and bringeth him before great men.

17 *He that is* first in his own cause *seemeth* just; but his neighbour cometh and searcheth him.

18 The lot causeth contentions to cease, and parteth between the mighty.

19 A brother *q* offended *is harder to be won* than a strong city; and *their* contentions *are* like the bars of a castle.

20 A man's belly shall be satisfied with the fruit of his mouth; *and* with the increase of his lips shall he be filled.

21 Death and life *are* in the power of the tongue; *z* and they that love it shall eat the fruit *u* thereof.

22 *Whoso v* findeth a wife findeth a good thing, and obtaineth favour of the LORD.

23 The poor useth intreaties; but the rich answereth roughly.

24 A man *that hath* friends must shew himself friendly: and there is a friend *that* sticketh closer than a brother.

CHAP. XIX.

BETTER *x is* the poor that walketh in his integrity, than *he that is* perverse in his lips, and is a fool.

2 Also, *that* the soul be without knowledge, *it is* not good; and he that hasteth with *his* feet sinneth.

3 The foolishness of man perverteth his way: & his heart fretteth against the LORD.

4 Wealth maketh many friends: but the poor is separated from his neighbour.

5 A false witness shall not be *φ* unpunished; & *he that* speaketh lies shall not escape.

6 Many will intreat the favour of the prince; and every man *is* a friend to *ψ* him that giveth gifts.

7 All the brethren of the poor do hate him; how much more do his friends go far from him? he pursueth *them with* words, *yet* they are wanting to him.

8 He *d* that getteth *γ* wisdom loveth his own soul: he that keepeth understanding shall find good.

9 A false witness shall not be unpunished; and *he that* speaketh lies shall perish.

10 Delight is not seemly for a fool; much less for a servant to have rule over princes.

11 The *δ* discretion of a man deferreth his anger; and *d it is* his glory to pass over a transgression.

12 The king's wrath *is* as the roaring of

B. C. 1000.

a Ec. 10. 12.
b ch. 14. 31.
c Job 31. 29. Ob. 11.-16.
β or, *whisperer.*
γ or, *like as when men are wounded.*
δ *held innocent.*
d ch. 12. 18.
e Ps. 127. 5.
ζ *chambers.*
η *a lip of excellency.*
θ *a lip of lying.*
κ *stone of grace.*
f Ps. 18. 2.
λ *set aloft.*
μ or, *procureth.*
g Lu. 14. 11.
h ch. 15. 5.
v or, *aweth more a wise man, than to strike a fool an hundred times.*
π *returneth a word.*
i Jn°. 7. 51.
k Ps. 147. 3.
l Ho. 13. 8.
m ch. 15. 14.
n Ps.55.12..15.
o ch. 20. 3.
p Ex. 23. 7. Is.5.23,24.
q Ge. 27. 41.
r ch. 18. 24.
ρ *heart.*
s Mat. 12. 37.
t Ja. 3. 16.
u Is. 57. 19.
v ch. 19. 14.
ω *The froward of heart.*
τ or, *to.*
w ch. 18. 14.
x ch. 28. 6.
y Ec. 2. 14.
φ *held innocent.*
z Ja. 1. 19.
χ or, *a cool.*
ψ *a man of gifts.*
β or,*He that separateth himself, seeketh according to his desire,* and *intermeddleth in every business.*
a ch.2.10..12.
γ *an heart.*
b ch. 10. 11.
δ or, *prudence.*
c Le. 19. 15. De. 16. 19.
d ch. 16. 32.

12 ... וּכְטַל עַל־עֵשֶׂב רְצוֹנוֹ׃

13 הַוֹּת לְאָבִיו בֵּן כְּסִיל וְדֶלֶף טֹרֵד מִדְיְנֵי אִשָּׁה׃

14 בַּיִת וָהוֹן נַחֲלַת אָבוֹת וּמֵיְהוָה אִשָּׁה מַשְׂכָּלֶת׃

15 עַצְלָה תַּפִּיל תַּרְדֵּמָה וְנֶפֶשׁ רְמִיָּה תִרְעָב׃

16 שֹׁמֵר מִצְוָה שֹׁמֵר נַפְשׁוֹ בּוֹזֵה דְרָכָיו יָמוּת׃

17 מַלְוֵה יְהוָה חוֹנֵן דָּל וּגְמֻלוֹ יְשַׁלֶּם־לוֹ׃

18 יַסֵּר בִּנְךָ כִּי־יֵשׁ תִּקְוָה וְאֶל־הֲמִיתוֹ אַל־תִּשָּׂא נַפְשֶׁךָ׃

19 גְּדָל־חֵמָה נֹשֵׂא עֹנֶשׁ כִּי אִם־תַּצִּיל וְעוֹד תּוֹסִף׃

20 שְׁמַע עֵצָה וְקַבֵּל מוּסָר לְמַעַן תֶּחְכַּם בְּאַחֲרִיתֶךָ׃

21 רַבּוֹת מַחֲשָׁבוֹת בְּלֶב־אִישׁ וַעֲצַת יְהוָה הִיא תָקוּם׃

22 תַּאֲוַת אָדָם חַסְדּוֹ וְטוֹב־רָשׁ מֵאִישׁ כָּזָב׃

23 יִרְאַת יְהוָה לְחַיִּים וְשָׂבֵעַ יָלִין בַּל־יִפָּקֶד רָע׃

24 טָמַן עָצֵל יָדוֹ בַּצַּלָּחַת גַּם־אֶל־פִּיהוּ לֹא יְשִׁיבֶנָּה׃

25 לֵץ תַּכֶּה וּפֶתִי יַעְרִם וְהוֹכִיחַ לְנָבוֹן יָבִין דָּעַת׃

26 מְשַׁדֶּד־אָב יַבְרִיחַ אֵם בֵּן מֵבִישׁ וּמַחְפִּיר׃

27 חֲדַל־בְּנִי לִשְׁמֹעַ מוּסָר לִשְׁגוֹת מֵאִמְרֵי־דָעַת׃

28 עֵד בְּלִיַּעַל יָלִיץ מִשְׁפָּט וּפִי רְשָׁעִים יְבַלַּע־אָוֶן׃

29 נָכוֹנוּ לַלֵּצִים שְׁפָטִים וּמַהֲלֻמוֹת לְגֵו כְּסִילִים׃

CAP. XX. כ

1 לֵץ הַיַּיִן הֹמֶה שֵׁכָר וְכָל־שֹׁגֶה בּוֹ לֹא יֶחְכָּם׃

2 נַהַם כַּכְּפִיר אֵימַת מֶלֶךְ מִתְעַבְּרוֹ חוֹטֵא נַפְשׁוֹ׃

3 כָּבוֹד לָאִישׁ שֶׁבֶת מֵרִיב וְכָל־אֱוִיל יִתְגַּלָּע׃

4 מֵחֹרֶף עָצֵל לֹא־יַחֲרֹשׁ וְשָׁאַל בַּקָּצִיר וָאָיִן׃

5 מַיִם עֲמֻקִּים עֵצָה בְלֶב־אִישׁ וְאִישׁ תְּבוּנָה יִדְלֶנָּה׃

6 רָב־אָדָם יִקְרָא אִישׁ חַסְדּוֹ וְאִישׁ אֱמוּנִים מִי יִמְצָא׃

7 מִתְהַלֵּךְ בְּתֻמּוֹ צַדִּיק אַשְׁרֵי בָנָיו אַחֲרָיו׃

8 מֶלֶךְ יוֹשֵׁב עַל־כִּסֵּא־דִין מְזָרֶה בְעֵינָיו כָּל־רָע׃

9 מִי־יֹאמַר זִכִּיתִי לִבִּי טָהַרְתִּי מֵחַטָּאתִי׃

10 אֶבֶן וָאֶבֶן אֵיפָה וְאֵיפָה תּוֹעֲבַת יְהוָה גַּם־שְׁנֵיהֶם׃

11 גַּם בְּמַעֲלָלָיו יִתְנַכֶּר־נָעַר אִם־זַךְ וְאִם־יָשָׁר פָּעֳלוֹ׃

12 אֹזֶן שֹׁמַעַת וְעַיִן רֹאָה יְהוָה עָשָׂה גַּם־שְׁנֵיהֶם׃

13 אַל־תֶּאֱהַב שֵׁנָה פֶּן־תִּוָּרֵשׁ פְּקַח עֵינֶיךָ שְׂבַע־לָחֶם׃

14 רַע רַע יֹאמַר הַקּוֹנֶה וְאֹזֵל לוֹ אָז יִתְהַלָּל׃

15 יֵשׁ זָהָב וְרָב־פְּנִינִים וּכְלִי יְקָר שִׂפְתֵי־דָעַת׃

16 לְקַח־בִּגְדוֹ כִּי־עָרַב זָר וּבְעַד נָכְרִים חַבְלֵהוּ׃

17 עָרֵב לָאִישׁ לֶחֶם שָׁקֶר וְאַחַר יִמָּלֵא־פִיהוּ חָצָץ׃

18 מַחֲשָׁבוֹת בְּעֵצָה תִכּוֹן וּבְתַחְבֻּלוֹת עֲשֵׂה מִלְחָמָה׃

19 גּוֹלֶה־סּוֹד הוֹלֵךְ רָכִיל וּלְפֹתֶה שְׂפָתָיו לֹא תִתְעָרָב׃

20 מְקַלֵּל אָבִיו וְאִמּוֹ יִדְעַךְ נֵרוֹ בֶּאֱשׁוּן חֹשֶׁךְ׃

21 נַחֲלָה מְבֹהֶלֶת בָּרִאשֹׁנָה וְאַחֲרִיתָהּ לֹא תְבֹרָךְ׃

22 אַל־תֹּאמַר אֲשַׁלְּמָה־רָע קַוֵּה לַיהוָה וְיֹשַׁע לָךְ׃

23 תּוֹעֲבַת יְהוָה אֶבֶן וָאָבֶן וּמֹאזְנֵי מִרְמָה לֹא־טוֹב׃

24 מֵיְהוָה מִצְעֲדֵי־גָבֶר וְאָדָם מַה־יָּבִין דַּרְכּוֹ׃

25 מוֹקֵשׁ אָדָם יָלַע קֹדֶשׁ וְאַחַר נְדָרִים לְבַקֵּר׃

26 מְזָרֶה רְשָׁעִים מֶלֶךְ חָכָם וַיָּשֶׁב עֲלֵיהֶם אוֹפָן׃

27 נֵר יְהוָה נִשְׁמַת אָדָם חֹפֵשׂ כָּל־חַדְרֵי־בָטֶן׃

28 חֶסֶד וֶאֱמֶת יִצְּרוּ־מֶלֶךְ וְסָעַד בַּחֶסֶד כִּסְאוֹ׃

29 תִּפְאֶרֶת בַּחוּרִים כֹּחָם וַהֲדַר זְקֵנִים שֵׂיבָה׃

30 חַבֻּרוֹת פֶּצַע תַּמְרִיק בְּרָע וּמַכּוֹת חַדְרֵי־בָטֶן׃

CAP. XXI. כא

1 פַּלְגֵי־מַיִם לֶב־מֶלֶךְ בְּיַד־יְהוָה עַל־כָּל־אֲשֶׁר יַחְפֹּץ יַטֶּנּוּ׃

2 כָּל־דֶּרֶךְ־אִישׁ יָשָׁר בְּעֵינָיו וְתֹכֵן לִבּוֹת יְהוָה׃

3 עֲשֹׂה צְדָקָה וּמִשְׁפָּט נִבְחָר לַיהוָה מִזָּבַח׃

4 רוּם־עֵינַיִם וּרְחַב־לֵב נִר רְשָׁעִים חַטָּאת׃

5 מַחְשְׁבוֹת חָרוּץ אַךְ־לְמוֹתָר וְכָל־אָץ אַךְ־לְמַחְסוֹר׃

6 פֹּעַל אוֹצָרוֹת בִּלְשׁוֹן שָׁקֶר הֶבֶל נִדָּף מְבַקְשֵׁי־מָוֶת׃

7 שֹׁד־רְשָׁעִים יְגוֹרֵם כִּי מֵאֲנוּ לַעֲשׂוֹת מִשְׁפָּט׃

8 הֲפַכְפַּךְ דֶּרֶךְ אִישׁ וָזָר וְזַךְ יָשָׁר פָּעֳלוֹ׃

9 טוֹב לָשֶׁבֶת עַל־פִּנַּת־גָּג מֵאֵשֶׁת מִדְיָנִים וּבֵית חָבֶר׃

10 נֶפֶשׁ רָשָׁע אִוְּתָה־רָע לֹא־יֻחַן בְּעֵינָיו רֵעֵהוּ׃

11 בַּעֲנָשׁ־לֵץ יֶחְכַּם־פֶּתִי וּבְהַשְׂכִּיל לְחָכָם יִקַּח־דָּעַת׃

a lion: but his favour *is* as dew^a upon the grass.

13 A foolish son *is* the calamity of his father; and^c the contentions of a wife *are* a continual dropping.

14 House^d and riches *are* the inheritance of fathers; and a prudent wife^e *is* from the LORD.

15 Slothfulness casteth into a deep sleep; and an idle*f* soul shall suffer hunger.

16 He^h that keepeth the commandment keepeth his own soul; *but* he that despiseth his ways shall die.

17 Heⁱ that hath pity upon the poor lendeth unto the LORD; and γ that which he hath given will he pay him again.

18 Chasten^k thy son while there is hope, and let not thy soul spare δ for his crying.

19 A man of great wrath shall suffer punishment: for if thou deliver *him*, yet thou must ζ do it again.

20 Hear counsel, and receive instruction, that^m thou mayest be wise in thy latter end.

21 There are many devices in a man's heart; nevertheless,ⁿ the counsel of the LORD, that shall stand.

22 The desire of a man *is* his kindness: and a poor man *is* better than a liar.

23 The^o fear of the LORD *tendeth* to life; and *he that hath it* shall abide satisfied; he shall not be visited with evil.

24 A slothful *man* hideth his hand in *his* bosom, and will not so much as bring it to his mouth again.

25 Smite a scorner,& the simple will λ beware; and reprove one that hath understanding, *&* he will understand knowledge.

26 He that wasteth *his* father, *and* chaseth away *his* mother, *is* a son that causeth shame, and bringeth reproach.

27 Cease, my son, to hear the instruction *that causeth* to err from the words of knowledge.

28 *v* An ungodly witness scorneth judgment; and^q the mouth of the wicked devoureth iniquity.

29 Judgments are prepared for^r scorners, and stripes for the backs of fools.

CHAP. XX.

WINE^s *is* a mocker, strong drink *is* raging; and whosoever is deceived thereby is not wise.

2 The fear of a king *is* as the roaring of a lion: *whoso* provoketh him to anger sinneth *against* his own soul.

3 *It is* an honour^u for a man to cease from strife: but every fool will be meddling.

4 The sluggard will not plow by reason of the ρ cold; *therefore*^v shall he beg in harvest, and *have* nothing.

5 Counsel in the heart of man *is* like deep water: but a man of understanding will draw it out.

6 Most men will proclaim^x every one his own φ goodness: but*y* a faithful man who can find?

7 The just *man* walketh in his integrity; his children *are* blessed after him.

8 A king that sitteth in the throne of judgment scattereth^a away all evil with his eyes.

9 Who^b can say, I have made my heart clean, I am pure from my sin?

10 ψ Divers^c weights, *and* β divers measures, both of them *are* alike abomination to the LORD.

11 Even a child is known by his doings, whether his work *be* pure, and whether *it be* right.

12 The^d hearing ear, and the seeing eye,

B. C. 1000.

a Ho. 14. 5.
b Ro. 12. 11.
c ch. 27. 15.
d 2Co. 12. 14.
e ch. 18. 22.
f 2 Th. 3. 10.
g ch. 8. 19.
h Lu. 10. 28.
i Ec. 11. 1.
2Co. 9. 6..9.
β *lying,* or, *falsehood.*
γ *or,his deed.*
k ch.23.13,14.
δ *or,to hide-struction, or,to cause him to die.*
l ch. 24. 6.
Lu. 14. 31.
ζ *add.*
η *or,enticeth*
m De. 32. 29.
Ps.90.12,14.
θ *or, candle.*
n ch. 16. 1, 9.
21. 30.
Job 23. 13.
Ps.33.10,11.
Is.14,26,27.
46. 10.
Ac. 5. 39.
o 1 Ti. 4. 8.
κ *balances of deceit.*
p Je. 10. 23.
λ *be cunning.*
μ *or, lamp.*
ν *A witness of Belial.*
q Job 15. 16.
Ho. 4. 8.
r Is. 29. 20.
s Is. 28. 7.
Ho. 4. 11.
π *is a purging medicine against evil.*
t He. 12. 10.
u ch. 16. 32.
ρ *or, winter.*
v ch. 19. 15.
w 1 Sa. 15. 22.
σ *Haughtiness of eyes.*
τ *or, light.*
x Mat. 6. 2.
φ *or,bounty.*
y Lu.18,8,11.
z 2 Pe. 2. 3.
χ *saw,* or, *dwell with.*
a 2 Sa. 23. 4.
b 2 Ch. 6. 36.
1 Jnᵒ. 1. 8.
ψ *a stone and a stone.*
c De. 25. 13.
β *an ephah and an ephah.*
γ *woman of contentions.*
δ *an house of society.*
ζ *is not favoured.*
d Ps. 94. 9.

---

the LORD hath made even both of them.

13 Love^b not sleep, lest thou come to poverty; open thine eyes, *and* thou shalt be satisfied with bread.

14 *It is* naught, *it is* naught, saith the buyer: but when he is gone his way, then he boasteth.

15 There is gold, and a multitude of rubies: but^g the lips of knowledge *are* a precious jewel.

16 Take his garment that is surety *for* a stranger; and take a pledge of him for a strange woman.

17 Bread of β deceit *is* sweet to a man; but afterwards his mouth shall be filled with gravel.

18 *Every* purpose is established by counsel; and with*l* good advice make war.

19 He that goeth about *as* a tale-bearer revealeth secrets; therefore meddle not with him that η flattereth with his lips.

20 Whoso curseth his father or his mother, his θ lamp shall be put out in obscure darkness.

21 An inheritance *may be* gotten hastily at the beginning; but the end thereof shall not be blessed.

22 Say not thou, I will recompense evil: *but* wait on the LORD, and he shall save thee.

23 Divers weights *are* an abomination unto the LORD; and κ a false balance *is* not good.

24 Man's^p goings *are* of the LORD; how can a man then understand his own way?

25 *It is* a snare to the man *who* devoureth *that which is* holy, and after vows to make inquiry.

26 A wise king scattereth the wicked, and bringeth the wheel over them.

27 The spirit of man *is* the μ candle of the LORD, searching all the inward parts of the belly.

28 Mercy and truth preserve the king; and his throne is upholden by mercy.

29 The glory of young men *is* their strength; and the beauty of old men *is* the grey head.

30 The blueness of a wound π cleanseth away evil: so *do* stripes*t* the inward parts of the belly.

CHAP. XXI.

THE king's heart *is* in the hand of the LORD, *as* the rivers of water; he turneth it whithersoever he will.

2 Every way of a man *is* right in his own eyes: but the LORD pondereth the hearts.

3 To^w do justice and judgment *is* more acceptable to the LORD than sacrifice.

4 σ An high look, and a proud heart, *and* the τ plowing of the wicked, *is* sin.

5 The thoughts of the diligent *tend* only to plenteousness; but of every one *that is* hasty, only to want.

6 The^s getting of treasures by a lying tongue *is* a vanity tossed to and fro of them that seek death.

7 The robbery of the wicked shall χ destroy them; because they refuse to do judgment.

8 The way of man *is* froward and strange: but *as for* the pure, his work *is* right.

9 *It is* better to dwell in a corner of the house-top, than with a γ brawling woman in δ a wide house.

10 The soul of ye wicked desireth evil: his neighbour ζ findeth no favour in his eyes.

11 When the scorner is punished, the simple is made wise: and when the wise

---

416

12 מַשְׂכִּיל צַדִּיק לְבֵית רָשָׁע מְסַלֵּף רְשָׁעִים לָרָע׃
13 אֹטֵם אָזְנוֹ מִזַּעֲקַת־דָּל גַּם־הוּא יִקְרָא וְלֹא יֵעָנֶה׃
14 מַתָּן בַּסֵּתֶר יִכְפֶּה־אָף וְשֹׁחַד בַּחֵק חֵמָה עַזָּה׃
15 שִׂמְחָה לַצַּדִּיק עֲשׂוֹת מִשְׁפָּט וּמְחִתָּה לְפֹעֲלֵי אָוֶן׃
16 אָדָם תּוֹעֶה מִדֶּרֶךְ הַשְׂכֵּל בִּקְהַל רְפָאִים יָנוּחַ׃
17 אִישׁ מַחְסוֹר אֹהֵב שִׂמְחָה אֹהֵב יַיִן־וָשֶׁמֶן לֹא יַעֲשִׁיר׃
18 כֹּפֶר לַצַּדִּיק רָשָׁע וְתַחַת יְשָׁרִים בּוֹגֵד׃
19 טוֹב שֶׁבֶת בְּאֶרֶץ־מִדְבָּר מֵאֵשֶׁת מִדְיָנִים וָכָעַס׃
20 אוֹצָר נֶחְמָד וָשֶׁמֶן בִּנְוֵה חָכָם וּכְסִיל אָדָם יְבַלְּעֶנּוּ׃
21 רֹדֵף צְדָקָה וָחָסֶד יִמְצָא חַיִּים צְדָקָה וְכָבוֹד׃
22 עִיר גִּבֹּרִים עָלָה חָכָם וַיֹּרֶד עֹז מִבְטֶחָה׃
23 שֹׁמֵר פִּיו וּלְשׁוֹנוֹ שֹׁמֵר מִצָּרוֹת נַפְשׁוֹ׃
24 זֵד יָהִיר לֵץ שְׁמוֹ עוֹשֶׂה בְּעֶבְרַת זָדוֹן׃
25 תַּאֲוַת עָצֵל תְּמִיתֶנּוּ כִּי־מֵאֲנוּ יָדָיו לַעֲשׂוֹת׃
26 כָּל־הַיּוֹם הִתְאַוָּה תַאֲוָה וְצַדִּיק יִתֵּן וְלֹא יַחְשֹׂךְ׃
27 זֶבַח רְשָׁעִים תּוֹעֵבָה אַף כִּי־בְזִמָּה יְבִיאֶנּוּ׃
28 עֵד־כְּזָבִים יֹאבֵד וְאִישׁ שׁוֹמֵעַ לָנֶצַח יְדַבֵּר׃
29 הֵעֵז אִישׁ רָשָׁע בְּפָנָיו וְיָשָׁר הוּא יָבִין דַּרְכּוֹ׃
30 אֵין חָכְמָה וְאֵין תְּבוּנָה וְאֵין עֵצָה לְנֶגֶד יְהוָה׃
31 סוּס מוּכָן לְיוֹם מִלְחָמָה וְלַיהוָה הַתְּשׁוּעָה׃

CAP. XXII.   כב

1 נִבְחָר שֵׁם מֵעֹשֶׁר רָב מִכֶּסֶף וּמִזָּהָב חֵן טוֹב׃
2 עָשִׁיר וָרָשׁ נִפְגָּשׁוּ עֹשֵׂה כֻלָּם יְהוָה׃
3 עָרוּם רָאָה רָעָה וְיִסָּתֵר וּפְתָיִים עָבְרוּ וְנֶעֱנָשׁוּ׃
4 עֵקֶב עֲנָוָה יִרְאַת יְהוָה עֹשֶׁר וְכָבוֹד וְחַיִּים׃
5 צִנִּים פַּחִים בְּדֶרֶךְ עִקֵּשׁ שׁוֹמֵר נַפְשׁוֹ יִרְחַק מֵהֶם׃
6 חֲנֹךְ לַנַּעַר עַל־פִּי דַרְכּוֹ גַּם כִּי־יַזְקִין לֹא־יָסוּר מִמֶּנָּה׃
7 עָשִׁיר בְּרָשִׁים יִמְשׁוֹל וְעֶבֶד לֹוֶה לְאִישׁ מַלְוֶה׃
8 זוֹרֵעַ עַוְלָה יִקְצָור־אָוֶן וְשֵׁבֶט עֶבְרָתוֹ יִכְלֶה׃
9 טוֹב־עַיִן הוּא יְבֹרָךְ כִּי־נָתַן מִלַּחְמוֹ לַדָּל׃
10 גָּרֵשׁ לֵץ וְיֵצֵא מָדוֹן וְיִשְׁבֹּת דִּין וְקָלוֹן׃
11 אֹהֵב טְהָור־לֵב חֵן שְׂפָתָיו רֵעֵהוּ מֶלֶךְ׃

12 עֵינֵי יְהוָה נָצְרוּ דָעַת וַיְסַלֵּף דִּבְרֵי בֹגֵד׃
13 אָמַר עָצֵל אֲרִי בַחוּץ בְּתוֹךְ רְחֹבוֹת אֵרָצֵחַ׃
14 שׁוּחָה עֲמֻקָּה פִּי זָרוֹת זְעוּם יְהוָה יִפֹּל־שָׁם׃
15 אִוֶּלֶת קְשׁוּרָה בְלֶב־נָעַר שֵׁבֶט מוּסָר יַרְחִיקֶנָּה מִמֶּנּוּ׃
16 עֹשֵׁק דָּל לְהַרְבּוֹת לוֹ נֹתֵן לְעָשִׁיר אַךְ־לְמַחְסוֹר׃
17 הַט אָזְנְךָ וּשְׁמַע דִּבְרֵי חֲכָמִים וְלִבְּךָ תָּשִׁית לְדַעְתִּי׃
18 כִּי־נָעִים כִּי־תִשְׁמְרֵם בְּבִטְנֶךָ יִכֹּנוּ יַחְדָּו עַל־שְׂפָתֶיךָ׃
19 לִהְיוֹת בַּיהוָה מִבְטַחֶךָ הוֹדַעְתִּיךָ הַיּוֹם אַף־אָתָּה׃
20 הֲלֹא כָתַבְתִּי לְךָ שָׁלִישִׁים בְּמֹעֵצוֹת וָדָעַת׃
21 לְהוֹדִיעֲךָ קֹשְׁטְ אִמְרֵי אֱמֶת לְהָשִׁיב אֲמָרִים אֱמֶת לְשֹׁלְחֶיךָ׃
22 אַל־תִּגְזָל־דָּל כִּי דַל־הוּא וְאַל־תְּדַכֵּא עָנִי בַשָּׁעַר׃
23 כִּי־יְהוָה יָרִיב רִיבָם וְקָבַע אֶת־קֹבְעֵיהֶם נָפֶשׁ׃
24 אַל־תִּתְרַע אֶת־בַּעַל אָף וְאֶת־אִישׁ חֵמוֹת לֹא תָבוֹא׃
25 פֶּן־תֶּאֱלַף אֹרְחֹתָו וְלָקַחְתָּ מוֹקֵשׁ לְנַפְשֶׁךָ׃
26 אַל־תְּהִי בְתֹקְעֵי־כָף בַּעֹרְבִים מַשָּׁאוֹת׃
27 אִם־אֵין־לְךָ לְשַׁלֵּם לָמָּה יִקַּח מִשְׁכָּבְךָ מִתַּחְתֶּיךָ׃
28 אַל־תַּסֵּג גְּבוּל עוֹלָם אֲשֶׁר עָשׂוּ אֲבוֹתֶיךָ׃
29 חָזִיתָ אִישׁ מָהִיר בִּמְלַאכְתּוֹ לִפְנֵי־מְלָכִים יִתְיַצָּב בַּל־יִתְיַצֵּב לִפְנֵי חֲשֻׁכִּים׃

CAP. XXIII.   כג

1 כִּי־תֵשֵׁב לִלְחוֹם אֶת־מוֹשֵׁל בִּין תָּבִין אֶת־אֲשֶׁר לְפָנֶיךָ׃
2 וְשַׂמְתָּ שַׂכִּין בְּלֹעֶךָ אִם־בַּעַל נֶפֶשׁ אָתָּה׃
3 אַל־תִּתְאָו לְמַטְעַמֹּתָיו וְהוּא לֶחֶם כְּזָבִים׃
4 אַל־תִּיגַע לְהַעֲשִׁיר מִבִּינָתְךָ חֲדָל׃
5 הֲתָעִיף עֵינֶיךָ בּוֹ וְאֵינֶנּוּ כִּי עָשֹׂה יַעֲשֶׂה־לּוֹ כְנָפַיִם כְּנֶשֶׁר יָעִיף הַשָּׁמָיִם׃
6 אַל־תִּלְחַם אֶת־לֶחֶם רַע עָיִן וְאַל־תִּתְאָו לְמַטְעַמֹּתָיו׃
7 כִּי כְּמוֹ־שָׁעַר בְּנַפְשׁוֹ כֶּן־הוּא אֱכֹל וּשְׁתֵה יֹאמַר לָךְ וְלִבּוֹ בַּל־עִמָּךְ׃
8 פִּתְּךָ־אָכַלְתָּ תְקִיאֶנָּה וְשִׁחַתָּ דְּבָרֶיךָ הַנְּעִימִים׃
9 בְּאָזְנֵי כְסִיל אַל־תְּדַבֵּר כִּי־יָבוּז לְשֵׂכֶל מִלֶּיךָ׃
10 אַל־תַּסֵּג גְּבוּל עוֹלָם וּבִשְׂדֵי יְתוֹמִים אַל־תָּבֹא׃
11 כִּי־גֹאֲלָם חָזָק הוּא־יָרִיב אֶת־רִיבָם אִתָּךְ׃
12 הָבִיאָה לַמּוּסָר לִבֶּךָ וְאָזְנֶךָ לְאִמְרֵי־דָעַת׃
13 אַל־תִּמְנַע מִנַּעַר מוּסָר כִּי־

is instructed, he receiveth knowledge.

12 The righteous *man* wisely[b] considereth the house of the wicked : *but* God overthroweth the wicked for *their* wickedness.

13 Whoso[d] stoppeth his ears at the cry of the poor, he also shall cry himself, but shall not be heard.

14 A gift in secret pacifieth anger, and a reward in the bosom strong wrath.

15 *It is* joy to the just to do judgment : but[f] destruction *shall be* to the workers of iniquity.

16 The man[g] that wandereth out of the way of understanding shall remain in the congregation of the dead.

17 He that loveth γ pleasure *shall be* a poor man ; he that loveth wine and oil shall not be rich.

18 The wicked[k] *shall be* a ransom for the righteous,& y[e] transgressor for the upright.

19 *It is* better to dwell in the δ wilderness, than with a contentious and an angry woman.

20 *There is* treasure[l] to be desired, and oil [m] in the dwelling of the wise : but a foolish man spendeth it up.

21 He[n] that followeth after righteousness and mercy, findeth life, righteousness, and honour.

22 A wise *man* scaleth[o] the city of the mighty, and casteth down the strength of the confidence thereof.

23 Whoso keepeth his mouth and his tongue, keepeth his soul from troubles.

24 Proud *and* haughty scorner *is* his name, who dealeth in κ proud wrath.

25 The desire of the slothful killeth him ; for his hands refuse to labour.

26 He coveteth greedily all the day long : but the righteous giveth and spareth not.

27 The sacrifice[r] of the wicked *is* abomination : how much more, *when* he bringeth it λ with a wicked mind ?

28 A μ false witness shall perish : but the man that heareth speaketh constantly.

29 A wicked man hardeneth his face : but *as for* the upright, he π directeth his way.

30 *There* is no wisdom, nor understanding, nor counsel, against the LORD.

31 The horse *is* prepared against the day of battle : but σ safety *is* of the LORD.

CHAP. XXII.

A GOOD name *is* rather to be chosen than great riches, *and* τ loving favour rather than silver and gold.

2 The[u] rich and poor meet together : the LORD *is* the maker of them all.

3 A prudent *man* foreseeth the evil, and hideth himself : but the simple pass on, and are punished.

4 χ By humility *and* the fear of the LORD *are* riches, and honour, and life.

5 Thorns *and* snares[x] *are* in the way of the froward : he that doth keep his soul shall be far from them.

6 ψ Train[y] up a child in β the way he should go ; and when he is old, he will not depart from it.

7 The rich ruleth over the poor, and the borrower *is* servant to the γ lender.

8 He[g] that soweth iniquity shall reap vanity ; and δ the rod of his anger shall fail.

9 η He that hath a bountiful eye[b] shall be blessed ; for he giveth of his bread to the poor.

10 Cast out the scorner, and contention shall go out ; yea, strife and reproach shall cease.

11 He that loveth pureness of heart, θ for

B. C. 1000.

a Mat. 5. 8.
b Ps. 107. 43.
c Is.59.19..21.
β or,*matters.*
d Mat. 18.33, 34.
25.41..46.
Ja. 2. 13.
e Ec. 7. 26.
f Mat. 7. 23.
g ch. 13. 20.
γ or, *sport.*
h Mi. 2. 2..5.
i ch. 2. 2,&c.
Ps. 90. 12.
k ch. 11. 8.
Is. 43. 3, 4.
δ *land of the desert.*
ζ *in thy belly.*
l Lu. 6. 45.
m Mat.25.3,4.
η or, trust *thou also.*
n Ro. 2. 7.
o Ec.9.14..16.
p 1 Pe. 3. 15.
θ or, *those that send thee.*
q Mal. 3. 5.
κ *the wrath of pride.*
r Is. 1. 11..15.
λ *in wickedness?*
μ *witness of lies.*
ν or, *bound.*
s ch. 12. 24.
π or, *considereth,*
Ps. 119. 59.
ρ *obscure.*
t Is. 8. 9, 10.
Ac. 5. 39.
σ or,*victory.*
τ or, *favour is better.*
u 1Co.12. 22, &c.
v 1Ti.6. 9,10.
w ch. 26. 12.
φ *cause thine eyes to fly.*
χ or. *the reward of humility.*
x Job 18. 8.
ψ or, *catechise.*
y Ep. 6. 4.
β *his.*
γ *man that lendeth.*
δ Job 4. 8.
δ or,*with the rod of his anger he shall be consumed.*
a ch. 22. 28.
ζ or, *bound.*
η *good of eye.*
b 2 Co. 9. 6.
c ch. 22. 17.
θ or,*and hath grace in his lips.*

the grace of his lips the king[a] *shall be* his friend.

12 The eyes of the LORD preserve knowledge ;[c] and he overthroweth the β words of the transgressor.

13 The slothful *man* saith, *There is* a lion without, I shall be slain in the streets.

14 The mouth of strange women *is* a deep pit : he[e] that is abhorred of the LORD shall fall therein.

15 Foolishness *is* bound in the heart of a child ; *but* the rod of correction shall drive it far from him.

16 He[h] that oppresseth the poor to increase his *riches, and* he that giveth to the rich, *shall* surely *come* to want.

17 Bow down thine ear, and hear the words of the wise, and apply[i] thine heart unto my knowledge.

18 For *it is* a pleasant thing if thou keep them ζ within thee ; they shall withal be fitted in thy lips.

19 That thy trust may be in the LORD, I have made known to thee this day, η even to thee.

20 Have not I written to thee excellent things in counsels and knowledge,

21 That I might make thee know the certainty of the words of truth, that thou mightest answer[p] the words of truth to θ them that send unto thee ?

22 Rob not the poor, because he *is* poor ; neither oppress the afflicted in the gate ;

23 For[q] the LORD will plead their cause, & spoil the soul of those that spoiled them.

24 Make no friendship with an angry man, and with a furious man thou shalt not go ;

25 Lest thou learn his ways, and get a snare to thy soul.

26 Be not thou *one* of them that strike hands,*or* of them that are sureties for debts

27 If thou hast nothing to pay,why should he take away thy bed from under thee ?

28 Remove not the ancient ν landmark, which thy fathers have set.

29 Seest thou a man diligent[s] in his business ? he shall stand before kings ; he shall not stand before ρ mean *men.*

CHAP. XXIII.

WHEN thou sittest to eat with a ruler, consider diligently what *is* before thee ;

2 And put a knife to thy throat, if thou *be* a man given to appetite.

3 Be not desirous of his dainties ; for they *are* deceitful meat.

4 Labour[v] not to be rich ; cease from thine own[w] wisdom.

5 Wilt thou φ set thine eyes upon that which is not ? for *riches* certainly make themselves wings ; they fly away, as an eagle toward heaven.

6 Eat thou not the bread of *him that* hath an evil eye, neither desire thou his dainty meats :

7 For as he thinketh in his heart, so *is* he : Eat and drink, saith he to thee ; but his heart *is* not with thee.

8 The morsel *which* thou hast eaten shalt thou vomit up, and lose thy sweet words.

9 Speak not in the ears of a fool ; for he will despise the wisdom of thy words.

10 Remove[a] not the old ζ landmark ; and enter not into the fields of the fatherless :

11 For their Redeemer *is* mighty ; he shall plead their cause with thee.

12 Apply thine heart[c] unto instruction, and thine ears to the words of knowledge.

13 Withhold not correction from the child : for *if* thou beatest him with the

14 ‏בַשֵּׁבֶט לֹא יָמוּת ׃ אַתָּה בַּשֵּׁבֶט תַּכֶּ־
‏נּוּ וְנַפְשׁוֹ מִשְּׁאוֹל תַּצִּיל ׃
15 ‏בְּנִי אִם־חָכַם לִבֶּךָ יִשְׂמַח לִבִּי גַם־אָנִי ׃
16 ‏וְתַעְלֹזְנָה כִלְיוֹתָי בְּדַבֵּר שְׂפָתֶיךָ מֵישָׁרִים ׃
17 ‏אַל־יְקַנֵּא לִבְּךָ בַּחַטָּאִים כִּי אִם־בְּיִרְאַת־יְהוָה כָּל־הַיּוֹם ׃
18 ‏כִּי אִם־יֵשׁ אַחֲרִית וְתִקְוָתְךָ לֹא תִכָּרֵת ׃
19 ‏שְׁמַע־אַתָּה בְנִי וַחֲכָם וְאַשֵּׁר בַּדֶּרֶךְ לִבֶּךָ ׃
20 ‏אַל־תְּהִי בְסֹבְאֵי־יָיִן בְּזֹלֲלֵי בָשָׂר לָמוֹ ׃
21 ‏כִּי־סֹבֵא וְזוֹלֵל יִוָּרֵשׁ וּקְרָעִים תַּלְבִּישׁ נוּמָה ׃
22 ‏שְׁמַע לְאָבִיךָ זֶה יְלָדֶךָ וְאַל־תָּבוּז כִּי־זָקְנָה אִמֶּךָ ׃
23 ‏אֱמֶת קְנֵה וְאַל־תִּמְכֹּר חָכְמָה וּמוּסָר וּבִינָה ׃
24 ‏גִּיל יָגִיל אֲבִי צַדִּיק יוֹלֵד חָכָם וְיִשְׂמַח־בּוֹ ׃
25 ‏יִשְׂמַח־אָבִיךָ וְאִמֶּךָ וְתָגֵל יוֹלַדְתֶּךָ ׃
26 ‏תְּנָה־בְנִי לִבְּךָ לִי וְעֵינֶיךָ דְּרָכַי תִּצֹּרְנָה ׃
27 ‏כִּי־שׁוּחָה עֲמֻקָּה זוֹנָה וּבְאֵר צָרָה נָכְרִיָּה ׃
28 ‏אַף־הִיא כְּחֶתֶף תֶּאֱרֹב וּבוֹגְדִים בְּאָדָם תּוֹסִף ׃
29 ‏לְמִי אוֹי לְמִי אֲבוֹי לְמִי מִדְיָנִים לְמִי שִׂיחַ לְמִי
‏פְּצָעִים חִנָּם לְמִי חַכְלִלוּת עֵינָיִם ׃
30 ‏לַמְאַחֲרִים עַל־הַיָּיִן לַבָּאִים לַחְקֹר מִמְסָךְ ׃
31 ‏אַל־תֵּרֶא יַיִן כִּי יִתְאַדָּם כִּי־יִתֵּן בַּכּוֹס [בכיס] עֵינוֹ יִתְהַלֵּךְ
‏בְּמֵישָׁרִים ׃
32 ‏אַחֲרִיתוֹ כְּנָחָשׁ יִשָּׁךְ וּכְצִפְעֹנִי יַפְרִשׁ ׃
33 ‏עֵינֶיךָ יִרְאוּ זָרוֹת וְלִבְּךָ יְדַבֵּר תַּהְפֻּכוֹת ׃
34 ‏וְהָיִיתָ כְּשֹׁכֵב בְּלֶב־יָם וּכְשֹׁכֵב בְּרֹאשׁ חִבֵּל ׃
35 ‏הִכּוּנִי בַל־חָלִיתִי הֲלָמוּנִי בַּל־
‏יָדָעְתִּי מָתַי אָקִיץ אוֹסִיף אֲבַקְשֶׁנּוּ עוֹד ׃

CAP. XXIV. כד

1 ‏אַל־תְּקַנֵּא בְּאַנְשֵׁי רָעָה וְאַל־תִּתְאָו לִהְיוֹת אִתָּם ׃
2 ‏כִּי־שֹׁד יֶהְגֶּה לִבָּם וְעָמָל שִׂפְתֵיהֶם תְּדַבֵּרְנָה ׃
3 ‏בְּחָכְמָה יִבָּנֶה בָּיִת וּבִתְבוּנָה יִתְכּוֹנָן ׃
4 ‏וּבְדַעַת חֲדָרִים יִמָּלְאוּ כָּל־הוֹן יָקָר וְנָעִים ׃
5 ‏גֶּבֶר־חָכָם בַּעוֹז וְאִישׁ־דַּעַת מְאַמֶּץ־כֹּחַ ׃
6 ‏כִּי בְתַחְבֻּלוֹת תַּעֲשֶׂה־לְּךָ מִלְחָמָה וּתְשׁוּעָה בְּרֹב יוֹעֵץ ׃
7 ‏רָאמוֹת לֶאֱוִיל חָכְמוֹת בַּשַּׁעַר לֹא יִפְתַּח־פִּיהוּ ׃
8 ‏מְחַשֵּׁב לְהָרֵעַ לוֹ בַּעַל־מְזִמּוֹת יִקְרָאוּ ׃
9 ‏זִמַּת

10 ‏אִוֶּלֶת חַטָּאת וְתוֹעֲבַת לְאָדָם לֵץ ׃ אִם־הִתְרַפִּיתָ
11 ‏בְּיוֹם צָרָה צַר כֹּחֶכָה ׃ הַצֵּל לְקֻחִים לַמָּוֶת
12 ‏וּמָטִים לַהֶרֶג אִם־תַּחְשׂוֹךְ ׃ כִּי־תֹאמַר הֵן לֹא־
‏יָדַעְנוּ זֶה הֲלֹא־תֹכֵן לִבּוֹת הוּא־יָבִין וְנֹצֵר
13 ‏נַפְשְׁךָ הוּא יֵדָע וְהֵשִׁיב לְאָדָם כְּפָעֳלוֹ ׃ אֱכָל־
‏בְּנִי דְבַשׁ כִּי־טוֹב וְנֹפֶת מָתוֹק עַל־חִכֶּךָ ׃ כֵּן
14 ‏דְּעֶה חָכְמָה לְנַפְשֶׁךָ אִם־מָצָאתָ וְיֵשׁ אַחֲרִית
‏וְתִקְוָתְךָ לֹא תִכָּרֵת ׃
15 ‏אַל־תֶּאֱרֹב רָשָׁע לִנְוֵה צַדִּיק אַל־תְּשַׁדֵּד רִבְצוֹ ׃
16 ‏כִּי שֶׁבַע יִפּוֹל צַדִּיק וָקָם וּרְשָׁעִים יִכָּשְׁלוּ בְרָעָה ׃
17 ‏בִּנְפֹל אוֹיִבְךָ אַל־תִּשְׂמָח וּבִכָּשְׁלוֹ אַל־יָגֵל לִבֶּךָ ׃
18 ‏פֶּן־יִרְאֶה יְהוָה וְרַע בְּעֵינָיו וְהֵשִׁיב מֵעָלָיו אַפּוֹ ׃
19 ‏אַל־תִּתְחַר בַּמְּרֵעִים אַל־תְּקַנֵּא בָּרְשָׁעִים ׃
20 ‏כִּי־לֹא־תִהְיֶה אַחֲרִית לָרָע נֵר רְשָׁעִים יִדְעָךְ ׃
21 ‏יְרָא־אֶת־יְהוָה בְּנִי וָמֶלֶךְ עִם־שׁוֹנִים אַל־תִּתְעָרָב ׃
22 ‏כִּי־פִתְאֹם יָקוּם אֵידָם וּפִיד שְׁנֵיהֶם מִי יוֹדֵעַ ׃
23 ‏גַּם־אֵלֶּה לַחֲכָמִים הַכֵּר־פָּנִים בְּמִשְׁפָּט בַּל־טוֹב ׃
24 ‏אֹמֵר לְרָשָׁע צַדִּיק אָתָּה יִקְּבֻהוּ עַמִּים יִזְעָמוּהוּ
‏לְאֻמִּים ׃
25 ‏וְלַמּוֹכִיחִים יִנְעָם וַעֲלֵיהֶם תָּבוֹא בִרְכַּת־
26 ‏טוֹב ׃ שְׂפָתַיִם יִשָּׁק מֵשִׁיב דְּבָרִים נְכֹחִים ׃
27 ‏הָכֵן בַּחוּץ מְלַאכְתֶּךָ וְעַתְּדָהּ בַּשָּׂדֶה לָךְ
28 ‏אַחַר וּבָנִיתָ בֵיתֶךָ ׃ אַל־תְּהִי עֵד־חִנָּם בְּרֵעֶךָ
29 ‏וַהֲפִתִּיתָ בִּשְׂפָתֶיךָ ׃ אַל־תֹּאמַר כַּאֲשֶׁר עָשָׂה־לִי
‏כֵּן אֶעֱשֶׂה־לּוֹ אָשִׁיב לָאִישׁ כְּפָעֳלוֹ ׃ עַל־שְׂדֵה
30 ‏אִישׁ־עָצֵל עָבַרְתִּי וְעַל־כֶּרֶם אָדָם חֲסַר־לֵב ׃
31 ‏וְהִנֵּה עָלָה כֻלּוֹ קִמְּשֹׂנִים כָּסּוּ פָנָיו חֲרֻלִּים
32 ‏וְגֶדֶר אֲבָנָיו נֶהֱרָסָה ׃ וָאֶחֱזֶה אָנֹכִי אָשִׁית לִבִּי
33 ‏רָאִיתִי לָקַחְתִּי מוּסָר ׃ מְעַט שֵׁנוֹת מְעַט
34 ‏תְּנוּמוֹת מְעַט חִבֻּק יָדַיִם לִשְׁכָּב ׃ וּבָא־מִתְהַלֵּךְ
‏רֵישֶׁךָ וּמַחְסֹרֶיךָ כְּאִישׁ מָגֵן ׃

CAP. XXV. הכ

1 ‏גַּם־אֵלֶּה מִשְׁלֵי שְׁלֹמֹה אֲשֶׁר הֶעְתִּיקוּ אַנְשֵׁי
2 ‏חִזְקִיָּה מֶלֶךְ־יְהוּדָה ׃ כְּבֹד אֱלֹהִים הַסְתֵּר דָּבָר
3 ‏וּכְבֹד מְלָכִים חֲקֹר דָּבָר ׃ שָׁמַיִם לָרוּם וָאָרֶץ

Iod, he shall not die.

14 Thou shalt beat him with the rod, and *b* shalt deliver his soul from hell.

15 My son, if *c* thine heart be wise, my heart shall rejoice, even *β* mine.

16 Yea, my reins shall rejoice, when thy lips speak right things.

17 Let *d* not thine heart envy sinners: but *be thou* in the fear of the LORD all the day long.

18 For surely there is an *γ* end , and thine expectation shall not be cut off.

19 Hear thou, my son, and be wise, and guide thine heart *δ* in the way.

20 Be *i* not among wine-bibbers; among riotous eaters of *ζ* flesh :

21 For the drunkard and the glutton shall come to poverty : and drowsiness shall clothe *a man* with rags.

22 Hearken *k* unto thy father that begat thee, and despise not thy mother when she is old.

23 Buy *n* the truth, and sell *it* not; *also* wisdom,*p* & instruction,& understanding.

24 The father*q* of the righteous shall greatly rejoice, and he that begetteth a wise *child* shall have joy of him.

25 Thy father and thy mother shall be glad, and she that bare thee shall rejoice.

26 My son, give me thine heart,*r* and let thine eyes observe my ways.

27 For a whore *is* a deep ditch;*s* and a strange woman *is* a narrow pit.

28 She also lieth *u* in wait as *λ for* a prey, & increaseth y*e* transgressors among men.

29 Who hath woe?*v* who hath sorrow? who hath contentions? who hath babbling? who hath wounds without cause? who hath redness of eyes?

30 They that tarry long at the wine; they that go to seek mixed wine.

31 Look not thou upon the wine when it is red, when it giveth his colour in the cup, *when* it moveth itself aright.

32 At the last it biteth like a serpent, and stingeth like an *v* adder.

33 Thine eyes shall behold strange women, and thine heart shall utter perverse things.

34 Yea, thou shalt be as he that lieth down in the *σ* midst of the sea, or as he that lieth upon the top of a mast.

35 They have stricken *x* me, *shalt thou say, and* I was not sick; they have beaten me, *and* I *τ* felt *it* not: when shall I awake? I *y* will seek it yet again.

CHAP. XXIV.

BE not thou envious *a* against evil men, neither desire to be with them.

2 For their heart studieth destruction, and their lips *b* talk of mischief.

3 Through wisdom*c* is an house builded ; and by understanding it is established :

4 And by knowledge shall the chambers be filled with all precious*d* and pleasant riches.

5 A*e* wise man *is* x strong ; yea, a man of knowledge *ψ* increaseth strength.

6 For by wise counsel thou shalt make thy war, and in multitude of counsellors *there is* safety.

7 Wisdom *is* too high*f* for a fool: he openeth not his mouth in the gate.

8 He that deviseth *g* to do evil shall be called a mischievous person.

9 The thought*h* of foolishness *is* sin : and the scorner *is* an abomination to men.

10 *If* thou faint*k* in the day of adversity, thy strength *is* γ small.

B. C. 1000.

a Ps. 82. 4.
b Is. 58. 6, 7.
b 1 Co. 5. 5.
c ch. 29. 3.
β or, *I* will rejoice.
d Ps. 37. 1..3. 73. 3, 17.
e Je. 32. 19.
γ or, *reward.*
δ *upon thy palate.*
f Ps. 19. 10. 119. 103.
g ch. 4. 23.
h Je. 15. 16.
i Lu. 21. 34. Ro. 13. 13.
ζ *their flesh.*
k ch. 30. 17. Ep. 6. 1, 2.
l Mi. 7. 8.
m Am. 8. 14.
n Is. 55. 1. Mat. 13. 44. Re. 3. 18.
o Job 31. 29.
p ch. 4. 5, 7.
q ch. 10. 1. 15..20.
η *be evil in his eyes.*
θ or,*keep not company with the wicked.*
r Ps. 119. 2.
κ or, *lamp.*
s ch. 22. 14.
t 1Pe.2.13..17
u ch. 7. 12.
λ or, *a robber.*
μ *changers.*
v Is. 5. 11, 22. Hab. 2. 5.
w Le. 19. 15.
v or, *a cockatrice.*
π *blessing of good.*
ρ *answereth right words.*
σ *heart.*
x Je. 5. 3.
τ *knew.*
y Is. 56. 12.
z Mat.5.39,44. Ro.12.17,19.
a ver. 19. ch. 23. 17.
b Ps. 10. 7.
c ch. 14. 1.
d ch. 20. 15.
φ *set my heart.*
e ch. 21. 22.
χ *in strength*
ψ *strengtheneth might.*
g *a man of shield.*
f Ps. 10. 5.
g ch. 14. 22.
h Mat. 5. 28.
i De. 29. 29.
k He. 12. 5.
l Job 29. 16.
γ *narrow.*

---

11 If thou forbear to deliver *a them that are* drawn unto death, and *those that are* ready to be slain ;

12 If thou sayest, Behold, we knew it not ; doth not he that pondereth the heart consider *it?* and he that keepeth thy soul, doth *not* he know *it?* and shall*e* *not* he render to *every* man according to his works?

13 My son, eat thou honey, because *it is* good ; and the honeycomb, *which is* sweet *δ* to thy taste :

14 So*f* shall the knowledge of wisdom *be* unto thy soul : when thou hast*h* found *it*, then there shall be a reward, and thy expectation shall not be cut off.

15 Lay not wait, O wicked *man*, against the dwelling of the righteous; spoil not his resting place :

16 For a just *man* falleth seven times, and riseth*l* up again: but*m* the wicked shall fall into mischief.

17 Rejoice*o* not when thine enemy falleth, and let not thine heart be glad when he stumbleth ;

18 Lest the LORD see *it*, and it *n* displease him, and he turn away his wrath from him.

19 *θ* Fret not thyself because of evil *men*, neither be thou envious at the wicked ;

20 For there shall be no reward to the evil *man;* the *κ* candle of the wicked shall be put out.

21 My son, fear*t* thou the LORD and the king; *and* meddle not with *μ* them that are given to change :

22 For their calamity shall rise suddenly ; and who knoweth the ruin of them both ?

23 These *things* also *belong* to the wise. *It is* not*w* good to have respect of persons in judgment.

24 He that saith unto the wicked, Thou *art* righteous ; him shall the people curse, nations shall abhor him :

25 But to them that rebuke *him* shall be delight, and a *π* good blessing shall come upon them.

26 *Every man* shall kiss *his* lips that *ρ* giveth a right answer.

27 Prepare thy work without, and make it fit for thyself in the field ; and afterwards build thine house.

28 Be not a witness against thy neighbour without cause; and deceive *not* with thy lips.

29 Say*z* not, I will do so to him as he hath done to me : I will render to the man according to his work.

30 I went by the field of the slothful, and by the vineyard of the man void of understanding ;

31 And, lo, it was all grown over with thorns, *and* nettles had covered the face thereof, and the stone wall thereof was broken down.

32 Then I saw,*and* φ considered *it* well : I looked upon *it, and* received instruction.

33 *Yet* a little sleep, a little slumber, a little folding of the hands to sleep :

34 So shall thy poverty come *as* one that travelleth ; and thy want as *β* an armed man.

CHAP. XXV.

THESE *are* also proverbs of Solomon, which the men of Hezekiah, king of Judah, copied out.

2 It *i is* the glory of God to conceal a thing: but the honour of kings *is* to search out*l* a matter.

3 The heaven for height, and the earth

418

2 כַּצִּפּוֹר לָנוּד כַּדְּרוֹר לָעוּף ׃ כֵּן קִלְלַת חִנָּם לֹא תָבֹא ׃

3 שׁוֹט לַסּוּס מֶתֶג לַחֲמוֹר ׃ וְשֵׁבֶט לְגֵו כְּסִילִים ׃

4 אַל־תַּעַן כְּסִיל כְּאִוַּלְתּוֹ ׃ פֶּן־תִּשְׁוֶה־לּוֹ גַם־אָתָּה ׃

5 עֲנֵה כְסִיל כְּאִוַּלְתּוֹ ׃ פֶּן־יִהְיֶה חָכָם בְּעֵינָיו ׃

6 מְקַצֶּה רַגְלַיִם חָמָס שֹׁתֶה ׃ שֹׁלֵחַ דְּבָרִים בְּיַד־כְּסִיל ׃

7 דַּלְיוּ שֹׁקַיִם מִפִּסֵּחַ ׃ וּמָשָׁל בְּפִי כְסִילִים ׃

8 כִּצְרוֹר אֶבֶן בְּמַרְגֵּמָה ׃ כֵּן־נוֹתֵן לִכְסִיל כָּבוֹד ׃

9 חוֹחַ עָלָה בְיַד־שִׁכּוֹר ׃ וּמָשָׁל בְּפִי כְסִילִים ׃

10 רַב מְחוֹלֵל־כֹּל וְשֹׂכֵר כְּסִיל וְשֹׂכֵר עֹבְרִים ׃

11 כְּכֶלֶב שָׁב עַל־קֵאוֹ ׃ כְּסִיל שׁוֹנֶה בְאִוַּלְתּוֹ ׃

12 רָאִיתָ אִישׁ חָכָם בְּעֵינָיו ׃ תִּקְוָה לִכְסִיל מִמֶּנּוּ ׃

13 אָמַר עָצֵל שַׁחַל בַּדָּרֶךְ ׃ אֲרִי בֵּין הָרְחֹבוֹת ׃

14 הַדֶּלֶת תִּסּוֹב עַל־צִירָהּ ׃ וְעָצֵל עַל־מִטָּתוֹ ׃

15 טָמַן עָצֵל יָדוֹ בַּצַּלָּחַת ׃ נִלְאָה לַהֲשִׁיבָהּ אֶל־פִּיו ׃

16 חָכָם עָצֵל בְּעֵינָיו ׃ מִשִּׁבְעָה מְשִׁיבֵי טָעַם ׃

17 מַחֲזִיק בְּאָזְנֵי־כָלֶב ׃ עֹבֵר מִתְעַבֵּר עַל־רִיב לֹא־לוֹ ׃

18 כְּמִתְלַהְלֵהַּ הַיֹּרֶה זִקִּים חִצִּים וָמָוֶת ׃

19 כֵּן־אִישׁ רִמָּה אֶת־רֵעֵהוּ ׃ וְאָמַר הֲלֹא־מְשַׂחֵק אָנִי ׃

20 בְּאֶפֶס עֵצִים תִּכְבֶּה־אֵשׁ ׃ וּבְאֵין נִרְגָּן יִשְׁתֹּק מָדוֹן ׃

21 פֶּחָם לְגֶחָלִים וְעֵצִים לְאֵשׁ ׃ וְאִישׁ מִדְיָנִים לְחַרְחַר־רִיב ׃

22 דִּבְרֵי נִרְגָּן כְּמִתְלַהֲמִים ׃ וְהֵם יָרְדוּ חַדְרֵי־בָטֶן ׃

23 כֶּסֶף סִיגִים מְצֻפֶּה עַל־חָרֶשׂ ׃ שְׂפָתַיִם דֹּלְקִים וְלֶב־רָע ׃

24 בִּשְׂפָתָיו יִנָּכֵר שׂוֹנֵא ׃ וּבְקִרְבּוֹ יָשִׁית מִרְמָה ׃

25 כִּי־יְחַנֵּן קוֹלוֹ אַל־תַּאֲמֶן־בּוֹ ׃ כִּי שֶׁבַע תּוֹעֵבוֹת בְּלִבּוֹ ׃

26 תִּכַּסֶּה שִׂנְאָה בְּמַשָּׁאוֹן ׃ תִּגָּלֶה רָעָתוֹ בְקָהָל ׃

27 כֹּרֶה־שַּׁחַת בָּהּ יִפֹּל ׃ וְגֹלֵל אֶבֶן אֵלָיו תָּשׁוּב ׃

28 לְשׁוֹן־שֶׁקֶר יִשְׂנָא דַכָּיו ׃ וּפֶה חָלָק יַעֲשֶׂה מִדְחֶה ׃

CAP. XXVII. פ

1 אַל־תִּתְהַלֵּל בְּיוֹם מָחָר כִּי לֹא־תֵדַע מַה־יֵּלֶד יוֹם ׃

2 יְהַלֶּלְךָ זָר וְלֹא־פִיךָ נָכְרִי וְאַל־שְׂפָתֶיךָ ׃

3 כֹּבֶד־אֶבֶן וְנֵטֶל הַחוֹל וְכַעַס אֱוִיל כָּבֵד מִשְּׁנֵיהֶם ׃

CAP. XXVI. ס

1 כִּשְׁלֶג בַּקַּיִץ וְכַמָּטָר בַּקָּצִיר כֵּן לֹא־נָאוֶה לִכְסִיל כָּבוֹד ׃

for depth, and the heart of kings β is unsearchable.

4 Take away the dross from the silver, and there shall come forth a vessel for the finer.

5 Take away the wicked *from* before the king, and his throne shall be established in righteousness.

6 γ Put not b forth thyself in the presence of the king, and stand not in the place of great *men:*

7 For better *it is* that it be said unto thee, Come up hither; than that thou shouldest be put lower in the presence of the prince whom thine eyes have seen.

8 God d not forth hastily to strive, lest *thou know not* what to do in the end thereof, when thy neighbour hath put thee to shame.

9 Debate thy cause with thy neighbour *himself;* e and discover not κ a secret to another;

10 Lest he that heareth *it* put thee to shame, and thine infamy turn not away.

11 A word μ fitly spoken *is like* apples of gold in pictures of silver.

12 *As* an ear-ring of gold, and an ornament h of fine gold, *so is* a wise reprover upon an obedient ear.

13 As the cold of snow in the time of harvest, *so is* a faithful messenger to them that send him; for he refresheth the soul of his masters.

14 Whoso boasteth i himself π of a false gift *is like* clouds k and wind without rain.

15 By long forbearing is a prince persuaded, and a soft tongue breaketh the bone.

16 Hast thou found honey? eat so much as is sufficient for thee, lest thou be filled therewith, and vomit it.

17 τ Withdraw thy foot from thy neighbour's house; lest he be χ weary of thee, and *so* hate thee.

18 A man that beareth false witness against his neighbour *is* a maul, and a sword,l and a sharp arrow.

19 Confidence in an unfaithful man in time of trouble *is like* a broken tooth, and a foot out of joint.

20 *As* he that taketh away a garment in cold weather, *and as* vinegar upon nitre, so *is* he that singeth songs to an heavy heart.

21 If m thine enemy be hungry, give him bread to eat; and if he be thirsty, give him water to drink:

22 For thou shalt heap coals of fire upon his head, and the LORD shall reward n thee.

23 The north wind θ driveth away rain; so *doth* an angry countenance a backbiting tongue.

24 *It is* better to dwell in the corner of the house-top, than with a brawling woman, and in a wide house.

25 *As* cold waters to a thirsty soul, so *is* good news from a far country.

26 A righteous man falling down before the wicked *is as* a troubled fountain, and a corrupt spring.

27 *It is* not good to eat much honey; so *for men* to search their own glory *is not* glory.

28 He that *hath* no rule over his own spirit *is like* a city *that is* broken down, *and* without walls.

CHAP. XXVI.

AS snow in summer, and as rain in harvest, so honour is not seemly for a fool.

B. C. 700.

β there is *no searching.*
a Nu. 23. 8.
γ *Set not out thy glory.*
b Lu.14.8.10.
c Mat. 21. 24.
d *eyes.*
ζ or,*violence.*
η *lifted up.*
d ch. 17. 14.
θ or,*putteth a precious stone in an heap of stones*
e Mat. 5. 25. 18. 15.
κ *the secret of another.*
λ or, *A great man grieveth all; and he hireth the fool, he hireth also transgressors.*
f 2 Pe. 2. 22.
μ *spoken upon his wheels.*
v iterateth.
g Re. 3. 17.
h ch. 1. 8, 9.
i Lu.18. 10,&c.
π *in a gift of falsehood.*
ρ or, *he is weary.*
k Jude 12.
σ or, is *enraged.*
τ or, *Let thy foot be seldom in.*
φ *flames,* or, *sparks.*
χ *full.*
l Ps. 57. 4.
ψ *without wood.*
β or, *whisperer.*
γ is silent.
δ *chambers.*
m Ex. 23. 4,5. Mat. 5. 44. Ro. 12. 20.
ζ or,is known
n 2 Sa. 16. 12.
η *maketh his voice gracious.*
θ or, *bringeth forth rain; so doth a backbiting tongue an angry countenance.*
κ or, *hatred is covered in secret.*
o Ps. 7. 15,16.
p Lu. 12. 19. Ja.4.13..16.
λ *to-morrow day.*
q ch. 25. 27.
μ *heaviness.*

---

2 As the bird by wandering, as the swallow by flying, so the curse causeless a shall not come.

3 A whip for the horse, a bridle for the ass, and a rod for the fool's back.

4 Answer not a fool according to his folly, lest thou also be like unto him.

5 Answer c a fool according to his folly, lest he be wise in his own δ conceit.

6 He that sendeth a message by the hand of a fool, cutteth off the feet, *and* drinketh ζ damage.

7 The legs of the lame are η not equal; so *is* a parable in the mouth of fools.

8 As he that θ bindeth a stone in a sling, so *is* he that giveth honour to a fool.

9 *As* a thorn goeth up into the hand of a drunkard, so *is* a parable in the mouth of fools.

10 λ The great *God,* that formed all *things,* both rewardeth the fool, and re wardeth transgressors.

11 As f a dog returneth to his vomit, so a fool ν returneth to his folly.

12 Seest thou a man wise in his own conceit? g *there is* more hope of a fool than of him.

13 The slothful *man* saith, *There is* a lion in the way, a lion *is* in the streets.

14 *As* the door turneth upon his hinges, so *doth* the slothful upon his bed.

15 The slothful hideth his hand in *his* bosom; ρ it grieveth him to bring it again to his mouth.

16 The sluggard *is* wiser in his own conceit than seven men that can render a reason.

17 He that passeth by, *and* σ meddleth with strife *belonging* not to him, *is like* one that taketh a dog by the ears.

18 As a mad *man* who casteth φ firebrands, arrows, and death,

19 So *is* the man *that* deceiveth his neighbour, and saith, Am not I in sport?

20 Where ψ no wood is, *there* the fire goeth out; so where *there is* no β talebearer, the strife γ ceaseth.

21 *As* coals *are* to burning coals, and wood to fire; so *is* a contentious man to kindle strife.

22 The words of a tale-bearer *are* as wounds, and they go down into the δ innermost parts of the belly.

23 Burning lips, and a wicked heart, *are like* a potsherd covered with silver dross.

24 He that hateth ζ dissembleth with his lips, and layeth up deceit within him;

25 When he η speaketh fair, believe him not; for *there are* seven abominations in his heart.

26 *Whose* κ hatred is covered by deceit, his wickedness shall be shewed before the *whole* congregation.

27 Whoso o diggeth a pit shall fall therein; and he that rolleth a stone, it will return upon him.

28 A lying tongue hateth *those that are* afflicted by it; and a flattering mouth worketh ruin.

CHAP. XXVII.

BOAST not p thyself of λ to-morrow; for thou knowest not what a day may bring forth.

2 Let another q man praise thee, and not thine own mouth; a stranger, and not thine own lips.

3 A stone *is* μ heavy, and the sand weighty; but a fool's wrath *is* heavier than them both.

עָזְבֵי תוֹרָה יְהַלְלוּ רָשָׁע וְשֹׁמְרֵי 4   וְאֵין לֶחֶם : עֹשֶׁק אָף וּמִי יַעֲמֹד לִפְנֵי

תוֹרָה יִתְגָּרוּ בָם : אַנְשֵׁי־רָע לֹא־יָבִינוּ מִשְׁפָּט 5   קִנְאָה :

וּמְבַקְשֵׁי יְהוָה יָבִינוּ כֹל : טוֹב־רָשׁ הוֹלֵךְ 6   נֶאֱמָנִים פְּצָעֵי אוֹהֵב וְנַעְתָּרוֹת נְשִׁיקוֹת שׂוֹנֵא :

בְּתֻמּוֹ מֵעִקֵּשׁ דְּרָכַיִם וְהוּא עָשִׁיר : נוֹצֵר תּוֹרָה 7   נֶפֶשׁ שְׂבֵעָה תָּבוּס נֹפֶת וְנֶפֶשׁ רְעֵבָה כָּל־מַר

בֵּן מֵבִין וְרֹעֶה זוֹלְלִים יַכְלִים אָבִיו : מַרְבֶּה 8   מָתוֹק : כְּצִפּוֹר נוֹדֶדֶת מִן־קִנָּהּ כֵּן אִישׁ נוֹדֵד

הוֹנוֹ בְּנֶשֶׁךְ וּבְתַרְבִּית לְחוֹנֵן דַּלִּים יִקְבְּצֶנּוּ : 9   מִמְּקוֹמוֹ : שֶׁמֶן וּקְטֹרֶת יְשַׂמַּח־לֵב וּמֶתֶק רֵעֵהוּ

מֵסִיר אָזְנוֹ מִשְּׁמֹעַ תּוֹרָה גַּם־תְּפִלָּתוֹ תּוֹעֵבָה : 9   מֵעֲצַת־נָפֶשׁ : רֵעֲךָ וְרֵעֶה אָבִיךָ אַל־תַּעֲזֹב וּבֵית 10

מַשְׁגֶּה יְשָׁרִים בְּדֶרֶךְ רָע בִּשְׁחוּתוֹ הוּא־יִפּוֹל 10   אָחִיךָ אַל־תָּבוֹא בְּיוֹם אֵידֶךָ טוֹב שָׁכֵן קָרוֹב

וּתְמִימִים יִנְחֲלוּ־טוֹב : חָכָם בְּעֵינָיו אִישׁ עָשִׁיר 11   מֵאָח רָחוֹק : חֲכַם בְּנִי וְשַׂמַּח לִבִּי וְאָשִׁיבָה 11

וְדַל מֵבִין יַחְקְרֶנּוּ : בַּעֲלֹץ צַדִּיקִים רַבָּה תִפְאָרֶת 12   חֹרְפִי דָבָר : עָרוּם רָאָה רָעָה נִסְתָּר וּפְתָאִים 12

וּבְקוּם רְשָׁעִים יְחֻפַּשׂ אָדָם : מְכַסֶּה פְשָׁעָיו 13   עָבְרוּ נֶעֱנָשׁוּ : קַח־בִּגְדוֹ כִּי־עָרַב זָר וּבְעַד נָכְרִיָּה 13

לֹא יַצְלִיחַ וּמוֹדֶה וְעֹזֵב יְרֻחָם : אַשְׁרֵי אָדָם 14   חַבְלֵהוּ : מְבָרֵךְ רֵעֵהוּ בְּקוֹל גָּדוֹל בַּבֹּקֶר הַשְׁכֵּים 14

מְפַחֵד תָּמִיד וּמַקְשֶׁה לִבּוֹ יִפּוֹל בְּרָעָה : אֲרִי־ 15   קְלָלָה תֵּחָשֶׁב לוֹ : דֶּלֶף טוֹרֵד בְּיוֹם סַגְרִיר 15

נֹהֵם וְדֹב שׁוֹקֵק מֹשֵׁל רָשָׁע עַל עַם־דָּל : נָגִיד 16   וְאֵשֶׁת מִדְיָנִים נִשְׁתָּוָה : צֹפְנֶיהָ צָפַן־רוּחַ 16

חֲסַר תְּבוּנוֹת וְרַב מַעֲשַׁקּוֹת שֹׂנֵא בֶצַע יַאֲרִיךְ 17   וְשֶׁמֶן יְמִינוֹ יִקְרָא : בַּרְזֶל בְּבַרְזֶל יָחַד וְאִישׁ 17

יָמִים : אָדָם עָשֻׁק בְּדַם־נָפֶשׁ עַד־ 18   יַחַד פְּנֵי־רֵעֵהוּ : נֹצֵר תְּאֵנָה יֹאכַל פִּרְיָהּ וְשֹׁמֵר 18

בּוֹר יָנוּס אַל־יִתְמְכוּ־בוֹ : הוֹלֵךְ תָּמִים יִוָּשֵׁעַ 19   אֲדֹנָיו יְכֻבָּד : כַּמַּיִם הַפָּנִים לַפָּנִים כֵּן לֵב 19

וְנֶעְקַשׁ דְּרָכַיִם יִפּוֹל בְּאֶחָת : עֹבֵד אַדְמָתוֹ 20   הָאָדָם לָאָדָם : שְׁאוֹל וַאֲבַדּוֹ לֹא תִשְׂבַּעְנָה 20

יִשְׂבַּע־לָחֶם וּמְרַדֵּף רֵיקִים יִשְׂבַּע־רִישׁ : אִישׁ 21   וְעֵינֵי הָאָדָם לֹא תִשְׂבַּעְנָה : מַצְרֵף לַכֶּסֶף וְכוּר 21

אֱמוּנוֹת רַב־בְּרָכוֹת וְאָץ לְהַעֲשִׁיר לֹא יִנָּקֶה :   לַזָּהָב וְאִישׁ לְפִי מַהֲלָלוֹ : אִם תִּכְתּוֹשׁ אֶת־הָאֱוִיל 22

הַכֶּר־פָּנִים לֹא־טוֹב וְעַל־פַּת־לֶחֶם יִפְשַׁע־גָּבֶר : 21   בַּמַּכְתֵּשׁ בְּתוֹךְ הָרִיפוֹת בַּעֱלִי לֹא־תָסוּר מֵעָלָיו

נִבְהָל לַהוֹן אִישׁ רַע עָיִן וְלֹא־יֵדַע כִּי־חֶסֶר 22   אִוַּלְתּוֹ : יָדֹעַ תֵּדַע פְּנֵי צֹאנֶךָ שִׁית לִבְּךָ 23

יְבֹאֶנּוּ : מוֹכִיחַ אָדָם אַחֲרַי חֵן יִמְצָא מִמַּחֲלִיק 23   לַעֲדָרִים : כִּי לֹא לְעוֹלָם חֹסֶן וְאִם־נֵזֶר לְדוֹר 24

לָשׁוֹן : גּוֹזֵל אָבִיו וְאִמּוֹ וְאֹמֵר אֵין־פָּשַׁע חָבֵר 24   וָדוֹר : גָּלָה חָצִיר וְנִרְאָה־דֶשֶׁא וְנֶאֶסְפוּ עִשְּׂבוֹת 25

הוּא לְאִישׁ מַשְׁחִית : רְחַב־נֶפֶשׁ יְגָרֶה מָדוֹן 25   הָרִים : כְּבָשִׂים לִלְבוּשֶׁךָ וּמְחִיר שָׂדֶה עַתּוּדִים : 26

וּבוֹטֵחַ עַל־יְהוָה יְדֻשָּׁן : בּוֹטֵחַ בְּלִבּוֹ הוּא כְסִיל 26   וְדֵי חֲלֵב עִזִּים לְלַחְמְךָ לְלֶחֶם 27

וְהוֹלֵךְ בְּחָכְמָה הוּא יִמָּלֵט : נוֹתֵן לָרָשׁ אֵין 27   בֵּיתֶךָ וְחַיִּים לְנַעֲרוֹתֶיךָ :

מַחְסוֹר וּמַעְלִים עֵינָיו רַב־מְאֵרוֹת : בְּקוּם רְשָׁעִים 28

יִסָּתֵר אָדָם וּבְאָבְדָם יִרְבּוּ צַדִּיקִים :

CAP. XXVIII. כח

CAP. XXIX. כט

נָסוּ וְאֵין־רֹדֵף רָשָׁע וְצַדִּיקִים כִּכְפִיר יִבְטָח : 1

בִּפְשֹׁעַ אֶרֶץ רַבִּים שָׂרֶיהָ וּבְאָדָם מֵבִין יֹדֵעַ כֵּן 2

יַאֲרִיךְ : גֶּבֶר רָשׁ וְעֹשֵׁק דַּלִּים מָטָר סֹחֵף 3   אִישׁ הוֹכָחוֹת מַקְשֶׁה־עֹרֶף פֶּתַע יִשָּׁבֵר וְאֵין 1

4 Wrath *is* β cruel, and anger γ *is* outrageous; but who *b is* able to stand before δ envy?

5 Open *c* rebuke *is* better than secret love.

6 Faithful *d are* the wounds of a friend; but the kisses of an enemy *are* ζ deceitful.

7 The full soul θ loatheth an honeycomb; but *e* to the hungry soul every bitter thing is sweet.

8 As a bird that wandereth from her nest, so *is* a man that wandereth from his place.

9 Ointment and perfume rejoice the heart; so *doth* the sweetness of a man's friend λ by hearty counsel.

10 Thine own friend, and thy father's friend, forsake not; neither go into thy brother's house in the day of thy calamity: *for* better *h is* a neighbour *that is* near than a brother far off.

11 My son, be wise, and make my heart glad, *i* that I may answer him that reproacheth me.

12 A prudent *man* foreseeth *k* the evil, *and* hideth himself: *but* the simple pass on, *and* are punished.

13 Take his garment that is surety for a stranger, and take a pledge of him for a strange woman.

14 He that blesseth his friend with a loud voice, rising early in the morning, it shall be counted a curse to him.

15 A continual *m* dropping in a very rainy day, and a contentious woman, are alike.

16 Whosoever hideth her hideth the wind, and the ointment of his right hand, *which* bewrayeth *itself.*

17 Iron sharpeneth iron; so a man sharpeneth the countenance of his friend.

18 Whoso *o* keepeth the fig-tree shall eat the fruit thereof; so he that waiteth on *q* his master shall be honoured.

19 As in water face *answereth* to face, so the heart of man to man.

20 Hell *r* and destruction are π never full; so *s* the eyes of man are never satisfied.

21 *As* the fining-pot for silver, and the furnace for gold; so *is* a man to his praise.

22 Though *t* thou shouldest bray a fool in a mortar among wheat with a pestle, *yet* will not his foolishness depart from him.

23 Be thou diligent to know the state of thy flocks, *and* τ look well to thy herds;

24 For φ riches *are* not *u* for ever: and doth the crown *endure* to χ every generation?

25 The hay appeareth, and the tender grass *w* sheweth itself, and herbs of the mountains are gathered:

26 The lambs *are* for thy clothing, and the goats *are* the price of the field;

27 And *thou shalt have* goats' milk enough for thy food, for the food of thy household, and *for* the β maintenance for thy maidens.

CHAP. XXVIII.

THE wicked flee when *x* no man pursueth: but the righteous are bold as a lion.

2 For the transgression of a land many *are* the princes thereof: but by γ a man of understanding *and* knowledge the state *thereof* shall be prolonged.

3 A poor *y* man that oppresseth the poor *is like* a sweeping rain, δ which leaveth no food.

4 They *z* that forsake the law praise the wicked: but such as keep the law contend with *a* them.

5 Evil *c* men understand not judgment:

B.C. 700.

a Jn°. 7. 17.
1 Co. 2. 15.
1Jn°.2.20,27.
β *cruelty.*
γ *an overflowing.*
b 1 Jn°. 3. 12.
δ *jealousy,* ch. 6. 34.
c ch. 28. 23.
d Ps. 141.5.
ζ *earnest,* or, *frequent.*
η or, *feedeth gluttons.*
θ *treadeth under foot.*
e Job 6. 7.
f Job 27. 16.
κ *by increase.*
g Zec. 7. 11.
λ *from the counsel of the soul.*
h ch. 18. 24.
μ *his eyes.*
i ch.23.15,24.
ν or, *sought for.*
k Ps. 57. 1.3.
l Ps. 32, 3, 5.
1Jn°.1.8.10
m Ro. 2. 5.
n ch. 19. 13.
o 1Co.9.7,13.
p Ps. 84. 11.
q Mar. 10. 43.
Col. 3. 22.
1Pe.2.18,21.
r ch. 30. 16.
π *not.*
s Ec. 1. 8.
ρ or, *unpunished.*
t Is. 1. 5.
Je. 5. 3.
u 1 Ti. 6. 9.
σ or, *hath an evil eye hasteth to be rich.*
τ *set thy heart.*
φ *strength.*
v Ja.1.10,11.
χ *generation and generation.*
w Ps. 104. 14.
ψ *man destroying.*
β *life.*
x Le.26.17,36.
Ps. 53. 5.
y or, *men of understanding and wisdom shall they likewise be.*
y Mat.18.28. 30.
δ *without food.*
z Ps. 10. 3.
ζ *A man of reproofs.*
a Ep. 5. 11.
b 1 Sa. 2. 34.
c Ps. 92. 6.

but they *a* that seek the LORD understand all *things.*

6 Better *is* the poor that walketh in his uprightness, than *he that is* perverse *in* his ways, though he *be* rich.

7 Whoso keepeth the law *is* a wise son: but he that η is a companion of riotous *men* shameth his father.

8 He *f* that by usury and κ unjust gain increaseth his substance, he shall gather it for him that will pity the poor.

9 He *g* that turneth away his ear from hearing the law, even his prayer *shall be* abomination.

10 Whoso causeth the righteous to go astray in an evil way, he shall fall himself into his own pit: but the upright shall have good *things* in possession.

11 The rich man *is* wise in μ his own conceit; but the poor that hath understanding searcheth him out.

12 When righteous *men* do rejoice, *there is* great glory: but when the wicked rise, a man is ν hidden.

13 He that covereth his sins shall not prosper: but whoso *l* confesseth and forsaketh *them* shall have mercy.

14 Happy *is* the man that feareth alway: but he *m* that hardeneth his heart shall fall into mischief.

15 *As* a roaring lion, and a ranging bear; *so is* a wicked ruler over the poor people.

16 The prince that wanteth understanding *is* also a great oppressor: *but* he that hateth covetousness shall prolong *r his* days.

17 A man that doeth violence to the blood of *any* person, shall flee to the pit; let no man stay him.

18 Whoso walketh uprightly *p* shall be saved: but *he that is* perverse *in his* ways shall fall at once.

19 He that tilleth his land shall have plenty of bread: but he that followeth after vain *persons* shall have poverty enough.

20 A faithful man shall abound with blessings: but he that maketh haste to be rich shall not be ρ innocent.

21 To have respect of persons *is* not good; for, for a piece of bread *that* man will transgress.

22 He *u* that σ hasteth to be rich *hath* an evil eye, and considereth not that poverty shall come upon him.

23 He that rebuketh a man, afterwards shall find more favour than he that flattereth with the tongue.

24 Whoso robbeth his father or his mother, and saith, *It is* no transgression; the same *is* the companion of a ψ destroyer.

25 He that is of a proud heart stirreth up strife: but he that putteth his trust in the LORD shall be made fat.

26 He that trusteth in his own heart is a fool: but whoso walketh wisely, he shall be delivered.

27 He that giveth unto the poor shall not lack: but he that hideth his eyes shall have many a curse.

28 When the wicked rise, men hide themselves; but when they perish, the righteous increase.

CHAP. XXIX.

HE ζ that, being often reproved, hardeneth *his* neck, shall suddenly *b* be destroyed, and that without remedy.

2 בִּרְבוֹת צַדִּיקִים יִשְׂמַח הָעָם וּבִמְשֹׁל רָשָׁע יֵאָנַח עָם׃
3 אִישׁ־אֹהֵב חָכְמָה יְשַׂמַּח אָבִיו וְרֹעֶה זוֹנוֹת יְאַבֶּד־הוֹן׃
4 מֶלֶךְ בְּמִשְׁפָּט יַעֲמִיד אָרֶץ וְאִישׁ תְּרוּמוֹת יֶהֶרְסֶנָּה׃
5 גֶּבֶר מַחֲלִיק עַל־רֵעֵהוּ רֶשֶׁת פּוֹרֵשׂ עַל־פְּעָמָיו׃
6 בְּפֶשַׁע אִישׁ רָע מוֹקֵשׁ וְצַדִּיק יָרוּן וְשָׂמֵחַ׃
7 יֹדֵעַ צַדִּיק דִּין דַּלִּים רָשָׁע לֹא־יָבִין דָּעַת׃
8 אַנְשֵׁי לָצוֹן יָפִיחוּ קִרְיָה וַחֲכָמִים יָשִׁיבוּ אָף׃
9 אִישׁ־חָכָם נִשְׁפָּט אֶת־אִישׁ אֱוִיל וְרָגַז וְשָׂחַק וְאֵין נָחַת׃
10 אַנְשֵׁי דָמִים יִשְׂנְאוּ־תָם וִישָׁרִים יְבַקְשׁוּ נַפְשׁוֹ׃
11 כָּל־רוּחוֹ יוֹצִיא כְסִיל וְחָכָם בְּאָחוֹר יְשַׁבְּחֶנָּה׃
12 מֹשֵׁל מַקְשִׁיב עַל־דְּבַר־שָׁקֶר כָּל־מְשָׁרְתָיו רְשָׁעִים׃
13 רָשׁ וְאִישׁ תְּכָכִים נִפְגָּשׁוּ מֵאִיר־עֵינֵי שְׁנֵיהֶם יְהוָה׃
14 מֶלֶךְ שׁוֹפֵט בֶּאֱמֶת דַּלִּים כִּסְאוֹ לָעַד יִכּוֹן׃
15 שֵׁבֶט וְתוֹכַחַת יִתֵּן חָכְמָה וְנַעַר מְשֻׁלָּח מֵבִישׁ אִמּוֹ׃
16 בִּרְבוֹת רְשָׁעִים יִרְבֶּה־פָּשַׁע וְצַדִּיקִים בְּמַפַּלְתָּם יִרְאוּ׃
17 יַסֵּר בִּנְךָ וִינִיחֶךָ וְיִתֵּן מַעֲדַנִּים לְנַפְשֶׁךָ׃
18 בְּאֵין חָזוֹן יִפָּרַע עָם וְשֹׁמֵר תּוֹרָה אַשְׁרֵהוּ׃
19 בִּדְבָרִים לֹא־יִוָּסֶר עָבֶד כִּי־יָבִין וְאֵין מַעֲנֶה׃
20 חָזִיתָ אִישׁ אָץ בִּדְבָרָיו תִּקְוָה לִכְסִיל מִמֶּנּוּ׃
21 מְפַנֵּק מִנֹּעַר עַבְדּוֹ וְאַחֲרִיתוֹ יִהְיֶה מָנוֹן׃
22 אִישׁ־אַף יְגָרֶה מָדוֹן וּבַעַל חֵמָה רַב־פָּשַׁע׃
23 גַּאֲוַת אָדָם תַּשְׁפִּילֶנּוּ וּשְׁפַל־רוּחַ יִתְמֹךְ כָּבוֹד׃
24 חוֹלֵק עִם־גַּנָּב שׂוֹנֵא נַפְשׁוֹ אָלָה יִשְׁמַע וְלֹא יַגִּיד׃
25 חֶרְדַּת אָדָם יִתֵּן מוֹקֵשׁ וּבוֹטֵחַ בַּיהוָה יְשֻׂגָּב׃
26 רַבִּים מְבַקְשִׁים פְּנֵי־מוֹשֵׁל וּמֵיְהוָה מִשְׁפַּט־אִישׁ׃
27 תּוֹעֲבַת צַדִּיקִים אִישׁ עָוֶל וְתוֹעֲבַת רָשָׁע יְשַׁר־דָּרֶךְ׃

CAP. XXX. ל

1 דִּבְרֵי אָגוּר בִּן־יָקֶה הַמַּשָּׂא נְאֻם הַגֶּבֶר לְאִיתִיאֵל לְאִיתִיאֵל וְאֻכָל׃
2 כִּי בַעַר אָנֹכִי מֵאִישׁ וְלֹא־בִינַת אָדָם לִי׃
3 וְלֹא־לָמַדְתִּי חָכְמָה וְדַעַת קְדֹשִׁים אֵדָע׃

4 מִי עָלָה־שָׁמַיִם וַיֵּרַד מִי אָסַף־רוּחַ בְּחָפְנָיו מִי צָרַר־מַיִם בַּשִּׂמְלָה מִי הֵקִים כָּל־אַפְסֵי־אָרֶץ מַה־שְּׁמוֹ וּמַה־שֶּׁם־בְּנוֹ כִּי תֵדָע׃
5 כָּל־אִמְרַת אֱלוֹהַּ צְרוּפָה מָגֵן הוּא לַחֹסִים בּוֹ׃
6 אַל־תּוֹסְףְּ עַל־דְּבָרָיו פֶּן־יוֹכִיחַ בְּךָ וְנִכְזָבְתָּ׃
7 שְׁתַּיִם שָׁאַלְתִּי מֵאִתָּךְ אַל־תִּמְנַע מִמֶּנִּי בְּטֶרֶם אָמוּת׃
8 שָׁוְא וּדְבַר־כָּזָב הַרְחֵק מִמֶּנִּי רֵאשׁ וָעֹשֶׁר אַל־תִּתֶּן־לִי הַטְרִיפֵנִי לֶחֶם חֻקִּי׃
9 פֶּן אֶשְׂבַּע וְכִחַשְׁתִּי וְאָמַרְתִּי מִי יְהוָה וּפֶן־אִוָּרֵשׁ וְגָנַבְתִּי וְתָפַשְׂתִּי שֵׁם אֱלֹהָי׃
10 אַל־תַּלְשֵׁן עֶבֶד אֶל־אֲדֹנָו פֶּן־יְקַלֶּלְךָ וְאָשָׁמְתָּ׃
11 דּוֹר אָבִיו יְקַלֵּל וְאֶת־אִמּוֹ לֹא יְבָרֵךְ׃
12 דּוֹר טָהוֹר בְּעֵינָיו וּמִצֹּאָתוֹ לֹא רֻחָץ׃
13 דּוֹר מָה־רָמוּ עֵינָיו וְעַפְעַפָּיו יִנָּשֵׂאוּ׃
14 דּוֹר חֲרָבוֹת שִׁנָּיו וּמַאֲכָלוֹת מְתַלְּעֹתָיו לֶאֱכֹל עֲנִיִּים מֵאֶרֶץ וְאֶבְיוֹנִים מֵאָדָם׃
15 לַעֲלוּקָה שְׁתֵּי בָנוֹת הַב הַב שָׁלוֹשׁ הֵנָּה לֹא תִשְׂבַּעְנָה אַרְבַּע לֹא־אָמְרוּ הוֹן׃
16 שְׁאוֹל וְעֹצֶר רָחַם אֶרֶץ לֹא־שָׂבְעָה מַּיִם וְאֵשׁ לֹא־אָמְרָה הוֹן׃
17 עַיִן תִּלְעַג לְאָב וְתָבוּז לִיקֲּהַת אֵם יִקְּרוּהָ עֹרְבֵי־נַחַל וְיֹאכְלוּהָ בְנֵי־נָשֶׁר׃
18 שְׁלֹשָׁה הֵמָּה נִפְלְאוּ מִמֶּנִּי וְאַרְבַּע לֹא יְדַעְתִּים׃
19 דֶּרֶךְ הַנֶּשֶׁר בַּשָּׁמַיִם דֶּרֶךְ נָחָשׁ עֲלֵי צוּר דֶּרֶךְ־אֳנִיָּה בְלֶב־יָם וְדֶרֶךְ גֶּבֶר בְּעַלְמָה׃
20 כֵּן דֶּרֶךְ אִשָּׁה מְנָאָפֶת אָכְלָה וּמָחֲתָה פִיהָ וְאָמְרָה לֹא־פָעַלְתִּי אָוֶן׃
21 תַּחַת שָׁלוֹשׁ רָגְזָה אֶרֶץ וְתַחַת אַרְבַּע לֹא־תוּכַל שְׂאֵת׃
22 תַּחַת עֶבֶד כִּי יִמְלוֹךְ וְנָבָל כִּי יִשְׂבַּע־לָחֶם׃
23 תַּחַת שְׂנוּאָה כִּי תִבָּעֵל וְשִׁפְחָה כִּי־תִירַשׁ גְּבִרְתָּהּ׃
24 אַרְבָּעָה הֵם קְטַנֵּי־אָרֶץ וְהֵמָּה חֲכָמִים מְחֻכָּמִים׃
25 הַנְּמָלִים עַם לֹא־עָז וַיָּכִינוּ בַקַּיִץ לַחְמָם׃
26 שְׁפַנִּים עַם לֹא־עָצוּם וַיָּשִׂימוּ בַסֶּלַע בֵּיתָם׃
27 מֶלֶךְ אֵין לָאַרְבֶּה וַיֵּצֵא חֹצֵץ כֻּלּוֹ׃
28 שְׂמָמִית בְּיָדַיִם תְּתַפֵּשׂ וְהִיא בְּהֵיכְלֵי מֶלֶךְ׃
29 שְׁלֹשָׁה הֵמָּה מֵיטִיבֵי צָעַד וְאַרְבָּעָה מֵיטִבֵי לָכֶת׃
30 לַיִשׁ גִּבּוֹר בַּבְּהֵמָה וְלֹא־יָשׁוּב מִפְּנֵי־כֹל׃
31 זַרְזִיר מָתְנַיִם אוֹ־תָיִשׁ וּמֶלֶךְ אַלְקוּם עִמּוֹ׃
32 אִם־נָבַלְתָּ בְהִתְנַשֵּׂא וְאִם־זַמּוֹתָ יָד לְפֶה׃
33 כִּי מִיץ

2 When the righteous are β in authority, the people rejoice:ᵃ but when the wicked beareth rule, the peopleᶜ mourn.

3 Whosoᵈ loveth wisdom rejoiceth his father: but heᵉ that keepeth company with harlots spendeth *his* substance.

4 The king by judgment establisheth the land: but δ he that receiveth gifts overthroweth it.

5 A man that flattereth his neighbour spreadeth a net for his feet.

6 In the transgression of an evil man *there is* a snare:ʰ but the righteous doth sing and rejoice.

7 The righteous considereth yᵉ cause of yᵉ poor:butyᵉwicked regardeth not to know*it.*

8 Scornful men κ bring a city into a snare: but wise *men* turn away ᵏ wrath.

9 *If* a wise man contendeth with a foolish man, whether he rage or laugh, *there is* no rest.

10 The μ blood-thirsty hateˡ the upright: but the just seek his soul.

11 A fool uttereth all his mind: but a wise *man* keepeth in it in till afterwards.

12 If a ruler hearken to lies, all his servants *are* wicked.

13 The poor and the νdeceitful man meet together: the LORDⁿ lighteneth both their eyes.

14 The king that faithfully judgethyᵉpoor, his throne shall be established forᵖ ever.

15 The rod and reproof give wisdom; but a child left *to himself* bringeth his mother to shame.

16 When the wicked are multiplied, transgression increaseth: but the righteous shall see their fall.

17 Correct thy son, and he shall give thee rest: yea,he shall give delight unto thy soul.

18 Where *there is* noˢ vision, the people σ perish; butᵗ he that keepeth the law, happy *is* he.

19 A servant will not be corrected by words: for though he understand, he will not answer.

20 Seest thou a man *that is* hasty in his τ words? *there is* more hope of a fool than of him.

21 He that delicately bringeth up his servant from a child, shall have him become *his* son at the length.

22 An angry man stirreth up strife,and a furious man aboundeth in transgression.

23 A ᵛ man's pride shall bring him low: but honour shall uphold the humble in spirit.

24 Whoso is partner with a thief hateth his own soul: he heareth cursing, and bewrayeth *it* not.

25 The ˣ fear of man bringeth a snare: butʸ whoso putteth his trust in the LORD shall be ψ safe.

26 Many seek the β ruler's favour:ᵃ but *every*man's judgmentcomethfromyᵉLORD.

27 An unjust man *is* an abomination to the just; and *he that is* upright in the way *is* abomination to the wicked.

CHAP. XXX.

THE words of Agur the son of Jakeh, *even* the prophecy: the man spake unto Ithiel, even unto Ithiel and Ucal.

2 Surely I *am* more brutish than *any*man, and have not the understanding of a man.

3 I neither learned wisdom, nor ζ have the knowledge of the holy.

4 Who hath ascended up into heaven, or descended? who hath gathered the wind in his fists? who hath bound the

B. C. 700.

β or, *increased.*
a Es. 8. 15.
b Is. 53. 8.
c Es. 3. 15.
d ch. 10. 1.
γ *purified.*
  Ps. 12. 6.
e Lu.15.13,30.
f Ps. 84. 11.
  115. 9,11.
g Re.22.18,19.
δ *a man of oblations.*
ζ *withhold not from me.*
h Job 18.8,10.
η *of my allowance.*
i Ne. 9.25,26.
θ *belie.*
κ or, *set a city on fire.*
λ *hurt not with thy tongue.*
k Eze. 22. 30.
μ *men of blood.*
l 2 Ch. 18. 7.
  1 Jnⁿ.3.12,13.
m Lu. 18. 11, &c.
ν or, *usurer.*
  Mat. 9. 9.
  1Co.6.10.
n Ep. 2. 1.
o Am. 8. 4.
  Hab. 3. 14.
p Ps. 89. 2.
π *wealth.*
q Hab. 2. 5.
r ch. 20. 20.
  Ge. 9.22,25.
  Le. 20. 9.
ρ or, *brook.*
s 1 Sa. 3. 1.
  Am.8.11-13.
σ or. *is made naked.*
t Ps. 119. 2.
τ or,*matters.*
φ *heart.*
u ch. 7. 14.
v Da. 5.20,21.
  Mat. 23. 12.
  Ac. 12. 23.
  Ja. 4. 10.
w 2 Ki. 8. 12.
x Ge. 12. 12.
  20. 11.
y Ec. 7. 18.
χ *wise, made fat.*
  Job39.1,&c.
z ch. 6. 6, 7.
ψ *set on high.*
β *face of a ruler.*
a Ps. 62. 12.
b Ps. 104. 18.
γ *gathered together.*
c Ps. 73. 22.
δ *girt in the loins,* or, *a horse.*
ζ *know.*
d Job 40. 4.
  Ro. 3. 19.

waters in a garment? who hath established all the ends of the earth? what *is* his name, and what *b is* his son's name, if thou canst tell?

5 Every word of God *is* γpure: he *is a* shieldᶠ unto them that put their trust in him.

6 Add ᵍ thou not unto his words, lest he reprove thee, and thou be found a liar.

7 Two *things* have I required of thee; ζdeny me *them* not before I die;

8 Remove far from me vanity and lies; give me neither poverty nor riches; feed me with food η convenient for me;

9 Lest *i* I be full, and θdeny *thee*, and say, Who *is* the LORD? or lest I be poor, and steal,and take the name of myGod *in vain.*

10 Accuse λnot a servant unto his master, lest he curse thee,and thou be found guilty.

11 *There is* a generation *that* curseth their father, and doth not bless their mother.

12 *There is* a generation *that are* pure in their own eyes, and *yet* ᵐ is not washed from their filthiness.

13 *There is* a generation, O how lofty are their eyes! and their eyelids are lifted up.

14 *There is* a generation whose teeth *are as* swords, and their jaw-teeth *as* knives, to devourᵒ the poor from off the earth, and the needy from *among* men.

15 The horse-leach hath two daughters, *crying,* Give, give. There are three *things that* are never satisfied, *yea,* four *things* say not, π *It is* enough.

16 The grave; �q and the barren womb; the earth *that* is not filled with water; and the fire *that* saith not, *It is* enough.

17 Theʳ eye *that* mocketh at *his* father, and despiseth to obey *his* mother, the ravens of the ρ valley shall pick it out, and the young eagles shall eat it.

18 There be three *things which* are too wonderful for me, yea, four, which I know not:

19 The way of an eagle in the air, the way of a serpent upon a rock, the way of a ship in the φ midst of the sea, and the way of a man with a maid.

20 Such *is* the way of an adulterous woman; she eateth, and wipeth her mouth, and saith, I have done noᵘ wickedness.

21 For three *things* the earth is disquieted, and for four *which* it cannot bear:

22 For a servant when heᵂ reigneth; and a fool when he is filled with meat;

23 For an odious *woman* when she is married; and an handmaid that is heir to her mistress.

24 There be four *things which are* little upon the earth,but they are χexceeding wise.

25 The ants ᶻ *are* a people not strong, yet they prepare their meat in the summer:

26 The conies *are but* a feeble folk,ᵇ yet make they their houses in the rocks;

27 The locusts have no king, yet go they forth all of them γ by bands;

28 The spider taketh hold with her hands, and is in kings' palaces.

29 There be three *things* which go well, yea, four are comely in going:

30 A lion, which *is* strongest among beasts, and turneth not away for any;

31 A δgreyhound; an he goat also; and a king, against whom *there is* no rising up.

32 If thou hast done foolishly in lifting up thyself, or if thou hast thought evil, *lay ᵈ* thine hand upon thy mouth.

33 Surely the churning of milk bringeth forth butter, and the wringing of the nose

חֵלֶב יוֹצִיא חֶמְאָה וּמִיץ־אַף יוֹצִיא דָם וּמִיץ
אַפַּיִם יוֹצִיא רִיב :

CAP. XXXI. אל

1 דִּבְרֵי לְמוֹאֵל מֶלֶךְ מַשָּׂא אֲשֶׁר־יִסְּרַתּוּ אִמּוֹ : מַה־
2 בְּרִי וּמַה־בַּר־בִּטְנִי וּמֶה בַּר־נְדָרָי : אַל־תִּתֵּן
3 לַנָּשִׁים חֵילֶךָ וּדְרָכֶיךָ לַמְחוֹת מְלָכִין : אַל
4 לַמְלָכִים לְמוֹאֵל אַל לַמְלָכִים שְׁתוֹ־יָיִן וּלְרוֹזְנִים
5 אֵו שֵׁכָר : פֶּן־יִשְׁתֶּה וְיִשְׁכַּח מְחֻקָּק וִישַׁנֶּה דִּין
6 כָּל־בְּנֵי־עֹנִי : תְּנוּ־שֵׁכָר לְאוֹבֵד וְיַיִן לְמָרֵי נָפֶשׁ :
7 יִשְׁתֶּה וְיִשְׁכַּח רִישׁוֹ וַעֲמָלוֹ לֹא יִזְכָּר־עוֹד : פְּתַח־
8 פִּיךָ לְאִלֵּם אֶל־דִּין כָּל־בְּנֵי חֲלוֹף : פְּתַח־פִּיךָ
9 שְׁפָט־צֶדֶק וְדִין עָנִי וְאֶבְיוֹן : אֵשֶׁת־חַיִל
10 מִי יִמְצָא וְרָחֹק מִפְּנִינִים מִכְרָהּ : בָּטַח בָּהּ
11 לֵב בַּעְלָהּ וְשָׁלָל לֹא יֶחְסָר : גְּמָלַתְהוּ טוֹב וְלֹא־
12 רָע כֹּל יְמֵי חַיֶּיהָ : דָּרְשָׁה צֶמֶר וּפִשְׁתִּים וַתַּעַשׂ
13
14 בְּחֵפֶץ כַּפֶּיהָ : הָיְתָה כָּאֳנִיּוֹת סוֹחֵר מִמֶּרְחָק
15 תָּבִיא לַחְמָהּ : וַתָּקָם בְּעוֹד לַיְלָה וַתִּתֵּן
16 טֶרֶף לְבֵיתָהּ וְחֹק לְנַעֲרֹתֶיהָ : זָמְמָה שָׂדֶה
17 וַתִּקָּחֵהוּ מִפְּרִי כַפֶּיהָ נָטְעָ כָּרֶם : חָגְרָה בְעוֹז
18 מָתְנֶיהָ וַתְּאַמֵּץ זְרוֹעֹתֶיהָ : טָעֲמָה כִּי־טוֹב
19 סַחְרָהּ לֹא־יִכְבֶּה בַלַּיְלָה נֵרָהּ : יָדֶיהָ שִׁלְּחָה
20 בַכִּישׁוֹר וְכַפֶּיהָ תָּמְכוּ פָלֶךְ : כַּפָּהּ פָּרְשָׂה לֶעָנִי
21 וְיָדֶיהָ שִׁלְּחָה לָאֶבְיוֹן : לֹא־תִירָא לְבֵיתָהּ
22 מִשָּׁלֶג כִּי כָל־בֵּיתָהּ לָבֻשׁ שָׁנִים : מַרְבַדִּים
23 עָשְׂתָה־לָּהּ שֵׁשׁ וְאַרְגָּמָן לְבוּשָׁהּ : נוֹדָע בַּשְּׁעָרִים
24 בַּעְלָהּ בְּשִׁבְתּוֹ עִם־זִקְנֵי־אָרֶץ : סָדִין עָשְׂתָה
25 וַתִּמְכֹּר וַחֲגוֹר נָתְנָה לַכְּנַעֲנִי : עוֹז־וְהָדָר לְבוּשָׁהּ
26 וַתִּשְׂחַק לְיוֹם אַחֲרוֹן : פִּיהָ פָּתְחָה בְחָכְמָה
27 וְתוֹרַת־חֶסֶד עַל־לְשׁוֹנָהּ : צוֹפִיָּה הֲלִיכוֹת בֵּיתָהּ
28 וְלֶחֶם עַצְלוּת לֹא תֹאכֵל : קָמוּ בָנֶיהָ וַיְאַשְּׁרוּהָ
29 בַּעְלָהּ וַיְהַלְלָהּ : רַבּוֹת בָּנוֹת עָשׂוּ חָיִל וְאַתְּ
30 עָלִית עַל־כֻּלָּנָה : שֶׁקֶר הַחֵן וְהֶבֶל הַיֹּפִי אִשָּׁה
31 יִרְאַת־יְהֹוָה הִיא תִתְהַלָּל : תְּנוּ־לָהּ מִפְּרִי יָדֶיהָ
וִיהַלְלוּהָ בַשְּׁעָרִים מַעֲשֶׂיהָ :

חזק

bringeth forth blood; so[a] the forcing of wrath bringeth forth strife.

CHAP. XXXI.

THE words of king Lemuel, the prophecy that his mother[b] taught him.

2 What, my son? and what, the son of my womb? and what, the son of my vows?

3 Give not thy strength unto women, nor thy ways to that[c] which destroyeth kings.

4 *It is* not for kings, O Lemuel, *it is* not for kings to drink wine, nor for princes strong drink;

5 Lest[e] they drink, and forget the law, and ζ pervert the judgment of η any of the afflicted.

6 Give strong drink unto him that is ready to perish, and wine unto those that be θ of heavy hearts.

7 Let him drink, and forget his poverty, and remember his misery no more.

8 Open thy mouth for the dumb in the cause of all κ such as are appointed to destruction.

9 Open thy mouth, judge righteously, and plead the cause[g] of the poor and needy.

10 Who[h] can find a virtuous[i] woman? for her price *is* far above rubies.

11 The heart of her husband doth safely trust in her, so that he shall have no need of spoil.

12 She will do him good, and not evil, all the days of her life.

13 She seeketh wool and flax, and worketh willingly with her hands.

14 She is like the merchants' ships, she bringeth her food from afar.

15 She riseth also while it is yet night, and giveth meat to her household, and a portion to her maidens.

16 She considereth a field, and μ buyeth

B. C. 700.
a ch. 17. 14.
b 2 Ti. 1. 5.
3. 15.
β *tasteth.*
c Ho. 4. 11.
γ *spreadeth.*
d Ps. 41. 1.
He. 13. 16.
e Hab. 2. 5.
δ or, *double garments.*
ζ *alter.*
η *all the sons of affliction.*
θ *bitter of soul,* 1 Sa. 1. 10.
κ *the sons of.*
f 1 Pe. 3. 1..6.
g Job 29. 15, 16.
Is. 1. 17.
Je. 22. 16.
h Ec. 7. 28.
i ch. 12. 4.
λ or, *gotten riches.*
k Ec. 7. 18. 12. 13.
l Mat. 7. 16, 20.
μ *taketh.*

it; with the fruit of her hands she planteth a vineyard.

17 She girdeth her loins with strength, and strengtheneth her arms.

18 She β perceiveth that her merchandise *is* good: her candle goeth not out by night.

19 She layeth her hands to the spindle, and her hands hold the distaff.

20 She γ stretcheth out her hand to the poor; [d] yea, she reacheth forth her hands to the needy.

21 She is not afraid of the snow for her household; for all her household *are* clothed with δ scarlet.

22 She maketh herself coverings of tapestry; her clothing *is* silk and purple.

23 Her husband is known in the gates, when he sitteth among the elders of the land.

24 She maketh fine linen, and selleth *it ;* and delivereth girdles unto the merchant.

25 Strength and honour *are* her clothing ; and she shall rejoice in time to come.

26 She[f] openeth her mouth with wisdom; and in her tongue *is* the law of kindness.

27 She looketh well to the ways of her household, and eateth not the bread of idleness.

28 Her children arise up, and call her blessed ; her husband *also,* and he praiseth her.

29 Many daughters have λ done virtuously, but thou excellest them all.

30 Favour *is* deceitful, and beauty *is* vain ; *but* a woman *that* feareth the LORD she shall[k] be praised.

31 Give her of the fruit of her hands ; and let her own works praise her in the gates.

קהלת

LIBER ECCLESIASTÆ.

1 דִּבְרֵי קֹהֶלֶת בֶּן־דָּוִד מֶלֶךְ בִּירוּשָׁלָֽם׃

2 הֲבֵל הֲבָלִים אָמַר קֹהֶלֶת הֲבֵל הֲבָלִים הַכֹּל הָֽבֶל׃ מַה־

3 יִּתְרוֹן לָֽאָדָם בְּכָל־עֲמָלוֹ שֶֽׁיַּעֲמֹל תַּחַת הַשָּֽׁמֶשׁ׃

4 דּוֹר הֹלֵךְ וְדוֹר בָּא וְהָאָרֶץ לְעוֹלָם עֹמָֽדֶת׃ וְזָרַח

5 הַשֶּׁמֶשׁ וּבָא הַשָּׁמֶשׁ וְאֶל־מְקוֹמוֹ שׁוֹאֵף זוֹרֵחַ

6 הוּא שָֽׁם׃ הוֹלֵךְ אֶל־דָּרוֹם וְסוֹבֵב אֶל־צָפוֹן סוֹבֵב סֹבֵב הוֹלֵךְ הָרוּחַ וְעַל־סְבִיבֹתָיו שָׁב הָרֽוּחַ׃

7 כָּל־הַנְּחָלִים הֹלְכִים אֶל־הַיָּם וְהַיָּם אֵינֶנּוּ מָלֵא אֶל־מְקוֹם שֶׁהַנְּחָלִים הֹלְכִים שָׁם הֵם שָׁבִים לָלָֽכֶת׃

8 כָּל־הַדְּבָרִים יְגֵעִים לֹא־יוּכַל אִישׁ לְדַבֵּר לֹא־תִשְׂבַּע עַיִן לִרְאוֹת וְלֹא־תִמָּלֵא אֹזֶן מִשְּׁמֹֽעַ׃

9 מַה־שֶּֽׁהָיָה הוּא שֶׁיִּהְיֶה וּמַה־שֶּֽׁנַּעֲשָׂה הוּא שֶׁיֵּעָשֶׂה וְאֵין כָּל־חָדָשׁ תַּחַת הַשָּֽׁמֶשׁ׃

10 יֵשׁ דָּבָר שֶׁיֹּאמַר רְאֵה־זֶה חָדָשׁ הוּא כְּבָר הָיָה לְעֹלָמִים אֲשֶׁר הָיָה מִלְּפָנֵֽנוּ׃

11 אֵין זִכְרוֹן לָרִאשֹׁנִים וְגַם לָאַחֲרֹנִים שֶׁיִּהְיוּ לֹא־יִהְיֶה לָהֶם זִכָּרוֹן עִם שֶׁיִּהְיוּ לָאַחֲרֹנָֽה׃

12 אֲנִי קֹהֶלֶת הָיִיתִי מֶלֶךְ עַל־יִשְׂרָאֵל בִּירוּשָׁלָֽם׃

13 וְנָתַתִּי אֶת־לִבִּי לִדְרוֹשׁ וְלָתוּר בַּחָכְמָה עַל כָּל־אֲשֶׁר נַעֲשָׂה תַּחַת הַשָּׁמָיִם הוּא עִנְיַן רָע נָתַן אֱלֹהִים לִבְנֵי הָאָדָם לַעֲנוֹת בּֽוֹ׃

14 רָאִיתִי אֶת־כָּל־הַֽמַּעֲשִׂים שֶׁנַּעֲשׂוּ תַּחַת הַשָּׁמֶשׁ וְהִנֵּה הַכֹּל הֶבֶל וּרְעוּת רֽוּחַ׃

15 מְעֻוָּת לֹא־יוּכַל לִתְקֹן וְחֶסְרוֹן לֹא־יוּכַל לְהִמָּנֽוֹת׃

16 דִּבַּרְתִּי אֲנִי עִם־לִבִּי לֵאמֹר אֲנִי הִנֵּה הִגְדַּלְתִּי וְהוֹסַפְתִּי חָכְמָה עַל כָּל־אֲשֶׁר־הָיָה לְפָנַי עַל־יְרוּשָׁלָ͏ִם וְלִבִּי רָאָה הַרְבֵּה חָכְמָה וָדָֽעַת׃

17 וָאֶתְּנָה לִבִּי לָדַעַת חָכְמָה וְדַעַת הֹלֵלוֹת וְשִׂכְלוּת יָדַעְתִּי שֶׁגַּם־זֶה הוּא רַעְיוֹן רֽוּחַ׃

18 כִּי בְּרֹב חָכְמָה רָב־כָּעַס וְיוֹסִיף דַּעַת יוֹסִיף מַכְאֽוֹב׃

1 אָמַרְתִּי אֲנִי בְּלִבִּי לְכָה־נָּא אֲנַסְּכָה בְשִׂמְחָה וּרְאֵה בְטוֹב וְהִנֵּה גַם־הוּא הָֽבֶל׃

2 לִשְׂחוֹק אָמַרְתִּי מְהוֹלָל וּלְשִׂמְחָה מַה־זֹּה עֹשָֽׂה׃

3 תַּרְתִּי בְלִבִּי לִמְשׁוֹךְ בַּיַּיִן אֶת־בְּשָׂרִי וְלִבִּי נֹהֵג בַּחָכְמָה וְלֶאֱחֹז בְּסִכְלוּת עַד אֲשֶׁר־אֶרְאֶה אֵי־זֶה טוֹב לִבְנֵי הָאָדָם אֲשֶׁר יַעֲשׂוּ תַּחַת הַשָּׁמַיִם מִסְפַּר יְמֵי חַיֵּיהֶֽם׃

---

4 הִגְדַּלְתִּי מַעֲשָׂי בָּנִיתִי לִי בָּתִּים נָטַעְתִּי לִי כְּרָמִֽים׃

5 עָשִׂיתִי לִי גַּנּוֹת וּפַרְדֵּסִים וְנָטַעְתִּי בָהֶם עֵץ כָּל־פֶּֽרִי׃

6 עָשִׂיתִי לִי בְּרֵכוֹת מָיִם לְהַשְׁקוֹת מֵהֶם יַעַר צוֹמֵחַ עֵצִֽים׃

7 קָנִיתִי עֲבָדִים וּשְׁפָחוֹת וּבְנֵי־בַיִת הָיָה לִי גַּם מִקְנֶה בָקָר וָצֹאן הַרְבֵּה הָיָה לִי מִכֹּל שֶׁהָיוּ לְפָנַי בִּירוּשָׁלָֽם׃

8 כָּנַסְתִּי לִי גַּם־כֶּסֶף וְזָהָב וּסְגֻלַּת מְלָכִים וְהַמְּדִינוֹת עָשִׂיתִי לִי שָׁרִים וְשָׁרוֹת וְתַעֲנֻגוֹת בְּנֵי הָאָדָם שִׁדָּה וְשִׁדּֽוֹת׃

9 וְגָדַלְתִּי וְהוֹסַפְתִּי מִכֹּל שֶׁהָיָה לְפָנַי בִּירוּשָׁלָ͏ִם אַף חָכְמָתִי עָמְדָה לִּֽי׃

10 וְכֹל אֲשֶׁר שָֽׁאֲלוּ עֵינַי לֹא אָצַלְתִּי מֵהֶם לֹא־מָנַעְתִּי אֶת־לִבִּי מִכָּל־שִׂמְחָה כִּי־לִבִּי שָׂמֵחַ מִכָּל־עֲמָלִי וְזֶה־הָיָה חֶלְקִי מִכָּל־עֲמָלִֽי׃

11 וּפָנִיתִי אֲנִי בְּכָל־מַעֲשַׂי שֶֽׁעָשׂוּ יָדַי וּבֶֽעָמָל שֶׁעָמַלְתִּי לַעֲשׂוֹת וְהִנֵּה הַכֹּל הֶבֶל וּרְעוּת רוּחַ וְאֵין יִתְרוֹן תַּחַת הַשָּֽׁמֶשׁ׃

12 וּפָנִיתִי אֲנִי לִרְאוֹת חָכְמָה וְהוֹלֵלוֹת וְסִכְלוּת כִּי מֶה הָאָדָם שֶׁיָּבוֹא אַחֲרֵי הַמֶּלֶךְ אֵת אֲשֶׁר־כְּבָר עָשֽׂוּהוּ׃

13 וְרָאִיתִי אָנִי שֶׁיֵּשׁ יִתְרוֹן לַחָכְמָה מִן־הַסִּכְלוּת כִּיתְרוֹן הָאוֹר מִן־הַחֹֽשֶׁךְ׃

14 הֶחָכָם עֵינָיו בְּרֹאשׁוֹ וְהַכְּסִיל בַּחֹשֶׁךְ הוֹלֵךְ וְיָדַעְתִּי גַם־אָנִי שֶׁמִּקְרֶה אֶחָד יִקְרֶה אֶת־כֻּלָּֽם׃

15 וְאָמַרְתִּי אֲנִי בְּלִבִּי כְּמִקְרֵה הַכְּסִיל גַּם־אֲנִי יִקְרֵנִי וְלָמָּה חָכַמְתִּי אֲנִי אָז יוֹתֵר וְדִבַּרְתִּי בְלִבִּי שֶׁגַּם־זֶה הָֽבֶל׃ כִּי אֵין זִכְרוֹן

16 לֶחָכָם עִם־הַכְּסִיל לְעוֹלָם בְּשֶׁכְּבָר הַיָּמִים הַבָּאִים הַכֹּל נִשְׁכָּח וְאֵיךְ יָמוּת הֶחָכָם עִֽם־הַכְּסִֽיל׃

17 וְשָׂנֵאתִי אֶת־הַֽחַיִּים כִּי רַע עָלַי הַֽמַּעֲשֶׂה שֶׁנַּעֲשָׂה תַּחַת הַשָּׁמֶשׁ כִּי־הַכֹּל הֶבֶל וּרְעוּת רֽוּחַ׃

18 וְשָׂנֵאתִי אֲנִי אֶת־כָּל־עֲמָלִי שֶׁאֲנִי עָמֵל תַּחַת הַשָּׁמֶשׁ שֶׁאַנִּיחֶנּוּ לָאָדָם שֶׁיִּהְיֶה אַחֲרָֽי׃

19 וּמִי יוֹדֵעַ הֶחָכָם יִהְיֶה אוֹ סָכָל וְיִשְׁלַט בְּכָל־עֲמָלִי שֶֽׁעָמַלְתִּי

20 וְשֶׁחָכַמְתִּי תַּחַת הַשָּׁמֶשׁ גַּם־זֶה הָֽבֶל׃ וְסַבּוֹתִי אֲנִי לְיַאֵשׁ אֶת־לִבִּי עַל כָּל־הֶעָמָל שֶֽׁעָמַלְתִּי תַּחַת

21 הַשָּֽׁמֶשׁ׃ כִּי־יֵשׁ אָדָם שֶׁעֲמָלוֹ בְּחָכְמָה וּבְדַעַת וּבְכִשְׁרוֹן וּלְאָדָם שֶׁלֹּא עָֽמַל־בּוֹ יִתְּנֶנּוּ חֶלְקוֹ גַּם־זֶה

22 הֶבֶל וְרָעָה רַבָּֽה׃ כִּי מֶֽה־הֹוֶה לָאָדָם בְּכָל־עֲמָלוֹ

23 וּבְרַעְיוֹן לִבּוֹ שֶׁהוּא עָמֵל תַּחַת הַשָּֽׁמֶשׁ׃ כִּי כָל־

ECCLESIASTES; or, The PREACHER.

CHAP. I.

THE words of the Preacher,[a] the son of David, king in Jerusalem.

2 Vanity of vanities, saith the Preacher, vanity of vanities ; all [b] is vanity.

3 What profit hath a man of all his labour which he taketh under the sun ?

4 One generation passeth away, and another generation cometh : but the earth abideth for ever.

5 The sun[c] also ariseth, and the sun goeth down, and δhasteth to his place where he arose.

6 The wind[e] goeth toward the south, and turneth about unto the north : it whirleth about continually : and the wind returneth again according to his circuits.

7 All[f] the rivers run into the sea : yet the sea is not full : unto the place from whence the rivers come, thither they return ηagain.

8 All things are full of labour ; man cannot utter it : the eye[h] is not satisfied with seeing, nor the ear filled with hearing.

9 The thing that hath been, it is that which shall be ; and that which is done, is that which shall be done : and there is no new[l] thing under the sun.

10 Is there any thing whereof it may be said, See, this is new ? it hath been already of old time, which was before us.

11 There is no remembrance of former things; neither shall there be any remembrance of things that are to come with those that shall come after.

12 I the Preacher was king [q] over Israel in Jerusalem.

13 And I gave my heart to seek and search out by wisdom concerning all things that are done under heaven : this sore travail hath God[t] given to the sons of man, to λ be exercised therewith.

14 I have seen all the works that are done under the sun ; and, behold, all is vanity and vexation of spirit.

15 That[u] which is crooked cannot be made straight ; and that which is νwanting [w] cannot be numbered.

16 I communed with mine own heart, saying, Lo, I am come to great estate, and have gotten more[y] wisdom than all they that have been before me in Jerusalem ; yea, my heart had πgreat experience of wisdom and knowledge.

17 And[z] I gave my heart to know wisdom, and to know madness and folly : I perceived that this also is vexation of spirit.

18 For[a] in much wisdom is much grief; and he that increaseth knowledge increaseth sorrow.

CHAP. II.

I SAID[c] in mine heart, Go to now, I will prove thee with mirth ;[d] therefore enjoy pleasure :[e] and, behold, this also is vanity.

2 I said of laughter,[f] It is mad : and of mirth, What doeth it ?

3 I sought in mine heart to σgive myself unto wine,[g] (yet acquainting mine heart with wisdom,) and to lay hold on folly, till I might see what was that good for the sons of men, which they should

B. C. 977.

β the number of the days.
a ch.12.8..10.
b Ps. 39.5, 6. 144. 4.
Mar. 8. 36, 37.
γ sons of my.
c Ps. 19. 5, 6.
δ panteth.
d 1 Ki. 9. 28. 10.10,&c.
e Jnᵒ. 3. 8.
ζ instrument and instruments.
f Ps.104.8, 9.
g 2 Ch. 9. 11.
η to go.
h Pr. 27. 20.
i ch. 3. 22.
k 1 Jnᵒ.2.16, 17.
l ch.7.10.
m ch. 11.8.
n 1 Ti. 6. 6.
o ch. 7. 25.
θ or,in those things which have.
κ there is an excellency in wisdom more than in.
p ch. 7. 12. Mal. 3. 18. 4.1,2.
q 1Ki.4.1,&c.
r Pr. 17. 24.
s Ps. 49. 10.
t Ge. 3. 19.
λ or, afflict them.
μ to me,even to me.
u ch. 7. 13.
v Ex. 1. 6, 8.
ν defect.
w Job 11. 6.
x He. 9. 27.
y1Ki.4.29..31. 10.23, 24.
π seen much.
z ch.7.23,25. 1 Th. 5. 21.
ρ laboured.
a ch. 12. 12.
b 1 Ki. 12. 8, &c.
c Lu.12.19,20.
d ch. 8. 15.
e Tit. 3. 3.
f Pr. 14. 13.
σ draw my flesh with.
g⁰ Pr. 20. 1.
τ give.
h Mat.16.26.

do under the heaven βall the days of their life.

4 I made me great works ; I builded me houses ; I planted me vineyards ;

5 I made me gardens and orchards, and I planted trees in them of all kind of fruits:

6 I made me pools of water,to water therewith the wood that bringeth forth trees ;

7 I got me servants and maidens,and had γservants born in my house ; also I had great possessions of great and small cattle above all that were in Jerusalem before me;

8 I[d] gathered me also silver and gold, and the peculiar treasure of kings and of the provinces ; I gat me men-singers and women-singers, and the delights of the sons of men, as musical ζinstruments, and that of all sorts.[s]

9 So I was great, and increased more than all that were before me in Jerusalem : also my wisdom remained with me.

10 And whatsoever mine eyes desired I kept not from them ; I withheld not my heart from any joy : for my heart rejoiced in all my labour ; and[i] this was my portion of all my labour.

11 Then[k] I looked on all the works that my hands had wrought, and on the labour that I had laboured to do : and, behold, all[m] was vanity and vexation of spirit, and there was no profit[n] under the sun.

12 And I turned myself to behold wisdom,and madness,[o] and folly : for what can the man do that cometh after the king ? θeven that which hath been already done.

13 Then I saw that κ wisdom[p] excelleth folly, as far as light excelleth darkness.

14 The[r] wise man's eyes are in his head, but the fool walketh in darkness : and I myself perceived also that one[s] event happeneth to them all.

15 Then said I in my heart, As it happeneth to the fool, so it happeneth μeven to me : and why was I then more wise ? Then I said in my heart, that this also is vanity.

16 For there is no remembrance[v] of the wise more than of the fool for ever ; seeing that which now is, in the days to come shall all be forgotten. And how dieth[x] the wise man? as the fool.

17 Therefore I hated life ; because the work that is wrought under the sun is grievous unto me : for all is vanity and vexation of spirit.

18 Yea, I hated all my labour which I had ρtaken under the sun ; because I should leave it unto the man that shall be after me.

19 And who knoweth whether he shall be a wise man or a fool ? yet[b] shall he have rule over all my labour wherein I have laboured, and wherein I have shewed myself wise under the sun. This is also vanity.

20 Therefore I went about to cause my heart to despair of all the labour which I took under the sun.

21 For there is a man whose labour is in wisdom, and in knowledge, and in equity ; yet to a man that hath not laboured therein shall he τleave it for his portion. This also is vanity, and a great evil.

22 For what[h] hath man of all his

423

24 נַּם־זֶה הֶבֶל הוּא ׃ אֵין־טוֹב בָּאָדָם שֶׁיֹּאכַל וְשָׁתָה וְהֶרְאָה אֶת־נַפְשׁוֹ טוֹב בַּעֲמָלוֹ נַּם־זֹה רָאִיתִי אָנִי כִּי מִיַּד
25 הָאֱלֹהִים הִיא ׃ כִּי מִי יֹאכַל וּמִי יָחוּשׁ
26 חוּץ מִמֶּנִּי ׃ כִּי לְאָדָם שֶׁטּוֹב לְפָנָיו נָתַן חָכְמָה וְדַעַת וְשִׂמְחָה וְלַחוֹטֶא נָתַן עִנְיָן לֶאֱסֹף וְלִכְנוֹס לָתֵת לְטוֹב לִפְנֵי הָאֱלֹהִים נַּם־זֶה הֶבֶל וּרְעוּת רוּחַ ׃

CAP. III. ג

1 לַכֹּל זְמָן וְעֵת לְכָל־חֵפֶץ תַּחַת הַשָּׁמָיִם ׃
2 עֵת לָלֶדֶת וְעֵת לָמוּת עֵת לָטַעַת וְעֵת לַעֲקוֹר
3 נָטוּעַ ׃ עֵת לַהֲרוֹג וְעֵת לִרְפּוֹא עֵת לִפְרוֹץ וְעֵת
4 לִבְנוֹת ׃ עֵת לִבְכּוֹת וְעֵת לִשְׂחוֹק עֵת סְפוֹד וְעֵת
5 רְקוֹד ׃ עֵת לְהַשְׁלִיךְ אֲבָנִים וְעֵת כְּנוֹס אֲבָנִים
6 עֵת לַחֲבוֹק וְעֵת לִרְחֹק מֵחַבֵּק ׃ עֵת לְבַקֵּשׁ וְעֵת
7 לְאַבֵּד עֵת לִשְׁמוֹר וְעֵת לְהַשְׁלִיךְ ׃ עֵת לִקְרוֹעַ
8 וְעֵת לִתְפּוֹר עֵת לַחֲשׁוֹת וְעֵת לְדַבֵּר ׃ עֵת לֶאֱהֹב
9 וְעֵת לִשְׂנֹא עֵת מִלְחָמָה וְעֵת שָׁלוֹם ׃ מַה־יִּתְרוֹן
10 הָעוֹשֶׂה בַּאֲשֶׁר הוּא עָמֵל ׃ רָאִיתִי אֶת־הָעִנְיָן
11 אֲשֶׁר נָתַן אֱלֹהִים לִבְנֵי הָאָדָם לַעֲנוֹת בּוֹ ׃ אֶת־הַכֹּל עָשָׂה יָפֶה בְעִתּוֹ גַּם אֶת־הָעֹלָם נָתַן בְּלִבָּם מִבְּלִי אֲשֶׁר לֹא־יִמְצָא הָאָדָם אֶת־הַמַּעֲשֶׂה אֲשֶׁר
12 עָשָׂה הָאֱלֹהִים מֵרֹאשׁ וְעַד־סוֹף ׃ יָדַעְתִּי כִּי אֵין
13 טוֹב בָּם כִּי אִם־לִשְׂמוֹחַ וְלַעֲשׂוֹת טוֹב בְּחַיָּיו ׃ וְגַם כָּל־הָאָדָם שֶׁיֹּאכַל וְשָׁתָה וְרָאָה טוֹב בְּכָל־
14 עֲמָלוֹ מַתַּת אֱלֹהִים הִיא ׃ יָדַעְתִּי כִּי כָּל־אֲשֶׁר יַעֲשֶׂה הָאֱלֹהִים הוּא יִהְיֶה לְעוֹלָם עָלָיו אֵין לְהוֹסִיף וּמִמֶּנּוּ אֵין לִגְרֹעַ וְהָאֱלֹהִים עָשָׂה שֶׁיִּרְאוּ
15 מִלְּפָנָיו ׃ מַה־שֶּׁהָיָה כְּבָר הוּא וַאֲשֶׁר לִהְיוֹת כְּבָר הָיָה וְהָאֱלֹהִים יְבַקֵּשׁ אֶת־נִרְדָּף ׃
16 וְעוֹד רָאִיתִי תַּחַת הַשָּׁמֶשׁ מְקוֹם הַמִּשְׁפָּט שָׁמָּה
17 הָרֶשַׁע וּמְקוֹם הַצֶּדֶק שָׁמָּה הָרָשַׁע ׃ אָמַרְתִּי אֲנִי בְּלִבִּי אֶת־הַצַּדִּיק וְאֶת־הָרָשָׁע יִשְׁפֹּט הָאֱלֹהִים
18 כִּי־עֵת לְכָל־חֵפֶץ וְעַל כָּל־הַמַּעֲשֶׂה שָׁם ׃ אָמַרְתִּי אֲנִי בְּלִבִּי עַל־דִּבְרַת בְּנֵי הָאָדָם לְבָרָם הָאֱלֹהִים
19 וְלִרְאוֹת שְׁהֶם־בְּהֵמָה הֵמָּה לָהֶם ׃ כִּי מִקְרֶה בְנֵי־הָאָדָם וּמִקְרֶה הַבְּהֵמָה וּמִקְרֶה אֶחָד לָהֶם כְּמוֹת זֶה כֵּן מוֹת זֶה וְרוּחַ אֶחָד לַכֹּל וּמוֹתַר
20 הָאָדָם מִן־הַבְּהֵמָה אָיִן כִּי הַכֹּל הָבֶל ׃ הַכֹּל הוֹלֵךְ אֶל־מָקוֹם אֶחָד הַכֹּל הָיָה מִן־הֶעָפָר

21 הָעֹלָה הִיא לְמָעְלָה וְרוּחַ הַבְּהֵמָה הַיֹּרֶדֶת הִיא לְמַטָּה לָאָרֶץ ׃ מִי יוֹדֵעַ רוּחַ בְּנֵי הָאָדָם
22 וְרָאִיתִי כִּי אֵין טוֹב מֵאֲשֶׁר יִשְׂמַח הָאָדָם בְּמַעֲשָׂיו כִּי־הוּא חֶלְקוֹ כִּי מִי יְבִיאֶנּוּ לִרְאוֹת בְּמֶה שֶׁיִּהְיֶה אַחֲרָיו ׃

CAP. IV. ד

1 וְשַׁבְתִּי אֲנִי וָאֶרְאֶה אֶת־כָּל־הָעֲשֻׁקִים אֲשֶׁר נַעֲשִׂים תַּחַת הַשָּׁמֶשׁ וְהִנֵּה דִּמְעַת הָעֲשֻׁקִים וְאֵין לָהֶם מְנַחֵם וּמִיַּד עֹשְׁקֵיהֶם כֹּחַ וְאֵין לָהֶם
2 מְנַחֵם ׃ וְשַׁבֵּחַ אֲנִי אֶת־הַמֵּתִים שֶׁכְּבָר מֵתוּ מִן־
3 הַחַיִּים אֲשֶׁר הֵמָּה חַיִּים עֲדֶנָה ׃ וְטוֹב מִשְּׁנֵיהֶם אֵת אֲשֶׁר־עֲדֶן לֹא הָיָה אֲשֶׁר לֹא־רָאָה אֶת־הַמַּעֲשֶׂה הָרָע אֲשֶׁר נַעֲשָׂה תַּחַת הַשָּׁמֶשׁ ׃
4 וְרָאִיתִי אֲנִי אֶת־כָּל־עָמָל וְאֵת כָּל־כִּשְׁרוֹן הַמַּעֲשֶׂה כִּי הִיא קִנְאַת־אִישׁ מֵרֵעֵהוּ נַּם־זֶה הֶבֶל וּרְעוּת
5 רוּחַ ׃ הַכְּסִיל חֹבֵק אֶת־יָדָיו וְאֹכֵל אֶת־בְּשָׂרוֹ ׃
6 טוֹב מְלֹא כַף נָחַת מִמְּלֹא חָפְנַיִם עָמָל וּרְעוּת
7 רוּחַ ׃ וְשַׁבְתִּי אֲנִי וָאֶרְאֶה הֶבֶל תַּחַת הַשָּׁמֶשׁ ׃
8 יֵשׁ אֶחָד וְאֵין שֵׁנִי נַּם בֵּן וָאָח אֵין־לוֹ וְאֵין קֵץ לְכָל־עֲמָלוֹ נַּם־עֵינוֹ לֹא־תִשְׂבַּע עֹשֶׁר וּלְמִי אֲנִי עָמֵל וּמְחַסֵּר אֶת־נַפְשִׁי מִטּוֹבָה נַּם־זֶה הֶבֶל
9 וְעִנְיַן רָע הוּא ׃ טוֹבִים הַשְּׁנַיִם מִן־הָאֶחָד אֲשֶׁר
10 יֵשׁ לָהֶם שָׂכָר טוֹב בַּעֲמָלָם ׃ כִּי אִם־יִפֹּלוּ הָאֶחָד יָקִים אֶת־חֲבֵרוֹ וְאִילוֹ הָאֶחָד שֶׁיִּפּוֹל וְאֵין
11 שֵׁנִי לַהֲקִימוֹ ׃ נַּם אִם־יִשְׁכְּבוּ שְׁנַיִם וְחַם לָהֶם
12 וּלְאֶחָד אֵיךְ יֵחָם ׃ וְאִם־יִתְקְפוֹ הָאֶחָד הַשְּׁנַיִם יַעַמְדוּ נֶגְדּוֹ וְהַחוּט הַמְשֻׁלָּשׁ לֹא בִמְהֵרָה יִנָּתֵק ׃
13 טוֹב יֶלֶד מִסְכֵּן וְחָכָם מִמֶּלֶךְ זָקֵן וּכְסִיל אֲשֶׁר
14 לֹא־יָדַע לְהִזָּהֵר עוֹד ׃ כִּי־מִבֵּית הָסוּרִים יָצָא
15 לִמְלֹךְ כִּי נַּם בְּמַלְכוּתוֹ נוֹלַד רָשׁ ׃ רָאִיתִי אֶת־כָּל־הַחַיִּים הַמְהַלְּכִים תַּחַת הַשָּׁמֶשׁ עִם הַיֶּלֶד
16 הַשֵּׁנִי אֲשֶׁר יַעֲמֹד תַּחְתָּיו ׃ אֵין־קֵץ לְכָל־הָעָם לְכֹל אֲשֶׁר־הָיָה לִפְנֵיהֶם נַּם הָאַחֲרוֹנִים לֹא יִשְׂמְחוּ־
17 בוֹ כִּי־נַּם־זֶה הֶבֶל וְרַעְיוֹן רוּחַ ׃ שְׁמֹר רַגְלְךָ כַּאֲשֶׁר תֵּלֵךְ אֶל־בֵּית הָאֱלֹהִים וְקָרוֹב לִשְׁמֹעַ מִתֵּת הַכְּסִילִים זָבַח כִּי־אֵינָם יוֹדְעִים לַעֲשׂוֹת רָע ׃

CAP. V. ה

1 אַל־תְּבַהֵל עַל־פִּיךָ וְלִבְּךָ אַל־יְמַהֵר לְהוֹצִיא דָבָר לִפְנֵי הָאֱלֹהִים כִּי הָאֱלֹהִים בַּשָּׁמַיִם וְאַתָּה עַל־

labour, and of the vexation of his heart, wherein he hath laboured under the sun?

23 For all his days *are* sorrows,ᵃ and his travail grief; yea, his heart taketh not restᶜ in the night. This is also vanity.

24 *There is* nothing better for a man *than* that he should eat and drink, and *that* he should ∂make his soul enjoy good in his labour. This also I saw, that it*f was* from the hand of God.

25 For who can eat, or who else can asten *hereunto*, more than I?

26 For *God* giveth to a man that *is* good ζin his sight, wisdom, and knowledge, and joy: but to the sinner he giveth travail, to gather, and to heap up, that∂ he may give to *him that is* good before God. This also *is* vanity and vexation of spirit.

CHAP. III.

TO every *thing there is* a season, and a time to every purpose under the heaven.

2 A time to θbe born, and a time to die: ⁱ a time to plant, and a time to pluck up *that which is* planted:

3 A time to kill, and a time to heal: a time to break down, and a time to build up:

4 A timeᵏ to weep, and a time to laugh: a time to mourn, and a time to dance: ⁱ

5 A time to cast away stones, and a time to gather stones together: a time to embrace,ᵒ and a time to μrefrain ᵖ from embracing:

6 A time to νget, and a time to lose: a time to keep, and a time to cast away:

7 A time to rend, and a time to sew: a time to keep silence,ʳ and a time to speak: ˢ

8 A time to love, and a time to hate: ᵗ a time of war, and a time of peace.

9 What profit hath he that worketh in that wherein he laboureth?

10 I have seen the travail which God hath given to the sons of men to be exercised in it.

11 He hath made every *thing* beautiful in his time: also he hath set the world in their heart; so that no man can find outʷ the work that God maketh from the beginning to the end.

12 I know that *there is* no good in them, but for *a man* to rejoice, and to do goodˣ in his life.

13 And also that every man should eat and drink, and enjoy the good of all his labour, itʸ *is* the gift of God.

14 I know that whatsoever God doeth, it shall be for ever: ᶻ nothing⁰ can be put to it, nor any thing taken from it: and God doeth *it* that *men* should fear before him.

15 That which hath been is⁵ now; and that which is to be hath already been: and God requireth that which is ρ past.

16 And, moreover, I sawᵉ under the sun the place of judgment, *that* wickedness *was* there; and the place of righteousness, *that* iniquity *was* there.

17 I said in mine heart, God shall judgeᵈ the righteous and the wicked: for *there is* a time there for every purpose, and for every work.

18 I said in my heart concerning the estate of the sons of men, that σGod might manifest them, and that they might see that they themselves are beasts.ᶠ

19 For that which befalleth the sons of men befalleth beasts; even one thing befalleth them. as the one dieth, so dieth the other; yea, they have all one breath:

so that a man hath no pre-eminence above a beast: for all *is* vanity.

20 All go unto one place: allᵇ are of the dust, and all turn to dust again.

21 Who knoweth the spirit of βman that γgoeth upward,ᵈ and the spirit of the beast that goeth downward to the earth?

22 Whereforeᵉ I perceive that *there is* nothing better, than that a man should rejoice in his own works; for that *is* his portion: for who shall bring him to see what shall be after him?

CHAP. IV.

SO I returned, and considered all the oppressions that are done under the sun; and, behold, the tears of *such as were* oppressed, and they had no comforter; and on the ηside of their oppressors *there was* power; but they had no comforter.

2 Wherefore I praised the dead which are already dead, more than the living which are yet alive.

3 Yea,ʰ better *is* he than both they which hath not yet been, who hath not seen the evil work that is done under the sun.

4 Again, I considered all travail, and κevery right work, that λfor this a man is enviedᵏ of his neighbour. This *is* also vanity and vexation of spirit.

5 The fool foldethⁱ his hands together, and eateth his own flesh.

6 Betterᵠ *is* an handful *with* quietness, than both the hands full *with* travail and vexation of spirit.

7 Then I returned, and I saw vanity under the sun.

8 There is one *alone*, and *there is* not a second; yea, he hath neither child nor brother: yet *is there* no end of all his labour; neitherᵘ is his eye satisfied with riches; neither *saith he*, Forᵛ whom do I labour, and bereave my soul of good? This *is* also vanity, yea, it *is* a sore travail.

9 Two *are* better than one; because they have a good reward for their labour.

10 For if they fall, the one will lift up his fellow: but woe to him *that is* alone when he falleth; for *he hath* not another to help him up.

11 Again, if two lie together, then they have heat: but how can one be warm *alone?*

12 And if one prevail against him, two shall withstand him; and a threefold cord is not quickly broken.

13 Better *is* a poor and a wise child than an old and foolish king, who πwill no more be admonished.

14 For out of prison he cometh to reign; whereas also *he that is* born in his kingdom becometh poor.

15 I considered all the living which walk under the sun, with the second child that shall stand up in his stead.

16 *There is* no end of all the people, *even* of all that have been before them: they also that come after shall not rejoice in him. Surely this also *is* vanity and vexation of spirit.

CHAP. V.

KEEPᵉ thy foot when thou goest to the house of God, and be more ready to hear than to give the sacrificeˢ of fools: for they consider not that they do evil.

2 Be not rash with thy mouth, and let not thine heart be hasty to utter *any* τthing before God: for God *is* in heaven,

---

*Marginal references:*

B. C. 977.

a Job 5.7. 14.1. Ac. 14.22.
b Ge. 3.19.
c ch. 8.16. Ps. 127.2.
β of the sons of man.
γ is ascending.
d ch. 12.7.
δ or, delight his senses.
e ch. 2.24.
f ch.5.18,19. ι before him. Ge.7.1. Lu. 1.6.
g Job 27.16,17. Pr. 13.22. 28.8.
η hand.
θ bear.
h ch. 6.3. Job3.11,&c.
i He. 9.27.
k Ro. 12.15.
κ all the rightness of.
λ this is the envy of a man from.
l Ps. 150.4.
m Ge.37.4,11.
n Pr. 6.10.
o 1 Co.7.3.5.
μ be far from.
p Ex. 19.15. Joel 2.16.
q Pr.15.16,17.
ν seek.
r Am. 5.13.
s Job32.4,&c.
t Ps. 136.21. Lu. 14.26. Re. 2.2.
u Pr. 27.20. 1 Jnº.2.16.
v Ps. 39.6.
w Job 11.7,8. Ro. 11.33.
x Ps. 37.3.
y ch. 2.24.
z Ja. 1.17.
a Pr. 30.6.
π knoweth not to be.
b ch. 1.9.
ρ driven away.
c ch. 5.8. Je. 5.1, 2.
d Mat. 25.32. Ro. 2.6,8. 2 Co. 5.10. 2Th.1.6,10.
σ or, they might clear God, and see, Ps. 51.4.
e Ex. 3.5. 2 Ch. 26.16.
f Ps.49.12,20. 73.22.
g 1 Sa.15.22. Pr. 21.27. Ho. 6.6.
τ or, word.

2 כִּי בָא הַחֲלוֹם בְּרֹב עִנְיָן וְקוֹל כְּסִיל בְּרֹב דְּבָרִים׃

3 כַּאֲשֶׁר תִּדֹּר נֶדֶר לֵאלֹהִים אַל־תְּאַחֵר לְשַׁלְּמוֹ כִּי אֵין חֵפֶץ בַּכְּסִילִים אֵת אֲשֶׁר־תִּדֹּר שַׁלֵּם׃

4 טוֹב אֲשֶׁר לֹא־תִדֹּר מִשֶּׁתִּדּוֹר וְלֹא תְשַׁלֵּם׃

5 אַל־תִּתֵּן אֶת־פִּיךָ לַחֲטִיא אֶת־בְּשָׂרֶךָ וְאַל־תֹּאמַר לִפְנֵי הַמַּלְאָךְ כִּי שְׁגָגָה הִיא לָמָּה יִקְצֹף הָאֱלֹהִים עַל־קוֹלֶךָ וְחִבֵּל אֶת־מַעֲשֵׂה יָדֶיךָ׃

6 כִּי בְרֹב חֲלֹמוֹת וַהֲבָלִים וּדְבָרִים הַרְבֵּה כִּי אֶת־הָאֱלֹהִים יְרָא׃

7 אִם־עֹשֶׁק רָשׁ וְגֵזֶל מִשְׁפָּט וָצֶדֶק תִּרְאֶה בַמְּדִינָה אַל־תִּתְמַהּ עַל־הַחֵפֶץ כִּי גָבֹהַּ מֵעַל גָּבֹהַּ שֹׁמֵר וּגְבֹהִים עֲלֵיהֶם׃

8 וְיִתְרוֹן אֶרֶץ בַּכֹּל הִיא מֶלֶךְ לְשָׂדֶה נֶעֱבָד׃

9 אֹהֵב כֶּסֶף לֹא־יִשְׂבַּע כֶּסֶף וּמִי־אֹהֵב בֶּהָמוֹן לֹא תְבוּאָה גַּם־זֶה הָבֶל׃

10 בִּרְבוֹת הַטּוֹבָה רַבּוּ אוֹכְלֶיהָ וּמַה־כִּשְׁרוֹן לִבְעָלֶיהָ כִּי אִם־רְאוּת עֵינָיו׃

11 מְתוּקָה שְׁנַת הָעֹבֵד אִם־מְעַט וְאִם־הַרְבֵּה יֹאכֵל וְהַשָּׂבָע לֶעָשִׁיר אֵינֶנּוּ מַנִּיחַ לוֹ לִישׁוֹן׃

12 יֵשׁ רָעָה חוֹלָה רָאִיתִי תַּחַת הַשָּׁמֶשׁ עֹשֶׁר שָׁמוּר לִבְעָלָיו לְרָעָתוֹ׃

13 וְאָבַד הָעֹשֶׁר הַהוּא בְּעִנְיַן רָע וְהוֹלִיד בֵּן וְאֵין בְּיָדוֹ מְאוּמָה׃

14 כַּאֲשֶׁר יָצָא מִבֶּטֶן אִמּוֹ עָרוֹם יָשׁוּב לָלֶכֶת כְּשֶׁבָּא וּמְאוּמָה לֹא־יִשָּׂא בַעֲמָלוֹ שֶׁיֹּלֵךְ בְּיָדוֹ׃

15 וְגַם־זֹה רָעָה חוֹלָה כָּל־עֻמַּת שֶׁבָּא כֵּן יֵלֵךְ וּמַה־יִּתְרוֹן לוֹ שֶׁיַּעֲמֹל לָרוּחַ׃

16 גַּם כָּל־יָמָיו בַּחֹשֶׁךְ יֹאכֵל וְכָעַס הַרְבֵּה וְחָלְיוֹ וָקָצֶף׃

17 הִנֵּה אֲשֶׁר־רָאִיתִי אָנִי טוֹב אֲשֶׁר־יָפֶה לֶאֱכוֹל־וְלִשְׁתּוֹת וְלִרְאוֹת טוֹבָה בְּכָל־עֲמָלוֹ שֶׁיַּעֲמֹל תַּחַת־הַשֶּׁמֶשׁ מִסְפַּר יְמֵי־חַיָּו אֲשֶׁר־נָתַן־לוֹ הָאֱלֹהִים כִּי־הוּא חֶלְקוֹ׃

18 גַּם כָּל־הָאָדָם אֲשֶׁר נָתַן־לוֹ הָאֱלֹהִים עֹשֶׁר וּנְכָסִים וְהִשְׁלִיטוֹ לֶאֱכֹל מִמֶּנּוּ וְלָשֵׂאת אֶת־חֶלְקוֹ וְלִשְׂמֹחַ בַּעֲמָלוֹ זֹה מַתַּת אֱלֹהִים הִיא׃

19 כִּי לֹא הַרְבֵּה יִזְכֹּר אֶת־יְמֵי חַיָּיו כִּי הָאֱלֹהִים מַעֲנֶה בְּשִׂמְחַת לִבּוֹ׃

CAP. VI.

1 יֵשׁ רָעָה אֲשֶׁר רָאִיתִי תַּחַת הַשָּׁמֶשׁ וְרַבָּה הִיא עַל־הָאָדָם׃

2 אִישׁ אֲשֶׁר יִתֶּן־לוֹ הָאֱלֹהִים עֹשֶׁר וּנְכָסִים וְכָבוֹד וְאֵינֶנּוּ חָסֵר לְנַפְשׁוֹ מִכֹּל אֲשֶׁר־יִתְאַוֶּה וְלֹא־יַשְׁלִיטֶנּוּ הָאֱלֹהִים לֶאֱכֹל מִמֶּנּוּ כִּי אִישׁ

3 נָכְרִי יֹאכְלֶנּוּ זֶה הֶבֶל וָחֳלִי רָע הוּא׃ אִם־יוֹלִיד אִישׁ מֵאָה וְשָׁנִים רַבּוֹת יִחְיֶה וְרַב שֶׁיִּהְיוּ יְמֵי־שָׁנָיו וְנַפְשׁוֹ לֹא־תִשְׂבַּע מִן־הַטּוֹבָה וְגַם־קְבוּרָה לֹא־הָיְתָה לּוֹ אָמַרְתִּי טוֹב מִמֶּנּוּ הַנָּפֶל׃

4 כִּי־בַהֶבֶל בָּא וּבַחֹשֶׁךְ יֵלֵךְ וּבַחֹשֶׁךְ שְׁמוֹ יְכֻסֶּה׃

5 גַּם־שֶׁמֶשׁ לֹא־רָאָה וְלֹא יָדָע נַחַת לָזֶה מִזֶּה׃

6 וְאִלּוּ חָיָה אֶלֶף שָׁנִים פַּעֲמַיִם וְטוֹבָה לֹא רָאָה הֲלֹא אֶל־מָקוֹם אֶחָד הַכֹּל הוֹלֵךְ׃

7 כָּל־עֲמַל הָאָדָם לְפִיהוּ וְגַם־הַנֶּפֶשׁ לֹא תִמָּלֵא׃

8 כִּי מַה־יּוֹתֵר לֶחָכָם מִן־הַכְּסִיל מַה־לֶּעָנִי יוֹדֵעַ לַהֲלֹךְ נֶגֶד הַחַיִּים׃

9 טוֹב מַרְאֵה עֵינַיִם מֵהֲלָךְ־נָפֶשׁ גַּם־זֶה הֶבֶל וּרְעוּת רוּחַ׃

10 מַה־שֶּׁהָיָה כְּבָר נִקְרָא שְׁמוֹ וְנוֹדָע אֲשֶׁר־הוּא אָדָם וְלֹא־יוּכַל לָדִין עִם שֶׁתַּקִּיף מִמֶּנּוּ׃

11 כִּי יֵשׁ־דְּבָרִים הַרְבֵּה מַרְבִּים הָבֶל מַה־יֹּתֵר לָאָדָם׃

12 כִּי מִי־יוֹדֵעַ מַה־טּוֹב לָאָדָם בַּחַיִּים מִסְפַּר יְמֵי־חַיֵּי הֶבְלוֹ וְיַעֲשֵׂם כַּצֵּל אֲשֶׁר מִי־יַגִּיד לָאָדָם מַה־יִּהְיֶה אַחֲרָיו תַּחַת הַשָּׁמֶשׁ׃

CAP. VII.

1 טוֹב שֵׁם מִשֶּׁמֶן טוֹב וְיוֹם הַמָּוֶת מִיּוֹם הִוָּלְדוֹ׃

2 טוֹב לָלֶכֶת אֶל־בֵּית־אֵבֶל מִלֶּכֶת אֶל־בֵּית מִשְׁתֶּה בַּאֲשֶׁר הוּא סוֹף כָּל־הָאָדָם וְהַחַי יִתֵּן אֶל־לִבּוֹ׃

3 טוֹב כַּעַס מִשְּׂחוֹק כִּי־בְרֹעַ פָּנִים יִיטַב לֵב׃

4 לֵב חֲכָמִים בְּבֵית אֵבֶל וְלֵב כְּסִילִים בְּבֵית שִׂמְחָה׃

5 טוֹב לִשְׁמֹעַ גַּעֲרַת חָכָם מֵאִישׁ שֹׁמֵעַ שִׁיר כְּסִילִים׃

6 כִּי כְקוֹל הַסִּירִים תַּחַת הַסִּיר כֵּן שְׂחֹק הַכְּסִיל וְגַם־זֶה הָבֶל׃

7 כִּי הָעֹשֶׁק יְהוֹלֵל חָכָם וִיאַבֵּד אֶת־לֵב מַתָּנָה׃

8 טוֹב אַחֲרִית דָּבָר מֵרֵאשִׁיתוֹ טוֹב אֶרֶךְ־רוּחַ מִגְּבַהּ־רוּחַ׃

9 אַל־תְּבַהֵל בְּרוּחֲךָ לִכְעוֹס כִּי כַעַס בְּחֵיק כְּסִילִים יָנוּחַ׃

10 אַל־תֹּאמַר מֶה הָיָה שֶׁהַיָּמִים הָרִאשֹׁנִים הָיוּ טוֹבִים מֵאֵלֶּה כִּי לֹא מֵחָכְמָה שָׁאַלְתָּ עַל־זֶה׃

11 טוֹבָה חָכְמָה עִם־נַחֲלָה וְיֹתֵר לְרֹאֵי הַשָּׁמֶשׁ׃

12 כִּי בְּצֵל הַחָכְמָה בְּצֵל הַכָּסֶף וְיִתְרוֹן דַּעַת הַחָכְמָה תְּחַיֶּה בְעָלֶיהָ׃

13 רְאֵה אֶת־מַעֲשֵׂה הָאֱלֹהִים כִּי מִי יוּכַל לְתַקֵּן אֵת אֲשֶׁר עִוְּתוֹ׃

14 בְּיוֹם טוֹבָה הֱיֵה בְטוֹב וּבְיוֹם רָעָה רְאֵה גַּם אֶת־זֶה לְעֻמַּת־זֶה עָשָׂה הָאֱלֹהִים עַל־דִּבְרַת שֶׁלֹּא יִמְצָא הָאָדָם אַחֲרָיו

and thou upon earth: therefore let thy words be few.[a]

3 For a dream cometh through the multitude of business; and a fool's voice *is known* by multitude of words.

4 When thou vowest a vow[c] unto God, defer not to pay it; for *he hath* no pleasure[d] in fools: pay that which thou hast vowed.

5 Better[e] *is it* that thou shouldest not vow, than that thou shouldest vow and not pay.

6 Suffer not thy mouth to cause thy flesh to sin; neither say thou before the angel[g] that it *was* an error: wherefore should God be angry at thy voice, and destroy the work of thine hands?

7 For in the multitude of dreams and many words *there are* also *divers* vanities: but fear[i] thou God.

8 If[k] thou seest the oppression of the poor, and violent perverting of judgment and justice in a province, marvel not at the δ matter: for he[l] *that is* higher than the highest regardeth; and *there be*[m] higher than they.

9 Moreover, the profit of the earth is for all: the king *himself* is served by the field.

10 He[o] that loveth silver shall not be satisfied with silver; nor he that loveth abundance with increase. This *is* also vanity.

11 When goods increase, they are increased that eat them: and what good *is there* to the owners thereof, saving the beholding *of them* with their eyes?

12 The sleep of a labouring man *is* sweet, whether he eat little or much: but the abundance of the rich will not suffer him to sleep.

13 There is a sore evil *which* I have seen under the sun, *namely,* riches kept for the owners thereof to their hurt.[t]

14 But those riches perish by evil travail; and he begetteth a son, and *there is* nothing in his hand.

15 As[v] he came forth of his mother's womb, naked shall he return to go as he came, and shall take nothing of his labour, which he may carry away in his hand.

16 And this also *is* a sore evil, *that* in all points as he came, so shall he go: and what profit hath he that hath laboured for the wind?[x]

17 All his days also he eateth in darkness, and *he hath* much sorrow and wrath[y] with his sickness.

18 Behold *that* which I have seen: κ *it is* good and comely *for one* to eat and to drink, and to enjoy the good of all his labour that he taketh under the sun λ all the days of his life, which God giveth[b] him; for it *is* his portion.

19 Every man[c] also to whom God hath given riches and wealth, and hath given him power to eat thereof, and to take his portion, and to rejoice in his labour; this *is* the gift of God.

20 For π he shall not much remember the days of his life; because God answereth *him* in the joy of his heart.

CHAP. VI.

THERE is an evil which I have seen under the sun, and it *is* common among men:

2 A man to whom God hath given riches, wealth, and honour, so that[f] he wanteth nothing for his soul of all that he desireth, yet[g] God giveth him not power to eat thereof, but a stranger eateth it: this *is* vanity, and it *is* an evil disease.

3 If a man beget an hundred *children,*

and live many years, so that the days of his years be many, and his soul be not filled with good, and also *that* he have no burial:[b] I say, *that* an untimely birth *is* better than he:

4 For he cometh in with vanity, and departeth in darkness, and his name shall be covered with darkness.

5 Moreover, he hath not seen[f] the sun, nor known *any thing:* this hath more rest than the other.

6 Yea, though he live a thousand years twice *told,* yet hath he seen no good: do not all go to one place?

7 All[h] the labour of man *is* for his mouth, and yet the β appetite is not filled.

8 For what hath the wise more than the fool? what hath the poor, that knoweth to walk before the living?

9 Better *is* the sight of the eyes than the γ wandering of the desire: this *is* also vanity and vexation of spirit.

10 That which hath been is named already, and it is known that it *is* man: neither[n] may he contend with him that is mightier than he.

11 Seeing there be many things that increase vanity,[p] what *is* man the better?

12 For who[q] knoweth what *is* good for man in *this* life, ζall the days of his vain life which he spendeth as a shadow?[r] for who can tell a man what shall be after him under the sun?

CHAP. VII.

A GOOD[s] name *is* better than precious ointment; and the day of death than the day of one's birth.

2 *It is* better to go to the house of mourning than to go to the house of feasting: for that *is* the end of all men; and the living will lay *it* to his heart.

3 η Sorrow *is* better than laughter: for[u] by the sadness of the countenance the heart is made better.

4 The heart of the wise *is* in the house of mourning: but the heart of fools *is* in the house of mirth.

5 *It is* better to hear the rebuke[w] of the wise, than for a man to hear the song of fools.

6 For as the θ crackling of thorns under a pot, so *is* the laughter of the fool. This also *is* vanity.

7 Surely oppression maketh a wise man mad; and a gift[z] destroyeth the heart.

8 Better *is* the end of a thing than the beginning thereof; *and* the patient[a] in spirit *is* better than the proud in spirit.

9 Be not hasty in thy spirit to be angry: for anger resteth in the bosom of fools.

10 Say not thou, What is *the cause* that the former days were better than these? for thou dost not inquire μ wisely concerning this.

11 Wisdom *is* ν good with an inheritance; and *by it there is* profit to them that see the sun.

12 For wisdom *is* a ρ defence, *and* money *is* a defence: but the excellency of knowledge *is, that* wisdom[d] giveth life to them that have it.

13 Consider the work of God: for[e] who can make *that* straight which he hath made crooked?

14 In the day of prosperity be joyful, but in the day of adversity consider: God also hath σ set the one over against[h] the other, to the end that man should find nothing after him.

B. C. 977.

a Pr. 10. 19.
Mat. 6. 7.
b 2 Ki. 9. 35...
37.
Is.14.19,20.
Je. 22. 19.
c Nu. 30. 2.
De.23.21..23.
Ps. 66. 13,14.
d He. 10. 38.
e Pr. 20. 25.
Ac. 5. 4.
f Ps. 58. 8.
g 1Co. 11. 10.
He. 1. 14.
h Pr. 16. 26.
β soul.
i ch. 12. 13.
k ch. 3. 16.
γ walking of the soul.
δ will, or, purpose.
l Ps. 12. 5.
58. 11.
m Ps. 95. 3.
n Job 40. 2.
Is. 45. 9.
o Mat.6.19,24.
p Ps. 73. 6.
q Ps. 47. 4.
ζ the number of the days of the life of his vanity.
r Ps. 102. 11.
Ja. 4. 14.
s Pr. 22. 1.
t 1 Ti. 6. 9.
Ja. 5. 1, 2.
η or, Anger.
u 2 Co. 7. 10.
v Job 1. 21.
Ps. 49. 17.
w Ps. 141. 5.
θ sound.
x Pr. 11. 29.
Ho. 8. 7.
y Pr.1.27..29.
z De. 16. 19.
κ there is a good which is comely.
a Pr. 14. 29.
λ the number of.
b 1 Ti. 6. 17.
c ch. 2. 24.
3. 12,13.
μ out of wisdom.
ν or, as good as an inheritance, yea, better too.
π or, though he give not much, yet he remembereth.
ρ shadow.
d Pr. 8. 35.
e Is. 14. 27.
f Job 21. 10, &c.
Ps. 73. 7.
g Lu. 12. 20.
σ made.
h Jno. 16. 33.
Ac. 14. 22.

CAP. VII. ז

¹⁰ וּבְכֵן רָאִיתִי ׀ אֲשֶׁר שָׁלַט הָאָדָם בְּאָדָם לְרַע לֹו ׃
רְשָׁעִים קְבֻרִים וָבָאוּ וּמִמְּקֹום קָדֹושׁ יְהַלֵּכוּ
וְיִשְׁתַּכְּחוּ בָעִיר אֲשֶׁר כֵּן־עָשׂוּ גַּם־זֶה הָבֶל ׃

¹¹ אֲשֶׁר אֵין־נַעֲשָׂה פִתְגָם מַעֲשֵׂה הָרָעָה מְהֵרָה
עַל־כֵּן מָלֵא לֵב בְּנֵי־הָאָדָם בָּהֶם לַעֲשֹׂות רָע ׃

¹² אֲשֶׁר חֹטֶא עֹשֶׂה רָע מְאַת וּמַאֲרִיךְ לֹו כִּי גַם־
יֹודֵעַ אָנִי אֲשֶׁר יִהְיֶה־טֹּוב לְיִרְאֵי הָאֱלֹהִים אֲשֶׁר
יִירְאוּ מִלְּפָנָיו ׃ וְטֹוב לֹא־יִהְיֶה לָרָשָׁע וְלֹא־יַאֲרִיךְ ¹³

¹⁴ יָמִים כַּצֵּל אֲשֶׁר אֵינֶנּוּ יָרֵא מִלִּפְנֵי אֱלֹהִים ׃ יֶשׁ־
הֶבֶל אֲשֶׁר נַעֲשָׂה עַל־הָאָרֶץ אֲשֶׁר ׀ יֵשׁ צַדִּיקִים
אֲשֶׁר מַגִּיעַ אֲלֵהֶם כְּמַעֲשֵׂה הָרְשָׁעִים וְיֵשׁ רְשָׁעִים
שֶׁמַּגִּיעַ אֲלֵהֶם כְּמַעֲשֵׂה הַצַּדִּיקִים אָמַרְתִּי שֶׁגַּם־

¹⁵ זֶה הָבֶל ׃ וְשִׁבַּחְתִּי אֲנִי אֶת־הַשִּׂמְחָה אֲשֶׁר
אֵין־טֹוב לָאָדָם תַּחַת הַשֶּׁמֶשׁ כִּי אִם־לֶאֱכֹל
וְלִשְׁתֹּות וְלִשְׂמֹוחַ וְהוּא יִלְוֶנּוּ בַעֲמָלֹו יְמֵי חַיָּיו

¹⁶ אֲשֶׁר־נָתַן־לֹו הָאֱלֹהִים תַּחַת הַשָּׁמֶשׁ ׃ כַּאֲשֶׁר
נָתַתִּי אֶת־לִבִּי לָדַעַת חָכְמָה וְלִרְאֹות אֶת־הָעִנְיָן
אֲשֶׁר נַעֲשָׂה עַל־הָאָרֶץ כִּי גַם בַּיֹּום וּבַלַּיְלָה שֵׁנָה

¹⁷ בְּעֵינָיו אֵינֶנּוּ רֹאֶה ׃ וְרָאִיתִי אֶת־כָּל־מַעֲשֵׂה
הָאֱלֹהִים כִּי לֹא יוּכַל הָאָדָם לִמְצֹוא אֶת־הַמַּעֲשֶׂה
אֲשֶׁר נַעֲשָׂה תַחַת־הַשֶּׁמֶשׁ בְּשֶׁל אֲשֶׁר יַעֲמָל
הָאָדָם לְבַקֵּשׁ וְלֹא יִמְצָא וְגַם אִם־יֹאמַר הֶחָכָם

CAP. IX. ט

¹ כִּי אֶת־כָּל־זֶה נָתַתִּי אֶל־לִבִּי וְלָבוּר אֶת־כָּל־זֶה אֲשֶׁר
הַצַּדִּיקִים וְהַחֲכָמִים וַעֲבָדֵיהֶם בְּיַד הָאֱלֹהִים גַּם־
אַהֲבָה גַּם־שִׂנְאָה אֵין יֹודֵעַ הָאָדָם הַכֹּל לִפְנֵיהֶם ׃

² הַכֹּל כַּאֲשֶׁר לַכֹּל מִקְרֶה אֶחָד לַצַּדִּיק וְלָרָשָׁע
לַטֹּוב וְלַטָּהֹור וְלַטָּמֵא וְלַזֹּבֵחַ וְלַאֲשֶׁר אֵינֶנּוּ זֹבֵחַ

³ כַּטֹּוב כַּחֹטֶא הַנִּשְׁבָּע כַּאֲשֶׁר שְׁבוּעָה יָרֵא ׃ זֶה ׀
רָע בְּכֹל אֲשֶׁר־נַעֲשָׂה תַּחַת הַשֶּׁמֶשׁ כִּי־מִקְרֶה
אֶחָד לַכֹּל וְגַם לֵב בְּנֵי־הָאָדָם מָלֵא־רָע וְהֹולֵלֹות

⁴ בִּלְבָבָם בְּחַיֵּיהֶם וְאַחֲרָיו אֶל־הַמֵּתִים ׃ כִּי־מִי
אֲשֶׁר יְבֻחַר אֶל כָּל־הַחַיִּים יֵשׁ בִּטָּחֹון כִּי־לְכֶלֶב חַי

⁵ הוּא טֹוב מִן־הָאַרְיֵה הַמֵּת ׃ כִּי הַחַיִּים יֹודְעִים
שֶׁיָּמֻתוּ וְהַמֵּתִים אֵינָם יֹודְעִים מְאוּמָה וְאֵין־עֹוד

⁶ לָהֶם שָׂכָר כִּי נִשְׁכַּח זִכְרָם ׃ גַּם אַהֲבָתָם גַּם־
שִׂנְאָתָם גַּם־קִנְאָתָם כְּבָר אָבָדָה וְחֵלֶק אֵין־לָהֶם
עֹוד לְעֹולָם בְּכֹל אֲשֶׁר־נַעֲשָׂה תַּחַת הַשָּׁמֶשׁ ׃

CAP. VIII. ח

¹ מִי כְּהֶחָכָם וּמִי יֹודֵעַ פֵּשֶׁר דָּבָר חָכְמַת אָדָם
תָּאִיר פָּנָיו וְעֹז פָּנָיו יְשֻׁנֶּא ׃ אֲנִי פִּי־מֶלֶךְ שְׁמֹר וְעַל ²

³ דִּבְרַת שְׁבוּעַת אֱלֹהִים ׃ אַל־תִּבָּהֵל מִפָּנָיו תֵּלֵךְ
אַל־תַּעֲמֹד בְּדָבָר רָע כִּי כָּל־אֲשֶׁר יַחְפֹּץ יַעֲשֶׂה ׃

⁴ בַּאֲשֶׁר דְּבַר־מֶלֶךְ שִׁלְטֹון וּמִי יֹאמַר־לֹו מַה־
תַּעֲשֶׂה ׃ שֹׁומֵר מִצְוָה לֹא יֵדַע דָּבָר רָע וְעֵת ⁵

⁶ וּמִשְׁפָּט יֵדַע לֵב חָכָם ׃ כִּי לְכָל־חֵפֶץ יֵשׁ עֵת
וּמִשְׁפָּט כִּי־רָעַת הָאָדָם רַבָּה עָלָיו ׃ כִּי־אֵינֶנּוּ ⁷

⁸ יֹדֵעַ מַה־שֶּׁיִּהְיֶה כִּי כַּאֲשֶׁר יִהְיֶה מִי יַגִּיד לֹו ׃ אֵין
אָדָם שַׁלִּיט בָּרוּחַ לִכְלֹוא אֶת־הָרוּחַ וְאֵין שִׁלְטֹון
בְּיֹום הַמָּוֶת וְאֵין מִשְׁלַחַת בַּמִּלְחָמָה וְלֹא־יְמַלֵּט

⁹ רֶשַׁע אֶת־בְּעָלָיו ׃ אֶת־כָּל־זֶה רָאִיתִי וְנָתֹון אֶת־
לִבִּי לְכָל־מַעֲשֶׂה אֲשֶׁר נַעֲשָׂה תַּחַת הַשֶּׁמֶשׁ עֵת

15 All *things* have I seen in the days of my vanity: there is^a a just *man* that perisheth in his righteousness, and there is a wicked *man* that prolongeth^b *his life* in his wickedness.

16 Be^c not righteous over-much, neither make thyself over-wise: why shouldest thou β destroy^e thyself?

17 Be not over-much wicked, neither be thou foolish: why*f* shouldest thou die γ before thy time?

18 *It is* good that thou shouldest take hold of this; yea, also from this withdraw not thine hand: for heⁱ that feareth God shall come forth of them all.

19 Wisdom strengtheneth the wise more than ten mighty *men* which are in the city.

20 For^m *there* is not a just man upon earth, that doeth good, and sinneth not.

21 Also δ take no heed unto allⁿ words that are spoken; lest thou hear thy servant curse thee:

22 For oftentimes also thine own heart knoweth that thou thyself likewise hast cursed others.

23 All this have I proved by wisdom: I^p said, I will be wise; but it *was* far from me.

24 That which is far off, and exceeding deep, who can find it out?

25 I ζ applied mine heart to know, and o search, and to seek out wisdom, and the reason *of things*, and to know the wickedness of folly, even of foolishness *and* madness:

26 And I find more bitter than death the woman whose heart *is* snares^r and nets, *and* her hands *as* bands: η whoso pleaseth^s God shall escape from her; but the sinner shall be taken by her.

27 Behold, this have I found, (saith the Preacher,) θ *counting* one by one, to find out the account:

28 Which yet my soul seeketh, but I find not: one man among a thousand have I found; but a woman among all those have I not found.

29 Lo, this only have I found, that God hath made man upright;^u but they have sought out many^v inventions.

CHAP. VIII.

WHO *is* as the wise *man?* and who^x knoweth the interpretation of a thing? a man's wisdom maketh his face to shine, and the λ boldness of his face shall be changed.

2 I *counsel thee* to keep the king's^a commandment, and *that* in regard of the oath of God.

3 Be^b not hasty to go out of his sight: stand not in an evil thing; for he doeth whatsoever pleaseth him.

4 Where the word of a king *is, there is* power; and who^c may say unto him, What doest thou?

5 Whoso keepeth the commandment shall μ feel no^e evil thing: and a wise man's heart discerneth both time and judgment.

6 Because to every purpose there is time and judgment; therefore the misery of man *is* great upon him.

7 For he knoweth not that which shall be: for who can tell him ν when it shall be?

8 There*g* *is* no man that hath power over the spirit, to retain the spirit; neither *hath he* power in the day of death; and *there* is no π discharge in *that* war; neither shall wickedness*l* deliver those that are given to it.

B. C. 977.

a ch. 8. 14.
Jn^a. 16. 2.
Ac. 7. 59.
b Is. 65. 20.
c Ro. 10. 2.
d Je. 17. 13.
He. 10. 38.
β *be desolate.*
e ch. 12. 12.
f Ps. 55. 23.
g Ps. 10. 6.
50. 21.
2Pe. 3. 3, 4.
γ *not in.*
h Is. 26. 10.
i ch. 8. 12, 13.
Mal. 4. 2.
k ch. 7. 15.
l Ps. 37. 18, 19.
Is. 3. 10, 11.
m 2 Ch. 6. 36.
1 Jn^a. 1. 8.
δ *give not thy heart.*
n Is. 29. 21.
o Job 21. 7, &c.
Ps. 73. 14.
Mal. 3. 15.
p Ro. 1. 22.
1 Co. 1. 20.
ζ *I and my heart compassed.*
q ch. 5. 18.
9. 7.
1 Ti. 4. 3, 4.
6. 17.
r Pr. 5. 3, 5.
η *he that is good before.*
s Pr. 22. 14.
θ *weighing one thing after another, to find out the reason.*
t Job 5. 9.
Ps. 40. 5.
Ro. 11. 33.
u Ge. 1. 27.
κ *gave, or, set to.*
v Ge. 3. 6, &c.
w ch. 12. 9, 10.
x Pr. 1. 5, 6.
λ *strength.*
y ch. 8. 14.
z Mal. 3. 18.
a Ro. 13. 1, 6.
b ch. 10. 4.
c Job 34. 18.
Pr. 30. 31.
d Ge. 6. 5.
Je. 17. 9.
Mat. 15. 19.
μ *know.*
e Ps. 119. 6.
1 Pe. 3. 13.
ν *how.*
f Job 14. 21.
Is. 63. 16.
Ps. 49. 6.
h Job 7. 8..10.
Is. 26. 14.
i Ex. 1. 8.
k Mat. 2. 20.
π *or, casting off weapons*
l Ps. 73. 18, &c.

9 All this have I seen, and applied my heart unto every work that is done under the sun: *there is* a time wherein one man ruleth over another to his own hurt.

10 And so I saw the wicked buried, who had come and gone from the place of the holy, and they were forgotten^d in the city where they had so done. This *is* also vanity.

11 Because^g sentence against an evil work is not executed speedily, therefore^h the heart of the sons of men is fully set in them to do evil.

12 Though^k a sinner do evil an hundred times, and his *days* be prolonged, yet surely I know that it shall be well with*l* them that fear God, which fear before him:

13 But it shall not be well with the wicked, neither shall he prolong *his* days, *which are* as a shadow; because he feareth not before God.

14 There is a vanity which is done upon the earth; that there be just *men*, unto whom^o it happeneth according to the work of the wicked: again, there be wicked *men*, to whom it happeneth according to the work of the righteous. I said, that this also *is* vanity.

15 Then I commended mirth, because a man hath no better thing under the sun, than to eat,^q and to drink, and to be merry; for that shall abide with him of his labour the days of his life, which God giveth him under the sun.

16 When I applied mine heart to know wisdom, and to see the business that is done upon the earth: (for also *there is that* neither day nor night seeth sleep with his eyes:)

17 Then I beheld all the work of God, that a man cannot find out*t* the work that is done under the sun; because though a man labour to seek *it* out, yet he shall not find it *;* yea, further, though a wise *man* think to know *it*, yet shall he not be able to find *it*.

CHAP. IX.

FOR all this I κ considered in my heart, even to declare^v all this, that the righteous, and the wise, and their works, *are* in the hand of God: no man knoweth either love or hatred *by* all *that is* before them.

2 All*y* *things come* alike^z to all: *there is* one event to the righteous and to the wicked; to the good, and to the clean, and to the unclean; to him that sacrificeth, and to him that sacrificeth not: as *is* the good, so *is* the sinner; *and* he that sweareth, as *he* that feareth an oath.

3 This *is* an evil among all *things* that are done under the sun, that *there is* one event unto all: yea, also the heart*d* of the sons of men is full of evil, and madness *is* in their heart while they live, and after that *they go* to the dead.

4 For to him that is joined to all the living there is hope: for a living dog is better than a dead lion.

5 For the living know that they shall die: but the dead*f* know not any thing, neither have they any more a reward, for^h the memory of them is forgotten.

6 Also their love,ⁱ and their hatred,^k and their envy, is now perished; neither have they any more a portion for ever in any *thing* that is done under the sun.

7 לֵךְ אֱכֹל בְּשִׂמְחָה לַחְמֶךָ וּֽשֲׁתֵה בְלֶב־טוֹב יֵינֶךָ כִּי כְבָר רָצָה הָאֱלֹהִים אֶֽת־מַעֲשֶׂיךָ׃

8 בְּכָל־עֵת יִהְיוּ בְגָדֶיךָ לְבָנִים וְשֶׁמֶן עַל־רֹאשְׁךָ אַל־יֶחְסָר׃

9 רְאֵה חַיִּים עִם־אִשָּׁה אֲשֶׁר־אָהַבְתָּ כָּל־יְמֵי חַיֵּי הֶבְלֶךָ אֲשֶׁר נָֽתַן־לְךָ תַּחַת הַשֶּׁמֶשׁ כֹּל יְמֵי הֶבְלֶךָ כִּי הוּא חֶלְקְךָ בַּֽחַיִּים וּבַעֲמָֽלְךָ אֲשֶׁר־אַתָּה עָמֵל תַּחַת הַשָּׁמֶשׁ׃

10 כֹּל אֲשֶׁר תִּמְצָא יָדְךָ לַעֲשׂוֹת בְּכֹחֲךָ עֲשֵׂה כִּי אֵין מַעֲשֶׂה וְחֶשְׁבּוֹן וְדַעַת וְחָכְמָה בִּשְׁאוֹל אֲשֶׁר אַתָּה הֹלֵךְ שָׁמָּה׃

11 שַׁבְתִּי וְרָאֹה תַֽחַת־הַשֶּׁמֶשׁ כִּי לֹא לַקַּלִּים הַמֵּרוֹץ וְלֹא לַגִּבּוֹרִים הַמִּלְחָמָה וְגַם לֹא לַחֲכָמִים לֶחֶם וְגַם לֹא לַנְּבֹנִים עֹשֶׁר וְגַם לֹא לַיֹּדְעִים חֵן כִּי־עֵת וָפֶגַע יִקְרֶה אֶת־כֻּלָּֽם׃

12 כִּי גַּם לֹֽא־יֵדַע הָאָדָם אֶת־עִתּוֹ כַּדָּגִים שֶׁנֶּאֱחָזִים בִּמְצוֹדָה רָעָה וְכַצִּפֳּרִים הָאֲחֻזוֹת בַּפָּח כָּהֵם יֽוּקָשִׁים בְּנֵי הָאָדָם לְעֵת רָעָה כְּשֶׁתִּפּוֹל עֲלֵיהֶם פִּתְאֹֽם׃

13 גַּם־זֹה רָאִיתִי חָכְמָה תַּחַת הַשָּׁמֶשׁ וּגְדוֹלָה הִיא אֵלָֽי׃

14 עִיר קְטַנָּה וַאֲנָשִׁים בָּהּ מְעָט וּבָֽא־אֵלֶיהָ מֶלֶךְ גָּדוֹל וְסָבַב אֹתָהּ וּבָנָה עָלֶיהָ מְצוֹדִים גְּדֹלִֽים׃

15 וּמָצָא בָהּ אִישׁ מִסְכֵּן חָכָם וּמִלַּט־הוּא אֶת־הָעִיר בְּחָכְמָתוֹ וְאָדָם לֹא זָכַר אֶת־הָאִישׁ הַמִּסְכֵּן הַהֽוּא׃

16 וְאָמַרְתִּי אָנִי טוֹבָה חָכְמָה מִגְּבוּרָה וְחָכְמַת הַמִּסְכֵּן בְּזוּיָה וּדְבָרָיו אֵינָם נִשְׁמָעִֽים׃

17 דִּבְרֵי חֲכָמִים בְּנַחַת נִשְׁמָעִים מִזַּעֲקַת מוֹשֵׁל בַּכְּסִילִֽים׃

18 טוֹבָה חָכְמָה מִכְּלֵי קְרָב וְחוֹטֶא אֶחָד יְאַבֵּד טוֹבָה הַרְבֵּֽה׃

CAP. X.   י

1 זְבוּבֵי מָוֶת יַבְאִישׁ יַבִּיעַ שֶׁמֶן רוֹקֵחַ יָקָר מֵחָכְמָה מִכָּבוֹד סִכְלוּת מְעָֽט׃

2 לֵב חָכָם לִֽימִינוֹ וְלֵב כְּסִיל לִשְׂמֹאלֽוֹ׃

3 וְגַם־בַּדֶּרֶךְ כְּשֶׁהַסָּכָל הֹלֵךְ לִבּוֹ חָסֵר וְאָמַר לַכֹּל סָכָל הֽוּא׃

4 אִם־רוּחַ הַמּוֹשֵׁל תַּעֲלֶה עָלֶיךָ מְקוֹמְךָ אַל־תַּנַּח כִּי מַרְפֵּא יַנִּיחַ חֲטָאִים גְּדוֹלִֽים׃

5 יֵשׁ רָעָה רָאִיתִי תַּחַת הַשָּׁמֶשׁ כִּשְׁגָגָה שֶׁיֹּצָא מִלִּפְנֵי הַשַּׁלִּֽיט׃

6 נִתַּן הַסֶּכֶל בַּמְּרוֹמִים רַבִּים וַעֲשִׁירִים בַּשֵּׁפֶל יֵשֵֽׁבוּ׃

7 רָאִיתִי עֲבָדִים עַל־סוּסִים וְשָׂרִים הֹלְכִים כַּעֲבָדִים עַל־הָאָֽרֶץ׃

8 חֹפֵר גּוּמָּץ בּוֹ יִפּוֹל וּפֹרֵץ גָּדֵר יִשְּׁכֶנּוּ נָחָֽשׁ׃

9 מַסִּיעַ אֲבָנִים יֵעָצֵב בָּהֶם בּוֹקֵעַ עֵצִים יִסָּכֶן בָּֽם׃

10 אִם־קֵהָה הַבַּרְזֶל וְהוּא לֹא־פָנִים קִלְקַל וַחֲיָלִים יְגַבֵּר וְיִתְרוֹן הַכְשֵׁיר חָכְמָֽה׃

11 אִם־יִשֹּׁךְ הַנָּחָשׁ בְּלוֹא־לָחַשׁ וְאֵין יִתְרוֹן לְבַעַל הַלָּשֽׁוֹן׃

12 דִּבְרֵי פִי־חָכָם חֵן וְשִׂפְתוֹת כְּסִיל תְּבַלְּעֶֽנּוּ׃

13 תְּחִלַּת דִּבְרֵי־פִיהוּ סִכְלוּת וְאַחֲרִית פִּיהוּ הוֹלֵלוּת רָעָֽה׃

14 וְהַסָּכָל יַרְבֶּה דְבָרִים לֹא־יֵדַע הָאָדָם מַה־שֶּׁיִּהְיֶה וַאֲשֶׁר יִהְיֶה מֵאַחֲרָיו מִי יַגִּיד לֽוֹ׃

15 עֲמַל הַכְּסִילִים תְּיַגְּעֶנּוּ אֲשֶׁר לֹֽא־יָדַע לָלֶכֶת אֶל־עִֽיר׃

16 אִי־לָךְ אֶרֶץ שֶׁמַּלְכֵּךְ נָעַר וְשָׂרַיִךְ בַּבֹּקֶר יֹאכֵֽלוּ׃

17 אַשְׁרֵיךְ אֶרֶץ שֶׁמַּלְכֵּךְ בֶּן־חוֹרִים וְשָׂרַיִךְ בָּעֵת יֹאכֵלוּ בִּגְבוּרָה וְלֹא בַשְּׁתִֽי׃

18 בַּעֲצַלְתַּיִם יִמַּךְ הַמְּקָרֶה וּבְשִׁפְלוּת יָדַיִם יִדְלֹף הַבָּֽיִת׃

19 לִשְׂחוֹק עֹשִׂים לֶחֶם וְיַיִן יְשַׂמַּח חַיִּים וְהַכֶּסֶף יַעֲנֶה אֶת־הַכֹּֽל׃

20 גַּם בְּמַדָּעֲךָ מֶלֶךְ אַל־תְּקַלֵּל וּבְחַדְרֵי מִשְׁכָּבְךָ אַל־תְּקַלֵּל עָשִׁיר כִּי עוֹף הַשָּׁמַיִם יוֹלִיךְ אֶת־הַקּוֹל וּבַעַל הַכְּנָפַיִם יַגֵּיד דָּבָֽר׃

CAP. XI.   יא

1 שַׁלַּח לַחְמְךָ עַל־פְּנֵי הַמָּיִם כִּֽי־בְרֹב הַיָּמִים תִּמְצָאֶֽנּוּ׃

2 תֶּן־חֵלֶק לְשִׁבְעָה וְגַם לִשְׁמוֹנָה כִּי לֹא תֵדַע מַה־יִּהְיֶה רָעָה עַל־הָאָֽרֶץ׃

3 אִם־יִמָּלְאוּ הֶעָבִים גֶּשֶׁם עַל־הָאָרֶץ יָרִיקוּ וְאִם־יִפּוֹל עֵץ בַּדָּרוֹם וְאִם בַּצָּפוֹן מְקוֹם שֶׁיִּפּוֹל הָעֵץ שָׁם יְהֽוּא׃

4 שֹׁמֵר רוּחַ לֹא יִזְרָע וְרֹאֶה בֶעָבִים לֹא יִקְצֽוֹר׃

5 כַּאֲשֶׁר אֵֽינְךָ יוֹדֵעַ מַה־דֶּרֶךְ הָרוּחַ כַּעֲצָמִים בְּבֶטֶן הַמְּלֵאָה כָּכָה לֹא תֵדַע אֶת־מַעֲשֵׂה הָאֱלֹהִים אֲשֶׁר יַעֲשֶׂה אֶת־הַכֹּֽל׃

6 בַּבֹּקֶר זְרַע אֶת־זַרְעֶךָ וְלָעֶרֶב אַל־תַּנַּח יָדֶךָ כִּי אֵֽינְךָ יוֹדֵע אֵי זֶה יִכְשָׁר הֲזֶה אוֹ־זֶה וְאִם־שְׁנֵיהֶם כְּאֶחָד טוֹבִֽים׃

7 וּמָתוֹק הָאוֹר וְטוֹב לַֽעֵינַיִם לִרְאוֹת אֶת־הַשָּֽׁמֶשׁ׃

8 כִּי אִם־שָׁנִים הַרְבֵּה יִחְיֶה הָאָדָם בְּכֻלָּם יִשְׂמָח וְיִזְכֹּר אֶת־יְמֵי הַחֹשֶׁךְ כִּי־הַרְבֵּה יִהְיוּ כָּל־שֶׁבָּא הָֽבֶל׃

9 שְׂמַח בָּחוּר בְּיַלְדוּתֶיךָ וִיטִֽיבְךָ לִבְּךָ בִּימֵי בְחוּרוֹתֶךָ וְהַלֵּךְ בְּדַרְכֵי לִבְּךָ וּבְמַרְאֵי עֵינֶיךָ וְדָע כִּי עַל־כָּל־אֵלֶּה יְבִֽיאֲךָ הָאֱלֹהִים בַּמִּשְׁפָּֽט׃

10 וְהָסֵר כַּעַס מִלִּבֶּךָ וְהַעֲבֵר רָעָה מִבְּשָׂרֶךָ כִּֽי־הַיַּלְדוּת וְהַֽשַּׁחֲרוּת הָֽבֶל׃

CAP. XII.   יב

1 וּזְכֹר אֶת־בּוֹרְאֶיךָ בִּימֵי בְּחוּרֹתֶיךָ עַד אֲשֶׁר לֹא־יָבֹאוּ יְמֵי הָרָעָה וְהִגִּיעוּ שָׁנִים אֲשֶׁר תֹּאמַר אֵֽין־לִי בָהֶם חֵֽפֶץ׃

2 עַד אֲשֶׁר לֹֽא־תֶחְשַׁךְ הַשֶּׁמֶשׁ וְהָאוֹר וְהַיָּרֵחַ וְהַכּוֹכָבִים וְשָׁבוּ הֶעָבִים אַחַר

7 Go thy way, eat^a thy bread with joy, and drink thy wine ^b with a merry heart; for God now accepteth thy works.

8 Let thy garments^c be always white; and let thy head^f lack no ointment.

9 ó Live joyfully with the wife^g whom thou lovest all the days of the life of thy vanity, which he hath given thee under the sun, all the days of thy vanity : ^h for that *is* thy portion in *this* life, and in thy labour which thou takest under the sun.

10 Whatsoever thy hand findeth to do, do *it* with thy might ; ⁱ for *there is* no work, nor device, nor knowledge, nor wisdom, in the grave, ^k whither thou goest.

11 I returned, and saw under the sun, that ^m the race *is* not to the swift, nor the battle to the strong, neither yet bread to the wise, nor yet riches to men of understanding, nor yet favour to men of skill ; but time and chance happeneth to them all.

12 For man also knoweth not his time : as the fishes that are taken in an evil net, and as the birds that are caught in the snare ; so *are* the sons of men snared ^o in an evil time, when it falleth suddenly upon them.

13 This wisdom have I seen also under the sun, and it *seemed* great unto me.

14 *There*^r *was* a little city, and few men within it, and there came a great king against it, and besieged it, and built great bulwarks against it.

15 Now there was found in it a poor wise man, and he by his wisdom delivered the city ; yet no man remembered that same poor man.

16 Then said I, Wisdom *is* better ^v than strength : nevertheless^w the poor man's wisdom *is* despised, and his words are not heard.

17 The words of wise *men are* heard in quiet, ^x more than the cry of him that ruleth among fools.

18 Wisdom *is* better than weapons of war : but one^a sinner destroyeth much good.

CHAP. X.

DEAD μ flies cause the ointment of the apothecary to send forth a stinking savour : so^b *doth* a little folly him that is in reputation for wisdom *and* honour.

2 A wise man's heart *is* at his right hand ; but a fool's heart at his left.

3 Yea also, when he that is a fool walketh by the way, his π wisdom faileth *him*, and he saith ^d to every one *that* he *is* a fool.

4 If the spirit of the ruler rise up against thee, leave not^f thy place ; for^g yielding pacifieth great offences.

5 There is an evil *which* I have seen under the sun, as an error *which* proceedeth ρ from the ruler :

6 Folly^k is set in great σ dignity, and the rich sit in low place.

7 I have seen servants^l upon horses, and princes walking as servants upon the earth.

8 Heⁿ that diggeth a pit shall fall into it ; and whoso breaketh an hedge, a serpent shall bite him.

9 Whoso removeth stones shall be hurt therewith ; *and* he that cleaveth wood shall be endangered thereby.

10 If the iron be blunt, and he do not whet the edge, then must he put to more strength : but wisdom *is* profitable to direct.^r

11 Surely the serpent will bite without

B. C. 977.

a ch. 8. 15.
β *the master of the tongue.*
b ch. 10. 19.
c Pr. 15. 2.
γ *grace.*
Col. 4. 6.
d Pr. 18. 7.
e Re. 16. 15.
ó *see, or, enjoy life.*
g Pr.5.15..19.
ζ *month.*
η *multiplieth.*
h ch. 5. 18.
i 1Co.9.24..26.
k ch. 11. 3.
Job14.7..12.
l Is. 3. 4, 12.
m Ps. 75. 6, 7.
Je. 9. 23.
Am.2.14,15.
n Ps. 104. 15.
θ *glad the life.*
o Lu. 21. 34.
1 Th. 5. 3.
p Ex. 22. 28.
Ac. 23. 5.
κ *or, conscience.*
q Lu. 19. 40.
r 2 Sa. 20. 16.
s Is. 32. 20.
λ *upon the face of.*
t De. 15. 10.
Ps. 41. 1, 2.
Pr. 11. 25.
19, 17.
Is. 32. 8.
Mat. 10. 42.
2 Co. 9. 8.
He.6.10,11.
u Mi. 5. 5.
v Pr. 21. 22.
24. 5, 6.
w Mar. 6. 2,3.
x Pr. 28. 23.
y Jn°. 3. 8.
z Ps. 139. 15.
a Jos. 7.1,&c.
μ *Flies of death.*
b Mat. 5. 13.
c 1 Co. 3. 7.
ν *be right.*
π *heart.*
d Pr. 13. 16.
e Jn°. 12. 35.
f ch. 8. 3.
g 1 Sa. 25. 24, &c.
h Job 14. 10.
ρ *from before.*
i Nu. 15. 39.
De.29.19,20.
k Es. 3. 1.
σ *heights.*
l Pr. 30. 22.
m ch. 12. 14.
He. 9. 27.
τ *or, anger.*
n Ps. 7. 15.
o 2 Ti. 2. 22.
p Is. 26. 8.
q 2 Sa. 19. 35.
r 1 Ch.12.32.

enchantment ; and β a babbler is no better.

12 The ^c words of a wise man's mouth *are* γ gracious : but ^d the lips of a fool will swallow up himself.

13 The beginning of the words of his mouth *is* foolishness : and the end of his ζ talk *is* mischievous madness.

14 A fool also η is full of words : a man cannot tell what shall be ; and what shall be after him, who can tell him ?

15 The labour of the foolish wearieth every one of them : because he knoweth not how to go to the city.

16 Woe to thee, O land, when thy king *is* a child,^l and thy princes eat in the morning!

17 Blessed *art* thou, O land, when thy king *is* the son of nobles, and thy princes eat in due season, for strength, and not for drunkenness !

18 By much slothfulness the building decayeth ; and through idleness of the hands the house droppeth through.

19 A feast is made for laughter, and wineⁿ maketh θ merry : but money answereth all *things*.

20 Curse not^p the king, no, not in thy κ thought : and curse not the rich in thy bed-chamber : for^q a bird of the air shall carry the voice, and that which hath wings shall tell the matter.

CHAP. XI.

CAST^s thy bread λ upon the waters: ^t for thou shalt find it after many days.

2 Give a portion to seven,^u and also to eight ; for thou knowest not what evil shall be upon the earth.

3 If the clouds be full of rain, they empty *themselves* upon the earth : and if the tree fall toward the south or toward the north, in the place where the tree falleth, there it shall be.

4 He that observeth the wind, shall not sow ; and he that regardeth the clouds, shall not reap.

5 As^y thou knowest not what *is* the way of the spirit, nor how ^z the bones *do grow* in the womb of her that is with child ; even so thou knowest not the works of God who maketh all.

6 In the morning sow thy seed, and in the evening withhold not thine hand : for thou^c knowest not whether shall ν prosper, either this or that, or whether they both *shall be* alike good.

7 Truly the light *is* sweet, and a pleasant *thing it is* for the eyes to behold the sun :

8 But if a man live many years, *and* rejoice in them all ; yet^g let him remember the days of darkness ; for they ^h shall be many. All that cometh *is* vanity.

9 Rejoice, O young man, in thy youth, and let thy heart cheer thee in the days of thy youth, and walk ⁱ in the ways of thine heart, and in the sight of thine eyes : but know thou, that for all these *things* God will bring thee into judgment.^m

10 Therefore remove τ sorrow from thy heart, and put away^o evil from thy flesh : for childhood and youth *are* vanity.

CHAP. XII.

REMEMBER^p now thy Creator in the days of thy youth, while the evil days come not, nor the years draw nigh, when thou shalt say, I^q have no pleasure in them ;

2 While the sun, or the light, or the moon, or the stars, be not darkened ; nor the clouds return after the rain :

3 בַּיּוֹם שֶׁיָּזֻעוּ שֹׁמְרֵי הַבַּיִת וְהִתְעַוְּתוּ   9 וְיֹתֵר שֶׁהָיָה קֹהֶלֶת חָכָם עוֹד לִמַּד־
אַנְשֵׁי הֶחָיִל וּבָטְלוּ הַטֹּחֲנוֹת כִּי מִעֵטוּ וְחָשְׁכוּ   דַּעַת אֶת־הָעָם וְאִזֵּן וְחִקֵּר תִּקֵּן מְשָׁלִים הַרְבֵּה ׃
הָרֹאוֹת בָּאֲרֻבּוֹת ׃ וְסֻגְּרוּ דְלָתַיִם בַּשּׁוּק בִּשְׁפַל   10 בִּקֵּשׁ קֹהֶלֶת לִמְצֹא דִּבְרֵי־חֵפֶץ וְכָתוּב יֹשֶׁר דִּבְרֵי
4 קוֹל הַטַּחֲנָה וְיָקוּם לְקוֹל הַצִּפּוֹר וְיִשַּׁחוּ כָּל־בְּנוֹת   11 אֱמֶת ׃ דִּבְרֵי חֲכָמִים כַּדָּרְבֹנוֹת וּכְמַשְׂמְרוֹת
5 הַשִּׁיר ׃ גַּם מִגָּבֹהַּ יִרָאוּ וְחַתְחַתִּים בַּדֶּרֶךְ וְיָנֵאץ   נְטוּעִים בַּעֲלֵי אֲסֻפּוֹת נִתְּנוּ מֵרֹעֶה אֶחָד ׃ 12 וְיֹתֵר
הַשָּׁקֵד וְיִסְתַּבֵּל הֶחָגָב וְתָפֵר הָאֲבִיּוֹנָה כִּי־הֹלֵךְ   מֵהֵמָּה בְּנִי הִזָּהֵר עֲשׂוֹת סְפָרִים הַרְבֵּה אֵין קֵץ
הָאָדָם אֶל־בֵּית עוֹלָמוֹ וְסָבְבוּ בַשּׁוּק הַסֹּפְדִים ׃   13 וְלַהַג הַרְבֵּה יְגִעַת בָּשָׂר ׃   סוֹף דָּבָר הַכֹּל נִשְׁמָע
6 עַד אֲשֶׁר לֹא־יֵרָתֵק חֶבֶל הַכֶּסֶף וְתָרֻץ גֻּלַּת הַזָּהָב   אֶת־הָאֱלֹהִים יְרָא וְאֶת־מִצְוֹתָיו שְׁמוֹר כִּי־זֶה כָּל־
וְתִשָּׁבֶר כַּד עַל־הַמַּבּוּעַ וְנָרֹץ הַגַּלְגַּל אֶל־הַבּוֹר ׃   14 הָאָדָם ׃ כִּי אֶת־כָּל־מַעֲשֶׂה הָאֱלֹהִים יָבִא בְמִשְׁפָּט
7 וְיָשֹׁב הֶעָפָר עַל־הָאָרֶץ כְּשֶׁהָיָה וְהָרוּחַ תָּשׁוּב אֶל־   עַל כָּל־נֶעְלָם אִם־טוֹב וְאִם־רָע ׃
8 הָאֱלֹהִים אֲשֶׁר נְתָנָהּ ׃ הֲבֵל הֲבָלִים אָמַר הַקּוֹהֶלֶת ׃

שיר השירים

CANTICUM CANTICORUM.

CAP. II. ב   CAP. I. א

1 אֲנִי חֲבַצֶּלֶת הַשָּׁרוֹן שׁוֹשַׁנַּת הָעֲמָקִים ׃ כְּשׁוֹשַׁנָּה 2   1 שִׁיר הַשִּׁירִים אֲשֶׁר לִשְׁלֹמֹה ׃ יִשָּׁקֵנִי מִנְּשִׁיקוֹת 2
3 בֵּין הַחוֹחִים כֵּן רַעְיָתִי בֵּין הַבָּנוֹת ׃ כְּתַפּוּחַ   3 פִּיהוּ כִּי־טוֹבִים דֹּדֶיךָ מִיָּיִן ׃ לְרֵיחַ שְׁמָנֶיךָ
בַּעֲצֵי הַיַּעַר כֵּן דּוֹדִי בֵּין הַבָּנִים בְּצִלּוֹ חִמַּדְתִּי   טוֹבִים שֶׁמֶן תּוּרַק שְׁמֶךָ עַל־כֵּן עֲלָמוֹת אֲהֵבוּךָ ׃
4 וְיָשַׁבְתִּי וּפִרְיוֹ מָתוֹק לְחִכִּי ׃ הֱבִיאַנִי אֶל־בֵּית הַיַּיִן   4 מָשְׁכֵנִי אַחֲרֶיךָ נָּרוּצָה הֱבִיאַנִי הַמֶּלֶךְ חֲדָרָיו נָגִילָה
5 וְדִגְלוֹ עָלַי אַהֲבָה ׃ סַמְּכוּנִי בָּאֲשִׁישׁוֹת רַפְּדוּנִי   וְנִשְׂמְחָה בָּךְ נַזְכִּירָה דֹדֶיךָ מִיַּיִן מֵישָׁרִים אֲהֵבוּךָ ׃
6 בַּתַּפּוּחִים כִּי־חוֹלַת אַהֲבָה אָנִי ׃ שְׂמֹאלוֹ תַּחַת   5 שְׁחוֹרָה אֲנִי וְנָאוָה בְּנוֹת יְרוּשָׁלִָם כְּאָהֳלֵי קֵדָר
7 לְרֹאשִׁי וִימִינוֹ תְּחַבְּקֵנִי ׃ הִשְׁבַּעְתִּי אֶתְכֶם בְּנוֹת   6 כִּירִיעוֹת שְׁלֹמֹה ׃ אַל־תִּרְאֻנִי שֶׁאֲנִי שְׁחַרְחֹרֶת
יְרוּשָׁלִַם בִּצְבָאוֹת אוֹ בְּאַיְלוֹת הַשָּׂדֶה אִם־תָּעִירוּ   שֶׁשֱּׁזָפַתְנִי הַשָּׁמֶשׁ בְּנֵי אִמִּי נִחֲרוּ־בִי שָׂמֻנִי נֹטֵרָה
8 וְאִם־תְּעוֹרְרוּ אֶת־הָאַהֲבָה עַד שֶׁתֶּחְפָּץ ׃ קוֹל דּוֹדִי   7 אֶת־הַכְּרָמִים כַּרְמִי שֶׁלִּי לֹא נָטָרְתִּי ׃ הַגִּידָה לִּי
הִנֵּה־זֶה בָּא מְדַלֵּג עַל־הֶהָרִים מְקַפֵּץ עַל־הַגְּבָעוֹת ׃   שֶׁאָהֲבָה נַפְשִׁי אֵיכָה תִרְעֶה אֵיכָה תַּרְבִּיץ בַּצָּהֳרָיִם
9 דּוֹמֶה דוֹדִי לִצְבִי אוֹ לְעֹפֶר הָאַיָּלִים הִנֵּה־זֶה עוֹמֵד   8 שַׁלָּמָה אֶהְיֶה כְּעֹטְיָה עַל עֶדְרֵי חֲבֵרֶיךָ ׃ אִם־
אַחַר כָּתְלֵנוּ מַשְׁגִּיחַ מִן־הַחֲלֹּנוֹת מֵצִיץ מִן־   לֹא תֵדְעִי לָךְ הַיָּפָה בַּנָּשִׁים צְאִי־לָךְ בְּעִקְבֵי הַצֹּאן
10 הַחֲרַכִּים ׃ עָנָה דוֹדִי וְאָמַר לִי קוּמִי לָךְ רַעְיָתִי   9 וּרְעִי אֶת־גְּדִיֹּתַיִךְ עַל מִשְׁכְּנוֹת הָרֹעִים ׃ לְסֻסָתִי
11 יָפָתִי וּלְכִי־לָךְ ׃ כִּי־הִנֵּה הַסְּתָו עָבָר הַגֶּשֶׁם   10 בְּרִכְבֵי פַרְעֹה דִּמִּיתִיךְ רַעְיָתִי ׃ נָאווּ לְחָיַיִךְ
12 חָלַף הָלַךְ לוֹ ׃ הַנִּצָּנִים נִרְאוּ בָאָרֶץ עֵת הַזָּמִיר   11 בַּתֹּרִים צַוָּארֵךְ בַּחֲרוּזִים ׃ תּוֹרֵי זָהָב נַעֲשֶׂה־לָּךְ
13 הִגִּיעַ וְקוֹל הַתּוֹר נִשְׁמַע בְּאַרְצֵנוּ ׃ הַתְּאֵנָה חָנְטָה   12 עִם נְקֻדּוֹת הַכָּסֶף ׃ עַד־שֶׁהַמֶּלֶךְ בִּמְסִבּוֹ נִרְדִּי
פַגֶּיהָ וְהַגְּפָנִים סְמָדַר נָתְנוּ רֵיחַ קוּמִי לָךְ רַעְיָתִי   13 נָתַן רֵיחוֹ ׃ צְרוֹר הַמֹּר דּוֹדִי לִי בֵּין שָׁדַי יָלִין ׃
14 יָפָתִי וּלְכִי־לָךְ ׃ יוֹנָתִי בְּחַגְוֵי הַסֶּלַע בְּסֵתֶר   14 אֶשְׁכֹּל הַכֹּפֶר דּוֹדִי לִי בְּכַרְמֵי עֵין גֶּדִי ׃ 15 הִנָּךְ
הַמַּדְרֵגָה הַרְאִינִי אֶת־מַרְאַיִךְ הַשְׁמִיעִנִי אֶת־קוֹלֵךְ   16 יָפָה רַעְיָתִי הִנָּךְ יָפָה עֵינַיִךְ יוֹנִים ׃ הִנְּךָ יָפֶה
15 כִּי־קוֹלֵךְ עָרֵב וּמַרְאֵיךְ נָאוֶה ׃ אֶחֱזוּ־לָנוּ שׁוּעָלִים   17 דוֹדִי אַף נָעִים אַף־עַרְשֵׂנוּ רַעֲנָנָה ׃ קֹרוֹת בָּתֵּינוּ
שׁוּעָלִים קְטַנִּים מְחַבְּלִים כְּרָמִים וּכְרָמֵינוּ סְמָדַר ׃   אֲרָזִים רַחִיטֵנוּ בְּרוֹתִים ׃

3 In the day when the keepers of the house shall tremble, and the strong men shall bow themselves, and the grinders βcease because they are few, and those that look out of the windows be darkened,

4 And the doors shall be shut in the streets, when the sound of the grinding is low, and he shall rise up at the voice of the bird, and all the daughters of music shall be brought low :

5 Also *when* they shall be afraid of *that which is* high, and fears *shall be* in the way, and the almond-tree shall flourish, and the grasshopper shall be a burden, and desire shall fail ; because man goeth to his long home, and the mourners go about the streets :

6 Or ever the silver cord be loosed, or the golden bowl be broken, or the pitcher be broken at the fountain, or the wheel broken at the cistern :

7 Then shall the dust return *b* to the earth as it was ; and the spirit shall return unto God who gave *d* it.

B. C. 977.

β or, *fail because they* grind *little.*

γ or, *the more wise the preacher was.*

δ *words of delight.*

ζ or, *reading.*

η or, *The end of the matter,* even all that hath been heard, is.

a De. 10. 12.
b Ge. 3. 19.
    Ps. 146. 4.
c Ac. 17. 31.
    2 Co. 5. 10.
d Is. 57. 16.

8 Vanity of vanities, saith the Preacher ; all *is* vanity.

9 And, γmoreover, because the Preacher was wise, he still taught the people knowledge ; yea, he gave good heed, and sought out, *and* set in order, many proverbs.

10 The Preacher sought to find out δ acceptable words ; and *that which was* written *was* upright, *even* words of truth.

11 The words of the wise *are* as goads, and as nails fastened *by* the masters of assemblies, *which* are given from one shepherd.

12 And further, by these, my son, be admonished : of making many books there is no end ; and much ζstudy *is* a weariness of the flesh.

13 Let η us hear the conclusion of the whole matter : Fear *a* God, and keep his commandments : for this *is* the whole *duty* of man.

14 For God shall bring every work into judgment,*c* with every secret thing, whether *it be* good, or whether *it be* evil.

The SONG of SOLOMON.

CHAP. I.

THE *a* Song of songs which *is* Solomon's.

2 Let him kiss *b* me with the kisses of his mouth : for thy γlove *is* better than wine.

3 Because of the savour of thy good ointments,*d* thy *e* name *is as* ointment poured forth, therefore do the virgins love thee.

4 Draw *g* me, we will run after thee. The King hath brought me into his chambers : *h* we will be glad and rejoice in thee ; we will remember thy love more than wine : the η upright love thee.

5 I *am* black, but comely, O ye daughters of Jerusalem, as the tents of Kedar, as the curtains of Solomon.

6 Look not upon me, because I *am* black, because the sun hath looked upon me : my mother's children were angry *m* with me ; they made me keeper of the vineyards ; *but* mine own vineyard have I not kept.

7 Tell me, O thou whom my soul loveth, where *n* thou feedest, where thou makest *thy flock* to rest at noon : for why should I be as one that μ turneth aside by the flocks of thy companions ?

8 If thou know not, O thou fairest among women, go thy way forth by the footsteps *o* of the flock, and feed thy kids beside the shepherd's tents.

9 I have compared thee, O my love, to *q* a company of horses in Pharaoh's chariots.

10 Thy cheeks are comely with rows *of jewels,* *s* thy neck with chains *of gold.*

11 We will make thee borders of gold, with studs of silver.

12 While the King *sitteth* at his table, my spikenard sendeth forth the smell thereof.

13 A bundle of myrrh *is* my well-beloved unto me ; he shall lie all night betwixt my breasts.

14 My beloved *is* unto me *as* a cluster of π camphire in the vineyards of En-gedi.

15 Behold, thou *art* fair, my ρ love ; behold, thou *art* fair, thou hast doves' eyes.

16 Behold, thou *art* fair, my beloved, yea, pleasant : also our bed *is* green.

B. C. 1014.

a 1 Ki. 4. 32.
β or, *galleries.*
b Ps. 2. 12.
γ *loves.*
c Jn°. 15. 1.
d Pr. 27. 9.
e Ps. 45. 17.
    119. 55.
f Mat. 10. 16.
    Phi. 2. 15.
g Jn°. 6. 44
δ *I delighted and sat down.*
h Ep. 2 6.
i Re. 22. 1, 2.
ζ *palate.*
η *they love thee uprightly.*
θ *house of wine.*
k Jn°. 15. 9..
    15.
κ *straw me.*
l ch. 8. 3..5.
m Mat. 10. 22, 25.
λ *adjure.*
n Ps. 23. 2, 3.
μ or. *is veiled.*
o He. 6. 12.
ν *flourishing.*
p Lu. 24. 35.
q 2 Ch. 1. 16,
    17.
r Ep. 5. 8.
s Eze. 16. 11..
    13.
    2 Pe. 1. 3, 4.
π or,*cypress,*
    ch. 4. 13.
ρ or, *companion.*
t Pr. 15. 8
    Re. 5. 8.
u Eze. 13. 4.

17 The beams of our house *are* cedar, *and* our β rafters of fir.

CHAP. II.

I *c* AM the rose of Sharon, *and* the lily of the valleys.

2 As the lily among thorns,*f* so *is* my love among the daughters.

3 As the apple-tree among the trees of the wood, so *is* my beloved among the sons. δ I sat down under his shadow with great delight, and his fruit *i was* sweet to my ζtaste.

4 He brought me to the θ banqueting-house, and his banner over me *was* love.*k*

5 Stay me with flagons, κ comfort me with apples ; for I *am* sick of love.

6 His *l* left hand *is* under my head, and his right hand doth embrace me.

7 I λ charge you, O ye daughters of Jerusalem, by the roes, and by the hinds of the field, that ye stir not up, nor awake *my* love, till he please.

8 The voice of my beloved ! behold, he cometh leaping upon the mountains, skipping upon the hills.

9 My beloved *is* like a roe, or a young hart : behold, he standeth behind our wall, he looketh forth at the windows, ν shewing himself*p* through the lattice.

10 My beloved spake, and said unto me, Rise up, my love, my fair one, and come away.

11 For, lo, the winter is past,*r* the rain is over *and* gone ;

12 The flowers appear on the earth ; the time of the singing *of birds* is come, and the voice of the turtle is heard in our land.

13 The fig-tree putteth forth her green figs, and the vines *with* the tender grape give a *good* smell. Arise, my love, my fair one, and come away.

14 O my dove, *that art* in the clefts of the rock, in the secret *places* of the stairs, let me see thy countenance, let me hear thy voice ; for sweet *t* is thy voice, and thy countenance *is* comely.

15 Take us the foxes, the little *u* foxes, that spoil the vines : for our vines *have* tender grapes.

16 דּוֹדִי לִי וַאֲנִי לוֹ הָרֹעֶה בַּשּׁוֹשַׁנִּים׃
17 עַד שֶׁיָּפוּחַ הַיּוֹם וְנָסוּ הַצְּלָלִים סֹב דְּמֵה־לְךָ דוֹדִי לִצְבִי אוֹ לְעֹפֶר הָאַיָּלִים עַל־הָרֵי בָתֶר׃

CAP. III. ג

1 עַל־מִשְׁכָּבִי בַּלֵּילוֹת בִּקַּשְׁתִּי אֵת שֶׁאָהֲבָה נַפְשִׁי בִּקַּשְׁתִּיו וְלֹא מְצָאתִיו׃
2 אָקוּמָה נָּא וַאֲסוֹבְבָה בָעִיר בַּשְּׁוָקִים וּבָרְחֹבוֹת אֲבַקְשָׁה אֵת שֶׁאָהֲבָה נַפְשִׁי בִּקַּשְׁתִּיו וְלֹא מְצָאתִיו׃
3 מְצָאוּנִי הַשֹּׁמְרִים הַסֹּבְבִים בָּעִיר אֵת שֶׁאָהֲבָה נַפְשִׁי רְאִיתֶם׃
4 כִּמְעַט שֶׁעָבַרְתִּי מֵהֶם עַד שֶׁמָּצָאתִי אֵת שֶׁאָהֲבָה נַפְשִׁי אֲחַזְתִּיו וְלֹא אַרְפֶּנּוּ עַד־שֶׁהֲבֵיאתִיו אֶל־בֵּית אִמִּי וְאֶל־חֶדֶר הוֹרָתִי׃
5 הִשְׁבַּעְתִּי אֶתְכֶם בְּנוֹת יְרוּשָׁלִַם בִּצְבָאוֹת אוֹ בְּאַיְלוֹת הַשָּׂדֶה אִם־תָּעִירוּ וְאִם־תְּעוֹרְרוּ אֶת־הָאַהֲבָה עַד שֶׁתֶּחְפָּץ׃
6 מִי זֹאת עֹלָה מִן־הַמִּדְבָּר כְּתִימְרוֹת עָשָׁן מְקֻטֶּרֶת מֹר וּלְבוֹנָה מִכֹּל אַבְקַת רוֹכֵל׃
7 הִנֵּה מִטָּתוֹ שֶׁלִּשְׁלֹמֹה שִׁשִּׁים גִּבֹּרִים סָבִיב לָהּ מִגִּבֹּרֵי יִשְׂרָאֵל׃
8 כֻּלָּם אֲחֻזֵי חֶרֶב מְלֻמְּדֵי מִלְחָמָה אִישׁ חַרְבּוֹ עַל־יְרֵכוֹ מִפַּחַד בַּלֵּילוֹת׃
9 אַפִּרְיוֹן עָשָׂה לוֹ הַמֶּלֶךְ שְׁלֹמֹה מֵעֲצֵי הַלְּבָנוֹן׃
10 עַמּוּדָיו עָשָׂה כֶסֶף רְפִידָתוֹ זָהָב מֶרְכָּבוֹ אַרְגָּמָן תּוֹכוֹ רָצוּף אַהֲבָה מִבְּנוֹת יְרוּשָׁלִָם׃
11 צְאֶינָה וּרְאֶינָה בְּנוֹת צִיּוֹן בַּמֶּלֶךְ שְׁלֹמֹה בָּעֲטָרָה שֶׁעִטְּרָה־לּוֹ אִמּוֹ בְּיוֹם חֲתֻנָּתוֹ וּבְיוֹם שִׂמְחַת לִבּוֹ׃

CAP. IV. ד

1 הִנָּךְ יָפָה רַעְיָתִי הִנָּךְ יָפָה עֵינַיִךְ יוֹנִים מִבַּעַד לְצַמָּתֵךְ שַׂעְרֵךְ כְּעֵדֶר הָעִזִּים שֶׁגָּלְשׁוּ מֵהַר גִּלְעָד׃
2 שִׁנַּיִךְ כְּעֵדֶר הַקְּצוּבוֹת שֶׁעָלוּ מִן־הָרַחְצָה שֶׁכֻּלָּם מַתְאִימוֹת וְשַׁכֻּלָה אֵין בָּהֶם׃
3 כְּחוּט הַשָּׁנִי שִׂפְתוֹתַיִךְ וּמִדְבָּרֵךְ נָאוֶה כְּפֶלַח הָרִמּוֹן רַקָּתֵךְ מִבַּעַד לְצַמָּתֵךְ׃
4 כְּמִגְדַּל דָּוִיד צַוָּארֵךְ בָּנוּי לְתַלְפִּיּוֹת אֶלֶף הַמָּגֵן תָּלוּי עָלָיו כֹּל שִׁלְטֵי הַגִּבּוֹרִים׃
5 שְׁנֵי שָׁדַיִךְ כִּשְׁנֵי עֳפָרִים תְּאוֹמֵי צְבִיָּה הָרוֹעִים בַּשּׁוֹשַׁנִּים׃
6 עַד שֶׁיָּפוּחַ הַיּוֹם וְנָסוּ הַצְּלָלִים אֵלֶךְ

7 כֻּלָּךְ יָפָה רַעְיָתִי וּמוּם אֵין בָּךְ׃
8 אִתִּי מִלְּבָנוֹן כַּלָּה אִתִּי מִלְּבָנוֹן תָּבוֹאִי תָּשׁוּרִי מֵרֹאשׁ אֲמָנָה מֵרֹאשׁ שְׂנִיר וְחֶרְמוֹן מִמְּעֹנוֹת אֲרָיוֹת מֵהַרְרֵי נְמֵרִים׃
9 לִבַּבְתִּנִי אֲחֹתִי כַלָּה לִבַּבְתִּנִי בְּאַחַת מֵעֵינַיִךְ בְּאַחַד עֲנָק מִצַּוְּרֹנָיִךְ׃
10 מַה־יָּפוּ דֹדַיִךְ אֲחֹתִי כַלָּה מַה־טֹּבוּ דֹדַיִךְ מִיַּיִן וְרֵיחַ שְׁמָנַיִךְ מִכָּל־בְּשָׂמִים׃
11 נֹפֶת תִּטֹּפְנָה שִׂפְתוֹתַיִךְ כַּלָּה דְּבַשׁ וְחָלָב תַּחַת לְשׁוֹנֵךְ וְרֵיחַ שַׂלְמֹתַיִךְ כְּרֵיחַ לְבָנוֹן׃
12 גַּן נָעוּל אֲחֹתִי כַלָּה גַּל נָעוּל מַעְיָן חָתוּם׃
13 שְׁלָחַיִךְ פַּרְדֵּס רִמּוֹנִים עִם פְּרִי מְגָדִים כְּפָרִים עִם־נְרָדִים׃
14 נֵרְדְּ וְכַרְכֹּם קָנֶה וְקִנָּמוֹן עִם כָּל־עֲצֵי לְבוֹנָה מֹר וַאֲהָלוֹת עִם כָּל־רָאשֵׁי בְשָׂמִים׃
15 מַעְיַן גַּנִּים בְּאֵר מַיִם חַיִּים וְנֹזְלִים מִן־לְבָנוֹן׃
16 עוּרִי צָפוֹן וּבוֹאִי תֵימָן הָפִיחִי גַנִּי יִזְּלוּ בְשָׂמָיו יָבֹא דוֹדִי לְגַנּוֹ וְיֹאכַל פְּרִי מְגָדָיו׃

CAP. V. ה

1 בָּאתִי לְגַנִּי אֲחֹתִי כַלָּה אָרִיתִי מוֹרִי עִם־בְּשָׂמִי אָכַלְתִּי יַעְרִי עִם־דִּבְשִׁי שָׁתִיתִי יֵינִי עִם־חֲלָבִי אִכְלוּ רֵעִים שְׁתוּ וְשִׁכְרוּ דּוֹדִים׃
2 אֲנִי יְשֵׁנָה וְלִבִּי עֵר קוֹל דּוֹדִי דוֹפֵק פִּתְחִי־לִי אֲחֹתִי רַעְיָתִי יוֹנָתִי תַמָּתִי שֶׁרֹּאשִׁי נִמְלָא־טָל קְוֻצּוֹתַי רְסִיסֵי לָיְלָה׃
3 פָּשַׁטְתִּי אֶת־כֻּתָּנְתִּי אֵיכָכָה אֶלְבָּשֶׁנָּה רָחַצְתִּי אֶת־רַגְלַי אֵיכָכָה אֲטַנְּפֵם׃
4 דּוֹדִי שָׁלַח יָדוֹ מִן־הַחֹר וּמֵעַי הָמוּ עָלָיו׃
5 קַמְתִּי אֲנִי לִפְתֹּחַ לְדוֹדִי וְיָדַי נָטְפוּ־מוֹר וְאֶצְבְּעֹתַי מוֹר עֹבֵר עַל כַּפּוֹת הַמַּנְעוּל׃
6 פָּתַחְתִּי אֲנִי לְדוֹדִי וְדוֹדִי חָמַק עָבָר נַפְשִׁי יָצְאָה בְדַבְּרוֹ בִּקַּשְׁתִּיהוּ וְלֹא מְצָאתִיהוּ קְרָאתִיו וְלֹא עָנָנִי׃
7 מְצָאֻנִי הַשֹּׁמְרִים הַסֹּבְבִים בָּעִיר הִכּוּנִי פְצָעוּנִי נָשְׂאוּ אֶת־רְדִידִי מֵעָלַי שֹׁמְרֵי הַחֹמוֹת׃
8 הִשְׁבַּעְתִּי אֶתְכֶם בְּנוֹת יְרוּשָׁלִָם אִם־תִּמְצְאוּ אֶת־דּוֹדִי מַה־תַּגִּידוּ לוֹ שֶׁחוֹלַת אַהֲבָה אָנִי׃
9 מַה־דּוֹדֵךְ מִדּוֹד הַיָּפָה בַּנָּשִׁים מַה־דּוֹדֵךְ מִדּוֹד שֶׁכָּכָה הִשְׁבַּעְתָּנוּ׃
10 דּוֹדִי צַח וְאָדוֹם דָּגוּל מֵרְבָבָה׃
11 רֹאשׁוֹ כֶּתֶם פָּז קְוֻצּוֹתָיו תַּלְתַּלִּים שְׁחֹרוֹת כָּעוֹרֵב׃
12 עֵינָיו כְּיוֹנִים עַל־אֲפִיקֵי מָיִם רֹחֲצוֹת בֶּחָלָב יֹשְׁבוֹת עַל־מִלֵּאת׃

16 My beloved *is* mine,[a] and I am[b] his: he feedeth among the lilies.

17 Until[d] the day break, and the shadows flee away, turn, my beloved; and be*f* thou like a roe, or a young hart, upon the mountains of γ Bether.

CHAP. III.

BY night[g] on my bed I sought him whom my soul loveth: I sought him, but I[h] found him not.

2 I will rise now, and go about the city; in the streets, and in the broad ways, I will seek him whom my soul loveth: I sought him, but I found him not.

3 The watchmen[k] that go about the city found me; *to whom I said*, Saw ye him whom my soul loveth?

4 *It was* but a little[m] that I passed from them, but I found[n] him whom my soul loveth: I held[o] him, and would not let him go, until I had brought him into my mother's house, and into the chamber of her that conceived me.

5 I[p] charge you, O ye daughters[q] of Jerusalem, by the roes, and by the hinds of the field, that ye stir not up, nor awake *my* love till he please.

6 Who *is* this that cometh out of the wilderness[t] like pillars of smoke,[u] perfumed with myrrh and frankincense, with all powders of the merchant?

7 Behold his bed, which *is* Solomon's; threescore valiant[v] men *are* about it, of the valiant of Israel.

8 They all hold swords, *being* expert in war: every man hath his sword upon his thigh,[x] because of fear in the[y] night.

9 King Solomon made himself a η chariot of the wood of Lebanon.

10 He made the pillars thereof *of* silver, the bottom thereof *of* gold, the covering of it *of* purple; the midst thereof being paved *with* love for the daughters of Jerusalem.

11 Go forth O ye daughters of Zion, and behold η king Solomon with the crown wherewith[e] his mother crowned him in the day of his espousals,*f* and in the day of the gladness*g* of his heart.

CHAP. IV.

BEHOLD, thou *art* fair,[h] my love; behold, thou *art* fair; thou *hast* doves' eyes within thy locks: thy hair *is* as a flock of goats that λ appear from mount Gilead.

2 Thy teeth *are* like a flock of *sheep that are even* shorn, which came up from the washing; whereof every one bear twins, and none *is* barren among them.

3 Thy lips *are* like a thread of scarlet, and thy speech[k] *is* comely: thy temples *are* like a piece of a pomegranate within thy locks.

4 Thy neck *is* like the tower of David, builded for an armoury, whereon there hang a thousand bucklers, all shields of mighty men.

5 Thy two breasts[n] *are* like two young roes that are twins, which feed among the lilies.

6 Until[p] the day π break, and the shadows flee away, I will get me to the mountain of myrrh, and to the hill of frankincense.

7 Thou[q] *art* all fair, my love; *there is* no spot in thee.

8 Come with me from Lebanon, my

B. C. 1014.

a Ps. 63. 1.
b 1 Co. 3. 23.
c Is. 54. 5.
  Ho.2.19,20.
d 2 Pe. 1. 19.
e De. 3. 9.
f ch. 8. 14.
β or, *taken away*.
γ or,*division*.
g Is. 26. 9.
h Job 23.8,9.
i ch. 5. 1.
  Pr.24.13,14.
k ch. 5. 7.
  Eze. 3. 17.
l Ge. 27. 27.
  Ho.14. 6,7.
δ barred.
m ch. 6. 12.
n Is. 45. 19.
  Je.29.12,13.
o Re.3.11,12.
ε or,*cypress*,
  ch. 1. 14.
p ch. 2. 7.
  8. 4, 5.
q Mi. 4. 8.
r ch. 5. 1.
s Jn°.4.10,14.
  7. 38.
t De. 8. 2.
  Is. 43. 19.
u Phi. 4. 18.
  Re. 5. 8.
v 2 Ki. 6. 17.
  He. 1. 14.
w ch.4.11,16.
x Ps. 45. 3.
y Is. 27. 3.
η or, *bed*.
z Is. 55. 1, 2.
a Jn°. 3. 29.
  13. 13..15.
θ or, *and be drunken with loves*.
b Re. 22. 17.
c Re. 3. 20.
d Re. 1. 7.
e He. 2. 9.
f Jn°. 3. 29.
  Re.21,9,10.
g Is. 62. 5.
h Eze. 16. 14.
κ or, (as some read) *in me*.
λ or, *eat of*.
μ *passing*, or,*running about*.
i ch. 3. 1, 3.
k Pr. 31. 26.
  Col. 4. 6.
l Ps. 141. 5.
m Ho. 6. 5.
ν *what*.
n ch. 7. 3.
  Pr. 5. 19.
o ch. 1. 8.
  Ps. 45. 13.
p ch. 2. 17.
π *breathe*.
ρ *a standard bearer*.
q Ep. 5. 27.
σ or, *curled*.
r ch. 4. 1.

spouse,[c] with me from Lebanon: look from the top of Amana, from the top of Shenir[e] and Hermon, from the lions' dens, from the mountains of the leopards.

9 Thou hast β ravished my heart, my sister, *my* spouse; thou hast ravished my heart with one of thine eyes, with one chain of thy neck.

10 How fair is thy love, my sister, *my* spouse! how much better is thy love than wine! and the smell of thine ointments than all spices!

11 Thy lips, O *my* spouse, drop *as* the honeycomb; honey[i] and milk *are* under thy tongue; and the smell of thy garments *is* like the smell[l] of Lebanon.

12 A garden δ inclosed *is* my sister, *my* spouse; a spring shut up, a fountain sealed.

13 Thy plants *are* an orchard of pomegranates, with pleasant fruits; ζ camphire, with spikenard.

14 Spikenard and saffron; calamus and cinnamon, with all trees of frankincense; myrrh[r] and aloes, with all the chief spices:

15 A fountain of gardens, a well of living[s] waters, and streams from Lebanon.

16 Awake, O north wind; and come, thou south; blow upon my garden, *that* the spices thereof may flow out. Let my beloved come into his garden, and eat his pleasant fruits.

CHAP. V.

I AM come[w] into my garden, my sister, *my* spouse: I have gathered my myrrh with my spice; I have eaten my honeycomb with my honey: I have drunk my wine with my milk: eat,[z] O friends;[a] drink, θ yea, drink[b] abundantly, O beloved.

2 I sleep, but my heart waketh: *it is* the voice of my beloved that[c] knocketh, *saying*, Open to me, my sister, my love, my dove, my undefiled: for my head is filled with dew, *and* my locks with the drops of the night.

3 I have put off my coat; how shall I put it on? I have washed my feet; how shall I defile them?

4 My beloved put in his hand by the hole *of the door*, and my bowels were moved κ for him.

5 I rose up to open to my beloved; and my hands dropped *with* myrrh, and my fingers *with* μ sweet-smelling myrrh, upon the handles of the lock.

6 I opened to my beloved; but my beloved had withdrawn himself, *and* was gone: my soul failed when he spake; I sought[i] him, but I could not find him; I called him, but he gave me no answer.

7 The watchmen that went about the city found me, they smote[l] me, they wounded[m] me; the keepers of the walls took away my vail from me.

8 I charge you, O daughters of Jerusalem, if ye find my beloved, ν that ye tell him, that I *am* sick of love.

9 What *is* thy beloved more than *another* beloved, O thou fairest[o] among women? what *is* thy beloved more than *another* beloved, that thou dost so charge us?

10 My beloved *is* white and ruddy; ρ the chiefest among ten thousand.

11 His head *is as* the most fine gold; his locks *are* σ bushy, *and* black as a raven:

12 His eyes[r] *are* as *the eyes* of doves by

עַל־מִלֵּאת׃ לְחָיָו כַּעֲרוּגַת הַבֹּשֶׂם מִגְדְּלוֹת 13
מֶרְקָחִים שִׂפְתוֹתָיו שֽׁוֹשַׁנִּים נֹטְפוֹת מוֹר עֹבֵר׃
יָדָיו גְּלִילֵי זָהָב מְמֻלָּאִים בַּתַּרְשִׁישׁ מֵעָיו עֶשֶׁת 14
שֵׁן מְעֻלֶּפֶת סַפִּירִים׃ שׁוֹקָיו עַמּוּדֵי שֵׁשׁ מְיֻסָּדִים 15
עַל־אַדְנֵי־פָז מַרְאֵהוּ כַּלְּבָנוֹן בָּחוּר כָּאֲרָזִים׃ חִכּוֹ 16
מַֽמְתַקִּים וְכֻלּוֹ מַחֲמַדִּים זֶה דוֹדִי וְזֶה רֵעִי בְּנוֹת
יְרוּשָׁלָֽם׃

CAP. VI. ו

אָנָה הָלַךְ דּוֹדֵךְ הַיָּפָה בַּנָּשִׁים אָנָה פָּנָה דוֹדֵךְ 1
וּנְבַקְשֶׁנּוּ עִמָּךְ׃ דּוֹדִי יָרַד לְגַנּוֹ לַעֲרוּגוֹת הַבֹּשֶׂם 2
לִרְעוֹת בַּגַּנִּים וְלִלְקֹט שֽׁוֹשַׁנִּים׃ אֲנִי לְדוֹדִי וְדוֹדִי 3
לִי הָרֹעֶה בַּשּׁוֹשַׁנִּים׃ יָפָה אַתְּ רַעְיָתִי כְּתִרְצָה 4
נָאוָה כִּירוּשָׁלָ͏ִם אֲיֻמָּה כַּנִּדְגָּלוֹת׃ הָסֵבִּי 5
עֵינַיִךְ מִנֶּגְדִּי שֶׁהֵם הִרְהִיבֻנִי שַׂעְרֵךְ כְּעֵדֶר
הָעִזִּים שֶׁגָּלְשׁוּ מִן־הַגִּלְעָד׃ שִׁנַּיִךְ כְּעֵדֶר 6
הָרְחֵלִים שֶׁעָלוּ מִן־הָרַחְצָה שֶׁכֻּלָּם מַתְאִימוֹת
וְשַׁכֻּלָה אֵין בָּהֶם׃ כְּפֶלַח הָרִמּוֹן רַקָּתֵךְ מִבַּעַד 7
לְצַמָּתֵךְ׃ שִׁשִּׁים הֵמָּה מְלָכוֹת וּשְׁמֹנִים פִּֽילַגְשִׁים 8
וַעֲלָמוֹת אֵין מִסְפָּר׃ אַחַת הִיא יוֹנָתִי תַמָּתִי 9
אַחַת הִיא לְאִמָּהּ בָּרָה הִיא לְיוֹלַדְתָּהּ רָאוּהָ בָנוֹת
וַיְאַשְּׁרוּהָ מְלָכוֹת וּפִֽילַגְשִׁים וַֽיְהַלְלוּהָ׃ מִי־זֹאת 10
הַנִּשְׁקָפָה כְּמוֹ־שָׁחַר יָפָה כַלְּבָנָה בָּרָה כַּֽחַמָּה
אֲיֻמָּה כַּנִּדְגָּלוֹת׃ אֶל־גִּנַּת אֱגוֹז יָרַדְתִּי לִרְאוֹת 11
בְּאִבֵּי הַנָּחַל לִרְאוֹת הֲפָרְחָה הַגֶּפֶן הֵנֵצוּ הָרִמֹּנִים׃
לֹא יָדַעְתִּי נַפְשִׁי שָׂמַתְנִי מַרְכְּבוֹת עַמִּי נָדִיב׃ 12

CAP. VII. ז

שׁוּבִי שׁוּבִי הַשּׁוּלַמִּית שׁוּבִי שׁוּבִי וְנֶחֱזֶה־בָּךְ 1
מַה־תֶּחֱזוּ בַּשּׁוּלַמִּית כִּמְחֹלַת הַֽמַּחֲנָיִם׃ מַה־יָּפוּ 2
פְעָמַיִךְ בַּנְּעָלִים בַּת־נָדִיב חַמּוּקֵי יְרֵכַיִךְ כְּמוֹ
חֲלָאִים מַעֲשֵׂה יְדֵי אָמָּן׃ שָׁרְרֵךְ אַגַּן הַסַּהַר 3
אַל־יֶחְסַר הַמָּזֶג בִּטְנֵךְ עֲרֵמַת חִטִּים סוּגָה
בַּשּׁוֹשַׁנִּים׃ שְׁנֵי שָׁדַיִךְ כִּשְׁנֵי עֳפָרִים תָּאֳמֵי 4
צְבִיָּה׃ צַוָּארֵךְ כְּמִגְדַּל הַשֵּׁן עֵינַיִךְ בְּרֵכוֹת בְּחֶשְׁבּוֹן 5
עַל־שַׁעַר בַּת־רַבִּים אַפֵּךְ כְּמִגְדַּל הַלְּבָנוֹן צוֹפֶה פְּנֵי דַמָּשֶׂק׃ רֹאשֵׁךְ עָלַיִךְ כַּכַּרְמֶל וְדַלַּת 6
רֹאשֵׁךְ כָּאַרְגָּמָן מֶלֶךְ אָסוּר בָּרְהָטִים׃ מַה־יָּפִית 7

וּמַה־מָּלֵאת אֲהַבְתֶּם בַּתַּעֲנוּגִים׃ זֹאת קוֹמָתֵךְ 8
דָּמְתָה לְתָמָר וְשָׁדַיִךְ לְאַשְׁכֹּלוֹת׃ אָמַרְתִּי אֶֽעֱלֶה 9
בְתָמָר אֹֽחֲזָה בְּסַנְסִנָּיו וְיִֽהְיוּ־נָא שָׁדַיִךְ כְּאֶשְׁכְּלוֹת
הַגֶּפֶן וְרֵיחַ אַפֵּךְ כַּתַּפּוּחִים׃ וְחִכֵּךְ כְּיֵין הַטּוֹב 10
הוֹלֵךְ לְדוֹדִי לְמֵישָׁרִים דּוֹבֵב שִׂפְתֵי יְשֵׁנִים׃ אֲנִי 11
לְדוֹדִי וְעָלַי תְּשׁוּקָתוֹ׃ לְכָה דוֹדִי נֵצֵא הַשָּׂדֶה 12
נָלִינָה בַּכְּפָרִים׃ נַשְׁכִּימָה לַכְּרָמִים נִרְאֶה אִם־ 13
פָּרְחָה הַגֶּפֶן פִּתַּח הַסְּמָדַר הֵנֵצוּ הָרִמּוֹנִים שָׁם
אֶתֵּן אֶת־דֹּדַי לָךְ׃ הַֽדּוּדָאִים נָתְנוּ־רֵיחַ וְעַל־ 14
פְּתָחֵינוּ כָּל־מְגָדִים חֲדָשִׁים גַּם־יְשָׁנִים דּוֹדִי
צָפַנְתִּי לָךְ׃

CAP. VIII. ח

מִי יִתֶּנְךָ כְּאָח לִי יוֹנֵק שְׁדֵי אִמִּי אֶמְצָאֲךָ בַחוּץ 1
אֶשָּׁקְךָ גַּם לֹא־יָבֻזוּ לִי׃ אֶנְהָגֲךָ אֲבִיאֲךָ אֶל־בֵּית 2
אִמִּי תְּלַמְּדֵנִי אַשְׁקְךָ מִיַּיִן הָרֶקַח מֵעֲסִיס רִמֹּנִי׃
שְׂמֹאלוֹ תַּחַת רֹאשִׁי וִימִינוֹ תְּחַבְּקֵנִי׃ הִשְׁבַּעְתִּי 3 4
אֶתְכֶם בְּנוֹת יְרוּשָׁלָ͏ִם מַה־תָּעִירוּ וּֽמַה־תְּעֹרְרוּ
אֶת־הָאַהֲבָה עַד שֶׁתֶּחְפָּץ׃ מִי זֹאת עֹלָה מִן 5
הַמִּדְבָּר מִתְרַפֶּקֶת עַל־דּוֹדָהּ תַּחַת הַתַּפּוּחַ
עֽוֹרַרְתִּיךָ שָׁמָּה חִבְּלַתְךָ אִמֶּךָ שָׁמָּה חִבְּלָה
יְלָדַתְךָ׃ שִׂימֵנִי כַֽחוֹתָם עַל־לִבֶּךָ כַּֽחוֹתָם עַל־ 6
זְרוֹעֶךָ כִּי־עַזָּה כַמָּוֶת אַהֲבָה קָשָׁה כִשְׁאוֹל קִנְאָה
רְשָׁפֶיהָ רִשְׁפֵּי אֵשׁ שַׁלְהֶבֶתְיָה׃ מַיִם רַבִּים לֹא 7
יוּכְלוּ לְכַבּוֹת אֶת־הָאַהֲבָה וּנְהָרוֹת לֹא יִשְׁטְפוּהָ
אִם־יִתֵּן אִישׁ אֶת־כָּל־הוֹן בֵּיתוֹ בָּאַהֲבָה בּוֹז יָבוּזוּ
לוֹ׃ אָחוֹת לָנוּ קְטַנָּה וְשָׁדַיִם אֵין לָהּ מַה־נַּעֲשֶׂה 8
לַאֲחֹתֵנוּ בַּיּוֹם שֶׁיְּדֻבַּר־בָּהּ׃ אִם־חוֹמָה הִיא 9
נִבְנֶה עָלֶיהָ טִירַת כָּסֶף וְאִם־דֶּלֶת הִיא נָצוּר
עָלֶיהָ לוּחַ אָֽרֶז׃ אֲנִי חוֹמָה וְשָׁדַי כַּמִּגְדָּלוֹת אָז 10
הָיִיתִי בְעֵינָיו כְּמוֹצְאֵת שָׁלוֹם׃ כֶּרֶם הָיָה לִשְׁלֹמֹה 11
בְּבַעַל הָמוֹן נָתַן אֶת־הַכֶּרֶם לַנֹּטְרִים אִישׁ יָבִא
בְּפִרְיוֹ אֶלֶף כָּסֶף׃ כַּרְמִי שֶׁלִּי לְפָנָי הָאֶלֶף לְךָ 12
שְׁלֹמֹה וּמָאתַיִם לְנֹטְרִים אֶת־פִּרְיוֹ׃ הַיּוֹשֶׁבֶת 13
בַּגַּנִּים חֲבֵרִים מַקְשִׁיבִים לְקוֹלֵךְ הַשְׁמִיעִֽינִי׃
בְּרַח דּוֹדִי וּֽדְמֵה־לְךָ לִצְבִי אוֹ לְעֹפֶר הָאַיָּלִים 14
עַל הָרֵי בְשָׂמִֽים׃

tne rivers of waters, washed with milk, and β fitly set.

13 His cheeks *are* as a bed of spices, *as* γ sweet flowers ; his lips *like* lilies, dropping sweet-smelling myrrh :

14 His hands *are as* gold rings set with the beryl ; his belly *is as* bright ivory overlaid *with* sapphires :

15 His legs *are as* pillars of marble set upon sockets of fine gold ; his countenance *b* is as Lebanon, excellent as the cedars :

16 His δ mouth *is* most sweet ; yea, he *is* altogether lovely. This *is* my beloved, and this *is* my friend, O daughters of Jerusalem.

CHAP. VI.

WHITHER is thy beloved gone, O thou fairest among women ? whither is thy beloved turned aside ?*e* that we may seek him with thee.

2 My beloved is gone *f* down into his garden, to the beds of spices, to feed in the gardens, and to gather lilies.

3 I *h* am my beloved's, and my beloved *is* mine : he feedeth among the lilies.

4 Thou *art* beautiful, O my love, as Tirzah ; comely as Jerusalem ; *k* terrible as *an army* with banners.

5 Turn away thine eyes from me, for they have κ overcome me : thy *m* hair *is* as a flock of goats that appear from Gilead :

6 Thy teeth *are* as a flock of sheep, which go up from the washing, whereof every one beareth twins, and *there is* not one barren *n* among them.

7 As a piece of a pomegranate *are* thy temples within thy locks.

8 There are threescore queens, and fourscore concubines, and virgins *p* without number. *q*

9 My dove, my undefiled *is but* one : she *is* the *only* one of her mother, she *is* the choice *one* of her that bare her : the daughters saw her, and blessed her ; *yea,* the queens and the concubines, and they praised her *.*

10 Who *is* she *that* looketh forth *s* as the morning, fair as the moon, clear as the sun, *and* terrible *u* as *an army* with banners?

11 I went down into the garden of nuts, to see the fruits *v* of the valley, *and* to *w* see whether the vine flourished, *and* the pomegranates budded.

12 π Or ever I was aware, my soul ρmade me *like* the chariots of Ammi-nadib.

13 Return, return, O Shulamite; return, return, that we may look upon thee. What will ye see in the Shulamite? As it were *y* the company of σ two armies.

CHAP. VII.

HOW beautiful are thy feet with *z* shoes, O prince's daughter! *a* the joints of thy thighs *are* like jewels, the work of the hands of a cunning workman :

2 Thy navel *is like* a round goblet, *which* wanteth not φ liquor ; thy belly *is like* an heap of wheat set about with lilies :

3 Thy *c* two breasts *are* like two young roes *that are* twins.

4 Thy neck *is* as a tower of ivory ; thine eyes *like* the fish-pools in Heshbon, by the gate of Bath-rabbim ; thy nose *is* as the tower of Lebanon, which looketh toward Damascus :

5 Thine head upon thee *is* like χ Carmel,*e* and the hair of thine head like purple : the king *is* β held in the galleries. *f*

B. C. 1014.

β *sitting in*
fulness;
i. e. *fitly*
placed,
and set as
a precious
stone in
the foil of
a ring.
γ or, *towers*
of per-
fumes.
a Ep. 4. 13.
b Re.1.14..16.
δ *palate.*
ζ *straightly*
η or, *the*
ancient.
c ch. 2. 16.
    6. 3.
d Ps. 45. 11.
e Je. 14. 8.
θ *open.*
f Mat. 18. 20.
g Ex. 25. 22.
    Ps. 122. 5.
h ch. 2. 16.
    7. 10.
i 1 Co. 2. 9.
k ver. 10.
l He.2.11,12.
κ or, *puffed*
me up.
m ch. 4. 1.3.
λ *they*
should not
despise me.
n Mat. 21.19.
    25. 30.
o Pr. 9. 2, 5.
p Ps. 45. 14.
μ *why should*
ye stir up,
or, why, &c.
q Re. 7. 9.
r Is. 49. 16.
    Hag. 2. 23.
    2 Ti. 2. 19.
s Re.21.10,11.
ν *hard.*
t Pr. 6. 34,35.
u ver. 4.
    Ps. 14. 5.
v Jn°. 15. 16.
w ch. 7. 12.
π *I know not.*
ρ or, *set me*
on the cha-
riots of my
willing
people,
Ps. 110. 3.
x Eze. 23. 33.
y Ga. 5. 17.
σ or, *Maha-*
naim,
    Ge. 32. 2.
z Ep. 6. 15.
a Ps.45.10,13.
τ *peace.*
b Mat. 21.33.
φ *mixture.*
c ch. 4. 5.
ι or,*crimson.*
ψ *flee away.*
d Re.22.17,20.
e Is. 35. 2.
    Mi. 7. 14.
β *bound.*
f Ps. 68. 24.

---

6 How fair and how pleasant art thou, O love, for delights !

7 This thy stature *a* is like to a palm-tree, and thy breasts to clusters *of grapes.*

8 I said, I will go up to the palm-tree, I will take hold of the boughs thereof ; now also thy breasts shall be as clusters of the vine, and the smell of thy nose like apples ;

9 And the roof of thy mouth like the best wine for my beloved, that goeth *down* ζ sweetly, causing the lips of η those that are asleep to speak.

10 I am *e* my beloved's, and his *d* desire *is* toward me.

11 Come, my beloved, let us go forth into the field ; let us lodge in the villages.

12 Let us get up early to the vineyards ; let us see if the vine flourish, *whether* the tender grape θ appear, *and* the pomegranates bud forth : there *g* will I give thee my loves.

13 The mandrakes give a smell, and at our gates *are* all manner of pleasant *fruits*, new and old, *which* I have laid up *i* for thee, O my beloved.

CHAP. VIII.

OH that thou *wert* as my brother, *l* that sucked the breasts of my mother ! *when* I should find thee without, I would kiss thee ; yea, λ I should not be despised.

2 I would lead thee, *and* bring thee into my mother's house, *who* would instruct me : I would cause thee to drink of spiced wine *o* of the juice of my pomegranate.

3 His left hand *should be* under my head, and his right hand should embrace me.

4 I charge you, O daughters of Jerusalem, μ that ye stir not up, nor awake *my* love, until he please.

5 Who *is* this that cometh up from the wilderness, leaning upon her beloved ? I raised thee up under the apple-tree : there thy mother brought thee forth ; there she brought thee forth *that* bare thee.

6 Set *r* me as a seal upon thine heart, as a seal upon thine arm ; for love *is* strong as death ; jealousy *is* ν cruel *t* as the grave : the coals thereof *are* coals of fire, *which hath* a most vehement flame.

7 Many waters cannot quench love, neither can the floods drown it : if a man would give all the substance of his house for love, it would utterly be contemned.

8 We have a little sister, *x* and she hath no breasts : what shall we do for our sister in the day when she shall be spoken for ?

9 If she *be* a wall, we will build upon her a palace of silver : and if she *be* a door, we will inclose her with boards of cedar.

10 I *am* a wall, and my breasts like towers : then was I in his eyes as one that found τ favour.

11 Solomon had a vineyard *b* at Baal-hamon ; he let out the vineyard unto keepers : every one for the fruit thereof was to bring a thousand *pieces* of silver.

12 My vineyard, which *is* mine, *is* before me : thou, O Solomon, *must have* a thousand, and those that keep the fruit thereof two hundred.

13 Thou that dwellest in the gardens, the companions hearken to thy voice : cause me to hear *it.*

14 ψ Make haste,*d* my beloved, and be thou like to a roe, or to a young hart, upon the mountains of spices.

ישעיה

LIBER JESAIÆ.

CAP. I. א

1 חֲזוֹן יְשַׁעְיָהוּ בֶן־אָמוֹץ אֲשֶׁר חָזָה עַל־יְהוּדָה וִירוּשָׁלִָם בִּימֵי עֻזִּיָּהוּ יוֹתָם אָחָז יְחִזְקִיָּהוּ מַלְכֵי

2 יְהוּדָה: שִׁמְעוּ שָׁמַיִם וְהַאֲזִינִי אֶרֶץ כִּי יְהוָה דִּבֵּר בָּנִים גִּדַּלְתִּי וְרוֹמַמְתִּי וְהֵם פָּשְׁעוּ בִי:

3 יָדַע שׁוֹר קֹנֵהוּ וַחֲמוֹר אֵבוּס בְּעָלָיו יִשְׂרָאֵל לֹא יָדַע עַמִּי לֹא הִתְבּוֹנָן:

4 הוֹי גּוֹי חֹטֵא עַם כֶּבֶד עָוֹן זֶרַע מְרֵעִים בָּנִים מַשְׁחִיתִים עָזְבוּ אֶת־יְהוָה נִאֲצוּ אֶת־קְדוֹשׁ יִשְׂרָאֵל נָזֹרוּ אָחוֹר:

5 עַל מֶה תֻכּוּ עוֹד תּוֹסִיפוּ סָרָה כָּל־רֹאשׁ לָחֳלִי וְכָל־לֵבָב דַּוָּי:

6 מִכַּף־רֶגֶל וְעַד־רֹאשׁ אֵין־בּוֹ מְתֹם פֶּצַע וְחַבּוּרָה וּמַכָּה טְרִיָּה לֹא־זֹרוּ וְלֹא חֻבָּשׁוּ וְלֹא רֻכְּכָה בַּשָּׁמֶן:

7 אַרְצְכֶם שְׁמָמָה עָרֵיכֶם שְׂרֻפוֹת אֵשׁ אַדְמַתְכֶם לְנֶגְדְּכֶם זָרִים אֹכְלִים אֹתָהּ וּשְׁמָמָה כְּמַהְפֵּכַת זָרִים:

8 וְנוֹתְרָה בַת־צִיּוֹן כְּסֻכָּה בְכָרֶם כִּמְלוּנָה בְמִקְשָׁה כְּעִיר נְצוּרָה:

9 לוּלֵי יְהוָה צְבָאוֹת הוֹתִיר לָנוּ שָׂרִיד כִּמְעָט כִּסְדֹם הָיִינוּ לַעֲמֹרָה דָּמִינוּ:

10 שִׁמְעוּ דְבַר־יְהוָה קְצִינֵי סְדֹם הַאֲזִינוּ תּוֹרַת אֱלֹהֵינוּ עַם עֲמֹרָה:

11 לָמָּה־לִּי רֹב־זִבְחֵיכֶם יֹאמַר יְהוָה שָׂבַעְתִּי עֹלוֹת אֵילִים וְחֵלֶב מְרִיאִים וְדַם פָּרִים וּכְבָשִׂים וְעַתּוּדִים לֹא חָפָצְתִּי:

12 כִּי תָבֹאוּ לֵרָאוֹת פָּנָי מִי־בִקֵּשׁ זֹאת מִיֶּדְכֶם רְמֹס חֲצֵרָי:

13 לֹא תוֹסִיפוּ הָבִיא מִנְחַת־שָׁוְא קְטֹרֶת תּוֹעֵבָה הִיא לִי חֹדֶשׁ וְשַׁבָּת קְרֹא מִקְרָא לֹא־אוּכַל אָוֶן וַעֲצָרָה:

14 חָדְשֵׁיכֶם וּמוֹעֲדֵיכֶם שָׂנְאָה נַפְשִׁי הָיוּ עָלַי לָטֹרַח נִלְאֵיתִי נְשֹׂא:

15 וּבְפָרִשְׂכֶם כַּפֵּיכֶם אַעְלִים עֵינַי מִכֶּם גַּם כִּי־תַרְבּוּ תְפִלָּה אֵינֶנִּי שֹׁמֵעַ יְדֵיכֶם דָּמִים מָלֵאוּ:

16 רַחֲצוּ הִזַּכּוּ הָסִירוּ רֹעַ מַעַלְלֵיכֶם מִנֶּגֶד עֵינָי חִדְלוּ הָרֵעַ:

17 לִמְדוּ הֵיטֵב דִּרְשׁוּ מִשְׁפָּט אַשְּׁרוּ חָמוֹץ שִׁפְטוּ יָתוֹם רִיבוּ אַלְמָנָה:

18 לְכוּ־נָא וְנִוָּכְחָה יֹאמַר יְהוָה אִם־יִהְיוּ חֲטָאֵיכֶם כַּשָּׁנִים כַּשֶּׁלֶג יַלְבִּינוּ אִם־יַאְדִּימוּ כַתּוֹלָע כַּצֶּמֶר יִהְיוּ:

19 אִם־תֹּאבוּ וּשְׁמַעְתֶּם טוּב הָאָרֶץ תֹּאכֵלוּ:

20 וְאִם־תְּמָאֲנוּ וּמְרִיתֶם חֶרֶב תְּאֻכְּלוּ כִּי פִּי יְהוָה דִּבֵּר:

21 אֵיכָה הָיְתָה לְזוֹנָה קִרְיָה נֶאֱמָנָה מְלֵאֲתִי מִשְׁפָּט צֶדֶק יָלִין בָּהּ וְעַתָּה מְרַצְּחִים:

22 כַּסְפֵּךְ הָיָה לְסִיגִים סָבְאֵךְ מָהוּל בַּמָּיִם:

23 שָׂרַיִךְ סוֹרְרִים וְחַבְרֵי גַּנָּבִים כֻּלּוֹ אֹהֵב שֹׁחַד וְרֹדֵף שַׁלְמֹנִים יָתוֹם לֹא יִשְׁפֹּטוּ וְרִיב אַלְמָנָה לֹא־יָבוֹא אֲלֵיהֶם:

24 לָכֵן נְאֻם הָאָדוֹן יְהוָה צְבָאוֹת אֲבִיר יִשְׂרָאֵל הוֹי אֶנָּחֵם מִצָּרַי וְאִנָּקְמָה מֵאוֹיְבָי:

25 וְאָשִׁיבָה יָדִי עָלַיִךְ וְאֶצְרֹף כַּבֹּר סִיגָיִךְ וְאָסִירָה כָּל־בְּדִילָיִךְ:

26 וְאָשִׁיבָה שֹׁפְטַיִךְ כְּבָרִאשֹׁנָה וְיֹעֲצַיִךְ כְּבַתְּחִלָּה אַחֲרֵי־כֵן יִקָּרֵא לָךְ עִיר הַצֶּדֶק קִרְיָה נֶאֱמָנָה:

27 צִיּוֹן בְּמִשְׁפָּט תִּפָּדֶה וְשָׁבֶיהָ בִּצְדָקָה:

28 וְשֶׁבֶר פֹּשְׁעִים וְחַטָּאִים יַחְדָּו וְעֹזְבֵי יְהוָה יִכְלוּ:

29 כִּי יֵבֹשׁוּ מֵאֵילִים אֲשֶׁר חֲמַדְתֶּם וְתַחְפְּרוּ מֵהַגַּנּוֹת אֲשֶׁר בְּחַרְתֶּם:

30 כִּי תִהְיוּ כְּאֵלָה נֹבֶלֶת עָלֶהָ וּכְגַנָּה אֲשֶׁר־מַיִם אֵין לָהּ:

31 וְהָיָה הֶחָסֹן לִנְעֹרֶת וּפֹעֲלוֹ לְנִיצוֹץ וּבָעֲרוּ שְׁנֵיהֶם יַחְדָּו וְאֵין מְכַבֶּה:

CAP. II. ב

1 הַדָּבָר אֲשֶׁר חָזָה יְשַׁעְיָהוּ בֶּן־אָמוֹץ עַל־יְהוּדָה וִירוּשָׁלִָם:

2 וְהָיָה בְּאַחֲרִית הַיָּמִים נָכוֹן יִהְיֶה הַר בֵּית־יְהוָה בְּרֹאשׁ הֶהָרִים וְנִשָּׂא מִגְּבָעוֹת וְנָהֲרוּ אֵלָיו כָּל־הַגּוֹיִם:

3 וְהָלְכוּ עַמִּים רַבִּים וְאָמְרוּ לְכוּ וְנַעֲלֶה אֶל־הַר־יְהוָה אֶל־בֵּית אֱלֹהֵי יַעֲקֹב וְיֹרֵנוּ מִדְּרָכָיו וְנֵלְכָה בְּאֹרְחֹתָיו כִּי מִצִּיּוֹן תֵּצֵא תוֹרָה וּדְבַר־יְהוָה מִירוּשָׁלִָם:

4 וְשָׁפַט בֵּין הַגּוֹיִם וְהוֹכִיחַ לְעַמִּים רַבִּים וְכִתְּתוּ חַרְבוֹתָם לְאִתִּים וַחֲנִיתוֹתֵיהֶם לְמַזְמֵרוֹת לֹא־יִשָּׂא גוֹי אֶל־גּוֹי חֶרֶב

The Book of the Prophet ISAIAH.

CHAP. I.

THE vision[b] of Isaiah the son of Amoz, which he saw concerning Judah and Jerusalem, in the days[c] of Uzziah, Jotham, Ahaz, *and* Hezekiah, kings of Judah.

2 Hear,[e] O heavens; and give ear, O earth; for the LORD hath spoken: I have nourished and brought up children,[f] and they have rebelled against me:

3 The ox[h] knoweth his owner, and the ass his master's crib: *but* Israel doth not know, my people doth not consider.

4 Ah, sinful nation, a people [β] laden with iniquity,[k] a seed of evil-doers, children that are corrupters! they have forsaken the LORD, they have provoked the Holy One of Israel unto anger, they are [γ] gone away backward.

5 Why[l] should ye be stricken any more? ye will [δ] revolt more and more. The whole head is sick, and the whole heart faint.

6 From the sole of the foot even unto the head *there is* no soundness in it; *but* wounds, and bruises, and putrifying sores: they have not been closed, neither bound up, neither mollified with [η] ointment.

7 Your country *is* desolate,[o] your cities *are* burned with fire: your land, strangers devour it in your presence, and *it is* desolate, as [θ] overthrown by strangers.

8 And the daughter of Zion is left as[q] a cottage in a vineyard, as a lodge in a garden of cucumbers, as a besieged city.

9 Except[s] the LORD of hosts had left unto us a very small remnant, we should have been as Sodom,[u] *and* we should have been like unto Gomorrah.

10 Hear the word of the LORD, ye rulers of Sodom; give ear unto the law of our God, ye people of Gomorrah:

11 To what purpose[v] *is* the multitude of your sacrifices unto me? saith the LORD: I am full of the burnt-offerings of rams, and the fat of fed beasts; and I delight not in the blood of bullocks, or of lambs, or of [μ] he-goats.

12 When ye come to [ν] appear before me, who hath required this at your hand to tread my courts?

13 Bring no more vain oblations: [x] incense is an abomination unto me; the new moons and sabbaths, the calling of assemblies, I cannot away with: *it is* [ρ] iniquity, even the solemn meeting.

14 Your new moons and your appointed feasts my soul hateth: they are a trouble unto me; I am weary to bear *them.*

15 And when[a] ye spread forth your hands, I will hide mine eyes from you; yea, when ye [σ] make many prayers, I will not hear: your hands are full of [τ] blood.

16 Wash[c] you, make you clean; put away the evil of your doings from before mine eyes; cease[d] to do evil;

17 Learn to do well; seek judgment, [χ] relieve the oppressed; judge the fatherless; plead for the widow.

18 Come now, and let us reason to-

a ch. 43. 26.
b Nu. 12. 6.
c 2 Ch. xxvi.. xxxii.
d Ps. 51. 7.
e De. 32. 1. Je. 2. 12. Mi. 6. 1, 2.
f ch. 63. 16.
g Le. 26. 33.
h Je. 8. 7.
i Je. 2. 20,21.
β *of heaviness.*
k Mat. 11. 28.
γ *alienated, or, separated, rated,*
l Je. 58. 3. Je. 2. 30.
δ *increase revolt.*
m De. 28. 63. Eze. 5. 13.
n Mal. 3. 3.
ζ *according to pureness.*
η *or, oil.*
o De. 28. 51.
θ *the overthrow of.*
κ *or, they that return of her.*
p 1 Co. 1. 30.
q La. 2. 6.
λ *breaking.*
r Ps. 125. 5. Lu.12.45,46.
s La. 3. 22.
t Zep. 1. 6.
u Ge. 19. 24.
v Ps.50.8,&c. Am.5.21,22.
μ *great he-goats.*
ν *be seen.*
w Mi. 4.1, &c.
x Lu. 11. 42.
π *or, prepared.*
ρ *or, grief.*
y Ps. 2. 8.
z Je. 31. 6. 50. 5.
a Mi. 3. 4.
σ *multiply prayer.*
b Lu. 24. 47.
τ *bloods.*
c Je. 4. 14.
d 1 Pe. 3. 11.
e Ps. 46. 9. Ho. 2. 18.
φ *or, scythes.*
χ *or, righten.*

gether,[a] saith the LORD: Though your sins be as scarlet, they shall be as white as snow; [d] though they be red like crimson, they shall be as wool.

19 If ye will be willing and obedient, ye shall eat the good of the land:

20 But if ye refuse and rebel, ye shall be devoured with the sword: for the mouth of the LORD[g] hath spoken *it.*

21 How is the faithful city become an harlot! [i] it was full of judgment; righteousness lodged in it; but now murderers.

22 Thy silver is become dross, thy wine mixed with water:

23 Thy princes *are* rebellious, and companions of thieves: every one loveth gifts, and followeth after rewards: they judge not the fatherless, neither doth the cause of the widow come unto them.

24 Therefore saith the Lord, the LORD of hosts, the mighty One of Israel, Ah, I will ease[m] me of mine adversaries, and avenge me of mine enemies:

25 And[n] I will turn my hand upon thee, and [ζ] purely purge away thy dross, and take away all thy tin:

26 And I will restore thy judges as at the first, and thy counsellors as at the beginning: afterward thou shalt be called, The city of righteousness, The faithful city.

27 Zion shall be redeemed with judgment, and her [κ] converts with[p] righteousness.

28 And the [λ] destruction of the transgressors and of the sinners *shall be*[r] together, and they that forsake[t] the LORD shall be consumed.

29 For they shall be ashamed of the oaks which ye have desired, and ye shall be confounded for the gardens that ye have chosen.

30 For ye shall be as an oak whose leaf fadeth, and as a garden that hath no water.

31 And the strong shall be as tow, and the maker of it as a spark, and they shall both burn together, and none shall quench *them.*

CHAP. II.

THE word that Isaiah the son of Amoz saw concerning Judah and Jerusalem.

2 And[w] it shall come to pass in the last days, *that* the mountain of the LORD's house shall be [π] established in the top of the mountains, and shall be exalted above the hills; and all[y] nations shall flow unto it.

3 And many people shall go and say, Come[z] ye, and let us go up to the mountain of the LORD, to the house of the God of Jacob: and he will teach us of his ways, and we will walk in his paths: for out of Zion[b] shall go forth the law, and the word of the LORD from Jerusalem.

4 And he shall judge among the nations, and shall rebuke many people; and they[e] shall beat their swords into plowshares, and their spears into [φ] pruning-hooks: nation shall not lift up sword against nation, neither shall they learn war any more.

5 בֵּית יַעֲקֹב לְכוּ וְנֵלְכָה בְּאוֹר יְהוָה׃

6 כִּי נָטַשְׁתָּה עַמְּךָ בֵּית יַעֲקֹב כִּי מָלְאוּ מִקֶּדֶם וְעֹנְנִים כַּפְּלִשְׁתִּים וּבְיַלְדֵי נָכְרִים יַשְׂפִּיקוּ׃

7 וַתִּמָּלֵא אַרְצוֹ כֶּסֶף וְזָהָב וְאֵין קֵצֶה לְאֹצְרֹתָיו וַתִּמָּלֵא אַרְצוֹ סוּסִים וְאֵין קֵצֶה לְמַרְכְּבֹתָיו׃

8 וַתִּמָּלֵא אַרְצוֹ אֱלִילִים לְמַעֲשֵׂה יָדָיו יִשְׁתַּחֲווּ לַאֲשֶׁר עָשׂוּ אֶצְבְּעֹתָיו׃

9 וַיִּשַּׁח אָדָם וַיִּשְׁפַּל־אִישׁ וְאַל־תִּשָּׂא לָהֶם׃

10 בּוֹא בַצּוּר וְהִטָּמֵן בֶּעָפָר מִפְּנֵי פַּחַד יְהוָה וּמֵהֲדַר גְּאֹנוֹ׃

11 עֵינֵי גַּבְהוּת אָדָם שָׁפֵל וְשַׁח רוּם אֲנָשִׁים וְנִשְׂגַּב יְהוָה לְבַדּוֹ בַּיּוֹם הַהוּא׃

12 כִּי יוֹם לַיהוָה צְבָאוֹת עַל כָּל־גֵּאֶה וָרָם וְעַל כָּל־נִשָּׂא וְשָׁפֵל׃

13 וְעַל כָּל־אַרְזֵי הַלְּבָנוֹן הָרָמִים וְהַנִּשָּׂאִים וְעַל כָּל־אַלּוֹנֵי הַבָּשָׁן׃

14 וְעַל כָּל־הֶהָרִים הָרָמִים וְעַל כָּל־הַגְּבָעוֹת הַנִּשָּׂאוֹת׃

15 וְעַל כָּל־מִגְדָּל גָּבֹהַּ וְעַל כָּל־חוֹמָה בְצוּרָה׃

16 וְעַל כָּל־אֳנִיּוֹת תַּרְשִׁישׁ וְעַל כָּל־שְׂכִיּוֹת הַחֶמְדָּה׃

17 וְשַׁח גַּבְהוּת הָאָדָם וְשָׁפֵל רוּם אֲנָשִׁים וְנִשְׂגַּב יְהוָה לְבַדּוֹ בַּיּוֹם הַהוּא׃

18 וְהָאֱלִילִים כָּלִיל יַחֲלֹף׃

19 וּבָאוּ בִּמְעָרוֹת צֻרִים וּבִמְחִלּוֹת עָפָר מִפְּנֵי פַּחַד יְהוָה וּמֵהֲדַר גְּאוֹנוֹ בְּקוּמוֹ לַעֲרֹץ הָאָרֶץ׃

20 בַּיּוֹם הַהוּא יַשְׁלִיךְ הָאָדָם אֵת אֱלִילֵי כַסְפּוֹ וְאֵת אֱלִילֵי זְהָבוֹ אֲשֶׁר עָשׂוּ־לוֹ לְהִשְׁתַּחֲוֺת לַחְפֹּר פֵּרוֹת וְלָעֲטַלֵּפִים׃

21 לָבוֹא בְּנִקְרוֹת הַצֻּרִים וּבִסְעִפֵי הַסְּלָעִים מִפְּנֵי פַּחַד יְהוָה וּמֵהֲדַר גְּאוֹנוֹ בְּקוּמוֹ לַעֲרֹץ הָאָרֶץ׃

22 חִדְלוּ לָכֶם מִן־הָאָדָם אֲשֶׁר נְשָׁמָה בְּאַפּוֹ כִּי־בַמֶּה נֶחְשָׁב הוּא׃

CAP. III. ג

1 כִּי הִנֵּה הָאָדוֹן יְהוָה צְבָאוֹת מֵסִיר מִירוּשָׁלַ͏ִם וּמִיהוּדָה מַשְׁעֵן וּמַשְׁעֵנָה כֹּל מִשְׁעַן־לֶחֶם וְכֹל מִשְׁעַן־מָיִם׃

2 גִּבּוֹר וְאִישׁ מִלְחָמָה שׁוֹפֵט וְנָבִיא וְקֹסֵם וְזָקֵן׃

3 שַׂר־חֲמִשִּׁים וּנְשׂוּא פָנִים וְיוֹעֵץ וַחֲכַם חֲרָשִׁים וּנְבוֹן לָחַשׁ׃

4 וְנָתַתִּי נְעָרִים שָׂרֵיהֶם וְתַעֲלוּלִים יִמְשְׁלוּ־בָם׃

5 וְנִגַּשׂ הָעָם אִישׁ בְּאִישׁ וְאִישׁ בְּרֵעֵהוּ יִרְהֲבוּ הַנַּעַר בַּזָּקֵן וְהַנִּקְלֶה בַּנִּכְבָּד׃

6 כִּי־יִתְפֹּשׂ אִישׁ בְּאָחִיו בֵּית אָבִיו שִׂמְלָה לְכָה קָצִין תִּהְיֶה־לָּנוּ וְהַמַּכְשֵׁלָה הַזֹּאת תַּחַת יָדֶךָ׃

7 יִשָּׂא בַיּוֹם הַהוּא לֵאמֹר לֹא־אֶהְיֶה חֹבֵשׁ וּבְבֵיתִי אֵין לֶחֶם וְאֵין שִׂמְלָה לֹא תְשִׂימֻנִי קְצִין עָם׃

8 כִּי כָשְׁלָה יְרוּשָׁלַ͏ִם וִיהוּדָה נָפָל כִּי־לְשׁוֹנָם וּמַעַלְלֵיהֶם אֶל־יְהוָה לַמְרוֹת עֵנֵי כְבוֹדוֹ׃

9 הַכָּרַת פְּנֵיהֶם עָנְתָה בָּם וְחַטָּאתָם כִּסְדֹם הִגִּידוּ לֹא כִחֵדוּ אוֹי לְנַפְשָׁם כִּי־גָמְלוּ לָהֶם רָעָה׃

10 אִמְרוּ צַדִּיק כִּי־טוֹב כִּי־פְרִי מַעַלְלֵיהֶם יֹאכֵלוּ׃

11 אוֹי לְרָשָׁע רָע כִּי־גְמוּל יָדָיו יֵעָשֶׂה לּוֹ׃

12 עַמִּי נֹגְשָׂיו מְעוֹלֵל וְנָשִׁים מָשְׁלוּ בוֹ עַמִּי מְאַשְּׁרֶיךָ מַתְעִים וְדֶרֶךְ אֹרְחֹתֶיךָ בִּלֵּעוּ׃

13 נִצָּב לָרִיב יְהוָה וְעֹמֵד לָדִין עַמִּים׃

14 יְהוָה בְּמִשְׁפָּט יָבוֹא עִם־זִקְנֵי עַמּוֹ וְשָׂרָיו וְאַתֶּם בִּעַרְתֶּם הַכֶּרֶם גְּזֵלַת הֶעָנִי בְּבָתֵּיכֶם׃

15 מַלָּכֶם תְּדַכְּאוּ עַמִּי וּפְנֵי עֲנִיִּים תִּטְחָנוּ נְאֻם־אֲדֹנָי יְהוִה צְבָאוֹת׃

16 וַיֹּאמֶר יְהוָה יַעַן כִּי גָבְהוּ בְּנוֹת צִיּוֹן וַתֵּלַכְנָה נְטוּיוֹת גָּרוֹן וּמְשַׂקְּרוֹת עֵינָיִם הָלוֹךְ וְטָפֹף תֵּלַכְנָה וּבְרַגְלֵיהֶם תְּעַכַּסְנָה׃

17 וְשִׂפַּח אֲדֹנָי קָדְקֹד בְּנוֹת צִיּוֹן וַיהוָה פָּתְהֵן יְעָרֶה׃

18 בַּיּוֹם הַהוּא יָסִיר אֲדֹנָי אֵת תִּפְאֶרֶת הָעֲכָסִים וְהַשְּׁבִיסִים וְהַשַּׂהֲרֹנִים׃

19 הַנְּטִיפוֹת וְהַשֵּׁירוֹת וְהָרְעָלוֹת׃

20 הַפְּאֵרִים וְהַצְּעָדוֹת וְהַקִּשֻּׁרִים וּבָתֵּי הַנֶּפֶשׁ וְהַלְּחָשִׁים׃

21 הַטַּבָּעוֹת וְנִזְמֵי הָאָף׃

22 הַמַּחֲלָצוֹת וְהַמַּעֲטָפוֹת וְהַמִּטְפָּחוֹת וְהָחֲרִיטִים׃

23 וְהַגִּלְיֹנִים וְהַסְּדִינִים וְהַצְּנִיפוֹת וְהָרְדִידִים׃

24 וְהָיָה תַחַת בֹּשֶׂם מַק יִהְיֶה וְתַחַת חֲגוֹרָה נִקְפָּה וְתַחַת מַעֲשֶׂה מִקְשֶׁה קָרְחָה וְתַחַת פְּתִיגִיל מַחֲגֹרֶת שָׂק כִּי־תַחַת יֹפִי׃

25 מְתַיִךְ בַּחֶרֶב יִפֹּלוּ וּגְבוּרָתֵךְ בַּמִּלְחָמָה׃

26 וְאָנוּ וְאָבְלוּ פְּתָחֶיהָ וְנִקָּתָה לָאָרֶץ תֵּשֵׁב׃

CAP. IV. ד

1 וְהֶחֱזִיקוּ שֶׁבַע נָשִׁים בְּאִישׁ אֶחָד בַּיּוֹם הַהוּא לֵאמֹר לַחְמֵנוּ נֹאכֵל וְשִׂמְלָתֵנוּ נִלְבָּשׁ רַק יִקָּרֵא

5 O house of Jacob, come ye, and let us walk[a] in the light of the LORD.

6 Therefore thou hast forsaken thy people, the house of Jacob, because they be replenished [β]from the east, and *are* soothsayers[b] like the Philistines, and they [δ]please themselves in the children of strangers.[c]

7 Their[d] land also is full of silver and gold, neither *is there any* end of their treasures; their land is also full of horses, neither *is there any* end of their chariots:

8 Their land also is full of idols;[h] they worship the work of their own hands, that which their own fingers have made:

9 And the mean man boweth down, and the great man humbleth himself: therefore forgive them not.

10 Enter[l] into the rock, and hide thee in the dust, for fear of the LORD, and for the glory of his majesty.

11 The lofty looks[m] of man shall be humbled, and the haughtiness of men shall be bowed down; and the LORD alone shall be exalted in that day.[n]

12 For the day of the LORD of hosts *shall be* upon every *one that is* proud and lofty, and upon every *one that is* lifted up, and he shall be brought low;

13 And upon all the cedars[p] of Lebanon, *that are* high and lifted up, and upon all the oaks of Bashan,

14 And upon all the high mountains, and upon all the hills *that are* lifted up,

15 And upon every high tower, and upon every fenced wall,

16 And upon all the ships of Tarshish, and upon all [μ]pleasant pictures.

17 And[s] the loftiness of man shall be bowed down, and the haughtiness of men shall be made low: and the LORD alone shall be exalted in that day.

18 And the idols [ρ]he shall utterly abolish.

19 And they shall go into the holes of the rocks, and into the caves of the [σ]earth, for fear of the LORD, and for the glory of his majesty, when he ariseth to shake terribly[t] the earth.

20 In that day a man shall cast [φ]his idols of silver, and his idols of gold, which they made [ψ]each one for himself to worship, to the moles, and to the bats;

21 To go into the clefts of the rocks, and into the tops of the ragged rocks, for fear of the LORD, and for the glory of his majesty, when he ariseth to shake terribly the earth.

22 Cease[u] ye from man, whose breath *is* in his nostrils; for wherein is he to be accounted of?

CHAP. III.

FOR, behold, the Lord, the LORD of hosts, doth take away[v] from Jerusalem, and from Judah, the stay and the staff,[w] the whole stay of bread, and the whole stay of water,

2 The mighty[y] man, and the man of war, the judge, and the prophet, and the prudent, and the ancient,

3 The captain of fifty, and [ζ]the honourable man, and the counsellor, and the cunning artificer, and the [θ]eloquent orator.

4 And I will give children[a] *to be* their princes, and babes shall rule over them.

5 And the people shall be oppressed, every one by another, and every one by his neighbour: the child shall behave

---

B. C. 760.

a Ep. 5. 8.
β or, *more than.*
b De. 18. 14.
γ *lift up the hand,*
 Ge. 14. 22.
δ or, *abound with.*
ζ *binder up.*
c Ne. 13. 23.
d De. 17. 17.
f La. 5.16,17.
g 1 Co. 10. 22.
h Je. 2. 28.
i Je. 3. 3.
k Ec.8.12,13.
l ver. 19, 21.
 Re.6.15,16.
m ver. 17.
 ch. 5. 16.
 Ps. 18. 27.
η *done to.*
n Zep.3.11,16.
 Zec. 9. 16.
θ or,*call thee blessed.*
κ *swallow up.*
o Mi. 6. 2.
p Eze. 31. 3.
 Zec. 11.1,2.
λ or, *burnt.*
q Mat. 21. 33.
 ch. 58. 4.
μ *pictures of desire.*
s ver. 11.
ν *deceiving with their eyes.*
π or,*tripping nicely.*
ρ or, *shall utterly pass away.*
σ *dust.*
τ *make naked.*
t Hag.2.6,21.
 He.12.26,27.
φ *the idols of his silver.*
χ or, *net-works.*
ψ or, *for him.*
β or, *sweet balls.*
γ *spangled ornaments.*
δ *houses of the soul.*
u Ps.146.3,4.
 Je. 17. 5.
v ch. 36. 12.
 Je. 38. 9.
w Le. 26. 26.
x Mi. 1. 16.
y 2 Ki. 24. 14.
ζ *a man eminent in countenance.*
η *might.*
z La. 1. 4.
θ or, *skilful of speech.*
κ *cleansed,* or, *emptied,* 2 Ki. 21. 13.
a Ec. 10. 16.
b La. 2. 10.

---

himself proudly against the ancient, and the base against the honourable.

6 When a man shall take hold of his brother, of the house of his father, *saying,* Thou hast clothing, be thou our ruler, and *let* this ruin *be* under thy hand:

7 In that day shall he [γ]swear, saying, I will not be an [ζ]healer; for in my house *is* neither bread nor clothing: make me not a ruler of the people.

8 For Jerusalem is ruined,[e] and Judah is fallen; because[f] their tongue and their doings *are* against the LORD, to provoke the eyes[g] of his glory.

9 The shew of their countenance[i] doth witness against them, and they declare their sin as Sodom, they hide *it* not. Woe unto their soul! for they have rewarded evil unto themselves.

10 Say ye to the righteous, that[k] *it shall be* well *with him:* for they shall eat the fruit of their doings.

11 Woe unto the wicked! *it shall be* ill *with him:* for the reward of his hands shall be [η]given him.

12 *As for* my people, children *are* their oppressors, and women rule over them. O my people, they which [θ]lead thee cause *thee* to err, and [κ]destroy the way of thy paths.

13 The LORD standeth up to plead,[o] and standeth to judge the people.

14 The LORD will enter into judgment with the ancients of his people, and the princes thereof: for ye have [λ]eaten up the vineyard;[q] the spoil of the poor *is* in your houses.

15 What mean ye *that* ye beat[r] my people to pieces, and grind the faces of the poor? saith the Lord GOD of hosts.

16 Moreover the LORD saith, Because the daughters of Zion are haughty, and walk with stretched-forth necks, and [ν]wanton eyes, walking and [π]mincing *as* they go, and making a tinkling with their feet:

17 Therefore the LORD will smite with a scab the crown of the head of the daughters of Zion, and the LORD will [τ]discover their secret parts.

18 In that day the LORD will take away the bravery of *their* tinkling ornaments *about* their feet, and *their* [χ]cauls, and *their* round tires like the moon,

19 The [β]chains, and the bracelets, and the [γ]mufflers,

20 The bonnets, and the ornaments of the legs, and the head-bands, and the [δ]tablets, and the ear-rings,

21 The rings, and nose-jewels,

22 The changeable suits of apparel, and the mantles, and the wimples, and the crisping-pins,

23 The glasses, and the fine linen, and the hoods, and the vails.

24 And it shall come to pass, *that* instead of sweet smell, there shall be stink; and instead of a girdle, a rent; and instead of well-set hair, baldness;[z] and instead of a stomacher, a girding of sackcloth; *and* burning instead of beauty.

25 Thy men shall fall by the sword, and thy [η]mighty in the war.

26 And her[z] gates shall lament and mourn: and she, *being* [κ]desolate, shall sit upon[b] the ground.

CHAP. IV.

AND in that day seven women shall take hold of one man, saying, We will eat our own bread, and wear our own

2 בַּיּוֹם הַהוּא יִהְיֶה צֶמַח יְהוָה לִצְבִי וּלְכָבוֹד וּפְרִי הָאָרֶץ לְגָאוֹן
3 וּלְתִפְאֶרֶת לִפְלֵיטַת יִשְׂרָאֵל : וְהָיָה הַנִּשְׁאָר בְּצִיּוֹן וְהַנּוֹתָר בִּירוּשָׁלִַם קָדוֹשׁ יֵאָמֶר לוֹ כָּל
4 הַכָּתוּב לַחַיִּים בִּירוּשָׁלִָם : אִם רָחַץ אֲדֹנָי אֵת צֹאַת בְּנוֹת צִיּוֹן וְאֶת דְּמֵי יְרוּשָׁלִַם יָדִיחַ מִקִּרְבָּהּ
5 בְּרוּחַ מִשְׁפָּט וּבְרוּחַ בָּעֵר : וּבָרָא יְהוָה עַל כָּל מְכוֹן הַר צִיּוֹן וְעַל מִקְרָאֶהָ עָנָן יוֹמָם וְעָשָׁן
וְנֹגַהּ אֵשׁ לֶהָבָה לָיְלָה כִּי עַל כָּל כָּבוֹד חֻפָּה
6 וְסֻכָּה תִּהְיֶה לְצֵל יוֹמָם מֵחֹרֶב וּלְמַחְסֶה וּלְמִסְתּוֹר מִזֶּרֶם וּמִמָּטָר :

CAP. V. ה

1 אָשִׁירָה נָּא לִידִידִי שִׁירַת דּוֹדִי לְכַרְמוֹ כֶּרֶם הָיָה
2 לִידִידִי בְּקֶרֶן בֶּן שָׁמֶן : וַיְעַזְּקֵהוּ וַיְסַקְּלֵהוּ וַיִּטָּעֵהוּ שֹׂרֵק וַיִּבֶן מִגְדָּל בְּתוֹכוֹ וְגַם יֶקֶב חָצֵב בּוֹ וַיְקַו לַעֲשׂוֹת עֲנָבִים וַיַּעַשׂ בְּאֻשִׁים :
3 וְעַתָּה יוֹשֵׁב יְרוּשָׁלִַם וְאִישׁ יְהוּדָה שִׁפְטוּ נָא בֵּינִי וּבֵין כַּרְמִי :
4 מַה לַעֲשׂוֹת עוֹד לְכַרְמִי וְלֹא עָשִׂיתִי בּוֹ מַדּוּעַ קִוֵּיתִי לַעֲשׂוֹת עֲנָבִים וַיַּעַשׂ בְּאֻשִׁים :
5 וְעַתָּה אוֹדִיעָה נָּא אֶתְכֶם אֵת אֲשֶׁר אֲנִי עֹשֶׂה לְכַרְמִי הָסֵר מְשׂוּכָּתוֹ וְהָיָה לְבָעֵר פָּרֹץ גְּדֵרוֹ
6 וְהָיָה לְמִרְמָס : וַאֲשִׁיתֵהוּ בָתָה לֹא יִזָּמֵר וְלֹא יֵעָדֵר וְעָלָה שָׁמִיר וָשָׁיִת וְעַל הֶעָבִים אֲצַוֶּה מֵהַמְטִיר עָלָיו מָטָר :
7 כִּי כֶרֶם יְהוָה צְבָאוֹת בֵּית יִשְׂרָאֵל וְאִישׁ יְהוּדָה נְטַע שַׁעֲשׁוּעָיו וַיְקַו לְמִשְׁפָּט וְהִנֵּה מִשְׂפָּח לִצְדָקָה וְהִנֵּה צְעָקָה :
8 הוֹי מַגִּיעֵי בַיִת בְּבַיִת שָׂדֶה בְשָׂדֶה יַקְרִיבוּ עַד אֶפֶס מָקוֹם וְהוּשַׁבְתֶּם לְבַדְּכֶם בְּקֶרֶב הָאָרֶץ :
9 בְּאָזְנָי יְהוָה צְבָאוֹת אִם לֹא בָּתִּים רַבִּים לְשַׁמָּה יִהְיוּ גְּדֹלִים וְטוֹבִים מֵאֵין יוֹשֵׁב :
10 כִּי עֲשֶׂרֶת צִמְדֵּי כֶרֶם יַעֲשׂוּ בַּת אֶחָת וְזֶרַע חֹמֶר יַעֲשֶׂה אֵיפָה :
11 הוֹי מַשְׁכִּימֵי בַבֹּקֶר שֵׁכָר יִרְדֹּפוּ מְאַחֲרֵי בַנֶּשֶׁף יַיִן יַדְלִיקֵם :
12 וְהָיָה כִנּוֹר וָנֶבֶל תֹּף וְחָלִיל וָיַיִן מִשְׁתֵּיהֶם וְאֵת פֹּעַל יְהוָה לֹא

13 יַבִּיטוּ וּמַעֲשֵׂה יָדָיו לֹא רָאוּ : לָכֵן גָּלָה עַמִּי מִבְּלִי דָעַת וּכְבוֹדוֹ מְתֵי רָעָב וַהֲמוֹנוֹ צִחֵה
14 צָמָא : לָכֵן הִרְחִיבָה שְּׁאוֹל נַפְשָׁהּ וּפָעֲרָה פִיהָ לִבְלִי חֹק וְיָרַד הֲדָרָהּ וַהֲמוֹנָהּ וּשְׁאוֹנָהּ וְעָלֵז בָּהּ :
15 וַיִּשַּׁח אָדָם וַיִּשְׁפַּל אִישׁ וְעֵינֵי גְבֹהִים תִּשְׁפַּלְנָה :
16 וַיִּגְבַּהּ יְהוָה צְבָאוֹת בַּמִּשְׁפָּט וְהָאֵל הַקָּדוֹשׁ נִקְדָּשׁ בִּצְדָקָה :
17 וְרָעוּ כְבָשִׂים כְּדָבְרָם וְחָרְבוֹת מֵחִים גָּרִים יֹאכֵלוּ :
18 הוֹי מֹשְׁכֵי הֶעָוֺן בְּחַבְלֵי הַשָּׁוְא וְכַעֲבוֹת הָעֲגָלָה חַטָּאָה :
19 הָאֹמְרִים יְמַהֵר יָחִישָׁה מַעֲשֵׂהוּ לְמַעַן נִרְאֶה וְתִקְרַב וְתָבוֹאָה עֲצַת קְדוֹשׁ יִשְׂרָאֵל וְנֵדָעָה :
20 הוֹי הָאֹמְרִים לָרַע טוֹב וְלַטּוֹב רָע שָׂמִים חֹשֶׁךְ לְאוֹר וְאוֹר לְחֹשֶׁךְ שָׂמִים מַר לְמָתוֹק וּמָתוֹק לְמָר :
21 הוֹי חֲכָמִים בְּעֵינֵיהֶם וְנֶגֶד פְּנֵיהֶם נְבֹנִים :
22 הוֹי גִּבּוֹרִים לִשְׁתּוֹת יָיִן וְאַנְשֵׁי חַיִל לִמְסֹךְ שֵׁכָר :
23 מַצְדִּיקֵי רָשָׁע עֵקֶב שֹׁחַד וְצִדְקַת צַדִּיקִים יָסִירוּ מִמֶּנּוּ :
24 לָכֵן כֶּאֱכֹל קַשׁ לְשׁוֹן אֵשׁ וַחֲשַׁשׁ לֶהָבָה יִרְפֶּה שָׁרְשָׁם כַּמָּק יִהְיֶה וּפִרְחָם כָּאָבָק יַעֲלֶה כִּי מָאֲסוּ אֵת תּוֹרַת יְהוָה צְבָאוֹת וְאֵת אִמְרַת קְדוֹשׁ יִשְׂרָאֵל נִאֵצוּ :
25 עַל כֵּן חָרָה אַף יְהוָה בְּעַמּוֹ וַיֵּט יָדוֹ עָלָיו וַיַּכֵּהוּ וַיִּרְגְּזוּ הֶהָרִים וַתְּהִי נִבְלָתָם כַּסּוּחָה בְּקֶרֶב חוּצוֹת בְּכָל זֹאת לֹא שָׁב אַפּוֹ וְעוֹד
26 יָדוֹ נְטוּיָה : וְנָשָׂא נֵס לַגּוֹיִם מֵרָחוֹק וְשָׁרַק לוֹ
27 מִקְצֵה הָאָרֶץ וְהִנֵּה מְהֵרָה קַל יָבוֹא : אֵין עָיֵף וְאֵין כּוֹשֵׁל בּוֹ לֹא יָנוּם וְלֹא יִישָׁן וְלֹא
28 נִפְתַּח אֵזוֹר חֲלָצָיו וְלֹא נִתַּק שְׂרוֹךְ נְעָלָיו : אֲשֶׁר חִצָּיו שְׁנוּנִים וְכָל קַשְּׁתֹתָיו דְּרֻכוֹת פַּרְסוֹת סוּסָיו
29 כַּצַּר נֶחְשָׁבוּ וְגַלְגִּלָּיו כַּסּוּפָה : שְׁאָגָה לוֹ כַּלָּבִיא וְשָׁאַג כַּכְּפִירִים וְיִנְהֹם וְיֹאחֵז טֶרֶף וְיַפְלִיט וְאֵין
30 מַצִּיל : וְיִנְהֹם עָלָיו בַּיּוֹם הַהוּא כְּנַהֲמַת יָם וְנִבַּט לָאָרֶץ וְהִנֵּה חֹשֶׁךְ צַר וָאוֹר חָשַׁךְ בַּעֲרִיפֶיהָ :

CAP. VI. ו

1 בִּשְׁנַת מוֹת הַמֶּלֶךְ עֻזִּיָּהוּ וָאֶרְאֶה אֶת אֲדֹנָי יֹשֵׁב

apparel; only let β us be called by thy name, γ to take away our reproach.

2 In that day shall the branch b of the LORD be ζ beautiful and glorious, and the fruit of the earth *shall be* excellent and comely for η them that are escaped of Israel.

3 And it shall come to pass, *that he that is* left in Zion, and *he that* remaineth in Jerusalem, shall be called c holy, *even* every one that is written θ among the living in Jerusalem:

4 When the LORD shall have d washed away the filth of the daughters of Zion, and shall have purged the blood of Jerusalem from the midst thereof, by the spirit of judgment, and by the spirit of burning.

5 And the LORD will create upon every dwelling-place of mount Zion, and upon her assemblies, a cloud and smoke by day, and the shining of a flaming fire e by night: for λ upon all the glory *shall be* a μ defence.

6 And there shall be a tabernacle for a shadow in the day-time from the heat, and for a place of refuge, g and for a covert from storm and from rain.

CHAP. V.

NOW will I sing to my well-beloved a song of my beloved touching his vineyard. My well-beloved hath a h vineyard in π a very fruitful hill:

2 And he ρ fenced it, and gathered out the stones thereof, and planted it with the choicest vine, j and built a tower in the midst of it, and also τ made a winepress therein: and he looked that it should bring forth grapes, and it brought forth wild grapes.

3 And now, O inhabitants of Jerusalem, and men of Judah, judge, I pray you, betwixt me and my vineyard.

4 What could have been done more to my vineyard, that I have not done in it? wherefore, when I looked that it should bring forth grapes, brought it forth wild grapes?

5 And now, go to; I will tell you what I will do to my vineyard: I will take away the l hedge thereof, and it shall be eaten up: *and* break down the wall thereof, and it shall be χ trodden down:

6 And I will lay it waste: it shall not be pruned nor digged: but there shall come up briers and thorns: I will also command the clouds that they rain no rain upon it.

7 For the vineyard of the LORD of hosts *is* the house of Israel, and the men of Judah his β pleasant plant: and he looked for judgment, but behold γ oppression; for righteousness, but behold a cry.

8 Woe unto them that join ν house to house, *that* lay field to field, till *there be* no place, that δ they may be placed alone in the midst of the earth!

9 ζ In mine ears *said* the LORD of hosts, η Of a truth, many houses shall be desolate, *even* great and fair, without inhabitant.

10 Yea, q ten acres of vineyard shall yield one bath, and the seed of an homer shall yield an ephah.

11 Woe unto them that rise up early in the morning, *that* they may follow strong drink; that continue until night, *till* wine θ inflame them!

12 And r the harp and the viol, the tabret and pipe, and wine, are in their feasts: but they s regard not the work of the LORD, neither consider the operation of his hands.

13 Therefore my people are gone into captivity, because a *they have* no knowledge; and their δ honourable men *are* famished, and their multitude dried up with thirst.

14 Therefore hell hath enlarged herself, and opened her mouth without measure: and their glory, and their multitude, and their pomp, and he that rejoiceth, shall descend into it.

15 And the mean man shall be brought down, and the mighty man shall be humbled, and the eyes of the lofty shall be humbled:

16 But the LORD of hosts shall be exalted in judgment, and κ God, that is holy, shall be sanctified in righteousness.

17 Then shall the lambs feed after their manner, and the waste places of the fat ones shall strangers eat.

18 Woe unto them that draw iniquity with cords of vanity, and sin as it were with a cart-rope:

19 That say, Let f him make speed, *and* hasten his work, that we may see *it:* and let the counsel of the Holy One of Israel draw nigh and come, that we may know *it!*

20 Woe unto them that v call evil good, and good evil; that put darkness for light, and light for darkness; that put bitter for sweet, and sweet for bitter!

21 Woe unto *them that are* wise in their own i eyes, and prudent σ in their own sight!

22 Woe unto *them that are* mighty to drink wine, and men of strength to mingle strong drink:

23 Which justify the wicked for reward, and take away the righteousness of the righteous from him!

24 Therefore as the φ fire devoureth the stubble, and the flame consumeth k the chaff, *so* their root shall be as rottenness, and their blossom shall go up as dust. Because they have cast away the law of the LORD of hosts, and despised the word of the Holy One of Israel:

25 Therefore is the anger of the LORD kindled against his people, and he hath stretched forth his hand against them, and hath smitten them: and the hills did m tremble, and their carcases *were* torn ψ in the midst of the streets. For all n this his anger is not turned away, but his hand *is* stretched out still.

26 And he will lift up an ensign to the nations from far, and will hiss unto them from the end of the earth: and, behold, they shall come with speed swiftly.

27 None o shall be weary nor stumble among them; none shall slumber nor sleep; neither shall the girdle of their loins be loosed, nor the latchet of their shoes be broken:

28 Whose arrows *are* sharp, and all their bows bent, their horses' hoofs shall be counted like flint, and their wheels like a whirlwind:

29 Their roaring *shall be* like a lion, they shall roar like young lions, yea, they shall roar, and lay hold of the prey, & shall carry *it* away safe, and none shall deliver *it*.

30 And in that day they shall roar against them like the roaring of the sea; and if *one* look unto the land, behold darkness *and* κ sorrow, λ and the light is darkened in the heavens thereof.

CHAP. VI.

IN the year t that king Uzziah died I

Center column notes:

B. C. 760.

β *thy name be called upon us.*
γ or, *take thou away.*
a Ho. 4. 6.
Lu. 19. 44.
b Je. 23. 5, 6.
Zec. 6. 12, 13.
δ *glory are men of famine.*
ζ *beauty and glory.*
η *the escaping of Israel.*
c ch. 60. 21.
He. 12. 14.
θ or, *to life*, Re. 21. 27.
d Zec. 13. 1.
κ *the God the holy*, or, *the holy God.*
e Zec. 2. 5.
λ or, *above.*
μ *covering.*
f 2 Pe. 3. 3, 4.
g ch. 25. 4.
ν *say concerning evil*, it is *good.*
h Lu. 20. 9, &c.
π *the horn of the son of oil.*
ρ or, *made a wall about it.*
i Pr. 26. 12.
σ *before their face.*
j Je. 2. 21.
τ *hewed.*
φ *tongue of fire.*
k Mat. 3. 12.
l Ps. 80. 12, 13.
χ *for a treading.*
m Hab. 3. 6.
ψ or, *as dung.*
n Le. 26. 14, &c
β *plant of his pleasures.*
γ *a scab.*
o Joel 2. 3. 11.
p Mi. 2. 2.
δ *ye.*
ζ or, *this is in mine ears.*
η *if not.*
q Hag. 1. 9. 11.
θ or, *pursue them.*
r Am. 6. 5, 6.
κ or, *distress.*
λ or, *when it is light, it shall be dark in the destruction thereof.*
s Ps. 28. 5.
t 2 Ki. 15. 7

433

6 וַיָּעָף אֵלַי אֶחָד מִן־הַשְּׂרָפִים וּבְיָדוֹ רִצְפָּה בְּמֶלְקַחַיִם לָקַח מֵעַל הַמִּזְבֵּחַ׃

7 וַיַּגַּע עַל־פִּי וַיֹּאמֶר הִנֵּה נָגַע זֶה עַל־שְׂפָתֶיךָ וְסָר עֲוֺנֶךָ וְחַטָּאתְךָ תְּכֻפָּר׃

8 וָאֶשְׁמַע אֶת־קוֹל אֲדֹנָי אֹמֵר אֶת־מִי אֶשְׁלַח וּמִי יֵלֶךְ־לָנוּ וָאֹמַר הִנְנִי שְׁלָחֵנִי׃

9 וַיֹּאמֶר לֵךְ וְאָמַרְתָּ לָעָם הַזֶּה שִׁמְעוּ שָׁמוֹעַ וְאַל־תָּבִינוּ וּרְאוּ רָאוֹ וְאַל־תֵּדָעוּ׃

10 הַשְׁמֵן לֵב־הָעָם הַזֶּה וְאָזְנָיו הַכְבֵּד וְעֵינָיו הָשַׁע פֶּן־יִרְאֶה בְעֵינָיו וּבְאָזְנָיו יִשְׁמָע וּלְבָבוֹ יָבִין וָשָׁב וְרָפָא לוֹ׃

11 וָאֹמַר עַד־מָתַי אֲדֹנָי וַיֹּאמֶר עַד אֲשֶׁר אִם־שָׁאוּ עָרִים מֵאֵין יוֹשֵׁב וּבָתִּים מֵאֵין אָדָם וְהָאֲדָמָה תִּשָּׁאֶה שְׁמָמָה׃

12 וְרִחַק יְהֹוָה אֶת־הָאָדָם וְרַבָּה הָעֲזוּבָה בְּקֶרֶב הָאָרֶץ׃

13 וְעוֹד בָּהּ עֲשִׂרִיָּה וְשָׁבָה וְהָיְתָה לְבָעֵר כָּאֵלָה וְכָאַלּוֹן אֲשֶׁר בְּשַׁלֶּכֶת מַצֶּבֶת בָּם זֶרַע קֹדֶשׁ מַצַּבְתָּהּ׃

CAP. VII. ז

1 וַיְהִי בִּימֵי אָחָז בֶּן־יוֹתָם בֶּן־עֻזִּיָּהוּ מֶלֶךְ יְהוּדָה עָלָה רְצִין מֶלֶךְ־אֲרָם וּפֶקַח בֶּן־רְמַלְיָהוּ מֶלֶךְ־יִשְׂרָאֵל יְרוּשָׁלִַם לַמִּלְחָמָה עָלֶיהָ וְלֹא יָכֹל לְהִלָּחֵם עָלֶיהָ׃

2 וַיֻּגַּד לְבֵית דָּוִד לֵאמֹר נָחָה אֲרָם עַל־אֶפְרָיִם וַיָּנַע לְבָבוֹ וּלְבַב עַמּוֹ כְּנוֹעַ עֲצֵי־יַעַר מִפְּנֵי־רוּחַ׃

3 וַיֹּאמֶר יְהֹוָה אֶל־יְשַׁעְיָהוּ צֵא נָא לִקְרַאת אָחָז אַתָּה וּשְׁאָר יָשׁוּב בְּנֶךָ אֶל־קְצֵה תְּעָלַת הַבְּרֵכָה הָעֶלְיוֹנָה אֶל־מְסִלַּת שְׂדֵה כוֹבֵס׃

4 וְאָמַרְתָּ אֵלָיו הִשָּׁמֵר וְהַשְׁקֵט אַל־תִּירָא וּלְבָבְךָ אַל־יֵרַךְ מִשְּׁנֵי זַנְבוֹת הָאוּדִים הָעֲשֵׁנִים הָאֵלֶּה בָּחֳרִי־אַף רְצִין וַאֲרָם וּבֶן־רְמַלְיָהוּ׃

5 יַעַן כִּי־יָעַץ עָלֶיךָ אֲרָם רָעָה אֶפְרַיִם וּבֶן־רְמַלְיָהוּ לֵאמֹר׃

6 נַעֲלֶה בִיהוּדָה וּנְקִיצֶנָּה וְנַבְקִעֶנָּה אֵלֵינוּ וְנַמְלִיךְ מֶלֶךְ בְּתוֹכָהּ אֵת בֶּן־טָבְאַל׃

7 כֹּה אָמַר אֲדֹנָי יְהֹוִה לֹא תָקוּם וְלֹא תִהְיֶה׃

8 כִּי רֹאשׁ אֲרָם דַּמֶּשֶׂק וְרֹאשׁ דַּמֶּשֶׂק רְצִין וּבְעוֹד שִׁשִּׁים וְחָמֵשׁ שָׁנָה יֵחַת אֶפְרַיִם מֵעָם׃

9 וְרֹאשׁ אֶפְרַיִם שֹׁמְרוֹן וְרֹאשׁ שֹׁמְרוֹן בֶּן־רְמַלְיָהוּ אִם לֹא תַאֲמִינוּ כִּי לֹא תֵאָמֵנוּ׃

10 וַיּוֹסֶף יְהֹוָה דַּבֵּר אֶל־אָחָז לֵאמֹר׃

11 שְׁאַל־לְךָ אוֹת מֵעִם יְהֹוָה אֱלֹהֶיךָ הַעְמֵק שְׁאָלָה אוֹ הַגְבֵּהַּ לְמָעְלָה׃

12 וַיֹּאמֶר אָחָז לֹא־אֶשְׁאַל וְלֹא־אֲנַסֶּה אֶת־יְהֹוָה׃

13 וַיֹּאמֶר שִׁמְעוּ־נָא בֵּית דָּוִד הַמְעַט מִכֶּם הַלְאוֹת אֲנָשִׁים כִּי תַלְאוּ גַּם אֶת־אֱלֹהָי׃

14 לָכֵן יִתֵּן אֲדֹנָי הוּא לָכֶם אוֹת הִנֵּה הָעַלְמָה הָרָה וְיֹלֶדֶת בֵּן וְקָרָאת שְׁמוֹ עִמָּנוּ אֵל׃

15 חֶמְאָה וּדְבַשׁ יֹאכֵל לְדַעְתּוֹ מָאוֹס בָּרָע וּבָחוֹר בַּטּוֹב׃

16 כִּי בְּטֶרֶם יֵדַע הַנַּעַר מָאֹס בָּרָע וּבָחֹר בַּטּוֹב תֵּעָזֵב הָאֲדָמָה אֲשֶׁר אַתָּה קָץ מִפְּנֵי שְׁנֵי מְלָכֶיהָ׃

17 יָבִיא יְהֹוָה עָלֶיךָ וְעַל־עַמְּךָ וְעַל־בֵּית אָבִיךָ יָמִים אֲשֶׁר לֹא־בָאוּ לְמִיּוֹם סוּר־אֶפְרַיִם מֵעַל יְהוּדָה אֵת מֶלֶךְ אַשּׁוּר׃

18 וְהָיָה בַּיּוֹם הַהוּא יִשְׁרֹק יְהֹוָה לַזְּבוּב אֲשֶׁר בִּקְצֵה יְאֹרֵי מִצְרָיִם וְלַדְּבוֹרָה אֲשֶׁר בְּאֶרֶץ אַשּׁוּר׃

19 וּבָאוּ וְנָחוּ כֻלָּם בְּנַחֲלֵי הַבַּתּוֹת וּבִנְקִיקֵי הַסְּלָעִים וּבְכֹל הַנַּעֲצוּצִים וּבְכֹל הַנַּהֲלֹלִים׃

20 בַּיּוֹם הַהוּא יְגַלַּח אֲדֹנָי בְּתַעַר הַשְּׂכִירָה בְּעֶבְרֵי נָהָר בְּמֶלֶךְ אַשּׁוּר אֶת־הָרֹאשׁ וְשַׂעַר הָרַגְלָיִם וְגַם אֶת־הַזָּקָן תִּסְפֶּה׃

21 וְהָיָה בַּיּוֹם הַהוּא יְחַיֶּה־אִישׁ עֶגְלַת בָּקָר וּשְׁתֵּי־צֹאן׃

22 וְהָיָה מֵרֹב עֲשׂוֹת חָלָב יֹאכַל חֶמְאָה כִּי־חֶמְאָה וּדְבַשׁ יֹאכֵל כָּל־הַנּוֹתָר בְּקֶרֶב הָאָרֶץ׃

23 וְהָיָה בַּיּוֹם הַהוּא יִהְיֶה כָל־מָקוֹם אֲשֶׁר יִהְיֶה־שָּׁם אֶלֶף גֶּפֶן בְּאֶלֶף כָּסֶף לַשָּׁמִיר וְלַשַּׁיִת יִהְיֶה׃

24 בַּחִצִּים וּבַקֶּשֶׁת יָבוֹא שָׁמָּה כִּי־שָׁמִיר וָשַׁיִת תִּהְיֶה כָל־הָאָרֶץ׃

25 וְכֹל הֶהָרִים אֲשֶׁר בַּמַּעְדֵּר יֵעָדֵרוּן לֹא־תָבוֹא שָׁמָּה יִרְאַת שָׁמִיר וָשָׁיִת וְהָיָה לְמִשְׁלַח שׁוֹר וּלְמִרְמַס שֶׂה׃

CAP. VIII. ח

1 וַיֹּאמֶר יְהֹוָה אֵלַי קַח־לְךָ גִּלָּיוֹן גָּדוֹל וּכְתֹב עָלָיו

saw ^a also the Lord sitting upon a throne, high and lifted up, and β his train filled the temple.

2 Above it stood the seraphims: each one had six wings; with twain he covered his face, and with twain ^b he covered his feet, and with twain he did fly.

3 And δ one cried unto another, and said, Holy, holy, holy *is* the LORD of hosts; ζ the whole earth *is* full of his glory.

4 And the posts of the η door moved at the voice of him that cried, and the house was filled with smoke.

5 Then said I, Woe *is* me! for I am λ undone; because ^c I *am* a man of unclean lips, and I dwell in the midst of a people of unclean lips: for mine eyes have seen the King, the LORD of hosts.

6 Then flew one of the seraphims unto me, ν having a live coal in his hand, *which* he had taken with the tongs from off the ^e altar;

7 And he π laid *it* upon my mouth, and said, Lo, this hath touched thy lips, and thine iniquity is taken away, and thy sin purged.

8 Also I heard the voice of the Lord, saying, Whom shall I send, and who will go for us? Then said I, σ Here *am* I; send me.

9 And he said, Go and tell this people, Hear ye τ indeed, but understand not; and see ye φ indeed, but perceive not.

10 Make the heart of this people fat, and make their ears heavy, and shut their eyes; lest they see with their eyes, and hear with their ears, and understand with their heart, and convert, and be healed.

11 Then said I, Lord, how long? And he answered, Until the cities be wasted without inhabitant, and the houses without man, and the land be χ utterly desolate,

12 And the LORD have removed ^k men far away, and *there be* a great forsaking in the midst of the land.

13 But yet in it *shall be* a tenth, ψ and *it* shall return, and shall be eaten: as a teil-tree, and as an oak, whose β substance *is* in them when they cast *their leaves, so* the holy seed *shall be* the substance thereof.

CHAP. VII.

AND^k it came to pass in the days of Ahaz, the son of Jotham, the son of Uzziah king of Judah, *that* Rezin the king of Syria, and Pekah the son of Remaliah, king of Israel, went up toward Jerusalem to war against it, but could not prevail against it.

2 And it was told the house of David, saying, Syria δ is confederate with Ephraim: and his heart was moved, and the heart of his people, as the trees of the wood are moved with the wind.

3 Then said the LORD unto Isaiah, Go forth now to meet Ahaz, thou and η Shear-jashub thy son, at the end of the conduit of the upper pool, in the θ highway of the fuller's field;

4 And say unto him, Take heed, and be quiet; fear not, κ neither be faint-hearted for the two tails of these smoking fire-brands, for the fierce anger of Rezin with Syria, and of the son of Remaliah.

5 Because Syria, Ephraim, and the son of Remaliah, have taken evil counsel against thee, saying,

6 Let us go up against Judah, and λ vex it, and let us make a breach therein for

---

B. C. 758.

a 1 Ki. 22. 19.
β the skirts thereof.
b Eze. 1. 11.
γ from a.
δ this cried to this.
ζ his glory is the fulness of the whole earth.
η thresholds.
θ or, *Do ye not believe?* it is because ye are not stable.
κ *And the* LORD *added to speak.*
λ cut off.
c Zec. 3. 1. 7.
d ch. 38. 7, 22.
μ or, make thy petition deep.
ν and in his hand a live coal.
e Re. 8. 3.
π caused it to touch.
f Lu. 131. 35.
g Mat. 1. 23.
ρ or, thou, O Virgin, shalt.
σ Behold me.
τ in hearing, or, without ceasing.
φ in seeing.
χ desolate with desolation.
h 2 Ki. 25. 21.
i Je. 16. 16.
ψ or, when it is returned, and hath been browsed.
β or, stock, or, stem.
γ commendable trees.
k 2 Ki. 16. 5.
δ resteth on.
ζ in the midst of.
η i. e. the remnant shall return. ch. 10. 21.
θ or, cause-way.
κ let not thy heart be tender.
λ or, weaken.
μ in making speed to the spoil, he hasteneth the prey, or, make speed, &c.

---

us, and set a king in the midst of it, *even* the son of Tabeal:

7 Thus saith the Lord GOD, It shall not stand, neither shall it come to pass.

8 For the head of Syria *is* Damascus, and the head of Damascus *is* Rezin; and within threescore and five years shall Ephraim be broken, γ that it be not a people.

9 And the head of Ephraim *is* Samaria, and the head of Samaria *is* Remaliah's son. θ If ye will not believe, surely ye shall not be established.

10 κ Moreover, the LORD spake again unto Ahaz, saying,

11 Ask thee a sign ^d of the LORD thy God: μ ask it either in the depth, or in the height above.

12 But Ahaz said, I will not ask, neither will I tempt the LORD.

13 And he said, Hear ye now, O house of David; *Is it* a small thing for you to weary men, but will ye weary my God also?

14 Therefore the Lord himself shall give you a sign: Behold, ^f a virgin shall conceive, and bear a son, and ^g ρ shall call his name Immanuel.

15 Butter and honey shall he eat, that he may know to refuse the evil, and choose the good.

16 For before the child shall know to refuse the evil, and choose the good, the land that thou abhorrest shall be forsaken of both her kings.

17 The LORD shall bring upon thee, and upon thy people, and upon thy father's house, days that have not come, from the day that Ephraim departed from Judah; *even* the king of Assyria.

18 And it shall come to pass in that day, *that* the LORD shall hiss for the fly that *is* in the uttermost part of the rivers of Egypt, and for the bee that *is* in the land of Assyria:

19 And ⁱ they shall come, and shall rest all of them in the desolate valleys, and in the holes of the rocks, and upon all thorns, and upon all γ bushes.

20 In the same day shall the Lord shave with a razor that is hired, *namely*, by them beyond the river, by the king of Assyria, the head, and the hair of the feet: and it shall also consume the beard.

21 And it shall come to pass in that day, *that* a man shall nourish a young cow and two sheep:

22 And it shall come to pass, for the abundance of milk *that* they shall give that he shall eat butter: for butter and honey shall every one eat that is left ζ in the land.

23 And it shall come to pass in that day, *that* every place shall be, where there were a thousand vines at a thousand silverlings, it shall *even* be for briers and thorns.

24 With arrows and with bows shall *men* come thither; because all the land shall become briers and thorns.

25 And *on* all hills that shall be digged with the mattock, there shall not come thither the fear of briers and thorns: but it shall be for the sending forth of oxen, and for the treading of lesser cattle.

CHAP. VIII.

MOREOVER the LORD said unto me, Take thee a great roll, and write in it with a man's pen concerning μ Maher-shalal-hash-baz.

2 And I took unto me faithful witnesses

2 וְאָעִידָה לִּי עֵדִים נֶאֱמָנִים אֵת אוּרִיָּה הַכֹּהֵן וְאֶת־זְכַרְיָהוּ בֶּן יְבֶרֶכְיָהוּ׃

3 וָאֶקְרַב אֶל־הַנְּבִיאָה וַתַּהַר וַתֵּלֶד בֵּן וַיֹּאמֶר יְהוָה אֵלַי קְרָא שְׁמוֹ מַהֵר שָׁלָל חָשׁ בַּז׃

4 כִּי בְּטֶרֶם יֵדַע הַנַּעַר קְרֹא אָבִי וְאִמִּי יִשָּׂא אֶת־חֵיל דַּמֶּשֶׂק וְאֵת שְׁלַל שֹׁמְרוֹן לִפְנֵי מֶלֶךְ אַשּׁוּר׃

5 וַיֹּסֶף יְהוָה דַּבֵּר אֵלַי עוֹד לֵאמֹר׃
6 יַעַן כִּי מָאַס הָעָם הַזֶּה אֵת מֵי הַשִּׁלֹחַ הַהֹלְכִים לְאַט וּמְשׂוֹשׂ אֶת־רְצִין וּבֶן־רְמַלְיָהוּ׃

7 וְלָכֵן הִנֵּה אֲדֹנָי מַעֲלֶה עֲלֵיהֶם אֶת־מֵי הַנָּהָר הָעֲצוּמִים וְהָרַבִּים אֶת־מֶלֶךְ אַשּׁוּר וְאֶת־כָּל־כְּבוֹדוֹ וְעָלָה עַל־כָּל־

8 אֲפִיקָיו וְהָלַךְ עַל־כָּל־גְּדוֹתָיו וְחָלַף בִּיהוּדָה שָׁטַף וְעָבַר עַד־צַוָּאר יַגִּיעַ וְהָיָה מֻטּוֹת כְּנָפָיו מְלֹא רֹחַב־אַרְצְךָ עִמָּנוּ אֵל׃

9 רֹעוּ עַמִּים וָחֹתּוּ וְהַאֲזִינוּ כֹּל מֶרְחַקֵּי־אָרֶץ הִתְאַזְּרוּ וָחֹתּוּ הִתְאַזְּרוּ וָחֹתּוּ׃
10 עֻצוּ עֵצָה וְתֻפָר דַּבְּרוּ דָבָר וְלֹא יָקוּם כִּי עִמָּנוּ אֵל׃

11 כִּי כֹה אָמַר יְהוָה אֵלַי כְּחֶזְקַת הַיָּד וְיִסְּרֵנִי מִלֶּכֶת בְּדֶרֶךְ הָעָם־הַזֶּה לֵאמֹר׃

12 לֹא־תֹאמְרוּן קֶשֶׁר לְכֹל אֲשֶׁר־יֹאמַר הָעָם הַזֶּה קֶשֶׁר וְאֶת־מוֹרָאוֹ לֹא־תִירְאוּ וְלֹא תַעֲרִיצוּ׃

13 אֶת־יְהוָה צְבָאוֹת אֹתוֹ תַקְדִּישׁוּ וְהוּא מוֹרַאֲכֶם וְהוּא מַעֲרִצְכֶם׃

14 וְהָיָה לְמִקְדָּשׁ וּלְאֶבֶן נֶגֶף וּלְצוּר מִכְשׁוֹל לִשְׁנֵי בָתֵּי יִשְׂרָאֵל לְפַח וּלְמוֹקֵשׁ לְיוֹשֵׁב יְרוּשָׁלָ͏ִם׃

15 וְכָשְׁלוּ בָם רַבִּים וְנָפְלוּ וְנִשְׁבָּרוּ וְנוֹקְשׁוּ וְנִלְכָּדוּ׃

16 צוֹר תְּעוּדָה חֲתוֹם תּוֹרָה בְּלִמֻּדָי׃
17 וְחִכִּיתִי לַיהוָה הַמַּסְתִּיר פָּנָיו מִבֵּית יַעֲקֹב וְקִוֵּיתִי־לוֹ׃

18 הִנֵּה אָנֹכִי וְהַיְלָדִים אֲשֶׁר נָתַן־לִי יְהוָה לְאֹתוֹת וּלְמוֹפְתִים בְּיִשְׂרָאֵל מֵעִם יְהוָה צְבָאוֹת הַשֹּׁכֵן בְּהַר צִיּוֹן׃

19 וְכִי־יֹאמְרוּ אֲלֵיכֶם דִּרְשׁוּ אֶל־הָאֹבוֹת וְאֶל־הַיִּדְּעֹנִים הַמְצַפְצְפִים וְהַמַּהְגִּים הֲלוֹא־עַם אֶל־אֱלֹהָיו יִדְרֹשׁ בְּעַד הַחַיִּים אֶל־הַמֵּתִים׃

20 לְתוֹרָה וְלִתְעוּדָה אִם־לֹא יֹאמְרוּ כַּדָּבָר הַזֶּה אֲשֶׁר אֵין־לוֹ שָׁחַר׃

21 וְעָבַר בָּהּ נִקְשֶׁה וְרָעֵב וְהָיָה כִי־יִרְעַב וְהִתְקַצַּף וְקִלֵּל בְּמַלְכּוֹ וּבֵאלֹהָיו וּפָנָה לְמָעְלָה׃

22 וְאֶל־אֶרֶץ יַבִּיט וְהִנֵּה צָרָה וַחֲשֵׁכָה מְעוּף צוּקָה וַאֲפֵלָה מְנֻדָּח׃

23 כִּי לֹא מוּעָף לַאֲשֶׁר מוּצָק לָהּ כָּעֵת הָרִאשׁוֹן הֵקַל אַרְצָה זְבֻלוּן וְאַרְצָה נַפְתָּלִי וְהָאַחֲרוֹן הִכְבִּיד דֶּרֶךְ הַיָּם עֵבֶר הַיַּרְדֵּן גְּלִיל הַגּוֹיִם׃

CAP. IX. ס

1 הָעָם הַהֹלְכִים בַּחֹשֶׁךְ רָאוּ אוֹר גָּדוֹל יֹשְׁבֵי בְּאֶרֶץ צַלְמָוֶת אוֹר נָגַהּ עֲלֵיהֶם׃

2 הִרְבִּיתָ הַגּוֹי לֹא הִגְדַּלְתָּ הַשִּׂמְחָה שָׂמְחוּ לְפָנֶיךָ כְּשִׂמְחַת בַּקָּצִיר כַּאֲשֶׁר יָגִילוּ בְּחַלְּקָם שָׁלָל׃

3 כִּי אֶת־עֹל סֻבֳּלוֹ וְאֵת מַטֵּה שִׁכְמוֹ שֵׁבֶט הַנֹּגֵשׂ בּוֹ הַחִתֹּתָ כְּיוֹם מִדְיָן׃

4 כִּי כָל־סְאוֹן סֹאֵן בְּרַעַשׁ וְשִׂמְלָה מְגוֹלָלָה בְדָמִים וְהָיְתָה לִשְׂרֵפָה מַאֲכֹלֶת אֵשׁ׃

5 כִּי־יֶלֶד יֻלַּד־לָנוּ בֵּן נִתַּן־לָנוּ וַתְּהִי הַמִּשְׂרָה עַל־שִׁכְמוֹ וַיִּקְרָא שְׁמוֹ פֶּלֶא יוֹעֵץ אֵל גִּבּוֹר אֲבִיעַד שַׂר־שָׁלוֹם׃

6 לְמַרְבֵּה הַמִּשְׂרָה וּלְשָׁלוֹם אֵין־קֵץ עַל־כִּסֵּא דָוִד וְעַל־מַמְלַכְתּוֹ לְהָכִין אֹתָהּ וּלְסַעֲדָהּ בְּמִשְׁפָּט וּבִצְדָקָה מֵעַתָּה וְעַד־עוֹלָם קִנְאַת יְהוָה צְבָאוֹת תַּעֲשֶׂה־זֹּאת׃

7 דָּבָר שָׁלַח אֲדֹנָי בְּיַעֲקֹב וְנָפַל בְּיִשְׂרָאֵל׃

8 וְיָדְעוּ הָעָם כֻּלּוֹ אֶפְרַיִם וְיוֹשֵׁב שֹׁמְרוֹן בְּגַאֲוָה וּבְגֹדֶל לֵבָב לֵאמֹר׃

9 לְבֵנִים נָפָלוּ וְגָזִית נִבְנֶה שִׁקְמִים גֻּדָּעוּ וַאֲרָזִים נַחֲלִיף׃

10 וַיְשַׂגֵּב יְהוָה אֶת־צָרֵי רְצִין עָלָיו וְאֶת־אֹיְבָיו יְסַכְסֵךְ׃

11 אֲרָם מִקֶּדֶם וּפְלִשְׁתִּים מֵאָחוֹר וַיֹּאכְלוּ אֶת־יִשְׂרָאֵל בְּכָל־פֶּה בְּכָל־זֹאת לֹא־שָׁב אַפּוֹ וְעוֹד יָדוֹ נְטוּיָה׃

12 וְהָעָם לֹא־שָׁב עַד־הַמַּכֵּהוּ וְאֶת־יְהוָה צְבָאוֹת לֹא דָרָשׁוּ׃

13 וַיַּכְרֵת יְהוָה מִיִּשְׂרָאֵל רֹאשׁ וְזָנָב כִּפָּה וְאַגְמוֹן יוֹם אֶחָד׃

14 זָקֵן וּנְשׂוּא־פָנִים הוּא הָרֹאשׁ וְנָבִיא מוֹרֶה־שֶּׁקֶר הוּא הַזָּנָב׃

15 וַיִּהְיוּ מְאַשְּׁרֵי הָעָם־הַזֶּה מַתְעִים וּמְאֻשָּׁרָיו מְבֻלָּעִים׃

16 עַל־כֵּן עַל־בַּחוּרָיו לֹא־יִשְׂמַח אֲדֹנָי וְאֶת־יְתֹמָיו וְאֶת־אַלְמְנֹתָיו לֹא יְרַחֵם כִּי כֻלּוֹ חָנֵף וּמֵרַע וְכָל־פֶּה דֹּבֵר נְבָלָה בְּכָל־זֹאת לֹא־שָׁב אַפּוֹ וְעוֹד יָדוֹ נְטוּיָה׃

17 כִּי־בָעֲרָה כָאֵשׁ רִשְׁעָה שָׁמִיר וָשַׁיִת תֹּאכֵל וַתִּצַּת בְּסִבְכֵי הַיַּעַר וַיִּתְאַבְּכוּ גֵּאוּת עָשָׁן׃

18 בְּעֶבְרַת יְהוָה צְבָאוֹת נֶעְתַּם אָרֶץ וַיְהִי הָעָם

to record, Uriah[a] the priest, and Zechariah the son of Jeberechiah.

3 And I β went unto the prophetess; and she conceived and bare a son. Then said the LORD to me, Call his name Maher-shalal-hash-baz:

4 For[b] before the child shall have knowledge to cry, My father, and my mother, the γ riches of Damascus and the spoil of Samaria shall be taken away[c] before the king of Assyria.

5 The LORD spake also unto me again, saying,

6 Forasmuch as this people refuseth the waters of Shiloah[e] that go softly, and rejoice in Rezin and Remaliah's son;

7 Now therefore, behold, the Lord bringeth up upon them the waters of the river, strong and many, *even* f the king of Assyria, and all his glory: and he shall come up over all his channels, and go over all his banks:

8 And he shall pass through Judah; he shall overflow and go over; he shall reach *even* to the neck: and the κ stretching out of his wings shall fill[h] the breadth of thy land, O Immanuel.

9 Associate yourselves, O ye people, ν and ye shall be broken[l] in pieces; and give ear, all ye of far countries: gird yourselves, and ye shall be broken in pieces; gird yourselves, and ye shall be broken in pieces.

10 Take counsel together, and it shall come to nought; speak the word, and it shall not stand: for God[p] *is* with us.

11 For the LORD spake thus to me π with a strong hand, and instructed me, that I should not[q] walk in the way of this people, saying,

12 Say ye not, A confederacy, to all *them* to whom this people shall say, A confederacy; neither[r] fear ye their fear, nor be afraid.

13 Sanctify the LORD of hosts himself; and *let* him[s] *be* your fear, and *let* him *be* your dread.

14 And he shall be for a sanctuary;[t] but for a stone of stumbling,[u] and for a rock of offence,[v] to both the houses of Israel; for a gin and for a snare to the inhabitants of Jerusalem.

15 And many among them shall stumble, and fall, and be broken, and be snared, and be taken.

16 Bind up the testimony, seal[w] the law among[x] my disciples.

17 And[y] I will wait upon the LORD, that hideth[z] his face from the house of Jacob, and I will look for him.

18 Behold,[a] I, and the children whom the LORD hath given me, *are* for signs and for wonders in Israel from the LORD of hosts, which dwelleth in mount Zion.

19 And when they shall say unto you, Seek unto them that have familiar spirits, and unto wizards that peep and that mutter; should not a people seek unto their God? for the living to the dead?

20 To[b] the law and to the testimony: if they speak not according to this word, *it is* because *there is* no ψ light in them.

21 And they shall pass through it hardly bestead and hungry: and it shall come to pass, that, when they shall be hungry, they shall fret[c] themselves, and curse[e] their king and their God, and look upward.

22 And they shall look unto the earth; and behold trouble and darkness, dim-

---

B. C. 742.

a 2 Ki. 16. 10.
β approached.
b ch. 7. 16.
γ or, he that is *before the king of Assyria shall take away the riches.*
c ch. 17. 3.
2 Ki. 15. 29.
16. 9.
δ or, populous.
d Mat. 4. 15, 16.
e Ne. 3. 15.
Jn⁰. 9. 7.
ζ or, *to him.*
f ch. 7. 16,17.
η or, *when thou brakest.*
g Ju.7.21,&c.
θ or, *when the whole.*
κ *fulness of the breadth of thy land shall be the stretchings out of his wings.*
λ or, *and it was.*
h ch.36.1,&c.
μ *meat.*
i Lu. 2. 11.
k Mat. 28. 18.
ν or, *yet.*
l ch. 37. 36.
m He. 1. 8.
n Ep. 2. 14.
o Da. 2. 44.
1Co. 15. 25.
p Ps. 46. 1, 7.
π in strength *of.*
q Pr. 1. 15.
r 1Pe.3.14,15.
s Lu. 12. 5.
t Eze. 11. 16.
u 1 Pe. 2. 8.
v Mat. 13. 57.
ρ *mingle.*
σ *whole.*
w Re. 5. 1, 5.
x Pr. 8. 8, 9.
Mat. 13. 11.
y ch. 50. 10.
54. 8.
z Hab. 2. 3.
a He. 2. 13.
τ or, *they that call them blessed.*
φ or, *called blessed.*
χ *swallowed up.*
b Lu. 16. 29.
Jn⁰. 5. 39.
ψ *morning.*
β or, *villany.*
c Pr. 19. 3.
d Mal. 4. 1.
e Re. 16. 11.

---

ness of anguish; and *they shall be* driven to darkness.

CHAP. IX.

NEVERTHELESS, the dimness *shall* not *be* such as *was* in her vexation, when at the first he lightly afflicted the land of Zebulun and the land of Naphtali, and afterward did more grievously afflict *her* by the way of the sea, beyond Jordan, in Galilee δ of the nations.

2 The people[d] that walked in darkness have seen a great light: they that dwell in the land of the shadow of death, upon them hath the light shined.

3 Thou hast multiplied the nation, *and* not ζ increased the joy: they joy before thee according to the joy in harvest, *and* as *men* rejoice when they divide the spoil.

4 For η thou hast broken the yoke of his burden,and the staff of his shoulder,the rod of his oppressor, as in the day[g] of Midian.

5 For θ every battle of the warrior *is* with confused noise, and garments rolled in blood; λ but *this* shall be with burning *and* μ fuel of fire.

6 For unto us a child is born, unto[i] us a son is given, and the government[k] shall be upon his shoulder; and his name shall be called Wonderful, Counsellor, The mighty God,[m] The everlasting Father, The Prince of Peace.[n]

7 Of the increase of *his* government and peace *there shall be* no[o] end, upon the throne of David, and upon his kingdom, to order it, and to establish it with judgment and with justice, from henceforth even for ever. The zeal of the LORD of hosts will perform this.

8 The Lord sent a word into Jacob, and it hath lighted upon Israel.

9 And all the people shall know, *even* Ephraim and the inhabitant of Samaria, that say in the pride and stoutness of heart,

10 The bricks are fallen down, but we will build with hewn stones: the sycamores are cut down, but we will change *them into* cedars.

11 Therefore the LORD shall set up the adversaries of Rezin against him, and ρ join his enemies together;

12 The Syrians before, and the Philistines behind; and they shall devour Israel with σ open mouth. For all this his anger is not turned away, but his hand *is* stretched out still.

13 For the people turneth not unto him that smiteth them, neither do they seek the LORD of hosts.

14 Therefore the LORD will cut off from Israel head and tail, branch and rush, in one day.

15 The ancient and honourable, he *is* the head; and the prophet that teacheth lies, he *is* the tail.

16 For τ the leaders of this people cause *them* to err; and *they that are* φ led of them *are* χ destroyed.

17 Therefore the Lord shall have no joy in their young men, neither shall have mercy on their fatherless and widows: for every one *is* an hypocrite and an evildoer, and every mouth speaketh β folly. For all this his anger is not turned away, but his hand *is* stretched out still.

18 For wickedness burneth[d] as the fire: it shall devour the briers and thorns, and shall kindle in the thickets of the forest: and they shall mount up *like* the lifting up of smoke.

וַיִּגְזֹר עַל־יָמִין וְרָעֵב וַיֹּאכַל עַל־שְׂמֹאול וְלֹא שָׂבֵעוּ אִישׁ 19
בְּשַׂר־זְרֹעוֹ יֹאכֵלוּ : מְנַשֶּׁה אֶת־אֶפְרַיִם וְאֶפְרַיִם 20
אֶת־מְנַשֶּׁה יַחְדָּו הֵמָּה עַל־יְהוּדָה בְּכָל־זֹאת לֹא־
שָׁב אַפּוֹ וְעוֹד יָדוֹ נְטוּיָה :

CAP. X. י

הוֹי הַחֹקְקִים חִקְקֵי־אָוֶן וּמְכַתְּבִים עָמָל כִּתֵּבוּ : 1
לְהַטּוֹת מִדִּין דַּלִּים וְלִגְזֹל מִשְׁפַּט עֲנִיֵּי עַמִּי לִהְיוֹת 2
אַלְמָנוֹת שְׁלָלָם וְאֶת־יְתוֹמִים יָבֹזּוּ : וּמַה־ 3
תַּעֲשׂוּ לְיוֹם פְּקֻדָּה וּלְשׁוֹאָה מִמֶּרְחָק תָּבוֹא עַל־
מִי תָּנוּסוּ לְעֶזְרָה וְאָנָה תַעַזְבוּ כְּבוֹדְכֶם : בִּלְתִּי 4
כָרַע תַּחַת אַסִּיר וְתַחַת הֲרוּגִים יִפֹּלוּ בְּכָל־זֹאת
לֹא־שָׁב אַפּוֹ וְעוֹד יָדוֹ נְטוּיָה : הוֹי אַשּׁוּר 5
שֵׁבֶט אַפִּי וּמַטֶּה־הוּא בְיָדָם זַעְמִי : בְּגוֹי חָנֵף 6
אֲשַׁלְּחֶנּוּ וְעַל־עַם עֶבְרָתִי אֲצַוֶּנּוּ לִשְׁלֹל שָׁלָל וְלָבֹז
בַּז וּלְשׂוּמוֹ מִרְמָס כְּחֹמֶר חוּצוֹת : וְהוּא לֹא־כֵן 7
יְדַמֶּה וּלְבָבוֹ לֹא־כֵן יַחְשֹׁב כִּי לְהַשְׁמִיד בִּלְבָבוֹ
וּלְהַכְרִית גּוֹיִם לֹא מְעָט : כִּי יֹאמַר הֲלֹא שָׂרַי 8
יַחְדָּו מְלָכִים : הֲלֹא כְּכַרְכְּמִישׁ כַּלְנוֹ אִם־לֹא 9
כְאַרְפַּד חֲמָת אִם־לֹא כְדַמֶּשֶׂק שֹׁמְרוֹן : כַּאֲשֶׁר 10
מָצְאָה יָדִי לְמַמְלְכֹת הָאֱלִיל וּפְסִילֵיהֶם
מִירוּשָׁלַ͏ִם וּמִשֹּׁמְרוֹן : הֲלֹא כַּאֲשֶׁר עָשִׂיתִי 11
לְשֹׁמְרוֹן וְלֶאֱלִילֶיהָ כֵּן אֶעֱשֶׂה לִירוּשָׁלַ͏ִם
וְלַעֲצַבֶּיהָ : וְהָיָה כִּי־יְבַצַּע אֲדֹנָי אֶת־כָּל־ 12
מַעֲשֵׂהוּ בְּהַר צִיּוֹן וּבִירוּשָׁלָ͏ִם אֶפְקֹד עַל־פְּרִי־
גֹדֶל לְבַב מֶלֶךְ־אַשּׁוּר וְעַל־תִּפְאֶרֶת רוּם עֵינָיו :
כִּי אָמַר בְּכֹחַ יָדִי עָשִׂיתִי וּבְחָכְמָתִי כִּי נְבֻנוֹתִי 13
וְאָסִיר גְּבוּלֹת עַמִּים וַעֲתוּדוֹתֵיהֶם שׁוֹשֵׂתִי וְאוֹרִיד
כַּאבִּיר יוֹשְׁבִים : וַתִּמְצָא כַקֵּן יָדִי לְחֵיל 14
הָעַמִּים וְכֶאֱסֹף בֵּיצִים עֲזֻבוֹת כָּל־הָאָרֶץ אֲנִי
אָסָפְתִּי וְלֹא הָיָה נֹדֵד כָּנָף וּפֹצֶה פֶה וּמְצַפְצֵף :
הֲיִתְפָּאֵר הַגַּרְזֶן עַל הַחֹצֵב בּוֹ אִם־יִתְגַּדֵּל 15
הַמַּשּׂוֹר עַל־מְנִיפוֹ כְּהָנִיף שֵׁבֶט אֶת־מְרִימָיו
כְּהָרִים מַטֶּה לֹא־עֵץ : לָכֵן יְשַׁלַּח 16

וַיֵּצֶר אֵשׁ אִישׁ אֶל־אָחִיו לֹא יַחְמֹלוּ :

וְהָיָה אוֹר־יִשְׂרָאֵל 17
לְאֵשׁ וּקְדוֹשׁוֹ לְלֶהָבָה וּבָעֲרָה וְאָכְלָה שִׁיתוֹ
וּשְׁמִירוֹ בְּיוֹם אֶחָד : וּכְבוֹד יַעְרוֹ וְכַרְמִלּוֹ מִנֶּפֶשׁ 18
וְעַד־בָּשָׂר יְכַלֶּה וְהָיָה כִּמְסֹס נֹסֵס : וּשְׁאָר 19
עֵץ יַעְרוֹ מִסְפָּר יִהְיוּ וְנַעַר יִכְתְּבֵם :
וְהָיָה בַּיּוֹם הַהוּא לֹא־יוֹסִיף עוֹד שְׁאָר יִשְׂרָאֵל 20
וּפְלֵיטַת בֵּית־יַעֲקֹב לְהִשָּׁעֵן עַל־מַכֵּהוּ וְנִשְׁעַן עַל־
יְהוָה קְדוֹשׁ יִשְׂרָאֵל בֶּאֱמֶת : שְׁאָר יָשׁוּב שְׁאָר 21
יַעֲקֹב אֶל־אֵל גִּבּוֹר : כִּי אִם־יִהְיֶה עַמְּךָ יִשְׂרָאֵל 22
כְּחוֹל הַיָּם שְׁאָר יָשׁוּב בּוֹ כִּלָּיוֹן חָרוּץ שׁוֹטֵף
צְדָקָה : כִּי כָלָה וְנֶחֱרָצָה אֲדֹנָי יְהוִה צְבָאוֹת 23
עֹשֶׂה בְּקֶרֶב כָּל־הָאָרֶץ : לָכֵן כֹּה־אָמַר אֲדֹנָי 24
יְהוִה צְבָאוֹת אַל־תִּירָא עַמִּי יֹשֵׁב צִיּוֹן מֵאַשּׁוּר
בַּשֵּׁבֶט יַכֶּכָּה וּמַטֵּהוּ יִשָּׂא־עָלֶיךָ בְּדֶרֶךְ מִצְרָיִם :
כִּי־עוֹד מְעַט מִזְעָר וְכָלָה זַעַם וְאַפִּי עַל־ 25
תַּבְלִיתָם : וְעוֹרֵר עָלָיו יְהוָה צְבָאוֹת שׁוֹט כְּמַכַּת 26
מִדְיָן בְּצוּר עוֹרֵב וּמַטֵּהוּ עַל־הַיָּם וּנְשָׂאוֹ בְּדֶרֶךְ
מִצְרָיִם : וְהָיָה בַּיּוֹם הַהוּא יָסוּר סֻבֳּלוֹ מֵעַל 27
שִׁכְמֶךָ וְעֻלּוֹ מֵעַל צַוָּארֶךָ וְחֻבַּל עֹל מִפְּנֵי־שָׁמֶן :
בָּא עַל־עַיַּת עָבַר בְּמִגְרוֹן לְמִכְמָשׂ יַפְקִיד כֵּלָיו : 28
עָבְרוּ מַעְבָּרָה גֶּבַע מָלוֹן לָנוּ חָרְדָה הָרָמָה גִּבְעַת 29
שָׁאוּל נָסָה : צַהֲלִי קוֹלֵךְ בַּת־גַּלִּים הַקְשִׁיבִי לַיְשָׁה 30
עֲנִיָּה עֲנָתוֹת : נָדְדָה מַדְמֵנָה יֹשְׁבֵי הַגֵּבִים 31
הֵעִיזוּ : עוֹד הַיּוֹם בְּנֹב לַעֲמֹד יְנֹפֵף יָדוֹ הַר בֵּית־ 32
צִיּוֹן גִּבְעַת יְרוּשָׁלָ͏ִם : הִנֵּה הָאָדוֹן יְהוָה 33
צְבָאוֹת מְסָעֵף פֻּארָה בְּמַעֲרָצָה וְרָמֵי הַקּוֹמָה
גְּדֻעִים וְהַגְּבֹהִים יִשְׁפָּלוּ : וְנִקַּף סִבְכֵי הַיַּעַר בַּבַּרְזֶל 34
וְהַלְּבָנוֹן בְּאַדִּיר יִפּוֹל :

CAP. XI. א

וְיָצָא חֹטֶר מִגֶּזַע יִשָׁי וְנֵצֶר מִשָּׁרָשָׁיו יִפְרֶה : 1
וְנָחָה עָלָיו רוּחַ יְהוָה רוּחַ חָכְמָה וּבִינָה רוּחַ עֵצָה 2
וּגְבוּרָה רוּחַ דַּעַת וְיִרְאַת יְהוָה : וַהֲרִיחוֹ בְּיִרְאַת 3
יְהוָה וְלֹא־לְמַרְאֵה עֵינָיו יִשְׁפּוֹט וְלֹא־לְמִשְׁמַע אָזְנָיו

19 Through the wrath of the LORD of hosts is the land darkened,[b] and the people shall be as the β fuel of the fire : no man shall spare his brother.[c]

20 And he shall γ snatch on the right hand, and be hungry ; and he[e] shall eat on the left hand, and they shall not be satisfied : they shall eat every man the flesh of his own arm :

21 Manasseh, Ephraim ; and Ephraim, Manasseh : *and* they together *shall be* against Judah. For all this his anger is not turned away, but his hand *is* stretched out still.

CHAP. X.

WOE[g] unto them that decree unrighteous decrees, and η that write grievousness *which* they have prescribed ;

2 To turn aside the needy from judgment, and to take away the right from the poor of my people, that widows may be their prey, and *that* they may rob the fatherless !

3 And what[l] will ye do in the day of visitation, and in the desolation *which* shall come from far ? to whom will ye flee for help ? and where will ye leave your glory ?

4 Without me they shall bow down under the prisoners, and they shall fall under the slain. For all this his anger is not turned away, but his hand *is* stretched out still.

5 λΟ μ Assyrian, the rod[p] of mine anger, π and the staff in their hand is mine indignation.

6 I will send him against an hypocritical nation, and against the people of my wrath will I give him a charge,[q] to take the spoil, and to take the prey, and to ρ tread them down[s] like the mire of the streets.

7 Howbeit he[u] meaneth not so, neither doth his heart think so ; but *it is* in his heart to destroy and cut off nations not a few.

8 For he saith, *Are* not my princes altogether kings ?

9 *Is* not[w] Calno[x] as Carchemish ?[y] *is* not Hamath as Arpad ? *is* not Samaria as Damascus ?[z]

10 As my hand hath found the kingdoms of the idols, and whose graven images did excel them of Jerusalem and of Samaria ;

11 Shall I not, as I have done unto Samaria and her idols, so do to Jerusalem and her idols ?

12 Wherefore it shall come to pass, *that*, when the Lord hath performed his whole work upon mount Zion and on Jerusalem, I will φ punish[c] the fruit of the χ stout heart of the king of Assyria, and the glory of his high[d] looks.

13 For he saith, By the strength of my hand I have done *it*, and by my wisdom ; for I am prudent : and I have removed the bounds of the people, and have robbed their treasures, and I have put down the inhabitants like ψ a valiant *man* :

14 And my hand hath found, as a nest, the riches of the people : and as one gathereth eggs *that are* left, have I gathered all the earth ; and there was none that moved the wing, or opened the mouth, or peeped.

15 Shall the axe boast itself against him that heweth therewith ? *or* shall the saw magnify itself against him that shaketh it ? as if γ the rod should shake *itself* against them that lift it up, *or* as if the staff should lift up δ *itself, as if it were* no wood.

16 Therefore[k] shall the Lord, the Lord

of hosts, send among his fat ones[a] leanness ; and under his glory he shall kindle a burning like the burning of a fire.

17 And the light of Israel shall be for a fire,[d] and his Holy One for a flame : and it shall burn and devour his thorns and his briers in one[f] day ;

18 And shall consume the glory of his forest, and of his fruitful field, δ both soul and body : and they shall be as when a standard-bearer fainteth.

19 And the rest of the trees of his forest shall be ζ few, that a child may write them.

20 And it shall come to pass in that day, *that* the remnant of Israel, and such as are escaped of the house of Jacob, shall no more again stay upon him that smote them ; [k] but shall stay upon the[i] LORD, the Holy One of Israel, in truth.

21 The remnant[k] shall return, *even* the remnant of Jacob, unto the mighty God.

22 For though thy people Israel be as the sand of the sea, *yet* [m] a remnant θ of them shall return : the consumption[n] decreed shall overflow κ with righteousness.

23 For the Lord GOD of hosts shall make a consumption, even determined, in the midst of all the land.

24 Therefore thus saith the Lord GOD of hosts, O my people that dwellest in Zion, be not[o] afraid of the Assyrian : he shall smite thee with a rod, ν and shall lift up his staff against thee, after the manner of Egypt.

25 For yet a very little while, and the indignation[r] shall cease, and mine anger, in their[s] destruction.

26 And the LORD of hosts shall stir up a scourge for him, according to the slaughter of Midian[v] at the rock of Oreb : and as his rod *was* upon the sea, so shall he lift it up after the manner of Egypt.

27 And it shall come to pass in that day, *that* his burden shall σ be taken away from off thy shoulder, and his yoke from off thy neck, and the yoke shall be destroyed because of the anointing.[a]

28 He is come to Aiath, he is passed to Migron ; at Michmash he hath laid up his carriages :

29 They are gone over the passage : they have taken up their lodging at Geba ; Ramah[b] is afraid ; Gibeah of Saul is fled.

30 τ Lift up thy voice, O daughter of Gallim ; cause it to be heard unto Laish, O poor Anathoth.

31 Madmenah is removed ; the inhabitants of Gebim gather themselves to flee.

32 As yet shall he remain at Nob that day : he shall shake his hand *against* the mount of the daughter of Zion, the hill of Jerusalem.

33 Behold, the Lord, the LORD of hosts, shall lop the bough with terror : and the high ones of stature *shall be* hewn down, and the haughty shall be humbled.

34 And he shall cut down the thickets of the forests with iron, and Lebanon shall fall β by a mighty one.

CHAP. XI.

AND[e] there shall come forth a rod out of the stem[f] of Jesse, and a Branch[g] shall grow out of his roots :

2 And the Spirit of the LORD shall rest upon[h] him, the spirit of wisdom[i] and understanding, the spirit of counsel and might, the spirit of knowledge, and of the fear of the LORD ;

B. C. 738.

a Ps. 106. 15.
b Ac. 2. 20.
β *meat.*
c Mi. 7. 2, 6.
d He. 12. 29.
γ *cut.*
e Le. 26. 26.
Je. 19. 9.
f ch. 37. 36.
δ *from the soul and even to the flesh.*
ζ *number.*
g Ps. 94. 20.
η or. *to the writers that.*
h 2Ch. 28. 20.
i Ho. 14. 3.
k ch. 6. 13.
65. 8, 9.
l Job 31. 14.
Ho. 9. 7.
Re. 6. 17.
m Ro.9.27,28.
θ *in,* or, *among.*
n ch. 28. 22.
Da. 9. 27.
κ or, *in.*
o ch. 37. 6.
λ or, *Woe to the Assyrian.*
μ *Asshur.*
p Je.51.20,21.
ν or, *but he shall.*
π or, *though.*
q Je. 47. 6, 7.
γ Da. 11. 36.
ρ *lay them a treading.*
s 2Ki. 19. 35.
t ch. 37. 26.
u Mi. 4. 12.
γ Ju. 7. 25.
σ *remove.*
w 2 Ki. 18. 33.
19. 12, 13.
x Am. 6. 2.
y 2Ch. 35. 20.
z 2 Ki. 16. 9.
a Da. 9. 24.
b Je. 31. 15.
τ *cry shrill with.*
φ *visit upon.*
c Je. 50. 18.
χ *greatness of the heart.*
d Ps. 18. 27.
ψ or, *many people.*
β *mightily.*
e ch. 53. 2.
f Ac. 13. 23.
Re. 22. 16.
g Zec. 6. 12.
γ or, *a rod should shake them.*
h Mat. 3. 16.
Jn⁰. 3. 34.
i 1 Co. 1. 30.
δ or, *that which is not wood.*
k Ac. 12. 23.

436

וְשָׁפַ֣ט בְּצֶ֗דֶק דַּלִּ֔ים וְהֹוכִ֥יחַ בְּמִישֹׁ֖ור 4
לְעַנְוֵי־אָ֑רֶץ וְהִכָּה־אֶ֙רֶץ֙ בְּשֵׁ֣בֶט פִּ֔יו וּבְר֥וּחַ שְׂפָתָ֖יו
יָמִ֥ית רָשָֽׁע׃ וְהָ֤יָה צֶ֙דֶק֙ אֵז֣ור מָתְנָ֔יו וְהָאֱמוּנָ֖ה 5
אֵז֥ור חֲלָצָֽיו׃ וְגָ֤ר זְאֵב֙ עִם־כֶּ֔בֶשׂ וְנָמֵ֖ר עִם־גְּדִ֣י 6
יִרְבָּ֑ץ וְעֵ֤גֶל וּכְפִיר֙ וּמְרִ֣יא יַחְדָּ֔ו וְנַ֥עַר קָטֹ֖ן נֹהֵ֥ג בָּֽם׃
וּפָרָ֤ה וָדֹב֙ תִּרְעֶ֔ינָה יַחְדָּ֖ו יִרְבְּצ֣וּ יַלְדֵיהֶ֑ן וְאַרְיֵ֖ה 7
כַּבָּקָ֥ר יֹֽאכַל־תֶּֽבֶן׃ וְשִֽׁעֲשַׁ֥ע יֹונֵ֖ק עַל־חֻ֣ר פָּ֑תֶן וְעַל֙ 8
מְאוּרַ֣ת צִפְעֹונִ֔י גָּמ֖וּל יָדֹ֥ו הָדָֽה׃ לֹֽא־יָרֵ֙עוּ֙ וְלֹֽא־ 9
יַשְׁחִ֔יתוּ בְּכָל־הַ֖ר קָדְשִׁ֑י כִּֽי־מָלְאָ֣ה הָאָ֗רֶץ דֵּעָה֙ אֶת־
יְהוָ֔ה כַּמַּ֖יִם לַיָּ֥ם מְכַסִּֽים׃ וְהָיָה֙ בַּיֹּ֣ום הַה֔וּא 10
שֹׁ֣רֶשׁ יִשַׁ֗י אֲשֶׁ֤ר עֹמֵד֙ לְנֵ֣ס עַמִּ֔ים אֵלָ֖יו גֹּויִ֣ם יִדְרֹ֑שׁוּ
וְהָיְתָ֥ה מְנֻחָתֹ֖ו כָּבֹֽוד׃ וְהָיָ֣ה בַּיֹּ֣ום הַה֗וּא 11
יֹוסִ֨יף אֲדֹנָ֤י שֵׁנִית֙ יָדֹ֔ו לִקְנֹ֖ות אֶת־שְׁאָ֣ר עַמֹּ֑ו אֲשֶׁ֣ר
יִשָּׁאֵר֩ מֵאַשּׁ֨וּר וּמִמִּצְרַ֜יִם וּמִפַּתְרֹ֗וס וּמִכּ֛וּשׁ
וּמֵעֵילָ֥ם וּמִשִּׁנְעָ֖ר וּמֵחֲמָ֣ת וּמֵאִיֵּ֣י הַיָּ֑ם וְנָשָׂ֙א נֵ֜ס 12
לַגֹּויִ֗ם וְאָסַף֙ נִדְחֵ֣י יִשְׂרָאֵ֔ל וּנְפֻצֹ֥ות יְהוּדָ֖ה יְקַבֵּ֑ץ
מֵאַרְבַּ֖ע כַּנְפֹ֥ות הָאָֽרֶץ׃ וְסָ֙רָה֙ קִנְאַ֣ת אֶפְרַ֔יִם וְצֹרְרֵ֥י 13
יְהוּדָ֖ה יִכָּרֵ֑תוּ אֶפְרַ֙יִם֙ לֹֽא־יְקַנֵּ֣א אֶת־יְהוּדָ֔ה וִיהוּדָ֖ה
לֹֽא־יָצֹ֥ר אֶת־אֶפְרָֽיִם׃ וְעָפ֨וּ בְכָתֵ֤ף פְּלִשְׁתִּים֙ יָ֔מָּה 14
יַחְדָּ֖ו יָבֹ֣זּוּ אֶת־בְּנֵי־קֶ֑דֶם אֱדֹ֤ום וּמֹואָב֙ מִשְׁלֹ֣וחַ יָדָ֔ם
וּבְנֵ֥י עַמֹּ֖ון מִשְׁמַעְתָּֽם׃ וְהֶחֱרִ֣ים יְהוָ֗ה אֵ֚ת לְשֹׁ֣ון 15
יָֽם־מִצְרַ֔יִם וְהֵנִ֥יף יָדֹ֛ו עַל־הַנָּהָ֖ר בַּעְיָ֣ם רוּחֹ֑ו וְהִכָּ֙הוּ֙
לְשִׁבְעָ֣ה נְחָלִ֔ים וְהִדְרִ֖יךְ בַּנְּעָלִֽים׃ וְהָיְתָ֣ה מְסִלָּ֔ה 16
לִשְׁאָ֣ר עַמֹּ֔ו אֲשֶׁ֥ר יִשָּׁאֵ֖ר מֵֽאַשּׁ֑וּר כַּאֲשֶׁ֤ר הָֽיְתָה֙
לְיִשְׂרָאֵ֔ל בְּיֹ֥ום עֲלֹתֹ֖ו מֵאֶ֥רֶץ מִצְרָֽיִם׃

CAP. XII. יב

וְאָמַרְתָּ֙ בַּיֹּ֣ום הַה֔וּא אֹֽודְךָ֣ יְהוָ֔ה כִּ֥י אָנַ֖פְתָּ בִּ֑י 1
אַֽסֲרָ֣א אַפְּךָ֔ וּֽתְנַחֲמֵֽנִי׃ הִנֵּ֙ה אֵ֧ל יְשׁוּעָתִ֛י אֶבְטַ֖ח וְלֹ֣א 2
אֶפְחָ֑ד כִּֽי־עָזִּ֤י וְזִמְרָת֙ יָ֣הּ יְהוָ֔ה וַיְהִי־לִ֖י לִישׁוּעָֽה׃
וּשְׁאַבְתֶּם־מַ֖יִם בְּשָׂשֹׂ֑ון מִמַּעַיְנֵ֖י הַיְשׁוּעָֽה׃ 3
וַאֲמַרְתֶּ֞ם בַּיֹּ֣ום הַה֗וּא הֹוד֤וּ לַֽיהוָה֙ קִרְא֣וּ בִשְׁמֹ֔ו 4
הֹודִ֥יעוּ בָֽעַמִּ֖ים עֲלִֽילֹתָ֑יו הַזְכִּ֕ירוּ כִּ֥י נִשְׂגָּ֖ב שְׁמֹֽו׃
זַמְּר֣וּ יְהוָ֔ה כִּ֥י גֵא֖וּת עָשָׂ֑ה מ֥וּדַעַת זֹ֖את בְּכָל־ 5

הָאָֽרֶץ׃ צַהֲלִ֥י וָרֹ֖נִּי יֹושֶׁ֣בֶת צִיֹּ֑ון כִּֽי־גָדֹ֥ול בְּקִרְבֵּ֖ךְ 6
קְדֹ֥ושׁ יִשְׂרָאֵֽל׃

CAP. XIII. יג

מַשָּׂ֖א בָּבֶ֑ל אֲשֶׁ֣ר חָזָ֔ה יְשַֽׁעְיָ֖הוּ בֶּן־אָמֹֽוץ׃ עַל הַר־ 1,2
נִשְׁפֶּה֙ שְׂאוּ־נֵ֔ס הָרִ֥ימוּ קֹ֖ול לָהֶ֑ם הָנִ֣יפוּ יָ֔ד וְיָבֹ֖אוּ
פִּתְחֵ֥י נְדִיבִֽים׃ אֲנִ֥י צִוֵּ֖יתִי לִמְקֻדָּשָׁ֑י גַּ֣ם קָרָ֤אתִי 3
גִבֹּורַי֙ לְאַפִּ֔י עַלִּיזֵ֖י גַּאֲוָתִֽי׃ קֹ֣ול הָמֹ֤ון בֶּהָרִים֙ 4
דְּמ֣וּת עַם־רָ֔ב קֹ֚ול שְׁאֹ֣ון מַמְלְכֹ֣ות גֹּויִ֖ם נֶאֱסָפִ֑ים
יְהוָ֣ה צְבָאֹ֔ות מְפַקֵּ֖ד צְבָ֥א מִלְחָמָֽה׃ בָּאִ֞ים 5
מֵאֶ֤רֶץ מֶרְחָק֙ מִקְצֵ֣ה הַשָּׁמָ֔יִם יְהוָ֖ה וּכְלֵ֣י זַעְמֹ֑ו
לְחַבֵּ֖ל כָּל־הָאָֽרֶץ׃ הֵילִ֕ילוּ כִּ֥י קָרֹ֖וב יֹ֣ום יְהוָ֑ה 6
כְּשֹׁ֖ד מִשַּׁדַּ֥י יָבֹֽוא׃ עַל־כֵּ֖ן כָּל־יָדַ֣יִם תִּרְפֶּ֑ינָה וְכָל־ 7
לְבַ֥ב אֱנֹ֖ושׁ יִמָּֽס׃ וְנִבְהָ֓לוּ ׀ צִירִ֤ים וַחֲבָלִים֙ 8
יֹֽאחֵז֔וּן כַּיֹּֽולֵדָ֖ה יְחִיל֑וּן אִ֤ישׁ אֶל־רֵעֵ֙הוּ֙ יִתְמָ֔הוּ פְּנֵ֥י
לְהָבִ֖ים פְּנֵיהֶֽם׃ הִנֵּ֤ה יֹום־יְהוָה֙ בָּ֔א אַכְזָרִ֥י 9
וְעֶבְרָ֖ה וַחֲרֹ֣ון אָ֑ף לָשׂ֤וּם הָאָ֙רֶץ֙ לְשַׁמָּ֔ה וְחַטָּאֶ֖יהָ
יַשְׁמִ֥יד מִמֶּֽנָּה׃ כִּֽי־כֹוכְבֵ֣י הַשָּׁמַ֗יִם וּכְסִילֵיהֶ֛ם לֹ֥א 10
יָהֵ֖לּוּ אֹורָ֑ם חָשַׁ֤ךְ הַשֶּׁ֙מֶשׁ֙ בְּצֵאתֹ֔ו וְיָרֵ֖חַ לֹֽא־יַגִּ֥יהַ
אֹורֹֽו׃ וּפָקַדְתִּ֤י עַל־תֵּבֵל֙ רָעָ֔ה וְעַל־רְשָׁעִ֖ים עֲוֹנָ֑ם 11
וְהִשְׁבַּתִּי֙ גְּאֹ֣ון זֵדִ֔ים וְגַאֲוַ֥ת עָרִיצִ֖ים אַשְׁפִּֽיל׃
אֹוקִ֥יר אֱנֹ֖ושׁ מִפָּ֑ז וְאָדָ֖ם מִכֶּ֥תֶם אֹופִֽיר׃ עַל־כֵּ֙ן 12,13
שָׁמַ֣יִם אַרְגִּ֔יז וְתִרְעַ֥שׁ הָאָ֖רֶץ מִמְּקֹומָ֑הּ בְּעֶבְרַ֗ת
יְהוָ֣ה צְבָאֹ֔ות וּבְיֹ֖ום חֲרֹ֥ון אַפֹּֽו׃ וְהָיָה֙ כִּצְבִ֣י 14
מֻדָּ֔ח וּכְצֹ֖אן וְאֵ֣ין מְקַבֵּ֑ץ אִ֤ישׁ אֶל־עַמֹּו֙ יִפְנ֔וּ וְאִ֥ישׁ
אֶל־אַרְצֹ֖ו יָנֽוּסוּ׃ כָּל־הַנִּמְצָ֖א יִדָּקֵ֑ר וְכָל־ 15
הַנִּסְפֶּ֖ה יִפֹּ֥ול בֶּחָֽרֶב׃ וְעֹלְלֵיהֶ֥ם יְרֻטְּשׁ֖וּ לְעֵֽינֵיהֶ֑ם 16
יִשַּׁ֙סּוּ֙ בָּֽתֵּיהֶ֔ם וּנְשֵׁיהֶ֖ם תִּשָּׁכַֽבְנָה׃ הִנְנִ֛י מֵעִ֥יר 17
עֲלֵיהֶ֖ם אֶת־מָדָ֑י אֲשֶׁר־כֶּ֙סֶף֙ לֹ֣א יַחְשֹׁ֔בוּ וְזָהָ֖ב
לֹ֥א יַחְפְּצוּ־בֹֽו׃ וּקְשָׁתֹ֖ות נְעָרִ֣ים תְּרַטַּ֑שְׁנָה וּפְרִי־ 18
בֶ֙טֶן֙ לֹ֣א יְרַחֵ֔מוּ עַל־בָּנִ֖ים לֹֽא־תָח֥וּס עֵינָֽם׃
וְהָיְתָ֤ה בָבֶל֙ צְבִ֣י מַמְלָכֹ֔ות תִּפְאֶ֖רֶת גְּאֹ֣ון כַּשְׂדִּ֑ים 19
כְּמַהְפֵּכַ֣ת אֱלֹהִ֔ים אֶת־סְדֹ֖ם וְאֶת־עֲמֹרָֽה׃ לֹֽא־ 20
תֵשֵׁ֣ב לָנֶ֔צַח וְלֹ֥א תִשְׁכֹּ֖ן עַד־דֹּ֣ור וָדֹ֑ור וְלֹֽא־יַהֵ֥ל שָׁ֙ם

3 And shall make him of quick β understanding in the fear of the LORD: and he shall not judge after the sight of his eyes, neither reprove after the hearing of his ears:

4 But° with righteousness shall he judge the poor, and δ reprove with equity for the meek of the earth: and he shall smite the earth with the rod° of his mouth, and with the breath of his lips shall he slay the wicked.

5 And righteousness shall be the girdle^g of his loins, and faithfulness the girdle of his reins.

6 The^h wolf also shall dwell with the lamb, and the leopard shall lie down with the kid; and the calf, and the young lion, and the fatling together; and a little child shall lead them.

7 And the cow and the bear shall feed; their young ones shall lie down together: and the lion shall eat straw like the ox.

8 And the sucking child shall play on the hole of the asp, and the weaned child shall put his hand on the η cockatrice' den.

9 They shall not hurt^k nor destroy in all my holy mountain: for^l the earth shall be full of the knowledge of the LORD, as the waters cover the sea.

10 And in that day there shall be a^m root of Jesse, which shall stand for an ensign of the people; to it shall the° Gentiles seek: and his rest^p shall be θ glorious.

11 And it shall come to pass in that day, *that* the LORD shall set his hand again the second time to recover the remnant of his people, which shall be left, from^q Assyria, and from Egypt, and from Pathros, and from Cush, and from Elam, and from Shinar, and from Hamath, and from the islands of the sea.

12 And he shall set up an ensign^s for the nations, and shall assemble the outcasts^t of Israel, and gather together the dispersed^u of Judah from the four π corners of the earth.

13 The^v envy also of Ephraim shall depart, and the adversaries of Judah shall be cut off; Ephraim shall not envy Judah, and Judah shall not vex Ephraim.

14 But they shall fly upon the shoulders of the Philistines toward the west; they shall spoil ρ them of the east together: σ they shall lay their hand upon Edom and Moab; and^w the children of Ammon τ shall obey them.

15 And the LORD shall utterly destroy the tongue of the Egyptian sea; and with his mighty wind shall he shake his hand over the river, and shall smite it in the seven streams, and make *men* go over φ dry-shod.

16 And there shall be an highway for the remnant of his people, which shall be left, from Assyria; like as it was^x to Israel in the day that he came up out of the land of Egypt.

CHAP. XII.

AND in that day thou shalt say, O LORD, I^b will praise thee: though° thou wast angry with me, thine anger is turned away, and thou comfortedst me.

2 Behold, God *is* my salvation; I will trust, and not be afraid: for° the LORD JEHOVAH *is* my strength and *my* song; he also is become my salvation.

3 Therefore with joy^f shall ye draw water^g out of the wells of salvation.

4 And in that day shall ye say,^{h} Praise the LORD, χ call upon his name declare

---

Center column (cross references)

B. C. 713.

β *scent,* or, *smell.*
a Ex.15.1,21. Ps. 98.1.
b Zep. 3. 14.
γ *inhabitress.*
c Ps.72. 2,4. Re. 19. 11.
d Ps. 89. 18.
δ *argue.*
e Re. 2. 16. 19. 15.
f ch. XXI. XLVII. Je. L. LI.
g Ep. 6. 14.
h ch. 65. 25.
i Joel 2. 11.
ζ *the likeness.*
η or, *adder's.*
k ch. 35. 9. Job 5. 23. Re. 21. 27.
l Ps. 72. 19. Hab. 2. 14.
m ver. 1.
n Zep. 1. 7. Re. 6. 17.
o Ro.15.9.12.
p Mat. 11. 28. He. 4.1,&c.
θ *glory.*
κ or, *fall down.*
q Zec. 10. 10, 11.
λ *wonder.*
μ *every man at his neighbour.*
ν *faces of the flames.*
r Mal. 4. 1.
s ch. 18. 3.
t ch. 27. 13. 56. 8.
Ps. 147. 2.
u Jo°. 7. 35.
Ja. 1. 1.
π *wings.*
v Je. 3. 18.
Eze 37.17,22.
Ho. 1. 11.
ρ *the children.*
σ *Edom and Moab* shall be *the laying on of their hand,* Da. 11. 41.
w ch. 60. 14.
τ *their obedience.*
x Hag. 2. 6.
y 2Pe.3.10,11.
φ *in shoes.*
z Ex. 14. 29.
a Ps. 137.8,9.
b Ps.34.1,&c.
c ch. 54. 7, 8. Ps. 30. 5.
Ho. 6. 1.
d Da.5.28,31.
e Ps. 118. 14.
f Ca. 2. 3.
g Jn°.4.10,14.
h Ps.145.4,.6.
χ or, *proclaim.*

---

his doings among the people, make mention that his name is exalted.

5 Sing^a unto the LORD; for he hath done excellent things: this *is* known in all the earth.

6 Cry^b out and shout, thou γ inhabitant of Zion: for^d great *is* the Holy One of Israel in the midst of thee.

CHAP. XIII.

THE burden of Babylon,^{f} which Isaiah the son of Amoz did see.

2 Lift ye up a banner upon the high mountain, exalt the voice unto them, shake the hand, that they may go into the gates of the nobles.

3 I have commanded my sanctified ones, I have also called my^i mighty ones for mine anger, *even* them that rejoice in my highness.

4 The noise of a multitude in the mountains, ζ like as of a great people; a tumultuous noise of the kingdoms of nations gathered together: the LORD of hosts mustereth the host of the battle.

5 They come from a far country, from the end of heaven, *even* the LORD, and the weapons of his indignation to destroy the whole land.

6 Howl ye; for the day^n of the LORD *is* at hand; it shall come as a destruction from the Almighty.

7 Therefore shall all hands κ be faint, and every man's heart shall melt:

8 And they shall be afraid: pangs and sorrows shall take hold of them; they shall be in pain as a woman that travaileth; they shall λ be amazed μ one at another; their faces *shall be as* ν flames.

9 Behold, the day^r of the LORD cometh, cruel both with wrath and fierce anger, to lay the land desolate; and he shall destroy the sinners thereof out of it.

10 For the stars of heaven, and the constellations thereof, shall not give their light: the sun shall be darkened in his going forth, and the moon shall not cause her light to shine.

11 And I will punish the world for *their* evil, and the wicked for their iniquity; and I will cause the arrogancy of the proud to cease, and will lay low the haughtiness of the terrible.

12 I will make a man more precious than fine gold; even a man than the golden wedge of Ophir.

13 Therefore^x I will shake the heavens, and the earth^y shall remove out of her place, in the wrath of the LORD of hosts, and in the day of his fierce anger.

14 And it shall be as the chased roe, and as a sheep that no man taketh up: they shall every man turn to his own people, and flee every one into his own land.

15 Every one that is found shall be thrust through; and every one that is joined *unto them* shall fall by the sword.

16 Their children also shall be° dashed to pieces before their eyes; their houses shall be spoiled, and their wives ravished.

17 Behold, I will stir up the^d Medes against them, which shall not regard silver; and *as for* gold, they shall not delight in it.

18 *Their* bows also shall dash the young men to pieces; and they shall have no pity on the fruit of the womb; their eye shall not spare children.

19 And Babylon, the glory of kingdoms, the beauty of the Chaldees' excellency,

18 וּקְשָׁתוֹת נְעָרִים תְּרַטַּשְׁנָה וּפְרִי־בֶטֶן לֹא יְרַחֵמוּ עַל־בָּנִים לֹא־תָחוּס עֵינָם׃

19 וְהָיְתָה בָבֶל צְבִי מַמְלָכוֹת תִּפְאֶרֶת גְּאוֹן כַּשְׂדִּים כְּמַהְפֵּכַת אֱלֹהִים אֶת־סְדֹם וְאֶת־עֲמֹרָה׃

20 לֹא־תֵשֵׁב לָנֶצַח וְלֹא תִשְׁכֹּן עַד־דּוֹר וָדוֹר וְלֹא־יַהֵל שָׁם עֲרָבִי וְרֹעִים לֹא־יַרְבִּצוּ שָׁם׃

21 וְרָבְצוּ־שָׁם צִיִּים וּמָלְאוּ בָתֵּיהֶם אֹחִים וְשָׁכְנוּ שָׁם בְּנוֹת יַעֲנָה וּשְׂעִירִים יְרַקְּדוּ־שָׁם׃

22 וְעָנָה אִיִּים בְּאַלְמְנוֹתָיו וְתַנִּים בְּהֵיכְלֵי עֹנֶג וְקָרוֹב לָבוֹא עִתָּהּ וְיָמֶיהָ לֹא יִמָּשֵׁכוּ׃

CAP. XIV. יד

1 כִּי יְרַחֵם יְהוָה אֶת־יַעֲקֹב וּבָחַר עוֹד בְּיִשְׂרָאֵל וְהִנִּיחָם עַל־אַדְמָתָם וְנִלְוָה הַגֵּר עֲלֵיהֶם וְנִסְפְּחוּ עַל־בֵּית יַעֲקֹב׃

2 וּלְקָחוּם עַמִּים וֶהֱבִיאוּם אֶל־מְקוֹמָם וְהִתְנַחֲלוּם בֵּית־יִשְׂרָאֵל עַל אַדְמַת יְהוָה לַעֲבָדִים וְלִשְׁפָחוֹת וְהָיוּ שֹׁבִים לְשֹׁבֵיהֶם וְרָדוּ בְּנֹגְשֵׂיהֶם׃

3 וְהָיָה בְּיוֹם הָנִיחַ יְהוָה לְךָ מֵעָצְבְּךָ וּמֵרָגְזֶךָ וּמִן־הָעֲבֹדָה הַקָּשָׁה אֲשֶׁר עֻבַּד־בָּךְ׃

4 וְנָשָׂאתָ הַמָּשָׁל הַזֶּה עַל־מֶלֶךְ בָּבֶל וְאָמָרְתָּ אֵיךְ שָׁבַת נֹגֵשׂ שָׁבְתָה מַדְהֵבָה׃

5 שָׁבַר יְהוָה מַטֵּה רְשָׁעִים שֵׁבֶט מֹשְׁלִים׃

6 מַכֶּה עַמִּים בְּעֶבְרָה מַכַּת בִּלְתִּי סָרָה רֹדֶה בָאַף גּוֹיִם מֻרְדָּף בְּלִי חָשָׂךְ׃

7 נָחָה שָׁקְטָה כָּל־הָאָרֶץ פָּצְחוּ רִנָּה׃

8 גַּם־בְּרוֹשִׁים שָׂמְחוּ לְךָ אַרְזֵי לְבָנוֹן מֵאָז שָׁכַבְתָּ לֹא־יַעֲלֶה הַכֹּרֵת עָלֵינוּ׃

9 שְׁאוֹל מִתַּחַת רָגְזָה לְךָ לִקְרַאת בּוֹאֶךָ עוֹרֵר לְךָ רְפָאִים כָּל־עַתּוּדֵי אָרֶץ הֵקִים מִכִּסְאוֹתָם כֹּל מַלְכֵי גוֹיִם׃

10 כֻּלָּם יַעֲנוּ וְיֹאמְרוּ אֵלֶיךָ גַּם־אַתָּה חֻלֵּיתָ כָמוֹנוּ אֵלֵינוּ נִמְשָׁלְתָּ׃

11 הוּרַד שְׁאוֹל גְּאוֹנֶךָ הֶמְיַת נְבָלֶיךָ תַּחְתֶּיךָ יֻצַּע רִמָּה וּמְכַסֶּיךָ תּוֹלֵעָה׃

12 אֵיךְ נָפַלְתָּ מִשָּׁמַיִם הֵילֵל בֶּן־שָׁחַר נִגְדַּעְתָּ לָאָרֶץ חוֹלֵשׁ עַל־גּוֹיִם׃

13 וְאַתָּה אָמַרְתָּ בִלְבָבְךָ הַשָּׁמַיִם אֶעֱלֶה מִמַּעַל לְכוֹכְבֵי־אֵל אָרִים כִּסְאִי וְאֵשֵׁב בְּהַר־מוֹעֵד בְּיַרְכְּתֵי צָפוֹן׃

14 אֶעֱלֶה עַל־בָּמֳתֵי עָב אֶדַּמֶּה לְעֶלְיוֹן׃

15 אַךְ אֶל־שְׁאוֹל תּוּרָד אֶל־יַרְכְּתֵי־בוֹר׃

16 רֹאֶיךָ אֵלֶיךָ יַשְׁגִּיחוּ אֵלֶיךָ יִתְבּוֹנָנוּ הֲזֶה הָאִישׁ מַרְגִּיז הָאָרֶץ מַרְעִישׁ מַמְלָכוֹת׃

17 שָׂם תֵּבֵל כַּמִּדְבָּר וְעָרָיו הָרָס אֲסִירָיו לֹא־פָתַח בָּיְתָה׃

18 כָּל־מַלְכֵי גוֹיִם כֻּלָּם שָׁכְבוּ בְכָבוֹד אִישׁ בְּבֵיתוֹ׃

19 וְאַתָּה הָשְׁלַכְתָּ מִקִּבְרְךָ כְּנֵצֶר נִתְעָב לְבוּשׁ הֲרֻגִים מְטֹעֲנֵי חָרֶב יוֹרְדֵי אֶל־אַבְנֵי־בוֹר כְּפֶגֶר מוּבָס׃

20 לֹא־תֵחַד אִתָּם בִּקְבוּרָה כִּי־אַרְצְךָ שִׁחַתָּ עַמְּךָ הָרָגְתָּ לֹא־יִקָּרֵא לְעוֹלָם זֶרַע מְרֵעִים׃

21 הָכִינוּ לְבָנָיו מַטְבֵּחַ בַּעֲוֺן אֲבוֹתָם בַּל־יָקֻמוּ וְיָרְשׁוּ אָרֶץ וּמָלְאוּ פְנֵי־תֵבֵל עָרִים׃

22 וְקַמְתִּי עֲלֵיהֶם נְאֻם יְהוָה צְבָאוֹת וְהִכְרַתִּי לְבָבֶל שֵׁם וּשְׁאָר וְנִין וָנֶכֶד נְאֻם־יְהוָה׃

23 וְשַׂמְתִּיהָ לְמוֹרַשׁ קִפֹּד וְאַגְמֵי־מָיִם וְטֵאטֵאתִיהָ בְּמַטְאֲטֵא הַשְׁמֵד נְאֻם יְהוָה צְבָאוֹת׃

24 נִשְׁבַּע יְהוָה צְבָאוֹת לֵאמֹר אִם־לֹא כַּאֲשֶׁר דִּמִּיתִי כֵּן הָיָתָה וְכַאֲשֶׁר יָעַצְתִּי הִיא תָקוּם׃

25 לִשְׁבֹּר אַשּׁוּר בְּאַרְצִי וְעַל־הָרַי אֲבוּסֶנּוּ וְסָר מֵעֲלֵיהֶם עֻלּוֹ וְסֻבֳּלוֹ מֵעַל שִׁכְמוֹ יָסוּר׃

26 זֹאת הָעֵצָה הַיְּעוּצָה עַל־כָּל־הָאָרֶץ וְזֹאת הַיָּד הַנְּטוּיָה עַל־כָּל־הַגּוֹיִם׃

27 כִּי־יְהוָה צְבָאוֹת יָעָץ וּמִי יָפֵר וְיָדוֹ הַנְּטוּיָה וּמִי יְשִׁיבֶנָּה׃

28 בִּשְׁנַת־מוֹת הַמֶּלֶךְ אָחָז הָיָה הַמַּשָּׂא הַזֶּה׃

29 אַל־תִּשְׂמְחִי פְלֶשֶׁת כֻּלֵּךְ כִּי נִשְׁבַּר שֵׁבֶט מַכֵּךְ כִּי־מִשֹּׁרֶשׁ נָחָשׁ יֵצֵא צֶפַע וּפִרְיוֹ שָׂרָף מְעוֹפֵף׃

30 וְרָעוּ בְּכוֹרֵי דַלִּים וְאֶבְיוֹנִים לָבֶטַח יִרְבָּצוּ וְהֵמַתִּי בָרָעָב שָׁרְשֵׁךְ וּשְׁאֵרִיתֵךְ יַהֲרֹג׃

31 הֵילִילִי שַׁעַר זַעֲקִי־עִיר נָמוֹג פְּלֶשֶׁת כֻּלֵּךְ כִּי מִצָּפוֹן עָשָׁן בָּא וְאֵין בּוֹדֵד בְּמוֹעָדָיו׃

32 וּמַה־יַּעֲנֶה מַלְאֲכֵי־גוֹי כִּי יְהוָה יִסַּד צִיּוֹן וּבָהּ יֶחֱסוּ עֲנִיֵּי עַמּוֹ׃

CAP. XV. טו

1 מַשָּׂא מוֹאָב כִּי בְּלֵיל שֻׁדַּד עָר מוֹאָב נִדְמָה כִּי בְּלֵיל שֻׁדַּד קִיר־מוֹאָב נִדְמָה׃

2 עָלָה הַבַּיִת וְדִיבֹן הַבָּמוֹת לְבֶכִי עַל־נְבוֹ וְעַל מֵידְבָא מוֹאָב יְיֵלִיל בְּכָל־רֹאשָׁיו קָרְחָה כָּל־זָקָן גְּרוּעָה׃

3 בְּחוּצֹתָיו חָגְרוּ שָׂק עַל גַּגּוֹתֶיהָ וּבִרְחֹבֹתֶיהָ כֻּלֹּה יְיֵלִיל יֹרֵד בַּבֶּכִי׃

4 וַתִּזְעַק חֶשְׁבּוֹן וְאֶלְעָלֵה עַד־יַהַץ נִשְׁמַע קוֹלָם עַל־כֵּן חֲלֻצֵי מוֹאָב יָרִיעוּ נַפְשׁוֹ יָרְעָה לּוֹ׃

5 לִבִּי לְמוֹאָב

shall be β as when God^a overthrew Sodom and Gomorrah.

20 It^b shall never be inhabited, neither shall it be dwelt in from generation to generation: neither shall the Arabian pitch tent there; neither shall the shepherds make their fold there:

21 But δ wild beasts of the desert shall lie there: and their houses shall be full of ζdoleful creatures; and ηowls shall dwell there, and satyrs shall dance there.

22 And θ the wild beasts of the islands shall cry in their κdesolate houses, and dragons in *their* pleasant palaces: and her time *is* near^c to come, and her days shall not be prolonged.

CHAP. XIV.

FORƒ the LORD will have mercy on Jacob, and will yet choose^g Israel, and set them in their own land: and the strangers shall be joined with them, and they shall cleave to the house of Jacob.

2 And the people shall take them, and bring^h them to their place: and the house of Israel shall possess them in the land of the LORD for servants and handmaids: and they shall take them captives, λ whose captives they were; and they shall rule over their oppressors.

3 And it shall come to pass in the day that the LORD shall give thee restⁱ from thy sorrow, and from thy fear, and from the hard bondage wherein thou wast made to serve,

4 That^k thou shalt take up this μ proverb against the king of Babylon, and say, How hath the oppressor ceased! the νgolden city^m ceased!

5 The LORD hath broken the staff of the wicked, *and* the sceptre of the rulers.

6 He who smoteⁿ the people in wrath with π a continual stroke, he that ruled the nations in anger, ıs persecuted, *and* none hindereth.

7 The whole earth is at rest, *and* is quiet: they break forth into singing.

8 Yea, the fir-trees^q rejoice at thee, *and* the cedars of Lebanon, *saying,* Since thou art laid down, no feller is come up against us.

9 σ Hell^s from beneath is moved for thee to meet *thee* at thy coming: it stirreth up the dead for thee, *even* all the τ chief ones of the earth; it hath raised up from their thrones all the kings of the nations.

10 All they shall speak and say unto thee, Art thou also become weak as we? art thou become like unto us?

11 Thy pomp is brought down to the grave, *and* the noise of thy viols: the worm is spread under thee, and the worms cover thee.

12 How art thou fallen from heaven, O β Lucifer, son of the morning! *how* art thou cut down to the ground, which didst weaken the nations!

13 For thou hast said in thine heart, I will ascend into heaven, I will exalt my throne above the stars^x of God: I will sit also upon the mount of the congregation, in the sides^y of the north:

14 I will ascend above the heights of the clouds: I will be^z like the Most High.

15 Yet^a thou shalt be brought down to hell, to the sides of the pit.

16 They that see thee shall narrowly look upon thee, *and* consider thee, *saying,* Is this the man that made the earth to tremble, that did shake kingdoms;

B. C. 712.

β *the overthrowing of.*
a Ge. 19. 24.
γ *or, did not let his prisoners loose homewards.*
b Je. 50.3,39. 51.29,62. Re.18.2,&c.
δ *Ziim.*
ζ *Ochim,* or, *ostriches.*
η *daughters of the owl.*
θ *Iim.*
κ or,*palaces.*
c De.32.35,36.
d Job 18. 16. Ps. 37. 28.
e Ex. 20. 5.
f Ps. 102. 13.
g Zec. 1. 17. 2. 12.
h ch. 18. 7. 60.4,&c. 66. 20.
λ *that had taken them captives.*
i Eze. 28. 24.
k Hab. 2. 6.
μ or, *taunting speech.*
l ch. 10. 27.
ν or, *exactress of gold.*
m Re. 18. 16.
n ch. 33. 1.
o 2 Ch. 20. 6. Job 23. 13. Pr. 21. 30. Da. 4. 35.
π *a stroke without removing.*
p 2 Ki. 16. 20.
q Eze. 31. 16.
r 2 Ch. 26. 6.
ρ or, *adder.*
σ or, *the grave.*
s Eze. 32. 21.
t 2 Ki. 18. 8.
τ *leaders,or, greatgoats.*
φ or, he shall not.
χ or, *assemblies.*
u Ps. 87. 1,6.
v Zep. 3. 12.
ψ *betake themselves unto it.*
β or,*daystar.*
w Je.48.1,&c. Eze.25.8,11. Am. 2.1..3.
γ or, *cut off.*
x Da. 8. 10.
y Ps. 48. 2.
z 2 Th. 2. 4.
a Mat. 11. 23.
δ *descending into weeping,* or, *coming down with weeping.*

---

17 *That* made the world as a wilderness, and destroyed the cities thereof; γ *that* opened not the house of his prisoners?

18 All the kings of the nations, *even* all of them, lie in glory, every one in his own house:

19 But thou art cast out of thy grave like an abominable branch, *and as* the raiment of those that are slain, thrust through with a sword, that go down to the stones of the pit; as a carcase trodden under feet.

20 Thou shalt not be joined with them in burial, because thou hast destroyed thy land, *and* slain thy people: the^d seed of evil-doers shall never be renowned.

21 Prepare slaughter for his^e children for the iniquity of their fathers; that they do not rise, nor possess the land, nor fill the face of the world with cities.

22 For I will rise up against them, saith the LORD of hosts, and cut off from Babylon the name, and remnant, and son, and nephew, saith the LORD.

23 I will also make it a possession for the bittern, and pools of water; and I will sweep it with the besom of destruction, saith the LORD of hosts.

24 The LORD of hosts hath sworn, saying, Surely as I have thought, so shall it come to pass; and as I have purposed, *so* shall it stand:

25 That I will break the Assyrian in my land, and upon my mountains tread him under foot: then^l shall his yoke depart from off them, and his burden depart from off their shoulders.

26 This *is* the purpose that is purposed, upon the whole earth; and this *is* the hand that is stretched out upon all the nations.

27 For^o the LORD of hosts hath purposed, and who shall disannul *it?* and his hand *is* stretched out, and who shall turn it back?

28 In the year^p that king Ahaz died was this burden.

29 Rejoice not thou, whole Palestina, because^r the rod of him that smote thee is broken: for out of the serpent's root shall come forth a ρ cockatrice, and his fruit^t *shall be* a fiery flying serpent.

30 And the first-born of the poor shall feed, and the needy shall lie down in safety: and I will kill thy root with famine, and he shall slay thy remnant.

31 Howl, O gate; cry, O city: thou whole Palestina, *art* dissolved: for there shall come from the north a smoke,&φnone *shall be* alone in his χappointed times.

32 What shall *one* then answer the messengers of the nation? That^u the LORD hath founded Zion, and the^v poor of his people shall ψtrust in it.

CHAP. XV.

THE^w burden of Moab. Because in the night Ar of Moab is laid waste, *and* γbrought to silence; because in the night Kir of Moab is laid waste, *and* brought to silence:

2 He is gone to Bajith, and to Dibon, the high places, to weep: Moab shall howl over Nebo, and over Medaba: on all their heads *shall be* baldness, *and* every beard cut off.

3 In their streets they shall gird themselves with sackcloth: on the tops of their houses, and in their streets, every one shall howl, δ weeping abundantly.

4 And Heshbon shall cry, and Elealeh;

יַעֲזֶר בְּרִיחֶהָ עַד־צֹעַר עֶגְלַת שְׁלִשִׁיָּה כִּי מַעֲלֵה
הַלּוּחִית בִּבְכִי יַעֲלֶה־בּוֹ כִּי דֶּרֶךְ חוֹרֹנַיִם זַעֲקַת־שֶׁבֶר
6 יְעֹעֵרוּ: כִּי־מֵי נִמְרִים מְשַׁמּוֹת יִהְיוּ כִּי־יָבֵשׁ חָצִיר
7 כָּלָה דֶשֶׁא יֶרֶק לֹא הָיָה: עַל־כֵּן יִתְרָה עָשָׂה
8 וּפְקֻדָּתָם עַל נַחַל הָעֲרָבִים יִשָּׂאוּם: כִּי־הִקִּיפָה
הַזְּעָקָה אֶת־גְּבוּל מוֹאָב עַד־אֶגְלַיִם יִלְלָתָהּ וּבְאֵר
9 אֵילִים יִלְלָתָהּ: כִּי מֵי דִימוֹן מָלְאוּ דָם כִּי־אָשִׁית
עַל־דִּימוֹן נוֹסָפוֹת לִפְלֵיטַת מוֹאָב אַרְיֵה וְלִשְׁאֵרִית
אֲדָמָה:

CAP. XVI. יו

1 שִׁלְחוּ־כַר מֹשֵׁל־אֶרֶץ מִסֶּלַע מִדְבָּרָה אֶל־הַר בַּת־
2 צִיּוֹן: וְהָיָה כְעוֹף־נוֹדֵד קֵן מְשֻׁלָּח תִּהְיֶינָה בְּנוֹת
3 מוֹאָב מַעְבָּרוֹת לְאַרְנוֹן: הָבִיאִי עֵצָה עֲשׂוּ פְלִילָה
שִׁיתִי כַלַּיְלָה צִלֵּךְ בְּתוֹךְ צָהֳרַיִם סַתְּרִי נִדָּחִים נֹדֵד
4 אַל־תְּגַלִּי: יָגוּרוּ בָךְ נִדָּחַי מוֹאָב הֱוִי־סֵתֶר לָמוֹ
מִפְּנֵי שׁוֹדֵד כִּי־אָפֵס הַמֵּץ כָּלָה שֹׁד תַּמּוּ רֹמֵס
5 מִן־הָאָרֶץ: וְהוּכַן בַּחֶסֶד כִּסֵּא וְיָשַׁב עָלָיו
בֶּאֱמֶת בְּאֹהֶל דָּוִד שֹׁפֵט וְדֹרֵשׁ מִשְׁפָּט וּמְהִר
6 צֶדֶק: שָׁמַעְנוּ גְאוֹן־מוֹאָב גֵּא מְאֹד גַּאֲוָתוֹ וּגְאוֹנוֹ
7 וְעֶבְרָתוֹ לֹא־כֵן בַּדָּיו: לָכֵן יְיֵלִיל מוֹאָב לְמוֹאָב
כֻּלֹּה יְיֵלִיל לַאֲשִׁישֵׁי קִיר־חֲרֶשֶׂת תֶּהְגּוּ אַךְ־נְכָאִים
8 כִּי שַׁדְמוֹת חֶשְׁבּוֹן אֻמְלָל גֶּפֶן שִׂבְמָה בַּעֲלֵי גוֹיִם
הָלְמוּ שְׂרוּקֶּיהָ עַד־יַעְזֵר נָגָעוּ תָּעוּ מִדְבָּר שְׁלֻחוֹתֶיהָ
9 נִטְּשׁוּ עָבְרוּ יָם: עַל־כֵּן אֶבְכֶּה בִּבְכִי יַעְזֵר גֶּפֶן
שִׂבְמָה אֲרַיָּוֶךְ דִּמְעָתִי חֶשְׁבּוֹן וְאֶלְעָלֵה כִּי עַל־
10 קֵיצֵךְ וְעַל־קְצִירֵךְ הֵידָד נָפָל: וְנֶאֱסַף שִׂמְחָה
וָגִיל מִן־הַכַּרְמֶל וּבַכְּרָמִים לֹא־יְרֻנָּן לֹא יְעֻלָּע יַיִן
11 בַּיְקָבִים לֹא־יִדְרֹךְ הַדֹּרֵךְ הֵידָד הִשְׁבַּתִּי: עַל־כֵּן
מֵעַי לְמוֹאָב כַּכִּנּוֹר יֶהֱמוּ וְקִרְבִּי לְקִיר חָרֶשׂ: וְהָיָה
12 כִי־נִרְאָה כִּי־נִלְאָה מוֹאָב עַל־הַבָּמָה וּבָא אֶל־
13 מִקְדָּשׁוֹ לְהִתְפַּלֵּל וְלֹא יוּכָל: זֶה הַדָּבָר אֲשֶׁר
14 דִּבֶּר יְהוָה אֶל־מוֹאָב מֵאָז: וְעַתָּה דִּבֶּר יְהוָה
לֵאמֹר בְּשָׁלֹשׁ שָׁנִים כִּשְׁנֵי שָׂכִיר וְנִקְלָה כְּבוֹד

מוֹאָב בְּכֹל הֶהָמוֹן הָרָב וּשְׁאָר מְעַט מִזְעָר לוֹא
כַבִּיר:

CAP. XVII. יז

1 מַשָּׂא דַּמָּשֶׂק הִנֵּה דַמֶּשֶׂק מוּסָר מֵעִיר וְהָיְתָה
2 מְעִי מַפָּלָה: עֲזֻבוֹת עָרֵי עֲרֹעֵר לַעֲדָרִים
3 תִּהְיֶינָה וְרָבְצוּ וְאֵין מַחֲרִיד: וְנִשְׁבַּת מִבְצָר
מֵאֶפְרַיִם וּמַמְלָכָה מִדַּמֶּשֶׂק וּשְׁאָר אֲרָם כִּכְבוֹד
4 בְּנֵי־יִשְׂרָאֵל יִהְיוּ נְאֻם יְהוָה צְבָאוֹת: וְהָיָה בַּיּוֹם הַהוּא יִדַּל כְּבוֹד יַעֲקֹב וּמִשְׁמַן בְּשָׂרוֹ
5 יֵרָזֶה: וְהָיָה כֶּאֱסֹף קָצִיר קָמָה וּזְרֹעוֹ שִׁבֳּלִים
יִקְצוֹר וְהָיָה כִּמְלַקֵּט שִׁבֳּלִים בְּעֵמֶק רְפָאִים:
6 וְנִשְׁאַר־בּוֹ עוֹלֵלֹת כְּנֹקֶף זַיִת שְׁנַיִם שְׁלֹשָׁה גַּרְגְּרִים
בְּרֹאשׁ אָמִיר אַרְבָּעָה חֲמִשָּׁה בִּסְעִפֶיהָ פֹּרִיָּה
7 נְאֻם־יְהוָה אֱלֹהֵי יִשְׂרָאֵל: בַּיּוֹם הַהוּא יִשְׁעֶה
הָאָדָם עַל־עֹשֵׂהוּ וְעֵינָיו אֶל־קְדוֹשׁ יִשְׂרָאֵל
8 תִּרְאֶינָה: וְלֹא יִשְׁעֶה אֶל־הַמִּזְבְּחוֹת מַעֲשֵׂה
יָדָיו וַאֲשֶׁר עָשׂוּ אֶצְבְּעֹתָיו לֹא יִרְאֶה וְהָאֲשֵׁרִים
9 וְהָחַמָּנִים: בַּיּוֹם הַהוּא יִהְיוּ עָרֵי מָעֻזּוֹ
כַּעֲזוּבַת הַחֹרֶשׁ וְהָאָמִיר אֲשֶׁר עָזְבוּ מִפְּנֵי בְּנֵי
10 יִשְׂרָאֵל וְהָיְתָה שְׁמָמָה: כִּי שָׁכַחַתְּ אֱלֹהֵי יִשְׁעֵךְ
וְצוּר מָעֻזֵּךְ לֹא זָכָרְתְּ עַל־כֵּן תִּטְּעִי נִטְעֵי
11 נַעֲמָנִים וּזְמֹרַת זָר תִּזְרָעֶנּוּ: בְּיוֹם נִטְעֵךְ
תְּשַׂגְשֵׂגִי וּבַבֹּקֶר זַרְעֵךְ תַּפְרִיחִי נֵד קָצִיר בְּיוֹם
12 נַחֲלָה וּכְאֵב אָנוּשׁ: הוֹי הֲמוֹן עַמִּים
רַבִּים כַּהֲמוֹת יַמִּים יֶהֱמָיוּן וּשְׁאוֹן לְאֻמִּים כִּשְׁאוֹן
13 מַיִם כַּבִּירִים יִשָּׁאוּן: לְאֻמִּים כִּשְׁאוֹן מַיִם
רַבִּים יִשָּׁאוּן וְגָעַר בּוֹ וְנָס מִמֶּרְחָק וְרֻדַּף כְּמֹץ
הָרִים לִפְנֵי־רוּחַ וּכְגַלְגַּל לִפְנֵי סוּפָה:
14 וְהִנֵּה בַלָּהָה בְּטֶרֶם בֹּקֶר אֵינֶנּוּ זֶה חֵלֶק שׁוֹסֵינוּ
וְגוֹרָל לְבֹזְזֵינוּ:

CAP. XVIII. יח

1 הוֹי אֶרֶץ צִלְצַל כְּנָפָיִם אֲשֶׁר מֵעֵבֶר לְנַהֲרֵי־כוּשׁ:
2 הַשֹּׁלֵחַ בַּיָּם צִירִים וּבִכְלֵי־גֹמֶא עַל־פְּנֵי־מַיִם לְכוּ

their voice shall be heard *even* unto Jahaz: therefore the armed soldiers of Moab shall cry out: his life shall be grievous unto him.

5 My [b] heart shall cry out for Moab; βhis fugitives *shall flee* unto Zoar, an heifer of three years old: for by the mounting up of Luhith with weeping shall they go it up; for in the way of Horonaim they shall raise up a cry of δ destruction.

6 For the waters of Nimrim shall be ζdesolate: for the hay is withered away, the grass faileth, there is no green thing.

7 Therefore the abundance they have gotten, and that which they have laid up, shall they carry away to the ηbrook of the willows.

8 For the cry is gone round about the borders of Moab; the howling thereof unto Eglaim, and the howling thereof unto Beer-elim.

9 For the waters of Dimon shall be full of blood: for I will bring θmore upon Dimon, lions[g] upon him that escapeth of Moab, and upon the remnant of the land.

CHAP. XVI.

SEND ye the lamb[i] to the ruler of the land from κSela to the wilderness, unto the mount of the daughter of Zion.

2 For it shall be, *that* as a wandering bird λcast out of the nest, *so* the daughters of Moab shall be at the fords of [k] Arnon.

3 μTake counsel, execute judgment; make thy shadow as the night in the midst of the noon-day; hide the outcasts; bewray not him that wandereth.

4 Let mine outcasts dwell with thee, Moab: be thou a covert to them from the face of the spoiler: for the νextortioner is at an end, the spoiler ceaseth, the π oppressors are consumed out of the land.

5 And in mercy shall the throne be σestablished; and [m] he shall sit upon it in truth in the tabernacle of David,[n] judging and seeking judgment, and hasting righteousness.

6 We have heard of the pride[o] of Moab; *he is* very proud: *even* of his haughtiness, and his pride, and his wrath: *but* his lies *shall* not *be* so.

7 Therefore shall Moab howl for Moab; every one shall howl: for the foundations of Kir-hareseth[q] shall ye τmourn; surely *they are* stricken.

8 For the fields of Heshbon languish, *and* the vine of Sibmah: the lords of the heathen have broken down the principal plants thereof, they are come *even* unto Jazer, they wandered *through* the wilderness; her branches are ψstretched out, they are gone over the sea.

9 Therefore[s] I will bewail with the weeping of Jazer the vine of Sibmah: I will water thee with my tears, O Heshbon, and Elealeh; for γthe shouting for thy summer fruits, and for thy harvest is fallen.

10 And[u] gladness is taken away, and joy out of the plentiful field; and in the vineyards there shall be no singing, neither shall there be shouting: the treaders shall tread out no wine in *their* presses; I have made *their vintage* shouting to cease.

11 Wherefore my bowels [w] shall sound like an harp for Moab, and mine inward parts for Kir-haresh.

12 And it shall come to pass, when it is seen that Moab is weary[y] on the high place, that he shall come to his sanctuary to pray; but[z] he shall not prevail.

B. C. 726.

a ch. 21. 16.
b ch. 16. 11.
β *or, to the borders thereof, even as an heifer.*
γ *or, not many.*
c Je.49.23.&c.
Am. 1.3.5.
Zec. 9. 1, *fulfilled.*
δ *breaking.*
d 2 Ki. 16. 9.
ζ *desolations.*
e Je. 7. 33.
η *or, valley of the Arabians.*
θ *additions.*
f ch. 10. 16.
g 2 Ki. 17. 25.
h Je. 51. 33.
i 2 Ki. 3. 4.
κ *a rock, or, Petra.*
λ *or, a nest forsaken.*
k Nu. 21. 13.
μ *bring.*
l Mi. 7. 7.
ν *wringer.*
π *treaders down.*
ρ *or, sun images.*
σ *or, prepared.*
m Da.7.14,27.
Mi. 4. 7.
Lu.1.32,33.
n Ps. 72. 2.
o Zep. 2. 10.
p Je. 17. 13.
q 2 Ki. 3. 25.
τ *or, mutter.*
r Je. 5. 31.
φ *or, removed in the day of inheritance, and there shall be deadly sorrow.*
χ *or, noise.*
ψ *or, plucked up.*
β *or, many.*
s Je.48.32,&c.
t Ps. 9. 5.
γ *or, the alarm is fallen upon.*
δ *or, thistledown.*
u ch. 24. 8.
v Je. 2. 3.
w ch. 63. 15.
x ch. 20. 3.5.
Eze.30.4.9.
Zep. 2. 12.
3. 10.
y ch. 26. 16.
z Pr. 1. 28.
ζ *or, outspread and polished.*

13 This *is* the word that the LORD hath spoken concerning Moab since that time.

14 But now the LORD hath spoken, saying, Within three years, as *a* the years of an hireling, and the glory of Moab shall be contemned, with all that great multitude; and the remnant *shall be* very small *and* γfeeble.

CHAP. XVII.

THE[c] burden of Damascus. Behold, Damascus[d] is taken away from *being* a city, and it shall be a ruinous heap.

2 The cities of Aroer *are* forsaken; they shall be for flocks, which shall lie down, and none[e] shall make *them* afraid.

3 The fortress also shall cease from Ephraim, and the kingdom from Damascus, and the remnant of Syria: they shall be as the glory of the children of Israel, saith the LORD of hosts.

4 And in that day it shall come to pass, *that* the glory of Jacob shall be made thin, and*f* the fatness of his flesh shall wax lean.

5 And *f* it shall be as when the harvestman gathereth the corn, and reapeth the ears with his arm; and it shall be as he that gathereth ears in the valley of Rephaim.

6 Yet gleaning-grapes shall be left in it, as the shaking of an olive-tree, two *or* three berries in the top of the uppermost bough, four *or* five in the outmost fruitful branches thereof, saith the LORD God of Israel.

7 At that day shall a man look[l] to his Maker, and his eyes shall have respect to the Holy One of Israel.

8 And he shall not look to the altars the work of his hands, neither shall respect *that* which his fingers have made, either the groves or the ρimages.

9 In that day shall his strong cities be as a forsaken bough, and an uppermost branch, which they left, because of the children of Israel: and there shall be desolation.

10 Because[p] thou hast forgotten the God of thy salvation, and hast not been mindful of the Rock of thy strength, therefore shalt thou plant pleasant plants, and shalt set it with strange slips:

11 In the day shalt thou make thy plant to grow, and in the morning shalt thou make thy seed to flourish; *but* the harvest *shall* be φ a heap in the day of grief and of desperate sorrow.

12 Woe to the χmultitude of many people, *which* make a noise like the noise of the seas; and to the rushing of nations,*that* make a rushing like the rushing of βmighty waters!

13 The nations shall rush like the rushing of many waters: but[t] *God* shall rebuke them, and they shall flee far off, and shall be chased as the chaff of the mountains before the wind, and like δ a rolling thing before the whirlwind.

14 And, behold, at evening-tide trouble; *and* before the morning he *is* not. This *is* the portion of them[v] that spoil us, and the lot of them that rob us.

CHAP. XVIII.

WOE to the land shadowing with wings, which *is* beyond the rivers[x] of Ethiopia:

2 That sendeth ambassadors by the sea, even in vessels of bulrushes upon the waters, *saying,* Go, ye swift messengers, to a nation ζscattered and peeled, to a people terrible from their beginning hitherto

3 כָּל־יֹשְׁבֵי תֵבֵל וְשֹׁכְנֵי אָרֶץ כִּנְשֹׂא־נֵס הָרִים תִּרְאוּ וְכִתְקֹעַ שׁוֹפָר תִּשְׁמָעוּ׃

4 כִּי כֹה אָמַר יְהוָה אֵלַי אֶשְׁקֳטָה וְאַבִּיטָה בִמְכוֹנִי כְּחֹם צַח עֲלֵי־אוֹר כְּעָב טַל בְּחֹם קָצִיר׃

5 כִּי־לִפְנֵי קָצִיר כְּתָם־פֶּרַח וּבֹסֶר גֹּמֵל יִהְיֶה נִצָּה וְכָרַת הַזַּלְזַלִּים בַּמַּזְמֵרוֹת וְאֶת־הַנְּטִישׁוֹת הֵסִיר הֵתַז׃

6 יֵעָזְבוּ יַחְדָּו לְעֵיט הָרִים וּלְבֶהֱמַת הָאָרֶץ וְקָץ עָלָיו הָעַיִט וְכָל־בֶּהֱמַת הָאָרֶץ עָלָיו תֶּחֱרָף׃

7 בָּעֵת הַהִיא יוּבַל־שַׁי לַיהוָה צְבָאוֹת עַם מְמֻשָּׁךְ וּמוֹרָט וּמֵעַם נוֹרָא מִן־הוּא וָהָלְאָה גּוֹי קַו־קָו וּמְבוּסָה אֲשֶׁר־בָּזְאוּ נְהָרִים אַרְצוֹ אֶל־מְקוֹם שֵׁם־יְהוָה צְבָאוֹת הַר־צִיּוֹן׃

CAP. XIX. יט

1 מַשָּׂא מִצְרָיִם הִנֵּה יְהוָה רֹכֵב עַל־עָב קַל וּבָא מִצְרַיִם וְנָעוּ אֱלִילֵי מִצְרַיִם מִפָּנָיו וּלְבַב מִצְרַיִם יִמַּס בְּקִרְבּוֹ׃

2 וְסִכְסַכְתִּי מִצְרַיִם בְּמִצְרַיִם וְנִלְחֲמוּ אִישׁ־בְּאָחִיו וְאִישׁ בְּרֵעֵהוּ עִיר בְּעִיר מַמְלָכָה בְּמַמְלָכָה׃

3 וְנָבְקָה רוּחַ־מִצְרַיִם בְּקִרְבּוֹ וַעֲצָתוֹ אֲבַלֵּעַ וְדָרְשׁוּ אֶל־הָאֱלִילִים וְאֶל־הָאִטִּים וְאֶל־הָאֹבוֹת וְאֶל־הַיִּדְּעֹנִים׃

4 וְסִכַּרְתִּי אֶת־מִצְרַיִם בְּיַד אֲדֹנִים קָשֶׁה וּמֶלֶךְ עַז יִמְשָׁל־בָּם נְאֻם הָאָדוֹן יְהוָה צְבָאוֹת׃

5 וְנִשְּׁתוּ־מַיִם מֵהַיָּם וְנָהָר יֶחֱרַב וְיָבֵשׁ׃

6 וְהֶאֶזְנִיחוּ נְהָרוֹת דָּלְלוּ וְחָרְבוּ

7 עָרוֹת עַל־יְאוֹר עַל־פִּי יְאוֹר וְכֹל מִזְרַע יְאוֹר יִיבַשׁ נִדַּף וְאֵינֶנּוּ׃

8 וְאָנוּ הַדַּיָּגִים וְאָבְלוּ כָּל־מַשְׁלִיכֵי בַיְאוֹר חַכָּה וּפֹרְשֵׂי מִכְמֹרֶת עַל־פְּנֵי־מַיִם אֻמְלָלוּ׃

9 וּבֹשׁוּ עֹבְדֵי פִשְׁתִּים שְׂרִיקוֹת וְאֹרְגִים חוֹרָי׃

10 וְהָיוּ שָׁתֹתֶיהָ מְדֻכָּאִים כָּל־עֹשֵׂי שֶׂכֶר אַגְמֵי־נָפֶשׁ׃

11 אַךְ־אֱוִלִים שָׂרֵי צֹעַן חַכְמֵי יֹעֲצֵי פַרְעֹה עֵצָה נִבְעָרָה אֵיךְ תֹּאמְרוּ אֶל־פַּרְעֹה בֶּן־חֲכָמִים אֲנִי בֶּן־מַלְכֵי־קֶדֶם׃

12 אַיָּם אֵפוֹא חֲכָמֶיךָ וְיַגִּידוּ נָא לָךְ וְיֵדְעוּ מַה־יָּעַץ יְהוָה צְבָאוֹת עַל־מִצְרָיִם׃

13 נוֹאֲלוּ

14 יְהוָה מָסַךְ בְּקִרְבָּהּ רוּחַ עִוְעִים וְהִתְעוּ אֶת־מִצְרַיִם בְּכָל־מַעֲשֵׂהוּ כְּהִתָּעוֹת שִׁכּוֹר בְּקִיאוֹ׃

15 וְלֹא־יִהְיֶה לְמִצְרַיִם מַעֲשֶׂה אֲשֶׁר יַעֲשֶׂה רֹאשׁ וְזָנָב כִּפָּה וְאַגְמוֹן׃

16 בַּיּוֹם הַהוּא יִהְיֶה מִצְרַיִם כַּנָּשִׁים וְחָרַד וּפָחַד מִפְּנֵי תְּנוּפַת יַד־יְהוָה צְבָאוֹת אֲשֶׁר־הוּא מֵנִיף עָלָיו׃

17 וְהָיְתָה אַדְמַת יְהוּדָה לְמִצְרַיִם לְחָגָּא כֹּל אֲשֶׁר יַזְכִּיר אֹתָהּ אֵלָיו יִפְחָד מִפְּנֵי עֲצַת יְהוָה צְבָאוֹת אֲשֶׁר־הוּא יוֹעֵץ עָלָיו׃

18 בַּיּוֹם הַהוּא יִהְיוּ חָמֵשׁ עָרִים בְּאֶרֶץ מִצְרַיִם מְדַבְּרוֹת שְׂפַת כְּנַעַן וְנִשְׁבָּעוֹת לַיהוָה צְבָאוֹת עִיר הַהֶרֶס יֵאָמֵר לְאֶחָת׃

19 בַּיּוֹם הַהוּא יִהְיֶה מִזְבֵּחַ לַיהוָה בְּתוֹךְ אֶרֶץ מִצְרָיִם וּמַצֵּבָה אֵצֶל־גְּבוּלָהּ לַיהוָה׃

20 וְהָיָה לְאוֹת וּלְעֵד לַיהוָה צְבָאוֹת בְּאֶרֶץ מִצְרָיִם כִּי־יִצְעֲקוּ אֶל־יְהוָה מִפְּנֵי לֹחֲצִים וְיִשְׁלַח לָהֶם מוֹשִׁיעַ וָרָב וְהִצִּילָם׃

21 וְנוֹדַע יְהוָה לְמִצְרַיִם וְיָדְעוּ מִצְרַיִם אֶת־יְהוָה בַּיּוֹם הַהוּא וְעָבְדוּ זֶבַח וּמִנְחָה וְנָדְרוּ־נֵדֶר לַיהוָה וְשִׁלֵּמוּ׃

22 וְנָגַף יְהוָה אֶת־מִצְרַיִם נָגֹף וְרָפוֹא וְשָׁבוּ עַד־יְהוָה וְנֶעְתַּר לָהֶם וּרְפָאָם׃

23 בַּיּוֹם הַהוּא תִּהְיֶה מְסִלָּה מִמִּצְרַיִם אַשּׁוּרָה וּבָא־אַשּׁוּר בְּמִצְרַיִם וּמִצְרַיִם בְּאַשּׁוּר וְעָבְדוּ מִצְרַיִם אֶת־אַשּׁוּר׃

24 בַּיּוֹם הַהוּא יִהְיֶה יִשְׂרָאֵל שְׁלִישִׁיָּה לְמִצְרַיִם וּלְאַשּׁוּר בְּרָכָה בְּקֶרֶב הָאָרֶץ׃

25 אֲשֶׁר בֵּרֲכוֹ יְהוָה צְבָאוֹת לֵאמֹר בָּרוּךְ עַמִּי מִצְרַיִם וּמַעֲשֵׂה יָדַי אַשּׁוּר וְנַחֲלָתִי יִשְׂרָאֵל׃

CAP. XX. כ

1 בִּשְׁנַת בֹּא תַרְתָּן אַשְׁדּוֹדָה בִּשְׁלֹחַ אֹתוֹ סַרְגוֹן מֶלֶךְ אַשּׁוּר וַיִּלָּחֶם בְּאַשְׁדּוֹד וַיִּלְכְּדָהּ׃

2 בָּעֵת הַהִיא דִּבֶּר יְהוָה בְּיַד יְשַׁעְיָהוּ בֶן־אָמוֹץ לֵאמֹר לֵךְ וּפִתַּחְתָּ הַשַּׂק מֵעַל מָתְנֶיךָ וְנַעַלְךָ תַחֲלֹץ מֵעַל רַגְלֶךָ וַיַּעַשׂ כֵּן הָלֹךְ עָרוֹם וְיָחֵף׃

3 וַיֹּאמֶר יְהוָה כַּאֲשֶׁר הָלַךְ עַבְדִּי יְשַׁעְיָהוּ עָרוֹם וְיָחֵף שָׁלֹשׁ שָׁנִים אוֹת וּמוֹפֵת עַל־מִצְרַיִם וְעַל־כּוּשׁ׃

4 כֵּן יִנְהַג מֶלֶךְ־אַשּׁוּר אֶת־שְׁבִי מִצְרַיִם וְאֶת־גָּלוּת כּוּשׁ נְעָרִים וּזְקֵנִים עָרוֹם וְיָחֵף וַחֲשׂוּפַי שֵׁת עֶרְוַת מִצְרָיִם׃

a nation β meted out and trodden down, whose land the rivers γ have spoiled!

3 All ye inhabitants of the world, and dwellers on the earth, see ye, when he lifteth up an ensign ᵉ on the mountains; and when he bloweth a trumpet, hear ye.

4 For so the LORD said unto me, I will take my rest, and I will η consider in my dwelling-place like a clear heat θ upon herbs, *and* like a cloud of dew in the heat of harvest.

5 For afore the harvest, when the bud is perfect, and the sour grape is ripening in the flower, he shall both cut off the sprigs with pruning-hooks, and take away *and* cut down the branches.

6 They shall be left together unto the fowls of the mountains, and to the beasts of the earth: and the fowls shall summer upon them, and all the beasts of the earth shall winter upon them.

7 In that time shall the present ᶠ be brought unto the LORD of hosts of a people κ scattered and peeled, and from a people terrible from their beginning hitherto; a nation meted out and trodden under foot, whose land the rivers have spoiled, to the place of the name of the LORD of hosts, the mount Zion.

CHAP. XIX.

THE burden of Egypt. ⁱ Behold, the LORD rideth ⁱ upon a swift cloud, and shall come into Egypt; and the idols ᵐ of Egypt shall be moved at his presence, and the heart of Egypt shall melt in the midst of it.

2 And I will ν set the Egyptians against the Egyptians: and they shall fight every one against his brother, and every one against his neighbour; city against city, *and* kingdom against kingdom.

3 And the spirit of Egypt shall π fail º in the midst thereof; and I will ρ destroy the counsel thereof; and they shall seek ᴾ to the idols, and to the charmers, and to them that have familiar spirits, and to the wizards.

4 And the Egyptians will I σ give over into the hand of a cruel lord; ᵀ and a fierce king shall rule over them, saith the Lord, the LORD of hosts.

5 And the waters shall fail from the sea, and the river shall be wasted and dried up.

6 And they shall turn the rivers far away, *and* the brooks ˢ of defence shall be emptied and dried up: the reeds and flags shall wither.

7 The paper-reeds by the brooks, by the mouth of the brooks, and every thing sown by the brooks, shall wither, be driven away, and τ be no *more.*

8 The fishers also shall mourn, and all they that cast angle into the brooks shall lament, and they that spread nets upon the waters shall languish.

9 Moreover they that work in fine ʷ flax, and they that weave χ net-works, shall be confounded.

10 And they shall be broken in the ψ purposes thereof, all that make sluices *and* ponds β for fish.

11 Surely the princes of Zoan ˣ *are* fools, the counsel of the wise counsellors of Pharaoh is become brutish: how say ye unto Pharaoh, I *am* the son of the wise, the son of ancient kings?

12 Where ʸ *are* they? where *are* thy wise *men?* and let them tell thee now, and let them know what ᶻ the LORD of hosts hath purposed upon Egypt.

β *of line,and line, and treading underfoot,* or, *that meteth out, and treadeth down.*

γ or, *despise.*

a Ro. 1. 22.

b Je. 2. 16.

ⁱ *the corners,* or, *governors.*

c ch. 5. 26.

d 1 Ki. 22.22, 23.

ζ *spirit of perverseness.*

η or, *regard my set dwelling.*

θ or, *after rain.*

e Je. 51. 30. Na. 3. 13.

ƒ ch. 16. 1. Ps. 68. 31. 72. 10.

κ or, *outspread and polished,* ver. 2.

λ *lip.*

g Zep. 3. 9.

μ or, *Heres,* or, *the sun.*

h Ge. 28. 18. Ex. 24. 4.

i Je. 46. 13. Eze. XXIX. XXX.

k Jos. 4. 20.

l Ps. 18. 10. 104. 3.

m Ex. 12. 12. Je. 43. 12.

ν *mingle.*

n Mal. 1. 11.

π *be emptied*
o Eze. 22. 14.

ρ *swallow up.*

p ch. 8. 19. 47. 12.

σ or, *shut up.*

q ch. 11. 16.

ʳ ch. 20. 4.

s 2 Ki. 19. 24.

t 1 Pe. 2. 10.

u Ep. 2. 10.

v 2 Ki. 18.17.

τ *shall not be.*

φ *by the hand of.*

w 1 Ki. 10. 28.

χ or, *whiteworks.*

ψ *foundations.*

β *of living things.*

x Nu. 13. 22.

γ *captivity of Egypt.*

y 1 Co. 1. 20.

δ *nakedness.*

z ch. 44. 7, 8.

---

13 The princes of Zoan are become fools,ᵃ the princes of Noph ᵇ are deceived; they have also seduced Egypt, *even they that are* δ the stay of the tribes thereof.

14 The ᵈ LORD hath mingled a ζ perverse spirit in the midst thereof: and they have caused Egypt to err in every work thereof, as a drunken *man* staggereth in his vomit.

15 Neither shall there be *any* work for Egypt, which the head or tail, branch or rush, may do.

16 In that day shall Egypt be like ᵉ unto women; and it shall be afraid and fear, because of the shaking of the hand of the LORD of hosts, which he shaketh over it.

17 And the land of Judah shall be a terror unto Egypt: every one that maketh mention thereof shall be afraid in himself, because of the counsel of the LORD of hosts, which he hath determined against it.

18 In that day shall five cities in the land of Egypt speak the λ language ᵍ of Canaan, and swear to the LORD of hosts: one shall be called, The city of μ destruction.

19 In that day shall there be an altar to the LORD in the midst of the land of Egypt, and a pillar ʰ at the border thereof to the LORD.

20 And it shall be for a sign ᵏ and for a witness unto the LORD of hosts in the land of Egypt: for they shall cry unto the LORD because of the oppressors, and he shall send them a saviour, and a great one, and he shall deliver them.

21 And the LORD shall be known to Egypt, and the Egyptians shall know the LORD in that day, and shall do ⁿ sacrifice and oblation; yea, they shall vow a vow unto the LORD, and perform *it.*

22 And the LORD shall smite Egypt; he shall smite and heal *it:* and they shall return *even* to the LORD, and he shall be entreated of them, and shall heal them.

23 In that day shall there be a ᵠ highway out of Egypt to Assyria; and the Assyrian shall come into Egypt, and the Egyptian into Assyria; and the Egyptians shall serve with the Assyrians.

24 In that day shall Israel be the third with Egypt and with Assyria, *even* a blessing in the midst of the land;

25 Whom the LORD of hosts shall bless, saying, Blessed *be* Egypt my people,ᵗ and Assyria the work ᵘ of my hands, and Israel mine inheritance.

CHAP. XX.

IN the year ᵛ that Tartan came unto Ashdod, (when Sargon the king of Assyria sent him,) and fought against Ashdod and took it;

2 At the same time spake the LORD φ by Isaiah the son of Amoz, saying, Go and loose the sackcloth from off thy loins, and put off thy shoe from thy foot. And he did so, walking naked and barefoot.

3 And the LORD said, Like as my servant Isaiah hath walked naked and barefoot three years *for* a sign and wonder upon Egypt and upon Ethiopia;

4 So shall the king of Assyria lead away the γ Egyptians prisoners, and the Ethiopians captives, young and old, naked and barefoot, even with *their* buttocks uncovered, to the δ shame of Egypt.

5 And they shall be afraid and ashamed of Ethiopia their expectation, and of Egypt their glory.

5 וְחַתּוּ וָבֹשׁוּ מִכּוּשׁ מַבָּטָם וּמִן־מִצְרַיִם תִּפְאַרְתָּם ׃

6 וְאָמַר יֹשֵׁב הָאִי הַזֶּה בַּיּוֹם הַהוּא הִנֵּה־כֹה מַבָּטֵנוּ אֲשֶׁר־נַסְנוּ שָׁם לְעֶזְרָה לְהִנָּצֵל מִפְּנֵי מֶלֶךְ אַשּׁוּר וְאֵיךְ נִמָּלֵט אֲנָחְנוּ ׃

CAP. XXI. כא

1 מַשָּׂא מִדְבַּר־יָם כְּסוּפוֹת בַּנֶּגֶב לַחֲלֹף מִמִּדְבָּר בָּא מֵאֶרֶץ נוֹרָאָה ׃

2 חָזוּת קָשָׁה הֻגַּד־לִי הַבּוֹגֵד בּוֹגֵד וְהַשּׁוֹדֵד שׁוֹדֵד עֲלִי עֵילָם צוּרִי מָדַי כָּל־אַנְחָתָה הִשְׁבַּתִּי ׃

3 עַל־כֵּן מָלְאוּ מָתְנַי חַלְחָלָה צִירִים אֲחָזוּנִי כְּצִירֵי יוֹלֵדָה נַעֲוֵיתִי מִשְּׁמֹעַ נִבְהַלְתִּי מֵרְאוֹת ׃

4 תָּעָה לְבָבִי פַּלָּצוּת בִּעֲתָתְנִי אֵת נֶשֶׁף חִשְׁקִי שָׂם לִי לַחֲרָדָה ׃

5 עָרֹךְ הַשֻּׁלְחָן צָפֹה הַצָּפִית אָכוֹל שָׁתֹה קוּמוּ הַשָּׂרִים מִשְׁחוּ מָגֵן ׃

6 כִּי כֹה אָמַר אֵלַי אֲדֹנָי לֵךְ הַעֲמֵד הַמְצַפֶּה אֲשֶׁר יִרְאֶה יַגִּיד ׃

7 וְרָאָה רֶכֶב צֶמֶד פָּרָשִׁים רֶכֶב חֲמוֹר רֶכֶב גָּמָל וְהִקְשִׁיב קֶשֶׁב רַב־קָשֶׁב ׃

8 וַיִּקְרָא אַרְיֵה עַל־מִצְפֶּה אֲדֹנָי אָנֹכִי עֹמֵד תָּמִיד יוֹמָם וְעַל־מִשְׁמַרְתִּי אָנֹכִי נִצָּב כָּל־הַלֵּילוֹת ׃

9 וְהִנֵּה־זֶה בָא רֶכֶב אִישׁ צֶמֶד פָּרָשִׁים וַיַּעַן וַיֹּאמֶר נָפְלָה נָפְלָה בָּבֶל וְכָל־פְּסִילֵי אֱלֹהֶיהָ שִׁבַּר לָאָרֶץ ׃

10 מְדֻשָׁתִי וּבֶן־גָּרְנִי אֲשֶׁר שָׁמַעְתִּי מֵאֵת יְהוָה צְבָאוֹת אֱלֹהֵי יִשְׂרָאֵל הִגַּדְתִּי לָכֶם ׃

11 מַשָּׂא דּוּמָה אֵלַי קֹרֵא מִשֵּׂעִיר שֹׁמֵר מַה־מִּלַּיְלָה שֹׁמֵר מַה־מִלֵּיל ׃

12 אָמַר שֹׁמֵר אָתָה בֹקֶר וְגַם־לָיְלָה אִם־תִּבְעָיוּן בְּעָיוּ שֻׁבוּ אֵתָיוּ ׃

13 מַשָּׂא בַּעְרָב בַּיַּעַר בַּעְרַב תָּלִינוּ אֹרְחוֹת דְּדָנִים ׃

14 לִקְרַאת צָמֵא הֵתָיוּ מָיִם יֹשְׁבֵי אֶרֶץ תֵּימָא בְּלַחְמוֹ קִדְּמוּ נֹדֵד ׃

15 כִּי־מִפְּנֵי חֲרָבוֹת נָדָדוּ מִפְּנֵי חֶרֶב נְטוּשָׁה וּמִפְּנֵי קֶשֶׁת דְּרוּכָה וּמִפְּנֵי כֹּבֶד מִלְחָמָה ׃

16 כִּי־כֹה אָמַר אֲדֹנָי אֵלָי בְּעוֹד שָׁנָה כִּשְׁנֵי שָׂכִיר וְכָלָה כָּל־כְּבוֹד קֵדָר ׃

17 וּשְׁאָר מִסְפַּר־קֶשֶׁת גִּבּוֹרֵי בְנֵי־קֵדָר יִמְעָטוּ כִּי יְהוָה אֱלֹהֵי־יִשְׂרָאֵל דִּבֵּר ׃

CAP. XXII. כב

1 מַשָּׂא גֵּיא חִזָּיוֹן מַה־לָּךְ אֵפוֹא כִּי־עָלִית כֻּלָּךְ

2 לַגַּגּוֹת ׃ תְּשֻׁאוֹת מְלֵאָה עִיר הוֹמִיָּה קִרְיָה עַלִּיזָה חֲלָלַיִךְ לֹא חַלְלֵי־חֶרֶב וְלֹא מֵתֵי מִלְחָמָה ׃

3 כָּל־קְצִינַיִךְ נָדְדוּ־יַחַד מִקֶּשֶׁת אֻסָּרוּ כָּל־נִמְצָאַיִךְ אֻסְּרוּ יַחְדָּו מֵרָחוֹק בָּרָחוּ ׃

4 עַל־כֵּן אָמַרְתִּי שְׁעוּ מִנִּי אֲמָרֵר בַּבֶּכִי אַל־תָּאִיצוּ לְנַחֲמֵנִי עַל־שֹׁד בַּת־עַמִּי ׃

5 כִּי יוֹם מְהוּמָה וּמְבוּסָה וּמְבוּכָה לַאדֹנָי יְהוִה צְבָאוֹת בְּגֵיא חִזָּיוֹן מְקַרְקַר קִר וְשׁוֹעַ אֶל־הָהָר ׃

6 וְעֵילָם נָשָׂא אַשְׁפָּה בְּרֶכֶב אָדָם פָּרָשִׁים וְקִיר עֵרָה מָגֵן ׃

7 וַיְהִי מִבְחַר־עֲמָקַיִךְ מָלְאוּ רָכֶב וְהַפָּרָשִׁים שֹׁת שָׁתוּ הַשָּׁעְרָה ׃

8 וַיְגַל אֵת מָסַךְ יְהוּדָה וַתַּבֵּט בַּיּוֹם הַהוּא אֶל־נֶשֶׁק בֵּית הַיָּעַר ׃

9 וְאֵת בְּקִיעֵי עִיר־דָּוִד רְאִיתֶם כִּי־רָבּוּ וַתְּקַבְּצוּ אֶת־מֵי הַבְּרֵכָה הַתַּחְתּוֹנָה ׃

10 וְאֶת־בָּתֵּי יְרוּשָׁלַםִ סְפַרְתֶּם וַתִּתְצוּ הַבָּתִּים לְבַצֵּר הַחוֹמָה ׃

11 וּמִקְוָה עֲשִׂיתֶם בֵּין הַחֹמֹתַיִם לְמֵי הַבְּרֵכָה הַיְשָׁנָה וְלֹא הִבַּטְתֶּם אֶל־עֹשֶׂיהָ וְיֹצְרָהּ מֵרָחוֹק לֹא רְאִיתֶם ׃

12 וַיִּקְרָא אֲדֹנָי יְהוִה צְבָאוֹת בַּיּוֹם הַהוּא לִבְכִי וּלְמִסְפֵּד וּלְקָרְחָה וְלַחֲגֹר שָׂק ׃

13 וְהִנֵּה שָׂשׂוֹן וְשִׂמְחָה הָרֹג בָּקָר וְשָׁחֹט צֹאן אָכֹל בָּשָׂר וְשָׁתוֹת יָיִן אָכוֹל וְשָׁתוֹ כִּי מָחָר נָמוּת ׃

14 וְנִגְלָה בְאָזְנָי יְהוָה צְבָאוֹת אִם־יְכֻפַּר הֶעָוֹן הַזֶּה לָכֶם עַד־תְּמֻתוּן אָמַר אֲדֹנָי יְהוִה צְבָאוֹת ׃

15 כֹּה אָמַר אֲדֹנָי יְהוִה צְבָאוֹת לֶךְ־בֹּא אֶל־הַסֹּכֵן הַזֶּה עַל־שֶׁבְנָא אֲשֶׁר עַל־הַבָּיִת ׃

16 מַה־לְּךָ פֹה וּמִי לְךָ פֹה כִּי־חָצַבְתָּ לְּךָ פֹּה קָבֶר חֹצְבִי מָרוֹם קִבְרוֹ חֹקְקִי בַסֶּלַע מִשְׁכָּן לוֹ ׃

17 הִנֵּה יְהוָה מְטַלְטֶלְךָ טַלְטֵלָה גָּבֶר וְעֹטְךָ עָטֹה ׃

18 צָנוֹף יִצְנָפְךָ צְנֵפָה כַּדּוּר אֶל־אֶרֶץ רַחֲבַת יָדָיִם שָׁמָּה תָמוּת וְשָׁמָּה מַרְכְּבוֹת כְּבוֹדֶךָ קְלוֹן בֵּית אֲדֹנֶיךָ ׃

19 וַהֲדַפְתִּיךָ מִמַּצָּבֶךָ וּמִמַּעֲמָדְךָ יֶהֶרְסֶךָ ׃

20 וְהָיָה בַּיּוֹם הַהוּא וְקָרָאתִי לְעַבְדִּי לְאֶלְיָקִים בֶּן־חִלְקִיָּהוּ ׃

21 וְהִלְבַּשְׁתִּיו כֻּתָּנְתֶּךָ וְאַבְנֵטְךָ אֲחַזְּקֶנּוּ וּמֶמְשֶׁלְתְּךָ אֶתֵּן בְּיָדוֹ וְהָיָה לְאָב לְיוֹשֵׁב יְרוּשָׁלַםִ וּלְבֵית יְהוּדָה ׃

22 וְנָתַתִּי מַפְתֵּחַ בֵּית־דָּוִד עַל־שִׁכְמוֹ וּפָתַח וְאֵין סֹגֵר וְסָגַר וְאֵין פֹּתֵחַ ׃

23 וּתְקַעְתִּיו יָתֵד בְּמָקוֹם נֶאֱמָן וְהָיָה לְכִסֵּא כָבוֹד לְבֵית אָבִיו ׃

6 And the inhabitant of this β isle shall say in that day, Behold, such *b is* our expectation, whither we flee for help to be delivered from the king of Assyria: and how shall we escape?

CHAP. XXI.

THE burden of the desert of the sea. As whirlwinds *d* in the south pass through; *so* it cometh from the desert, from a terrible land.

2 A ζ grievous vision is declared unto me; the treacherous dealer *e* dealeth treacherously, and the spoiler spoileth. Go *g* up, O Elam: besiege, O Media: all the sighing thereof have I made to cease.

3 Therefore *h* are my loins filled with pain; pangs have taken hold upon me, as the pangs of a woman that travaileth: I was bowed down at the hearing of *it;* I was dismayed at the seeing *of it.*

4 λ My heart panted, fearfulness affrighted me: the night *i* of my pleasure hath he μ turned into fear unto me.

5 Prepare the table, watch in the watchtower, eat, drink: arise, ye princes, *and* anoint the shield.

6 For thus hath the LORD said unto me, Go, set a watchman, let him declare what he seeth.

7 And he saw a chariot *with* a couple of horsemen, a chariot of asses, *and* a chariot of camels; and he hearkened diligently with much heed:

8 And he cried, ν A lion: My lord, I stand continually upon the watch-tower in *m* the day-time, and I am set in my ward π whole nights;

9 And, behold, here cometh a chariot of men, *with* a couple of horsemen. And he answered and said, Babylon *p* is fallen, is fallen; and *r* all the graven images of her gods he hath broken unto the ground.

10 O my threshing, and the ρ corn of my floor: that which I have heard of the LORD of hosts, the God of Israel, have I declared *s* unto you.

11 The burden of Dumah. *t* He calleth to me out of Seir, Watchman, what of the night? Watchman, what of the night?

12 The watchman said, The morning cometh, and also the night: if ye will inquire, inquire ye: return, come.

13 The burden upon Arabia. In the forest in Arabia shall ye lodge, O ye travelling companies of Dedanim.

14 The inhabitants of the land of Tema χ brought water to him that was thirsty, they prevented with their bread him that fled.

15 For *v* they fled β from the swords, from the drawn sword, and from the bent bow, and from the grievousness of war.

16 For thus hath the LORD said unto me, Within a year, according to the years of an hireling, *w* and all the glory of Kedar *x* shall fail:

17 And the residue of the number of γ archers, the mighty men of the children of Kedar, shall be diminished: for the LORD God of Israel hath spoken *it.*

CHAP. XXII.

THE burden of the valley of vision. What aileth thee now, that thou art wholly gone up to the house-tops? *z*

2 Thou that art full of stirs, a tumultuous city, a joyous *b* city: thy slain *men are* not slain with the sword, nor dead in battle.

Center column references

B. C. 714.

a 2Ki.25.5.11.
β or,*country,*
Je. 47. 4.
γ *of the bow.*
b Job 6. 20.
δ *he bitter*
in weeping.
c Je. 4. 19.
9. 1.
La. 1. 2.
d Zec. 9. 14.
ζ *hard.*
e ch. 33 1.
f Je. 49 35.
g ch. 13. 17.
Je. 49. 34.
η *made*
naked.
h ch. 15. 5.
θ *the choice*
of thy.
κ or, *toward*
λ or, *My*
mind wan-
dered.
i Da. 5. 5,&c.
k 1 Ki. 7. 2.
10. 17.
μ *put.*
l 2 Ch. 32. 4.
ν or,*as a lion.*
m Hab. 2. 1.
n Joel 1. 13.
π or, *every*
night.
o Job 1. 20.
Mi. 1. 16.
p Je.51.8,&c.
Re. 14. 8.
q ch. 56. 12.
r Je. 50. 2.
ρ *son.*
s Eze.3.17.-19.
Ac.20.26,27.
t 1 Ch. 1. 30.
Je. 49. 7, &c.
Eze.35.2,&c.
Ob. 1, &c.
u 2 Ki. 18. 37.
σ or, *O he.*
τ or, *who.*
covered
thee with
an excel-
lent cover-
ing, and
clothed
thee gor-
geously,
shall sure-
ly, ver. 18.
φ *the capti-*
vity of a
man.
χ or, *bring*
ye.
ψ *(and large*
of spaces.
v Job 6.19,20.
β *from the*
face of, or,
for fear.
w Job 7. 1.
x ch. 60. 7.
y 2 Ki. 18. 18.
γ *bows.*
z De. 22. 8.
a ch. 9. 6.
b ch. 32. 13.
c Job 12. 14.
Re. 3. 7.
d Ezr. 9. 8.

3 All thy rulers are fled *a* together, they are bound γ by the archers: all that are found in thee are bound together, *which* have fled from far.

4 Therefore said I, Look away from me; I will δ weep bitterly, *c* labour not to comfort me; because of the spoiling of the daughter of my people.

5 For *it is* a day of trouble, and of treading down, and of perplexity by the Lord GOD of hosts in the valley of vision, breaking down the walls, and of crying to the mountains.

6 And Elam *f* bare the quiver with chariots of men *and* horsemen, and Kir η uncovered the shield.

7 And it shall come to pass, *that* θ thy choicest valleys shall be full of chariots, and the horsemen shall set themselves in array κ at the gate.

8 And he discovered the covering of Judah, and thou didst look in that day to the armour of the house *k* of the forest.

9 Ye *l* have seen also the breaches of the city of David, that they are many; and ye gathered together the waters of the lower pool:

10 And ye have numbered the houses of Jerusalem, and the houses have ye broken down to fortify the wall.

11 Ye made also a ditch between the two walls for the water of the old pool: but ye have not looked unto the maker thereof, neither had respect unto him that fashioned it long ago.

12 And in that day did the Lord GOD of hosts call *u* to weeping, and to mourning, and to baldness,*o* and to girding with sackcloth:

13 And behold, joy and gladness, slaying oxen and killing sheep, eating flesh and drinking wine: let *q* us eat and drink, for to-morrow we shall die.

14 And it was revealed in mine ears by the LORD of hosts, Surely this iniquity shall not be purged from you till ye die, saith the Lord GOD of hosts.

15 Thus saith the Lord GOD of hosts, Go, get thee unto this treasurer, *even* unto Shebna,*u* which *is* over the house, *and say,*

16 What hast thou here, and whom hast thou here, that thou hast hewed thee out a sepulchre here, σ *as* he that heweth him out a sepulchre on high, *and* that graveth an habitation for himself in a rock?

17 Behold, the LORD τ will carry thee away with φ a mighty captivity, and will surely cover thee.

18 He will surely violently turn and toss thee *like* a ball into a ψ large country: there shalt thou die, and there the chariots of thy glory *shall be* the shame of thy lord's house.

19 And I will drive thee from thy station, and from thy state shall he pull thee down.

20 And it shall come to pass in that day, that I will call my servant *y* Eliakim, the son of Hilkiah:

21 And I will clothe him with thy robe, and strengthen him with thy girdle, and I will commit thy government into his hand; and he shall be a father to the inhabitants of Jerusalem, and to the house of Judah.

22 And the key of the house of David will I lay upon his shoulder; *a* so he shall open,*c* and none shall shut; and he shall shut, and none shall open.

23 And I will fasten him *as* a nail *d* in a

24 וְתָלוּ עָלָיו כֹּל כְּבוֹד בֵּית־אָבִיו הַצֶּאֱצָאִים וְהַצְּפִעוֹת כֹּל כְּלֵי הַקָּטָן מִכְּלֵי הָאַגָּנוֹת וְעַד כָּל־כְּלֵי הַנְּבָלִים׃

25 בַּיּוֹם הַהוּא נְאֻם יְהוָה צְבָאוֹת תָּמוּשׁ הַיָּתֵד הַתְּקוּעָה בְּמָקוֹם נֶאֱמָן וְנִגְדְּעָה וְנָפְלָה וְנִכְרַת הַמַּשָּׂא אֲשֶׁר־עָלֶיהָ כִּי יְהוָה דִּבֵּר׃

CAP. XXIII. כג

1 מַשָּׂא צֹר הֵילִילוּ אֳנִיּוֹת תַּרְשִׁישׁ כִּי־שֻׁדַּד מִבַּיִת מִבּוֹא מֵאֶרֶץ כִּתִּים נִגְלָה־לָמוֹ׃

2 דֹּמּוּ יֹשְׁבֵי אִי סֹחֵר צִידוֹן עֹבֵר יָם מִלְאוּךְ׃

3 וּבְמַיִם רַבִּים זֶרַע שִׁחֹר קְצִיר יְאוֹר תְּבוּאָתָהּ וַתְּהִי סְחַר גּוֹיִם׃

4 בּוֹשִׁי צִידוֹן כִּי־אָמַר יָם מָעוֹז הַיָּם לֵאמֹר לֹא־חַלְתִּי וְלֹא־יָלַדְתִּי וְלֹא גִדַּלְתִּי בַּחוּרִים רוֹמַמְתִּי בְתוּלוֹת׃

5 כַּאֲשֶׁר־שֵׁמַע לְמִצְרָיִם יָחִילוּ כְּשֵׁמַע צֹר׃

6 עִבְרוּ תַּרְשִׁישָׁה הֵילִילוּ יֹשְׁבֵי אִי׃

7 הֲזֹאת לָכֶם עַלִּיזָה מִימֵי־קֶדֶם קַדְמָתָהּ יֹבִלוּהָ רַגְלֶיהָ מֵרָחוֹק לָגוּר׃

8 מִי יָעַץ זֹאת עַל־צֹר הַמַּעֲטִירָה אֲשֶׁר סֹחֲרֶיהָ שָׂרִים כִּנְעָנֶיהָ נִכְבַּדֵּי־אָרֶץ׃

9 יְהוָה צְבָאוֹת יְעָצָהּ לְחַלֵּל גְּאוֹן כָּל־צְבִי לְהָקֵל כָּל־נִכְבַּדֵּי־אָרֶץ׃

10 עִבְרִי אַרְצֵךְ כַּיְאֹר בַּת־תַּרְשִׁישׁ אֵין מֵזַח עוֹד׃

11 יָדוֹ נָטָה עַל־הַיָּם הִרְגִּיז מַמְלָכוֹת יְהוָה צִוָּה אֶל־כְּנַעַן לַשְׁמִד מָעֻזְנֶיהָ׃

12 וַיֹּאמֶר לֹא־תוֹסִיפִי עוֹד לַעְלוֹז הַמְעֻשָּׁקָה בְּתוּלַת בַּת־צִידוֹן כִּתִּים קוּמִי עֲבֹרִי גַּם־שָׁם לֹא־יָנוּחַ לָךְ׃

13 הֵן אֶרֶץ כַּשְׂדִּים זֶה הָעָם לֹא הָיָה אַשּׁוּר יְסָדָהּ לְצִיִּים הֵקִימוּ בַחוּנָיו עֹרְרוּ אַרְמְנוֹתֶיהָ שָׂמָהּ לְמַפֵּלָה׃

14 הֵילִילוּ אֳנִיּוֹת תַּרְשִׁישׁ כִּי שֻׁדַּד מָעֻזְּכֶן׃

15 וְהָיָה בַּיּוֹם הַהוּא וְנִשְׁכַּחַת צֹר שִׁבְעִים שָׁנָה כִּימֵי מֶלֶךְ אֶחָד מִקֵּץ שִׁבְעִים שָׁנָה יִהְיֶה לְצֹר כְּשִׁירַת הַזּוֹנָה׃

16 קְחִי כִנּוֹר סֹבִּי עִיר זוֹנָה נִשְׁכָּחָה הֵיטִיבִי נַגֵּן הַרְבִּי־שִׁיר לְמַעַן תִּזָּכֵרִי׃

17 וְהָיָה מִקֵּץ שִׁבְעִים שָׁנָה יִפְקֹד יְהוָה אֶת־צֹר וְשָׁבָה לְאֶתְנַנָּהּ וְזָנְתָה אֶת־כָּל־מַמְלְכוֹת הָאָרֶץ עַל־פְּנֵי הָאֲדָמָה׃

18 וְהָיָה סַחְרָהּ וְאֶתְנַנָּהּ קֹדֶשׁ לַיהוָה לֹא יֵאָצֵר וְלֹא יֵחָסֵן כִּי לַיֹּשְׁבִים לִפְנֵי יְהוָה יִהְיֶה סַחְרָהּ לֶאֱכֹל לְשָׂבְעָה וְלִמְכַסֶּה עָתִיק׃

CAP. XXIV. כד

1 הִנֵּה יְהוָה בּוֹקֵק הָאָרֶץ וּבוֹלְקָהּ וְעִוָּה פָנֶיהָ וְהֵפִיץ יֹשְׁבֶיהָ׃

2 וְהָיָה כָעָם כַּכֹּהֵן כַּעֶבֶד כַּאדֹנָיו כַּשִּׁפְחָה כַּגְּבִרְתָּהּ כַּקּוֹנֶה כַּמּוֹכֵר כַּמַּלְוֶה כַּלֹּוֶה כַּנֹּשֶׁה כַּאֲשֶׁר נֹשֶׁא בוֹ׃

3 הִבּוֹק תִּבּוֹק הָאָרֶץ וְהִבּוֹז תִּבּוֹז כִּי יְהוָה דִּבֶּר אֶת־הַדָּבָר הַזֶּה׃

4 אָבְלָה נָבְלָה הָאָרֶץ אֻמְלְלָה נָבְלָה תֵּבֵל אֻמְלָלוּ מְרוֹם עַם־הָאָרֶץ׃

5 וְהָאָרֶץ חָנְפָה תַּחַת יֹשְׁבֶיהָ כִּי־עָבְרוּ תוֹרֹת חָלְפוּ חֹק הֵפֵרוּ בְּרִית עוֹלָם׃

6 עַל־כֵּן אָלָה אָכְלָה אֶרֶץ וַיֶּאְשְׁמוּ יֹשְׁבֵי בָהּ עַל־כֵּן חָרוּ יֹשְׁבֵי אֶרֶץ וְנִשְׁאַר אֱנוֹשׁ מִזְעָר׃

7 אָבַל תִּירוֹשׁ אֻמְלְלָה־גָפֶן נֶאֶנְחוּ כָּל־שִׂמְחֵי־לֵב׃

8 שָׁבַת מְשׂוֹשׂ תֻּפִּים חָדַל שְׁאוֹן עַלִּיזִים שָׁבַת מְשׂוֹשׂ כִּנּוֹר׃

9 בַּשִּׁיר לֹא יִשְׁתּוּ־יָיִן יֵמַר שֵׁכָר לְשֹׁתָיו׃

10 נִשְׁבְּרָה קִרְיַת־תֹּהוּ סֻגַּר כָּל־בַּיִת מִבּוֹא׃

11 צְוָחָה עַל־הַיַּיִן בַּחוּצוֹת עָרְבָה כָּל־שִׂמְחָה גָּלָה מְשׂוֹשׂ הָאָרֶץ׃

12 נִשְׁאַר בָּעִיר שַׁמָּה וּשְׁאִיָּה יֻכַּת־שָׁעַר׃

13 כִּי כֹה יִהְיֶה בְּקֶרֶב הָאָרֶץ בְּתוֹךְ הָעַמִּים כְּנֹקֶף זַיִת כְּעוֹלֵלֹת אִם־כָּלָה בָצִיר׃

14 הֵמָּה יִשְׂאוּ קוֹלָם יָרֹנּוּ בִּגְאוֹן יְהוָה צָהֲלוּ מִיָּם׃

15 עַל־כֵּן בָּאֻרִים כַּבְּדוּ יְהוָה בְּאִיֵּי הַיָּם שֵׁם יְהוָה אֱלֹהֵי יִשְׂרָאֵל׃

16 מִכְּנַף הָאָרֶץ זְמִרֹת שָׁמַעְנוּ צְבִי לַצַּדִּיק וָאֹמַר רָזִי־לִי רָזִי־לִי אוֹי לִי בֹּגְדִים בָּגָדוּ וּבֶגֶד בּוֹגְדִים בָּגָדוּ׃

17 פַּחַד וָפַחַת וָפָח עָלֶיךָ יוֹשֵׁב הָאָרֶץ׃

18 וְהָיָה הַנָּס מִקּוֹל הַפַּחַד יִפֹּל אֶל־הַפַּחַת וְהָעוֹלֶה מִתּוֹךְ הַפַּחַת יִלָּכֵד בַּפָּח כִּי־אֲרֻבּוֹת מִמָּרוֹם נִפְתָּחוּ וַיִּרְעֲשׁוּ מוֹסְדֵי אָרֶץ׃

19 רֹעָה הִתְרֹעֲעָה הָאָרֶץ פּוֹר הִתְפּוֹרְרָה אֶרֶץ מוֹט הִתְמוֹטְטָה אָרֶץ׃

20 נוֹעַ תָּנוּעַ אֶרֶץ כַּשִּׁכּוֹר וְהִתְנוֹדְדָה כַּמְּלוּנָה וְכָבַד עָלֶיהָ פִּשְׁעָהּ וְנָפְלָה וְלֹא־תֹסִיף קוּם׃

21 וְהָיָה בַּיּוֹם הַהוּא יִפְקֹד יְהוָה עַל־צְבָא הַמָּרוֹם בַּמָּרוֹם וְעַל־מַלְכֵי הָאֲדָמָה עַל־הָאֲדָמָה׃

sure place ; and he shall be for a glorious throne to his father's house.

24 And they shall hang upon him all the glory of his father's house, the offspring and the issue, all vessels of small quantity, from the vessels of cups, even to all the γ vessels of flagons.

25 In that day, saith the LORD of hosts, shall the nail that is fastened in the sure place be removed, and be cut down, and fall ; and the burden that *was* upon it shall be cut off : for the LORD hath spoken *it.*

CHAP. XXIII.

THE burden of Tyre.*c* Howl, ye ships of Tarshish ; for it is laid waste, so that there is no house, no entering in : from the land of Chittim *d* it is revealed to them.

2 Be η still, ye inhabitants of the isle ; thou whom the merchants of Zidon, that pass over the sea, have replenished.

3 And by great waters the seed of Sihor, the harvest of the river, *is* her revenue ; and she is a mart of nations.

4 Be thou ashamed, O Zidon ; for the sea hath spoken, *even* the strength of the sea, saying, I travail not, nor bring forth children, neither do I nourish up young men, *nor* bring up virgins.

5 As at the report *g* concerning Egypt, *so* shall they be sorely pained at the report of Tyre.

6 Pass ye over to Tarshish ; howl, ye inhabitants of the isle.

7 *Is* this your joyous *city,* whose antiquity *is* of ancient days ? her own feet shall carry her κ afar off to sojourn.

8 Who hath taken this counsel against Tyre, the crowning *city,* whose merchants *are* princes, whose traffickers *are* the honourable of the earth ?

9 The LORD of hosts hath purposed it, to λ stain y*e* pride of all glory, & to bring*l* into contempt all the honourable of the earth.

10 Pass through thy land as a river, O daughter of Tarshish : *there is* no more μ strength.

11 He stretched out his hand over the sea ; he shook y*e* kingdoms : y*e* LORD hath given a commandment ν against π the merchant *city,* to destroy the ρ strong holds thereof.

12 And he said, Thou shalt no *p* more rejoice, O thou oppressed virgin, daughter of Zidon ; arise, pass over to Chittim ; *r* there also shalt thou have no rest.

13 Behold the land of the Chaldeans : this people was not *till* the Assyrian founded it for them*u* that dwell in y*e* wilderness : they set up the towers thereof, they raised up the palaces thereof ; *and* he brought it to ruin.

14 Howl, ye ships of Tarshish : for your strength is laid waste.

15 And it shall come to pass in that day, that Tyre shall be forgotten seventy years, according to the days of one king : after the end of seventy years χ shall Tyre sing as an harlot.

16 Take an harp, go about the city, thou harlot that hast been forgotten ; make sweet melody, sing many songs, that thou mayest be remembered.

17 And it shall come to pass, after the end of seventy years, that the LORD will visit Tyre, and she shall turn to her hire, and *a* shall commit fornication with all the kingdoms of the world upon the face of the earth.

18 And her merchandize and her hire shall be holiness *d* to the LORD : it shall not be treasured nor laid up ; for her

Center references

B. C. 712.

β *old.*
γ or, *instruments of viols.*
δ *perverteth the face thereof.*
a Ho. 4. 9.
ζ or, *prince,* Ge. 41. 45.
b Ep. 6. 8, 9.
c Je. 25. 22.
   47. 4.
Eze. 26 .28.
Am. 1. 9,10.
Zec. 9. 2. 4.
d ver. 12.
Je. 2. 10.
η *silent.*
θ *height of the.*
e Ge. 3. 17.
Nu. 35. 33.
f Mal. 4. 6.
g ch. 19. 16.
h 2 Pe. 3. 10.
i ch. 16. 8, 9.
Joel 1.10,12.
k Je. 7. 34.
Ho. 2. 11.
Re. 18. 22.
κ *from afar off.*
λ *pollute.*
l 1Co.1.28,29.
m La. 1. 1.
μ *girdle.*
n La. 2. 9.
ν or,*concerning a merchantman.*
π *Canaan.*
o ch. 6. 13.
   17. 5, 6.
Mi. 2. 12.
ρ *strengths.*
p Re. 18. 22.
q Zep.2.14,15.
r ver. 1.
s 1 Pe. 3. 15.
σ or, *valleys.*
t Zep. 2. 11.
u Ps. 72. 9.
τ *wing.*
φ *leanness to me, or, my secret to me.*
v ch. 48. 8.
Je. 5. 11.
w Je. 48. 43,
   44.
χ *it shall be unto Tyre as the song of.*
x Ge. 7. 11.
y Ps. 18. 7.
z Je. 4. 23.
a Re. 17. 2.
b ch. 19. 14.
c Re. 21. 1.
d Zec. 14. 20, 21.
e Zec. 5. 5..8.

merchandize shall be for them that dwell before the LORD, to eat sufficiently, and for β durable clothing.

CHAP. XXIV.

BEHOLD, the LORD maketh the earth empty ; and maketh it waste, and δ turneth it upside down, and scattereth abroad the inhabitants thereof.

2 And it shall be, as with the people, so with *a* the ζ priest ; as *b* with the servant, so with his master ; as with the maid, so with her mistress ; as with the buyer, so with the seller ; as with the lender, so with the borrower ; as with the taker of usury, so with the giver of usury to him.

3 The land shall be utterly emptied, and utterly spoiled : for the LORD hath spoken this word.

4 The earth mourneth, *and* fadeth away ; the world languisheth, *and* fadeth away ; y*e* θ haughty people of the earth do languish.

5 The earth also is defiled under the inhabitants thereof, because *e* they have transgressed the laws, changed the ordinance, broken the everlasting covenant.

6 Therefore *f* hath the curse devoured the earth, and they that dwell therein are desolate : therefore the inhabitants of the earth are burned,*h* and few men left.

7 The new *i* wine mourneth, the vine languisheth, all the merry-hearted do sigh.

8 The mirth *k* of tabrets ceaseth, the noise of them that rejoice endeth, the joy of the harp ceaseth.

9 They shall not drink wine with a song ; strong drink shall be bitter to them that drink it.

10 The city of confusion is broken down : every house is shut up, that no man may come in.

11 *There is* a crying for wine in the streets ; all joy is darkened, the mirth of the land is gone.

12 In *m* the city is left desolation, and the gate *n* is smitten with destruction.

13 When thus it shall be in the midst of the land among the people, *there shall be o* as the shaking of an olive-tree, *and* as the gleaning grapes when the vintage is done.

14 They *q* shall lift up their voice, they shall sing for the majesty of the LORD, they shall cry aloud from the sea.

15 Wherefore glorify *s* ye the LORD in the σ fires, *even* the name of the LORD God of Israel in the isles *t* of the sea.

16 From the τ uttermost part of the earth have we heard songs, *even* glory to the righteous. But I said, φ My leanness, my leanness, woe unto me ! the treacherous dealers have dealt treacherously ; *v* yea, the treacherous dealers have dealt very treacherously.

17 Fear,*w* and the pit, and the snare, *are* upon thee, O inhabitant of the earth.

18 And it shall come to pass, *that* he who fleeth from the noise of the fear shall fall into the pit ; and he that cometh up out of the midst of the pit shall be taken in the snare : for the *x* windows from on high are open, and the foundations *y* of the earth do shake.

19 The earth *z* is utterly broken down, the earth is clean dissolved, the earth is moved exceedingly.

20 The earth shall reel *b* to and fro like a drunkard, and shall be removed *c* like a cottage ; and the transgression thereof shall be heavy *e* upon it ; and it shall fall, and not rise again.

22 יִפְקֹד יְהוָה עַל־צְבָא הַמָּרוֹם בַּמָּרוֹם וְעַל־מַלְכֵי הָאֲדָמָה עַל־הָאֲדָמָה ׃ וְאֻסְּפוּ אֲסֵפָה אַסִּיר

23 עַל־בּוֹר וְסֻגְּרוּ עַל־מַסְגֵּר וּמֵרֹב יָמִים יִפָּקֵדוּ ׃ וְחָפְרָה הַלְּבָנָה וּבוֹשָׁה הַחַמָּה כִּי־מָלַךְ יְהוָה צְבָאוֹת בְּהַר צִיּוֹן וּבִירוּשָׁלִַם וְנֶגֶד זְקֵנָיו כָּבוֹד ׃

CAP. XXV. כה

1 יְהוָה אֱלֹהַי אַתָּה אֲרוֹמִמְךָ אוֹדֶה שִׁמְךָ כִּי עָשִׂיתָ פֶּלֶא עֵצוֹת מֵרָחֹק אֱמוּנָה אֹמֶן ׃

2 כִּי שַׂמְתָּ מֵעִיר לַגָּל קִרְיָה בְצוּרָה לְמַפֵּלָה אַרְמוֹן

3 זָרִים מֵעִיר לְעוֹלָם לֹא יִבָּנֶה ׃ עַל־כֵּן יְכַבְּדוּךָ עַם־עָז קִרְיַת גּוֹיִם עָרִיצִים יִירָאוּךָ ׃

4 כִּי־הָיִיתָ מָעוֹז לַדָּל מָעוֹז לָאֶבְיוֹן בַּצַּר־לוֹ מַחְסֶה מִזֶּרֶם צֵל מֵחֹרֶב כִּי רוּחַ עָרִיצִים כְּזֶרֶם קִיר ׃

5 כְּחֹרֶב בְּצָיוֹן שְׁאוֹן זָרִים תַּכְנִיעַ חֹרֶב בְּצֵל עָב זְמִיר עָרִיצִים יַעֲנֶה ׃

6 וְעָשָׂה יְהוָה צְבָאוֹת לְכָל־הָעַמִּים בָּהָר הַזֶּה מִשְׁתֵּה שְׁמָנִים מִשְׁתֵּה שְׁמָרִים שְׁמָנִים מְמֻחָיִם שְׁמָרִים מְזֻקָּקִים ׃

7 וּבִלַּע בָּהָר הַזֶּה פְּנֵי־הַלּוֹט הַלּוֹט עַל־כָּל־הָעַמִּים וְהַמַּסֵּכָה הַנְּסוּכָה עַל־כָּל־הַגּוֹיִם ׃

8 בִּלַּע הַמָּוֶת לָנֶצַח וּמָחָה אֲדֹנָי יְהוִה דִּמְעָה מֵעַל כָּל־פָּנִים וְחֶרְפַּת עַמּוֹ יָסִיר מֵעַל כָּל־הָאָרֶץ כִּי יְהוָה דִּבֵּר ׃

9 וְאָמַר בַּיּוֹם הַהוּא הִנֵּה אֱלֹהֵינוּ זֶה קִוִּינוּ לוֹ וְיוֹשִׁיעֵנוּ זֶה יְהוָה קִוִּינוּ לוֹ נָגִילָה וְנִשְׂמְחָה בִּישׁוּעָתוֹ ׃

10 כִּי־תָנוּחַ יַד־יְהוָה בָּהָר הַזֶּה וְנָדוֹשׁ מוֹאָב תַּחְתָּיו כְּהִדּוּשׁ מַתְבֵּן בְּמֵי מַדְמֵנָה ׃

11 וּפֵרַשׂ יָדָיו בְּקִרְבּוֹ כַּאֲשֶׁר יְפָרֵשׂ הַשֹּׂחֶה לִשְׂחוֹת וְהִשְׁפִּיל גַּאֲוָתוֹ עִם אָרְבּוֹת יָדָיו ׃

12 וּמִבְצַר מִשְׂגַּב חוֹמֹתֶיךָ הֵשַׁח הִשְׁפִּיל הִגִּיעַ לָאָרֶץ עַד־עָפָר ׃

CAP. XXVI. כו

1 בַּיּוֹם הַהוּא יוּשַׁר הַשִּׁיר־הַזֶּה בְּאֶרֶץ יְהוּדָה עִיר עָז־לָנוּ יְשׁוּעָה יָשִׁית חוֹמוֹת וָחֵל ׃

2 פִּתְחוּ שְׁעָרִים וְיָבֹא גוֹי־צַדִּיק שֹׁמֵר אֱמֻנִים ׃

3 יֵצֶר סָמוּךְ תִּצֹּר שָׁלוֹם שָׁלוֹם כִּי בְךָ בָּטוּחַ ׃

4 בִּטְחוּ בַיהוָה עֲדֵי־עַד כִּי בְּיָהּ יְהוָה צוּר עוֹלָמִים ׃

5 כִּי הֵשַׁח יֹשְׁבֵי מָרוֹם קִרְיָה נִשְׂגָּבָה יַשְׁפִּילֶנָּה יַשְׁפִּילָהּ עַד־אֶרֶץ יַגִּיעֶנָּה עַד־עָפָר ׃

6 תִּרְמְסֶנָּה רֶגֶל רַגְלֵי עָנִי פַּעֲמֵי דַלִּים ׃

7 אֹרַח לַצַּדִּיק מֵישָׁרִים יָשָׁר מַעְגַּל צַדִּיק תְּפַלֵּס ׃

8 אַף אֹרַח מִשְׁפָּטֶיךָ יְהוָה קִוִּינוּךָ לְשִׁמְךָ וּלְזִכְרְךָ תַּאֲוַת־נָפֶשׁ ׃

9 נַפְשִׁי אִוִּיתִךָ בַּלַּיְלָה אַף־רוּחִי בְקִרְבִּי אֲשַׁחֲרֶךָּ כִּי כַּאֲשֶׁר מִשְׁפָּטֶיךָ לָאָרֶץ צֶדֶק לָמְדוּ יֹשְׁבֵי תֵבֵל ׃

10 יֻחַן רָשָׁע בַּל־לָמַד צֶדֶק בְּאֶרֶץ נְכֹחוֹת יְעַוֵּל וּבַל־יִרְאֶה גֵּאוּת יְהוָה ׃

11 יְהוָה רָמָה יָדְךָ בַּל־יֶחֱזָיוּן יֶחֱזוּ וְיֵבֹשׁוּ קִנְאַת־עָם אַף־אֵשׁ צָרֶיךָ תֹאכְלֵם ׃

12 יְהוָה תִּשְׁפֹּת שָׁלוֹם לָנוּ כִּי גַּם כָּל־מַעֲשֵׂינוּ פָּעַלְתָּ לָּנוּ ׃

13 יְהוָה אֱלֹהֵינוּ בְּעָלוּנוּ אֲדֹנִים זוּלָתֶךָ לְבַד־בְּךָ נַזְכִּיר שְׁמֶךָ ׃

14 מֵתִים בַּל־יִחְיוּ רְפָאִים בַּל־יָקֻמוּ לָכֵן פָּקַדְתָּ וַתַּשְׁמִידֵם וַתְּאַבֵּד כָּל־זֵכֶר לָמוֹ ׃

15 יָסַפְתָּ לַגּוֹי יְהוָה יָסַפְתָּ לַגּוֹי נִכְבָּדְתָּ רִחַקְתָּ כָּל־קַצְוֵי־אָרֶץ ׃

16 יְהוָה בַּצַּר פְּקָדוּךָ צָקוּן לַחַשׁ מוּסָרְךָ לָמוֹ ׃

17 כְּמוֹ הָרָה תַּקְרִיב לָלֶדֶת תָּחִיל תִּזְעַק בַּחֲבָלֶיהָ כֵּן הָיִינוּ מִפָּנֶיךָ יְהוָה ׃

18 הָרִינוּ חַלְנוּ כְּמוֹ יָלַדְנוּ רוּחַ יְשׁוּעֹת בַּל־נַעֲשֶׂה אֶרֶץ וּבַל־יִפְּלוּ יֹשְׁבֵי תֵבֵל ׃

19 יִחְיוּ מֵתֶיךָ נְבֵלָתִי יְקוּמוּן הָקִיצוּ וְרַנְּנוּ שֹׁכְנֵי עָפָר כִּי טַל אוֹרֹת טַלֶּךָ וָאָרֶץ רְפָאִים תַּפִּיל ׃

20 לֵךְ עַמִּי בֹּא בַחֲדָרֶיךָ וּסְגֹר דְּלָתֶיךָ בַּעֲדֶךָ חֲבִי כִמְעַט־רֶגַע עַד־יַעֲבָר־זָעַם ׃

21 כִּי־הִנֵּה יְהוָה יֹצֵא מִמְּקוֹמוֹ לִפְקֹד עֲוֹן יֹשֵׁב־הָאָרֶץ עָלָיו וְגִלְּתָה הָאָרֶץ אֶת־דָּמֶיהָ וְלֹא־תְכַסֶּה עוֹד עַל־הֲרוּגֶיהָ ׃

CAP. XXVII. כז

1 בַּיּוֹם הַהוּא יִפְקֹד יְהוָה בְּחַרְבּוֹ הַקָּשָׁה וְהַגְּדוֹלָה וְהַחֲזָקָה עַל לִוְיָתָן נָחָשׁ בָּרִחַ וְעַל לִוְיָתָן נָחָשׁ עֲקַלָּתוֹן וְהָרַג אֶת־הַתַּנִּין אֲשֶׁר בַּיָּם ׃

2 בַּיּוֹם הַהוּא כֶּרֶם חֶמֶר עַנּוּ־לָהּ ׃

3 אֲנִי יְהוָה נֹצְרָהּ לִרְגָעִים אַשְׁקֶנָּה פֶּן יִפְקֹד עָלֶיהָ לַיְלָה וָיוֹם אֶצֳּרֶנָּה ׃

4 חֵמָה אֵין לִי מִי־יִתְּנֵנִי שָׁמִיר שַׁיִת בַּמִּלְחָמָה אֶפְשְׂעָה בָהּ אֲצִיתֶנָּה יָּחַד ׃

21 And it shall come to pass in that day, *that* the LORD shall β punish the host of the high ones *that are* on high, and the kings *b* of the earth upon the earth.

22 And they shall be gathered together γ *as* prisoners are gathered in the δ pit, and shall be shut up in the prison, and after many days shall they be ζ visited.

23 Then ſ the moon shall be confounded, and the sun ashamed, when the LORD of hosts shall reign in mount Zion, and in Jerusalem, and η before his ancients, gloriously.

CHAP. XXV.

O LORD, thou *art* my God; I will *j* exalt thee, I will praise thy name: for thou hast done wonderful *things; thy* counsels of old *are* faithfulness *m* and truth.

2 For thou hast made of a city an heap; *of* a defenced city a ruin:*o* a palace of strangers to be no city; it shall never be built.

3 Therefore shall the strong people glorify *r* thee, the city of the terrible nations shall fear thee.

4 For thou hast been a strength to the poor, a strength to the needy in his distress, a refuge from the storm, a shadow from the heat, when the blast of the terrible ones *is* as a storm *against* the wall.

5 Thou shalt bring down the noise of strangers, as the heat in a dry place; *even* the heat with the shadow of a cloud: the branch of the terrible ones shall be brought low.

6 And in this mountain *w* shall the LORD of hosts make unto all people a feast *x* of fat things, a feast of wines on the lees, of fat things full of marrow, of wines *y* on the lees well refined.

7 And he will λ destroy in this mountain the face of the covering μ cast over all people, and the vail *a* that is spread over all nations.

8 He will *b* swallow up death in victory; and the Lord GOD will wipe *c* away tears from off all faces; and the rebuke of his people shall he take away *d* from off all the earth: for the LORD hath spoken *it.*

9 And it shall be said in that day, Lo, this *is* our God; we have waited *e* for him, and he will save us: this *is* the LORD: we have waited for him, we will be glad and rejoice in his salvation.

10 For in this mountain shall the hand of the LORD rest, and Moab shall be π trodden down under him, even as straw is ρ trodden down for the dunghill.

11 And he shall spread forth his hands in the midst of them, as he that swimmeth spreadeth forth *his* hands to swim: and he shall bring down their pride together with the spoils of their hands.

12 And the fortress of the high fort of thy walls shall he bring down, lay low, *and* bring to the ground, *even* to the dust.

CHAP. XXVI.

IN that day shall this song be sung in the land of Judah; We have a strong *h* city; salvation will *God* appoint *for* walls *i* and bulwarks.

2 Open *l* ye the gates, that the righteous nation which keepeth the φ truth may enter in.

3 Thou wilt keep *him* in χ perfect peace, *m* *whose* ψ mind *is* stayed *on thee:* because he trusteth in thee.

4 Trust *p* ye in the LORD for ever:*q* for in the LORD JEHOVAH *is* β everlasting strength:

B. C. 712.

β *visit upon.*
a Mal. 4. 3.
b Ps. 76. 12.
c Ep. 2. 10.
d Ps. 37. 23.
γ *with the gathering of prisoners.*
δ or, *dungeon.*
e ch. 64.4, 5.
ζ or, *found wanting.*
f Eze. 32. 7.
g Ps. 63. 1, 6.
η or, *there shall be glory before his ancients.*
h Ca. 3. 1.
i Ps. 58. 11.
j Ps. 46. 10.
k Ec. 8. 11.
Re. 2. 21.
l Ec. 3. 16.
m Nu. 23. 19.
n ch. 2. 10.
o Je. 51. 37.
p Je. 5. 3.
q Re. 1. 7.
θ or, *toward thy.*
r Re. 11. 13.
s Da. 3,22,25.
t ver. 3.
κ or, *for.*
u 2Ch.28,5,6.
Ro.6.16..18.
v Ps.71.15,16.
w ch. 2. 2, 3.
x Mat. 22. 2, &c.
y Ca. 5. 1.
λ *swallow up*
z Ho. 5. 15.
μ *covered.*
ν *secret speech.*
a 2Co.3,16,18.
b Ho. 13. 14.
1Co.15. 54.
c Re. 21. 4.
d Mal.3.17,18.
e Tit. 2. 13.
f Da. 12. 2.
π *threshed.*
ρ or, *threshed in Madmenah.*
g Jude 14,15.
σ *bloods.*
h Ps. 31. 21.
i ch. 60. 18.
k Ps. 74. 14.
r or, *crossing like a bar.*
l Ps. 118. 19.
φ *truths.*
χ *peace, peace.*
m Phi. 4. 7.
ψ or, *thought or, imagination.*
n Lu.20.9,&c.
o Ps.121.4,5.
p Ps. 62. 8.
q Ps. 125. 1.
β *the rock of ages.*

---

5 For he bringeth down them that dwell on high; the lofty city, he layeth it low; he layeth it low, *even* to the ground; he bringeth it *even* to the dust.

6 The *a* foot shall tread it down, *even* the feet of the poor, *and* the steps of the needy.

7 The way *c* of the just *is* uprightness:*d* thou, most upright,dost weigh the path of ye just.

8 Yea, in the way of thy *e* judgments, O LORD, have we waited for thee; the desire *g* of *our* soul *is* to thy name, and to the remembrance of thee.

9 With my soul have I desired thee in the night ;*h* yea, with my spirit within me will I seek thee early: for when *i* thy judgments *are* in the earth, the inhabitants of the world will learn righteousness.

10 Let *k* favour be shewed to the wicked, *yet* will he not learn righteousness: in *l* the land of uprightness will he deal unjustly & will not behold the majesty *n* of ye LORD.

11 LORD, *when* thy hand is lifted up, they *p* will not see: *but* they shall *q* see, and be ashamed for *their* envy θ at the people; yea, the fire *s* of thine enemies shall devour them.

12 LORD, thou wilt ordain peace *t* for us: for thou also hast wrought all our works κ in us.

13 O LORD our God, *other u* lords beside thee have had dominion over us: *but v* by thee only will we make mention of thy name.

14 *They are* dead, they shall not live; *they are* deceased, they shall not rise: therefore hast thou visited and destroyed them,and made all their memory to perish.

15 Thou hast increased the nation, O LORD, thou hast increased the nation: thou art glorified: thou hadst removed *it* far *unto* all the ends of the earth.

16 LORD, in trouble *x* have they visited thee, they poured out a ν prayer *when* thy chastening *was* upon them.

17 Like as a woman with child, *that* draweth near the time of her delivery, is in pain, *and* crieth out in her pangs; so have we been in thy sight, O LORD.

18 We have been with child, we have been in pain, we have as it were brought forth wind; we have not wrought any deliverance in the earth, neither have the inhabitants of the world fallen.

19 Thy dead *men* shall live, *together with* my dead body shall they arise. Awake and sing, ye *f* that dwell in dust: for thy dew *is as* the dew of herbs, and the earth shall cast out the dead.

20 Come, my people, enter thou into thy chambers, and shut thy doors about thee: hide thyself as it were for a little moment, until the indignation be overpast.

21 For, behold, the LORD cometh *g* out of his place to punish the inhabitants of the earth for their iniquity: the earth also shall disclose her σ blood, and shall no more cover her slain.

CHAP. XXVII.

IN that day the LORD, with his sore, and great, and strong sword, shall punish leviathan *k* the τ piercing serpent, even leviathan that crooked serpent; and he shall slay the dragon that *is* in the sea.

2 In that day sing ye unto her, A vineyard *n* of red wine.

3 I *o* the LORD do keep it; I will water it every moment: lest *any* hurt it, I will keep it night and day.

4 Fury *is* not in me: who would set the

5 אוֹ יַחֲזֵק בְּמָעוּזִּי יַעֲשֶׂה שָׁלוֹם לִי שָׁלוֹם יַעֲשֶׂה־לִּי׃

6 הַבָּאִים יַשְׁרֵשׁ יַעֲקֹב יָצִיץ וּפָרַח יִשְׂרָאֵל וּמָלְאוּ פְנֵי־תֵבֵל תְּנוּבָה׃

7 הַכְּמַכַּת מַכֵּהוּ הִכָּהוּ אִם־כְּהֶרֶג הֲרֻגָיו הֹרָג׃

8 בְּסַאסְּאָה בְּשַׁלְחָהּ תְּרִיבֶנָּה הָגָה בְּרוּחוֹ הַקָּשָׁה בְּיוֹם קָדִים׃

9 לָכֵן בְּזֹאת יְכֻפַּר עֲוֹן־יַעֲקֹב וְזֶה כָּל־פְּרִי הָסִר חַטָּאתוֹ בְּשׂוּמוֹ כָּל־אַבְנֵי מִזְבֵּחַ כְּאַבְנֵי־גִר מְנֻפָּצוֹת לֹא־יָקֻמוּ אֲשֵׁרִים וְחַמָּנִים׃

10 כִּי עִיר בְּצוּרָה בָּדָד נָוֶה מְשֻׁלָּח וְנֶעֱזָב כַּמִּדְבָּר שָׁם יִרְעֶה עֵגֶל וְשָׁם יִרְבָּץ וְכִלָּה סְעִפֶיהָ׃

11 בִּיבֹשׁ קְצִירָהּ תִּשָּׁבַרְנָה נָשִׁים בָּאוֹת מְאִירוֹת אוֹתָהּ כִּי לֹא עַם־בִּינוֹת הוּא עַל־כֵּן לֹא־יְרַחֲמֶנּוּ עֹשֵׂהוּ וְיֹצְרוֹ לֹא יְחֻנֶּנּוּ׃

12 וְהָיָה בַּיּוֹם הַהוּא יַחְבֹּט יְהוָה מִשִּׁבֹּלֶת הַנָּהָר עַד־נַחַל מִצְרָיִם וְאַתֶּם תְּלֻקְּטוּ לְאַחַד אֶחָד בְּנֵי יִשְׂרָאֵל׃

13 וְהָיָה בַּיּוֹם הַהוּא יִתָּקַע בְּשׁוֹפָר גָּדוֹל וּבָאוּ הָאֹבְדִים בְּאֶרֶץ אַשּׁוּר וְהַנִּדָּחִים בְּאֶרֶץ מִצְרָיִם וְהִשְׁתַּחֲווּ לַיהוָה בְּהַר הַקֹּדֶשׁ בִּירוּשָׁלִָם׃

CAP. XXVIII. כח

1 הוֹי עֲטֶרֶת גֵּאוּת שִׁכֹּרֵי אֶפְרַיִם וְצִיץ נֹבֵל צְבִי תִפְאַרְתּוֹ אֲשֶׁר עַל־רֹאשׁ גֵּיא־שְׁמָנִים הֲלוּמֵי יָיִן׃

2 הִנֵּה חָזָק וְאַמִּץ לַאדֹנָי כְּזֶרֶם בָּרָד שַׂעַר קָטֶב כְּזֶרֶם מַיִם כַּבִּירִים שֹׁטְפִים הִנִּיחַ לָאָרֶץ בְּיָד׃

3 בְּרַגְלַיִם תֵּרָמַסְנָה עֲטֶרֶת גֵּאוּת שִׁכּוֹרֵי אֶפְרָיִם׃

4 וְהָיְתָה צִיצַת נֹבֵל צְבִי תִפְאַרְתּוֹ אֲשֶׁר עַל־רֹאשׁ גֵּיא שְׁמָנִים כְּבִכּוּרָהּ בְּטֶרֶם קַיִץ אֲשֶׁר יִרְאֶה הָרֹאֶה אוֹתָהּ בְּעוֹדָהּ בְּכַפּוֹ יִבְלָעֶנָּה׃

5 בַּיּוֹם הַהוּא יִהְיֶה יְהוָה צְבָאוֹת לַעֲטֶרֶת צְבִי וְלִצְפִירַת תִּפְאָרָה לִשְׁאָר עַמּוֹ׃

6 וּלְרוּחַ מִשְׁפָּט לַיּוֹשֵׁב עַל־הַמִּשְׁפָּט וְלִגְבוּרָה מְשִׁיבֵי מִלְחָמָה שָׁעְרָה׃

7 וְגַם־אֵלֶּה בַּיַּיִן שָׁגוּ וּבַשֵּׁכָר תָּעוּ כֹּהֵן וְנָבִיא שָׁגוּ בַשֵּׁכָר נִבְלְעוּ מִן־הַיַּיִן תָּעוּ מִן־הַשֵּׁכָר שָׁגוּ בָּרֹאֶה פָּקוּ פְּלִילִיָּה׃

8 כִּי כָּל־שֻׁלְחָנוֹת מָלְאוּ קִיא צֹאָה בְּלִי מָקוֹם׃

9 אֶת־מִי יוֹרֶה דֵעָה וְאֶת־מִי יָבִין שְׁמוּעָה גְּמוּלֵי מֵחָלָב עַתִּיקֵי מִשָּׁדָיִם׃

10 כִּי צַו לָצָו צַו לָצָו קַו לָקָו קַו לָקָו זְעֵיר שָׁם זְעֵיר שָׁם׃

11 כִּי בְּלַעֲגֵי שָׂפָה וּבְלָשׁוֹן אַחֶרֶת יְדַבֵּר אֶל־הָעָם הַזֶּה׃

12 אֲשֶׁר אָמַר אֲלֵיהֶם זֹאת הַמְּנוּחָה הָנִיחוּ לֶעָיֵף וְזֹאת הַמַּרְגֵּעָה וְלֹא אָבוּא שְׁמוֹעַ׃

13 וְהָיָה לָהֶם דְּבַר־יְהוָה צַו לָצָו צַו לָצָו קַו לָקָו קַו לָקָו זְעֵיר שָׁם זְעֵיר שָׁם לְמַעַן יֵלְכוּ וְכָשְׁלוּ אָחוֹר וְנִשְׁבָּרוּ וְנוֹקְשׁוּ וְנִלְכָּדוּ׃

14 לָכֵן שִׁמְעוּ דְבַר־יְהוָה אַנְשֵׁי לָצוֹן מֹשְׁלֵי הָעָם הַזֶּה אֲשֶׁר בִּירוּשָׁלִָם׃

15 כִּי אֲמַרְתֶּם כָּרַתְנוּ בְרִית אֶת־מָוֶת וְעִם־שְׁאוֹל עָשִׂינוּ חֹזֶה שׁוֹט שׁוֹטֵף כִּי־עָבַר לֹא יְבוֹאֵנוּ כִּי שַׂמְנוּ כָזָב מַחְסֵנוּ וּבַשֶּׁקֶר נִסְתָּרְנוּ׃

16 לָכֵן כֹּה אָמַר אֲדֹנָי יְהוִה הִנְנִי יִסַּד בְּצִיּוֹן אָבֶן אֶבֶן בֹּחַן פִּנַּת יִקְרַת מוּסָד מוּסָּד הַמַּאֲמִין לֹא יָחִישׁ׃

17 וְשַׂמְתִּי מִשְׁפָּט לְקָו וּצְדָקָה לְמִשְׁקָלֶת וְיָעָה בָרָד מַחְסֵה כָזָב וְסֵתֶר מַיִם יִשְׁטֹפוּ׃

18 וְכֻפַּר בְּרִיתְכֶם אֶת־מָוֶת וְחָזוּתְכֶם אֶת־שְׁאוֹל לֹא תָקוּם שׁוֹט שׁוֹטֵף כִּי יַעֲבֹר וִהְיִיתֶם לוֹ לְמִרְמָס׃

19 מִדֵּי עָבְרוֹ יִקַּח אֶתְכֶם כִּי־בַבֹּקֶר בַּבֹּקֶר יַעֲבֹר בַּיּוֹם וּבַלָּיְלָה וְהָיָה רַק־זְוָעָה הָבִין שְׁמוּעָה׃

20 כִּי־קָצַר הַמַּצָּע מֵהִשְׂתָּרֵעַ וְהַמַּסֵּכָה צָרָה כְּהִתְכַּנֵּס׃

21 כִּי כְהַר־פְּרָצִים יָקוּם יְהוָה כְּעֵמֶק בְּגִבְעוֹן יִרְגָּז לַעֲשׂוֹת מַעֲשֵׂהוּ זָר מַעֲשֵׂהוּ וְלַעֲבֹד עֲבֹדָתוֹ נָכְרִיָּה עֲבֹדָתוֹ׃

22 וְעַתָּה אַל־תִּתְלוֹצָצוּ פֶּן־יֶחְזְקוּ מוֹסְרֵיכֶם כִּי־כָלָה וְנֶחֱרָצָה שָׁמַעְתִּי מֵאֵת אֲדֹנָי יְהוִה צְבָאוֹת עַל־כָּל־הָאָרֶץ׃

23 הַאֲזִינוּ וְשִׁמְעוּ קוֹלִי הַקְשִׁיבוּ וְשִׁמְעוּ אִמְרָתִי׃

24 הֲכֹל הַיּוֹם יַחֲרֹשׁ הַחֹרֵשׁ לִזְרֹעַ יְפַתַּח וִישַׂדֵּד אַדְמָתוֹ׃

25 הֲלוֹא אִם־שִׁוָּה פָנֶיהָ וְהֵפִיץ קֶצַח וְכַמֹּן יִזְרֹק וְשָׂם חִטָּה שׂוֹרָה וּשְׂעֹרָה נִסְמָן וְכֻסֶּמֶת גְּבֻלָתוֹ׃

26 וְיִסְּרוֹ לַמִּשְׁפָּט אֱלֹהָיו יוֹרֶנּוּ׃

27 כִּי לֹא בֶחָרוּץ יוּדַשׁ קֶצַח וְאוֹפַן עֲגָלָה עַל־כַּמֹּן יוּסָּב כִּי

briers *and* thorns against me in battle? I would β go through them, I would burn them together.

5 Or let him take hold of my *a* strength, *that* he may make peace *c* with me; *and* he shall make peace with me.

6 He shall cause them that come of Jacob to take root : *d* Israel shall blossom and bud, and *e* fill the face of the world with fruit.

7 Hath he smitten him, ζ as he smote those that smote him? *or* is he slain according to the slaughter of them that are slain by him?

8 In measure, when κ it shooteth forth, thou wilt debate with it : λ he stayeth his f rough wind in the day of the east wind.

9 By this, therefore, shall the iniquity of Jacob be purged ; *h* and this *is* all the fruit to take away his sin ; when he maketh all the stones of the altar as chalk stones that are beaten in sunder, the groves and μ images shall not stand up.

10 Yet the defenced city *shall be* desolate, and the habitation forsaken, and left like a wilderness : there shall the calf feed, and there shall he lie down, and consume the branches thereof.

11 When the boughs thereof are withered, they shall be broken off : the women come *and* set them on fire ; for *l* it *is* a people of no understanding : therefore he that made them will not have mercy on them, and he that formed them will shew them no favour.

12 For it shall come to pass in that day, *that* the LORD shall beat off from the channel of the river unto the stream of Egypt, and *o* ye shall be gathered one by one, O ye children of Israel.

13 And it shall come to pass in that day, *that* the great trumpet *p* shall be blown, and they shall come which were ready to perish in the land of Assyria, and the outcasts in the land of Egypt, and shall worship the LORD in the holy mount at Jerusalem.

CHAP. XXVIII.

WOE to the crown of pride, to the drunkards of Ephraim, whose glorious beauty *is* a fading flower, which *are* on the head of the fat valleys of them that are ρ overcome with wine!

2 Behold, the Lord hath a mighty and strong one, *which*, as a tempest *q* of hail, *and* a destroying storm, as a flood of mighty waters overflowing, shall cast down to the earth with the hand.

3 The crown of pride, the drunkards of Ephraim, shall be trodden σ under feet.

4 And the glorious beauty which *is* on the head of the fat valley shall be *v* a fading flower, *and* as the hasty fruit before the summer ; which, *when* he that looketh upon it seeth. while it is yet in his hand he τ eateth it up.

5 In that day shall the LORD of hosts be for a crown of glory, and for a diadem of beauty, unto the residue of his people,

6 And for a spirit of judgment to him that sitteth in judgment, and for strength to them that turn the battle to the gate.

7 But they also have erred through wine, *x* and through strong drink are out of the way : the *y* priest and the prophet have erred through strong drink, they are swallowed up of wine, they are out of the way through strong drink ; they err in vision, they stumble *in* judgment.

B. C. 712.

β or, *march against.*
a ch. 45. 24.
b Je. 6. 10.
c Job 22. 21.
γ *the hearing.*
d Ps.92.13..15
Ho.14.5,6.
δ or, hath been.
e Ro. 11. 12.
ζ *according to the stroke of.*
η *stammerings of.*
θ or,*he hath spoken.*
κ or, *thou sendest it forth.*
λ or,*when he removeth it.*
f ch. 57. 16.
g Ho. 6. 5.
8. 12.
h He. 12. 6.
i Mat. 13.14.
μ or, *sun images.*
k Ec. 8. 8.
l De. 32. 28.
Ho. 4. 6.
m Ps. 118. 22.
Mat.21. 42.
Ac.4. 11.
Ro. 9. 33.
Ep. 2. 20.
n Ro. 10. 11.
o Jn'. 6. 37.
p Mat.24.31.
1 Th. 4. 16.
Re. 11. 15.
v a treading down to it.
q Mal. 4. 3.
π or, when *he shall make you to understand doctrine.*
ρ *broken.*
r Eze. 13.11.
s 2 Sa. 5. 20.
t Jos.10.10&c
1Ch. 14.16.
σ *with.*
u La. 3. 33.
v Ps.73.19.20.
w Da. 9. 27.
τ *swalloweth.*
x Ho. 4. 11.
ϕ or, *the wheat in the principal place, & the barley in the appointed place.*
y ch.56.10..12
χ or, spelt.
ψ *border.*
β or,*And he bindeth it in such sort as his God doth teach him.*

---

8 For all tables are full of vomit *and* filthiness, *so that there is* no place *clean.*

9 Whom *b* shall he teach knowledge? and whom shall he make to understand γ doctrine ? *them that are* weaned from the milk, *and* drawn from the breasts.

10 For precept δ *must be* upon precept, precept upon precept ; line upon line, line upon line ; here a little, *and* there a little :

11 For with η stammering lips, and another tongue, θ will he speak to this people.

12 To whom he said, This *is* the rest wherewith ye may cause the weary to rest ; and this *is* the refreshing : yet they would not hear.

13 But *g* the word of the LORD was unto them precept upon precept, precept upon precept ; line upon line, line upon line ; here a little, *and* there a little ; that *i* they might go, and fall backward, and be broken, and snared, and taken.

14 Wherefore hear the word of the LORD, ye scornful men, that rule this people which *is* in Jerusalem :

15 Because ye have said, We have made a covenant with death, and with hell are we at agreement ; when the overflowing scourge shall pass through, it shall not come *k* unto us : for we have made lies our refuge, and under falsehood have we hid ourselves.

16 Therefore thus saith the Lord GOD,. Behold, I lay in Zion for a foundation a stone, *m* a tried stone, a precious cornerstone, a sure foundation : he *n* that believeth shall not make haste.

17 Judgment also will I lay to the line, and righteousness to the plummet ; and the hail shall sweep away the refuge of lies, and the waters shall overflow the hiding-place.

18 And your covenant with death shall be disannulled, and your agreement with hell shall not stand ; when the overflowing scourge shall pass through, then ye shall be *v* trodden down *q* by it.

19 From the time that it goeth forth it shall take you : for morning by morning shall it pass over, by day and by night ; and it shall be a vexation only π to understand the report.

20 For the bed is shorter than that *a* man can stretch himself *on it ;* and the covering narrower than that he can wrap himself *in it.*

21 For the LORD shall rise up as *s* in mount Perazim, he shall be wroth as *t* in the valley of Gibeon, that he may do his work, his strange *u* work ; and to bring to pass his act, his strange act.

22 Now, therefore, be ye not mockers, lest your bands be made strong : for *t* have heard from the Lord GOD of hosts a consumption, *w* even determined upon the whole earth.

23 Give ye ear, and hear my voice ; hearken, and hear my speech.

24 Doth the plowman plow all day to sow ? doth he open and break the clods of his ground ?

25 When he hath made plain the face thereof, doth he not cast abroad the fitches, and scatter the cummin, and cast in ϕ the principal wheat, and the appointed barley, and the χ rye, in their ψ place ?

26 β For his God doth instruct him to discretion, *and* doth teach him.

27 For the fitches are not threshed with

28 לֶחֶם יוּדָק כִּי לֹא לָנֶצַח אָדוֹשׁ יְדוּשֶׁנּוּ וְהָמַם גִּלְגַּל עֶגְלָתוֹ וּפָרָשָׁיו לֹא־יְדֻקֶּנּוּ׃
29 גַּם־זֹאת מֵעִם יְהוָה צְבָאוֹת יָצָאָה הִפְלִיא עֵצָה הִגְדִּיל תּוּשִׁיָּה׃

CAP. XXIX. כט

1 הוֹי אֲרִיאֵל אֲרִיאֵל קִרְיַת חָנָה דָוִד סְפוּ שָׁנָה עַל־שָׁנָה חַגִּים יִנְקֹפוּ׃
2 וַהֲצִיקוֹתִי לַאֲרִיאֵל וְהָיְתָה תַאֲנִיָּה וַאֲנִיָּה וְהָיְתָה לִּי כַּאֲרִיאֵל׃
3 וְחָנִיתִי כַדּוּר עָלָיִךְ וְצַרְתִּי עָלַיִךְ מֻצָּב וַהֲקִימֹתִי עָלַיִךְ מְצֻרֹת׃
4 וְשָׁפַלְתְּ מֵאֶרֶץ תְּדַבֵּרִי וּמֵעָפָר תִּשַּׁח אִמְרָתֵךְ וְהָיָה כְּאוֹב מֵאֶרֶץ קוֹלֵךְ וּמֵעָפָר אִמְרָתֵךְ תְּצַפְצֵף׃
5 וְהָיָה כְּאָבָק דַּק הֲמוֹן זָרָיִךְ וּכְמֹץ עֹבֵר הֲמוֹן עָרִיצִים וְהָיָה לְפֶתַע פִּתְאֹם׃
6 מֵעִם יְהוָה צְבָאוֹת תִּפָּקֵד בְּרַעַם וּבְרַעַשׁ וְקוֹל גָּדוֹל סוּפָה וּסְעָרָה וְלַהַב אֵשׁ אוֹכֵלָה׃
7 וְהָיָה כַּחֲלוֹם חֲזוֹן לַיְלָה הֲמוֹן כָּל־הַגּוֹיִם הַצֹּבְאִים עַל־אֲרִיאֵל וְכָל־צֹבֶיהָ וּמְצֹדָתָהּ וְהַמְּצִיקִים לָהּ׃
8 וְהָיָה כַּאֲשֶׁר יַחֲלֹם הָרָעֵב וְהִנֵּה אוֹכֵל וְהֵקִיץ וְרֵיקָה נַפְשׁוֹ וְכַאֲשֶׁר יַחֲלֹם הַצָּמֵא וְהִנֵּה שֹׁתֶה וְהֵקִיץ וְהִנֵּה עָיֵף וְנַפְשׁוֹ שׁוֹקֵקָה כֵּן יִהְיֶה הֲמוֹן כָּל־הַגּוֹיִם הַצֹּבְאִים עַל־הַר צִיּוֹן׃
9 הִתְמַהְמְהוּ וּתְמָהוּ הִשְׁתַּעַשְׁעוּ וָשֹׁעוּ שָׁכְרוּ וְלֹא־יַיִן נָעוּ וְלֹא שֵׁכָר׃
10 כִּי־נָסַךְ עֲלֵיכֶם יְהוָה רוּחַ תַּרְדֵּמָה וַיְעַצֵּם אֶת־עֵינֵיכֶם אֶת־הַנְּבִיאִים וְאֶת־רָאשֵׁיכֶם הַחֹזִים כִּסָּה׃
11 וַתְּהִי לָכֶם חָזוּת הַכֹּל כְּדִבְרֵי הַסֵּפֶר הֶחָתוּם אֲשֶׁר־יִתְּנוּ אֹתוֹ אֶל־יוֹדֵעַ הַסֵּפֶר לֵאמֹר קְרָא נָא־זֶה וְאָמַר לֹא אוּכַל כִּי חָתוּם הוּא׃
12 וְנִתַּן הַסֵּפֶר עַל אֲשֶׁר לֹא־יָדַע סֵפֶר לֵאמֹר קְרָא נָא־זֶה וְאָמַר לֹא יָדַעְתִּי סֵפֶר׃
13 וַיֹּאמֶר אֲדֹנָי יַעַן כִּי נִגַּשׁ הָעָם הַזֶּה בְּפִיו וּבִשְׂפָתָיו כִּבְּדוּנִי וְלִבּוֹ רִחַק מִמֶּנִּי וַתְּהִי יִרְאָתָם אֹתִי מִצְוַת אֲנָשִׁים מְלֻמָּדָה׃
14 לָכֵן הִנְנִי יוֹסִף לְהַפְלִיא אֶת־הָעָם־הַזֶּה הַפְלֵא וָפֶלֶא וְאָבְדָה חָכְמַת חֲכָמָיו וּבִינַת נְבֹנָיו תִּסְתַּתָּר׃
15 הוֹי הַמַּעֲמִיקִים מֵיהוָה לַסְתִּר עֵצָה וְהָיָה בְמַחְשָׁךְ מַעֲשֵׂיהֶם

16 הַפְכְּכֶם אִם־כְּחֹמֶר הַיֹּצֵר יֵחָשֵׁב כִּי־יֹאמַר מַעֲשֶׂה לְעֹשֵׂהוּ לֹא עָשָׂנִי וְיֵצֶר אָמַר לְיוֹצְרוֹ לֹא הֵבִין׃
17 הֲלוֹא־עוֹד מְעַט מִזְעָר וְשָׁב לְבָנוֹן לַכַּרְמֶל וְהַכַּרְמֶל לַיַּעַר יֵחָשֵׁב׃
18 וְשָׁמְעוּ בַיּוֹם־הַהוּא הַחֵרְשִׁים דִּבְרֵי־סֵפֶר וּמֵאֹפֶל וּמֵחֹשֶׁךְ עֵינֵי עִוְרִים תִּרְאֶינָה׃
19 וְיָסְפוּ עֲנָוִים בַּיהוָה שִׂמְחָה וְאֶבְיוֹנֵי אָדָם בִּקְדוֹשׁ יִשְׂרָאֵל יָגִילוּ׃
20 כִּי־אָפֵס עָרִיץ וְכָלָה לֵץ וְנִכְרְתוּ כָּל־שֹׁקְדֵי אָוֶן׃
21 מַחֲטִיאֵי אָדָם בְּדָבָר וְלַמּוֹכִיחַ בַּשַּׁעַר יְקֹשׁוּן וַיַּטּוּ בַתֹּהוּ צַדִּיק׃
22 לָכֵן כֹּה־אָמַר יְהוָה אֶל־בֵּית יַעֲקֹב אֲשֶׁר פָּדָה אֶת־אַבְרָהָם לֹא־עַתָּה יֵבוֹשׁ יַעֲקֹב וְלֹא עַתָּה פָּנָיו יֶחֱוָרוּ׃
23 כִּי בִרְאֹתוֹ יְלָדָיו מַעֲשֵׂה יָדַי בְּקִרְבּוֹ יַקְדִּישׁוּ שְׁמִי וְהִקְדִּישׁוּ אֶת־קְדוֹשׁ יַעֲקֹב וְאֶת־אֱלֹהֵי יִשְׂרָאֵל יַעֲרִיצוּ׃
24 וְיָדְעוּ תֹעֵי־רוּחַ בִּינָה וְרוֹגְנִים יִלְמְדוּ־לֶקַח׃

CAP. XXX.

1 הוֹי בָּנִים סוֹרְרִים נְאֻם־יְהוָה לַעֲשׂוֹת עֵצָה וְלֹא מִנִּי וְלִנְסֹךְ מַסֵּכָה וְלֹא רוּחִי לְמַעַן סְפוֹת חַטָּאת עַל־חַטָּאת׃
2 הַהֹלְכִים לָרֶדֶת מִצְרַיִם וּפִי לֹא שָׁאָלוּ לָעוֹז בְּמָעוֹז פַּרְעֹה וְלַחְסוֹת בְּצֵל מִצְרָיִם׃
3 וְהָיָה לָכֶם מָעוֹז פַּרְעֹה לְבֹשֶׁת וְהֶחָסוּת בְּצֵל־מִצְרַיִם לִכְלִמָּה׃
4 כִּי־הָיוּ בְצֹעַן שָׂרָיו וּמַלְאָכָיו חָנֵס יַגִּיעוּ׃
5 כֹּל הֹבִאישׁ עַל־עַם לֹא־יוֹעִילוּ לָמוֹ לֹא לְעֵזֶר וְלֹא לְהוֹעִיל כִּי לְבֹשֶׁת וְגַם־לְחֶרְפָּה׃
6 מַשָּׂא בַּהֲמוֹת נֶגֶב בְּאֶרֶץ צָרָה וְצוּקָה לָבִיא וָלַיִשׁ מֵהֶם אֶפְעֶה וְשָׂרָף מְעוֹפֵף יִשְׂאוּ עַל־כֶּתֶף עֲיָרִים חֵילֵהֶם וְעַל־דַּבֶּשֶׁת גְּמַלִּים אוֹצְרֹתָם עַל־עַם לֹא יוֹעִילוּ׃
7 וּמִצְרַיִם הֶבֶל וָרִיק יַעְזֹרוּ לָכֵן קָרָאתִי לָזֹאת רַהַב הֵם שָׁבֶת׃
8 עַתָּה בּוֹא כָתְבָהּ עַל־לוּחַ אִתָּם וְעַל־סֵפֶר חֻקָּהּ וּתְהִי לְיוֹם אַחֲרוֹן לָעַד עַד־עוֹלָם׃
9 כִּי עַם מְרִי הוּא בָּנִים כֶּחָשִׁים בָּנִים לֹא־אָבוּ שְׁמוֹעַ תּוֹרַת יְהוָה׃
10 אֲשֶׁר אָמְרוּ לָרֹאִים לֹא תִרְאוּ וְלַחֹזִים לֹא תֶחֱזוּ־לָנוּ נְכֹחוֹת דַּבְּרוּ־לָנוּ חֲלָקוֹת חֲזוּ מַהֲתַלּוֹת׃
11 סוּרוּ מִנֵּי־דֶרֶךְ הַטּוּ מִנֵּי־אֹרַח

a threshing instrument, neither is a cart wheel turned about upon the cummin; but the fitches are beaten out with a staff, and the cummin with a rod.

28 Bread *corn* is bruised; because he will not ever be threshing it, nor break *it* with the wheel of his cart, nor bruise *it* with his horsemen.

29 This also cometh forth from the LORD of hosts, *which* is wonderful[d] in counsel, *and* excellent in working.

CHAP. XXIX.

WOE[β] to Ariel, to Ariel, [γ] the city *where*[f] David dwelt! add ye year to year; let them [δ] kill sacrifices.

2 Yet I will distress Ariel, and there shall be heaviness and sorrow: and it shall be unto me as Ariel.

3 And I will camp against thee round about, and will lay siege[k] against thee with a mount, and I will raise forts against thee.

4 And thou shalt be brought[l] down, *and* shalt speak out of the ground, and thy speech shall be low out of the dust, and thy voice shall be, as of one that hath a familiar spirit, out of the ground, and thy speech shall [η] whisper out of the dust.

5 Moreover the multitude of thy strangers shall be like small dust, and the multitude of the terrible ones *shall be* as chaff[r] that passeth away : yea, it shall be at an instant[s] suddenly.

6 Thou[t] shalt be visited of the LORD of hosts with thunder, and with earthquake, and great noise, with storm and tempest, and the flame of devouring fire.

7 And the multitude of all the nations that fight against Ariel, even all[v] that fight against her and her munition, and that distress her, shall be as a dream[x] of a night vision.

8 It shall even be as when an hungry *man* dreameth, and, behold, he eateth ; but he awaketh, and his soul is empty : or as when a thirsty man dreameth, and, behold, he drinketh ; but he awaketh, and, behold, *he is* faint, and his soul hath appetite : so shall the multitude of all the nations be that fight against mount Zion.

9 Stay yourselves, and wonder; [κ] cry ye out, and cry : they are drunken,[c] but not with wine; they stagger, but not with strong drink.

10 For[d] the LORD hath poured out upon you the spirit of deep sleep, and hath closed your eyes: the prophets and your [λ] rulers, the seers[f] hath he covered.

11 And the vision of all is become unto you as the words of a [μ] book that is sealed,[g] which *men* deliver to one that is learned, saying, Read this, I pray thee: and he saith, I cannot; for it *is* sealed :

12 And the book is delivered to him that is not learned, saying, Read this, I pray thee: and he saith, I am not learned.

13 Wherefore the LORD said, Forasmuch as this people draw near *me* with their mouth,[i] and with their lips do honour me, but have removed their heart far from me, and their fear toward me is taught by the precept of men :[l]

14 Therefore, behold, I will [π] proceed to do a marvellous[m] work among this people, *even* a marvellous work and a wonder: for[o] the wisdom of their wise *men* shall perish, and the understanding of their prudent *men* shall be hid.

15 Woe unto them that seek deep to

hide[a] their counsel from the LORD, and their works are in the dark, and they say, Who[b] seeth us? and who knoweth us?

16 Surely your turning of things upside down shall be esteemed as the potter's clay : for shall[c] the work say of him that made it, He made me not? or shall the thing framed say of him that framed it, He had no understanding?

17 *Is* it not yet a very little while, and Lebanon shall be turned[e] into a fruitful field, and the fruitful field shall be esteemed as a forest?

18 And[g] in that day shall the deaf hear the words of the book, and the eyes of the blind shall see out of obscurity, and out of darkness.

19 The meek[h] also shall [ζ] increase *their* joy in the LORD, and the poor[i] among men shall rejoice in the Holy One of Israel.

20 For the terrible one is brought to nought,[m] and the scorner is consumed, and all that watch[n] for iniquity are cut off :

21 That make a man an offender for a word, and lay[o] a snare for him that reproveth in the gate, and turn aside the just for a thing of nought.

22 Therefore thus saith the LORD,[p] who redeemed Abraham, concerning the house of Jacob, Jacob shall not[q] now be ashamed, neither shall his face now wax pale.

23 But when he seeth his children, the work[u] of mine hands, in the midst of him, they shall sanctify my name, and sanctify the Holy One of Jacob, and shall fear the God of Israel.

24 They[w] also that erred in spirit shall [θ] come to understanding, and they that murmured shall learn doctrine.

CHAP. XXX.

WOE[y] to the rebellious children, saith the LORD, that take counsel, but not of me ; and that cover[z] with a covering, but not of my spirit, that they may add[a] sin to sin :

2 That[b] walk to go down into Egypt, and have not asked at my mouth ; to strengthen themselves in the strength of Pharaoh, and to trust in the shadow of Egypt!

3 Therefore shall the strength of Pharaoh be your shame, and the trust in the shadow of Egypt *your* confusion.

4 For his princes were at Zoan, and his ambassadors came to Hanes.

5 They were all ashamed[e] of a people *that* could not profit them, nor be an help nor profit, but a shame, and also a reproach.

6 The burden of the beasts of the south : into the land of trouble and anguish, from whence *come* the young and old lion, the viper and fiery flying serpent, they will carry their riches upon the shoulders of young asses, and their treasures upon the bunches of camels, to a people *that* shall not profit *them*.

7 For[h] the Egyptians shall help in vain, and to no purpose : therefore have I cried[v] concerning this, Their[k] strength *is* to sit still.

8 Now go, write it before them in a table, and note it in a book, that it may be for the [ρ] time to come for ever and ever :

9 That this *is* a rebellious[n] people, lying children, children *that* will not hear the law of the LORD :

10 Which say[p] to the seers, See not: and to the prophets, Prophesy not unto

Marginal references

B. C. 725.

a ch. 30. 1.
Ps. 139. 7, &c.
b Ps. 94. 7.
c ch. 45. 9.
Ro. 9. 20.
d Ps. 92. 5.
Je. 32. 19.
Ro. 11. 33.
e ch. 32. 15.
Mat. 19. 30.
β or, *O Ariel,*
i. e. *the lion of God.*
γ or, *of the city.*
f 2 Sa. 5. 9.
g ch. 35. 5.
Lu. 7. 22.
δ *cut off the heads.*
h ch. 61. 1.
ζ *add.*
i Ja. 2. 5.
k 2 Ki. 25. 1, &c.
l La. 1. 9.
m ch. 51. 13.
Re. 12. 10.
n Ps. 64. 6.
Je. 20. 10.
o Am. 5. 10, 12.
η *peep,* or, *chirp.*
p Jos. 24. 3.
q ch. 54. 4.
r Job 21. 18.
s 1 Th. 5. 3.
t ch. 30. 30.
u ch. 60. 21.
Ep. 2. 10.
v ch. 41. 11, 12.
w 1 Co. 6. 11.
θ *know understanding.*
x ch. 37. 36.
y De. 29. 19. 20.
z ch. 29. 15.
a Ro. 2. 5.
b ch. 31. 1.
κ or, *take your pleasure and riot.*
c ch. 51. 21.
d Ro. 11. 8.
e Je. 2. 36.
λ *heads,* ch. 1. 5.
f 1 Sa. 9. 9.
μ or, *letter.*
g Da. 12. 4, 9.
Re. 5. 1..9.
h Je. 37. 7.
i Eze. 33. 31.
Mat. 15. 6..9.
v or, *to her.*
k ver. 15.
l Col. 2. 22.
π *add.*
m Hab. 1. 5.
ρ *latter day.*
n De. 32. 20.
o Je. 49. 7.
Ob. 8.
1 Co. 1. 19.
p Je. 11. 21.
Am. 2. 12.
7. 13.
Mi. 2. 6, 11.

12 לָכֵן כֹּה אָמַר קְדוֹשׁ יִשְׂרָאֵל יַעַן מָאָסְכֶם בַּדָּבָר הַזֶּה וַתִּבְטְחוּ בְּעֹשֶׁק וְנָלוֹז וַתִּשָּׁעֲנוּ עָלָיו׃

13 לָכֵן יִהְיֶה לָכֶם הֶעָוֹן הַזֶּה כְּפֶרֶץ נֹפֵל נִבְעֶה בְּחוֹמָה נִשְׂגָּבָה אֲשֶׁר פִּתְאֹם לְפֶתַע יָבוֹא שִׁבְרָהּ׃

14 וּשְׁבָרָהּ כְּשֵׁבֶר נֵבֶל יוֹצְרִים כָּתוּת לֹא יַחְמֹל וְלֹא יִמָּצֵא בִמְכִתָּתוֹ חֶרֶשׂ לַחְתּוֹת אֵשׁ מִיָּקוּד וְלַחְשֹׂף מַיִם מִגֶּבֶא׃

15 כִּי כֹה אָמַר אֲדֹנָי יְהוִה קְדוֹשׁ יִשְׂרָאֵל בְּשׁוּבָה וָנַחַת תִּוָּשֵׁעוּן בְּהַשְׁקֵט וּבְבִטְחָה תִּהְיֶה גְּבוּרַתְכֶם וְלֹא אֲבִיתֶם׃

16 וַתֹּאמְרוּ לֹא כִי עַל סוּס נָנוּס עַל כֵּן תְּנוּסוּן וְעַל קַל נִרְכָּב עַל כֵּן יִקַּלּוּ רֹדְפֵיכֶם׃

17 אֶלֶף אֶחָד מִפְּנֵי גַּעֲרַת אֶחָד מִפְּנֵי גַּעֲרַת חֲמִשָּׁה תָּנֻסוּ עַד אִם נוֹתַרְתֶּם כַּתֹּרֶן עַל רֹאשׁ הָהָר וְכַנֵּס עַל הַגִּבְעָה׃

18 וְלָכֵן יְחַכֶּה יְהוָה לַחֲנַנְכֶם וְלָכֵן יָרוּם לְרַחֶמְכֶם כִּי אֱלֹהֵי מִשְׁפָּט יְהוָה אַשְׁרֵי כָּל חוֹכֵי לוֹ׃

19 כִּי עַם בְּצִיּוֹן יֵשֵׁב בִּירוּשָׁלִָם בָּכוֹ לֹא תִבְכֶּה חָנוֹן יָחְנְךָ לְקוֹל זַעֲקֶךָ כְּשָׁמְעָתוֹ עָנָךְ׃

20 וְנָתַן לָכֶם אֲדֹנָי לֶחֶם צָר וּמַיִם לָחַץ וְלֹא יִכָּנֵף עוֹד מוֹרֶיךָ וְהָיוּ עֵינֶיךָ רֹאוֹת אֶת מוֹרֶיךָ׃

21 וְאָזְנֶיךָ תִּשְׁמַעְנָה דָבָר מֵאַחֲרֶיךָ לֵאמֹר זֶה הַדֶּרֶךְ לְכוּ בוֹ כִּי תַאֲמִינוּ וְכִי תַשְׂמְאִילוּ׃

22 וְטִמֵּאתֶם אֶת צִפּוּי פְּסִילֵי כַסְפֶּךָ וְאֶת אֲפֻדַּת מַסֵּכַת זְהָבֶךָ תִּזְרֵם כְּמוֹ דָוָה צֵא תֹּאמַר לוֹ׃

23 וְנָתַן מְטַר זַרְעֲךָ אֲשֶׁר תִּזְרַע אֶת הָאֲדָמָה וְלֶחֶם תְּבוּאַת הָאֲדָמָה וְהָיָה דָשֵׁן וְשָׁמֵן יִרְעֶה מִקְנֶיךָ בַּיּוֹם הַהוּא כַּר נִרְחָב׃

24 וְהָאֲלָפִים וְהָעֲיָרִים עֹבְדֵי הָאֲדָמָה בְּלִיל חָמִיץ יֹאכֵלוּ אֲשֶׁר זֹרֶה בָרַחַת וּבַמִּזְרֶה׃

25 וְהָיָה עַל כָּל הַר גָּבֹהַּ וְעַל כָּל גִּבְעָה נִשָּׂאָה פְּלָגִים יִבְלֵי מָיִם בְּיוֹם הֶרֶג רָב בִּנְפֹל מִגְדָּלִים׃

26 וְהָיָה אוֹר הַלְּבָנָה כְּאוֹר הַחַמָּה וְאוֹר הַחַמָּה יִהְיֶה שִׁבְעָתַיִם כְּאוֹר שִׁבְעַת הַיָּמִים בְּיוֹם חֲבֹשׁ יְהוָה אֶת שֶׁבֶר עַמּוֹ וּמַחַץ מַכָּתוֹ יִרְפָּא׃

27 הִנֵּה שֵׁם יְהוָה בָּא מִמֶּרְחָק בֹּעֵר אַפּוֹ וְכֹבֶד מַשָּׂאָה שְׂפָתָיו מָלְאוּ זַעַם וּלְשׁוֹנוֹ כְּאֵשׁ אֹכָלֶת׃

28 וְרוּחוֹ כְּנַחַל שׁוֹטֵף עַד צַוָּאר יֶחֱצֶה לַהֲנָפָה גוֹיִם בְּנָפַת שָׁוְא וְרֶסֶן מַתְעֶה עַל לְחָיֵי עַמִּים׃

29 הַשִּׁיר יִהְיֶה לָכֶם כְּלֵיל הִתְקַדֶּשׁ חָג וְשִׂמְחַת לֵבָב כַּהוֹלֵךְ בֶּחָלִיל לָבוֹא בְהַר יְהוָה אֶל צוּר יִשְׂרָאֵל׃

30 וְהִשְׁמִיעַ יְהוָה אֶת הוֹד קוֹלוֹ וְנַחַת זְרוֹעוֹ יַרְאֶה בְּזַעַף אַף וְלַהַב אֵשׁ אוֹכֵלָה נֶפֶץ וָזֶרֶם וְאֶבֶן בָּרָד׃

31 כִּי מִקּוֹל יְהוָה יֵחַת אַשּׁוּר בַּשֵּׁבֶט יַכֶּה׃

32 וְהָיָה כֹּל מַעֲבַר מַטֵּה מוּסָדָה אֲשֶׁר יָנִיחַ יְהוָה עָלָיו בְּתֻפִּים וּבְכִנֹּרוֹת וּבְמִלְחֲמוֹת תְּנוּפָה נִלְחַם בָּהּ׃

33 כִּי עָרוּךְ מֵאֶתְמוּל תָּפְתֶּה גַּם הִוא לַמֶּלֶךְ הוּכָן הֶעְמִיק הִרְחִב מְדֻרָתָהּ אֵשׁ וְעֵצִים הַרְבֵּה נִשְׁמַת יְהוָה כְּנַחַל גָּפְרִית בֹּעֲרָה בָּהּ׃

CAP. XXXI.   לא

1 הוֹי הַיֹּרְדִים מִצְרַיִם לְעֶזְרָה עַל סוּסִים יִשָּׁעֵנוּ וַיִּבְטְחוּ עַל רֶכֶב כִּי רָב וְעַל פָּרָשִׁים כִּי עָצְמוּ מְאֹד וְלֹא שָׁעוּ עַל קְדוֹשׁ יִשְׂרָאֵל וְאֶת יְהוָה לֹא דָרָשׁוּ׃

2 וְגַם הוּא חָכָם וַיָּבֵא רָע וְאֶת דְּבָרָיו לֹא הֵסִיר וְקָם עַל בֵּית מְרֵעִים וְעַל עֶזְרַת פֹּעֲלֵי אָוֶן׃

3 וּמִצְרַיִם אָדָם וְלֹא אֵל וְסוּסֵיהֶם בָּשָׂר וְלֹא רוּחַ וַיהוָה יַטֶּה יָדוֹ וְכָשַׁל עוֹזֵר וְנָפַל עָזֻר וְיַחְדָּו כֻּלָּם יִכְלָיוּן׃

4 כִּי כֹה אָמַר יְהוָה אֵלַי כַּאֲשֶׁר יֶהְגֶּה הָאַרְיֵה וְהַכְּפִיר עַל טַרְפּוֹ אֲשֶׁר יִקָּרֵא עָלָיו מְלֹא רֹעִים מִקּוֹלָם לֹא יֵחָת וּמֵהֲמוֹנָם לֹא יַעֲנֶה כֵּן יֵרֵד יְהוָה צְבָאוֹת לִצְבֹּא עַל הַר צִיּוֹן וְעַל גִּבְעָתָהּ׃

5 כְּצִפֳּרִים עָפוֹת כֵּן יָגֵן יְהוָה צְבָאוֹת עַל יְרוּשָׁלִָם גָּנוֹן וְהִצִּיל פָּסֹחַ וְהִמְלִיט׃

6 שׁוּבוּ לַאֲשֶׁר הֶעְמִיקוּ סָרָה בְּנֵי יִשְׂרָאֵל׃

7 כִּי בַּיּוֹם הַהוּא יִמְאָסוּן אִישׁ אֱלִילֵי כַסְפּוֹ וֶאֱלִילֵי זְהָבוֹ אֲשֶׁר עָשׂוּ לָכֶם יְדֵיכֶם חֵטְא׃

8 וְנָפַל אַשּׁוּר בְּחֶרֶב לֹא אִישׁ וְחֶרֶב לֹא אָדָם תֹּאכֲלֶנּוּ וְנָס לוֹ מִפְּנֵי חֶרֶב וּבַחוּרָיו לָמַס יִהְיוּ׃

9 וְסַלְעוֹ מִמָּגוֹר יַעֲבוֹר וְחַתּוּ מִנֵּס שָׂרָיו נְאֻם יְהוָה אֲשֶׁר אוּר לוֹ בְּצִיּוֹן וְתַנּוּר לוֹ בִּירוּשָׁלִָם׃

us right things: speak unto us smooth*a* things, prophesy deceits :

11 Get you out of the way, turn aside out of the path, cause the Holy One of Israel to cease from before us.

12 Wherefore thus saith the Holy One of Israel, Because ye despise this word, and trust*e* in *γ* oppression and perverseness, and stay thereon :

13 Therefore this iniquity shall be to you as a breach*g* ready to fall, swelling out in a high wall, whose breaking cometh suddenly at an instant.

14 And he shall break*h* it as the breaking of the *η* potters' vessel that is broken in pieces ; he shall not spare : so that there shall not be found in the bursting of it a sherd to take fire from the hearth, or to take water *withal* out of the pit.

15 For thus saith the Lord GOD, the Holy One of Israel, In returning and rest*i* shall ye be saved ; in quietness and in confidence shall be your strength ; and ye would not.

16 But ye said, No ; for we will flee upon horses ; therefore shall ye flee : and, We will ride upon the swift ; therefore shall they that pursue*k* you be swift.

17 One thousand*m shall flee* at the rebuke of one ; at the rebuke of five shall ye flee ; till ye be left as *v* a beacon upon the top of a mountain, and as an ensign on an hill.

18 And therefore will the LORD*o* wait, that he may be gracious unto you, and therefore will he be exalted, that he may have mercy upon you ; for the LORD *is* a God of judgment : blessed*p are* all they that wait for him.

19 For the people shall dwell*q* in Zion at Jerusalem ; thou shalt weep no more : he will be very gracious unto thee at the voice of thy cry ; when*s* he shall hear it, he will answer thee.

20 And *though t* the LORD give you the bread of adversity, and the water of *ρ* affliction, yet shall not thy teachers be removed*u* into a corner any more, but thine eyes shall see thy teachers :

21 And thine ears shall hear a word behind thee, saying, This*v is* the way, walk ye in it, when ye turn to the right hand, and when ye turn to the left.

22 Ye shall defile also the covering of *σ* thy graven images of silver, and the ornament of thy molten images of gold : thou shalt *τ* cast them away as a menstruous cloth ; thou shalt say unto it, Get thee hence.*x*

23 Then shall he give the rain of thy seed, that thou shalt sow the ground withal : and bread of the increase of the earth, and it shall be fat and plenteous : in that day shall thy cattle feed in large pastures.

24 The oxen likewise, and the young asses that ear the ground, shall eat *χ* clean provender, which hath been winnowed with the shovel and with the fan.

25 And there shall be upon every high mountain, and upon every *β* high hill, rivers *and* streams of waters in the day of the great slaughter, when the towers fall.

26 Moreover, the light*c* of the moon shall be as the light of the sun, and the light of the sun shall be seven-fold, as the light of seven days, in the day that the LORD bindeth up the breach of his people, and healeth the stroke of their wound.

27 Behold, the name of the LORD cometh from far, burning *with* his anger, and *θ* the

---

B. C. 713.

a 1 Ki. 22. 13.
β heaviness.
b Zep. 3. 8.
c Lu. 22. 31.
d ch. 37. 29.
e Ps. 62. 10.
γ or, fraud.
f Ps. 42. 3, 4.
g Ps. 62. 3.
δ Rock.
h Ps. 2. 9.
Je. 19. 11.
ζ the glory of his voice.
η bottle of potters.
i ver. 7.
θ every passing of the rod founded.
κ cause to rest.
λ or, against them.
k 2 Ki. 25. 5.
l Je. 7. 31.
μ from yesterday.
m De. 32. 30.
v or, *a tree bereft of branches, or, boughs : or, a mast.*
n Re.14.9,10.
o Ho. 5. 15.
p Ps. 34. 8.
q ch. 65.9,24.
r Ho. 7. 7.
s Je.29.12..14.
π remove.
t Ps. 80. 5.
ρ or, *oppression.*
u Ps. 74. 9.
Am. 8.11,12.
v Ps. 32. 8.
w Ho. 11. 10.
σ the graven images of thy silver.
τ scatter.
φ or, *multitude.*
x Ho. 14. 8.
y Ps. 46. 5.
z Je. 3. 12.
a Ho. 9. 9.
χ leavened, or, savory.
ψ the idols of his gold.
β lifted up.
b ch. 37. 36.
e ch.60.19,20.
γ or, for fear of.
δ for melting, or, *tribute :* or,*tributary.*
ζ his rock shall pass away for fear.
η or,strength.
θ or, *grievousness of flame.*

---

burden *thereof is β* heavy ; his lips are full of indignation, and his tongue as a devouring fire :*b*

28 And his breath, as an overflowing stream, shall reach to the midst of the neck, to sift*e* the nations with the sieve of vanity : and *there shall be* a bridle*d* in the jaws of the people, causing *them* to err.

29 Ye shall have a song, as *f* in the night *when* a holy solemnity is kept : and gladness of heart, as when one goeth with a pipe to come into the mountain of the LORD, to the *δ* Mighty One of Israel.

30 And the LORD shall cause *ζ* his glorious voice to be heard, and shall shew the lighting down of his arm, with the indignation of *his* anger, and *with* the flame of a devouring fire, *with* scattering, and tempest, and hailstones.

31 For through the voice of the LORD shall the Assyrian be beaten down, *which* smote with a rod.

32 And *θ in* every place where the grounded staff shall pass, which the LORD shall *κ* lay upon him, *it* shall be with tabrets and harps : and in battles of shaking will he fight *λ* with it.

33 For Tophet *l is* ordained *μ* of old ; yea, for the king is prepared : he hath made *it* deep, *and* large ; the pile thereof *is* fire and much wood : the breath of the LORD, like a stream of brimstone,*n* doth kindle it.

CHAP. XXXI.

WOE to them that go down to Egypt for help ; and stay on horses, and trust in chariots, because *they are* many ; and in horsemen, because they are very strong : but*r* they look not unto the Holy One of Israel, neither seek the LORD !

2 Yet he also *is* wise, and will bring evil, and will not *π* call back his words : but will arise against the house of the evil-doers, and against the help of them that work iniquity.

3 Now the Egyptians *are* men, and not God ; and their horses flesh, and not spirit. When the LORD shall stretch out his hand, both he that helpeth shall fall, and he that is holpen shall fall down, and they all shall fail together.

4 For thus hath the LORD spoken unto me, Like as the lion*w* and the young lion roaring on his prey, when a multitude of shepherds is called forth against him, *he* will not be afraid of their voice, nor abase himself for the *φ* noise of them : so shall the LORD of hosts come down to fight for mount Zion, and for the hill thereof.

5 As birds flying, so will the LORD of hosts defend*y* Jerusalem ; defending also he will deliver *it, and* passing over he will preserve *it.*

6 Turn*z* ye unto *him from* whom the children of Israel have deeply*a* revolted.

7 For in that day every man shall cast away his idols of silver, and *ψ* his idols of gold, which your own hands have made unto you *for* a sin.

8 Then shall the Assyrian fall*b* with the sword, not of a mighty man ; and the sword, not of a mean man, shall devour him : but he shall flee *γ* from the sword, and his young men shall be *δ* discomfited.

9 And *ζ* he shall pass over to his *η* strong hold for fear, and his princes shall be afraid of the ensign, saith the LORD, whose fire *is* in Zion, and his furnace in Jerusalem.

CAP. XXXII. לב

1 הֵן לְצֶדֶק יִמְלָךְ־מֶלֶךְ וּלְשָׂרִים לְמִשְׁפָּט יָשֹׂרוּ׃

2 וְהָיָה־אִישׁ כְּמַחֲבֵא־רוּחַ וְסֵתֶר זָרֶם כְּפַלְגֵי־מַיִם בְּצָיוֹן כְּצֵל סֶלַע־כָּבֵד בְּאֶרֶץ עֲיֵפָה׃

3 וְלֹא תִשְׁעֶינָה עֵינֵי רֹאִים וְאָזְנֵי שֹׁמְעִים תִּקְשַׁבְנָה׃

4 וּלְבַב נִמְהָרִים יָבִין לָדָעַת וּלְשׁוֹן עִלְּגִים תְּמַהֵר לְדַבֵּר צָחוֹת׃

5 לֹא־יִקָּרֵא עוֹד לְנָבָל נָדִיב וּלְכִילַי לֹא יֵאָמֵר שׁוֹעַ׃

6 כִּי נָבָל נְבָלָה יְדַבֵּר וְלִבּוֹ יַעֲשֶׂה־אָוֶן לַעֲשׂוֹת חֹנֶף וּלְדַבֵּר אֶל־יְהוָה תּוֹעָה לְהָרִיק נֶפֶשׁ רָעֵב וּמַשְׁקֶה צָמֵא יַחְסִיר׃

7 וְכֵלַי כֵּלָיו רָעִים הוּא זִמּוֹת יָעָץ לְחַבֵּל עֲנָוִים בְּאִמְרֵי־שֶׁקֶר וּבְדַבֵּר אֶבְיוֹן מִשְׁפָּט׃

8 וְנָדִיב נְדִיבוֹת יָעָץ וְהוּא עַל־נְדִיבוֹת יָקוּם׃

9 נָשִׁים שַׁאֲנַנּוֹת קֹמְנָה שְׁמַעְנָה קוֹלִי בָּנוֹת בֹּטְחוֹת הַאְזֵנָּה אִמְרָתִי׃

10 יָמִים עַל־שָׁנָה תִּרְגַּזְנָה בֹּטְחוֹת כִּי כָּלָה בָצִיר אֹסֶף בְּלִי יָבוֹא׃

11 חִרְדוּ שַׁאֲנַנּוֹת רְגָזָה בֹּטְחוֹת פְּשֹׁטָה וְעֹרָה וַחֲגוֹרָה עַל־חֲלָצָיִם׃

12 עַל־שָׁדַיִם סֹפְדִים עַל־שְׂדֵי־חֶמֶד עַל־גֶּפֶן פֹּרִיָּה׃

13 עַל אַדְמַת עַמִּי קוֹץ שָׁמִיר תַּעֲלֶה כִּי עַל־כָּל־בָּתֵּי מָשׂוֹשׂ קִרְיָה עַלִּיזָה׃

14 כִּי־אַרְמוֹן נֻטָּשׁ הֲמוֹן עִיר עֻזָּב עֹפֶל וָבַחַן הָיָה בְעַד מְעָרוֹת עַד־עוֹלָם מְשׂוֹשׂ פְּרָאִים מִרְעֵה עֲדָרִים׃

15 עַד־יֵעָרֶה עָלֵינוּ רוּחַ מִמָּרוֹם וְהָיָה מִדְבָּר לַכַּרְמֶל וְכַרְמֶל לַיַּעַר יֵחָשֵׁב׃

16 וְשָׁכַן בַּמִּדְבָּר מִשְׁפָּט וּצְדָקָה בַּכַּרְמֶל תֵּשֵׁב׃

17 וְהָיָה מַעֲשֵׂה הַצְּדָקָה שָׁלוֹם וַעֲבֹדַת הַצְּדָקָה הַשְׁקֵט וָבֶטַח עַד־עוֹלָם׃

18 וְיָשַׁב עַמִּי בִּנְוֵה שָׁלוֹם וּבְמִשְׁכְּנוֹת מִבְטַחִים וּבִמְנוּחֹת שַׁאֲנַנּוֹת׃

19 וּבָרַד בְּרֶדֶת הַיָּעַר וּבַשִּׁפְלָה תִּשְׁפַּל הָעִיר׃

20 אַשְׁרֵיכֶם זֹרְעֵי עַל־כָּל־מָיִם מְשַׁלְּחֵי רֶגֶל־הַשּׁוֹר וְהַחֲמוֹר׃

CAP. XXXIII. לג

1 הוֹי שׁוֹדֵד וְאַתָּה לֹא שָׁדוּד וּבוֹגֵד וְלֹא־בָגְדוּ בוֹ כַּהֲתִמְךָ שׁוֹדֵד תּוּשַּׁד כַּנְּלֹתְךָ לִבְגֹּד יִבְגְּדוּ־בָךְ׃

2 יְהוָה חָנֵּנוּ לְךָ קִוִּינוּ הֱיֵה זְרֹעָם לַבְּקָרִים אַף־יְשׁוּעָתֵנוּ בְּעֵת צָרָה׃

3 מִקּוֹל הָמוֹן נָדְדוּ עַמִּים מֵרוֹמְמֻתֶךָ נָפְצוּ גּוֹיִם׃

4 וְאֻסַּף שְׁלַלְכֶם אֹסֶף הֶחָסִיל כְּמַשַּׁק גֵּבִים שֹׁקֵק בּוֹ׃

5 נִשְׂגָּב יְהוָה כִּי שֹׁכֵן מָרוֹם מִלֵּא צִיּוֹן מִשְׁפָּט וּצְדָקָה׃

6 וְהָיָה אֱמוּנַת עִתֶּיךָ חֹסֶן יְשׁוּעֹת חָכְמַת וָדָעַת יִרְאַת יְהוָה הִיא אוֹצָרוֹ׃

7 הֵן אֶרְאֶלָּם צָעֲקוּ חֻצָה מַלְאֲכֵי שָׁלוֹם מַר יִבְכָּיוּן׃

8 נָשַׁמּוּ מְסִלּוֹת שָׁבַת עֹבֵר אֹרַח הֵפֵר בְּרִית מָאַס עָרִים לֹא חָשַׁב אֱנוֹשׁ׃

9 אָבַל אֻמְלְלָה אָרֶץ הֶחְפִּיר לְבָנוֹן קָמַל הָיָה הַשָּׁרוֹן כָּעֲרָבָה וְנֹעֵר בָּשָׁן וְכַרְמֶל׃

10 עַתָּה אָקוּם יֹאמַר יְהוָה עַתָּה אֵרוֹמָם עַתָּה אֶנָּשֵׂא׃

11 תַּהֲרוּ חֲשַׁשׁ תֵּלְדוּ קַשׁ רוּחֲכֶם אֵשׁ תֹּאכַלְכֶם׃

12 וְהָיוּ עַמִּים מִשְׂרְפוֹת שִׂיד קוֹצִים כְּסוּחִים בָּאֵשׁ יִצַּתּוּ׃

13 שִׁמְעוּ רְחוֹקִים אֲשֶׁר עָשִׂיתִי וּדְעוּ קְרוֹבִים גְּבֻרָתִי׃

14 פָּחֲדוּ בְצִיּוֹן חַטָּאִים אָחֲזָה רְעָדָה חֲנֵפִים מִי יָגוּר לָנוּ אֵשׁ אוֹכֵלָה מִי־יָגוּר לָנוּ מוֹקְדֵי עוֹלָם׃

15 הֹלֵךְ צְדָקוֹת וְדֹבֵר מֵישָׁרִים מֹאֵס בְּבֶצַע מַעֲשַׁקּוֹת נֹעֵר כַּפָּיו מִתְּמֹךְ בַּשֹּׁחַד אֹטֵם אָזְנוֹ מִשְּׁמֹעַ דָּמִים וְעֹצֵם עֵינָיו מֵרְאוֹת בְּרָע׃

16 הוּא מְרוֹמִים יִשְׁכֹּן מְצָדוֹת סְלָעִים מִשְׂגַּבּוֹ לַחְמוֹ נִתָּן מֵימָיו נֶאֱמָנִים׃

17 מֶלֶךְ בְּיָפְיוֹ תֶּחֱזֶינָה עֵינֶיךָ תִּרְאֶינָה אֶרֶץ מַרְחַקִּים׃

18 לִבְּךָ יֶהְגֶּה אֵימָה אַיֵּה סֹפֵר אַיֵּה שֹׁקֵל אַיֵּה סֹפֵר אֶת־הַמִּגְדָּלִים׃

19 אֶת־עַם נוֹעָז לֹא תִרְאֶה עַם עִמְקֵי שָׂפָה מִשְּׁמוֹעַ נִלְעַג לָשׁוֹן אֵין בִּינָה׃

20 חֲזֵה צִיּוֹן קִרְיַת מוֹעֲדֵנוּ עֵינֶיךָ תִרְאֶינָה יְרוּשָׁלִַם נָוֶה שַׁאֲנָן אֹהֶל בַּל־יִצְעָן בַּל־יִסַּע יְתֵדֹתָיו לָנֶצַח וְכָל־חֲבָלָיו בַּל־יִנָּתֵקוּ׃

21 כִּי אִם־שָׁם אַדִּיר יְהוָה לָנוּ מְקוֹם נְהָרִים יְאֹרִים רַחֲבֵי יָדָיִם בַּל־תֵּלֶךְ בּוֹ אֳנִי־שַׁיִט וְצִי אַדִּיר לֹא יַעַבְרֶנּוּ׃

22 כִּי יְהוָה שֹׁפְטֵנוּ יְהוָה מְחֹקְקֵנוּ יְהוָה מַלְכֵּנוּ הוּא יוֹשִׁיעֵנוּ׃

23 נִטְּשׁוּ חֲבָלָיִךְ בַּל־יְחַזְּקוּ כֵן־תָּרְנָם בַּל־פָּרְשׂוּ נֵס אָז חֻלַּק

CHAP. XXXII.

BEHOLD, a king shall reign in righteousness,[a] and princes shall rule in judgment.

2 And a man shall be as an hiding-place from the wind, and a covert[b] from the tempest; as rivers[c] of water in a dry place; as the shadow of a [β] great rock in a weary land.

3 And the eyes of them that see shall not be dim: and the ears of them that hear shall hearken.

4 The heart also of the [γ] rash shall understand knowledge, and the tongue of the stammerers shall be ready to speak [δ] plainly.

5 The vile person shall be no more called liberal, nor the churl said *to be* bountiful.

6 For the vile person will[δ] speak villany, and his heart will work iniquity, to practise hypocrisy, and to utter error against the LORD, to make empty the soul of the hungry, and he will cause the drink of the thirsty to fail.

7 The instruments also of the churl *are* evil: he deviseth wicked devices to destroy the poor with lying words, even when [κ] the needy speaketh right.

8 But the liberal deviseth liberal things; and by liberal things shall he [λ] stand.

9 Rise up, ye women that are at ease ; [i] hear my voice, ye careless daughters ; give ear unto my speech.

10 Many [μ] days and years shall ye be troubled, ye careless women : for the vintage shall fail, the gathering shall not come.

11 Tremble, ye women that are at ease ; be troubled, ye careless ones : strip you, and make you bare, and gird *sackcloth* upon *your* loins.

12 They shall lament for the teats, for the pleasant [ν] fields, for the fruitful vine.

13 Upon the land of my people shall come up thorns[l] *and* briers, [π] yea, upon all the houses of joy in the joyous city :

14 Because the palaces shall be forsaken ; the multitude of the city shall be left ; the [φ] forts and towers shall be for dens for ever, a joy of wild asses, a pasture of flocks ;

15 Until the Spirit[o] be poured upon us from on high, and the wilderness be a fruitful field, and[p] the fruitful field be counted for a forest.

16 Then judgment shall dwell in the wilderness, and righteousness remain in the fruitful field.

17 And the work of righteousness shall be peace ;[r] and the effect of righteousness, quietness and assurance for ever.

18 And my people shall dwell in a peaceable[s] habitation, and in sure dwellings, and in quiet resting-places,

19 When it shall hail,[t] coming down on the forest ; and the city shall be [ζ] low in a low place.

20 Blessed *are* ye that sow beside all waters,[u] that send forth *thither* the feet of the ox and the ass.

CHAP. XXXIII.

WOE to thee that spoilest,[w] and thou *wast* not spoiled ; and dealest treacherously, and they dealt not treacherously with thee ! when thou shalt cease to spoil, thou[x] shalt be spoiled ; *and* when thou shalt make an end to deal treacherously, they shall deal treacherously with thee.

2 O LORD, be gracious unto us ; we

B. C. 713.

a Ps. 45. 6, 7.
Je. 23. 5, 6.
Zec. 9. 9.
Ro. 5. 21.
b ch. 4. 6.
c ch. 44. 3.
β heavy.
d Ps. 97. 9.
γ hasty.
e Ro. 3. 26.
δ or, ele-
gantly.
ζ salvations.
f Pr. 14. 27.
η or, messen-
gers.
g Je. 13. 23.
θ or, wither-
ed away.
κ or, he
speaketh
against
the poor
in judg-
ment.
λ or, be es-
tablished.
h Ps. 46. 10.
i Am. 6. 1.
μ days above
a year.
k Mat. 22. 12.
ν fields of
desire.
l Ho. 10. 8.
π or, burn-
ing upon.
m Ps. 15. 2.
ρ in right-
eousnesses.
σ in upright-
nesses.
τ or, deceits.
φ or, clifts
and watch-
towers.
χ bloods.
n Ps. 119. 37.
ψ heights, or,
high places.
o Joel 2. 28.
p Ps. 107. 33,
&c.
q Jn⁰. 17. 24.
β of far dis-
tances.
γ weigher.
r Ps. 85. 10.
Ja. 3. 18.
s He. 4. 9.
δ or, ridicu-
lous.
t ch. 30. 30.
ζ or, utterly
abased.
u Ec. 11. 1, 2.
v Re. 3. 12.
w ch. 21. 2.
Hab. 2. 8.
η broad of
spaces, or,
hands.
x Re. 13. 10.
θ statute-
maker.
κ or, they
have for-
saken thy
tacklings.

---

have waited for thee : be thou their arm every morning, our salvation also in the time of trouble.

3 At the noise of the tumult the people fled ; at the lifting up of thyself the nations were scattered.

4 And your spoil shall be gathered *like* the gathering of the caterpillar : as the running to and fro of locusts shall he run upon them.

5 The LORD is exalted ;[d] for he dwelleth on high : he hath filled Zion with judgment[e] and righteousness.

6 And wisdom and knowledge shall be the stability of thy times, *and* strength of [ζ] salvation : the fear[f] of the LORD *is* his treasure.

7 Behold, their [η] valiant ones shall cry without ; the ambassadors of peace shall weep bitterly.

8 The highways lie waste, the wayfaring man ceaseth : he hath broken the covenant, he hath despised the cities, he regardeth no man.

9 The earth mourneth *and* languisheth ; Lebanon is ashamed *and* [θ] hewn down ; Sharon is like a wilderness ; and Bashan and Carmel shake off *their fruits.*

10 Now will I rise, saith the LORD ; now will I be exalted ;[h] now will I lift up myself.

11 Ye shall conceive chaff ; ye shall bring forth stubble : your breath, *as* fire, shall devour you.

12 And the people shall be *as* the burnings of lime ; *as* thorns cut up shall they be burned in the fire.

13 Hear, ye *that are* far off, what I have done ; and ye *that are* near acknowledge my might.

14 The sinners in Zion are afraid ; fearfulness hath surprised[k] the hypocrites : Who among us shall dwell with the devouring fire ? who among us shall dwell with everlasting burnings ?

15 He[m] that walketh [ρ] righteously, and speaketh [σ] uprightly : he that despiseth the gain of [τ] oppressions, that shaketh his hands from holding of bribes, that stoppeth his ears from hearing of [χ] blood, and shutteth his[n] eyes from seeing evil ;

16 He shall dwell on [ψ] high : his place of defence *shall be* the munitions of rocks : bread shall be given him, his waters *shall be* sure.

17 Thine eyes shall see[q] the King in his beauty : they shall behold the land [β] that is very far off.

18 Thine heart shall meditate terror. Where *is* the scribe ? where *is* the [γ] receiver ? where *is* he that counted the towers ?

19 Thou shalt not see a fierce people ; a people of deeper speech than thou canst perceive ; of a [δ] stammering tongue, *that thou canst* not understand.

20 Look upon Zion, the city of our solemnities : thine eyes shall see Jerusalem a quiet habitation, a tabernacle *that* shall not be taken down ; not one of the stakes thereof shall ever[v] be removed, neither shall any of the cords thereof be broken.

21 But there the glorious LORD *will be* unto us a place [η] of broad rivers *and* streams ; wherein shall go no galley with oars, neither shall gallant ship pass thereby.

22 For the LORD *is* our judge, the LORD *is* our [θ] lawgiver, the LORD *is* our king ; he will save us.

23 Thy [κ] tacklings are loosed ; they

24 עַד־שָׁלָל מַרְבֶּה פִּסְחִים בָּזְזוּ בַז׃ וּבַל־יֹאמַר
שָׁכֵן חָלִיתִי הָעָם הַיֹּשֵׁב בָּהּ נְשֻׂא עָוֹן׃

CAP. XXXIV. לד

1 קִרְבוּ גוֹיִם לִשְׁמֹעַ וּלְאֻמִּים הַקְשִׁיבוּ תִּשְׁמַע
הָאָרֶץ וּמְלֹאָהּ תֵּבֵל וְכָל־צֶאֱצָאֶיהָ׃ 2 כִּי קֶצֶף
לַיהֹוָה עַל־כָּל־הַגּוֹיִם וְחֵמָה עַל־כָּל־צְבָאָם הֶחֱרִימָם
נְתָנָם לַטָּבַח׃ 3 וְחַלְלֵיהֶם יֻשְׁלָכוּ וּפִגְרֵיהֶם יַעֲלֶה
בָאְשָׁם וְנָמַסּוּ הָרִים מִדָּמָם׃ 4 וְנָמַקּוּ כָּל־צְבָא
הַשָּׁמַיִם וְנָגֹלּוּ כַסֵּפֶר הַשָּׁמָיִם וְכָל־צְבָאָם יִבּוֹל
כִּנְבֹל עָלֶה מִגֶּפֶן וּכְנֹבֶלֶת מִתְּאֵנָה׃ 5 כִּי־רִוְּתָה
בַשָּׁמַיִם חַרְבִּי הִנֵּה עַל־אֱדוֹם תֵּרֵד וְעַל־עַם חֶרְמִי
לְמִשְׁפָּט׃ 6 חֶרֶב לַיהֹוָה מָלְאָה דָם הֻדַּשְׁנָה
מֵחֵלֶב מִדַּם כָּרִים וְעַתּוּדִים מֵחֵלֶב כִּלְיוֹת אֵילִים
כִּי זֶבַח לַיהֹוָה בְּבָצְרָה וְטֶבַח גָּדוֹל בְּאֶרֶץ אֱדוֹם׃
7 וְיָרְדוּ רְאֵמִים עִמָּם וּפָרִים עִם־אַבִּירִים וְרִוְּתָה
אַרְצָם מִדָּם וַעֲפָרָם מֵחֵלֶב יְדֻשָּׁן׃ 8 כִּי יוֹם נָקָם
לַיהֹוָה שְׁנַת שִׁלּוּמִים לְרִיב צִיּוֹן׃ 9 וְנֶהֶפְכוּ נְחָלֶיהָ
לְזֶפֶת וַעֲפָרָהּ לְגָפְרִית וְהָיְתָה אַרְצָהּ לְזֶפֶת בֹּעֵרָה׃
10 לַיְלָה וְיוֹמָם לֹא תִכְבֶּה לְעוֹלָם יַעֲלֶה
עֲשָׁנָהּ מִדּוֹר לָדוֹר תֶּחֱרָב לְנֶצַח נְצָחִים אֵין עֹבֵר
בָּהּ׃ 11 וִירֵשׁוּהָ קָאַת וְקִפּוֹד וְיַנְשׁוֹף וְעֹרֵב יִשְׁכְּנוּ־
בָהּ וְנָטָה עָלֶיהָ קַו־תֹהוּ וְאַבְנֵי־בֹהוּ׃ 12 חֹרֶיהָ וְאֵין־
שָׁם מְלוּכָה יִקְרָאוּ וְכָל־שָׂרֶיהָ יִהְיוּ אָפֶס׃ 13 וְעָלְתָה
אַרְמְנֹתֶיהָ סִירִים קִמּוֹשׂ וָחוֹחַ בְּמִבְצָרֶיהָ וְהָיְתָה
נְוֵה תַנִּים חָצִיר לִבְנוֹת יַעֲנָה׃ 14 וּפָגְשׁוּ צִיִּים
אֶת־אִיִּים וְשָׂעִיר עַל־רֵעֵהוּ יִקְרָא אַךְ־שָׁם הִרְגִּיעָה
לִּילִית וּמָצְאָה לָהּ מָנוֹחַ׃ 15 שָׁמָּה קִנְּנָה קִפּוֹז
וַתְּמַלֵּט וּבָקְעָה וְדָגְרָה בְצִלָּהּ אַךְ־שָׁם נִקְבְּצוּ
דַיּוֹת אִשָּׁה רְעוּתָהּ׃ 16 דִּרְשׁוּ מֵעַל־סֵפֶר יְהֹוָה
וּקְרָאוּ אַחַת מֵהֵנָּה לֹא נֶעְדָּרָה אִשָּׁה רְעוּתָהּ לֹא
פָקָדוּ כִּי־פִי הוּא צִוָּה וְרוּחוֹ הוּא קִבְּצָן׃ 17 וְהוּא
הִפִּיל לָהֶן גּוֹרָל וְיָדוֹ חִלְּקַתָּה לָהֶם בַּקָּו עַד־עוֹלָם
יִירָשׁוּהָ לְדוֹר וָדוֹר יִשְׁכְּנוּ־בָהּ׃

CAP. XXXV. לה

1 יְשֻׂשׂוּם מִדְבָּר וְצִיָּה וְתָגֵל עֲרָבָה וְתִפְרַח
כַּחֲבַצָּלֶת׃ 2 פָּרֹחַ תִּפְרַח וְתָגֵל אַף גִּילַת וְרַנֵּן
כְּבוֹד הַלְּבָנוֹן נִתַּן־לָהּ הֲדַר הַכַּרְמֶל וְהַשָּׁרוֹן הֵמָּה
יִרְאוּ כְבוֹד־יְהֹוָה הֲדַר אֱלֹהֵינוּ׃ 3 חַזְּקוּ יָדַיִם
רָפוֹת וּבִרְכַּיִם כֹּשְׁלוֹת אַמֵּצוּ׃ 4 אִמְרוּ
לְנִמְהֲרֵי־לֵב חִזְקוּ אַל־תִּירָאוּ הִנֵּה אֱלֹהֵיכֶם נָקָם
יָבוֹא גְּמוּל אֱלֹהִים הוּא יָבוֹא וְיֹשַׁעֲכֶם׃ 5 אָז
תִּפָּקַחְנָה עֵינֵי עִוְרִים וְאָזְנֵי חֵרְשִׁים תִּפָּתַחְנָה׃
6 אָז יְדַלֵּג כָּאַיָּל פִּסֵּחַ וְתָרֹן לְשׁוֹן אִלֵּם כִּי־נִבְקְעוּ
בַמִּדְבָּר מַיִם וּנְחָלִים בָּעֲרָבָה׃ 7 וְהָיָה הַשָּׁרָב
לַאֲגַם וְצִמָּאוֹן לְמַבּוּעֵי מָיִם בִּנְוֵה תַנִּים רִבְצָהּ
חָצִיר לְקָנֶה וָגֹמֶא׃ 8 וְהָיָה־שָׁם מַסְלוּל וָדֶרֶךְ
וְדֶרֶךְ הַקֹּדֶשׁ יִקָּרֵא לָהּ לֹא־יַעַבְרֶנּוּ טָמֵא וְהוּא־
לָמוֹ הֹלֵךְ דֶּרֶךְ וֶאֱוִילִים לֹא יִתְעוּ׃ 9 לֹא־יִהְיֶה
שָׁם אַרְיֵה וּפְרִיץ חַיּוֹת בַּל־יַעֲלֶנָּה לֹא תִמָּצֵא שָׁם
וְהָלְכוּ גְּאוּלִים׃ 10 וּפְדוּיֵי יְהֹוָה יְשֻׁבוּן וּבָאוּ צִיּוֹן
בְּרִנָּה וְשִׂמְחַת עוֹלָם עַל־רֹאשָׁם שָׂשׂוֹן וְשִׂמְחָה
יַשִּׂיגוּ וְנָסוּ יָגוֹן וַאֲנָחָה׃

CAP. XXXVI. לו

1 וַיְהִי בְּאַרְבַּע עֶשְׂרֵה שָׁנָה לַמֶּלֶךְ חִזְקִיָּהוּ עָלָה
סַנְחֵרִיב מֶלֶךְ־אַשּׁוּר עַל כָּל־עָרֵי יְהוּדָה הַבְּצֻרוֹת
וַיִּתְפְּשֵׂם׃ 2 וַיִּשְׁלַח מֶלֶךְ־אַשּׁוּר אֶת־רַבְשָׁקֵה
מִלָּכִישׁ יְרוּשָׁלַ͏ְמָה אֶל־הַמֶּלֶךְ חִזְקִיָּהוּ בְּחֵיל כָּבֵד
וַיַּעֲמֹד בִּתְעָלַת הַבְּרֵכָה הָעֶלְיוֹנָה בִּמְסִלַּת שְׂדֵה
כוֹבֵס׃ 3 וַיֵּצֵא אֵלָיו אֶלְיָקִים בֶּן־חִלְקִיָּהוּ אֲשֶׁר
עַל־הַבָּיִת וְשֶׁבְנָא הַסֹּפֵר וְיוֹאָח בֶּן־אָסָף הַמַּזְכִּיר׃
4 וַיֹּאמֶר אֲלֵיהֶם רַבְשָׁקֵה אִמְרוּ־נָא אֶל־חִזְקִיָּהוּ כֹּה־
אָמַר הַמֶּלֶךְ הַגָּדוֹל מֶלֶךְ אַשּׁוּר מָה הַבִּטָּחוֹן
הַזֶּה אֲשֶׁר בָּטָחְתָּ׃ 5 אָמַרְתִּי אַךְ־דְּבַר־שְׂפָתַיִם
עֵצָה וּגְבוּרָה לַמִּלְחָמָה עַתָּה עַל־מִי בָטַחְתָּ כִּי
מָרַדְתָּ בִּי׃ 6 הִנֵּה בָטַחְתָּ עַל־מִשְׁעֶנֶת הַקָּנֶה
הָרָצוּץ הַזֶּה עַל־מִצְרַיִם אֲשֶׁר יִסָּמֵךְ אִישׁ

could not well strengthen their mast; they could not spread the sail: then is the prey of a great spoil divided; the lame *a* take the prey.

24 And the inhabitant shall not say, I am sick; *b* the people that dwell therein *shall be* forgiven *c their* iniquity.

CHAP. XXXIV.

COME *e* near, ye nations, to hear; and hearken, ye people; let the earth*f* hear, and *β* all that is therein : the world, and all things that come forth of it.

2 For *h* the indignation of the LORD *is* upon all nations, and *his* fury upon all their armies: he hath utterly destroyed them, he hath delivered them to the slaughter.

3 Their slain also shall be cast out, and their stink shall come up out of their carcases, and the mountains shall be melted with their blood.

4 And *l* all the host of heaven shall be dissolved, and the heavens shall be rolled together as a scroll : and all their host shall fall down, as the leaf falleth off from the vine, and as a falling *fig* from the fig-tree.

5 For my sword shall be bathed in heaven: behold, it shall come down upon Idumea,*p* and upon the people of my curse, to judgment.

6 The sword of the LORD is filled with blood; it is made fat with fatness, *and* with the blood of lambs and goats, with the fat of the kidneys of rams: for the LORD hath a sacrifice in Bozrah,*r* and a great slaughter in the land of Idumea.

7 And the *ζ* unicorns shall come down with them, and the bullocks with the bulls; and their land shall be *θ*soaked with blood, and their dust made fat with fatness.

8 For *it is* the day*t* of the LORD's vengeance, *and* the year of recompences for the controversy *θ* of Zion.

9 And *w* the streams thereof shall be turned into pitch, and the dust thereof into brimstone, and the land thereof shall become burning pitch.

10 It shall not be quenched night nor day; the smoke *a* thereof shall go up for ever: from generation to generation it shall lie waste; none shall pass through it for ever and ever:

11 But the *κ* cormorant *d* and the bittern shall possess it; the owl also and the raven shall dwell in it: and he shall stretch out upon it the line *e* of confusion, and the stones of emptiness.

12 They shall call the nobles thereof to the kingdom, but none *shall be* there, and all her princes shall be nothing.

13 And thorns shall come up in her palaces, nettles and brambles in the fortresses thereof; and it shall be an habitation of dragons, *and* a court for *λ* owls.

14 The *μ* wild beasts of the desert shall also meet with *π* the wild beasts of the island, and the satyr shall cry to his fellow; the *ρ* screech-owl also shall rest there, and find for herself a place of rest.

15 There shall the great owl make her nest, and lay, and hatch, and gather under her shadow; there shall the vultures also be gathered, every one with her mate.

16 Seek*f* ye out of the book of the LORD, and read; no one *g* of these shall fail, none shall want her mate: for my mouth it hath commanded, and his spirit it hath gathered them.

17 And he hath cast the lot for them,

B.C. 713.

a 1 Co. 1. 27.
b Re. 21. 4.
c Je. 50. 20.
d ch.55.12,13.
e Ps. 49. 1.
f De. 32. 1.
β the fulness thereof.
g Ho. 14.5,6.
h Zep. 3. 8.
i He. 12. 12.
γ hasty.
k ch. 44. 2.
l Ps. 102. 26.
Eze.32.7,8.
Joel 2.31.
3. 15, 16.
Mat. 24. 29.
2 Pe. 3. 10.
Re.6.13,14.
m ch. 25. 9.
Lu. 21. 28.
n Mat. 11. 5.
o ch. 41. 18.
43. 19.
p Je. 49. 7.
q Jn°. 4. 14.
7. 38.
δ or, a court for reeds.
r ch.63.1,&c.
ζ or, rhinoceroses.
s ch. 52. 1.
Joel 3. 17.
Re. 21. 27.
η or, for he shall be with them.
θ drunken.
t Je. 46. 10.
u Eze. 34.25.
v Mi. 6. 1.
w De. 29. 23.
x ch. 51. 11.
y Re. 5. 9.
z Jude 24.
a Re. 19. 2, 3.
b Re. 7. 17.
21. 4.
c 2 Ki. 18. 13, &c.
2 Ch. 32. 1, &c.
κ or, pelican
d Zep. 2. 14.
Re. 18. 2.
e 2 Ki. 21. 13.
λ daughters of the owl, or, ostriches ch. 13. 21,22.
μ Ziim.
ν or, secretary.
π Ijim.
ρ or, night-monster.
σ a word of lips.
τ or, but counsel and strength are for the war.
f Is. 8. 20.
Jn°. 5. 39.
2 Pe. 1. 19.
g Mat. 5. 18.
Lu. 21. 33.

and his hand hath divided it unto them by line: they shall possess it for ever, from generation to generation shall they dwell therein.

CHAP. XXXV.

THE wilderness, and the solitary place, shall be glad for them; and *d* the desert shall rejoice, and blossom as the rose.

2 It shall blossom abundantly, and rejoice even with joy and singing, the glory of Lebanon *g* shall be given unto it, the excellency of Carmel and Sharon; they shall see the glory of the LORD, *and* the excellency of our God.

3 Strengthen *i* ye the weak hands, and confirm the feeble knees.

4 Say to them *that are* of a *γ* fearful heart, Be strong, fear *k* not; behold, your God will come *with* vengeance, *even* God *with* a recompence; he will come and save *m* you.

5 Then *n* the eyes of the blind shall be opened, and the ears of the deaf shall be unstopped:

6 Then shall the lame *man* leap as an hart, and the tongue of the dumb sing: for in the wilderness shall waters *o* break out, and streams in the desert.

7 And the parched ground shall become a pool, and the thirsty land springs *q* of water: in the habitation of dragons where each lay, *shall be* δ grass, with reeds and rushes.

8 And an highway shall be there, and a way, and it shall be called, The way of holiness; the unclean *s* shall not pass over it; *η* but it *shall be* for those: the way-faring men, though fools, shall not err *therein.*

9 No lion *u* shall be there, nor *any* ravenous beast shall go up thereon, it shall not be found there: but the redeemed shall walk *there.*

10 And the ransomed *x* of the LORD shall return, and come to Zion with songs,*y* and everlasting joy *z* upon their heads: they shall obtain joy and gladness, and sorrow *b* and sighing shall flee away.

CHAP. XXXVI.

NOW *c* it came to pass in the fourteenth year of king Hezekiah, *that* Sennacherib king of Assyria came up against all the defenced cities of Judah, and took them.

2 And the king of Assyria sent Rabshakeh from Lachish to Jerusalem, unto king Hezekiah, with a great army: and he stood by the conduit of the upper pool, in the highway of the fuller's field.

3 Then came forth unto him Eliakim, Hilkiah's son, which was over the house, and Shebna the *ν* scribe, and Joah, Asaph's son, the recorder.

4 And Rabshakeh said unto them, Say ye now to Hezekiah, Thus saith the great king, the king of Assyria, What confidence *is* this wherein thou trustest?

5 I say, *sayest thou,* (but *they are but σ* vain words,) *τ I have* counsel and strength for war: now, on whom dost thou trust, that thou rebellest against me?

6 Lo, thou trustest in the staff of this broken reed, on Egypt; whereon if a man lean, it will go into his hand, and pierce it: so *is* Pharaoh king of Egypt to all that trust in him.

7 But if thou say to me, We trust in the LORD our God: *is it* not he whose high

עָלָיו וּבָא בְכַפּוֹ וּנְקָבָהּ כֵּן פַּרְעֹה מֶלֶךְ־מִצְרַיִם
7 לְכָל־הַבֹּטְחִים עָלָיו׃ וְכִי־תֹאמַר אֵלַי אֶל־
יְהוָה אֱלֹהֵינוּ בָּטָחְנוּ הֲלוֹא־הוּא אֲשֶׁר הֵסִיר
חִזְקִיָּהוּ אֶת־בָּמֹתָיו וְאֶת־מִזְבְּחֹתָיו וַיֹּאמֶר לִיהוּדָה
8 וְלִירוּשָׁלִַם לִפְנֵי הַמִּזְבֵּחַ הַזֶּה תִּשְׁתַּחֲווּ׃ וְעַתָּה
הִתְעָרֶב נָא אֶת־אֲדֹנִי הַמֶּלֶךְ אַשּׁוּר וְאֶתְּנָה לְךָ
אַלְפַּיִם סוּסִים אִם־תּוּכַל לָתֶת לְךָ רֹכְבִים
9 עֲלֵיהֶם׃ וְאֵיךְ תָּשִׁיב אֵת פְּנֵי פַחַת אַחַד עַבְדֵי
אֲדֹנִי הַקְּטַנִּים וַתִּבְטַח לְךָ עַל־מִצְרַיִם לְרֶכֶב
10 וּלְפָרָשִׁים׃ וְעַתָּה הֲמִבַּלְעֲדֵי יְהוָה עָלִיתִי עַל־
הָאָרֶץ הַזֹּאת לְהַשְׁחִיתָהּ יְהוָה אָמַר אֵלַי עֲלֵה
11 אֶל־הָאָרֶץ הַזֹּאת וְהַשְׁחִיתָהּ׃ וַיֹּאמֶר אֶלְיָקִים
וְשֶׁבְנָא וְיוֹאָח אֶל־רַבְשָׁקֵה דַּבֶּר־נָא אֶל־עֲבָדֶיךָ
אֲרָמִית כִּי שֹׁמְעִים אֲנָחְנוּ וְאַל־תְּדַבֵּר אֵלֵינוּ
12 יְהוּדִית בְּאָזְנֵי הָעָם אֲשֶׁר עַל־הַחוֹמָה׃ וַיֹּאמֶר
רַבְשָׁקֵה הַאֶל אֲדֹנֶיךָ וְאֵלֶיךָ שְׁלָחַנִי אֲדֹנִי לְדַבֵּר
אֶת־הַדְּבָרִים הָאֵלֶּה הֲלֹא עַל־הָאֲנָשִׁים הַיֹּשְׁבִים
13 עַל־הַחוֹמָה וַיַּעֲמֹד רַבְשָׁקֵה וַיִּקְרָא בְקוֹל־
גָּדוֹל יְהוּדִית וַיֹּאמֶר שִׁמְעוּ אֶת־דִּבְרֵי הַמֶּלֶךְ
14 הַגָּדוֹל מֶלֶךְ אַשּׁוּר׃ כֹּה אָמַר הַמֶּלֶךְ אַל־יַשִּׁא
15 לָכֶם חִזְקִיָּהוּ כִּי לֹא־יוּכַל לְהַצִּיל אֶתְכֶם׃ וְאַל־
יַבְטַח אֶתְכֶם חִזְקִיָּהוּ אֶל־יְהוָה לֵאמֹר הַצֵּל יַצִּילֵנוּ
יְהוָה לֹא תִנָּתֵן הָעִיר הַזֹּאת בְּיַד מֶלֶךְ אַשּׁוּר׃
16 אַל־תִּשְׁמְעוּ אֶל־חִזְקִיָּהוּ כִּי כֹה אָמַר הַמֶּלֶךְ
אַשּׁוּר עֲשׂוּ־אִתִּי בְרָכָה וּצְאוּ אֵלַי וְאִכְלוּ אִישׁ־
17 גַּפְנוֹ וְאִישׁ תְּאֵנָתוֹ וּשְׁתוּ אִישׁ מֵי־בוֹרוֹ׃ עַד־
בֹּאִי וְלָקַחְתִּי אֶתְכֶם אֶל־אֶרֶץ כְּאַרְצְכֶם אֶרֶץ
18 דָּגָן וְתִירוֹשׁ אֶרֶץ לֶחֶם וּכְרָמִים׃ פֶּן־יַסִּית
אֶתְכֶם חִזְקִיָּהוּ לֵאמֹר יְהוָה יַצִּילֵנוּ הַהִצִּילוּ אֱלֹהֵי
19 הַגּוֹיִם אִישׁ אֶת־אַרְצוֹ מִיַּד מֶלֶךְ אַשּׁוּר׃ אַיֵּה
אֱלֹהֵי חֲמָת וְאַרְפָּד אַיֵּה אֱלֹהֵי סְפַרְוָיִם וְכִי־
20 הִצִּילוּ אֶת־שֹׁמְרוֹן מִיָּדִי׃ מִי בְּכָל־אֱלֹהֵי
הָאֲרָצוֹת הָאֵלֶּה אֲשֶׁר־הִצִּילוּ אֶת־אַרְצָם מִיָּדִי כִּי־
21 יַצִּיל יְהוָה אֶת־יְרוּשָׁלִַם מִיָּדִי׃ וַיַּחֲרִישׁוּ
וְלֹא־עָנוּ אֹתוֹ דָּבָר כִּי־מִצְוַת הַמֶּלֶךְ הִיא לֵאמֹר
22 לֹא תַעֲנֻהוּ׃ וַיָּבֹא אֶלְיָקִים בֶּן־חִלְקִיָּהוּ אֲשֶׁר־
עַל־הַבַּיִת וְשֶׁבְנָא הַסֹּפֵר וְיוֹאָח בֶּן־אָסָף הַמַּזְכִּיר

אֶל־חִזְקִיָּהוּ קְרוּעֵי בְגָדִים וַיַּגִּידוּ לוֹ אֵת דִּבְרֵי
רַבְשָׁקֵה׃

CAP. XXXVII. לז

1 וַיְהִי כִּשְׁמֹעַ הַמֶּלֶךְ חִזְקִיָּהוּ וַיִּקְרַע אֶת־בְּגָדָיו
2 וַיִּתְכַּס בַּשָּׂק וַיָּבֹא בֵּית יְהוָה׃ וַיִּשְׁלַח אֶת־
אֶלְיָקִים אֲשֶׁר־עַל־הַבַּיִת וְאֵת שֶׁבְנָא הַסֹּפֵר וְאֵת
זִקְנֵי הַכֹּהֲנִים מִתְכַּסִּים בַּשַּׂקִּים אֶל־יְשַׁעְיָהוּ בֶן־
3 אָמוֹץ הַנָּבִיא׃ וַיֹּאמְרוּ אֵלָיו כֹּה אָמַר חִזְקִיָּהוּ
יוֹם־צָרָה וְתוֹכֵחָה וּנְאָצָה הַיּוֹם הַזֶּה כִּי בָאוּ
4 בָנִים עַד־מַשְׁבֵּר וְכֹחַ אַיִן לְלֵדָה׃ אוּלַי יִשְׁמַע
יְהוָה אֱלֹהֶיךָ אֵת דִּבְרֵי רַבְשָׁקֵה אֲשֶׁר שְׁלָחוֹ
מֶלֶךְ־אַשּׁוּר אֲדֹנָיו לְחָרֵף אֱלֹהִים חַי וְהוֹכִיחַ
בַּדְּבָרִים אֲשֶׁר שָׁמַע יְהוָה אֱלֹהֶיךָ וְנָשָׂאתָ תְפִלָּה
5 בְּעַד הַשְּׁאֵרִית הַנִּמְצָאָה׃ וַיָּבֹאוּ עַבְדֵי הַמֶּלֶךְ
6 חִזְקִיָּהוּ אֶל־יְשַׁעְיָהוּ׃ וַיֹּאמֶר אֲלֵיהֶם יְשַׁעְיָהוּ
כֹּה תֹאמְרוּן אֶל־אֲדֹנֵיכֶם כֹּה אָמַר יְהוָה אַל־
תִּירָא מִפְּנֵי הַדְּבָרִים אֲשֶׁר שָׁמַעְתָּ אֲשֶׁר גִּדְּפוּ
7 נַעֲרֵי מֶלֶךְ־אַשּׁוּר אוֹתִי׃ הִנְנִי נוֹתֵן בּוֹ רוּחַ
וְשָׁמַע שְׁמוּעָה וְשָׁב אֶל־אַרְצוֹ וְהִפַּלְתִּיו בַּחֶרֶב
8 בְּאַרְצוֹ׃ וַיָּשָׁב רַבְשָׁקֵה וַיִּמְצָא אֶת־מֶלֶךְ אַשּׁוּר
נִלְחָם עַל־לִבְנָה כִּי שָׁמַע כִּי נָסַע מִלָּכִישׁ׃
9 וַיִּשְׁמַע עַל־תִּרְהָקָה מֶלֶךְ־כּוּשׁ לֵאמֹר יָצָא
לְהִלָּחֵם אִתָּךְ וַיִּשְׁמַע וַיִּשְׁלַח מַלְאָכִים אֶל־
10 חִזְקִיָּהוּ לֵאמֹר׃ כֹּה תֹאמְרוּן אֶל־חִזְקִיָּהוּ מֶלֶךְ־
יְהוּדָה לֵאמֹר אַל־יַשִּׁאֲךָ אֱלֹהֶיךָ אֲשֶׁר אַתָּה
בּוֹטֵחַ בּוֹ לֵאמֹר לֹא תִנָּתֵן יְרוּשָׁלִַם בְּיַד מֶלֶךְ
11 אַשּׁוּר׃ הִנֵּה אַתָּה שָׁמַעְתָּ אֲשֶׁר עָשׂוּ מַלְכֵי
אַשּׁוּר לְכָל־הָאֲרָצוֹת לְהַחֲרִימָם וְאַתָּה תִּנָּצֵל׃
12 הַהִצִּילוּ אוֹתָם אֱלֹהֵי הַגּוֹיִם אֲשֶׁר־הִשְׁחִיתוּ אֲבוֹתַי
אֶת־גּוֹזָן וְאֶת־חָרָן וְרֶצֶף וּבְנֵי־עֶדֶן אֲשֶׁר
13 בִּתְלַשָּׂר׃ אַיֵּה מֶלֶךְ־חֲמָת וּמֶלֶךְ אַרְפָּד וּמֶלֶךְ
14 לָעִיר סְפַרְוָיִם הֵנַע וְעִוָּה׃ וַיִּקַּח חִזְקִיָּהוּ אֶת־
הַסְּפָרִים מִיַּד הַמַּלְאָכִים וַיִּקְרָאֵהוּ וַיַּעַל בֵּית
15 יְהוָה וַיִּפְרְשֵׂהוּ חִזְקִיָּהוּ לִפְנֵי יְהוָה׃ וַיִּתְפַּלֵּל
16 חִזְקִיָּהוּ אֶל־יְהוָה לֵאמֹר׃ יְהוָה צְבָאוֹת אֱלֹהֵי
יִשְׂרָאֵל יֹשֵׁב הַכְּרֻבִים אַתָּה־הוּא הָאֱלֹהִים לְבַדְּךָ
לְכֹל מַמְלְכוֹת הָאָרֶץ אַתָּה עָשִׂיתָ אֶת־הַשָּׁמַיִם
17 וְאֶת־הָאָרֶץ׃ הַטֵּה יְהוָה אָזְנְךָ וּשְׁמָע פְּקַח

places and whose altars Hezekiah hath taken away,*a* and said to Judah and to Jerusalem, Ye shall worship before this altar?

8 Now, therefore, give β pledges, I pray thee, to my master the king of Assyria, and I will give thee two thousand*d* horses, if thou be able on thy part to set riders upon them.

9 How then wilt thou turn away the face of one captain of the least of my master's servants, and put thy trust on Egypt*g* for chariots and for horsemen?

10 And am I now come up without the LORD against this land to destroy it? The LORD*i* said unto me, Go up against this land, and destroy it.

11 Then said Eliakim, and Shebna, and Joah, unto Rabshakeh, Speak, I pray thee, unto thy servants in the Syrian language; for we understand *it:* and speak not to us in the Jews' language, in the ears of the people that *are* on the wall.

12 But Rabshakeh said, Hath*m* my master sent me to thy master and to thee to speak these words? *hath he* not *sent me* to the men that sit upon the wall, that they may eat their own dung and drink their own piss with you?

13 Then Rabshakeh stood, and cried with*n* a loud voice in the Jews' language, and said, Hear ye the words of the*p* great king, the king of Assyria:

14 Thus saith the king, Let not Hezekiah deceive you; for he shall not be able to deliver you.

15 Neither*r* let Hezekiah make you trust in the LORD, saying, The LORD will surely deliver us: this city shall not be delivered into the hand of the king of Assyria.

16 Hearken not to Hezekiah: for thus saith the king of Assyria, Make *n* an *agreement* with me *by* a present, and come out to me: and eat ye every one of his vine,*t* and every one of his fig-tree, and drink ye every one the waters of his own cistern;

17 Until*u* I come and take you away to a land like your own land, a land of corn and wine, a land of bread and vineyards.

18 *Beware* lest Hezekiah persuade you, saying, The LORD will deliver us.*x* Hath any of the gods of the nations delivered his land out of the hand of the king of Assyria?

19 Where *are* the gods of Hamath and Arphad? where *are* the gods of Sepharvaim? and have they delivered Samaria out*b* of my hand?

20 Who *are they* among all the gods*c* of these lands that have delivered their land out of my hand, that the LORD should deliver Jerusalem out of my hand?

21 But they held their peace, and answered him not a word: for the king's commandment was, saying, Answer him not.*i*

22 Then came Eliakim the son of Hilkian that *was* over the household, and Shebna the scribe, and Joah the son of Asaph, the recorder, to Hezekiah with *their* clothes rent, and told him the words of Rabshakeh.

CHAP. XXXVII.

AND*l* it came to pass, when king Hezekiah heard *it,* that he rent*m* his clothes, and covered himself with sackcloth, and went*n* into the house of the LORD.

2 And he sent Eliakim, who *was* over the household, and Shebna the scribe,

---

B. C. 710.

a 2 Ki. 18. 4.
b Joel 1. 13.
β or, *hostages.*
c Ps. 50. 15.
d Ps. 20. 7, 8.
Ho. 14. 3.
e ch. 25. 8.
Re. 3. 19.
γ or, *provocation.*
f ch. 66. 9.
g Je. 2. 36.
h ver. 23, 24.
ch. 51. 7, 8.
i ch. 37. 28.
Am. 3. 6.
k Ro. 9. 27.
δ found.
l ch. 43. 1, 2.
51.12,13.
m Ps. 31. 18.
ζ or, *put a spirit into him,*
1 Ki. 22. 23.
n Ps. 17. 10..
13.
o Nu. 33. 20,
21.
Jos. 21. 13.
2 Ch.21.10.
p Ps. 82. 6, 7.
Da. 4. 37.
q Jos. 10.31..
34.
r Ps.71.10,11.
η *with me a blessing,* or, *seek my favour by a present.*
s ch. 14. 17.
t Zec. 3. 10.
u Pr. 12. 10.
v 2 Ki. 17. 6.
18. 11.
w Ge. 12. 4.
28. 10.
x Am. 1. 5.
y ch. 10. 9.
Je. 49. 23.
z Da. 3. 15.
a ver. 1.
Joel 2. 17..
20.
b 2 Ki. 18. 10.
c ch.37.18,19.
45.16,17.
d Ex. 25. 22.
Ps. 80. 1.
99. 1.
e ch.43.10,11.
f Ps. 86. 10.
g Da. 9. 18.
h Job 36. 7.
i Pr. 26. 4.
θ *lands.*
k ch.40.19.20.
41. 7.
44.9,&c.
Ps. 115. 4,
&c.
l 2 Ki. 19. 1,
&c.
m Job 1. 20.
n ver. 14.
o ch. 42. 8.
Ps. 46. 10.

---

and the elders of the priests covered with *b* sackcloth, unto Isaiah the prophet, the son of Amoz.

3 And they said unto him, Thus saith Hezekiah, This day *is* a day of*c* trouble, and of rebuke,*e* and of γ blasphemy: for the children are come to the birth, and *there*δ *is* not strength to bring forth.

4 It may be the LORD thy God will hear the words of Rabshakeh, whom the king of Assyria his master hath sent to reproach*h* the living God, and will reprove the words which the LORD thy God hath heard: wherefore lift up *thy* prayer for the*k* remnant that is δ left.

5 So the servants of king Hezekiah came to Isaiah.

6 And Isaiah said unto them, Thus shall ye say unto your master, Thus saith the LORD, Be not afraid*l* of the words that thou hast heard, wherewith the servants of the king of Assyria have blasphemed me.

7 Behold, I will ζ send a blast upon him; and he shall hear a rumour, and return to his own land; and I will cause him to fall by the sword in his own land.

8 So Rabshakeh returned, and found the king of Assyria warring against Libnah:*o* for he had heard that he was departed from*q* Lachish.

9 And he heard say concerning Tirhakah king of Ethiopia, He is come forth to make war with thee: and when he heard *it,* he sent messengers to Hezekiah, saying,

10 Thus shall ye speak to Hezekiah king of Judah, saying, Let not thy God in whom thou trustest deceive thee, saying, Jerusalem shall not be given into the hand of the king of Assyria.

11 Behold, thou hast heard what the kings of Assyria have done*s* to all lands, by destroying them utterly; and shalt thou be delivered?

12 Have the gods of the nations delivered them which my fathers have destroyed, *as* Gozan,*v* and Haran,*w* and Rezeph, and the children of Eden*x* which *were* in Telassar?

13 Where *is* the king of Hamath,*y* and the king of Arphad, and the king of the city of Sepharvaim, Hena, and Ivah?

14 And Hezekiah received the letter from the hand of the messengers, and read it: and Hezekiah went up*a* unto the house of the LORD, and spread it before the LORD.

15 And Hezekiah prayed unto the LORD, saying,

16 O LORD of hosts, God of Israel, that dwellest*d between* the cherubims, thou*e art* the God, *even* thou*f* alone, of all the kingdoms of the earth; thou hast made heaven and earth.

17 Incline*g* thine ear, O LORD, and hear; open thine eyes,*h* O LORD, and see; and hear all the words of Sennacherib, which hath sent to reproach the living God.

18 Of a truth, LORD, the kings of Assyria have laid waste all the θ nations, and their countries,

19 And have κ cast their gods into the fire: for they *were* no gods, but*k* the work of men's hands, wood and stone; therefore they have destroyed them.

20 Now, therefore, O LORD our God, save us from his hand, that all the kingdoms of the earth may know*o* that thou *art* the LORD, *even* thou only.

יְהוָֹה עֵינֶךָ וּרְאֵה וּשְׁמַע אֵת כָּל־דִּבְרֵי סַנְחֵרִיב ‪18‬ אֲשֶׁר שָׁלַח לְחָרֵף אֱלֹהִים חָי ׃ אָמְנָם יְהוָֹה הֶחֱרִיבוּ מַלְכֵי אַשּׁוּר אֶת־כָּל־הָאֲרָצוֹת וְאֶת־ ‪19‬ אַרְצָם ׃ וְנָתֹן אֶת־אֱלֹהֵיהֶם בָּאֵשׁ כִּי לֹא אֱלֹהִים הֵמָּה כִּי אִם־מַעֲשֵׂה יְדֵי־אָדָם עֵץ וָאֶבֶן וַיְאַבְּדוּם ‪20‬ ׃ וְעַתָּה יְהוָֹה אֱלֹהֵינוּ הוֹשִׁיעֵנוּ מִיָּדוֹ וְיֵדְעוּ כָּל־מַמְלְכוֹת הָאָרֶץ כִּי־אַתָּה יְהוָֹה לְבַדֶּךָ ׃

‪21‬ וַיֹּאמֶר יְשַׁעְיָהוּ בֶן־אָמוֹץ אֶל־חִזְקִיָּהוּ לֵאמֹר כֹּה־ אָמַר יְהוָֹה אֱלֹהֵי יִשְׂרָאֵל אֲשֶׁר הִתְפַּלַּלְתָּ אֵלַי אֶל־ ‪22‬ סַנְחֵרִיב מֶלֶךְ אַשּׁוּר ׃ זֶה הַדָּבָר אֲשֶׁר־דִּבֶּר יְהוָֹה עָלָיו בָּזָה לְךָ לָעֲגָה לְךָ בְּתוּלַת בַּת־צִיּוֹן אַחֲרֶיךָ ‪23‬ רֹאשׁ הֵנִיעָה בַּת יְרוּשָׁלָ͏ִם ׃ אֶת־מִי חֵרַפְתָּ וְגִדַּפְתָּ וְעַל־מִי הֲרִימוֹתָה קּוֹל וַתִּשָּׂא מָרוֹם עֵינֶיךָ ‪24‬ אֶל־קְדוֹשׁ יִשְׂרָאֵל ׃ בְּיַד עֲבָדֶיךָ חֵרַפְתָּ אֲדֹנָי וַתֹּאמֶר בְּרֹב רִכְבִּי אֲנִי עָלִיתִי מְרוֹם הָרִים יַרְכְּתֵי לְבָנוֹן וְאֶכְרֹת קוֹמַת אֲרָזָיו מִבְחַר בְּרֹשָׁיו וְאָבוֹא ‪25‬ מְרוֹם קִצּוֹ יַעַר כַּרְמִלּוֹ ׃ אֲנִי קַרְתִּי וְשָׁתִיתִי מָיִם וְאַחֲרִב בְּכַף־פְּעָמַי כֹּל יְאֹרֵי מָצוֹר ׃ ‪26‬ הֲלוֹא־שָׁמַעְתָּ לְמֵרָחוֹק אוֹתָהּ עָשִׂיתִי מִימֵי קֶדֶם וִיצַרְתִּיהָ עַתָּה הֲבֵאתִיהָ וּתְהִי לְהַשְׁאוֹת גַּלִּים ‪27‬ נִצִּים עָרִים בְּצֻרוֹת ׃ וְיֹשְׁבֵיהֶן קִצְרֵי־יָד חַתּוּ וָבֹשׁוּ הָיוּ עֵשֶׂב שָׂדֶה וִירַק דֶּשֶׁא חֲצִיר גַּגּוֹת ‪28‬ וּשְׁדֵפָה לִפְנֵי קָמָה ׃ וְשִׁבְתְּךָ וְצֵאתְךָ וּבוֹאֲךָ יָדָעְתִּי ‪29‬ וְאֵת הִתְרַגֶּזְךָ אֵלָי ׃ יַעַן הִתְרַגֶּזְךָ אֵלַי וְשַׁאֲנַנְךָ עָלָה בְאָזְנָי וְשַׂמְתִּי חַחִי בְּאַפֶּךָ וּמִתְגִּי בִּשְׂפָתֶיךָ ‪30‬ וַהֲשִׁבֹתִיךָ בַּדֶּרֶךְ אֲשֶׁר־בָּאתָ בָּהּ ׃ וְזֶה־לְּךָ הָאוֹת אָכוֹל הַשָּׁנָה סָפִיחַ וּבַשָּׁנָה הַשֵּׁנִית שָׁחִיס וּבַשָּׁנָה הַשְּׁלִישִׁית זִרְעוּ וְקִצְרוּ וְנִטְעוּ כְרָמִים ‪31‬ וְאִכְלוּ פִרְיָם ׃ וְיָסְפָה פְּלֵיטַת בֵּית־יְהוּדָה ‪32‬ הַנִּשְׁאָרָה שֹׁרֶשׁ לְמָטָּה וְעָשָׂה פְרִי לְמָעְלָה ׃ כִּי מִירוּשָׁלַ͏ִם תֵּצֵא שְׁאֵרִית וּפְלֵיטָה מֵהַר צִיּוֹן קִנְאַת ‪33‬ יְהוָֹה צְבָאוֹת תַּעֲשֶׂה־זֹּאת ׃ לָכֵן כֹּה־ אָמַר יְהוָֹה אֶל־מֶלֶךְ אַשּׁוּר לֹא יָבוֹא אֶל־הָעִיר הַזֹּאת וְלֹא־יוֹרֶה שָׁם חֵץ וְלֹא־יְקַדְּמֶנָּה מָגֵן וְלֹא־ ‪34‬ יִשְׁפֹּךְ עָלֶיהָ סֹלְלָה ׃ בַּדֶּרֶךְ אֲשֶׁר־בָּא בָּהּ יָשׁוּב ‪35‬ וְאֶל־הָעִיר הַזֹּאת לֹא יָבוֹא נְאֻם־יְהוָֹה ׃ וְגַנּוֹתִי עַל־הָעִיר הַזֹּאת לְהוֹשִׁיעָהּ לְמַעֲנִי וּלְמַעַן דָּוִד ‪36‬ עַבְדִּי ׃ וַיֵּצֵא מַלְאַךְ יְהוָֹה וַיַּכֶּה בְּמַחֲנֵה

אַשּׁוּר מֵאָה וּשְׁמוֹנִים וַחֲמִשָּׁה אָלֶף וַיַּשְׁכִּימוּ ‪37‬ בַבֹּקֶר וְהִנֵּה כֻלָּם פְּגָרִים מֵתִים ׃ וַיִּסַּע וַיֵּלֶךְ ‪38‬ וַיָּשָׁב סַנְחֵרִיב מֶלֶךְ־אַשּׁוּר וַיֵּשֶׁב בְּנִינְוֵה ׃ וַיְהִי הוּא מִשְׁתַּחֲוֶה בֵּית נִסְרֹךְ אֱלֹהָיו וְאַדְרַמֶּלֶךְ וְשַׂרְאֶצֶר בָּנָיו הִכֻּהוּ בַחֶרֶב וְהֵמָּה נִמְלְטוּ אֶרֶץ אֲרָרָט וַיִּמְלֹךְ אֵסַר־חַדֹּן בְּנוֹ תַּחְתָּיו ׃

CAP. XXXVIII. לח

‪1‬ בַּיָּמִים הָהֵם חָלָה חִזְקִיָּהוּ לָמוּת וַיָּבוֹא אֵלָיו יְשַׁעְיָהוּ בֶן־אָמוֹץ הַנָּבִיא וַיֹּאמֶר אֵלָיו כֹּה־אָמַר יְהוָֹה צַו לְבֵיתֶךָ כִּי מֵת אַתָּה וְלֹא תִחְיֶה ‪2‬ ׃ וַיַּסֵּב חִזְקִיָּהוּ פָּנָיו אֶל־הַקִּיר וַיִּתְפַּלֵּל אֶל־יְהוָֹה ‪3‬ ׃ וַיֹּאמַר אָנָּה יְהוָֹה זְכָר־נָא אֵת אֲשֶׁר הִתְהַלַּכְתִּי לְפָנֶיךָ בֶּאֱמֶת וּבְלֵב שָׁלֵם וְהַטּוֹב בְּעֵינֶיךָ עָשִׂיתִי ‪4‬ וַיֵּבְךְּ חִזְקִיָּהוּ בְּכִי גָדוֹל ׃ וַיְהִי דְּבַר־ ‪5‬ יְהוָֹה אֶל־יְשַׁעְיָהוּ לֵאמֹר ׃ הָלוֹךְ וְאָמַרְתָּ אֶל־חִזְקִיָּהוּ כֹּה־אָמַר יְהוָֹה אֱלֹהֵי דָוִד אָבִיךָ שָׁמַעְתִּי אֶת־תְּפִלָּתֶךָ רָאִיתִי אֶת־דִּמְעָתֶךָ הִנְנִי ‪6‬ יֹסִף עַל־יָמֶיךָ חֲמֵשׁ עֶשְׂרֵה שָׁנָה ׃ וּמִכַּף מֶלֶךְ־אַשּׁוּר אַצִּילְךָ וְאֵת הָעִיר הַזֹּאת וְגַנּוֹתִי ‪7‬ עַל־הָעִיר הַזֹּאת ׃ וְזֶה־לְּךָ הָאוֹת מֵאֵת יְהוָֹה ‪8‬ אֲשֶׁר יַעֲשֶׂה יְהוָֹה אֶת־הַדָּבָר הַזֶּה אֲשֶׁר דִּבֵּר ׃ הִנְנִי מֵשִׁיב אֶת־צֵל הַמַּעֲלוֹת אֲשֶׁר יָרְדָה בְמַעֲלוֹת אָחָז בַּשֶּׁמֶשׁ אֲחֹרַנִּית עֶשֶׂר מַעֲלוֹת וַתָּשָׁב הַשֶּׁמֶשׁ עֶשֶׂר מַעֲלוֹת בַּמַּעֲלוֹת אֲשֶׁר יָרָדָה ׃

‪9‬ מִכְתָּב לְחִזְקִיָּהוּ מֶלֶךְ־יְהוּדָה ‪10‬ בַּחֲלֹתוֹ וַיְחִי מֵחָלְיוֹ ׃ אֲנִי אָמַרְתִּי בִּדְמִי יָמַי אֵלֵכָה בְּשַׁעֲרֵי שְׁאוֹל פֻּקַּדְתִּי יֶתֶר שְׁנוֹתָי ‪11‬ ׃ אָמַרְתִּי לֹא־אֶרְאֶה יָהּ יָהּ בְּאֶרֶץ הַחַיִּים לֹא־אַבִּיט ‪12‬ אָדָם עוֹד עִם־יוֹשְׁבֵי חָדֶל ׃ דּוֹרִי נִסַּע וְנִגְלָה מִנִּי כְּאֹהֶל רֹעִי קִפַּדְתִּי כָאֹרֵג חַיַּי מִדַּלָּה יְבַצְּעֵנִי ‪13‬ מִיּוֹם עַד־לַיְלָה תַּשְׁלִימֵנִי ׃ שִׁוִּיתִי עַד־בֹּקֶר כָּאֲרִי כֵּן יְשַׁבֵּר כָּל־עַצְמוֹתָי מִיּוֹם עַד־לַיְלָה תַּשְׁלִימֵנִי ‪14‬ ׃ כְּסוּס עָגוּר כֵּן אֲצַפְצֵף אֶהְגֶּה כַּיּוֹנָה דַּלּוּ עֵינַי לַמָּרוֹם אֲדֹנָי עָשְׁקָה־לִּי עָרְבֵנִי ׃ מָה־אֲדַבֵּר וְאָמַר ‪15‬ לִי וְהוּא עָשָׂה אֶדַּדֶּה כָל־שְׁנוֹתַי עַל־מַר נַפְשִׁי ׃ ‪16‬ אֲדֹנָי עֲלֵיהֶם יִחְיוּ וּלְכָל־בָּהֶן חַיֵּי רוּחִי וְתַחֲלִימֵנִי וְהַחֲיֵנִי ׃ הִנֵּה לְשָׁלוֹם מַר־לִי מָר וְאַתָּה חָשַׁקְתָּ ‪17‬ נַפְשִׁי מִשַּׁחַת בְּלִי כִּי הִשְׁלַכְתָּ אַחֲרֵי גֵוְךָ כָּל־

21 Then Isaiah, the son of Amoz, sent unto Hezekiah, saying, Thus saith the LORD God of Israel, Whereas thou hast prayed [b] to me against Sennacherib king of Assyria:

22 This is the word which the LORD hath spoken concerning him; The virgin, the daughter of Zion, hath despised [d] thee, *and* laughed thee to scorn; the daughter of Jerusalem hath shaken her head at thee.

23 Whom hast thou reproached and blasphemed? and against whom hast thou exalted *thy* voice, and lifted up thine eyes on high? *even* against the Holy One of Israel.

24 By [δ] thy servants hast thou reproached the Lord, and hast said, By the multitude of my chariots am I come up to the height of the mountains, to the sides of Lebanon; and I will cut down the [η] tall cedars thereof, *and* the choice fir-trees thereof: and I will enter into the height of his border, *and* the [θ] forest of his Carmel.

25 I have digged, and drunk water; and with the sole of my feet have I dried up all the rivers of the [κ] besieged places.

26 Hast thou not heard [λ] long ago, *how* I have done it; *and* of ancient times, that I have formed it? now have I [ξ] brought it to pass, that thou shouldest be to lay waste defenced cities *into* ruinous heaps.

27 Therefore their inhabitants *were* [μ] of small power, they were dismayed and confounded: they were *as* the grass of the field, and *as* the green herb, *as* the grass on the house-tops, and *as* corn blasted before it be grown up.

28 But I know thy [π] abode, and thy going out, and thy coming in, and thy rage against me.

29 Because thy rage against me, and thy tumult, is come up into mine ears, therefore will I put my hook [i] in my nose, and my bridle in thy lips, and I will turn thee back by the way by which thou camest.

30 And this *shall be* a sign unto thee, Ye shall eat *this* year such as groweth of itself; and the second year that which springeth of the same; and in the third year sow ye, and reap, and plant vineyards, and eat the fruit thereof.

31 And [σ] the remnant that is escaped of the house of Judah shall again take root downward, and bear fruit upward.

32 For out of Jerusalem shall go forth a remnant, and [τ] they that escape out of mount Zion; the zeal of the LORD of hosts shall do this.

33 Therefore thus saith the LORD concerning the king of Assyria, He shall not come into this city, nor shoot an arrow there, nor come before it with [χ] shields, nor cast a bank against it.

34 By the way that he came, by the same shall he return, and shall not come into this city, saith the LORD.

35 For I [ψ] will defend this city to save it for mine own sake, and for my servant David's sake.

36 Then [ρ] the angel of the LORD went forth, and smote in the camp of the Assyrians a hundred and fourscore and five thousand: and when they arose early in the morning, behold, they *were* all dead corpses.

37 So Sennacherib king of Assyria departed, and went and returned, and dwelt at Nineveh.

38 And it came to pass, as he was worshipping in the house of Nisroch his god,

---

B. C. 710.

a ch.14.9.12.
β *Ararat.*
b Pr. 15. 29.
Lu. 18. 1.
c 2Ki.20.1,&c
2 Ch.32.24.
d Ps. 31. 18.
46.1,2.
γ *Give charge concerning thy house.*
e Ne. 13. 14.
He. 6. 10.
δ *the hand of thy.*
ζ *with great weeping.*
η *tallness of the cedars thereof, & the choice of the fir-trees thereof.*
θ or, and *his fruitful field.*
κ or, *fenced and closed.*
λ or, *how I have made it long ago, & formed it of ancient times? should I now bring it to be laid waste,* and *defenced cities* to be *ruinous heaps?*
f ch.7.11,14.
g ch. 10. 5, 6.
μ *short of hand.*
ν *degrees by,* or, *with the sun.*
π or, *sitting.*
h Job 7.7,&c.
Ps.77.3,&c.
i ch. 30. 28.
Eze. 38. 4.
k Ps. 27. 13.
ρ or, *from the thrum.*
σ *the escaping of the house of Judah that remaineth.*
τ *the escaping.*
l ch. 59. 11.
φ or,*ease me.*
χ *shield.*
m Mat. 4. 4.
n ch. 38. 6.
Je.17.25,26.
ψ or, *on my peace*came.
β *loved my soul from the pit.*
o Ps. 40. 2.
p ch.10.12,&c
q Ps. 6. 5.
r Ps. 78. 3, 4.

---

that Adrammelech and Sharezer his sons smote [a] him with the sword; and they escaped into the land of [β] Armenia: and Esarhaddon his son reigned in his stead.

CHAP. XXXVIII.

IN [c] those days was Hezekiah sick unto death. And Isaiah the prophet, the son of Amoz, came unto him, and said unto him, Thus saith the LORD, [γ] Set thine house in order: for thou shalt die, and not live.

2 Then Hezekiah turned his face toward the wall, and prayed unto the LORD,

3 And said, Remember [e] now, O LORD, I beseech thee, how I have walked before thee in truth, and with a perfect heart, and have done *that which is* good in thy sight: and Hezekiah wept [ζ] sore.

4 Then came the word of the LORD to Isaiah, saying,

5 Go and say to Hezekiah, Thus saith the LORD, the God of David thy father, I have heard thy prayer, I have seen thy tears: behold, I will add unto thy days fifteen years.

6 And I will deliver thee and this city out of the hand of the king of Assyria: and I will defend this city.

7 And this *shall be* a sign [f] unto thee from the LORD, that the LORD will do this thing that he hath spoken;

8 Behold, I will bring again the shadow of the degrees, which is gone down in the [ν] sun-dial of Ahaz, ten degrees backward. So the sun returned ten degrees, by which degrees it was gone down.

9 The writing of Hezekiah king of Judah, when he had been sick, and was recovered of his sickness:

10 I said, [h] in the cutting off of my days, I shall go to the gates of the grave: I am deprived of the residue of my years.

11 I said, I shall not see the LORD, *even* the LORD, in [k] the land of the living: I shall behold man no more with the inhabitants of the world.

12 Mine age is departed, and is removed from me as a shepherd's tent: I have cut off like a weaver my life; he will cut me off [ρ] with pining sickness: from day *even* to night wilt thou make an end of me.

13 I reckoned till morning, *that*, as a lion, so will he break all my bones: from day *even* to night wilt thou make an end of me.

14 Like a crane, *or* a swallow, so did I chatter; I did mourn [l] as a dove: mine eyes fail *with looking* upward: O LORD, I am oppressed; [φ] undertake for me.

15 What shall I say? he hath both spoken unto me, and himself hath done *it*: I shall go softly all my years in the bitterness of my soul.

16 O Lord, by these things men [m] live, and in all these *things is* the life of my spirit: so wilt thou recover me, and make me to live.

17 Behold, [ψ] for peace I had great bitterness; but thou hast [β] in love to my soul *delivered it* from the pit [o] of corruption: for thou hast cast all my sins behind thy back.

18 For the grave [q] cannot praise thee; death cannot celebrate thee: they that go down into the pit cannot hope for thy truth.

19 The living, the living, he shall praise thee, as I *do* this day: the father [r] to the children shall make known thy truth.

20 The LORD *was ready* to save me: therefore we will sing my songs to the

18 כִּי לֹא שְׁאוֹל תּוֹדֶךָּ מָוֶת יְהַלְלֶךָּ לֹא־יְשַׂבְּרוּ יוֹרְדֵי־בוֹר אֶל־אֲמִתֶּךָ׃

19 חַי חַי הוּא יוֹדֶךָ כָּמוֹנִי הַיּוֹם אָב לְבָנִים יוֹדִיעַ אֶל־אֲמִתֶּךָ׃

20 יְהוָה לְהוֹשִׁיעֵנִי וּנְגִנוֹתַי נְנַגֵּן כָּל־יְמֵי חַיֵּינוּ עַל־בֵּית יְהוָה׃

21 וַיֹּאמֶר יְשַׁעְיָהוּ יִשְׂאוּ דְּבֶלֶת תְּאֵנִים וְיִמְרְחוּ עַל־הַשְּׁחִין וְיֶחִי׃

22 וַיֹּאמֶר חִזְקִיָּהוּ מָה אוֹת כִּי אֶעֱלֶה בֵּית יְהוָה׃

CAP. XXXIX. לט

1 בָּעֵת הַהִוא שָׁלַח מְרֹדַךְ בַּלְאֲדָן בֶּן־בַּלְאֲדָן מֶלֶךְ־בָּבֶל סְפָרִים וּמִנְחָה אֶל־חִזְקִיָּהוּ וַיִּשְׁמַע כִּי חָלָה וַיֶּחֱזָק׃

2 וַיִּשְׂמַח עֲלֵיהֶם חִזְקִיָּהוּ וַיַּרְאֵם אֶת־בֵּית נְכֹתֹה אֶת־הַכֶּסֶף וְאֶת־הַזָּהָב וְאֶת־הַבְּשָׂמִים וְאֵת הַשֶּׁמֶן הַטּוֹב וְאֵת כָּל־בֵּית כֵּלָיו וְאֵת כָּל־אֲשֶׁר נִמְצָא בְּאוֹצְרֹתָיו לֹא־הָיָה דָבָר אֲשֶׁר לֹא־הֶרְאָם חִזְקִיָּהוּ בְּבֵיתוֹ וּבְכָל־מֶמְשַׁלְתּוֹ׃

3 וַיָּבֹא יְשַׁעְיָהוּ הַנָּבִיא אֶל־הַמֶּלֶךְ חִזְקִיָּהוּ וַיֹּאמֶר אֵלָיו מָה אָמְרוּ הָאֲנָשִׁים הָאֵלֶּה וּמֵאַיִן יָבֹאוּ אֵלֶיךָ וַיֹּאמֶר חִזְקִיָּהוּ מֵאֶרֶץ רְחוֹקָה בָּאוּ אֵלַי מִבָּבֶל׃

4 וַיֹּאמֶר מָה רָאוּ בְּבֵיתֶךָ וַיֹּאמֶר חִזְקִיָּהוּ אֵת כָּל־אֲשֶׁר בְּבֵיתִי רָאוּ לֹא־הָיָה דָבָר אֲשֶׁר לֹא־הִרְאִיתִים בְּאוֹצְרֹתָי׃

5 וַיֹּאמֶר יְשַׁעְיָהוּ אֶל־חִזְקִיָּהוּ שְׁמַע דְּבַר־יְהוָה צְבָאוֹת׃

6 הִנֵּה יָמִים בָּאִים וְנִשָּׂא כָּל־אֲשֶׁר בְּבֵיתֶךָ וַאֲשֶׁר אָצְרוּ אֲבֹתֶיךָ עַד־הַיּוֹם הַזֶּה בָּבֶל לֹא־יִוָּתֵר דָּבָר אָמַר יְהוָה׃

7 וּמִבָּנֶיךָ אֲשֶׁר יֵצְאוּ מִמְּךָ אֲשֶׁר תּוֹלִיד יִקָּחוּ וְהָיוּ סָרִיסִים בְּהֵיכַל מֶלֶךְ בָּבֶל׃

8 וַיֹּאמֶר חִזְקִיָּהוּ אֶל־יְשַׁעְיָהוּ טוֹב דְּבַר־יְהוָה אֲשֶׁר דִּבַּרְתָּ וַיֹּאמֶר כִּי יִהְיֶה שָׁלוֹם וֶאֱמֶת בְּיָמָי׃

CAP. XL. מ

1 נַחֲמוּ נַחֲמוּ עַמִּי יֹאמַר אֱלֹהֵיכֶם׃

2 דַּבְּרוּ עַל־לֵב יְרוּשָׁלִַם וְקִרְאוּ אֵלֶיהָ כִּי מָלְאָה צְבָאָהּ כִּי נִרְצָה עֲוֺנָהּ כִּי לָקְחָה מִיַּד יְהוָה כִּפְלַיִם בְּכָל־חַטֹּאתֶיהָ׃

3 קוֹל קוֹרֵא בַּמִּדְבָּר פַּנּוּ דֶּרֶךְ יְהוָה יַשְּׁרוּ בָּעֲרָבָה מְסִלָּה לֵאלֹהֵינוּ׃

4 כָּל־גֶּיא יִנָּשֵׂא וְכָל־הַר וְגִבְעָה יִשְׁפָּלוּ וְהָיָה הֶעָקֹב לְמִישׁוֹר וְהָרְכָסִים לְבִקְעָה׃

5 וְנִגְלָה כְּבוֹד יְהוָה וְרָאוּ כָל־בָּשָׂר יַחְדָּו כִּי פִּי יְהוָה דִּבֵּר׃

6 קוֹל אֹמֵר קְרָא וְאָמַר מָה אֶקְרָא כָּל־הַבָּשָׂר חָצִיר וְכָל־חַסְדּוֹ כְּצִיץ הַשָּׂדֶה׃

7 יָבֵשׁ חָצִיר נָבֵל צִיץ כִּי רוּחַ יְהוָה נָשְׁבָה בּוֹ אָכֵן חָצִיר הָעָם׃

8 יָבֵשׁ חָצִיר נָבֵל צִיץ וּדְבַר־אֱלֹהֵינוּ יָקוּם לְעוֹלָם׃

9 עַל הַר־גָּבֹהַּ עֲלִי־לָךְ מְבַשֶּׂרֶת צִיּוֹן הָרִימִי בַכֹּחַ קוֹלֵךְ מְבַשֶּׂרֶת יְרוּשָׁלִָם הָרִימִי אַל־תִּירָאִי אִמְרִי לְעָרֵי יְהוּדָה הִנֵּה אֱלֹהֵיכֶם׃

10 הִנֵּה אֲדֹנָי יְהוִה בְּחָזָק יָבוֹא וּזְרֹעוֹ מֹשְׁלָה לוֹ הִנֵּה שְׂכָרוֹ אִתּוֹ וּפְעֻלָּתוֹ לְפָנָיו׃

11 כְּרֹעֶה עֶדְרוֹ יִרְעֶה בִּזְרֹעוֹ יְקַבֵּץ טְלָאִים וּבְחֵיקוֹ יִשָּׂא עָלוֹת יְנַהֵל׃

12 מִי־מָדַד בְּשָׁעֳלוֹ מַיִם וְשָׁמַיִם בַּזֶּרֶת תִּכֵּן וְכָל בַּשָּׁלִשׁ עֲפַר הָאָרֶץ וְשָׁקַל בַּפֶּלֶס הָרִים וּגְבָעוֹת בְּמֹאזְנָיִם׃

13 מִי־תִכֵּן אֶת־רוּחַ יְהוָה וְאִישׁ עֲצָתוֹ יוֹדִיעֶנּוּ׃

14 אֶת־מִי נוֹעָץ וַיְבִינֵהוּ וַיְלַמְּדֵהוּ בְּאֹרַח מִשְׁפָּט וַיְלַמְּדֵהוּ דַעַת וְדֶרֶךְ תְּבוּנוֹת יוֹדִיעֶנּוּ׃

15 הֵן גּוֹיִם כְּמַר מִדְּלִי וּכְשַׁחַק מֹאזְנַיִם נֶחְשָׁבוּ הֵן אִיִּים כַּדַּק יִטּוֹל׃

16 וּלְבָנוֹן אֵין דֵּי בָּעֵר וְחַיָּתוֹ אֵין דֵּי עוֹלָה׃

17 כָּל־הַגּוֹיִם כְּאַיִן נֶגְדּוֹ מֵאֶפֶס וָתֹהוּ נֶחְשְׁבוּ־לוֹ׃

18 וְאֶל־מִי תְּדַמְּיוּן אֵל וּמַה־דְּמוּת תַּעַרְכוּ לוֹ׃

19 הַפֶּסֶל נָסַךְ חָרָשׁ וְצֹרֵף בַּזָּהָב יְרַקְּעֶנּוּ וּרְתֻקוֹת כֶּסֶף צוֹרֵף׃

20 הַמְסֻכָּן תְּרוּמָה עֵץ לֹא־יִרְקַב יִבְחָר חָרָשׁ חָכָם יְבַקֶּשׁ־לוֹ לְהָכִין פֶּסֶל לֹא יִמּוֹט׃

21 הֲלוֹא תֵדְעוּ הֲלוֹא תִשְׁמָעוּ הֲלוֹא הֻגַּד מֵרֹאשׁ לָכֶם הֲלוֹא הֲבִינֹתֶם מוֹסְדוֹת הָאָרֶץ׃

22 הַיֹּשֵׁב עַל־חוּג הָאָרֶץ וְיֹשְׁבֶיהָ כַּחֲגָבִים הַנּוֹטֶה כַדֹּק שָׁמַיִם וַיִּמְתָּחֵם כָּאֹהֶל לָשָׁבֶת׃

23 הַנּוֹתֵן רוֹזְנִים לְאָיִן שֹׁפְטֵי אֶרֶץ כַּתֹּהוּ עָשָׂה׃

24 אַף בַּל־נִטָּעוּ אַף בַּל־זֹרָעוּ אַף בַּל־שֹׁרֵשׁ בָּאָרֶץ גִּזְעָם וְגַם־נָשַׁף בָּהֶם וַיִּבָשׁוּ וּסְעָרָה כַּקַּשׁ תִּשָּׂאֵם׃

25 וְאֶל־מִי תְדַמְּיוּנִי וְאֶשְׁוֶה יֹאמַר קָדוֹשׁ׃

26 שְׂאוּ מָרוֹם עֵינֵיכֶם וּרְאוּ מִי־בָרָא אֵלֶּה הַמּוֹצִיא בְמִסְפָּר צְבָאָם לְכֻלָּם בְּשֵׁם יִקְרָא מֵרֹב אוֹנִים וְאַמִּיץ כֹּחַ אִישׁ לֹא נֶעְדָּר׃

27 לָמָּה

stringed instruments, all the days of our life in the house of the LORD.

21 For Isaiah had said, Let them take a lump of figs, and lay *it* for a plaister upon the boil, and he shall recover.

22 Hezekiah also had said, What *is* the sign that I shall go up to the house *a* of the LORD?

CHAP. XXXIX.

AT *c* that time Merodach-baladan, the son of Baladan, king of Babylon, sent letters and a present to Hezekiah: for he had heard that he had been sick, and was recovered.

2 And Hezekiah was glad of them, and shewed them the house of his *η* precious things, the silver, and the gold, and the spices, and the precious ointment, and all the house of his *θ* armour, and all that was found in his treasures: there was nothing in his house, nor in all his dominion, that Hezekiah shewed them not.

3 Then came Isaiah the prophet unto king Hezekiah, and said unto him, What said these men? and from whence came they unto thee? And Hezekiah said, They are come from a far country unto me, *even* from Babylon.

4 Then said he, What have they seen in thine house? And Hezekiah answered, All that *is* in mine house have they seen: there is nothing among my treasures *f* that I have not shewed them.

5 Then said Isaiah to Hezekiah, Hear the word of the LORD of hosts:

6 Behold, the days *g* come, that all that *is* in thine house, and *that* which thy fathers have laid up in store until this day, shall be carried *k* to Babylon: nothing shall be left, saith the LORD.

7 And of thy sons that shall issue from thee, which thou shalt beget, shall they take away; and *n* they shall be eunuchs in the palace of the king of Babylon.

8 Then said Hezekiah to Isaiah, Good *o* *is* the word of the LORD which thou hast spoken. He said moreover, For there shall be peace and truth in my days.

CHAP. XL.

COMFORT *q* ye, comfort ye my people, saith your God.

2 Speak ye *ρ* comfortably to Jerusalem, and cry unto her, that her *σ* warfare is accomplished, that her iniquity is pardoned: for she hath received of the LORD's hand double *s* for all her sins.

3 The voice *u* of him that crieth in the wilderness, Prepare *v* ye the way of the LORD, make straight in the desert a highway for our God.

4 Every valley shall be exalted, and every mountain and hill shall be made low: and the crooked *x* shall be made *φ* straight, and the rough places *χ* plain:

5 And the glory of the LORD shall be revealed, and all flesh shall see *it* together: for the mouth of the LORD hath spoken *it*.

6 The voice said, Cry. And he said, What shall I cry? All flesh *z* *is* grass, and all the goodliness thereof *is* as the flower of the field.

7 The grass withereth, the flower fadeth: because the spirit of the LORD bloweth upon it: surely the people *is* grass.

8 The grass *b* withereth, the flower fadeth: but the word *d* of our God shall stand for ever.

9 *ψ* O Zion, that bringest good tidings, get thee up into the high mountain; O

B. C. 712.

β or, thou that tellest good tidings to Jerusalem.
γ or, against the strong.
a Ps. 84. 2.
b Re. 22. 12.
c 2 Ki. 20. 12, &c.
2 Ch. 32. 31.
δ or, recompence for his work,
ch. 49. 4.
d Ps. 23. 1.
Jn⁰. 10. 11.
ζ or, give suck.
η or, spicery.
θ vessels, or, instruments, or, jewels.
κ fierce.
e Ro. 11. 34.
λ man of his counsel.
μ made him understand.
ν understandings.
f Pr. 23. 5.
g Je. 20. 5.
h Da. 4. 35.
i Ps. 62. 9.
k 2 Ki. 25. 6, &c.
l Ac. 17. 29.
m ch. 41. 6, 7. 44. 12, &c. Je.10.3,&c.
n fulfilled, Da. 1. 2..7.
π is poor of oblation.
o 1 Sa. 3. 18.
p Ps. 19. 1. Ac.14. 17. Ro.1.19,20.
q He.6.17,18.
r Ro. 3. 1, 2.
ρ to the heart.
σ appointed time.
τ or, Him that sitteth.
s ch. 61. 7.
t Job 9. 8.
u Mat. 3. 3.
v Mal. 3. 1.
w Job 12. 21. Ps. 107. 40.
x ch. 45. 2.
φ or, a strait place.
χ or, a plain place.
y De.4.23 &c.
z Ps. 103. 15. Ja. 1. 10,11.
a Ps. 147. 4.
b 1Pe.1.24,25.
c Ps.77.7,&c.
d Mar. 13. 31.
ψ or, O thou that tellest good tidings to Zion,
ch. 41. 27.

β Jerusalem, that bringest good tidings, lift up thy voice with strength; lift *it* up, be not afraid; say unto the cities of Judah, Behold your God!

10 Behold, the Lord GOD will *γ* come with strong *hand*, and his arm shall rule for him; behold, his reward *b* *is* with him, and *δ* his work before him.

11 He shall feed his flock like a shepherd; *d* he shall gather the lambs with his arm, and carry *them* in his bosom and shall gently lead those that *ζ* are with young.

12 Who hath measured the waters in the hollow of his hand, and meted out heaven with the span, and comprehended the dust of the earth in a *κ* measure, and weighed the mountains in scales, and the hills in a balance?

13 Who *e* hath directed the Spirit of the LORD, or *being* *λ* his counsellor hath taught him?

14 With whom took he counsel, and who *μ* instructed him, and taught him in the path of judgment, and taught him knowledge, and shewed to him the way of *ν* understanding?

15 Behold, the nations *are* as a drop of a bucket, and are counted as the small dust of the balance: behold, he taketh up the isles as a very little thing.

16 And Lebanon *is* not sufficient to burn, nor the beasts thereof sufficient for a burnt-offering.

17 All nations before him *are* as *h* nothing; and they are counted to him less than *i* nothing, and vanity.

18 To whom then will ye liken God? or what likeness *l* will ye compare unto him?

19 The workman *m* melteth a graven image, and the goldsmith spreadeth it over with gold, and casteth silver chains.

20 He that *π* *is* so impoverished, that he hath no oblation, chooseth a tree *that* will not rot; he seeketh unto him a cunning workman to prepare a graven image, *that* shall not be moved.

21 Have *p* ye not known? have ye not heard? hath it not been told you *r* from the beginning? have ye not understood from the foundations of the earth?

22 *τ* It *is* he that sitteth upon the circle of the earth, and the inhabitants thereof *are* as grasshoppers; that stretcheth out the *t* heavens as a curtain, and spreadeth them out as a tent to dwell in;

23 That bringeth the princes to *w* nothing: he maketh the judges of the earth as vanity.

24 Yea, they shall not be planted; yea, they shall not be sown; yea, their stock shall not take root in the earth: and he shall also blow upon them, and they shall wither, and the whirlwind shall take them away as stubble.

25 To whom *y* then will ye liken me, or shall I be equal? saith the Holy One.

26 Lift up your eyes on high, and behold who hath created these *things*, that bringeth out their host by number: he calleth *a* them all by names, by the greatness of his might, for that *he is* strong in power; not one faileth.

27 Why sayest thou, O Jacob, and speakest, O Israel, My *c* way is hid from the LORD, and my judgment is passed over from my God?

28 Hast thou not known? hast thou not heard, *that* the everlasting God, the LORD,

28 הֲלוֹא יָדַעְתָּ אִם־לֹא שָׁמַעְתָּ אֱלֹהֵי עוֹלָם ׀ יְהוָה בּוֹרֵא קְצוֹת הָאָרֶץ לֹא יִיעַף וְלֹא יִיגָע אֵין חֵקֶר לִתְבוּנָתוֹ׃

29 נֹתֵן לַיָּעֵף כֹּחַ וּלְאֵין אוֹנִים עָצְמָה יַרְבֶּה׃

30 וְיִעֲפוּ נְעָרִים וְיִגָעוּ וּבַחוּרִים כָּשׁוֹל יִכָּשֵׁלוּ׃

31 וְקוֹיֵ יְהוָה יַחֲלִיפוּ כֹחַ יַעֲלוּ אֵבֶר כַּנְּשָׁרִים יָרוּצוּ וְלֹא יִיגָעוּ יֵלְכוּ וְלֹא יִיעָפוּ׃

CAP. XLI. מא

1 הַחֲרִישׁוּ אֵלַי אִיִּים וּלְאֻמִּים יַחֲלִיפוּ כֹחַ יִגְּשׁוּ אָז יְדַבֵּרוּ יַחְדָּו לַמִּשְׁפָּט נִקְרָבָה׃

2 מִי הֵעִיר מִמִּזְרָח צֶדֶק יִקְרָאֵהוּ לְרַגְלוֹ יִתֵּן לְפָנָיו גּוֹיִם וּמְלָכִים יַרְדְּ יִתֵּן כֶּעָפָר חַרְבּוֹ כְּקַשׁ נִדָּף קַשְׁתּוֹ׃

3 יִרְדְּפֵם יַעֲבוֹר שָׁלוֹם אֹרַח בְּרַגְלָיו לֹא יָבוֹא׃

4 מִי־פָעַל וְעָשָׂה קֹרֵא הַדֹּרוֹת מֵרֹאשׁ אֲנִי יְהוָה רִאשׁוֹן וְאֶת־אַחֲרֹנִים אֲנִי־הוּא׃

5 רָאוּ אִיִּים וְיִירָאוּ קְצוֹת הָאָרֶץ יֶחֱרָדוּ קָרְבוּ וַיֶּאֱתָיוּן׃

6 אִישׁ אֶת־רֵעֵהוּ יַעְזֹרוּ וּלְאָחִיו יֹאמַר חֲזָק׃

7 וַיְחַזֵּק חָרָשׁ אֶת־צֹרֵף מַחֲלִיק פַּטִּישׁ אֶת־הוֹלֶם פָּעַם אֹמֵר לַדֶּבֶק טוֹב הוּא וַיְחַזְּקֵהוּ בְמַסְמְרִים לֹא יִמּוֹט׃

8 וְאַתָּה יִשְׂרָאֵל עַבְדִּי יַעֲקֹב אֲשֶׁר בְּחַרְתִּיךָ זֶרַע אַבְרָהָם אֹהֲבִי׃

9 אֲשֶׁר הֶחֱזַקְתִּיךָ מִקְצוֹת הָאָרֶץ וּמֵאֲצִילֶיהָ קְרָאתִיךָ וָאֹמַר לְךָ עַבְדִּי־אַתָּה בְּחַרְתִּיךָ וְלֹא מְאַסְתִּיךָ׃

10 אַל־תִּירָא כִּי עִמְּךָ־אָנִי אַל־תִּשְׁתָּע כִּי־אֲנִי אֱלֹהֶיךָ אִמַּצְתִּיךָ אַף־עֲזַרְתִּיךָ אַף־תְּמַכְתִּיךָ בִּימִין צִדְקִי׃

11 הֵן יֵבֹשׁוּ וְיִכָּלְמוּ כֹּל הַנֶּחֱרִים בָּךְ יִהְיוּ כְאַיִן וְיֹאבְדוּ אַנְשֵׁי רִיבֶךָ׃

12 תְּבַקְשֵׁם וְלֹא תִמְצָאֵם אַנְשֵׁי מַצֻּתֶךָ יִהְיוּ כְאַיִן וּכְאֶפֶס אַנְשֵׁי מִלְחַמְתֶּךָ׃

13 כִּי אֲנִי יְהוָה אֱלֹהֶיךָ מַחֲזִיק יְמִינֶךָ הָאֹמֵר לְךָ אַל־תִּירָא אֲנִי עֲזַרְתִּיךָ׃

14 אַל־תִּירְאִי תּוֹלַעַת יַעֲקֹב מְתֵי יִשְׂרָאֵל אֲנִי עֲזַרְתִּיךְ נְאֻם־יְהוָה וְגֹאֲלֵךְ קְדוֹשׁ יִשְׂרָאֵל׃

15 הִנֵּה שַׂמְתִּיךְ לְמוֹרַג חָרוּץ חָדָשׁ בַּעַל פִּיפִיּוֹת תָּדוּשׁ הָרִים וְתָדֹק וּגְבָעוֹת כַּמֹּץ תָּשִׂים׃

16 תִּזְרֵם וְרוּחַ תִּשָּׂאֵם וּסְעָרָה תָּפִיץ אוֹתָם וְאַתָּה תָּגִיל בַּיהוָה בִּקְדוֹשׁ יִשְׂרָאֵל תִּתְהַלָּל׃

17 הָעֲנִיִּים וְהָאֶבְיוֹנִים מְבַקְשִׁים מַיִם וָאַיִן לְשׁוֹנָם בַּצָּמָא נָשָׁתָּה

18 אֶפְתַּח עַל־שְׁפָיִים נְהָרוֹת וּבְתוֹךְ בְּקָעוֹת מַעְיָנוֹת אָשִׂים מִדְבָּר לַאֲגַם־מַיִם וְאֶרֶץ צִיָּה לְמוֹצָאֵי מָיִם׃

19 אֶתֵּן בַּמִּדְבָּר אֶרֶז שִׁטָּה וַהֲדַס וְעֵץ שָׁמֶן אָשִׂים בָּעֲרָבָה בְּרוֹשׁ תִּדְהָר וּתְאַשּׁוּר יַחְדָּו׃

20 לְמַעַן יִרְאוּ וְיֵדְעוּ וְיָשִׂימוּ וְיַשְׂכִּילוּ יַחְדָּו כִּי יַד־יְהוָה עָשְׂתָה זֹּאת וּקְדוֹשׁ יִשְׂרָאֵל בְּרָאָהּ׃

21 קָרְבוּ רִיבְכֶם יֹאמַר יְהוָה הַגִּישׁוּ עֲצֻמוֹתֵיכֶם יֹאמַר מֶלֶךְ יַעֲקֹב׃

22 יַגִּישׁוּ וְיַגִּידוּ לָנוּ אֵת אֲשֶׁר תִּקְרֶינָה הָרִאשֹׁנוֹת ׀ מָה הֵנָּה הַגִּידוּ וְנָשִׂימָה לִבֵּנוּ וְנֵדְעָה אַחֲרִיתָן אוֹ הַבָּאוֹת הַשְׁמִיעֻנוּ׃

23 הַגִּידוּ הָאֹתִיּוֹת לְאָחוֹר וְנֵדְעָה כִּי אֱלֹהִים אַתֶּם אַף־תֵּיטִיבוּ וְתָרֵעוּ וְנִשְׁתָּעָה וְנִרְאֶה יַחְדָּו׃

24 הֵן־אַתֶּם מֵאַיִן וּפָעָלְכֶם מֵאָפַע תּוֹעֵבָה יִבְחַר בָּכֶם׃

25 הַעִירוֹתִי מִצָּפוֹן וַיַּאת מִמִּזְרַח־שֶׁמֶשׁ יִקְרָא בִשְׁמִי וְיָבֹא

26 מִי־הִגִּיד מֵרֹאשׁ וְנֵדָעָה וּמִלְּפָנִים וְנֹאמַר צַדִּיק אַף אֵין־מַגִּיד אַף אֵין מַשְׁמִיעַ אַף אֵין־שֹׁמֵעַ אִמְרֵיכֶם׃

27 רִאשׁוֹן לְצִיּוֹן הִנֵּה הִנָּם וְלִירוּשָׁלִַם מְבַשֵּׂר אֶתֵּן׃

28 וְאֵרֶא וְאֵין אִישׁ וּמֵאֵלֶּה וְאֵין יוֹעֵץ וְאֶשְׁאָלֵם וְיָשִׁיבוּ דָבָר׃

29 הֵן כֻּלָּם אָוֶן אֶפֶס מַעֲשֵׂיהֶם רוּחַ וָתֹהוּ נִסְכֵּיהֶם׃

CAP. XLII. מב

1 הֵן עַבְדִּי אֶתְמָךְ־בּוֹ בְּחִירִי רָצְתָה נַפְשִׁי נָתַתִּי רוּחִי עָלָיו מִשְׁפָּט לַגּוֹיִם יוֹצִיא׃

2 לֹא יִצְעַק וְלֹא יִשָּׂא וְלֹא־יַשְׁמִיעַ בַּחוּץ קוֹלוֹ׃

3 קָנֶה רָצוּץ לֹא יִשְׁבּוֹר וּפִשְׁתָּה כֵהָה לֹא יְכַבֶּנָּה לֶאֱמֶת יוֹצִיא מִשְׁפָּט׃

4 לֹא יִכְהֶה וְלֹא יָרוּץ עַד־יָשִׂים בָּאָרֶץ מִשְׁפָּט וּלְתוֹרָתוֹ אִיִּים יְיַחֵלוּ׃

5 כֹּה־אָמַר הָאֵל ׀ יְהוָה בּוֹרֵא הַשָּׁמַיִם וְנוֹטֵיהֶם רֹקַע הָאָרֶץ וְצֶאֱצָאֶיהָ נֹתֵן נְשָׁמָה לָעָם עָלֶיהָ וְרוּחַ לַהֹלְכִים בָּהּ׃

6 אֲנִי יְהוָה קְרָאתִיךָ בְצֶדֶק וְאַחְזֵק בְּיָדֶךָ וְאֶצָּרְךָ וְאֶתֶּנְךָ לִבְרִית עָם לְאוֹר גּוֹיִם׃

7 לִפְקֹחַ עֵינַיִם עִוְרוֹת לְהוֹצִיא מִמַּסְגֵּר אַסִּיר מִבֵּית כֶּלֶא

the Creator of the ends of the earth, fainteth not,[a] neither is weary? there[b] is no searching of his understanding.

29 He[c] giveth power to the faint; and to *them that have* no might he increaseth strength.

30 Even the youths shall faint and be weary, and the young men shall utterly fall:

31 But they[f] that wait upon the LORD shall β renew[h] *their* strength; they shall mount up with wings as eagles; they shall run[i] and not be weary, *and* they shall walk[k] and not faint.

CHAP. XLI.

KEEP silence[l] before me, O islands; and let the people renew *their* strength: let them come near, then let them speak; let us come near together to judgment.

2 Who raised up γ the righteous *man* from the east, called[m] him to his foot, gave[n] the nations before him, and made *him* rule over kings? he gave *them* as the dust to his sword, *and* as driven stubble to his bow.

3 He pursued them, *and* passed ζ safely; *even* by the way *that* he had not gone with his feet.

4 Who hath wrought and done *it,* calling the generations from the beginning? I the LORD, the first,[p] and with the last; I *am* he.

5 The isles saw *it,* and feared; the ends of the earth were afraid, drew near, and came.

6 They helped every one his neighbour; and *every one* said to his brother, Be λ of good courage.

7 So[r] the carpenter encouraged μ the goldsmith, *and* he that smootheth *with* the hammer ν him that smote the anvil, π saying, It *is* ready for the sodering: and he fastened it with nails, *that* it should not be moved.

8 But thou, Israel, *art* my servant, Jacob whom I have chosen,[s] the seed of Abraham my friend.[t]

9 *Thou* whom I have taken from the ends of the earth, and called thee from the chief men thereof, and said unto thee, Thou *art* my servant; I have chosen thee, and not cast thee away.

10 Fear[u] thou not; for I *am* with[x] thee: be not dismayed; for I *am* thy God: I will strengthen[y] thee; yea, I will help thee; yea, I will uphold thee with the right hand of my righteousness.

11 Behold, all they that were incensed against thee shall be ashamed[z] and confounded: they shall be as nothing; and σ they that strive with thee shall perish.

12 Thou shalt seek them, and shalt not find them, *even* τ them that contended with thee: φ they that war against thee shall be as nothing, and as a thing of nought.

13 For I the LORD thy God will hold thy[c] right hand, saying unto thee, Fear not: I will help thee.

14 Fear not, thou worm Jacob, *and* ye γ men of Israel; I will help thee, saith the LORD, and thy Redeemer, the Holy One of Israel.

15 Behold, I will make thee a new sharp threshing instrument having δ teeth: thou shalt thresh the mountains,[e] and beat *them* small, and shalt make the hills as chaff.

16 Thou shalt fan[f] them, and the wind shall carry them away, and the whirlwind shall scatter them: and thou shalt rejoice in[g] the LORD, *and* shalt glory[h] in the Holy One of Israel.

Center column references

B. C. 712.

a ch. 59. 1.
b Ps. 147. 5.
　Ro. 11. 33.
c 2 Co. 12. 9.
d Ps. 105. 41.
e Ps. 107. 35.
f Ps. 84. 7.
　92. 1, 13.
g ch. 55. 13.
β change.
h Ps. 103. 5.
i He. 12. 1.
k Mi. 4. 5.
l Zec. 2. 13.
γ righteousness.
δ cause to come near.
m ch. 46. 11.
n Ezr. 1. 2.
o Jn⁰. 13. 19.
ζ in peace.
η set our heart upon.
p Re. 1. 17.
　22. 13.
θ or, worse than nothing.
κ or, worse than of a viper.
q ver. 2.
λ strong.
r ch. 40. 19.
μ or, the founder.
ν or, the smiting.
π or, saying of the solder, It is good.
s Ps. 135. 4.
t 2 Ch. 20. 7.
　Ja. 2. 23.
u ch. 40. 9.
v Lu. 2. 10,11.
w ver. 13, 14.
　ch. 43. 5.
x De. 31. 6, 8.
　return.
y ch. 40. 29.
z ch. 45. 24.
　Zec. 12. 3.
a Ep. 1. 4.
σ the men of thy strife.
b Mat. 17. 5.
τ the men of thy contention.
φ the men of thy war.
χ or, dimly burning.
ψ quench it.
c De. 33. 26.
　29.
β broken.
γ or, few men.
d Ge. 49. 10.
δ mouths.
e Mi. 4. 13.
f Mat. 3. 12.
g Ro. 5. 11.
h ch. 45. 25.
i Lu. 2. 32.
　Ac. 13. 47.
k 2 Ti. 2. 26.

17 *When* the poor and needy seek water, and *there is* none, *and* their tongue faileth for thirst, I the LORD will hear them, *I* the God of Israel will not forsake them.

18 I will open rivers[d] in high places, and fountains in the midst of the valleys: I will make the wilderness[e] a pool of water, and the dry land springs of water.

19 I[g] will plant in the wilderness the cedar, the shittah-tree, and the myrtle, and the oil-tree; I will set in the desert the fir-tree, *and* the pine, and the box-tree together;

20 That they may see, and know, and consider, and understand together, that the hand of the LORD hath done this, and the Holy One of Israel hath created it.

21 δ Produce your cause, saith the LORD: bring forth your strong *reasons,* saith the King of Jacob.

22 Let them[o] bring *them* forth, and shew us what shall happen: let them shew the former things what they *be,* that we may η consider them, and know the latter end of them: or declare us things for to come.

23 Shew the things that are to come hereafter, that we may know that ye *are* gods: yea, do good, or do evil, that we may be dismayed, and behold *it* together.

24 Behold, ye *are* θ of nothing, and your work κ of nought: an abomination *is* he *that* chooseth you.

25 I[q] have raised up *one* from the north, and he shall come: from the rising of the sun shall he call upon my name; and he shall come upon princes as *upon* morter, and as the potter treadeth clay.

26 Who hath declared from the beginning, that we may know? and beforetime, that we may say, *He is* righteous? yea, *there is* none that sheweth; yea, *there is* none that declareth; yea, *there is* none that heareth your words.

27 The first *shall say* to Zion, Behold, behold them: and I will give to Jerusalem one[u] that bringeth good[v] tidings.

28 For I beheld, and *there was* no man; even among them, and *there was* no counsellor, that, when I asked of them, could ρ answer a word.

29 Behold, they *are* all vanity; their works *are* nothing: their molten images *are* wind and confusion.

CHAP. XLII.

BEHOLD my servant, whom I uphold, mine elect,[a] *in whom* my soul delighteth:[b] I have put my spirit upon him; he shall bring forth judgment to the Gentiles.

2 He shall not cry, nor lift up, nor cause his voice to be heard in the street.

3 A bruised reed shall he not break, and the χ smoking flax shall he not ψ quench: he shall bring forth judgment unto truth.

4 He shall not fail nor be β discouraged, till he have set judgment in the earth: and the isles shall wait for his[d] law.

5 Thus saith God the LORD, he that created the heavens, and stretched them out: he that spread forth the earth, and that which cometh out of it; he that giveth breath unto the people upon it, and spirit to them that walk therein;

6 I the LORD have called thee in righteousness, and will hold thine hand, and will keep thee, and give thee for a covenant of the people, for a light[i] of the Gentiles;

7 To open the blind eyes, to bring out[k] the prisoners from the prison, *and* them

8 אֲנִי יְהֹוָה הוּא שְׁמִי וּכְבוֹדִי לְאַחֵר לֹא אֶתֵּן וּתְהִלָּתִי לַפְּסִילִים :

9 הָרִאשֹׁנוֹת הִנֵּה־בָאוּ וַחֲדָשׁוֹת אֲנִי מַגִּיד בְּטֶרֶם תִּצְמַחְנָה אַשְׁמִיעַ אֶתְכֶם :

10 שִׁירוּ לַיהֹוָה שִׁיר חָדָשׁ תְּהִלָּתוֹ מִקְצֵה הָאָרֶץ יוֹרְדֵי הַיָּם וּמְלֹאוֹ אִיִּים וְיֹשְׁבֵיהֶם :

11 יִשְׂאוּ מִדְבָּר וְעָרָיו חֲצֵרִים תֵּשֵׁב קֵדָר יָרֹנּוּ יֹשְׁבֵי סֶלַע מֵרֹאשׁ הָרִים יִצְוָחוּ :

12 יָשִׂימוּ לַיהֹוָה כָּבוֹד וּתְהִלָּתוֹ בָּאִיִּים יַגִּידוּ :

13 יְהֹוָה כַּגִּבּוֹר יֵצֵא כְּאִישׁ מִלְחָמוֹת יָעִיר קִנְאָה יָרִיעַ אַף־יַצְרִיחַ עַל־אֹיְבָיו יִתְגַּבָּר :

14 הֶחֱשֵׁיתִי מֵעוֹלָם אַחֲרִישׁ אֶתְאַפָּק כַּיּוֹלֵדָה אֶפְעֶה אֶשֹּׁם וְאֶשְׁאַף יָחַד :

15 אַחֲרִיב הָרִים וּגְבָעוֹת וְכָל־עֶשְׂבָּם אוֹבִישׁ וְשַׂמְתִּי נְהָרוֹת לָאִיִּים וַאֲגַמִּים אוֹבִישׁ :

16 וְהוֹלַכְתִּי עִוְרִים בְּדֶרֶךְ לֹא יָדָעוּ בִּנְתִיבוֹת לֹא־יָדְעוּ אַדְרִיכֵם אָשִׂים מַחְשָׁךְ לִפְנֵיהֶם לָאוֹר וּמַעֲקַשִּׁים לְמִישׁוֹר אֵלֶּה הַדְּבָרִים עֲשִׂיתִם וְלֹא עֲזַבְתִּים :

17 נָסֹגוּ אָחוֹר יֵבֹשׁוּ בֹשֶׁת הַבֹּטְחִים בַּפָּסֶל הָאֹמְרִים לְמַסֵּכָה אַתֶּם אֱלֹהֵינוּ :

18 הַחֵרְשִׁים שְׁמָעוּ וְהַעִוְרִים הַבִּיטוּ לִרְאוֹת :

19 מִי עִוֵּר כִּי אִם־עַבְדִּי וְחֵרֵשׁ כְּמַלְאָכִי אֶשְׁלָח מִי עִוֵּר כִּמְשֻׁלָּם וְעִוֵּר כְּעֶבֶד יְהֹוָה :

20 רָאוֹת רַבּוֹת וְלֹא תִשְׁמֹר פָּקוֹחַ אָזְנַיִם וְלֹא יִשְׁמָע :

21 יְהֹוָה חָפֵץ לְמַעַן צִדְקוֹ יַגְדִּיל תּוֹרָה וְיַאְדִּיר :

22 וְהוּא עַם־בָּזוּז וְשָׁסוּי הָפֵחַ בַּחוּרִים כֻּלָּם וּבְבָתֵּי כְלָאִים הָחְבָּאוּ הָיוּ לָבַז וְאֵין מַצִּיל מְשִׁסָּה וְאֵין־אֹמֵר הָשַׁב :

23 מִי בָכֶם יַאֲזִין זֹאת יַקְשִׁב וְיִשְׁמַע לְאָחוֹר :

24 מִי־נָתַן לִמְשׁוֹסָה יַעֲקֹב וְיִשְׂרָאֵל לְבֹזְזִים הֲלוֹא יְהֹוָה זוּ חָטָאנוּ לוֹ וְלֹא־אָבוּ בִדְרָכָיו הָלוֹךְ וְלֹא שָׁמְעוּ בְּתוֹרָתוֹ :

25 וַיִּשְׁפֹּךְ עָלָיו חֵמָה אַפּוֹ וֶעֱזוּז מִלְחָמָה וַתְּלַהֲטֵהוּ מִסָּבִיב וְלֹא יָדָע וַתִּבְעַר־בּוֹ וְלֹא־יָשִׂים עַל־לֵב :

CAP. XLIII. מג

1 וְעַתָּה כֹּה־אָמַר יְהֹוָה בֹּרַאֲךָ יַעֲקֹב וְיֹצֶרְךָ יִשְׂרָאֵל אַל־תִּירָא כִּי גְאַלְתִּיךָ קָרָאתִי בְשִׁמְךָ לִי־אָתָּה :

2 כִּי־תַעֲבֹר בַּמַּיִם אִתְּךָ אָנִי וּבַנְּהָרוֹת לֹא יִשְׁטְפוּךָ כִּי־תֵלֵךְ בְּמוֹ־אֵשׁ לֹא תִכָּוֶה וְלֶהָבָה לֹא תִבְעַר־בָּךְ :

3 כִּי אֲנִי יְהֹוָה אֱלֹהֶיךָ קְדוֹשׁ יִשְׂרָאֵל מוֹשִׁיעֶךָ נָתַתִּי כָפְרְךָ מִצְרַיִם כּוּשׁ וּסְבָא תַּחְתֶּיךָ :

4 מֵאֲשֶׁר יָקַרְתָּ בְעֵינַי נִכְבַּדְתָּ וַאֲנִי אֲהַבְתִּיךָ וְאֶתֵּן אָדָם תַּחְתֶּיךָ וּלְאֻמִּים תַּחַת נַפְשֶׁךָ :

5 אַל־תִּירָא כִּי אִתְּךָ־אָנִי מִמִּזְרָח אָבִיא זַרְעֶךָ וּמִמַּעֲרָב אֲקַבְּצֶךָּ :

6 אֹמַר לַצָּפוֹן תֵּנִי וּלְתֵימָן אַל־תִּכְלָאִי הָבִיאִי בָנַי מֵרָחוֹק וּבְנוֹתַי מִקְצֵה הָאָרֶץ :

7 כֹּל הַנִּקְרָא בִשְׁמִי וְלִכְבוֹדִי בְּרָאתִיו יְצַרְתִּיו אַף־עֲשִׂיתִיו :

8 הוֹצֵיא עַם־עִוֵּר וְעֵינַיִם יֵשׁ וְחֵרְשִׁים וְאָזְנַיִם לָמוֹ :

9 כָּל־הַגּוֹיִם נִקְבְּצוּ יַחְדָּו וְיֵאָסְפוּ לְאֻמִּים מִי בָהֶם יַגִּיד זֹאת וְרִאשֹׁנוֹת יַשְׁמִיעֻנוּ יִתְּנוּ עֵדֵיהֶם וְיִצְדָּקוּ וְיִשְׁמְעוּ וְיֹאמְרוּ אֱמֶת :

10 אַתֶּם עֵדַי נְאֻם־יְהֹוָה וְעַבְדִּי אֲשֶׁר בָּחָרְתִּי לְמַעַן תֵּדְעוּ וְתַאֲמִינוּ לִי וְתָבִינוּ כִּי־אֲנִי הוּא לְפָנַי לֹא־נוֹצַר אֵל וְאַחֲרַי לֹא יִהְיֶה :

11 אָנֹכִי אָנֹכִי יְהֹוָה וְאֵין מִבַּלְעָדַי מוֹשִׁיעַ :

12 אָנֹכִי הִגַּדְתִּי וְהוֹשַׁעְתִּי וְהִשְׁמַעְתִּי וְאֵין בָּכֶם זָר וְאַתֶּם עֵדַי נְאֻם־יְהֹוָה וַאֲנִי־אֵל :

13 גַּם־מִיּוֹם אֲנִי הוּא וְאֵין מִיָּדִי מַצִּיל אֶפְעַל וּמִי יְשִׁיבֶנָּה :

14 כֹּה־אָמַר יְהֹוָה גֹּאַלְכֶם קְדוֹשׁ יִשְׂרָאֵל לְמַעַנְכֶם שִׁלַּחְתִּי בָבֶלָה וְהוֹרַדְתִּי בָרִיחִים כֻּלָּם וְכַשְׂדִּים בָּאֳנִיּוֹת רִנָּתָם :

15 אֲנִי יְהֹוָה קְדוֹשְׁכֶם בּוֹרֵא יִשְׂרָאֵל מַלְכְּכֶם :

16 כֹּה אָמַר יְהֹוָה הַנּוֹתֵן בַּיָּם דָּרֶךְ וּבְמַיִם עַזִּים נְתִיבָה :

17 הַמּוֹצִיא רֶכֶב־וָסוּס חַיִל וְעִזּוּז יַחְדָּו יִשְׁכְּבוּ בַּל־יָקוּמוּ דָּעֲכוּ כַּפִּשְׁתָּה כָבוּ :

18 אַל־תִּזְכְּרוּ רִאשֹׁנוֹת וְקַדְמֹנִיּוֹת אַל־תִּתְבֹּנָנוּ :

19 הִנְנִי עֹשֶׂה חֲדָשָׁה עַתָּה תִצְמָח הֲלוֹא תֵדָעוּהָ אַף אָשִׂים בַּמִּדְבָּר דֶּרֶךְ בִּישִׁמוֹן נְהָרוֹת :

20 תְּכַבְּדֵנִי חַיַּת הַשָּׂדֶה תַּנִּים וּבְנוֹת יַעֲנָה כִּי־נָתַתִּי בַמִּדְבָּר מַיִם נְהָרוֹת בִּישִׁימוֹן לְהַשְׁקוֹת עַמִּי בְחִירִי :

21 עַם־זוּ יָצַרְתִּי לִי תְּהִלָּתִי יְסַפֵּרוּ :

22 וְלֹא־אֹתִי קָרָאתָ יַעֲקֹב כִּי־יָגַעְתָּ בִּי יִשְׂרָאֵל :

23 לֹא־הֵבֵיאתָ לִּי שֵׂה עֹלֹתֶיךָ וּזְבָחֶיךָ לֹא כִבַּדְתָּנִי לֹא הֶעֱבַדְתִּיךָ בְּמִנְחָה וְלֹא הוֹגַעְתִּיךָ בִּלְבוֹנָה :

that sit in darkness[a] out of the prison-house.

8 I *am* the LORD ; [c] that *is* my name: and [e] my glory will I not give to another, neither my praise to graven images.

9 Behold, the former things are come to pass, and new things do I declare ; before [g] they spring forth I tell you of them.

10 Sing unto the LORD a new [i] song, *and* his praise from the end of the earth, ye that go down to the sea, and [β] all that is therein ; the isles, and the inhabitants thereof.

11 Let the wilderness and the cities thereof lift up *their voice*, the villages *that* Kedar doth inhabit: let the inhabitants of the rock sing, let them shout from the top of the mountains.

12 Let [l] them give glory unto the LORD, and declare his praise in the islands.

13 The LORD shall go forth as a mighty man, he shall stir up jealousy like a[n] man of war : he shall cry, yea, roar; he shall [δ] prevail against his enemies.

14 I have long time holden my peace ; I have been still, *and* refrained myself: now[q] will I cry like a travailing woman ; I will destroy and [ζ] devour at once.

15 I will make waste mountains[r] and hills, and dry up all their herbs; and I will make the rivers islands, and I will dry up the pools.

16 And[s] I will bring the blind[t] by a way *that* they knew not ; I will lead them in paths[w] *that* they have not known: I will make darkness light before them, and crooked things [θ] straight. These things will I do[y] unto them, and not[z] forsake them.

17 They[b] shall be turned back, they shall be greatly ashamed, that trust in graven images, that say to the molten images, Ye *are* our gods.

18 Hear,[c] ye deaf; and look, ye[d] blind, that ye may see.

19 Who *is* blind, but my servant? or deaf, as my messenger *that* I sent? who *is* blind as [he that is] perfect, and blind as the LORD's servant?

20 Seeing many things, but thou observest not ; opening the ears, but he heareth not.

21 The LORD is well pleased for[f] his righteousness' sake ; he will magnify[g] the law, and make [μ] it honourable.

22 But this *is* a people robbed and[i] spoiled ; [v] *they are* all of them snared in holes, and they are hid in prison-houses ; they are for a prey, and none delivereth ; for a [π] spoil, and none saith, Restore.

23 Who among you will give ear to this ? *who* will hearken, and hear for [ρ] the time to come ?

24 Who gave Jacob for a spoil, and Israel to the robbers ? did not the LORD, he[k] against whom we have sinned ? for they would not walk in his ways, neither were they obedient unto his law.

25 Therefore he hath poured upon him the fury of his anger, and the strength of battle : and it hath set him on fire[l] round about, yet[m] he knew not ; and it burned him, yet he laid *it* not to heart.

CHAP. XLIII.

BUT[o] now thus saith the LORD that created thee, O Jacob, and he that formed thee, O Israel, Fear not; for I have redeemed thee, I have called *thee* by thy name ; thou *art* mine.

B. C. 712.

a 1 Pe. 2. 9.
b Ps. 66. 12.
c Ps. 83. 18.
d Ac.27.20..25
e ch. 48. 11.
f Da.3.25,27.
g Ac. 15. 18.
h Pr. 21. 18.
i Re. 5. 9.
β the fulness thereof.
γ or, *person.*
k ch. 18. 7.
l Ps. 117. 1.
m Ja. 2. 7.
n Ex. 15. 3.
δ or, *behave himself mightily.*
o Ep. 2. 10.
p Eze. 12. 2.
q Job 32. 18.. 20.
ζ swallow, or, *sup up.*
r ch. 49. 11.
s Ho. 2. 14.
t Ep. 5. 8.
u ch. 44. 8.
v Phi. 2. 7.
w Ho. 2. 6.
x Col. 1. 17.
η or,*nothing formed of God.*
θ into straightness.
y Eze. 14. 23.
z He. 13. 5.
a Ho. 13. 4.
Ac. 4. 12.
b Ps. 97. 7.
c ch. 6. 10.
d Jn°. 9. 39.
Re.3.17,18.
e ch. 46. 10.
Da. 4. 35.
κ turn it back?
λ bars.
f Ps.71.16,19.
Ro.10.3, 4.
Phi. 3. 9.
g Mat. 5. 17.
h Ex. 14. 16, 22.
Ps. 77. 19.
μ or, him.
Jn°. 17. 1.
i ch. 18. 2.
v or, *in snaring all the young men of them.*
π treading.
ρ after time.
k Ju. 2. 14.
Ne.9.26,27.
σ daughters of the owl, or,*ostriches.*
l De. 32. 22.
m Ho. 7. 9.
n Ep. 1. 6,12.
o Je.33.24..26
p Mal. 1. 13.
τ lambs, or, *kids.*

2 When[b] thou passest through the waters,[d] I *will be* with thee; and through the rivers, they shall not overflow thee : when thou walkest through the[f] fire, thou shalt not be burned ; neither shall the flame kindle upon thee.

3 For I *am* the LORD thy God, the Holy One of Israel, thy Saviour : I gave[h] Egypt *for* thy ransom, Ethiopia and Seba for thee.

4 Since thou wast precious in my sight, thou hast been honourable, and I have loved thee : therefore will I give men for thee, and people for thy [γ] life.

5 Fear not ; for I *am* with thee : I will bring thy seed from the east, and gather thee from the west;

6 I will say to the north, Give up ; and to the south, Keep not back : bring[k] my sons from far, and my daughters from the ends of the earth ;

7 *Even* every one that is called[m] by my name : for I have created him for my glory, I have formed him ; yea, I have made[o] him.

8 Bring forth the blind[p] people that have eyes, and the deaf that have ears.

9 Let all the nations be gathered together, and let the people be assembled : who among them can declare this, and shew us former things ? let them bring forth their witnesses, that they may be justified : or let them hear,and say, It *is* truth.

10 Ye[u] *are* my witnesses, saith the LORD, and my servant[v] whom I have chosen ; that ye may know and believe me, and understand that I *am* he : before me[x] there was [η] no God formed, neither shall there be after me.

11 I, *even* I, *am* the LORD ; and beside me *there is* no[a] Saviour.

12 I have declared,and have saved, and I have shewed, when *there was* no strange *god* among you : therefore ye *are* my witnesses, saith the LORD, that I *am* God.

13 Yea, before the day *was*, I *am* he ; and *there is* none that can deliver out of my hand : I will work,and who[e] shall [κ] let it

14 Thus saith the LORD, your Redeemer, the Holy One of Israel ; For your sake I have sent to Babylon, and have brought down all their [λ] nobles, and the Chaldeans, whose cry *is* in the ships.

15 I *am* the LORD, your Holy One, the Creator of Israel, your King.

16 Thus saith the LORD, which[h] maketh a way in the sea, and a path in the mighty waters ;

17 Which bringeth forth the chariot and horse, the army and the power ; They shall lie down together, they shall not rise ; they are extinct, they are quenched as tow.

18 Remember ye not the former things, neither consider the things of old.

19 Behold, I will do a new thing : now it shall spring forth ; shall ye not know it ? I will even make a way in the wilderness, *and* rivers in the desert.

20 The beast of the field shall honour me, the dragons and the [σ] owls : because I give waters in the wilderness, *and* rivers in the desert, to give drink to my people, my chosen.

21 This people have I formed for myself ; they[n] shall shew forth my praise.

22 But thou hast not called upon me, O Jacob ; but thou hast been weary[p] of me, O Israel.

23 Thou hast not brought me the [τ] small cattle of thy burnt offerings ; neither hast

לֹא־קָנִיתָ לִּי בַכֶּסֶף קָנֶה וְחֵלֶב זְבָחֶיךָ 24
לֹא הִרְוִיתָנִי אַךְ הֶעֱבַדְתַּנִי בְּחַטֹּאותֶיךָ הוֹגַעְתַּנִי בַּעֲוֹנֹתֶיךָ׃
אָנֹכִי אָנֹכִי הוּא מֹחֶה פְשָׁעֶיךָ לְמַעֲנִי 25
וְחַטֹּאתֶיךָ לֹא אֶזְכֹּר׃ הַזְכִּירֵנִי נִשָּׁפְטָה 26
יָּחַד סַפֵּר אַתָּה לְמַעַן תִּצְדָּק׃ אָבִיךָ הָרִאשׁוֹן 27
חָטָא וּמְלִיצֶיךָ פָּשְׁעוּ בִי׃ וַאֲחַלֵּל שָׂרֵי קֹדֶשׁ 28
וְאֶתְּנָה לַחֵרֶם יַעֲקֹב וְיִשְׂרָאֵל לְגִדּוּפִים׃

CAP. XLIV. מד

וְעַתָּה שְׁמַע יַעֲקֹב עַבְדִּי וְיִשְׂרָאֵל בָּחַרְתִּי בוֹ׃ 1
כֹּה־אָמַר יְהוָה עֹשֶׂךָ וְיֹצֶרְךָ מִבֶּטֶן יַעְזְרֶךָּ אַל־ 2
תִּירָא עַבְדִּי יַעֲקֹב וִישֻׁרוּן בָּחַרְתִּי בוֹ׃ כִּי אֶצָּק־ 3
מַיִם עַל־צָמֵא וְנֹזְלִים עַל־יַבָּשָׁה אֶצֹּק רוּחִי עַל־
זַרְעֶךָ וּבִרְכָתִי עַל־צֶאֱצָאֶיךָ׃ וְצָמְחוּ בְּבֵין חָצִיר 4
כַּעֲרָבִים עַל־יִבְלֵי־מָיִם׃ זֶה יֹאמַר לַיהוָה אָנִי וְזֶה 5
יִקְרָא בְשֵׁם־יַעֲקֹב וְזֶה יִכְתֹּב יָדוֹ לַיהוָה וּבְשֵׁם
יִשְׂרָאֵל יְכַנֶּה׃ כֹּה־אָמַר יְהוָה מֶלֶךְ־ 6
יִשְׂרָאֵל וְגֹאֲלוֹ יְהוָה צְבָאוֹת אֲנִי רִאשׁוֹן וַאֲנִי
אַחֲרוֹן וּמִבַּלְעָדַי אֵין אֱלֹהִים׃ וּמִי־כָמוֹנִי יִקְרָא 7
וְיַגִּידֶהָ וְיַעְרְכֶהָ לִי מִשּׂוּמִי עַם־עוֹלָם וְאֹתִיּוֹת וַאֲשֶׁר
תָּבֹאנָה יַגִּידוּ לָמוֹ׃ אַל־תִּפְחֲדוּ וְאַל־תִּרְהוּ הֲלֹא 8
מֵאָז הִשְׁמַעְתִּיךָ וְהִגַּדְתִּי וְאַתֶּם עֵדָי הֲיֵשׁ אֱלוֹהַּ
מִבַּלְעָדַי וְאֵין צוּר בַּל־יָדָעְתִּי׃ יֹצְרֵי־פֶסֶל כֻּלָּם 9
תֹּהוּ וַחֲמוּדֵיהֶם בַּל־יוֹעִילוּ וְעֵדֵיהֶם הֵמָּה בַּל־יִרְאוּ
וּבַל־יֵדְעוּ לְמַעַן יֵבֹשׁוּ׃ מִי־יָצַר אֵל וּפֶסֶל נָסָךְ 10
לְבִלְתִּי הוֹעִיל׃ הֵן כָּל־חֲבֵרָיו יֵבֹשׁוּ וְחָרָשִׁים 11
הֵמָּה מֵאָדָם יִתְקַבְּצוּ כֻלָּם יַעֲמֹדוּ יִפְחֲדוּ יֵבֹשׁוּ יָחַד׃
חָרַשׁ בַּרְזֶל מַעֲצָד וּפָעַל בַּפֶּחָם וּבַמַּקָּבוֹת 12
יִצְּרֵהוּ וַיִּפְעָלֵהוּ בִּזְרוֹעַ כֹּחוֹ גַּם־רָעֵב וְאֵין כֹּחַ לֹא־
שָׁתָה מַיִם וַיִּיעָף׃ חָרַשׁ עֵצִים נָטָה קָו 13
יְתָאֲרֵהוּ בַשֶּׂרֶד יַעֲשֵׂהוּ בַּמַּקְצֻעוֹת וּבַמְּחוּגָה
יְתָאֳרֵהוּ וַיַּעֲשֵׂהוּ כְּתַבְנִית אִישׁ כְּתִפְאֶרֶת אָדָם
לָשֶׁבֶת בָּיִת׃ לִכְרָת־לוֹ אֲרָזִים וַיִּקַּח תִּרְזָה וְאַלּוֹן 14
וַיְאַמֶּץ־לוֹ בַּעֲצֵי־יָעַר נָטַע אֹרֶן וְגֶשֶׁם יְגַדֵּל׃

וְהָיָה לְאָדָם לְבָעֵר וַיִּקַּח מֵהֶם וַיָּחָם אַף־יַשִּׂיק 15
וְאָפָה לָחֶם אַף־יִפְעַל־אֵל וַיִּשְׁתָּחוּ עָשָׂהוּ פֶסֶל
וַיִּסְגָּד־לָמוֹ׃ חֶצְיוֹ שָׂרַף בְּמוֹ־אֵשׁ עַל־חֶצְיוֹ 16
בָּשָׂר יֹאכֵל יִצְלֶה צָלִי וְיִשְׂבָּע אַף־יָחֹם וְיֹאמַר
הֶאָח חַמּוֹתִי רָאִיתִי אוּר׃ וּשְׁאֵרִיתוֹ לְאֵל עָשָׂה 17
לְפִסְלוֹ יִסְגָּד־לוֹ וְיִשְׁתַּחוּ וְיִתְפַּלֵּל אֵלָיו וְיֹאמַר
הַצִּילֵנִי כִּי אֵלִי אָתָּה׃ לֹא יָדְעוּ וְלֹא יָבִינוּ כִּי טַח 18
מֵרְאוֹת עֵינֵיהֶם מֵהַשְׂכִּיל לִבֹּתָם׃ וְלֹא־יָשִׁיב 19
אֶל־לִבּוֹ וְלֹא דַעַת וְלֹא־תְבוּנָה לֵאמֹר חֶצְיוֹ שָׂרַפְתִּי
בְמוֹ־אֵשׁ וְאַף אָפִיתִי עַל־גֶּחָלָיו לֶחֶם אֶצְלֶה בָשָׂר
וְאֹכֵל וְיִתְרוֹ לְתוֹעֵבָה אֶעֱשֶׂה לְבוּל עֵץ אֶסְגּוֹד׃
רֹעֶה אֵפֶר לֵב הוּתַל הִטָּהוּ וְלֹא־יַצִּיל אֶת־נַפְשׁוֹ 20
וְלֹא יֹאמַר הֲלוֹא שֶׁקֶר בִּימִינִי׃ זְכָר־אֵלֶּה 21
יַעֲקֹב וְיִשְׂרָאֵל כִּי עַבְדִּי־אָתָּה יְצַרְתִּיךָ עֶבֶד־לִי
אַתָּה יִשְׂרָאֵל לֹא תִנָּשֵׁנִי׃ מָחִיתִי כָעָב פְּשָׁעֶיךָ 22
וְכֶעָנָן חַטֹּאותֶיךָ שׁוּבָה אֵלַי כִּי גְאַלְתִּיךָ׃ רָנּוּ 23
שָׁמַיִם כִּי־עָשָׂה יְהוָה הָרִיעוּ תַּחְתִּיּוֹת אָרֶץ פִּצְחוּ
הָרִים רִנָּה יַעַר וְכָל־עֵץ בּוֹ כִּי־גָאַל יְהוָה יַעֲקֹב
וּבְיִשְׂרָאֵל יִתְפָּאָר׃ כֹּה־אָמַר יְהוָה גֹּאֲלֶךָ וְיֹצֶרְךָ 24
מִבָּטֶן אָנֹכִי יְהוָה עֹשֶׂה כֹּל נֹטֶה שָׁמַיִם לְבַדִּי רֹקַע
הָאָרֶץ מִי אִתִּי׃ מֵפֵר אֹתוֹת בַּדִּים וְקֹסְמִים 25
יְהוֹלֵל מֵשִׁיב חֲכָמִים אָחוֹר וְדַעְתָּם יְסַכֵּל׃
מֵקִים דְּבַר עַבְדּוֹ וַעֲצַת מַלְאָכָיו יַשְׁלִים הָאֹמֵר 26
לִירוּשָׁלִַם תּוּשָׁב וּלְעָרֵי יְהוּדָה תִּבָּנֶינָה וְחָרְבוֹתֶיהָ
אֲקוֹמֵם׃ הָאֹמֵר לַצּוּלָה חֳרָבִי וְנַהֲרֹתַיִךְ אוֹבִישׁ׃ 27
הָאֹמֵר לְכוֹרֶשׁ רֹעִי וְכָל־חֶפְצִי יַשְׁלִם 28
וְלֵאמֹר לִירוּשָׁלִַם תִּבָּנֶה וְהֵיכָל תִּוָּסֵד׃

CAP. XLV. מה

כֹּה־אָמַר יְהוָה לִמְשִׁיחוֹ לְכוֹרֶשׁ אֲשֶׁר־הֶחֱזַקְתִּי 1
בִימִינוֹ לְרַד־לְפָנָיו גּוֹיִם וּמָתְנֵי מְלָכִים אֲפַתֵּחַ
לִפְתֹּחַ לְפָנָיו דְּלָתַיִם וּשְׁעָרִים לֹא יִסָּגֵרוּ׃ אֲנִי 2
לְפָנֶיךָ אֵלֵךְ וַהֲדוּרִים אושר דַּלְתוֹת נְחוּשָׁה אֲשַׁבֵּר
וּבְרִיחֵי בַרְזֶל אֲגַדֵּעַ׃ וְנָתַתִּי לְךָ אוֹצְרוֹת 3

thou honoured me with thy sacrifices: I have not caused thee to ^a serve with an offering, nor wearied thee with incense.

24 Thou hast bought me no sweet cane with money, neither hast thou γ filled me with the fat of thy sacrifices; but thou hast made me to serve with thy sins, thou hast wearied ^b me with thine iniquities.

25 I, *even* I, *am* he that blotteth ^c out thy transgressions for mine own ^d sake, and will not remember ^e thy sins.

26 Put me in remembrance : let us plead together: declare thou, that thou mayest be ^f justified.

27 Thy first father hath sinned, and thy δ teachers have transgressed against me.

28 Therefore I have profaned the ζ princes of the sanctuary, and have given Jacob to the curse, and Israel to reproaches.

CHAP. XLIV.

YET now hear, O Jacob my servant; and Israel, whom I have chosen :

2 Thus saith the LORD that made thee, and formed thee from the womb, *which* will help ⁱ thee; Fear not, O Jacob my servant; and thou, Jesurun, ^l whom I have ^m chosen.

3 For ⁿ I will pour water upon him that is thirsty, and floods upon the dry ground ; I will pour my Spirit upon thy seed,^o and my blessing upon thine offspring ;

4 And they shall spring up ^p *as* among the grass, as willows by the water-courses.

5 One ^q shall say, I *am* the LORD's ; and another shall call *himself* by the name of Jacob ; and another shall subscribe *with* his hand unto the LORD, and surname *himself* by the name of Israel.

6 Thus saith the LORD the King of Israel, and his Redeemer ^s the LORD of hosts ; I ^u *am* the first, and I *am* the last; and beside ^w me *there is* no God.

7 And ^x who, as I, shall call, and shall declare it, and set it in order for me, since I appointed the ancient people? and the things that are coming, and shall come, let them shew unto them.

8 Fear ^a ye not, neither be afraid : have not I told thee from that time, and have declared *it ?* ye *are* even my ^c witnesses. Is there a λ God beside me ? yea, *there is* no God ; I know not any.

9 They ^g that make a graven image *are* all of them vanity ; and their μ delectable things shall not profit: and they *are* their own witnesses ; they see not, nor know ; that they may be ashamed.

10 Who hath formed a god, or molten a graven image *that* is profitable ^h for nothing ?

11 Behold, all his fellows shall be ashamed, ^m and the workmen, they *are* of men : let them all be gathered together, let them stand up ; *yet* they shall fear, *and* they shall be ashamed together.

12 The smith ⁿ with ν the tongs both worketh in the coals, and fashioneth it with hammers, and worketh it with the strength of his arms : yea, he is hungry, and his strength faileth ; he drinketh no water, and is faint.

13 The carpenter stretcheth out *his* rule, he marketh it out with a line, he fitteth it with planes, and he marketh it out with the compass, and maketh it after the figure of a man, according to the beauty of a man ; that it may remain in the house.

14 He heweth him down cedars, and

B. C. 712.

a Mat. 11. 30.
β or, *taketh courage.*
γ *made me drunk,* or, *abundantly moistened.*
b Mal. 2. 17.
c Je. 50. 20.
    Ac. 3. 19.
d Eze. 36. 22, 32.
f Ro. 8. 33.
δ *interpreters,* Mal. 2. 7, 8.
ζ or, *holy princes.*
g ch. 45. 20.
h ch. 6. 9, 10.
η *daubed.*
i Ps. 46. 5.
    He. 4. 16.
θ *setteth to.*
k Ho. 7. 2.
l De. 32. 15.
m Ro. 8. 30.
    Ep. 1. 4.
    1 Th. 1. 4.
n Jnº. 7. 38.
o ch. 59. 21.
    Ac. 2. 41.
κ *that which comes of.*
q Je. 50. 5.
    2 Co. 8. 5.
r Ho. 4. 12.
    Ro. 1. 21.
    2 Th. 2. 11.
s ch. 43. 14.
    ch. 49. 14, 15.
u Re. 1. 8, 17.
v ch. 1. 18.
    Ps. 103. 12.
w De. 4. 35, 39. 32. 39.
x ch. 46. 9, 10.
y 1 Co. 6. 20.
    1 Pe. 1. 18.
    Re. 5. 9.
z Ps. 96. 11, 12.
    Re. 18. 20.
a Pr. 3. 25, 26.
b Eze. 36. 1, 8.
c 1 Jnº. 5. 10.
d ch. 55. 13.
λ *rock,* De. 32. 4.
e ver. 6.
f Ga. 1. 15.
g ch. 41. 24, 29.
μ *desirable.*
h Ps. 104. 2.
i 2 Ch. 18. 11, 34.
    Je. 50. 36.
k Hab. 2. 18.
    1 Co. 8. 4.
l Zec. 1. 6.
    2 Pe. 1. 19.
m Ps. 97. 7.
n ch. 40. 19, &c.
ν or, *an axe.*
π *wastes.*
ρ or, *strengthened.*
p Da. 5. 6, 30.

taketh the cypress and the oak, which he ^β strengtheneth for himself among the trees of the forest : he planteth an ash, and the rain doth nourish *it.*

15 Then shall it be for a man to burn: for he will take thereof and warm himself; yea, he kindleth *it,* and baketh bread ; yea, he maketh a god, and worshippeth *it :* he maketh it a graven image, and falleth down thereto.

16 He burneth part thereof in the fire : with part thereof he eateth flesh ; he roasteth roast, and is satisfied ; yea, he warmeth *himself,* and saith, Aha, I am warm, I have seen the fire :

17 And the residue thereof he maketh a god, *even* his graven image : he falleth down unto it, and worshippeth *it,* and prayeth unto it, and saith, Deliver me ; for thou *art* my god.

18 They ^g have not known nor understood : for ^h he hath η shut their eyes, that they cannot see ; *and* their hearts, that they cannot understand.

19 And none θ considereth ^k in his heart, neither *is there* knowledge nor understanding to say, I have burned part of it in the fire ; yea, also I have baked bread upon the coals thereof ; I have roasted flesh, and eaten *it ;* and shall I make the residue thereof an abomination ? shall I fall down to κ the stock of a tree ?

20 He feedeth on ashes: a deceived heart ^r hath turned him aside, that he cannot deliver his soul, nor say, *Is there* not a lie in my right hand ?

21 Remember these, O Jacob and Israel ; for thou *art* my servant: I have formed thee ; thou *art* my servant : O Israel, thou shalt not be forgotten ^t of me.

22 I have blotted out,^v as a thick cloud, thy transgressions, and, as a cloud, thy sins : return unto me ; for I have redeemed ^y thee.

23 Sing, O ye heavens ; ^z for the LORD hath done *it :* shout, ye lower parts of the earth : break forth into singing, ye mountains, ^b O forest, and every tree therein : for the LORD hath redeemed Jacob, and glorified ^d himself in Israel.

24 Thus ^e saith the LORD thy Redeemer, and he that formed thee from ^f the womb, I *am* the LORD that maketh all *things ;* that ^h stretcheth forth the heavens alone : that spreadeth abroad the earth by myself ;

25 That ⁱ frustrateth the tokens of the liars, and maketh diviners mad ; that turneth wise *men* backward, and maketh their knowledge foolish ;

26 That confirmeth ^l the word of his servant, and performeth the counsel of his messengers ; that saith to Jerusalem, Thou shalt be inhabited ; and to the cities of Judah, Ye shall be built ; and I will raise up the π decayed places thereof :

27 That saith to the deep, Be dry, and I will dry up thy rivers ;

28 That saith of Cyrus, *He is* my shepherd, and shall perform all my pleasure : even saying to Jerusalem, Thou shalt be ^o built ; and to the temple, Thy foundation shall be laid.

CHAP. XLV.

THUS saith the LORD to his anointed, to Cyrus, whose right hand I have ρ holden, to subdue nations before him ; and I will loose ^p the loins of kings, to open

חֹשֶׁךְ וּמַשְׁמַעְתִּי מִסְתַּתְּרִים לְמַעַן תֵּדַע כִּי־אֲנִי יְהוָה

4 הַקּוֹרֵא בְשִׁמְךָ אֱלֹהֵי יִשְׂרָאֵל ׃ לְמַעַן עַבְדִּי יַעֲקֹב וְיִשְׂרָאֵל בְּחִירִי וָאֶקְרָא לְךָ בִּשְׁמֶךָ אֲכַנְּךָ וְלֹא יְדַעְתָּנִי ׃

5 אֲנִי יְהוָה וְאֵין עוֹד זוּלָתִי אֵין אֱלֹהִים אֲאַזֶּרְךָ וְלֹא יְדַעְתָּנִי ׃

6 לְמַעַן יֵדְעוּ מִמִּזְרַח־שֶׁמֶשׁ וּמִמַּעֲרָבָה כִּי־אֶפֶס בִּלְעָדָי אֲנִי יְהוָה וְאֵין עוֹד ׃

7 יוֹצֵר אוֹר וּבוֹרֵא חֹשֶׁךְ עֹשֶׂה שָׁלוֹם וּבוֹרֵא רָע אֲנִי יְהוָה עֹשֶׂה כָל־אֵלֶּה ׃

8 הַרְעִיפוּ שָׁמַיִם מִמַּעַל וּשְׁחָקִים יִזְּלוּ־צֶדֶק תִּפְתַּח־אֶרֶץ וְיִפְרוּ־יֶשַׁע וּצְדָקָה תַצְמִיחַ יַחַד אֲנִי יְהוָה בְּרָאתִיו ׃

9 הוֹי רָב אֶת־יֹצְרוֹ חֶרֶשׂ אֶת־חַרְשֵׂי אֲדָמָה הֲיֹאמַר חֹמֶר לְיֹצְרוֹ מַה־תַּעֲשֶׂה וּפָעָלְךָ אֵין־יָדַיִם לוֹ ׃

10 הוֹי אֹמֵר לְאָב מַה־תּוֹלִיד וּלְאִשָּׁה מַה־תְּחִילִין ׃

11 כֹּה־אָמַר יְהוָה קְדוֹשׁ יִשְׂרָאֵל וְיֹצְרוֹ הָאֹתִיּוֹת שְׁאָלוּנִי עַל־בָּנַי וְעַל־פֹּעַל יָדַי תְּצַוֻּנִי ׃

12 אָנֹכִי עָשִׂיתִי אֶרֶץ וְאָדָם עָלֶיהָ בָרָאתִי אֲנִי יָדַי נָטוּ שָׁמַיִם וְכָל־צְבָאָם צִוֵּיתִי ׃

13 אָנֹכִי הַעִירֹתִהוּ בְצֶדֶק וְכָל־דְּרָכָיו אֲיַשֵּׁר הוּא־יִבְנֶה עִירִי וְגָלוּתִי יְשַׁלֵּחַ לֹא בִמְחִיר וְלֹא בְשֹׁחַד אָמַר יְהוָה צְבָאוֹת ׃

14 כֹּה אָמַר יְהוָה יְגִיעַ מִצְרַיִם וּסְחַר־כּוּשׁ וּסְבָאִים אַנְשֵׁי מִדָּה עָלַיִךְ יַעֲבֹרוּ וְלָךְ יִהְיוּ אַחֲרַיִךְ יֵלֵכוּ בַּזִּקִּים יַעֲבֹרוּ וְאֵלַיִךְ יִשְׁתַּחֲווּ אֵלַיִךְ יִתְפַּלָּלוּ אַךְ בָּךְ אֵל וְאֵין עוֹד אֶפֶס אֱלֹהִים ׃

15 אָכֵן אַתָּה אֵל מִסְתַּתֵּר אֱלֹהֵי יִשְׂרָאֵל מוֹשִׁיעַ ׃

16 בּוֹשׁוּ וְגַם־נִכְלְמוּ כֻּלָּם יַחְדָּו הָלְכוּ בַכְּלִמָּה חָרָשֵׁי צִירִים ׃

17 יִשְׂרָאֵל נוֹשַׁע בַּיהוָה תְּשׁוּעַת עוֹלָמִים לֹא־תֵבֹשׁוּ וְלֹא־תִכָּלְמוּ עַד־עוֹלְמֵי עַד ׃

18 כִּי כֹה אָמַר־יְהוָה בּוֹרֵא הַשָּׁמַיִם הוּא הָאֱלֹהִים יֹצֵר הָאָרֶץ וְעֹשָׂהּ הוּא כוֹנְנָהּ לֹא־תֹהוּ בְרָאָהּ לָשֶׁבֶת יְצָרָהּ אֲנִי יְהוָה וְאֵין עוֹד ׃

19 לֹא בַסֵּתֶר דִּבַּרְתִּי בִּמְקוֹם אֶרֶץ חֹשֶׁךְ לֹא אָמַרְתִּי לְזֶרַע יַעֲקֹב תֹּהוּ בַקְּשׁוּנִי אֲנִי יְהוָה דֹּבֵר צֶדֶק מַגִּיד מֵישָׁרִים ׃

20 הִקָּבְצוּ וָבֹאוּ הִתְנַגְּשׁוּ יַחְדָּו פְּלִיטֵי הַגּוֹיִם לֹא יָדְעוּ הַנֹּשְׂאִים אֶת־עֵץ פִּסְלָם וּמִתְפַּלְלִים אֶל־אֵל לֹא יוֹשִׁיעַ ׃

21 הַגִּידוּ וְהַגִּישׁוּ אַף יִוָּעֲצוּ יַחְדָּו מִי הִשְׁמִיעַ זֹאת מִקֶּדֶם מֵאָז הִגִּידָהּ הֲלוֹא אֲנִי יְהוָה וְאֵין־עוֹד אֱלֹהִים מִבַּלְעָדַי אֵל־צַדִּיק וּמוֹשִׁיעַ אַיִן זוּלָתִי ׃

22 פְּנוּ־אֵלַי וְהִוָּשְׁעוּ כָּל־אַפְסֵי־אָרֶץ כִּי אֲנִי־אֵל וְאֵין עוֹד ׃

23 בִּי נִשְׁבַּעְתִּי יָצָא מִפִּי צְדָקָה דָּבָר וְלֹא יָשׁוּב כִּי־לִי תִּכְרַע כָּל־בֶּרֶךְ תִּשָּׁבַע כָּל־לָשׁוֹן ׃

24 אַךְ בַּיהוָה לִי אָמַר צְדָקוֹת וָעֹז עָדָיו יָבוֹא וְיֵבֹשׁוּ

25 כֹּל הַנֶּחֱרִים בּוֹ ׃ בַּיהוָה יִצְדְּקוּ וְיִתְהַלְלוּ כָּל־זֶרַע יִשְׂרָאֵל ׃

CAP. XLVI. מו

1 כָּרַע בֵּל קֹרֵס נְבוֹ הָיוּ עֲצַבֵּיהֶם לַחַיָּה וְלַבְּהֵמָה נְשֻׂאֹתֵיכֶם עֲמוּסוֹת מַשָּׂא לַעֲיֵפָה ׃

2 קָרְסוּ כָרְעוּ יַחְדָּו לֹא יָכְלוּ מַלֵּט מַשָּׂא וְנַפְשָׁם בַּשְּׁבִי הָלָכָה ׃

3 שִׁמְעוּ אֵלַי בֵּית יַעֲקֹב וְכָל־שְׁאֵרִית בֵּית יִשְׂרָאֵל הַעֲמֻסִים מִנִּי־בֶטֶן הַנְּשֻׂאִים מִנִּי־רָחַם ׃

4 וְעַד־זִקְנָה אֲנִי הוּא וְעַד־שֵׂיבָה אֲנִי אֶסְבֹּל אֲנִי עָשִׂיתִי וַאֲנִי אֶשָּׂא וַאֲנִי אֶסְבֹּל וַאֲמַלֵּט ׃

5 לְמִי תְדַמְּיוּנִי וְתַשְׁווּ וְתַמְשִׁלוּנִי וְנִדְמֶה ׃

6 הַזָּלִים זָהָב מִכִּיס וְכֶסֶף בַּקָּנֶה יִשְׁקֹלוּ יִשְׂכְּרוּ צוֹרֵף וְיַעֲשֵׂהוּ אֵל יִסְגְּדוּ אַף־יִשְׁתַּחֲוּוּ ׃

7 יִשָּׂאֻהוּ עַל־כָּתֵף יִסְבְּלֻהוּ וְיַנִּיחֻהוּ תַחְתָּיו וְיַעֲמֹד מִמְּקוֹמוֹ לֹא יָמִישׁ אַף־יִצְעַק אֵלָיו וְלֹא יַעֲנֶה מִצָּרָתוֹ לֹא יוֹשִׁיעֶנּוּ ׃

8 זִכְרוּ־זֹאת וְהִתְאֹשָׁשׁוּ הָשִׁיבוּ פוֹשְׁעִים עַל־לֵב ׃

9 זִכְרוּ רִאשֹׁנוֹת מֵעוֹלָם כִּי אָנֹכִי אֵל וְאֵין עוֹד אֱלֹהִים וְאֶפֶס כָּמוֹנִי ׃

10 מַגִּיד מֵרֵאשִׁית אַחֲרִית וּמִקֶּדֶם אֲשֶׁר לֹא־נַעֲשׂוּ אֹמֵר עֲצָתִי תָקוּם וְכָל־חֶפְצִי אֶעֱשֶׂה ׃

11 קֹרֵא מִמִּזְרָח עַיִט מֵאֶרֶץ מֶרְחָק אִישׁ עֲצָתוֹ אַף־דִּבַּרְתִּי אַף־אֲבִיאֶנָּה יָצַרְתִּי אַף־אֶעֱשֶׂנָּה ׃

12 שִׁמְעוּ אֵלַי אַבִּירֵי לֵב הָרְחוֹקִים מִצְּדָקָה ׃

13 קֵרַבְתִּי צִדְקָתִי ׃

before him the two-leaved gates; and the gates shall not be shut:

2 I will go before thee, and make the crooked places straight: I will break [b] in pieces the gates of brass, and cut in sunder the bars of iron:

3 And I will give thee the treasures of darkness, and hidden riches of secret places, that thou mayest know that I, the LORD, which [c] call *thee* by thy name, *am* the God of Israel.

4 For Jacob my servant's sake, and Israel mine elect, I have even called thee by thy name: I have surnamed thee, though thou hast not known me.

5 I[f] am the LORD, and[g] *there is* none else, *there is* no God beside me: I girded thee,[i] though thou hast not known me:

6 That[l] they may know from the rising of the sun, and from the west, that *there is* none beside me: I *am* the LORD, and *there is* none else.

7 I[n] form the light, and create darkness; I make peace,[o] and create[p] evil. I the LORD do all these *things*.

8 Drop[s] down, ye heavens, from above, and let the skies pour down righteousness; let the earth open, and let them bring forth salvation, and[w] let righteousness spring up together. I the LORD have created it.

9 Woe unto him that striveth with his Maker! *Let* the potsherd[y] *strive* with the potsherds of the earth. Shall the clay say to him that fashioneth it, What makest thou? or thy work, He hath no hands?

10 Woe unto him that saith unto *his* father, What begettest thou? or to the woman, What hast thou brought forth?

11 Thus saith the LORD, the Holy One of Israel, and his Maker, Ask me of things to come concerning my sons,[c] and concerning the work of my hands command ye[e] me.

12 I[g] have made the earth, and created man upon it: I, *even* my hands, have stretched out the heavens, and all their host have I commanded.

13 I have raised him up in righteousness, and I will ζdirect all his ways: he shall build[k] my city, and he shall let go my captives, not for price[e] nor reward, saith the LORD of hosts.

14 Thus saith the LORD, The labour of Egypt, and merchandize of Ethiopia and of the Sabeans, men of stature, shall come over[i] unto thee, and they shall be thine: they shall come after thee; in chains[m] they shall come over, and they shall fall down unto thee, they shall make supplication unto thee, *saying*, Surely[n] God *is* in thee; and *there is* none else; *there is* no God.

15 Verily, thou *art* a God that[o] hidest thyself, O God of Israel, the Saviour.

16 They shall be ashamed, and also confounded, all of them: they shall go to confusion[p] together *that are* makers of idols.

17 *But* Israel[q] shall be saved in the LORD with an everlasting[r] salvation: ye shall not be ashamed[s] nor confounded[t] world without end.

18 For thus saith the LORD that created the heavens; God himself that formed the earth and made it; he hath established it, he created it not in vain, he formed it to be inhabited; I *am* the LORD, and *there is* none else.

B. C. 712.

a De. 29. 29.
　30.11,&c.
b Ps. 107. 16.
c Ps. 9. 10.
　69. 32.
d Ep.2.12..16.
e ch. 48. 16.
f De. 4.35,39.
g ver. 14, 18,
　22.
h Ro. 3. 26.
i Ps.18.32,39.
k Ps. 22. 27.
　Jnᵒ.3.14,15.
l ch. 37. 20.
　Mal. 1. 11.
m Ge. 22. 16.
　He. 6. 13.
n Ge. 1. 3, 4.
o Ps. 29. 11.
p Am. 3. 6.
q Phi. 2. 10.
r De. 6. 13.
s Ps. 85. 11.
β or, *he shall say of me, In the LORD is all righteousness & strength.*
γ *righteousnesses,*
　Re. 19. 8.
t Je. 23. 6.
　1 Co. 1. 30,
　31.
u Zec. 10. 6,
　12.
　Ep. 6. 10.
v Jnᵒ. 12. 32.
w Ps. 72. 3.
x Ro. 5. 1.
y Je. 18. 6.
z Je. L. LI.
a Je.48.1,&c.
b Je. 10. 5.
δ *their soul.*
c Je. 31. 1.
　Ga. 3. 26.
d Ex. 19. 4.
　Ps. 71.6,18.
e Jnᵒ. 16. 23.
f Ps. 92. 14.
g Ps. 102. 25.
　He. 11. 3.
ζ or, *make straight.*
h 2 Ch. 36.22.
　Ezr.1.1,&c.
i ch.41.7,&c.
k ch. 52. 3.
l ch. 49. 23.
　60.9..16.
　Ps. 68. 31.
　72.10,11.
　Zec. 8. 22,
　23.
m Ps. 149. 8.
n 1 Co. 14.25.
o ch. 8. 17.
　Ps. 44. 24.
p Ps. 97. 7.
q Ro.2.28,29.
　11. 26.
r Je. 31. 3.
s Ps. 25. 2,3.
t 1 Pe. 2. 6.
η *of my.*
u Ac. 7. 51.
v Ro. 1. 17.

---

19 I have not spoken in secret,[a] in a dark place of the earth: I said not unto the seed of Jacob, Seek ye me in[c] vain. I the LORD speak righteousness, I declare things that are right.

20 Assemble yourselves and come; draw near together, ye *that are* escaped of the nations:[d] they have no knowledge that set up the wood of their graven image, and pray unto a god *that* cannot save.

21 Tell ye, and bring *them* near; yea, let them take counsel together: who hath declared this from ancient time? who hath told it from that time? *have* not I the Lord? and *there is* no God else beside me; a just[h] God and a Saviour; *there is* none beside me.

22 Look[k] unto me, and be ye saved, all the ends of the earth; for I *am* God, and *there is* none else.

23 I have sworn[m] by myself, the word is gone out of my mouth *in* righteousness, and shall not return, That unto me[q] every knee shall bow, every tongue shall swear.[r]

24 Surely, β shall *one* say, in the LORD have I γ righteousness[t] and strength:[u] *even* to him[v] shall *men* come: and all that are incensed against him shall be ashamed.

25 In the LORD shall all the seed of Israel be justified,[x] and shall glory.

CHAP. XLVI.

BEL[z] boweth down, Nebo[a] stoopeth; their idols were upon the beasts,[b] and upon the cattle: your carriages *were* heavy loaden; *they are* a burden to the weary *beast.*

2 They stoop, they bow down together; they could not deliver the burden, but δ themselves are gone into captivity.

3 Hearken unto me, O house of Jacob, and all the remnant of the house of Israel, which are borne[d] *by me* from the belly, which are carried from the womb.

4 And *even* to *your* old age[f] I *am* he: and *even* to hoar hairs will I carry *you:* I have made, and I will bear; even I will carry, and will deliver *you.*

5 To whom will ye liken me, and make *me* equal, and compare me, that we may be like?

6 They[i] lavish gold out of the bag, and weigh silver in the balance, *and* hire a goldsmith; and he maketh it a god: they fall down; yea, they worship.

7 They bear him upon the shoulder, they carry him, and set him in his place, and he standeth; from his place shall he not remove: yea, *one* shall cry unto him, yet can he not answer, nor save him out of his trouble.

8 Remember this, and shew yourselves men: bring *it* again to mind, O ye transgressors.

9 Remember the former things of old: for I *am* God, and *there is* none else: *I am* God, and *there is* none like me,

10 Declaring the end from the beginning, and from ancient times *the things* that are not *yet* done, saying, My counsel shall stand, and I will do all my pleasure:

11 Calling a ravenous bird from the east, the man η that executeth my counsel from a far country: yea, I have spoken *it*, I will also bring it to pass; I have purposed *it*, I will also do it.

12 Hearken unto me, ye[u] stout-hearted, that *are* far from righteousness:

13 I bring near my righteousness;[v] it

לֹא תִרְהָק וּתְשׁוּעָתִי לֹא תְאַחֵר וְנָתַתִּי בְצִיּוֹן
תְּשׁוּעָה לְיִשְׂרָאֵל תִּפְאַרְתִּי׃

CAP. XLVII. מז

1 רְדִי וּשְׁבִי עַל־עָפָר בְּתוּלַת בַּת־בָּבֶל שְׁבִי־לָאָרֶץ אֵין־כִּסֵּא בַּת־כַּשְׂדִּים כִּי לֹא תוֹסִיפִי יִקְרְאוּ־לָךְ
2 רַכָּה וַעֲנֻגָּה׃ קְחִי רֵחַיִם וְטַחֲנִי קָמַח גַּלִּי צַמָּתֵךְ חֶשְׂפִּי־שֹׁבֶל גַּלִּי־שׁוֹק עִבְרִי נְהָרוֹת׃
3 תִּגָּל עֶרְוָתֵךְ גַּם תֵּרָאֶה חֶרְפָּתֵךְ נָקָם אֶקָּח וְלֹא אֶפְגַּע אָדָם׃
4 גֹּאֲלֵנוּ יְהוָה צְבָאוֹת שְׁמוֹ קְדוֹשׁ יִשְׂרָאֵל׃
5 שְׁבִי דוּמָם וּבֹאִי בַחֹשֶׁךְ בַּת־כַּשְׂדִּים כִּי לֹא תוֹסִיפִי יִקְרְאוּ־לָךְ גְּבֶרֶת מַמְלָכוֹת׃
6 קָצַפְתִּי עַל־עַמִּי חִלַּלְתִּי נַחֲלָתִי וָאֶתְּנֵם בְּיָדֵךְ לֹא־שַׂמְתְּ לָהֶם רַחֲמִים עַל־זָקֵן הִכְבַּדְתְּ עֻלֵּךְ מְאֹד׃
7 וַתֹּאמְרִי לְעוֹלָם אֶהְיֶה גְבָרֶת עַד לֹא־שַׂמְתְּ אֵלֶּה עַל־לִבֵּךְ לֹא זָכַרְתְּ אַחֲרִיתָהּ׃
8 וְעַתָּה שִׁמְעִי־זֹאת עֲדִינָה הַיּוֹשֶׁבֶת לָבֶטַח הָאֹמְרָה בִּלְבָבָהּ אֲנִי וְאַפְסִי עוֹד לֹא אֵשֵׁב אַלְמָנָה וְלֹא אֵדַע שְׁכוֹל׃
9 וְתָבֹאנָה לָּךְ שְׁתֵּי־אֵלֶּה רֶגַע בְּיוֹם אֶחָד שְׁכוֹל וְאַלְמֹן כְּתֻמָּם בָּאוּ עָלַיִךְ בְּרֹב כְּשָׁפַיִךְ בְּעָצְמַת חֲבָרַיִךְ מְאֹד׃
10 וַתִּבְטְחִי בְרָעָתֵךְ אָמַרְתְּ אֵין רֹאָנִי חָכְמָתֵךְ וְדַעְתֵּךְ הִיא שׁוֹבְבָתֶךְ וַתֹּאמְרִי בְלִבֵּךְ אֲנִי וְאַפְסִי עוֹד׃
11 וּבָא עָלַיִךְ רָעָה לֹא תֵדְעִי שַׁחְרָהּ וְתִפֹּל עָלַיִךְ הֹוָה לֹא תוּכְלִי כַּפְּרָהּ וְתָבֹא עָלַיִךְ פִּתְאֹם שׁוֹאָה לֹא תֵדָעִי׃
12 עִמְדִי־נָא בַחֲבָרַיִךְ וּבְרֹב כְּשָׁפַיִךְ בַּאֲשֶׁר יָגַעַתְּ מִנְּעוּרָיִךְ אוּלַי תּוּכְלִי הוֹעִיל אוּלַי תַּעֲרוֹצִי׃
13 נִלְאֵית בְּרֹב עֲצָתָיִךְ יַעַמְדוּ־נָא וְיוֹשִׁיעֻךְ הֹבְרֵי שָׁמַיִם הַחֹזִים בַּכּוֹכָבִים מוֹדִיעִים לֶחֳדָשִׁים מֵאֲשֶׁר יָבֹאוּ עָלָיִךְ׃
14 הִנֵּה הָיוּ כְקַשׁ אֵשׁ שְׂרָפָתַם לֹא־יַצִּילוּ אֶת־נַפְשָׁם מִיַּד לֶהָבָה אֵין־גַּחֶלֶת לַחְמָם אוּר לָשֶׁבֶת נֶגְדּוֹ׃
15 כֵּן הָיוּ־לָךְ אֲשֶׁר יָגָעַתְּ סֹחֲרַיִךְ מִנְּעוּרַיִךְ אִישׁ לְעֶבְרוֹ תָּעוּ אֵין מוֹשִׁיעֵךְ׃

CAP. XLVIII. מח

1 שִׁמְעוּ־זֹאת בֵּית־יַעֲקֹב הַנִּקְרָאִים בְּשֵׁם יִשְׂרָאֵל וּמִמֵּי יְהוּדָה יָצָאוּ הַנִּשְׁבָּעִים בְּשֵׁם יְהוָה וּבֵאלֹהֵי
2 יִשְׂרָאֵל יַזְכִּירוּ לֹא בֶאֱמֶת וְלֹא בִצְדָקָה׃ כִּי־מֵעִיר הַקֹּדֶשׁ נִקְרָאוּ וְעַל־אֱלֹהֵי יִשְׂרָאֵל נִסְמָכוּ יְהוָה
3 צְבָאוֹת שְׁמוֹ׃ הָרִאשֹׁנוֹת מֵאָז הִגַּדְתִּי וּמִפִּי יָצְאוּ וְאַשְׁמִיעֵם פִּתְאֹם עָשִׂיתִי וַתָּבֹאנָה׃
4 מִדַּעְתִּי כִּי קָשֶׁה אָתָּה וְגִיד בַּרְזֶל עָרְפֶּךָ וּמִצְחֲךָ
5 נְחוּשָׁה׃ וָאַגִּיד לְךָ מֵאָז בְּטֶרֶם תָּבוֹא הִשְׁמַעְתִּיךָ פֶּן־תֹּאמַר עָצְבִּי עָשָׂם וּפִסְלִי וְנִסְכִּי
6 צִוָּם׃ שָׁמַעְתָּ חֲזֵה כֻּלָּהּ וְאַתֶּם הֲלוֹא תַגִּידוּ הִשְׁמַעְתִּיךָ חֲדָשׁוֹת מֵעַתָּה וּנְצֻרוֹת וְלֹא יְדַעְתָּם׃
7 עַתָּה נִבְרְאוּ וְלֹא מֵאָז וְלִפְנֵי־יוֹם וְלֹא שְׁמַעְתָּם
8 פֶּן־תֹּאמַר הִנֵּה יְדַעְתִּין׃ גַּם לֹא־שָׁמַעְתָּ גַּם לֹא יָדַעְתָּ גַּם מֵאָז לֹא־פִתְּחָה אָזְנֶךָ כִּי יָדַעְתִּי בָּגוֹד
9 תִּבְגּוֹד וּפֹשֵׁעַ מִבֶּטֶן קֹרָא לָךְ׃ לְמַעַן שְׁמִי אַאֲרִיךְ אַפִּי וּתְהִלָּתִי אֶחֱטָם־לָךְ לְבִלְתִּי הַכְרִיתֶךָ׃
10 הִנֵּה צְרַפְתִּיךָ וְלֹא בְכָסֶף בְּחַרְתִּיךָ בְּכוּר עֹנִי׃
11 לְמַעֲנִי לְמַעֲנִי אֶעֱשֶׂה כִּי אֵיךְ יֵחָל וּכְבוֹדִי לְאַחֵר לֹא־אֶתֵּן׃ שְׁמַע אֵלַי יַעֲקֹב וְיִשְׂרָאֵל
12 מְקֹרָאִי אֲנִי־הוּא אֲנִי רִאשׁוֹן אַף אֲנִי אַחֲרוֹן׃
13 אַף־יָדִי יָסְדָה אֶרֶץ וִימִינִי טִפְּחָה שָׁמָיִם קֹרֵא
14 אֲנִי אֲלֵיהֶם יַעַמְדוּ יַחְדָּו׃ הִקָּבְצוּ כֻלְּכֶם וּשְׁמָעוּ מִי בָהֶם הִגִּיד אֶת־אֵלֶּה יְהוָה אֲהֵבוֹ יַעֲשֶׂה חֶפְצוֹ
15 בְּבָבֶל וּזְרֹעוֹ כַּשְׂדִּים׃ אֲנִי אֲנִי דִּבַּרְתִּי אַף־
16 קְרָאתִיו הֲבִיאֹתִיו וְהִצְלִיחַ דַּרְכּוֹ׃ קִרְבוּ אֵלַי שִׁמְעוּ־זֹאת לֹא מֵרֹאשׁ בַּסֵּתֶר דִּבַּרְתִּי מֵעֵת הֱיוֹתָהּ
17 שָׁם אָנִי וְעַתָּה אֲדֹנָי יְהוִה שְׁלָחַנִי וְרוּחוֹ׃ כֹּה־אָמַר יְהוָה גֹּאַלְךָ קְדוֹשׁ יִשְׂרָאֵל אֲנִי יְהוָה
18 אֱלֹהֶיךָ מְלַמֶּדְךָ לְהוֹעִיל מַדְרִיכֲךָ בְּדֶרֶךְ תֵּלֵךְ׃ לוּא הִקְשַׁבְתָּ לְמִצְוֹתָי וַיְהִי כַנָּהָר שְׁלוֹמֶךָ וְצִדְקָתְךָ
19 כְּגַלֵּי הַיָּם׃ וַיְהִי כַחוֹל זַרְעֶךָ וְצֶאֱצָאֵי מֵעֶיךָ כִּמְעֹתָיו לֹא־יִכָּרֵת וְלֹא־יִשָּׁמֵד שְׁמוֹ מִלְּפָנָי׃

shall not be far off, and my salvation shall not tarry :[b] and I will place salvation in Zion for[c] Israel my glory.

CHAP. XLVII.

COME[e] down, and sit in the dust, O virgin daughter of Babylon ; sit on the ground : *there is* no throne, O daughter of the Chaldeans : for thou shalt no more be called tender and delicate.

2 Take the millstones, and grind meal: uncover thy locks, make bare the leg, uncover the thigh, pass over the rivers.

3 Thy nakedness shall be[h] uncovered, yea, thy shame shall be seen : I will take vengeance, and I will not meet *thee as* a man.

4 *As for* our[k] Redeemer, the LORD of hosts *is* his name, the Holy One of Israel.

5 Sit thou silent, and get thee into darkness, O daughter of the Chaldeans: for thou shalt no more be called, The lady of kingdoms.

6 I[l] was wroth with my people ; I have polluted mine inheritance, and given them into thine hand : thou[m] didst shew them no mercy ; upon the ancient hast thou very heavily laid thy yoke.

7 And thou saidst, I[o] shall be a lady for ever: so that thou didst not lay these *things* to thy heart, neither didst remember the latter end of it.

8 Therefore hear now this, *thou that art* given to pleasures, that[q] dwellest carelessly ; that sayest in thine heart, I *am,* and none else beside me ; I shall not sit *as* a widow, neither shall I know the loss of children :

9 But these two *things* shall come to thee in a moment, in one day, the loss of children, and widowhood : they shall come upon thee in their perfection for the multitude of thy sorceries, *and for* the great abundance of thine enchantments.

10 For thou hast trusted in thy wickedness :[y] thou hast said, None seeth[z] me. Thy wisdom and thy knowledge it hath[δ] perverted thee : and thou hast said in thine heart, I *am,* and none else beside me.

11 Therefore shall evil come upon thee ; thou shalt not know η from whence it riseth: and mischief shall fall upon thee ; thou shalt not be able to θ put it off: and desolation shall come upon thee suddenly,[f] *which* thou shalt not know.

12 Stand now with thine enchantments, and with the multitude of thy sorceries, wherein thou hast laboured from thy youth ; if so be thou shalt be able to profit, if so be thou mayest prevail.

13 Thou art wearied[h] in the multitude of thy counsels. Let now the κ astrologers,[k] the star-gazers, λ the monthly prognosticators, stand up and save thee from *these things* that shall come upon thee.

14 Behold, they shall be as[l] stubble ; the fire shall burn them ; they shall not deliver μ themselves from the power of the flame : *there shall* not *be* a coal to warm at, *nor* fire to sit before it.

15 Thus shall they be unto thee with whom thou hast laboured, *even* thy merchants, from thy youth : they shall wander every one to his quarter ;[r] none shall save thee.

CHAP. XLVIII.

HEAR ye this, O house of Jacob, which are called by the name of Israel,

---

a Ps. 68. 26.
b Ps. 46. 1, 5.
  Hab. 2. 3.
c Ps. 14. 7.
d De.5.28,29.
  Je. 5. 2.
  Jnᵒ. 4. 24.
e Ps. 18. 27.
  Je. 48. 18.
f ch. 52. 1.
g Mi. 3. 11.
h Je.13.22,26.
  Na. 3. 5.
β *hard.*
i De. 31. 27.
k Je. 50. 34.
l 2 Ch. 28. 9.
  Zec. 1. 15.
m Ob. 10..16.
n 1 Co.2,9,10.
o Re. 18. 7.
p Ps.139.1..4.
q Zep. 2. 15.
r Je. 5. 11.
  Ho. 5. 7.
    6. 7.
s Ps. 51. 5.
t Ps. 79. 9.
  106. 8.
  Eze. 20. 9,
    &c.
u Ps. 66. 10.
γ or, *for,*
  Eze. 22.20..
    22.
v Zec. 13. 9.
  1 Pe. 4. 12.
w De. 32. 26,
    27.
x ch. 42. 8.
y Ec. 8. 8.
z Ps. 94. 7.
a Re. 22. 13.
δ or, *caused thee to turn away.*
b Ps. 102, 25.
ζ or, *the palm of my right hand hath spread out.*
c ch. 40. 26.
η *the morning thereof.*
θ *expiate.*
d Mar. 10.21.
e 1 Th. 5. 3.
g Ezr. 1. 2.
h Eze. 24. 12.
κ *viewers of the heavens.*
i ch. 61. 1.
  Zec. 2.8..11.
  Lu.4.18..21.
k Da. 2. 2.
λ *that give knowledge concerning the months.*
l Na. 1. 10.
m Mi. 4. 2.
n De.8.17,18.
o Ps. 32. 8.
    73. 24.
μ *their souls.*
p Ps.81.13..16.
q Ps.119.165.
r ch. 56. 11.
s Je. 51. 6,45.

---

and are come forth out of the waters[a] of Judah ; which swear by the name of the LORD, and make mention of the God of Israel, *but* not[d] in truth, nor in righteousness.

2 For they call themselves of the holy city,[f] and stay[g] themselves upon the God of Israel ; The LORD of hosts *is* his name.

3 I have declared the former things from the beginning ; and they went forth out of my mouth, and I shewed them ; I did *them* suddenly, and they came to pass.

4 Because I knew that thou *art* β obstinate, and thy neck[i] *is* an iron sinew, and thy brow brass ;

5 I have even from the beginning declared *it* to thee ; before it came to pass I shewed *it* thee : lest thou shouldest say, Mine idol hath done them ; and my graven image, and my molten image, hath commanded them.

6 Thou hast heard, see all this ; and will not ye declare *it?* I have shewed thee new things from this time, even hidden things,[n] and thou didst not know them.

7 They are created now, and not from the beginning ; even before the day when thou heardest them not ; lest thou shouldest say, Behold, I knew them.

8 Yea, thou heardest not ; yea, thou knewest not ; yea, from that time *that* thine ear was not opened : for I knew[p] that thou wouldest deal very treacherously,[r] and wast called a transgressor from the[s] womb.

9 For[t] my name's sake will I defer mine anger, and for my praise will I refrain for thee, that I cut thee not off.

10 Behold, I have refined[u] thee, but not γ with silver ; I have chosen thee in the furnace[v] of affliction.

11 For mine own sake, *even* for mine own sake, will I do *it :* for[w] how should *my name* be polluted ? and[x] I will not give my glory unto another.

12 Hearken unto me, O Jacob and Israel, my called : I *am* he : I[a] *am* the first, I also *am* the last.

13 Mine[b] hand also hath laid the foundation of the earth, and ζ my right hand hath spanned the heavens : *when* I[c] call unto them, they stand up together.

14 All ye, assemble yourselves, and hear ; which among them hath declared these *things?* The LORD hath loved[d] him ; he will[e] do his pleasure on Babylon, and his arm *shall be on* the Chaldeans.

15 I, *even* I, have spoken ; yea, I have called him ; I[g] have brought him, and he shall make his way prosperous.

16 Come ye near unto me, hear ye this ; I have not spoken in secret from the beginning ; from the time that it was, there *am* I : and now the[i] Lord GOD and his Spirit hath sent me.

17 Thus saith the LORD, thy Redeemer, the Holy One of Israel ; I *am* the LORD thy God which teacheth[m] thee to profit,[n] which leadeth[o] thee by the way *that* thou shouldest go.

18 O[p] that thou hadst hearkened to my commandments ! then had thy[q] peace been as a river, and thy righteousness as the waves of the sea ;

19 Thy seed also had been as the sand, and the offspring of thy bowels like the gravel thereof ; his name should not have been cut off nor destroyed from before me.

20 Go[s] ye forth of Babylon, flee ye from the Chaldeans, with a voice of singing

456

20 צְאוּ מִבָּבֶל בִּרְחוּ מִכַּשְׂדִּים בְּקוֹל רִנָּה הַגִּידוּ
הַשְׁמִיעוּ זֹאת הוֹצִיאוּהָ עַד־קְצֵה הָאָרֶץ אִמְרוּ
21 גָּאַל יְהוָה עַבְדּוֹ יַעֲקֹב: וְלֹא צָמְאוּ בָּחֳרָבוֹת
הוֹלִיכָם מַיִם מִצּוּר הִזִּיל לָמוֹ וַיִּבְקַע־צוּר וַיָּזֻבוּ
22 מָיִם: אֵין שָׁלוֹם אָמַר יְהוָה לָרְשָׁעִים:

CAP. XLIX. מט

1 שִׁמְעוּ אִיִּים אֵלַי וְהַקְשִׁיבוּ לְאֻמִּים מֵרָחוֹק יְהוָה
2 מִבֶּטֶן קְרָאָנִי מִמְּעֵי אִמִּי הִזְכִּיר שְׁמִי: וַיָּשֶׂם
פִּי כְּחֶרֶב חַדָּה בְּצֵל יָדוֹ הֶחְבִּיאָנִי וַיְשִׂימֵנִי לְחֵץ
3 בָּרוּר בְּאַשְׁפָּתוֹ הִסְתִּירָנִי: וַיֹּאמֶר לִי עַבְדִּי אָתָּה
4 יִשְׂרָאֵל אֲשֶׁר־בְּךָ אֶתְפָּאָר: וַאֲנִי אָמַרְתִּי לְרִיק
יָגַעְתִּי לְתֹהוּ וְהֶבֶל כֹּחִי כִלֵּיתִי אָכֵן מִשְׁפָּטִי אֶת־
5 יְהוָה וּפְעֻלָּתִי אֶת־אֱלֹהָי: וְעַתָּה אָמַר
יְהוָה יֹצְרִי מִבֶּטֶן לְעֶבֶד לוֹ לְשׁוֹבֵב יַעֲקֹב אֵלָיו
וְיִשְׂרָאֵל לֹא יֵאָסֵף וְאֶכָּבֵד בְּעֵינֵי יְהוָה וֵאלֹהַי הָיָה
6 עֻזִּי: וַיֹּאמֶר נָקֵל מִהְיוֹתְךָ לִי עֶבֶד לְהָקִים אֶת־
שִׁבְטֵי יַעֲקֹב וּנְצִירֵי יִשְׂרָאֵל לְהָשִׁיב וּנְתַתִּיךָ לְאוֹר
7 גּוֹיִם לִהְיוֹת יְשׁוּעָתִי עַד־קְצֵה הָאָרֶץ: כֹּה
אָמַר־יְהוָה גֹּאֵל יִשְׂרָאֵל קְדוֹשׁוֹ לִבְזֹה־נֶפֶשׁ
לִמְתָעֵב גּוֹי לְעֶבֶד מֹשְׁלִים מְלָכִים יִרְאוּ וָקָמוּ
שָׂרִים וְיִשְׁתַּחֲווּ לְמַעַן יְהוָה אֲשֶׁר נֶאֱמָן קְדֹשׁ
8 יִשְׂרָאֵל וַיִּבְחָרֶךָּ: כֹּה אָמַר יְהוָה
בְּעֵת רָצוֹן עֲנִיתִיךָ וּבְיוֹם יְשׁוּעָה עֲזַרְתִּיךָ
וְאֶצָּרְךָ וְאֶתֶּנְךָ לִבְרִית עָם לְהָקִים אֶרֶץ לְהַנְחִיל
9 נְחָלוֹת שֹׁמֵמוֹת: לֵאמֹר לַאֲסוּרִים צֵאוּ לַאֲשֶׁר
בַּחֹשֶׁךְ הִגָּלוּ עַל־דְּרָכִים יִרְעוּ וּבְכָל־שְׁפָיִים מַרְעִיתָם
10 לֹא יִרְעָבוּ וְלֹא יִצְמָאוּ וְלֹא־יַכֵּם שָׁרָב וָשָׁמֶשׁ כִּי־
מְרַחֲמָם יְנַהֲגֵם וְעַל־מַבּוּעֵי מַיִם יְנַהֲלֵם:
11 וְשַׂמְתִּי כָל־הָרַי לַדָּרֶךְ וּמְסִלֹּתַי יְרֻמוּן: הִנֵּה
12 אֵלֶּה מֵרָחוֹק יָבֹאוּ וְהִנֵּה־אֵלֶּה מִצָּפוֹן וּמִיָּם וְאֵלֶּה
13 מֵאֶרֶץ סִינִים: רָנּוּ שָׁמַיִם וְגִילִי אֶרֶץ יִפְצְחוּ
הָרִים רִנָּה כִּי־נִחַם יְהוָה עַמּוֹ וַעֲנִיָּו יְרַחֵם:
14 וַתֹּאמֶר צִיּוֹן עֲזָבַנִי יְהוָה וַאדֹנָי שְׁכֵחָנִי:

15 הֲתִשְׁכַּח אִשָּׁה עוּלָהּ מֵרַחֵם בֶּן־בִּטְנָהּ גַּם־אֵלֶּה
16 תִשְׁכַּחְנָה וְאָנֹכִי לֹא אֶשְׁכָּחֵךְ: הֵן עַל־כַּפַּיִם
17 חַקֹּתִיךְ חוֹמֹתַיִךְ נֶגְדִּי תָּמִיד: מִהֲרוּ בָּנָיִךְ
18 מְהָרְסַיִךְ וּמַחֲרִבַיִךְ מִמֵּךְ יֵצֵאוּ: שְׂאִי־סָבִיב
עֵינַיִךְ וּרְאִי כֻּלָּם נִקְבְּצוּ בָאוּ־לָךְ חַי־אָנִי נְאֻם־
יְהוָה כִּי כֻלָּם כָּעֲדִי תִלְבָּשִׁי וּתְקַשְּׁרִים כַּכַּלָּה:
19 כִּי חָרְבֹתַיִךְ וְשֹׁמְמֹתַיִךְ וְאֶרֶץ הֲרִסֻתֵיךְ כִּי עַתָּה
20 תֵּצְרִי מִיּוֹשֵׁב וְרָחֲקוּ מְבַלְּעָיִךְ: עוֹד יֹאמְרוּ
בְאָזְנַיִךְ בְּנֵי שִׁכֻּלָיִךְ צַר־לִי הַמָּקוֹם גְּשָׁה־לִּי
21 וְאֵשֵׁבָה: וְאָמַרְתְּ בִּלְבָבֵךְ מִי יָלַד־לִי אֶת־אֵלֶּה
וַאֲנִי שְׁכוּלָה וְגַלְמוּדָה גֹּלָה וְסוּרָה וְאֵלֶּה מִי גִדֵּל
הֵן אֲנִי נִשְׁאַרְתִּי לְבַדִּי אֵלֶּה אֵיפֹה הֵם:
22 כֹּה־אָמַר אֲדֹנָי יְהוִה הִנֵּה אֶשָּׂא אֶל־גּוֹיִם יָדִי וְאֶל־
עַמִּים אָרִים נִסִּי וְהֵבִיאוּ בָנַיִךְ בְּחֹצֶן וּבְנֹתַיִךְ עַל־
23 כָּתֵף תִּנָּשֶׂאנָה: וְהָיוּ מְלָכִים אֹמְנַיִךְ
וְשָׂרוֹתֵיהֶם מֵינִיקֹתַיִךְ אַפַּיִם אֶרֶץ יִשְׁתַּחֲווּ־לָךְ
וַעֲפַר רַגְלַיִךְ יְלַחֵכוּ וְיָדַעַתְּ כִּי־אֲנִי יְהוָה אֲשֶׁר
24 לֹא־יֵבֹשׁוּ קֹוָי: הֲיֻקַּח מִגִּבּוֹר מַלְקוֹחַ וְאִם־
25 שְׁבִי צַדִּיק יִמָּלֵט: כִּי־כֹה אָמַר יְהוָה גַּם־
שְׁבִי גִבּוֹר יֻקָּח וּמַלְקוֹחַ עָרִיץ יִמָּלֵט וְאֶת־יְרִיבֵךְ
26 אָנֹכִי אָרִיב וְאֶת־בָּנַיִךְ אָנֹכִי אוֹשִׁיעַ: וְהַאֲכַלְתִּי
אֶת־מוֹנַיִךְ אֶת־בְּשָׂרָם וְכֶעָסִיס דָּמָם יִשְׁכָּרוּן
וְיָדְעוּ כָל־בָּשָׂר כִּי אֲנִי יְהוָה מוֹשִׁיעֵךְ וְגֹאֲלֵךְ
אֲבִיר יַעֲקֹב:

CAP. L. נ

1 כֹּה אָמַר יְהוָה אֵי זֶה סֵפֶר כְּרִיתוּת אִמְּכֶם
אֲשֶׁר שִׁלַּחְתִּיהָ אוֹ מִי מִנּוֹשַׁי אֲשֶׁר־מָכַרְתִּי
אֶתְכֶם לוֹ הֵן בַּעֲוֹנֹתֵיכֶם נִמְכַּרְתֶּם וּבְפִשְׁעֵיכֶם
2 שֻׁלְּחָה אִמְּכֶם: מַדּוּעַ בָּאתִי וְאֵין אִישׁ קָרָאתִי
וְאֵין עוֹנֶה הֲקָצוֹר קָצְרָה יָדִי מִפְּדוּת וְאִם־אֵין־בִּי
כֹחַ לְהַצִּיל הֵן בְּגַעֲרָתִי אַחֲרִיב יָם אָשִׂים נְהָרוֹת
מִדְבָּר תִּבְאַשׁ דְּגָתָם מֵאֵין מַיִם וְתָמֹת בַּצָּמָא:
3 אַלְבִּישׁ שָׁמַיִם קַדְרוּת וְשַׂק אָשִׂים כְּסוּתָם:

declare ye, tell this, utter it *even* to the end of the earth ; say ye, The LORD hath redeemed *c* his servant Jacob.

21 And they thirsted not *when* he led them through the deserts : he caused the waters *d* to flow out of the rock for them ; he clave the rock also, and the waters gushed out.

22 *There is* no peace,*f* saith the LORD, unto the wicked.

CHAP. XLIX.

LISTEN, O isles, unto me ; and hearken, ye people, from far ; The LORD hath called me from *h* the womb ; from the bowels of my mother hath he made mention of my name.

2 And he hath made my mouth like a sharp sword ; *i* in *k* the shadow of his hand hath he hid me, and made me a polished shaft ; *l* in his quiver hath he hid me ;

3 And said unto me, Thou *art* my servant, O Israel, in whom I will be glorified.*n*

4 Then I said, I have laboured in vain, I have spent my strength for nought, and in vain ; *yet* surely my judgment *is* with the LORD, and my β work with my God.

5 And now, saith the LORD that formed me from the womb *to be* his servant, to bring Jacob again to him, γ Though Israel be not*p* gathered, yet shall I be glorious in the eyes of the LORD, and my God shall be my strength.

6 And he said, ζ It is a light thing that thou shouldest be my servant to raise up the tribes of Jacob, and to restore the κ preserved of Israel ; I will also give thee for a light*q* to the Gentiles, that thou mayest be my salvation unto the end of the earth.

7 Thus saith the LORD, the Redeemer of Israel, *and* his Holy One, to him λ whom man despiseth,*t* to him whom the nation*u* abhorreth, to a servant of rulers, kings *v* shall see and arise, princes also shall worship, because of the LORD that is faithful, *and* the Holy One of Israel, and he shall choose thee.

8 Thus saith the LORD, In an acceptable *x* time have I heard thee, and in a day of salvation have I helped thee : and I will preserve thee, and give thee for a covenant of the people, to π establish the earth, to cause to inherit the desolate heritages ;

9 That thou mayest say to the prisoners,*z* Go forth ; to them that *are* in darkness,*a* Shew yourselves. They shall feed in the ways, and their pastures *shall be* in all high places.

10 They shall not hunger *c* nor thirst; neither shall the heat nor sun smite them : for he that hath mercy on them shall lead *e* them, even by the springs of water shall he guide them.

11 And*f* I will make all my mountains a way, and my highways shall be exalted.

12 Behold, these shall come from far ; and, lo, these from the north and from the west ; and these from the land of Sinim.

13 Sing, O heavens ; and be joyful, O earth ; and break forth into singing, O mountains ; for the LORD hath comforted his people, and will have mercy upon his afflicted.

14 But Zion said,*g* The LORD hath forsaken me, and my Lord hath forgotten me.

15 Can a woman forget her sucking child, σ that she should not have compassion on the son of her womb ? yea, they

---

B. C. 712.

a ch. 44. 21.
Mat. 7. 11.
b Ca. 8. 6.
c 2 Sa. 7. 23.
Re. 5. 9.
d Ex. 17. 6.
Nu. 20. 11.
e Eze. 28. 24.
Mat. 13 41,
42.
Re. 22. 15.
f ch. 57. 21.
g ch. 60. 8.
Zec. 2. 4.
10. 10.
h Je. 1. 5.
Lu.1.15,31.
Ga. 1. 15.
i Ho. 6. 5.
He. 4. 12.
Re. 1. 16.
k ch. 51. 16.
l Ps. 45. 5.
m Ro. 11. 11,
&c.
n ch. 43. 21.
Jno. 13. 31.
1 Pe. 2. 9.
β or. *reward*,
ch. 40. 10.
γ or, *That Israel may be gathered to him, and I may.*
o ch. 66. 20.
p Mat. 23. 37.
δ *bosom.*
ϛ or, *Art thou lighter than that thou, &c.*
η *nourishers.*
θ *princesses.*
κ or, *desolations.*
q Ac. 13. 47.
r Ps.72.9,&c.
λ or, *that is despised in soul.*
s Ro. 9. 33.
t ch. 53. 3.
u Lu. 23. 18.,
23.
v Ps.72.10,11.
w Mat. 12. 29.
μ *the captivity of the just.*
ν *captivity.*
x Ps. 69. 13.
2 Co. 6. 2.
Ep. 1. 6.
π or, *raise up.*
y Re. 16. 6.
ρ or, *new.*
z Zec. 9. 12.
a 1 Pe. 2. 9.
b Je. 3. 8.
Ho. 2. 2.
c Re. 7. 16.
d ch. 52. 3.
e Ps. 23. 2.
f Ps. 107.4,7.
g Ps. 77. 9,10.
h Mat. 13. 54.
i Mat. 11. 28.
σ *from having compassion.*

---

may forget, yet *a* will I not forget thee.

16 Behold, I have graven *b* thee upon the palms of *my* hands ; thy walls *are* continually before me.

17 Thy children shall make haste ; thy destroyers *e* and they that made thee waste, shall go forth of thee.

18 Lift up thine eyes round about, and behold : all these*g* gather themselves together, *and* come to thee. *As* I live, saith the LORD, thou shalt surely clothe thee with them all, as with an ornament, and bind them *on thee,* as a bride *doeth.*

19 For thy waste, and thy desolate places, and the land of thy destruction, shall even now be too narrow by reason of the inhabitants, and they that swallowed thee up shall be far away.

20 The children which thou shalt have, after *m* thou hast lost the other, shall say again in thy ears,The place *is* too strait for me : give place to me that I may dwell.

21 Then shalt thou say in thine heart, Who hath begotten me these, seeing I have lost my children, and am desolate, a captive, and removing to and fro? and who hath brought up these? Behold, I was left alone ; these, where *had* they *been?*

22 Thus saith *o* the Lord GOD, Behold, I will lift up mine hand to the Gentiles, and set up my standard to the people : and they shall bring thy sons in *their* δ arms, and thy daughters shall be carried upon *their* shoulders.

23 And kings shall be thy η nursing fathers, and their θ queens thy nursing mothers : they shall bow down to thee with *their* face toward the earth, and lick up the dust of thy feet ; and thou shalt know that I *am* the LORD : for they shall not be ashamed *d* that wait for me.

24 Shall the prey be taken from the mighty,*w* or μthe lawful captive delivered?

25 But thus saith the LORD, Even the ν captives of the mighty shall be taken away, and the prey of the terrible shall be delivered : for I will contend with him that contendeth with thee, and I will save thy children.

26 And I will feed them that oppress thee with their own flesh ; and they shall be drunken with*y* their own blood, as with ρ sweet wine : and all flesh shall know that I the LORD *am* thy Saviour, and thy Redeemer, the Mighty One of Jacob.

CHAP. L.

THUS saith the LORD, Where *is* the bill of your mother's divorcement,*b* whom I have put away ? or which of my creditors *is it* to whom I have sold you ? Behold, for your iniquities have ye sold yourselves,*d* and for your transgressions is your mother put away.

2 Wherefore, when I came, *was there* no man? when I called, *was there* none to answer? Is my hand shortened at all, that it cannot redeem ? or have I no power to deliver? behold, at my rebuke I dry up the sea, I make the rivers a wilderness : their fish stinketh, because *there is* no water, and dieth for thirst.

3 I clothe the heavens with blackness, and I make sackcloth their covering.

4 The Lord GOD hath given me the tongue of the learned,*h* that I should know how to speak a word in season to *him that is* weary : *i* he wakeneth morning by morning, he wakeneth mine ear to hear as the learned.

וְעוֹלָמִים הֲלוֹא אַתְּ הִיא הַמַּחְצֶבֶת רַהַב מְחוֹלֶלֶת 4
תַּנִּין ׃ הֲלוֹא אַתְּ הִיא הַמַּחֲרֶבֶת יָם מֵי תְּהוֹם 10
רַבָּה הַשָּׂמָה מַעֲמַקֵּי יָם דֶּרֶךְ לַעֲבֹר גְּאוּלִים ׃ 5
וּפְדוּיֵי יְהֹוָה יְשׁוּבוּן וּבָאוּ צִיּוֹן בְּרִנָּה וְשִׂמְחַת 11
עוֹלָם עַל רֹאשָׁם שָׂשׂוֹן וְשִׂמְחָה יַשִּׂיגוּן נָסוּ יָגוֹן
וַאֲנָחָה ׃ אָנֹכִי אָנֹכִי הוּא מְנַחֶמְכֶם 12

CAP. LI. נא

שִׁמְעוּ אֵלַי רֹדְפֵי צֶדֶק מְבַקְשֵׁי יְהֹוָה הַבִּיטוּ אֶל 1
צוּר חֻצַּבְתֶּם וְאֶל מַקֶּבֶת בּוֹר נֻקַּרְתֶּם ׃ הַבִּיטוּ 2

CAP. LII. נב

עוּרִי עוּרִי לִבְשִׁי עֻזֵּךְ צִיּוֹן לִבְשִׁי בִּגְדֵי תִפְאַרְתֵּךְ 1

5 The Lord GOD hath opened *a* mine ear, and I was not *b* rebellious, neither turned away back.

6 I *d* gave my back to the smiters, and my cheeks to them that plucked off the hair: I hid not my face from shame and spitting.

7 For the Lord GOD will help me; therefore shall I not be confounded: therefore have I set my face like a flint, and I know that I shall not be ashamed.

8 He *g* is near that justifieth me; who will contend with me? let us stand together: who *is* β mine adversary? *h* let him come near to me.

9 Behold, the Lord GOD will help me; who *is* he *that* shall condemn me? lo, *k* they all shall wax old as a garment; the moth *l* shall eat them up.

10 Who *is* among you that feareth the LORD, that obeyeth the voice of his servant, that walketh *in* darkness, *n* and hath no light? let him trust *o* in the name of the LORD, and stay upon his God.

11 Behold, all ye that kindle a fire, that compass *yourselves* about with sparks; walk *r* in the light of your fire, and in the sparks *that* ye have kindled. This shall ye have of mine hand, ye shall lie down in sorrow. *t*

CHAP. LI.

HEARKEN *u* to me, ye that follow *v* after righteousness, ye that seek the LORD: look unto the rock *whence* ye are hewn, and to the hole of the pit *whence* ye are digged.

2 Look *x* unto Abraham your father, and unto Sarah *that* bare you: for I called *y* him alone, and blessed *z* him, and increased him.

3 For the LORD shall comfort Zion: *a* he will comfort all her waste places, and he will make her wilderness like Eden, and her desert like the garden of the LORD; joy *b* and gladness shall be found therein, thanksgiving, and the voice of melody.

4 Hearken unto me, my people, and give ear unto me, O my nation: for a law *d* shall proceed from me, and I will make my judgment to rest for a light of the people.

5 My *e* righteousness *is* near; my salvation is gone forth, and mine arms shall judge *g* the people: the isles *h* shall wait upon me, and on mine arm shall they trust.

6 Lift up your eyes to the heavens, and look upon the earth beneath; for *k* the heavens shall vanish away like smoke, and the earth shall wax old like a garment, and they that dwell therein shall die in like manner: but my salvation shall be for ever, and my righteousness shall not *o* be abolished.

7 Hearken *p* unto me, ye that know righteousness, the people in whose heart *q* *is* my law; fear ye not *r* the reproach of men, neither be ye afraid of their revilings.

8 For the moth *u* shall eat them up like a garment, and the worm shall eat them like wool: but my righteousness shall be for ever, and my salvation from generation to generation.

9 Awake, awake, put on strength, *w* O arm of the LORD; awake, as in the ancient days, in the generations of old. *Art* thou not it that hath cut Rahab, *y* *and* wounded the dragon? *z*

10 *Art* thou not it which hath dried *a* the sea, the waters of the great deep; that hath made the depths of the sea a way for the ransomed to pass over?

11 Therefore *b* the redeemed of the LORD

shall return, and come with singing unto Zion; and everlasting joy *c* *shall be* upon their head: they shall obtain gladness and joy; *and* sorrow *e* and mourning shall flee away.

12 I, *f* *even* I, *am* he that comforteth you: who *art* thou, that thou shouldest be afraid of a man *that* shall die, and of the son of man *which* shall be made *as* grass;

13 And forgettest the LORD thy Maker, that hath stretched forth the heavens, and laid the foundations of the earth; and hast feared continually every day because of the fury of the oppressor, as if he *γ* were ready to destroy? and where *i* *is* the fury of the oppressor?

14 The captive exile hasteneth that he may be loosed, and that he should not die in the pit, *m* nor that his bread should fail.

15 But I *am* the LORD thy God, that divided the sea, whose waves roared: The LORD of hosts *is* his name.

16 And I have put my words *p* in thy mouth, and I have covered thee in the shadow *q* of mine hand, that I may plant the heavens, *s* and lay the foundations of the earth, and say unto Zion, Thou *art* my people.

17 Awake, awake, stand up, O Jerusalem, which hast drunk at the hand of the LORD the cup of his fury: thou *w* hast drunken the dregs of the cup of trembling, *and* wrung *them* out.

18 *There is* none to guide her among all the sons *whom* she hath brought forth; neither *is there any* that taketh her by the hand of all the sons *that* she hath brought up.

19 These two *things* δ are come unto thee; who shall be sorry for thee? desolation, and ζ destruction, and the famine, and the sword: by *e* whom shall I comfort thee?

20 Thy sons have fainted, they lie at the head of all the streets, as a wild bull in a net: they are full of the fury of the LORD, the rebuke of thy God.

21 Therefore, hear now this, thou afflicted, and drunken, *f* but not with wine:

22 Thus saith thy Lord the LORD, and thy God *that* pleadeth the cause of his people, Behold, I have taken out of thine hand the cup of trembling, *even* the dregs of the cup of my fury; thou shalt no more *i* drink it again:

23 But *m* I will put it into the hand of them that afflict thee; which have said to thy soul, Bow down, that we may go over, and thou hast laid *n* thy body as the ground, and as the street, to them that went over.

CHAP. LII.

AWAKE, awake; put on thy strength, O Zion; put on thy beautiful garments, O Jerusalem, the holy *s* city: for henceforth *t* there shall no more come into thee the uncircumcised and the unclean.

2 Shake *v* thyself from the dust; arise, *and* sit down, O Jerusalem: loose thyself from the bands of thy neck, O captive daughter of Zion.

3 For thus saith the LORD, Ye have sold *x* yourselves for nought; and ye shall be redeemed without money.

4 For thus saith the Lord GOD, My people went down aforetime into Egypt to sojourn there; and the Assyrian oppressed them without cause.

5 Now, therefore, what have I here, saith the LORD, that my people is taken

B. C. 712.
a Ps. 40. 6.8.
b Mat. 26. 39.
   Jnᵒ. 14. 31.
c Jude 24.
d Mat. 26. 67.
   27. 26.
e Re. 21. 4.
f ver. 3.
  2 Co. 1. 3.
g Ro.8.32..34.
β *the master of my cause.*
h Zec.3.1,&c.
  Re. 12. 10.
γ or, *made himself ready.*
i Job 20. 7.
k Job 13. 28.
l ch. 51. 8.
m Zec. 9. 11.
n Ps. 23. 4.
  Mi. 7. 8.
o Job 13. 15.
  Ps. 52. 8.
  Na. 1. 7.
  He. 10. 35..37.
p Jnᵒ. 3. 34.
q ch. 49. 2.
r Ec. 11. 9.
s 2 Pe. 3. 13.
t Ps. 16. 4.
u ver. 7.
v Ro.9.30,31.
w ver. 22.
  Ps. 75. 8.
x He.11.8..12.
y Ge. 12. 1, 2.
z Ge. 22. 17.
  24. 1, 35.
a ch. 52. 9.
  Ps. 85. 8.
δ *happened.*
ζ *breaking.*
b 1 Pe. 1. 8.
c La.2.11..13.
  Am. 7. 2.
d Ro. 8. 2.
e ch. 56. 1.
f La. 3. 15.
g Ps. 98. 9.
h ch. 42. 4.
  60. 9.
i Ps. 35. 1.
  Je.50. 34.
  Mi. 7. 9.
k He.1.11,12.
  2Pe.3.10,12.
l ch. 54.7..9.
m Je. 25. 17..29.
n Ps.66.11,12.
o Da. 9. 24.
p ver. 1..4.
q Ps. 37. 31.
r Mat. 10. 28.
s Ne. 11. 1.
  Re.21.2,27.
t Na. 1. 15.
u Job 4. 19..21.
v Zec. 2. 7.
w Re. 11. 17.
x Ro. 7. 14..25.
y Ps.89.10.
z ch. 27. 1.
  Ps.74.13,14.
a Ex. 14. 21.
b ch. 35. 10.

מִצְרַיִם יָרַד־עַמִּי בָרִאשֹׁנָה לָגוּר שָׁם וְאַשּׁוּר בְּאֶפֶס | נִגְזַר מֵאֶרֶץ חַיִּים מִפֶּשַׁע עַמִּי נֶגַע לָמוֹ: 9 וַיִּתֵּן
עֲשָׁקוֹ: וְעַתָּה מַה־לִּי־פֹה נְאֻם־יְהוָֹה כִּי־לֻקַּח | אֶת־רְשָׁעִים קִבְרוֹ וְאֶת־עָשִׁיר בְּמֹתָיו עַל לֹא־חָמָס 5
עַמִּי חִנָּם מֹשְׁלָו יְהֵילִילוּ נְאֻם־יְהוָֹה וְתָמִיד כָּל־ | עָשָׂה וְלֹא מִרְמָה בְּפִיו: וַיהוָֹה חָפֵץ דַּכְּאוֹ 10
הַיּוֹם שְׁמִי מִנֹּאָץ: לָכֵן יֵדַע עַמִּי שְׁמִי לָכֵן בַּיּוֹם 6 | הֶחֱלִי אִם־תָּשִׂים אָשָׁם נַפְשׁוֹ יִרְאֶה זֶרַע יַאֲרִיךְ
הַהוּא כִּי־אֲנִי־הוּא הַמְדַבֵּר הִנֵּנִי: מַה־ 7 | יָמִים וְחֵפֶץ יְהוָֹה בְּיָדוֹ יִצְלָח: מֵעֲמַל נַפְשׁוֹ 11
נָּאווּ עַל־הֶהָרִים רַגְלֵי מְבַשֵּׂר מַשְׁמִיעַ שָׁלוֹם | יִרְאֶה יִשְׂבָּע בְּדַעְתּוֹ יַצְדִּיק צַדִּיק עַבְדִּי לָרַבִּים
מְבַשֵּׂר טוֹב מַשְׁמִיעַ יְשׁוּעָה אֹמֵר לְצִיּוֹן מָלַךְ | וַעֲוֺנֹתָם הוּא יִסְבֹּל: לָכֵן אֲחַלֶּק־לוֹ בָרַבִּים וְאֶת־ 12
אֱלֹהָיִךְ: קוֹל צֹפַיִךְ נָשְׂאוּ קוֹל יַחְדָּו יְרַנֵּנוּ כִּי 8 | עֲצוּמִים יְחַלֵּק שָׁלָל תַּחַת אֲשֶׁר הֶעֱרָה לַמָּוֶת
עַיִן בְּעַיִן יִרְאוּ בְּשׁוּב יְהוָֹה צִיּוֹן: פִּצְחוּ רַנְּנוּ 9 | נַפְשׁוֹ וְאֶת־פֹּשְׁעִים נִמְנָה וְהוּא חֵטְא־רַבִּים
יַחְדָּו חָרְבוֹת יְרוּשָׁלָיִם כִּי־נִחַם יְהוָֹה עַמּוֹ גָּאַל | נָשָׂא וְלַפֹּשְׁעִים יַפְגִּיעַ:
יְרוּשָׁלָיִם: חָשַׂף יְהוָֹה אֶת־זְרוֹעַ קָדְשׁוֹ לְעֵינֵי כָּל־ 10
הַגּוֹיִם וְרָאוּ כָּל־אַפְסֵי־אָרֶץ אֵת יְשׁוּעַת אֱלֹהֵינוּ: | **CAP. LIV. נד**
סוּרוּ סוּרוּ צְאוּ מִשָּׁם טָמֵא אַל־תִּגָּעוּ 11 | רָנִּי עֲקָרָה לֹא יָלָדָה פִּצְחִי רִנָּה וְצַהֲלִי לֹא־חָלָה 1
צְאוּ מִתּוֹכָהּ הִבָּרוּ נֹשְׂאֵי כְּלֵי יְהוָֹה: כִּי לֹא 12 | כִּי־רַבִּים בְּנֵי־שׁוֹמֵמָה מִבְּנֵי בְעוּלָה אָמַר יְהוָֹה:
בְחִפָּזוֹן תֵּצֵאוּ וּבִמְנוּסָה לֹא תֵלֵכוּן כִּי־הֹלֵךְ | הַרְחִיבִי מְקוֹם אָהֳלֵךְ וִירִיעוֹת מִשְׁכְּנוֹתַיִךְ יַטּוּ 2
לִפְנֵיכֶם יְהוָֹה וּמְאַסִּפְכֶם אֱלֹהֵי יִשְׂרָאֵל: | אַל־תַּחְשֹׂכִי הַאֲרִיכִי מֵיתָרַיִךְ וִיתֵדֹתַיִךְ חַזֵּקִי:
הִנֵּה יַשְׂכִּיל עַבְדִּי יָרוּם וְנִשָּׂא וְגָבַהּ מְאֹד: 13 | כִּי־יָמִין וּשְׂמֹאול תִּפְרֹצִי וְזַרְעֵךְ גּוֹיִם יִירָשׁ וְעָרִים 3
כַּאֲשֶׁר שָׁמְמוּ עָלֶיךָ רַבִּים כֵּן־מִשְׁחַת מֵאִישׁ מַרְאֵהוּ 14 | נְשַׁמּוֹת יוֹשִׁיבוּ: אַל־תִּירְאִי כִּי־לֹא תֵבוֹשִׁי וְאַל־ 4
וְתֹאֲרוֹ מִבְּנֵי אָדָם: כֵּן יַזֶּה גּוֹיִם רַבִּים עָלָיו יִקְפְּצוּ 15 | תִּכָּלְמִי כִּי־לֹא תַחְפִּירִי כִּי בֹשֶׁת עֲלוּמַיִךְ תִּשְׁכָּחִי
מְלָכִים פִּיהֶם כִּי אֲשֶׁר לֹא־סֻפַּר לָהֶם רָאוּ וַאֲשֶׁר | וְחֶרְפַּת אַלְמְנוּתַיִךְ לֹא תִזְכְּרִי־עוֹד: כִּי בֹעֲלַיִךְ 5
לֹא־שָׁמְעוּ הִתְבּוֹנָנוּ: | עֹשַׂיִךְ יְהוָֹה צְבָאוֹת שְׁמוֹ וְגֹאֲלֵךְ קְדוֹשׁ יִשְׂרָאֵל
אֱלֹהֵי כָל־הָאָרֶץ יִקָּרֵא: כִּי־כְאִשָּׁה עֲזוּבָה 6
CAP. LIII. נג | וַעֲצוּבַת רוּחַ קְרָאָךְ יְהוָֹה וְאֵשֶׁת נְעוּרִים כִּי
מִי הֶאֱמִין לִשְׁמֻעָתֵנוּ וּזְרוֹעַ יְהוָֹה עַל־מִי נִגְלָתָה: 1 | תִמָּאֵס אָמַר אֱלֹהָיִךְ: בְּרֶגַע קָטֹן עֲזַבְתִּיךְ 7
וַיַּעַל כַּיּוֹנֵק לְפָנָיו וְכַשֹּׁרֶשׁ מֵאֶרֶץ צִיָּה לֹא־תֹאַר 2 | וּבְרַחֲמִים גְּדֹלִים אֲקַבְּצֵךְ: בְּשֶׁצֶף קֶצֶף 8
לוֹ וְלֹא הָדָר וְנִרְאֵהוּ וְלֹא־מַרְאֶה וְנֶחְמְדֵהוּ: | הִסְתַּרְתִּי פָנַי רֶגַע מִמֵּךְ וּבְחֶסֶד עוֹלָם רִחַמְתִּיךְ
נִבְזֶה וַחֲדַל אִישִׁים אִישׁ מַכְאֹבוֹת וִידוּעַ חֹלִי 3 | אָמַר גֹּאֲלֵךְ יְהוָֹה: כִּי־מֵי נֹחַ זֹאת 9
וּכְמַסְתֵּר פָּנִים מִמֶּנּוּ נִבְזֶה וְלֹא חֲשַׁבְנֻהוּ: אָכֵן 4 | לִי אֲשֶׁר נִשְׁבַּעְתִּי מֵעֲבֹר מֵי־נֹחַ עוֹד עַל־הָאָרֶץ
חֳלָיֵנוּ הוּא נָשָׂא וּמַכְאֹבֵינוּ סְבָלָם וַאֲנַחְנוּ | כֵּן נִשְׁבַּעְתִּי מִקְּצֹף עָלַיִךְ וּמִגְּעָר־בָּךְ: כִּי 10
חֲשַׁבְנֻהוּ נָגוּעַ מֻכֵּה אֱלֹהִים וּמְעֻנֶּה: וְהוּא 5 | הֶהָרִים יָמוּשׁוּ וְהַגְּבָעוֹת תְּמוּטֶינָה וְחַסְדִּי מֵאִתֵּךְ
מְחֹלָל מִפְּשָׁעֵנוּ מְדֻכָּא מֵעֲוֺנֹתֵינוּ מוּסַר שְׁלוֹמֵנוּ | לֹא־יָמוּשׁ וּבְרִית שְׁלוֹמִי לֹא תָמוּט אָמַר מְרַחֲמֵךְ
עָלָיו וּבַחֲבֻרָתוֹ נִרְפָּא־לָנוּ: כֻּלָּנוּ כַּצֹּאן תָּעִינוּ 6 | יְהוָֹה: עֲנִיָּה סֹעֲרָה לֹא נֻחָמָה הִנֵּה 11
אִישׁ לְדַרְכּוֹ פָּנִינוּ וַיהוָֹה הִפְגִּיעַ בּוֹ אֵת עֲוֺן כֻּלָּנוּ: | אָנֹכִי מַרְבִּיץ בַּפּוּךְ אֲבָנַיִךְ וִיסַדְתִּיךְ בַּסַּפִּירִים:
נִגַּשׂ וְהוּא נַעֲנֶה וְלֹא יִפְתַּח־פִּיו כַּשֶּׂה לַטֶּבַח 7 | וְשַׂמְתִּי כַּדְכֹד שִׁמְשֹׁתַיִךְ וּשְׁעָרַיִךְ לְאַבְנֵי אֶקְדָּח 12
יוּבָל וּכְרָחֵל לִפְנֵי גֹזְזֶיהָ נֶאֱלָמָה וְלֹא יִפְתַּח פִּיו: | וְכָל־גְּבוּלֵךְ לְאַבְנֵי־חֵפֶץ: וְכָל־בָּנַיִךְ לִמּוּדֵי יְהוָֹה 13
מֵעֹצֶר וּמִמִּשְׁפָּט לֻקָּח וְאֶת־דּוֹרוֹ מִי יְשׂוֹחֵחַ כִּי 8 | וְרַב שְׁלוֹם בָּנָיִךְ: בְּצְדָקָה תִּכּוֹנָנִי רַחֲקִי 14

away for nought? they that rule over them make them to howl, saith the LORD; and my name continually every day *is* blasphemed.[b]

6 Therefore my people shall know my name : therefore *they shall know* in that day that I *am* he that doth speak ; behold, *it is* I.

7 How beautiful[d] upon the mountains[e] are the feet of him that bringeth good tidings, that publisheth peace ; that bringeth good tidings[g] of good, that publisheth salvation ; that saith unto Zion, Thy God reigneth !

8 Thy watchmen shall lift up the voice ; with the voice together shall they sing ; for they shall see[i] eye to eye, when the LORD shall bring again Zion.

9 Break forth into joy, sing together, ye waste places of Jerusalem : for the LORD hath comforted his people, he hath redeemed Jerusalem.

10 The[o] LORD hath made bare his holy arm in the eyes of all the nations ; and all[q] the ends of the earth shall see the salvation of our God.

11 Depart[r] ye, depart ye, go ye out from thence, touch[s] no unclean *thing ;* go ye out of the midst of her ; be[t] ye clean, that bear the vessels of the LORD.

12 For ye shall not go out with haste, nor go by flight : for the LORD will go before you ; and the God of Israel *will* ζ *be* your rereward.

13 Behold, my servant shall η deal prudently, he shall be exalted and extolled, and be very high.

14 As many were astonished at thee ; his visage was so marred more than any man, and his form more than the sons of men ;

15 So shall he sprinkle[u] many nations : the kings shall shut their mouths at him : for *that* which had not been told them shall they see, and *that* which they had not heard shall they consider.

CHAP. LIII.

WHO hath believed[w] our θ report ? and to whom[x] is the arm of the LORD revealed?

2 For he shall grow up before him as a tender plant, and as a root out of a dry ground ; he hath no form nor comeliness ; and when we shall see him, *there is* no beauty that we should desire him.

3 He is despised and rejected[z] of men ; a man of sorrows, and acquainted[a] with grief : and κ we hid as it were *our* faces from him ; he was despised, and we esteemed him not.

4 Surely he hath borne our griefs, and carried our sorrows :[b] yet we did esteem him stricken, smitten of God, and afflicted.

5 But he *was* λ wounded for our transgressions, *he was* bruised for our iniquities : the chastisement of our peace *was* upon him ; and with his μ stripes[d] we are healed.

6 All we, like sheep, have gone astray ; we have turned every one to his own way ; and the LORD hath ν laid on him the iniquity of us[f] all.

7 He was oppressed, and he was afflicted ; yet he opened not his mouth : he is brought as a lamb to the slaughter, and as a sheep before her shearers is dumb, so he openeth not his mouth.

8 He[h] was taken π from prison and from judgment : and who shall declare his generation? for he[k] was cut off out of the land of the living : for the trans-

B. C. 712.

β *the stroke upon him.*
a Mat. 27.57.
γ *deaths.*
b Ro. 2. 24.
δ *when his soul shall make.*
c 2 Co. 5. 21.
He.9.24. 26.
d Na. 1. 15.
Ro. 10. 15.
e ch. 25. 6, 7.
Ca. 2. 8.
f 2 Th. 1. 11.
g Lu.2.10,11.
h Jnº. 17. 3.
2 Pe.1.2, 3.
i 1 Jnº. 2. 1.
k Ro. 3. 24.
l 1 Co. 13. 12.
m He. 12. 2.
n He. 7. 25.
1 Jnº. 2. 1.
o Ps. 98. 2, 3.
p Zep. 3. 14.
Ga. 4. 27.
q Lu. 3. 6.
r Zec. 2. 6, 7.
2 Co. 6. 17.
Re. 18. 4.
s Le.15.5,&c.
Hag. 2. 13.
t Le.22.2,&c.
ζ *gather you up.*
η or, *prosper,* ch. 53. 10.
u Eze. 36. 25.
v Je. 3. 14.
w Jnº. 1. 7,12.
Ep. 1. 18,19.
θ *hearing, or, doctrine.*
x Jnº. 12. 37.
Ro. 10. 16.
y 2 Co. 4. 17.
z Lu. 23. 18, &c.
a He. 4. 15.
κ *as a hiding of faces from him, or, from us ;* or, *he hid as it were his face from us.*
b Mat. 26. 37.
λ or, *tormented.*
c Ro. 11. 29.
μ *bruise.*
d 1Pe.2.24,25.
e 2 Sa. 23. 5.
ν *made the iniquities of us all to meet on him.*
f Ro. 4. 25.
1 Pe. 3. 18.
g Re. 21. 18.
h Ac.8.32..35.
π or, *away by distress and judgment : but who.*
i Jnº. 6. 45.
k Da. 9. 26.

gression of my people was β he stricken.

9 And he made his grave with the wicked, and with the rich[a] in his γ death ; because he had done no violence, neither *was any* deceit in his mouth.

10 Yet it pleased the LORD to bruise him ; he hath put *him* to grief : δ when thou shalt make his soul an[c] offering for sin, he shall see *his* seed, he shall prolong *his* days, and the pleasure[f] of the LORD shall prosper in his hand.

11 He shall see of the travail of his soul, *and* shall be satisfied : by his[h] knowledge shall my righteous[i] servant justify[k] many ; for he shall bear their iniquities.

12 Therefore will I divide him *a portion* with the great, and he shall divide the spoil with the strong ; because[m] he hath poured out his soul unto death : and he was numbered with the transgressors ; and he bare the sin of many, and made intercession[n] for the transgressors.

CHAP. LIV.

SING,[p] O barren, thou *that* didst not bear ; break forth into singing, and cry aloud, thou *that* didst not travail with child : for more *are* the children of the desolate than the children of the married wife, saith the LORD.

2 Enlarge the place of thy tent, and let them stretch forth the curtains of thine habitations : spare not, lengthen thy cords, and strengthen thy stakes :

3 For thou shalt break forth on the right hand and on the left, and thy seed shall inherit the Gentiles, and make the desolate cities to be inhabited.

4 Fear not ; for thou shalt not be ashamed : neither be thou confounded ; for thou shalt not be put to shame : for thou shalt forget the shame of thy youth, and shalt not remember the reproach of thy widowhood any more.

5 For thy Maker *is* thine husband ;[v] the LORD of hosts *is* his name ; and thy Redeemer, the Holy One of Israel ; the God of the whole earth shall he be called.

6 For the LORD hath called thee as a woman forsaken and grieved in spirit, and a wife of youth, when thou wast refused, saith thy God.

7 For a small moment[y] have I forsaken thee ; but with great mercies will I gather thee.

8 In a little wrath I hid my face from thee for a moment ; but with everlasting kindness will I have mercy on thee, saith the LORD thy Redeemer.

9 For this *is as* the waters of Noah unto me : for *as* I have sworn that the waters of Noah should no more go over the earth ; so have I sworn that I would not be wroth with thee, nor rebuke thee.

10 For[c] the mountains shall depart, and the hills be removed ; but my kindness shall not depart from thee, neither shall the covenant[e] of my peace be removed, saith the LORD that hath mercy on thee.

11 O thou afflicted, tossed with tempest, *and* not comforted, behold, I will lay thy stones[g] with fair colours, and lay thy foundations with sapphires.

12 And I will make thy windows of agates, and thy gates of carbuncles, and all thy borders of pleasant stones.

13 And[i] all thy children *shall be* taught of the LORD ; and great *shall be* the peace of thy children.

14 In righteousness shalt thou be estab-

15 הֵן גּוֹר יָגוּר אֶפֶס מֵאוֹתִי מִי־גָר אִתָּךְ עָלַיִךְ יִפּוֹל׃
16 הֵן אָנֹכִי בָּרָאתִי חָרָשׁ נֹפֵחַ בְּאֵשׁ פֶּחָם וּמוֹצִיא כְלִי לְמַעֲשֵׂהוּ וְאָנֹכִי בָּרָאתִי מַשְׁחִית לְחַבֵּל׃
17 כָּל־כְּלִי יוּצַר עָלַיִךְ לֹא יִצְלָח וְכָל־לָשׁוֹן תָּקוּם־אִתָּךְ לַמִּשְׁפָּט תַּרְשִׁיעִי זֹאת נַחֲלַת עַבְדֵי יְהוָה וְצִדְקָתָם מֵאִתִּי נְאֻם־יְהוָה׃

CAP. LV. נה

1 הוֹי כָּל־צָמֵא לְכוּ לַמַּיִם וַאֲשֶׁר אֵין־לוֹ כָּסֶף לְכוּ שִׁבְרוּ וֶאֱכֹלוּ וּלְכוּ שִׁבְרוּ בְּלוֹא־כֶסֶף וּבְלוֹא מְחִיר יַיִן וְחָלָב׃
2 לָמָּה תִשְׁקְלוּ־כֶסֶף בְּלוֹא־לֶחֶם וִיגִיעֲכֶם בְּלוֹא לְשָׂבְעָה שִׁמְעוּ שָׁמוֹעַ אֵלַי וְאִכְלוּ־טוֹב וְתִתְעַנַּג בַּדֶּשֶׁן נַפְשְׁכֶם׃
3 הַטּוּ אָזְנְכֶם וּלְכוּ אֵלַי שִׁמְעוּ וּתְחִי נַפְשְׁכֶם וְאֶכְרְתָה לָכֶם בְּרִית עוֹלָם חַסְדֵי דָוִד הַנֶּאֱמָנִים׃
4 הֵן עֵד לְאוּמִּים נְתַתִּיו נָגִיד וּמְצַוֵּה לְאֻמִּים׃
5 הֵן גּוֹי לֹא־תֵדַע תִּקְרָא וְגוֹי לֹא־יְדָעוּךָ אֵלֶיךָ יָרוּצוּ לְמַעַן יְהוָה אֱלֹהֶיךָ וְלִקְדוֹשׁ יִשְׂרָאֵל כִּי פֵאֲרָךְ׃
6 דִּרְשׁוּ יְהוָה בְּהִמָּצְאוֹ קְרָאֻהוּ בִּהְיוֹתוֹ קָרוֹב׃
7 יַעֲזֹב רָשָׁע דַּרְכּוֹ וְאִישׁ אָוֶן מַחְשְׁבֹתָיו וְיָשֹׁב אֶל־יְהוָה וִירַחֲמֵהוּ וְאֶל־אֱלֹהֵינוּ כִּי־יַרְבֶּה לִסְלוֹחַ׃
8 כִּי לֹא מַחְשְׁבוֹתַי מַחְשְׁבוֹתֵיכֶם וְלֹא דַרְכֵיכֶם דְּרָכָי נְאֻם יְהוָה׃
9 כִּי־גָבְהוּ שָׁמַיִם מֵאָרֶץ כֵּן גָּבְהוּ דְרָכַי מִדַּרְכֵיכֶם וּמַחְשְׁבֹתַי מִמַּחְשְׁבֹתֵיכֶם׃
10 כִּי כַּאֲשֶׁר יֵרֵד הַגֶּשֶׁם וְהַשֶּׁלֶג מִן־הַשָּׁמַיִם וְשָׁמָּה לֹא יָשׁוּב כִּי אִם־הִרְוָה אֶת־הָאָרֶץ וְהוֹלִידָהּ וְהִצְמִיחָהּ וְנָתַן זֶרַע לַזֹּרֵעַ וְלֶחֶם לָאֹכֵל׃
11 כֵּן יִהְיֶה דְבָרִי אֲשֶׁר יֵצֵא מִפִּי לֹא־יָשׁוּב אֵלַי רֵיקָם כִּי אִם־עָשָׂה אֶת־אֲשֶׁר חָפַצְתִּי וְהִצְלִיחַ אֲשֶׁר שְׁלַחְתִּיו׃
12 כִּי־בְשִׂמְחָה תֵצֵאוּ וּבְשָׁלוֹם תּוּבָלוּן הֶהָרִים וְהַגְּבָעוֹת יִפְצְחוּ לִפְנֵיכֶם רִנָּה וְכָל־עֲצֵי הַשָּׂדֶה יִמְחֲאוּ־כָף׃
13 תַּחַת הַנַּעֲצוּץ יַעֲלֶה בְרוֹשׁ תַּחַת הַסִּרְפַּד יַעֲלֶה הֲדַס וְהָיָה לַיהוָה לְשֵׁם לְאוֹת עוֹלָם לֹא יִכָּרֵת׃

CAP. LVI. נו

1 כֹּה אָמַר יְהוָה שִׁמְרוּ מִשְׁפָּט וַעֲשׂוּ צְדָקָה כִּי־

2 קְרוֹבָה יְשׁוּעָתִי לָבוֹא וְצִדְקָתִי לְהִגָּלוֹת׃ אַשְׁרֵי אֱנוֹשׁ יַעֲשֶׂה־זֹּאת וּבֶן־אָדָם יַחֲזִיק בָּהּ שֹׁמֵר שַׁבָּת מֵחַלְּלוֹ וְשֹׁמֵר יָדוֹ מֵעֲשׂוֹת כָּל־רָע׃
3 וְאַל־יֹאמַר בֶּן־הַנֵּכָר הַנִּלְוָה אֶל־יְהוָה לֵאמֹר הַבְדֵּל יַבְדִּילַנִי יְהוָה מֵעַל עַמּוֹ וְאַל־יֹאמַר הַסָּרִיס הֵן אֲנִי עֵץ יָבֵשׁ׃
4 כִּי־כֹה אָמַר יְהוָה לַסָּרִיסִים אֲשֶׁר יִשְׁמְרוּ אֶת־שַׁבְּתוֹתַי וּבָחֲרוּ בַּאֲשֶׁר חָפָצְתִּי וּמַחֲזִיקִים בִּבְרִיתִי׃
5 וְנָתַתִּי לָהֶם בְּבֵיתִי וּבְחוֹמֹתַי יָד וָשֵׁם טוֹב מִבָּנִים וּמִבָּנוֹת שֵׁם עוֹלָם אֶתֶּן־לוֹ אֲשֶׁר לֹא יִכָּרֵת׃
6 וּבְנֵי הַנֵּכָר הַנִּלְוִים עַל־יְהוָה לְשָׁרְתוֹ וּלְאַהֲבָה אֶת־שֵׁם יְהוָה לִהְיוֹת לוֹ לַעֲבָדִים כָּל־שֹׁמֵר שַׁבָּת מֵחַלְּלוֹ וּמַחֲזִיקִים בִּבְרִיתִי׃
7 וַהֲבִיאוֹתִים אֶל־הַר קָדְשִׁי וְשִׂמַּחְתִּים בְּבֵית תְּפִלָּתִי עוֹלֹתֵיהֶם וְזִבְחֵיהֶם לְרָצוֹן עַל־מִזְבְּחִי כִּי בֵיתִי בֵּית־תְּפִלָּה יִקָּרֵא לְכָל־הָעַמִּים׃
8 נְאֻם אֲדֹנָי יְהוִה מְקַבֵּץ נִדְחֵי יִשְׂרָאֵל עוֹד אֲקַבֵּץ עָלָיו לְנִקְבָּצָיו׃
9 כֹּל חַיְתוֹ שָׂדָי אֵתָיוּ לֶאֱכֹל כָּל־חַיְתוֹ בַּיָּעַר׃
10 צֹפָיו עִוְרִים כֻּלָּם לֹא יָדָעוּ כֻּלָּם כְּלָבִים אִלְּמִים לֹא יוּכְלוּ לִנְבֹּחַ הֹזִים שֹׁכְבִים אֹהֲבֵי לָנוּם׃
11 וְהַכְּלָבִים עַזֵּי־נֶפֶשׁ לֹא יָדְעוּ שָׂבְעָה וְהֵמָּה רֹעִים לֹא יָדְעוּ הָבִין כֻּלָּם לְדַרְכָּם פָּנוּ אִישׁ לְבִצְעוֹ מִקָּצֵהוּ׃
12 אֵתָיוּ אֶקְחָה־יַיִן וְנִסְבְּאָה שֵׁכָר וְהָיָה כָזֶה יוֹם מָחָר גָּדוֹל יֶתֶר מְאֹד׃

CAP. LVII. נז

1 הַצַּדִּיק אָבָד וְאֵין אִישׁ שָׂם עַל־לֵב וְאַנְשֵׁי־חֶסֶד נֶאֱסָפִים בְּאֵין מֵבִין כִּי־מִפְּנֵי הָרָעָה נֶאֱסַף הַצַּדִּיק׃
2 יָבוֹא שָׁלוֹם יָנוּחוּ עַל־מִשְׁכְּבוֹתָם הֹלֵךְ נְכֹחוֹ׃
3 וְאַתֶּם קִרְבוּ־הֵנָּה בְּנֵי עֹנְנָה זֶרַע מְנָאֵף וַתִּזְנֶה׃
4 עַל־מִי תִּתְעַנָּגוּ עַל־מִי תַּרְחִיבוּ פֶה תַּאֲרִיכוּ לָשׁוֹן הֲלוֹא־אַתֶּם יִלְדֵי־פֶשַׁע זֶרַע שָׁקֶר׃
5 הַנֵּחָמִים בָּאֵלִים תַּחַת כָּל־עֵץ רַעֲנָן שֹׁחֲטֵי הַיְלָדִים בַּנְּחָלִים תַּחַת סְעִפֵי הַסְּלָעִים׃
6 בְּחַלְּקֵי־נַחַל חֶלְקֵךְ הֵם הֵם גּוֹרָלֵךְ גַּם־לָהֶם שָׁפַכְתְּ נֶסֶךְ הֶעֱלִית מִנְחָה הַעַל אֵלֶּה אֶנָּחֵם׃
7 עַל הַר־גָּבֹהַּ וְנִשָּׂא שַׂמְתְּ מִשְׁכָּבֵךְ גַּם־שָׁם עָלִית לִזְבֹּחַ זָבַח׃
8 וְאַחַר הַדֶּלֶת וְהַמְּזוּזָה שַׂמְתְּ

lished: thou shalt be far from oppression; for thou shalt not fear: and from terror; for *a* it shall not come near thee.

15 Behold, they shall surely gather together, *but* not by me: whosoever shall gather together against thee shall fall for thy sake.

16 Behold, I have created the smith that bloweth the coals in the fire, and that bringeth forth an instrument for his work; and I *f* have created the waster to destroy.

17 No weapon that is formed against thee shall prosper; and *g* every tongue *that* shall rise against thee in judgment thou shalt condemn. This *is* the heritage of the servants of the LORD; and their righteousness *h* is of me, saith the LORD.

CHAP. LV.

HO, every one that thirsteth, *i* come ye to the waters, and he that hath no money; come ye, buy *m* and eat; *n* yea, come, buy wine and milk without money, and without price.

2 Wherefore do ye β spend money for *that which is* not bread? and your labour for *that which* satisfieth not? Hearken diligently *p* unto me, and eat ye *that which is* good, and let your soul delight itself in *r* fatness.

3 Incline your ear, and come unto me: hear, and your soul shall live; and I will make an everlasting covenant *u* with you, *even* the sure *v* mercies of David.

4 Behold, I have given him *w for* a witness *y* to the people, a leader and commander *a* to the people.

5 Behold, thou shalt call a nation *that* thou knowest not; and nations *b that* knew not thee shall run unto thee, because of the LORD thy God, and for the Holy One of Israel; for he hath glorified thee.

6 Seek ye the LORD while *e* he may be found, call ye upon him while he is near.

7 Let the wicked forsake his way, and the θ unrighteous man his thoughts: *d* and let him return unto the LORD, and he will have mercy upon him: and to our God, for he will κ abundantly *e* pardon.

8 For my thoughts *are* not your thoughts, neither *are* your ways my ways, saith the LORD.

9 For *f as* the heavens are higher than the earth, so are my ways higher than your ways, and my thoughts than your thoughts.

10 For as the rain *g* cometh down, and the snow, from heaven, and returneth not thither, but watereth the earth, and maketh it bring forth and bud, that it may give seed to the sower, and bread to the eater;

11 So shall my word be that goeth forth out of my mouth: it shall not return unto me void; *i* but it shall accomplish that which I please, and it shall prosper *in the thing* whereto I sent it.

12 For ye shall go out with joy, and be led forth with peace: the mountains and the hills shall break forth before you into singing, and all the trees of the field shall clap *their* hands.

13 Instead *m* of the thorn shall come up the fir-tree, and instead of the brier shall come up the myrtle tree: and *n* it shall be to the LORD for a name, for an everlasting sign *that* shall not be cut off.

CHAP. LVI.

THUS saith the LORD, Keep ye σ judg-

B. C. 712.

a Pr.3.25,26.
b Lu. 12. 43.
c ch. 58. 13.
d Nu. 18. 4,7.
  Ac.10.34,35.
e Ac.8.27,&c.
f ch.37.26,27.
g Ro.8.1,33.
h Ps.71.16,19.
  Phi.3. 9.
i 1 Ti. 3. 15.
k Jnᵒ. 1. 12.
l Jnᵒ.4.10,14.
  7. 37.
  Re. 21. 6.
  22. 17.
m Mat.13.44..
  46.
  Re. 3. 18.
n Ca. 5. 1.
o Je. 50. 5.
β *weigh.*
p Mat. 22. 4.
q Ep 2.11..13.
r Ps. 63. 5.
s 1 Pe. 2. 5.
t Mat. 21. 13.
u 2 Sa. 23. 5.
  Je. 32. 40.
v Ac. 13. 34.
w Eze. 34. 23.
x Ps. 147. 2.
y Jnᵒ.18.37.
  Re. 1. 5.
z Jnᵒ. 10. 16.
γ *to his ga-*
  thered.
a Ep. 5. 24.
b ch. 60. 5.
  Zec. 8. 23.
δ *or, dream-*
  ing, or,
  talking in
  their sleep.
c Jnᵒ. 7. 34.
  He. 2. 3.
ζ *strong of*
  appetite.
η *know not*
  to be satis-
  fied.
θ *man of ini-*
  quity.
d Mar. 7. 21,
  23.
κ *multiply*
  to pardon.
e Ps. 130. 7.
f Ps. 103. 11.
λ *men of*
  kindness, or
  godliness.
g De. 32. 2.
μ *or, that*
  which is
  evil.
ν *or, go in*
  peace.
π *or, before*
  him.
h Re. 14. 13.
i Mat. 24. 35.
ρ *or, among*
  the oaks.
  ch. 1. 29.
k 2 Ki. 17. 10,
    &c.
l 2 Ki. 16 3,4.
m Ro. 6. 19.
n Je. 13. 11.
σ *or, equity.*

---

ment, and do justice: for my salvation *is* near to come, and my righteousness to be revealed.

2 Blessed *b is* the man *that* doeth this, and the son of man *that* layeth hold on it; that keepeth the sabbath *c* from polluting it, and keepeth his hand from doing any evil.

3 Neither let the son of the stranger, *d* that hath joined himself to the LORD, speak, saying, The LORD hath utterly separated me from his people: neither let the *e* eunuch say, Behold, I *am* a dry tree.

4 For thus saith the LORD unto the eunuchs that keep my sabbaths, and choose *the things* that please me, and take hold of my covenant;

5 Even unto them will I give in mine house, *i* and within my walls, a place and a name better *k* than of sons and of daughters: I will give them an everlasting name, that shall not be cut off.

6 Also the sons of the stranger, that join *o* themselves to the LORD, to serve him, and to love the name of the LORD, to be his servants, every one that keepeth the sabbath from polluting it, and taketh hold of my covenant;

7 Even *q* them will I bring to my holy mountain; and make them joyful in my house of prayer: their burnt-offerings and their sacrifices *s shall be* accepted upon mine altar: for *t* mine house shall be called an house of prayer for all people.

8 The Lord GOD, which gathereth the outcasts *x* of Israel, saith, Yet will I gather *others z* to him, γ beside those that are gathered unto him.

9 All ye beasts of the field, come to devour: *yea*, all ye beasts in the forest.

10 His watchmen *are* blind; they are all ignorant, they *are* all dumb dogs, they cannot bark; δ sleeping, lying down, loving to slumber.

11 Yea, *they are* ζ greedy dogs *which* η can never have enough, and they *are* shepherds *that* cannot understand; they all look to their own way, every one for his gain from his quarter.

12 Come ye, *say they*, I will fetch wine, and we will fill ourselves with strong drink; and to morrow shall be as this day, *and* much more abundant.

CHAP. LVII.

THE righteous perisheth, and no man layeth *it* to heart: and λ merciful men *are* taken away, none considering that the righteous is taken away from μ the evil *to come.*

2 He shall ν enter into peace: they shall rest in their beds, *each one* walking π in his *h* uprightness.

3 But draw near hither, ye sons of the sorceress, the seed of the adulterer and the whore.

4 Against whom do ye sport yourselves? against whom make ye a wide mouth, *and* draw out the tongue? *are* ye not children of transgression, a seed of falsehood;

5 Inflaming yourselves ρ with idols *k* under every green tree, slaying *l* the children in the valleys under the clifts of the rocks?

6 Among the smooth *stones* of the stream *is* thy portion; they, they *are* thy lot; even to them hast thou poured a drink-offering, thou hast offered a meat-offering. Should I receive comfort in these?

7 Upon a lofty and high mountain hast

[Right column — Isaiah 57:9–21; 58:1–5]

9 וַתָּשֻׁרִי לַמֶּלֶךְ בַּשֶּׁמֶן וַתַּרְבִּי רִקֻּחָיִךְ וַתְּשַׁלְּחִי צִירַיִךְ עַד־מֵרָחֹק וַתַּשְׁפִּילִי עַד־שְׁאוֹל׃

10 בְּרֹב דַּרְכֵּךְ יָגַעַתְּ לֹא אָמַרְתְּ נוֹאָשׁ חַיַּת יָדֵךְ מָצָאת עַל־כֵּן לֹא חָלִית׃

11 וְאֶת־מִי דָּאַגְתְּ וַתִּירְאִי כִּי תְכַזֵּבִי וְאוֹתִי לֹא זָכַרְתְּ לֹא־שַׂמְתְּ עַל־לִבֵּךְ הֲלֹא אֲנִי מַחְשֶׁה וּמֵעֹלָם וְאוֹתִי לֹא תִירָאִי׃

12 אֲנִי אַגִּיד צִדְקָתֵךְ וְאֶת־מַעֲשַׂיִךְ וְלֹא יוֹעִילוּךְ׃

13 בְּזַעֲקֵךְ יַצִּילֻךְ קִבּוּצַיִךְ וְאֶת־כֻּלָּם יִשָּׂא־רוּחַ יִקַּח־הָבֶל וְהַחוֹסֶה בִי יִנְחַל־אֶרֶץ וְיִירַשׁ הַר־קָדְשִׁי׃

14 וְאָמַר סֹלּוּ־סֹלּוּ פַּנּוּ־דָרֶךְ הָרִימוּ מִכְשׁוֹל מִדֶּרֶךְ עַמִּי׃

15 כִּי כֹה אָמַר רָם וְנִשָּׂא שֹׁכֵן עַד וְקָדוֹשׁ שְׁמוֹ מָרוֹם וְקָדוֹשׁ אֶשְׁכּוֹן וְאֶת־דַּכָּא וּשְׁפַל־רוּחַ לְהַחֲיוֹת רוּחַ שְׁפָלִים וּלְהַחֲיוֹת לֵב נִדְכָּאִים׃

16 כִּי לֹא לְעוֹלָם אָרִיב וְלֹא לָנֶצַח אֶקְּצוֹף כִּי־רוּחַ מִלְּפָנַי יַעֲטוֹף וּנְשָׁמוֹת אֲנִי עָשִׂיתִי׃

17 בַּעֲוֹן בִּצְעוֹ קָצַפְתִּי וְאַכֵּהוּ הַסְתֵּר וְאֶקְצֹף וַיֵּלֶךְ שׁוֹבָב בְּדֶרֶךְ לִבּוֹ׃

18 דְּרָכָיו רָאִיתִי וְאֶרְפָּאֵהוּ וְאַנְחֵהוּ וַאֲשַׁלֵּם נִחֻמִים לוֹ וְלַאֲבֵלָיו׃

19 בּוֹרֵא נִוב שְׂפָתָיִם שָׁלוֹם שָׁלוֹם לָרָחוֹק וְלַקָּרוֹב אָמַר יְהוָה וּרְפָאתִיו׃

20 וְהָרְשָׁעִים כַּיָּם נִגְרָשׁ כִּי הַשְׁקֵט לֹא יוּכָל וַיִּגְרְשׁוּ מֵימָיו רֶפֶשׁ וָטִיט׃

21 אֵין שָׁלוֹם אָמַר אֱלֹהַי לָרְשָׁעִים׃

CAP. LVIII. נח

1 קְרָא בְגָרוֹן אַל־תַּחְשֹׂךְ כַּשּׁוֹפָר הָרֵם קוֹלֶךָ וְהַגֵּד לְעַמִּי פִּשְׁעָם וּלְבֵית יַעֲקֹב חַטֹּאתָם׃

2 וְאוֹתִי יוֹם יוֹם יִדְרֹשׁוּן וְדַעַת דְּרָכַי יֶחְפָּצוּן כְּגוֹי אֲשֶׁר־צְדָקָה עָשָׂה וּמִשְׁפַּט אֱלֹהָיו לֹא עָזָב יִשְׁאָלוּנִי מִשְׁפְּטֵי־צֶדֶק קִרְבַת אֱלֹהִים יֶחְפָּצוּן׃

3 לָמָּה צַּמְנוּ וְלֹא רָאִיתָ עִנִּינוּ נַפְשֵׁנוּ וְלֹא תֵדָע הֵן בְּיוֹם צֹמְכֶם תִּמְצְאוּ־חֵפֶץ וְכָל־עַצְּבֵיכֶם תִּנְגֹּשׂוּ׃

4 הֵן לְרִיב וּמַצָּה תָּצוּמוּ וּלְהַכּוֹת בְּאֶגְרֹף רֶשַׁע לֹא־תָצוּמוּ כַיּוֹם לְהַשְׁמִיעַ בַּמָּרוֹם קוֹלְכֶם׃

5 הֲכָזֶה יִהְיֶה צוֹם אֶבְחָרֵהוּ יוֹם עַנּוֹת אָדָם נַפְשׁוֹ הֲלָכֹף כְּאַגְמֹן רֹאשׁוֹ וְשַׂק וָאֵפֶר יַצִּיעַ הֲלָזֶה תִּקְרָא־צוֹם וְיוֹם רָצוֹן לַיהוָה׃

[Left column — Isaiah 58:6–14; 59:1–7]

6 הֲלוֹא זֶה צוֹם אֶבְחָרֵהוּ פַּתֵּחַ חַרְצֻבּוֹת רֶשַׁע הַתֵּר אֲגֻדּוֹת מוֹטָה וְשַׁלַּח רְצוּצִים חָפְשִׁים וְכָל־מוֹטָה תְּנַתֵּקוּ׃

7 הֲלוֹא פָרֹס לָרָעֵב לַחְמֶךָ וַעֲנִיִּים מְרוּדִים תָּבִיא בָיִת כִּי־תִרְאֶה עָרֹם וְכִסִּיתוֹ וּמִבְּשָׂרְךָ לֹא תִתְעַלָּם׃

8 אָז יִבָּקַע כַּשַּׁחַר אוֹרֶךָ וַאֲרֻכָתְךָ מְהֵרָה תִצְמָח וְהָלַךְ לְפָנֶיךָ צִדְקֶךָ כְּבוֹד יְהוָה יַאַסְפֶךָ׃

9 אָז תִּקְרָא וַיהוָה יַעֲנֶה תְּשַׁוַּע וְיֹאמַר הִנֵּנִי אִם־תָּסִיר מִתּוֹכְךָ מוֹטָה שְׁלַח אֶצְבַּע וְדַבֶּר־אָוֶן׃

10 וְתָפֵק לָרָעֵב נַפְשֶׁךָ וְנֶפֶשׁ נַעֲנָה תַּשְׂבִּיעַ וְזָרַח בַּחֹשֶׁךְ אוֹרֶךָ וַאֲפֵלָתְךָ כַּצָּהֳרָיִם׃

11 וְנָחֲךָ יְהוָה תָּמִיד וְהִשְׂבִּיעַ בְּצַחְצָחוֹת נַפְשֶׁךָ וְעַצְמֹתֶיךָ יַחֲלִיץ וְהָיִיתָ כְּגַן רָוֶה וּכְמוֹצָא מַיִם אֲשֶׁר לֹא־יְכַזְּבוּ מֵימָיו׃

12 וּבָנוּ מִמְּךָ חָרְבוֹת עוֹלָם מוֹסְדֵי דוֹר־וָדוֹר תְּקוֹמֵם וְקֹרָא לְךָ גֹּדֵר פֶּרֶץ מְשֹׁבֵב נְתִיבוֹת לָשָׁבֶת׃

13 אִם־תָּשִׁיב מִשַּׁבָּת רַגְלֶךָ עֲשׂוֹת חֲפָצֶיךָ בְּיוֹם קָדְשִׁי וְקָרָאתָ לַשַּׁבָּת עֹנֶג לִקְדוֹשׁ יְהוָה מְכֻבָּד וְכִבַּדְתּוֹ׃

14 אָז תִּתְעַנַּג עַל־יְהוָה וְהִרְכַּבְתִּיךָ עַל־בָּמֳותֵי אָרֶץ וְהַאֲכַלְתִּיךָ נַחֲלַת יַעֲקֹב אָבִיךָ כִּי פִּי יְהוָה דִּבֵּר׃

CAP. LIX. נט

1 הֵן לֹא־קָצְרָה יַד־יְהוָה מֵהוֹשִׁיעַ וְלֹא־כָבְדָה אָזְנוֹ מִשְּׁמוֹעַ׃

2 כִּי אִם־עֲוֹנֹתֵיכֶם הָיוּ מַבְדִּלִים בֵּינֵכֶם לְבֵין אֱלֹהֵיכֶם וְחַטֹּאותֵיכֶם הִסְתִּירוּ פָנִים מִכֶּם מִשְּׁמוֹעַ׃

3 כִּי כַפֵּיכֶם נְגֹאֲלוּ בַדָּם וְאֶצְבְּעוֹתֵיכֶם בֶּעָוֹן שִׂפְתוֹתֵיכֶם דִּבְּרוּ־שֶׁקֶר לְשׁוֹנְכֶם עַוְלָה תֶהְגֶּה׃

4 אֵין־קֹרֵא בְצֶדֶק וְאֵין נִשְׁפָּט בֶּאֱמוּנָה בָּטוֹחַ עַל־תֹּהוּ וְדַבֶּר־שָׁוְא הָרוֹ עָמָל וְהוֹלֵיד אָוֶן׃

5 בֵּיצֵי צִפְעוֹנִי בִּקֵּעוּ וְקוּרֵי עַכָּבִישׁ יֶאֱרֹגוּ הָאֹכֵל מִבֵּיצֵיהֶם יָמוּת וְהַזּוּרֶה תִּבָּקַע אֶפְעֶה׃

6 קוּרֵיהֶם לֹא־יִהְיוּ לְבֶגֶד וְלֹא יִתְכַּסּוּ בְּמַעֲשֵׂיהֶם מַעֲשֵׂיהֶם מַעֲשֵׂי־אָוֶן וּפֹעַל חָמָס בְּכַפֵּיהֶם׃

7 רַגְלֵיהֶם לָרַע

thou set thy bed: even thither wentest thou up to offer sacrifice.

8 Behind the doors also and the posts hast thou set up thy remembrance; for [b] thou hast discovered *thyself to another* than me, and art gone up: thou hast enlarged thy bed, and γ made thee *a covenant* with them; thou lovedst their bed owhere thou sawest *it*.

9 And thou ζwentest to the king with ointment,[d] and didst increase thy perfumes, and didst send thy messengers far off, and didst debase *thyself even* unto hell.

10 Thou art wearied in the greatness [h] of thy way; *yet* saidst thou not, There is no hope: thou hast found the κ life of thine hand; therefore thou wast not grieved.

11 And of whom hast thou been afraid or feared, that thou hast lied, and hast not remembered me, nor laid *it* to thy heart? have [k] not I held my peace even of old, and thou fearest me not?

12 I will declare thy righteousness, and thy works; for they shall not profit thee.

13 When thou criest, let thy companies deliver thee: but the wind shall carry them all away; vanity shall take *them*: but he [l] that putteth his trust in me shall possess the land, and shall inherit my holy mountain;

14 And shall say, Cast ye up, cast ye up, prepare the way, take up the stumblingblock [m] out of the way of my people.

15 For thus saith the high and lofty One that inhabiteth eternity, whose name *is* Holy; I dwell in the high and holy [o] place, with him also [p] *that is* of a contrite and humble spirit, to revive [q] the spirit of the humble, and to revive the heart of the contrite ones.

16 For [r] I will not contend for ever, neither will I be always wroth: for the spirit should fail before me, and the souls *which* I have made.

17 For the iniquity of his covetousness [s] was I wroth, and smote him: I hid me, and was wroth, and he went on ρ frowardly in the way of his heart.

18 I have seen his ways, and will heal [t] him: I will lead him also, and restore comforts unto him and to his mourners.

19 I create the fruit [u] of the lips; Peace, peace to *him that is* far [v] off, and to *him that is* near, saith the LORD; and I will heal him.

20 But the wicked *are* like the troubled sea, when it cannot rest,[w] whose waters cast up mire and dirt.

21 *There is* no peace,[x] saith my God, to the wicked.

CHAP. LVIII.

CRY σaloud, spare not; lift up thy voice like a trumpet, and shew my people their transgression, and the house of Jacob their sins.

2 Yet [z] they seek me daily, and delight to know my ways, as a nation that did righteousness, and forsook not the ordinance of their God: they ask of me the ordinances of justice; they take delight in approaching to God.

3 Wherefore[a] have we fasted, *say they*, and thou seest not? *wherefore* have we afflicted[b] our soul, and thou takest no knowledge? Behold, in the day of your fast ye find pleasure, and exact all your ψ labours.

4 Behold, ye fast for strife and debate, and to smite [d] with the fist of wickedness: ye β shall not fast as *ye do this* day, to make your voice to be heard on high.

5 Is it such [a] a fast that I have chosen? β a day for a man to afflict his soul? *is it* to bow down his head as a bulrush, and to spread sackcloth[c] and ashes *under him?* wilt thou call this a fast, and an acceptable day to the LORD?

6 *Is* not this the fast that I have chosen? to loose[e] the bands of wickedness, to undo the ηheavy burdens,[f] and to let the θoppressed go free,[g] and that ye break every yoke?

7 *Is it* not to deal thy bread to the hungry, and that thou bring the poor that are λcast out to thy house? when thou seest the naked, that thou cover him; and that thou hide not thyself from thine own flesh?

8 Then [i] shall thy light break forth as the morning, and thine health shall spring forth speedily; and thy righteousness shall go before thee: the glory of the LORD shall μ be thy rereward.

9 Then shalt thou call, and the LORD shall answer; thou shalt cry, and he shall say, Here I *am*. If thou take away from the midst of thee the yoke, the putting forth of the finger, and speaking vanity;

10 And *if* thou draw out thy soul to the hungry, and satisfy the afflicted soul; then shall thy light rise in obscurity, and thy darkness *be* as the noon-day:

11 And the LORD shall guide thee continually, and satisfy thy soul in ν drought,[n] and make fat thy bones: and thou shalt be like a watered garden, and like a spring of water, whose waters π fail not.

12 And *they that shall be* of thee shall build the old waste places: thou shalt raise up the foundations of many generations; and thou shalt be called, The Repairer of the breach, The Restorer of paths to dwell in.

13 If thou turn away thy foot from the sabbath, *from* doing thy pleasure on my holy day; and call the sabbath a Delight, the Holy of the LORD, Honourable; and shalt honour him, not doing thine own ways, nor finding thine own pleasure, nor speaking *thine own* words:

14 Then shalt thou delight thyself in the LORD; and I will cause thee to ride upon the high places of the earth, and feed thee with the heritage of Jacob thy father; for the mouth of the LORD hath spoken *it*.

CHAP. LIX.

BEHOLD, the LORD's hand is not shortened, that it cannot save; neither his ear heavy, that it cannot hear:

2 But your iniquities have separated between you and your God, and your sins have τ hid *his* face from you, that he will not hear.

3 For [y] your hands are defiled with blood, and your fingers with iniquity; your lips have spoken lies, your tongue hath muttered perverseness.

4 None calleth for justice, nor *any* pleadeth for truth: they trust in vanity, and speak lies; they conceive mischief, and bring forth iniquity.

5 They hatch φcockatrice' eggs, and weave the spider's web: he that eateth of their eggs dieth, and that which is χcrushed breaketh out into a viper.[c]

6 Their webs shall not become garments, neither shall they cover themselves with their works: their works *are* works of iniquity, and the act of violence *is* in their hands.

Marginal references
B. C. 698.
a Zec. 7. 5.
b Eze. 16. 25, &c. 23. 2, &c.
β or, *to afflict his soul for a day*.
c Da. 9. 3.
γ or, *hewedst for thyself larger than theirs*.
δ or, *thou providedst room*.
ζ *respectedst*.
d Ho. 12. 1.
e Jon.3.5..10.
η *bundles of the yoke*.
f Ne.5.10..12.
θ *broken*.
g Je.34.8,&c.
h Je. 2. 36.
κ or, *living*.
λ or,*afflicted*.
i Job 11. 17.
k Ps. 50. 21.
μ or, *gather thee up*.
l Ps. 37. 3..9.
m 1 Co. 1. 23.
ν *droughts*.
n Ps. 37. 19.
o Zec. 2. 13.
p ch. 66. 1, 2. Ps. 34. 18. 138. 6.
π *lie*, or, *deceive*.
q Mat. 5. 4.
r Ps. 103. 9. Mi. 7. 18.
s Je. 6. 13.
ρ *turning away*.
t Je. 30. 3. 33. 6. Ho. 14. 4.
u Ho. 14. 2. He. 13. 15.
v Ep. 2.13,17.
w Pr.4.16,17.
x 2 Ki. 9. 22.
σ *with the throat*.
τ or, *made him hide*.
y ch. 1. 15.
z De.5.28,29.
a Mal. 3. 14.
φ or, *adders*.
b Le. 16. 29.
χ or, *sprinkled is as if there brake out a viper*.
c Mat. 3. 7. 12. 34.
ψ *griefs*, or, *things wherewith ye grieve others*.
d 1 Ki. 21. 12.
β or, *fast not as this day*.

306   JESAIA, CAP. LX.   שו ישעיה ס

יָרְאוּ וְיִמְהַרוּ לְשָׁפֵּךְ דָּם נָקִי מַחְשְׁבֹתֵיהֶם

וְיִמְהַרוּ וּמְלָכִים לְנֹגַהּ זַרְחֵךְ׃ שְׂאִי סָבִיב עֵינַיִךְ 4

8 מַחְשְׁבוֹת אָוֶן שֹׁד וָשֶׁבֶר בִּמְסִלּוֹתָם׃ דֶּרֶךְ

וּרְאִי כֻּלָּם נִקְבְּצוּ בָאוּ לָךְ בָּנַיִךְ מֵרָחוֹק יָבֹאוּ

שָׁלוֹם לֹא יָדָעוּ וְאֵין מִשְׁפָּט בְּמַעְגְּלוֹתָם נְתִיבוֹתֵיהֶם

וּבְנֹתַיִךְ עַל־צַד תֵּאָמַנָה׃ אָז תִּרְאִי וְנָהַרְתְּ וּפָחַד 5

9 עִקְּשׁוּ לָהֶם כֹּל דֹּרֵךְ בָּהּ לֹא יָדַע שָׁלוֹם׃ עַל

וְרָחַב לְבָבֵךְ כִּי־יֵהָפֵךְ עָלַיִךְ הֲמוֹן יָם חֵיל גּוֹיִם

כֵּן רָחַק מִשְׁפָּט מִמֶּנּוּ וְלֹא תַשִּׂיגֵנוּ צְדָקָה נְקַוֶּה 6 יָבֹאוּ לָךְ׃ שִׁפְעַת גְּמַלִּים תְּכַסֵּךְ בִּכְרֵי מִדְיָן

לָאוֹר וְהִנֵּה־חֹשֶׁךְ לִנְגֹהוֹת בָּאֲפֵלוֹת נְהַלֵּךְ׃ וְעֵיפָה כֻּלָּם מִשְּׁבָא יָבֹאוּ זָהָב וּלְבוֹנָה יִשָּׂאוּ

10 נְגַשְׁשָׁה כַעִוְרִים קִיר וּכְאֵין עֵינַיִם נְגַשֵּׁשָׁה כָּשַׁלְנוּ וּתְהִלּוֹת יְהוָה יְבַשֵּׂרוּ׃ כָּל־צֹאן קֵדָר יִקָּבְצוּ לָךְ 7

11 בַּצָּהֳרַיִם כַּנֶּשֶׁף בָּאַשְׁמַנִּים כַּמֵּתִים׃ נֶהֱמֶה כַדֻּבִּים אֵילֵי נְבָיוֹת יְשָׁרְתוּנֶךְ יַעֲלוּ עַל־רָצוֹן מִזְבְּחִי וּבֵית

כֻּלָּנוּ וְכַיּוֹנִים הָגֹה נֶהְגֶּה נְקַוֶּה לַמִּשְׁפָּט וָאַיִן לִישׁוּעָה תִּפְאַרְתִּי אֲפָאֵר׃ מִי־אֵלֶּה כָּעָב תְּעוּפֶינָה וְכַיּוֹנִים 8

12 רָחֲקָה מִמֶּנּוּ׃ כִּי־רַבּוּ פְשָׁעֵינוּ נֶגְדֶּךָ וְחַטֹּאותֵינוּ אֶל־אֲרֻבֹּתֵיהֶם׃ כִּי־לִי אִיִּים יְקַוּוּ וָאֳנִיּוֹת תַּרְשִׁישׁ 9

עָנְתָה בָּנוּ כִּי־פְשָׁעֵינוּ אִתָּנוּ וַעֲוֹנֹתֵינוּ יְדַעֲנוּם׃ בָּרִאשֹׁנָה לְהָבִיא בָנַיִךְ מֵרָחוֹק כַּסְפָּם וּזְהָבָם אִתָּם

13 פָּשֹׁעַ וְכַחֵשׁ בַּיהוָה וְנָסוֹג מֵאַחַר אֱלֹהֵינוּ דַּבֶּר־ לְשֵׁם יְהוָה אֱלֹהָיִךְ וְלִקְדוֹשׁ יִשְׂרָאֵל כִּי פֵאֲרָךְ׃

14 עֹשֶׁק וְסָרָה הֹרוֹ וְהֹגוֹ מִלֵּב דִּבְרֵי־שָׁקֶר׃ וְהֻסַּג וּבָנוּ בְנֵי־נֵכָר חֹמֹתַיִךְ וּמַלְכֵיהֶם יְשָׁרְתוּנֶךְ כִּי 10

אָחוֹר מִשְׁפָּט וּצְדָקָה מֵרָחוֹק תַּעֲמֹד כִּי־כָשְׁלָה בְקִצְפִּי הִכִּיתִיךְ וּבִרְצוֹנִי רִחַמְתִּיךְ׃ וּפִתְּחוּ 11

15 בָרְחוֹב אֱמֶת וּנְכֹחָה לֹא־תוּכַל לָבוֹא׃ וַתְּהִי שְׁעָרַיִךְ תָּמִיד יוֹמָם וָלַיְלָה לֹא יִסָּגֵרוּ לְהָבִיא

הָאֱמֶת נֶעְדֶּרֶת וְסָר מֵרָע מִשְׁתּוֹלֵל וַיַּרְא יְהוָה אֵלַיִךְ חֵיל גּוֹיִם וּמַלְכֵיהֶם נְהוּגִים׃ כִּי־רַבּוּ 12

16 וַיֵּרַע בְּעֵינָיו כִּי־אֵין מִשְׁפָּט׃ וַיַּרְא כִּי־אֵין אִישׁ וְהַמַּמְלָכָה אֲשֶׁר לֹא־יַעַבְדוּךְ יֹאבֵדוּ וְהַגּוֹיִם חָרֹב

וַיִּשְׁתּוֹמֵם כִּי־אֵין מַפְגִּיעַ וַתּוֹשַׁע לוֹ זְרֹעוֹ וְצִדְקָתוֹ יֶחֱרָבוּ׃ כְּבוֹד הַלְּבָנוֹן אֵלַיִךְ יָבוֹא בְּרוֹשׁ תִּדְהָר 13

17 הִיא סְמָכָתְהוּ׃ וַיִּלְבַּשׁ צְדָקָה כַּשִּׁרְיָן וְכוֹבַע וּתְאַשּׁוּר יַחְדָּו לְפָאֵר מְקוֹם מִקְדָּשִׁי וּמְקוֹם רַגְלַי

יְשׁוּעָה בְּרֹאשׁוֹ וַיִּלְבַּשׁ בִּגְדֵי נָקָם תִּלְבֹּשֶׁת וַיַּעַט אֲכַבֵּד׃ וְהָלְכוּ אֵלַיִךְ שְׁחוֹחַ בְּנֵי מְעַנַּיִךְ וְהִשְׁתַּחֲווּ 14

18 כַּמְעִיל קִנְאָה׃ כְּעַל גְּמֻלוֹת כְּעַל יְשַׁלֵּם חֵמָה עַל־כַּפּוֹת רַגְלַיִךְ כָּל־מְנַאֲצָיִךְ וְקָרְאוּ לָךְ עִיר

19 לְצָרָיו גְּמוּל לְאֹיְבָיו לָאִיִּים גְּמוּל יְשַׁלֵּם׃ וְיִרְאוּ יְהוָה צִיּוֹן קְדוֹשׁ יִשְׂרָאֵל׃ תַּחַת הֱיוֹתֵךְ עֲזוּבָה 15

מִמַּעֲרָב אֶת־שֵׁם יְהוָה וּמִמִּזְרַח־שֶׁמֶשׁ אֶת־כְּבוֹדוֹ וּשְׂנוּאָה וְאֵין עוֹבֵר וְשַׂמְתִּיךְ לִגְאוֹן עוֹלָם מְשׂוֹשׂ

20 כִּי־יָבוֹא כַנָּהָר צָר רוּחַ יְהוָה נֹסְסָה בוֹ׃ וּבָא לְצִיּוֹן דּוֹר וָדוֹר׃ וְיָנַקְתְּ חֲלֵב גּוֹיִם וְשֹׁד מְלָכִים תִּינָקִי 16

21 גּוֹאֵל וּלְשָׁבֵי פֶשַׁע בְּיַעֲקֹב נְאֻם יְהוָה׃ וַאֲנִי זֹאת וְיָדַעַתְּ כִּי אֲנִי יְהוָה מוֹשִׁיעֵךְ וְגֹאֲלֵךְ אֲבִיר יַעֲקֹב׃

בְּרִיתִי אוֹתָם אָמַר יְהוָה רוּחִי אֲשֶׁר עָלֶיךָ וּדְבָרַי תַּחַת הַנְּחֹשֶׁת אָבִיא זָהָב וְתַחַת הַבַּרְזֶל אָבִיא 17

אֲשֶׁר־שַׂמְתִּי בְּפִיךָ לֹא־יָמוּשׁוּ מִפִּיךָ וּמִפִּי זַרְעֲךָ כֶסֶף וְתַחַת הָעֵצִים נְחֹשֶׁת וְתַחַת הָאֲבָנִים בַּרְזֶל

וּמִפִּי זֶרַע זַרְעֲךָ אָמַר יְהוָה מֵעַתָּה וְעַד־עוֹלָם׃ וְשַׂמְתִּי פְקֻדָּתֵךְ שָׁלוֹם וְנֹגְשַׂיִךְ צְדָקָה׃ לֹא־ 18

יִשָּׁמַע עוֹד חָמָס בְּאַרְצֵךְ שֹׁד וָשֶׁבֶר בִּגְבוּלָיִךְ

CAP. LX. ס וְקָרָאת יְשׁוּעָה חוֹמֹתַיִךְ וּשְׁעָרַיִךְ תְּהִלָּה׃ לֹא־ 19

1 קוּמִי אוֹרִי כִּי־בָא אוֹרֵךְ וּכְבוֹד יְהוָה עָלַיִךְ זָרָח׃ יִהְיֶה־לָּךְ עוֹד הַשֶּׁמֶשׁ לְאוֹר יוֹמָם וּלְנֹגַהּ הַיָּרֵחַ

2 כִּי־הִנֵּה הַחֹשֶׁךְ יְכַסֶּה־אֶרֶץ וַעֲרָפֶל לְאֻמִּים וְעָלַיִךְ לֹא־יָאִיר לָךְ וְהָיָה־לָךְ יְהוָה לְאוֹר עוֹלָם וֵאלֹהַיִךְ

3 יִזְרַח יְהוָה וּכְבוֹדוֹ עָלַיִךְ יֵרָאֶה׃ וְהָלְכוּ גוֹיִם לְתִפְאַרְתֵּךְ׃ לֹא־יָבוֹא עוֹד שִׁמְשֵׁךְ וִירֵחֵךְ לֹא־ 20

7 Their feet^a run to evil, and they make haste to shed innocent blood : their thoughts *are* thoughts of iniquity; wasting and β destruction *are* in their paths.

8 The way of peace they know not; and *there is* no γ judgment in their goings: they have made them crooked^b paths : whosoever goeth therein shall not know peace.

9 Therefore^d is judgment far from us, neither doth justice overtake us : we wait for light, but behold obscurity ; for brightness, *but* we walk in darkness.

10 We^g grope for the wall like the blind, and we grope as if *we had* no eyes : weⁱ stumble at noon-day as in the night ; *we are* in desolate places as dead *men.*

11 We roar all like bears, and mourn^k sore like doves : we look^l for judgment, but *there is* none ; for salvation, *but* it is far off from us.

12 Forⁿ our transgressions are multiplied before thee, and our sins testify against us : for our transgressions *are* with us ; and *as for* our iniquities, we know them :

13 In transgressing and lying^q against the LORD, and departing away from our God, speaking oppression and revolt, conceiving and uttering from the heart^r words of falsehood.

14 And judgment is turned away backward, and justice standeth afar off : for truth is fallen in the street, and equity cannot enter.

15 Yea, truth faileth ; and he *that* departeth from evil η maketh himself a prey: and the LORD saw *it,* and it θ displeased him that *there was* no judgment.

16 And he^v saw that *there was* no man, and wondered that *there was* no intercessor ; therefore his arm^w brought salvation unto him ; and his righteousness, it sustained him.

17 For he put on righteousness^y as a breastplate, and an helmet of salvation upon his head ; and he put on the garments of vengeance *for* clothing, and was clad with zeal^b as a cloke.

18 According to *their* κ deeds, accordingly he will repay, fury to his adversaries, recompence to his enemies ;^d to the islands he will repay recompence.

19 So^f shall they fear the name of the LORD from the west, and his glory from the rising of the sun. When the enemy shall come in like^k a flood, the Spirit of the LORD shall λ lift up a standard against him.

20 And^m the Redeemer shall come to Zion, and unto them that turn^o from transgression in Jacob, saith the LORD.

21 As for me, this *is* my covenant^p with them, saith the LORD; My spirit that *is* upon thee, and my words which I have put in thy mouth, shall not depart out of thy mouth, nor out of the mouth of thy seed, nor out of the mouth of thy seed's seed, saith the LORD, from henceforth and for ever.

CHAP. LX.

ARISE, μ shine ; for thy light^t is come, and the glory of the LORD is risen upon thee.

2 For, behold, the darkness shall cover the earth, and gross darkness the people : but the LORD^v shall arise upon thee, and his glory shall be seen upon thee.

3 And the Gentiles shall come to thy light, and kings^x to the brightness of thy rising.

B. C. 698.

a Ro.3.15,&c.
β *breaking.*
γ or, *right.*
b Ps. 125. 5.
   Pr. 28. 18.
c Ro. 11. 25.
δ or, *noise of the sea shall be turned toward thee.*
ζ or, *wealth,*
   ver. 11.
   ch. 61. 6.
e Ge.25.4,13.
f Ps. 72. 10.
g De. 28. 29.
h Mat. 2. 11.
i Am. 8. 9.
k Eze. 7. 16.
l Je. 8. 15.
m Hag.2.7,9.
n Da. 9. 5,&c.
o ch. 42. 4.
p Ps.68.30,31.
   Zec. 14. 14.
q ch. 48. 8.
   Je.2.19..21.
r Mat. 12.34.
s Eze. 6. 15.
t ch. 57. 17.
u Re. 21. 25.
η or, is *accounted mad,*
   Ho. 9. 7.
θ *was evil in his eyes.*
v Eze. 22. 30.
w Ps. 98. 1.
x Ho.14.6,7.
y Ep. 6.14,17.
z Ps. 96. 6.
a Ps. 132. 7.
b Jno. 2. 17.
κ *recompences.*
c Re. 8. 9.
d Lu. 19. 27.
e He. 12. 22.
f Mal. 1. 11.
g Ps.78.60,61.
h La. 1. 4.
i Re. 3. 12.
k Re. 12. 15, 16.
λ *put him to flight,*
   Ja. 4. 7.
l ch.66.11,12.
m Ro. 11. 26.
n ch. 43. 3.
o He. 12. 14.
p He. 8,8,&c.
q 2 Pe. 3. 13.
r ch. 26. 1.
s Re. 21. 23.
   22. 5.
μ or, *be enlightened, for thy light cometh.*
t Ep. 5. 8.
u Zec. 2. 5.
v Mal. 4. 2.
   2 Co. 4. 6.
w Re. 21. 4.
x ch.49.6,23.
   Re. 21. 24.

4 Lift up thine eyes round about, and see : all they gather themselves together, they come to thee : thy sons shall come from far, and thy daughters shall be nursed at *thy* side.

5 Then thou shalt see, and flow together, and thine heart shall fear, and be enlarged ; because^c the δ abundance of the sea shall be converted unto thee, the ζ forces of the Gentiles shall come unto thee.

6 The multitude of camels shall cover thee, the dromedaries of Midian^e and Ephah ; all they from Sheba^f shall come : they shall bring gold^h and incense ; and they shall shew forth the praises of the LORD.

7 All the flocks of Kedar shall be gathered together unto thee, the rams of Nebaioth shall minister unto thee : they shall come up with acceptance on mine altar, and I^m will glorify the house of my glory.

8 Who *are* these *that* fly as a cloud, and as the doves to their windows ?

9 Surely the isles^o shall wait for me, and the ships of Tarshish first, to bring thy sons from far, their^p silver and their gold with them, unto the name of the LORD thy God, and to the Holy One of Israel, because he hath glorified thee.

10 And the sons of strangers^z shall build up thy walls, and their kings shall minister unto thee: for^t in my wrath I smote thee, but in my favour have I had mercy on thee.

11 Therefore thy gates shall be^u open continually ; they shall not be shut day nor night ; that *men* may bring unto thee the forces of the Gentiles, and *that* their kings *may be* brought.

12 For the nation and kingdom that will not serve thee shall perish ; yea, *those* nations shall be utterly wasted.

13 The glory of Lebanon^x shall come unto thee, the fir-tree, the pine-tree, and the box together, to beautify^z the place of my sanctuary ; and I will make the place of my feet^a glorious.

14 The sons also of them that afflicted thee shall come bending unto thee ; and all they that despised thee shall^c bow themselves down at the soles of thy feet ; and they shall call thee, The city of the LORD, The Zion^e of the Holy One of Israel.

15 Whereas thou hast been forsaken^g and hated, so that^h no man went through *thee,* I will make thee an eternalⁱ excellency, a joy of many generations.

16 Thou^l shalt also suck the milk of the Gentiles, and shalt suck the breast of kings : and thou shalt know that Iⁿ the LORD *am* thy Saviour and thy Redeemer, the Mighty One of Jacob.

17 For brass I will bring gold, and for iron I will bring silver, and for wood brass, and for stones iron : I will also make thy officers peace, and thine exactors righteousness.^q

18 Violence shall no more be heard in thy land, wasting nor destruction within thy borders : but thou shalt call thy walls^r Salvation, and thy gates Praise.

19 The sun^s shall be no more thy light by day ; neither for brightness shall the moon give light unto thee : but the LORD shall be unto thee an everlasting light, and thy God^u thy glory.

20 Thy sun shall no more go down ; neither shall thy moon withdraw itself: for the LORD shall be thine everlasting light, and the days of thy mourning^w shall be ended.

יָאסֵף כִּי יְהוָה יִהְיֶה־לָּךְ לְאוֹר עוֹלָם וְשָׁלְמוּ יְמֵי
21 אֶבְלֵךְ : וְעַמֵּךְ כֻּלָּם צַדִּיקִים לְעוֹלָם יִירְשׁוּ
22 אָרֶץ נֵצֶר מַטָּעַו מַעֲשֵׂה יָדַי לְהִתְפָּאֵר : הַקָּטֹן
יִהְיֶה לָאֶלֶף וְהַצָּעִיר לְגוֹי עָצוּם אֲנִי יְהוָה בְּעִתָּהּ
אֲחִישֶׁנָּה :

CAP. LXI.   סא

1 רוּחַ אֲדֹנָי יְהוִה עָלָי יַעַן מָשַׁח יְהוָה אֹתִי לְבַשֵּׂר
עֲנָוִים שְׁלָחַנִי לַחֲבֹשׁ לְנִשְׁבְּרֵי־לֵב לִקְרֹא לִשְׁבוּיִם
2 דְּרוֹר וְלַאֲסוּרִים פְּקַח־קוֹחַ : לִקְרֹא שְׁנַת־רָצוֹן
לַיהוָה וְיוֹם נָקָם לֵאלֹהֵינוּ לְנַחֵם כָּל־אֲבֵלִים :
3 לָשׂוּם לַאֲבֵלֵי צִיּוֹן לָתֵת לָהֶם פְּאֵר תַּחַת אֵפֶר
שֶׁמֶן שָׂשׂוֹן תַּחַת אֵבֶל מַעֲטֵה תְהִלָּה תַּחַת רוּחַ
כֵּהָה וְקֹרָא לָהֶם אֵילֵי הַצֶּדֶק מַטַּע יְהוָה
4 לְהִתְפָּאֵר : וּבָנוּ חָרְבוֹת עוֹלָם שֹׁמְמוֹת רִאשֹׁנִים
יְקוֹמֵמוּ וְחִדְּשׁוּ עָרֵי חֹרֶב שֹׁמְמוֹת דּוֹר וָדוֹר :
5 וְעָמְדוּ זָרִים וְרָעוּ צֹאנְכֶם וּבְנֵי נֵכָר אִכָּרֵיכֶם
6 וְכֹרְמֵיכֶם : וְאַתֶּם כֹּהֲנֵי יְהוָה תִּקָּרֵאוּ מְשָׁרְתֵי
אֱלֹהֵינוּ יֵאָמֵר לָכֶם חֵיל גּוֹיִם תֹּאכֵלוּ וּבִכְבוֹדָם
7 תִּתְיַמָּרוּ : תַּחַת בָּשְׁתְּכֶם מִשְׁנֶה וּכְלִמָּה יָרֹנּוּ
חֶלְקָם לָכֵן בְּאַרְצָם מִשְׁנֶה יִירָשׁוּ שִׂמְחַת עוֹלָם
8 תִּהְיֶה לָהֶם : כִּי אֲנִי יְהוָה אֹהֵב מִשְׁפָּט שֹׂנֵא
גָזֵל בְּעוֹלָה וְנָתַתִּי פְעֻלָּתָם בֶּאֱמֶת וּבְרִית עוֹלָם
9 אֶכְרוֹת לָהֶם : וְנוֹדַע בַּגּוֹיִם זַרְעָם וְצֶאֱצָאֵיהֶם
בְּתוֹךְ הָעַמִּים כָּל־רֹאֵיהֶם יַכִּירוּם כִּי הֵם זֶרַע
10 בֵּרַךְ יְהוָה : שׂוֹשׂ אָשִׂישׂ בַּיהוָה תָּגֵל
נַפְשִׁי בֵּאלֹהַי כִּי הִלְבִּישַׁנִי בִּגְדֵי־יֶשַׁע מְעִיל צְדָקָה
יְעָטָנִי כֶּחָתָן יְכַהֵן פְּאֵר וְכַכַּלָּה תַּעְדֶּה כֵלֶיהָ :
11 כִּי כָאָרֶץ תּוֹצִיא צִמְחָהּ וּכְגַנָּה זֵרוּעֶיהָ תַצְמִיחַ
כֵּן אֲדֹנָי יְהוִה יַצְמִיחַ צְדָקָה וּתְהִלָּה נֶגֶד כָּל־
הַגּוֹיִם :

CAP. LXII.   סב

1 לְמַעַן צִיּוֹן לֹא אֶחֱשֶׁה וּלְמַעַן יְרוּשָׁלַם לֹא
אֶשְׁקוֹט עַד־יֵצֵא כַנֹּגַהּ צִדְקָהּ וִישׁוּעָתָהּ כְּלַפִּיד
2 יִבְעָר : וְרָאוּ גוֹיִם צִדְקֵךְ וְכָל־מְלָכִים כְּבוֹדֵךְ

3 וְקֹרָא לָךְ שֵׁם חָדָשׁ אֲשֶׁר פִּי יְהוָה יִקֳּבֶנּוּ : וְהָיִית
עֲטֶרֶת תִּפְאֶרֶת בְּיַד־יְהוָה וּצְנוֹף מְלוּכָה בְּכַף־
4 אֱלֹהָיִךְ : לֹא־יֵאָמֵר לָךְ עוֹד עֲזוּבָה וּלְאַרְצֵךְ
לֹא־יֵאָמֵר עוֹד שְׁמָמָה כִּי לָךְ יִקָּרֵא חֶפְצִי־בָהּ
וּלְאַרְצֵךְ בְּעוּלָה כִּי־חָפֵץ יְהוָה בָּךְ וְאַרְצֵךְ תִּבָּעֵל :
5 כִּי־יִבְעַל בָּחוּר בְּתוּלָה יִבְעָלוּךְ בָּנָיִךְ וּמְשׂוֹשׂ חָתָן
6 עַל־כַּלָּה יָשִׂישׂ עָלַיִךְ אֱלֹהָיִךְ : עַל־חוֹמֹתַיִךְ
יְרוּשָׁלַם הִפְקַדְתִּי שֹׁמְרִים כָּל־הַיּוֹם וְכָל־הַלַּיְלָה
תָּמִיד לֹא יֶחֱשׁוּ הַמַּזְכִּרִים אֶת־יְהוָה אַל־דֳּמִי
7 לָכֶם : וְאַל־תִּתְּנוּ דֳמִי לוֹ עַד־יְכוֹנֵן וְעַד־יָשִׂים
8 אֶת־יְרוּשָׁלַם תְּהִלָּה בָּאָרֶץ : נִשְׁבַּע יְהוָה בִּימִינוֹ
וּבִזְרוֹעַ עֻזּוֹ אִם־אֶתֵּן אֶת־דְּגָנֵךְ עוֹד מַאֲכָל לְאֹיְבַיִךְ
9 וְאִם־יִשְׁתּוּ בְנֵי־נֵכָר תִּירוֹשֵׁךְ אֲשֶׁר יָגַעַתְּ בּוֹ : כִּי
מְאַסְפָיו יֹאכְלֻהוּ וְהִלְלוּ אֶת־יְהוָה וּמְקַבְּצָיו יִשְׁתֻּהוּ
10 בְּחַצְרוֹת קָדְשִׁי : עִבְרוּ עִבְרוּ בַּשְּׁעָרִים
פַּנּוּ דֶּרֶךְ הָעָם סֹלּוּ סֹלּוּ הַמְסִלָּה סַקְּלוּ מֵאֶבֶן
11 הָרִימוּ נֵס עַל־הָעַמִּים : הִנֵּה יְהוָה הִשְׁמִיעַ אֶל־
קְצֵה הָאָרֶץ אִמְרוּ לְבַת־צִיּוֹן הִנֵּה יִשְׁעֵךְ בָּא הִנֵּה
12 שְׂכָרוֹ אִתּוֹ וּפְעֻלָּתוֹ לְפָנָיו : וְקָרְאוּ לָהֶם עַם־
הַקֹּדֶשׁ גְּאוּלֵי יְהוָה וְלָךְ יִקָּרֵא דְרוּשָׁה עִיר לֹא
נֶעֱזָבָה :

CAP. LXIII.   סג

1 מִי־זֶה בָּא מֵאֱדוֹם חֲמוּץ בְּגָדִים מִבָּצְרָה זֶה הָדוּר
בִּלְבוּשׁוֹ צֹעֶה בְּרֹב כֹּחוֹ אֲנִי מְדַבֵּר בִּצְדָקָה רַב
2 לְהוֹשִׁיעַ : מַדּוּעַ אָדֹם לִלְבוּשֶׁךָ וּבְגָדֶיךָ כְּדֹרֵךְ
3 בְּגַת : פּוּרָה דָּרַכְתִּי לְבַדִּי וּמֵעַמִּים אֵין־אִישׁ אִתִּי
וְאֶדְרְכֵם בְּאַפִּי וְאֶרְמְסֵם בַּחֲמָתִי וְיֵז נִצְחָם עַל־
4 בְּגָדַי וְכָל־מַלְבּוּשַׁי אֶגְאָלְתִּי : כִּי יוֹם נָקָם בְּלִבִּי
5 וּשְׁנַת גְּאוּלַי בָּאָה : וְאַבִּיט וְאֵין עֹזֵר וְאֶשְׁתּוֹמֵם
וְאֵין סוֹמֵךְ וַתּוֹשַׁע לִי זְרֹעִי וַחֲמָתִי הִיא
6 סְמָכָתְנִי : וְאָבוּס עַמִּים בְּאַפִּי וַאֲשַׁכְּרֵם בַּחֲמָתִי
7 וְאוֹרִיד לָאָרֶץ נִצְחָם : חַסְדֵי יְהוָה
אַזְכִּיר תְּהִלֹּת יְהוָה כְּעַל כֹּל אֲשֶׁר־גְּמָלָנוּ יְהוָה
וְרַב־טוּב לְבֵית יִשְׂרָאֵל אֲשֶׁר־גְּמָלָם כְּרַחֲמָיו
8 וּכְרֹב חֲסָדָיו : וַיֹּאמֶר אַךְ־עַמִּי הֵמָּה בָּנִים לֹא

21 Thy people also *shall be* all^a right-eous: they^b shall inherit the land for ever,^d the branch^e of my planting,^f the work^g of my hands, that I may be glorified.

22 A little one shall become a thousand, and a small one a strong nation: I the LORD will hasten it in his time.

CHAP. LXI.

THEⁱ Spirit of the Lord GOD *is* upon me;^l because the LORD hath ^m anointed me to preach good tidings unto the meek: he hath sent me to bind up the broken-hearted,ⁿ to proclaim liberty^o to the captives, and the opening of the prison to *them that are*^p bound,

2 To proclaim the acceptable year^q of the LORD, and the day of vengeance^r of our God; to comfort all that^s mourn;

3 To appoint unto them that mourn in Zion, to give unto them beauty for ashes, the oil of joy^t for mourning, the garment of praise for the spirit of heaviness; that they might be called Trees of Righteousness, The Planting^u of the LORD, that he might be glorified.

4 And they shall build^v the old wastes, they shall raise up the former desolations, and they shall repair the waste cities, the desolations of many generations.

5 And strangers shall stand and feed your flocks, and the sons of the alien *shall be* your plowmen, and your vine-dressers.

6 But ye shall be named the priests^y of the LORD; *men* shall call you the^a ministers of our God: ye shall eat the riches of the Gentiles, and in their glory shall ye boast yourselves.

7 For your shame ye *shall have*^c double, and *for* confusion they shall rejoice in their portion: therefore in their land they shall possess the double; everlasting joy shall be unto them.

8 For I the LORD love judgment, I hate robbery for burnt-offering; and I will direct their work in truth, and I will make an everlasting covenant^e with them.

9 And their seed shall be known among the Gentiles, and their offspring among the people: all that see them shall acknowledge them, that they *are* the seed *which* the LORD hath blessed.

10 I will greatly rejoice^g in the LORD, my soul shall be joyful in my God: for he hath clothed me with the garments of salvation, he hath covered me with the robe of righteousness,^h as a bridegroom decketh^h*himself* with ornaments, and as a bride adorneth^k *herself* with her jewels.

11 For as the earth bringeth forth her bud, and as the garden causeth the things that are sown in it to spring forth; so the Lord GOD will cause righteousness^l and praise^m to spring forth before all the nations.

CHAP. LXII.

FOR Zion's sake will I not hold my peace, and for Jerusalem's sake I will not rest,^p until the righteousness thereof go forth as brightness,^r and the salvation thereof as a lamp *that* burneth.

2 And the Gentiles shall see thy righteousness, and all kings thy glory: and thou shalt be called by a new^s name, which the mouth of the LORD shall name.

3 Thou shalt also be a crown^t of glory in the hand of the LORD, and a royal diadem in the hand of thy God.

4 Thou shalt no more be termed For-

B. C. 698.

a ch. 4. 3.
Re. 21. 27.
b Mat. 5. 3.
c Ho. 1. 10.
He. 13. 5.
d ch. 62. 4.
e Jn°. 15. 2.
f Ps. 92. 13.
g Ep. 2. 10.
β i. e. *My delight* is *in her.*
γ i. e. *Married.*
h Re. 21.9,10.
δ *with the joy of the bride-groom.*
i Lu.4.16.21.
k Je. 32. 41.
l Jn°. 1. 32.
　3. 34.
m Ps. 45. 7.
ζ or, *that are the LORD's remembrancers.*
n Ps. 147. 3.
o Jn°.S.31..36.
η *silence.*
p Ro.7.23..25.
q Le.25.9,&c.
2 Co. 6. 2.
r 2 Th. 1. 9
s Mat. 5. 4.
θ *If I give.*
t Jn°. 16 20.
u ch. 60. 21.
v ch. 58. 12.
w ch. 57. 14.
x ch. 18. 3.
Ex. 17. 15.
y Ex. 19. 6.
1 Pe. 2. 5,9.
Re. 1. 6.
z Zec. 9. 9.
Jn°. 12. 14,
　　15.
a Eze. 44. 11.
Ep.4 11,12.
b Re. 22. 12.
κ or, *recompence.*
c ch. 40. 2.
Zec. 9. 12.
d Eze. 34.11..
　　16.
Jn°. 4. 23.
λ *decked.*
e ch. 55. 3.
Ps. 50. 5.
f Re.19.13,15.
g Ne. 8. 10.
Hab.3.17,18.
Ro. 14. 17.
h Re. 19. 8.
i Zep. 3. 8.
μ *as a priest.*
k Re. 21. 2.
l Ps. 72. 3.
　　85. 11.
m ch. 62. 7.
n Je 25.26,27.
o Ho. 2. 19.
p ver. 6, 7.
q Ps. 63. 3.
r Pr. 4. 18.
s Re. 2. 17.
t Zec. 9. 16.

---

saken:^c neither shall thy land any more be termed Desolate; but thou shalt be called β Hephzi-bah, and thy land γ Beulah: for the LORD delighteth in thee, and thy land shall be^h married.

5 For *as* a young man marrieth a virgin, *so* shall thy sons marry thee: and δ*as* the bridegroom rejoiceth over the bride, *so* shall thy God rejoice^k over thee.

6 I have set watchmen upon thy walls, O Jerusalem, *which* shall never hold their peace day nor night: ye ζ that make mention of the LORD, keep not silence,

7 And give him no η rest, till he establish, and till he make Jerusalem a praise in the earth.

8 The LORD hath sworn by his right hand, and by the arm of his strength, θ Surely I will no more give thy corn *to be* meat for thine enemies; and the sons of the stranger shall not drink thy wine, for the which thou hast laboured:

9 But they that have gathered it shall eat it, and praise the LORD; and they that have brought it together shall drink it in the courts of my holiness.

10 Go through, go through the gates; prepare^w ye the way of the people; cast up, cast up the highway; gather out the stones; lift up a standard^x for the people.

11 Behold, the LORD hath proclaimed unto the end of the world, Say ye to the daughter of Zion, Behold, thy^z salvation cometh; behold, his reward^b *is* with him, and his κ work before him.

12 And they shall call them, The holy people, The redeemed of the LORD: and thou shalt be called, Sought^d out, A city not forsaken.

CHAP. LXIII.

WHO *is* this that cometh from Edom, with dyed garments from Bozrah? this *that is* λ glorious in his apparel, travelling in the greatness of his strength? I that speak in righteousness, mighty to save.

2 Wherefore^f *art thou* red in thine apparel, and thy garments like him that treadeth in the wine-fat?

3 I have trodden the wine-press alone; and of the people *there was* none with me; for I will tread them in mine anger, and trample them in my fury; and their blood shall be sprinkled upon my garments, and I will stain all my raiment.

4 For the dayⁱ of vengeance *is* in mine heart, and the year of my redeemed is come.

5 And I looked, and *there was* none to help; and I wondered that *there was* none to uphold: therefore mine own arm brought salvation unto me; and my fury, it upheld me.

6 And I will tread down the people in mine anger, and make them drunkⁿ in my fury, and I will bring down their strength to the earth.

7 I will mention the^o loving-kindnesses of the LORD, *and* the praises^q of the LORD, according to all that the LORD hath bestowed on us, and the great goodness toward the house of Israel, which he hath bestowed on them according to his mercies, and according to the multitude of his loving-kindnesses.

8 For he said, Surely they *are* my people, children *that* will not lie: so he was their Saviour.

9 In all their affliction he *a* was afflicted, and the angel *b* of his presence saved them: in his love and in his pity he redeemed them: and he bare *d* them, and carried them all the days of old.

10 But they rebelled, and vexed *e* his holy Spirit: therefore he was turned to be their enemy, *f* and he fought against them.

11 Then he remembered *h* the days of old, Moses *and* his people, *saying*, Where *is* he that brought them up out of the sea with the β shepherd of his flock? where *is* he that put his holy Spirit *k* within him?

12 That led *them* by the right hand of Moses with his glorious arm, dividing the *l* water before them, to make himself an everlasting name?

13 That led them through the deep, as an horse in the wilderness, *that* they should not stumble?

14 As a beast goeth down into the valley, the Spirit of the LORD caused him to rest: so didst thou lead thy people, to *o* make thyself a glorious name.

15 Look down from heaven, and behold from the habitation *q* of thy holiness and of thy glory: where *is* thy zeal & thy strength, the δ sounding of thy bowels *s* and of thy mercies toward me? are they restrained?

16 Doubtless thou *art* our Father, though Abraham be ignorant of us, and Israel acknowledge us not: thou, O LORD, *art* our Father, our η Redeemer: thy name *is* from everlasting.

17 O LORD, why hast thou made us to err *t* from thy ways, *and* hardened *u* our heart from thy fear? Return *v* for thy servants' sake, the tribes of thine inheritance.

18 The people of thy holiness have possessed *it* but a little while: our adversaries have trodden down *w* thy sanctuary.

19 We are *thine:* thou never barest rule over them; κ they were not called by thy name.

CHAP. LXIV.

OH *x* that thou wouldest rend the heavens, that thou wouldest come down, that the mountains *y* might flow down at thy presence,

2 As *when* λ the melting fire burneth, the fire causeth the waters to boil, to make thy name known to thine adversaries, *that* the nations may tremble at thy presence!

3 When thou didst terrible *a* things *which* we looked not for, thou camest down, the mountains *b* flowed down at thy presence.

4 For *c* since the beginning of the world *men* have not heard, nor perceived by the ear, neither hath the eye μ seen, O God, beside thee, *what* he hath prepared for him that waiteth for him.

5 Thou *e* meetest him that rejoiceth and worketh righteousness; *those that* remember thee in thy ways: behold, thou art wroth; for we have sinned: in those is continuance, *g* and we shall be saved.

6 But we are all as an unclean *thing,* and all our *h* righteousnesses *are* as filthy rags; and we all do fade as a leaf; and our iniquities, like the wind, have taken us away.

7 And *i* *there is* none that calleth upon thy name, that stirreth up himself to take hold of thee: for thou hast hid *k* thy face from us, and hast ρ consumed us, σ because of our iniquities.

8 But now, O LORD, thou *art* our Father: we *m* *are* the clay, and thou our Potter; and we all *are* the work of thy hand.

9 Be not wroth very sore, O LORD,

B. C. 698.

a Ju. 10. 16.
Zec. 2. 8.
Mat. 25.40, 45.
Ac. 9. 4.
b Ex. 14. 19.
c Ps.79.8,&c.
d De.32,11,12
e Ac. 7. 51.
Ep. 4. 30.
f La. 2. 5.
g La. 2. 7.
h Le. 26. 42.
β or, *shepherds,*
Ps. 77. 20.
i ch. 42. 14.
k Nu. 11. 17, 25.
Ne. 9. 20.
l Ex. 14. 21, &c.
m Ro.9.24,30.
n Ro. 10. 21.
o 2 Sa. 7. 23.
p De. 32. 21.
q 2 Ch. 30.27.
r Le.17. 5.
γ *bricks.*
δ or, *multitude.*
s Je.31. 20.
Ho. 11. 8.
ζ or, *pieces.*
η or, *our redeemer from everlasting* is *thy name.*
θ or, *anger.*
t Ps. 119. 10.
u ch. 6. 10.
Ro. 9.17.18.
v Ps. 90. 13.
w Ps. 74. 6.8.
κ or, *thy name was not called upon them.*
x Ps. 144. 5.
y Ju. 5. 5.
Mi. 1. 4.
λ *the fire of meltings.*
z Ro. 11.5,7.
a Ps. 65. 5.
b Hab. 3.3,6.
c 1 Co. 2. 9.
μ or, *seen a God beside thee* which *doeth so for him.*
v or, Gad.
ε or, Meni.
d Zep. 1.4,.6.
e Ac. 10. 35.
f Ch. 36.15.
Pr.1.24,&c.
g Mal. 3. 6.
h Phi. 3. 9.
i Ho. 7. 7.
k Ho. 5. 15.
ρ *melted.*
l Mat. 8. 12.
σ *by the hand,*
Job 8. 4.
τ *breaking.*
m Je. 18. 6.
n Zec. 8. 13.

neither *c* remember iniquity for ever: behold, see, we beseech thee, we *are* all thy people.

10 Thy holy cities are a wilderness, Zion is a wilderness, Jerusalem a desolation.

11 Our holy and our beautiful *g* house, where our fathers praised thee, is burned up with fire: and all our pleasant things are laid waste.

12 Wilt thou refrain *i* thyself for these *things,* O LORD? wilt thou hold thy peace, and afflict us very sore?

CHAP. LXV.

I *m* AM sought of *them that* asked not *for me;* I am found of *them that* sought me not: I said, Behold me, behold me, unto a nation *that* was not called by my name.

2 I *n* have spread out my hands all the day unto a rebellious people, which walketh in a way *that was* not good, after their own thoughts;

3 A people that provoketh *p* me to anger continually to my face; that sacrificeth *r* in gardens, and burneth incense upon γ altars of brick;

4 Which remain among the graves, and lodge in the monuments; which eat swine's flesh, and ζ broth of abominable *things is in* their vessels;

5 Which say, Stand by thyself, come not near to me; for I am holier than thou. These *are* a smoke in my θ nose, a fire that burneth all the day.

6 Behold, *it is* written before me; I will not keep silence, but will recompense, even recompense into their bosom,

7 Your iniquities, and the iniquities of your fathers together, saith the LORD, which have burned incense upon the mountains, and blasphemed me upon the hills: therefore will I measure their former work into their bosom.

8 Thus saith the LORD, As the new wine is found in the cluster, and *one* saith, Destroy it not; for a blessing *is* in it: so will I do for my servants' sakes, that I may not destroy them all.

9 And I will bring forth a seed out of Jacob, and out of Judah an inheritor of my mountains: and mine elect *z* shall inherit it, and my servants shall dwell there.

10 And Sharon shall be a fold of flocks, and the valley of Achor a place for the herds to lie down in, for my people that have sought me.

11 But ye *are* they that forsake the LORD, that forget my holy mountain,that prepare a table for that ν troop, and that furnish the drink-offering unto that π number.

12 Therefore *d* will I number you to the sword, and ye shall all bow down to the slaughter: because when *f* I called, ye did not answer; when I spake, ye did not hear; but did evil before mine eyes, and did choose *that* wherein I delighted not.

13 Therefore thus saith the Lord GOD, Behold, my servants shall eat, but ye shall be hungry: behold, my servants shall drink, but ye shall be thirsty: behold, my servants shall rejoice, but ye shall be ashamed.

14 Behold, my servants shall sing for joy of heart, but ye *l* shall cry for sorrow of heart,and shall howl for τ vexation of spirit.

15 And ye shall leave your name for a curse *n* unto my chosen: for the Lord GOD shall slay thee, and call his servants by another name:

19 וְגַלְתִּי בִירוּשָׁלַ͏ִם וְשַׂשְׂתִּי בְעַמִּי וְלֹא־יִשָּׁמַע בָּהּ עוֹד קוֹל בְּכִי וְקוֹל זְעָקָה׃

20 לֹא־יִהְיֶה מִשָּׁם עוֹד עוּל יָמִים וְזָקֵן אֲשֶׁר לֹא־יְמַלֵּא אֶת־יָמָיו כִּי הַנַּעַר בֶּן־מֵאָה שָׁנָה יָמוּת וְהַחוֹטֶא בֶּן־מֵאָה שָׁנָה יְקֻלָּל׃

21 וּבָנוּ בָתִּים וְיָשָׁבוּ וְנָטְעוּ כְרָמִים וְאָכְלוּ פִּרְיָם׃

22 לֹא יִבְנוּ וְאַחֵר יֵשֵׁב לֹא יִטְּעוּ וְאַחֵר יֹאכֵל כִּי־כִימֵי הָעֵץ יְמֵי עַמִּי וּמַעֲשֵׂה יְדֵיהֶם יְבַלּוּ בְחִירָי׃

23 לֹא יִיגְעוּ לָרִיק וְלֹא יֵלְדוּ לַבֶּהָלָה כִּי זֶרַע בְּרוּכֵי יְהוָה הֵמָּה וְצֶאֱצָאֵיהֶם אִתָּם׃

24 וְהָיָה טֶרֶם־יִקְרָאוּ וַאֲנִי אֶעֱנֶה עוֹד הֵם מְדַבְּרִים וַאֲנִי אֶשְׁמָע׃

25 זְאֵב וְטָלֶה יִרְעוּ כְאֶחָד וְאַרְיֵה כַּבָּקָר יֹאכַל־תֶּבֶן וְנָחָשׁ עָפָר לַחְמוֹ לֹא־יָרֵעוּ וְלֹא־יַשְׁחִיתוּ בְּכָל־הַר קָדְשִׁי אָמַר יְהוָה׃

CAP. LXVI. ס

1 כֹּה אָמַר יְהוָה הַשָּׁמַיִם כִּסְאִי וְהָאָרֶץ הֲדֹם רַגְלָי אֵי־זֶה בַיִת אֲשֶׁר תִּבְנוּ־לִי וְאֵי־זֶה מָקוֹם מְנוּחָתִי׃

2 וְאֶת־כָּל־אֵלֶּה יָדִי עָשָׂתָה וַיִּהְיוּ כָל־אֵלֶּה נְאֻם־יְהוָה וְאֶל־זֶה אַבִּיט אֶל־עָנִי וּנְכֵה־רוּחַ וְחָרֵד עַל־דְּבָרִי׃

3 שׁוֹחֵט הַשּׁוֹר מַכֵּה־אִישׁ זוֹבֵחַ הַשֶּׂה עֹרֵף כֶּלֶב מַעֲלֵה מִנְחָה דַּם־חֲזִיר מַזְכִּיר לְבֹנָה מְבָרֵךְ אָוֶן גַּם־הֵמָּה בָּחֲרוּ בְּדַרְכֵיהֶם וּבְשִׁקּוּצֵיהֶם נַפְשָׁם חָפֵצָה׃

4 גַּם־אֲנִי אֶבְחַר בְּתַעֲלֻלֵיהֶם וּמְגוּרֹתָם אָבִיא לָהֶם יַעַן קָרָאתִי וְאֵין עוֹנֶה דִּבַּרְתִּי וְלֹא שָׁמֵעוּ וַיַּעֲשׂוּ הָרַע בְּעֵינַי וּבַאֲשֶׁר לֹא־חָפַצְתִּי בָּחָרוּ׃

5 שִׁמְעוּ דְּבַר־יְהוָה הַחֲרֵדִים אֶל־דְּבָרוֹ אָמְרוּ אֲחֵיכֶם שֹׂנְאֵיכֶם מְנַדֵּיכֶם לְמַעַן שְׁמִי יִכְבַּד יְהוָה וְנִרְאֶה בְשִׂמְחַתְכֶם וְהֵם יֵבֹשׁוּ׃

6 קוֹל שָׁאוֹן מֵעִיר קוֹל מֵהֵיכָל קוֹל יְהוָה מְשַׁלֵּם גְּמוּל לְאֹיְבָיו׃

7 בְּטֶרֶם תָּחִיל יָלָדָה בְּטֶרֶם יָבוֹא חֵבֶל לָהּ וְהִמְלִיטָה זָכָר׃

8 מִי־שָׁמַע כָּזֹאת מִי רָאָה כָּאֵלֶּה הֲיוּחַל אֶרֶץ בְּיוֹם אֶחָד אִם־יִוָּלֵד גּוֹי פַּעַם אֶחָת כִּי־חָלָה גַּם־יָלְדָה צִיּוֹן אֶת־בָּנֶיהָ׃

9 הַאֲנִי אַשְׁבִּיר וְלֹא אוֹלִיד יֹאמַר יְהוָה אִם־אֲנִי הַמּוֹלִיד וְעָצַרְתִּי אָמַר אֱלֹהָיִךְ׃

10 שִׂמְחוּ אֶת־יְרוּשָׁלַ͏ִם וְגִילוּ בָהּ כָּל־אֹהֲבֶיהָ שִׂישׂוּ אִתָּהּ מָשׂוֹשׂ כָּל־הַמִּתְאַבְּלִים עָלֶיהָ׃

11 לְמַעַן תִּינְקוּ וּשְׂבַעְתֶּם מִשֹּׁד תַּנְחֻמֶיהָ לְמַעַן תָּמֹצּוּ וְהִתְעַנַּגְתֶּם מִזִּיז כְּבוֹדָהּ׃

12 כִּי־כֹה אָמַר יְהוָה הִנְנִי נֹטֶה־אֵלֶיהָ כְּנָהָר שָׁלוֹם וּכְנַחַל שׁוֹטֵף כְּבוֹד גּוֹיִם וִינַקְתֶּם עַל־צַד תִּנָּשֵׂאוּ וְעַל־בִּרְכַּיִם תְּשָׁעֳשָׁעוּ׃

13 כְּאִישׁ אֲשֶׁר אִמּוֹ תְּנַחֲמֶנּוּ כֵּן אָנֹכִי אֲנַחֶמְכֶם וּבִירוּשָׁלַ͏ִם תְּנֻחָמוּ׃

14 וּרְאִיתֶם וְשָׂשׂ לִבְּכֶם וְעַצְמוֹתֵיכֶם כַּדֶּשֶׁא תִפְרַחְנָה וְנוֹדְעָה יַד־יְהוָה אֶת־עֲבָדָיו וְזָעַם אֶת־אֹיְבָיו׃

15 כִּי־הִנֵּה יְהוָה בָּאֵשׁ יָבוֹא וְכַסּוּפָה מַרְכְּבֹתָיו לְהָשִׁיב בְּחֵמָה אַפּוֹ וְגַעֲרָתוֹ בְּלַהֲבֵי־אֵשׁ׃

16 כִּי בָאֵשׁ יְהוָה נִשְׁפָּט וּבְחַרְבּוֹ אֶת־כָּל־בָּשָׂר וְרַבּוּ חַלְלֵי יְהוָה׃

17 הַמִּתְקַדְּשִׁים וְהַמִּטַּהֲרִים אֶל־הַגַּנּוֹת אַחַר אַחַד בַּתָּוֶךְ אֹכְלֵי בְּשַׂר הַחֲזִיר וְהַשֶּׁקֶץ וְהָעַכְבָּר יַחְדָּו יָסֻפוּ נְאֻם־יְהוָה׃

18 וְאָנֹכִי מַעֲשֵׂיהֶם וּמַחְשְׁבֹתֵיהֶם בָּאָה לְקַבֵּץ אֶת־כָּל־הַגּוֹיִם וְהַלְּשֹׁנוֹת וּבָאוּ וְרָאוּ אֶת־כְּבוֹדִי׃

19 וְשַׂמְתִּי בָהֶם אוֹת וְשִׁלַּחְתִּי מֵהֶם פְּלֵיטִים אֶל־הַגּוֹיִם תַּרְשִׁישׁ פּוּל וְלוּד מֹשְׁכֵי קֶשֶׁת תֻּבַל וְיָוָן הָאִיִּים הָרְחֹקִים אֲשֶׁר לֹא־שָׁמְעוּ אֶת־שִׁמְעִי וְלֹא־רָאוּ אֶת־כְּבוֹדִי וְהִגִּידוּ אֶת־כְּבוֹדִי בַּגּוֹיִם׃

20 וְהֵבִיאוּ אֶת־כָּל־אֲחֵיכֶם מִכָּל־הַגּוֹיִם מִנְחָה לַיהוָה בַּסּוּסִים וּבָרֶכֶב וּבַצַּבִּים וּבַפְּרָדִים וּבַכִּרְכָּרוֹת עַל הַר קָדְשִׁי יְרוּשָׁלַ͏ִם אָמַר יְהוָה כַּאֲשֶׁר יָבִיאוּ בְנֵי יִשְׂרָאֵל אֶת־הַמִּנְחָה בִּכְלִי טָהוֹר בֵּית יְהוָה׃

21 וְגַם־מֵהֶם אֶקַּח לַכֹּהֲנִים לַלְוִיִּם אָמַר יְהוָה׃

22 כִּי כַאֲשֶׁר הַשָּׁמַיִם הַחֲדָשִׁים וְהָאָרֶץ הַחֲדָשָׁה אֲשֶׁר אֲנִי עֹשֶׂה עֹמְדִים לְפָנַי נְאֻם־יְהוָה כֵּן יַעֲמֹד זַרְעֲכֶם וְשִׁמְכֶם׃

23 וְהָיָה מִדֵּי־חֹדֶשׁ בְּחָדְשׁוֹ וּמִדֵּי שַׁבָּת בְּשַׁבַּתּוֹ יָבוֹא כָל־בָּשָׂר לְהִשְׁתַּחֲוֺת לְפָנַי אָמַר יְהוָה׃

24 וְיָצְאוּ וְרָאוּ בְּפִגְרֵי הָאֲנָשִׁים הַפֹּשְׁעִים בִּי כִּי תוֹלַעְתָּם לֹא תָמוּת וְאִשָּׁם לֹא תִכְבֶּה וְהָיוּ דֵרָאוֹן לְכָל־בָּשָׂר׃

חזק ונתחזק

16 That he who blesseth *a* himself in the earth, shall bless himself in the God of truth; and he that sweareth *b* in the earth, hall swear by the God of truth; because the former troubles are forgotten, and because they are hid from mine eyes.

17 For, behold, I create new *d* heavens, and a new earth: and the former shall not be remembered, nor come γ into mind.

18 But be ye glad and rejoice *e* for ever *in that* which I create: for, behold, I create Jerusalem a rejoicing, and her people a joy.

19 And I *g* will rejoice in Jerusalem, and joy in my people: and the voice of weeping *i* shall be no more heard in her, nor the voice of crying.

20 There shall be no more thence an infant of days, nor an old man that hath not filled his days: for the child shall die an hundred years old; but the sinner, *j* being an hundred years old, shall be accursed.

21 And they *l* shall build houses, and inhabit *them;* and they shall plant vineyards, and eat the fruit of them.

22 They shall not build, and another *m* inhabit; they shall not plant, and another eat: for as the days of a tree *p are* the days of my people, and mine elect shall ζ long enjoy the work of their hands.

23 They shall not labour in vain, nor bring forth for trouble: for they *r are* the seed of the blessed of the LORD, and their offspring with them.

24 And it shall come to pass, that before they call, I will answer: and while *s* they are yet speaking, I will hear.

25 The wolf *t* and the lamb shall feed together, and the lion shall eat straw like the bullock: and dust *v shall be* the serpent's meat. They shall not hurt nor destroy in all my holy mountain, saith the LORD.

CHAP. LXVI.

THUS saith the LORD, The heaven *w is* my throne, and the earth *is* my footstool: where *is* the house that ye build unto me? and where *is* the place of my rest?

2 For all those *things* hath mine hand made, and all those *things* have been, saith the LORD: but to this *man* will I look, *even* to him that *is* poor *y* and of a contrite *z* spirit, and trembleth *a* at my word.

3 He that killeth an ox *is as if* he slew a man; he that sacrificeth a θ lamb, *as if* he cut off a dog's neck; he that offereth an oblation, *as if he offered* swine's blood: he that κ burneth incense, *as if* he blessed an idol. Yea, they have chosen their own ways, and their soul delighteth in their abominations.

4 I also will choose their μ delusions, *d* and will bring their fears upon them; because *e* when I called, none did answer; when I spake, they did not hear: but they did evil before mine eyes, and chose *that* in which I delighted not.

5 Hear the word of the LORD, ye that tremble *h* at his word; Your brethren that hated you, that cast you out for my name's sake, said, Let the LORD be glorified: but he shall appear to your joy, and they shall be ashamed.

6 A voice of noise from the city, a voice from the temple, a voice of the LORD that rendereth recompence to his enemies.

7 Before she travailed, she brought forth; before her pain came, she was delivered of a man child.

B. C. 698.

a Je. 4. 2.
b De. 6. 13.
  Ps. 63. 11.
c Ac. 2.41,47.
d 2 Pe. 3. 13.
  Re. 21. 1.
β or, *beget.*
γ *upon the
  heart.*
e ch. 51. 11.
  1 Th. 5. 16.
f Ps. 26. 8.
  84. 1..4.
  122. 6.
g ch. 62. 5.
h 1 Pe. 2. 2.
i Re. 7. 17.
δ or, *brightness.*
j Ec. 8.12,13.
k ch. 60. 4,16.
l Am. 9. 14.
m Le. 26. 16.
  De. 28. 30.
n Jnᵒ. 16. 22.
o Pr. 3. 8.
  Eze.37.1..14.
p Ps. 92. 12.
ζ *make them
  continue
  long,* or,
  wear out.
q 2 Th. 1. 8.
r ch. 61. 9.
  Ro. 9. 7, 8.
s Ps. 32. 5.
  Da. 9.20,21.
t ch. 11..6..9.
u ch. 65. 3, 4.
η or, *one after another.*
v Ge. 3. 14.
w 2 Ch. 6. 18.
  Mat. 5. 34.
  Ac. 17. 24.
x ch. 18. 3, 7.
  Lu. 2. 34.
y Mat. 5. 3.
z ch. 57. 15.
a Ezr. 9. 4.
  10. 3.
  Pr. 28. 14.
b Mal. 1. 11.
  Mat. 28. 19.
θ or, *kid.*
c Ro. 15. 16.
κ *maketh a
  memorial
  of,*
  Le. 2. 2.
λ or,*coaches.*
μ or,*devices.*
d 2 Th. 2. 11.
e ch. 65. 12.
  Je. 7. 13,14.
f Re. 1. 6.
g ch. 65. 17.
h ver. 2.
i Zec. 14. 16.
ν *new moon
  to his new
  moon, and
  from sabbath
  to his
  sabbath.*
k Ps. 65. 2.
l Mar. 9. 44..
  48.
m Da. 12. 2.

---

8 Who hath heard such a thing? who hath seen such things? Shall the earth be made to bring forth in one day? or shall a nation be born at once? for *c* as soon as Zion travailed, she brought forth her children.

9 Shall I bring to the birth, and not β cause to bring forth? saith the LORD: shall I cause to bring forth, and shut *the* womb? saith thy God.

10 Rejoice *f* ye with Jerusalem, and be glad with her, all ye that love her: rejoice for joy with her, all ye that mourn for her:

11 That ye may suck, *h* and be satisfied with the breasts of her consolations; that ye may milk out, and be delighted with the δ abundance of her glory.

12 For thus saith the LORD, Behold, I will extend peace to her like a river, and the glory of the Gentiles like a flowing stream: then shall ye suck, ye *k* shall be borne upon *her* sides, and be dandled upon *her* knees.

13 As one whom his mother comforteth, so will I comfort you; and ye shall be comforted in Jerusalem.

14 And when ye see *this*, your heart shall rejoice, *n* and your bones *o* shall flourish like an herb; and the hand of the LORD shall be known toward his servants, and *his* indignation toward his enemies.

15 For, *q* behold, the LORD will come with fire, and with his chariots like a whirlwind, to render his anger with fury, and his rebuke with flames of fire.

16 For by fire and by his sword will the LORD plead with all flesh: and the slain of the LORD shall be many.

17 They *u* that sanctify themselves, and purify themselves in the gardens, η behind one *tree* in the midst, eating swine's flesh, and the abomination, and the mouse, shall be consumed together, saith the LORD.

18 For I *know* their works and their thoughts: it shall come, that I will gather all nations and tongues; and they shall come, and see my glory.

19 And I will set a sign *x* among them, and I will send those that escape of them unto the nations, *to* Tarshish, Pul, and Lud, that draw the bow, *to* Tubal and Javan, *to* the isles afar off, that have not heard my fame, neither have seen my glory; *b* and they shall declare my glory among the Gentiles.

20 And they shall bring all your brethren *for* an offering *c* unto the LORD, out of all nations, upon horses, and in chariots, and in λ litters, and upon mules, and upon swift beasts, to my holy mountain Jerusalem, saith the LORD, as the children of Israel bring an offering in a clean vessel into the house of the LORD.

21 And I will also take of them for priests *f and* for Levites, saith the LORD.

22 For as the new *g* heavens and the new earth, which I will make, shall remain before me, saith the LORD, so shall your seed and your name remain.

23 And *i* it shall come to pass, *that* from ν one new moon to another, and from one sabbath to another, shall all *k* flesh come to worship before me, saith the LORD.

24 And they shall go forth, and look upon the carcases of the men that have transgressed against me; for their worm shall *l* not die, neither shall their fire be quenched; and they shall be an abhorring *m* unto all flesh.

465

CAP. I. א

1 דִּבְרֵי יִרְמְיָהוּ בֶּן־חִלְקִיָּהוּ מִן־הַכֹּהֲנִים אֲשֶׁר
2 בַּעֲנָתוֹת בְּאֶרֶץ בִּנְיָמִן׃ אֲשֶׁר הָיָה דְבַר־יְהֹוָה
אֵלָיו בִּימֵי יֹאשִׁיָּהוּ בֶן־אָמוֹן מֶלֶךְ יְהוּדָה בִּשְׁלֹשׁ
3 עֶשְׂרֵה שָׁנָה לְמָלְכוֹ׃ וַיְהִי בִּימֵי יְהוֹיָקִים בֶּן־
יֹאשִׁיָּהוּ מֶלֶךְ יְהוּדָה עַד־תֹּם עַשְׁתֵּי עֶשְׂרֵה שָׁנָה
לְצִדְקִיָּהוּ בֶן־יֹאשִׁיָּהוּ מֶלֶךְ יְהוּדָה עַד־גְּלוֹת
4 יְרוּשָׁלִַם בַּחֹדֶשׁ הַחֲמִישִׁי׃ וַיְהִי דְבַר־
5 יְהֹוָה אֵלַי לֵאמֹר׃ בְּטֶרֶם אֶצָּרְךָ בַבֶּטֶן
יְדַעְתִּיךָ וּבְטֶרֶם תֵּצֵא מֵרֶחֶם הִקְדַּשְׁתִּיךָ נָבִיא
6 לַגּוֹיִם נְתַתִּיךָ׃ וָאֹמַר אֲהָהּ אֲדֹנָי יְהֹוִה הִנֵּה
7 לֹא־יָדַעְתִּי דַּבֵּר כִּי־נַעַר אָנֹכִי׃ וַיֹּאמֶר יְהֹוָה אֵלַי
אַל־תֹּאמַר נַעַר אָנֹכִי כִּי עַל־כָּל־אֲשֶׁר אֶשְׁלָחֲךָ
8 תֵּלֵךְ וְאֵת כָּל־אֲשֶׁר אֲצַוְּךָ תְּדַבֵּר׃ אַל־תִּירָא
מִפְּנֵיהֶם כִּי־אִתְּךָ אֲנִי לְהַצִּלֶךָ נְאֻם־יְהֹוָה׃
9 וַיִּשְׁלַח יְהֹוָה אֶת־יָדוֹ וַיַּגַּע עַל־פִּי וַיֹּאמֶר יְהֹוָה
10 אֵלַי הִנֵּה נָתַתִּי דְבָרַי בְּפִיךָ׃ רְאֵה הִפְקַדְתִּיךָ
הַיּוֹם הַזֶּה עַל־הַגּוֹיִם וְעַל־הַמַּמְלָכוֹת לִנְתוֹשׁ
וְלִנְתוֹץ וּלְהַאֲבִיד וְלַהֲרוֹס לִבְנוֹת וְלִנְטוֹעַ׃
11 וַיְהִי דְבַר־יְהֹוָה אֵלַי לֵאמֹר מָה־אַתָּה רֹאֶה יִרְמְיָהוּ
12 וָאֹמַר מַקֵּל שָׁקֵד אֲנִי רֹאֶה׃ וַיֹּאמֶר יְהֹוָה אֵלַי
הֵיטַבְתָּ לִרְאוֹת כִּי־שֹׁקֵד אֲנִי עַל־דְּבָרִי לַעֲשֹׂתוֹ׃
וַיְהִי דְבַר־יְהֹוָה אֵלַי
13 שֵׁנִית לֵאמֹר מָה אַתָּה רֹאֶה וָאֹמַר סִיר נָפוּחַ
14 אֲנִי רֹאֶה וּפָנָיו מִפְּנֵי צָפוֹנָה׃ וַיֹּאמֶר יְהֹוָה
אֵלַי מִצָּפוֹן תִּפָּתַח הָרָעָה עַל כָּל־יֹשְׁבֵי הָאָרֶץ׃
15 כִּי הִנְנִי קֹרֵא לְכָל־מִשְׁפְּחוֹת מַמְלְכוֹת צָפוֹנָה
נְאֻם־יְהֹוָה וּבָאוּ וְנָתְנוּ אִישׁ כִּסְאוֹ פֶּתַח שַׁעֲרֵי
יְרוּשָׁלִַם וְעַל כָּל־חוֹמֹתֶיהָ סָבִיב וְעַל כָּל־עָרֵי
16 יְהוּדָה׃ וְדִבַּרְתִּי מִשְׁפָּטַי אוֹתָם עַל כָּל־רָעָתָם
אֲשֶׁר עֲזָבוּנִי וַיְקַטְּרוּ לֵאלֹהִים אֲחֵרִים וַיִּשְׁתַּחֲווּ
17 לְמַעֲשֵׂי יְדֵיהֶם׃ וְאַתָּה תֶּאְזֹר מָתְנֶיךָ וְקַמְתָּ
וְדִבַּרְתָּ אֲלֵיהֶם אֵת כָּל־אֲשֶׁר אָנֹכִי אֲצַוֶּךָּ אַל־תֵּחַת

18 מִפְּנֵיהֶם פֶּן־אֲחִתְּךָ לִפְנֵיהֶם׃ וַאֲנִי הִנֵּה נְתַתִּיךָ
הַיּוֹם לְעִיר מִבְצָר וּלְעַמּוּד בַּרְזֶל וּלְחֹמוֹת נְחֹשֶׁת
עַל־כָּל־הָאָרֶץ לְמַלְכֵי יְהוּדָה לְשָׂרֶיהָ לְכֹהֲנֶיהָ וּלְעַם
19 הָאָרֶץ׃ וְנִלְחֲמוּ אֵלֶיךָ וְלֹא־יוּכְלוּ לָךְ כִּי־אִתְּךָ
אֲנִי נְאֻם־יְהֹוָה לְהַצִּילֶךָ׃

CAP. II. ב

1,2 וַיְהִי דְבַר־יְהֹוָה אֵלַי לֵאמֹר׃ הָלֹךְ וְקָרָאתָ בְאָזְנֵי
יְרוּשָׁלִַם לֵאמֹר כֹּה אָמַר יְהֹוָה זָכַרְתִּי לָךְ חֶסֶד
נְעוּרַיִךְ אַהֲבַת כְּלוּלֹתָיִךְ לֶכְתֵּךְ אַחֲרַי בַּמִּדְבָּר
3 בְּאֶרֶץ לֹא זְרוּעָה׃ קֹדֶשׁ יִשְׂרָאֵל לַיהֹוָה רֵאשִׁית
תְּבוּאָתֹה כָּל־אֹכְלָיו יֶאְשָׁמוּ רָעָה תָּבֹא אֲלֵיהֶם
4 נְאֻם־יְהֹוָה׃ שִׁמְעוּ דְבַר־יְהֹוָה בֵּית
5 יַעֲקֹב וְכָל־מִשְׁפְּחוֹת בֵּית יִשְׂרָאֵל׃ כֹּה אָמַר
יְהֹוָה מַה־מָּצְאוּ אֲבוֹתֵיכֶם בִּי עָוֶל כִּי רָחֲקוּ מֵעָלָי
6 וַיֵּלְכוּ אַחֲרֵי הַהֶבֶל וַיֶּהְבָּלוּ׃ וְלֹא אָמְרוּ אַיֵּה
יְהֹוָה הַמַּעֲלֶה אֹתָנוּ מֵאֶרֶץ מִצְרָיִם הַמּוֹלִיךְ
אֹתָנוּ בַּמִּדְבָּר בְּאֶרֶץ עֲרָבָה וְשׁוּחָה בְּאֶרֶץ צִיָּה
וְצַלְמָוֶת בְּאֶרֶץ לֹא־עָבַר בָּהּ אִישׁ וְלֹא־יָשַׁב אָדָם
7 שָׁם׃ וָאָבִיא אֶתְכֶם אֶל־אֶרֶץ הַכַּרְמֶל לֶאֱכֹל
פִּרְיָהּ וְטוּבָהּ וַתָּבֹאוּ וַתְּטַמְּאוּ אֶת־אַרְצִי וְנַחֲלָתִי
8 שַׂמְתֶּם לְתוֹעֵבָה׃ הַכֹּהֲנִים לֹא אָמְרוּ אַיֵּה
יְהֹוָה וְתֹפְשֵׂי הַתּוֹרָה לֹא יְדָעוּנִי וְהָרֹעִים פָּשְׁעוּ
בִי וְהַנְּבִיאִים נִבְּאוּ בַבַּעַל וְאַחֲרֵי לֹא־יוֹעִלוּ הָלָכוּ׃
9 לָכֵן עֹד אָרִיב אִתְּכֶם נְאֻם־יְהֹוָה וְאֶת־בְּנֵי בְנֵיכֶם
10 אָרִיב׃ כִּי עִבְרוּ אִיֵּי כִתִּיִּים וּרְאוּ וְקֵדָר שִׁלְחוּ
וְהִתְבּוֹנְנוּ מְאֹד וּרְאוּ הֵן הָיְתָה כָּזֹאת׃
11 הַהֵימִיר גּוֹי אֱלֹהִים וְהֵמָּה לֹא אֱלֹהִים וְעַמִּי הֵמִיר
12 כְּבוֹדוֹ בְּלוֹא יוֹעִיל׃ שֹׁמּוּ שָׁמַיִם עַל־זֹאת וְשַׂעֲרוּ
13 חָרְבוּ מְאֹד נְאֻם־יְהֹוָה׃ כִּי־שְׁתַּיִם רָעוֹת עָשָׂה
עַמִּי אֹתִי עָזְבוּ מְקוֹר מַיִם חַיִּים לַחְצֹב לָהֶם
בֹּארוֹת בֹּארֹת נִשְׁבָּרִים אֲשֶׁר לֹא־יָכִלוּ הַמָּיִם׃
14 הַעֶבֶד יִשְׂרָאֵל אִם־יְלִיד בַּיִת הוּא מַדּוּעַ הָיָה
15 לָבַז׃ עָלָיו יִשְׁאֲגוּ כְפִרִים נָתְנוּ קוֹלָם וַיָּשִׁיתוּ

The Book of the Prophet JEREMIAH.

CHAP. I.

THE words of Jeremiah[a] the son of Hilkiah, of the priests that were in Anathoth,[b] in the land of Benjamin:

2 To whom the word of the LORD came in the days of Josiah the son of Amon king of Judah, in[c] the thirteenth year of his reign.

3 It came also in the days of Jehoiakim the son of Josiah king of Judah, unto[e] the end of the eleventh year of Zedekiah the son of Josiah king of Judah, unto the carrying away[f] of Jerusalem captive in the fifth[g] month.

4 Then the word of the LORD came unto me, saying,

5 Before[k] I formed thee in the belly I knew thee; and before thou camest forth out of the womb I sanctified thee; and I [gamma]ordained thee a prophet unto the nations.

6 Then[o] said I, Ah! Lord GOD! behold, I cannot speak; for I am a child.

7 But the LORD said unto me, Say not, I am a child: for thou shalt go to all that I shall send thee, and[p] whatsoever I command thee thou shalt speak.

8 Be[r] not afraid of their faces: for I[s] am with thee to deliver thee, saith the LORD.

9 Then the LORD put forth his hand, and touched[v] my mouth. And the LORD said unto me, Behold, I have put my words in thy mouth,[x]

10 See, I have this day set thee over the nations, and over the kingdoms, to root[y] out, and to pull down, and to destroy, and to throw down, to build, and to plant.

11 Moreover, the word of the LORD came unto me, saying, Jeremiah, what seest thou? And I said, I see a rod of an almond-tree.

12 Then said the LORD unto me, Thou hast well seen: for I will hasten my word to perform it.

13 And the word of the LORD came unto me the second time, saying, What seest thou? And I said, I see a seething pot;[e] and the face thereof is [zeta]toward the north.

14 Then the LORD said unto me, Out of the north[f] an evil shall[eta]break forth upon all the inhabitants of the land.

15 For, lo, I will call all the families of the kingdoms of the north, saith the LORD; and they shall come, and they shall set every one his throne at the entering of the gates of Jerusalem, and against all the walls thereof round about, and against all the cities of Judah.

16 And I will utter my judgments against them touching all their wickedness, who[m] have forsaken me, and have burned incense unto other gods, and worshipped the works of their own hands.

17 Thou therefore gird[p] up thy loins, and arise, and speak unto them all that I command thee: be[q] not dismayed at their faces, lest I[kappa]confound thee before them.

18 For, behold, I[s] have made thee this day a defenced city, and an iron pillar,

---

B.C. 629.

a 2Ch. 36. 21.
b 1 Ch. 6. 60.
c ch. 25. 3.
d Jos. 1. 9.
e ch. 39. 2.
f ch. 52. 12, &c.
g 2 Ki. 25. 8.
[beta] or, for thy sake.
h Ho. 2. 15.
i De. 2. 7.
k Is. 49. 1, 5. Ga.1.15,16.
l Ex. 19. 5, 6. 1 Pe. 2. 9.
[gamma] gave.
m Ps. 105. 14.
n Joel 1.3,7,8.
o Ex.4.10,&c.
p Mat. 28. 20. Ac. 26.
q Is. 5. 4.
r Eze. 2. 6. 3. 9.
s He. 13. 6.
t 2 Ki. 17. 15.
u Ps. 77. 5.
v Is. 6. 7.
w Is.63.11.13. Ho. 13. 4.
x De. 32. 10.
y ch. 18. 7. 2Co.10.4,5.
[delta] or, the land of Carmel.
z Ps. 106. 38.
a Mal. 2. 6, 7.
b ch. 5. 31.
c Hab. 2. 18.
d Eze. 20. 35.
e Eze.11.3,7. 24.3, &c.
[zeta] from the face of.
f ch. 4. 6. 6. 1, 22.
[eta] be opened.
[theta] or, over to.
g Is. 23. 1, 12.
h Ps. 120. 5.
i Mi. 4. 5.
k Ps. 106. 20. Ro. 1. 23.
l Is. 1. 2.
m ch. 17. 13. De. 28. 20.
n Ps. 81. 11.
o Ps. 36. 9. Jn[o].4. 14.
p Job 38. 3.
q Eze. 2. 6.
r Ex. 4. 22.
[kappa] break thee to pieces.
[lambda] become a spoil.
s ch. 15. 20.
t Ps. 57. 4.
[mu] gave out their voice.

---

and brazen walls against the whole land, against the kings of Judah, against the princes thereof, against the priests thereof, and against the people of the land.

19 And they shall fight against thee, but they shall not prevail against thee; for I[d] am with thee, saith the LORD, to deliver thee.

CHAP. II.

MOREOVER, the word of the LORD came to me, saying,

2 Go, and cry in the ears of Jerusalem, saying, Thus saith the LORD, I remember [beta] thee, the kindness of thy youth,[h] the love of thine espousals, when[i] thou wentest after me in the wilderness, in a land that was not sown.

3 Israel was holiness[l] unto the LORD, and the first-fruits of his increase: all[m] that devour him shall offend; evil[n] shall come upon them, saith the LORD.

4 Hear ye the word of the LORD, O house of Jacob, and all the families of the house of Israel:

5 Thus saith the LORD, What[q] iniquity have your fathers found in me, that they are gone far from me, and have[t] walked after vanity, and are become vain?

6 Neither[u] said they, Where is the LORD that brought us up[w] out of the land of Egypt, that led[x] us through the wilderness, through a land of deserts and of pits; through a land of drought, and of the shadow of death; through a land that no man passed through, and where no man dwelt?

7 And I brought you into [delta]a plentiful country, to eat the fruit thereof and the goodness thereof: but when ye entered, ye defiled[z] my land, and made mine heritage an abomination.

8 The priests said not, Where is the LORD? and they that handle the law[a] knew me not: the pastors also transgressed against me, and the prophets[b] prophesied by Baal, and walked after things that[c] do not profit.

9 Wherefore[d] I will yet plead with you, saith the LORD, and with your children's children will I plead.

10 For pass[theta] over the isles of Chittim,[g] and see; and send unto Kedar,[h] and consider diligently, and see if there be such a thing:

11 Hath[i] a nation changed their gods, which are yet no gods? but my people have changed[k] their glory for that which doth not profit.

12 Be astonished, O ye heavens,[l] at this, and be horribly afraid, be ye very desolate, saith the LORD.

13 For my people have committed two evils; they have forsaken me,[n] the fountain[o] of living waters, and hewed them out cisterns, broken cisterns, that can hold no water.

14 Is Israel a servant?[r] is he a homeborn slave? why is he [lambda]spoiled?

15 The young lions[t] roared upon him and [mu] yelled, and they made his land waste:

אַךְ שָׁב אֵלַי מִמֶּנִּי הִנָּךְ נִשְׁפָּט עַל־אָמְרֵךְ 16 אַרְצוּ לְשֶׁפָּה עָרֶיהָ נִצָּתְה מִבְּלִי יֹשֵׁב : גַּם־בָּנֵי

לֹא חָטָאתִי :   מַה־תֵּזְלִי מְאֹד לְשַׁנּוֹת אֶת־דַּרְכֵּךְ 36 17 נֹף וְתַחְפַּנְחֵס יִרְעוּךְ קָדְקֹד : הֲלוֹא־זֹאת תַּעֲשֶׂה־

גַּם מִמִּצְרַיִם תֵּבֹשִׁי כַּאֲשֶׁר בֹּשְׁתְּ מֵאַשּׁוּר : 37 גַּם לָּךְ עָזְבֵךְ אֶת־יְהוָה אֱלֹהַיִךְ בְּעֵת מוֹלִיכֵךְ בַּדָּרֶךְ :

מֵאֵת זֶה תֵּצְאִי וְיָדַיִךְ עַל־רֹאשֵׁךְ כִּי־מָאַס יְהוָה 18 וְעַתָּה מַה־לָּךְ לְדֶרֶךְ מִצְרַיִם לִשְׁתּוֹת מֵי שִׁחוֹר

בְּמִבְטַחַיִךְ וְלֹא תַצְלִיחִי לָהֶם : 19 וּמַה־לָּךְ לְדֶרֶךְ אַשּׁוּר לִשְׁתּוֹת מֵי נָהָר : תִּיסְּרֵךְ

CAP. III. ג

רָעָתֵךְ וּמְשֻׁבוֹתַיִךְ תּוֹכִחֻךְ וּדְעִי וּרְאִי כִּי־רַע וָמָר 1 לֵאמֹר הֵן יְשַׁלַּח אִישׁ אֶת־אִשְׁתּוֹ וְהָלְכָה מֵאִתּוֹ עָזְבֵךְ אֶת־יְהוָה אֱלֹהָיִךְ וְלֹא פַחְדָּתִי אֵלַיִךְ נְאֻם־

וְהָיְתָה לְאִישׁ־אַחֵר הֲיָשׁוּב אֵלֶיהָ עוֹד הֲלוֹא חָנוֹף 20 אֲדֹנָי יְהוִה צְבָאוֹת : כִּי מֵעוֹלָם שָׁבַרְתִּי עֻלֵּךְ

תֶּחֱנַף הָאָרֶץ הַהִיא וְאַתְּ זָנִית רֵעִים רַבִּים וְשׁוֹב נִתַּקְתִּי מוֹסְרוֹתַיִךְ וַתֹּאמְרִי לֹא אֶעֱבוֹד כִּי עַל־כָּל־

אֵלַי נְאֻם־יְהוָֹה :   שְׂאִי־עֵינַיִךְ עַל־שְׁפָיִם וּרְאִי אֵיפֹה 2 גִּבְעָה גְּבֹהָה וְתַחַת כָּל־עֵץ רַעֲנָן אַתְּ צֹעָה זֹנָה :

לֹא שֻׁגַּלְתְּ עַל־דְּרָכִים יָשַׁבְתְּ לָהֶם כַּעֲרָבִי בַּמִּדְבָּר 21 וְאָנֹכִי נְטַעְתִּיךְ שׂוֹרֵק כֻּלֹּה זֶרַע אֱמֶת וְאֵיךְ

וַתַּחֲנִיפִי אֶרֶץ בִּזְנוּתַיִךְ וּבְרָעָתֵךְ :   וַיִּמָּנְעוּ רְבִבִים 3 נֶהְפַּכְתְּ לִי סוּרֵי הַגֶּפֶן נָכְרִיָּה : כִּי אִם־תְּכַבְּסִי

וּמַלְקוֹשׁ לוֹא הָיָה וּמֵצַח אִשָּׁה זוֹנָה הָיָה לָךְ 22 בַּנֶּתֶר וְתַרְבִּי־לָךְ בֹּרִית נִכְתָּם עֲוֹנֵךְ לְפָנַי נְאֻם

מֵאַנְתְּ הִכָּלֵם :   הֲלוֹא מֵעַתָּה קָרָאתְ לִי אָבִי 4 אֲדֹנָי יְהוִה : אַךְ רִאֵה נִטְמֵאתִי אַחֲרֵי

אַלּוּף נְעֻרַי אָתָּה :   הֲיִנְטֹר לְעוֹלָם אִם־יִשְׁמֹר 5 הַבְּעָלִים לֹא הָלַכְתִּי רְאִי דַרְכֵּךְ בַּגַּיְא דְּעִי מֶה 23

לָנֶצַח הִנֵּה דִבַּרְתְּ וַתַּעֲשִׂי הָרָעוֹת וַתּוּכָל : עָשִׂית בִּכְרָה קַלָּה מְשָׂרֶכֶת דְּרָכֶיהָ : פֶּרֶה־לֻמֻּד 24

וַיֹּאמֶר יְהוָה אֵלַי בִּימֵי יֹאשִׁיָּהוּ הַמֶּלֶךְ הֲרָאִיתָ 6 מִדְבָּר בְּאַוַּת נַפְשָׁה שָׁאֲפָה רוּחַ תַּאֲנָתָהּ מִי

אֲשֶׁר עָשְׂתָה מְשֻׁבָה יִשְׂרָאֵל הֹלְכָה הִיא עַל־כָּל־ יְשִׁיבֶנָּה כָּל־מְבַקְשֶׁיהָ לֹא יִיעָפוּ בְּחָדְשָׁהּ 25

הַר גָּבֹהַּ וְאֶל־תַּחַת כָּל־עֵץ רַעֲנָן וַתִּזְנִי־שָׁם : יִמְצָאוּנְהָ : מִנְעִי רַגְלֵךְ מִיָּחֵף וּגְרוֹנֵךְ מִצִּמְאָה

וָאֹמַר אַחֲרֵי עֲשׂוֹתָהּ אֶת־כָּל־אֵלֶּה אֵלַי תָּשׁוּב וְלֹא 7 וַתֹּאמְרִי נוֹאָשׁ לוֹא כִּי־אָהַבְתִּי זָרִים וְאַחֲרֵיהֶם

שָׁבָה וַתֵּרֶא בָּגוֹדָה אֲחוֹתָהּ יְהוּדָה : וָאֵרֶא כִּי 8 אֵלֵךְ : כְּבֹשֶׁת גַּנָּב כִּי יִמָּצֵא כֵּן הֹבִישׁוּ בֵּית 26

עַל־כָּל־אֹדוֹת אֲשֶׁר נִאֲפָה מְשֻׁבָה יִשְׂרָאֵל שִׁלַּחְתִּיהָ יִשְׂרָאֵל הֵמָּה מַלְכֵיהֶם שָׂרֵיהֶם וְכֹהֲנֵיהֶם

וָאֶתֵּן אֶת־סֵפֶר כְּרִיתֻתֶיהָ אֵלֶיהָ וְלֹא יָרְאָה בֹּגֵדָה וּנְבִיאֵיהֶם : אֹמְרִים לָעֵץ אָבִי אַתָּה וְלָאֶבֶן 27

יְהוּדָה אֲחוֹתָהּ וַתֵּלֶךְ וַתִּזֶן גַּם־הִיא :   וְהָיָה 9 אַתְּ יְלִדְתָּנִי כִּי־פָנוּ אֵלַי עֹרֶף וְלֹא פָנִים :

מִקֹּל זְנוּתָהּ וַתֶּחֱנַף אֶת־הָאָרֶץ וַתִּנְאַף אֶת־הָאֶבֶן וּבְעֵת רָעָתָם יֹאמְרוּ קוּמָה וְהוֹשִׁיעֵנוּ : וְאַיֵּה 28

וְאֶת־הָעֵץ :   וְגַם־בְּכָל־זֹאת לֹא־שָׁבָה אֵלַי בָּגוֹדָה 10 אֱלֹהֶיךָ אֲשֶׁר עָשִׂיתָ לָּךְ יָקוּמוּ אִם־יוֹשִׁיעוּךְ

אֲחוֹתָהּ יְהוּדָה בְּכָל־לִבָּהּ כִּי אִם־בְּשֶׁקֶר נְאֻם־יְהוָה : בְּעֵת רָעָתֶךָ כִּי מִסְפַּר עָרֶיךָ הָיוּ אֱלֹהֶיךָ 29

וַיֹּאמֶר יְהוָה אֵלַי צִדְּקָה נַפְשָׁהּ מְשֻׁבָה 11 יְהוּדָה : לָמָּה תָרִיבוּ אֵלָי כֻּלְּכֶם פְּשַׁעְתֶּם בִּי

יִשְׂרָאֵל מִבֹּגֵדָה יְהוּדָה :   הָלֹךְ וְקָרָאתָ אֶת־ 12 נְאֻם־יְהוָה : לַשָּׁוְא הִכֵּיתִי אֶת־בְּנֵיכֶם מוּסָר 30

הַדְּבָרִים הָאֵלֶּה צָפוֹנָה וְאָמַרְתָּ שׁוּבָה מְשֻׁבָה לֹא לָקָחוּ אָכְלָה חַרְבְּכֶם נְבִיאֵיכֶם כְּאַרְיֵה

יִשְׂרָאֵל נְאֻם־יְהוָה לוֹא־אַפִּיל פָּנַי בָּכֶם כִּי־חָסִיד מַשְׁחִית : הַדּוֹר אַתֶּם רְאוּ דְבַר־יְהוָה הֲמִדְבָּר 31

אֲנִי נְאֻם־יְהוָה לֹא אֶטּוֹר לְעוֹלָם : אַךְ דְּעִי 13 הָיִיתִי לְיִשְׂרָאֵל אִם אֶרֶץ מַאְפֵּלְיָה מַדּוּעַ אָמְרוּ

עֲוֹנֵךְ כִּי בַּיהוָה אֱלֹהַיִךְ פָּשָׁעַתְּ וַתְּפַזְּרִי אֶת־דְּרָכַיִךְ עַמִּי רַדְנוּ לוֹא־נָבוֹא עוֹד אֵלֶיךָ : הֲתִשְׁכַּח בְּתוּלָה 32

לַזָּרִים תַּחַת כָּל־עֵץ רַעֲנָן וּבְקוֹלִי לֹא־שְׁמַעְתֶּם עֶדְיָהּ כַּלָּה קִשֻּׁרֶיהָ וְעַמִּי שְׁכֵחוּנִי יָמִים אֵין מִסְפָּר :

נְאֻם־יְהוָה :   שׁוּבוּ בָנִים שׁוֹבָבִים נְאֻם־יְהוָה כִּי 14 מַה־תֵּיטִבִי דַּרְכֵּךְ לְבַקֵּשׁ אַהֲבָה לָכֵן גַּם אֶת־ 33

אָנֹכִי בָּעַלְתִּי בָכֶם וְלָקַחְתִּי אֶתְכֶם אֶחָד מֵעִיר הָרָעוֹת לִמַּדְתְּ אֶת־דְּרָכָיִךְ : גַּם בִּכְנָפַיִךְ נִמְצְאוּ 34

וּשְׁנַיִם מִמִּשְׁפָּחָה וְהֵבֵאתִי אֶתְכֶם צִיּוֹן :   וְנָתַתִּי 15 דַּם נַפְשׁוֹת אֶבְיוֹנִים נְקִיִּים לֹא־בַמַּחְתֶּרֶת מְצָאתִים

כִּי עַל־כָּל־אֵלֶּה : וַתֹּאמְרִי כִּי נִקֵּיתִי 35

nis cities are burned without inhabitant.

16 Also the children of Noph and Ta-hapanes[b] [β] have broken the crown of thy head.[c]

17 Hast thou not procured this unto thy-self,[d] in that thou hast forsaken the LORD thy God, when he led thee by the way?

18 And now what hast thou to do in the way of Egypt,[g] to drink the waters of Sihor?[h] or what hast thou to do in the way of Assyria, to drink the waters of the river?

19 Thine own[k] wickedness shall correct thee, and thy backslidings shall reprove thee: know, therefore, and see, that *it is* an evil *thing* and bitter, that thou hast for-saken the LORD thy God, and that my fear *is* not in thee, saith the Lord GOD of hosts.

20 For of old time I have broken thy yoke, *and* burst thy bands; and[o] thou saidst, I will not [δ] transgress; when upon every high hill, and under every green tree, thou wanderest, playing the harlot.[q]

21 Yet I had planted thee a noble[r] vine, wholly a right seed; how then art thou turned into the degenerate plant of a strange[t] vine unto me?

22 For though thou wash thee with nitre, and take thee much sope, *yet* thine iniquity is marked[v] before me, saith the Lord GOD.

23 How canst thou say, I am not[x] pol-luted, I have not gone after Baalim? See thy way in the valley, know what thou hast done; *thou* ζ*a*ι *a* swift dromedary traversing her ways;

24 A wild ass[θ] used to the wilderness, *that* snuffeth up the wind at κ her pleasure; in her occasion who can λ turn her away? all they that seek her will not weary them-selves; in her month they shall find her.

25 Withhold thy foot from being unshod, and thy throat from thirst: but thou saidst, There μ is no hope:[b] no; for I have loved strangers, and after them will I go.

26 As the thief is ashamed when he is found, so is the house of Israel ashamed; they, their kings, their princes, and their priests, and their prophets,

27 Saying to a stock,[c] Thou *art* my father; &to a stone, Thou hast ν brought me forth; for they have turned π *their* back unto me, and not *their* face: but in the time of their trouble[f] they will say, Arise, and save us.

28 But where *are* thy gods that thou hast made thee? let them arise, if they can save thee in the time of thy ρ trou-ble: for *according to* the number of thy cities are thy gods, O Judah.

29 Wherefore will ye plead with me? ye all have transgressed against me, saith the LORD.

30 In vain[h] have I smitten your child-ren: they received no correction: your own sword[i] hath devoured your pro-phets, like a destroying lion.

31 O generation, see ye the word of the LORD: Have I been a wilderness unto Israel? a land of darkness? Wherefore say my people, We φ are lords;[k] we will come no more unto thee?

32 Can a maid forget her ornaments, *or* a bride her attire? yet my people have forgotten[n] me days without number.

33 Why trimmest thou thy way to seek love! therefore hast thou also taught the wicked ones thy ways.

34 Also in thy skirts is found the blood of the souls of the poor innocents:[o] I have not found it by χ secret search, but upon all these.

B. C. 629.

a Ro. 7. 9.
1Jn⁰.1.8,10.
b ch. 43. 7.
β or, *feed on thy crown,*
De. 33. 20.
c Is. 1. 6, 7.
d Ho. 13. 9.
e Ho. 12. 1.
f 2 Ch. 28,20.
g Is. 30. 1, 2.
h Jos. 13. 3.
i 2 Sa. 13. 19.
k Is. 5. 5.
l Is.28,15..17.
γ *saying.*
m De. 24. 4.
n Eze. 16.26,.29.
o Ex. 19. 8.
1 Sa. 12. 10.
p Zec. 1. 3.
δ or, *serve.*
Jos.24,18,21.
q Is. 1. 21.
De. 12. 2.
r Ps. 80. 8.
s Pr. 23. 28.
t De. 32. 32.
u ch. 9. 12.
14. 4.
Le. 26. 19.
De.28,23,24.
v Ps. 90. 8.
w Eze. 3. 7.
x Pr.30.12,20.
ζ or, *O swift.*
y Pr. 2. 17.
z Ps. 77..7..9.
η or, *O.*
θ *taught.*
κ *the desire of her heart.*
λ or, *reverse it.*
a 1 Ki. 14. 23.
μ or, *Is the case des-perate?*
b ch. 18. 12.
Ro. 8. 24.
c 2 Ki. 17. 10,13.
d Eze.23,2,&c
e Is. 44. 19.
ν or, *begot-ten me.*
π *the hinder parts of the neck.*
f Ps. 78. 34.
Ho. 5. 15.
ρ *evil.*
σ or, *fame.*
g ch. 2. 27.
τ *in false-hood.*
h Is. 9. 13.
i 2 Ch.36.16.
Mar.12.2..8.
φ *have do-minion.*
k Ps. 12. 4.
l 2 Ch. 30. 9.
Ps. 86. 15.
m De. 30.1..6.
n Ho. 8. 14.
o Ps. 106. 38.
χ *digging.*
p Is. 54. 5.

---

35 Yet thou sayest, Because I am[a] in-nocent, surely his anger shall turn from me: behold, I will plead with thee, be-cause thou sayest, I have not sinned.

36 Why gaddest thou about so much to change thy way? thou also shalt be ashamed of Egypt,[e] as thou wast[f] asham-ed of Assyria.

37 Yea, thou shalt go forth from him, and thine hands[i] upon thine head: for the LORD hath rejected thy confidences, and[l] thou shalt not prosper in them.

CHAP. III.

THEY γ say, If a man put away his wife, and she go from him, and become another man's, shall he return unto her again?[m] shall not that land be greatly polluted? but thou[n] hast played the har-lot with many lovers; yet return[p] again to me, saith the LORD.

2 Lift up thine eyes unto the high places, and see where thou hast not been lien with: in the ways[s] hast thou sat for them, as the Arabian in the wilderness; and thou hast polluted the land with thy whoredoms and with thy wickedness.

3 Therefore[u] the showers have been withholden, and there hath been no lat-ter rain; and[w] thou hadst a whore's fore-head, thou refusedst to be ashamed.

4 Wilt thou not from this time cry unto me, My father, thou *art* the guide of[y] my youth?

5 Will[z] he reserve *his anger* for ever? will he keep *it* to the end? Behold, thou hast spoken and done evil things as thou couldest.

6 The LORD said also unto me in the days of Josiah the king, Hast thou seen *that* which backsliding Israel hath done? she is gone up upon[a] every high moun-tain, and under every green tree, and there hath played the harlot.

7 And I said,[e] after she had done all these *things*, Turn thou unto me; but she returned not. And her treacherous sister Judah[d] saw *it.*

8 And I saw, when for all the causes whereby backsliding Israel committed adultery, I had put her away, and given her a bill of divorce; yet her treacherous sister Judah feared not, but went and played the harlot also.

9 And it came to pass through the lightness of her σ whoredom, that she de-filed the land, and committed adultery with stones and with[g] stocks.

10 And yet for all this her treacherous sister Judah hath not turned unto me with her whole heart, but τ feignedly, saith the LORD.

11 And the LORD said unto me, The backsliding Israel hath justified herself more than treacherous Judah.

12 Go, and proclaim these words to-ward the north, and say, Return, thou backsliding Israel, saith the LORD, *and* I will not cause mine anger to fall upon you: for I *am* merciful,[l] saith the LORD, *and* I will not keep *anger* for ever.

13 Only acknowledge[m] thine iniquity, that thou hast transgressed against the LORD thy God, and hast scattered thy ways to the strangers under every green tree, and ye have not obeyed my voice, saith the LORD.

14 Turn, O backsliding children, saith the LORD; for I am married[p] unto you; and I will take you one of a city, and two of a family, and I will bring you to Zion:

כִּי רָעָה אָנֹכִי מֵבִיא מִצָּפוֹן וְשֶׁבֶר גָּדוֹל : עָלָה 7
לָכֶם רֹעִים כֻּלְּכֶם וְרָעוּ הֲמָה הֵמָּה וְהַשְׂכֵּיל ׃

אַרְיֵה מִסֻּבְּכוֹ וּמַשְׁחִית גּוֹיִם נָסַע יָצָא מִמְּקֹמוֹ 16 וְהִנֵּה כִּי חֶרְבּוּ וּפְרִיהֶם בָּאָרֶץ בַּיָּמִים הָהֵמָּה נְאֻם־
לָשׂוּם אַרְצֵךְ לְשַׁמָּה עָרַיִךְ תִּצֶּינָה מֵאֵין יוֹשֵׁב ׃   יְהֹוָה לֹא־יֹאמְרוּ עוֹד אֲרוֹן בְּרִית־יְהֹוָה וְלֹא יַעֲלֶה

עַל־לֵב וְלֹא יִזְכְּרוּ־בוֹ וְלֹא יִפְקֹדוּ וְלֹא יֵעָשֶׂה עוֹד ׃ 8 עַל־זֹאת חִגְרוּ שַׂקִּים סִפְדוּ וְהֵילִילוּ כִּי לֹא־שָׁב

הֲרוֹן אַף־יְהֹוָה מִמֶּנּוּ ׃ וְהָיָה בַיּוֹם־הַהוּא נְאֻם־ 9 17 בָּעֵת הַהִיא יִקְרְאוּ לִירוּשָׁלַםִ כִּסֵּא יְהֹוָה וְנִקְווּ

יְהֹוָה יֹאבַד לֵב־הַמֶּלֶךְ וְלֵב הַשָּׂרִים וְנָשַׁמּוּ   אֵלֶיהָ כָל־הַגּוֹיִם לְשֵׁם יְהֹוָה לִירוּשָׁלָםִ וְלֹא־יֵלְכוּ

הַכֹּהֲנִים וְהַנְּבִיאִים יִתְמָהוּ ׃ וָאֹמַר אֲהָהּ אֲדֹנָי 10 18 עוֹד אַחֲרֵי שְׁרִרוּת לִבָּם הָרָע ׃   בַּיָּמִים

יְהֹוָה אָכֵן הַשֵּׁא הִשֵּׁאתָ לָעָם הַזֶּה וְלִירוּשָׁלַםִ   הָהֵמָּה יֵלְכוּ בֵית־יְהוּדָה עַל־בֵּית יִשְׂרָאֵל וְיָבֹאוּ

לֵאמֹר שָׁלוֹם יִהְיֶה לָכֶם וְנָגְעָה חֶרֶב עַד־הַנָּפֶשׁ ׃   יַחְדָּו מֵאֶרֶץ צָפוֹן עַל־הָאָרֶץ אֲשֶׁר הִנְחַלְתִּי אֶת־

בָּעֵת הַהִיא יֵאָמֵר לָעָם־הַזֶּה וְלִירוּשָׁלַםִ רוּחַ צַח 11 19 אֲבוֹתֵיכֶם ׃   וְאָנֹכִי אָמַרְתִּי אֵיךְ אֲשִׁיתֵךְ בַּבָּנִים

שְׁפָיִים בַּמִּדְבָּר דֶּרֶךְ בַּת־עַמִּי לוֹא לִזְרוֹת וְלוֹא   וְאֶתֶּן־לָךְ אֶרֶץ חֶמְדָּה נַחֲלַת צְבִי צִבְאוֹת

לְהָבַר ׃ רוּחַ מָלֵא מֵאֵלֶּה יָבוֹא לִי עַתָּה גַם־ 12 גּוֹיִם וָאֹמַר אָבִי תִּקְרְאִי־לִי וּמֵאַחֲרַי לֹא תָשׁוּבִי ׃

אֲנִי אֲדַבֵּר מִשְׁפָּטִים אוֹתָם ׃ הִנֵּה כַּעֲנָנִים 13 20 אָכֵן בָּגְדָה אִשָּׁה מֵרֵעָהּ כֵּן בְּגַדְתֶּם בִּי בֵּית

יַעֲלֶה וְכַסּוּפָה מַרְכְּבוֹתָיו קַלּוּ מִנְּשָׁרִים סוּסָיו   יִשְׂרָאֵל נְאֻם־יְהֹוָה ׃ קוֹל עַל־שְׁפָיִים נִשְׁמָע 21

אוֹי לָנוּ כִּי שֻׁדָּדְנוּ ׃ כַּבְּסִי מֵרָעָה לִבֵּךְ יְרוּשָׁלַםִ 14 בְּכִי תַחֲנוּנֵי בְּנֵי יִשְׂרָאֵל כִּי הֶעֱווּ אֶת־דַּרְכָּם

לְמַעַן תִּוָּשֵׁעִי עַד־מָתַי תָּלִין בְּקִרְבֵּךְ מַחְשְׁבוֹת   שָׁכְחוּ אֶת־יְהֹוָה אֱלֹהֵיהֶם ׃ שׁוּבוּ בָּנִים שׁוֹבָבִים 22

אוֹנֵךְ ׃ כִּי קוֹל מַגִּיד מִדָּן וּמַשְׁמִיעַ אָוֶן מֵהַר 15 אֶרְפָּה מְשׁוּבֹתֵיכֶם הִנְנוּ אָתָנוּ לָךְ כִּי אַתָּה יְהֹוָה

אֶפְרָיִם ׃ הַזְכִּירוּ לַגּוֹיִם הִנֵּה הַשְׁמִיעוּ עַל־ 16 23 אֱלֹהֵינוּ ׃ אָכֵן לַשֶּׁקֶר מִגְּבָעוֹת הָמוֹן הָרִים אָכֵן

יְרוּשָׁלַםִ נֹצְרִים בָּאִים מֵאֶרֶץ הַמֶּרְחָק וַיִּתְּנוּ עַל־   בַּיהֹוָה אֱלֹהֵינוּ תְּשׁוּעַת יִשְׂרָאֵל ׃ וְהַבֹּשֶׁת אָכְלָה 24

עָרֵי יְהוּדָה קוֹלָם ׃ כְּשֹׁמְרֵי שָׂדַי הָיוּ עָלֶיהָ 17 אֶת־יְגִיעַ אֲבוֹתֵינוּ מִנְּעוּרֵינוּ אֶת־צֹאנָם וְאֶת־

מִסָּבִיב כִּי־אֹתִי מָרָתָה נְאֻם־יְהֹוָה ׃ דַּרְכֵּךְ 18 25 בְּקָרָם אֶת־בְּנֵיהֶם וְאֶת־בְּנוֹתֵיהֶם ׃ נִשְׁכְּבָה

וּמַעֲלָלַיִךְ עָשׂוֹ אֵלֶּה לָךְ זֹאת רָעָתֵךְ כִּי מָר כִּי   בְּבָשְׁתֵּנוּ וּתְכַסֵּנוּ כְּלִמָּתֵנוּ כִּי לַיהֹוָה אֱלֹהֵינוּ

נָגַע עַד־לִבֵּךְ ׃ מֵעַי מֵעַי אוֹחִילָה 19 חָטָאנוּ אֲנַחְנוּ וַאֲבוֹתֵינוּ מִנְּעוּרֵינוּ וְעַד־הַיּוֹם הַזֶּה

קִירוֹת לִבִּי הֹמֶה־לִּי לִבִּי לֹא אַחֲרִישׁ כִּי קוֹל שׁוֹפָר   וְלֹא שָׁמַעְנוּ בְּקוֹל יְהֹוָה אֱלֹהֵינוּ ׃

שָׁמַעַתְּ נַפְשִׁי תְּרוּעַת מִלְחָמָה ׃ שֶׁבֶר עַל־ 20
שֶׁבֶר נִקְרָא כִּי שֻׁדְּדָה כָּל־הָאָרֶץ פִּתְאֹם שֻׁדְּדוּ

אֹהָלַי רֶגַע יְרִיעֹתָי ׃ עַד־מָתַי אֶרְאֶה־נֵּס 21 1 אִם־תָּשׁוּב יִשְׂרָאֵל נְאֻם־יְהֹוָה אֵלַי תָּשׁוּב וְאִם־

אֶשְׁמְעָה קוֹל שׁוֹפָר ׃ כִּי אֱוִיל עַמִּי 22 2 תָּסִיר שִׁקּוּצֶיךָ מִפָּנַי וְלֹא תָנוּד ׃ וְנִשְׁבַּעְתָּ חַי־

אוֹתִי לֹא יָדָעוּ בָּנִים סְכָלִים הֵמָּה וְלֹא נְבוֹנִים   יְהֹוָה בֶּאֱמֶת בְּמִשְׁפָּט וּבִצְדָקָה וְהִתְבָּרְכוּ בוֹ גּוֹיִם

הֵמָּה חֲכָמִים הֵמָּה לְהָרַע וּלְהֵיטִיב לֹא יָדָעוּ ׃ 3 וּבוֹ יִתְהַלָּלוּ ׃ כִּי־כֹה אָמַר יְהֹוָה לְאִישׁ

רָאִיתִי אֶת־הָאָרֶץ וְהִנֵּה־תֹהוּ וָבֹהוּ וְאֶל־הַשָּׁמַיִם 23 יְהוּדָה וְלִירוּשָׁלַםִ נִירוּ לָכֶם נִיר וְאַל־תִּזְרְעוּ אֶל־

וְאֵין אוֹרָם ׃ רָאִיתִי הֶהָרִים וְהִנֵּה רֹעֲשִׁים וְכָל־ 24 4 קֹצִים ׃ הִמֹּלוּ לַיהֹוָה וְהָסִרוּ עָרְלוֹת לְבַבְכֶם

הַגְּבָעוֹת הִתְקַלְקָלוּ ׃ רָאִיתִי וְהִנֵּה אֵין הָאָדָם 25 אִישׁ יְהוּדָה וְיֹשְׁבֵי יְרוּשָׁלָםִ פֶּן־תֵּצֵא כָאֵשׁ חֲמָתִי

וְכָל־עוֹף הַשָּׁמַיִם נָדָדוּ ׃ רָאִיתִי וְהִנֵּה 26 5 וּבָעֲרָה וְאֵין מְכַבֶּה מִפְּנֵי רֹעַ מַעַלְלֵיכֶם ׃ הַגִּידוּ

הַכַּרְמֶל הַמִּדְבָּר וְכָל־עָרָיו נִתְּצוּ מִפְּנֵי יְהֹוָה מִפְּנֵי   בִיהוּדָה וּבִירוּשָׁלַםִ הַשְׁמִיעוּ וְאִמְרוּ וְתִקְעוּ שׁוֹפָר

חֲרוֹן אַפּוֹ ׃ כִּי־כֹה אָמַר יְהֹוָה 27 בָּאָרֶץ קִרְאוּ מַלְאוּ וְאִמְרוּ הֵאָסְפוּ וְנָבוֹאָה אֶל־

שְׁמָמָה תִהְיֶה כָל־הָאָרֶץ וְכָלָה לֹא אֶעֱשֶׂה ׃ 6 עָרֵי הַמִּבְצָר ׃ שְׂאוּ־נֵס צִיּוֹנָה הָעִיזוּ אַל־תַּעֲמֹדוּ

15 And I will give you pastors *a* according to mine heart, which shall feed *b* you with knowledge and understanding.

16 And it shall come to pass, when ye be multiplied and increased in the land, in those days, saith the LORD, they shall say no more, The ark of the covenant of the LORD; neither *f* shall it come γ to mind, neither shall they remember it, neither shall they visit *it*, neither shall δ *that* be done any more.

17 At that time they shall call Jerusalem the throne of the LORD: and all the nations shall be gathered unto it, to the name of the LORD, to Jerusalem: neither shall they walk any more *h* after the ζ imagination of their evil heart.

18 In those days the house of Judah *i* shall walk η with the house of Israel, and they shall come together out of the land of the north to the land that I have θ given for an inheritance unto your fathers.

19 But I said, How shall I put thee among the children, and give thee a κ pleasant land, λ a goodly heritage of the hosts of nations? And I said, Thou shalt call me, My *m* father; and shalt not turn away π from me.

20 Surely *as* a wife treacherously departeth from her ρ husband, so have ye dealt treacherously *n* with me, O house of Israel, saith the LORD.

21 A voice was heard upon the high places, weeping *p* *and* supplications of the children of Israel: for they have perverted their *q* way, *and* they have forgotten the LORD their God.

22 Return, *r* ye backsliding children, *and* I will heal your backslidings. Behold, we come unto thee; for *s* thou *art* the LORD our God.

23 Truly in vain *is salvation hoped for* from the hills, *and from* the multitude of mountains; truly *t* in the LORD our God *is* the salvation of Israel.

24 For shame hath devoured the labour of our fathers from our youth: their flocks and their herds, their sons and their daughters.

25 We *w* lie down in our shame, and our confusion covereth us: for we have sinned against the LORD our God, we and our fathers, from our youth even unto this day, and have not obeyed the voice of the LORD our God.

CHAP. IV.

IF thou wilt return, O Israel, saith the LORD, return unto me; and if thou wilt put away thine abominations out of my sight, then shalt thou not remove.

2 And thou shalt swear, *y* The LORD liveth, in truth, *z* in judgment, and in righteousness; and the nations *a* shall bless themselves in him, and in him shall *b* they glory.

3 For thus saith the LORD to the men of Judah and Jerusalem, Break *d* up your fallow ground, and sow not among *g* thorns.

4 Circumcise *f* yourselves to the LORD, and take away the foreskins of your heart, ye men of Judah and inhabitants of Jerusalem; lest my fury come forth like fire, and burn that none can quench *it*, because of the evil of your doings.

5 Declare ye in Judah, and publish in Jerusalem; and say, Blow ye the trumpet in the land: cry, gather together, and say, Assemble yourselves, and let us go into the defenced cities.

6 Set up the standard toward Zion: τ re-

B. C. 612.

a Ep. 4. 11.
b Jnᵒ. 21. 15..
17.
Ac. 20. 28.
1 Pe. 5. 2.
β *breaking.*
c Da. 7. 4.
d 2 Ki. 24. 1.
25. 1.
e ch. 25. 9.
f Is. 65. 17.
γ *upon the heart.*
g Is. 22. 12.
δ *or, it be magnified.*
h Ro. 6. 14.
ζ *or, stubbornness.*
i Is. 11. 13.
Eze. 37. 16.. 22.
k Is. 37. 35.
η *or, to.*
l La. 2. 21.
θ *or, caused your fathers to possess.*
κ *land of desire.*
λ *an heritage of glory, or, of beauty.*
μ *or, fuller wind than those.*
ν *utter judgments.*
m Ro. 8. 15.
π *from after.*
ρ *friend.*
n Is. 48. 8.
o Ja. 4. 8.
p 2 Co. 7. 10.
q Pr. 19. 3.
r Ho. 6. 1.
s Ho. 13. 4.
t Ps. 121. 1,2.
Is. 63. 16.
u Ne. 9. 26,30.
La. 1. 8.
Da. 9. 7,&c.
v ch. 2. 17,19.
Is. 50. 1.
w Ezr. 9. 6, 7.
Ro. 6. 21.
σ *the walls of my heart.*
x Ps. 42. 7.
Eze. 7. 26.
y De. 10. 20.
z Is. 48. 1.
a Ge. 22. 18.
Ps. 72. 17.
b Is. 45. 25.
1 Co. 1. 31.
c Mi. 2. 1.
Ro. 16. 19.
d Ho. 10. 12.
e Mat. 13.7,22.
f De. 10. 16.
Ro. 2. 28,29.
g Is. 24. 19.
h Is. 5. 25.
Eze. 38. 20.
Hab. 3. 6.
i Zep. 1. 3.
k Ps. 76. 7.
τ *or, strengthen.*

---

tire, stay not; for I will bring evil from the north, and a great β destruction.

7 The lion *e* is come up *d* from his thicket, and the destroyer *e* of the Gentiles is on his way; he is gone forth from his place to make thy land desolate: *and* thy cities shall be laid waste without an inhabitant.

8 For this *g* gird you with sackcloth, lament and howl; for the fierce anger of the LORD is not turned back from us.

9 And it shall come to pass at that day, saith the LORD, *that* the heart of the king shall perish, and the heart of the princes; and the priest shall be astonished, and the prophets shall wonder.

10 Then said I, Ah, Lord GOD! surely thou hast greatly deceived this people and Jerusalem, saying, Ye shall have *k* peace; whereas the sword *l* reacheth unto the soul.

11 At that time shall it be said to this people and to Jerusalem, A dry wind of the high places in the wilderness toward the daughter of my people, not to fan, nor to cleanse,

12 *Even* a μ full wind from those *places* shall come unto me: now also will I ν give sentence against them.

13 Behold, he shall come up as clouds, and his chariots *shall be* as a whirlwind: his horses are swifter than eagles. Woe unto us! for we are spoiled.

14 O Jerusalem, wash thine heart *o* from wickedness, that thou mayest be saved: how long shall thy vain thoughts lodge within thee?

15 For a voice declareth from Dan, and publisheth affliction from mount Ephraim.

16 Make ye mention to the nations: behold, publish against Jerusalem, *that* watchers come from a far country, and give out their voice against the city of Judah.

17 As keepers of a field are they against her round about; because *u* she hath been rebellious against me, saith the LORD.

18 Thy *v* way and thy doings have procured these *things* unto thee: this *is* thy wickedness, because it is bitter, because it reacheth unto thine heart.

19 My bowels, my bowels! I am pained at σ my very heart; my heart maketh a noise in me: I cannot hold my peace, because thou hast heard, O my soul, the sound of the trumpet, the alarm of war.

20 Destruction *x* upon destruction is cried: for the whole land is spoiled: suddenly are my tents spoiled, *and* my curtains in a moment.

21 How long shall I see the standard, *and* hear the sound of the trumpet?

22 For my people *is* foolish, they have not known me; they *are* sottish children, and they have none understanding: they *are* wise *e* to do evil, but to do good they have no knowledge.

23 I beheld the earth, and, lo, *it was* without *g* form and void; and the heavens, and they *had* no light.

24 I beheld the mountains, and, lo, they trembled, *h* and all the hills moved lightly.

25 I beheld, and, lo, *there was* no man, and all the birds *i* of the heavens were fled.

26 I beheld, and, lo, the fruitful place *was* a wilderness, and all the cities thereof were broken down at the presence of the LORD, *and* by his fierce *k* anger.

27 For thus hath the LORD said, The whole land shall be desolate: yet will I not make a full end.

עַל־זֹאת תֶּאֱבַל הָאָרֶץ וְקָדְרוּ הַשָּׁמַיִם 28
מִמַּעַל עַל כִּי־דִבַּרְתִּי זַמֹּתִי וְלֹא נִחַמְתִּי וְלֹא־
אָשׁוּב מִמֶּנָּה: מִקּוֹל פָּרָשׁ וְרֹמֵה 29
קֶשֶׁת בֹּרַחַת כָּל־הָעִיר בָּאוּ בֶּעָבִים וּבַכֵּפִים עָלוּ
כָּל־הָעִיר עֲזוּבָה וְאֵין־יוֹשֵׁב בָּהֵן אִישׁ: וְאַתִּי 30
שָׁדוּד מַה־תַּעֲשִׂי כִּי־תִלְבְּשִׁי שָׁנִי כִּי־תַעְדִּי עֲדִי־
זָהָב כִּי־תִקְרְעִי בַפּוּךְ עֵינַיִךְ לַשָּׁוְא תִּתְיַפִּי מָאֲסוּ־
בָךְ עֹגְבִים נַפְשֵׁךְ יְבַקֵּשׁוּ: כִּי קוֹל כְּחוֹלָה 31
שָׁמַעְתִּי צָרָה כְּמַבְכִּירָה קוֹל בַּת־צִיּוֹן תִּתְיַפֵּחַ
תְּפָרֵשׂ כַּפֶּיהָ אוֹי־נָא לִי כִּי־עָיְפָה נַפְשִׁי לְהֹרְגִים:

CAP. V. ה

שׁוֹטְטוּ בְּחוּצוֹת יְרוּשָׁלַם וּרְאוּ־נָא וּדְעוּ וּבַקְשׁוּ 1
בִרְחוֹבוֹתֶיהָ אִם־תִּמְצְאוּ אִישׁ אִם־יֵשׁ עֹשֶׂה
מִשְׁפָּט מְבַקֵּשׁ אֱמוּנָה וְאֶסְלַח לָהּ: וְאִם חַי־ 2
יְהוָה יֹאמֵרוּ לָכֵן לַשֶּׁקֶר יִשָּׁבֵעוּ: יְהוָה עֵינֶיךָ 3
הֲלוֹא לֶאֱמוּנָה הִכִּיתָה אֹתָם וְלֹא־חָלוּ כִּלִּיתָם
מֵאֲנוּ קַחַת מוּסָר חִזְּקוּ פְנֵיהֶם מִסֶּלַע מֵאֲנוּ
לָשׁוּב: וַאֲנִי אָמַרְתִּי אַךְ־דַּלִּים הֵם נוֹאֲלוּ כִּי 4
לֹא יָדְעוּ דֶּרֶךְ יְהוָה מִשְׁפַּט אֱלֹהֵיהֶם: אֵלֲכָה־ 5
לִּי אֶל־הַגְּדֹלִים וַאֲדַבְּרָה אוֹתָם כִּי הֵמָּה יָדְעוּ
דֶּרֶךְ יְהוָה מִשְׁפַּט אֱלֹהֵיהֶם אַךְ הֵמָּה יַחְדָּו
שָׁבְרוּ עֹל נִתְּקוּ מוֹסֵרוֹת: עַל־כֵּן הִכָּם אַרְיֵה 6
מִיַּעַר זְאֵב עֲרָבוֹת יְשָׁדְדֵם נָמֵר שֹׁקֵד עַל־
עָרֵיהֶם כָּל־הַיּוֹצֵא מֵהֵנָּה יִטָּרֵף כִּי רַבּוּ פִּשְׁעֵיהֶם
עָצְמוּ מְשֻׁבוֹתֵיהֶם: אֵי לָזֹאת אֶסְלַח־לָךְ 7
בָּנַיִךְ עֲזָבוּנִי וַיִּשָּׁבְעוּ בְּלֹא אֱלֹהִים וָאַשְׂבִּעַ
אוֹתָם וַיִּנְאָפוּ וּבֵית זוֹנָה יִתְגֹּדָדוּ: סוּסִים 8
מְיֻזָּנִים מַשְׁכִּים הָיוּ אִישׁ אֶל־אֵשֶׁת רֵעֵהוּ יִצְהָלוּ: הַעַל־אֵלֶּה לֹא־אֶפְקֹד נְאֻם־יְהוָה וְאִם 9
בְּגוֹי אֲשֶׁר־כָּזֶה לֹא תִתְנַקֵּם נַפְשִׁי:
עֲלוּ בְשָׁרוֹתֶיהָ וְשַׁחֵתוּ וְכָלָה אַל־תַּעֲשׂוּ הָסִירוּ 10
נְטִישׁוֹתֶיהָ כִּי לוֹא לַיהוָה הֵמָּה: כִּי בָגוֹד 11
בָּגְדוּ בִּי בֵּית יִשְׂרָאֵל וּבֵית יְהוּדָה נְאֻם־יְהוָה:
כִּחֲשׁוּ בַּיהוָה וַיֹּאמְרוּ לוֹא־הוּא וְלֹא־תָבוֹא עָלֵינוּ 12
רָעָה וְחֶרֶב וְרָעָב לוֹא נִרְאֶה: וְהַנְּבִיאִים יִהְיוּ 13

לָרוּחַ וְהַדִּבֵּר אֵין בָּהֶם כֹּה יֵעָשֶׂה לָהֶם:
לָכֵן כֹּה־אָמַר יְהוָה אֱלֹהֵי צְבָאוֹת יַעַן דַּבֶּרְכֶם 14
אֶת־הַדָּבָר הַזֶּה הִנְנִי נֹתֵן דְּבָרַי בְּפִיךָ לְאֵשׁ
וְהָעָם הַזֶּה עֵצִים וַאֲכָלָתַם: הִנְנִי מֵבִיא 15
עֲלֵיכֶם גּוֹי מִמֶּרְחָק בֵּית יִשְׂרָאֵל נְאֻם־יְהוָה
גּוֹי אֵיתָן הוּא גּוֹי מֵעוֹלָם הוּא גּוֹי לֹא־תֵדַע
לְשֹׁנוֹ וְלֹא תִשְׁמַע מַה־יְדַבֵּר: אַשְׁפָּתוֹ כְּקֶבֶר 16
פָּתוּחַ כֻּלָּם גִּבּוֹרִים: וְאָכַל קְצִירְךָ וְלַחְמֶךָ 17
יֹאכְלוּ בָּנֶיךָ וּבְנוֹתֶיךָ יֹאכַל צֹאנְךָ וּבְקָרֶךָ יֹאכַל
גַּפְנְךָ וּתְאֵנָתֶךָ יְרֹשֵׁשׁ עָרֵי מִבְצָרֶיךָ אֲשֶׁר אַתָּה
בֹּטֵחַ בָּהֵנָּה בֶּחָרֶב: וְגַם בַּיָּמִים הָהֵמָּה נְאֻם־ 18
יְהוָה לֹא־אֶעֱשֶׂה אִתְּכֶם כָּלָה: וְהָיָה כִּי תֹאמְרוּ 19
תַּחַת מֶה עָשָׂה יְהוָה אֱלֹהֵינוּ לָנוּ אֶת־כָּל־אֵלֶּה
וְאָמַרְתָּ אֲלֵיהֶם כַּאֲשֶׁר עֲזַבְתֶּם אוֹתִי וַתַּעַבְדוּ
אֱלֹהֵי נֵכָר בְּאַרְצְכֶם כֵּן תַּעַבְדוּ זָרִים בְּאֶרֶץ לֹא
לָכֶם: הַגִּידוּ זֹאת בְּבֵית יַעֲקֹב וְהַשְׁמִיעוּהָ 20
בִיהוּדָה לֵאמֹר: שִׁמְעוּ־נָא זֹאת עַם סָכָל וְאֵין 21
לֵב עֵינַיִם לָהֶם וְלֹא יִרְאוּ אָזְנַיִם לָהֶם וְלֹא
יִשְׁמָעוּ: הַאוֹתִי לֹא־תִירָאוּ נְאֻם־יְהוָה אִם מִפָּנַי 22
לֹא תָחִילוּ אֲשֶׁר־שַׂמְתִּי חוֹל גְּבוּל לַיָּם חָק־עוֹלָם
וְלֹא יַעַבְרֶנְהוּ וַיִּתְגָּעֲשׁוּ וְלֹא יוּכָלוּ וְהָמוּ גַלָּיו
וְלֹא יַעַבְרֻנְהוּ: וְלָעָם הַזֶּה הָיָה לֵב סוֹרֵר וּמוֹרֶה 23
סָרוּ וַיֵּלֵכוּ: וְלֹא־אָמְרוּ בִלְבָבָם נִירָא נָא אֶת־ 24
יְהוָה אֱלֹהֵינוּ הַנֹּתֵן גֶּשֶׁם וְיֹרֶה וּמַלְקוֹשׁ בְּעִתּוֹ
שְׁבֻעוֹת חֻקּוֹת קָצִיר יִשְׁמָר־לָנוּ: עֲוֹנוֹתֵיכֶם הִטּוּ 25
אֵלֶּה וְחַטֹּאותֵיכֶם מָנְעוּ הַטּוֹב מִכֶּם: כִּי־נִמְצְאוּ 26
בְעַמִּי רְשָׁעִים יָשׁוּר כְּשַׁךְ יְקוּשִׁים הִצִּיבוּ מַשְׁחִית
אֲנָשִׁים יִלְכֹּדוּ: כִּכְלוּב מָלֵא עוֹף כֵּן בָּתֵּיהֶם 27
מְלֵאִים מִרְמָה עַל־כֵּן גָּדְלוּ וַיַּעֲשִׁירוּ: שָׁמְנוּ 28
עָשְׁתוּ גַּם עָבְרוּ דִבְרֵי־רָע דִּין לֹא־דָנוּ דִּין יָתוֹם
וְיַצְלִיחוּ וּמִשְׁפַּט אֶבְיוֹנִים לֹא שָׁפָטוּ: הַעַל־ 29
אֵלֶּה לֹא־אֶפְקֹד נְאֻם־יְהוָה אִם בְּגוֹי אֲשֶׁר־כָּזֶה לֹא
תִתְנַקֵּם נַפְשִׁי: שַׁמָּה וְשַׁעֲרוּרָה נִהְיְתָה 30
בָּאָרֶץ: הַנְּבִיאִים נִבְּאוּ־בַשֶּׁקֶר וְהַכֹּהֲנִים יִרְדּוּ 31
עַל־יְדֵיהֶם וְעַמִּי אָהֲבוּ כֵן וּמַה־תַּעֲשׂוּ לְאַחֲרִיתָהּ:

28 For^a this shall the earth mourn, and the heavens above be black: because I have spoken *it*, I have purposed *it*, and will not repent, neither will I turn back from it.

29 The whole city shall flee for the noise of the horsemen and bowmen; they shall go into thickets, and climb up upon the rocks: every city *shall be* forsaken, and not a man dwell therein.

30 And *when* thou *art* spoiled, what wilt thou do? Though thou clothest thyself with crimson, though thou^e deckest thee with ornaments of gold, though thou rentest thy *β* face with painting, in vain shalt thou make thyself fair: *thy* lovers^f will despise thee, they will seek thy life.

31 For I have heard a voice as of a woman in travail, *and* the anguish as of her that bringeth forth her first child; the voice of the daughter of Zion, *that* bewaileth herself, *that* spreadeth her^h hands, *saying*, Woe *is* me now! for my soul is wearied because of murderers.

CHAP. V.

RUN ye to and fro through the streets of Jerusalem, and see now, and know, and seek in the broad places thereof, ifⁱ ye can find a man, if there be *any* that executeth judgment, that seeketh the truth; and I will pardon it.

2 And though they say,ⁿ The LORD liveth; surely they swear falsely.

3 O LORD, *are* not thine eyes^o upon the truth? thou hast stricken them, but they^p have not grieved; thou hast consumed them, *but* they have refused^r to receive correction: they have made their faces harder than a rock; they have refused to return.

4 Therefore I said, Surely these *are* poor; they are foolish: for they^v know not the way of the LORD, *nor* the judgment of their God.

5 I will get me unto the great men, and will speak unto them: for they^w have known the way of the LORD, *and* the judgment of their God: but these have altogether broken^x the yoke, *and* burst the bonds.

6 Wherefore a lion out^a of the forest shall slay them, *and* a wolf^c of the δ evenings shall spoil them, a leopard shall watch over their cities: every one that goeth out thence shall be torn in pieces; because their transgressions are many, *and* their backslidings are ζ increased.

7 How shall I pardon thee for this? thy children have forsaken me, and sworn^f by *them that are* no gods: when I had fed them to the full, they then committed adultery,^g and assembled themselves by troops in the harlots' houses.

8 They were *as* fed horses in the morning: every one neighed after his neighbour's wife.

9 Shall^l I not visit for these *things?* saith the LORD: and shall not my soul be avenged on such a nation as this?

10 Go ye up upon her walls, and destroy; but^m make not a full end: take away her battlements; for they *are* not the LORD's.

11 For the house of Israel and the house of Judah have dealt very treacherously against me, saith the LORD.

12 They have belied^r the LORD, and said, *It is* not he, neither^s shall evil come upon us, neither shall we see sword nor famine:

B. C. 612.

a Ho. 4. 3.
b ch.14.13,15.
c ch. 20.9,11.
d De. 28. 49.
Is. 5. 26.
39. 3, 6.
e Eze. 23. 40.
β eyes.
f ch. 22. 20..
22.
La. 1. 2, 19.
g Le. 26. 16.
De.28.31,33.
h Is. 1. 15.
La. 1. 17.
i ver. 10.
k De. 29. 24,
&c.
1 Ki. 9. 8, 9.
l Ge. 18. 23,
&c.
Eze. 22. 30.
De. 28. 48.
n Tit. 1. 16.
γ heart,
Ho. 7. 11.
o 2 Ch. 16. 9.
p ch. 7. 28.
Is. 9. 13.
Zep. 3. 1, 2.
q Is. 6. 9.
Eze. 12. 2.
Jn⁰. 12. 40.
Ro. 11. 8.
r He. 12. 9.
s ch. 10. 7.
Re. 15. 4.
t Ps. 99. 1.
u Job 38. 11.
Pr. 8. 29.
v Mat. 11. 5.
w Mi. 3. 1.
x Ho. 4. 8.
y Is. 31. 6.
z Ps. 2. 3.
a Ho. 13. 7.
Am.5.18,19.
b De.11.13,14.
c Eze. 22. 27.
Zep. 3. 3.
d Ge. 8. 22.
e ch. 3. 3.
δ or, *deserts.*
η or, *pry as fowlers lie in wait.*
ζ strong.
f Jos. 23. 7.
Zep. l. 5.
θ or, *coop.*
g ch. 13. 27.
h Mi. l. 12.
i De. 32. 15.
k ch.22.15..19
l ver. 29.
ch. 9. 9.
m ch. 4. 27.
30. 11.
κ or, *Astonishment and filthiness.*
n Ho. 6. 10.
o Eze. 13. 6.
λ or, *take into their hands.*
p Mi. 2. 11.
q De. 32. 29.
La. 1. 9.
r 2 Ch. 36. 16.
s Is. 28. 15.

13 And the prophets^b shall become wind, and the word *is* not in them: thus shall it be done unto them.

14 Wherefore thus saith the LORD God of hosts, Because ye speak this word, behold, I will make my words in thy mouth fire,^c and this people wood, and it shall devour them.

15 Lo, I will bring a nation^d upon you from far, O house of Israel, saith the LORD: it *is* a mighty nation, it *is* an ancient nation, a nation whose language thou knowest not, neither understandest what they say.

16 Their quiver *is* as an open sepulchre, they *are* all mighty men.

17 And they shall eat up^g thine harvest, and thy bread, *which* thy sons and thy daughters should eat: they shall eat up thy flocks and thine herds: they shall eat up thy vines and thy fig-trees: they shall impoverish thy fenced cities, wherein thou trustedst, with the sword.

18 Nevertheless in those days, saith the LORD, I will not make a fullⁱ end with you.

19 And it shall come to pass, when ye shall say, Wherefore^k doeth the LORD our God all these *things* unto us? then shalt thou answer them, Like as ye have forsaken me, and served strange gods in your land; so^m shall ye serve strangers in a land *that is* not your's.

20 Declare this in the house of Jacob, and publish it in Judah, saying,

21 Hear now this, O foolish people, and without *γ* understanding; which^q have eyes, and see not; which have ears, and hear not:

22 Fear^s ye not me? saith the LORD: will ye not tremble^t at my presence, which have placed the sand *for* the bound^u of the sea, by a perpetual decree, that it cannot pass it; and though the waves thereof toss themselves, yet can they not prevail; though they roar, yet can they not pass over it?

23 But this people hath a revolting and a rebellious heart; ^x they are revolted^y and gone.

24 Neither say they in their heart, Let us now fear the LORD our God, that giveth rain,^b both the former and the latter, in his season: he reserveth^d unto us the appointed weeks of the harvest.

25 Your iniquities^e have turned away these *things*, and your sins have withholden good *things* from you.

26 For among my people are found wicked *men:* they η lay wait, as he that setteth snares; they set a trap, they catch men.

27 As a θ cage is full of birds, so *are* their houses full of deceit: therefore they are become great, and waxen rich.^h

28 They are waxen fat,ⁱ they shine: yea, they overpass the deeds of the wicked: they judge not^k the cause, the cause of the fatherless, yet they prosper: and the right of the needy do they not judge.

29 Shall I not visit for these *things?* saith the LORD: shall not my soul be avenged on such a nation as this?

30 A κ wonderful and horrible ⁿ thing is committed in the land;

31 The prophets prophesy falsely,^o and the priests λ bear rule by their means; and my people love^p *to have it* so: and what will ye do in the end ^q thereof?

CHAP. VI.

O YE children of Benjamin, gather

469

CAP. VI. ו

1 הָעִ֣זוּ ׀ בְּנֵ֣י בִנְיָמִ֗ן מִקֶּ֙רֶב֙ יְר֣וּשָׁלִַ֔ם וּבִתְק֙וֹעַ֙ תִּקְע֣וּ שׁוֹפָ֔ר וְעַל־בֵּ֥ית הַכֶּ֖רֶם שְׂא֣וּ מַשְׂאֵ֑ת כִּ֥י רָעָ֛ה נִשְׁקְפָ֥ה מִצָּפ֖וֹן וְשֶׁ֥בֶר גָּדֽוֹל׃

2 הַנָּוָה֙ וְהַמְּעֻנָּגָ֔ה דָּמִ֖יתִי בַּת־צִיּֽוֹן׃

3 אֵלֶ֛יהָ יָבֹ֥אוּ רֹעִ֖ים וְעֶדְרֵיהֶ֑ם תָּקְע֙וּ עָלֶ֤יהָ אֹהָלִים֙ סָבִ֔יב רָע֖וּ אִ֥ישׁ אֶת־יָדֽוֹ׃

4 קַדְּשׁ֤וּ עָלֶ֙יהָ֙ מִלְחָמָ֔ה ק֖וּמוּ וְנַעֲלֶ֣ה בַֽצָּהֳרָ֑יִם א֥וֹי לָ֙נוּ֙ כִּי־פָנָ֣ה הַיּ֔וֹם כִּ֥י יִנָּט֖וּ צִלְלֵי־עָֽרֶב׃

5 ק֚וּמוּ וְנַעֲלֶ֣ה בַלָּ֔יְלָה וְנַשְׁחִ֖יתָה אַרְמְנוֹתֶֽיהָ׃

6 כִּ֣י כֹ֤ה אָמַר֙ יְהֹוָ֣ה צְבָא֔וֹת כִּרְת֣וּ עֵצָ֔ה וְשִׁפְכ֥וּ עַל־יְרוּשָׁלִַ֖ם סֹלְלָ֑ה הִ֚יא הָעִ֣יר הָפְקַ֔ד כֻּלָּ֖הּ עֹ֥שֶׁק בְּקִרְבָּֽהּ׃

7 כְּהָקִ֥יר בְּוֵ֖ר מֵימֶ֑יהָ כֵּ֣ן הֵקֵ֣רָה רָעָתָ֔הּ חָמָ֣ס וָשֹׁ֗ד יִשָּׁ֤מַע בָּהּ֙ עַל־פָּנַ֣י תָּמִ֔יד חֳלִ֖י וּמַכָּֽה׃

8 הִוָּֽסְרִי֙ יְר֣וּשָׁלִַ֔ם פֶּן־תֵּקַ֥ע נַפְשִׁ֖י מִמֵּ֑ךְ פֶּן־אֲשִׂימֵ֣ךְ שְׁמָמָ֔ה אֶ֖רֶץ ל֥וֹא נוֹשָֽׁבָה׃

9 כֹּ֤ה אָמַר֙ יְהֹוָ֣ה צְבָא֔וֹת עוֹלֵ֛ל יְעוֹלְל֥וּ כַגֶּ֖פֶן שְׁאֵרִ֣ית יִשְׂרָאֵ֑ל הָשֵׁב֙ יָדְךָ֔ כְּבוֹצֵ֖ר עַל־סַלְסִלּֽוֹת׃

10 עַל־מִ֨י אֲדַבְּרָ֤ה וְאָעִ֙ידָה֙ וְיִשְׁמָ֔עוּ הִנֵּה֙ עֲרֵלָ֣ה אָזְנָ֔ם וְלֹ֥א יוּכְל֖וּ לְהַקְשִׁ֑יב הִנֵּ֣ה דְבַר־יְהֹוָ֗ה הָיָ֥ה לָהֶ֛ם לְחֶרְפָּ֖ה לֹ֥א

11 יַחְפְּצוּ־בֽוֹ׃ וְאֵת֩ חֲמַ֨ת יְהֹוָ֤ה ׀ מָלֵ֙אתִי֙ נִלְאֵ֣יתִי הָכִ֔יל שְׁפֹ֤ךְ עַל־עוֹלָל֙ בַּח֔וּץ וְעַ֛ל ס֥וֹד בַּחוּרִ֖ים יַחְדָּ֑ו כִּֽי־גַם־אִ֤ישׁ עִם־אִשָּׁה֙ יִלָּכֵ֔דוּ זָקֵ֖ן עִם־מְלֵ֥א יָמִֽים׃

12 וְנָסַ֤בּוּ בָתֵּיהֶם֙ לַאֲחֵרִ֔ים שָׂד֥וֹת וְנָשִׁ֖ים יַחְדָּ֑ו כִּֽי

13 אַטֶּ֧ה אֶת־יָדִ֛י עַל־יֹשְׁבֵ֥י הָאָ֖רֶץ נְאֻם־יְהֹוָֽה׃ כִּ֤י מִקְּטַנָּם֙ וְעַד־גְּדוֹלָ֔ם כֻּלּ֖וֹ בּוֹצֵ֣עַ בָּ֑צַע וּמִנָּבִיא֙ וְעַד־

14 כֹּהֵ֔ן כֻּלּ֖וֹ עֹ֥שֶׂה שָּֽׁקֶר׃ וַיְרַפְּא֞וּ אֶת־שֶׁ֤בֶר בַּת־עַמִּי֙ עַל־נְקַלָּ֔ה לֵאמֹ֖ר שָׁל֣וֹם ׀ שָׁל֑וֹם וְאֵ֖ין שָׁלֽוֹם׃

15 הֹבִ֕ישׁוּ כִּ֥י תוֹעֵבָ֖ה עָשׂ֑וּ גַּם־בּ֣וֹשׁ לֹֽא־יֵב֗וֹשׁוּ גַּם־הַכְלִים֙ לֹ֣א יָדָ֔עוּ לָכֵ֞ן יִפְּל֧וּ בַנֹּפְלִ֛ים בְּעֵ֥ת־פְּקַדְתִּ֖ים יִכָּשְׁל֥וּ אָמַ֥ר יְהֹוָֽה׃

16 כֹּ֣ה אָמַ֣ר יְהֹוָ֗ה עִמְד֣וּ עַל־דְּרָכִ֜ים וּרְא֗וּ וְשַׁאֲלוּ֙ ׀ לִנְתִב֣וֹת עוֹלָ֔ם אֵי־זֶ֨ה דֶ֤רֶךְ הַטּוֹב֙ וּלְכוּ־בָ֔הּ וּמִצְא֥וּ מַרְגּ֖וֹעַ לְנַפְשְׁכֶ֑ם וַיֹּאמְר֖וּ לֹ֥א נֵלֵֽךְ׃

17 וַהֲקִמֹתִ֤י עֲלֵיכֶם֙ צֹפִ֔ים הַקְשִׁ֖יבוּ לְק֣וֹל שׁוֹפָ֑ר וַיֹּאמְר֖וּ לֹ֥א נַקְשִֽׁיב׃

18 לָכֵ֖ן שִׁמְע֣וּ הַגּוֹיִ֑ם וּדְעִ֥י עֵדָ֖ה אֶת־אֲשֶׁר־בָּֽם׃

19 שִׁמְעִ֣י הָאָ֔רֶץ הִנֵּ֙ה אָנֹכִ֜י מֵבִ֥יא רָעָ֛ה אֶל־הָעָ֥ם הַזֶּ֖ה פְּרִ֣י מַחְשְׁבוֹתָ֑ם כִּ֤י עַל־דְּבָרַי֙ לֹ֣א הִקְשִׁ֔יבוּ וְתוֹרָתִ֖י וַיִּמְאֲסוּ־בָֽהּ׃

20 לָמָּה־זֶּ֙ה לִ֤י לְבוֹנָה֙ מִשְּׁבָ֣א תָב֔וֹא

CAP. VII. ז

1 הַדָּבָר֙ אֲשֶׁ֣ר הָיָ֣ה אֶֽל־יִרְמְיָ֔הוּ מֵאֵ֥ת יְהֹוָ֖ה

2 לֵאמֹֽר׃ עֲמֹ֗ד בְּשַׁ֙עַר֙ בֵּ֣ית יְהֹוָ֔ה וְקָרָ֣אתָ שָּׁ֔ם אֶת־הַדָּבָ֖ר הַזֶּ֑ה וְאָמַרְתָּ֞ שִׁמְע֣וּ דְבַר־יְהֹוָ֗ה כָּל־יְהוּדָ֔ה הַבָּאִים֙ בַּשְּׁעָרִ֣ים הָאֵ֔לֶּה לְהִֽשְׁתַּחֲוֺ֖ת

3 לַיהֹוָֽה׃ כֹּֽה־אָמַ֞ר יְהֹוָ֤ה צְבָאוֹת֙ אֱלֹהֵ֣י יִשְׂרָאֵ֔ל הֵיטִ֥יבוּ דַרְכֵיכֶ֖ם וּמַעַלְלֵיכֶ֑ם וַאֲשַׁכְּנָ֣ה

4 אֶתְכֶ֔ם בַּמָּק֖וֹם הַזֶּֽה׃ אַל־תִּבְטְח֣וּ לָכֶ֔ם אֶל־דִּבְרֵ֥י הַשֶּׁ֖קֶר לֵאמֹ֑ר הֵיכַ֤ל יְהֹוָה֙ הֵיכַ֣ל יְהֹוָ֔ה הֵיכַ֥ל

5 יְהֹוָ֖ה הֵֽמָּה׃ כִּ֤י אִם־הֵיטֵיב֙ תֵּיטִ֔יבוּ אֶת־דַּרְכֵיכֶ֖ם וְאֶת־מַֽעַלְלֵיכֶ֑ם אִם־עָשׂ֤וֹ תַֽעֲשׂוּ֙ מִשְׁפָּ֔ט

6 בֵּ֥ין אִ֖ישׁ וּבֵ֥ין רֵעֵֽהוּ׃ גֵּ֣ר יָת֤וֹם וְאַלְמָנָה֙ לֹ֣א תַעֲשֹׁ֔קוּ וְדָ֣ם נָקִ֔י אַֽל־תִּשְׁפְּכ֖וּ בַּמָּק֣וֹם הַזֶּ֑ה וְאַחֲרֵ֨י אֱלֹהִ֧ים אֲחֵרִ֛ים לֹ֥א תֵלְכ֖וּ לְרַ֥ע לָכֶֽם׃

7 וְשִׁכַּנְתִּ֤י אֶתְכֶם֙ בַּמָּק֣וֹם הַזֶּ֔ה בָּאָ֕רֶץ אֲשֶׁ֥ר נָתַ֖תִּי לַאֲבֽוֹתֵיכֶ֑ם לְמִן־עוֹלָ֖ם וְעַד־עוֹלָֽם׃

8 הִנֵּ֤ה אַתֶּם֙ בֹּטְחִ֣ים לָכֶ֔ם עַל־דִּבְרֵ֖י הַשָּׁ֑קֶר לְבִלְתִּ֖י הוֹעִֽיל׃

9 הֲגָנֹ֤ב ׀ רָצֹ֙חַ֙ וְֽנָאֹ֔ף וְהִשָּׁבֵ֥עַ לַשֶּׁ֖קֶר וְקַטֵּ֣ר לַבָּ֑עַל וְהָלֹ֗ךְ אַחֲרֵ֛י אֱלֹהִ֥ים אֲחֵרִ֖ים אֲשֶׁ֥ר לֹֽא־יְדַעְתֶּֽם׃

10 וּבָאתֶ֞ם וַעֲמַדְתֶּ֣ם לְפָנַ֗י בַּבַּ֤יִת הַזֶּה֙ אֲשֶׁ֣ר נִקְרָא־

yourselves to flee out of the midst of Jerusalem, and blow the trumpet in Tekoa, and set up a sign of fire in Bethhaccerem:[a] for evil appeareth out of the north,[b] and great destruction.

2 I have likened the daughter of Zion to a [β] comely and delicate *woman.*

3 The shepherds with their flocks shall come unto her: they shall pitch[d] *their* tents against her round about; they shall feed every one in his place.

4 Prepare ye war against her; arise, and let us go up at noon. Woe unto us! for[f] the day goeth away, for the shadows[g] of the evening are stretched out.

5 Arise, and let us go by night, and let us destroy her palaces.

6 For thus hath the LORD of hosts said, Hew ye down trees, and [γ] cast a mount against Jerusalem: this *is* the city to be visited; she *is* wholly oppression in the midst of her.

7 As[k] a fountain casteth out her waters, so she casteth out her wickedness: violence[m] and spoil is heard in her; before me continually *is* grief and wounds.

8 Be thou instructed,[n] O Jerusalem, lest[p] my soul [δ] depart from thee; lest I make thee desolate, a land not inhabited.

9 Thus saith the LORD of hosts, They shall throughly glean the remnant of Israel as a vine: turn back thine hand as a grape-gatherer into the baskets.

10 To whom[r] shall I speak, and give warning, that they may hear? behold, their ear *is* uncircumcised,[u] and they cannot hearken: behold, the word of the LORD is unto them a reproach;[v] they have no delight in it.

11 Therefore I am full of the fury of the LORD; I am weary with holding in: I will pour it out upon the children[x] abroad, and upon the assembly of young men together: for even the husband with the wife[y] shall be taken, the aged with *him that is* full of days.

12 And their houses shall be turned unto others, *with their* fields and wives together: for I will stretch out my hand upon the inhabitants of the land, saith the LORD.

13 For from the least of them even unto the greatest of them every one *is* given to covetousness;[a] and from the prophet even unto the priest every one dealeth falsely.

14 They[c] have healed also the [η] hurt of *the daughter* of my people slightly, saying, Peace, peace: when *d there is* no peace.

15 Were they ashamed[e] when they had committed abomination? nay, they were not at all ashamed, neither could they blush: therefore[f] they shall fall among them that fall: at the time *that* I visit them they shall be cast down, saith the LORD.

16 Thus saith the LORD, Stand ye in the ways, and see, and ask[i] for the old paths,[k] where *is* the good way,[l] and walk[m] therein, and ye shall find rest[n] for your souls. But they said, We will not walk *therein.*

17 Also I set watchmen[p] over you, *saying,* Hearken to the sound of the trumpet. But they said, We will not[q] hearken.

18 Therefore hear, ye nations, and know, O congregation, what *is* among them.

19 Hear, O earth: behold, I will bring evil upon this people, *even* the fruit[s] of their thoughts, because they have not hearkened unto my words, nor to my law,[v] but rejected it.

20 To what purpose[w] cometh there to

me incense from Sheba, and the sweet cane from a far country? your burnt-offerings *are* not acceptable, nor your sacrifices sweet unto me.

21 Therefore thus saith the LORD, Behold, I will lay stumbling-blocks[c] before this people, and the fathers and the sons together shall fall upon them; the neighbour and his friend shall perish.

22 Thus saith the LORD, Behold,[e] a people cometh from the north country, and a great nation shall be raised from the sides of the earth.

23 They shall lay hold on bow and spear; they *are* cruel, and have no mercy; their voice roareth[h] like the sea; and they ride upon horses, set in array as men for war against thee, O daughter of Zion.

24 We have heard the fame thereof: our hands wax feeble: anguish[i] hath taken hold of us, *and* pain, as of a woman in travail.

25 Go not forth into the field, nor walk by the way: for the sword[l] of the enemy *and* fear *is* on every side.

26 O daughter of my people, gird *thee* with sackcloth, and wallow[o] thyself in ashes: make thee mourning,[q] *as for an* only son, most bitter lamentation: for the spoiler shall suddenly come upon us.

27 I have set thee *for* a tower *and* a fortress among my people, that thou mayest know and try their way.

28 They *are* all grievous revolters, walking[s] with slanders: *they are*[t] brass and iron; they *are* all corrupters.

29 The bellows are burned, the lead is consumed of the fire; the founder melteth in vain: for the wicked are not plucked away.

30 [ζ] Reprobate[w] silver shall *men* call them, because the LORD hath rejected them.

CHAP. VII.

THE word that came to Jeremiah from the LORD, saying,

2 Stand in the gate of the LORD's house, and proclaim there this word, and say, Hear the word of the LORD, all ye of Judah, that enter in at these gates to worship the LORD.

3 Thus saith the LORD of hosts, the God of Israel, Amend[z] your ways and your doings, and I will cause you to dwell in this place.

4 Trust ye not[b] in lying words, saying, The temple of the LORD, The temple of the LORD, The temple of the LORD, *are* these.

5 For if ye throughly amend your ways and your doings, if ye throughly execute judgment between a man and his neighbour;

6 *If* ye oppress not the stranger, the fatherless, and the widow, and shed not innocent blood in this place, neither[g] walk after other gods to your hurt:

7 Then[h] will I cause you to dwell in this place, in the land that I gave to your fathers, for ever and ever.

8 Behold, ye trust in lying words, that cannot profit.

9 Will[o] ye steal, murder, and commit adultery, and swear falsely, and burn incense unto Baal, and walk after other gods whom ye know not;

10 And come[r] and stand before me in this house, [θ] which is called by my name, and say, We are delivered to do all these abominations?

11 Is this house, which[t] is called by my name, become a den[u] of robbers in your eyes? Behold, even I have seen *it,* saith the LORD.

**Marginal references:**

B. C. 612.

a Ne. 3. 14.
b Eze. 26. 7, &c.
c Eze. 3. 20. Ro. 11. 9.
β or, woman dwelling at home.
d 2 Ki. 25. 1.
e ver. 1.
f ch. 8. 20.
g Ca. 2. 17.
h Is. 5. 30.
γ or, pour out the engine of shot.
i ch. 13. 21. Pr.1. 27,28. La. 1. 12.
k Is. 57. 20.
l ch. 4. 10. Is. 1. 20.
m Eze.7.11,23
n Pr. 4. 13. Zep. 3. 7.
o ch. 25. 34. Mi. 1. 10.
p Eze. 23. 18.
δ be loosed, or, disjointed.
q La. 1. 16. Is. 53. 1.
r ch. 9. 4.
s Is. 1. 22, 25.
t Ac. 7. 51.
u ch. 20. 8, 9.
v or, refuse.
w Mat. 5. 13.
x ch. 9. 21.
y ch. 8. 10. De. 28. 30.
z Is. 1. 16, 17. Mat. 3. 8.
a Mi. 3. 5, 11.
b Mi. 3. 11. Mat.3.9,10.
c ch. 8. 11,12.
η bruise, or, breach.
d La. 2. 14.
e ch. 3. 3.
f Pr. 29. 1.
g De.6.14,15.
h De. 4. 40.
i ch. 50. 5.
k ch. 18. 15. Mal. 4. 4.
l Ca. 1. 7.
m Col. 2. 6.
n Mat. 11. 29.
o Ho. 4. 1, 2. Ro.2.2,17, &c.
p Eze. 3. 17. Hab. 2. 1.
q Zec. 7. 11.
r Eze. 23. 39.
θ whereupon my name is called.
s Pr. 1. 31.
t 2 Ch. 6. 33.
u Mat. 21. 13.
v Pr. 28. 9.
o Ps. 50. 7,9.
Is. 1. 11. Am.5.21,22. Mi. 6. 6,8.

שְׁמֵי עָלָיו וַאֲסַרְתֶּם נִצַּלְנוּ לְמַעַן עֲשׂוֹת אֵת כָּל־ 27
הַתּוֹעֵבֹת הָאֵלֶּה : הַמְעָרַת פָּרִצִים הָיָה הַבַּיִת 11
הַזֶּה אֲשֶׁר־נִקְרָא שְׁמִי־עָלָיו בְּעֵינֵיכֶם גַּם אָנֹכִי
הִנֵּה רָאִיתִי נְאֻם־יְהוָֹה : כִּי לְכוּ־נָא אֶל־מְקוֹמִי 12
אֲשֶׁר בְּשִׁילוֹ אֲשֶׁר שִׁכַּנְתִּי שְׁמִי שָׁם בָּרִאשׁוֹנָה
וּרְאוּ אֵת אֲשֶׁר־עָשִׂיתִי לוֹ מִפְּנֵי רָעַת עַמִּי
יִשְׂרָאֵל : וְעַתָּה יַעַן עֲשׂוֹתְכֶם אֶת־כָּל־הַמַּעֲשִׂים 13
הָאֵלֶּה נְאֻם־יְהוָֹה וָאֲדַבֵּר אֲלֵיכֶם הַשְׁכֵּם וְדַבֵּר
וְלֹא שְׁמַעְתֶּם וָאֶקְרָא אֶתְכֶם וְלֹא עֲנִיתֶם :
וְעָשִׂיתִי לַבַּיִת אֲשֶׁר נִקְרָא־שְׁמִי עָלָיו אֲשֶׁר אַתֶּם 14
בֹּטְחִים בּוֹ וְלַמָּקוֹם אֲשֶׁר־נָתַתִּי לָכֶם וְלַאֲבֽוֹתֵיכֶם
כַּאֲשֶׁר עָשִׂיתִי לְשִׁלוֹ : וְהִשְׁלַכְתִּי אֶתְכֶם מֵעַל 15
פָּנָי כַּאֲשֶׁר הִשְׁלַכְתִּי אֶת־כָּל־אֲחֵיכֶם אֵת כָּל־זֶרַע
אֶפְרָיִם : וְאַתָּה אַל־תִּתְפַּלֵּל בְּעַד־הָעָם 16
הַזֶּה וְאַל־תִּשָּׂא בַעֲדָם רִנָּה וּתְפִלָּה וְאַל־תִּפְגַּע־בִּי
כִּי־אֵינֶנִּי שֹׁמֵעַ אֹתָךְ : הַאֵינְךָ רֹאֶה מָה הֵמָּה 17
עֹשִׂים בְּעָרֵי יְהוּדָה וּבְחֻצוֹת יְרוּשָׁלִָם : הַבָּנִים 18
מְלַקְּטִים עֵצִים וְהָאָבוֹת מְבַעֲרִים אֶת־הָאֵשׁ
וְהַנָּשִׁים לָשׁוֹת בָּצֵק לַעֲשׂוֹת כַּוָּנִים לִמְלֶכֶת
הַשָּׁמַיִם וְהַסֵּךְ נְסָכִים לֵאלֹהִים אֲחֵרִים לְמַעַן
הַכְעִסֵנִי : הַאֹתִי הֵם מַכְעִסִים נְאֻם־יְהוָֹה 19
הֲלוֹא אֹתָם לְמַעַן בֹּשֶׁת פְּנֵיהֶם :
כֹּה־אָמַר אֲדֹנָי יֱהוִֹה הִנֵּה אַפִּי וַחֲמָתִי נִתֶּכֶת 20
אֶל־הַמָּקוֹם הַזֶּה עַל־הָאָדָם וְעַל־הַבְּהֵמָה וְעַל־עֵץ
הַשָּׂדֶה וְעַל־פְּרִי הָאֲדָמָה וּבָעֲרָה וְלֹא תִכְבֶּה :
כֹּה אָמַר יְהוָֹה צְבָאוֹת אֱלֹהֵי יִשְׂרָאֵל 21
עֹלוֹתֵיכֶם סְפוּ עַל־זִבְחֵיכֶם וְאִכְלוּ בָשָׂר : כִּי לֹא־ 22
דִּבַּרְתִּי אֶת־אֲבוֹתֵיכֶם וְלֹא צִוִּיתִים בְּיוֹם הוֹצִיאִי
אוֹתָם מֵאֶרֶץ מִצְרָיִם עַל־דִּבְרֵי עוֹלָה וָזָבַח : כִּי 23
אִם־אֶת־הַדָּבָר הַזֶּה צִוִּיתִי אוֹתָם לֵאמֹר שִׁמְעוּ
בְקוֹלִי וְהָיִיתִי לָכֶם לֵאלֹהִים וְאַתֶּם תִּהְיוּ־לִי לְעָם
וַהֲלַכְתֶּם בְּכָל־הַדֶּרֶךְ אֲשֶׁר אֲצַוֶּה אֶתְכֶם לְמַעַן
יִיטַב לָכֶם : וְלֹא שָׁמְעוּ וְלֹא־הִטּוּ אֶת־אָזְנָם 24
וַיֵּלְכוּ בְּמֹעֵצוֹת בִּשְׁרִרוּת לִבָּם הָרָע וַיִּהְיוּ לְאָחוֹר
וְלֹא לְפָנִים : לְמִן־הַיּוֹם אֲשֶׁר יָצְאוּ אֲבוֹתֵיכֶם 25
מֵאֶרֶץ מִצְרַיִם עַד הַיּוֹם הַזֶּה וָאֶשְׁלַח אֲלֵיכֶם
אֶת־כָּל־עֲבָדַי הַנְּבִיאִים יוֹם הַשְׁכֵּם וְשָׁלֹחַ :
וְלוֹא שָׁמְעוּ אֵלַי וְלֹא הִטּוּ אֶת־אָזְנָם וַיַּקְשׁוּ אֶת־ 26

דְּבָרֶיךָ הֵרֵשׁ וְנָסַרְתֶּם אֲלֵיהֶם מֵאַבּוֹחַ :
הַדְּבָרִים הָאֵלֶּה וְלֹא יִשְׁמְעוּ אֵלֶיךָ וְקָרָאתָ אֲלֵיהֶם 28
וְלֹא יַעֲנוּכָה : וְאָמַרְתָּ אֲלֵיהֶם זֶה הַגּוֹי אֲשֶׁר
לוֹא־שָׁמְעוּ בְּקוֹל יְהוָֹה אֱלֹהָיו וְלֹא לָקְחוּ מוּסָר
אָבְדָה הָאֱמוּנָה וְנִכְרְתָה מִפִּיהֶם : גָּזִּי 29
נִזְרֵךְ וְהַשְׁלִיכִי וּשְׂאִי עַל־שְׁפָיִם קִינָה כִּי מָאַס
יְהוָֹה וַיִּטֹּשׁ אֶת־דּוֹר עֶבְרָתוֹ : כִּי־עָשׂוּ בְנֵי־ 30
יְהוּדָה הָרַע בְּעֵינַי נְאֻם־יְהוָֹה שָׂמוּ שִׁקּוּצֵיהֶם
בַּבַּיִת אֲשֶׁר־נִקְרָא־שְׁמִי עָלָיו לְטַמְּאוֹ : וּבָנוּ 31
בָּמוֹת הַתֹּפֶת אֲשֶׁר בְּגֵיא בֶן־הִנֹּם לִשְׂרֹף
אֶת־בְּנֵיהֶם וְאֶת־בְּנֹתֵיהֶם בָּאֵשׁ אֲשֶׁר לֹא
צִוִּיתִי וְלֹא עָלְתָה עַל־לִבִּי :
לָכֵן הִנֵּה־יָמִים בָּאִים נְאֻם־יְהוָֹה וְלֹא־יֵאָמֵר עוֹד 32
הַתֹּפֶת וְגֵיא בֶן־הִנֹּם כִּי אִם־גֵּיא הַהֲרֵגָה וְקָבְרוּ
בְתֹפֶת מֵאֵין מָקוֹם : וְהָיְתָה נִבְלַת הָעָם הַזֶּה 33
לְמַאֲכָל לְעוֹף הַשָּׁמַיִם וּלְבֶהֱמַת הָאָרֶץ וְאֵין
מַחֲרִיד : וְהִשְׁבַּתִּי מֵעָרֵי יְהוּדָה וּמֵחֻצוֹת יְרוּשָׁלִַם 34
קוֹל שָׂשׂוֹן וְקוֹל שִׂמְחָה קוֹל חָתָן וְקוֹל כַּלָּה כִּי
לְחָרְבָּה תִּהְיֶה הָאָרֶץ :

CAP. VIII. ח

בָּעֵת הַהִיא נְאֻם־יְהוָֹה וְיוֹצִיאוּ אֶת־עַצְמוֹת מַלְכֵי־ 1
יְהוּדָה וְאֶת־עַצְמוֹת שָׂרָיו וְאֶת־עַצְמוֹת הַכֹּהֲנִים
וְאֵת עַצְמוֹת הַנְּבִיאִים וְאֵת עַצְמוֹת יוֹשְׁבֵי־
יְרוּשָׁלִָם מִקִּבְרֵיהֶם : וּשְׁטָחוּם לַשֶּׁמֶשׁ וְלַיָּרֵחַ 2
וּלְכֹל צְבָא הַשָּׁמַיִם אֲשֶׁר אֲהֵבוּם וַאֲשֶׁר עֲבָדוּם
וַאֲשֶׁר הָלְכוּ אַחֲרֵיהֶם וַאֲשֶׁר דְּרָשׁוּם וַאֲשֶׁר
הִשְׁתַּחֲווּ לָהֶם לֹא יֵאָסְפוּ וְלֹא יִקָּבֵרוּ לְדֹמֶן עַל־
פְּנֵי הָאֲדָמָה יִהְיוּ : וְנִבְחַר מָוֶת מֵחַיִּים לְכֹל 3
הַשְּׁאֵרִית הַנִּשְׁאָרִים מִן־הַמִּשְׁפָּחָה הָרָעָה הַזֹּאת
בְּכָל־הַמְּקֹמוֹת הַנִּשְׁאָרִים אֲשֶׁר הִדַּחְתִּים שָׁם
נְאֻם יְהוָֹה צְבָאוֹת : וְאָמַרְתָּ אֲלֵיהֶם כֹּה אָמַר 4
יְהוָֹה הֲיִפְּלוּ וְלֹא יָקוּמוּ אִם־יָשׁוּב וְלֹא יָשׁוּב :
מַדּוּעַ שׁוֹבְבָה הָעָם הַזֶּה יְרוּשָׁלִַם מְשֻׁבָה נִצַּחַת 5
הֶחֱזִיקוּ בַּתַּרְמִית מֵאֲנוּ לָשׁוּב : הִקְשַׁבְתִּי וָאֶשְׁמָע 6
לוֹא־כֵן יְדַבֵּרוּ אֵין אִישׁ נִחָם עַל־רָעָתוֹ לֵאמֹר מֶה
עָשִׂיתִי כֻּלֹּה שָׁב בִּמְרוּצָתָם כְּסוּס שׁוֹטֵף
בַּמִּלְחָמָה : גַּם־חֲסִידָה בַשָּׁמַיִם יָדְעָה מוֹעֲדֶיהָ 7
וְתֹר וְסִיס וְעָגוּר שָׁמְרוּ אֶת־עֵת בֹּאָנָה וְעַמִּי לֹא

12 But go ye now unto my place *a* which *was* in Shiloh, where *b* I set my name at the first, and see what *d* I did to it for the wickedness of my people Israel.

13 And now, because ye have done all these works, saith the LORD, and I spake unto you, rising *f* up early and speaking *g* but ye heard not; and I called you, but *h* ye answered not;

14 Therefore will I do unto *this* house, which is called by my name, wherein ye trust, and unto the place which I gave to you and to your fathers, as I have done to Shiloh.

15 And I will cast *l* you out of my sight, as I have cast out all your brethren, *even* the whole seed of Ephraim. *m*

16 Therefore pray not *o* thou for this people, neither lift up cry nor prayer for them, neither make intercession to me: for *p* I will not hear thee.

17 Seest thou not what they do in the cities of Judah, and in the streets of Jerusalem?

18 The children gather wood, and the fathers kindle the fire, and the women knead *their* dough, to make cakes to the γ queen of heaven, and to pour out drink-offerings unto other gods, that they may provoke me to anger.

19 Do *s* they provoke me to anger? saith the LORD: *do they* not *provoke* themselves, to the confusion of their own faces?

20 Therefore thus saith the Lord GOD, Behold, mine anger and my fury shall be poured out upon this place, upon man, and upon beast, and upon the trees of the field, and upon the fruit of the ground; and it shall burn, and shall not be quenched.

21 Thus saith the LORD of hosts, the God of Israel; Put *w* your burnt-offerings unto your sacrifices, and eat flesh.

22 For *x* I spake not unto your fathers, nor commanded them in the day that I brought them out of the land of Egypt, δ concerning burnt-offerings or sacrifices:

23 But this thing commanded I them, saying, Obey *y* my voice, and I *z* will be your God, and ye shall be my people; and walk ye in all the ways that I have commanded you, that it may be well with you.

24 But *b* they hearkened not, nor inclined their ear, but walked in the counsels *and* in the ζ imagination *c* of their evil heart, and η went backward, *d* and not forward.

25 Since the day that your fathers came forth out of the land of Egypt unto this day, I have even sent unto you all my servants the prophets, daily rising up early, and sending *them:*

26 Yet they hearkened not unto me, nor inclined their ear, but hardened *g* their neck: they did worse *i* than their fathers.

27 Therefore thou shalt speak all these words unto them; but they will not hearken to thee: thou shalt also call unto them; but they will not answer thee.

28 But thou shalt say unto them, This *is* a nation that obeyeth not the voice of the LORD their God, nor *l* receiveth μ correction: truth is perished, and is cut off from their mouth.

29 Cut off *n* thine hair, O Jerusalem, and cast *it* away, and take up a lamentation on high places; for the LORD hath rejected and forsaken the generation of his wrath.

30 For the children of Judah have done evil in my sight, saith the LORD: they have set their abominations in the house which *p* is called by my name, to pollute it.

31 And they have built the high places of Tophet, *c* which *is* in the valley of the son of Hinnom, to burn their sons *e* and their daughters in the fire; which I commanded *them* not, neither came it β into my heart.

32 Therefore, behold, the days come, saith the LORD, that it shall no more be called Tophet, nor, The valley of the son of Hinnom, but, The valley of slaughter: for *i* they shall bury in Tophet till there be no place.

33 And *k* the carcases of this people shall be meat for the fowls of the heaven, and for the beasts of the earth; and none shall fray *them* away.

34 Then will I cause to cease *n* from the cities of Judah, and from the streets of Jerusalem, the voice of mirth, and the voice of gladness, the voice of the bridegroom, and the voice of the bride; for the land shall be desolate. *q*

CHAP. VIII.

AT that time, saith the LORD, they shall bring out the bones *r* of the kings of Judah, and the bones of his princes, and the bones of the priests, and the bones of the prophets, and the bones of the inhabitants of Jerusalem, out of their graves:

2 And they shall spread them before the sun, and the moon, and all the host of heaven, *t* whom they have loved, and whom they have served, and after whom they have walked, and whom they have sought, and whom they have worshipped: they shall not be gathered, nor be buried; they shall be for dung *u* upon the face of *ye* earth.

3 And death *v* shall be chosen rather than life by all the residue of them that remain of this evil family, which remain in all the places whither I have driven them, saith the LORD of hosts.

4 Moreover, thou shalt say unto them, Thus saith the LORD; Shall they fall, and not arise? shall he turn away, and not return?

5 Why *then* is this people of Jerusalem slidden back by a perpetual backsliding? they hold fast deceit, they refuse *a* to return.

6 I hearkened and heard, *but* they spake not aright: no man repented him of his wickedness, saying, What have I done? every one turned to his course, as the horse rusheth into the battle.

7 Yea, the stork in the heaven knoweth her appointed times; and the turtle, *e* and the crane, and the swallow, observe the time of their coming: but my people know not the judgment of the LORD.

8 How do ye say, We *are* wise, *f* and the law of the LORD *is* with us? Lo, certainly θ in vain *h* made he *it;* the pen of the scribes *is* in vain.

9 *k* The wise *men* are ashamed, they are dismayed and taken: lo, they have rejected the word of the LORD; and λ what wisdom *k* is in them?

10 Therefore will I give their wives unto others, *and* their fields to them that shall inherit *them:* for every one, from the least even unto the greatest, is given to covetousness; *m* from the prophet even unto the priest, every one dealeth falsely.

11 For they have healed the hurt of the daughter of my people slightly, saying, Peace, *o* peace; when *there is* no peace.

12 Were they ashamed when they had committed abomination? nay, they were not at all ashamed, neither could they blush: therefore shall they fall among them

B. C. 600.

a Jos. 18. 1.
b De. 12. 11.
c 2 Ki. 23. 10.
d ch. 26. 6.
1Sa.4.11,&c.
Ps.78.60,61.
e Ps. 106. 38.
β *upon.*
f 2 Ch. 36. 15.
g Ne.9.29,30.
h Is. 65. 12.
66. 4.
i ch. 19. 6,11.
Eze.6.5,&c.
k De. 28. 26.
Ps. 79. 2.
l 2 Ki. 17. 23.
m Ps. 78. 67.
Ho. 9. 3.
n Is. 24. 7, 8.
Ho. 2. 11.
o 1 Jn⁰. 5. 16.
p ch. 15. 1.
q Le. 26. 33.
Is. 3. 26.
r Eze. 37. 1.
γ or, *frame,* or, *workmanship.*
s 1 Co. 10. 22.
t 2 Ki. 23. 5.
u 2 Ki. 9. 37.
v Re. 9. 6.
w Am. 5. 21.
x 1 Sa. 15. 22.
Ps. 40. 6.
Ho. 6. 6.
δ *concerning the matter of.*
y Ex. 15. 26.
De. 6. 3.
z Ex. 19. 5.
Le.26.3,12.
a Jn⁰. 5. 40.
b Ps.81.11,12.
ζ or, *stubbornness.*
c ch. 11. 7, 8.
η *were.*
d Ho. 4. 16.
e Ca. 2. 12.
f Jn⁰. 9. 41.
Ro. 2. 17,&c.
g Ne.9.17,29.
θ or, the *false pen of the scribes worketh for falsehood,*
Is. 10. 1, 2.
h Mat. 15. 6.
i ch. 16. 12.
κ or, *Have they been ashamed.*
λ *the wisdom of what thing.*
k Is. 8. 20.
l ch. 32. 33.
μ or,*instruction.*
m Is. 56. 11.
n Job 1. 20.
Mi. 1. 16.
o Eze. 13. 10.
p 2Ki.21.4,7.
Eze.3.5,&c.

8 יַעֲשׂוּ אֵת מִשְׁפַּט יְהֹוָה : אֵיכָה תֹאמְרוּ חֲכָמִים
אֲנַחְנוּ וְתוֹרַת יְהֹוָה אִתָּנוּ אָכֵן הִנֵּה לַשֶּׁקֶר עָשָׂה
9 עֵט שֶׁקֶר סֹפְרִים : הֹבִישׁוּ חֲכָמִים חַתּוּ וַיִּלָּכֵדוּ
10 הִנֵּה בִדְבַר יְהֹוָה מָאָסוּ וְחָכְמַת מֶה לָהֶם : לָכֵן
אֶתֵּן אֶת נְשֵׁיהֶם לַאֲחֵרִים שְׂדוֹתֵיהֶם לְיוֹרְשִׁים כִּי
מִקָּטֹן וְעַד גָּדוֹל כֻּלֹּה בֹּצֵעַ בָּצַע מִנָּבִיא וְעַד כֹּהֵן
11 כֻּלֹּה עֹשֶׂה שָּׁקֶר : וַיְרַפּוּ אֶת שֶׁבֶר בַּת עַמִּי עַל
12 נְקַלָּה לֵאמֹר שָׁלוֹם שָׁלוֹם וְאֵין שָׁלוֹם : הֹבִשׁוּ
כִּי תוֹעֵבָה עָשׂוּ גַּם בּוֹשׁ לֹא יֵבֹשׁוּ וְהִכָּלֵם לֹא
יָדָעוּ לָכֵן יִפְּלוּ בַנֹּפְלִים בְּעֵת פְּקֻדָּתָם יִכָּשְׁלוּ אָמַר
13 יְהֹוָה : אָסֹף אֲסִיפֵם נְאֻם יְהֹוָה אֵין
עֲנָבִים בַּגֶּפֶן וְאֵין תְּאֵנִים בַּתְּאֵנָה וְהֶעָלֶה נָבֵל וָאֶתֵּן
14 לָהֶם יַעַבְרוּם : עַל מָה אֲנַחְנוּ יֹשְׁבִים הֵאָסְפוּ
וְנָבוֹא אֶל עָרֵי הַמִּבְצָר וְנִדְּמָה שָּׁם כִּי יְהֹוָה
אֱלֹהֵינוּ הֲדִמָּנוּ וַיַּשְׁקֵנוּ מֵי רֹאשׁ כִּי חָטָאנוּ לַיהֹוָה
15 קַוֵּה לְשָׁלוֹם וְאֵין טוֹב לְעֵת מַרְפֵּה וְהִנֵּה בְעָתָה
16 מִדָּן נִשְׁמַע נַחְרַת סוּסָיו מִקּוֹל מִצְהֲלוֹת אַבִּירָיו
רָעֲשָׁה כָּל הָאָרֶץ וַיָּבוֹאוּ וַיֹּאכְלוּ אֶרֶץ וּמְלוֹאָהּ
17 עִיר וְיֹשְׁבֵי בָהּ : כִּי הִנְנִי מְשַׁלֵּחַ בָּכֶם נְחָשִׁים
צִפְעֹנִים אֲשֶׁר אֵין לָהֶם לָחַשׁ וְנִשְּׁכוּ אֶתְכֶם נְאֻם
18 יְהֹוָה : מַבְלִיגִיתִי עֲלֵי יָגוֹן עָלַי לִבִּי דַוָּי
19 הִנֵּה קוֹל שַׁוְעַת בַּת עַמִּי מֵאֶרֶץ מַרְחַקִּים הַיהֹוָה
אֵין בְּצִיּוֹן אִם מַלְכָּהּ אֵין בָּהּ מַדּוּעַ הִכְעִסוּנִי
20 בִּפְסִלֵיהֶם בְּהַבְלֵי נֵכָר : עָבַר קָצִיר כָּלָה קָיִץ
21 וַאֲנַחְנוּ לוֹא נוֹשָׁעְנוּ : עַל שֶׁבֶר בַּת עַמִּי הָשְׁבַּרְתִּי
22 קָדַרְתִּי שַׁמָּה הֶחֱזִקָתְנִי : הַצֳרִי אֵין בְּגִלְעָד אִם
רֹפֵא אֵין שָׁם כִּי מַדּוּעַ לֹא עָלְתָה אֲרֻכַת בַּת
23 עַמִּי : מִי יִתֵּן רֹאשִׁי מַיִם וְעֵינִי מְקוֹר
דִּמְעָה וְאֶבְכֶּה יוֹמָם וָלַיְלָה אֵת חַלְלֵי בַת עַמִּי

CAP. IX. ט

1 מִי יִתְּנֵנִי בַמִּדְבָּר מְלוֹן אֹרְחִים וְאֶעֶזְבָה אֶת עַמִּי
וְאֵלְכָה מֵאִתָּם כִּי כֻלָּם מְנָאֲפִים עֲצֶרֶת
2 בֹּגְדִים : וַיַּדְרְכוּ אֶת לְשׁוֹנָם קַשְׁתָּם שֶׁקֶר וְלֹא
לֶאֱמוּנָה גָּבְרוּ בָאָרֶץ כִּי מֵרָעָה אֶל רָעָה
יָצָאוּ וְאֹתִי לֹא יָדָעוּ נְאֻם יְהֹוָה :
3 אִישׁ מֵרֵעֵהוּ הִשָּׁמֵרוּ וְעַל כָּל אָח אַל תִּבְטָחוּ
כִּי כָל אָח עָקוֹב יַעְקֹב וְכָל רֵעַ רָכִיל יַהֲלֹךְ
4 וְאִישׁ בְּרֵעֵהוּ יְהָתֵלּוּ וֶאֱמֶת לֹא יְדַבֵּרוּ

5 לִמְּדוּ לְשׁוֹנָם דַּבֶּר שֶׁקֶר הַעֲוֵה נִלְאוּ : שִׁבְתְּךָ
בְּתוֹךְ מִרְמָה בְּמִרְמָה מֵאֲנוּ דַעַת אוֹתִי נְאֻם
6 יְהֹוָה : לָכֵן כֹּה אָמַר יְהֹוָה צְבָאוֹת הִנְנִי
צוֹרְפָם וּבְחַנְתִּים כִּי אֵיךְ אֶעֱשֶׂה מִפְּנֵי בַּת עַמִּי
7 חֵץ שָׁחוּט לְשׁוֹנָם מִרְמָה דִבֵּר בְּפִיו שָׁלוֹם אֶת
רֵעֵהוּ יְדַבֵּר וּבְקִרְבּוֹ יָשִׂים אָרְבּוֹ : הַעַל אֵלֶּה
8 לֹא אֶפְקָד בָּם נְאֻם יְהֹוָה אִם בְּגוֹי אֲשֶׁר כָּזֶה לֹא
9 תִתְנַקֵּם נַפְשִׁי : עַל הֶהָרִים אֶשָּׂא בְכִי
וָנֶהִי וְעַל נְאוֹת מִדְבָּר קִינָה כִּי נִצְּתוּ מִבְּלִי אִישׁ
10 עֹבֵר וְלֹא שָׁמְעוּ קוֹל מִקְנֶה מֵעוֹף הַשָּׁמַיִם וְעַד
בְּהֵמָה נָדְדוּ הָלָכוּ : וְנָתַתִּי אֶת יְרוּשָׁלַ͏ִם לְגַלִּים
11 מְעוֹן תַּנִּים וְאֶת עָרֵי יְהוּדָה אֶתֵּן שְׁמָמָה מִבְּלִי
יוֹשֵׁב : מִי הָאִישׁ הֶחָכָם וְיָבֵן אֶת
זֹאת וַאֲשֶׁר דִּבֶּר פִּי יְהֹוָה אֵלָיו וְיַגִּדָהּ עַל מָה
12 אָבְדָה הָאָרֶץ נִצְּתָה כַמִּדְבָּר מִבְּלִי עֹבֵר : וַיֹּאמֶר יְהֹוָה עַל עָזְבָם אֶת תּוֹרָתִי אֲשֶׁר נָתַתִּי
13 לִפְנֵיהֶם וְלֹא שָׁמְעוּ בְקוֹלִי וְלֹא הָלְכוּ בָהּ : וַיֵּלְכוּ
אַחֲרֵי שְׁרִרוּת לִבָּם וְאַחֲרֵי הַבְּעָלִים אֲשֶׁר לִמְּדוּם
14 אֲבוֹתָם : לָכֵן כֹּה אָמַר יְהֹוָה צְבָאוֹת
אֱלֹהֵי יִשְׂרָאֵל הִנְנִי מַאֲכִילָם אֶת הָעָם הַזֶּה לַעֲנָה
15 וְהִשְׁקִיתִים מֵי רֹאשׁ : וַהֲפִצוֹתִים בַּגּוֹיִם אֲשֶׁר
לֹא יָדְעוּ הֵמָּה וַאֲבוֹתָם וְשִׁלַּחְתִּי אַחֲרֵיהֶם אֶת
16 הַחֶרֶב עַד כַּלּוֹתִי אוֹתָם : כֹּה אָמַר יְהֹוָה
צְבָאוֹת הִתְבּוֹנְנוּ וְקִרְאוּ לַמְקוֹנְנוֹת וּתְבוֹאֶינָה וְאֶל
17 הַחֲכָמוֹת שִׁלְחוּ וְתָבוֹאנָה : וּתְמַהֵרְנָה וְתִשֶּׂנָה
עָלֵינוּ נֶהִי וְתֵרַדְנָה עֵינֵינוּ דִּמְעָה וְעַפְעַפֵּינוּ יִזְּלוּ
18 מָיִם : כִּי קוֹל נְהִי נִשְׁמַע מִצִּיּוֹן אֵיךְ שֻׁדָּדְנוּ
בֹּשְׁנוּ מְאֹד כִּי עָזַבְנוּ אָרֶץ כִּי הִשְׁלִיכוּ מִשְׁכְּנוֹתֵינוּ :
19 כִּי שְׁמַעְנָה נָשִׁים דְּבַר יְהֹוָה וְתִקַּח אָזְנְכֶם דְּבַר
פִּיו וְלַמֵּדְנָה בְנוֹתֵיכֶם נֶהִי וְאִשָּׁה רְעוּתָהּ קִינָה
20 כִּי עָלָה מָוֶת בְּחַלּוֹנֵינוּ בָּא בְּאַרְמְנוֹתֵינוּ לְהַכְרִית
21 עוֹלָל מִחוּץ בַּחוּרִים מֵרְחֹבוֹת : דַּבֵּר כֹּה נְאֻם
יְהֹוָה וְנָפְלָה נִבְלַת הָאָדָם כְּדֹמֶן עַל פְּנֵי הַשָּׂדֶה
וּכְעָמִיר מֵאַחֲרֵי הַקֹּצֵר וְאֵין מְאַסֵּף :
22 כֹּה אָמַר יְהֹוָה אַל יִתְהַלֵּל חָכָם בְּחָכְמָתוֹ וְאַל
יִתְהַלֵּל הַגִּבּוֹר בִּגְבוּרָתוֹ אַל יִתְהַלֵּל עָשִׁיר בְּעָשְׁרוֹ :
23 כִּי אִם בְּזֹאת יִתְהַלֵּל הַמִּתְהַלֵּל הַשְׂכֵּל וְיָדֹעַ אוֹתִי
כִּי אֲנִי יְהֹוָה עֹשֶׂה חֶסֶד מִשְׁפָּט וּצְדָקָה בָּאָרֶץ

that fall; in the time^a of their visitation they shall be cast down, saith the LORD.

13 ⸹ I will surely consume them, saith the LORD: *there shall be* no grapes on the vine, nor figs on the fig-tree, and the leaf shall fade; and *the things that* I have given them shall pass^b away from them.

14 Why do we sit still? assemble yourselves, and let us enter into the defenced cities, and let us be silent there; for the LORD our God hath put us to silence, and given^c us water of κ gall to drink, because we have sinned against the LORD.

15 We looked^e for peace, but no good *came; and* for a time of health, and behold trouble!

16 The snorting of his horses was heard from Dan;^g the whole land trembled at the sound of the neighing of his strong^h ones; for they are come, and have devoured the land; and μ all that is in it; the city, and those that dwell therein.

17 For, behold, I will send serpents, cockatrices, among you, which *will* not *be* charmed,^k and they shall bite you, saith the LORD.

18 *When* I would comfort myself against sorrow, my heart *is* faint π in me.

19 Behold, the voice of the cry of the daughter of my people, because of ρ them that dwell in a farⁿ country: *Is* not the LORD in Zion? ρ *is* not her king^q in her? Why have they provoked^s me to anger with their graven images, *and* with strange vanities?

20 The harvest is past,^t the summer is ended, and we are not saved.

21 For the hurt of the daughter of my people am I hurt; I am black;^u astonishment hath taken hold on me.

22 *Is there* no balm^v in Gilead? *is there* no physician^w there? why then is not the health of the daughter of my people σ recovered?

CHAP. IX.

OH τ that my head were waters, and mine eyes a fountain of tears, that I might weep^x day and night for the slain of the daughter of my people!

2 Oh that I had in the wilderness a lodging-place of way-faring men, that I might leave my people, and go from them! for they *be* all adulterers,^z an assembly of treacherous men.^a

3 And they bend their tongues^b *like* their bow *for* lies; but they are not valiant^c for the truth upon the earth: for they proceed^d from evil to evil, and they^e know not me, saith the LORD.

4 Take ye heed every one of his φ neighbour, and trust ye not in any brother: for every brother will utterly supplant, and every neighbour will walk with slanders.

5 And they will χ deceive every one his neighbour, and will not speak the truth: they have taught their tongue to speak lies, *and* weary themselves to commit iniquity.

6 Thine habitation *is* in the midst of deceit; through deceit they refuse to know me, saith the LORD.

7 Therefore thus saith the LORD of hosts, Behold, I will melt^h them, and try them; for how shall I do for the daughter of my people?

8 Their tongue *is* as an arrow^l shot out; it speaketh deceit: *one* speaketh peaceably to his neighbour with his

[center column references]

B. C. 600.

a De. 32. 35.
  Ho. 5. 9.
β *the midst of him.*
γ *or, wait for him.*
δ *or, in gathering I will consume.*
b Ho. 2. 8, 9.
ζ *or, pastures.*
η *desolate.*
θ *from the fowl even to*
c ch. 23. 15.
κ *or, poison.*
d La. 2. 2, 7, 8.
e ch. 14. 19.
λ *desolation.*
f Ho. 14. 9.
g ch. 4. 15.
h Ju. 5. 22.
μ *the fulness thereof.*
i De. 29. 24. 28.
k Ps. 58. 4, 5.
ν *or, stubbornness,* ch. 7. 24.
l La. 1. 16, 17.
π *upon.*
ρ *the country of them that are afar off.*
m Ps. 80. 5
n Is. 39. 3.
o La. 3. 15, 19.
p ch. 31. 6.
  Ps. 135. 21.
  Re. 2. 1.
q Is. 33. 22.
r Le. 26. 33.
  De. 28. 64.
s De. 32. 21.
t Mat. 25. 1. 12.
u Joel 2. 6.
v ch. 46. 11.
  Ge. 37. 25.
w Mat. 9, 11, 12.
σ *gone up.*
τ *who will give my head.*
x Is. 22. 4.
  La. 2. 11.
  3. 48.
y Is. 32. 9. 13.
z ch. 5. 7, 8.
a Mi. 7. 2. 5.
b Is. 59. 3, 4.
c Jude 3.
d 2 Ti. 3. 13.
e Ho. 4. 1. 3.
φ *or, friend.*
χ *mock.*
f 1 Co. 1. 31.
g 2 Co. 7. 18.
h Is. 1. 25.
ψ *visit upon.*
i Ro. 2. 8. 9.
k Ps. 64. 3, 4.
l Ps. 28. 3.
β *cut off into corners, or, having the corners of their hair polled.*

mouth, but in β heart he layeth γ his wait.

9 Shall I not visit them for these *things?* saith the LORD: shall not my soul be avenged on such a nation as this?

10 For the mountains will I take up a weeping and wailing, and for the ζ habitations of the wilderness a lamentation, because they are η burned up, so that none can pass through *them;* neither can *men* hear the voice of the cattle: θ both the fowl of the heavens and the beast are fled; they are gone.

11 And I will make Jerusalem heaps,ⁱ and a den of dragons; and I will make the cities of Judah λ desolate, without an inhabitant.

12 Who^f *is* the wise man, that may understand this? and *who is he* to whom the mouth of the LORD hath spoken, that he may declare it, for what the land perisheth *and* is burned up like a wilderness, that none passeth through?

13 And the LORD saith, Becauseⁱ they have forsaken my law which I set before them, and have not obeyed my voice, neither walked therein;

14 But have walked after the ν imagination of their own heart, and after Baalim, which their fathers taught them.

15 Therefore thus saith the LORD of hosts, the God of Israel; Behold, I will feed^m them, *even* this people, with wormwood,^o and give them water of gall to drink.

16 I will scatter^r them also among the heathen, whom neither they nor their fathers have known: and I will send a sword after them, till I have consumed them.

17 Thus saith the LORD of hosts, Consider ye, and call for the mourning women, that they may come; and send for cunning *women,* that they may come:

18 And let them make haste, and take up a wailing for us, that our eyes may run down with tears, and our eye-lids gush out with waters.

19 For a voice of wailing is heard out of Zion, How are we spoiled! we are greatly confounded, because we have forsaken the land, because our dwellings have cast *us* out.

20 Yet hear the word of the LORD, O ye women,^y and let your ear receive the word of his mouth, and teach your daughters wailing, and every one her neighbour lamentation:

21 For death is come up into our windows, *and* is entered into our palaces, to cut off the children from without, *and* the young men from the streets.

22 Speak, Thus saith the LORD, Even the carcases of men shall fall as dung upon the open field, and as the handful after the harvest-man, and none shall gather *them.*

23 Thus saith the LORD, Let not the wise *man* glory in his wisdom, neither let the mighty *man* glory in his might, let not the rich *man* glory in his riches:

24 But^f let him that glorieth glory in this, that he understandeth and knoweth me, that I *am* the LORD which exercise loving-kindness, judgment, and righteousness, in the earth: for in these *things* I delight,^g saith the LORD.

25 Behold, the days come, saith the LORD, that I will ψ punish allⁱ *them which are* circumcised with the uncircumcised;

26 Egypt, and Judah, and Edom, and the children of Ammon, and Moab, and all *that are* β in the utmost corners, that

24 כִּי־בָאֵלֶּה חָפַצְתִּי נְאֻם־יְהֹוָה

25 עַל־מִצְרַיִם וְעַל־יְהוּדָה וְעַל־אֱדוֹם וְעַל־
בְּנֵי עַמּוֹן וְעַל־מוֹאָב וְעַל כָּל־קְצוּצֵי פֵאָה הַיֹּשְׁבִים
בַּמִּדְבָּר כִּי כָל־הַגּוֹיִם עֲרֵלִים וְכָל־בֵּית יִשְׂרָאֵל עַרְלֵי־לֵב

CAP. X. י

1 שִׁמְעוּ אֶת־הַדָּבָר אֲשֶׁר דִּבֶּר יְהוָה עֲלֵיכֶם בֵּית יִשְׂרָאֵל

2 כֹּה אָמַר יְהוָה אֶל־דֶּרֶךְ הַגּוֹיִם אַל־תִּלְמָדוּ וּמֵאֹתוֹת הַשָּׁמַיִם אַל־תֵּחָתּוּ כִּי־יֵחַתּוּ הַגּוֹיִם מֵהֵמָּה

3 כִּי־חֻקּוֹת הָעַמִּים הֶבֶל הוּא כִּי־עֵץ מִיַּעַר כְּרָתוֹ מַעֲשֵׂה יְדֵי־חָרָשׁ בַּמַּעֲצָד

4 בְּכֶסֶף וּבְזָהָב יְיַפֵּהוּ בְּמַסְמְרוֹת וּבְמַקָּבוֹת יְחַזְּקוּם

5 כְּתֹמֶר מִקְשָׁה הֵמָּה וְלֹא יְדַבֵּרוּ נָשׂוֹא יִנָּשׂוּא כִּי לֹא יִצְעָדוּ אַל־תִּירְאוּ מֵהֶם כִּי־לֹא יָרֵעוּ וְגַם־הֵיטֵיב אֵין אוֹתָם

6 מֵאֵין כָּמוֹךָ

7 יְהוָה גָּדוֹל אַתָּה וְגָדוֹל שִׁמְךָ בִּגְבוּרָה מִי לֹא יִרָאֲךָ מֶלֶךְ הַגּוֹיִם כִּי לְךָ יָאָתָה כִּי בְכָל־חַכְמֵי הַגּוֹיִם וּבְכָל־מַלְכוּתָם מֵאֵין כָּמוֹךָ

8 וּבְאַחַת יִבְעֲרוּ וְיִכְסָלוּ מוּסַר הֲבָלִים עֵץ הוּא

9 כֶּסֶף מְרֻקָּע מִתַּרְשִׁישׁ יוּבָא וְזָהָב מֵאוּפָז מַעֲשֵׂה חָרָשׁ וִידֵי צוֹרֵף תְּכֵלֶת וְאַרְגָּמָן לְבוּשָׁם מַעֲשֵׂה חֲכָמִים כֻּלָּם

10 וַיהוָה אֱלֹהִים אֱמֶת הוּא־אֱלֹהִים חַיִּים וּמֶלֶךְ עוֹלָם מִקִּצְפּוֹ תִּרְעַשׁ הָאָרֶץ וְלֹא־יָכִלוּ גוֹיִם זַעְמוֹ

11 כִּדְנָה תֵּאמְרוּן לְהוֹם אֱלָהַיָּא דִּי־שְׁמַיָּא וְאַרְקָא לָא עֲבַדוּ יֵאבַדוּ מֵאַרְעָא וּמִן־תְּחוֹת שְׁמַיָּא אֵלֶּה

12 עֹשֵׂה אֶרֶץ בְּכֹחוֹ מֵכִין תֵּבֵל בְּחָכְמָתוֹ וּבִתְבוּנָתוֹ נָטָה שָׁמָיִם

13 לְקוֹל תִּתּוֹ הֲמוֹן מַיִם בַּשָּׁמַיִם וַיַּעֲלֶה נְשִׂאִים מִקְצֵה אֶרֶץ בְּרָקִים לַמָּטָר עָשָׂה וַיּוֹצֵא רוּחַ מֵאֹצְרֹתָיו

14 נִבְעַר כָּל־אָדָם מִדַּעַת הֹבִישׁ כָּל־צוֹרֵף מִפָּסֶל כִּי שֶׁקֶר נִסְכּוֹ וְלֹא־רוּחַ בָּם

15 הֶבֶל הֵמָּה מַעֲשֵׂה תַּעְתֻּעִים בְּעֵת פְּקֻדָּתָם יֹאבֵדוּ

16 לֹא־כְאֵלֶּה חֵלֶק יַעֲקֹב כִּי־יוֹצֵר הַכֹּל הוּא וְיִשְׂרָאֵל שֵׁבֶט נַחֲלָתוֹ יְהוָה צְבָאוֹת שְׁמוֹ

17 אִסְפִּי מֵאֶרֶץ כִּנְעָתֵךְ יֹשֶׁבֶת בַּמָּצוֹר

18 כִּי־כֹה אָמַר יְהוָה הִנְנִי קוֹלֵעַ אֶת־יוֹשְׁבֵי הָאָרֶץ בַּפַּעַם הַזֹּאת וַהֲצֵרוֹתִי לָהֶם לְמַעַן יִמְצָאוּ

19 אוֹי לִי עַל־שִׁבְרִי נַחְלָה מַכָּתִי וַאֲנִי אָמַרְתִּי אַךְ זֶה חֳלִי

20 אָהֳלִי שֻׁדָּד וְכָל־מֵיתָרַי נִתָּקוּ בָּנַי יְצָאֻנִי וְאֵינָם אֵין־נֹטֶה עוֹד אָהֳלִי וּמֵקִים יְרִיעוֹתָי

21 כִּי נִבְעֲרוּ הָרֹעִים וְאֶת־יְהוָה לֹא דָרָשׁוּ עַל־כֵּן לֹא הִשְׂכִּילוּ וְכָל־מַרְעִיתָם נָפוֹצָה

22 קוֹל שְׁמוּעָה הִנֵּה בָאָה וְרַעַשׁ גָּדוֹל מֵאֶרֶץ צָפוֹן לָשׂוּם אֶת־עָרֵי יְהוּדָה שְׁמָמָה מְעוֹן תַּנִּים

23 יָדַעְתִּי יְהוָה כִּי לֹא לָאָדָם דַּרְכּוֹ לֹא־לְאִישׁ הֹלֵךְ וְהָכִין אֶת־צַעֲדוֹ

24 יַסְּרֵנִי יְהוָה אַךְ־בְּמִשְׁפָּט אַל־בְּאַפְּךָ פֶּן־תַּמְעִטֵנִי

25 שְׁפֹךְ חֲמָתְךָ עַל־הַגּוֹיִם אֲשֶׁר לֹא־יְדָעוּךָ וְעַל מִשְׁפָּחוֹת אֲשֶׁר בְּשִׁמְךָ לֹא קָרָאוּ כִּי־אָכְלוּ אֶת־יַעֲקֹב וַאֲכָלֻהוּ וַיְכַלֻּהוּ וְאֶת־נָוֵהוּ הֵשַׁמּוּ

CAP. XI. יא

1 הַדָּבָר אֲשֶׁר הָיָה אֶל־יִרְמְיָהוּ מֵאֵת יְהוָה לֵאמֹר

2 שִׁמְעוּ אֶת־דִּבְרֵי הַבְּרִית הַזֹּאת וְדִבַּרְתָּם אֶל־אִישׁ יְהוּדָה וְעַל־יֹשְׁבֵי יְרוּשָׁלָיִם

3 וְאָמַרְתָּ אֲלֵיהֶם כֹּה־אָמַר יְהוָה אֱלֹהֵי יִשְׂרָאֵל אָרוּר הָאִישׁ אֲשֶׁר לֹא יִשְׁמַע אֶת־דִּבְרֵי הַבְּרִית הַזֹּאת

4 אֲשֶׁר צִוִּיתִי אֶת־אֲבוֹתֵיכֶם בְּיוֹם הוֹצִיאִי־אוֹתָם מֵאֶרֶץ־מִצְרַיִם מִכּוּר הַבַּרְזֶל לֵאמֹר שִׁמְעוּ בְקוֹלִי וַעֲשִׂיתֶם אוֹתָם כְּכֹל אֲשֶׁר־אֲצַוֶּה אֶתְכֶם וִהְיִיתֶם לִי לְעָם וְאָנֹכִי אֶהְיֶה לָכֶם לֵאלֹהִים

5 לְמַעַן הָקִים אֶת־הַשְּׁבוּעָה אֲשֶׁר־נִשְׁבַּעְתִּי לַאֲבוֹתֵיכֶם לָתֵת לָהֶם אֶרֶץ זָבַת חָלָב וּדְבַשׁ כַּיּוֹם הַזֶּה וָאַעַן וָאֹמַר אָמֵן יְהוָה

6 וַיֹּאמֶר יְהוָה אֵלַי קְרָא אֶת־כָּל־הַדְּבָרִים הָאֵלֶּה בְּעָרֵי יְהוּדָה וּבְחֻצוֹת יְרוּשָׁלַיִם לֵאמֹר שִׁמְעוּ אֶת־דִּבְרֵי הַבְּרִית הַזֹּאת וַעֲשִׂיתֶם אוֹתָם

7 כִּי הָעֵד הַעִדֹתִי בַּאֲבוֹתֵיכֶם בְּיוֹם הַעֲלוֹתִי אוֹתָם מֵאֶרֶץ מִצְרַיִם וְעַד־הַיּוֹם הַזֶּה הַשְׁכֵּם וְהָעֵד לֵאמֹר שִׁמְעוּ בְּקוֹלִי

8 וְלֹא שָׁמְעוּ וְלֹא־הִטּוּ אֶת־אָזְנָם וַיֵּלְכוּ אִישׁ בִּשְׁרִירוּת לִבָּם הָרָע וָאָבִיא עֲלֵיהֶם אֶת־כָּל־דִּבְרֵי הַבְּרִית הַזֹּאת אֲשֶׁר־צִוִּיתִי

9 וַיֹּאמֶר יְהוָה אֵלָי נִמְצָא־קֶשֶׁר בְּאִישׁ יְהוּדָה וּבְיֹשְׁבֵי יְרוּשָׁלָיִם

10 שָׁבוּ עַל־עֲוֹנֹת אֲבוֹתָם הָרִאשֹׁנִים אֲשֶׁר מֵאֲנוּ לִשְׁמוֹעַ אֶת־דְּבָרַי וְהֵמָּה הָלְכוּ אַחֲרֵי אֱלֹהִים אֲחֵרִים לְעָבְדָם הֵפֵרוּ בֵית־יִשְׂרָאֵל וּבֵית יְהוּדָה אֶת־בְּרִיתִי אֲשֶׁר כָּרַתִּי אֶת־אֲבוֹתָם

11 לָכֵן כֹּה אָמַר יְהוָה הִנְנִי מֵבִיא אֲלֵיהֶם רָעָה אֲשֶׁר לֹא

dwell in the wilderness; for all *these* nations *are* uncircumcised, and all the house of Israel *are* uncircumcised[a] in the heart.

CHAP. X.

HEAR ye the word which the LORD speaketh unto you, O house of Israel :

2 Thus saith the LORD, Learn not[c] the way of the heathen, and be not dismayed at the signs of heaven; for the heathen are dismayed at them.

3 For the β customs of the people *are* vain : for[d] *one* cutteth a tree out of the forest (the work of the hands of the workman) with the axe :

4 They deck it with silver and with gold ; they fasten it with nails and with hammers, that it move not.

5 They *are* upright as the palm-tree,[g] but speak not ; they must needs be borne, because they cannot go. Be not afraid of them ; for they cannot do evil, neither also *is it* in them to do good.

6 Forasmuch as *there is* none[j] like unto thee, O LORD ; thou *art* great, and thy name *is* great in might.

7 Who[k] would not fear thee, O King of nations? for δ to thee doth it appertain : forasmuch as among all the wise men[l] of the nations, and in all their kingdoms, *there is* none like unto thee.

8 But they are ζ altogether brutish and foolish ; the stock *is* a doctrine of vanities.[m]

9 Silver spread into plates is brought from Tarshish, and gold[o] from Uphaz, the work of the workman, and of the hands of the founder: blue and purple *is* their clothing ; they *are* all the work of cunning men.

10 But the LORD *is* the η true God, he *is* the living[r] God, and an θ everlasting[s] King : at his wrath the earth shall tremble, and the nations shall not be able to abide his indignation.

11 κ Thus shall ye say unto them, The gods that have not made the heavens and the earth, *even* they[v] shall perish from the earth, and from under these heavens.

12 He[w] hath made the earth by his power, he hath established the world by his wisdom, and hath stretched out the heavens by his discretion.

13 When he[y] uttereth his voice, *there is* a μ multitude of waters in the heavens, and he[a] causeth the vapours to ascend from the ends of the earth ; he maketh lightnings ν with rain, and bringeth forth the wind out of his treasures.

14 Every man is ρ brutish[b] in *his* knowledge ; every founder is confounded by the graven image : for his molten image *is* falsehood, and *there is* no breath in them.

15 They *are* vanity, *and* the work of errors : in the time of their visitation they shall perish.

16 The Portion[c] of Jacob *is* not like them : for he *is* the former of all *things* ; and Israel *is* the rod[e] of his inheritance : The LORD of hosts[f] *is* his name.

17 Gather up thy wares out of the land, O σ inhabitant of the fortress :

18 For thus saith the LORD, Behold, I will sling[g] out the inhabitants of the land at this once, and will distress them, that they may find *it so.*[h]

19 Woe is me for my hurt ! my wound is grievous : but I said, Truly this *is* a grief, and I must bear[i] it.

20 My tabernacle is spoiled, and all my

B. C. 600.
—————
a Ro.2.28,29.
b Je. 2. 8.
Eze.34.2.,10.
Zec. 10.3.
c Le. 18. 3.
  20. 23.
β *statutes,* or, *ordinances are vanity.*
d Is.40.19,&c.
e Pr. 16. 1.
  20. 24.
f ch. 30. 11.
Ps. 6. 1.
γ *diminish me.*
g Ps.115.5,&c
Hab. 2. 19.
1 Co. 12. 2.
h Ps. 79. 6, 7.
i La. 2. 22.
j Ex. 15. 11.
k Re. 15. 4.
δ *or, it liketh thee.*
l Ps. 89. 6.
ζ *in one,* or, *at once.*
m De. 27.26.
Ga. 3. 10.
n Is. 41. 29.
o Da. 10. 5.
p De. 4. 20.
q ch. 7. 23.
η *God of truth,* Ps. 31. 5.
θ 1 Ti. 6. 17.
θ *king of eternity.*
s Ps. 10. 16.
t De. 7.12,13.
u Ps.105.8.,11.
κ *In the Chaldean language.*
λ *Amen,* De.27.15..26.
v Zec. 13. 2.
w ch.51.15..19
x Ro. 2. 13.
Ja. 1. 22.
y Job 38. 34.
μ *or, noise.*
z ch.7.13,&c.
a Ps. 135. 7.
ν *or, for.*
π *or, stubbornness,* ch. 7. 24.
9. 14.
ρ *or, more brutish than to know.*
b Ps. 92. 6.
94. 8.
c Ps. 16. 5.
d Eze. 20 27..
30.
e De. 32. 9.
Ps. 74. 2.
f Is. 47. 4.
σ *inhabitress.*
g 1 Sa. 25.29.
τ *go forth of.*
h Eze. 6. 10.
i Mi. 7. 9.
k De. 32. 37.

cords are broken : my children are gone forth of me, and they *are* not ; *there is* none to stretch forth my tent any more, and to set up my curtains.

21 For the pastors[b] are become brutish, and have not sought the LORD : therefore they shall not prosper, and all their flocks shall be scattered.

22 Behold, the noise of the bruit is come, and a great commotion out of the north country, to make the cities of Judah desolate, *and* a den of dragons.

23 O LORD, I know that the way[e] of man *is* not in himself : *it is* not in man that walketh to direct his steps.

24 O LORD, correct me, but[f] with judgment ; not in thine anger, lest thou γ bring me to nothing.

25 Pour[h] out thy fury upon the heathen that know thee not, and upon the families that call not on thy name : for they have eaten up Jacob, and devoured him, and consumed[i] him, and have made his habitation desolate.

CHAP. XI.

THE word that came to Jeremiah from the LORD, saying,

2 Hear ye the words of this covenant, and speak unto the men of Judah, and to the inhabitants of Jerusalem ;

3 And say thou unto them, Thus saith the LORD God of Israel, Cursed[m] *be* the man that obeyeth not the words of this covenant,

4 Which I commanded your fathers in the day *that* I brought them forth out of the land of Egypt, from the iron[p] furnace, saying, Obey[q] my voice, and do them, according to all which I command you : so shall ye be my people, and I will be your God ;

5 That[t] I may perform the oath[u] which I have sworn unto your fathers, to give them a land flowing with milk and honey, as *it is* this day. Then answered I, and said, λ So be it, O LORD.

6 Then the LORD said unto me, Proclaim all these words in the cities of Judah, and in the streets of Jerusalem, saying, Hear ye the words of this covenant, and do[x] them.

7 For I earnestly protested unto your fathers, in the day *that* I brought them up out of the land of Egypt, *even* unto this day, rising[z] early and protesting, saying, Obey my voice.

8 Yet they obeyed not, nor inclined their ear, but walked every one in the π imagination of their evil heart : therefore I will bring upon them all the words of this covenant, which I commanded *them* to do ; but they did *them* not.

9 And the LORD said unto me, A conspiracy is found among the men of Judah, and among the inhabitants of Jerusalem.

10 They are turned back to the iniquities of their forefathers,[d] which refused to hear my words ; and they went after other gods to serve them : the house of Israel and the house of Judah have broken my covenant, which I made with their fathers.

11 Therefore thus saith the LORD, Behold, I will bring evil upon them, which they shall not be able to τ escape ; and though they shall cry unto me, I will not hearken unto them.

12 Then shall the cities of Judah, and inhabitants of Jerusalem, go and cry unto the gods[k] unto whom they offer incense : but they shall not save them

וְהָלְכוּ עָרֵי יְהוּדָה וְיֹשְׁבֵי יְרוּשָׁלִַם וְזָעֲקוּ
12 אֶל־הָאֱלֹהִים אֲשֶׁר הֵם מְקַטְּרִים לָהֶם וְהוֹשֵׁעַ
לֹא־יוֹשִׁיעוּ לָהֶם בְּעֵת רָעָתָם׃ כִּי מִסְפַּר
13 עָרֶיךָ הָיוּ אֱלֹהֶיךָ יְהוּדָה וּמִסְפַּר חֻצוֹת יְרוּשָׁלִַם
שַׂמְתֶּם מִזְבְּחוֹת לַבֹּשֶׁת מִזְבְּחוֹת לְקַטֵּר לַבָּעַל׃
14 וְאַתָּה אַל־תִּתְפַּלֵּל בְּעַד־הָעָם הַזֶּה וְאַל־תִּשָּׂא
בַעֲדָם רִנָּה וּתְפִלָּה כִּי אֵינֶנִּי שֹׁמֵעַ בְּעֵת קָרְאָם
15 אֵלַי בְּעַד רָעָתָם׃ מֶה לִידִידִי בְּבֵיתִי עֲשׂוֹתָהּ
הַמְזִמָּתָה הָרַבִּים וּבְשַׂר־קֹדֶשׁ יַעַבְרוּ מֵעָלָיִךְ כִּי
16 רָעָתֵכִי אָז תַּעֲלֹזִי׃ זַיִת רַעֲנָן יְפֵה פְרִי־תֹאַר
קָרָא יְהוָה שְׁמֵךְ לְקוֹל הֲמוּלָּה גְדֹלָה הִצִּית אֵשׁ
17 עָלֶיהָ וְרָעוּ דָּלִיּוֹתָיו׃ וַיהוָה צְבָאוֹת הַנּוֹטֵעַ
אוֹתָךְ דִּבֶּר עָלַיִךְ רָעָה בִּגְלַל רָעַת בֵּית־יִשְׂרָאֵל
וּבֵית יְהוּדָה אֲשֶׁר עָשׂוּ לָהֶם לְהַכְעִסֵנִי לְקַטֵּר
18 לַבָּעַל׃ וַיהוָה הוֹדִיעַנִי וָאֵדָעָה אָז
19 הִרְאִיתַנִי מַעַלְלֵיהֶם׃ וַאֲנִי כְּכֶבֶשׂ אַלּוּף יוּבַל
לִטְבוֹחַ וְלֹא־יָדַעְתִּי כִּי־עָלַי חָשְׁבוּ מַחֲשָׁבוֹת
נַשְׁחִיתָה עֵץ בְּלַחְמוֹ וְנִכְרְתֶנּוּ מֵאֶרֶץ חַיִּים וּשְׁמוֹ
20 לֹא־יִזָּכֵר עוֹד׃ וַיהוָה צְבָאוֹת שֹׁפֵט צֶדֶק
בֹּחֵן כְּלָיוֹת וָלֵב אֶרְאֶה נִקְמָתְךָ מֵהֶם כִּי אֵלֶיךָ
21 גִּלִּיתִי אֶת־רִיבִי׃ לָכֵן כֹּה־אָמַר יְהוָה
עַל־אַנְשֵׁי עֲנָתוֹת הַמְבַקְשִׁים אֶת־נַפְשְׁךָ לֵאמֹר
22 לֹא תִנָּבֵא בְּשֵׁם יְהוָה וְלֹא תָמוּת בְּיָדֵנוּ׃ לָכֵן
כֹּה אָמַר יְהוָה צְבָאוֹת הִנְנִי פֹקֵד עֲלֵיהֶם
הַבַּחוּרִים יָמֻתוּ בַחֶרֶב בְּנֵיהֶם וּבְנוֹתֵיהֶם יָמֻתוּ
23 בָּרָעָב׃ וּשְׁאֵרִית לֹא תִהְיֶה לָהֶם כִּי־אָבִיא רָעָה
אֶל־אַנְשֵׁי עֲנָתוֹת שְׁנַת פְּקֻדָּתָם׃

CAP. XII. יב

1 צַדִּיק אַתָּה יְהוָה כִּי אָרִיב אֵלֶיךָ אַךְ מִשְׁפָּטִים
אֲדַבֵּר אוֹתָךְ מַדּוּעַ דֶּרֶךְ רְשָׁעִים צָלֵחָה שָׁלוּ כָּל־
2 בֹּגְדֵי בָגֶד׃ נְטַעְתָּם גַּם־שֹׁרָשׁוּ יֵלְכוּ גַּם־עָשׂוּ
פֶרִי קָרוֹב אַתָּה בְּפִיהֶם וְרָחוֹק מִכִּלְיוֹתֵיהֶם׃
3 וְאַתָּה יְהוָה יְדַעְתָּנִי תִּרְאֵנִי וּבָחַנְתָּ לִבִּי אִתָּךְ
הַתִּקֵם כְּצֹאן לְטִבְחָה וְהַקְדִּשֵׁם לְיוֹם הֲרֵגָה׃
4 עַד־מָתַי תֶּאֱבַל הָאָרֶץ וְעֵשֶׂב כָּל־הַשָּׂדֶה יִיבָשׁ
מֵרָעַת יֹשְׁבֵי־בָהּ סָפְתָה בְהֵמוֹת וָעוֹף כִּי אָמְרוּ לֹא
5 יִרְאֶה אֶת־אַחֲרִיתֵנוּ׃ כִּי אֶת־רַגְלִים רַצְתָּה וַיַּלְאוּךָ

---

6 כִּי גַם־אַחֶיךָ וּבֵית־אָבִיךָ גַּם־הֵמָּה בָּגְדוּ בָךְ גַּם־הֵמָּה
קָרְאוּ אַחֲרֶיךָ מָלֵא אַל־תַּאֲמֵן בָּם כִּי־יְדַבְּרוּ אֵלֶיךָ
7 טוֹבוֹת׃ עָזַבְתִּי אֶת־בֵּיתִי נָטַשְׁתִּי
נַחֲלָתִי נָתַתִּי אֶת־יְדִדוּת נַפְשִׁי בְּכַף אֹיְבֶיהָ׃
8 הָיְתָה־לִּי נַחֲלָתִי כְּאַרְיֵה בַיָּעַר נָתְנָה עָלַי בְּקוֹלָהּ
9 עַל־כֵּן שְׂנֵאתִיהָ׃ הַעַיִט צָבוּעַ נַחֲלָתִי לִי הַעַיִט
סָבִיב עָלֶיהָ לְכוּ אִסְפוּ כָּל־חַיַּת הַשָּׂדֶה הֵתָיוּ לְאָכְלָה׃
10 רֹעִים רַבִּים שִׁחֲתוּ כַרְמִי בֹּסְסוּ אֶת־חֶלְקָתִי נָתְנוּ
11 אֶת־חֶלְקַת חֶמְדָּתִי לְמִדְבַּר שְׁמָמָה׃ שָׂמָהּ
לִשְׁמָמָה אָבְלָה עָלַי שְׁמֵמָה נָשַׁמָּה כָּל־הָאָרֶץ כִּי
12 אֵין אִישׁ שָׂם עַל־לֵב׃ עַל־כָּל־שְׁפָיִם בַּמִּדְבָּר בָּאוּ
שֹׁדְדִים כִּי חֶרֶב לַיהוָה אֹכְלָה מִקְצֵה־אֶרֶץ וְעַד־
13 קְצֵה הָאָרֶץ אֵין שָׁלוֹם לְכָל־בָּשָׂר׃ זָרְעוּ חִטִּים
וְקֹצִים קָצָרוּ נֶחְלוּ לֹא יוֹעִלוּ וּבֹשׁוּ
14 מִתְּבוּאֹתֵיכֶם מֵחֲרוֹן אַף־יְהוָה׃ כֹּה אָמַר
יְהוָה עַל־כָּל־שְׁכֵנַי הָרָעִים הַנֹּגְעִים בַּנַּחֲלָה אֲשֶׁר־
הִנְחַלְתִּי אֶת־עַמִּי אֶת־יִשְׂרָאֵל הִנְנִי נֹתְשָׁם מֵעַל
15 אַדְמָתָם וְאֶת־בֵּית יְהוּדָה אֶתּוֹשׁ מִתּוֹכָם׃
וְהָיָה אַחֲרֵי נָתְשִׁי אוֹתָם אָשׁוּב וְרִחַמְתִּים
16 וַהֲשִׁבֹתִים אִישׁ לְנַחֲלָתוֹ וְאִישׁ לְאַרְצוֹ׃ וְהָיָה
אִם־לָמֹד יִלְמְדוּ אֶת־דַּרְכֵי עַמִּי לְהִשָּׁבֵעַ בִּשְׁמִי
חַי־יְהוָה כַּאֲשֶׁר לִמְּדוּ אֶת־עַמִּי לְהִשָּׁבֵעַ בַּבָּעַל
17 וְנִבְנוּ בְּתוֹךְ עַמִּי׃ וְאִם לֹא יִשְׁמָעוּ וְנָתַשְׁתִּי אֶת־
הַגּוֹי הַהוּא נָתוֹשׁ וְאַבֵּד נְאֻם־יְהוָה׃

CAP. XIII. יג

1 כֹּה־אָמַר יְהוָה אֵלַי הָלוֹךְ וְקָנִיתָ לְּךָ אֵזוֹר פִּשְׁתִּים
2 וְשַׂמְתּוֹ עַל־מָתְנֶיךָ וּבַמַּיִם לֹא תְבִאֵהוּ׃ וָאֶקְנֶה
אֶת־הָאֵזוֹר כִּדְבַר יְהוָה וָאָשִׂם עַל־מָתְנָי׃
3 וַיְהִי דְבַר־יְהוָה אֵלַי שֵׁנִית לֵאמֹר׃ קַח אֶת־
4 הָאֵזוֹר אֲשֶׁר קָנִיתָ אֲשֶׁר עַל־מָתְנֶיךָ וְקוּם לֵךְ
5 פְּרָתָה וְטָמְנֵהוּ שָׁם בִּנְקִיק הַסָּלַע׃ וָאֵלֵךְ
וָאֶטְמְנֵהוּ בִּפְרָת כַּאֲשֶׁר צִוָּה יְהוָה אוֹתִי׃
6 וַיְהִי מִקֵּץ יָמִים רַבִּים וַיֹּאמֶר יְהוָה אֵלַי קוּם
לֵךְ פְּרָתָה וְקַח מִשָּׁם אֶת־הָאֵזוֹר אֲשֶׁר צִוִּיתִיךָ
7 לְטָמְנוֹ־שָׁם׃ וָאֵלֵךְ פְּרָתָה וָאֶחְפֹּר וָאֶקַּח אֶת־
הָאֵזוֹר מִן־הַמָּקוֹם אֲשֶׁר־טְמַנְתִּיו שָׁמָּה וְהִנֵּה

at all in the time of their β trouble.

13 For *b according to* the number of thy cities were thy gods, O Judah; and *according to* the number of the streets of Jerusalem have ye set up altars to *that* ζshameful thing, *even* altars to burn incense unto Baal.

14 Therefore pray not*e* thou for this people, neither lift up a cry or prayer for them : for I will not hear *them* in the time that they cry unto me for their θ trouble.

15 What κhath my beloved to do in mine house, *seeingf* she hath wrought lewdness with many, and the holy*g* flesh is passed from thee ? when ν thou doest evil, then thou rejoicest. *h*

16 The LORD called thy name, A green olive *k* tree, fair, *and* of goodly fruit ; with the noise of a great tumult he hath kindled fire upon it, and the branches of it are broken.

17 For the LORD of hosts that*l* planted thee hath pronounced evil against thee, for the evil of the house of Israel, and of the house of Judah, which they have done against themselves, to provoke me to anger, in offering incense unto Baal.

18 And the LORD hath given me knowledge*n of it,* and I know *it :* then thou shewedst*o* me their doings.

19 But I *was* like a lamb, *or* an ox, *that* is brought to the slaughter ; and I knew not that they had devised devices*q* against me, *saying,* Let*r* us destroy the τ tree with the fruit thereof, and let us cut him off from the land of the living, that his name may be no more remembered.

20 But, O LORD of hosts, that judgest righteously, that triest *t* the reins and the heart, let me see thy vengeance on them ; for unto thee *u* have I revealed my cause.

21 Therefore thus saith the LORD of the men of Anathoth, that seek thy life, saying, Prophesy not*w* in the name of the LORD, that thou die not by our hand :

22 Therefore thus saith the LORD of hosts, Behold, I will φpunish them ; the young men shall die by the sword, their sons & their daughters shall die by famine ;

23 And there shall be no remnant of them, for I will bring evil upon the men of Anathoth, *even* the year of their visitation.*z*

CHAP. XII.

RIGHTEOUS*b art* thou, O LORD, when I plead with thee ; yet let me χ talk with thee of *thy* judgments : Wherefore*c* doth the way of the wicked prosper ? *wherefore* are all they happy that deal very treacherously ?

2 Thou hast planted them ; yea, they have taken root : they ψ grow ; yea, they bring forth fruit : thou *art* near *d* in their mouth, and far from their reins.

3 But thou, O LORD, knowest*e* me : thou hast seen me, and tried mine heart β toward thee ; pull them out like sheep for the slaughter, and prepare them for the day of slaughter.*f*

4 How long shall the land mourn,and the herbs of every field wither, for *g* the wickedness of them that dwell therein ? the beasts are consumed,and the birds;because they said, He shall not see our last end.

5 If thou hast run with the footmen,and they have wearied thee, then how canst thou contend with horses ? and *if* in the land of peace, *wherein* thou trustedst, *they wearied thee,* then how wilt thou do in the swelling *h* of Jordan ?

B. C. 608.

β *evil.*
a Mi. 7. 6.
b ch. 2. 28.
γ or, *cried after thee fully.*
c Pr.26.24,25.
δ *good things*
ζ *shame,* ch. 3. 24.
Ho. 9. 10.
d Ps.78.59,60.
e ch. 7. 16.
Ex. 32. 10.
η *love of.*
θ *evil.*
κ *is to my beloved in my house ?*
λ *giveth out his voice. or, yelleth.*
f Mat. 22. 11.
g Hag. 2. 12.. 14.
μ or, *having talons.*
ν or, *thy evil is.*
h Pr. 2. 14.
i Is. 56. 9.
π or, *cause them to come.*
k Ro. 11. 17.
ρ *portion of desire.*
l ch. 2. 21.
m Is. 42. 25.
n Am. 3. 7.
o Eze.8.6,&c.
p Le. 26. 16.
q ch. 18. 18.
σ or, *ye.*
r Lu. 20. 10. 15.
τ *stalk with his bread.*
s Zec. 2. 8, 9.
t 1 Ch. 28. 9. Re. 2. 23.
u Ps. 57. 1.
υ De. 30. 3. Eze. 28. 25.
w Is. 30. 10. Am. 2. 12. 7,13,16.
Mi. 2. 6.
φ *visit upon.*
x Ca. 1. 8.
y Ep 2.19..22. 1 Pe. 2. 5.
z Lu. 19. 44.
a Is. 60. 12.
b Ps. 51. 4. Da. 9. 7.
χ or, *reason the case.*
c Job 21.7.&c. Ps.73.3,&c.
ψ *go on.*
d Tit. 1. 16.
e Ps. 17. 3. 139.1,23.
β *with.*
f Ja. 5. 5.
g Ps. 107. 34.
h Jos. 3. 15.

---

6 For even thy brethren *a* and the house of thy father, even they have dealt treacherously with thee ; yea, they have γ called a multitude after thee :*c* believe them not, though they speak δ fair words unto thee.

7 I have forsaken *d* mine house, I have left mine heritage ; I have given the η dearly-beloved of my soul into the hand of her enemies.

8 Mine heritage is unto me as a lion in the forest ; it λ crieth out against me ; therefore have I hated it.

9 Mine heritage *is* unto me *as a* μspeckled bird ; the birds round about *are* against her : come *i* ye, assemble all the beasts of the field, π come to devour.

10 Many pastors have destroyed my vineyard, they have trodden my portion under foot, they have made my ρ pleasant portion a desolate wilderness.

11 They have made it desolate, *and being* desolate it mourneth unto me ; the whole land is made desolate,*m* because no man layeth *it* to heart.

12 The spoilers are come upon all high places through the wilderness : for the sword of the LORD shall devour from the *one* end of the land even to the *other* end of the land : no flesh shall have peace.

13 They have sown wheat, but*p* shall reap thorns ; they have put themselves to pain, *but* shall not profit ; and σ they shall be ashamed of your revenues, because of the fierce anger of the LORD.

14 Thus saith the LORD against all mine evil neighbours, that touch *s* the inheritance which I have caused my people Israel to inherit ; Behold, I will pluck them out of their land, and pluck out the house of Judah from among them.

15 And it shall come to pass, after that I have plucked them out I will*v* return, and have compassion on them, and will bring them again, every man to his heritage, and every man to his land.

16 And it shall come to pass, if they will diligently learn the ways*x* of my people, to swear by my name, The LORD liveth ; (as they taught my people to swear by Baal ;) then shall they be*y* built in the midst of my people.

17 But if*a* they will not obey, I will utterly pluck up and destroy that nation, saith the LORD.

CHAP. XIII.

THUS saith the LORD unto me, Go and get thee a linen girdle, and put it upon thy loins, and put it not in water.

2 So I got a girdle, according to the word of the LORD, and put *it* on my loins.

3 And the word of the LORD came unto me the second time, saying,

4 Take the girdle that thou hast got, which *is* upon thy loins, and arise, go to Euphrates, and hide it there in a hole of the rock.

5 So I went, and hid it by Euphrates, as the LORD commanded me.

6 And it came to pass after many days, that the LORD said unto me, Arise, go to Euphrates,and take the girdle from thence, which I commanded thee to hide there.

7 Then I went to Euphrates, and digged, and took the girdle from the place where I had hid it : and, behold, the girdle was marred, it was profitable for nothing.

8 Then the word of the LORD came unto me, saying,

וַיְהִי הָאֵזוֹר לֹא יִצְלַח לַכֹּל :

9 דְּבַר־יְהֹוָה אֵלַי לֵאמֹר : כֹּה אָמַר יְהֹוָה כָּכָה אַשְׁחִית אֶת־גְּאוֹן יְהוּדָה וְאֶת־גְּאוֹן יְרוּשָׁלַ͏ִם הָרָב :

10 הָעָם הַזֶּה הָרָע הַמֵּאֲנִים לִשְׁמוֹעַ אֶת־דְּבָרַי הַהֹלְכִים בִּשְׁרִרוּת לִבָּם וַיֵּלְכוּ אַחֲרֵי אֱלֹהִים אֲחֵרִים לְעָבְדָם וּלְהִשְׁתַּחֲוֹת לָהֶם וִיהִי כָּאֵזוֹר

11 הַזֶּה אֲשֶׁר לֹא־יִצְלַח לַכֹּל : כִּי כַּאֲשֶׁר יִדְבַּק הָאֵזוֹר אֶל־מָתְנֵי אִישׁ כֵּן הִדְבַּקְתִּי אֵלַי אֶת־כָּל־בֵּית יִשְׂרָאֵל וְאֶת־כָּל־בֵּית יְהוּדָה נְאֻם־יְהֹוָה לִהְיוֹת לִי לְעָם וּלְשֵׁם וְלִתְהִלָּה וּלְתִפְאָרֶת וְלֹא

12 שָׁמֵעוּ : וְאָמַרְתָּ אֲלֵיהֶם אֶת־הַדָּבָר הַזֶּה כֹּה־אָמַר יְהֹוָה אֱלֹהֵי יִשְׂרָאֵל כָּל־נֵבֶל יִמָּלֵא יָיִן וְאָמְרוּ אֵלֶיךָ הֲיָדֹעַ לֹא נֵדַע כִּי כָל־נֵבֶל יִמָּלֵא

13 יָיִן : וְאָמַרְתָּ אֲלֵיהֶם כֹּה־אָמַר יְהֹוָה הִנְנִי מְמַלֵּא אֶת־כָּל־יֹשְׁבֵי הָאָרֶץ הַזֹּאת וְאֶת־הַמְּלָכִים הַיֹּשְׁבִים לְדָוִד עַל־כִּסְאוֹ וְאֶת־הַכֹּהֲנִים וְאֶת־הַנְּבִיאִים וְאֵת כָּל־יֹשְׁבֵי יְרוּשָׁלָ͏ִם שִׁכָּרוֹן

14 וְנִפַּצְתִּים אִישׁ אֶל־אָחִיו וְהָאָבוֹת וְהַבָּנִים יַחְדָּו נְאֻם־יְהֹוָה לֹא־אֶחְמוֹל וְלֹא־אָחוּס וְלֹא אֲרַחֵם מֵהַשְׁחִיתָם :

15 שִׁמְעוּ וְהַאֲזִינוּ אַל־תִּגְבָּהוּ כִּי יְהֹוָה דִּבֵּר :

16 תְּנוּ לַיהֹוָה אֱלֹהֵיכֶם כָּבוֹד בְּטֶרֶם יַחְשִׁךְ וּבְטֶרֶם יִתְנַגְּפוּ רַגְלֵיכֶם עַל־הָרֵי נָשֶׁף וְקִוִּיתֶם לְאוֹר וְשָׂמָהּ לְצַלְמָוֶת ישית לַעֲרָפֶל :

17 וְאִם לֹא תִשְׁמָעוּהָ בְּמִסְתָּרִים תִּבְכֶּה־נַפְשִׁי מִפְּנֵי גֵוָה וְדָמֹעַ תִּדְמַע וְתֵרַד עֵינִי דִּמְעָה כִּי נִשְׁבָּה עֵדֶר יְהֹוָה :

18 אֱמֹר לַמֶּלֶךְ וְלַגְּבִירָה הַשְׁפִּילוּ שֵׁבוּ כִּי יָרַד מַרְאֲשׁוֹתֵיכֶם עֲטֶרֶת תִּפְאַרְתְּכֶם :

19 עָרֵי הַנֶּגֶב סֻגְּרוּ וְאֵין פֹּתֵחַ הָגְלָת יְהוּדָה כֻּלָּהּ הָגְלָת שְׁלוֹמִים :

20 שְׂאִי עֵינֵיכֶם וּרְאִי הַבָּאִים מִצָּפוֹן אַיֵּה הָעֵדֶר נִתַּן־לָךְ צֹאן תִּפְאַרְתֵּךְ :

21 מַה־תֹּאמְרִי כִּי־יִפְקֹד עָלַיִךְ וְאַתְּ לִמַּדְתְּ אֹתָם עָלַיִךְ אַלֻּפִים לְרֹאשׁ הֲלוֹא חֲבָלִים יֹאחֱזוּךְ כְּמוֹ אֵשֶׁת לֵדָה :

22 וְכִי תֹאמְרִי בִּלְבָבֵךְ מַדּוּעַ קְרָאֻנִי אֵלֶּה בְּרֹב עֲוֹנֵךְ נִגְלוּ שׁוּלַיִךְ נֶחְמְסוּ עֲקֵבָיִךְ :

23 הֲיַהֲפֹךְ כּוּשִׁי עוֹרוֹ וְנָמֵר חֲבַרְבֻּרֹתָיו גַּם־אַתֶּם תּוּכְלוּ לְהֵיטִיב לִמֻּדֵי הָרֵעַ :

24 וַאֲפִיצֵם כְּקַשׁ־עוֹבֵר לְרוּחַ מִדְבָּר :

25 זֶה גוֹרָלֵךְ מְנָת־מִדַּיִךְ מֵאִתִּי נְאֻם־יְהֹוָה אֲשֶׁר שָׁכַחַתְּ

26 אוֹתִי וַתִּבְטְחִי בַּשָּׁקֶר : וְגַם־אֲנִי חָשַׂפְתִּי שׁוּלַיִךְ

27 עַל־פָּנָיִךְ וְנִרְאָה קְלוֹנֵךְ : נִאֻפַיִךְ וּמִצְהֲלוֹתַיִךְ זִמַּת זְנוּתֵךְ עַל־גְּבָעוֹת בַּשָּׂדֶה רָאִיתִי שִׁקּוּצָיִךְ אוֹי לָךְ יְרוּשָׁלַ͏ִם לֹא תִטְהֲרִי אַחֲרֵי מָתַי עֹד :

CAP. XIV. יד

1 אֲשֶׁר הָיָה דְבַר־יְהֹוָה אֶל־יִרְמְיָהוּ עַל־דִּבְרֵי

2 הַבַּצָּרוֹת : אָבְלָה יְהוּדָה וּשְׁעָרֶיהָ אֻמְלְלוּ קָדְרוּ לָאָרֶץ וְצִוְחַת יְרוּשָׁלַ͏ִם עָלָתָה : וְאַדִּרֵיהֶם

3 שָׁלְחוּ צְעִירֵיהֶם לַמָּיִם בָּאוּ עַל־גֵּבִים לֹא־מָצְאוּ מַיִם שָׁבוּ כְלֵיהֶם רֵיקָם בֹּשׁוּ וְהָכְלְמוּ וְחָפוּ

4 רֹאשָׁם : בַּעֲבוּר הָאֲדָמָה חַתָּה כִּי לֹא־הָיָה

5 גֶשֶׁם בָּאָרֶץ בֹּשׁוּ אִכָּרִים חָפוּ רֹאשָׁם : כִּי גַם־אַיֶּלֶת בַּשָּׂדֶה יָלְדָה וְעָזוֹב כִּי לֹא־הָיָה דֶּשֶׁא :

6 וּפְרָאִים עָמְדוּ עַל־שְׁפָיִם שָׁאֲפוּ רוּחַ כַּתַּנִּים כָּלוּ

7 עֵינֵיהֶם כִּי־אֵין עֵשֶׂב : אִם־עֲוֹנֵינוּ עָנוּ בָנוּ יְהֹוָה עֲשֵׂה לְמַעַן שְׁמֶךָ כִּי־רַבּוּ מְשׁוּבֹתֵינוּ לְךָ חָטָאנוּ :

8 מִקְוֵה יִשְׂרָאֵל מוֹשִׁיעוֹ בְּעֵת צָרָה לָמָּה תִהְיֶה

9 כְּגֵר בָּאָרֶץ וּכְאֹרֵחַ נָטָה לָלוּן : לָמָּה תִהְיֶה כְּאִישׁ נִדְהָם כְּגִבּוֹר לֹא־יוּכַל לְהוֹשִׁיעַ וְאַתָּה בְקִרְבֵּנוּ יְהֹוָה וְשִׁמְךָ עָלֵינוּ נִקְרָא אַל־תַּנִּחֵנוּ :

10 כֹּה־אָמַר יְהֹוָה לָעָם הַזֶּה כֵּן אָהֲבוּ לָנוּעַ רַגְלֵיהֶם לֹא חָשָׂכוּ וַיהֹוָה לֹא רָצָם עַתָּה יִזְכֹּר עֲוֹנָם וְיִפְקֹד

11 חַטֹּאתָם : וַיֹּאמֶר יְהֹוָה אֵלַי אַל־תִּתְפַּלֵּל

12 בְּעַד־הָעָם הַזֶּה לְטוֹבָה : כִּי יָצֻמוּ אֵינֶנִּי שֹׁמֵעַ אֶל־רִנָּתָם וְכִי יַעֲלוּ עֹלָה וּמִנְחָה אֵינֶנִּי רֹצָם כִּי

13 בַּחֶרֶב וּבָרָעָב וּבַדֶּבֶר אָנֹכִי מְכַלֶּה אוֹתָם : וָאֹמַר אֲהָהּ אֲדֹנָי יְהֹוִה הִנֵּה הַנְּבִאִים אֹמְרִים לָהֶם לֹא־תִרְאוּ חֶרֶב וְרָעָב לֹא־יִהְיֶה לָכֶם כִּי־שְׁלוֹם אֱמֶת

14 אֶתֵּן לָכֶם בַּמָּקוֹם הַזֶּה : וַיֹּאמֶר יְהֹוָה אֵלַי שֶׁקֶר הַנְּבִאִים נִבְּאִים בִּשְׁמִי לֹא שְׁלַחְתִּים וְלֹא צִוִּיתִים וְלֹא דִבַּרְתִּי אֲלֵיהֶם חֲזוֹן שֶׁקֶר וְקֶסֶם וֶאֱלִיל וְתַרְמִית לִבָּם הֵמָּה מִתְנַבְּאִים לָכֶם :

15 לָכֵן כֹּה־אָמַר יְהֹוָה עַל־הַנְּבִאִים הַנִּבְּאִים בִּשְׁמִי וַאֲנִי לֹא־שְׁלַחְתִּים וְהֵמָּה אֹמְרִים חֶרֶב וְרָעָב לֹא יִהְיֶה בָּאָרֶץ הַזֹּאת בַּחֶרֶב וּבָרָעָב יִתַּמּוּ הַנְּבִאִים

16 הָהֵמָּה : וְהָעָם אֲשֶׁר־הֵמָּה נִבְּאִים לָהֶם יִהְיוּ מֻשְׁלָכִים בְּחֻצוֹת יְרוּשָׁלַ͏ִם מִפְּנֵי הָרָעָב וְהַחֶרֶב וְאֵין מְקַבֵּר לָהֵמָּה הֵמָּה נְשֵׁיהֶם וּבְנֵיהֶם וּבְנֹתֵיהֶם

9 Thus saith the LORD, After this manner will I mar^b the pride of Judah, and the great pride of Jerusalem.

10 This evil people, which refuse to hear my words, which walk^d in the γ imagination of their heart, and walk after other gods, to serve them, and to worship them, shall even be as this girdle,^e which is good for nothing.

11 For as the girdle cleaveth to the loins of a man, so have I caused to cleave unto me the whole house of Israel, and the whole house of Judah, saith the LORD;^g that they might be unto me for a people, and for a name, and for a praise, and for a glory : but they would not hear.

12 Therefore thou shalt speak unto them this word, Thus saith the LORD God of Israel, Every bottle shall be filled with wine : and they shall say unto thee, Do we not certainly know that every bottle shall be filled with wine ?

13 Then shalt thou say unto them, Thus saith the LORD, Behold, I will fill all the inhabitants of this land, even the kings that sit upon David's throne, and the priests, and the prophets, and all the inhabitants of Jerusalem, with drunkenness.^h

14 And I will dash^k ζthem one against another, even the fathers and the sons together, saith the LORD; I will not pity, nor spare, nor have mercy, η but destroy them.

15 Hear ye, and give ear ; be not proud : for the LORD hath spoken.

16 Giveⁿ glory to the LORD your God, before he cause darkness,^o and before your feet stumble upon the dark mountains, and while ye look^q for light, he turn it into the shadow of death, *and* make *it* gross darkness.

17 But if ye will not hear it, my soul shall weep^s in secret places for *your* pride; and mine eye shall weep sore, and run down with tears, because the LORD's flock is carried away captive.

18 Say unto the king^v and to the queen, Humble yourselves, sit down; for your κ principalities shall come down, *even* the crown of your glory.

19 The cities of the south shall be shut up, and none shall open *them ;*^x Judah shall be carried away captive all of it, it shall be wholly carried away captive.

20 Lift up your eyes, and behold them that come from the north;^z where*is*the flock *that* was given thee, thy beautiful flock ?

21 What wilt thou say when he shall μ punish thee ? (for thou hast taught them *to be* captains, and as chief over thee ;) shall not sorrows take thee, as a woman in travail ?

22 And if thou say in thine heart, Wherefore come these things upon me ? For the greatness of thine iniquity are thy skirts discovered, *and* thy heels νmade bare.

23 Can the Ethiopian change his skin, or the leopard his spots ? *then* may ye also do good, that are π accustomed to do evil.

24 Therefore will I scatter them as the stubble^e that passeth away by the wind of the wilderness.

25 This *is* thy lot, the portion of thy measures from me, saith the LORD ; because thou hast forgotten me, and trusted in falsehood.^f

26 Therefore will I discover^h thy skirts upon thy face, that thy shame may appear.

27 I have seen thine adulteries, and thy neighings,^k the lewdness of thy whoredom,

---

B. C. 602.

a Is. 65. 7.
Eze. 6. 13.
b Le. 26. 19.
β *after*
when yet ?
c Ho. 8. 5.
d ch. 16. 12.
γ or, *stubbornness.*
δ *words*
of the
dearths, or,
restraints.
e Is. 3. 24.
f Is. 3. 26.
La. 2. 9,&c.
g Ex. 19. 5.
h ch.25.15,27.
Is.51.17,21.
63. 6.
i Da. 9. 9.
k Ps. 2. 9.
ζ *a man*
against his
brother.
l ch. 17. 13.
Joel 3. 16.
1 Ti. 1. 1.
m Ps. 46. 1.
η *from destroying*
them.
n Jos. 7. 19.
o Am. 8. 9.
p Is. 59. 1.
q Is. 59. 9.
r Ex.29.45,46.
θ *thy name*
is called
upon us,
Da.9. 18,19.
s ch. 9. 1.
Ps. 119.136.
t ch. 2. 25.
u Ho. 9. 9.
v ch. 22. 26.
2 Ki. 24. 12.
Jon.3. 6.
w Is. 1. 15.
Zec.7. 13.
κ or, *headtires.*
x 2 Ki. 25. 21.
y ch.28.2,&c.
z ch.6.22.–24.
λ *peace of*
truth.
μ *visit upon.*
a ch.27.10,15.
b ch.16.10,11.
Ho. 12. 8.
c La. 2. 14.
d Is. 30. 10.
ν or, *shall*
be violently taken
away.
π *taught,*
Pr. 19. 27.
e Ps. 1. 4.
Ho. 13. 3.
f Is. 28. 15.
g Ps. 79. 3.
h Ho. 2. 10.
i ch. 4. 18.
k ch. 5. 8.
l La. 1. 16.
2. 18.

---

and thine abominations on the hills^a in the fields. Woe unto thee, O Jerusalem! wilt thou not be made clean? βwhen shall^c *it* once *be?*

CHAP. XIV.

THE word of the LORD that came to Jeremiah δconcerning the dearth.

2 Judah mourneth, and the gates^f thereof languish; they are black unto the ground; and the cry of Jerusalem is gone up.

3 And their nobles have sent their little ones to the waters : they came to the pits, *and* found no water ; they returned with their vessels empty ; they were ashamed and confounded, and covered their heads.

4 Because the ground is chapt, for there was no rain in the earth, the plowmen were ashamed, they covered their heads.

5 Yea, the hind also calved in the field, and forsook *it*, because there was no grass.

6 And the wild asses did stand in the high places, they snuffed up the wind like dragons ; their eyes did fail, because *there* was no grass.

7 O LORD, though *t* our iniquities testify against us, do thou *it* for thy name's sake : for our backslidings are many ; we have sinned against thee.

8 O the hope^l of Israel, the Saviour thereof in time of trouble,^m why shouldest thou be as a stranger in the land, and as a wayfaring man *that* turneth aside to tarry for a night ?

9 Why shouldest thou be as a man astonished, as a mighty man *that*^p cannot save ? yet thou, O LORD, *art* in the midst^r of us, and θwe are called by thy name ; leave us not.

10 Thus saith the LORD unto this people, Thus have they loved to wander, they have not refrained^t their feet ; therefore the LORD doth not accept them : he will now remember^u their iniquity, and visit their sins.

11 Then said the LORD unto me, Pray not for this people for *their* good.

12 When they fast, I will not^w hear their cry; and when they offer burnt-offering and an oblation, I will not accept them ; but I will consume them by the sword, and by the famine, and by the pestilence.

13 Then said I, Ah, Lord GOD! behold, the prophets say^y unto them, Ye shall not see the sword, neither shall ye have famine ; but I will give you λassured peace in this place.

14 Then the LORD said unto me, The prophets prophesy lies^a in my name ; I sent them not, neither have I commanded them, neither spake unto them : they prophesy unto you a false vision and divination, and a thing of^c nought, and the deceit^d of their heart.

15 Therefore thus saith the LORD concerning the prophets that prophesy in my name, and I sent them not, yet they say, Sword and famine shall not be in this land ; By sword and famine shall those prophets be consumed.

16 And the people to whom they prophesy shall be cast out in the streets of Jerusalem, because of the famine and the sword : and they shall have none to bury^g them, them, their wives, nor their sons, nor their daughters : for I will pour their wickednessⁱ upon them.

17 Therefore thou shalt say this word unto them, Letⁱ mine eyes run down with tears night and day, and let them not

Right column (Jer. XIV:17 – XV:10)

17 וְאָמַרְתָּ אֲלֵיהֶם אֶת־הַדָּבָר הַזֶּה תֵּרַדְנָה עֵינַי דִּמְעָה לַיְלָה וְיוֹמָם וְאַל־תִּדְמֶינָה כִּי שֶׁבֶר גָּדוֹל נִשְׁבְּרָה בְּתוּלַת בַּת־

18 עַמִּי מַכָּה נַחְלָה מְאֹד׃ אִם־יָצָאתִי הַשָּׂדֶה וְהִנֵּה חַלְלֵי־חֶרֶב וְאִם בָּאתִי הָעִיר וְהִנֵּה תַּחֲלוּאֵי רָעָב כִּי גַם־נָבִיא גַם־כֹּהֵן סָחֲרוּ אֶל־אֶרֶץ וְלֹא יָדָעוּ׃

19 הֲמָאֹס מָאַסְתָּ אֶת־יְהוּדָה אִם־בְּצִיּוֹן גָּעֲלָה נַפְשֶׁךָ מַדּוּעַ הִכִּיתָנוּ וְאֵין לָנוּ מַרְפֵּא קַוֵּה לְשָׁלוֹם וְאֵין טוֹב וּלְעֵת מַרְפֵּא וְהִנֵּה בְעָתָה׃

20 יָדַעְנוּ יְהוָה רִשְׁעֵנוּ עֲוֹן אֲבוֹתֵינוּ כִּי חָטָאנוּ לָךְ׃

21 אַל־תִּנְאַץ לְמַעַן שִׁמְךָ אַל־תְּנַבֵּל כִּסֵּא כְבוֹדֶךָ זְכֹר

22 אַל־תָּפֵר בְּרִיתְךָ אִתָּנוּ׃ הֲיֵשׁ בְּהַבְלֵי הַגּוֹיִם מַגְשִׁמִים וְאִם־הַשָּׁמַיִם יִתְּנוּ רְבִבִים הֲלֹא אַתָּה־הוּא יְהוָה אֱלֹהֵינוּ וּנְקַוֶּה־לָּךְ כִּי־אַתָּה עָשִׂיתָ אֶת־כָּל־אֵלֶּה׃

CAP. XV. טו

1 וַיֹּאמֶר יְהוָה אֵלַי אִם־יַעֲמֹד מֹשֶׁה וּשְׁמוּאֵל לְפָנַי אֵין נַפְשִׁי אֶל־הָעָם הַזֶּה שַׁלַּח מֵעַל־פָּנַי וְיֵצֵאוּ׃

2 וְהָיָה כִּי־יֹאמְרוּ אֵלֶיךָ אָנָה נֵצֵא וְאָמַרְתָּ אֲלֵיהֶם כֹּה־אָמַר יְהוָה אֲשֶׁר לַמָּוֶת לַמָּוֶת וַאֲשֶׁר לַחֶרֶב לַחֶרֶב וַאֲשֶׁר לָרָעָב לָרָעָב וַאֲשֶׁר לַשְּׁבִי לַשֶּׁבִי׃

3 וּפָקַדְתִּי עֲלֵיהֶם אַרְבַּע מִשְׁפָּחוֹת נְאֻם־יְהוָה אֶת־הַחֶרֶב לַהֲרֹג וְאֶת־הַכְּלָבִים לִסְחֹב וְאֶת־עוֹף הַשָּׁמַיִם וְאֶת־בֶּהֱמַת הָאָרֶץ לֶאֱכֹל וּלְהַשְׁחִית׃

4 וּנְתַתִּים לְזַעֲוָה לְכֹל מַמְלְכוֹת הָאָרֶץ בִּגְלַל מְנַשֶּׁה בֶן־יְחִזְקִיָּהוּ מֶלֶךְ יְהוּדָה עַל אֲשֶׁר־עָשָׂה בִּירוּשָׁלִָם׃

5 כִּי מִי־יַחְמֹל עָלַיִךְ יְרוּשָׁלִַם וּמִי יָנוּד לָךְ וּמִי יָסוּר לִשְׁאֹל לְשָׁלֹם לָךְ׃

6 אַתְּ נָטַשְׁתְּ אֹתִי נְאֻם־יְהוָה אָחוֹר תֵּלֵכִי וָאַט אֶת־יָדִי עָלַיִךְ וָאַשְׁחִיתֵךְ נִלְאֵיתִי הִנָּחֵם׃

7 וָאֶזְרֵם בְּמִזְרֶה בְּשַׁעֲרֵי הָאָרֶץ שִׁכַּלְתִּי אִבַּדְתִּי אֶת־עַמִּי מִדַּרְכֵיהֶם לוֹא־שָׁבוּ׃

8 עָצְמוּ־לִי אַלְמְנֹתָו מֵחוֹל יַמִּים הֵבֵאתִי לָהֶם עַל־אֵם בָּחוּר שֹׁדֵד בַּצָּהֳרָיִם הִפַּלְתִּי עָלֶיהָ פִּתְאֹם עִיר וּבֶהָלוֹת׃

9 אֻמְלְלָה יֹלֶדֶת הַשִּׁבְעָה נָפְחָה נַפְשָׁהּ בָּאָה שִׁמְשָׁהּ בְּעֹד יוֹמָם בּוֹשָׁה וְחָפֵרָה וּשְׁאֵרִיתָם לַחֶרֶב אֶתֵּן לִפְנֵי אֹיְבֵיהֶם נְאֻם־יְהוָה׃

10 אוֹי־לִי אִמִּי כִּי יְלִדְתִּנִי אִישׁ רִיב וְאִישׁ מָדוֹן לְכָל־הָאָרֶץ לֹא־נָשִׁיתִי וְלֹא־נָשׁוּ־בִי כֻּלֹּה מְקַלְלַוְנִי׃

Left column (Jer. XV:11 – XVI:8)

11 אָמַר יְהוָה אִם־לֹא שֵׁרִותִךָ לְטוֹב אִם־לוֹא הִפְגַּעְתִּי בְךָ בְּעֵת־רָעָה וּבְעֵת צָרָה אֶת־

12 הָאֹיֵב׃ הֲיָרֹעַ בַּרְזֶל בַּרְזֶל מִצָּפוֹן וּנְחֹשֶׁת׃

13 חֵילְךָ וְאוֹצְרֹתֶיךָ לָבַז אֶתֵּן לֹא בִמְחִיר וּבְכָל־

14 חַטֹּאותֶיךָ וּבְכָל־גְּבוּלֶיךָ׃ וְהַעֲבַרְתִּי אֶת־אֹיְבֶיךָ בְּאֶרֶץ לֹא יָדָעְתָּ כִּי־אֵשׁ קָדְחָה בְאַפִּי עֲלֵיכֶם תּוּקָד׃

15 אַתָּה יָדַעְתָּ יְהוָה זָכְרֵנִי וּפָקְדֵנִי וְהִנָּקֶם לִי מֵרֹדְפַי אַל־לְאֶרֶךְ אַפְּךָ תִּקָּחֵנִי דַּע שְׂאֵתִי עָלֶיךָ חֶרְפָּה׃

16 נִמְצְאוּ דְבָרֶיךָ וָאֹכְלֵם וַיְהִי דְבָרְךָ לִי לְשָׂשׂוֹן וּלְשִׂמְחַת לְבָבִי כִּי־נִקְרָא

17 שִׁמְךָ עָלַי יְהוָה אֱלֹהֵי צְבָאוֹת׃ לֹא־יָשַׁבְתִּי בְסוֹד־מְשַׂחֲקִים וָאֶעְלֹז מִפְּנֵי יָדְךָ בָּדָד יָשַׁבְתִּי כִּי־זַעַם מִלֵּאתָנִי׃

18 לָמָּה הָיָה כְאֵבִי נֶצַח וּמַכָּתִי אֲנוּשָׁה מֵאֲנָה הֵרָפֵא הָיוֹ תִהְיֶה לִי כְּמוֹ אַכְזָב מַיִם לֹא נֶאֱמָנוּ׃

19 לָכֵן כֹּה־אָמַר יְהוָה אִם־תָּשׁוּב וַאֲשִׁיבְךָ לְפָנַי תַּעֲמֹד וְאִם־תּוֹצִיא יָקָר מִזּוֹלֵל כְּפִי תִהְיֶה יָשֻׁבוּ הֵמָּה אֵלֶיךָ וְאַתָּה לֹא־תָשׁוּב

20 אֲלֵיהֶם׃ וּנְתַתִּיךָ לָעָם הַזֶּה לְחוֹמַת נְחֹשֶׁת בְּצוּרָה וְנִלְחֲמוּ אֵלֶיךָ וְלֹא־יוּכְלוּ לָךְ כִּי־אִתְּךָ אֲנִי

21 לְהוֹשִׁיעֲךָ וּלְהַצִּילֶךָ נְאֻם־יְהוָה׃ וְהִצַּלְתִּיךָ מִיַּד רָעִים וּפְדִתִיךָ מִכַּף עָרִיצִים׃

CAP. XVI. טז

1 וַיְהִי דְבַר־יְהוָה אֵלַי לֵאמֹר׃ לֹא־תִקַּח לְךָ אִשָּׁה

2 וְלֹא־יִהְיוּ לְךָ בָּנִים וּבָנוֹת בַּמָּקוֹם הַזֶּה׃

3 כִּי־כֹה אָמַר יְהוָה עַל־הַבָּנִים וְעַל־הַבָּנוֹת הַיִּלּוֹדִים בַּמָּקוֹם הַזֶּה וְעַל־אִמֹּתָם הַיֹּלְדוֹת אוֹתָם וְעַל־

4 אֲבוֹתָם הַמּוֹלִדִים אוֹתָם בָּאָרֶץ הַזֹּאת׃ מְמוֹתֵי תַחֲלֻאִים יָמֻתוּ לֹא יִסָּפְדוּ וְלֹא יִקָּבֵרוּ לְדֹמֶן עַל־פְּנֵי הָאֲדָמָה יִהְיוּ וּבַחֶרֶב וּבָרָעָב יִכְלוּ וְהָיְתָה נִבְלָתָם לְמַאֲכָל לְעוֹף הַשָּׁמַיִם וּלְבֶהֱמַת הָאָרֶץ׃

5 כִּי־כֹה אָמַר יְהוָה אַל־תָּבוֹא בֵּית מַרְזֵחַ וְאַל־תֵּלֵךְ לִסְפּוֹד וְאַל־תָּנֹד לָהֶם כִּי־אָסַפְתִּי אֶת־שְׁלוֹמִי מֵאֵת הָעָם־הַזֶּה נְאֻם־יְהוָה אֶת־הַחֶסֶד וְאֶת־

6 הָרַחֲמִים׃ וּמֵתוּ גְדֹלִים וּקְטַנִּים בָּאָרֶץ הַזֹּאת לֹא יִקָּבֵרוּ וְלֹא־יִסְפְּדוּ לָהֶם וְלֹא יִתְגֹּדַד וְלֹא יִקָּרֵחַ

7 לָהֶם׃ וְלֹא־יִפְרְסוּ לָהֶם עַל־אֵבֶל לְנַחֲמוֹ עַל־מֵת וְלֹא־יַשְׁקוּ אוֹתָם כּוֹס תַּנְחוּמִים עַל־אָבִיו וְעַל־

8 אִמּוֹ׃ וּבֵית־מִשְׁתֶּה לֹא־תָבוֹא לָשֶׁבֶת אוֹתָם

cease: for the virgin daughter of my people is broken *a* with a great breach, with a very grievous blow.

18 If I go forth *b* into the field, then behold the slain with the sword! and if I enter into the city, then behold them that are sick with famine! yea, both the prophet and the priest *γ* go about into a land that they know not.

19 Hast thou utterly rejected *c* Judah? hath thy soul loathed Zion? why hast thou smitten us, and *there is* no healing for *f* us? we looked for peace, and *there is* no good ; and for the time of healing, and behold trouble!

20 We acknowledge, O Lord, our wickedness, *and* the iniquity of our fathers; for we *i* have sinned against thee.

21 Do not *l* abhor *us,* for thy name's sake; do not disgrace the throne of thy glory:*c* remember, break not thy covenant with us.

22 Are *p* there *any* among the vanities of the Gentiles that can cause rain? or can the heavens give showers? *Art* not thou *q* he, O Lord our God? therefore we will wait upon thee; for thou hast made all these *things.*

CHAP. XV.

THEN said the Lord unto me, Though Moses *s* and Samuel *t* stood before me, yet *u* my mind *could* not *be* toward this people; cast *them* out of my sight, and let them go forth.

2 And it shall come to pass, if they say unto thee, Whither shall we go forth? then thou shalt tell them, Thus saith the Lord, Such *w* as *are* for death, to death; and such as *are* for the sword, to the sword; and such as *are* for the famine, to the famine; and such as *are* for the captivity, to the captivity.

3 And I will appoint *x* over them four *n* kinds, saith the Lord; the sword to slay, and the dogs to tear, and the fowls of the heaven, and the beasts of the earth, to devour and destroy.

4 And I will *θ* cause them to be *y* removed into all kingdoms of the earth, because *z* of Manasseh the son of Hezekiah king of Judah, for *that* which he did in Jerusalem.

5 For who *a* shall have pity upon thee, O Jerusalem? or who shall bemoan thee? or who shall go aside to ask *k* how thou doest?

6 Thou hast forsaken me, saith the Lord, thou art gone backward; therefore will I stretch out my hand against thee, and destroy thee; I am weary with repenting.

7 And I will fan them with a fan *c* in the gates of the land; I will bereave *them* of *λ* children, I will destroy my people, *since* they return not *d* from their ways.

8 Their widows are increased to me above the sand of the seas : I have brought upon them, against the *μ* mother of the young men, a spoiler at noon-day; I have caused *him* to fall upon it suddenly, and terrors upon the city.

9 She that hath borne seven languisheth; she hath given up the ghost; her sun is gone down while *e* *it was* yet day; she hath been ashamed and confounded: and the residue of them will I deliver to the sword before their enemies, saith the Lord.

10 Woe *f* is me, my mother, that thou hast borne me a man of strife, and a man of contention to the whole earth! I have neither lent on usury, nor men have lent

---

B. C. 601.
⟶
a ch. 8. 21.
La. 2. 1, 13.
b La. 1. 20.
Eze. 7. 15.
c Ec. 8. 12.
β or, *intreat the enemy for thee.*
d Ps. 106. 46.
γ or, *make merchandize against a land, and men acknowledge it not,* ch. 5. 31.
e La. 5. 22.
f ch. 15. 18.
g De. 32. 22.
h Lu. 18. 7, 8.
Ro. 12. 19.
i Ps. 106. 6.
Da. 9. 8.
k Ps. 102. 24.
l Ps. 51. 11.
m Ps. 69. 7.
Mat. 19. 29.
n Job 23. 12.
o Ps. 74. 1. 2.
δ thy name is called upon me.
p Zec. 10. 2.
q Ps. 135. 7.
Is. 30. 23.
r ch. 30. 15.
s Ex. 32. 11.
t 1 Sa. 7. 9.
Ps. 99. 6.
u Eze. 14. 14.
ζ be not sure.
v Zec. 3. 7.
w ch. 43. 11.
Eze. 5. 2, 12.
Zec. 11. 9.
x Le. 26. 16.
Eze. 14. 21.
η families.
θ give them for a removing.
y De. 28. 25.
z 2 Ki. 24. 3, 4.
a Is. 51. 19.
κ of thy peace.
b ch. 15. 2.
c Mat. 3. 12.
λ or, *whatsoever is dear.*
d Am. 4. 10, 11.
μ or, *mother city a young man spoiling,* or, *against the mother and the young men.*
v or, *mourning feast.*
e Am. 8. 9.
f Job 3. 1, &c.
x or, *break bread for them,* Ho. 9. 4.

---

to me on usury; yet every one of them doth curse me.

11 The Lord said, Verily it shall be well with *c* thy remnant; verily I will *β* cause the enemy to entreat thee *well d* in the time of evil, and in the time of affliction.

12 Shall iron break the northern iron and the steel?

13 Thy substance and thy treasures will I give to the spoil without price, and *that* for all thy sins, even in all thy borders.

14 And I will make *thee* to pass with thine enemies into a land *which* thou knowest not; for a fire *g* is kindled in mine anger, *which* shall burn upon you.

15 O Lord, thou knowest: remember me, and visit me, and revenge *h* me of my persecutors; take *k* me not away in thy long-suffering: know that for thy sake *m* I have suffered rebuke.

16 Thy words were found, and I did eat them; and thy word *n* was unto me the joy and rejoicing of mine heart: for *δ* I am called by thy name, O Lord God of hosts.

17 I sat not in the assembly of the mockers, nor rejoiced; I sat alone, because of thy hand: for thou hast filled me with indignation.

18 Why *r* is my pain perpetual, and my wound incurable, *which* refuseth to be healed? wilt thou be altogether unto me as a liar, *and as* waters *that ζ* fail?

19 Therefore thus saith the Lord, If thou *v* return, then will I bring thee again, *and* thou shalt stand before me: and if thou take forth the precious from the vile, thou shalt be as my mouth: let them return unto thee, but return not thou unto them.

20 And I will make thee unto this people a fenced brazen wall; and they shall fight against thee, but they shall not prevail against thee; for I *am* with thee to save thee, and to deliver thee, saith the Lord.

21 And I will deliver thee out of the hand of the wicked, and I will redeem thee out of the hand of the terrible.

CHAP. XVI.

THE word of the Lord came also unto me, saying,

2 Thou shalt not take thee a wife, neither shalt thou *have* sons or daughters in this place.

3 For thus saith the Lord concerning the sons and concerning the daughters that are born in this place, and concerning their mothers that bare them, and concerning their fathers that begat them in this land;

4 They shall die of grievous *b* deaths: they shall not be lamented, neither shall they be buried; *but* they shall be as dung upon the face of the earth; and they shall be consumed by the sword, and by famine; and their carcases shall be meat for the fowls of heaven, and for the beasts of the earth.

5 For thus saith the Lord, Enter not into the house of *v* mourning, neither go to lament nor bemoan them: for I have taken away my peace from this people, saith the Lord, *even* loving-kindness and mercies.

6 Both the great and the small shall die in this land: they shall not be buried, neither shall *men* lament for them, nor cut themselves, nor make themselves bald for them.

7 Neither shall *men* π tear *themselves* for them in mourning, to comfort them for the dead; neither shall *men* give them

9 כִּי כֹה אָמַר יְהוָה צְבָאוֹת אֱלֹהֵי יִשְׂרָאֵל הִנְנִי מַשְׁבִּית מִן־הַמָּקוֹם הַזֶּה לְעֵינֵיכֶם וּבִימֵיכֶם קוֹל שָׂשׂוֹן וְקוֹל שִׂמְחָה קוֹל חָתָן וְקוֹל כַּלָּה׃

10 וְהָיָה כִּי תַגִּיד לָעָם הַזֶּה אֵת כָּל־הַדְּבָרִים הָאֵלֶּה וְאָמְרוּ אֵלֶיךָ עַל־מֶה דִבֶּר יְהוָה עָלֵינוּ אֵת כָּל־הָרָעָה הַגְּדוֹלָה הַזֹּאת וּמֶה עֲוֺנֵנוּ וּמֶה חַטָּאתֵנוּ אֲשֶׁר חָטָאנוּ לַיהוָה אֱלֹהֵינוּ׃

11 וְאָמַרְתָּ אֲלֵיהֶם עַל אֲשֶׁר־עָזְבוּ אֲבוֹתֵיכֶם אוֹתִי נְאֻם־יְהוָה וַיֵּלְכוּ אַחֲרֵי אֱלֹהִים אֲחֵרִים וַיַּעַבְדוּם וַיִּשְׁתַּחֲווּ לָהֶם וְאֹתִי עָזָבוּ וְאֶת־תּוֹרָתִי לֹא שָׁמָרוּ׃

12 וְאַתֶּם הֲרֵעֹתֶם לַעֲשׂוֹת מֵאֲבוֹתֵיכֶם וְהִנְּכֶם הֹלְכִים אִישׁ אַחֲרֵי שְׁרִרוּת לִבּוֹ־הָרָע לְבִלְתִּי שְׁמֹעַ אֵלָי׃

13 וְהֵטַלְתִּי אֶתְכֶם מֵעַל הָאָרֶץ הַזֹּאת עַל־הָאָרֶץ אֲשֶׁר לֹא יְדַעְתֶּם אַתֶּם וַאֲבוֹתֵיכֶם וַעֲבַדְתֶּם־שָׁם אֶת־אֱלֹהִים אֲחֵרִים יוֹמָם וָלַיְלָה אֲשֶׁר לֹא־אֶתֵּן לָכֶם חֲנִינָה׃

14 לָכֵן הִנֵּה־יָמִים בָּאִים נְאֻם־יְהוָה וְלֹא־יֵאָמֵר עוֹד חַי־יְהוָה אֲשֶׁר הֶעֱלָה אֶת־בְּנֵי יִשְׂרָאֵל מֵאֶרֶץ מִצְרָיִם׃

15 כִּי אִם־חַי־יְהוָה אֲשֶׁר הֶעֱלָה אֶת־בְּנֵי יִשְׂרָאֵל מֵאֶרֶץ צָפוֹן וּמִכֹּל הָאֲרָצוֹת אֲשֶׁר הִדִּיחָם שָׁמָּה וַהֲשִׁבֹתִים עַל־אַדְמָתָם אֲשֶׁר נָתַתִּי לַאֲבוֹתָם׃

16 הִנְנִי שֹׁלֵחַ לְדַיָּגִים רַבִּים נְאֻם־יְהוָה וְדִיגוּם וְאַחֲרֵי־כֵן אֶשְׁלַח לְרַבִּים צַיָּדִים וְצָדוּם מֵעַל כָּל־הַר וּמֵעַל כָּל־גִּבְעָה וּמִנְּקִיקֵי הַסְּלָעִים׃

17 כִּי עֵינַי עַל־כָּל־דַּרְכֵיהֶם לֹא נִסְתְּרוּ מִלְּפָנָי וְלֹא־נִצְפַּן עֲוֺנָם מִנֶּגֶד עֵינָי׃

18 וְשִׁלַּמְתִּי רִאשׁוֹנָה מִשְׁנֵה עֲוֺנָם וְחַטָּאתָם עַל חַלְּלָם אֶת־אַרְצִי בְּנִבְלַת שִׁקּוּצֵיהֶם וְתוֹעֲבוֹתֵיהֶם מָלְאוּ אֶת־נַחֲלָתִי׃

19 יְהוָה עֻזִּי וּמָעֻזִּי וּמְנוּסִי בְּיוֹם צָרָה אֵלֶיךָ גּוֹיִם יָבֹאוּ מֵאַפְסֵי־אָרֶץ וְיֹאמְרוּ אַךְ־שֶׁקֶר נָחֲלוּ אֲבוֹתֵינוּ הֶבֶל וְאֵין־בָּם מוֹעִיל׃

20 הֲיַעֲשֶׂה־לּוֹ אָדָם אֱלֹהִים וְהֵמָּה לֹא אֱלֹהִים׃

21 לָכֵן הִנְנִי מוֹדִיעָם בַּפַּעַם הַזֹּאת אוֹדִיעֵם אֶת־יָדִי וְאֶת־גְּבוּרָתִי וְיָדְעוּ כִּי־שְׁמִי יְהוָה׃

CAP. XVII. ע

1 חַטַּאת יְהוּדָה כְּתוּבָה בְּעֵט בַּרְזֶל בְּצִפֹּרֶן שָׁמִיר חֲרוּשָׁה עַל־לוּחַ לִבָּם וּלְקַרְנוֹת מִזְבְּחוֹתֵיכֶם׃

2 כִּזְכֹּר בְּנֵיהֶם מִזְבְּחוֹתָם וַאֲשֵׁרֵיהֶם עַל־עֵץ רַעֲנָן עַל גְּבָעוֹת הַגְּבֹהוֹת׃

3 הֲרָרִי בַּשָּׂדֶה חֵילְךָ כָל־אוֹצְרוֹתֶיךָ לָבַז אֶתֵּן בָּמֹתֶיךָ בְּחַטָּאת בְּכָל־גְּבוּלֶיךָ׃

4 וְשָׁמַטְתָּה וּבְךָ מִנַּחֲלָתְךָ אֲשֶׁר נָתַתִּי לָךְ וְהַעֲבַדְתִּיךָ אֶת־אֹיְבֶיךָ בָּאָרֶץ אֲשֶׁר לֹא־יָדָעְתָּ כִּי־אֵשׁ קְדַחְתֶּם בְּאַפִּי עַד־עוֹלָם תּוּקָד׃

5 כֹּה אָמַר יְהוָה אָרוּר הַגֶּבֶר אֲשֶׁר יִבְטַח בָּאָדָם וְשָׂם בָּשָׂר זְרֹעוֹ וּמִן־יְהוָה יָסוּר לִבּוֹ׃

6 וְהָיָה כְּעַרְעָר בָּעֲרָבָה וְלֹא יִרְאֶה כִּי־יָבוֹא טוֹב וְשָׁכַן חֲרֵרִים בַּמִּדְבָּר אֶרֶץ מְלֵחָה וְלֹא תֵשֵׁב׃

7 בָּרוּךְ הַגֶּבֶר אֲשֶׁר יִבְטַח בַּיהוָה וְהָיָה יְהוָה מִבְטַחוֹ׃

8 וְהָיָה כְּעֵץ שָׁתוּל עַל־מַיִם וְעַל־יוּבַל יְשַׁלַּח שָׁרָשָׁיו וְלֹא יִרְאֶה כִּי־יָבֹא חֹם וְהָיָה עָלֵהוּ רַעֲנָן וּבִשְׁנַת בַּצֹּרֶת לֹא יִדְאָג וְלֹא יָמִישׁ מֵעֲשׂוֹת פֶּרִי׃

9 עָקֹב הַלֵּב מִכֹּל וְאָנֻשׁ הוּא מִי יֵדָעֶנּוּ׃

10 אֲנִי יְהוָה חֹקֵר לֵב בֹּחֵן כְּלָיוֹת וְלָתֵת לְאִישׁ כִּדְרָכָיו כִּפְרִי מַעֲלָלָיו׃

11 קֹרֵא דָגַר וְלֹא יָלָד עֹשֶׂה עֹשֶׁר וְלֹא בְמִשְׁפָּט בַּחֲצִי יָמָו יַעַזְבֶנּוּ וּבְאַחֲרִיתוֹ יִהְיֶה נָבָל׃

12 כִּסֵּא כָבוֹד מָרוֹם מֵרִאשׁוֹן מְקוֹם מִקְדָּשֵׁנוּ׃

13 מִקְוֵה יִשְׂרָאֵל יְהוָה כָּל־עֹזְבֶיךָ יֵבֹשׁוּ וְסוּרַי בָּאָרֶץ יִכָּתֵבוּ כִּי עָזְבוּ מְקוֹר מַיִם־חַיִּים אֶת־יְהוָה׃

14 רְפָאֵנִי יְהוָה וְאֵרָפֵא הוֹשִׁיעֵנִי וְאִוָּשֵׁעָה כִּי תְהִלָּתִי אָתָּה׃

15 הִנֵּה־הֵמָּה אֹמְרִים אֵלָי אַיֵּה דְבַר־יְהוָה יָבוֹא נָא׃

16 וַאֲנִי לֹא־אַצְתִּי מֵרֹעֶה אַחֲרֶיךָ וְיוֹם אָנוּשׁ לֹא הִתְאַוֵּיתִי אַתָּה יָדָעְתָּ מוֹצָא שְׂפָתַי נֹכַח פָּנֶיךָ הָיָה׃

17 אַל־תִּהְיֵה־לִי לִמְחִתָּה מַחֲסִי־אַתָּה בְּיוֹם רָעָה׃

18 יֵבֹשׁוּ רֹדְפַי וְאַל־אֵבֹשָׁה אָנִי יֵחַתּוּ הֵמָּה וְאַל־אֵחַתָּה אָנִי הָבִיא עֲלֵיהֶם יוֹם רָעָה וּמִשְׁנֶה שִׁבָּרוֹן שָׁבְרֵם׃

19 כֹּה־אָמַר יְהוָה אֵלַי הָלֹךְ וְעָמַדְתָּ בְּשַׁעַר בְּנֵי־עָם אֲשֶׁר יָבֹאוּ בוֹ מַלְכֵי יְהוּדָה וַאֲשֶׁר יֵצְאוּ בוֹ וּבְכֹל שַׁעֲרֵי יְרוּשָׁלִָם׃

20 וְאָמַרְתָּ אֲלֵיהֶם שִׁמְעוּ דְבַר־יְהוָה מַלְכֵי יְהוּדָה וְכָל־יְהוּדָה וְכֹל יֹשְׁבֵי יְרוּשָׁלִָם הַבָּאִים בַּשְּׁעָרִים הָאֵלֶּה׃

21 כֹּה אָמַר יְהוָה הִשָּׁמְרוּ בְּנַפְשׁוֹתֵיכֶם וְאַל־תִּשְׂאוּ מַשָּׂא בְּיוֹם הַשַּׁבָּת וַהֲבֵאתֶם בְּשַׁעֲרֵי יְרוּשָׁלִָם׃

22 וְלֹא־תוֹצִיאוּ מַשָּׂא מִבָּתֵּיכֶם בְּיוֹם הַשַּׁבָּת וְכָל־מְלָאכָה לֹא תַעֲשׂוּ וְקִדַּשְׁתֶּם אֶת־יוֹם הַשַּׁבָּת כַּאֲשֶׁר צִוִּיתִי אֶת־אֲבוֹתֵיכֶם׃

the cup^a of consolation to drink for their father or for their mother.

8 Thou shalt not also go into the house of feasting, to sit^b with them to eat and to drink.

9 For thus saith the LORD of hosts, the God of Israel; Behold, I will cause to cease^d out of this place in your eyes, and in your days, the voice of mirth, and the voice of gladness, the voice of the bridegroom, and the voice of the bride.

10 And it shall come to pass, when thou shalt shew this people all these words, and they shall say unto thee, Wherefore^f hath the LORD pronounced all this great evil against us? or what is our iniquity? or what is our sin that we have committed against the LORD our God?

11 Then shalt thou say unto them, Because your fathers have forsaken me, saith the LORD, and have walked after other gods, and have served them, and have worshipped them, and have forsaken me, and have not kept my law:

12 And ye have done worse than your fathers; for, behold, ye walk every one after the δ imagination of his evil heart, that they may not hearken unto me;

13 Therefore^m will I cast you out of this land into a land that ye know not, $neither$ ye nor your fathers; and there shall ye serve other gods day and night, where I will not shew you favour.

14 Therefore,^{p} behold, the days come, saith the LORD, that it shall no more be said, The LORD liveth that brought up the children of Israel out of the land of Egypt;

15 But, the LORD liveth that brought up the children of Israel from the land of the north, and from all the lands whither he had driven them: and I will bring them again^v into their land that I gave unto their fathers.

16 Behold, I will send for many fishers,^{x} saith the LORD, and they shall fish them; and after will I send for many hunters, and they shall hunt them from every mountain, and from every hill, and out of the holes of the rocks.

17 For mine eyes^a are upon all their ways; they are not hid from my face, neither is their iniquity hid^b from mine eyes.

18 And first I will recompense their iniquity and their sin double;^{c} because they^e have defiled my land, they have filled mine inheritance with the carcases of their detestable and abominable things.

19 O LORD, my strength,^{f} and my fortress, and my refuge in the day of affliction,^{g} the Gentiles shall come^h unto thee from the ends of the earth, and shall say, Surely our fathers have inherited lies, vanity, and $things$ wherein^i $there$ is no profit.

20 Shall a man make gods unto himself, and they are no^k gods?

21 Therefore, behold, I will this once cause them to know, I will cause them to know mine hand and my might; and they shall know that^l my name is κ The LORD.

CHAP. XVII.

THE sin of Judah is written with a pen of iron, and with the λ point of a diamond: it is graven upon the table^m of their heart, and upon the horns of your altars;

2 Whilst their children remember their altars and their groves^o by the green trees upon the high hills.

3 O my mountain^p in the field, I^q will

B. C. 601.

a Pr. 31. 6, 7.
b Ps. 26. 4.
  1 Co. 5. 11.
β in thyself.
c Ne. 9. 28.
d Ho. 2. 11.
e Ps.146.3,5.
  Is. 30. 1, 2.
f De.29.24,25.
g Ju. 9. 45.
h Ps. 2. 12.
    34. 8.
    84. 12.
  Pr. 16. 20.
i Ps. 1. 3.
γ or, restraint.
δ or, stubbornness,
  ch. 13. 10.
k Mat. 15. 19.
l Ec. 9. 3.
m De.4.26,28.
    28. 63,65.
n 1 Ch. 28. 9.
  Ro. 8. 27.
  Re. 2. 23.
o Ga. 6. 7, 8.
ζ or, gathereth young which she hath not brought forth.
p ch. 23. 7, 8.
q Hab.2.6,.11.
r Lu. 12. 20.
s Ps. 103. 19.
t Ps. 96. 6.
u Lu. 10. 20.
v ch. 24. 6.
    30. 3.
    32. 37.
w ch. 2. 13.
  Jn⁰.4.10,14.
x Am. 4. 2.
  Hab. 1. 15.
y De. 10. 21.
z 2 Pe. 3. 4.
a ch. 32. 19.
  Ps. 139. 3.
η after.
b Job 34 21,
            22.
c Is. 40. 2.
d ch. 16. 19.
e Eze.43.7,9.
f Ps. 18. 2.
g Ps. 27. 5.
h Is. 60. 3.
    62. 2.
θ break them with a double breach,
  ch. 14. 17.
i Is. 44. 10.
k Is. 37. 19.
l ch. 33. 2.
  Am. 5. 8.
κ or, JEHOVAH,
  Ps. 83. 18.
λ nail.
m Pr. 3. 3.
  2 Co. 3. 3.
n Ne. 13. 19.
o 2 Ch. 24. 18.
  Is. 1. 29.
p La.5.17,18.
q ch. 15. 13.

---

give thy substance and all thy treasures to the spoil, and thy high places for sin, throughout all thy borders.

4 And thou, even β thyself, shalt discontinue from thine heritage that I gave thee; and I will cause thee to serve thine enemies^c in the land which thou knowest not: for ye have kindled a fire in mine anger, $which$ shall burn for ever.

5 Thus saith the LORD; Cursed^e be the man that trusteth in man, and maketh flesh his arm, and whose heart departeth from the LORD.

6 For he shall be like the heath in the desert, and shall not see when good cometh; but shall inhabit the parched places in the wilderness, in a salt^g land and not inhabited.

7 Blessed^h is the man that trusteth in the LORD, and whose hope the LORD is:

8 For he shall be as a tree^i planted by the waters, and $that$ spreadeth out her roots by the river, and shall not see when heat cometh, but her leaf shall be green; and shall not be careful in the year of γdrought, neither shall cease from yielding fruit.

9 The heart^k is deceitful above all $things$, and desperately^l wicked: who can know it?

10 I the LORD search^n the heart, I try the reins, even to give every man according to his ways, and according to the fruit^v of his doings.

11 As the partridge ζsitteth on $eggs$, and hatcheth $them$ not; so he^q that getteth riches, and not by right, shall leave them in the midst of his days, and at his end shall be a fool.^{r}

12 A glorious high throne^s from the beginning is the place of our sanctuary.^{t}

13 O LORD, the Hope of Israel, all that forsake thee shall be ashamed, and they that depart from me shall be written^u in the earth, because they have forsaken the LORD, the fountain^w of living waters.

14 Heal me, O LORD, and I shall be healed; save me, and I shall be saved: for thou^y art my praise.

15 Behold, they say unto me, Where^z is the word of the LORD? let it come now.

16 As for me, I have not hastened from $being$ a pastor $\eta$to follow thee; neither have I desired the woeful day, thou knowest: that which came out of my lips was $right$ before thee.

17 Be not a terror unto me: thou^d art my hope in the day of evil.

18 Let them be confounded that persecute me, but let not me be confounded; let them be dismayed, but let not me be dismayed: bring upon them the day of evil, and θdestroy them with double destruction.

19 Thus said the LORD unto me, Go, and stand in the gate of the children of the people, whereby the kings of Judah come in, and by the which they go out, and in all the gates of Jerusalem;

20 And say unto them, Hear ye the word of the LORD, ye kings of Judah, and all Judah, and all the inhabitants of Jerusalem, that enter in by these gates:

21 Thus saith the LORD, Take heed to yourselves, and bear no burden on the sabbath-day,^{n} nor bring it in by the gates of Jerusalem.

22 Neither carry forth a burden out of your houses on the sabbath-day, neither do ye any work; but hallow ye the sabbath-day, as I commanded your fathers.

23 וְלֹא שָׁמְעוּ וְלֹא הִטּוּ אֶת־אָזְנָם וַיַּקְשׁוּ אֶת־עָרְפָּם לְבִלְתִּי שְׁומֵעַ וּלְבִלְתִּי
24 קַחַת מוּסָר: וְהָיָה אִם־שָׁמֹעַ תִּשְׁמְעוּן אֵלַי נְאֻם־יְהֹוָה לְבִלְתִּי הָבִיא מַשָּׂא בְּשַׁעֲרֵי הָעִיר הַזֹּאת בְּיוֹם הַשַּׁבָּת וּלְקַדֵּשׁ אֶת־יוֹם הַשַּׁבָּת
25 לְבִלְתִּי עֲשׂוֹת־בֹּה כָּל־מְלָאכָה: וּבָאוּ בְשַׁעֲרֵי הָעִיר הַזֹּאת מְלָכִים ׀ וְשָׂרִים יֹשְׁבִים עַל־כִּסֵּא דָוִד רֹכְבִים ׀ בָּרֶכֶב וּבַסּוּסִים הֵמָּה וְשָׂרֵיהֶם אִישׁ יְהוּדָה וְיֹשְׁבֵי יְרוּשָׁלִָם וְיָשְׁבָה הָעִיר־הַזֹּאת
26 לְעוֹלָם: וּבָאוּ מֵעָרֵי־יְהוּדָה וּמִסְּבִיבוֹת יְרוּשָׁלִַם וּמֵאֶרֶץ בִּנְיָמִן וּמִן־הַשְּׁפֵלָה וּמִן־הָהָר וּמִן־הַנֶּגֶב מְבִאִים עוֹלָה וְזֶבַח וּמִנְחָה וּלְבוֹנָה וּמְבִאֵי תוֹדָה בֵּית יְהֹוָה:
27 וְאִם־לֹא תִשְׁמְעוּ אֵלַי לְקַדֵּשׁ אֶת־יוֹם הַשַּׁבָּת וּלְבִלְתִּי ׀ שְׂאֵת מַשָּׂא וּבֹא בְּשַׁעֲרֵי יְרוּשָׁלִַם בְּיוֹם הַשַּׁבָּת וְהִצַּתִּי אֵשׁ בִּשְׁעָרֶיהָ וְאָכְלָה אַרְמְנוֹת יְרוּשָׁלִַם וְלֹא תִכְבֶּה:

CAP. XVIII. יח

1 הַדָּבָר אֲשֶׁר הָיָה אֶל־יִרְמְיָהוּ מֵאֵת יְהֹוָה לֵאמֹר:
2 קוּם וְיָרַדְתָּ בֵּית הַיּוֹצֵר וְשָׁמָּה אַשְׁמִיעֲךָ אֶת־דְּבָרָי:
3 וָאֵרֵד בֵּית הַיּוֹצֵר וְהִנֵּהוּ עֹשֶׂה מְלָאכָה עַל־הָאָבְנָיִם:
4 וְנִשְׁחַת הַכְּלִי אֲשֶׁר הוּא עֹשֶׂה בַּחֹמֶר בְּיַד הַיּוֹצֵר וְשָׁב וַיַּעֲשֵׂהוּ כְּלִי אַחֵר כַּאֲשֶׁר יָשַׁר בְּעֵינֵי הַיּוֹצֵר לַעֲשׂוֹת:
5 וַיְהִי דְבַר־יְהֹוָה אֵלַי לֵאמוֹר:
6 הֲכַיּוֹצֵר הַזֶּה לֹא־אוּכַל לַעֲשׂוֹת לָכֶם בֵּית יִשְׂרָאֵל נְאֻם־יְהֹוָה הִנֵּה כַחֹמֶר בְּיַד הַיּוֹצֵר כֵּן־אַתֶּם בְּיָדִי בֵּית יִשְׂרָאֵל:
7 רֶגַע אֲדַבֵּר עַל־גּוֹי וְעַל־מַמְלָכָה לִנְתוֹשׁ וְלִנְתוֹץ וּלְהַאֲבִיד:
8 וְשָׁב הַגּוֹי הַהוּא מֵרָעָתוֹ אֲשֶׁר דִּבַּרְתִּי עָלָיו וְנִחַמְתִּי עַל־הָרָעָה אֲשֶׁר חָשַׁבְתִּי לַעֲשׂוֹת לוֹ:
9 וְרֶגַע אֲדַבֵּר עַל־גּוֹי וְעַל־מַמְלָכָה לִבְנוֹת וְלִנְטוֹעַ:
10 וְעָשָׂה הָרָעָה בְּעֵינַי לְבִלְתִּי שְׁמֹעַ בְּקוֹלִי וְנִחַמְתִּי עַל־הַטּוֹבָה אֲשֶׁר אָמַרְתִּי לְהֵיטִיב אוֹתוֹ:
11 וְעַתָּה אֱמָר־נָא אֶל־אִישׁ־יְהוּדָה וְעַל־יוֹשְׁבֵי יְרוּשָׁלִַם לֵאמֹר כֹּה אָמַר יְהֹוָה הִנֵּה אָנֹכִי יוֹצֵר עֲלֵיכֶם רָעָה וְחֹשֵׁב עֲלֵיכֶם מַחֲשָׁבָה שׁוּבוּ נָא אִישׁ מִדַּרְכּוֹ הָרָעָה וְהֵיטִיבוּ דַרְכֵיכֶם וּמַעַלְלֵיכֶם:
12 וְאָמְרוּ נוֹאָשׁ כִּי־אַחֲרֵי מַחְשְׁבוֹתֵינוּ נֵלֵךְ וְאִישׁ

13 שָׁרֲרוּת לִבּוֹ־הָרָע נַעֲשֶׂה: לָכֵן כֹּה אָמַר יְהֹוָה שַׁאֲלוּ־נָא בַּגּוֹיִם מִי שָׁמַע כָּאֵלֶּה שַׁעֲרֻרִת
עָשְׂתָה מְאֹד בְּתוּלַת יִשְׂרָאֵל:
14 הֲיַעֲזֹב מִצּוּר שָׂדַי שֶׁלֶג לְבָנוֹן אִם־יִנָּתְשׁוּ מַיִם זָרִים קָרִים
נוֹזְלִים:
15 כִּי־שְׁכֵחֻנִי עַמִּי לַשָּׁוְא יְקַטֵּרוּ וַיַּכְשִׁלוּם בְּדַרְכֵיהֶם שְׁבִילֵי עוֹלָם לָלֶכֶת נְתִיבוֹת דֶּרֶךְ לֹא
סְלוּלָה:
16 לָשׂוּם אַרְצָם לְשַׁמָּה שְׁרוּקֹת עוֹלָם כֹּל עוֹבֵר עָלֶיהָ יִשֹּׁם וְיָנִיד בְּרֹאשׁוֹ:
17 כְּרוּחַ־קָדִים אֲפִיצֵם לִפְנֵי אוֹיֵב עֹרֶף וְלֹא־פָנִים אֶרְאֵם בְּיוֹם אֵידָם:
18 וַיֹּאמְרוּ לְכוּ וְנַחְשְׁבָה עַל־יִרְמְיָהוּ מַחֲשָׁבוֹת כִּי לֹא־תֹאבַד תּוֹרָה מִכֹּהֵן וְעֵצָה מֵחָכָם וְדָבָר מִנָּבִיא לְכוּ וְנַכֵּהוּ בַלָּשׁוֹן וְאַל־נַקְשִׁיבָה אֶל־כָּל־דְּבָרָיו:
19 הַקְשִׁיבָה יְהֹוָה אֵלָי וּשְׁמַע לְקוֹל יְרִיבָי:
20 הַיְשֻׁלַּם תַּחַת־טוֹבָה רָעָה כִּי־כָרוּ שׁוּחָה לְנַפְשִׁי זְכֹר ׀ עָמְדִי לְפָנֶיךָ לְדַבֵּר עֲלֵיהֶם טוֹבָה לְהָשִׁיב אֶת־חֲמָתְךָ מֵהֶם:
21 לָכֵן תֵּן אֶת־בְּנֵיהֶם לָרָעָב וְהַגִּרֵם עַל־יְדֵי־חֶרֶב וְתִהְיֶנָה נְשֵׁיהֶם שַׁכֻּלוֹת וְאַלְמָנוֹת וְאַנְשֵׁיהֶם יִהְיוּ הֲרֻגֵי מָוֶת בַּחוּרֵיהֶם מֻכֵּי־חֶרֶב בַּמִּלְחָמָה:
22 תִּשָּׁמַע זְעָקָה מִבָּתֵּיהֶם כִּי־תָבִיא עֲלֵיהֶם גְּדוּד פִּתְאֹם כִּי־כָרוּ שׁוּחָה לְלָכְדֵנִי וּפַחִים טָמְנוּ לְרַגְלָי:
23 וְאַתָּה יְהֹוָה יָדַעְתָּ אֶת־כָּל־עֲצָתָם עָלַי לַמָּוֶת אַל־תְּכַפֵּר עַל־עֲוֹנָם וְחַטָּאתָם מִלְּפָנֶיךָ אַל־תֶּמְחִי וְהָיוּ מֻכְשָׁלִים לְפָנֶיךָ בְּעֵת אַפְּךָ עֲשֵׂה בָהֶם:

CAP. XIX. יט

1 כֹּה אָמַר יְהֹוָה הָלוֹךְ וְקָנִיתָ בַקְבֻּק יוֹצֵר חָרֶשׂ וּמִזִּקְנֵי הָעָם וּמִזִּקְנֵי הַכֹּהֲנִים:
2 וְיָצָאתָ אֶל־גֵּיא בֶן־הִנֹּם אֲשֶׁר פֶּתַח שַׁעַר הַחַרְסוּת וְקָרָאתָ שָּׁם אֶת־הַדְּבָרִים אֲשֶׁר־אֲדַבֵּר אֵלֶיךָ:
3 וְאָמַרְתָּ שִׁמְעוּ דְבַר־יְהֹוָה מַלְכֵי יְהוּדָה וְיֹשְׁבֵי יְרוּשָׁלִָם כֹּה־אָמַר יְהֹוָה צְבָאוֹת אֱלֹהֵי יִשְׂרָאֵל הִנְנִי מֵבִיא רָעָה עַל־הַמָּקוֹם הַזֶּה אֲשֶׁר כָּל־שֹׁמְעָהּ תִּצַּלְנָה אָזְנָיו:
4 יַעַן ׀ אֲשֶׁר עֲזָבֻנִי וַיְנַכְּרוּ אֶת־הַמָּקוֹם הַזֶּה וַיְקַטְּרוּ־בוֹ לֵאלֹהִים אֲחֵרִים אֲשֶׁר לֹא־יְדָעוּם הֵמָּה וַאֲבוֹתֵיהֶם וּמַלְכֵי יְהוּדָה וּמָלְאוּ אֶת־הַמָּקוֹם הַזֶּה דַּם נְקִיִּם:
5 וּבָנוּ אֶת־בָּמוֹת הַבַּעַל לִשְׂרֹף אֶת־בְּנֵיהֶם בָּאֵשׁ עֹלוֹת לַבָּעַל אֲשֶׁר לֹא־צִוִּיתִי וְלֹא דִבַּרְתִּי וְלֹא עָלְתָה עַל־לִבִּי:
6 לָכֵן הִנֵּה־

23 But[a] they obeyed not, neither inclined their ear, but made their neck stiff,[b] that they might not hear, nor receive instruction.

24 And it shall come to pass, if ye diligently hearken unto me, saith the LORD, to bring in no burden through the gates of this city on the sabbath-day, but hallow[f] the sabbath-day, to do no work therein;

25 Then shall there enter into the gates of this city kings and princes sitting upon the throne of David, riding in chariots and on horses, they, and their princes, the men of Judah, and the inhabitants of Jerusalem; and this city shall remain for ever.

26 And they shall come from the cities of Judah, and from the places[n] about Jerusalem, and from the land of Benjamin, and from the plain,[p] and from the mountains, and from the south, bringing burnt-offerings, and sacrifices, and meat-offerings, and incense, and bringing sacrifices[q] of praise, unto the house of the LORD.

27 But if ye will not hearken unto me to hallow the sabbath-day,[s] and not to bear a burden, even entering in at the gates of Jerusalem on the sabbath-day; then will I kindle a fire[v] in the gates thereof, and it shall devour the palaces[w] of Jerusalem, and it shall not be quenched.

CHAP. XVIII.

THE word which came to Jeremiah from the LORD, saying,

2 Arise, and go down to the potter's house, and there will I cause thee to hear my words.

3 Then I went down to the potter's house, and, behold, he wrought a work on the δ wheels.

4 And the vessel that he made ζ of clay was marred in the hand of the potter; so he η made it again another vessel, as seemed good to the potter to make it.

5 Then the word of the LORD came to me, saying,

6 O house of Israel, cannot[y] I do with you as this potter? saith the LORD. Behold, as[z] the clay is in the potter's hand, so are ye in mine hand, O house of Israel.

7 At what instant I shall speak concerning a nation,& concerning a kingdom, to pluck up, and to pull down, and to destroy it:

8 If[a] that nation, against whom I have pronounced, turn from their evil, I will repent[c] of the evil that I thought to do unto them.

9 And at what instant I shall speak concerning a nation, and concerning a kingdom, to build and to plant it:

10 If it do evil in my sight, that it obey not my voice, then will I repent of the good wherewith I said I would benefit them.

11 Now, therefore, go to, speak to the men of Judah, and to the inhabitants of Jerusalem, saying, Thus saith the LORD, Behold, I frame evil against you, and devise a device against you: return[h] ye now every one from his evil way, and make your ways and your doings good.

12 And they said, There[k] is no hope; but we will walk after our own devices, and we will every one do the imagination of his evil heart.

13 Therefore thus saith the LORD,[m] Ask ye now among the heathen, who hath heard such things: the virgin of Israel hath done a very horrible[n] thing.

14 Will[o] a man leave λ the snow of Lebanon which cometh from the rock of the

B. C. 601.

a ch. 7. 24, 26.
b Pr. 29. 1.
c ch. 2. 32.
d Is. 41. 29.
e ch. 6. 16.
f Is. 58. 13, 14.
g Mi. 6. 16.
h 1 Ki. 9. 8.
　La. 2. 15.
i De. 28. 59.
k Ps. 48. 7.
l ch. 2. 27.
n ch. 32. 44.
o ch. 11. 19.
p Zec. 7. 7.
β or, for.
q Ps. 107. 22.
　116. 17.
　He. 13. 15.
r Ps. 64. 1, 4.
s Eze. 22. 8.
t Ps. 109. 4, &c.
　Pr. 17. 13.
u Ps. 35. 7.
v La. 4. 11.
　Am. 2. 4, 5.
w 2 Ki. 25. 9.
γ them out.
δ frames, or, seats.
ζ or, was marred, as clay.
η returned and made.
θ for death.
x Ps 37. 32, 33.
y Is. 45. 9.
　Ro. 9. 20, 21.
z Is. 64. 8.
a Eze. 18. 21.
　33. 11, 13.
b ch. 7. 31.
　Jos. 15. 8.
c ch. 26. 3.
　Jon. 3. 10.
κ sun-gate.
d ch. 17. 20.
e 2 Ki. 21. 12.
f ch. 2. 13, 34.
　De. 28. 20.
　Is. 65. 11.
g De. 32. 17.
h ch. 7. 3.
　25. 5.
　26. 13.
　35. 15.
　2 Ki. 17. 13.
i 2 Ki. 21. 16.
　24. 4.
k ch. 2. 25.
l Le. 18. 21.
m ch. 2. 10.
　1 Co. 5. 1.
n ch. 5. 30.
o Jnᵒ. 6. 68.
λ or, my fields for a rock, or, for the snow of Lebanon ϸ shall the running waters be forsaken for the strange cold waters?

field? or shall the cold flowing waters that come from another place be forsaken?

15 Because my people hath forgotten me,[c] they have burned incense to vanity,[d] and they have caused them to stumble in their ways from the ancient[e] paths, to walk in paths, in a way not cast up;

16 To make[g] their land desolate, and a perpetual hissing:[h] every one that passeth thereby shall be astonished,[i] and wag his head.

17 I will scatter them as with[k] an east wind before the enemy; I will shew them the back,[l] and not the face, in the day of their[m] calamity.

18 Then said they, Come, and let us devise[o] devices against Jeremiah; for the law shall not perish from the priest, nor counsel from the wise, nor the word from the prophet: come, and let us smite him β with the tongue, and let us not give heed to any of his words.

19 Give[r] heed to me, O LORD, and hearken to the voice of them that contend with me.

20 Shall[t] evil be recompensed for good? for they have digged[u] a pit for my soul. Remember that I stood before thee to speak good for them, and to turn away thy wrath from them.

21 Therefore deliver up their children to the famine, and pour γ out their blood by the force of the sword; and let their wives be bereaved of their children, and be widows; and let their men be put to death; let their young men be slain by the sword in battle.

22 Let a cry be heard from their houses, when thou shalt bring a troop suddenly upon them; for they have digged a pit to take me, and hid snares for my feet.

23 Yet, LORD, thou knowest all their counsel against me θ to slay[x] me: forgive not their iniquity, neither blot out their sin from thy sight; but let them be overthrown before thee: deal thus with them in the time of thine anger.

CHAP. XIX.

THUS saith the LORD, Go, and get a potter's earthen bottle, and take of the ancients of the people, and of the ancients of the priests,

2 And go forth unto the valley[b] of the son of Hinnom, which is by the entry of the κ east gate, and proclaim there the words that I shall tell thee;

3 And say,[d] Hear ye the word of the LORD, O kings of Judah, and inhabitants of Jerusalem; Thus saith the LORD of hosts, the God of Israel, Behold,[e] I will bring evil upon this place, the which whosoever heareth, his ears shall tingle.

4 Because[f] they have forsaken me, and have estranged this place, and have burned incense in it unto other gods, whom neither they[g] nor their fathers have known, nor the kings of Judah, and have filled this place with the blood[i] of innocents;

5 They have built also the high places of Baal, to burn their sons with fire for burnt-offerings unto Baal, which I commanded not,[l] nor spake it, neither came it into my mind:

6 Therefore, behold, the days come, saith the LORD, that this place shall no more be called Tophet, nor, The valley of the son of Hinnom, but, The valley of slaughter.

7 And I will make void the counsel of Judah and Jerusalem in this place; and

478

יָמִים בָּאִים נְאֻם־יְהֹוָה וְלֹא־יִקָּרֵא לַמָּקוֹם הַזֶּה
עוֹד הַתֹּפֶת וְגֵיא בֶן־הִנֹּם כִּי אִם־גֵּיא הַהֲרֵגָה׃

7 וּבַקֹּתִי אֶת־עֲצַת יְהוּדָה וִירוּשָׁלַםִ בַּמָּקוֹם הַזֶּה
וְהִפַּלְתִּים בַּחֶרֶב לִפְנֵי אֹיְבֵיהֶם וּבְיַד מְבַקְשֵׁי נַפְשָׁם
וְנָתַתִּי אֶת־נִבְלָתָם לְמַאֲכָל לְעוֹף הַשָּׁמַיִם וּלְבֶהֱמַת

8 הָאָרֶץ׃ וְשַׂמְתִּי אֶת־הָעִיר הַזֹּאת לְשַׁמָּה
לִשְׁרֵקָה כֹּל עֹבֵר עָלֶיהָ יִשֹּׁם וְיִשְׁרֹק עַל־כָּל־

9 מַכֹּתֶהָ׃ וְהַאֲכַלְתִּים אֶת־בְּשַׂר בְּנֵיהֶם וְאֵת
בְּשַׂר בְּנֹתֵיהֶם וְאִישׁ בְּשַׂר־רֵעֵהוּ יֹאכֵלוּ בְּמָצוֹר
וּבְמָצוֹק אֲשֶׁר יָצִיקוּ לָהֶם אֹיְבֵיהֶם וּמְבַקְשֵׁי

10 נַפְשָׁם׃ וְשָׁבַרְתָּ הַבַּקְבֻּק לְעֵינֵי הָאֲנָשִׁים הַהֹלְכִים

11 אוֹתָךְ׃ וְאָמַרְתָּ אֲלֵיהֶם כֹּה־אָמַר יְהֹוָה צְבָאוֹת
כָּכָה אֶשְׁבֹּר אֶת־הָעָם הַזֶּה וְאֶת־הָעִיר הַזֹּאת
כַּאֲשֶׁר יִשְׁבֹּר אֶת־כְּלִי הַיּוֹצֵר אֲשֶׁר לֹא־יוּכַל
לְהֵרָפֵה עוֹד וּבְתֹפֶת יִקְבְּרוּ מֵאֵין מָקוֹם לִקְבּוֹר׃

12 כֵּן־אֶעֱשֶׂה לַמָּקוֹם הַזֶּה נְאֻם־יְהֹוָה וּלְיוֹשְׁבָיו
וְלָתֵת אֶת־הָעִיר הַזֹּאת כְּתֹפֶת׃ וְהָיוּ בָּתֵּי

13 יְרוּשָׁלַםִ וּבָתֵּי מַלְכֵי יְהוּדָה כִּמְקוֹם הַתֹּפֶת
הַטְּמֵאִים לְכֹל הַבָּתִּים אֲשֶׁר קִטְּרוּ עַל־גַּגֹּתֵיהֶם
לְכֹל צְבָא הַשָּׁמַיִם וְהַסֵּךְ נְסָכִים לֵאלֹהִים

14 אֲחֵרִים׃ וַיָּבֹא יִרְמְיָהוּ מֵהַתֹּפֶת אֲשֶׁר
שְׁלָחוֹ יְהֹוָה שָׁם לְהִנָּבֵא וַיַּעֲמֹד בַּחֲצַר בֵּית־

15 יְהֹוָה וַיֹּאמֶר אֶל־כָּל־הָעָם׃ כֹּה־אָמַר יְהֹוָה
צְבָאוֹת אֱלֹהֵי יִשְׂרָאֵל הִנְנִי מֵבִי אֶל־הָעִיר הַזֹּאת
וְעַל־כָּל־עָרֶיהָ אֵת כָּל־הָרָעָה אֲשֶׁר דִּבַּרְתִּי עָלֶיהָ
כִּי הִקְשׁוּ אֶת־עָרְפָּם לְבִלְתִּי שְׁמוֹעַ אֶת־דְּבָרָי׃

CAP. XX. כ

1 וַיִּשְׁמַע פַּשְׁחוּר בֶּן־אִמֵּר הַכֹּהֵן וְהוּא־פָקִיד נָגִיד
בְּבֵית יְהֹוָה אֶת־יִרְמְיָהוּ נִבָּא אֶת־הַדְּבָרִים הָאֵלֶּה׃

2 וַיַּכֶּה פַּשְׁחוּר אֵת יִרְמְיָהוּ הַנָּבִיא וַיִּתֵּן אֹתוֹ
עַל־הַמַּהְפֶּכֶת אֲשֶׁר בְּשַׁעַר בִּנְיָמִן הָעֶלְיוֹן אֲשֶׁר

3 בְּבֵית יְהֹוָה׃ וַיְהִי מִמָּחֳרָת וַיֹּצֵא פַשְׁחוּר אֶת־
יִרְמְיָהוּ מִן־הַמַּהְפָּכֶת וַיֹּאמֶר אֵלָיו יִרְמְיָהוּ לֹא
פַשְׁחוּר קָרָא יְהֹוָה שְׁמֶךָ כִּי אִם־מָגוֹר מִסָּבִיב׃

4 כִּי כֹה אָמַר יְהֹוָה הִנְנִי נֹתֶנְךָ לְמָגוֹר לְךָ
וּלְכָל־אֹהֲבֶיךָ וְנָפְלוּ בְּחֶרֶב אֹיְבֵיהֶם וְעֵינֶיךָ
רֹאוֹת וְאֶת־כָּל־יְהוּדָה אֶתֵּן בְּיַד מֶלֶךְ־בָּבֶל וְהִגְלָם
בָּבֶלָה וְהִכָּם בֶּחָרֶב׃ וְנָתַתִּי אֶת־כָּל־חֹסֶן הָעִיר   5

עוֹד הַצַּף וְגֵיא נֶחְדְּקָם וְשָׁבְתִּי אֶת־פַּל־יְקָרָהּ וְאֵת כָּל־
אֹצְרוֹת מַלְכֵי יְהוּדָה אֶתֵּן בְּיַד אֹיְבֵיהֶם וּבְזָזוּם
וּלְקָחוּם וֶהֱבִיאוּם בָּבֶלָה׃ וְאַתָּה פַשְׁחוּר וְכֹל   6
יֹשְׁבֵי בֵיתֶךָ תֵּלְכוּ בַּשֶּׁבִי וּבָבֶל תָּבוֹא וְשָׁם תָּמוּת
וְשָׁם תִּקָּבֵר אַתָּה וְכָל־אֹהֲבֶיךָ אֲשֶׁר־נִבֵּאתָ לָהֶם
בַּשָּׁקֶר׃ פִּתִּיתַנִי יְהֹוָה וָאֶפָּת חֲזַקְתַּנִי   7
וַתּוּכָל הָיִיתִי לִשְׂחוֹק כָּל־הַיּוֹם כֻּלֹּה לֹעֵג לִי׃
כִּי־מִדֵּי אֲדַבֵּר אֶזְעָק חָמָס וָשֹׁד אֶקְרָא כִּי־הָיָה   8
דְבַר־יְהֹוָה לִי לְחֶרְפָּה וּלְקֶלֶס כָּל־הַיּוֹם׃ וְאָמַרְתִּי   9
לֹא־אֶזְכְּרֶנּוּ וְלֹא־אֲדַבֵּר עוֹד בִּשְׁמוֹ וְהָיָה בְלִבִּי
כְּאֵשׁ בֹּעֶרֶת עָצֻר בְּעַצְמֹתָי וְנִלְאֵיתִי כַּלְכֵל וְלֹא
אוּכָל׃ כִּי שָׁמַעְתִּי דִּבַּת רַבִּים מָגוֹר מִסָּבִיב   10
הַגִּידוּ וְנַגִּידֶנּוּ כֹּל אֱנוֹשׁ שְׁלֹמִי שֹׁמְרֵי צַלְעִי אוּלַי
יְפֻתֶּה וְנוּכְלָה לוֹ וְנִקְחָה נִקְמָתֵנוּ מִמֶּנּוּ׃ וַיהֹוָה   11
אוֹתִי כְּגִבּוֹר עָרִיץ עַל־כֵּן רֹדְפַי יִכָּשְׁלוּ וְלֹא יֻכָלוּ
בֹּשׁוּ מְאֹד כִּי־לֹא הִשְׂכִּילוּ כְּלִמַּת עוֹלָם לֹא
תִשָּׁכֵחַ׃ וַיהֹוָה צְבָאוֹת בֹּחֵן צַדִּיק רֹאֶה   12
כְלָיוֹת וָלֵב אֶרְאֶה נִקְמָתְךָ מֵהֶם כִּי אֵלֶיךָ
גִּלִּיתִי אֶת־רִיבִי׃ שִׁירוּ לַיהֹוָה הַלְלוּ   13
אֶת־יְהֹוָה כִּי הִצִּיל אֶת־נֶפֶשׁ אֶבְיוֹן מִיַּד מְרֵעִים׃
אָרוּר הַיּוֹם אֲשֶׁר יֻלַּדְתִּי בּוֹ יוֹם אֲשֶׁר־   14
יְלָדַתְנִי אִמִּי אַל־יְהִי בָרוּךְ׃ אָרוּר הָאִישׁ אֲשֶׁר   15
בִּשַּׂר אֶת־אָבִי לֵאמֹר יֻלַּד־לְךָ בֵּן זָכָר שַׂמֵּחַ
שִׂמֳּחָהוּ׃ וְהָיָה הָאִישׁ הַהוּא כֶּעָרִים אֲשֶׁר־   16
הָפַךְ יְהֹוָה וְלֹא נִחָם וְשָׁמַע זְעָקָה בַּבֹּקֶר
וּתְרוּעָה בְּעֵת צָהֳרָיִם׃ אֲשֶׁר לֹא־מוֹתְתַנִי   17
מֵרָחֶם וַתְּהִי־לִי אִמִּי קִבְרִי וְרַחְמָהּ הֲרַת עוֹלָם׃
לָמָּה זֶּה מֵרֶחֶם יָצָאתִי לִרְאוֹת עָמָל וְיָגוֹן   18
וַיִּכְלוּ בְּבֹשֶׁת יָמָי׃

CAP. XXI. כא

הַדָּבָר אֲשֶׁר־הָיָה אֶל־יִרְמְיָהוּ מֵאֵת יְהֹוָה בִּשְׁלֹחַ   1
אֵלָיו הַמֶּלֶךְ צִדְקִיָּהוּ אֶת־פַּשְׁחוּר בֶּן־מַלְכִּיָּה
וְאֶת־צְפַנְיָה בֶן־מַעֲשֵׂיָה הַכֹּהֵן לֵאמֹר׃ דְּרָשׁ־   2
נָא בַעֲדֵנוּ אֶת־יְהֹוָה כִּי נְבוּכַדְרֶאצַּר מֶלֶךְ־בָּבֶל
נִלְחָם עָלֵינוּ אוּלַי יַעֲשֶׂה יְהֹוָה אוֹתָנוּ כְּכָל־
נִפְלְאֹתָיו וְיַעֲלֶה מֵעָלֵינוּ׃ וַיֹּאמֶר יִרְמְיָהוּ   3
אֲלֵיהֶם כֹּה תֹאמְרֻן אֶל־צִדְקִיָּהוּ׃ כֹּה־אָמַר   4
יְהֹוָה אֱלֹהֵי יִשְׂרָאֵל הִנְנִי מֵסֵב אֶת־כְּלֵי הַמִּלְחָמָה

I will cause them to fall by the sword [a] before their enemies, and by the hands of them that seek their lives; and their carcases [c] will I give to be meat for the fowls of the heaven, and for the beasts of the earth.

8 And [e] I will make this city desolate, and an hissing: every one that passeth thereby shall be astonished and [g] hiss, because of all the plagues thereof.

9 And I will cause them to eat [h] the flesh of their sons, and the flesh of their daughters, and they shall eat every one the flesh of his friend, in the siege and straitness wherewith their enemies, and they that seek their lives, shall straiten them.

10 Then [m] shalt thou break the bottle in the sight of the men that go with thee,

11 And shalt say unto them, Thus saith the LORD of hosts, Even so [p] will I break this people, and this city, as *one* breaketh a potter's vessel, that cannot be [δ] made whole again ; and they shall bury *them* in Tophet, till [r] *there be* no place to bury.

12 Thus will I do unto this place, saith the LORD, and to the inhabitants thereof, and *even* make this city as Tophet:

13 And the houses of Jerusalem, and the houses of the kings of Judah, shall be defiled as [v] the place of Tophet, because of all the houses upon whose roofs [x] they have burned incense unto all the host of heaven, and have poured out drink-offerings [a] unto other gods.

14 Then came Jeremiah from Tophet, whither the LORD had sent him to prophesy ; and he stood in the court [d] of the LORD's house, and said to all the people,

15 Thus saith the LORD of hosts, the God of Israel, Behold, I will bring upon this city, and upon all her towns, all the evil that I have pronounced against it ; because [f] they have hardened their necks, that they might not hear [g] my words.

CHAP. XX.

NOW Pashur, the son of Immer [i] the priest, who *was* also chief governor in the house of the LORD, heard that Jeremiah prophesied these things.

2 Then Pashur smote Jeremiah the prophet, and put him in the stocks that *were* in the high gate of Benjamin, which *was* by the house of the LORD.

3 And it came to pass on the morrow, that Pashur brought forth Jeremiah out of the stocks. Then said Jeremiah unto him, The LORD hath not called thy name Pashur, but [ζ] Magor-missabib.

4 For thus saith the LORD, Behold, I will make thee a terror to thyself, and to all thy friends ; and they shall fall by the sword of their enemies, and thine eyes shall behold *it ;* and I will give all Judah into the hand of the king of Babylon, and he shall carry them captive into Babylon, and shall slay them with the sword.

5 Moreover, [p] I will deliver all the strength of this city, and all the labours thereof, and all the precious things thereof, and all the treasures of the kings of Judah will I give into the hand of their enemies, which shall spoil them, and take them, and carry them to Babylon.

6 And thou, Pashur, and all that dwell in thine house, shall go into captivity : and thou shalt come to Babylon, and there thou shalt die, and shalt be buried there, thou, and all thy friends,

B. C. 605.

a Le. 26. 17.
De. 28. 25.
b ch.14.13.15.
29. 21.
β or, *enticed.*
c Ps. 79. 2.
d La. 3. 14.
e ch. 18. 16.
f ch. 5. 1.
6. 7.
7. 29.
g 1 Ki. 9. 8.
h Le. 26. 29.
De. 28. 53.
Is. 9. 20.
La. 4. 10.
i Job 32.18,19
1Co.9.16,17.
k Ac. 4. 20.
18. 5.
l Ps. 31. 13.
m ch.51.63,64.
n Pr. 10. 18.
γ *Every man of my peace.*
o Job 19. 19.
Ps. 41. 9.
55.13,14.
Lu. 11. 53.
p Ps. 2. 9.
Is. 30. 14.
La. 4. 2.
δ *healed.*
q ch. 1. 8, 19.
r ch. 7. 32.
s De.32.35,36.
t ch. 15. 20.
u ch. 23. 40.
v 2 Ki. 23.10,
12.
w ch. 17. 10.
x ch. 32. 29.
Zep. 1. 5.
y Ps. 59. 10.
z Is. 38. 14.
1 Pe. 2. 23.
4. 19.
a ch. 7. 18.
b Ps. 34. 6.
35. 9, 10.
109.30,31.
c ch. 15. 10.
Job 3.1,&c.
d 2 Ch. 20. 5.
e Ge. 19. 25.
f ch. 17. 23.
ζ Ps. 58. 2.5.
h Ec. 6. 3.
i 1 Ch. 24.14.
k La. 3. 1.
l Ps. 90. 10.
m ch. 38. 1.
n ch. 29. 25.
2 Ki. 25. 18.
z i. e. *fear round about,*
ver. 10.
ch. 6. 25.
46. 5.
Ps. 31. 13.
o ch. 37. 3,7.
Eze. 14.4,5.
p 2 Ki. 20. 17.
24.12..16.
25.13,&c.
q ch. 52. 18.
r Is. 13. 4.
La. 2. 5.
s Ex. 6. 6.

to whom thou hast prophesied [b] lies.

7 O LORD, thou hast deceived me, and I was [β] deceived ; thou art stronger than I, and hast prevailed : I am in [d] derision daily, every one mocketh me.

8 For since I spake, I cried out, I cried violence [f] and spoil ; because the word of the LORD was made a reproach unto me, and a derision, daily.

9 Then I said, I will not make mention of him, nor speak any more in his name : but *his* [i] *word* was in mine heart as a burning fire shut up in my bones, and I was weary with forbearing, and [k] I could not *stay.*

10 For [l] I heard the defaming of many, fear on every side. Report, *say they,* and we will [n] report it. [γ] All my familiars [o] watched for my halting, *saying,* Peradventure he will be enticed, and we shall prevail against him, and we shall take our revenge on him.

11 But [q] the LORD *is* with me as a mighty terrible one ; therefore my persecutors shall stumble, [s] and they shall not [t] prevail ; they shall be greatly ashamed ; for they shall not prosper : *their* everlasting confusion shall never [u] be forgotten.

12 But, O LORD of hosts, that triest the [w] righteous, *and* seest the reins and the heart, let [y] me see thy vengeance on them : for [z] unto thee have I opened my cause.

13 Sing unto the LORD, praise ye the LORD ; for [b] he hath delivered the soul of the poor from the hand of evil-doers.

14 Cursed [c] *be* the day wherein I was born : let not the day wherein my mother bare me be blessed.

15 Cursed *be* the man who brought tidings to my father, saying, A man child is born unto thee ; making him very glad.

16 And let that man be as the cities which the LORD overthrew, [e] and repented not ; and let him hear the cry in the morning, and the shouting at noon-tide,

17 Because [h] he slew me not from the womb ; or that my mother might have been my grave, and her womb *to be* always great *with me.*

18 Wherefore came I forth out of the womb to see [k] labour and sorrow, [l] that my days should be consumed with shame?

CHAP. XXI.

THE word which came unto Jeremiah from the LORD, when king Zedekiah sent unto him Pashur [m] the son of Melchiah, and Zephaniah [n] the son of Maaseiah the priest, saying,

2 Inquire, [o] I pray thee, of the LORD for us ; for Nebuchadrezzar king of Babylon maketh war against us ; if so be that the LORD will deal with us according to all his wondrous works, that he may go up from us.

3 Then said Jeremiah unto them, Thus shall ye say to Zedekiah :

4 Thus saith the LORD God of Israel ; Behold, I will turn back [q] the weapons of war that *are* in your hands, wherewith ye fight against the king of Babylon, and *against* the Chaldeans, which besiege you without the walls, and I will assemble them into the midst of this city.

5 And I [r] myself will fight against you with an [s] outstretched hand, and with a strong arm, even in anger, and in fury, and in great wrath.

6 And I will smite the inhabitants of

אֲשֶׁר בְּיָדָם אֲשֶׁר אַתֶּם נִלְחָמִים בָּם אֶת־מֶלֶךְ
בָּבֶל וְאֶת־הַכַּשְׂדִּים הַצָּרִים עֲלֵיכֶם מִחוּץ לַחוֹמָה
5 וַאֲסַפְתִּי אוֹתָם אֶל־תּוֹךְ הָעִיר הַזֹּאת׃ וְנִלְחַמְתִּי
אֲנִי אִתְּכֶם בְּיָד נְטוּיָה וּבִזְרוֹעַ חֲזָקָה וּבְאַף
6 וּבְחֵמָה וּבְקֶצֶף גָּדוֹל׃ וְהִכֵּיתִי אֶת־יֹשְׁבֵי הָעִיר
הַזֹּאת וְאֶת־הָאָדָם וְאֶת־הַבְּהֵמָה בְּדֶבֶר גָּדוֹל יָמֻתוּ׃
7 וְאַחֲרֵי־כֵן נְאֻם־יְהוָה אֶתֵּן אֶת־צִדְקִיָּהוּ מֶלֶךְ־
יְהוּדָה וְאֶת־עֲבָדָיו וְאֶת־הָעָם וְאֶת־הַנִּשְׁאָרִים
בָּעִיר הַזֹּאת מִן־הַדֶּבֶר מִן־הַחֶרֶב וּמִן־הָרָעָב בְּיַד
נְבוּכַדְרֶאצַּר מֶלֶךְ־בָּבֶל וּבְיַד אֹיְבֵיהֶם וּבְיַד מְבַקְשֵׁי
נַפְשָׁם וְהִכָּם לְפִי־חֶרֶב לֹא־יָחוּס עֲלֵיהֶם וְלֹא יַחְמֹל
8 וְלֹא יְרַחֵם׃ וְאֶל־הָעָם הַזֶּה תֹּאמַר כֹּה אָמַר
יְהוָה הִנְנִי נֹתֵן לִפְנֵיכֶם אֶת־דֶּרֶךְ הַחַיִּים וְאֶת־דֶּרֶךְ
9 הַמָּוֶת׃ הַיֹּשֵׁב בָּעִיר הַזֹּאת יָמוּת בַּחֶרֶב וּבָרָעָב
וּבַדָּבֶר וְהַיּוֹצֵא וְנָפַל עַל־הַכַּשְׂדִּים הַצָּרִים עֲלֵיכֶם
10 וְחָיָה וְהָיְתָה־לּוֹ נַפְשׁוֹ לְשָׁלָל׃ כִּי שַׂמְתִּי פָנַי
בָּעִיר הַזֹּאת לְרָעָה וְלֹא לְטוֹבָה נְאֻם־יְהוָה בְּיַד־
11 מֶלֶךְ־בָּבֶל תִּנָּתֵן וּשְׂרָפָהּ בָּאֵשׁ׃ וּלְבֵית מֶלֶךְ יְהוּדָה
12 שִׁמְעוּ דְּבַר־יְהוָה׃ בֵּית דָּוִד כֹּה אָמַר יְהוָה דִּינוּ
לַבֹּקֶר מִשְׁפָּט וְהַצִּילוּ גָזוּל מִיַּד עוֹשֵׁק פֶּן־תֵּצֵא
כָאֵשׁ חֲמָתִי וּבָעֲרָה וְאֵין מְכַבֶּה מִפְּנֵי רֹעַ
13 מַעַלְלֵיהֶם׃ הִנְנִי אֵלַיִךְ יֹשֶׁבֶת הָעֵמֶק צוּר הַמִּישֹׁר
נְאֻם־יְהוָה הָאֹמְרִים מִי־יֵחַת עָלֵינוּ וּמִי יָבוֹא
14 בִּמְעוֹנוֹתֵינוּ׃ וּפָקַדְתִּי עֲלֵיכֶם כִּפְרִי מַעַלְלֵיכֶם
נְאֻם־יְהוָה וְהִצַּתִּי אֵשׁ בְּיַעְרָהּ וְאָכְלָה כָּל־סְבִיבֶיהָ׃

CAP. XXII. כב

1 כֹּה אָמַר יְהוָה רֵד בֵּית־מֶלֶךְ יְהוּדָה וְדִבַּרְתָּ שָׁם
2 אֶת־הַדָּבָר הַזֶּה׃ וְאָמַרְתָּ שְׁמַע דְּבַר־יְהוָה מֶלֶךְ
יְהוּדָה הַיֹּשֵׁב עַל־כִּסֵּא דָוִד אַתָּה וַעֲבָדֶיךָ וְעַמְּךָ
3 הַבָּאִים בַּשְּׁעָרִים הָאֵלֶּה׃ כֹּה אָמַר יְהוָה עֲשׂוּ
מִשְׁפָּט וּצְדָקָה וְהַצִּילוּ גָזוּל מִיַּד עָשׁוֹק וְגֵר יָתוֹם
וְאַלְמָנָה אַל־תֹּנוּ אַל־תַּחְמֹסוּ וְדָם נָקִי אַל־תִּשְׁפְּכוּ
4 בַּמָּקוֹם הַזֶּה׃ כִּי אִם־עָשׂוֹ תַּעֲשׂוּ אֶת־הַדָּבָר הַזֶּה
וּבָאוּ בְשַׁעֲרֵי הַבַּיִת הַזֶּה מְלָכִים יֹשְׁבִים לְדָוִד
עַל־כִּסְאוֹ רֹכְבִים בָּרֶכֶב וּבַסּוּסִים הוּא וַעֲבָדָו
5 וְעַמּוֹ׃ וְאִם לֹא תִשְׁמְעוּ אֶת־הַדְּבָרִים הָאֵלֶּה בִּי
נִשְׁבַּעְתִּי נְאֻם־יְהוָה כִּי־לְחָרְבָּה יִהְיֶה הַבַּיִת הַזֶּה׃
6 כִּי־כֹה אָמַר יְהוָה עַל־בֵּית מֶלֶךְ יְהוּדָה

אֲשֶׁר אַתָּה לִי רֹאשׁ הַגִּלְעָד אִם־לֹא אֲשִׁיתְךָ מִדְבָּר
7 עָרִים לֹא נוֹשָׁבָה׃ וְקִדַּשְׁתִּי עָלֶיךָ מַשְׁחִתִים אִישׁ
וְכֵלָיו וְכָרְתוּ מִבְחַר אֲרָזֶיךָ וְהִפִּילוּ עַל־הָאֵשׁ׃
8 וְעָבְרוּ גּוֹיִם רַבִּים עַל הָעִיר הַזֹּאת וְאָמְרוּ אִישׁ
אֶל־רֵעֵהוּ עַל־מֶה עָשָׂה יְהוָה כָּכָה לָעִיר הַגְּדוֹלָה
9 הַזֹּאת׃ וְאָמְרוּ עַל אֲשֶׁר עָזְבוּ אֶת־בְּרִית יְהוָה
אֱלֹהֵיהֶם וַיִּשְׁתַּחֲווּ לֵאלֹהִים אֲחֵרִים וַיַּעַבְדוּם׃
10 אַל־תִּבְכּוּ לְמֵת וְאַל־תָּנֻדוּ לוֹ בְּכוּ בָכוֹ
לַהֹלֵךְ כִּי לֹא יָשׁוּב עוֹד וְרָאָה אֶת־אֶרֶץ מוֹלַדְתּוֹ׃
11 כִּי כֹה אָמַר־יְהוָה אֶל־שַׁלֻּם בֶּן־יֹאשִׁיָּהוּ מֶלֶךְ
יְהוּדָה הַמֹּלֵךְ תַּחַת יֹאשִׁיָּהוּ אָבִיו אֲשֶׁר יָצָא מִן־
12 הַמָּקוֹם הַזֶּה לֹא־יָשׁוּב שָׁם עוֹד׃ כִּי בִּמְקוֹם אֲשֶׁר־
הִגְלוּ אֹתוֹ שָׁם יָמוּת וְאֶת־הָאָרֶץ הַזֹּאת לֹא־יִרְאֶה־
13 עוֹד׃ הוֹי בֹּנֶה בֵיתוֹ בְּלֹא־צֶדֶק וַעֲלִיּוֹתָיו בְּלֹא
מִשְׁפָּט בְּרֵעֵהוּ יַעֲבֹד חִנָּם וּפֹעֲלוֹ לֹא יִתֶּן־לוֹ׃
14 הָאֹמֵר אֶבְנֶה־לִּי בֵּית מִדּוֹת וַעֲלִיּוֹת מְרֻוָּחִים וְקָרַע
15 לוֹ חַלּוֹנָי וְסָפוּן בָּאָרֶז וּמָשׁוֹחַ בַּשָּׁשַׁר׃ הֲתִמְלֹךְ כִּי
אַתָּה מְתַחֲרֶה בָאָרֶז אָבִיךָ הֲלוֹא אָכַל וְשָׁתָה
16 וְעָשָׂה מִשְׁפָּט וּצְדָקָה אָז טוֹב לוֹ׃ דָּן דִּין־
עָנִי וְאֶבְיוֹן אָז טוֹב הֲלוֹא־הִיא הַדַּעַת אֹתִי נְאֻם־
17 יְהוָה׃ כִּי אֵין עֵינֶיךָ וְלִבְּךָ כִּי אִם־עַל־בִּצְעֶךָ
וְעַל דַּם־הַנָּקִי לִשְׁפּוֹךְ וְעַל־הָעֹשֶׁק וְעַל־הַמְּרוּצָה
18 לַעֲשׂוֹת׃ לָכֵן כֹּה־אָמַר יְהוָה אֶל־
יְהוֹיָקִים בֶּן־יֹאשִׁיָּהוּ מֶלֶךְ יְהוּדָה לֹא־יִסְפְּדוּ לוֹ
הוֹי אָחִי וְהוֹי אָחוֹת לֹא־יִסְפְּדוּ לוֹ הוֹי אָדוֹן
19 וְהוֹי הֹדֹה׃ קְבוּרַת חֲמוֹר יִקָּבֵר סָחוֹב וְהַשְׁלֵךְ
20 מֵהָלְאָה לְשַׁעֲרֵי יְרוּשָׁלָ͏ִם׃ עֲלִי הַלְּבָנוֹן
וּצְעָקִי וּבַבָּשָׁן תְּנִי קוֹלֵךְ וְצַעֲקִי מֵעֲבָרִים כִּי
21 נִשְׁבְּרוּ כָּל־מְאַהֲבָיִךְ׃ דִּבַּרְתִּי אֵלַיִךְ בְּשַׁלְוֺתַיִךְ
אָמַרְתְּ לֹא אֶשְׁמָע זֶה דַרְכֵּךְ מִנְּעוּרַיִךְ כִּי לֹא־
22 שָׁמַעַתְּ בְּקוֹלִי׃ כָּל־רֹעַיִךְ תִּרְעֶה־רוּחַ וּמְאַהֲבַיִךְ
בַּשְּׁבִי יֵלֵכוּ כִּי אָז תֵּבֹשִׁי וְנִכְלַמְתְּ מִכֹּל רָעָתֵךְ׃
23 יֹשַׁבְתְּ בַּלְּבָנוֹן מְקֻנַּנְתְּ בָּאֲרָזִים מַה־נֵּחַנְתְּ בְּבֹא־
24 לָךְ חֲבָלִים חִיל כַּיֹּלֵדָה׃ חַי־אָנִי נְאֻם־יְהוָה כִּי
אִם־יִהְיֶה כָּנְיָהוּ בֶן־יְהוֹיָקִים מֶלֶךְ יְהוּדָה חוֹתָם
25 עַל־יַד יְמִינִי כִּי מִשָּׁם אֶתְּקֶנְךָּ׃ וּנְתַתִּיךָ בְּיַד
מְבַקְשֵׁי נַפְשֶׁךָ וּבְיַד אֲשֶׁר־אַתָּה יָגוֹר מִפְּנֵיהֶם
וּבְיַד נְבוּכַדְרֶאצַּר מֶלֶךְ־בָּבֶל וּבְיַד הַכַּשְׂדִּים׃

this city, both man and beast: they shall die of a great pestilence.

7 And afterward, saith the LORD, I will deliver *b* Zedekiah king of Judah, and his servants, and the people, and such as are left in this city from the pestilence, from the sword, and from the famine, into the hand of Nebuchadrezzar king of Babylon, and into the hand of their enemies, and into the hand of those that seek their life: and he *d* shall smite them with the edge of the sword; he shall not spare them, neither have pity, nor have mercy.

8 And unto this people thou shalt say, Thus saith the LORD; Behold, I set before you the way of life, and the way of death.

9 He *g* that abideth in this city shall die by the sword, and by the famine, and by the pestilence: but he that goeth out, and falleth to the Chaldeans that besiege you, he shall live, and his life shall be unto him for a *k* prey.

10 For I have set *l* my face against this city for evil, and not for good, saith the LORD; it shall be given into the hand of the king of Babylon, and he shall *m* burn it with fire.

11 And touching the house of the king of Judah, *say*, Hear ye the word of the LORD;

12 O house of David, thus saith the LORD, δExecute *o* judgment in the *p* morning, and deliver *him that is* spoiled out of the hand of the oppressor, lest my fury go out like fire, and burn that none can quench *it*, because of the evil of your doings.

13 Behold, I *am* against thee, O ζinhabitant of the valley, *and* rock of the plain, saith the LORD; which say, Who *s* shall come down against us? or who shall enter into our habitations?

14 But I will θpunish you according to the fruit *v* of your doings, saith the LORD: and I will kindle a fire in the forest thereof, and it *w* shall devour all things round about it.

CHAP. XXII.

THUS saith the LORD, Go down to the house of the king of Judah, and speak there this word,

2 And say, Hear *x* the word of the LORD, O king of Judah, that sittest upon the throne of David, thou, and thy servants, and thy people that enter in by these gates;

3 Thus saith the LORD, Execute *b* ye judgment and righteousness, and deliver the spoiled out of the hand of the oppressor: and do no wrong, do no violence to the stranger, the fatherless, nor the widow, neither shed innocent blood in this place.

4 For if ye do this thing indeed, then shall there enter in by the gates of this house kings sitting μ upon the throne of David, riding in chariots and on horses, he, and his servants, and his people.

5 But if ye will not hear these words, I swear by myself, *g* saith the LORD, that this house shall become a desolation.

6 For thus saith the LORD unto the king's house of Judah, Thou *art* Gilead unto me, *and* the head of Lebanon: *yet* surely I will make thee a wilderness, *and* cities *which* are not inhabited.

7 And I will prepare destroyers against thee, every one with his weapons; and they *k* shall cut down thy choice cedars, and *l* cast *them* into the fire.

8 And many nations shall pass by this city, and they shall say every man to his neighbour, Wherefore *n* hath the LORD done thus unto this great city?

B. C. 589.
a 2 Ki. 22.17.
2 Ch. 34.25.
b ch. 37. 17.
39.5,&c.
52.9,&c.
2 Ki. 25. 5,
&c.
c Ec. 4. 2.
Is. 57. 1.
d De. 28. 50.
2 Ch. 36.17.
e 2 Ki. 23. 30.
1 Ch. 3. 15.
f ver. 18.
2 Ki. 23. 34.
g ch. 38.2,17.
h Mi. 3. 10.
Hab. 2. 9.
i Le. 19. 13.
De.24.14,15.
Ja. 5. 4.
k ch. 39. 18.
l ch. 44. 11.
Am. 9. 4.
δ *through-*
aired.
γ or, *my*
windows.
m ch. 52. 13.
n 2 Ki. 23.25.
δ *Judge.*
o Zec. 7.9,10.
p Zep. 3. 5.
q Is. 3. 10.
ζ *inhabi-*
tress.
η or, *incur-*
sion.
r Eze. 19. 6.
s ch. 49. 4, 5.
θ *visit upon.*
t ch. 16. 4, 6.
u 1 Ki. 13.30.
v Pr. 1. 31.
Is. 3. 10,11.
w 2 Ch. 36.19.
x ch. 36. 30.
Fulfilled
599.
y ch. 30. 14.
z ch.17.20,&c
κ *prosperi-*
ties.
a ch. 3. 25.
7.23,&c.
b ch. 21. 12.
c ch.23.1,&c.
λ *inhabi-*
tress,
ch. 21. 13.
μ *for Da-*
vid upon
his throne.
d ch. 37. 1.
2 Ki.24.6.,8.
1 Ch. 3. 16.
e Ca. 8. 6.
Hag. 2. 23.
f 2 Ch. 7. 19,
22.
g He.6.13,17.
h ch. 34. 20.
i 2 Ki. 24. 15.
k Is. 37. 24.
v lift up
their mind,
ch. 44. 14.
l ch. 21. 14.
m Ho. 8. 8.
n De.29.24,25
1 Ki. 9. 8, 9.

---

9 Then they shall answer, Because they *a* have forsaken the covenant of the LORD their God, and worshipped other gods, and served them.

10 Weep ye not for the dead, *c* neither bemoan him; *but* weep sore for him that goeth away: for he shall return no more, nor see his native country.

11 For thus saith the LORD touching Shallum *e* the son of Josiah king of Judah, which reigned instead of Josiah his father, which went forth out of this place, He shall not return thither any more:

12 But *f* he shall die in the place whither they have led him captive, and shall see this land no more.

13 Woe *h* unto him that buildeth his house by unrighteousness, and his chambers by wrong; *that i* useth his neighbour's service without wages, and giveth him not for his work;

14 That saith, I will build me a wide house, and β large chambers, and cutteth him out γ windows; and *it is* ceiled with cedar, and painted with vermilion.

15 Shalt thou reign because thou closest *thyself* in cedar? Did not thy father *n* eat and drink, and do judgment and justice, *and* then *it was* well with him?

16 He judged the cause of the poor and needy; then *it was* well *q with him: was* not this to know me? saith the LORD.

17 But thine eyes and thine heart *are* not but for thy covetousness, and for to shed innocent blood, and for oppression, and for η violence, *r* to do *it*.

18 Therefore thus saith the LORD concerning Jehoiakim the son of Josiah king of Judah, They *t* shall not lament for him, *saying*, Ah my brother! *u* or, Ah sister! they shall not lament for him, *saying*, Ah lord! or, Ah his glory!

19 He *x* shall be buried with the burial of an ass, drawn and cast forth beyond the gates of Jerusalem.

20 Go up to Lebanon and cry; and lift up thy voice in Bashan, and cry from the passages: for all thy lovers *y* are destroyed.

21 I spake unto thee in thy κ prosperity; *but* thou saidst, I will not hear: this *hath been* thy manner from *a* thy youth, that thou obeyedst not my voice.

22 The wind shall eat up all thy *c* pastors, and thy lovers shall go into captivity: surely then shalt thou be ashamed and confounded for all thy wickedness.

23 O λ inhabitant of Lebanon, that makest thy nest in the cedars, how gracious shalt thou be when pangs come upon thee, the pain as of a woman in travail!

24 *As* I live, saith the LORD, though Coniah *d* the son of Jehoiakim king of Judah were the signet *e* upon my right hand, yet would I pluck thee thence;

25 And *h* I will give thee into the hand of them that seek thy life, and into the hand *of them* whose face thou fearest, even into the hand of Nebuchadrezzar king of Babylon, and into the hand of the Chaldeans.

26 And *i* I will cast thee out, and thy mother that bare thee, into another country, where ye were not born; and there shall ye die.

27 But to the land whereunto they *v* desire to return, thither shall they not return.

28 *Is* this man Coniah a despised broken idol? *is he* a vessel *m* wherein *is* no pleasure? wherefore are they cast out, he and

26 וְהֵטַלְתִּי אֹתְךָ וְאֶת־אִמְּךָ אֲשֶׁר יְלָדַתְךָ עַל־הָאָרֶץ אַחֶרֶת אֲשֶׁר לֹא־יֻלַּדְתֶּם שָׁם וְשָׁם תָּמוּתוּ׃
27 וְעַל־הָאָרֶץ אֲשֶׁר־הֵם מְנַשְּׂאִים אֶת־נַפְשָׁם לָשׁוּב שָׁם שָׁמָּה לֹא יָשׁוּבוּ׃
28 הַעֶצֶב נִבְזֶה נָפוּץ הָאִישׁ הַזֶּה כָּנְיָהוּ אִם־כְּלִי אֵין חֵפֶץ בּוֹ מַדּוּעַ הוּטֲלוּ הוּא וְזַרְעוֹ וְהֻשְׁלְכוּ עַל־הָאָרֶץ אֲשֶׁר לֹא־יָדָעוּ׃
29 אֶרֶץ אֶרֶץ אָרֶץ שִׁמְעִי דְּבַר־יְהוָה׃
30 כֹּה אָמַר יְהוָה כִּתְבוּ אֶת־הָאִישׁ הַזֶּה עֲרִירִי גֶּבֶר לֹא־יִצְלַח בְּיָמָיו כִּי לֹא יִצְלַח מִזַּרְעוֹ אִישׁ יֹשֵׁב עַל־כִּסֵּא דָוִד וּמֹשֵׁל עוֹד בִּיהוּדָה׃

CAP. XXIII. כג

1 הוֹי רֹעִים מְאַבְּדִים וּמְפִצִים אֶת־צֹאן מַרְעִיתִי נְאֻם־יְהוָה׃
2 לָכֵן כֹּה־אָמַר יְהוָה אֱלֹהֵי יִשְׂרָאֵל עַל־הָרֹעִים הָרֹעִים אֶת־עַמִּי אַתֶּם הֲפִצֹתֶם אֶת־צֹאנִי וַתַּדִּחוּם וְלֹא פְקַדְתֶּם אֹתָם הִנְנִי פֹקֵד עֲלֵיכֶם אֶת־רֹעַ מַעַלְלֵיכֶם נְאֻם־יְהוָה׃
3 וַאֲנִי אֲקַבֵּץ אֶת־שְׁאֵרִית צֹאנִי מִכֹּל הָאֲרָצוֹת אֲשֶׁר־הִדַּחְתִּי אֹתָם שָׁם וַהֲשִׁבֹתִי אֶתְהֶן עַל־נְוֵהֶן וּפָרוּ וְרָבוּ׃
4 וַהֲקִמֹתִי עֲלֵיהֶם רֹעִים וְרָעוּם וְלֹא־יִירְאוּ עוֹד וְלֹא־יֵחַתּוּ וְלֹא יִפָּקֵדוּ נְאֻם־יְהוָה׃
5 הִנֵּה יָמִים בָּאִים נְאֻם־יְהוָה וַהֲקִמֹתִי לְדָוִד צֶמַח צַדִּיק וּמָלַךְ מֶלֶךְ וְהִשְׂכִּיל וְעָשָׂה מִשְׁפָּט וּצְדָקָה בָּאָרֶץ׃
6 בְּיָמָיו תִּוָּשַׁע יְהוּדָה וְיִשְׂרָאֵל יִשְׁכֹּן לָבֶטַח וְזֶה־שְּׁמוֹ אֲשֶׁר־יִקְרְאוֹ יְהוָה צִדְקֵנוּ׃
7 לָכֵן הִנֵּה־יָמִים בָּאִים נְאֻם־יְהוָה וְלֹא־יֹאמְרוּ עוֹד חַי־יְהוָה אֲשֶׁר הֶעֱלָה אֶת־בְּנֵי יִשְׂרָאֵל מֵאֶרֶץ מִצְרָיִם׃
8 כִּי אִם־חַי־יְהוָה אֲשֶׁר הֶעֱלָה וַאֲשֶׁר הֵבִיא אֶת־זֶרַע בֵּית יִשְׂרָאֵל מֵאֶרֶץ צָפוֹנָה וּמִכֹּל הָאֲרָצוֹת אֲשֶׁר הִדַּחְתִּים שָׁם וְיָשְׁבוּ עַל־אַדְמָתָם׃
9 לַנְּבִאִים נִשְׁבַּר לִבִּי בְקִרְבִּי רָחֲפוּ כָּל־עַצְמוֹתַי הָיִיתִי כְּאִישׁ שִׁכּוֹר וּכְגֶבֶר עֲבָרוֹ יָיִן מִפְּנֵי יְהוָה וּמִפְּנֵי דִּבְרֵי קָדְשׁוֹ׃
10 כִּי מְנָאֲפִים מָלְאָה הָאָרֶץ כִּי־מִפְּנֵי אָלָה אָבְלָה הָאָרֶץ יָבְשׁוּ נְאוֹת מִדְבָּר וַתְּהִי מְרוּצָתָם רָעָה וּגְבוּרָתָם לֹא־כֵן׃
11 כִּי־גַם־נָבִיא גַם־כֹּהֵן חָנֵפוּ גַּם־בְּבֵיתִי מָצָאתִי רָעָתָם נְאֻם־יְהוָה׃
12 לָכֵן יִהְיֶה דַרְכָּם לָהֶם׃

13 וּבִנְבִיאֵי שֹׁמְרוֹן רָאִיתִי תִפְלָה הִנַּבְּאוּ בַבַּעַל וַיַּתְעוּ אֶת־עַמִּי אֶת־יִשְׂרָאֵל׃
14 וּבִנְבִאֵי יְרוּשָׁלִַם רָאִיתִי שַׁעֲרוּרָה נָאוֹף וְהָלֹךְ בַּשֶּׁקֶר וְחִזְּקוּ יְדֵי מְרֵעִים לְבִלְתִּי־שָׁבוּ אִישׁ מֵרָעָתוֹ הָיוּ־לִי כֻלָּם כִּסְדֹם וְיֹשְׁבֶיהָ כַּעֲמֹרָה׃
15 לָכֵן כֹּה־אָמַר יְהוָה צְבָאוֹת עַל־הַנְּבִאִים הִנְנִי מַאֲכִיל אוֹתָם לַעֲנָה וְהִשְׁקִתִים מֵי־רֹאשׁ כִּי מֵאֵת נְבִיאֵי יְרוּשָׁלִַם יָצְאָה חֲנֻפָּה לְכָל־הָאָרֶץ׃
16 כֹּה־אָמַר יְהוָה צְבָאוֹת אַל־תִּשְׁמְעוּ עַל־דִּבְרֵי הַנְּבִאִים הַנִּבְּאִים לָכֶם מַהְבִּלִים הֵמָּה אֶתְכֶם
17 אֹמְרִים אָמוֹר לִמְנַאֲצַי דִּבֶּר יְהוָה שָׁלוֹם יִהְיֶה לָכֶם וְכֹל הֹלֵךְ בִּשְׁרִרוּת לִבּוֹ אָמְרוּ לֹא־תָבוֹא עֲלֵיכֶם רָעָה׃
18 כִּי מִי עָמַד בְּסוֹד יְהוָה וְיֵרֶא וְיִשְׁמַע אֶת־דְּבָרוֹ מִי־הִקְשִׁיב דְּבָרִי וַיִּשְׁמָע׃
19 הִנֵּה סַעֲרַת יְהוָה חֵמָה יָצְאָה וְסַעַר מִתְחוֹלֵל עַל רֹאשׁ רְשָׁעִים יָחוּל׃
20 לֹא יָשׁוּב אַף־יְהוָה עַד־עֲשֹׂתוֹ וְעַד־הֲקִימוֹ מְזִמּוֹת לִבּוֹ בְּאַחֲרִית הַיָּמִים תִּתְבּוֹנְנוּ בָהּ בִּינָה׃
21 לֹא־שָׁלַחְתִּי אֶת־הַנְּבִאִים וְהֵם רָצוּ לֹא־דִבַּרְתִּי אֲלֵיהֶם וְהֵם נִבָּאוּ׃
22 וְאִם־עָמְדוּ בְּסוֹדִי וְיַשְׁמִעוּ דְבָרַי אֶת־עַמִּי וִישִׁבוּם מִדַּרְכָּם הָרָע וּמֵרֹעַ מַעַלְלֵיהֶם׃
23 הַאֱלֹהֵי מִקָּרֹב אָנִי נְאֻם־יְהוָה וְלֹא אֱלֹהֵי מֵרָחֹק׃
24 אִם־יִסָּתֵר אִישׁ בַּמִּסְתָּרִים וַאֲנִי לֹא־אֶרְאֶנּוּ נְאֻם־יְהוָה הֲלוֹא אֶת־הַשָּׁמַיִם וְאֶת־הָאָרֶץ אֲנִי מָלֵא נְאֻם־יְהוָה׃
25 שָׁמַעְתִּי אֵת אֲשֶׁר־אָמְרוּ הַנְּבִאִים הַנִּבְּאִים בִּשְׁמִי שֶׁקֶר לֵאמֹר חָלַמְתִּי חָלָמְתִּי׃
26 עַד־מָתַי הֲיֵשׁ בְּלֵב הַנְּבִאִים נִבְּאֵי הַשָּׁקֶר וּנְבִיאֵי תַּרְמִת לִבָּם׃
27 הַחֹשְׁבִים לְהַשְׁכִּיחַ אֶת־עַמִּי שְׁמִי בַּחֲלוֹמֹתָם אֲשֶׁר יְסַפְּרוּ אִישׁ לְרֵעֵהוּ כַּאֲשֶׁר שָׁכְחוּ אֲבוֹתָם אֶת־שְׁמִי בַּבָּעַל׃
28 הַנָּבִיא אֲשֶׁר־אִתּוֹ חֲלוֹם יְסַפֵּר חֲלוֹם וַאֲשֶׁר דְּבָרִי אִתּוֹ יְדַבֵּר דְּבָרִי אֱמֶת מַה־לַתֶּבֶן אֶת־הַבָּר נְאֻם־יְהוָה׃
29 הֲלוֹא כֹה דְבָרִי כָּאֵשׁ נְאֻם־יְהוָה וּכְפַטִּישׁ יְפֹצֵץ סָלַע׃
30 לָכֵן הִנְנִי עַל־הַנְּבִאִים נְאֻם־יְהוָה מְגַנְּבֵי דְבָרַי אִישׁ מֵאֵת רֵעֵהוּ׃
31 הִנְנִי עַל־הַנְּבִיאִם נְאֻם־יְהוָה

nis seed, and are cast into a land which they know not?

29 O *a* earth, earth, earth, hear the word of the LORD:

30 Thus saith the LORD, Write ye this man childless,*b* a man *that* shall not prosper in his days: for no man of his seed shall prosper, sitting upon the throne of David, and ruling any more in Judah.

CHAP. XXIII.

WOE *d* be unto the pastors that destroy and scatter the sheep of my pasture! saith the LORD.

2 Therefore thus saith the LORD God of Israel against the pastors that feed my people, Ye *f* have scattered my flock, and driven them away, and have not visited them: behold, I will visit upon you the evil of your doings, saith the LORD.

3 And *i* I will gather the remnant of my flock out of all countries whither I have driven them, and will bring them again to their folds; and they shall be fruitful and increase.

4 And *k* I will set up shepherds over them which shall feed them; and they shall fear no more, nor be dismayed, neither shall they be lacking, saith the LORD.

5 Behold, the days come, saith the LORD, that I will raise unto David a righteous *m* Branch, and a King shall reign *n* and prosper, and *o* shall execute judgment and justice in the earth.

6 In his days Judah shall be saved, and Israel shall dwell safely; *q* and this *is* his name whereby he shall be called, (THE LORD OUR RIGHTEOUSNESS.

7 Therefore,*r* behold, the days come, saith the LORD, that they shall no more say, The LORD liveth, which brought up the children of Israel out of the land of Egypt;

8 But, The LORD liveth,*u* which brought up and which led the seed of the house of Israel out of the north country, and from all *v* countries whither I had driven them; and *w* they shall dwell in their own land.

9 Mine heart within me is broken because of the prophets; all *x* my bones shake: I am like a drunken man, and like a man whom wine hath overcome, because of the LORD,*z* and because of the words *a* of his holiness.

10 For the land is full of adulterers; *b* for because of *θ* swearing *c* the land mourneth; the pleasant places of the wilderness are dried up, and their *κ* course is evil, and their force *is* not right.

11 For both *e* prophet and priest are profane; yea, in my house *f* have I found their wickedness, saith the LORD.

12 Wherefore their way *g* shall be unto them as slippery *ways* in the darkness; they shall be driven on, and fall therein: for I will bring evil upon them, *even* the year of their visitation, *h* saith the LORD.

13 And I have seen *μ* folly in the prophets of Samaria; they prophesied in Baal,*i* and caused my people Israel to err.

14 I have seen also in the prophets of Jerusalem *v* an horrible thing: they commit adultery, and walk in lies: *l* they strengthen *m* also the hands of evil-doers, that none doth return from his wickedness: they are all of them unto me as Sodom,*o* and the inhabitants thereof as Gomorrah.

15 Therefore thus saith the LORD of hosts concerning the prophets, Behold, I will feed them with wormwood,*q* and

B. C. 599.

a Is. 1. 2.
β or, *hypocrisy.*
b ch. 36. 30. Mat.1.11,12.
c Eze. 13. 10. Zec. 10. 2.
d ch. 10. 21. Eze. 34. 2.
γ or, *stubbornness.* ch. 13. 10.
e Mi. 3. 11.
δ or, *secret.*
f Ac. 20. 29.
g 2 Ch. 18.23.
h ch.30.23,24.
i ch. 32. 37. De. 30. 1..6. Eze. 34. 13, &c.
k ch. 3. 15.
l Pr. 21. 30.
m ch.33.14..16 Is. 4. 2. 11.1.5. 40. 9..11. Zec. 3. 8. 6. 12.
n Da. 9. 24.
o Ps. 72. 2.
p 1 Th. 5. 6.
q De. 33. 27, 28. Zec.14.9,11.
ζ *Jehovah-tsidkenu.* 1 Co. 1. 30.
r ch.16.14,15.
s Am. 9. 2, 3.
t 1 Ki. 8. 27.
u Zep. 3. 20.
v Is. 43. 5, 6.
w Am.9.14,15.
x Hab. 3. 16.
y Ju. 3. 7. 8. 33,34.
z Is. 6. 5.
η *with whom* is
a Ro. 7. 9.
b ch. 9. 2.
θ or,*cursing.*
c Ho. 4. 2, 3.
d He. 4. 12.
κ or,*violence*
e Zep. 3. 4.
f Eze.8.16,17. 23. 39. Mat. 21. 13.
g Pr. 4. 19.
λ or,*smooth.*
h Ex. 32. 34.
μ *unsavoury,* or, *an absurd thing.*
i Is. 3. 12. Am. 2. 4.
k ch. 2. 8.
v or, *filthiness.*
l ver. 26, 32.
m Is. 41. 6, 7.
n Mal. 1. 1.
o Is. 1. 9, 10.
p 2 Ch.15. 2.
π *visit upon.*
q ch. 9. 15.

make them drink the water of gall: for from the prophets of Jerusalem is *β* profaneness gone forth into all the land.

16 Thus saith the LORD of hosts, Hearken not unto the words of the prophets that prophesy unto you; they make you vain: they speak a vision of their own heart, *and* not out of the mouth of the LORD.

17 They *e* say still unto them that despise me, The LORD hath said, Ye shall have peace; and they say unto every one that walketh after the *γ* imagination of his own heart, No *e* evil shall come upon you.

18 For who hath stood in the *δ* counsel of the LORD, and hath perceived and heard his word? who *g* hath marked his word, and heard *it?*

19 Behold, a whirlwind *h* of the LORD is gone forth in fury, even a grievous whirlwind: it shall fall grievously upon the head of the wicked.

20 The anger of the LORD shall not return, until he have executed, and till he have performed *i* the thoughts of his heart: in the latter days ye shall consider it perfectly.

21 I have not sent these prophets, yet they ran: I have not spoken to them, yet they prophesied.

22 But if they had stood in my counsel, and had caused my people to hear my words, then *p* they should have turned them from their evil way, and from the evil of their doings.

23 *Am* I a God at hand, saith the LORD, and not a God afar off?

24 Can any hide *s* himself in secret places that I shall not see him? saith the LORD. Do not I fill heaven *t* and earth? saith the LORD.

25 I have heard what the prophets said, that prophesy lies in my name, saying, I have dreamed, I have dreamed.

26 How long shall *this* be in the heart of the prophets that prophesy lies? yea, *they are* prophets of the deceit of their own heart;

27 Which think to cause my people to forget my name by their dreams, which they tell every man to his neighbour, as their fathers *y* have forgotten my name for Baal.

28 The prophet *n* that hath a dream, let him tell a dream; and he that hath my word, let him speak my word faithfully. What *is* the chaff to the wheat? saith the LORD.

29 *Is* not my word *d* like as a fire? saith the LORD, and like a hammer *that* breaketh the rock in pieces?

30 Therefore, behold, I *am* against the prophets, saith the LORD, that steal my words every one from his neighbour.

31 Behold, I *am* against the prophets, saith the LORD, that *λ* use their tongues, and say, He saith.

32 Behold, I *am* against them that prophesy false dreams, saith the LORD, and do tell them, and cause my people to *i* err by their lies, and by their lightness; yet I sent them not, nor commanded them: therefore they shall not profit this people at all, saith the LORD.

33 And when this people, or the prophet, or a priest, shall ask thee, saying, What *is* the burden *n* of the LORD? thou shalt then say unto them, What burden? I will even forsake *p* you, saith the LORD.

34 And *as for* the prophet, and the priest, and the people, that shall say, The burden of the LORD, I will even *π* punish that man and his house.

נְאֻם־יְהוָה הַלְּקֹחִים לְשֹׁונָם וַיִּנְאֲמוּ נְאֻם :   הִנְנִי 32
עַל־נִבְּאֵי חֲלֹמֹות שֶׁקֶר נְאֻם־יְהוָה וַיְסַפְּרוּם   אֲלֵי בְּנֵי־לְבָּם :
וַיַּתְעוּ אֶת־עַמִּי בְּשִׁקְרֵיהֶם וּבְפַחֲזוּתָם וְאָנֹכִי   לֹא־הָֽאֱכַלְתָּנָה מֶרֶעַ פְּרִי־כֹה ׀ אָמַר יְהוָה בֵּן אָֽחַן
לֹא־שְׁלַחְתִּים וְלֹא צִוִּיתִים וְהֹועֵל לֹֽא־יֹועִ֫ילוּ   אֶת־בְּלַת־יְהוּדָה מֶלֶךְ יְהוּדָה וְאֶת־שָׂרָיו וְאֵת ׀ שְׁאֵרִית
לָעָם־הַזֶּה נְאֻם־יְהוָה :   וְכִֽי־יִשְׁאָלְךָ֒ הָעָם הַזֶּה 33   יְרוּשָׁלַ֫ם הַנִּשְׁאָרִים בָּאָרֶץ הַזֹּאת וְהַיֹּשְׁבִים בְּאֶרֶץ
אֹֽו־הַנָּבִיא אֹֽו־כֹהֵן לֵאמֹר מַה־מַשָּׂא יְהוָה   מִצְרָיִם :   וּנְתַתִּים לְזַוֲעָה לְרָעָה לְכֹל מַמְלְכֹות 9
וְאָמַרְתָּ אֲלֵיהֶם אֶת־מַה־מַשָּׂא וְנָטַשְׁתִּי אֶתְכֶם   הָאָרֶץ לְחֶרְפָּה וּלְמָשָׁל לִשְׁנִינָה וְלִקְלָלָה בְּכָל־
נְאֻם־יְהוָה :   וְהַנָּבִיא וְהַכֹּהֵן וְהָעָם אֲשֶׁר יֹאמַר 34   הַמְּקֹמֹות אֲשֶׁר־אַדִּיחֵם שָׁם :   וְשִׁלַּחְתִּי בָם אֶת־ 10
מַשָּׂא יְהוָה וּפָקַדְתִּי עַל־הָאִישׁ הַהוּא וְעַל־בֵּיתֹו :   הַחֶרֶב אֶת־הָרָעָב וְאֶת־הַדָּבֶר עַד־תֻּמָּם מֵעַל
כֹּה תֹאמְרוּ אִישׁ עַל־רֵעֵהוּ וְאִישׁ אֶל־אָחִיו מֶה־ 35   הָאֲדָמָה אֲשֶׁר־נָתַתִּי לָהֶם וְלַאֲבֹותֵיהֶם :
עָנָה יְהוָה וּמַה־דִּבֶּר יְהוָה :   וּמַשָּׂא יְהוָה לֹא 36
תִזְכְּרוּ־עֹוד כִּי הַמַּשָּׂא יִֽהְיֶה לְאִישׁ דְּבָרֹו וַהֲפַכְתֶּם
אֶת־דִּבְרֵי אֱלֹהִים חַיִּים יְהוָה צְבָאֹות אֱלֹהֵינוּ :   הַדָּבָר אֲשֶׁר־הָיָה עַל־יִרְמְיָהוּ עַל־כָּל־עַם יְהוּדָה 1
כֹּה תֹאמַר אֶל־הַנָּבִיא מֶה־עָנָ֫ךְ יְהוָה וּמַה־דִּבֶּר 37   בַּשָּׁנָה הָרְבִעִית לִיהֹויָקִים בֶּן־יֹאשִׁיָּהוּ מֶלֶךְ יְהוּדָה
יְהוָה :   וְאִם־מַשָּׂא יְהוָה תֹּאמֵרוּ לָכֵן כֹּה אָמַר 38   הִיא הַשָּׁנָה הָרִאשֹׁנִית לִנְבוּכַדְרֶאצַּר מֶלֶךְ בָּבֶל :
יְהוָה יַעַן אֲמָרְכֶם אֶת־הַדָּבָר הַזֶּה מַשָּׂא יְהוָה   אֲשֶׁר דִּבֶּר יִרְמְיָהוּ הַנָּבִיא עַל־כָּל־עַם יְהוּדָה וְאֶל 2
וָאֶשְׁלַח אֲלֵיכֶם לֵאמֹר לֹא תֹאמְרוּ מַשָּׂא יְהוָה :   כָּל־יֹשְׁבֵי יְרוּשָׁלַ֫ם לֵאמֹר :   מִן־שְׁלֹשׁ עֶשְׂרֵה שָׁנָה 3
לָכֵן הִנְנִי וְנָשִׁיתִי אֶתְכֶם נָשֹׁא וְנָטַשְׁתִּי אֶתְכֶם 39   לְיֹאשִׁיָּהוּ בֶן־אָמֹון מֶלֶךְ יְהוּדָה וְעַד ׀ הַיֹּום הַזֶּה
וְאֶת־הָעִיר אֲשֶׁר־נָתַתִּי לָכֶם וְלַאֲבֹותֵיכֶם מֵעַל   זֶה שָׁלֹשׁ וְעֶשְׂרִים שָׁנָה הָיָה דְבַר־יְהוָה אֵלָי
פָּנָי :   וְנָתַתִּי עֲלֵיכֶם חֶרְפַּת עֹולָם וּכְלִמּוּת 40   וָאֲדַבֵּר אֲלֵיכֶם אַשְׁכֵּים וְדַבֵּר וְלֹא שְׁמַעְתֶּם :
עֹולָם אֲשֶׁר לֹא תִשָּׁכֵחַ :   וְשָׁלַח יְהוָה אֲלֵיכֶם אֶת־כָּל־עֲבָדָיו הַנְּבִאִים הַשְׁכֵּם 4
וְשָׁלֹחַ וְלֹא שְׁמַעְתֶּם וְלֹא־הִטִּיתֶם אֶת־אָזְנְכֶם
לִשְׁמֹעַ :   לֵאמֹר שֻׁבוּ־נָא אִישׁ מִדַּרְכֹּו הָרָעָה 5
הִרְאַנִי יְהוָה וְהִנֵּה שְׁנֵי דֽוּדָאֵי תְאֵנִים מוּעָדִים   וּמֵרֹעַ מַעַלְלֵיכֶם וּשְׁבוּ עַל הָאֲדָמָה אֲשֶׁר נָתַן יְהוָה
לִפְנֵי הֵיכַל יְהוָה אַחֲרֵי הַגְלֹות נְבוּכַדְרֶאצַּר מֶלֶךְ־   לָכֶם וְלַאֲבֹותֵיכֶם לְמִן־עֹולָם וְעַד־עֹולָם :   וְאַל־תֵּלְכוּ 6
בָּבֶל אֶת־יְכָנְיָהוּ בֶן־יְהֹויָקִים מֶלֶךְ יְהוּדָה וְאֶת־   אַחֲרֵי אֱלֹהִים אֲחֵרִים לְעָבְדָם וּלְהִשְׁתַּחֲוֹת לָהֶם
שָׂרֵי יְהוּדָה וְאֶת־הֶחָרָשׁ וְאֶת־הַמַּסְגֵּר מִירוּשָׁלַ֫ם   וְלֹא־תַכְעִיסוּ אֹותִי בְּמַעֲשֵׂה יְדֵיכֶם וְלֹא אָרַע לָכֶם :
הֵבִיאָם בָּבֶל :   הַדּוּד אֶחָד תְּאֵנִים טֹבֹות מְאֹד 2   וְלֹא־שְׁמַעְתֶּם אֵלַי נְאֻם־יְהוָה לְמַעַן הַכְעִסוּנִי 7
כִּתְאֵנֵי הַבַּכֻּרֹות וְהַדּוּד אֶחָד תְּאֵנִים רָעֹות מְאֹד   בְּמַעֲשֵׂה יְדֵיכֶם לְרַע לָכֶם :   לָכֵן כֹּה אָמַר יְהוָה 8
אֲשֶׁר לֹא־תֵאָכַלְנָה מֵרֹעַ :   וַיֹּאמֶר יְהוָה 3   צְבָאֹות יַעַן אֲשֶׁר לֹא־שְׁמַעְתֶּם אֶת־דְּבָרָי :   הִנְנִי 9
אֵלַי מָה־אַתָּה רֹאֶה יִרְמְיָהוּ וָאֹמַר תְּאֵנִים הַתְּאֵנִים   שֹׁלֵחַ וְלָקַחְתִּי אֶת־כָּל־מִשְׁפְּחֹות צָפֹון נְאֻם־יְהוָה
הַטֹּבֹות טֹבֹות מְאֹד וְהָרָעֹות רָעֹות מְאֹד אֲשֶׁר   וְאֶל־נְבוּכַדְרֶאצַּר מֶלֶךְ־בָּבֶל עַבְדִּי וַהֲבִאֹתִים עַל־
לֹא־תֵאָכַלְנָה מֵרֹעַ :   וַיְהִי דְבַר־יְהוָה אֵלַי 4   הָאָרֶץ הַזֹּאת וְעַל־יֹשְׁבֶיהָ וְעַל כָּל־הַגֹּויִם הָאֵלֶּה
לֵאמֹר :   כֹּה־אָמַר יְהוָה אֱלֹהֵי יִשְׂרָאֵל כַּתְּאֵנִים 5   סָבִיב וְהַחֲרַמְתִּים וְשַׂמְתִּים לְשַׁמָּה וְלִשְׁרֵקָה
הַטֹּבֹות הָאֵלֶּה כֵּן אַכִּיר אֶת־גָּלוּת יְהוּדָה אֲשֶׁר   וּלְחָרְבֹות עֹולָם :   וְהַאֲבַדְתִּי מֵהֶם קֹול שָׂשֹׂון וְקֹול 10
שִׁלַּחְתִּי מִן־הַמָּקֹום הַזֶּה אֶרֶץ כַּשְׂדִּים לְטֹובָה :   שִׂמְחָה קֹול חָתָן וְקֹול כַּלָּה קֹול רֵחַיִם וְאֹור נֵר :
וְשַׂמְתִּי עֵינִי עֲלֵיהֶם לְטֹובָה וַהֲשִׁבֹתִים עַל־ 6   וְהָיְתָה כָּל־הָאָרֶץ הַזֹּאת לְחָרְבָּה לְשַׁמָּה וְעָבְדוּ 11
הָאָרֶץ הַזֹּאת וּבְנִיתִים וְלֹא אֶהֱרֹס וּנְטַעְתִּים וְלֹא   הַגֹּויִם הָאֵלֶּה אֶת־מֶלֶךְ בָּבֶל שִׁבְעִים שָׁנָה :   וְהָיָה 12
אֶתֹּושׁ :   וְנָתַתִּי לָהֶם לֵב לָדַעַת אֹתִי כִּי אֲנִי יְהוָה 7   כִמְלֹאות שִׁבְעִים שָׁנָה אֶפְקֹד עַל־מֶלֶךְ־בָּבֶל וְעַל־

35 Thus shall ye say every one to his neighbour, and every one to his brother, What hath the LORD answered? and, What hath the LORD spoken?

36 And the burden of the LORD shall ye mention no more; for every *a* man's word shall be his burden: for ye have perverted *c* the words of the living God, of the LORD of hosts our God.

37 Thus shalt thou say to the prophet, What hath the LORD answered thee? and, What hath the LORD spoken?

38 But since ye say, The burden of the LORD; therefore thus saith the LORD, Because ye say this word, The burden of the LORD, and I have sent unto you, saying, Ye shall not say, The burden of the LORD;

39 Therefore,*g* behold, I, even I, will utterly forget you, and I will forsake you, and the city that I gave you and your fathers, *and cast you* out of my presence:

40 And I will bring an everlasting reproach *h* upon you, and a perpetual shame, which shall not be forgotten.

CHAP. XXIV.

THE LORD shewed me, and, behold, two baskets of figs *were* set before the temple of the LORD, after that Nebuchadrezzar *i* king of Babylon had carried away captive Jeconiah *m* the son of Jehoiakim king of Judah, and the princes of Judah, with the carpenters and smiths,*n* from Jerusalem, and had brought them to Babylon.

2 One basket *had* very good figs, *even* like the figs *that are* first ripe; and the other basket *had* very naughty figs, which could not be eaten, *β* they were so bad.

3 Then said the LORD unto me, What seest thou, Jeremiah? And I said, Figs; the good figs, very good; and *p* the evil, very evil, that cannot be eaten, they are so evil.

4 Again the word of the LORD came unto me, saying,

5 Thus saith the LORD, the God of Israel, Like these good figs, so will I acknowledge them *δ* that are carried away captive of Judah, whom I have sent out of this place, into the land of the Chaldeans for *their u* good.

6 For I will set mine eyes upon them for good, and *v* I will bring them again to this land: and I will build them, and not pull *them* down; and I will plant them, and not pluck *them* up.

7 And I will give them an heart *x* to know me, that I *am* the LORD; and they shall be my *z* people, and I will be their God: for they shall return unto me with their whole *a* heart.

8 And as the evil figs, which cannot be eaten, they are so evil; surely thus saith the LORD, So will I give Zedekiah the king of Judah, and his princes, and the residue of Jerusalem, that remain in this land, and them that dwell in the land of Egypt;

9 And I will deliver them *η* to be *d* removed into all the kingdoms of the earth for *their* hurt, and *to be* a reproach and a proverb, a taunt *f* and a curse, in all places whither I shall drive them.

10 And *g* I will send the sword, the famine, and the pestilence, among them, till they be consumed from off the land that I gave unto them and to their fathers.

CHAP. XXV.

THE word that came to Jeremiah concerning all the people of Judah, in the fourth year of Jehoiakim the son of Josiah

B. C. 599.
a Ga. 6. 5.
b From 629 till 606.
c 2 Pe. 3. 16.
d ch. 7. 13, &c. 11. 7, &c. 29. 19.
e Ps. 81. 13. Is. 55. 2. Jn°. 8. 47.
f ch. 18. 11. 35. 15. 2 Ki. 17. 13.
g Pr. 13. 13.
h Ho. 4. 7.
i De. 32. 21. 1 Ki. 14. 22.
k Pr. 8. 36.
l 2 Ki. 24. 12, &c.
m ch. 22. 24, &c.
n 1 Sa. 13. 19.
o Pr. 21. 1. Is. 10. 5. 44. 28.
β for badness.
p Mat. 25. 32, 33.
γ cause to perish from them.
q Is. 24. 7, 8. Ho. 2. 11.
r Ec. 12. 2, 4.
δ the captivity.
s I.e. 26. 34, 35.
t Beginning 606. 2 Ki. 14. 1. *Ending* 536. Ezr. 1. 1. Da. 9. 2.
u He. 12. 10.
v ch. 29. 10.. 19.
x visit upon.
w ch. L. LI. Is. 14. 23. 21. 1, &c. 47. 1.
x ch. 32. 39, 40. De. 30. 6. Eze. 11. 19. 36. 26, 27.
y Da. 5. 28, 31.
z ch. 31. 33.
a ch. 3. 10. Ro. 6. 17.
b ch. 27. 7.
c Job 21. 20. Ps. 75. 8. Is. 51. 17. Re. 14. 10.
η for removing, or, vexation.
d De. 28. 25 37. 1 Ki. 9. 7.
e Eze. 23. 34. Na. 3. 11.
f Ps. 44. 13, 14.
g ch. 34. 17.
h ver. 9, 11.

king of Judah, that *was* the first year of Nebuchadrezzar king of Babylon;

2 The which Jeremiah the prophet spake unto all the people of Judah, and to all the inhabitants of Jerusalem, saying,

3 From *b* the thirteenth year of Josiah the son of Amon king of Judah, even unto this day, that *is* the three and twentieth year, the word of the LORD hath come unto me, and I have spoken unto you, rising *d* early and speaking; but ye have not *e* hearkened.

4 And the LORD hath sent unto you all his servants the prophets, rising early and sending *them*; but ye have not hearkened, nor inclined your ear to hear.

5 They said,*f* Turn ye again now every one from his evil way, and from the evil of your doings, and dwell in the land that the LORD hath given unto you and to your fathers for ever and ever:

6 And go not after other gods to serve them, and to worship them, and provoke me *i* not to anger with the works of your hands; and I will do you no hurt.

7 Yet ye have not hearkened unto me, saith the LORD; that ye might provoke me to anger with the works of your hands to your own *k* hurt.

8 Therefore thus saith the LORD of hosts, Because ye have not heard my words,

9 Behold, I will send and take all the families of the north, saith the LORD, and Nebuchadrezzar the king of Babylon, my servant,*o* and will bring them against this land, and against the inhabitants thereof, and against all these nations round about, and will utterly destroy them, and make them an astonishment, and an hissing, and perpetual desolations.

10 Moreover, I will *γ* take from them the voice *q* of mirth, and the voice of gladness, the voice of the bridegroom, and the voice of the bride, the *r* sound of the millstones, and the light of the candle.

11 And this whole land shall be a desolation,*s* and an astonishment; and these nations shall serve the king of Babylon seventy *t* years.

12 And it shall come to pass, when seventy years are accomplished, *that* I will *ζ* punish the king of Babylon, and that nation, saith the LORD, for their iniquity, and the land of the Chaldeans, and *w* will make it perpetual desolations.

13 And *y* I will bring upon that land all my words which I have pronounced against it, *even* all that is written in this book, which Jeremiah hath prophesied against all the nations.

14 For many nations and great kings shall serve *b* themselves of them also: and I will recompense them according to their deeds, and according to the works of their own hands.

15 For thus saith the LORD God of Israel unto me, Take the wine-cup *c* of this fury at my hand, and cause all the nations to whom I send thee to drink it.

16 And *e* they shall drink, and be moved, and be mad, because of the sword that I will send among them.

17 Then took I the cup at the LORD's hand, and made all the nations to drink, unto whom the LORD had sent me:

18 *To wit*, Jerusalem, and the cities of Judah, and the kings thereof, and the princes thereof, to *h* make them a desolation, an astonishment, an hissing, and a curse; (as *it is* this day;)

הַגּוֹי הַהוּא נְאֻם־יְהֹוָה אֶת־עֲוֹנָם וְעַל־אֶרֶץ כַּשְׂדִּים

13 וְשַׂמְתִּי אֹתוֹ לְשִׁמְמוֹת עוֹלָם׃ וְהֵבֵאֹתִי עַל־
הָאָרֶץ הַהִיא אֶת־כָּל־דְּבָרַי אֲשֶׁר־דִּבַּרְתִּי עָלֶיהָ אֵת כָּל־
הַכָּתוּב בַּסֵּפֶר הַזֶּה אֲשֶׁר־נִבָּא יִרְמְיָהוּ עַל־כָּל־

14 הַגּוֹיִם׃ כִּי עָבְדוּ־בָם גַּם־הֵמָּה גּוֹיִם רַבִּים
וּמְלָכִים גְּדוֹלִים וְשִׁלַּמְתִּי לָהֶם כְּפָעֳלָם וּכְמַעֲשֵׂה

15 יְדֵיהֶם׃ כִּי כֹה אָמַר יְהֹוָה אֱלֹהֵי יִשְׂרָאֵל
אֵלַי קַח אֶת־כּוֹס הַיַּיִן הַחֵמָה הַזֹּאת מִיָּדִי
וְהִשְׁקִיתָה אֹתוֹ אֶת־כָּל־הַגּוֹיִם אֲשֶׁר אָנֹכִי שֹׁלֵחַ

16 אוֹתְךָ אֲלֵיהֶם׃ וְשָׁתוּ וְהִתְגֹּעֲשׁוּ וְהִתְהֹלָלוּ

17 מִפְּנֵי הַחֶרֶב אֲשֶׁר אָנֹכִי שֹׁלֵחַ בֵּינֹתָם׃ וָאֶקַּח
אֶת־הַכּוֹס מִיַּד יְהֹוָה וָאַשְׁקֶה אֶת־כָּל־הַגּוֹיִם

18 אֲשֶׁר־שְׁלָחַנִי יְהֹוָה אֲלֵיהֶם׃ אֶת־יְרוּשָׁלִַם וְאֶת־
עָרֵי יְהוּדָה וְאֶת־מְלָכֶיהָ אֶת־שָׂרֶיהָ לָתֵת אֹתָם

19 לְחָרְבָּה לְשַׁמָּה לִשְׁרֵקָה וְלִקְלָלָה כַּיּוֹם הַזֶּה׃ אֶת־
פַּרְעֹה מֶלֶךְ־מִצְרַיִם וְאֶת־עֲבָדָיו וְאֶת־שָׂרָיו וְאֶת־

20 כָּל־עַמּוֹ׃ וְאֵת כָּל־הָעֶרֶב וְאֵת כָּל־מַלְכֵי אֶרֶץ
הָעוּץ וְאֵת כָּל־מַלְכֵי אֶרֶץ פְּלִשְׁתִּים וְאֶת־אַשְׁקְלוֹן

21 וְאֶת־עַזָּה וְאֶת־עֶקְרוֹן וְאֵת שְׁאֵרִית אַשְׁדּוֹד׃ אֶת־

22 אֱדוֹם וְאֶת־מוֹאָב וְאֶת־בְּנֵי עַמּוֹן׃ וְאֵת כָּל־מַלְכֵי־
צֹר וְאֵת כָּל־מַלְכֵי צִידוֹן וְאֵת מַלְכֵי הָאִי אֲשֶׁר

23 בְּעֵבֶר הַיָּם׃ אֶת־דְּדָן וְאֶת־תֵּימָא וְאֶת־בּוּז וְאֵת כָּל־

24 קְצוּצֵי פֵאָה׃ וְאֵת כָּל־מַלְכֵי עֲרָב וְאֵת כָּל־

25 מַלְכֵי הָעֶרֶב הַשֹּׁכְנִים בַּמִּדְבָּר׃ וְאֵת כָּל־מַלְכֵי
זִמְרִי וְאֵת כָּל־מַלְכֵי עֵילָם וְאֵת כָּל־מַלְכֵי מָדָי׃

26 וְאֵת כָּל־מַלְכֵי הַצָּפוֹן הַקְּרֹבִים וְהָרְחֹקִים אִישׁ
אֶל־אָחִיו וְאֵת כָּל־הַמַּמְלְכוֹת הָאָרֶץ אֲשֶׁר עַל־
פְּנֵי הָאֲדָמָה וּמֶלֶךְ שֵׁשַׁךְ יִשְׁתֶּה אַחֲרֵיהֶם׃

27 וְאָמַרְתָּ אֲלֵיהֶם כֹּה־אָמַר יְהֹוָה צְבָאוֹת אֱלֹהֵי
יִשְׂרָאֵל שְׁתוּ וְשִׁכְרוּ וּקְיוּ וְנִפְלוּ וְלֹא תָקוּמוּ מִפְּנֵי

28 הַחֶרֶב אֲשֶׁר אָנֹכִי שֹׁלֵחַ בֵּינֵיכֶם׃ וְהָיָה כִּי
יְמָאֲנוּ לָקַחַת־הַכּוֹס מִיָּדְךָ לִשְׁתּוֹת וְאָמַרְתָּ
אֲלֵיהֶם כֹּה אָמַר יְהֹוָה צְבָאוֹת

29 כִּי הִנֵּה בָעִיר אֲשֶׁר נִקְרָא־שְׁמִי עָלֶיהָ אָנֹכִי
מֵחֵל לְהָרַע וְאַתֶּם הִנָּקֵה תִנָּקוּ לֹא תִנָּקוּ כִּי
חֶרֶב אֲנִי קֹרֵא עַל־כָּל־יֹשְׁבֵי הָאָרֶץ נְאֻם יְהֹוָה

30 צְבָאוֹת׃ וְאַתָּה תִּנָּבֵא אֲלֵיהֶם אֵת כָּל־הַדְּבָרִים
הָאֵלֶּה וְאָמַרְתָּ אֲלֵיהֶם יְהֹוָה מִמָּרוֹם יִשְׁאָג

וּמִמְּעוֹן קָדְשׁוֹ יִתֵּן קוֹלוֹ שָׁאֹג יִשְׁאַג עַל־נָוֵהוּ

31 הֵידָד כְּדֹרְכִים יַעֲנֶה אֶל כָּל־יֹשְׁבֵי הָאָרֶץ׃ בָּא
שָׁאוֹן עַד־קְצֵה הָאָרֶץ כִּי רִיב לַיהֹוָה בַּגּוֹיִם
נִשְׁפָּט הוּא לְכָל־בָּשָׂר הָרְשָׁעִים נְתָנָם לַחֶרֶב

32 נְאֻם־יְהֹוָה׃ כֹּה אָמַר יְהֹוָה צְבָאוֹת
הִנֵּה רָעָה יֹצֵאת מִגּוֹי אֶל־גּוֹי וְסַעַר גָּדוֹל יֵעוֹר

33 מִיַּרְכְּתֵי־אָרֶץ׃ וְהָיוּ חַלְלֵי יְהֹוָה בַּיּוֹם הַהוּא
מִקְצֵה הָאָרֶץ וְעַד־קְצֵה הָאָרֶץ לֹא יִסָּפְדוּ וְלֹא
יֵאָסְפוּ וְלֹא יִקָּבֵרוּ לְדֹמֶן עַל־פְּנֵי הָאֲדָמָה יִהְיוּ׃

34 הֵילִילוּ הָרֹעִים וְזַעֲקוּ וְהִתְפַּלְּשׁוּ אַדִּירֵי הַצֹּאן
כִּי־מָלְאוּ יְמֵיכֶם לִטְבוֹחַ וּתְפוֹצוֹתִיכֶם וּנְפַלְתֶּם

35 כִּכְלִי חֶמְדָּה׃ וְאָבַד מָנוֹס מִן־הָרֹעִים וּפְלֵיטָה

36 מֵאַדִּירֵי הַצֹּאן׃ קוֹל צַעֲקַת הָרֹעִים וִילְלַת

37 אַדִּירֵי הַצֹּאן כִּי־שֹׁדֵד יְהֹוָה אֶת־מַרְעִיתָם׃ וְנָדַמּוּ

38 נְאוֹת הַשָּׁלוֹם מִפְּנֵי חֲרוֹן אַף־יְהֹוָה׃ עָזַב
כַּכְּפִיר סֻכּוֹ כִּי־הָיְתָה אַרְצָם לְשַׁמָּה מִפְּנֵי חֲרוֹן
הַיּוֹנָה וּמִפְּנֵי חֲרוֹן אַפּוֹ׃

CAP. XXVI. כו

1 בְּרֵאשִׁית מַמְלְכוּת יְהוֹיָקִים בֶּן־יֹאשִׁיָּהוּ מֶלֶךְ
יְהוּדָה הָיָה הַדָּבָר הַזֶּה מֵאֵת יְהֹוָה לֵאמֹר׃

2 כֹּה אָמַר יְהֹוָה עֲמֹד בַּחֲצַר בֵּית־יְהֹוָה וְדִבַּרְתָּ
עַל־כָּל־עָרֵי יְהוּדָה הַבָּאִים לְהִשְׁתַּחֲוֺת בֵּית־יְהֹוָה
אֵת כָּל־הַדְּבָרִים אֲשֶׁר צִוִּיתִיךָ לְדַבֵּר אֲלֵיהֶם

3 אַל־תִּגְרַע דָּבָר׃ אוּלַי יִשְׁמְעוּ וְיָשֻׁבוּ אִישׁ מִדַּרְכּוֹ
הָרָעָה וְנִחַמְתִּי אֶל־הָרָעָה אֲשֶׁר אָנֹכִי חֹשֵׁב

4 לַעֲשׂוֹת לָהֶם מִפְּנֵי רֹעַ מַעַלְלֵיהֶם׃ וְאָמַרְתָּ
אֲלֵיהֶם כֹּה אָמַר יְהֹוָה אִם־לֹא תִשְׁמְעוּ אֵלַי

5 לָלֶכֶת בְּתוֹרָתִי אֲשֶׁר נָתַתִּי לִפְנֵיכֶם׃ לִשְׁמֹעַ
עַל־דִּבְרֵי עֲבָדַי הַנְּבִאִים אֲשֶׁר אָנֹכִי שֹׁלֵחַ אֲלֵיכֶם

6 וְהַשְׁכֵּם וְשָׁלֹחַ וְלֹא שְׁמַעְתֶּם׃ וְנָתַתִּי אֶת־
הַבַּיִת הַזֶּה כְּשִׁלֹה וְאֶת־הָעִיר הַזֹּאת אֶתֵּן
לִקְלָלָה לְכֹל גּוֹיֵי הָאָרֶץ׃

7 הַכֹּהֲנִים וְהַנְּבִאִים וְכָל־הָעָם אֶת־יִרְמְיָהוּ מְדַבֵּר

8 אֶת־הַדְּבָרִים הָאֵלֶּה בְּבֵית יְהֹוָה׃ וַיְהִי כְּכַלּוֹת
יִרְמְיָהוּ לְדַבֵּר אֵת כָּל־אֲשֶׁר־צִוָּה יְהֹוָה לְדַבֵּר
אֶל־כָּל־הָעָם וַיִּתְפְּשׂוּ אֹתוֹ הַכֹּהֲנִים וְהַנְּבִאִים

9 וְכָל־הָעָם לֵאמֹר מוֹת תָּמוּת׃ מַדּוּעַ נִבֵּיתָ
בְשֵׁם־יְהֹוָה לֵאמֹר כְּשִׁלוֹ יִהְיֶה הַבַּיִת הַזֶּה

19 Pharaoh *a* king of Egypt, and his servants, and his princes, and all his people ;

20 And all the mingled *b* people, and all the kings of the land of Uz,*c* and all the kings of the land of the *d* Philistines, and Ashkelon, and Azzah, and Ekron, and the remnant of *e* Ashdod,

21 Edom,*f* and Moab, and the children of Ammon,

22 And all the kings of Tyrus, and all the kings of Zidon, and the kings of the *γ* isles which *are* beyond the sea,

23 Dedan, and Tema, and Buz, and all *that are δ* in the utmost corners,

24 And all the kings of Arabia, and all the kings of the mingled *i* people that dwell in the desert,

25 And all the kings of Zimri, and all the kings of Elam, and all the kings of the Medes,

26 And all *l* the kings of the north, far and near, one with another, and all the kingdoms of the world, which *are* upon the face of the earth: and the king of Sheshach *n* shall drink after them.

27 Therefore thou shalt say unto them, Thus saith the LORD of hosts, the God of Israel ; Drink *o* ye, and be *p* drunken, and spue, and fall, and rise no more, because of the sword which I will send among you.

28 And it shall be, if they refuse to take the cup at thine hand to drink, then shalt thou say unto them, Thus saith the LORD of hosts, Ye shall certainly drink.

29 For, lo, I begin to bring evil *s* on the city *ζ* which is called by my name, and should ye *t* be utterly unpunished? Ye shall not be unpunished: for I will call *u* for a sword upon all the inhabitants of the earth, saith the LORD of hosts.

30 Therefore prophesy thou against them all these words, and say unto them, The LORD shall roar *v* from on high, and utter his voice from his holy*w*habitation; he shall mightily roar upon his habitation ; he shall give a shout, as they *x* that tread *the grapes,* against all the inhabitants of the earth.

31 A noise shall come *even* to the ends of the earth: for the LORD hath a controversy with the nations ; he *y* will plead with all flesh : he will give them *that are* wicked to the sword, saith the LORD.

32 Thus saith the LORD of hosts, Behold, evil shall go forth from nation to nation,*a* and a great whirlwind shall be raised up from the coasts of the earth.

33 And the slain *b* of the LORD shall be at that day from *one* end of the earth even unto the *other* end of the earth : they shall not be lamented, neither gathered, nor buried ; they shall be dung upon the ground.

34 Howl, ye shepherds, and cry ; *d* and wallow yourselves *in the ashes,* ye principal of the flock : for *κ* the days of your slaughter and of your dispersions are accomplished ; and ye shall fall like a *μ* pleasant vessel.

35 And *ν* the shepherds shall have no way to flee, nor the principal of the flock to escape.

36 A voice of the cry of the shepherds, and an howling of the principal of the flock, *shall be heard:* for the LORD hath spoiled their pasture.

37 And the peaceable habitations are cut down, because of the fierce anger of the LORD.

38 He hath forsaken *e* his covert, as the

B. C. 606.

β a desolation.
a ch. 46.2,&c.
b Ex. 12. 38.
Nu. 11. 4.
c Job 1. 1.
d ch. 47.1,&c.
e Ne. 13. 23..
27.
*f*ch.XLVIII.
XLIX.
g ch. 23. 28.
Eze.3.10,11.
Mat. 28. 20.
γ or, *region by the sea side.*
δ cut off into corners, or, *having the corners of the hair polled.*
ch. 9. 26.
49. 32.
h 1 Ki. 21. 27,
29.
Jon. 3.8..10.
i Eze. 30. 5.
k Le. 26. 14,
&c.
De.28.15,&c.
l ch. 50 9.
m ch. 25. 3, 4.
n ch. 51. 41.
o Hab. 2. 16.
p Is. 51. 21.
63. 6.
*q*1Sa.4.10..12.
r Is. 65. 15.
s Eze. 9. 6.
ζ upon which my name is called.
t ch. 49. 12.
Pr. 11. 31.
Lu. 23. 31.
1 Pe. 4. 17.
u Eze. 38. 21.
v Is. 42. 13.
w 2Ch. 30. 27.
x Is. 16. 9.
η or, *at the door.*
y Is. 66. 16.
*θ the judgment of death*is*for this man.*
z ch. 38. 4, 5.
a Zep. 3. 8.
b Re.14.19,20.
c ch. 7. 3..7.
d ch. 23. 1.
κ your days for slaughter.
λ it is good and right in your eyes.
μ vessel of desire.
ν flight shall perish from the shepherds, and escaping from,
Am. 2. 14.
e Ps. 76. 2.
Zec. 2. 13.

---

lion: for their land is *β* desolate, because of the fierceness of the oppressor, and because of his fierce anger.

CHAP. XXVI.

IN the beginning of the reign of Jehoiakim, the son of Josiah king of Judah, came this word from the LORD, saying,

2 Thus saith the LORD, Stand in the court of the LORD's house, and speak unto all the cities of Judah, which come to worship in the LORD's house,*g* all the words that I command thee to speak unto them ; diminish not a word:

3 If so be they will hearken, and turn every man from his evil way, that I may repent *h* me of the evil, which I purpose to do unto them because of the evil of their doings.

4 And thou shalt say unto them, Thus saith the LORD, If *k* ye will not hearken to me, to walk in my law, which I have set before you,

5 To hearken to the words of my servants the prophets, whom I sent *m* unto you, both rising up early, and sending *them,* but ye have not hearkened ;

6 Then will I make this house like Shiloh,*q* and will make this city a *r* curse to all the nations of the earth.

7 So the priests, and the prophets, and all the people, heard Jeremiah speaking these words in the house of the LORD.

8 Now it came to pass, when Jeremiah had made an end of speaking all that the LORD had commanded *him* to speak unto all the people, that the priests, and the prophets, and all the people, took him, saying, Thou shalt surely die.

9 Why hast thou prophesied in the name of the LORD, saying, This house shall be like Shiloh, and this city shall be desolate without an inhabitant? And all the people were gathered against Jeremiah in the house of the LORD.

10 When the princes of Judah heard these things, then they came up from the king's house unto the house of the LORD, and sat down *η* in the entry of the new gate of the LORD's *house.*

11 Then spake the priests and the prophets unto the princes, and to all the people, saying, *θ* This man *is* worthy to die ; for *z* he hath prophesied against this city, as ye have heard with your ears.

12 Then spake Jeremiah unto all the princes, and to all the people, saying, The LORD sent me to prophesy against this house, and against this city, all the words that ye have heard.

13 Therefore now amend *c* your ways and your doings, and obey the voice of the LORD your God ; and the LORD will repent him of the evil that he hath pronounced against you.

14 As for me, behold, I *am* in your hand ; do with me as *λ* seemeth good and meet unto you :

15 But know ye for certain, that if ye put me to death, ye shall surely bring innocent blood upon yourselves, and upon this city, and upon the inhabitants thereof: for of a truth the LORD hath sent me unto you to speak all these words in your ears.

16 Then said the princes and all the people unto the priests and to the prophets, This man *is* not worthy to die ; for he hath spoken to us in the name of the LORD our God.

וְהָעִיר הַזֹּאת תֶּחֱרַב מֵאֵין יוֹשֵׁב וַיַּקְהֵל כָּל־הָעָם

10 אֶל־יִרְמְיָהוּ בְּבֵית יְהֹוָה׃ וַיִּשְׁמְעוּ שָׂרֵי יְהוּדָה אֵת הַדְּבָרִים הָאֵלֶּה וַיַּעֲלוּ מִבֵּית־הַמֶּלֶךְ בֵּית

11 יְהֹוָה וַיֵּשְׁבוּ בְּפֶתַח שַׁעַר־יְהֹוָה הֶחָדָשׁ׃ וַיֹּאמְרוּ הַכֹּהֲנִים וְהַנְּבִיאִים אֶל־הַשָּׂרִים וְאֶל־כָּל־הָעָם לֵאמֹר מִשְׁפַּט־מָוֶת לָאִישׁ הַזֶּה כִּי נִבָּא אֶל־

12 הָעִיר הַזֹּאת כַּאֲשֶׁר שְׁמַעְתֶּם בְּאָזְנֵיכֶם׃ וַיֹּאמֶר יִרְמְיָהוּ אֶל־כָּל־הַשָּׂרִים וְאֶל־כָּל־הָעָם לֵאמֹר יְהֹוָה שְׁלָחַנִי לְהִנָּבֵא אֶל־הַבַּיִת הַזֶּה וְאֶל־הָעִיר הַזֹּאת

13 אֵת כָּל־הַדְּבָרִים אֲשֶׁר שְׁמַעְתֶּם׃ וְעַתָּה הֵיטִיבוּ דַרְכֵיכֶם וּמַעַלְלֵיכֶם וְשִׁמְעוּ בְּקוֹל יְהֹוָה אֱלֹהֵיכֶם

14 וְיִנָּחֵם יְהֹוָה אֶל־הָרָעָה אֲשֶׁר דִּבֶּר עֲלֵיכֶם׃ וַאֲנִי הִנְנִי בְיֶדְכֶם עֲשׂוּ־לִי כַּטּוֹב וְכַיָּשָׁר בְּעֵינֵיכֶם׃

15 אַךְ יָדֹעַ תֵּדְעוּ כִּי אִם־מְמִתִים אַתֶּם אֹתִי כִּי־דָם נָקִי אַתֶּם נֹתְנִים עֲלֵיכֶם וְאֶל־הָעִיר הַזֹּאת וְאֶל־יֹשְׁבֶיהָ כִּי בֶאֱמֶת שְׁלָחַנִי יְהֹוָה עֲלֵיכֶם

16 לְדַבֵּר בְּאָזְנֵיכֶם אֵת כָּל־הַדְּבָרִים הָאֵלֶּה׃ וַיֹּאמְרוּ הַשָּׂרִים וְכָל־הָעָם אֶל־הַכֹּהֲנִים וְאֶל־הַנְּבִיאִים אֵין לָאִישׁ הַזֶּה מִשְׁפַּט־מָוֶת כִּי בְּשֵׁם יְהֹוָה אֱלֹהֵינוּ

17 דִּבֶּר אֵלֵינוּ׃ וַיָּקֻמוּ אֲנָשִׁים מִזִּקְנֵי הָאָרֶץ

18 וַיֹּאמְרוּ אֶל־כָּל־קְהַל הָעָם לֵאמֹר׃ מיכיה הַמּוֹרַשְׁתִּי הָיָה נִבָּא בִּימֵי חִזְקִיָּהוּ מֶלֶךְ־יְהוּדָה וַיֹּאמֶר אֶל־כָּל־עַם יְהוּדָה לֵאמֹר כֹּה־אָמַר יְהֹוָה צְבָאוֹת צִיּוֹן שָׂדֶה תֵחָרֵשׁ וִירוּשָׁלַיִם עִיִּים

19 תִּהְיֶה וְהַר הַבַּיִת לְבָמוֹת יָעַר׃ הֶהָמֵת הֱמִתֻהוּ חִזְקִיָּהוּ מֶלֶךְ־יְהוּדָה וְכָל־יְהוּדָה הֲלֹא יָרֵא אֶת־יְהֹוָה וַיְחַל אֶת־פְּנֵי יְהֹוָה וַיִּנָּחֶם יְהֹוָה אֶל־הָרָעָה אֲשֶׁר־דִּבֶּר עֲלֵיהֶם וַאֲנַחְנוּ עֹשִׂים

20 רָעָה גְדוֹלָה עַל־נַפְשׁוֹתֵינוּ׃ וְגַם־אִישׁ הָיָה מִתְנַבֵּא בְּשֵׁם יְהֹוָה אוּרִיָּהוּ בֶּן־שְׁמַעְיָהוּ מִקִּרְיַת הַיְּעָרִים וַיִּנָּבֵא עַל־הָעִיר הַזֹּאת וְעַל־הָאָרֶץ

21 כְּכֹל דִּבְרֵי יִרְמְיָהוּ׃ וַיִּשְׁמַע הַמֶּלֶךְ יְהוֹיָקִים וְכָל־גִּבּוֹרָיו וְכָל־הַשָּׂרִים אֶת־דְּבָרָיו וַיְבַקֵּשׁ הַמֶּלֶךְ הֲמִיתוֹ וַיִּשְׁמַע אוּרִיָּהוּ וַיִּרָא

22 וַיִּבְרַח וַיָּבֹא מִצְרָיִם׃ וַיִּשְׁלַח הַמֶּלֶךְ יְהוֹיָקִים אֲנָשִׁים מִצְרָיִם אֵת אֶלְנָתָן בֶּן־עַכְבּוֹר וַאֲנָשִׁים

23 אִתּוֹ אֶל־מִצְרָיִם׃ וַיּוֹצִיאוּ אֶת־אוּרִיָּהוּ מִמִּצְרַיִם וַיְבִאֻהוּ אֶל־הַמֶּלֶךְ יְהוֹיָקִים וַיַּכֵּהוּ בֶּחָרֶב וַיַּשְׁלֵךְ

---

24 אֶת־נִבְלָתוֹ אֶל־קִבְרֵי בְּנֵי הָעָם׃ אַךְ יַד אֲחִיקָם בֶּן־שָׁפָן הָיְתָה אֶת־יִרְמְיָהוּ לְבִלְתִּי תֵּת־אֹתוֹ בְיַד־הָעָם לַהֲמִיתוֹ׃

CAP. XXVII. כז

1 בְּרֵאשִׁית מַמְלֶכֶת יְהוֹיָקִים בֶּן־יֹאשִׁיָּהוּ מֶלֶךְ יְהוּדָה הָיָה הַדָּבָר הַזֶּה אֶל־יִרְמְיָה מֵאֵת יְהֹוָה

2 לֵאמֹר׃ כֹּה־אָמַר יְהֹוָה אֵלַי עֲשֵׂה לְךָ מוֹסֵרוֹת

3 וּמֹטוֹת וּנְתַתָּם עַל־צַוָּארֶךָ׃ וְשִׁלַּחְתָּם אֶל־מֶלֶךְ אֱדוֹם וְאֶל־מֶלֶךְ מוֹאָב וְאֶל־מֶלֶךְ בְּנֵי עַמּוֹן וְאֶל־מֶלֶךְ צֹר וְאֶל־מֶלֶךְ צִידוֹן בְּיַד מַלְאָכִים הַבָּאִים יְרוּשָׁלַיִם אֶל־צִדְקִיָּהוּ מֶלֶךְ יְהוּדָה׃

4 וְצִוִּיתָ אֹתָם אֶל־אֲדֹנֵיהֶם לֵאמֹר כֹּה־אָמַר יְהֹוָה צְבָאוֹת אֱלֹהֵי יִשְׂרָאֵל כֹּה תֹאמְרוּ אֶל־אֲדֹנֵיכֶם׃

5 אָנֹכִי עָשִׂיתִי אֶת־הָאָרֶץ אֶת־הָאָדָם וְאֶת־הַבְּהֵמָה אֲשֶׁר עַל־פְּנֵי הָאָרֶץ בְּכֹחִי הַגָּדוֹל וּבִזְרוֹעִי

6 הַנְּטוּיָה וּנְתַתִּיהָ לַאֲשֶׁר יָשַׁר בְּעֵינָי׃ וְעַתָּה אָנֹכִי נָתַתִּי אֶת־כָּל־הָאֲרָצוֹת הָאֵלֶּה בְּיַד נְבוּכַדְנֶאצַּר מֶלֶךְ־בָּבֶל עַבְדִּי וְגַם אֶת־חַיַּת הַשָּׂדֶה נָתַתִּי לוֹ

7 לְעָבְדוֹ׃ וְעָבְדוּ אֹתוֹ כָּל־הַגּוֹיִם וְאֶת־בְּנוֹ וְאֶת־בֶּן־בְּנוֹ עַד בֹּא־עֵת אַרְצוֹ גַּם־הוּא וְעָבְדוּ בוֹ

8 גּוֹיִם רַבִּים וּמְלָכִים גְּדוֹלִים׃ וְהָיָה הַגּוֹי וְהַמַּמְלָכָה אֲשֶׁר לֹא־יַעַבְדוּ אֹתוֹ אֶת־נְבוּכַדְנֶאצַּר מֶלֶךְ־בָּבֶל וְאֵת אֲשֶׁר לֹא־יִתֵּן אֶת־צַוָּארוֹ בְּעֹל מֶלֶךְ בָּבֶל בַּחֶרֶב וּבָרָעָב וּבַדֶּבֶר אֶפְקֹד עַל־הַגּוֹי

9 הַהוּא נְאֻם־יְהֹוָה עַד־תֻּמִּי אֹתָם בְּיָדוֹ׃ וְאַתֶּם אַל־תִּשְׁמְעוּ אֶל־נְבִיאֵיכֶם וְאֶל־קֹסְמֵיכֶם וְאֶל־חֲלֹמֹתֵיכֶם וְאֶל־עֹנְנֵיכֶם וְאֶל־כַּשָּׁפֵיכֶם אֲשֶׁר־הֵם אֹמְרִים אֲלֵיכֶם לֵאמֹר לֹא תַעַבְדוּ אֶת־מֶלֶךְ

10 בָּבֶל׃ כִּי שֶׁקֶר הֵם נִבְּאִים לָכֶם לְמַעַן הַרְחִיק אֶתְכֶם מֵעַל אַדְמַתְכֶם וְהִדַּחְתִּי אֶתְכֶם וַאֲבַדְתֶּם׃

11 וְהַגּוֹי אֲשֶׁר יָבִיא אֶת־צַוָּארוֹ בְּעֹל מֶלֶךְ־בָּבֶל וַעֲבָדוֹ וְהִנַּחְתִּיו עַל־אַדְמָתוֹ נְאֻם־יְהֹוָה וַעֲבָדָהּ

12 וְיָשַׁב בָּהּ׃ וְאֶל־צִדְקִיָּה מֶלֶךְ־יְהוּדָה דִּבַּרְתִּי כְּכָל־הַדְּבָרִים הָאֵלֶּה לֵאמֹר הָבִיאוּ אֶת־צַוְּארֵיכֶם

13 בְּעֹל מֶלֶךְ־בָּבֶל וְעִבְדוּ אֹתוֹ וְעַמּוֹ וִחְיוּ׃ לָמָּה תָמוּתוּ אַתָּה וְעַמֶּךָ בַּחֶרֶב בָּרָעָב

14 וּבַדָּבֶר כַּאֲשֶׁר דִּבֶּר יְהֹוָה אֶל־הַגּוֹי אֲשֶׁר לֹא־יַעֲבֹד אֶת־מֶלֶךְ בָּבֶל׃ וְאַל־תִּשְׁמְעוּ אֶל־דִּבְרֵי

17 Then*a* rose up certain of the elders of the land, and spake to all the assembly of the people, saying,

18 Micah the Morasthite *b* prophesied in the days of Hezekiah king of Judah, and spake to all the people of Judah, saying, Thus saith the LORD of hosts, Zion shall be plowed *d* like a field, and Jerusalem shall become heaps, and the mountain of the house as the high places of a forest.

19 Did Hezekiah king of Judah, and all Judah put him at all to death? did he not fear*f* the LORD, and besought the *γ* LORD, and the LORD repented *g* him of the evil which he had pronounced against them? Thus might we procure great evil against our souls.

20 And there was also a man that prophesied in the name of the LORD, Urijah the son of Shemaiah of Kirjath-jearim, who prophesied against this city, and against this land, according to all the words of Jeremiah:

21 And when Jehoiakim the king, with all his mighty men, and all the princes, heard his words, the king sought*k* to put him to death; but when Urijah heard it, he was afraid, and fled,*l* and went into Egypt.

22 And Jehoiakim the king sent men into Egypt, *namely,* Elnathan the son of Achbor, and *certain* men with him into Egypt:

23 And they fetched forth Urijah out of Egypt, and brought him unto Jehoiakim the king, who slew him with the sword, and cast his dead body into the graves of the *ζ* common people.

24 Nevertheless, the hand of Ahikam *o* the son of Shaphan was with Jeremiah, that they should not give him into the hand of *p* the people to put him to death.

CHAP. XXVII.

IN the beginning of the reign of Jehoiakim the son of Josiah king of Judah, came this word unto Jeremiah from the LORD, saying,

2 Thus *η* saith the LORD to me, Make thee*s* bonds and yokes, and put them upon thy neck,

3 And send them to the king of Edom, and to the king of Moab, and to the king of the Ammonites, and to the king of Tyrus, and to the king of Zidon, by the hand of the messengers which come to Jerusalem unto Zedekiah king of Judah;

4 And command them *θ* to say unto their masters, Thus saith the LORD of hosts, the God of Israel, Thus shall ye say unto your masters;

5 I*t* have made the earth, the man and the beast that *are* upon the ground, by my great power, and by my out-stretched arm, and have given it*x* unto whom it seemed meet unto me.

6 And now have I given all these lands into the hand of Nebuchadnezzar *y* the king of Babylon, my servant;*z* and the beasts*a* of the field have I given him also to serve him.

7 And *b* all nations shall serve him, and his son, and his son's son, until the very time of *d* his land come; and *then* *e* many nations and great kings shall serve themselves of him.

8 And it shall come to pass, *that* the nation and kingdom which will not serve the same Nebuchadnezzar the king of Babylon, and that will not put their neck under the yoke of the king of Babylon, that nation will I punish, saith the LORD,

---

B. C. 610.

a Ac. 5. 34, &c.
b Mi. 1. 1.
β dreams.
c Is. 47. 12. 14.
d Mi. 3. 12.
e ver. 14.
Eze. 14. 9..
11.
f 2 Ch. 32. 26.
γ face of the LORD.
g 2 Sa. 24. 16.
h ch. 28. 1.
38. 17.
i Pr. 1. 33.
k Ps. 119. 109.
l Mat. 10. 23.
m ch. 14. 14.
23. 21.
29. 8, 9.
δ in a lie, or, lyingly.
n Mat. 15. 14.
ε sons of the people.
o ch. 39. 14.
2 Ki. 22. 12, 14.
p Is. 37. 32, 33.
q ch. 28. 3.
r 2 Ch. 36. 7, 10.
Da. 1. 2.
η or, hath the LORD said.
s Eze. 4. 1.
12. 3.
t 1 Ki. 18. 24, 26.
Mal. 1. 9.
Ja. 5. 16..18.
θ or, concerning their masters, saying.
u ch. 52. 17..23.
2 Ki. 25. 13...
17.
v Ps. 146. 6.
Is. 45. 12.
w ch. 24. 1.
2 Ki. 24. 14, 15.
2 Ch. 36. 10.
x Da. 32. 8, 9.
Ps. 115. 16.
Da. 4. 17, 32.
y ch. 28. 14.
z ch. 25. 9.
43. 10.
Eze. 29. 18...
20.
a Da. 2. 38.
b 2 Ch. 36. 20.
Da. 5. 19.
c ch. 32. 5.
d ch. 25. 12.
50. 27.
Da. 5. 26, 31.
e ch. 25. 14.
50. 9, 10.
51. 27, 28.
f ch. 29. 10.
Pr. 21. 30.
g Ezr. 1. 7.
7. 19.
h ch. 27. 1.

---

with the sword, and with the famine, and with the pestilence, until I have consumed them by his hand.

9 Therefore hearken not ye to your prophets, nor to your diviners, nor to your *β* dreamers, nor to your enchanters,*c* nor to your sorcerers, which speak unto you, saying, Ye shall not serve the king of Babylon:

10 For *e* they prophesy a lie unto you, to remove you far from your land; and that I should drive you out, and ye should perish.

11 But the nations that bring their neck under the yoke of the king of Babylon, and serve him, those will I let remain still in their own land, saith the LORD; and they shall till it, and dwell therein.

12 I spake also*h* to Zedekiah king of Judah according to all these words, saying, Bring your necks under the yoke of the king of Babylon, and serve him and his people, and *i* live.

13 Why will ye die, thou and thy people, by the sword, by the famine, and by the pestilence, as the LORD hath spoken against the nation that will not serve the king of Babylon?

14 Therefore hearken not*m* unto the words of the prophets that speak unto you, saying, Ye shall not serve the king of Babylon: for they prophesy *δ* a lie unto you.

15 For I have not sent them, saith the LORD, yet they prophesy *δ* a lie in my name, that I might drive you out, and that ye might perish, ye, and *n* the prophets that prophesy unto you.

16 Also I spake to the priests, and to all this people, saying, Thus saith the LORD, Hearken not to the words of your prophets that prophesy unto you, saying,*q* Behold, the vessels*r* of the LORD's house shall now shortly be brought again from Babylon: for they prophesy a lie unto you.

17 Hearken not unto them; serve the king of Babylon, and live: wherefore should this city be laid waste?

18 But if *t* they *be* prophets, and if the word of the LORD be with them, let them now make intercession to the LORD *v* hosts, that the vessels which are left in the house of the LORD, and *in* the house of the king of Judah, and at Jerusalem, go not to Babylon.

19 For thus saith the LORD of hosts concerning the pillars,*u* and concerning the sea, and concerning the bases, and concerning the residue of the vessels that remain in this city,

20 Which Nebuchadnezzar king of Babylon took not, when he carried away *w* captive Jeconiah, the son of Jehoiakim king of Judah, from Jerusalem to Babylon, and all the nobles of Judah and Jerusalem;

21 Yea, thus saith the LORD of hosts, the God of Israel, concerning the vessels that remain *in* the house of the LORD, and *in* the house of the king of Judah and of Jerusalem;

22 They shall be carried *c* to Babylon, and there*f* shall they be until the day that I visit them, saith the LORD: then will*g* I bring them up, and restore them to this place.

CHAP. XXVIII.

AND *h* it came to pass the same year, in the beginning of the reign of Zedekiah king of Judah, in the fourth year, *and* in the fifth month, *that* Hananiah the

הַנְּבִאִים הָאֹמְרִים אֲלֵיכֶם לֵאמֹר לֹא תַעַבְדוּ

6 כָּל־הָעָם הָעֹמְדִים בְּבֵית יְהוָֹה: וַיֹּאמֶר יִרְמְיָה
15 אֶת־מֶלֶךְ בָּבֶל כִּי שֶׁקֶר הֵם נִבְּאִים לָכֶם: כִּי הַנָּבִיא אָמֵן כֵּן יַעֲשֶׂה יְהוָֹה יָקֵם יְהוָֹה אֶת־
לֹא שְׁלַחְתִּים נְאֻם־יְהוָֹה וְהֵם נִבְּאִים בִּשְׁמִי דְּבָרֶיךָ אֲשֶׁר נִבֵּאתָ לְהָשִׁיב כְּלֵי בֵית־יְהוָֹה וְכָל־
לַשֶּׁקֶר לְמַעַן הַדִּיחִי אֶתְכֶם וַאֲבַדְתֶּם אַתֶּם 7 הַגּוֹלָה מִבָּבֶל אֶל־הַמָּקוֹם הַזֶּה: אַךְ שְׁמַע

16 וְהַנְּבִאִים הַנִּבְּאִים לָכֶם: וְאֶל־הַכֹּהֲנִים וְאֶל־ נָא הַדָּבָר הַזֶּה אֲשֶׁר אָנֹכִי דֹּבֵר בְּאָזְנֶיךָ וּבְאָזְנֵי
כָּל־הָעָם הַזֶּה דִּבַּרְתִּי לֵאמֹר כֹּה אָמַר יְהוָֹה 8 כָּל־הָעָם: הַנְּבִיאִים אֲשֶׁר הָיוּ לְפָנַי וּלְפָנֶיךָ
אַל־תִּשְׁמְעוּ אֶל־דִּבְרֵי נְבִיאֲכֶם הַנִּבְּאִים לָכֶם מִן־הָעוֹלָם וַיִּנָּבְאוּ אֶל־אֲרָצוֹת רַבּוֹת וְעַל־מַמְלָכוֹת
לֵאמֹר הִנֵּה כְלֵי בֵית־יְהוָֹה מוּשָׁבִים מִבָּבֶלָה 9 גְּדֹלוֹת לְמִלְחָמָה וּלְרָעָה וּלְדָבֶר: הַנָּבִיא אֲשֶׁר
עַתָּה מְהֵרָה כִּי שֶׁקֶר הֵמָּה נִבְּאִים לָכֶם: יִנָּבֵא לְשָׁלוֹם בְּבֹא דְּבַר הַנָּבִיא יִוָּדַע הַנָּבִיא

17 אַל־תִּשְׁמְעוּ אֲלֵיהֶם עִבְדוּ אֶת־מֶלֶךְ־בָּבֶל וִחְיוּ 10 אֲשֶׁר־שְׁלָחוֹ יְהוָֹה בֶּאֱמֶת: וַיִּקַּח חֲנַנְיָה
18 לָמָּה תִהְיֶה הָעִיר הַזֹּאת חָרְבָּה: וְאִם־נְבִאִים הַנָּבִיא אֶת־הַמּוֹטָה מֵעַל צַוַּאר יִרְמְיָה הַנָּבִיא
הֵם וְאִם־יֵשׁ דְּבַר־יְהוָֹה אִתָּם יִפְגְּעוּ־נָא בַּיהוָֹה 11 וַיִּשְׁבְּרֵהוּ: וַיֹּאמֶר חֲנַנְיָה לְעֵינֵי כָל־הָעָם לֵאמֹר
צְבָאוֹת לְבִלְתִּי־בֹאוּ הַכֵּלִים הַנּוֹתָרִים בְּבֵית־יְהוָֹה כֹּה אָמַר יְהוָֹה כָּכָה אֶשְׁבֹּר אֶת־עֹל נְבֻכַדְנֶאצַּר
וּבֵית מֶלֶךְ יְהוּדָה וּבִירוּשָׁלַ͏ִם בָּבֶלָה: מֶלֶךְ בָּבֶל בְּעוֹד שְׁנָתַיִם יָמִים מֵעַל צַוַּאר כָּל־

19 כִּי כֹה אָמַר יְהוָֹה צְבָאוֹת אֶל־הָעַמֻּדִים וְעַל־ הַגּוֹיִם וַיֵּלֶךְ יִרְמְיָה הַנָּבִיא לְדַרְכּוֹ:
הַיָּם וְעַל־הַמְּכֹנוֹת וְעַל יֶתֶר הַכֵּלִים הַנּוֹתָרִים 12 וַיְהִי דְבַר־יְהוָֹה אֶל־יִרְמְיָה אַחֲרֵי שְׁבוֹר חֲנַנְיָה

20 בָּעִיר הַזֹּאת: אֲשֶׁר לֹא־לְקָחָם נְבוּכַדְנֶאצַּר הַנָּבִיא אֶת־הַמּוֹטָה מֵעַל צַוַּאר יִרְמְיָה הַנָּבִיא
מֶלֶךְ בָּבֶל בִּגְלוֹתוֹ אֶת־יְכָנְיָה בֶן־יְהוֹיָקִים מֶלֶךְ־ 13 לֵאמֹר: הָלוֹךְ וְאָמַרְתָּ אֶל־חֲנַנְיָה לֵאמֹר כֹּה
יְהוּדָה מִירוּשָׁלַ͏ִם בָּבֶלָה וְאֵת כָּל־חֹרֵי יְהוּדָה אָמַר יְהוָֹה מוֹטֹת עֵץ שָׁבָרְתָּ וְעָשִׂיתָ תַחְתֵּיהֶן

21 וִירוּשָׁלָ͏ִם: כִּי כֹה־אָמַר יְהוָֹה צְבָאוֹת 14 מוֹטֹת בַּרְזֶל: כִּי כֹה־אָמַר יְהוָֹה צְבָאוֹת
אֱלֹהֵי יִשְׂרָאֵל עַל־הַכֵּלִים הַנּוֹתָרִים בֵּית יְהוָֹה אֱלֹהֵי יִשְׂרָאֵל עֹל בַּרְזֶל נָתַתִּי עַל־צַוַּאר כָּל־

22 וּבֵית מֶלֶךְ־יְהוּדָה וִירוּשָׁלָ͏ִם: בָּבֶלָה יוּבָאוּ הַגּוֹיִם הָאֵלֶּה לַעֲבֹד אֶת־נְבֻכַדְנֶאצַּר מֶלֶךְ בָּבֶל
וְשָׁמָּה יִהְיוּ עַד יוֹם פָּקְדִי אֹתָם נְאֻם־יְהוָֹה וַעֲבָדֻהוּ וְגַם אֶת־חַיַּת הַשָּׂדֶה נָתַתִּי לוֹ:
וְהַעֲלִיתִים וַהֲשִׁיבֹתִים אֶל־הַמָּקוֹם הַזֶּה: 15 וַיֹּאמֶר יִרְמְיָה הַנָּבִיא אֶל־חֲנַנְיָה הַנָּבִיא שְׁמַע

מ ## CAP. XXVIII. נָא חֲנַנְיָה לֹא־שְׁלָחֲךָ יְהוָֹה וְאַתָּה הִבְטַחְתָּ

1 וַיְהִי בַּשָּׁנָה הַהִיא בְּרֵאשִׁית מַמְלֶכֶת צִדְקִיָּה 16 אֶת־הָעָם הַזֶּה עַל־שָׁקֶר: לָכֵן כֹּה אָמַר יְהוָֹה
מֶלֶךְ־יְהוּדָה בַּשָּׁנָה הָרְבִיעִית בַּחֹדֶשׁ הַחֲמִישִׁי הִנְנִי מְשַׁלֵּחֲךָ מֵעַל פְּנֵי הָאֲדָמָה הַשָּׁנָה אַתָּה
אָמַר אֵלַי חֲנַנְיָה בֶן־עַזּוּר הַנָּבִיא אֲשֶׁר מִגִּבְעוֹן 17 מֵת כִּי־סָרָה דִבַּרְתָּ אֶל־יְהוָֹה: וַיָּמָת חֲנַנְיָה
בְּבֵית יְהוָֹה לְעֵינֵי הַכֹּהֲנִים וְכָל־הָעָם לֵאמֹר: הַנָּבִיא בַּשָּׁנָה הַהִיא בַּחֹדֶשׁ הַשְּׁבִיעִי:

2 כֹּה־אָמַר יְהוָֹה צְבָאוֹת אֱלֹהֵי יִשְׂרָאֵל לֵאמֹר מ ## CAP. XXIX.
3 שָׁבַרְתִּי אֶת־עֹל מֶלֶךְ בָּבֶל: בְּעוֹד שְׁנָתַיִם 1 וְאֵלֶּה דִּבְרֵי הַסֵּפֶר אֲשֶׁר שָׁלַח יִרְמְיָה הַנָּבִיא
יָמִים אֲנִי מֵשִׁיב אֶל־הַמָּקוֹם הַזֶּה אֶת־כָּל־כְּלֵי מִירוּשָׁלָ͏ִם אֶל־יֶתֶר זִקְנֵי הַגּוֹלָה וְאֶל־הַכֹּהֲנִים
בֵּית יְהוָֹה אֲשֶׁר לָקַח נְבוּכַדְנֶאצַּר מֶלֶךְ־בָּבֶל מִן וְאֶל־הַנְּבִיאִים וְאֶל־כָּל־הָעָם אֲשֶׁר הֶגְלָה
4 הַמָּקוֹם הַזֶּה וַיְבִיאֵם בָּבֶל: וְאֶת־יְכָנְיָה בֶן־ 2 נְבוּכַדְנֶאצַּר מִירוּשָׁלַ͏ִם בָּבֶלָה: אַחֲרֵי צֵאת
יְהוֹיָקִים מֶלֶךְ־יְהוּדָה וְאֶת־כָּל־גָּלוּת יְהוּדָה הַבָּאִים יְכָנְיָה הַמֶּלֶךְ וְהַגְּבִירָה וְהַסָּרִיסִים שָׂרֵי יְהוּדָה
בָּבֶלָה אֲנִי מֵשִׁיב אֶל־הַמָּקוֹם הַזֶּה נְאֻם־יְהוָֹה 3 וִירוּשָׁלַ͏ִם וְהֶחָרָשׁ וְהַמַּסְגֵּר מִירוּשָׁלָ͏ִם: בְּיַד
5 כִּי אֶשְׁבֹּר אֶת־עֹל מֶלֶךְ בָּבֶל: וַיֹּאמֶר יִרְמְיָה אֶלְעָשָׂה בֶן־שָׁפָן וּגְמַרְיָה בֶּן־חִלְקִיָּה אֲשֶׁר שָׁלַח
הַנָּבִיא אֶל־חֲנַנְיָה הַנָּבִיא לְעֵינֵי הַכֹּהֲנִים וּלְעֵינֵי צִדְקִיָּה מֶלֶךְ־יְהוּדָה אֶל־נְבוּכַדְנֶאצַּר מֶלֶךְ בָּבֶל בָּבֶלָה

son of Azur the prophet, which *was* of Gibeon, spake unto me in the house of the Lord, in the presence of the priests, and of all the people, saying,

2 Thus speaketh the Lord of hosts, the God of Israel, saying, I have broken the yoke *b* of the king of Babylon:

3 Within *c* two *γ* full years will I bring again into this place all the vessels of the Lord's house that Nebuchadnezzar king of Babylon took away from this place, and carried them to Babylon:

4 And I will bring again to this place Jeconiah the son of Jehoiakim king of Judah, with all the *δ* captives of Judah, that went into Babylon, saith the Lord: for I will break the yoke of the king of Babylon.

5 Then the prophet Jeremiah said unto the prophet Hananiah in the presence of the priests, & in the presence of all the people *e* that stood in the house of the Lord,

6 Even the prophet Jeremiah said, Amen :*f* the Lord do so ; the Lord perform *g* thy words which thou hast prophesied, to bring again the vessels of the Lord's house,and all that is carried away captive, from Babylon into this place.

7 Nevertheless,*i* hear thou now this word that I speak in thine ears, and in the ears of all the people :

8 The prophets that have been before me and before thee of old, prophesied both against many *m* countries, and against great *n* kingdoms, of war, and of evil, and of pestilence.

9 The *o* prophet which prophesieth of peace,*p* when the word of the prophet shall come to pass,*then* shall the prophet be known,that the Lord hath truly sent him.

10 Then Hananiah the prophet took the yoke *r* from off the prophet Jeremiah's neck, and brake it.

11 And Hananiah spake in the presence of all the people, saying, Thus saith the Lord, Even so will I break the yoke of Nebuchadnezzar king of Babylon from the neck of all nations within the space of two full years. And the prophet Jeremiah went *w* his way.

12 Then the word of the Lord came unto Jeremiah *the prophet*, (after that Hananiah the prophet had broken the yoke from off the neck of the prophet Jeremiah,) saying,

13 Go and tell Hananiah, saying, Thus saith the Lord, Thou hast broken the yokes of wood ; but thou shalt make for them yokes of iron.

14 For thus saith the Lord of hosts, the God of Israel, I have put a yoke of *e* iron upon the neck of all these nations,*f* that they may serve Nebuchadnezzar king of Babylon ; and they shall serve him : and I have given him the beasts of *h* the field also.

15 Then said the prophet Jeremiah unto Hananiah the prophet, Hear now, Hananiah, The Lord hath not sent thee ; *i* but thou makest this people to trust in a *k* lie.

16 Therefore thus saith the Lord, Behold, I will cast thee from off the face of the earth : this year thou shalt die, because*m* thou hast taught *θ* rebellion against the Lord.

17 So Hananiah the prophet *n* died the same year, in the seventh month.

CHAP. XXIX.

NOW these *are* the words of the letter that Jeremiah the prophet sent from Jerusalem unto the residue of the elders which

---

B. C. 596.
———
a 2 Ki.24. 12..
16.
β or, chamberlains.
b ch. 27. 12.
c ch. 27. 16.
γ years of days.
δ captivity.
d ver. 28.
e ca. 26. 2.
f 1 Ki. 1. 36.
g ch. 11. 5.
17. 16.
18. 20.
h Da. 4. 27.
6. 5.
i 1 Ki. 22. 28.
k Ezr. 6. 10.
1 Ti. 2. 1, 2.
l ch. 14. 14.
27.14,15.
m Is. 13. 18.
Am. I. II.
n Jon. 1. 2.
o De. 18. 22.
ζ in a lie,
ch. 27. 15.
p Eze. 13. 10,
&c.
q ch. 27. 22.
2 Ch.36,21..
23.
Ezr. 1. 1.
Da. 9. 2.
r ch. 27. 2.
s ch. 32.42..44
t Is. 55. 8, 9.
η end and expectation.
u La. 3. 26.
v Ne.2.4, &c.
Da. 9.3,&c.
w Pr. 14. 7.
x Is. 65. 24.
y Le. 26. 40,
&c.
De.30.1,&c
z De. 4. 7.
a ch. 24. 7.
b Ps. 32. 6.
46. 1.
Is. 45. 19.
55. 6.
c Ps. 126. 1, 4.
d ch. 23. 3.
30. 3.
32. 37.
Eze. 36. 24.
Am. 9. 14.
Mi. 4. 12.
Zep. 3. 20.
e De. 28. 48.
f ch. 27. 6, 7.
g Eze. 1. 1, 3.
h Da. 2. 38.
i ch.29.31,32.
k La. 2. 14.
l ch.24.8.10.
m De. 13. 5.
θ revolt.
ch. 29. 32.
n Is.44.25,26.
o ch. 15. 4.
34. 17.
Le. 26.33.
De. 28.25.
κ for.
p ch. 26. 6.

---

were carried away captives, and to the priests, and to the prophets, and to all the people whom Nebuchadnezzar had carried away captive from Jerusalem to Babylon,

2 (After that Jeconiah *a* the king, and the queen,& the *β* eunuchs,the princes of Judah and Jerusalem, and the carpenters, and the smiths, were departed from Jerusalem,)

3 By the hand of Elasah the son of Shaphan, and Gemariah the son of Hilkiah, (whom Zedekiah king of Judah sent unto Babylon to Nebuchadnezzar king of Babylon,) saying,

4 Thus saith the Lord of hosts, the God of Israel, unto all them that are carried away captives, whom I have caused to be carried away from Jerusalem unto Babylon,

5 Build *d* ye houses, and dwell *in them;* and plant gardens,& eat the fruit of them ;

6 Take ye wives, and beget sons and daughters ; and take wives for your sons, and give your daughters to husbands, that they may bear sons and daughters ; that ye may be increased there, and not diminished.

7 And seek *h* the peace of the city whither I have caused you to be carried away captives, and pray *k* unto the Lord for it : for in the peace thereof shall ye have peace.

8 For thus saith the Lord of hosts, the God of Israel, Let not *l* your prophets and your diviners, that *be* in the midst of you, deceive you, neither hearken to your dreams which ye caused to be dreamed.

9 For they prophesy *ζ* falsely unto you in my name ; I have not sent them, saith the Lord.

10 For thus saith the Lord, That after *q* seventy years be accomplished at Babylon I will visit you, and perform my good *s* word toward you, in causing you to return to this place.

11 For I know the thoughts that I think *t* toward you, saith the Lord, thoughts of peace, and not of evil, to give you an *η* expected *u* end.

12 Then shall ye call *v* upon me, and ye shall go and pray unto me, and I will hearken *z* unto you.

13 And *y* ye shall seek me, and *z* find *me,* when ye shall search for me with all *a* your heart.

14 And I will be found *b* of you, saith the Lord ; and I will turn *c* away your captivity,and I will gather*d* you from all the nations, and from all the places whither I have driven you, saith the Lord ; and I will bring you again into the place whence I caused you to be carried away captive.

15 Because ye have said,The Lord hath raised us up prophets in *g* Babylon ;

16 *Know* that thus saith the Lord of the king that sitteth upon the throne of David, and of all the people that dwelleth in this city, *and* of your brethren that are not gone forth with you into captivity ;

17 Thus saith the Lord of hosts, Behold, I will send *l* upon them the sword, the famine, and the pestilence, and will make them like vile figs, that cannot be eaten, they are so evil.

18 And I will persecute them with the sword, with the famine, and with the pestilence,and will deliver them to be removed *o* to all the kingdoms of the earth, *κ* to be a curse,*p* and an astonishment, and an hissing, and a reproach, among all the nations whither I have driven them :

4 כֹּה אָמַר יְהוָה צְבָאוֹת אֱלֹהֵי יִשְׂרָאֵל לְכָל־הַגּוֹלָה אֲשֶׁר־הִגְלֵיתִי מִירוּשָׁלַ͏ִם בָּבֶלָה׃

5 בְּנוּ בָתִּים וְשֵׁבוּ וְנִטְעוּ גַנּוֹת וְאִכְלוּ אֶת־פִּרְיָן׃

6 קְחוּ נָשִׁים וְהוֹלִידוּ בָּנִים וּבָנוֹת וּקְחוּ לִבְנֵיכֶם נָשִׁים וְאֶת־בְּנוֹתֵיכֶם תְּנוּ לַאֲנָשִׁים וְתֵלַדְנָה בָּנִים וּבָנוֹת וּרְבוּ־שָׁם וְאַל־תִּמְעָטוּ׃

7 וְדִרְשׁוּ אֶת־שְׁלוֹם הָעִיר אֲשֶׁר הִגְלֵיתִי אֶתְכֶם שָׁמָּה וְהִתְפַּלְלוּ בַעֲדָהּ אֶל־יְהוָה כִּי בִשְׁלוֹמָהּ יִהְיֶה לָכֶם שָׁלוֹם׃

8 כִּי כֹה אָמַר יְהוָה צְבָאוֹת אֱלֹהֵי יִשְׂרָאֵל אַל־יַשִּׁיאוּ לָכֶם נְבִיאֵיכֶם אֲשֶׁר־בְּקִרְבְּכֶם וְקֹסְמֵיכֶם וְאַל־תִּשְׁמְעוּ אֶל־חֲלֹמֹתֵיכֶם אֲשֶׁר אַתֶּם מַחְלְמִים׃

9 כִּי בְשֶׁקֶר הֵם נִבְּאִים לָכֶם בִּשְׁמִי לֹא שְׁלַחְתִּים נְאֻם־יְהוָה׃

10 כִּי־כֹה אָמַר יְהוָה כִּי לְפִי מְלֹאת לְבָבֶל שִׁבְעִים שָׁנָה אֶפְקֹד אֶתְכֶם וַהֲקִמֹתִי עֲלֵיכֶם אֶת־דְּבָרִי הַטּוֹב לְהָשִׁיב אֶתְכֶם אֶל־הַמָּקוֹם הַזֶּה׃

11 כִּי אָנֹכִי יָדַעְתִּי אֶת־הַמַּחֲשָׁבֹת אֲשֶׁר אָנֹכִי חֹשֵׁב עֲלֵיכֶם נְאֻם־יְהוָה מַחְשְׁבוֹת שָׁלוֹם וְלֹא לְרָעָה לָתֵת לָכֶם אַחֲרִית וְתִקְוָה׃

12 וּקְרָאתֶם אֹתִי וַהֲלַכְתֶּם וְהִתְפַּלַּלְתֶּם אֵלָי וְשָׁמַעְתִּי אֲלֵיכֶם׃

13 וּבִקַּשְׁתֶּם אֹתִי וּמְצָאתֶם כִּי תִדְרְשֻׁנִי בְּכָל־לְבַבְכֶם׃

14 וְנִמְצֵאתִי לָכֶם נְאֻם־יְהוָה וְשַׁבְתִּי אֶת־שְׁבוּתְכֶם וְקִבַּצְתִּי אֶתְכֶם מִכָּל־הַגּוֹיִם וּמִכָּל־הַמְּקוֹמוֹת אֲשֶׁר הִדַּחְתִּי אֶתְכֶם שָׁם נְאֻם־יְהוָה וַהֲשִׁבֹתִי אֶתְכֶם אֶל־הַמָּקוֹם אֲשֶׁר־הִגְלֵיתִי אֶתְכֶם מִשָּׁם׃

15 כִּי אֲמַרְתֶּם הֵקִים לָנוּ יְהוָה נְבִאִים בָּבֶלָה׃

16 כִּי־כֹה אָמַר יְהוָה אֶל־הַמֶּלֶךְ הַיּוֹשֵׁב אֶל־כִּסֵּא דָוִד וְאֶל־כָּל־הָעָם הַיּוֹשֵׁב בָּעִיר הַזֹּאת אֲחֵיכֶם אֲשֶׁר לֹא־יָצְאוּ אִתְּכֶם בַּגּוֹלָה׃

17 כֹּה אָמַר יְהוָה צְבָאוֹת הִנְנִי מְשַׁלֵּחַ בָּם אֶת־הַחֶרֶב אֶת־הָרָעָב וְאֶת־הַדָּבֶר וְנָתַתִּי אוֹתָם כַּתְּאֵנִים הַשֹּׁעָרִים אֲשֶׁר לֹא־תֵאָכַלְנָה מֵרֹעַ׃

18 וְרָדַפְתִּי אַחֲרֵיהֶם בַּחֶרֶב בָּרָעָב וּבַדָּבֶר וּנְתַתִּים לְזַעֲוָה לְכֹל מַמְלְכוֹת הָאָרֶץ לְאָלָה וּלְשַׁמָּה וְלִשְׁרֵקָה וּלְחֶרְפָּה בְּכָל־הַגּוֹיִם אֲשֶׁר־הִדַּחְתִּים שָׁם׃

19 תַּחַת אֲשֶׁר־לֹא־שָׁמְעוּ אֶל־דְּבָרַי נְאֻם־יְהוָה אֲשֶׁר שָׁלַחְתִּי אֲלֵיהֶם אֶת־עֲבָדַי הַנְּבִאִים הַשְׁכֵּם וְשָׁלֹחַ וְלֹא שְׁמַעְתֶּם נְאֻם־יְהוָה׃

20 וְאַתֶּם שִׁמְעוּ דְבַר־יְהוָה כָּל־הַגּוֹלָה אֲשֶׁר־שִׁלַּחְתִּי מִירוּשָׁלַ͏ִם בָּבֶלָה׃

21 כֹּה־אָמַר יְהוָה צְבָאוֹת אֱלֹהֵי יִשְׂרָאֵל אֶל־אַחְאָב בֶּן־קוֹלָיָה וְאֶל־צִדְקִיָּהוּ בֶן־מַעֲשֵׂיָה הַנִּבְּאִים לָכֶם בִּשְׁמִי שָׁקֶר הִנְנִי נֹתֵן אֹתָם בְּיַד נְבוּכַדְרֶאצַּר מֶלֶךְ־בָּבֶל וְהִכָּם לְעֵינֵיכֶם׃

22 וְלֻקַּח מֵהֶם קְלָלָה לְכֹל גָּלוּת יְהוּדָה אֲשֶׁר בְּבָבֶל לֵאמֹר יְשִׂמְךָ יְהוָה כְּצִדְקִיָּהוּ וּכְאֶחָב אֲשֶׁר־קָלָם מֶלֶךְ־בָּבֶל בָּאֵשׁ׃

23 יַעַן אֲשֶׁר עָשׂוּ נְבָלָה בְּיִשְׂרָאֵל וַיְנַאֲפוּ אֶת־נְשֵׁי רֵעֵיהֶם וַיְדַבְּרוּ דָבָר בִּשְׁמִי שֶׁקֶר אֲשֶׁר לוֹא צִוִּיתִם וְאָנֹכִי הוּיֹדֵעַ וָעֵד נְאֻם־יְהוָה׃

24 וְאֶל־שְׁמַעְיָהוּ הַנֶּחֱלָמִי תֹּאמַר לֵאמֹר׃

25 כֹּה־אָמַר יְהוָה צְבָאוֹת אֱלֹהֵי יִשְׂרָאֵל לֵאמֹר יַעַן אֲשֶׁר אַתָּה שָׁלַחְתָּ בְשִׁמְכָה סְפָרִים אֶל־כָּל־הָעָם אֲשֶׁר בִּירוּשָׁלַ͏ִם וְאֶל־צְפַנְיָה בֶן־מַעֲשֵׂיָה הַכֹּהֵן וְאֶל כָּל־הַכֹּהֲנִים לֵאמֹר׃

26 יְהוָה נְתָנְךָ כֹהֵן תַּחַת יְהוֹיָדָע הַכֹּהֵן לִהְיוֹת פְּקִדִים בֵּית יְהוָה לְכָל־אִישׁ מְשֻׁגָּע וּמִתְנַבֵּא וְנָתַתָּה אֹתוֹ אֶל־הַמַּהְפֶּכֶת וְאֶל־הַצִּינֹק׃

27 וְעַתָּה לָמָּה לֹא גָעַרְתָּ בְּיִרְמְיָהוּ הָעֲנְּתֹתִי הַמִּתְנַבֵּא לָכֶם׃

28 כִּי עַל־כֵּן שָׁלַח אֵלֵינוּ בָּבֶל לֵאמֹר אֲרֻכָּה הִיא בְּנוּ בָתִּים וְשֵׁבוּ וְנִטְעוּ גַנּוֹת וְאִכְלוּ אֶת־פְּרִיהֶן׃

29 וַיִּקְרָא צְפַנְיָה הַכֹּהֵן אֶת־הַסֵּפֶר הַזֶּה בְּאָזְנֵי יִרְמְיָהוּ הַנָּבִיא׃

30 וַיְהִי דְּבַר־יְהוָה אֶל־יִרְמְיָהוּ לֵאמֹר׃

31 שְׁלַח עַל־כָּל־הַגּוֹלָה לֵאמֹר כֹּה אָמַר יְהוָה אֶל־שְׁמַעְיָה הַנֶּחֱלָמִי יַעַן אֲשֶׁר נִבָּא לָכֶם שְׁמַעְיָה וַאֲנִי לֹא שְׁלַחְתִּיו וַיַּבְטַח אֶתְכֶם עַל־שָׁקֶר׃

32 לָכֵן כֹּה־אָמַר יְהוָה הִנְנִי פֹקֵד עַל־שְׁמַעְיָה הַנֶּחֱלָמִי וְעַל־זַרְעוֹ לֹא־יִהְיֶה לוֹ אִישׁ יוֹשֵׁב בְּתוֹךְ־הָעָם הַזֶּה וְלֹא־יִרְאֶה בַטּוֹב אֲשֶׁר־אֲנִי עֹשֶׂה־לְעַמִּי נְאֻם־יְהוָה כִּי־סָרָה דִבֶּר עַל־יְהוָה׃

CAP. XXX. ל

1 הַדָּבָר אֲשֶׁר הָיָה אֶל־יִרְמְיָהוּ מֵאֵת יְהוָה לֵאמֹר׃

2 כֹּה־אָמַר יְהוָה אֱלֹהֵי יִשְׂרָאֵל לֵאמֹר כְּתָב־לְךָ אֵת כָּל־הַדְּבָרִים אֲשֶׁר־דִּבַּרְתִּי אֵלֶיךָ אֶל־סֵפֶר׃

3 כִּי הִנֵּה יָמִים בָּאִים נְאֻם־יְהוָה וְשַׁבְתִּי אֶת־שְׁבוּת עַמִּי יִשְׂרָאֵל וִיהוּדָה אָמַר יְהוָה וַהֲשִׁבֹתִים אֶל־הָאָרֶץ אֲשֶׁר־נָתַתִּי לַאֲבוֹתָם וִירֵשׁוּהָ׃

4 וְאֵלֶּה הַדְּבָרִים אֲשֶׁר דִּבֶּר יְהוָה אֶל־יִשְׂרָאֵל וְאֶל־

19 Because they have not hearkened to my words, saith the Lord, which I sent *a* unto them by my servants the prophets, rising up early and sending *them;* but ye would not hear, saith the Lord.

20 Hear ye, therefore, the word of the Lord, all ye of the captivity,*b* whom I have *c* sent from Jerusalem to Babylon:

21 Thus saith the Lord of hosts, the God of Israel, of Ahab the son of Kolaiah, and of Zedekiah the son of Maaseiah,which prophesy a lie unto you in my name, Behold, I will deliver them into the hand of Nebuchadrezzar king of Babylon, and he shall slay them before your eyes;

22 And of them shall be taken up a curse *f* by all the captivity of Judah which *are* in Babylon, saying, The Lord make thee like Zedekiah and like Ahab, whom the king of Babylon roasted in the fire;*i*

23 Because *l* they have committed villany in Israel, and have committed adultery with their neighbours' wives, and have spoken lying words in my name, which I have not commanded them; even I know, and *am* a witness, saith the Lord.

24 *Thus* shalt thou also speak to Shemaiah the ᵭ Nehelamite, saying,

25 Thus speaketh the Lord of hosts, the God of Israel, saying, Because thou hast sent letters in thy name unto all the people that *are* at Jerusalem, and to Zephaniah *n* the son of Maaseiah, the priest, and to all the priests, saying,

26 The Lord hath made thee priest in the stead of Jehoiada the priest, that ye should be officers *r* in the house of the Lord,for every man*that is* mad,*s*and maketh himself a prophet, that thou shouldest put him in prison,*u* and in the stocks.

27 Now, therefore, why hast thou not reproved Jeremiah of Anathoth, which maketh himself a prophet to you?

28 For therefore he sent unto us *in* Babylon, saying, This *captivity is* long: build*w* ye houses, and dwell *in them ;* and plant gardens, and eat the fruit of them.

29 And Zephaniah the priest read this letter in the ears of Jeremiah the prophet.

30 Then came the word of the Lord unto Jeremiah, saying,

31 Send to all them of the *x* captivity, saying, Thus saith the Lord concerning Shemaiah the Nehelamite, Because *a* that Shemaiah hath prophesied unto you, and I sent him not, and he caused you to trust in a lie ;

32 Therefore thus saith the Lord, Behold, I will punish Shemaiah the Nehelamite, and his seed : he shall not have a man to dwell among this people ; neither shall he behold the good that I will do for my people, saith the Lord ; because he hath taught *η* rebellion against the Lord.

CHAP. XXX.

THE word that came to Jeremiah from the Lord, saying,

2 Thus speaketh the Lord God of Israel, saying, Write *g* thee all the words that I have spoken unto thee in a book.

3 For, lo, the days come, saith the Lord, that I *k* will bring again the captivity of my people Israel and Judah, saith the Lord ; and I will cause them to return *k* to the land that I gave to their fathers, and they shall possess it.

4 And these *are* the words that the Lord spake concerning Israel and concerning Judah.

B. C. 599.

β or, there is *fear and not peace.*
a ch. 25. 4.
　32. 33.
γ male.
b Eze.3,11,15
c ch. 24. 5
d Joel2,11,31.
　Zep. 1. 14.
　Re. 6. 17.
e Da. 12. 1.
f Is. 65. 15.
g Ho. 3. 5.
h Lu. 1. 69.
i Da. 3. 6.
k ch.46,27,28.
　Is. 41. 13.
　43. 5.
　44. 2.
l ch.23.14,21.
δ or,*dreamer*
m Am. 9. 8.
　uch. 21. 1.
2 Ki. 25,18.
o 2Ch.36,16.
p 1 Ti. 2. 5,6.
　1 Jnⁿ. 2. 1.
ζ for binding up, or, *pressing.*
q ch. 8. 22.
　Is. 1. 6.
r ch. 20. 1, 2.
s 2 Ki. 9. 11.
　Ac. 26. 24.
t La. 1. 2.
　Ho.2. 5, 7.
u ch. 38.6,28.
　2 Ch.18.26.
v La. 2. 5.
w ver. 5.
x La.5.16,17.
y Ex. 23. 22.
　Is. 33. 1.
　41.11,12.
z ver. 20.
a ch.28,15,16.
　2 Pe. 2. 1.
b ch. 33. 6.
　Ps. 23. 3.
　103. 3.
　107. 20.
c Ps. 102. 13.
η revolt,
　ch. 28. 16.
θ or, *little hill.*
Ps.68.15,16
d Is. 51. 11.
e Ps. 42. 4.
f Zec. 10. 8.
g 2 Pe. 11. 21.
　Re. 1. 19.
　10. 4.
h ver. 18.
　ch. 32. 37.
Eze. 39. 25,
　26.
Am.9.14,15
i Is. 1. 26.
k ch. 16. 15.
Ezr.3. 1, 8,
　12.
Eze. 36. 24.
l ch. 2. 3.
m Ge. 49. 10.
n Nu. 16. 5.

---

5 For thus saith the Lord, We have heard a voice of trembling, *β* of fear, and not of peace.

6 Ask ye now, and see whether a *γ* man doth travail with child ? wherefore do I see every man with his hands on his loins, as a woman in travail, and all faces are turned into paleness?

7 Alas! for that day *d is* great, so *e* that none *is* like it : it *is* even the time of Jacob's trouble ; but he shall be saved out of it.

8 For it shall come to pass in that day, saith the Lord of hosts, *that* I will break his yoke from off thy neck, and will burst thy bonds, and strangers shall no more serve themselves of him :

9 But they shall serve the Lord their God, and David *g* their king, whom I will raise up *h* unto them.

10 Therefore fear thou not,*k* O my servant Jacob, saith the Lord ; neither be dismayed, O Israel : for, lo, I will save thee from afar, and thy seed from the land of their captivity ; and Jacob shall return, and shall be in rest, and be quiet, and none shall make *him* afraid.

11 For I *am* with thee, saith the Lord, to save thee : though I make a full end of all nations whither I have scattered thee, yet *m* will I not make a full end of thee : but I will correct thee in measure, and will not leave thee altogether unpunished.

12 For thus saith the Lord, Thy bruise *is* incurable,*o and* thy wound *is* grievous.

13 *There is* none to plead *p* thy cause, *ζ* that thou mayest be bound up: thou *q* hast no healing medicines.

14 All *t* thy lovers have forgotten thee; they seek thee not: for I have wounded thee with the wound of an enemy,*v* with the chastisement of a cruel one, for the multitude of thine iniquity ; *because* thy sins were increased.

15 Why criest thou for thine affliction ? thy sorrow *is* incurable for the multitude of thine iniquity ; *because* thy sins *x* were increased, I have done these things unto thee.

16 Therefore all they that devour *y* thee shall be devoured ; and all thine adversaries, every one of them, shall go into captivity ; and they that spoil thee shall be a spoil, and all that prey upon thee will I give for a prey.

17 For I will restore health *b* unto thee, and I will heal thee of thy wounds, saith the Lord ; because they called thee an Outcast, *saying,* This *is* Zion, whom no man seeketh after.

18 Thus saith the Lord, Behold, I will bring again the captivity of Jacob's tents, and *c* have mercy on his dwelling places ; and the city shall be builded upon her own *θ* heap, and the palace shall remain after the manner thereof.

19 And out of them shall proceed thanksgiving *d* and the voice of them *e* that make merry : and I will multiply*f* them, and they shall not be few ; I will also glorify them, and they shall not be small.

20 Their children also shall be as aforetime,*i* and their congregation shall be established before me, and I will punish all *l* that oppress them.

21 And their nobles shall be of themselves, and their governor *m* shall proceed from the midst of them ; and I will cause him *n* to draw near, and he shall approach unto me : for who *is* this that engaged his

ה כִּי־כֹה֙ אָמַ֣ר יְהוָ֔ה ק֥וֹל חֲרָדָ֖ה שָׁמָ֑עְנוּ פַּ֖חַד וְאֵ֥ין שָׁלֽוֹם׃

ו שַׁאֲלוּ־נָ֣א וּרְא֔וּ אִם־יֹלֵ֖ד זָכָ֑ר מַדּוּעַ֩ רָאִ֨יתִי כָל־גֶּ֜בֶר יָדָ֤יו עַל־חֲלָצָיו֙ כַּיּ֣וֹלֵדָ֔ה וְנֶהֶפְכ֥וּ כָל־פָּנִ֖ים לְיֵרָקֽוֹן׃

ז ה֗וֹי כִּ֥י גָד֛וֹל הַיּ֥וֹם הַה֖וּא מֵאַ֣יִן כָּמֹ֑הוּ וְעֵֽת־צָרָ֥ה הִיא֙ לְיַֽעֲקֹ֔ב וּמִמֶּ֖נָּה יִוָּשֵֽׁעַ׃

ח וְהָיָה֩ בַיּ֨וֹם הַה֜וּא נְאֻ֣ם ׀ יְהוָ֣ה צְבָא֗וֹת אֶשְׁבֹּ֤ר עֻלּוֹ֙ מֵעַ֣ל צַוָּארֶ֔ךָ וּמוֹסְרוֹתֶ֖יךָ אֲנַתֵּ֑ק וְלֹא־יַעַבְדוּ־ב֥וֹ ע֖וֹד זָרִֽים׃

ט וְעָ֣בְד֔וּ אֵ֖ת יְהוָ֣ה אֱלֹהֵיהֶ֑ם וְאֵת֙ דָּוִ֣ד מַלְכָּ֔ם אֲשֶׁ֥ר אָקִ֖ים לָהֶֽם׃

י וְאַתָּ֡ה אַל־תִּירָא֩ עַבְדִּ֨י יַעֲקֹ֤ב נְאֻם־יְהוָה֙ וְאַל־תֵּחַ֣ת יִשְׂרָאֵ֔ל כִּ֣י הִנְנִ֤י מוֹשִֽׁיעֲךָ֙ מֵֽרָח֔וֹק וְאֶֽת־זַרְעֲךָ֖ מֵאֶ֣רֶץ שִׁבְיָ֑ם וְשָׁ֧ב יַעֲקֹ֛ב וְשָׁקַ֥ט וְשַׁאֲנַ֖ן וְאֵ֥ין מַחֲרִֽיד׃

יא כִּֽי־אִתְּךָ֥ אֲנִ֛י נְאֻם־יְהוָ֖ה לְהֽוֹשִׁיעֶ֑ךָ כִּי֩ אֶעֱשֶׂ֨ה כָלָ֜ה בְּכָֽל־הַגּוֹיִ֣ם ׀ אֲשֶׁ֧ר הֲפִצוֹתִ֣יךָ שָּׁ֗ם אַ֤ךְ אֹֽתְךָ֙ לֹֽא־אֶעֱשֶׂ֣ה כָלָ֔ה וְיִסַּרְתִּ֙יךָ֙ לַמִּשְׁפָּ֔ט וְנַקֵּ֖ה לֹ֥א אֲנַקֶּֽךָּ׃

יב כִּ֣י כֹ֥ה אָמַ֛ר יְהוָ֖ה אָנ֣וּשׁ לְשִׁבְרֵ֑ךְ נַחְלָ֖ה מַכָּתֵֽךְ׃

יג אֵֽין־דָּ֥ן דִּינֵ֖ךְ לְמָז֑וֹר רְפֻא֥וֹת תְּעָלָ֖ה אֵ֥ין לָֽךְ׃

יד כָּל־מְאַהֲבַ֣יִךְ שְׁכֵח֔וּךְ אוֹתָ֖ךְ לֹ֣א יִדְרֹ֑שׁוּ כִּי֩ מַכַּ֨ת אוֹיֵ֤ב הִכִּיתִיךְ֙ מוּסַ֣ר אַכְזָרִ֔י עַ֚ל רֹ֣ב עֲוֺנֵ֔ךְ עָצְמ֖וּ חַטֹּאתָֽיִךְ׃

טו מַה־תִּזְעַק֙ עַל־שִׁבְרֵ֔ךְ אָנ֖וּשׁ מַכְאֹבֵ֑ךְ עַ֣ל ׀ רֹ֣ב עֲוֺנֵ֗ךְ עָֽצְמוּ֙ חַטֹּאתַ֔יִךְ עָשִׂ֥יתִי אֵ֖לֶּה לָֽךְ׃

טז לָכֵ֞ן כָּל־אֹכְלַ֙יִךְ֙ יֵֽאָכֵ֔לוּ וְכָל־צָרַ֥יִךְ כֻּלָּ֖ם בַּשְּׁבִ֣י יֵלֵ֑כוּ וְהָי֤וּ שֹׁאסַ֙יִךְ֙ לִמְשִׁסָּ֔ה וְכָל־בֹּזְזַ֖יִךְ אֶתֵּ֥ן לָבַֽז׃

יז כִּי֩ אַעֲלֶ֨ה אֲרֻכָ֥ה לָ֛ךְ וּמִמַּכּוֹתַ֥יִךְ אֶרְפָּאֵ֖ךְ נְאֻם־יְהוָ֑ה כִּ֤י נִדָּחָה֙ קָ֣רְאוּ לָ֔ךְ צִיּ֣וֹן הִ֔יא דֹּרֵ֖שׁ אֵ֥ין לָֽהּ׃

יח כֹּ֣ה ׀ אָמַ֣ר יְהוָ֗ה הִנְנִי־שָׁב֙ שְׁבוּת֙ אָהֳלֵ֣י יַֽעֲק֔וֹב וּמִשְׁכְּנֹתָ֖יו אֲרַחֵ֑ם וְנִבְנְתָ֥ה עִיר֙ עַל־תִּלָּ֔הּ וְאַרְמ֖וֹן עַל־מִשְׁפָּט֥וֹ יֵשֵֽׁב׃

יט וְיָצָ֥א מֵהֶ֛ם תּוֹדָ֖ה וְק֣וֹל מְשַׂחֲקִ֑ים וְהִרְבִּתִים֙ וְלֹ֣א יִמְעָ֔טוּ וְהִכְבַּדְתִּ֖ים וְלֹ֥א יִצְעָֽרוּ׃

כ וְהָי֤וּ בָנָיו֙ כְּקֶ֔דֶם וַעֲדָת֖וֹ לְפָנַ֣י תִּכּ֑וֹן וּפָ֣קַדְתִּ֔י עַ֖ל כָּל־לֹחֲצָֽיו׃

כא וְהָיָ֨ה אַדִּיר֜וֹ מִמֶּ֗נּוּ וּמֹֽשְׁלוֹ֙ מִקִּרְבּ֣וֹ יֵצֵ֔א וְהִקְרַבְתִּ֖יו וְנִגַּ֣שׁ אֵלָ֑י כִּי֩ מִ֨י הוּא־זֶ֜ה עָרַ֧ב אֶת־לִבּ֛וֹ לָגֶ֥שֶׁת אֵלַ֖י נְאֻם־יְהוָֽה׃

כב וִהְיִ֥יתֶם לִ֖י לְעָ֑ם וְאָ֣נֹכִ֔י אֶהְיֶ֥ה לָכֶ֖ם לֵאלֹהִֽים׃

כג הִנֵּ֣ה ׀ סַעֲרַ֣ת יְהוָ֗ה חֵמָה֙ יָֽצְאָ֔ה סַ֖עַר מִתְגּוֹרֵ֑ר עַ֛ל רֹ֥אשׁ רְשָׁעִ֖ים יָחֽוּל׃

כד לֹ֣א יָשׁ֞וּב חֲר֣וֹן אַף־יְהוָ֗ה עַד־עֲשֹׂת֛וֹ וְעַד־הֲקִימ֥וֹ

מְזִמּ֣וֹת לִבּ֑וֹ בְּאַחֲרִ֥ית הַיָּמִ֖ים תִּתְבּ֥וֹנְנוּ בָֽהּ׃

CAP. XXXI.   לא

א בָּעֵ֤ת הַהִיא֙ נְאֻם־יְהוָ֔ה אֶֽהְיֶה֙ לֵֽאלֹהִ֔ים לְכֹ֖ל מִשְׁפְּח֣וֹת יִשְׂרָאֵ֑ל וְהֵ֖מָּה יִֽהְיוּ־לִ֥י לְעָֽם׃

ב כֹּ֚ה אָמַ֣ר יְהוָ֔ה מָצָ֥א חֵן֙ בַּמִּדְבָּ֔ר עַ֖ם שְׂרִ֣ידֵי חָ֑רֶב הָל֥וֹךְ לְהַרְגִּיע֖וֹ יִשְׂרָאֵֽל׃

ג מֵרָח֕וֹק יְהוָ֖ה נִרְאָ֣ה לִ֑י וְאַהֲבַ֤ת עוֹלָם֙ אֲהַבְתִּ֔יךְ עַל־כֵּ֖ן מְשַׁכְתִּ֥יךְ חָֽסֶד׃

ד ע֤וֹד אֶבְנֵךְ֙ וְֽנִבְנֵ֔ית בְּתוּלַ֖ת יִשְׂרָאֵ֑ל ע֚וֹד תַּעְדִּ֣י תֻפַּ֔יִךְ וְיָצָ֖את בִּמְח֥וֹל מְשַׂחֲקִֽים׃

ה ע֚וֹד תִּטְּעִ֣י כְרָמִ֔ים בְּהָרֵ֖י שֹֽׁמְר֑וֹן נָטְע֥וּ נֹטְעִ֖ים וְחִלֵּֽלוּ׃

ו כִּ֣י יֶשׁ־י֔וֹם קָרְא֥וּ נֹצְרִ֖ים בְּהַ֣ר אֶפְרָ֑יִם ק֚וּמוּ וְנַעֲלֶ֣ה צִיּ֔וֹן אֶל־יְהוָ֖ה אֱלֹהֵֽינוּ׃

ז כִּי־כֹ֣ה ׀ אָמַ֣ר יְהוָ֗ה רָנּ֤וּ לְיַֽעֲקֹב֙ שִׂמְחָ֔ה וְצַהֲל֖וּ בְּרֹ֣אשׁ הַגּוֹיִ֑ם הַשְׁמִ֤יעוּ הַֽלְלוּ֙ וְאִמְר֔וּ הוֹשַׁ֤ע יְהוָה֙ אֶֽת־עַמְּךָ֔ אֵ֖ת שְׁאֵרִ֥ית יִשְׂרָאֵֽל׃

ח הִנְנִי֩ מֵבִ֨יא אוֹתָ֜ם מֵאֶ֣רֶץ צָפ֗וֹן וְקִבַּצְתִּים֮ מִיַּרְכְּתֵי־אָרֶץ֒ בָּ֣ם עִוֵּ֤ר וּפִסֵּ֙חַ֙ הָרָ֣ה וְיֹלֶ֣דֶת יַחְדָּ֔ו קָהָ֥ל גָּד֖וֹל יָשׁ֥וּבוּ הֵֽנָּה׃

ט בִּבְכִ֣י יָבֹ֗אוּ וּֽבְתַחֲנוּנִים֮ אֽוֹבִילֵם֒ אֽוֹלִיכֵם֙ אֶל־נַ֣חֲלֵי מַ֔יִם בְּדֶ֣רֶךְ יָשָׁ֔ר לֹ֥א יִכָּשְׁל֖וּ בָּ֑הּ כִּֽי־הָיִ֤יתִי לְיִשְׂרָאֵל֙ לְאָ֔ב וְאֶפְרַ֖יִם בְּכֹ֥רִי הֽוּא׃

י שִׁמְע֤וּ דְבַר־יְהוָה֙ גּוֹיִ֔ם וְהַגִּ֥ידוּ בָאִיִּ֖ים מִמֶּרְחָ֑ק וְאִמְר֗וּ מְזָרֵ֤ה יִשְׂרָאֵל֙ יְקַבְּצֶ֔נּוּ וּשְׁמָר֖וֹ כְּרֹעֶ֥ה עֶדְרֽוֹ׃

יא כִּֽי־פָדָ֥ה יְהוָ֖ה אֶֽת־יַעֲקֹ֑ב וּגְאָל֕וֹ מִיַּ֖ד חָזָ֥ק מִמֶּֽנּוּ׃

יב וּבָאוּ֮ וְרִנְּנ֣וּ בִמְרוֹם־צִיּוֹן֒ וְנָהֲר֞וּ אֶל־ט֣וּב יְהוָ֗ה עַל־דָּגָן֙ וְעַל־תִּירֹ֣שׁ וְעַל־יִצְהָ֔ר וְעַל־בְּנֵי־צֹ֖אן וּבָקָ֑ר וְהָיְתָ֤ה נַפְשָׁם֙ כְּגַ֣ן רָוֶ֔ה וְלֹא־יוֹסִ֥יפוּ לְדַאֲבָ֖ה עֽוֹד׃

יג אָ֣ז תִּשְׂמַ֤ח בְּתוּלָה֙ בְּמָח֔וֹל וּבַחֻרִ֥ים וּזְקֵנִ֖ים יַחְדָּ֑ו וְהָפַכְתִּ֨י אֶבְלָ֤ם לְשָׂשׂוֹן֙ וְנִ֣חַמְתִּ֔ים וְשִׂמַּחְתִּ֖ים מִיגוֹנָֽם׃

יד וְרִוֵּיתִ֛י נֶ֥פֶשׁ הַכֹּהֲנִ֖ים דָּ֑שֶׁן וְעַמִּ֛י אֶת־טוּבִ֥י יִשְׂבָּ֖עוּ נְאֻם־יְהוָֽה׃

טו כֹּ֣ה ׀ אָמַ֣ר יְהוָ֗ה ק֣וֹל בְּרָמָ֤ה נִשְׁמָע֙ נְהִי֙ בְּכִ֣י תַמְרוּרִ֔ים רָחֵ֖ל מְבַכָּ֣ה עַל־בָּנֶ֑יהָ מֵאֲנָ֛ה לְהִנָּחֵ֥ם עַל־בָּנֶ֖יהָ כִּ֥י אֵינֶֽנּוּ׃

טז כֹּ֣ה ׀ אָמַ֣ר יְהוָ֗ה מִנְעִ֤י קוֹלֵךְ֙ מִבֶּ֔כִי וְעֵינַ֖יִךְ מִדִּמְעָ֑ה כִּי֩ יֵ֨שׁ שָׂכָ֤ר לִפְעֻלָּתֵךְ֙ נְאֻם־יְהוָ֔ה וְשָׁ֖בוּ מֵאֶ֥רֶץ אוֹיֵֽב׃

יז וְיֵשׁ־תִּקְוָ֥ה לְאַחֲרִיתֵ֖ךְ נְאֻם־יְהוָ֑ה וְשָׁ֥בוּ בָנִ֖ים לִגְבוּלָֽם׃

יח שָׁמ֣וֹעַ שָׁמַ֗עְתִּי אֶפְרַ֙יִם֙ מִתְנוֹדֵ֔ד יִסַּרְתַּ֙נִי֙ וָֽאִוָּסֵ֔ר כְּעֵ֖גֶל לֹ֣א לֻמָּ֑ד הֲשִׁיבֵ֣נִי וְאָשׁ֔וּבָה כִּ֥י אַתָּ֖ה יְהוָ֥ה אֱלֹהָֽי׃

יט כִּֽי־אַחֲרֵ֤י שׁוּבִי֙ נִחַ֔מְתִּי וְאַחֲרֵי֙

heart to approach unto me? saith the LORD.

22 And*a* ye shall be my people, and I will be your God.

23 Behold, the whirlwind of the LORD goeth forth with fury, a β continuing whirlwind; it shall γ fall with pain upon the head of the wicked.

24 The fierce anger of the LORD shall not return, until he have done *it*, and until he have performed the intents of his heart: in the latter days ye shall consider it.

CHAP. XXXI.

AT the same time, saith the LORD, will I be the God of all the families of Israel, and they shall be my people.

2 Thus saith the LORD, The people *which were* left of the sword found grace in the wilderness; *even* Israel, when *g* I went to cause him to rest.

3 The LORD hath appeared δ of old unto me, *saying*, Yea, I have loved *h* thee with an everlasting *k* love; therefore ζ with loving-kindness have I drawn *l* thee.

4 Again I will build thee, and thou shalt be built, O virgin of Israel: thou shalt again be adorned with thy θ tabrets, and shalt go forth in the dances of them that make merry.

5 Thou shalt yet plant vines upon the mountains of Samaria: the planters shall plant, & shall κ eat *them* as common things.

6 For there shall be a day, *that* the watchmen upon the mount Ephraim shall cry, Arise ye, and let us go up*q* to Zion unto the LORD our God.

7 For thus saith the LORD, Sing with gladness for Jacob, and shout among the chief of the nations: publish ye, praise ye, and say, O LORD, save thy people, the remnant of Israel.

8 Behold, I will bring them from the north country, and gather *r* them from the coasts of the earth, *and* with them the blind and the lame, the woman with child and her that travaileth with child *u* together: a great company shall return thither.

9 They shall come with weeping, *w* and with λ supplications*y* will I lead them: I will cause them to walk by the rivers of waters *z* in a straight way, wherein they shall not stumble; for I am a Father *a* to Israel, and Ephraim *is* my *e* first-born.

10 Hear the word of the LORD, O ye nations, and declare *it* in the isles afar off, and say, He that scattered Israel will gather *d* him, and keep him, as a shepherd *doth* his flock.

11 For *e* the LORD hath redeemed Jacob, and ransomed him from the hand of *him that was* stronger*f* than he.

12 Therefore they shall come and *g* sing in the height *h* of Zion, and shall flow together to the goodness of the LORD, for wheat, and for wine, and for oil, and for the young of the flock, and of the herd: and their soul shall be as a watered *i* garden; and they shall not sorrow*k* any more at all.

13 Then shall the virgin rejoice in the dance, both young men and old together: for I will turn their mourning into joy, and will comfort them, and make them rejoice from their sorrow.

14 And I will satiate the soul of the priests with fatness, and my people shall be satisfied with my goodness, saith the LORD.

15 Thus saith the LORD, A*m* voice was heard in Ramah, lamentation, *and* bitter

---

B. C. 606.

a Eze. 37. 27.
β *cutting.*
γ or, *remain.*
b Ezr. 1. 5.
Ho. 1. 11.
c Ps. 39. 8, 9.
d Ho. 10. 11.
e Ps.80.3,7,19.
La. 5. 21.
f 2Co.7.10,11.
g Nu. 10. 33.
De. 1. 33.
δ *from afar.*
h Mal. 1. 2.
i Job 13. 26.
k Ro.11.28,29.
ζ or, *have I extended loving-kindness unto thee.*
l Ho. 11. 4.
m La. 3.31,32.
η *sound,*
Is. 63. 15.
θ or, *timbrels.*
n ch. 50. 5.
κ *profane them,*
De. 28. 30.
o ch. 3. 14.
Zec. 10. 9.
p ch. 2.18,36.
q Mi. 4. 2.
r Eze. 20. 34,
41.
s Ps. 122.5..8.
t Zec. 8. 3.
u Is. 40. 11.
v Is. 50. 4.
Mat. 11.28.
w ch. 50. 4.
Ps. 126.5, 6.
Mat. 5. 4.
x Lu. 1. 53.
Jn°. 4. 14.
λ or, *favours.*
Zec. 12. 10.
y Da. 9.17,18.
Ro. 8. 26.
z Ps. 23. 2.
Is. 35. 7, 8.
43. 19.
49. 10,11.
Re. 7. 17.
a ch. 3. 4, 19.
Is. 63. 16.
64. 8.
Mat. 6. 9.
*b*Eze.36.9..11.
Ho. 2. 23.
c Ex. 4. 22.
d Eze.34.12..
14.
e Is. 44. 23.
48. 20.
f Is.49.24,25.
Mat. 12.29.
g Is. 35. 10.
h Eze. 17. 23.
20. 40.
i Is. 58. 11.
k Re. 21. 4.
l Eze. 37. 26.
He. 8.8..12.
10.16, 17.
μ or, *should I have continued.*
m Mat. 2. 17.

---

weeping; Rahel weeping for her children, refused to be comforted for her children, because they *were* not.

16 Thus saith the LORD, Refrain thy voice from weeping, and thine eyes from tears: for thy work shall be rewarded, saith the LORD; and they shall come again*b* from the land of the enemy.

17 And there is hope in thine end, saith the LORD, that thy children shall come again to their own border.

18 I have surely heard Ephraim bemoaning himself *thus;* Thou *c* hast chastised me, and I was chastised, as a bullock *d* unaccustomed *to the yoke:* turn thou *e* me, and I shall be turned; for thou *art* the LORD my God.

19 Surely after*f* that I was turned, I repented; and after that I was instructed, I smote upon *my* thigh: I was ashamed, yea, even confounded, because I did bear the reproach of my *e* youth.

20 *Is* Ephraim my dear son? *is he* a pleasant child? for since*m* I spake against him, I do earnestly remember him still: therefore my bowels η are troubled for him: I will surely have mercy upon him, saith the LORD.

21 Set thee up way-marks, make thee high heaps: set *n* thine heart toward the highway, *even* the way *which* thou wentest: turn again, O virgin of Israel, turn again *o* to these thy cities.

22 How long *p* wilt thou go about, O thou backsliding daughter? for the LORD hath created a new thing in the earth, A woman shall compass a man.

23 Thus saith the LORD of hosts, the God of Israel, As yet they shall use this *speech* in the land of Judah and in the cities thereof, when I shall bring again their captivity, The LORD bless thee, O habitation of justice,*s* *and* mountain of *t* holiness.

24 And there shall dwell in Judah itself, and in all the cities thereof together, husbandmen, and they *that* go forth with flocks.

25 For*u* I have satiated the weary soul, and I have replenished *x* every sorrowful soul.

26 Upon this I awaked, and beheld; and my sleep was sweet unto me.

27 Behold, the days come, saith the LORD, that I will sow *b* the house of Israel, and the house of Judah, with the seed of man, and with the seed of beast.

28 And it shall come to pass, *that* like as I have watched over them, to pluck up, and to break down, and to throw down, and to destroy, and to afflict; so will I watch over them, to build, and to plant, saith the LORD.

29 In those days they shall say no more, The fathers have eaten a sour grape, and the children's teeth are set on edge.

30 But every one shall die for his own iniquity: every man that eateth the sour grape, his teeth shall be set on edge.

31 Behold, the days come, saith the LORD, that I will make a new covenant *l* with the house of Israel, and with the house of Judah;

32 Not according to the covenant that I made with their fathers, in the day *that* I took them by the hand, to bring them out of the land of Egypt; which my covenant they brake, μ although I was an husband unto them, saith the LORD;

33 But this *shall be* the covenant that I will make with the house of Israel: After those days, saith the LORD, I will put my

נָשֵׂאתִי חֶרְפַּת נְעוּרָי ׃ הֲבֵן יַקִּיר לִי אֶפְרַיִם אִם־ 20

יֶלֶד שַׁעֲשֻׁעִים כִּי־מִדֵּי דַבְּרִי בּוֹ זָכֹר אֶזְכְּרֶנּוּ עוֹד

עַל־כֵּן הָמוּ מֵעַי לוֹ רַחֵם אֲרַחֲמֶנּוּ נְאֻם־יְהֹוָה ׃

הַצִּיבִי לָךְ צִיֻּנִים שִׂמִי לָךְ תַּמְרוּרִים שִׁתִי לִבֵּךְ לַמְסִלָּה דֶּרֶךְ הָלָכְתְּ שׁוּבִי בְּתוּלַת 21

יִשְׂרָאֵל שֻׁבִי אֶל־עָרַיִךְ אֵלֶּה ׃ עַד־מָתַי תִּתְחַמָּקִין 22

הַבַּת הַשּׁוֹבֵבָה כִּי־בָרָא יְהֹוָה חֲדָשָׁה בָּאָרֶץ נְקֵבָה

תְּסוֹבֵב גָּבֶר ׃ כֹּה־אָמַר יְהֹוָה צְבָאוֹת 23

אֱלֹהֵי יִשְׂרָאֵל עוֹד יֹאמְרוּ אֶת־הַדָּבָר הַזֶּה בְּאֶרֶץ

יְהוּדָה וּבְעָרָיו בְּשׁוּבִי אֶת־שְׁבוּתָם יְבָרֶכְךָ יְהֹוָה

נְוֵה־צֶדֶק הַר הַקֹּדֶשׁ ׃ וְיָשְׁבוּ בָהּ יְהוּדָה וְכָל־ 24

עָרָיו יַחְדָּו אִכָּרִים וְנָסְעוּ בַּעֵדֶר ׃ כִּי הִרְוֵיתִי 25

נֶפֶשׁ עֲיֵפָה וְכָל־נֶפֶשׁ דָּאֲבָה מִלֵּאתִי ׃ עַל־זֹאת 26

הֱקִיצֹתִי וָאֶרְאֶה וּשְׁנָתִי עָרְבָה לִּי ׃ הִנֵּה 27

יָמִים בָּאִים נְאֻם־יְהֹוָה וְזָרַעְתִּי אֶת־בֵּית יִשְׂרָאֵל

וְאֶת־בֵּית יְהוּדָה זֶרַע אָדָם וְזֶרַע בְּהֵמָה ׃ וְהָיָה 28

כַּאֲשֶׁר שָׁקַדְתִּי עֲלֵיהֶם לִנְתוֹשׁ וְלִנְתוֹץ וְלַהֲרֹס

וּלְהַאֲבִיד וּלְהָרֵעַ כֵּן אֶשְׁקֹד עֲלֵיהֶם לִבְנוֹת וְלִנְטוֹעַ

נְאֻם־יְהֹוָה ׃ בַּיָּמִים הָהֵם לֹא־יֹאמְרוּ עוֹד אָבוֹת 29

אָכְלוּ בֹסֶר וְשִׁנֵּי בָנִים תִּקְהֶינָה ׃ כִּי אִם־אִישׁ 30

בַּעֲוֺנוֹ יָמוּת כָּל־הָאָדָם הָאֹכֵל הַבֹּסֶר תִּקְהֶינָה שִׁנָּיו ׃

הִנֵּה יָמִים בָּאִים נְאֻם־יְהֹוָה וְכָרַתִּי אֶת־ 31

בֵּית יִשְׂרָאֵל וְאֶת־בֵּית יְהוּדָה בְּרִית חֲדָשָׁה ׃ לֹא 32

כַבְּרִית אֲשֶׁר כָּרַתִּי אֶת־אֲבוֹתָם בְּיוֹם הֶחֱזִיקִי בְיָדָם

לְהוֹצִיאָם מֵאֶרֶץ מִצְרָיִם אֲשֶׁר־הֵמָּה הֵפֵרוּ אֶת־

בְּרִיתִי וְאָנֹכִי בָּעַלְתִּי בָם נְאֻם־יְהֹוָה ׃ כִּי זֹאת 33

הַבְּרִית אֲשֶׁר אֶכְרֹת אֶת־בֵּית יִשְׂרָאֵל אַחֲרֵי הַיָּמִים

הָהֵם נְאֻם־יְהֹוָה נָתַתִּי אֶת־תּוֹרָתִי בְּקִרְבָּם וְעַל־

לִבָּם אֶכְתֲּבֶנָּה וְהָיִיתִי לָהֶם לֵאלֹהִים וְהֵמָּה יִהְיוּ־

לִי לְעָם ׃ וְלֹא יְלַמְּדוּ עוֹד אִישׁ אֶת־רֵעֵהוּ וְאִישׁ 34

אֶת־אָחִיו לֵאמֹר דְּעוּ אֶת־יְהֹוָה כִּי־כוּלָּם יֵדְעוּ

אוֹתִי לְמִקְטַנָּם וְעַד־גְּדוֹלָם נְאֻם־יְהֹוָה כִּי אֶסְלַח

לַעֲוֺנָם וּלְחַטָּאתָם לֹא אֶזְכָּר־עוֹד ׃ כֹּה 35

אָמַר יְהֹוָה נֹתֵן שֶׁמֶשׁ לְאוֹר יוֹמָם

חֻקֹּת יָרֵחַ וְכוֹכָבִים לְאוֹר לָיְלָה רֹגַע הַיָּם וַיֶּהֱמוּ

גַלָּיו יְהֹוָה צְבָאוֹת שְׁמוֹ ׃ אִם־יָמֻשׁוּ הַחֻקִּים 36

הָאֵלֶּה מִלְּפָנַי נְאֻם־יְהֹוָה גַּם זֶרַע יִשְׂרָאֵל יִשְׁבְּתוּ

מִהְיוֹת גּוֹי לְפָנַי כָּל־הַיָּמִים ׃ 37

כֹּה אָמַר יְהֹוָה אִם־יִמַּדּוּ שָׁמַיִם מִלְמַעְלָה וְיֵחָקְרוּ

מוֹסְדֵי־אֶרֶץ לְמָטָּה גַּם־אֲנִי אֶמְאַס בְּכָל־זֶרַע

יִשְׂרָאֵל עַל־כָּל־אֲשֶׁר עָשׂוּ נְאֻם־יְהֹוָה ׃

הִנֵּה יָמִים נְאֻם־יְהֹוָה וְנִבְנְתָה הָעִיר לַיהֹוָה 38

מִמִּגְדַּל חֲנַנְאֵל שַׁעַר הַפִּנָּה ׃ וְיָצָא עוֹד 39

קָו הַמִּדָּה נֶגְדּוֹ עַל גִּבְעַת גָּרֵב וְנָסַב גֹּעָתָה ׃

וְכָל־הָעֵמֶק הַפְּגָרִים וְהַדֶּשֶׁן וְכָל־הַשְּׁדֵמוֹת עַד־ 40

נַחַל קִדְרוֹן עַד־פִּנַּת שַׁעַר הַסּוּסִים מִזְרָחָה

קֹדֶשׁ לַיהֹוָה לֹא־יִנָּתֵשׁ וְלֹא־יֵהָרֵס עוֹד לְעוֹלָם ׃

CAP. XXXII. לב

הַדָּבָר אֲשֶׁר־הָיָה אֶל־יִרְמְיָהוּ מֵאֵת יְהֹוָה 1

בַּשָּׁנָה הָעֲשִׂרִית לְצִדְקִיָּהוּ מֶלֶךְ יְהוּדָה הִיא

הַשָּׁנָה שְׁמֹנֶה־עֶשְׂרֵה שָׁנָה לִנְבוּכַדְרֶאצַּר ׃ וְאָז 2

חֵיל מֶלֶךְ בָּבֶל צָרִים עַל־יְרוּשָׁלָ͏ִם וְיִרְמְיָהוּ הַנָּבִיא

הָיָה כָלוּא בַּחֲצַר הַמַּטָּרָה אֲשֶׁר בֵּית־מֶלֶךְ יְהוּדָה ׃

אֲשֶׁר כְּלָאוֹ צִדְקִיָּהוּ מֶלֶךְ־יְהוּדָה לֵאמֹר מַדּוּעַ אַתָּה 3

נִבָּא לֵאמֹר כֹּה אָמַר יְהֹוָה הִנְנִי נֹתֵן אֶת־הָעִיר

הַזֹּאת בְּיַד מֶלֶךְ־בָּבֶל וּלְכָדָהּ ׃ וְצִדְקִיָּהוּ מֶלֶךְ 4

יְהוּדָה לֹא יִמָּלֵט מִיַּד הַכַּשְׂדִּים כִּי הִנָּתֹן יִנָּתֵן בְּיַד

מֶלֶךְ־בָּבֶל וְדִבֶּר־פִּיו עִם־פִּיו וְעֵינָיו אֶת־עֵינָיו

תִּרְאֶינָה ׃ וּבָבֶל יוֹלִךְ אֶת־צִדְקִיָּהוּ וְשָׁם יִהְיֶה 5

עַד־פָּקְדִי אֹתוֹ נְאֻם־יְהֹוָה כִּי תִלָּחֲמוּ אֶת־הַכַּשְׂדִּים

לֹא תַצְלִיחוּ ׃ וַיֹּאמֶר יִרְמְיָהוּ הָיָה דְּבַר־יְהֹוָה 6

אֵלַי לֵאמֹר ׃ הִנֵּה חֲנַמְאֵל בֶּן־שַׁלֻּם דֹּדְךָ בָּא אֵלֶיךָ 7

לֵאמֹר קְנֵה לְךָ אֶת־שָׂדִי אֲשֶׁר בַּעֲנָתוֹת כִּי לְךָ

מִשְׁפַּט הַגְּאֻלָּה לִקְנוֹת ׃ וַיָּבֹא אֵלַי חֲנַמְאֵל בֶּן־ 8

דֹּדִי כִּדְבַר יְהֹוָה אֶל־חֲצַר הַמַּטָּרָה וַיֹּאמֶר אֵלַי קְנֵה

נָא אֶת־שָׂדִי אֲשֶׁר־בַּעֲנָתוֹת אֲשֶׁר בְּאֶרֶץ בִּנְיָמִין

כִּי־לְךָ מִשְׁפַּט הַיְרֻשָּׁה וּלְךָ הַגְּאֻלָּה קְנֵה־לָךְ וָאֵדַע

כִּי דְבַר־יְהֹוָה הוּא ׃ וָאֶקְנֶה אֶת־הַשָּׂדֶה מֵאֵת 9

חֲנַמְאֵל בֶּן־דֹּדִי אֲשֶׁר בַּעֲנָתוֹת וָאֶשְׁקֲלָה־לּוֹ אֶת־

הַכֶּסֶף שִׁבְעָה שְׁקָלִים וַעֲשָׂרָה הַכָּסֶף ׃ וָאֶכְתֹּב 10

בַּסֵּפֶר וָאֶחְתֹּם וָאָעֵד עֵדִים וָאֶשְׁקֹל הַכֶּסֶף

בְּמֹאזְנָיִם ׃ וָאֶקַּח אֶת־סֵפֶר הַמִּקְנָה אֶת־הֶחָתוּם 11

הַמִּצְוָה וְהַחֻקִּים וְאֶת־הַגָּלוּי ׃ וָאֶתֵּן אֶת־הַסֵּפֶר 12

הַמִּקְנָה אֶל־בָּרוּךְ בֶּן־נֵרִיָּה בֶּן־מַחְסֵיָה לְעֵינֵי

חֲנַמְאֵל דֹּדִי וּלְעֵינֵי הָעֵדִים הַכֹּתְבִים בְּסֵפֶר הַמִּקְנָה

law in their inward*a* parts, and write it in their hearts; and will be their God, and they shall be my people.

34 And they shall teach no more every man his neighbour, and every man his brother, saying, Know the LORD: for they*e* shall all know me, from the least of them unto the greatest of them, saith the LORD: for I will forgive*d* their iniquity, and I will remember their sin no more.

35 Thus saith the LORD, which giveth the sun for a light by day, *and* the ordinances of the moon and of the stars for a light by night, which divideth*f* the sea when the waves thereof roar; The LORD of hosts *is* his name:

36 If those ordinances*h* depart from before me, saith the LORD, *then* the seed of Israel also shall cease from being a nation before me for ever.

37 Thus saith the LORD, If heaven above can be measured, and the foundations of the earth searched out beneath, I will also cast off all the seed of Israel, for all that they have done, saith the LORD.

38 Behold, the days come, saith the LORD, that the city shall be built to the LORD, from the tower*k* of Hananeel unto the gate of the corner.

39 And the measuring-line*l* shall yet go forth over against it upon the hill Gareb, and shall compass about to Goath.

40 And the whole valley of the dead bodies, and of the ashes, and all the fields, unto the brook of Kidron, unto the corner of the horse-gate*n* toward the east, *shall be* holy*p* unto the LORD; it shall not be plucked up, nor thrown down, any more for ever.

CHAP. XXXII.

THE word that came to Jeremiah from the LORD in the tenth*t* year of Zedekiah king of Judah, which *was* the eighteenth year of Nebuchadrezzar.

2 For then the king of Babylon's army besieged Jerusalem: and Jeremiah the prophet was shut up*x* in the court*y* of the prison, which *was* in the king of Judah's house.

3 For Zedekiah king of Judah had shut him up, saying, Wherefore dost thou prophesy, and say,*a* Thus saith the LORD, Behold,I will give this city into the hand of the king of Babylon, and he shall take it:

4 And Zedekiah king of Judah shall not escape*b* out of the hand of the Chaldeans, but shall surely be delivered into the hand of the king of Babylon, and shall speak with him mouth to mouth, and his eyes shall behold his eyes;

5 And he shall lead Zedekiah to Babylon, and there shall he be until*f* I visit him, saith the LORD: though ye fight*g* with the Chaldeans, ye shall not prosper.

6 And Jeremiah said, The word of the LORD came unto me, saying,

7 Behold, Hanameel, the son of Shallum thine uncle, shall come unto thee, saying, Buy thee my field that *is* in Anathoth; for the right*i* of redemption *is* thine to buy *it*.

8 So Hanameel, mine uncle's son, came to me in the court of the prison, according to the word of the LORD, and said unto me, Buy my field, I pray thee, that *is* in Anathoth, which *is* in the country of Benjamin: for the right of inheritance *is* thine, and the redemption *is* thine; buy *it* for thyself. Then I knew that this *was* the word of the LORD.

B. C. 606.

a ch. 24. 7.
Ro. 7. 22.
b Ge. 23. 16.
Zec. 11.12.

β or, *seven shekels and ten pieces of silver.*

γ wrote in the book.
c Is. 54. 13.
Jnᵒ. 6. 45.
1 Jnᵒ.5.20.
d ch. 33. 8.
50. 20.
Mi. 7. 18.
Ac. 10. 43.
13. 39.
Ep. 1. 7.
e ch. 36. 4.
f Ex. 14. 21, 22.
Is. 51. 15.
g Is. 8. 2.
h ch.33.20..22.
Ps. 148. 6.
Is. 54. 9,10.
i ver. 37, 43, 44.
k Ne. 3. 1.
Zec. 14. 10.
l Zec. 2. 1, 2.
m 2 Ki. 19. 15.
n Ne. 3. 28.
δ or, *hid from,*
Is. 46. 9,10.
o ver. 27.
Ge. 18. 14.
Lu. 1. 37.
p Joel 3. 17.
q De. 5. 10.
r Is. 9. 6.
s ch. 10. 16.
t ch. 39. 1, 2.
2 Ki.25.1,2.
u Is. 28. 29.
ε doing.
v He. 4. 13.
w ch. 17. 10.
Re. 2. 23.
x ch. 33. 1.
37. 21.
38. 6.
39.13,14.
y Ne. 3. 25.
z Ex. 9. 16.
1 Ch. 17.21.
Is. 63. 12.
Da. 9. 15.
a ch. 34. 2, 3.
38.18,23.
b ch. 39.4..6.
52.9..11.
c Ge. 17. 7, 8.
28.13..15.
d Ex. 3. 8,17.
e Ne. 9. 26.
f ch. 27. 22.
g ch. 21. 4, 5.
33. 5.
h Jos. 23. 16.
η or, *engines of shot,*
ch. 33. 4.
i Le.25.24,32
Ru. 4. 4.
θ or, *though.*
k Nu. 16. 22.

9 And I bought the field of Hanameel, my uncle's son, that *was* in Anathoth, and weighed*b* him the money, *even β* seventeen shekels of silver.

10 And I *γ* subscribed the evidence, and sealed *it*, and took witnesses, and weighed *him* the money in the balances.

11 So I took the evidence of the purchase, *both* that which was sealed *according* to the law and custom, and that which was open.

12 And I gave the evidence of the purchase unto Baruch*e* the son of Neriah, the son of Maaseiah, in the sight of Hanameel mine uncle's *son*, and in the presence of the witnesses*g* that subscribed the book of the purchase, before all the Jews that sat in the court of the prison.

13 And I charged Baruch before them, saying,

14 Thus saith the LORD of hosts, the God of Israel, Take these evidences, this evidence of the purchase, both which is sealed, and this evidence which is open, and put them in an earthen vessel, that they may continue many days:

15 For thus saith the LORD of hosts, the God of Israel, Houses*i* and fields and vineyards shall be possessed again in this land.

16 Now when I had delivered the evidence of the purchase unto Baruch the son of Neriah, I prayed unto the LORD, saying,

17 Ah, Lord GOD! behold, thou*m* hast made the heaven and the earth by thy great power and stretched-out arm, *and* there is nothing *δ* too hard*o* for thee:

18 Thou*q* shewest loving-kindness unto thousands, and recompensest the iniquity of the fathers into the bosom of their children after them: the Great, the*r* Mighty God, the LORD of hosts,*s* *is* his name,

19 Great*u* in counsel, and mighty in *ζ* work: for thine*v* eyes *are* open upon all the ways of the sons of men; to*w* give every one according to his ways, and according to the fruit of his doings:

20 Which hast set signs and wonders in the land of Egypt, *even* unto this day, and in Israel, and amongst *other* men: and hast made thee a name,*z* as at this day;

21 And hast brought forth thy people Israel out of the land of Egypt, with signs, and with wonders, and with a strong hand, and with a stretched-out arm, and with great terror;

22 And hast given them this land, which thou didst swear*c* to their fathers to give them,*a* land*d* flowing with milk and honey;

23 And they came in, and possessed it; but*e* they obeyed not thy voice, neither walked in thy law: they have done nothing of all that thou commandedst them to do; therefore*h* thou hast caused all this evil to come upon them.

24 Behold the *η* mounts, they are come unto the city to take it; and the city is given into the hand of the Chaldeans that fight against it, because of the sword, and of the famine, and of the pestilence: and what thou hast spoken is come to pass; and, behold, thou seest *it*.

25 And thou hast said unto me, O Lord GOD, Buy thee the field for money, and take witnesses; *θ* for the city is given into the hand of the Chaldeans.

26 Then came the word of the LORD unto Jeremiah, saying,

27 Behold, I *am* the LORD,the God*k* of all flesh: is there any thing too hard for me?

13 וָאֲצַוֶּה אֶת־בָּרוּךְ לְעֵינֵיהֶם לֵאמֹר׃
14 כֹּה־אָמַר יְהוָה צְבָאוֹת אֱלֹהֵי יִשְׂרָאֵל לָקוֹחַ אֶת־הַסְּפָרִים הָאֵלֶּה אֵת סֵפֶר הַמִּקְנָה הַזֶּה וְאֵת הֶחָתוּם וְאֵת סֵפֶר הַגָּלוּי הַזֶּה וּנְתַתָּם בִּכְלִי־חָרֶשׂ לְמַעַן יַעַמְדוּ יָמִים רַבִּים׃
15 כִּי כֹה אָמַר יְהוָה צְבָאוֹת אֱלֹהֵי יִשְׂרָאֵל עוֹד יִקָּנוּ בָתִּים וְשָׂדוֹת וּכְרָמִים בָּאָרֶץ הַזֹּאת׃
16 וָאֶתְפַּלֵּל אֶל־יְהוָה אַחֲרֵי תִתִּי אֶת־סֵפֶר הַמִּקְנָה אֶל־בָּרוּךְ בֶּן־נֵרִיָּה לֵאמֹר׃
17 אֲהָהּ אֲדֹנָי יְהוִה הִנֵּה אַתָּה עָשִׂיתָ אֶת־הַשָּׁמַיִם וְאֶת־הָאָרֶץ בְּכֹחֲךָ הַגָּדוֹל וּבִזְרֹעֲךָ הַנְּטוּיָה לֹא־יִפָּלֵא מִמְּךָ כָּל־דָּבָר׃
18 עֹשֶׂה חֶסֶד לַאֲלָפִים וּמְשַׁלֵּם עֲוֹן אָבוֹת אֶל־חֵיק בְּנֵיהֶם אַחֲרֵיהֶם הָאֵל הַגָּדוֹל הַגִּבּוֹר יְהוָה צְבָאוֹת שְׁמוֹ׃
19 גְּדֹל הָעֵצָה וְרַב הָעֲלִילִיָּה אֲשֶׁר־עֵינֶיךָ פְקֻחוֹת עַל־כָּל־דַּרְכֵי בְּנֵי אָדָם לָתֵת לְאִישׁ כִּדְרָכָיו וְכִפְרִי מַעֲלָלָיו׃
20 אֲשֶׁר־שַׂמְתָּ אֹתוֹת וּמֹפְתִים בְּאֶרֶץ־מִצְרַיִם עַד־הַיּוֹם הַזֶּה וּבְיִשְׂרָאֵל וּבָאָדָם וַתַּעֲשֶׂה־לְּךָ שֵׁם כַּיּוֹם הַזֶּה׃
21 וַתֹּצֵא אֶת־עַמְּךָ אֶת־יִשְׂרָאֵל מֵאֶרֶץ מִצְרָיִם בְּאֹתוֹת וּבְמוֹפְתִים וּבְיָד חֲזָקָה וּבְאֶזְרוֹעַ נְטוּיָה וּבְמוֹרָא גָּדוֹל׃
22 וַתִּתֵּן לָהֶם אֶת־הָאָרֶץ הַזֹּאת אֲשֶׁר־נִשְׁבַּעְתָּ לַאֲבוֹתָם לָתֵת לָהֶם אֶרֶץ זָבַת חָלָב וּדְבָשׁ׃
23 וַיָּבֹאוּ וַיִּרְשׁוּ אֹתָהּ וְלֹא־שָׁמְעוּ בְקוֹלֶךָ וּבְתֹרוֹתְךָ לֹא־הָלָכוּ אֵת כָּל־אֲשֶׁר צִוִּיתָה לָהֶם לַעֲשׂוֹת לֹא עָשׂוּ וַתַּקְרֵא אֹתָם אֵת כָּל־הָרָעָה הַזֹּאת׃
24 הִנֵּה הַסֹּלְלוֹת בָּאוּ הָעִיר לְלָכְדָהּ וְהָעִיר נִתְּנָה בְּיַד הַכַּשְׂדִּים הַנִּלְחָמִים עָלֶיהָ מִפְּנֵי הַחֶרֶב וְהָרָעָב וְהַדָּבֶר וַאֲשֶׁר דִּבַּרְתָּ הָיָה וְהִנְּךָ רֹאֶה׃
25 וְאַתָּה אָמַרְתָּ אֵלַי אֲדֹנָי יְהוִה קְנֵה־לְךָ הַשָּׂדֶה בַּכֶּסֶף וְהָעֵד עֵדִים וְהָעִיר נִתְּנָה בְּיַד הַכַּשְׂדִּים׃
26 וַיְהִי דְּבַר־יְהוָה אֶל־יִרְמְיָהוּ לֵאמֹר׃
27 הִנֵּה אֲנִי יְהוָה אֱלֹהֵי כָּל־בָּשָׂר הֲמִמֶּנִּי יִפָּלֵא כָּל־דָּבָר׃
28 לָכֵן כֹּה אָמַר יְהוָה הִנְנִי נֹתֵן אֶת־הָעִיר הַזֹּאת בְּיַד הַכַּשְׂדִּים וּבְיַד נְבוּכַדְרֶאצַּר מֶלֶךְ־בָּבֶל וּלְכָדָהּ׃
29 וּבָאוּ הַכַּשְׂדִּים הַנִּלְחָמִים עַל־הָעִיר הַזֹּאת וְהִצִּיתוּ אֶת־הָעִיר הַזֹּאת בָּאֵשׁ וּשְׂרָפוּהָ וְאֵת הַבָּתִּים אֲשֶׁר קִטְּרוּ עַל־גַּגּוֹתֵיהֶם לַבַּעַל וְהִסִּכוּ נְסָכִים לֵאלֹהִים אֲחֵרִים לְמַעַן הַכְעִסֵנִי׃

30 כִּי־הָיוּ בְנֵי־יִשְׂרָאֵל וּבְנֵי יְהוּדָה אַךְ עֹשִׂים הָרַע בְּעֵינַי מִנְּעֻרֹתֵיהֶם כִּי בְנֵי־יִשְׂרָאֵל אַךְ מַכְעִסִים אֹתִי בְּמַעֲשֵׂה יְדֵיהֶם נְאֻם־יְהוָה׃
31 כִּי עַל־אַפִּי וְעַל־חֲמָתִי הָיְתָה לִּי הָעִיר הַזֹּאת לְמִן־הַיּוֹם אֲשֶׁר בָּנוּ אוֹתָהּ וְעַד הַיּוֹם הַזֶּה לַהֲסִירָהּ מֵעַל פָּנָי׃
32 עַל כָּל־רָעַת בְּנֵי־יִשְׂרָאֵל וּבְנֵי יְהוּדָה אֲשֶׁר עָשׂוּ לְהַכְעִסֵנִי הֵמָּה מַלְכֵיהֶם שָׂרֵיהֶם כֹּהֲנֵיהֶם וּנְבִיאֵיהֶם וְאִישׁ יְהוּדָה וְיֹשְׁבֵי יְרוּשָׁלָ͏ִם׃
33 וַיִּפְנוּ אֵלַי עֹרֶף וְלֹא פָנִים וְלַמֵּד אֹתָם הַשְׁכֵּם וְלַמֵּד וְאֵינָם שֹׁמְעִים לָקַחַת מוּסָר׃
34 וַיָּשִׂימוּ שִׁקּוּצֵיהֶם בַּבַּיִת אֲשֶׁר־נִקְרָא־שְׁמִי עָלָיו לְטַמְּאוֹ׃
35 וַיִּבְנוּ אֶת־בָּמוֹת הַבַּעַל אֲשֶׁר בְּגֵיא בֶן־הִנֹּם לְהַעֲבִיר אֶת־בְּנֵיהֶם וְאֶת־בְּנוֹתֵיהֶם לַמֹּלֶךְ אֲשֶׁר לֹא־צִוִּיתִים וְלֹא עָלְתָה עַל־לִבִּי לַעֲשׂוֹת הַתּוֹעֵבָה הַזֹּאת לְמַעַן הַחֲטִי אֶת־יְהוּדָה׃
36 וְעַתָּה לָכֵן כֹּה־אָמַר יְהוָה אֱלֹהֵי יִשְׂרָאֵל אֶל־הָעִיר הַזֹּאת אֲשֶׁר אַתֶּם אֹמְרִים נִתְּנָה בְּיַד מֶלֶךְ־בָּבֶל בַּחֶרֶב וּבָרָעָב וּבַדָּבֶר׃
37 הִנְנִי מְקַבְּצָם מִכָּל־הָאֲרָצוֹת אֲשֶׁר הִדַּחְתִּים שָׁם בְּאַפִּי וּבַחֲמָתִי וּבְקֶצֶף גָּדוֹל וַהֲשִׁבֹתִים אֶל־הַמָּקוֹם הַזֶּה וְהֹשַׁבְתִּים לָבֶטַח׃
38 וְהָיוּ לִי לְעָם וַאֲנִי אֶהְיֶה לָהֶם לֵאלֹהִים׃
39 וְנָתַתִּי לָהֶם לֵב אֶחָד וְדֶרֶךְ אֶחָד לְיִרְאָה אוֹתִי כָּל־הַיָּמִים לְטוֹב לָהֶם וְלִבְנֵיהֶם אַחֲרֵיהֶם׃
40 וְכָרַתִּי לָהֶם בְּרִית עוֹלָם אֲשֶׁר לֹא־אָשׁוּב מֵאַחֲרֵיהֶם לְהֵיטִיבִי אוֹתָם וְאֶת־יִרְאָתִי אֶתֵּן בִּלְבָבָם לְבִלְתִּי סוּר מֵעָלָי׃
41 וְשַׂשְׂתִּי עֲלֵיהֶם לְהֵטִיב אוֹתָם וּנְטַעְתִּים בָּאָרֶץ הַזֹּאת בֶּאֱמֶת בְּכָל־לִבִּי וּבְכָל־נַפְשִׁי׃
42 כִּי־כֹה אָמַר יְהוָה כַּאֲשֶׁר הֵבֵאתִי אֶל־הָעָם הַזֶּה אֵת כָּל־הָרָעָה הַגְּדוֹלָה הַזֹּאת כֵּן אָנֹכִי מֵבִיא עֲלֵיהֶם אֶת־כָּל־הַטּוֹבָה אֲשֶׁר אָנֹכִי דֹּבֵר עֲלֵיהֶם׃
43 וְנִקְנָה הַשָּׂדֶה בָּאָרֶץ הַזֹּאת אֲשֶׁר אַתֶּם אֹמְרִים שְׁמָמָה הִיא מֵאֵין אָדָם וּבְהֵמָה נִתְּנָה בְּיַד הַכַּשְׂדִּים׃
44 שָׂדוֹת בַּכֶּסֶף יִקְנוּ וְכָתוֹב בַּסֵּפֶר וְחָתוֹם וְהָעֵד עֵדִים בְּאֶרֶץ בִּנְיָמִן וּבִסְבִיבֵי יְרוּשָׁלַ͏ִם וּבְעָרֵי יְהוּדָה וּבְעָרֵי הָהָר וּבְעָרֵי הַשְּׁפֵלָה וּבְעָרֵי הַנֶּגֶב כִּי־אָשִׁיב אֶת־שְׁבוּתָם נְאֻם־יְהוָה׃

CAP. XXXIII. לג

1 וַיְהִי דְבַר־יְהוָה אֶל־יִרְמְיָהוּ שֵׁנִית וְהוּא עוֹדֶ֫

28 Therefore thus saith the LORD, Behold,[a] I will give this city into the hand of the Chaldeans, and into the hand of Nebuchadrezzar king of Babylon, and he shall take it.

29 And the Chaldeans, that fight against this city, shall come and set fire[d] on this city, and burn it, with the houses upon whose roofs[e] they have offered incense unto Baal, and poured out drink-offerings unto other gods, to provoke me to anger.

30 For the children of Israel, and the children of Judah, have only done evil before[h] me from their youth: for the children of Israel have only provoked me[i] to anger with the work of their hands, saith the LORD.

31 For this city hath been to me as[γ] a provocation of mine anger, and of my fury, from the day that they built it, even unto this day, that I should remove[m] it from before my face;

32 Because of all the evil of the children of Israel, and of the children of Judah, which they have done to provoke me to anger, they,[o] their kings, their princes, their priests, and their prophets, and the men of Judah, and the inhabitants of Jerusalem.

33 And they have turned unto me the[ζ] back,[q] and not the face: though I taught them, rising up early and teaching *them,* yet they have not hearkened to receive instruction.

34 But they set their abominations in the house[t] which is called by my name, to defile it.

35 And they built the high places of Baal, which *are* in the valley of the son of Hinnom, to cause their sons and their daughters to pass through *the fire* unto Molech,[x] which I commanded them not, neither came it into my mind, that they should do this abomination, to cause Judah to sin.

36 And now therefore thus saith the LORD, the God of Israel, concerning this city, whereof ye say, It[z] shall be delivered into the hand of the king of Babylon by the sword, and by the famine, and by the pestilence;

37 Behold, I[b] will gather them out of all countries whither I have driven them in mine anger, and in my fury, and in great wrath; and I will bring them again unto this place, and I will cause them to dwell[c] safely:

38 And[e] they shall be my people, and I will be their God;

39 And I will give them one[f] heart, and one way, that they may fear me[η] for ever, for the good of them, and of their children after them:

40 And I will make[h] an everlasting covenant with them, that I will not turn away[θ] from them to do them good; but I will put my fear in their hearts, that they shall not depart from me.

41 Yea, I will rejoice[i] over them to do them good, and I will plant[k] them in this land[κ] assuredly with my whole heart, and with my whole soul.

42 For thus saith the LORD, Like as I have brought all this great evil upon this people, so[n] will I bring upon them all the good that I have promised them.

43 And[o] fields shall be bought in this land, whereof ye say, *It is* desolate without man or beast; it is given into the hand of the Chaldeans.

B. C. 590.

a ver. 3.
b ver. 10..12.
c ch. 17. 26.
d ch.37.8,10. 52. 13.
e ch. 19. 13.
f Ps.126.1..4.
g ch. 32. 2, 3.
h ch. 3. 25. Ge. 8. 21.
i Eze. 20.28.
j Is. 37. 26.
β JEHO-VAH.
k Am. 5. 8. 9. 6.
for my.
l ch. 29. 12. Ps. 91. 15.
δ hidden. Is. 48. 6.
m 2 Ki.23.27. 24,3,4.
n ch. 32. 24.
o Is. 1. 4, 6. Da. 9. 8.
p ch. 21. 4, 5.
ζ neck.
q ch. 7. 24.
r ch. 30. 17.
s Ex. 34. 6. Is. 55. 7. Jnº. 10. 10. Tit. 3. 5, 6. He.6.17,18. 1 Pe. 1. 3.
t ch. 23. 11. 2 Ki.21.4..7. Eze. 8. 5, 6.
u Is. 1. 26.
v Eze. 36.25. Zec. 13. 1. 1 Jnº. 1. 9. Re. 1. 5.
w ch. 31. 34.
x Le. 18. 21.
y ch. 13. 11. Is. 62. 7.
z ver. 24, 28.
a Is. 60. 5.
b ch. 29. 14. De.30.3 .6. Eze. 37.21, 22.
c Joel 3. 20. Zec. 14.11.
d ch. 25. 10. Re. 18. 23.
e ch. 31. 33.
f Is. 52. 8. Eze. 11.19, 20.
g 2 Ch. 5. 13. Ezr. 3. 11. Ps. 136. 1. Is. 12. 4.
η all days
h ch.31.31-33 Is. 55. 3.
θ from after
i De. 30. 9. Zep. 3. 17.
k Am. 9. 15.
κ in truth, or, *stability.*
l Is. 65. 10.
m ch.50.19,20
n ch.33.10,11.
o ver. 15.

---

44 Men shall buy fields for money, and subscribe evidences,[b] and seal *them,* and take witnesses in[c] the land of Benjamin, and in the places about Jerusalem, and in the cities of Judah, and in the cities of the mountains, and in the cities of the valley, and in the cities of the south: for I will cause their captivity to return,[f] saith the LORD.

CHAP. XXXIII.

MOREOVER, the word of the LORD came unto Jeremiah the second time, while he was yet shut up[g] in the court of the prison, saying,

2 Thus saith the LORD, the maker thereof,[j] the LORD that formed it, to establish it; [β] The LORD *is* his[k] name;

3 Call[l] unto me, and I will answer thee, and shew thee great and[δ] mighty things, which thou knowest not.

4 For thus saith the LORD, the God of Israel, concerning the houses of this city, and concerning the houses of the kings of Judah, which are thrown down by the mounts,[n] and by the sword;

5 They come to fight with the Chaldeans, but[p] *it is* to fill them with the dead bodies of men, whom I have slain in mine anger, and in my fury, and for all whose wickedness I have hid my face from this city.

6 Behold, I[r] will bring it health and cure, and I will cure them, and will reveal unto them the abundance[s] of peace and truth.

7 And I will cause the captivity of Judah, and the captivity of Israel, to return, and will build them as[u] at the first.

8 And I will cleanse[v] them from all their iniquity, whereby they have sinned against me; and I will pardon[w] all their iniquities, whereby they have sinned, and whereby they have transgressed against me.

9 And it shall be to me a name of joy, a praise[y] and an honour before all the nations of the earth, which shall hear all the good that I do unto them: and they shall[a] fear and tremble for all the goodness, and for all the prosperity, that I procure unto it.

10 Thus saith the LORD, Again there shall be heard in this place, which ye say *shall be* desolate without man and without beast, *even* in the cities of Judah, and in the streets of Jerusalem, that are desolate without man, and without inhabitant, and without beast,

11 The voice[d] of joy, and the voice of gladness; the voice of the bridegroom, and the voice of the bride; the voice of them that shall say, Praise[g] the LORD of hosts: for the LORD *is* good; for his mercy endureth for ever: *and* of them that shall bring the sacrifice of praise into the house of the LORD. For I will cause to return the captivity of the land, as at the first, saith the LORD.

12 Thus saith the LORD of hosts, Again in this place, which is desolate without man and without beast, and in all the cities thereof, shall be an habitation of shepherds causing *their* flocks[i] to lie down.

13 In the cities of the mountains,[m] in the cities of the vale, and in the cities of the south, and in the land of Benjamin, and in the places about Jerusalem, and in the cities of Judah, shall the flocks pass again under the hands of him that telleth *them,* saith the LORD.

14 Behold, the days come, saith the LORD, that I will perform that good thing

 עָפוֹר בַּחֲצַר הַמַּטָּרָה לֵאמֹר ׃ כֹּה־אָמַר יְהֹוָה אֲשֶׁר עָשָׂה יְהֹוָה יוֹצֵר אוֹתָהּ לַהֲכִינָהּ יְהֹוָה שְׁמוֹ ׃ 19 אִישׁ מִלְּפָנֶי מַעֲלֶה עוֹלָה וּמַקְטִיר מִנְחָה וְעֹשֶׂה זֶבַח כָּל־הַיָּמִים ׃ וַיְהִי דְבַר־יְהֹוָה אֶל־יִרְמְיָהוּ

קְרָא אֵלַי וְאֶעֱנֶךָ וְאַגִּידָה לְּךָ גְּדֹלוֹת וּבְצֻרוֹת לֹא 20 לֵאמֹר ׃ כֹּה אָמַר יְהֹוָה אִם־תָּפֵרוּ אֶת־בְּרִיתִי יְדַעְתָּם ׃ הַיּוֹם וְאֶת־בְּרִיתִי הַלָּיְלָה וּלְבִלְתִּי הֱיוֹת יוֹמָם־וָלַיְלָה

כִּי כֹה אָמַר יְהֹוָה אֱלֹהֵי יִשְׂרָאֵל 21 בְּעִתָּם ׃ גַּם־בְּרִיתִי תֻפַר אֶת־דָּוִד עַבְדִּי מִהְיוֹת־ עַל־בָּתֵּי הָעִיר הַזֹּאת וְעַל־בָּתֵּי מַלְכֵי יְהוּדָה לוֹ בֵן מֹלֵךְ עַל־כִּסְאוֹ וְאֶת־הַלְוִיִּם הַכֹּהֲנִים

הַנְּתֻצִים אֶל־הַסֹּלְלוֹת וְאֶל־הֶחָרֶב ׃ בָּאִים לְהִלָּחֵם 22 מְשָׁרְתָי ׃ אֲשֶׁר לֹא־יִסָּפֵר צְבָא הַשָּׁמַיִם וְלֹא יִמַּד אֶת־הַכַּשְׂדִּים וּלְמַלְאָם אֶת־פִּגְרֵי הָאָדָם אֲשֶׁר־ חוֹל הַיָּם כֵּן אַרְבֶּה אֶת־זֶרַע דָּוִד עַבְדִּי וְאֶת־ הִכֵּיתִי בְאַפִּי וּבַחֲמָתִי וַאֲשֶׁר הִסְתַּרְתִּי פָנַי מֵהָעִיר הַלְוִיִּם מְשָׁרְתֵי אֹתִי ׃ וַיְהִי דְּבַר־יְהֹוָה אֶל־ 23

הַזֹּאת עַל כָּל־רָעָתָם ׃ הִנְנִי מַעֲלֶה־לָּהּ אֲרֻכָה 6 יִרְמְיָהוּ לֵאמֹר ׃ הֲלוֹא רָאִיתָ מָה־הָעָם הַזֶּה דִּבְּרוּ 24 וּמַרְפֵּא וּרְפָאתִים וְגִלֵּיתִי לָהֶם עֲתֶרֶת שָׁלוֹם לֵאמֹר שְׁתֵּי הַמִּשְׁפָּחוֹת אֲשֶׁר בָּחַר יְהֹוָה בָּהֶם

וָאֱמֶת ׃ וַהֲשִׁבֹתִי אֶת־שְׁבוּת יְהוּדָה וְאֵת שְׁבוּת 7 וַיִּמְאָסֵם וְאֶת־עַמִּי יִנְאָצוּן מִהְיוֹת עוֹד גּוֹי 25 יִשְׂרָאֵל וּבְנִתִים כְּבָרִאשֹׁנָה ׃ וְטִהַרְתִּים מִכָּל־ לִפְנֵיהֶם ׃ כֹּה אָמַר יְהֹוָה אִם־לֹא בְרִיתִי יוֹמָם

עֲוֺנָם אֲשֶׁר חָטְאוּ־לִי וְסָלַחְתִּי לְכָל־עֲוֺנוֹתֵיהֶם 8 וָלָיְלָה חֻקּוֹת שָׁמַיִם וָאָרֶץ לֹא־שָׂמְתִּי ׃ גַּם־זֶרַע 26 אֲשֶׁר חָטְאוּ־לִי וַאֲשֶׁר פָּשְׁעוּ בִי ׃ וְהָיְתָה לִּי יַעֲקוֹב וְדָוִד עַבְדִּי אֶמְאַס מִקַּחַת מִזַּרְעוֹ מֹשְׁלִים לְשֵׁם שָׂשׂוֹן לִתְהִלָּה וּלְתִפְאֶרֶת לְכֹל גּוֹיֵי הָאָרֶץ אֶל־זֶרַע אַבְרָהָם יִשְׂחָק וְיַעֲקֹב כִּי־אָשִׁיב אֶת־ אֲשֶׁר יִשְׁמְעוּ אֵת כָּל־הַטּוֹבָה אֲשֶׁר אָנֹכִי עֹשֶׂה אֶת־ שְׁבוּתָם וְרִחַמְתִּים ׃ אוֹתָם וּפָחֲדוּ וְרָגְזוּ עַל כָּל־הַטּוֹבָה וְעַל כָּל־הַשָּׁלוֹם

אֲשֶׁר אָנֹכִי עֹשֶׂה לָּהּ ׃ כֹּה אָמַר יְהֹוָה 10

עוֹד יִשָּׁמַע בַּמָּקוֹם הַזֶּה אֲשֶׁר אַתֶּם אֹמְרִים חָרֵב הַדָּבָר אֲשֶׁר הָיָה אֶל־יִרְמְיָהוּ מֵאֵת יְהֹוָה ׃ 1
הוּא מֵאֵין אָדָם וּמֵאֵין יוֹשֵׁב וּמֵאֵין בְּהֵמָה ׃ בְּנֶבוּכַדְרֶאצַּר מֶלֶךְ־בָּבֶל וְכָל־חֵילוֹ וְכָל־מַמְלְכוֹת
יְרוּשָׁלִָם הַנְּשַׁמּוֹת מֵאֵין אָדָם וּמֵאֵין יוֹשֵׁב וּמֵאֵין אֶרֶץ מֶמְשֶׁלֶת יָדוֹ וְכָל־הָעַמִּים נִלְחָמִים עַל־

בְּהֵמָה ׃ קוֹל שָׂשׂוֹן וְקוֹל שִׂמְחָה קוֹל חָתָן וְקוֹל 11 יְרוּשָׁלִַם וְעַל־כָּל־עָרֶיהָ לֵאמֹר ׃ כֹּה־אָמַר יְהֹוָה 2 כַּלָּה קוֹל אֹמְרִים הוֹדוּ אֶת־יְהֹוָה צְבָאוֹת כִּי־טוֹב אֱלֹהֵי יִשְׂרָאֵל הָלֹךְ וְאָמַרְתָּ אֶל־צִדְקִיָּהוּ מֶלֶךְ יְהוּדָה יְהֹוָה כִּי־לְעוֹלָם חַסְדּוֹ מְבִאִים תּוֹדָה בֵּית יְהֹוָה כִּי־ וְאָמַרְתָּ אֵלָיו כֹּה אָמַר יְהֹוָה הִנְנִי נֹתֵן אֶת־הָעִיר
אָשִׁיב אֶת־שְׁבוּת הָאָרֶץ כְּבָרִאשֹׁנָה אָמַר יְהֹוָה ׃ הַזֹּאת בְּיַד מֶלֶךְ־בָּבֶל וּשְׂרָפָהּ בָּאֵשׁ ׃ וְאַתָּה לֹא 3

כֹּה אָמַר יְהֹוָה צְבָאוֹת עוֹד יִהְיֶה בַּמָּקוֹם 12 תִמָּלֵט מִיָּדוֹ כִּי תָּפֹשׂ תִּתָּפֵשׂ וּבְיָדוֹ תִּנָּתֵן וְעֵינֶיךָ
הַזֶּה הֶחָרֵב מֵאֵין־אָדָם וְעַד־בְּהֵמָה וּבְכָל־עָרָיו נְוֵה אֶת־עֵינֵי מֶלֶךְ־בָּבֶל תִּרְאֶינָה וּפִיהוּ אֶת־פִּיךָ יְדַבֵּר

רֹעִים מַרְבִּצִים צֹאן ׃ בְּעָרֵי הָהָר בְּעָרֵי הַשְּׁפֵלָה 13 וּבָבֶל תָּבוֹא ׃ אַךְ שְׁמַע דְּבַר־יְהֹוָה צִדְקִיָּהוּ מֶלֶךְ 4
וּבְעָרֵי הַנֶּגֶב וּבְאֶרֶץ בִּנְיָמִן וּבִסְבִיבֵי יְרוּשָׁלִַם יְהוּדָה כֹּה־אָמַר יְהֹוָה עָלֶיךָ לֹא תָמוּת בֶּחָרֶב ׃
וּבְעָרֵי יְהוּדָה עֹד תַּעֲבֹרְנָה הַצֹּאן עַל־יְדֵי מוֹנֶה בְּשָׁלוֹם תָּמוּת וּכְמִשְׂרְפוֹת אֲבוֹתֶיךָ הַמְּלָכִים 5

אָמַר יְהֹוָה ׃ הִנֵּה יָמִים בָּאִים נְאֻם־יְהֹוָה 14 הָרִאשֹׁנִים אֲשֶׁר־הָיוּ לְפָנֶיךָ כֵּן יִשְׂרְפוּ־לָךְ וְהוֹי
וַהֲקִמֹתִי אֶת־הַדָּבָר הַטּוֹב אֲשֶׁר דִּבַּרְתִּי אֶל־בֵּית אָדוֹן יִסְפְּדוּ־לָךְ כִּי־דָבָר אֲנִי־דִבַּרְתִּי נְאֻם־יְהֹוָה ׃

יִשְׂרָאֵל וְעַל־בֵּית יְהוּדָה ׃ בַּיָּמִים הָהֵם וּבָעֵת הַהִיא 15 וַיְדַבֵּר יִרְמְיָהוּ הַנָּבִיא אֶל־צִדְקִיָּהוּ מֶלֶךְ 6
אַצְמִיחַ לְדָוִד צֶמַח צְדָקָה וְעָשָׂה מִשְׁפָּט וּצְדָקָה יְהוּדָה אֵת כָּל־הַדְּבָרִים הָאֵלֶּה בִּירוּשָׁלִָם ׃ וְחֵיל 7

בָּאָרֶץ ׃ בַּיָּמִים הָהֵם תִּוָּשַׁע יְהוּדָה וִירוּשָׁלִַם 16 מֶלֶךְ־בָּבֶל נִלְחָמִים עַל־יְרוּשָׁלִַם וְעַל כָּל־עָרֵי יְהוּדָה
תִּשְׁכּוֹן לָבֶטַח וְזֶה אֲשֶׁר־יִקְרָא־לָהּ יְהֹוָה צִדְקֵנוּ ׃ הַנּוֹתָרוֹת אֶל־לָכִישׁ וְאֶל־עֲזֵקָה כִּי הֵנָּה נִשְׁאֲרוּ

כִּי־כֹה אָמַר יְהֹוָה לֹא־יִכָּרֵת לְדָוִד אִישׁ יֹשֵׁב 17 בְּעָרֵי יְהוּדָה עָרֵי מִבְצָר ׃ הַדָּבָר אֲשֶׁר־הָיָה 8
עַל־כִּסֵּא בֵית־יִשְׂרָאֵל ׃ וְלַכֹּהֲנִים הַלְוִיִּם לֹא־יִכָּרֵת אֶל־יִרְמְיָהוּ מֵאֵת יְהֹוָה אַחֲרֵי כְּרֹת הַמֶּלֶךְ צִדְקִיָּהוּ

which I have promised unto the house of Israel and to the house of Judah.

15 In those days, and at that time, will I cause the Branch*a* of righteousness to grow up unto David ; and he shall execute judgment and righteousness *b* in the land.

16 In *c* those days shall Judah be saved, and Jerusalem shall dwell safely : and this *is the name* wherewith she shall be called, *β* The LORD our*e* Righteousness.

17 For thus saith the LORD, *γ* David shall never*f* want a man to sit upon the throne of the house of Israel ;

18 Neither shall the priests the Levites want a man before me to offer *i* burnt-offerings, and to kindle meat-offerings, and to do sacrifice continually.

19 And the word of the LORD came unto Jeremiah, saying,

20 Thus saith the LORD, If*l* ye can break my covenant of the day, and my covenant of the night, and that there should not be day and night in their season ;

21 Then may also my covenant*m* be broken with David my servant, that he should not have a son to reign upon his throne ; and with the Levites the priests, my ministers.

22 As the host of heaven *n* cannot be numbered, neither the sand of the sea measured ; so *o* will I multiply the seed of David my servant, and the Levites that minister unto me.

23 Moreover the word of the LORD came to Jeremiah, saying,

24 Considerest thou not what this people have spoken, saying, The two*p* families which the LORD hath chosen, he hath even cast them off ? thus they have despised my people, that they should be no more a nation before them.

25 Thus saith the LORD, If my*r* covenant *be* not with day and night,*and if* I have not appointed the ordinances of heaven & earth ;

26 Then will I cast away the seed of Jacob, and David my servant, so that I will not take *any* of his seed *to be* rulers over the seed of Abraham, Isaac, and Jacob : for*t* I will cause their captivity to return, and have mercy on them.

CHAP. XXXIV.

THE word which came unto Jeremiah from the LORD, when *v* Nebuchadnezzar king of Babylon, and all his army, and all the kingdoms of the earth *θ* of his dominion, and all the people, fought against Jerusalem, and against all the cities thereof, saying,

2 Thus saith the LORD, the God of Israel, Go and speak to Zedekiah king of Judah, and tell him, Thus saith the LORD, Behold, I *z* will give this city into the hand of the king of Babylon, and he shall burn it with fire.

3 And thou shalt not escape out of his hand, but shalt surely be taken, and delivered into his hand ; and thine eyes shall behold the eyes of the king of Babylon, and *λ* he shall speak with thee mouth to mouth, and thou shalt go to Babylon.

4 Yet hear the word of the LORD, O Zedekiah king of Judah ; Thus saith the LORD of thee, Thou shalt not die by the sword ;

5 *But* thou shalt die in peace : and with the burnings *c* of thy fathers, the former kings which were before thee, so shall they burn *odours* for thee ; and they will lament*e* thee, *saying,* Ah, lord ! for I have pronounced the word, saith the LORD.

B. C. 590.

a 1s. 4. 2.
  11. 1.
Zec.6.12,13
b 1s. 42. 21.
c ch. 23. 6.
d 2 Ki. 18.13.
    19. 8.
β Jehovah-
  tsidkenu.
e 1 Co. 1. 30.
γ There
  shall not
  be cut off
  from Da-
  vid.
f 2 Sa.7.14..16
1 Ki. 2. 4.
  1s. 9. 7.
Ps.89.29,36.
Lu.1.32,33.
g Le. 25. 10.
h Ne. 5. 11.
i Ro. 15. 16.
  1 Pe. 2.5,9.
  Re. 1. 6.
k Le.25.39..46
  1 Co. 6. 8.
l Ps. 89. 37.
  1s. 54.9,10.
m 2 Sa. 23. 5.
n ch. 31. 37.
o Re. 7. 9,10.
p ver. 21, 22.
q Ex. 21. 2.
  De. 15. 12.
δ or, sold
  himself.
r Ge. 8. 22.
Ps.74.16,17
ζ to day
s 2 Ki. 23. 3.
Ne. 10. 29.
t Ezr.2.1,70.
η where-
  upon my
  name is
  called.
u Ex. 20. 7.
Le. 19. 12.
v ch.39.1,&c.
  52. 4,&c.
  2 Ki. 25. 1,
         &c.
w Mat.18.28..
           34.
θ the domi-
  nion of his
  hand.
x Mat. 7.2.
Ga. 6. 7.
Ja. 2. 13.
y ch. 32. 36.
z ch. 21. 10.
  32.28,29.
κ for a re-
  moving.
a ch. 29. 18.
De. 28. 25,
         64.
b Ge. 15. 10,
         17.
λ his mouth
  shall speak
  to thy
  mouth.
c 2 Ch.16.14.
    21.19.
d ch. 7. 33.
  16. 4.
  19. 7.
e ch. 22. 18.

6 Then Jeremiah the prophet spake all these words unto Zedekiah king of Judah in Jerusalem,

7 When the king of Babylon's army fought against Jerusalem,and against all the cities of Judah that were left, against Lachish, and against Azekah : for *d* these defenced cities remained of the cities of Judah.

8 *This is* the word that came unto Jeremiah from the LORD, after that the king Zedekiah had made a covenant with all the people which *were* at Jerusalem, to proclaim liberty *g* unto them ;

9 That *h* every man should let his manservant, and every man his maid-servant, *being* an Hebrew or an Hebrewess, go free ; that none should serve himself of them, *to wit,* of a Jew his *k* brother.

10 Now, when all the princes, and all the people which had entered into the covenant, heard that every one should let his man-servant, and every one his maid-servant, go free, that none should serve themselves of them any more, then they obeyed, and let *them* go.

11 But afterward they turned, and caused the servants and the handmaids, whom they had let go free, to return, and brought them into subjection for servants and for handmaids.

12 Therefore the word of the LORD came to Jeremiah from the LORD, saying,

13 Thus saith the LORD, the God of Israel, I made a covenant with your fathers in the day that I brought them forth out of the land of Egypt, out of the house of bondmen, saying,

14 At*q* the end of seven years, let ye go every man his brother an Hebrew, which hath *δ* been sold unto thee ; and when he hath served thee six years, thou shalt let him go free from thee : but your fathers hearkened not unto me, neither inclined their ear.

15 And ye were *ζ* now turned, and had done right in my sight, in proclaiming liberty every man to his neighbour : and ye had made a covenant*s* before me in the house *η* which is called by my name :

16 But ye turned,and polluted my*u*name, and caused every man his servant, and every man his handmaid, whom he had set at liberty at their pleasure, to return, and brought them into subjection,*w* to be unto you for servants and for handmaids.

17 Therefore thus saith the LORD ; Ye have not hearkened unto me, in proclaiming liberty, every one to his brother, and every man to his neighbour : behold, I proclaim *x* a liberty for you, saith the LORD, to *y* the sword, to the pestilence, and to the famine ; and I will make you *κ* to be removed*a* into all the kingdoms of the earth.

18 And I will give the men that have transgressed my covenant, which have not performed the words of the covenant which they had made before me, *b* when they cut the calf in twain, and passed between the parts thereof,

19 The princes of Judah, and the princes of Jerusalem, the eunuchs, and the priests, and all the people of the land, which passed between the parts of the calf ;

20 I will even give them into the hand of their enemies, and into the hand of them that seek their life : and their dead*d* bodies shall be for meat unto the fowls of the heaven, and to the beasts of the earth.

21 And Zedekiah king of Judah and his

[Cap. XXXIV]

בְּרִית אֶת־כָּל־הָעָם אֲשֶׁר בִּירוּשָׁלַ͏ִם לִקְרֹא לָהֶם
9 דְּרוֹר׃ לְשַׁלַּח אִישׁ אֶת־עַבְדּוֹ וְאִישׁ אֶת־שִׁפְחָתוֹ הָעִבְרִי וְהָעִבְרִיָּה חָפְשִׁים לְבִלְתִּי עֲבָד־בָּם בִּיהוּדִי אָחִיהוּ אִישׁ׃

10 וַיִּשְׁמְעוּ כָל־הַשָּׂרִים וְכָל־הָעָם אֲשֶׁר בָּאוּ בַבְּרִית לְשַׁלַּח אִישׁ אֶת־עַבְדּוֹ וְאִישׁ אֶת־שִׁפְחָתוֹ חָפְשִׁים לְבִלְתִּי עֲבָד־בָּם עוֹד וַיִּשְׁמְעוּ וַיְשַׁלֵּחוּ׃

11 וַיָּשׁוּבוּ אַחֲרֵי־כֵן וַיָּשִׁבוּ אֶת־הָעֲבָדִים וְאֶת־הַשְּׁפָחוֹת אֲשֶׁר שִׁלְּחוּ חָפְשִׁים וַיִּכְבְּשׁוּם לַעֲבָדִים וְלִשְׁפָחוֹת׃

12 וַיְהִי דְבַר־יְהוָה אֶל־יִרְמְיָהוּ מֵאֵת יְהוָה לֵאמֹר׃

13 כֹּה־אָמַר יְהוָה אֱלֹהֵי יִשְׂרָאֵל אָנֹכִי כָּרַתִּי בְרִית אֶת־אֲבוֹתֵיכֶם בְּיוֹם הוֹצִאִי אוֹתָם מֵאֶרֶץ מִצְרַיִם מִבֵּית עֲבָדִים לֵאמֹר׃

14 מִקֵּץ שֶׁבַע שָׁנִים תְּשַׁלְּחוּ אִישׁ אֶת־אָחִיו הָעִבְרִי אֲשֶׁר־יִמָּכֵר לְךָ וַעֲבָדְךָ שֵׁשׁ שָׁנִים וְשִׁלַּחְתּוֹ חָפְשִׁי מֵעִמָּךְ וְלֹא־שָׁמְעוּ אֲבוֹתֵיכֶם אֵלַי וְלֹא הִטּוּ אֶת־אָזְנָם׃

15 וַתָּשֻׁבוּ אַתֶּם הַיּוֹם וַתַּעֲשׂוּ אֶת־הַיָּשָׁר בְּעֵינַי לִקְרֹא דְרוֹר אִישׁ לְרֵעֵהוּ וַתִּכְרְתוּ בְרִית לְפָנַי בַּבַּיִת אֲשֶׁר־נִקְרָא שְׁמִי עָלָיו׃

16 וַתָּשֻׁבוּ וַתְּחַלְּלוּ אֶת־שְׁמִי וַתָּשִׁבוּ אִישׁ אֶת־עַבְדּוֹ וְאִישׁ אֶת־שִׁפְחָתוֹ אֲשֶׁר־שִׁלַּחְתֶּם חָפְשִׁים לְנַפְשָׁם וַתִּכְבְּשׁוּ אֹתָם לִהְיוֹת לָכֶם לַעֲבָדִים וְלִשְׁפָחוֹת׃

17 לָכֵן כֹּה־אָמַר יְהוָה אַתֶּם לֹא־שְׁמַעְתֶּם אֵלַי לִקְרֹא דְרוֹר אִישׁ לְאָחִיו וְאִישׁ לְרֵעֵהוּ הִנְנִי קֹרֵא לָכֶם דְּרוֹר נְאֻם־יְהוָה אֶל־הַחֶרֶב אֶל־הַדֶּבֶר וְאֶל־הָרָעָב וְנָתַתִּי אֶתְכֶם לְזַעֲוָה לְכֹל מַמְלְכוֹת הָאָרֶץ׃

18 וְנָתַתִּי אֶת־הָאֲנָשִׁים הָעֹבְרִים אֶת־בְּרִתִי אֲשֶׁר לֹא־הֵקִימוּ אֶת־דִּבְרֵי הַבְּרִית אֲשֶׁר כָּרְתוּ לְפָנָי הָעֵגֶל אֲשֶׁר כָּרְתוּ לִשְׁנַיִם וַיַּעַבְרוּ בֵּין בְּתָרָיו׃

19 שָׂרֵי יְהוּדָה וְשָׂרֵי יְרוּשָׁלִַם הַסָּרִסִים וְהַכֹּהֲנִים וְכֹל עַם הָאָרֶץ הָעֹבְרִים בֵּין בִּתְרֵי הָעֵגֶל׃

20 וְנָתַתִּי אוֹתָם בְּיַד אֹיְבֵיהֶם וּבְיַד מְבַקְשֵׁי נַפְשָׁם וְהָיְתָה נִבְלָתָם לְמַאֲכָל לְעוֹף הַשָּׁמַיִם וּלְבֶהֱמַת הָאָרֶץ׃

21 וְאֶת־צִדְקִיָּהוּ מֶלֶךְ־יְהוּדָה וְאֶת־שָׂרָיו אֶתֵּן בְּיַד אֹיְבֵיהֶם וּבְיַד מְבַקְשֵׁי נַפְשָׁם וּבְיַד חֵיל מֶלֶךְ בָּבֶל הָעֹלִים מֵעֲלֵיכֶם׃

22 הִנְנִי מְצַוֶּה נְאֻם־יְהוָה וַהֲשִׁבֹתִים אֶל־הָעִיר הַזֹּאת וְנִלְחֲמוּ עָלֶיהָ וּלְכָדוּהָ וּשְׂרָפֻהָ בָאֵשׁ וְאֶת־עָרֵי יְהוּדָה אֶתֵּן שְׁמָמָה מֵאֵין יֹשֵׁב׃

CAP. XXXV. לה

1 הַדָּבָר אֲשֶׁר־הָיָה אֶל־יִרְמְיָהוּ מֵאֵת יְהוָה בִּימֵי יְהוֹיָקִים בֶּן־יֹאשִׁיָּהוּ מֶלֶךְ יְהוּדָה לֵאמֹר׃

2 הָלוֹךְ אֶל־בֵּית הָרֵכָבִים וְדִבַּרְתָּ אוֹתָם וַהֲבִאוֹתָם בֵּית יְהוָה אֶל־אַחַת הַלְּשָׁכוֹת וְהִשְׁקִיתָ אוֹתָם יָיִן׃

3 וָאֶקַּח אֶת־יַאֲזַנְיָה בֶן־יִרְמְיָהוּ בֶּן־חֲבַצִּנְיָה וְאֶת־אֶחָיו וְאֶת־כָּל־בָּנָיו וְאֵת כָּל־בֵּית הָרֵכָבִים׃

4 וָאָבִא אֹתָם בֵּית יְהוָה אֶל־לִשְׁכַּת בְּנֵי חָנָן בֶּן־יִגְדַּלְיָהוּ אִישׁ הָאֱלֹהִים אֲשֶׁר־אֵצֶל לִשְׁכַּת הַשָּׂרִים אֲשֶׁר מִמַּעַל לְלִשְׁכַּת מַעֲשֵׂיָהוּ בֶן־שַׁלֻּם שֹׁמֵר הַסַּף׃

5 וָאֶתֵּן לִפְנֵי בְּנֵי בֵית־הָרֵכָבִים גְּבִעִים מְלֵאִים יַיִן וְכֹסוֹת וָאֹמַר אֲלֵיהֶם שְׁתוּ־יָיִן׃

6 וַיֹּאמְרוּ לֹא נִשְׁתֶּה־יָּיִן כִּי יוֹנָדָב בֶּן־רֵכָב אָבִינוּ צִוָּה עָלֵינוּ לֵאמֹר לֹא תִשְׁתּוּ־יַיִן אַתֶּם וּבְנֵיכֶם עַד־עוֹלָם׃

7 וּבַיִת לֹא־תִבְנוּ וְזֶרַע לֹא־תִזְרָעוּ וְכֶרֶם לֹא־תִטָּעוּ וְלֹא יִהְיֶה לָכֶם כִּי בָּאֳהָלִים תֵּשְׁבוּ כָּל־יְמֵיכֶם לְמַעַן תִּחְיוּ יָמִים רַבִּים עַל־פְּנֵי הָאֲדָמָה אֲשֶׁר אַתֶּם גָּרִים שָׁם׃

8 וַנִּשְׁמַע בְּקוֹל יְהוֹנָדָב בֶּן־רֵכָב אָבִינוּ לְכֹל אֲשֶׁר צִוָּנוּ לְבִלְתִּי שְׁתוֹת־יַיִן כָּל־יָמֵינוּ אֲנַחְנוּ נָשֵׁינוּ בָּנֵינוּ וּבְנֹתֵינוּ׃

9 וּלְבִלְתִּי בְּנוֹת בָּתִּים לְשִׁבְתֵּנוּ וְכֶרֶם וְשָׂדֶה וָזֶרַע לֹא יִהְיֶה־לָּנוּ׃

10 וַנֵּשֶׁב בָּאֳהָלִים וַנִּשְׁמַע וַנַּעַשׂ כְּכֹל אֲשֶׁר־צִוָּנוּ יוֹנָדָב אָבִינוּ׃

11 וַיְהִי בַּעֲלוֹת נְבוּכַדְרֶאצַּר מֶלֶךְ־בָּבֶל אֶל־הָאָרֶץ וַנֹּאמֶר בֹּאוּ וְנָבוֹא יְרוּשָׁלִַם מִפְּנֵי חֵיל הַכַּשְׂדִּים וּמִפְּנֵי חֵיל אֲרָם וַנֵּשֶׁב בִּירוּשָׁלִָם׃

12 וַיְהִי דְּבַר־יְהוָה אֶל־יִרְמְיָהוּ לֵאמֹר׃

13 כֹּה־אָמַר יְהוָה צְבָאוֹת אֱלֹהֵי יִשְׂרָאֵל הָלֹךְ וְאָמַרְתָּ לְאִישׁ יְהוּדָה וּלְיוֹשְׁבֵי יְרוּשָׁלִָם הֲלוֹא תִקְחוּ מוּסָר לִשְׁמֹעַ אֶל־דְּבָרַי נְאֻם־יְהוָה׃

14 הוּקַם אֶת־דִּבְרֵי יְהוֹנָדָב בֶּן־רֵכָב אֲשֶׁר־צִוָּה אֶת־בָּנָיו לְבִלְתִּי שְׁתוֹת־יַיִן וְלֹא שָׁתוּ עַד־הַיּוֹם הַזֶּה כִּי שָׁמְעוּ אֵת מִצְוַת אֲבִיהֶם וְאָנֹכִי דִּבַּרְתִּי אֲלֵיכֶם הַשְׁכֵּם וְדַבֵּר וְלֹא שְׁמַעְתֶּם אֵלָי׃

15 וָאֶשְׁלַח אֲלֵיכֶם אֶת־כָּל־עֲבָדַי הַנְּבִיאִים הַשְׁכֵּים וְשָׁלֹחַ לֵאמֹר שֻׁבוּ־נָא אִישׁ מִדַּרְכּוֹ הָרָעָה וְהֵיטִיבוּ מַעַלְלֵיכֶם וְאַל־תֵּלְכוּ אַחֲרֵי אֱלֹהִים אֲחֵרִים לְעָבְדָם וּשְׁבוּ אֶל־הָאֲדָמָה אֲשֶׁר־נָתַתִּי לָכֶם וְלַאֲבֹתֵיכֶם וְלֹא הִטִּיתֶם אֶת־אָזְנְכֶם וְלֹא שְׁמַעְתֶּם אֵלָי׃

16 כִּי הֵקִימוּ בְּנֵי יְהוֹנָדָב

princes, will I give into the hand of their enemies, and into the hand of them that seek their life, and into the hand of the king of Babylon's army, which [b] are gone up from you.

22 Behold, I will command, saith the LORD, and cause them to return to this city; and they [c] shall fight against it, and take [d] it, and burn it with fire: and I will make the cities of Judah a desolation without [e] an inhabitant.

CHAP. XXXV.

THE word which came unto Jeremiah from the LORD, in the days of Jehoiakim the son of Josiah king of Judah, saying,

2 Go unto the house of the Rechabites, [g] and speak unto them, and bring them into the house of the LORD, into one of the chambers, [h] and give them wine to drink.

3 Then I took Jaazaniah the son of Jeremiah, the son of Habaziniah, and his brethren, and all his sons, and the whole house of the Rechabites;

4 And I brought them into the house of the LORD, into the chamber of the sons of Hanan, the son of Igdaliah, a man of God, which *was* by the chamber of the princes, which *was* above the chamber of Maaseiah, the son of Shallum, [l] the keeper [m] of the [γ] door:

5 And I set before the sons of the house of the Rechabites pots full of wine, and cups, and I said unto them, Drink ye wine.

6 But they said, We will drink no wine: for Jonadab the son of Rechab, our father, commanded us, saying, Ye shall drink no wine, *neither* ye nor your sons for ever:

7 Neither shall ye build house, nor sow seed, nor plant vineyard, nor have *any:* but all your days ye shall dwell in tents; [q] that ye may live many days in the land where ye *be* strangers. [s]

8 Thus have we obeyed the voice of Jonadab the son of Rechab, our father, in all that he hath charged us, to drink no wine all our days, we, our wives, our sons, nor our daughters;

9 Nor to build houses for us to dwell in; neither have we vineyard, nor field, nor seed:

10 But we have dwelt [x] in tents, and have obeyed, and done according to all that Jonadab our father commanded us.

11 But it came to pass, when Nebuchadrezzar king of Babylon came up into the land, that we said, Come, and let us go to Jerusalem for fear of the army of the Chaldeans, and for fear of the army of the Syrians: so we dwell at Jerusalem.

12 Then came the word of the LORD unto Jeremiah, saying,

13 Thus saith the LORD of hosts, the God of Israel, Go and tell the men of Judah, and the inhabitants of Jerusalem, Will ye not receive instruction [c] to hearken to my words? saith the LORD.

14 The words of Jonadab the son of Rechab, that he commanded his sons not to drink wine, are performed; for unto this day they drink none, but obey their father's commandment: notwithstanding [e] I have spoken unto you, rising early and speaking; but ye hearkened not unto me.

15 I [g] have sent also unto you all my servants the prophets, [h] rising up early and sending *them*, saying, Return [i] ye now every man from his evil way, and amend your doings, and go not after other gods to serve them, and ye shall dwell in the

Center column references

B. C. 590.

a Lu. 13. 34, 35.
b ch. 37.5..11.
c ch. 40. 2, 3.
d ch. 52.7,13.
e ch. 44. 2, 6.
La. 1. 1.
f Pr.1.24,&c.
13. 13.
16. 2.
Is. 65. 12.
66. 4.
g 2 Ki. 10. 15.
1 Ch. 2. 55.
h 1 Ki. 6. 5.
i Ex. 20. 12.
Ep. 6. 2, 3.
β There shall not a man be cut off from Junadab the son of Rechab.
k ch. 15. 19.
Ps. 5. 5.
Lu. 21. 36.
l 1Ch.9.18,19.
m Ps. 84. 10.
γ threshold, or, vessel.
n Is. 8. 1.
Eze. 2. 9.
Zec. 5. 1, 2.
o ch. 30. 2.
Ho. 8. 12.
p ch.25.15,&c
q He.11.9,13.
r ver. 7.
ch. 26. 3.
s 1 Pe. 2. 11.
t ch. 18. 8.
Jon. 3. 8, 9.
u Ac. 3. 19.
v ch. 32. 12.
45. 1, 2.
w ver. 21, 23, 32.
x ver. 7.
y ver. 8.
Eze. 2. 3..7.
z Le.16.29..31.
23.27,32.
Ac. 27. 9.
a ver. 3.
δ their supplication shall fall.
b 2 Ki. 22.13, 17.
c ch. 32. 33.
d Ne. 8. 3.
Lu.4.16,&c.
e 2 Ch. 36. 15, 16.
f Joel 2. 15, &c.
g ch. 7. 13,25. 25. 3..6.
h Lu. 10. 16. 1 Th. 4. 8.
i ch. 18. 11.
k ver. 6, 8.

land which I have given to you and to your fathers; but ye [a] have not inclined your ear, nor hearkened unto me.

16 Because the sons of Jonadab the son of Rechab have performed the commandment of their father, which he commanded them; but this people hath not hearkened unto me:

17 Therefore thus saith the LORD God of hosts, the God of Israel, Behold, I will bring upon Judah, and upon all the inhabitants of Jerusalem, all the evil that I have pronounced against them: [f] because I have spoken unto them, but they have not heard; and I have called unto them, but they have not answered.

18 And Jeremiah said unto the house of the Rechabites, Thus saith the LORD of hosts, the God of Israel, Because [i] ye have obeyed the commandment of Jonadab your father, and kept all his precepts, and done according unto all that he hath commanded you;

19 Therefore thus saith the LORD of hosts, the God of Israel, [β] Jonadab the son of Rechab shall not want a man to stand [k] before me for ever.

CHAP. XXXVI.

AND it came to pass, in the fourth year of Jehoiakim the son of Josiah king of Judah, *that* this word came unto Jeremiah from the LORD, saying,

2 Take thee a roll [n] of a book, and write [o] therein all the words that I have spoken unto thee against Israel, and against Judah, and against all the nations, [p] from the day I spake unto thee, from the days of Josiah, even unto this day.

3 It may be [r] that the house of Judah will hear all the evil which I purpose to do unto them; that they may return [t] every man from his evil way, that I may forgive [u] their iniquity and their sin.

4 Then Jeremiah called Baruch, [v] the son of Neriah: and Baruch wrote from the mouth of Jeremiah all the words of the LORD, which he had spoken unto him, upon a roll [w] of a book.

5 And Jeremiah commanded Baruch, saying, I *am* shut up: I cannot go into the house of the LORD:

6 Therefore go thou, and read [y] in the roll, which thou hast written from my mouth, the words of the LORD, in the ears of the people, in the LORD's house upon the fasting-day: [z] and also thou shalt read them in the ears of all Judah that come out of their cities.

7 It [a] may be [δ] they will present their supplication before the LORD, and will return every one from his evil way: for great [b] *is* the anger and the fury that the LORD hath pronounced against this people.

8 And Baruch the son of Neriah did according to all that Jeremiah the prophet commanded him, reading in the book the words of the LORD in [d] the LORD's house.

9 And it came to pass, in the fifth year of Jehoiakim the son of Josiah king of Judah, in the ninth month, *that* they proclaimed a fast [f] before the LORD to all the people in Jerusalem, and to all the people that came from the cities of Judah unto Jerusalem.

10 Then read [k] Baruch in the book the words of Jeremiah in the house of the LORD, in the chamber of Gemariah the son of Shaphan the scribe, in the higher

(עמוד ימני)

17 לֹא שָׁמְעוּ אֵלָי: לָכֵן כֹּה־אָמַר יְהוָה אֱלֹהֵי צְבָאוֹת
אֱלֹהֵי יִשְׂרָאֵל הִנְנִי מֵבִיא אֶל־יְהוּדָה וְאֶל כָּל־יוֹשְׁבֵי
יְרוּשָׁלַם אֵת כָּל־הָרָעָה אֲשֶׁר דִּבַּרְתִּי עֲלֵיהֶם יַעַן
דִּבַּרְתִּי אֲלֵיהֶם וְלֹא שָׁמֵעוּ וָאֶקְרָא לָהֶם וְלֹא עָנוּ:
18 וּלְבֵית הָרֵכָבִים אָמַר יִרְמְיָהוּ כֹּה־אָמַר יְהוָה
צְבָאוֹת אֱלֹהֵי יִשְׂרָאֵל יַעַן אֲשֶׁר שְׁמַעְתֶּם עַל־מִצְוַת
יְהוֹנָדָב אֲבִיכֶם וַתִּשְׁמְרוּ אֶת־כָּל־מִצְוֹתָיו וַתַּעֲשׂוּ
19 כְּכֹל אֲשֶׁר־צִוָּה אֶתְכֶם: לָכֵן כֹּה אָמַר יְהוָה
צְבָאוֹת אֱלֹהֵי יִשְׂרָאֵל לֹא־יִכָּרֵת אִישׁ לְיוֹנָדָב בֶּן־
רֵכָב עֹמֵד לְפָנַי כָּל־הַיָּמִים:

CAP. XXXVI. לו

1 וַיְהִי בַּשָּׁנָה הָרְבִיעִית לִיהוֹיָקִים בֶּן־יֹאשִׁיָּהוּ מֶלֶךְ
יְהוּדָה הָיָה הַדָּבָר הַזֶּה אֶל־יִרְמְיָהוּ מֵאֵת יְהוָה
2 לֵאמֹר: קַח־לְךָ מְגִלַּת־סֵפֶר וְכָתַבְתָּ אֵלֶיהָ אֵת כָּל־
הַדְּבָרִים אֲשֶׁר־דִּבַּרְתִּי אֵלֶיךָ עַל־יִשְׂרָאֵל וְעַל־יְהוּדָה
וְעַל־כָּל־הַגּוֹיִם מִיּוֹם דִּבַּרְתִּי אֵלֶיךָ מִימֵי יֹאשִׁיָּהוּ
3 וְעַד הַיּוֹם הַזֶּה: אוּלַי יִשְׁמְעוּ בֵּית יְהוּדָה אֵת כָּל־
הָרָעָה אֲשֶׁר אָנֹכִי חֹשֵׁב לַעֲשׂוֹת לָהֶם לְמַעַן
יָשׁוּבוּ אִישׁ מִדַּרְכּוֹ הָרָעָה וְסָלַחְתִּי לַעֲוֺנָם
4 וּלְחַטָּאתָם: וַיִּקְרָא יִרְמְיָהוּ אֶת־בָּרוּךְ בֶּן־
נֵרִיָּה וַיִּכְתֹּב בָּרוּךְ מִפִּי יִרְמְיָהוּ אֵת כָּל־דִּבְרֵי יְהוָה
5 אֲשֶׁר־דִּבֶּר אֵלָיו עַל־מְגִלַּת־סֵפֶר: וַיְצַוֶּה יִרְמְיָהוּ
אֶת־בָּרוּךְ לֵאמֹר אֲנִי עָצוּר לֹא אוּכַל לָבוֹא בֵּית
6 יְהוָה: וּבָאתָ אַתָּה וְקָרָאתָ בַמְּגִלָּה אֲשֶׁר־כָּתַבְתָּ
מִפִּי אֶת־דִּבְרֵי יְהוָה בְּאָזְנֵי הָעָם בֵּית יְהוָה בְּיוֹם
צוֹם וְגַם בְּאָזְנֵי כָל־יְהוּדָה הַבָּאִים מֵעָרֵיהֶם
7 תִּקְרָאֵם: אוּלַי תִּפֹּל תְּחִנָּתָם לִפְנֵי יְהוָה וְיָשֻׁבוּ
אִישׁ מִדַּרְכּוֹ הָרָעָה כִּי־גָדוֹל הָאַף וְהַחֵמָה אֲשֶׁר
8 דִּבֶּר יְהוָה אֶל־הָעָם הַזֶּה: וַיַּעַשׂ בָּרוּךְ בֶּן־נֵרִיָּה
כְּכֹל אֲשֶׁר־צִוָּהוּ יִרְמְיָהוּ הַנָּבִיא לִקְרֹא בַסֵּפֶר דִּבְרֵי
9 יְהוָה בֵּית יְהוָה: וַיְהִי בַשָּׁנָה הַחֲמִשִׁית
לִיהוֹיָקִים בֶּן־יֹאשִׁיָּהוּ מֶלֶךְ־יְהוּדָה בַּחֹדֶשׁ הַתְּשִׁעִי קָרְאוּ
צוֹם לִפְנֵי יְהוָה כָּל־הָעָם בִּירוּשָׁלָם וְכָל־
10 הָעָם הַבָּאִים מֵעָרֵי יְהוּדָה בִּירוּשָׁלָם: וַיִּקְרָא
בָרוּךְ בַּסֵּפֶר אֶת־דִּבְרֵי יִרְמְיָהוּ בֵּית יְהוָה בְּלִשְׁכַּת
גְּמַרְיָהוּ בֶן־שָׁפָן הַסֹּפֵר בֶּחָצֵר הָעֶלְיוֹן פֶּתַח שַׁעַר
11 בֵּית־יְהוָה הֶחָדָשׁ בְּאָזְנֵי כָּל־הָעָם: וַיִּשְׁמַע

(עמוד שמאלי)

בֶּן־גְּמַרְיָהוּ בֶן־שָׁפָן אֵת כָּל־דִּבְרֵי יְהוָה מֵעַל הַסֵּפֶר:
12 וַיֵּרֶד בֵּית־הַמֶּלֶךְ עַל־לִשְׁכַּת הַסֹּפֵר
וְהִנֵּה־שָׁם כָּל־הַשָּׂרִים יוֹשְׁבִים אֱלִישָׁמָע הַסֹּפֵר
וּדְלָיָהוּ בֶן־שְׁמַעְיָהוּ וְאֶלְנָתָן בֶּן־עַכְבּוֹר וּגְמַרְיָהוּ
13 בֶן־שָׁפָן וְצִדְקִיָּהוּ בֶן־חֲנַנְיָהוּ וְכָל־הַשָּׂרִים: וַיַּגֵּד
לָהֶם מִיכָיְהוּ אֵת כָּל־הַדְּבָרִים אֲשֶׁר שָׁמֵעַ בְּקְרֹא
14 בָרוּךְ בַּסֵּפֶר בְּאָזְנֵי הָעָם: וַיִּשְׁלְחוּ כָל־הַשָּׂרִים
אֶל־בָּרוּךְ אֶת־יְהוּדִי בֶּן־נְתַנְיָהוּ בֶּן־שֶׁלֶמְיָהוּ בֶן־
כּוּשִׁי לֵאמֹר הַמְּגִלָּה אֲשֶׁר קָרָאתָ בָּהּ בְּאָזְנֵי
הָעָם קָחֶנָּה בְיָדְךָ וָלֵךְ וַיִּקַּח בָּרוּךְ בֶּן־נֵרִיָּהוּ
15 אֶת־הַמְּגִלָּה בְּיָדוֹ וַיָּבֹא אֲלֵיהֶם: וַיֹּאמְרוּ אֵלָיו
שֵׁב נָא וּקְרָאֶנָּה בְּאָזְנֵינוּ וַיִּקְרָא בָרוּךְ בְּאָזְנֵיהֶם:
16 וַיְהִי כְּשָׁמְעָם אֶת־כָּל־הַדְּבָרִים פָּחֲדוּ אִישׁ
אֶל־רֵעֵהוּ וַיֹּאמְרוּ אֶל־בָּרוּךְ הַגֵּיד נַגִּיד לַמֶּלֶךְ
17 אֵת כָּל־הַדְּבָרִים הָאֵלֶּה: וְאֶת־בָּרוּךְ שָׁאֲלוּ
לֵאמֹר הַגֶּד־נָא לָנוּ אֵיךְ כָּתַבְתָּ אֶת־כָּל־הַדְּבָרִים
18 הָאֵלֶּה מִפִּיו: וַיֹּאמֶר לָהֶם בָּרוּךְ מִפִּיו יִקְרָא
אֵלַי אֵת כָּל־הַדְּבָרִים הָאֵלֶּה וַאֲנִי כֹּתֵב עַל־הַסֵּפֶר
19 בַּדְּיוֹ: וַיֹּאמְרוּ הַשָּׂרִים אֶל־בָּרוּךְ לֵךְ
הִסָּתֵר אַתָּה וְיִרְמְיָהוּ וְאִישׁ אַל־יֵדַע אֵיפֹה אַתֶּם:
20 וַיָּבֹאוּ אֶל־הַמֶּלֶךְ חָצֵרָה וְאֶת־הַמְּגִלָּה הִפְקִדוּ
בְּלִשְׁכַּת אֱלִישָׁמָע הַסֹּפֵר וַיַּגִּידוּ בְּאָזְנֵי הַמֶּלֶךְ אֵת
21 כָּל־הַדְּבָרִים: וַיִּשְׁלַח הַמֶּלֶךְ אֶת־יְהוּדִי לָקַחַת
אֶת־הַמְּגִלָּה וַיִּקָּחֶהָ מִלִּשְׁכַּת אֱלִישָׁמָע הַסֹּפֵר
וַיִּקְרָאֶהָ יְהוּדִי בְּאָזְנֵי הַמֶּלֶךְ וּבְאָזְנֵי כָּל־
22 הַשָּׂרִים הָעֹמְדִים מֵעַל הַמֶּלֶךְ: וְהַמֶּלֶךְ יוֹשֵׁב
בֵּית הַחֹרֶף בַּחֹדֶשׁ הַתְּשִׁיעִי וְאֶת־הָאָח לְפָנָיו
23 מְבֹעָרֶת: וַיְהִי כִּקְרוֹא יְהוּדִי שָׁלֹשׁ דְּלָתוֹת
וְאַרְבָּעָה יִקְרָעֶהָ בְּתַעַר הַסֹּפֵר וְהַשְׁלֵךְ אֶל־הָאֵשׁ
אֲשֶׁר אֶל־הָאָח עַד־תֹּם כָּל־הַמְּגִלָּה עַל־הָאֵשׁ אֲשֶׁר
24 עַל־הָאָח: וְלֹא פָחֲדוּ וְלֹא קָרְעוּ אֶת־בִּגְדֵיהֶם
הַמֶּלֶךְ וְכָל־עֲבָדָיו הַשֹּׁמְעִים אֵת כָּל־הַדְּבָרִים
25 הָאֵלֶּה: וְגַם אֶלְנָתָן וּדְלָיָהוּ וּגְמַרְיָהוּ הִפְגִּעוּ
בַמֶּלֶךְ לְבִלְתִּי שְׂרֹף אֶת־הַמְּגִלָּה וְלֹא שָׁמַע אֲלֵיהֶם:
26 וַיְצַוֶּה הַמֶּלֶךְ אֶת־יְרַחְמְאֵל בֶּן־הַמֶּלֶךְ וְאֶת־שְׂרָיָהוּ
בֶן־עַזְרִיאֵל וְאֶת־שֶׁלֶמְיָהוּ בֶּן־עַבְדְּאֵל לָקַחַת אֶת־
בָּרוּךְ הַסֹּפֵר וְאֵת יִרְמְיָהוּ הַנָּבִיא וַיַּסְתִּרֵם יְהוָה:
27 וַיְהִי דְבַר־יְהוָה אֶל־יִרְמְיָהוּ אַחֲרֵי שְׂרֹף

court, at the β entry^a of the new gate of the LORD's house, in the ears of all the people.

11 When Michaiah the son of Gemariah, the son of Shaphan, had heard out of the book all the words of the LORD,

12 Then he went down into the king's house, into the scribe's chamber ; and, lo, all the princes sat there, *even* Elishama the scribe, and Delaiah the son of Shemaiah, and Elnathan the son of Achbor, and Gemariah the son of Shaphan, and Zedekiah the son of Hananiah, and all the princes.

13 Then Michaiah declared unto them all the words that he had heard, when Baruch read the book in the ears of the people.

14 Therefore all the princes sent Jehudi the son of Nethaniah, the son of Shelemiah, the son of Cushi, unto Baruch, saying, Take in thine hand the roll wherein thou hast read in the ears of the people, and come. So Baruch the son of Neriah took the roll in his hand, and came unto them.

15 And they said unto him, Sit down now, and read it in our ears. So Baruch read *it* in their ears.

16 Now it came to pass, when they had heard all the words, they were afraid both one and other, and said unto Baruch, We will surely tell the king of all these words.

17 And they asked Baruch, saying, Tell us now, How didst thou write all these words at his mouth?

18 Then Baruch answered them, He pronounced^g all these words unto me with his mouth, and I wrote *them* with ink in the book.

19 Then said the princes unto Baruch, Go, hide^k thee, thou and Jeremiah, and let no man know where ye be.

20 And they went in to the king into the court, but they laid up the roll in the chamber of Elishama the scribe, and told all the words in the ears of the king.

21 So the king sent Jehudi to fetch the roll : and he took it out of Elishama the scribe's chamber : and Jehudi read itⁿ in the ears of the king, and in the ears of all the princes which stood beside the king.

22 Now the king sat in the winterhouse,^o in the ninth month : and *there was a fire* on the hearth burning before him.

23 And it came to pass, *that* when Jehudi had read three or four leaves, he cut it^q with the pen-knife, and cast *it* into the fire that *was* on the hearth, until all the roll was consumed in the fire that *was* on the hearth.

24 Yet they were not afraid, nor rent their garments,^t *neither* the king, nor any of his servants that heard all these words.

25 Nevertheless, Elnathan, and Delaiah, and Gemariah, had made intercession^v to the king that he would not burn the roll ; but he^w would not hear them.

26 But the king commanded Jerahmeel the son of κ Hammelech, and Seraiah the son of Azriel, and Shelemiah the son of Abdeel, to take Baruch the scribe, and Jeremiah the prophet : but^y the LORD hid them.

27 Then the word of the LORD came to Jeremiah, after that the king had burned the roll, and the words which Baruch wrote at the mouth of Jeremiah, saying,

28 Take thee again another roll, and write in it all the former words^z that were in the first roll, which Jehoiakim the king of Judah hath burned.

29 And thou shalt say to Jehoiakim

B. C. 606.
β or, *door.*
a ch. 26. 10.
b ch.22.19,30.
γ *visit upon,* ch. 23. 34.
c De.28.15,&c Pr. 29. 1.
d Mat. 23. 37.
δ *words as they.*
e ch. 22. 24. 2Ki. 24.17. 2Ch.36.10.
f 2Ch. 36. 12.. 16.
ζ *by the hand of.*
g ver. 2, 4.
h ch. 29. 25. 52. 24.
i ch. 2. 27. 21. 1, 2. 42. 2, 20.
k 2Ch. 25. 15, 16. Pr. 28. 12. Ac. 5. 40.
l 2 Ki. 24. 7. Eze. 17. 15.
m ver. 11. ch. 34. 21.
n ch. 23. 28. 26. 2. Eze. 2. 4, 5.
o Am. 3. 15.
p ver. 3. ch. 21. 2.
q Ps. 50. 17. Pr 13. 13. 19. 21. 21. 30. Re. 22. 19.
r ch.34.21,22.
s Job 15. 31.
η *your souls.*
t 2 Ki. 22. 11. Is. 36. 22. 37. 1.
u ch. 21. 4..7.
v ch.13.15..17
w Pr. 21. 29.
θ *men thrust through.*
x Joel 2. 11.
κ or, *the king.*
λ *made to ascend.*
y Ps. 27. 5. 32. 7. 64. 2.
μ or, *slip away.*
z Mat. 24. 35.

king of Judah, Thus saith the LORD, Thou hast burned this roll, saying, Why hast thou written therein, saying, The king of Babylon shall certainly come and destroy this land, and shall cause to cease from thence man and beast?

30 Therefore thus saith the LORD of Jehoiakim king of Judah, He shall have none to sit upon the throne of David ; and his^b dead body shall be cast out in the day to the heat, and in the night to the frost.

31 And I will γ punish him, and his seed, and his servants, for their iniquity ; and I^c will bring upon them, and upon the inhabitants of Jerusalem, and upon the men of Judah, all the evil that I have pronounced against them : but they^d hearkened not.

32 Then took Jeremiah another roll, and gave it to Baruch the scribe, the son of Neriah ; who wrote therein, from the mouth of Jeremiah, all the words of the book which Jehoiakim king of Judah had burned in the fire : and there were added besides unto them many δ like words.

CHAP. XXXVII.

AND king Zedekiah,^e the son of Josiah, reigned instead of Coniah the son of Jehoiakim, whom Nebuchadrezzar king of Babylon made king in the land of Judah.

2 But neither he, nor his servants, nor the people of the land, did hearken unto the words of the LORD, which he spake ζ by the prophet Jeremiah.

3 And Zedekiah the king sent Jehucal the son of Shelemiah, and Zephaniah the son^h of Maaseiah the priest, to the prophet Jeremiah, saying, Pray nowⁱ unto the LORD our God for us.

4 Now Jeremiah came in and went out among the people ; for they had not put him into prison.

5 Then^l Pharaoh's army was come forth out of Egypt : and when the Chaldeans that besieged Jerusalem heard tidings of them, they departed ^m from Jerusalem.

6 Then came the word of the LORD unto the prophet Jeremiah, saying,

7 Thus saith the LORD, the God of Israel, Thus shall ye say to the king of Judah, that sent^p you unto me to inquire of me ; Behold, Pharaoh's army, which is come forth to help you, shall return to Egypt into their own land.

8 And^r the Chaldeans shall come again, and fight against this city, and take it, and burn it with fire.

9 Thus saith the LORD, Deceive^s not η yourselves, saying, The Chaldeans shall surely depart from us : for they shall not depart.

10 For ^u though ye had smitten the whole army of the Chaldeans that fight against you, and there remained *but* θ wounded men among them, *yet* ^x should they rise up every man in his tent, and burn this city with fire.

11 And it came to pass, that when the army of the Chaldeans was λ broken up from Jerusalem for fear of Pharaoh's army,

12 Then Jeremiah went forth out of Jerusalem to go into the land of Benjamin, to μ separate himself thence in the midst of the people.

13 And when he was in the gate of Benjamin, a captain of the ward *was* there, whose name *was* Irijah, the son of Shelemiah, the son of Hananiah : and he took Jeremiah the prophet, saying, Thou fallest away to the Chaldeans.

28 שֻׁב קַח־לְךָ מְגִלָּה אַחֶרֶת וּכְתֹב עָלֶיהָ אֵת כָּל־הַדְּבָרִים הָרִאשֹׁנִים אֲשֶׁר הָיוּ עַל־הַמְּגִלָּה הָרִאשֹׁנָה אֲשֶׁר שָׂרַף יְהוֹיָקִים מֶלֶךְ־יְהוּדָה׃

29 וְעַל־יְהוֹיָקִים מֶלֶךְ־יְהוּדָה תֹאמַר כֹּה אָמַר יְהוָה אַתָּה שָׂרַפְתָּ אֶת־הַמְּגִלָּה הַזֹּאת לֵאמֹר מַדּוּעַ כָּתַבְתָּ עָלֶיהָ לֵאמֹר בֹּא־יָבוֹא מֶלֶךְ־בָּבֶל וְהִשְׁחִית אֶת־הָאָרֶץ הַזֹּאת וְהִשְׁבִּית מִמֶּנָּה אָדָם וּבְהֵמָה׃

30 לָכֵן כֹּה־אָמַר יְהוָה עַל־יְהוֹיָקִים מֶלֶךְ יְהוּדָה לֹא־יִהְיֶה־לּוֹ יוֹשֵׁב עַל־כִּסֵּא דָוִד וְנִבְלָתוֹ תִּהְיֶה מֻשְׁלֶכֶת לַחֹרֶב בַּיּוֹם וְלַקֶּרַח בַּלָּיְלָה׃

31 וּפָקַדְתִּי עָלָיו וְעַל־זַרְעוֹ וְעַל־עֲבָדָיו אֶת־עֲוֹנָם וְהֵבֵאתִי עֲלֵיהֶם וְעַל־יֹשְׁבֵי יְרוּשָׁלַ͏ִם וְאֶל־אִישׁ יְהוּדָה אֵת כָּל־הָרָעָה אֲשֶׁר־דִּבַּרְתִּי אֲלֵיהֶם וְלֹא שָׁמֵעוּ׃

32 וְיִרְמְיָהוּ לָקַח מְגִלָּה אַחֶרֶת וַיִּתְּנָהּ אֶל־בָּרוּךְ בֶּן־נֵרִיָּהוּ הַסֹּפֵר וַיִּכְתֹּב עָלֶיהָ מִפִּי יִרְמְיָהוּ אֵת כָּל־דִּבְרֵי הַסֵּפֶר אֲשֶׁר שָׂרַף יְהוֹיָקִים מֶלֶךְ־יְהוּדָה בָּאֵשׁ וְעוֹד נוֹסַף עֲלֵיהֶם דְּבָרִים רַבִּים כָּהֵמָּה׃

CAP. XXXVII. לז

1 וַיִּמְלָךְ־מֶלֶךְ צִדְקִיָּהוּ בֶּן־יֹאשִׁיָּהוּ תַּחַת כָּנְיָהוּ בֶּן־יְהוֹיָקִים אֲשֶׁר הִמְלִיךְ נְבוּכַדְרֶאצַּר מֶלֶךְ־בָּבֶל בְּאֶרֶץ יְהוּדָה׃

2 וְלֹא שָׁמַע הוּא וַעֲבָדָיו וְעַם הָאָרֶץ אֶל־דִּבְרֵי יְהוָה אֲשֶׁר דִּבֶּר בְּיַד יִרְמְיָהוּ הַנָּבִיא׃

3 וַיִּשְׁלַח הַמֶּלֶךְ צִדְקִיָּהוּ אֶת־יְהוּכַל בֶּן־שֶׁלֶמְיָה וְאֶת־צְפַנְיָהוּ בֶן־מַעֲשֵׂיָה הַכֹּהֵן אֶל־יִרְמְיָהוּ הַנָּבִיא לֵאמֹר׃

4 הִתְפַּלֶּל־נָא בַעֲדֵנוּ אֶל־יְהוָה אֱלֹהֵינוּ וְיִרְמְיָהוּ בָּא וְיֹצֵא בְּתוֹךְ הָעָם וְלֹא־נָתְנוּ אֹתוֹ בֵּית הַכְּלוּא׃

5 וְחֵיל פַּרְעֹה יָצָא מִמִּצְרָיִם וַיִּשְׁמְעוּ הַכַּשְׂדִּים הַצָּרִים עַל־יְרוּשָׁלַ͏ִם אֶת־שִׁמְעָם וַיֵּעָלוּ מֵעַל יְרוּשָׁלָ͏ִם׃

6 וַיְהִי דְּבַר־יְהוָה אֶל־יִרְמְיָהוּ הַנָּבִיא לֵאמֹר׃

7 כֹּה־אָמַר יְהוָה אֱלֹהֵי יִשְׂרָאֵל כֹּה תֹאמְרוּ אֶל־מֶלֶךְ יְהוּדָה הַשֹּׁלֵחַ אֶתְכֶם אֵלַי לְדָרְשֵׁנִי הִנֵּה חֵיל פַּרְעֹה הַיֹּצֵא לָכֶם לְעֶזְרָה שָׁב לְאַרְצוֹ מִצְרָיִם׃

8 וְשָׁבוּ הַכַּשְׂדִּים וְנִלְחֲמוּ עַל־הָעִיר הַזֹּאת וּלְכָדֻהָ וּשְׂרָפֻהָ בָאֵשׁ׃

9 כֹּה אָמַר יְהוָה אַל־תַּשִּׁאוּ נַפְשֹׁתֵיכֶם לֵאמֹר הָלֹךְ יֵלְכוּ מֵעָלֵינוּ הַכַּשְׂדִּים כִּי־לֹא יֵלֵכוּ׃

10 כִּי אִם־הִכִּיתֶם כָּל־חֵיל כַּשְׂדִּים הַנִּלְחָמִים אִתְּכֶם וְנִשְׁאֲרוּ בָם אֲנָשִׁים מְדֻקָּרִים אִישׁ בְּאָהֳלוֹ יָקוּמוּ וְשָׂרְפוּ אֶת־הָעִיר הַזֹּאת בָּאֵשׁ׃

11 וְהָיָה בְּהֵעָלוֹת חֵיל הַכַּשְׂדִּים מֵעַל יְרוּשָׁלָ͏ִם מִפְּנֵי חֵיל פַּרְעֹה׃

12 וַיֵּצֵא יִרְמְיָהוּ מִירוּשָׁלַ͏ִם לָלֶכֶת אֶרֶץ בִּנְיָמִן לַחֲלִק מִשָּׁם בְּתוֹךְ הָעָם׃

13 וַיְהִי־הוּא בְּשַׁעַר בִּנְיָמִן וְשָׁם בַּעַל פְּקִדֻת וּשְׁמוֹ יִרְאִיָּיה בֶּן־שֶׁלֶמְיָה בֶּן־חֲנַנְיָה וַיִּתְפֹּשׂ אֶת־יִרְמְיָהוּ הַנָּבִיא לֵאמֹר אֶל־הַכַּשְׂדִּים אַתָּה נֹפֵל׃

14 וַיֹּאמֶר יִרְמְיָהוּ שֶׁקֶר אֵינֶנִּי נֹפֵל עַל־הַכַּשְׂדִּים וְלֹא שָׁמַע אֵלָיו וַיִּתְפֹּשׂ יִרְאִיָּיה בְּיִרְמְיָהוּ וַיְבִאֵהוּ אֶל־הַשָּׂרִים׃

15 וַיִּקְצְפוּ הַשָּׂרִים עַל־יִרְמְיָהוּ וְהִכּוּ אֹתוֹ וְנָתְנוּ אוֹתוֹ בֵּית הָאֵסוּר בֵּית יְהוֹנָתָן הַסֹּפֵר כִּי־אֹתוֹ עָשׂוּ לְבֵית הַכֶּלֶא׃

16 כִּי בָא יִרְמְיָהוּ אֶל־בֵּית הַבּוֹר וְאֶל־הַחֲנֻיוֹת וַיֵּשֶׁב־שָׁם יִרְמְיָהוּ יָמִים רַבִּים׃

17 וַיִּשְׁלַח הַמֶּלֶךְ צִדְקִיָּהוּ וַיִּקָּחֵהוּ וַיִּשְׁאָלֵהוּ הַמֶּלֶךְ בְּבֵיתוֹ בַּסֵּתֶר וַיֹּאמֶר הֲיֵשׁ דָּבָר מֵאֵת יְהוָה וַיֹּאמֶר יִרְמְיָהוּ יֵשׁ וַיֹּאמֶר בְּיַד מֶלֶךְ־בָּבֶל תִּנָּתֵן׃

18 וַיֹּאמֶר יִרְמְיָהוּ אֶל־הַמֶּלֶךְ צִדְקִיָּהוּ מֶה חָטָאתִי לְךָ וְלַעֲבָדֶיךָ וְלָעָם הַזֶּה כִּי־נְתַתֶּם אוֹתִי אֶל־בֵּית הַכֶּלֶא׃

19 וְאַיּוֹ נְבִיאֵיכֶם אֲשֶׁר־נִבְּאוּ לָכֶם לֵאמֹר לֹא־יָבֹא מֶלֶךְ־בָּבֶל עֲלֵיכֶם וְעַל הָאָרֶץ הַזֹּאת׃

20 וְעַתָּה שְׁמַע־נָא אֲדֹנִי הַמֶּלֶךְ תִּפָּל־נָא תְחִנָּתִי לְפָנֶיךָ וְאַל־תְּשִׁבֵנִי בֵּית יְהוֹנָתָן הַסֹּפֵר וְלֹא אָמוּת שָׁם׃

21 וַיְצַוֶּה הַמֶּלֶךְ צִדְקִיָּהוּ וַיַּפְקִדוּ אֶת־יִרְמְיָהוּ בַּחֲצַר הַמַּטָּרָה וְנָתֹן לוֹ כִכַּר־לֶחֶם לַיּוֹם מִחוּץ הָאֹפִים עַד־תֹּם כָּל־הַלֶּחֶם מִן־הָעִיר וַיֵּשֶׁב יִרְמְיָהוּ בַּחֲצַר הַמַּטָּרָה׃

CAP. XXXVIII. לח

1 וַיִּשְׁמַע שְׁפַטְיָה בֶן־מַתָּן וּגְדַלְיָהוּ בֶּן־פַּשְׁחוּר וְיוּכַל בֶּן־שֶׁלֶמְיָהוּ וּפַשְׁחוּר בֶּן־מַלְכִּיָּה אֶת־הַדְּבָרִים אֲשֶׁר יִרְמְיָהוּ מְדַבֵּר אֶל־כָּל־הָעָם לֵאמֹר׃

2 כֹּה אָמַר יְהוָה הַיֹּשֵׁב בָּעִיר הַזֹּאת יָמוּת בַּחֶרֶב בָּרָעָב וּבַדָּבֶר וְהַיֹּצֵא אֶל־הַכַּשְׂדִּים יִחְיֶה וְהָיְתָה־לּוֹ נַפְשׁוֹ לְשָׁלָל וָחָי׃

3 כֹּה אָמַר יְהוָה הִנָּתֹן תִּנָּתֵן הָעִיר הַזֹּאת בְּיַד חֵיל מֶלֶךְ־בָּבֶל וּלְכָדָהּ׃

4 וַיֹּאמְרוּ הַשָּׂרִים אֶל־הַמֶּלֶךְ יוּמַת נָא אֶת־הָאִישׁ הַזֶּה כִּי־עַל־כֵּן הוּא־מְרַפֵּא אֶת־יְדֵי אַנְשֵׁי הַמִּלְחָמָה הַנִּשְׁאָרִים בָּעִיר הַזֹּאת וְאֵת יְדֵי כָל־הָעָם לְדַבֵּר אֲלֵיהֶם כַּדְּבָרִים הָאֵלֶּה כִּי הָאִישׁ הַזֶּה אֵינֶנּוּ דֹרֵשׁ

14 Then said Jeremiah, It is β false,^a I fall not away to the Chaldeans. But he hearkened not to him: so Irijah took Jeremiah, and brought him to the princes.

15 Wherefore the princes were wroth with Jeremiah, and smote^c him, and put him in prison in the house of Jonathan the scribe : for they had made that the prison.

16 When Jeremiah was entered into the dungeon,^d and into the ζ cabins, and Jeremiah had remained there many days ;

17 Then Zedekiah the king sent, and took him out; and the king asked him secretly in his house, and said, Is there *any* word from the LORD ? And Jeremiah said, There is : for, said he, thou shalt be delivered into the hand of the king of Babylon.

18 Moreover, Jeremiah said unto king Zedekiah, What have ^e I offended against thee, or against thy servants, or against this people, that ye have put me in prison ?

19 Where *f are* now your prophets which prophesied unto you, saying, The king of Babylon shall not^g come against you, nor against this land ?

20 Therefore hear now, I pray thee, O my lord the king : let my supplication, I pray thee, θ be accepted before thee ; that thou cause me not to return to the house of Jonathan the scribe, lest I die there.

21 Then Zedekiah the king commanded that they should commit Jeremiah into the court^k of the prison, and that they should give him daily a piece ofⁱ bread out of the bakers' street, until all the bread in the city were spent.^m Thus Jeremiah remained in the court of the prison.

CHAP. XXXVIII.

THEN Shephatiah the son of Mattan, and Gedaliah the son of Pashur, and Jucal^o the son of Shelemiah, and Pashur^q the son of Malchiah, heard the words that Jeremiah had spoken unto all the people, saying,

2 Thus saith the LORD, He that remaineth in this city shall die by the sword, by the famine, and by the pestilence : but he that goeth forth to the Chaldeans shall live ; for he shall have his life for a prey, and shall live.

3 Thus saith the LORD, This city shall surely be given into the hand of the king of Babylon's army, which shall take it.

4 Therefore the princes said unto the king, We beseech thee, let this man be put to death ; ^v for thus he weakeneth the hands of the men of war that remain in this city, and the hands of all the people, in speaking such words unto them ; for this man seeketh not the κ welfare of this people, but the hurt.

5 Then Zedekiah the king said, Behold, he *is* in your hand : for the king *is* not *he that* can do *any* thing against you.

6 Then ^z took they Jeremiah, and cast him into the dungeon of Malchiah the son of μ Hammelech, that *was* in the court of the prison : and they let down Jeremiah with cords. And in the dungeon *there was* no water, but mire ; so Jeremiah sunk in the mire.

7 Now when Ebed-melech^e the Ethiopian, one of the eunuchs which was in the king's house, heard that they had put Jeremiah in the dungeon, (the king then sitting in the gate of Benjamin,)

8 Ebed-melech went forth out of the king's house, and spake to the king, saying,

9 My lord the king, these men have done evil in all that they have done to

---

B. C. 599.

β *falsehood,* or, *a lie.*
a Mat. 5. 11, 12.
γ *will.*
b ch. 37. 21.
c Ac. 5. 28, 40. 23. 2, 3.
2 Co. 11. 23.. 27.
δ *in thine hand.*
d ch. 38. 6.
ζ *or, cells.*
e ch. 26. 19.
Pr. 17. 13, 26.
Ac. 25. 11, 25 26. 31.
f ch. 2. 28.
g ch. 28. 2, &c. 29. 31.
η *or, principal.*
2 Ki. 16. 18.
θ *fall.*
h ch. 32. 2. 38. 13, 28.
i Ps. 37. 19. Is. 33. 16.
k 2 Ki. 2. 2.
l Nu. 16. 22. 27. 16.
Is. 57. 16.
Zec. 12. 1.
m ch. 38. 9. 52. 6.
n Ps. 80. 7, 14. Am. 5. 27.
o ch. 37. 3.
p 1 Ch. 17. 24. Ezr. 9. 4.
q ch. 21. 1..10.
r ver. 2.
2 Ki. 24. 12.
s ch. 39. 3.
t ver. 23. ch. 32. 4. 34. 3.
u 1 Sa. 31. 4.
v ch. 26. 11.
w 2 Ch. 20. 20. Ja. 1. 22.
x Is. 55. 3.
y Pr. 1. 30, 31. Is. 1. 19, 20.
κ *peace.*
z ch. 37. 21. Ps. 109. 5. Lu. 3. 19, 20.
λ *The men of thy peace.*
a La. 1. 2. Mi. 7. 5.
μ *or, the king,* ch. 36. 26.
b Ps. 69. 2, 14.
c Is. 42. 17.
d ch. 39. 6. 41. 10.
e ch. 39. 16.
f ch. 52. 8..13.
v burn.

Jeremiah the prophet, whom they have cast into the dungeon ; and he γ is like to die for hunger in the place where he is ; for *there is* no more bread^b in the city.

10 Then the king commanded Ebed-melech the Ethiopian, saying, Take from hence thirty men δ with thee, and take up Jeremiah the prophet out of the dungeon, before he die.

11 So Ebed-melech took the men with him, and went into the house of the king under the treasury, and took thence old cast clouts, and old rotten rags, and let them down by cords into the dungeon to Jeremiah.

12 And Ebed-melech the Ethiopian said unto Jeremiah, Put now *these* old cast clouts and rotten rags under thine armholes under the cords. And Jeremiah did so.

13 So they drew up Jeremiah with cords, and took him up out of the dungeon : and Jeremiah remained in the court of the prison.

14 Then Zedekiah the king sent, and took Jeremiah the prophet unto him into the η third entry that *is* in the house of the LORD : and the king said unto Jeremiah, I will ask thee a thing ; hide nothing from me.

15 Then Jeremiah said unto Zedekiah, If I declare *it* unto thee, wilt thou not surely put me to death ? and if I give thee counsel, wilt thou not hearken unto me ?

16 So Zedekiah the king sware secretly unto Jeremiah, saying, A^{s k} the LORD liveth, that madeⁱ us this soul, I will not put thee to death, neither will I give thee into the hand of these men that seek thy life.

17 Then said Jeremiah unto Zedekiah, Thus saith the LORD, the God ofⁿ hosts, the God of Israel,^p If thou wilt assuredly go forth^r unto the king of Babylon's princes,^s then thy soul shall live, and this city shall not be burned with fire ; and thou shalt live, and thine house :

18 But if thou wilt not go forth to the king of Babylon's princes, then shall this city be given into the hand of the Chaldeans, and they shall burn it with fire, and thou ^t shalt not escape out of their hand.

19 And Zedekiah the king said unto Jeremiah, I am afraid of the Jews that are fallen to the Chaldeans, lest they deliver me into their hand, and they mock^u me.

20 But Jeremiah said, They shall not deliver *thee.* Obey,^w I beseech thee, the voice of the LORD, which I speak unto thee : so it shall be well unto thee, and thy soul^x shall live.

21 But if thou refuse^y to go forth, this *is* the word that the LORD hath shewed me :

22 And, behold, all the women that are left in the king of Judah's house *shall be* brought forth to the king of Babylon's princes ; and those *women* shall say, λ Thy friends^a have set thee on, and have prevailed against thee : thy feet are sunk in the mire,^b *and* they are turned ^c away back.

23 So they shall bring out all thy wives and thy children^d to the Chaldeans ; and thou shalt not escape out of their hand, but shalt be^f taken by the hand of the king of Babylon : and thou shalt ^v cause this city to be burned with fire.

24 Then said Zedekiah unto Jeremiah, Let no man know of these words, and thou shalt not die.

25 But if the princes hear that I have talked with thee, and they come unto thee, and say unto thee, Declare unto us now

וְלִשָׁלוֹם לָעָם הַזֶּה כִּי אִם־לְרָעָה: וַיֹּאמֶר הַמֶּלֶךְ אֶל־ 5
יִרְמְיָהוּ הִנֵּה־הוּא בְּיֶדְכֶם כִּי־אֵין הַמֶּלֶךְ יוּכַל אֶתְכֶם
דָּבָר: וַיִּקְחוּ אֶת־יִרְמְיָהוּ וַיַּשְׁלִכוּ אֹתוֹ אֶל־הַבּוֹר 6
מַלְכִּיָּהוּ בֶן־הַמֶּלֶךְ אֲשֶׁר בַּחֲצַר הַמַּטָּרָה וַיְשַׁלְּחוּ
אֶת־יִרְמְיָהוּ בַּחֲבָלִים וּבַבּוֹר אֵין־מַיִם כִּי אִם־טִיט
וַיִּטְבַּע יִרְמְיָהוּ בַּטִּיט: וַיִּשְׁמַע עֶבֶד מֶלֶךְ הַכּוּשִׁי 7
אִישׁ סָרִיס וְהוּא בְּבֵית הַמֶּלֶךְ כִּי־נָתְנוּ אֶת־יִרְמְיָהוּ
אֶל־הַבּוֹר וְהַמֶּלֶךְ יוֹשֵׁב בְּשַׁעַר בִּנְיָמִן: וַיֵּצֵא עֶבֶד 8
מֶלֶךְ מִבֵּית הַמֶּלֶךְ וַיְדַבֵּר אֶל־הַמֶּלֶךְ לֵאמֹר: אֲדֹנִי 9
הַמֶּלֶךְ הֵרֵעוּ הָאֲנָשִׁים הָאֵלֶּה אֵת כָּל־אֲשֶׁר עָשׂוּ
לְיִרְמְיָהוּ הַנָּבִיא אֵת אֲשֶׁר־הִשְׁלִיכוּ אֶל־הַבּוֹר וַיָּמָת
תַּחְתָּיו מִפְּנֵי הָרָעָב כִּי אֵין הַלֶּחֶם עוֹד בָּעִיר:
וַיְצַוֶּה הַמֶּלֶךְ אֵת עֶבֶד־מֶלֶךְ הַכּוּשִׁי לֵאמֹר קַח־ 10
בְּיָדְךָ מִזֶּה שְׁלֹשִׁים אֲנָשִׁים וְהַעֲלִיתָ אֶת־יִרְמְיָהוּ
הַנָּבִיא מִן־הַבּוֹר בְּטֶרֶם יָמוּת: וַיִּקַּח עֶבֶד־מֶלֶךְ 11
אֶת־הָאֲנָשִׁים בְּיָדוֹ וַיָּבֹא בֵית־הַמֶּלֶךְ אֶל־תַּחַת
הָאוֹצָר וַיִּקַּח מִשָּׁם בְּלוֹיֵ הַסְּחָבוֹת וּבְלוֹיֵ מְלָחִים
וַיְשַׁלְּחֵם אֶל־יִרְמְיָהוּ אֶל־הַבּוֹר בַּחֲבָלִים: וַיֹּאמֶר 12
עֶבֶד־מֶלֶךְ הַכּוּשִׁי אֶל־יִרְמְיָהוּ שִׂים נָא בְּלוֹאֵי
הַסְּחָבוֹת וְהַמְּלָחִים תַּחַת אַצִּלוֹת יָדֶיךָ מִתַּחַת
לַחֲבָלִים וַיַּעַשׂ יִרְמְיָהוּ כֵּן: וַיִּמְשְׁכוּ אֶת־יִרְמְיָהוּ 13
בַּחֲבָלִים וַיַּעֲלוּ אֹתוֹ מִן־הַבּוֹר וַיֵּשֶׁב יִרְמְיָהוּ
בַּחֲצַר הַמַּטָּרָה: וַיִּשְׁלַח הַמֶּלֶךְ צִדְקִיָּהוּ 14
וַיִּקַּח אֶת־יִרְמְיָהוּ הַנָּבִיא אֵלָיו אֶל־מָבוֹא הַשְּׁלִישִׁי
אֲשֶׁר בְּבֵית יְהוָה וַיֹּאמֶר הַמֶּלֶךְ אֶל־יִרְמְיָהוּ
שֹׁאֵל אֲנִי אֹתְךָ דָּבָר אַל־תְּכַחֵד מִמֶּנִּי דָּבָר:
וַיֹּאמֶר יִרְמְיָהוּ אֶל־צִדְקִיָּהוּ כִּי אַגִּיד לְךָ הֲלוֹא הָמֵת 15
תְּמִיתֵנִי וְכִי אִיעָצְךָ לֹא תִשְׁמַע אֵלָי: וַיִּשָּׁבַע 16
הַמֶּלֶךְ צִדְקִיָּהוּ אֶל־יִרְמְיָהוּ בַּסֵּתֶר לֵאמֹר חַי־
יְהוָה אֵת אֲשֶׁר עָשָׂה־לָנוּ אֶת־הַנֶּפֶשׁ הַזֹּאת אִם־
אֲמִיתֶךָ וְאִם־אֶתֶּנְךָ בְּיַד הָאֲנָשִׁים הָאֵלֶּה אֲשֶׁר
מְבַקְשִׁים אֶת־נַפְשֶׁךָ: וַיֹּאמֶר יִרְמְיָהוּ אֶל־ 17
צִדְקִיָּהוּ כֹּה־אָמַר יְהוָה אֱלֹהֵי צְבָאוֹת אֱלֹהֵי יִשְׂרָאֵל
אִם־יָצֹא תֵצֵא אֶל־שָׂרֵי מֶלֶךְ־בָּבֶל וְחָיְתָה נַפְשֶׁךָ
וְהָעִיר הַזֹּאת לֹא תִשָּׂרֵף בָּאֵשׁ וְחָיִתָה אַתָּה וּבֵיתֶךָ:
וְאִם לֹא־תֵצֵא אֶל־שָׂרֵי מֶלֶךְ בָּבֶל וְנִתְּנָה הָעִיר 18
הַזֹּאת בְּיַד הַכַּשְׂדִּים וּשְׂרָפוּהָ בָּאֵשׁ וְאַתָּה לֹא־
תִמָּלֵט מִיָּדָם: וַיֹּאמֶר הַמֶּלֶךְ צִדְקִיָּהוּ 19

אֶל־יִרְמְיָהוּ אֲנִי דֹאֵג אֶת־הַיְּהוּדִים אֲשֶׁר נָפְלוּ אֶל־ 20
הַכַּשְׂדִּים פֶּן־יִתְּנוּ אֹתִי בְּיָדָם וְהִתְעַלְּלוּ־בִי:
וְאִם־מָאֵן אַתָּה לָצֵאת זֶה הַדָּבָר אֲשֶׁר הִרְאַנִי 21
יְהוָה: וְהִנֵּה כָל־הַנָּשִׁים אֲשֶׁר נִשְׁאֲרוּ בְּבֵית מֶלֶךְ־ 22
יְהוּדָה מוּצָאוֹת אֶל־שָׂרֵי מֶלֶךְ בָּבֶל וְהֵנָּה אֹמְרוֹת
הִסִּיתוּךָ וְיָכְלוּ לְךָ אַנְשֵׁי שְׁלֹמֶךָ הָטְבְּעוּ בַבֹּץ רַגְלֶךָ
נָסֹגוּ אָחוֹר: וְאֶת־כָּל־נָשֶׁיךָ וְאֶת־בָּנֶיךָ מוֹצִאִים 23
אֶל־הַכַּשְׂדִּים וְאַתָּה לֹא־תִמָּלֵט מִיָּדָם כִּי בְיַד מֶלֶךְ־
בָּבֶל תִּתָּפֵשׂ וְאֶת־הָעִיר הַזֹּאת תִּשְׂרֹף בָּאֵשׁ:
וַיֹּאמֶר צִדְקִיָּהוּ אֶל־יִרְמְיָהוּ אִישׁ אַל־יֵדַע בַּדְּבָרִים־ 24
הָאֵלֶּה וְלֹא תָמוּת: וְכִי־יִשְׁמְעוּ הַשָּׂרִים כִּי־דִבַּרְתִּי 25
אִתָּךְ וּבָאוּ אֵלֶיךָ וְאָמְרוּ אֵלֶיךָ הַגִּידָה־נָּא לָנוּ
מַה־דִּבַּרְתָּ אֶל־הַמֶּלֶךְ אַל־תְּכַחֵד מִמֶּנּוּ וְלֹא נְמִיתֶךָ
וּמַה־דִּבֶּר אֵלֶיךָ הַמֶּלֶךְ: וְאָמַרְתָּ אֲלֵיהֶם מַפִּיל־ 26
אֲנִי תְחִנָּתִי לִפְנֵי הַמֶּלֶךְ לְבִלְתִּי הֲשִׁיבֵנִי בֵּית יְהוֹנָתָן
לָמוּת שָׁם: וַיָּבֹאוּ כָל־הַשָּׂרִים אֶל־יִרְמְיָהוּ 27
וַיִּשְׁאֲלוּ אֹתוֹ וַיַּגֵּד לָהֶם כְּכָל־הַדְּבָרִים הָאֵלֶּה אֲשֶׁר
צִוָּה הַמֶּלֶךְ וַיַּחֲרִישׁוּ מִמֶּנּוּ כִּי לֹא־נִשְׁמַע הַדָּבָר:
וַיֵּשֶׁב יִרְמְיָהוּ בַּחֲצַר הַמַּטָּרָה עַד־יוֹם אֲשֶׁר־נִלְכְּדָה 28
יְרוּשָׁלָ͏ִם o וְהָיָה כַּאֲשֶׁר נִלְכְּדָה יְרוּשָׁלָ͏ִם

CAP. XXXIX. לט

בַּשָּׁנָה הַתְּשִׁעִית לְצִדְקִיָּהוּ מֶלֶךְ־יְהוּדָה בַּחֹדֶשׁ 1
הָעֲשִׂרִי בָּא נְבוּכַדְרֶאצַּר מֶלֶךְ־בָּבֶל וְכָל־חֵילוֹ אֶל־
יְרוּשָׁלַ͏ִם וַיָּצֻרוּ עָלֶיהָ: בְּעַשְׁתֵּי־עֶשְׂרֵה שָׁנָה 2
לְצִדְקִיָּהוּ בַּחֹדֶשׁ הָרְבִיעִי בְּתִשְׁעָה לַחֹדֶשׁ הָבְקְעָה
הָעִיר: וַיָּבֹאוּ כֹּל שָׂרֵי מֶלֶךְ־בָּבֶל וַיֵּשְׁבוּ 3
בְּשַׁעַר הַתָּוֶךְ נֵרְגַל שַׂרְאֶצֶר סַמְגַּר־נְבוּ שַׂר־סְכִים
רַב־סָרִיס נֵרְגַל שַׂרְאֶצֶר רַב־מָג וְכָל־שְׁאֵרִית שָׂרֵי
מֶלֶךְ־בָּבֶל: וַיְהִי כַּאֲשֶׁר רָאָם צִדְקִיָּהוּ מֶלֶךְ־ 4
יְהוּדָה וְכֹל אַנְשֵׁי הַמִּלְחָמָה וַיִּבְרְחוּ וַיֵּצְאוּ לַיְלָה
מִן־הָעִיר דֶּרֶךְ גַּן הַמֶּלֶךְ בְּשַׁעַר בֵּין הַחֹמֹתָיִם
וַיֵּצֵא דֶּרֶךְ הָעֲרָבָה: וַיִּרְדְּפוּ חֵיל־כַּשְׂדִּים 5
אַחֲרֵיהֶם וַיַּשִּׂגוּ אֶת־צִדְקִיָּהוּ בְּעַרְבוֹת יְרֵחוֹ וַיִּקְחוּ
אֹתוֹ וַיַּעֲלֻהוּ אֶל־נְבוּכַדְרֶאצַּר מֶלֶךְ־בָּבֶל רִבְלָתָה
בְּאֶרֶץ חֲמָת וַיְדַבֵּר אִתּוֹ מִשְׁפָּטִים: וַיִּשְׁחַט מֶלֶךְ־ 6
בָּבֶל אֶת־בְּנֵי צִדְקִיָּהוּ בְּרִבְלָה לְעֵינָיו וְאֵת כָּל־חֹרֵי

what thou hast said unto the king, hide it not from us, and we will not put thee to death; also what the king said unto thee:

26 Then thou shalt say unto them, I presented my supplication before the king, that he would not cause me to return to Jonathan's house,[c] to die there.

27 Then came all the princes unto Jeremiah, and asked him: and he told them according to all these words that the king had commanded. So they [β] left off speaking with him: for the matter was not perceived.

28 So Jeremiah abode in the court of the prison until[g] the day that Jerusalem was taken: and he was *there* when Jerusalem was taken.

CHAP. XXXIX.

IN the[i] ninth year of Zedekiah king of Judah, in the tenth month, came Nebuchadrezzar king of Babylon and all his army against Jerusalem, and they besieged it.

2 *And* in the eleventh year of Zedekiah, in the fourth month, the ninth *day* of the month, the city was broken up.

3 And all the princes[m] of the king of Babylon came in, and sat in the middle gate, *even* Nergal-sharezer, Samgar-nebo, Sarsechim, Rab-saris, Nergal-sharezer, Rab-mag, with all the residue of the princes of the king of Babylon.

4 And it came to pass, *that* when Zedekiah the king of Judah saw them, and all the men of war, then they fled, and went forth out of the city by night, by the way of the king's garden, by the gate betwixt the two walls; and he went out the way of the plain.

5 But[p] the Chaldeans' army pursued after them, and overtook[q] Zedekiah in the plains of Jericho: and when they had taken him, they brought him up to Nebuchadnezzar king of Babylon to Riblah, in the land of Hamath, where he [ζ] gave judgment upon him.

6 Then the king of Babylon slew the sons of Zedekiah in Riblah before his eyes: also the king of Babylon slew all the nobles of Judah.

7 Moreover,[s] he put out Zedekiah's eyes, and bound him with [θ] chains, to carry him to Babylon.

8 And the Chaldeans burned the king's house, and the houses[u] of the people, with fire, and brake down the walls of Jerusalem.

9 Then Nebuzar-adan, the [κ] captain of the guard, carried away captive into Babylon the remnant of the people that remained in the city, and those that fell away, that fell to him, with the rest of the people that remained.

10 But Nebuzar-adan, the captain of the guard, left of the poor of the people, which had nothing, in the land of Judah, and gave them vineyards and fields [λ] at the same time.

11 Now Nebuchadrezzar king of Babylon gave charge concerning Jeremiah [μ] to Nebuzar-adan the captain of the guard, saying,

12 Take him, and [ν] look well to him, and do him no harm,[x] but do unto him even as he shall say unto thee.

13 So Nebuzar-adan, the captain of the guard, sent, and Nebushasban, Rab-saris,[a] and Nergal-sharezer, Rab-mag, and all the king of Babylon's princes;

14 Even they sent, and took Jeremiah out of the court[c] of the prison, and com-

Marginal notes

B. C. 589.

a ch. 40. 5.
b ch. 26 24.
c ch. 37. 15, 20.
d ch. 38. 7, 12.
e Da. 9. 12.
β *were silent from.*
f Job 5. 19, 21.
  Ps. 50. 15.
  Da. 6. 16.
g ch. 39. 14.
h 2 Sa. 24. 14.
i ch. 52. 4, &c.
  2 Ki. 25. 1,
  &c.
j ch. 21. 9.
  45. 5.
k 1 Ch. 5. 20.
  Ps. 37. 39,
  40.
l ch. 39. 14.
m ver. 13.
  ch. 38. 17
γ *manacles.*
n ch. 50. 7.
o De. 29. 24,
  25.
  Ne. 9. 28, 33.
  Da. 9. 11.
p ch. 32. 4.
  38. 18, 23.
q La. 1. 3
δ or, *are.*
r ch. 39. 12.
ς *spake with him judgments.*
  ch. 4. 12.
η *set mine eye upon.*
s ch. 52. 11.
  Eze. 12. 13.
θ *two brazen chains,* or, *fetters.*
t ch. 41. 2.
u La. 2. 2.
κ *chief of the executioners,* or, *slaughtermen,* or, *chief marshal;* and so ver. 10, 11.
  Ge. 37. 36.
λ *in that day.*
μ *by the hand of.*
ν *set thine eyes upon.*
v Ju. 20. 1.
w ch. 39. 10.
  52. 16.
x Ps. 105. 15.
y ch. 41. 1, &c.
z ch. 43. 2, 4, 5.
a ver. 3.
b Ezr. 2. 2.
c ch. 38. 28
d Jos. 12. 5.

mitted him unto Gedaliah[a] the son of Ahikam[b] the son of Shaphan, that he should carry him home: so he dwelt among the people.

15 Now the word of the LORD came unto Jeremiah, while he was shut up in the court of the prison, saying,

16 Go and speak to Ebed-melech[d] the Ethiopian, saying, Thus saith the LORD of hosts, the God of Israel; Behold, I will[e] bring my words upon this city for evil, and not for good; and they shall be *accomplished* in that day before thee.

17 But I will deliver thee in that[f] day, saith the LORD: and thou shalt not be given into the hand of the men[h] of whom thou *art* afraid.

18 For I will surely deliver thee, and thou shalt not fall by the sword, but thy life[j] shall be for a prey unto thee: because[k] thou hast put thy trust in me, saith the LORD.

CHAP. XL.

THE word that came to Jeremiah from the LORD, after that Nebuzar-adan the captain of the guard had let him[l] go from Ramah, when he had taken him, being bound in [γ] chains among all that were carried away captive of Jerusalem and Judah, which were carried away captive unto Babylon.

2 And the captain of the guard took Jeremiah, and[n] said unto him, The LORD thy God hath pronounced this evil upon this place.

3 Now the LORD hath brought *it*, and done according as he hath said: [o] because ye have sinned against the LORD, and have not obeyed his voice, therefore this thing is come upon you.

4 And now, behold, I loose thee this day from the chains which [δ] *were* upon thine hand. If[r] it seem good unto thee to come with me into Babylon, come, and I will [η] look well unto thee: but if it seem ill unto thee to come with me into Babylon, forbear: behold, all the land *is* before thee: whither it seemeth good and convenient for thee to go, thither go.

5 Now, while he was not yet gone back, *he said,* Go back also to[t] Gedaliah the son of Ahikam, the son of Shaphan, whom the king of Babylon hath made governor over the cities of Judah, and dwell with him among the people; or go wheresoever it seemeth convenient unto thee to go. So the captain of the guard gave him victuals and a reward, and let him go.

6 Then went Jeremiah unto Gedaliah the son of Ahikam, to Mizpah;[v] and dwelt with him among the people that were left in the land.

7 Now when all the captains of the forces which *were* in the fields, *even* they and their men, heard that the king of Babylon had made Gedaliah the son of Ahikam governor in the land, and had committed unto him men, and women, and children, and of the poor[w] of the land, of them that were not carried away captive to Babylon;

8 Then they came to Gedaliah to Mizpah, even Ishmael[y] the son of Nethaniah, and Johanan[z] and Jonathan the sons of Kareah, and Seraiah the son of Tanhumeth, and the sons of Ephai the Netophathite,[b] and Jezaniah the son of a Maachathite,[d] they and their men.

494

7 וְאֶת־עֵינֵי צִדְקִיָּהוּ עִוֵּר וַיַּאַסְרֵהוּ בַּנְחֻשְׁתַּיִם לָבִיא אֹתוֹ בָּבֶלָה׃

8 וְאֶת־בֵּית הַמֶּלֶךְ וְאֶת־בֵּית הָעָם שָׂרְפוּ הַכַּשְׂדִּים בָּאֵשׁ וְאֶת־חֹמוֹת יְרוּשָׁלַ͏ִם נָתָצוּ׃

9 וְאֵת יֶתֶר הָעָם הַנִּשְׁאָרִים בָּעִיר וְאֶת־הַנֹּפְלִים אֲשֶׁר נָפְלוּ עָלָיו וְאֵת יֶתֶר הָעָם הַנִּשְׁאָרִים הֶגְלָה נְבוּזַרְאֲדָן רַב־טַבָּחִים בָּבֶל׃

10 וּמִן־הָעָם הַדַּלִּים אֲשֶׁר אֵין־לָהֶם מְאוּמָה הִשְׁאִיר נְבוּזַרְאֲדָן רַב־טַבָּחִים בְּאֶרֶץ יְהוּדָה וַיִּתֵּן לָהֶם כְּרָמִים וִיגֵבִים בַּיּוֹם הַהוּא׃

11 וַיְצַו נְבוּכַדְרֶאצַּר מֶלֶךְ־בָּבֶל עַל־יִרְמְיָהוּ בְּיַד נְבוּזַרְאֲדָן רַב־טַבָּחִים לֵאמֹר׃

12 קָחֶנּוּ וְעֵינֶיךָ שִׂים עָלָיו וְאַל־תַּעַשׂ לוֹ מְאוּמָה רָע כִּי אם כַּאֲשֶׁר יְדַבֵּר אֵלֶיךָ כֵּן עֲשֵׂה עִמּוֹ׃

13 וַיִּשְׁלַח נְבוּזַרְאֲדָן רַב־טַבָּחִים וּנְבוּשַׁזְבָּן רַב־סָרִיס וְנֵרְגַל שַׂרְאֶצֶר רַב־מָג וְכֹל רַבֵּי מֶלֶךְ־בָּבֶל׃

14 וַיִּשְׁלְחוּ וַיִּקְחוּ אֶת־יִרְמְיָהוּ מֵחֲצַר הַמַּטָּרָה וַיִּתְּנוּ אֹתוֹ אֶל־גְּדַלְיָהוּ בֶּן־אֲחִיקָם בֶּן־שָׁפָן לְהוֹצִאֵהוּ אֶל־הַבָּיִת וַיֵּשֶׁב בְּתוֹךְ הָעָם׃

15 וְאֶל־יִרְמְיָהוּ הָיָה דְבַר־יְהוָה בִּהְיֹתוֹ עָצוּר בַּחֲצַר הַמַּטָּרָה לֵאמֹר׃

16 הָלוֹךְ וְאָמַרְתָּ לְעֶבֶד־מֶלֶךְ הַכּוּשִׁי לֵאמֹר כֹּה־אָמַר יְהוָה צְבָאוֹת אֱלֹהֵי יִשְׂרָאֵל הִנְנִי מֵבִי אֶת־דְּבָרַי אֶל־הָעִיר הַזֹּאת לְרָעָה וְלֹא לְטוֹבָה וְהָיוּ לְפָנֶיךָ בַּיּוֹם הַהוּא׃

17 וְהִצַּלְתִּיךָ בַיּוֹם־הַהוּא נְאֻם־יְהוָה וְלֹא תִנָּתֵן בְּיַד הָאֲנָשִׁים אֲשֶׁר־אַתָּה יָגוֹר מִפְּנֵיהֶם׃

18 כִּי מַלֵּט אֲמַלֶּטְךָ וּבַחֶרֶב לֹא תִפֹּל וְהָיְתָה לְךָ נַפְשְׁךָ לְשָׁלָל כִּי־בָטַחְתָּ בִּי נְאֻם־יְהוָה׃

CAP. XL. מ

1 הַדָּבָר אֲשֶׁר־הָיָה אֶל־יִרְמְיָהוּ מֵאֵת יְהוָה אַחַר שַׁלַּח אֹתוֹ נְבוּזַרְאֲדָן רַב־טַבָּחִים מִן־הָרָמָה בְּקַחְתּוֹ אֹתוֹ וְהוּא־אָסוּר בָּאזִקִּים בְּתוֹךְ כָּל־גָּלוּת יְרוּשָׁלַ͏ִם וִיהוּדָה הַמֻּגְלִים בָּבֶלָה׃

2 וַיִּקַּח רַב־טַבָּחִים לְיִרְמְיָהוּ וַיֹּאמֶר אֵלָיו יְהוָה אֱלֹהֶיךָ דִּבֶּר אֶת־הָרָעָה הַזֹּאת אֶל־הַמָּקוֹם הַזֶּה׃

3 וַיָּבֵא וַיַּעַשׂ יְהוָה כַּאֲשֶׁר דִּבֵּר כִּי־חֲטָאתֶם לַיהוָה וְלֹא־שְׁמַעְתֶּם בְּקוֹלוֹ וְהָיָה לָכֶם דָּבָר הַזֶּה׃

4 וְעַתָּה הִנֵּה פִתַּחְתִּיךָ הַיּוֹם מִן־הָאזִקִּים אֲשֶׁר עַל־יָדֶךָ אִם־טוֹב בְּעֵינֶיךָ לָבוֹא אִתִּי בָבֶל בֹּא וְאָשִׂים אֶת־עֵינִי עָלֶיךָ וְאִם־רַע בְּעֵינֶיךָ לָבוֹא־אִתִּי בָבֶל חֲדָל רְאֵה כָּל־הָאָרֶץ לְפָנֶיךָ אֶל־טוֹב וְאֶל־הַיָּשָׁר בְּעֵינֶיךָ לָלֶכֶת שָׁמָּה לֵךְ׃

5 וְעוֹדֶנּוּ לֹא־יָשׁוּב וְשֻׁבָה אֶל־גְּדַלְיָה בֶן־אֲחִיקָם בֶּן־שָׁפָן אֲשֶׁר הִפְקִיד מֶלֶךְ־בָּבֶל בְּעָרֵי יְהוּדָה וְשֵׁב אִתּוֹ בְּתוֹךְ הָעָם אוֹ אֶל־כָּל־הַיָּשָׁר בְּעֵינֶיךָ לָלֶכֶת לֵךְ וַיִּתֶּן־לוֹ רַב־טַבָּחִים אֲרֻחָה וּמַשְׂאֵת וַיְשַׁלְּחֵהוּ׃

6 וַיָּבֹא יִרְמְיָהוּ אֶל־גְּדַלְיָה בֶן־אֲחִיקָם הַמִּצְפָּתָה וַיֵּשֶׁב אִתּוֹ בְּתוֹךְ הָעָם הַנִּשְׁאָרִים בָּאָרֶץ׃

7 וַיִּשְׁמְעוּ כָל־שָׂרֵי הַחֲיָלִים אֲשֶׁר בַּשָּׂדֶה הֵמָּה וְאַנְשֵׁיהֶם כִּי־הִפְקִיד מֶלֶךְ־בָּבֶל אֶת־גְּדַלְיָהוּ בֶן־אֲחִיקָם בָּאָרֶץ וְכִי הִפְקִיד אִתּוֹ אֲנָשִׁים וְנָשִׁים וָטָף וּמִדַּלַּת הָאָרֶץ מֵאֲשֶׁר לֹא־הָגְלוּ בָּבֶלָה׃

8 וַיָּבֹאוּ אֶל־גְּדַלְיָה הַמִּצְפָּתָה וְיִשְׁמָעֵאל בֶּן־נְתַנְיָהוּ וְיוֹחָנָן וְיוֹנָתָן בְּנֵי־קָרֵחַ וּשְׂרָיָה בֶן־תַּנְחֻמֶת וּבְנֵי עֵיפַי הַנְּטֹפָתִי וִיזַנְיָהוּ בֶּן־הַמַּעֲכָתִי הֵמָּה וְאַנְשֵׁיהֶם׃

9 וַיִּשָּׁבַע לָהֶם גְּדַלְיָהוּ בֶן־אֲחִיקָם בֶּן־שָׁפָן וּלְאַנְשֵׁיהֶם לֵאמֹר אַל־תִּירְאוּ מֵעֲבוֹד הַכַּשְׂדִּים שְׁבוּ בָאָרֶץ וְעִבְדוּ אֶת־מֶלֶךְ בָּבֶל וְיִיטַב לָכֶם׃

10 וַאֲנִי הִנְנִי יֹשֵׁב בַּמִּצְפָּה לַעֲמֹד לִפְנֵי הַכַּשְׂדִּים אֲשֶׁר יָבֹאוּ אֵלֵינוּ וְאַתֶּם אִסְפוּ יַיִן וָקַיִץ וְשֶׁמֶן וְשִׂמוּ בִּכְלֵיכֶם וּשְׁבוּ בְּעָרֵיכֶם אֲשֶׁר־תְּפַשְׂתֶּם׃

11 וְגַם כָּל־הַיְּהוּדִים אֲשֶׁר־בְּמוֹאָב וּבִבְנֵי־עַמּוֹן וּבֶאֱדוֹם וַאֲשֶׁר בְּכָל־הָאֲרָצוֹת שָׁמְעוּ כִּי־נָתַן מֶלֶךְ־בָּבֶל שְׁאֵרִית לִיהוּדָה וְכִי הִפְקִיד עֲלֵיהֶם אֶת־גְּדַלְיָהוּ בֶּן־אֲחִיקָם׃

12 וַיָּשֻׁבוּ כָל־הַיְּהוּדִים מִכָּל־הַמְּקֹמוֹת אֲשֶׁר נִדְּחוּ־שָׁם וַיָּבֹאוּ אֶרֶץ־יְהוּדָה אֶל־גְּדַלְיָהוּ הַמִּצְפָּתָה וַיַּאַסְפוּ יַיִן וָקַיִץ הַרְבֵּה מְאֹד׃

13 וְיוֹחָנָן בֶּן־קָרֵחַ וְכָל־שָׂרֵי הַחֲיָלִים אֲשֶׁר בַּשָּׂדֶה בָּאוּ אֶל־גְּדַלְיָהוּ הַמִּצְפָּתָה׃

14 וַיֹּאמְרוּ אֵלָיו הֲיָדֹעַ תֵּדַע כִּי בַּעֲלִיס מֶלֶךְ בְּנֵי־עַמּוֹן שָׁלַח אֶת־יִשְׁמָעֵאל בֶּן־נְתַנְיָה לְהַכֹּתְךָ נָפֶשׁ וְלֹא־הֶאֱמִין לָהֶם גְּדַלְיָהוּ בֶּן־אֲחִיקָם׃

15 וְיוֹחָנָן בֶּן־קָרֵחַ אָמַר אֶל־גְּדַלְיָהוּ בַסֵּתֶר בַּמִּצְפָּה לֵאמֹר אֵלְכָה נָּא וְאַכֶּה אֶת־יִשְׁמָעֵאל בֶּן־נְתַנְיָה וְאִישׁ לֹא יֵדָע לָמָּה יַכֶּכָּה נֶּפֶשׁ וְנָפֹצוּ כָּל־יְהוּדָה הַנִּקְבָּצִים אֵלֶיךָ׃

16 וַיֹּאמֶר גְּדַלְיָהוּ בֶן־אֲחִיקָם אֶל־יוֹחָנָן בֶּן־קָרֵחַ אַל־תַּעַשׂ אֶת־הַדָּבָר הַזֶּה כִּי־שֶׁקֶר אַתָּה דֹבֵר אֶל־יִשְׁמָעֵאל׃

CAP. XLI. מא

1 וַיְהִי בַּחֹדֶשׁ הַשְּׁבִיעִי בָּא יִשְׁמָעֵאל בֶּן־נְתַנְיָה בֶן

9 And Gedaliah the son of Ahikam, the son of Shaphan, sware unto them, and to their men, saying, Fear not to serve the Chaldeans: dwell in the land,and serve the king of Babylon,&it shall be well with you.

10 As for me, behold, I will dwell at Mizpah, to β serve the Chaldeans which will come unto us: but ye, gather *b* ye wine, and summer-fruits, and oil, and put *them* in your vessels, and dwell in your cities that ye have taken.

11 Likewise, when all the Jews that *were* in Moab, *d* and among the Ammonites,* and in Edom, and that *were* in all the countries, heard that the king of Babylon had left a remnant of Judah, and that he had set over them Gedaliah the son of Ahikam, the son of Shaphan ;

12 Even all the Jews returned out of all places whither they were driven, and came to the land of Judah, to Gedaliah, unto Mizpah, and gathered wine and summer-fruits very much.

13 Moreover, Johanan the son of Kareah, and all the captains of the forces that *were* in the fields, came to Gedaliah to Mizpah,

14 And said unto him, Dost thou certainly know that Baalis the king of the Ammonites hath sent *k* Ishmael the son of Nethaniah to δ slay thee? But Gedaliah the son of Ahikam believed them not.

15 Then Johanan the son of Kareah spake to Gedaliah in Mizpah secretly, saying, Let me go, I pray thee, and I will slay Ishmael the son of Nethaniah, and no man shall know *it :* wherefore should he slay thee, that all the Jews which are gathered unto thee should be scattered, and the remnant in Judah perish ?

16 But Gedaliah the son of Ahikam said unto Johanan the son of Kareah, Thou shalt not do this thing : for thou speakest falsely of Ishmael.

CHAP. XLI.

NOW it came to pass in the seventh month, *that* Ishmael *m* the son of Nethaniah, the son of Elishama, of the seed royal, and the princes of the king, even ten men, with him, came unto Gedaliah the son of Ahikam, to Mizpah ; and there they did eat bread together in Mizpah.

2 Then arose Ishmael the son of Nethaniah,and the ten men that were with him, and smote Gedaliah the son of Ahikam, the son of Shaphan, with the sword, and slew him, whom the king of Babylon had made governor over the land.

3 Ishmael also slew all the Jews that were with him, *even* with Gedaliah at Mizpah, and the Chaldeans that were found there, *and* the men of war.

4 And it came to pass, the second day after he had slain Gedaliah, and no man knew *q it,*

5 That there came certain from Shechem, from Shiloh, and from Samaria, *even* fourscore men, having their beards shaven,* and their clothes rent, and having cut themselves, with offerings* and incense in their hand, to bring *them* to the house of the LORD.

6 And Ishmael the son of Nethaniah went forth from Mizpah to meet them,η weeping all along as he went : and it came to pass, as he met them, he said unto them, Come to Gedaliah the son of Ahikam.

7 And it was *so,* when they came into the midst of the city, that Ishmael the son of Nethaniah slew them, *and cast them*

Marginal references

B. C. 588.

a Job 2. 4.
Pr. 13. 8.
Mat. 6. 25.

β *stand before,*
De. 1. 38.

b ch. 39. 10.

γ *by the hand,* or *side of ;* or, *near.*

c 1 Ki. 15. 22.

d Is. 16. 4.

e Eze. 25. 2.

f 2 Ch. 16. 6.

g ch. 43. 6.

h Ne. 2. 10, 19.
Je. 40. 14.

i ver. 2, 3, 7.

k ch. 41. 10.

δ *strike thee in soul.*

l 2 Sa. 2. 13.

m ch. 40. 6, 8.
2 Ki. 25. 25.

n 2 Sa. 19. 37, 38.

o ch. 40. 5.

p ch. 40. 8.

q 1 Sa. 27. 11.

r Le. 19. 27, 28.
De. 14. 1.
2 Sa. 10. 4.
Is. 15. 2.

s 1 Sa. 1. 7.
2 Ki. 25. 9.

ζ or, *fall.*

t ch. 17. 15, 16.
1 Sa. 7. 8.
12. 19, 23.
Is. 1. 15.

u Le. 26. 22.
La. 1. 1.

η *in going and weeping.*
2 Sa. 3. 16.

v De. 5. 28, 29.

w Ezr. 8. 21.

x Ex. 9. 29.

---

into the midst of the pit, he, and the men that *were* with him.

8 But ten men were found among them that said unto Ishmael, Slay us not ; for we have treasures* in the field, of wheat, and of barley, and of oil, and of honey. So he forbare, and slew them not among their brethren.

9 Now the pit wherein Ishmael had cast all the dead bodies of the men,whomhe had slain γ because of Gedaliah, *was* it which Asa the king*c* had made for fear of Baasha king of Israel : *and* Ishmael the son of Nethaniah filled it with *them that were* slain.

10 Then Ishmael carried away captive all the residue of the people that *were* in Mizpah,*f even*g the king's daughters, and all the people that remained in Mizpah, whom Nebuzar-adan the captain of the guard had committed to Gedaliah the son of Ahikam : and Ishmael the son of Nethaniah carried them away captive, and departed to go over to the *h* Ammonites.

11 But when Johanan the son of Kareah, and all the captains of the forces that *were* with him, heard of all the evil *i* that Ishmael the son of Nethaniah had done,

12 Then they took all the men, and went to fight with Ishmael the son of Nethaniah, and found him by the great waters *l* that *are* in Gibeon.

13 Now it came to pass, *that* when all the people which *were* with Ishmael saw Johanan the son of Kareah, and all the captains of the forces that *were* with him, then they were glad.

14 So all the people that Ishmael had carried away captive from Mizpah cast about, and returned, and went unto Johanan the son of Kareah.

15 But Ishmael the son of Nethaniah escaped from Johanan with eight men, and went to the Ammonites.

16 Then took Johanan the son of Kareah, and all the captains of the forces that *were* with him, all the remnant of the people whom he had recovered from Ishmael the son of Nethaniah, from Mizpah, after *that* he had slain Gedaliah the son of Ahikam, *even* mighty men of war, and the women, and the children, and the eunuchs, whom he had brought again from Gibeon :

17 And they departed, and dwelt in the habitation of Chimham,* which is by Bethlehem, to go to enter into Egypt,

18 Because of the Chaldeans : for they were afraid of them, because Ishmael the son of Nethaniah had slain Gedaliah the son of Ahikam, whom *o* the king of Babylon made governor *o* in the land.

CHAP. XLII.

THEN all the captains*p* of the forces,and Johanan the son of Kareah, and Jezaniah the son of Hoshaiah,and all the peoplefrom the least even unto the greatest.came near.

2 And said unto Jeremiah the prophet, Let us beseech thee, our supplication ζ be accepted before thee, and pray*t* for us unto the LORD thy God, *even* for all this remnant ; (for we are left *but* a few *u* of many, as thine eyes do behold us ;)

3 That*v* the LORD thy God may shew us the way*w* wherein we may walk, and the thing that we may do.

4 Then Jeremiah the prophet said unto them, I have heard *you ;* behold, I will pray*x* unto the LORD your God according to your words ; and it shall come to pass,

אֱלִישָׁמָע מֵרַב הַמְּלוּכָה וְרַבֵּי הַמֶּלֶךְ וַעֲשָׂרָה אֲנָשִׁים אִתּוֹ אֶל־גְּדַלְיָהוּ בֶן־אֲחִיקָם הַמִּצְפָּתָה וַיֹּאכְלוּ שָׁם לֶחֶם יַחְדָּו בַּמִּצְפָּה׃ 2 וַיָּקָם יִשְׁמָעֵאל בֶּן־נְתַנְיָה וַעֲשֶׂרֶת הָאֲנָשִׁים ׀ אֲשֶׁר־הָיוּ אִתּוֹ וַיַּכּוּ אֶת־גְּדַלְיָהוּ בֶן־אֲחִיקָם בֶּן־שָׁפָן בַּחֶרֶב וַיָּמֶת אֹתוֹ אֲשֶׁר־הִפְקִיד מֶלֶךְ־בָּבֶל בָּאָרֶץ׃ 3 וְאֵת כָּל־הַיְּהוּדִים אֲשֶׁר־הָיוּ אִתּוֹ אֶת־גְּדַלְיָהוּ בַּמִּצְפָּה וְאֶת־הַכַּשְׂדִּים אֲשֶׁר נִמְצְאוּ־שָׁם אֵת אַנְשֵׁי הַמִּלְחָמָה הִכָּה יִשְׁמָעֵאל׃ 4 וַיְהִי בַּיּוֹם הַשֵּׁנִי לְהָמִית אֶת־גְּדַלְיָהוּ וְאִישׁ לֹא יָדָע׃ 5 וַיָּבֹאוּ אֲנָשִׁים מִשְּׁכֶם מִשִּׁלוֹ וּמִשֹּׁמְרוֹן שְׁמֹנִים אִישׁ מְגֻלְּחֵי זָקָן וּקְרֻעֵי בְגָדִים וּמִתְגֹּדְדִים וּמִנְחָה וּלְבוֹנָה בְּיָדָם לְהָבִיא בֵּית יְהוָה׃ 6 וַיֵּצֵא יִשְׁמָעֵאל בֶּן־נְתַנְיָה לִקְרָאתָם מִן־הַמִּצְפָּה הֹלֵךְ הָלֹךְ וּבֹכֶה וַיְהִי כִּפְגֹשׁ אֹתָם וַיֹּאמֶר אֲלֵיהֶם בֹּאוּ אֶל־גְּדַלְיָהוּ בֶן־אֲחִיקָם׃ 7 וַיְהִי כְּבוֹאָם אֶל־תּוֹךְ הָעִיר וַיִּשְׁחָטֵם יִשְׁמָעֵאל בֶּן־נְתַנְיָה אֶל־תּוֹךְ הַבּוֹר הוּא וְהָאֲנָשִׁים אֲשֶׁר־אִתּוֹ׃ 8 וַעֲשָׂרָה אֲנָשִׁים נִמְצְאוּ־בָם וַיֹּאמְרוּ אֶל־יִשְׁמָעֵאל אַל־תְּמִתֵנוּ כִּי־יֶשׁ־לָנוּ מַטְמֹנִים בַּשָּׂדֶה חִטִּים וּשְׂעֹרִים וְשֶׁמֶן וּדְבָשׁ וַיֶּחְדַּל וְלֹא הֱמִיתָם בְּתוֹךְ אֲחֵיהֶם׃ 9 וְהַבּוֹר אֲשֶׁר הִשְׁלִיךְ שָׁם יִשְׁמָעֵאל אֵת ׀ כָּל־פִּגְרֵי הָאֲנָשִׁים אֲשֶׁר הִכָּה בְּיַד־גְּדַלְיָהוּ הוּא אֲשֶׁר עָשָׂה הַמֶּלֶךְ אָסָא מִפְּנֵי בַּעְשָׁא מֶלֶךְ־יִשְׂרָאֵל אֹתוֹ מִלֵּא יִשְׁמָעֵאל בֶּן־נְתַנְיָהוּ חֲלָלִים׃ 10 וַיִּשְׁבְּ יִשְׁמָעֵאל אֶת־כָּל־שְׁאֵרִית הָעָם אֲשֶׁר בַּמִּצְפָּה אֶת־בְּנוֹת הַמֶּלֶךְ וְאֶת־כָּל־הָעָם הַנִּשְׁאָרִים בַּמִּצְפָּה אֲשֶׁר הִפְקִיד נְבוּזַרְאֲדָן רַב־טַבָּחִים אֶת־גְּדַלְיָהוּ בֶּן־אֲחִיקָם וַיִּשְׁבֵּם יִשְׁמָעֵאל בֶּן־נְתַנְיָה וַיֵּלֶךְ לַעֲבֹר אֶל־בְּנֵי עַמּוֹן׃ 11 וַיִּשְׁמַע יוֹחָנָן בֶּן־קָרֵחַ וְכָל־שָׂרֵי הַחֲיָלִים אֲשֶׁר אִתּוֹ אֵת כָּל־הָרָעָה אֲשֶׁר עָשָׂה יִשְׁמָעֵאל בֶּן־נְתַנְיָה׃ 12 וַיִּקְחוּ אֶת־כָּל־הָאֲנָשִׁים וַיֵּלְכוּ לְהִלָּחֵם עִם־יִשְׁמָעֵאל בֶּן־נְתַנְיָה וַיִּמְצְאוּ אֹתוֹ אֶל־מַיִם רַבִּים אֲשֶׁר בְּגִבְעוֹן׃ 13 וַיְהִי כִּרְאוֹת כָּל־הָעָם אֲשֶׁר אֶת־יִשְׁמָעֵאל אֶת־יוֹחָנָן בֶּן־קָרֵחַ וְאֵת כָּל־שָׂרֵי הַחֲיָלִים אֲשֶׁר אִתּוֹ וַיִּשְׂמָחוּ׃ 14 וַיָּסֹבּוּ כָּל־הָעָם אֲשֶׁר־שָׁבָה יִשְׁמָעֵאל מִן־הַמִּצְפָּה וַיָּשֻׁבוּ וַיֵּלְכוּ אֶל־יוֹחָנָן בֶּן־קָרֵחַ׃ 15 וְיִשְׁמָעֵאל בֶּן־נְתַנְיָה נִמְלַט בִּשְׁמֹנָה אֲנָשִׁים מִפְּנֵי יוֹחָנָן וַיֵּלֶךְ אֶל־בְּנֵי עַמּוֹן׃

16 וַיִּקַּח יוֹחָנָן בֶּן־קָרֵחַ וְכָל־שָׂרֵי הַחֲיָלִים אֲשֶׁר־אִתּוֹ אֵת כָּל־שְׁאֵרִית הָעָם אֲשֶׁר הֵשִׁיב מֵאֵת יִשְׁמָעֵאל בֶּן־נְתַנְיָה מִן־הַמִּצְפָּה אַחַר הִכָּה אֶת־גְּדַלְיָה בֶּן־אֲחִיקָם גְּבָרִים אַנְשֵׁי הַמִּלְחָמָה וְנָשִׁים וְטַף וְסָרִסִים אֲשֶׁר הֵשִׁיב מִגִּבְעוֹן׃ 17 וַיֵּלְכוּ וַיֵּשְׁבוּ בְּגֵרוּת כִּמְהָם אֲשֶׁר־אֵצֶל בֵּית לָחֶם לָלֶכֶת לָבוֹא מִצְרָיִם׃ 18 מִפְּנֵי הַכַּשְׂדִּים כִּי יָרְאוּ מִפְּנֵיהֶם כִּי־הִכָּה יִשְׁמָעֵאל בֶּן־נְתַנְיָה אֶת־גְּדַלְיָהוּ בֶּן־אֲחִיקָם אֲשֶׁר־הִפְקִיד מֶלֶךְ־בָּבֶל בָּאָרֶץ׃

CAP. XLII. מב

1 וַיִּגְּשׁוּ כָּל־שָׂרֵי הַחֲיָלִים וְיוֹחָנָן בֶּן־קָרֵחַ וִיזַנְיָה בֶּן־הוֹשַׁעְיָה וְכָל־הָעָם מִקָּטֹן וְעַד־גָּדוֹל׃ 2 וַיֹּאמְרוּ אֶל־יִרְמְיָהוּ הַנָּבִיא תִּפָּל־נָא תְחִנָּתֵנוּ לְפָנֶיךָ וְהִתְפַּלֵּל בַּעֲדֵנוּ אֶל־יְהוָה אֱלֹהֶיךָ בְּעַד כָּל־הַשְּׁאֵרִית הַזֹּאת כִּי־נִשְׁאַרְנוּ מְעַט מֵהַרְבֵּה כַּאֲשֶׁר עֵינֶיךָ רֹאוֹת אֹתָנוּ׃ 3 וְיַגֶּד־לָנוּ יְהוָה אֱלֹהֶיךָ אֶת־הַדֶּרֶךְ אֲשֶׁר נֵלֶךְ־בָּהּ וְאֶת־הַדָּבָר אֲשֶׁר נַעֲשֶׂה׃ 4 וַיֹּאמֶר אֲלֵיהֶם יִרְמְיָהוּ הַנָּבִיא שָׁמַעְתִּי הִנְנִי מִתְפַּלֵּל אֶל־יְהוָה אֱלֹהֵיכֶם כְּדִבְרֵיכֶם וְהָיָה כָּל־הַדָּבָר אֲשֶׁר־יַעֲנֶה יְהוָה אֶתְכֶם אַגִּיד לָכֶם לֹא־אֶמְנַע מִכֶּם דָּבָר׃ 5 וְהֵמָּה אָמְרוּ אֶל־יִרְמְיָהוּ יְהִי יְהוָה בָּנוּ לְעֵד אֱמֶת וְנֶאֱמָן אִם־לֹא כְּכָל־הַדָּבָר אֲשֶׁר יִשְׁלָחֲךָ יְהוָה אֱלֹהֶיךָ אֵלֵינוּ כֵּן נַעֲשֶׂה׃ 6 אִם־טוֹב וְאִם־רָע בְּקוֹל ׀ יְהוָה אֱלֹהֵינוּ אֲשֶׁר אֲנוּ שֹׁלְחִים אֹתְךָ אֵלָיו נִשְׁמָע לְמַעַן אֲשֶׁר יִיטַב־לָנוּ כִּי נִשְׁמַע בְּקוֹל יְהוָה אֱלֹהֵינוּ׃ 7 וַיְהִי מִקֵּץ עֲשֶׂרֶת יָמִים וַיְהִי דְבַר־יְהוָה אֶל־יִרְמְיָהוּ׃ 8 וַיִּקְרָא אֶל־יוֹחָנָן בֶּן־קָרֵחַ וְאֶל כָּל־שָׂרֵי הַחֲיָלִים אֲשֶׁר אִתּוֹ וּלְכָל־הָעָם לְמִקָּטֹן וְעַד־גָּדוֹל׃ 9 וַיֹּאמֶר אֲלֵיהֶם כֹּה־אָמַר יְהוָה אֱלֹהֵי יִשְׂרָאֵל אֲשֶׁר שְׁלַחְתֶּם אֹתִי אֵלָיו לְהַפִּיל תְּחִנַּתְכֶם לְפָנָיו׃ 10 אִם־שׁוֹב תֵּשְׁבוּ בָּאָרֶץ הַזֹּאת וּבָנִיתִי אֶתְכֶם וְלֹא אֶהֱרֹס וְנָטַעְתִּי אֶתְכֶם וְלֹא אֶתּוֹשׁ כִּי נִחַמְתִּי אֶל־הָרָעָה אֲשֶׁר עָשִׂיתִי לָכֶם׃ 11 אַל־תִּירְאוּ מִפְּנֵי מֶלֶךְ בָּבֶל אֲשֶׁר־אַתֶּם יְרֵאִים מִפָּנָיו אַל־תִּירְאוּ מִמֶּנּוּ נְאֻם־יְהוָה כִּי־אִתְּכֶם אָנִי לְהוֹשִׁיעַ אֶתְכֶם וּלְהַצִּיל אֶתְכֶם מִיָּדוֹ׃ 12 וְאֶתֵּן לָכֶם רַחֲמִים וְרִחַם אֶתְכֶם וְהֵשִׁיב אֶתְכֶם אֶל־אַדְמַתְכֶם׃ 13 וְאִם־אֹמְרִים אַתֶּם לֹא נֵשֵׁב בָּאָרֶץ הַזֹּאת לְבִלְתִּי שְׁמֹעַ בְּקוֹל יְהוָה

that whatsoever *a* thing the LORD shall answer you, I will declare *it* unto you; I will keep nothing back *c* from you.

5 Then they said to Jeremiah, The LORD *d* be a true and faithful witness between us; if we do not even according to all things for the which the LORD thy God shall send thee to us.

6 Whether *it be* good, or whether *it be* evil, we will *g* obey the voice of the LORD our God, to whom we send thee; *h* that it may be well with us, when we obey the voice of the LORD our God.

7 And it came to pass, after ten days, that the word of the LORD came unto Jeremiah.

8 Then called he Johanan the son of Kareah, and all the captains of the forces which *were* with him, and all the people, from the least even to the greatest,

9 And said unto them, Thus saith the LORD, the God of Israel, unto whom ye sent me to present your supplication before him ;

10 If ye will still abide in this land, then will I build *l* you, and not pull *you* down; and I will plant you, and not pluck *you* up; for I repent *m* me of the evil that I have done unto you.

11 Be not afraid *n* of the king of Babylon, of whom ye are afraid ; be not afraid of him, saith the LORD: for I *o am* with you to save you, and to deliver you from his hand.

12 And *q* I will shew mercies unto you, that he may have mercy upon you, and cause you to return to your own land.

13 But if ye say, We will not *s* dwell in this land, neither obey the voice of the LORD your God,

14 Saying, No; but we will go into the land of Egypt, where *u* we shall see no war, nor hear the sound of a trumpet, nor have hunger of bread ; and there will we dwell ;

15 And now, therefore, hear the word of the LORD, ye remnant of Judah ; Thus saith the LORD of hosts, the God of Israel, If ye wholly set your faces to enter into Egypt, *x* and go to sojourn there ;

16 Then *y* it shall come to pass, *that* the sword, which *z* ye feared, shall overtake you there in the land of Egypt, and the famine, whereof ye were afraid, shall *γ* follow close after you there in Egypt ; and there ye shall die.

17 So shall *δ* it be with all the men that set their faces to go into Egypt, to sojourn there ; they *b* shall die by the sword, by the famine, and by the pestilence: and none of them shall remain or escape from the evil that I will bring upon them.

18 For thus saith the LORD of hosts, the God of Israel, As *e* mine anger and my fury hath been *f* poured forth upon the inhabitants of Jerusalem; so shall my fury be poured forth upon you, when ye shall enter into Egypt: and *g* ye shall be an execration, and an astonishment, and a curse, and a reproach ; and ye shall see this place no more.

19 The LORD hath said concerning you, O ye remnant of Judah, Go ye not into Egypt: know certainly that I have *η* admonished you this day.

20 For ye *κ* dissembled *i* in your *k* hearts, when ye sent me unto the LORD your God, saying, Pray *l* for us unto the LORD our God; and according unto all that the

B. C. 588.
a 1 Ki. 22.14.
b De. 11. 26, 27.
c 1 Sa. 3. 18.
Ac. 20. 20
d Ge. 31. 50.
Ex. 20. 7.
e ver. 17.
Eze. 6. 11.
f Ho. 9. 6.
β or, *to go to sojourn.*
g De. 5. 27.
h ch. 7. 23.
De. 6. 3.
i ch. 42. 1.
k Pr. 8. 13.
16. 5.
Is. 9. 9, 10.
Ja. 4. 6.
l ch. 31. 28.
m ch. 18. 8.
De. 32. 36.
n Mat. 10. 28.
o Is. 43. 5.
Ro. 8. 31.
p ch.40.11,12.
q Ps. 106. 45.
r ch. 41. 10.
s ch. 44. 16.
t ch. 39. 10.
u De. 29. 19, 20.
v 2Ch. 25. 16.
w ch. 2. 16.
44. 1 : called *Hanes,*
Is. 30. 4.
x De. 17. 16.
y ch. 44. 13.
z Eze. 11. 8.
γ cleave.
δ all the men be.
a ch. 25. 9. 27. 6.
Eze. 29.18, 20.
b ver. 22.
ch. 24. 10.
c ch. 46. 13.
d ch. 15. 2.
Zec. 11. 9.
e ch. 7. 20.
f ch. 39. 2.
La. 2. 5.
g ch. 24. 9. 29.18,22. 44. 12.
Zec. 8. 13.
h ch. 46. 25.
ζ statues, or, standing images.
η testified against you.
θ or, the house of the sun.
κ or, have used deceit against your souls.
Nu. 16. 38.
i Ga. 6. 7.
k ch. 17. 10.
l ver. 2.

LORD our God shall say, so declare unto us, and we will do *it.*

21 And *now* I have this day *b* declared *it* to you ; but ye have not obeyed the voice of the LORD your God, nor any *thing* for the which he hath sent me unto you.

22 Now, therefore, know *e* certainly that ye shall die by the sword, by the famine, and by the pestilence, in the *f* place whither ye desire *β* to go, *and* to sojourn.

CHAP. XLIII.

AND it came to pass, *that* when Jeremiah had made an end of speaking unto all the people all the words of the LORD their God, for which the LORD their God had sent him to them, *even* all these words,

2 Then *i* spake Azariah the son of Hoshaiah, and Johanan the son of Kareah, and all the proud *k* men, saying unto Jeremiah, Thou speakest falsely: the LORD our God hath not sent thee to say, Go not into Egypt to sojourn there :

3 But Baruch the son of Neriah setteth thee on against us, for to deliver us into the hand of the Chaldeans, that they might put us to death, and carry us away captives into Babylon.

4 So Johanan the son of Kareah, and all the captains of the forces, and all the people, obeyed not the voice of the LORD, to dwell in the land of Judah.

5 But Johanan the son of Kareah, and all the captains of the forces, took all the remnant *p* of Judah, that were returned from all nations whither they had been driven, to dwell in the land of Judah ;

6 *Even* men, and women, and children, and the king's daughters, *r* and every person that Nebuzar-adan the captain of the guard had left *t* with Gedaliah the son of Ahikam, the son of Shaphan, and Jeremiah the prophet, and Baruch the son of Neriah.

7 So *v* they came into the land of Egypt: for they obeyed not the voice of the LORD. Thus came they *even* to Tahpanhes. *w*

8 Then came the word of the LORD unto Jeremiah in Tahpanhes, saying,

9 Take great stones in thine hand, and hide them in the clay in the brick-kiln, which *is* at the entry of Pharaoh's house in Tahpanhes, in the sight of the men of Judah ;

10 And say unto them, Thus saith the LORD of hosts, the God of Israel, Behold, I will send and take Nebuchadrezzar the king of Babylon, my servant, *a* and will set his throne upon these stones that I have hid : and he shall spread his royal pavilion over them.

11 And when he cometh, he shall smite *c* the land of Egypt, *and deliver* such *d as are* for death to death ; and such *as are* for captivity to captivity ; and such *as are* for the sword to the sword.

12 And I will kindle a fire in the houses of the gods *h* of Egypt; and he shall burn them, and carry them away captives; and he shall array himself with the land of Egypt, as a shepherd putteth on his garment; and he shall go forth from thence in peace.

13 He shall break also the *ζ* images of *θ* Beth-shemesh, that *is* in the land of Egypt; and the houses of the gods of the Egyptians shall he burn with fire.

CHAP. XLIV.

THE word that came to Jeremiah concerning all the Jews which dwell in

14 אֱלֹהֵיכֶם: לֵאמֹר לֹא כִּי אֶרֶץ מִצְרַיִם נָבוֹא אֲשֶׁר לֹא־נִרְאֶה מִלְחָמָה וְקוֹל שׁוֹפָר לֹא נִשְׁמָע וְלַלֶּחֶם

15 לֹא־נִרְעָב וְשָׁם נֵשֵׁב: וְעַתָּה לָכֵן שִׁמְעוּ דְבַר־יְהוָה שְׁאֵרִית יְהוּדָה כֹּה־אָמַר יְהוָה צְבָאוֹת אֱלֹהֵי יִשְׂרָאֵל אִם־אַתֶּם שׂוֹם תְּשִׂמוּן פְּנֵיכֶם לָבֹא

16 מִצְרַיִם וּבָאתֶם לָגוּר שָׁם: וְהָיְתָה הַחֶרֶב אֲשֶׁר אַתֶּם יְרֵאִים מִמֶּנָּה שָׁם תַּשִּׂיג אֶתְכֶם בְּאֶרֶץ מִצְרָיִם וְהָרָעָב אֲשֶׁר־אַתֶּם דֹּאֲגִים מִמֶּנּוּ שָׁם

17 יִדְבַּק אַחֲרֵיכֶם מִצְרַיִם וְשָׁם תָּמֻתוּ: וְיִהְיוּ כָל־הָאֲנָשִׁים אֲשֶׁר־שָׂמוּ אֶת־פְּנֵיהֶם לָבוֹא מִצְרַיִם לָגוּר שָׁם יָמוּתוּ בַּחֶרֶב בָּרָעָב וּבַדָּבֶר וְלֹא־יִהְיֶה לָהֶם שָׂרִיד וּפָלִיט מִפְּנֵי הָרָעָה אֲשֶׁר אֲנִי מֵבִיא עֲלֵיהֶם:

18 כִּי כֹה אָמַר יְהוָה צְבָאוֹת אֱלֹהֵי יִשְׂרָאֵל כַּאֲשֶׁר נִתַּךְ אַפִּי וַחֲמָתִי עַל־יֹשְׁבֵי יְרוּשָׁלַ͏ִם כֵּן תִּתַּךְ חֲמָתִי עֲלֵיכֶם בְּבֹאֲכֶם מִצְרָיִם וִהְיִיתֶם לְאָלָה וּלְשַׁמָּה וְלִקְלָלָה וּלְחֶרְפָּה וְלֹא־תִרְאוּ עוֹד אֶת־הַמָּקוֹם הַזֶּה:

19 דִּבֶּר יְהוָה עֲלֵיכֶם שְׁאֵרִית יְהוּדָה אַל־תָּבֹאוּ מִצְרָיִם

20 יָדֹעַ תֵּדְעוּ כִּי־הַעֵידֹתִי בָכֶם הַיּוֹם: כִּי הִתְעֵיתֶם בְּנַפְשׁוֹתֵיכֶם כִּי־אַתֶּם שְׁלַחְתֶּם אֹתִי אֶל־יְהוָה אֱלֹהֵיכֶם לֵאמֹר הִתְפַּלֵּל בַּעֲדֵנוּ אֶל־יְהוָה אֱלֹהֵינוּ וּכְכֹל אֲשֶׁר יֹאמַר יְהוָה אֱלֹהֵינוּ כֵּן הַגֶּד־לָנוּ

21 וְעָשִׂינוּ: וָאַגִּד לָכֶם הַיּוֹם וְלֹא שְׁמַעְתֶּם בְּקוֹל

22 יְהוָה אֱלֹהֵיכֶם וּלְכֹל אֲשֶׁר־שְׁלָחַנִי אֲלֵיכֶם: וְעַתָּה יָדֹעַ תֵּדְעוּ כִּי בַּחֶרֶב בָּרָעָב וּבַדֶּבֶר תָּמוּתוּ בַּמָּקוֹם אֲשֶׁר חֲפַצְתֶּם לָבוֹא לָגוּר שָׁם:

CAP. XLIII. מג

1 וַיְהִי כְּכַלּוֹת יִרְמְיָהוּ לְדַבֵּר אֶל־כָּל־הָעָם אֶת־כָּל־דִּבְרֵי יְהוָה אֱלֹהֵיהֶם אֲשֶׁר שְׁלָחוֹ יְהוָה אֱלֹהֵיהֶם

2 אֲלֵיהֶם אֵת כָּל־הַדְּבָרִים הָאֵלֶּה: וַיֹּאמֶר עֲזַרְיָה בֶן־הוֹשַׁעְיָה וְיוֹחָנָן בֶּן־קָרֵחַ וְכָל־הָאֲנָשִׁים הַזֵּדִים אֹמְרִים אֶל־יִרְמְיָהוּ שֶׁקֶר אַתָּה מְדַבֵּר לֹא שְׁלָחֲךָ יְהוָה אֱלֹהֵינוּ לֵאמֹר לֹא־תָבֹאוּ מִצְרַיִם

3 לָגוּר שָׁם: כִּי בָּרוּךְ בֶּן־נֵרִיָּה מַסִּית אֹתְךָ בָּנוּ לְמַעַן תֵּת אֹתָנוּ בְיַד־הַכַּשְׂדִּים לְהָמִית אֹתָנוּ

4 וּלְהַגְלוֹת אֹתָנוּ בָּבֶל: וְלֹא־שָׁמַע יוֹחָנָן בֶּן־קָרֵחַ וְכָל־שָׂרֵי הַחֲיָלִים וְכָל־הָעָם בְּקוֹל יְהוָה לָשֶׁבֶת

5 בְּאֶרֶץ יְהוּדָה: וַיִּקַּח יוֹחָנָן בֶּן־קָרֵחַ וְכָל־שָׂרֵי הַחֲיָלִים אֵת כָּל־שְׁאֵרִית יְהוּדָה אֲשֶׁר־שָׁבוּ מִכָּל־

6 הַגּוֹיִם אֲשֶׁר נִדְּחוּ־שָׁם לָגוּר בְּאֶרֶץ יְהוּדָה: אֶת־הַגְּבָרִים וְאֶת־הַנָּשִׁים וְאֶת־הַטַּף וְאֶת־בְּנוֹת הַמֶּלֶךְ

7 וְאֵת כָּל־הַנֶּפֶשׁ אֲשֶׁר הִנִּיחַ נְבוּזַרְאֲדָן רַב־טַבָּחִים אֶת־גְּדַלְיָהוּ בֶּן־אֲחִיקָם וְאֵת יִרְמְיָהוּ הַנָּבִיא וְאֶת־בָּרוּךְ בֶּן־נֵרִיָּהוּ: וַיָּבֹאוּ אֶרֶץ מִצְרַיִם כִּי לֹא שָׁמְעוּ בְּקוֹל יְהוָה וַיָּבֹאוּ עַד־תַּחְפַּנְחֵס:

8 וַיְהִי דְבַר־יְהוָה אֶל־יִרְמְיָהוּ בְּתַחְפַּנְחֵס

9 לֵאמֹר: קַח בְּיָדְךָ אֲבָנִים גְּדֹלוֹת וּטְמַנְתָּם בַּמֶּלֶט בַּמַּלְבֵּן אֲשֶׁר בְּפֶתַח בֵּית־פַּרְעֹה בְּתַחְפַּנְחֵס

10 לְעֵינֵי אֲנָשִׁים יְהוּדִים: וְאָמַרְתָּ אֲלֵיהֶם כֹּה־אָמַר יְהוָה צְבָאוֹת אֱלֹהֵי יִשְׂרָאֵל הִנְנִי שֹׁלֵחַ וְלָקַחְתִּי אֶת־נְבוּכַדְרֶאצַּר מֶלֶךְ־בָּבֶל עַבְדִּי וְשַׂמְתִּי כִסְאוֹ מִמַּעַל לָאֲבָנִים הָאֵלֶּה אֲשֶׁר טָמָנְתִּי וְנָטָה אֶת־

11 שַׁפְרִירוֹ עֲלֵיהֶם: וּבָאָה וְהִכָּה אֶת־אֶרֶץ מִצְרָיִם אֲשֶׁר לַמָּוֶת לַמָּוֶת וַאֲשֶׁר לַשְּׁבִי לַשֶּׁבִי וַאֲשֶׁר לַחֶרֶב

12 לֶחָרֶב: וְהִצַּתִּי אֵשׁ בְּבָתֵּי אֱלֹהֵי מִצְרַיִם וּשְׂרָפָם וְשָׁבָם וְעָטָה אֶת־אֶרֶץ מִצְרַיִם כַּאֲשֶׁר־יַעְטֶה הָרֹעֶה אֶת־בִּגְדוֹ וְיָצָא מִשָּׁם בְּשָׁלוֹם:

13 וְשִׁבַּר אֶת־מַצְּבוֹת בֵּית שֶׁמֶשׁ אֲשֶׁר בְּאֶרֶץ מִצְרָיִם וְאֶת־בָּתֵּי אֱלֹהֵי מִצְרַיִם יִשְׂרֹף בָּאֵשׁ:

CAP. XLIV. מד

1 הַדָּבָר אֲשֶׁר הָיָה אֶל־יִרְמְיָהוּ אֶל כָּל־הַיְּהוּדִים הַיֹּשְׁבִים בְּאֶרֶץ מִצְרָיִם הַיֹּשְׁבִים בְּמִגְדֹּל וּבְתַחְפַּנְחֵס

2 וּבְנֹף וּבְאֶרֶץ פַּתְרוֹס לֵאמֹר: כֹּה־אָמַר יְהוָה צְבָאוֹת אֱלֹהֵי יִשְׂרָאֵל אַתֶּם רְאִיתֶם אֵת כָּל־הָרָעָה אֲשֶׁר הֵבֵאתִי עַל־יְרוּשָׁלַ͏ִם וְעַל כָּל־עָרֵי יְהוּדָה וְהִנָּם

3 חָרְבָּה הַיּוֹם הַזֶּה וְאֵין בָּהֶם יוֹשֵׁב: מִפְּנֵי רָעָתָם אֲשֶׁר עָשׂוּ לְהַכְעִסֵנִי לָלֶכֶת לְקַטֵּר לַעֲבֹד לֵאלֹהִים

4 אֲחֵרִים אֲשֶׁר לֹא יְדָעוּם הֵמָּה אַתֶּם וַאֲבֹתֵיכֶם: וָאֶשְׁלַח אֲלֵיכֶם אֶת־כָּל־עֲבָדַי הַנְּבִיאִים הַשְׁכֵּים

5 וְשָׁלֹחַ לֵאמֹר אַל־נָא תַעֲשׂוּ אֵת דְּבַר־הַתֹּעֵבָה הַזֹּאת אֲשֶׁר שָׂנֵאתִי: וְלֹא שָׁמְעוּ וְלֹא־הִטּוּ אֶת־אָזְנָם לָשׁוּב מֵרָעָתָם לְבִלְתִּי קַטֵּר לֵאלֹהִים אֲחֵרִים:

6 וַתִּתַּךְ חֲמָתִי וְאַפִּי וַתִּבְעַר בְּעָרֵי יְהוּדָה וּבְחֻצוֹת יְרוּשָׁלָ͏ִם וַתִּהְיֶינָה לְחָרְבָּה לִשְׁמָמָה כַּיּוֹם הַזֶּה:

7 וְעַתָּה כֹּה־אָמַר יְהוָה אֱלֹהֵי צְבָאוֹת אֱלֹהֵי יִשְׂרָאֵל לָמָה אַתֶּם עֹשִׂים רָעָה גְדוֹלָה אֶל־נַפְשֹׁתֵכֶם לְהַכְרִית לָכֶם אִישׁ־וְאִשָּׁה עוֹלֵל וְיוֹנֵק מִתּוֹךְ יְהוּדָה לְבִלְתִּי הוֹתִיר לָכֶם שְׁאֵרִית:

8 לְהַכְעִסֵנִי בְּמַעֲשֵׂי יְדֵיכֶם לְקַטֵּר לֵאלֹהִים אֲחֵרִים בְּאֶרֶץ מִצְרַיִם אֲשֶׁר־אַתֶּם בָּאִים לָגוּר שָׁם לְמַעַן הַכְרִית לָכֶם וּלְמַעַן הֱיוֹתְכֶם לִקְלָלָה וּלְחֶרְפָּה בְּכֹל

the land of Egypt, which dwell at *a* Migdol, and at Tahpanhes,*b* and at*c* Noph, and in the country of Pathros, saying,

2 Thus saith the LORD of hosts, the God of Israel, Ye have seen all the evil that I have brought upon Jerusalem, and upon all the cities of Judah; and, behold, this day they *are* a desolation,*e* and no man dwelleth therein;

3 Because*g* of their wickedness which they have committed, to provoke me to anger, in that they went to burn incense, *and* to serve other gods, whom*i* they knew not, *neither* they, ye, nor your fathers.

4 Howbeit I sent*k* unto you all my servants the prophets, rising early, and sending *them* saying, Oh, do not this abominable *m* thing that I hate.

5 But*n* they hearkened not, nor inclined their ear to turn from their wickedness, to burn no incense unto other gods.

6 Wherefore my fury*o* and mine anger was poured forth, and was kindled in the cities of Judah and in the streets of Jerusalem: and they are wasted *and* desolate, as at this day.

7 Therefore now thus saith the LORD, the God of hosts, the God of Israel, Wherefore commit ye *this* great evil against your*p* souls, to cut off from you man and woman, child and suckling, out ζof Judah, to leave you none to remain;

8 In that ye provoke*q* me unto wrath with the works of your hands, burning incense unto other gods in the land of Egypt, whither ye be gone to dwell, that ye might cut yourselves off, and that ye might be a curse and a reproach among all the nations of the earth?

9 Have*s* ye forgotten the η wickedness of your fathers, and the wickedness of the kings of Judah, and the wickedness of their wives, and your own wickedness, and the wickedness of your wives, which they have committed in the land of Judah, and in the streets of Jerusalem?

10 They are not θ humbled *even* unto this day, neither have they feared,*y* nor walked in my law, nor in my statutes, that I set before you, and before your fathers.

11 Therefore thus saith the LORD of hosts, the God of Israel, Behold, I will set my face*c* against you for evil, and to cut off all Judah.

12 And I will take the remnant of Judah, that*b* have set their faces to go into the land of Egypt to sojourn there, and they shall all be consumed, *and* fall in the land of Egypt; they shall *even* be consumed by the sword *and* by the famine: they shall die, from the least even*g* unto the greatest, by the sword and by the famine; and they shall be an execration, *and* an astonishment, and a curse, and a reproach.

13 For I will punish them that dwell in the land of Egypt, as I have punished Jerusalem, by the sword, by the famine, and by the pestilence:

14 So that none of the remnant of Judah, which are gone*l* into the land of Egypt to sojourn there, shall escape or remain, that they should return into the land of Judah, to the which they *k* have a desire to return to dwell there; for none shall return but such*o* as shall escape.

15 Then all the men which knew that their wives*p* had burned incense unto other

gods, and all the women that stood by, a great multitude, even all the people that dwelt in the land of Egypt, in Pathros, answered Jeremiah, saying,

16 *As for* the word that thou hast spoken unto us in the name of the LORD, we *d* will not hearken unto thee.

17 But we will certainly do whatsoever thing goeth forth out of our own*f* mouth, to burn incense unto the β queen of heaven, and to pour out drink-offerings unto her, as we have done, we,*h* and our fathers, our kings, and our princes, in the cities of Judah, and in the streets of Jerusalem: for then*l* had we plenty of γ victuals, and were well, and saw no evil.

18 But since we left off to burn incense to the queen of heaven, and to pour out drink-offerings unto her, we have wanted all *things*, and have been consumed by the sword and by the famine.

19 And when we burned incense to the queen of heaven, and poured out drink-offerings unto her, did we make her cakes to worship her, and pour out drink-offerings unto her, without our δ men?

20 Then Jeremiah said unto all the people, to the men, and to the women, and to all the people which had given him *that* answer, saying,

21 The incense that ye burned in the cities of Judah, and in the streets of Jerusalem, ye, and your fathers, your kings, and your princes, and the people of the land, did not the LORD remember them, and came it *not* into his mind?

22 So that the LORD could no longer bear,*r* because of the evil of your doings, *and* because of the abominations which ye have committed, therefore*t* is your land a desolation, and an astonishment, and a curse, without an inhabitant, as at*u* this day.

23 Because ye have burned incense,*v* and because ye have sinned against the LORD, and have not obeyed the voice of the LORD, nor walked in his law,*w* nor in his*x* statutes, nor in his testimonies;*z* therefore *a* this evil is happened unto you, as at this day.

24 Moreover, Jeremiah said unto all the people, and to all the women, Hear the word of the LORD, all Judah that*b* *are* in the land of Egypt;

25 Thus saith the LORD of hosts, the God of Israel, saying, Ye and your wives have both spoken*d* with your mouths, and fulfilled with your hand, saying, We will surely perform our vows that we have vowed, to burn incense to the queen of heaven, and to pour out drink-offerings unto her: ye will surely accomplish*f* your vows, and surely perform your vows.

26 Therefore hear ye the word of the LORD, all Judah that dwell in the land of Egypt; Behold, I have sworn*h* by my great name, saith the LORD, that*i* my name shall no more be named in the mouth of any man of Judah, in all the land of Egypt, saying, The Lord GOD liveth.

27 Behold, I will watch over them for evil,*k* and not for good; and all the men of Judah that *are* in the land of Egypt shall be consumed *m* by the sword and by the famine, until there be an end of them

28 Yet*n* a small number that escape the sword shall return out of the land of Egypt into the land of Judah; and all the remnant of Judah, that are gone into the land

B. C. 587.

a ch. 46. 14.
Ex. 14. 2.
b ch. 43. 7.
c Is. 19. 13.
d ch. 6. 16.
e ch. 34. 22.
La. 1. 1, 16.
f ver. 25.
Ps. 12. 4.
g ch. 19. 4.
β or, *frame*,
2 Ki. 17. 16.
h ch. 7. 18.
i De. 13. 6.
32. 17.
k ch. 29. 19.
2 Ch. 36. 15.
l Ho. 2. 5.,9.
γ *bread*.
m Eze. 16. 36,
47.
n Re. 2. 21, 22.
o ch. 42. 18.
δ or, *husbands*.
p ch. 7. 19.
25. 7.
Nu. 16. 38.
Pr. 8. 36.
ζ *of the midst of*.
q ch. 25. 6, 7.
Is. 3. 8.
1Co. 10. 22.
He. 3. 16.
r Is. 43. 24.
Mal. 2. 17.
s Ezr. 9. 13, 14.
η *wickednesses*, or, *punishments*.
t ch. 25. 11.
u ver. 6.
v 1Co. 10. 20.
2 Co. 6. 16.
θ *contrite*,
Ps. 51. 17.
w Ps. 119. 150.
x Ps. 119. 155.
y Pr. 14. 16.
Ec. 8. 12, 13.
Mal. 4. 2.
z Ps. 78. 56.
a 1 Ki. 9. 9.
Ne. 13. 18.
Da. 9. 11, 12.
b ch. 43. 7.
c Le. 17. 10.
Eze. 14. 7, 8.
Am. 9. 4.
d ver. 15.
e ch. 42. 15, &c.
f Job 34. 22.
Ja. 1. 14, 15.
g Ho. 4. 6.
h Ge. 22. 16.
He. 6. 13.
i Eze. 20. 39.
Am. 6. 10.
k ch. 31. 28.
Eze 7. 6.
l Is. 30. 1. 3.
m ver. 12.
2 Ki. 21. 14.
κ *lift up their soul*.
n ver. 14.
Is. 27. 13.
o ver. 28.
p Ne. 13. 26.

9 הֲשְׁכַחְתֶּם אֶת־רָעוֹת אֲבוֹתֵיכֶם וְאֶת־רָעוֹת מַלְכֵי יְהוּדָה וְאֵת רָעוֹת נָשָׁיו וְאֵת רָעֹתֵיכֶם וְאֵת רָעֹת נְשֵׁיכֶם אֲשֶׁר עָשׂוּ בְּאֶרֶץ יְהוּדָה וּבְחֻצוֹת יְרוּשָׁלִָם׃

10 לֹא דֻכְּאוּ עַד הַיּוֹם הַזֶּה וְלֹא יָרְאוּ וְלֹא־הָלְכוּ בְתוֹרָתִי וּבְחֻקֹּתַי אֲשֶׁר־נָתַתִּי לִפְנֵיכֶם וְלִפְנֵי אֲבוֹתֵיכֶם׃

11 לָכֵן כֹּה־אָמַר יְהוָה צְבָאוֹת אֱלֹהֵי יִשְׂרָאֵל הִנְנִי שָׂם פָּנַי בָּכֶם לְרָעָה וּלְהַכְרִית אֶת־כָּל־יְהוּדָה׃

12 וְלָקַחְתִּי אֶת־שְׁאֵרִית יְהוּדָה אֲשֶׁר־שָׂמוּ פְנֵיהֶם לָבוֹא אֶרֶץ־מִצְרַיִם לָגוּר שָׁם וְתַמּוּ כֹל בְּאֶרֶץ מִצְרַיִם יִפֹּלוּ בַּחֶרֶב בָּרָעָב יִתַּמּוּ מִקָּטֹן וְעַד־גָּדוֹל בַּחֶרֶב וּבָרָעָב יָמֻתוּ וְהָיוּ לְאָלָה לְשַׁמָּה וְלִקְלָלָה וּלְחֶרְפָּה׃

13 וּפָקַדְתִּי עַל הַיּוֹשְׁבִים בְּאֶרֶץ מִצְרַיִם כַּאֲשֶׁר פָּקַדְתִּי עַל־יְרוּשָׁלִָם בַּחֶרֶב בָּרָעָב וּבַדָּבֶר׃

14 וְלֹא יִהְיֶה פָּלִיט וְשָׂרִיד לִשְׁאֵרִית יְהוּדָה הַבָּאִים לָגוּר־שָׁם בְּאֶרֶץ מִצְרָיִם וְלָשׁוּב אֶרֶץ יְהוּדָה אֲשֶׁר־הֵמָּה מְנַשְּׂאִים אֶת־נַפְשָׁם לָשׁוּב לָשֶׁבֶת שָׁם כִּי לֹא־יָשׁוּבוּ כִּי אִם־פְּלֵטִים׃

15 וַיַּעֲנוּ אֶת־יִרְמְיָהוּ כָּל־הָאֲנָשִׁים הַיֹּדְעִים כִּי־מְקַטְּרוֹת נְשֵׁיהֶם לֵאלֹהִים אֲחֵרִים וְכָל־הַנָּשִׁים הָעֹמְדוֹת קָהָל גָּדוֹל וְכָל־הָעָם הַיֹּשְׁבִים בְּאֶרֶץ־מִצְרַיִם בְּפַתְרוֹס לֵאמֹר׃

16 הַדָּבָר אֲשֶׁר־דִּבַּרְתָּ אֵלֵינוּ בְּשֵׁם יְהוָה אֵינֶנּוּ שֹׁמְעִים אֵלֶיךָ׃

17 כִּי עָשֹׂה נַעֲשֶׂה אֶת־כָּל־הַדָּבָר אֲשֶׁר־יָצָא מִפִּינוּ לְקַטֵּר לִמְלֶכֶת הַשָּׁמַיִם וְהַסֵּיךְ־לָהּ נְסָכִים כַּאֲשֶׁר עָשִׂינוּ אֲנַחְנוּ וַאֲבֹתֵינוּ מְלָכֵינוּ וְשָׂרֵינוּ בְּעָרֵי יְהוּדָה וּבְחֻצוֹת יְרוּשָׁלִָם וַנִּשְׂבַּע־לֶחֶם וַנִּהְיֶה טוֹבִים וְרָעָה לֹא רָאִינוּ׃

18 וּמִן־אָז חָדַלְנוּ לְקַטֵּר לִמְלֶכֶת הַשָּׁמַיִם וְהַסֵּךְ־לָהּ נְסָכִים חָסַרְנוּ כֹל וּבַחֶרֶב וּבָרָעָב תָּמְנוּ׃

19 וְכִי־אֲנַחְנוּ מְקַטְּרִים לִמְלֶכֶת הַשָּׁמַיִם וּלְהַסֵּךְ לָהּ נְסָכִים הֲמִבַּלְעֲדֵי אֲנָשֵׁינוּ עָשִׂינוּ לָהּ כַּוָּנִים לְהַעֲצִבָה וְהַסֵּךְ לָהּ נְסָכִים׃

20 וַיֹּאמֶר יִרְמְיָהוּ אֶל־כָּל־הָעָם עַל־הַגְּבָרִים וְעַל־הַנָּשִׁים וְעַל־כָּל־הָעָם הָעֹנִים אֹתוֹ דָּבָר לֵאמֹר׃

21 הֲלוֹא אֶת־הַקִּטֵּר אֲשֶׁר קִטַּרְתֶּם בְּעָרֵי יְהוּדָה וּבְחֻצוֹת יְרוּשָׁלִַם אַתֶּם וַאֲבוֹתֵיכֶם מַלְכֵיכֶם וְשָׂרֵיכֶם וְעַם הָאָרֶץ אֹתָם זָכַר יְהוָה וַתַּעֲלֶה עַל־לִבּוֹ׃

22 וְלֹא־יוּכַל יְהוָה עוֹד לָשֵׂאת מִפְּנֵי רֹעַ מַעַלְלֵיכֶם מִפְּנֵי הַתּוֹעֵבֹת אֲשֶׁר עֲשִׂיתֶם וַתְּהִי אַרְצְכֶם לְחָרְבָּה וּלְשַׁמָּה וְלִקְלָלָה מֵאֵין יוֹשֵׁב כְּהַיּוֹם הַזֶּה׃

23 מִפְּנֵי אֲשֶׁר קִטַּרְתֶּם

24 וַיֹּאמֶר יִרְמְיָהוּ אֶל־כָּל־הָעָם וְאֶל כָּל־הַנָּשִׁים שִׁמְעוּ דְּבַר־יְהוָה כָּל־יְהוּדָה אֲשֶׁר בְּאֶרֶץ מִצְרָיִם׃

25 כֹּה־אָמַר יְהוָה־צְבָאוֹת אֱלֹהֵי יִשְׂרָאֵל לֵאמֹר אַתֶּם וּנְשֵׁיכֶם וַתְּדַבֵּרְנָה בְּפִיכֶם וּבִידֵיכֶם מִלֵּאתֶם לֵאמֹר עָשֹׂה נַעֲשֶׂה אֶת־נְדָרֵינוּ אֲשֶׁר נָדַרְנוּ לְקַטֵּר לִמְלֶכֶת הַשָּׁמַיִם וּלְהַסֵּךְ לָהּ נְסָכִים הָקֵים תָּקִימְנָה אֶת־נִדְרֵיכֶם וְעָשֹׂה תַעֲשֶׂינָה אֶת־נִדְרֵיכֶם׃

26 לָכֵן שִׁמְעוּ דְבַר־יְהוָה כָּל־יְהוּדָה הַיֹּשְׁבִים בְּאֶרֶץ מִצְרָיִם הִנְנִי נִשְׁבַּעְתִּי בִּשְׁמִי הַגָּדוֹל אָמַר יְהוָה אִם־יִהְיֶה עוֹד שְׁמִי נִקְרָא בְּפִי כָּל־אִישׁ יְהוּדָה

27 הִנְנִי שֹׁקֵד עֲלֵיהֶם לְרָעָה וְלֹא לְטוֹבָה וְתַמּוּ כָל־אִישׁ יְהוּדָה אֲשֶׁר בְּאֶרֶץ־מִצְרַיִם בַּחֶרֶב וּבָרָעָב עַד־כְּלוֹתָם׃

28 וּפְלִיטֵי חֶרֶב יְשֻׁבוּן מִן־אֶרֶץ מִצְרַיִם אֶרֶץ יְהוּדָה מְתֵי מִסְפָּר וְיָדְעוּ כָּל־שְׁאֵרִית יְהוּדָה הַבָּאִים לְאֶרֶץ־מִצְרַיִם לָגוּר שָׁם דְּבַר־מִי יָקוּם מִמֶּנִּי וּמֵהֶם׃

29 וְזֹאת־לָכֶם הָאוֹת נְאֻם־יְהוָה כִּי־פֹקֵד אֲנִי עֲלֵיכֶם בַּמָּקוֹם הַזֶּה לְמַעַן תֵּדְעוּ כִּי קוֹם יָקוּמוּ דְבָרַי עֲלֵיכֶם לְרָעָה׃

30 כֹּה אָמַר יְהוָה הִנְנִי נֹתֵן אֶת־פַּרְעֹה חָפְרַע מֶלֶךְ־מִצְרַיִם בְּיַד אֹיְבָיו וּבְיַד מְבַקְשֵׁי נַפְשׁוֹ כַּאֲשֶׁר נָתַתִּי אֶת־צִדְקִיָּהוּ מֶלֶךְ־יְהוּדָה בְּיַד נְבוּכַדְרֶאצַּר מֶלֶךְ־בָּבֶל אֹיְבוֹ וּמְבַקֵּשׁ נַפְשׁוֹ׃

CAP. XLV.   מה

1 הַדָּבָר אֲשֶׁר דִּבֶּר יִרְמְיָהוּ הַנָּבִיא אֶל־בָּרוּךְ בֶּן־נֵרִיָּה בְּכָתְבוֹ אֶת־הַדְּבָרִים הָאֵלֶּה עַל־סֵפֶר מִפִּי יִרְמְיָהוּ בַּשָּׁנָה הָרְבִעִית לִיהוֹיָקִים בֶּן־יֹאשִׁיָּהוּ מֶלֶךְ יְהוּדָה לֵאמֹר׃

2 כֹּה־אָמַר יְהוָה אֱלֹהֵי יִשְׂרָאֵל עָלֶיךָ בָּרוּךְ׃

3 אָמַרְתָּ אוֹי־נָא לִי כִּי־יָסַף יְהוָה יָגוֹן עַל־מַכְאֹבִי יָגַעְתִּי בְּאַנְחָתִי וּמְנוּחָה לֹא מָצָאתִי׃

4 כֹּה תֹּאמַר אֵלָיו כֹּה אָמַר יְהוָה הִנֵּה אֲשֶׁר־בָּנִיתִי אֲנִי הֹרֵס וְאֵת אֲשֶׁר־נָטַעְתִּי אֲנִי נֹתֵשׁ וְאֶת־כָּל־הָאָרֶץ הִיא׃

5 וְאַתָּה תְּבַקֶּשׁ־לְךָ גְדֹלוֹת אַל־תְּבַקֵּשׁ כִּי הִנְנִי מֵבִיא רָעָה עַל־כָּל־בָּשָׂר נְאֻם־יְהוָה וְנָתַתִּי לְךָ אֶת־נַפְשְׁךָ לְשָׁלָל עַל כָּל־הַמְּקֹמוֹת אֲשֶׁר תֵּלֶךְ־שָׁם׃

of Egypt to sojourn there, shall know whose words shall stand, β mine, α or their's.

29 And this *shall be* a sign unto you, saith the LORD, that I will punish you in this place, that ye may know that my words shall surely stand against you for evil :

30 Thus saith the LORD, Behold, I will *e* give Pharaoh-hophra king of Egypt into the hand of his enemies, and into the hand of them that seek his life, as I gave Zedekiah *f* king of Judah into the hand of Nebuchadrezzar king of Babylon his enemy, and that sought his life.

CHAP. XLV.

THE word that Jeremiah the prophet spake unto Baruch *h* the son of Neriah, when he had written these words in a book at the mouth of Jeremiah, in the fourth year of Jehoiakim the son of Josiah, king of Judah, saying,

2 Thus saith the LORD, the God of Israel, unto thee, O Baruch !

3 Thou didst say, Woe is me now ! *l* for the LORD hath added grief to my sorrow; I fainted *m* in my sighing, and I find *n* no rest.

4 Thus shalt thou say unto him, The LORD saith thus, Behold, *that* which I have built will I break down, *o* and that which I have planted I will pluck up, even this whole land.

5 And seekest thou great things for thyself? seek *them* not : *p* for, behold, I will bring evil *q* upon all flesh, saith the LORD ; but thy life will I give unto thee for a prey *s* in all places whither thou goest.

CHAP. XLVI.

THE word of the LORD which came to Jeremiah the prophet against the *u* Gentiles ;

2 Against Egypt, against *w* the army of Pharaoh-necho king of Egypt, which was by the river Euphrates in Carchemish, which Nebuchadrezzar king of Babylon smote in the fourth year of Jehoiakim the son of Josiah king of Judah.

3 Order *y* ye the buckler and shield, and draw near to battle.

4 Harness the horses; and get up, ye horsemen, and stand forth with *your* helmets ; furbish the spears, *and* put on the brigandines.

5 Wherefore have I seen them dismayed *and* turned away back? and their mighty ones *z* are θ beaten down, and are fled κ apace, and look not back : *for θ* fear *was* round about, saith the LORD.

6 Let not the swift *b* flee away, nor the mighty man escape ; they shall stumble, *c* and fall toward the north by the river Euphrates.

7 Who is this *that* cometh up as a *e* flood, whose waters are moved as the rivers ?

8 Egypt riseth up like a flood, and *his* waters are moved like the rivers ; and he saith, I *g* will go up, *and* will cover the earth ; I will destroy the city and the inhabitants thereof.

9 Come up, ye horses ; and rage, ye chariots ; and let the mighty men come forth ; the μ Ethiopians and the ν Libyans, that handle the shield ; and the Lydians, that handle and bend the *i* bow.

10 For this *is* the day *k* of the Lord GOD of hosts, a day of vengeance, that he may avenge him of his adversaries : and the sword *l* shall devour, and it shall be satiate and made drunk with their blood ; for the Lord GOD of hosts hath a *m* sacri-

(center column notes)

B. C. 587.

β *from me,*
or them.
a Ps. 33. 11.
b ch. 8. 22.
51. 8.
c Is. 47. 1.
γ *no cure*
shall be
unto thee.
d Eze. 30. 21.
e ch. 46. 25, 26.
Eze. 29. 3,
&c.
30. 21, &c.
f ch. 39. 5.
g ch. 43. 10, 11.
Is. 19. 1.
Eze. XXIX.
XXX.
XXXII.
Fulfilled,
571.
h ch. 36. 1, 4. 32.
i Ps. 18. 14, 39.
δ *multiplied*
the faller.
k Le. 26. 37.
l Job 23. 2.
m Ps. 27. 13.
n Ps. 77. 3, 4.
o Is. 5. 5.
p Mat. 6. 25.
32.
Lu. 12. 15.
q ch. 25. 26.
Zep. 3. 8.
ζ *make thee*
instru-
ments of
captivity.
r Is. 20. 4.
s ch. 39. 18.
t Ho. 10. 11.
u ch. 25. 15, &c
v ch. 47. 2.
w 2Ch. 35. 20.
Fulfilled
presently.
η *bullocks of*
the stall.
x ch. 50. 27.
De. 32. 35.
Ps. 37. 13.
y ch. 51. 11, 12.
Na. 2. 1.
z Re. 6. 15.
θ *broken in*
pieces.
κ *a flight.*
a ch. 6. 25.
49. 29.
b Ec. 9. 11.
Am. 2. 14.
λ *Amon,* or
nourisher.
c Da. 11. 19, 22.
d Na. 3. 8.
e ch. 47. 2.
f ch. 44. 30.
g Ex. 15. 9.
h Is. 43. 1, 5.
μ *Cush.*
ν *Put.*
i Is. 66. 19.
k Is. 13. 6.
34. 6, 8.
63. 4.
Joel 1. 15.
l De. 32. 42.
m Eze. 39. 17.
Zep. 1. 7.

fice in the north country by the river Euphrates.

11 Go up into Gilead, and take *b* balm, O virgin, *c* the daughter of Egypt : in vain shalt thou use many medicines ; *for* γ thou shalt not *d* be cured.

12 The nations have heard of thy shame, and thy cry hath filled the land : for the mighty man hath stumbled against the mighty, *and they* are fallen both together.

13 The word that the LORD spake to Jeremiah the prophet, how Nebuchadrezzar king of Babylon should *g* come *and* smite the land of Egypt.

14 Declare ye in Egypt, and publish in Migdol, and publish in Noph, and in Tahpanhes : say ye, Stand fast, and prepare thee ; for the sword shall devour round about thee.

15 Why are thy valiant *men* swept away ? they stood not, because *i* the LORD did drive them.

16 He δ made many to fall, yea, *k* one fell upon another ; and they said, Arise, and let us go again to our own people, and to the land of our nativity, from the oppressing sword.

17 They did cry there, Pharaoh king of Egypt *is but* a noise ; he hath passed the time appointed.

18 *As* I live, saith the King, whose name *is* the LORD of hosts, Surely as Tabor *is* among the mountains, and as Carmel by the sea, *so* shall he come.

19 O thou daughter dwelling in Egypt, ζ furnish thyself to go into *r* captivity : for Noph shall be waste and desolate without an inhabitant.

20 Egypt *is* like a very fair *t* heifer, *but* destruction cometh ; it cometh out of the north. *v*

21 Also her hired men *are* in the midst of her like *η* fatted bullocks ; for they also are turned back, *and* are fled away together : they did not stand, because the day *x* of their calamity was come upon them, *and* the time of their visitation.

22 The voice thereof shall go like a serpent ; for they shall march with an army, and come against her with axes, as hewers of wood.

23 They shall cut down her forest, saith the LORD, though it cannot be searched ; because they are more than the grasshoppers, and *are* innumerable.

24 The daughter of Egypt shall be confounded ; she shall be delivered into the hand of the people of the north.

25 The LORD of hosts, the God of Israel, saith, Behold, I will punish λ the multitude of No, *d* and Pharaoh, and Egypt, with their gods, and their kings ; even Pharaoh, and *all* them that trust in him :

26 And *f* I will deliver them into the hand of those that seek their lives, and into the hand of Nebuchadrezzar king of Babylon, and into the hand of his servants ; and afterward it shall be inhabited, as in the days of old, saith the LORD.

27 But fear not thou, *h* O my servant Jacob, and be not dismayed, O Israel : for, behold, I will save thee from afar off, and thy seed from the land of their captivity ; and Jacob shall return, and be in rest and at ease, and none shall make *him* afraid.

28 Fear thou not, O Jacob my servant, saith the LORD ; for I *am* with thee : for I will make a full end of all the nations whither I have driven thee ; but I will not

498

CAP. XLVI. מו

1 אֲשֶׁר הָיָה דְבַר־יְהֹוָה אֶל־יִרְמְיָהוּ הַנָּבִיא עַל־הַגּוֹיִם׃

2 לְמִצְרַיִם עַל־חֵיל פַּרְעֹה נְכוֹ מֶלֶךְ מִצְרַיִם אֲשֶׁר־הָיָה עַל־נְהַר־פְּרָת בְּכַרְכְּמִשׁ אֲשֶׁר הִכָּה נְבוּכַדְרֶאצַּר מֶלֶךְ בָּבֶל בִּשְׁנַת הָרְבִעִית לִיהוֹיָקִים בֶּן־יֹאשִׁיָּהוּ מֶלֶךְ יְהוּדָה׃

3 עִרְכוּ מָגֵן וְצִנָּה וּגְשׁוּ לַמִּלְחָמָה׃

4 אִסְרוּ הַסּוּסִים וַעֲלוּ הַפָּרָשִׁים וְהִתְיַצְּבוּ בְּכוֹבָעִים מִרְקוּ הָרְמָחִים לִבְשׁוּ הַסִּרְיֹנֹת׃

5 מַדּוּעַ רָאִיתִי הֵמָּה חַתִּים נְסֹגִים אָחוֹר וְגִבּוֹרֵיהֶם יֻכַּתּוּ וּמָנוֹס נָסוּ וְלֹא הִפְנוּ מָגוֹר מִסָּבִיב נְאֻם־יְהֹוָה׃

6 אַל־יָנוּס הַקַּל וְאַל־יִמָּלֵט הַגִּבּוֹר צָפוֹנָה עַל־יַד נְהַר־פְּרָת כָּשְׁלוּ וְנָפָלוּ׃

7 מִי־זֶה כַּיְאֹר יַעֲלֶה כַּנְּהָרוֹת יִתְגָּעֲשׁוּ מֵימָיו׃

8 מִצְרַיִם כַּיְאֹר יַעֲלֶה וְכַנְּהָרוֹת יִתְגֹּעֲשׁוּ מָיִם וַיֹּאמֶר אַעֲלֶה אֲכַסֶּה־אֶרֶץ אֹבִידָה עִיר וְיֹשְׁבֵי בָהּ׃

9 עֲלוּ הַסּוּסִים וְהִתְהֹלְלוּ הָרֶכֶב וְיֵצְאוּ הַגִּבּוֹרִים כּוּשׁ וּפוּט תֹּפְשֵׂי מָגֵן וְלוּדִים תֹּפְשֵׂי דֹּרְכֵי קָשֶׁת׃

10 וְהַיּוֹם הַהוּא לַאדֹנָי יְהֹוִה צְבָאוֹת יוֹם נְקָמָה לְהִנָּקֵם מִצָּרָיו וְאָכְלָה חֶרֶב וְשָׂבְעָה וְרָוְתָה מִדָּמָם כִּי זֶבַח לַאדֹנָי יְהֹוִה צְבָאוֹת בְּאֶרֶץ צָפוֹן אֶל־נְהַר־פְּרָת׃

11 עֲלִי גִלְעָד וּקְחִי צֳרִי בְּתוּלַת בַּת־מִצְרָיִם לַשָּׁוְא הִרְבֵּיתי רְפֻאוֹת תְּעָלָה אֵין לָךְ׃

12 שָׁמְעוּ גוֹיִם קְלוֹנֵךְ וְצִוְחָתֵךְ מָלְאָה הָאָרֶץ כִּי־גִבּוֹר בְּגִבּוֹר כָּשָׁלוּ יַחְדָּיו נָפְלוּ שְׁנֵיהֶם׃

13 הַדָּבָר אֲשֶׁר דִּבֶּר יְהֹוָה אֶל־יִרְמְיָהוּ הַנָּבִיא לָבוֹא נְבוּכַדְרֶאצַּר מֶלֶךְ בָּבֶל לְהַכּוֹת אֶת־אֶרֶץ מִצְרָיִם׃

14 הַגִּידוּ בְמִצְרַיִם וְהַשְׁמִיעוּ בְמִגְדּוֹל וְהַשְׁמִיעוּ בְנֹף וּבְתַחְפַּנְחֵס אִמְרוּ הִתְיַצֵּב וְהָכֵן לָךְ כִּי־אָכְלָה חֶרֶב סְבִיבֶיךָ׃

15 מַדּוּעַ נִסְחַף אַבִּירֶיךָ לֹא עָמַד כִּי יְהֹוָה הֲדָפוֹ׃

16 הִרְבָּה כּוֹשֵׁל גַּם־נָפַל אִישׁ אֶל־רֵעֵהוּ וַיֹּאמְרוּ קוּמָה וְנָשֻׁבָה אֶל־עַמֵּנוּ וְאֶל־אֶרֶץ מוֹלַדְתֵּנוּ מִפְּנֵי חֶרֶב הַיּוֹנָה׃

17 קָרְאוּ שָׁם פַּרְעֹה מֶלֶךְ־מִצְרַיִם שָׁאוֹן הֶעֱבִיר הַמּוֹעֵד׃

18 חַי־אָנִי נְאֻם־הַמֶּלֶךְ יְהֹוָה צְבָאוֹת שְׁמוֹ כִּי כְּתָבוֹר בֶּהָרִים וּכְכַרְמֶל בַּיָּם יָבוֹא׃

19 כְּלֵי גוֹלָה עֲשִׂי לָךְ יוֹשֶׁבֶת בַּת־מִצְרָיִם כִּי־נֹף לְשַׁמָּה תִהְיֶה וְנִצְּתָה מֵאֵין יוֹשֵׁב׃

20 עֶגְלָה יְפֵה־פִיָּה מִצְרָיִם קֶרֶץ מִצָּפוֹן בָּא בָא׃

21 גַּם־שְׂכִרֶיהָ בְקִרְבָּהּ כְּעֶגְלֵי מַרְבֵּק כִּי־גַם־הֵמָּה הִפְנוּ נָסוּ יַחְדָּיו לֹא עָמָדוּ כִּי יוֹם אֵידָם בָּא עֲלֵיהֶם עֵת פְּקֻדָּתָם׃

22 קוֹלָהּ כַּנָּחָשׁ יֵלֵךְ כִּי ...

23 ... כִּי־נִבְחָל יַעַל יֵלֵכוּ וּבְקַרְדֻּמּוֹת בָּאוּ לָהּ כְּחֹטְבֵי עֵצִים׃

24 כָּרְתוּ יַעְרָהּ נְאֻם־יְהֹוָה כִּי לֹא יֵחָקֵר כִּי רַבּוּ מֵאַרְבֶּה וְאֵין לָהֶם מִסְפָּר׃ הֹבִישָׁה בַּת

25 מִצְרַיִם נִתְּנָה בְּיַד עַם־צָפוֹן׃ אָמַר יְהֹוָה צְבָאוֹת אֱלֹהֵי יִשְׂרָאֵל הִנְנִי פוֹקֵד אֶל־אָמוֹן מִנֹּא וְעַל־פַּרְעֹה וְעַל־מִצְרַיִם וְעַל־אֱלֹהֶיהָ וְעַל־מְלָכֶיהָ וְעַל־פַּרְעֹה

26 וְעַל הַבֹּטְחִים בּוֹ׃ וּנְתַתִּים בְּיַד מְבַקְשֵׁי נַפְשָׁם וּבְיַד נְבוּכַדְרֶאצַּר מֶלֶךְ־בָּבֶל וּבְיַד עֲבָדָיו וְאַחֲרֵי־כֵן

27 וְאַתָּה תִּשְׁכֹּן כִּימֵי־קֶדֶם נְאֻם־יְהֹוָה׃ אַל־תִּירָא עַבְדִּי יַעֲקֹב וְאַל־תֵּחַת יִשְׂרָאֵל כִּי הִנְנִי מוֹשִׁעֲךָ מֵרָחוֹק וְאֶת־זַרְעֲךָ מֵאֶרֶץ שִׁבְיָם וְשָׁב

28 אַתָּה אַל־ יַעֲקֹב עַבְדִּי נְאֻם־יְהֹוָה כִּי אִתְּךָ אָנִי כִּי אֶעֱשֶׂה כָלָה בְּכָל־הַגּוֹיִם אֲשֶׁר הִדַּחְתִּיךָ שָׁמָּה וְאֹתְךָ לֹא־אֶעֱשֶׂה כָלָה וְיִסַּרְתִּיךָ לַמִּשְׁפָּט וְנַקֵּה לֹא אֲנַקֶּךָּ׃

CAP. XLVII. מז

1 אֲשֶׁר הָיָה דְבַר־יְהֹוָה אֶל־יִרְמְיָהוּ הַנָּבִיא אֶל־פְּלִשְׁתִּים בְּטֶרֶם יַכֶּה פַרְעֹה אֶת־עַזָּה׃

2 כֹּה אָמַר יְהֹוָה הִנֵּה־מַיִם עֹלִים מִצָּפוֹן וְהָיוּ לְנַחַל שׁוֹטֵף וְיִשְׁטְפוּ אֶרֶץ וּמְלוֹאָהּ עִיר וְיֹשְׁבֵי בָהּ וְזָעֲקוּ הָאָדָם

3 ... מִקּוֹל שַׁעֲטַת פַּרְסוֹת אַבִּירָיו מֵרַעַשׁ לְרִכְבּוֹ הֲמוֹן גַּלְגִּלָּיו לֹא־הִפְנוּ אָבוֹת אֶל־בָּנִים מֵרִפְיוֹן יָדָיִם׃

4 עַל־הַיּוֹם הַבָּא לִשְׁדוֹד אֶת־כָּל־פְּלִשְׁתִּים לְהַכְרִית לְצֹר וּלְצִידוֹן כֹּל שָׂרִיד עֹזֵר כִּי־שֹׁדֵד יְהֹוָה אֶת־פְּלִשְׁתִּים שְׁאֵרִית אִי כַפְתּוֹר׃

5 בָּאָה קָרְחָה אֶל־עַזָּה נִדְמְתָה אַשְׁקְלוֹן שְׁאֵרִית עִמְקָם עַד־מָתַי תִּתְגּוֹדָדִי׃

6 הוֹי חֶרֶב לַיהֹוָה עַד־אָנָה לֹא תִשְׁקֹטִי הֵאָסְפִי אֶל־תַּעְרֵךְ הֵרָגְעִי וָדֹמִּי׃

7 אֵיךְ תִּשְׁקֹטִי וַיהֹוָה צִוָּה־לָהּ אֶל־אַשְׁקְלוֹן וְאֶל־חוֹף הַיָּם שָׁם יְעָדָהּ׃

CAP. XLVIII. מח

1 לְמוֹאָב כֹּה־אָמַר יְהֹוָה צְבָאוֹת אֱלֹהֵי יִשְׂרָאֵל הוֹי אֶל־נְבוֹ כִּי שֻׁדָּדָה הֹבִישָׁה נִלְכְּדָה קִרְיָתָיִם הֹבִישָׁה הַמִּשְׂגָּב וָחָתָּה׃

2 אֵין עוֹד תְּהִלַּת מוֹאָב בְּחֶשְׁבּוֹן חָשְׁבוּ עָלֶיהָ רָעָה לְכוּ וְנַכְרִיתֶנָּה מִגּוֹי גַּם־מַדְמֵן תִּדֹּמִּי אַחֲרַיִךְ תֵּלֶךְ חָרֶב׃

3 קוֹל צְעָקָה מֵחֹרֹנָיִם שֹׁד וָשֶׁבֶר גָּדוֹל׃

4 נִשְׁבְּרָה מוֹאָב הִשְׁמִיעוּ זְּעָקָה צְעִירֶיהָ׃

5 כִּי מַעֲלֵה הַלֻּחִית בִּבְכִי יַעֲלֶה־בֶּכִי כִּי בְּמוֹרַד חֹרֹנַיִם צָרֵי צַעֲקַת־שֶׁבֶר שָׁמֵעוּ׃

6 נֻסוּ מַלְּטוּ נַפְשְׁכֶם וְתִהְיֶינָה כַּעֲרוֹעֵר בַּמִּדְבָּר׃

7 כִּי יַעַן ...

make a full end of thee, but correct thee in measure; yet *a* will I not *β* leave thee wholly unpunished.

CHAP. XLVII.

THE word of the Lord that came to Jeremiah the prophet against the Philistines,*b* before that Pharaoh smote *γ* Gaza.*c*

2 Thus saith the Lord, Behold, waters rise up out of the north,*d* and shall be an overflowing flood, and shall overflow the land, and *δ* all that is therein; the city, and them that dwell therein: then the men shall cry, and all the inhabitants of the land shall howl.

3 At the noise *ε* of the stamping of the hoofs of his strong *horses*, at the rushing of his chariots, *and at* the rumbling of his wheels, the fathers shall not look back to *their* children for feebleness of hands;

4 Because of the day that cometh to spoil all the Philistines, *and* to cut off from Tyrus and Zidon every helper that remaineth; for the Lord will spoil the Philistines, the remnant of the *η* country of Caphtor.*i*

5 Baldness is come upon Gaza; *m* Ashkelon is cut off *with* the remnant of their valley: how long wilt thou cut thyself?

6 O thou sword*o* of the Lord, how long *will it be* ere thou be quiet? *κ* Put up thyself into thy scabbard, rest, and be still.

7 How *λ* can it be quiet, seeing the Lord hath given it a charge*p* against Ashkelon, and against the sea-shore? there hath he appointed *q* it.

CHAP. XLVIII.

AGAINST Moab*r* thus saith the Lord of hosts, the God of Israel, Woe unto Nebo! for it is spoiled; Kiriathaim is confounded *and* taken; *μ* Misgab is confounded and dismayed.

2 *There shall be* no more praise of Moab: in Heshbon*t* they have devised evil against it; come, and let us cut it off from *being* a nation: also thou shalt be cut down, O Madmen; the sword shall *π* pursue thee.

3 A voice of crying *shall be* from Horonaim, spoiling and great destruction.

4 Moab is destroyed; her little ones have caused a cry to be heard.

5 For in the going up of Luhith *σ* continual weeping shall go up; for in the going down of Horonaim the enemies have heard a cry of destruction.

6 Flee,*a* save your lives, and be like *τ* the heath in the wilderness.

7 For because thou hast trusted *b* in thy works, and in thy treasures, thou shalt also be taken; and Chemosh*c* shall go forth into captivity, *with* his priests *d* and his princes together.

8 And the spoiler shall come upon every city, and no city shall escape; the valley also shall perish, and the plain shall be destroyed, as the Lord hath spoken.

9 Give wings unto Moab, that it may flee and get away: for the cities thereof shall be desolate, without any to dwell therein.

10 Cursed *e* be he that doeth the work of the Lord *χ* deceitfully, and cursed *be* he that keepeth back his sword from blood.

11 Moab hath been at ease from his youth, and he hath settled*f* on his lees, and hath not been emptied from vessel to vessel, neither hath he gone into captivity: therefore his taste *ψ* remained in him, and his scent is not changed.

12 Therefore, behold, the days come,

B. C. 607.

a Is. 27.7, 9. He.12.5.10. Re. 3. 19.
β or, utterly cut thee off.
b Eze. 25. 15. Zep. 2. 4, 5.
γ Azzah, ch. 25. 20.
c Am. 1. 6.8.
d ch. 46. 20.
e 1 Ki. 12.29.
δ the fulness thereof.
ε the choice of.
f Is.40.30,31.
g ch. 8. 16. Na. 3. 2.
h ch. 51. 57. Ja. 5. 4.
i Is. 9. 4. 14.4,5,12.
k ch. 46. 19.
η isle.
l Ge. 10. 14.
m Zec. 9. 5.
θ inhabitress.
n De. 2. 36.
o De. 32. 41. Eze.21.3..5.
κ gather.
λ canst thou?
p Eze. 14. 17.
q Mi. 6. 9.
r Is. XV. 25. 10. Eze.25.8,9. Am. 2. 1, 2.
μ or, the high place.
s Ps. 75. 10.
t Nu. 32. 37
u Eze. 30. 21.
v ch.25.15,17.
ν or, brought to silence, Is. 15. 1.
w Job 9. 4.
π go after.
x La. 1. 21.
y Zep.2.8..10.
ρ or,movedst thyself.
σ weeping with weeping.
z Pr. 8. 13. Is. 13. 11.
a ch. 51. 6. Mar.13.14. 16.
τ or,a naked tree.
b 1 Ti. 6.17.
c Nu. 21. 29. Ju. 11. 24.
d ch. 49.3.
φ bars, or, those on whom he stayeth.
e Ju. 5. 23. 1Sa. 15.3,9. 1 Ki. 20.42.
χ or, negligently.
f Zep. 1. 12.
ψ stood.

---

saith the Lord, that I will send unto him wanderers, that shall cause him to wander, and shall empty his vessels, and break their bottles.

13 And Moab shall be ashamed of Chemosh, as the house of Israel was ashamed of Beth-el *g* their confidence.

14 How say ye, We *are* mighty and strong men for the war?

15 Moab is spoiled, and gone up *out of* her cities, and *ζ* his chosen young*f* men are gone down to the slaughter, saith the King, whose name *h is* the Lord of hosts.

16 The calamity of Moab *is* near to come, and his affliction hasteth fast.

17 All ye that are about him bemoan him; and all ye that know his name, say, How *i* is the strong staff broken, *and* the beautiful rod!

18 Thou daughter *k* that dost inhabit Dibon, come down from *thy* glory, and sit in thirst; for the spoiler of Moab shall come upon thee, *and* he shall destroy thy strong holds.

19 O *θ* inhabitant of Aroer, *u* stand by the way, and espy; ask him that fleeth, and her that escapeth, *and* say, What is done?

20 Moab is confounded; for it is broken down: howl and cry; tell ye it in Arnon, that Moab is spoiled,

21 And judgment is come upon the plain country; upon Holon, and upon Jahazah, and upon Mephaath,

22 And upon Dibon, and upon Nebo, and upon Beth-diblathaim,

23 And upon Kiriathaim, and upon Beth-gamul, and upon Beth-meon,

24 And upon Kerioth, and upon Bozrah, and upon all the cities of the land of Moab, far or near.

25 The horn *w* of Moab is cut off, and his arm *u* is broken, saith the Lord.

26 Make ye him drunken; *w* for he magnified *himself* against the Lord: *w* Moab also shall wallow in his vomit, and he also *x* shall be in derision.

27 For was not Israel *y* a derision unto thee? was he found among thieves? for since thou spakest of him, thou *ρ* skippedst for joy.

28 O ye that dwell in Moab, leave the cities, and dwell in the rock, and be like the dove *that* maketh her nest in the sides of the hole's mouth.

29 We have heard the pride *z* of Moab, (he is exceeding proud,) his loftiness, and his arrogancy, and his pride, and the haughtiness of his heart.

30 I know his wrath, saith the Lord: but *it shall* not *be* so; his *φ* lies shall not so effect *it.*

31 Therefore will I howl for Moab, and I will cry out for all Moab; *mine heart* shall mourn for the men of Kir-heres.

32 O vine of Sibmah, I will weep for thee with the weeping of Jazer; thy plants are gone over the sea, they reach *even* to the sea of Jazer: the spoiler is fallen upon thy summer-fruits, and upon thy vintage.

33 And joy and gladness is taken from the plentiful field, and from the land of Moab; and I have caused wine to fail from the wine-presses: none shall tread with shouting; *their* shouting *shall be* no shouting.

34 From the cry of Heshbon *even* unto Elealeh, *and even* unto Jahaz, have they uttered their voice, from Zoar *even* unto Horonaim, *as* an heifer of three years

בְּמִבְטַחֵךְ בְּמַעֲשַׂיִךְ וּבְאוֹצְרוֹתַיִךְ גַּם־אַתְּ תִּלָּכֵדִי

8 וְיָצָא כְמוֹשׁ בַּגּוֹלָה כֹּהֲנָיו וְשָׂרָיו יַחְדָּו ׃ וּבָא שֹׁדֵד אֶל־כָּל־עִיר וְעִיר לֹא תִמָּלֵט וְאָבַד הָעֵמֶק

9 וְנִשְׁמַד הַמִּישֹׁר כַּאֲשֶׁר אָמַר יְהוָה ׃ תְּנוּ־צִיץ לְמוֹאָב כִּי נָצֹא תֵּצֵא וְעָרֶיהָ לְשַׁמָּה תִהְיֶינָה מֵאֵין

10 יוֹשֵׁב בָּהֵן ׃ אָרוּר עֹשֶׂה מְלֶאכֶת יְהוָה רְמִיָּה וְאָרוּר מֹנֵעַ חַרְבּוֹ מִדָּם ׃ שַׁאֲנַן מוֹאָב מִנְּעוּרָיו

11 וְשֹׁקֵט הוּא אֶל־שְׁמָרָיו וְלֹא־הוּרַק מִכְּלִי אֶל־כֶּלִי וּבַגּוֹלָה לֹא הָלָךְ עַל־כֵּן עָמַד טַעְמוֹ בּוֹ וְרֵיחוֹ לֹא

12 נָמָר ׃ לָכֵן הִנֵּה־יָמִים בָּאִים נְאֻם־יְהוָה וְשִׁלַּחְתִּי לוֹ צֹעִים וְצֵעֻהוּ וְכֵלָיו יָרִיקוּ וְנִבְלֵיהֶם יְנַפֵּצוּ ׃

13 וּבֹשׁ מוֹאָב מִכְּמוֹשׁ כַּאֲשֶׁר־בֹּשׁוּ בֵּית יִשְׂרָאֵל

14 מִבֵּית אֵל מִבְטֶחָם ׃ אֵיךְ תֹּאמְרוּ גִּבּוֹרִים אֲנָחְנוּ

15 וְאַנְשֵׁי־חַיִל לַמִּלְחָמָה ׃ שֻׁדַּד מוֹאָב וְעָרֶיהָ עָלָה וּמִבְחַר בַּחוּרָיו יָרְדוּ לַטָּבַח נְאֻם־הַמֶּלֶךְ יְהוָה

16 צְבָאוֹת שְׁמוֹ ׃ קָרוֹב אֵיד־מוֹאָב לָבוֹא וְרָעָתוֹ

17 מִהֲרָה מְאֹד ׃ נֻדוּ לוֹ כָּל־סְבִיבָיו וְכֹל יֹדְעֵי שְׁמוֹ

18 אִמְרוּ אֵיכָה נִשְׁבַּר מַטֵּה־עֹז מַקֵּל תִּפְאָרָה ׃ רְדִי מִכָּבוֹד וּשְׁבִי בַצָּמָא יֹשֶׁבֶת בַּת־דִּיבוֹן כִּי־שֹׁדֵד

19 מוֹאָב עָלָה בָךְ שִׁחֵת מִבְצָרָיִךְ ׃ אֶל־דֶּרֶךְ עִמְדִי וְצַפִּי יוֹשֶׁבֶת עֲרוֹעֵר שַׁאֲלִי־נָס וְנִמְלָטָה אִמְרִי מַה־

20 נִּהְיָתָה ׃ הֹבִישׁ מוֹאָב כִּי־חַתָּה הֵילִילוּ וּזְעָקוּ

21 הַגִּידוּ בְאַרְנוֹן כִּי שֻׁדַּד מוֹאָב ׃ וּמִשְׁפָּט בָּא אֶל־אֶרֶץ הַמִּישֹׁר אֶל־חֹלוֹן וְאֶל־יַהְצָה וְעַל־מֵופָעַת ׃

22 וְעַל־דִּיבוֹן וְעַל־נְבוֹ וְעַל־בֵּית דִּבְלָתָיִם ׃ וְעַל־

23,24 קִרְיָתַיִם וְעַל־בֵּית גָּמוּל וְעַל־בֵּית מְעוֹן ׃ וְעַל־ קְרִיּוֹת וְעַל־בָּצְרָה וְעַל כָּל־עָרֵי אֶרֶץ מוֹאָב הָרְחֹקוֹת

25 וְהַקְּרֹבוֹת ׃ נִגְדְּעָה קֶרֶן מוֹאָב וּזְרֹעוֹ נִשְׁבָּרָה

26 נְאֻם יְהוָה ׃ הַשְׁכִּירֻהוּ כִּי עַל־יְהוָה הִגְדִּיל וְסָפַק

27 מוֹאָב בְּקִיאוֹ וְהָיָה לִשְׂחֹק גַּם־הוּא ׃ וְאִם לוֹא הַשְּׂחֹק הָיָה לְךָ יִשְׂרָאֵל אִם־בְּגַנָּבִים נִמְצָאָה כִּי־

28 מִדֵּי דְבָרֶיךָ בּוֹ תִּתְנוֹדָד ׃ עִזְבוּ עָרִים וְשִׁכְנוּ בַּסֶּלַע יֹשְׁבֵי מוֹאָב וִהְיוּ כְיוֹנָה תְּקַנֵּן בְּעֶבְרֵי פִי־

29 פָחַת ׃ שָׁמַעְנוּ גְאוֹן־מוֹאָב גֵּאֶה מְאֹד גָּבְהוֹ

30 וּגְאוֹנוֹ וְגַאֲוָתוֹ וְרֻם לִבּוֹ ׃ אֲנִי יָדַעְתִּי נְאֻם־יְהוָה

31 עֶבְרָתוֹ וְלֹא־כֵן בַּדָּיו לֹא־כֵן עָשׂוּ ׃ עַל־כֵּן עַל־מוֹאָב אֲיֵלִיל וּלְמוֹאָב כֻּלֹּה אֶזְעָק אֶל־אַנְשֵׁי קִיר־

32 חֶרֶשׂ יֶהְגֶּה ׃ מִבְּכִי יַעְזֵר אֶבְכֶּה־לָּךְ הַגֶּפֶן שִׂבְמָה נְטִישֹׁתַיִךְ עָבְרוּ יָם עַד יָם יַעְזֵר נָגָעוּ עַל־קֵיצֵךְ

33 וְעַל־בְּצִירֵךְ שֹׁדֵד נָפָל ׃ וְנֶאֶסְפָה שִׂמְחָה וָגִיל

---

34 מִכַּרְמֶל וּמֵאֶרֶץ מוֹאָב וְיַיִן מִיְקָבִים הִשְׁבַּתִּי לֹא־ יִדְרֹךְ הֵידָד הֵידָד לֹא הֵידָד ׃ מִזַּעֲקַת חֶשְׁבּוֹן עַד־אֶלְעָלֵה עַד־יַהַץ נָתְנוּ קוֹלָם מִצֹּעַר עַד־חֹרֹנַיִם

35 עֶגְלַת שְׁלִשִׁיָּה כִּי גַּם־מֵי נִמְרִים לִמְשַׁמּוֹת יִהְיוּ ׃

36 וְהִשְׁבַּתִּי לְמוֹאָב נְאֻם־יְהוָה מַעֲלֶה בָמָה וּמַקְטִיר לֵאלֹהָיו ׃ עַל־כֵּן לִבִּי לְמוֹאָב כַּחֲלִלִים יֶהֱמֶה וְלִבִּי

37 אֶל־אַנְשֵׁי קִיר־חֶרֶשׂ כַּחֲלִילִים יֶהֱמֶה עַל־כֵּן יִתְרַת עָשָׂה אָבָדוּ ׃ כִּי כָל־רֹאשׁ קָרְחָה וְכָל־זָקָן גְּרֻעָה

38 עַל כָּל־יָדַיִם גְּדֻדֹת וְעַל־מָתְנַיִם שָׂק ׃ עַל כָּל־ גַּגּוֹת מוֹאָב וּבִרְחֹבֹתֶיהָ כֻּלֹּה מִסְפֵּד כִּי־שָׁבַרְתִּי

39 אֶת־מוֹאָב כִּכְלִי אֵין־חֵפֶץ בּוֹ נְאֻם־יְהוָה ׃ אֵיךְ חַתָּה הֵילִילוּ אֵיךְ הִפְנָה־עֹרֶף מוֹאָב בּוֹשׁ וְהָיָה

40 מוֹאָב לִשְׂחֹק וְלִמְחִתָּה לְכָל־סְבִיבָיו ׃ כִּי־ כֹה אָמַר יְהוָה הִנֵּה כַנֶּשֶׁר יִדְאֶה וּפָרַשׂ כְּנָפָיו אֶל־

41 מוֹאָב ׃ נִלְכְּדָה הַקְּרִיּוֹת וְהַמְּצָדוֹת נִתְפָּשָׂה וְהָיָה לֵב גִּבּוֹרֵי מוֹאָב בַּיּוֹם הַהוּא כְּלֵב אִשָּׁה מְצֵרָה ׃

42,43 וְנִשְׁמַד מוֹאָב מֵעָם כִּי עַל־יְהוָה הִגְדִּיל ׃ פַּחַד

44 וָפַחַת וָפָח עָלֶיךָ יוֹשֵׁב מוֹאָב נְאֻם־יְהוָה ׃ הַנָּס מִפְּנֵי הַפַּחַד יִפֹּל אֶל־הַפַּחַת וְהָעֹלֶה מִן־הַפַּחַת יִלָּכֵד בַּפָּח כִּי־אָבִיא אֵלֶיהָ אֶל־מוֹאָב שְׁנַת פְּקֻדָּתָם

45 נְאֻם־יְהוָה ׃ בְּצֵל חֶשְׁבּוֹן עָמְדוּ מִכֹּחַ נָסִים כִּי־ אֵשׁ יָצָא מֵחֶשְׁבּוֹן וְלֶהָבָה מִבֵּין סִיחוֹן וַתֹּאכַל פְּאַת

46 מוֹאָב וְקָדְקֹד בְּנֵי שָׁאוֹן ׃ אוֹי־לְךָ מוֹאָב אָבַד עַם־ כְּמוֹשׁ כִּי־לֻקְּחוּ בָנֶיךָ בַּשֶּׁבִי וּבְנֹתֶיךָ בַּשִּׁבְיָה ׃

47 וְשַׁבְתִּי שְׁבוּת־מוֹאָב בְּאַחֲרִית הַיָּמִים נְאֻם־יְהוָה עַד־הֵנָּה מִשְׁפַּט מוֹאָב ׃

CAP. XLIX.   מט

1 לִבְנֵי עַמּוֹן כֹּה אָמַר יְהוָה הֲבָנִים אֵין לְיִשְׂרָאֵל אִם־ יוֹרֵשׁ אֵין לוֹ מַדּוּעַ יָרַשׁ מַלְכָּם אֶת־גָּד וְעַמּוֹ בְּעָרָיו

2 יָשָׁב ׃ לָכֵן הִנֵּה יָמִים בָּאִים נְאֻם־יְהוָה וְהִשְׁמַעְתִּי אֶל־רַבַּת בְּנֵי־עַמּוֹן תְּרוּעַת מִלְחָמָה וְהָיְתָה לְתֵל שְׁמָמָה וּבְנֹתֶיהָ בָּאֵשׁ תִּצַּתְנָה וְיָרַשׁ יִשְׂרָאֵל

3 אֶת־יֹרְשָׁיו אָמַר יְהוָה ׃ הֵילִילִי חֶשְׁבּוֹן כִּי שֻׁדְּדָה־ עַי צְעַקְנָה בְּנוֹת רַבָּה חֲגֹרְנָה שַׂקִּים סְפֹדְנָה וְהִתְשׁוֹטַטְנָה בַּגְּדֵרוֹת כִּי מַלְכָּם בַּגּוֹלָה יֵלֵךְ כֹּהֲנָיו

4 וְשָׂרָיו יַחְדָּיו ׃ מַה־תִּתְהַלְלִי בָּעֲמָקִים זָב עִמְקֵךְ הַבַּת הַשּׁוֹבֵבָה הַבֹּטְחָה בְּאֹצְרֹתֶיהָ מִי יָבוֹא אֵלָי ׃

5 הִנְנִי מֵבִיא עָלַיִךְ פַּחַד נְאֻם־אֲדֹנָי יְהוִה צְבָאוֹת מִכָּל־סְבִיבָיִךְ וְנִדַּחְתֶּם אִישׁ לְפָנָיו וְאֵין מְקַבֵּץ

6 לַנֹּדֵד ׃ וְאַחֲרֵי־כֵן אָשִׁיב אֶת־שְׁבוּת בְּנֵי־עַמּוֹן נְאֻם־

old ; for the waters also of Nimrim shall be β desolate.

35 Moreover, I will cause to cease in Moab, saith the LORD, him that offereth in the high places, and him that burneth incense to his gods.

36 Therefore mine heart shall sound for Moab like pipes, and mine heart shall sound like pipes for the men of Kir-heres : because the riches *that* he hath gotten are perished.

37 For every head *shall be* bald, and every beard δ clipt: upon all the hands *shall be* cuttings, and upon the ᵍ loins sackcloth.

38 *There shall be* lamentation generally upon all the house-tops of Moab, and in the streets thereof : for I have broken Moab like a vessel ʰ wherein *is* no pleasure, saith the LORD.

39 They shall howl, *saying,* How is it broken down! how hathMoab turned theⁿback with shame! so shall Moab be a derision and a dismaying to all them about him.

40 For thus saith the LORD, Behold, he shall fly as an eagle, *l* and shall spread his wings ᵐ over Moab.

41 θ Kerioth is taken, and the strong holds are surprised, and the mighty men's hearts in Moab at that day shall be as the heart of a woman ⁿ in her pangs.

42 And Moab shall be destroyed from *being* a people, because° he hath magnified *himself* against the LORD.

43 Fear, ᵖ and the pit, and the snare, *shall be* upon thee, O inhabitant of Moab, saith the LORD.

44 He that fleeth from the fear shall fall into the pit ; and he that getteth up out of the pit shall be taken in the snare : for I will bring upon it, *even* upon Moab, the year ᵗ of their visitation, saith the LORD.

45 They that fled stood under the shadow of Heshbon, because of the force : but a fire shall come forth out of Heshbon, and a flame from the midst of Sihon, and shall devour the corner of Moab, and the crown of the head of the κ tumultuous ones.

46 Woe be unto thee, O Moab ! the people of Chemosh perisheth : for thy sons are taken λ captives, and thy daughters captives.

47 Yet ˣ will I bring again the captivity of Moab in the latter days, saith the LORD. Thus far *is* the judgment of Moab.

CHAP. XLIX.

CONCERNING μ the ˢ Ammonites, thus saith the LORD, Hath Israel no sons ? hath he no heir ? why *then* doth ν their king inherit Gad, and his people dwell in his cities ? º

2 Therefore, behold, the days come, saith the LORD, that I will cause an alarm of war to be heard in Rabbah of the Ammonites ; and it shall be a desolate heap, and her daughters shall be burned with fire : then shall Israel be heir unto them that were his heirs, saith the LORD.

3 Howl, O Heshbon ; for Ai is spoiled : cry, ye daughters of Rabbah, gird you with sackcloth ; lament, and run to and fro by the hedges : for ρ their king shall go into captivity, *and* his priests and his princes together.

4 Wherefore gloriest thou in the valleys, thy σ flowing valley, O backsliding daughter ? that trusted ⁱ in her treasures, *saying,* Who ᵏ shall come unto me ?

5 Behold, I will bring a fear upon thee,

B. C. 600.

βdesolations
a ver. 39.
ch. 48. 47.
b Eze. 25. 12, &c.
Am.1.11,12.
c Ob. 8, &c.
d Job 5.12,13.
e ch. 47. 5.
γ or,*they are turned back.*
δ *diminished*
f ch. 25. 23.
g Ge. 37. 34.
h ch. 22. 28.
Ro. 9. 21.
ζ *their sufficiency.*
i Mal. 1. 3.
η *neck.*
k Is. 17. 14.
l ch. 49. 22.
De. 28. 49.
Da. 7. 4.
Hab. 1. 8.
Is. 8. 8.
θ or, *the cities.*
n Is. 21. 3.
o ver. 26.
p Is. 24.17,18.
q Am. 6. 8.
r Is. 34. 6.
63. 1.
ˢ Eze.7.25,26.
t ch. 11. 23.
u 1 Sa. 2. 30.
Ps. 53. 5.
Ob. 2.
ν Is. 25. 4, 5
49. 25.
κ *children of noise.*
w Am. 9. 2.
λ *in captivity.*
x ch. 49.6,39.
y ch. 18. 16.
50. 13.
μ or,*against.*
z Eze. 21. 28.
25.2,&c.
Am.1.13..15
Zep.2.8..10.
a ch. 50. 40
De. 29. 23.
Am. 4. 11.
b Ge.19.24,25.
ν or,*Melcom.*
c Ps. 9. 6
d ch. 12. 5.
e Ex. 15. 11.
Is. 40. 25.
π or,*convent me in judgment.*
f Job 41. 10.
Ps. 76. 7.
Re. 6. 17.
g Ps. 33. 11.
h Job 6 19,20.
ρ or,*Melcom.*
1Ki.11.5,33.
σ or, *valley floweth away.*
i ch. 48. 7.
τ *weedy sea.*
k ch. 21. 13.

---

saith the Lord GOD of hosts, from all those that be about thee ; and ye shall be driven out every man right forth ; and none shall gather up him that wandereth.

6 And afterward ᵃ I will bring again the captivity of the children of Ammon, saith the LORD.

7 Concerning Edom, ᵇ thus saith the LORD of hosts, Is wisdom ᶜ no more in Teman ? is counsel ᵈ perished from the prudent ? is their wisdom vanished ?

8 Flee ye, γ turn back, dwell deep, O inhabitants of Dedan ; ᶠ for I will bring the calamity of Esau upon him, the time *that* I will visit him.

9 If grape-gatherers come to thee, would they not leave *some* gleaning grapes ? if thieves by night, they will destroy ζ till they have enough.

10 But I have made Esau bare,ᵗ I have uncovered his secret places, and he shall not be able to hide himself : his seed is spoiled, and his brethren, and his neighbours, and he *is* ᵏ not.

11 Leave thy fatherless children, I will preserve *them* alive ; and let thy widows trust in me.

12 For thus saith the LORD, Behold, they whose judgment *was* not to drink of the cup have assuredly drunken ; and *art* thou he *that* shall altogether go unpunished ? thou shalt not go unpunished, but thou shalt surely drink *of it.*

13 For I have sworn ᵠ by myself, saith the LORD, that Bozrah ʳ shall become a desolation, a reproach, a waste, and a curse ; and all the cities thereof shall be perpetual wastes.

14 I have heard a rumour ˢ from the LORD, and an ambassador is sent unto the heathen, *saying,* Gather ye together, and come against her, and rise up to the battle.

15 For, lo, I will make thee small among the heathen, *and* despised ᵘ among men.

16 Thy terribleness ᵛ hath deceived thee, *and* the pride of thine heart, O thou that dwellest in the clefts of the rock, that holdest the height of the hill : though ʷ thou shouldest make thy nest as high as the eagle, I will bring thee down from thence, saith the LORD.

17 Also Edom shall be a desolation ; every one that goeth by it shall be astonished, ʸ and shall hiss at all the plagues thereof.

18 As ᵃ in the overthrow of Sodom ᵇ and Gomorrah, and the neighbour *cities* thereof, saith the LORD, no man shall abide there,neither shall a son of man dwell in it.

19 Behold, he shall come up like a lion from the swelling of Jordan ᵈ against the habitation of the strong : but I will suddenly make him run away from her ; and who *is* a chosen *man, that* I may appoint over her ? for who ᵉ *is* like me ? and who will π appoint me the time ? and who*f is* that shepherd that will stand before me ?

20 Therefore hear the counsel ᵍ of the LORD, that he hath taken against Edom ; and his purposes, that he hath purposed against the inhabitants of Teman : ʰ Surely the least of the flock shall draw them out ; surely he shall make their habitations desolate with them.

21 The earth is moved at the noise of their fall ; at the cry, the noise thereof was heard in the τ Red Sea.

22 Behold, he shall come up and fly as the eagle, and spread his wings over

7 לֶאֱדוֹם כֹּה אָמַר יְהוָה צְבָאוֹת הַאֵין עוֹד חָכְמָה בְּתֵימָן אָבְדָה עֵצָה מִבָּנִים נִסְרְחָה חָכְמָתָם:

8 נֻסוּ הָפְנוּ הֶעְמִיקוּ לָשֶׁבֶת יֹשְׁבֵי דְּדָן כִּי

9 אֵיד עֵשָׂו הֵבֵאתִי עָלָיו עֵת פְּקַדְתִּיו אִם־בֹּצְרִים בָּאוּ לָךְ לֹא יַשְׁאִרוּ עוֹלֵלוֹת אִם־גַּנָּבִים בַּלַּיְלָה

10 הִשְׁחִיתוּ דַיָּם: כִּי־אֲנִי חָשַׂפְתִּי אֶת־עֵשָׂו גִּלֵּיתִי אֶת־מִסְתָּרָיו וְנֶחְבָּה לֹא יוּכָל שֻׁדַּד זַרְעוֹ וְאֶחָיו

11 וּשְׁכֵנָיו וְאֵינֶנּוּ: עָזְבָה יְתֹמֶיךָ אֲנִי אֲחַיֶּה

12 וְאַלְמְנֹתֶיךָ עָלַי תִּבְטָחוּ: כִּי־כֹה אָמַר יְהוָה הִנֵּה אֲשֶׁר־אֵין מִשְׁפָּטָם לִשְׁתּוֹת הַכּוֹס שָׁתוֹ יִשְׁתּוּ וְאַתָּה הוּא נָקֹה תִּנָּקֶה לֹא תִנָּקֶה כִּי שָׁתֹה

13 תִּשְׁתֶּה: כִּי בִי נִשְׁבַּעְתִּי נְאֻם־יְהוָה כִּי־לְשַׁמָּה לְחָרְבָּה לְקֶלֶס וְלִקְלָלָה תִּהְיֶה בָצְרָה וְכָל־עָרֶיהָ

14 תִּהְיֶינָה לְחָרְבוֹת עוֹלָם: שְׁמוּעָה שָׁמַעְתִּי מֵאֵת יְהוָה וְצִיר בַּגּוֹיִם שָׁלוּחַ הִתְקַבְּצוּ וּבֹאוּ עָלֶיהָ

15 וְקוּמוּ לַמִּלְחָמָה: כִּי־הִנֵּה קָטֹן נְתַתִּיךָ בַּגּוֹיִם בָּזוּי

16 בָּאָדָם: תִּפְלַצְתְּךָ הִשִּׁיא אֹתָךְ זְדוֹן לִבֶּךָ שֹׁכְנִי בְּחַגְוֵי הַסֶּלַע תֹּפְשִׂי מְרוֹם גִּבְעָה כִּי־תַגְבִּיהַ כַּנֶּשֶׁר קִנֶּךָ מִשָּׁם אוֹרִידְךָ נְאֻם־יְהוָה:

17 וְהָיְתָה אֱדוֹם לְשַׁמָּה כֹּל עֹבֵר עָלֶיהָ יִשֹּׁם וְיִשְׁרֹק עַל־כָּל־מַכּוֹתֶהָ:

18 כְּמַהְפֵּכַת סְדֹם וַעֲמֹרָה וּשְׁכֵנֶיהָ אָמַר יְהוָה לֹא־יֵשֵׁב שָׁם אִישׁ וְלֹא־יָגוּר בָּהּ בֶּן־אָדָם:

19 הִנֵּה כְּאַרְיֵה יַעֲלֶה מִגְּאוֹן הַיַּרְדֵּן אֶל־נְוֵה אֵיתָן כִּי־אַרְגִּיעָה אֲרִיצֶנּוּ מֵעָלֶיהָ וּמִי בָחוּר אֵלֶיהָ אֶפְקֹד כִּי מִי כָמוֹנִי וּמִי יוֹעִדֶנִּי וּמִי־זֶה רֹעֶה אֲשֶׁר יַעֲמֹד

20 לְפָנָי: לָכֵן שִׁמְעוּ עֲצַת־יְהוָה אֲשֶׁר יָעַץ אֶל־אֱדוֹם וּמַחְשְׁבוֹתָיו אֲשֶׁר חָשַׁב אֶל־יֹשְׁבֵי תֵימָן אִם־לֹא יִסְחָבוּם צְעִירֵי הַצֹּאן אִם־לֹא יַשִּׁים עֲלֵיהֶם נְוֵהֶם:

21 מִקּוֹל נִפְלָם רָעֲשָׁה הָאָרֶץ צְעָקָה בְּיַם־סוּף נִשְׁמַע קוֹלָהּ:

22 הִנֵּה כַנֶּשֶׁר יַעֲלֶה וְיִדְאֶה וְיִפְרֹשׂ כְּנָפָיו עַל־בָּצְרָה וְהָיָה לֵב גִּבּוֹרֵי אֱדוֹם בַּיּוֹם הַהוּא כְּלֵב אִשָּׁה מְצֵרָה:

23 לְדַמֶּשֶׂק בּוֹשָׁה חֲמָת וְאַרְפָּד כִּי־שְׁמֻעָה רָעָה שָׁמְעוּ נָמֹגוּ בַּיָּם דְּאָגָה הַשְׁקֵט לֹא יוּכָל:

24 רָפְתָה דַמֶּשֶׂק הִפְנְתָה לָנוּס וְרֶטֶט הֶחֱזִיקָה צָרָה וַחֲבָלִים אֲחָזַתָּה כַּיּוֹלֵדָה:

25 אֵיךְ לֹא־עֻזְּבָה עִיר תְּהִלָּה קִרְיַת מְשׂוֹשִׂי:

26 לָכֵן יִפְּלוּ בַחוּרֶיהָ בִּרְחֹבֹתֶיהָ וְכָל־אַנְשֵׁי הַמִּלְחָמָה יִדַּמּוּ בַּיּוֹם הַהוּא נְאֻם יְהוָה צְבָאוֹת:

27 וְהִצַּתִּי אֵשׁ בְּחוֹמַת דַּמָּשֶׂק וְאָכְלָה אַרְמְנוֹת בֶּן־הֲדָד:

28 לְקֵדָר וּלְמַמְלְכוֹת חָצוֹר אֲשֶׁר הִכָּה נְבוּכַדְרֶאצַּר מֶלֶךְ

29 בָּבֶל כֹּה אָמַר יְהוָה קוּמוּ עֲלוּ אֶל־קֵדָר וְשָׁדְדוּ אֶת־בְּנֵי־קֶדֶם: אָהֳלֵיהֶם וְצֹאנָם יִקָּחוּ יְרִיעוֹתֵיהֶם וְכָל־כְּלֵיהֶם וּגְמַלֵּיהֶם יִשְׂאוּ לָהֶם וְקָרְאוּ עֲלֵיהֶם

30 מָגוֹר מִסָּבִיב: נֻסוּ נֻּדוּ מְאֹד הֶעְמִיקוּ לָשֶׁבֶת יֹשְׁבֵי חָצוֹר נְאֻם־יְהוָה כִּי־יָעַץ עֲלֵיכֶם נְבוּכַדְרֶאצַּר

31 מֶלֶךְ־בָּבֶל עֵצָה וְחָשַׁב עֲלֵיהֶם מַחֲשָׁבָה: קוּמוּ עֲלוּ אֶל־גּוֹי שְׁלֵיו יוֹשֵׁב לָבֶטַח נְאֻם־יְהוָה לֹא־

32 דְלָתַיִם וְלֹא־בְרִיחַ לוֹ בָּדָד יִשְׁכֹּנוּ: וְהָיוּ גְמַלֵּיהֶם לָבַז וַהֲמוֹן מִקְנֵיהֶם לְשָׁלָל וְזֵרִתִים לְכָל־רוּחַ קְצוּצֵי פֵאָה וּמִכָּל־עֲבָרָיו אָבִיא אֶת־אֵידָם נְאֻם־יְהוָה:

33 וְהָיְתָה חָצוֹר לִמְעוֹן תַּנִּים שְׁמָמָה עַד־עוֹלָם לֹא־יֵשֵׁב שָׁם אִישׁ וְלֹא־יָגוּר בָּהּ בֶּן־אָדָם:

34 אֲשֶׁר הָיָה דְבַר־יְהוָה אֶל־יִרְמְיָהוּ הַנָּבִיא אֶל־עֵילָם בְּרֵאשִׁית מַלְכוּת צִדְקִיָּה מֶלֶךְ־יְהוּדָה

35 לֵאמֹר: כֹּה אָמַר יְהוָה צְבָאוֹת הִנְנִי שֹׁבֵר אֶת־

36 קֶשֶׁת עֵילָם רֵאשִׁית גְּבוּרָתָם: וְהֵבֵאתִי אֶל־עֵילָם אַרְבַּע רוּחוֹת מֵאַרְבַּע קְצוֹת הַשָּׁמַיִם וְזֵרִתִים לְכֹל הָרֻחוֹת הָאֵלֶּה וְלֹא־יִהְיֶה הַגּוֹי אֲשֶׁר לֹא־

37 יָבוֹא שָׁם נִדְחֵי עֵילָם: וְהַחְתַּתִּי אֶת־עֵילָם לִפְנֵי אֹיְבֵיהֶם וְלִפְנֵי מְבַקְשֵׁי נַפְשָׁם וְהֵבֵאתִי עֲלֵיהֶם רָעָה אֶת־חֲרוֹן אַפִּי נְאֻם־יְהוָה וְשִׁלַּחְתִּי אַחֲרֵיהֶם

38 אֶת־הַחֶרֶב עַד כַּלּוֹתִי אוֹתָם: וְשַׂמְתִּי כִסְאִי בְּעֵילָם וְהַאֲבַדְתִּי מִשָּׁם מֶלֶךְ וְשָׂרִים נְאֻם־יְהוָה:

39 וְהָיָה בְּאַחֲרִית הַיָּמִים אָשִׁיב אֶת־שְׁבִית עֵילָם נְאֻם־יְהוָה:

CAP. L. נ

1 הַדָּבָר אֲשֶׁר דִּבֶּר יְהוָה אֶל־בָּבֶל אֶל־אֶרֶץ כַּשְׂדִּים בְּיַד יִרְמְיָהוּ הַנָּבִיא:

2 הַגִּידוּ בַגּוֹיִם וְהַשְׁמִיעוּ וּשְׂאוּ־נֵס הַשְׁמִיעוּ אַל־תְּכַחֵדוּ אִמְרוּ נִלְכְּדָה בָבֶל הֹבִישׁ בֵּל חַת מְרֹדָךְ הֹבִישׁוּ עֲצַבֶּיהָ חַתּוּ גִּלּוּלֶיהָ:

3 כִּי עָלָה עָלֶיהָ גּוֹי מִצָּפוֹן הוּא־יָשִׁית אֶת־אַרְצָהּ לְשַׁמָּה וְלֹא־יִהְיֶה יוֹשֵׁב בָּהּ מֵאָדָם וְעַד־בְּהֵמָה נָדוּ הָלָכוּ:

4 בַּיָּמִים הָהֵמָּה וּבָעֵת הַהִיא נְאֻם־יְהוָה יָבֹאוּ בְנֵי־יִשְׂרָאֵל הֵמָּה וּבְנֵי־יְהוּדָה יַחְדָּו הָלוֹךְ וּבָכוֹ יֵלֵכוּ

5 וְאֶת־יְהוָה אֱלֹהֵיהֶם יְבַקֵּשׁוּ: צִיּוֹן יִשְׁאָלוּ דֶּרֶךְ הֵנָּה פְנֵיהֶם בֹּאוּ וְנִלְווּ אֶל־יְהוָה בְּרִית עוֹלָם לֹא תִשָּׁכֵחַ:

6 צֹאן אֹבְדוֹת הָיָה עַמִּי רֹעֵיהֶם הִתְעוּם הָרִים שׁוֹבְבוּם מֵהַר אֶל־גִּבְעָה הָלָכוּ שָׁכְחוּ רִבְצָם:

7 כָּל־מוֹצְאֵיהֶם אֲכָלוּם וְצָרֵיהֶם אָמְרוּ לֹא נֶאְשָׁם תַּחַת אֲשֶׁר חָטְאוּ לַיהוָה נְוֵה־צֶדֶק וּמִקְוֵה אֲבוֹתֵיהֶם יְהוָה:

8 נֻדוּ מִתּוֹךְ

Bozrah: and at that day shall the heart of the mighty men of Edom be as the heart of a woman in her pangs.

23 Concerning Damascus : [a] Hamath [b] is confounded, and Arpad ; for they have heard evil tidings ; they are γ faint-hearted : *there is* sorrow δ on the sea ; it cannot be quiet.

24 Damascus is waxed feeble, *and* turn-eth herself to flee, and fear hath seized on *her :* anguish and sorrows have taken her, as a woman in travail.

25 How is the city of praise [e] not left, the city of my joy!

26 Therefore [f] her young men shall fall in her streets, and all the men of war shall be cut off in that day, saith the LORD of hosts.

27 And I will kindle a fire in the wall of Damascus, and it shall consume the palaces of Ben-hadad.

28 Concerning Kedar, [n] and concern-ing the kingdoms of Hazor, which Nebu-chadrezzar king of Babylon shall smite, thus saith the LORD, Arise ye, go up to Kedar, and spoil the men of the east.

29 Their tents [q] and their flocks shall they take away : they shall take to them-selves their curtains, and all their ves-sels, and their camels ; and they shall cry unto them, Fear *is* on every side.

30 Flee, [n] get you far off, dwell deep, O ye inhabitants of Hazor, saith the LORD ; for Nebuchadrezzar king of Babylon hath taken counsel against you, and hath con-ceived a purpose against you.

31 Arise, get you up unto the θ wealthy nation, that dwelleth without care, saith the LORD, which [y] have neither gates nor bars, *which* dwell [s] alone.

32 And their camels shall be a booty, and the multitude of their cattle a spoil ; and I will scatter into all winds them *that are* λ in the utmost corners ; and I will bring their calamity from all sides there-of, saith the LORD.

33 And Hazor shall be a dwelling for dragons, [z] *and* a desolation for ever: there shall no man abide there, nor *any* son of man dwell in it.

34 The word of the LORD that came to Jeremiah the prophet against Elam, [b] in the beginning of the reign of Zedekiah king of Judah, saying,

35 Thus saith the LORD of hosts, Be-hold, I will break the bow of Elam, the chief of their might.

36 And upon Elam will I bring the four winds from the four quarters of heaven, and will scatter them toward all those winds ; and there shall be no nation whi-ther the outcasts of Elam shall not come.

37 For I will cause Elam to be dismay-ed before their enemies, and before them that seek their life ; and I will bring evil upon them, *even* my fierce anger, saith the LORD ; and I will send the sword after them, till I have consumed them :

38 And I will set my throne in Elam, and will destroy from thence the king and the princes, saith the LORD.

39 But [h] it shall come to pass in the latter days, *that* I will bring again the captivity of Elam, saith the LORD.

CHAP. L.

THE word that the LORD spake against Babylon, [l] *and* against the land of the Chaldeans, ρ by Jeremiah the prophet.

2 Declare ye among the nations, and

B. C. 600.

β *lift up.*

a Is.17.1,&c.
  Am. 1.3.5.
  Zec. 9. 1, 2.
b Is. 37. 13.
c ch. 51. 44.
  Is. 46. 1.
γ *melted.*
δ *or, as on.*
d Ro.11.1,&c
e ch. 33. 9.
  Is. 1. 26.
f ch. 50. 30.
g Ho. 1. 11.
h ch. 31. 9.
  Ezr.3.12.13.
  Ps. 126.5,6.
  Zec. 12. 10.
  Ac. 2. 37.
i Ho. 3. 5.
k Ps. 84. 7.
l Ac. 11. 23.
  2 Co. 8. 5.
m ch.31.33,34
  Ca. 8. 6.
  Is. 55. 3.
n Is.21.13.17.
o Is. 53. 6.
  1 Pe. 2. 25.
p ch. 3. 6, 23.
q Ps. 120. 5.
ζ *place to lie down in,*
  Ps. 23. 2.
r Ca. 1. 7, 8.
s Ps. 79. 7.
t ch. 2. 3.
u Da. 9. 6.
v Ps. 90. 1.
η *fitgreatly*
w Ps. 22. 4.
x ch. 51.6,45.
  Is. 48. 20.
θ *or, that is at ease.*
y Eze. 38. 11.
z Nu. 23. 9.
  Mi. 7. 14.
κ *or,destroy-er.*
λ *cut off into corners.or, that have the corners of their hair poll-ed.*
μ *big, or, corpulent.*
a Mal. 1. 3.
ν *or, neigh as steeds.*
b ch. 25. 25.
  Is. 22. 6.
c Zec. 1. 15.
d ch. 25. 12.
e 1 Ch. 29.24.
f Is. 63. 4.
g Rc. 18. 6.
ο *or, scythe.*
h ver. 6.
i 2 Ki. 17. 6.
k 2 Ki. 24.10, &c.
l Is. XIII.
  XXI.
  XLVII.
ρ *by the hand of.*

---

publish, and β set up a standard ; publish, *and* conceal not : say, Babylon is taken, Bel [c] is confounded, Merodach is broken in pieces ; her idols are confounded, her images are broken in pieces.

3 For out of the north there cometh up a nation against her, which shall make her land desolate, and none shall dwell therein : they shall remove, they shall de-part, both man and beast.

4 In [d] those days, and in that time, saith the LORD, the children of Israel shall come, they and the children of Judah to-gether, [s] going and weeping : [h] they shall go, and seek [i] the LORD their God.

5 They shall ask the way to Zion [k] with their faces thitherward, *saying,* Come, and let us join [l] ourselves to the LORD in a perpetual [m] covenant *that* shall not be forgotten.

6 My people hath been lost [o] sheep ; their shepherds have caused them to go astray, they have turned them away *on* the mountains : they have [p] gone from mountain to hill, they have forgotten their ζ resting-place. [r]

7 All that found them have devoured them : [s] and their adversaries said, We offend [t] not, because [u] they have sinned against the LORD, the habitation [v] ot justice ; even the LORD, the hope [w] of their fathers.

8 Remove [x] out of the midst of Babylon, & go forth out of the land of the Chaldeans, and be as the he-goats before the flocks.

9 For, lo, I will raise, and cause to come up against Babylon, an assembly of great nations from the north country : and they shall set themselves in array against her ; from thence she shall be taken : their ar-rows *shall be* as of a mighty κ expert man ; none shall return in vain.

10 And Chaldea shall be a spoil : all that spoil her shall be satisfied, saith the LORD.

11 Because ye were glad, because ye rejoiced, O ye destroyers of mine heri-tage ; because ye are grown μ fat as the heifer at grass, and ν bellow as bulls ;

12 Your mother shall be sore confound-ed ; she that bare you shall be ashamed : behold, the hindermost of the nations *shall be* a wilderness, a dry land, and a desert.

13 Because of the wrath [c] of the LORD it shall not be inhabited, but it shall be wholly [d] desolate : every one that goeth by Babylon shall be astonished, and hiss at all her plagues.

14 Put yourselves in array against Ba-bylon round about : all ye that bend the bow, shoot at her, spare no arrows ; for she hath sinned against the LORD.

15 Shout against her round about ; she hath given [e] her hand : her foundations are fallen, her walls are thrown down ; for it *is* the vengeance [f] of the LORD : take vengeance upon her : as [g] she hath done, do unto her.

16 Cut off the sower from Babylon, and him that handleth the π sickle in the time of harvest : for fear of the oppressing sword they shall turn every one to his people, and they shall flee every one to his own land.

17 Israel *is* a scattered sheep, the lions have driven *him* away ; first [i] the king of Assyria hath devoured him, and last this [k] Nebuchadrezzar king of Babylon hath broken his bones.

18 Therefore thus saith the LORD of hosts, the God of Israel, Behold, I will punish

בְּבֶל וּמֵאֶרֶץ כַּשְׂדִּים יֵצֵאוּ וְהָיָ֣ה כְּעַתּוּדִים לִפְנֵי־ צֹאן׃ כִּ֣י הִנֵּ֣ה אָנֹכִ֣י מֵעִיר וּמַעֲלֶ֣ה עַל־בָּבֶל֙ קְהַל־ 9 גּוֹיִ֤ם גְּדֹלִים֙ מֵאֶ֣רֶץ צָפ֔וֹן וְעָ֣רְכוּ לָ֔הּ מִשָּׁ֖ם תִּלָּכֵ֑ד וְהָזְהַ֔רְתָּ ׃ 10 הַצֵּ֤א בְּנֵבּוֹר֙ מַשְׁכִּ֔יל כָּל־שְׁלָלָ֖הּ יִשְׂבָּ֑עוּ נְאֻם־יְהֹוָ֔ה ׃ כִּ֤י 11 מַשְׂחִיתַ֤ה כִּ֣י תַעֲלֹ֙זִי֙ שֹׁסֵ֣י נַחֲלָתִ֔י כִּ֥י תָפ֖וּשׁוּ כְּעֶגְלָ֑ה 12 דָּ֖שָׁה וְתִצְהֲלִ֥י כָּאַבִּרִֽים ׃ ב֤וֹשָׁה אִמְּכֶם֙ מְאֹ֔ד

CAP. LI. נא

כֹּ֚ה אָמַ֣ר יְהֹוָ֔ה הִנְנִ֗י מֵעִיר֙ עַל־בָּבֶ֔ל וְאֶל־יֹשְׁבֵ֖י לֵ֣ב 1

(page largely illegible)

the king of Babylon and his land, as I have[a] punished the king of Assyria.

19 And[c] I will bring Israel again to his habitation, and he shall feed on Carmel[e] and Bashan, and his soul shall be satisfied upon mount Ephraim and[f] Gilead.

20 In those days, and in that time, saith the LORD, the iniquity of Israel shall be sought[h] for, and[i] *there shall be* none; and the sins of Judah, and they shall not be found: for I will pardon them whom I[k] reserve.

21 Go up against the land of βMerathaim, *even* against it, and against the inhabitants of γPekod: [l] waste and utterly destroy after them, saith the LORD, and do according to all[n] that I have commanded thee.

22 A sound[p] of battle *is* in the land, and of great destruction.

23 How is the hammer[q] of the whole earth cut asunder and broken! how is Babylon become a desolation among the nations!

24 I have laid a snare[s] for thee, and thou art also taken, O Babylon,&[u] thou wast not aware: thou art found, and also caught, because thou hast striven against the LORD.

25 The LORD hath opened his armoury, and hath brought forth the weapons[w] of his indignation: for this *is* the work of the Lord GOD of hosts in the land of the Chaldeans.

26 Come against her from the δutmost border, open her store-houses; ζcast her up as heaps, and destroy her utterly: let nothing of her be left.

27 Slay all her bullocks;[y] let them go down to the slaughter: woe unto them! for their day is come, the time of their visitation.

28 The voice of them that flee and escape out of the land of Babylon, to declare in Zion the vengeance[a] of the LORD our God, the vengeance of his temple. [b]

29 Call together the archers against Babylon: all ye that bend the bow, camp against it round about; let none thereof escape: recompense[d] her according to her work; according to all that she hath done, do unto her: for she hath been proud against the LORD, against the Holy One of Israel.

30 Therefore shall her young men fall in the streets, and all her men of war shall be cut off in that day, saith the LORD.

31 Behold, I *am* against thee, O *thou* θmost proud, saith the Lord GOD of hosts: for thy day is come, the time *that* I will visit thee.

32 And θthe most proud shall[k] stumble and fall, and none shall raise him up: and I will kindle a fire[i] in his cities, and it shall devour all round about him.

33 Thus saith the LORD of hosts, The children of Israel and the children of Judah *were* oppressed together; and all that took them captives held them fast; they refused to let them go.

34 Their Redeemer *is* strong;[k] the LORD of hosts *is* his name; he shall throughly plead[m] their cause, that he may give rest to the land, and disquiet the inhabitants of Babylon.

35 A sword *is* upon the Chaldeans, saith the LORD, and upon the inhabitants of Babylon, and upon her princes, and upon her wise[s] *men.*

36 A sword *is* upon the λliars;[t] and they shall dote:[u] a sword *is* upon her mighty men; and they shall be dismayed.

37 A sword *is* upon their horses, and

B. C. 595.

a Is.37.36,38.
b ch.25.20,24.
   Eze. 30. 5.
c ch. 33. 12.
   Is. 65. 9,10.
   Eze. 34.13..
          15.
d ch.51.30.
e Mi.7.14,18.
f Ca. 6. 5.
g Is. 44. 27.
   Re. 16. 12.
h Ro.8.33,34.
i Ps. 103. 12.
   Ro. 5. 16.
k Is. 6. 13.
   2 Pe. 3. 15.
β or, *the rebels.*
γ or, *visitation.*
l Eze. 23.23.
m ch. 25. 12.
   Is. 13. 20.
n ch. 48. 10.
o Ge.19.24,25.
p ch. 51.54.
q ch. 51. 20.
   Is. 14. 6.
r ch. 6. 22.
s Ec. 9. 12.
t ch. 51. 27.
   Re. 17. 16.
u Da5.30,31.
v Is.13.17,18.
w Ps. 45. 3,5.
   Is. 13. 5.
δ *end.*
ζ or, *tread.*
x Da. 5. 6.
y ch. 46. 21.
   Is. 34. 7.
η or.*convent me to plead.*
z Job 41. 10.
a ch.51.10,11.
b La. 1. 10.
        2. 6,7.
c Is. 14.24,27.
d ver. 15.
e Re. 18.9,15.
θ *pride.*
κ *heart.*
f ch. 4.11,12.
   2 Ki. 19. 7.
g ch. 15. 7.
   Mat. 3. 12.
h Pr. 16. 18.
        18. 12.
i Re. 18. 8.
k Is. 47. 4.
l ch. 49. 26.
m Is. 51. 22.
n Ho. 1. 10.
o Is. 44. 21.
   49.14.15.
p Zec. 2. 12.
        12.6..8.
q ch. 31.37.
   Mi.7.18.20.
r ch.50.8,&c.
   Ge.19.16,17.
s Is. 47. 13.
λ *bars,* or, *chiefstays.*
t Is. 44. 25.
u 2 Th. 2. 11.
v ch.25.14,16.
w Re. 17.4.

upon their chariots, and upon all the mingled[b] people that *are* in the midst of her; and they shall become as women:[d] a sword *is* upon her treasures; and they shall be robbed.

38 A drought *is* upon her waters; and they shall be dried[g] up: for it *is* the land of graven images, and they are mad upon *their* idols.

39 Therefore shall the wild beasts of the desert, with the wild beasts of the islands, shall dwell *there,* and the owls shall dwell therein: and it shall be no more inhabited for ever:[m] neither shall it be dwelt in from generation to generation.

40 As God overthrew[o]Sodom and Gomorrah, and the neighbour *cities* thereof, saith the LORD; *so* shall no man abide there, neither shall any son of man dwell therein.

41 Behold, a people shall come from the north,[r] and a great nation, and many[t] kings shall be raised up from the coasts of the earth.

42 They shall hold the bow and the lance; they *are* cruel,[v] and will not shew mercy: their voice shall roar like the sea, and they shall ride upon horses, *every one* put in array, like a man to the battle, against thee, O daughter of Babylon.

43 The king of Babylon hath heard the report of them, and his hands waxed feeble; anguish[x] took hold of him, *and* pangs as of a woman in travail.

44 Behold, he shall come up like a lion from the swelling of Jordan unto the habitation of the strong; but I will make them suddenly run away from her: and who *is* a chosen *man, that* I may appoint over her? for who *is* like me? and who will η appoint me the time? and who[z] *is* that shepherd that will stand before me?

45 Therefore hear ye the counsel of the LORD that he hath taken against Babylon, and his purposes[c] that he hath purposed against the land of the Chaldeans; Surely the least of the flock shall draw them out; surely he shall make *their* habitation desolate with them.

46 At the noise of the taking of Babylon the earth is moved, and the cry is heard[e] among the nations.

CHAP. LI.

THUS saith the LORD, Behold, I will raise up against Babylon, and against them that dwell in the κmidst of them that rise up against me, a destroying[f] wind;

2 And will send unto Babylon[g] fanners, that shall fan her, and shall empty her land: for in the day of trouble they shall be against her round about.

3 Against *him* that bendeth let the archer bend his bow, and against *him that* lifteth himself up in his brigandine: and spare ye not her young men; destroy ye utterly all her host.

4 Thus the slain shall fall in the land of the Chaldeans, and *they that are* thrust through[i] in her streets.

5 For Israel[n] *hath* not *been*[o] forsaken, nor Judah[p] of his God, of the LORD of hosts; though[q] their land was filled with sin against the Holy One of Israel.

6 Flee[r] out of the midst of Babylon, and deliver every man his soul; be not cut off in her iniquity: for this *is* the time of the LORD's vengeance; he will render unto her a recompence.[v]

7 Babylon *hath been* a golden cup[w] in the LORD's hand, that made all the earth

4 וְנָפְל֤וּ חֲלָלִים֙ בְּאֶ֣רֶץ כַּשְׂדִּ֔ים וּמְדֻקָּרִ֖ים בְּחוּצוֹתֶֽיהָ׃

5 כִּ֠י לֹֽא־אַלְמָ֨ן יִשְׂרָאֵ֤ל וִֽיהוּדָה֙ מֵֽאֱלֹהָ֔יו מֵֽיְהוָ֖ה צְבָא֑וֹת כִּ֤י אַרְצָם֙ מָלְאָ֣ה אָשָׁ֔ם מִקְּד֖וֹשׁ יִשְׂרָאֵֽל׃

6 נֻ֤סוּ מִתּוֹךְ֙ בָּבֶ֔ל וּמַלְּט֖וּ אִ֣ישׁ נַפְשׁ֑וֹ אַל־תִּדַּ֙מּוּ֙ בַּעֲוֺנָ֔הּ כִּי֩ עֵ֨ת נְקָמָ֥ה הִיא֙ לַֽיהוָ֔ה גְּמ֕וּל ה֥וּא מְשַׁלֵּ֖ם לָֽהּ׃

7 כּוֹס־זָהָ֤ב בָּבֶל֙ בְּיַד־יְהוָ֔ה מְשַׁכֶּ֖רֶת כָּל־הָאָ֑רֶץ מִיֵּינָהּ֙ שָׁת֣וּ גוֹיִ֔ם עַל־כֵּ֖ן יִתְהֹלְל֥וּ גוֹיִֽם׃

8 פִּתְאֹ֛ם נָפְלָ֥ה בָבֶ֖ל וַתִּשָּׁבֵ֑ר הֵילִ֣ילוּ עָלֶ֗יהָ קְח֤וּ צֳרִי֙ לְמַכְאוֹבָ֔הּ אוּלַ֖י תֵּרָפֵֽא׃

9 רִפִּ֣ינוּ אֶת־בָּבֶל֮ וְלֹ֣א נִרְפָּתָה֒ עִזְב֕וּהָ וְנֵלֵ֖ךְ אִ֣ישׁ לְאַרְצ֑וֹ כִּֽי־נָגַ֤ע אֶל־הַשָּׁמַ֙יִם֙ מִשְׁפָּטָ֔הּ וְנִשָּׂ֖א עַד־שְׁחָקִֽים׃

10 הוֹצִ֥יא יְהוָ֖ה אֶת־צִדְקֹתֵ֑ינוּ בֹּ֚אוּ וּנְסַפְּרָ֣ה בְצִיּ֔וֹן אֶֽת־מַעֲשֵׂ֖ה יְהוָ֥ה אֱלֹהֵֽינוּ׃

11 הָבֵ֣רוּ הַחִצִּים֮ מִלְא֣וּ הַשְּׁלָטִים֒ הֵעִ֣יר יְהוָ֗ה אֶת־ר֙וּחַ֙ מַלְכֵ֣י מָדַ֔י כִּֽי־עַל־בָּבֶ֥ל מְזִמָּת֖וֹ לְהַשְׁחִיתָ֑הּ כִּֽי־נִקְמַ֤ת יְהוָה֙ הִ֔יא נִקְמַ֖ת הֵיכָלֽוֹ׃

12 אֶל־חוֹמֹ֨ת בָּבֶ֜ל שְׂאוּ־נֵ֗ס הַחֲזִ֙יקוּ֙ הַמִּשְׁמָ֔ר הָקִ֙ימוּ֙ שֹֽׁמְרִ֔ים הָכִ֖ינוּ הָאֹֽרְבִ֑ים כִּ֚י גַּם־זָמַ֣ם יְהוָ֔ה גַּם־עָשָׂ֕ה אֵ֥ת אֲשֶׁר־דִּבֶּ֖ר אֶל־יֹשְׁבֵ֥י בָבֶֽל׃

13 שֹׁכַנְתִּי֙ עַל־מַ֣יִם רַבִּ֔ים רַבַּ֖ת אֽוֹצָרֹ֑ת בָּ֥א קִצֵּ֖ךְ אַמַּ֥ת בִּצְעֵֽךְ׃

14 נִשְׁבַּ֛ע יְהוָ֥ה צְבָא֖וֹת בְּנַפְשׁ֑וֹ כִּ֣י אִם־מִלֵּאתִ֤יךְ אָדָם֙ כַּיֶּ֔לֶק וְעָנ֥וּ עָלַ֖יִךְ הֵידָֽד׃

15 עֹשֵׂ֥ה אֶ֙רֶץ֙ בְּכֹח֔וֹ מֵכִ֥ין תֵּבֵ֖ל בְּחָכְמָת֑וֹ וּבִתְבוּנָת֖וֹ נָטָ֥ה שָׁמָֽיִם׃

16 לְק֨וֹל תִּתּ֜וֹ הֲמ֥וֹן מַ֙יִם֙ בַּשָּׁמַ֔יִם וַיַּ֥עַל נְשִׂאִ֖ים מִקְצֵה־אָ֑רֶץ בְּרָקִ֤ים לַמָּטָר֙ עָשָׂ֔ה וַיּ֥וֹצֵא ר֖וּחַ מֵאֹצְרֹתָֽיו׃

17 נִבְעַ֤ר כָּל־אָדָם֙ מִדַּ֔עַת הֹבִ֥ישׁ כָּל־צֹרֵ֖ף מִפָּ֑סֶל כִּ֛י שֶׁ֥קֶר נִסְכּ֖וֹ וְלֹא־ר֥וּחַ בָּֽם׃

18 הֶ֣בֶל הֵ֔מָּה מַעֲשֵׂ֖ה תַּעְתֻּעִ֑ים בְּעֵ֥ת פְּקֻדָּתָ֖ם יֹאבֵֽדוּ׃

19 לֹֽא־כְאֵ֜לֶּה חֵ֣לֶק יַעֲקֹ֗ב כִּֽי־יוֹצֵ֤ר הַכֹּל֙ ה֔וּא וְשֵׁ֖בֶט נַחֲלָת֑וֹ יְהוָ֥ה צְבָא֖וֹת שְׁמֽוֹ׃

20 מַפֵּץ־אַתָּ֣ה לִ֔י כְּלֵ֖י מִלְחָמָ֑ה וְנִפַּצְתִּ֤י בְךָ֙ גּוֹיִ֔ם וְהִשְׁחַתִּ֥י בְךָ֖ מַמְלָכֽוֹת׃

21 וְנִפַּצְתִּ֣י בְךָ֔ ס֖וּס וְרֹֽכְב֑וֹ וְנִפַּצְתִּ֣י בְךָ֔ רֶ֖כֶב וְרֹכְבֽוֹ׃

22 וְנִפַּצְתִּ֤י בְךָ֙ אִ֣ישׁ וְאִשָּׁ֔ה וְנִפַּצְתִּ֥י בְךָ֖ זָקֵ֣ן וָנָ֑עַר וְנִפַּצְתִּ֣י בְךָ֔ בָּח֖וּר וּבְתוּלָֽה׃

23 וְנִפַּצְתִּ֤י בְךָ֙ רֹעֶ֣ה וְעֶדְר֔וֹ וְנִפַּצְתִּ֥י בְךָ֖ אִכָּ֣ר וְצִמְדּ֑וֹ וְנִפַּצְתִּ֣י בְךָ֔ פַּח֖וֹת וּסְגָנִֽים׃

24 וְשִׁלַּמְתִּ֨י לְבָבֶ֜ל וּלְכֹ֣ל ׀ יוֹשְׁבֵ֣י כַשְׂדִּ֗ים אֵ֧ת כָּל־רָעָתָ֛ם אֲשֶׁר־עָשׂ֥וּ בְצִיּ֖וֹן לְעֵֽינֵיכֶ֑ם נְאֻ֖ם יְהוָֽה׃

25 הִנְנִ֨י אֵלֶ֜יךָ הַ֤ר הַמַּשְׁחִית֙ נְאֻם־יְהוָ֔ה הַמַּשְׁחִ֖ית אֶת־כָּל־הָאָ֑רֶץ וְנָטִ֧יתִי אֶת־

26 וְלֹֽא־יִקְח֤וּ מִמְּךָ֙ אֶ֣בֶן לְפִנָּ֔ה וְאֶ֖בֶן לְמֽוֹסָד֑וֹת כִּֽי־שִׁמְמ֥וֹת עוֹלָ֛ם תִּֽהְיֶ֖ה נְאֻם־יְהוָֽה׃

27 שְׂאוּ־נֵ֣ס בָּאָ֗רֶץ תִּקְע֙וּ שׁוֹפָ֤ר בַּגּוֹיִם֙ קַדְּשׁ֤וּ עָלֶ֙יהָ֙ גּוֹיִ֔ם הַשְׁמִ֧יעוּ עָלֶ֛יהָ מַמְלְכ֥וֹת אֲרָרַ֖ט מִנִּ֣י וְאַשְׁכְּנָ֑ז פִּקְד֤וּ עָלֶ֙יהָ֙ טִפְסָ֔ר הַֽעֲלוּ־ס֖וּס כְּיֶ֥לֶק סָמָֽר׃

28 קַדְּשׁ֙וּ עָלֶ֤יהָ גוֹיִם֙ אֶת־מַלְכֵ֣י מָדַ֔י אֶת־פַּחוֹתֶ֖יהָ וְאֶת־כָּל־סְגָנֶ֑יהָ וְאֵ֖ת כָּל־אֶ֥רֶץ מֶמְשַׁלְתּֽוֹ׃

29 וַתִּרְעַ֥שׁ הָאָ֖רֶץ וַתָּחֹ֑ל כִּ֣י קָ֤מָה עַל־בָּבֶל֙ מַחְשְׁב֣וֹת יְהוָ֔ה לָשׂ֞וּם אֶת־אֶ֧רֶץ בָּבֶ֛ל לְשַׁמָּ֖ה מֵאֵ֥ין יוֹשֵֽׁב׃

30 חָֽדְל֞וּ גִבּוֹרֵ֤י בָבֶל֙ לְהִלָּחֵ֔ם יָשְׁב֖וּ בַּמְּצָד֑וֹת נָשְׁתָ֧ה גְבוּרָתָ֛ם הָי֥וּ לְנָשִׁ֖ים הִצִּ֥יתוּ מִשְׁכְּנֹתֶ֖יהָ נִשְׁבְּר֥וּ בְרִיחֶֽיהָ׃

31 רָ֤ץ לִקְרַאת־רָץ֙ יָר֔וּץ וּמַגִּ֖יד לִקְרַ֣את מַגִּ֑יד לְהַגִּיד֙ לְמֶ֣לֶךְ בָּבֶ֔ל כִּֽי־נִלְכְּדָ֥ה עִיר֖וֹ מִקָּצֶֽה׃

32 וְהַמַּעְבָּר֣וֹת נִתְפָּ֔שׂוּ וְאֶת־הָאֲגַמִּ֖ים שָׂרְפ֣וּ בָאֵ֑שׁ וְאַנְשֵׁ֥י הַמִּלְחָמָ֖ה נִבְהָֽלוּ׃

33 כִּי֩ כֹ֨ה אָמַ֜ר יְהוָ֤ה צְבָאוֹת֙ אֱלֹהֵ֣י יִשְׂרָאֵ֔ל בַּת־בָּבֶ֕ל כְּגֹ֖רֶן עֵ֣ת הִדְרִיכָ֑הּ ע֣וֹד מְעַ֔ט וּבָ֥אָה עֵֽת־הַקָּצִ֖יר לָֽהּ׃

34 אֲכָלַ֣נוּ הֲמָמַ֗נוּ נְבוּכַדְרֶאצַּר֮ מֶ֣לֶךְ בָּבֶל֒ הִצִּיגַ֙נוּ֙ כְּלִ֣י רִ֔יק בְּלָעַ֙נוּ֙ כַּתַּנִּ֔ין מִלָּ֥א כְרֵשׂ֖וֹ מֵֽעֲדָנָ֑י הֱדִיחָֽנוּ׃

35 חֲמָסִ֤י וּשְׁאֵרִי֙ עַל־בָּבֶ֔ל תֹּאמַ֖ר יֹשֶׁ֣בֶת צִיּ֑וֹן וְדָמִי֙ אֶל־יֹשְׁבֵ֣י כַשְׂדִּ֔ים תֹּאמַ֖ר יְרוּשָׁלָֽͅם׃

36 לָכֵ֗ן כֹּ֚ה אָמַ֣ר יְהוָ֔ה הִנְנִי־רָב֙ אֶת־רִיבֵ֔ךְ וְנִקַּמְתִּ֖י אֶת־נִקְמָתֵ֑ךְ וְהַחֲרַבְתִּי֙ אֶת־יַמָּ֔הּ וְהֹבַשְׁתִּ֖י אֶת־מְקוֹרָֽהּ׃

37 וְהָיְתָ֣ה בָבֶ֣ל ׀ לְגַלִּ֣ים ׀ מְעוֹן־תַּנִּ֗ים שַׁמָּ֧ה וּשְׁרֵקָ֛ה מֵאֵ֥ין יוֹשֵֽׁב׃

38 יַחְדָּ֖ו כַּכְּפִרִ֣ים יִשְׁאָ֑גוּ נָעֲר֖וּ כְּגוֹרֵ֥י אֲרָיֽוֹת׃

39 בְּחֻמָּ֞ם אָשִׁ֣ית אֶת־מִשְׁתֵּיהֶ֗ם וְהִשְׁכַּרְתִּים֙ לְמַ֣עַן יַעֲלֹ֔זוּ וְיָשְׁנ֥וּ שְׁנַת־עוֹלָ֖ם וְלֹ֣א יָקִ֑יצוּ נְאֻ֖ם יְהוָֽה׃

40 אֽוֹרִידֵ֖ם כְּכָרִ֣ים לִטְב֑וֹחַ כְּאֵילִ֖ים עִם־עַתּוּדִֽים׃

41 אֵ֚יךְ נִלְכְּדָ֣ה שֵׁשַׁ֔ךְ וַתִּתָּפֵ֖שׂ תְּהִלַּ֣ת כָּל־הָאָ֑רֶץ אֵ֣יךְ הָיְתָ֧ה לְשַׁמָּ֛ה בָּבֶ֖ל בַּגּוֹיִֽם׃

42 עָלָ֥ה עַל־בָּבֶ֖ל הַיָּ֑ם בַּהֲמ֥וֹן גַּלָּ֖יו נִכְסָֽתָה׃

43 הָי֤וּ עָרֶ֙יהָ֙ לְשַׁמָּ֔ה אֶ֖רֶץ צִיָּ֣ה וַעֲרָבָ֑ה אֶ֗רֶץ לֹֽא־יֵשֵׁ֤ב בָּהֵן֙ כָּל־אִ֔ישׁ וְלֹֽא־יַעֲבֹ֥ר בָּהֵ֖ן בֶּן־אָדָֽם׃

44 וּפָקַדְתִּ֣י עַל־בֵּ֣ל בְּבָבֶ֗ל וְהֹצֵאתִ֤י אֶת־בִּלְעוֹ֙ מִפִּ֔יו וְלֹֽא־יִנְהֲר֥וּ אֵלָ֛יו ע֖וֹד גּוֹיִ֑ם גַּם־חוֹמַ֥ת בָּבֶ֖ל נָפָֽלָה׃

45 צְא֤וּ מִתּוֹכָהּ֙ עַמִּ֔י וּמַלְּט֖וּ אִ֣ישׁ אֶת־נַפְשׁ֑וֹ מֵחֲר֖וֹן אַף־יְהוָֽה׃

46 וּפֶן־יֵרַ֤ךְ לְבַבְכֶם֙ וְתִֽירְא֔וּ בַּשְּׁמוּעָ֖ה הַנִּשְׁמַ֣עַת בָּאָ֑רֶץ וּבָ֧א בַשָּׁנָ֣ה הַשְּׁמוּעָ֗ה

drunken: the nations have drunken *a* of her wine; therefore the nations are *b* mad.

8 Babylon is suddenly *c* fallen and destroyed: howl *d* for her; take balm for her pain, if so be she may be healed.

9 We would have healed Babylon, but she is not *f* healed: forsake her, and let us go every one into his own country; for her judgment reacheth unto heaven, and is lifted up *even* to the skies.

10 The LORD hath brought forth *g* our righteousness: come, and let us declare in *i* Zion the work of the LORD our God.

11 Make γ bright *k* the arrows; gather the shields: the LORD hath raised up the spirit of the kings of the Medes: for his device *is* against Babylon, to destroy it; because *m* it *is* the vengeance of the LORD, the vengeance of his temple.

12 Set up the standard upon the walls of Babylon, make the watch strong, set up the watchmen, prepare the δ ambushes: for the LORD hath both devised and done that which he spake against the inhabitants of Babylon.

13 O thou that dwellest upon many waters,*p* abundant in treasures, thine end is come,*and* the measure of thy*q* covetousness.

14 The LORD of hosts hath sworn by ζhimself, *saying*, Surely I will fill thee with men as with caterpillers;*r* and they shall η lift up a shout against thee.

15 He *s* hath made the earth by his power, he hath established the world by his wisdom, and hath stretched *t* out the heaven by his understanding.*u*

16 When *v* he uttereth *his* voice, *there is* a κ multitude of waters in the heavens, and he*y* causeth the vapours to ascend from the ends of the earth: he maketh lightnings with rain, and bringeth forth the wind out of his treasures.

17 Every man λ is brutish by *his* knowledge; *b* every founder is confounded by the graven image: for his molten image *is* falsehood, and *there is* no breath *c* in them.

18 They *are* vanity, the work of errors: in the time of their visitation they shall perish.

19 The *Portion* of Jacob *is* not like them; for he *is* the former of all things; and *Israel is* the rod *f* of his inheritance. The LORD of hosts *is* his name.

20 Thou *art* my battle-axe *and* weapons of war: for ρ with thee will I break in pieces *g* the nations; and with thee will I destroy kingdoms;

21 And with thee will I break in pieces the horse and his rider; and with thee will I break in pieces the chariot and his rider;

22 With thee also will I break in pieces man and woman; and with thee will I break in pieces old and young; and with thee will I break in pieces the young man and the maid;

23 I will also break in pieces with thee the shepherd and his flock; and with thee will I break in pieces the husbandman and his yoke of oxen; and with thee will I break in pieces captains and rulers.

24 And I will render *l* unto Babylon, and to all the inhabitants of Chaldea, all their evil that they have done in Zion in your sight, saith the LORD.

25 Behold, I *am* against thee, O destroying mountain,*m* saith the LORD, which destroyest all the earth; and I will stretch out mine hand upon thee, and roll thee down *n* from the rocks,

---

B. C. 595.

a Re. 14. 8.
18. 3, &c.
b ch. 25. 16.
c Da. 5. 24. 31.
d Is. 13. 6, 7.
e ch. 50. 40, 41.
β *everlasting desolations.*
f ch. 8. 20.
Mat. 25. 10..
13.
g Ps. 37. 6.
Mi. 7. 9, 10.
h ver. 14.
i ch. 50. 28.
γ *pure.*
k ch. 46. 4.
l ver. 11.
m ch. 50. 28.
δ *liers in wait.*
n Is. 19. 16.
o ch. 50. 36.
La. 2. 9.
Am. 1. 5.
Na. 3. 13.
p Re.17. 1, 15.
q Hab.2.9,10.
ζ *his soul.*
r Na.3. 15,17.
η *utter.*
s Ge. 1. 1, 6.
t Job 9. 8.
Ps. 104. 2.
Is. 40. 22.
u Pr. 3. 19.
θ *or, in the time that he thresheth her.*
v ch.10.12,&c.
Ps. 107. 25.
w Hab. 3. 12.
κ *or, noise.*
x Is. 17. 5.
Joel 3. 13.
Mat. 13. 39.
Re.14.15,18
y Ps. 135. 7.
z ch. 50. 17.
a La. 1. 15.
λ *or, is more brutish than to know.*
b Ro. 1. 22.
μ *My.*
c Ps. 115. 5, &c.
v *or, remainder.*
d Ps. 137. 8, 9.
ξ *inhabitress*
e Ps. 16. 5.
73. 26.
La. 3. 24.
f De. 32. 9.
Ps. 74. 2.
ρ *or, in,or by.*
g Is.41. 15,16.
Mi. 4. 13.
σ *or, shake themselves.*
h ver. 57.
i Da. 5. 4, &c.
k Is. 8. 7.
l ch.50.15,29.
m Is. 13. 2.
Zec. 4. 7.
n Re. 8. 8.

---

and will make thee a burnt mountain.

26 And they shall not take of thee a stone for a corner, nor a stone for foundations; but *e* thou shalt be β desolate for ever, saith the LORD.

27 Set ye up a standard in the land, blow the trumpet among the nations, prepare the nations against her, call together against her the kingdoms of Ararat, Minni, and Ashchenaz; appoint a captain against her; cause the horses to come up as the rough caterpillars.*h*

28 Prepare against her the nations, with the kings of the Medes,*i* the captains thereof, and all the rulers thereof, and all the land of his dominion.

29 And the land shall tremble and sorrow: for every purpose of the LORD shall be performed against Babylon, to make the land of Babylon a desolation without an inhabitant.

30 The mighty men of Babylon have forborne to fight, they have remained in *their* holds: their might hath failed; they became *n* as women: they have burned her dwelling-places; her bars *o* are broken.

31 One post shall run to meet another, and one messenger to meet another, to shew the king of Babylon that his city is taken at *one* end,

32 And that the passages are stopped, and the reeds they have burned with fire, and the men of war are affrighted.

33 For thus saith the LORD of hosts, the God of Israel, The daughter of Babylon *is* like a threshing-floor, θ *it is* time to thresh *w* her: yet a little while, and the time of her harvest *x* shall come.

34 Nebuchadrezzar the king of Babylon hath devoured me, he hath *z* crushed me, he hath made me an empty *a* vessel, he hath swallowed me up like a dragon, he hath filled his belly with my delicates, he hath cast me out.

35 μ The violence done to me and to my *v* flesh *be* upon Babylon,*d* shall the π inhabitant of Zion say; and, My blood upon the inhabitants of Chaldea, shall Jerusalem say.

36 Therefore thus saith the LORD, Behold, I will plead thy cause, and take vengeance for thee; and I will dry up her sea, and make her springs dry.

37 And Babylon shall become heaps a dwelling-place for dragons, an astonishment and an hissing without an inhabitant.

38 They shall roar together like lions: they shall σ yell as lions' whelps.

39 In their heat I will make their feasts, and I will make them drunken,*h* that they may rejoice, and sleep a perpetual sleep, and not wake, saith the LORD.

40 I will bring them down like lambs to the slaughter, like rams with he-goats.

41 How is Sheshach taken! and how is the praise of the whole earth *i* surprised! how is Babylon become an astonishment among the nations!

42 The sea *k* is come up upon Babylon: she is covered with the multitude of the waves thereof.

43 Her cities are a desolation, a dry land, and a wilderness, a land wherein no man dwelleth, neither doth *any* son of man pass thereby.

44 And I will punish Bel in Babylon, and I will bring forth out of his mouth that which he hath swallowed up: and the nations shall not flow together any more

CAP. LII. יב

47 וְאַחֲרָיו בְּשֵׁנָה הַשְּׁמוּטָה וְהָמַס בָּאָרֶץ מֹשֵׁל עַל־
47 מֹשֵׁל : לָכֵן הִנֵּה יָמִים בָּאִים וּפָקַדְתִּי עַל־פְּסִילֵי
בָבֶל וְכָל־אַרְצָהּ תֵּבוֹשׁ וְכָל־חֲלָלֶיהָ יִפְּלוּ בְתוֹכָהּ :
48 וְרִנְּנוּ עַל־בָּבֶל שָׁמַיִם וָאָרֶץ וְכֹל אֲשֶׁר בָּהֶם כִּי
49 מִצָּפוֹן יָבוֹא־לָהּ הַשּׁוֹדְדִים נְאֻם־יְהוָה : גַּם־בָּבֶל
לִנְפֹּל חַלְלֵי יִשְׂרָאֵל גַּם־לְבָבֶל נָפְלוּ חַלְלֵי כָל־הָאָרֶץ
50 פְּלֵטִים מֵחֶרֶב הִלְכוּ אַל־תַּעֲמֹדוּ זִכְרוּ מֵרָחוֹק אֶת־
51 יְהוָה וִירוּשָׁלַ͏ִם תַּעֲלֶה עַל־לְבַבְכֶם : בֹּשְׁנוּ כִּי־
שָׁמַעְנוּ חֶרְפָּה כִּסְּתָה כְלִמָּה פָּנֵינוּ כִּי בָּאוּ זָרִים
52 עַל־מִקְדְּשֵׁי בֵּית יְהוָה : לָכֵן הִנֵּה־יָמִים
בָּאִים נְאֻם־יְהוָה וּפָקַדְתִּי עַל־פְּסִילֶיהָ וּבְכָל־אַרְצָהּ
53 יֶאֱנֹק חָלָל : כִּי־תַעֲלֶה בָבֶל הַשָּׁמַיִם וְכִי תְבַצֵּר
מְרוֹם עֻזָּהּ מֵאִתִּי יָבֹאוּ שֹׁדְדִים לָהּ נְאֻם־יְהוָה :
54 קוֹל זְעָקָה מִבָּבֶל וְשֶׁבֶר גָּדוֹל מֵאֶרֶץ כַּשְׂדִּים : כִּי־
55 שֹׁדֵד יְהוָה אֶת־בָּבֶל וְאִבַּד מִמֶּנָּה קוֹל גָּדוֹל וְהָמוּ
56 גַלֵּיהֶם כְּמַיִם רַבִּים נִתַּן שְׁאוֹן קוֹלָם : כִּי בָא
עָלֶיהָ עַל־בָּבֶל שׁוֹדֵד וְנִלְכְּדוּ גִּבּוֹרֶיהָ חִתְּתָה
קַשְּׁתוֹתָם כִּי אֵל גְּמֻלוֹת יְהוָה שַׁלֵּם יְשַׁלֵּם :
57 וְהִשְׁכַּרְתִּי שָׂרֶיהָ וַחֲכָמֶיהָ פַּחוֹתֶיהָ וּסְגָנֶיהָ וְגִבּוֹרֶיהָ
וְיָשְׁנוּ שְׁנַת־עוֹלָם וְלֹא יָקִיצוּ נְאֻם־הַמֶּלֶךְ יְהוָה
58 צְבָאוֹת שְׁמוֹ : כֹּה־אָמַר יְהוָה צְבָאוֹת
חֹמוֹת בָּבֶל הָרְחָבָה עַרְעֵר תִּתְעַרְעָר וּשְׁעָרֶיהָ
הַגְּבֹהִים בָּאֵשׁ יִצַּתּוּ וְיִגְעוּ עַמִּים בְּדֵי־רִיק וּלְאֻמִּים
59 בְּדֵי־אֵשׁ וְיָעֵפוּ : הַדָּבָר אֲשֶׁר־צִוָּה
יִרְמְיָהוּ הַנָּבִיא אֶת־שְׂרָיָה בֶן־נֵרִיָּה בֶּן־מַחְסֵיָה
בְּלֶכְתּוֹ אֶת־צִדְקִיָּהוּ מֶלֶךְ־יְהוּדָה בָּבֶל בִּשְׁנַת הָרְבִעִית
60 לְמָלְכוֹ וּשְׂרָיָה שַׂר מְנוּחָה : וַיִּכְתֹּב יִרְמְיָהוּ אֵת
כָּל־הָרָעָה אֲשֶׁר־תָּבוֹא אֶל־בָּבֶל אֶל־סֵפֶר אֶחָד אֵת
61 כָּל־הַדְּבָרִים הָאֵלֶּה הַכְּתֻבִים אֶל־בָּבֶל : וַיֹּאמֶר
יִרְמְיָהוּ אֶל־שְׂרָיָה כְּבֹאֲךָ בָבֶל וְרָאִיתָ וְקָרָאתָ אֵת
62 כָּל־הַדְּבָרִים הָאֵלֶּה : וְאָמַרְתָּ יְהוָה אַתָּה דִבַּרְתָּ
אֶל־הַמָּקוֹם הַזֶּה לְהַכְרִיתוֹ לְבִלְתִּי הֱיוֹת־בּוֹ יוֹשֵׁב
לְמֵאָדָם וְעַד־בְּהֵמָה כִּי־שִׁמְמוֹת עוֹלָם תִּהְיֶה :
63 וְהָיָה כְּכַלֹּתְךָ לִקְרֹא אֶת־הַסֵּפֶר הַזֶּה תִּקְשֹׁר עָלָיו אֶבֶן
64 וְהִשְׁלַכְתּוֹ אֶל־תּוֹךְ פְּרָת : וְאָמַרְתָּ כָּכָה
תִּשְׁקַע בָּבֶל וְלֹא־תָקוּם מִפְּנֵי הָרָעָה אֲשֶׁר אָנֹכִי
מֵבִיא עָלֶיהָ וְיָעֵפוּ עַד־הֵנָּה דִּבְרֵי יִרְמְיָהוּ :

CAP. LII. יב

1 בֶּן־עֶשְׂרִים וְאַחַת שָׁנָה צִדְקִיָּהוּ בְמָלְכוֹ וְאַחַת
עֶשְׂרֵה שָׁנָה מָלַךְ בִּירוּשָׁלָ͏ִם וְשֵׁם אִמּוֹ חֲמִיטַל
2 בַּת־יִרְמְיָהוּ מִלִּבְנָה : וַיַּעַשׂ הָרַע בְּעֵינֵי יְהוָה
3 כְּכֹל אֲשֶׁר־עָשָׂה יְהוֹיָקִים : כִּי עַל־אַף יְהוָה
הָיְתָה בִּירוּשָׁלַ͏ִם וִיהוּדָה עַד־הִשְׁלִיכוֹ אוֹתָם מֵעַל
4 פָּנָיו וַיִּמְרֹד צִדְקִיָּהוּ בְּמֶלֶךְ בָּבֶל : וַיְהִי
בַשָּׁנָה הַתְּשִׁעִית לְמָלְכוֹ בַּחֹדֶשׁ הָעֲשִׂירִי בֶּעָשׂוֹר
לַחֹדֶשׁ בָּא נְבוּכַדְרֶאצַּר מֶלֶךְ־בָּבֶל הוּא וְכָל־חֵילוֹ
5 עַל־יְרוּשָׁלַ͏ִם וַיַּחֲנוּ עָלֶיהָ וַיִּבְנוּ עָלֶיהָ דָּיֵק סָבִיב :
5 וַתָּבֹא הָעִיר בַּמָּצוֹר עַד עַשְׁתֵּי עֶשְׂרֵה שָׁנָה לַמֶּלֶךְ
6 צִדְקִיָּהוּ : בַּחֹדֶשׁ הָרְבִיעִי בְּתִשְׁעָה לַחֹדֶשׁ וַיֶּחֱזַק
הָרָעָב בָּעִיר וְלֹא־הָיָה לֶחֶם לְעַם הָאָרֶץ :
7 וַתִּבָּקַע הָעִיר וְכָל־אַנְשֵׁי הַמִּלְחָמָה יִבְרְחוּ וַיֵּצְאוּ
מֵהָעִיר לַיְלָה דֶּרֶךְ שַׁעַר בֵּין־הַחֹמֹתַיִם אֲשֶׁר עַל־
גַּן הַמֶּלֶךְ וְכַשְׂדִּים עַל־הָעִיר סָבִיב וַיֵּלְכוּ דֶּרֶךְ
8 הָעֲרָבָה : וַיִּרְדְּפוּ חֵיל־כַּשְׂדִּים אַחֲרֵי הַמֶּלֶךְ וַיַּשִּׂיגוּ
אֶת־צִדְקִיָּהוּ בְּעַרְבֹת יְרֵחוֹ וְכָל־חֵילוֹ נָפֹצוּ מֵעָלָיו :
9 וַיִּתְפְּשׂוּ אֶת־הַמֶּלֶךְ וַיַּעֲלוּ אֹתוֹ אֶל־מֶלֶךְ בָּבֶל
רִבְלָתָה בְּאֶרֶץ חֲמָת וַיְדַבֵּר אִתּוֹ מִשְׁפָּטִים :
10 וַיִּשְׁחַט מֶלֶךְ בָּבֶל אֶת־בְּנֵי צִדְקִיָּהוּ לְעֵינָיו וְגַם
11 אֶת־כָּל־שָׂרֵי יְהוּדָה שָׁחַט בְּרִבְלָתָה : וְאֶת־עֵינֵי
צִדְקִיָּהוּ עִוֵּר וַיַּאַסְרֵהוּ בַנְחֻשְׁתַּיִם וַיְבִאֵהוּ מֶלֶךְ־
בָּבֶל בָּבֶלָה וַיִּתְּנֵהוּ בֵית־הַפְּקֻדֹּת עַד־יוֹם מוֹתוֹ :
12 וּבַחֹדֶשׁ הַחֲמִישִׁי בֶּעָשׂוֹר לַחֹדֶשׁ הִיא שְׁנַת
תְּשַׁע־עֶשְׂרֵה שָׁנָה לַמֶּלֶךְ נְבוּכַדְרֶאצַּר מֶלֶךְ־בָּבֶל
בָּא נְבוּזַרְאֲדָן רַב־טַבָּחִים עָמַד לִפְנֵי מֶלֶךְ־בָּבֶל
13 בִּירוּשָׁלָ͏ִם : וַיִּשְׂרֹף אֶת־בֵּית־יְהוָה וְאֶת־בֵּית
הַמֶּלֶךְ וְאֵת כָּל־בָּתֵּי יְרוּשָׁלַ͏ִם וְאֶת־כָּל־בֵּית הַגָּדוֹל
14 שָׂרַף בָּאֵשׁ : וְאֶת־כָּל־חֹמֹת יְרוּשָׁלַ͏ִם סָבִיב
נָתְצוּ כָּל־חֵיל כַּשְׂדִּים אֲשֶׁר אֶת־רַב־טַבָּחִים :
15 וּמִדַּלּוֹת הָעָם וְאֶת־יֶתֶר הָעָם הַנִּשְׁאָרִים
בָּעִיר וְאֶת־הַנֹּפְלִים אֲשֶׁר נָפְלוּ אֶל־מֶלֶךְ
בָּבֶל וְאֵת יֶתֶר הָאָמוֹן הֶגְלָה נְבוּזַרְאֲדָן רַב־
16 טַבָּחִים : וּמִדַּלּוֹת הָאָרֶץ הִשְׁאִיר נְבוּזַרְאֲדָן
17 רַב־טַבָּחִים לְכֹרְמִים וּלְיֹגְבִים : וְאֶת־עַמּוּדֵי
הַנְּחֹשֶׁת אֲשֶׁר לְבֵית־יְהוָה וְאֶת־הַמְּכֹנוֹת

unto him; yea, ᵉwallᵈ of Babylon shall fall.

45 My people, go ye out⁵ of the midst of her, and deliver ye every man his soul :from the fierce anger of the LORD.

46 And β lest your heart faint, and ye fear for the rumourᵈ that shall be heard in the land : a rumour shall both come *one* year, and after that in *another* year *shall come* a rumour, and violence in the land, ruler against ruler.

47 Therefore, behold, the days come, that I will γ do judgment upon the graven images of Babylon: and her whole land shall be confounded, and all her slain shall fall in the midst of her.

48 Then the heaven and the earth, and all that *is* therein, shall singᵍ for Babylon : for the spoilers shall come unto her from the north,ʰ saith the LORD.

49 As ζ Babylon *hath* caused the slain of Israel to fall, so at Babylon shall fall the slain of all the *n* earth.

50 Ye that have escapedⁱ the sword, go away, stand not still : remember the LORD afar off, and let Jerusalem ᵏ come into your mind.

51 We are confounded, because we have heard reproach : shame hath covered our faces ; for strangers ᵐ are come into the sanctuaries of the LORD's house.

52 Wherefore, behold, the days come, saith the LORD, that I will do judgment upon her graven images : ⁿ and through all her land the wounded ᵒ shall groan.

53 Though Babylon should mountᵖ up to heaven, and though she should fortify the height of her strength, *yet* from me shall spoilers come unto her, saith the LORD.

54 A sound�q of a cry *cometh* from Babylon, and great destruction from the land of the Chaldeans :

55 Because the LORD hath spoiled Babylon, and destroyed out of her the great voice ; when her waves do roar like great waters, a noise of their voice is uttered :

56 Because the spoiler is come upon her, *even* upon Babylon, and her mighty men are taken ; every one of their ʳ bows is broken : for the LORD God of recompences shall surely requite.ᵗ

57 And I will make drunk ᵘ her princes, & her wise *men*, her captains, & her rulers, and her mighty men : and they shall sleep a perpetual sleep, and not wake, saith the king ᵛ whose name *is* the LORD of hosts.

58 Thus saith the LORD of hosts, The κ broad walls of Babylon shall be utterly ᵘ broken, and her high gates shall be burned with fire ; and the people shall labour in vain,ˣ and the folk in the fire, and they shall be weary.

59 The word which Jeremiah the prophet commanded Seraiah the son of Neriah, the son of Maaseiah, when he went σ with Zedekiah the king of Judah into Babylon, in the fourth year of his reign. And *this* Seraiah *was* a τ quiet prince.

60 So Jeremiah wrote in a book all the evil that should come upon Babylon, *even* all these words that are written against Babylon.

61 And Jeremiah said to Seraiah, When thou comest to Babylon, and shalt see, and shalt read all these words ;

62 Then shalt thou say, O LORD, thou hast spoken against this place, to cut it off, that none shall remain in it, neither man nor beast, but that it shall be φ desolate for ever.

B. C. 595.

a ver. 58.
b ch. 50. 8.
　Re. 18. 4.
c Re. 18. 21.
β or, *let not,*
　Pr.3. 25,26.
d Mar. 13. 7.
e ver. 58.
　Ps. 76. 12.
γ *visit.*
f 2 Ki. 24. 18.
δ *reigned.*
g Re. 18. 20.
h ch. 50. 3,41.
ζ or, *both Babylon is to fall, O ye slain of Israel, and with Babylon.*
η or, *country.*
i ch. 44. 28.
k Ps. 122. 6.
　137. 5, 6.
l ch.39.1,&c.
　2 Ki. 25. 1,
　&c.
m La. 1. 10.
n ver. 47.
o Is.13.15,16.
　Da.5.30,31
p ch. 49. 16.
　Ps.139.8.10.
　Is. 14. 13.
　Ob. 4.
q ch.50.22,29.
r 1 Sa. 2. 4.
s ch. 32. 4, 5.
t Ps. 94. 1.
　137. 8.
u ch. 25. 27.
　Hab. 2. 16.
v ch. 46. 18.
　48. 15.
w Eze. 12.13.
θ *blinded.*
κ or, *walls of broad Babylon.*
λ or, *fetters.*
μ or, *made naked.*
ν *house of the wards.*
x Hab. 2. 13.
y Zec. 7. 5.
　8. 19.
z ver. 29.
π *chief of the executioners,* or, *slaughtermen ;* or, *chief marshal ;* and so v. 14, &c. and Da.2.14.
ρ *stood before.*
σ or, *on the behalf of.*
τ or, *prince of Menucha,* or, *chief chamberlain.*
φ *desolations.*

---

63 And it shall be, when thou hast made an end of reading this book, *that* thou shalt bind a stoneᶜ to it, and cast it into the midst of Euphrates :

64 And thou shalt say, Thus shall Babylon sink, and shall not rise from the evil that I will bring upon her : and they shall be weary.ᵉ Thus far *are* the words of Jeremiah.

CHAP. LII.

ZEDEKIAHᶠ *was* one and twenty years old when he δ began to reign ; and he reigned eleven years in Jerusalem : and his mother's name *was* Hamutal, the daughter of Jeremiah of Libnah.

2 And he did *that which was* evil in the eyes of the LORD, according to all that Jehoiakim had done.

3 For through the anger of the LORD it came to pass in Jerusalem and Judah, till he had cast them out from his presence, that Zedekiah rebelled against the king of Babylon.

4 And *l* it came to pass, in the ninth year of his reign, in the tenth month, in the tenth *day* of the month, *that* Nebuchadrezzar king of Babylon came, he and all his army, against Jerusalem, and pitched against it, and built forts against it round about.

5 So the city was besieged unto the eleventh year of king Zedekiah.

6 And in the fourth month, in the ninth *day* of the month, the famine was sore in the city, so that there was no bread for the people of the land.

7 Then the city was broken up, and all the men of war fled, and went forth out of the city by night, by the way of the gate between the two walls, which *was* by the king's garden ; (now the Chaldeans *were* by the city round about;) and they went by the way of the plain.

8 But the army of the Chaldeans pursued after the king, and overtook Zedekiah in the plains of Jericho ; and all his army was scattered from him.

9 Thenˢ they took the king, and carried him up unto the king of Babylon to Riblah, in the land of Hamath ; where he gave judgment upon him.

10 And the king of Babylon slew the sons of Zedekiah before his eyes : he slew also all the princes of Judah in Riblah.

11 Then ʷ he θ put out the eyes of Zedekiah ; and the king of Babylon bound him in λ chains, and carried him to Babylon, and put him in ν prison till the day of his death.

12 Now in the fifth ʸ month, in the tenth *day* of the month, which *was* the nineteenth ᶻ year of Nebuchadrezzar king of Babylon, came Nebuzar-adan, π captain of the guard, *which* ρ served the king of Babylon, into Jerusalem,

13 And burned the house of the LORD, and the king's house ; and all the houses of Jerusalem, and all the houses of the great *men*, burned he with fire.

14 And all the army of the Chaldeans, that *were* with the captain of the guard, brake down all the walls of Jerusalem round about.

15 Then Nebuzar-adan the captain of the guard carried away captive *certain* of the poor of the people, and the residue of the people that remained in the city, and those that fell away, that fell to the king

18 וְאֶת־הַסִּרוֹת וְאֶת־הַיָּעִים וְאֶת־הַמְזַמְּרוֹת וְאֶת־הַמִּזְרָקֹת וְאֶת־הַכַּפּוֹת וְאֵת כָּל־כְּלֵי הַנְּחֹשֶׁת אֲשֶׁר־יְשָׁרְתוּ בָהֶם לָקָחוּ׃

19 וְאֶת־הַסִּפִּים וְאֶת־הַמַּחְתּוֹת וְאֶת־הַמִּזְרָקוֹת וְאֶת־הַסִּירוֹת וְאֶת־הַמְּנֹרוֹת וְאֶת־הַכַּפּוֹת וְאֶת־הַמְּנַקִיֹּת אֲשֶׁר זָהָב זָהָב וַאֲשֶׁר־כֶּסֶף כָּסֶף לָקַח רַב־טַבָּחִים׃

20 הָעַמּוּדִים שְׁנַיִם הַיָּם אֶחָד וְהַבָּקָר שְׁנֵים־עָשָׂר נְחֹשֶׁת אֲשֶׁר־תַּחַת הַמְּכֹנוֹת אֲשֶׁר עָשָׂה הַמֶּלֶךְ שְׁלֹמֹה לְבֵית יְהוָה לֹא־הָיָה מִשְׁקָל לִנְחֻשְׁתָּם כָּל־הַכֵּלִים הָאֵלֶּה׃

21 וְהָעַמּוּדִים שְׁמֹנֶה עֶשְׂרֵה אַמָּה קוֹמָה הָעַמֻּד הָאֶחָד וְחוּט שְׁתֵּים־עֶשְׂרֵה אַמָּה יְסֻבֶּנּוּ וְעָבְיוֹ אַרְבַּע אַצְבָּעוֹת נָבוּב׃

22 וְכֹתֶרֶת עָלָיו נְחֹשֶׁת וְקוֹמַת הַכֹּתֶרֶת הָאַחַת חָמֵשׁ אַמּוֹת וּשְׂבָכָה וְרִמּוֹנִים עַל־הַכּוֹתֶרֶת סָבִיב הַכֹּל נְחֹשֶׁת וְכָאֵלֶּה לַעַמּוּד הַשֵּׁנִי וְרִמּוֹנִים׃

23 וַיִּהְיוּ הָרִמֹּנִים תִּשְׁעִים וְשִׁשָּׁה רוּחָה כָּל־הָרִמּוֹנִים מֵאָה עַל־הַשְּׂבָכָה סָבִיב׃

24 וַיִּקַּח רַב־טַבָּחִים אֶת־שְׂרָיָה כֹּהֵן הָרֹאשׁ וְאֶת־צְפַנְיָה כֹּהֵן הַמִּשְׁנֶה וְאֶת־שְׁלֹשֶׁת שֹׁמְרֵי הַסַּף׃

25 וּמִן־הָעִיר לָקַח סָרִיס אֶחָד אֲשֶׁר־הָיָה פָקִיד עַל־אַנְשֵׁי הַמִּלְחָמָה וְשִׁבְעָה אֲנָשִׁים מֵרֹאֵי פְנֵי־הַמֶּלֶךְ אֲשֶׁר נִמְצְאוּ בָעִיר וְאֵת סֹפֵר שַׂר הַצָּבָא הַמַּצְבִּא אֶת־עַם הָאָרֶץ וְשִׁשִּׁים אִישׁ מֵעַם הָאָרֶץ הַנִּמְצְאִים בְּתוֹךְ הָעִיר׃

26 וַיִּקַּח אוֹתָם נְבוּזַרְאֲדָן רַב־טַבָּחִים וַיֹּלֶךְ אוֹתָם אֶל־מֶלֶךְ בָּבֶל רִבְלָתָה׃

27 וַיַּכֶּה אוֹתָם מֶלֶךְ בָּבֶל וַיְמִיתֵם בְּרִבְלָה בְּאֶרֶץ חֲמָת וַיִּגֶל יְהוּדָה מֵעַל אַדְמָתוֹ׃

28 זֶה הָעָם אֲשֶׁר הֶגְלָה נְבוּכַדְרֶאצַּר בִּשְׁנַת־שֶׁבַע יְהוּדִים שְׁלֹשֶׁת אֲלָפִים

29 בִּשְׁנַת שְׁמוֹנֶה עֶשְׂרֵה לִנְבוּכַדְרֶאצַּר מִירוּשָׁלִַם נֶפֶשׁ שְׁמֹנֶה מֵאוֹת שְׁלֹשִׁים וּשְׁנָיִם׃

30 בִּשְׁנַת שָׁלֹשׁ וְעֶשְׂרִים לִנְבוּכַדְרֶאצַּר הֶגְלָה נְבוּזַרְאֲדָן רַב־טַבָּחִים יְהוּדִים נֶפֶשׁ שְׁבַע מֵאוֹת אַרְבָּעִים וַחֲמִשָּׁה כָּל־נֶפֶשׁ

31 וַיְהִי בִשְׁלֹשִׁים וָשֶׁבַע שָׁנָה לְגָלוּת יְהוֹיָכִן מֶלֶךְ־יְהוּדָה בִּשְׁנֵים עָשָׂר חֹדֶשׁ בְּעֶשְׂרִים וַחֲמִשָּׁה לַחֹדֶשׁ נָשָׂא אֱוִיל מְרֹדַךְ מֶלֶךְ בָּבֶל בִּשְׁנַת מַלְכֻתוֹ אֶת־רֹאשׁ יְהוֹיָכִין מֶלֶךְ־יְהוּדָה וַיֹּצֵא אוֹתוֹ מִבֵּית הַכְּלִיא׃

32 וַיְדַבֵּר אִתּוֹ טֹבוֹת וַיִּתֵּן אֶת־כִּסְאוֹ מִמַּעַל לְכִסֵּא מְלָכִים אֲשֶׁר אִתּוֹ בְּבָבֶל׃

33 וְשִׁנָּה אֵת בִּגְדֵי כִלְאוֹ וְאָכַל לֶחֶם לְפָנָיו תָּמִיד כָּל־יְמֵי חַיָּו׃

34 וַאֲרֻחָתוֹ אֲרֻחַת תָּמִיד נִתְּנָה־לּוֹ מֵאֵת מֶלֶךְ־בָּבֶל דְּבַר־יוֹם בְּיוֹמוֹ עַד־יוֹם מוֹתוֹ כֹּל יְמֵי חַיָּיו׃

חזק ונתחזק

א י כ ה

LIBER THRENORUM.

CAP. I. א

1 אֵיכָה יָשְׁבָה בָדָד הָעִיר רַבָּתִי עָם הָיְתָה כְּאַלְמָנָה רַבָּתִי בַגּוֹיִם שָׂרָתִי בַּמְּדִינוֹת הָיְתָה לָמַס׃

2 בָּכוֹ תִבְכֶּה בַּלַּיְלָה וְדִמְעָתָהּ עַל לֶחֱיָהּ אֵין־לָהּ מְנַחֵם מִכָּל־אֹהֲבֶיהָ כָּל־רֵעֶיהָ בָּגְדוּ בָהּ הָיוּ לָהּ לְאֹיְבִים׃

3 גָּלְתָה יְהוּדָה מֵעֹנִי וּמֵרֹב עֲבֹדָה הִיא יָשְׁבָה בַגּוֹיִם לֹא מָצְאָה מָנוֹחַ כָּל־רֹדְפֶיהָ הִשִּׂיגוּהָ בֵּין הַמְּצָרִים׃

4 דַּרְכֵי צִיּוֹן אֲבֵלוֹת מִבְּלִי בָּאֵי מוֹעֵד כָּל־שְׁעָרֶיהָ שׁוֹמֵמִין כֹּהֲנֶיהָ נֶאֱנָחִים בְּתוּלֹתֶיהָ נּוּגוֹת וְהִיא מַר־לָהּ׃

5 הָיוּ צָרֶיהָ לְרֹאשׁ אֹיְבֶיהָ שָׁלוּ כִּי־יְהוָה הוֹגָהּ עַל רֹב־פְּשָׁעֶיהָ עוֹלָלֶיהָ הָלְכוּ שְׁבִי לִפְנֵי־צָר׃

of Babylon, and the rest of the multitude.

16 But Nebuzar-adan the captain of the guard left *certain* of the poor [a] of the land, for vine-dressers and for husbandmen.

17 Also [b] the pillars of brass that *were* in the house of the LORD, and the bases, and the brazen sea that *was* in the house of the LORD, the Chaldeans brake, and carried all the brass of them to Babylon.

18 The [c] caldrons also, and the [d] shovels, and the snuffers, and the [ζ] bowls, and the spoons, and all the vessels of brass, wherewith they ministered, took they away.

19 And the basons, and the [η] fire-pans, and the bowls, and the caldrons, and the candlesticks, and the spoons, and the cups ; *that* which *was* of gold *in* gold, and *that* which *was* of silver *in* silver, took the captain of the guard away.

20 The two pillars, one sea, and twelve brazen bulls that *were* under the bases, which king Solomon had made in the house of the LORD : [κ] the brass of all these vessels was without weight.

21 And *concerning* the pillars, the height of one pillar *was* eighteen cubits, and a [λ] fillet of twelve cubits did compass it ; and the thickness thereof *was* four fingers : *it was* hollow.

22 And a chapiter [g] of brass *was* upon it ; and the height of one chapiter *was* five cubits, with net-work and pomegranates upon the chapiters round about, all *of* brass : the second pillar also and the pomegranates *were* like unto these.

23 And there were ninety and six pomegranates on a side ; *and* all the pomegranates upon the net-work *were* an hundred round about.

24 And the captain of the guard took Seraiah [l] the chief priest, and [m] Zephaniah the second priest, and the three keepers of the [ν] door :

25 He took also out of the city an eunuch, which had the charge of the men of

war ; and seven men of them that [β] were near the king's person, which were found in the city ; and the [γ] principal scribe of the host, who mustered the people of the land ; and threescore men of the people of the land, that were found in the midst of the city.

26 So Nebuzar-adan the captain of the guard took them, and brought them to the king of Babylon to Riblah.

27 And the king of Babylon smote them, and put them to death in Riblah, in the land of Hamath. Thus Judah was carried away captive out [d] of his own land.

28 This [c] *is* the people whom Nebuchadrezzar carried away captive : in the seventh year, three thousand Jews and three and twenty :

29 In the eighteenth year of Nebuchadrezzar he carried away captive from Jerusalem eight hundred thirty and two [θ] persons :

30 In the three and twentieth year of Nebuchadrezzar, Nebuzar-adan the captain of the guard carried away captive of the Jews seven hundred forty and five persons : all the persons *were* four thousand and six hundred.

31 And [f] it came to pass, in the seven and thirtieth year of the captivity of Jehoiachin king of Judah, in the twelfth month, in the five and twentieth *day* of the month, *that* Evil-merodach king of Babylon, in the *first* year of his reign, lifted up the head [h] of Jehoiachin king of Judah, and brought him forth out of prison,

32 And spake [μ] kindly unto him, and set his throne above the throne of the kings that *were* with him in Babylon,

33 And changed [i] his prison-garments ; and he did continually eat bread [k] before him all the days of his life.

34 And *for* his diet, there was a continual diet given him of the king of Babylon, [π] every day [h] a portion, until the day of his death, all the days of his life.

Center column notes

B. C. 588.

[β] *saw the face of the king.*
a ch. 39. 10.
[γ] *or, scribe of the captain of the host.*
b ch. 27. 19. 22.
1 Ki. 7. 15, &c.
c Ex. 27. 3.
[δ] *or, instruments to remove the ashes.*
[ζ] *or, basons.*
d La. 1. 1, 3.
[η] *or, censers.*
e 2 Ki. 24. 1, &c.
[θ] *souls.*
[κ] *their.*
[λ] *thread.*
f 2 Ki. 25. 27, &c.
g 2 Ch. 3. 15.
h Ge. 40. 13, 20.
[μ] *good things with him.*
i Zec. 3. 3..5.
h 2 Sa. 9. 13.
1 Ki. 2. 7.
l 2 Ki. 25. 18.
m ch. 21. 1.
29. 25.
[ν] *threshold.*
[π] *the matter of the day in his day.*
n Lu. 11. 3.

The LAMENTATIONS of JEREMIAH.

CHAP. I.

How doth the city sit solitary, [a] *that was* full of people ! *how* is she become as a widow ! [c] she *that was* great among the nations, *and* princess [d] among the provinces, *how* is she become tributary !

2 She weepeth sore in the night, and her tears *are* on her cheeks ; among all her lovers [f] she hath none to comfort *her :* all her friends have dealt treacherously with her, they are become her enemies.

3 Judah is gone into captivity, because of affliction, and [γ] because of great servitude ; she dwelleth [g] among the heathen, she findeth no rest : all her persecutors overtook her between the straits.

4 The ways of Zion do mourn, because none come to the solemn feasts : all her gates are desolate ; her priests sigh, her virgins are afflicted, and she *is* in bitterness.

5 Her adversaries are the chief, [i] her enemies prosper ; for the LORD hath af-

flicted her for the multitude of her transgressions : [b] her children are gone into captivity before the enemy.

6 And from the daughter of Zion all her beauty is departed : her princes [e] are become like harts *that* find no pasture ; and they are gone without strength before the pursuer.

7 Jerusalem remembered in the days of her affliction, and of her miseries, all her [β] pleasant things that she had in the days of old, when her people fell into the hand of the enemy, and none did help her : the adversaries saw her, *and* did mock [h] at her sabbaths.

8 Jerusalem hath grievously sinned ; therefore [i] she is [δ] removed : all that honoured her, despise her, because they have seen [j] her nakedness ; yea, she sigheth, and turneth backward.

9 Her filthiness *is* in her skirts ; she remembereth not her last end ; [k] therefore she came down wonderfully : she had no comforter. O LORD, behold my affliction :

Center column notes (Lamentations)

B. C. 588.

a Je. 52. 27
b Da. 9. 7, 16.
c Is. 47. 8.
d 2 Ch. 9. 26.
Ezr. 4. 20.
e Je. 52. 8, 11.
f Je. 4. 30.
30. 14, 15.
[β] *or, desirable,* ver. 10.
[γ] *for the greatness of.*
g De. 28. 64.
h Ps. 137. 3.
i 1 Ki. 8. 46.
abcdeeareae-moving, or, *wandering.*
j Eze. 16. 37.
Ho. 2. 9, 10.
k De. 32. 29.
Ro. 6. 21.
l De. 28. 43, 44.

9 טֻמְאָתָהּ בְּשׁוּלֶיהָ לֹא זָכְרָה אַחֲרִיתָהּ וַתֵּרֶד פְּלָאִים אֵין מְנַחֵם לָהּ רְאֵה יְהוָה אֶת־עָנְיִי כִּי הִגְדִּיל אוֹיֵב׃

10 יָדוֹ פָּרַשׂ צָר עַל כָּל־מַחֲמַדֶּיהָ כִּי־רָאֲתָה גוֹיִם בָּאוּ מִקְדָּשָׁהּ אֲשֶׁר צִוִּיתָה לֹא־יָבֹאוּ בַקָּהָל לָךְ׃

11 כָּל־עַמָּהּ נֶאֱנָחִים מְבַקְּשִׁים לֶחֶם נָתְנוּ מַחֲמַדֵּיהֶם בְּאֹכֶל לְהָשִׁיב נָפֶשׁ רְאֵה יְהוָה וְהַבִּיטָה כִּי הָיִיתִי זוֹלֵלָה׃

12 לוֹא אֲלֵיכֶם כָּל־עֹבְרֵי דֶרֶךְ הַבִּיטוּ וּרְאוּ אִם־יֵשׁ מַכְאוֹב כְּמַכְאֹבִי אֲשֶׁר עוֹלַל לִי אֲשֶׁר הוֹגָה יְהוָה בְּיוֹם חֲרוֹן אַפּוֹ׃

13 מִמָּרוֹם שָׁלַח־אֵשׁ בְּעַצְמֹתַי וַיִּרְדֶּנָּה פָּרַשׂ רֶשֶׁת לְרַגְלַי הֱשִׁיבַנִי אָחוֹר נְתָנַנִי שֹׁמֵמָה כָּל־הַיּוֹם דָּוָה׃

14 נִשְׂקַד עֹל פְּשָׁעַי בְּיָדוֹ יִשְׂתָּרְגוּ עָלוּ עַל־צַוָּארִי הִכְשִׁיל כֹּחִי נְתָנַנִי אֲדֹנָי בִּידֵי לֹא־אוּכַל קוּם׃

15 סִלָּה כָל־אַבִּירַי אֲדֹנָי בְּקִרְבִּי קָרָא עָלַי מוֹעֵד לִשְׁבֹּר בַּחוּרָי גַּת דָּרַךְ אֲדֹנָי לִבְתוּלַת בַּת־יְהוּדָה׃

16 עַל־אֵלֶּה אֲנִי בוֹכִיָּה עֵינִי עֵינִי יֹרְדָה מַּיִם כִּי־רָחַק מִמֶּנִּי מְנַחֵם מֵשִׁיב נַפְשִׁי הָיוּ בָנַי שׁוֹמֵמִים כִּי גָבַר אוֹיֵב׃

17 פֵּרְשָׂה צִיּוֹן בְּיָדֶיהָ אֵין מְנַחֵם לָהּ צִוָּה יְהוָה לְיַעֲקֹב סְבִיבָיו צָרָיו הָיְתָה יְרוּשָׁלִַם לְנִדָּה בֵּינֵיהֶם׃

18 צַדִּיק הוּא יְהוָה כִּי פִיהוּ מָרִיתִי שִׁמְעוּ־נָא כָל־עַמִּים וּרְאוּ מַכְאֹבִי בְּתוּלֹתַי וּבַחוּרַי הָלְכוּ בַשֶּׁבִי׃

19 קָרָאתִי לַמְאַהֲבַי הֵמָּה רִמּוּנִי כֹּהֲנַי וּזְקֵנַי בָּעִיר גָּוָעוּ כִּי־בִקְשׁוּ אֹכֶל לָמוֹ וְיָשִׁיבוּ אֶת־נַפְשָׁם׃

20 רְאֵה יְהוָה כִּי־צַר־לִי מֵעַי חֳמַרְמָרוּ נֶהְפַּךְ לִבִּי בְּקִרְבִּי כִּי מָרוֹ מָרִיתִי מִחוּץ שִׁכְּלָה־חֶרֶב בַּבַּיִת כַּמָּוֶת׃

21 שָׁמְעוּ כִּי נֶאֱנָחָה אָנִי אֵין מְנַחֵם לִי כָּל־אֹיְבַי שָׁמְעוּ רָעָתִי שָׂשׂוּ כִּי אַתָּה עָשִׂיתָ הֵבֵאתָ יוֹם־קָרָאתָ וְיִהְיוּ כָמוֹנִי׃

22 תָּבֹא כָל־רָעָתָם לְפָנֶיךָ וְעוֹלֵל לָמוֹ כַּאֲשֶׁר עוֹלַלְתָּ לִי עַל כָּל־פְּשָׁעָי כִּי־רַבּוֹת אַנְחֹתַי וְלִבִּי דַוָּי׃

CAP. II. ב

1 אֵיכָה יָעִיב בְּאַפּוֹ אֲדֹנָי אֶת־בַּת־צִיּוֹן הִשְׁלִיךְ מִשָּׁמַיִם אֶרֶץ תִּפְאֶרֶת יִשְׂרָאֵל וְלֹא־זָכַר הֲדֹם־רַגְלָיו בְּיוֹם אַפּוֹ׃

2 בִּלַּע אֲדֹנָי לֹא חָמַל אֵת כָּל־נְאוֹת יַעֲקֹב הָרַס בְּעֶבְרָתוֹ מִבְצְרֵי בַת־יְהוּדָה

3 גָּדַע בָּחֳרִי־אַף כֹּל קֶרֶן יִשְׂרָאֵל הֵשִׁיב אָחוֹר יְמִינוֹ מִפְּנֵי אוֹיֵב וַיִּבְעַר בְּיַעֲקֹב כְּאֵשׁ לֶהָבָה אָכְלָה סָבִיב׃

4 דָּרַךְ קַשְׁתּוֹ כְּאוֹיֵב נִצָּב יְמִינוֹ כְּצָר וַיַּהֲרֹג כֹּל מַחֲמַדֵּי־עָיִן בְּאֹהֶל בַּת־צִיּוֹן שָׁפַךְ כָּאֵשׁ חֲמָתוֹ׃

5 הָיָה אֲדֹנָי כְּאוֹיֵב בִּלַּע יִשְׂרָאֵל בִּלַּע כָּל־אַרְמְנוֹתֶיהָ שִׁחֵת מִבְצָרָיו וַיֶּרֶב בְּבַת־יְהוּדָה תַּאֲנִיָּה וַאֲנִיָּה׃

6 וַיַּחְמֹס כַּגַּן שֻׂכּוֹ שִׁחֵת מוֹעֲדוֹ שִׁכַּח יְהוָה בְּצִיּוֹן מוֹעֵד וְשַׁבָּת וַיִּנְאַץ בְּזַעַם־אַפּוֹ מֶלֶךְ וְכֹהֵן׃

7 זָנַח אֲדֹנָי מִזְבְּחוֹ נִאֵר מִקְדָּשׁוֹ הִסְגִּיר בְּיַד־אוֹיֵב חוֹמֹת אַרְמְנוֹתֶיהָ קוֹל נָתְנוּ בְּבֵית־יְהוָה כְּיוֹם מוֹעֵד׃

8 חָשַׁב יְהוָה לְהַשְׁחִית חוֹמַת בַּת־צִיּוֹן נָטָה קָו לֹא־הֵשִׁיב יָדוֹ מִבַּלֵּעַ וַיַּאֲבֶל־חֵל וְחוֹמָה יַחְדָּו אֻמְלָלוּ׃

9 טָבְעוּ בָאָרֶץ שְׁעָרֶיהָ אִבַּד וְשִׁבַּר בְּרִיחֶיהָ מַלְכָּהּ וְשָׂרֶיהָ בַגּוֹיִם אֵין תּוֹרָה גַּם־נְבִיאֶיהָ לֹא־מָצְאוּ חָזוֹן מֵיְהוָה׃

10 יֵשְׁבוּ לָאָרֶץ יִדְּמוּ זִקְנֵי בַת־צִיּוֹן הֶעֱלוּ עָפָר עַל־רֹאשָׁם חָגְרוּ שַׂקִּים הוֹרִידוּ לָאָרֶץ רֹאשָׁן בְּתוּלֹת יְרוּשָׁלִָם׃

11 כָּלוּ בַדְּמָעוֹת עֵינַי חֳמַרְמְרוּ מֵעַי נִשְׁפַּךְ לָאָרֶץ כְּבֵדִי עַל־שֶׁבֶר בַּת־עַמִּי בֵּעָטֵף עוֹלֵל וְיוֹנֵק בִּרְחֹבוֹת קִרְיָה׃

12 לְאִמֹּתָם יֹאמְרוּ אַיֵּה דָּגָן וָיָיִן בְּהִתְעַטְּפָם כֶּחָלָל בִּרְחֹבוֹת עִיר בְּהִשְׁתַּפֵּךְ נַפְשָׁם אֶל־חֵיק אִמֹּתָם׃

13 מָה־אֲעִידֵךְ מָה אֲדַמֶּה־לָּךְ הַבַּת יְרוּשָׁלִַם מָה אַשְׁוֶה־לָּךְ וַאֲנַחֲמֵךְ בְּתוּלַת בַּת־צִיּוֹן כִּי־גָדוֹל כַּיָּם שִׁבְרֵךְ מִי יִרְפָּא־לָךְ׃

14 נְבִיאַיִךְ חָזוּ לָךְ שָׁוְא וְתָפֵל וְלֹא־גִלּוּ עַל־עֲוֺנֵךְ לְהָשִׁיב שְׁבִיתֵךְ וַיֶּחֱזוּ לָךְ מַשְׂאוֹת שָׁוְא וּמַדּוּחִים׃

15 סָפְקוּ עָלַיִךְ כַּפַּיִם כָּל־עֹבְרֵי דֶרֶךְ שָׁרְקוּ וַיָּנִעוּ רֹאשָׁם עַל־בַּת יְרוּשָׁלִָם הֲזֹאת הָעִיר שֶׁיֹּאמְרוּ כְּלִילַת יֹפִי מָשׂוֹשׂ לְכָל־הָאָרֶץ׃

16 פָּצוּ עָלַיִךְ פִּיהֶם כָּל־אֹיְבַיִךְ שָׁרְקוּ וַיַּחַרְקוּ־שֵׁן אָמְרוּ בִּלָּעְנוּ אַךְ זֶה הַיּוֹם שֶׁקִּוִּינֻהוּ מָצָאנוּ רָאִינוּ׃

17 עָשָׂה יְהוָה אֲשֶׁר זָמָם בִּצַּע אֶמְרָתוֹ אֲשֶׁר צִוָּה מִימֵי־קֶדֶם הָרַס וְלֹא חָמָל וַיְשַׂמַּח עָלַיִךְ אוֹיֵב הֵרִים קֶרֶן צָרָיִךְ׃

18 צָעַק לִבָּם אֶל־אֲדֹנָי חוֹמַת בַּת־צִיּוֹן הוֹרִידִי כַנַּחַל דִּמְעָה יוֹמָם וָלַיְלָה אַל־תִּתְּנִי פוּגַת לָךְ אַל־תִּדֹּם בַּת־עֵינֵךְ׃

19 קוּמִי רֹנִּי בַלַּיְלָה לְרֹאשׁ אַשְׁמֻרוֹת

for the enemy hath magnified *himself.*

10 The adversary hath spread out his hand upon all her β pleasant things: for she hath seen *that* the heathen[a] entered into her sanctuary, whom thou didst command[c] *that* they should not enter into thy congregation.

11 All her people sigh, they seek bread; they have given their pleasant things for meat to δ relieve the soul: see, O LORD, and consider; for I am become[f] vile.

12 ζ *Is it* nothing to you, all ye that pass η by? behold, and see if there be any λ sorrow like unto my sorrow, which is done unto me, wherewith the LORD hath afflicted *me* in the day of his fierce anger.

13 From above hath he sent fire into my bones, and it prevaileth against them : he hath spread a net[i] for my feet ; he nath turned me back ; he hath made me desolate *and* faint all the day.

14 The yoke[j] of my transgressions is bound by his hand ; they are wreathed, *and* come up upon my neck ; he hath made my strength to fall ; the LORD hath delivered me into *their* hands, *from whom*[m] I am not able to rise up.

15 The LORD hath trodden under foot all my mighty *men* in the midst of me ; he hath called an assembly against me to crush my young men : the LORD[o] hath trodden μ the virgin, the daughter of Judah, *as* in a wine-press.

16 For[q] these *things* I weep : mine eye, mine eye runneth down with water, because the comforter that should ν relieve my soul is far[r] from me ; my children are desolate, because the enemy prevailed.

17 Zion spreadeth forth[t] her hands, *and there is* none to comfort her : the LORD hath commanded concerning Jacob, *that* his adversaries *should be* round about[w] him : Jerusalem is as a menstruous woman among them.

18 The LORD is righteous ;[x] for I have rebelled against his ρ commandment : hear, I pray you, all people, and behold my sorrow : my virgins and my young men are gone into captivity.

19 I called for my lovers, *but*[z] they deceived me ; my priests and mine elders gave up the ghost in the city, while they sought their meat to relieve their souls.

20 Behold, O LORD, for I *am* in distress ; my bowels are troubled : mine heart is turned within me : for[a] I have grievously rebelled : abroad the sword bereaveth,[b] at home *there is* as death.

21 They have heard that I sigh ; *there is* none to comfort me : all mine enemies have heard of my trouble ; they are glad that thou hast done *it :* thou wilt bring the day[c] *that* thou hast τ called, and they shall be like unto me.

22 Let[d] all their wickedness come before thee ; and do unto them as[e] thou hast done unto me for all my transgressions : for my sighs *are* many, and my heart *is*[g] faint.

CHAP. II.

HOW hath the LORD covered the daughter of Zion with a cloud[i] in his anger, *and* cast down from heaven unto the earth the beauty[k] of Israel, and remembered not his footstool[l] in the day of his anger !

2 The Lord hath swallowed up all the habitations of Jacob, and hath not[m] pitied : he hath thrown down in his wrath the

B. C. 588.

β or, *desirable.*
γ *made to touch.*
a Je. 51. 51. 52. 13.
b Ps. 89. 39.
c De. 23. 3.
d Ps. 74. 11.
δ or, *make the soul to come again.*
e Ps. 89. 46.
f Job 40. 4.
g Is. 63. 10. Je. 30. 14.
ζ or, It is.
η *by the way.*
θ *the desirable of.*
h Da. 9. 12.
i Eze. 17.20. Ho. 7. 12.
j Pe. 28. 48.
k Is. 5. 5.
κ or, *hedge,* Job 1. 10.
l ch. 1. 4.
m Ho. 5. 14.
n Le. 26. 31.. 44.
o Is. 63. 3.
λ *shut up.*
μ or, *the wine-press of the virgin.*
p Ps.74.4,&c.
q Je. 13. 17. 14. 17.
ν *bring back.*
r Ho. 9. 12.
s 2Ki. 21. 13, 14.
π *swallowing up.*
t ver. 2, 9.
u Je. 51. 30.
v De. 28. 36. 2Ki. 24.15. 25. 7.
w Ho. 8. 8.
x Ne. 9. 33. Da.9. 7,14
ρ *mouth.*
y Is. 3. 26.
z Je. 2. 28. 30. 14.
σ or, *faint.*
a Ps. 51. 3,4.
b De. 32. 25. Eze. 7. 15. Je. 46. 10. 50.15,31.
c Is.13.6,&c.
τ or, *proclaimed.*
d Ps.137.7..9.
e Je. 51. 35. Lu. 23. 31.
f Je.27.14,15.
g ch. 5. 17.
h Is. 58. 1. Je. 23. 22.
i Joel 2. 2.
φ *by the way.*
k 2 Sa. 1. 19.
l 1Ch. 28. 2. Ps. 132. 7.
m Je. 13. 14.

strong holds of the daughters of Judah : he hath γ brought *them* down to the ground :[b] he hath polluted the kingdom and the princes thereof.

3 He hath cut off in *his* fierce anger all the horn of Israel : he hath drawn back his[d] right hand from before the enemy, and he burned against Jacob like a flaming[e] fire, *which* devoureth round about.

4 He hath bent his bow like an[g] enemy : he stood with his right hand as an adversary, and slew all θ *that were* pleasant to the eye in the tabernacle of the daughter of Zion : he poured out his fury like fire.

5 The Lord was as an enemy, he hath swallowed up Israel, he hath swallowed up all her palaces ; he hath destroyed his strong holds, and hath increased in the daughter of Judah mourning and lamentation.

6 And he hath violently taken away[k] his κ tabernacle, as *if it were of* a garden ; he hath destroyed his places of the assembly : the LORD hath caused the solemn[i] feasts and sabbaths to be forgotten in Zion, and hath despised, in the indignation of his anger, the king and the priest.

7 The Lord hath cast off his altar, he hath abhorred[n] his sanctuary, he hath λ given up into the hand of the enemy the walls of her palaces ; they have made a noise[p] in the house of the LORD, as in the day of a solemn feast.

8 The LORD hath purposed to destroy the wall of the daughter of Zion ; he hath stretched out a line,[s] he hath not withdrawn his hand from π destroying : therefore he made the rampart and the wall to lament ; they languished together.

9 Her gates are sunk into the ground ; he hath destroyed and broken her[u] bars : her king[v] and her princes *are* among the Gentiles : the law *is* no *more ;* her prophets also find no vision from the LORD.

10 The elders of the daughter of Zion sit[y] upon the ground, *and* keep silence : they have cast up dust upon their heads ; they have girded themselves with sackcloth : the virgins of Jerusalem hang down their heads to the ground.

11 Mine eyes do fail with tears, my bowels are troubled, my liver is poured upon the earth, for the destruction of the daughter of my people ; because the children and the sucklings σ swoon in the streets of the city.

12 They say to their mothers, Where *is* corn and wine ? when they swooned as the wounded in the streets of the city, when their soul was poured out into their mothers' bosom.

13 What thing shall I take to witness for thee ? what thing shall I liken to thee, O daughter of Jerusalem ? what shall I equal to thee, that I may comfort thee, O virgin daughter of Zion ? for thy breach *is* great like the sea ; who can heal thee ?

14 Thy prophets[f] have seen vain and foolish things for thee ; and they have not discovered[h] thine iniquity, to turn away thy captivity ; but have seen for thee false burdens, and causes of banishment.

15 All that pass φ by clap *their* hands at thee ; they hiss and wag their head at the daughter of Jerusalem, *saying, Is* this the city that *men* call The perfection of beauty, The joy of the whole earth ?

16 All thine enemies have opened their

20 כָּל־חוּצוֹת׃ רְאֵה יְהוָה וְהַבִּיטָה לְמִי עוֹלַלְתָּ
כֹּה אִם־תֹּאכַלְנָה נָשִׁים פִּרְיָם עֹלְלֵי טִפֻּחִים אִם־
21 יֵהָרֵג בְּמִקְדַּשׁ אֲדֹנָי כֹּהֵן וְנָבִיא׃ שָׁכְבוּ לָאָרֶץ
חוּצוֹת נַעַר וְזָקֵן בְּתוּלֹתַי וּבַחוּרַי נָפְלוּ בֶחָרֶב
22 הָרַגְתָּ בְּיוֹם אַפֶּךָ טָבַחְתָּ לֹא חָמָלְתָּ׃ תִּקְרָא
כְיוֹם מוֹעֵד מְגוּרַי מִסָּבִיב וְלֹא הָיָה בְּיוֹם
אַף־יְהוָה פָּלִיט וְשָׂרִיד אֲשֶׁר־טִפַּחְתִּי וְרִבִּיתִי
אֹיְבִי כִלָּם׃

CAP. III. ג

1 אֲנִי הַגֶּבֶר רָאָה עֳנִי בְּשֵׁבֶט עֶבְרָתוֹ׃ אוֹתִי
2 נָהַג וַיֹּלַךְ חֹשֶׁךְ וְלֹא־אוֹר׃ אַךְ בִּי יָשֻׁב
3 יַהֲפֹךְ יָדוֹ כָּל־הַיּוֹם׃ בִּלָּה בְשָׂרִי וְעוֹרִי שִׁבַּר
4 עַצְמוֹתָי׃ בָּנָה עָלַי וַיַּקַּף רֹאשׁ וּתְלָאָה׃
5,6 בְּמַחֲשַׁכִּים הוֹשִׁיבַנִי כְּמֵתֵי עוֹלָם׃
7 גָּדַר בַּעֲדִי וְלֹא אֵצֵא הִכְבִּיד נְחָשְׁתִּי׃
8 גַּם כִּי אֶזְעַק וַאֲשַׁוֵּעַ שָׂתַם תְּפִלָּתִי׃
9 גָּדַר דְּרָכַי בְּגָזִית נְתִיבֹתַי עִוָּה׃
10,11 דֹּב אֹרֵב הוּא לִי אֲרִי בְּמִסְתָּרִים׃ דְּרָכַי סוֹרֵר
12 וַיְפַשְּׁחֵנִי שָׂמַנִי שֹׁמֵם׃ דָּרַךְ קַשְׁתּוֹ
13 וַיַּצִּיבֵנִי כַּמַּטָּרָא לַחֵץ׃ הֵבִיא בְּכִלְיוֹתָי בְּנֵי
14 אַשְׁפָּתוֹ׃ הָיִיתִי שְּׂחֹק לְכָל־עַמִּי נְגִינָתָם כָּל־
15 הַיּוֹם׃ הִשְׂבִּיעַנִי בַמְּרוֹרִים הִרְוַנִי לַעֲנָה׃
16,17 וַיַּגְרֵס בֶּחָצָץ שִׁנָּי הִכְפִּישַׁנִי בָּאֵפֶר׃
18 וַתִּזְנַח מִשָּׁלוֹם נַפְשִׁי נָשִׁיתִי טוֹבָה׃
19 וָאֹמַר אָבַד נִצְחִי וְתוֹחַלְתִּי מֵיְהוָה׃
20,21 זְכָר־עָנְיִי וּמְרוּדִי לַעֲנָה וָרֹאשׁ׃ זָכוֹר
תִּזְכּוֹר וְתָשׁוֹחַ עָלַי נַפְשִׁי׃ זֹאת
22 אָשִׁיב אֶל־לִבִּי עַל־כֵּן אוֹחִיל׃ חַסְדֵי יְהוָה כִּי
23 לֹא־תָמְנוּ כִּי לֹא־כָלוּ רַחֲמָיו׃ חֲדָשִׁים לַבְּקָרִים
24 רַבָּה אֱמוּנָתֶךָ׃ חֶלְקִי יְהוָה אָמְרָה נַפְשִׁי עַל־
25 כֵּן אוֹחִיל לוֹ׃ טוֹב יְהוָה לְקֹוָו לְנֶפֶשׁ
26 תִּדְרְשֶׁנּוּ׃ טוֹב וְיָחִיל וְדוּמָם לִתְשׁוּעַת יְהוָה׃
27,28 טוֹב לַגֶּבֶר כִּי־יִשָּׂא עֹל בִּנְעוּרָיו׃ יֵשֵׁב בָּדָד
29 וְיִדֹּם כִּי נָטַל עָלָיו׃ יִתֵּן בֶּעָפָר פִּיהוּ אוּלַי
30 יֵשׁ תִּקְוָה׃ יִתֵּן לְמַכֵּהוּ לֶחִי יִשְׂבַּע בְּחֶרְפָּה׃
31,32 כִּי לֹא יִזְנַח לְעוֹלָם אֲדֹנָי׃ כִּי אִם־הוֹגָה וְרִחַם

33 מִלִּבּוֹ וַיַּגֶּה בְּנֵי־אִישׁ׃ כִּי לֹא עִנָּה
34 לְדַכֵּא תַּחַת רַגְלָיו כֹּל אֲסִירֵי אָרֶץ׃ לְהַטּוֹת
35 מִשְׁפַּט־גֶּבֶר נֶגֶד פְּנֵי עֶלְיוֹן׃ לְעַוֵּת אָדָם בְּרִיבוֹ
36 אֲדֹנָי לֹא רָאָה׃ מִי זֶה אָמַר וַתֶּהִי אֲדֹנָי לֹא
37,38 צִוָּה׃ מִפִּי עֶלְיוֹן לֹא תֵצֵא הָרָעוֹת וְהַטּוֹב׃
39 מַה־יִּתְאוֹנֵן אָדָם חָי גֶּבֶר עַל־חֲטָאָיו׃ נַחְפְּשָׂה
40 דְרָכֵינוּ וְנַחְקֹרָה וְנָשׁוּבָה עַד־יְהוָה׃ נִשָּׂא
41 לְבָבֵנוּ אֶל־כַּפָּיִם אֶל־אֵל בַּשָּׁמָיִם׃ נַחְנוּ פָשַׁעְנוּ
42 וּמָרִינוּ אַתָּה לֹא סָלָחְתָּ׃ סַכֹּתָה בָאַף
43 וַתִּרְדְּפֵנוּ הָרַגְתָּ לֹא חָמָלְתָּ׃ סַכֹּתָה בֶעָנָן לָךְ
44 מֵעֲבוֹר תְּפִלָּה׃ סְחִי וּמָאוֹס תְּשִׂימֵנוּ בְּקֶרֶב
45,46 הָעַמִּים׃ פָּצוּ עָלֵינוּ פִּיהֶם כָּל־אֹיְבֵינוּ׃ פַּחַד
47 וָפַחַת הָיָה לָנוּ הַשֵּׁאת וְהַשָּׁבֶר׃ פַּלְגֵי־מַיִם
48,49 תֵּרַד עֵינִי עַל־שֶׁבֶר בַּת־עַמִּי׃ עֵינִי נִגְּרָה וְלֹא
50 תִדְמֶה מֵאֵין הֲפֻגוֹת׃ עַד־יַשְׁקִיף וְיֵרֶא יְהוָה
51 מִשָּׁמָיִם׃ עֵינִי עוֹלְלָה לְנַפְשִׁי מִכֹּל בְּנוֹת עִירִי׃
52,53 צוֹד צָדוּנִי כַּצִּפּוֹר אֹיְבַי חִנָּם׃ צָמְתוּ בַבּוֹר
54 חַיָּי וַיַּדּוּ־אֶבֶן בִּי׃ צָפוּ־מַיִם עַל־רֹאשִׁי אָמַרְתִּי
55 נִגְזָרְתִּי׃ קָרָאתִי שִׁמְךָ יְהוָה מִבּוֹר תַּחְתִּיּוֹת׃
56 קוֹלִי שָׁמָעְתָּ אַל־תַּעְלֵם אָזְנְךָ לְרַוְחָתִי
57 לְשַׁוְעָתִי׃ קָרַבְתָּ בְּיוֹם אֶקְרָאֶךָּ אָמַרְתָּ אַל־תִּירָא׃
58,59 רַבְתָּ אֲדֹנָי רִיבֵי נַפְשִׁי גָּאַלְתָּ חַיָּי׃ רָאִיתָה יְהוָה
60 עַוָּתָתִי שָׁפְטָה מִשְׁפָּטִי׃ רָאִיתָה כָּל־נִקְמָתָם
61 כָּל־מַחְשְׁבֹתָם לִי׃ שָׁמַעְתָּ חֶרְפָּתָם יְהוָה כָּל־
62 מַחְשְׁבֹתָם עָלָי׃ שִׂפְתֵי קָמַי וְהֶגְיוֹנָם עָלַי כָּל־
63 הַיּוֹם׃ שִׁבְתָּם וְקִימָתָם הַבִּיטָה אֲנִי מַנְגִּינָתָם׃
64,65 תָּשִׁיב לָהֶם גְּמוּל יְהוָה כְּמַעֲשֵׂה יְדֵיהֶם׃ תִּתֵּן
66 לָהֶם מְגִנַּת־לֵב תַּאֲלָתְךָ לָהֶם׃ תִּרְדֹּף בְּאַף
וְתַשְׁמִידֵם מִתַּחַת שְׁמֵי יְהוָה׃

CAP. IV. ד

1 אֵיכָה יוּעַם זָהָב יִשְׁנֶא הַכֶּתֶם הַטּוֹב תִּשְׁתַּפֵּכְנָה
2 אַבְנֵי־קֹדֶשׁ בְּרֹאשׁ כָּל־חוּצוֹת׃ בְּנֵי צִיּוֹן הַיְקָרִים
הַמְסֻלָּאִים בַּפָּז אֵיכָה נֶחְשְׁבוּ לְנִבְלֵי־חֶרֶשׂ מַעֲשֵׂה
3 יְדֵי יוֹצֵר׃ גַּם־תַּנִּין חָלְצוּ שַׁד הֵינִיקוּ גּוּרֵיהֶן
4 בַּת־עַמִּי לְאַכְזָר כַּיְעֵנִים בַּמִּדְבָּר׃ דָּבַק לְשׁוֹן
יוֹנֵק אֶל־חִכּוֹ בַּצָּמָא עוֹלָלִים שָׁאֲלוּ לֶחֶם פֹּרֵשׂ

mouth *a* against thee: they hiss and gnash the teeth: they say, We have swallowed *her* up: certainly this *is* the day that we looked for; we have found, we have seen *it*.

17 The LORD hath done *that* which he had devised; *e* he hath fulfilled his word that he had commanded in the days of old: he hath thrown down, and hath not pitied: and he *f* hath caused *thine* enemy to rejoice over thee; he hath set up the horn of thine adversaries.

18 Their heart cried unto the Lord, O wall of the daughter of Zion, let *k* tears run down like a river day and night: give thyself no rest; let not the apple of thine eye cease.

19 Arise, cry out in the night; in the beginning of the watches pour out *m* thine heart like water before the face of the Lord: lift up thy hands toward him for the life of thy young children, that faint for hunger *o* in the top of every street.

20 Behold, O LORD, and consider to whom thou hast done this. Shall the women eat their fruit, *r* and children *δ* of a span long? shall the priest and the prophet be slain in the sanctuary of the LORD?

21 The young *t* and the old lie on the ground in the streets: my virgins and my young men are fallen by the sword; thou hast slain *them* in the day of thy anger; thou hast killed, *and* not pitied.

22 Thou hast called, as in a solemn day, my terrors round about; *v* so that in the day of the LORD's anger none escaped nor remained: those that I have swaddled and brought up *w* hath mine enemy consumed.

CHAP. III.

I AM the man *that* hath seen affliction by the rod of his wrath.

2 He hath led me, and brought *me* into darkness, *z* but not *into* light.

3 Surely against me is he turned; he turneth his hand *against* me all the day.

4 My flesh *b* and my skin hath he made old: he hath broken *c* my bones.

5 He hath builded against me, and compassed *me* with gall and travel.

6 He hath set me in dark *e* places, as *they that be* dead of old.

7 He hath hedged *g* me about, that I cannot get out: he hath made my chain heavy.

8 Also when I cry *h* and shout, he shutteth out my prayer.

9 He hath inclosed my ways with hewn stone: he hath made my paths crooked.

10 He *was* unto me *as* a bear *i* lying in wait, *and as* a lion in secret places.

11 He hath turned aside my ways, and pulled *m* me in pieces: he hath made me desolate.

12 He hath bent his bow, and set me as a mark *n* for the arrow.

13 He hath caused the *λ* arrows of his quiver to enter into my reins.

14 I was a derision to all my people, *and* their song *p* all the day.

15 He hath filled me with *v* bitterness, he hath made me drunken with wormwood.

16 He hath also broken my teeth with gravel-stones, *q* he hath *ρ* covered me with ashes.

17 And thou hast removed my soul far off from peace: I forgat *σ* prosperity.

18 And I said, *t* My strength and my hope is perished from the LORD:

19 *τ* Remembering mine affliction and my misery, the wormwood *v* and the gall.

B. C. 588.

a Ps. 35. 21.
β bowed.
γ make to return to my heart.
b Ps.77.5,&c.
c Ezr. 9. 8, 9.
Ne. 9. 31.
d Mal. 3. 6.
*e*Le.26.16,&c.
De.28.15,&c.
Je. 18. 11.
Mi. 2. 3.
f Ps. 89. 42.
g Ps. 73. 26.
h Ps. 130. 7.
i Is. 30. 18.
Mi. 7. 7.
k Je. 14. 17.
l Mat. 11. 29.
m Ps. 62. 8.
n Je. 15. 17.
o Eze.5.10,16.
p Is. 50. 6.
q Ps. 94. 14.
r De. 28. 53.
Je. 19. 9.
δ or, swaddled with their hands.
s Ps. 30. 5.
t 2Ch. 36. 17.
ζ from his heart.
u Je. 31. 20.
Eze. 33. 11.
He. 12. 10.
v Je. 6. 25.
η or, a superior.
θ seeth not,
Hab. 1. 13.
w Ho.9.12,13.
x Is. 45. 7.
y Mi. 7. 9.
κ or,murmur.
z Am. 5. 20.
a Hag. 1.5,7.
b Job16.8,&c.
c Ps. 51. 8.
Je. 50. 17.
d Da. 9. 5.
e Ps. 143. 3.
f 2Ch. 36. 17.
g Ho. 2. 6.
h Job 30. 20.
i Ho. 5. 14.
13. 7, 8.
k Is. 24. 17.
l Is. 51. 19.
m Ho. 6. 1.
Job 7. 20.
λ sons.
o Is. 63. 15.
p Ps. 69. 12.
μ my soul.
ν bitternesses
π or, more than.
q Pr. 20. 17.
ρ rolled me in the.
r Da. 6. 17.
s Jon.2,3,4,7.
σ good,
Job 7. 7.
t Ps. 31. 22.
u Ps. 130. 1.
τ or, remember.
v Je. 9. 15.

20 My soul hath *them* still in remembrance, and is *β* humbled in me.

21 This I *γ* recall to my mind, therefore *b* have I hope.

22 *It is* *c* of the LORD's mercies that we are not consumed, because *d* his compassions fail not.

23 *They are* new every morning: great *is* thy faithfulness.

24 The LORD *is* my portion, *g* saith my soul; therefore will I hope *h* in him.

25 The LORD *is* good unto them that wait *i* for him, to the soul *that* seeketh him.

26 *It is* good that *a man* should both hope and quietly wait for the salvation of the LORD.

27 *It is* good for a man that he bear the yoke *l* in his youth.

28 He sitteth alone *n* and keepeth silence, because he hath borne *it* upon him.

29 He putteth his mouth in the dust, if so be there may be hope.

30 He *p* giveth *his* cheek to him that smiteth him: he is filled full with reproach.

31 For *q* the LORD will not cast off for ever:

32 But though *s* he cause grief, yet will he have compassion according to the multitude of his mercies.

33 For he doth not afflict *ζ* willingly, *u* nor grieve the children of men.

34 To crush under his feet all the prisoners of the earth,

35 To turn aside the right of a man before the face of *η* the Most High,

36 To subvert a man in his cause, the LORD *θ* approveth not.

37 Who *is* he *that* saith, and it cometh to pass, *when* the LORD commandeth *it* not?

38 Out of the mouth of the Most High proceedeth not evil *x* and good?

39 Wherefore *y* doth a living man *κ* complain, a man for the punishment of his sins?

40 Let us search *a* and try our ways, and turn again to the LORD.

41 Let us lift up our heart with *our* hands unto God in the heavens.

42 We have transgressed *d* and have rebelled: thou hast not pardoned.

43 Thou hast covered with anger, and persecuted us: thou hast slain, *f* thou hast not pitied.

44 Thou hast covered thyself with a cloud, that *our* prayer should not pass through.

45 Thou hast made us *as* the off-scouring and refuse in the midst of the people.

46 All our enemies have opened their mouths against us.

47 Fear *k* and a snare is come upon us, desolation *l* and destruction.

48 Mine eye runneth down with rivers of water for the destruction of the daughter of my people.

49 Mine eye trickleth down, and ceaseth not, without any intermission,

50 Till the LORD look down, *o* and behold from heaven.

51 Mine eye affecteth *μ* mine heart, *π* because of all the daughters of my city.

52 Mine enemies chased me sore, like a bird, without cause.

53 They have cut off my life in the dungeon, and cast a stone *r* upon me.

54 Waters *t* flowed over mine head: *then* I said, I am cut off.

55 I called *u* upon thy name, O LORD, out of the low dungeon.

56 Thou hast heard my voice; hide not thine ear at my breathing, at my cry.

‏[כ״ד] ...אֵין לָהֶם׃
5 הָאֹכְלִים לְמַעֲדַנִּים נָשַׁמּוּ בַּחוּצוֹת
6 הָאֱמֻנִים עֲלֵי תוֹלָע חִבְּקוּ אַשְׁפַּתּוֹת׃ וַיִּגְדַּל
7 עֲוֺן בַּת־עַמִּי מֵחַטַּאת סְדֹם הַהֲפוּכָה כְמוֹ־רָגַע
וְלֹא־חָלוּ בָהּ יָדָיִם׃ זַכּוּ נְזִירֶיהָ מִשֶּׁלֶג צַחוּ
מֵחָלָב אָדְמוּ עֶצֶם מִפְּנִינִים סַפִּיר גִּזְרָתָם׃

22 גַּם־עָלַיִךְ תַּעֲבָר־כּוֹס תִּשְׁכְּרִי וְתִתְעָרִי׃ תַּם־
עֲוֺנֵךְ בַּת־צִיּוֹן לֹא יוֹסִיף לְהַגְלוֹתֵךְ פָּקַד עֲוֺנֵךְ
בַּת־אֱדוֹם גִּלָּה עַל־חַטֹּאתָיִךְ׃

CAP. V. ה

1 זְכֹר יְהוָֹה מֶה־הָיָה לָנוּ הַבִּיט וּרְאֵה אֶת־חֶרְפָּתֵנוּ׃
2 נַחֲלָתֵנוּ נֶהֶפְכָה לְזָרִים בָּתֵּינוּ לְנָכְרִים׃
3 יְתוֹמִים הָיִינוּ אֵין אָב אִמֹּתֵינוּ כְּאַלְמָנוֹת׃
4 מֵימֵינוּ בְּכֶסֶף שָׁתִינוּ עֵצֵינוּ בִּמְחִיר יָבֹאוּ׃
5 עַל צַוָּארֵנוּ נִרְדָּפְנוּ יָגַעְנוּ °לֹא הוּנַח לָנוּ׃
6 מִצְרַיִם נָתַנּוּ יָד אַשּׁוּר לִשְׂבֹּעַ לָחֶם׃
7 אֲבֹתֵינוּ חָטְאוּ °אֵינָם וַאֲנַחְנוּ עֲוֺנֹתֵיהֶם סָבָלְנוּ׃
8 עֲבָדִים מָשְׁלוּ בָנוּ פֹּרֵק אֵין מִיָּדָם׃
9 בְּנַפְשֵׁנוּ נָבִיא לַחְמֵנוּ מִפְּנֵי חֶרֶב הַמִּדְבָּר׃
10 עוֹרֵנוּ כְּתַנּוּר נִכְמָרוּ מִפְּנֵי זַלְעֲפוֹת רָעָב׃
11 נָשִׁים בְּצִיּוֹן עִנּוּ בְּתֻלֹת בְּעָרֵי יְהוּדָה׃
12 שָׂרִים בְּיָדָם נִתְלוּ פְּנֵי זְקֵנִים לֹא נֶהְדָּרוּ׃
13 בַּחוּרִים טְחוֹן נָשָׂאוּ וּנְעָרִים בָּעֵץ כָּשָׁלוּ׃
14 זְקֵנִים מִשַּׁעַר שָׁבָתוּ בַּחוּרִים מִנְּגִינָתָם׃
15 שָׁבַת מְשׂוֹשׂ לִבֵּנוּ נֶהְפַּךְ לְאֵבֶל מְחֹלֵנוּ׃
16 נָפְלָה עֲטֶרֶת רֹאשֵׁנוּ אוֹי־נָא לָנוּ כִּי חָטָאנוּ׃
17 עַל־זֶה הָיָה דָוֶה לִבֵּנוּ עַל־אֵלֶּה חָשְׁכוּ עֵינֵינוּ׃
18 עַל הַר־צִיּוֹן שֶׁשָּׁמֵם שׁוּעָלִים הִלְּכוּ־בוֹ׃
19 אַתָּה יְהוָֹה לְעוֹלָם תֵּשֵׁב כִּסְאֲךָ לְדֹר וָדוֹר׃
20 לָמָּה לָנֶצַח תִּשְׁכָּחֵנוּ תַּעַזְבֵנוּ לְאֹרֶךְ יָמִים׃
21 הֲשִׁיבֵנוּ יְהוָֹה אֵלֶיךָ °וְנָשׁוּבָ חַדֵּשׁ יָמֵינוּ כְּקֶדֶם׃
22 כִּי אִם־מָאֹס מְאַסְתָּנוּ קָצַפְתָּ עָלֵינוּ עַד־מְאֹד׃

57 Thou drewest near in the day *that* I called upon thee : thou saidst, Fear *a* not.

58 O LORD, thou hast pleaded the causes*b* of my soul ; thou hast redeemed my life.

59 O LORD, thou hast seen my wrong ; judge *c* thou my cause.

60 Thou hast seen all their vengeance, *and* all their imaginations *d* against me.

61 Thou hast heard their reproach, O LORD, *and* all their imaginations against me ;

62 The lips of those that rose up against me, and their device against me all the day.

63 Behold their sitting down, and their rising up ; I *am* their music.

64 Render unto them a recompence, O LORD, according to y*e* work of their hands.

65 Give them γ sorrow of heart, thy curse unto them.

66 Persecute and destroy them in anger from under the heavens of the LORD.

CHAP. IV.

HOW is the gold become dim ! *how* is the most fine gold changed ! the stones *i* of the sanctuary are poured out in the top of every street.

2 The precious sons of Zion, comparable to fine gold,*m* how are they esteemed as earthen pitchers, the work of the hands of the potter !

3 Even the ζ sea-monsters draw out the breast, they give suck to their young ones : the daughter of my people *is become* cruel, like the ostriches *p* in the wilderness.

4 The tongue of the sucking child cleaveth to the roof of his mouth for thirst ; the young children ask bread, *and* no *r* man breaketh *it* unto them.

5 They that did feed delicately are desolate in the streets ; they that were brought up in scarlet embrace dunghills.*t*

6 For the θ punishment of the iniquity of the daughter of my people is greater than the punishment of the sin of Sodom, that was overthrown as in a moment,*u* and no hands stayed on her.

7 Her Nazarites were purer than snow, they were whiter than milk, they were more ruddy in body than rubies, their polishing *was* of sapphire :

8 Their visage is μ blacker*w* than a coal ; they are not known in the streets : their skin *y* cleaveth to their bones ; it is withered, it is become like a stick.

9 *They that be* slain with the sword are better than *they that be* slain with hunger : for these π pine away, stricken through for *want* of the fruits of the field.

10 The hands of the pitiful women *a* have sodden their own children : they were their meat*b* in the destruction of the daughter of my people.

11 The LORD hath accomplished his fury ; he hath poured out*e* his fierce anger, and hath kindled *d* a fire in Zion, and it hath devoured the foundations thereof.

12 The kings of the earth, and all the inhabitants of the world, would not have believed that the adversary and the enemy should have entered into the gates of Jerusalem.

13 For*f* the sins of her prophets, *and* the iniquities of her priests, that*g* have shed the blood of the just in the midst of her,

14 They have wandered *as* blind *men* in the streets, they *i* have polluted themselves with blood, so that*k* men could not touch their garments.

15 They cried unto them, Depart φ ye ;

B. C. 588.

a Is. 43. 1, 2.
b Je. 51. 36.
β or, *fave*.
c Ps. 35. 1,23.
d Je.11.19,20.
e Is. 30. 6, 7.
    31. 1, 3.
Je. 37. 7, 8.
f Eze.7.2,3,6.
g De. 28. 49.
    Je. 4. 13.
γ or, *obstinacy*,
Is. 6. 10.
h Je. 52. 9.
i 2Ki.25.9,10.
k Ec. 11. 9.
l Ob. 10, 15.
m 2 Ti. 2. 20.
δ or, *Thine iniquity*.
n Is. 40. 2.
ζ or, *sea-calves*.
o Ps. 137. 7.
η or, *carry thee captive for*.
p Job 39. 13..
    16.
q Ps.89.50,51.
r De. 32. 24.
s Ps.79.1,&c.
t Job 24. 8.
θ or,*iniquity*, Ro. 7. 13.
κ *cometh for price*.
λ or, *On our necks are we persecuted*.
u Ge. 19. 25.
v Ne.9.36,37.
μ *darker than blackness*.
w ch. 5. 10.
x Ne. 5. 15.
y Ps. 102. 5.
ν or, *terrors*, or, *storms of*.
π *flow out*.
z Zec. 14. 2.
a Is. 49. 15.
b De.28.56,57.
    2Ki.6.28,29.
c Je. 7. 20.
d Je. 21. 14.
ρ *of our head is fallen*.
e Mi. 6. 13.
f Je. 5. 31.
    Eze.22.26,28.
    Zep. 3. 4.
g Mat. 23. 31,
    37.
h Hab. 1. 12.
i Je. 2. 34.
σ *for length of days*.
τ or, *in that they could not* but.
k Nu. 19. 16.
l Ps.80.3,&c.
m Hab. 3. 2.
φ or, *ye polluted*.
χ or, *For wilt thou utterly reject us*⸗

---

it is unclean ; depart, depart, touch not : when they fled away and wandered, they said among the heathen, They shall no more sojourn *there*.

16 The β anger of the LORD hath divided them ; he will no more regard them : they respected not the persons of the priests, they favoured not the elders.

17 As for us, our eyes as yet failed for our vain*e* help : in our watching we have watched for a nation *that* could not save *us*.

18 They hunt our steps, that we cannot go in our streets : our end is near, our days are fulfilled ; for our end*f* is come.

19 Our persecutors are swifter*g* than the eagles of the heaven : they pursued us upon the mountains, they laid wait for us in the wilderness.

20 The breath of our nostrils, the anointed of the LORD, was taken *h* in their pits, of whom we said, Under his shadow we shall live among the heathen.

21 Rejoice *k* and be glad, O daughter of Edom, that dwellest in the land of Uz : the cup also*l* shall pass through unto thee ; thou shalt be drunken, and shalt make thyself naked.

22 δ The punishment of thine iniquity is accomplished,*n* O daughter of Zion ; he will no more carry thee away into captivity : he will visit thine iniquity,*l* O daughter of Edom ; *o* he will η discover thy sins.

CHAP. V.

REMEMBER,*q* O LORD, what is come upon us : consider,and behold our reproach.

2 Our inheritance *s* is turned to strangers, our houses to aliens.

3 We are orphans and fatherless, our mothers *are* as widows.

4 We have drunken our water for money ; our wood κ is sold unto us.

5 λ Our necks *are* under persecution : we labour,*v* *and* have no rest.

6 We have given the hand *to* the Egyptians, *and to* the Assyrians, to be satisfied with bread.

7 Our fathers have sinned, *and are* not ; and we have borne their iniquities.

8 Servants *x* have ruled over us : *there is* none that doth deliver *us* out of their hand

9 We gat our bread with *the peril of* our lives, because of y*e* sword of y*e* wilderness.

10 Our skin was black like an oven, because of the ν terrible famine.

11 They ravished *z* the women in Zion, *and* the maids in the cities of Judah.

12 Princes are hanged up by their hand : the faces of elders were not honoured.

13 They took the young men to grind, and the children fell under the wood.

14 The elders have ceased from the gate, the young men from their music.

15 The joy of our heart is ceased ; our dance is turned into mourning.

16 The crown ρ is fallen *from* our head : woe unto us, that we have sinned !

17 For this our heart is faint ;*e* for these *things* our eyes are dim.

18 Because of the mountain of Zion, which is desolate, the foxes walk upon it.

19 Thou, O LORD, remainest for ever ; *h* thy throne from generation to generation.

20 Wherefore dost thou forget us for ever, *and* forsake us σ so long time ?

21 Turn*l* thou us unto thee, O LORD, & we shall be turned ; renew*m* our days as of old.

22 χ But thou hast utterly rejected us ; thou art very wroth against us.

יחזקאל

LIBER EZECHIELIS.

1 וַיְהִ֣י ׀ בִּשְׁלֹשִׁ֣ים שָׁנָ֗ה בָּֽרְבִיעִי֙ בַּֽחֲמִשָּׁ֣ה לַחֹ֔דֶשׁ וַֽאֲנִ֥י בְתֽוֹךְ־הַגּוֹלָ֖ה עַל־נְהַר־כְּבָ֑ר נִפְתְּחוּ֙ הַשָּׁמַ֔יִם וָֽאֶרְאֶ֖ה מַרְא֥וֹת אֱלֹהִֽים׃

2 בַּֽחֲמִשָּׁ֖ה לַחֹ֑דֶשׁ הִ֚יא הַשָּׁנָ֣ה הַֽחֲמִישִׁ֔ית לְגָל֖וּת הַמֶּ֥לֶךְ יֽוֹיָכִֽין׃

3 הָיֹ֣ה הָיָ֣ה דְבַר־יְהוָ֡ה אֶל־יְחֶזְקֵאל֩ בֶּן־בּוּזִ֨י הַכֹּהֵ֜ן בְּאֶ֤רֶץ כַּשְׂדִּים֙ עַל־נְהַר־כְּבָ֑ר וַתְּהִ֥י עָלָ֛יו שָׁ֖ם יַד־יְהוָֽה׃

4 וָאֵ֡רֶא וְהִנֵּה֩ ר֨וּחַ סְעָרָ֜ה בָּאָ֣ה מִן־הַצָּפ֗וֹן עָנָ֤ן גָּדוֹל֙ וְאֵ֣שׁ מִתְלַקַּ֔חַת וְנֹ֥גַֽהּ ל֖וֹ סָבִ֑יב וּמִ֨תּוֹכָ֔הּ כְּעֵ֥ין הַחַשְׁמַ֖ל מִתּ֥וֹךְ הָאֵֽשׁ׃

5 וּ֨מִתּוֹכָ֔הּ דְּמ֖וּת אַרְבַּ֣ע חַיּ֑וֹת וְזֶה֙ מַרְאֵֽיהֶ֔ן דְּמ֥וּת אָדָ֖ם לָהֵֽנָּה׃

6 וְאַרְבָּעָ֥ה פָנִ֖ים לְאֶחָ֑ת וְאַרְבַּ֥ע כְּנָפַ֖יִם לְאַחַ֥ת לָהֶֽם׃

7 וְרַגְלֵיהֶ֖ם רֶ֣גֶל יְשָׁרָ֑ה וְכַ֣ף רַגְלֵיהֶ֗ם כְּכַף֙ רֶ֣גֶל עֵ֔גֶל וְנֹ֣צְצִ֔ים כְּעֵ֖ין נְחֹ֥שֶׁת קָלָֽל׃

8 וְיָדֵ֣י אָדָ֗ם מִתַּ֙חַת֙ כַּנְפֵיהֶ֔ם עַ֖ל אַרְבַּ֣עַת רִבְעֵיהֶ֑ם וּפְנֵיהֶ֥ם וְכַנְפֵיהֶ֖ם לְאַרְבַּעְתָּֽם׃

9 חֹֽבְרֹ֛ת אִשָּׁ֥ה אֶל־אֲחוֹתָ֖הּ כַּנְפֵיהֶ֑ם לֹא־יִסַּ֣בּוּ בְלֶכְתָּ֔ן אִ֛ישׁ אֶל־עֵ֥בֶר פָּנָ֖יו יֵלֵֽכוּ׃

10 וּדְמ֣וּת פְּנֵיהֶם֮ פְּנֵ֣י אָדָם֒ וּפְנֵ֨י אַרְיֵ֤ה אֶל־הַיָּמִין֙ לְאַרְבַּעְתָּ֔ם וּפְנֵי־שׁ֥וֹר מֵֽהַשְּׂמֹ֖אול לְאַרְבַּעְתָּ֑ן וּפְנֵי־נֶ֖שֶׁר לְאַרְבַּעְתָּֽן׃

11 וּפְנֵיהֶ֖ם וְכַנְפֵיהֶ֣ם פְּרֻד֣וֹת מִלְמָ֑עְלָה לְאִ֗ישׁ שְׁ֚תַּיִם חֹֽבְר֣וֹת אִ֔ישׁ וּשְׁתַּ֣יִם מְכַסּ֔וֹת אֵ֖ת גְּוִיֹּֽתֵיהֶֽנָה׃

12 וְאִ֛ישׁ אֶל־עֵ֥בֶר פָּנָ֖יו יֵלֵ֑כוּ אֶ֣ל אֲשֶׁר֩ יִֽהְיֶה־שָּׁ֨מָּה הָר֤וּחַ לָלֶ֙כֶת֙ יֵלֵ֔כוּ לֹ֥א יִסַּ֖בּוּ בְּלֶכְתָּֽן׃

13 וּדְמ֨וּת הַֽחַיּ֜וֹת מַרְאֵיהֶ֣ם כְּגַֽחֲלֵי־אֵ֗שׁ בֹּֽעֲרוֹת֙ כְּמַרְאֵ֣ה הַלַּפִּדִ֔ים הִ֕יא מִתְהַלֶּ֖כֶת בֵּ֣ין הַחַיּ֑וֹת וְנֹ֣גַֽהּ לָאֵ֔שׁ וּמִן־הָאֵ֖שׁ יוֹצֵ֥א בָרָֽק׃

14 וְהַֽחַיּ֖וֹת רָצ֣וֹא וָשׁ֑וֹב כְּמַרְאֵ֖ה הַבָּזָֽק׃

15 וָאֵ֖רֶא הַֽחַיּ֑וֹת וְהִנֵּה֩ אוֹפַ֨ן אֶחָ֥ד בָּאָ֛רֶץ אֵ֥צֶל הַֽחַיּ֖וֹת לְאַרְבַּ֥עַת פָּנָֽיו׃

16 מַרְאֵ֨ה הָאֽוֹפַנִּ֤ים וּמַֽעֲשֵׂיהֶם֙ כְּעֵ֣ין תַּרְשִׁ֔ישׁ וּדְמ֥וּת אֶחָ֖ד לְאַרְבַּעְתָּ֑ן וּמַרְאֵיהֶם֙ וּמַ֣עֲשֵׂיהֶ֔ם כַּֽאֲשֶׁ֥ר יִֽהְיֶ֖ה

17 הָֽאוֹפַ֖ן בְּת֣וֹךְ הָֽאוֹפָ֑ן׃ עַל־אַרְבַּ֤עַת רִבְעֵיהֶן֙ בְּלֶכְתָּ֣ם יֵלֵ֔כוּ לֹ֥א יִסַּ֖בּוּ בְּלֶכְתָּֽן׃

18 וְגַבֵּיהֶ֕ן וְגֹ֥בַהּ לָהֶ֖ם וְיִרְאָ֣ה לָהֶ֑ם וְגַבֹּתָ֗ם מְלֵאֹ֥ת עֵינַ֛יִם סָבִ֖יב לְאַרְבַּעְתָּֽן׃

19 וּבְלֶ֙כֶת֙ הַֽחַיּ֔וֹת יֵֽלְכ֥וּ הָאֽוֹפַנִּ֖ים אֶצְלָ֑ם וּבְהִנָּשֵׂ֤א הַֽחַיּוֹת֙ מֵעַ֣ל הָאָ֔רֶץ יִנָּֽשְׂא֖וּ הָאֽוֹפַנִּֽים׃

20 עַ֣ל אֲשֶׁר֩ יִֽהְיֶה־שָּׁ֨ם הָר֤וּחַ לָלֶ֙כֶת֙ יֵלֵ֔כוּ שָׁ֥מָּה הָר֖וּחַ לָלֶ֑כֶת וְהָאֽוֹפַנִּ֗ים יִנָּֽשְׂאוּ֙ לְעֻמָּתָ֔ם כִּ֛י ר֥וּחַ הַֽחַיָּ֖ה בָּאֽוֹפַנִּֽים׃

21 בְּלֶכְתָּ֣ם יֵלֵ֔כוּ וּבְעָמְדָ֖ם יַֽעֲמֹ֑דוּ וּֽבְהִנָּֽשְׂאָ֞ם מֵעַ֣ל הָאָ֗רֶץ יִנָּֽשְׂא֤וּ הָאֽוֹפַנִּים֙ לְעֻמָּתָ֔ם כִּ֛י ר֥וּחַ הַֽחַיָּ֖ה בָּאֽוֹפַנִּֽים׃

22 וּדְמ֞וּת עַל־רָאשֵׁ֤י הַֽחַיָּה֙ רָקִ֔יעַ כְּעֵ֖ין הַקֶּ֣רַח הַנּוֹרָ֑א נָט֥וּי עַל־רָֽאשֵׁיהֶ֖ם מִלְמָֽעְלָה׃

23 וְתַ֙חַת֙ הָֽרָקִ֔יעַ כַּנְפֵיהֶ֣ם יְשָׁר֔וֹת אִשָּׁ֖ה אֶל־אֲחוֹתָ֑הּ לְאִ֗ישׁ שְׁתַּ֤יִם מְכַסּוֹת֙ לָהֵ֔נָּה וּלְאִ֗ישׁ שְׁתַּ֤יִם מְכַסּוֹת֙ לָהֵ֔נָּה אֵ֖ת גְּוִיֹּֽתֵיהֶֽם׃

24 וָֽאֶשְׁמַ֣ע אֶת־ק֣וֹל כַּנְפֵיהֶ֡ם כְּקוֹל֩ מַ֨יִם רַבִּ֤ים כְּקוֹל־שַׁדַּי֙ בְּלֶכְתָּ֔ם ק֥וֹל הֲמֻלָּ֖ה כְּק֣וֹל מַֽחֲנֶ֑ה בְּעָמְדָ֖ם תְּרַפֶּ֥ינָה כַנְפֵיהֶֽן׃

25 וַֽיְהִי־ק֕וֹל מֵעַ֕ל לָרָקִ֖יעַ אֲשֶׁ֣ר עַל־רֹאשָׁ֑ם בְּעָמְדָ֖ם תְּרַפֶּ֥ינָה כַנְפֵיהֶֽן׃

26 וּמִמַּ֗עַל לָרָקִ֙יעַ֙ אֲשֶׁ֣ר עַל־רֹאשָׁ֔ם כְּמַרְאֵ֥ה אֶֽבֶן־סַפִּ֖יר דְּמ֣וּת כִּסֵּ֑א וְעַל֙ דְּמ֣וּת הַכִּסֵּ֔א דְּמ֞וּת כְּמַרְאֵ֥ה אָדָ֛ם עָלָ֖יו מִלְמָֽעְלָה׃

27 וָאֵ֣רֶא ׀ כְּעֵ֣ין חַשְׁמַ֗ל כְּמַרְאֵה־אֵ֤שׁ בֵּֽית־לָהּ֙ סָבִ֔יב מִמַּרְאֵ֥ה מָתְנָ֖יו וּלְמָ֑עְלָה וּמִמַּרְאֵ֤ה מָתְנָיו֙ וּלְמַ֔טָּה רָאִ֙יתִי֙ כְּמַרְאֵה־אֵ֔שׁ וְנֹ֥גַֽהּ ל֖וֹ סָבִֽיב׃

28 כְּמַרְאֵ֣ה הַקֶּ֡שֶׁת אֲשֶׁר֩ יִֽהְיֶ֨ה בֶֽעָנָ֜ן בְּי֣וֹם הַגֶּ֗שֶׁם כֵּ֣ן מַרְאֵ֤ה הַנֹּ֙גַהּ֙ סָבִ֔יב ה֕וּא מַרְאֵ֖ה דְּמ֣וּת כְּבוֹד־יְהוָ֑ה וָֽאֶרְאֶה֙ וָֽאֶפֹּ֣ל עַל־פָּנַ֔י וָֽאֶשְׁמַ֖ע ק֥וֹל מְדַבֵּֽר׃

CAP. II. ב

1 וַיֹּ֖אמֶר אֵלָ֑י בֶּן־אָדָם֙ עֲמֹ֣ד עַל־רַגְלֶ֔יךָ וַֽאֲדַבֵּ֖ר אֹתָֽךְ׃

2 וַתָּ֧בֹא בִ֣י ר֗וּחַ כַּֽאֲשֶׁר֙ דִּבֶּ֣ר אֵלַ֔י וַתַּֽעֲמִדֵ֖נִי עַל־רַגְלָ֑י וָֽאֶשְׁמַ֕ע אֵ֖ת מִדַּבֵּ֥ר אֵלָֽי׃

3 וַיֹּ֣אמֶר

The Book of the Prophet EZEKIEL.

NOW it came to pass in the thirtieth year, in the fourth *month*, in the fifth *day* of the month, as I *was* among the β captives by the river of Chebar,*c that* the heavens were opened,*d* and I saw visions*e* of God.

2 In the fifth *day* of the month, which *was* the fifth year of king*f* Jehoiachin's captivity,

3 The word of the LORD came expressly unto δ Ezekiel the priest, the son of Buzi, in the land of the Chaldeans, by the river Chebar; and the hand *h* of the LORD was there upon him.

4 And I looked, and behold, a whirlwind came out of the north, a great cloud, and a fire η infolding itself, and a brightness *was* about it, and out of the midst thereof as the colour of amber out of the midst of the fire.

5 Also out of the midst thereof *came* the likeness of four *i* living creatures. And this *k was* their appearance; they had the likeness of a man.

6 And every one had four faces, and every one had four wings.

7 And their feet *were* θ straight feet; and the sole of their feet *was* like the sole of a calf's foot; and they sparkled *m* like the colour of burnished brass.

8 And *they had* the hands of a man under their wings on their four sides; and they four had their faces and their wings.

9 Their wings *were* joined one to another; they turned not when they went; they went every one straight forward.

10 As for the likeness of their faces, they four had the face of a man, and the face of a lion on the right side; and they four had the face of an ox on the left side; they four also had the face of an eagle.

11 Thus *were* their faces: and their wings *were* κ stretched upward; two *wings* of every one *were* joined one to another, and two covered *l* their bodies.

12 And they went every one straight forward: whither the spirit was to go, they went; *and* they turned not when they went.

13 As for the likeness of the living creatures, their appearance *was* like burning coals of fire, *and* like the appearance of lamps: it went *v* up and down among the living creatures; and the fire was bright, and out of the fire went forth lightning.

14 And the living creatures ran*y* and returned as the appearance of a flash of lightning.

15 Now, as I beheld the living creatures, behold, one wheel upon the earth by the living creatures, with his four faces.

16 The appearance of the wheels and their work *was* like unto the colour of a beryl; and they four had one likeness: and their appearance and their work *was* as it were a wheel in the middle of a wheel.

17 When they went, they went upon

their four sides; *and* they turned not when they went.

18 As for their rings, they were so high*a* that they were dreadful; and their γ rings *were* full of eyes *b* round about them four.

19 And when the living creatures went, the wheels went by them; and when the living creatures were lifted up from the earth, the wheels were lifted up.

20 Whithersoever*g* the spirit was to go, they went, thither *was their* spirit to go; and the wheels were lifted up over against them: for the spirit of ζ the living creature *was* in the wheels.

21 When those went, *these* went; and when those stood, *these* stood; and when those were lifted up from the earth, the wheels were lifted up over against them: for the spirit of ζ the living creature *was* in the wheels.

22 And the likeness of the firmament upon the heads of the living creature *was* as the colour of the terrible *l* crystal, stretched forth over their heads above.

23 And under the firmament *were* their wings straight, the one toward the other: every one had two, which covered on this side, and every one had two, which covered on that side, their bodies.

24 And when they went, I heard the noise of their wings, like*n* the noise of great waters, as the voice*o* of the Almighty, the voice of speech, as the noise of an host:*p* when they stood, they let down their wings.

25 And there was a voice from the firmament that *was* over their heads, when they stood, *and* had let down their wings.

26 And above the firmament that *was* over their heads *was* the likeness of a throne,*q* as *r* the appearance of a sapphire stone: and upon the likeness of the throne *was* the likeness as the appearance of a man above upon*s* it.

27 And I saw as the colour of amber, as the appearance of fire round about within it, from the appearance of his loins even upward, and from the appearance of his loins even downward, I saw as it were the appearance of fire, and it had brightness round about.

28 As the appearance of the bow *u* that is in the cloud in the day of rain, so *was* the appearance of the brightness round about. This *was* the appearance of the likeness of the glory *w* of the LORD. And when I saw *it*, I fell *x* upon my face, and I heard a voice of one that spake.

CHAP. II.

AND he said unto me, Son of man, stand *x* upon thy feet, and I will speak unto thee.

2 And *a* the spirit entered into me when he spake unto me, and set me upon my feet, that I heard him that spake unto me.

3 And he said unto me, Son of man, I send thee to the children of Israel, to a rebellious λ nation that hath rebelled against me : they and their fathers *b* have

---

B. C. 595.

a Is. 55. 9.
β *captivity.*
γ or,*strakes.*
b ch. 10. 12.
   Pr. 15. 3.
c ch. 3.15,23.
d Re. 19. 11.
e ch. 8. 3.
f 2 Ki. 24.12,
   15.
g ver. 12.
   1Co. 14. 32.
δ *Jehezkel.*
h 1Ki. 18. 46.
ζ or, *life.*
η *catching.*
i Re. 4.6,&c.
k ch.10.8,&c.
l Job 37. 22.
θ *a straight foot.*
m Da. 10. 6.
   Re. 1. 15.
n ch. 43. 2.
   Da. 10. 6.
   Re. 1. 15.
o Job 37.2..5.
   Ps. 29. 3, 4.
   68. 33.
p 2 Ki. 7. 6.
q Ps. 45. 6.
   Da. 7. 9.
   Mat. 25. 31.
   He. 8. 1.
   12. 2.
r Ex. 24. 10.
κ or, *divided above.*
s Re. 3. 21.
   4. 2, 3.
t Is. 6. 2.
u Ge. 9. 13.
   Re. 4. 3.
   10. 1.
v Ge. 15. 17.
w Ex.16.7,10.
   24,16,17.
   1Ki.8.10,11.
x ch. 3. 23.
   Da. 8. 17.
   Ac. 9. 4.
   Re.1.17,18.
y Ps. 147. 15.
   Zec. 4. 10.
z Da. 10. 11.
a ch. 3. 24.
λ *nations.*
b ch.20.18..30.
   De. 9. 27.
   Je. 3. 25.
   Ac. 7. 51.

אֵלֶי בֶּן־אָדָם שָׁלוֹחַ אֲנִי אוֹתְךָ אֶל־בְּנֵי יִשְׂרָאֵל אֶל־
גּוֹיִם הַמּוֹרְדִים אֲשֶׁר מָרְדוּ־בִי הֵמָּה וַאֲבוֹתָם

4 פָּשְׁעוּ בִי עַד־עֶצֶם הַיּוֹם הַזֶּה: וְהַבָּנִים קְשֵׁי
פָנִים וְחִזְקֵי־לֵב אֲנִי שׁוֹלֵחַ אוֹתְךָ אֲלֵיהֶם וְאָמַרְתָּ

5 אֲלֵיהֶם כֹּה אָמַר אֲדֹנָי יְהֹוִה: וְהֵמָּה אִם־יִשְׁמְעוּ
וְאִם־יֶחְדָּלוּ כִּי בֵּית מְרִי הֵמָּה וְיָדְעוּ כִּי נָבִיא הָיָה

6 בְתוֹכָם: וְאַתָּה בֶן־אָדָם אַל־תִּירָא מֵהֶם
וּמִדִּבְרֵיהֶם אַל־תִּירָא כִּי סָרָבִים וְסַלּוֹנִים אוֹתָךְ
וְאֶל־עַקְרַבִּים אַתָּה יוֹשֵׁב מִדִּבְרֵיהֶם אַל־תִּירָא

7 וּמִפְּנֵיהֶם אַל־תֵּחָת כִּי בֵּית מְרִי הֵמָּה: וְדִבַּרְתָּ
אֶת־דְּבָרַי אֲלֵיהֶם אִם־יִשְׁמְעוּ וְאִם־יֶחְדָּלוּ כִּי מְרִי

8 הֵמָּה: וְאַתָּה בֶן־אָדָם שְׁמַע אֵת
אֲשֶׁר־אֲנִי מְדַבֵּר אֵלֶיךָ אַל־תְּהִי־מֶרִי כְּבֵית הַמֶּרִי

9 פְּצֵה פִיךָ וֶאֱכֹל אֵת אֲשֶׁר־אֲנִי נֹתֵן אֵלֶיךָ: וָאֶרְאֶה
וְהִנֵּה־יָד שְׁלוּחָה אֵלָי וְהִנֵּה־בוֹ מְגִלַּת־סֵפֶר

10 וַיִּפְרֹשׂ אוֹתָהּ לְפָנַי וְהִיא כְתוּבָה פָּנִים וְאָחוֹר
וְכָתוּב אֵלֶיהָ קִנִים וָהֶגֶה וָהִי:

CAP. III. ג

1 וַיֹּאמֶר אֵלַי בֶּן־אָדָם אֵת אֲשֶׁר־תִּמְצָא אֱכוֹל אֱכוֹל
אֶת־הַמְּגִלָּה הַזֹּאת וְלֵךְ דַּבֵּר אֶל־בֵּית יִשְׂרָאֵל:

2 וָאֶפְתַּח אֶת־פִּי וַיַּאֲכִלֵנִי אֵת הַמְּגִלָּה הַזֹּאת:

3 וַיֹּאמֶר אֵלַי בֶּן־אָדָם בִּטְנְךָ תַאֲכֵל וּמֵעֶיךָ תְמַלֵּא
אֵת הַמְּגִלָּה הַזֹּאת אֲשֶׁר אֲנִי נֹתֵן אֵלֶיךָ וָאֹכְלָה
וַתְּהִי בְּפִי כִּדְבַשׁ לְמָתוֹק:

4 וַיֹּאמֶר
אֵלַי בֶּן־אָדָם לֶךְ־בֹּא אֶל־בֵּית יִשְׂרָאֵל וְדִבַּרְתָּ בִדְבָרַי

5 אֲלֵיהֶם: כִּי לֹא אֶל־עַם עִמְקֵי שָׂפָה וְכִבְדֵי לָשׁוֹן

6 אַתָּה שָׁלוּחַ אֶל־בֵּית יִשְׂרָאֵל: לֹא אֶל־עַמִּים
רַבִּים עִמְקֵי שָׂפָה וְכִבְדֵי לָשׁוֹן
אֲשֶׁר לֹא־תִשְׁמַע דִּבְרֵיהֶם אִם־לֹא אֲלֵיהֶם שְׁלַחְתִּיךָ

7 הֵמָּה יִשְׁמְעוּ אֵלֶיךָ: וּבֵית יִשְׂרָאֵל לֹא יֹאבוּ
לִשְׁמֹעַ אֵלֶיךָ כִּי־אֵינָם אֹבִים לִשְׁמֹעַ אֵלָי כִּי כָּל־

8 בֵּית יִשְׂרָאֵל חִזְקֵי־מֵצַח וּקְשֵׁי־לֵב הֵמָּה: הִנֵּה
נָתַתִּי אֶת־פָּנֶיךָ חֲזָקִים לְעֻמַּת פְּנֵיהֶם וְאֶת־מִצְחֲךָ

9 חָזָק לְעֻמַּת מִצְחָם: כְּשָׁמִיר חָזָק מִצֹּר נָתַתִּי
מִצְחֶךָ לֹא־תִירָא אוֹתָם וְלֹא־תֵחַת מִפְּנֵיהֶם כִּי

10 בֵּית מְרִי הֵמָּה: וַיֹּאמֶר אֵלַי בֶּן־
אָדָם אֶת־כָּל־דְּבָרַי אֲשֶׁר אֲדַבֵּר אֵלֶיךָ קַח בִּלְבָבְךָ

11 וּבְאָזְנֶיךָ שְׁמָע: וְלֵךְ בֹּא אֶל־הַגּוֹלָה אֶל־בְּנֵי עַמְּךָ

12 וְדִבַּרְתָּ אֲלֵיהֶם וְאָמַרְתָּ אֲלֵיהֶם כֹּה אָמַר אֲדֹנָי
יְהֹוִה אִם־יִשְׁמְעוּ וְאִם־יֶחְדָּלוּ: וַתִּשָּׂאֵנִי רוּחַ

13 וָאֶשְׁמַע אַחֲרַי קוֹל רַעַשׁ גָּדוֹל בָּרוּךְ כְּבוֹד־יְהֹוָה
מִמְּקוֹמוֹ: וְקוֹל כַּנְפֵי הַחַיּוֹת מַשִּׁיקוֹת אִשָּׁה
אֶל־אֲחוֹתָהּ וְקוֹל הָאוֹפַנִּים לְעֻמָּתָם וְקוֹל רַעַשׁ

14 גָּדוֹל: וְרוּחַ נְשָׂאַתְנִי וַתִּקָּחֵנִי וָאֵלֵךְ מַר בַּחֲמַת

15 רוּחִי וְיַד־יְהֹוָה עָלַי חָזָקָה: וָאָבוֹא אֶל־הַגּוֹלָה
תֵּל אָבִיב הַיֹּשְׁבִים אֶל־נְהַר־כְּבָר וָאֵשֵׁב הֵמָּה
יוֹשְׁבִים שָׁם וָאֵשֵׁב שָׁם שִׁבְעַת יָמִים מַשְׁמִים

16 בְּתוֹכָם: ס וַיְהִי מִקְצֵה שִׁבְעַת יָמִים

17 וַיְהִי דְבַר־יְהֹוָה אֵלַי לֵאמֹר: בֶּן־אָדָם צֹפֶה
נְתַתִּיךָ לְבֵית יִשְׂרָאֵל וְשָׁמַעְתָּ מִפִּי דָּבָר וְהִזְהַרְתָּ

18 אוֹתָם מִמֶּנִּי: בְּאָמְרִי לָרָשָׁע מוֹת תָּמוּת וְלֹא
הִזְהַרְתּוֹ וְלֹא דִבַּרְתָּ לְהַזְהִיר רָשָׁע מִדַּרְכּוֹ הָרְשָׁעָה
לְחַיֹּתוֹ הוּא רָשָׁע בַּעֲוֹנוֹ יָמוּת וְדָמוֹ מִיָּדְךָ אֲבַקֵּשׁ:

19 וְאַתָּה כִּי־הִזְהַרְתָּ רָשָׁע וְלֹא־שָׁב מֵרִשְׁעוֹ וּמִדַּרְכּוֹ
הָרְשָׁעָה הוּא בַּעֲוֹנוֹ יָמוּת וְאַתָּה אֶת־נַפְשְׁךָ

20 הִצַּלְתָּ: וּבְשׁוּב צַדִּיק מִצִּדְקוֹ וְעָשָׂה
עָוֶל וְנָתַתִּי מִכְשׁוֹל לְפָנָיו הוּא יָמוּת כִּי לֹא
הִזְהַרְתּוֹ בְּחַטָּאתוֹ יָמוּת וְלֹא תִזָּכַרְןָ צִדְקֹתָו אֲשֶׁר

21 עָשָׂה וְדָמוֹ מִיָּדְךָ אֲבַקֵּשׁ: וְאַתָּה כִּי הִזְהַרְתּוֹ
צַדִּיק לְבִלְתִּי חֲטֹא צַדִּיק וְהוּא לֹא־חָטָא חָיֹה יִחְיֶה

22 כִּי נִזְהָר וְאַתָּה אֶת־נַפְשְׁךָ הִצַּלְתָּ: וַתְּהִי
עָלַי שָׁם יַד־יְהֹוָה וַיֹּאמֶר אֵלַי קוּם צֵא אֶל־הַבִּקְעָה

23 וְשָׁם אֲדַבֵּר אוֹתָךְ: וָאָקוּם וָאֵצֵא אֶל־הַבִּקְעָה
וְהִנֵּה־שָׁם כְּבוֹד־יְהֹוָה עֹמֵד כַּכָּבוֹד אֲשֶׁר רָאִיתִי

24 עַל־נְהַר־כְּבָר וָאֶפֹּל עַל־פָּנָי: וַתָּבֹא־בִי רוּחַ
וַתַּעֲמִדֵנִי עַל־רַגְלָי וַיְדַבֵּר אֹתִי וַיֹּאמֶר אֵלַי בֹּא הִסָּגֵר

25 בְּתוֹךְ בֵּיתֶךָ: וְאַתָּה בֶן־אָדָם הִנֵּה נָתְנוּ עָלֶיךָ
עֲבוֹתִים וַאֲסָרוּךָ בָּהֶם וְלֹא תֵצֵא בְּתוֹכָם:

26 וּלְשׁוֹנְךָ אַדְבִּיק אֶל־חִכֶּךָ וְנֶאֱלַמְתָּ וְלֹא־תִהְיֶה לָהֶם

27 לְאִישׁ מוֹכִיחַ כִּי בֵּית מְרִי הֵמָּה: וּבְדַבְּרִי אוֹתְךָ
אֶפְתַּח אֶת־פִּיךָ וְאָמַרְתָּ אֲלֵיהֶם כֹּה אָמַר אֲדֹנָי יְהֹוִה
הַשֹּׁמֵעַ יִשְׁמַע וְהֶחָדֵל יֶחְדָּל כִּי בֵּית מְרִי הֵמָּה:

CAP. IV. ד

1 וְאַתָּה בֶן־אָדָם קַח־לְךָ לְבֵנָה וְנָתַתָּה אוֹתָהּ לְפָנֶיךָ
וְחַקּוֹתָ עָלֶיהָ עִיר אֶת־יְרוּשָׁלָיִם: וְנָתַתָּה עָלֶיהָ

2 מָצוֹר וּבָנִיתָ עָלֶיהָ דָּיֵק וְשָׁפַכְתָּ עָלֶיהָ סֹלְלָה וְנָתַתָּה

transgressed against me, *even* unto this very day.

4 For *they are* γ impudent children, and stiff-hearted : I do send *a* thee unto them ; and thou shalt say unto them, Thus saith the Lord GOD.

5 And they, whether *c* they will hear, or whether they will forbear, (for they *are* a rebellious house,) yet *e* shall know that there hath been a prophet among them.

6 And thou, son of man, be *g* not afraid of them, neither be afraid of their words, though η briers and thorns *h be* with thee, and thou dost dwell among scorpions : be not afraid *i* of their words, nor be dismayed at their looks, though they *be* a rebellious house.

7 And thou shalt speak my words unto them, whether they will hear, or whether they will forbear ; for they *are* θ most rebellious.

8 But thou, son of man, hear what I say unto thee ; Be not thou *m* rebellious like that rebellious house: open thy mouth, and eat *n* that I give thee.

9 And when I looked, behold, an hand *p was* sent unto me ; and, lo, a *q* roll of a book *was* therein ;

10 And he spread it before me ; and it *was* written within and without; and *there was* written therein lamentations, and mourning, and woe.

CHAP. III.

MOREOVER, he said unto me, Son of man, eat that thou findest : eat this *u* roll, and go speak unto the house of Israel.

2 So I opened my mouth, and he caused me to eat that roll.

3 And he said unto me, Son of man, cause thy belly to eat, and fill thy bowels with this roll that I give thee. Then did I eat it ; and *v* it was in my mouth as honey *x* for sweetness.

4 And he said unto me, Son of man, go, get thee unto the house of Israel, and speak with my words unto them.

5 For thou *art* not sent to a people λ of a strange speech and of an hard language, *but* to the house of Israel :

6 Not to many people λ of a strange speech and of an hard language, whose words thou canst not understand : μ surely had *y* I sent thee to them, they would have hearkened unto thee.

7 But the house of Israel will not hearken unto thee ; for *z* they will not hearken unto me : for all the house of Israel *are v* impudent and hard-hearted.

8 Behold, I have made thy face strong against their faces, and thy forehead strong against their foreheads.

9 As an adamant, harder than *b* flint, have I made thy forehead : fear them not, neither be dismayed at their *e* looks, though they *be* a rebellious house.

10 Moreover, he said unto me, Son of man, all my words that I shall speak unto thee receive *f* in thine heart, and hear with thine ears.

11 And go, get thee to them of the captivity, unto the children of thy people, and speak unto them, and tell them, Thus saith the Lord GOD, whether they will hear, or whether they will forbear.

12 Then the spirit *h* took me up, and I heard behind me a voice of a great rushing, *saying*, Blessed *be* the glory of the LORD from his place.

13 I heard also the noise of the wings

B. C. 595.

β kissed.
γ hard of face.
a Mat.10.16.
b ver. 12.
δ bitter.
c ch.3. 11,27.
ζ hot anger.
d 2 Ki. 3. 15.
e ch. 33. 33.
f Ps. 137. 1.
g Je. 1. 8, 17. Lu. 12. 4. Ac.4.29,31.
η or, rebels.
h 2 Sa.23.6,7. Is. 9. 18. Mi. 7. 4.
i 1 Pe. 3. 14.
k Is. 52. 8. 56. 10. Je. 6. 17. He. 13. 17.
θ rebellion.
l ch. 33. 6.
m Is. 50. 5.
n Re.10.9,10.
o Jn".8.21,24.
p ch. 8. 3.
q ch. 3. 1.
r Is. 49. 4, 5. Ac. 20. 26. 33.12,13.
s ch. 18. 24.
κ righteousnesses.
t 1 Pe.2.6.,8.
u ch. 2. 8, 9.
v Je. 15. 16.
w Ps. 19. 11. 119,103.
x Ps. 19. 10.
λ deep of lip, and heavy of tongue.
μ or,if I had sent thee to them, would they not.
y Mat. 11. 23. 12. 41.
z Jn". 15. 20.
v stiff of forehead, and hard of heart.
a Lu.1.20,22.
b Is. 50. 7. Mi. 3. 8.
c Am.8,11,12.
π man reproving.
d Ps.38.13,14.
e 2 Ti. 2. 3.
f 2 Ti. 2. 6.
g Lu. 19. 43, 44.
h ch. 8. 3. 1 Ki. 18.12. 2 Ki. 2. 16. Ac. 8. 39.
ρ or, chief leaders, ch. 21. 22.
σ or, a flat plate, or, slice.

of the living creatures that β touched one another, and the noise of the wheels over against them, and a noise of a great rushing.

14 So *b* the spirit lifted me up, and took me away, and I went δ in bitterness, in ζ the heat of my spirit : but the hand *d* of the LORD was strong upon me.

15 Then I came to them of the captivity at Tel-abib, that dwelt by the river of Chebar, and I sat *f* where they sat, and remained there astonished among them seven days.

16 And it came to pass, at the end of seven days, that the word of the LORD came unto me, saying,

17 Son of man, I have made thee a watchman *k* unto the house of Israel : therefore hear the word at my mouth, and give them warning from me.

18 When I say unto the wicked, Thou shalt surely die ; and thou *l* givest him not warning, nor speakest to warn the wicked from his wicked way, to save his life ; the same wicked *man* shall die in his *o* iniquity ; but his blood will I require at thine hand.

19 Yet if thou warn the wicked, and he turn not from his wickedness, nor from his wicked way, he shall die in his iniquity ; but thou *r* hast delivered thy soul.

20 Again, when *s* a righteous *man* doth turn from his κ righteousness, and commit iniquity, and I lay *t* a stumbling-block before him, he shall die : because thou hast not given him warning, he shall die in his sin, and his righteousness which he hath done shall not be remembered ; but his blood will I require at thine hand.

21 Nevertheless, if thou warn the righteous *man*, that the righteous sin not, and he doth not sin, he shall surely live, because he is warned ; *w* also thou hast delivered thy soul.

22 And the hand of the LORD was there upon me ; and he said unto me, Arise, go forth into the plain, and I will there talk with thee.

23 Then I arose, and went forth into the plain ; and, behold, the glory of the LORD stood there, as the glory which I saw by the river of Chebar : and I fell on my face.

24 Then the spirit entered into me, and set me upon my feet, and spake with me, and said unto me, Go, shut thyself within thine house.

25 But thou, O son of man, behold, they shall put bands upon thee, and shall bind thee with them, and thou shalt not go out among them :

26 And I will make thy tongue *a* cleave to the roof of thy mouth, that thou shalt be dumb, and shalt not *e* be to them π a reprover ;*d* for they *are* a rebellious house.

27 But when I speak with thee, I will open thy mouth, and thou shalt say unto them, Thus saith the Lord GOD, He that heareth, let him hear ; and he that forbeareth, let him forbear : for they *are* a rebellious house.

CHAP. IV.

THOU also, son of man, take thee a tile, and lay it before thee, and pourtray upon it the city, *even* Jerusalem :

2 And lay siege *g* against it, and build a fort against it, and cast a mount against it ; set the camp also against it, and set ρ battering-rams against it round about.

3 Moreover, take thou unto thee σ an

3 וְאַתָּה קַח־לְךָ מַחֲבַת בַּרְזֶל וְנָתַתָּה אוֹתָהּ קִיר בַּרְזֶל בֵּינְךָ וּבֵין הָעִיר וַהֲכִינֹתָה אֶת־פָּנֶיךָ אֵלֶיהָ וְהָיְתָה בַמָּצוֹר וְצַרְתָּ עָלֶיהָ אוֹת הִיא לְבֵית יִשְׂרָאֵל׃

4 וְאַתָּה שְׁכַב עַל־צִדְּךָ הַשְּׂמָאלִי וְשַׂמְתָּ אֶת־עֲוֺן בֵּית־יִשְׂרָאֵל עָלָיו מִסְפַּר הַיָּמִים אֲשֶׁר תִּשְׁכַּב עָלָיו תִּשָּׂא אֶת־עֲוֺנָם׃

5 וַאֲנִי נָתַתִּי לְךָ אֶת־שְׁנֵי עֲוֺנָם לְמִסְפַּר יָמִים שְׁלֹשׁ־מֵאוֹת וְתִשְׁעִים יוֹם וְנָשָׂאתָ עֲוֺן בֵּית־יִשְׂרָאֵל׃

6 וְכִלִּיתָ אֶת־אֵלֶּה וְשָׁכַבְתָּ עַל־צִדְּךָ הַיְמֵנִי שֵׁנִית וְנָשָׂאתָ אֶת־עֲוֺן בֵּית־יְהוּדָה אַרְבָּעִים יוֹם יוֹם לַשָּׁנָה יוֹם לַשָּׁנָה נְתַתִּיו לָךְ׃

7 וְאֶל־מְצוֹר יְרוּשָׁלַ͏ִם תָּכִין פָּנֶיךָ וּזְרֹעֲךָ חֲשׂוּפָה וְנִבֵּאתָ עָלֶיהָ׃

8 וְהִנֵּה נָתַתִּי עָלֶיךָ עֲבוֹתִים וְלֹא־תֵהָפֵךְ מִצִּדְּךָ אֶל־צִדֶּךָ עַד־כַּלּוֹתְךָ יְמֵי מְצוּרֶךָ׃

9 וְאַתָּה קַח־לְךָ חִטִּין וּשְׂעֹרִים וּפוֹל וַעֲדָשִׁים וְדֹחַן וְכֻסְּמִים וְנָתַתָּה אוֹתָם בִּכְלִי אֶחָד וְעָשִׂיתָ אוֹתָם לְךָ לְלָחֶם מִסְפַּר הַיָּמִים אֲשֶׁר־אַתָּה שׁוֹכֵב עַל־צִדְּךָ שְׁלֹשׁ־מֵאוֹת וְתִשְׁעִים יוֹם תֹּאכֲלֶנּוּ׃

10 וּמַאֲכָלְךָ אֲשֶׁר תֹּאכֲלֶנּוּ בְּמִשְׁקוֹל עֶשְׂרִים שֶׁקֶל לַיּוֹם מֵעֵת עַד־עֵת תֹּאכֲלֶנּוּ׃

11 וּמַיִם בִּמְשׂוּרָה תִשְׁתֶּה שִׁשִּׁית הַהִין מֵעֵת עַד־עֵת תִּשְׁתֶּה׃

12 וְעֻגַת שְׂעֹרִים תֹּאכֲלֶנָּה וְהִיא בְּגֶלְלֵי צֵאַת הָאָדָם תְּעֻגֶנָה לְעֵינֵיהֶם׃

13 וַיֹּאמֶר יְהוָה כָּכָה יֹאכְלוּ בְנֵי־יִשְׂרָאֵל אֶת־לַחְמָם טָמֵא בַּגּוֹיִם אֲשֶׁר אַדִּיחֵם שָׁם׃

14 וָאֹמַר אֲהָהּ אֲדֹנָי יְהוִה הִנֵּה נַפְשִׁי לֹא מְטֻמָּאָה וּנְבֵלָה וּטְרֵפָה לֹא־אָכַלְתִּי מִנְּעוּרַי וְעַד־עַתָּה וְלֹא־בָא בְּפִי בְּשַׂר פִּגּוּל׃

15 וַיֹּאמֶר אֵלַי רְאֵה נָתַתִּי לְךָ אֶת־צְפוּעֵי הַבָּקָר תַּחַת גֶּלְלֵי הָאָדָם וְעָשִׂיתָ אֶת־לַחְמְךָ עֲלֵיהֶם׃

16 וַיֹּאמֶר אֵלַי בֶּן־אָדָם הִנְנִי שֹׁבֵר מַטֵּה־לֶחֶם בִּירוּשָׁלַ͏ִם וְאָכְלוּ־לֶחֶם בְּמִשְׁקָל וּבִדְאָגָה וּמַיִם בִּמְשׂוּרָה וּבְשִׁמָּמוֹן יִשְׁתּוּ׃

17 לְמַעַן יַחְסְרוּ לֶחֶם וָמָיִם וְנָשַׁמּוּ אִישׁ וְאָחִיו וְנָמַקּוּ בַּעֲוֺנָם׃

CAP. V. ה

1 וְאַתָּה בֶן־אָדָם קַח־לְךָ חֶרֶב חַדָּה תַּעַר הַגַּלָּבִים תִּקָּחֶנָּה לָּךְ וְהַעֲבַרְתָּ עַל־רֹאשְׁךָ וְעַל־זְקָנֶךָ וְלָקַחְתָּ

2 לְךָ מֹאזְנֵי מִשְׁקָל וְחִלַּקְתָּם׃ שְׁלִשִׁית בָּאוּר תַּבְעִיר בְּתוֹךְ הָעִיר כִּמְלֹאת יְמֵי הַמָּצוֹר וְלָקַחְתָּ אֶת־הַשְּׁלִשִׁית תַּכֶּה בַחֶרֶב סְבִיבוֹתֶיהָ וְהַשְּׁלִשִׁית תִּזְרֶה לָרוּחַ וְחֶרֶב אָרִיק אַחֲרֵיהֶם׃

3 וְלָקַחְתָּ מִשָּׁם מְעַט בְּמִסְפָּר וְצַרְתָּ אוֹתָם בִּכְנָפֶיךָ׃

4 וּמֵהֶם עוֹד תִּקָּח וְהִשְׁלַכְתָּ אוֹתָם אֶל־תּוֹךְ הָאֵשׁ וְשָׂרַפְתָּ אֹתָם בָּאֵשׁ מִמֶּנּוּ תֵצֵא־אֵשׁ אֶל־כָּל־בֵּית יִשְׂרָאֵל׃

5 כֹּה אָמַר אֲדֹנָי יְהוִה זֹאת יְרוּשָׁלַ͏ִם בְּתוֹךְ הַגּוֹיִם שַׂמְתִּיהָ וּסְבִיבוֹתֶיהָ אֲרָצוֹת׃

6 וַתֶּמֶר אֶת־מִשְׁפָּטַי לְרִשְׁעָה מִן־הַגּוֹיִם וְאֶת־חֻקּוֹתַי מִן־הָאֲרָצוֹת אֲשֶׁר סְבִיבוֹתֶיהָ כִּי בְמִשְׁפָּטַי מָאָסוּ וְחֻקּוֹתַי לֹא־הָלְכוּ בָהֶם׃

7 לָכֵן כֹּה־אָמַר אֲדֹנָי יְהוִה יַעַן הֲמָנְכֶם מִן־הַגּוֹיִם אֲשֶׁר סְבִיבוֹתֵיכֶם בְּחֻקּוֹתַי לֹא הֲלַכְתֶּם וְאֶת־מִשְׁפָּטַי לֹא עֲשִׂיתֶם וּכְמִשְׁפְּטֵי הַגּוֹיִם אֲשֶׁר סְבִיבוֹתֵיכֶם לֹא עֲשִׂיתֶם׃

8 לָכֵן כֹּה אָמַר אֲדֹנָי יְהוִה הִנְנִי עָלַיִךְ גַּם־אָנִי וְעָשִׂיתִי בְתוֹכֵךְ מִשְׁפָּטִים לְעֵינֵי הַגּוֹיִם׃

9 וְעָשִׂיתִי בָךְ אֵת אֲשֶׁר לֹא־עָשִׂיתִי וְאֵת אֲשֶׁר־לֹא־אֶעֱשֶׂה כָמֹהוּ עוֹד יַעַן כָּל־תּוֹעֲבֹתָיִךְ׃

10 לָכֵן אָבוֹת יֹאכְלוּ בָנִים בְּתוֹכֵךְ וּבָנִים יֹאכְלוּ אֲבוֹתָם וְעָשִׂיתִי בָךְ שְׁפָטִים וְזֵרִיתִי אֶת־כָּל־שְׁאֵרִיתֵךְ לְכָל־רוּחַ׃

11 לָכֵן חַי־אָנִי נְאֻם אֲדֹנָי יְהוִה אִם־לֹא יַעַן אֶת־מִקְדָּשִׁי טִמֵּאת בְּכָל־שִׁקּוּצַיִךְ וּבְכָל־תּוֹעֲבֹתָיִךְ וְגַם־אֲנִי אֶגְרַע וְלֹא־תָחוֹס עֵינִי וְגַם־אֲנִי לֹא אֶחְמוֹל׃

12 שְׁלִשִׁתֵיךְ בַּדֶּבֶר יָמוּתוּ וּבָרָעָב יִכְלוּ בְתוֹכֵךְ וְהַשְּׁלִשִׁית בַּחֶרֶב יִפְּלוּ סְבִיבוֹתָיִךְ וְהַשְּׁלִישִׁית לְכָל־רוּחַ אֱזָרֶה וְחֶרֶב אָרִיק אַחֲרֵיהֶם׃

13 וְכָלָה אַפִּי וַהֲנִחוֹתִי חֲמָתִי בָּם וְהִנֶּחָמְתִּי וְיָדְעוּ כִּי־אֲנִי יְהוָה דִּבַּרְתִּי בְּקִנְאָתִי בְּכַלּוֹתִי חֲמָתִי בָּם׃

14 וְאֶתְּנֵךְ לְחָרְבָּה וּלְחֶרְפָּה בַּגּוֹיִם אֲשֶׁר סְבִיבוֹתָיִךְ לְעֵינֵי כָּל־עוֹבֵר׃

15 וְהָיְתָה חֶרְפָּה וּגְדוּפָה מוּסָר וּמְשַׁמָּה לַגּוֹיִם אֲשֶׁר סְבִיבוֹתָיִךְ בַּעֲשׂוֹתִי בָךְ שְׁפָטִים בְּאַף וּבְחֵמָה וּבְתֹכְחוֹת חֵמָה אֲנִי יְהוָה דִּבַּרְתִּי׃

16 בְּשַׁלְּחִי אֶת־חִצֵּי הָרָעָב הָרָעִים בָּהֶם אֲשֶׁר הָיוּ לְמַשְׁחִית אֲשֶׁר־אֲשַׁלַּח אוֹתָם לְשַׁחֶתְכֶם וְרָעָב אֹסֵף עֲלֵיכֶם וְשָׁבַרְתִּי לָכֶם מַטֵּה־לָחֶם׃

17 וְשִׁלַּחְתִּי עֲלֵיכֶם רָעָב וְחַיָּה רָעָה וְשִׁכְּלֻךְ וְדֶבֶר וָדָם יַעֲבָר־בָּךְ וְחֶרֶב אָבִיא עָלַיִךְ אֲנִי יְהוָה דִּבַּרְתִּי׃

iron pan, and set it *for* a wall of iron between thee and the city; and set thy face against it, and it shall be besieged, and thou shalt lay siege against it. This *shall be* a sign *b* to the house of Israel.

4 Lie thou also upon thy left side, and lay the iniquity of the house of Israel upon it: *according* to the number of the days that thou shalt lie upon it thou shalt bear their iniquity.

5 For I have laid upon thee the years of their iniquity, according to the number of the days, three hundred and ninety *e* days: so shalt thou bear *f* the iniquity of the house of Israel.

6 And when thou hast accomplished them, lie again on thy right side, and thou shalt bear the iniquity of the house of Judah forty days: I have appointed thee γ each day for a year.

7 Therefore thou shalt set thy face toward the siege of Jerusalem, and thine arm *shall be* uncovered, and thou shalt prophesy against it.

8 And, behold, I will lay bands *i* upon thee, and thou shalt not turn thee from δ one side to another, till thou hast ended the days of thy siege.

9 Take thou also unto thee wheat, and barley, and beans, and lentiles, and millet, and ζ fitches, and put them in one vessel, and make thee bread thereof, *according* to the number of the days that thou shalt lie upon thy side; three hundred and ninety days shalt thou eat thereof.

10 And thy meat which thou shalt eat *shall be* by weight, twenty shekels a-day: from time to time shalt thou eat it.

11 Thou shalt drink also water by measure, the sixth part of an hin: from time to time shalt thou drink.

12 And thou shalt eat it *as* barley-cakes, and thou shalt bake it with dung that cometh out of man, in their sight.

13 And the LORD said, Even *r* thus shall the children of Israel eat their defiled bread among the Gentiles, whither I will drive them.

14 Then said I, Ah Lord GOD! behold, my soul hath not been polluted; *u* for from my youth up even till now have I not eaten of that *v* which dieth of itself, or is torn in pieces; neither came there abominable *x* flesh into my mouth.

15 Then he said unto me, Lo, I have given thee cow's dung for man's dung, and thou shalt prepare thy bread therewith.

16 Moreover he said unto me, Son of man, behold, I will break the staff *b* of bread in Jerusalem; and *c* they shall eat bread by weight, and with care; and they shall drink water by measure, and with astonishment:

17 That they may want bread and water, and be astonied one with another, and consume *e* away for their iniquity.

CHAP. V.

AND thou, son of man, take thee a sharp knife, take thee a barber's razor, and cause *it* to pass upon thine head, and upon thy beard; then take thee balances to weigh, and divide the *hair*.

2 Thou shalt burn with fire a third part in the midst of the city, when the days of the siege *i* are fulfilled; and thou shalt take a third part, *and* smite about it with a knife; and a third part thou shalt scat-

---

Marginal references

B. C. 595.

a Je. 52. 16.
β *wings.*
b ch. 12.6,11.
c Je. 44. 14.
d Jude 4.
e Beginning 975.
1 Ki.12.23.
ending 585.
f Nu. 14.34.
g ch. 16. 47.
1 Co. 5. 1.
h Ne.9.16,17
Je. 5. 3.
γ *a day for a year, a day for a year.*
i ch. 3. 25.
δ *thy side to thy side.*
k La. 4. 6.
Da. 9. 12.
Am. 3. 2.
ζ *or, spelt.*
l Le. 26. 29.
De. 28. 53.
La. 2. 20.
4. 10.
m ch. 12. 14.
De. 28. 64.
Zec. 2. 6.
n ch. 8. 5,&c.
2 Ch. 36.14.
o ch. 11.21.
Je. 44. 4.
p Ps. 107. 39.
q La. 2. 21.
r Ho. 9. 3.
s ver. 2.
ch. 6. 12.
Je. 15. 2.
21. 9.
t Je. 9. 16.
u Ac. 10. 14.
v Ex. 22. 31.
Le. 17. 15.
w ch. 6. 12.
7, 8.
La. 4. 11.
x De. 14. 3.
Is. 65. 4.
y ch. 21. 17.
z ch. 16. 63.
Is. 1. 24.
a Ne. 2. 17.
b ch. 5. 16.
14. 13.
Le. 26. 26.
Ps. 105. 16.
Is. 3. 1.
c ch. 12. 19.
d De. 28. 37.
1 Ki. 9. 7.
Ps. 79. 4.
Je. 24. 9.
La.2.15..17.
e ch. 24. 23.
Le. 26. 39.
f ch. 25. 17.
Na. 1. 2.
g De. 32. 23.
h Le. 26. 22.
i ch. 4. 1,8,9.
k ch. 38. 22.

---

ter in the wind; and I will draw out a sword after them.

3 Thou shalt also take thereof a *a* few in number, and bind them in thy β skirts.

4 Then take *c* of them again, and cast them into the midst of the fire, and burn them in the fire; *for* thereof shall a fire come forth into all the house of Israel.

5 Thus saith the Lord GOD, This *is* Jerusalem: I have set it in the midst of the nations and countries *that are* round about her.

6 And she hath changed *d* my judgments into wickedness more than the nations, and my statutes more *g* than the countries that *are* round about her; for they have *h* refused my judgments and my statutes, they have not walked in them.

7 Therefore thus saith the Lord GOD, Because ye multiplied more than the nations that *are* round about you, *and* have not walked in my statutes, neither have kept my judgments, neither have done according to the judgments of the nations that *are* round about you;

8 Therefore thus saith the Lord GOD, Behold I, even I, *am* against thee, and will execute judgments in the midst of thee, in the sight of the nations.

9 And I will do in thee that *k* which I have not done, and whereunto I will not do any more the like, because of all thine abominations.

10 Therefore the fathers shall eat *l* the sons in the midst of thee, and the sons shall eat their fathers; and I will execute judgments in thee, and the whole remnant of thee will I scatter *m* into all the winds.

11 Wherefore, *as* I live, saith the Lord GOD, Surely, because thou hast defiled my sanctuary *n* with all thy *o* detestable things, and with all thine abominations, therefore will I also diminish *p* thee; neither shall mine eye spare, neither will I have any pity.*q*

12 A third *s* part of thee shall die with the pestilence, and with famine shall they be consumed in the midst of thee; and a third part shall fall by the sword round about thee; and I will scatter *t* a third part into all the winds, and I will draw out a sword after them.

13 Thus shall mine anger be accomplished,*w* and I will cause my fury to rest*y* upon them, and I will be comforted: *z* and they shall know that I the LORD have spoken *it* in my zeal, when I have accomplished my fury in them.

14 Moreover, I will make thee *a* waste, and a reproach among the nations that *are* round about thee, in the sight of all that pass by.

15 So it shall be a reproach *d* and a taunt, an instruction and an astonishment unto the nations that *are* round about thee, when I shall execute judgments in thee, in anger and in fury, and in furious *f* rebukes. I the LORD have spoken *it.*

16 When *g* I shall send upon them the evil arrows of famine, which shall be for *their* destruction, and which I will send to destroy you: and I will increase the famine upon you, and will break your staff of bread:

17 So will I send upon you famine and evil *h* beasts, and they shall bereave thee; and pestilence *k* and blood shall pass through thee; and I will bring the sword upon thee. I the LORD have spoken *it.*

511

CAP. VI. ו

וָשִׁלַּחְתִּי אַפִּי בָּךְ וּשְׁפַטְתִּיךְ כִּדְרָכָיִךְ וְנֵתַתִּי
עָלַיךְ אֵת כָּל־תּוֹעֲבֹתָיִךְ : וְלֹא־תָחוֹס עֵינִי עָלַיךְ 4
וְלֹא אֶחְמוֹל כִּי דְרָכַיִךְ עָלַיִךְ אֶתֵּן וְתוֹעֲבוֹתַיִךְ
בְּתוֹכֵךְ תִּהְיֶיןָ וִידַעְתֶּם כִּי־אֲנִי יְהוָֹה :
כֹּה אָמַר אֲדֹנָי יְהוִֹה רָעָה אַחַת רָעָה הִנֵּה בָאָה : 5
קֵץ בָּא בָּא הַקֵּץ הֵקִיץ אֵלָיִךְ הִנֵּה בָּאָה : 6

וַיְהִי דְבַר־יְהוָֹה אֵלַי לֵאמֹר : בֶּן־אָדָם שִׂים פָּנֶיךָ 1 2

CAP. VII. ז

וַיְהִי דְבַר־יְהוָֹה אֵלַי לֵאמֹר : וְאַתָּה בֶן־אָדָם כֹּה־ 1 2

CHAP. VI.

AND the word of the LORD came unto me, saying,

2 Son of man, set[b] thy face toward the mountains[d] of Israel, and prophesy against them,

3 And say, Ye mountains of Israel, hear the word of the Lord GOD; Thus saith the Lord GOD to the mountains, and to the hills, to the rivers, and to the valleys, Behold I, *even* I, will bring a sword upon you, and I will destroy your high[e] places;

4 And your altars shall be desolate, and your γ images shall be broken; and I will cast down your slain *men* before your idols.

5 And I will ζ lay the dead carcases of the children of Israel before their idols; and I will scatter your bones[g] round about your altars.

6 In all your dwelling-places the cities shall be laid waste, and the high places shall be desolate; that your altars may be laid waste and made desolate, and your idols may be broken and cease, and your γ images may be cut down, and your works may be abolished.

7 And the slain shall fall in the midst of you, and[l] ye shall know that I *am* the LORD.

8 Yet will I leave a remnant,[m] that ye may have *some* that shall escape the sword among the nations, when ye shall be scattered through the countries.

9 And they that escape of you shall remember[n] me among the nations whither they shall be carried captives, because I am broken[o] with their whorish[p] heart, which hath departed from me, and with their eyes,[q] which go a whoring after their idols: and they shall loathe[r] themselves for the evils which they have committed in all their abominations.

10 And they shall know that I *am* the LORD, *and that* I have not said in vain that I would do this evil unto them.

11 Thus saith the Lord GOD, Smite[r] with thine hand, and stamp with thy foot, and say, Alas for all the evil abominations of the house of Israel: for[v] they shall fall by the sword, by the famine, and by the pestilence.

12 He that is far off shall die of the pestilence; and he that is near shall fall by the sword; and he that remaineth and is besieged shall die by the famine: thus will I accomplish my fury upon them.

13 Then shall ye know that I *am* the LORD, when their slain *men* shall be among their idols round about their altars, upon[x] every high hill, in all the tops of the mountains, and under every green tree, and under every thick oak, the place where they did offer sweet savour to all their idols.

14 So will I stretch out[y] my hand upon them, and make the land desolate, yea, more σ desolate than the wilderness toward Diblath, in all their habitations; and they shall know that I *am* the LORD.

CHAP. VII.

MOREOVER, the word of the LORD came unto me, saying,

2 Also, thou son of man, thus saith the Lord GOD unto the land of Israel, An end,[c] the end is come upon the four corners of the land.

3 Now *is* the end *come* upon thee, and I will send mine anger upon thee, and will judge thee according to thy ways, and will χ recompense upon thee all thine abominations.

B. C. 594.

a ch. 5. 11.
b ch. 20. 46.
c Ho. 9. 7.
d ch. 36. 1.
  Mi. 6. 1, 2.
β *awaketh against.*
e Le. 26. 30.
f Zep.1.14,15
γ *sun images.*
δ or, *echo.*
ζ or, *give.*
g 1 Ki. 13. 2.
  2 Ki. 23.14, 16.
η *upon thee.*
h Ga. 6. 7.
  Re. 20. 13.
i Mi. 6. 9.
j Pr. 16. 18.
k Je. 6. 7.
l ver. 13.
m Is. 6. 13.
  Je. 44. 28.
θ or, *tumult.*
κ or, *their tumultuous persons.*
n Ps. 137. 1.
  Da. 9. 2, 3.
o Ps. 78. 40.
  Is. 43. 24.
p Je. 3. 6, 13.
λ *though their life were yet among the living.*
q ch. 14. 4. 7.
  20. 7, 24.
  Nu. 15. 39.
r ch. 20. 43.
  36. 31.
  Job 42. 6.
s Ec. 8. 8.
μ or, *whose life is in his iniquity.*
t *his iniquity*
t ch. 21. 14.
u La. 1. 20.
v ch. 5. 12,13.
π *go into.*
w Am. 8. 10.
x Is. 57. 5, 7.
  Je. 2. 20.
  Ho. 4. 13.
ρ *for a separation, or, uncleanness.*
y Is. 5. 25.
z Pr. 11. 4.
σ or, *desolate from the wilderness.*
τ or, *their iniquity is their stumbling-block*
a ch. 14. 3, 4.
b Je. 7. 30.
φ or, *made it unto them an unclean thing.*
c La. 1. 9.
χ *give.*

---

4 And[a] mine eye shall not spare thee, neither will I have pity: but I will recompense[c] thy ways upon thee, and thine abominations shall be in the midst of thee; and ye shall know that I *am* the LORD.

5 Thus saith the Lord GOD, An evil, an only evil, behold, is come.

6 An end is come, the end is come: it β watcheth for thee; behold, it is come.

7 The morning is come unto thee, O thou that dwellest in the land: the time is come, the day f of trouble *is* near, and not the δ sounding again of the mountains.

8 Now will I shortly pour out my fury upon thee, and accomplish mine anger upon thee; and I will judge thee according to thy ways, and will recompense thee for all thine abominations.

9 And mine eye shall not spare, neither will I have pity: I will recompense η thee according to thy ways,[h] and thine abominations *that* are in the midst of thee; and ye shall know that I[i] *am* the LORD that smiteth.

10 Behold the day, behold, it is come; the morning is gone forth; the rod hath blossomed; pride j hath budded.

11 Violence[k] is risen up into a rod of wickedness: none of them *shall remain*, nor of their θ multitude, nor of any of κ their's; neither *shall there be* wailing for them.

12 The time is come, the day draweth near: let not the buyer rejoice, nor the seller mourn; for wrath *is* upon all the multitude thereof.

13 For the seller shall not return to that which is sold, λ although they were yet alive: for the vision *is* touching the whole multitude thereof, *which* shall not return; neither[s] shall any strengthen himself μ in ν the iniquity of his life.

14 They have blown the trumpet, even to make all ready; but none goeth to the battle: for my wrath *is* upon all the multitude thereof.

15 The sword[u] *is* without, and the pestilence and the famine within: he that *is* in the field shall die with the sword; and he that *is* in the city, famine and pestilence shall devour him.

16 But they that escape of them shall escape, and shall be on the mountains like doves of the valleys, all of them mourning, every one for his iniquity.

17 All hands shall be feeble, and all knees shall π be weak *as* water.

18 They[w] shall also gird *themselves* with sackcloth, and horror shall cover them; and shame *shall be* upon all faces, and baldness upon all their heads.

19 They shall cast their silver in the streets, and their gold shall be ρ removed: their silver[z] and their gold shall not be able to deliver them in the day of the wrath of the LORD: they shall not satisfy their souls, neither fill their bowels; because τ it is the stumbling-block[a] of their iniquity.

20 As for the beauty of his ornament, he set it in majesty; but they made[b] the images of their abominations, *and* of their detestable things therein: therefore have I φ set it far from them.

21 And I will give it into the hands of the strangers for a prey, and to the wicked of the earth for a spoil: and they shall pollute it.

22 My face will I turn also from them, and they shall pollute my secret *place*: for

בְּתֵיהֶם וְהִשְׁבַּתִּי גְּאוֹן עַזִּים וְנִחֲלוּ מְקַדְשֵׁיהֶם :

25/26 קְפָדָה בָא וּבִקְשׁוּ שָׁלוֹם וָאָיִן : הֹוָה עַל־הֹוָה
תָּבוֹא וּשְׁמֻעָה אֶל־שְׁמוּעָה תִּהְיֶה וּבִקְשׁוּ חָזוֹן
מִנָּבִיא וְתוֹרָה תֹּאבַד מִכֹּהֵן וְעֵצָה מִזְּקֵנִים :

27 הַמֶּלֶךְ יִתְאַבָּל וְנָשִׂיא יִלְבַּשׁ שְׁמָמָה וִידֵי עַם־
הָאָרֶץ תִּבָּהַלְנָה מִדַּרְכָּם אֶעֱשֶׂה אוֹתָם
וּבְמִשְׁפְּטֵיהֶם אֶשְׁפְּטֵם וְיָדְעוּ כִּי־אֲנִי יְהֹוָה :

CAP. VIII. ח

1 וַיְהִי בַּשָּׁנָה הַשִּׁשִּׁית בַּשִּׁשִּׁי בַּחֲמִשָּׁה לַחֹדֶשׁ אֲנִי
יוֹשֵׁב בְּבֵיתִי וְזִקְנֵי יְהוּדָה יוֹשְׁבִים לְפָנָי וַתִּפֹּל עָלַי
2 שָׁם יַד אֲדֹנָי יֱהֹוִה : וָאֶרְאֶה וְהִנֵּה דְמוּת כְּמַרְאֵה־
אֵשׁ מִמַּרְאֵה מָתְנָיו וּלְמַטָּה אֵשׁ וּמִמָּתְנָיו
3 וּלְמַעְלָה כְּמַרְאֵה־זֹהַר כְּעֵין הַחַשְׁמַלָה : וַיִּשְׁלַח
תַּבְנִית יָד וַיִּקָּחֵנִי בְּצִיצִת רֹאשִׁי וַתִּשָּׂא אֹתִי רוּחַ
בֵּין־הָאָרֶץ וּבֵין הַשָּׁמַיִם וַתָּבֵא אֹתִי יְרוּשָׁלְַמָה
בְּמַרְאוֹת אֱלֹהִים אֶל־פֶּתַח שַׁעַר הַפְּנִימִית הַפּוֹנֶה
צָפוֹנָה אֲשֶׁר־שָׁם מוֹשַׁב סֵמֶל הַקִּנְאָה הַמַּקְנֶה :
4 וְהִנֵּה־שָׁם כְּבוֹד אֱלֹהֵי יִשְׂרָאֵל כַּמַּרְאֶה אֲשֶׁר
5 רָאִיתִי בַּבִּקְעָה : וַיֹּאמֶר אֵלַי בֶּן־אָדָם שָׂא־נָא
עֵינֶיךָ דֶּרֶךְ צָפוֹנָה וָאֶשָּׂא עֵינַי דֶּרֶךְ צָפוֹנָה וְהִנֵּה
מִצָּפוֹן לְשַׁעַר הַמִּזְבֵּחַ סֵמֶל הַקִּנְאָה הַזֶּה בַּבִּאָה :
6 בַּבִּאָה : וַיֹּאמֶר אֵלַי בֶּן־אָדָם הֲרֹאֶה אַתָּה מֶה
הֵם עֹשִׂים תּוֹעֵבוֹת גְּדֹלוֹת אֲשֶׁר בֵּית־יִשְׂרָאֵל
עֹשִׂים פֹּה לְרָחֳקָה מֵעַל מִקְדָּשִׁי וְעוֹד תָּשׁוּב
7 תִּרְאֶה תּוֹעֵבוֹת גְּדֹלוֹת : וַיָּבֵא אֹתִי אֶל־פֶּתַח
הֶחָצֵר וָאֶרְאֶה וְהִנֵּה חֹר־אֶחָד בַּקִּיר : וַיֹּאמֶר
8 אֵלַי בֶּן־אָדָם חֲתָר־נָא בַקִּיר וָאֶחְתֹּר בַּקִּיר וְהִנֵּה
9 פֶּתַח אֶחָד : וַיֹּאמֶר אֵלַי בֹּא וּרְאֵה אֶת־הַתּוֹעֵבוֹת
10 הָרָעוֹת אֲשֶׁר הֵם עֹשִׂים פֹּה : וָאָבוֹא וָאֶרְאֶה
וְהִנֵּה כָל־תַּבְנִית רֶמֶשׂ וּבְהֵמָה שֶׁקֶץ וְכָל־גִּלּוּלֵי
בֵּית יִשְׂרָאֵל מְחֻקֶּה עַל־הַקִּיר סָבִיב סָבִיב :
11 וְשִׁבְעִים אִישׁ מִזִּקְנֵי בֵית־יִשְׂרָאֵל וְיַאֲזַנְיָהוּ בֶן־
שָׁפָן עֹמֵד בְּתוֹכָם עֹמְדִים לִפְנֵיהֶם וְאִישׁ מִקְטַרְתּוֹ
12 בְּיָדוֹ וַעֲתַר עֲנַן־הַקְּטֹרֶת עֹלֶה : וַיֹּאמֶר אֵלַי הֲ
רָאִיתָ בֶן־אָדָם אֲשֶׁר זִקְנֵי בֵית־יִשְׂרָאֵל עֹשִׂים
בַּחֹשֶׁךְ אִישׁ בְּחַדְרֵי מַשְׂכִּיתוֹ כִּי אֹמְרִים אֵין

13 יְהֹוָה רֹאֶה אֹתָנוּ עָזַב יְהֹוָה אֶת־הָאָרֶץ : וַיֹּאמֶר
אֵלַי עוֹד תָּשׁוּב תִּרְאֶה תּוֹעֵבוֹת גְּדֹלוֹת אֲשֶׁר־הֵמָּה
14 עֹשִׂים : וַיָּבֵא אֹתִי אֶל־פֶּתַח שַׁעַר בֵּית־יְהֹוָה
אֲשֶׁר אֶל־הַצָּפוֹנָה וְהִנֵּה־שָׁם הַנָּשִׁים יֹשְׁבוֹת מְבַכּוֹת
15 אֶת־הַתַּמּוּז : וַיֹּאמֶר אֵלַי הֲרָאִיתָ בֶן־אָדָם עוֹד
תָּשׁוּב תִּרְאֶה תּוֹעֵבוֹת גְּדֹלוֹת מֵאֵלֶּה : וַיָּבֵא אֹתִי
16 אֶל־חֲצַר בֵּית־יְהֹוָה הַפְּנִימִית וְהִנֵּה־פֶתַח הֵיכַל
יְהֹוָה בֵּין הָאוּלָם וּבֵין הַמִּזְבֵּחַ כְּעֶשְׂרִים וַחֲמִשָּׁה
אִישׁ אֲחֹרֵיהֶם אֶל־הֵיכַל יְהֹוָה וּפְנֵיהֶם קֵדְמָה
וְהֵמָּה מִשְׁתַּחֲוִיתֶם קֵדְמָה לַשָּׁמֶשׁ : וַיֹּאמֶר אֵלַי
17 הֲרָאִיתָ בֶן־אָדָם הֲנָקֵל לְבֵית יְהוּדָה מֵעֲשׂוֹת אֶת־
הַתּוֹעֵבוֹת אֲשֶׁר עָשׂוּ־פֹה כִּי־מָלְאוּ אֶת־הָאָרֶץ
חָמָס וַיָּשֻׁבוּ לְהַכְעִיסֵנִי וְהִנָּם שֹׁלְחִים אֶת־הַזְּמוֹרָה
18 אֶל־אַפָּם : וְגַם־אֲנִי אֶעֱשֶׂה בְחֵמָה לֹא־תָחוֹס עֵינִי
וְלֹא אֶחְמֹל וְקָרְאוּ בְאָזְנַי קוֹל גָּדוֹל וְלֹא אֶשְׁמַע
אוֹתָם :

CAP. IX. ט

1 וַיִּקְרָא בְאָזְנַי קוֹל גָּדוֹל לֵאמֹר קָרְבוּ פְּקֻדּוֹת הָעִיר
2 וְאִישׁ כְּלִי מַשְׁחֵתוֹ בְּיָדוֹ : וְהִנֵּה שִׁשָּׁה אֲנָשִׁים
בָּאִים מִדֶּרֶךְ־שַׁעַר הָעֶלְיוֹן אֲשֶׁר מָפְנֶה צָפוֹנָה
וְאִישׁ כְּלִי מַפָּצוֹ בְּיָדוֹ וְאִישׁ־אֶחָד בְּתוֹכָם לָבֻשׁ
בַּדִּים וְקֶסֶת הַסֹּפֵר בְּמָתְנָיו וַיָּבֹאוּ וַיַּעַמְדוּ אֵצֶל
3 מִזְבַּח הַנְּחֹשֶׁת : וּכְבוֹד אֱלֹהֵי יִשְׂרָאֵל נַעֲלָה מֵעַל
הַכְּרוּב אֲשֶׁר הָיָה עָלָיו אֶל מִפְתַּן הַבָּיִת וַיִּקְרָא
אֶל־הָאִישׁ הַלָּבֻשׁ הַבַּדִּים אֲשֶׁר קֶסֶת הַסֹּפֵר
4 בְּמָתְנָיו : וַיֹּאמֶר יְהֹוָה אֵלָו עֲבֹר בְּתוֹךְ
הָעִיר בְּתוֹךְ יְרוּשָׁלָםִ וְהִתְוִיתָ תָּו עַל־מִצְחוֹת
הָאֲנָשִׁים הַנֶּאֱנָחִים וְהַנֶּאֱנָקִים עַל כָּל־הַתּוֹעֵבוֹת
5 הַנַּעֲשׂוֹת בְּתוֹכָהּ : וּלְאֵלֶּה אָמַר בְּאָזְנַי עִבְרוּ
בָעִיר אַחֲרָיו וְהַכּוּ עַל־תָּחֹס עֵינֵיכֶם וְאַל־תַּחְמֹלוּ :
6 זָקֵן בָּחוּר וּבְתוּלָה וְטַף וְנָשִׁים תַּהַרְגוּ לְמַשְׁחִית
וְעַל־כָּל־אִישׁ אֲשֶׁר־עָלָיו הַתָּו אַל־תִּגַּשׁוּ וּמִמִּקְדָּשִׁי
תָּחֵלּוּ וַיָּחֵלּוּ בָּאֲנָשִׁים הַזְּקֵנִים אֲשֶׁר לִפְנֵי הַבָּיִת :
7 וַיֹּאמֶר אֲלֵיהֶם טַמְּאוּ אֶת־הַבַּיִת וּמַלְאוּ אֶת־
8 הַחֲצֵרוֹת חֲלָלִים צֵאוּ וְיָצְאוּ וְהִכּוּ בָעִיר : וַיְהִי
כְּהַכּוֹתָם וְנֵאשֲׁאַר אָנִי וָאֶפְּלָה עַל־פָּנַי וָאֶזְעַק

the β robbers shall enter into it, and defile it.

23 Make a chain; for *b* the land is full of bloody crimes, the city is full of violence.

24 Wherefore I will bring the worst of the heathen,*d* and they shall possess their houses: I will also make the pomp of the strong to cease, and γ their holy places*e* shall be defiled.

25 δ Destruction cometh; and they shall seek peace, and *there shall be* none.

26 Mischief*f* shall come upon mischief, and rumour shall be upon rumour; then shall they seek a vision of the prophet: but the*ᵍ* law shall perish from the priest, and counsel from the ancients.

27 The king shall mourn, and the prince shall be clothed with desolation, and the hands of the people of the land shall be troubled: I will do unto them after their way, and ζ according to their deserts will I judge them; and they shall know that I *am* the LORD.

CHAP. VIII.

AND it came to pass in the sixth year, in the sixth *month,* in the fifth *day* of the month, *as* I sat in mine house, and the elders*ⁿ* of Judah sat before me, that the*ᵒ* hand of the Lord GOD fell there upon me.

2 Then I beheld, and, lo,*ᵖ* a likeness as the appearance of fire: from the appearance of his loins even downward, fire; and from his loins even upward, as the appearance of brightness, as the colour of*ʳ* amber.

3 And he put forth the form of an*ᵗ* hand, and took me by a lock of mine head; and the spirit lifted me up between the earth and the heaven, and*ᵘ* brought me in the visions of God to Jerusalem, to the door of the inner gate that looketh toward the north, where*ᵛ was* the seat of the image of jealousy, which provoketh*ʷ* to jealousy.

4 And, behold, the glory of the God of Israel *was* there, according to the vision that I saw*ˣ* in the plain.

5 Then said he unto me, Son of man, lift up thine eyes now the way toward the north.*ᶻ* So I lifted up mine eyes the way toward the north, and behold, northward at the gate of the altar, this image of jealousy in the entry.

6 He said, furthermore, unto me, Son of man, seest thou what they do? *even* the great abominations that the house of Israel committeth here,*b* that I should go far off from*ᶜ* my sanctuary? But turn thee yet again, *and* thou shalt see greater abominations.

7 And he brought me to the door of the court; and when I looked, behold, a hole in the wall.

8 Then said he unto me, Son of man, dig now in the wall: and when I had digged in the wall, behold, a door.

9 And he said unto me, Go in, and behold the wicked abominations*ᵍ* that they do here.

10 So I went in*ʰ* and saw; and behold, every*ᵏ* form of creeping things, and abominable beasts, and all the idols of the house of Israel, pourtrayed upon the wall round about.

11 And there stood before them seventy men of the ancients*ᵐ* of the house of Israel, and in the midst of them stood Jaazaniah the son of Shaphan, with every man his censer*ⁿ* in his hand; and a thick cloud of incense went up.

Center column references

B. C. 594.

β or, *burglars.*
a Ep. 5. 12.
b 2 Ki. 21. 16.
c ch. 9. 9.
   Ps. 73. 11.
   94. 7.
d Ps. 106. 41.
γ or, *they shall inherit their holy places.*
e 2 Ch. 7. 20.
   Ps. 83. 12.
δ *Cutting off.*
f De. 32. 23.
   Je. 4. 20.
g ch. 20. 3.
   Ps. 74. 9.
   La. 2. 9.
h 2 Ti. 3. 13.
i Joel 2. 17.
ζ *with their judgments,*
   Lu. 19. 22.
   Ja. 2. 13.
k ch. 11. 1.
l Je. 2. 27.
m De. 4. 19.
   2 Ki. 23. 5.
   Je. 44. 17.
η or, *Is there any thing lighter than to.*
n ch. 20. 1.
o ch. 3. 14, 22.
p ch. 1. 26, 27.
q ch. 5. 11.
r ch. 1. 4.
s Pr. 1. 28.
   Mi. 3. 4.
   Zec. 7. 13.
t Da. 5. 5.
u ch. 40. 2.
v Je. 32. 34.
w De. 32. 16, 21.
θ *is turned.*
x ch. 3. 22, 23.
κ *weapon of his breaking in pieces.*
γ Re. 15. 6.
z Ps. 48. 2.
λ *upon his loins.*
a ch. 3. 23.
b Pr. 5. 14.
c Ps. 78. 60.
μ *mark.*
d Ex. 12. 7.
   Re. 7. 3.
e Ps. 119. 136.
   Je. 13. 17.
ν *ears.*
f Ex. 32. 27.
   Nu. 25. 7, 8.
   1 Ki. 18. 40.
π *to destruction.*
g ch. 20. 8.
h Je. 23. 11.
i Re. 9. 4.
k Ro. 1. 23.
l Je. 25. 29.
m Je. 19. 1.
n Nu. 16. 17.

12 Then said he unto me, Son of man, hast thou seen what the ancients of the house of Israel do in the dark,*a* every man in the chambers of his imagery? for they say, The*c* LORD seeth us not; the LORD hath forsaken the earth.

13 He said also unto me, Turn thee yet again, *and* thou shalt see greater abominations that they do.

14 Then he brought me to the door of the gate of the LORD's house which *was* toward the north; and behold, there sat women weeping for Tammuz.

15 Then said he unto me, Hast thou seen *this*, O son of man? Turn thee yet again, *and* thou shalt see greater *h* abominations than these.

16 And he brought me into the inner court of the LORD's house; and, behold, at the door of the temple of the LORD, between*i* the porch and the altar, *were* about five*k* and twenty men, with their backs toward*l* the temple of the LORD, and their faces toward the east; and they worshipped the sun*m* toward the east.

17 Then he said unto me, Hast thou seen *this*, O son of man? η Is it a light thing to the house of Judah that they commit the abominations which they commit here? for they have filled the land with violence, and have returned to provoke me to anger; and, lo, they put the branch to their nose.

18 Therefore will I also deal in fury: mine eye shall not spare,*q* neither will I have pity; and though*s* they cry in mine ears with a loud voice, *yet* will I not hear them.

CHAP. IX.

HE cried also in mine ears with a loud voice, saying, Cause them that have charge over the city to draw near, even every man *with* his destroying weapon in his hand.

2 And, behold, six men came from the way of the higher gate, which θ lieth toward the north, and every man a κ slaughter-weapon in his hand: and one man among them *was* clothed ᵍ with linen, with a writer's ink-horn λ by his side: and they went in, and stood beside the brazen altar.

3 And the glory*a* of the God of Israel was gone up from the cherub, whereupon he was, to the threshold of the house: and he called to the man clothed with linen, which *had* the writer's ink-horn by his side;

4 And the LORD said unto him, Go through the midst of the city, through the midst of Jerusalem, and μ set a mark upon*d* the foreheads of the men that*e* sigh, and that cry, for all the abominations that be done in the midst thereof.

5 And to the others he said in mine ν hearing, Go ye after him through the city, and smite ;*f* let not your eye spare, neither have ye pity:

6 Slay π utterly old *and* young, both maids, and little children, and women : but*i* come not near any man upon whom *is* the mark; and begin*l* at my sanctuary. Then they began at the ancient men which *were* before the house.

7 And he said unto them, Defile the house, and fill the courts with the slain: go ye forth. And they went forth, and slew in the city.

8 And it came to pass, while they were slaying them, and I was left, that I fell upon my face, and cried, and said, Ah,

וָאֹמַר אֲהָהּ אֲדֹנָי יְהוִֹה הֲמַשְׁחִית אַתָּה אֵת כָּל־ הַקָּרוֹב וּפְנֵי הַשֵּׁנִי פְּנֵי אָדָם וְהַשְּׁלִישִׁי פְּנֵי אַרְיֵה

שְׁאֵרִית יִשְׂרָאֵל בְּשָׁפְכְּךָ אֶת־חֲמָתְךָ עַל־יְרוּשָׁלָ͏ִם׃ וְהָרְבִיעִי פְּנֵי־נָשֶׁר׃ 15 וַיֵּרֹמּוּ הַכְּרוּבִים הִיא הַחַיָּה אֲשֶׁר

9 וַיֹּאמֶר אֵלַי עֲוֺן בֵּית־יִשְׂרָאֵל וִיהוּדָה גָּדוֹל בִּמְאֹד רָאִיתִי בִּנְהַר־כְּבָר׃ 16 וּבְלֶכֶת הַכְּרוּבִים יֵלְכוּ

מְאֹד וַתִּמָּלֵא הָאָרֶץ דָּמִים וְהָעִיר מָלְאָה מֻטֶּה כִּי הָאוֹפַנִּים אֶצְלָם וּבִשְׂאֵת הַכְּרוּבִים אֶת־כַּנְפֵיהֶם

אָמְרוּ עָזַב יְהוָֹה אֶת־הָאָרֶץ וְאֵין יְהוָֹה רֹאֶה׃ לָרוּם מֵעַל הָאָרֶץ לֹא־יִסַּבּוּ הָאוֹפַנִּים גַּם־הֵם

10 וְגַם־אֲנִי לֹא־תָחוֹס עֵינִי וְלֹא אֶחְמֹל דַּרְכָּם מֵאֶצְלָם׃ 17 בְּעָמְדָם יַעֲמֹדוּ וּבְרוֹמָם יֵרוֹמּוּ אוֹתָם 18

11 בְּרֹאשָׁם נָתָתִּי׃ וְהִנֵּה הָאִישׁ לְבֻשׁ הַבַּדִּים אֲשֶׁר כִּי רוּחַ הַחַיָּה בָּהֶם׃ וַיֵּצֵא כְּבוֹד יְהוָֹה מֵעַל 19

הַקֶּסֶת בְּמָתְנָיו מֵשִׁיב דָּבָר לֵאמֹר עָשִׂיתִי כַּאֲשֶׁר מִפְתַּן הַבַּיִת וַיַּעֲמֹד עַל־הַכְּרוּבִים׃ וַיִּשְׂאוּ

צִוִּיתָנִי׃ הַכְּרוּבִים אֶת־כַּנְפֵיהֶם וַיֵּרוֹמּוּ מִן־הָאָרֶץ לְעֵינַי

בְּצֵאתָם וְהָאוֹפַנִּים לְעֻמָּתָם וַיַּעֲמֹד פֶּתַח שַׁעַר

בֵּית־יְהוָֹה הַקַּדְמוֹנִי וּכְבוֹד אֱלֹהֵי־יִשְׂרָאֵל עֲלֵיהֶם

CAP. X. י

1 וָאֶרְאֶה וְהִנֵּה אֶל־הָרָקִיעַ אֲשֶׁר עַל־רֹאשׁ הַכְּרֻבִים מִלְמָעְלָה׃ 20 הִיא הַחַיָּה אֲשֶׁר רָאִיתִי תַּחַת אֱלֹהֵי

כְּאֶבֶן סַפִּיר כְּמַרְאֵה דְּמוּת כִּסֵּא נִרְאָה עֲלֵיהֶם׃ יִשְׂרָאֵל בִּנְהַר־כְּבָר וָאֵדַע כִּי כְרוּבִים הֵמָּה׃ 21

2 וַיֹּאמֶר אֶל־הָאִישׁ לְבֻשׁ הַבַּדִּים וַיֹּאמֶר בֹּא אֶל־ אַרְבָּעָה אַרְבָּעָה פָנִים לְאֶחָד וְאַרְבַּע כְּנָפַיִם לְאֶחָד

בֵּינוֹת לַגַּלְגַּל אֶל־תַּחַת לַכְּרוּב וּמַלֵּא חָפְנֶיךָ וּדְמוּת יְדֵי אָדָם תַּחַת כַּנְפֵיהֶם׃ וּדְמוּת פְּנֵיהֶם 22

גַּחֲלֵי־אֵשׁ מִבֵּינוֹת לַכְּרֻבִים וּזְרֹק עַל־הָעִיר וַיָּבֹא הֵמָּה הַפָּנִים אֲשֶׁר רָאִיתִי עַל־נְהַר־כְּבָר מַרְאֵיהֶם

3 לְעֵינָי׃ וְהַכְּרֻבִים עֹמְדִים מִימִין לַבַּיִת בְּבֹאוֹ וְאוֹתָם אִישׁ אֶל־עֵבֶר פָּנָיו יֵלֵכוּ׃

4 הָאִישׁ וְהֶעָנָן מָלֵא אֶת־הֶחָצֵר הַפְּנִימִית׃ וַיָּרָם

כְּבוֹד־יְהוָֹה מֵעַל הַכְּרוּב עַל מִפְתַּן הַבָּיִת וַיִּמָּלֵא

הַבַּיִת אֶת־הֶעָנָן וְהֶחָצֵר מָלְאָה אֶת־נֹגַהּ כְּבוֹד ## CAP. XI. יא

5 יְהוָֹה׃ וְקוֹל כַּנְפֵי הַכְּרוּבִים נִשְׁמַע עַד־הֶחָצֵר 1 וַתִּשָּׂא אֹתִי רוּחַ וַתָּבֵא אֹתִי אֶל־שַׁעַר בֵּית־יְהוָֹה

הַחִיצֹנָה כְּקוֹל אֵל־שַׁדַּי בְּדַבְּרוֹ׃ 6 וַיְהִי בְּצַוֹּתוֹ הַקַּדְמוֹנִי הַפּוֹנֶה קָדִימָה וְהִנֵּה בְּפֶתַח הַשַּׁעַר

אֶת־הָאִישׁ לְבֻשׁ־הַבַּדִּים לֵאמֹר קַח אֵשׁ עֶשְׂרִים וַחֲמִשָּׁה אִישׁ וָאֶרְאֶה בְתוֹכָם אֶת־

מִבֵּינוֹת לַגַּלְגַּל מִבֵּינוֹת לַכְּרוּבִים וַיָּבֹא וַיַּעֲמֹד אֵצֶל יַאֲזַנְיָה בֶן־עַזֻּר וְאֶת־פְּלַטְיָהוּ בֶן־בְּנָיָהוּ שָׂרֵי

7 הָאוֹפָן׃ וַיִּשְׁלַח הַכְּרוּב אֶת־יָדוֹ מִבֵּינוֹת לַכְּרוּבִים הָעָם׃ 2 וַיֹּאמֶר אֵלַי בֶּן־אָדָם אֵלֶּה

אֶל־הָאֵשׁ אֲשֶׁר בֵּינוֹת הַכְּרֻבִים וַיִּשָּׂא וַיִּתֵּן אֶל־ הָאֲנָשִׁים הַחֹשְׁבִים אָוֶן וְהַיֹּעֲצִים עֲצַת־רָע

8 חָפְנֵי לְבֻשׁ הַבַּדִּים וַיִּקַּח וַיֵּצֵא׃ וַיֵּרָא לַכְּרוּבִים בָּעִיר הַזֹּאת׃ 3 הָאֹמְרִים לֹא בְקָרוֹב בְּנוֹת בָּתִּים

9 תַּבְנִית יַד־אָדָם תַּחַת כַּנְפֵיהֶם׃ וָאֶרְאֶה וְהִנֵּה הִיא הַסִּיר וַאֲנַחְנוּ הַבָּשָׂר׃ 4 לָכֵן הִנָּבֵא עֲלֵיהֶם

אַרְבָּעָה אוֹפַנִּים אֵצֶל הַכְּרוּבִים אוֹפַן אֶחָד אֵצֶל הִנָּבֵא בֶּן־אָדָם׃ 5 וַתִּפֹּל עָלַי רוּחַ יְהוָֹה וַיֹּאמֶר אֵלַי

הַכְּרוּב אֶחָד וְאוֹפַן אֶחָד אֵצֶל הַכְּרוּב אֶחָד אֱמֹר כֹּה־אָמַר יְהוָֹה כֵּן אֲמַרְתֶּם בֵּית יִשְׂרָאֵל

10 וּמַרְאֵה הָאוֹפַנִּים כְּעֵין אֶבֶן תַּרְשִׁישׁ׃ וּמַעֲלוֹת רוּחֲכֶם אֲנִי יְדַעְתִּיהָ׃ 6 הִרְבֵּיתֶם חַלְלֵיכֶם

דְּמוּת אֶחָד לְאַרְבַּעְתָּם כַּאֲשֶׁר יִהְיֶה הָאוֹפַן בְּתוֹךְ בָּעִיר הַזֹּאת וּמִלֵּאתֶם חוּצֹתֶיהָ חָלָל׃ 7 לָכֵן

11 הָאוֹפָן׃ בְּלֶכְתָּם אֶל־אַרְבַּעַת רִבְעֵיהֶם יֵלֵכוּ לֹא כֹּה־אָמַר אֲדֹנָי יְהוִֹה חַלְלֵיכֶם אֲשֶׁר שַׂמְתֶּם

יִסַּבּוּ בְּלֶכְתָּם כִּי הַמָּקוֹם אֲשֶׁר־יִפְנֶה הָרֹאשׁ אַחֲרָיו בְּתוֹכָהּ הֵמָּה הַבָּשָׂר וְהִיא הַסִּיר וְאֶתְכֶם הוֹצִיא 8

12 יֵלֵכוּ לֹא יִסַּבּוּ בְּלֶכְתָּם׃ וְכָל־בְּשָׂרָם וְגַבֵּהֶם מִתּוֹכָהּ׃ חֶרֶב יְרֵאתֶם וְחֶרֶב אָבִיא עֲלֵיכֶם נְאֻם

וִידֵיהֶם וְכַנְפֵיהֶם וְהָאוֹפַנִּים מְלֵאִים עֵינַיִם סָבִיב אֲדֹנָי יְהוִֹה׃ 9 וְהוֹצֵאתִי אֶתְכֶם מִתּוֹכָהּ וְנָתַתִּי

13 לְאַרְבַּעְתָּם אוֹפַנֵּיהֶם׃ לָאוֹפַנִּים לָהֶם קוֹרָא הַגַּלְגַּל אֶתְכֶם בְּיַד־זָרִים וְעָשִׂיתִי בָכֶם שְׁפָטִים׃ 10 בַּחֶרֶב

14 בְּאָזְנָי׃ וְאַרְבָּעָה פָנִים לְאֶחָד פְּנֵי הָאֶחָד פְּנֵי תִּפֹּלוּ עַל־גְּבוּל יִשְׂרָאֵל אֶשְׁפּוֹט אֶתְכֶם וִידַעְתֶּם

כִּי־אֲנִי יְהוָֹה׃ 11 הִיא לֹא־תִהְיֶה לָכֶם לְסִיר וְאַתֶּם

Lord God! wilt thou destroy all the residue[a] of Israel in thy pouring out of thy fury upon Jerusalem?

9 Then said he unto me, The iniquity of the house of Israel and Judah *is* exceeding great,[c] and the land is [β] full of blood,[d] and the city full of [γ] perverseness; for they say, The Lord hath forsaken the earth, and the Lord seeth[e] not.

10 And as for me also, mine eye shall not spare, neither will I have pity; *but* I will recompense their way upon their head.

11 And, behold, the man clothed with linen, which *had* the ink-horn by his side, [ζ] reported the matter, saying, I have done as thou hast commanded me.

CHAP. X.

THEN I looked, and, behold, in the firmament[g] that was above the head of the cherubims there appeared over them as it were a sapphire-stone, as the appearance of the likeness of a throne.

2 And he spake unto the man [h] clothed with linen, and said, Go in between the wheels, *even* under the cherub, and fill [η] thine hand with coals[i] of fire from between the cherubims, and scatter[k] *them* over the city. And he went in in my sight.

3 Now the cherubims stood on the right side of the house, when the man went in; and the cloud filled the inner court.

4 Then the glory[l] of the Lord [θ] went up from the cherub, *and stood* over the threshold of the house; and the house was filled [m] with the cloud, and the court was full of the brightness of the Lord's glory.

5 And the sound[p] of the cherubims' wings was heard *even* to the outer court, as the voice of the Almighty God when he speaketh.

6 And it came to pass, *that* when he had commanded the man clothed with linen, saying, Take fire from between the wheels, from between[t] the cherubims; then he went in, and stood beside the wheels.

7 And *one* cherub [λ] stretched forth his hand from between the cherubims unto the fire that *was* between the cherubims, and took *thereof*, and put *it* into the hands of *him that was* clothed with linen; who took *it*, and went out.

8 And [x] there appeared in the cherubims the form of a man's hand under their wings.

9 And when I looked, behold,[z] the four wheels by the cherubims, one wheel by one cherub, and another wheel by another cherub: and the appearance of the wheels *was* as the colour of a beryl-stone.

10 And *as for* their appearances, they four had one likeness, as if a wheel had been in the midst of a wheel.

11 When they went, they went upon their four sides; they turned not as they went, but to the place whither the head looked they followed it; they turned not as they went.

12 And their whole [μ] body, and their backs, and their hands, and their wings, and the wheels, *were* full of eyes round about, *even* the wheels that they four had.

13 As for the wheels, [v] it was cried unto them in my hearing, O wheel!

14 And[g] every one had four faces: the first face *was* the face of a cherub, and the second face *was* the face of a man, and the third the face of a lion, and the fourth the face of an eagle.

(center reference column)

B. C. 594.

a Ge. 18. 23, &c.
b ch. 1. 5.
c Je. 5. 1.
β *filled with.*
d 2 Ki. 24. 4.
γ or, *wresting* of judgment.
e Ps. 10. 11.
  Is. 29. 15.
d *life.*
ζ *returned the word.*
f ch. 11. 22.
  Ge. 3. 24.
g ch.1.22,26.
h ch. 9. 2, 3.
η *the hollow of thine.*
i ch. 1. 13.
k Ex.9.8...10.
  Re. 8. 5.
l Nu. 16. 19.
θ *was lifted.*
m ch. 43. 5.
  1 Ki. 8. 10, 11.
n ch. 8. 3.
o ch. 10. 19.
p ch. 1. 24.
q ch. 8. 16.
r ch. 22. 27.
  Is. 1. 10, 23.
  Ho. 5. 10.
s Mi. 2. 1.
t Ps. 80. 1.
  99. 1.
ν or, for us to build houses near.
u ch.12.22,27.
  2 Pe. 3. 4.
λ *sent forth.*
v ch.24.3,&c.
  Je. 1. 13.
w ch. 2. 7.
  Is. 58. 1.
x ver. 21.
y Ps.139.2,3.
  Jnº. 2. 24, 25.
  He. 4. 13.
  Re. 2. 23.
z ch.1.15,&c.
a ch. 7. 23.
  22. 3, 4.
  2 Ki. 24. 4.
  Is. 1. 15.
  Je. 2. 34.
  Ho. 4. 2.
  Mi. 3. 2, 3.
μ *flesh.*
b De. 28. 36.
  Ne.9.36,37.
  Ps. 106. 41.
c ch. 16. 38.
d Je. 52. 10.
e 2 Ki. 14. 25.
v or, *they were called in my hearing, Wheel,* or, *Galgal.*
f Ps. 9. 16.
g ch. 1. 6, 10.
π or, *which.*
h Ezr. 9. 7.
  Ne. 9. 34.

15 And the cherubims were lifted up. This *is* the living creature[b] that I saw by the river of Chebar.

16 And when the cherubims went, the wheels went by them; and when the cherubims lifted up their wings to mount up from the earth, the same wheels also turned not from beside them.

17 When they stood, *these* stood; and when they were lifted up, *these* lifted up themselves *also*: for the spirit of [δ] the living creature *was* in them.

18 Then the glory of the Lord departed from off the threshold of the house, and stood [f] over the cherubims.

19 And the cherubims lifted up their wings, and mounted up from the earth in my sight: when they went out, the wheels also *were* beside them; and *every one* stood at the door of the east gate of the Lord's house; and the glory of the God of Israel *was* over them above.

20 This *is* the living creature that I saw under the God of Israel by the river of Chebar; and I knew that they *were* the cherubims.

21 Every one had four faces apiece, and every one four wings; and the likeness of the hands of a man *was* under their wings.

22 And the likeness of their faces *was* the same faces which I saw by the river of Chebar, their appearances and themselves: they went every one straight forward.

CHAP. XI.

MOREOVER,[n] the spirit lifted me up, and brought me unto the east gate[o] of the Lord's house, which looketh eastward: and, behold,[q] at the door of the gate five and twenty men; among whom I saw Jaazaniah the son of Azur, and Pelatiah the son of Benaiah, princes[r] of the people.

2 Then said he unto me, Son of man, these *are* the men that devise[s] mischief, and give wicked counsel in this city;

3 Which say, *It is* not [κ] near; [u] let us build houses: this *city is* the[v] caldron, and we *be* the flesh.

4 Therefore prophesy against them, prophesy, O son of man.

5 And the Spirit of the Lord fell upon me, and said unto me, Speak;[w] Thus saith the Lord, Thus have ye said, O house of Israel: for I know[y] the things that come into your mind, *every one of* them.

6 Ye have multiplied your slain[a] in this city, and ye have filled the streets thereof with the slain.

7 Therefore thus saith the Lord God, Your slain whom ye have laid in the midst of it, they *are* the flesh, and this *city is* the caldron; but I will bring you forth out of the midst of it.

8 Ye have feared the sword; and I will bring a sword upon you, saith the Lord God.

9 And I will bring you out of the midst thereof, and deliver you into the hands of strangers,[b] and will execute judgments among[c] you.

10 Ye shall fall[d] by the sword: I will judge you in the border[e] of Israel; and ye shall know[f] that I *am* the Lord.

11 This *city* shall not be your caldron, neither shall ye be the flesh in the midst thereof; *but* I will judge you in the border of Israel:

12 And ye shall know that I *am* the Lord: [π] for ye have not [h] walked in my

12 וִידַעְתֶּם כִּי־אֲנִי יְהוָה אֲשֶׁר בְּחֻקַּי לֹא הֲלַכְתֶּם וּמִשְׁפָּטַי לֹא עֲשִׂיתֶם וּכְמִשְׁפְּטֵי הַגּוֹיִם אֲשֶׁר סְבִיבוֹתֵיכֶם עֲשִׂיתֶם׃

13 וַיְהִי כְּהִנָּבְאִי וּפְלַטְיָהוּ בֶן־בְּנָיָה מֵת וָאֶפֹּל עַל־פָּנַי וָאֶזְעַק קוֹל־גָּדוֹל וָאֹמַר אֲהָהּ אֲדֹנָי יְהוִה כָּלָה אַתָּה עֹשֶׂה אֵת שְׁאֵרִית יִשְׂרָאֵל׃

14 וַיְהִי דְבַר־יְהוָה אֵלַי לֵאמֹר׃

15 בֶּן־אָדָם אַחֶיךָ אַחֶיךָ אַנְשֵׁי גְאֻלָּתֶךָ וְכָל־בֵּית יִשְׂרָאֵל כֻּלֹּה אֲשֶׁר אָמְרוּ לָהֶם יֹשְׁבֵי יְרוּשָׁלִַם רַחֲקוּ מֵעַל יְהוָה לָנוּ הִיא נִתְּנָה הָאָרֶץ לְמוֹרָשָׁה׃

16 לָכֵן אֱמֹר כֹּה־אָמַר אֲדֹנָי יְהוִה כִּי הִרְחַקְתִּים בַּגּוֹיִם וְכִי הֲפִיצוֹתִים בָּאֲרָצוֹת וָאֱהִי לָהֶם לְמִקְדָּשׁ מְעַט בָּאֲרָצוֹת אֲשֶׁר־בָּאוּ שָׁם׃

17 לָכֵן אֱמֹר כֹּה־אָמַר אֲדֹנָי יְהוִה וְקִבַּצְתִּי אֶתְכֶם מִן־הָעַמִּים וְאָסַפְתִּי אֶתְכֶם מִן־הָאֲרָצוֹת אֲשֶׁר נְפֹצוֹתֶם בָּהֶם וְנָתַתִּי לָכֶם אֶת־אַדְמַת יִשְׂרָאֵל׃

18 וּבָאוּ־שָׁמָּה וְהֵסִירוּ אֶת־כָּל־שִׁקּוּצֶיהָ וְאֶת־כָּל־תּוֹעֲבוֹתֶיהָ מִמֶּנָּה׃

19 וְנָתַתִּי לָהֶם לֵב אֶחָד וְרוּחַ חֲדָשָׁה אֶתֵּן בְּקִרְבְּכֶם וַהֲסִרֹתִי לֵב הָאֶבֶן מִבְּשָׂרָם וְנָתַתִּי לָהֶם לֵב בָּשָׂר׃

20 לְמַעַן בְּחֻקֹּתַי יֵלֵכוּ וְאֶת־מִשְׁפָּטַי יִשְׁמְרוּ וְעָשׂוּ אֹתָם וְהָיוּ־לִי לְעָם וַאֲנִי אֶהְיֶה לָהֶם לֵאלֹהִים׃

21 וְאֶל־לֵב שִׁקּוּצֵיהֶם וְתוֹעֲבוֹתֵיהֶם לִבָּם הֹלֵךְ דַּרְכָּם בְּרֹאשָׁם נָתַתִּי נְאֻם אֲדֹנָי יְהוִה׃

22 וַיִּשְׂאוּ הַכְּרוּבִים אֶת־כַּנְפֵיהֶם וְהָאוֹפַנִּים לְעֻמָּתָם וּכְבוֹד אֱלֹהֵי־יִשְׂרָאֵל עֲלֵיהֶם מִלְמָעְלָה׃

23 וַיַּעַל כְּבוֹד יְהוָה מֵעַל תּוֹךְ הָעִיר וַיַּעֲמֹד עַל־הָהָר אֲשֶׁר מִקֶּדֶם לָעִיר׃

24 וְרוּחַ נְשָׂאַתְנִי וַתְּבִיאֵנִי כַשְׂדִּימָה אֶל־הַגּוֹלָה בַּמַּרְאֶה בְּרוּחַ אֱלֹהִים וַיַּעַל מֵעָלַי הַמַּרְאֶה אֲשֶׁר רָאִיתִי׃

25 וָאֲדַבֵּר אֶל־הַגּוֹלָה אֵת כָּל־דִּבְרֵי יְהוָה אֲשֶׁר הֶרְאָנִי׃

CAP. XII. יב

1 וַיְהִי דְבַר־יְהוָה אֵלַי לֵאמֹר׃

2 בֶּן־אָדָם בְּתוֹךְ בֵּית־הַמֶּרִי אַתָּה יֹשֵׁב אֲשֶׁר עֵינַיִם לָהֶם לִרְאוֹת וְלֹא רָאוּ אָזְנַיִם לָהֶם לִשְׁמֹעַ וְלֹא שָׁמֵעוּ כִּי בֵּית מְרִי הֵם׃

3 וְאַתָּה בֶן־אָדָם עֲשֵׂה לְךָ כְּלֵי גוֹלָה וּגְלֵה יוֹמָם לְעֵינֵיהֶם וְגָלִיתָ מִמְּקוֹמְךָ אֶל־מָקוֹם אַחֵר לְעֵינֵיהֶם אוּלַי יִרְאוּ כִּי

בֵּית מְרִי הֵמָּה׃

4 וְהוֹצֵאתָ כֵלֶיךָ כִּכְלֵי גוֹלָה יוֹמָם לְעֵינֵיהֶם וְאַתָּה תֵּצֵא בָעֶרֶב לְעֵינֵיהֶם כְּמוֹצָאֵי גּוֹלָה׃

5 לְעֵינֵיהֶם חֲתָר־לְךָ בַקִּיר וְהוֹצֵאתָ בּוֹ׃

6 לְעֵינֵיהֶם עַל־כָּתֵף תִּשָּׂא בָּעֲלָטָה תוֹצִיא פָּנֶיךָ תְכַסֶּה וְלֹא תִרְאֶה אֶת־הָאָרֶץ כִּי־מוֹפֵת נְתַתִּיךָ לְבֵית יִשְׂרָאֵל׃

7 וָאַעַשׂ כֵּן כַּאֲשֶׁר צֻוֵּיתִי כֵּלַי הוֹצֵאתִי כִּכְלֵי גוֹלָה יוֹמָם וּבָעֶרֶב חָתַרְתִּי־לִי בַקִּיר בְּיָד בָּעֲלָטָה הוֹצֵאתִי עַל־כָּתֵף נָשָׂאתִי לְעֵינֵיהֶם׃

8 וַיְהִי דְבַר־יְהוָה אֵלַי בַּבֹּקֶר לֵאמֹר׃

9 בֶּן־אָדָם הֲלֹא אָמְרוּ אֵלֶיךָ בֵּית יִשְׂרָאֵל בֵּית הַמֶּרִי מָה אַתָּה עֹשֶׂה׃

10 אֱמֹר אֲלֵיהֶם כֹּה אָמַר אֲדֹנָי יְהוִה הַנָּשִׂיא הַמַּשָּׂא הַזֶּה בִּירוּשָׁלִַם וְכָל־בֵּית יִשְׂרָאֵל אֲשֶׁר־הֵמָּה בְתוֹכָם׃

11 אֱמֹר אֲנִי מוֹפֶתְכֶם כַּאֲשֶׁר עָשִׂיתִי כֵּן יֵעָשֶׂה לָהֶם בַּגּוֹלָה בַשְּׁבִי יֵלֵכוּ׃

12 וְהַנָּשִׂיא אֲשֶׁר־בְּתוֹכָם אֶל־כָּתֵף יִשָּׂא בָּעֲלָטָה וְיֵצֵא בַּקִּיר יַחְתְּרוּ לְהוֹצִיא בוֹ פָּנָיו יְכַסֶּה יַעַן אֲשֶׁר לֹא־יִרְאֶה לַעַיִן הוּא אֶת־הָאָרֶץ׃

13 וּפָרַשְׂתִּי אֶת־רִשְׁתִּי עָלָיו וְנִתְפַּשׂ בִּמְצוּדָתִי וְהֵבֵאתִי אֹתוֹ בָבֶלָה אֶרֶץ כַּשְׂדִּים וְאוֹתָהּ לֹא־יִרְאֶה וְשָׁם יָמוּת׃

14 וְכֹל אֲשֶׁר סְבִיבֹתָיו עֶזְרֹה וְכָל־אֲגַפָּיו אֱזָרֶה לְכָל־רוּחַ וְחֶרֶב אָרִיק אַחֲרֵיהֶם׃

15 וְיָדְעוּ כִּי־אֲנִי יְהוָה בַּהֲפִיצִי אוֹתָם בַּגּוֹיִם וְזֵרִיתִי אוֹתָם בָּאֲרָצוֹת׃

16 וְהוֹתַרְתִּי מֵהֶם אַנְשֵׁי מִסְפָּר מֵחֶרֶב מֵרָעָב וּמִדָּבֶר לְמַעַן יְסַפְּרוּ אֶת־כָּל־תּוֹעֲבוֹתֵיהֶם בַּגּוֹיִם אֲשֶׁר־בָּאוּ שָׁם וְיָדְעוּ כִּי־אֲנִי יְהוָה׃

17 וַיְהִי דְבַר־יְהוָה אֵלַי לֵאמֹר׃

18 בֶּן־אָדָם לַחְמְךָ בְּרַעַשׁ תֹּאכֵל וּמֵימֶיךָ בְּרָגְזָה וּבִדְאָגָה תִּשְׁתֶּה׃

19 וְאָמַרְתָּ אֶל־עַם הָאָרֶץ כֹּה־אָמַר אֲדֹנָי יְהוִה לְיוֹשְׁבֵי יְרוּשָׁלִַם אֶל־אַדְמַת יִשְׂרָאֵל לַחְמָם בִּדְאָגָה יֹאכֵלוּ וּמֵימֵיהֶם בְּשִׁמָּמוֹן יִשְׁתּוּ לְמַעַן תֵּשַׁם אַרְצָהּ מִמְּלֹאָהּ מֵחֲמַס כָּל־הַיֹּשְׁבִים בָּהּ׃

20 וְהֶעָרִים הַנּוֹשָׁבוֹת תֶּחֱרַבְנָה וְהָאָרֶץ שְׁמָמָה תִהְיֶה וִידַעְתֶּם כִּי־אֲנִי יְהוָה׃

21 וַיְהִי דְבַר־יְהוָה אֵלַי לֵאמֹר׃

22 בֶּן־אָדָם מָה־הַמָּשָׁל הַזֶּה לָכֶם עַל־אַדְמַת יִשְׂרָאֵל לֵאמֹר יַאַרְכוּ הַיָּמִים וְאָבַד כָּל־חָזוֹן׃

23 לָכֵן אֱמֹר אֲלֵיהֶם כֹּה־אָמַר אֲדֹנָי יְהוִה הִשְׁבַּתִּי אֶת־הַמָּשָׁל הַזֶּה וְלֹא־יִמְשְׁלוּ אֹתוֹ עוֹד בְּיִשְׂרָאֵל כִּי אִם־דַּבֵּר

statutes, neither [b] executed my judgments, but have done [c] after the manners of the heathen that *are* round about you.

13 And it came to pass, when I prophesied, that Pelatiah,[d] the son of Benaiah, died: then [e] fell I down upon my face, and cried with a loud voice, and said, Ah Lord GOD! wilt thou make a full end of the remnant of Israel?

14 Again the word of the LORD came unto me, saying,

15 Son of man, thy brethren, *even* thy brethren, the men of thy kindred, and all the house of Israel wholly, *are* they unto whom the inhabitants of Jerusalem have said, Get you far from the LORD; unto us is this land given in possession.

16 Therefore say, Thus saith the Lord GOD, Although [i] I have cast them far off among the heathen, and although I have scattered them among the countries, yet will I be to them as a little sanctuary [l] in the countries where they shall come.

17 Therefore say, Thus saith the Lord GOD, I [n] will even gather you from the people, and will assemble you out of the countries where ye have been scattered, and I will give you the land of Israel.

18 And they shall come thither,[p] and they shall take away all the detestable things thereof, and all the abominations thereof, from thence.

19 And I will give them one heart,[r] and I will put a new spirit [t] within you; and I will take the stony [u] heart out of their flesh, and will give them an heart of flesh:[w]

20 That [y] they may walk in my statutes, and keep [z] mine ordinances, and do them: and they [a] shall be my people, and I will be their God.

21 But *as for them* [b] whose heart walketh after the heart of their detestable things and their abominations, I will recompense [d] their way upon their own heads, saith the Lord GOD.

22 Then did the cherubims lift [e] up their wings, and the wheels beside them; and the glory of the God of Israel *was* over them above.

23 And the glory of the LORD went up from the midst of the city, and stood upon the mountain [g] which *is* on the east side of the city.

24 Afterwards the spirit took [h] me up, and brought me in a vision by the Spirit of God into Chaldea, to them of the captivity: so the vision that I had seen went up from me.

25 Then I spake unto them of the captivity all [k] the things that the LORD had shewed me.

CHAP. XII.

THE word of the LORD also came unto me, saying,

2 Son of man, thou dwellest in the midst of a rebellious house,[m] which have eyes [n] to see, and see not; they have ears to hear, and hear not: for they *are* a rebellious house.

3 Therefore, thou son of man, prepare thee η stuff for removing, and remove by day in their sight; and thou shalt remove from thy place to another place in their sight: it may be[p] they will consider, though they *be* a rebellious house.

4 Then shalt thou bring forth thy stuff by day in their sight, as stuff for removing: and thou shalt go forth at even in their sight, as θ they that go forth into captivity.

5 κ Dig thou through the wall in their sight, and carry out thereby.

B. C. 594.

b 2 Ki. 18. 12.
c ch.8.10,&c.
   Le.18.3,&c.
   De.12.30,31.
   Ps. 106. 35.
d ver. 1.
   De. 7. 4.
   Pr. 6. 15.
   Ac. 5.5, 10.
e ch. 9. 8.
f ch. 24. 24.
β *for me.*
g ch. 24. 19.
h ch. 17. 12.
i Le. 26. 44.
   De. 30. 3, 4.
k Mal. 1. 1.
l Ps. 90. 1.
   91. 9.
γ *by removing go into captivity.*
m 2 Ki. 25. 4, &c.
n ch. 28. 25.
   34. 13.
   36. 24.
Je. 30. 18.
   Am. 9. 14.
o Je. 39. 4.
p ch. 37. 23.
   Col. 3.5.8.
   Tit. 2. 12.
q La. 1. 13.
   Ho. 7.12.
r Je.52.8,&c.
s Je. 32. 39.
   1 Co. 1. 10.
t ch. 18. 31.
   Ps. 51. 10.
   Lu. 11. 13.
   Jno. 14. 26.
u Zec. 7. 12.
v ch. 17. 16.
w ch. 36. 26.
   2 Ki. 22. 19.
x ch.5. 10, 12.
y Ps. 105. 45.
   Ro. 16. 26.
z Lu. 1. 6.
   1 Co. 11. 2.
a Je. 24. 7.
   Ho. 2. 23.
b He. 10. 38.
   Jude 19.
c ch. 6. 8.10.
δ *men of number.*
d ch. 22. 31.
e ch. 10. 19.
f ch. 4. 16.
g Zec. 14. 4.
h ch. 3. 12.
i Zec. 7. 14.
k ch. 2. 7.
ζ *the fulness thereof.*
l Ps. 107. 34.
m ch. 2. 3..8.
   3. 26, 27.
n Je. 5. 21.
o Am. 6. 3.
η or, *instruments.*
p 2 Ti. 2. 25.
θ *the goings forth of.*
κ *for thee.*

6 In their sight shalt thou bear *it* upon *thy* shoulders, *and* carry *it* forth in the twilight: thou shalt cover thy face, that thou see not the ground; for I have set thee *for* a sign *f* unto the house of Israel.

7 And I did so as I was commanded: I brought forth my stuff by day, as stuff for captivity, and in the even I digged β through the wall with mine hand; I brought *it* forth in the twilight, *and* I bare *it* upon *my* shoulder in their sight.

8 And in the morning came the word of the LORD unto me, saying,

9 Son of man, hath not the house of Israel, the rebellious house, said unto thee, What [g] doest thou?

10 Say [h] thou unto them, Thus saith the Lord GOD, This burden [k] *concerneth* the prince in Jerusalem, and all the house of Israel that *are* among them.

11 Say, I *am* your sign: like as I have done, so shall it be done unto them: they shall γ remove, *and* go [m] into captivity.

12 And the prince [o] that *is* among them shall bear upon *his* shoulder in the twilight, and shall go forth: they shall dig through the wall to carry out thereby: he shall cover his face, that he see not the ground with *his* eyes.

13 My net [q] also will I spread upon him, and he shall be taken [r] in my snare: and I will bring him to Babylon, *to* the land of the Chaldeans; yet shall he not see it, though he shall die [v] there.

14 And I will scatter [x] toward every wind all that *are* about him to help him, and all his bands; and I will draw out the sword after them.

15 And they shall know that I *am* the LORD, when I shall scatter them among the nations, and disperse them in the countries.

16 But I [c] will leave δ a few men of them from the sword, from the famine, and from the pestilence, that they may declare all their abominations among the heathen whither they come; and they shall know that I *am* the LORD.

17 Moreover, the word of the LORD came to me, saying,

18 Son of man, eat *f* thy bread with quaking, and drink thy water with trembling and with carefulness;

19 And say unto the people of the land, Thus saith the Lord GOD of the inhabitants of Jerusalem, *and* of the land of Israel, They shall eat their bread with carefulness, and drink their water with astonishment, that her land may be desolate [i] from ζ all that is therein, because of the violence *l* of all them that dwell therein.

20 And the cities that are inhabited shall be laid waste, and the land shall be desolate, and ye shall know that I *am* the LORD.

21 And the word of the LORD came unto me, saying,

22 Son of man, what *is* that proverb *that* ye have in the land of Israel, saying, The days [o] are prolonged, and every vision faileth?

23 Tell them therefore, Thus saith the Lord GOD, I will make this proverb to cease, and they shall no more use it as a proverb in Israel; but say unto them, The days are at hand, and the effect of every vision.

24 For there shall be no more any vain vision nor flattering divination within the house of Israel.

24 אֲלֵיהֶם קָרְבוּ הַיָּמִים וּדְבַר כָּל־חָזוֹן ׃ כִּי לֹא יִהְיֶה
עוֹד כָּל־חֲזוֹן שָׁוְא וּמִקְסַם חָלָק בְּתוֹךְ בֵּית
25 יִשְׂרָאֵל ׃ כִּי אֲנִי יְהוָה אֲדַבֵּר אֵת אֲשֶׁר אֲדַבֵּר
דָּבָר וְיֵעָשֶׂה לֹא תִמָּשֵׁךְ עוֹד כִּי בִימֵיכֶם בֵּית
הַמֶּרִי אֲדַבֵּר דָּבָר וַעֲשִׂיתִיו נְאֻם אֲדֹנָי יְהוָה ׃
26 וַיְהִי דְבַר־יְהוָה אֵלַי לֵאמֹר ׃ בֶּן־אָדָם
27 הִנֵּה בֵית־יִשְׂרָאֵל אֹמְרִים הֶחָזוֹן אֲשֶׁר־הוּא חֹזֶה
לְיָמִים רַבִּים וּלְעִתִּים רְחוֹקוֹת הוּא נִבָּא ׃ לָכֵן
אֱמֹר אֲלֵיהֶם כֹּה אָמַר אֲדֹנָי יְהוָה לֹא־תִמָּשֵׁךְ
עוֹד כָּל־דְּבָרָי אֲשֶׁר אֲדַבֵּר דָּבָר וְיֵעָשֶׂה נְאֻם
אֲדֹנָי יְהוָה ׃

CAP. XIII. יג

1 וַיְהִי דְבַר־יְהוָה אֵלַי לֵאמֹר ׃ בֶּן־אָדָם הִנָּבֵא אֶל־
2 נְבִיאֵי יִשְׂרָאֵל הַנִּבָּאִים וְאָמַרְתָּ לִנְבִיאֵי מִלִּבָּם
3 שִׁמְעוּ דְּבַר־יְהוָה ׃ כֹּה אָמַר אֲדֹנָי יְהוָה הוֹי
עַל־הַנְּבִיאִים הַנְּבָלִים אֲשֶׁר הֹלְכִים אַחַר רוּחָם
4 וּלְבִלְתִּי רָאוּ ׃ כְּשֻׁעָלִים בָּחֳרָבוֹת נְבִיאֶיךָ יִשְׂרָאֵל
5 הָיוּ ׃ לֹא עֲלִיתֶם בַּפְּרָצוֹת וַתִּגְדְּרוּ גָדֵר עַל־בֵּית
6 יִשְׂרָאֵל לַעֲמֹד בַּמִּלְחָמָה בְּיוֹם יְהוָה ׃ חָזוּ שָׁוְא
וְקֶסֶם כָּזָב הָאֹמְרִים נְאֻם־יְהוָה וַיהוָה לֹא שְׁלָחָם
7 וְיִחֲלוּ לְקַיֵּם דָּבָר ׃ הֲלֹא מַחֲזֵה־שָׁוְא חֲזִיתֶם
וּמִקְסַם כָּזָב אֲמַרְתֶּם וְאֹמְרִים נְאֻם־יְהוָה וַאֲנִי
8 לֹא דִבַּרְתִּי ׃ לָכֵן כֹּה אָמַר אֲדֹנָי יְהוָה יַעַן
דַּבֶּרְכֶם שָׁוְא וַחֲזִיתֶם כָּזָב לָכֵן הִנְנִי אֲלֵיכֶם נְאֻם
9 אֲדֹנָי יְהוָה ׃ וְהָיְתָה יָדִי אֶל־הַנְּבִיאִים הַחֹזִים
שָׁוְא וְהַקֹּסְמִים כָּזָב בְּסוֹד עַמִּי לֹא־יִהְיוּ וּבִכְתָב
בֵּית־יִשְׂרָאֵל לֹא יִכָּתֵבוּ וְאֶל־אַדְמַת יִשְׂרָאֵל לֹא יָבֹאוּ
10 וִידַעְתֶּם כִּי אֲנִי אֲדֹנָי יְהוָה ׃ יַעַן וּבְיַעַן הִטְעוּ
אֶת־עַמִּי לֵאמֹר שָׁלוֹם וְאֵין שָׁלוֹם וְהוּא בֹּנֶה חַיִץ
11 וְהִנָּם טָחִים אֹתוֹ תָּפֵל ׃ אֱמֹר אֶל־טָחֵי תָפֵל וְיִפֹּל
הָיָה גֶּשֶׁם שׁוֹטֵף וְאַתֵּנָה אַבְנֵי אֶלְגָּבִישׁ תִּפֹּלְנָה
12 וְרוּחַ סְעָרוֹת תְּבַקֵּעַ ׃ וְהִנֵּה נָפַל הַקִּיר הֲלֹא
יֵאָמֵר אֲלֵיכֶם אַיֵּה הַטִּיחַ אֲשֶׁר טַחְתֶּם ׃
13 לָכֵן כֹּה אָמַר אֲדֹנָי יְהוָה וּבִקַּעְתִּי רוּחַ־סְעָרוֹת
בַּחֲמָתִי וְגֶשֶׁם שֹׁטֵף בְּאַפִּי יִהְיֶה וְאַבְנֵי אֶלְגָּבִישׁ
14 בְּחֵמָה לְכָלָה ׃ וְהָרַסְתִּי אֶת־הַקִּיר אֲשֶׁר־טַחְתֶּם
תָּפֵל וְהִגַּעְתִּיהוּ אֶל־הָאָרֶץ וְנִגְלָה יְסֹדוֹ וְנָפְלָה
15 וּכְלִיתֶם בְּתוֹכָהּ וִידַעְתֶּם כִּי־אֲנִי יְהוָה ׃

16 אֶת־חֲמָתִי בַּקִּיר וּבַטָּחִים אֹתוֹ תָּפֵל וְאֹמַר לָכֶם
אֵין הַקִּיר וְאֵין הַטָּחִים אֹתוֹ ׃ נְבִיאֵי יִשְׂרָאֵל
הַנִּבְּאִים אֶל־יְרוּשָׁלַ͏ִם וְהַחֹזִים לָהּ חֲזוֹן שָׁלֹם וְאֵין
17 שָׁלֹם נְאֻם אֲדֹנָי יְהוָה ׃ וְאַתָּה בֶן־אָדָם
שִׂים פָּנֶיךָ אֶל־בְּנוֹת עַמְּךָ הַמִּתְנַבְּאוֹת מִלִּבְּהֶן
18 וְהִנָּבֵא עֲלֵיהֶן ׃ וְאָמַרְתָּ כֹּה־אָמַר אֲדֹנָי יְהוָה
הוֹי לִמְתַפְּרוֹת כְּסָתוֹת עַל כָּל־אַצִּילֵי יָדַי וְעֹשׂוֹת
הַמִּסְפָּחוֹת עַל־רֹאשׁ כָּל־קוֹמָה לְצוֹדֵד נְפָשׁוֹת
הַנְּפָשׁוֹת תְּצוֹדֵדְנָה לְעַמִּי וּנְפָשׁוֹת לָכֶנָה תְחַיֶּינָה
19 וַתְּחַלֶּלְנָה אֹתִי אֶל־עַמִּי בְּשַׁעֲלֵי שְׂעֹרִים וּבִפְתוֹתֵי
לֶחֶם לְהָמִית נְפָשׁוֹת אֲשֶׁר לֹא־תְמוּתֶנָה וּלְחַיּוֹת
נְפָשׁוֹת אֲשֶׁר לֹא־תִחְיֶינָה בְּכַזֶּבְכֶם לְעַמִּי שֹׁמְעֵי
20 כָזָב ׃ לָכֵן כֹּה־אָמַר אֲדֹנָי יְהוָה הִנְנִי אֶל־
כִּסְּתוֹתֵיכֶנָה אֲשֶׁר אַתֵּנָה מְצֹדְדוֹת שָׁם אֶת־
הַנְּפָשׁוֹת לְפֹרְחוֹת וְקָרַעְתִּי אֹתָם מֵעַל זְרוֹעֹתֵיכֶם
וְשִׁלַּחְתִּי אֶת־הַנְּפָשׁוֹת אֲשֶׁר אַתֶּם מְצֹדְדוֹת אֶת־
21 נְפָשִׁים לְפֹרְחֹת ׃ וְקָרַעְתִּי אֶת־מִסְפְּחֹתֵיכֶם
וְהִצַּלְתִּי אֶת־עַמִּי מִיֶּדְכֶן וְלֹא־יִהְיוּ עוֹד בְּיֶדְכֶן
22 לִמְצוּדָה וִידַעְתֶּן כִּי־אֲנִי יְהוָה ׃ יַעַן הַכְאוֹת לֵב־
צַדִּיק שֶׁקֶר וַאֲנִי לֹא הִכְאַבְתִּיו וּלְחַזֵּק יְדֵי רָשָׁע
23 לְבִלְתִּי־שׁוּב מִדַּרְכּוֹ הָרָע לְהַחֲיֹתוֹ ׃ לָכֵן שָׁוְא לֹא
תֶחֱזֶינָה וְקֶסֶם לֹא־תִקְסַמְנָה עוֹד וְהִצַּלְתִּי אֶת־
עַמִּי מִיֶּדְכֶן וִידַעְתֶּן כִּי־אֲנִי יְהוָה ׃

CAP. XIV. יד

1 וַיָּבוֹא אֵלַי אֲנָשִׁים מִזִּקְנֵי יִשְׂרָאֵל וַיֵּשְׁבוּ לְפָנָי ׃
2 וַיְהִי דְבַר־יְהוָה אֵלַי לֵאמֹר ׃ בֶּן־אָדָם הָאֲנָשִׁים
3 הָאֵלֶּה הֶעֱלוּ גִלּוּלֵיהֶם עַל־לִבָּם וּמִכְשׁוֹל עֲוֹנָם נָתְנוּ
נֹכַח פְּנֵיהֶם הַאִדָּרֹשׁ אִדָּרֵשׁ לָהֶם ׃ לָכֵן
4 דַּבֵּר־אוֹתָם וְאָמַרְתָּ אֲלֵיהֶם כֹּה־אָמַר אֲדֹנָי יְהוָה
אִישׁ אִישׁ מִבֵּית יִשְׂרָאֵל אֲשֶׁר יַעֲלֶה אֶת־
גִּלּוּלָיו אֶל־לִבּוֹ וּמִכְשׁוֹל עֲוֹנוֹ יָשִׂים נֹכַח פָּנָיו
וּבָא אֶל־הַנָּבִיא אֲנִי יְהוָה נַעֲנֵיתִי לוֹ בָהּ בְּרֹב
5 גִּלּוּלָיו ׃ לְמַעַן תְּפֹשׂ אֶת־בֵּית־יִשְׂרָאֵל בְּלִבָּם אֲשֶׁר
6 נָזֹרוּ מֵעָלַי בְּגִלּוּלֵיהֶם כֻּלָּם ׃ לָכֵן אֱמֹר אֶל־
בֵּית יִשְׂרָאֵל כֹּה אָמַר אֲדֹנָי יְהוָה שׁוּבוּ וְהָשִׁיבוּ
מֵעַל גִּלּוּלֵיכֶם וּמֵעַל כָּל־תּוֹעֲבֹתֵיכֶם הָשִׁיבוּ פְנֵיכֶם
7 כִּי אִישׁ אִישׁ מִבֵּית יִשְׂרָאֵל וּמֵהַגֵּר אֲשֶׁר־יָגוּר
בְּיִשְׂרָאֵל וְיִנָּזֵר מֵאַחֲרַי וְיַעַל גִּלּוּלָיו אֶל־לִבּוֹ

25 For I *am* the LORD: I will speak, and the word that I shall speak [b] shall come to pass; it shall be no more prolonged: for in your days, O rebellious house, will I say the word, and will perform it, saith the Lord GOD.

26 Again, the word of the LORD came to me, saying,

27 Son of man, behold, *they of* the house of Israel say, The vision that he seeth *is* for many days [a] *to come,* and he prophesieth of the times *that are* far off.

28 Therefore say unto them, Thus saith the Lord GOD, There shall none of my words be prolonged any more; but the word which I have spoken shall be done, [f] saith the Lord GOD.

CHAP. XIII.

AND the word of the LORD came unto me, saying,

2 Son of man, prophesy against the prophets of Israel, that prophesy, and say thou unto them that γ prophesy out of their own hearts, [i] Hear ye the word of the LORD;

3 Thus saith the Lord GOD, Woe unto the foolish prophets, that δ follow their own spirit, and ζ have seen nothing!

4 O Israel, thy prophets are like the foxes in the deserts.

5 Ye have not gone up into the θ gaps, [l] neither κ made up the hedge for the house of Israel, to stand [m] in the battle in the day [n] of the LORD.

6 They have seen vanity [o] and lying divination, saying, The LORD saith, and the LORD hath not sent them: and they have made *others* to hope that they would confirm the word.

7 Have ye not seen a vain vision, and have ye not spoken a lying divination, whereas ye say, The LORD saith *it;* albeit [q] I have not spoken?

8 Therefore thus saith the Lord GOD, Because ye have spoken vanity, and seen lies, [t] therefore, behold, I *am* against you, saith the Lord GOD.

9 And mine hand shall be upon the prophets that see vanity, and that divine lies: they [v] shall not be in the ν assembly of my people, neither shall they be written in the writing [w] of the house of Israel, neither shall they enter into the land [y] of Israel; and ye shall know that I *am* the Lord GOD.

10 Because, even because they have seduced my people, saying, Peace, [b] and *there was* no peace; and one built up a ϖ wall, and, lo, others daubed [c] it with untempered *mortar:*

11 Say unto them which daub *it* with untempered *mortar,* that it shall fall: there [d] shall be an overflowing shower; and ye, O great hail-stones, shall fall; and a stormy wind shall rend *it.*

12 Lo, when the wall is fallen, shall it not be said unto you, Where *is* the daubing wherewith ye have daubed *it?*

13 Therefore thus saith the Lord GOD, I will even rend *it* with a stormy wind in my fury; and there shall be an overflowing shower in mine anger, and great hailstones, [f] in *my* fury, to consume *it.*

14 So will I break down the wall that ye have daubed with untempered *mortar,* and bring it down to the ground, so that the foundation thereof shall be discovered, and it shall fall, [g] and ye shall be con-

sumed in the midst thereof: and ye shall know [a] that I *am* the LORD.

15 Thus will I accomplish my wrath upon the wall, and upon them that have daubed it with untempered *mortar;* and will say unto you, The wall *is* no *more,* neither they that daubed it;

16 *To wit,* the prophets of Israel, which prophesy [c] concerning Jerusalem, and which see visions of peace for her, [d] and *there is* no peace, saith the Lord GOD.

17 Likewise, thou son of man, set thy face against the daughters of thy people, which prophesy out of their own heart; and prophesy thou against them.

18 And say, Thus saith the Lord GOD, Woe to the *women* that sew pillows to all β arm-holes, and make kerchiefs upon the head of every stature, to hunt souls. Will ye hunt [g] the souls of my people, and will ye save the souls alive *that come* unto you?

19 And will ye pollute me among my people for handfuls [h] of barley, and for pieces of bread, to slay the souls that should not die, and to save the souls alive that should not live, by your lying to my people that hear [k] your lies?

20 Wherefore thus saith the Lord GOD Behold, I *am* against your pillows, wherewith ye there hunt the souls η to make *them* fly; and I will tear them from your arms, and will let the souls go, *even* the souls that ye hunt to make *them* fly.

21 Your kerchiefs also will I tear, and deliver my people out of your hand, and they shall be no more in your hand to be hunted; and ye shall know that I *am* the LORD.

22 Because with lies ye have made the heart of the righteous sad, whom I have not made sad, and strengthened [p] the hands of the wicked, that he should not return from his wicked way, λ by promising μ him life;

23 Therefore ye shall see no more vanity, [r] nor divine divinations: for I will deliver my people [s] out of your hand; and ye shall know that I *am* the LORD.

CHAP. XIV.

THEN came certain of the elders [u] of Israel unto me, and sat before me.

2 And the word of the LORD came unto me, saying,

3 Son of man, these men have set up their idols in their heart, and put [x] the stumblingblock of their iniquity [z] before their face: should I [a] be inquired of at all by them?

4 Therefore speak unto them, and say unto them, Thus saith the Lord GOD, Every man of the house of Israel that setteth up his idols in his heart, and putteth the stumbling-block of his iniquity before his face, and cometh to the prophet, I the LORD will answer him that cometh according [c] to the multitude of his idols;

5 That I may take the house of Israel in their own heart, because they are all estranged from me through their idols.

6 Therefore say unto the house of Israel, Thus saith the Lord GOD, Repent, and turn p yourselves from your idols; & turn away your faces from all your abominations.

7 For every one of the house of Israel, or of the stranger that sojourneth in Israel, which separateth himself from me, and setteth up his idols in his heart, and putteth the stumbling-block of his iniquity before his face, and cometh to a prophet to inquire of him concerning me; I the LORD will answer him by myself.

B. C. 594.

---

a ver.9,21,23.
b Is. 14. 24.
   55. 11.
La. 2. 17.
Da. 9. 12.
Lu. 21. 33.
c Je. 5. 31.
   28. 1, &c.
   29. 31.
d ver. 10.
e 2 Pe. 3. 4.
f Je. 44. 28.
β or, *elbows*
g 2 Pe. 2. 14.
h 1Sa.2.16,17
   Pr. 28. 21.
Mi. 3. 5.
Mal. 1. 10.
1 Pe. 5. 2.
γ *are pro-*
   phets.
i ver. 17.
Je. 14. 14.
   23. 16, 26.
k Pr. 19. 27.
δ *walk after.*
ζ or, things
   which *they*
   have not
   seen.
η or, *into*
   gardens.
θ *breaches.*
l Ps. 106. 23.
κ *hedged.*
m Ep.6.13,14.
n Re. 6. 17.
o La. 2. 14.
p Je. 23. 14.
λ or, *that I*
   should save
   his life.
μ *quickening*
   him.
q Mat. 24. 23,
      24.
r ch. 12. 24.
Mi. 3. 6.
s Mar. 13. 22.
Jude 24.
t 1 Ti. 4. 1, 2.
u ch. 8. 1.
v Ps. 101. 7.
ν or, *secret,*
   or, *council,*
   Ge. 49. 6.
w Ezr. 2. 62.
Ne. 7. 5.
Ps. 69. 28.
Re. 20. 12.
x ch. 7. 19.
y Ho. 9. 3.
Re. 22. 15.
z Ps. 101. 3.
Is. 33. 15.
a 2Ki.3.13,14.
Je.42.20,21.
b Je. 6. 14.
   8. 11.
ϖ or, *slight*
   wall.
c ch. 22. 28.
d ch. 38. 22.
Is. 28. 2, 18.
e Ga. 6. 7.
p or, others.
f Is. 30. 30.
Hag. 2. 17.
g Mat. 7. 26,
      27.

וּמִכְשׁוֹל עֲוֹנוֹ שָׂמִים נֹכַח פְּנֵיהֶם וּבָא אֶל־הַנָּבִיא
8 לִדְרָשׁ־לוֹ בִי אֲנִי יְהוָה נַעֲנֵיתִי לוֹ בִּי וְנָתַתִּי פָנַי
בָּאִישׁ הַהוּא וַהֲשִׂמֹתִיהוּ לְאוֹת וְלִמְשָׁלִים
וְהִכְרַתִּיו מִתּוֹךְ עַמִּי וִידַעְתֶּם כִּי־אֲנִי יְהוָה׃
9 וְהַנָּבִיא כִי־יְפֻתֶּה וְדִבֶּר דָּבָר אֲנִי יְהוָה פִּתֵּיתִי אֵת
הַנָּבִיא הַהוּא וְנָטִיתִי אֶת־יָדִי עָלָיו וְהִשְׁמַדְתִּיו
10 מִתּוֹךְ עַמִּי יִשְׂרָאֵל׃ וְנָשְׂאוּ עֲוֹנָם כַּעֲוֹן הַדֹּרֵשׁ
11 כַּעֲוֹן הַנָּבִיא יִהְיֶה׃ לְמַעַן לֹא־יִתְעוּ עוֹד בֵּית־
יִשְׂרָאֵל מֵאַחֲרַי וְלֹא־יִטַּמְּאוּ עוֹד בְּכָל־פִּשְׁעֵיהֶם
וְהָיוּ לִי לְעָם וַאֲנִי אֶהְיֶה לָהֶם לֵאלֹהִים נְאֻם אֲדֹנָי
12 יְהוִה׃ וַיְהִי דְבַר־יְהוָה אֵלַי לֵאמֹר׃ בֶּן־
13 אָדָם אֶרֶץ כִּי תֶחֱטָא־לִי לִמְעָל־מַעַל וְנָטִיתִי יָדִי
עָלֶיהָ וְשָׁבַרְתִּי לָהּ מַטֵּה־לָחֶם וְהִשְׁלַחְתִּי־בָהּ
14 רָעָב וְהִכְרַתִּי מִמֶּנָּה אָדָם וּבְהֵמָה׃ וְהָיוּ שְׁלֹשֶׁת
הָאֲנָשִׁים הָאֵלֶּה בְּתוֹכָהּ נֹחַ דָּנִאֵל וְאִיּוֹב הֵמָּה
15 בְצִדְקָתָם יְנַצְּלוּ נַפְשָׁם נְאֻם אֲדֹנָי יְהוִה׃ לוּ־חַיָּה
רָעָה אַעֲבִיר בָּאָרֶץ וְשִׁכְּלָתָּה וְהָיְתָה שְׁמָמָה
16 מִבְּלִי עוֹבֵר מִפְּנֵי הַחַיָּה׃ שְׁלֹשֶׁת הָאֲנָשִׁים הָאֵלֶּה
בְּתוֹכָהּ חַי־אָנִי נְאֻם אֲדֹנָי יְהוִה אִם־בָּנִים וְאִם־
בָּנוֹת יַצִּילוּ הֵמָּה לְבַדָּם יִנָּצֵלוּ וְהָאָרֶץ תִּהְיֶה
17 שְׁמָמָה׃ אוֹ חֶרֶב אָבִיא עַל־הָאָרֶץ הַהִיא
וְאָמַרְתִּי חֶרֶב תַּעֲבֹר בָּאָרֶץ וְהִכְרַתִּי מִמֶּנָּה אָדָם
18 וּבְהֵמָה׃ וּשְׁלֹשֶׁת הָאֲנָשִׁים הָאֵלֶּה בְּתוֹכָהּ חַי־
אָנִי נְאֻם אֲדֹנָי יְהוִה לֹא יַצִּילוּ בָּנִים וּבָנוֹת כִּי
19 הֵם לְבַדָּם יִנָּצֵלוּ׃ אוֹ דֶּבֶר אֲשַׁלַּח אֶל־הָאָרֶץ
הַהִיא וְשָׁפַכְתִּי חֲמָתִי עָלֶיהָ בְּדָם לְהַכְרִית מִמֶּנָּה
20 אָדָם וּבְהֵמָה׃ וְנֹחַ דָּנִאֵל וְאִיּוֹב בְּתוֹכָהּ חַי־
אָנִי נְאֻם אֲדֹנָי יְהוִה אִם־בֵּן אִם־בַּת יַצִּילוּ הֵמָּה
21 בְצִדְקָתָם יַצִּילוּ נַפְשָׁם׃ כִּי כֹה אָמַר אֲדֹנָי
יְהוִה אַף כִּי־אַרְבַּעַת שְׁפָטַי הָרָעִים חֶרֶב וְרָעָב
וְחַיָּה רָעָה וָדֶבֶר שִׁלַּחְתִּי אֶל־יְרוּשָׁלִָם לְהַכְרִית
22 מִמֶּנָּה אָדָם וּבְהֵמָה׃ וְהִנֵּה נוֹתְרָה־בָּהּ פְּלֵטָה
הַמּוּצָאִים בָּנִים וּבָנוֹת הִנָּם יוֹצְאִים אֲלֵיכֶם
וּרְאִיתֶם אֶת־דַּרְכָּם וְאֶת־עֲלִילוֹתָם וְנִחַמְתֶּם עַל־
הָרָעָה אֲשֶׁר הֵבֵאתִי עַל־יְרוּשָׁלִַם אֵת כָּל־אֲשֶׁר
23 הֵבֵאתִי עָלֶיהָ׃ וְנִחֲמוּ אֶתְכֶם כִּי־תִרְאוּ אֶת־
דַּרְכָּם וְאֶת־עֲלִילוֹתָם וִידַעְתֶּם כִּי לֹא חִנָּם

שָׂמִים אֵת כָּל־אֲשֶׁר עָשִׂיתִי בָהּ נְאֻם אֲדֹנָי יְהוִה׃

CAP. XV. טו

1 וַיְהִי דְבַר־יְהוָה אֵלַי לֵאמֹר׃ בֶּן־אָדָם מַה־
2 יִּהְיֶה עֵץ־הַגֶּפֶן מִכָּל־עֵץ הַזְּמוֹרָה אֲשֶׁר הָיָה
3 בַּעֲצֵי הַיָּעַר׃ הֲיֻקַּח מִמֶּנּוּ עֵץ לַעֲשׂוֹת לִמְלָאכָה
4 אִם־יִקְחוּ מִמֶּנּוּ יָתֵד לִתְלוֹת עָלָיו כָּל־כֶּלִי׃ הִנֵּה
לָאֵשׁ נִתַּן לְאָכְלָה אֵת שְׁנֵי קְצוֹתָיו אָכְלָה הָאֵשׁ
5 וְתוֹכוֹ נָחָר הֲיִצְלַח לִמְלָאכָה׃ הִנֵּה בִּהְיוֹתוֹ תָמִים
לֹא יֵעָשֶׂה לִמְלָאכָה אַף כִּי־אֵשׁ אֲכָלַתְהוּ וַיֵּחָר
6 וְנַעֲשָׂה עוֹד לִמְלָאכָה׃ לָכֵן כֹּה אָמַר אֲדֹנָי
יְהוִה כַּאֲשֶׁר עֵץ־הַגֶּפֶן בְּעֵץ הַיַּעַר אֲשֶׁר־
נְתַתִּיו לָאֵשׁ לְאָכְלָה כֵּן נָתַתִּי אֶת־יֹשְׁבֵי יְרוּשָׁלִָם׃
7 וְנָתַתִּי אֶת־פָּנַי בָּהֶם מֵהָאֵשׁ יָצָאוּ וְהָאֵשׁ
תֹּאכְלֵם וִידַעְתֶּם כִּי־אֲנִי יְהוָה בְּשׂוּמִי אֶת־פָּנַי
8 בָּהֶם׃ וְנָתַתִּי אֶת־הָאָרֶץ שְׁמָמָה יַעַן מָעֲלוּ מַעַל
נְאֻם אֲדֹנָי יְהוִה׃

CAP. XVI. טז

1 וַיְהִי דְבַר־יְהוָה אֵלַי לֵאמֹר׃ בֶּן־אָדָם הוֹדַע אֶת־
2 יְרוּשָׁלִַם אֶת־תּוֹעֲבֹתֶיהָ׃ וְאָמַרְתָּ כֹּה־אָמַר אֲדֹנָי
3 יְהוִה לִירוּשָׁלִַם מְכֹרֹתַיִךְ וּמֹלְדֹתַיִךְ מֵאֶרֶץ הַכְּנַעֲנִי
4 אָבִיךְ הָאֱמֹרִי וְאִמֵּךְ חִתִּית׃ וּמוֹלְדוֹתַיִךְ בְּיוֹם
הוּלֶּדֶת אוֹתָךְ לֹא־כָרַּת שָׁרֵּךְ וּבְמַיִם לֹא־רֻחַצְתְּ
5 לְמִשְׁעִי וְהָמְלֵחַ לֹא הֻמְלַחַתְּ וְהָחְתֵּל לֹא חֻתָּלְתְּ׃
לֹא־חָסָה עָלַיִךְ עַיִן לַעֲשׂוֹת לָךְ אַחַת מֵאֵלֶּה
לְחֻמְלָה עָלָיִךְ וַתֻּשְׁלְכִי אֶל־פְּנֵי הַשָּׂדֶה בְּגֹעַל נַפְשֵׁךְ
6 בְּיוֹם הֻלֶּדֶת אֹתָךְ׃ וָאֶעֱבֹר עָלַיִךְ וָאֶרְאֵךְ
מִתְבּוֹסֶסֶת בְּדָמָיִךְ וָאֹמַר לָךְ בְּדָמַיִךְ חֲיִי וָאֹמַר
7 לָךְ בְּדָמַיִךְ חֲיִי׃ רְבָבָה כְּצֶמַח הַשָּׂדֶה נְתַתִּיךְ
וַתִּרְבִּי וַתִּגְדְּלִי וַתָּבֹאִי בַּעֲדִי עֲדָיִים שָׁדַיִם נָכֹנוּ
8 וּשְׂעָרֵךְ צִמֵּחַ וְאַתְּ עֵרֹם וְעֶרְיָה׃ וָאֶעֱבֹר עָלַיִךְ
וָאֶרְאֵךְ וְהִנֵּה עִתֵּךְ עֵת דֹּדִים וָאֶפְרֹשׂ כְּנָפִי עָלַיִךְ
וָאֲכַסֶּה עֶרְוָתֵךְ וָאֶשָּׁבַע לָךְ וָאָבוֹא בִבְרִית אֹתָךְ
9 נְאֻם אֲדֹנָי יְהוִה וַתִּהְיִי לִי׃ וָאֶרְחָצֵךְ בַּמַּיִם
10 וָאֶשְׁטֹף דָּמַיִךְ מֵעָלָיִךְ וָאֲסֻכֵךְ בַּשָּׁמֶן׃ וָאַלְבִּישֵׁךְ
רִקְמָה וָאֶנְעֲלֵךְ תָּחַשׁ וָאֶחְבְּשֵׁךְ בַּשֵּׁשׁ וַאֲכַסֵּךְ
11 מֶשִׁי׃ וָאֶעְדֵּךְ עֶדִי וָאֶתְּנָה צְמִידִים עַל־יָדַיִךְ
12 וְרָבִיד עַל־גְּרוֹנֵךְ׃ וָאֶתֵּן נֶזֶם עַל־אַפֵּךְ וַעֲגִילִים עַל־אָזְנָיִךְ

8 And *a* I will set my face against that man, and will make him a sign *b* and a proverb, and I will cut him off *c* from the midst of my people; and ye shall know that I *am* the LORD.

9 And if the prophet be deceived when he hath spoken a thing, I *e* the LORD have deceived that prophet; and I will stretch out my hand upon him, and will destroy him from the midst of my people Israel.

10 And they shall bear the punishment of their iniquity: the punishment of the prophet shall be even as the punishment of him that seeketh *unto him;*

11 That the house of Israel may go no more astray *f* from me, neither be polluted any more with all their transgressions; but that *g* they may be my people, and I may be their God, saith the Lord GOD.

12 The word of the LORD came again to me, saying,

13 Son of man, when the land sinneth against me by trespassing grievously, then will I stretch out mine hand upon it, and will break the staff *k* of the bread thereof, and will send famine upon it, and will cut off man and beast from it:

14 Though *l* these three men, Noah, *m* Daniel, *n* and Job, *o* were in it, they should deliver *but* their own souls by their righteousness, *q* saith the Lord GOD.

15 If I cause noisome beasts *r* to pass through the land, and they *η* spoil it, so that it be desolate, that no man may pass through because of the beasts:

16 *Though* these three men *were* in *θ* it, *as* I live, saith the Lord GOD, they shall deliver neither sons nor daughters; they only shall be delivered, but the land shall be desolate.

17 Or *if* I bring a sword *u* upon that land, and say, Sword, go through the land; so that I cut off *v* man and beast from it:

18 Though these three men *were* in it, *as* I live, saith the Lord GOD, they shall deliver neither sons nor daughters, but they only shall be delivered themselves.

19 Or *if* I send a pestilence *w* into that land, and pour out my fury upon it in blood, to cut off from it man and beast:

20 Though *y* Noah, Daniel, and Job, *were* in it, *as* I live, saith the Lord GOD, they shall deliver neither son nor daughter; they shall *but* deliver their own souls by their righteousness.

21 For thus saith the Lord GOD, *π* How much more when I send my four *b* sore judgments upon Jerusalem, the sword, and the famine, and the noisome beast, and the pestilence, to cut off from it man and beast?

22 Yet, *d* behold, therein shall be left a remnant that shall be brought forth, *both* sons and daughters; behold, they shall come forth unto you, and ye shall *g* see their way and their doings: and ye shall be comforted *i* concerning the evil *k* that I have brought upon Jerusalem, *even* concerning all that I have brought upon it.

23 And they shall comfort you, when ye see their ways and their doings: and ye shall know *l* that I have not done without cause *m* all that I have done in it, saith the Lord GOD.

CHAP. XV.

AND the word of the LORD came unto me, saying,

2 Son of man, What is the vine-tree *n*

[center column — references]

B. C. 594.

a Le. 20.3..6.
b Nu. 26. 10.
  De. 28. 37.
  1 Co. 10.11.
c Ps. 37. 22.
  Ro. 11. 22
d Jnº. 15. 6.
e 1 Ki. 22.23.
  Job 12. 16.
  2Th.2.11,12.
β Will it prosper *β*
γ made fit.
f Ps 119.67.
  1 Pe. 2. 25.
g ch. 37. 27.
h Is. 24. 18.
  Am.5.18,19.
i ch. 14. 8.
δ trespassed.
k Le. 26. 26.
l Je. 15. 1.
m Ge. 7. 1.
n Da. 10. 11.
o Job 42. 8.
p Is. 58. 1.
q Pr. 11. 4.
r Le. 26. 22.
ζ cutting out, or, ha-bitation.
η or, be-reave.
s Ge.11.26,29.
  Ne. 9. 7.
θ the midst of it.
t Ho. 2. 3.
κ or, when I looked upon thee.
u Le. 26. 25.
v Zep. 1. 3.
λ or, trod-den under foot.
w 2 Sa. 24.15.
x Ex. 3. 7, 8.
y ver. 14.
μ made thee a million.
z Ex. 1. 7.
  De. 1. 10.
v ornament of.
a Ca. 4. 5.
π or, Also,
b ch.5. 17.
    33. 27.
c Ru. 3. 9.
d ch. 6. 8.
  De. 4. 31.
  Ex. 19. 5.
f Je. 2. 2.
g ch. 20. 43.
h 1 Jnº. 5. 8.
ρ bloods.
i Is. 40. 1, 2.
k He.12.6.11.
l De. 8. 2.
  Je. 22. 8, 9.
  Da. 9. 7.
m Pr. 26. 2.
σ nose,
  Is. 3. 21.
n Ps.80.8,&c.
  Is. 5. 2, 7.
  Je. 2. 21.
  Ho. 10. 1.

---

more than any tree, *or than* a branch which is among the trees of the forest?

3 Shall wood be taken thereto to do any work? or will *men* take a pin of it to hang any vessel thereon?

4 Behold, it is cast *d* into the fire for fuel; the fire devoureth both the ends of it, and the midst of it is burned. *β* Is it meet for *any* work?

5 Behold, when it was whole it was *γ* meet for no work: how much less shall it be meet yet for *any* work, when the fire hath devoured it, and it is burned?

6 Therefore thus saith the Lord GOD, As the vine-tree among the trees of the forest, which I have given to the fire for fuel, so will I give the inhabitants of Jerusalem.

7 And I will set my face against them; they shall go out from one fire, and another *h* fire shall devour them; and *i* ye shall know that I *am* the LORD, when I set my face against them.

8 And I will make the land desolate, because they have *δ* committed a trespass, saith the Lord GOD.

CHAP. XVI.

AGAIN the word of the LORD came unto me, saying,

2 Son of man, cause *p* Jerusalem to know her abominations,

3 And say, Thus saith the Lord GOD unto Jerusalem, Thy *ζ* birth and thy nativity *is* of the land of Canaan; thy father *s was* an Amorite, and thy mother an Hittite.

4 And *as for* thy nativity, in the day thou *t* wast born, thy navel was not cut, neither wast thou washed in water *κ* to supple *thee:* thou wast not salted at all, nor swaddled at all.

5 None eye pitied thee, to do any of these unto thee, to have compassion upon thee; but thou wast cast out in the open field, to the lothing of thy person, in the day that thou wast born.

6 And when I passed by thee, and saw thee *λ* polluted in thine own blood, I said unto thee *when thou wast* in thy blood, Live; *x* yea, I said unto thee, *when thou wast* in thy blood, Live.

7 I have *μ* caused thee to multiply *x* as the bud of the field, and thou hast increased and waxen great, and thou art come to *v* excellent ornaments: *thy* breasts *a* are fashioned, and thine hair is grown, whereas thou *wast* naked and bare.

8 Now when I passed by thee, and looked upon thee, behold, thy time *was* the time of love; and I spread *c* my skirt over thee, and covered thy nakedness: yea, I sware unto thee, and entered into a covenant *e* with thee, saith the Lord GOD, and thou becamest *f* mine.

9 Then washed I thee with *h* water: yea, I throughly washed away thy *ρ* blood from thee, and I anointed thee with oil.

10 I clothed thee also with broidered work, and shod thee with badgers' skin, and I girded thee about with fine linen, and I covered thee with silk.

11 I decked thee also with ornaments, and I put bracelets upon thine hands, and a chain on thy neck.

12 And I put a jewel on thy *σ* forehead, and ear-rings in thine ears, and a beautiful crown upon thine head.

13 Thus wast thou decked with gold

13 וַתַּעְדִּי זָהָב וָכֶסֶף וּמַלְבּוּשֵׁךְ שֵׁשׁ וָמֶשִׁי וְרִקְמָה סֹלֶת וּדְבַשׁ וָשֶׁמֶן אָכָלְתְּ וַתִּיפִי בִּמְאֹד מְאֹד וַתִּצְלְחִי לִמְלוּכָה׃

14 וַיֵּצֵא לָךְ שֵׁם בַּגּוֹיִם בְּיָפְיֵךְ כִּי כָּלִיל הוּא בַּהֲדָרִי אֲשֶׁר שַׂמְתִּי עָלַיִךְ נְאֻם אֲדֹנָי יְהוִה׃

15 וַתִּבְטְחִי בְיָפְיֵךְ וַתִּזְנִי עַל שְׁמֵךְ וַתִּשְׁפְּכִי אֶת תַּזְנוּתַיִךְ עַל כָּל עוֹבֵר לוֹ יֶהִי׃

16 וַתִּקְחִי מִבְּגָדַיִךְ וַתַּעֲשִׂי לָךְ בָּמוֹת טְלֻאוֹת וַתִּזְנִי עֲלֵיהֶם לֹא בָאוֹת וְלֹא יִהְיֶה׃

17 וַתִּקְחִי כְּלֵי תִפְאַרְתֵּךְ מִזְּהָבִי וּמִכַּסְפִּי אֲשֶׁר נָתַתִּי לָךְ וַתַּעֲשִׂי לָךְ צַלְמֵי זָכָר וַתִּזְנִי בָם׃

18 וַתִּקְחִי אֶת בִּגְדֵי רִקְמָתֵךְ וַתְּכַסִּים וְשַׁמְנִי וּקְטָרְתִּי נָתַתְּ לִפְנֵיהֶם׃

19 וְלַחְמִי אֲשֶׁר נָתַתִּי לָךְ סֹלֶת וָשֶׁמֶן וּדְבַשׁ הֶאֱכַלְתִּיךְ וּנְתַתִּיהוּ לִפְנֵיהֶם לְרֵיחַ נִיחֹחַ וַיֶּהִי נְאֻם אֲדֹנָי יְהוִה׃

20 וַתִּקְחִי אֶת בָּנַיִךְ וְאֶת בְּנוֹתַיִךְ אֲשֶׁר יָלַדְתְּ לִי וַתִּזְבָּחִים לָהֶם לֶאֱכוֹל הַמְעַט מִתַּזְנֻתָיִךְ׃

21 וַתִּשְׁחֲטִי אֶת בָּנָי וַתִּתְּנִים בְּהַעֲבִיר אוֹתָם לָהֶם׃

22 וְאֵת כָּל תּוֹעֲבֹתַיִךְ וְתַזְנֻתַיִךְ לֹא זָכַרְתְּ אֶת יְמֵי נְעוּרָיִךְ בִּהְיוֹתֵךְ עֵרֹם וְעֶרְיָה מִתְבּוֹסֶסֶת בְּדָמֵךְ הָיִית׃

23 וַיְהִי אַחֲרֵי כָּל רָעָתֵךְ אוֹי אוֹי לָךְ נְאֻם אֲדֹנָי יְהוִה׃

24 וַתִּבְנִי לָךְ גֶּב וַתַּעֲשִׂי לָךְ רָמָה בְּכָל רְחוֹב׃

25 אֶל כָּל רֹאשׁ דֶּרֶךְ בָּנִית רָמָתֵךְ וַתְּתַעֲבִי אֶת יָפְיֵךְ וַתְּפַשְּׂקִי אֶת רַגְלַיִךְ לְכָל עוֹבֵר וַתַּרְבִּי אֶת תַּזְנוּתָיִךְ׃

26 וַתִּזְנִי אֶל בְּנֵי מִצְרַיִם שְׁכֵנַיִךְ גִּדְלֵי בָשָׂר וַתַּרְבִּי אֶת תַּזְנֻתֵךְ לְהַכְעִיסֵנִי׃

27 וְהִנֵּה נָטִיתִי יָדִי עָלַיִךְ וָאֶגְרַע חֻקֵּךְ וָאֶתְּנֵךְ בְּנֶפֶשׁ שֹׂנְאוֹתַיִךְ בְּנוֹת פְּלִשְׁתִּים הַנִּכְלָמוֹת מִדַּרְכֵּךְ זִמָּה׃

28 וַתִּזְנִי אֶל בְּנֵי אַשּׁוּר מִבִּלְתִּי שָׂבְעָתֵךְ וַתִּזְנִים וְגַם לֹא שָׂבָעַתְּ׃

29 וַתַּרְבִּי אֶת תַּזְנוּתֵךְ אֶל אֶרֶץ כְּנַעַן כַּשְׂדִּימָה וְגַם בְּזֹאת לֹא שָׂבָעַתְּ׃

30 מָה אֲמֻלָה לִבָּתֵךְ נְאֻם אֲדֹנָי יְהוִה בַּעֲשׂוֹתֵךְ אֶת כָּל אֵלֶּה מַעֲשֵׂה אִשָּׁה זוֹנָה שַׁלָּטֶת׃

31 בִּבְנוֹתַיִךְ גַּבֵּךְ בְּרֹאשׁ כָּל דֶּרֶךְ וְרָמָתֵךְ עָשִׂית בְּכָל רְחוֹב וְלֹא הָיִית כַּזּוֹנָה לְקַלֵּס אֶתְנָן׃

32 הָאִשָּׁה הַמְּנָאָפֶת תַּחַת אִישָׁהּ תִּקַּח אֶת זָרִים׃

33 לְכָל זֹנוֹת יִתְּנוּ נֵדֶה וְאַתְּ נָתַתְּ אֶת נְדָנַיִךְ לְכָל מְאַהֲבַיִךְ וַתִּשְׁחֳדִי אוֹתָם לָבוֹא אֵלַיִךְ מִסָּבִיב בְּתַזְנוּתָיִךְ׃

34 וַיְהִי בָךְ הֵפֶךְ מִן הַנָּשִׁים בְּתַזְנוּתַיִךְ וְאַחֲרַיִךְ לֹא זוּנָּה וּבְתִתֵּךְ אֶתְנָן וְאֶתְנַן לֹא נִתַּן לָךְ וַתְּהִי לְהֶפֶךְ׃

35 לָכֵן זוֹנָה שִׁמְעִי דְּבַר יְהוָה׃

36 כֹּה אָמַר אֲדֹנָי יְהוִה יַעַן הִשָּׁפֵךְ נְחֻשְׁתֵּךְ וַתִּגָּלֶה עֶרְוָתֵךְ בְּתַזְנוּתַיִךְ עַל מְאַהֲבָיִךְ וְעַל כָּל גִּלּוּלֵי תוֹעֲבוֹתַיִךְ וְכִדְמֵי בָנַיִךְ אֲשֶׁר נָתַתְּ לָהֶם׃

37 לָכֵן הִנְנִי מְקַבֵּץ אֶת כָּל מְאַהֲבַיִךְ אֲשֶׁר עָרַבְתְּ עֲלֵיהֶם וְאֵת כָּל אֲשֶׁר אָהַבְתְּ עַל כָּל אֲשֶׁר שָׂנֵאת וְקִבַּצְתִּי אֹתָם עָלַיִךְ מִסָּבִיב וְגִלֵּיתִי עֶרְוָתֵךְ אֲלֵהֶם וְרָאוּ אֶת כָּל עֶרְוָתֵךְ׃

38 וּשְׁפַטְתִּיךְ מִשְׁפְּטֵי נֹאֲפוֹת וְשֹׁפְכֹת דָּם וּנְתַתִּיךְ דַּם חֵמָה וְקִנְאָה׃

39 וְנָתַתִּי אוֹתָךְ בְּיָדָם וְהָרְסוּ גַבֵּךְ וְנִתְּצוּ רָמֹתַיִךְ וְהִפְשִׁיטוּ אוֹתָךְ בְּגָדָיִךְ וְלָקְחוּ כְּלֵי תִפְאַרְתֵּךְ וְהִנִּיחוּךְ עֵירֹם וְעֶרְיָה׃

40 וְהֶעֱלוּ עָלַיִךְ קָהָל וְרָגְמוּ אוֹתָךְ בָּאָבֶן וּבִתְּקוּךְ בְּחַרְבוֹתָם׃

41 וְשָׂרְפוּ בָתַּיִךְ בָּאֵשׁ וְעָשׂוּ בָךְ שְׁפָטִים לְעֵינֵי נָשִׁים רַבּוֹת וְהִשְׁבַּתִּיךְ מִזּוֹנָה וְגַם אֶתְנַן לֹא תִתְּנִי עוֹד׃

42 וַהֲנִחֹתִי חֲמָתִי בָּךְ וְסָרָה קִנְאָתִי מִמֵּךְ וְשָׁקַטְתִּי וְלֹא אֶכְעַס עוֹד׃

43 יַעַן אֲשֶׁר לֹא זָכַרְתְּ אֶת יְמֵי נְעוּרַיִךְ וַתִּרְגְּזִי לִי בְּכָל אֵלֶּה וְגַם אֲנִי הֵא דַרְכֵּךְ בְּרֹאשׁ נָתַתִּי נְאֻם אֲדֹנָי יְהוִה וְלֹא עָשִׂית אֶת הַזִּמָּה עַל כָּל תּוֹעֲבֹתָיִךְ׃

44 הִנֵּה כָּל הַמֹּשֵׁל עָלַיִךְ יִמְשֹׁל לֵאמֹר כְּאִמָּה בִּתָּהּ׃

45 בַּת אִמֵּךְ אַתְּ גֹּעֶלֶת אִישָׁהּ וּבָנֶיהָ וַאֲחוֹת אֲחוֹתֵךְ אַתְּ אֲשֶׁר גָּעֲלוּ אַנְשֵׁיהֶן וּבְנֵיהֶן אִמְּכֶן חִתִּית וַאֲבִיכֶן אֱמֹרִי׃

46 וַאֲחוֹתֵךְ הַגְּדוֹלָה שֹׁמְרוֹן הִיא וּבְנוֹתֶיהָ הַיּוֹשֶׁבֶת עַל שְׂמֹאולֵךְ וַאֲחוֹתֵךְ הַקְּטַנָּה מִמֵּךְ הַיּוֹשֶׁבֶת מִימִינֵךְ סְדֹם וּבְנוֹתֶיהָ׃

47 וְלֹא בִדְרָכֵיהֶן הָלַכְתְּ וּבְתוֹעֲבוֹתֵיהֶן עָשִׂית כִּמְעַט קָט וַתַּשְׁחִתִי מֵהֵן בְּכָל דְּרָכָיִךְ׃

and silver; and thy raiment*a* *was of* fine linen, and silk, and broidered work: thou didst eat*b* fine flour, and honey, and oil: and thou wast exceeding beautiful,*c* and thou didst prosper into a kingdom.

14 And thy renown went forth*d* among the heathen for thy beauty: for it *was* perfect*f* through my*g* comeliness, which I had put upon thee, saith the Lord GOD.

15 But*h* thou didst trust in thine own beauty, and playedst the harlot*i* because of thy renown, and pouredst out thy fornications on every one that passed by; his it was.

16 And of thy garments thou didst take, and deckedst*j* thy high places with divers colours, and playedst the harlot thereupon: *the like things* shall not come, neither shall it be *so.*

17 Thou hast also taken thy fair jewels of my gold and of my silver, which I had given thee, and madest to thyself images of γ men, and didst commit whoredom with them;

18 And tookest the broidered garments, and coveredst them: and thou hast set mine oil and mine incense before them.

19 My meat also which I gave thee, fine flour, and oil, and honey, *wherewith* I fed thee, thou hast even set it before them for a ζsweet savour: and *thus* it was, saith the Lord GOD.

20 Moreover, thou hast taken thy sons and*q* thy daughters, whom thou hast borne unto me, and these hast thou sacrificed unto them to θbe devoured. *Is this* of thy whoredoms a small matter,

21 That thou hast slain*t* my children, and delivered them to cause them to pass through *the fire* for them?

22 And in all thine abominations and thy whoredoms thou hast not remembered the days of thy youth,*w* when thou wast naked and bare, *and* wast polluted in thy blood.

23 And it came to pass, after all thy wickedness, (woe, woe unto thee! saith the Lord GOD,)

24 *That* thou hast also built unto thee an λ eminent place, and hast*z* made thee an high place in every street.

25 Thou hast built thy high place at every head*a* of the way, and hast made thy beauty to be abhorred, and hast opened thy feet to every one that passed by, and multiplied thy whoredoms.

26 Thou hast also committed fornication with the Egyptians*c* thy neighbours, great of flesh; and hast increased thy whoredoms, to provoke me to anger.

27 Behold, therefore, I have stretched out my hand over thee, and have diminished thine*e* ordinary *food,* and delivered thee unto the will of them that *f* hate thee, the μdaughters of the*g* Philistines, which are ashamed of thy lewd way.

28 Thou hast played the whore also with the Assyrians,*h* because thou wast unsatiable; yea, thou hast played the harlot with them, and yet couldest not be satisfied.

29 Thou hast, moreover, multiplied thy fornication in the land of Canaan unto Chaldea, and yet thou wast not satisfied herewith.

30 How weak is thine heart, saith the Lord GOD, seeing thou doest all these *things,* the work of an imperious*j* whorish woman;

31 In π that thou buildest thine eminent place in the head of every*k* way, and makest thine high place in every street; and

B. C. 594.
a Ps.45.13,14.
b De. 32.13, 14.
Ps. 81.16.
147.14.
c Ps. 48. 2.
d 2 Ch. 9.23.
e Ho. 8.9,10.
f Ps. 50. 2.
La. 2.15.
g De. 4.7.
β *bribest.*
h Je. 7.4.
i Is. 1.21.
Je. 2. 20.
3.1,2,6.
Ho. 1. 2.
j ch. 7. 20.
Ho. 2. 8.
k Jnᵒ.4.10,18.
l Ps. 139. 11, 12.
m Je. 2. 34.
γ *a male.*
n Je.13.22,26.
La. 1. 8.
Ho. 2.3,10.
ζ *savour of rest.*
η *with judgments of.*
o Le. 20. 10.
De. 22. 22.
p Ex. 21. 12.
q 2 Ki. 16. 3.
2 Ch. 33. 6.
Is. 57.5.
r Na. 1. 2.
θ *devour.*
s ver. 24, 31.
t Ps. 106. 37.
u Ho. 2. 3.
κ *instruments of thine ornament.*
v Je. 25. 9.
w Je. 2. 2.
x 2 Ki. 25. 9.
y ch. 5. 8,13.
Job 34. 26.
1 Ti. 5. 20.
λ or, *brothel house.*
z Je. 3. 2.
a Pr. 9. 14.
b Ps. 78. 42.
c ch. 20.7, 8.
Is. 30. 2,3.
d ch. 9. 10.
11. 21.
e Ho. 2. 9.
f Ps. 106. 41.
μ or, *cities.*
g 2 Ch.28.18.
h ch.23.12,&c
2 Ki. 16. 7.
Je. 2.18,36.
ν *sister lesser than thou.*
i De. 32. 32.
j Pr. 7. 11.
π or, *thy daughters* is *thine.*
ρ or,*that was lothed as a small* thing.
k Je. 2. 28.
l 2 Ki. 21.9.
1 Co. 5. 1.

hast not been as an harlot, in that thou scornest hire;

32 *But as* a wife that committeth adultery, *which* taketh strangers instead of her husband!

33 They give gifts to all whores; but thou*e* givest thy gifts to all thy lovers, and β hirest them, that they may come unto thee on every side for thy whoredom.

34 And the contrary is in thee from *other* women in thy whoredoms, whereas none followeth thee to commit whoredoms: and in that thou givest a reward, and no reward is given unto thee; therefore thou art contrary.

35 Wherefore, O harlot, hear*k* the word of the LORD:

36 Thus saith the Lord GOD, Because thy filthiness was poured out, & thy nakedness discovered*l* through thy whoredoms with thy lovers, and with all the idols of thy abominations, and by the blood*m* of thy children, which thou didst give unto them;

37 Behold,therefore,*n* I will gather all thy lovers,with whom thou hast taken pleasure, and all *them* that thou hast loved, with all *them* that thou hast hated; I will even gather them round about against thee, and will discover thy nakedness unto them, that they may see all thy nakedness.

38 And I will judge thee, *n* as women that break wedlock,*o* and shed blood,*p* are judged: and I will give thee blood in fury*r* and jealousy.

39 And I will also give thee into their hand, and they shall throw down thine eminent place,*s* and shall break down thy high places: they shall strip*u* thee also of thy clothes, and shall take κthy fair jewels, and leave thee naked and bare.

40 They shall also bring up a company against*v* thee, and they shall stone thee with stones, and thrust thee through with their swords.

41 And they shall burn*x* thine houses with fire, and execute judgments upon thee in the sight*y* of many women: and I will cause thee to cease from playing the harlot, and thou also shalt give no hire any more.

42 So will I make my fury toward thee to rest, and my jealousy shall depart from thee, and I will be quiet, and will be no more angry.

43 Because thou hast not*b* remembered the days of thy youth, but hast fretted me in all these *things;* behold, therefore, I also will recompense*d* thy way upon *thine* head, saith the Lord GOD; and thou shalt not commit this lewdness above all thine abominations.

44 Behold, every one that useth proverbs shall use *this* proverb against thee, saying, As *is* the mother, *so is* her daughter.

45 Thou *art* thy mother's daughter, that loatheth her husband and her children; and thou *art* the sister of thy sisters, which loathed their husbands and their children: your mother *was* an Hittite, and your father an Amorite.

46 And thine elder sister *is* Samaria, she and her daughters that dwell at thy left hand: and thy νyounger sister, that dwelleth at thy right hand, *is* Sodom*i* and her daughters.

47 Yet hast thou not walked after their ways, nor done after their abominations; but, as *if* ρ*that were* a very little *thing,* thou wast corrupted more*l* than they in all thy ways.

48 חַי־אָנִי נְאֻם אֲדֹנָי יְהֹוִה אִם־עָשְׂתָה סְדֹם
אֲחוֹתֵךְ הִיא וּבְנוֹתֶיהָ כַּאֲשֶׁר עָשִׂית אַתְּ וּבְנוֹתָיִךְ :
49 הִנֵּה־זֶה הָיָה עֲוֹן סְדֹם אֲחוֹתֵךְ גָּאוֹן שִׂבְעַת־
לֶחֶם וְשַׁלְוַת הַשְׁקֵט הָיָה לָהּ וְלִבְנוֹתֶיהָ וְיַד־עָנִי
50 וְאֶבְיוֹן לֹא הֶחֱזִיקָה : וַתִּגְבְּהֶינָה וַתַּעֲשֶׂינָה
תוֹעֵבָה לְפָנָי וָאָסִיר אֶתְהֶן כַּאֲשֶׁר רָאִיתִי :
51 וְשֹׁמְרוֹן כַּחֲצִי חַטֹּאתַיִךְ לֹא חָטָאָה וַתַּרְבִּי אֶת־
תּוֹעֲבוֹתַיִךְ מֵהֵנָּה וַתְּצַדְּקִי אֶת־אֲחוֹתֵךְ בְּכָל־
52 תּוֹעֲבֹתַיִךְ אֲשֶׁר עָשִׂית : גַּם־אַתְּ שְׂאִי כְלִמָּתֵךְ
אֲשֶׁר פִּלַּלְתְּ לַאֲחוֹתֵךְ בְּחַטֹּאתַיִךְ אֲשֶׁר־הִתְעַבְתְּ
מֵהֵן תִּצְדַּקְנָה מִמֵּךְ וְגַם־אַתְּ בּוֹשִׁי וּשְׂאִי
53 כְלִמָּתֵךְ בְּצַדֶּקְתֵּךְ אֲחְיוֹתֵךְ : וְשַׁבְתִּי אֶת־
שְׁבִיתְהֶן אֶת־שְׁבִית סְדֹם וּבְנוֹתֶיהָ וְאֶת־שְׁבִית
שֹׁמְרוֹן וּבְנוֹתֶיהָ וּשְׁבִית שְׁבִיתַיִךְ בְּתוֹכָהְנָה :
54 לְמַעַן תִּשְׂאִי כְלִמָּתֵךְ וְנִכְלַמְתְּ מִכֹּל אֲשֶׁר עָשִׂית
55 בְּנַחֲמֵךְ אֹתָן : וַאֲחוֹתַיִךְ סְדֹם וּבְנוֹתֶיהָ תָּשֹׁבְןָ
לְקַדְמָתָן וְשֹׁמְרוֹן וּבְנוֹתֶיהָ תָּשֹׁבְןָ לְקַדְמָתָן
56 וְאַתְּ וּבְנוֹתַיִךְ תְּשֻׁבֶינָה לְקַדְמַתְכֶן : וְלוֹא הָיְתָה
סְדֹם אֲחוֹתֵךְ לִשְׁמוּעָה בְּפִיךְ בְּיוֹם גְּאוֹנָיִךְ :
57 בְּטֶרֶם תִּגָּלֶה רָעָתֵךְ כְּמוֹ עֵת חֶרְפַּת בְּנוֹת־אֲרָם
וְכָל־סְבִיבוֹתֶיהָ בְּנוֹת פְּלִשְׁתִּים הַשָּׁאטוֹת אוֹתָךְ
58 מִסָּבִיב : אֶת־זִמָּתֵךְ וְאֶת־תּוֹעֲבוֹתַיִךְ אַתְּ
59 נְשָׂאתִים נְאֻם יְהֹוָה : כִּי כֹה אָמַר אֲדֹנָי
יְהֹוִה וְעָשִׂיתִי אוֹתָךְ כַּאֲשֶׁר עָשִׂית אֲשֶׁר־בָּזִית
60 אָלָה לְהָפֵר בְּרִית : וְזָכַרְתִּי אֲנִי אֶת־בְּרִיתִי אוֹתָךְ
בִּימֵי נְעוּרָיִךְ וַהֲקִמוֹתִי לָךְ בְּרִית עוֹלָם :
61 וְזָכַרְתְּ אֶת־דְּרָכַיִךְ וְנִכְלַמְתְּ בְּקַחְתֵּךְ אֶת־
אֲחוֹתַיִךְ הַגְּדֹלוֹת מִמֵּךְ אֶל־הַקְּטַנּוֹת מִמֵּךְ וְנָתַתִּי
62 אֶתְהֶן לָךְ לְבָנוֹת וְלֹא מִבְּרִיתֵךְ : וַהֲקִימוֹתִי
אֲנִי אֶת־בְּרִיתִי אִתָּךְ וְיָדַעַתְּ כִּי־אֲנִי יְהֹוָה :
63 לְמַעַן תִּזְכְּרִי וָבֹשְׁתְּ וְלֹא יִהְיֶה־לָּךְ עוֹד פִּתְחוֹן
פֶּה מִפְּנֵי כְּלִמָּתֵךְ בְּכַפְּרִי־לָךְ לְכָל־אֲשֶׁר עָשִׂית
נְאֻם אֲדֹנָי יְהֹוִה :

CAP. XVII. יז

1 וַיְהִי דְבַר־יְהֹוָה אֵלַי לֵאמֹר : בֶּן־אָדָם חוּד חִידָה
2,3 וּמְשֹׁל מָשָׁל אֶל־בֵּית יִשְׂרָאֵל : וְאָמַרְתָּ כֹּה־אָמַר
אֲדֹנָי יְהֹוִה הַנֶּשֶׁר הַגָּדוֹל גְּדוֹל הַכְּנָפַיִם אֶרֶךְ

4 הָאֵבֶר מָלֵא הַנּוֹצָה אֲשֶׁר־לוֹ הָרִקְמָה בָּא אֶל־
הַלְּבָנוֹן וַיִּקַּח אֶת־צַמֶּרֶת הָאָרֶז : אֵת רֹאשׁ
5 יְנִיקוֹתָיו קָטָף וַיְבִיאֵהוּ אֶל־אֶרֶץ כְּנַעַן בְּעִיר
רֹכְלִים שָׂמוֹ : וַיִּקַּח מִזֶּרַע הָאָרֶץ וַיִּתְּנֵהוּ בִּשְׂדֵה־
6 זָרַע קָח עַל־מַיִם רַבִּים צַפְצָפָה שָׂמוֹ : וַיִּצְמַח
וַיְהִי לְגֶפֶן סֹרַחַת שִׁפְלַת קוֹמָה לִפְנוֹת דָּלִיּוֹתָיו
אֵלָיו וְשָׁרָשָׁיו תַּחְתָּיו יִהְיוּ וַתְּהִי לְגֶפֶן וַתַּעַשׂ
7 בַּדִּים וַתְּשַׁלַּח פֹּארוֹת : וַיְהִי נֶשֶׁר־אֶחָד גָּדוֹל גְּדוֹל
כְּנָפַיִם וְרַב נוֹצָה וְהִנֵּה הַגֶּפֶן הַזֹּאת כָּפְנָה
שָׁרָשֶׁיהָ עָלָיו וְדָלִיּוֹתָיו שִׁלְּחָה־לּוֹ לְהַשְׁקוֹת אוֹתָהּ
8 מֵעֲרֻגוֹת מַטָּעָהּ : אֶל־שָׂדֶה טּוֹב אֶל־מַיִם רַבִּים
הִיא שְׁתוּלָה לַעֲשׂוֹת עָנָף וְלָשֵׂאת פֶּרִי לִהְיוֹת
9 לְגֶפֶן אַדָּרֶת : אֱמֹר כֹּה אָמַר אֲדֹנָי יְהֹוִה תִּצְלָח
הֲלוֹא אֶת־שָׁרָשֶׁיהָ יְנַתֵּק וְאֶת־פִּרְיָהּ יְקוֹסֵס וְיָבֵשׁ
כָּל־טַרְפֵּי צִמְחָהּ תִּיבָשׁ וְלֹא־בִזְרֹעַ גְּדוֹלָה וּבְעַם
10 רָב לְמַשְׂאוֹת אוֹתָהּ מִשָּׁרָשֶׁיהָ : וְהִנֵּה שְׁתוּלָה
הֲתִצְלָח הֲלוֹא כְגַעַת בָּהּ רוּחַ הַקָּדִים תִּיבָשׁ יָבֵשׁ
11 עַל־עֲרֻגֹת צִמְחָהּ תִּיבָשׁ : וַיְהִי
12 דְבַר־יְהֹוָה אֵלַי לֵאמֹר : אֱמָר־נָא לְבֵית הַמֶּרִי
הֲלֹא יְדַעְתֶּם מָה־אֵלֶּה אֱמֹר הִנֵּה־בָא מֶלֶךְ־
בָּבֶל יְרוּשָׁלִַם וַיִּקַּח אֶת־מַלְכָּהּ וְאֶת־שָׂרֶיהָ וַיָּבֵא
13 אוֹתָם אֵלָיו בָּבֶלָה : וַיִּקַּח מִזֶּרַע הַמְּלוּכָה
וַיִּכְרֹת אִתּוֹ בְּרִית וַיָּבֵא אֹתוֹ בְּאָלָה וְאֶת־אֵילֵי
14 הָאָרֶץ לָקָח : לִהְיוֹת מַמְלָכָה שְׁפָלָה לְבִלְתִּי
הִתְנַשֵּׂא לִשְׁמֹר אֶת־בְּרִיתוֹ לְעָמְדָהּ : וַיִּמְרָד־בּוֹ 15
לִשְׁלֹחַ מַלְאָכָיו מִצְרַיִם לָתֶת־לוֹ סוּסִים וְעַם־רָב
הֲיִצְלָח הֲיִמָּלֵט הָעֹשֵׂה אֵלֶּה וְהֵפֵר בְּרִית וְנִמְלָט :
16 חַי־אָנִי נְאֻם אֲדֹנָי יְהֹוִה אִם־לֹא בִּמְקוֹם הַמֶּלֶךְ
הַמַּמְלִיךְ אֹתוֹ אֲשֶׁר בָּזָה אֶת־אָלָתוֹ וַאֲשֶׁר הֵפֵר
17 אֶת־בְּרִיתוֹ אִתּוֹ בְתוֹךְ־בָּבֶל יָמוּת : וְלֹא בְחַיִל
גָּדוֹל וּבְקָהָל רָב יַעֲשֶׂה אוֹתוֹ פַרְעֹה בַּמִּלְחָמָה
בִּשְׁפֹּךְ סֹלְלָה וּבִבְנוֹת דָּיֵק לְהַכְרִית נְפָשׁוֹת רַבּוֹת :
18 וּבָזָה אָלָה לְהָפֵר בְּרִית וְהִנֵּה נָתַן יָדוֹ וְכָל־אֵלֶּה
19 עָשָׂה לֹא יִמָּלֵט : לָכֵן כֹּה־אָמַר אֲדֹנָי
יְהֹוִה חַי־אָנִי אִם־לֹא אָלָתִי אֲשֶׁר בָּזָה וּבְרִיתִי
20 אֲשֶׁר הֵפִיר וּנְתַתִּיו בְּרֹאשׁוֹ : וּפָרַשְׂתִּי עָלָיו
רִשְׁתִּי וְנִתְפַּשׂ בִּמְצוּדָתִי וַהֲבִיאוֹתִיהוּ בָבֶלָה
21 וְנִשְׁפַּטְתִּי אִתּוֹ שָׁם מַעֲלוֹ אֲשֶׁר מָעַל־בִּי : וְאֵת

48 *As* I live, saith the Lord GOD, Sodom *a* thy sister hath not done, she nor her daughters, as thou hast done, thou and thy daughters.

49 Behold, this was the iniquity of thy sister Sodom, pride, fulness *c* of bread, and abundance of idleness, was in her and in her daughters, neither did she strengthen the hand of the poor and needy.

50 And they were haughty,*f* and committed abomination before me : therefore I took them away *h* as I saw *good*.

51 Neither hath Samaria committed half of thy sins ; but thou hast multiplied thine abominations more than they, and hast justified *i* thy sisters in all thine abominations which thou hast done.

52 Thou *k* also, which hast judged thy sisters, bear *l* thine own shame, for thy sins that thou hast committed more abominable than they : they are more righteous than thou ; yea, be thou confounded also, and bear thy shame, in that thou hast justified thy sisters.

53 When I shall bring again *m* their captivity, the captivity of Sodom and her daughters, and the captivity of Samaria and her daughters, then *will I bring again* the captivity of thy captives in the midst of them ;

54 That thou mayest bear thine own shame, and mayest be confounded *o* in all that thou hast done, in that thou art a comfort unto them.

55 When thy sisters, Sodom and her daughters, shall return to their former estate, and Samaria and her daughters shall return to their former estate, then thou and thy daughters shall return to your former estate.

56 For thy sister Sodom was not ∂ mentioned *s* by thy mouth in the day of thy ζ pride,

57 Before thy wickedness was discovered, as at the time *u* of *thy* reproach of the daughters of η Syria,and all *that are* round about her, the daughters of the Philistines, which κ despise *w* thee round about.

58 Thou hast borne λ thy lewdness and thine abominations, saith the LORD.

59 For thus saith the Lord GOD, I will even deal with thee as *y* thou hast done, which hast despised the oath in breaking the covenant. *b*

60 Nevertheless, I will *c* remember my covenant with thee in the days of thy youth, and I will establish unto thee an everlasting *e* covenant.

61 Then thou shalt remember thy ways*f* and be ashamed, when thou shalt receive thy sisters, thine elder and thy younger : and I will give them unto thee for daughters,*h* but*i* not by thy *j* covenant.

62 And I will establish *l* my covenant with thee ; and thou shalt know that I *am* the LORD.

63 That thou mayest remember, and be confounded,*m* and never open thy *n* mouth any more because of thy shame, when I am pacified toward thee for all that thou hast done, saith the Lord GOD.

CHAP. XVII.

AND the word of the LORD came unto me, saying,

2 Son of man, put forth a riddle, and speak a parable unto the house of Israel ;

3 And say, Thus saith the Lord GOD, A great eagle *q* with great wings, longwinged, full of feathers, which had *v*divers

---

B. C. 595.

a Mat.10.15.
    11.24.
b 2 Ki.24.12.
c Ge.13.10,13.
    18. 20.
  De.32. 15.
β *put it in a field of seed.*
d De. 8. 7..9.
e Is. 44. 4.
f Pr. 16. 18.
    18.12.
g ver. 14.
h Ge. 19.24.
  Je. 20. 16.
ι Je. 3. 11.
j ver. 15.
k Ro. 1. 32.
   2.1.-10.
l Je. 23. 40.
γ *field.*
m Je. 48. 47.
    49. 39.
n 2 Ki. 25. 7.
o ver. 63.
p ch. 19. 12.
q Ho.12. 1.
    13. 15.
r ch. 2. 5.
∂ *for a report, or, hearing.*
s ver. 3.
  2 Ki.24.11..17.
t Is. 65. 5.
  Lu. 18. 11.
ζ *prides, or, excellencies.*
u 2 Ki. 16. 5.
  Is. 7. 1.
η *Aram.*
θ *brought him to.*
v 2Ch. 36.13.
κ *or, spoil.*
w Je. 33. 24.
λ *them.*
x ch. 29. 14.
μ *to keep his covenant,to stand to it.*
y Mat.7.1, 2.
z 2 Ki. 24.20.
a 1s. 1..3.
b De.29.12..15
c Ps. 106. 45.
d ver. 9.
e 2 Sa.23.5.
  Je. 32. 40.
    50. 5.
f Ps. 119. 59.
g ch. 12. 13.
  Je. 52. 11.
h Is. 54. 1.
    60. 4.
  Ga.4.26..31.
i Je. 31. 31.
j Jn'.15.16.
k Je. 37. 7.
l Ho.2.19,20.
m Ezr. 9. 6.
  Da. 9.7, 8.
n Ro. 3. 19.
o 1Ch. 29.24.
p ch. 32. 3.
q Ho. 8. 1.
r *embroidering.*

---

colours, came unto Lebanon, and took the highest *b* branch of the cedar :

4 He cropped off the top of his young twigs, and carried it into a land of traffic ; he set it in a city of merchants.

5 He took also of the seed of the land, and β planted it in a fruitful *d* field ; he placed *it* by great waters, *and* set it *as* a willow *e* tree.

6 And it grew, and became a spreading vine of low *g* stature, whose branches turned toward him, and the roots thereof were under him : so it became a vine,& brought forth branches, and shot forth sprigs.

7 There was also another great eagle with great wings and many feathers ; and, behold, this vine did bend *j* her roots toward him, and shot forth her branches toward him, that he might water it by the furrows of her plantation.

8 It was planted in a good γ soil by great waters, that it might bring forth branches, and that it might bear fruit, that it might be a goodly vine.

9 Say thou, Thus saith the Lord GOD, Shall it prosper? shall he not pull up the roots thereof, and cut off the fruit *n* thereof, that it wither? it shall wither in all the leaves of her spring, even without great power, or many people to pluck it up by the roots thereof.

10 Yea, behold, *being* planted, shall it prosper? shall it not utterly wither,*p* when the east wind *q* toucheth it? it shall wither in the furrows where it grew.

11 Moreover, the word of the LORD came unto me, saying,

12 Say now to the rebellious *r* house Know ye not what these *things mean?* tell *them*, Behold, the king of Babylon is come to Jerusalem, and hath taken *s* the king thereof, and the princes thereof, and led them with him to Babylon ;

13 And hath taken of the king's seed, and made a covenant with him, and hath θ taken an oath *v* of him : he hath also taken the mighty of the land :

14 That the kingdom might be *x* base, that it might not lift itself up, μ *but* that by keeping of his covenant it might stand.

15 But *z* he rebelled against him, in sending his ambassadors into *a* Egypt, that they might give him horses and much people. Shall*d* he prosper? shall he escape that doeth such *things?* or shall he break the covenant, and be delivered?

16 *As* I live, saith the Lord GOD, surely in the place *where* the king *dwelleth* that made him king, whose oath he despised, and whose covenant he brake, *even* with him, in the midst of Babylon, he shall die.*g*

17 Neither *k* shall Pharaoh, with *his* mighty army and great company, make for him in the war, by casting up mounts, and building forts, to cut off many persons :

18 Seeing he despised the oath by breaking the covenant, when, lo, he had given his hand,*o* and hath done all these *things*, he shall not escape.

19 Therefore Thus saith the Lord GOD, *As* I live, surely mine oath that he hath despised, and my covenant that he hath broken, even it will I recompense upon his own head.

20 And I will spread my net*p* upon him, and he shall be taken in my snare ; and I will bring him to Babylon,and will plead with him there for his trespass that he hath trespassed against me.

כֹּה אָמַר אֲדֹנָי יְהֹוִה וְלָקַחְתִּי אָנִי מִצַּמֶּרֶת **22**
הָאֶרֶז הָרָמָה וְנָתָתִּי מֵרֹאשׁ יֹנְקוֹתָיו רַךְ אֶקְטֹף
וְשָׁתַלְתִּי אָנִי עַל הַר גָּבֹהַּ וְתָלוּל׃ בְּהַר מְרוֹם **23**
יִשְׂרָאֵל אֶשְׁתֳּלֶנּוּ וְנָשָׂא עָנָף וְעָשָׂה פֶרִי וְהָיָה
לְאֶרֶז אַדִּיר וְשָׁכְנוּ תַחְתָּיו כֹּל צִפּוֹר כָּל כָּנָף בְּצֵל
דָּלִיּוֹתָיו תִּשְׁכֹּנָּה׃ וְיָדְעוּ כָּל עֲצֵי הַשָּׂדֶה כִּי **24**
אֲנִי יְהוָה הִשְׁפַּלְתִּי עֵץ גָּבֹהַ הִגְבַּהְתִּי עֵץ שָׁפָל
הוֹבַשְׁתִּי עֵץ לָח וְהִפְרַחְתִּי עֵץ יָבֵשׁ אֲנִי יְהוָה
דִּבַּרְתִּי וְעָשִׂיתִי׃

CAP. XVIII. יח

וַיְהִי דְבַר יְהוָה אֵלַי לֵאמֹר׃ מַה לָּכֶם אַתֶּם **1**
מֹשְׁלִים אֶת הַמָּשָׁל הַזֶּה עַל אַדְמַת יִשְׂרָאֵל **2**
לֵאמֹר אָבוֹת יֹאכְלוּ בֹסֶר וְשִׁנֵּי הַבָּנִים תִּקְהֶינָה׃
חַי אָנִי נְאֻם אֲדֹנָי יְהוִה אִם יִהְיֶה לָכֶם עוֹד מְשֹׁל **3**
הַמָּשָׁל הַזֶּה בְּיִשְׂרָאֵל׃ הֵן כָּל הַנְּפָשׁוֹת לִי הֵנָּה **4**
כְּנֶפֶשׁ הָאָב וּכְנֶפֶשׁ הַבֵּן לִי הֵנָּה הַנֶּפֶשׁ הַחֹטֵאת
הִיא תָמוּת׃ וְאִישׁ כִּי יִהְיֶה צַדִּיק וְעָשָׂה מִשְׁפָּט **5**
וּצְדָקָה׃ אֶל הֶהָרִים לֹא אָכָל וְעֵינָיו לֹא נָשָׂא **6**
אֶל גִּלּוּלֵי בֵּית יִשְׂרָאֵל וְאֶת אֵשֶׁת רֵעֵהוּ לֹא טִמֵּא
וְאֶל אִשָּׁה נִדָּה לֹא יִקְרָב׃ וְאִישׁ לֹא יוֹנֶה **7**
חֲבֹלָתוֹ חוֹב יָשִׁיב גְּזֵלָה לֹא יִגְזֹל לַחְמוֹ לְרָעֵב יִתֵּן
וְעֵירֹם יְכַסֶּה בָּגֶד׃ בַּנֶּשֶׁךְ לֹא יִתֵּן וְתַרְבִּית לֹא **8**
יִקָּח מֵעָוֶל יָשִׁיב יָדוֹ מִשְׁפַּט אֱמֶת יַעֲשֶׂה בֵּין
אִישׁ לְאִישׁ׃ בְּחֻקּוֹתַי יְהַלֵּךְ וּמִשְׁפָּטַי שָׁמַר לַעֲשׂוֹת **9**
אֱמֶת צַדִּיק הוּא חָיֹה יִחְיֶה נְאֻם אֲדֹנָי יְהוִה׃
וְהוֹלִיד בֵּן פָּרִיץ שֹׁפֵךְ דָּם וְעָשָׂה אָח מֵאַחַד **10**
מֵאֵלֶּה׃ וְהוּא אֶת כָּל אֵלֶּה לֹא עָשָׂה כִּי גַם אֶל **11**
הֶהָרִים אָכַל וְאֶת אֵשֶׁת רֵעֵהוּ טִמֵּא׃ עָנִי וְאֶבְיוֹן **12**
הוֹנָה גְּזֵלוֹת גָּזָל חֲבֹל לֹא יָשִׁיב וְאֶל הַגִּלּוּלִים נָשָׂא
עֵינָיו תּוֹעֵבָה עָשָׂה׃ בַּנֶּשֶׁךְ נָתַן וְתַרְבִּית לָקַח וָחָי לֹא **13**
יִחְיֶה אֵת כָּל הַתּוֹעֵבוֹת הָאֵלֶּה עָשָׂה מוֹת יוּמָת
דָּמָיו בּוֹ יִהְיֶה׃ וְהִנֵּה הוֹלִיד בֵּן וַיַּרְא אֶת כָּל **14**
חַטֹּאת אָבִיו אֲשֶׁר עָשָׂה וַיִּרְאֶה וְלֹא יַעֲשֶׂה כָּהֵן׃
עַל הֶהָרִים לֹא אָכָל וְעֵינָיו לֹא נָשָׂא אֶל גִּלּוּלֵי **15**

בֵּית יִשְׂרָאֵל אֶת אֵשֶׁת רֵעֵהוּ לֹא טִמֵּא׃ וְאִישׁ **16**
לֹא הוֹנָה חֲבֹל לֹא חָבָל וּגְזֵלָה לֹא גָזָל לַחְמוֹ
לְרָעֵב נָתָן וְעֵרוֹם כִּסָּה בָגֶד׃ מֵעָנִי הֵשִׁיב יָדוֹ **17**
נֶשֶׁךְ וְתַרְבִּית לֹא לָקַח מִשְׁפָּטַי עָשָׂה בְּחֻקּוֹתַי
הָלָךְ הוּא לֹא יָמוּת בַּעֲוֹן אָבִיו חָיֹה יִחְיֶה׃
אָבִיו כִּי עָשַׁק עֹשֶׁק גָּזַל גֵּזֶל אָח וַאֲשֶׁר לֹא טוֹב **18**
עָשָׂה בְּתוֹךְ עַמָּיו וְהִנֵּה מֵת בַּעֲוֹנוֹ׃ וַאֲמַרְתֶּם **19**
מַדֻּעַ לֹא נָשָׂא הַבֵּן בַּעֲוֹן הָאָב וְהַבֵּן מִשְׁפָּט
וּצְדָקָה עָשָׂה אֵת כָּל חֻקּוֹתַי שָׁמַר וַיַּעֲשֶׂה אֹתָם
חָיֹה יִחְיֶה׃ הַנֶּפֶשׁ הַחֹטֵאת הִיא תָמוּת בֵּן **20**
לֹא יִשָּׂא בַּעֲוֹן הָאָב וְאָב לֹא יִשָּׂא בַּעֲוֹן הַבֵּן
צִדְקַת הַצַּדִּיק עָלָיו תִּהְיֶה וְרִשְׁעַת רָשָׁע עָלָיו
תִּהְיֶה׃ וְהָרָשָׁע כִּי יָשׁוּב מִכָּל חַטֹּאתוֹ **21**
אֲשֶׁר עָשָׂה וְשָׁמַר אֶת כָּל חֻקּוֹתַי וְעָשָׂה מִשְׁפָּט
וּצְדָקָה חָיֹה יִחְיֶה לֹא יָמוּת׃ כָּל פְּשָׁעָיו אֲשֶׁר **22**
עָשָׂה לֹא יִזָּכְרוּ לוֹ בְּצִדְקָתוֹ אֲשֶׁר עָשָׂה יִחְיֶה׃
הֶחָפֹץ אֶחְפֹּץ מוֹת רָשָׁע נְאֻם אֲדֹנָי יְהוִה הֲלוֹא **23**
בְּשׁוּבוֹ מִדְּרָכָיו וְחָיָה׃ וּבְשׁוּב צַדִּיק מִצִּדְקָתוֹ **24**
וְעָשָׂה עָוֶל כְּכֹל הַתּוֹעֵבוֹת אֲשֶׁר עָשָׂה הָרָשָׁע
יַעֲשֶׂה וָחָי כָּל צִדְקֹתָו אֲשֶׁר עָשָׂה לֹא תִזָּכַרְנָה
בְּמַעֲלוֹ אֲשֶׁר מָעַל וּבְחַטָּאתוֹ אֲשֶׁר חָטָא בָּם
יָמוּת׃ וַאֲמַרְתֶּם לֹא יִתָּכֵן דֶּרֶךְ אֲדֹנָי שִׁמְעוּ נָא **25**
בֵּית יִשְׂרָאֵל הֲדַרְכִּי לֹא יִתָּכֵן הֲלֹא דַרְכֵיכֶם לֹא
יִתָּכֵנוּ׃ בְּשׁוּב צַדִּיק מִצִּדְקָתוֹ וְעָשָׂה עָוֶל וּמֵת **26**
עֲלֵיהֶם בְּעַוְלוֹ אֲשֶׁר עָשָׂה יָמוּת׃ וּבְשׁוּב **27**
רָשָׁע מֵרִשְׁעָתוֹ אֲשֶׁר עָשָׂה וַיַּעַשׂ מִשְׁפָּט
וּצְדָקָה הוּא אֶת נַפְשׁוֹ יְחַיֶּה׃ וַיִּרְאֶה וַיָּשׁוֹב **28**
מִכָּל פְּשָׁעָיו אֲשֶׁר עָשָׂה חָיֹה יִחְיֶה לֹא יָמוּת׃
וְאָמְרוּ בֵּית יִשְׂרָאֵל לֹא יִתָּכֵן דֶּרֶךְ אֲדֹנָי הֲלֹא **29**
יִתָּכְנוּ בֵּית יִשְׂרָאֵל הֲלֹא דַרְכֵיכֶם לֹא יִתָּכֵן׃
לָכֵן אִישׁ כִּדְרָכָיו אֶשְׁפֹּט אֶתְכֶם בֵּית יִשְׂרָאֵל נְאֻם **30**
אֲדֹנָי יְהוִה שׁוּבוּ וְהָשִׁיבוּ מִכָּל פִּשְׁעֵיכֶם וְלֹא
יִהְיֶה לָכֶם לְמִכְשׁוֹל עָוֹן׃ הַשְׁלִיכוּ מֵעֲלֵיכֶם **31**
אֶת כָּל פִּשְׁעֵיכֶם אֲשֶׁר פְּשַׁעְתֶּם בָּם וַעֲשׂוּ לָכֶם
לֵב חָדָשׁ וְרוּחַ חֲדָשָׁה וְלָמָּה תָמֻתוּ בֵּית יִשְׂרָאֵל׃
כִּי לֹא אֶחְפֹּץ בְּמוֹת הַמֵּת נְאֻם אֲדֹנָי יְהוִה **32**
וְהָשִׁיבוּ וִחְיוּ׃

21 And all his fugitives with all his bands shall fall by the sword, and they that remain shall be scattered *a* toward all winds ; and ye shall know that I the LORD have spoken *it.*

22 Thus saith the Lord GOD, I will also take of the highest *b* branch of the high cedar, and will set *it ;* I will crop off from the top of his young twigs a tender *c* one, and will plant *it* upon an high mountain *d* and eminent:

23 In the mountain of the height of Israel will I plant it ; and it shall bring forth boughs, and bear fruit, and be a goodly cedar: and under it shall dwell all fowl *f* of every wing ; in the shadow of the branches thereof shall they dwell.

24 And all the trees of the field shall know that I the LORD have brought *h* down the high tree, have exalted the low tree, have dried up the green *i* tree, and have made the dry tree to flourish : I the LORD have spoken, and have done *it.*

CHAP. XVIII.

THE word of the LORD came unto me again, saying,

2 What mean ye, that ye use this proverb concerning the land of Israel, saying, The fathers *o* have eaten sour grapes, and the children's teeth are set on edge ?

3 *As* I live, saith the Lord GOD, ye shall not have *occasion* any more to use this proverb in Israel.

4 Behold, all souls are mine ; as the soul of the father, so also the soul of the son is mine : the soul that sinneth, it shall die.*s*

5 But if a man be just, and do *γ* that which is lawful and right,

6 *And u* hath not eaten upon the mountains, neither hath lifted up his eyes to the idols of the house of Israel, neither hath defiled his neighbour's wife, neither hath come near to *w* a menstruous woman,

7 And hath not oppressed *x* any, *but* hath restored to the debtor his *y* pledge, hath spoiled none by violence, hath given his bread to the hungry,*z* and hath covered the naked with a garment ;

8 He *that* hath not given forth upon usury,*a* neither hath taken any increase, *that* hath withdrawn his hand from iniquity, hath executed true *b* judgment between man and man,

9 Hath walked *c* in my statutes, and hath kept my judgments, to deal truly ; he *is* just, he shall surely live, saith the Lord GOD.

10 If he beget a son *that is* a *δ* robber, a *d* shedder of blood, and *that* doeth *ζ* the like to *any* one of these *things,*

11 And that doeth not any of those *duties,* but even hath eaten upon the mountains, and defiled his neighbour's wife,

12 Hath oppressed the poor and needy, hath spoiled by violence, hath not restored the pledge, and hath lifted up his eyes to the idols, hath committed abomination,

13 Hath given forth upon usury, and hath taken increase : shall he then live ? he shall not live : he hath done all these abominations ; he shall surely die ; his *θ* blood shall be *h* upon him.

14 Now, lo, *if* he beget a son that seeth all his father's sins which he hath done, and considereth,*k* and doeth not such like,

15 *That* hath not eaten upon the mountains, neither hath lifted up his eyes to the idols of the house of Israel, hath not defiled his neighbour's wife,

16 Neither hath oppressed any, hath not *β* withholden the pledge, neither hath spoiled by violence, *but* hath given his bread to the hungry, and hath covered the naked with a garment,

17 *That* hath taken off his hand from the poor, *that* hath not received usury nor increase, hath executed my judgments, hath walked in my statutes ; he shall not die for the iniquity of his father, he shall surely live.

18 *As for* his father, because he cruelly oppressed, spoiled his brother by violence, and did *that* which *is* not good among his people,lo, even he shall die in *n* his iniquity.

19 Yet say ye, Why? doth not *g* the son bear the iniquity of his father ? When the son hath done that which is lawful and right, *and* hath kept all my statutes, and hath done them, he shall surely live.

20 The soul that sinneth, it shall die. The son *k* shall not bear the iniquity of the father, neither shall the father bear the iniquity of the son ; the righteousness *l* of the righteous shall be upon him, and the wickedness *m* of the wicked shall be upon him.

21 But if the wicked will turn *n* from all his sins that he hath committed, and keep *p* all my statutes, and do that which is lawful and right, he shall surely live, he shall not die.

22 All *q* his transgressions that he hath committed, they shall not be *r* mentioned unto him : in his righteousness that he hath done he shall live.

23 Have I *t* any pleasure at all that the wicked should die ? saith the Lord GOD : *and* not that he should return from his ways, and live ?

24 But when the righteous turneth *v* away from his righteousness,and committeth iniquity, *and* doeth according to all the abominations that the wicked *man* doeth, shall he live ? All his righteousness that he hath done shall not be mentioned : in his trespass that he hath trespassed, and in his sin that he hath sinned, in them shall he die.

25 Yet ye say, The way of the Lord is not equal. Hear now, O house of Israel ; Is not my way equal ? are not your ways unequal ?

26 When a righteous *man* turneth away from his righteousness, and committeth iniquity, and dieth in them ; for his iniquity that he hath done shall he die.

27 Again, when the wicked *man* turneth away from his wickedness that he hath committed, and doeth that which is lawful and right, he shall save his soul alive.

28 Because he considereth,*e* and turneth away from all his transgressions that he hath committed, he shall surely live, he shall not die.

29 Yet saith the house of Israel, The way of the Lord *f* is not equal. O house of Israel, are not my ways equal ? are not your ways unequal ?

30 Therefore I will judge you, O house of Israel, every one according to his ways saith the Lord GOD. Repent,*g* and turn *η yourselves* from all your transgressions ; so iniquity shall not be your ruin.

31 Cast away *i* from you all your transgressions, whereby ye have transgressed ; and make you a new heart *l* and a new spirit : for why will ye die, O house of Israel?

32 For I have no pleasure in the death of him that dieth, saith the Lord GOD : wherefore turn *η yourselves,* and live ye.

B. C. 594.

β pledged,
or taken
to pledge.
a Am. 9, 9,10.
b Is. 11. 1.
Je. 23. 5.
c Is. 53. 2.
d ch. 20, 40.
Ps. 2. 6.
72. 16.
Is. 2. 2, 3.
Mi. 4. 1, 2.
e Jn°. 8. 24.
f ch. 31. 6.
Da. 4. 12.
Mat. 13. 47,
48.
Lu. 14. 21.
23.
g Ex. 20. 5.
2 Ki. 23. 26.
24. 3, 4.
h Lu.1.52,53.
1Co.1.27,28.
i Lu. 23. 31.
k De. 24. 16.
2 Ki. 14 5,6.
l Is. 3. 10, 11.
m Ro. 2. 9.
n Pr. 28. 13.
La. 5. 7.
o Je. 31. 29.
p Ja.2.14.26.
q ch. 33. 16.
r Ps. 103. 12.
Ro. 8. 1.
s Ro 6. 23.
t 1 Ti. 2. 4.
2 Pe. 3. 9.
γ judgment
and justice.
u Le. 18. 19,
&c.
v He. 6. 4.-6.
10.26,27.
2 Pe. 2. 20.
w Le. 20. 10.
x Ex. 22. 21,
&c.
Pr. 3. 31.
y De.24.12,13.
z De. 15. 7,8.
Is. 58. 7.
Mat. 25.35.
a Le.25.36,37.
Ne. 5. 7.
Ps. 15. 5.
b Le.19.15,35.
Zec. 8. 16.
c Ps.119.1.-6.
δ or,breaker
up of an
house.
d Nu. 35. 31.
ζ or, *to his*
brotherbesides any
of these.
e Lu.15.17,&c
f Pr. 19. 3.
g Re. 2. 5.
η or, others,
Ps. 51. 13.
Lu. 22. 32.
θ bloods.
h ch. 33. 4.
Ac. 18. 6.
i Ep.4.22,23.
k ver. 28.
l Ps. 51. 10.
Je. 32. 39.

520

CAP. XIX. יט

1 וְאַתָּה שָׂא קִינָה אֶל־נְשִׂיאֵי יִשְׂרָאֵל: וְאָמַרְתָּ
מָה אִמְּךָ לְבִיָּא בֵּין אֲרָיוֹת רָבָצָה בְּתוֹךְ כְּפִרִים
3 רִבְּתָה גוּרֶיהָ: וַתַּעַל אֶחָד מִגֻּרֶיהָ כְּפִיר הָיָה
4 וַיִּלְמַד לִטְרָף־טֶרֶף אָדָם אָכָל: וַיִּשְׁמְעוּ אֵלָיו
גוֹיִם בְּשַׁחְתָּם נִתְפָּשׂ וַיְבִאֻהוּ בַחַחִים אֶל־אֶרֶץ
5 מִצְרָיִם: וַתֵּרֶא כִּי נוֹחֲלָה אָבְדָה תִּקְוָתָהּ וַתִּקַּח
6 אֶחָד מִגֻּרֶיהָ כְּפִיר שָׂמָתְהוּ: וַיִּתְהַלֵּךְ בְּתוֹךְ
אֲרָיוֹת כְּפִיר הָיָה וַיִּלְמַד לִטְרָף־טֶרֶף אָדָם אָכָל
7 וַיֵּדַע אַלְמְנוֹתָיו וְעָרֵיהֶם הֶחֱרִיב וַתֵּשַׁם אֶרֶץ
8 וּמְלֹאָהּ מִקּוֹל שַׁאֲגָתוֹ: וַיִּתְּנוּ עָלָיו גּוֹיִם סָבִיב
מִמְּדִינוֹת וַיִּפְרְשׂוּ עָלָיו רִשְׁתָּם בְּשַׁחְתָּם נִתְפָּשׂ
9 וַיִּתְּנֻהוּ בַסּוּגַר בַּחַחִים וַיְבִאֻהוּ אֶל־מֶלֶךְ בָּבֶל
יְבִאֻהוּ בַּמְצֹדוֹת לְמַעַן לֹא־יִשָּׁמַע קוֹלוֹ עוֹד אֶל־
10 הָרֵי יִשְׂרָאֵל: אִמְּךָ כַגֶּפֶן בְּדָמְךָ עַל־מַיִם
11 שְׁתוּלָה פֹּרִיָּה וַעֲנֵפָה הָיְתָה מִמַּיִם רַבִּים: וַיִּהְיוּ־
לָהּ מַטּוֹת עֹז אֶל־שִׁבְטֵי מֹשְׁלִים וַתִּגְבַּהּ קוֹמָתוֹ
12 עַל־בֵּין עֲבֹתִים וַיֵּרָא בְגָבְהוֹ בְּרֹב דָּלִיֹּתָיו: וַתֻּתַּשׁ
בְּחֵמָה לָאָרֶץ הֻשְׁלָכָה וְרוּחַ הַקָּדִים הוֹבִישׁ
פִּרְיָהּ הִתְפָּרְקוּ וְיָבֵשׁוּ מַטֵּה עֻזָּהּ אֵשׁ אֲכָלָתְהוּ
13 וְעַתָּה שְׁתוּלָה בַמִּדְבָּר בְּאֶרֶץ צִיָּה וְצָמָא:
14 וַתֵּצֵא אֵשׁ מִמַּטֵּה בַדֶּיהָ פִּרְיָהּ אָכָלָה וְלֹא־
הָיָה בָהּ מַטֵּה־עֹז שֵׁבֶט לִמְשׁוֹל קִינָה הִיא וַתְּהִי
לְקִינָה:

CAP. XX. כ

1 וַיְהִי בַּשָּׁנָה הַשְּׁבִיעִית בַּחֲמִשִׁי בֶּעָשׂוֹר לַחֹדֶשׁ
בָּאוּ אֲנָשִׁים מִזִּקְנֵי יִשְׂרָאֵל לִדְרֹשׁ אֶת־יְהוָה וַיֵּשְׁבוּ
2 לְפָנָי: וַיְהִי דְבַר־יְהוָה אֵלַי לֵאמֹר:
3 בֶּן־אָדָם דַּבֵּר אֶת־זִקְנֵי יִשְׂרָאֵל וְאָמַרְתָּ אֲלֵהֶם כֹּה
אָמַר אֲדֹנָי יְהוָה הֲלִדְרֹשׁ אֹתִי אַתֶּם בָּאִים חַי־אָנִי
4 אִם־אִדָּרֵשׁ לָכֶם נְאֻם אֲדֹנָי יְהוָה: הֲתִשְׁפֹּט אֹתָם
הֲתִשְׁפּוֹט בֶּן־אָדָם אֶת־תּוֹעֲבֹת אֲבוֹתָם הוֹדִיעֵם:
5 וְאָמַרְתָּ אֲלֵיהֶם כֹּה־אָמַר אֲדֹנָי יְהוָה בְּיוֹם בָּחֳרִי
בְיִשְׂרָאֵל וָאֶשָּׂא יָדִי לְזֶרַע בֵּית יַעֲקֹב וָאִוָּדַע לָהֶם
בְּאֶרֶץ מִצְרָיִם וָאֶשָּׂא יָדִי לָהֶם לֵאמֹר אֲנִי יְהוָה
6 אֱלֹהֵיכֶם: בַּיּוֹם הַהוּא נָשָׂאתִי יָדִי לָהֶם

לְהוֹצִיאָם מֵאֶרֶץ מִצְרַיִם אֶל־אֶרֶץ אֲשֶׁר־תַּרְתִּי
לָהֶם זָבַת חָלָב וּדְבַשׁ צְבִי הִיא לְכָל־הָאֲרָצוֹת:
7 וָאֹמַר אֲלֵהֶם אִישׁ שִׁקּוּצֵי עֵינָיו הַשְׁלִיכוּ וּבְגִלּוּלֵי
8 מִצְרַיִם אַל־תִּטַּמָּאוּ אֲנִי יְהוָה אֱלֹהֵיכֶם: וַיַּמְרוּ־
בִי וְלֹא אָבוּ לִשְׁמֹעַ אֵלַי אִישׁ אֶת־שִׁקּוּצֵי עֵינֵיהֶם
לֹא הִשְׁלִיכוּ וְאֶת־גִּלּוּלֵי מִצְרַיִם לֹא עָזָבוּ וָאֹמַר
לִשְׁפֹּךְ חֲמָתִי עֲלֵיהֶם לְכַלּוֹת אַפִּי בָּהֶם בְּתוֹךְ אֶרֶץ
9 מִצְרָיִם: וָאַעַשׂ לְמַעַן שְׁמִי לְבִלְתִּי הֵחֵל לְעֵינֵי
הַגּוֹיִם אֲשֶׁר־הֵמָּה בְתוֹכָם אֲשֶׁר נוֹדַעְתִּי אֲלֵיהֶם
10 לְעֵינֵיהֶם לְהוֹצִיאָם מֵאֶרֶץ מִצְרָיִם: וָאוֹצִיאֵם
11 מֵאֶרֶץ מִצְרַיִם וָאֲבִאֵם אֶל־הַמִּדְבָּר: וָאֶתֵּן
לָהֶם אֶת־חֻקּוֹתַי וְאֶת־מִשְׁפָּטַי הוֹדַעְתִּי אוֹתָם
12 אֲשֶׁר יַעֲשֶׂה אוֹתָם הָאָדָם וָחַי בָּהֶם: וְגַם
אֶת־שַׁבְּתוֹתַי נָתַתִּי לָהֶם לִהְיוֹת לְאוֹת בֵּינִי
13 וּבֵינֵיהֶם לָדַעַת כִּי אֲנִי יְהוָה מְקַדְּשָׁם: וַיַּמְרוּ־
בִי בֵית־יִשְׂרָאֵל בַּמִּדְבָּר בְּחֻקּוֹתַי לֹא־הָלָכוּ וְאֶת־
מִשְׁפָּטַי מָאָסוּ אֲשֶׁר יַעֲשֶׂה אֹתָם הָאָדָם וָחַי
בָּהֶם וְאֶת־שַׁבְּתֹתַי חִלְּלוּ מְאֹד וָאֹמַר לִשְׁפֹּךְ
14 חֲמָתִי עֲלֵיהֶם בַּמִּדְבָּר לְכַלּוֹתָם: וָאֶעֱשֶׂה לְמַעַן
שְׁמִי לְבִלְתִּי הֵחֵל לְעֵינֵי הַגּוֹיִם אֲשֶׁר הוֹצֵאתִים
15 לְעֵינֵיהֶם: וְגַם־אֲנִי נָשָׂאתִי יָדִי לָהֶם בַּמִּדְבָּר
לְבִלְתִּי הָבִיא אוֹתָם אֶל־הָאָרֶץ אֲשֶׁר־נָתַתִּי זָבַת
16 חָלָב וּדְבַשׁ צְבִי הִיא לְכָל־הָאֲרָצוֹת: יַעַן
בְּמִשְׁפָּטַי מָאָסוּ וְאֶת־חֻקּוֹתַי לֹא־הָלְכוּ בָהֶם
וְאֶת־שַׁבְּתוֹתַי חִלֵּלוּ כִּי אַחֲרֵי גִלּוּלֵיהֶם לִבָּם הֹלֵךְ:
17 וַתָּחָס עֵינִי עֲלֵיהֶם מִשַּׁחֲתָם וְלֹא־עָשִׂיתִי אוֹתָם
18 כָּלָה בַּמִּדְבָּר: וָאֹמַר אֶל־בְּנֵיהֶם בַּמִּדְבָּר בְּחוּקֵּי
אֲבוֹתֵיכֶם אַל־תֵּלֵכוּ וְאֶת־מִשְׁפְּטֵיהֶם אַל־תִּשְׁמֹרוּ
19 וּבְגִלּוּלֵיהֶם אַל־תִּטַּמָּאוּ: אֲנִי יְהוָה אֱלֹהֵיכֶם
בְּחֻקּוֹתַי לֵכוּ וְאֶת־מִשְׁפָּטַי שִׁמְרוּ וַעֲשׂוּ אוֹתָם:
20 וְאֶת־שַׁבְּתוֹתַי קַדֵּשׁוּ וְהָיוּ לְאוֹת בֵּינִי וּבֵינֵיכֶם
21 לָדַעַת כִּי אֲנִי יְהוָה אֱלֹהֵיכֶם: וַיַּמְרוּ־בִי הַבָּנִים
בְּחֻקּוֹתַי לֹא־הָלָכוּ וְאֶת־מִשְׁפָּטַי לֹא־שָׁמְרוּ לַעֲשׂוֹת
אוֹתָם אֲשֶׁר יַעֲשֶׂה אוֹתָם הָאָדָם וָחַי בָּהֶם אֶת־
שַׁבְּתוֹתַי חִלֵּלוּ וָאֹמַר לִשְׁפֹּךְ חֲמָתִי עֲלֵיהֶם לְכַלּוֹת
22 אַפִּי בָּם בַּמִּדְבָּר: וַהֲשִׁבֹתִי אֶת־יָדִי וָאַעַשׂ לְמַעַן
שְׁמִי לְבִלְתִּי הֵחֵל לְעֵינֵי הַגּוֹיִם אֲשֶׁר־הוֹצֵאתִי

CHAP. XIX.

MOREOVER, take thou up a lamentation[a] for the princes of Israel,

2 And say, What *is* thy mother? A lioness: she lay down among lions, she nourished her whelps among young lions.

3 And she brought up one of her whelps: it[d] became a young lion, and it learned to catch the prey; it devoured men.

4 The nations also heard of him; he was taken in their pit, and they brought him with chains unto the land of Egypt.

5 Now, when she saw that she had waited, *and* her hope was lost, then she took another of her whelps, *and* made him a young lion.

6 And he went up and down among the lions, he became a young lion, and learned to catch the prey, *and* devoured men.

7 And he knew their β desolate palaces, and he laid waste their cities; and the land was desolate, and the fulness thereof, by the noise of his roaring.

8 Then the nations set against him on every side from the provinces, and spread their net over him: he was taken in their pit.[m]

9 And they put him in ward in δ chains, and brought him to the king of Babylon; they brought him into holds, that his voice should no more be heard upon the mountains of Israel.

10 Thy mother *is* like a vine[p] in thy ζblood, planted by the waters: she[q] was fruitful, and full of branches, by reason of many waters.

11 And she had strong rods for the sceptres of them that bare rule, and her stature was exalted among the thick branches, and she appeared in her height with the multitude of her branches.

12 But she was plucked up in fury, she was cast down to the ground, and the east wind[t] dried up her fruit; her strong rods were broken and withered, the fire consumed them.

13 And now she *is* planted in the wilderness, in a dry[v] and thirsty ground.

14 And fire[x] is gone out of a rod of her branches, *which* hath devoured[y] her fruit, so that she hath no[z] strong rod *to be* a sceptre to rule. This *is* a lamentation, and shall be for a lamentation.

CHAP. XX.

AND it came to pass in the seventh year, in the fifth *month*, the tenth *day* of the month, *that* certain of the[d] elders of Israel came to inquire of the LORD, and sat before me.

2 Then came the word of the LORD unto me, saying,

3 Son of man, speak unto the elders of Israel, and say unto them, Thus saith the Lord GOD, Are ye come to inquire of me? *As* I live, saith the Lord GOD, I will not[i] be inquired of by you.

4 Wilt thou η judge them, son of man, wilt thou judge *them?* cause them to know[l] the abominations of their fathers;

5 And say unto them, Thus saith the Lord GOD, In the day when I[n] chose Israel, and θ lifted up mine hand unto the seed of the house of Jacob, and made myself known unto them in[o] the land of Egypt, when I lifted up mine hand unto them, saying, I *am* the LORD your God;

6 In the day *that* I lifted up mine hand unto them, to bring[s] them forth of the

---

B. C. 594.

a ch. 26. 17.
　　27　2.
b Ps. 48. 2.
c Le. 18. 3.
　De.29.16..18
　Jos. 24. 14.
d 2Ki.23.31..
　　　　34.
　2Ch.36.4..6
　Je.22.11..18
e Ju 2.12..15.
　1Ki.11.5..8.
　2Ki.21.3,&c
f 2Ki.22.16.17
g ch.36.21,22.
　De. 9. 28.
h Nu. 14. 13,
　　　　&c.
β or, *widows.*
i Ex. 13. 18.
k De. 4. 8.
　Ne.9.13,14.
　Ps. 147. 19.
γ *made them*
to know.
l Le. 18. 5.
　19. 3. 30.
m La. 4. 20.
n Ex. 31. 13.
δ or, *hooks.*
o Is. 63. 10.
p ch.17.6,&c.
ζ or, *quiet-*
ness. or,
likeness.
q De. 8. 7..9.
r Ne. 13. 18.
s Nu. 26. 65.
t ch. 17. 10.
　Ho. 13. 15.
u Ps. 95. 11.
v Ps. 63. 1.
w Pr.1.30,31.
x Ju 9. 15.
　2 Ki. 24. 20.
　Ps. 80. 16.
y Ps. 79. 7.
z Ne. 9 37.
　Ho. 3. 4.
　Am. 9. 11
a Ps. 78. 37.
　Am 5.25,26.
b Ps. 78. 38.
c De.V..XII.
d ch. 8. 1.
e Je. 9. 14.
　Am. 2. 4.
f Ex. 20. 2.
　Le.19.4,&c.
g Ps. 119. 3.
h Je. 17. 22.
i ch.14.1,3,&c
　Jn'. 4. 24.
k Nu. 25. 1,2.
　De.9.23,24.
　31. 27.
η or, *plead*
for.
l ch. 16. 2.
m ver. 13, 16.
n De. 7. 6.
θ or, *sware,*
　ver. 6.
　Ex. 6. 8.
o Ex.3.8,&c.
　De.4.34,35
p ver. 17.
q ver. 9, 14.
r Ps 98. 2.
s De. 8.7,&c.

---

land of Egypt into a land that I had espied for them, flowing with milk and honey, which *is* the glory[b] of all lands;

7 Then said I[c] unto them, Cast ye away every man the abominations of his eyes, and defile not yourselves with the idols of Egypt: I *am* the LORD your God.

8 But[e] they rebelled against me, and would not hearken unto me: they did not every man cast away the abominations of their eyes, neither did they forsake the idols of Egypt: then I said, I will[f] pour out my fury upon them, to accomplish my anger against them in the midst of the land of Egypt.

9 But[g] I wrought for my name's sake, that it should not be polluted before the heathen, among whom they *were,* in whose sight[h] I made myself known unto them, in bringing them forth out of the land of Egypt.

10 Wherefore I caused them to go forth[i] out of the land of Egypt, and brought them into the wilderness:

11 And I gave them[k] my statutes, and γshewed them my judgments, which[l] *if* a man do, he shall even live in them.

12 Moreover also, I gave them my sabbaths, to be a sign[n] between me and them, that they might know that I *am* the LORD that sanctify them.

13 But the house of Israel[o] rebelled against me in the wilderness: they walked not in my statutes, and they despised my judgments, which *if* a man do, he shall even live in them; and my[r] sabbaths they greatly polluted: then I said, I would pour out my fury upon them in the wilderness,[s] to consume them.

14 But I wrought for my name's sake, that it should not be polluted before the heathen, in whose sight I brought them out.

15 Yet also I lifted up my hand unto them in the wilderness, that I would[u] not bring them into the land which I had given *them,* flowing with milk and honey, which *is* the glory of all lands;

16 Because they despised[w] my judgments, and walked not in my statutes, but polluted my sabbaths: for their heart[a] went after their idols.

17 Nevertheless[b] mine eye spared them from destroying them, neither did I make an end of them in the wilderness.

18 But I said[c] unto their children in the wilderness, Walk ye not in the statutes of your fathers,[e] neither observe their judgments, nor defile yourselves with their idols.

19 I[f] *am* the LORD your God:[g] walk in my statutes, and keep my judgments, and do them;

20 And hallow[h] my sabbaths; and they shall be a sign between me and you, that ye may know that I *am* the LORD your God.

21 Notwithstanding the children[k] rebelled against me: they walked not in my statutes, neither kept my judgments to do them, which *if* a man do, he shall even live in them; they[m] polluted my sabbaths: then I said, I would pour out my fury upon them, to accomplish my anger against them in the wilderness.

22 Nevertheless[p] I withdrew mine hand, and wrought for my name's[q] sake, that it should not be polluted in the sight of the heathen, in whose sight[r] I brought them forth.

23 I lifted up mine hand unto them

23 אוֹתָם לְעֵינֵיהֶם׃ גַּם־אֲנִי נָשָׂאתִי אֶת־יָדִי לָהֶם
בַּמִּדְבָּר לְהָפִיץ אֹתָם בַּגּוֹיִם וּלְזָרוֹת אוֹתָם
24 בָּאֲרָצוֹת׃ יַעַן מִשְׁפָּטַי לֹא־עָשׂוּ וְחֻקּוֹתַי מָאָסוּ
וְאֶת־שַׁבְּתוֹתַי חִלֵּלוּ וְאַחֲרֵי גִּלּוּלֵי אֲבוֹתָם הָיוּ
25 עֵינֵיהֶם׃ וְגַם־אֲנִי נָתַתִּי לָהֶם חֻקִּים לֹא
26 טוֹבִים וּמִשְׁפָּטִים לֹא יִחְיוּ בָּהֶם׃ וָאֲטַמֵּא
אוֹתָם בְּמַתְּנוֹתָם בְּהַעֲבִיר כָּל־פֶּטֶר רָחַם לְמַעַן
27 אֲשִׁמֵּם לְמַעַן אֲשֶׁר יֵדְעוּ אֲשֶׁר אֲנִי יְהֹוָה׃ לָכֵן
דַּבֵּר אֶל־בֵּית יִשְׂרָאֵל בֶּן־אָדָם וְאָמַרְתָּ אֲלֵיהֶם
כֹּה אָמַר אֲדֹנָי יְהֹוָה עוֹד זֹאת גִּדְּפוּ אוֹתִי
28 אֲבוֹתֵיכֶם בְּמַעֲלָם בִּי מָעַל׃ וָאֲבִיאֵם אֶל־הָאָרֶץ
אֲשֶׁר נָשָׂאתִי אֶת־יָדִי לָתֵת אוֹתָהּ לָהֶם וַיִּרְאוּ
כָל־גִּבְעָה רָמָה וְכָל־עֵץ עָבֹת וַיִּזְבְּחוּ־שָׁם אֶת־
זִבְחֵיהֶם וַיִּתְּנוּ־שָׁם כַּעַס קָרְבָּנָם וַיָּשִׂימוּ שָׁם רֵיחַ
29 נִיחוֹחֵיהֶם וַיַּסִּיכוּ שָׁם אֶת־נִסְכֵּיהֶם׃ וָאֹמַר
אֲלֵהֶם מָה הַבָּמָה אֲשֶׁר־אַתֶּם הַבָּאִים שָׁם וַיִּקָּרֵא
30 שְׁמָהּ בָּמָה עַד הַיּוֹם הַזֶּה׃ לָכֵן אֱמֹר
אֶל־בֵּית יִשְׂרָאֵל כֹּה אָמַר אֲדֹנָי יְהֹוָה הַבְּדֶרֶךְ
אֲבוֹתֵיכֶם אַתֶּם נִטְמְאִים וְאַחֲרֵי שִׁקּוּצֵיהֶם
31 אַתֶּם זֹנִים׃ וּבִשְׂאֵת מַתְּנֹתֵיכֶם בְּהַעֲבִיר
בְּנֵיכֶם בָּאֵשׁ אַתֶּם נִטְמְאִים לְכָל־גִּלּוּלֵיכֶם עַד־
הַיּוֹם וַאֲנִי אִדָּרֵשׁ לָכֶם בֵּית יִשְׂרָאֵל חַי־אָנִי נְאֻם
32 אֲדֹנָי יְהֹוָה אִם־אִדָּרֵשׁ לָכֶם׃ וְהָעֹלָה עַל־רוּחֲכֶם
הָיוֹ לֹא תִהְיֶה אֲשֶׁר אַתֶּם אֹמְרִים נִהְיֶה כַגּוֹיִם
33 כְּמִשְׁפְּחוֹת הָאֲרָצוֹת לְשָׁרֵת עֵץ וָאָבֶן׃ חַי־אָנִי
נְאֻם אֲדֹנָי יְהֹוָה אִם־לֹא בְּיָד חֲזָקָה וּבִזְרוֹעַ
34 נְטוּיָה וּבְחֵמָה שְׁפוּכָה אֶמְלוֹךְ עֲלֵיכֶם׃ וְהוֹצֵאתִי
אֶתְכֶם מִן־הָעַמִּים וְקִבַּצְתִּי אֶתְכֶם מִן־הָאֲרָצוֹת
אֲשֶׁר נְפוֹצֹתֶם בָּם בְּיָד חֲזָקָה וּבִזְרוֹעַ נְטוּיָה
35 וּבְחֵמָה שְׁפוּכָה׃ וְהֵבֵאתִי אֶתְכֶם אֶל־מִדְבַּר
הָעַמִּים וְנִשְׁפַּטְתִּי אִתְּכֶם שָׁם פָּנִים אֶל־פָּנִים׃
36 כַּאֲשֶׁר נִשְׁפַּטְתִּי אֶת־אֲבוֹתֵיכֶם בְּמִדְבַּר אֶרֶץ
מִצְרָיִם כֵּן אִשָּׁפֵט אִתְּכֶם נְאֻם אֲדֹנָי יְהֹוָה׃
37 וְהַעֲבַרְתִּי אֶתְכֶם תַּחַת הַשָּׁבֶט וְהֵבֵאתִי אֶתְכֶם
38 בְּמָסֹרֶת הַבְּרִית׃ וּבָרוֹתִי מִכֶּם הַמֹּרְדִים
וְהַפּוֹשְׁעִים בִּי מֵאֶרֶץ מְגוּרֵיהֶם אוֹצִיא אוֹתָם
וְאֶל־אַדְמַת יִשְׂרָאֵל לֹא יָבוֹא וִידַעְתֶּם כִּי־אֲנִי

39 יְהֹוָה׃ וְאַתֶּם בֵּית־יִשְׂרָאֵל כֹּה־אָמַר אֲדֹנָי יְהֹוָה
אִישׁ גִּלּוּלָיו לְכוּ עֲבֹדוּ וְאַחַר אִם־אֵינְכֶם שֹׁמְעִים
אֵלָי וְאֶת־שֵׁם קָדְשִׁי לֹא תְחַלְּלוּ־עוֹד בְּמַתְּנוֹתֵיכֶם
40 וּבְגִלּוּלֵיכֶם׃ כִּי בְהַר־קָדְשִׁי בְּהַר מְרוֹם יִשְׂרָאֵל
נְאֻם אֲדֹנָי יְהֹוָה שָׁם יַעַבְדֻנִי כָּל־בֵּית יִשְׂרָאֵל
כֻּלֹּה בָּאָרֶץ שָׁם אֶרְצֵם וְשָׁם אֶדְרוֹשׁ אֶת־
תְּרוּמֹתֵיכֶם וְאֶת־רֵאשִׁית מַשְׂאוֹתֵיכֶם בְּכָל־
41 קָדְשֵׁיכֶם׃ בְּרֵיחַ נִיחֹחַ אֶרְצֶה אֶתְכֶם
בְּהוֹצִיאִי אֶתְכֶם מִן־הָעַמִּים וְקִבַּצְתִּי אֶתְכֶם
מִן־הָאֲרָצוֹת אֲשֶׁר נְפֹצֹתֶם בָּם וְנִקְדַּשְׁתִּי בָכֶם
42 לְעֵינֵי הַגּוֹיִם׃ וִידַעְתֶּם כִּי־אֲנִי יְהֹוָה בַּהֲבִיאִי
אֶתְכֶם אֶל־אַדְמַת יִשְׂרָאֵל אֶל־הָאָרֶץ אֲשֶׁר נָשָׂאתִי
43 אֶת־יָדִי לָתֵת אוֹתָהּ לַאֲבוֹתֵיכֶם׃ וּזְכַרְתֶּם־שָׁם
אֶת־דַּרְכֵיכֶם וְאֵת כָּל־עֲלִילוֹתֵיכֶם אֲשֶׁר נִטְמֵאתֶם
בָּם וּנְקֹטֹתֶם בִּפְנֵיכֶם בְּכָל־רָעוֹתֵיכֶם אֲשֶׁר
44 עֲשִׂיתֶם׃ וִידַעְתֶּם כִּי־אֲנִי יְהֹוָה בַּעֲשׂוֹתִי
אִתְּכֶם לְמַעַן שְׁמִי לֹא כְדַרְכֵיכֶם הָרָעִים
וְכַעֲלִילוֹתֵיכֶם הַנִּשְׁחָתוֹת בֵּית יִשְׂרָאֵל נְאֻם אֲדֹנָי
יְהֹוָה׃

CAP. XXI. כא

1 וַיְהִי דְבַר־יְהֹוָה אֵלַי לֵאמֹר׃ בֶּן־אָדָם שִׂים פָּנֶיךָ
2 דֶּרֶךְ תֵּימָנָה וְהַטֵּף אֶל־דָּרוֹם וְהִנָּבֵא אֶל־יַעַר
3 הַשָּׂדֶה נֶגֶב׃ וְאָמַרְתָּ לְיַעַר הַנֶּגֶב שְׁמַע דְּבַר־
יְהֹוָה כֹּה־אָמַר אֲדֹנָי יְהֹוָה הִנְנִי מַצִּית־בְּךָ
אֵשׁ וְאָכְלָה בְךָ כָל־עֵץ־לַח וְכָל־עֵץ יָבֵשׁ לֹא
תִכְבֶּה לַהֶבֶת שַׁלְהֶבֶת וְנִצְרְבוּ־בָהּ כָּל־פָּנִים מִנֶּגֶב
4 צָפוֹנָה׃ וְרָאוּ כָּל־בָּשָׂר כִּי אֲנִי יְהֹוָה בִּעַרְתִּיהָ
5 לֹא תִכְבֶּה׃ וָאֹמַר אֲהָהּ אֲדֹנָי יְהֹוָה הֵמָּה
אֹמְרִים לִי הֲלֹא מְמַשֵּׁל מְשָׁלִים הוּא׃
6 וַיְהִי דְבַר־יְהֹוָה אֵלַי לֵאמֹר׃ בֶּן־אָדָם שִׂים
7 פָּנֶיךָ אֶל־יְרוּשָׁלִַם וְהַטֵּף אֶל־מִקְדָּשִׁים וְהִנָּבֵא
8 אֶל־אַדְמַת יִשְׂרָאֵל׃ וְאָמַרְתָּ לְאַדְמַת יִשְׂרָאֵל
כֹּה אָמַר יְהֹוָה הִנְנִי אֵלַיִךְ וְהוֹצֵאתִי חַרְבִּי
9 מִתַּעְרָהּ וְהִכְרַתִּי מִמֵּךְ צַדִּיק וְרָשָׁע׃ יַעַן
אֲשֶׁר־הִכְרַתִּי מִמֵּךְ צַדִּיק וְרָשָׁע לָכֵן תֵּצֵא
חַרְבִּי מִתַּעְרָהּ אֶל־כָּל־בָּשָׂר מִנֶּגֶב צָפוֹן׃

also in the wilderness, that[a] I would scatter them among the heathen, and disperse them through the countries;

24 Because they had not executed my judgments, but had despised my statutes, and had polluted my sabbaths, and their eyes[d] were after their fathers' idols.

25 Wherefore[e] I gave them also statutes *that were* not good, and judgments whereby they should not live:

26 And I polluted them in their[h] own gifts, in that they caused to pass through *the fire* all[i] that openeth the womb, that I might make them desolate, to the end that they might know that I *am* the LORD.

27 Therefore, son of man, speak unto the house of Israel, and say unto them, Thus saith the Lord GOD, Yet in this your fathers have blasphemed[m] me, in that they have ठ committed a trespass against me.

28 *For* when I had brought them into the land, *for* the which I lifted up mine hand to give it to them, then they saw every high[p] hill, and all the thick trees, and they offered there their sacrifices, and there they presented the provocation[s] of their offering: there also they made their sweet savour,[t] and poured out there their drink offerings.

29 Then I ᘓ said unto them, What *is* the high place whereunto ye go? And y[e] name thereof is called Bamah unto this day.

30 Wherefore say unto the house of Israel, Thus saith the Lord GOD, Are ye polluted after the manner of your fathers?[u] and commit ye whoredom after their abominations?

31 For when ye offer your gifts, when ye make your sons to pass through the fire, ye pollute yourselves with all your idols, even unto this day;[w] and shall I be inquired of by you, O house of Israel? *As* I live, saith the Lord GOD, I will not be inquired of by you.

32 And that which cometh[y] into your mind shall not[a] be at all, that ye say, We will be as the heathen, as the families of the countries, to serve wood and stone.

33 *As* I live, saith the Lord GOD, surely[b] with a mighty hand, and with a stretched-out arm, and with fury poured out, will I rule over you;

34 And I will bring you out[d] from the people, and will gather you out of the countries wherein ye are scattered, with a mighty hand, and with a stretched-out arm, and with fury poured out.

35 And I will bring you into the wilderness[f] of the people, and there will I plead[g] with you face to face.[h]

36 Like as I pleaded[i] with your fathers in the wilderness of the land of Egypt, so will I plead with you, saith the Lord GOD.

37 And I will cause you to pass[l] under the rod, and I will bring you into ᶯ the bond of the covenant:

38 And I will purge out[m] from among you the rebels, and them that transgress against me: I will bring them forth out of the country where they sojourn, and they shall not[p] enter into the land of Israel; and ye shall know that I *am* the LORD.

39 As for you, O house of Israel, thus saith the Lord GOD, Go[r] ye, serve ye every one his idols, and hereafter *also*, if ye will not hearken[s] unto me: but[t] pollute ye my holy name no more with your gifts, and with your idols.

B. C. 593.

a Le. 26. 33.
De. 28. 64.
Ps. 106. 26, 27.
b Is. 2. 2, 3.
25 6, 7.
c Is. 60. 7.
Zec. 8. 20, &c.
Mal. 3. 4
d ch. 6. 9
Ps. 119. 37.
β or, *chief.*
e ver. 39.
Ps. 81. 12.
Ho. 8. 11.
Ro. 1. 24.
2 Th. 2. 11.
γ *savour of rest.*
f Phi. 4. 18.
g 1 Pe. 2. 9.
h Is. 1. 11.15.
i 2 Ki. 17. 17.
Je. 32. 35.
k Is. 5. 16.
l ch. 38. 23.
m Ro. 2. 24.
ठ *trespassed.*
n ch. 16. 61.
o Job 42. 6.
p Is. 57. 5.&c.
Je. 3. 6.
q Ps. 25. 11.
115. 1.
1 Jn°. 2. 12.
r Ps. 103. 10.
s De. 31. 20.
1 Co.10. 22.
t ch. 16. 19.
ᘓ or, *told them what the high-place was,* or,*Bamah.*
u ver. 18.
v Je. 21. 14.
w ver. 3.
x ch. 21. 4.
y ch. 11. 5.
z Mar. 9. 44.
a ver. 40.
b Je. 21. 5.
c De. 32. 2.
d De. 30. 5.
e Job 9. 22.
f Ho.2.14,15.
g Je. 2. 9.
h Is. 1. 18.
i Nu.XIV.&c
k Ps. 45. 3.
l Le. 27. 32.
Je. 33. 13.
La. 3. 1.
Mi. 7. 14.
ᶯ or, *a delivering.*
m ch. 34. 17.
Mat. 25.32, 33.
Re. 21. 27.
n Is. 55. 11.
o Is. 22. 4.
p Je. 44. 14.
q Is. 28. 19.
r Ju. 10. 14.
Am. 4. 4.
s Ps. 81. 13.
t Is. 1. 13.
θ *go into.*

---

40 For in mine holy mountain,[b] in the mountain of the height of Israel, saith the Lord GOD, there shall all the house of Israel, all of them in the land, serve me: there will I accept[c] them, and there will I require your offerings, and the β first-fruits of your oblations, with all your holy things.

41 I will accept you with your γ sweet savour,[f] when I bring you out[g] from the people, and gather you out of the countries wherein ye have been scattered; and I will be sanctified[k] in you before the heathen.

42 And ye shall know[l] that I *am* the LORD, when I shall bring you into the land of Israel, into the country *for* the which I lifted up mine hand to give it to your fathers.

43 And[n] there shall ye remember your ways, and all your doings, wherein ye have been defiled; and ye shall loathe[o] yourselves in your own sight, for all your evils that ye have committed.

44 And ye shall know that I *am* the LORD, when I have wrought with you for my name's sake,[q] not[r] according to your wicked ways, nor according to your corrupt doings, O ye house of Israel, saith the Lord GOD.

45 Moreover, the word of the LORD came unto me, saying,

46 Son of man, set thy face toward the south, and drop *thy word* toward the south, and prophesy against the forest of the south field;

47 And say to the forest of the south, Hear the word of the LORD, Thus saith the Lord GOD, Behold, I[v] will kindle a fire in thee, and it shall devour every green tree in thee, and every dry tree: the flaming flame shall not be quenched, and all faces from[x] the south to the north shall be burned therein.

48 And all flesh shall see that I the LORD have kindled it: it shall not be quenched.[z]

49 Then said I, Ah Lord GOD! they say of me, Doth he not speak parables?

CHAP. XXI.

AND the word of the LORD came unto me, saying,

2 Son of man, set thy face toward Jerusalem, and drop[c] *thy word* toward the holy places, and prophesy against the land of Israel,

3 And say to the land of Israel, Thus saith the LORD, Behold, I *am* against thee, and will draw forth my sword out of his sheath, and will cut off from thee[e] the righteous and the wicked.

4 Seeing then that I will cut off from thee the righteous and the wicked, therefore shall my sword[k] go forth out of his sheath against all flesh from the south to the north:

5 That all flesh may know that I the LORD have drawn forth my sword out of his sheath: it shall not return[n] any more.

6 Sigh,[o] therefore, thou son of man, with the breaking of *thy* loins; and with bitterness sigh before their eyes.

7 And it shall be, when they say unto thee, Wherefore sighest thou? that thou shalt answer, For the tidings,[q] because it cometh: and every heart shall melt, and all hands shall be feeble, and every spirit shall faint, and all knees shall θ be weak *as* water: behold, it cometh, and shall be

10 וְיָדְעוּ כָּל־בָּשָׂר כִּי אֲנִי יְהוָה הוֹצֵאתִי חַרְבִּי

11 מִתַּעְרָהּ לֹא תָשׁוּב עוֹד ׃ וְאַתָּה בֶן־אָדָם
הֵאָנַח בְּשִׁבְרוֹן מָתְנַיִם וּבִמְרִירוּת הֵאָנַח

12 לְעֵינֵיהֶם ׃ וְהָיָה כִּי־יֹאמְרוּ אֵלֶיךָ עַל־מָה
אַתָּה נֶאֱנָח וְאָמַרְתָּ אֶל־שְׁמוּעָה כִי־בָאָה
וְנָמֵס כָּל־לֵב וְרָפוּ כָל־יָדַיִם וְכִהֲתָה כָל־רוּחַ
וְכָל־בִּרְכַּיִם תֵּלַכְנָה מַּיִם הִנֵּה בָאָה וְנִהְיָתָה

13 נְאֻם אֲדֹנָי יְהוִה ׃ וַיְהִי דְבַר־יְהוָה אֵלַי לֵאמֹר ׃

14 בֶּן־אָדָם הִנָּבֵא וְאָמַרְתָּ כֹּה אָמַר אֲדֹנָי אֱמֹר

15 חֶרֶב חֶרֶב הוּחַדָּה וְגַם־מְרוּטָה ׃ לְמַעַן טְבֹחַ
טֶבַח הוּחַדָּה לְמַעַן־הֱיֵה־לָהּ בָּרָק מֹרָטָּה אוֹ

16 נָשִׂישׂ שֵׁבֶט בְּנִי מֹאֶסֶת כָּל־עֵץ ׃ וַיִּתֵּן אֹתָהּ
לְמָרְטָה לִתְפֹּשׂ בַּכָּף הִיא הוּחַדָּה חֶרֶב וְהִיא

17 מֹרָטָּה לָתֵת אוֹתָהּ בְּיַד־הוֹרֵג ׃ זְעַק וְהֵילֵל בֶּן־
אָדָם כִּי־הִיא הָיְתָה בְעַמִּי הִיא בְּכָל־נְשִׂיאֵי יִשְׂרָאֵל
מְגוּרֵי אֶל־חֶרֶב הָיוּ אֶת־עַמִּי לָכֵן סְפֹק אֶל־יָרֵךְ ׃

18 כִּי בֹחַן וּמָה אִם־גַּם־שֵׁבֶט מֹאֶסֶת לֹא יִהְיֶה נְאֻם

19 אֲדֹנָי יְהוִה ׃ וְאַתָּה בֶן־אָדָם הִנָּבֵא וְהַךְ כַּף
אֶל־כָּף וְתִכָּפֵל חֶרֶב שְׁלִישִׁתָה חֶרֶב חֲלָלִים הִיא

20 חֶרֶב חָלָל הַגָּדוֹל הַחֹדֶרֶת לָהֶם ׃ לְמַעַן לָמוּג
לֵב וְהַרְבֵּה הַמִּכְשֹׁלִים עַל כָּל־שַׁעֲרֵיהֶם נָתַתִּי
אִבְחַת־חָרֶב אָח עֲשׂוּיָה לְבָרָק מְעֻטָּה לְטָבַח ׃

21 הִתְאַחֲדִי הֵימִנִי הָשִׂימִי הַשְׂמִילִי אָנָה פָּנָיִךְ

22 מֻעָדוֹת ׃ וְגַם־אֲנִי אַכֶּה כַפִּי אֶל־כַּפִּי וַהֲנִחֹתִי

23 חֲמָתִי אֲנִי יְהוָה דִּבַּרְתִּי ׃ וַיְהִי דְבַר־יְהוָה אֵלַי

24 לֵאמֹר ׃ וְאַתָּה בֶן־אָדָם שִׂים־לְךָ שְׁנַיִם
דְּרָכִים לָבוֹא חֶרֶב מֶלֶךְ־בָּבֶל מֵאֶרֶץ אֶחָד יֵצֵאוּ

25 שְׁנֵיהֶם וְיָד בָּרֵא בְּרֹאשׁ־דֶּרֶךְ עִיר בָּרֵא ׃ דֶּרֶךְ
תָּשִׂים לָבוֹא חֶרֶב אֵת רַבַּת בְּנֵי־עַמּוֹן וְאֶת־יְהוּדָה

26 בִירוּשָׁלַ ִם בְּצוּרָה ׃ כִּי־עָמַד מֶלֶךְ־בָּבֶל אֶל־אֵם
הַדֶּרֶךְ בְּרֹאשׁ שְׁנֵי הַדְּרָכִים לִקְסָם־קָסֶם קִלְקַל

27 בַּחִצִּים שָׁאַל בַּתְּרָפִים רָאָה בַּכָּבֵד ׃ בִּימִינוֹ הָיָה
הַקֶּסֶם יְרוּשָׁלַ ִם לָשׂוּם כָּרִים לִפְתֹּחַ פֶּה בְּרֶצַח
לְהָרִים קוֹל בִּתְרוּעָה לָשׂוּם כָּרִים עַל־שְׁעָרִים לִשְׁפֹּךְ

28 סֹלְלָה לִבְנוֹת דָּיֵק ׃ וְהָיָה לָהֶם כִּקְסָם־שָׁוְא
בְּעֵינֵיהֶם שְׁבֻעֵי שְׁבֻעוֹת לָהֶם וְהוּא־מַזְכִּיר עָוֹן

29 לְהִתָּפֵשׂ ׃ לָכֵן כֹּה־אָמַר אֲדֹנָי יְהוִה יַעַן

30 הַזְכַּרְכֶם עֲוֹנְכֶם בְּהִגָּלוֹת פִּשְׁעֵיכֶם לְהֵרָאוֹת
חַטֹּאותֵיכֶם בְּכֹל עֲלִילוֹתֵיכֶם יַעַן הִזָּכֶרְכֶם בַּכָּף
תִּתָּפֵשׂוּ ׃ וְאַתָּה חָלָל רָשָׁע נְשִׂיא יִשְׂרָאֵל

31 אֲשֶׁר־בָּא יוֹמוֹ בְּעֵת עֲוֹן קֵץ ׃ כֹּה אָמַר אֲדֹנָי
יְהוִה הָסִיר הַמִּצְנֶפֶת וְהָרִים הָעֲטָרָה זֹאת לֹא־

32 זֹאת הַשָּׁפָלָה הַגְבֵּהַ וְהַגָּבֹהַ הַשְׁפִּיל ׃ עַוָּה עַוָּה
עַוָּה אֲשִׂימֶנָּה גַּם־זֹאת לֹא הָיָה עַד־בֹּא אֲשֶׁר־לוֹ

33 הַמִּשְׁפָּט וּנְתַתִּיו ׃ וְאַתָּה בֶן־אָדָם הִנָּבֵא
וְאָמַרְתָּ כֹּה אָמַר אֲדֹנָי יְהוִה אֶל־בְּנֵי עַמּוֹן וְאֶל־
חֶרְפָּתָם וְאָמַרְתָּ חֶרֶב חֶרֶב פְּתוּחָה לְטֶבַח

34 מְרוּטָה לְהָכִיל לְמַעַן בָּרָק ׃ בַּחֲזוֹת לָךְ שָׁוְא
בִּקְסָם־לָךְ כָּזָב לָתֵת אוֹתָךְ אֶל־צַוְּארֵי חַלְלֵי רְשָׁעִים

35 אֲשֶׁר־בָּא יוֹמָם בְּעֵת עֲוֹן קֵץ ׃ הָשַׁב אֶל־תַּעְרָהּ
בִּמְקוֹם אֲשֶׁר־נִבְרֵאת בְּאֶרֶץ מְכֻרוֹתַיִךְ אֶשְׁפֹּט

36 אֹתָךְ ׃ וְשָׁפַכְתִּי עָלַיִךְ זַעְמִי בְּאֵשׁ עֶבְרָתִי אָפִיחַ
עָלָיִךְ וּנְתַתִּיךְ בְּיַד אֲנָשִׁים בֹּעֲרִים חָרָשֵׁי מַשְׁחִית ׃

37 לָאֵשׁ תִּהְיֶה לְאָכְלָה דָּמֵךְ יִהְיֶה בְּתוֹךְ הָאָרֶץ לֹא
תִזָּכֵרִי כִּי אֲנִי יְהוָה דִּבַּרְתִּי ׃

CAP. XXII. כב

1 וַיְהִי דְבַר־יְהוָה אֵלַי לֵאמֹר ׃ וְאַתָּה בֶן־אָדָם

2 הֲתִשְׁפֹּט הֲתִשְׁפֹּט אֶת־עִיר הַדָּמִים וְהוֹדַעְתָּהּ אֵת

3 כָּל־תּוֹעֲבוֹתֶיהָ ׃ וְאָמַרְתָּ כֹּה אָמַר אֲדֹנָי יְהוִה
עִיר שֹׁפֶכֶת דָּם בְּתוֹכָהּ לָבוֹא עִתָּהּ וְעָשְׂתָה גִלּוּלִים

4 עָלֶיהָ לְטָמְאָה ׃ בְּדָמֵךְ אֲשֶׁר־שָׁפַכְתְּ אָשַׁמְתְּ
וּבְגִלּוּלַיִךְ אֲשֶׁר־עָשִׂית טָמֵאת וַתַּקְרִיבִי יָמַיִךְ
וַתָּבוֹא עַד־שְׁנוֹתָיִךְ עַל־כֵּן נְתַתִּיךְ חֶרְפָּה לַגּוֹיִם

5 וְקַלָּסָה לְכָל־הָאֲרָצוֹת ׃ הַקְּרֹבוֹת וְהָרְחֹקוֹת מִמֵּךְ

6 יִתְקַלְּסוּ־בָךְ טְמֵאַת הַשֵּׁם רַבַּת הַמְּהוּמָה ׃ הִנֵּה
נְשִׂיאֵי יִשְׂרָאֵל אִישׁ לִזְרֹעוֹ הָיוּ בָךְ לְמַעַן שְׁפָךְ־

7 דָּם ׃ אָב וָאֵם הֵקֵלּוּ בָךְ לַגֵּר עָשׂוּ בַעֹשֶׁק בְּתוֹכֵךְ

8 יָתוֹם וְאַלְמָנָה הוֹנוּ בָךְ ׃ קָדָשַׁי בָּזִית וְאֶת־

9 שַׁבְּתֹתַי חִלָּלְתְּ ׃ אַנְשֵׁי רָכִיל הָיוּ בָךְ לְמַעַן
שְׁפָךְ־דָּם וְאֶל־הֶהָרִים אָכְלוּ בָךְ זִמָּה עָשׂוּ בְתוֹכֵךְ ׃

10 עֶרְוַת־אָב גִּלָּה־בָךְ טְמֵאַת הַנִּדָּה עִנּוּ־בָךְ ׃ וְאִישׁ

11 אֶת־אֵשֶׁת רֵעֵהוּ עָשָׂה תּוֹעֵבָה וְאִישׁ אֶת־כַּלָּתוֹ
טִמֵּא בְזִמָּה וְאִישׁ אֶת־אֲחֹתוֹ בַת־אָבִיו עִנָּה

brought to pass, saith the Lord GOD.

8 Again, the word of the LORD came unto me, saying,

9 Son of man, prophesy, and say, Thus saith the LORD; Say, A sword,[b] a sword is sharpened, and also furbished:

10 It is sharpened to make a sore slaughter: it is furbished that it may glitter: should we then make mirth? it [γ] contemneth the rod of my son, as every tree.

11 And he hath given it to be furbished, that it may be handled: this sword is sharpened, and it is furbished, to give it into the hand of the[c] slayer.

12 Cry and howl, son of man; for it shall be upon my people, it *shall be* upon all the princes of Israel: [δ] terrors[d] by reason of the sword shall be upon my people: smite[e] therefore upon *thy* thigh.

13 It [η] Because *it is* a trial,[f] and what if *the sword* contemn even the rod? it shall be no *more*, saith the Lord GOD.

14 Thou, therefore, son of man, prophesy, and smite [θ] *thine* hands together, and let the sword be doubled the third time, the sword of the slain: it *is* the sword of the great *men that are* slain, which entereth into their privy chambers.

15 I have set the [λ] point of the sword against all their gates, that *their* heart may faint,[g] and *their* ruins be multiplied. Ah! *it is* made bright, *it is* [μ] wrapped up for the slaughter.

16 Go thee one way or other, *either* on the right hand, [ρ] *or* on the left, whithersoever thy face *is* set.

17 I will also smite mine hands together, and I will cause my fury to rest: I the LORD have said *it*.

18 The word of the LORD came unto me again, saying,

19 Also, thou son of man, appoint thee two ways, that the sword of the king of Babylon may come: both twain shall come forth out of one land; and choose thou a place, choose *it* at the head of the way to the city.

20 Appoint a way, that the sword may come to Rabbath[i] of the Ammonites, and to Judah in Jerusalem the defenced.

21 For the king of Babylon stood at the [φ] parting of the way, at the head of the two ways, to use divination: he made *his* [ψ] arrows bright, he consulted with [β] images, he looked in the liver.

22 At his right hand was the divination for Jerusalem, to appoint [δ] captains, to open the mouth in the slaughter, to lift up the voice with shouting, to appoint *battering* rams against the gates, to cast a mount, *and* to build a fort.

23 And it shall be unto them as a false divination in their sight, *n* to them that have sworn oaths: but he will call to remembrance[k] the iniquity, that they may be taken.

24 Therefore thus saith the Lord GOD, Because ye have made your iniquity[l] to be remembered, in that your transgressions are discovered, so that in all[m] your doings your sins do appear; because, *I say*, that ye are come to remembrance, ye shall be taken with the hand.

25 And thou, profane[n] wicked prince of Israel, whose day[o] *is* come, when iniquity *shall have* an end,

26 Thus saith the Lord GOD, Remove the diadem, and take off the crown; this *shall* not *be* the same: exalt[q] *him that*

B. C. 593.

[β] *Perverted, perverted, perverted, will I make it.*
[a] Ge. 49. 10. Lu.1.32,33.
[b] De. 32. 41.
[γ] or, *is the rod of my son, it despiseth every tree.*
[c] ver. 19.
[δ] or, *they are thrust down to the sword with my.*
[d] De. 32. 25.
[ζ] or, *Cause it to.*
[e] Je. 31. 19.
[η] or, *When the trial hath been, what then? shall they not also belong to the despising rod?*
[f] Mal. 3. 2, 3. 1 Co. 3. 13.
[θ] *hand to hand.*
[κ] or,*burning*
[λ] or, *glittering,or fear.*
[g] Ch. 22. 14.
[μ] or, *sharpened.*
[vor.]*pleadfor*
[π] *city of bloods.*
[ρ] *set thyself, take the left hand.*
[σ] *make her know,* ch. 16. 2.
[h] 2 Ki. 21. 16.
[i] Je. 49. 2.
[t] *polluted of name, much in vexation.*
[φ] *mother.*
[χ] *arm.*
[ψ] or, *knives.*
[β] *teraphim.*
[γ] or, *deceit.*
[δ] *rams, or battering rams.*
[j] ch.18.6,&c.
[ζ] *of slanders.*
[η] or, *for the oaths made unto them.*
[k] Nu. 32. 23.
[θ] or, *every one.*
[l] Ho. 7. 2.
[κ] or, *by lewdness.*
[m] Is. 64. 6.
[n] Je. 52. 2.
[o] ch.17.19,24.
[p] De. 32. 18.
[q] Lu. 1. 52.

is low, and abase *him that is* high.

27 [β] I will overturn, overturn, overturn it; and it shall be no *more*, until he[a] come whose right it is; and I will give it *him*.

28 And thou, son of man, prophesy, and say, Thus saith the Lord GOD concerning the Ammonites, and concerning their reproach; even say thou, The sword, the sword *is* drawn; for the slaughter *it is* furbished, to consume because of the glittering;   •

29 Whiles they see vanity unto thee, whiles they divine a lie unto thee, to bring thee upon the necks of *them that are* slain, of the wicked, whose day is come, when their iniquity *shall have* an end.

30 [ζ] Shall I cause *it* to return into his sheath? I will judge thee in the place where thou wast created, in the land of thy nativity.

31 And I will pour out mine indignation upon thee; I will blow against thee in the fire of my wrath, and deliver thee into the hand of [κ] brutish men, *and* skilful to destroy.

32 Thou shalt be for fuel to the fire; thy blood shall be in the midst of the land; thou shalt be no *more* remembered; for I the LORD have spoken *it*.

CHAP. XXII.

MOREOVER, the word of the LORD came unto me, saying,

2 Now, thou son of man, wilt thou [ν] judge, wilt thou judge the [π] bloody city? yea, thou shalt [σ] shew her all her abominations.

3 Then say thou, Thus saith the Lord GOD, The city sheddeth blood in the midst of it, that her time may come; and maketh idols against herself to defile herself.

4 Thou art become guilty in thy[h] blood that thou hast shed; & hast defiled thyself in thine idols which thou hast made; and thou hast caused thy days to draw near, and art come *even* unto thy years: therefore have I made thee a reproach unto the heathen, and a mocking to all countries.

5 *Those that be* near, and *those that be* far from thee, shall mock thee, *which art* [τ] infamous *and* much vexed.

6 Behold, the princes of Israel, every one were in thee to their [χ] power to shed blood.

7 In thee have they set light by father and mother; in the midst of thee have they dealt by [γ] oppression with the stranger; in thee have they vexed the fatherless and the widow.

8 Thou hast despised mine holy things, and hast profaned my sabbaths.

9 In thee[j] are men [ζ] that carry tales to shed blood; and in thee they eat upon the mountains; in the midst of thee they commit lewdness;

10 In thee have they discovered their fathers' nakedness; in thee have they humbled her that was set apart for pollution.

11 And [θ] one hath committed abomination with his neighbour's wife; and [θ] another hath [κ] lewdly defiled his daughter-in-law; and another in thee hath humbled his sister, his father's daughter.

12 In thee have they taken gifts to shed blood; thou hast taken usury and increase, and thou hast greedily gained of thy neighbours by extortion, and hast forgotten[p] me, saith the Lord GOD.

13 Behold, therefore, I have smitten mine hand at thy dishonest gain which thou hast made, and at thy blood

CAP. XXIII. כג

וַיְהִי דְבַר־יְהוָה אֵלַי לֵאמֹר : בֶּן־אָדָם שְׁתַּיִם 2
נָשִׁים בְּנוֹת אֵם־אַחַת הָיוּ : וַתִּזְנֶינָה בְמִצְרַיִם 3
בִּנְעוּרֵיהֶן זָנוּ שָׁמָּה מֹעֲכוּ שְׁדֵיהֶן וְשָׁם עִשּׂוּ
דַּדֵּי בְּתוּלֵיהֶן : וּשְׁמוֹתָן אָהֳלָה הַגְּדוֹלָה 4
וְאָהֳלִיבָה אֲחוֹתָהּ וַתִּהְיֶינָה לִי וַתֵּלַדְנָה בָּנִים
וּבָנוֹת וּשְׁמוֹתָן שֹׁמְרוֹן אָהֳלָה וִירוּשָׁלַ͏ִם אָהֳלִיבָה :
וַתִּזֶן אָהֳלָה תַּחְתָּי וַתַּעְגַּב עַל־מְאַהֲבֶיהָ אֶל־ 5
אַשּׁוּר קְרוֹבִים : לְבֻשֵׁי תְכֵלֶת פַּחוֹת וּסְגָנִים 6
בַּחוּרֵי חֶמֶד כֻּלָּם פָּרָשִׁים רֹכְבֵי סוּסִים : וַתִּתֵּן 7
תַּזְנוּתֶיהָ עֲלֵיהֶם מִבְחַר בְּנֵי־אַשּׁוּר כֻּלָּם וּבְכֹל
אֲשֶׁר־עָגְבָה בְּכָל־גִּלּוּלֵיהֶם נִטְמָאָה : וְאֶת־ 8
תַּזְנוּתֶיהָ מִמִּצְרַיִם לֹא עָזָבָה כִּי אוֹתָהּ שָׁכְבוּ
בִנְעוּרֶיהָ וְהֵמָּה עִשּׂוּ דַּדֵּי בְתוּלֶיהָ וַיִּשְׁפְּכוּ תַזְנוּתָם
עָלֶיהָ : לָכֵן נְתַתִּיהָ בְּיַד־מְאַהֲבֶיהָ בְּיַד בְּנֵי 9
אַשּׁוּר אֲשֶׁר עָגְבָה עֲלֵיהֶם : הֵמָּה גִּלּוּ עֶרְוָתָהּ 10
בָּנֶיהָ וּבְנוֹתֶיהָ לָקָחוּ וְאוֹתָהּ בַּחֶרֶב הָרָגוּ וַתְּהִי־
שֵׁם לַנָּשִׁים וּשְׁפוּטִים עָשׂוּ בָהּ : וַתֵּרֶא אֲחוֹתָהּ 11
אָהֳלִיבָה וַתַּשְׁחֵת עַגְבָתָהּ מִמֶּנָּה וְאֶת־תַּזְנוּתֶיהָ
מִזְּנוּנֵי אֲחוֹתָהּ : אֶל־בְּנֵי אַשּׁוּר עָגָבָה פַּחוֹת 12
וּסְגָנִים קְרֹבִים לְבֻשֵׁי מִכְלוֹל פָּרָשִׁים רֹכְבֵי סוּסִים
בַּחוּרֵי חֶמֶד כֻּלָּם : וָאֵרֶא כִּי נִטְמָאָה דֶּרֶךְ אֶחָד 13
לִשְׁתֵּיהֶן : וַתּוֹסֶף אֶל־תַּזְנוּתֶיהָ וַתֵּרֶא אַנְשֵׁי 14
מְחֻקֶּה עַל־הַקִּיר צַלְמֵי כַשְׂדִּיים חֲקֻקִים
בַּשָּׁשַׁר : חֲגוֹרֵי אֵזוֹר בְּמָתְנֵיהֶם סְרוּחֵי 15
טְבוּלִים בְּרָאשֵׁיהֶם מַרְאֵה שָׁלִשִׁים כֻּלָּם דְּמוּת
בְּנֵי־בָבֶל כַּשְׂדִּים אֶרֶץ מוֹלַדְתָּם : וַתַּעְגַּב 16
עֲלֵיהֶם לְמַרְאֵה עֵינֶיהָ וַתִּשְׁלַח מַלְאָכִים אֲלֵיהֶם
כַּשְׂדִּימָה : וַיָּבֹאוּ אֵלֶיהָ בְנֵי־בָבֶל לְמִשְׁכַּב דֹּדִים 17
וַיְטַמְּאוּ אוֹתָהּ בְּתַזְנוּתָם וַתִּטְמָא־בָם וַתֵּקַע
נַפְשָׁהּ מֵהֶם : וַתְּגַל תַּזְנוּתֶיהָ וַתְּגַל אֶת־עֶרְוָתָהּ 18
וַתֵּקַע נַפְשִׁי מֵעָלֶיהָ כַּאֲשֶׁר נָקְעָה נַפְשִׁי מֵעַל
אֲחוֹתָהּ : וַתַּרְבֶּה אֶת־תַּזְנוּתֶיהָ לִזְכֹּר אֶת־יְמֵי 19
נְעוּרֶיהָ אֲשֶׁר זָנְתָה בְּאֶרֶץ מִצְרָיִם : וַתַּעְגְּבָה 20
עַל פִּלַגְשֵׁיהֶם אֲשֶׁר בְּשַׂר־חֲמוֹרִים בְּשָׂרָם וְזִרְמַת
סוּסִים זִרְמָתָם : וַתִּפְקְדִי אֵת זִמַּת נְעוּרָיִךְ 21
בַּעְשׂוֹת מִמִּצְרַיִם דַּדַּיִךְ לְמַעַן שְׁדֵי נְעוּרָיִךְ :

בָּךְ : שָׁחַד לָקְחוּ־בָךְ לְמַעַן שְׁפָךְ־דָּם נֶשֶׁךְ 12
וְתַרְבִּית לָקַחַתְּ וַתְּבַצְּעִי רֵעַיִךְ בַּעֹשֶׁק וְאֹתִי שָׁכַחַתְּ
נְאֻם אֲדֹנָי יְהוִה : וְהִנֵּה הִכֵּיתִי כַפִּי אֶל־בִּצְעֵךְ 13
אֲשֶׁר עָשִׂית וְעַל־דָּמֵךְ אֲשֶׁר הָיוּ בְּתוֹכֵךְ : הֲיַעֲמֹד 14
לִבֵּךְ אִם־תֶּחֱזַקְנָה יָדַיִךְ לַיָּמִים אֲשֶׁר אֲנִי עֹשֶׂה
אוֹתָךְ אֲנִי יְהוָה דִּבַּרְתִּי וְעָשִׂיתִי : וַהֲפִיצוֹתִי 15
אוֹתָךְ בַּגּוֹיִם וְזֵרִיתִיךְ בָּאֲרָצוֹת וַהֲתִמֹּתִי
טֻמְאָתֵךְ מִמֵּךְ : וְנִחַלְתְּ בָּךְ לְעֵינֵי גוֹיִם 16
וְיָדַעַתְּ כִּי־אֲנִי יְהוָה : וַיְהִי 17
דְבַר־יְהוָה אֵלַי לֵאמֹר : בֶּן־אָדָם הָיוּ־לִי בֵית־ 18
יִשְׂרָאֵל לְסוּג כֻּלָּם נְחֹשֶׁת וּבְדִיל וּבַרְזֶל וְעוֹפֶרֶת
בְּתוֹךְ כּוּר סִגִים כֶּסֶף הָיוּ : לָכֵן כֹּה 19
אָמַר אֲדֹנָי יְהוִה יַעַן הֱיוֹת כֻּלְּכֶם לְסִגִים לָכֵן 20
הִנְנִי קֹבֵץ אֶתְכֶם אֶל־תּוֹךְ יְרוּשָׁלָ͏ִם : קְבֻצַת
כֶּסֶף וּנְחֹשֶׁת וּבַרְזֶל וְעוֹפֶרֶת וּבְדִיל אֶל־תּוֹךְ
כּוּר לָפַחַת־עָלָיו אֵשׁ לְהַנְתִּיךְ כֵּן אֶקְבֹּץ בְּאַפִּי
וּבַחֲמָתִי וְהִנַּחְתִּי וְהִתַּכְתִּי אֶתְכֶם : וְכִנַּסְתִּי 21
אֶתְכֶם וְנָפַחְתִּי עֲלֵיכֶם בְּאֵשׁ עֶבְרָתִי וְנִתַּכְתֶּם
בְּתוֹכָהּ : כְּהִתּוּךְ כֶּסֶף בְּתוֹךְ כּוּר כֵּן תֻּתְּכוּ 22
בְתוֹכָהּ וִידַעְתֶּם כִּי־אֲנִי יְהוָה שָׁפַכְתִּי חֲמָתִי
עֲלֵיכֶם : וַיְהִי דְבַר־יְהוָה אֵלַי לֵאמֹר : 23
בֶּן־אָדָם אֱמָר־לָהּ אַתְּ אֶרֶץ לֹא מְטֹהָרָה הִיא 24
לֹא גֻשְׁמָהּ בְּיוֹם זָעַם : קֶשֶׁר נְבִיאֶיהָ בְּתוֹכָהּ 25
כַּאֲרִי שׁוֹאֵג טֹרֵף טָרֶף נֶפֶשׁ אָכָלוּ חֹסֶן וִיקָר יִקָּחוּ
אַלְמְנוֹתֶיהָ הִרְבּוּ בְתוֹכָהּ : כֹּהֲנֶיהָ חָמְסוּ 26
תוֹרָתִי וַיְחַלְּלוּ קָדָשַׁי בֵּין־קֹדֶשׁ לְחֹל לֹא הִבְדִּילוּ וּבֵין־
הַטָּמֵא לְטָהוֹר לֹא הוֹדִיעוּ וּמִשַׁבְּתוֹתַי הֶעְלִימוּ
עֵינֵיהֶם וָאֵחַל בְּתוֹכָם : שָׂרֶיהָ בְקִרְבָּהּ כִּזְאֵבִים 27
טֹרְפֵי טָרֶף לִשְׁפָּךְ־דָּם לְאַבֵּד נְפָשׁוֹת לְמַעַן בְּצֹעַ
בָּצַע : וּנְבִיאֶיהָ טָחוּ לָהֶם תָּפֵל חֹזִים שָׁוְא 28
וְקֹסְמִים לָהֶם כָּזָב אֹמְרִים כֹּה אָמַר אֲדֹנָי יְהוִה
וַיהוָה לֹא דִבֵּר : עַם הָאָרֶץ עָשְׁקוּ עֹשֶׁק וְגָזְלוּ 29
גָּזֵל וְעָנִי וְאֶבְיוֹן הוֹנוּ וְאֶת־הַגֵּר עָשְׁקוּ בְּלֹא
מִשְׁפָּט : וָאֲבַקֵּשׁ מֵהֶם אִישׁ גֹּדֵר־גָּדֵר וְעֹמֵד 30
בַּפֶּרֶץ לְפָנַי בְּעַד הָאָרֶץ לְבִלְתִּי שַׁחֲתָהּ וְלֹא
מָצָאתִי : וָאֶשְׁפֹּךְ עֲלֵיהֶם זַעְמִי בְּאֵשׁ עֶבְרָתִי 31
כִּלִּיתִים דַּרְכָּם בְּרֹאשָׁם נָתַתִּי נְאֻם אֲדֹנָי יְהוִה :

which hath been in the midst of thee.

14 Can[b] thine heart endure, or can thine hands be strong, in the days that I shall deal with thee? I the LORD have spoken it, and will do *it.*

15 And I will scatter[e] thee among the heathen, and disperse thee in the countries, and will consume[f] thy filthiness out of thee.

16 And thou shalt β take thine inheritance in thyself in the sight of the heathen, and thou shalt know that I *am* the LORD.

17 And the word of the LORD came unto me, saying,

18 Son of man, the house of Israel is to me become dross: [h] all they *are* brass, and tin, and iron, and lead, in the midst of the furnace; they are *even* the ζdross[i] of silver.

19 Therefore thus saith the Lord GOD, Because ye are all become dross, behold, therefore, I will gather you into the midst of Jerusalem.

20 κ *As* they gather silver, and brass, and iron, and lead, and tin, into the midst of the furnace to blow the fire upon it, to melt *it;* so[k] will I gather *you* in mine anger and in my fury, and I will leave *you there,* and melt you.

21 Yea, I will gather you, and blow upon you in the fire of my wrath, and ye shall be melted in the midst thereof.

22 As silver is melted in the midst of the furnace, so shall ye be melted in the midst thereof, and ye shall know that I the LORD have poured out[m] my fury upon you.

23 And the word of the LORD came unto me, saying,

24 Son of man, say unto her, Thou *art* the land that is not cleansed, nor rained upon in the day of indignation.

25 *There is* a conspiracy[o] of her prophets in the midst thereof, like a roaring lion ravening the prey: they have devoured souls;[q] they have taken[r] the treasure and precious things; they have made her many widows in the midst thereof.

26 Her priests[s] have π violated my law, and have profaned mine holy things: they have put no difference[t] between the holy and profane, neither have they shewed *difference* between the unclean and the clean, and have hid their eyes from my sabbaths, and I am profaned among them.

27 Her princes in the midst thereof *are* like wolves ravening the prey, to shed blood, *and* to destroy souls, to get dishonest gain.

28 And her prophets have daubed them with untempered *mortar* seeing vanity,[w] and divining lies unto them, saying, Thus saith the Lord GOD, when the LORD hath not spoken.

29 The people[x] of the land have used τ oppression, and exercised robbery, and have vexed the poor and needy; yea, they have[y] oppressed the stranger χwrongfully.

30 And I sought[a] for a man among them, that should make up the hedge, and stand in the gap before me for the land, that I should not destroy it; but I found[b] none.

31 Therefore have I poured out mine indignation upon them; I have consumed them with the fire of my wrath: their own way[c] have I recompensed upon their heads, saith the Lord GOD.

CHAP. XXIII.

THE word of the LORD came again unto me, saying,

B. C. 593.

a Je. 3. 7. 11.
b ch. 28. 9.
　Job 9. 4.
　Is. 31. 3.
c ch. 20. 8.
　Le. 17. 7.
　Jos. 24. 14.
d ch. 16, 8, &c.
e De. 4. 27.
f ch. 23. 27.
β or, *be profaned.*
γ i. e. *His tent,* or *tabernacle*
d i.e. *My tabernacle in her,*
　1 Ki. 8. 29.
g 2 Ki. 15. 19.
　16. 7.
　17. 3.
Ho. 8. 9.
h Ps. 119. 119.
　Is. 1. 22, 25.
ζ *drosses.*
　Je. 6. 30
i Is. 1. 25.
η *bestowed her whoredoms upon.*
θ *choice of the children of Asshur.*
κ *According to the gathering of.*
k Zec. 13. 9.
l 2 Ki. 18. 9.
　　11.
λ *a name.*
m ch. 20. 8, 33.
μ *corrupted her inordinate love more.*
n 2 Ch. 33. 9.
ν *the whoredoms of her sister.*
o Ho. 6. 9.
p 2 Ch. 28. 16.
q ch. 13. 18. 20.
r ch. 34. 3.
　Mi. 3. 11.
　Zep. 3. 3, 4.
s Mal. 2. 7, 8.
π *offered violence to,*
　2 Pe. 3. 16
t Le. 10. 10.
u ch. 8. 10, 11.
ρ *at the sight of her eyes.*
v 2 Ki. 20. 12, &c
w La. 2. 14.
σ *children of Babel.*
x Je. 5. 26. 31.
τ or, *deceit.*
φ *loosed,* or *disjointed.*
y Ex. 23. 9.
χ *without right.*
z Je. 15. 1.
a Is. 63. 5.
b ch. 5. 1.
c Pr. 1. 31

---

2 Son of man, there were two[a] women, the daughters of one mother;

3 And[c] they committed whoredoms in Egypt; they committed whoredoms in their youth:[d] there were their breasts pressed, and there they bruised the teats of their virginity.

4 And the names of them *were* Aholah the elder, and Aholibah her sister; and they were mine, and they bare sons and daughters. Thus *were* their names, Samaria *is* γAholah, and Jerusalem δAholibah.

5 And Aholah played the harlot when she was mine; and she doted on her lovers, on the Assyrians[g] *her* neighbours,

6 *Which were* clothed with blue, captains and rulers, all of them desirable young men, horsemen riding upon horses.

7 Thus she η committed her whoredoms with them, with all them *that were* the θ chosen men of Assyria, and with all on whom she doted: with all their idols she defiled herself.

8 Neither left she her whoredoms *brought* from Egypt: for in her youth they lay with her, and they bruised the breasts of her virginity, and poured their whoredom upon her.

9 Wherefore I have delivered her into the hand[k] of her lovers, into the hand of the Assyrians, upon whom she doted.

10 These discovered her nakedness; they took her sons and her daughters, and slew her with the sword; and she became λ famous among women; for they had executed judgment upon her.

11 And when her sister Aholibah saw *this,* she μ was more[n] corrupt in her inordinate love than she, and in her whoredoms more than ν her sister in *her* whoredoms.

12 She doted upon the Assyrians[p] *her* neighbours, captains and rulers clothed most gorgeously, horsemen riding upon horses, all of them desirable young men.

13 Then I saw that she was defiled, *that* they *took* both one way;

14 And *that* she increased her whoredoms: for when she saw men pourtrayed upon[u] the wall, the images of the Chaldeans pourtrayed with vermilion,

15 Girded with girdles upon their loins, exceeding in dyed attire upon their heads, all of them princes to look to, after the manner of the Babylonians of Chaldea, the land of their nativity:

16 And, ρ as soon as she saw[v] them with her eyes, she doted upon them, and sent messengers unto them into Chaldea.

17 And the σ Babylonians came to her into the bed of love, and they defiled her with their whoredom; and she was polluted with them, and her mind was φ alienated from them.

18 So she discovered her whoredoms, and discovered her nakedness: then my mind was alienated[z] from her, like as my mind was alienated from her sister.

19 Yet she multiplied her whoredoms, in calling to remembrance the days of her youth, wherein she had played the harlot in the land of Egypt.

20 For she doted upon their paramours, whose flesh *is as* the flesh of asses, and whose issue *is like* the issue of horses.

21 Thus thou calledst to remembrance the lewdness of thy youth, in bruising thy teats by the Egyptians for the paps of thy youth.

22 לָכֵן אָהֳלִיבָה כֹּה־אָמַר אֲדֹנָי יְהֹוִה הִנְנִי מֵעִיר אֶת־מְאַהֲבַיִךְ עָלַיִךְ אֵת אֲשֶׁר־נָקְעָה נַפְשֵׁךְ מֵהֶם וַהֲבֵאתִים עָלַיִךְ מִסָּבִיב׃

23 בְּנֵי בָבֶל וְכָל־כַּשְׂדִּים פְּקוֹד וְשׁוֹעַ וְקוֹעַ כָּל־בְּנֵי אַשּׁוּר אוֹתָם בַּחוּרֵי חֶמֶד פַּחוֹת וּסְגָנִים כֻּלָּם שָׁלִשִׁים וּקְרוּאִים רֹכְבֵי סוּסִים כֻּלָּם׃

24 וּבָאוּ עָלַיִךְ הֹצֶן רֶכֶב וְגַלְגַּל וּבִקְהַל עַמִּים צִנָּה וּמָגֵן וְקוֹבַע יָשִׂימוּ עָלַיִךְ סָבִיב וְנָתַתִּי לִפְנֵיהֶם מִשְׁפָּט וּשְׁפָטוּךְ בְּמִשְׁפְּטֵיהֶן׃

25 וְנָתַתִּי קִנְאָתִי בָּךְ וְעָשׂוּ אוֹתָךְ בְּחֵמָה אַפֵּךְ וְאָזְנַיִךְ יָסִירוּ וְאַחֲרִיתֵךְ בַּחֶרֶב תִּפּוֹל הֵמָּה בָּנַיִךְ וּבְנוֹתַיִךְ יִקָּחוּ וְאַחֲרִיתֵךְ תֵּאָכֵל בָּאֵשׁ׃

26 וְהִפְשִׁיטוּךְ אֶת־בְּגָדָיִךְ וְלָקְחוּ כְּלֵי תִפְאַרְתֵּךְ׃ וְהִשְׁבַּתִּי זִמָּתֵךְ מִמֵּךְ וְאֶת־זְנוּתֵךְ מֵאֶרֶץ מִצְרָיִם׃

27 וְלֹא־תִשְׂאִי עֵינַיִךְ אֲלֵיהֶם וּמִצְרַיִם לֹא תִזְכְּרִי־עוֹד׃

28 כִּי כֹה אָמַר אֲדֹנָי יְהֹוִה הִנְנִי נֹתְנָךְ בְּיַד אֲשֶׁר שָׂנֵאת בְּיַד אֲשֶׁר־נָקְעָה נַפְשֵׁךְ מֵהֶם׃

29 וְעָשׂוּ אוֹתָךְ בְּשִׂנְאָה וְלָקְחוּ כָּל־יְגִיעֵךְ וַעֲזָבוּךְ עֵירֹם וְעֶרְיָה וְנִגְלָה עֶרְוַת זְנוּנַיִךְ וְזִמָּתֵךְ וְתַזְנוּתָיִךְ׃

30 עָשֹׂה אֵלֶּה לָךְ בִּזְנוֹתֵךְ אַחֲרֵי גוֹיִם עַל אֲשֶׁר־נִטְמֵאת בְּגִלּוּלֵיהֶם׃

31 בְּדֶרֶךְ אֲחוֹתֵךְ הָלָכְתְּ וְנָתַתִּי כוֹסָהּ בְּיָדֵךְ׃

32 כֹּה אָמַר אֲדֹנָי יְהֹוִה כּוֹס אֲחוֹתֵךְ תִּשְׁתִּי הָעֲמֻקָּה וְהָרְחָבָה תִּהְיֶה לִצְחֹק וּלְלַעַג מִרְבָּה לְהָכִיל׃

33 שִׁכָּרוֹן וְיָגוֹן תִּמָּלֵאִי כּוֹס שַׁמָּה וּשְׁמָמָה כּוֹס אֲחוֹתֵךְ שֹׁמְרוֹן׃

34 וְשָׁתִית אוֹתָהּ וּמָצִית וְאֶת־חֲרָשֶׂיהָ תְּגָרֵמִי וְשָׁדַיִךְ תְּנַתֵּקִי כִּי אֲנִי דִבַּרְתִּי נְאֻם אֲדֹנָי יְהֹוִה׃

35 לָכֵן כֹּה אָמַר אֲדֹנָי יְהֹוִה יַעַן שָׁכַחַתְּ אוֹתִי וַתַּשְׁלִיכִי אוֹתִי אַחֲרֵי גַוֵּךְ וְגַם־אַתְּ שְׂאִי זִמָּתֵךְ וְאֶת־תַּזְנוּתָיִךְ׃

36 וַיֹּאמֶר יְהֹוָה אֵלַי בֶּן־אָדָם הֲתִשְׁפּוֹט אֶת־אָהֳלָה וְאֶת־אָהֳלִיבָה וְהַגֵּד לָהֶן אֵת תּוֹעֲבוֹתֵיהֶן׃

37 כִּי נִאֵפוּ וְדָם בִּידֵיהֶן וְאֶת־גִּלּוּלֵיהֶן נִאֵפוּ וְגַם אֶת־בְּנֵיהֶן אֲשֶׁר יָלְדוּ־לִי הֶעֱבִירוּ לָהֶם לְאָכְלָה׃

38 עוֹד זֹאת עָשׂוּ לִי טִמְּאוּ אֶת־מִקְדָּשִׁי בַּיּוֹם הַהוּא וְאֶת־שַׁבְּתוֹתַי חִלֵּלוּ׃

39 וּבְשַׁחֲטָם אֶת־בְּנֵיהֶם לְגִלּוּלֵיהֶם וַיָּבֹאוּ אֶל־מִקְדָּשִׁי בַּיּוֹם הַהוּא לְחַלְּלוֹ וְהִנֵּה־כֹה עָשׂוּ בְּתוֹךְ בֵּיתִי׃

40 וְאַף כִּי תִשְׁלַחְנָה לַאֲנָשִׁים בָּאִים מִמֶּרְחָק אֲשֶׁר מַלְאָךְ שָׁלוּחַ אֲלֵיהֶם וְהִנֵּה־בָאוּ לַאֲשֶׁר רָחַצְתְּ כָּחַלְתְּ עֵינַיִךְ וְעָדִית עֶדִי׃

41 וְיָשַׁבְתְּ עַל־מִטָּה כְבוּדָּה וְשֻׁלְחָן עָרוּךְ לְפָנֶיהָ וּקְטָרְתִּי וְשַׁמְנִי שַׂמְתְּ עָלֶיהָ׃

42 וְקוֹל הָמוֹן שָׁלֵו בָהּ וְאֶל־אֲנָשִׁים מֵרֹב אָדָם מוּבָאִים סוֹבָאִים מִמִּדְבָּר וַיִּתְּנוּ צְמִידִים אֶל־יְדֵיהֶן וַעֲטֶרֶת תִּפְאֶרֶת עַל־רָאשֵׁיהֶן׃

43 וָאֹמַר לַבָּלָה נִאוּפִים עַת יִזְנֶה תַזְנוּתֶהָ וָהִיא׃

44 וַיָּבוֹא אֵלֶיהָ כְּבוֹא אֶל־אִשָּׁה זוֹנָה כֵּן בָּאוּ אֶל־אָהֳלָה וְאֶל־אָהֳלִיבָה אִשֹּׁת הַזִּמָּה׃

45 וַאֲנָשִׁים צַדִּיקִם הֵמָּה יִשְׁפְּטוּ אוֹתְהֶם מִשְׁפַּט נֹאֲפוֹת וּמִשְׁפַּט שֹׁפְכוֹת דָּם כִּי נֹאֲפֹת הֵנָּה וְדָם בִּידֵיהֶן׃

46 כִּי כֹּה אָמַר אֲדֹנָי יְהֹוִה הַעֲלֵה עֲלֵיהֶם קָהָל וְנָתֹן אֶתְהֶן לְזַעֲוָה וְלָבַז׃

47 וְרָגְמוּ עֲלֵיהֶן אֶבֶן קָהָל וּבָרֵא אוֹתְהֶן בְּחַרְבוֹתָם בְּנֵיהֶם וּבְנוֹתֵיהֶם יַהֲרֹגוּ וּבָתֵּיהֶן בָּאֵשׁ יִשְׂרֹפוּ׃

48 וְהִשְׁבַּתִּי זִמָּה מִן־הָאָרֶץ וְנִוַּסְּרוּ כָּל־הַנָּשִׁים וְלֹא תַעֲשֶׂינָה כְּזִמַּתְכֶנָה׃

49 וְנָתְנוּ זִמַּתְכֶנָה עֲלֵיכֶן וַחֲטָאֵי גִלּוּלֵיכֶן תִּשֶּׂאינָה וִידַעְתֶּם כִּי אֲנִי אֲדֹנָי יְהֹוִה׃

CAP. XXIV. כד

1 וַיְהִי דְבַר־יְהֹוָה אֵלַי בַּשָּׁנָה הַתְּשִׁיעִית בַּחֹדֶשׁ הָעֲשִׂירִי בֶּעָשׂוֹר לַחֹדֶשׁ לֵאמֹר׃

2 בֶּן־אָדָם כְּתָוב־לְךָ אֶת־שֵׁם הַיּוֹם אֶת־עֶצֶם הַיּוֹם הַזֶּה סָמַךְ מֶלֶךְ־בָּבֶל אֶל־יְרוּשָׁלִַם בְּעֶצֶם הַיּוֹם הַזֶּה׃

3 וּמְשֹׁל אֶל־בֵּית־הַמֶּרִי מָשָׁל וְאָמַרְתָּ אֲלֵיהֶם כֹּה אָמַר אֲדֹנָי יְהֹוִה שְׁפֹת הַסִּיר שְׁפֹת וְגַם־יְצֹק בּוֹ מָיִם׃

4 אֱסֹף נְתָחֶיהָ אֵלֶיהָ כָּל־נֵתַח טוֹב יָרֵךְ וְכָתֵף מִבְחַר עֲצָמִים מַלֵּא׃

5 מִבְחַר הַצֹּאן לָקוֹחַ וְגַם דּוּר הָעֲצָמִים תַּחְתֶּיהָ רַתַּח רְתָחֶיהָ גַּם־בָּשְׁלוּ עֲצָמֶיהָ בְתוֹכָהּ׃

6 לָכֵן כֹּה־אָמַר אֲדֹנָי יְהֹוִה אוֹי עִיר הַדָּמִים סִיר אֲשֶׁר חֶלְאָתָה בָהּ וְחֶלְאָתָהּ לֹא יָצְאָה מִמֶּנָּה לִנְתָחֶיהָ לִנְתָחֶיהָ הוֹצִיאָהּ לֹא־נָפַל עָלֶיהָ גּוֹרָל׃

7 כִּי דָמָהּ בְּתוֹכָהּ הָיָה עַל־צְחִיחַ סֶלַע שָׂמָתְהוּ לֹא שְׁפָכַתְהוּ עַל־

22 Therefore, O Aholibah, thus saith the Lord GOD, Behold, I[a] will raise up thy lovers against thee, from whom[b] thy mind is alienated, and I will bring them against thee on every[d] side ;

23 The Babylonians, and all the Chaldeans, Pekod,[e] and Shoa, and Koa, *and* all the Assyrians with them : all of them desirable young men, captains and rulers, great lords and renowned, all of them riding upon horses.

24 And they shall come against thee with chariots, waggons, and wheels, and with an assembly of people, *which* shall set against thee buckler, and shield, and helmet, round about : and I will set judgment before them, and they shall judge thee according to their judgments.

25 And I will set my jealousy against thee, and they shall deal furiously[k] with thee : they shall take away thy nose and thine ears ; and thy remnant shall fall by the sword : they shall take thy sons and thy daughters ; and thy residue shall be devoured by the fire.

26 They[l] shall also strip thee out of thy clothes, and take away thy θ fair jewels.

27 Thus will I make thy lewdness to cease[n] from thee, and thy whoredom *brought*[p] from the land of Egypt : so that thou shalt not lift up thine eyes unto them, nor remember Egypt any more.

28 For thus saith the Lord GOD, Behold, I will deliver thee into the hand *of them* whom thou hatest, into the hand *of them* from whom[r] thy mind is alienated :

29 And they shall deal with thee hatefully, and shall take away all thy labour, and shall leave thee naked and bare ; and the nakedness[v] of thy whoredoms shall be[w] discovered, both thy lewdness and thy whoredoms.

30 I will do these *things* unto thee, because[x] thou hast gone a whoring after the heathen, *and* because thou art polluted with their idols.

31 Thou hast walked in the way of thy sister ; therefore will I give her cup into[b] thine hand.

32 Thus saith the Lord GOD, Thou shalt drink of thy sister's cup deep and large : thou shalt be laughed to scorn[c] and had in derision ; it containeth much.

33 Thou shalt be filled with drunkenness and sorrow, with the cup of astonishment and desolation, with the cup of thy sister Samaria.

34 Thou shalt even drink[e] it, and suck *it* out, and thou shalt break the sherds thereof, and pluck off thine own breasts : for I have spoken *it*, saith the Lord GOD.

35 Therefore thus saith the Lord GOD, Because thou hast forgotten[g] me, and[h] cast me behind thy back, therefore bear thou also thy lewdness and thy whoredoms.

36 The LORD said moreover unto me, Son of man, wilt thou[v] judge Aholah and Aholibah? yea, declare[i] unto them their abominations ;

37 That they have committed adultery, and blood[k] *is* in their hands, and with their idols have they committed adultery ; and have also caused[m] their sons, whom they bare unto me, to pass for them through *the fire*, to devour *them*.

38 Moreover, this they have done unto me : they have defiled my sanctuary[p] in the same day, and have profaned my sabbaths.

B. C. 593.

a Je.11.11,12.
b 2 Sa.13.15.
c 2 Ki.21.4,7.
d La. 1. 3.
β *coming.*
e Je. 50. 21.
f Is. 57. 9.
g 2 Ki. 9. 30.
Jc. 4. 30.
γ *honorable.*
h Am. 2. 8.
i Pr. 7. 17.
Ho. 2. 8.
δ *multitude of men.*
ζ *or, drunkards.*
k Je.52.6,&c.
η *her whoredoms.*
l Is. 39. 4..7.
θ *instruments of thy decking.*
m Je. 3.1,6,8.
Ho. 2. 5.
n ch. 16. 41.
22. 15.
o Ps.149.5..9.
Mat.19.28.
1 Co. 6. 2.
Re. 20. 4.
p ver. 3, 19.
q ch. 16. 40,
&c.
r ver. 17.
κ *for a removing and spoil.*
s Is. 6.11, 12.
t Je. 4.13,30.
λ *or, single them out.*
u ch. 24. 21.
2 Ch.36.17,
19.
v La. 1. 8.
w 1 Ti. 5. 24.
x ver. 27.
y De. 13. 11.
2 Pe. 2. 6.
z ch. 6. 9.
a Nu. 14. 34.
18. 23.
Is. 53. 11.
1 Pe. 2. 24.
b Je.25.15,&c
c ch. 22. 4,5,
&c.
d 2 Ki. 25. 1.
Je. 39. 1.
52 4.
e Ps. 75. 8.
Is. 51. 17.
f Je. 1. 13.
g De.8.11,14.
Je. 13. 25.
h 1 Ki. 14. 9.
Ne. 9. 26.
μ *or, heap.*
ν *or, plead for.*
i ch. 20. 4.
k Ho. 4. 2.
l Pr. 30. 12.
m Ps. 106. 37.
n 2 Sa. 8. 2.
o Le. 17. 13.
p ch. 5. 11.
q Ge. 4.10.

---

39 For when they had slain their children to their idols, then they came the same day into my sanctuary to profane it ; and, lo, thus have they done in the midst of[c] mine house.

40 And. furthermore, that ye have sent for men β to come from far, unto whom[f] a messenger *was* sent ; and, lo, they came : for whom thou didst wash thyself, paintedst[g] thy eyes, and deckedst thyself with ornaments,

41 And satest upon a γ stately[h] bed, and a table prepared before it, whereupon thou hast set mine incense[i] and mine oil.

42 And a voice of a multitude being at ease *was* with her : and with the men of the δ common sort *were* brought ζ Sabeans from the wilderness, which put bracelets upon their hands, and beautiful crowns upon their heads.

43 Then said I unto *her that was* old in adulteries, Will they now commit η whoredoms with her, and she *with them?*

44 Yet they went in unto her, as they go in unto a woman that[m] playeth the harlot ; so went they in unto Aholah and unto Aholibah, the lewd women.

45 And the righteous[o] men, they shall judge them after the manner of adulteresses, and after the manner of women that shed blood ; because they *are* adulteresses, and blood *is* in their hands.

46 For thus saith the Lord GOD, I[q] will bring up a company upon them, and will give them κ to be removed[s] and[t] spoiled.

47 And the company shall stone them with stones, and λ dispatch them with their swords ; they shall slay[u] their sons and their daughters, and burn up their houses with fire.

48 Thus will I cause lewdness to cease out[x] of the land, that[y] all women may be taught not to do after your lewdness.

49 And they shall recompense your lewdness upon you, and ye shall bear the[a] sins of your idols : and ye shall know that I *am* the Lord GOD.

CHAP. XXIV.

AGAIN, in the ninth year, in the tenth month, in the tenth *day* of the month, the word of the LORD came unto me, saying,

2 Son of man, write thee the name of the day, *even* of this same day ; the king of Babylon set himself against Jerusalem this same[d] day.

3 And utter a parable unto the rebellious house, and say unto them, Thus saith the Lord GOD, Set on a pot,[f] set *it* on, and also pour water into it.

4 Gather the pieces thereof into it, *even* every good piece, the thigh, and the shoulder ; fill *it* with the choice bones.

5 Take the choice of the flock, and μ burn also the bones under it, *and* make it boil well, and let them seethe the bones of it therein.

6 Wherefore thus saith the Lord GOD, Woe to the bloody city, to the pot whose scum[l] *is* therein, and whose scum is not gone out of it! bring it out piece by piece ; let no lot[n] fall upon it.

7 For her blood is in the midst of her ; she set it upon the top of a rock ; she poured it not upon the ground[o] to cover it with dust ;

8 That it might cause[q] fury to come up to take vengeance ; I have set her blood

הָאָ֫רֶץ לְכַסּ֫וֹת עָלָ֫יו עָפָ֑ר : לְהַעֲל֤וֹת חֵמָה֙ לִנְקֹ֔ם 8
נָקָ֫ם נָתַ֫תִּי אֶת־דָּמָ֫הּ עַל־צְחִ֫יחַ סָ֑לַע לְבִלְתִּ֖י
הִכָּסֽוֹת : לָכֵ֗ן כֹּ֤ה אָמַר֙ אֲדֹנָ֣י יֱהֹוִ֔ה א֖וֹי עִ֣יר 9

הַדָּמִ֑ים גַּם־אֲנִ֖י אַגְדִּ֥יל הַמְּדוּרָֽה : הַרְבֵּ֤ה הָעֵצִים֙ 10
הַדְלֵ֣ק הָאֵ֔שׁ הָתֵ֖ם הַבָּשָׂ֑ר וְהַרְקַח֙ הַמֶּרְקָחָ֔ה
וְהָעֲצָמ֖וֹת יֵחָֽרוּ : וְהַעֲמִידֶ֥הָ עַל־גֶּחָלֶ֖יהָ רֵקָ֑ה 11
לְמַ֨עַן תֵּחַ֜ם וְחָ֣רָה נְחֻשְׁתָּ֗הּ וְנִתְּכָ֤ה בְתוֹכָהּ֙
טֻמְאָתָ֔הּ תִּתֻּ֖ם חֶלְאָתָֽהּ : תְּאֻנִ֖ים הֶלְאָ֑ת וְלֹֽא־ 12
תֵצֵ֤א מִמֶּ֨נָּה֙ רַבַּ֣ת חֶלְאָתָ֔הּ בְּאֵ֖שׁ חֶלְאָתָֽהּ :
בְּטֻמְאָתֵ֖ךְ זִמָּ֑ה יַ֤עַן טִֽהַרְתִּ֨יךְ֙ וְלֹ֣א טָהַ֔רְתְּ 13
מִטֻּמְאָתֵ֗ךְ לֹ֤א תִטְהֲרִי־עוֹד֙ עַד־הֲנִיחִ֥י אֶת־
חֲמָתִ֖י בָּֽךְ : אֲנִ֤י יְהֹוָה֙ דִּבַּ֔רְתִּי בָּאָ֣ה וְעָשִׂ֔יתִי 14
לֹֽא־אֶפְרַ֥ע וְלֹֽא־אָח֖וּס וְלֹ֣א אֶנָּחֵ֑ם כִּדְרָכַ֣יִךְ
וְכַעֲלִילוֹתַ֗יִךְ שְׁפָט֔וּךְ נְאֻ֖ם אֲדֹנָ֥י יְהֹוִֽה :

וַיְהִ֥י דְבַר־יְהֹוָ֖ה אֵלַ֥י לֵאמֹֽר : בֶּן־אָדָ֗ם הִנְנִ֨י 15,16
לֹקֵ֤חַ מִמֵּךְ֙ אֶת־מַחְמַ֣ד עֵינֶ֔יךָ בְּמַגֵּפָ֑ה וְלֹ֤א תִסְפֹּד֙
וְלֹ֣א תִבְכֶּ֔ה וְל֥וֹא תָב֖וֹא דִּמְעָתֶֽךָ : הֵאָנֵ֣ק ׀ דֹּ֗ם 17
מֵתִים֙ אֵ֣בֶל לֹֽא־תַעֲשֶׂ֔ה פְּאֵֽרְךָ֙ חֲב֣וֹשׁ עָלֶ֔יךָ
וּנְעָלֶ֖יךָ תָּשִׂ֣ים בְּרַגְלֶ֑יךָ וְלֹ֤א תַעְטֶה֙ עַל־שָׂפָ֔ם 18
וְלֶ֥חֶם אֲנָשִׁ֖ים לֹ֥א תֹאכֵֽל : וָאֲדַבֵּ֤ר אֶל־הָעָם֙
בַּבֹּ֔קֶר וַתָּ֥מׇת אִשְׁתִּ֖י בָּעָ֑רֶב וָאַ֧עַשׂ בַּבֹּ֛קֶר כַּאֲשֶׁ֖ר
צֻוֵּֽיתִי : וַיֹּֽאמְר֥וּ אֵלַ֖י הָעָ֑ם הֲלֹֽא־תַגִּ֥יד לָ֖נוּ מָה־ 19
אֵ֣לֶּה לָּ֔נוּ כִּ֥י אַתָּ֖ה עֹשֶֽׂה : וָאֹמַ֖ר אֲלֵיהֶ֑ם דְּבַר־ 20
יְהֹוָ֔ה הָיָ֥ה אֵלַ֖י לֵאמֹֽר : אֱמֹ֣ר ׀ לְבֵ֣ית יִשְׂרָאֵ֗ל 21
כֹּֽה־אָמַר֮ אֲדֹנָ֣י יֱהֹוִה֒ הִנְנִ֨י מְחַלֵּ֤ל אֶת־מִקְדָּשִׁי֙
גְּא֣וֹן עֻזְּכֶ֔ם מַחְמַ֥ד עֵֽינֵיכֶ֖ם וּמַחְמַ֣ל נַפְשְׁכֶ֑ם
וּבְנֵיכֶ֧ם וּבְנֽוֹתֵיכֶ֛ם אֲשֶׁ֥ר עֲזַבְתֶּ֖ם בַּחֶ֥רֶב יִפֹּֽלוּ :
וַעֲשִׂיתֶ֖ם כַּאֲשֶׁ֣ר עָשִׂ֑יתִי עַל־שָׂפָם֙ לֹ֣א תַעְט֔וּ 22
וְלֶ֥חֶם אֲנָשִׁ֖ים לֹ֥א תֹאכֵֽלוּ : וּפְאֵרֵכֶ֣ם עַל־ 23
רָאשֵׁיכֶ֗ם וְנַֽעֲלֵיכֶם֙ בְּרַגְלֵיכֶ֔ם לֹ֥א תִסְפְּד֖וּ וְלֹ֣א
תִבְכּ֑וּ וּנְמַקֹּתֶם֙ בַּעֲוֺנֹ֣תֵיכֶ֔ם וּנְהַמְתֶּ֖ם אִ֥ישׁ אֶל־
אָחִֽיו : וְהָיָ֨ה יְחֶזְקֵ֤אל לָכֶם֙ לְמוֹפֵ֔ת כְּכֹ֥ל אֲשֶׁר־ 24
עָשָׂ֖ה תַּעֲשׂ֑וּ בְּבֹאָ֕הּ וִֽידַעְתֶּ֕ם כִּ֥י אֲנִ֖י אֲדֹנָ֥י
יֱהֹוִֽה : וְאַתָּ֣ה בֶן־אָדָ֔ם הֲל֗וֹא בְּי֨וֹם 25
קַחְתִּ֤י מֵהֶם֙ אֶת־מָֽעֻזָּ֔ם מְשׂ֖וֹשׂ תִּפְאַרְתָּ֑ם אֶת־
מַחְמַ֣ד עֵֽינֵיהֶ֗ם וְאֶת־מַשָּׂ֛א נַפְשָׁ֖ם בְּנֵיהֶ֥ם
וּבְנוֹתֵיהֶֽם : בַּיּ֣וֹם הַה֔וּא יָב֥וֹא הַפָּלִ֖יט אֵלֶ֑יךָ 26
לְהַשְׁמָע֖וּת אׇזְנָֽיִם : בַּיּ֣וֹם הַה֗וּא יִפָּ֤תַח פִּ֨יךָ֙ 27

וַֽיְהִ֥י דְבַר־יְהֹוָ֖ה אֵלַ֥י לֵאמֹֽר : בֶּן־אָדָ֕ם שִׂ֥ים 1,2
פָּנֶ֖יךָ אֶל־בְּנֵ֣י עַמּ֑וֹן וְהִנָּבֵ֖א עֲלֵיהֶֽם : וְאָמַרְתָּ֙ 3
לִבְנֵ֣י עַמּ֔וֹן שִׁמְע֖וּ דְּבַר־אֲדֹנָ֣י יֱהֹוִ֑ה כֹּֽה־אָמַ֣ר
אֲדֹנָ֣י יֱהֹוִ֗ה יַ֠עַן אׇמְרֵ֨ךְ הֶאָ֜ח אֶל־מִקְדָּשִׁ֣י כִֽי־
נִחָ֗ל וְאֶל־אַדְמַ֤ת יִשְׂרָאֵל֙ כִּ֣י נָשַׁ֔מָּה וְאֶל־בֵּ֣ית
יְהוּדָ֔ה כִּ֥י הָֽלְכ֖וּ בַּגּוֹלָֽה : לָכֵ֡ן הִנְנִי֩ נֹֽתְנָ֨ךְ 4
לִבְנֵי־קֶ֜דֶם לְמ֣וֹרָשָׁ֗ה וְיִשְּׁב֤וּ טִֽירוֹתֵיהֶם֙ בָּ֔ךְ וְנָ֥תְנוּ
בָ֖ךְ מִשְׁכְּנֵיהֶ֑ם הֵ֚מָּה יֹאכְל֣וּ פִרְיֵ֔ךְ וְהֵ֖מָּה יִשְׁתּ֥וּ
חֲלָבֵֽךְ : וְנָתַתִּ֤י אֶת־רַבָּה֙ לִנְוֵ֣ה גְמַלִּ֔ים וְאֶת־בְּנֵ֥י 5
עַמּ֖וֹן לְמִרְבַּץ־צֹ֑אן וִֽידַעְתֶּ֖ם כִּֽי־אֲנִ֥י
יְהֹוָֽה : כִּ֣י כֹ֤ה אָמַר֙ אֲדֹנָ֣י יֱהֹוִ֔ה יַ֚עַן 6
מַחְאֲךָ֣ יָ֔ד וְרַקְעֲךָ֖ בְּרָ֑גֶל וַתִּשְׂמַ֤ח בְּכׇל־שָׁאטְךָ֙
בְּנֶ֔פֶשׁ אֶל־אַדְמַ֖ת יִשְׂרָאֵֽל : לָכֵ֡ן הִנְנִי֩ נָטִ֨יתִי אֶת־ 7
יָדִ֜י עָלֶ֗יךָ וּנְתַתִּ֤יךָ לְבַג֙ לַגּוֹיִ֔ם וְהִכְרַתִּ֨יךָ֙ מִן־הָ֣עַמִּ֔ים
וְהַאֲבַדְתִּ֖יךָ מִן־הָאֲרָצ֑וֹת אַשְׁמִ֣ידְךָ֔ וְיָדַעְתָּ֖ כִּֽי־
אֲנִ֥י יְהֹוָֽה : כֹּ֥ה אָמַר֙ אֲדֹנָ֣י יֱהֹוִ֔ה יַ֗עַן 8
אֲמֹ֤ר מוֹאָב֙ וְשֵׂעִ֔יר הִנֵּ֥ה כְּכׇל־הַגּוֹיִ֖ם בֵּ֥ית יְהוּדָֽה :
לָכֵן֙ הִנְנִ֣י פֹתֵ֔חַ אֶת־כֶּ֥תֶף מוֹאָ֖ב מֵהֶ֣עָרִ֑ים מֵֽעָרָ֣יו 9
מִקָּצֵ֗הוּ צְבִ֤י אֶ֨רֶץ֙ בֵּ֣ית הַיְשִׁימֹ֔ת בַּ֥עַל מְע֖וֹן
וְקִרְיָתָֽמָה : לִבְנֵי־קֶ֨דֶם֙ עַל־בְּנֵ֣י עַמּ֔וֹן וּנְתַתִּ֖יהָ 10
לְמֽוֹרָשָׁ֑ה לְמַ֛עַן לֹֽא־תִזָּכֵ֥ר בְּנֵֽי־עַמּ֖וֹן בַּגּוֹיִֽם :
וּבְמוֹאָ֖ב אֶעֱשֶׂ֣ה שְׁפָטִ֑ים וְיָדְע֖וּ כִּֽי־אֲנִ֥י יְהֹוָֽה : 11
כֹּ֣ה אָמַר֮ אֲדֹנָ֣י יֱהֹוִה֒ יַ֗עַן עֲשׂ֤וֹת אֱדוֹם֙ 12
בִּנְקֹ֣ם נָקָ֔ם לְבֵ֖ית יְהוּדָ֑ה וַיֶּאְשְׁמ֥וּ אָשׁ֖וֹם וְנִקְּמ֥וּ
בָהֶֽם : לָכֵ֗ן כֹּ֤ה אָמַר֙ אֲדֹנָ֣י יֱהֹוִ֔ה וְנָטִ֤תִי יָדִי֙ עַל־ 13
אֱד֔וֹם וְהִכְרַתִּ֥י מִמֶּ֖נָּה אָדָ֣ם וּבְהֵמָ֑ה וּנְתַתִּ֤יהָ
חׇרְבָּה֙ מִתֵּימָ֔ן וּדְדָ֖נֶה בַּחֶ֥רֶב יִפֹּֽלוּ : וְנָתַתִּ֨י אֶת־ 14
נִקְמָתִ֜י בֶּאֱד֗וֹם בְּיַד֙ עַמִּ֣י יִשְׂרָאֵ֔ל וְעָשׂ֣וּ בֶאֱד֔וֹם כְּאַפִּ֖י
וְכַחֲמָתִ֑י וְיָֽדְעוּ֙ אֶת־נִ֨קְמָתִ֔י נְאֻ֖ם אֲדֹנָ֥י יְהֹוִֽה :
כֹּ֤ה אָמַר֙ אֲדֹנָ֣י יֱהֹוִ֔ה יַ֛עַן עֲשׂ֥וֹת 15
פְּלִשְׁתִּ֖ים בִּנְקָמָ֑ה וַיִּנָּקְמ֤וּ נָקָם֙ בִּשְׁאָ֣ט בְּנֶ֔פֶשׁ
לְמַשְׁחִ֖ית אֵיבַ֥ת עוֹלָֽם : לָכֵ֗ן כֹּ֤ה אָמַר֙ אֲדֹנָ֣י יֱהֹוִ֔ה 16
הִנְנִ֨י נוֹטֶ֤ה יָדִי֙ עַל־פְּלִשְׁתִּ֔ים וְהִכְרַתִּ֖י אֶת־כְּרֵתִ֑ים
וְהַאֲבַדְתִּ֕י אֶת־שְׁאֵרִ֖ית ח֥וֹף הַיָּֽם : וְעָשִׂ֤יתִי בָם֙ 17
נְקָמ֣וֹת גְּדֹל֔וֹת בְּתוֹכְח֖וֹת חֵמָ֑ה וְיָֽדְעוּ֙ כִּֽי־אֲנִ֣י יְהֹוָ֔ה

upon the top of a rock, that it should not be covered.

9 Therefore thus saith the Lord God, Woe to the bloody[a] city! I will even make the pile for fire great.

10 Heap on[c] wood, kindle the fire, consume the flesh, and spice it well, and let the bones be burned.

11 Then set it empty upon the coals thereof, that the brass of it may be hot, and may burn, and *that*[e] the filthiness of it may be molten in it, *that* the scum of it may be consumed.

12 She hath wearied[f] *herself* with lies, and her great scum went not forth out of her: her scum *shall be* in the fire.

13 In thy filthiness *is* lewdness: because I have purged thee, and thou wast not[g] purged, thou shalt not be purged from thy filthiness any more, till I have caused my fury to rest[h] upon thee.

14 I the Lord have spoken *it*; it shall come to pass, and I will do *it*; I will[j] not go back, neither will I spare, neither will I repent: according to thy ways, and according to thy doings, shall they judge thee, saith the Lord God.

15 Also the word of the Lord came unto me, saying,

16 Son of man, behold, I[k] take away from thee the desire of thine eyes with a stroke: yet neither shalt thou[l] mourn nor weep, neither shall thy tears θ run down.

17 κ Forbear to cry, make[m] no mourning for the dead, bind[n] the tire of thine head upon thee, and put on thy shoes upon thy feet, and cover not *thy* λ lips, and eat not the bread of men.

18 So I spake unto the people in the morning; and at even[p] my wife died: and I did in the morning as I was commanded.

19 And the people said unto me, Wilt thou not tell us what these *things are* to us, that thou doest so?

20 Then I answered them, The word of the Lord came unto me, saying,

21 Speak unto the house of Israel, Thus saith the Lord God, Behold, I will profane[q] my sanctuary, the excellency[r] of your strength, the desire[s] of your eyes, and π that which your soul pitieth; and your sons and your daughters whom ye have left shall fall[u] by the sword.

22 And ye shall do as I have done: ye shall not[v] cover *your* lips, nor eat[w] the bread of men.

23 And your tires *shall be* upon your heads, and your shoes upon your feet: ye shall not mourn[x] nor weep: but ye shall pine[y] away for your iniquities, and mourn one toward another.

24 Thus Ezekiel is unto you a sign: according to all that he hath done shall ye do; and when[z] this cometh, ye shall know that I *am* the Lord God.

25 Also, thou son of man, *shall it* not *be* in the day when I take from them their strength,[a] the joy of their glory, the desire of their eyes, and τ that whereupon they set their minds, their sons and their daughters,

26 *That* he that escapeth in that day shall come unto thee, to cause *thee* to hear *it* with *thine* ears?

27 In that day[b] shall thy mouth be opened to him which is escaped, and thou shalt speak, and be no more dumb: and thou shalt be a sign unto them: and they shall know that I *am* the Lord.

B. C. 590.

a Na. 3. 1.
b ch.21.28.32.
Je. 49.1,&c.
Am.1.13.15
Zep.2.9..11.
c Ro. 2. 5.
d ch.26.2,&c.
Ps. 70. 2, 3.
Pr. 17. 5.
24.17,18.
e ch. 22. 15.
f Is. 44. 20.
β *children.*
g Re.2.21, 22.
h ch. 5. 13.
8. 18.
16. 42.
i ch. 35. 9.
j 1 Sa. 15.29
γ *hand.*
δ *foot.*
ε *soul.*
k Job 1. 21.
η or, *meat.*
l Is. 57. 1.
θ *go.*
κ *Be silent.*
Ps. 39. 9.
m Je. 16. 5..7.
n Le. 10. 6.
21. 10.
o Is. XV.
XVI.
Je.48.1,&c.
Am. 2. 1..3.
λ *upper lip,*
&so ver.22.
Le. 13. 45.
Mi. 3. 7.
μ *shoulder.*
p Ps. 90. 5, 6.
ν or, *against the children of Ammon.*
q 1 Ki. 9. 8.
Je. 7. 14.
La. 1. 9, 10.
r Ps. 48.1..3.
s Ps. 27. 4.
84. 2,10.
π *the pity of your soul.*
t 2 Ch. 23. 17,
18.
Ob. 10, &c.
ρ *revenging revengement.*
u 2 Ch. 36.17.
v Je. 16. 6, 7.
w La. 4. 10.
x Ps. 78. 64.
σ or, *shall fall by the sword unto Dedan.*
y ch.33.10,11.
Le. 26. 39.
z Jno. 14. 29.
a ver. 21.
τ *the lifting up of their soul.*
φ or, *with perpetual.*
b ch.33.21,&c
χ or, *haven of the sea.*
ψ *vengeances.*

CHAP. XXV.

THE word of the Lord came again unto me, saying,

2 Son of man, set thy face against the Ammonites,[b] and prophesy against them;

3 And say unto the Ammonites, Hear the word of the Lord God; Thus saith the Lord God; Because[d] thou saidst, Aha, against my sanctuary, when it was profaned; and against the land of Israel, when it was desolate; and against the house of Judah, when they went into captivity;

4 Behold, therefore, I will deliver thee to the β men of the east for a possession, and they shall set their palaces in thee, and make their dwellings in thee: they shall eat thy fruit, and they shall drink thy milk.

5 And I will make Rabbah a stable for camels, and the Ammonites a couching-place for flocks; and[i] ye shall know that I *am* the Lord.

6 For thus saith the Lord God, Because thou hast clapped *thine* γ hands, and stamped with the δ feet, and rejoiced in ζ heart with all thy despite against the land of Israel;

7 Behold, therefore, I will stretch out mine hand upon thee, and will deliver thee for η a spoil to the heathen; and I will cut thee off from the people, and I will cause thee to perish out of the countries: I will destroy thee; and thou shalt know that I *am* the Lord.

8 Thus saith the Lord God, Because that Moab[o] and Seir do say, Behold, the house of Judah *is* like unto all the heathen;

9 Therefore, behold, I will open the μ side of Moab from the cities, from his cities *which are* on his frontiers, the glory of the country, Beth-jeshimoth, Baal-meon, and Kiriathaim,

10 Unto the men of the east ν with the Ammonites, and will give them in possession, that the Ammonites may not be remembered among the nations.

11 And I will execute judgments upon Moab; and they shall know that I *am* the Lord.

12 Thus saith the Lord God, Because that Edom[t] hath dealt against the house of Judah by ρ taking vengeance, and hath greatly offended, and revenged himself upon them;

13 Therefore thus saith the Lord God, I will also stretch out mine hand upon Edom, and will cut off man and beast from it: and I will make it desolate from Teman; and they σ of Dedan shall fall by the sword.

14 And I will lay my vengeance upon Edom by the hand of my people Israel: and they shall do in Edom according to mine anger, and according to my fury; and they shall know my vengeance, saith the Lord God.

15 Thus saith the Lord God, Because the Philistines have dealt by revenge, and have taken vengeance with a despiteful heart, to destroy *it* φ for the old hatred;

16 Therefore, thus saith the Lord God, Behold, I will stretch out mine hand upon the Philistines, and I will cut off the Cherethims, and destroy the remnant of the χ sea-coast.

17 And I will execute great ψ vengeance upon them with furious rebukes; & they shall know that I *am* the Lord, when I shall lay my vengeance upon them.

בָּתִּי אֶת־נִקְמָתִי בָּם :

CAP. XXVI. כו

1 וַיְהִי בְּעַשְׁתֵּי־עֶשְׂרֵה שָׁנָה בְּאֶחָד לַחֹדֶשׁ הָיָה
2 דְבַר־יְהֹוָה אֵלַי לֵאמֹר : בֶּן־אָדָם יַעַן אֲשֶׁר־אָמְרָה צֹּר עַל־יְרוּשָׁלִַם הֶאָח נִשְׁבְּרָה דַּלְתוֹת הָעַמִּים
3 נָסֵבָּה אֵלָי אִמָּלְאָה הָחֳרָבָה : לָכֵן כֹּה אָמַר אֲדֹנָי יְהֹוִה הִנְנִי עָלַיִךְ צֹר וְהַעֲלֵיתִי עָלַיִךְ גּוֹיִם
4 רַבִּים כְּהַעֲלוֹת הַיָּם לְגַלָּיו : וְשִׁחֲתוּ חֹמוֹת צֹר וְהָרְסוּ מִגְדָּלֶיהָ וְסִחֵיתִי עֲפָרָהּ מִמֶּנָּה וְנָתַתִּי
5 אוֹתָהּ לִצְחִיחַ סָלַע : מִשְׁטַח חֲרָמִים תִּהְיֶה בְּתוֹךְ הַיָּם כִּי אֲנִי דִבַּרְתִּי נְאֻם אֲדֹנָי יְהֹוִה וְהָיְתָה
6 לְבַז לַגּוֹיִם : וּבְנוֹתֶיהָ אֲשֶׁר בַּשָּׂדֶה בַּחֶרֶב תֵּהָרַגְנָה וְיָדְעוּ כִּי־אֲנִי יְהֹוָה
7 כִּי כֹה אָמַר אֲדֹנָי יְהֹוִה הִנְנִי מֵבִיא אֶל־צֹר נְבוּכַדְרֶאצַּר מֶלֶךְ־בָּבֶל מִצָּפוֹן מֶלֶךְ מְלָכִים בְּסוּס וּבְרֶכֶב
8 וּבְפָרָשִׁים וְקָהָל וְעַם־רָב : בְּנוֹתַיִךְ בַּשָּׂדֶה בַּחֶרֶב יַהֲרֹג וְנָתַן עָלַיִךְ דָּיֵק וְשָׁפַךְ עָלַיִךְ סֹלְלָה
9 וְהֵקִים עָלַיִךְ צִנָּה : וּמְחִי קָבָלּוֹ יִתֵּן בְּחֹמוֹתָיִךְ
10 וּמִגְדְּלֹתַיִךְ יִתֹּץ בְּחַרְבוֹתָיו : מִשִּׁפְעַת סוּסָיו יְכַסֵּךְ אֲבָקָם מִקּוֹל פָּרַשׁ וְגַלְגַּל וָרֶכֶב תִּרְעַשְׁנָה חוֹמוֹתַיִךְ בְּבֹאוֹ בִּשְׁעָרַיִךְ כִּמְבוֹאֵי עִיר מְבֻקָּעָה
11 בְּפַרְסוֹת סוּסָיו יִרְמֹס אֶת־כָּל־חוּצוֹתָיִךְ עַמֵּךְ בַּחֶרֶב יַהֲרֹג וּמַצְּבוֹת עֻזֵּךְ לָאָרֶץ תֵּרֵד :
12 וְשָׁלְלוּ חֵילֵךְ וּבָזְזוּ רְכֻלָּתֵךְ וְהָרְסוּ חוֹמוֹתַיִךְ וּבָתֵּי חֶמְדָּתֵךְ יִתֹּצוּ וַאֲבָנַיִךְ וְעֵצַיִךְ וַעֲפָרֵךְ בְּתוֹךְ מַיִם יָשִׂימוּ :
13 וְהִשְׁבַּתִּי הֲמוֹן שִׁירָיִךְ וְקוֹל כִּנּוֹרַיִךְ לֹא יִשָּׁמַע עוֹד :
14 וּנְתַתִּיךְ לִצְחִיחַ סֶלַע מִשְׁטַח חֲרָמִים תִּהְיֶה לֹא תִבָּנֶה עוֹד כִּי אֲנִי יְהֹוָה דִּבַּרְתִּי נְאֻם אֲדֹנָי יְהֹוִה :
15 כֹּה אָמַר אֲדֹנָי יְהֹוִה לְצוֹר הֲלֹא מִקּוֹל מַפַּלְתֵּךְ בֶּאֱנֹק חָלָל בְּהָרֵג הֶרֶג בְּתוֹכֵךְ יִרְעֲשׁוּ הָאִיִּים :
16 וְיָרְדוּ מֵעַל כִּסְאוֹתָם כֹּל נְשִׂיאֵי הַיָּם וְהֵסִירוּ אֶת־מְעִילֵיהֶם וְאֶת־בִּגְדֵי רִקְמָתָם יִפְשֹׁטוּ חֲרָדוֹת יִלְבָּשׁוּ עַל־הָאָרֶץ יֵשֵׁבוּ וְחָרְדוּ לִרְגָעִים וְשָׁמְמוּ
17 עָלָיִךְ : וְנָשְׂאוּ עָלַיִךְ קִינָה וְאָמְרוּ לָךְ אֵיךְ אָבַדְתְּ נוֹשֶׁבֶת מִיַּמִּים הָעִיר הַהֻלָּלָה אֲשֶׁר הָיְתָה חֲזָקָה בַיָּם הִיא וְיֹשְׁבֶיהָ אֲשֶׁר־נָתְנוּ

18 וְהִתְעַתָּם לְכָל־יוֹשְׁבֶיהָ : עַתָּה יֶחְרְדוּ הָאִיִּן יוֹם מַפַּלְתֵּךְ וְנִבְהֲלוּ הָאִיִּים אֲשֶׁר־בַּיָּם מִצֵּאתֶךְ :
19 כִּי כֹה אָמַר אֲדֹנָי יְהֹוִה בְּתִתִּי אֹתָךְ עִיר נֶחֱרֶבֶת כֶּעָרִים אֲשֶׁר לֹא־נוֹשָׁבוּ בְּהַעֲלוֹת עָלַיִךְ אֶת־תְּהוֹם וְכִסּוּךְ הַמַּיִם הָרַבִּים :
20 וְהוֹרַדְתִּיךְ אֶת־יוֹרְדֵי בוֹר אֶל־עַם עוֹלָם וְהוֹשַׁבְתִּיךְ בְּאֶרֶץ תַּחְתִּיּוֹת בָּחֳרָבוֹת מֵעוֹלָם אֶת־יוֹרְדֵי בוֹר לְמַעַן לֹא תֵשֵׁבִי וְנָתַתִּי צְבִי בְּאֶרֶץ חַיִּים :
21 בַּלָּהוֹת אֶתְּנֵךְ וְאֵינֵךְ וּתְבֻקְשִׁי וְלֹא־תִמָּצְאִי עוֹד לְעוֹלָם נְאֻם אֲדֹנָי יְהֹוִה :

CAP. XXVII. פ

1 וַיְהִי דְבַר־יְהֹוָה אֵלַי לֵאמֹר :
2 וְאַתָּה בֶן־אָדָם שָׂא עַל־צֹר קִינָה :
3 וְאָמַרְתָּ לְצוֹר הַיֹּשֶׁבֶת עַל־מְבוֹאֹת יָם רֹכֶלֶת הָעַמִּים אֶל־אִיִּים רַבִּים כֹּה אָמַר אֲדֹנָי יְהֹוִה צֹר אַתְּ אָמַרְתְּ אֲנִי כְּלִילַת יֹפִי :
4 בְּלֵב יַמִּים גְּבוּלָיִךְ בֹּנַיִךְ כָּלְלוּ יָפְיֵךְ :
5 בְּרוֹשִׁים מִשְּׂנִיר בָּנוּ לָךְ אֵת כָּל־לֻחֹתָיִם אֶרֶז
6 מִלְּבָנוֹן לָקָחוּ לַעֲשׂוֹת תֹּרֶן עָלָיִךְ : אַלּוֹנִים מִבָּשָׁן עָשׂוּ מִשּׁוֹטָיִךְ קַרְשֵׁךְ עָשׂוּ־שֵׁן בַּת־
7 אֲשֻׁרִים מֵאִיֵּי כִּתִּים : שֵׁשׁ־בְּרִקְמָה מִמִּצְרַיִם הָיָה מִפְרָשֵׂךְ לִהְיוֹת לָךְ לְנֵס תְּכֵלֶת וְאַרְגָּמָן
8 מֵאִיֵּי אֱלִישָׁה הָיָה מְכַסֵּךְ : יֹשְׁבֵי צִידוֹן וְאַרְוַד הָיוּ שָׁטִים לָךְ חֲכָמַיִךְ צוֹר הָיוּ בָךְ הֵמָּה חֹבְלָיִךְ :
9 זִקְנֵי גְבַל וַחֲכָמֶיהָ הָיוּ בָךְ מַחֲזִיקֵי בִּדְקֵךְ כָּל־אֳנִיּוֹת הַיָּם וּמַלָּחֵיהֶם הָיוּ בָךְ לַעֲרֹב מַעֲרָבֵךְ :
10 פָּרַס וְלוּד וּפוּט הָיוּ בְחֵילֵךְ אַנְשֵׁי מִלְחַמְתֵּךְ מָגֵן וְכוֹבַע תִּלּוּ־בָךְ הֵמָּה נָתְנוּ הֲדָרֵךְ :
11 בְּנֵי אַרְוַד וְחֵילֵךְ עַל־חוֹמוֹתַיִךְ סָבִיב וְגַמָּדִים בְּמִגְדְּלוֹתַיִךְ הָיוּ שִׁלְטֵיהֶם תִּלּוּ עַל־
12 חוֹמוֹתַיִךְ סָבִיב הֵמָּה כָּלְלוּ יָפְיֵךְ : תַּרְשִׁישׁ סֹחַרְתֵּךְ מֵרֹב כָּל־הוֹן בְּכֶסֶף בַּרְזֶל בְּדִיל וְעוֹפֶרֶת נָתְנוּ עִזְבוֹנָיִךְ :
13 יָוָן תֻּבַל וָמֶשֶׁךְ הֵמָּה רֹכְלָיִךְ בְּנֶפֶשׁ אָדָם וּכְלֵי נְחֹשֶׁת נָתְנוּ מַעֲרָבֵךְ :
14 מִבֵּית תּוֹגַרְמָה סוּסִים וּפָרָשִׁים וּפְרָדִים נָתְנוּ עִזְבוֹנָיִךְ :
15 בְּנֵי דְדָן רֹכְלַיִךְ אִיִּים רַבִּים סְחֹרַת יָדֵךְ קַרְנוֹת
16 שֵׁן וְהָבְנִים הֵשִׁיבוּ אֶשְׁכָּרֵךְ : אֲרָם סֹחַרְתֵּךְ מֵרֹב מַעֲשָׂיִךְ בְּנֹפֶךְ אַרְגָּמָן וְרִקְמָה וּבוּץ

CHAP. XXVI.

AND it came to pass in the eleventh year, in the first *day* of the month, *that* the word of the LORD came unto me, saying,

2 Son of man, because that Tyrus *b* hath said against Jerusalem, Aha,*c* she is broken *that was* the gates of the people; she is turned unto me; I shall be replenished, *now* she is laid waste:

3 Therefore thus saith the Lord GOD, Behold, I *d am* against thee, O Tyrus, and will cause many nations to come up against thee, as the sea *e* causeth his waves to come up.

4 And they shall destroy the walls of Tyrus, and break down her towers: I will also scrape her dust from her, and make her like the top of a rock.

5 It shall be *a place for* the spreading of nets in *h* the midst of the sea: for I have spoken *it*, saith the Lord GOD; and it shall become a spoil to the nations.

6 And her daughters which *are* in the field shall be slain by the sword; and they shall know that I *am* the LORD.

7 For thus saith the Lord GOD, Behold, I will bring upon Tyrus Nebuchadrezzar king of Babylon, a king *l* of kings, from the north, with horses, and with chariots, and with horsemen, and companies, and much people.

8 He shall slay with the sword thy daughters in the field; and he shall make a fort *n* against thee, and ζ cast a mount against thee, and lift up the buckler against thee.

9 And he shall set engines of war against thy walls, and with his axes he shall break down thy towers.

10 By reason of the abundance of his horses their dust shall cover thee: thy walls shall shake at the noise of the horsemen, and of the wheels, and of the chariots, when he shall enter into thy gates, λ as men enter into a city wherein is made a breach.

11 With the hoofs of his horses shall he tread down all thy streets: he shall slay thy people by the sword, and thy strong garrisons shall go down *r* to the ground.

12 And they shall make a spoil of thy riches, and make a prey of thy merchandize; and they shall break down thy walls, and destroy thy π pleasant houses: and they shall lay thy stones, and thy timber, and thy dust, in the midst of the water.

13 And I *u* will cause the noise of thy songs to cease; and the sound of thy harps shall be no more heard.

14 And I will make thee like the top of a rock; thou shalt be *a place* to spread nets upon; thou shalt be built no more: for I *w* the LORD have spoken *it*, saith the Lord GOD.

15 Thus saith the Lord GOD to Tyrus, Shall not the isles shake at the sound *y* of thy fall, when the wounded cry, when the slaughter is made in the midst of thee?

16 Then all the princes of the sea shall come down from their thrones, and lay away *b* their robes, and put off their broidered garments: they shall clothe themselves with σ trembling; they shall sit upon the ground,*d* and shall tremble *e* at *every* moment, and be astonished *f* at thee.

17 And they shall take up a lamentation *g* for thee, and say to thee, How art thou destroyed *that wast* inhabited of πsea-faring men, the renowned city, which wast strong in the sea, she and her inha-

B. C. 588.

a ver. 15.
b ch.XXVII.
   XXVIII.
Is.23.1.&c.
Je. 25. 22.
   47. 4.
Am.1.9,10.
Zec.9.3,4.
c ch. 25. 3.
Ps. 35. 21.
d ch. 38. 3.
e Is.5. 30.
f ch.32.18,24.
Nu.16.30,33.
Ps. 28. 1.
g ch. 28. 19.
β *terrors.*
h ch. 27. 32.
i Ps. 37. 36.
k ch. 26. 17.
l Ezr. 7. 12.
Da. 2. 37.
m Is.23.3,&c.
γ *perfect of.*
n ch. 21.22.
δ *heart.*
ζ or,*pour out
the engine
of shot.*
η *built.*
o De. 3. 9.
p Is. 2. 13.
Zec. 11.2.
θ or, *they
have made
thy hatch-
es of ivory
well trod-
den.*
κ *daughter.*
q Je. 2. 10.
λ *according
to the en-
terings of
a city bro-
ken up.*
μ or, *purple
and scarlet.*
r Is. 26. 5.
s Ps. 83. 7.
ν *strength-
eners,* or,
*stoppers of
chinks.*
π *houses of
thy desire.*
t ch. 38. 5.
u Is. 24. 8, 9.
Je. 16. 9.
v Je. 46. 9.
w Job 40. 8.
Is. 14. 27.
x 2Ch. 20. 36.
y ch. 31. 16.
Je. 49.21.
z Ge.10.2,&c.
a Re. 18. 13.
b Jon. 3. 6.
ρ or, *mer-
chandize.*
c ch. 38. 6.
σ *tremblings.*
d Job 2. 13.
e ch. 32. 10.
f ch. 27. 35.
g Re. 18. 9.
h 1 Ki. 10. 22.
τ *the seas.*
φ *thy works.*

bitants, which cause their terror *to be* on all that haunt it!

18 Now shall the isles *a* tremble in the day of thy fall; yea, the isles that *are* in the sea shall be troubled at thy departure.

19 For thus saith the Lord GOD, When I shall make thee a desolate city, like the cities that are not inhabited; when I shall bring up the deep upon thee, and great waters shall cover thee;

20 When I shall bring thee down with them that descend *f* into the pit, with the people of old time, and shall set thee in the low parts of the earth, in places desolate of old, with them that go down to the pit, that thou be not inhabited; and I shall set glory in the land of the living;

21 I *g* will make thee β a terror, and thou *shalt be* no *more:* though *i* thou be sought for, yet shalt thou never be found again, saith the Lord GOD.

CHAP. XXVII.

THE word of the LORD came again unto me, saying,

2 Now, thou son of man, take up a lamentation *k* for Tyrus;

3 And say unto Tyrus, O thou that art situate at the entry of the sea, *which art* a merchant *m* of the people for many isles, Thus saith the Lord GOD, O Tyrus, thou hast said, I *am* γ of perfect beauty.

4 Thy borders *are* in the δ midst of the seas, thy builders have perfected thy beauty.

5 They have η made all thy *ship* boards of fir-trees of Senir: *o* they have taken cedars from Lebanon to make masts for thee.

6 *Of* the oaks *p* of Bashan have they made thine oars; θ the κ company of the Ashurites have made thy benches *of* ivory, *brought* out of the isles of Chittim.*q*

7 Fine linen, with broidered work from Egypt, was that which thou spreadest forth to be thy sail; μ blue and purple from the isles of Elishah was that which covered thee.

8 The inhabitants of Zidon and Arvad were thy mariners: thy wise *men*, O Tyrus, *that* were in thee, were thy pilots.

9 The ancients of Gebal,*s* and the wise *men* thereof, were in thee thy ν calkers: all the ships of the sea with their mariners were in thee to occupy thy merchandize.

10 They of Persia,*t* and of Lud, and of Phut, were in thine army, thy men of war: *v* they hanged the shield and helmet in thee; they set forth thy comeliness.

11 The men of Arvad, with thine army, *were* upon thy walls round about, and the Gammadims were in thy towers: they hanged their shields upon thy walls round about; they have made thy beauty perfect.

12 Tarshish *x was* thy merchant by reason of the multitude of all *kind* of riches: with silver, iron, tin, and lead, they traded in thy fairs.

13 Javan,*z* Tubal, and Meshech, they *were* thy merchants: they traded the persons *a* of men and vessels of brass in thy ρ market.

14 They of the house of Togarmah *c* traded in thy fairs with horses, and horsemen, and mules.

15 The men of Dedan *were* thy merchants; many isles *were* the merchandize of thine hand: they brought thee *for* a present horns of ivory *h* and ebony.

16 Syria *was* thy merchant by reason of the multitude of φ the wares of thy

[עמוד ימני — פרק כז, פסוקים טז–לו]

16 ...וְרָאמֹת וְכַדְכֹּד נָתְנוּ בְּעִזְבוֹנָיִךְ׃

17 יְהוּדָה וְאֶרֶץ יִשְׂרָאֵל הֵמָּה רֹכְלָיִךְ בְּחִטֵּי מִנִּית וּפַנַּג וּדְבַשׁ וָשֶׁמֶן וָצֹרִי נָתְנוּ מַעֲרָבֵךְ׃

18 דַּמֶּשֶׂק סֹחַרְתֵּךְ בְּרֹב מַעֲשַׂיִךְ מֵרֹב כָּל־הוֹן בְּיֵין חֶלְבּוֹן וְצֶמֶר צָחַר׃

19 וְדָן וְיָוָן מְאוּזָּל בְּעִזְבוֹנַיִךְ נָתָנּוּ בַּרְזֶל עָשׁוֹת קִדָּה וְקָנֶה בְּמַעֲרָבֵךְ הָיָה׃

20 דְּדָן רֹכַלְתֵּךְ בְבִגְדֵי־חֹפֶשׁ לְרִכְבָּה׃

21 עֲרַב וְכָל־נְשִׂיאֵי קֵדָר הֵמָּה סֹחֲרֵי יָדֵךְ בְּכָרִים וְאֵילִם וְעַתּוּדִים בָּם סֹחֲרָיִךְ׃

22 רֹכְלֵי שְׁבָא וְרַעְמָה הֵמָּה רֹכְלָיִךְ בְּרֹאשׁ כָּל־בֹּשֶׂם וּבְכָל־אֶבֶן יְקָרָה וְזָהָב נָתְנוּ עִזְבוֹנָיִךְ׃

23 חָרָן וְכַנֵּה וָעֶדֶן רֹכְלֵי שְׁבָא אַשּׁוּר כִּלְמַד רֹכַלְתֵּךְ׃

24 הֵמָּה רֹכְלַיִךְ בְּמַכְלֻלִים בִּגְלוֹמֵי תְּכֵלֶת וְרִקְמָה וּבְגִנְזֵי בְּרֹמִים בַּחֲבָלִים חֲבֻשִׁים וַאֲרֻזִים בְּמַרְכֻלְתֵּךְ׃

25 אֳנִיּוֹת תַּרְשִׁישׁ שָׁרוֹתַיִךְ מַעֲרָבֵךְ וַתִּמָּלְאִי וַתִּכְבְּדִי מְאֹד בְּלֵב יַמִּים׃

26 בְּמַיִם רַבִּים הֱבִיאוּךְ הַשָּׁטִים אֹתָךְ רוּחַ הַקָּדִים שְׁבָרֵךְ בְּלֵב יַמִּים׃

27 הוֹנֵךְ וְעִזְבוֹנַיִךְ מַעֲרָבֵךְ מַלָּחַיִךְ וְחֹבְלָיִךְ מַחֲזִיקֵי בִדְקֵךְ וְעֹרְבֵי מַעֲרָבֵךְ וְכָל־אַנְשֵׁי מִלְחַמְתֵּךְ אֲשֶׁר־בָּךְ וּבְכָל־קְהָלֵךְ אֲשֶׁר בְּתוֹכֵךְ יִפְּלוּ בְּלֵב יַמִּים בְּיוֹם מַפַּלְתֵּךְ׃

28 לְקוֹל זַעֲקַת חֹבְלָיִךְ יִרְעֲשׁוּ מִגְרֹשׁוֹת׃

29 וְיָרְדוּ מֵאֳנִיּוֹתֵיהֶם כֹּל תֹּפְשֵׂי מָשׁוֹט מַלָּחִים כֹּל חֹבְלֵי הַיָּם אֶל־הָאָרֶץ יַעֲמֹדוּ׃

30 וְהִשְׁמִיעוּ עָלַיִךְ בְּקוֹלָם וְיִזְעֲקוּ מָרָה וְיַעֲלוּ עָפָר עַל־רָאשֵׁיהֶם בָּאֵפֶר יִתְפַּלָּשׁוּ׃

31 וְהִקְרִיחוּ אֵלַיִךְ קָרְחָה וְחָגְרוּ שַׂקִּים וּבָכוּ אֵלַיִךְ בְּמַר־נֶפֶשׁ מִסְפֵּד מָר׃

32 וְנָשְׂאוּ אֵלַיִךְ בְּנִיהֶם קִינָה וְקוֹנְנוּ עָלָיִךְ מִי כְצוֹר כְּדֻמָה בְּתוֹךְ הַיָּם׃

33 בְּצֵאת עִזְבוֹנַיִךְ מִיַּמִּים הִשְׂבַּעַתְּ עַמִּים רַבִּים בְּרֹב הוֹנַיִךְ וּמַעֲרָבַיִךְ הֶעֱשַׁרְתְּ מַלְכֵי־אָרֶץ׃

34 עֵת נִשְׁבֶּרֶת מִיַּמִּים בְּמַעֲמַקֵּי־מָיִם מַעֲרָבֵךְ וְכָל־קְהָלֵךְ בְּתוֹכֵךְ נָפָלוּ׃

35 כֹּל יֹשְׁבֵי הָאִיִּים שָׁמְמוּ עָלָיִךְ וּמַלְכֵיהֶם שָׂעֲרוּ שַׂעַר רָעֲמוּ פָּנִים׃

36 סֹחֲרִים בָּעַמִּים שָׁרְקוּ עָלָיִךְ בַּלָּהוֹת הָיִית וְאֵינֵךְ עַד־עוֹלָם׃

CAP. XXVIII.   כח

[עמוד שמאלי — פרק כח, פסוקים א–יח]

1 וַיְהִי דְבַר־יְהוָה אֵלַי לֵאמֹר׃

2 בֶּן־אָדָם אֱמֹר לִנְגִיד צֹר כֹּה־אָמַר אֲדֹנָי יְהוִה יַעַן גָּבַהּ לִבְּךָ וַתֹּאמֶר אֵל אָנִי מוֹשַׁב אֱלֹהִים יָשַׁבְתִּי בְּלֵב יַמִּים וְאַתָּה אָדָם וְלֹא־אֵל וַתִּתֵּן לִבְּךָ כְּלֵב אֱלֹהִים׃

3 הִנֵּה חָכָם אַתָּה מִדָּנִאֵל כָּל־סָתוּם לֹא עֲמָמוּךָ׃

4 בְּחָכְמָתְךָ וּבִתְבוּנָתְךָ עָשִׂיתָ לְּךָ חָיִל וַתַּעַשׂ זָהָב וָכֶסֶף בְּאוֹצְרוֹתֶיךָ׃

5 בְּרֹב חָכְמָתְךָ בִּרְכֻלָּתְךָ הִרְבִּיתָ חֵילֶךָ וַיִּגְבַּהּ לְבָבְךָ בְּחֵילֶךָ׃

6 לָכֵן כֹּה אָמַר אֲדֹנָי יְהוִה יַעַן תִּתְּךָ אֶת־לְבָבְךָ כְּלֵב אֱלֹהִים׃

7 לָכֵן הִנְנִי מֵבִיא עָלֶיךָ זָרִים עָרִיצֵי גּוֹיִם וְהֵרִיקוּ חַרְבוֹתָם עַל־יְפִי חָכְמָתֶךָ וְחִלְּלוּ יִפְעָתֶךָ׃

8 לַשַּׁחַת יוֹרִדוּךָ וָמַתָּה מְמוֹתֵי חָלָל בְּלֵב יַמִּים׃

9 הֶאָמֹר תֹּאמַר אֱלֹהִים אָנִי לִפְנֵי הֹרְגֶךָ וְאַתָּה אָדָם וְלֹא־אֵל בְּיַד מְחַלְלֶיךָ׃

10 מוֹתֵי עֲרֵלִים תָּמוּת בְּיַד־זָרִים כִּי אֲנִי דִבַּרְתִּי נְאֻם אֲדֹנָי יְהוִה׃

11 וַיְהִי דְבַר־יְהוָה אֵלַי לֵאמֹר׃

12 בֶּן־אָדָם שָׂא קִינָה עַל־מֶלֶךְ צוֹר וְאָמַרְתָּ לּוֹ כֹּה אָמַר אֲדֹנָי יְהוִה אַתָּה חוֹתֵם תָּכְנִית מָלֵא חָכְמָה וּכְלִיל יֹפִי׃

13 בְּעֵדֶן גַּן־אֱלֹהִים הָיִיתָ כָּל־אֶבֶן יְקָרָה מְסֻכָתֶךָ אֹדֶם פִּטְדָה וְיָהֲלֹם תַּרְשִׁישׁ שֹׁהַם וְיָשְׁפֵה סַפִּיר נֹפֶךְ וּבָרְקַת וְזָהָב מְלֶאכֶת תֻּפֶּיךָ וּנְקָבֶיךָ בָּךְ בְּיוֹם הִבָּרַאֲךָ כּוֹנָנוּ׃

14 אַתְּ־כְּרוּב מִמְשַׁח הַסּוֹכֵךְ וּנְתַתִּיךָ בְּהַר קֹדֶשׁ אֱלֹהִים הָיִיתָ בְּתוֹךְ אַבְנֵי־אֵשׁ הִתְהַלָּכְתָּ׃

15 תָּמִים אַתָּה בִּדְרָכֶיךָ מִיּוֹם הִבָּרְאָךְ עַד־נִמְצָא עַוְלָתָה בָּךְ׃

16 בְּרֹב רְכֻלָּתְךָ מָלוּ תוֹכְךָ חָמָס וַתֶּחֱטָא וָאֶחַלֶּלְךָ מֵהַר אֱלֹהִים וָאַבֶּדְךָ כְּרוּב הַסֹּכֵךְ מִתּוֹךְ אַבְנֵי־אֵשׁ׃

17 גָּבַהּ לִבְּךָ בְּיָפְיֶךָ שִׁחַתָּ חָכְמָתְךָ עַל־יִפְעָתֶךָ עַל־אֶרֶץ הִשְׁלַכְתִּיךָ לִפְנֵי מְלָכִים נְתַתִּיךָ לְרַאֲוָה בָךְ׃

18 מֵרֹב עֲוֹנֶיךָ בְּעֶוֶל רְכֻלָּתְךָ חִלַּלְתָּ מִקְדָּשֶׁיךָ וָאוֹצִא־אֵשׁ מִתּוֹכְךָ הִיא אֲכָלַתְךָ...

making: they occupied in thy fairs with emeralds, purple, and broidered work, and fine linen, and coral, and γ agate.

17 Judah, and the land of Israel, they *were* thy merchants: they traded *d* in thy market wheat of Minnith,*e* and Pannag, and honey, and oil, and δ balm.*f*

18 Damascus *was* thy merchant in the multitude of the wares of thy making, for the multitude of all riches; in the wine of Helbon, and white wool.

19 Dan also and Javan η going to and fro, occupied in thy fairs; bright iron, cassia, and calamus, were in thy market.

20 Dedan*l was* thy merchant in θ precious clothes for chariots.

21 Arabia, and all the princes of Kedar,*m* they κ occupied with thee in lambs, and rams, and goats; in these *were they* thy merchants.

22 The merchants of Sheba*n* and Raamah, they *were* thy merchants: they occupied in thy fairs with chief of all spices, and with all precious stones, and gold.

23 Haran,*q* and Canneh, and Eden, the merchants of Sheba, Asshur, *and* Chilmad, *were* thy merchants.

24 These *were* thy merchants in μ all sorts *of things,* in ν blue clothes, and broidered work, and in chests of rich apparel, bound with cords, and made of cedar, among thy merchandize.

25 The ships*o* of Tarshish did sing of thee in thy market; and thou wast replenished, and made very glorious in the midst of the seas.

26 Thy rowers have brought thee into great waters: the east wind*u* hath broken thee in the ρ midst of the seas.

27 Thy riches,*w* and thy fairs, thy merchandize, thy mariners, and thy pilots, thy calkers, and the occupiers of thy merchandize, and all thy men of war, that *are* in thee, σ and in all thy company which *is* in the midst of thee, shall fall into the ρ midst of the seas in the day of thy ruin.

28 The τ suburbs shall shake at the sound of the cry of thy pilots.

29 And all that handle the oar, the mariners, *and* all the pilots of the sea, shall come down from their ships, they shall stand upon the land;

30 And shall cause their voice to be heard against thee, and shall cry*y* bitterly, and shall cast up dust upon their heads, they shall wallow themselves in the ashes.*z*

31 And they shall make themselves utterly bald*b* for thee, and gird them with sackcloth,*d* and they shall weep for thee with bitterness of heart *and* bitter wailing.

32 And in their wailing they shall take up a lamentation for thee, and lament over thee, *saying,* What *city is* like Tyrus, like the destroyed in the midst of the sea?

33 When thy wares went forth out of the seas, thou filledst many people; thou didst enrich the kings of the earth with the multitude*f* of thy riches and of thy merchandize.

34 In the time *when* thou shalt be broken by the seas in the depths of the waters, thy merchandize, and all thy company in the midst of thee, shall fall.

35 All the inhabitants of the isles shall be astonished at thee, and their kings shall be sore afraid, they shall be troubled in *their* countenance.

36 The merchants among the people

B. C. 588.

a Je. 18. 16.
a terrors.
b ch. 26. 21.
β *shalt not
be for ever.*
γ *chryso-
prase.*
d 1 Ki. 5. 9, 11.
Ezr. 3. 7.
Ac. 12. 20.
e Ju. 11. 33.
δ or, *rosin.*
f Je. 8. 22.
g Hab. 2. 4.
ζ *heart.*
h Is. 31. 3.
η or, *Meuzal.*
i 2 Th. 2. 4.
j Zec. 9. 2, 3.
k Da. 5. 11, 12.
l Ge. 25. 3.
θ *clothes of
freedom.*
m Ge. 25. 13.
Is. 60. 7.
κ were the
*merchants
of thy hand.*
λ *the great-
ness of thy
wisdom.*
n Ge. 10. 7.
1 Ki. 10. 1, 2.
Ps. 72. 10, 15.
Is. 60. 6.
o Ps. 62. 10.
p Pr. 11. 28.
Ja. 1. 11.
q Ge. 11. 31.
r ch. 19. 12.
r ch. 30. 11.
31. 12.
32. 12.
μ or, *excel-
lent things.*
ν *foldings.*
s 1 Ki. 10. 22.
Is. 2. 16.
23. 14.
60. 9.
t ver. 2.
ξ or, *wound-
eth.*
u Ps. 48. 7.
ρ *heart.*
v ch. 32. 19,
&c.
w Pr. 11. 4.
σ or, *even
with.*
τ or, *waves.*
x ch. 31. 8, 9.
φ or, *ruby.*
χ or, *chryso-
lite.*
ψ or, *chryso-
prase.*
ζ Re. 18. 9, 19.
z Je. 6. 26.
Jon. 3. 6.
a Ex. 25. 20.
b Mi. 1. 16.
c ch. 20. 40.
d Es. 4. 1..4.
e Ec. 7. 29.
Ro. 7. 9.
f ver. 27.
ch. 28. 16.
g ver. 14.
h Ro. 1. 22.
i Mar. 8. 36.

---

shall hiss*a* at thee; thou shalt be α a terror,*b* and β never *shalt be* any more.

CHAP. XXVIII.

THE word of the LORD came again unto me, saying,

2 Son of man, say unto the prince of Tyrus, Thus saith the Lord GOD, Because thine heart *is* lifted up,*g* and thou hast said, I *am* a god, I sit *in* the seat of God, in the ζ midst of the seas; yet*k* thou *art* a man, and not God, though thou set thine heart*i* as the heart of God:

3 Behold, thou *art* wiser*j* than Daniel;*k* there is no secret that they can hide from thee:

4 With thy wisdom and with thine understanding thou hast gotten thee riches, and hast gotten gold and silver into thy treasures:

5 By λ thy great wisdom, *and* by thy traffic, hast thou increased*o* thy riches, & thine heart is lifted up because of thy*p* riches.

6 Therefore thus saith the Lord GOD, Because thou hast set thine heart as the heart of God;

7 Behold, therefore, I will bring strangers upon thee, the terrible*r* of the nations: and they shall draw their swords against the beauty of thy wisdom, and they shall defile thy brightness.

8 They shall bring thee down to the pit, and thou shalt die the deaths of *them that are* slain in the midst of the seas.

9 Wilt thou yet say*t* before him that slayeth thee, I *am* God? but thou *shalt be* a man, and no God, in the hand of him that π slayeth thee.

10 Thou shalt die the deaths of the uncircumcised*v* by the hand of strangers: for I have spoken *it,* saith the Lord GOD.

11 Moreover the word of the LORD came unto me, saying,

12 Son of man, take up a lamentation upon the king of Tyrus, and say unto him, Thus saith the Lord GOD, Thou sealest up the sum, full of wisdom, and perfect in beauty.*x*

13 Thou hast been in Eden the garden of God; every precious stone *was* thy covering, the φ sardius, topaz, and the diamond, the χ beryl, the onyx, and the jasper, the sapphire, the ψ emerald, and the carbuncle, and gold: the workmanship of thy tabrets and of thy pipes was prepared in thee in the day that thou wast created.

14 Thou *art* the anointed*a* cherub that covereth; and I have set thee *so:* thou wast upon the holy mountain*n* of God; thou hast walked up and down in the midst of the stones of fire.

15 Thou *wast* perfect in thy ways from the day that thou wast created, till iniquity*e* was found in thee.

16 By the multitude of thy merchandize they have filled the midst of thee with violence, and thou hast sinned: therefore I will cast thee as profane out of the mountain of God: and I will destroy thee, O covering cherub,*g* from the midst of the stones of fire.

17 Thine heart was lifted up because of thy beauty, thou hast corrupted*h* thy wisdom by reason of thy brightness: I will cast thee to the ground, I will lay thee before kings, that they may behold thee.

18 Thou hast defiled thy sanctuaries by the multitude of thine iniquities, by the iniquity of thy traffic;*i* therefore will I bring forth a fire from the midst of thee,

כָּל־יוֹדְעֶ֙יךָ֙ בָּֽעַמִּ֔ים שָׁמְמ֖וּ עָלֶ֑יךָ בַּלָּה֣וֹת הָיִ֔יתָ וְאֵינְךָ֖

20 עַד־עוֹלָֽם׃   וַיְהִ֥י דְבַר־יְהוָ֖ה אֵלַ֥י לֵאמֹֽר׃

21 בֶּן־אָדָ֕ם שִׂ֥ים פָּנֶ֖יךָ אֶל־צִיד֑וֹן וְהִנָּבֵ֖א עָלֶֽיהָ׃

22 וְאָמַרְתָּ֗ כֹּ֤ה אָמַר֙ אֲדֹנָ֣י יְהוִ֔ה הִנְנִ֤י עָלַ֙יִךְ֙ צִיד֔וֹן וְנִכְבַּדְתִּ֖י בְּתוֹכֵ֑ךְ וְֽיָדְע֞וּ כִּֽי־אֲנִ֣י יְהוָ֗ה בַּעֲשׂ֥וֹתִי בָ֛הּ

23 שְׁפָטִ֖ים וְנִקְדַּ֥שְׁתִּי בָֽהּ׃   וְשִׁלַּחְתִּי־בָ֞הּ דֶּ֤בֶר וָדָם֙ בְּח֣וּצוֹתֶ֔יהָ וְנִפְלַ֤ל חָלָל֙ בְּתוֹכָ֔הּ בְּחֶ֥רֶב

24 עָלֶ֖יהָ מִסָּבִ֑יב וְיָדְע֖וּ כִּֽי־אֲנִ֥י יְהוָֽה׃   וְלֹֽא־יִהְיֶ֨ה ע֜וֹד לְבֵ֣ית יִשְׂרָאֵ֗ל סִלּ֤וֹן מַמְאִיר֙ וְק֣וֹץ מַכְאִ֔ב מִכֹּל֙ סְבִ֣יבֹתָ֔ם הַשָּׁאטִ֖ים אוֹתָ֑ם וְיָ֣דְע֔וּ כִּ֥י אֲנִ֖י אֲדֹנָ֥י

25 יְהוִֽה׃   כֹּֽה־אָמַר֮ אֲדֹנָ֣י יְהוִה֒ בְּקַבְּצִ֣י אֶת־בֵּ֣ית יִשְׂרָאֵ֗ל מִן־הָֽעַמִּים֙ אֲשֶׁ֣ר נָפֹ֣צוּ בָ֔ם וְנִקְדַּ֥שְׁתִּי בָ֖ם לְעֵינֵ֣י הַגּוֹיִ֑ם וְיָֽשְׁבוּ֙ עַל־אַדְמָתָ֔ם

26 אֲשֶׁ֥ר נָתַ֖תִּי לְעַבְדִּ֥י לְיַעֲקֹֽב׃   וְיָשְׁב֣וּ עָלֶיהָ֮ לָבֶטַח֒ וּבָנ֤וּ בָתִּים֙ וְנָטְע֣וּ כְרָמִ֔ים וְיָשְׁב֖וּ לָבֶ֑טַח בַּעֲשׂוֹתִ֣י שְׁפָטִ֗ים בְּכֹ֤ל הַשָּׁאטִ֤ים אֹתָם֙ מִסְּבִ֣יבוֹתָ֔ם וְיָ֣דְע֔וּ כִּ֛י אֲנִ֥י יְהוָ֖ה אֱלֹהֵיהֶֽם׃

CAP. XXIX.   כט

1 בַּשָּׁנָה֙ הָעֲשִׂירִ֔ית בָּעֲשִׂרִ֕י בִּשְׁנֵ֥ים עָשָׂ֖ר לַחֹ֑דֶשׁ

2 הָיָ֥ה דְבַר־יְהוָ֖ה אֵלַ֥י לֵאמֹֽר׃   בֶּן־אָדָ֕ם שִׂ֣ים פָּנֶ֔יךָ עַל־פַּרְעֹ֖ה מֶ֣לֶךְ מִצְרָ֑יִם וְהִנָּבֵ֣א עָלָ֔יו וְעַל־

3 מִצְרַ֖יִם כֻּלָּֽהּ׃   דַּבֵּ֨ר וְאָמַרְתָּ֜ כֹּֽה־אָמַ֣ר אֲדֹנָ֣י יְהוִ֗ה הִנְנִ֤י עָלֶ֙יךָ֙ פַּרְעֹ֣ה מֶֽלֶךְ־מִצְרַ֔יִם הַתַּנִּים֙ הַגָּד֔וֹל הָרֹבֵ֖ץ בְּת֣וֹךְ יְאֹרָ֑יו אֲשֶׁ֥ר אָמַ֛ר לִ֥י יְאֹרִ֖י וַאֲנִ֥י

4 עֲשִׂיתִֽנִי׃   וְנָתַתִּ֤י חַחִים בִּלְחָיֶ֔יךָ וְהִדְבַּקְתִּ֥י דְגַת־יְאֹרֶ֖יךָ בְּקַשְׂקְשֹׂתֶ֑יךָ וְהַעֲלִיתִ֙יךָ֙ מִתּ֣וֹךְ יְאֹרֶ֔יךָ וְאֵת֙ כָּל־

5 דְּגַ֣ת יְאֹרֶ֔יךָ בְּקַשְׂקְשֹׂתֶ֖יךָ תִּדְבָּֽק׃   וּנְטַשְׁתִּ֣יךָ הַמִּדְבָּ֗רָה אוֹתְךָ֙ וְאֵת֙ כָּל־דְּגַ֣ת יְאֹרֶ֔יךָ עַל־פְּנֵ֤י הַשָּׂדֶה֙ תִּפּ֔וֹל לֹ֥א תֵאָסֵ֖ף וְלֹ֣א תִקָּבֵ֑ץ לְחַיַּ֥ת

6 הָאָ֛רֶץ וּלְע֥וֹף הַשָּׁמַ֖יִם נְתַתִּ֣יךָ לְאָכְלָ֑ה וְיָֽדְעוּ֙ כָּל־יֹשְׁבֵ֣י מִצְרַ֔יִם כִּ֖י אֲנִ֣י יְהוָ֑ה יַ֧עַן הֱיוֹתָ֛ם

7 מִשְׁעֶ֥נֶת קָנֶ֖ה לְבֵ֣ית יִשְׂרָאֵֽל׃   בְּתָפְשָׂ֨ם בְּךָ֤ בַכַּף תֵּר֔וֹץ וּבָקַעְתָּ֥ לָהֶ֖ם כָּל־כָּתֵ֑ף וּבְהִֽשָּׁעֲנָ֤ם עָלֶ֙יךָ֙ תִּשָּׁבֵ֔ר וְהַעֲמַדְתָּ֥ לָהֶ֖ם כָּל־מָתְנָֽיִם׃

8 לָכֵ֗ן כֹּ֤ה אָמַר֙ אֲדֹנָ֣י יְהוִ֔ה הִנְנִ֛י מֵבִ֥יא עָלַ֖יִךְ חָ֑רֶב וְהִכְרַתִּ֥י מִמֵּ֖ךְ אָדָ֥ם וּבְהֵמָֽה׃

9 וְהָיְתָ֤ה

---

9 אֶֽרֶץ־מִצְרַ֙יִם֙ לִשְׁמָמָ֣ה וְחָרְבָּ֔ה וְיָדְע֖וּ כִּֽי־אֲנִ֣י יְהוָ֑ה יַ֧עַן אָמַ֛ר יְאֹ֥ר לִ֖י וַאֲנִ֥י עָשִֽׂיתִי׃

10 לָכֵ֛ן הִנְנִ֥י אֵלֶ֖יךָ וְאֶל־יְאֹרֶ֑יךָ וְנָתַתִּ֞י אֶת־אֶ֣רֶץ מִצְרַ֗יִם לְחָרְבוֹת֙ חֹ֣רֶב שְׁמָמָ֔ה מִמִּגְדֹּ֥ל סְוֵנֵ֖ה וְעַד־גְּב֥וּל

11 כּֽוּשׁ׃   לֹ֤א תַעֲבָר־בָּהּ֙ רֶ֣גֶל אָדָ֔ם וְרֶ֥גֶל בְּהֵמָ֖ה לֹ֣א תַעֲבָר־בָּ֑הּ וְלֹ֥א תֵשֵׁ֖ב אַרְבָּעִ֥ים שָׁנָֽה׃

12 וְנָתַתִּ֣י אֶת־אֶרֶץ֩ מִצְרַ֨יִם שְׁמָמָ֜ה בְּת֣וֹךְ אֲרָצ֣וֹת נְשַׁמּ֗וֹת וְעָרֶ֙יהָ֙ בְּת֨וֹךְ עָרִ֤ים מׇֽחֳרָבוֹת֙ תִּֽהְיֶ֣יןָ שְׁמָמָ֔ה אַרְבָּעִ֖ים שָׁנָ֑ה וַהֲפִצֹתִ֤י אֶת־מִצְרַ֙יִם֙ בַּגּוֹיִ֔ם

13 וְזֵרִיתִ֖ים בָּאֲרָצֽוֹת׃   כִּ֛י כֹּ֥ה אָמַ֖ר אֲדֹנָ֣י יְהוִ֑ה מִקֵּ֞ץ אַרְבָּעִ֤ים שָׁנָה֙ אֲקַבֵּ֣ץ אֶת־

14 מִצְרַ֔יִם מִן־הָעַמִּ֖ים אֲשֶׁר־נָפֹ֥צוּ שָֽׁמָּה׃   וְשַׁבְתִּי֙ אֶת־שְׁב֣וּת מִצְרַ֔יִם וַהֲשִׁבֹתִ֤י אֹתָם֙ אֶ֣רֶץ פַּתְר֔וֹס עַל־אֶ֖רֶץ מְכֽוּרָתָ֑ם וְהָ֥יוּ שָׁ֖ם מַמְלָכָ֥ה שְׁפָלָֽה׃

15 מִן־הַמַּמְלָכוֹת֙ תִּהְיֶ֣ה שְׁפָלָ֔ה וְלֹֽא־תִתְנַשֵּׂ֥א ע֖וֹד עַל־הַגּוֹיִ֑ם וְהִ֨מְעַטְתִּ֔ים לְבִלְתִּ֖י רְד֥וֹת בַּגּוֹיִֽם׃

16 וְלֹ֣א יִֽהְיֶה־עוֹד֩ לְבֵ֨ית יִשְׂרָאֵ֤ל לְמִבְטָח֙ מַזְכִּ֣יר עָוֺ֔ן בִּפְנוֹתָ֖ם אַחֲרֵיהֶ֑ם וְיָ֣דְע֔וּ כִּ֥י אֲנִ֖י אֲדֹנָ֥י יְהוִֽה׃

17 וַיְהִ֗י בְּעֶשְׂרִ֤ים וָשֶׁ֙בַע֙ שָׁנָ֔ה בָּֽרִאשׁ֖וֹן בְּאֶחָ֣ד

18 לַחֹ֑דֶשׁ הָיָ֥ה דְבַר־יְהוָ֖ה אֵלַ֥י לֵאמֹֽר׃   בֶּן־אָדָ֗ם נְבוּכַדְרֶאצַּ֣ר מֶֽלֶךְ־בָּ֠בֶל הֶעֱבִ֨יד אֶת־חֵיל֜וֹ עֲבֹדָ֤ה גְדֹלָה֙ אֶל־צֹ֔ר כָּל־רֹ֣אשׁ מֻקְרָ֔ח וְכָל־כָּתֵ֖ף מְרוּטָ֑ה וְ֠שָׂכָר לֹא־הָ֨יָה ל֤וֹ וּלְחֵילוֹ֙ מִצֹּ֔ר עַל־

19 הָעֲבֹדָ֖ה אֲשֶׁר־עָבַ֥ד עָלֶֽיהָ׃   לָכֵ֗ן כֹּ֤ה אָמַר֙ אֲדֹנָ֣י יְהוִ֔ה הִנְנִ֥י נֹתֵ֛ן לִנְבוּכַדְרֶאצַּ֥ר מֶֽלֶךְ־בָּבֶ֖ל אֶת־אֶ֣רֶץ מִצְרָ֑יִם וְנָשָׂ֨א הֲמֹנָ֜הּ וְשָׁלַ֤ל שְׁלָלָהּ֙

20 וּבָזַ֣ז בִּזָּ֔הּ וְהָיְתָ֥ה שָׂכָ֖ר לְחֵילֽוֹ׃   פְּעֻלָּתוֹ֙ אֲשֶׁר־עָ֣בַד בָּ֔הּ נָתַ֥תִּי ל֖וֹ אֶת־אֶ֣רֶץ מִצְרָ֑יִם אֲשֶׁר֙ עָ֣שׂוּ לִ֔י

21 נְאֻ֖ם אֲדֹנָ֥י יְהוִֽה׃   בַּיּ֣וֹם הַה֗וּא אַצְמִ֤יחַ קֶ֙רֶן֙ לְבֵ֣ית יִשְׂרָאֵ֔ל וּלְךָ֛ אֶתֵּ֥ן פִּתְחֽוֹן־פֶּ֖ה בְּתוֹכָ֑ם וְיָדְע֖וּ כִּֽי־אֲנִ֥י יְהוָֽה׃

CAP. XXX.   ל

1-2 וַיְהִ֥י דְבַר־יְהוָ֖ה אֵלַ֥י לֵאמֹֽר׃   בֶּן־אָדָ֕ם הִנָּבֵא֙ וְאָמַרְתָּ֔ כֹּ֥ה אָמַ֖ר אֲדֹנָ֣י יְהוִ֑ה הֵילִ֖ילוּ הָ֥הּ לַיּֽוֹם׃

3 כִּֽי־קָר֣וֹב י֔וֹם וְקָר֥וֹב י֖וֹם לַֽיהוָ֑ה י֣וֹם עָנָ֔ן עֵ֥ת גּוֹיִ֖ם

4 יִהְיֶֽה׃   וּבָ֥אָה חֶ֙רֶב֙ בְּמִצְרַ֔יִם וְהָיְתָ֤ה חַלְחָלָה֙ בְּכ֔וּשׁ בִּנְפֹ֥ל חָלָ֖ל בְּמִצְרָ֑יִם וְלָקְח֣וּ הֲמוֹנָ֔הּ וְנֶהֶרְס֖וּ

it shall devour thee; and I will bring thee to ashes upon the earth, in the sight of all them that behold thee.

19 All they that know thee among the people shall be astonished at thee: thou shalt be β a terror, and never *shalt* thou *be* any more.

20 Again the word of the LORD came unto me, saying,

21 Son of man, set thy face against Zidon,*e* and prophesy against it,

22 And say, Thus saith the Lord GOD; Behold,*f* I am against thee, O Zidon; and I will be glorified *g* in the midst of thee: and they shall know*h* that I *am* the LORD, when I shall have executed judgments in her, and shall be sanctified in her.

23 For I will send into her *i* pestilence, and blood into her streets; and the wounded shall be judged in the midst of her by the sword upon her on every side; and they shall know that I *am* the LORD.

24 And there shall be no more a pricking brier *l* unto the house of Israel, nor *any* grieving thorn of all *that are* round about them, that despised them; and they shall know that I *am* the Lord GOD.

25 Thus saith the Lord GOD, When I shall have gathered *n* the house of Israel from the people among whom they are scattered, and shall be sanctified*o* in them in the sight of the heathen, then*p* shall they dwell in their land that I have given to my servant*q* Jacob.

26 And they shall dwell κsafely therein, and shall build*r* houses, and plant vineyards; yea, they shall dwell with confidence, when I have executed judgments upon all those that λ despise*s* them round about them; and they shall know that I *am* the LORD their God.

CHAP. XXIX.

IN the tenth year, in the tenth *month*, in the twelfth *day* of the month, the word of the LORD came unto me, saying,

2 Son of man, set*w* thy face against Pharaoh*x* king of Egypt, and prophesy against him, and against all *y* Egypt:

3 Speak, and say, Thus saith the Lord GOD, Behold, I *am* against thee, Pharaoh king of Egypt, the great dragon*z* that lieth in the midst of his rivers, which hath said, My river *is* mine own,*a* and I have made *it* for myself.

4 But I will put hooks*b* in thy jaws, and I will cause the fish of thy rivers to stick unto thy scales; and I will bring thee up out of the midst of thy rivers, and all the fish of thy rivers shall stick unto thy scales.

5 And I will leave thee *thrown* into the wilderness, thee and all the fish of thy rivers: thou shalt fall upon the π open fields; thou *d* shalt not be brought together, nor gathered: I have given thee for meat to the beasts *e* of the field and to the fowls of the heaven.

6 And all the inhabitants of Egypt shall know that I *am* the LORD, because they have been a staff of reed*f* to the house of Israel.

7 When*g* they took hold of thee by thy hand, thou didst break, and rend all their shoulder: and when they leaned upon thee, thou brakest, and madest all their loins to be at a stand.*i*

8 Therefore thus saith the Lord GOD, Behold, I will bring a sword upon thee, and cut off man and beast out of thee.

B. C. 588.

α ver. 3.
β *terrors.*
b ch. 30. 12.
   Hab. 3. 8.
γ *wastes of waste.*
δ or, *Migdol to Syene,*
   Ex. 14. 2.
   Je. 44. 1.
ζ *Seveneh.*
c ch. 30. 6.
d ch. 32. 13.
e ch. 32. 30.
   Is. 23. 4, 12.
   Je. 25. 22.
   27. 3.
f ch. 29. 3, 13.
g Ex. 14. 4, 17.
h Ps. 9. 16.
i ch. 38. 22.
k Is. 19. 23.
l Nu. 33. 55.
   Jos. 23. 13.
   Is. 35. 9.
   55. 13.
   Re. 21. 4.
η or, *birth.*
m ch. 17. 14.
   Da. 11. 42, 43.
n Is. 11. 12, 13.
θ *low.*
o ch. 36. 23, 28.
p Je. 23. 6.
q Ge. 28. 13, 14.
κ or, *with confidence.*
r Is. 65. 21.
s Is. 31. 1, 3.
   36. 4, 6.
   Je. 2. 36, 37.
   La. 4. 17.
   Ho. 7. 11.
λ or, *spoil.*
t La. 1. 8.
u ch. 26. 7, &c.
   Je. 27. 6.
v Je. 25. 9.
w ch. 28. 21, 22.
x Je. 25. 19.
   44. 30.
y ch. XXXII.
   Is. XIX.
   Je. XLVI.
z Ps. 74. 13, 14.
   Is. 27. 1.
   51. 9.
a Da. 4. 30, 31.
b ch. 38. 4.
   Is. 37. 29.
μ *spoil her spoil, and prey her prey.*
v or, *hire.*
c Ps. 132. 17.
π *face of the field.*
d Je. 25. 33.
e Je. 34. 20.
f 2 Ki. 18. 21.
g Is. 30. 2..7.
   Je. 37. 5, &c.
h Joel 2. 1.
i Je. 2. 36.
ρ or, *fear.*

---

9 And the land of Egypt shall be desolate and waste; and they shall know that I *am* the LORD: because he hath said,*a* The river *is* mine, and I have made *it*.

10 Behold, therefore, I *am* against thee, and against thy rivers,*b* and I will make the land of Egypt γ utterly waste *and* desolate, from δ the tower of ζ Syene*c* even unto the border of Ethiopia.

11 No*d* foot of man shall pass through it, nor foot of beast shall pass through it, ♭either shall it be inhabited forty years.

12 And I will make the land of Egypt desolate in the midst of the countries *that are* desolate, and her cities among the cities *that are* laid waste shall be desolate forty years: and I will scatter the Egyptians among the nations, and will disperse them through the countries.

13 Yet*k* thus saith the Lord GOD, At the end of forty years will I gather the Egyptians from the people whither they were scattered:

14 And I will bring again the captivity of Egypt, and I will cause them to return *into* the land of Pathros, into the land of their η habitation; and *m* they shall be there a θ base kingdom.

15 It shall be the basest of the kingdoms; neither shall it exalt itself any more above the nations: for I will diminish them, that they shall no more rule over the nations.

16 And it shall be no more the confidence of *s* the house of Israel, which bringeth *their* iniquity to remembrance, when they shall look after them; but they shall know that I *am* the Lord GOD.

17 And it came to pass in the seven and twentieth year, in the first *month*, in the first *day* of the month, the word of the LORD came unto me, saying,

18 Son of man, Nebuchadrezzar*u* king of Babylon caused his army to serve*v* a great service against Tyrus: every head *was* made bald, and every shoulder *was* peeled: yet had he no wages, nor his army, for Tyrus, for the service that he had served against it:

19 Therefore thus saith the Lord GOD, Behold, I will give the land of Egypt unto Nebuchadrezzar king of Babylon; and he shall take her multitude, and μ take her spoil, and take her prey; and it shall be the wages for his army.

20 I have given him the land of Egypt *for* his v labour wherewith he served against it, because they wrought for me, saith the Lord GOD.

21 In that day will I cause the horn *c* of the house of Israel to bud forth, and I will give thee the opening of the mouth in the midst of them; and they shall know that I *am* the LORD.

CHAP. XXX.

THE word of the LORD came again unto me, saying,

2 Son of man, prophesy and say, Thus saith the Lord GOD, Howl ye, Woe worth the day!

3 For*h* the day *is* near, even the day of the LORD *is* near, a cloudy day; it shall be the time of the heathen.

4 And the sword shall come upon Egypt, and great ρ pain shall be in Ethiopia, when the slain shall fall in Egypt, and they shall take away her multitude, and her foundations shall be broken down.

5 כּוּשׁ וּפוּט וְלוּד וְכָל־הָעֶרֶב וְכוּב וּבְנֵי אֶרֶץ הַבְּרִית אִתָּם בַּחֶרֶב יִפֹּלוּ׃

6 כֹּה אָמַר יְהוָה וְנָפְלוּ סֹמְכֵי מִצְרַיִם וְיָרַד גְּאוֹן עֻזָּהּ מִמִּגְדֹּל סְוֵנֵה בַּחֶרֶב יִפְּלוּ־בָהּ נְאֻם אֲדֹנָי יְהוִה׃

7 וְנָשַׁמּוּ בְּתוֹךְ אֲרָצוֹת נְשַׁמּוֹת וְעָרָיו בְּתוֹךְ־עָרִים נַחֲרָבוֹת תִּהְיֶינָה׃

8 וְיָדְעוּ כִּי־אֲנִי יְהוָה בְּתִתִּי־אֵשׁ בְּמִצְרַיִם וְנִשְׁבְּרוּ כָּל־עֹזְרֶיהָ׃

9 בַּיּוֹם הַהוּא יֵצְאוּ מַלְאָכִים מִלְּפָנַי בַּצִּים לְהַחֲרִיד אֶת־כּוּשׁ בֶּטַח וְהָיְתָה חַלְחָלָה בָהֶם בְּיוֹם מִצְרַיִם כִּי הִנֵּה בָּאָה׃

10 כֹּה אָמַר אֲדֹנָי יְהוִה וְהִשְׁבַּתִּי אֶת־הֲמוֹן מִצְרַיִם בְּיַד נְבוּכַדְרֶאצַּר מֶלֶךְ־בָּבֶל׃

11 הוּא וְעַמּוֹ אִתּוֹ עָרִיצֵי גוֹיִם מוּבָאִים לְשַׁחֵת הָאָרֶץ וְהֵרִיקוּ חַרְבוֹתָם עַל־מִצְרַיִם וּמָלְאוּ אֶת־הָאָרֶץ חָלָל׃

12 וְנָתַתִּי יְאֹרִים חָרָבָה וּמָכַרְתִּי אֶת־הָאָרֶץ בְּיַד־רָעִים וַהֲשִׁמֹּתִי אֶרֶץ וּמְלֹאָהּ בְּיַד־זָרִים אֲנִי יְהוָה דִּבַּרְתִּי׃

13 כֹּה־אָמַר אֲדֹנָי יְהוִה וְהַאֲבַדְתִּי גִלּוּלִים וְהִשְׁבַּתִּי אֱלִילִים מִנֹּף וְנָשִׂיא מֵאֶרֶץ־מִצְרַיִם לֹא יִהְיֶה־עוֹד וְנָתַתִּי יִרְאָה בְּאֶרֶץ מִצְרָיִם׃

14 וַהֲשִׁמֹּתִי אֶת־פַּתְרוֹס וְנָתַתִּי אֵשׁ בְּצֹעַן וְעָשִׂיתִי שְׁפָטִים בְּנֹא׃

15 וְשָׁפַכְתִּי חֲמָתִי עַל־סִין מָעוֹז מִצְרָיִם וְהִכְרַתִּי אֶת־הֲמוֹן נֹא׃

16 וְנָתַתִּי אֵשׁ בְּמִצְרַיִם חוּל תָּחִיל סִין וְנֹא תִּהְיֶה לְהִבָּקֵעַ וְנֹף צָרֵי יוֹמָם׃

17 בַּחוּרֵי אָוֶן וּפִי־בֶסֶת בַּחֶרֶב יִפֹּלוּ וְהֵנָּה בַּשְּׁבִי תֵלַכְנָה׃

18 וּבִתְחַפְנְחֵס חָשַׂךְ הַיּוֹם בְּשִׁבְרִי־שָׁם אֶת־מֹטוֹת מִצְרַיִם וְנִשְׁבַּת־בָּהּ גְּאוֹן עֻזָּהּ הִיא עָנָן יְכַסֶּנָּה וּבְנוֹתֶיהָ בַּשְּׁבִי תֵלַכְנָה׃

19 וְעָשִׂיתִי שְׁפָטִים בְּמִצְרָיִם וְיָדְעוּ כִּי־אֲנִי יְהוָה׃

20 וַיְהִי בְּאַחַת עֶשְׂרֵה שָׁנָה בָּרִאשׁוֹן בְּשִׁבְעָה לַחֹדֶשׁ הָיָה דְבַר־יְהוָה אֵלַי לֵאמֹר׃

21 בֶּן־אָדָם אֶת־זְרוֹעַ פַּרְעֹה מֶלֶךְ־מִצְרַיִם שָׁבָרְתִּי וְהִנֵּה לֹא־חֻבְּשָׁה לָתֵת רְפֻאוֹת לָשׂוּם חִתּוּל לְחָבְשָׁהּ לְחָזְקָהּ לִתְפֹּשׂ בֶּחָרֶב׃

22 לָכֵן כֹּה־אָמַר אֲדֹנָי יְהוִה הִנְנִי אֶל־פַּרְעֹה מֶלֶךְ־מִצְרַיִם וְשָׁבַרְתִּי אֶת־זְרֹעֹתָיו אֶת־הַחֲזָקָה וְאֶת־הַנִּשְׁבָּרֶת וְהִפַּלְתִּי אֶת־הַחֶרֶב מִיָּדוֹ׃

23 וַהֲפִצוֹתִי אֶת־מִצְרַיִם בַּגּוֹיִם וְזֵרִיתִם בָּאֲרָצוֹת׃

24 וְחִזַּקְתִּי אֶת־זְרֹעוֹת מֶלֶךְ בָּבֶל וְנָתַתִּי אֶת־חַרְבִּי בְּיָדוֹ וְשָׁבַרְתִּי אֶת־זְרֹעוֹת פַּרְעֹה וְנָאַק נַאֲקוֹת חָלָל לְפָנָיו׃

25 וְהַחֲזַקְתִּי אֶת־זְרֹעוֹת מֶלֶךְ בָּבֶל וּזְרֹעוֹת פַּרְעֹה תִּפֹּלְנָה וְיָדְעוּ כִּי־אֲנִי יְהוָה בְּתִתִּי חַרְבִּי בְּיַד מֶלֶךְ־בָּבֶל וְנָטָה אוֹתָהּ אֶל־אֶרֶץ מִצְרָיִם׃

26 וַהֲפִצוֹתִי אֶת־מִצְרַיִם בַּגּוֹיִם וְזֵרִיתִי אוֹתָם בָּאֲרָצוֹת וְיָדְעוּ כִּי־אֲנִי יְהוָה׃

CAP. XXXI. לא

1 וַיְהִי בְּאַחַת עֶשְׂרֵה שָׁנָה בַּשְּׁלִישִׁי בְּאֶחָד לַחֹדֶשׁ הָיָה דְבַר־יְהוָה אֵלַי לֵאמֹר׃

2 בֶּן־אָדָם אֱמֹר אֶל־פַּרְעֹה מֶלֶךְ־מִצְרַיִם וְאֶל־הֲמוֹנוֹ אֶל־מִי דָּמִיתָ בְגָדְלֶךָ׃

3 הִנֵּה אַשּׁוּר אֶרֶז בַּלְּבָנוֹן יְפֵה עָנָף וְחֹרֶשׁ מֵצַל וּגְבַהּ קוֹמָה וּבֵין עֲבֹתִים הָיְתָה צַמַּרְתּוֹ׃

4 מַיִם גִּדְּלוּהוּ תְּהוֹם רֹמְמָתְהוּ אֶת־נַהֲרֹתֶיהָ הֹלֵךְ סְבִיבוֹת מַטָּעָהּ וְאֶת־תְּעָלֹתֶיהָ שִׁלְּחָה אֶל כָּל־עֲצֵי הַשָּׂדֶה׃

5 עַל־כֵּן גָּבְהָא קֹמָתוֹ מִכֹּל עֲצֵי הַשָּׂדֶה וַתִּרְבֶּינָה סַרְעַפֹּתָיו וַתֶּאֱרַכְנָה פֹארֹתָיו מִמַּיִם רַבִּים בְּשַׁלְּחוֹ׃

6 בִּסְעַפֹּתָיו קִנְנוּ כָּל־עוֹף הַשָּׁמַיִם וְתַחַת פֹּארֹתָיו יָלְדוּ כֹּל חַיַּת הַשָּׂדֶה וּבְצִלּוֹ יֵשְׁבוּ כֹּל גּוֹיִם רַבִּים׃

7 וַיְּיף בְּגָדְלוֹ בְּאֹרֶךְ דָּלִיּוֹתָיו כִּי־הָיָה שָׁרְשׁוֹ אֶל־מַיִם רַבִּים׃

8 אֲרָזִים לֹא־עֲמָמֻהוּ בְּגַן־אֱלֹהִים בְּרוֹשִׁים לֹא דָמוּ אֶל־סְעַפֹּתָיו וְעַרְמֹנִים לֹא־הָיוּ כְּפֹארֹתָיו כָּל־עֵץ בְּגַן־אֱלֹהִים לֹא־דָמָה אֵלָיו בְּיָפְיוֹ׃

9 יָפֶה עֲשִׂיתִיו בְּרֹב דָּלִיּוֹתָיו וַיְקַנְאֻהוּ כָּל־עֲצֵי־עֵדֶן אֲשֶׁר בְּגַן הָאֱלֹהִים׃

10 לָכֵן כֹּה אָמַר אֲדֹנָי יְהוִה יַעַן אֲשֶׁר גָּבַהְתָּ בְּקוֹמָה וַיִּתֵּן צַמַּרְתּוֹ אֶל־בֵּין עֲבוֹתִים וְרָם לְבָבוֹ בְּגָבְהוֹ׃

11 וְאֶתְּנֵהוּ בְּיַד אֵיל גּוֹיִם עָשׂוֹ יַעֲשֶׂה לוֹ כְּרִשְׁעוֹ גֵּרַשְׁתִּהוּ׃

12 וַיִּכְרְתֻהוּ זָרִים עָרִיצֵי גוֹיִם וַיִּטְּשֻׁהוּ אֶל־הֶהָרִים וּבְכָל־גֵּאָיוֹת נָפְלוּ דָלִיּוֹתָיו וַתִּשָּׁבַרְנָה פֹארֹתָיו בְּכֹל אֲפִיקֵי הָאָרֶץ וַיֵּרְדוּ מִצִּלּוֹ כָּל־עַמֵּי הָאָרֶץ וַיִּטְּשֻׁהוּ׃

13 עַל־מַפַּלְתּוֹ יִשְׁכְּנוּ כָּל־עוֹף הַשָּׁמָיִם וְאֶל־פֹּארֹתָיו הָיוּ כֹּל חַיַּת הַשָּׂדֶה׃

14 לְמַעַן אֲשֶׁר לֹא־יִגְבְּהוּ בְקוֹמָתָם כָּל־עֲצֵי־מַיִם וְלֹא־יִתְּנוּ אֶת־צַמַּרְתָּם אֶל

5 Ethiopia, and β Libya, and Lydia, and all the mingled ^a people, and Chub, and the γ men of the land that is in league, shall fall with them by the sword.

6 Thus saith the LORD, They also that uphold ^b Egypt shall fall; and the pride of her power shall come down: from δ the tower of Syene ^d shall they fall in it by the sword, saith the Lord GOD.

7 And they shall be desolate in the midst of the countries *that are* desolate, and her cities shall be in the midst of the cities *that are* wasted.

8 And they shall know ^h that I *am* the LORD, when I have set a fire in Egypt, and *when* all her helpers shall be ζ destroyed.

9 In that day shall messengers ^k go forth from me in ships, to make the careless ⁱ Ethiopians afraid, and great pain shall come upon them, as in the day of Egypt: for, lo, it cometh.

10 Thus saith the Lord GOD, I will also make the multitude of Egypt to cease by the hand ^m of Nebuchadrezzar king of Babylon.

11 He and his people with him, the terrible ^p of the nations, shall be brought to destroy the land: and they shall draw their swords against Egypt, and fill the land with the slain.

12 And ^r I will make the rivers λ dry, and sell the land into the hand of the wicked; and I will make the land waste, and ν all that is therein, by the hand of strangers: I the LORD have spoken *it.*

13 Thus saith the Lord GOD, I will also destroy the idols, ^s and I will cause *their* images to cease out of Noph; and there shall be no more a prince ^u of the land of Egypt: and I will put a fear in the land of Egypt.

14 And I will make Pathros ^v desolate, and will set fire in ρ Zoan, ^w and will execute judgments in No.

15 And I will pour my fury upon σ Sin, the strength of Egypt; and I will cut off the multitude of No. ^y

16 And I will set fire in Egypt: Sin shall have great pain, and No shall be rent asunder, and Noph *shall have* distresses daily.

17 The young men of τ Aven and of φ Pi-beseth shall fall by the sword: and these *cities* shall go into captivity.

18 At Tehaphnehes ^a also the day shall be χ darkened, when I shall break there the yokes of Egypt; and the pomp of her strength shall cease in her: as for her, a cloud shall cover her, and her daughters shall go into captivity.

19 Thus will I execute judgments in Egypt; & they shall know that I am the LORD.

20 And it came to pass in the eleventh year, in the first *month,* in the seventh *day* of the month, *that* the word of the LORD came unto me, saying,

21 Son of man, I have broken ^g the arm of Pharaoh king of Egypt; and, lo, it shall not be bound up ^h to be healed, to put a roller to bind it, to make it strong to hold the sword.

22 Therefore thus saith the Lord GOD, Behold, I *am* against Pharaoh king of Egypt, and will break ^k his arms, the strong, ^l and that which was broken; and I will cause the sword to fall out of his hand.

23 And I will scatter the Egyptians among the nations, and will disperse them through the countries:

B. C. 572.

β *Phut.*
ch. 27. 10.
a Je.25.20,24.
γ *children.*
b Job 9. 13.
c Je. 27.6.,8.
δ or, *Migdol to Syene.*
d ch.29.10,12.
e Is. 10 15.
f ver. 23.
ch. 29. 12.
g Da. 11. 42.
h Ps. 58. 11.
ζ *broken.*
i ver. 8.
k Is. 18.1, 2.
l Is.32.9.,11.
m ver. 24, 25.
n ver. 18.
o Da.4.20.,22.
η *fair of branches.*
p ch. 28.7.
θ or, *nourished him.*
κ or,*brought.*
q Je. 51. 36.
r Is. 19. 4.,6.
Re. 16. 12.
λ *drought.*
μ or, *conduits.*
ν *the fulness thereof.*
s Is.19.1,&c.
Je.43. 12.
46. 25.
Zec. 13. 2.
π or, *it sent them forth.*
t ch. 17. 23.
u Zec. 10. 11.
v ch. 29. 14.
ρ or, *Tanis.*
w Ps.78.12,43.
σ or, *Pelusium.*
x Ge. 2. 8.
13. 10.
Is. 51. 3.
y Na.3.8.,10.
z ch. 16. 14.
τ or, *Heliopolis.*
φ or, *Pubastum.*
a Je. 2. 16.
χ or, *restrained.*
b Mat. 23 12.
c Da. 5. 20.
ψ *in doing he shall do unto.*
d La.1.21,22.
Na.3.18,19.
e ch. 28. 7.
f ch. 32. 4, 5.
35. 5.
g Je. 48. 25.
h Is. 1. 6.
Je. 46. 11.
i Is. 18. 6.
k Ps. 37. 17.
l ch. 34. 16.
m Da. 4. 32.
β or, *upon themselves for.*

---

24 And I will strengthen the arms of the king of Babylon, and put my sword in his hand: but I will break Pharaoh's arms, and he shall groan before him with the groanings of a deadly-wounded *man.*

25 But I will strengthen the arms of the king of Babylon, ^c and the arms of Pharaoh shall fall down; and they shall know that I *am* the LORD, when I shall put my ^e sword into the hand of the king of Babylon, and he shall stretch it out upon the land of Egypt. ^f

26 And I will scatter ^g the Egyptians among the nations, and disperse them among the countries: and they shall know ⁱ that I *am* the LORD.

CHAP. XXXI.

AND it came to pass in the eleventh year, in the third *month,* in the first *day* of the month, *that* the word of the LORD came unto me, saying,

2 Son of man, speak unto Pharaoh king of Egypt, and to his multitude; Whom ⁿ art thou like in thy greatness?

3 Behold, the Assyrian *was* a cedar ^o in Lebanon η with fair branches, and with a shadowing shroud, and of an high stature; and his top was among the thick boughs.

4 The waters θ made him great, the deep κ set him up on high with her rivers ^q running round about his plants, and sent out her little μ rivers unto all the trees of the field.

5 Therefore his height was exalted above all the trees of the field, and his boughs were multiplied, and his branches became long, because of the multitude of waters, when π he shot forth.

6 All the fowls ^t of heaven made their nests in his boughs, and under his branches did all the beasts of the field bring forth their young, and under his shadow dwelt all great nations.

7 Thus was he fair in his greatness, in the length of his branches: for his root was by great waters.

8 The cedars in the garden ^x of God could not hide him: the fir-trees were not like his boughs, and the chesnut-trees were not like his branches; nor any tree in the garden of God was like unto him in his beauty.

9 I have made him fair ^z by the multitude of his branches: so that all the trees of Eden, that *were* in the garden of God, envied him.

10 Therefore thus saith the Lord GOD, Because thou hast lifted up thyself ^b in height, and he hath shot up his top among the thick boughs, and his ^c heart is lifted up in his height;

11 I have, therefore, delivered him into the hand of the mighty one of the heathen, ψ he shall surely deal with him: I have driven him out for his wickedness. ^d

12 And strangers, the terrible ^e of the nations, have cut him off, and have left him: upon the mountains ^f and in all the valleys his branches are fallen, and his boughs are broken by all the rivers of the land; and all the people of the earth are gone down from his shadow, and have left him.

13 Upon ⁱ his ruin shall all the fowls of the heaven remain, and all the beasts of the field shall be upon his branches:

14 To the end ^m that none of all the trees by the waters exalt themselves for their height, neither shoot up their top among the thick boughs, neither their trees stand β up in their height, all that drink water:

15 בְּתוֹךְ בְּנֵי־אָדָם אֶל־יוֹרְדֵי בוֹר ׃ כֹּה־ אָמַר אֲדֹנָי יְהוִֹה בְּיוֹם רִדְתּוֹ שְׁאֹלָה הֶאֱבַּלְתִּי כִּסֵּתִי עָלָיו אֶת־תְּהוֹם וָאֶמְנַע נַהֲרוֹתֶיהָ וַיִּכָּלְאוּ מַיִם רַבִּים וָאַקְדִּר עָלָיו לְבָנוֹן וְכָל־עֲצֵי הַשָּׂדֶה

16 עָלָיו עֻלְפֶּה ׃ מִקּוֹל מַפַּלְתּוֹ הִרְעַשְׁתִּי גוֹיִם בְּהוֹרִדִי אֹתוֹ שְׁאוֹלָה אֶת־יוֹרְדֵי בוֹר וַיִּנָּחֲמוּ בְּאֶרֶץ תַּחְתִּית כָּל־עֲצֵי־עֵדֶן מִבְחַר וְטוֹב־לְבָנוֹן כָּל־

17 שֹׁתֵי מָיִם ׃ גַּם־הֵם אִתּוֹ יָרְדוּ שְׁאוֹלָה אֶל־

18 חַלְלֵי־חָרֶב וּזְרֹעוֹ יָשְׁבוּ בְצִלּוֹ בְּתוֹךְ גּוֹיִם ׃ אֶל־ מִי דָמִיתָ כָּכָה בְּכָבוֹד וּבְגֹדֶל בָּעֲצֵי־עֵדֶן וְהוּרַדְתָּ אֶת־עֲצֵי־עֵדֶן אֶל־אֶרֶץ תַּחְתִּית בְּתוֹךְ עֲרֵלִים תִּשְׁכַּב אֶת־חַלְלֵי־חֶרֶב הוּא פַרְעֹה וְכָל־הֲמוֹנֹה

19 נְאֻם אֲדֹנָי יְהוִֹה ׃

CAP. XXXII. לב

1 וַיְהִי בִּשְׁתֵּי עֶשְׂרֵה שָׁנָה בִּשְׁנֵי־עָשָׂר חֹדֶשׁ בְּאֶחָד לַחֹדֶשׁ הָיָה דְבַר־יְהוָֹה אֵלַי לֵאמֹר ׃

2 בֶּן־אָדָם שָׂא קִינָה עַל־פַּרְעֹה מֶלֶךְ־מִצְרַיִם וְאָמַרְתָּ אֵלָיו כְּפִיר גּוֹיִם נִדְמֵיתָ וְאַתָּה כַּתַּנִּים בַּיַּמִּים וַתָּגַח בְּנַהֲרוֹתֶיךָ וַתִּדְלַח־מַיִם בְּרַגְלֶיךָ וַתִּרְפֹּס

3 נַהֲרוֹתָם ׃ כֹּה אָמַר אֲדֹנָי יְהוִֹה וּפָרַשְׂתִּי עָלֶיךָ אֶת־רִשְׁתִּי בִּקְהַל עַמִּים רַבִּים וְהֶעֱלוּךָ

4 בְּחֶרְמִי ׃ וּנְטַשְׁתִּיךָ בָאָרֶץ עַל־פְּנֵי הַשָּׂדֶה אֲטִילֶךָ וְהִשְׁכַּנְתִּי עָלֶיךָ כָּל־עוֹף הַשָּׁמַיִם

5 וְהִשְׂבַּעְתִּי מִמְּךָ חַיַּת כָּל־הָאָרֶץ ׃ וְנָתַתִּי אֶת־ בְּשָׂרְךָ עַל־הֶהָרִים וּמִלֵּאתִי הַגֵּאָיוֹת רָמוּתֶךָ ׃

6 וְהִשְׁקֵיתִי אֶרֶץ צָפָתְךָ מִדָּמְךָ אֶל־הֶהָרִים וַאֲפִקִים יִמָּלְאוּן מִמֶּךָּ ׃

7 וְכִסֵּיתִי בְכַבּוֹתְךָ שָׁמַיִם וְהִקְדַּרְתִּי אֶת־כֹּכְבֵיהֶם שֶׁמֶשׁ בֶּעָנָן אֲכַסֶּנּוּ

8 וְיָרֵחַ לֹא־יָאִיר אוֹרוֹ ׃ כָּל־מְאוֹרֵי אוֹר בַּשָּׁמַיִם אַקְדִּירֵם עָלֶיךָ וְנָתַתִּי חֹשֶׁךְ עַל־אַרְצְךָ נְאֻם

9 אֲדֹנָי יְהוִֹה ׃ וְהִכְעַסְתִּי לֵב עַמִּים רַבִּים בַּהֲבִיאִי שִׁבְרְךָ בַּגּוֹיִם עַל־אֲרָצוֹת אֲשֶׁר לֹא־יְדַעְתָּם ׃

10 וַהֲשִׁמּוֹתִי עָלֶיךָ עַמִּים רַבִּים וּמַלְכֵיהֶם יִשְׂעֲרוּ עָלֶיךָ שַׂעַר בְּעוֹפְפִי חַרְבִּי עַל־פְּנֵיהֶם וְחָרְדוּ לִרְגָעִים אִישׁ לְנַפְשׁוֹ בְּיוֹם מַפַּלְתֶּךָ ׃

11 כִּי כֹּה אָמַר אֲדֹנָי יְהוִֹה חֶרֶב מֶלֶךְ־בָּבֶל תְּבוֹאֶךָ ׃

---

12 בְּחַרְבוֹת גִּבּוֹרִים אַפִּיל הֲמוֹנֶךָ עָרִיצֵי גוֹיִם כֻּלָּם וְשָׁדְדוּ אֶת־גְּאוֹן מִצְרַיִם וְנִשְׁמַד כָּל־הֲמוֹנָהּ ׃

13 וְהַאֲבַדְתִּי אֶת־כָּל־בְּהֶמְתָּהּ מֵעַל מַיִם רַבִּים וְלֹא תִדְלָחֵם רֶגֶל־אָדָם עוֹד וּפַרְסוֹת בְּהֵמָה לֹא תִדְלָחֵם ׃

14 אָז אַשְׁקִיעַ מֵימֵיהֶם וְנַהֲרוֹתָם כַּשֶּׁמֶן אוֹלִיךְ נְאֻם אֲדֹנָי יְהוִֹה ׃

15 בְּתִתִּי אֶת־אֶרֶץ מִצְרַיִם שְׁמָמָה וּנְשַׁמָּה אֶרֶץ מִמְּלֹאָהּ בְּהַכּוֹתִי אֶת־כָּל־יוֹשְׁבֵי בָהּ וְיָדְעוּ כִּי־אֲנִי יְהוָֹה ׃

16 קִינָה הִיא וְקוֹנְנוּהָ בְּנוֹת הַגּוֹיִם תְּקוֹנֵנָּה אוֹתָהּ עַל־מִצְרַיִם וְעַל־כָּל־הֲמוֹנָהּ תְּקוֹנֵנָּה אוֹתָהּ נְאֻם אֲדֹנָי יְהוִֹה ׃

17 וַיְהִי בִּשְׁתֵּי עֶשְׂרֵה שָׁנָה בַּחֲמִשָּׁה עָשָׂר לַחֹדֶשׁ הָיָה דְבַר־יְהוָֹה אֵלַי לֵאמֹר ׃

18 בֶּן־אָדָם נְהֵה עַל־הֲמוֹן מִצְרַיִם וְהוֹרִדֵהוּ אוֹתָהּ וּבְנוֹת גּוֹיִם אַדִּרִם אֶל־אֶרֶץ תַּחְתִּיּוֹת אֶת־יוֹרְדֵי בוֹר ׃

19 מִמִּי נָעָמְתָּ רְדָה

20 וְהָשְׁכְּבָה אֶת־עֲרֵלִים ׃ בְּתוֹךְ חַלְלֵי־חֶרֶב יִפֹּלוּ חֶרֶב נִתָּנָה מָשְׁכוּ אוֹתָהּ וְכָל־הֲמוֹנֶיהָ ׃

21 יְדַבְּרוּ־לוֹ אֵלֵי גִבּוֹרִים מִתּוֹךְ שְׁאוֹל אֶת־עֹזְרָיו יָרְדוּ שָׁכְבוּ הָעֲרֵלִים חַלְלֵי־חָרֶב ׃

22 שָׁם אַשּׁוּר וְכָל־קְהָלָהּ סְבִיבוֹתָיו קִבְרֹתָיו כֻּלָּם חֲלָלִים הַנֹּפְלִים בֶּחָרֶב ׃

23 אֲשֶׁר נִתְּנוּ קִבְרֹתֶיהָ בְּיַרְכְּתֵי־בוֹר וַיְהִי קְהָלָהּ סְבִיבוֹת קְבֻרָתָהּ כֻּלָּם חֲלָלִים נֹפְלִים בַּחֶרֶב

24 אֲשֶׁר־נָתְנוּ חִתִּית בְּאֶרֶץ חַיִּים ׃ שָׁם עֵילָם וְכָל־ הֲמוֹנָהּ סְבִיבוֹת קְבֻרָתָהּ כֻּלָּם חֲלָלִים הַנֹּפְלִים בַּחֶרֶב אֲשֶׁר־יָרְדוּ עֲרֵלִים אֶל־אֶרֶץ תַּחְתִּיּוֹת אֲשֶׁר נָתְנוּ חִתִּיתָם בְּאֶרֶץ חַיִּים וַיִּשְׂאוּ כְלִמָּתָם אֶת־

25 יוֹרְדֵי בוֹר ׃ בְּתוֹךְ חֲלָלִים נָתְנוּ מִשְׁכָּב לָהּ בְּכָל־הֲמוֹנָהּ סְבִיבוֹתָיו קִבְרֹתֶהָ כֻּלָּם עֲרֵלִים חַלְלֵי־חֶרֶב כִּי־נִתַּן חִתִּיתָם בְּאֶרֶץ חַיִּים וַיִּשְׂאוּ

26 כְלִמָּתָם אֶת־יוֹרְדֵי בוֹר בְּתוֹךְ חֲלָלִים נִתָּן ׃ שָׁם מֶשֶׁךְ תֻּבַל וְכָל־הֲמוֹנָהּ סְבִיבוֹתָיו קִבְרוֹתֶיהָ כֻּלָּם עֲרֵלִים מְחֻלְלֵי חֶרֶב כִּי־נָתְנוּ חִתִּיתָם בְּאֶרֶץ

27 חַיִּים ׃ וְלֹא יִשְׁכְּבוּ אֶת־גִּבּוֹרִים נֹפְלִים מֵעֲרֵלִים אֲשֶׁר יָרְדוּ־שְׁאוֹל בִּכְלֵי־מִלְחַמְתָּם וַיִּתְּנוּ אֶת־ חַרְבוֹתָם תַּחַת רָאשֵׁיהֶם וַתְּהִי עֲוֹנֹתָם עַל־

28 עַצְמוֹתָם כִּי־חִתִּית גִּבּוֹרִים בְּאֶרֶץ חַיִּים ׃ וְאַתָּה בְּתוֹךְ עֲרֵלִים תִּשָּׁבֵר וְתִשְׁכַּב אֶת־חַלְלֵי־חָרֶב ׃

29 שָׁמָּה אֱדוֹם מְלָכֶיהָ וְכָל־נְשִׂיאֶיהָ אֲשֶׁר נִתְּנוּ

for *a* they are all delivered unto death, to the nether parts of the earth, in the midst of the children of men, with *c* them that go down to the pit.

15 Thus saith the Lord GOD, In the day when he went down to the grave I caused a mourning.*e* I covered the deep for him, and I restrained the floods thereof, and the great waters were stayed; and I caused Lebanon to *β* mourn for him, and all the trees of the field fainted for him.

16 I made the nations to shake at the sound of his fall, when I cast him*f* down to hell with them that descend into the pit: and all the trees of Eden, the choice and best of Lebanon, all that drink water, shall be comforted *k* in the nether parts of the earth.

17 They also went down into hell with him,unto*them that be* slain with the sword; and*they that were* his arm,*that* dwelt*l* under his shadow in the midst of the heathen.

18 To whom *m* art thou thus like in glory and in greatness among the trees of Eden? yet shalt thou be brought down with the trees of Eden unto the nether parts of the earth: thou shalt lie in the midst of the uncircumcised*p* with *them that be* slain by the sword. This *is* Pharaoh, and all his multitude, saith the Lord GOD.

CHAP. XXXII.

AND it came to pass in the twelfth year, in the twelfth month, in the first *day* of the month, *that* the word of the LORD came unto me, saying,

2 Son of man, take up a*r* lamentation for Pharaoh king of Egypt, and say unto him, Thou art like a young lion *u* of the nations, and thou *art* as a *ζ* whale in the seas; and thou camest forth with thy rivers, and troubledst the waters with thy feet, and fouledst *v* their rivers.

3 Thus saith the Lord GOD, I will, therefore, spread *x* out my net over thee with a company of many people; and they shall bring thee up in my net.

4 Then*z* will I leave thee upon the land, I will cast thee forth upon the open field, and *b* will cause all the fowls of the heaven to remain upon thee, and I will fill the beasts of the whole earth with thee.

5 AndIwilllay thyflesh upon the mountains, and fill the valleys with thy height.

6 I will also water with thy blood *c* the land *θ* wherein thou swimmest, *even* to the mountains; and the rivers shall be full of thee.

7 And when I shall κput thee out, I*e* will cover the heaven, and make the stars thereof dark; I will cover the sun with a cloud, and the moon shall not give her light.

8 All the λ bright lights of heaven will I make μ dark over thee, and set darkness*g* upon thy land, saith the Lord GOD.

9 I will also ν vex the hearts of many people, when I shall bring thy destruction among the nations, into the countries which thou hast not known.

10 Yea, I will make many people*i* amazed at thee, and their kings shall be horribly afraid for thee, when I shall brandish my sword*k* before them; and they shall tremble at *every* moment, every man for his own life, in the day of thy fall.

11 For *m* thus saith the Lord GOD, The sword of the king of Babylon shall come upon thee.

12 By the swords*n* of the mighty will I cause thy multitude to fall, the terrible

B. C. 588.

a Ps. 82. 7.
b Is. 25. 2, 3.
c ch. 32. 18.
d ch. 29. 11.
e Re. 18. 11.
β *be black,*
Mal. 3. 14.
γ *desolate from the fulness thereof.*
f ch. 26. 15.
g Ex. 7. 5.
14. 4, 18.
h ver. 2.
i 2 Sa. 1. 17.
2 Ch. 35.25.
k Is. 14. 15.
ch. 32. 31.
l La. 4. 20.
m ver. 2.
ch. 32. 19.
n ver. 2.
o ch.31. 14.
p 2 Sa. 1. 20.
Je. 9.25,26.
q ver. 21, 24.
δ *or, the sword is laid.*
r ver. 16.
ch. 27. 2.
s Is. 1. 31.
t Is. 14. 9,10.
u ch. 19. 3, 6.
38. 13.
ζ or, *dragon,*
ch. 29. 3.
v ch. 34. 18.
w Is. 14. 15.
x ch. 12. 13.
Ec. 9. 12.
y Is. 51.12,13.
z Joel 3. 19.
η or, *dismaying.*
a Je.49.34,&c.
b ch. 31. 13.
c Ex. 7. 17.
Re. 16. 6.
d Je. 3.24,25.
Hab. 2. 16.
θ or, *of thy swimming.*
κ or, *extinguish thee.*
e Is. 13. 10.
Joel 3. 15.
Mat. 24. 29.
f Lu. 12. 4,5.
λ*lightsof the light in.*
μ *them dark.*
g Ex. 10. 21..
23.
h ch. 27. 13.
38. 2.
Ge. 10. 12.
ν *provoke to anger* or, *grief.*
i ch. 27. 35.
j Is. 14.18,19.
k De. 32. 41.
π *weapons of their war.*
l Ps. 92. 7, 9.
m Je. 46. 24.
26.
n ch. 28. 7.
30. 4.

531

of the nations, all of them; and *b* they shall spoil the pomp of Egypt, and all the multitude thereof shall be destroyed.

13 I will destroy also all the beasts thereof from beside the great waters; *d* neither shall the foot of man trouble them any more, nor the hoofs of beasts trouble them.

14 Then will I make their waters deep, and cause their rivers to run like oil, saith the Lord GOD.

15 When I shall make the land of Egypt desolate, and the country shall be γ destitute of that whereof it was full, when I shall smite all them that dwell therein, then shall they know*g* that I *am* the LORD.

16 This *h is* the lamentation*i* wherewith they shall lament her: the daughters of the nations shall lament her; they shall lament for her, *even* for Egypt, and for all her multitude, saith the Lord GOD.

17 It came to pass also in the twelfth year, in the fifteenth *day* of the month, *that* the word of the LORD came unto me, saying,

18 Son of man, wail*n* for the multitude of Egypt, and cast*o* them down, *even* her, and the daughters of the famous nations, unto the nether parts of the earth, with them that go down into the pit.

19 Whom dost thou pass in beauty? go*q* down, and be thou laid with the uncircumcised.

20 They shall fall in the midst of *them that are* slain by the sword; δ she is delivered to the sword: draw her and all her multitudes.

21 The strong *s* among the mighty shall speak to him out of the midst of hell *t* with them that help him: they are gone down, they lie uncircumcised,slain by the sword.

22 Asshur *is* there, and all her company: his graves *are* about him; all of them slain, fallen by the sword:

23 Whose graves are set in the *w* sides of the pit, and her company is round about her grave; all of them slain, fallen by the sword, which*y* caused η terror in the land of the living.

24 There *is* Elam*a* and all her multitude round about her grave; all of them slain, fallen by the sword, which are gone down uncircumcised into the nether parts of the earth, which caused their terror in the land of the living; yet have they borne their shame *d* with them that go down to the pit.

25 They have set her a bed in the midst of the slain with all her multitude; her graves *are* round about him; all of them uncircumcised, slain by the sword: though their terror*f* was caused in the land of the living, yet have they borne their shame with them that go down to the pit: he is put in the midst of *them that be* slain.

26 There *is* Meshech,*h* Tubal, and all her multitude: her graves *are* round about him; all of them uncircumcised, slain by the sword, though they caused their terror in the land of the living.

27 And *j* they shall not lie with the mighty *that are* fallen of the uncircumcised, which are gone down to hell with π their weapons of war; and they have laid their swords under their heads; but their iniquities*l* shall be upon their bones, though *they were* the terror of the mighty in the land of the living.

28 Yea, thou shalt be broken in the midst of the uncircumcised, and shalt lie with *them that are* slain with the sword.

בִּנְבִיאֹתָם אֶת־הֶחָלָל חַרְבֵי הֵמָּה אֶת־עֲרֵלִים יִשְׁכָּבוּ ׃

30 וְאַתָּ֣ה בֶן־אָדָ֔ם שָׁמָּה נְסִיכֵי צָפוֹן כֻּלָּם וְכָל־
צִידֹנִי אֲשֶׁר־יָרְדוּ אֶת־חֲלָלִים בְּחִתִּיתָם מִגְּבוּרָתָם
בּוֹשִׁים וַיִּשְׁכְּבוּ עֲרֵלִים אֶת־חַלְלֵי־חֶרֶב וַיִּשְׂאוּ

31 כְלִמָּתָם אֶת־יוֹרְדֵי בוֹר ׃ אוֹתָם יִרְאֶה פַרְעֹה
וְנִחַם עַל־כָּל־הֲמוֹנֹה חַלְלֵי־חֶרֶב פַּרְעֹה וְכָל־

32 חֵילוֹ נְאֻם אֲדֹנָי יְהוִֹה ׃ כִּי־נָתַתִּי אֶת־חִתִּיתוֹ
בְּאֶרֶץ חַיִּים וְהֻשְׁכַּב בְּתוֹךְ עֲרֵלִים אֶת־חַלְלֵי־
חֶרֶב פַּרְעֹה וְכָל־הֲמוֹנֹה נְאֻם אֲדֹנָי יְהוִֹה ׃

CAP. XXXIII. לג

1 וַיְהִי דְבַר־יְהוָֹה אֵלַי לֵאמֹר ׃ בֶּן־אָדָם דַּבֵּר אֶל־בְּנֵי
2 עַמְּךָ וְאָמַרְתָּ אֲלֵיהֶם אֶרֶץ כִּי־אָבִיא עָלֶיהָ חָרֶב
וְלָקְחוּ עַם־הָאָרֶץ אִישׁ אֶחָד מִקְצֵיהֶם וְנָתְנוּ אֹתוֹ
3 לָהֶם לְצֹפֶה ׃ וְרָאָה אֶת־הַחֶרֶב בָּאָה עַל־הָאָרֶץ
4 וְתָקַע בַּשּׁוֹפָר וְהִזְהִיר אֶת־הָעָם ׃ וְשָׁמַע הַשֹּׁמֵעַ
אֶת־קוֹל הַשּׁוֹפָר וְלֹא נִזְהָר וַתָּבוֹא חֶרֶב וַתִּקָּחֵהוּ
5 דָּמוֹ בְּרֹאשׁוֹ יִהְיֶה ׃ אֵת קוֹל הַשּׁוֹפָר שָׁמַע וְלֹא
נִזְהָר דָּמוֹ בּוֹ יִהְיֶה וְהוּא נִזְהָר נַפְשׁוֹ מִלֵּט ׃
6 וְהַצֹּפֶה כִּי־יִרְאֶה אֶת־הַחֶרֶב בָּאָה וְלֹא־תָקַע
בַּשּׁוֹפָר וְהָעָם לֹא־נִזְהָר וַתָּבוֹא חֶרֶב וַתִּקַּח מֵהֶם
נָפֶשׁ הוּא בַּעֲוֺנוֹ נִלְקָח וְדָמוֹ מִיַּד־הַצֹּפֶה אֶדְרֹשׁ ׃
7 וְאַתָּה בֶן־אָדָם צֹפֶה נְתַתִּיךָ לְבֵית יִשְׂרָאֵל
8 וְשָׁמַעְתָּ מִפִּי דָּבָר וְהִזְהַרְתָּ אֹתָם מִמֶּנִּי ׃ בְּאָמְרִי
לָרָשָׁע מוֹת תָּמוּת וְלֹא דִבַּרְתָּ לְהַזְהִיר
רָשָׁע מִדַּרְכּוֹ הוּא רָשָׁע בַּעֲוֺנוֹ יָמוּת וְדָמוֹ מִיָּדְךָ
9 אֲבַקֵּשׁ ׃ וְאַתָּה כִּי־הִזְהַרְתָּ רָשָׁע מִדַּרְכּוֹ לָשׁוּב
מִמֶּנָּה וְלֹא־שָׁב מִדַּרְכּוֹ הוּא בַּעֲוֺנוֹ יָמוּת וְאַתָּה
10 נַפְשְׁךָ הִצַּלְתָּ ׃ וְאַתָּה בֶן־אָדָם אֱמֹר אֶל־
בֵּית יִשְׂרָאֵל כֵּן אֲמַרְתֶּם לֵאמֹר כִּי־פְשָׁעֵינוּ וְחַטֹּאתֵינוּ
עָלֵינוּ וּבָם אֲנַחְנוּ נְמַקִּים וְאֵיךְ נִחְיֶה ׃
11 אֱמֹר אֲלֵיהֶם חַי־אָנִי נְאֻם אֲדֹנָי יְהוִֹה אִם־
אֶחְפֹּץ בְּמוֹת הָרָשָׁע כִּי אִם־בְּשׁוּב רָשָׁע מִדַּרְכּוֹ
וְחָיָה שׁוּבוּ שׁוּבוּ מִדַּרְכֵיכֶם הָרָעִים וְלָמָּה תָמוּתוּ
12 בֵּית יִשְׂרָאֵל ׃ וְאַתָּה בֶן־אָדָם אֱמֹר אֶל־
בְּנֵי עַמְּךָ צִדְקַת הַצַּדִּיק לֹא תַצִּילֶנּוּ בְּיוֹם פִּשְׁעוֹ
וְרִשְׁעַת הָרָשָׁע לֹא־יִכָּשֶׁל בָּהּ בְּיוֹם שׁוּבוֹ מֵרִשְׁעוֹ

13 וְצַדִּיק לֹא יוּכַל לִחְיוֹת בָּהּ בְּיוֹם חֲטֹאתוֹ ׃ בְּאָמְרִי
לַצַּדִּיק חָיֹה יִחְיֶה וְהוּא־בָטַח עַל־צִדְקָתוֹ וְעָשָׂה
עָוֶל כָּל־צִדְקֹתָו לֹא תִזָּכַרְנָה וּבְעַוְלוֹ אֲשֶׁר־עָשָׂה
14 בּוֹ יָמוּת ׃ וּבְאָמְרִי לָרָשָׁע מוֹת תָּמוּת וְשָׁב
15 מֵחַטָּאתוֹ וְעָשָׂה מִשְׁפָּט וּצְדָקָה ׃ חֲבֹל יָשִׁיב
רָשָׁע גְּזֵלָה יְשַׁלֵּם בְּחֻקּוֹת הַחַיִּים הָלַךְ לְבִלְתִּי
16 עֲשׂוֹת עָוֶל חָיוֹ יִחְיֶה לֹא יָמוּת ׃ כָּל־חַטֹּאתָו
אֲשֶׁר חָטָא לֹא תִזָּכַרְנָה לוֹ מִשְׁפָּט וּצְדָקָה עָשָׂה
17 חָיוֹ יִחְיֶה ׃ וְאָמְרוּ בְּנֵי עַמְּךָ לֹא יִתָּכֵן דֶּרֶךְ אֲדֹנָי
18 וְהֵמָּה דַּרְכָּם לֹא־יִתָּכֵן ׃ בְּשׁוּב־צַדִּיק מִצִּדְקָתוֹ
19 וְעָשָׂה עָוֶל וּמֵת בָּהֶם ׃ וּבְשׁוּב רָשָׁע מֵרִשְׁעָתוֹ
20 וְעָשָׂה מִשְׁפָּט וּצְדָקָה עֲלֵיהֶם הוּא יִחְיֶה ׃ וַאֲמַרְתֶּם
לֹא יִתָּכֵן דֶּרֶךְ אֲדֹנָי אִישׁ כִּדְרָכָיו אֶשְׁפּוֹט
21 אֶתְכֶם בֵּית יִשְׂרָאֵל ׃ וַיְהִי בִּשְׁתֵּי עֶשְׂרֵה שָׁנָה
בָּעֲשִׂרִי בַּחֲמִשָּׁה לַחֹדֶשׁ
לְגָלוּתֵנוּ בָּא־אֵלַי הַפָּלִיט מִירוּשָׁלַ͏ִם לֵאמֹר הֻכְּתָה
22 הָעִיר ׃ וְיַד־יְהוָה הָיְתָה אֵלַי בָּעֶרֶב לִפְנֵי בּוֹא
הַפָּלִיט וַיִּפְתַּח אֶת־פִּי עַד־בּוֹא אֵלַי בַּבֹּקֶר וַיִּפָּתַח
23 פִּי וְלֹא נֶאֱלַמְתִּי עוֹד ׃ וַיְהִי דְבַר־יְהוָה
24 אֵלַי לֵאמֹר ׃ בֶּן־אָדָם יֹשְׁבֵי הֶחֳרָבוֹת הָאֵלֶּה
עַל־אַדְמַת יִשְׂרָאֵל אֹמְרִים לֵאמֹר אֶחָד הָיָה
אַבְרָהָם וַיִּירַשׁ אֶת־הָאָרֶץ וַאֲנַחְנוּ רַבִּים לָנוּ
25 נִתְּנָה הָאָרֶץ לְמוֹרָשָׁה ׃ לָכֵן אֱמֹר אֲלֵהֶם
כֹּה־אָמַר אֲדֹנָי יְהוִֹה עַל־הַדָּם תֹּאכֵלוּ וְעֵינֵכֶם
תִּשְׂאוּ אֶל־גִּלּוּלֵיכֶם וְדָם תִּשְׁפֹּכוּ וְהָאָרֶץ תִּירָשׁוּ ׃
26 עֲמַדְתֶּם עַל־חַרְבְּכֶם עֲשִׂיתֶן תּוֹעֵבָה וְאִישׁ אֶת־
27 אֵשֶׁת רֵעֵהוּ טִמֵּאתֶם וְהָאָרֶץ תִּירָשׁוּ ׃ כֹּה־תֹאמַר
אֲלֵהֶם כֹּה־אָמַר אֲדֹנָי יְהוִֹה חַי־אָנִי אִם־לֹא אֲשֶׁר
בֶּחֳרָבוֹת בַּחֶרֶב יִפֹּלוּ וַאֲשֶׁר עַל־פְּנֵי הַשָּׂדֶה
לַחַיָּה נְתַתִּיו לְאָכְלוֹ וְאֲשֶׁר בַּמְּצָדוֹת וּבַמְּעָרוֹת
28 בַּדֶּבֶר יָמוּתוּ ׃ וְנָתַתִּי אֶת־הָאָרֶץ שְׁמָמָה וּמְשַׁמָּה
וְנִשְׁבַּת גְּאוֹן עֻזָּהּ וְשָׁמְמוּ הָרֵי יִשְׂרָאֵל מֵאֵין
29 עוֹבֵר ׃ וְיָדְעוּ כִּי־אֲנִי יְהוָה בְּתִתִּי אֶת־הָאָרֶץ
שְׁמָמָה וּמְשַׁמָּה עַל כָּל־תּוֹעֲבֹתָם אֲשֶׁר עָשׂוּ ׃
30 וְאַתָּה בֶן־אָדָם בְּנֵי עַמְּךָ הַנִּדְבָּרִים בְּךָ

29 There *is* Edom,[a] her kings, and all her princes, which with their might are βlaid by *them that were* slain by the sword: they shall lie with the uncircumcised, and with them that go down to the pit.

30 There *be* the princes of the[d] north, all of them, and all the Zidonians,[e] which are gone down with the slain; with their terror they are ashamed of their might; and they lie uncircumcised with *them that be* slain by the sword, and bear their shame with them that go down to the pit.

31 Pharaoh shall see them, and shall be comforted[i] over all his multitude, *even* Pharaoh and all his army slain by the sword, saith the Lord GOD.

32 For I have caused my[m] terror in the land of the living; and he shall be laid in the midst of the uncircumcised with *them that are* slain with the sword, *even* Pharaoh and all his multitude, saith the Lord GOD.

CHAP. XXXIII.

AGAIN the word of the LORD came unto me, saying,

2 Son of man, speak to the children of thy people, and say unto them, δ When I bring[b] the sword upon a land, if the people of the land take a man of their coasts, and set him for their watchman:[p]

3 If, when he seeth the sword come upon the land, he blow the trumpet, and warn the people ;

4 Then ζ whosoever heareth the sound of the trumpet, and taketh not warning ; if the sword come, and take him away, his blood shall be upon his own head.

5 He heard[i] the sound of the trumpet, and took not warning, his blood[n] shall be upon him : but he that taketh warning shall deliver his soul.

6 But if the watchman see the sword come, and blow not the trumpet, and the people be not warned ; if the sword come, and take *any* person from among them,he is taken away in his iniquity ; but his blood will I require at the watchman's hand.

7 So thou, O son of man, I have set thee[w] a watchman unto the house of Israel ; therefore[x] thou shalt hear the word at my mouth, and warn[y] them from me.

8 When I say unto the wicked, O wicked *man*, thou[z] shalt surely die ; if thou dost not speak to warn the wicked from his way, that wicked *man* shall die in his iniquity ;[b] but his blood will I require at thine hand.

9 Nevertheless, if thou warn the wicked of his way to turn from it ; if he do not turn from his way, he shall die[c] in his iniquity ; but thou[d] hast delivered thy soul.

10 Therefore, O thou son of man, speak unto the house of Israel, Thus ye speak, saying, If our transgressions and our sins *be* upon us, and we pine[e] away in them, how[f] should we then live?

11 Say unto them, *As* I live, saith the Lord GOD, I[h] have no pleasure in the death of the wicked ; but that the wicked turn from his way and live: turn ye, turn ye, from your evil ways ; for why will ye die, O house of Israel?

12 Therefore thou son of man, say unto the children of thy people, The righteousness[k] of the righteous shall not deliver him in the day of his transgression : as for the wickedness of the wicked, he[l] shall not fall thereby in the day that he turneth from his wickedness ; neither shall the righteous be able to live for his *right-*

B. C. 587.
---
a ch. 25. 12, &c.
Ob. 2, &c.
b 1 Jnᵒ. 2. 1.
β *given*, or, *put.*
c Ro. 10. 3.
Phi. 3. 9.
d ch. 38.6,15.
39. 2.
Je. 1. 14.
4. 6.
e ch. 28. 21.
f Pr. 28. 13.
Ac. 3. 19.
γ *judgment & justice.*
g ch.18.7,&c.
h Ex. 22. 1, 4.
Le. 6. 2..5.
Lu. 19 8.
i ch. 31. 16.
k Le. 18. 5.
Ps. 119. 93.
l Mi. 7.18,19.
Ro.5.16,21.
m Ge. 35. 5.
Job 31. 23.
2 Co. 5. 11.
n He. 10. 38.
δ *A land when I bring a sword upon her.*
o ch. 14. 17.
p 2 Sa.18. 24.
2 Ki. 9. 17.
Ho. 9. 8.
q Pr. 19. 3.
r 2 Co. 5. 10.
Re. 20. 13.
ζ *he that hearing heareth.*
s ch.24.26,27.
t Ps. 95. 7, 8.
He. 2. 1..3.
u ch. 18. 13, &c.
v Is. 51. 2.
Jnᵒ. 8. 39.
w ch.3.17,&c.
x ch. 2. 7.
y 2 Ch.19.10.
Col. 1. 28.
z Je. 8. 13.
Ga. 2. 17.
a Je. 7. 9, 10.
b Nu. 27. 3.
c Pr. 15. 10.
Jnᵒ. 8. 24.
d Ac. 20. 26.
ε *devour him.*
e ch. 24. 23.
θ *desolation and desolation.*
f ch. 37. 11.
Ps. 130. 7.
Is. 49. 14.
g Je.44.2,&c.
h 2 Sa. 14. 14.
La. 3. 33.
Ho. 11. 8.
2 Pe. 3. 9.
i ch. 6. 2..6.
k ch. 3. 20.
18. 24, &c.
or, *of.*
l 2 Ch. 7. 14.
Ro. 3. 25.

---

eousness[b] in the day that he sinneth.

13 When I shall say to the righteous, *that* he shall surely live ; if he trust to his own[c] righteousness, and commit iniquity, all his righteousnesses shall not be remembered ; but for his iniquity that he hath committed, he shall die for it.

14 Again, when I say unto the wicked, Thou shalt surely die ; if[f] he turn from his sin, and do γ that which is lawful and right ;

15 *If* the[g] wicked restore the pledge,give again[h] that he had robbed, walk in the statutes[k] of life,without committing iniquity ; he shall surely live, he shall not die.

16 None[l] of his sins that he hath committed, shall be mentioned unto him : he hath done that which is lawful and right ; he shall surely live.

17 Yet the children of thy people say, The way of the Lord is not equal : but as for them, their way is not equal.

18 When the righteous turneth[n] from his righteousness, and committeth iniquity, he shall even die thereby.

19 But if the wicked turn from his wickedness, and do that which is lawful and right, he shall live thereby.

20 Yet[q] ye say, The way of the Lord is not equal. O ye house of Israel, I will judge you every one[r] after his ways.

21 And it came to pass in the twelfth year of our captivity, in the tenth *month*, in the fifth *day* of the month, *that*[s] one that had escaped out of Jerusalem came unto me, saying, The city is smitten.

22 Now the hand of the LORD was upon me in the evening, afore he that was escaped came, and had opened my mouth, until he came to me in the morning, and my mouth was opened, and I was no more dumb.

23 Then the word of the LORD came unto me, saying,

24 Son of man, they that inhabit those wastes of the land of Israel speak, saying, Abraham[v] was one, and he inherited the land : but we *are* many ; the land is given us for an inheritance.

25 Wherefore say unto them, Thus saith the Lord GOD ; Ye eat with the blood, and lift up your eyes toward your idols, and shed blood: and shall ye[a] possess the land?

26 Ye stand upon your sword, ye work abomination, and ye defile every one his neighbour's wife : and shall ye possess the land?

27 Say thou thus unto them, Thus saith the Lord GOD ; *As* I live, surely they that *are* in the wastes shall fall by the sword, and him that *is* in the open field will I give to the beasts to η be devoured, and they that *be* in the forts and in the caves shall die of the pestilence.

28 For I will lay the land θ most desolate,[g] and the pomp of her strength shall cease ; and the mountains[i] of Israel shall be desolate, that none shall pass through.

29 Then shall they know that I *am* the LORD, when I have laid the land most desolate because of all their abominations which they have committed.

30 Also, thou son of man, the children of thy people still are talking κ against thee by the walls and in the doors of the houses, and speak one to another, every one to his brother, saying, Come, I pray you, and hear what is the word that cometh forth from the LORD.

וְיָבֹ֣אוּ אֵלֶ֗יךָ כִּמְבוֹא־עָ֞ם וְיֵשְׁב֤וּ לְפָנֶ֙יךָ֙ עַמִּ֔י וְשָׁמְעוּ֙ אֶת־דְּבָרֶ֔יךָ וְאוֹתָ֖ם לֹ֣א יַֽעֲשׂ֑וּ כִּֽי־עֲגָבִ֤ים בְּפִיהֶם֙ 31

הֵ֣מָּה עֹשִׂ֔ים אַחֲרֵ֥י בִצְעָ֖ם לִבָּ֥ם הֹלֵֽךְ׃ וְהִנְּךָ֤ לָהֶם֙ כְּשִׁ֣יר עֲגָבִ֔ים יְפֵ֥ה ק֖וֹל וּמֵטִ֣ב נַגֵּ֑ן וְשָֽׁמְעוּ֙ 32

אֶת־דְּבָרֶ֔יךָ וְעֹשִׂ֥ים אֵינָ֖ם אוֹתָֽם׃ וּבְבֹאָ֑הּ הִנֵּ֣ה בָאָ֔ה 33

וְיָ֣דְע֔וּ כִּ֥י נָבִ֖יא הָיָ֥ה בְתוֹכָֽם׃

CAP. XXXIV. לד

וַיְהִ֥י דְבַר־יְהֹוָ֖ה אֵלַ֥י לֵאמֹֽר׃ בֶּן־אָדָ֕ם הִנָּבֵ֖א 1,2

עַל־רוֹעֵ֣י יִשְׂרָאֵ֔ל הִנָּבֵ֖א וְאָמַרְתָּ֣ אֲלֵיהֶ֗ם לָרֹעִים֮ כֹּ֣ה אָמַר֩ אֲדֹנָ֨י יְהֹוִ֜ה ה֣וֹי רֹעֵֽי־יִשְׂרָאֵל֘ אֲשֶׁ֣ר הָי֤וּ רֹעִ֣ים אוֹתָ֔ם הֲל֥וֹא הַצֹּ֖אן יִרְע֥וּ הָרֹעִֽים׃

אֶת־הַחֵ֤לֶב תֹּאכֵ֙לוּ֙ וְאֶת־הַצֶּ֣מֶר תִּלְבָּ֔שׁוּ הַבְּרִיאָ֖ה 3

תִּזְבָּ֑חוּ הַצֹּ֖אן לֹ֥א תִרְעֽוּ׃ אֶת־הַנַּחְלוֹת֩ לֹ֨א 4

חִזַּקְתֶּ֜ם וְאֶת־הַחוֹלָ֣ה לֹא־רִפֵּאתֶ֗ם וְלַנִּשְׁבֶּ֙רֶת֙ לֹ֣א חֲבַשְׁתֶּ֔ם וְאֶת־הַנִּדַּ֙חַת֙ לֹ֣א הֲשֵׁבֹתֶ֔ם וְאֶת־הָאֹבֶ֖דֶת לֹ֣א בִקַּשְׁתֶּ֑ם וּבְחׇזְקָ֛ה רְדִיתֶ֥ם אֹתָ֖ם וּבְפָֽרֶךְ׃

וַתְּפוּצֶ֙ינָה֙ מִבְּלִ֣י רֹעֶ֔ה וַתִּהְיֶ֥ינָה 5

לְאׇכְלָ֖ה לְכׇל־חַיַּ֣ת הַשָּׂדֶ֑ה וַתְּפוּצֶֽינָה׃ יִשְׁגּ֣וּ 6

צֹאנִ֗י בְּכׇל־הֶֽהָרִים֙ וְעַ֖ל כׇּל־גִּבְעָ֣ה רָמָ֑ה וְעַ֣ל כׇּל־פְּנֵ֤י הָאָ֙רֶץ֙ נָפֹ֣צוּ צֹאנִ֔י וְאֵ֥ין דּוֹרֵ֖שׁ וְאֵ֥ין מְבַקֵּֽשׁ׃

לָכֵ֣ן רֹעִ֔ים שִׁמְע֖וּ אֶת־דְּבַר־יְהֹוָֽה׃ חַי־אָ֜נִי 7,8

נְאֻ֣ם ׀ אֲדֹנָ֣י יְהֹוִ֗ה אִם־לֹ֣א יַ֣עַן הֱיֽוֹת־צֹאנִ֣י ׀ לָבַ֡ז וַתִּהְיֶ֩ינָה֩ צֹאנִ֨י לְאׇכְלָ֜ה לְכׇל־חַיַּ֤ת הַשָּׂדֶה֙ מֵאֵ֣ין רֹעֶ֔ה וְלֹֽא־דָרְשׁ֥וּ רֹעַ֖י אֶת־צֹאנִ֑י וַיִּרְע֤וּ הָֽרֹעִים֙ אוֹתָ֔ם וְאֶת־צֹאנִ֖י לֹ֥א רָעֽוּ׃

לָכֵן֙ הָֽרֹעִ֔ים שִׁמְע֖וּ 9,10

דְּבַר־יְהֹוָֽה׃ כֹּֽה־אָמַ֞ר אֲדֹנָ֣י יְהֹוִ֗ה הִנְנִ֨י אֶֽל־הָרֹעִ֜ים וְדָרַשְׁתִּ֧י אֶת־צֹאנִ֣י מִיָּדָ֗ם וְהִשְׁבַּתִּים֙ מֵרְע֣וֹת צֹ֔אן וְלֹא־יִרְע֥וּ ע֖וֹד הָרֹעִ֣ים אוֹתָ֑ם וְהִצַּלְתִּ֤י צֹאנִי֙ מִפִּיהֶ֔ם וְלֹֽא־תִהְיֶ֥יןָ לָהֶ֖ם לְאׇכְלָֽה׃

כִּ֛י כֹּ֥ה אָמַ֖ר אֲדֹנָ֣י יְהֹוִ֑ה הִנְנִי־אָ֕נִי 11

וְדָרַשְׁתִּ֥י אֶת־צֹאנִ֖י וּבִקַּרְתִּֽים׃ כְּבַקָּרַת֩ רֹעֶ֨ה 12

עֶדְר֜וֹ בְּיוֹם־הֱיוֹת֤וֹ בְתוֹךְ־צֹאנוֹ֙ נִפְרָשׁ֔וֹת כֵּ֖ן אֲבַקֵּ֣ר אֶת־צֹאנִ֑י וְהִצַּלְתִּ֣י אֶתְהֶ֗ם מִכׇּל־הַמְּקוֹמֹת֙ אֲשֶׁ֣ר נָפֹ֣צוּ שָׁ֔ם בְּי֥וֹם עָנָ֖ן וַעֲרָפֶֽל׃ וְהוֹצֵאתִ֣ים 13

מִן־הָעַמִּ֗ים וְקִבַּצְתִּים֙ מִן־הָ֣אֲרָצ֔וֹת וַהֲבִיאֹתִ֖ים אֶל־אַדְמָתָ֑ם וּרְעִיתִים֙ אֶל־הָרֵ֣י יִשְׂרָאֵ֔ל בָּאֲפִיקִ֖ים וּבְכֹ֖ל מוֹשְׁבֵ֣י הָאָֽרֶץ׃ בְּמִרְעֶה־טּ֞וֹב אֶרְעֶ֣ה אֹתָ֗ם 14

אוֹתָ֑ם וּבְדָבָ֥ר מֵר֛וֹם יִשְׂרָאֵ֖ל יְהֹוָ֣ה נִחַ֣ם שָׁ֑ם תִּרְבַּצְנָה֙ בְּנָ֣וֶה ט֔וֹב וּמִרְעֶ֥ה שָׁמֵ֖ן תִּרְעֶ֥ינָה אֶל־הָרֵ֥י יִשְׂרָאֵֽל׃ 15

אֲנִ֨י אֶרְעֶ֤ה צֹאנִי֙ וַאֲנִ֣י אַרְבִּיצֵ֔ם נְאֻ֖ם אֲדֹנָ֣י יְהֹוִֽה׃ אֶת־הָאֹבֶ֤דֶת אֲבַקֵּשׁ֙ וְאֶת־ 16

הַנִּדַּ֣חַת אָשִׁ֔יב וְלַנִּשְׁבֶּ֣רֶת אֶחֱבֹ֔שׁ וְאֶת־הַחוֹלָ֖ה אֲחַזֵּ֑ק וְאֶת־הַשְּׁמֵנָ֧ה וְאֶת־הַחֲזָקָ֛ה אַשְׁמִ֖יד אֶרְעֶ֥נָּה בְמִשְׁפָּֽט׃ וְאַתֵּ֣נָה צֹאנִ֔י כֹּ֤ה אָמַר֙ 17

אֲדֹנָ֣י יְהֹוִ֔ה הִנְנִ֣י שֹׁפֵ֔ט בֵּֽין־שֶׂ֥ה לָשֶׂ֖ה לָאֵילִ֥ים וְלָעַתּוּדִֽים׃ הַמְעַ֣ט מִכֶּ֗ם הַמִּרְעֶ֤ה הַטּוֹב֙ תִּרְע֔וּ 18

וְיֶ֙תֶר֙ מִרְעֵיכֶ֔ם תִּרְמְס֖וּ בְּרַגְלֵיכֶ֑ם וּמִשְׁקַע־מַ֣יִם תִּשְׁתּ֔וּ וְאֵת֙ הַנּ֣וֹתָרִ֔ים בְּרַגְלֵיכֶ֖ם תִּרְפֹּשֽׂוּן׃ וְצֹאנִ֑י מִרְמַ֤ס רַגְלֵיכֶם֙ תִּרְעֶ֔ינָה וּמִרְפַּ֥שׂ רַגְלֵיכֶ֖ם 19

תִּשְׁתֶּֽינָה׃ לָכֵ֗ן כֹּ֥ה אָמַ֛ר אֲדֹנָ֥י 20

יְהֹוִ֖ה אֲלֵיהֶ֑ם הִנְנִי־אָ֔נִי וְשָׁפַטְתִּי֙ בֵּֽין־שֶׂ֣ה בִרְיָ֔ה וּבֵ֥ין שֶׂ֖ה רָזָֽה׃ יַ֗עַן בְּצַ֤ד וּבְכָתֵף֙ תֶּהְדֹּ֔פוּ 21

וּבְקַרְנֵיכֶ֥ם תְּנַגְּח֖וּ כׇּל־הַנַּחְל֑וֹת עַ֣ד אֲשֶׁ֥ר הֲפִיצוֹתֶ֖ם אוֹתָ֥נָה אֶל־הַחֽוּצָה׃ וְהֽוֹשַׁעְתִּ֣י לְצֹאנִ֔י וְלֹֽא־ 22

תִהְיֶ֥ינָה ע֖וֹד לָבַ֑ז וְשָׁ֣פַטְתִּ֔י בֵּ֥ין שֶׂ֖ה לָשֶֽׂה׃ וַהֲקִמֹתִ֨י עֲלֵיהֶ֜ם רֹעֶ֣ה אֶחָ֗ד וְרָעָ֤ה אֶתְהֶן֙ אֵ֣ת 23

עַבְדִּ֣י דָוִ֔יד ה֚וּא יִרְעֶ֣ה אֹתָ֔ם וְהֽוּא־יִהְיֶ֥ה לָהֶ֖ן לְרֹעֶֽה׃ וַאֲנִ֣י יְהֹוָ֗ה אֶהְיֶ֤ה לָהֶם֙ לֵֽאלֹהִ֔ים וְעַבְדִּ֥י 24

דָוִ֖ד נָשִׂ֣יא בְתוֹכָ֑ם אֲנִ֥י יְהֹוָ֖ה דִּבַּֽרְתִּי׃ וְכָרַתִּ֤י 25

לָהֶם֙ בְּרִ֣ית שָׁל֔וֹם וְהִשְׁבַּתִּ֥י חַיָּֽה־רָעָ֖ה מִן־הָאָ֑רֶץ וְיָשְׁב֤וּ בַמִּדְבָּר֙ לָבֶ֔טַח וְיָשְׁנ֖וּ בַּיְּעָרִֽים׃ וְנָתַתִּ֥י אוֹתָ֛ם וּסְבִיב֥וֹת גִּבְעָתִ֖י בְּרָכָ֑ה וְהוֹרַדְתִּ֤י 26

הַגֶּ֙שֶׁם֙ בְּעִתּ֔וֹ גִּשְׁמֵ֥י בְרָכָ֖ה יִהְיֽוּ׃ וְנָתַן֩ עֵ֨ץ הַשָּׂדֶ֜ה 27

אֶת־פִּרְי֗וֹ וְהָאָ֙רֶץ֙ תִּתֵּ֣ן יְבוּלָ֔הּ וְהָי֥וּ עַל־אַדְמָתָ֖ם לָבֶ֑טַח וְיָדְע֗וּ כִּֽי־אֲנִ֤י יְהֹוָה֙ בְּשִׁבְרִי֙ אֶת־מֹט֣וֹת עֻלָּ֔ם וְהִ֨צַּלְתִּ֔ים מִיַּ֖ד הָעֹבְדִ֥ים בָּהֶֽם׃ וְלֹא־יִהְי֨וּ 28

ע֤וֹד בַּז֙ לַגּוֹיִ֔ם וְחַיַּ֥ת הָאָ֖רֶץ לֹ֣א תֹֽאכְלֵ֑ם וְיָשְׁב֥וּ לָבֶ֖טַח וְאֵ֥ין מַחֲרִֽיד׃ וַהֲקִמֹתִ֥י לָהֶ֛ם מַטָּ֖ע לְשֵׁ֑ם 29

וְלֹא־יִהְי֨וּ ע֜וֹד אֲסֻפֵ֤י רָעָב֙ בָּאָ֔רֶץ וְלֹֽא־יִשְׂא֥וּ ע֖וֹד כְּלִמַּ֥ת הַגּוֹיִֽם׃ וְיָדְע֗וּ כִּ֣י אֲנִ֤י יְהֹוָה֙ אֱלֹֽהֵיהֶ֔ם 30

אִתָּ֑ם וְהֵ֗מָּה עַמִּ֛י בֵּ֥ית יִשְׂרָאֵ֖ל נְאֻ֖ם אֲדֹנָ֥י יְהֹוִֽה׃ וְאַתֵּ֥ן צֹאנִ֛י צֹ֥אן מַרְעִיתִ֖י אָדָ֣ם אַתֶּ֑ם אֲנִי֙ אֱלֹ֣הֵיכֶ֔ם 31

נְאֻ֖ם אֲדֹנָ֥י יְהֹוִֽה׃

CAP. XXXV. לה

וַיְהִ֥י דְבַר־יְהֹוָ֖ה אֵלַ֥י לֵאמֹֽר׃ בֶּן־אָדָ֕ם שִׂ֥ים 1,2

31 And they come [a] unto thee β as the people cometh, and γ they sit before thee *as* my people, and they hear thy words, but they will not do them: for [c] with their mouth they δ shew much love, *but* their heart goeth after their covetousness.

32 And, lo, thou *art* unto them as a ζ very lovely song of one that hath a pleasant voice, and can play well on an instrument: for they hear thy words, but they do them not.

33 And when this cometh to pass, (lo, it will come,) then [h] shall they know that a prophet hath been among them.

CHAP. XXXIV.

AND the word of the LORD came unto me, saying,

2 Son of man, prophesy against the shepherds of Israel, prophesy, and say unto them, Thus saith the Lord GOD unto the shepherds, Woe [i] *be* to the shepherds of Israel that do feed themselves! should not the shepherds feed the flocks?

3 Ye [m] eat the fat, and ye clothe you with the wool, ye kill [n] them that are fed: *but* ye feed not the flock.

4 The [o] diseased have ye not strengthened, neither have ye healed that which was sick, neither have ye bound up *that which was* broken, neither have ye brought again that which was driven away, neither have ye sought [q] that which was lost; but with force [r] and with cruelty have ye ruled them.

5 And [s] they were scattered, κ because [t] *there is* no shepherd: and they became meat [u] to all the beasts of the field when they were scattered.

6 My sheep wandered [w] through all the mountains, and upon every high hill: yea, my flock was scattered [x] upon all the face of the earth, and none did search or seek *after them.*

7 Therefore, ye shepherds, hear the word of the LORD;

8 *As* I live, saith the Lord GOD, surely because my flock became a prey, and my flock became meat to every beast of the field, because *there was* no shepherd, neither did my shepherds search for my flock, but the shepherds fed [e] themselves, and fed not my flock;

9 Therefore, O ye shepherds, hear the word of the LORD;

10 Thus saith the Lord GOD, Behold, I *am* against the shepherds; and I will require [f] my flock at their hand, and cause them to cease [g] from feeding the flock; neither shall the shepherds feed themselves any more: for I will deliver my flock from their mouth, that they may not be meat for them.

11 For thus saith the Lord GOD, Behold I, *even* I, will both search my sheep, and seek [h] them out.

12 λ As a shepherd seeketh out his flock in the day that he is among his sheep *that are* scattered; so will I seek out my sheep, and will deliver them out of all places where they have been scattered in the cloudy and dark [k] day.

13 And [l] I will bring them out from the people, and gather them from the countries, and will bring them to their own land, and feed them upon the mountains of Israel by the rivers, and in all the inhabited places of the country.

14 I [n] will feed them in a good pasture, and upon the high mountains of Israel

shall their fold be: there [b] shall they lie in a good fold, and *in* a fat pasture shall they feed upon the mountains of Israel.

15 I will feed [d] my flock, and I will cause them to lie down, saith the Lord GOD.

16 I will seek [e] that which was lost, and bring again that which was driven away, and will bind up *that which was* broken, and will strengthen that which was sick: but I will destroy [f] the fat and the strong; I will feed them with judgment. [g]

17 And *as for* you, O my flock, thus saith the Lord GOD, Behold, I judge between η cattle and cattle, between [i] the rams and the θ he-goats.

18 *Seemeth it* a small thing unto you to have eaten up the good pasture, but ye must tread down [k] with your feet the residue of your pastures? and to have drunk of the deep waters, but ye must foul the residue with your feet?

19 And *as for* my flock, they eat that which ye have trodden with your feet; and they drink that which ye have fouled with your feet.

20 Therefore, thus saith the Lord GOD unto them, Behold I, *even* I, will judge between the fat cattle and between the lean cattle.

21 Because ye have thrust with side and with shoulder, and pushed all the [p] diseased with your horns, till ye have scattered them abroad ;

22 Therefore will I save my flock, and they shall no more be a prey; and I will judge between cattle and cattle.

23 And I will set up one [v] Shepherd over them, and he shall feed them, *even* my servant David ; he shall feed them, and he shall be their shepherd.

24 And I [y] the LORD will be their God, and my servant David a prince [z] among them ; I the LORD have spoken *it.*

25 And I will make with them a covenant of peace, and will cause the evil beasts [a] to cease out of the land ; and they shall dwell safely [b] in the wilderness, and sleep in the woods.

26 And I will make them [c] and the [d] places round about my hill a blessing ; and I will cause the shower to come down in his season : there shall be showers of blessing.

27 And the tree of the field shall yield her fruit, and the earth shall yield her increase, and they shall be safe in their land, and shall know that I *am* the LORD, when I have broken the bands of their yoke, and delivered them out of the hand of those that served themselves of them.

28 And they shall no more be a prey to the heathen, neither shall the beasts of the land devour them : but they shall dwell safely, and none shall make *them* afraid.

29 And [i] I will raise up for them a Plant μ of renown, and they shall be no more ν consumed with hunger in the land, neither bear the shame of the heathen any more.

30 Thus shall they know that I the LORD their God *am* with them, and *that* they, *even* the house of Israel, *are* my people, saith the Lord GOD.

31 And ye my flock, the flock [m] of my pasture, *are* men, *and* I *am* your God, saith the Lord GOD.

CHAP. XXXV.

MOREOVER, the word of the LORD came unto me, saying,

B. C. 587.

a ch. 14. 1.
   20. 1.
β *according to the coming of the people.*
b Je. 33. 12.
γ or, *my people.*
c De.5.28,29
   Ps. 78. 36.
   Is. 29. 13.
d Je. 3. 15.
   Jno.21.15.
δ *make loves,* or, *jests.*
e Mi. 4. 6.
   Mat.18.11..
     14.
   Mar. 2. 17.
   Lu. 5. 32.
ζ *song of loves.*
f Am. 4. 1,2.
g Je. 10. 24.
   Mi. 7. 14.
h 1 Sa. 3. 19.
η *small cattle,of lambs and kids.*
i Mat. 25.32.
θ *great he-goats.*
k Lu. 11. 52.
l Je. 23. 1.
   Zec. 11. 16.
m Is. 56. 11.
n Mi. 3. 1, 3.
o Je. 8. 22.
   He. 12. 12.
p Lu.13.14..16
q Lu. 15. 4.
r 1 Pe. 5. 2,3.
s Mat. 9. 36.
κ or,*without a shepherd.*
t Zec. 10.2,3.
u Je.12. 9..12.
   Jno. 10. 12.
v Je. 23. 4, 5.
   Jno. 10. 11.
   He. 13. 20.
w 1 Pe. 2. 25.
x Jno. 10. 16.
y Ex. 29. 45.
   Is. 43. 2, 3.
   Re. 21. 3.
z Lu. 1.32,33.
a Is. 35. 9.
b Je. 23. 6.
c Zec. 8. 13.
d Ps. 133. 3.
e Ac. 20. 33.
   1 Co. 9. 15
f ch.3.18,20.
   He. 13. 17.
g 1Sa.2.29..36
h Ps.119.176.
   Lu. 19. 10.
λ *according to the seeking.*
i Is. 11.1,&c.
μ or, *for.*
ν *taken away*
k Is. 50. 10.
   Joel 2. 1, 3.
l Is. 65. 9,10.
   Je. 23. 3, 4.
m Lu.12. 32.
n Ps. 23. 1, 2.
   Is. 40. 11.

3 וְאָמַרְתָּ לּוֹ כֹּה אָמַר אֲדֹנָי יְהוִֹה הִנְנִי אֵלֶיךָ הַר־שֵׂעִיר וְנָטִיתִי יָדִי עָלֶיךָ וּנְתַתִּיךָ שְׁמָמָה וּמְשַׁמָּה׃

4 עָרֶיךָ חָרְבָּה אָשִׂים וְאַתָּה שְׁמָמָה תִהְיֶה וְיָדַעְתָּ כִּי־אֲנִי יְהוָה׃

5 יַעַן הֱיוֹת לְךָ אֵיבַת עוֹלָם וַתַּגֵּר אֶת־בְּנֵי־יִשְׂרָאֵל עַל־יְדֵי־חָרֶב בְּעֵת אֵידָם בְּעֵת עֲוֹן קֵץ׃

6 לָכֵן חַי־אָנִי נְאֻם אֲדֹנָי יְהוִֹה כִּי־לְדָם אֶעֶשְׂךָ וְדָם יִרְדְּפֶךָ אִם־לֹא דָם שָׂנֵאתָ וְדָם יִרְדְּפֶךָ׃

7 וְנָתַתִּי אֶת־הַר שֵׂעִיר לְשִׁמְמָה וּשְׁמָמָה וְהִכְרַתִּי מִמֶּנּוּ עֹבֵר וָשָׁב׃

8 וּמִלֵּאתִי אֶת־הָרָיו חֲלָלָיו גִּבְעוֹתֶיךָ וְגֵאוֹתֶיךָ וְכָל־אֲפִיקֶיךָ חַלְלֵי־חֶרֶב יִפְּלוּ בָהֶם׃

9 שִׁמְמוֹת עוֹלָם אֶתֶּנְךָ וְעָרֶיךָ לֹא תָשֹׁבְנָה וִידַעְתֶּם כִּי־אֲנִי יְהוָה׃

10 יַעַן אֲמָרְךָ אֶת־שְׁנֵי הַגּוֹיִם וְאֶת־שְׁתֵּי הָאֲרָצוֹת לִי תִהְיֶינָה וִירֵשְׁנוּהָ וַיהוָה שָׁם הָיָה׃

11 לָכֵן חַי־אָנִי נְאֻם אֲדֹנָי יְהוִֹה וְעָשִׂיתִי כְּאַפְּךָ וּכְקִנְאָתְךָ אֲשֶׁר עָשִׂיתָה מִשִּׂנְאָתֶיךָ בָּם וְנוֹדַעְתִּי בָם כַּאֲשֶׁר אֶשְׁפְּטֶךָ׃

12 וְיָדַעְתָּ כִּי־אֲנִי יְהוָה שָׁמַעְתִּי אֶת־כָּל־נָאָצוֹתֶיךָ אֲשֶׁר אָמַרְתָּ עַל־הָרֵי יִשְׂרָאֵל לֵאמֹר שָׁמֵמוּ לָנוּ נִתְּנוּ לְאָכְלָה׃

13 וַתַּגְדִּילוּ עָלַי בְּפִיכֶם וְהַעְתַּרְתֶּם עָלַי דִּבְרֵיכֶם אֲנִי שָׁמָעְתִּי׃

14 כֹּה אָמַר אֲדֹנָי יְהוִֹה כִּשְׂמֹחַ כָּל־הָאָרֶץ שְׁמָמָה אֶעֱשֶׂה־לָּךְ׃

15 כְּשִׂמְחָתְךָ לְנַחְלַת בֵּית־יִשְׂרָאֵל עַל אֲשֶׁר־שָׁמֵמָה כֵּן אֶעֱשֶׂה־לָּךְ שְׁמָמָה תִהְיֶה הַר־שֵׂעִיר וְכָל־אֱדוֹם כֻּלָּהּ וְיָדְעוּ כִּי־אֲנִי יְהוָה׃

16 וַיְהִי דְבַר־יְהוָה אֵלַי לֵאמֹר׃

17 בֶּן־אָדָם בֵּית יִשְׂרָאֵל יֹשְׁבִים עַל־אַדְמָתָם וַיְטַמְּאוּ אוֹתָהּ בְּדַרְכָּם וּבַעֲלִילוֹתָם כְּטֻמְאַת הַנִּדָּה הָיְתָה דַרְכָּם לְפָנָי׃

CAP. XXXVI. לו

1 וְאַתָּה בֶן־אָדָם הִנָּבֵא אֶל־הָרֵי יִשְׂרָאֵל וְאָמַרְתָּ הָרֵי יִשְׂרָאֵל שִׁמְעוּ דְּבַר־יְהוָה׃

2 כֹּה אָמַר אֲדֹנָי יְהוִֹה יַעַן אָמַר הָאוֹיֵב עֲלֵיכֶם הֶאָח וּבָמוֹת עוֹלָם לְמוֹרָשָׁה הָיְתָה לָּנוּ׃

3 לָכֵן הִנָּבֵא וְאָמַרְתָּ כֹּה אָמַר אֲדֹנָי יְהוִֹה יַעַן בְּיַעַן שַׁמּוֹת וְשָׁאֹף אֶתְכֶם מִסָּבִיב לִהְיוֹתְכֶם מוֹרָשָׁה לִשְׁאֵרִית הַגּוֹיִם וַתֵּעֲלוּ עַל־שְׂפַת לָשׁוֹן וְדִבַּת־עָם׃

4 לָכֵן הָרֵי יִשְׂרָאֵל שִׁמְעוּ דְּבַר־אֲדֹנָי יְהוִֹה כֹּה־אָמַר אֲדֹנָי יְהוִֹה לֶהָרִים וְלַגְּבָעוֹת לָאֲפִיקִים וְלַגֵּאָיוֹת וְלֶחֳרָבוֹת הַשֹּׁמְמוֹת וְלֶעָרִים הַנֶּעֱזָבוֹת אֲשֶׁר הָיוּ לְבַז וּלְלַעַג לִשְׁאֵרִית הַגּוֹיִם אֲשֶׁר מִסָּבִיב׃

5 לָכֵן כֹּה־אָמַר אֲדֹנָי יְהוִֹה אִם־לֹא בְּאֵשׁ קִנְאָתִי דִבַּרְתִּי עַל־

2 Son of man, set thy face against mount Seir,[b] and prophesy[c] against it,

3 And say unto it, Thus saith the Lord GOD, Behold, O mount Seir, I *am* against thee,&I will stretch out mine hand against thee, and I will make thee β most desolate.

4 I will lay thy cities waste, and thou shalt be desolate; and thou shalt know that I *am* the LORD.

5 Because thou hast had a γ perpetual hatred, and hast δ shed *the blood of* the children of Israel by the ζ force of the sword in the time of their calamity, in the time *that their* iniquity *had* an ξ end :

6 Therefore,[h] *as* I live, saith the LordGOD, I will prepare thee unto blood, and blood shall pursue thee : sith [k] thou hast not hated blood, even blood shall pursue thee.

7 Thus will I make mount Seir η most desolate, and cut off from it him [m] that passeth out, and him that returneth.

8 And I will fill his mountains [n] with his slain *men :* in thy hills, and in thy valleys, and in all thy rivers, shall they fall that are slain with the sword.

9 I will make thee perpetual desolations, and thy cities[p] shall not return ; and ye shall know that I *am* the LORD.

10 Because thou hast said, These two nations, and these two countries, shall be mine, and we will possess it; θ whereas the LORD[s] was there :

11 Therefore, *as* I live, saith the Lord GOD, I will even do according[v] to thine anger, and according to thine envy, which thou hast used out of thy hatred against them ; and I will make myself known among them, when I have judged thee.

12 And thou shalt know that I *am* the LORD, *and that* I have heard[x] all thy blasphemies which thou hast spoken against the mountains of Israel, saying, They are laid desolate, they are given us [z] to λ consume.

13 Thus with your mouth ye have μ boasted against me, and have multiplied [a] your words against me : I have heard *them*.

14 Thus saith the Lord GOD, When the [c] whole earth rejoiceth, I will make thee desolate.

15 As thou didst rejoice at the inheritance of the house of Israel, because it was desolate, so will I do unto thee : thou shalt be desolate, O mount Seir, and all Idumea, *even* all of it ; and they shall know that I *am* the LORD.

CHAP. XXXVI.

ALSO, thou son of man, prophesy unto the mountains of Israel, and say, Ye mountains of Israel, hear the word of the LORD.

2 Thus saith the Lord GOD, Because the enemy hath said against you, Aha, even the ancient high[g] places are our's in [h] possession ;

3 Therefore prophesy and say, Thus saith the Lord GOD, ν Because they have made *you* desolate, and swallowed you up on every side, that ye might be a possession unto the residue of the heathen, and ye are π taken up [k] in the lips of talkers, and *are* an infamy of the people :

4 Therefore, ye mountains of Israel, hear the word of the Lord GOD : Thus saith the LordGOD to the mountains and to the hills, to ye[p]rivers and to ye valleys,to ye desolate wastes and to the cities that are forsaken, which became a prey[n] and derision[o] to the residue of ye heathen that *are* round about ;

5 Therefore thus saith the Lord GOD,

B. C. 587.

a Zep. 3. 8.
b De. 2. 5.
c ch.25.12,&c
Je. 49.7,&c.
Am.1.11,12.
Ob. 10, &c.
d Is. 34. 5,6.
La. 4. 21.
e ch.35.10,11.
β *desolation and desolation,*
γ *or, hatred of old.*
ch. 25. 15.
δ *poured out the children.*
ζ *hands.*
f Ps. 123. 3,4.
g ch.21.25,29.
h Ps. 137. 7.
i ch. 20. 5.
k Ps. 109. 17.
l Am.9.13,14.
η *desolation and desolation,* ver. 3.
m Ju. 5. 6,7.
n ch. 32. 5.
o Ps. 99. 8.
p Mal. 1. 3,4.
q Is. 61. 4.
r Je. 31. 27.
33. 12.
θ *or, though.*
s Is. 54. 7 .10.
t ch. 48. 35.
Ps. 48. 1.3.
132. 13.
u Is. 52. 4..6.
v Ja. 2. 13.
w Ob. 17,&c.
x Ps.94.9,10.
y Nu. 13. 32.
κ *or, cause to fall.*
z ch. 36. 2.
Ps.83.12,13.
λ *devour.*
μ *magnified.*
a 1 Sa. 2. 3.
Ps. 73. 8, 9.
b Ps.89.50,51.
Zep. 2. 8.
c Is.65.13,14.
d Lé. 18. 25..
28.
Je. 2. 7.
e Le.15.19,&c
f ch.16.36,38.
23. 37.
g De. 32.13.
h ch. 35. 10.
ν *Because for because.*
i Ro. 2. 24.
π *or, made to come upon the lip of the tongue.*
k Ps. 79. 10.
l Ps. 74. 18.
ρ *or,bottoms, or, dales.*
m Ps. 115. 1.
n Je.25.9..13.
29. 10.
o Ps. 79. 4.
p Ps. 106. 8.

Surely in the fire [a] of my jealousy have I spoken against the residue of the heathen, and against all Idumea,[d] which have appointed [e] my land into their possession with the joy of all *their* heart, with despiteful minds, to cast it out for a prey.

6 Prophesy, therefore, concerning the land of Israel, and say unto the mountains and to the hills, to the rivers and to the valleys, Thus saith the Lord GOD, Behold, I have spoken in my jealousy and in my fury, because ye have borne the[f] shame of the heathen.

7 Therefore, thus saith the Lord GOD, I have lifted [i] up mine hand, Surely the heathen that *are* about you, they shall bear their shame.

8 But ye, O mountains[l] of Israel, ye shall shoot forth your branches, and yield your fruit to my people of Israel ; for they are at hand to come.

9 For,behold, I *am* for you, and I will turn unto[o] you, and ye shall be tilled and sown.

10 And I will multiply men upon you, all the house of Israel, *even* all of it : and the cities shall be inhabited, and the[q] wastes shall be builded :

11 And [r] I will multiply upon you man and beast ; and they shall increase and bring fruit ; and I will settle you after your old estates, and will do better[s] *unto you* than at your beginnings ; and ye shall know [u] that I *am* the LORD.

12 Yea, I will cause men to walk upon you, *even* my people Israel ; and[w] they shall possess thee, and thou shalt be their inheritance, and thou shalt no more henceforth bereave them *of men*.

13 Thus saith the Lord GOD, Because they say unto you, Thou *land* devourest up [y] men, and hast bereaved thy nations ;

14 Therefore thou shalt devour men no more, neither κ bereave thy nations any more, saith the Lord GOD.

15 Neither will I cause *men* to hear in thee the shame of the heathen any more, neither shalt thou bear the reproach [b] of the people any more, neither shalt thou cause thy nations to fall any more, saith the Lord GOD.

16 Moreover, the word of the LORD came unto me, saying,

17 Son of man, when the house of Israel dwelt in their own land, they defiled [d] it by their own way, and by their doings : their way was before me as the uncleanness [e] of a removed woman.

18 Wherefore I poured my fury upon them for the blood[f] that they had shed upon the land, and for their idols *wherewith* they had polluted it :

19 And I scattered them among the heathen, and they were dispersed through the countries : according to their way, and according to their doings, I judged them.

20 And when they entered unto the heathen, whither they went, they[i] profaned my holy name, when they said to them, These *are* the people of the LORD, and are gone forth out of his land.

21 But I had pity for mine holy[l] name, which the house of Israel had profaned among the heathen, whither they went.

22 Therefore say unto the house of Israel, Thus saith the Lord GOD, I do not *this* for your[m] sakes, O house of Israel, but for mine[p] holy name's sake, which ye have profaned among the heathen whither ye went.

534

הַגּוֹיִם בְּתוֹכָם וְיָדְעוּ הַגּוֹיִם כִּי־אֲנִי יְהוָה נְאֻם

24 אֲדֹנָי יְהוִה בְּהִקָּדְשִׁי בָכֶם לְעֵינֵיהֶם: וְלָקַחְתִּי
אֶתְכֶם מִן־הַגּוֹיִם וְקִבַּצְתִּי אֶתְכֶם מִכָּל־הָאֲרָצוֹת

25 וְהֵבֵאתִי אֶתְכֶם אֶל־אַדְמַתְכֶם: וְזָרַקְתִּי עֲלֵיכֶם
מַיִם טְהוֹרִים וּטְהַרְתֶּם מִכֹּל טֻמְאוֹתֵיכֶם וּמִכָּל־

26 גִּלּוּלֵיכֶם אֲטַהֵר אֶתְכֶם: וְנָתַתִּי לָכֶם לֵב
חָדָשׁ וְרוּחַ חֲדָשָׁה אֶתֵּן בְּקִרְבְּכֶם וַהֲסִרֹתִי אֶת־
לֵב הָאֶבֶן מִבְּשַׂרְכֶם וְנָתַתִּי לָכֶם לֵב בָּשָׂר:

27 וְאֶת־רוּחִי אֶתֵּן בְּקִרְבְּכֶם וְעָשִׂיתִי אֵת אֲשֶׁר־
בְּחֻקַּי תֵּלֵכוּ וּמִשְׁפָּטַי תִּשְׁמְרוּ וַעֲשִׂיתֶם:

28 וִישַׁבְתֶּם בָּאָרֶץ אֲשֶׁר נָתַתִּי לַאֲבֹתֵיכֶם וִהְיִיתֶם

29 לִי לְעָם וְאָנֹכִי אֶהְיֶה לָכֶם לֵאלֹהִים: וְהוֹשַׁעְתִּי
אֶתְכֶם מִכֹּל טֻמְאוֹתֵיכֶם וְקָרָאתִי אֶל־הַדָּגָן

30 וְהִרְבֵּיתִי אֹתוֹ וְלֹא־אֶתֵּן עֲלֵיכֶם רָעָב: וְהִרְבֵּיתִי
אֶת־פְּרִי הָעֵץ וּתְנוּבַת הַשָּׂדֶה לְמַעַן אֲשֶׁר לֹא

31 תִקְחוּ עוֹד חֶרְפַּת רָעָב בַּגּוֹיִם: וּזְכַרְתֶּם אֶת־
דַּרְכֵיכֶם הָרָעִים וּמַעַלְלֵיכֶם אֲשֶׁר לֹא־טוֹבִים
וּנְקֹטֹתֶם בִּפְנֵיכֶם עַל עֲוֹנֹתֵיכֶם וְעַל תּוֹעֲבֹתֵיכֶם:

32 לֹא לְמַעַנְכֶם אֲנִי־עֹשֶׂה נְאֻם אֲדֹנָי יְהוִה יִוָּדַע לָכֶם
בּוֹשׁוּ וְהִכָּלְמוּ מִדַּרְכֵיכֶם בֵּית יִשְׂרָאֵל:

33 כֹּה אָמַר אֲדֹנָי יְהוִה בְּיוֹם טַהֲרִי אֶתְכֶם מִכֹּל עֲוֹנֹתֵיכֶם
וְהוֹשַׁבְתִּי אֶת־הֶעָרִים וְנִבְנוּ הֶחֳרָבוֹת:

34 וְהָאָרֶץ הַנְּשַׁמָּה תֵּעָבֵד תַּחַת אֲשֶׁר הָיְתָה שְׁמָמָה לְעֵינֵי
כָּל־עוֹבֵר: וְאָמְרוּ הָאָרֶץ הַלֵּזוּ הַנְּשַׁמָּה הָיְתָה

35 כְּגַן־עֵדֶן וְהֶעָרִים הֶחֳרֵבוֹת וְהַנְּשַׁמּוֹת וְהַנֶּהֱרָסוֹת
בְּצוּרוֹת יָשָׁבוּ: וְיָדְעוּ הַגּוֹיִם אֲשֶׁר יִשָּׁאֲרוּ

36 סְבִיבוֹתֵיכֶם כִּי־אֲנִי יְהוָה בָּנִיתִי הַנֶּהֱרָסוֹת נָטַעְתִּי
הַנְּשַׁמָּה אֲנִי יְהוָה דִּבַּרְתִּי וְעָשִׂיתִי: כֹּה

37 אָמַר אֲדֹנָי יְהוִה עוֹד זֹאת אִדָּרֵשׁ לְבֵית־יִשְׂרָאֵל
לַעֲשׂוֹת לָהֶם אַרְבֶּה אֹתָם כַּצֹּאן אָדָם: כְּצֹאן

38 קָדָשִׁים כְּצֹאן יְרוּשָׁלִַם בְּמוֹעֲדֶיהָ כֵּן תִּהְיֶינָה
הֶעָרִים הֶחֳרֵבוֹת מְלֵאוֹת צֹאן אָדָם וְיָדְעוּ כִּי־אֲנִי
יְהוָה:

CAP. XXXVII. לז

1 הָיְתָה עָלַי יַד־יְהוָה וַיּוֹצִאֵנִי בְרוּחַ יְהוָה וַיְנִיחֵנִי
בְּתוֹךְ הַבִּקְעָה וְהִיא מְלֵאָה עֲצָמוֹת: וְהֶעֱבִירַנִי

2 עֲלֵיהֶם סָבִיב סָבִיב וְהִנֵּה רַבּוֹת מְאֹד עַל־פְּנֵי
הַבִּקְעָה וְהִנֵּה יְבֵשׁוֹת מְאֹד: וַיֹּאמֶר אֵלַי בֶּן־אָדָם

3 הֲתִחְיֶינָה הָעֲצָמוֹת הָאֵלֶּה וָאֹמַר אֲדֹנָי יְהוִה אַתָּה

4 יָדָעְתָּ: וַיֹּאמֶר אֵלַי הִנָּבֵא עַל־הָעֲצָמוֹת
הָאֵלֶּה וְאָמַרְתָּ אֲלֵיהֶם הָעֲצָמוֹת הַיְבֵשׁוֹת שִׁמְעוּ

5 דְּבַר־יְהוָה: כֹּה אָמַר אֲדֹנָי יְהוִה
לָעֲצָמוֹת הָאֵלֶּה הִנֵּה אֲנִי מֵבִיא בָכֶם רוּחַ

6 וִחְיִיתֶם: וְנָתַתִּי עֲלֵיכֶם גִּדִים וְהַעֲלֵתִי עֲלֵיכֶם
בָּשָׂר וְקָרַמְתִּי עֲלֵיכֶם עוֹר וְנָתַתִּי בָכֶם רוּחַ

7 וִחְיִיתֶם וִידַעְתֶּם כִּי־אֲנִי יְהוָה: וְנִבֵּאתִי כַּאֲשֶׁר
צֻוֵּיתִי וַיְהִי־קוֹל כְּהִנָּבְאִי וְהִנֵּה־רַעַשׁ וַתִּקְרְבוּ

8 עֲצָמוֹת עֶצֶם אֶל־עַצְמוֹ: וְרָאִיתִי וְהִנֵּה־עֲלֵיהֶם
גִּדִים וּבָשָׂר עָלָה וַיִּקְרַם עֲלֵיהֶם עוֹר מִלְמָעְלָה

9 וְרוּחַ אֵין בָּהֶם: וַיֹּאמֶר אֵלַי הִנָּבֵא אֶל־הָרוּחַ
הִנָּבֵא בֶן־אָדָם וְאָמַרְתָּ אֶל־הָרוּחַ כֹּה־אָמַר אֲדֹנָי
יְהוִה מֵאַרְבַּע רוּחוֹת בֹּאִי הָרוּחַ וּפְחִי בַּהֲרוּגִים

10 הָאֵלֶּה וְיִחְיוּ: וְהִנַּבֵּאתִי כַּאֲשֶׁר צִוָּנִי וַתָּבוֹא בָהֶם
הָרוּחַ וַיִּחְיוּ וַיַּעַמְדוּ עַל־רַגְלֵיהֶם חַיִל גָּדוֹל מְאֹד

11 מְאֹד: וַיֹּאמֶר אֵלַי בֶּן־אָדָם הָעֲצָמוֹת הָאֵלֶּה כָּל־
בֵּית יִשְׂרָאֵל הֵמָּה הִנֵּה אֹמְרִים יָבְשׁוּ עַצְמוֹתֵינוּ

12 וְאָבְדָה תִקְוָתֵנוּ נִגְזַרְנוּ לָנוּ: לָכֵן הִנָּבֵא וְאָמַרְתָּ
אֲלֵיהֶם כֹּה־אָמַר אֲדֹנָי יְהוִה הִנֵּה אֲנִי פֹתֵחַ אֶת־
קִבְרוֹתֵיכֶם וְהַעֲלֵיתִי אֶתְכֶם מִקִּבְרוֹתֵיכֶם עַמִּי

13 וְהֵבֵאתִי אֶתְכֶם אֶל־אַדְמַת יִשְׂרָאֵל: וִידַעְתֶּם כִּי־
אֲנִי יְהוָה בְּפִתְחִי אֶת־קִבְרוֹתֵיכֶם וּבְהַעֲלוֹתִי

14 אֶתְכֶם מִקִּבְרוֹתֵיכֶם עַמִּי: וְנָתַתִּי רוּחִי בָכֶם
וִחְיִיתֶם וְהִנַּחְתִּי אֶתְכֶם עַל־אַדְמַתְכֶם וִידַעְתֶּם
כִּי־אֲנִי יְהוָה דִּבַּרְתִּי וְעָשִׂיתִי נְאֻם־יְהוָה:

15 וַיְהִי דְבַר־יְהוָה אֵלַי לֵאמֹר: וְאַתָּה בֶן־אָדָם קַח־
16 לְךָ עֵץ אֶחָד וּכְתֹב עָלָיו לִיהוּדָה וְלִבְנֵי יִשְׂרָאֵל
חֲבֵרָו וּלְקַח עֵץ אֶחָד וּכְתוֹב עָלָיו לְיוֹסֵף עֵץ אֶפְרַיִם

17 וְכָל־בֵּית יִשְׂרָאֵל חֲבֵרָו: וְקָרַב אֹתָם אֶחָד אֶל־
אֶחָד לְךָ לְעֵץ אֶחָד וְהָיוּ לַאֲחָדִים בְּיָדֶךָ: וְכַאֲשֶׁר

18 יֹאמְרוּ אֵלֶיךָ בְּנֵי עַמְּךָ לֵאמֹר הֲלוֹא־תַגִּיד לָנוּ
19 מָה־אֵלֶּה לָּךְ: דַּבֵּר אֲלֵהֶם כֹּה־אָמַר אֲדֹנָי יְהוִה
הִנֵּה אֲנִי לֹקֵחַ אֶת־עֵץ יוֹסֵף אֲשֶׁר בְּיַד־אֶפְרַיִם

20 וְשִׁבְטֵי יִשְׂרָאֵל חֲבֵרָו וְנָתַתִּי אוֹתָם עָלָיו אֶת־עֵץ
יְהוּדָה וַעֲשִׂיתִם לְעֵץ אֶחָד וְהָיוּ אֶחָד בְּיָדִי: וְהָיוּ

21 הָעֵצִים אֲשֶׁר־תִּכְתֹּב עֲלֵיהֶם בְּיָדְךָ לְעֵינֵיהֶם:
וְדַבֵּר אֲלֵיהֶם כֹּה־אָמַר אֲדֹנָי יְהוִה הִנֵּה אֲנִי לֹקֵחַ
אֶת־בְּנֵי יִשְׂרָאֵל מִבֵּין הַגּוֹיִם אֲשֶׁר הָלְכוּ־שָׁם

23 And I[a] will sanctify my great name, which was profaned among the heathen, which ye have profaned in the midst of them; and the heathen shall know that I *am* the LORD, saith the Lord GOD, when I shall be sanctified in you[c] before [β] their eyes.

24 For I[d] will take you from among the heathen, and gather you out of all countries, & will bring you into your own land.

25 Then[f] will I sprinkle clean water[g] upon you, and ye shall be clean: from all your filthiness,[i] and from all your idols, will I cleanse you.

26 A new heart[k] also will I give you, and a new spirit will I put within you; and I will take away the stony[l] heart out of your flesh, and I will give you an heart of flesh.[m]

27 And I will put my Spirit[n] within you, and cause you to walk[o] in my statutes, and ye shall keep my judgments, and do *them*.

28 And ye shall dwell in the land that I gave to your fathers; and ye shall be my people,[q] and I will be your God.

29 I will also save[z] you from all your uncleannesses; and I will call[i] for the corn, and will increase it, and lay no famine upon you.

30 And I will multiply the fruit of the tree, and the increase of the field, that ye shall receive no more reproach of famine among the heathen.

31 Then shall ye remember[x] your own evil ways, and your doings that *were* not good, and shall loathe[z] yourselves in your own sight, for your iniquities, and for your abominations.

32 Not[a] for your sakes do I *this*, saith the Lord GOD, be it known unto you: be ashamed and confounded for your own ways, O house of Israel.

33 Thus saith the Lord GOD, In the day that I shall have cleansed you from all your iniquities, I will also cause *you* to dwell[b] in the cities, and the wastes shall be builded.

34 And the desolate land shall be tilled, whereas it lay desolate in the sight of all that passed by.

35 And they shall say, This land that was desolate is become like the garden of Eden;[d] and the waste, and desolate, and ruined cities, *are become* fenced, *and* are inhabited.

36 Then the heathen, that are left round about you, shall know that I the LORD build the ruined *places*, *and* plant that that was desolate: I the LORD have spoken *it*, and I will do[e] *it*.

37 Thus saith the Lord GOD, I will yet *for* this be inquired of[g] by the house of Israel,[h] to do *it* for them; I will increase them with men like a flock.

38 As the [δ] holy flock, as the flock of Jerusalem in her solemn feasts, so shall the waste cities be filled with flocks of men; and they shall know that I *am* the LORD.

CHAP. XXXVII.

THE hand of the LORD was upon me, and carried me out in the Spirit[i] of the LORD, and set me down in the midst of the valley which *was* full of bones,

2 And caused me to pass by them round about: and, behold, *there were* very many in y[e]open [ζ]valley; and, lo, *they were* very dry.

3 And he said unto me, Son of man, can these bones live? And I answered, O Lord GOD, thou[l] knowest.

4 Again he said unto me, Prophesy upon

these bones, and say unto them, O ye dry bones, hear the word of the LORD.

5 Thus saith the Lord GOD unto these bones, Behold, I will cause breath[b] to enter into you, and ye shall live:

6 And I will lay sinews upon you, and will bring up flesh upon you, and cover you with skin, and put breath in you, and ye shall live; and ye shall[e] know that I *am* the LORD.

7 So I prophesied as I was commanded: and as I prophesied there was a[h] noise. and, behold, a shaking, and the bones came together, bone to his bone.

8 And when I beheld, lo, the sinews and the flesh came up upon them, and the skin covered them above; but *there was* no breath in them.

9 Then said he unto me, Prophesy unto the [γ]wind, prophesy, son of man, and say to the wind, Thus saith the Lord GOD, Come[p] from the four winds, O breath, and breathe upon these slain, that they may live.

10 So I prophesied as he commanded me, and the breath came[r] into them, and they lived, and stood up upon their feet, an exceeding great army.

11 Then he said unto me, Son of man, these bones are the whole[u] house of Israel: behold they say,[v] Our bones are dried, and our hope is lost; we are cut off for our parts.

12 Therefore prophesy,[w] and say unto them, Thus saith the Lord GOD, Behold, O my people, I[y] will open your graves,and cause you to come up out of your graves, and bring you into the land of Israel.

13 And ye shall know that I *am* the LORD, when I have opened your graves,O my people, and brought you up out of your graves,

14 And shall put my Spirit in you, and ye shall live; and I shall place you in your own land: then shall ye know that I the LORD have spoken *it*, and performed *it*, saith the LORD.

15 The word of the LORD came again unto me, saying,

16 Moreover, thou son of man, take thee one stick, and write upon it,For Judah, and for the children of Israel[c] his companions: then take another stick, and write upon it, For Joseph, the stick of Ephraim, and *for* all the house of Israel his companions:

17 And join them one to another into one stick; and they shall become one in thine hand.

18 And when the children of thy people shall speak unto thee, saying, Wilt thou not shew us what thou *meanest* by these?

19 Say[f] unto them, Thus saith the Lord GOD, Behold, I will take the stick of Joseph, which *is* in the hand of Ephraim, and the tribes of Israel his fellows, and will put them with him, *even* with the stick of Judah, and make them one stick, and they shall be one in mine hand.

20 And the sticks whereon thou writest shall be in thine hand before their eyes.

21 And say unto them, Thus saith the Lord GOD, Behold, I will take the children of Israel from among the heathen, whither they be gone, and will gather them on every side, and bring them into their own land:

22 And I[k] will make them one nation in the land upon the mountains of Israel; and one king shall be king to them all; and they shall be no more two nations, neither shall they be divided into two kingdoms, any more at all:

Center reference column:

B. C. 587.

a Ps. 46. 10.
b ver. 9, 10.
c ch. 20. 41.
   28. 22.
   1 Pe. 2. 9.
β or, *your*.
d ch. 34. 13.
   37.21,&c.
   Ps. 107.2,3.
e Joel 2. 27.
f Is. 52. 15.
   He. 10. 22.
g Jn[o]. 3. 5.
h Ac. 2. 2, &c.
i Je. 33. 8.
   Zec. 13. 1.
   1 Co. 6. 11.
k ch. 11. 19.
   Ps. 51. 10.
   Je. 32. 39.
l Zec. 7. 12.
m De. 30. 6.
   2 Co. 3. 3.
n Ro. 8. 9, 15.
   1 Co. 3. 16.
   Ep. 1.13,14.
   1 Jn[o]. 3. 24.
γ or, *breath*.
o Ga. 5. 16.
   Col. 2. 6.
   1Jn[o].1.6,7.
   2Jn[o]. 6.
p Ca. 4. 16.
q Ho. 1. 10.
r Ps. 104. 30.
   Re. 11. 11.
s Mat. 1. 21.
   Ro. 6. 14.
   11. 26.
t Ho.2.21,22.
u 2 Co. 5. 14.
   Ep. 2. 1.
v Ps.77.7..9.
   Is. 49. 14.
w Job 35. 14,
        15.
x ch.16.61,63.
y Is. 26. 19.
   Ho. 13. 14.
   1 Th. 4. 16.
   Re. 20. 13.
z Ro. 6. 21.
a De. 9. 5.
b Zec. 8. 7, 8.
c 2Ch.30.11..
        18.
d Joel 2. 3.
e Ho. 14.4..9.
f Zec. 10. 6.
g Zec. 10.6,9.
   13. 9.
   He. 4. 16.
   1Jn[o]. 5. 14.
h ch. 20. 31.
   He.10,21,22.
δ *flock of*
   holy things.
i Lu. 4. 1.
   Ac. 8. 39.
k Is.11.12,13.
   Je. 3. 18.
   50. 4.
   Ho. 1. 11.
ζ or, *champaign*.
l De. 32. 39.
   Jn[o]. 5. 21.
   11. 25,26.
   Ro. 4. 17.

535

22 וַהֲבִצְתִּי אֹתָם מִסָּבִיב וְהֵבֵאתִי אוֹתָם אֶל־אַדְמָתָם׃
וְעָשִׂיתִי אֹתָם לְגוֹי אֶחָד בָּאָרֶץ בְּהָרֵי יִשְׂרָאֵל וּמֶלֶךְ
אֶחָד יִהְיֶה לְכֻלָּם לְמֶלֶךְ וְלֹא יִהְיוּ־עוֹד לִשְׁנֵי גוֹיִם

23 וְלֹא יֵחָצוּ עוֹד לִשְׁתֵּי מַמְלָכוֹת עוֹד׃ וְלֹא יִטַּמְּאוּ
עוֹד בְּגִלּוּלֵיהֶם וּבְשִׁקּוּצֵיהֶם וּבְכֹל פִּשְׁעֵיהֶם
וְהוֹשַׁעְתִּי אֹתָם מִכֹּל מוֹשְׁבֹתֵיהֶם אֲשֶׁר חָטְאוּ
בָהֶם וְטִהַרְתִּי אוֹתָם וְהָיוּ־לִי לְעָם וַאֲנִי אֶהְיֶה

24 לָהֶם לֵאלֹהִים׃ וְעַבְדִּי דָוִד מֶלֶךְ עֲלֵיהֶם וְרוֹעֶה
אֶחָד יִהְיֶה לְכֻלָּם וּבְמִשְׁפָּטַי יֵלֵכוּ וְחֻקֹּתַי יִשְׁמְרוּ

25 וְעָשׂוּ אוֹתָם׃ וְיָשְׁבוּ עַל־הָאָרֶץ אֲשֶׁר נָתַתִּי
לְעַבְדִּי לְיַעֲקֹב אֲשֶׁר יָשְׁבוּ־בָהּ אֲבוֹתֵיכֶם וְיָשְׁבוּ
עָלֶיהָ הֵמָּה וּבְנֵיהֶם וּבְנֵי בְנֵיהֶם עַד־עוֹלָם וְדָוִד

26 עַבְדִּי נָשִׂיא לָהֶם לְעוֹלָם׃ וְכָרַתִּי לָהֶם בְּרִית
שָׁלוֹם בְּרִית עוֹלָם יִהְיֶה אוֹתָם וּנְתַתִּים וְהִרְבֵּיתִי
אוֹתָם וְנָתַתִּי אֶת־מִקְדָּשִׁי בְּתוֹכָם לְעוֹלָם׃ וְהָיָה

27 מִשְׁכָּנִי עֲלֵיהֶם וְהָיִיתִי לָהֶם לֵאלֹהִים וְהֵמָּה יִהְיוּ־

28 לִי לְעָם׃ וְיָדְעוּ הַגּוֹיִם כִּי אֲנִי יְהוָה מְקַדֵּשׁ אֶת־
יִשְׂרָאֵל בִּהְיוֹת מִקְדָּשִׁי בְּתוֹכָם לְעוֹלָם׃

CAP. XXXVIII. לח

1 וַיְהִי דְבַר־יְהוָה אֵלַי לֵאמֹר׃ בֶּן־אָדָם שִׂים פָּנֶיךָ
2 אֶל־גּוֹג אֶרֶץ הַמָּגוֹג נְשִׂיא רֹאשׁ מֶשֶׁךְ וְתֻבָל

3 וְהִנָּבֵא עָלָיו׃ וְאָמַרְתָּ כֹּה אָמַר אֲדֹנָי יְהוִה
הִנְנִי אֵלֶיךָ גּוֹג נְשִׂיא רֹאשׁ מֶשֶׁךְ וְתֻבָל׃

4 וְשׁוֹבַבְתִּיךָ וְנָתַתִּי חַחִים בִּלְחָיֶיךָ וְהוֹצֵאתִי אוֹתְךָ
וְאֶת־כָּל־חֵילֶךָ סוּסִים וּפָרָשִׁים לְבֻשֵׁי מִכְלוֹל כֻּלָּם

5 קָהָל רָב צִנָּה וּמָגֵן תֹּפְשֵׂי חֲרָבוֹת כֻּלָּם׃ פָּרַס כּוּשׁ

6 וּפוּט אִתָּם כֻּלָּם מָגֵן וְכוֹבָע׃ גֹּמֶר וְכָל־אֲגַפֶּיהָ
בֵּית תּוֹגַרְמָה יַרְכְּתֵי צָפוֹן וְאֶת־כָּל־אֲגַפָּיו עַמִּים

7 רַבִּים אִתָּךְ׃ הִכֹּן וְהָכֵן לְךָ אַתָּה וְכָל־קְהָלֶךָ
הַנִּקְהָלִים עָלֶיךָ וְהָיִיתָ לָהֶם לְמִשְׁמָר׃ מִיָּמִים

8 רַבִּים תִּפָּקֵד בְּאַחֲרִית הַשָּׁנִים תָּבוֹא אֶל־אֶרֶץ
מְשׁוֹבֶבֶת מֵחֶרֶב מְקֻבֶּצֶת מֵעַמִּים רַבִּים עַל הָרֵי
יִשְׂרָאֵל אֲשֶׁר־הָיוּ לְחָרְבָּה תָּמִיד וְהִיא מֵעַמִּים

9 הוּצָאָה וְיָשְׁבוּ לָבֶטַח כֻּלָּם׃ וְעָלִיתָ כַּשֹּׁאָה
תָבוֹא כֶּעָנָן לְכַסּוֹת הָאָרֶץ תִּהְיֶה אַתָּה וְכָל־אֲגַפֶּיךָ

10 וְעַמִּים רַבִּים אוֹתָךְ׃ כֹּה אָמַר אֲדֹנָי יְהוִה וְהָיָה
בַּיּוֹם הַהוּא יַעֲלוּ דְבָרִים עַל־לְבָבֶךָ וְחָשַׁבְתָּ

11 מַחֲשֶׁבֶת רָעָה׃ וְאָמַרְתָּ אֶעֱלֶה עַל־אֶרֶץ פְּרָזוֹת

---

12 אָבוֹא הַשֹּׁקְטִים יֹשְׁבֵי לָבֶטַח כֻּלָּם יֹשְׁבִים בְּאֵין
חוֹמָה וּבְרִיחַ וּדְלָתַיִם אֵין לָהֶם׃ לִשְׁלֹל שָׁלָל
וְלָבֹז בַּז לְהָשִׁיב יָדְךָ עַל־חֳרָבוֹת נוֹשָׁבוֹת וְאֶל־
עַם מְאֻסָּף מִגּוֹיִם עֹשֶׂה מִקְנֶה וְקִנְיָן יֹשְׁבֵי עַל־

13 טַבּוּר הָאָרֶץ׃ שְׁבָא וּדְדָן וְסֹחֲרֵי תַרְשִׁישׁ וְכָל־
כְּפִרֶיהָ יֹאמְרוּ לְךָ הֲלִשְׁלֹל שָׁלָל אַתָּה בָא הֲלָבֹז בַּז
הִקְהַלְתָּ קְהָלֶךָ לָשֵׂאת כֶּסֶף וְזָהָב לָקַחַת

14 מִקְנֶה וְקִנְיָן לִשְׁלֹל שָׁלָל גָּדוֹל׃ לָכֵן הִנָּבֵא בֶן־
אָדָם וְאָמַרְתָּ לְגוֹג כֹּה אָמַר אֲדֹנָי יְהוִה הֲלוֹא
בַּיּוֹם הַהוּא בְּשֶׁבֶת עַמִּי יִשְׂרָאֵל לָבֶטַח תֵּדָע׃

15 וּבָאתָ מִמְּקוֹמְךָ מִיַּרְכְּתֵי צָפוֹן אַתָּה וְעַמִּים רַבִּים
אִתָּךְ רֹכְבֵי סוּסִים כֻּלָּם קָהָל גָּדוֹל וְחַיִל רָב׃

16 וְעָלִיתָ עַל־עַמִּי יִשְׂרָאֵל כֶּעָנָן לְכַסּוֹת הָאָרֶץ
בְּאַחֲרִית הַיָּמִים תִּהְיֶה וַהֲבִאוֹתִיךָ עַל־אַרְצִי
לְמַעַן דַּעַת הַגּוֹיִם אֹתִי בְּהִקָּדְשִׁי בְךָ לְעֵינֵיהֶם

17 גּוֹג׃ כֹּה־אָמַר אֲדֹנָי יְהוִה הַאַתָּה־הוּא
אֲשֶׁר־דִּבַּרְתִּי בְּיָמִים קַדְמוֹנִים בְּיַד עֲבָדַי נְבִיאֵי
יִשְׂרָאֵל הַנִּבְּאִים בַּיָּמִים הָהֵם שָׁנִים לְהָבִיא אֹתְךָ

18 עֲלֵיהֶם׃ וְהָיָה בַּיּוֹם הַהוּא בְּיוֹם בּוֹא גוֹג עַל־
אַדְמַת יִשְׂרָאֵל נְאֻם אֲדֹנָי יְהוִה תַּעֲלֶה חֲמָתִי

19 בְּאַפִּי׃ וּבְקִנְאָתִי בְאֵשׁ־עֶבְרָתִי דִּבַּרְתִּי אִם־לֹא
בַּיּוֹם הַהוּא יִהְיֶה רַעַשׁ גָּדוֹל עַל אַדְמַת יִשְׂרָאֵל׃

20 וְרָעֲשׁוּ מִפָּנַי דְּגֵי הַיָּם וְעוֹף הַשָּׁמַיִם וְחַיַּת הַשָּׂדֶה
וְכָל־הָרֶמֶשׂ הָרֹמֵשׂ עַל־הָאֲדָמָה וְכֹל הָאָדָם אֲשֶׁר
עַל־פְּנֵי הָאֲדָמָה וְנֶהֶרְסוּ הֶהָרִים וְנָפְלוּ הַמַּדְרֵגוֹת

21 וְכָל־חוֹמָה לָאָרֶץ תִּפּוֹל׃ וְקָרָאתִי עָלָיו לְכָל־
הָרַי חֶרֶב נְאֻם אֲדֹנָי יְהוִה חֶרֶב אִישׁ בְּאָחִיו

22 תִּהְיֶה׃ וְנִשְׁפַּטְתִּי אִתּוֹ בְּדֶבֶר וּבְדָם וְגֶשֶׁם
שׁוֹטֵף וְאַבְנֵי אֶלְגָּבִישׁ אֵשׁ וְגָפְרִית אַמְטִיר עָלָיו
וְעַל־אֲגַפָּיו וְעַל־עַמִּים רַבִּים אֲשֶׁר אִתּוֹ׃

23 וְהִתְגַּדִּלְתִּי וְהִתְקַדִּשְׁתִּי וְנוֹדַעְתִּי לְעֵינֵי גּוֹיִם רַבִּים
וְיָדְעוּ כִּי־אֲנִי יְהוָה׃

CAP. XXXIX. לט

1 וְאַתָּה בֶן־אָדָם הִנָּבֵא עַל־גּוֹג וְאָמַרְתָּ כֹּה אָמַר
אֲדֹנָי יְהוִה הִנְנִי אֵלֶיךָ גּוֹג נְשִׂיא רֹאשׁ מֶשֶׁךְ

2 וְתֻבָל׃ וְשֹׁבַבְתִּיךָ וְשִׁשֵּׁאתִיךָ וְהַעֲלִיתִיךָ מִיַּרְכְּתֵי
צָפוֹן וַהֲבִאוֹתִךָ עַל־הָרֵי יִשְׂרָאֵל׃ וְהִכֵּיתִי

3 קַשְׁתְּךָ מִיַּד שְׂמֹאולֶךָ וְחִצֶּיךָ מִיַּד יְמִינְךָ אַפִּיל׃

23 Neither[a] shall they defile themselves any more with their idols, nor with their detestable things, nor with any of their transgressions : but I [b] will save them out of all their dwelling-places wherein they have sinned, and will cleanse[c] them : so shall[d] they be my people, and I will be their God.

24 And David[f] my servant *shall be* king over them : and they all shall have one[g] shepherd : they shall also walk[h] in my judgments, and observe[i] my statutes, and do them.

25 And they shall dwell in the land that I have given unto Jacob my servant, wherein your fathers have dwelt ; and they shall dwell therein, *even* they, and their children, and their children's children, for ever ;[m] and my servant David *shall be* their prince for ever.[n]

26 Moreover, I will make a covenant of peace[o] with them ; it shall be an everlasting covenant[p] with them : and I will place them, and multiply them, and will set my sanctuary[r] in the midst of them for evermore.

27 My tabernacle[s] also shall be with them ; yea, I will be their God, and they shall be my people.

28 And the heathen shall know that I the LORD do sanctify Israel, when my sanctuary shall be in the midst of them for evermore.

CHAP. XXXVIII.

AND the word of the LORD came unto me, saying,

2 Son of man, set thy face against Gog,[r] the land of Magog, ẟ the chief prince of Meshech and Tubal, and prophesy against him,

3 And say, Thus[w] saith the Lord GOD, Behold, I *am* against thee, O Gog, the chief prince of Meshech and Tubal :

4 And I will turn thee back, and put hooks[x] into thy jaws, and I will bring thee forth, and all thine army, horses and horsemen, all of them clothed[y] with all sorts *of armour, even* a great company *with* bucklers and shields, all of them handling swords.

5 Persia, Ethiopia, and [η] Libya with them ; all of them with shield and helmet :

6 Gomer,[z] and all his bands ; the house of Togarmah[a] of the north quarters, and all his bands ; *and* many people with thee.

7 Be thou prepared,[b] and prepare for thyself, thou, and all thy company that are assembled unto thee, and be thou a guard unto them.

8 After many days thou shalt be visited :[d] in the latter years thou shalt come into the land *that is* brought back from the sword, *and is* gathered out of many people, against the mountains[e] of Israel, which have been always waste : but it is brought forth[f] out of the nations, and they shall dwell safely all[h] of them.

9 Thou shalt ascend and come like a storm ; thou shalt be like a cloud to cover the land, thou and all thy bands,[i] and many people with thee.

10 Thus saith the Lord GOD, It shall also come to pass, *that* at the same time shall things come into thy mind, and thou shalt [λ] think an evil thought :

11 And thou shalt say, I will go up to the land of unwalled villages ; I will go to them[k] that are at rest, that dwell [μ] safely, all of them dwelling without walls, and having neither bars nor gates,

12 To [ν] take a spoil, and to take a prey ;

B. C. 587.

a ch.36.25,&c
b Le. 20, 7, 8.
  Mi. 7. 19.
β *navel,*
  Ju. 9. 37.
c Ep.5. 26,27.
  He.9.13,14.
  1Jnᵒ.1.7,9.
d Re. 21. 3, 4.
e ch. 19. 3, 5.
  Ps. 57. 4.
f ch.34.23,24.
g Jnᵒ. 10. 16.
  Ep. 4. 4..6.
h 1Jnᵒ. 2. 6.
i 1 Co.11.2.
k Je. 23. 6.
l ch. 37. 28.
m Is. 60. 21.
  Am. 9. 15.
n Lu. 1. 32 33.
o ch. 34. 25.
  Jnᵒ. 14. 27.
p Is. 55. 3.
  Je. 32. 40.
q Ex. 14. 4.
r 2 Co. 6. 16.
s ch. 43. 7.
  Re. 21. 3.
γ *by the hands of.*
t Re. 20. 8, 9.
u Joel 2. 18.
δ *or, prince of the chief.*
v Joel 3. 16.
  Zec.14 4,&c.
w ch.39.2,&c.
x ch. 29. 4.
  2 Ki. 19. 28.
y ch. 23. 12.
ζ *or, towers, or, stairs.*
η *or, Phut,* ch. 27. 10.
  30. 5.
z Ge. 10. 2.
a ch. 27. 14.
b Am. 4. 12.
c Re. 16. 21.
d Is. 29. 6.
e ch.36.1,4,8.
f 1 Pe. 2. 9.
g ch.38.2,&c.
h ch. 28. 26.
i Is. 8. 9, 10.
θ *or, strike thee with six plagues;* or, *draw thee back with an hook of six teeth.*
κ *sides of the north.*
λ *or, conceive a mischievous purpose.*
k Je. 49. 31.
μ *or, confidently.*
ν *spoil the spoil, and to prey the prey,* ch. 29. 19.
l Re. 19. 17..
  21.
π *wing.*

---

to turn thine hand upon the desolate places *that are now* inhabited, and upon the people *that are* gathered out of the nations, which have gotten cattle and goods, that dwell in the [β] midst of the land.

13 Sheba, and Dedan, and the merchants of Tarshish, with all the young lions[e] thereof, shall say unto thee, Art thou come to take a spoil ? hast thou gathered thy company to take a prey ? to carry away silver and gold, to take away cattle and goods, to take a great spoil ?

14 Therefore, son of man, prophesy and say unto Gog, Thus saith the Lord GOD, In that day when my people of Israel dwelleth safely,[k] shalt thou not know[i] *it ?*

15 And thou shalt come from thy place out of the north parts, thou, and many people with thee, all of them riding upon horses, a great company, and a mighty army :

16 And thou shalt come up against my people of Israel, as a cloud to cover the land ; it shall be in the latter days, and I will bring thee against my land, that[q] the heathen may know me, when I shall be sanctified in thee, O Gog, before their eyes.

17 Thus saith the Lord GOD, *Art* thou he of whom I have spoken in old time [γ]by my servants the prophets of Israel, which prophesied in those days *many* years that I would bring thee against them ?

18 And it shall come to pass at the same time, when Gog shall come against the land of Israel, saith the Lord GOD, *that* my fury shall come up in my face.

19 For in my jealousy,[u] *and* in the fire of my wrath, have I spoken, Surely in that day[v] there shall be a great shaking in the land of Israel ;

20 So that the fishes of the sea, and the fowls of the heaven, and the beasts of the field, and all creeping things that creep upon the earth, and all the men that *are* upon the face of the earth, shall shake at my presence ; and the mountains shall be thrown down, and the ζsteep places shall fall, and every wall shall fall to the ground.

21 And I will call for a sword against him throughout all my mountains, saith the Lord GOD : every man's sword shall be against his brother.

22 And I will plead against him with pestilence and with blood ; and I will rain upon him, and upon his bands, and upon the many people that *are* with him, an overflowing rain, and great hail-stones,[δ] fire, and brimstone.

23 Thus will I magnify myself, and sanctify myself ; and I will be known in the eyes of many nations ; and they shall know that I *am* the LORD.

CHAP. XXXIX.

THEREFORE, thou son of man, prophesy against Gog,[g] and say, Thus saith the Lord GOD, Behold, I *am* against thee, O Gog, the chief prince of Meshech and Tubal :

2 And I will turn thee back, and θ leave but the sixth part of thee, and will cause thee to come up from the κ north parts, and will bring thee upon the mountains of Israel :

3 And I will smite thy bow out of thy left hand, and will cause thine arrows to fall out of thy right hand.

4 Thou shalt fall upon the mountains of Israel, thou, and all thy bands, and the people that *is* with thee : I will give thee unto the ravenous birds[l] of every π sort, and ·

536

עַל־הָרֵי יִשְׂרָאֵל תִּפּוֹל אַתָּה וְכָל־אֲגַפֶּיךָ וְעַמִּים 4
אֲשֶׁר אִתָּךְ לְעֵיט צִפּוֹר כָּל־כָּנָף וְחַיַּת הַשָּׂדֶה
נְתַתִּיךָ לְאָכְלָה׃ עַל־פְּנֵי הַשָּׂדֶה תִּפּוֹל כִּי אֲנִי 5
דִבַּרְתִּי נְאֻם אֲדֹנָי יְהוִֹה׃ וְשִׁלַּחְתִּי־אֵשׁ בְּמָגוֹג 6
וּבְיֹשְׁבֵי הָאִיִּים לָבֶטַח וְיָדְעוּ כִּי־אֲנִי יְהוָה׃ וְאֶת־ 7
שֵׁם קָדְשִׁי אוֹדִיעַ בְּתוֹךְ עַמִּי יִשְׂרָאֵל וְלֹא־אַחֵל
אֶת־שֵׁם־קָדְשִׁי עוֹד וְיָדְעוּ הַגּוֹיִם כִּי־אֲנִי יְהוָה
קָדוֹשׁ בְּיִשְׂרָאֵל׃ הִנֵּה בָאָה וְנִהְיָתָה נְאֻם אֲדֹנָי 8
יְהוִֹה הוּא הַיּוֹם אֲשֶׁר דִּבַּרְתִּי׃ וְיָצְאוּ יֹשְׁבֵי 9
עָרֵי יִשְׂרָאֵל וּבִעֲרוּ וְהִשִּׂיקוּ בְּנֶשֶׁק וּמָגֵן וְצִנָּה
בְּקֶשֶׁת וּבְחִצִּים וּבְמַקֵּל יָד וּבְרֹמַח וּבִעֲרוּ בָהֶם
אֵשׁ שֶׁבַע שָׁנִים׃ וְלֹא־יִשְׂאוּ עֵצִים מִן־הַשָּׂדֶה 10
וְלֹא יַחְטְבוּ מִן־הַיְּעָרִים כִּי בַנֶּשֶׁק יְבַעֲרוּ־אֵשׁ
וְשָׁלְלוּ אֶת־שֹׁלְלֵיהֶם וּבָזְזוּ אֶת־בֹּזְזֵיהֶם נְאֻם
אֲדֹנָי יְהוִֹה׃ וְהָיָה בַיּוֹם הַהוּא 11
אֶתֵּן לְגוֹג מְקוֹם־שָׁם קֶבֶר בְּיִשְׂרָאֵל גֵּי
הָעֹבְרִים קִדְמַת הַיָּם וְחֹסֶמֶת הִיא אֶת־
הָעֹבְרִים וְקָבְרוּ שָׁם אֶת־גּוֹג וְאֶת־כָּל־הֲמוֹנֹה
וְקָרְאוּ גֵּיא הֲמוֹן גּוֹג׃ וּקְבָרוּם בֵּית יִשְׂרָאֵל לְמַעַן 12
טַהֵר אֶת־הָאָרֶץ שִׁבְעָה חֳדָשִׁים׃ וְקָבְרוּ כָּל־ 13
עַם הָאָרֶץ וְהָיָה לָהֶם לְשֵׁם יוֹם הִכָּבְדִי נְאֻם
אֲדֹנָי יְהוִֹה׃ וְאַנְשֵׁי תָמִיד יַבְדִּילוּ עֹבְרִים בָּאָרֶץ 14
מְקַבְּרִים אֶת־הָעֹבְרִים אֶת־הַנּוֹתָרִים עַל־פְּנֵי
הָאָרֶץ לְטַהֲרָהּ מִקְצֵה שִׁבְעָה־חֳדָשִׁים יַחְקֹרוּ׃
וְעָבְרוּ הָעֹבְרִים בָּאָרֶץ וְרָאָה עֶצֶם אָדָם וּבָנָה 15
אֶצְלוֹ צִיּוּן עַד קָבְרוּ אֹתוֹ הַמְקַבְּרִים אֶל־גֵּיא הֲמוֹן
גּוֹג׃ וְגַם שֶׁם־עִיר הֲמוֹנָה וְטִהֲרוּ הָאָרֶץ׃ 16
וְאַתָּה בֶן־אָדָם כֹּה־אָמַר אֲדֹנָי יְהוִֹה 17
אֱמֹר לְצִפּוֹר כָּל־כָּנָף וּלְכֹל חַיַּת הַשָּׂדֶה הִקָּבְצוּ
וָבֹאוּ הֵאָסְפוּ מִסָּבִיב עַל־זִבְחִי אֲשֶׁר אֲנִי זֹבֵחַ
לָכֶם זֶבַח גָּדוֹל עַל הָרֵי יִשְׂרָאֵל וַאֲכַלְתֶּם בָּשָׂר
וּשְׁתִיתֶם דָּם׃ בְּשַׂר גִּבּוֹרִים תֹּאכֵלוּ וְדַם־נְשִׂיאֵי 18
הָאָרֶץ תִּשְׁתּוּ אֵילִים כָּרִים וְעַתּוּדִים פָּרִים מְרִיאֵי
בָשָׁן כֻּלָּם׃ וַאֲכַלְתֶּם־חֵלֶב לְשָׂבְעָה וּשְׁתִיתֶם דָּם 19
לְשִׁכָּרוֹן מִזִּבְחִי אֲשֶׁר־זָבַחְתִּי לָכֶם׃ וּשְׂבַעְתֶּם עַל־ 20
שֻׁלְחָנִי סוּס וָרֶכֶב גִּבּוֹר וְכָל־אִישׁ מִלְחָמָה נְאֻם
אֲדֹנָי יְהוִֹה׃ וְנָתַתִּי אֶת־כְּבוֹדִי בַּגּוֹיִם וְרָאוּ כָל־ 21
הַגּוֹיִם אֶת־מִשְׁפָּטִי אֲשֶׁר עָשִׂיתִי וְאֶת־יָדִי אֲשֶׁר־

וְיָדְעוּ בֵית יִשְׂרָאֵל כִּי אֲנִי יְהוָה 22
אֱלֹהֵיהֶם מִן־הַיּוֹם הַהוּא וָהָלְאָה׃ וְיָדְעוּ הַגּוֹיִם 23
כִּי בַעֲוֺנָם גָּלוּ בֵית־יִשְׂרָאֵל עַל אֲשֶׁר מָעֲלוּ־בִי
וָאַסְתִּר פָּנַי מֵהֶם וָאֶתְּנֵם בְּיַד צָרֵיהֶם וַיִּפְּלוּ
בַחֶרֶב כֻּלָּם׃ כְּטֻמְאָתָם וּכְפִשְׁעֵיהֶם עָשִׂיתִי 24
אֹתָם וָאַסְתִּר פָּנַי מֵהֶם׃ לָכֵן כֹּה אָמַר 25
אֲדֹנָי יְהוִֹה עַתָּה אָשִׁיב אֶת־שְׁבִית יַעֲקֹב וְרִחַמְתִּי
כָּל־בֵּית יִשְׂרָאֵל וְקִנֵּאתִי לְשֵׁם קָדְשִׁי׃ וְנָשׂוּ אֶת־ 26
כְּלִמָּתָם וְאֶת־כָּל־מַעֲלָם אֲשֶׁר מָעֲלוּ־בִי בְּשִׁבְתָּם
עַל־אַדְמָתָם לָבֶטַח וְאֵין מַחֲרִיד׃ בְּשׁוֹבְבִי אוֹתָם 27
מִן־הָעַמִּים וְקִבַּצְתִּי אֹתָם מֵאַרְצוֹת אֹיְבֵיהֶם
וְנִקְדַּשְׁתִּי בָם לְעֵינֵי הַגּוֹיִם רַבִּים׃ וְיָדְעוּ כִּי אֲנִי 28
יְהוָה אֱלֹהֵיהֶם בְּהַגְלוֹתִי אֹתָם אֶל־הַגּוֹיִם וְכִנַּסְתִּים
עַל־אַדְמָתָם וְלֹא־אוֹתִיר עוֹד מֵהֶם שָׁם׃ וְלֹא־ 29
אַסְתִּיר עוֹד פָּנַי מֵהֶם אֲשֶׁר שָׁפַכְתִּי אֶת־רוּחִי
עַל־בֵּית יִשְׂרָאֵל נְאֻם אֲדֹנָי יְהוִֹה׃

CAP. XL. מ

בְּעֶשְׂרִים וְחָמֵשׁ שָׁנָה לְגָלוּתֵנוּ בְּרֹאשׁ הַשָּׁנָה 1
בֶּעָשׂוֹר לַחֹדֶשׁ בְּאַרְבַּע עֶשְׂרֵה שָׁנָה אַחַר אֲשֶׁר
הֻכְּתָה הָעִיר בְּעֶצֶם הַיּוֹם הַזֶּה הָיְתָה עָלַי יַד־
יְהוָה וַיָּבֵא אֹתִי שָׁמָּה׃ בְּמַרְאוֹת אֱלֹהִים הֱבִיאַנִי 2
אֶל־אֶרֶץ יִשְׂרָאֵל וַיְנִיחֵנִי אֶל־הַר גָּבֹהַּ מְאֹד וְעָלָיו
כְּמִבְנֵה־עִיר מִנֶּגֶב׃ וַיָּבֵיא אוֹתִי שָׁמָּה וְהִנֵּה־אִישׁ 3
מַרְאֵהוּ כְּמַרְאֵה נְחֹשֶׁת וּפְתִיל־פִּשְׁתִּים בְּיָדוֹ וּקְנֵה
הַמִּדָּה וְהוּא עֹמֵד בַּשָּׁעַר׃ וַיְדַבֵּר אֵלַי הָאִישׁ בֶּן־ 4
אָדָם רְאֵה בְעֵינֶיךָ וּבְאָזְנֶיךָ שְׁמָע וְשִׂים לִבְּךָ לְכֹל
אֲשֶׁר־אֲנִי מַרְאֶה אוֹתָךְ כִּי לְמַעַן הַרְאוֹתְכָה
הֻבָאתָה הֵנָּה הַגֵּד אֶת־כָּל־אֲשֶׁר־אַתָּה רֹאֶה לְבֵית
יִשְׂרָאֵל׃ וְהִנֵּה חוֹמָה מִחוּץ לַבַּיִת סָבִיב סָבִיב 5
וּבְיַד הָאִישׁ קְנֵה הַמִּדָּה שֵׁשׁ־אַמּוֹת בָּאַמָּה וָטֹפַח
וַיָּמָד אֶת־רֹחַב הַבִּנְיָן קָנֶה אֶחָד וְקוֹמָה קָנֶה אֶחָד׃
וַיָּבוֹא אֶל־שַׁעַר אֲשֶׁר פָּנָיו דֶּרֶךְ הַקָּדִימָה וַיַּעַל 6
בְּמַעֲלוֹתָו וַיָּמָד אֶת־סַף הַשַּׁעַר קָנֶה אֶחָד רֹחַב
וְאֵת סַף אֶחָד קָנֶה אֶחָד רֹחַב׃ וְהַתָּא קָנֶה אֶחָד 7
אֹרֶךְ וְקָנֶה אֶחָד רֹחַב וּבֵין הַתָּאִים חָמֵשׁ אַמּוֹת
וְסַף הַשַּׁעַר מֵאֵצֶל אוּלָם הַשַּׁעַר מֵהַבַּיִת קָנֶה
אֶחָד׃ וַיָּמָד אֶת־אֻלָם הַשַּׁעַר מֵהַבַּיִת קָנֶה אֶחָד׃ 8

to the beasts of the field, to β be devoured.

5 Thou shalt fall upon the γ open field; for I have spoken *it*, saith the Lord GOD.

6 And I will send a fire*a* on Magog, and among them that dwell δ carelessly in the isles;*c* and they shall know that I *am* the LORD.

7 So will I make my holy name known in the midst of my people Israel; and I will not *let them* pollute my holy name*f* any more; and the heathen shall know that I *am* the LORD, the Holy One in Israel.

8 Behold, it*g* is come, and *it* is done, saith the Lord GOD; this *is* the day whereof I have spoken.

9 And they that dwell in the cities of Israel shall go forth, and shall set on fire and burn the weapons, both the shields and the bucklers, the bows and the arrows, and the ζ hand-staves and the spears, and they shall η burn *m* them with fire seven years:

10 So that they shall take no wood out of the field, neither cut down *any* out of the forests; for they shall burn the weapons with fire: and they shall spoil *n* those that spoiled them, and rob those that robbed them, saith the Lord GOD.

11 And it shall come to pass in that day, *that* I will give unto Gog a place there of graves in Israel, the valley of the passengers on the east of the sea; and it shall stop the κ noses of the passengers; and there shall they bury Gog, and all his multitude; and they shall call *it*, The valley of λ Hamon-gog.

12 And seven months shall the house of Israel be burying of them, that they may cleanse *r* the land.

13 Yea, all the people of the land shall bury *them*; and it shall be to them a renown, the day that I *s* shall be glorified, saith the Lord GOD.

14 And they shall sever out men of μ continual employment, passing through the land to bury with the passengers those that remain upon the face of the earth, to cleanse it: after the end of seven months shall they search.

15 And the passengers *that* pass through the land, when *any* seeth ᴀ man's bone, then shall he π set up a sign by it, till the buriers have buried it in the valley of Hamon-gog.

16 And also the name of the city *shall be* ρ Hamonah. Thus shall they cleanse the land.

17 And, thou son of man, thus saith the Lord GOD, Speak σ unto every feathered fowl,*x* and to every beast of the field, Assemble yourselves, and come, gather yourselves on every side to my τ sacrifice*z* that I do sacrifice for you, *even* a great sacrifice upon the mountains of Israel, that ye may eat flesh, and drink blood.

18 Ye shall eat the flesh of the mighty, and drink the blood of the princes of the earth, of rams, of lambs, and of φ goats, of bullocks, all of them fatlings of*d* Bashan.

19 And ye shall eat fat till ye be full, and drink blood till ye be drunken, of my sacrifice which I have sacrificed for you.

20 Thus ye shall be filled at my table with horses *b* and chariots, with mighty men, and with all men of war, saith the Lord GOD.

21 And I will set my glory among the heathen, and all the heathen shall see my judgment that I have executed, and my hand that I have laid*c* upon them.

22 So the house of Israel shall*d* know

B. C. 587.

β devour.
γ face of the field.
a Am.14,&c.
δ or, confidently.
b ch.36.18,&c
La. 1. 8.
5. 16, 17.
c Is. 66. 19.
Je. 25. 22.
Zep. 2. 11.
d De. 31. 17.
Is. 1. 15.
8. 17.
59. 2.
e Le. 26. 25.
Ps. 106. 41.
f Ex. 20. 7.
Le. 18. 21.
g Re. 16. 17.
21. 6.
h ch. 34. 13.
Je. 30. 3,18.
i Ho. 1. 11.
k Ps. 99. 8.
Je. 30. 11.
ζ or, javelins.
l De.28.47,48.
32. 14, 15.
η or, make a fire of them.
m Ps. 46. 9.
n Is. 14. 2.
θ by my causing of.
o De. 30. 3, 4.
Ne. 1.8..10.
κ or mouths.
p Is. 54. 8.
λ that is, the multitude of Gog.
q Zec. 12. 10.
Ac. 2. 17.
1 Jnᵒ. 3. 24.
r ver. 14, 16.
De. 21. 23.
s ch. 28. 22.
t ch. 33. 21.
μ continuance.
u ch. 8. 3.
v Re. 21. 10, &c.
ν or, upon.
w Da. 10. 6.
π build.
ρ that is, the multitude.
σ to the fowl of every wing.
x Is. 18. 6.
Re.19.17,18.
y ch. 43. 10.
τ or, slaughter.
z Zep. 1. 7.
φ great goats.
a De. 32. 14.
Ps. 22. 12.
χ whose face was the way toward the east.
b Ps. 76. 5, 6.
c Ex. 7. 4.
d Ps. 9. 16.

that I *am* the LORD their God from that day and forward.

23 And the heathen shall know that the house of Israel went into captivity for their iniquity: *b* because they trespassed against me, therefore hid *d* I my face from them, and gave them into the hand*e* of their enemies; so fell they all by the sword.

24 According to their uncleanness, and according to their transgressions, have I done unto them, & hid my face from them.

25 Therefore thus saith the Lord GOD, Now *h* will I bring again the captivity of Jacob, and have mercy upon the *i* whole house of Israel, and will be jealous for my holy name;

26 After *k* that they have borne their shame, and all their trespasses, whereby they have trespassed against me,*l* when they dwelt safely in their land, and none made *them* afraid.

27 When I have brought them again from the people, and gathered them out of their enemies' lands, and am sanctified in them in the sight of many nations;

28 Then shall they know that I *am* the LORD their God, θ which caused them to be led into captivity among the heathen: but I have gathered them unto their own land, and have left none*o* of them any more there.

29 Neither*p* will I hide my face any more from them: for*q* I have poured out my Spirit upon the house of Israel, saith the Lord GOD.

CHAP. XL.

IN the five and twentieth year of our captivity, in the beginning of the year, in the tenth *day* of the month, in the fourteenth year after that the city*t* was smitten, in the self-same day the hand of the LORD was upon me, and brought me thither.

2 In the visions*u* of God brought he me into the land of Israel, and set me upon a very high*v* mountain, ν by which *was* as the frame of a city on the south.

3 And he brought me thither, and, behold, *there was* a man, whose*w* appearance *was* like the appearance of brass, with a line of flax in his hand, and a measuring-reed; and he stood in the gate.

4 And the man said unto me, Son of man, behold with thine eyes, and hear with thine ears, and set thine heart upon all that I shall shew thee: for to the intent that I might shew *them* unto thee *art* thou brought hither: declare*y* all that thou seest to the house of Israel.

5 And, behold, a wall on the outside of the house round about, and in the man's hand a measuring reed of six cubits *long*, by the cubit and an hand-breadth; so he measured the breadth of the building one reed, and the height one reed.

6 Then came he unto the gate χ which looketh toward the east, and went up the stairs thereof, and measured the threshold of the gate, *which was* one reed broad, and the other threshold *of the gate, which was* one reed broad.

7 And *every* little chamber *was* one reed long, and one reed broad; and between the little chambers *were* five cubits, and the threshold of the gate, by the porch of the gate within, *was* one reed.

8 He measured also the porch of the gate within, one reed.

9 Then measured he the porch of the

9 וַיָּמָד אֶת־אֻלָם הַשַּׁעַר שְׁמֹנֶה אַמּוֹת וְאֵילָו שְׁתַּיִם אַמּוֹת וְאֻלָם הַשַּׁעַר מֵהַבָּיִת׃

10 וְתָאֵי הַשַּׁעַר דֶּרֶךְ הַקָּדִים שְׁלֹשָׁה מִפֹּה וּשְׁלֹשָׁה מִפֹּה מִדָּה אַחַת לִשְׁלָשְׁתָּם וּמִדָּה אַחַת לָאֵילִם מִפֹּה וּמִפּוֹ׃

11 וַיָּמָד אֶת־רֹחַב פֶּתַח־הַשַּׁעַר עֶשֶׂר אַמּוֹת אֹרֶךְ הַשַּׁעַר שְׁלוֹשׁ עֶשְׂרֵה אַמּוֹת׃

12 וּגְבוּל לִפְנֵי הַתָּאוֹת אַמָּה אֶחָת וְאַמָּה־אַחַת גְּבוּל מִפֹּה וְהַתָּא שֵׁשׁ־אַמּוֹת מִפּוֹ וְשֵׁשׁ אַמּוֹת מִפּוֹ׃

13 וַיָּמָד אֶת־הַשַּׁעַר מִגַּג הַתָּא לְגַגּוֹ רֹחַב עֶשְׂרִים וְחָמֵשׁ אַמּוֹת פֶּתַח נֶגֶד פָּתַח׃

14 וַיַּעַשׂ אֶת־אֵילִים שִׁשִּׁים אַמָּה וְאֶל־אֵיל הֶחָצֵר הַשַּׁעַר סָבִיב סָבִיב׃

15 וְעַל פְּנֵי הַשַּׁעַר הָיְאָתוֹן עַל־לִפְנֵי אֻלָם הַשַּׁעַר הַפְּנִימִי חֲמִשִּׁים אַמָּה׃

16 וְחַלֹּנוֹת אֲטֻמוֹת אֶל־הַתָּאִים וְאֶל אֵלֵיהֵמָה לִפְנִימָה לַשַּׁעַר סָבִיב סָבִיב וְכֵן לָאֵלַמּוֹת וְחַלּוֹנוֹת סָבִיב סָבִיב לִפְנִימָה וְאֶל־אַיִל תִּמֹרִים׃

17 וַיְבִיאֵנִי אֶל־הֶחָצֵר הַחִיצוֹנָה וְהִנֵּה לְשָׁכוֹת וְרִצְפָה עָשׂוּי לֶחָצֵר סָבִיב סָבִיב שְׁלֹשִׁים לְשָׁכוֹת אֶל־הָרִצְפָה׃

18 וְהָרִצְפָה אֶל־כֶּתֶף הַשְּׁעָרִים לְעֻמַּת אֹרֶךְ הַשְּׁעָרִים הָרִצְפָה הַתַּחְתּוֹנָה׃

19 וַיָּמָד רֹחַב מִלִּפְנֵי הַשַּׁעַר הַתַּחְתּוֹנָה לִפְנֵי הֶחָצֵר הַפְּנִימִי מִחוּץ מֵאָה אַמָּה הַקָּדִים וְהַצָּפוֹן׃

20 וְהַשַּׁעַר אֲשֶׁר פָּנָיו דֶּרֶךְ הַצָּפוֹן לֶחָצֵר הַחִיצוֹנָה מָדַד אָרְכּוֹ וְרָחְבּוֹ׃

21 וְתָאָו שְׁלוֹשָׁה מִפּוֹ וּשְׁלֹשָׁה מִפּוֹ וְאֵילָו וְאֵלַמָּו הָיָה כְּמִדַּת הַשַּׁעַר הָרִאשׁוֹן חֲמִשִּׁים אַמָּה אָרְכּוֹ וְרֹחַב׃

22 וְחַלּוֹנָו וְאֵלַמָּו וְתִמֹרָו כְּמִדַּת הַשַּׁעַר אֲשֶׁר פָּנָיו דֶּרֶךְ הַקָּדִים וּבְמַעֲלוֹת שֶׁבַע יַעֲלוּ־בוֹ וְאֵילַמָּו לִפְנֵיהֶם׃

23 וְשַׁעַר לֶחָצֵר הַפְּנִימִי נֶגֶד הַשַּׁעַר לַצָּפוֹן וְלַקָּדִים וַיָּמָד מִשַּׁעַר אֶל־שַׁעַר מֵאָה אַמָּה׃

24 וַיּוֹלִכֵנִי דֶּרֶךְ הַדָּרוֹם וְהִנֵּה־שַׁעַר דֶּרֶךְ הַדָּרוֹם וּמָדַד אֵילָו וְאֵילַמָּו כַּמִּדּוֹת הָאֵלֶּה׃

25 וְחַלּוֹנִים לוֹ וּלְאֵילַמָּו סָבִיב סָבִיב כְּהַחַלֹּנוֹת הָאֵלֶּה חֲמִשִּׁים אַמָּה אֹרֶךְ וְרֹחַב חָמֵשׁ וְעֶשְׂרִים אַמָּה׃

26 וּמַעֲלוֹת שִׁבְעָה עֹלוֹתָו וְאֵלַמָּו לִפְנֵיהֶם וְתִמֹרִים לוֹ אֶחָד מִפּוֹ וְאֶחָד מִפּוֹ אֶל־אֵילָו׃

27 וְשַׁעַר לֶחָצֵר הַפְּנִימִי דֶּרֶךְ הַדָּרוֹם וַיָּמָד מִשַּׁעַר אֶל־הַשַּׁעַר דֶּרֶךְ הַדָּרוֹם מֵאָה אַמּוֹת׃

28 וַיְבִיאֵנִי אֶל־חָצֵר הַפְּנִימִי בְּשַׁעַר הַדָּרוֹם וַיָּמָד אֶת־הַשַּׁעַר הַדָּרוֹם כַּמִּדּוֹת הָאֵלֶּה׃

29 וְתָאָו וְאֵילָו וְאֵלַמָּו כַּמִּדּוֹת הָאֵלֶּה וְחַלּוֹנוֹת לוֹ וּלְאֵלַמָּו סָבִיב סָבִיב חֲמִשִּׁים אַמָּה אֹרֶךְ וְרֹחַב עֶשְׂרִים וְחָמֵשׁ אַמּוֹת׃

30 וְאֵלַמּוֹת סָבִיב סָבִיב אֹרֶךְ חָמֵשׁ וְעֶשְׂרִים אַמָּה וְרֹחַב חָמֵשׁ אַמּוֹת׃

31 וְאֵלַמָּו אֶל־חָצֵר הַחִיצוֹנָה וְתִמֹרִים אֶל־אֵילָו וּמַעֲלוֹת שְׁמוֹנֶה מַעֲלָו׃

32 וַיְבִיאֵנִי אֶל־הֶחָצֵר הַפְּנִימִי דֶּרֶךְ הַקָּדִים וַיָּמָד אֶת־הַשַּׁעַר כַּמִּדּוֹת הָאֵלֶּה׃

33 וְתָאָו וְאֵלָו וְאֵלַמָּו כַּמִּדּוֹת הָאֵלֶּה וְחַלּוֹנוֹת לוֹ וּלְאֵלַמָּו סָבִיב סָבִיב אֹרֶךְ חֲמִשִּׁים אַמָּה וְרֹחַב חָמֵשׁ וְעֶשְׂרִים אַמָּה׃

34 וְאֵלַמָּו לֶחָצֵר הַחִיצוֹנָה וְתִמֹרִים אֶל־אֵלָו מִפּוֹ וּמִפּוֹ וּשְׁמֹנֶה מַעֲלוֹת מַעֲלָו׃

35 וַיְבִיאֵנִי אֶל־שַׁעַר הַצָּפוֹן וּמָדַד כַּמִּדּוֹת הָאֵלֶּה׃

36 תָּאָו אֵלָו וְאֵלַמָּו וְחַלּוֹנוֹת לוֹ סָבִיב סָבִיב אֹרֶךְ חֲמִשִּׁים אַמָּה וְרֹחַב חָמֵשׁ וְעֶשְׂרִים אַמָּה׃

37 וְאֵילָו לֶחָצֵר הַחִיצוֹנָה וְתִמֹרִים אֶל־אֵילָו מִפּוֹ וּמִפּוֹ וּשְׁמֹנֶה מַעֲלוֹת מַעֲלָו׃

38 וְלִשְׁכָּה וּפִתְחָהּ בְּאֵילִים הַשְּׁעָרִים שָׁם יָדִיחוּ אֶת־הָעֹלָה׃

39 וּבְאֻלָם הַשַּׁעַר שְׁנַיִם שֻׁלְחָנוֹת מִפּוֹ וּשְׁנַיִם שֻׁלְחָנוֹת מִפֹּה לִשְׁחוֹט אֲלֵיהֶם הָעוֹלָה וְהַחַטָּאת וְהָאָשָׁם׃

40 וְאֶל־הַכָּתֵף מִחוּצָה לָעוֹלֶה לְפֶתַח הַשַּׁעַר הַצָּפוֹנָה שְׁנַיִם שֻׁלְחָנוֹת וְאֶל־הַכָּתֵף הָאַחֶרֶת אֲשֶׁר לְאֻלָם הַשַּׁעַר שְׁנַיִם שֻׁלְחָנוֹת׃

41 אַרְבָּעָה שֻׁלְחָנוֹת מִפֹּה וְאַרְבָּעָה שֻׁלְחָנוֹת מִפֹּה לְכֶתֶף הַשָּׁעַר שְׁמוֹנָה שֻׁלְחָנוֹת אֲלֵיהֶם יִשְׁחָטוּ׃

42 וְאַרְבָּעָה שֻׁלְחָנוֹת לָעוֹלָה אַבְנֵי גָזִית אֹרֶךְ אַמָּה אַחַת וָחֵצִי וְרֹחַב אַמָּה אַחַת וָחֵצִי וְגֹבַהּ אַמָּה אֶחָת אֲלֵיהֶם וְיַנִּיחוּ אֶת־הַכֵּלִים אֲשֶׁר יִשְׁחֲטוּ אֶת־הָעוֹלָה בָּם וְהַזָּבַח׃

43 וְהַשְׁפַתַּיִם טֹפַח אֶחָד מוּכָנִים בַּבַּיִת סָבִיב סָבִיב וְאֶל־הַשֻּׁלְחָנוֹת בְּשַׂר הַקָּרְבָן׃

44 וּמִחוּצָה לַשַּׁעַר הַפְּנִימִי לִשְׁכוֹת שָׁרִים בֶּחָצֵר הַפְּנִימִי אֲשֶׁר אֶל־כֶּתֶף שַׁעַר הַצָּפוֹן וּפְנֵיהֶם דֶּרֶךְ הַדָּרוֹם אֶחָד אֶל־כֶּתֶף שַׁעַר הַקָּדִים פְּנֵי דֶּרֶךְ הַצָּפֹן׃

45 וַיְדַבֵּר אֵלָי זֹה הַלִּשְׁכָּה אֲשֶׁר פָּנֶיהָ דֶּרֶךְ הַדָּרוֹם לַכֹּהֲנִים שֹׁמְרֵי מִשְׁמֶרֶת

gate, eight cubits; and the posts[a] thereof. two cubits; and the porch of the gate *was* inward.

10 And the little chambers[b] of the gate eastward *were* three on this side, and three on that side; they three *were* of one measure: and the posts had one measure on this side and on that side.

11 And he measured the breadth of the entry of the gate, ten cubits; *and* the length of the gate, thirteen cubits.

12 The β space also before the little chambers *was* one cubit *on this side*, and the space *was* one cubit on that side; and the little chambers *were* six cubits on this side, and six cubits on that side.

13 He measured then the gate from the roof of *one* little chamber to the roof of another: the breadth *was* five and twenty cubits, door against door.

14 He made also posts of threescore cubits, even unto the post of the[e] court round about the gate.

15 And from the face of the gate of the entrance, unto the face of the porch of the inner gate, *were* fifty cubits.

16 And *there were* δ narrow *f* windows to the little chambers, and to their posts within the gate round about, and likewise to the ζ arches; and windows *were* round about η inward: and upon *each* post *were* palm-trees.

17 Then brought he me into the outward[h] court, and, lo, *there were*[i] chambers, and a pavement made for the court round about: thirty[k] chambers *were* upon the pavement.

18 And the pavement by the side of the gates, over against the length of the gates, *was* the lower pavement.

19 Then he measured the breadth, from the fore-front of the lower gate unto the fore-front of the inner court θ without, an hundred cubits eastward and northward.

20 And the gate of the outward court, κ that looked toward the north, he measured the length thereof, and the breadth thereof.

21 And the little chambers thereof *were* three on this side, and three on that side; and the posts thereof, and the λ arches thereof, were after the measure of the first gate: the length thereof *was* fifty cubits, and the breadth five and twenty cubits.

22 And their windows, and their arches, and their palm-trees, *were* after the measure of the gate that looketh toward the east; and they went up unto it by seven steps; and the arches thereof *were* before them.

23 And the gate of the inner court *was* over against the gate toward the north, and toward the east; and he measured from gate to gate an hundred cubits.

24 After that he brought me toward the south, and, behold, a gate toward the south: and he measured the posts thereof, and the arches thereof, according to these measures.

25 And *there were* windows in it, and in the arches thereof round about, like those windows: the length *was* fifty cubits, and the breadth five and twenty cubits.

26 And *there were* seven steps to go up to it, and the arches thereof *were* before them: and it had palm-trees, one on this side, and another on that side, upon the posts thereof.

27 And *there was* a gate in the inner court toward the south: and he measured

---

B. C. 574.

a ch. 45. 19.
b ver. 7.
c 1 Ch. 28. 11, 12.
2 Ch. 31. 11.
Ne. 13. 9.
Je. 35. 2, 4.
36. 10.
d ver. 21, 25, 33, 36.
β limit, or bound.
γ breadth.
e ch. 42. 1.
Ex. 27. 9.
δ closed.
f 1 Ki. 6. 4.
ζ or, galleries, or porches.
η or, within.
g ch. 44. 4.
47. 2.
h Re. 11. 2.
i 1 Ki. 6. 5.
Jn°. 14. 2.
k ch. 45. 5.
θ or, from without.
κ whose face was.
λ or, galleries, or porches.
l Le. 1. 3, &c.
m Le. 4. 2, 3.
n Le. 5. 6, &c.
6. 6.
7. 1, &c.
μ or, at the step.
ν or, end-irons, or the two hearth-stones.
o 1 Ch. 6. 31, &c.
p ch. 8. 5.
q Le. 8. 35.
Nu. 3. 27..38.
18. 5.
1 Ch. 9. 23.
2 Ch. 13. 11.
Ps. 134. 1.
Mal. 2. 4..7.
1 Ti. 6. 20.
π or, ward, or, ordinance.
ver. 46.

---

from gate to gate toward the south an hundred cubits.

28 And he brought me to the inner court by the south gate: and he measured the south gate according to these measures;

29 And the little chambers[c] thereof, and the posts thereof, and the arches thereof, according to these measures: and *there were* windows in it, and in the arches thereof round about: it *was*[d] fifty cubits long, and five and twenty cubits broad.

30 And the arches round about *were* five and twenty cubits long, and five cubits γ broad:

31 And the arches thereof *were* toward the utter court; and palm-trees *were* upon the posts thereof: and the going up to it *had* eight steps.

32 And he brought me into the inner court toward the east; and he measured the gate according to these measures.

33 And the little chambers thereof, and the posts thereof, and the arches thereof, *were* according to these measures: and *there were* windows therein and in the arches thereof round about: *it was* fifty cubits long, and five and twenty cubits broad.

34 And the arches thereof *were* toward the outward court; and palm-trees *were* upon the posts thereof, on this side and on that side: and the going up to it *had* eight steps.

35 And he brought me to the[g] north gate, and measured *it* according to these measures;

36 The little chambers thereof, the posts thereof, and the arches thereof, and the windows to it round about: the length *was* fifty cubits, and the breadth five and twenty cubits.

37 And the posts thereof *were* toward the utter court: and palm-trees *were* upon the posts thereof on this side, and on that side: and the going up to it *had* eight steps.

38 And the chambers, and the entries thereof, *were* by the posts of the gates, where they washed the burnt-offering.

39 And in the porch of the gate *were* two tables on this side, and two tables on that side, to slay thereon the burnt-offering,[l] and the[m] sin-offering, and the trespass-offering.[n]

40 And at the side without, μ as one goeth up to the entry of the north gate, *were* two tables; and on the other side, which *was* at the porch of the gate, *were* two tables.

41 Four tables *were* on this side, and four tables on that side, by the side of the gate, eight tables, whereupon they slew *their sacrifices.*

42 And the four tables *were* of hewn stone for the burnt-offering, of a cubit and an half long, and a cubit and an half broad, and one cubit high: whereupon also they laid the instruments wherewith they slew the burnt-offering and the sacrifice.

43 And within *were* ν hooks, an hand-broad, fastened round about: and upon the tables *was* the flesh of the offering.

44 And without the inner gate *were* the chambers of the singers[o] in the inner court, which *was* at the side of the north gate; and their prospect *was* toward the south; one at the side of the east gate, *having* the prospect toward the north.

45 And he said unto me, This chamber, whose prospect *is* toward the south,[p] *is* for the priests, the keepers[q] of the π charge of the house.

46 וְהַלִּשְׁכָּה אֲשֶׁר פָּנֶיהָ דֶּרֶךְ הַצָּפוֹן לַכֹּהֲנִים שֹׁמְרֵי מִשְׁמֶרֶת הַמִּזְבֵּחַ הֵמָּה בְנֵי־צָדוֹק הַקְּרֵבִים מִבְּנֵי־לֵוִי אֶל־יְהֹוָה לְשָׁרְתוֹ׃ 47 וַיָּמָד אֶת־הֶחָצֵר אֹרֶךְ מֵאָה אַמָּה וְרֹחַב מֵאָה אַמָּה מְרֻבָּעַת וְהַמִּזְבֵּחַ לִפְנֵי הַבָּיִת׃ 48 וַיְבִיאֵנִי אֶל־אֻלָם הַבַּיִת וַיָּמָד אֵל אֻלָם חָמֵשׁ אַמּוֹת מִפֹּה וְחָמֵשׁ אַמּוֹת מִפֹּה וְרֹחַב הַשַּׁעַר שָׁלֹשׁ אַמּוֹת מִפּוֹ וְשָׁלֹשׁ אַמּוֹת מִפֹּה׃ 49 אֹרֶךְ הָאֻלָם עֶשְׂרִים אַמָּה וְרֹחַב עַשְׁתֵּי עֶשְׂרֵה אַמָּה וּבַמַּעֲלוֹת אֲשֶׁר יַעֲלוּ אֵלָיו וְעַמֻּדִים אֶל־הָאֵילִים אֶחָד מִפֹּה וְאֶחָד מִפֹּה׃

CAP. XLI. מא

1 וַיְבִיאֵנִי אֶל־הַהֵיכָל וַיָּמָד אֶת־הָאֵילִים שֵׁשׁ־אַמּוֹת רֹחַב־מִפּוֹ וְשֵׁשׁ־אַמּוֹת רֹחַב מִפּוֹ רֹחַב הָאֹהֶל׃ 2 וְרֹחַב הַפֶּתַח עֶשֶׂר אַמּוֹת וְכִתְפוֹת הַפֶּתַח חָמֵשׁ אַמּוֹת מִפּוֹ וְחָמֵשׁ אַמּוֹת מִפּוֹ וַיָּמָד אָרְכּוֹ אַרְבָּעִים אַמָּה וְרֹחַב עֶשְׂרִים אַמָּה׃ 3 וּבָא לִפְנִימָה וַיָּמָד אֵיל־הַפֶּתַח שְׁתַּיִם אַמּוֹת וְהַפֶּתַח שֵׁשׁ אַמּוֹת וְרֹחַב הַפֶּתַח שֶׁבַע אַמּוֹת׃ 4 וַיָּמָד אֶת־אָרְכּוֹ עֶשְׂרִים אַמָּה וְרֹחַב עֶשְׂרִים אַמָּה אֶל־פְּנֵי הַהֵיכָל וַיֹּאמֶר אֵלַי זֶה קֹדֶשׁ הַקֳּדָשִׁים׃ 5 וַיָּמָד קִיר־הַבַּיִת שֵׁשׁ אַמּוֹת וְרֹחַב הַצֵּלָע אַרְבַּע אַמּוֹת סָבִיב סָבִיב לַבַּיִת סָבִיב׃ 6 וְהַצְּלָעוֹת צֵלָע אֶל־צֵלָע שָׁלוֹשׁ וּשְׁלֹשִׁים פְּעָמִים וּבָאוֹת בַּקִּיר אֲשֶׁר־לַבַּיִת לַצְּלָעוֹת סָבִיב סָבִיב לִהְיוֹת אֲחוּזִים וְלֹא־יִהְיוּ אֲחוּזִים בְּקִיר הַבָּיִת׃ 7 וְרָחֲבָה וְנָסְבָה לְמַעְלָה לְמַעְלָה לַצְּלָעוֹת כִּי מוּסַב־הַבַּיִת לְמַעְלָה לְמַעְלָה סָבִיב סָבִיב לַבַּיִת עַל־כֵּן רֹחַב־לַבַּיִת לְמָעְלָה וְכֵן הַתַּחְתּוֹנָה יַעֲלֶה עַל־הָעֶלְיוֹנָה לַתִּיכוֹנָה׃ 8 וְרָאִיתִי לַבַּיִת גֹּבַהּ סָבִיב סָבִיב מיסדות הַצְּלָעוֹת מְלוֹ הַקָּנֶה שֵׁשׁ אַמּוֹת אַצִּילָה׃ 9 רֹחַב הַקִּיר אֲשֶׁר־לַצֵּלָע אֶל־הַחוּץ חָמֵשׁ אַמּוֹת וַאֲשֶׁר מֻנָּח בֵּית צְלָעוֹת אֲשֶׁר לַבָּיִת׃ 10 וּבֵין הַלְּשָׁכוֹת רֹחַב עֶשְׂרִים אַמָּה סָבִיב לַבַּיִת סָבִיב סָבִיב׃ 11 וּפֶתַח הַצֵּלָע לַמֻּנָּח פֶּתַח אֶחָד דֶּרֶךְ הַצָּפוֹן וּפֶתַח אֶחָד לַדָּרוֹם וְרֹחַב מְקוֹם הַמֻּנָּח חָמֵשׁ אַמּוֹת סָבִיב סָבִיב׃ 12 וְהַבִּנְיָן אֲשֶׁר אֶל־פְּנֵי הַגִּזְרָה פְּאַת דֶּרֶךְ־הַיָּם רֹחַב שִׁבְעִים אַמָּה

13 וּמָדַד אֶת־הַבַּיִת אֹרֶךְ מֵאָה אַמָּה וְהַגִּזְרָה וְהַבִּנְיָה וְקִירוֹתֶיהָ אֹרֶךְ מֵאָה אַמָּה׃ 14 וְרֹחַב פְּנֵי הַבַּיִת וְהַגִּזְרָה לַקָּדִים מֵאָה אַמָּה׃ 15 וּמָדַד אֹרֶךְ־הַבִּנְיָן אֶל־פְּנֵי הַגִּזְרָה אֲשֶׁר עַל־אַחֲרֶיהָ וְאַתֻּקֶיהָא מִפּוֹ וּמִפּוֹ מֵאָה אַמָּה וְהַהֵיכָל הַפְּנִימִי וְאֻלַמֵּי הֶחָצֵר׃ 16 הַסִּפִּים וְהַחַלּוֹנִים הָאֲטֻמוֹת וְהָאַתִּיקִים סָבִיב לִשְׁלָשְׁתָּם נֶגֶד הַסַּף שְׂחִיף עֵץ סָבִיב סָבִיב וְהָאָרֶץ עַד־הַחַלֹּנוֹת וְהַחַלֹּנוֹת מְכֻסּוֹת׃ 17 עַל־מֵעַל הַפֶּתַח וְעַד־הַבַּיִת הַפְּנִימִי וְלַחוּץ וְאֶל־כָּל־הַקִּיר סָבִיב סָבִיב בַּפְּנִימִי וּבַחִיצוֹן מִדּוֹת׃ 18 וְעָשׂוּי כְּרוּבִים וְתִמֹרִים וְתִמֹרָה בֵּין־כְּרוּב לִכְרוּב וּשְׁנַיִם פָּנִים לַכְּרוּב׃ 19 וּפְנֵי אָדָם אֶל־הַתִּמֹרָה מִפּוֹ וּפְנֵי־כְפִיר אֶל־הַתִּמֹרָה מִפּוֹ עָשׂוּי אֶל־כָּל־הַבַּיִת סָבִיב סָבִיב׃ 20 מֵהָאָרֶץ עַד־מֵעַל הַפֶּתַח הַכְּרוּבִים וְהַתִּמֹרִים עֲשׂוּיִם וְקִיר הַהֵיכָל׃ 21 הַהֵיכָל מְזוּזַת רְבֻעָה וּפְנֵי הַקֹּדֶשׁ הַמַּרְאֶה כַּמַּרְאֶה׃ 22 הַמִּזְבֵּחַ עֵץ שָׁלוֹשׁ אַמּוֹת גָּבֹהַּ וְאָרְכּוֹ שְׁתַּיִם־אַמּוֹת וּמִקְצֹעוֹתָיו לוֹ וְאָרְכּוֹ וְקִירֹתָיו עֵץ וַיְדַבֵּר אֵלַי זֶה הַשֻּׁלְחָן אֲשֶׁר לִפְנֵי יְהֹוָה׃ 23 וּשְׁתַּיִם דְּלָתוֹת לַהֵיכָל וְלַקֹּדֶשׁ׃ 24 וּשְׁתַּיִם דְּלָתוֹת לַדְּלָתוֹת שְׁתַּיִם מוּסַבּוֹת דְּלָתוֹת שְׁתַּיִם לְדֶלֶת אֶחָת וּשְׁתֵּי דְלָתוֹת לָאַחֶרֶת׃ 25 וַעֲשׂוּיָה אֲלֵיהֶן אֶל־דַּלְתוֹת הַהֵיכָל כְּרוּבִים וְתִמֹרִים כַּאֲשֶׁר עֲשׂוּיִם לַקִּירוֹת וְעָב עֵץ אֶל־פְּנֵי הָאוּלָם מֵהַחוּץ׃ 26 וְחַלּוֹנִים אֲטֻמוֹת וְתִמֹרִים מִפּוֹ וּמִפּוֹ אֶל־כִּתְפוֹת הָאוּלָם וְצַלְעוֹת הַבַּיִת וְהָעֻבִּים׃

CAP. XLII. מב

1 וַיּוֹצִאֵנִי אֶל־הֶחָצֵר הַחִיצוֹנָה הַדֶּרֶךְ דֶּרֶךְ הַצָּפוֹן וַיְבִאֵנִי אֶל־הַלִּשְׁכָּה אֲשֶׁר נֶגֶד הַגִּזְרָה וַאֲשֶׁר־נֶגֶד הַבִּנְיָן אֶל־הַצָּפוֹן׃ 2 אֶל־פְּנֵי־אֹרֶךְ אַמּוֹת הַמֵּאָה פֶּתַח הַצָּפוֹן וְהָרֹחַב חֲמִשִּׁים אַמּוֹת׃ 3 נֶגֶד הָעֶשְׂרִים אֲשֶׁר לֶחָצֵר הַפְּנִימִי וְנֶגֶד רִצְפָה אֲשֶׁר לֶחָצֵר הַחִיצוֹנָה אַתִּיק אֶל־פְּנֵי־אַתִּיק בַּשְּׁלִשִׁים׃ 4 וְלִפְנֵי הַלְּשָׁכוֹת מַהֲלָךְ עֶשֶׂר אַמּוֹת רֹחַב אֶל־

46 And the chamber whose prospect *is* toward the north *is* for the priests, the keepers of the charge of the altar :[a] these *are* the sons of Zadok,[b] among the sons of Levi, which come near to the LORD to minister unto him.

47 So he measured the court, an hundred cubits long, and an hundred cubits broad, four-square, and the altar *that was* before the house.

48 And he brought me to the porch of the house, and measured *each* post of the porch, five cubits on this side, and five cubits on that side: and the breadth of the gate *was* three cubits on this side, and three cubits on that side.

49 The length[c] of the porch *was* twenty cubits, and the breadth eleven cubits: and *he brought* me by the steps whereby they went up to it; and *there were* pillars[c] by the posts, one on this side, and another on that side.

CHAP. XLI.

AFTERWARD he brought me to the temple, and measured[f] the posts, six cubits broad on the one side, and six cubits broad on the other side, *which was* the breadth of the tabernacle.

2 And the breadth of the η door *was* ten cubits; and the sides of the door *were* five cubits on the one side, and five cubits on the other side; and he measured the length thereof, forty cubits, and the breadth, twenty cubits.

3 Then went he inward, and measured the post of the door two cubits, and the door six cubits, and the breadth of the door seven cubits.

4 So[i] he measured the length thereof, twenty cubits, and the breadth twenty cubits, before the temple; and he said unto me, This *is* the most holy *place*.

5 After he measured the wall of the house six cubits; and the breadth of *every* side-chamber four cubits, round about the house on every side.

6 And the[l] side-chambers *were* three, one κ over another, and λ thirty in order; and they entered into the wall, which *was* of the house for the side-chambers round about, that they might μ have hold, but they had not hold in the wall of the house.

7 And ν *there was*[p] an enlarging and a winding about still upward to the side-chambers; for the winding about of the house went still upward round about the house: therefore the breadth of the house *was still* upward, and so increased *from* the lowest *chamber* to the highest by the midst.

8 I saw also the height of the house round about: the foundations of the side-chambers *were* a full reed[s] of six great cubits.

9 The thickness of the wall, which *was* for the side-chamber without, *was* five cubits; and *that* which *was* left *was* the place of the side-chambers that *were* within.

10 And between the chambers *was* the wideness of twenty cubits round about the house on every side.

11 And the doors of the side-chambers *were* toward *the place that was* left, one door toward the north, and another door toward the south: and the breadth of the place that was left *was* five cubits round about.

12 Now the building that *was* before the separate[v] place, at the end toward the west, *was* seventy cubits broad; and the

B. C. 574.
a ch. 44. 15.
Nu. 18. 5.
b ch. 43. 19.
44. 15, 16.
1 Ki. 2. 35.
β or, *several walks*, or *walks with pillars*.
c 1 Ki. 6. 3.
d ver. 26.
ch. 40. 16.
γ *cieling of.*
δ or, *the ground unto the windows.*
e 1 Ki. 7. 21.
Re. 3. 12
f Re. 21. 15
ζ *measures.*
g 1Ki. 6. 29
2 Ch. 3. 7
η or, *entrance.*
h ch. 1. 10.
i 1 Ki. 6. 20.
2 Ch. 3. 8.
θ *post.*
k Ex. 30. 1.
l 1 Ki. 6. 5, 6.
κ *side-chamber, over side-chamber.*
λ or, *three and thirty times*, or, *feet.*
m ch. 44. 16.
Mal. 1. 7, 12.
n Ex. 30. 8
o 1 Ki. 6. 31.
35.
μ *be holden.*
ν it was made broader, and went round.
p 1 Ki. 6. 8.
q ver. 17, 18.
r ch. 40. 16.
s ch. 40. 5.
t ch. 41. 12, 15.
u ch. 41. 16.
Ca. 1. 17.
7. 5.
v ch. 42. 1.
Re. 21. 27.
22. 14, 15.
w ver. 11.

wall of the building *was* five cubits thick round about, and the length thereof ninety cubits.

13 So he measured the house, an hundred cubits long; and the separate place, and the building, with the walls thereof, an hundred cubits long;

14 Also the breadth of the face of the house, and of the separate place toward the east, an hundred cubits.

15 And he measured the length of the building over against the separate place which *was* behind it, and the β galleries thereof on the one side, and on the other side, an hundred cubits, with the inner temple, and the porches of the court;

16 The door-posts, and the narrow windows,[d] and the galleries round about on their three stories, over against the door, γ cieled with wood round about, and δ from the ground up to the windows, and the windows *were* covered;

17 To that above the door, even unto the inner-house and without, and by all the wall round about, within and without, by ζmeasure.

18 And *it was* made with[g] cherubims and palm-trees, so that a palm-tree *was* between a cherub and a cherub; and *every* cherub had two faces:

19 So that the face[h] of a man *was* toward the palm-tree on the one side, and the face of a young lion toward the palm-tree on the other side: *it was* made through all the house round about.

20 From the ground unto above the door *were* cherubims and palm-trees made, and *on* the wall of the temple.

21 The θ posts of the temple *were* squared, *and* the face of the sanctuary; the appearance *of the one* as the appearance *of the other.*

22 The altar of wood[k] *was* three cubits high, and the length thereof two cubits; and the corners thereof, and the length thereof, and the walls thereof, *were* of wood: and he said unto me, This *is* the table[m] that *is* before[n] the LORD.

23 And the temple and the sanctuary had two[o] doors.

24 And the doors had two leaves *apiece*, two turning leaves; two *leaves* for the one door, and two leaves for the other *door.*

25 And *there were* made on them, on the doors of the temple, cherubims and palm-trees, like as *were* made upon the walls,[q] and *there were* thick planks upon the face of the porch without.

26 And[r] *there were* narrow windows and palm-trees on the one side and on the other side, on the sides of the porch, and *upon* the side-chambers of the house, and thick planks.

CHAP. XLII.

THEN he brought me forth into the utter court, the way toward the north, and he brought me into the[e] chamber that *was* over against the separate place, and which *was* before the building toward the north.

2 Before the length of an hundred cubits *was* the north door, and the breadth *was* fifty cubits.

3 Over against the twenty *cubits* which *were* for the inner court, and over against the pavement which *was* for the utter court, *was* gallery[u] against gallery in three *stories.*

4 And before the chambers *was* a[w] walk of ten cubits breadth inward, a way of one

539

5 וְהַלְּשָׁכוֹת הָעֶלְיוֹנֹת קְצֻרוֹת כִּי־יוֹכְלוּ אַתִּיקִים
6 מֵהֵנָה מֵהַתַּחְתֹּנוֹת וּמֵהַתִּכֹנוֹת בִּנְיָן׃ כִּי
מְשֻׁלָּשׁוֹת הֵנָּה וְאֵין לָהֶן עַמּוּדִים כְּעַמּוּדֵי
הַחֲצֵרוֹת עַל־כֵּן נֶאֱצַל מֵהַתַּחְתּוֹנוֹת וּמֵהַתִּיכֹנוֹת
7 מֵהָאָרֶץ׃ וְגָדֵר אֲשֶׁר־לַחוּץ לְעֻמַּת הַלְּשָׁכוֹת
דֶּרֶךְ הֶחָצֵר הַחִצוֹנָה אֶל־פְּנֵי הַלְּשָׁכוֹת אָרְכּוֹ
8 חֲמִשִּׁים אַמָּה׃ כִּי־אֹרֶךְ הַלְּשָׁכוֹת אֲשֶׁר
לֶחָצֵר הַחִצוֹנָה חֲמִשִּׁים אַמָּה וְהִנֵּה עַל־פְּנֵי
9 הַהֵיכָל מֵאָה אַמָּה׃ וּמִתַּחַת הַלְּשָׁכוֹת הָאֵלֶּה
הַמֵּבִיא מֵהַקָּדִים בְּבֹאוֹ לָהֵנָּה מֵהֶחָצֵר הַחִצֹנָה׃
10 בְּרֹחַב גֶּדֶר הֶחָצֵר דֶּרֶךְ הַקָּדִים אֶל־פְּנֵי הַגִּזְרָה
11 וְאֶל־פְּנֵי הַבִּנְיָן לְשָׁכוֹת׃ וְדֶרֶךְ לִפְנֵיהֶם כְּמַרְאֵה
הַלְּשָׁכוֹת אֲשֶׁר דֶּרֶךְ הַצָּפוֹן כְּאָרְכָּן כֵּן רָחְבָּן
12 וְכֹל מוֹצָאֵיהֶן וּכְמִשְׁפְּטֵיהֶן וּכְפִתְחֵיהֶן׃ וּכְפִתְחֵי
הַלְּשָׁכוֹת אֲשֶׁר דֶּרֶךְ הַדָּרוֹם פֶּתַח בְּרֹאשׁ דָּרֶךְ
דֶּרֶךְ בִּפְנֵי הַגְּדֶרֶת הֲגִינָה דֶּרֶךְ הַקָּדִים בְּבוֹאָן׃
13 וַיֹּאמֶר אֵלַי לִשְׁכוֹת הַצָּפוֹן לִשְׁכוֹת הַדָּרוֹם אֲשֶׁר
אֶל־פְּנֵי הַגִּזְרָה הֵנָּה לִשְׁכוֹת הַקֹּדֶשׁ אֲשֶׁר יֹאכְלוּ־
שָׁם הַכֹּהֲנִים אֲשֶׁר־קְרוֹבִים לַיהוָה קָדְשֵׁי הַקֳּדָשִׁים
שָׁם יַנִּיחוּ קָדְשֵׁי הַקֳּדָשִׁים וְהַמִּנְחָה וְהַחַטָּאת
14 וְהָאָשָׁם כִּי הַמָּקוֹם קָדֹשׁ׃ בְּבֹאָם הַכֹּהֲנִים
וְלֹא־יֵצְאוּ מֵהַקֹּדֶשׁ אֶל־הֶחָצֵר הַחִיצוֹנָה וְשָׁם יַנִּיחוּ
בִגְדֵיהֶם אֲשֶׁר־יְשָׁרְתוּ בָהֶן כִּי־קֹדֶשׁ הֵנָּה וְלָבְשׁוּ
15 בְּגָדִים אֲחֵרִים וְקָרְבוּ אֶל־אֲשֶׁר לָעָם׃ וְכִלָּה
אֶת־מִדּוֹת הַבַּיִת הַפְּנִימִי וְהוֹצִיאַנִי דֶּרֶךְ הַשַּׁעַר
אֲשֶׁר פָּנָיו דֶּרֶךְ הַקָּדִים וּמְדָדוֹ סָבִיב סָבִיב׃
16 מָדַד רוּחַ הַקָּדִים בִּקְנֵה הַמִּדָּה חֲמֵשׁ־אֵמוֹת
17 קָנִים בִּקְנֵה הַמִּדָּה סָבִיב׃ מָדַד רוּחַ הַצָּפוֹן
18 חֲמֵשׁ־מֵאוֹת קָנִים בִּקְנֵה הַמִּדָּה סָבִיב׃ אֵת רוּחַ
הַדָּרוֹם מָדָד חֲמֵשׁ־מֵאוֹת קָנִים בִּקְנֵה הַמִּדָּה׃
19 סָבַב אֶל־רוּחַ הַיָּם מָדַד חֲמֵשׁ־מֵאוֹת קָנִים בִּקְנֵה
20 הַמִּדָּה׃ לְאַרְבַּע רוּחוֹת מְדָדוֹ חוֹמָה לוֹ סָבִיב סָבִיב אֹרֶךְ
חֲמֵשׁ מֵאוֹת וְרֹחַב חֲמֵשׁ מֵאוֹת לְהַבְדִּיל בֵּין
הַקֹּדֶשׁ לְחֹל׃

CAP. XLIII. מג

1 וַיּוֹלִכֵנִי אֶל־הַשָּׁעַר שַׁעַר אֲשֶׁר פֹּנֶה דֶּרֶךְ הַקָּדִים׃
2 וְהִנֵּה כְּבוֹד אֱלֹהֵי יִשְׂרָאֵל בָּא מִדֶּרֶךְ הַקָּדִים
וְקוֹלוֹ כְּקוֹל מַיִם רַבִּים וְהָאָרֶץ הֵאִירָה מִכְּבֹדוֹ׃
3 וּכְמַרְאֵה הַמַּרְאֶה אֲשֶׁר רָאִיתִי כַּמַּרְאֶה אֲשֶׁר־
רָאִיתִי בְּבֹאִי לְשַׁחֵת אֶת־הָעִיר וּמַרְאוֹת כַּמַּרְאֶה
אֲשֶׁר רָאִיתִי אֶל־נְהַר־כְּבָר וָאֶפֹּל אֶל־פָּנָי׃ וּכְבוֹד 4
יְהוָה בָּא אֶל־הַבָּיִת דֶּרֶךְ שַׁעַר אֲשֶׁר פָּנָיו דֶּרֶךְ
הַקָּדִים׃ וַתִּשָּׂאֵנִי רוּחַ וַתְּבִיאֵנִי אֶל־הֶחָצֵר 5
הַפְּנִימִי וְהִנֵּה מָלֵא כְבוֹד־יְהוָה הַבָּיִת׃ וָאֶשְׁמַע 6
מִדַּבֵּר אֵלַי מֵהַבָּיִת וְאִישׁ הָיָה עֹמֵד אֶצְלִי׃
וַיֹּאמֶר אֵלַי בֶּן־אָדָם אֶת־מְקוֹם כִּסְאִי וְאֶת־מְקוֹם 7
כַּפּוֹת רַגְלַי אֲשֶׁר אֶשְׁכָּן־שָׁם בְּתוֹךְ בְּנֵי־יִשְׂרָאֵל
לְעוֹלָם וְלֹא יְטַמְּאוּ עוֹד בֵּית־יִשְׂרָאֵל שֵׁם קָדְשִׁי
הֵמָּה וּמַלְכֵיהֶם בִּזְנוּתָם וּבְפִגְרֵי מַלְכֵיהֶם
בָּמוֹתָם׃ בְּתִתָּם סִפָּם אֶת־סִפִּי וּמְזוּזָתָם 8
אֵצֶל מְזוּזָתִי וְהַקִּיר בֵּינִי וּבֵינֵיהֶם וְטִמְּאוּ
אֶת־שֵׁם קָדְשִׁי בְּתוֹעֲבוֹתָם אֲשֶׁר עָשׂוּ
וָאֲכַל אֹתָם בְּאַפִּי׃ עַתָּה יְרַחֲקוּ אֶת־זְנוּתָם 9
וּפִגְרֵי מַלְכֵיהֶם מִמֶּנִּי וְשָׁכַנְתִּי בְתוֹכָם לְעוֹלָם׃
אַתָּה בֶן־אָדָם הַגֵּד אֶת־בֵּית־ 10
יִשְׂרָאֵל אֶת־הַבַּיִת וְיִכָּלְמוּ מֵעֲוֺנוֹתֵיהֶם וּמָדְדוּ
אֶת־תָּכְנִית׃ וְאִם־נִכְלְמוּ מִכֹּל אֲשֶׁר־עָשׂוּ צוּרַת 11
הַבַּיִת וּתְכוּנָתוֹ וּמוֹצָאָיו וּמוֹבָאָיו וְכָל־צוּרֹתָו וְאֵת
כָּל־חֻקֹּתָיו וְכָל־צוּרֹתָו וְכָל־תּוֹרֹתָו הוֹדַע אוֹתָם
וּכְתֹב לְעֵינֵיהֶם וְיִשְׁמְרוּ אֶת־כָּל־צוּרָתוֹ וְאֶת־כָּל־
חֻקֹּתָיו וְעָשׂוּ אוֹתָם׃ זֹאת תּוֹרַת הַבָּיִת עַל־רֹאשׁ 12
הָהָר כָּל־גְּבֻלוֹ סָבִיב סָבִיב קֹדֶשׁ קָדָשִׁים הִנֵּה־זֹאת
תּוֹרַת הַבָּיִת׃ וְאֵלֶּה מִדּוֹת הַמִּזְבֵּחַ בָּאַמּוֹת 13
אַמָּה אַמָּה וָטֹפַח וְחֵיק הָאַמָּה וְאַמָּה־רֹחַב
וּגְבוּלָהּ אֶל־שְׂפָתָהּ סָבִיב זֶרֶת הָאֶחָד וְזֶה גַּב
הַמִּזְבֵּחַ׃ וּמֵחֵיק הָאָרֶץ עַד־הָעֲזָרָה הַתַּחְתּוֹנָה 14
שְׁתַּיִם אַמּוֹת וְרֹחַב אַמָּה אֶחָת וּמֵהָעֲזָרָה הַקְּטַנָּה
עַד־הָעֲזָרָה הַגְּדוֹלָה אַרְבַּע אַמּוֹת וְרֹחַב הָאַמָּה׃
וְהַהַרְאֵל אַרְבַּע אַמּוֹת וּמֵהָאֲרִיאֵל וּלְמַעְלָה 15
הַקְּרָנוֹת אַרְבַּע׃ וְהָאֲרִיאֵל שְׁתֵּים עֶשְׂרֵה אֹרֶךְ 16
בִּשְׁתֵּים עֶשְׂרֵה רֹחַב רָבוּעַ אֶל אַרְבַּעַת רְבָעָיו׃
וְהָעֲזָרָה אַרְבַּע עֶשְׂרֵה אֹרֶךְ בְּאַרְבַּע עֶשְׂרֵה רֹחַב אֶל 17
אַרְבַּעַת רְבָעֶיהָ וְהַגְּבוּל סָבִיב אוֹתָהּ חֲצִי הָאַמָּה
וְהַחֵיק־לָהּ אַמָּה סָבִיב וּמַעֲלֹתֵהוּ פְּנוֹת קָדִים׃
וַיֹּאמֶר אֵלַי בֶּן־אָדָם כֹּה אָמַר אֲדֹנָי 18

cubit: and their doors toward the north.

5 Now, the upper chambers *were* shorter: for the galleries β were higher than these, γ than the lower, and than the middlemost of the building.

6 For they *were* in three *stories,* but had not pillars as the pillars of the courts: therefore *the building* was straitened more than the lowest and the middlemost from the ground.

7 And the wall that *was* without over against the chambers, toward the utter court on the fore-part of the chambers, the length thereof *was* fifty cubits.

8 For the length of the chambers that *were* in the utter court *was* fifty cubits: and, lo, before the temple *were* an hundred cubits.

9 And from ζ under these chambers *was* the η entry on the east side, as θ one goeth into them from the utter court.

10 The chambers *were* in the thickness of the wall of the court toward the east, over against the separate place, and over against the building.

11 And the way*ο* before them *was* like the appearance of the chambers which *were* toward the north, as long as they, *and* as broad as they ; and all their goings out *were* both according to their fashions, and according to their doors.

12 And according to the doors of the chambers that *were* toward the south *was* a door in the head of the way, *even* the way directly before the wall toward the east, as one entereth into them.

13 Then said he unto me, The north chambers *and* the south chambers, which *are* before the separate place, they *be* holy chambers, where *ρ* the priests that approach unto the LORD shall eat the most holy things: there shall they*t* lay the most holy things, and the*u* meat-offering, and the*v* sin-offering, and the trespass-offering ;*w* for the place *is* holy.

14 When*y* the priests enter therein, then shall they not go out of the holy *place* into the utter court, but there they shall lay their garments wherein they minister ; for they *are* holy ; and shall put on other garments,*a* and shall approach to *those things* which *are* for the people.

15 Now, when he had made an end of measuring the inner house, he brought me forth toward the gate whose prospect *is* toward the east, and measured it round about.

16 He measured the east *ν* side with the measuring-reed, five hundred reeds, with the measuring-reed round about.

17 He measured the north side five hundred reeds, with the measuring-reed round about.

18 He measured the south side five hundred reeds, with the measuring-reed.

19 He turned about to the west side, *and* measured five hundred reeds, with the measuring-reed.

20 He measured it by the four *b* sides: it had a wall*c* round about, five hundred *reeds d* long, and five hundred broad, to make a separation*e* between the sanctuary and the profane place.

CHAP. XLIII.

AFTERWARD he brought me to the gate, *even* the gate*f* that looketh toward the east :

2 And, behold, the glory*h* of the God of Israel came from the way of the east, and

---

B. C. 574.

a ch. 1. 24.
Re. 1. 15.
b ch. 10. 4.
Re. 18. 1.
β *or, did eat of these.*
γ *or, and the building consisted of the lower and the middlemost.*
c ch. 8. 4.
δ or, prophesy that the city should be destroyed, ch. 9. 1, 5.
d Je. 1. 10.
e ch. 1. 3.
f 1 Ki.8.10,11.
g ch. 40. 3.
h Ac. 7.48,49.
i 1 Ch. 28. 2.
Ps. 99. 5.
ι the place of.
k Ex. 29. 45.
Joel 3. 17.
η *or, he that brought me.*
θ *or, he came.*
l ch. 39. 7.
m Je. 16. 18.
n ch. 23. 39.
2 Ki.21.4.7.
o ver. 4.
κ or, for there was but a wall.
p Ho. 2. 2.
q 2 Co. 6. 16.
λ *or, sum, or number.*
r Le. 6.16.26.
10.13, 14.
s He. 8. 5.
t Ne. 13. 5.
u Le. 2. 3, 10.
v Nu.18.9,10.
w Le.6.14,&c.
x 1 Co. 11. 2.
y ch. 44. 19.
z Mat. 28. 20.
a Zec. 3. 4, 5.
μ bosom.
ν wind.
π lip.
ρ Harel, i. e. *the mountain of God.*
σ Ariel, i. e. *the lion of God,* Is. 29. 1.
b Re. 21. 16.
c ch. 40. 5.
Ca. 2. 9.
Is. 25. 1.
60. 18.
d ch. 45. 2.
e Lu. 16. 26.
f ch. 10. 19.
44. 1.
46. 1.
g 1 Ki. 6. 8.
Ne. 9. 4.
h ch. 11. 23.

---

his voice*a was* like a noise of many waters: and the earth shined *b* with his glory.

3 And *it was* according to the appearance of the vision which I saw,*even* according to the vision*c* that I saw when I came to δ destroy*d* the city ; and the visions *were* like the vision that I saw*e* by the river Chebar ; and I fell upon my face.

4 And the glory of the LORD came into the house, by the way of the gate whose prospect *is* toward the east.

5 So the spirit took me up, and brought me into the inner court ; and, behold, the glory*f* of the LORD filled the house.

6 And I heard *him* speaking unto me out of the house ; and the man*g* stood by me.

7 And he said unto me, Son of man, the place of my throne,*h* and the place*i* of the soles of my feet, where I will dwell*k* in the midst of the children of Israel for ever,and my holy name, shall the house of Israel no more defile,*l neither* they, nor their kings, by their whoredom, nor by the carcases of*m* their kings in their high places ;

8 In their setting*n* of their threshold by my thresholds, and their post by my posts, *κ* and the wall between me and them ; they have even defiled my holy name by their abominations that they have committed: wherefore I have consumed them in mine anger.

9 Now let them put away*p* their whoredom, and the carcases of their kings, far from me, and*q* I will dwell in the midst of them for ever.

10 Thou son of man, shew the house to the house of Israel, that they may be ashamed of their iniquities ; and let them measure the λ pattern.

11 And if they be ashamed of all that they have done, shew them the form*s* of the house, and the fashion thereof, and the goings-out thereof, and the comings-in thereof, and all the forms thereof, and all the ordinances*x* thereof, and all the forms thereof, and all the laws thereof : and write *it* in their sight, that they may keep the whole form thereof, and all*z* the ordinances thereof, and do them.

12 This *is* the law of the house ; Upon the top of the mountain, the whole limit thereof round about *shall be* most holy. Behold, this *is* the law of the house.

13 And these *are* the measures of the altar after the cubits : The cubit *is* a cubit and an hand-breadth ; even the *μ* bottom *shall be* a cubit, and the breadth a cubit, and the border thereof by the *π* edge thereof round about *shall be* a span : and this *shall be* the higher place of the altar.

14 And from the bottom *upon* the ground *even* to the lower settle *shall be* two cubits, and the breadth one cubit ; and from the lesser settle *even* to the greater settle *shall be* four cubits, and the breadth *one* cubit.

15 So *ρ* the altar *shall be* four cubits ; and from *σ* the altar and upward *shall be* four horns.

16 And the altar *shall be* twelve *cubits* long, twelve broad, square in the four squares thereof.

17 And the settle *shall be* fourteen *cubits* long, and fourteen broad in the four squares thereof ; and the border about it *shall be* half a cubit ; and the bottom thereof *shall be* a cubit about ; and his stairs*g* shall look toward the east.

18 And he said unto me, Son of man, thus saith the Lord GOD, These *are* the

19 עֲלֵי עוֹלָה וְזָרַקְתָּ עָלָיו דָּם : וְנָתַתָּה אֶל־הַכֹּהֲנִים הַלְוִיִּם אֲשֶׁר הֵם מִזֶּרַע צָדוֹק הַקְּרֹבִים אֵלַי נְאֻם אֲדֹנָי יְהוִֹה לְשָׁרְתֵנִי פַּר בֶּן־בָּקָר לְחַטָּאת :

20 וְלָקַחְתָּ מִדָּמוֹ וְנָתַתָּה עַל־אַרְבַּע קַרְנֹתָיו וְאֶל־אַרְבַּע פִּנּוֹת הָעֲזָרָה וְאֶל־הַגְּבוּל סָבִיב וְחִטֵּאתָ אוֹתוֹ וְכִפַּרְתָּהוּ :

21 וְלָקַחְתָּ אֵת הַפָּר הַחַטָּאת וּשְׂרָפוֹ בְּמִפְקַד הַבַּיִת מִחוּץ לַמִּקְדָּשׁ :

22 וּבַיּוֹם הַשֵּׁנִי תַּקְרִיב שְׂעִיר־עִזִּים תָּמִים לְחַטָּאת וְחִטְּאוּ אֶת־הַמִּזְבֵּחַ כַּאֲשֶׁר חִטְּאוּ בַּפָּר :

23 בְּכַלּוֹתְךָ מֵחַטֵּא תַּקְרִיב פַּר בֶּן־בָּקָר תָּמִים וְאַיִל מִן־הַצֹּאן תָּמִים :

24 וְהִקְרַבְתָּם לִפְנֵי יְהוָֹה וְהִשְׁלִיכוּ הַכֹּהֲנִים עֲלֵיהֶם מֶלַח וְהֶעֱלוּ אוֹתָם עֹלָה לַיהוָֹה :

25 שִׁבְעַת יָמִים תַּעֲשֶׂה שְׂעִיר־חַטָּאת לַיּוֹם וּפַר בֶּן־בָּקָר וְאַיִל מִן־הַצֹּאן תְּמִימִם יַעֲשׂוּ : שִׁבְעַת

26 יָמִים יְכַפְּרוּ אֶת־הַמִּזְבֵּחַ וְטִהֲרוּ אֹתוֹ וּמִלְאוּ יָדָיו :

27 וִיכַלּוּ אֶת־הַיָּמִים וְהָיָה בַיּוֹם הַשְּׁמִינִי וָהָלְאָה יַעֲשׂוּ הַכֹּהֲנִים עַל־הַמִּזְבֵּחַ אֶת־עוֹלוֹתֵיכֶם וְאֶת־שַׁלְמֵיכֶם וְרָצִאתִי אֶתְכֶם נְאֻם אֲדֹנָי יְהוִֹה :

CAP. XLIV. מד

1 וַיָּשֶׁב אֹתִי דֶּרֶךְ שַׁעַר הַמִּקְדָּשׁ הַחִיצוֹן הַפֹּנֶה קָדִים וְהוּא סָגוּר :

2 וַיֹּאמֶר אֵלַי יְהוָֹה הַשַּׁעַר הַזֶּה סָגוּר יִהְיֶה לֹא יִפָּתֵחַ וְאִישׁ לֹא־יָבֹא בוֹ כִּי יְהוָֹה אֱלֹהֵי־יִשְׂרָאֵל בָּא בוֹ וְהָיָה סָגוּר :

3 אֶת־הַנָּשִׂיא נָשִׂיא הוּא יֵשֶׁב־בּוֹ לֶאֱכָול־לֶחֶם לִפְנֵי יְהוָֹה מִדֶּרֶךְ אֻלָם הַשַּׁעַר יָבוֹא וּמִדַּרְכּוֹ יֵצֵא :

4 וַיְבִיאֵנִי דֶּרֶךְ־שַׁעַר הַצָּפוֹן אֶל־פְּנֵי הַבַּיִת וָאֵרֶא וְהִנֵּה מָלֵא כְבוֹד־יְהוָֹה אֶת־בֵּית יְהוָֹה וָאֶפֹּל אֶל־פָּנָי :

5 וַיֹּאמֶר אֵלַי יְהוָֹה בֶּן־אָדָם שִׂים לִבְּךָ וּרְאֵה בְעֵינֶיךָ וּבְאָזְנֶיךָ שְׁמָע אֵת כָּל־אֲשֶׁר אֲנִי מְדַבֵּר אֹתָךְ לְכָל־חֻקּוֹת בֵּית־יְהוָֹה וּלְכָל־תּוֹרֹתָו וְשַׂמְתָּ לִבְּךָ לִמְבוֹא הַבַּיִת בְּכֹל מוֹצָאֵי הַמִּקְדָּשׁ :

6 וְאָמַרְתָּ אֶל־מֶרִי אֶל־בֵּית יִשְׂרָאֵל כֹּה אָמַר אֲדֹנָי יְהוִֹה רַב־לָכֶם מִכָּל־תּוֹעֲבוֹתֵיכֶם בֵּית יִשְׂרָאֵל :

7 בַּהֲבִיאֲכֶם בְּנֵי־נֵכָר עַרְלֵי־לֵב וְעַרְלֵי בָשָׂר לִהְיוֹת בְּמִקְדָּשִׁי לְחַלְּלוֹ אֶת־בֵּיתִי בְּהַקְרִיבְכֶם אֶת־לַחְמִי חֵלֶב וָדָם וַיָּפֵרוּ אֶת־

8 בְּרִיתִי אֶל כָּל־תּוֹעֲבוֹתֵיכֶם : וְלֹא שְׁמַרְתֶּם מִשְׁמֶרֶת קָדָשָׁי וַתְּשִׂימוּן לְשֹׁמְרֵי מִשְׁמַרְתִּי בְּמִקְדָּשִׁי לָכֶם :

9 כֹּה אָמַר אֲדֹנָי יְהוִֹה כָּל־בֶּן־נֵכָר עֶרֶל לֵב וְעֶרֶל בָּשָׂר לֹא יָבוֹא אֶל־מִקְדָּשִׁי לְכָל־בֶּן־נֵכָר אֲשֶׁר בְּתוֹךְ בְּנֵי יִשְׂרָאֵל :

10 כִּי אִם־הַלְוִיִּם אֲשֶׁר רָחֲקוּ מֵעָלַי בִּתְעוֹת יִשְׂרָאֵל אֲשֶׁר תָּעוּ מֵעָלַי אַחֲרֵי גִּלּוּלֵיהֶם וְנָשְׂאוּ עֲוֹנָם :

11 וְהָיוּ בְמִקְדָּשִׁי מְשָׁרְתִים פְּקֻדּוֹת אֶל־שַׁעֲרֵי הַבַּיִת וּמְשָׁרְתִים אֶת־הַבָּיִת הֵמָּה יִשְׁחֲטוּ אֶת־הָעֹלָה וְאֶת־הַזֶּבַח לָעָם וְהֵמָּה יַעַמְדוּ לִפְנֵיהֶם לְשָׁרְתָם :

12 יַעַן אֲשֶׁר יְשָׁרְתוּ אוֹתָם לִפְנֵי גִלּוּלֵיהֶם וְהָיוּ לְבֵית יִשְׂרָאֵל לְמִכְשׁוֹל עָוֹן עַל־כֵּן נָשָׂאתִי יָדִי עֲלֵיהֶם

13 נְאֻם אֲדֹנָי יְהוִֹה וְנָשְׂאוּ עֲוֹנָם : וְלֹא־יִגְּשׁוּ אֵלַי לְכַהֵן לִי וְלָגֶשֶׁת עַל־כָּל־קָדָשַׁי אֶל־קָדְשֵׁי הַקֳּדָשִׁים וְנָשְׂאוּ

14 כְּלִמָּתָם וְתוֹעֲבוֹתָם אֲשֶׁר עָשׂוּ : וְנָתַתִּי אוֹתָם שֹׁמְרֵי מִשְׁמֶרֶת הַבַּיִת לְכֹל עֲבֹדָתוֹ וּלְכֹל

15 אֲשֶׁר יֵעָשֶׂה בּוֹ : וְהַכֹּהֲנִים הַלְוִיִּם בְּנֵי צָדוֹק אֲשֶׁר שָׁמְרוּ אֶת־מִשְׁמֶרֶת מִקְדָּשִׁי בִּתְעוֹת בְּנֵי־יִשְׂרָאֵל מֵעָלַי הֵמָּה יִקְרְבוּ אֵלַי לְשָׁרְתֵנִי וְעָמְדוּ לְפָנַי לְהַקְרִיב לִי חֵלֶב וָדָם נְאֻם אֲדֹנָי

16 יְהוִֹה : הֵמָּה יָבֹאוּ אֶל־מִקְדָּשִׁי וְהֵמָּה יִקְרְבוּ אֶל־

17 שֻׁלְחָנִי לְשָׁרְתֵנִי וְשָׁמְרוּ אֶת־מִשְׁמַרְתִּי : וְהָיָה בְּבוֹאָם אֶל־שַׁעֲרֵי הֶחָצֵר הַפְּנִימִית בִּגְדֵי פִשְׁתִּים יִלְבָּשׁוּ וְלֹא־יַעֲלֶה עֲלֵיהֶם צֶמֶר בְּשָׁרְתָם בְּשַׁעֲרֵי

18 הֶחָצֵר הַפְּנִימִית וָבָיְתָה : פַּאֲרֵי פִשְׁתִּים יִהְיוּ עַל־רֹאשָׁם וּמִכְנְסֵי פִשְׁתִּים יִהְיוּ עַל־מָתְנֵיהֶם לֹא

19 יַחְגְּרוּ בַּיָּזַע : וּבְצֵאתָם אֶל־הֶחָצֵר הַחִיצוֹנָה אֶל־הֶחָצֵר הַחִיצוֹנָה אֶל־הָעָם יִפְשְׁטוּ אֶת־בִּגְדֵיהֶם אֲשֶׁר־הֵמָּה מְשָׁרְתִים בָּם וְהִנִּיחוּ אוֹתָם בְּלִשְׁכֹת הַקֹּדֶשׁ וְלָבְשׁוּ בְּגָדִים אֲחֵרִים וְלֹא־יְקַדְּשׁוּ אֶת־

20 הָעָם בְּבִגְדֵיהֶם : וְרֹאשָׁם לֹא יְגַלֵּחוּ וּפֶרַע לֹא

21 יְשַׁלֵּחוּ כָּסוֹם יִכְסְמוּ אֶת־רָאשֵׁיהֶם : וְיַיִן לֹא־יִשְׁתּוּ כָּל־כֹּהֵן בְּבוֹאָם אֶל־הֶחָצֵר הַפְּנִימִית :

22 וְאַלְמָנָה וּגְרוּשָׁה לֹא־יִקְחוּ לָהֶם לְנָשִׁים כִּי אִם־בְּתוּלֹת מִזֶּרַע בֵּית יִשְׂרָאֵל וְהָאַלְמָנָה אֲשֶׁר

23 תִּהְיֶה אַלְמָנָה מִכֹּהֵן יִקָּחוּ : וְאֶת־עַמִּי יוֹרוּ בֵּין

24 קֹדֶשׁ לְחֹל וּבֵין־טָמֵא לְטָהוֹר יוֹדִעֻם : וְעַל־רִיב

ordinances of the altar in the day when they shall make it, to offer burnt-offerings thereon, and to sprinkle [b] blood thereon.

19 And thou shalt give to the priests [c] the Levites that be of the seed of Zadok, which approach unto me, to minister unto me, saith the Lord GOD, a young bullock [d] for a sin-offering.

20 And thou shalt take of the blood thereof, and put *it* on the four horns of it, and on the four corners of the settle, and upon the border round about: thus shalt thou cleanse and purge it.

21 Thou shalt take the bullock also of the sin-offering, and he shall burn it in the appointed place of the house, without [k] the sanctuary.

22 And on the second day thou shalt offer a kid of the goats without blemish for a sin-offering; and they shall cleanse the altar, as they did cleanse *it* with the bullock.

23 When thou hast made an end of cleansing *it*, thou shalt offer a young bullock without blemish, and a ram out of the flock without blemish.

24 And thou shalt offer them before the LORD, and the priests shall cast [n] salt upon them, and they shall offer them up *for* a burnt-offering unto the LORD.

25 Seven [o] days shalt thou prepare every day a goat *for* a sin-offering: they shall also prepare a young bullock, and a ram out of the flock, without blemish.

26 Seven days shall they purge the altar, and purify it; and they shall [δ] consecrate [p] themselves.

27 And when these days are expired, [q] it shall be, *that* upon the eighth day, and *so* forward, the priests shall make your burnt-offerings upon the altar, and your [ζ] peace-offerings; and I will accept you, [s] saith the Lord GOD.

CHAP. XLIV.

THEN he brought me back the way of the gate of the outward sanctuary, [x] which looketh toward the east, and it *was* shut.

2 Then said the LORD unto me, This gate shall be shut, it shall not be opened, and no man shall enter in by it; because the LORD, the God of Israel, hath entered in by it, therefore it shall be shut.

3 *It is* for the prince; the prince, he shall sit in it to eat bread before [z] the LORD; he shall enter by the way [a] of the porch of *that* gate, and shall go out by the way of the same.

4 Then brought he me the way of the north gate before the house: and I looked, and, behold, [b] the glory of the LORD filled the house of the LORD; and I fell upon my face.

5 And the LORD said unto me, Son of man, [θ] mark well, and behold [d] with thine eyes, and hear with thine ears, all that I say unto thee concerning all the ordinances of the house of the LORD, and all the laws thereof; and mark well [g] the entering in [i] of the house, with every going forth of the sanctuary.

6 And thou shalt say to the rebellious, [k] *even* to the house of Israel, Thus saith the Lord GOD, O ye house of Israel, let it suffice [l] you of all your abominations,

7 In that ye have brought [m] *into my sanctuary* [μ] strangers, [n] uncircumcised [o] in heart, and uncircumcised in flesh, to be in my sanctuary, to pollute it, *even* my house, when ye offer my bread, the fat and the blood, and they have broken my covenant, because of all your abominations.

B. C. 574.

a Le.22.9,&c.
   Ac. 7.53.
b Le. 1.5.
   He. 12. 24.
c ch. 44. 15.
β or.*ward*,or,
   ordinance.
d ch.45.18,&c.
   Ex.29.10,&c.
   Le. 8. 14,&c.
e Mar. 16. 16.
f 2Ki.23.8,&c.
g 1 Ti. 5. 22.
h He.13.11,12.
i 1 Ch. 26. 1,
   &c.
k 2Ch. 29. 34.
l Nu. 16. 9.
γ *were for a*
   stumbling-
   block of ini-
   quity unto,
   ch. 14. 3, 4.
m Nu. 18. 3, 4.
   2 Ki. 23. 9.
n Le. 2. 13.
o Ex.29 35,36.
δ *fill their*
   hands,
   Ex. 29. 24.
p Le. 8. 33.
q Le. 9. 1.
r 1 Sa. 2. 35.
ζ or, *thank-*
   offerings.
s ch.20.40,41.
   Ho. 8. 13.
   Ep. 1. 6.
   1 Pe. 2. 5.
t De. 10. 8.
u Le. 3. 16.
v Le. 17. 5, 6.
w Re. 1. 6.
x ch. 43. 1, 4.
y Ex. 28. 39,
   &c.
z 1Co. 10. 18,
   &c.
a ch. 46. 2, 8.
η *in*, or, *with*
   sweat, or,
   in sweating
   places.
b ch. 43. 5.
c ch. 42. 14.
   Le. 6. 27.
θ *set thine*
   heart.
d ch. 40. 4.
e 1 Co.3.5, 6.
f Le.21.5,&c.
g ch. 43. 11.
   Ps. 119. 4.
h Le. 10. 9.
   1 Ti. 3. 3.
i Ps. 96. 8, 9.
k ch. 2. 5.
κ *thrust*
   forth.
l ch. 43. 8.
   1 Pe. 4. 3.
λ *from a*
   priest.
m Le. 22. 25.
μ *children of*
   a stranger,
   Is. 56. 6, 7.
n Le. 26. 41.
   Ro.2.28,29.
o Le. 21.6, 8.
p 2Ch.19.8,10.

8 And ye have not kept [a] the charge of mine holy things: but ye have set keepers of my [β] charge in my sanctuary for yourselves.

9 Thus saith the Lord GOD, No stranger, uncircumcised [d] in heart, nor uncircumcised in flesh, shall enter into my sanctuary, of any stranger that *is* among the children of Israel.

10 And the Levites that are gone away [f] far from me, when Israel [g] went astray, which went astray away from me after their idols; they shall even bear their iniquity.

11 Yet they shall be ministers in my sanctuary, *having* charge at the gates [i] of the house, and ministering to the house: they shall slay [k] the burnt-offering and the sacrifice for the people, and they shall stand before them [l] to minister unto them.

12 Because they ministered unto them before their idols, and [γ] caused [m] the house of Israel to fall into iniquity; therefore have I lifted up mine hand against them, saith the Lord GOD, and they shall bear their iniquity.

13 And they shall not come near unto me, to do the office of a priest unto me, nor to come near to any of my holy things, in the most holy *place ;* but they shall bear their shame, and their abominations which they have committed :

14 But I will make them keepers of the charge of the house, for all the service thereof, and for all that shall be done therein.

15 But the priests the Levites, the sons of Zadok, that kept [r] the charge of my sanctuary when the children of Israel went astray from me, they shall come near to me to minister unto me, and they [t] shall stand before me to offer unto me the fat [u] and the blood, [v] saith the Lord GOD.

16 They [w] shall enter into my sanctuary, and they shall come near to my table, to minister unto me, and they shall keep my charge.

17 And it shall come to pass, *that*, when they enter in at the gates of the inner court, they shall be clothed with linen [y] garments ; and no wool shall come upon them whiles they minister in the gates of the inner court, and within.

18 They shall have linen bonnets upon their heads, and shall have linen breeches upon their loins; they shall not gird *themselves* [n] with any thing that causeth sweat.

19 And when they shall go forth into the utter court, *even* into the utter court to the people, they shall put off [c] their garments wherein they ministered, and lay them in the holy chambers, and they shall put on other garments ; and they shall not sanctify the people with their garments. [e]

20 Neither [f] shall they shave their heads, nor suffer their locks to grow long : they shall only poll their heads.

21 Neither shall any priest drink wine, [h] when they enter into the inner court.

22 Neither shall they take for their wives a widow, nor her that is [κ] put away : but they shall take maidens of the seed of the house of Israel, or a widow [λ] that had a priest before.

23 And they shall teach my people the *difference* between the holy and profane, and cause them to discern between the unclean and the clean. [p]

24 And in controversy [p] they shall stand

הֵמָּה יַעַמְדוּ לְשָׁפֹּט בְּמִשְׁפָּטַי יִשְׁפְּטֻהוּ וְאֶת־תּוֹרֹתַי וְאֶת־חֻקֹּתַי בְּכָל־מוֹעֲדַי יִשְׁמֹרוּ וְאֶת־שַׁבְּתוֹתַי יְקַדֵּשׁוּ׃

25 וְאֶל־מֵת אָדָם לֹא יָבוֹא לְטָמְאָה כִּי אִם־לְאָב וּלְאֵם וּלְבֵן וּלְבַת לְאָח וּלְאָחוֹת אֲשֶׁר־לֹא־הָיְתָה לְאִישׁ יִטַּמָּאוּ׃

26 וְאַחֲרֵי טָהֳרָתוֹ שִׁבְעַת יָמִים יִסְפְּרוּ־לוֹ׃

27 וּבְיוֹם בֹּאוֹ אֶל־הַקֹּדֶשׁ אֶל־הֶחָצֵר הַפְּנִימִית לְשָׁרֵת בַּקֹּדֶשׁ יַקְרִיב חַטָּאתוֹ נְאֻם אֲדֹנָי יְהוִה׃

28 וְהָיְתָה לָהֶם לְנַחֲלָה אֲנִי נַחֲלָתָם וַאֲחֻזָּה לֹא־תִתְּנוּ לָהֶם בְּיִשְׂרָאֵל אֲנִי אֲחֻזָּתָם׃

29 הַמִּנְחָה וְהַחַטָּאת וְהָאָשָׁם הֵמָּה יֹאכְלוּם וְכָל־חֵרֶם בְּיִשְׂרָאֵל לָהֶם יִהְיֶה׃

30 וְרֵאשִׁית כָּל־בִּכּוּרֵי כֹל וְכָל־תְּרוּמַת כֹּל מִכֹּל תְּרוּמֹתֵיכֶם לַכֹּהֲנִים יִהְיֶה וְרֵאשִׁית עֲרִסוֹתֵיכֶם תִּתְּנוּ לַכֹּהֵן לְהָנִיחַ בְּרָכָה אֶל־בֵּיתֶךָ׃

31 כָּל־נְבֵלָה וּטְרֵפָה מִן־הָעוֹף וּמִן־הַבְּהֵמָה לֹא יֹאכְלוּ הַכֹּהֲנִים׃

CAP. XLV. מה

1 וּבְהַפִּילְכֶם אֶת־הָאָרֶץ בְּנַחֲלָה תָּרִימוּ תְרוּמָה לַיהוָה קֹדֶשׁ מִן־הָאָרֶץ אֹרֶךְ חֲמִשָּׁה וְעֶשְׂרִים אֶלֶף אֹרֶךְ וְרֹחַב עֲשָׂרָה אָלֶף קֹדֶשׁ־הוּא בְכָל־גְּבוּלָהּ סָבִיב׃

2 יִהְיֶה מִזֶּה אֶל־הַקֹּדֶשׁ חֲמֵשׁ מֵאוֹת בַּחֲמֵשׁ מֵאוֹת מְרֻבָּע סָבִיב וַחֲמִשִּׁים אַמָּה מִגְרָשׁ לוֹ סָבִיב׃

3 וּמִן־הַמִּדָּה הַזֹּאת תָּמוֹד אֹרֶךְ חֲמֵשׁ וְעֶשְׂרִים אֶלֶף וְרֹחַב עֲשֶׂרֶת אֲלָפִים וּבוֹ־יִהְיֶה הַמִּקְדָּשׁ קֹדֶשׁ קָדָשִׁים׃

4 קֹדֶשׁ מִן־הָאָרֶץ הוּא לַכֹּהֲנִים מְשָׁרְתֵי הַמִּקְדָּשׁ יִהְיֶה הַקְּרֵבִים לְשָׁרֵת אֶת־יְהוָה וְהָיָה לָהֶם מָקוֹם לְבָתִּים וּמִקְדָּשׁ לַמִּקְדָּשׁ׃

5 וַחֲמִשָּׁה וְעֶשְׂרִים אֶלֶף אֹרֶךְ וַעֲשֶׂרֶת אֲלָפִים רֹחַב לַלְוִיִּם מְשָׁרְתֵי הַבַּיִת לָהֶם לַאֲחֻזָּה עֶשְׂרִים לְשָׁכֹת׃

6 וַאֲחֻזַּת הָעִיר תִּתְּנוּ חֲמֵשֶׁת אֲלָפִים רֹחַב וְאֹרֶךְ חֲמִשָּׁה וְעֶשְׂרִים אֶלֶף לְעֻמַּת תְּרוּמַת הַקֹּדֶשׁ לְכָל־בֵּית יִשְׂרָאֵל יִהְיֶה׃

7 וְלַנָּשִׂיא מִזֶּה וּמִזֶּה לִתְרוּמַת הַקֹּדֶשׁ וְלַאֲחֻזַּת הָעִיר אֶל־פְּנֵי תְרוּמַת־הַקֹּדֶשׁ וְאֶל־פְּנֵי אֲחֻזַּת הָעִיר מִפְּאַת־יָם יָמָּה וּמִפְּאַת־קֵדְמָה קָדִימָה וְאֹרֶךְ לְעֻמּוֹת אַחַד הַחֲלָקִים מִגְּבוּל יָם אֶל־גְּבוּל קָדִימָה׃

8 לָאָרֶץ יִהְיֶה־לּוֹ לַאֲחֻזָּה בְּיִשְׂרָאֵל וְלֹא־יוֹנוּ עוֹד נְשִׂיאַי אֶת־עַמִּי וְהָאָרֶץ יִתְּנוּ לְבֵית־יִשְׂרָאֵל לְשִׁבְטֵיהֶם׃

9 כֹּה־אָמַר אֲדֹנָי יְהוִה רַב־לָכֶם נְשִׂיאֵי יִשְׂרָאֵל חָמָס וָשֹׁד הָסִירוּ וּמִשְׁפָּט וּצְדָקָה עֲשׂוּ הָרִימוּ גְרֻשֹׁתֵיכֶם מֵעַל עַמִּי נְאֻם אֲדֹנָי יְהוִה׃

10 מֹאזְנֵי־צֶדֶק וְאֵיפַת־צֶדֶק וּבַת־צֶדֶק יְהִי לָכֶם׃

11 הָאֵיפָה וְהַבַּת תֹּכֶן אֶחָד יִהְיֶה לָשֵׂאת מַעְשַׂר הַחֹמֶר הַבָּת וַעֲשִׂירִת הַחֹמֶר הָאֵיפָה אֶל־הַחֹמֶר יִהְיֶה מַתְכֻּנְתּוֹ׃

12 וְהַשֶּׁקֶל עֶשְׂרִים גֵּרָה עֶשְׂרִים שְׁקָלִים חֲמִשָּׁה וְעֶשְׂרִים שְׁקָלִים עֲשָׂרָה וַחֲמִשָּׁה שֶׁקֶל הַמָּנֶה יִהְיֶה לָכֶם׃

13 זֹאת הַתְּרוּמָה אֲשֶׁר תָּרִימוּ שִׁשִּׁית הָאֵיפָה מֵחֹמֶר הַחִטִּים וְשִׁשִּׁיתֶם הָאֵיפָה מֵחֹמֶר הַשְּׂעֹרִים׃

14 וְחֹק הַשֶּׁמֶן הַבַּת הַשֶּׁמֶן מַעְשַׂר הַבַּת מִן־הַכֹּר עֲשֶׂרֶת הַבַּתִּים חֹמֶר כִּי־עֲשֶׂרֶת הַבַּתִּים חֹמֶר׃

15 וְשֶׂה־אַחַת מִן־הַצֹּאן מִן־הַמָּאתַיִם מִמַּשְׁקֵה יִשְׂרָאֵל לְמִנְחָה וּלְעוֹלָה וְלִשְׁלָמִים לְכַפֵּר עֲלֵיהֶם נְאֻם אֲדֹנָי יְהוִה׃

16 כֹּל הָעָם הָאָרֶץ יִהְיוּ אֶל־הַתְּרוּמָה הַזֹּאת לַנָּשִׂיא בְּיִשְׂרָאֵל׃

17 וְעַל־הַנָּשִׂיא יִהְיֶה הָעוֹלוֹת וְהַמִּנְחָה וְהַנֵּסֶךְ בַּחַגִּים וּבֶחֳדָשִׁים וּבַשַּׁבָּתוֹת בְּכָל־מוֹעֲדֵי בֵּית יִשְׂרָאֵל הוּא־יַעֲשֶׂה אֶת־הַחַטָּאת וְאֶת־הַמִּנְחָה וְאֶת־הָעוֹלָה וְאֶת־הַשְּׁלָמִים לְכַפֵּר בְּעַד בֵּית־יִשְׂרָאֵל׃

18 כֹּה־אָמַר אֲדֹנָי יְהוִה בָּרִאשׁוֹן בְּאֶחָד לַחֹדֶשׁ תִּקַּח פַּר־בֶּן־בָּקָר תָּמִים וְחִטֵּאתָ אֶת־הַמִּקְדָּשׁ׃

19 וְלָקַח הַכֹּהֵן מִדַּם הַחַטָּאת וְנָתַן אֶל־מְזוּזַת הַבַּיִת וְאֶל־אַרְבַּע פִּנּוֹת הָעֲזָרָה לַמִּזְבֵּחַ וְעַל־מְזוּזַת שַׁעַר הֶחָצֵר הַפְּנִימִית׃

20 וְכֵן תַּעֲשֶׂה בְּשִׁבְעָה בַחֹדֶשׁ מֵאִישׁ שֹׁגֶה וּמִפֶּתִי וְכִפַּרְתֶּם אֶת־הַבָּיִת׃

21 בָּרִאשׁוֹן בְּאַרְבָּעָה עָשָׂר יוֹם לַחֹדֶשׁ יִהְיֶה לָכֶם הַפָּסַח חָג שְׁבֻעוֹת יָמִים מַצּוֹת יֵאָכֵל׃

22 וְעָשָׂה הַנָּשִׂיא בַּיּוֹם הַהוּא בַּעֲדוֹ וּבְעַד כָּל־עַם הָאָרֶץ פַּר חַטָּאת׃

23 וְשִׁבְעַת יְמֵי הֶחָג יַעֲשֶׂה עוֹלָה לַיהוָה שִׁבְעַת פָּרִים וְשִׁבְעַת אֵילִים תְּמִימִם לַיּוֹם שִׁבְעַת הַיָּמִים וְחַטָּאת שְׂעִיר עִזִּים לַיּוֹם׃

24 וּמִנְחָה אֵיפָה לַפָּר וְאֵיפָה לָאַיִל יַעֲשֶׂה וְשֶׁמֶן הִין לָאֵיפָה׃

25 בַּשְּׁבִיעִי בַּחֲמִשָּׁה עָשָׂר יוֹם לַחֹדֶשׁ בֶּחָג יַעֲשֶׂה כָאֵלֶּה שִׁבְעַת הַיָּמִים כַּחַטָּאת כָּעֹלָה וְכַמִּנְחָה וְכַשָּׁמֶן׃

in judgment; *and* they shall judge it according to my judgments: and they shall keep my laws[b] and my statutes in all mine assemblies; and they shall hallow my sabbaths.[d]

25 And they shall come at no dead[f] person to defile themselves: but for father, or for mother, or for son, or for daughter, for brother, or for sister that hath had no husband, they may defile themselves.

26 And after[k] he is cleansed they shall reckon unto him seven days.

27 And in the day that he goeth into the sanctuary, unto the inner court, to minister in the sanctuary, he shall offer[l] his sin-offering, saith the Lord GOD.

28 And it shall be unto them for an inheritance; I[n] *am* their inheritance: and ye shall give them no possession in Israel; I *am* their possession.

29 They[o] shall eat the meat-offering, and the sin-offering, and the trespass-offering; and[p] every γ dedicated thing in Israel shall be their's.

30 And the δ first of all the first-fruits[q] of all *things*, and every oblation of all, of every *sort* of your oblations, shall be the priest's: ye shall also give unto the priest the first of your dough,[r] that he may cause the blessing[s] to rest in thine house.

31 The priest shall not eat of any thing that is dead of itself,[t] or torn, whether it be fowl or beast.

CHAP. XLV.

MOREOVER, when ye κ shall divide[v] by lot the land for inheritance, ye shall offer an oblation unto the LORD, μ an holy portion[y] of the land: the length *shall be* the length of five and twenty thousand *reeds*, and the breadth *shall be* ten thousand. This *shall be* holy in all the borders thereof round about.

2 Of this there shall be for the sanctuary five hundred[z] *in length*, with five hundred *in breadth*, square round about; and fifty cubits round about for the π suburbs thereof.

3 And of this measure shalt thou measure the length of five and twenty thousand, and the breadth of ten thousand: and[c] in it shall be the sanctuary *and* the most holy *place*.

4 The holy *portion*[d] of the land shall be for the priests the ministers of the sanctuary, which shall come near to minister unto the LORD; and it shall be a place for their houses, and an holy place for the sanctuary.

5 And the five and twenty thousand of length, and the ten thousand of breadth shall also the Levites, the ministers[g] of the house, have for themselves, for a possession for twenty chambers.[i]

6 And ye shall appoint the possession of the city five thousand broad, and five and twenty thousand long, over against the oblation of the holy *portion:* it shall be for the whole house of Israel.

7 And[l] *a portion shall be* for the prince on the one side and on the other side of the oblation of the holy *portion*, and of the possession of the city, before the oblation of the holy *portion*, and before the possession of the city, from the west side westward, and from the east side eastward; and the length *shall be* over against one of the portions, from the west border unto the east border.

8 In the land shall be his possession in

Israel: and my princes[a] shall no more oppress my people; and *the rest of* the land shall they give to the house of Israel according[c] to their tribes.

9 Thus saith the Lord GOD, Let it suffice you, O princes of Israel: remove[g] violence and spoil, and execute judgment[h] and justice, take away your β exactions[i] from my people, saith the Lord GOD.

10 Ye shall have just balances,[j] and a just ephah, and a just bath.

11 The ephah and the bath shall be of one measure, that the bath may contain the tenth part of an homer, and the ephah the tenth part of an homer: the measure thereof shall be after the homer.

12 And the shekel[m] *shall be* twenty gerahs; twenty shekels, five and twenty shekels, fifteen shekels shall be your maneh.

13 This *is* the oblation that ye shall offer, the sixth part of an ephah of an homer of wheat, and ye shall give the sixth part of an ephah of an homer of barley.

14 Concerning the ordinance of oil, the bath of oil, *ye shall offer* the tenth part of a bath out of the cor, *which is* an homer of ten baths; for ten baths *are* an homer:

15 And one ζ lamb out of the flock, out of two hundred, out of the fat pastures of Israel, for a meat-offering, and for a burnt-offering, and for η peace-offerings, to make reconciliation[u] for them, saith the Lord GOD.

16 All the people of the land shall θ give this oblation[w] λ for the prince in Israel.

17 And it shall be the prince's part *to give*[x] burnt-offerings, and meat-offerings, and drink-offerings, in the feasts, and in the new moons, and in the sabbaths, in all solemnities of the house of Israel: he shall prepare the sin-offering, and the meat-offering, and the burnt-offering, and the ν peace-offerings, to make reconciliation for the house of Israel.

18 Thus saith the Lord GOD, In the first *month*, in the first *day* of the month, thou shalt take a young bullock, without blemish, and cleanse the sanctuary:[a]

19 And the priest shall take of the blood[b] of the sin-offering, and put *it* upon the posts of the house, and upon the four corners of the settle of the altar, and upon the posts of the gate of the inner court.

20 And so thou shalt do the seventh *day* of the month for every one that erreth,[c] and for *him that is* simple: so shall ye reconcile the house.

21 In[f] the first *month*, in the fourteenth day of the month, ye shall have the passover, a feast of seven days; unleavened[h] bread shall be eaten.

22 And upon that day shall the prince prepare for himself, and for all the people of the land, a bullock[k] *for* a sin-offering.

23 And seven days of the feast he shall prepare a burnt-offering to the LORD, seven bullocks and seven rams without blemish, daily the seven days; and a kid[m] of the goats daily *for* a sin-offering.

24 And he shall prepare a meat-offering[n] of an ephah for a bullock, and an ephah for a ram, and an hin of oil for an ephah.

25 In the seventh *month*, in the fifteenth[o] day of the month, shall he do the like in the feast of the seven[p] days, according to the sin-offering, according to the burnt-offering, and according to the meat-offering, and according to the oil.

B. C. 574.

a ch. 22. 27.
　46. 18.
Pr. 28. 16.
Je. 22. 17.
b 1 Ti. 3. 15.
c Jos. 11. 23.
d ch. 22. 26.
Is.58.13,14.
e ch. 44. 6.
f Le.21.1.&c.
g Je. 22. 3.
h ch. 33. 14..
　16.
β *expulsions.*
i Ne. 5. 1..13.
1Co. 6. 7, 8.
j Le.19.35,36.
Pr. 11. 1.
k Nu.6.10,&c.
19.11, &c.
l Le. 4. 3.
m Ex. 30. 13.
Nu. 3. 47.
n Nu. 18. 20.
De. 18. 1, 2.
Jos.13 14,33.
o Le. 6.18,29.
　7. 6.
p Nu. 18. 14.
γ or,*devoted.*
δ or, *chief.*
q Ex.22.29,30.
r Nu. 15. 20.
Ne. 10. 37.
ε or, *kid.*
s Pr. 3. 9, 10.
Mal. 3. 10.
η or, *thank-offerings.*
t Le. 22. 8.
u Le. 1. 4.
He.9.22,23.
θ *be for.*
κ *cause the land to fall.*
v ch. 47. 22.
w Ex.30.14,15.
λ or, *with.*
μ *holiness.*
x 2 Ch. 5. 6.
　30. 24.
　35. 7.
Ezr. 1. 5.
　6. 8, 9.
ν or, *thank-offerings.*
y ch. 48. 8.
z ch. 42. 20.
π or, *void places.*
a Le. 16. 16.
b ch.43. 20.
c ch. 48. 10,
　&c.
d ver. 1.
e Le. 4. 27.
f Ex. 12. 18.
Le.23.5,&c.
Nu. 9. 2, 3.
De.16.1,&c.
g 1Co.9.13,14.
h 1Co. 5. 7, 8.
i ch. 40. 17.
k Le. 4. 14.
l ch. 48. 21.
m Nu. 28. 15,
　&c.
n ch. 46. 5, 7.
o Nu. 29. 12.
p De. 16. 13.

CAP. XLVI. מו

1 כֹּה־אָמַר אֲדֹנָי יְהוִֹה שַׁעַר הֶחָצֵר הַפְּנִימִית הַפֹּנֶה קָדִים יִהְיֶה סָגוּר שֵׁשֶׁת יְמֵי הַמַּעֲשֶׂה

2 וּבְיוֹם הַשַּׁבָּת יִפָּתֵחַ וּבְיוֹם הַחֹדֶשׁ יִפָּתֵחַ ׃ וּבָא הַנָּשִׂיא דֶּרֶךְ אוּלָם הַשַּׁעַר מִחוּץ וְעָמַד עַל־מְזוּזַת הַשַּׁעַר וְעָשׂוּ הַכֹּהֲנִים אֶת־עוֹלָתוֹ וְאֶת־שְׁלָמָיו וְהִשְׁתַּחֲוָה עַל־מִפְתַּן הַשַּׁעַר וְיָצָא וְהַשַּׁעַר לֹא־יִסָּגֵר

3 עַד־הָעָרֶב ׃ וְהִשְׁתַּחֲווּ עַם־הָאָרֶץ פֶּתַח הַשַּׁעַר

4 הַהוּא בַּשַּׁבָּתוֹת וּבֶחֳדָשִׁים לִפְנֵי יְהוָה ׃ וְהָעֹלָה אֲשֶׁר־יַקְרִב הַנָּשִׂיא לַיהוָה בְּיוֹם הַשַּׁבָּת שִׁשָּׁה

5 כְבָשִׂים תְּמִימִם וְאַיִל תָּמִים ׃ וּמִנְחָה אֵיפָה לָאַיִל וְלַכְּבָשִׂים מִנְחָה מַתַּת יָדוֹ וְשֶׁמֶן הִין

6 לָאֵיפָה ׃ וּבְיוֹם הַחֹדֶשׁ פַּר בֶּן־בָּקָר תְּמִימִם

7 וְשֵׁשֶׁת כְּבָשִׂים וָאַיִל תְּמִימִם יִהְיוּ ׃ וְאֵיפָה לַפָּר וְאֵיפָה לָאַיִל יַעֲשֶׂה מִנְחָה וְלַכְּבָשִׂים כַּאֲשֶׁר

8 תַּשִּׂיג יָדוֹ וְשֶׁמֶן הִין לָאֵיפָה ׃ וּבְבוֹא הַנָּשִׂיא דֶּרֶךְ אוּלָם הַשַּׁעַר יָבוֹא וּבְדַרְכּוֹ יֵצֵא ׃

9 וּבְבוֹא עַם־הָאָרֶץ לִפְנֵי יְהוָה בַּמּוֹעֲדִים הַבָּא דֶּרֶךְ שַׁעַר צָפוֹן לְהִשְׁתַּחֲוֹת יֵצֵא דֶּרֶךְ־שַׁעַר נֶגֶב וְהַבָּא דֶּרֶךְ־שַׁעַר נֶגֶב יֵצֵא דֶּרֶךְ־שַׁעַר צָפוֹנָה לֹא יָשׁוּב דֶּרֶךְ הַשַּׁעַר אֲשֶׁר־בָּא בוֹ כִּי נִכְחוֹ יֵצֵא ׃

10 וְהַנָּשִׂיא בְּתוֹכָם בְּבוֹאָם יָבוֹא וּבְצֵאתָם יֵצֵאוּ ׃

11 וּבַחַגִּים וּבַמּוֹעֲדִים תִּהְיֶה הַמִּנְחָה אֵיפָה לַפָּר וְאֵיפָה לָאַיִל וְלַכְּבָשִׂים מַתַּת יָדוֹ וְשֶׁמֶן הִין

12 לָאֵיפָה ׃ וְכִי־יַעֲשֶׂה הַנָּשִׂיא נְדָבָה עוֹלָה אוֹ־שְׁלָמִים נְדָבָה לַיהוָה וּפָתַח לוֹ אֶת־הַשַּׁעַר הַפֹּנֶה קָדִים וְעָשָׂה אֶת־עֹלָתוֹ וְאֶת־שְׁלָמָיו כַּאֲשֶׁר יַעֲשֶׂה בְּיוֹם הַשַּׁבָּת וְיָצָא וְסָגַר אֶת־הַשַּׁעַר אַחֲרֵי צֵאתוֹ ׃

13 וְכֶבֶשׂ בֶּן־שְׁנָתוֹ תָּמִים תַּעֲשֶׂה עוֹלָה לַיּוֹם לַיהוָה בַּבֹּקֶר בַּבֹּקֶר תַּעֲשֶׂה אֹתוֹ ׃

14 וּמִנְחָה תַעֲשֶׂה עָלָיו בַּבֹּקֶר בַּבֹּקֶר שִׁשִּׁית הָאֵיפָה וְשֶׁמֶן שְׁלִישִׁית הַהִין לָרֹס אֶת־הַסֹּלֶת מִנְחָה לַיהוָה חֻקּוֹת עוֹלָם תָּמִיד ׃

15 יַעֲשׂוּ אֶת־הַכֶּבֶשׂ וְאֶת־הַמִּנְחָה וְאֶת־הַשֶּׁמֶן בַּבֹּקֶר

16 בַּבֹּקֶר עוֹלַת תָּמִיד ׃ כֹּה־אָמַר אֲדֹנָי יְהוִֹה כִּי־יִתֵּן הַנָּשִׂיא מַתָּנָה לְאִישׁ מִבָּנָיו נַחֲלָתוֹ

17 הִיא לְבָנָיו תִּהְיֶה אֲחֻזָּתָם הִיא בְּנַחֲלָה ׃ וְכִי־

18 יִתֵּן מַתָּנָה מִנַּחֲלָתוֹ לְאַחַד מֵעֲבָדָיו וְהָיְתָה לּוֹ עַד־שְׁנַת הַדְּרוֹר וְשָׁבַת לַנָּשִׂיא אַךְ נַחֲלָתוֹ בָּנָיו לָהֶם תִּהְיֶה ׃ וְלֹא־יִקַּח הַנָּשִׂיא מִנַּחֲלַת הָעָם לְהוֹנֹתָם מֵאֲחֻזָּתָם מֵאֲחֻזָּתוֹ יַנְחִל אֶת־בָּנָיו לְמַעַן

19 אֲשֶׁר לֹא־יָפֻצוּ עַמִּי אִישׁ מֵאֲחֻזָּתוֹ ׃ וַיְבִיאֵנִי בַמָּבוֹא אֲשֶׁר עַל־כֶּתֶף הַשַּׁעַר אֶל־הַלִּשְׁכוֹת הַקֹּדֶשׁ אֶל־הַכֹּהֲנִים הַפֹּנוֹת צָפוֹנָה וְהִנֵּה־שָׁם מָקוֹם

20 בַּיַּרְכָתַיִם יָמָּה ׃ וַיֹּאמֶר אֵלַי זֶה הַמָּקוֹם אֲשֶׁר יְבַשְּׁלוּ־שָׁם הַכֹּהֲנִים אֶת־הָאָשָׁם וְאֶת־הַחַטָּאת אֲשֶׁר יֹאפוּ אֶת־הַמִּנְחָה לְבִלְתִּי הוֹצִיא אֶל־הֶחָצֵר

21 הַחִיצוֹנָה לְקַדֵּשׁ אֶת־הָעָם ׃ וַיּוֹצִיאֵנִי אֶל־הֶחָצֵר הַחִיצֹנָה וַיַּעֲבִירֵנִי אֶל־אַרְבַּעַת מִקְצוֹעֵי הֶחָצֵר וְהִנֵּה חָצֵר בְּמִקְצֹעַ הֶחָצֵר חָצֵר בְּמִקְצֹעַ הֶחָצֵר ׃

22 בְּאַרְבַּעַת מִקְצֹעוֹת הֶחָצֵר חֲצֵרוֹת קְטֻרוֹת אַרְבָּעִים אֹרֶךְ וּשְׁלֹשִׁים רֹחַב מִדָּה אַחַת לְאַרְבַּעְתָּם

23 מְהֻקְצָעוֹת ׃ וְטוּר סָבִיב בָּהֶם סָבִיב לְאַרְבַּעְתָּם

24 וּמְבַשְּׁלוֹת עָשׂוּי מִתַּחַת הַטִּירוֹת סָבִיב ׃ וַיֹּאמֶר אֵלָי אֵלֶּה בֵּית הַמְבַשְּׁלִים אֲשֶׁר יְבַשְּׁלוּ־שָׁם מְשָׁרְתֵי הַבַּיִת אֶת־זֶבַח הָעָם ׃

CAP. XLVII. מז

1 וַיְשִׁבֵנִי אֶל־פֶּתַח הַבַּיִת וְהִנֵּה־מַיִם יֹצְאִים מִתַּחַת מִפְתַּן הַבַּיִת קָדִימָה כִּי־פְנֵי הַבַּיִת קָדִים וְהַמַּיִם יֹרְדִים מִתַּחַת מִכֶּתֶף הַבַּיִת הַיְמָנִית מִנֶּגֶב

2 לַמִּזְבֵּחַ ׃ וַיּוֹצִאֵנִי דֶּרֶךְ־שַׁעַר צָפוֹנָה וַיְסִבֵּנִי דֶּרֶךְ חוּץ אֶל־שַׁעַר הַחוּץ דֶּרֶךְ הַפּוֹנֶה קָדִים וְהִנֵּה־מַיִם מְפַכִּים מִן־הַכָּתֵף הַיְמָנִית ׃

3 בְּצֵאת־הָאִישׁ קָדִים וְקָו בְּיָדוֹ וַיָּמָד אֶלֶף בָּאַמָּה וַיַּעֲבִרֵנִי בַמַּיִם מֵי אָפְסָיִם ׃

4 וַיָּמָד אֶלֶף וַיַּעֲבִרֵנִי בַמַּיִם מַיִם בִּרְכָּיִם וַיָּמָד אֶלֶף וַיַּעֲבִרֵנִי מֵי מָתְנָיִם ׃

5 וַיָּמָד אֶלֶף נַחַל אֲשֶׁר לֹא־אוּכַל לַעֲבֹר כִּי־גָאוּ הַמַּיִם מֵי שָׂחוּ נַחַל אֲשֶׁר לֹא־יֵעָבֵר ׃ וַיֹּאמֶר

6 אֵלַי הֲרָאִיתָ בֶן־אָדָם וַיּוֹלִכֵנִי וַיְשִׁבֵנִי שְׂפַת הַנָּחַל ׃

7 בְּשׁוּבֵנִי וְהִנֵּה אֶל־שְׂפַת הַנַּחַל עֵץ רַב מְאֹד מִזֶּה וּמִזֶּה ׃

8 וַיֹּאמֶר אֵלַי הַמַּיִם הָאֵלֶּה יוֹצְאִים אֶל־הַגְּלִילָה הַקַּדְמוֹנָה וְיָרְדוּ עַל־הָעֲרָבָה וּבָאוּ הַיָּמָּה אֶל־הַיָּמָּה הַמּוּצָאִים וְנִרְפְּאוּ הַמָּיִם ׃

CHAP. XLVI.

THUS saith the Lord GOD, The gate of the inner court that looketh toward the east shall be shut the six working days; but on the sabbath it shall be opened, and in the day of the new moon it shall be opened.

2 And the prince *a* shall enter by the way *b* of the porch of *that* gate without, and shall stand by the post of the gate, and the priests shall prepare *d* his burnt-offering and his peace-offerings, and he shall worship at the threshold of the gate; then he shall go forth; but the gate shall not be shut until the evening.

3 Likewise the people of the land shall worship at the door *f* of this gate before the LORD, in the sabbaths, and in the new moons.

4 And the burnt-offering that the *h* prince shall offer unto the LORD in the sabbath-day *shall be* six lambs without blemish, and a ram without blemish.

5 And the *i* meat-offering *shall be* an ephah for a ram, and the meat-offering for the lambs *β* as he shall be able to give, and an hin of oil to an ephah.

6 And in the day of the new moon *it shall be* a young bullock without blemish, and six lambs, and a ram: they shall be without blemish.

7 And he shall prepare a meat-offering, an ephah for a bullock, and an ephah for a ram; and for the lambs according as his hand shall attain unto, and an hin of oil to an ephah.

8 And *n* when the prince shall enter, he shall go in by the way of the porch of *that* gate, and he shall go forth by the way thereof.

9 But when the people of the land shall come before the LORD in the solemn feasts,*p* he that entereth in by the way of the north gate to worship shall go out by the way of the south gate; and he that entereth by the way of the south gate shall go forth by the way of the north gate: he shall not return by the way of the gate whereby he came in, but shall go forth over against it.

10 And the prince in the midst of them, when they go in, shall go in; and when they go forth, shall go forth.

11 And in the feasts, and in the solemnities, the *s* meat-offering shall be an ephah to a bullock, and an ephah to a ram; and to the lambs as he is able to give, and an hin of oil to an ephah.

12 Now when the prince shall prepare a voluntary burnt-offering or peace-offerings voluntarily unto the LORD, *one* shall then open him the gate *u* that looketh toward the east, and he shall prepare his burnt-offering and his peace-offerings as he did on the sabbath-day; then he shall go forth; and after his going forth *one* shall shut the gate.

13 Thou shalt daily *v* prepare a burnt-offering unto the LORD *of* a lamb *θ* of the first year without blemish; thou shalt prepare it *κ* every morning.

14 And thou shalt prepare a meat-offering for it every morning, the sixth part of an ephah, and the third part of an hin of oil, to temper with the fine flour; a meat-offering continually, by a perpetual ordinance, unto the LORD.

15 Thus shall they prepare the lamb, and the meat-offering, and the oil, every morning, *for* a continual burnt-offering.

16 Thus saith the Lord GOD, If the prince give a gift unto any of his sons, the inheritance thereof shall be his sons'; it *shall be* their possession by inheritance.

17 But if he give a gift of his inheritance to one of his servants, then it shall be his to the year *c* of liberty; after it shall return to the prince: but his inheritance shall be his sons' for them.

18 Moreover, the prince shall not *e* take of the people's inheritance by oppression, to thrust them out of their possession: *but* he shall give his sons inheritance out of his own possession; that my people be not scattered *g* every man from his possession.

19 After he brought me through the entry, which *was* at the side of the gate, into the holy chambers of the priests, which looked toward the north: and, behold, there *was* a place on the two sides westward.

20 Then said he unto me, This *is* the place where the priests shall boil *k* the trespass-offering and the sin-offering, where they shall bake *l* the meat-offering; that they bear *them* not out into the utter court, to sanctify *m* the people.

21 Then he brought me forth into the utter court, and caused me to pass by the four corners of the court, and, behold, *γ* in every corner of the court *there was* a court.

22 In the four corners of the court *there were* courts *δ* joined of forty *cubits* long, and thirty broad: these four *ζ* corners *were* of one measure.

23 And *there was* a row of *building* round about in them, round about them four, and *it was* made with boiling-places under the rows round about.

24 Then said he unto me, These *o* are the places of them that boil, where the ministers of the house shall boil the sacrifice of the people.

CHAP. XLVII.

AFTERWARD he brought me again unto the door of the house; and, behold, waters *q* issued out from under *r* the threshold of the house eastward: for the fore-front of the house *stood toward* the east, and the waters came down from under, from the right side of the house, at the south *side* of the altar.

2 Then brought he me out of the way of the gate northward, and led me about the way without unto the utter gate by the way that looketh eastward; and, behold, there ran out waters on the right side.

3 And when the man *t* that had the line in his hand went forth eastward, he measured a thousand cubits, and he brought me through the waters; the *η* waters *were* to the ancles.

4 Again he measured a thousand, and brought me through the waters; the waters *were* to the knees. Again he measured a thousand, and brought me through; the waters *were* to the loins.

5 Afterward he measured a thousand; *and it was* a river that I could not pass over: for the waters were risen, waters *λ* to swim in, a river *w* that could not be passed over.

6 And he said unto me, Son of man, hast thou seen *this?* Then he brought me, and caused me to return to the brink of the river.

7 Now when I had returned, behold, at

Cross references
B. C. 574.
a ver. 8. ch. 44. 3.
b Jnᵒ.10.1.3.
c Le. 25. 10.
d Col. 1. 28.
e ch. 45. 8.
f Jnᵒ. 10. 9.
g ch. 34. 5, 6.
h ch. 45. 17.
i ch. 45. 24.
k 1 Sa. 2. 13, 14. 2 Ch. 35.13.
β the gift of his hand, De. 16. 17.
l Le. 2. 4.7.
m ch. 44. 19.
γ a court in a corner of a court, and a court in a corner of a court.
δ or, made with chimneys.
ζ cornered.
n ver. 2.
o ver. 20.
p Ex. 23. 14.. 17. De. 16. 16. Mal. 4. 4.
q Is. 55. 1. Je. 2. 13. Joel 3. 18. Zec. 13. 1. 14. 8. Re 22.1,17.
r ver. 12. Is. 2. 3.
s ver. 5.
t ch. 40. 3.
u ver. 2. ch. 44. 3.
η waters of the ancles.
v Ex. 29. 38. Nu. 28. 3.
θ a son of his year.
κ morning by morning.
λ of swimming.
w Is. 11. 9. Hab. 2. 14. Mat. 13.31, 32.

Right column (Ezekiel 47)

9 וְהָיָ֣ה נַ֣פֶשׁ חַיָּ֣ה ׀ אֲשֶׁר־יִשְׁרֹ֗ץ אֶ֤ל כָּל־אֲשֶׁר֙ יָב֣וֹא
שָׁ֣ם נַחֲלַ֗יִם יִֽחְיֶ֔ה וְהָיָ֥ה הַדָּגָ֖ה רַבָּ֣ה מְאֹ֑ד כִּי֩ בָ֨אוּ
שָׁ֜מָּה הַמַּ֣יִם הָאֵ֗לֶּה וְיֵרָֽפְאוּ֙ וָחָ֔י כֹּ֥ל אֲשֶׁר־יָב֖וֹא
10 שָׁ֥מָּה הַנָּֽחַל ׃ וְהָיָה֩ עָמְד֨וּ עָלָ֜יו דַּוָּגִ֗ים מֵעֵ֥ין
גֶּ֙דִי֙ וְעַד־עֵ֣ין עֶגְלַ֔יִם מִשְׁט֥וֹחַ לַֽחֲרָמִ֖ים יִֽהְי֑וּ לְמִינָה֙
תִּֽהְיֶ֣ה דְגָתָ֔ם כִּדְגַ֛ת הַיָּ֥ם הַגָּד֖וֹל רַבָּ֥ה מְאֹֽד ׃
11 בצאתו וּגְבָאָ֛יו וְלֹ֥א יֵרָפְא֖וּ לְמֶ֣לַח נִתָּ֑נוּ ׃ וְעַל־
12 הַנַּ֣חַל יַעֲלֶ֣ה עַל־שְׂפָת֣וֹ מִזֶּ֣ה ׀ וּמִזֶּ֣ה ׀ כָּל־עֵֽץ־מַאֲכָ֡ל
לֹֽא־יִבּ֣וֹל עָלֵ֩הוּ֩ וְלֹֽא־יִתֹּ֨ם פִּרְי֜וֹ לָחֳדָשָׁיו֙ יְבַכֵּ֔ר כִּ֣י
מֵימָ֔יו מִן־הַמִּקְדָּ֖שׁ הֵ֣מָּה יוֹצְאִ֑ים וְהָיָ֤ה פִרְיוֹ֙
13 לְמַאֲכָ֔ל וְעָלֵ֖הוּ לִתְרוּפָֽה ׃
כֹּ֣ה אָמַ֞ר
אֲדֹנָ֣י יְהֹוִ֗ה גֵּ֤ה גְבוּל֙ אֲשֶׁ֣ר תִּתְנַחֲל֣וּ אֶת־הָאָ֔רֶץ
לִשְׁנֵ֥י עָשָׂ֖ר שִׁבְטֵ֣י יִשְׂרָאֵ֑ל יוֹסֵ֖ף חֲבָלִֽים ׃
14 וּנְחַלְתֶּ֤ם אוֹתָהּ֙ אִ֣ישׁ כְּאָחִ֔יו אֲשֶׁ֤ר נָשָׂ֙אתִי֙ אֶת־
יָדִ֔י לְתִתָּ֖הּ לַאֲבֹֽתֵיכֶ֑ם וְנָפְלָ֞ה הָאָ֧רֶץ הַזֹּ֛את
15 לָכֶ֖ם בְּנַחֲלָֽה ׃ וְזֶ֖ה גְּב֣וּל הָאָ֑רֶץ לִפְאַ֤ת צָפוֹנָה֙
מִן־הַיָּ֣ם הַגָּד֗וֹל הַדֶּ֛רֶךְ חֶתְלֹ֥ן לְב֖וֹא צְדָֽדָה ׃
16 חֲמָ֣ת ׀ בֵּר֣וֹתָה ׀ סִבְרַ֗יִם אֲשֶׁר֙ בֵּין־גְּב֣וּל דַּמֶּ֔שֶׂק
וּבֵ֖ין גְּב֣וּל חֲמָ֑ת חָצֵר֙ הַתִּיכ֔וֹן אֲשֶׁ֖ר אֶל־גְּב֥וּל
17 חַוְרָ֖ן ׃ וְהָיָ֣ה גְבוּל֩ מִן־הַיָּ֨ם חֲצַ֤ר עֵינוֹן֙ גְּב֣וּל
דַּמֶּ֔שֶׂק וְצָפ֖וֹן ׀ צָפ֑וֹנָה וּגְב֣וּל חֲמָ֗ת וְאֵ֖ת פְּאַ֥ת
18 צָפֽוֹן ׃ וּפְאַ֣ת קָדִ֡ים מִבֵּ֣ין חַוְרָ֣ן וּמִבֵּין־דַּמֶּ֩שֶׂק֩
וּמִבֵּ֨ין הַגִּלְעָ֜ד וּמִבֵּ֣ין אֶ֣רֶץ יִשְׂרָאֵ֗ל הַיַּרְדֵּ֛ן מִגְּב֥וּל
עַל־הַיָּ֥ם הַקַּדְמוֹנִ֖י תָּמֹ֑דּוּ וְאֵ֖ת פְּאַ֥ת קָדִֽימָה ׃
19 וּפְאַ֣ת נֶ֣גֶב תֵּימָ֔נָה מִתָּמָ֗ר עַד־מֵי֙ מְרִיב֣וֹת קָדֵ֔שׁ
נַחֲלָ֕ה אֶל־הַיָּ֥ם הַגָּד֑וֹל וְאֵ֛ת פְּאַת־תֵּימָ֖נָה נֶֽגְבָּה ׃
20 וּפְאַת־יָם֙ הַיָּ֣ם הַגָּד֔וֹל מִגְּב֕וּל עַד־נֹ֖כַח לְב֣וֹא חֲמָ֑ת
21 זֹ֖את פְּאַת־יָֽם ׃ וְחִלַּקְתֶּ֞ם אֶת־הָאָ֧רֶץ הַזֹּ֛את לָכֶ֖ם
22 לְשִׁבְטֵ֥י יִשְׂרָאֵֽל ׃ וְהָיָ֗ה תַּפִּ֣לוּ אוֹתָהּ֮ בְּנַחֲלָה֒
לָכֶ֗ם וּלְהַגֵּרִים֙ הַגָּרִ֣ים בְּתֽוֹכְכֶ֔ם אֲשֶׁר־הוֹלִ֥דוּ בָנִ֖ים
בְּתֽוֹכְכֶ֑ם וְהָי֣וּ לָכֶ֗ם כְּאֶזְרָח֙ בִּבְנֵ֣י יִשְׂרָאֵ֔ל אִתְּכֶם֙
23 יִפְּל֣וּ בְנַחֲלָ֔ה בְּת֖וֹךְ שִׁבְטֵ֣י יִשְׂרָאֵֽל ׃ וְהָיָ֣ה בַשֵּׁ֔בֶט
אֲשֶׁר־גָּ֥ר הַגֵּ֖ר אִתּ֑וֹ שָׁ֚ם תִּתְּנ֣וּ נַחֲלָת֔וֹ נְאֻ֖ם אֲדֹנָ֥י
יְהֹוִֽה ׃

CAP. XLVIII. מח

1 וְאֵ֖לֶּה שְׁמ֣וֹת הַשְּׁבָטִ֑ים מִקְצֵ֤ה צָפ֙וֹנָה֙ אֶל־יַ֣ד

Left column (Ezekiel 47)

הֶ֣רֶךְ נְלְגֶ֤פֶשׁ הַדֶּ֙רֶךְ֙ אֲשֶׁר־יִשְׂרֹ֗ץ אֶ֤ל כָּל־אֲשֶׁר֙ יָב֣וֹא גְּב֣וּל דַּמֶּ֔שֶׂק
2 צָפוֹנָ֤ה אֵלָיו֙ חֲמָ֣ת וְהָיוּ־ל֑וֹ פְּאַת־קָדִ֖ים הַיָּ֥ם דָּ֣ן ׃
וְעַל־גְּב֥וּל דָּ֛ן
3 יָ֣מָּה אֲשֶׁ֣ר אֶחָֽד ׃ וְעַל־גְּב֥וּל אָשֵׁ֖ר מִפְּאַ֥ת
4 קָדְ֗מָה וְעַד־פְּאַת־יָ֥מָּה נַפְתָּלִ֖י אֶחָֽד ׃ וְעַל֙ גְּב֣וּל
נַפְתָּלִ֤י מִפְּאַת֙ קָדְ֔מָה עַד־פְּאַת־יָ֖מָּה מְנַשֶּׁ֥ה אֶחָֽד ׃
5 וְעַ֣ל ׀ גְּב֣וּל מְנַשֶּׁ֗ה מִפְּאַ֥ת קָ֙דְמָה֙ עַד־פְּאַת־יָ֖מָּה
6 אֶפְרַ֥יִם אֶחָֽד ׃ וְעַל֙ ׀ גְּב֣וּל אֶפְרַ֔יִם מִפְּאַ֥ת קָדִ֖ים
7 וְעַד־פְּאַת־יָ֑מָּה רְאוּבֵ֥ן אֶחָֽד ׃ וְעַל֙ ׀ גְּב֣וּל רְאוּבֵ֔ן
8 מִפְּאַ֥ת קָדִ֖ים עַד־פְּאַת־יָ֑מָּה יְהוּדָ֖ה אֶחָֽד ׃ וְעַל֙ ׀
גְּב֣וּל יְהוּדָ֗ה מִפְּאַ֤ת קָדִים֙ עַד־פְּאַת־יָ֔מָּה תִּהְיֶ֣ה
הַתְּרוּמָ֣ה אֲ֠שֶׁר־תָּרִ֨ימוּ חֲמִשָּׁ֣ה וְעֶשְׂרִ֩ים֩ אֶ֨לֶף רֹ֜חַב
וְאֹ֗רֶךְ כְּאַחַ֤ד הַֽחֲלָקִים֙ מִפְּאַ֣ת קָ֙דִימָה֙ עַד־פְּאַת־
9 יָ֔מָּה וְהָיָ֥ה הַמִּקְדָּ֖שׁ בְּתוֹכֽוֹ ׃ הַתְּרוּמָה֙ אֲשֶׁ֣ר
תָּרִ֣ימוּ לַֽיהֹוָ֔ה אֹ֗רֶךְ חֲמִשָּׁ֤ה וְעֶשְׂרִים֙ אֶ֔לֶף וְרֹ֖חַב
10 עֲשֶׂ֥רֶת אֲלָפִֽים ׃ וּ֠לְאֵ֜לֶּה תִּהְיֶ֣ה תְרֽוּמַת־הַקֹּ֗דֶשׁ
לַכֹּֽהֲנִ֑ים צָפ֜וֹנָה חֲמִשָּׁ֣ה וְעֶשְׂרִ֣ים אֶ֗לֶף וְיָ֙מָּה֙ רֹ֔חַב
עֲשֶׂ֣רֶת אֲלָפִ֔ים וְקָ֙דִימָה֙ רֹ֣חַב עֲשֶׂ֣רֶת אֲלָפִ֔ים
וְנֶ֕גְבָּה אֹ֕רֶךְ חֲמִשָּׁ֥ה וְעֶשְׂרִ֖ים אָ֑לֶף וְהָיָ֥ה מִקְדַּשׁ־
11 יְהֹוָ֖ה בְּתוֹכֽוֹ ׃ לַכֹּהֲנִ֥ים הַֽמְקֻדָּ֖שׁ מִבְּנֵ֣י צָד֑וֹק
אֲשֶׁ֣ר שָׁמְר֣וּ מִשְׁמַרְתִּ֗י אֲשֶׁ֤ר לֹֽא־תָעוּ֙ בִּתְע֣וֹת בְּנֵ֣י
12 יִשְׂרָאֵ֔ל כַּאֲשֶׁ֥ר תָּע֖וּ הַלְוִיִּֽם ׃ וְהָיְתָ֨ה לָהֶ֤ם תְּרֽוּמִיָּה֙
מִתְּרוּמַ֣ת הָאָ֔רֶץ קֹ֖דֶשׁ קָֽדָשִׁ֑ים אֶל־גְּב֖וּל הַלְוִיִּֽם ׃
13 וְהַלְוִיִּ֗ם לְעֻמַּת֙ גְּב֣וּל הַכֹּֽהֲנִ֔ים חֲמִשָּׁ֥ה וְעֶשְׂרִ֖ים
אֶ֣לֶף אֹ֑רֶךְ וְרֹ֖חַב עֲשֶׂ֣רֶת אֲלָפִ֑ים כָּל־אֹ֙רֶךְ֙ חֲמִשָּׁ֤ה
14 וְעֶשְׂרִים֙ אֶ֔לֶף וְרֹ֖חַב עֲשֶׂ֥רֶת אֲלָפִֽים ׃ וְלֹֽא־יִמְכְּר֣וּ
מִמֶּ֗נּוּ וְלֹ֤א יָמֵר֙ וְלֹ֣א יַעֲב֔וֹר רֵאשִׁ֣ית הָאָ֑רֶץ כִּֽי־
15 קֹ֖דֶשׁ לַֽיהֹוָֽה ׃ וַחֲמֵ֨שֶׁת אֲלָפִ֤ים הַנּוֹתָר֙ בָּרֹ֣חַב עַל־
פְּנֵ֗י חֲמִשָּׁ֤ה וְעֶשְׂרִים֙ אֶ֔לֶף חֹֽל־ה֣וּא לָעִ֔יר לְמוֹשָׁ֖ב
16 וּלְמִגְרָ֑שׁ וְהָיְתָ֥ה הָעִ֖יר בְּתוֹכֹֽה ׃ וְאֵ֖לֶּה מִדּוֹתֶ֑יהָ
פְּאַ֣ת צָפ֗וֹן חֲמֵ֤שׁ מֵאוֹת֙ וְאַרְבַּ֣עַת אֲלָפִ֔ים וּפְאַת־
נֶ֕גֶב חֲמֵ֥שׁ חֲמֵ֛שׁ מֵא֖וֹת וְאַרְבַּ֣עַת אֲלָפִ֑ים וּמִפְּאַ֣ת
17 קָדִ֗ים חֲמֵ֤שׁ מֵאוֹת֙ וְאַרְבַּ֣עַת אֲלָפִ֔ים וּפְאַת־יָ֕מָּה
חֲמֵ֥שׁ מֵא֖וֹת וְאַרְבַּ֥עַת אֲלָפִֽים ׃ וְהָיָ֥ה מִגְרָ֣שׁ
לָעִ֗יר צָפ֤וֹנָה חֲמִשִּׁ֙ים֙ וּמָאתַ֔יִם וְנֶ֥גְבָּה חֲמִשִּׁ֖ים
וּמָאתָ֑יִם וְקָ֙דִימָה֙ חֲמִשִּׁ֣ים וּמָאתַ֔יִם
18 וְיָ֖מָּה חֲמִשִּׁ֣ים וּמָאתָ֑יִם ׃ וְהַנּוֹתָ֣ר בָּאֹ֗רֶךְ לְעֻמַּת֙

the β bank of the river *were* very many trees ^a on the one side and on the other.

8 Then said he unto me, These waters issue out toward the east country, and go down into^c the γ desert, and go into the sea: *which being* brought forth into the sea, the waters shall be healed.

9 And it shall come to pass, *that* every thing that liveth,^d which moveth, whithersoever the ζ rivers shall come, shall live: and there shall be a very great multitude of fish, because these waters shall come thither: for they shall be healed;^e and every thing shall live whither the river cometh.

10 And it shall come to pass, *that* the fishers^f shall stand upon it from En-gedi even unto En-eglaim; they shall be a place to spread forth nets; their fish shall be according to their kinds, as the fish of the great^g sea, exceeding ^h many.

11 But the miry places thereof and the marishes thereof ⁱ shall not be healed; they shall be given to salt.ⁱ

12 And by the river upon the^k bank thereof, on this side and on that side, shall θ grow all trees for meat, whose leaf^l shall not fade, neither shall the fruit thereof be consumed: it shall bring forth κ new fruit according to his months, because their waters they issued out of the sanctuary; & the fruit thereof ⁿ shall be for meat, and the leaf thereof for λ medicine.

13 Thus saith the Lord GOD, This *shall be* the border whereby ye shall inherit the land, according to the twelve tribes of Israel: Joseph^b *shall have two* portions.

14 And ye shall inherit it, one as well as another; *concerning* the which 1 μ lifted up mine hand to give it unto your fathers; and this land shall fall unto you for inheritance.^p

15 And this *shall be* the border of the land toward the north side, from the great sea the way of Hethlon,^q as men go to Zedad;^r

16 Hamath, Berothah,^s Sibraim, which *is* between the border of Damascus and the border of Hamath; π Hazar-hatticon, which *is* by the coast of Hauran.

17 And the border from the sea shall be Hazar-enan,^v the border of Damascus, and the north northward, and the border of Hamath. And *this is* the north side.

18 And the east side ye shall measure σ from Hauran, and from Damascus, and from Gilead, and from the land of Israel by Jordan, from the border unto the east sea. And *this is* the east side.

19 And the south side southward, from Tamar *even* to the waters of τ strife^w *in* Kadesh, the φ river to the great sea. And *this is* the south side χ southward.

20 The west side also *shall be* the great sea from the border, till a man come over against Hamath. This *is* the west side.

21 So shall ye divide this land unto you according to the tribes of Israel.

22 And it shall come to pass, *that* ye shall divide it by lot for an inheritance unto you, and to the strangers^b that sojourn among you, which shall beget children among you; and they^c shall be unto you as born in the country among the children of Israel; they shall have inheritance with you among the tribes of Israel.

23 And it shall come to pass, *that* in what tribe the stranger sojourneth, there shall ye give him his inheritance, saith the Lord GOD.

B. C. 574.

β *lip.*
a ver. 12.
b ch. 47. 15, &c.
c Is. 35. 1, 7.
γ or, *plain,*
De. 3. 17.
4. 49.
Jos. 3. 16.
δ *one.*
d Jno. 3. 16.
11. 26.
ζ *two rivers.*
e Ex. 15. 26.
Ps. 103. 3.
Is. 30. 26.
f Mat. 4. 19.
g Nu. 34. 6.
Ps. 104. 25.
h Is. 49 12,20.
η or, *and that which shall not.*
i Je. 17. 6.
k ver. 7.
θ *come up.*
l Ps. 1. 3.
Je. 17. 8.
m ch. 45. 1..6.
κ or, *principal.*
n Re. 22. 2.
λ or, *bruises and sores,*
Is. 1. 6.
o ch. 48. 5.
Ge. 48. 5.
49. 26.
μ or, *swore,*
Ge. 26. 3.
p ch. 48. 29.
q ch. 48. 1.
r Nu. 34. 8.
s 2 Sa. 8. 8.
ν or, *the sanctified portion shall be.*
t ch. 44. 15.
π or, *the middle village.*
ρ or, *ward,* or, *ordinance.*
u ch. 44. 10.
v Nu. 34. 9.
σ or, *from between.*
τ or, *Meribah.*
w ch. 48. 28.
Nu. 20. 13.
De. 32. 51.
Ps. 81. 7.
φ or, *valley,*
x Le. 27. 10, 28, 33.
y Ex. 22. 29.
χ or, *toward Teman.*
z ch. 45. 6.
a ch. 42. 20.
b Ep. 2.12,13.
3. 6.
Re. 7. 9,10.
c Ac. 15. 9.
Ro. 10. 12.
Ga. 3. 28.
Col. 3. 11.

CHAP. XLVIII.

NOW these *are* the names of the tribes. From ^b the north end to the coast of the way of Hethlon, as one goeth to Hamath, Hazar-enan, the border of Damascus northward, to the coast of Hamath, (for these are his sides east *and* west,) δ a *portion for* Dan.

2 And by the border of Dan, from the east side unto the west side, a *portion for* Asher.

3 And by the border of Asher, from the east side even unto the west side, a *portion for* Naphtali.

4 And by the border of Naphtali, from the east side unto the west side, a *portion for* Manasseh.

5 And by the border of Manasseh, from the east side unto the west side, a *portion for* Ephraim.

6 And by the border of Ephraim, from the east side even unto the west side, a *portion for* Reuben.

7 And by the border of Reuben, from the east side even unto the west side, a *portion for* Judah.

8 And by the border of Judah, from the east side unto the west side, shall be the offering^m which ye shall offer of five and twenty thousand *reeds in* breadth, and *in* length as one of the *other* parts, from the east side unto the west side: and the sanctuary shall be in the midst of it.

9 The oblation that ye shall offer unto the LORD *shall be* of five and twenty thousand in length, and of ten thousand in breadth.

10 And for them, *even* for the priests, shall be *this* holy oblation; toward the north five and twenty thousand *in length,* and toward the west ten thousand in breadth., and toward the east ten thousand in breadth, and toward the south five and twenty thousand in length, and the sanctuary of the LORD shall be in the midst thereof.

11 ν *It shall be* for the priests^t that are sanctified of the sons of Zadok, which have kept my ρ charge, which went not astray when the children of Israel went astray, as ^u the Levites went astray.

12 And *this* oblation of the land that is offered shall be unto them a thing most holy, by the border of the Levites.

13 And over against the border of the priests the Levites *shall have* five and twenty thousand in length, and ten thousand in breadth: all the length *shall be* five and twenty thousand, and the breadth ten thousand.

14 And they shall not sell of it, neither exchange,^x nor alienate the first-fruits^y of the land: for *it is* holy unto the LORD.

15 And the five thousand that are left in the breadth, over against the five and twenty^z thousand, shall be a^a profane *place* for the city, for dwelling, and for suburbs; and the city shall be in the midst thereof.

16 And these *shall be* the measures thereof; the north side four thousand and five hundred, and the south side four thousand and five hundred, and on the east side four thousand and five hundred, and the west side four thousand and five hundred.

17 And the suburbs of the city shall be toward the north two hundred and fifty, and toward the south two hundred and

27 תְּרוּמַת הַקֹּדֶשׁ עֲשֶׂרֶת אֲלָפִים קָדִ֫ימָה וַעֲשֶׂרֶת ׀ אֶחָד ׃ וְעַל ׀ גְּבוּל זְבוּלֻן מִפְּאַת קָדִ֫ימָה עַד־פְּאַת

28 אֲלָפִים יָ֫מָּה וְיָ֫הּ לְעֻמַּת תְּרוּמַת הַקֹּדֶשׁ ׀ יָ֫מָּה גַּד אֶחָד ׃ וְעַל גְּבוּל גָּד אֶל־פְּאַת נֶגֶב

19 וְהָיְתָה תְנוּבָתֹה לְלֶ֫חֶם לְעֹבְדֵי הָעִיר ׃ הָעֹבֵד ׀ תֵּימָ֫נָה וְהָיָה גְבוּל מִתָּמָ֫ר מֵי מְרִיבַ֫ת קָדֵשׁ נַחֲלָה

20 הָעִיר יַעַבְד֫וּהוּ מִכֹּל שִׁבְטֵי יִשְׂרָאֵל ׃ כָּל־ עַל־הַיָּם הַגָּדוֹל ׃ זֹאת הָאָ֫רֶץ אֲשֶׁר־תַּפִּ֫ילוּ

29 הַתְּרוּמָה חֲמִשָּׁה וְעֶשְׂרִים אֶ֫לֶף בַּחֲמִשָּׁה מִנַּחֲלָה לְשִׁבְטֵי יִשְׂרָאֵל וְאֵ֫לֶּה מַחְלְקוֹתָם נְאֻם

30 וְעֶשְׂרִים אֶ֫לֶף רְבִיעִית תָּרִ֫ימוּ אֶת־תְּרוּמַת הַקֹּדֶשׁ ׃ אֲדֹנָי יֱהֹוִה ׃ וְאֵ֫לֶּה תּוֹצְאֹת הָעִיר מִפְּאַת

31 אֶל־אֲחֻזַּת הָעִיר ׃ וְהָעוֹבֵד לַעִיר מִכֹּל ׀ צָפוֹן חֲמֵשׁ מֵאוֹת וְאַרְבַּעַת אֲלָפִים מִדָּה ׃

32 וּמִדָּה ׀ לִתְרוּמַת הַקֹּדֶשׁ וְלַאֲחֻזַּת הָעִיר אֶל־ וְשַׁעֲרֵי הָעִיר עַל־שְׁמוֹת שִׁבְטֵי יִשְׂרָאֵל שְׁעָרִים

קָדִ֫ימָה וָ֫מָּה לְעֻמַּת קָדִ֫ימָה חֲמִשָּׁה חֲמֵשׁ ׃ שְׁלֹשָׁה צָפ֫וֹנָה שַׁ֫עַר רְאוּבֵן אֶחָד שַׁ֫עַר יְהוּדָ֫ה

22 הַקֹּדֶשׁ וּמֵאֲחֻזַּת הַבַּ֫יִת בְּתוֹכֹה ׃ וּמֵאֲחֻזַּת מֵאוֹת וְאַרְבַּ֫עַת אֲלָפִים וּשְׁעָרִים שְׁלֹשָׁה וְשַׁ֫עַר

33 הַלְוִיִּם וּמֵאֲחֻזַּת הָעִיר בְּתוֹךְ אֲשֶׁר לַנָּשִׂיא יֶהְיֶה בֵּין ׀ גְּבוּל לֵוִי אֶחָד שַׁ֫עַר בִּנְיָמִן אֶחָד שַׁ֫עַר דָּן אֶחָד ׃

23 יְהוּדָה וּבֵין גְּבוּל בִּנְיָמִן לַנָּשִׂיא יֶהְיֶה ׃ וְיֶ֫תֶר וּפְאַת־נֶ֫גְבָּה חֲמֵשׁ מֵאוֹת וְאַרְבַּ֫עַת אֲלָפִים מִדָּ֫ה

24 הַשְּׁבָטִים מִפְּאַת קָדִ֫ימָה עַד־פְּאַת־יָ֫מָּה בִּנְיָמִן וּשְׁעָרִים שְׁלֹשָׁה שַׁ֫עַר שִׁמְעוֹן אֶחָד שַׁ֫עַר יִשָּׂשכָר

25 אֶחָד ׃ וְעַל ׀ גְּבוּל בִּנְיָמִן מִפְּאַת קָדִ֫ימָה עַד־פְּאַת ׃ פְּאַת־יָ֫מָּה אֶחָד ׃ שַׁ֫עַר זְבוּלֻן אֶחָד ׃ מֵאוֹת וְאַרְבַּ֫עַת אֲלָפִים שַׁעֲרֵיהֶם שְׁלֹשָׁה שַׁ֫עַר

26 קָדִ֫ימָה עַד־פְּאַת־יָ֫מָּה יִשָּׂשכָר אֶחָד ׃ וְעַל ׀ יָ֫מָּה שִׁמְעוֹן אֶחָד ׃ וְעַל ׀ גְּבוּל שִׁמְעוֹן מִפְּאַת

גְּבוּל יִשָּׂשכָר מִפְּאַת קָדִ֫ימָה עַד־פְּאַת־יָ֫מָּה וְגָבוּל ׀ 35 קָדִ֫ימָה עַד־פְּאַת־יָ֫מָּה שָׁמֹנָה עָשָׂר אָ֫לֶף וְשֵׁם־הָעִיר מִיּוֹם יְהֹוָ֫ה ׀ שָׁ֫מָּה ׃

חזק

fifty, and toward the east two hundred and fifty, and toward the west two hundred and fifty.

18 And the residue in length, over against the oblation of the holy *portion shall be* ten thousand eastward, and ten thousand westward: and it shall be over against the oblation of the holy *portion ;* and the increase thereof shall be for food unto them that serve the city.

19 And they^{*a*} that serve the city shall serve it out of all the tribes of Israel.

20 All the oblation *shall be* five and twenty thousand by five and twenty thousand : ye shall offer the holy oblation four-square, with the possession of the city.

21 And the residue^{*d*} *shall be* for the prince, on the one side and on the other of the holy oblation, and of the possession of the city, over against the five and twenty thousand of the oblation toward the east border, and westward over against the five and twenty thousand toward the west border, over against the portions for the prince : and it shall be the holy oblation ; and the sanctuary^{*f*} of the house *shall be* in the midst thereof.

22 Moreover from the possession of the Levites, and from the possession of the city *being* in the midst *of that* which is the prince's, between the border of Judah and the border of Benjamin, shall be for the prince.

23 As for the rest of the tribes, from the east side unto the west side, Benjamin *shall have* γ a *portion.*

24 And by the border of Benjamin, from the east side unto the west side, Simeon *shall have* a *portion.*

25 And by the border of Simeon, from the east side unto the west side, Issachar a *portion.*

26 And by the border of Issachar, from the east side unto the west side, Zebulun a *portion.*

27 And by the border of Zebulun, from the east side unto the west side, Gad a *portion.*

28 And by the border of Gad, at the south side southward, the border shall be even from Tamar *unto* the waters^{*b*} of β strife *in* Kadesh, *and* to the river toward the great sea.

29 This^{*c*} *is* the land which ye shall divide by lot unto the tribes of Israel for inheritance, and these *are* their portions, saith the Lord GOD.

30 And these *are* the goings out of the city on the north side, four thousand and five hundred measures.

31 And the gates of^{*e*} the city *shall be* after the names of the tribes of Israel : three gates northward ; one gate of Reuben, one gate of Judah, one gate of Levi.

32 And at the east side four thousand and five hundred : and three gates ; and one gate of Joseph, one gate of Benjamin, one gate of Dan.

33 And at the south side four thousand and five hundred measures : and three gates ; one gate of Simeon, one gate of Issachar, one gate of Zebulun.

34 At the west side four thousand and five hundred, *with* their three gates ; one gate of Gad, one gate of Asher, one gate of Naphtali.

35 *It was* round about eighteen thousand *measures :* and the name of the city from *that* day *shall be* δ The LORD^{*g*} *is* there.

B. C. 574.

a ch. 45. 6.

b ch. 47. 19.

β *Meribah-kadesh.*

c ch.47.14.21, 22.

a ch. 45. 7.

e Re. 21. 12, &c.

f ver. 8, 10.

γ *one.*

δ *Jehovah-shammah.*

g Ps. 46. 5.
48. 3.
68. 18.
77. 13.
Je. 3. 17.
Joel 3. 21.
Zec. 2. 10.
Re. 21. 3.
22. 3.

דניאל

LIBER DANIELIS.

1 בִּשְׁנַת שָׁלוֹשׁ לְמַלְכוּת יְהוֹיָקִים מֶלֶךְ־יְהוּדָה בָּא נְבוּכַדְנֶאצַּר מֶלֶךְ־בָּבֶל יְרוּשָׁלִַם וַיָּצַר עָלֶיהָ׃

2 וַיִּתֵּן אֲדֹנָי בְּיָדוֹ אֶת־יְהוֹיָקִים מֶלֶךְ־יְהוּדָה וּמִקְצָת כְּלֵי בֵית־הָאֱלֹהִים וַיְבִיאֵם אֶרֶץ־שִׁנְעָר בֵּית אֱלֹהָיו וְאֶת־הַכֵּלִים הֵבִיא בֵּית אוֹצַר אֱלֹהָיו׃

3 וַיֹּאמֶר הַמֶּלֶךְ לְאַשְׁפְּנַז רַב סָרִיסָיו לְהָבִיא מִבְּנֵי יִשְׂרָאֵל וּמִזֶּרַע הַמְּלוּכָה וּמִן־הַפַּרְתְּמִים׃

4 יְלָדִים אֲשֶׁר אֵין־בָּהֶם כָּל־מְאוּם וְטוֹבֵי מַרְאֶה וּמַשְׂכִּילִים בְּכָל־חָכְמָה וְיֹדְעֵי דַעַת וּמְבִינֵי מַדָּע וַאֲשֶׁר כֹּחַ בָּהֶם לַעֲמֹד בְּהֵיכַל הַמֶּלֶךְ וּלֲלַמְּדָם סֵפֶר וּלְשׁוֹן כַּשְׂדִּים׃

5 וַיְמַן לָהֶם הַמֶּלֶךְ דְּבַר־יוֹם בְּיוֹמוֹ מִפַּת־בַּג הַמֶּלֶךְ וּמִיֵּין מִשְׁתָּיו וּלְגַדְּלָם שָׁנִים שָׁלוֹשׁ וּמִקְצָתָם יַעַמְדוּ לִפְנֵי הַמֶּלֶךְ׃

6 וַיְהִי בָהֶם מִבְּנֵי יְהוּדָה דָּנִיֵּאל חֲנַנְיָה מִישָׁאֵל וַעֲזַרְיָה׃

7 וַיָּשֶׂם לָהֶם שַׂר הַסָּרִיסִים שֵׁמוֹת וַיָּשֶׂם לְדָנִיֵּאל בֵּלְטְשַׁאצַּר וְלַחֲנַנְיָה שַׁדְרַךְ וּלְמִישָׁאֵל מֵישַׁךְ וְלַעֲזַרְיָה עֲבֵד נְגוֹ׃

8 וַיָּשֶׂם דָּנִיֵּאל עַל־לִבּוֹ אֲשֶׁר לֹא־יִתְגָּאַל בְּפַת־בַּג הַמֶּלֶךְ וּבְיֵין מִשְׁתָּיו וַיְבַקֵּשׁ מִשַּׂר הַסָּרִיסִים אֲשֶׁר לֹא יִתְגָּאָל׃

9 וַיִּתֵּן הָאֱלֹהִים אֶת־דָּנִיֵּאל לְחֶסֶד וּלְרַחֲמִים לִפְנֵי שַׂר הַסָּרִיסִים׃

10 וַיֹּאמֶר שַׂר הַסָּרִיסִים לְדָנִיֵּאל יָרֵא אֲנִי אֶת־אֲדֹנִי הַמֶּלֶךְ אֲשֶׁר מִנָּה אֶת־מַאֲכַלְכֶם וְאֶת־מִשְׁתֵּיכֶם אֲשֶׁר לָמָּה יִרְאֶה אֶת־פְּנֵיכֶם זֹעֲפִים מִן־הַיְלָדִים אֲשֶׁר כְּגִילְכֶם וְחִיַּבְתֶּם אֶת־רֹאשִׁי לַמֶּלֶךְ׃

11 וַיֹּאמֶר דָּנִיֵּאל אֶל־הַמֶּלְצַר אֲשֶׁר מִנָּה שַׂר הַסָּרִיסִים עַל־דָּנִיֵּאל חֲנַנְיָה מִישָׁאֵל וַעֲזַרְיָה׃

12 נַס־נָא אֶת־עֲבָדֶיךָ יָמִים עֲשָׂרָה וְיִתְּנוּ־לָנוּ מִן־הַזֵּרֹעִים וְנֹאכְלָה וּמַיִם וְנִשְׁתֶּה׃

13 וְיֵרָאוּ לְפָנֶיךָ מַרְאֵינוּ וּמַרְאֵה הַיְלָדִים הָאֹכְלִים אֵת פַּת־בַּג הַמֶּלֶךְ וְכַאֲשֶׁר תִּרְאֵה עֲשֵׂה עִם־עֲבָדֶיךָ׃

14 וַיִּשְׁמַע לָהֶם לַדָּבָר הַזֶּה וַיְנַסֵּם יָמִים עֲשָׂרָה׃

15 וּמִקְצָת יָמִים עֲשָׂרָה נִרְאָה מַרְאֵיהֶם טוֹב וּבְרִיאֵי בָּשָׂר מִן־כָּל־הַיְלָדִים הָאֹכְלִים אֵת פַּת־בַּג הַמֶּלֶךְ׃

16 וַיְהִי הַמֶּלְצַר נֹשֵׂא אֶת־פַּת־בָּגָם וְיֵין מִשְׁתֵּיהֶם וְנֹתֵן לָהֶם זֵרְעֹנִים׃

17 וְהַיְלָדִים הָאֵלֶּה אַרְבַּעְתָּם נָתַן לָהֶם הָאֱלֹהִים מַדָּע וְהַשְׂכֵּל בְּכָל־סֵפֶר וְחָכְמָה וְדָנִיֵּאל הֵבִין בְּכָל־חָזוֹן וַחֲלֹמוֹת׃

18 וּלְמִקְצָת הַיָּמִים אֲשֶׁר־אָמַר הַמֶּלֶךְ לַהֲבִיאָם וַיְבִיאֵם שַׂר הַסָּרִיסִים לִפְנֵי נְבֻכַדְנֶצַּר׃

19 וַיְדַבֵּר אִתָּם הַמֶּלֶךְ וְלֹא נִמְצָא מִכֻּלָּם כְּדָנִיֵּאל חֲנַנְיָה מִישָׁאֵל וַעֲזַרְיָה וַיַּעַמְדוּ לִפְנֵי הַמֶּלֶךְ׃

20 וְכֹל דְּבַר חָכְמַת בִּינָה אֲשֶׁר־בִּקֵּשׁ מֵהֶם הַמֶּלֶךְ וַיִּמְצָאֵם עֶשֶׂר יָדוֹת עַל כָּל־הַחַרְטֻמִּים הָאַשָּׁפִים אֲשֶׁר בְּכָל־מַלְכוּתוֹ׃

21 וַיְהִי דָּנִיֵּאל עַד־שְׁנַת אַחַת לְכוֹרֶשׁ הַמֶּלֶךְ׃

CAP. II. ב

1 וּבִשְׁנַת שְׁתַּיִם לְמַלְכוּת נְבֻכַדְנֶצַּר חָלַם נְבֻכַדְנֶצַּר חֲלֹמוֹת וַתִּתְפָּעֶם רוּחוֹ וּשְׁנָתוֹ נִהְיְתָה עָלָיו׃

2 וַיֹּאמֶר הַמֶּלֶךְ לִקְרֹא לַחַרְטֻמִּים וְלָאַשָּׁפִים וְלַמְכַשְּׁפִים וְלַכַּשְׂדִּים לְהַגִּיד לַמֶּלֶךְ חֲלֹמֹתָיו וַיָּבֹאוּ וַיַּעַמְדוּ לִפְנֵי הַמֶּלֶךְ׃

3 וַיֹּאמֶר לָהֶם הַמֶּלֶךְ חֲלוֹם חָלָמְתִּי וַתִּפָּעֶם רוּחִי לָדַעַת אֶת־הַחֲלוֹם׃

4 וַיְדַבְּרוּ הַכַּשְׂדִּים לַמֶּלֶךְ אֲרָמִית מַלְכָּא לְעָלְמִין חֱיִי אֱמַר חֶלְמָא לְעַבְדָיךְ וּפִשְׁרָא נְחַוֵּא׃

5 עָנֵה מַלְכָּא וְאָמַר לְכַשְׂדָּיֵא מִלְּתָה מִנִּי אַזְדָּא הֵן לָא תְהוֹדְעוּנַּנִי חֶלְמָא וּפִשְׁרֵהּ הַדָּמִין תִּתְעַבְדוּן וּבָתֵּיכוֹן נְוָלִי יִתְּשָׂמוּן׃

6 וְהֵן חֶלְמָא וּפִשְׁרֵהּ תְּהַחֲוֹן מַתְּנָן וּנְבִזְבָּה וִיקָר שַׂגִּיא תְּקַבְּלוּן מִן־קֳדָמָי לָהֵן חֶלְמָא וּפִשְׁרֵהּ הַחֲוֹנִי׃

7 עֲנוֹ תִנְיָנוּת וְאָמְרִין מַלְכָּא חֶלְמָא יֵאמַר לְעַבְדוֹהִי וּפִשְׁרָה נְהַחֲוֵה׃

8 עָנֵה מַלְכָּא וְאָמַר מִן־יַצִּיב יָדַע אֲנָה דִּי עִדָּנָא אַנְתּוּן זָבְנִין כָּל־קֳבֵל דִּי חֲזֵיתוֹן דִּי אַזְדָּא מִנִּי מִלְּתָא׃

9 דִּי הֵן חֶלְמָא לָא תְהוֹדְעֻנַּנִי חֲדָה־הִיא דָתְכוֹן וּמִלָּה כִדְבָה וּשְׁחִיתָה הִזְדְּמִנְתּוּן לְמֵאמַר קָדָמַי עַד דִּי עִדָּנָא יִשְׁתַּנֵּא לָהֵן חֶלְמָא אֱמַרוּ לִי וְאִנְדַּע דִּי פִשְׁרֵהּ תְּהַחֲוֻנַּנִי׃

10 עֲנוֹ כַשְׂדָּיֵא קֳדָם־מַלְכָּא וְאָמְרִין לָא־אִיתַי אֲנָשׁ עַל־יַבֶּשְׁתָּא דִּי מִלַּת מַלְכָּא יוּכַל לְהַחֲוָיָה כָּל־קֳבֵל דִּי כָּל־מֶלֶךְ רַב וְשַׁלִּיט מִלָּה כִדְנָה לָא שְׁאֵל לְכָל־חַרְטֹם וְאָשַׁף וְכַשְׂדָּי׃

11 וּמִלְּתָא דִי־מַלְכָּה שָׁאֵל יַקִּירָה וְאָחֳרָן לָא אִיתַי דִּי יְחַוִּנַּהּ קֳדָם מַלְכָּא

The Book of DANIEL.

CHAP. I.

IN the third year of the reign of Jehoiakim king of Judah came*a* Nebuchadnezzar king of Babylon unto Jerusalem, and besieged it.

2 And the Lord gave Jehoiakim king of Judah into his hand, with part of the vessels of the house of God, which he carried into the land of Shinar, to the house of his god; and he brought the vessels into the treasure-house of his god.

3 And the king spake unto Ashpenaz the master of his eunuchs, that he should bring *certain* of the children *c* of Israel, and of the king's seed, and of the princes ;

4 Children in whom *was* no blemish, but well-favoured, and skilful in all wisdom, and cunning in knowledge, and understanding science, and such as *had* ability in them to stand in the king's palace, and whom they might/teach the learning and the tongue of the Chaldeans.

5 And the king appointed them a daily provision of the king's meat, and of the *ð* wine which he drank ; so nourishing them three years, that at the end thereof they might stand before the king.

6 Now among these were of the children of Judah, Daniel, Hananiah, Mishael, and Azariah ;

7 Unto whom the prince of the eunuchs gave names : for he gave unto Daniel *the name* of Belteshazzar ; *f* and to Hananiah, of Shadrach ; and to Mishael, of Meshach ; and to Azariah, of Abed-nego.

8 But Daniel purposed in his heart that he would not defile himself with the portion *h* of the king's meat, nor with the wine which he drank : therefore he requested of the prince of the eunuchs that he might not defile himself.

9 Now God had brought Daniel into favour *i* and tender love with the prince of the eunuchs.

10 And the prince of the eunuchs said unto Daniel, I fear my lord the king, who hath appointed your meat and your drink : for why should he see your faces *η* worse liking than the children which *are* of your *θ* sort ? then shall ye make *me* endanger my head to the king.

11 Then said Daniel to *κ* Melzar, whom the prince of the eunuchs had set over Daniel, Hananiah, Mishael, and Azariah,

12 Prove thy servants, I beseech thee, ten days ; and let them give *ν* us pulse to eat, and water to drink.

13 Then let our countenances be looked upon before thee, and the countenance of the children that eat of the portion of the king's meat ; and as thou seest, deal with thy servants.

14 So he consented to them in this matter, and proved them ten days.

15 And at the end of ten days their countenances appeared fairer and fatter in flesh than all the children which did eat the portion of the king's meat.

16 Thus Melzar took away the portion of their meat, and the wine that they should drink, and gave them pulse.

17 As for these four children, God gave

them knowledge and skill in all learning and wisdom : and *β* Daniel had understanding in all visions and dreams.

18 Now, at the end of the days that the king had said he should bring them in, then the prince of the eunuchs brought them in before Nebuchadnezzar.

19 And the king communed with them : and among them all was found none like Daniel, Hananiah, Mishael, and Azariah : therefore stood they before the king.

20 And in *b* all matters of wisdom *γ and* understanding, that the king inquired of them, he found them ten times better than all the magicians *and* astrologers that *were* in all his realm.

21 And Daniel continued *d even* unto the first year of king Cyrus.

CHAP. II.

AND in the second year of the reign of Nebuchadnezzar, Nebuchadnezzar dreamed dreams, wherewith *e* his spirit was troubled, and his sleep brake from him.

2 Then the king commanded to call the magicians, and the astrologers, and the sorcerers, and the Chaldeans, to shew the king his dreams. So they came and stood before the king.

3 And the king said unto them, I have dreamed a dream, and my spirit was troubled to know the dream.

4 Then spake the Chaldeans to the king in Syriac, O king, live *g* for ever : tell thy servants the dream, and we will shew the interpretation.

5 The king answered and said to the Chaldeans, The thing is gone from me : if ye will not make known unto me the dream, with the interpretation thereof, ye shall be *ζ*cut in pieces,*i* and your houses *k* shall be made a dunghill :

6 But *m* if ye shew the dream, and the interpretation thereof, ye shall receive of me gifts, and *λ* rewards, and great honour : therefore shew me the dream and the interpretation thereof.

7 They answered again, and said, Let the king tell his servants the dream, and we will shew the interpretation of it.

8 The king answered and said, I know of certainty that ye would *μ* gain the time, because ye see the thing is gone from me.

9 But if ye will not make known unto me the dream, *there is but* one decree for you ; for ye have prepared lying and corrupt words to speak before me till the time be changed : therefore tell me the dream, and I *n* shall know that ye can shew me the interpretation thereof.

10 The Chaldeans answered before the king, and said, There is not a man upon the earth that can shew the king's matter ; therefore *there is* no king, lord, nor ruler, *that* asked such things at any magician, or astrologer, or Chaldean.

11 And *it is* a rare thing that the king requireth : and there is none other that can shew it before the king, except *o* the gods, whose dwelling *p* is not with flesh.

12 For this cause the king was angry

B. C. 607.

β or, he made Daniel understand.

a 2Ki.24.1,2. 2Ch. 36.6,7.

b 1Ki. 10. 1..3. Ps. 119. 99.

γ of.

c Foretold, 2Ki.20.17,18. Is. 39. 7.

d ch. 6. 28. 10. 1. He lived to see that glorious time of the return of his people from the Babylonian captivity,though he did not die then. So *till* is used, Ps. 110. 1. 112. 8.

e ch. 4. 5. Ge. 41. 8. Es. 6. 1. Job 33. 15.. 17.

ð of his drink

f ch. 4. 8. 5. 12.

g 1 Ki. 1. 31.

h De. 32. 38. Eze. 4. 13. Ho. 9. 3.

ζ made.

i ch. 3. 29.

k Ezr. 6. 11.

l Ge. 39. 21. Pr. 16. 7.

m ch. 5. 16.

η sadder.

θ or, term, or, continuance.

κ or, the steward.

λ or, fee, ver. 48. ch. 5. 17.

μ or, buy, Ep. 5. 16.

ν of pulse that we may eat.

n Is. 41. 23.

o ver. 28.

p Is. 66. 1, 2.

546

12 לָא אִיתוֹהִי ׃ כָּל־קֳבֵל דְּנָה מַלְכָּא בְּנַס וּקְצַף
13 שַׂגִּיא וַאֲמַר לְהוֹבָדָה לְכֹל חַכִּימֵי בָבֶל ׃ וְדָתָא
נֶפְקַת וְחַכִּימַיָּא מִתְקַטְּלִין וּבְעוֹ דָּנִיֵּאל וְחַבְרוֹהִי
14 לְהִתְקְטָלָה ׃ בֵּאדַיִן דָּנִיֵּאל הֲתִיב עֵטָא וּטְעֵם
לְאַרְיוֹךְ רַב־טַבָּחַיָּא דִּי מַלְכָּא דִּי נְפַק
15 לְקַטָּלָה לְחַכִּימֵי בָבֶל ׃ עָנֵה וְאָמַר לְאַרְיוֹךְ שַׁלִּיטָא דִי־מַלְכָּא עַל־מָה דָתָא מְהַחְצְפָה מִן־קֳדָם מַלְכָּא
16 אֱדַיִן אַרְיוֹךְ הוֹדַע מִלְּתָא לְדָנִיֵּאל ׃ וְדָנִיֵּאל עַל וּבְעָה מִן־מַלְכָּא דִּי זְמָן יִנְתֵּן־לֵהּ וּפִשְׁרָא
17 לְהַחֲוָיָה לְמַלְכָּא ׃ אֱדַיִן דָּנִיֵּאל לְבַיְתֵהּ אֲזַל וְלַחֲנַנְיָה מִישָׁאֵל וַעֲזַרְיָה חַבְרוֹהִי
18 מִלְּתָא הוֹדַע ׃ וְרַחֲמִין לְמִבְעֵא מִן־קֳדָם אֱלָהּ שְׁמַיָּא עַל־רָזָה דְּנָה דִּי לָא יְהֹבְדוּן דָּנִיֵּאל
19 וְחַבְרוֹהִי עִם־שְׁאָר חַכִּימֵי בָבֶל ׃ אֱדַיִן לְדָנִיֵּאל בְּחֶזְוָא דִי־לֵילְיָא רָזָה גֲלִי אֱדַיִן דָּנִיֵּאל בָּרִךְ
20 לֶאֱלָהּ שְׁמַיָּא ׃ עָנֵה דָנִיֵּאל וְאָמַר לֶהֱוֵא שְׁמֵהּ דִּי־אֱלָהָא מְבָרַךְ מִן־עָלְמָא וְעַד־עָלְמָא דִּי
21 חָכְמְתָא וּגְבוּרְתָא דִּי־לֵהּ הִיא ׃ וְהוּא מְהַשְׁנֵא עִדָּנַיָּא וְזִמְנַיָּא מְהַעְדֵּה מַלְכִין וּמְהָקֵים מַלְכִין יָהֵב
22 חָכְמְתָא לְחַכִּימִין וּמַנְדְּעָא לְיָדְעֵי בִינָה ׃ הוּא גָּלֵא עַמִּיקָתָא וּמְסַתְּרָתָא יָדַע מָה בַחֲשׁוֹכָא
23 וּנְהוֹרָא עִמֵּהּ שְׁרֵא ׃ לָךְ אֱלָהּ אֲבָהָתִי מְהוֹדֵא וּמְשַׁבַּח אֲנָה דִּי חָכְמְתָא וּגְבוּרְתָא יְהַבְתְּ לִי וּכְעַן הוֹדַעְתַּנִי דִּי־בְעֵינָא מִנָּךְ דִּי־מִלַּת מַלְכָּא הוֹדַעְתֶּנָא
24 כָּל־קֳבֵל דְּנָה דָּנִיֵּאל עַל עַל־אַרְיוֹךְ דִּי מַנִּי מַלְכָּא לְהוֹבָדָה לְחַכִּימֵי בָבֶל אֲזַל וְכֵן אֲמַר־לֵהּ לְחַכִּימֵי בָבֶל אַל־תְּהוֹבֵד הַעֵלְנִי קֳדָם מַלְכָּא וּפִשְׁרָא לְמַלְכָּא אֲחַוֵּא
25 אֱדַיִן אַרְיוֹךְ בְּהִתְבְּהָלָה הַעֵל לְדָנִיֵּאל קֳדָם מַלְכָּא וְכֵן אֲמַר־לֵהּ דִּי־הַשְׁכַּחַת גְּבַר מִן־בְּנֵי גָלוּתָא דִּי יְהוּד דִּי פִשְׁרָא לְמַלְכָּא יְהוֹדַע
26 עָנֵה מַלְכָּא וְאָמַר לְדָנִיֵּאל דִּי שְׁמֵהּ בֵּלְטְשַׁאצַּר הַאִיתַיִךְ כָּהֵל לְהוֹדָעֻתַנִי חֶלְמָא דִי־חֲזֵית וּפִשְׁרֵהּ
27 עָנֵה דָנִיֵּאל קֳדָם מַלְכָּא וְאָמַר רָזָה דִּי־מַלְכָּא שָׁאֵל לָא חַכִּימִין אָשְׁפִין חַרְטֻמִּין גָּזְרִין יָכְלִין לְהַחֲוָיָה
28 לְמַלְכָּא ׃ בְּרַם אִיתַי אֱלָהּ בִּשְׁמַיָּא גָּלֵא רָזִין וְהוֹדַע לְמַלְכָּא נְבוּכַדְנֶצַּר מָה דִּי לֶהֱוֵא בְּאַחֲרִית יוֹמַיָּא חֶלְמָךְ וְחֶזְוֵי רֵאשָׁךְ עַל־מִשְׁכְּבָךְ דְּנָה הוּא

29 אָנְתָּה מַלְכָּא רַעְיוֹנָךְ עַל־מִשְׁכְּבָךְ סְלִקוּ מָה דִּי לֶהֱוֵא אַחֲרֵי דְנָה וְגָלֵא רָזַיָּא הוֹדְעָךְ מָה־דִי לֶהֱוֵא
30 וַאֲנָה לָא בְחָכְמָה דִּי־אִיתַי בִּי מִן־כָּל־חַיַּיָּא רָזָא דְנָה גֲּלִי לִי לָהֵן עַל־דִּבְרַת דִּי פִשְׁרָא לְמַלְכָּא יְהוֹדְעוּן וְרַעְיוֹנֵי לִבְבָךְ
31 תִּנְדַּע ׃ אַנְתָּה מַלְכָּא חָזֵה הֲוַיְתָ וַאֲלוּ צְלֵם חַד שַׂגִּיא צַלְמָא דִּכֵּן רַב וְזִיוֵהּ יַתִּיר קָאֵם
32 לְקָבְלָךְ וְרֵוֵהּ דְּחִיל ׃ הוּא צַלְמָא רֵאשֵׁהּ דִּי־ דְּהַב טָב חֲדוֹהִי וּדְרָעוֹהִי דִּי כְסַף מְעוֹהִי וְיַרְכָתֵהּ
33 דִּי נְחָשׁ ׃ שָׁקוֹהִי דִּי פַרְזֶל רַגְלוֹהִי מִנְּהֵן דִּי
34 פַרְזֶל וּמִנְּהֵן דִּי חֲסַף ׃ חָזֵה הֲוַיְתָ עַד דִּי הִתְגְּזֶרֶת אֶבֶן דִּי־לָא בִידַיִן וּמְחָת לְצַלְמָא עַל־
35 רַגְלוֹהִי דִּי פַרְזְלָא וְחַסְפָּא וְהַדֵּקֶת הִמּוֹן ׃ בֵּאדַיִן דָּקוּ כַחֲדָה פַּרְזְלָא חַסְפָּא נְחָשָׁא כַּסְפָּא וְדַהֲבָא וַהֲווֹ כְּעוּר מִן־אִדְּרֵי־קַיִט וּנְשָׂא הִמּוֹן רוּחָא וְכָל־ אֲתַר לָא־הִשְׁתְּכַח לְהוֹן וְאַבְנָא דִּי־מְחָת לְצַלְמָא
36 הֲוָת לְטוּר רַב וּמְלָאת כָּל־אַרְעָא ׃ דְּנָה חֶלְמָא
37 וּפִשְׁרֵהּ נֵאמַר קֳדָם מַלְכָּא ׃ אַנְתָּה מַלְכָּא מֶלֶךְ מַלְכַיָּא דִּי אֱלָהּ שְׁמַיָּא מַלְכוּתָא חִסְנָא וְתָקְפָּא
38 וִיקָרָא יְהַב־לָךְ ׃ וּבְכָל־דִּי דָיְרִין בְּנֵי־אֲנָשָׁא חֵיוַת בָּרָא וְעוֹף שְׁמַיָּא יְהַב בִּידָךְ וְהַשְׁלְטָךְ בְּכָלְּהוֹן אַנְתָּה־הוּא רֵאשָׁה דִּי דַהֲבָא
39 וּבָתְרָךְ תְּקוּם מַלְכוּ אָחֳרִי אֲרֵעָא מִנָּךְ וּמַלְכוּ תְלִיתָאָה אָחֳרִי דִּי נְחָשָׁא דִּי תִשְׁלַט בְּכָל־אַרְעָא
40 וּמַלְכוּ רְבִיעָאָה תֶּהֱוֵא תַקִּיפָה כְּפַרְזְלָא כָּל־קֳבֵל דִּי פַרְזְלָא מְהַדֵּק וְחָשֵׁל כֹּלָּא וּכְפַרְזְלָא דִּי־מְרָעַע כָּל־אִלֵּן תַּדִּק וְתֵרֹעַ
41 וְדִי־חֲזַיְתָה רַגְלַיָּא וְאֶצְבְּעָתָא מִנְּהֵן חֲסַף דִּי־פֶחָר וּמִנְּהֵן פַּרְזֶל מַלְכוּ פְלִיגָה תֶּהֱוֵה וּמִן־נִצְבְּתָא דִי פַרְזְלָא לֶהֱוֵא־בַהּ כָּל־קֳבֵל דִּי חֲזַיְתָה פַּרְזְלָא מְעָרַב
42 בַּחֲסַף טִינָא ׃ וְאֶצְבְּעָת רַגְלַיָּא מִנְּהֵן פַּרְזֶל וּמִנְּהֵן חֲסַף מִן־קְצָת מַלְכוּתָא תֶּהֱוֵה תַקִּיפָה
43 וּמִנַּהּ תֶּהֱוֵה תְבִירָה ׃ דִּי חֲזַיְתָ פַּרְזְלָא מְעָרַב בַּחֲסַף טִינָא מִתְעָרְבִין לֶהֱוֹן בִּזְרַע אֲנָשָׁא וְלָא־ לֶהֱוֹן דָּבְקִין דְּנָה עִם־דְּנָה הֵא־כְדִי פַרְזְלָא לָא
44 מִתְעָרַב עִם־חַסְפָּא ׃ וּבְיוֹמֵיהוֹן דִּי מַלְכַיָּא אִנּוּן יְקִים אֱלָהּ שְׁמַיָּא מַלְכוּ דִּי לְעָלְמִין לָא תִתְחַבַּל וּמַלְכוּתָה לְעַם אָחֳרָן לָא תִשְׁתְּבִק תַּדִּק וְתָסֵיף כָּל־אִלֵּן מַלְכְוָתָא וְהִיא תְּקוּם

and very furious, and commanded to destroy all[a] the wise men of Babylon.

13 And the decree went forth that the wise *men* should be slain; and they sought Daniel and his fellows to be slain.

14 Then Daniel γ answered with counsel and wisdom to Arioch the δ captain of the king's guard, which was gone forth to slay the wise *men* of Babylon:

15 He answered and said to Arioch the king's captain, Why *is* the decree *so* hasty from the king? Then Arioch made the thing known to Daniel.

16 Then Daniel went in, and desired of the king that he would give him time, and that he would shew the king the interpretation.

17 Then Daniel went to his house, and made the thing known to Hananiah, Mishael, and Azariah, his companions;

18 That[d] they would desire mercies θ of the God of heaven concerning this secret, that[κ] Daniel and his fellows should not perish with the rest of the wise *men* of Babylon.

19 Then was the secret revealed unto Daniel in a night vision.[h] Then Daniel blessed the God of heaven.

20 Daniel answered and said,[j] Blessed be the name of God for ever and ever; for wisdom[l] and might are his:

21 And he changeth the times[m] and the seasons: he[n] removeth kings, and setteth up kings: he[p] giveth wisdom unto the wise, and knowledge to them that know understanding.

22 He revealeth[q] the deep and secret things: he knoweth[s] what *is* in the darkness, and the light[u] dwelleth with him.

23 I thank thee, and praise thee, O thou God of my fathers, who hast given me wisdom and might, and hast made known unto me now what we desired of thee: for thou hast *now* made known unto us the king's matter.

24 Therefore Daniel went in unto Arioch, whom the king had ordained to destroy the wise *men* of Babylon: he went and said thus unto him, Destroy not the wise *men* of Babylon: bring me in before the king, and I will shew unto the king the interpretation.

25 Then Arioch brought in Daniel before the king in haste, and said thus unto him, μ I have found a man of the ν captives of Judah that will make known unto the king the interpretation.

26 The king answered, and said to Daniel, whose name *was* Belteshazzar, Art thou able to make known unto me the dream which I have seen, and the interpretation thereof?

27 Daniel answered in the presence of the king, and said, The secret which the king hath demanded, cannot[x] the wise *men*, the astrologers, the magicians, the soothsayers, shew unto the king;

28 But[y] there is a God in heaven that revealeth secrets, and φ maketh known to the king Nebuchadnezzar what shall be in the latter days. Thy dream, and the visions of thy head upon thy bed, are these;

29 As for thee, O king, thy thoughts ψ came *into thy mind* upon thy bed, what should come to pass hereafter; and ᶻ he that revealeth secrets maketh known to thee what shall come to pass.

30 But as for me, this secret is not revealed to me for *any* wisdom[a] that I have more than any living, but for β *their* sakes

a Mat. 2. 16.
β *wast seeing*
γ *returned.*
δ *chief of the execu-tioners,* or *slaughter-men,* or *chief mar-shal,*
Ge. 37. 36.
Je.52.12,14.
ζ or, *sides.*
η or, *which was not in hands.*
b Zec. 4. 6.
Jn'. 1. 13.
c Ps. 1. 4.
Ho. 13. 3.
d ch. 3. 17.
1 Sa.17 37.
2Ti.4.17,18
θ *from before*
e Ps. 37. 36.
κ or, *they should not destroy Daniel.*
f Is. 2. 2, 3.
g 1 Co.15.25.
h Nu. 12. 6.
i Ezr. 7. 12.
Is. 47. 5.
Eze. 26. 7.
Hos. 8. 10.
j Ps. 50. 23.
k Ezr. 1. 2.
l Je. 32. 19.
m Ps.31.14,15
n Ps. 75.6,7.
o Je. 27. 6.
p Pr. 2. 6, 7.
q Ps. 25. 14.
r ch. 5. 28.
s Ps. 139. 11, 12.
He. 4. 13.
t ch. 7.7, 23.
u 1 Ti. 6. 16.
1 Jnº. 1. 5.
λ *brittle.*
μ *That I.*
ν *children of the cap-tivity.*
π *this with this.*
ρ *their.*
υ Mi. 4. 7.
Lu. 1. 32,33
σ *kingdom thereof.*
w Ps. 2. 9.
τ *which was not in hands*
x Is.47.13,14.
y Ge. 40. 8.
41. 16.
φ *hath made.*
χ *after this.*
ψ *came up.*
a Am. 4. 13.
a Ac. 3. 12.
β or, *the in-tent that the inter-pretation may be made known.*

that shall make known the interpretation to the king, and that thou mightest know the thoughts of thy heart.

31 Thou, O king, β sawest, and, behold, a great image. This great image, whose brightness *was* excellent, stood before thee, and the form thereof *was* terrible.

32 This image's head *was* of fine gold, his breast and his arms of silver, his belly and his ζ thighs of brass,

33 His legs of iron, his feet part of iron and part of clay.

34 Thou sawest till that a stone was cut out η without[b] hands, which smote the image upon his feet *that were* of iron and clay, and brake them to pieces.

35 Then was the iron, the clay, the brass, the silver, and the gold, broken to pieces together, and became like the[c] chaff of the summer threshing-floors; and the wind carried them away, that no[e] place was found for them: and the stone that smote the image became a great mountain[f] and filled[g] the whole earth.

36 This *is* the dream; and we will tell the interpretation thereof before the king.

37 Thou, O king, *art* a king[i] of kings: for[k] the God of heaven hath given thee a kingdom, power, and strength, and glory.

38 And wheresoever the children of men dwell, the beasts of the field, and the fowls of the heaven, hath he given[o] into thine hand, and hath made thee ruler over them all. Thou *art* this head of gold.

39 And after thee shall arise another kingdom inferior[r] to thee, and another third kingdom of brass, which[t] shall bear rule over all the earth.

40 And the fourth kingdom shall be strong as iron: forasmuch as iron breaketh in pieces and subdueth all *things:* and as iron that breaketh all these, shall it break in pieces and bruise.

41 And whereas thou sawest the feet and toes part of potter's clay and part of iron, the kingdom shall be divided; but there shall be in it of the strength of the iron, forasmuch as thou sawest the iron mixed with miry clay.

42 And *as* the toes of the feet *were* part of iron and part of clay, so the kingdom shall be partly strong, and partly λ broken.

43 And whereas thou sawest iron mixed with miry clay, they shall mingle themselves with the seed of men; but they shall not cleave π one to another, even as iron is not mixed with clay.

44 And in ρ the days of these kings shall the God υ of heaven set up a kingdom which shall never be destroyed: and the σ kingdom shall not be left to other people, *but* it shall break ϖ in pieces and consume all these kingdoms, and it shall stand for ever.

45 Forasmuch as thou sawest that the stone was cut out of the mountain τ without hands, and that it brake in pieces the iron, the brass, the clay, the silver, and the gold; the great God hath made known to the king what shall come to pass χ hereafter: and the dream *is* certain, and the interpretation thereof sure.

46 Then the king Nebuchadnezzar fell upon his face, and worshipped Daniel, and commanded that they should offer an oblation and sweet odours unto him.

47 The king answered unto Daniel, and said, Of a truth *it is*, that your God *is* a God of gods, and a Lord of kings, and a

45 כָּל־קֳבֵל דִּי־חֲזַיְתָ דִּי מִטּוּרָא אִתְגְּזֶרֶת אֶבֶן דִּי־לָא בִידַיִן וְהַדֶּקֶת פַּרְזְלָא נְחָשָׁא חַסְפָּא כַּסְפָּא וְדַהֲבָא אֱלָהּ רַב הוֹדַע לְמַלְכָּא מָה דִּי לֶהֱוֵא אַחֲרֵי דְנָה וְיַצִּיב חֶלְמָא וּמְהֵימַן פִּשְׁרֵהּ׃

46 בֵּאדַיִן מַלְכָּא נְבוּכַדְנֶצַּר נְפַל עַל־אַנְפּוֹהִי וּלְדָנִיֵּאל סְגִד וּמִנְחָה וְנִיחֹחִין אֲמַר לְנַסָּכָה לֵהּ׃

47 עָנֵה מַלְכָּא לְדָנִיֵּאל וְאָמַר מִן־קְשֹׁט דִּי אֱלָהֲכוֹן הוּא אֱלָהּ אֱלָהִין וּמָרֵא מַלְכִין וְגָלֵה רָזִין דִּי יְכֵלְתָּ לְמִגְלֵא רָזָה דְנָה׃

48 אֱדַיִן מַלְכָּא לְדָנִיֵּאל רַבִּי וּמַתְּנָן רַבְרְבָן שַׂגִּיאָן יְהַב־לֵהּ וְהַשְׁלְטֵהּ עַל כָּל־מְדִינַת בָּבֶל וְרַב־סִגְנִין עַל כָּל־חַכִּימֵי בָבֶל׃

49 וְדָנִיֵּאל בְּעָא מִן־מַלְכָּא וּמַנִּי עַל עֲבִידְתָּא דִּי מְדִינַת בָּבֶל לְשַׁדְרַךְ מֵישַׁךְ וַעֲבֵד נְגוֹ וְדָנִיֵּאל בִּתְרַע מַלְכָּא׃

CAP. III. ג

1 נְבוּכַדְנֶצַּר מַלְכָּא עֲבַד צְלֵם דִּי־דְהַב רוּמֵהּ אַמִּין שִׁתִּין פְּתָיֵהּ אַמִּין שֵׁת אֲקִימֵהּ בְּבִקְעַת דּוּרָא בִּמְדִינַת בָּבֶל׃

2 וּנְבוּכַדְנֶצַּר מַלְכָּא שְׁלַח לְמִכְנַשׁ לַאֲחַשְׁדַּרְפְּנַיָּא סִגְנַיָּא וּפַחֲוָתָא אֲדַרְגָּזְרַיָּא גְדָבְרַיָּא דְּתָבְרַיָּא תִּפְתָּיֵא וְכֹל שִׁלְטֹנֵי מְדִינָתָא לְמֵתֵא לַחֲנֻכַּת צַלְמָא דִּי הֲקֵים נְבוּכַדְנֶצַּר מַלְכָּא׃

3 בֵּאדַיִן מִתְכַּנְּשִׁין אֲחַשְׁדַּרְפְּנַיָּא סִגְנַיָּא וּפַחֲוָתָא אֲדַרְגָּזְרַיָּא גְדָבְרַיָּא דְּתָבְרַיָּא תִּפְתָּיֵא וְכֹל שִׁלְטֹנֵי מְדִינָתָא לַחֲנֻכַּת צַלְמָא דִּי הֲקֵים נְבוּכַדְנֶצַּר מַלְכָּא וְקָאֲמִין לָקֳבֵל צַלְמָא דִּי הֲקֵים נְבוּכַדְנֶצַּר׃

4 וְכָרוֹזָא קָרֵא בְחָיִל לְכוֹן אָמְרִין עַמְמַיָּא אֻמַּיָּא וְלִשָּׁנַיָּא׃

5 בְּעִדָּנָא דִּי־תִשְׁמְעוּן קָל קַרְנָא מַשְׁרוֹקִיתָא קִיתָרֹס סַבְּכָא פְּסַנְתֵּרִין סוּמְפֹּנְיָה וְכֹל זְנֵי זְמָרָא תִּפְּלוּן וְתִסְגְּדוּן לְצֶלֶם דַּהֲבָא דִּי הֲקֵים נְבוּכַדְנֶצַּר מַלְכָּא׃

6 וּמַן־דִּי־לָא יִפֵּל וְיִסְגֻּד בַּהּ־שַׁעֲתָא יִתְרְמֵא לְגוֹא־אַתּוּן נוּרָא יָקִדְתָּא׃

7 כָּל־קֳבֵל דְּנָה בֵּהּ־זִמְנָא כְּדִי שָׁמְעִין כָּל־עַמְמַיָּא קָל קַרְנָא מַשְׁרוֹקִיתָא קִיתָרֹס סַבְּכָא פְּסַנְתֵּרִין וְכֹל זְנֵי זְמָרָא נָפְלִין כָּל־עַמְמַיָּא אֻמַיָּא וְלִשָּׁנַיָּא סָגְדִין לְצֶלֶם דַּהֲבָא דִּי הֲקֵים נְבוּכַדְנֶצַּר מַלְכָּא׃

8 כָּל־קֳבֵל דְּנָה בֵּהּ־זִמְנָא קְרִבוּ גֻּבְרִין כַּשְׂדָּאִין וַאֲכַלוּ קַרְצֵיהוֹן דִּי יְהוּדָיֵא׃

9 עֲנוֹ וְאָמְרִין לִנְבוּכַדְנֶצַּר מַלְכָּא מַלְכָּא לְעָלְמִין חֱיִי׃

10 אַנְתָּה מַלְכָּא שָׂמְתָּ טְעֵם דִּי כָל־אֱנָשׁ דִּי־יִשְׁמַע קָל קַרְנָא מַשְׁרוֹקִיתָא קִיתָרֹס שַׂבְּכָא פְּסַנְתֵּרִין וְסוּמְפֹּנְיָה וְכֹל זְנֵי זְמָרָא יִפֵּל וְיִסְגֻּד לְצֶלֶם דַּהֲבָא׃

11 וּמַן־דִּי־לָא יִפֵּל וְיִסְגֻּד יִתְרְמֵא לְגוֹא־אַתּוּן נוּרָא יָקִדְתָּא׃

12 אִיתַי גֻּבְרִין יְהוּדָאיִן דִּי־מַנִּיתָ יָתְהוֹן עַל־עֲבִידַת מְדִינַת בָּבֶל שַׁדְרַךְ מֵישַׁךְ וַעֲבֵד נְגוֹ גֻּבְרַיָּא אִלֵּךְ לָא־שָׂמוּ עֲלַיִךְ מַלְכָּא טְעֵם לֵאלָהָיִךְ לָא פָלְחִין וּלְצֶלֶם דַּהֲבָא דִּי הֲקֵימְתָּ לָא סָגְדִין׃

13 בֵּאדַיִן נְבוּכַדְנֶצַּר בִּרְגַז וַחֲמָה אֲמַר לְהַיְתָיָה לְשַׁדְרַךְ מֵישַׁךְ וַעֲבֵד נְגוֹ בֵּאדַיִן גֻּבְרַיָּא אִלֵּךְ הֵיתָיוּ קֳדָם מַלְכָּא׃

14 עָנֵה נְבוּכַדְנֶצַּר וְאָמַר לְהוֹן הַצְדָּא שַׁדְרַךְ מֵישַׁךְ וַעֲבֵד נְגוֹ לֵאלָהַי לָא אִיתֵיכוֹן פָּלְחִין וּלְצֶלֶם דַּהֲבָא דִּי הֲקֵימֶת לָא סָגְדִין׃

15 כְּעַן הֵן אִיתֵיכוֹן עֲתִידִין דִּי בְעִדָּנָא דִּי־תִשְׁמְעוּן קָל קַרְנָא מַשְׁרוֹקִיתָא קִיתָרֹס שַׂבְּכָא פְּסַנְתֵּרִין וְסוּמְפֹּנְיָה וְכֹל זְנֵי זְמָרָא תִּפְּלוּן וְתִסְגְּדוּן לְצַלְמָא דִי־עַבְדֵת וְהֵן לָא תִסְגְּדוּן בַּהּ־שַׁעֲתָא תִתְרְמוֹן לְגוֹא־אַתּוּן נוּרָא יָקִדְתָּא וּמַן־הוּא אֱלָהּ דִּי יְשֵׁיזְבִנְכוֹן מִן־יְדָי׃

16 עֲנוֹ שַׁדְרַךְ מֵישַׁךְ וַעֲבֵד נְגוֹ וְאָמְרִין לְמַלְכָּא נְבוּכַדְנֶצַּר לָא־חַשְׁחִין אֲנַחְנָה עַל־דְּנָה פִּתְגָם לַהֲתָבוּתָךְ׃

17 הֵן אִיתַי אֱלָהַנָא דִּי־אֲנַחְנָא פָלְחִין יָכִל לְשֵׁיזָבוּתַנָא מִן־אַתּוּן נוּרָא יָקִדְתָּא וּמִן־יְדָךְ מַלְכָּא יְשֵׁיזִב׃

18 וְהֵן לָא יְדִיעַ לֶהֱוֵא־לָךְ מַלְכָּא דִּי לֵאלָהָיִךְ לָא־אִיתַנָא פָלְחִין וּלְצֶלֶם דַּהֲבָא דִּי הֲקֵימְתָּ לָא נִסְגֻּד׃

19 בֵּאדַיִן נְבוּכַדְנֶצַּר הִתְמְלִי חֱמָא וּצְלֵם אַנְפּוֹהִי אֶשְׁתַּנִּי עַל־שַׁדְרַךְ מֵישַׁךְ וַעֲבֵד נְגוֹ עָנֵה וְאָמַר לְמֵזֵא לְאַתּוּנָא חַד־שִׁבְעָה עַל דִּי חֲזֵה לְמֵזְיֵהּ׃

20 וּלְגֻבְרִין גִּבָּרֵי־חַיִל דִּי בְחַיְלֵהּ אֲמַר לְכַפָּתָה לְשַׁדְרַךְ מֵישַׁךְ וַעֲבֵד נְגוֹ לְמִרְמֵא לְאַתּוּן נוּרָא יָקִדְתָּא׃

21 בֵּאדַיִן גֻּבְרַיָּא אִלֵּךְ כְּפִתוּ בְּסַרְבָּלֵיהוֹן פַּטְּשֵׁיהוֹן וְכַרְבְּלָתְהוֹן וּלְבֻשֵׁיהוֹן וּרְמִיו לְגוֹא־אַתּוּן נוּרָא יָקִדְתָּא׃

22 כָּל־קֳבֵל דְּנָה מִן־דִּי מִלַּת מַלְכָּא מַחְצְפָה וְאַתּוּנָא אֵזֵה יַתִּירָא גֻּבְרַיָּא אִלֵּךְ דִּי הַסִּקוּ לְשַׁדְרַךְ מֵישַׁךְ וַעֲבֵד נְגוֹ קַטִּל הִמּוֹן שְׁבִיבָא דִּי נוּרָא׃

23 וְגֻבְרַיָּא אִלֵּךְ תְּלָתֵּהוֹן שַׁדְרַךְ מֵישַׁךְ וַעֲבֵד נְגוֹ נְפַלוּ לְגוֹא־אַתּוּן־נוּרָא יָקִדְתָּא מְכַפְּתִין׃

24 אֱדַיִן נְבוּכַדְנֶצַּר מַלְכָּא תְּוַהּ וְקָם בְּהִתְבְּהָלָה עָנֵה וְאָמַר לְהַדָּבְרוֹהִי

revealer of secrets, seeing thou couldest reveal this secret.

48 Then the king made Daniel a great man, and gave him many great *a* gifts, and made him ruler over the whole province of Babylon, and chief of the *b* governors over all the wise *men* of Babylon.

49 Then Daniel requested of the king, and *c* he set Shadrach, Meshach, and Abed-nego, over the affairs of the province of Babylon : but Daniel *sat* *g* in the gate of the king.

CHAP. III.

N EBUCHADNEZZAR the king made *h* an image of gold, whose height *was* threescore cubits, *and* the breadth thereof six cubits : he set it up in the plain of Dura, in the province of Babylon.

2 Then Nebuchadnezzar the king sent to gather together the princes, the governors, and the captains, the judges, the treasurers, the counsellors, the sheriffs, and all the rulers of the provinces, to come to the dedication of the image which Nebuchadnezzar the king had set up.

3 Then the princes, the governors, and captains, the judges, the treasurers, the counsellors, the sheriffs, and all the rulers of the provinces, were gathered together unto the dedication of the image that Nebuchadnezzar the king had set up ; and they stood before the image that Nebuchadnezzar had set up.

4 Then an herald cried *δ* aloud, To you *ζ* it is commanded, O *p* people, nations, and languages,

5 *That* at what time ye hear the sound of the cornet, flute, harp, sackbut, psaltery, *κ* dulcimer, and all kinds of music, ye fall down and worship the golden image that Nebuchadnezzar the king hath set up :

6 And whoso *q* falleth not down and worshippeth, shall the same hour be cast into the midst of a burning fiery *s* furnace.

7 Therefore at that time, when all the people heard the sound of the cornet, flute, harp, sackbut, psaltery, and all kinds of music, all the people, the nations, and the languages, fell down *and* worshipped the golden image that Nebuchadnezzar the king had set up.

8 Wherefore at that time certain Chaldeans came near, and accused the Jews.

9 They spake and said to the king Nebuchadnezzar, O king, live *u* for ever.

10 Thou, O king, hast made a decree, that every man that shall hear the sound of the cornet, flute, harp, sackbut, psaltery, and dulcimer, and all kinds of music, shall fall down and worship the golden image :

11 And whoso falleth not down and worshippeth, *that* he should be cast into the midst of a burning fiery furnace.

12 There are certain Jews, whom thou hast set *y* over the affairs of the province of Babylon, Shadrach, Meshach, and Abed-nego ; these men, O king, have *σ* not regarded *u* thee ; they serve not thy gods, nor worship the golden image which thou hast set up.

13 Then Nebuchadnezzar, in *his* *b* rage and fury, commanded to bring Shadrach, Meshach, and Abed-nego. Then they brought these men before the king.

14 Nebuchadnezzar spake, and said unto them, Is it *τ* true, O Shadrach, Me-

shach, and Abed-nego, do not ye serve my gods, nor worship the golden image which I have set up ?

15 Now, if ye be ready, that at what time ye hear the sound of the cornet, flute, harp, sackbut, psaltery, and dulcimer, and all kinds of music, ye fall down *σ* and worship the image which I have made, well : *d* but if ye worship not, ye shall be cast the same hour into the midst of a burning fiery furnace : and *f* who *is* that God that shall deliver you out of my hands ?

16 Shadrach, Meshach, and Abed-nego, answered and said to the king, O Nebuchadnezzar, we *are* not careful *i* to answer thee in this matter.

17 If it be *so*, our God, whom *k* we serve, is able to deliver us from the burning fiery furnace ; and he will deliver *us* out of thine hand, O king.

18 But if not, *l* be it known unto thee, O king, that we will not serve *m* thy gods, nor worship the golden image which thou hast set up.

19 Then was Nebuchadnezzar *β* full of fury, *n* and the form of his visage was changed against Shadrach, Meshach, and Abed-nego : *therefore* he spake, and commanded *o* that they should heat the furnace one seven times more than it was wont to be heated.

20 And he commanded the *γ* most mighty men that *were* in his army to bind Shadrach, Meshach, and Abed-nego ; *and* to cast *them* into the burning fiery furnace.

21 Then these men were bound in their *η* coats, their hosen, and their *θ* hats, and their *other* garments, and were cast into the midst of the burning fiery furnace.

22 Therefore because the king's *λ* commandment was urgent, and the furnace exceeding hot, the *μ* flame of the fire slew those *r* men that took up Shadrach, Meshach, and Abed-nego.

23 And these three men, Shadrach, Meshach, and Abed-nego, fell down bound into the midst of the burning fiery furnace.

24 Then Nebuchadnezzar the king was astonied, and rose up in haste, *and* spake, and said unto his *v* counsellors, Did not we cast three men bound into the midst of the fire ? They answered and said unto the king, True, O king.

25 He answered and said, Lo, I see four men loose, walking *t* in the midst of the fire, and *π* they have no hurt ; and the form of the fourth is like the Son *v* of God.

26 Then Nebuchadnezzar came near to the *ρ* mouth of the burning fiery furnace, *and* spake, and said, Shadrach, Meshach, and Abed-nego, ye *w* servants of the most high *x* God, come forth, and come *hither*. Then Shadrach, Meshach, and Abed-nego, came forth of the midst of the fire.

27 And the princes, governors, and captains, and the king's counsellors being gathered together, saw these men, upon whose bodies the fire had *z* no power, nor was an hair of their head singed, neither were their coats changed, nor the smell of fire had passed on them.

28 Then Nebuchadnezzar spake, and said, Blessed *be* the God of Shadrach, Meshach, and Abed-nego, who hath sent his angel, *c* and delivered his servants that trusted *d* in him, and have changed the king's word, and yielded their *e* bodies,

הֲלָא גֻבְרִין תְּלָתָה רְמֵינָא לְגוֹא־נוּרָא מְכַפְּתִין עָנַיִן 25
וְאָמְרִין לְמַלְכָּא יַצִּיבָא מַלְכָּא ׃ עָנֵה וְאָמַר הָא־
אֲנָה חָזֵה גֻּבְרִין אַרְבְּעָה שְׁרַיִן מַהְלְכִין בְּגוֹא־נוּרָא
וַחֲבָל לָא־אִיתַי בְּהוֹן וְרֵוֵהּ דִּי רְבִיעָאָה דָּמֵה לְבַר־
אֱלָהִין ׃ בֵּאדַיִן קְרֵב נְבוּכַדְנֶצַּר לִתְרַע 26
אַתּוּן נוּרָא יָקִדְתָּא עָנֵה וְאָמַר שַׁדְרַךְ מֵישַׁךְ
וַעֲבֵד־נְגוֹ עַבְדוֹהִי דִּי־אֱלָהָא עִלָּאָה פֻּקוּ וֶאֱתוֹ
בֵּאדַיִן נָפְקִין שַׁדְרַךְ מֵישַׁךְ וַעֲבֵד נְגוֹ מִן־גּוֹא
נוּרָא ׃ וּמִתְכַּנְּשִׁין אֲחַשְׁדַּרְפְּנַיָּא סִגְנַיָּא וּפַחֲוָתָא 27
וְהַדָּבְרֵי מַלְכָּא חָזַיִן לְגֻבְרַיָּא אִלֵּךְ דִּי לָא־שְׁלֵט
נוּרָא בְּגֶשְׁמְהוֹן וּשְׂעַר רֵאשְׁהוֹן לָא הִתְחָרַךְ
וְסָרְבָּלֵיהוֹן לָא שְׁנוֹ וְרֵיחַ נוּר לָא עֲדָת בְּהוֹן ׃
עָנֵה נְבוּכַדְנֶצַּר וְאָמַר בְּרִיךְ אֱלָהֲהוֹן דִּי־שַׁדְרַךְ 28
מֵישַׁךְ וַעֲבֵד נְגוֹ דִּי־שְׁלַח מַלְאֲכֵהּ וְשֵׁיזִב לְעַבְדוֹהִי
דִּי הִתְרְחִצוּ עֲלוֹהִי וּמִלַּת מַלְכָּא שַׁנִּיו וִיהַבוּ
גֶשְׁמְהוֹן דִּי לָא־יִפְלְחוּן וְלָא־יִסְגְּדוּן לְכָל־אֱלָהּ לָהֵן
לֵאלָהֲהוֹן ׃ וּמִנִּי שִׂים טְעֵם דִּי כָל־עַם אֻמָּה 29
וְלִשָּׁן דִּי־יֵאמַר שָׁלָה עַל־אֱלָהֲהוֹן דִּי־שַׁדְרַךְ מֵישַׁךְ
וַעֲבֵד נְגוֹא הַדָּמִין יִתְעֲבֵד וּבַיְתֵהּ נְוָלִי יִשְׁתַּוֵּה כָּל־
קֳבֵל דִּי לָא אִיתַי אֱלָהּ אָחֳרָן דִּי־יִכֻּל לְהַצָּלָה כִּדְנָה ׃
בֵּאדַיִן מַלְכָּא הַצְלַח לְשַׁדְרַךְ מֵישַׁךְ וַעֲבֵד נְגוֹ 30
בִּמְדִינַת בָּבֶל ׃ נְבוּכַדְנֶצַּר מַלְכָּא לְכָל־ 31
עַמְמַיָּא אֻמַיָּא וְלִשָּׁנַיָּא דִּי־דָאֲרִין בְּכָל־אַרְעָא
שְׁלָמְכוֹן יִשְׂגֵּא ׃ אָתַיָּא וְתִמְהַיָּא דִּי עֲבַד עִמִּי 32
אֱלָהָא עִלָּאָה שְׁפַר קָדָמַי לְהַחֲוָיָה ׃ אָתוֹהִי כְּמָה 33
רַבְרְבִין וְתִמְהוֹהִי כְּמָה תַקִּיפִין מַלְכוּתֵהּ מַלְכוּת
עָלַם וְשָׁלְטָנֵהּ עִם־דָּר וְדָר ׃

CAP. IV. ד ׃

אֲנָה נְבוּכַדְנֶצַּר שְׁלֵה הֲוֵית בְּבֵיתִי וְרַעֲנַן בְּהֵיכְלִי ׃ 1
חֵלֶם חֲזֵית וִידַחֲלִנַּנִי וְהַרְהֹרִין עַל־מִשְׁכְּבִי וְחֶזְוֵי 2
רֵאשִׁי יְבַהֲלֻנַּנִי ׃ וּמִנִּי שִׂים טְעֵם לְהַנְעָלָה קָדָמַי 3
לְכֹל חַכִּימֵי בָבֶל דִּי־פְשַׁר חֶלְמָא יְהוֹדְעֻנַּנִי ׃ בֵּאדַיִן 4
עָלִּין חַרְטֻמַיָּא אָשְׁפַיָּא כַּשְׂדָּיֵא וְגָזְרַיָּא וְחֶלְמָא
אָמַר אֲנָה קֳדָמֵיהוֹן וּפִשְׁרֵהּ לָא־מְהוֹדְעִין לִי ׃ וְעַד 5
אָחֳרֵין עַל קָדָמַי דָּנִיֵּאל דִּי־שְׁמֵהּ בֵּלְטְשַׁאצַּר כְּשֻׁם
אֱלָהִי וְדִי רוּחַ־אֱלָהִין קַדִּישִׁין בֵּהּ וְחֶלְמָא קָדָמוֹהִי
אַמְרֵת ׃ בֵּלְטְשַׁאצַּר רַב חַרְטֻמַיָּא דִּי אֲנָה 6
יִדְעֵת דִּי רוּחַ אֱלָהִין קַדִּישִׁין בָּךְ וְכָל־רָז לָא־אָנֵס

לָךְ חֲזֵי חֶלְמִי דִי־חֲזֵית וּפִשְׁרֵהּ אֱמַר ׃ וְחֶזְוֵי 7
רֵאשִׁי עַל־מִשְׁכְּבִי חָזֵה הֲוֵית וַאֲלוּ אִילָן בְּגוֹא
אַרְעָא וְרוּמֵהּ שַׂגִּיא ׃ רְבָה אִילָנָא וּתְקִף וְרוּמֵהּ 8
יִמְטֵא לִשְׁמַיָּא וַחֲזוֹתֵהּ לְסוֹף כָּל־אַרְעָא ׃ עָפְיֵהּ 9
שַׁפִּיר וְאִנְבֵּהּ שַׂגִּיא וּמָזוֹן לְכֹלָּא־בֵהּ תְּחֹתוֹהִי
תַּטְלֵל חֵיוַת בָּרָא וּבְעַנְפוֹהִי יְדֻרָן צִפְּרֵי שְׁמַיָּא
וּמִנֵּהּ יִתְּזִין כָּל־בִּשְׂרָא ׃ חָזֵה הֲוֵית בְּחֶזְוֵי רֵאשִׁי 10
עַל־מִשְׁכְּבִי וַאֲלוּ עִיר וְקַדִּישׁ מִן־שְׁמַיָּא נָחִת ׃ קָרֵא 11
בְחַיִל וְכֵן אָמַר גֹּדּוּ אִילָנָא וְקַצִּצוּ עַנְפוֹהִי אַתַּרוּ
עָפְיֵהּ וּבַדַּרוּ אִנְבֵּהּ תְּנֻד חֵיוְתָא מִן־תַּחְתּוֹהִי וְצִפְּרַיָּא
מִן־עַנְפוֹהִי ׃ בְּרַם עִקַּר שָׁרְשׁוֹהִי בְּאַרְעָא שְׁבֻקוּ 12
וּבֶאֱסוּר דִּי־פַרְזֶל וּנְחָשׁ בְּדִתְאָא דִּי בָרָא וּבְטַל
שְׁמַיָּא יִצְטַבַּע וְעִם־חֵיוְתָא חֲלָקֵהּ בַּעֲשַׂב אַרְעָא ׃
לִבְבֵהּ מִן־אֲנוֹשָׁא יְשַׁנּוֹן וּלְבַב חֵיוָה יִתְיְהִב לֵהּ 13
וְשִׁבְעָה עִדָּנִין יַחְלְפוּן עֲלוֹהִי ׃ בִּגְזֵרַת עִירִין 14
פִּתְגָמָא וּמֵאמַר קַדִּישִׁין שְׁאֵלְתָא עַד־דִּבְרַת דִּי
יִנְדְּעוּן חַיַּיָּא דִּי־שַׁלִּיט עִלָּאָה בְּמַלְכוּת אֲנוֹשָׁא וּלְמַן־
דִּי יִצְבֵּא יִתְּנִנַּהּ וּשְׁפַל אֲנָשִׁים יְקִים עֲלַיהּ ׃ דְּנָה 15
חֶלְמָא חֲזֵית אֲנָה מַלְכָּא נְבוּכַדְנֶצַּר וְאַנְתָּה
בֵּלְטְשַׁאצַּר פִּשְׁרֵא אֱמַר כָּל־קֳבֵל דִּי כָּל־חַכִּימֵי
מַלְכוּתִי לָא־יָכְלִין פִּשְׁרָא לְהוֹדָעֻתַנִי וְאַנְתָּה כָּהֵל
דִּי רוּחַ־אֱלָהִין קַדִּישִׁין בָּךְ ׃ אֱדַיִן דָּנִיֵּאל דִּי־שְׁמֵהּ 16
בֵּלְטְשַׁאצַּר אֶשְׁתּוֹמַם כְּשָׁעָה חֲדָא וְרַעְיֹנֹהִי יְבַהֲלֻנֵּהּ
עָנֵה מַלְכָּא וְאָמַר בֵּלְטְשַׁאצַּר חֶלְמָא וּפִשְׁרֵא אַל־
יְבַהֲלָךְ עָנֵה בֵלְטְשַׁאצַּר וְאָמַר מָרִאי חֶלְמָא
לְשָׂנְאָךְ וּפִשְׁרֵהּ לְעָרָךְ ׃ אִילָנָא דִּי חֲזַיְתָ דִּי 17
רְבָה וּתְקִף וְרוּמֵהּ יִמְטֵא לִשְׁמַיָּא וַחֲזוֹתֵהּ לְכָל־
אַרְעָא ׃ וְעָפְיֵהּ שַׁפִּיר וְאִנְבֵּהּ שַׂגִּיא וּמָזוֹן לְכֹלָּא־בֵהּ 18
בֵּהּ תְּחֹתוֹהִי תְּדוּר חֵיוַת בָּרָא וּבְעַנְפוֹהִי יִשְׁכְּנָן
צִפְּרֵי שְׁמַיָּא ׃ אַנְתְּה־הוּא מַלְכָּא דִּי רְבַת 19
וּתְקֵפְתְּ וּרְבוּתָךְ רְבָת וּמְטָת לִשְׁמַיָּא וְשָׁלְטָנָךְ
לְסוֹף אַרְעָא ׃ וְדִי חֲזָה מַלְכָּא עִיר וְקַדִּישׁ נָחִת 20
מִן־שְׁמַיָּא וְאָמַר גֹּדּוּ אִילָנָא וְחַבְּלוּהִי בְּרַם עִקַּר
שָׁרְשׁוֹהִי בְּאַרְעָא שְׁבֻקוּ וּבֶאֱסוּר דִּי־פַרְזֶל וּנְחָשׁ
בְּדִתְאָא דִּי בָרָא וּבְטַל שְׁמַיָּא יִצְטַבַּע וְעִם־חֵיוַת
בָּרָא חֲלָקֵהּ עַד דִּי־שִׁבְעָה עִדָּנִין יַחְלְפוּן עֲלוֹהִי ׃
דְּנָה פִשְׁרָא מַלְכָּא וּגְזֵרַת עִלָּאָה הִיא דִּי מְטָת עַל־ 21
מָרִאי מַלְכָּא ׃ וְלָךְ טָרְדִין מִן־אֲנָשָׁא וְעִם־חֵיוַת 22

that they might not serve nor worship any god except their own God.

29 Therefore β I make a decree,[b] That every people, nation, and language, which speak any γ thing amiss against the God of Shadrach, Meshach, and Abed-nego, shall be δ cut in pieces,[f] and their houses shall be made a dunghill ; because there is no other god that can deliver after this sort.

30 Then the king ζ promoted Shadrach, Meshach, and Abed-nego, in the province of Babylon.

CHAP. IV.

NEBUCHADNEZZAR the king, unto[k] all people, nations, and languages, that dwell in all the earth ; Peace[l] be multiplied unto you.

2 η I thought it good to shew the signs and wonders that the high[n] God hath wrought toward me.

3 How great *are* his signs![o] and how mighty *are* his wonders![p] his kingdom *is* an everlasting[r] kingdom, and his dominion[s] *is* from generation to generation.

4 I Nebuchadnezzar was at rest in mine house, and flourishing in my palace :

5 I saw a dream which made me afraid, and the thoughts upon my bed and the visions of my head troubled me.

6 Therefore made I a decree to bring in all the wise *men* of Babylon before me, that they might make known unto me the interpretation of the dream.

7 Then[u] came in the magicians, the astrologers, the Chaldeans, and the soothsayers : and I told the dream before them ; but they did not make known unto me the interpretation thereof.

8 But at the last Daniel came in before me, whose name[y] *was* Belteshazzar, according to the name of my god, and in whom *is* the spirit[z] of the holy Gods, and before him I told the dream, *saying,*

9 O Belteshazzar, master of the magicians, because I know that the spirit of the holy Gods *is* in thee, and no secret troubleth[a] thee, tell me the visions of my dream that I have seen, and the interpretation thereof.

10 Thus *were* the visions of mine head in my bed : I θ saw, and, behold, a[b] tree in the midst of the earth, and the height thereof *was* great.

11 The tree grew, and was strong, and the height thereof reached unto heaven, and the sight thereof to the end of all the earth.

12 The leaves thereof *were* fair, and the fruit thereof much, and in it *was* meat for all : the beasts[f] of the field had shadow[g] under it, and the fowls of the heaven dwelt in the boughs thereof, and all flesh was fed of it.

13 I saw in the visions of my head upon my bed, and, behold, a watcher[k] and an holy[l] one came down from heaven.

14 He cried κ aloud, and said thus, Hew[n] down the tree, and cut off his branches, shake off his leaves, and scatter his fruit : let the beasts get away from under it, and the fowls from his branches.

15 Nevertheless, leave the stump[o] of his roots in the earth, even with a band of iron and brass, in the tender grass of the field ; and let it be wet with the dew of heaven, and *let* his portion *be* with the beasts in the grass of the earth.

16 Let his heart be changed[q] ʃrom man's,

B. C. 580.

a ch. 12. 7.
β *a decree is made by me.*
b ch. 6.26,27.
c ver. 13, 14.
γ *error.*
d Ps.9.16,20.
e ver. 25, 32, 35.
δ *made.*
f ch. 2. 5.
g Ps.75. 6, 7.
h Ex. 9. 16.
1 Ki. 21.25.
2 Ki. 21. 6, &c.
2Ch.28.22.
ζ *made to prosper.*
i ver. 8.
k ch. 3. 4.
6,25,27.
l 1 Pe. 1. 2.
η *It was seemly before me.*
m ver. 9.
n ch. 3. 26.
o De. 4. 34.
Ps. 105. 27.
He. 2. 4.
p Ps. 72. 18.
86. 10.
Is. 25. 1.
28. 29.
q 2 Sa. 18.32.
Je. 29. 7.
r ch. 2. 44.
Re. 11. 15.
s Job 25. 2.
1 Pe. 4. 11.
t ver. 10.,12.
u ch. 2. 1, 2.
v ch. 2. 38.
w Je. 27. 6..8.
x ver. 13, 14.
y ch. 1. 7.
z Nu. 11. 17, &c.
Is. 63. 11.
a Is. 33. 18.
54. 14.
θ *was seeing.*
b Eze. 31. 3, &c.
c ver. 33.
d Ps. 106. 20.
e Ps. 83. 18.
f Eze. 17. 23.
g La. 4. 20.
h Mat. 5. 34.
Lu.15.18,21
i Is. 55. 7.
k ver. 17, 23.
l Mat. 25.31.
Re. 14. 10.
m Ps. 41. 1, 2.
κ *with might,*
ch. 3. 4.
λ *or an healing of thine error.*
n Mat. 3. 10.
Lu. 13. 7.
μ *or, upon.*
o Job 14.7..9.
p Lu. 12. 19, 20.
q Is. 6. 10.
r 1 Th. 5. 3.

and let a beast's heart be given unto him ; and let seven times[a] pass over him.

17 This matter *is* by the decree[c] of the watchers, and the demand by the word of the holy ones ; to the intent that the living may know[d] that the Most High[e] ruleth in the kingdom of men, and giveth it to whomsoever[g] he will, and setteth up over it the basest[h] of men.

18 This dream I king Nebuchadnezzar have seen. Now thou, O Belteshazzar, declare the interpretation thereof, forasmuch[i] as all the wise *men* of my kingdom are not able to make known unto me the interpretation : but thou *art* able ; for the spirit of the holy Gods *is* in thee.

19 Then Daniel, whose name *was* Belteshazzar, was astonied for one hour, and his thoughts troubled[m] him. The king spake and said, Belteshazzar, let not the dream, or the interpretation thereof, trouble thee. Belteshazzar answered and said, My lord, the dream *be* to them[q] that hate thee, and the interpretation thereof to thine enemies.

20 The tree[t] that thou sawest, which grew, and was strong, whose height reached unto the heaven, and the sight thereof to all the earth ;

21 Whose leaves *were* fair, and the fruit thereof much, and in it *was* meat for all ; under which the beasts of the field dwelt, and upon whose branches the fowls of the heaven had their habitation :

22 It *is* thou,[v] O king, that art grown and become strong : for thy greatness is grown, and reacheth unto heaven, and thy dominion[w] to the end of the earth.

23 And whereas[x] the king saw a watcher and an holy one coming down from heaven, and saying, Hew the tree down, and destroy it ; yet leave the stump of the roots thereof in the earth, even with a band of iron and brass, in the tender grass of the field ; and let it be wet with the dew of heaven, and *let* his portion *be* with the beasts of the field, till seven times pass over him ;

24 This *is* the interpretation, O king, and this *is* the decree of the Most High, which is come upon my lord the king :

25 That they shall drive[c] thee from men, and thy dwelling shall be with the beasts of the field, and they shall make thee to eat grass[d] as oxen, and they shall wet thee with the dew of heaven, and seven times shall pass over thee, till thou know that the Most High[e] ruleth in the kingdom of men, & giveth it to whomsoever he will.

26 And whereas they commanded to leave the stump of the tree roots : thy kingdom shall be sure unto thee,after that thou shalt have known that the heavens[h] do rule.

27 Wherefore, O king, let my counsel be acceptable unto thee, and break off[i] thy sins by righteousness, and thine iniquities by shewing mercy to the poor ; if[m] it may be λ a lengthening of thy tranquillity.

28 All this came upon the king Nebuchadnezzar.

29 At the end of twelve months he walked μ in the palace of the kingdom of Babylon.

30 The king spake[p] and said, Is not this great Babylon, that I have built for the house of the kingdom, by the might of my power, and for the honour of my majesty?

31 While[r] the word *was* in the king's mouth, there fell a voice from heaven,

בָּרָא לֶהֱוֵה מְדֹרָךְ וְעִשְׂבָּא כְתוֹרִין לָךְ יְטַעֲמוּן
וּמִטַּל שְׁמַיָּא לָךְ מְצַבְּעִין וְשִׁבְעָה עִדָּנִין יַחְלְפוּן
עֲלָךְ עַד דִּי־תִנְדַּע דִּי־שַׁלִּיט עִלָּאָה בְּמַלְכוּת
23 אֲנָשָׁא וּלְמַן־דִּי יִצְבֵּא יִתְּנִנַּהּ׃ וְדִי אֲמַרוּ לְמִשְׁבַּק
עִקַּר שָׁרְשׁוֹהִי דִּי אִילָנָא מַלְכוּתָךְ לָךְ קַיָּמָא מִן
24 דִּי תִנְדַּע דִּי שַׁלִּטִן שְׁמַיָּא׃ לָהֵן מַלְכָּא מִלְכִּי
יִשְׁפַּר עֲלָךְ וַחֲטָיָךְ בְּצִדְקָה פְרֻק וַעֲוָיָתָךְ בְּמִחַן
25 עֲנָיִן הֵן תֶּהֱוֵה אַרְכָה לִשְׁלֵוְתָךְ׃ כֹּלָּא מְטָא
26 עַל־נְבוּכַדְנֶצַּר מַלְכָּא׃ לִקְצָת יַרְחִין תְּרֵי־
עֲשַׂר עַל־הֵיכַל מַלְכוּתָא דִּי בָבֶל מְהַלֵּךְ הֲוָה׃
27 עָנֵה מַלְכָּא וְאָמַר הֲלָא דָא־הִיא בָּבֶל רַבְּתָא דִּי־
אֲנָה בֱנַיְתַהּ לְבֵית מַלְכוּ בִּתְקַף חִסְנִי וְלִיקַר
28 הַדְרִי׃ עוֹד מִלְּתָא בְּפֻם מַלְכָּא קָל מִן־שְׁמַיָּא
נְפַל לָךְ אָמְרִין נְבוּכַדְנֶצַּר מַלְכָּא מַלְכוּתָה עֲדָת
29 מִנָּךְ׃ וּמִן־אֲנָשָׁא לָךְ טָרְדִין וְעִם־חֵיוַת בָּרָא
מְדֹרָךְ עִשְׂבָּא כְתוֹרִין לָךְ יְטַעֲמוּן וְשִׁבְעָה עִדָּנִין
יַחְלְפוּן עֲלָךְ עַד דִּי־תִנְדַּע דִּי־שַׁלִּיט עִלָּאָה
30 בְּמַלְכוּת אֲנָשָׁא וּלְמַן דִּי־יִצְבֵּא יִתְּנִנַּהּ׃ בַּהּ־
שַׁעֲתָא מִלְּתָא סָפַת עַל־נְבוּכַדְנֶצַּר וּמִן־
אֲנָשָׁא טְרִיד וְעִשְׂבָּא כְתוֹרִין יֵאכֻל וּמִטַּל
שְׁמַיָּא גִּשְׁמֵהּ יִצְטַבַּע עַד דִּי שַׂעְרֵהּ כְּנִשְׁרִין רְבָה
31 וְטִפְרוֹהִי כְצִפְּרִין׃ וְלִקְצָת יוֹמַיָּא אֲנָה נְבוּכַדְנֶצַּר
עַיְנַי לִשְׁמַיָּא נִטְלֵת וּמַנְדְּעִי עֲלַי יְתוּב וּלְעִלָּאָה
בָּרְכֵת וּלְחַי עָלְמָא שַׁבְּחֵת וְהַדְּרֵת דִּי שָׁלְטָנֵהּ
32 שָׁלְטָן עָלַם וּמַלְכוּתֵהּ עִם־דָּר וְדָר׃ וְכָל־דָּאְרֵי
אַרְעָא כְּלָה חֲשִׁיבִין וּכְמִצְבְּיֵהּ עָבֵד בְּחֵיל שְׁמַיָּא
וְדָאְרֵי אַרְעָא וְלָא אִיתַי דִּי־יְמַחֵא בִידֵהּ וְיֵאמַר לֵהּ
33 מָה עֲבַדְתְּ׃ בֵּהּ־זִמְנָא מַנְדְּעִי יְתוּב עֲלַי וְלִיקַר
מַלְכוּתִי הַדְרִי וְזִוִי יְתוּב עֲלַי וְלִי הַדָּבְרַי וְרַבְרְבָנַי
יְבַעוֹן וְעַל־מַלְכוּתִי הָתְקְנַת וּרְבוּ יַתִּירָה הוּסְפַת־
34 לִי׃ כְּעַן אֲנָה נְבֻכַדְנֶצַּר מְשַׁבַּח וּמְרוֹמֵם וּמְהַדַּר
לְמֶלֶךְ שְׁמַיָּא דִּי כָל־מַעֲבָדוֹהִי קְשׁוֹט וְאֹרְחָתֵהּ
דִּין וְדִי מַהְלְכִין בְּגֵוָה יָכִל לְהַשְׁפָּלָה׃

CAP. V. ה

1 בֵּלְשַׁאצַּר מַלְכָּא עֲבַד לְחֶם רַב לְרַבְרְבָנוֹהִי
2 אֲלַף וְלָקֳבֵל אַלְפָּא חַמְרָא שָׁתֵה׃ בֵּלְשַׁאצַּר
אֲמַר בִּטְעֵם חַמְרָא לְהַיְתָיָה לְמָאנֵי דַּהֲבָא
וְכַסְפָּא דִּי הַנְפֵּק נְבוּכַדְנֶצַּר אֲבוּהִי מִן־הֵיכְלָא דִּי
בִירוּשְׁלֶם וְיִשְׁתּוֹן בְּהוֹן מַלְכָּא וְרַבְרְבָנוֹהִי שֵׁגְלָתֵהּ
3 וּלְחֵנָתֵהּ׃ בֵּאדַיִן הַיְתִיו מָאנֵי דַהֲבָא דִּי הַנְפִּקוּ
מִן־הֵיכְלָא דִּי־בֵית אֱלָהָא דִּי בִירוּשְׁלֶם וְאִשְׁתִּיו בְּהוֹן
4 מַלְכָּא וְרַבְרְבָנוֹהִי שֵׁגְלָתֵהּ וּלְחֵנָתֵהּ׃ אִשְׁתִּיו חַמְרָא
וְשַׁבַּחוּ לֵאלָהֵי דַּהֲבָא וְכַסְפָּא נְחָשָׁא פַרְזְלָא אָעָא
5 וְאַבְנָא׃ בַּהּ־שַׁעֲתָה נְפַקוּ אֶצְבְּעָן דִּי יַד־אֱנָשׁ
וְכָתְבָן לָקֳבֵל נֶבְרַשְׁתָּא עַל־גִּירָא דִּי־כְתַל הֵיכְלָא דִּי
6 מַלְכָּא וּמַלְכָּא חָזֵה פַּס יְדָה דִּי כָתְבָה׃ אֱדַיִן
מַלְכָּא זִיוֹהִי שְׁנוֹהִי וְרַעְיֹנֹהִי יְבַהֲלוּנֵּהּ וְקִטְרֵי
7 חַרְצֵהּ מִשְׁתָּרַיִן וְאַרְכֻבָּתֵהּ דָּא לְדָא נָקְשָׁן׃ קָרֵא
מַלְכָּא בְּחַיִל לְהַעָלָה לְאָשְׁפַיָּא כַּשְׂדָּיֵא וְגָזְרַיָּא עָנֵה
מַלְכָּא וְאָמַר לְחַכִּימֵי בָבֶל דִּי כָל־אֱנָשׁ דִּי־יִקְרֵה
כְּתָבָה דְנָה וּפִשְׁרֵהּ יְחַוִּנַּנִי אַרְגְּוָנָא יִלְבַּשׁ וְהַמּוֹנְכָא
דִי־דַהֲבָא עַל־צַוְּארֵהּ וְתַלְתִּי בְמַלְכוּתָא יִשְׁלַט׃
8 אֱדַיִן עָלִּין כֹּל חַכִּימֵי מַלְכָּא וְלָא־כָהֲלִין כְּתָבָא
9 לְמִקְרֵא וּפִשְׁרָא לְהוֹדָעָה לְמַלְכָּא׃ אֱדַיִן מַלְכָּא
בֵלְשַׁאצַּר שַׂגִּיא מִתְבָּהַל וְזִיוֹהִי שָׁנַיִן עֲלוֹהִי
10 וְרַבְרְבָנוֹהִי מִשְׁתַּבְּשִׁין׃ מַלְכְּתָא לָקֳבֵל מִלֵּי
מַלְכָּא וְרַבְרְבָנוֹהִי לְבֵית מִשְׁתְּיָא עַלֲּלַת עֲנָת
מַלְכְּתָא וַאֲמֶרֶת מַלְכָּא לְעָלְמִין חֱיִי אַל־יְבַהֲלוּךְ
11 רַעְיוֹנָךְ וְזִיוָיךְ אַל־יִשְׁתַּנּוֹ׃ אִיתַי גְּבַר בְּמַלְכוּתָךְ
דִּי רוּחַ אֱלָהִין קַדִּישִׁין בֵּהּ וּבְיוֹמֵי אֲבוּךְ נַהִירוּ
וְשָׂכְלְתָנוּ וְחָכְמָה כְּחָכְמַת־אֱלָהִין הִשְׁתְּכַחַת
בֵּהּ וּמַלְכָּא נְבֻכַדְנֶצַּר אֲבוּךְ רַב חַרְטֻמִּין
אָשְׁפִין כַּשְׂדָּאִין גָּזְרִין הֲקִימֵהּ אֲבוּךְ מַלְכָּא׃
12 כָּל־קֳבֵל דִּי רוּחַ יַתִּירָה וּמַנְדַּע וְשָׂכְלְתָנוּ
מְפַשַּׁר חֶלְמִין וְאַחֲוָיַת אֲחִידָן וּמְשָׁרֵא קִטְרִין
הִשְׁתְּכַחַת בֵּהּ בְּדָנִיֵּאל דִּי־מַלְכָּא שָׂם־
שְׁמֵהּ בֵּלְטְשַׁאצַּר כְּעַן דָּנִיֵּאל יִתְקְרֵי וּפִשְׁרָה
13 יְהַחֲוֵה׃ בֵּאדַיִן דָּנִיֵּאל הֻעַל קֳדָם מַלְכָּא עָנֵה
מַלְכָּא וְאָמַר לְדָנִיֵּאל אַנְתָּה־הוּא דָנִיֵּאל דִּי־מִן־בְּנֵי
גָלוּתָא דִּי יְהוּד דִּי הַיְתִי מַלְכָּא אַבִי מִן־יְהוּד׃
14 וְשִׁמְעֵת עֲלָךְ דִּי רוּחַ אֱלָהִין בָּךְ וְנַהִירוּ וְשָׂכְלְתָנוּ
15 וְחָכְמָה יַתִּירָה הִשְׁתְּכַחַת בָּךְ׃ וּכְעַן הֻעַלּוּ קֳדָמַי
חַכִּימַיָּא אָשְׁפַיָּא דִּי־כְתָבָה דְנָה יִקְרוֹן וּפִשְׁרֵהּ
לְהוֹדָעֻתַנִי וְלָא־כָהֲלִין פְּשַׁר־מִלְּתָא לְהַחֲוָיָה׃
16 וַאֲנָה שִׁמְעֵת עֲלָךְ דִּי־תוּכַל פִּשְׁרִין לְמִפְשַׁר
וְקִטְרִין לְמִשְׁרֵא כְּעַן הֵן תּוּכֻל כְּתָבָא לְמִקְרֵא

saying, O king Nebuchadnezzar, to thee it is spoken ; The kingdom is departed from thee :

32 And [b] they shall drive thee from men, and thy dwelling *shall be* with the beasts of the field : they shall make thee to eat grass as oxen, and seven times shall pass over thee, until thou know that the Most High ruleth in the kingdom of men, and giveth it to whomsoever he will.

33 The same hour was the thing fulfilled upon Nebuchadnezzar : and he was driven from men, and did eat grass as oxen, and his body was wet with the dew of heaven, till his hairs were grown like eagles' *feathers,* and his nails like birds' *claws.*

34 And at the end of the days I Nebuchadnezzar lifted up mine eyes unto heaven, and mine understanding returned unto me ; and I blessed the Most High ; and I praised and honoured him [d] that liveth for ever, whose dominion *is* an everlasting [e] dominion, and his kingdom *is* from generation [f] to generation :

35 And [h] all the inhabitants of the earth *are* reputed as nothing : and he [i] doeth according to his will in the army of heaven, and *among* the inhabitants of the earth ; and none can stay [j] his hand, or say unto him, What [k] doest thou ?

36 At the same time my reason returned unto me ; and for the glory of my kingdom, mine honour and brightness returned unto me ; and my counsellors and my lords sought unto me ; and I was established in my kingdom, and excellent majesty was added [l] unto me.

37 Now I Nebuchadnezzar praise and extol and honour the King of heaven, all whose works [m] *are* truth, and his ways judgment : and those that walk in pride [n] he is able to abase.

CHAP. V.

BELSHAZZAR the king made a great feast [o] to a thousand of his lords, and drank wine before the thousand.

2 Belshazzar, whiles he tasted the wine, commanded to bring the golden and silver vessels [p] which his [κ] father Nebuchadnezzar had [λ] taken out of the temple which *was* in Jerusalem ; that the king, and his princes, his wives, and his concubines, might drink therein.

3 Then they brought the golden vessels that were taken out of the temple of the house of God which *was* at Jerusalem ; and the king, and his princes, his wives, and his concubines, drank in them.

4 They drank wine, and praised the gods of gold, [s] and of silver, of brass, of iron, of wood, and of stone.

5 In the same hour [t] came forth fingers of a man's hand, and wrote over against the candlestick upon the plaister of the wall of the king's palace ; and the king saw the part of the hand that wrote.

6 Then [v] the king's [ν] countenance [π] was changed, and his thoughts troubled him, so that the [ρ] joints of his loins were loosed, and his knees [w] smote one against another.

7 The king cried [φ] aloud to bring in the astrologers, [x] the Chaldeans, and the soothsayers. *And* the king spake, and said to the wise *men* of Babylon, Whosoever shall read this writing, and shew me the interpretation thereof, shall be clothed with [ψ] scarlet, and *have* a chain of gold about his neck, and shall

B. C. 569.

a ch. 6. 2.
b ver. 25, 26.
β *brightnesses,*
ver. 6.
c ch. 4. 8, 9.
γ or, *grandfather,*
ver. 2.
d ch. 12. 7.
Re. 4. 10.
e ch. 2. 44.
7. 14.
Ps. 10. 16.
Je. 10. 10.
Mi. 4. 7.
Lu. 1. 33.
ƒ Ps. 90. 1.
g ch. 6. 3.
h Is. 40.15,17.
δ or, *of an interpreter.*
i Ps. 115. 3.
135. 6.
ζ or, *of a dissolver.*
j knots.
j Is. 43. 13.
Is. 45. 9.
Ro. 9. 20.
l Job 42. 12.
m De. 32. 4.
Ps. 33. 4.
Re. 15. 3.
n ch. 5. 20.
Ex. 18. 11.
Job 40. 11, 12.
o Es. 1. 3.
θ *interpret.*
p ch. 1. 2.
Je. 52. 19.
κ or, *grandfather,* as ver. 11, 18.
Je. 27. 7.
2 Sa. 9. 7.
λ *brought forth.*
q Ge. 14. 23.
μ or, *fee,* as ch. 2. 6.
r Ps. 119. 46.
s Re. 9. 20.
t ch. 4. 31.
u ch.4.22,&c.
Je. 27. 7.
v Is. 21. 2.4.
ν *brightnesses,*
ver. 9.
π *changed.*
ρ *bindings,* or, *knots;* or, *girdles,* Is. 5. 27.
w Na. 2. 10.
σ or, *to deal proudly,* Ex. 18. 11.
τ *made to come down.*
φ *with might*
x ch. 2. 2.
Is. 47. 13.
χ or, *he made his heart equal.*
ψ or, *purple.*

be the third [a] ruler in the kingdom.

8 Then came in all the king's wise *men :* but they could not read the writing, nor make known to the king the interpretation thereof.

9 Then was king Belshazzar greatly troubled, and his [β] countenance was changed in him, and his lords were astonied.

10 *Now* the queen, by reason of the words of the king and his lords, came into the banquet-house ; *and* the queen spake and said, O king, live for ever ; let not thy thoughts trouble thee, nor let thy countenance be changed :

11 There [c] is a man in thy kingdom, in whom *is* the spirit of the holy gods : and, in the days of thy [γ] father, light, and understanding, and wisdom, like the wisdom of the gods, was found in him ; whom the king Nebuchadnezzar thy [γ] father, the king, *I say,* thy [γ] father, made master of the magicians, astrologers, Chaldeans, *and* soothsayers ;

12 Forasmuch as an excellent [g] spirit, and knowledge, and understanding, [δ] interpreting of dreams, and shewing of hard sentences, and [ζ] dissolving of [η] doubts, were found in the same Daniel, whom the king named Belteshazzar : now let Daniel be called, and he will shew the interpretation.

13 Then was Daniel brought in before the king. *And* the king spake and said unto Daniel, *Art* thou that Daniel, which *art* of the children of the captivity of Judah, whom the king my [γ] father brought out of Jewry ?

14 I have even heard of thee, that the spirit of the gods *is* in thee, and *that* light, and understanding, and excellent wisdom, is found in thee.

15 And now the wise *men,* the astrologers, have been brought in before me, that they should read this writing, and make known unto me the interpretation thereof : but they could not shew the interpretation of the thing :

16 And I have heard of thee, that thou canst [θ] make interpretations, and dissolve doubts : now, if thou canst read the writing, and make known to me the interpretation thereof, thou shalt be clothed with scarlet, and *have* a chain of gold about thy neck, and shalt be the third ruler in the kingdom.

17 Then Daniel answered and said before the king, Let [q] thy gifts be to thyself, and give thy [μ] rewards to another ; yet I will read the writing [r] unto the king, and make known to him the interpretation.

18 O thou king, the most high God gave Nebuchadnezzar thy father a kingdom, and majesty, and glory, and honour :

19 And, for the majesty that he gave him, all [u] people, nations, and languages, trembled and feared before him : whom he would he slew, and whom he would he kept alive, and whom he would he set up, and whom he would he put down.

20 But when his heart was lifted up, and his mind hardened [σ] in pride, he was [τ] deposed from his kingly throne, and they took his glory from him :

21 And he was driven from the sons of men ; and [χ] his heart was made like the beasts, and his dwelling *was* with the wild asses : they fed him with grass like oxen, and his body was wet with the dew of heaven ; till he knew that the most high God ruled in the kingdom of men, and *that* he

3 בֵּאדַיִן הַיְתִיו מָאנֵי דַהֲבָא דִּי הַנְפִּקוּ מִן־הֵיכְלָא דִּי־בֵית אֱלָהָא דִּי בִירוּשְׁלֶם וְאִשְׁתִּיו בְּהוֹן מַלְכָּא וְרַבְרְבָנוֹהִי שֵׁגְלָתֵהּ וּלְחֵנָתֵהּ׃

4 אִשְׁתִּיו חַמְרָא וְשַׁבַּחוּ לֵאלָהֵי דַּהֲבָא וְכַסְפָּא נְחָשָׁא פַרְזְלָא אָעָא וְאַבְנָא׃

5 בַּהּ־שַׁעֲתָה נְפַקוּ אֶצְבְּעָן דִּי יַד־אֱנָשׁ וְכָתְבָן לָקֳבֵל נֶבְרַשְׁתָּא עַל־גִּירָא דִּי־כְתַל הֵיכְלָא דִּי מַלְכָּא וּמַלְכָּא חָזֵה פַּס יְדָה דִּי כָתְבָה׃

6 אֱדַיִן מַלְכָּא זִיוֹהִי שְׁנוֹהִי וְרַעְיֹנֹהִי יְבַהֲלוּנֵּהּ וְקִטְרֵי חַרְצֵהּ מִשְׁתָּרַיִן וְאַרְכֻבָּתֵהּ דָּא לְדָא נָקְשָׁן׃

7 קָרֵא מַלְכָּא בְּחַיִל לְהֶעָלָה לְאָשְׁפַיָּא כַּשְׂדָּיֵא וְגָזְרַיָּא עָנֵה מַלְכָּא וְאָמַר לְחַכִּימֵי בָבֶל דִּי כָל־אֱנָשׁ דִּי־יִקְרֵה כְּתָבָה דְנָה וּפִשְׁרֵהּ יְחַוִּנַּנִי אַרְגְּוָנָא יִלְבַּשׁ והמונכא דִי־דַהֲבָא עַל־צַוְּארֵהּ וְתַלְתִּי בְמַלְכוּתָא יִשְׁלַט׃

8 אֱדַיִן עללין כֹּל חַכִּימֵי מַלְכָּא וְלָא־כָהֲלִין כְּתָבָא לְמִקְרֵא ופשרא לְהוֹדָעָה לְמַלְכָּא׃

9 אֱדַיִן מַלְכָּא בֵּלְשַׁאצַּר שַׂגִּיא מִתְבָּהַל וְזִיוֹהִי שָׁנַיִן עֲלוֹהִי וְרַבְרְבָנוֹהִי מִשְׁתַּבְּשִׁין׃

10 מַלְכְּתָא לָקֳבֵל מִלֵּי מַלְכָּא וְרַבְרְבָנוֹהִי לְבֵית מִשְׁתְּיָא עללת עֲנָת מַלְכְּתָא וַאֲמֶרֶת מַלְכָּא לְעָלְמִין חֱיִי אַל־יְבַהֲלוּךְ רַעְיוֹנָךְ וְזִיוָיךְ אַל־יִשְׁתַּנּוֹ׃

11 אִיתַי גְּבַר בְּמַלְכוּתָךְ דִּי רוּחַ אֱלָהִין קַדִּישִׁין בֵּהּ וּבְיוֹמֵי אֲבוּךְ נַהִירוּ וְשָׂכְלְתָנוּ וְחָכְמָה כְּחָכְמַת־אֱלָהִין הִשְׁתְּכַחַת בֵּהּ וּמַלְכָּא נְבֻכַדְנֶצַּר אֲבוּךְ רַב חַרְטֻמִּין אָשְׁפִין כַּשְׂדָּאִין גָּזְרִין הֲקִימֵהּ אֲבוּךְ מַלְכָּא׃

12 כָּל־קֳבֵל דִּי רוּחַ יַתִּירָה וּמַנְדַּע וְשָׂכְלְתָנוּ מְפַשַּׁר חֶלְמִין וַאַחֲוָיַת אֲחִידָן וּמְשָׁרֵא קִטְרִין הִשְׁתְּכַחַת בֵּהּ בְּדָנִיֵּאל דִּי־מַלְכָּא שָׂם־שְׁמֵהּ בֵּלְטְשַׁאצַּר כְּעַן דָּנִיֵּאל יִתְקְרֵי וּפִשְׁרָה יְהַחֲוֵה׃

13 בֵּאדַיִן דָּנִיֵּאל הֻעַל קֳדָם מַלְכָּא עָנֵה מַלְכָּא וְאָמַר לְדָנִיֵּאל אנתה הוּא דָנִיֵּאל דִּי־מִן־בְּנֵי גָלוּתָא דִּי יְהוּד דִּי הַיְתִי מַלְכָּא אַבִי מִן־יְהוּד׃

14 וְשִׁמְעֵת עליך דִּי רוּחַ אֱלָהִין בָּךְ וְנַהִירוּ וְשָׂכְלְתָנוּ וְחָכְמָה יַתִּירָה הִשְׁתְּכַחַת בָּךְ׃

15 וּכְעַן הֻעַלּוּ קָדָמַי חַכִּימַיָּא אָשְׁפַיָּא דִּי־כְתָבָה דְנָה יִקְרוֹן וּפִשְׁרֵהּ לְהוֹדָעֻתַנִי וְלָא־כָהֲלִין פְּשַׁר־מִלְּתָא לְהַחֲוָיָה׃

16 וַאֲנָה שִׁמְעֵת עליך דִּי־תוכל פִּשְׁרִין לְמִפְשַׁר וְקִטְרִין לְמִשְׁרֵא כְּעַן הֵן תוכל כְּתָבָא לְמִקְרֵא וּפִשְׁרֵהּ לְהוֹדָעֻתַנִי אַרְגְּוָנָא תִלְבַּשׁ והמונכא דִי־דַהֲבָא עַל־צַוְּארָךְ וְתַלְתָּא בְמַלְכוּתָא תִּשְׁלַט׃

17 בֵּאדַיִן עָנֵה דָנִיֵּאל וְאָמַר קֳדָם מַלְכָּא מַתְּנָתָךְ לָךְ לֶהֶוְיָן וּנְבָזְבְּיָתָךְ לְאָחֳרָן הַב בְּרַם כְּתָבָא אֶקְרֵא לְמַלְכָּא וּפִשְׁרָא אֲהוֹדְעִנֵּהּ׃

18 אנתה מַלְכָּא אֱלָהָא עליא מַלְכוּתָא וּרְבוּתָא וִיקָרָא וְהַדְרָה יְהַב לִנְבֻכַדְנֶצַּר אֲבוּךְ׃

19 וּמִן־רְבוּתָא דִּי יְהַב־לֵהּ כֹּל עַמְמַיָּא אֻמַיָּא וְלִשָּׁנַיָּא הֲווֹ זאעין וְדָחֲלִין מִן־קֳדָמוֹהִי דִּי־הֲוָה צָבֵא הֲוָא קָטֵל וְדִי־הֲוָה צָבֵא הֲוָה מַחֵא וְדִי־הֲוָה צָבֵא הֲוָה מָרִים וְדִי־הֲוָה צָבֵא הֲוָה מַשְׁפִּיל׃

20 וּכְדִי רִם לִבְבֵהּ וְרוּחֵהּ תִּקְפַת לַהֲזָדָה הָנְחַת מִן־כָּרְסֵא מַלְכוּתֵהּ וִיקָרָה הֶעְדִּיו מִנֵּהּ׃

21 וּמִן־בְּנֵי אֲנָשָׁא טְרִיד וְלִבְבֵהּ עִם־חֵיוְתָא שוי וְעִם־עֲרָדַיָּא מְדוֹרֵהּ עִשְׂבָּא כְתוֹרִין יְטַעֲמוּנֵּהּ וּמִטַּל שְׁמַיָּא גִּשְׁמֵהּ יִצְטַבַּע עַד דִּי־יְדַע דִּי־שַׁלִּיט אֱלָהָא עליא בְּמַלְכוּת אֲנָשָׁא וּלְמַן־דִּי יִצְבֵּה יְהָקֵים עליה׃

22 ואנתה בְּרֵהּ בֵּלְשַׁאצַּר לָא הַשְׁפֵּלְתְּ לִבְבָךְ כָּל־קֳבֵל דִּי כָל־דְּנָה יְדַעְתָּ׃

23 וְעַל מָרֵא־שְׁמַיָּא הִתְרוֹמַמְתָּ וּלְמָאנַיָּא דִי־בַיְתֵהּ הַיְתִיו קדמיך ואנתה ורברבניך שֵׁגְלָתָךְ וּלְחֵנָתָךְ חַמְרָא שָׁתַיִן בְּהוֹן וְלֵאלָהֵי כַסְפָּא־וְדַהֲבָא נְחָשָׁא פַרְזְלָא אָעָא וְאַבְנָא דִּי לָא־חָזַיִן וְלָא־שָׁמְעִין וְלָא יָדְעִין שַׁבַּחְתָּ וְלֵאלָהָא דִּי־נִשְׁמְתָךְ בִּידֵהּ וְכָל־אֹרְחָתָךְ לֵהּ לָא הַדַּרְתָּ׃

24 בֵּאדַיִן מִן־קֳדָמוֹהִי שְׁלִיחַ פַּסָּא דִי־יְדָא וּכְתָבָא דְנָה רְשִׁים׃

25 וּדְנָה כְתָבָא דִּי רְשִׁים מְנֵא מְנֵא תְּקֵל וּפַרְסִין׃

26 דְּנָה פְּשַׁר־מִלְּתָא מְנֵא מְנָה־אֱלָהָא מַלְכוּתָךְ וְהַשְׁלְמַהּ׃

27 תְּקֵל תְּקִילְתָּה בְמֹאזַנְיָא וְהִשְׁתְּכַחַתְּ חַסִּיר׃

28 פְּרֵס פְּרִיסַת מַלְכוּתָךְ וִיהִיבַת לְמָדַי וּפָרָס׃

29 בֵּאדַיִן אֲמַר בֵּלְשַׁאצַּר וְהַלְבִּישׁוּ לְדָנִיֵּאל אַרְגְּוָנָא והמונכא דִי־דַהֲבָא עַל־צַוְּארֵהּ וְהַכְרִזוּ עֲלוֹהִי דִּי־לֶהֱוֵא שַׁלִּיט תַּלְתָּא בְּמַלְכוּתָא׃

30 בֵּהּ בְּלֵילְיָא קְטִיל בֵּלְשַׁאצַּר מַלְכָּא כשדיא׃

CAP. VI. ו

1 וְדָרְיָוֶשׁ מדיא קַבֵּל מַלְכוּתָא כְּבַר שְׁנִין שִׁתִּין וְתַרְתֵּין׃

2 שְׁפַר קֳדָם דָּרְיָוֶשׁ וַהֲקִים עַל־מַלְכוּתָא לַאֲחַשְׁדַּרְפְּנַיָּא מְאָה וְעֶשְׂרִין דִּי לֶהֱוֹן בְּכָל־

appointeth over it whomsoever he will.

22 And thou his son, O Belshazzar, hast not humbled *c* thine heart, though thou knewest all this;

23 But *d* hast lifted up thyself against the Lord of heaven; and they have brought the vessels of his house before thee, and thou, and thy lords, thy wives, and thy concubines, have drunk wine in them; and thou hast praised *f* the gods of silver, and gold, of brass, iron, wood, and stone, which *g* see not, nor hear, nor know: and the God in whose hand thy breath *h* is, and whose *are* all thy ways, *i* hast thou not glorified : *k*

24 Then was the part of the hand sent from him; and this writing was written.

25 And this *is* the writing that was written, MENE, MENE, TEKEL, UPHARSIN.

26 This *is* the interpretation of the thing: MENE; God hath numbered thy kingdom, and finished it.

27 TEKEL; Thou art weighed *o* in the balances, and art found wanting. *p*

28 PERES; Thy kingdom is divided, and given *r* to the Medes *s* and Persians. *t*

29 Then commanded Belshazzar, and they clothed Daniel with scarlet, and *put* a chain of gold about his neck, and made a proclamation concerning him, that he *u* should be the third ruler in the kingdom.

30 In that night *v* was Belshazzar the king of the Chaldeans slain.

31 And Darius *w* the Median took the kingdom, *β being γ* about threescore and two years old.

CHAP. VI.

IT pleased Darius to set *z* over the kingdom an hundred and twenty *b* princes, which should be over the whole kingdom ;

2 And over these, three presidents, of whom Daniel *was* first; that the princes might give accounts unto them, and the king *d* should have no damage.

3 Then this Daniel was preferred above the presidents and princes, because an excellent *e* spirit *was* in him ; and the king thought to set him over the whole realm.

4 Then *f* the presidents and princes sought *g* to find occasion against Daniel concerning the kingdom ; but they could find none occasion nor fault; forasmuch as he *was* faithful, neither was there any error or fault found in him.

5 Then said these men, We shall not find any occasion against this Daniel, except we find *it* against him concerning the law of his God.

6 Then these presidents and princes *ζ* assembled together to the king, and said thus unto him, King Darius, live *k* for ever.

7 All the presidents of the kingdom, the governors, and the princes, the counsellors, and the captains, have consulted together *m* to establish a royal statute, and to make a firm *η* decree, that whosoever shall ask a petition of any god or man for thirty days, save of thee, O king, he shall be cast into the den of lions.

8 Now, O king, establish the decree, and sign the writing, that it be not changed, according to the law *o* of the Medes and Persians, which *θ* altereth not.

9 Wherefore king Darius signed the writing and the decree.

10 Now when Daniel knew *r* that the writing was signed, he went into his house; and his windows being open in his chamber toward *t* Jerusalem, he kneeled

---

B. C. 538.
---
a ver. 13.
Ps. 55. 17.
Ac. 2. 15.
3. 1.
10. 9.
b Phi. 4. 6.
c 2Ch. 33. 23.
36. 12.
Ja. 4. 6.
d ver. 3, 4.
e ch. 3. 8.
f Ju. 16. 23.
g Ps. 115.5..8.
Is. 37. 19.
h Ac.17.28.29.
i Je. 10. 23.
k Ro. 1. 21.
l ver. 8.
m ch. 5. 13.
n ch. 3. 12.
Ac. 5. 29.
o Job 31. 6.
Ps. 62. 9.
p Mat. 22. 11,
12.
1 Co. 3. 13.
q Mar. 6. 26.
r Foretold,
Is. 21. 2.
s ver. 31.
t ch. 6. 28.
u ver. 7.
v Je.51.31,39.
w ch. 9. 1.
x Je. 26. 14.
Ac. 25. 11.
β he as *the son of.*
γ or, *now.*
y ch. 3. 15,17.
Ps.37.39,40.
z 1 Pe. 2. 14.
a La. 3. 53.
b Es. 1. 1.
c Mat. 27. 66.
d Lu. 19. 13,
&c.
1 Co. 4. 2.
δ or, *table.*
e ch. 5. 12.
Pr. 17. 27.
f Ec. 4. 4.
g Ps. 37. 12,
&c.
h ch. 3. 28.
ζ or, *came tumultuously.*
i He. 11. 33.
k ver. 21.
Ne. 2. 3.
l Ps.18.20,24.
26. 6.
m Ps. 2. 2.
η or, *interdict.*
n De.19.19.
o Es. 1. 19.
8. 8.
θ passeth.
p De. 24. 16.
2 Ki. 14. 6.
Es. 9. 10.
q Ps. 54. 5.
r Lu. 14. 26.
Ac. 4.17..19.
s ch. 4. 1.
t 1Ki.8.44,48.
Ps. 5. 7.
Jon. 2. 4.

---

upon his knees three *a* times a day, and prayed, and gave thanks *b* before his God, as he did aforetime.

11 Then these men assembled, and found Daniel praying and making supplication before his God.

12 Then they came near, *c* and spake before the king concerning the king's decree; Hast thou not signed a decree, that every man that shall ask *a petition* of any god or man within thirty days, save of thee, O king, shall be cast into the den of lions? The king answered and said, The thing *is* true, according to the law of the Medes and Persians, which altereth *l* not.

13 Then answered they, and said before the king, That Daniel, which *m is* of the children of the captivity of Judah, regardeth *n* not thee, O king, nor the decree that thou hast signed, but maketh his petition three times a-day.

14 Then the king, when he heard *these* words, was sore displeased *q* with himself, and set *his* heart on Daniel to deliver him; and he laboured till the going down of the sun to deliver him.

15 Then these men assembled unto the king, and said unto the king, Know, O king, that the law of the Medes and Persians *is*, That no decree nor statute which the king establisheth may be changed.

16 Then the king commanded, and they brought *x* Daniel, and cast *him* into the den of lions. *Now* the king spake and said unto Daniel, Thy God, whom thou servest continually, he will deliver *y* thee.

17 And a stone *a* was brought, and laid upon the mouth of the den; and the king sealed *c* it with his own signet, and with the signet of his lords, that the purpose might not be changed concerning Daniel.

18 Then the king went to his palace, and passed the night fasting: neither were *δ* instruments of music brought before him; and his sleep went from him.

19 Then the king arose very early in the morning, and went in haste unto the den of lions.

20 And when he came to the den, he cried with a lamentable voice unto Daniel; *and* the king spake and said to Daniel, O Daniel, servant of the living God, is thy God, whom thou servest continually, able to deliver thee from the lions?

21 Then said Daniel unto the king, O king, live for ever.

22 My God hath sent his angel, *h* and hath shut *i* the lions' mouths, that they have not hurt me: forasmuch as before him innocency *l* was found in me; and also before thee, O king, have I done no hurt.

23 Then was the king exceeding glad for him, and commanded that they should take Daniel up out of the den. So Daniel was taken up out of the den, and no manner of hurt was found upon him, because he believed in his God.

24 And the king commanded, and they brought those men *n* which had accused Daniel, and they cast *them* into the den of lions, them, their children, *p* and their wives; and the lions had the mastery *q* of them, and brake all their bones in pieces or ever they came at the bottom of the den.

25 Then *s* king Darius wrote unto all people, nations, and languages, that dwell in all the earth; Peace be multiplied unto you.

17 בֵּאדַיִן מַלְכָּא אֲמַר וְהַיְתִיו לְדָנִיֵּאל וּרְמוֹ לְגֻבָּא דִּי אַרְיָוָתָא עָנֵה מַלְכָּא וְאָמַר לְדָנִיֵּאל אֱלָהָךְ דִּי אַנְתְּ פָּלַח־
18 לֵהּ בִּתְדִירָא הוּא יְשֵׁיזְבִנָּךְ ׃ וְהֵיתָיִת אֶבֶן חֲדָה וְשֻׂמַת עַל־פֻּם גֻּבָּא וְחַתְמַהּ מַלְכָּא בְּעִזְקְתֵהּ וּבְעִזְקָת רַבְרְבָנוֹהִי דִּי לָא־תִשְׁנֵא צְבוּ בְּדָנִיֵּאל ׃
19 אֱדַיִן אֲזַל מַלְכָּא לְהֵיכְלֵהּ וּבָת טְוָת וְדַחֲוָן לָא־
20 הַנְעֵל קָדָמוֹהִי וְשִׁנְתֵּהּ נַדַּת עֲלוֹהִי ׃ בֵּאדַיִן מַלְכָּא בִּשְׁפַּרְפָּרָא יְקוּם בְּנָגְהָא וּבְהִתְבְּהָלָה לְגֻבָּא
21 דִי־אַרְיָוָתָא אֲזַל ׃ וּכְמִקְרְבֵהּ לְגֻבָּא לְדָנִיֵּאל בְּקָל עֲצִיב זְעִק עָנֵה מַלְכָּא וְאָמַר לְדָנִיֵּאל דָּנִיֵּאל עֲבֵד אֱלָהָא חַיָּא אֱלָהָךְ דִּי אַנְתְּ פָּלַח־לֵהּ בִּתְדִירָא
22 הַיְכִל לְשֵׁיזָבוּתָךְ מִן־אַרְיָוָתָא ׃ אֱדַיִן דָּנִיֵּאל עִם־
23 מַלְכָּא מַלִּל מַלְכָּא לְעָלְמִין חֱיִי ׃ אֱלָהִי שְׁלַח מַלְאֲכֵהּ וּסֲגַר פֻּם אַרְיָוָתָא וְלָא חַבְּלוּנִי כָּל־קֳבֵל דִּי קָדָמוֹהִי זָכוּ הִשְׁתְּכַחַת לִי וְאַף קָדָמָךְ מַלְכָּא
24 חֲבוּלָה לָא עַבְדֵת ׃ בֵּאדַיִן מַלְכָּא שַׂגִּיא טְאֵב עֲלוֹהִי וּלְדָנִיֵּאל אֲמַר לְהַנְסָקָה מִן־גֻּבָּא וְהֻסַּק דָּנִיֵּאל מִן־גֻּבָּא וְכָל־חֲבָל לָא־הִשְׁתְּכַח בֵּהּ דִּי
25 הֵימִן בֵּאלָהֵהּ ׃ וַאֲמַר מַלְכָּא וְהַיְתִיו גֻּבְרַיָּא אִלֵּךְ דִּי־אֲכַלוּ קַרְצוֹהִי דִּי דָנִיֵּאל וּלְגֹב אַרְיָוָתָא רְמוֹ אִנּוּן בְּנֵיהוֹן וּנְשֵׁיהוֹן וְלָא־מְטוֹ לְאַרְעִית גֻּבָּא עַד דִּי־
26 שְׁלִטוּ בְהוֹן אַרְיָוָתָא וְכָל־גַּרְמֵיהוֹן הַדִּקוּ ׃ בֵּאדַיִן דָּרְיָוֶשׁ מַלְכָּא כְּתַב לְכָל־עַמְמַיָּא אֻמַיָּא וְלִשָּׁנַיָּא
27 דִּי־דָאֲרִין בְּכָל־אַרְעָא שְׁלָמְכוֹן יִשְׂגֵּא ׃ מִן־קֳדָמַי שִׂים טְעֵם דִּי בְּכָל־שָׁלְטָן מַלְכוּתִי לֶהֱוֹן זָאֲעִין וְדָחֲלִין מִן־קֳדָם אֱלָהֵהּ דִּי־דָנִיֵּאל דִּי־הוּא אֱלָהָא חַיָּא וְקַיָּם לְעָלְמִין וּמַלְכוּתֵהּ דִּי־לָא תִתְחַבַּל
28 וְשָׁלְטָנֵהּ עַד־סוֹפָא ׃ מְשֵׁיזִב וּמַצִּל וְעָבֵד אָתִין וְתִמְהִין בִּשְׁמַיָּא וּבְאַרְעָא דִּי שֵׁיזִיב לְדָנִיֵּאל מִן־יַד
29 אַרְיָוָתָא ׃ וְדָנִיֵּאל דְּנָה הַצְלַח בְּמַלְכוּת דָּרְיָוֶשׁ וּבְמַלְכוּת כּוֹרֶשׁ פָּרְסָיָא ׃

CAP. VII. ז

1 בִּשְׁנַת חֲדָה לְבֵלְאשַׁצַּר מֶלֶךְ בָּבֶל דָּנִיֵּאל חֵלֶם חֲזָה וְחֶזְוֵי רֵאשֵׁהּ עַל־מִשְׁכְּבֵהּ בֵּאדַיִן חֶלְמָא כְתַב רֵאשׁ מִלִּין אֲמַר ׃
2 עָנֵה דָנִיֵּאל וְאָמַר חָזֵה הֲוֵית בְּחֶזְוִי עִם־לֵילְיָא וַאֲרוּ אַרְבַּע רוּחֵי שְׁמַיָּא מְגִיחָן לְיַמָּא רַבָּא ׃
3 וְאַרְבַּע חֵיוָן רַבְרְבָן סָלְקָן מִן־יַמָּא

4 קַדְמָיְתָא כְאַרְיֵה וְגַפִּין דִּי־נְשַׁר לַהּ חָזֵה הֲוֵית עַד דִּי־מְּרִיטוּ גַפַּהּ וּנְטִילַת מִן־אַרְעָא וְעַל־רַגְלַיִן כֶּאֱנָשׁ הֳקִימַת וּלְבַב אֱנָשׁ יְהִיב לַהּ ׃
5 וַאֲרוּ חֵיוָה אָחֳרִי תִנְיָנָה דָּמְיָה לְדֹב וְלִשְׂטַר־חַד הֳקִמַת וּתְלָת עִלְעִין בְּפֻמַּהּ בֵּין שִׁנַּיהּ וְכֵן אָמְרִין לַהּ קוּמִי אֲכֻלִי בְּשַׂר שַׂגִּיא ׃
6 בָּאתַר דְּנָה חָזֵה הֲוֵית וַאֲרוּ אָחֳרִי כִּנְמַר וְלַהּ גַּפִּין אַרְבַּע דִּי־עוֹף עַל־גַּבַּהּ וְאַרְבְּעָה רֵאשִׁין לְחֵיוְתָא וְשָׁלְטָן יְהִיב לַהּ ׃
7 בָּאתַר דְּנָה חָזֵה הֲוֵית בְּחֶזְוֵי לֵילְיָא וַאֲרוּ חֵיוָה רְבִיעָיָה דְּחִילָה וְאֵימְתָנִי וְתַקִּיפָא יַתִּירָה וְשִׁנַּיִן דִּי־פַרְזֶל לַהּ רַבְרְבָן אָכְלָה וּמַדֱּקָה וּשְׁאָרָא בְּרַגְלַיַהּ רָפְסָה וְהִיא מְשַׁנְּיָה מִן־כָּל־חֵיוָתָא דִּי
8 קָדָמַיהּ וְקַרְנַיִן עֲשַׂר לַהּ ׃ מִשְׂתַּכַּל הֲוֵית בְּקַרְנַיָּא וַאֲלוּ קֶרֶן אָחֳרִי זְעֵירָה סִלְקָת בֵּינֵיהֵן וּתְלָת מִן־קַרְנַיָּא קַדְמָיָתָא אֶתְעֲקַרוּ מִן־קֳדָמַהּ וַאֲלוּ עַיְנִין כְּעַיְנֵי אֲנָשָׁא בְּקַרְנָא־דָא וּפֻם מְמַלִּל רַבְרְבָן ׃
9 חָזֵה הֲוֵית עַד דִּי כָרְסָוָן רְמִיו וְעַתִּיק יוֹמִין יְתִב לְבוּשֵׁהּ כִּתְלַג חִוָּר וּשְׂעַר רֵאשֵׁהּ כַּעֲמַר נְקֵא כָּרְסְיֵהּ שְׁבִיבִין דִּי־נוּר גַּלְגִּלּוֹהִי נוּר דָּלִק ׃
10 נְהַר דִּי־נוּר נָגֵד וְנָפֵק מִן־קֳדָמוֹהִי אֶלֶף אַלְפִין יְשַׁמְּשׁוּנֵהּ וְרִבּוֹ רִבְבָן קָדָמוֹהִי יְקוּמוּן דִּינָא יְתִב וְסִפְרִין פְּתִיחוּ ׃
11 חָזֵה הֲוֵית בֵּאדַיִן מִן־קָל מִלַּיָּא רַבְרְבָתָא דִּי קַרְנָא מְמַלֱּלָה חָזֵה הֲוֵית עַד דִּי קְטִילַת חֵיוְתָא וְהוּבַד גִּשְׁמַהּ
12 וִיהִיבַת לִיקֵדַת אֶשָּׁא ׃ וּשְׁאָר חֵיוָתָא הֶעְדִּיו שָׁלְטָנְהוֹן וְאַרְכָה בְחַיִּין יְהִיבַת לְהוֹן עַד־זְמַן וְעִדָּן ׃
13 חָזֵה הֲוֵית בְּחֶזְוֵי לֵילְיָא וַאֲרוּ עִם־עֲנָנֵי שְׁמַיָּא כְּבַר אֱנָשׁ אָתֵה הֲוָה וְעַד־עַתִּיק יוֹמַיָּא
14 מְטָה וּקְדָמוֹהִי הַקְרְבוּהִי ׃ וְלֵהּ יְהִיב שָׁלְטָן וִיקָר וּמַלְכוּ וְכֹל עַמְמַיָּא אֻמַיָּא וְלִשָּׁנַיָּא לֵהּ יִפְלְחוּן שָׁלְטָנֵהּ שָׁלְטָן עָלַם דִּי־לָא יֶעְדֵּה וּמַלְכוּתֵהּ דִּי־לָא תִתְחַבַּל ׃
15 אֶתְכְּרִיַּת רוּחִי אֲנָה דָנִיֵּאל בְּגוֹא
16 נִדְנֶה וְחֶזְוֵי רֵאשִׁי יְבַהֲלֻנַּנִי ׃ קִרְבֵת עַל־חַד מִן־קָאֲמַיָּא וִיצִיבָא אֶבְעֵא מִנֵּהּ עַל־כָּל־דְּנָה וַאֲמַר־
17 לִי וּפְשַׁר מִלַּיָּא יְהוֹדְעִנַּנִי ׃ אִלֵּין חֵיוָתָא רַבְרְבָתָא
18 דִּי אִנִּין אַרְבַּע אַרְבְּעָה מַלְכִין יְקוּמוּן מִן־אַרְעָא ׃ וִיקַבְּלוּן מַלְכוּתָא קַדִּישֵׁי עֶלְיוֹנִין וְיַחְסְנוּן מַלְכוּתָא
19 עַד־עָלְמָא וְעַד עָלַם עָלְמַיָּא ׃ אֱדַיִן צְבִית לְיַצָּבָא

26 I make a decree, That in every dominion of my kingdom men [b] tremble and fear before the God of Daniel; for he [c] *is* the living God, and stedfast for ever. and his kingdom [c] *that* which shall not be destroyed, and his dominion *shall be even* unto the end.

27 He delivereth [g] and rescueth, and he worketh signs [i] and wonders in heaven and in earth, who hath delivered Daniel from the [γ] power of the lions.

28 So this Daniel prospered in the reign of Darius, and in the reign of Cyrus [k] the Persian.

CHAP. VII.

IN the first year of Belshazzar king of Babylon, Daniel [δ] had a dream,[i] and visions of his head upon his bed : then he wrote the dream, *and* told the sum of the [η] matters.

2 Daniel spake and said, I saw in my vision by night, and, behold, the four winds of the heaven strove upon the great sea.

3 And four great beasts came [n] up from the sea, diverse one from another.

4 The first *was* like a lion,[o] and had eagle's [p] wings: I beheld till the wings thereof were plucked, [κ] and it was lifted up from the earth, and made stand upon the feet as a man, and a man's heart was given to it.

5 And, behold, another beast,[q] a second, like to a bear, and it raised up [λ] itself on one side, and *it had* three ribs in the mouth of it between the teeth of it: and they said thus unto it, Arise, devour much flesh.

6 After this I beheld, and, lo, another, like a leopard, which had upon the back of it four wings of a fowl ; the beast had also four heads ;[s] and dominion was given to it.

7 After this I saw in the night visions, and, behold, a fourth beast,[t] dreadful and terrible, and strong exceedingly ; and it had great iron teeth: it devoured and brake in pieces, and stamped the residue with the feet of it: and it *was* diverse from all the beasts that *were* before it ; and it had ten horns.[u]

8 I considered the horns, and, behold, there came up among them another little horn,[v] before whom there were three of the first horns plucked up by the roots: and, behold, in this horn *were* eyes like the eyes of man,[w] and a mouth [x] speaking great things.

9 I beheld till the thrones were cast down,[y] and the Ancient [z] of days did sit, whose garment [a] *was* white [b] as snow, and the hair of his head like the pure wool: his throne [c] *was like* the fiery flame, *and* his wheels [d] *as* burning fire.

10 A fiery [e] stream issued and came forth from before him : thousand thousands ministered unto him, and ten thousand times ten thousand stood [f] before him : the judgment [g] was set, and the books were opened.

11 I beheld then, because of the voice of the great words which the horn spake ; I beheld, *even* till the beast was slain,[h] and his body destroyed, and given to the burning flame.

12 As concerning the rest of the beasts, they had their dominion taken away : yet [v] their lives were prolonged for a season and time.

13 I saw in the night visions, and, behold *one* like the Son of man [k] came with the clouds of heaven, and came to the

B. C. 537.

a ver. 9.
b Ps. 99. 1.
c ch. 4. 34.
d Ps. 2. 6.-8.
  Mat. 28. 18.
  Jn°. 3. 35.
  1Co. 15. 27.
  Ep.1.20.22.
e ch. 2. 44.
f Ps. 145. 13.
g Ps. 18. 50.
  32. 7.
h He. 12. 28.
i ch. 4. 3.
β sheath,
  2 Pe. 1. 14.
γ hand.
k ch. 1. 21.
  Ezr. 1. 1, 2.
δ saw.
l ch. 2. 28.
  Nu. 12. 6.
  Am. 3. 7.
ζ high ones,
  i. e. things,
  or, places,
  Ep. 1. 3.
  6. 12.
η or, words.
m Re. 3. 21.
n Re. 13. 1.
θ those.
o Je. 4. 7.
p De. 28. 49.
  Eze. 17. 3.
  Hab. 1. 8.
κ or, where-
  with.
q ch. 2. 39.
λ or, *one do-*
  minion.
r Re.13.7,&c.
s ch. 8. 8, 22.
t ver. 19, 23.
  ch. 2. 40.
u ch. 2. 41, 42.
v ver. 20, 21,
  24.
w Re. 9. 7.
x Re. 13. 5.
y ch. 2. 44.
  1Co. 15. 24,
  25.
z ver. 22.
  Is. 9. 6.
a Ps. 45. 8.
  Phi. 3. 9.
b Re. 1. 14.
c Ac.2.30,33.
d Eze.1.15,16.
e Ps. 50. 3.
  Is.66.15,16.
μ or, *rulers.*
f 1 Ki. 22. 19.
  Ps. 68. 17.
  Hc. 12. 22.
g Re. 20.4,12.
h Re. 19. 20.
v a prolong-
  ing in life
  was given
  them.
i Es. 1. 2.
k Mat. 24. 30.
  25. 31.
  26. 64.
  Re. 1. 7, 13.
  14. 14.

Ancient [a] of days, and they brought him near before him.

14 And [d] there was given him dominion, and glory, and a kingdom, that all people, nations, and languages, should serve him: his dominion *is* an everlasting [f] dominion, which shall not pass away, and his kingdom *that* which shall not [k] be destroyed.

15 I Daniel was grieved in my spirit in the midst of *my* [β] body, and the visions of my head troubled me.

16 I came near unto one of them that stood by, and asked him the truth of all this. So he told me, and made me know the interpretation of the things.

17 These great beasts, which are four, *are* four kings, *which* shall arise out of the earth.

18 But the saints of the [ζ] Most High shall take the kingdom, and possess the kingdom [m] for ever, even for ever and ever.

19 Then I would know the truth of the fourth beast, which was diverse from all [θ] the others, exceeding dreadful, whose teeth *were of* iron, and his nails *of* brass ; *which* devoured, brake in pieces, and stamped the residue with his feet ;

20 And of the ten horns that *were* in his head, and *of* the other which came up, and before whom three fell ; even *of* that horn that had eyes, and a mouth that spake very great things, whose look *was* more stout than his fellows.

21 I beheld, and [r] the same horn made war with the saints,and prevailed against them ;

22 Until the Ancient of days came, and judgment was given to the saints of the Most High ; and the time came that the saints possessed the kingdom.

23 Thus he said, The fourth beast shall be the fourth kingdom upon earth, which shall be diverse from all kingdoms, and shall devour the whole earth, and shall tread it down, and break it in pieces.

24 And the ten horns out of this kingdom *are* ten kings *that* shall arise: and another shall rise after them; and he shall be diverse from the first, and he shall subdue three kings.

25 And he shall speak *great* words against the Most High, and shall wear out the saints of the Most High, and think to change times and laws: and they shall be given into his hand, until a time and times and the dividing of time.

26 But the judgment shall sit, and they shall take away his dominion, to consume and to destroy *it* unto the end.

27 And the kingdom and dominion, and the greatness of the kingdom under the whole heaven, shall be given to the people of the saints of the Most High, whose kingdom *is* an everlasting kingdom, and all [μ] dominions shall serve and obey him.

28 Hitherto *is* the end of the matter. As for me Daniel, my cogitations much troubled me, and my countenance changed in me : but I kept the matter in my heart.

CHAP. VIII.

IN the third year of the reign of king Belshazzar a vision appeared unto me, *even unto* me Daniel, after that which appeared unto me at the first.

2 And I saw in a vision ; and it came to pass, when I saw, that I *was* at Shushan, [i] *in* the palace, which *is* in the province of Elam ; and I saw in a vision, and I was by the river of Ulai.

3 Then I lifted up mine eyes and saw,

עַל־חֵיוְתָא רְבִיעָיְתָא דִּי הֲוָת שָׁנְיָה מִן־כָּלְהֵן 7
דְּחִילָה יַתִּירָה שִׁנַּהּ דִּי־פַרְזֶל וְטִפְרַהּ דִּי־נְחָשׁ
אָכְלָה מַדֲּקָה וּשְׁאָרָא בְּרַגְלַהּ רָפְסָה : וְעַל־ 20
קַרְנַיָּא עֲשַׂר דִּי בְרֵאשַׁהּ וְאָחֳרִי דִּי סִלְקַת וּנְפַלוּ
מִן־קָדֳמַיהּ תְּלָת וְקַרְנָא דִכֵּן וְעַיְנִין לַהּ וְפֻם מְמַלִּל
רַבְרְבָן וְחֶזְוַהּ רַב מִן־חַבְרָתַהּ : חָזֵה הֲוֵית 21
וְקַרְנָא דִכֵּן עָבְדָה קְרָב עִם־קַדִּישִׁין וְיָכְלָה לְהֹן :
עַד דִּי־אֲתָה עַתִּיק יוֹמַיָּא וְדִינָא יְהִב לְקַדִּישֵׁי 22
עֶלְיוֹנִין וְזִמְנָא מְטָה וּמַלְכוּתָא הֶחֱסִנוּ קַדִּישִׁין :
כֵּן אֲמַר חֵיוְתָא רְבִיעָיְתָא מַלְכוּ רְבִיעָיָא תֶּהֱוֵא 23
בְאַרְעָא דִּי תִשְׁנֵא מִן־כָּל־מַלְכְוָתָא וְתֵאכֻל כָּל־
אַרְעָא וּתְדוּשִׁנַּהּ וְתַדְּקִנַּהּ : וְקַרְנַיָּא עֲשַׂר מִנַּהּ 24
מַלְכוּתָה עַשְׂרָה מַלְכִין יְקֻמוּן וְאָחֳרָן יְקוּם אַחֲרֵיהֹן
וְהוּא יִשְׁנֵא מִן־קַדְמָיֵא וּתְלָתָה מַלְכִין יְהַשְׁפִּל :
וּמִלִּין לְצַד עִלָּיָא יְמַלִּל וּלְקַדִּישֵׁי עֶלְיוֹנִין יְבַלֵּא 25
וְיִסְבַּר לְהַשְׁנָיָה זִמְנִין וְדָת וְיִתְיַהֲבוּן בִּידֵהּ עַד־
עִדָּן וְעִדָּנִין וּפְלַג עִדָּן : וְדִינָא יִתִּב וְשָׁלְטָנֵהּ 26
יְהַעְדּוֹן לְהַשְׁמָדָה וּלְהוֹבָדָה עַד־סוֹפָא : וּמַלְכוּתָה 27
וְשָׁלְטָנָא וּרְבוּתָא דִּי מַלְכְוָת תְּחוֹת כָּל־שְׁמַיָּא
יְהִיבַת לְעַם קַדִּישֵׁי עֶלְיוֹנִין מַלְכוּתֵהּ מַלְכוּת עָלַם
וְכֹל שָׁלְטָנַיָּא לֵהּ יִפְלְחוּן וְיִשְׁתַּמְּעוּן : עַד־כָּה 28
סוֹפָא דִי־מִלְּתָא אֲנָה דָנִיֵּאל שַׂגִּיא רַעְיוֹנַי
יְבַהֲלֻנַּנִי וְזִיוַי יִשְׁתַּנּוֹן עֲלַי וּמִלְּתָא בְּלִבִּי נִטְרֵת :

CAP. VIII. ח

בִּשְׁנַת שָׁלוֹשׁ לְמַלְכוּת בֵּלְאשַׁצַּר הַמֶּלֶךְ חָזוֹן 1
נִרְאָה אֵלַי אֲנִי דָנִיֵּאל אַחֲרֵי הַנִּרְאָה אֵלַי בַּתְּחִלָּה :
וָאֶרְאֶה בֶּחָזוֹן וַיְהִי בִּרְאֹתִי וַאֲנִי בְּשׁוּשַׁן הַבִּירָה 2
אֲשֶׁר בְּעֵילָם הַמְּדִינָה וָאֶרְאֶה בֶּחָזוֹן וַאֲנִי הָיִיתִי
עַל־אוּבַל אוּלָי : וָאֶשָּׂא עֵינַי וָאֶרְאֶה וְהִנֵּה אַיִל 3
אֶחָד עֹמֵד לִפְנֵי הָאֻבָל וְלוֹ קְרָנָיִם וְהַקְּרָנַיִם
גְּבֹהוֹת וְהָאַחַת גְּבֹהָה מִן־הַשֵּׁנִית וְהַגְּבֹהָה עֹלָה
בָּאַחֲרֹנָה : רָאִיתִי אֶת־הָאַיִל מְנַגֵּחַ יָמָּה וְצָפוֹנָה 4
וָנֶגְבָּה וְכָל־חַיּוֹת לֹא־יַעַמְדוּ לְפָנָיו וְאֵין מַצִּיל
מִיָּדוֹ וְעָשָׂה כִרְצֹנוֹ וְהִגְדִּיל : וַאֲנִי הָיִיתִי מֵבִין 5
וְהִנֵּה צְפִיר־הָעִזִּים בָּא מִן־הַמַּעֲרָב עַל־פְּנֵי כָל־
הָאָרֶץ וְאֵין נוֹגֵעַ בָּאָרֶץ וְהַצָּפִיר קֶרֶן חָזוּת בֵּין
עֵינָיו : וַיָּבֹא עַד־הָאַיִל בַּעַל הַקְּרָנַיִם אֲשֶׁר רָאִיתִי 6
עֹמֵד לִפְנֵי הָאֻבָל וַיָּרָץ אֵלָיו בַּחֲמַת כֹּחוֹ :

וּרְאִיתִיו מַגִּיעַ אֵצֶל הָאַיִל וַיִּתְמַרְמַר אֵלָיו וַיַּךְ 7
אֶת־הָאַיִל וַיְשַׁבֵּר אֶת־שְׁתֵּי קְרָנָיו וְלֹא־הָיָה כֹחַ
בָּאַיִל לַעֲמֹד לְפָנָיו וַיַּשְׁלִיכֵהוּ אַרְצָה וַיִּרְמְסֵהוּ
וְלֹא־הָיָה מַצִּיל לָאַיִל מִיָּדוֹ : וּצְפִיר הָעִזִּים 8
הִגְדִּיל עַד־מְאֹד וּכְעָצְמוֹ נִשְׁבְּרָה הַקֶּרֶן הַגְּדֹלָה
וַתַּעֲלֶנָה חָזוּת אַרְבַּע תַּחְתֶּיהָ לְאַרְבַּע רוּחוֹת
הַשָּׁמָיִם : וּמִן־הָאַחַת מֵהֶם יָצָא קֶרֶן־אַחַת 9
מִצְּעִירָה וַתִּגְדַּל־יֶתֶר אֶל־הַנֶּגֶב וְאֶל־הַמִּזְרָח
וְאֶל־הַצֶּבִי : וַתִּגְדַּל עַד־צְבָא הַשָּׁמָיִם 10
וַתַּפֵּל אַרְצָה מִן־הַצָּבָא וּמִן־הַכּוֹכָבִים וַתִּרְמְסֵם :
וְעַד שַׂר־הַצָּבָא הִגְדִּיל וּמִמֶּנּוּ הֻרַם הַתָּמִיד 11
וְהֻשְׁלַךְ מְכוֹן מִקְדָּשׁוֹ : וְצָבָא תִּנָּתֵן עַל־ 12
הַתָּמִיד בְּפָשַׁע וְתַשְׁלֵךְ אֱמֶת אַרְצָה וְעָשְׂתָה
וְהִצְלִיחָה : וָאֶשְׁמְעָה אֶחָד־קָדוֹשׁ מְדַבֵּר וַיֹּאמֶר 13
אֶחָד קָדוֹשׁ לַפַּלְמוֹנִי הַמְדַבֵּר עַד־מָתַי הֶחָזוֹן
הַתָּמִיד וְהַפֶּשַׁע שֹׁמֵם תֵּת וְקֹדֶשׁ וְצָבָא מִרְמָס :
וַיֹּאמֶר אֵלַי עַד עֶרֶב בֹּקֶר אַלְפַּיִם וּשְׁלֹשׁ מֵאוֹת 14
וְנִצְדַּק קֹדֶשׁ : וַיְהִי בִּרְאֹתִי אֲנִי דָנִיֵּאל אֶת־ 15
הֶחָזוֹן וָאֲבַקְשָׁה בִינָה וְהִנֵּה עֹמֵד לְנֶגְדִּי כְּמַרְאֵה־
גָבֶר : וָאֶשְׁמַע קוֹל־אָדָם בֵּין אוּלָי וַיִּקְרָא וַיֹּאמַר 16
גַּבְרִיאֵל הָבֵן לְהַלָּז אֶת־הַמַּרְאֶה : וַיָּבֹא אֵצֶל 17
עָמְדִי וּבְבֹאוֹ נִבְעַתִּי וָאֶפְּלָה עַל־פָּנָי וַיֹּאמֶר אֵלַי
הָבֵן בֶּן־אָדָם כִּי לְעֶת־קֵץ הֶחָזוֹן : וּבְדַבְּרוֹ עִמִּי 18
נִרְדַּמְתִּי עַל־פָּנַי אָרְצָה וַיִּגַּע־בִּי וַיַּעֲמִידֵנִי עַל־
עָמְדִי : וַיֹּאמֶר הִנְנִי מוֹדִיעֲךָ אֵת אֲשֶׁר־יִהְיֶה 19
בְּאַחֲרִית הַזָּעַם כִּי לְמוֹעֵד קֵץ : הָאַיִל אֲשֶׁר־ 20
רָאִיתָ בַּעַל הַקְּרָנָיִם מַלְכֵי מָדַי וּפָרָס : וְהַצָּפִיר 21
הַשָּׂעִיר מֶלֶךְ יָוָן וְהַקֶּרֶן הַגְּדוֹלָה אֲשֶׁר בֵּין־עֵינָיו
הוּא הַמֶּלֶךְ הָרִאשׁוֹן : וְהַנִּשְׁבֶּרֶת וַתַּעֲמֹדְנָה 22
אַרְבַּע תַּחְתֶּיהָ אַרְבַּע מַלְכֻיּוֹת מִגּוֹי יַעֲמֹדְנָה וְלֹא
בְכֹחוֹ : וּבְאַחֲרִית מַלְכוּתָם כְּהָתֵם הַפֹּשְׁעִים 23
יַעֲמֹד מֶלֶךְ עַז־פָּנִים וּמֵבִין חִידוֹת : וְעָצַם כֹּחוֹ 24
וְלֹא בְכֹחוֹ וְנִפְלָאוֹת יַשְׁחִית וְהִצְלִיחַ וְעָשָׂה
וְהִשְׁחִית עֲצוּמִים וְעַם־קְדֹשִׁים : וְעַל־שִׂכְלוֹ 25
וְהִצְלִיחַ מִרְמָה בְּיָדוֹ וּבִלְבָבוֹ יַגְדִּיל וּבְשַׁלְוָה יַשְׁחִית
רַבִּים וְעַל־שַׂר־שָׂרִים יַעֲמֹד וּבְאֶפֶס יָד יִשָּׁבֵר :
וּמַרְאֵה הָעֶרֶב וְהַבֹּקֶר אֲשֶׁר נֶאֱמַר אֱמֶת הוּא 26
וְאַתָּה סְתֹם הֶחָזוֹן כִּי לְיָמִים רַבִּים : וַאֲנִי דָנִיֵּאל 27

and, behold, there stood before the river a ram, which had *two* horns, and the *two* horns *were* high; but one *was* higher than the *β* other, and the higher came up last.

4 I saw the ram pushing westward, and northward, and southward; so that no beasts might stand before him, neither *was there any* that could deliver out of his hand; but he did according to his will *a* and became great.

5 And as I was considering, behold, an he-goat *b* came from the west, on the face of the whole earth, and *δ* touched not the ground: and the goat *had ζ* a notable horn between his eyes.

6 And he came to the ram that had *two* horns, which I had seen standing before the river, and ran unto him in the fury of his power.

7 And I saw him come close unto the ram, and he was moved with choler against him, and smote the ram, and brake his two horns; and there was no power in the ram to stand before him, but he cast him down to the ground, and stamped upon him: and there was none that could deliver the ram out of his hand.

8 Therefore the he-goat waxed very great: and when he was strong, the great horn was broken; and for it came up four *f* notable ones, toward the four winds of heaven.

9 And *g* out of one of them came forth a little horn which waxed exceeding great, toward the south, and toward the east, and toward the pleasant *i* land.

10 And it waxed great, even *κ* to the host *k* of heaven; and it cast down *l* some of the host and of the stars to the ground, and stamped upon them.

11 Yea, he *m* magnified *himself* even *κ* to the prince of the host, and *μ* by him the daily *o* sacrifice was taken away, and the place of his sanctuary was cast down.

12 And *v* an host was given *him* against the daily *sacrifice* by reason of transgression, and it cast down the truth to the ground; and it practised, and prospered.

13 Then I heard one saint *q* speaking, and another saint said unto *π* that certain *saint* which spake, How long *shall be* the vision *concerning* the daily *sacrifice*, and the transgression *ρ* of desolation, to give both the sanctuary and the host to be trodden under foot?

14 And he said unto me, Unto two thousand and three hundred *σ* days; then shall the sanctuary be *τ* cleansed.

15 And it came to pass, when I, *even* I Daniel, had seen the vision, and sought for the meaning, then, behold, there stood before me as the appearance of a man.

16 And I heard a man's voice between *the banks of* Ulai, which called, and said, Gabriel, *w* make this *man* to understand the vision.

17 So he came near where I stood; and when he came, I was afraid, and fell upon my face: but he said unto me, Understand, O son of man; for at the time of the end *shall be* the vision.

18 Now, as he was speaking with me, I was in a deep sleep *x* on my face toward the ground: but he touched me, and *χ* set me upright.

19 And he said, Behold, I will make thee know what shall be in the last end of the indignation: for at the time appointed *b* the end *shall be*.

20 The ram which thou sawest having

B. C. 553.
——
β second.
a ch. 5. 19.
11. 3, 16.
Is.10.13,14.
γ accomplished.
b ver. 21.
δ or, none touched him in the earth.
ζ a horn of sight.
c Re.17.13,17.
d ver. 10, 12, &c.
η people of the holy ones.
θ or, prosperity.
e Re. 10. 4.
f ch.7.6,&c.
g ch.11.25,&c
h ch. 5.31.
i Ps. 48. 2.
Eze. 20. 15.
κ or,against.
λ or, in which he.
k Is. 14. 13.
l Re. 12. 4.
m ver. 25.
μ or, from.
n Je.25.11,12.
o Ex. 29. 38.
v or, the host was given over for the transgression against the daily sacrifice.
p Ne.14,&c. Je.29.10..13.
q 1 Pe. 1. 12.
π Palmoni, or,the number of secrets,or,the wonderful numberer.
r Ne.9 32,&c.
s Ex. 20. 6.
ρ or, making desolate, ch. 11.31. 12. 11.
t Ps. 106. 6. Is. 64. 6, 7.
σ evening, morning.
u 2Ch.36.15, 16.
τ justified.
φ or, thou hast.
v Ps. 51. 4.
w Lu.1.19,26.
x Le.26.33,34.
y Eze. 16. 63.
z ch.10.9,10.
a Ps.130.4,7.
χ made me stand upon my standing.
b Hab. 2. 3. Re. 10. 7.
c ver. 3.
d Is. 1. 4..6.

two horns *are* the kings of Media and Persia.

21 And the rough goat *is* the king of Grecia: and the great horn that *is* between his eyes *is* the first king.

22 Now that being broken, whereas four stood up for it, four kingdoms shall stand up out of the nation, but not in his power.

23 And in the latter time of their kingdom, when the transgressors are *γ* come to the full, a king of fierce countenance, and understanding dark sentences, shall stand up.

24 And his power shall be mighty, *c* but not by his own power: and he shall destroy wonderfully, and shall prosper and practise, and *d* shall destroy the mighty and the *η* holy people.

25 And through his policy also he shall cause craft to prosper in his hand; and he shall magnify *himself* in his heart, and by *θ* peace shall destroy many: he shall also stand up against the Prince of princes; but he shall be broken without hand.

26 And the vision of the evening and the morning which was told *is* true: wherefore shut *e* thou up the vision; for it *shall be* for many days.

27 And I Daniel fainted, and was sick *certain* days: afterward I rose up, and did the king's business; and I was astonished at the vision, but none understood *it*.

CHAP. IX.

IN the first year of Darius, *h* the son of Ahasuerus, of the seed of the Medes, *λ* which was made king over the realm of the Chaldeans;

2 In the first year of his reign, I Daniel understood by books the number of the years, whereof the word of the LORD came to Jeremiah *n* the prophet, that he would accomplish seventy years in the desolations of Jerusalem.

3 And *P* I set my face unto the Lord GOD, to seek by prayer and supplications, with fasting, and sackcloth, and ashes:

4 And I prayed unto the LORD my God, and made my confession, and said, O Lord, the great *r* and dreadful God, keeping *s* the covenant and mercy to them that love him, and to them that keep his commandments:

5 We *t* have sinned, and have committed iniquity, and have done wickedly, and have rebelled, even by departing from thy precepts, and from thy judgments:

6 Neither *u* have we hearkened unto thy servants the prophets, which spake in thy name to our kings, our princes, and our fathers, and to all the people of the land.

7 O Lord, righteousness *φ* belongeth unto thee, *v* but unto us confusion of faces, as at this day: to the men of Judah, and to the inhabitants of Jerusalem, and unto all Israel, *that are* near, and *that are* far off, through all the countries whither *x* thou hast driven them, because of their trespass that they have trespassed against thee.

8 O Lord, to us *belongeth y* confusion of face, to our kings, to our princes, and to our fathers, because we have sinned against thee.

9 To the Lord our God *a* belong mercies and forgivenesses, though we have rebelled against him.

10 Neither have we obeyed the voice of the LORD our God, to walk in his laws which he set before us by his servants the prophets.

11 Yea, all *d* Israel have transgressed thy

נִהְיֵיתִי וְנֶחֱלֵיתִי יָמִים וָאָקוּם וָאֶעֱשֶׂה אֶת־מְלֶאכֶת
הַמֶּלֶךְ וָאֶשְׁתּוֹמֵם עַל־הַמַּרְאֶה וְאֵין מֵבִין׃

CAP. IX. ט

1 בִּשְׁנַת אַחַת לְדָרְיָוֶשׁ בֶּן־אֲחַשְׁוֵרוֹשׁ מִזֶּרַע מָדָי
אֲשֶׁר הָמְלַךְ עַל מַלְכוּת כַּשְׂדִּים׃ בִּשְׁנַת אַחַת 2
לְמָלְכוֹ אֲנִי דָּנִיֵּאל בִּינֹתִי בַּסְּפָרִים מִסְפַּר הַשָּׁנִים
אֲשֶׁר הָיָה דְבַר־יְהוָה אֶל־יִרְמִיָה הַנָּבִיא לְמַלֹּאות
לְחָרְבוֹת יְרוּשָׁלִַם שִׁבְעִים שָׁנָה׃ וָאֶתְּנָה אֶת־ 3
פָּנַי אֶל־אֲדֹנָי הָאֱלֹהִים לְבַקֵּשׁ תְּפִלָּה וְתַחֲנוּנִים
בְּצוֹם וְשַׂק וָאֵפֶר׃ וָאֶתְפַּלְלָה לַיהוָה אֱלֹהַי 4
וָאֶתְוַדֶּה וָאֹמְרָה אָנָּא אֲדֹנָי הָאֵל הַגָּדוֹל וְהַנּוֹרָא
שֹׁמֵר הַבְּרִית וְהַחֶסֶד לְאֹהֲבָיו וּלְשֹׁמְרֵי מִצְוֹתָיו׃
חָטָאנוּ וְעָוִינוּ וְהִרְשַׁעְנוּ וּמָרָדְנוּ וְסוֹר מִמִּצְוֹתֶךָ 5
וְלֹא שָׁמַעְנוּ אֶל־עֲבָדֶיךָ הַנְּבִיאִים וּמִמִּשְׁפָּטֶיךָ׃ 6
אֲשֶׁר דִּבְּרוּ בְּשִׁמְךָ אֶל־מְלָכֵינוּ שָׂרֵינוּ וַאֲבֹתֵינוּ וְאֶל
כָּל־עַם הָאָרֶץ׃ לְךָ אֲדֹנָי הַצְּדָקָה וְלָנוּ בֹּשֶׁת 7
הַפָּנִים כַּיּוֹם הַזֶּה לְאִישׁ יְהוּדָה וּלְיוֹשְׁבֵי יְרוּשָׁלִַם
וּלְכָל־יִשְׂרָאֵל הַקְּרֹבִים וְהָרְחֹקִים בְּכָל־הָאֲרָצוֹת אֲשֶׁר
הִדַּחְתָּם שָׁם בְּמַעֲלָם אֲשֶׁר מָעֲלוּ־בָךְ׃ אֲדֹנָי 8
לָנוּ בֹּשֶׁת הַפָּנִים לִמְלָכֵינוּ לְשָׂרֵינוּ וְלַאֲבֹתֵינוּ
אֲשֶׁר חָטָאנוּ לָךְ׃ לַאדֹנָי אֱלֹהֵינוּ הָרַחֲמִים 9
וְהַסְּלִחוֹת כִּי מָרַדְנוּ בּוֹ׃ וְלֹא שָׁמַעְנוּ בְּקוֹל 10
יְהוָה אֱלֹהֵינוּ לָלֶכֶת בְּתֹרֹתָיו אֲשֶׁר נָתַן לְפָנֵינוּ
בְּיַד עֲבָדָיו הַנְּבִיאִים׃ וְכָל־יִשְׂרָאֵל עָבְרוּ אֶת־ 11
תּוֹרָתֶךָ וְסוֹר לְבִלְתִּי שְׁמוֹעַ בְּקֹלֶךָ וַתִּתַּךְ עָלֵינוּ
הָאָלָה וְהַשְּׁבֻעָה אֲשֶׁר כְּתוּבָה בְּתוֹרַת מֹשֶׁה עֶבֶד־
הָאֱלֹהִים כִּי חָטָאנוּ לוֹ׃ וַיָּקֶם אֶת־דבריו אֲשֶׁר 12
דִּבֶּר עָלֵינוּ וְעַל שֹׁפְטֵינוּ אֲשֶׁר שְׁפָטוּנוּ לְהָבִיא
עָלֵינוּ רָעָה גְדֹלָה אֲשֶׁר לֹא־נֶעֶשְׂתָה תַּחַת כָּל־
הַשָּׁמַיִם כַּאֲשֶׁר נֶעֶשְׂתָה בִּירוּשָׁלִָם׃ כַּאֲשֶׁר 13
כָּתוּב בְּתוֹרַת מֹשֶׁה אֵת כָּל־הָרָעָה הַזֹּאת
בָּאָה עָלֵינוּ וְלֹא־חִלִּינוּ אֶת־פְּנֵי יְהוָה אֱלֹהֵינוּ
לָשׁוּב מֵעֲוֹנֵנוּ וּלְהַשְׂכִּיל בַּאֲמִתֶּךָ׃ וַיִּשְׁקֹד יְהוָה 14
עַל־הָרָעָה וַיְבִיאֶהָ עָלֵינוּ כִּי־צַדִּיק יְהוָה אֱלֹהֵינוּ
עַל־כָּל־מַעֲשָׂיו אֲשֶׁר עָשָׂה וְלֹא שָׁמַעְנוּ בְּקֹלוֹ׃
וְעַתָּה אֲדֹנָי אֱלֹהֵינוּ אֲשֶׁר הוֹצֵאתָ אֶת־עַמְּךָ 15
מֵאֶרֶץ מִצְרַיִם בְּיָד חֲזָקָה וַתַּעַשׂ־לְךָ שֵׁם כַּיּוֹם
הַזֶּה חָטָאנוּ רָשָׁעְנוּ׃ אֲדֹנָי כְּכָל־צִדְקֹתֶךָ יָשָׁב 16

וְעַתָּה שְׁמַע אֱלֹהֵינוּ אֶל־תְּפִלַּת עַבְדְּךָ וְאֶל־תַּחֲנוּנָיו 17
וְהָאֵר פָּנֶיךָ עַל־מִקְדָּשְׁךָ הַשָּׁמֵם לְמַעַן אֲדֹנָי׃
הַטֵּה אֱלֹהַי אָזְנְךָ וּשֲׁמָע פְּקַח עֵינֶיךָ וּרְאֵה 18
שֹׁמְמֹתֵינוּ וְהָעִיר אֲשֶׁר־נִקְרָא שִׁמְךָ עָלֶיהָ כִּי לֹא
עַל־צִדְקֹתֵינוּ אֲנַחְנוּ מַפִּילִים תַּחֲנוּנֵינוּ לְפָנֶיךָ כִּי
עַל־רַחֲמֶיךָ הָרַבִּים׃ אֲדֹנָי שְׁמָעָה אֲדֹנָי 19
סְלָחָה אֲדֹנָי הַקֲשִׁיבָה וַעֲשֵׂה אַל־תְּאַחַר לְמַעַנְךָ
אֱלֹהַי כִּי־שִׁמְךָ נִקְרָא עַל־עִירְךָ וְעַל־עַמֶּךָ׃ וְעוֹד 20
אֲנִי מְדַבֵּר וּמִתְפַּלֵּל וּמִתְוַדֶּה חַטָּאתִי וְחַטַּאת
עַמִּי יִשְׂרָאֵל וּמַפִּיל תְּחִנָּתִי לִפְנֵי יְהוָה
אֱלֹהַי עַל הַר־קֹדֶשׁ אֱלֹהָי׃ וְעוֹד אֲנִי מְדַבֵּר בַּתְּפִלָּה 21
וְהָאִישׁ גַּבְרִיאֵל אֲשֶׁר רָאִיתִי בֶחָזוֹן בַּתְּחִלָּה מֻעָף
בִּיעָף נֹגֵעַ אֵלַי כְּעֵת מִנְחַת־עָרֶב׃ וַיָּבֶן וַיְדַבֵּר 22
עִמִּי וַיֹּאמַר דָּנִיֵּאל עַתָּה יָצָאתִי לְהַשְׂכִּילְךָ בִינָה׃
בִּתְחִלַּת תַּחֲנוּנֶיךָ יָצָא דָבָר וַאֲנִי בָּאתִי לְהַגִּיד 23
כִּי חֲמוּדוֹת אָתָּה וּבִין בַּדָּבָר וְהָבֵן בַּמַּרְאֶה׃
שָׁבֻעִים שִׁבְעִים נֶחְתַּךְ עַל־עַמְּךָ וְעַל־עִיר קָדְשֶׁךָ 24
לְכַלֵּא הַפֶּשַׁע וּלַחְתֹּם חַטָּאות וּלְכַפֵּר עָוֹן וּלְהָבִיא
צֶדֶק עֹלָמִים וְלַחְתֹּם חָזוֹן וְנָבִיא וְלִמְשֹׁחַ קֹדֶשׁ
קָדָשִׁים׃ וְתֵדַע וְתַשְׂכֵּל מִן־מֹצָא דָבָר לְהָשִׁיב 25
וְלִבְנוֹת יְרוּשָׁלִַם עַד־מָשִׁיחַ נָגִיד שָׁבֻעִים שִׁבְעָה
וְשָׁבֻעִים שִׁשִּׁים וּשְׁנַיִם תָּשׁוּב וְנִבְנְתָה רְחוֹב
וְחָרוּץ וּבְצוֹק הָעִתִּים׃ וְאַחֲרֵי הַשָּׁבֻעִים שִׁשִּׁים 26
וּשְׁנַיִם יִכָּרֵת מָשִׁיחַ וְאֵין לוֹ וְהָעִיר וְהַקֹּדֶשׁ יַשְׁחִית
עַם נָגִיד הַבָּא וְקִצּוֹ בַשֶּׁטֶף וְעַד קֵץ מִלְחָמָה
נֶחֱרֶצֶת שֹׁמֵמוֹת׃ וְהִגְבִּיר בְּרִית לָרַבִּים שָׁבוּעַ 27
אֶחָד וַחֲצִי הַשָּׁבוּעַ יַשְׁבִּית זֶבַח וּמִנְחָה וְעַל כְּנַף
שִׁקּוּצִים מְשֹׁמֵם וְעַד־כָּלָה וְנֶחֱרָצָה תִּתַּךְ

CAP. X. י
עַל־שֹׁמֵם׃

בִּשְׁנַת שָׁלוֹשׁ לְכוֹרֶשׁ מֶלֶךְ פָּרַס דָּבָר נִגְלָה לְדָנִיֵּאל 1
אֲשֶׁר־נִקְרָא שְׁמוֹ בֵּלְטְשַׁאצַּר וֶאֱמֶת הַדָּבָר וְצָבָא
גָדוֹל וּבִין אֶת־הַדָּבָר וּבִינָה לוֹ בַּמַּרְאֶה׃ בַּיָּמִים 2
הָהֵם אֲנִי דָנִיֵּאל הָיִיתִי מִתְאַבֵּל שְׁלֹשָׁה שָׁבֻעִים
יָמִים׃ לֶחֶם חֲמֻדוֹת לֹא אָכַלְתִּי וּבָשָׂר וָיַיִן לֹא 3
בָא אֶל־פִּי וְסוֹךְ לֹא סָכְתִּי עַד־מְלֹאת שְׁלֹשֶׁת
שָׁבֻעִים יָמִים׃ וּבְיוֹם עֶשְׂרִים וְאַרְבָּעָה לַחֹדֶשׁ 4

law, even by departing, that they might not obey thy voice; therefore the curse is poured upon us, and the oath that *is* written in the law of Moses the servant of God, because we have sinned against him.

12 And he hath confirmed his words, which he spake against us, and against our judges that judged us, by bringing upon us a great evil: for under the whole heaven hath not been done as hath been done upon Jerusalem.

13 As *it is* written *e* in the law of Moses, all this evil is come upon us: yet λ made we not our prayer before the LORD our God, that we might turn from our iniquities, and understand thy truth.

14 Therefore hath the LORD watched upon the evil, and brought it upon us: for the LORD our God *is* righteous *d* in all his works which he doeth: for we obeyed not his voice.

15 And now, O Lord our God, that hast brought thy people forth out of the land of Egypt with a mighty hand, and hast ρ gotten thee renown, as at this day; we have sinned, we have done wickedly.

16 O Lord, according to all thy righteousness, I beseech thee, let thine anger and thy fury be turned away from thy city Jerusalem, thy holy mountain; because for our sins, and for the iniquities of our fathers, Jerusalem and thy people *are* become a reproach to all *that are* about us.

17 Now, therefore, O our God, hear the prayer of thy servant, and his supplications, and cause thy face to shine upon thy sanctuary that is desolate, for the Lord's sake.

18 O my God, incline thine ear, and hear; open thine eyes, and behold our desolations, and the city χ which is called by thy name: for we do not ψ present our supplications before thee for our righteousnesses, but for thy great mercies.

19 O Lord, hear; O Lord, forgive; O Lord, hearken, and do; defer not, for thine own sake, O my God; for thy city and thy people are called by thy name.

20 And whiles I was speaking, and praying, and confessing my sin and the sin of my people Israel, and presenting my supplication before the LORD my God for the holy mountain of my God ;

21 Yea, whiles I *was* speaking in prayer, even the man Gabriel, whom I had seen in the vision at the beginning, being caused to fly γ swiftly, touched me about the time of the evening oblation.

22 And he informed *me*, and talked with me, and said, O Daniel, I am now come forth to ζ give thee skill and understanding.

23 At the beginning of thy supplications the θ commandment came forth, and I am come to shew *thee;* for thou *art* λ greatly beloved: therefore understand the matter, and consider the vision.

24 Seventy *f* weeks *g* are determined upon thy people, and upon thy holy city, to μ finish the transgression, and to ν make an end of sins, and to make reconciliation for iniquity, and to bring in everlasting *i* righteousness, and to seal up the vision and π prophecy, and to anoint the Most Holy.

25 Know, therefore, and understand, *that* from the going forth of the commandment to σ restore and to build Jerusalem unto the Messiah the Prince, *shall be*

B. C. 538.

β *return and be builded.*
γ *or, breach, or, ditch.*
a Ne.48,&c. 6. 15.
δ *strait of.*
b Lu.21.26,46.
ζ *or, and shall have nothing,* Jnᵒ. 14. 30.
η *or, and they (the Jews) shall be no more his people,* Ho. 1. 9; *or, the prince's (Messiah's,* ver. 25.) *future people.*
θ *or, it shall be cut off by desolations.*
κ *or, a.*
c Le.26.14,&c. De.28.15,&c La. 2. 15..17.
λ *intreated we not the face of.*
μ *or, upon the battlements shall be the idols of the desolator.*
ν *desolator.*
d Ne. 9. 33.
π *great.*
ρ *made thee a name.*
σ *weeks of days.*
τ *bread of desires.*
φ *one.*
e Re.1.13..17.
χ *whereupon thy name is called.*
ψ *cause to fall.*
β *or, vigour.*
γ *with weariness, or, flight.*
δ *moved.*
ζ *make thee skilful of.*
η *of desires.*
θ *word.*
κ *upon thy standing.*
λ *a man of desires.*
f They begin from the 20th of Artaxerxes.
g Nu. 14. 34. Eze. 4. 6.
μ *or, restrain.*
ν *or, seal up.*
h Ac.10.30.31.
i He. 9. 12.
π *prophet.*
ρ *or, the first,* Jude 9. Re. 12. 7.
σ *or, build again.*

---

seven weeks, and threescore and two weeks: the street shall β be built again, and the γ wall, even *a* in δ troublous times.

26 And after threescore and two weeks shall *b* Messiah be cut off, ζ but not for himself: and η the people of the prince that shall come shall destroy the city and the sanctuary; and the end thereof *shall be* with a flood, and unto the end of the war θ desolations are determined.

27 And he shall confirm κ the covenant with many for one week: and in the midst of the week he shall cause the sacrifice and the oblation to cease, and μ for the overspreading of abominations he shall make *it* desolate, even until the consummation, and that determined shall be poured upon the ν desolate.

CHAP. X.

IN the third year of Cyrus king of Persia, a thing was revealed unto Daniel, whose name was called Belteshazzar; and the thing *was* true, but the time appointed *was* π long: and he understood the thing, and had understanding of the vision.

2 In those days I Daniel was mourning three σ full weeks.

3 I ate no τ pleasant bread, neither came flesh nor wine in my mouth, neither did I anoint myself at all, till three whole weeks were fulfilled.

4 And in the four and twentieth day of the first month, as I was by the side of the great river, which *is* Hiddekel;

5 Then I lifted up mine eyes, and looked, and, behold, φ a certain man clothed in linen, whose loins *were* girded with fine gold of Uphaz.

6 His body *also was* like the beryl, and his face as the appearance of lightning, and his eyes as lamps of fire, and his arms and his feet like in colour to polished brass, and the voice of his words like the voice of a multitude.

7 And I Daniel alone saw the vision: for the men that were with me saw not the vision; but a great quaking fell upon them, so that they fled to hide themselves.

8 Therefore I was left alone, and saw this great vision, and there remained no strength in me: for my β comeliness was turned in me into corruption, and I retained no strength.

9 Yet heard I the voice of his words: and when I heard the voice of his words, then was I in a deep sleep on my face, and my face toward the ground.

10 And, behold, an hand touched me, which δ set me upon my knees and *upon* the palms of my hands:

11 And he said unto me, O Daniel, a man η greatly beloved, understand the words that I speak unto thee, and stand κ upright: for unto thee am I now sent. And when he had spoken this word unto me, I stood trembling.

12 Then said he unto me, Fear not, Daniel; for from the first day that thou didst set thine heart to understand, and to chasten thyself before thy God, thy words were heard, *h* and I am come for thy words.

13 But the prince of the kingdom of Persia withstood me one and twenty days: but, lo, Michael, ρ one of the chief princes, came to help me; and I remained there with the kings of Persia.

14 Now I am come to make thee understand what shall befall thy people in

---

הָרִאשׁוֹן וַאֲנִי הָיִיתִי עַל־יַד הַנָּהָר הַגָּדוֹל הוּא

5 חִדָּקֶל ׃ וָאֶשָּׂא אֶת־עֵינַי וָאֵרֶא וְהִנֵּה אִישׁ־אֶחָד

לָבוּשׁ בַּדִּים וּמָתְנָיו חֲגֻרִים בְּכֶתֶם אוּפָז ׃

6 וּגְוִיָּתוֹ כְתַרְשִׁישׁ וּפָנָיו כְּמַרְאֵה בָרָק וְעֵינָיו כְּלַפִּידֵי אֵשׁ וּזְרֹעֹתָיו וּמַרְגְּלֹתָיו כְּעֵין נְחֹשֶׁת קָלָל וְקוֹל דְּבָרָיו כְּקוֹל הָמוֹן ׃

7 וְרָאִיתִי אֲנִי דָנִיֵּאל לְבַדִּי אֶת־הַמַּרְאָה וְהָאֲנָשִׁים אֲשֶׁר הָיוּ עִמִּי לֹא רָאוּ אֶת־הַמַּרְאָה אֲבָל חֲרָדָה גְדֹלָה נָפְלָה עֲלֵיהֶם וַיִּבְרְחוּ בְּהֵחָבֵא ׃

8 וַאֲנִי נִשְׁאַרְתִּי לְבַדִּי וָאֶרְאֶה אֶת־הַמַּרְאָה הַגְּדֹלָה הַזֹּאת וְלֹא נִשְׁאַר־בִּי כֹּחַ וְהוֹדִי נֶהְפַּךְ עָלַי לְמַשְׁחִית וְלֹא עָצַרְתִּי כֹּחַ ׃

9 וָאֶשְׁמַע אֶת־קוֹל דְּבָרָיו וּכְשָׁמְעִי אֶת־קוֹל דְּבָרָיו וַאֲנִי הָיִיתִי נִרְדָּם עַל־פָּנַי וּפָנַי אָרְצָה ׃

10 וְהִנֵּה־יָד נָגְעָה בִּי וַתְּנִיעֵנִי עַל־בִּרְכַּי וְכַפּוֹת יָדָי ׃

11 וַיֹּאמֶר אֵלַי דָּנִיֵּאל אִישׁ־חֲמֻדוֹת הָבֵן בַּדְּבָרִים אֲשֶׁר אָנֹכִי דֹבֵר אֵלֶיךָ וַעֲמֹד עַל־עָמְדֶךָ כִּי עַתָּה שֻׁלַּחְתִּי אֵלֶיךָ וּבְדַבְּרוֹ עִמִּי אֶת־הַדָּבָר הַזֶּה עָמַדְתִּי מַרְעִיד ׃

12 וַיֹּאמֶר אֵלַי אַל־תִּירָא דָנִיֵּאל כִּי מִן־הַיּוֹם הָרִאשׁוֹן אֲשֶׁר נָתַתָּ אֶת־לִבְּךָ לְהָבִין וּלְהִתְעַנּוֹת לִפְנֵי אֱלֹהֶיךָ נִשְׁמְעוּ דְבָרֶיךָ וַאֲנִי־בָאתִי בִּדְבָרֶיךָ ׃

13 וְשַׂר מַלְכוּת פָּרַס עֹמֵד לְנֶגְדִּי עֶשְׂרִים וְאֶחָד יוֹם וְהִנֵּה מִיכָאֵל אַחַד הַשָּׂרִים הָרִאשֹׁנִים בָּא לְעָזְרֵנִי וַאֲנִי נוֹתַרְתִּי שָׁם אֵצֶל מַלְכֵי פָרָס ׃

14 וּבָאתִי לַהֲבִינְךָ אֵת אֲשֶׁר־יִקְרָה לְעַמְּךָ בְּאַחֲרִית הַיָּמִים ׃

15 וּבְדַבְּרוֹ עִמִּי כַּדְּבָרִים הָאֵלֶּה נָתַתִּי פָנַי אַרְצָה וְנֶאֱלָמְתִּי ׃

16 וְהִנֵּה כִּדְמוּת בְּנֵי אָדָם נֹגֵעַ עַל־שְׂפָתָי וָאֶפְתַּח־פִּי וָאֲדַבְּרָה וָאֹמְרָה אֶל־הָעֹמֵד לְנֶגְדִּי אֲדֹנִי בַּמַּרְאָה נֶהֶפְכוּ צִירַי עָלַי וְלֹא עָצַרְתִּי כֹּחַ ׃

17 וְהֵיךְ יוּכַל עֶבֶד אֲדֹנִי זֶה לְדַבֵּר עִם־אֲדֹנִי זֶה וַאֲנִי מֵעַתָּה לֹא־יַעֲמָד־בִּי כֹחַ וּנְשָׁמָה לֹא נִשְׁאֲרָה־בִי ׃

18 וַיֹּסֶף וַיִּגַּע־בִּי כְּמַרְאֵה אָדָם וַיְחַזְּקֵנִי ׃

19 וַיֹּאמֶר אַל־תִּירָא אִישׁ־חֲמֻדוֹת שָׁלוֹם לָךְ חֲזַק וַחֲזָק וּכְדַבְּרוֹ עִמִּי הִתְחַזַּקְתִּי וָאֹמְרָה יְדַבֵּר אֲדֹנִי כִּי חִזַּקְתָּנִי ׃

20 וַיֹּאמֶר הֲיָדַעְתָּ לָמָּה־בָּאתִי אֵלֶיךָ וְעַתָּה אָשׁוּב לְהִלָּחֵם עִם־שַׂר פָּרָס וַאֲנִי יוֹצֵא וְהִנֵּה שַׂר־יָוָן בָּא ׃

21 אֲבָל אַגִּיד לְךָ אֶת־הָרָשׁוּם בִּכְתָב אֱמֶת וְאֵין אֶחָד מִתְחַזֵּק עִמִּי עַל־אֵלֶּה כִּי אִם־מִיכָאֵל שַׂרְכֶם ׃

CAP. XI. יא

1 וַאֲנִי בִּשְׁנַת אַחַת לְדָרְיָוֶשׁ הַמָּדִי עָמְדִי לְמַחֲזִיק

וּלְמָעוֹז לוֹ ׃ 2 וְעַתָּה אֱמֶת אַגִּיד לָךְ הִנֵּה־עוֹד שְׁלֹשָׁה מְלָכִים עֹמְדִים לְפָרַס וְהָרְבִיעִי יַעֲשִׁיר עֹשֶׁר־גָּדוֹל מִכֹּל וּכְחֶזְקָתוֹ בְעָשְׁרוֹ יָעִיר הַכֹּל אֵת מַלְכוּת יָוָן ׃

3 וְעָמַד מֶלֶךְ גִּבּוֹר וּמָשַׁל מִמְשָׁל רַב וְעָשָׂה כִּרְצוֹנוֹ ׃

4 וּכְעָמְדוֹ תִּשָּׁבֵר מַלְכוּתוֹ וְתֵחָץ לְאַרְבַּע רוּחוֹת הַשָּׁמָיִם וְלֹא לְאַחֲרִיתוֹ וְלֹא כְמָשְׁלוֹ אֲשֶׁר מָשָׁל כִּי תִנָּתֵשׁ מַלְכוּתוֹ וְלַאֲחֵרִים מִלְּבַד־אֵלֶּה ׃

5 וְיֶחֱזַק מֶלֶךְ־הַנֶּגֶב וּמִן־שָׂרָיו וְיֶחֱזַק עָלָיו וּמָשָׁל מִמְשָׁל רַב מֶמְשַׁלְתּוֹ ׃

6 וּלְקֵץ שָׁנִים יִתְחַבָּרוּ וּבַת מֶלֶךְ־הַנֶּגֶב תָּבוֹא אֶל־מֶלֶךְ הַצָּפוֹן לַעֲשׂוֹת מֵישָׁרִים וְלֹא־תַעְצֹר כּוֹחַ הַזְּרוֹעַ וְלֹא יַעֲמֹד וּזְרֹעוֹ וְתִנָּתֵן הִיא וּמְבִיאֶיהָ וְהַיֹּלְדָהּ וּמַחֲזִקָהּ בָּעִתִּים ׃

7 וְעָמַד מִנֵּצֶר שָׁרָשֶׁיהָ כַּנּוֹ וְיָבֹא אֶל־הַחַיִל וְיָבֹא בְּמָעוֹז מֶלֶךְ הַצָּפוֹן וְעָשָׂה בָהֶם וְהֶחֱזִיק ׃

8 וְגַם אֱלֹהֵיהֶם עִם־נְסִכֵיהֶם עִם־כְּלֵי חֶמְדָּתָם כֶּסֶף וְזָהָב בַּשְּׁבִי יָבִא מִצְרָיִם וְהוּא שָׁנִים יַעֲמֹד מִמֶּלֶךְ הַצָּפוֹן ׃

9 וּבָא בְּמַלְכוּת מֶלֶךְ הַנֶּגֶב וְשָׁב אֶל־אַדְמָתוֹ ׃

10 וּבְנָיו יִתְגָּרוּ וְאָסְפוּ הֲמוֹן חֲיָלִים רַבִּים וּבָא בוֹא וְשָׁטַף וְעָבָר וְיָשֹׁב וְיִתְגָּרֶו

עַד־מָעֻזֹּה ׃ 11 וְיִתְמַרְמַר מֶלֶךְ הַנֶּגֶב וְיָצָא וְנִלְחַם עִמּוֹ עִם־מֶלֶךְ הַצָּפוֹן וְהֶעֱמִיד הָמוֹן רָב וְנִתַּן הֶהָמוֹן בְּיָדוֹ ׃ 12 וְנִשָּׂא הֶהָמוֹן יָרוּם לְבָבוֹ וְהִפִּיל רִבֹּאוֹת וְלֹא יָעוֹז ׃ 13 וְשָׁב מֶלֶךְ הַצָּפוֹן וְהֶעֱמִיד הָמוֹן רַב מִן־הָרִאשׁוֹן וּלְקֵץ הָעִתִּים שָׁנִים יָבוֹא בוֹא בְּחַיִל גָּדוֹל וּבִרְכוּשׁ רָב ׃ 14 וּבָעִתִּים הָהֵם רַבִּים יַעַמְדוּ עַל־מֶלֶךְ הַנֶּגֶב וּבְנֵי פָּרִיצֵי עַמְּךָ יִנַּשְּׂאוּ לְהַעֲמִיד חָזוֹן וְנִכְשָׁלוּ ׃ 15 וְיָבֹא מֶלֶךְ הַצָּפוֹן וְיִשְׁפֹּךְ סוֹלֲלָה וְלָכַד עִיר מִבְצָרוֹת וּזְרֹעוֹת הַנֶּגֶב לֹא יַעֲמֹדוּ וְעַם מִבְחָרָיו וְאֵין כֹּחַ לַעֲמֹד ׃ 16 וְיַעַשׂ הַבָּא אֵלָיו כִּרְצוֹנוֹ וְאֵין עוֹמֵד לְפָנָיו וְיַעֲמֹד בְּאֶרֶץ־הַצְּבִי וְכָלָה בְיָדוֹ ׃ 17 וְיָשֵׂם פָּנָיו לָבוֹא בְּתֹקֶף כָּל־מַלְכוּתוֹ וִישָׁרִים עִמּוֹ וְעָשָׂה וּבַת הַנָּשִׁים יִתֶּן־לוֹ לְהַשְׁחִיתָהּ וְלֹא תַעֲמֹד וְלֹא־לוֹ תִהְיֶה ׃ 18 וְיָשֵׁב פָּנָיו לְאִיִּים וְלָכַד רַבִּים וְהִשְׁבִּית קָצִין חֶרְפָּתוֹ לוֹ בִּלְתִּי חֶרְפָּתוֹ יָשִׁיב לוֹ ׃ 19 וְיָשֵׁב פָּנָיו לְמָעוּזֵּי אַרְצוֹ וְנִכְשַׁל וְנָפַל וְלֹא יִמָּצֵא ׃ 20 וְעָמַד עַל־כַּנּוֹ מַעֲבִיר

the latter ^a days: for ^b yet the vision *is* for *many* days.

15 And when he had spoken such words unto me, I set my face toward the ground, and I became dumb.

16 And, behold, *one* like the similitude of the sons of men touched ^c my lips : then I opened my mouth and spake, and said unto him that stood before me, O my lord, by the vision my sorrows are turned upon me, and I have retained no strength.^f

17 For how can ^δ the servant of this my lord talk with this my lord ? for as for me, straightway there remained no strength in me, neither is there breath left in me.

18 Then there came again and touched me *one* like the appearance of a man, and he strengthened me,

19 And said, O man greatly beloved, fear not; peace *be* unto thee; be strong, yea, be strong. And when he had spoken unto me, I was strengthened, and said, Let my lord speak; for ^h thou hast strengthened me.

20 Then said he, Knowest thou wherefore I come unto thee? and now will I return to fight with the prince ^k of Persia: and when I am gone forth, lo, the prince of Grecia shall come.

21 But I will shew thee that which is noted in the scripture of truth : and *there is* none that ^λ holdeth with me in these things, but Michael ^l your prince.

CHAP. XI.

ALSO I, in the first ^m year of Darius the Mede, *even* I, stood to confirm and to strengthen him.

2 And now will I shew ^o thee the truth. Behold, there shall stand up yet three kings in Persia ; and the fourth shall be far richer than *they* all : and by his strength through his riches he shall stir up all against the realm of Grecia.

3 And a mighty king shall stand up, that shall rule with great dominion, and do according to his will.

4 And when he shall stand up, his kingdom ^p shall be broken, and shall be divided toward the four winds of heaven ; and not to his posterity, nor according to his dominion which he ruled : for his kingdom shall be plucked up, even for others beside those.

5 And the king of the south shall be strong, and *one* of his princes ; and he shall be strong above him, and have dominion ; his dominion *shall be* a great dominion.

6 And in the end of years they shall ψ join themselves together ; for the king's daughter of the south shall come to the king of the north to make β an agreement : but she shall not retain the power of the arm ; neither shall he stand, nor his arm : but she shall be given up, and they that brought her, and γ he that begat her, and he that strengthened her in *these* times.

7 But out of a branch of her roots shall *one* stand up in his δ estate, which shall come with an army, and shall enter into the fortress of the king of the north, and shall deal against them, and shall prevail :

8 And shall also carry captives into Egypt their gods, with their princes, *and* with η their precious vessels of silver and of gold ; and he shall continue *more* years than the king of the north.

9 So the king of the south shall come into *his* kingdom, and shall return into his own land.

B. C. 534.

a Ge. 49. 1.
  2 Ti. 3. 1.
b ch. 8. 26.
  Hab. 2. 3.
β or, *war.*
c ch. 9. 26.
  Is. 8. 8.
γ *be stirred up again.*
d ver. 7.
e Is. 6. 7, 8.
  Je. 1. 9.
f ver. 8.
g Ps. 33. 16.
  Ec.9 11,12.
δ or,*this servant of.*
ζ *at the end of times,* even *years,* ch. 4. 16. 12. 7.
h 2 Co. 12. 9.
η *children of robbers.*
i Re. 17. 17.
k ver. 13.
θ *city of munitions.*
κ *people of his choices.*
λ *strengtheneth himself.*
l ver. 13.
m ch. 9. 1.
μ *the land of ornament,* or, *goodly land,* ver. 41, 45.
n Pr. 19 21.
o Am. 3. 7.
v or, *much uprightness,* or, *equal conditions.*
π *to corrupt.*
ρ *him.*
σ *his reproach.*
p ch. 8.4,&c.
q Ps. 37. 36.
τ or, *place,* ver. 7.
φ *one that causeth an exactor to pass over.* Fulfilled 171. B. C.
χ *angers.*
ψ *associate.*
β *rights.*
τ ver. 10. Fulfilled 170. B. C.
γ or, *whom she brought forth.*
s ch. 8. 25.
δ *place,* or *office,* ver. 20.
ζ or,*into the peaceable and fat.*
η *vessels of their desire.*
θ *think his thoughts.*

---

10 But his sons shall β be stirred up, and shall assemble a multitude of great forces: and *one* shall certainly come, and overflow,^c and pass through ; then shall γ he return, and be stirred up,*even* to his fortress.^d

11 And the king of the south shall be moved with choler, and shall come forth and fight with him, *even* with the king of the north : and he shall set forth a great multitude ; but ^g the multitude shall be given into his hand.

12 *And* when he hath taken away the multitude, his heart shall be lifted up; and he shall cast down *many* ten thousands : but he shall not be strengthened *by it.*

13 For the king of the north shall return, and shall set forth a multitude greater than the former, and shall certainly come ζ after certain years with a great army and with much riches.

14 And in those times there shall many stand up against the king of the south : also the η robbers of thy people shall exalt themselves to establish the vision ; but they shall fall. ⁱ

15 So the king of the north shall come, and cast up a mount, and take the θ most fenced cities ; and the arms of the south shall not withstand, neither κ his chosen people, neither *shall there be any* strength to withstand.

16 But he that cometh against him shall do according to his own will, and none shall stand before him ; and he shall stand in μ the glorious land, which by his hand shall be consumed.

17 He shall also set his face ⁿ to enter with the strength of his whole kingdom, and v upright ones with him ; thus shall he do: and he shall give him the daughter of women, π corrupting her : but she shall not stand *on his side,* neither be for him.

18 After this shall he turn his face unto the isles, and shall take many ; but a prince for ρ his own behalf shall cause σ the reproach offered by him to cease ; without his own reproach he shall cause *it* to turn upon him.

19 Then he shall turn his face toward the fort of his own land : but he shall stumble and fall, and ^q not be found.

20 Then shall stand up in his τ estate φ a raiser of taxes *in* the glory of the kingdom : but within few days he shall be destroyed, neither in χ anger, nor in battle.

21 And in his τ estate shall stand up a vile person, to whom they shall not give the honour of the kingdom : but he shall come in peaceably, and obtain the kingdom by flatteries.

22 And ^r with the arms of a flood shall they be overflown from before him, and shall be broken ; yea, also the prince of the covenant.

23 And after the league *made* with him he shall work deceitfully : ^s for he shall come up, and shall become strong with a small people.

24 He shall enter ζ peaceably even upon the fattest places of the province ; and he shall do *that* which his fathers have not done, nor his fathers' fathers ; he shall scatter among them the prey, and spoil, and riches ; *yea,* and he shall θ forecast his devices against the strong holds, even for a time.

25 And he shall stir up his power and

נוֹתֵן הֶדֶר מַלְכוּת וּבְיָמִים אֲחָדִים יִשָּׁבֵר
21 וְלֹא בְאַפַּיִם וְלֹא בְמִלְחָמָה : וְעָמַד עַל־כַּנּוֹ
נִבְזֶה וְלֹא־נָתְנוּ עָלָיו הוֹד מַלְכוּת וּבָא בְשַׁלְוָה
22 וְהֶחֱזִיק מַלְכוּת בַּחֲלַקְלַקּוֹת : וּזְרֹעוֹת הַשֶּׁטֶף יִשָּׁטְפוּ
23 מִלְּפָנָיו וְיִשָּׁבֵרוּ וְגַם נְגִיד בְּרִית : וּמִן־הִתְחַבְּרוּת
אֵלָיו יַעֲשֶׂה מִרְמָה וְעָלָה וְעָצַם בִּמְעַט־גּוֹי :
24 בְּשַׁלְוָה וּבְמִשְׁמַנֵּי מְדִינָה יָבוֹא וְעָשָׂה אֲשֶׁר לֹא־
עָשׂוּ אֲבֹתָיו וַאֲבוֹת אֲבֹתָיו בִּזָּה וְשָׁלָל וּרְכוּשׁ לָהֶם
יִבְזוֹר וְעַל מִבְצָרִים יְחַשֵּׁב מַחְשְׁבֹתָיו וְעַד־עֵת :
25 וְיָעֵר כֹּחוֹ וּלְבָבוֹ עַל־מֶלֶךְ הַנֶּגֶב בְּחַיִל גָּדוֹל וּמֶלֶךְ
הַנֶּגֶב יִתְגָּרֶה לַמִּלְחָמָה בְּחַיִל־גָּדוֹל וְעָצוּם עַד־
26 מְאֹד וְלֹא יַעֲמֹד כִּי־יַחְשְׁבוּ עָלָיו מַחֲשָׁבוֹת : וְאֹכְלֵי
פַת־בָּגוֹ יִשְׁבְּרוּהוּ וְחֵילוֹ יִשְׁטוֹף וְנָפְלוּ חֲלָלִים רַבִּים :
27 וּשְׁנֵיהֶם הַמְּלָכִים לְבָבָם לְמֵרָע וְעַל־שֻׁלְחָן אֶחָד
28 כָּזָב יְדַבֵּרוּ וְלֹא תִצְלָח כִּי־עוֹד קֵץ לַמּוֹעֵד : וְיָשֹׁב
אַרְצוֹ בִּרְכוּשׁ גָּדוֹל וּלְבָבוֹ עַל־בְּרִית קֹדֶשׁ וְעָשָׂה וְשָׁב לְאַרְצוֹ :
29 לַמּוֹעֵד יָשׁוּב וּבָא בַנֶּגֶב וְלֹא־תִהְיֶה
30 כָרִאשֹׁנָה וְכָאַחֲרֹנָה : וּבָאוּ בוֹ צִיִּים כִּתִּים וְנִכְאָה
וְשָׁב וְזָעַם עַל־בְּרִית־קֹדֶשׁ וְעָשָׂה וְשָׁב וְיָבֵן עַל־עֹזְבֵי
31 בְּרִית קֹדֶשׁ : וּזְרֹעִים מִמֶּנּוּ יַעֲמֹדוּ וְחִלְּלוּ
הַמִּקְדָּשׁ הַמָּעוֹז וְהֵסִירוּ הַתָּמִיד וְנָתְנוּ הַשִּׁקּוּץ מְשֹׁמֵם :
32 וּמַרְשִׁיעֵי בְרִית יַחֲנִיף בַּחֲלַקּוֹת וְעַם
33 יֹדְעֵי אֱלֹהָיו יַחֲזִקוּ וְעָשׂוּ : וּמַשְׂכִּילֵי עָם יָבִינוּ לָרַבִּים
וְנִכְשְׁלוּ בְּחֶרֶב וּבְלֶהָבָה בִּשְׁבִי וּבְבִזָּה יָמִים :
34 וּבְהִכָּשְׁלָם יֵעָזְרוּ עֵזֶר מְעָט וְנִלְווּ עֲלֵיהֶם רַבִּים ס
35 בַּחֲלַקְלַקּוֹת : וּמִן־הַמַּשְׂכִּילִים יִכָּשְׁלוּ לִצְרוֹף
בָּהֶם וּלְבָרֵר וְלַלְבֵּן עַד־עֵת קֵץ כִּי־עוֹד לַמּוֹעֵד :
36 וְעָשָׂה כִרְצֹנוֹ הַמֶּלֶךְ וְיִתְרוֹמֵם וְיִתְגַּדֵּל עַל־כָּל־אֵל
וְעַל אֵל אֵלִים יְדַבֵּר נִפְלָאוֹת וְהִצְלִיחַ עַד־כָּלָה
37 זַעַם כִּי נֶחֱרָצָה נֶעֱשָׂתָה : וְעַל־אֱלֹהֵי אֲבֹתָיו לֹא
יָבִין וְעַל־חֶמְדַּת נָשִׁים וְעַל־כָּל־אֱלוֹהַּ לֹא יָבִין כִּי
38 עַל־כֹּל יִתְגַּדָּל : וְלֶאֱלֹהַּ מָעֻזִּים עַל־כַּנּוֹ יְכַבֵּד
וְלֶאֱלֹהַּ אֲשֶׁר לֹא־יְדָעֻהוּ אֲבֹתָיו יְכַבֵּד בְּזָהָב וּבְכֶסֶף
39 וּבְאֶבֶן יְקָרָה וּבַחֲמֻדוֹת : וְעָשָׂה לְמִבְצְרֵי מָעֻזִּים
עִם־אֱלוֹהַּ נֵכָר אֲשֶׁר הִכִּיר יַרְבֶּה כָבוֹד וְהִמְשִׁילָם
40 בָּרַבִּים וַאֲדָמָה יְחַלֵּק בִּמְחִיר : וּבְעֵת קֵץ יִתְנַגַּח
עִמּוֹ מֶלֶךְ הַנֶּגֶב וְיִשְׂתָּעֵר עָלָיו מֶלֶךְ הַצָּפוֹן בְּרֶכֶב
וּבְפָרָשִׁים וּבָאֳנִיּוֹת רַבּוֹת וּבָא בַאֲרָצוֹת וְשָׁטַף וְעָבָר :

41 וּבָא בְּאֶרֶץ הַצְּבִי וְרַבּוֹת יִכָּשֵׁלוּ וְאֵלֶּה
יִמָּלְטוּ מִיָּדוֹ אֱדוֹם וּמוֹאָב וְרֵאשִׁית בְּנֵי עַמּוֹן :
42 וְיִשְׁלַח יָדוֹ בַּאֲרָצוֹת וְאֶרֶץ מִצְרַיִם לֹא תִהְיֶה
43 לִפְלֵיטָה : וּמָשַׁל בְּמִכְמַנֵּי הַזָּהָב וְהַכֶּסֶף וּבְכֹל
חֲמֻדוֹת מִצְרָיִם וְלֻבִים וְכֻשִׁים בְּמִצְעָדָיו :
44 וּשְׁמֻעוֹת יְבַהֲלֻהוּ מִמִּזְרָח וּמִצָּפוֹן וְיָצָא בְּחֵמָא
45 גְדֹלָה לְהַשְׁמִיד וּלְהַחֲרִים רַבִּים : וְיִטַּע אָהֳלֵי
אַפַּדְנוֹ בֵּין יַמִּים לְהַר צְבִי־קֹדֶשׁ וּבָא עַד־קִצּוֹ וְאֵין
עוֹזֵר לוֹ :

CAP. XII. יב

1 וּבָעֵת הַהִיא יַעֲמֹד מִיכָאֵל הַשַּׂר הַגָּדוֹל הָעֹמֵד
עַל־בְּנֵי עַמֶּךָ וְהָיְתָה עֵת צָרָה אֲשֶׁר לֹא־נִהְיְתָה
מִהְיוֹת גּוֹי עַד הָעֵת הַהִיא וּבָעֵת הַהִיא יִמָּלֵט
2 עַמְּךָ כָּל־הַנִּמְצָא כָּתוּב בַּסֵּפֶר : וְרַבִּים מִיְּשֵׁנֵי
אַדְמַת־עָפָר יָקִיצוּ אֵלֶּה לְחַיֵּי עוֹלָם וְאֵלֶּה
3 לַחֲרָפוֹת לְדִרְאוֹן עוֹלָם : וְהַמַּשְׂכִּלִים יַזְהִרוּ
כְּזֹהַר הָרָקִיעַ וּמַצְדִּיקֵי הָרַבִּים כַּכּוֹכָבִים לְעוֹלָם
4 וָעֶד : וְאַתָּה דָנִיֵּאל סְתֹם הַדְּבָרִים וַחֲתֹם
הַסֵּפֶר עַד־עֵת קֵץ יְשֹׁטְטוּ רַבִּים וְתִרְבֶּה הַדָּעַת :
5 וְרָאִיתִי אֲנִי דָנִיֵּאל וְהִנֵּה שְׁנַיִם אֲחֵרִים עֹמְדִים
אֶחָד הֵנָּה לִשְׂפַת הַיְאֹר וְאֶחָד הֵנָּה לִשְׂפַת הַיְאֹר :
6 וַיֹּאמֶר לָאִישׁ לְבוּשׁ הַבַּדִּים אֲשֶׁר מִמַּעַל לְמֵימֵי
7 הַיְאֹר עַד־מָתַי קֵץ הַפְּלָאוֹת : וָאֶשְׁמַע אֶת־
הָאִישׁ לְבוּשׁ הַבַּדִּים אֲשֶׁר מִמַּעַל לְמֵימֵי הַיְאֹר
וַיָּרֶם יְמִינוֹ וּשְׂמֹאלוֹ אֶל־הַשָּׁמַיִם וַיִּשָּׁבַע
בְּחֵי הָעוֹלָם כִּי לְמוֹעֵד מוֹעֲדִים וָחֵצִי וּכְכַלּוֹת
8 נַפֵּץ יַד־עַם־קֹדֶשׁ תִּכְלֶינָה כָל־אֵלֶּה : וַאֲנִי
שָׁמַעְתִּי וְלֹא אָבִין וָאֹמְרָה אֲדֹנִי מָה
9 אַחֲרִית אֵלֶּה : וַיֹּאמֶר לֵךְ דָּנִיֵּאל כִּי־סְתֻמִים
10 וַחֲתֻמִים הַדְּבָרִים עַד־עֵת קֵץ : יִתְבָּרֲרוּ
וְיִתְלַבְּנוּ וְיִצָּרְפוּ רַבִּים וְהִרְשִׁיעוּ רְשָׁעִים וְלֹא יָבִינוּ
11 כָּל־רְשָׁעִים וְהַמַּשְׂכִּלִים יָבִינוּ : וּמֵעֵת הוּסַר
הַתָּמִיד וְלָתֵת שִׁקּוּץ שֹׁמֵם יָמִים אֶלֶף מָאתַיִם
12 וְתִשְׁעִים : אַשְׁרֵי הַמְחַכֶּה וְיַגִּיעַ לְיָמִים אֶלֶף
13 שְׁלֹשׁ מֵאוֹת שְׁלֹשִׁים וַחֲמִשָּׁה : וְאַתָּה לֵךְ לַקֵּץ
וְתָנוּחַ וְתַעֲמֹד לְגֹרָלְךָ לְקֵץ הַיָּמִין :

חזק

his courage against the king of the south with a great army; and the king of the south shall be stirred up to battle with a very great and mighty army; but he shall not stand: for they shall forecast devices against him.

26 Yea, they that feed of the portion of his meat shall destroy him, and his army shall overflow; and many shall fall down slain.

27 And both these kings' γ hearts *shall be* to do mischief, and they shall speak lies at one table; but it shall not prosper :*b* for yet the end *shall be* at the time appointed.

28 Then shall he return into his land with great riches; and his heart *shall be* against the holy covenant; and he shall do *exploits*, and return to his own land.

29 At the time appointed he shall return, and come toward the south: but it shall not be as the former, or as the latter.

30 For the ships*e* of Chittim shall come against him ; therefore he shall be grieved, and return, and have indignation against the holy covenant: so shall he do;*δ* he shall even return, and have intelligence with them that forsake the holy covenant.

31 And arms shall stand on his part, and they shall pollute the sanctuary of strength, and shall take away the daily *sacrifice*, and they shall place the abomination that ζmaketh desolate.

32 And such as do wickedly against the covenant shall he θ corrupt by flatteries : but the people that do know their God shall be strong, and do *exploits*.

33 And they that understand among the people shall instruct many ; yet they shall fall by the sword, and by flame, by captivity, and by spoil, *many* days.

34 Now when they shall fall, they shall be holpen with a little help: but many shall cleave to them with flatteries.

35 And *some* of them of understanding shall fall, to*ν* try λ them, and to purge, and to make *them* white, *even* to the time of the end : because *it is* yet for a time appointed.*q*

36 And the king shall do according to his will ; and*r* he shall exalt himself, and magnify himself above every god, and shall speak marvellous things against the God of gods, and shall prosper till the indignation be accomplished : for that that is determined*t* shall be done.

37 Neither shall he regard the God of his fathers, nor the desire of women, nor regard any god : for he shall magnify himself above all.*u*

38 But π in his ρ estate shall he honour the God of σ forces ; and a god whom his fathers knew not shall he honour with gold, and silver, and with precious stones, and τ pleasant things.

39 Thus shall he do in the φ most strong holds with a strange god, whom he shall acknowledge *and* increase with glory : and he shall cause them to rule over many, and shall divide the land for χ gain.

40 And at the time of the end shall the king of the south push at him : and the king of the north shall come against him like*w* a whirlwind, with chariots, and with horsemen, and with many ships ; and he shall enter into the countries, and shall overflow and pass over.

41 He shall enter also into the γ glorious*x* land, and many *countries* shall be overthrown ; but these shall escape out

of his hand, *even*a Edom, and Moab, and the chief of the children of Ammon.

42 He shall β stretch forth his hand also upon the countries ; and the land of Egypt shall not escape.

43 But he shall have power over the treasures of gold and of silver, and over all the precious things of Egypt ; and the Libyans and the Ethiopians *shall be* at his steps.

44 But tidings out of the east and out of the north shall trouble him : therefore he shall go forth with great fury to destroy, and utterly to make away many.

45 And he shall plant the tabernacles of his palaces between the seas in the δ glorious holy mountain ; yet*e* he shall come to his end, and none shall help him.

CHAP. XII.

AND at that time shall Michael*d* stand up, the great prince which standeth for the children of thy people ; and*f* there shall be a time of trouble, such as never was since there was a nation *even* to that same time : and at that time thy*h* people shall be delivered, every one that shall be found written*i* in the book.

2 And many of them that sleep in the dust of the earth shall awake, some to everlasting life,*k* and some to*l* shame *and* everlasting contempt.

3 And they that be η wise shall*m* shine as the brightness of the firmament ; and they that turn many to righteousness, a5 the stars*n* for ever and ever.

4 But thou, O Daniel, shut*o* up the words, and seal the book, *even* to the time of the end ; many shall run to and fro, and knowledge shall be increased.

5 Then I Daniel looked, and, behold, there stood other two, the one on this side of the κ bank of the river, and the other on that side of the bank of the river.

6 And *one* said to the man clothed in linen, which *was* μ υ)on the waters of the river, How long *shall* it be *to* the end of these wonders?

7 And I heard the man clothed in linen, which *was* upon the waters of the river, when he held up his right hand and his left hand unto heaven, and sware by him that liveth for ever, that *it shall be* for a time, times, and ν an half ; and when he shall have accomplished to scatter the power of the holy people, all these *things* shall be finished.

8 And I heard, but I understood not ; then said I, O my Lord, what *shall be* the end of these *things?*

9 And he said, Go thy way, Daniel ; for the words *are* closed up and sealed till the time of the end.

10 Many shall be purified, and made white, and tried ; but*v* the wicked shall do wickedly : and none of the wicked shall understand ; but the wise shall understand.

11 And from the time *that* the daily *sacrifice* shall be taken away, and Ψ the abomination that β maketh desolate set up, *there shall be* a thousand two hundred and ninety days.

12 Blessed *is* he that waiteth, and cometh to the thousand three hundred and five and thirty days.

13 But go thou thy way till the end *be*, δ for thou shalt rest, and stand in thy lot at the end of the days.

B. C. 534.

a Is.11.14,15.
β *send forth.*
γ *their hearts*
b ver.29,35,40.
ch. 8. 19.
δ or, *goodly.*
Heb.*mountain of delight of holiness.*
c 2 Th. 2. 8.
d ch.10.13,21.
Jude 9.
e Nu. 24. 24.
f Mat. 24. 21.
g Fulfilled, 168, 169.
1Mac.I..III.
2Mac.IV.V.
h Je. 30. 7.
Ro. 11. 26.
i Re. 13. 8.
k Mat.25.46.
l Is. 66. 24.
ζ or, *astonisheth.*
η or, *teachers.*
m Mat. 13.43.
θ or, *cause to dissemble.*
n 1Co.15.41, 42.
o Re. 10. 4.
κ *lip.*
p 2Ch.32. 31.
λ or, *by them.*
μ or, *from above.*
q Hab. 2. 3.
r Is.14.13,14.
Re. 13. 5, 6.
s Re. 10. 5.7.
ν or, *a part.*
t ch. 9. 27.
u 2 Th. 2. 4.
π as *for the almighty God, in his seat he shall honour, yea he shall honour a god, &c.*
ρ or, *stead.*
σ *Mauzzim,* or, *gods protectors;* or, *munitions.*
τ *things desired,* Is. 44. 9.
φ *fortresses of munitions.*
v Re. 22. 11.
χ *a price.*
ψ *to set up the abomination.*
β or, *astonisheth.*
w Zec. 9. 14.
γ *land of delight,* or, *ornament,* or, *goodly land.*
x ver. 16, 45.
δ or, *and.*

556

הושע

LIBER HOSEÆ.

1 וּדְבַר־יְהֹוָה ׀ אֲשֶׁר הָיָה אֶל־הוֹשֵׁעַ בֶּן־בְּאֵרִי בִּימֵי
עֻזִּיָּה יוֹתָם אָחָז יְחִזְקִיָּה מַלְכֵי יְהוּדָה וּבִימֵי
2 יָרׇבְעָם בֶּן־יוֹאָשׁ מֶלֶךְ יִשְׂרָאֵל ׃ תְּחִלַּת דִּבֶּר־
יְהֹוָה בְּהוֹשֵׁעַ וַיֹּאמֶר יְהֹוָה אֶל־הוֹשֵׁעַ לֵךְ קַח־
לְךָ אֵשֶׁת זְנוּנִים וְיַלְדֵי זְנוּנִים כִּי־זָנֹה תִזְנֶה הָאָרֶץ
3 מֵאַחֲרֵי יְהֹוָה ׃ וַיֵּלֶךְ וַיִּקַּח אֶת־גֹּמֶר בַּת־דִּבְלָיִם
4 וַתַּהַר וַתֵּלֶד לוֹ בֵּן ׃ וַיֹּאמֶר יְהֹוָה אֵלָיו קְרָא
שְׁמוֹ יִזְרְעֶאל כִּי־עוֹד מְעַט וּפָקַדְתִּי אֶת־דְּמֵי
יִזְרְעֶאל עַל־בֵּית יֵהוּא וְהִשְׁבַּתִּי מַמְלְכוּת בֵּית
5 יִשְׂרָאֵל ׃ וְהָיָה בַּיּוֹם הַהוּא וְשָׁבַרְתִּי אֶת־קֶשֶׁת
6 יִשְׂרָאֵל בְּעֵמֶק יִזְרְעֶאל ׃ וַתַּהַר עוֹד וַתֵּלֶד בַּת
וַיֹּאמֶר לוֹ קְרָא שְׁמָהּ לֹא רֻחָמָה כִּי לֹא אוֹסִיף
עוֹד אֲרַחֵם אֶת־בֵּית יִשְׂרָאֵל כִּי־נָשֹׂא אֶשָּׂא לָהֶם ׃
7 וְאֶת־בֵּית יְהוּדָה אֲרַחֵם וְהוֹשַׁעְתִּים בַּיהֹוָה
אֱלֹהֵיהֶם וְלֹא אוֹשִׁיעֵם בְּקֶשֶׁת וּבְחֶרֶב וּבְמִלְחָמָה
8 בְּסוּסִים וּבְפָרָשִׁים ׃ וַתִּגְמֹל אֶת־לֹא רֻחָמָה
9 וַתַּהַר וַתֵּלֶד בֵּן ׃ וַיֹּאמֶר קְרָא שְׁמוֹ לֹא עַמִּי כִּי
אַתֶּם לֹא עַמִּי וְאָנֹכִי לֹא־אֶהְיֶה לָכֶם ׃

1 וְהָיָה מִסְפַּר בְּנֵי־יִשְׂרָאֵל כְּחוֹל הַיָּם אֲשֶׁר לֹא־יִמַּד
וְלֹא יִסָּפֵר וְהָיָה בִּמְקוֹם אֲשֶׁר־יֵאָמֵר לָהֶם לֹא־עַמִּי
2 אַתֶּם יֵאָמֵר לָהֶם בְּנֵי אֵל־חָי ׃ וְנִקְבְּצוּ בְּנֵי־
יְהוּדָה וּבְנֵי־יִשְׂרָאֵל יַחְדָּו וְשָׂמוּ לָהֶם רֹאשׁ אֶחָד
3 וְעָלוּ מִן־הָאָרֶץ כִּי גָדוֹל יוֹם יִזְרְעֶאל ׃ אִמְרוּ
4 לַאֲחֵיכֶם עַמִּי וְלַאֲחוֹתֵיכֶם רֻחָמָה ׃ רִיבוּ בְאִמְּכֶם
רִיבוּ כִּי־הִיא לֹא אִשְׁתִּי וְאָנֹכִי לֹא אִישָׁהּ
וְתָסֵר זְנוּנֶיהָ מִפָּנֶיהָ וְנַאֲפוּפֶיהָ מִבֵּין שָׁדֶיהָ ׃ פֶּן־
5 אַפְשִׁיטֶנָּה עֲרֻמָּה וְהִצַּגְתִּיהָ כְּיוֹם הִוָּלְדָהּ
וְשַׂמְתִּיהָ כַמִּדְבָּר וְשַׁתִּהָ כְּאֶרֶץ צִיָּה וַהֲמִתִּיהָ
6 בַּצָּמָא ׃ וְאֶת־בָּנֶיהָ לֹא אֲרַחֵם כִּי־בְנֵי זְנוּנִים
7 הֵמָּה ׃ כִּי זָנְתָה אִמָּם הֹבִישָׁה הוֹרָתָם כִּי

---

8 אָמְרָה אֵלְכָה אַחֲרֵי מְאַהֲבַי נֹתְנֵי לַחְמִי וּמֵימַי
צַמְרִי וּפִשְׁתִּי שַׁמְנִי וְשִׁקּוּיָי ׃ לָכֵן הִנְנִי־שָׂךְ אֶת־
9 דַּרְכֵּךְ בַּסִּירִים וְגָדַרְתִּי אֶת־גְּדֵרָהּ וּנְתִיבוֹתֶיהָ לֹא
תִמְצָא ׃ וְרִדְּפָה אֶת־מְאַהֲבֶיהָ וְלֹא־תַשִּׂיג אֹתָם
וּבִקְשָׁתַם וְלֹא תִמְצָא וְאָמְרָה אֵלְכָה וְאָשׁוּבָה
10 אֶל־אִישִׁי הָרִאשׁוֹן כִּי טוֹב לִי אָז מֵעָתָּה ׃ וְהִיא
לֹא יָדְעָה כִּי אָנֹכִי נָתַתִּי לָהּ הַדָּגָן וְהַתִּירוֹשׁ
וְהַיִּצְהָר וְכֶסֶף הִרְבֵּיתִי לָהּ וְזָהָב עָשׂוּ לַבָּעַל ׃
11 לָכֵן אָשׁוּב וְלָקַחְתִּי דְגָנִי בְּעִתּוֹ וְתִירוֹשִׁי בְּמוֹעֲדוֹ
12 וְהִצַּלְתִּי צַמְרִי וּפִשְׁתִּי לְכַסּוֹת אֶת־עֶרְוָתָהּ ׃
וְעַתָּה אֲגַלֶּה אֶת־נַבְלֻתָהּ לְעֵינֵי מְאַהֲבֶיהָ וְאִישׁ לֹא־
13 יַצִּילֶנָּה מִיָּדִי ׃ וְהִשְׁבַּתִּי כָּל־מְשׂוֹשָׂהּ חַגָּהּ
חׇדְשָׁהּ וְשַׁבַּתָּהּ וְכֹל מוֹעֲדָהּ ׃ וַהֲשִׁמֹּתִי גַּפְנָהּ
14 וּתְאֵנָתָהּ אֲשֶׁר אָמְרָה אֶתְנָה הֵמָּה לִי אֲשֶׁר נָתְנוּ־
לִי מְאַהֲבָי וְשַׂמְתִּים לְיַעַר וַאֲכָלָתַם חַיַּת הַשָּׂדֶה ׃
15 וּפָקַדְתִּי עָלֶיהָ אֶת־יְמֵי הַבְּעָלִים אֲשֶׁר תַּקְטִיר לָהֶם
וַתַּעַד נִזְמָהּ וְחֶלְיָתָהּ וַתֵּלֶךְ אַחֲרֵי מְאַהֲבֶיהָ וְאֹתִי
16 שָׁכְחָה נְאֻם־יְהֹוָה ׃ לָכֵן הִנֵּה אָנֹכִי מְפַתֶּיהָ
17 וְהֹלַכְתִּיהָ הַמִּדְבָּר וְדִבַּרְתִּי עַל־לִבָּהּ ׃ וְנָתַתִּי לָהּ
אֶת־כְּרָמֶיהָ מִשָּׁם וְאֶת־עֵמֶק עָכוֹר לְפֶתַח תִּקְוָה
וְעָנְתָה שָּׁמָּה כִּימֵי נְעוּרֶיהָ וּכְיוֹם עֲלוֹתָהּ מֵאֶרֶץ־
18 מִצְרָיִם ׃ וְהָיָה בַיּוֹם־הַהוּא נְאֻם־יְהֹוָה
19 תִּקְרְאִי אִישִׁי וְלֹא־תִקְרְאִי־לִי עוֹד בַּעְלִי ׃ וַהֲסִרֹתִי
אֶת־שְׁמוֹת הַבְּעָלִים מִפִּיהָ וְלֹא־יִזָּכְרוּ עוֹד בִּשְׁמָם ׃
20 וְכָרַתִּי לָהֶם בְּרִית בַּיּוֹם הַהוּא עִם־חַיַּת הַשָּׂדֶה
וְעִם־עוֹף הַשָּׁמַיִם וְרֶמֶשׂ הָאֲדָמָה וְקֶשֶׁת וְחֶרֶב
וּמִלְחָמָה אֶשְׁבּוֹר מִן־הָאָרֶץ וְהִשְׁכַּבְתִּים לָבֶטַח ׃
21 וְאֵרַשְׂתִּיךְ לִי לְעוֹלָם וְאֵרַשְׂתִּיךְ לִי בְּצֶדֶק וּבְמִשְׁפָּט
22 וּבְחֶסֶד וּבְרַחֲמִים ׃ וְאֵרַשְׂתִּיךְ לִי בֶּאֱמוּנָה
23 וְיָדַעַתְּ אֶת־יְהֹוָה ׃ וְהָיָה ׀ בַּיּוֹם הַהוּא
אֶעֱנֶה נְאֻם־יְהֹוָה אֶעֱנֶה אֶת־הַשָּׁמָיִם וְהֵם יַעֲנוּ
24 אֶת־הָאָרֶץ ׃ וְהָאָרֶץ תַּעֲנֶה אֶת־הַדָּגָן וְאֶת־
הַתִּירוֹשׁ וְאֶת־הַיִּצְהָר וְהֵם יַעֲנוּ אֶת־יִזְרְעֶאל ׃

HOSEA.

CHAP. I.

THE word of the LORD that came unto Hosea, the son of Beeri, in the days of Uzziah, Jotham, Ahaz, *and* Hezekiah, kings of Judah, and in the days of Jeroboam the son of Joash, king of Israel.

2 The beginning of the word of the LORD by Hosea. And the LORD said to Hosea, Go, take c unto thee a wife of whoredoms, and children of whoredoms: for d the land hath committed great whoredom, *departing* from the LORD.

3 So he went and took Gomer, the daughter of Diblaim; which conceived, and bare him a son.

4 And the LORD said unto him, Call his name Jezreel; for yet a little *while*, and I will ηavenge the blood of e Jezreel upon the house of Jehu, and will cause to cease the kingdom of the house of Israel.

5 And it shall come to pass at that day, that I will break the bow of Israel in the valley of Jezreel.

6 And she conceived again, and bare a daughter. And *God* said unto him, Call her name λLo-ruhamah: for f I will μno more have mercy upon the house of Israel; but $v$but I will utterly take them away.

7 But I will have mercy upon the house of Judah,g and will save them by the LORD their i God, and will not save them by bow, nor by sword, nor by battle, by horses, nor by horsemen.

8 Now when she had weaned Lo-ruhamah, she conceived, and bare a son.

9 Then said *God*, Call his name πLo-ammi: for ye *are* not my people, and I will not be your *God*.

10 Yet the number of the children of Israel shall be as the sand of the sea, which cannot be measured nor numbered: and m it shall come to pass, *that* σin the place where it was said unto them, Ye *are* not n my people, *there* it shall be said unto them, Ye *are* the sons$o$ of the living God.

11 Then$p$ shall the children of Judah and the children of Israel be gathered together, and appoint themselves one head, and they shall come up out of the land: for great *shall be* the day of Jezreel.

CHAP. II.

SAY ye unto your brethren, χAmmi; and to your sisters, ψRuhamah.

2 Plead with your mother, plead; for she *is* not my wife, neither *am* I her husband: let her therefore put away her whoredoms$s$ out of her sight, and her adulteries from between her breasts;

3 Lest I strip$u$ her naked, and set her as in the day that she was born, and make her as a wilderness,w and set her like a dry land, and slay her with thirst.x

4 And I will not have mercy upon her children; for they *be* the children of whoredoms.

5 For their mother hath played the harlot;y she that conceived them hath done shamefully: for she said, I will go after my lovers, that give$z$ *me* my bread and my water, my wool and my flax, mine oil and my γdrink.

B. C. 785.

a Job 19. 8.
La. 3. 7, 9.
β *wall a wall.*
b Lu. 15. 18.
c ch. 3. 1.
d De. 31. 16.
Eze. XVI.
XXIII.
γ *new wine.*
δ *or, where-
with they
made,*
ch. 8. 4.
ζ *or, take
away.*
η *visit.*
e 2 Ki.X.XI.
15.10,&c.
θ *folly, or,
villany.*
κ *make de-
solate.*
λ *That is,not
having ob-
tained
mercy.*
f 2Ki.17.6,23.
μ *not add
any more to.*
v *or, that I
should alto-
gether par-
don them.*
g Is. 5. 5, 6.
h Is.XXXVI
XXXVII.
i Zec. 4. 6.
π *That is,not
my people.*
k Eze. 20.35.
ρ *to her heart
or friendly.*
l Jos. 7. 26.
Is. 65. 10.
m Ro.9.25,26.
σ *or, instead
of that.*
n ch. 2. 23.
o 1 Pe. 2. 10.
o Jn⁰. 1. 12.
τ *That is,my
husband.*
p Is.11.12,13.
Je. 3. 18.
Eze 37.16.24
ϕ *That is,my
lord.*
q Zec. 13. 2.
χ *That is,my
people.*
ψ *That is,
having ob-
tained
mercy.*
r Zec. 9. 10.
s Eze.16.25&c
t Is. 54. 5.
u Je.13.22,26.
v Ep.5.23.27.
w Eze. 19. 13.
x Am.8.11,13
y Is. 1. 21.
Je. 3. 1 .9.
z Je. 44. 17.
a ch. 1. 6.
γ *drinks.*

6 Therefore, behold, I will hedge$a$ up thy way with thorns, and βmake a wall, that she shall not find her paths.

7 And she shall follow after her lovers, but she shall not overtake them; and she shall seek them, but shall not find *them:* then$b$ shall she say, I will go and return to my first husband; for then *was it* better with me than now.

8 For she did not know that I gave her corn, and γwine, and oil, and multiplied her silver and gold, δwhich they prepared for Baal.

9 Therefore will I return, and take away my corn in the time thereof, and my wine in the season thereof, and will ζrecover my wool and my flax *given* to cover her nakedness.

10 And now will I discover her θlewdness in the sight of her lovers, and none shall deliver her out of mine hand.

11 I will also cause all her mirth to cease, her feast-days, her new moons, and her sabbaths, and all her solemn feasts.

12 And I will κdestroy her vines and her fig-trees, whereof she hath said, These *are* my rewards that my lovers have given me: and$g$ I will make them a forest, and the beasts of the field shall eat them.

13 And I will visit upon her the days of Baalim, wherein she burned incense to them, and she decked herself with her ear-rings and her jewels, and she went after her lovers, and forgat me, saith the LORD.

14 Therefore, behold, I will allure her, and $k$bring her into the wilderness, and speak ρcomfortably unto her.

15 And I will give her her vineyards from thence, and the valley$l$ of Achor for a door of hope; and she shall sing there, as in the days of her youth, and as in the day when she came up out of the land of Egypt.

16 And it shall be at that day, saith the LORD, *that* thou shalt call me τIshi, and shalt call me no more ϕBaali.

17 For I will take away$q$ the names of Baalim out of her mouth, and they shall no more be remembered by their name.

18 And in that day will I make a covenant for them with the beasts of the field, and with the fowls of heaven, and *with* the creeping things of the ground: and$r$ I will break the bow, and the sword, and the battle out of the earth, and will make them to lie down safely.

19 And I will betroth$t$ thee unto me for ever; yea, I will betroth thee unto me in righteousness,v and in judgment, and in loving-kindness, and in mercies:

20 I will even betroth thee unto me in faithfulness: & thou shalt know the LORD.

21 And it shall come to pass in that day I will hear, saith the LORD, I will hear the heavens, and they shall hear the earth;

22 And the earth shall hear the corn, and the wine, and the oil; and they shall hear Jezreel.

23 And I will sow her unto me in the earth; and$a$ I will have mercy upon her that had not obtained mercy; and I will say to *them which were* not my people,

25 וּזְרַעְתִּיהָ לִּי בָּאָרֶץ וְרִחַמְתִּי אֶת־לֹא רֻחָמָה וְאָמַרְתִּי לְלֹא־עַמִּי עַמִּי־אַתָּה וְהוּא יֹאמַר אֱלֹהָי׃

CAP. III. ג

1 וַיֹּאמֶר יְהוָה אֵלַי עוֹד לֵךְ אֱהַב־אִשָּׁה אֲהֻבַת רֵעַ וּמְנָאָפֶת כְּאַהֲבַת יְהוָה אֶת־בְּנֵי יִשְׂרָאֵל וְהֵם פֹּנִים אֶל־אֱלֹהִים אֲחֵרִים וְאֹהֲבֵי אֲשִׁישֵׁי עֲנָבִים׃
2 וָאֶכְּרֶהָ לִּי בַּחֲמִשָּׁה עָשָׂר כָּסֶף וְחֹמֶר שְׂעֹרִים וְלֵתֶךְ שְׂעֹרִים׃
3 וָאֹמַר אֵלֶיהָ יָמִים רַבִּים תֵּשְׁבִי לִי לֹא תִזְנִי וְלֹא תִהְיִי לְאִישׁ וְגַם־אֲנִי אֵלָיִךְ׃
4 כִּי יָמִים רַבִּים יֵשְׁבוּ בְּנֵי יִשְׂרָאֵל אֵין מֶלֶךְ וְאֵין שָׂר וְאֵין זֶבַח וְאֵין מַצֵּבָה וְאֵין אֵפוֹד וּתְרָפִים׃
5 אַחַר יָשֻׁבוּ בְּנֵי יִשְׂרָאֵל וּבִקְשׁוּ אֶת־יְהוָה אֱלֹהֵיהֶם וְאֵת דָּוִד מַלְכָּם וּפָחֲדוּ אֶל־יְהוָה וְאֶל־טוּבוֹ בְּאַחֲרִית הַיָּמִים׃

CAP. IV. ד

1 שִׁמְעוּ דְבַר־יְהוָה בְּנֵי יִשְׂרָאֵל כִּי רִיב לַיהוָה עִם־יוֹשְׁבֵי הָאָרֶץ כִּי אֵין־אֱמֶת וְאֵין־חֶסֶד וְאֵין־דַּעַת אֱלֹהִים בָּאָרֶץ׃
2 אָלֹה וְכַחֵשׁ וְרָצֹחַ וְגָנֹב וְנָאֹף פָּרָצוּ וְדָמִים בְּדָמִים נָגָעוּ׃
3 עַל־כֵּן תֶּאֱבַל הָאָרֶץ וְאֻמְלַל כָּל־יוֹשֵׁב בָּהּ בְּחַיַּת הַשָּׂדֶה וּבְעוֹף הַשָּׁמָיִם וְגַם־דְּגֵי הַיָּם יֵאָסֵפוּ׃
4 אַךְ אִישׁ אַל־יָרֵב וְאַל־יוֹכַח אִישׁ וְעַמְּךָ כִּמְרִיבֵי כֹהֵן׃
5 וְכָשַׁלְתָּ הַיּוֹם וְכָשַׁל גַּם־נָבִיא עִמְּךָ לָיְלָה וְדָמִיתִי אִמֶּךָ׃
6 נִדְמוּ עַמִּי מִבְּלִי הַדָּעַת כִּי־אַתָּה הַדַּעַת מָאַסְתָּ וְאֶמְאָסְאךָ מִכַּהֵן לִי וַתִּשְׁכַּח תּוֹרַת אֱלֹהֶיךָ אֶשְׁכַּח בָּנֶיךָ גַּם־אָנִי׃
7 כְּרֻבָּם כֵּן חָטְאוּ־לִי כְּבוֹדָם בְּקָלוֹן אָמִיר׃
8 חַטַּאת עַמִּי יֹאכֵלוּ וְאֶל־עֲוֹנָם יִשְׂאוּ נַפְשׁוֹ׃
9 וְהָיָה כָעָם כַּכֹּהֵן וּפָקַדְתִּי עָלָיו דְּרָכָיו וּמַעֲלָלָיו אָשִׁיב לוֹ׃
10 וְאָכְלוּ וְלֹא יִשְׂבָּעוּ הִזְנוּ וְלֹא יִפְרֹצוּ כִּי־אֶת־יְהוָה עָזְבוּ לִשְׁמֹר׃
11 זְנוּת וְיַיִן וְתִירוֹשׁ יִקַּח־לֵב׃
12 עַמִּי בְּעֵצוֹ יִשְׁאָל וּמַקְלוֹ יַגִּיד לוֹ כִּי רוּחַ זְנוּנִים הִתְעָה וַיִּזְנוּ מִתַּחַת אֱלֹהֵיהֶם׃
13 עַל־רָאשֵׁי הֶהָרִים יְזַבֵּחוּ וְעַל־הַגְּבָעוֹת יְקַטֵּרוּ תַּחַת אַלּוֹן וְלִבְנֶה וְאֵלָה כִּי־טוֹב צִלָּהּ עַל־כֵּן תִּזְנֶינָה בְּנוֹתֵיכֶם וְכַלּוֹתֵיכֶם תְּנָאַפְנָה׃

14 וְלֹא־אֶפְקוֹד עַל־בְּנוֹתֵיכֶם כִּי תִזְנֶינָה וְעַל־כַּלּוֹתֵיכֶם כִּי תְנָאַפְנָה כִּי־הֵם עִם־הַזֹּנוֹת יְפָרֵדוּ וְעִם־הַקְּדֵשׁוֹת יְזַבֵּחוּ וְעָם לֹא־יָבִין יִלָּבֵט׃
15 אִם־זֹנֶה אַתָּה יִשְׂרָאֵל אַל־יֶאְשַׁם יְהוּדָה וְאַל־תָּבֹאוּ הַגִּלְגָּל וְאַל־תַּעֲלוּ בֵּית אָוֶן וְאַל־תִּשָּׁבְעוּ חַי־יְהוָה׃
16 כִּי כְּפָרָה סֹרֵרָה סָרַר יִשְׂרָאֵל עַתָּה יִרְעֵם יְהוָה כְּכֶבֶשׂ בַּמֶּרְחָב׃
17 חֲבוּר עֲצַבִּים אֶפְרָיִם הַנַּח־לוֹ׃
18 סָר סָבְאָם הַזְנֵה הִזְנוּ אָהֲבוּ הֵבוּ קָלוֹן מָגִנֶּיהָ׃
19 צָרַר רוּחַ אוֹתָהּ בִּכְנָפֶיהָ וְיֵבֹשׁוּ מִזִּבְחוֹתָם׃

CAP. V. ה

1 שִׁמְעוּ־זֹאת הַכֹּהֲנִים וְהַקְשִׁיבוּ בֵּית יִשְׂרָאֵל וּבֵית הַמֶּלֶךְ הַאֲזִינוּ כִּי לָכֶם הַמִּשְׁפָּט כִּי־פַח הֱיִיתֶם לְמִצְפָּה וְרֶשֶׁת פְּרוּשָׂה עַל־תָּבוֹר׃
2 וְשַׁחֲטָה שֵׂטִים הֶעְמִיקוּ וַאֲנִי מוּסָר לְכֻלָּם׃
3 אֲנִי יָדַעְתִּי אֶפְרַיִם וְיִשְׂרָאֵל לֹא־נִכְחַד מִמֶּנִּי כִּי עַתָּה הִזְנֵיתָ אֶפְרַיִם נִטְמָא יִשְׂרָאֵל׃
4 לֹא יִתְּנוּ מַעַלְלֵיהֶם לָשׁוּב אֶל־אֱלֹהֵיהֶם כִּי רוּחַ זְנוּנִים בְּקִרְבָּם וְאֶת־יְהוָה לֹא יָדָעוּ׃
5 וְעָנָה גְאוֹן־יִשְׂרָאֵל בְּפָנָיו וְיִשְׂרָאֵל וְאֶפְרַיִם יִכָּשְׁלוּ בַּעֲוֹנָם כָּשַׁל גַּם־יְהוּדָה עִמָּם׃
6 בְּצֹאנָם וּבִבְקָרָם יֵלְכוּ לְבַקֵּשׁ אֶת־יְהוָה וְלֹא יִמְצָאוּ חָלַץ מֵהֶם׃
7 בַּיהוָה בָּגָדוּ כִּי־בָנִים זָרִים יָלָדוּ עַתָּה יֹאכְלֵם חֹדֶשׁ אֶת־חֶלְקֵיהֶם׃
8 תִּקְעוּ שׁוֹפָר בַּגִּבְעָה חֲצֹצְרָה בָּרָמָה הָרִיעוּ בֵּית אָוֶן אַחֲרֶיךָ בִּנְיָמִין׃
9 אֶפְרַיִם לְשַׁמָּה תִהְיֶה בְּיוֹם תּוֹכֵחָה בְּשִׁבְטֵי יִשְׂרָאֵל הוֹדַעְתִּי נֶאֱמָנָה׃
10 הָיוּ שָׂרֵי יְהוּדָה כְּמַסִּיגֵי גְּבוּל עֲלֵיהֶם אֶשְׁפּוֹךְ כַּמַּיִם עֶבְרָתִי׃
11 עָשׁוּק אֶפְרַיִם רְצוּץ מִשְׁפָּט כִּי הוֹאִיל הָלַךְ אַחֲרֵי־צָו׃
12 וַאֲנִי כָעָשׁ לְאֶפְרָיִם וְכָרָקָב לְבֵית יְהוּדָה׃
13 וַיַּרְא אֶפְרַיִם אֶת־חָלְיוֹ וִיהוּדָה אֶת־מְזֹרוֹ וַיֵּלֶךְ אֶפְרַיִם אֶל־אַשּׁוּר וַיִּשְׁלַח אֶל־מֶלֶךְ יָרֵב וְהוּא לֹא יוּכַל לִרְפֹּא לָכֶם וְלֹא־יִגְהֶה מִכֶּם מָזוֹר׃
14 כִּי אָנֹכִי כַשַּׁחַל לְאֶפְרַיִם וְכַכְּפִיר לְבֵית יְהוּדָה אֲנִי אֲנִי אֶטְרֹף וְאֵלֵךְ אֶשָּׂא וְאֵין מַצִּיל׃
15 אֵלֵךְ אָשׁוּבָה אֶל־מְקוֹמִי עַד אֲשֶׁר־יֶאְשְׁמוּ וּבִקְשׁוּ פָנָי בַּצַּר לָהֶם יְשַׁחֲרֻנְנִי׃

Thou art[a] my people; and they shall say, Thou art my God.

CHAP. III.

THEN said the LORD unto me, Go yet,[d] love a woman beloved of *her* friend, yet an adulteress,[e] according to the love of the LORD toward the children of Israel, who look to other gods, and love flagons of [γ]wine.

2 So I bought her to me for fifteen *pieces* of silver, and *for* an homer of barley, and an [δ]half homer of barley:

3 And I said unto her, Thou shalt abide for me many days; thou shalt not play the harlot, and thou shalt not be for *another* man: so *will* I also *be* for thee.

4 For the children of Israel shall abide many days without[h] a king, and without a prince, and without a sacrifice, and without [θ]an image, and without an ephod, and *without* teraphim.

5 Afterward shall the children of Israel return, and seek[i] the LORD their God, and David[k] their king; and shall fear the LORD and his goodness in the latter days.[l]

CHAP. IV.

HEAR the word of the LORD, ye children of Israel: for the LORD hath a controversy[n] with the inhabitants of the land, because *there is* no truth, nor mercy, nor knowledge[o] of God, in the land.

2 By swearing, and lying, and[p] killing, and stealing,and committing adultery,they break out, and [π]blood toucheth blood.

3 Therefore[r] shall the land mourn, and every one[s] that dwelleth therein shall languish, with the beasts of the field, and with the fowls of heaven; yea, the fishes of the sea also shall be taken away.

4 Yet let no man strive, nor reprove another: for thy people *are* as they that strive[t] with the priest.

5 Therefore shalt thou fall in the day, and the prophet also shall fall with thee in the night, and I will [ρ]destroy thy mother.

6 My people are [ρ]destroyed for[w] lack of knowledge: because thou hast rejected knowledge, I will also reject thee, that thou shalt be no priest to me: seeing thou hast forgotten the law of thy God, I will also forget thy children.

7 As[y] they were increased, so they sinned against me: *therefore*[z] will I change their glory into shame.

8 They eat up the sin of my people, and they [σ]set their heart[b] on their iniquity.

9 And there shall be, like people, like priest: and I will [τ]punish them for their ways, and [φ]reward them their doings.

10 For they shall eat, and not have enough: they shall commit whoredom, and shall not increase: because they have left off to take heed to the LORD.

11 Whoredom,[c] and wine,[d] and new wine, take away the heart.

12 My people ask counsel at their stocks, and their staff declareth unto them: for the spirit of whoredoms hath caused *them* to err, and they have gone a whoring from under their God.

13 They sacrifice upon the tops of the mountains, and burn incense upon the hills, under oaks and poplars and elms, because the shadow thereof *is* good:[e]therefore your daughters shall commit whoredom, and your spouses shall commit adultery.

14 [γ]I will not punish your daughters when they commit whoredom, nor your spouses when they commit adultery: for

themselves are separated[b] with whores, and they sacrifice with harlots: therefore the people *that* doth not understand[c] shall [β]fall.

15 Though thou, Israel, play the harlot, *yet* let not Judah offend; and come not ye unto Gilgal,[f] neither go ye up to Beth-aven, nor swear, The LORD[g] liveth.

16 For Israel slideth back as a back-sliding heifer: now the LORD will feed them as a lamb in a large place.

17 Ephraim *is* joined to idols: let him alone.

18 Their drink is [ζ]sour: they have committed whoredom continually: her[η] rulers *with* shame do love, Give ye.

19 The wind hath bound her up in her wings, and they shall be ashamed because of their sacrifices.

CHAP. V.

HEAR ye this, O priests; and hearken, ye house of Israel; and give ye ear, O house of the king; for judgment *is* toward you, because ye have been a snare on Mizpah, and a net spread upon Tabor.

2 And the revolters are profound[m] to make slaughter, [κ]though I *have been* a [λ]rebuker of them all.

3 I know Ephraim, and Israel is not hid from me: for now, O Ephraim, thou committest whoredom, *and* Israel is defiled.

4 [μ]They will not [ν]frame[q] their doings to turn unto their God: for the spirit of whoredoms *is* in the midst of them, and they have not known the LORD.

5 And the pride of Israel doth testify to his face: therefore shall Israel and Ephraim fall in their iniquity; Judah also shall fall with them.

6 They shall go with their flocks and with their herds to seek the LORD; but[u] they shall not find *him;* he hath withdrawn himself from them.

7 They have dealt treacherously[v] against the LORD: for they have begotten strange children: now shall a month devour them with their portions.

8 Blow ye the cornet in Gibeah, *and* the trumpet in Ramah: cry aloud *at* Beth-aven, after thee, O Benjamin.

9 Ephraim shall be desolate[x] in the day of rebuke: among the tribes of Israel have I made known[a] that which shall surely be.

10 The princes of Judah were like them that remove the bound: *therefore* I will pour out my wrath upon them like water.

11 Ephraim *is* oppressed *and* broken in judgment, because he willingly walked after the commandment.

12 Therefore *will* I *be* unto Ephraim as a moth, and to the house of Judah as [χ]rottenness.

13 When Ephraim saw his sickness, and Judah *saw* his wound, then went Ephraim to the Assyrian, and sent to [ψ]king Jareb: yet could he not heal you, nor cure you of your wound.

14 For I *will be* unto Ephraim as a lion, and as a young lion to the house of Judah: I, *even* I, will tear and go away; I will take away, and none shall rescue *him.*

15 I will go *and* return to my place, till they [β]acknowledge their offence, and seek my face: in their affliction, they will seek me early.

CHAP. VI.

COME, and let us return unto the LORD: for he hath torn, and he will heal us:

B. C. 780.

a 1 Pe. 2. 10.
b 1 Co. 6. 16.
c ver. 1, 5, 6.
β or, *be punished.*
d ch. 1. 2.
e Je. 3. 1, 20.
f Am. 4. 4.
5. 5.
g Zep. 1. 5.
γ grapes.
δ lethech.
ζ gone.
η shields,
Ps. 47. 9.
h ch. 10. 3.
θ a standing or, statue, or, pillar, Is.19,20.
i ch. 5. 15.
k Je. 30. 9.
Eze. 34. 23,
24.
l Is. 2. 2, 3.
m Is. 29. 15.
κ or, and.
λ correction.
n Mi. 6. 2.
o Je. 4.22,23.
p Is. 59. 7.
μ or, *their doings will not suffer them.*
ν give.
q Ps. 78. 8.
π bloods.
r Am. 5. 16.
s Zep. 1. 3.
t De. 17. 12.
u Is. 1. 15.
v Is. 48. 8.
ρ cut off.
w Is. 5. 13.
x Job 12. 14.
y ch. 13. 6.
De. 32. 15.
z Mal. 2. 9.
a Am. 3. 7.
σ lift up their soul to.
b Eze.14 3,7.
τ visit upon.
φ cause to return.
x or,a worm.
c Pr. 31. 3.
d Is. 28. 7.
ψ or, the king of Jareb, or, the king that should plead.
e Am. 7. 17.
β be guilty.
f Ps. 78. 34.
γ or, Shall I not.

CAP. VI. ו

1 לְכוּ וְנָשׁוּבָה אֶל־יְהֹוָה כִּי הוּא טָרָף וְיִרְפָּאֵנוּ
2 יַךְ וְיַחְבְּשֵׁנוּ: יְחַיֵּנוּ מִיֹּמָיִם בַּיּוֹם הַשְּׁלִישִׁי
3 יְקִמֵנוּ וְנִחְיֶה לְפָנָיו: וְנֵדְעָה נִרְדְּפָה לָדַעַת אֶת־
יְהֹוָה כְּשַׁחַר נָכוֹן מֹצָאוֹ וְיָבוֹא כַגֶּשֶׁם לָנוּ
4 כְּמַלְקוֹשׁ יוֹרֶה אָרֶץ: מָה אֶעֱשֶׂה־לְּךָ אֶפְרַיִם
מָה אֶעֱשֶׂה־לְּךָ יְהוּדָה וְחַסְדְּכֶם כַּעֲנַן־בֹּקֶר וְכַטַּל
5 מַשְׁכִּים הֹלֵךְ: עַל־כֵּן חָצַבְתִּי בַּנְּבִיאִים הֲרַגְתִּים
6 בְּאִמְרֵי־פִי וּמִשְׁפָּטֶיךָ אוֹר יֵצֵא: כִּי חֶסֶד
7 חָפַצְתִּי וְלֹא־זָבַח וְדַעַת אֱלֹהִים מֵעֹלוֹת: וְהֵמָּה
8 כְּאָדָם עָבְרוּ בְרִית שָׁם בָּגְדוּ בִי: גִּלְעָד קִרְיַת
9 פֹּעֲלֵי אָוֶן עֲקֻבָּה מִדָּם: וּכְחַכֵּי אִישׁ גְּדוּדִים
חֶבֶר כֹּהֲנִים דֶּרֶךְ יְרַצְּחוּ־שֶׁכְמָה כִּי זִמָּה עָשׂוּ
10 בְּבֵית יִשְׂרָאֵל רָאִיתִי שַׁעֲרִירִיָּה שָׁם זְנוּת לְאֶפְרַיִם
11 נִטְמָא יִשְׂרָאֵל: גַּם־יְהוּדָה שָׁת קָצִיר לָךְ
בְּשׁוּבִי שְׁבוּת עַמִּי:

CAP. VII. ז

1 כְּרָפְאִי לְיִשְׂרָאֵל וְנִגְלָה עֲוֹן אֶפְרַיִם וְרָעוֹת
שֹׁמְרוֹן כִּי פָעֲלוּ שָׁקֶר וְגַנָּב יָבוֹא פָּשַׁט גְּדוּד
2 בַּחוּץ: וּבַל־יֹאמְרוּ לִלְבָבָם כָּל־רָעָתָם זָכָרְתִּי
3 עַתָּה סְבָבוּם מַעַלְלֵיהֶם נֶגֶד פָּנַי הָיוּ: בְּרָעָתָם
4 יְשַׂמְּחוּ־מֶלֶךְ וּבְכַחֲשֵׁיהֶם שָׂרִים: כֻּלָּם מְנָאֲפִים
כְּמוֹ תַנּוּר בֹּעֵרָה מֵאֹפֶה יִשְׁבּוֹת מֵעִיר מִלּוּשׁ
5 בָּצֵק עַד־חֻמְצָתוֹ: יוֹם מַלְכֵּנוּ הֶחֱלוּ שָׂרִים
6 חֲמַת מִיָּיִן מָשַׁךְ יָדוֹ אֶת־לֹצְצִים: כִּי־
קֵרְבוּ כַתַּנּוּר לִבָּם בְּאָרְבָּם כָּל־הַלַּיְלָה יָשֵׁן
7 אֹפֵהֶם בֹּקֶר הוּא בֹעֵר כְּאֵשׁ לֶהָבָה: כֻּלָּם יֵחַמּוּ
כַּתַּנּוּר וְאָכְלוּ אֶת־שֹׁפְטֵיהֶם כָּל־מַלְכֵיהֶם נָפָלוּ אֵין
8 קֹרֵא בָהֶם אֵלָי: אֶפְרַיִם בָּעַמִּים הוּא יִתְבּוֹלָל
9 אֶפְרַיִם הָיָה עֻגָה בְּלִי הֲפוּכָה: אָכְלוּ זָרִים כֹּחוֹ
וְהוּא לֹא יָדָע גַּם־שֵׂיבָה זָרְקָה בּוֹ וְהוּא לֹא יָדָע:
10 וְעָנָה גְאוֹן־יִשְׂרָאֵל בְּפָנָיו וְלֹא־שָׁבוּ אֶל־יְהֹוָה
11 אֱלֹהֵיהֶם וְלֹא בִקְשֻׁהוּ בְּכָל־זֹאת: וַיְהִי אֶפְרַיִם
כְּיוֹנָה פוֹתָה אֵין לֵב מִצְרַיִם קָרָאוּ אַשּׁוּר הָלָכוּ:
12 כַּאֲשֶׁר יֵלֵכוּ אֶפְרוֹשׂ עֲלֵיהֶם רִשְׁתִּי כְּעוֹף הַשָּׁמַיִם
13 אוֹרִידֵם אַיְסִירֵם כְּשֵׁמַע לַעֲדָתָם: אוֹי לָהֶם כִּי־
נָדְדוּ מִמֶּנִּי שֹׁד לָהֶם כִּי־פָשְׁעוּ בִי וְאָנֹכִי אֶפְדֵּם
14 וְהֵמָּה דִּבְּרוּ עָלַי כְּזָבִים: וְלֹא־זָעֲקוּ אֵלַי בְּלִבָּם
כִּי יְיֵלִילוּ עַל־מִשְׁכְּבוֹתָם עַל־דָּגָן וְתִירוֹשׁ יִתְגּוֹרָרוּ
15 יָסוּרוּ בִי: וַאֲנִי יִסַּרְתִּי חִזַּקְתִּי זְרוֹעֹתָם וְאֵלַי
16 יְחַשְּׁבוּ־רָע: יָשׁוּבוּ לֹא עָל הָיוּ כְּקֶשֶׁת רְמִיָּה
יִפְּלוּ בַחֶרֶב שָׂרֵיהֶם מִזַּעַם לְשׁוֹנָם זוֹ לַעְגָּם
בְּאֶרֶץ מִצְרָיִם:

CAP. VIII. ח

1 אֶל־חִכְּךָ שֹׁפָר כַּנֶּשֶׁר עַל־בֵּית יְהֹוָה יַעַן עָבְרוּ בְרִיתִי
2 וְעַל־תּוֹרָתִי פָּשָׁעוּ: לִי יִזְעָקוּ אֱלֹהַי יְדַעֲנוּךָ
3 יִשְׂרָאֵל: זָנַח יִשְׂרָאֵל טוֹב אוֹיֵב יִרְדְּפוֹ: הֵם
4 הִמְלִיכוּ וְלֹא מִמֶּנִּי הֵשִׂירוּ וְלֹא יָדָעְתִּי כַּסְפָּם
5 וּזְהָבָם עָשׂוּ לָהֶם עֲצַבִּים לְמַעַן יִכָּרֵת: זָנַח
עֶגְלֵךְ שֹׁמְרוֹן חָרָה אַפִּי בָּם עַד־מָתַי לֹא יוּכְלוּ
6 נִקָּיֹן: כִּי מִיִּשְׂרָאֵל וְהוּא חָרָשׁ עָשָׂהוּ וְלֹא
7 אֱלֹהִים הוּא כִּי־שְׁבָבִים יִהְיֶה עֵגֶל שֹׁמְרוֹן: כִּי
רוּחַ יִזְרָעוּ וְסוּפָתָה יִקְצֹרוּ קָמָה אֵין־לוֹ צֶמַח בְּלִי
8 יַעֲשֶׂה־קֶּמַח אוּלַי יַעֲשֶׂה זָרִים יִבְלָעֻהוּ: נִבְלַע
9 יִשְׂרָאֵל עַתָּה הָיוּ בַגּוֹיִם כִּכְלִי אֵין־חֵפֶץ בּוֹ: כִּי־
הֵמָּה עָלוּ אַשּׁוּר פֶּרֶא בּוֹדֵד לוֹ אֶפְרַיִם הִתְנוּ
10 אֲהָבִים: גַּם כִּי־יִתְנוּ בַגּוֹיִם עַתָּה אֲקַבְּצֵם
11 וַיָּחֵלּוּ מְעָט מִמַּשָּׂא מֶלֶךְ שָׂרִים: כִּי־הִרְבָּה
אֶפְרַיִם מִזְבְּחֹת לַחֲטֹא הָיוּ־לוֹ מִזְבְּחוֹת לַחֲטֹא:
12 אֶכְתָּוב־לוֹ רֻבֵּי תּוֹרָתִי כְּמוֹ־זָר נֶחְשָׁבוּ:
13 זִבְחֵי הַבְהָבַי יִזְבְּחוּ בָשָׂר וַיֹּאכֵלוּ יְהֹוָה לֹא רָצָם
עַתָּה יִזְכֹּר עֲוֹנָם וְיִפְקֹד חַטֹּאתָם הֵמָּה מִצְרַיִם
14 יָשׁוּבוּ: וַיִּשְׁכַּח יִשְׂרָאֵל אֶת־עֹשֵׂהוּ וַיִּבֶן הֵיכָלוֹת
וִיהוּדָה הִרְבָּה עָרִים בְּצֻרוֹת וְשִׁלַּחְתִּי אֵשׁ בְּעָרָיו
וְאָכְלָה אַרְמְנֹתֶיהָ:

CAP. IX. ט

1 אַל־תִּשְׂמַח יִשְׂרָאֵל אֶל־גִּיל כָּעַמִּים כִּי זָנִיתָ מֵעַל
2 אֱלֹהֶיךָ אָהַבְתָּ אֶתְנָן עַל כָּל־גָּרְנוֹת דָּגָן: גֹּרֶן
3 וָיֶקֶב לֹא יִרְעֵם וְתִירוֹשׁ יְכַחֶשׁ בָּהּ: לֹא יֵשְׁבוּ

he hath smitten, and [a] he will bind us up.

2 After two days will he revive us : in the third [c] day he will raise us up, and we shall live in his sight.

3 Then [d] shall we know, *if* we follow on [e] to know the LORD : his going forth is prepared as the morning ; and he shall come unto us as the rain,[f] *as* the latter *and* former rain unto the earth.

4 O Ephraim, what shall I do unto thee? O Judah, what shall I do unto thee? for your [γ] goodness *is as* a morning cloud, and as the early dew it goeth away.

5 Therefore have I hewed *them* by the prophets; I have slain [g] them by the words of my mouth : [ζ] and thy judgments *are as* the light [h] *that* goeth forth.

6 For [i] I desired mercy, and not sacrifice ; and the knowledge of God more than burnt-offerings.

7 But they, like [η] men, have transgressed the covenant : there have they dealt treacherously against me.

8 Gilead *is* a city of them that work iniquity, *and is* [κ] polluted with blood.

9 And as troops of robbers wait for a man, *so* the company of priests murder in the way [λ] by consent : for they commit [μ] lewdness.

10 I have seen an horrible thing in the house of Israel : there *is* the whoredom [k] of Ephraim, Israel is defiled.

11 Also, O Judah, he hath set an harvest for thee, when I returned the captivity of my people.

CHAP. VII.

WHEN I would have healed Israel, then the iniquity of Ephraim was discovered, and the [ν] wickedness of Samaria : for they commit falsehood ; and the thief cometh in, *and* the troop of robbers [π] spoileth without :

2 And they [ρ] consider not in their hearts *that* I remember all their wickedness : now their [l] own doings have beset them about ; they are before my face.

3 They make the king glad with their wickedness,and the princes with their lies.[m]

4 They *are* all adulterers,[n] as an oven heated by the baker, [τ] *who* ceaseth from [χ] raising after he hath kneaded the dough, until it be leavened.

5 In the day of our king the princes have made *him* sick with [γ] bottles of wine : he stretched out his hand with scorners.

6 For they have [δ] made ready their heart like an oven, whiles they lie in wait : their baker sleepeth all the night ; in the morning it burneth as a flaming fire.

7 They are all hot as an oven, and have devoured their judges : all their kings are fallen :[o] *there is* none among them that calleth unto me.

8 Ephraim, he hath mixed[p] himself among the people ; Ephraim is a cake not turned.

9 Strangers have devoured his strength, and he knoweth *it* not ; yea, grey hairs are [η] here and there upon him, yet he knoweth not.

10 And the pride of Israel testifieth to his face :[q] and [r] they do not return to the LORD their God, nor seek him for all this.

11 Ephraim also is like a silly dove without heart : they [s] call to Egypt, they go to Assyria.

12 When they shall go, I will spread my net [t] upon them ; I will bring them down as the fowls of the heaven ; I will

---

B. C. 760.

a La.3.32 33.
b Re. 3. 19.
c 1 Co. 15.4.
d Mi. 4. 2.
β *spoil.*
e He. 3. 14.
f De. 32. 2.
γ or, *mercy,*
  or*kindness.*
δ or, *chastened.*
g Je. 23. 29.
ζ or, *that thy judgments might be.*
h Ps.119.130.
i Mat. 9. 13.
η or, *Adam,*
  Job 31. 33.
θ *the roof of thy.*
κ or, *cunning for.*
λ *with* one *shoulder,* or, *to Shechem.*
μ or, *enormity.*
j 2 Ki. 15.13, 17.25.
  Shallum. Menahem. Pekahiah.
k Eze. 24.13.
ν *evils.*
π *strippeth.*
ρ *say not to.*
σ or, *standing corn.*
l Is. 26. 16.
m Ps. 62. 4.
n Je. 9. 2.
τ or, *the raiser will cease.*
φ *loves.*
χ or, *waking*
ψ or, *begin.*
β or, *in a little while.*
γ or, *heat through.*
δ or,*applied*
ζ or, *In the sacrifices of mine offerings, they, &c.*
o Fulfilled 773.B.C.
p Ps. 106. 35.
η *sprinkled.*
q Je. 3. 3.
r Is. 9. 13.
s 2 Ki. 15. 9. 17. 3, 4.
κ or,*winefat*
t Ec. 9. 12.
u ch. 8. 13. 11. 5.
Not into Egypt itself, but into another bondage as bad as that.

---

chastise [b] them, as their congregation hath heard.

13 Woe unto them! for they have fled from me : [β] destruction unto them! because they have transgressed against me : though I have redeemed them, yet they have spoken lies against me.

14 And they have not cried unto me with their heart, when they howled upon their beds : they assemble themselves for corn and wine, *and* they rebel against me.

15 Though I [δ] have bound *and* strengthened their arms, yet do they imagine mischief against me.

16 They return, *but* not to the Most High : they are like a deceitful bow : their princes shall fall by the sword for the rage of their tongue : this *shall be* their derision in the land of Egypt.

CHAP. VIII.

SET the trumpet to [θ] thy mouth : *he shall come* as an eagle against the house of the LORD, because they have transgressed mycovenant,& trespassed against my law.

2 Israel shall cry unto me, My God, we know thee.

3 Israel hath cast off *the thing that is* good : the enemy shall pursue him.

4 They have set up kings [j] but not by me ; they have made princes, and I knew *it* not : of their silver and their gold have they made them idols, that they may be cut off.

5 Thy calf,O Samaria, hath cast *thee* off ; mine anger is kindled against them : how long *will it be* ere they attain to innocency?

6 For from Israel *was* it also : the workman made it ; therefore it *is* not God : but the calf of Samaria shall be broken in pieces.

7 For they have sown the wind, and they shall reap the whirlwind : it hath no stalk : σ the bud shall yield no meal : if so be it yield, the strangers shall swallow it up.

8 Israel is swallowed up : now shall they be among the Gentiles as a vessel wherein *is* no pleasure.

9 For they are gone up to Assyria, a wild ass alone ·by himself : Ephraim hath hired [φ] lovers.

10 Yea, though they have hired among the nations, now will I gather them, and they shall [ψ] sorrow [β] a little for the burden of the king of princes.

11 Because Ephraim hath made many altars to sin, altars shall be unto him to sin.

12 I have written to him the great things of my law, *but* they were counted as a strange thing.

13 [ζ] They sacrifice flesh *for* the sacrifices of mine offerings, and eat *it ; but* the LORD accepteth them not : now will he remember their iniquity, and visit their sins : they shall return to Egypt.

14 For Israel hath forgotten his Maker, and buildeth temples ; and Judah hath multiplied fenced cities : but I will send a fire upon his cities, and it shall devour the palaces thereof.

CHAP. IX.

REJOICE not, O Israel, for joy, as *other* people : for thou hast gone a whoring from thy God ; thou hast loved a reward [θ] upon every corn-floor.

2 The floor, and the [κ] wine-press shall not feed them, and the new wine shall fail in her.

3 They shall not dwell in the LORD's land : but Ephraim shall return to Egypt,[u]

בְּאֶרֶץ יְהֹוָה וְשָׁב אֶפְרַיִם מִצְרַיִם וּבְאַשּׁוּר טָמֵא

4 יֹאכֵלוּ׃ לֹא־יִסְּכוּ לַיהֹוָה יַיִן וְלֹא יֶעֶרְבוּ־לוֹ זִבְחֵיהֶם כְּלֶחֶם אוֹנִים לָהֶם כָּל־אֹכְלָיו יִטַּמָּאוּ כִּי־לַחְמָם לְנַפְשָׁם לֹא יָבוֹא בֵּית יְהֹוָה׃

5 מַה־תַּעֲשׂוּ לְיוֹם מוֹעֵד וּלְיוֹם חַג־יְהֹוָה׃

6 כִּי־הִנֵּה הָלְכוּ מִשֹּׁד מִצְרַיִם תְּקַבְּצֵם מֹף תְּקַבְּרֵם מַחְמַד לְכַסְפָּם קִמּוֹשׂ יִירָשֵׁם חוֹחַ בְּאָהֳלֵיהֶם׃

7 בָּאוּ יְמֵי הַפְּקֻדָּה בָּאוּ יְמֵי הַשִּׁלֻּם יֵדְעוּ יִשְׂרָאֵל אֱוִיל הַנָּבִיא מְשֻׁגָּע אִישׁ הָרוּחַ עַל רֹב עֲוֹנְךָ וְרַבָּה מַשְׂטֵמָה׃

8 צֹפֶה אֶפְרַיִם עִם־אֱלֹהָי נָבִיא פַּח יָקוֹשׁ עַל־כָּל־דְּרָכָיו מַשְׂטֵמָה בְּבֵית אֱלֹהָיו׃

9 הֶעְמִיקוּ שִׁחֵתוּ כִּימֵי הַגִּבְעָה יִזְכּוֹר עֲוֹנָם יִפְקוֹד חַטֹּאותָם׃

10 כַּעֲנָבִים בַּמִּדְבָּר מָצָאתִי יִשְׂרָאֵל כְּבִכּוּרָה בִתְאֵנָה בְּרֵאשִׁיתָהּ רָאִיתִי אֲבוֹתֵיכֶם הֵמָּה בָּאוּ בַעַל־פְּעוֹר וַיִּנָּזְרוּ לַבֹּשֶׁת וַיִּהְיוּ שִׁקּוּצִים כְּאָהֳבָם׃

11 אֶפְרַיִם כָּעוֹף יִתְעוֹפֵף כְּבוֹדָם מִלֵּדָה וּמִבֶּטֶן וּמֵהֵרָיוֹן׃

12 כִּי אִם־יְגַדְּלוּ אֶת־בְּנֵיהֶם וְשִׁכַּלְתִּים מֵאָדָם כִּי־גַם אוֹי לָהֶם בְּשׂוּרִי מֵהֶם׃

13 אֶפְרַיִם כַּאֲשֶׁר־רָאִיתִי לְצוֹר שְׁתוּלָה בְנָוֶה וְאֶפְרַיִם לְהוֹצִיא אֶל־הוֹרֵג בָּנָיו׃

14 תֵּן־לָהֶם יְהֹוָה מַה־תִּתֵּן תֵּן־לָהֶם רֶחֶם מַשְׁכִּיל וְשָׁדַיִם צֹמְקִים׃

15 כָּל־רָעָתָם בַּגִּלְגָּל כִּי־שָׁם שְׂנֵאתִים עַל רֹעַ מַעַלְלֵיהֶם מִבֵּיתִי אֲגָרְשֵׁם לֹא

16 הֻכָּה אֶפְרַיִם שָׁרְשָׁם יָבֵשׁ פְּרִי בַל־יַעֲשׂוּן גַּם כִּי יֵלֵדוּן וְהֵמַתִּי מַחֲמַדֵּי בִטְנָם׃

17 יִמְאָסֵם אֱלֹהַי כִּי לֹא שָׁמְעוּ לוֹ וְיִהְיוּ נֹדְדִים בַּגּוֹיִם׃

CAP. X. ,

1 גֶּפֶן בּוֹקֵק יִשְׂרָאֵל פְּרִי יְשַׁוֶּה־לּוֹ כְּרֹב לְפִרְיוֹ הִרְבָּה לַמִּזְבְּחוֹת כְּטוֹב לְאַרְצוֹ הֵיטִיבוּ מַצֵּבוֹת׃

2 חָלַק לִבָּם עַתָּה יֶאְשָׁמוּ הוּא יַעֲרֹף מִזְבְּחוֹתָם יְשֹׁדֵד מַצֵּבוֹתָם׃

3 כִּי עַתָּה יֹאמְרוּ אֵין מֶלֶךְ לָנוּ כִּי לֹא יָרֵאנוּ אֶת־יְהֹוָה וְהַמֶּלֶךְ מַה־יַּעֲשֶׂה־לָּנוּ׃

4 דִּבְּרוּ דְבָרִים אָלוֹת שָׁוְא כָּרֹת בְּרִית וּפָרַח כָּרֹאשׁ מִשְׁפָּט עַל תַּלְמֵי שָׂדָי׃

5 לְעֶגְלוֹת בֵּית אָוֶן יָגוּרוּ שְׁכַן שֹׁמְרוֹן כִּי־אָבַל עָלָיו עַמּוֹ וּכְמָרָיו עָלָיו יָגִילוּ עַל־כְּבוֹדוֹ כִּי־גָלָה מִמֶּנּוּ׃

6 גַּם־אוֹתוֹ לְאַשּׁוּר מוּבָל

(Left column — read second)

יוּבָל מִנְחָה לְמֶלֶךְ יָרֵב בָּשְׁנָה אֶפְרַיִם יִקָּח וְיֵבוֹשׁ

7 יִשְׂרָאֵל מֵעֲצָתוֹ׃ נִדְמֶה שֹׁמְרוֹן מַלְכָּהּ כְּקֶצֶף

8 עַל־פְּנֵי־מָיִם׃ וְנִשְׁמְדוּ בָּמוֹת אָוֶן חַטַּאת יִשְׂרָאֵל קוֹץ וְדַרְדַּר יַעֲלֶה עַל־מִזְבְּחוֹתָם וְאָמְרוּ לֶהָרִים כַּסּוּנוּ וְלַגְּבָעוֹת נִפְלוּ עָלֵינוּ׃

9 מִימֵי הַגִּבְעָה חָטָאתָ יִשְׂרָאֵל שָׁם עָמָדוּ לֹא־תַשִּׂיגֵם בַּגִּבְעָה מִלְחָמָה עַל־בְּנֵי עַלְוָה׃

10 בְּאַוָּתִי וְאֶסֳּרֵם וְאֻסְּפוּ עֲלֵיהֶם עַמִּים בְּאָסְרָם לִשְׁתֵּי עֵינֹתָם׃

11 וְאֶפְרַיִם עֶגְלָה מְלֻמָּדָה אֹהַבְתִּי לָדוּשׁ וַאֲנִי עָבַרְתִּי עַל־טוּב צַוָּארָהּ אַרְכִּיב אֶפְרַיִם יַחֲרוֹשׁ יְהוּדָה יְשַׂדֶּד־לוֹ יַעֲקֹב׃

12 זִרְעוּ לָכֶם לִצְדָקָה קִצְרוּ לְפִי־חֶסֶד נִירוּ לָכֶם נִיר וְעֵת לִדְרוֹשׁ אֶת־יְהֹוָה עַד־יָבוֹא וְיֹרֶה צֶדֶק לָכֶם׃

13 חֲרַשְׁתֶּם־רֶשַׁע עַוְלָתָה קְצַרְתֶּם אֲכַלְתֶּם פְּרִי־כָחַשׁ כִּי־בָטַחְתָּ בְדַרְכְּךָ בְּרֹב גִּבּוֹרֶיךָ׃

14 וְקָאם שָׁאוֹן בְּעַמֶּךָ וְכָל־מִבְצָרֶיךָ יוּשַּׁד כְּשֹׁד שַׁלְמַן בֵּית אַרְבֵאל בְּיוֹם מִלְחָמָה אֵם עַל־בָּנִים רֻטָּשָׁה׃

15 כָּכָה עָשָׂה לָכֶם בֵּית־אֵל מִפְּנֵי רָעַת רָעַתְכֶם בַּשַּׁחַר נִדְמֹה נִדְמָה מֶלֶךְ יִשְׂרָאֵל׃

CAP. XI. אי

1 כִּי נַעַר יִשְׂרָאֵל וָאֹהֲבֵהוּ וּמִמִּצְרַיִם קָרָאתִי לִבְנִי׃

2 קָרְאוּ לָהֶם כֵּן הָלְכוּ מִפְּנֵיהֶם לַבְּעָלִים יְזַבֵּחוּ וְלַפְּסִלִים יְקַטֵּרוּן׃

3 וְאָנֹכִי תִרְגַּלְתִּי לְאֶפְרַיִם קָחָם עַל־זְרוֹעֹתָיו וְלֹא יָדְעוּ כִּי רְפָאתִים׃

4 בְּחַבְלֵי אָדָם אֶמְשְׁכֵם בַּעֲבֹתוֹת אַהֲבָה וָאֶהְיֶה לָהֶם כִּמְרִימֵי עֹל עַל לְחֵיהֶם וְאַט אֵלָיו אוֹכִיל׃

5 לֹא יָשׁוּב אֶל־אֶרֶץ מִצְרַיִם וְאַשּׁוּר הוּא מַלְכּוֹ כִּי מֵאֲנוּ לָשׁוּב׃

6 וְחָלָה חֶרֶב בְּעָרָיו וְכִלְּתָה בַדָּיו וְאָכָלָה מִמֹּעֲצוֹתֵיהֶם׃

7 וְעַמִּי תְלוּאִים לִמְשׁוּבָתִי וְאֶל־עַל יִקְרָאֻהוּ יַחַד לֹא יְרוֹמֵם׃

8 אֵיךְ אֶתֶּנְךָ אֶפְרַיִם אֲמַגֶּנְךָ יִשְׂרָאֵל אֵיךְ אֶתֶּנְךָ כְאַדְמָה אֲשִׂימְךָ כִּצְבֹאיִם נֶהְפַּךְ עָלַי לִבִּי יַחַד נִכְמְרוּ נִחוּמָי׃

9 לֹא אֶעֱשֶׂה חֲרוֹן אַפִּי לֹא אָשׁוּב לְשַׁחֵת אֶפְרָיִם כִּי אֵל אָנֹכִי וְלֹא־אִישׁ בְּקִרְבְּךָ קָדוֹשׁ וְלֹא אָבוֹא בְּעִיר׃

10 אַחֲרֵי יְהֹוָה יֵלְכוּ כְּאַרְיֵה יִשְׁאָג כִּי־הוּא יִשְׁאַג וְיֶחֶרְדוּ בָנִים מִיָּם׃

11 יֶחֶרְדוּ כְצִפּוֹר מִמִּצְרַיִם

and ^a they shall eat unclean *things* in Assyria.

4 They shall not offer wine-*offerings* to the LORD, neither ^b shall they be pleasing unto him: their sacrifices *shall be* unto them as the bread of mourners; all that eat thereof shall be polluted: for their bread ^c for their soul shall not come into the house of the LORD.

5 What will ye do in the solemn day, and in the day of the feast of the LORD?

6 For, lo, they are gone because δ of destruction: Egypt shall gather them up, Memphis shall bury them: ζ the pleasant *places* for their silver, nettles shall possess them: thorns *shall be* in their tabernacles.

7 The days of visitation are come, the days of recompence are come; Israel shall know *it*: the prophet *is* a fool, the θ spiritual man *is* mad, for the multitude of thine iniquity, and the great hatred.

8 The watchman ^g of Ephraim *was* with my God: *but* the prophet *is* a snare of a fowler in all his ways, *and* hatred λ in the house of his God.

9 They have deeply corrupted *themselves*, as in the days of Gibeah: θ *therefore* he will remember their iniquity, he will visit their sins.

10 I ⁱ found Israel like grapes in the wilderness; I saw your fathers as the first ripe in the fig-tree at her first time: *but* they went to Baal-peor, *j* and separated themselves unto *that* shame; and *their* abominations were according as they loved.^k

11 *As for* Ephraim, their glory shall fly away like a bird, from the birth, and from the womb, and from the conception.

12 Though they bring up their children, yet will I bereave them, *that there shall* not *be* a man *left*: yea, woe also to them when I depart ^l from them!

13 Ephraim, as I saw Tyrus,^m *is* planted in a pleasant place: but Ephraim shall bring forth his children to the murderer.

14 Give them, O LORD: what wilt thou give? give them a π miscarrying womb and dry breasts.

15 All their wickedness is in ^o Gilgal; for there I hated them: for the wickedness of their doings I will drive them out of mine house,^q I will love them no more: all their princes *are* revolters.

16 Ephraim is smitten, their root is dried up, they shall bear no fruit: yea, though they bring forth, yet will I slay *even* the σ beloved *fruit* of their womb.

17 My God will cast them away, because they did not hearken unto him: and they shall be wanderers ^r among the nations.

CHAP. X.

ISRAEL *is* φ an empty vine, he bringeth forth fruit unto himself, according to the multitude of his fruit he hath increased ^s the altars; according to the goodness of his land they have made goodly ψ images.

2 β Their heart is divided: now shall they be found faulty: he shall γ break down their altars, he shall spoil their images.

3 For now they shall say, We ^t have no king, because we feared not the LORD; what then should a king do to us?

4 They have spoken words, swearing falsely in making a covenant: thus judgment springeth up as hemlock in the furrows of the field.

5 The inhabitants of Samaria shall fear because of the calves of Beth-aven: for the people thereof shall mourn over it,

	B. C. 740.
a	Eze. 4. 13.
β	or, *Chemarim*,
	2 Ki. 23. 5.
	Zep. 1. 4.
b	Is. 1.11..15.
c	Am.8.11,12.
	Jno. 6. 51.
d	Je. 2. 37.
γ	*face of the waters.*
e	1 Ki. 12.30.
δ	*of spoil.*
ζ	or, *their silver shall be desired, the nettle.*
f	Re. 6. 16.
θ	*man of the spirit.*
g	Je. 6. 17.
κ	or, *I shall bind them for their two transgressions,* or, *in their two habitations.*
λ	or, *against* μ *the beauty of her neck.*
h	Ju. 19. 22.
i	De. 32. 10.
j	Nu. 25. 3.
k	Je. 5. 31.
l	De. 31. 17.
m	Eze. 27. 2,
ν	*the evil of your evil.*
	Ro. 7. 13.
n	Mat. 2. 15.
π	*a womb that casteth the fruit.*
o	ch. 12. 11.
p	Is. 46. 3.
q	Ps. 78. 60.
ρ	*lift up.*
σ	*desires,* Eze. 24. 21.
r	They became tributarie to Salmanasser, 728.
r	De. 28. 64, 65.
	Ja. 1. 1.
φ	or, *a vine emptying the fruit which it giveth.*
s	Je. 2. 28.
χ	*together they exalted not.*
ψ	*statues,* or *standing images.*
β	or, *He hath divided their heart.*
γ	*behead,* 1 Sa. 5. 4.
t	ch. 13. 11.
u	Mal. 3. 6.

and β the priests thereof *that* rejoiced on it, for the glory thereof, because it is departed from it.

6 It shall be also carried unto Assyria *for* a present to king Jareb: Ephraim shall receive shame, and Israel shall be ashamed of his own counsel.^d

7 *As for* Samaria, her king is cut off as the foam upon the γ water.

8 The high places also of Aven, the sin ^e of Israel, shall be destroyed: the thorn and the thistle shall come up on their altars; and *if* they shall say to the mountains, Cover us; and to the hills, Fall on us.

9 O Israel, thou hast sinned from the days of Gibeah; there they stood: the battle in Gibeah against the children of iniquity did not overtake them.

10 *It is* in my desire that I should chastise them; and the people shall be gathered against them, when κ they shall bind themselves in their two furrows.

11 And Ephraim *is as* an heifer *that is* taught, *and* loveth to tread out *the corn*; but I passed over upon μ her fair neck: I will make Ephraim to ride; Judah shall plow, *and* Jacob shall break his clods.

12 Sow to yourselves in righteousness, reap in mercy; break up your fallow ground: for *it is* time to seek the LORD, till he come and rain righteousness upon you.

13 Ye have plowed wickedness, ye have reaped iniquity; ye have eaten the fruit of lies: because thou didst trust in thy way, in the multitude of thy mighty men.

14 Therefore shall a tumult arise among thy people, and all thy fortresses shall be spoiled, as Shalman spoiled Beth-arbel in the day of battle: the mother was dashed in pieces upon *her* children.

15 So shall Beth-el do unto you because of ν your great wickedness: in a morning shall the king of Israel utterly be cut off.

CHAP. XI.

WHEN Israel *was* a child, then I loved him, and ⁿ called my son out of Egypt.

2 *As* they called them, so they went from them: they sacrificed unto Baalim, and burned incense to graven images.

3 I ^p taught Ephraim also to go, taking them by their arms; but they knew not that I healed them.

4 I drew them with cords of a man, with bands of love: and I was to them as they that ρ take off the yoke on their jaws, and I laid meat unto them.

5 He shall not return into the land of Egypt, τ but the Assyrian shall be his king, because they refused to return.

6 And the sword shall abide on his cities, and shall consume his branches, and devour *them*, because of their own counsels.

7 And my people are bent to backsliding from me: though they called them to the Most High, χ none at all would exalt *him*.

8 How shall I give thee up, Ephraim? how shall I deliver thee, Israel? how shall I make thee as Admah? *how* shall I set thee as Zeboim? mine heart is turned within me, my repentings are kindled together.

9 I will not execute the fierceness of mine anger, I will not return to destroy Ephraim: for ^u I *am* God, and not man; the Holy One in the midst of thee: and I will not enter into the city.

10 They shall walk after the LORD: he shall roar like a lion: when he shall roar,

וּבִיהוּדָה אֲשֶׁר וְהוֹשַׁבְתִּים עַל־בָּתֵּיהֶם
נְאֻם־יְהוָֹה :

CAP. XII. יב

1 סְבָבֻנִי בְכַחַשׁ אֶפְרַיִם וּבְמִרְמָה בֵּית יִשְׂרָאֵל וִיהוּדָה
2 עֹד רָד עִם־אֵל וְעִם־קְדוֹשִׁים נֶאֱמָן : אֶפְרַיִם
רֹעֶה רוּחַ וְרֹדֵף קָדִים כָּל־הַיּוֹם כָּזָב וָשֹׁד יַרְבֶּה
וּבְרִית עִם־אַשּׁוּר יִכְרֹתוּ וְשֶׁמֶן לְמִצְרַיִם יוּבָל :
3 וְרִיב לַיהוָֹה עִם־יְהוּדָה וְלִפְקֹד עַל־יַעֲקֹב כִּדְרָכָיו
4 כְּמַעֲלָלָיו יָשִׁיב לוֹ : בַּבֶּטֶן עָקַב אֶת־אָחִיו וּבְאוֹנוֹ
5 שָׂרָה אֶת־אֱלֹהִים : וַיָּשַׂר אֶל־מַלְאָךְ וַיֻּכָל בָּכָה
וַיִּתְחַנֶּן־לוֹ בֵּית־אֵל יִמְצָאֶנּוּ וְשָׁם יְדַבֵּר עִמָּנוּ :
6 וַיהוָֹה אֱלֹהֵי הַצְּבָאוֹת יְהוָֹה זִכְרוֹ : וְאַתָּה בֵּאלֹהֶיךָ
7 תָשׁוּב חֶסֶד וּמִשְׁפָּט שְׁמֹר וְקַוֵּה אֶל־אֱלֹהֶיךָ תָּמִיד :
8 כְּנַעַן בְּיָדוֹ מֹאזְנֵי מִרְמָה לַעֲשֹׁק אָהֵב : וַיֹּאמֶר
9 אֶפְרַיִם אַךְ עָשַׁרְתִּי מָצָאתִי אוֹן לִי כָּל־יְגִיעַי לֹא
10 יִמְצְאוּ־לִי עָוֹן אֲשֶׁר־חֵטְא : וְאָנֹכִי יְהוָֹה אֱלֹהֶיךָ
מֵאֶרֶץ מִצְרָיִם עֹד אוֹשִׁיבְךָ בָאֳהָלִים כִּימֵי מוֹעֵד :
11 וְדִבַּרְתִּי עַל־הַנְּבִיאִים וְאָנֹכִי חָזוֹן הִרְבֵּיתִי וּבְיַד
12 הַנְּבִיאִים אֲדַמֶּה : אִם־גִּלְעָד אָוֶן אַךְ־שָׁוְא הָיוּ
בַּגִּלְגָּל שְׁוָרִים זִבֵּחוּ גַּם מִזְבְּחוֹתָם כְּגַלִּים עַל תַּלְמֵי
13 שָׂדָי : וַיִּבְרַח יַעֲקֹב שְׂדֵה אֲרָם וַיַּעֲבֹד יִשְׂרָאֵל
14 בְּאִשָּׁה וּבְאִשָּׁה שָׁמָר : וּבְנָבִיא הֶעֱלָה יְהוָֹה
15 אֶת־יִשְׂרָאֵל מִמִּצְרָיִם וּבְנָבִיא נִשְׁמָר : הִכְעִיס
אֶפְרַיִם תַּמְרוּרִים וְדָמָיו עָלָיו יִטּוֹשׁ וְחֶרְפָּתוֹ יָשִׁיב
לוֹ אֲדֹנָיו :

CAP. XIII. יג

1 כְּדַבֵּר אֶפְרַיִם רְתֵת נָשָׂא הוּא בְּיִשְׂרָאֵל וַיֶּאְשַׁם
2 בַּבַּעַל וַיָּמֹת : וְעַתָּה יוֹסִפוּ לַחֲטֹא וַיַּעֲשׂוּ לָהֶם
מַסֵּכָה מִכַּסְפָּם כִּתְבוּנָם עֲצַבִּים מַעֲשֵׂה חָרָשִׁים
כֻּלֹּה לָהֶם הֵם אֹמְרִים זֹבְחֵי אָדָם עֲגָלִים יִשָּׁקוּן :
3 לָכֵן יִהְיוּ כַּעֲנַן־בֹּקֶר וְכַטַּל מַשְׁכִּים הֹלֵךְ כְּמֹץ
יְסֹעֵר מִגֹּרֶן וּכְעָשָׁן מֵאֲרֻבָּה : וְאָנֹכִי יְהוָֹה אֱלֹהֶיךָ
4 מֵאֶרֶץ מִצְרָיִם וֵאלֹהִים זוּלָתִי לֹא תֵדָע וּמוֹשִׁיעַ
אַיִן בִּלְתִּי :

5 אֲנִי יְדַעְתִּיךָ בַּמִּדְבָּר בְּאֶרֶץ תַּלְאֻבוֹת :
6 כְּמַרְעִיתָם וַיִּשְׂבָּעוּ שָׂבְעוּ וַיָּרָם לִבָּם עַל־כֵּן
7 שְׁכֵחוּנִי : וָאֱהִי לָהֶם כְּמוֹ־שָׁחַל כְּנָמֵר עַל־דֶּרֶךְ
8 אָשׁוּר : אֶפְגְּשֵׁם כְּדֹב שַׁכּוּל וְאֶקְרַע סְגוֹר לִבָּם
9 וְאֹכְלֵם שָׁם כְּלָבִיא חַיַּת הַשָּׂדֶה תְּבַקְּעֵם : שִׁחֶתְךָ
10 יִשְׂרָאֵל כִּי־בִי בְעֶזְרֶךָ : אֱהִי מַלְכְּךָ אֵפוֹא וְיוֹשִׁיעֲךָ
בְּכָל־עָרֶיךָ וְשֹׁפְטֶיךָ אֲשֶׁר אָמַרְתָּ תְּנָה־לִּי מֶלֶךְ
11 וְשָׂרִים : אֶתֶּן־לְךָ מֶלֶךְ בְּאַפִּי וְאֶקַּח בְּעֶבְרָתִי :
12 צָרוּר עֲוֹן אֶפְרָיִם צְפוּנָה חַטָּאתוֹ : חֶבְלֵי
13 יוֹלֵדָה יָבֹאוּ לוֹ הוּא־בֵן לֹא חָכָם כִּי־עֵת לֹא־יַעֲמֹד
14 בְּמִשְׁבַּר בָּנִים : מִיַּד שְׁאוֹל אֶפְדֵּם מִמָּוֶת אֶגְאָלֵם
אֱהִי דְבָרֶיךָ מָוֶת אֱהִי קָטָבְךָ שְׁאוֹל נֹחַם יִסָּתֵר
15 מֵעֵינָי : כִּי הוּא בֵּן אַחִים יַפְרִיא יָבוֹא קָדִים רוּחַ
יְהוָֹה מִמִּדְבָּר עֹלֶה וְיֵבוֹשׁ מְקוֹרוֹ וְיֶחֱרַב
מַעְיָנוֹ הוּא יִשְׁסֶה אוֹצַר כָּל־כְּלִי חֶמְדָּה :

CAP. XIV. יד

1 תֶּאְשַׁם שֹׁמְרוֹן כִּי מָרְתָה בֵּאלֹהֶיהָ בַּחֶרֶב יִפֹּלוּ
2 עֹלְלֵיהֶם יְרֻטָּשׁוּ וְהָרִיּוֹתָיו יְבֻקָּעוּ : שׁוּבָה
3 יִשְׂרָאֵל עַד יְהוָֹה אֱלֹהֶיךָ כִּי כָשַׁלְתָּ בַּעֲוֹנֶךָ : קְחוּ
עִמָּכֶם דְּבָרִים וְשׁוּבוּ אֶל־יְהוָֹה אִמְרוּ אֵלָיו כָּל־
תִּשָּׂא עָוֹן וְקַח־טוֹב וּנְשַׁלְּמָה פָרִים שְׂפָתֵינוּ :
4 אַשּׁוּר לֹא יוֹשִׁיעֵנוּ עַל־סוּס לֹא נִרְכָּב וְלֹא־נֹאמַר
עוֹד אֱלֹהֵינוּ לְמַעֲשֵׂה יָדֵינוּ אֲשֶׁר־בְּךָ יְרֻחַם יָתוֹם :
5 אֶרְפָּא מְשׁוּבָתָם אֹהֲבֵם נְדָבָה כִּי שָׁב אַפִּי מִמֶּנּוּ :
6 אֶהְיֶה כַטַּל לְיִשְׂרָאֵל יִפְרַח כַּשּׁוֹשַׁנָּה וְיַךְ שָׁרָשָׁיו

then the children shall tremble from the west.

11 They shall tremble as a bird out of Egypt, and as a dove out of the land of Assyria: and I will place them in their houses, saith the Lord.

12 Ephraim compasseth me about with lies,[b] and the house of Israel with deceit: but Judah yet ruleth with God, and is faithful with the γ saints.

CHAP. XII.

EPHRAIM feedeth on wind, and followeth after the east wind: he daily increaseth lies and desolation; and they do make a covenant with the Assyrians, and oil[c] is carried into Egypt.

2 The Lord hath also a controversy with Judah,[d] and will θ punish Jacob according to his ways; according[e] to his doings will he recompense him.

3 He[g] took his brother by the heel in the womb, and by his strength he κ had power with God:[i]

4 Yea, he had power over the angel, and prevailed; he wept, and made supplication unto him: he found him *in* Beth-el,[k] and there he spake with us;

5 Even the Lord God of hosts; the Lord *is* his memorial.[m]

6 Therefore turn thou to thy God: keep mercy and judgment, and wait on thy God continually.

7 *He is* ν a merchant, the balances of deceit *are* in his hand: he loveth to π oppress.

8 And Ephraim said, Yet I am become rich,[n] I have found me out substance: *in* ρ all my labours they shall find none iniquity in me σ that *were* sin.

9 And I, *that am* the Lord thy God from the land of Egypt, will yet make thee to dwell in tabernacles, as in the days of the solemn feasts.

10 I[p] have also spoken by the prophets, and I have multiplied visions, and used similitudes, by the φ ministry of the prophets.

11 *Is there* iniquity *in* Gilead? surely they are vanity: they sacrifice bullocks in Gilgal;[q] yea, their altars *are* as heaps in the furrows of the fields.

12 And Jacob fled[r] into the country of Syria, and Israel served for a wife, and for a wife he kept *sheep*.

13 And by a prophet the Lord brought Israel out of Egypt, and by a prophet was he preserved.

14 Ephraim provoked *him* to anger ψ most bitterly: therefore shall he leave his β blood upon him, and his reproach shall[s] his Lord return unto him.

CHAP. XIII.

WHEN Ephraim spake trembling, he exalted himself in Israel; but when he offended in Baal, he died.

2 And now they η sin more ϰ and more, and have made them molten images of their silver, *and* idols according to their own understanding, all of it the work of the craftsmen: they say of them, Let the λ men that sacrifice kiss ϖ the calves.

3 Therefore they shall be as the morning cloud, and as the early dew that passeth away; as the chaff χ *that* is driven with the whirlwind out of the floor, and as the smoke out of the chimney.

4 Yet I *am* the Lord thy God from the land of Egypt, and thou shalt know no god but me: for *there is* no saviour beside me.

B. C. 725.

β *droughts.*
α Ps. 63. 1.
b Ps. 78. 36.
γ or, *most holy.*
δ *beast of the field.*
ε *in thy.*
c Is. 57. 9.
η or, *Where is thy king?*
King Hoshea being then in prison,
2 Ki. 17. 4.
d Mi. 6. 2.
θ *visit upon.*
e Ga. 6. 7, 8.
f 1 Sa. 8. 7.
g Ge. 25. 26.
h 1 Sa. 31. 2. 4.
κ *was a prince,* or, *behaved himself princely.*
i Ge. 32. 24, &c.
λ *a time.*
k Ge. 28. 11.. 19.
35. 9. 15.
l Is. 25. 8.
m Ex. 3. 15.
μ *hand.*
ν *Canaan,*
Eze. 16. 3.
π or, *deceive.*
n Re. 3. 17.
ρ or, *all my labours suffice me not ;* he shall have punishment of iniquity *in whom* is sin.
σ *which.*
τ *vessels of desire.*
o *Fulfilled*
721. b. c.
2 Ki. 17. 16.
p 2 Ki. 17. 13, 14.
φ *hand.*
q Am. 5. 5.
r Ge. xxviii. xxix.
χ or, *give good.*
s He. 13. 15.
ψ *with bitternesses.*
β *bloods.*
t De. 28. 37.
γ or, *blossom.*
δ *strike.*
ζ *go.*
η *add to sin.*
u Is. 1. 5.
v Ca. 2. 3.
θ or, *blossom.*
κ or, *memorial.*
λ or, *sacrificers of men.*
ϖ 1 Ki. 19. 18.
x Da. 2. 35.

---

5 I did know thee in the wilderness, in the land of β great drought.[a]

6 According to their pasture, so were they filled; they were filled, and their heart was exalted; therefore have they forgotten me.

7 Therefore I will be unto them as a lion; as a leopard by the way will I observe *them:*

8 I will meet them as a bear *that is* bereaved *of her whelps,* and will rend the caul of their heart, and there will I devour them like a lion: the δ wild beast shall tear them.

9 O Israel, thou hast destroyed thyself; but in me ζ *is* thine help.

10 η I will be thy king: where *is any other* that may save thee in all thy cities? and thy judges, of whom thou saidst, Give me a king and princes?

11 I gave[f] thee a king in mine anger, and took *him* away[h] in my wrath.

12 The iniquity of Ephraim *is* bound up; his sin *is* hid.

13 The sorrows of a travailing woman shall come upon him: he *is* an unwise son; for he should not stay λ long in *the place of* the breaking forth of children.

14 I[l] will ransom them from the μpower of the grave; I will redeem them from death: O death, I will be thy plagues; O grave, I will be thy destruction: repentance shall be hid from mine eyes.

15 Though he be fruitful among *his* brethren, an east wind shall come, the wind of the Lord shall come up from the wilderness, and his spring shall become dry, and his fountain shall be dried up: he shall spoil the treasure of all τ pleasant vessels.

16 Samaria[o] shall become desolate; for she hath rebelled against her God: they shall fall by the sword; their infants shall be dashed in pieces, and their women with child shall be ripped up.

CHAP. XIV.

O ISRAEL, return unto the Lord thy God; for thou hast fallen by thine ini quity.

2 Take with you words, and turn to the Lord: say unto him, Take away all iniquity, and χ receive *us* graciously: so will we render the calves[s] of our lips.

3 Asshur shall not save us; we will not ride upon horses; neither will we say any more to the work of our hands, Ye *are* our gods: for in thee the fatherless findeth mercy.

4 I will heal their backsliding, I will love them freely: for mine anger is turned away from them.

5 I will be as the dew unto Israel: he shall γ grow as the lily, and δ cast forth his roots as Lebanon.

6 His branches shall ζ spread, and his beauty shall be as the olive-tree, and his smell as Lebanon.

7 They that dwell under his shadow ϖ shall return; they shall revive *as* the corn, and θ grow as the vine. the κ scent thereof *shall be* as the wine of Lebanon.

8 Ephraim *shall say,* What have I to do any more with idols? I have heard *him,* and observed him: I *am* like a green fir-tree. From me is thy fruit found.

9 Who *is* wise, and he shall understand these *things?* prudent, and he shall know them? for the ways of the Lord *are* right, and the just shall walk in them: but the transgressors shall fall therein.

יואל

LIBER JOELIS.

שָׂדֶה תַּעֲרוֹג אֵלֶיךָ כִּי יָבְשׁוּ אֲפִיקֵי מָיִם וְאֵשׁ
אָכְלָה נְאוֹת הַמִּדְבָּר׃

CAP. I. א

1 דְּבַר־יְהוָה אֲשֶׁר הָיָה אֶל־יוֹאֵל בֶּן־פְּתוּאֵל׃ שִׁמְעוּ־
2 זֹאת הַזְּקֵנִים וְהַאֲזִינוּ כֹּל יוֹשְׁבֵי הָאָרֶץ הֶהָיְתָה
3 זֹּאת בִּֽימֵיכֶם וְאִם בִּימֵי אֲבֹתֵיכֶם׃ עָלֶיהָ לִבְנֵיכֶם
4 סַפֵּרוּ וּבְנֵיכֶם לִבְנֵיהֶם וּבְנֵיהֶם לְדוֹר אַחֵר׃ יֶתֶר
הַגָּזָם אָכַל הָאַרְבֶּה וְיֶתֶר הָאַרְבֶּה אָכַל הַיָּלֶק
5 וְיֶתֶר הַיֶּלֶק אָכַל הֶחָסִיל׃ הָקִיצוּ שִׁכּוֹרִים וּבְכוּ
וְהֵילִלוּ כָּל־שֹׁתֵי יָיִן עַל־עָסִיס כִּי נִכְרַת מִפִּיכֶם׃
6 כִּי־גוֹי עָלָה עַל־אַרְצִי עָצוּם וְאֵין מִסְפָּר שִׁנָּיו שִׁנֵּי
7 אַרְיֵה וּמְתַלְּעוֹת לָבִיא לוֹ׃ שָׂם גַּפְנִי לְשַׁמָּה
וּתְאֵנָתִי לִקְצָפָה חָשֹׂף חֲשָׂפָהּ וְהִשְׁלִיךְ
8 הִלְבִּינוּ שָׂרִיגֶיהָ׃ אֱלִי כִּבְתוּלָה חֲגֻרַת־שַׂק
9 עַל־בַּעַל נְעוּרֶיהָ׃ הָכְרַת מִנְחָה וָנֶסֶךְ מִבֵּית
10 יְהוָה אָבְלוּ הַכֹּהֲנִים מְשָׁרְתֵי יְהוָה׃ שֻׁדַּד שָׂדֶה
אָבְלָה אֲדָמָה כִּי שֻׁדַּד דָּגָן הוֹבִישׁ תִּירוֹשׁ אֻמְלַל
11 יִצְהָר׃ הֹבִישׁוּ אִכָּרִים הֵילִילוּ כֹּרְמִים עַל־חִטָּה וְעַל־
12 שְׂעֹרָה כִּי אָבַד קְצִיר שָׂדֶה׃ הַגֶּפֶן הוֹבִישָׁה
וְהַתְּאֵנָה אֻמְלָלָה רִמּוֹן גַּם־תָּמָר וְתַפּוּחַ כָּל־
עֲצֵי הַשָּׂדֶה יָבֵשׁוּ כִּי־הֹבִישׁ שָׂשׂוֹן מִן־בְּנֵי אָדָם׃
13 חִגְרוּ וְסִפְדוּ הַכֹּהֲנִים הֵילִילוּ מְשָׁרְתֵי מִזְבֵּחַ בֹּאוּ לִינוּ
בַּשַּׂקִּים מְשָׁרְתֵי אֱלֹהָי כִּי נִמְנַע מִבֵּית אֱלֹהֵיכֶם
14 מִנְחָה וָנָסֶךְ׃ קַדְּשׁוּ־צוֹם קִרְאוּ עֲצָרָה אִסְפוּ זְקֵנִים
כֹּל יֹשְׁבֵי הָאָרֶץ בֵּית יְהוָה אֱלֹהֵיכֶם וְזַעֲקוּ אֶל־יְהוָה׃
15 אֲהָהּ לַיּוֹם כִּי קָרוֹב יוֹם יְהוָה וּכְשֹׁד מִשַּׁדַּי
16 יָבוֹא׃ הֲלוֹא נֶגֶד עֵינֵינוּ אֹכֶל נִכְרָת מִבֵּית
17 אֱלֹהֵינוּ שִׂמְחָה וָגִיל׃ עָבְשׁוּ פְרֻדוֹת תַּחַת
מֶגְרְפֹתֵיהֶם נָשַׁמּוּ אֹצָרוֹת נֶהֶרְסוּ מַמְּגֻרוֹת כִּי
18 הֹבִישׁ דָּגָן׃ מַה־נֶּאֶנְחָה בְהֵמָה נָבֹכוּ עֶדְרֵי בָקָר
כִּי אֵין מִרְעֶה לָהֶם גַּם־עֶדְרֵי הַצֹּאן נֶאְשָׁמוּ׃
19 אֵלֶיךָ יְהוָה אֶקְרָא כִּי־אֵשׁ אָכְלָה נְאוֹת מִדְבָּר וְלֶהָבָה
20 לִהֲטָה כָּל־עֲצֵי הַשָּׂדֶה׃ גַּם־בַּהֲמוֹת

CAP. II. ב

1 תִּקְעוּ שׁוֹפָר בְּצִיּוֹן וְהָרִיעוּ בְּהַר קָדְשִׁי יִרְגְּזוּ כֹּל
2 יֹשְׁבֵי הָאָרֶץ כִּי־בָא יוֹם־יְהוָה כִּי קָרוֹב׃ יוֹם
חֹשֶׁךְ וַאֲפֵלָה יוֹם עָנָן וַעֲרָפֶל כְּשַׁחַר פָּרֻשׂ עַל־
הֶהָרִים עַם רַב וְעָצוּם כָּמֹהוּ לֹא נִהְיָה מִן־
הָעוֹלָם וְאַחֲרָיו לֹא יוֹסֵף עַד־שְׁנֵי דּוֹר וָדוֹר׃
3 לְפָנָיו אָכְלָה אֵשׁ וְאַחֲרָיו תְּלַהֵט לֶהָבָה כְּגַן־עֵדֶן
הָאָרֶץ לְפָנָיו וְאַחֲרָיו מִדְבַּר שְׁמָמָה וְגַם־פְּלֵיטָה
4 לֹא־הָיְתָה לּוֹ׃ כְּמַרְאֵה סוּסִים מַרְאֵהוּ וּכְפָרָשִׁים
5 כֵּן יְרוּצוּן׃ כְּקוֹל מַרְכָּבוֹת עַל־רָאשֵׁי הֶהָרִים
יְרַקֵּדוּן כְּקוֹל לַהַב אֵשׁ אֹכְלָה קָשׁ כְּעַם עָצוּם
6 עֱרוּךְ מִלְחָמָה׃ מִפָּנָיו יָחִילוּ עַמִּים כָּל־פָּנִים
7 קִבְּצוּ פָארוּר׃ כְּגִבּוֹרִים יְרֻצוּן כְּאַנְשֵׁי מִלְחָמָה
יַעֲלוּ חוֹמָה וְאִישׁ בִּדְרָכָיו יֵלֵכוּן וְלֹא יְעַבְּטוּן
8 אֹרְחוֹתָם׃ וְאִישׁ אָחִיו לֹא יִדְחָקוּן גֶּבֶר בִּמְסִלָּתוֹ
9 יֵלֵכוּן וּבְעַד הַשֶּׁלַח יִפֹּלוּ לֹא יִבְצָעוּ׃ בָּעִיר
יָשֹׁקּוּ בַּחוֹמָה יְרֻצוּן בַּבָּתִּים יַעֲלוּ בְּעַד הַחַלּוֹנִים
10 יָבֹאוּ כַּגַּנָּב׃ לְפָנָיו רָגְזָה אֶרֶץ רָעֲשׁוּ שָׁמָיִם
11 שֶׁמֶשׁ וְיָרֵחַ קָדָרוּ וְכוֹכָבִים אָסְפוּ נָגְהָם׃ וַיהוָה
נָתַן קוֹלוֹ לִפְנֵי חֵילוֹ כִּי רַב מְאֹד מַחֲנֵהוּ כִּי
עָצוּם עֹשֵׂה דְבָרוֹ כִּי־גָדוֹל יוֹם־יְהוָה וְנוֹרָא מְאֹד
12 וּמִי יְכִילֶנּוּ׃ וְגַם־עַתָּה נְאֻם־יְהוָה שֻׁבוּ עָדַי
13 בְּכָל־לְבַבְכֶם וּבְצוֹם וּבִבְכִי וּבְמִסְפֵּד׃ וְקִרְעוּ לְבַבְכֶם
וְאַל־בִּגְדֵיכֶם וְשׁוּבוּ אֶל־יְהוָה אֱלֹהֵיכֶם כִּי־חַנּוּן
14 וְרַחוּם הוּא אֶרֶךְ אַפַּיִם וְרַב־חֶסֶד וְנִחָם עַל־
הָרָעָה׃ מִי יוֹדֵעַ יָשׁוּב וְנִחָם וְהִשְׁאִיר אַחֲרָיו
בְּרָכָה מִנְחָה וָנֶסֶךְ לַיהוָה אֱלֹהֵיכֶם׃
15 תִּקְעוּ שׁוֹפָר בְּצִיּוֹן קַדְּשׁוּ־צוֹם קִרְאוּ עֲצָרָה׃
16 אִסְפוּ־עָם קַדְּשׁוּ קָהָל קִבְצוּ זְקֵנִים אִסְפוּ עוֹלָלִים

JOEL.

CHAP. I.

THE word of the LORD that came to Joel, the son of Pethuel.

2 Hear this, ye old men, and give ear, all ye inhabitants of the land. Hath this been in your days, or even in the days of your fathers?

3 Tell ye your children of it, and *let* your children *tell* their children, and their children another generation:

4 γ That which *e* the palmer-worm hath left, hath the locust *g* eaten; and that which the locust hath left, hath the canker-worm eaten; and that which the canker-worm hath left, hath the caterpillar eaten.

5 Awake, ye drunkards, and weep; and howl, all ye drinkers of wine, because of the new wine; for *k* it is cut off from your mouth.

6 For *l* a nation is come up upon my land, strong, and without number, whose teeth *o are* the teeth of a lion, and he hath the cheek teeth of a great lion.

7 He hath laid *p* my vine waste, and ζ barked my fig-tree: he hath made it clean bare, and cast *it* away; the branches thereof are made white.

8 Lament like a virgin girded with sackcloth for the husband of her youth.

9 The meat-offering and the drink-offering is cut off from the house of the LORD: the priests, the LORD's ministers, mourn.

10 The field is wasted, the land mourneth; for the corn is wasted: the new wine is θ dried up, the oil languisheth.

11 Be ye ashamed, O ye husbandmen, howl, O ye vine-dressers, for the wheat and for the barley; because the harvest of the field is perished.

12 The vine is dried up, and the fig-tree *r* languisheth; the pomegranate-tree, the palm-tree also, and the apple-tree, *even* all the trees of the field, are withered; because joy *s* is withered away from the sons of men.

13 Gird *v* yourselves, and lament, ye priests; howl, ye ministers of the altar; come, lie all night in sackcloth, ye ministers of my God: for the meat-offering and the drink-offering is withholden from the house of your God.

14 Sanctify ye a fast, *y* call a λ solemn assembly, gather the elders, *and* all the inhabitants of the land, *into* the house of the LORD your God, and cry unto the LORD,

15 Alas *a* for the day! for *b* the day of the LORD *is* at hand, and as a destruction from the Almighty shall it come.

16 Is not the meat cut off before our eyes, *yea*, joy *c* and gladness from the house of our God?

17 The μ seed is rotten under their clods, the garners are laid desolate, the barns are broken down; for the corn is withered.

18 How do the beasts *h* groan! the herds of cattle are perplexed, because they have no pasture; yea, the flocks of sheep are made desolate.

19 O LORD, to thee will I cry: *l* for the fire *m* hath devoured the ν pastures of the wilderness, and the flame hath burned all the trees of the field.

B. C. 800.
----
a Ps. 104. 21.
b 1 Ki. 18. 5.
β or, *cornet.*
c Nu. 10. 5, 9.
d ch. 1. 15.
Zep.1.14,15.
γ the residue of the palmer-worm.
e ch. 2. 25.
f Am.5.18,20.
g De. 28. 38.
h ch. 1. 6.
i Ex. 10. 14.
δ generation and generation.
k Is. 32. 10.
l ch. 2. 2, 11.
m Is. 51. 3.
n Zec. 7. 14.
o Re. 9. 7..10.
p Is. 5. 6.
ζ laid *my fig-tree for a barking.*
η pot.
q Je. 8. 21. La. 4. 8. Na. 2. 10.
θ or, *ashamed,* ver. 12.
κ or, *dart.*
r Hab. 3. 17, 18.
s Is. 24. 11.
t Je. 9. 21.
u Jn⁰. 10. 1.
v Je. 4. 8.
w Ps. 18. 7.
x Is. 13. 10. Eze. 32. 7.
y ch. 2. 15,16. 2Ch.20.3,4.
λ or, day of *restraint,* Ne. 8. 18.
z Mal. 3. 2. Re. 6. 17.
a Je. 30. 7.
b Is. 13. 6, 9.
c La. 3. 40,41. Ho. 12. 6. 14. 1.
d Ps. 34. 18. Is. 66. 2.
e Ps. 43. 4.
μ grains.
f Ps. 86. 5,15.
g 2 Ki. 19. 4.
h Ho. 4. 3.
i ch. 1. 9.
k ver. 1.
l Ps. 50. 15. Lu. 18. 1..7.
m Je. 9. 10.
ν or, *habitations.*
n 2Ch. 20. 13.

---

20 The beasts of the field cry also unto *a* thee: for *b* the rivers of waters are dried up, and the fire hath devoured the pastures of the wilderness.

CHAP. II.

BLOW ye the β trumpet in Zion, and sound an alarm *c* in my holy mountain: let all the inhabitants of the land tremble: for *d* the day of the LORD cometh, for *it is* nigh at hand:

2 A day of darkness *f* and of gloominess, a day of clouds and of thick darkness, as the morning spread upon the mountains: a great people and a strong; *h* there hath not been ever the like, *i* neither shall be any more after it, *even* to the years of δ many generations.

3 A fire devoureth before them; and behind them a flame burneth: the land *is* as the garden of Eden *m* before them, and behind *n* them a desolate wilderness; yea, and nothing shall escape them.

4 The appearance of them *is* as the appearance of horses; and as horsemen, so shall they run.

5 Like the noise of chariots on the tops of mountains shall they leap, like the noise of a flame of fire that devoureth the stubble, as a strong people set in battle array.

6 Before their face the people shall be much pained; all faces shall gather *n* blackness. *q*

7 They shall run like mighty men; they shall climb the wall like men of war; and they shall march every one on his ways, and they shall not break their ranks:

8 Neither shall one thrust another, they shall walk every one in his path: and *when* they fall upon the κ sword, they shall not be wounded.

9 They shall run to and fro in the city; they shall run upon the wall; they shall climb up upon the houses; they shall enter in at the windows *t* like a thief. *u*

10 The earth *w* shall quake before them; the heavens shall tremble: the sun *x* and the moon shall be dark, and the stars shall withdraw their shining;

11 And the LORD shall utter his voice before his army; for his camp *is* very great: for *he is* strong that executeth his word: for the day of the LORD *is* great and very terrible; and who *z* can abide it?

12 Therefore also now, saith the LORD, turn *e* ye *even* to me with all your heart, and with fasting, and with weeping, and with mourning:

13 And rend *d* your heart, and not your garments, and turn unto the LORD your God: for he *f is* gracious and merciful, slow to anger, and of great kindness, and repenteth him of the evil.

14 Who *g* knoweth *if* he will return and repent, and leave a blessing behind him; *even* a meat-offering, *i* and a drink-offering, unto the LORD your God?

15 Blow *k* the trumpet in Zion, sanctify a fast, call a solemn assembly:

16 Gather the people, sanctify the congregation, assemble the elders, gather *n* the children, and those that suck the breasts: let the bridegroom go forth of his

וַיֹּנְקֵי שָׁדָיִם יֵצֵא חָתָן מֵחֶדְרוֹ וְכַלָּה מֵחֻפָּתָהּ׃

17 בֵּין הָאוּלָם וְלַמִּזְבֵּחַ יִבְכּוּ הַכֹּהֲנִים מְשָׁרְתֵי יְהוָה וְיֹאמְרוּ חוּסָה יְהוָה עַל־עַמֶּךָ וְאַל־תִּתֵּן נַחֲלָתְךָ לְחֶרְפָּה לִמְשָׁל־בָּם גּוֹיִם לָמָּה יֹאמְרוּ בָעַמִּים

18 אַיֵּה אֱלֹהֵיהֶם׃ וַיְקַנֵּא יְהוָה לְאַרְצוֹ וַיַּחְמֹל

19 עַל־עַמּוֹ׃ וַיַּעַן יְהוָה וַיֹּאמֶר לְעַמּוֹ הִנְנִי שֹׁלֵחַ לָכֶם אֶת־הַדָּגָן וְהַתִּירוֹשׁ וְהַיִּצְהָר וּשְׂבַעְתֶּם אֹתוֹ

20 וְלֹא־אֶתֵּן אֶתְכֶם עוֹד חֶרְפָּה בַּגּוֹיִם׃ וְאֶת־ הַצְּפוֹנִי אַרְחִיק מֵעֲלֵיכֶם וְהִדַּחְתִּיו אֶל־אֶרֶץ צִיָּה וּשְׁמָמָה אֶת־פָּנָיו אֶל־הַיָּם הַקַּדְמֹנִי וְסֹפוֹ אֶל־הַיָּם הָאַחֲרוֹן וְעָלָה בָאְשׁוֹ וְתַעַל

21 צַחֲנָתוֹ כִּי הִגְדִּיל לַעֲשׂוֹת׃ אַל־תִּירְאִי אֲדָמָה

22 גִּילִי וּשְׂמָחִי כִּי־הִגְדִּיל יְהוָה לַעֲשׂוֹת׃ אַל־תִּירְאוּ בַּהֲמוֹת שָׂדַי כִּי דָשְׁאוּ נְאוֹת מִדְבָּר כִּי־עֵץ

23 נָשָׂא פִרְיוֹ תְּאֵנָה וָגֶפֶן נָתְנוּ חֵילָם׃ וּבְנֵי צִיּוֹן גִּילוּ וְשִׂמְחוּ בַּיהוָה אֱלֹהֵיכֶם כִּי־נָתַן לָכֶם אֶת־ הַמּוֹרֶה לִצְדָקָה וַיּוֹרֶד לָכֶם גֶּשֶׁם מוֹרֶה וּמַלְקוֹשׁ

24 בָּרִאשׁוֹן׃ וּמָלְאוּ הַגֳּרָנוֹת בָּר וְהֵשִׁיקוּ הַיְקָבִים

25 תִּירוֹשׁ וְיִצְהָר׃ וְשִׁלַּמְתִּי לָכֶם אֶת־הַשָּׁנִים אֲשֶׁר אָכַל הָאַרְבֶּה הַיֶּלֶק וְהֶחָסִיל וְהַגָּזָם חֵילִי הַגָּדוֹל אֲשֶׁר שִׁלַּחְתִּי בָּכֶם׃ וַאֲכַלְתֶּם אָכוֹל

26 וְשָׂבוֹעַ וְהִלַּלְתֶּם אֶת־שֵׁם יְהוָה אֱלֹהֵיכֶם אֲשֶׁר־ עָשָׂה עִמָּכֶם לְהַפְלִיא וְלֹא־יֵבֹשׁוּ עַמִּי לְעוֹלָם׃

27 וִידַעְתֶּם כִּי בְקֶרֶב יִשְׂרָאֵל אָנִי וַאֲנִי יְהוָה אֱלֹהֵיכֶם וְאֵין עוֹד וְלֹא־יֵבֹשׁוּ עַמִּי לְעוֹלָם׃

CAP. III. ג

1 וְהָיָה אַחֲרֵי־כֵן אֶשְׁפּוֹךְ אֶת־רוּחִי עַל־כָּל־בָּשָׂר וְנִבְּאוּ בְּנֵיכֶם וּבְנוֹתֵיכֶם זִקְנֵיכֶם חֲלֹמוֹת יַחֲלֹמוּן

2 בַּחוּרֵיכֶם חֶזְיֹנוֹת יִרְאוּ׃ וְגַם עַל־הָעֲבָדִים וְעַל־ הַשְּׁפָחוֹת בַּיָּמִים הָהֵמָּה אֶשְׁפּוֹךְ אֶת־רוּחִי׃

3 וְנָתַתִּי מוֹפְתִים בַּשָּׁמַיִם וּבָאָרֶץ דָּם וָאֵשׁ

4 וְתִימֲרוֹת עָשָׁן׃ הַשֶּׁמֶשׁ יֵהָפֵךְ לְחֹשֶׁךְ וְהַיָּרֵחַ לְדָם לִפְנֵי בּוֹא יוֹם יְהוָה הַגָּדוֹל וְהַנּוֹרָא׃

5 וְהָיָה כֹּל אֲשֶׁר־יִקְרָא בְּשֵׁם יְהוָה יִמָּלֵט כִּי בְּהַר־צִיּוֹן וּבִירוּשָׁלַ͏ִם תִּהְיֶה פְלֵיטָה כַּאֲשֶׁר אָמַר יְהוָה וּבַשְּׂרִידִים אֲשֶׁר יְהוָה קֹרֵא׃

CAP. IV. ד

1 כִּי הִנֵּה בַּיָּמִים הָהֵמָּה וּבָעֵת הַהִיא אֲשֶׁר אָשִׁיב

2 אֶת־שְׁבוּת יְהוּדָה וִירוּשָׁלָ͏ִם׃ וְקִבַּצְתִּי אֶת־כָּל־ הַגּוֹיִם וְהוֹרַדְתִּים אֶל־עֵמֶק יְהוֹשָׁפָט וְנִשְׁפַּטְתִּי עִמָּם שָׁם עַל־עַמִּי וְנַחֲלָתִי יִשְׂרָאֵל אֲשֶׁר פִּזְּרוּ

3 בַגּוֹיִם וְאֶת־אַרְצִי חִלֵּקוּ׃ וְאֶל־עַמִּי יַדּוּ גוֹרָל וַיִּתְּנוּ הַיֶּלֶד בַּזּוֹנָה וְהַיַּלְדָּה מָכְרוּ בַיַּיִן וַיִּשְׁתּוּ׃

4 וְגַם מָה־אַתֶּם לִי צֹר וְצִידוֹן וְכֹל גְּלִילוֹת פְּלָשֶׁת הַגְּמוּל אַתֶּם מְשַׁלְּמִים עָלָי וְאִם־גֹּמְלִים אַתֶּם

5 עָלַי קַל מְהֵרָה אָשִׁיב גְּמֻלְכֶם בְּרֹאשְׁכֶם׃ אֲשֶׁר־ כַּסְפִּי וּזְהָבִי לְקַחְתֶּם וּמַחֲמַדַּי הַטֹּבִים הֲבֵאתֶם

6 לְהֵיכְלֵיכֶם׃ וּבְנֵי יְהוּדָה וּבְנֵי יְרוּשָׁלַ͏ִם מְכַרְתֶּם לִבְנֵי הַיְּוָנִים לְמַעַן הַרְחִיקָם מֵעַל גְּבוּלָם׃

7 הִנְנִי מְעִירָם מִן־הַמָּקוֹם אֲשֶׁר־מְכַרְתֶּם אֹתָם שָׁמָּה וַהֲשִׁבֹתִי גְמֻלְכֶם בְּרֹאשְׁכֶם׃ וּמָכַרְתִּי

8 אֶת־בְּנֵיכֶם וְאֶת־בְּנוֹתֵיכֶם בְּיַד בְּנֵי יְהוּדָה וּמְכָרוּם לִשְׁבָאיִם אֶל־גּוֹי רָחוֹק כִּי יְהוָה דִּבֵּר׃

9 קִרְאוּ־זֹאת בַּגּוֹיִם קַדְּשׁוּ מִלְחָמָה הָעִירוּ הַגִּבּוֹרִים יִגְּשׁוּ יַעֲלוּ כֹּל אַנְשֵׁי הַמִּלְחָמָה׃ כֹּתּוּ אִתֵּיכֶם

10 לַחֲרָבוֹת וּמַזְמְרֹתֵיכֶם לִרְמָחִים הַחַלָּשׁ יֹאמַר

11 גִּבּוֹר אָנִי׃ עוּשׁוּ וָבֹאוּ כָל־הַגּוֹיִם מִסָּבִיב וְנִקְבָּצוּ שָׁמָּה הַנְחַת יְהוָה גִּבּוֹרֶיךָ׃ יֵעוֹרוּ

12 וְיַעֲלוּ הַגּוֹיִם אֶל־עֵמֶק יְהוֹשָׁפָט כִּי שָׁם אֵשֵׁב

13 לִשְׁפֹּט אֶת־כָּל־הַגּוֹיִם מִסָּבִיב׃ שִׁלְחוּ מַגָּל כִּי בָשַׁל קָצִיר בֹּאוּ רְדוּ כִּי־מָלְאָה גַּת הֵשִׁיקוּ הַיְקָבִים כִּי רַבָּה רָעָתָם׃ הֲמוֹנִים הֲמוֹנִים

14 בְּעֵמֶק הֶחָרוּץ כִּי קָרוֹב יוֹם יְהוָה בְּעֵמֶק הֶחָרוּץ׃

15 שֶׁמֶשׁ וְיָרֵחַ קָדָרוּ וְכוֹכָבִים אָסְפוּ נָגְהָם׃ וַיהוָה

16 מִצִּיּוֹן יִשְׁאָג וּמִירוּשָׁלַ͏ִם יִתֵּן קוֹלוֹ וְרָעֲשׁוּ שָׁמַיִם וָאָרֶץ וַיהוָה מַחֲסֶה לְעַמּוֹ וּמָעוֹז לִבְנֵי יִשְׂרָאֵל׃

17 וִידַעְתֶּם כִּי אֲנִי יְהוָה אֱלֹהֵיכֶם שֹׁכֵן בְּצִיּוֹן הַר־ קָדְשִׁי וְהָיְתָה יְרוּשָׁלַ͏ִם קֹדֶשׁ וְזָרִים לֹא־יַעַבְרוּ־

18 בָהּ עוֹד׃ וְהָיָה בַיּוֹם הַהוּא יִטְּפוּ הֶהָרִים עָסִיס וְהַגְּבָעוֹת תֵּלַכְנָה חָלָב וְכָל־אֲפִיקֵי יְהוּדָה יֵלְכוּ מָיִם וּמַעְיָן מִבֵּית יְהוָה יֵצֵא

19 וְהִשְׁקָה אֶת־נַחַל הַשִּׁטִּים׃ מִצְרַיִם לִשְׁמָמָה תִהְיֶה וֶאֱדוֹם לְמִדְבַּר שְׁמָמָה תִּהְיֶה מֵחֲמַס בְּנֵי יְהוּדָה אֲשֶׁר־שָׁפְכוּ דָם־נָקִיא בְּאַרְצָם׃

20 וִיהוּדָה לְעוֹלָם תֵּשֵׁב וִירוּשָׁלַ͏ִם לְדוֹר וָדוֹר׃

21 וְנִקֵּיתִי דָּמָם לֹא־נִקֵּיתִי וַיהוָה שֹׁכֵן בְּצִיּוֹן׃

chamber, and the bride out of her closet.

17 Let the priests, the ministers of the LORD, weep between the porch and the altar, and let them say, Spare ^{b} thy people, O LORD, and give not thine heritage to reproach, that the heathen should βrule over them : wherefore ^{c} should they say among the people, Where *is* their God ?

18 Then will the LORD be jealous ^{d} for his land, and pity ^{e} his people.

19 Yea, the LORD will answer and say unto his people, Behold, I will send you corn, and wine, and oil, and ye shall be satisfied therewith ; and I will no more make you a reproach among the heathen :

20 But I will remove far off from you the northern *army*, and will drive him into a land barren and desolate, with his face toward the east sea ; and his hinder part toward the utmost sea : and his stink shall come up, and his ill savour shall come up, because he hath ζ done great things.

21 Fear not, O land ; be glad and rejoice : for the LORD ^{k} will do great things.

22 Be not afraid, ye beasts of the field : for the pastures of the wilderness do spring, for the tree beareth her fruit, the fig-tree and the vine do yield their strength.

23 Be glad then, ye children of Zion, and rejoice ^{i} in the LORD your God : for he hath given you κ the former rain λmoderately, and he will cause to come down for you the rain, the former rain, and the latter rain in the first *month*.

24 And the floors shall be full of wheat,& the fats shall overflow with wine and oil.

25 And I will restore to you the years that the locust hath eaten, the canker-worm, and the caterpiller, and the palmer-worm, my great army ^{n} which I sent among you.

26 And ye shall eat in plenty, and be satisfied, and praise the name of the LORD your God, that hath dealt wondrously with you : and ^{p} my people shall never be ashamed.

27 And ye shall know that I *am* in the midst of Israel, and that I *am* the LORD your God, and none else : and my people shall never be ashamed.

28 And ^{q} it shall come to pass afterward, *that* I will pour out my Spirit ^{r} upon all flesh ; and your sons and your ^{s} daughters shall prophesy your old men shall dream dreams, your young men shall see visions.

29 And also upon the servants ^{w} and upon the handmaids in those days will I pour out my Spirit.

30 And I will shew wonders ^{x} in the heavens and in the earth, blood, and fire, and pillars of smoke.

31 The sun shall be turned into darkness, and the moon into blood, before the great and the terrible day of the LORD come.

32 And it shall come to pass, *that* whosoever ^{b} shall call on the name of the LORD shall be delivered : for in mount Zion and in Jerusalem shall be deliverance, as the LORD hath said, and in the ^{d} remnant whom the LORD shall call.

CHAP. III.

FOR, behold, in those days, and in that time, when I shall bring again the captivity of Judah and Jerusalem,

2 I ^{e} will also gather all nations, and will bring them down into the valley of Jehoshaphat, and will plead ^{g} with them there for my people and *for* my heritage Israel, whom they have scattered among the nations, and parted my land.

B. C. 800.

a Na. 3. 10.
b Ex.32.11,12.
β or, *use a by-word against.*
c Mi. 7. 10.
d Zec. 1. 14.
e De. 32. 36.
f Da. 5. 2, 3.
γ *desirable.* Da. 11. 38.
δ *sons of the Grecians.*
g Is. 43. 5. Je. 23. 8.
ζ *magnified to do.*
h Ps. 126.1..3.
η *sanctify.*
i Is. 41. 16. Zec. 10. 7.
θ or, *scythes.*
κ or,*a teacher of righteousness.*
λ *according to righteousness.*
μ or, *the LORD shall bring down.*
k Ps. 103. 20.
l ver. 2.
m Mi. 4. 3.
n ver. 11.
o Re.14.15,18.
p Zep. 3. 11.
v or, *concision* ; or, *threshing.*
q Ac. 2.16,21.
r Jn⁰. 7. 39.
s Je.25.30,31.
t Ac. 21. 9.
u Hag. 2. 6.
v Ps.46.1,&c.
π *place of repair*; or, *harbour.*
w 1Co. 12. 13.
x Mat. 24. 29.
y ver. 21.
ρ *holiness.*
z Is. 35. 8, 9. Na. 1. 15. Zec. 14. 21. Re. 21. 27.
a Am. 9. 13.
b Ro.10.11..13
σ *go.*
c Is. 30. 25. Eze. 47. 2, &c. Zec. 14. 8. Re. 22. 1.
d Ro. 11. 5,7.
e Zec.14.2..4.
f Is. 33. 20. Am. 9. 15.
g Is. 66. 16.
h Is. 4. 4.
ϕ or, *even I the LORD that.*
i Eze. 48. 35. Re. 21. 3.

3 And they have cast lots ^{a} for my people : and have given a boy for a harlot, and sold a girl for wine, that they might drink.

4 Yea, and what have ye to do with me, O Tyre, and Zidon, and all the coasts of Palestine ? will ye render me a recompence ? and if ye recompense me swiftly *and* speedily will I return your recompence upon your own head :

5 Because ye have taken ^{f} my silver and my gold, and have carried into your temples my goodly γ pleasant things :

6 The children also of Judah and the children of Jerusalem have ye sold unto the δ Grecians, that ye might remove them far from their border.

7 Behold, I ^{g} will raise them out of the place whither ye have sold them, and will return your recompence upon your own head :

8 And I will sell your sons and your daughters into the hand of the children of Judah, and they shall sell them to the Sabeans, to a people far off : for the LORD hath spoken *it*.

9 Proclaim ye this among the Gentiles ; ηPrepare war, wake up the mighty men, let all the men of war draw near ; let them come up :

10 Beat your plow-shares into swords, and your θpruning-hooks into spears : let the weak say, I *am* strong.

11 Assemble yourselves, and come, all ye heathen, and gather yourselves together round about : thither μ cause thy mighty ^{k} ones to come down, O LORD.

12 Let the heathen be wakened, and come up to the valley ^{l} of Jehoshaphat : for there will I sit to judge ^{m} all the heathen round about.

13 Put ^{o} ye in the sickle ; for the harvest is ripe : come, get you down ; for the press is full, the fats overflow ; for their wickedness *is* great.

14 Multitudes, multitudes in the valley of νdecision : for the day of the LORD *is* near in the valley of decision.

15 The sun and the moon shall be darkened, and the stars shall withdraw their shining.

16 The LORD also shall roar ^{s} out of Zion, and utter his voice from Jerusalem ; and the heavens ^{u} and the earth shall shake : but ^{v} the LORD *will be* the πhope of his people, and the strength of the children of Israel.

17 So shall ye know that I *am* the LORD your God dwelling ^{y} in Zion, my holy mountain : then shall Jerusalem be ρholy, and there shall no strangers ^{z} pass through her any more.

18 And it shall come to pass in that day, *that* the mountains ^{a} shall drop down new wine, and the hills shall flow with milk, and all the rivers of Judah shall σflow with waters, ^{c} and a fountain shall come forth of the house of the LORD, and shall water the valley of Shittim.

19 Egypt shall be a desolation, and Edom shall be a desolate wilderness, for the violence *against* the children of Judah, because they have shed innocent blood in their land.

20 But Judah shall τ dwell for ever, ^{f} and Jerusalem from generation to generation.

21 For I will cleanse ^{h} their blood *that* I have not cleansed : $\phi$for the LORD ^{i} dwelleth in Zion.

עָמוֹס

LIBER AMOS.

1 דִּבְרֵי עָמוֹס אֲשֶׁר־הָיָה בַנֹּקְדִים מִתְּקוֹעַ אֲשֶׁר חָזָה עַל־יִשְׂרָאֵל בִּימֵי עֻזִּיָּה מֶלֶךְ־יְהוּדָה וּבִימֵי יָרָבְעָם בֶּן־יוֹאָשׁ מֶלֶךְ יִשְׂרָאֵל שְׁנָתַיִם לִפְנֵי הָרָעַשׁ׃

2 וַיֹּאמַר יְהוָֹה מִצִּיּוֹן יִשְׁאָג וּמִירוּשָׁלַםִ יִתֵּן קוֹלוֹ וְאָבְלוּ נְאוֹת הָרֹעִים וְיָבֵשׁ רֹאשׁ הַכַּרְמֶל׃

3 כֹּה אָמַר יְהוָֹה עַל־שְׁלֹשָׁה פִּשְׁעֵי דַמֶּשֶׂק וְעַל־אַרְבָּעָה לֹא אֲשִׁיבֶנּוּ עַל־דּוּשָׁם בַּחֲרֻצוֹת הַבַּרְזֶל אֶת־הַגִּלְעָד׃

4 וְשִׁלַּחְתִּי אֵשׁ בְּבֵית חֲזָאֵל וְאָכְלָה אַרְמְנוֹת בֶּן־הֲדָד׃

5 וְשָׁבַרְתִּי בְּרִיחַ דַּמֶּשֶׂק וְהִכְרַתִּי יוֹשֵׁב מִבִּקְעַת־אָוֶן וְתוֹמֵךְ שֵׁבֶט מִבֵּית עֶדֶן וְגָלוּ עַם־אֲרָם קִירָה אָמַר יְהוָֹה׃

6 כֹּה אָמַר יְהוָֹה עַל־שְׁלֹשָׁה פִּשְׁעֵי עַזָּה וְעַל־אַרְבָּעָה לֹא אֲשִׁיבֶנּוּ עַל־הַגְלוֹתָם גָּלוּת שְׁלֵמָה לְהַסְגִּיר לֶאֱדוֹם׃

7 וְשִׁלַּחְתִּי אֵשׁ בְּחוֹמַת עַזָּה וְאָכְלָה אַרְמְנֹתֶיהָ׃

8 וְהִכְרַתִּי יוֹשֵׁב מֵאַשְׁדּוֹד וְתוֹמֵךְ שֵׁבֶט מֵאַשְׁקְלוֹן וַהֲשִׁבוֹתִי יָדִי עַל־עֶקְרוֹן וְאָבְדוּ שְׁאֵרִית פְּלִשְׁתִּים אָמַר אֲדֹנָי יְהוִֹה׃

9 כֹּה אָמַר יְהוָֹה עַל־שְׁלֹשָׁה פִּשְׁעֵי־צֹר וְעַל־אַרְבָּעָה לֹא אֲשִׁיבֶנּוּ עַל־הַסְגִּירָם גָּלוּת שְׁלֵמָה לֶאֱדוֹם וְלֹא זָכְרוּ בְּרִית אַחִים׃

10 וְשִׁלַּחְתִּי אֵשׁ בְּחוֹמַת צֹר וְאָכְלָה אַרְמְנֹתֶיהָ׃

11 כֹּה אָמַר יְהוָֹה עַל־שְׁלֹשָׁה פִּשְׁעֵי אֱדוֹם וְעַל־אַרְבָּעָה לֹא אֲשִׁיבֶנּוּ עַל־רָדְפוֹ בַחֶרֶב אָחִיו וְשִׁחֵת רַחֲמָיו וַיִּטְרֹף לָעַד אַפּוֹ וְעֶבְרָתוֹ שְׁמָרָה נֶצַח׃

12 וְשִׁלַּחְתִּי אֵשׁ בְּתֵימָן וְאָכְלָה אַרְמְנוֹת בָּצְרָה׃

13 כֹּה אָמַר יְהוָֹה עַל־שְׁלֹשָׁה פִּשְׁעֵי בְנֵי־עַמּוֹן וְעַל־אַרְבָּעָה לֹא אֲשִׁיבֶנּוּ עַל־בִּקְעָם הָרוֹת הַגִּלְעָד לְמַעַן הַרְחִיב אֶת־גְּבוּלָם׃

14 וְהִצַּתִּי אֵשׁ בְּחוֹמַת רַבָּה וְאָכְלָה אַרְמְנוֹתֶיהָ בִּתְרוּעָה בְּיוֹם מִלְחָמָה בְּסַעַר בְּיוֹם סוּפָה׃

15 וְהָלַךְ מַלְכָּם בַּגּוֹלָה הוּא וְשָׂרָיו יַחְדָּו אָמַר יְהוָֹה׃

1 כֹּה אָמַר יְהוָֹה עַל־שְׁלֹשָׁה פִּשְׁעֵי מוֹאָב וְעַל־

אַרְבָּעָה לֹא אֲשִׁיבֶנּוּ עַל־שָׂרְפוֹ עַצְמוֹת מֶלֶךְ־אֱדוֹם

2 לַשִּׂיד׃ וְשִׁלַּחְתִּי־אֵשׁ בְּמוֹאָב וְאָכְלָה אַרְמְנוֹת הַקְּרִיּוֹת וּמֵת בְּשָׁאוֹן מוֹאָב בִּתְרוּעָה בְּקוֹל שׁוֹפָר׃

3 וְהִכְרַתִּי שׁוֹפֵט מִקִּרְבָּהּ וְכָל־שָׂרֶיהָ אֶהֱרוֹג עִמּוֹ

4 אָמַר יְהוָֹה׃ כֹּה אָמַר יְהוָֹה עַל־שְׁלֹשָׁה פִּשְׁעֵי יְהוּדָה וְעַל־אַרְבָּעָה לֹא אֲשִׁיבֶנּוּ עַל־מָאֳסָם אֶת־תּוֹרַת יְהוָֹה וְחֻקָּיו לֹא שָׁמָרוּ וַיַּתְעוּם כִּזְבֵיהֶם

5 אֲשֶׁר־הָלְכוּ אֲבוֹתָם אַחֲרֵיהֶם׃ וְשִׁלַּחְתִּי אֵשׁ

6 בִּיהוּדָה וְאָכְלָה אַרְמְנוֹת יְרוּשָׁלָםִ׃ כֹּה אָמַר יְהוָֹה עַל־שְׁלֹשָׁה פִּשְׁעֵי יִשְׂרָאֵל וְעַל־אַרְבָּעָה לֹא אֲשִׁיבֶנּוּ עַל־מִכְרָם בַּכֶּסֶף צַדִּיק וְאֶבְיוֹן בַּעֲבוּר

7 נַעֲלָיִם׃ הַשֹּׁאֲפִים עַל־עֲפַר־אֶרֶץ בְּרֹאשׁ דַּלִּים וְדֶרֶךְ עֲנָוִים יַטּוּ וְאִישׁ וְאָבִיו יֵלְכוּ אֶל־הַנַּעֲרָה לְמַעַן

8 חַלֵּל אֶת־שֵׁם קָדְשִׁי׃ וְעַל־בְּגָדִים חֲבֻלִים יַטּוּ אֵצֶל כָּל־מִזְבֵּחַ וְיֵין עֲנוּשִׁים יִשְׁתּוּ בֵּית אֱלֹהֵיהֶם׃ וְאָנֹכִי

9 הִשְׁמַדְתִּי אֶת־הָאֱמֹרִי מִפְּנֵיהֶם אֲשֶׁר כְּגֹבַהּ אֲרָזִים גָּבְהוֹ וְחָסֹן הוּא כָּאַלּוֹנִים וָאַשְׁמִיד

10 פִּרְיוֹ מִמַּעַל וְשָׁרָשָׁיו מִתָּחַת׃ וְאָנֹכִי הֶעֱלֵיתִי אֶתְכֶם מֵאֶרֶץ מִצְרָיִם וָאוֹלֵךְ אֶתְכֶם בַּמִּדְבָּר אַרְבָּעִים שָׁנָה לָרֶשֶׁת אֶת־אֶרֶץ הָאֱמֹרִי׃ וָאָקִים

11 מִבְּנֵיכֶם לִנְבִיאִים וּמִבַּחוּרֵיכֶם לִנְזִרִים הַאַף אֵין־

12 זֹאת בְּנֵי יִשְׂרָאֵל נְאֻם־יְהוָֹה׃ וַתַּשְׁקוּ אֶת־הַנְּזִרִים יָיִן וְעַל־הַנְּבִיאִים צִוִּיתֶם לֵאמֹר לֹא תִּנָּבְאוּ׃

13 הִנֵּה אָנֹכִי מֵעִיק תַּחְתֵּיכֶם כַּאֲשֶׁר תָּעִיק הָעֲגָלָה

14 הַמְלֵאָה לָהּ עָמִיר׃ וְאָבַד מָנוֹס מִקָּל וְחָזָק

15 לֹא־יְאַמֵּץ כֹּחוֹ וְגִבּוֹר לֹא־יְמַלֵּט נַפְשׁוֹ׃ וְתֹפֵשׂ הַקֶּשֶׁת לֹא יַעֲמֹד וְקַל בְּרַגְלָיו לֹא יְמַלֵּט וְרֹכֵב

16 הַסּוּס לֹא יְמַלֵּט נַפְשׁוֹ׃ וְאַמִּיץ לִבּוֹ בַּגִּבּוֹרִים עָרוֹם יָנוּס בַּיּוֹם־הַהוּא נְאֻם־יְהוָֹה׃

1 שִׁמְעוּ אֶת־הַדָּבָר הַזֶּה אֲשֶׁר דִּבֶּר יְהוָֹה עֲלֵיכֶם בְּנֵי יִשְׂרָאֵל עַל כָּל־הַמִּשְׁפָּחָה אֲשֶׁר הֶעֱלֵיתִי

2 מֵאֶרֶץ מִצְרַיִם לֵאמֹר׃ רַק אֶתְכֶם יָדַעְתִּי מִכֹּל

AMOS.

CHAP. I.

THE words of Amos, who was among the herdmen[a] of Tekoa,[b] which he saw concerning Israel in the days[c] of Uzziah king of Judah, and in the days of Jeroboam the son of Joash king of Israel, two years before the earthquake.[d]

2 And he said, The LORD will[e] roar from Zion, and utter his voice from Jerusalem; and the habitations of the shepherds shall mourn, and the top of Carmel shall wither.

3 Thus saith the LORD, For three transgressions of Damascus, [β] and for four, I will not [γ] turn away the[g] punishment thereof; because[h] they have threshed Gilead with threshing instruments of iron:

4 But I will send a fire into the house of Hazael, which shall devour the palaces of Ben-hadad.

5 I will break[i] also the bar of Damascus, and cut off the inhabitant from [δ]the plain of Aven, and him that holdeth the sceptre from [ζ]the house of Eden: and the people of Syria shall go[k] into captivity unto Kir, saith the LORD.

6 Thus saith the LORD, For three transgressions of Gaza,[l] and for four, I will not turn away the punishment thereof; because they [η]carried away captive the whole captivity, to deliver them up to Edom:

7 But[u] I will send a fire on the wall of Gaza, which shall devour the palaces thereof:

8 And I will cut off the inhabitant from Ashdod, and him that holdeth the sceptre from Ashkelon; and I will turn mine hand against Ekron: and the remnant of the Philistines[p] shall perish, saith the Lord GOD.

9 Thus saith the LORD, For three transgressions of Tyrus,[r] and for four, I will not turn away the punishment thereof; because they delivered up the whole captivity to Edom, and remembered not the [λ]brotherly covenant:

10 But I will send a fire on the wall of Tyrus, which shall devour the palaces thereof.

11 Thus saith the LORD, For three transgressions of Edom,[s] and for four, I will not turn away the punishment thereof; because he did pursue his brother with the sword, and [μ]did cast off all pity, and his anger did tear perpetually,[u] and he kept his wrath for ever:

12 But I will send a fire upon Teman, which shall devour the palaces of Bozrah.

13 Thus saith the LORD, For three transgressions of the children of Ammon,[v] and for four, I will not turn away the punishment thereof; because they have [ρ]ripped up[x] the women with child of Gilead, that they might enlarge their border:

14 But I will kindle a fire in the wall of Rabbah, and it shall devour the palaces thereof, with shouting in the day of battle, with a tempest in the day of the whirlwind:

15 And their king shall go into captivity, he and his princes together, saith the LORD.

CHAP. II.

THUS saith the LORD, For three transgressions of Moab,[z] and for four, I will

B. C. 787.
———
a ch. 7. 14.
b 2 Ch. 20.20.
c Ho. 1. 1.
d Zec. 14. 5.
e Je. 25. 30.
  Joel 3. 16.
β or, yea for four.
f ch. 3. 2.
γ or,convert it, or, let it be quiet; and so ver. 6, &c.
g Je.49.23..27.
h 2 Ki. 10.32.
  13. 7.
i Je. 51. 30.
δ or, Bik-ath-aven.
ζ or, Beth-eden.
k 2 Ki. 16. 9.
l 2 Ch. 28.18.
η or, carried them away with an entire captivity.
m Eze. 22. 11.
n Zep. 2. 4.
θ or, young woman.
o Le. 20. 3.
κ or, such as have sinned, or,mulcted.
p Je. 47. 4.
q Jos. 24. 18.
r Eze. xxvi. xxviii.
λ covenant of brethren 1 Ki. 5. 1.
  9.11..14.
s Je. 49.7.
  Ob. 1, &c.
μ corrupted his compassions.
t Is. 30. 10.
v or, I will press your place, as a cart full of sheaves presseth.
u Eze. 35. 5.
v Je. 49.1..6.
  Eze. 25. 2, &c.
π his soul, or, life.
ρ or, divided the mountains.
w Ec. 9. 11.
x Ho. 13. 16.
σ strong of his heart.
y Ps. 147. 20.
z IsXV.XVI
  Je. 48. 1.
  Eze. 25. 8, &c.
τ visit upon.

not turn away the punishment thereof; because he burned the bones of the king of Edom into lime:

2 But I will send a fire upon Moab, and it shall devour the palaces of Kirioth; and Moab shall die with tumult, with shouting, and with the sound of the trumpet:

3 And I will cut off the judge from the midst thereof, and will slay all the princes thereof with him, saith the LORD.

4 Thus saith the LORD, For three transgressions of Judah,[f] and for four, I will not turn away the punishment thereof; because they have despised the law of the LORD, and have not kept his commandments, and their lies caused them to err, after the which their fathers have walked:

5 But I will send a fire upon Judah, and it shall devour the palaces of Jerusalem.

6 Thus saith the LORD, For three transgressions of Israel, and for four, I will not turn away the punishment thereof; because they sold the righteous for silver, and the poor for a pair of shoes;

7 That pant after the dust of the earth on the head of the poor, and turn aside the way of the meek; and[m] a man and his father will go in unto the same [θ]maid, to profane[o] my holy name.

8 And they lay themselves down upon clothes laid to pledge by every altar, and they drink the wine of [κ]the condemned in the house of their god.

9 Yet destroyed I the Amorite[q] before them, whose height was like the height of the cedars, and he was strong as the oaks; yet I destroyed his fruit from above, and his roots from beneath.

10 Also I brought you up from the land of Egypt, and led you forty years through the wilderness, to possess the land of the Amorite.

11 And I raised up of your sons for prophets, and of your young men for Nazarites. Is it not even thus, O ye children of Israel? saith the LORD.

12 But ye gave the Nazarites wine to drink; and commanded the prophets, saying, Prophesy not.[v]

13 Behold, [v]I am pressed under you, as a cart is pressed that is full of sheaves.

14 Therefore the flight shall perish from the swift, and the strong shall not strengthen his force, neither shall the mighty deliver [π]himself:

15 Neither shall he stand that handleth the bow; and he that is swift[w] of foot shall not deliver himself: neither shall he that rideth the horse deliver himself.

16 And he that is [σ]courageous among the mighty shall flee away naked in that day, saith the LORD.

CHAP. III.

HEAR this word that the LORD hath spoken against you, O children of Israel, against the whole family which I brought up from the land of Egypt, saying,

2 You only[y] have I known of all the families of the earth: therefore I will [τ]punish you for all your iniquities.

564

CAP. III. ג

3 הֲיֵלְכוּ שְׁנַיִם יַחְדָּו בִּלְתִּי אִם־נוֹעָדוּ׃
4 הֲיִשְׁאַג אַרְיֵה בַּיַּעַר וְטֶרֶף אֵין לוֹ הֲיִתֵּן כְּפִיר קוֹלוֹ מִמְּעֹנָתוֹ בִּלְתִּי אִם־לָכָד׃
5 הֲתִפֹּל צִפּוֹר עַל־פַּח הָאָרֶץ וּמוֹקֵשׁ אֵין לָהּ הֲיַעֲלֶה־פַּח מִן־הָאֲדָמָה וְלָכוֹד לֹא יִלְכּוֹד׃
6 אִם־יִתָּקַע שׁוֹפָר בְּעִיר וְעָם לֹא יֶחֱרָדוּ אִם־תִּהְיֶה רָעָה בְּעִיר וַיהוָֹה לֹא עָשָׂה׃
7 כִּי לֹא יַעֲשֶׂה אֲדֹנָי יְהוִֹה דָּבָר כִּי אִם־גָּלָה סוֹדוֹ אֶל־עֲבָדָיו הַנְּבִיאִים׃
8 אַרְיֵה שָׁאָג מִי לֹא יִירָא אֲדֹנָי יְהוִֹה דִּבֶּר מִי לֹא יִנָּבֵא׃
9 הַשְׁמִיעוּ עַל־אַרְמְנוֹת בְּאַשְׁדּוֹד וְעַל־אַרְמְנוֹת בְּאֶרֶץ מִצְרָיִם וְאִמְרוּ הֵאָסְפוּ עַל־הָרֵי שֹׁמְרוֹן וּרְאוּ מְהוּמֹת רַבּוֹת בְּתוֹכָהּ וַעֲשׁוּקִים בְּקִרְבָּהּ׃
10 וְלֹא־יָדְעוּ עֲשׂוֹת־נְכֹחָה נְאֻם־יְהוָֹה הָאוֹצְרִים חָמָס וָשֹׁד בְּאַרְמְנוֹתֵיהֶם׃
11 לָכֵן כֹּה אָמַר אֲדֹנָי יְהוִֹה צַר וּסְבִיב הָאָרֶץ וְהוֹרִד מִמֵּךְ עֻזֵּךְ וְנָבֹזּוּ אַרְמְנוֹתָיִךְ׃
12 כֹּה אָמַר יְהוָֹה כַּאֲשֶׁר יַצִּיל הָרֹעֶה מִפִּי הָאֲרִי שְׁתֵּי כְרָעַיִם אוֹ בְדַל־אֹזֶן כֵּן יִנָּצְלוּ בְּנֵי יִשְׂרָאֵל הַיֹּשְׁבִים בְּשֹׁמְרוֹן בִּפְאַת מִטָּה וּבִדְמֶשֶׁק עָרֶשׂ׃
13 שִׁמְעוּ וְהָעִידוּ בְּבֵית יַעֲקֹב נְאֻם־אֲדֹנָי יְהוִֹה אֱלֹהֵי הַצְּבָאוֹת׃
14 כִּי בְּיוֹם פָּקְדִי פִשְׁעֵי־יִשְׂרָאֵל עָלָיו וּפָקַדְתִּי עַל־מִזְבְּחוֹת בֵּית־אֵל וְנִגְדְּעוּ קַרְנוֹת הַמִּזְבֵּחַ וְנָפְלוּ לָאָרֶץ׃
15 וְהִכֵּיתִי בֵית־הַחֹרֶף עַל־בֵּית הַקָּיִץ וְאָבְדוּ בָּתֵּי הַשֵּׁן וְסָפוּ בָּתִּים רַבִּים נְאֻם־יְהוָֹה׃

CAP. IV. ד

1 שִׁמְעוּ הַדָּבָר הַזֶּה פָּרוֹת הַבָּשָׁן אֲשֶׁר בְּהַר שֹׁמְרוֹן הָעֹשְׁקוֹת דַּלִּים הָרֹצְצוֹת אֶבְיוֹנִים הָאֹמְרֹת לַאֲדֹנֵיהֶם הָבִיאָה וְנִשְׁתֶּה׃
2 נִשְׁבַּע אֲדֹנָי יְהוִֹה בְּקָדְשׁוֹ כִּי הִנֵּה יָמִים בָּאִים עֲלֵיכֶם וְנִשָּׂא אֶתְכֶם בְּצִנּוֹת וְאַחֲרִיתְכֶן בְּסִירוֹת דּוּגָה׃
3 וּפְרָצִים תֵּצֶאנָה אִשָּׁה נֶגְדָּהּ וְהִשְׁלַכְתֶּנָה הַהַרְמוֹנָה נְאֻם־יְהוָֹה׃
4 בֹּאוּ בֵית־אֵל וּפִשְׁעוּ הַגִּלְגָּל הַרְבּוּ לִפְשֹׁעַ וְהָבִיאוּ לַבֹּקֶר זִבְחֵיכֶם לִשְׁלֹשֶׁת יָמִים מַעְשְׂרֹתֵיכֶם׃
5 וְקַטֵּר מֵחָמֵץ תּוֹדָה וְקִרְאוּ נְדָבוֹת הַשְׁמִיעוּ כִּי כֵן אֲהַבְתֶּם בְּנֵי יִשְׂרָאֵל נְאֻם אֲדֹנָי יְהוִֹה׃
6 וְגַם־אֲנִי נָתַתִּי לָכֶם נִקְיוֹן שִׁנַּיִם בְּכָל־עָרֵיכֶם וְחֹסֶר לֶחֶם בְּכֹל מְקוֹמֹתֵיכֶם וְלֹא־שַׁבְתֶּם עָדַי נְאֻם־יְהוָֹה׃

7 וְגַם אָנֹכִי מָנַעְתִּי מִכֶּם אֶת־הַגֶּשֶׁם בְּעוֹד שְׁלֹשָׁה חֳדָשִׁים לַקָּצִיר וְהִמְטַרְתִּי עַל־עִיר אֶחָת וְעַל־עִיר אַחַת לֹא אַמְטִיר חֶלְקָה אַחַת תִּמָּטֵר וְחֶלְקָה אֲשֶׁר־לֹא־תַמְטִיר עָלֶיהָ תִּיבָשׁ׃
8 וְנָעוּ שְׁתַּיִם שָׁלֹשׁ עָרִים אֶל־עִיר אַחַת לִשְׁתּוֹת מַיִם וְלֹא יִשְׂבָּעוּ וְלֹא־שַׁבְתֶּם עָדַי נְאֻם־יְהוָֹה׃
9 הִכֵּיתִי אֶתְכֶם בַּשִּׁדָּפוֹן וּבַיֵּרָקוֹן הַרְבּוֹת גַּנּוֹתֵיכֶם וְכַרְמֵיכֶם וּתְאֵנֵיכֶם וְזֵיתֵיכֶם יֹאכַל הַגָּזָם וְלֹא־שַׁבְתֶּם עָדַי נְאֻם־יְהוָֹה׃
10 שִׁלַּחְתִּי בָכֶם דֶּבֶר בְּדֶרֶךְ מִצְרַיִם הָרַגְתִּי בַחֶרֶב בַּחוּרֵיכֶם עִם שְׁבִי סוּסֵיכֶם וָאַעֲלֶה בְּאֹשׁ מַחֲנֵיכֶם וּבְאַפְּכֶם וְלֹא־שַׁבְתֶּם עָדַי נְאֻם־יְהוָֹה׃
11 הָפַכְתִּי בָכֶם כְּמַהְפֵּכַת אֱלֹהִים אֶת־סְדֹם וְאֶת־עֲמֹרָה וַתִּהְיוּ כְּאוּד מֻצָּל מִשְּׂרֵפָה וְלֹא־שַׁבְתֶּם עָדַי נְאֻם־יְהוָֹה׃
12 לָכֵן כֹּה אֶעֱשֶׂה־לְּךָ יִשְׂרָאֵל עֵקֶב כִּי־זֹאת אֶעֱשֶׂה־לָּךְ הִכּוֹן לִקְרַאת־אֱלֹהֶיךָ יִשְׂרָאֵל׃
13 כִּי הִנֵּה יוֹצֵר הָרִים וּבֹרֵא רוּחַ וּמַגִּיד לְאָדָם מַה־שֵּׂחוֹ עֹשֵׂה שַׁחַר עֵיפָה וְדֹרֵךְ עַל־בָּמֳתֵי אָרֶץ יְהוָֹה אֱלֹהֵי־צְבָאוֹת שְׁמוֹ׃

CAP. V. ה

1 שִׁמְעוּ אֶת־הַדָּבָר הַזֶּה אֲשֶׁר אָנֹכִי נֹשֵׂא עֲלֵיכֶם קִינָה בֵּית יִשְׂרָאֵל׃
2 נָפְלָה לֹא־תוֹסִיף קוּם בְּתוּלַת יִשְׂרָאֵל נִטְּשָׁה עַל־אַדְמָתָהּ אֵין מְקִימָהּ׃
3 כִּי כֹה אָמַר אֲדֹנָי יְהוִֹה הָעִיר הַיֹּצֵאת אֶלֶף תַּשְׁאִיר מֵאָה וְהַיּוֹצֵאת מֵאָה תַּשְׁאִיר עֲשָׂרָה לְבֵית יִשְׂרָאֵל׃
4 כִּי כֹה אָמַר יְהוָֹה לְבֵית יִשְׂרָאֵל דִּרְשׁוּנִי וִחְיוּ׃
5 וְאַל־תִּדְרְשׁוּ בֵּית־אֵל וְהַגִּלְגָּל לֹא תָבֹאוּ וּבְאֵר שֶׁבַע לֹא תַעֲבֹרוּ כִּי הַגִּלְגָּל גָּלֹה יִגְלֶה וּבֵית־אֵל יִהְיֶה לְאָוֶן׃
6 דִּרְשׁוּ אֶת־יְהוָֹה וִחְיוּ פֶּן־יִצְלַח כָּאֵשׁ בֵּית יוֹסֵף וְאָכְלָה וְאֵין־מְכַבֶּה לְבֵית־אֵל׃
7 הַהֹפְכִים לְלַעֲנָה מִשְׁפָּט וּצְדָקָה לָאָרֶץ הִנִּיחוּ׃
8 עֹשֵׂה כִימָה וּכְסִיל וְהֹפֵךְ לַבֹּקֶר צַלְמָוֶת וְיוֹם לַיְלָה הֶחְשִׁיךְ הַקּוֹרֵא לְמֵי־הַיָּם וַיִּשְׁפְּכֵם עַל־פְּנֵי הָאָרֶץ יְהוָֹה שְׁמוֹ׃
9 הַמַּבְלִיג שֹׁד עַל־עָז וְשֹׁד עַל־מִבְצָר יָבוֹא׃
10 שָׂנְאוּ בַשַּׁעַר מוֹכִיחַ וְדֹבֵר תָּמִים יְתָעֵבוּ׃
11 לָכֵן יַעַן בּוֹשַׁסְכֶם עַל־דָּל

3 Can two walk together, except they be agreed?[a]

4 Will a lion roar[b] in the forest, when he hath no prey? will a young lion β cry out of his den, if he have taken nothing?

5 Can a bird fall in a snare[c] upon the earth, where no gin *is* for him? shall *one* take up a snare from the earth, and have taken nothing at all?

6 Shall a trumpet be blown in the city, and the people not γ be afraid? shall[e] there be evil in a city, ζand the LORD hath not done *it?*

7 Surely the Lord GOD will do nothing, but he revealeth[g] his secret unto his servants the prophets.

8 The lion[h] hath roared, who will not fear? the Lord GOD hath spoken,[k] who can but prophesy?

9 Publish in the palaces at Ashdod, and in the palaces in the land of Egypt, and say, Assemble yourselves upon the mountains of Samaria, and behold the great tumults in the midst thereof, and the κ oppressed in the midst thereof.

10 For they know not[n] to do right, saith the LORD, who store up violence and λ robbery in their palaces.

11 Therefore thus saith the Lord GOD, An adversary[o] *there shall be* even round about the land; and he shall bring down thy strength from thee, and thy palaces shall be spoiled.

12 Thus saith the LORD, As the shepherd ν taketh out of the mouth of the lion two legs, or a piece of an ear; so[r] shall the children of Israel be taken out that dwell in Samaria in the corner of a bed, and π in Damascus *in* a couch.

13 Hear ye, and testify in the house of Jacob, saith the Lord GOD, the God of hosts,

14 That in the day that I shall ρ visit the transgressions of Israel upon him, I will also visit the altars of Beth-el;[t] and the horns of the altar shall be cut off, and fall to the ground.

15 And I will smite the winter-house[u] with the summer-house;[v] and the houses of ivory[w] shall perish, and the great houses shall have an end, saith the LORD.

CHAP. IV.

HEAR this word, ye kine[y] of Bashan, that *are* in the mountain of Samaria, which oppress the poor, which crush the needy, which say to their masters, Bring, and let us drink.

2 The Lord GOD hath sworn by his holiness,[a] that, lo, ye days shall come upon you, that he will take you away with hooks,[b] and your posterity with fish-hooks.

3 And ye shall go out at the breaches,[c] every *cow at that which is* before her; and ye shall σ cast *them* into the palace, saith the LORD.

4 Come to Beth-el,[d] and transgress; at Gilgal[e] multiply transgression; and bring your sacrifices[f] every morning, *and* your tithes[g] after three τ years;

5 And offer χ a sacrifice of thanksgiving[h] with leaven, and proclaim *and* publish the free-offerings;[i] for ψ this liketh you,[k] O ye children of Israel, saith the Lord GOD.

6 And I also have given you cleanness of teeth in all your cities, and want[l] of bread in all your places; yet have ye not returned unto me, saith the LORD.

7 And also I have withholden the rain from you, when *there were* yet three

[center column — references]

B. C. 787.

a 2Co.6.14,15.
b Ps. 104. 21.
β *give forth his voice.*
c Ec. 9. 12.
d Je. 28. 22.
γ or, *run together.*
e Is. 45. 7.
δ or. *the multitude of.*
ζ or, *and shall not the LORD do somewhat?*
f Je. 5. 3.
g Ge. 6. 13.
18. 17.
Ps. 25. 14.
Jnᵒ. 15. 15.
h Re. 5. 5.
η or, *in the way.*
i De.28.27,60.
k Je. 20. 9.
1 Co. 9. 16.
θ *with the captivity of,*
2 Ki. 13. 7.
κ or, *oppressions.*
l Ge.19.24,25.
m Zec. 3. 2.
Jude 23.
n Je. 4. 22.
λ or, *spoil.*
o 2 Ki.17.3.6.
18.9.11.
p Eze. 13. 5.
Mat. 25. 13.
μ or, *spirit.*
q Da. 2. 28.
ν *delivereth.*
r Ro. 11. 4,5.
π or, *on the bed's feet.*
ρ or, *punish Israel for.*
s La. 2. 13.
t Ho. 10. 14,
15.
u Je. 36. 22.
v Ju. 3. 20.
w 1Ki. 22. 39.
x Is. 55. 6, 7.
y Ps. 22. 12.
z ch. 4. 4.
a Ps. 89. 35.
b Je. 16. 16.
c Eze.12.5,12.
σ or, *cast away the things of.*
d ch. 3. 14.
e Ho. 4. 15.
12. 11.
f Nu. 28. 3,4.
g De. 14. 28.
τ *years of days.*
φ *spoil*
λ *by burning*
h Le. 7. 13.
i Le.22.18,21.
ψ *so ye love.*
k Is. 29. 21.
k Mat. 23,23.
l Eze. 16. 27.
β *vineyards of desire.*

months to the harvest: and I caused it to rain upon one city, and caused it not to rain upon another city: one piece was rained upon, and the piece whereupon it rained not withered.

8 So two *or* three cities wandered unto one city, to drink water; but they were not satisfied: yet have ye not returned unto me, saith the LORD.

9 I have smitten you with blasting[d] and mildew, δ when your gardens and your vineyards, and your fig-trees, and your olive-trees increased, the palmer-worm devoured *them:* yet[f] have ye not returned unto me, saith the LORD.

10 I have sent among you the pestilence η after[i] the manner of Egypt: your young men have I slain with the sword, θ and have taken away your horses; and I have made the stink of your camps to come up unto your nostrils: yet have ye not returned unto me, saith the LORD.

11 I have overthrown *some* of you, as God overthrew Sodom[l] and Gomorrah, and ye were as a firebrand[m] plucked out of the burning: yet have ye not returned unto me, saith the LORD.

12 Therefore thus will I do unto thee, O Israel: *and* because I will do this unto thee, prepare[p] to meet thy God, O Israel.

13 For, lo, he that formeth the mountains, and createth the μ wind, and declareth unto man what *is* his thought,[q] that maketh the morning darkness, and treadeth upon the high places of the earth, The LORD, the God of hosts, *is* his name.

CHAP. V.

HEAR ye this word which I take up against you, *even* a lamentation, O house of Israel.

2 The virgin[s] of Israel is fallen; she shall no more rise: she is forsaken upon her land; *there is* none to raise her up.

3 For thus saith the Lord GOD, The city that went out *by* a thousand shall leave an hundred, and that which went forth *by* an hundred shall leave ten, to the house of Israel.

4 For thus saith the LORD unto the house of Israel, Seek[x] ye me, and ye shall live.

5 But seek not Beth-el,[z] nor enter into Gilgal, and pass not to Beer-sheba: for Gilgal shall surely go into captivity, and Beth-el shall come to nought.

6 Seek the LORD, and ye shall live; lest he break out like fire in the house of Joseph, and devour *it*, and *there be* none to quench *it* in Beth-el.

7 Ye who turn judgment to wormwood, and leave off righteousness in the earth,

8 *Seek him* that maketh the seven stars and Orion, and turneth the shadow of death into the morning, and maketh the day dark with night: that calleth for the waters of the sea, and poureth them out upon the face of the earth: The LORD *is* his name.

9 That strengtheneth the φ spoiled against the strong, so that the spoiled shall come against the fortress.

10 They hate[j] him that rebuketh in the gate, and they abhor him that speaketh uprightly.

11 Forasmuch, therefore, as your treading *is* upon the poor, and ye take from him burdens of wheat; ye have built houses of hewn stone, but ye shall not dwell in them; ye have planted β pleasant vineyards, but ye shall not drink wine of them.

[Right column — Amos 5:12–27; Cap. VI 6:1–7]

וּמַשְׂאַת־בַּר תִּקְחוּ מִמֶּנּוּ בָּתֵּי גָזִית בְּנִיתֶם וְלֹא־
תֵשְׁבוּ בָם כַּרְמֵי־חֶמֶד נְטַעְתֶּם וְלֹא תִשְׁתּוּ אֶת־

12 יֵינָם : כִּי יָדַעְתִּי רַבִּים פִּשְׁעֵיכֶם וַעֲצֻמִים
חַטֹּאתֵיכֶם צֹרְרֵי צַדִּיק לֹקְחֵי כֹפֶר וְאֶבְיוֹנִים בַּשַּׁעַר

13 הִטּוּ : לָכֵן הַמַּשְׂכִּיל בָּעֵת הַהִיא יִדֹּם

14 כִּי עֵת רָעָה הִיא : דִּרְשׁוּ־טוֹב וְאַל־רָע לְמַעַן
תִּחְיוּ וִיהִי־כֵן יְהֹוָה אֱלֹהֵי־צְבָאוֹת אִתְּכֶם כַּאֲשֶׁר

15 אֲמַרְתֶּם : שִׂנְאוּ־רָע וְאֶהֱבוּ טוֹב וְהַצִּיגוּ בַשַּׁעַר
מִשְׁפָּט אוּלַי יֶחֱנַן יְהֹוָה אֱלֹהֵי־צְבָאוֹת שְׁאֵרִית

16 יוֹסֵף : לָכֵן כֹּה־אָמַר יְהֹוָה אֱלֹהֵי צְבָאוֹת
אֲדֹנָי בְּכָל־רְחֹבוֹת מִסְפֵּד וּבְכָל־חוּצוֹת יֹאמְרוּ הוֹ־
הוֹ וְקָרְאוּ אִכָּר אֶל־אֵבֶל וּמִסְפֵּד אֶל־יוֹדְעֵי נֶהִי

17 וּבְכָל־כְּרָמִים מִסְפֵּד כִּי־אֶעֱבֹר בְּקִרְבְּךָ אָמַר יְהֹוָה

18 הוֹי הַמִּתְאַוִּים אֶת־יוֹם יְהֹוָה לָמָּה־זֶּה לָכֶם

19 יוֹם יְהֹוָה הוּא־חֹשֶׁךְ וְלֹא־אוֹר : כַּאֲשֶׁר יָנוּס
אִישׁ מִפְּנֵי הָאֲרִי וּפְגָעוֹ הַדֹּב וּבָא הַבַּיִת וְסָמַךְ

20 יָדוֹ עַל־הַקִּיר וּנְשָׁכוֹ הַנָּחָשׁ : הֲלֹא־חֹשֶׁךְ יוֹם

21 יְהֹוָה וְלֹא־אוֹר וְאָפֵל וְלֹא־נֹגַהּ לוֹ : שָׂנֵאתִי

22 מָאַסְתִּי חַגֵּיכֶם וְלֹא אָרִיחַ בְּעַצְּרֹתֵיכֶם : כִּי אִם־
תַּעֲלוּ־לִי עֹלוֹת וּמִנְחֹתֵיכֶם לֹא אֶרְצֶה וְשֶׁלֶם

23 מְרִיאֵיכֶם לֹא אַבִּיט : הָסֵר מֵעָלַי הֲמוֹן שִׁרֶיךָ

24 וְזִמְרַת נְבָלֶיךָ לֹא אֶשְׁמָע : וְיִגַּל כַּמַּיִם מִשְׁפָּט

25 וּצְדָקָה כְּנַחַל אֵיתָן : הַזְּבָחִים וּמִנְחָה הִגַּשְׁתֶּם

26 לִי בַמִּדְבָּר אַרְבָּעִים שָׁנָה בֵּית יִשְׂרָאֵל : וּנְשָׂאתֶם
אֵת סִכּוּת מַלְכְּכֶם וְאֵת כִּיּוּן צַלְמֵיכֶם כּוֹכַב

27 אֱלֹהֵיכֶם אֲשֶׁר עֲשִׂיתֶם לָכֶם : וְהִגְלֵיתִי אֶתְכֶם
מֵהָלְאָה לְדַמָּשֶׂק אָמַר יְהֹוָה אֱלֹהֵי־צְבָאוֹת שְׁמוֹ :

CAP. VI.   ו

1 הוֹי הַשַּׁאֲנַנִּים בְּצִיּוֹן וְהַבֹּטְחִים בְּהַר שֹׁמְרוֹן נְקֻבֵי

2 רֵאשִׁית הַגּוֹיִם וּבָאוּ לָהֶם בֵּית יִשְׂרָאֵל : עִבְרוּ
כַלְנֵה וּרְאוּ וּלְכוּ מִשָּׁם חֲמַת רַבָּה וּרְדוּ גַת־
פְּלִשְׁתִּים הֲטוֹבִים מִן־הַמַּמְלָכוֹת הָאֵלֶּה אִם־רַב

3 נְבוּלָם מִגְּבֻלְכֶם : הַמְנַדִּים לְיוֹם רָע וַתַּגִּישׁוּן

4 שֶׁבֶת חָמָס : הַשֹּׁכְבִים עַל־מִטּוֹת שֵׁן וּסְרֻחִים
עַל־עַרְשׂוֹתָם וְאֹכְלִים כָּרִים מִצֹּאן וַעֲגָלִים מִתּוֹךְ

5 מַרְבֵּק : הַפֹּרְטִים עַל־פִּי הַנָּבֶל כְּדָוִיד חָשְׁבוּ לָהֶם

6 כְּלֵי־שִׁיר : הַשֹּׁתִים בְּמִזְרְקֵי יַיִן וְרֵאשִׁית שְׁמָנִים

7 יִמְשָׁחוּ וְלֹא נֶחְלוּ עַל־שֵׁבֶר יוֹסֵף : לָכֵן עַתָּה יִגְלוּ

[Left column — Amos 6:8–14; Cap. VII 7:1–12]

8 בְּרֹאשׁ גֹּלִים וְסָר מִרְזַח סְרוּחִים : נִשְׁבַּע
אֲדֹנָי יְהֹוִה בְּנַפְשׁוֹ נְאֻם־יְהֹוָה אֱלֹהֵי צְבָאוֹת מְתָאֵב
אָנֹכִי אֶת־גְּאוֹן יַעֲקֹב וְאַרְמְנֹתָיו שָׂנֵאתִי וְהִסְגַּרְתִּי

9 עִיר וּמְלֹאָהּ : וְהָיָה אִם־יִוָּתְרוּ עֲשָׂרָה אֲנָשִׁים

10 בְּבַיִת אֶחָד וָמֵתוּ : וּנְשָׂאוֹ דּוֹדוֹ וּמְסָרְפוֹ לְהוֹצִיא
עֲצָמִים מִן־הַבַּיִת וְאָמַר לַאֲשֶׁר בְּיַרְכְּתֵי הַבַּיִת
הַעוֹד עִמָּךְ וְאָמַר אָפֶס וְאָמַר הָס כִּי לֹא לְהַזְכִּיר

11 בְּשֵׁם יְהֹוָה : כִּי־הִנֵּה יְהֹוָה מְצַוֶּה וְהִכָּה
הַבַּיִת הַגָּדוֹל רְסִיסִים וְהַבַּיִת הַקָּטֹן בְּקִעִים :

12 הַיְרֻצוּן בַּסֶּלַע סוּסִים אִם־יַחֲרוֹשׁ בַּבְּקָרִים כִּי־
הֲפַכְתֶּם לְרֹאשׁ מִשְׁפָּט וּפְרִי צְדָקָה לְלַעֲנָה :

13 הַשְּׂמֵחִים לְלֹא דָבָר הָאֹמְרִים הֲלֹא בְחָזְקֵנוּ

14 לָקַחְנוּ לָנוּ קַרְנָיִם : כִּי הִנְנִי מֵקִים עֲלֵיכֶם
בֵּית יִשְׂרָאֵל נְאֻם־יְהֹוָה אֱלֹהֵי הַצְּבָאוֹת גּוֹי
וְלָחֲצוּ אֶתְכֶם מִלְּבוֹא חֲמָת עַד־נַחַל הָעֲרָבָה :

CAP. VII.   ז

1 כֹּה הִרְאַנִי אֲדֹנָי יְהֹוִה וְהִנֵּה יוֹצֵר גֹּבַי בִּתְחִלַּת
עֲלוֹת הַלָּקֶשׁ וְהִנֵּה־לֶקֶשׁ אַחַר גִּזֵּי הַמֶּלֶךְ :

2 וְהָיָה אִם־כִּלָּה לֶאֱכוֹל אֶת־עֵשֶׂב הָאָרֶץ וָאֹמַר
אֲדֹנָי יְהֹוִה סְלַח־נָא מִי יָקוּם יַעֲקֹב כִּי קָטֹן

3 הוּא : נִחַם יְהֹוָה עַל־זֹאת לֹא תִהְיֶה אָמַר

4 יְהֹוָה : כֹּה הִרְאַנִי אֲדֹנָי יְהֹוִה וְהִנֵּה
קֹרֵא לָרִב בָּאֵשׁ אֲדֹנָי יְהֹוִה וַתֹּאכַל אֶת־תְּהוֹם

5 רַבָּה וְאָכְלָה אֶת־הַחֵלֶק : וָאֹמַר אֲדֹנָי יְהֹוִה

6 חֲדַל־נָא מִי יָקוּם יַעֲקֹב כִּי קָטֹן הוּא : נִחַם
יְהֹוָה עַל־זֹאת גַּם־הִיא לֹא תִהְיֶה אָמַר אֲדֹנָי

7 יְהֹוִה : כֹּה הִרְאַנִי וְהִנֵּה אֲדֹנָי נִצָּב

8 עַל־חוֹמַת אֲנָךְ וּבְיָדוֹ אֲנָךְ : וַיֹּאמֶר יְהֹוָה
אֵלַי מָה־אַתָּה רֹאֶה עָמוֹס וָאֹמַר אֲנָךְ וַיֹּאמֶר

9 אֲדֹנָי הִנְנִי שָׂם אֲנָךְ בְּקֶרֶב עַמִּי יִשְׂרָאֵל לֹא־
אוֹסִיף עוֹד עֲבוֹר לוֹ : וְנָשַׁמּוּ בָּמוֹת יִשְׂחָק
וּמִקְדְּשֵׁי יִשְׂרָאֵל יֶחֱרָבוּ וְקַמְתִּי עַל־בֵּית יָרָבְעָם

10 בֶּחָרֶב : וַיִּשְׁלַח אֲמַצְיָה כֹּהֵן
אֵל אֶל־יָרָבְעָם מֶלֶךְ־יִשְׂרָאֵל לֵאמֹר קָשַׁר עָלֶיךָ
עָמוֹס בְּקֶרֶב בֵּית יִשְׂרָאֵל לֹא־תוּכַל הָאָרֶץ לְהָכִיל

11 אֶת־כָּל־דְּבָרָיו : כִּי־כֹה אָמַר עָמוֹס בַּחֶרֶב יָמוּת

12 יָרָבְעָם וְיִשְׂרָאֵל גָּלֹה יִגְלֶה מֵעַל אַדְמָתוֹ : וַיֹּאמֶר אֲמַצְיָה אֶל־עָמוֹס חֹזֶה לֵךְ בְּרַח־לְךָ

12 For I know your manifold transgressions and your mighty sins : they afflict the just,[b] they take a β bribe,[c] and they turn aside[f] the poor in the gate *from their right.*

13 Therefore the prudent shall keep silence[g] in that time ; for it *is* an evil time.

14 Seek good,[h] and not evil, that ye may live ; and so the LORD, the God of hosts, shall be with you, as ye have spoken.

15 Hate the evil, and love the good, and establish judgment in the gate : it[i] may be that the LORD God of hosts will be gracious unto the remnant of Joseph.

16 Therefore the LORD, the God of hosts, the Lord, saith thus, Wailing *shall be* in all streets ; and they shall say in all the highways, Alas! alas! and they shall call the husbandman to mourning, and such[l] as are skilful of lamentation to wailing.

17 And in all vineyards *shall be* wailing: for I will pass through thee, saith the LORD.

18 Woe unto you that desire the day of the LORD! to what end *is* it for you? the day[n] of the LORD *is* darkness, and not light.

19 As if a man did flee from a lion, and a bear met him ; or went into the house, and leaned his hand on the wall, and a serpent bit him.

20 *Shall* not the day of the LORD *be* darkness, and not light? even very dark, and no brightness in it?

21 I hate, I despise your feast days, and I will not smell θ in your solemn assemblies.

22 Though ye offer me burnt-offerings and your meat-offerings, I[r] will not accept *them :* neither will I regard the λ peace-offerings of your fat beasts.

23 Take thou away from me the noise of thy songs ; for I will not hear the melody of thy viols.

24 But[s] let judgment μ run down as waters, and righteousness as a mighty stream.

25 Have ye offered unto me sacrifices[v] and offerings in the wilderness forty years O house of Israel?

26 But ye have borne π the tabernacle of your Moloch and Chiun your images, the star of your god, which ye made to yourselves.

27 Therefore will I cause you to go into captivity beyond[y] Damascus, saith the LORD, whose name *is* The God of hosts.

CHAP. VI.

WOE to them *that are* ρ at ease[z] in Zion, and trust in the mountain of Samaria, *which are* named σ chief[d] of the nations, to whom the house of Israel came!

2 Pass ye unto Calneh,[b] and see ; and from thence go ye to Hamath the great : then go down to Gath of the Philistines : *be they* better than these kingdoms? or their border greater than your border?

3 Ye that put far away[e] the evil day, and cause the τ seat of violence to come near ;

4 That lie upon beds of ivory, and φ stretch themselves upon their couches, and eat the lambs out of the flock, and the calves out of the midst of the stall ;

5 That χ chant to the sound of the viol,[k] *and* invent to themselves instruments of music, like David;[l]

6 That drink ψ wine in bowls, and anoint themselves with the chief ointments ; but they are not grieved for the β affliction of Joseph.[m]

7 Therefore now shall they go captive with the first that go captive, and the banquet of them that stretched themselves shall be removed.

B. C. 787.

a Je. 51. 14.
b Ja. 5. 6.
β or, *ransom.*
c Ps. 26. 9, 10.
d Ps. 106. 40.
e Ps. 47. 4.
f Is. 29. 21.
γ *the fulness thereof.*
g ch. 6. 10.
Ec. 3. 7.
h Is. 55. 2.
i Ex. 32. 30.
2 Ki. 19. 4.
Joel 2. 14.
k ch. 5. 13.
δ or, *they will not,* or, *have not.*
l Je. 9. 17.-19.
ζ *droppings.*
m ch. 5. 7.
n Joel 2. 2.
Zep. 1. 14, 15.
o Ho. 10. 4.
p Je. 5. 15.
q Nu. 34. 8.
1 Ki. 8. 65.
η or, *valley.*
θ or, *your holy days.*
κ or, *green worms.*
r Is. 1. 11.-15.
Ho. 8. 13.
λ or, *thank-offerings.*
s Mi. 6. 8.
μ *roll.*
t Da. 9. 19.
v or, *who of,* or, *for, Jacob shall stand?*
u Zec. 4. 10.
v De. 32. 17.-19.
Eze. 20. 8, 24.
w De. 32. 36.
Jon. 3. 10.
π or, *Siccuth your king.*
x He. 1. 7.
y 2 Ki. 17. 6.
ρ or, *secure.*
z 1 Pe. 5. 7.
σ or, *first-fruits.*
a La. 1. 1.
b Is. 10. 9.
c La. 2. 8.
d Mi. 7. 18.
e Eze. 12. 27.
f Beer-sheba
Ge. 26. 25.
46. 1.
τ or, *habitation.*
φ or, *abound with superfluities.*
g Fulfilled,
2 Ki. 15. 10.
h 1 Ki. 12. 32.
i 2 Ki. 14. 23.
χ or, *quaver.*
k Is. 5. 12.
l 1 Ch. 23. 5.
ψ or, *in bowls of wine.*
β *breach.*
m Ge. 49. 23.

---

8 The Lord GOD hath sworn by himself,[a] saith the LORD, the God of hosts, I abhor[d] the excellency[e] of Jacob, and hate his palaces : therefore will I deliver up the city, with γ all that is therein.

9 And it shall come to pass, if there remain ten men in one house, that they shall die.

10 And a man's uncle shall take him up, and he that burneth him, to bring out the bones out of the house, and shall say unto him that is by the sides of the house, *Is there yet any* with thee? and he shall say, No. Then shall he say, Hold[k] thy tongue ; for δ we may not make mention of the name of the LORD.

11 For, behold, the LORD commandeth, and he will smite the great house with ζ breaches, and the little house with clefts.

12 Shall horses run upon the rock? will one plow *there* with oxen? for ye have turned judgment[m] into gall, and the fruit of righteousness into hemlock.[o]

13 Ye which rejoice in a thing of nought, which say, Have we not taken to us horns by our own strength?

14 But, behold, I will raise[p] up against you a nation, O house of Israel, saith the LORD, the God of hosts ; and they shall afflict you from the entering in of Hamath unto[q] the η river of the wilderness.

CHAP. VII.

THUS hath the Lord GOD shewed unto me ; and, behold, he formed κ grasshoppers in the beginning of the shooting up of the latter growth ; and, lo, *it was* the latter growth after the king's mowings.

2 And it came to pass, that when they had made an end of eating the grass of the land, then I said, O Lord GOD, forgive, I beseech thee ;[t] ν by whom shall Jacob arise? for he *is* small.[u]

3 The LORD repented[w] for this : It shall not be, saith the LORD.

4 Thus hath the Lord GOD shewed unto me ; and, behold, the Lord GOD called to contend by fire,[x] and it devoured the great deep, and did eat up a part.

5 Then said I, O Lord GOD, cease, I beseech thee ; by whom shall Jacob arise? for he *is* small.

6 The LORD repented for this : This also shall not be, saith the Lord GOD.

7 Thus he shewed me ; and, behold, the Lord stood upon a wall *made* by a plumb-line, with a plumb-line in his hand.

8 And the LORD said unto me, Amos, what seest thou? And I said, A plumb-line. Then said the Lord, Behold, I will set a plumb-line[c] in the midst of my people Israel : I will not again pass by them[d] any more :

9 And the high places[f] of Isaac shall be desolate, and the sanctuaries of Israel shall be laid waste ; and I will rise against the house of Jeroboam with the sword.[g]

10 Then Amaziah, the priest[h] of Beth-el, sent to Jeroboam[i] king of Israel, saying, Amos hath conspired against thee in the midst of the house of Israel ; the land is not able to bear all his words.

11 For thus Amos saith, Jeroboam shall die by the sword, and Israel shall surely be led away captive out of their own land.

12 Also Amaziah said unto Amos, O thou seer, go, flee thee away into the land of Judah, and there eat bread, and prophesy there.

13 But prophesy not again any more at

13 וּבֵית־אֵל לֹא־תוֹסִיף עוֹד לְהִנָּבֵא כִּי מִקְדַּשׁ־מֶלֶךְ
14 הוּא וּבֵית מַמְלָכָה הוּא : וַיַּעַן עָמוֹס וַיֹּאמֶר
אֶל־אֲמַצְיָה לֹא־נָבִיא אָנֹכִי וְלֹא בֶן־נָבִיא אָנֹכִי
15 כִּי־בוֹקֵר אָנֹכִי וּבוֹלֵס שִׁקְמִים : וַיִּקָּחֵנִי יְהוָה
מֵאַחֲרֵי הַצֹּאן וַיֹּאמֶר אֵלַי יְהוָה לֵךְ הִנָּבֵא
16 אֶל־עַמִּי יִשְׂרָאֵל : וְעַתָּה שְׁמַע דְּבַר־יְהוָה
אַתָּה אֹמֵר לֹא תִנָּבֵא עַל־יִשְׂרָאֵל וְלֹא תַטִּיף
17 עַל־בֵּית יִשְׂחָק : לָכֵן כֹּה־אָמַר יְהוָה אִשְׁתְּךָ
בָּעִיר תִּזְנֶה וּבָנֶיךָ וּבְנֹתֶיךָ בַּחֶרֶב יִפֹּלוּ וְאַדְמָתְךָ
בַּחֶבֶל תְּחֻלָּק וְאַתָּה עַל־אֲדָמָה טְמֵאָה תָּמוּת
וְיִשְׂרָאֵל גָּלֹה יִגְלֶה מֵעַל אַדְמָתוֹ :

CAP. VIII. ח

1 כֹּה הִרְאַנִי אֲדֹנָי יְהוִה וְהִנֵּה כְּלוּב קָיִץ
2 וַיֹּאמֶר מָה־אַתָּה רֹאֶה עָמוֹס וָאֹמַר כְּלוּב קָיִץ
וַיֹּאמֶר יְהוָה אֵלַי בָּא הַקֵּץ אֶל־עַמִּי יִשְׂרָאֵל לֹא־
3 אוֹסִיף עוֹד עֲבוֹר לוֹ : וְהֵילִילוּ שִׁירוֹת הֵיכָל
בַּיּוֹם הַהוּא נְאֻם אֲדֹנָי יְהוִה רַב הַפֶּגֶר בְּכָל־
4 מָקוֹם הִשְׁלִיךְ הָס : שִׁמְעוּ־זֹאת
5 הַשֹּׁאֲפִים אֶבְיוֹן וְלַשְׁבִּית עֲנִיֵּי־אָרֶץ : לֵאמֹר
מָתַי יַעֲבֹר הַחֹדֶשׁ וְנַשְׁבִּירָה שֶּׁבֶר וְהַשַּׁבָּת
וְנִפְתְּחָה־בָּר לְהַקְטִין אֵיפָה וּלְהַגְדִּיל שֶׁקֶל וּלְעַוֵּת
6 מֹאזְנֵי מִרְמָה : לִקְנוֹת בַּכֶּסֶף דַּלִּים וְאֶבְיוֹן
7 בַּעֲבוּר נַעֲלָיִם וּמַפַּל בַּר נַשְׁבִּיר : נִשְׁבַּע יְהוָה
בִּגְאוֹן יַעֲקֹב אִם־אֶשְׁכַּח לָנֶצַח כָּל־מַעֲשֵׂיהֶם :
8 הַעַל זֹאת לֹא־תִרְגַּז הָאָרֶץ וְאָבַל כָּל־יוֹשֵׁב בָּהּ
וְעָלְתָה כָאֹר כֻּלָּהּ וְנִגְרְשָׁה וְנִשְׁקְעָה כִּיאוֹר
9 מִצְרָיִם : וְהָיָה בַּיּוֹם הַהוּא נְאֻם
אֲדֹנָי יְהוִה וְהֵבֵאתִי הַשֶּׁמֶשׁ בַּצָּהֳרָיִם וְהַחֲשַׁכְתִּי
10 לָאָרֶץ בְּיוֹם אוֹר : וְהָפַכְתִּי חַגֵּיכֶם לְאֵבֶל וְכָל־
שִׁירֵיכֶם לְקִינָה וְהַעֲלֵיתִי עַל־כָּל־מָתְנַיִם שָׂק וְעַל־
כָּל־רֹאשׁ קָרְחָה וְשַׂמְתִּיהָ כְּאֵבֶל יָחִיד וְאַחֲרִיתָהּ
11 כְּיוֹם מָר : הִנֵּה יָמִים בָּאִים נְאֻם
אֲדֹנָי יְהוִה וְהִשְׁלַחְתִּי רָעָב בָּאָרֶץ לֹא־רָעָב לַלֶּחֶם
וְלֹא־צָמָא לַמַּיִם כִּי אִם־לִשְׁמֹעַ אֵת דִּבְרֵי יְהוָה :
12 וְנָעוּ מִיָּם עַד־יָם וּמִצָּפוֹן וְעַד־מִזְרָח יְשׁוֹטְטוּ
13 לְבַקֵּשׁ אֶת־דְּבַר־יְהוָה וְלֹא יִמְצָאוּ : בַּיּוֹם הַהוּא
תִּתְעַלַּפְנָה הַבְּתוּלֹת הַיָּפוֹת וְהַבַּחוּרִים בַּצָּמָא :

14 אֶל־אֶרֶץ יְהוּדָה וְאָכְלוּ־שָׁם לֶחֶם וְשָׁם תִּנָּבֵא
הַנִּשְׁבָּעִים בְּאַשְׁמַת שֹׁמְרוֹן וְאָמְרוּ חֵי אֱלֹהֶיךָ דָּן
וְחֵי דֶּרֶךְ בְּאֵר־שָׁבַע וְנָפְלוּ וְלֹא־יָקוּמוּ עוֹד :

CAP. IX. ס

1 רָאִיתִי אֶת־אֲדֹנָי נִצָּב עַל־הַמִּזְבֵּחַ וַיֹּאמֶר הַךְ
הַכַּפְתּוֹר וְיִרְעֲשׁוּ הַסִּפִּים וּבְצַעַם בְּרֹאשׁ כֻּלָּם
וְאַחֲרִיתָם בַּחֶרֶב אֶהֱרֹג לֹא־יָנוּס לָהֶם נָס וְלֹא־
2 יִמָּלֵט לָהֶם פָּלִיט : אִם־יַחְתְּרוּ בִשְׁאוֹל מִשָּׁם
יָדִי תִקָּחֵם וְאִם־יַעֲלוּ הַשָּׁמַיִם מִשָּׁם אוֹרִידֵם :
3 וְאִם־יֵחָבְאוּ בְּרֹאשׁ הַכַּרְמֶל מִשָּׁם אֲחַפֵּשׂ וּלְקַחְתִּים
וְאִם־יִסָּתְרוּ מִנֶּגֶד עֵינַי בְּקַרְקַע הַיָּם מִשָּׁם אֲצַוֶּה
4 אֶת־הַנָּחָשׁ וּנְשָׁכָם : וְאִם־יֵלְכוּ בַשְּׁבִי לִפְנֵי אֹיְבֵיהֶם
מִשָּׁם אֲצַוֶּה אֶת־הַחֶרֶב וַהֲרָגָתַם וְשַׂמְתִּי עֵינִי
5 עֲלֵיהֶם לְרָעָה וְלֹא לְטוֹבָה : וַאדֹנָי יְהוִה הַצְּבָאוֹת
הַנּוֹגֵעַ בָּאָרֶץ וַתָּמוֹג וְאָבְלוּ כָּל־יוֹשְׁבֵי בָהּ וְעָלְתָה
6 כַיְאֹר כֻּלָּהּ וְשָׁקְעָה כִּיאֹר מִצְרָיִם : הַבּוֹנֶה
בַשָּׁמַיִם מַעֲלוֹתָו וַאֲגֻדָּתוֹ עַל־אֶרֶץ יְסָדָהּ הַקֹּרֵא
לְמֵי־הַיָּם וַיִּשְׁפְּכֵם עַל־פְּנֵי הָאָרֶץ יְהוָה שְׁמוֹ :
7 הֲלוֹא כִבְנֵי כֻשִׁיִּים אַתֶּם לִי בְּנֵי יִשְׂרָאֵל
נְאֻם־יְהוָה הֲלוֹא אֶת־יִשְׂרָאֵל הֶעֱלֵיתִי מֵאֶרֶץ
8 מִצְרַיִם וּפְלִשְׁתִּיִּים מִכַּפְתּוֹר וַאֲרָם מִקִּיר : הִנֵּה
עֵינֵי אֲדֹנָי יְהוִה בַּמַּמְלָכָה הַחַטָּאָה וְהִשְׁמַדְתִּי
אֹתָהּ מֵעַל פְּנֵי הָאֲדָמָה אֶפֶס כִּי לֹא הַשְׁמֵיד אַשְׁמִיד
9 אֶת־בֵּית יַעֲקֹב נְאֻם־יְהוָה : כִּי־הִנֵּה אָנֹכִי מְצַוֶּה
וַהֲנִעוֹתִי בְכָל־הַגּוֹיִם אֶת־בֵּית יִשְׂרָאֵל כַּאֲשֶׁר יִנּוֹעַ
בַּכְּבָרָה וְלֹא־יִפּוֹל צְרוֹר אָרֶץ : בַּחֶרֶב יָמוּתוּ כֹּל
10 חַטָּאֵי עַמִּי הָאֹמְרִים לֹא־תַגִּישׁ וְתַקְדִּים בַּעֲדֵינוּ
11 הָרָעָה : בַּיּוֹם הַהוּא אָקִים אֶת־סֻכַּת דָּוִיד
הַנֹּפֶלֶת וְגָדַרְתִּי אֶת־פִּרְצֵיהֶן וַהֲרִסֹתָיו אָקִים
12 וּבְנִיתִיהָ כִּימֵי עוֹלָם : לְמַעַן יִירְשׁוּ אֶת־שְׁאֵרִית
אֱדוֹם וְכָל־הַגּוֹיִם אֲשֶׁר־נִקְרָא שְׁמִי עֲלֵיהֶם נְאֻם־
13 יְהוָה עֹשֵׂה זֹּאת : הִנֵּה יָמִים בָּאִים נְאֻם־
יְהוָה וְנִגַּשׁ חוֹרֵשׁ בַּקֹּצֵר וְדֹרֵךְ עֲנָבִים בְּמֹשֵׁךְ
הַזָּרַע וְהִטִּיפוּ הֶהָרִים עָסִיס וְכָל־הַגְּבָעוֹת
14 תִּתְמוֹגַגְנָה : וְשַׁבְתִּי אֶת־שְׁבוּת עַמִּי יִשְׂרָאֵל וּבָנוּ
עָרִים נְשַׁמּוֹת וְיָשָׁבוּ וְנָטְעוּ כְרָמִים וְשָׁתוּ אֶת־
15 יֵינָם וְעָשׂוּ גַנּוֹת וְאָכְלוּ אֶת־פְּרִיהֶם : וּנְטַעְתִּים
עַל־אַדְמָתָם וְלֹא יִנָּתְשׁוּ עוֹד מֵעַל אַדְמָתָם אֲשֶׁר
נָתַתִּי לָהֶם אָמַר יְהוָה אֱלֹהֶיךָ :

Beth-el: for *a* it *is* the king's β chapel, and it *is* the γ king's court.

14 Then answered Amos, and said to Amaziah, I *b was* no prophet, neither *was* I a prophet's son : but I *was* an herdman,*c* and a gatherer of η sycamore-fruit :

15 And the LORD took me θ as I followed the flock, and the LORD said unto me, Go, prophesy unto my people Israel.

16 Now therefore hear thou the word of the LORD : Thou sayest, Prophesy not*f* against Israel, and drop*g* not *thy word* against the house of Isaac.

17 Therefore*i* thus saith the LORD ; Thy wife shall be an harlot*k* in the city, and thy sons and thy daughters shall fall by the sword, and thy land shall be divided by line ; and thou shalt die in a polluted land : and Israel shall surely go into captivity forth of his land.

CHAP. VIII.

THUS hath the Lord GOD shewed unto me : and, behold, a basket of summer-fruit.

2 And he said, Amos, what seest thou ? And I said, A basket of summer-fruit. Then said the LORD unto me, The end*m* is come upon my people of Israel ; I*o* will not again pass by them any more.

3 And the songs*p* of the temple κ shall be howlings in that day, saith the Lord GOD : there*q shall be* many dead bodies in every place ; they shall cast *them* forth with ν silence.

4 Hear this, O ye that swallow*r* up the needy, even to make the poor of the land to fail,

5 Saying, When*s* will the π new moon be gone, that we may sell corn ? and the sabbath,*t* that we may ρ set forth wheat, making the ephah small,*υ* and the shekel great, and σ falsifying the balances*w* by deceit ?

6 That we may buy the poor for silver, and the needy for a pair of shoes ; *yea*, and sell the refuse of the wheat ?

7 The LORD hath sworn by the excellency of Jacob, Surely I will*y* never forget any of their works.

8 Shall not the land tremble for this, and every one mourn*z* that dwelleth therein ? and it shall rise up wholly as a flood ; and it shall be cast out and drowned, as *by* the flood of Egypt.

9 And it shall come to pass in that day, saith the Lord GOD, that I will cause the sun to go down at noon,*b* and I will darken the earth in the clear day :

10 And I will turn your feasts into mourning, and your songs into lamentation ; and I will bring up*c* sackcloth upon all loins, and baldness upon every head ; and I will make it as the*d* mourning of an only *son*, and the end thereof as a bitter day.

11 Behold, the days come, saith the Lord GOD, that I will send a famine in the land ; not a famine of bread, nor a thirst for water, but*g* of hearing the words of the LORD :

12 And they shall wander from sea to sea, and from the north even to the east : they shall run to and fro to seek the word of the LORD, and shall not find *it*.

13 In that day shall the fair virgins and young men faint for*i* thirst.

14 They that swear*k* by the sin*l* of Samaria, and say, Thy god, O Dan, liveth ; and, The δ manner of Beer-sheba liveth ;*n* even they shall fall, and never rise up again.

B. C. 787.

a 1 Ki. 12. 32. 13. 1.
β or, *sanctuary.*
γ *house of the kingdom.*
δ or,*chapter* or, *knop.*
b Zec 13. 5.
c ch. 1. 1.
ε or, *wound*
d Ps. 68. 21.
η or,*wild figs*
θ *from behind.*
e Ps.139.3.10
f Mi. 2. 6.
g Eze. 21. 2.
h Ob. 4.
i Je.28,12,&c. 29. 21, &c.
k Ho. 4. 13. Zec. 14. 2.
l De. 28. 65. Eze. 5. 12.
m Eze. 7. 2.
n Mi. 1. 4.
o ch. 7. 8.
p ch. 5. 23.
κ *shall howl.*
λ *ascensions,* or,*spheres*
q ch. 6.9, 10.
μ or, *bundle.*
ν *be silent.*
r Pr. 30. 14.
s Mal. 1. 13.
π or, *month.*
t Ne.13.15,16
ρ *open.*
u Je. 47. 4.
*v*De.25.13.16 Mi.6.10,11.
σ *perverting the balances of,* Ho. 12. 7.
w Pr. 20. 23.
x De. 4. 31.
y Je. 17. 1. Ho. 8. 13.
τ *cause to move.*
φ *stone.*
z Ho. 4. 3.
*a*Ac.15.15..17
b Is. 59.9,10.
χ *hedge*, or, *wall.*
c Eze. 7.18.
ψ *upon whom my name is called.*
d Je. 6. 26.
e Le. 26. 5.
β *draweth forth.*
f Joel3.18,20.
γ or, *new.*
g Ps. 74. 9.
h Eze.36.33.
i Ps. 63. 1 Is.41.17..20.
k Ho. 4. 15.
l De. 9. 21.
m Je. 32. 41.
δ *way,* Ac. 9. 2. 19.9,23.
n ch. 5. 5.

CHAP. IX.

I SAW the Lord standing upon the altar : and he said, Smite the δ lintel of the door, that the posts may shake : and ζ cut them in the head,*d* all of them ; and I will slay the last of them with the sword : he that fleeth of them shall not flee away, and he that escapeth of them shall not be delivered.

2 Though*e* they dig into hell, thence shall mine hand take them ; though they climb up to heaven,*h* thence will I bring them down :

3 And though they hide themselves in the top of Carmel, I will search and take them out thence ; and though they be hid from my sight in the bottom of the sea, thence will I command the serpent, and he shall bite them :

4 And though they go into captivity before their enemies, thence*l* will I command the sword, and it shall slay them : and I will set mine eyes upon them for evil, and not for good.

5 And the Lord GOD of hosts *is* he that toucheth the land, and it shall melt,*n* and all that dwell therein shall mourn : and it shall rise up wholly like a flood ; and shall be drowned, as *by* the flood of Egypt.

6 *It is* he that buildeth his λstories in the heaven, and hath founded his μ troop in the earth ; he that calleth for the waters of the sea, and poureth them out upon the face of the earth ; the LORD *is* his name.

7 *Are* ye not as children of the Ethiopians unto me, O children of Israel ? saith the LORD. Have not I brought up Israel out of the land of Egypt, and the Philistines*u* from Caphtor, and the Syrians from Kir ?

8 Behold, the eyes of the Lord GOD *are* upon the sinful kingdom, and I will destroy it from off the face of the earth ; saving that I will not*x* utterly destroy the house of Jacob, saith the LORD.

9 For, lo, I will command, and I will τ sift the house of Israel among all nations, like as *corn* is sifted in a sieve, yet shall not the least φ grain fall upon the earth.

10 All the sinners of my people shall die by the sword, which say, The evil shall not overtake nor prevent us.

11 In*a* that day will I raise up the tabernacle of David that is fallen, and χ close up the breaches thereof : and I will raise up his ruins, and I will build it as in the days of old :

12 That they may possess the remnant of Edom, and of all the heathen, ψ which are called by my name, saith the LORD that doeth this.

13 Behold, the days come, saith the LORD, that*e* the plowman shall overtake the reaper, and the treader of grapes him that β soweth seed ; and*f* the mountains shall drop γ sweet wine, and all the hills shall melt.

14 And*h* I will bring again the captivity of my people of Israel, and they shall build the waste cities, and inhabit *them ;* and they shall plant vineyards, and drink the wine thereof ; they shall also make gardens, and eat the fruit of them.

15 And I will*m* plant them upon their land, and they shall no more be pulled up out of their land which I have given them, saith the LORD thy God.

567

עובדיה
LIBER OBADIAE.

1 חֲזוֹן עֹבַדְיָה כֹּה־אָמַר אֲדֹנָי יְהוִֹה לֶאֱדוֹם שְׁמוּעָה שָׁמַעְנוּ מֵאֵת יְהוָה וְצִיר בַּגּוֹיִם שֻׁלָּח קוּמוּ
2 וְנָקוּמָה עָלֶיהָ לַמִּלְחָמָה: הִנֵּה קָטֹן נְתַתִּיךָ
3 בַּגּוֹיִם בָּזוּי אַתָּה מְאֹד: זְדוֹן לִבְּךָ הִשִּׁיאֶךָ שֹׁכְנִי בְחַגְוֵי־סֶלַע מְרוֹם שִׁבְתּוֹ אֹמֵר בְּלִבּוֹ מִי יוֹרִדֵנִי
4 אָרֶץ: אִם־תַּגְבִּיהַּ כַּנֶּשֶׁר וְאִם־בֵּין כּוֹכָבִים שִׂים
5 קִנֶּךָ מִשָּׁם אוֹרִידְךָ נְאֻם־יְהוָה: אִם־גַּנָּבִים בָּאוּ לְךָ אִם־שׁוֹדְדֵי לַיְלָה אֵיךְ נִדְמֵיתָה הֲלוֹא יִגְנְבוּ דַּיָּם
6 אִם־בֹּצְרִים בָּאוּ לָךְ הֲלוֹא יַשְׁאִירוּ עֹלֵלוֹת: אֵיךְ
7 נֶחְפְּשׂוּ עֵשָׂו נִבְעוּ מַצְפֻּנָיו: עַד־הַגְּבוּל שִׁלְּחוּךָ כֹּל אַנְשֵׁי בְרִיתֶךָ הִשִּׁיאוּךָ יָכְלוּ לְךָ אַנְשֵׁי שְׁלֹמֶךָ
8 לַחְמְךָ יָשִׂימוּ מָזוֹר תַּחְתֶּיךָ אֵין תְּבוּנָה בּוֹ: הֲלוֹא בַּיּוֹם הַהוּא נְאֻם־יְהוָה וְהַאֲבַדְתִּי חֲכָמִים מֵאֱדוֹם
9 וּתְבוּנָה מֵהַר עֵשָׂו: וְחַתּוּ גִבּוֹרֶיךָ תֵּימָן לְמַעַן
10 יִכָּרֶת־אִישׁ מֵהַר עֵשָׂו מִקָּטֶל: מֵחֲמַס אָחִיךָ
11 יַעֲקֹב תְּכַסְּךָ בוּשָׁה וְנִכְרַתָּ לְעוֹלָם: בְּיוֹם עֲמָדְךָ מִנֶּגֶד בְּיוֹם שְׁבוֹת זָרִים חֵילוֹ וְנָכְרִים בָּאוּ שְׁעָרָו וְעַל־יְרוּשָׁלִַם יַדּוּ גוֹרָל גַּם־אַתָּה כְּאַחַד מֵהֶם:

12 וְאַל־תֵּרֶא בְיוֹם־אָחִיךָ בְּיוֹם נָכְרוֹ וְאַל־תִּשְׂמַח לִבְנֵי־יְהוּדָה בְּיוֹם אָבְדָם וְאַל־תַּגְדֵּל פִּיךָ בְּיוֹם
13 צָרָה: אַל־תָּבוֹא בְשַׁעַר־עַמִּי בְּיוֹם אֵידָם אַל־תֵּרֶא גַם־אַתָּה בְּרָעָתוֹ בְּיוֹם אֵידוֹ וְאַל־תִּשְׁלַחְנָה
14 בְחֵילוֹ בְּיוֹם אֵידוֹ: וְאַל־תַּעֲמֹד עַל־הַפֶּרֶק לְהַכְרִית אֶת־פְּלִיטָיו וְאַל־תַּסְגֵּר שְׂרִידָיו בְּיוֹם צָרָה: כִּי־
15 קָרוֹב יוֹם־יְהוָה עַל־כָּל־הַגּוֹיִם כַּאֲשֶׁר עָשִׂיתָ
16 יֵעָשֶׂה לָּךְ גְּמֻלְךָ יָשׁוּב בְּרֹאשֶׁךָ: כִּי כַּאֲשֶׁר שְׁתִיתֶם עַל־הַר קָדְשִׁי יִשְׁתּוּ כָל־הַגּוֹיִם תָּמִיד
17 וְשָׁתוּ וְלָעוּ וְהָיוּ כְּלוֹא הָיוּ: וּבְהַר צִיּוֹן תִּהְיֶה פְלֵיטָה וְהָיָה קֹדֶשׁ וְיָרְשׁוּ בֵּית יַעֲקֹב אֵת
18 מוֹרָשֵׁיהֶם: וְהָיָה בֵית־יַעֲקֹב אֵשׁ וּבֵית יוֹסֵף לֶהָבָה וּבֵית עֵשָׂו לְקַשׁ וְדָלְקוּ בָהֶם וַאֲכָלוּם וְלֹא־
19 יִהְיֶה שָׂרִיד לְבֵית עֵשָׂו כִּי יְהוָה דִּבֵּר: וְיָרְשׁוּ הַנֶּגֶב אֶת־הַר עֵשָׂו וְהַשְּׁפֵלָה אֶת־פְּלִשְׁתִּים וְיָרְשׁוּ אֶת־שְׂדֵה אֶפְרַיִם וְאֵת שְׂדֵה שֹׁמְרוֹן וּבִנְיָמִן אֶת־
20 הַגִּלְעָד: וְגָלֻת הַחֵל־הַזֶּה לִבְנֵי יִשְׂרָאֵל אֲשֶׁר־כְּנַעֲנִים עַד־צָרְפַת וְגָלֻת יְרוּשָׁלִַם אֲשֶׁר בִּסְפָרַד
21 יִרְשׁוּ אֵת עָרֵי הַנֶּגֶב: וְעָלוּ מוֹשִׁעִים בְּהַר צִיּוֹן לִשְׁפֹּט אֶת־הַר עֵשָׂו וְהָיְתָה לַיהוָה הַמְּלוּכָה:

יונה
LIBER JONAE.

1 וַיְהִי דְּבַר־יְהוָה אֶל־יוֹנָה בֶן־אֲמִתַּי לֵאמֹר: קוּם
2 לֵךְ אֶל־נִינְוֵה הָעִיר הַגְּדוֹלָה וּקְרָא עָלֶיהָ כִּי־עָלְתָה
3 רָעָתָם לְפָנָי: וַיָּקָם יוֹנָה לִבְרֹחַ תַּרְשִׁישָׁה מִלִּפְנֵי יְהוָה וַיֵּרֶד יָפוֹ וַיִּמְצָא אָנִיָּה בָּאָה תַרְשִׁישׁ וַיִּתֵּן שְׂכָרָהּ וַיֵּרֶד בָּהּ לָבוֹא עִמָּהֶם תַּרְשִׁישָׁה מִלִּפְנֵי
4 יְהוָה: וַיהוָה הֵטִיל רוּחַ־גְּדוֹלָה אֶל־הַיָּם וַיְהִי
5 סַעַר־גָּדוֹל בַּיָּם וְהָאֳנִיָּה חִשְּׁבָה לְהִשָּׁבֵר: וַיִּירְאוּ הַמַּלָּחִים וַיִּזְעֲקוּ אִישׁ אֶל־אֱלֹהָיו וַיָּטִלוּ אֶת־הַכֵּלִים אֲשֶׁר בָּאֳנִיָּה אֶל־הַיָּם לְהָקֵל מֵעֲלֵיהֶם

וְיוֹנָה יָרַד אֶל־יַרְכְּתֵי הַסְּפִינָה וַיִּשְׁכַּב וַיֵּרָדַם:
6 וַיִּקְרַב אֵלָיו רַב הַחֹבֵל וַיֹּאמֶר לוֹ מַה־לְּךָ נִרְדָּם קוּם קְרָא אֶל־אֱלֹהֶיךָ אוּלַי יִתְעַשֵּׁת הָאֱלֹהִים לָנוּ
7 וְלֹא נֹאבֵד: וַיֹּאמְרוּ אִישׁ אֶל־רֵעֵהוּ לְכוּ וְנַפִּילָה גוֹרָלוֹת וְנֵדְעָה בְּשֶׁלְּמִי הָרָעָה הַזֹּאת לָנוּ וַיַּפִּלוּ
8 גּוֹרָלוֹת וַיִּפֹּל הַגּוֹרָל עַל־יוֹנָה: וַיֹּאמְרוּ אֵלָיו הַגִּידָה־נָּא לָנוּ בַּאֲשֶׁר לְמִי־הָרָעָה הַזֹּאת לָנוּ מַה־מְּלַאכְתְּךָ וּמֵאַיִן תָּבוֹא מָה אַרְצֶךָ וְאֵי־
9 מִזֶּה עַם אָתָּה: וַיֹּאמֶר אֲלֵיהֶם עִבְרִי אָנֹכִי וְאֶת־יְהוָה אֱלֹהֵי הַשָּׁמַיִם אֲנִי יָרֵא אֲשֶׁר־עָשָׂה אֶת־הַיָּם
10 וְאֶת־הַיַּבָּשָׁה: וַיִּירְאוּ הָאֲנָשִׁים יִרְאָה גְדוֹלָה וַיֹּאמְרוּ

OBADIAH.

THE vision of Obadiah. Thus saith the Lord GOD concerning Edom,[b] We have heard a rumour from the LORD, and an ambassador is sent among the heathen, Arise ye, and let us rise up against her in battle.

2 Behold, I have made thee small among the heathen: thou art greatly despised.

3 The pride of thine heart hath deceived thee, thou that dwellest in the clefts of the rock, whose habitation is high; that saith[c] in his heart, Who shall bring me down to the ground?

4 Though[d] thou exalt thyself as the eagle, and though thou set thy nest among the stars, thence will I bring thee down, saith the LORD.

5 If thieves came to thee, if robbers by night, (how art thou cut off!) would they not have stolen till they had enough? if the grape-gatherers came to thee, would they not leave η some grapes?

6 How are the things of Esau searched out! how are his hidden[h] things sought up!

7 All the men of thy confederacy have brought thee even to the border; the men μ that were at peace with thee have deceived thee, and prevailed against thee; ν they that eat thy bread have laid a wound under thee: there[k] is none understanding π in him.

8 Shall I not in that day, saith the LORD, even destroy the wise men out of Edom, and understanding out of the mount of Esau?

9 And thy mighty[m] men, O Teman, shall be dismayed, to the end that every one of the mount of Esau may be cut off by slaughter.

10 For thy violence[o] against thy brother Jacob, shame shall cover thee, and thou shalt be cut off for ever.

11 In the day that thou stoodest on the other side, in the day that the strangers carried away captive σ his forces, and foreigners entered into his gates, and cast lots[r] upon Jerusalem, even thou wast as one of them.

B. C. 587.

β or, do not behold.
a Mi. 4. 11.
7. 8.10.
b Is. 21. 11.
34. 5,&c.
Je.49.7,&c.
Eze. 25. 12.
Joel 3. 19.
Mal.1.3,4.
γ magnified thymouth.
δ or, forces.
c Is.14.13,,15
Re. 18. 7.
d Job 20. 6.
ζ or, shut up.
Ps. 31. 8.
e Eze. 30. 3.
f Hab. 2. 8.
η or, gleanings.
g Ps. 139. 1.
h Da. 2. 22.
θ or, sup up.
i Joel 2. 32.
κ or, they that escape.
λ or, it shall be holy.
Joel 3. 17.
μ ofthypeace.
ν the men of
k Is.19.11..14
l Is. 10. 17.
π or, of it.
m Ps. 76. 5.
n Am. 9. 12.
o Ps. 137. 7.
Eze. 35. 5.
ρ or, shall possess that which is in Sepharad.
σ or, his substance.
p Je 32. 44.
q 1 Ti. 4. 16.
r Joel 3. 3.
Na. 3. 10.
s Zec. 14. 9
Lu. 1. 33.

12 But β thou shouldest not have looked[a] on the day of thy brother in the day that he became a stranger; neither shouldest thou have rejoiced over the children of Judah in the day of their destruction; neither shouldest thou have γ spoken proudly in the day of distress.

13 Thou shouldest not have entered into the gate of my people in the day of their calamity; yea, thou shouldest not have looked on their affliction in the day of their calamity, nor have laid hands on their δ substance in the day of their calamity;

14 Neither shouldest thou have stood in the cross-way, to cut off those of his that did escape; neither shouldest thou have ζ delivered up those of his that did remain in the day of distress.

15 For[e] the day of the LORD is near upon all the heathen; as f thou hast done, it shall be done unto thee: thy reward shall return upon thine own head.

16 For as ye have drunk upon my holy mountain, so shall all the heathen drink continually, yea, they shall drink, and they shall θ swallow down, and they shall be as though they had not been.

17 But f upon mount Zion shall be κ deliverance, and λ there shall be holiness; and the house of Jacob shall possess their possessions.

18 And the house of Jacob shall be a fire,[l] and the house of Joseph a flame, and the house of Esau for stubble, and they shall kindle in them, and devour them; and there shall not be any remaining of the house of Esau; for the LORD hath spoken it.

19 And they of the south shall possess the[n] mount of Esau: and they of the plain the Philistines; and they shall possess the fields of Ephraim, and the fields of Samaria; and Benjamin shall possess Gilead.

20 And the captivity of this host of the children of Israel shall possess that of the Canaanites, even unto Zarephath; and the captivity of Jerusalem, ρ which is in Sepharad, shall possess the cities[p] of the south.

21 And saviours[q] shall come up on mount Zion to judge the mount of Esau; and the kingdom[s] shall be the LORD's.

JONAH.

CHAP. I.

NOW the word of the LORD came unto β Jonah the[a] son of Amittai, saying,

2 Arise, go to Nineveh,[b] that great city, and cry against it; for their wickedness is come up[c] before me.

3 But Jonah rose up to flee unto Tarshish, from the presence[d] of the LORD, and went down to Joppa;[e] and he found a ship going to Tarshish; so he paid the fare thereof, and went down into it, to go with them unto Tarshish from the presence of the LORD.

4 But the LORD γ sent out δ a great wind into the sea, and there was a mighty tempest in the sea, so that the ship was δ like to be broken.

5 Then the mariners were afraid, and cried every man unto his god, and h cast

B. C. 862.

β called Jonas,
Mat.12 39.
a 2 Ki.14.25.
b Ge.10.11,12
c Ezr. 9. 6.
d Ps. 139. 7.
e Ac. 9. 36.
f Jos.7.14,16
1Sa.14. 41, 42.
γ cast forth.
g Ps. 107. 25.
δ thought.
h Ac. 27. 18.
&c.

forth the wares that were in the ship into the sea, to lighten it of them. But Jonah was gone down into the sides of the ship; and he lay, and was fast asleep.

6 So the shipmaster came to him, and said unto him, What meanest thou, O sleeper? arise, call upon thy God, if so be that God will think upon us, that we perish not.

7 And they said every one to his fellow, Come, and let us cast lots,[f] that we may know for whose cause this evil is upon us. So they cast lots, and the lot fell upon Jonah.

8 Then said they unto him, Tell us, we pray thee, for whose cause this evil is upon us; What is thine occupation? and whence comest thou? what is thy country? and of what people art thou?

9 And he said unto them, I am an

אֵלָי מַה־זֹּאת עָשִׂיתָ כִּי־יָדְעוּ הָאֲנָשִׁים כִּי־מִלִּפְנֵי
11 יְהוָֹה הוּא בֹרֵחַ כִּי הִגִּיד לָהֶם׃ וַיֹּאמְרוּ אֵלָיו
מַה־נַּעֲשֶׂה לָּךְ וְיִשְׁתֹּק הַיָּם מֵעָלֵינוּ כִּי הַיָּם הוֹלֵךְ
12 וְסֹעֵר׃ וַיֹּאמֶר אֲלֵיהֶם שָׂאוּנִי וַהֲטִילֻנִי אֶל־הַיָּם
וְיִשְׁתֹּק הַיָּם מֵעֲלֵיכֶם כִּי יוֹדֵעַ אָנִי כִּי בְשֶׁלִּי הַסַּעַר
13 הַגָּדוֹל הַזֶּה עֲלֵיכֶם׃ וַיַּחְתְּרוּ הָאֲנָשִׁים לְהָשִׁיב
אֶל־הַיַּבָּשָׁה וְלֹא יָכֹלוּ כִּי הַיָּם הוֹלֵךְ וְסֹעֵר
14 עֲלֵיהֶם׃ וַיִּקְרְאוּ אֶל־יְהוָֹה וַיֹּאמְרוּ אָנָּה יְהוָֹה
אַל־נָא נֹאבְדָה בְּנֶפֶשׁ הָאִישׁ הַזֶּה וְאַל־תִּתֵּן
עָלֵינוּ דָּם נָקִיא כִּי־אַתָּה יְהוָֹה כַּאֲשֶׁר חָפַצְתָּ
15 עָשִׂיתָ׃ וַיִּשְׂאוּ אֶת־יוֹנָה וַיְטִלֻהוּ אֶל־הַיָּם
16 וַיַּעֲמֹד הַיָּם מִזַּעְפּוֹ׃ וַיִּירְאוּ הָאֲנָשִׁים יִרְאָה
גְדוֹלָה אֶת־יְהוָֹה וַיִּזְבְּחוּ־זֶבַח לַיהוָֹה וַיִּדְּרוּ נְדָרִים׃

CAP. II. ב

1 וַיְמַן יְהוָֹה דָּג גָּדוֹל לִבְלֹעַ אֶת־יוֹנָה וַיְהִי יוֹנָה
בִּמְעֵי הַדָּג שְׁלֹשָׁה יָמִים וּשְׁלֹשָׁה לֵילוֹת׃
2 וַיִּתְפַּלֵּל יוֹנָה אֶל־יְהוָֹה אֱלֹהָיו מִמְּעֵי הַדָּגָה׃
3 וַיֹּאמֶר קָרָאתִי מִצָּרָה לִי אֶל־יְהוָֹה וַיַּעֲנֵנִי מִבֶּטֶן
4 שְׁאוֹל שִׁוַּעְתִּי שָׁמַעְתָּ קוֹלִי׃ וַתַּשְׁלִיכֵנִי מְצוּלָה
בִּלְבַב יַמִּים וְנָהָר יְסֹבְבֵנִי כָּל־מִשְׁבָּרֶיךָ וְגַלֶּיךָ
5 עָלַי עָבָרוּ׃ וַאֲנִי אָמַרְתִּי נִגְרַשְׁתִּי מִנֶּגֶד עֵינֶיךָ
6 אַךְ אוֹסִיף לְהַבִּיט אֶל־הֵיכַל קָדְשֶׁךָ׃ אֲפָפוּנִי
מַיִם עַד־נֶפֶשׁ תְּהוֹם יְסֹבְבֵנִי סוּף חָבוּשׁ לְרֹאשִׁי׃
7 לְקִצְבֵי הָרִים יָרַדְתִּי הָאָרֶץ בְּרִחֶיהָ בַעֲדִי לְעוֹלָם
8 וַתַּעַל מִשַּׁחַת חַיַּי יְהוָֹה אֱלֹהָי׃ בְּהִתְעַטֵּף
עָלַי נַפְשִׁי אֶת־יְהוָֹה זָכָרְתִּי וַתָּבוֹא אֵלֶיךָ תְּפִלָּתִי
9 אֶל־הֵיכַל קָדְשֶׁךָ׃ מְשַׁמְּרִים הַבְלֵי־שָׁוְא חַסְדָּם
10 יַעֲזֹבוּ׃ וַאֲנִי בְּקוֹל תּוֹדָה אֶזְבְּחָה־לָּךְ אֲשֶׁר
11 נָדַרְתִּי אֲשַׁלֵּמָה יְשׁוּעָתָה לַיהוָֹה׃ וַיֹּאמֶר יְהוָֹה
לַדָּג וַיָּקֵא אֶת־יוֹנָה אֶל־הַיַּבָּשָׁה׃

CAP. III. ג

1 וַיְהִי דְבַר־יְהוָֹה אֶל־יוֹנָה שֵׁנִית לֵאמֹר׃ קוּם
2 לֵךְ אֶל־נִינְוֵה הָעִיר הַגְּדוֹלָה וּקְרָא אֵלֶיהָ אֶת־
3 הַקְּרִיאָה אֲשֶׁר אָנֹכִי דֹּבֵר אֵלֶיךָ׃ וַיָּקָם יוֹנָה
וַיֵּלֶךְ אֶל־נִינְוֵה כִּדְבַר יְהוָֹה וְנִינְוֵה הָיְתָה עִיר
4 גְּדוֹלָה לֵאלֹהִים מַהֲלַךְ שְׁלֹשֶׁת יָמִים׃ וַיָּחֶל
יוֹנָה לָבוֹא בָעִיר מַהֲלַךְ יוֹם אֶחָד וַיִּקְרָא וַיֹּאמַר
5 עוֹד אַרְבָּעִים יוֹם וְנִינְוֵה נֶהְפָּכֶת׃ וַיַּאֲמִינוּ

CAP. IV. ד

1 וַיֵּרַע אֶל־יוֹנָה רָעָה גְדוֹלָה וַיִּחַר לוֹ׃ וַיִּתְפַּלֵּל
2 אֶל־יְהוָֹה וַיֹּאמַר אָנָּה יְהוָֹה הֲלוֹא־זֶה דְבָרִי עַד־
הֱיוֹתִי עַל־אַדְמָתִי עַל־כֵּן קִדַּמְתִּי לִבְרֹחַ תַּרְשִׁישָׁה
כִּי יָדַעְתִּי כִּי אַתָּה אֵל־חַנּוּן וְרַחוּם אֶרֶךְ אַפַּיִם
3 וְרַב־חֶסֶד וְנִחָם עַל־הָרָעָה׃ וְעַתָּה יְהוָֹה קַח־
נָא אֶת־נַפְשִׁי מִמֶּנִּי כִּי טוֹב מוֹתִי מֵחַיָּי׃
4 וַיֹּאמֶר יְהוָֹה הַהֵיטֵב חָרָה לָךְ׃ וַיֵּצֵא יוֹנָה
5 מִן־הָעִיר וַיֵּשֶׁב מִקֶּדֶם לָעִיר וַיַּעַשׂ לוֹ שָׁם סֻכָּה
וַיֵּשֶׁב תַּחְתֶּיהָ בַּצֵּל עַד אֲשֶׁר יִרְאֶה מַה־יִּהְיֶה
6 בָּעִיר׃ וַיְמַן יְהוָֹה־אֱלֹהִים קִיקָיוֹן וַיַּעַל מֵעַל
לְיוֹנָה לִהְיוֹת צֵל עַל־רֹאשׁוֹ לְהַצִּיל לוֹ מֵרָעָתוֹ
7 וַיִּשְׂמַח יוֹנָה עַל־הַקִּיקָיוֹן שִׂמְחָה גְדוֹלָה׃ וַיְמַן
הָאֱלֹהִים תּוֹלַעַת בַּעֲלוֹת הַשַּׁחַר לַמָּחֳרָת וַתַּךְ
8 אֶת־הַקִּיקָיוֹן וַיִּיבָשׁ׃ וַיְהִי כִּזְרֹחַ הַשֶּׁמֶשׁ וַיְמַן
אֱלֹהִים רוּחַ קָדִים חֲרִישִׁית וַתַּךְ הַשֶּׁמֶשׁ עַל־
רֹאשׁ יוֹנָה וַיִּתְעַלָּף וַיִּשְׁאַל אֶת־נַפְשׁוֹ לָמוּת
9 וַיֹּאמֶר טוֹב מוֹתִי מֵחַיָּי׃ וַיֹּאמֶר אֱלֹהִים אֶל־
יוֹנָה הַהֵיטֵב חָרָה־לְךָ עַל־הַקִּיקָיוֹן וַיֹּאמֶר הֵיטֵב
10 חָרָה־לִי עַד־מָוֶת׃ וַיֹּאמֶר יְהוָֹה אַתָּה חַסְתָּ
עַל־הַקִּיקָיוֹן אֲשֶׁר לֹא־עָמַלְתָּ בּוֹ וְלֹא גִדַּלְתּוֹ שֶׁבִּן־
לַיְלָה הָיָה וּבִן־לַיְלָה אָבָד׃ וַאֲנִי לֹא אָחוּס
11 עַל־נִינְוֵה הָעִיר הַגְּדוֹלָה אֲשֶׁר יֶשׁ־בָּהּ הַרְבֵּה
מִשְׁתֵּים־עֶשְׂרֵה רִבּוֹ אָדָם אֲשֶׁר לֹא־יָדַע בֵּין־
יְמִינוֹ לִשְׂמֹאלוֹ וּבְהֵמָה רַבָּה׃

Hebrew: and I fear β the LORD, the God of heaven, which^a hath made the sea and the dry *land.*

10 Then were the men γ exceedingly afraid, and said unto him, Why hast thou done this? For the men knew that he fled from the presence of the LORD, because he had told them.

11 Then said they unto him, What shall we do unto thee, that the sea may be δ calm unto us? for the sea ζ wrought, and was tempestuous.

12 And he said unto them, Take me up, and cast me forth into the sea: so shall the sea be calm unto you; for I know that for my ^e sake this great tempest *is* upon you.

13 Nevertheless, the men κ rowed hard to bring *it* to the land; but they could not: for the sea wrought, and was tempestuous against them.

14 Wherefore they cried unto the LORD, and said, We beseech thee, O LORD, we beseech thee, let us not perish for this man's life, and ^e lay not upon us innocent blood: for thou, O LORD, hast done as it pleased thee.

15 So they took up Jonah, and cast him forth into the sea; and the sea λ ceased from her raging.

16 Then ^h the men feared the LORD exceedingly, and μ offered a sacrifice unto the LORD, and ν made vows.

17 Now the LORD had prepared a great fish to swallow up Jonah. And ⁱ Jonah was in the π belly of the fish three days and three nights.

CHAP. II.

THEN Jonah prayed unto the LORD his God out of the fish's belly,

2 And said, I ^k cried ρ by reason of mine affliction unto the LORD, and he heard me; out ^l of the belly of σ hell cried I, *and* thou heardest ⁿ my voice.

3 For ^o thou hadst cast me into the deep, in the φ midst of the seas; and the floods compassed me about: all thy billows^p and thy waves passed over me.

4 Then ^q I said, I am cast out of thy sight; yet I will look again toward^r thy holy temple.

5 The waters compassed me about,^s *even* to the soul: the depth closed me round about, the weeds were wrapped about my head.

6 I went down to the ψ bottoms of the mountains: the earth with her bars *was* about me for ever: yet ^t hast thou brought up my life from γ corruption, O LORD my God.

7 When my soul fainted within me I remembered the LORD: and my prayer came^u in unto thee, into thine holy temple.

8 They ^v that observe lying vanities forsake their own mercy.

9 But I will sacrifice^w unto thee with the voice of thanksgiving; I will pay *that* that I have vowed. Salvation *is* of the LORD.

10 And ^x the LORD spake unto the fish, and it vomited out Jonah upon the dry *land.*

CHAP. III.

AND the word of the LORD came unto Jonah the second time, saying,

2 Arise, go unto Nineveh, that great city, and preach unto it the preaching that I bid thee.

3 So Jonah arose, and went unto Nineveh, according to the word of the LORD. Now Nineveh was λ an exceeding great city of three days' journey.

4 And Jonah began to enter into the city a day's journey; and he cried, and said,^b Yet forty days, and Nineveh shall be overthrown.

5 So the people of Nineveh believed God, and proclaimed a fast, and put on sackcloth, from the greatest of them even to the least of them.

6 For word came unto the king of Nineveh, and he arose from his throne, and he laid his robe from him, and covered *him* with sackcloth, and sat in ashes.

7 And he caused *it* to be proclaimed and η published through Nineveh, by the decree of the king and his θ nobles, saying, Let neither man nor beast, herd nor flock, taste any thing; let them not feed, nor drink water.

8 But let man and beast be covered with sackcloth,^d and cry mightily unto God : yea, let them turn every one from his evil way, and from the violence that *is* in their hands.

9 Who can tell *if* God will turn and repent, and turn away from his fierce anger, that we perish not?

10 And God saw*f* their works, that they turned ^g from their evil way ; and God repented of the evil that he had said that he would do unto them ; and he did *it* not.

CHAP. IV.

BUT it displeased Jonah exceedingly, and he was very angry.

2 And he prayed unto the LORD, and said, I pray thee, O LORD, *was* not this my saying, when I was yet in my country? Therefore I fled before unto Tarshish : for I knew that thou *art* a gracious God, and merciful, slow to anger, and of great kindness, and repentest thee of the evil ;

3 Therefore, now, O LORD, take, I beseech thee, my life from me ; for ^m *it is* better for me to die than to live.

4 Then said the LORD, τ Doest thou well to be angry ?

5 So Jonah went out of the city, and sat on the east side of the city, and there made him a booth, and sat under it in the shadow, till he might see what would become of the city.

6 And the LORD God prepared a χ gourd, and made *it* to come up over Jonah, that it might be a shadow over his head, to deliver him from his grief. So Jonah β was exceeding glad of the gourd.

7 But God prepared a worm when the morning rose the next day, and it smote the gourd that it withered.

8 And it came to pass, when the sun did arise, that God prepared a δ vehement east wind ; and the sun beat upon the head of Jonah, that he fainted, and wished in himself to die, and said, *It is* better for me to die than to live.

9 And God said to Jonah, ζ Doest thou well to be angry for the gourd ? And he said, η I do well to be angry, *even* unto death.

10 Then said the LORD, Thou hast θ had pity on the gourd, for the which thou hast not laboured, neither madest it grow ; which κ came up in a night and perished in a night:

11 And should not I spare Nineveh, that great city, wherein are more than sixscore thousand persons that cannot discern between their right hand and their left hand; and *also* much cattle ?

מיכה

LIBER MICHÆ.

CAP. I. א

א דְּבַר־יְהוָֹה ׀ אֲשֶׁר הָיָה אֶל־מִיכָה הַמֹּרַשְׁתִּי בִּימֵי יוֹתָם אָחָז יְחִזְקִיָּה מַלְכֵי יְהוּדָה אֲשֶׁר־חָזָה עַל־שֹׁמְרוֹן וִירוּשָׁלָ͏ִם׃ ב שִׁמְעוּ עַמִּים כֻּלָּם הַקְשִׁיבִי אֶרֶץ וּמְלֹאָהּ וִיהִי אֲדֹנָי יְהוִֹה בָּכֶם לְעֵד אֲדֹנָי מֵהֵיכַל קָדְשׁוֹ׃ ג כִּי־הִנֵּה יְהוָֹה יֹצֵא מִמְּקוֹמוֹ וְיָרַד וְדָרַךְ עַל־בָּמֳתֵי אָרֶץ׃ ד וְנָמַסּוּ הֶהָרִים תַּחְתָּיו וְהָעֲמָקִים יִתְבַּקָּעוּ כַּדּוֹנַג מִפְּנֵי הָאֵשׁ כְּמַיִם מֻגָּרִים בְּמוֹרָד׃ ה בְּפֶשַׁע יַעֲקֹב כָּל־זֹאת וּבְחַטֹּאות בֵּית יִשְׂרָאֵל מִי־פֶשַׁע יַעֲקֹב הֲלוֹא שֹׁמְרוֹן וּמִי בָּמוֹת יְהוּדָה הֲלוֹא יְרוּשָׁלָ͏ִם׃ ו וְשַׂמְתִּי שֹׁמְרוֹן לְעִי הַשָּׂדֶה לְמַטָּעֵי כָרֶם וְהִגַּרְתִּי לַגַּי אֲבָנֶיהָ וִיסֹדֶיהָ אֲגַלֶּה׃ ז וְכָל־פְּסִילֶיהָ יֻכַּתּוּ וְכָל־אֶתְנַנֶּיהָ יִשָּׂרְפוּ בָאֵשׁ וְכָל־עֲצַבֶּיהָ אָשִׂים שְׁמָמָה כִּי מֵאֶתְנַן זוֹנָה קִבָּצָה וְעַד־אֶתְנַן זוֹנָה יָשׁוּבוּ׃ ח עַל־זֹאת אֶסְפְּדָה וְאֵילִילָה אֵילְכָה שֵׁילָל וְעָרוֹם אֶעֱשֶׂה מִסְפֵּד כַּתַּנִּים וְאֵבֶל כִּבְנוֹת יַעֲנָה׃ ט כִּי אֲנוּשָׁה מַכּוֹתֶיהָ כִּי־בָאָה עַד־יְהוּדָה נָגַע עַד־שַׁעַר עַמִּי עַד־יְרוּשָׁלָ͏ִם׃ י בְּגַת אַל־תַּגִּידוּ בָּכוֹ אַל־תִּבְכּוּ בְּבֵית לְעַפְרָה עָפָר הִתְפַּלָּשְׁתִּי׃ יא עִבְרִי לָכֶם יוֹשֶׁבֶת שָׁפִיר עֶרְיָה־בֹשֶׁת לֹא יָצְאָה יוֹשֶׁבֶת צַאֲנָן מִסְפַּד בֵּית הָאֵצֶל יִקַּח מִכֶּם עֶמְדָּתוֹ׃ יב כִּי־חָלָה לְטוֹב יוֹשֶׁבֶת מָרוֹת כִּי־יָרַד רָע מֵאֵת יְהוָֹה לְשַׁעַר יְרוּשָׁלָ͏ִם׃ יג רְתֹם הַמֶּרְכָּבָה לָרֶכֶשׁ יוֹשֶׁבֶת לָכִישׁ רֵאשִׁית חַטָּאת הִיא לְבַת־צִיּוֹן כִּי־בָךְ נִמְצְאוּ פִּשְׁעֵי יִשְׂרָאֵל׃ יד לָכֵן תִּתְּנִי שִׁלּוּחִים עַל מוֹרֶשֶׁת גַּת בָּתֵּי אַכְזִיב לְאַכְזָב לְמַלְכֵי יִשְׂרָאֵל׃ טו עֹד הַיֹּרֵשׁ אָבִי לָךְ יוֹשֶׁבֶת מָרֵשָׁה עַד־עֲדֻלָּם יָבוֹא כְּבוֹד יִשְׂרָאֵל׃ טז קָרְחִי וָגֹזִּי עַל־בְּנֵי תַּעֲנוּגָיִךְ הַרְחִבִי קָרְחָתֵךְ כַּנֶּשֶׁר כִּי גָלוּ מִמֵּךְ׃

CAP. II. ב

א הוֹי חֹשְׁבֵי־אָוֶן וּפֹעֲלֵי רָע עַל־מִשְׁכְּבוֹתָם בְּאוֹר הַבֹּקֶר יַעֲשׂוּהָ כִּי יֶשׁ־לְאֵל יָדָם׃ ב וְחָמְדוּ שָׂדוֹת

וְנָחֲלָתוֹ גֶּבֶר וּבֵיתוֹ וְאִישׁ

ג וְגָזָלוּ וּבָתִּים וְנָשָׂאוּ וְעָשְׁקוּ לָכֵן כֹּה ׀ אָמַר יְהוָֹה הִנְנִי חֹשֵׁב עַל־הַמִּשְׁפָּחָה הַזֹּאת רָעָה אֲשֶׁר לֹא־תָמִישׁוּ מִשָּׁם צַוְּארֹתֵיכֶם וְלֹא תֵלְכוּ רוֹמָה כִּי עֵת רָעָה הִיא׃ ד בַּיּוֹם הַהוּא יִשָּׂא עֲלֵיכֶם מָשָׁל וְנָהָה נְהִי נִהְיָה אָמַר שָׁדוֹד נְשַׁדֻּנוּ חֵלֶק עַמִּי יָמִיר אֵיךְ יָמִישׁ לִי לְשׁוֹבֵב שָׂדֵינוּ יְחַלֵּק׃ ה לָכֵן לֹא־יִהְיֶה לְךָ מַשְׁלִיךְ חֶבֶל בְּגוֹרָל בִּקְהַל יְהוָֹה׃ ו אַל־תַּטִּפוּ יַטִּיפוּן לֹא־יַטִּפוּ לָאֵלֶּה לֹא יִסַּג כְּלִמּוֹת׃ ז הֶאָמוּר בֵּית־יַעֲקֹב הֲקָצַר רוּחַ יְהוָֹה אִם־אֵלֶּה מַעֲלָלָיו הֲלוֹא דְבָרַי יֵיטִיבוּ עִם הַיָּשָׁר הוֹלֵךְ׃ ח וְאֶתְמוּל עַמִּי לְאוֹיֵב יְקוֹמֵם מִמּוּל שַׂלְמָה אֶדֶר תַּפְשִׁטוּן מֵעֹבְרִים בֶּטַח שׁוּבֵי מִלְחָמָה׃ ט נְשֵׁי עַמִּי תְּגָרְשׁוּן מִבֵּית תַּעֲנֻגֶיהָ מֵעַל עֹלָלֶיהָ תִּקְחוּ הֲדָרִי לְעוֹלָם׃ י קוּמוּ וּלְכוּ כִּי לֹא־זֹאת הַמְּנוּחָה בַּעֲבוּר טָמְאָה תְּחַבֵּל וְחֶבֶל נִמְרָץ׃ יא לוּ־אִישׁ הֹלֵךְ רוּחַ וָשֶׁקֶר כִּזֵּב אַטִּף לְךָ לַיַּיִן וְלַשֵּׁכָר וְהָיָה מַטִּיף הָעָם הַזֶּה׃ יב אָסֹף אֶאֱסֹף יַעֲקֹב כֻּלָּךְ קַבֵּץ אֲקַבֵּץ שְׁאֵרִית יִשְׂרָאֵל יַחַד אֲשִׂימֶנּוּ כְּצֹאן בָּצְרָה כְּעֵדֶר בְּתוֹךְ הַדָּבְרוֹ תְּהִימֶנָה מֵאָדָם׃ יג עָלָה הַפֹּרֵץ לִפְנֵיהֶם פָּרְצוּ וַיַּעֲבֹרוּ שַׁעַר וַיֵּצְאוּ בוֹ וַיַּעֲבֹר מַלְכָּם לִפְנֵיהֶם וַיהוָֹה בְּרֹאשָׁם׃

CAP. III. ג

א וָאֹמַר שִׁמְעוּ־נָא רָאשֵׁי יַעֲקֹב וּקְצִינֵי בֵּית יִשְׂרָאֵל הֲלוֹא לָכֶם לָדַעַת אֶת־הַמִּשְׁפָּט׃ ב שֹׂנְאֵי טוֹב וְאֹהֲבֵי רָעָה גֹּזְלֵי עוֹרָם מֵעֲלֵיהֶם וּשְׁאֵרָם מֵעַל עַצְמוֹתָם׃ ג וַאֲשֶׁר אָכְלוּ שְׁאֵר עַמִּי וְעוֹרָם מֵעֲלֵיהֶם הִפְשִׁיטוּ וְאֶת־עַצְמֹתֵיהֶם פִּצֵּחוּ וּפָרְשׂוּ כַּאֲשֶׁר בַּסִּיר וּכְבָשָׂר בְּתוֹךְ קַלָּחַת׃ ד אָז יִזְעֲקוּ אֶל־יְהוָֹה וְלֹא יַעֲנֶה אוֹתָם וְיַסְתֵּר פָּנָיו מֵהֶם בָּעֵת הַהִיא כַּאֲשֶׁר הֵרֵעוּ מַעַלְלֵיהֶם׃ ה כֹּה אָמַר יְהוָֹה עַל־הַנְּבִיאִים הַמַּתְעִים אֶת־עַמִּי הַנֹּשְׁכִים בְּשִׁנֵּיהֶם וְקָרְאוּ שָׁלוֹם וַאֲשֶׁר לֹא־יִתֵּן עַל־פִּיהֶם וְקִדְּשׁוּ

MICAH.

CHAP. I.

THE word of the LORD that came to Micah[a] the Morasthite in the days of Jotham, Ahaz, *and* Hezekiah, kings of Judah, which he saw concerning Samaria and Jerusalem.

2 Hear, β all ye people; hearken,[c] O earth, and γ all that therein is: and let the Lord GOD be witness[d] against you, the Lord from his holy temple.

3 For, behold, the LORD cometh forth out of his place, and will come down, and tread upon the high places of the earth.

4 And the mountains shall be molten under him, and the valleys shall be cleft, as wax before the fire, *and* as the waters *that are* poured down a θ steep place.

5 For[f] the transgression of Jacob *is* all this, and for the sins of the house of Israel. What *is* the transgression of Jacob? *is it* not Samaria? and what *are* the high places of Judah? *are they* not Jerusalem?

6 Therefore I will make Samaria as an heap of the field, *and* as plantings of a vineyard: and I will pour down the stones thereof into the valley, and I will discover the foundations thereof.

7 And all the graven images thereof shall be beaten to pieces, and all the hires thereof shall be burned with the fire, and all the idols thereof will I lay desolate: for she gathered it of the hire of an harlot, and they shall return to the hire of an harlot.

8 Therefore I will wail and howl, I will go stripped and naked: I will make a wailing like the dragons, and mourning as the σ owls.

9 For τ her wound *is* incurable; for it is come[k] unto Judah; he is come unto the gate of my people, *even* to Jerusalem.

10 Declare ye *it* not at Gath, weep ye not at all: in the house of φ Aphrah roll thyself in the dust.

11 Pass ye away, χ thou ψ inhabitant of Saphir, having thy shame naked: the inhabitant of β Zaanan came not forth in the mourning of γ Beth-ezel; he shall receive of you his standing.

12 For the inhabitant of Maroth δ waited carefully for good; but evil came down from the LORD unto the gate of Jerusalem.

13 O thou inhabitant of Lachish, bind the chariot to the swift beast: she *is* the beginning of the sin to the daughter of Zion; for the transgressions of Israel were found in thee.

14 Therefore shalt thou give presents ζ to Moresheth-gath: the houses of η Achzib *shall be* a lie to the kings of Israel.

15 Yet will I bring an heir unto thee, O inhabitant of Mareshah: θ he shall come unto Adullam the glory of Israel.

16 Make thee bald, and poll thee for thy delicate[n] children; enlarge thy baldness κs the eagle; for they are gone into captivity from thee.

CHAP. II.

WOE to them that devise iniquity, and work evil upon their beds![p] when the morning is light, they practise it, because it is in the power of their hand.

2 And they covet fields, and take *them* by violence: and houses, and take *them* away: so they μ oppress a man and his house, even a man and his heritage.

B. C. 750.

a Je. 26. 18.
b Am. 5. 13.
β *ye people all of them.*
c Is. 1. 2.
γ *the fulness thereof.*
δ *lamentation of lamentations.*
d Ps. 50. 7.
ζ or, *instead of restoring*
e Ps. 16. 6.
Ho. 9. 3.
η *Drop,*
Eze. 20. 46.
or, *Prophesy not as they prophesy.*
θ *descent.*
f La. 5. 16.
κ or, *shortened.*
g Is. 59. 1, 2.
λ *upright.*
h Ho. 14. 9.
μ *yesterday.*
ν *over against.*
π or, *wives.*
i Le.18.25,28.
ρ or, *walk with the wind, and lie falsely.*
σ *daughters of the owl.*
τ or, she is grievously sick of her wounds.
k 2 Ki. 18. 13.
φ that is, dust.
χ or, thou that dwellest fairly.
ψ inhabitress.
β or, the country of flocks.
γ or, a place near.
l Is. 52. 12.
δ or, was grieved.
ζ or, for.
η that is, a lie.
θ or, the glory of Israel shall come.
m Pr. 1. 28.
n La. 4. 5..8.
o Eze. 13. 10, &c.
p Ho. 7. 6.
κ from a vision.
λ from divining.
μ or, defraud.

---

3 Therefore thus saith the LORD, Behold, against this family do I devise an evil, from which ye shall not remove your necks; neither shall ye go haughtily: for[b] this time *is* evil.

4 In that day shall *one* take up a parable against you, and lament with a δ doleful lamentation, *and* say, We be utterly spoiled; he hath changed the portion of my people: how hath he removed *it* from me! ζ turning away he hath divided our fields.

5 Therefore thou shalt have none that shall cast a cord[e] by lot in the congregation of the LORD.

6 η Prophesy ye not, *say they to them that* prophesy: they shall not prophesy to them, *that* they shall not take shame.

7 O *thou that art* named the house of Jacob, is the Spirit of the LORD κ straitened? *are* these[g] his doings? do not my words do good to him that walketh λ uprightly?[h]

8 Even μ of late my people is risen up as an enemy: ye pull off the robe ν with the garment from them that pass by securely as men averse from war.

9 The π women of my people have ye cast out from their pleasant houses; from their children have ye taken away my glory for ever.

10 Arise ye, and depart; for this *is* not your rest: because it is polluted,[i] it shall destroy *you*, even with a sore destruction.

11 If a man, ρ walking in the spirit and falsehood do lie, *saying*, I will prophesy unto thee of wine and of strong drink; he shall even be the prophet of this people.

12 I will surely assemble, O Jacob, all of thee; I will surely gather the remnant of Israel; I will put them together as the sheep of Bozrah, as the flock in the midst of their fold: they shall make great noise by reason of the *multitude of* men.

13 The breaker is come up before them; they have broken up, and have passed through the gate, and are gone out by it; and their king shall pass before them, and[l] the LORD on the head of them.

CHAP. III.

AND I said, Hear, I pray you, O heads of Jacob, and ye princes of the house of Israel; *Is it* not for you to know judgment?

2 Who hate the good, and love the evil; who pluck off their skin from off them, and their flesh from off their bones;

3 Who also eat the flesh of my people, and flay their skin from off them; and they break their bones, and chop them in pieces, as for the pot, & as flesh within the cauldron.

4 Then shall they cry unto the LORD, but[m] he will not hear them; he will even hide his face from them at that time, as they have behaved themselves ill in their doings.

5 Thus saith the LORD concerning the prophets[o] that make my people err, that bite with their teeth, and cry, Peace: and he that putteth not into their mouths, they even prepare war against him:

6 Therefore night *shall be* unto you, κ that ye shall not have a vision; and it shall be dark unto you, λ that ye shall not divine; and the sun shall go down over the prophets, and the day shall be dark over them.

7 Then shall the seers be ashamed, and

עָלָיו מִלְחָמָה :
6 לָכֵן לַיְלָה לָכֶם מֵחָזוֹן וְחָשְׁכָה לָכֶם מִקְּסֹם וּבָאָה הַשֶּׁמֶשׁ עַל־הַנְּבִיאִים וְקָדַר עֲלֵיהֶם הַיּוֹם :
7 וּבֹשׁוּ הַחֹזִים וְחָפְרוּ הַקֹּסְמִים וְעָטוּ עַל־שָׂפָם כֻּלָּם כִּי אֵין מַעֲנֵה אֱלֹהִים :
8 וְאוּלָם אָנֹכִי מָלֵאתִי כֹחַ אֶת־רוּחַ יְהוָה וּמִשְׁפָּט וּגְבוּרָה לְהַגִּיד לְיַעֲקֹב פִּשְׁעוֹ וּלְיִשְׂרָאֵל חַטָּאתוֹ :
9 שִׁמְעוּ־נָא זֹאת רָאשֵׁי בֵּית יַעֲקֹב וּקְצִינֵי בֵּית יִשְׂרָאֵל הַמֲתַעֲבִים מִשְׁפָּט וְאֵת כָּל־הַיְשָׁרָה יְעַקֵּשׁוּ :
10 בֹּנֶה צִיּוֹן בְּדָמִים וִירוּשָׁלִַם בְּעַוְלָה :
11 רָאשֶׁיהָ בְּשֹׁחַד יִשְׁפֹּטוּ וְכֹהֲנֶיהָ בִּמְחִיר יוֹרוּ וּנְבִיאֶיהָ בְּכֶסֶף יִקְסֹמוּ וְעַל־יְהוָה יִשָּׁעֵנוּ לֵאמֹר :
12 לָכֵן בִּגְלַלְכֶם צִיּוֹן שָׂדֶה תֵחָרֵשׁ וִירוּשָׁלִַם עִיִּין תִּהְיֶה וְהַר הַבַּיִת לְבָמוֹת יָעַר :

CAP. IV. ד

1 וְהָיָה בְּאַחֲרִית הַיָּמִים יִהְיֶה הַר בֵּית־יְהוָה נָכוֹן בְּרֹאשׁ הֶהָרִים וְנִשָּׂא הוּא מִגְּבָעוֹת וְנָהֲרוּ עָלָיו עַמִּים :
2 וְהָלְכוּ גּוֹיִם רַבִּים וְאָמְרוּ לְכוּ וְנַעֲלֶה אֶל־הַר־יְהוָה וְאֶל־בֵּית אֱלֹהֵי יַעֲקֹב וְיוֹרֵנוּ מִדְּרָכָיו וְנֵלְכָה בְּאֹרְחֹתָיו כִּי מִצִּיּוֹן תֵּצֵא תוֹרָה וּדְבַר־יְהוָה מִירוּשָׁלִָם :
3 וְשָׁפַט בֵּין עַמִּים רַבִּים וְהוֹכִיחַ לְגוֹיִם עֲצֻמִים עַד־רָחוֹק וְכִתְּתוּ חַרְבֹתֵיהֶם לְאִתִּים וַחֲנִיתֹתֵיהֶם לְמַזְמֵרוֹת לֹא־יִשְׂאוּ גּוֹי אֶל־גּוֹי חֶרֶב וְלֹא־יִלְמְדוּן עוֹד מִלְחָמָה :
4 וְיָשְׁבוּ אִישׁ תַּחַת גַּפְנוֹ וְתַחַת תְּאֵנָתוֹ וְאֵין מַחֲרִיד כִּי־פִי יְהוָה צְבָאוֹת דִּבֵּר :
5 כִּי כָּל־הָעַמִּים יֵלְכוּ אִישׁ בְּשֵׁם אֱלֹהָיו וַאֲנַחְנוּ נֵלֵךְ בְּשֵׁם־יְהוָה אֱלֹהֵינוּ לְעוֹלָם וָעֶד :
6 בַּיּוֹם הַהוּא נְאֻם־יְהוָה אֹסְפָה הַצֹּלֵעָה וְהַנִּדָּחָה אֲקַבֵּצָה וַאֲשֶׁר הֲרֵעֹתִי :
7 וְשַׂמְתִּי אֶת־הַצֹּלֵעָה לִשְׁאֵרִית וְהַנַּהֲלָאָה לְגוֹי עָצוּם וּמָלַךְ יְהוָה עֲלֵיהֶם בְּהַר צִיּוֹן מֵעַתָּה וְעַד־עוֹלָם :
8 וְאַתָּה מִגְדַּל־עֵדֶר עֹפֶל בַּת־צִיּוֹן עָדֶיךָ תֵּאתֶה וּבָאָה הַמֶּמְשָׁלָה הָרִאשֹׁנָה מַמְלֶכֶת לְבַת־יְרוּשָׁלִָם :
9 עַתָּה לָמָּה תָרִיעִי רֵעַ הֲמֶלֶךְ אֵין־בָּךְ אִם־יוֹעֲצֵךְ אָבָד כִּי־הֶחֱזִיקֵךְ חִיל כַּיּוֹלֵדָה :
10 חוּלִי וָגֹחִי בַּת־צִיּוֹן כַּיּוֹלֵדָה כִּי־עַתָּה תֵצְאִי מִקִּרְיָה

וְשָׁכַנְתְּ בַּשָּׂדֶה וּבָאת עַד־בָּבֶל שָׁם תִּנָּצֵלִי שָׁם יִגְאָלֵךְ יְהוָה מִכַּף אֹיְבָיִךְ :
11 וְעַתָּה נֶאֶסְפוּ עָלַיִךְ גּוֹיִם רַבִּים הָאֹמְרִים תֶּחֱנָף וְתַחַז בְּצִיּוֹן עֵינֵינוּ :
12 וְהֵמָּה לֹא יָדְעוּ מַחְשְׁבוֹת יְהוָה וְלֹא הֵבִינוּ עֲצָתוֹ כִּי קִבְּצָם כֶּעָמִיר גֹּרְנָה :
13 קוּמִי וָדוֹשִׁי בַת־צִיּוֹן כִּי־קַרְנֵךְ אָשִׂים בַּרְזֶל וּפַרְסֹתַיִךְ אָשִׂים נְחוּשָׁה וַהֲדִקּוֹת עַמִּים רַבִּים וְהַחֲרַמְתִּי לַיהוָה בִּצְעָם וְחֵילָם לַאֲדוֹן כָּל־הָאָרֶץ :
14 עַתָּה תִּתְגֹּדְדִי בַת־גְּדוּד מָצוֹר שָׂם עָלֵינוּ בַּשֵּׁבֶט יַכּוּ עַל־הַלְּחִי אֵת שֹׁפֵט יִשְׂרָאֵל :

CAP. V. ה

1 וְאַתָּה בֵּית־לֶחֶם אֶפְרָתָה צָעִיר לִהְיוֹת בְּאַלְפֵי יְהוּדָה מִמְּךָ לִי יֵצֵא לִהְיוֹת מוֹשֵׁל בְּיִשְׂרָאֵל וּמוֹצָאֹתָיו מִקֶּדֶם מִימֵי עוֹלָם :
2 לָכֵן יִתְּנֵם עַד־עֵת יוֹלֵדָה יָלָדָה וְיֶתֶר אֶחָיו יְשׁוּבוּן עַל־בְּנֵי יִשְׂרָאֵל :
3 וְעָמַד וְרָעָה בְּעֹז יְהוָה בִּגְאוֹן שֵׁם יְהוָה אֱלֹהָיו וְיָשָׁבוּ כִּי־עַתָּה יִגְדַּל עַד־אַפְסֵי־אָרֶץ :
4 וְהָיָה זֶה שָׁלוֹם אַשּׁוּר כִּי־יָבוֹא בְאַרְצֵנוּ וְכִי יִדְרֹךְ בְּאַרְמְנֹתֵינוּ וַהֲקֵמֹנוּ עָלָיו שִׁבְעָה רֹעִים וּשְׁמֹנָה נְסִיכֵי אָדָם :
5 וְרָעוּ אֶת־אֶרֶץ אַשּׁוּר בַּחֶרֶב וְאֶת־אֶרֶץ נִמְרֹד בִּפְתָחֶיהָ וְהִצִּיל מֵאַשּׁוּר כִּי־יָבוֹא בְאַרְצֵנוּ וְכִי יִדְרֹךְ בִּגְבוּלֵנוּ :
6 וְהָיָה שְׁאֵרִית יַעֲקֹב בְּקֶרֶב עַמִּים רַבִּים כְּטַל מֵאֵת יְהוָה כִּרְבִיבִים עֲלֵי־עֵשֶׂב אֲשֶׁר לֹא־יְקַוֶּה לְאִישׁ וְלֹא יְיַחֵל לִבְנֵי אָדָם :
7 וְהָיָה שְׁאֵרִית יַעֲקֹב בַּגּוֹיִם בְּקֶרֶב עַמִּים רַבִּים כְּאַרְיֵה בְּבַהֲמוֹת יַעַר כִּכְפִיר בְּעֶדְרֵי צֹאן אֲשֶׁר אִם עָבַר וְרָמַס וְטָרַף וְאֵין מַצִּיל :
8 תָּרֹם יָדְךָ עַל־צָרֶיךָ וְכָל־אֹיְבֶיךָ יִכָּרֵתוּ :
9 וְהָיָה בַיּוֹם־הַהוּא נְאֻם־יְהוָה וְהִכְרַתִּי סוּסֶיךָ מִקִּרְבֶּךָ וְהַאֲבַדְתִּי מַרְכְּבֹתֶיךָ :
10 וְהִכְרַתִּי עָרֵי אַרְצֶךָ וְהָרַסְתִּי כָּל־מִבְצָרֶיךָ :
11 וְהִכְרַתִּי כְשָׁפִים מִיָּדֶךָ וּמְעוֹנְנִים לֹא יִהְיוּ־לָךְ :
12 וְהִכְרַתִּי פְסִילֶיךָ וּמַצֵּבוֹתֶיךָ מִקִּרְבֶּךָ וְלֹא־תִשְׁתַּחֲוֶה עוֹד לְמַעֲשֵׂה יָדֶיךָ :
13 וְנָתַשְׁתִּי אֲשֵׁירֶיךָ מִקִּרְבֶּךָ וְהִשְׁמַדְתִּי עָרֶיךָ :
14 וְעָשִׂיתִי בְּאַף וּבְחֵמָה נָקָם אֶת־הַגּוֹיִם אֲשֶׁר לֹא שָׁמֵעוּ :

the diviners confounded : yea, they shall all cover*a* their *β* lips ; for*b* there is no answer of God.

8 But truly I am full of power*e* by the spirit of the LORD, and of judgment, and of might, to declare*g* unto Jacob his transgression, and to Israel his sin.

9 Hear this, I pray you, ye heads of the house of Jacob, and princes of the house of Israel, that abhor judgment, and pervert all equity.

10 They*l* build up Zion with *γ* blood, and Jerusalem with iniquity.

11 The heads thereof judge for reward, and the priests thereof teach for*m* hire, and the prophets thereof divine for money ; yet will they lean upon the LORD, *δ* and say, *Is*° not the LORD among us? none evil can come upon us.

12 Therefore shall Zion for your sake be ploughed *as* a field, and*q* Jerusalem shall become heaps, and the mountain of the house as the high places of the forest.*s*

CHAP. IV.

BUT*u* in the last days it shall come to pass, *that* the mountain of the house of the LORD shall be established in the*v* top of the mountains, and it shall be exalted above the hills ; and people shall flow unto it.

2 And many nations shall come, and say, Come, and let us go up to the mountain of the LORD, and to the house of the God of Jacob ; and*w* he will teach us of his ways, and we will walk in his paths ; for the law shall go forth of Zion, and the word of the LORD from Jerusalem.

3 And he shall judge among many people, and rebuke strong nations afar off ; and they shall beat their swords into plow-shares, and their spears into *λ*pruning-hooks : nation shall not lift up a sword against nation, neither*z* shall they learn war any more.

4 But*a* they shall sit every man under his vine and under his fig-tree ; and none shall make *them* afraid : for the mouth of the LORD of hosts hath spoken *it*.

5 For all*c* people will walk every one in the name of his god, and we*d* will walk in the name of the LORD our God for ever and ever.

6 In that day, saith the LORD, will I assemble*e* her that halteth,*f* and I will gather*g* her that is driven out, and her that I have afflicted ;

7 And I will make her that halted a remnant, and her that was cast far off a strong nation ; and the LORD shall*h* reign over them in mount Zion from henceforth, even for ever.

8 And thou, O tower*i* of *π* the flock, the strong hold of the daughter of Zion, unto thee shall it come, even the first dominion ; *k* the kingdom shall come to the daughter of Jerusalem.

9 Now why dost thou cry out aloud ? is*l there* no king in thee ? is thy counsellor perished ? for pangs have taken thee as a woman in travail.

10 Be in pain, and labour to bring° forth, O daughter of Zion, like a woman in travail : for now shalt thou go forth out of the city, and thou shalt dwell in the field, and thou shalt go *even* to Babylon ; there*P* shalt thou be delivered ; there the LORD shall redeem thee from the hand of thine enemies.

11 Now*r* also many nations are gathered

B. C. 710.

---

a Le. 13. 45.
β upper lip.
b Ps. 74. 9.
Am. 8. 11.
c Ob. 12.
d Is. 55. 8.
Je. 29. 11.
Ro.11.33,34.
e Mar. 3. 17.
f Lu. 3. 17.
g Is. 58. 1.
h Is.41.15,16.
i De. 33. 25.
k Da. 2. 44.
l Je. 22. 13.
γ bloods.
m Mal. 1. 10.
1 Pe. 5. 2.
n Mat. 27.30.
δ saying.
o Mat. 3. 9.
Ro.2.17,&c
p Mat. 2. 6.
q Ps. 79. 1.
r Ge. 49. 10.
s Ps. 107. 34.
ζ the days of eternity.
t Pr. 8.22,23.
Jn°. 1. 1.
Col. 1. 17.
u Is. 2. 2, &c.
Eze.17.22..
24.
v Ps. 72. 16.
η or, rule.
w Ho. 6. 3.
x Zec. 9. 10.
Ep. 2. 14.
θ princes of.
κ eat up.
λ or,scythes.
μ or, with her own naked swords.
y Lu. 1. 74.
z Ps. 72. 7.
a 1 Ki. 4. 25.
Zec. 3. 10.
b De. 32. 2.
c Je. 2. 11.
d Zec. 10. 12.
Col. 2. 6.
e Eze. 34.13..
17.
Zep. 3. 19.
f Ps. 38. 17.
He. 12. 12,
13,
g Ps. 147. 2.
ν or,goats.
h Is. 9. 6, 7.
Da. 7.14 27.
Lu. 1. 33.
Re. 11. 15.
i Ps.48.12,13.
π or, Edar,
Ge. 35. 21.
k Re. 22. 5.
l Je. 8. 19.
m Is. 2. 6, 8.
Re. 22. 15.
n Zec. 13. 2.
o Is. 66. 7, 8.
ρ or,statues.
p Ho. 1. 10.
σ or.enemies.
q 2 Th. 1. 8.
r La. 2. 16.

---

against thee, that say, Let her be defiled, and let our eye look*e* upon Zion.

12 But they know not*d* the thoughts of the LORD, neither understand they his counsel : for he shall gather*f* them as the sheaves into the floor.

13 Arise, and thresh,*k* O daughter of Zion : for I will make thine horn iron, and I will make thy hoofs brass : *i* and thou shalt beat in pieces*k* many people ; and I will consecrate their gain unto the LORD, and their substance unto the LORD of the whole earth.

CHAP. V.

NOW gather thyself in troops, O daughter of troops ; he hath laid siege against us ; they shall smite*n* the judge of Israel with a rod upon the cheek.

2 But*P* thou, Bethlehem Ephratah, *though* thou be little among the thousands of Judah, *yet* out of thee shall he come forth unto me *that is* to be ruler*r* in Israel ; whose goings forth *have been* from of old, from *ζ*everlasting.*t*

3 Therefore will he give them up, until the time *that* she which travaileth hath brought forth ; then the remnant of his brethren shall return unto the children of Israel.

4 And he shall stand and *η* feed in the strength of the LORD, in the majesty of the name of the LORD his God ; and they shall abide : for now shall he be great unto the ends of the earth.

5 And this *man* shall be the*x* peace, when the Assyrian shall come into our land ; and when he shall tread in our palaces, then shall we raise against him seven shepherds, and eight *θ* principal men.

6 And they shall *κ* waste the land of Assyria with the sword, and the land of Nimrod *μ* in the entrances thereof : thus shall he*y* deliver *us* from the Assyrian, when he cometh into our land, and when he treadeth within our borders.

7 And the remnant of Jacob shall be in the midst of many people, as a*b* dew from the LORD, as the showers upon the grass, that tarrieth not for man, nor waiteth for the sons of men.

8 And the remnant of Jacob shall be among the Gentiles in the midst of many people, as a lion among the beasts of the forest, as a young lion among the flocks of *v*sheep ; who, if he go through, both treadeth down, and teareth in pieces, and none can deliver.

9 Thine hand shall be lifted up upon thine adversaries, and all thine enemies shall be cut off.

10 And it shall come to pass in that day, saith the LORD, that I will cut off thy horses out of the midst of thee, and I will destroy thy chariots :

11 And I will cut off the cities of thy land, and throw down all thy strong holds.

12 And I will cut off witchcrafts out of thine hand ; and thou shalt have no *more* soothsayers ;*m*

13 Thy graven images also*n* will I cut off, and thy *ρ* standing images out of the midst of thee ; and thou shalt no more worship the work of thine hands.

14 And I will pluck up thy groves out of the midst of thee ; so will I destroy thy *σ*cities.

15 And I will execute vengeance*q* in anger and fury upon the heathen, such as they have not heard.

CAP. VI. ו

1 שִׁמְעוּ־נָא אֵת אֲשֶׁר־יְהֹוָה אֹמֵר קוּם רִיב אֶת־
2 הֶהָרִים וְתִשְׁמַעְנָה הַגְּבָעוֹת קוֹלֶךָ׃ שִׁמְעוּ הָרִים
אֶת־רִיב יְהֹוָה וְהָאֵתָנִים מֹסְדֵי אָרֶץ כִּי רִיב
3 לַיהֹוָה עִם־עַמּוֹ וְעִם־יִשְׂרָאֵל יִתְוַכָּח׃ עַמִּי מֶה־
4 עָשִׂיתִי לְךָ וּמָה הֶלְאֵתִיךָ עֲנֵה בִי׃ כִּי הֶעֱלִתִיךָ
מֵאֶרֶץ מִצְרַיִם וּמִבֵּית עֲבָדִים פְּדִיתִיךָ וָאֶשְׁלַח
5 לְפָנֶיךָ אֶת־מֹשֶׁה אַהֲרֹן וּמִרְיָם׃ עַמִּי זְכָר־נָא
מַה־יָּעַץ בָּלָק מֶלֶךְ מוֹאָב וּמֶה־עָנָה אֹתוֹ בִּלְעָם
בֶּן־בְּעוֹר מִן־הַשִּׁטִּים עַד־הַגִּלְגָּל לְמַעַן דַּעַת צִדְקוֹת
6 יְהֹוָה׃ בַּמָּה אֲקַדֵּם יְהֹוָה אִכַּף לֵאלֹהֵי מָרוֹם
7 הַאֲקַדְּמֶנּוּ בְעוֹלוֹת בַּעֲגָלִים בְּנֵי שָׁנָה׃ הֲיִרְצֶה
יְהֹוָה בְּאַלְפֵי אֵילִים בְּרִבְבוֹת נַחֲלֵי־שָׁמֶן הַאֶתֵּן
8 בְּכוֹרִי פִּשְׁעִי פְּרִי בִטְנִי חַטַּאת נַפְשִׁי׃ הִגִּיד לְךָ
אָדָם מַה־טּוֹב וּמָה־יְהֹוָה דּוֹרֵשׁ מִמְּךָ כִּי אִם־
עֲשׂוֹת מִשְׁפָּט וְאַהֲבַת חֶסֶד וְהַצְנֵעַ לֶכֶת עִם־
9 אֱלֹהֶיךָ׃ קוֹל יְהֹוָה לָעִיר יִקְרָא וְתוּשִׁיָּה
10 יִרְאֶה שְׁמֶךָ שִׁמְעוּ מַטֶּה וּמִי יְעָדָהּ׃ עוֹד
הַאִשׁ בֵּית רָשָׁע אֹצְרוֹת רֶשַׁע וְאֵיפַת רָזוֹן זְעוּמָה׃
11 הַאֶזְכֶּה בְּמֹאזְנֵי רֶשַׁע וּבְכִיס אַבְנֵי מִרְמָה׃
12 אֲשֶׁר עֲשִׁירֶיהָ מָלְאוּ חָמָס וְיֹשְׁבֶיהָ דִּבְּרוּ־שָׁקֶר וּלְשׁוֹנָם
13 רְמִיָּה בְּפִיהֶם׃ וְגַם־אֲנִי הֶחֱלֵיתִי הַכּוֹתֶךָ הַשְׁמֵם
14 עַל־חַטֹּאתֶךָ׃ אַתָּה תֹאכַל וְלֹא תִשְׂבָּע וְיֶשְׁחֲךָ
בְּקִרְבֶּךָ וְתַסֵּג וְלֹא תַפְלִיט וַאֲשֶׁר תְּפַלֵּט לַחֶרֶב אֶתֵּן׃
15 אַתָּה תִזְרַע וְלֹא תִקְצוֹר אַתָּה תִדְרֹךְ־זַיִת
וְלֹא־תָסוּךְ שֶׁמֶן וְתִירוֹשׁ וְלֹא תִשְׁתֶּה־יָּיִן׃
16 וְיִשְׁתַּמֵּר חֻקּוֹת עָמְרִי וְכֹל מַעֲשֵׂה בֵית־אַחְאָב
וַתֵּלְכוּ בְּמֹעֲצוֹתָם לְמַעַן תִּתִּי אֹתְךָ לְשַׁמָּה וְיֹשְׁבֶיהָ
לִשְׁרֵקָה וְחֶרְפַּת עַמִּי תִּשָּׂאוּ׃

CAP. VII. ז

1 אַלְלַי לִי כִּי הָיִיתִי כְּאָסְפֵּי־קַיִץ כְּעֹלְלֹת בָּצִיר אֵין
2 אֶשְׁכּוֹל לֶאֱכוֹל בִּכּוּרָה אִוְּתָה נַפְשִׁי׃ אָבַד חָסִיד
מִן־הָאָרֶץ וְיָשָׁר בָּאָדָם אָיִן כֻּלָּם לְדָמִים יֶאֱרֹבוּ
3 אִישׁ אֶת־אָחִיהוּ יָצוּדוּ חֵרֶם׃ עַל־הָרַע כַּפַּיִם
לְהֵיטִיב הַשַּׂר שֹׁאֵל וְהַשֹּׁפֵט בַּשִּׁלּוּם וְהַגָּדוֹל דֹּבֵר
4 הַוַּת נַפְשׁוֹ הוּא וַיְעַבְּתוּהָ׃ טוֹבָם כְּחֵדֶק יָשָׁר
מִמְּסוּכָה יוֹם מְצַפֶּיךָ פְּקֻדָּתְךָ בָאָה עַתָּה תִהְיֶה
5 מְבוּכָתָם׃ אַל־תַּאֲמִינוּ בְרֵעַ אַל־תִּבְטְחוּ בְּאַלּוּף
6 מִשֹּׁכֶבֶת חֵיקֶךָ שְׁמֹר פִּתְחֵי־פִיךָ׃ כִּי־בֵן מְנַבֵּל
אָב בַּת קָמָה בְאִמָּהּ כַּלָּה בַּחֲמֹתָהּ אֹיְבֵי אִישׁ
7 אַנְשֵׁי בֵיתוֹ׃ וַאֲנִי בַּיהֹוָה אֲצַפֶּה אוֹחִילָה לֵאלֹהֵי
8 יִשְׁעִי יִשְׁמָעֵנִי אֱלֹהָי׃ אַל־תִּשְׂמְחִי אֹיַבְתִּי לִי כִּי
נָפַלְתִּי קָמְתִּי כִּי־אֵשֵׁב בַּחֹשֶׁךְ יְהֹוָה אוֹר לִי׃
9 זַעַף יְהֹוָה אֶשָּׂא כִּי חָטָאתִי לוֹ עַד אֲשֶׁר יָרִיב
רִיבִי וְעָשָׂה מִשְׁפָּטִי יוֹצִיאֵנִי לָאוֹר אֶרְאֶה
10 בְּצִדְקָתוֹ׃ וְתֵרֶא אֹיַבְתִּי וּתְכַסֶּהָ בוּשָׁה הָאֹמְרָה
אֵלַי אַיּוֹ יְהֹוָה אֱלֹהָיִךְ עֵינַי תִּרְאֶינָּה בָּהּ עַתָּה
11 תִּהְיֶה לְמִרְמָס כְּטִיט חוּצוֹת׃ יוֹם לִבְנוֹת גְּדֵרָיִךְ
12 יוֹם הַהוּא יִרְחַק־חֹק׃ יוֹם הוּא וְעָדֶיךָ יָבוֹא לְמִנִּי
אַשּׁוּר וְעָרֵי מָצוֹר וּלְמִנִּי מָצוֹר וְעַד־נָהָר וְיָם מִיָּם
13 וְהַר הָהָר׃ וְהָיְתָה הָאָרֶץ לִשְׁמָמָה עַל־
14 יֹשְׁבֶיהָ מִפְּרִי מַעַלְלֵיהֶם׃ רְעֵה עַמְּךָ
בְשִׁבְטֶךָ צֹאן נַחֲלָתֶךָ שֹׁכְנִי לְבָדָד יַעַר בְּתוֹךְ
15 כַּרְמֶל יִרְעוּ בָשָׁן וְגִלְעָד כִּימֵי עוֹלָם׃ כִּימֵי
16 צֵאתְךָ מֵאֶרֶץ מִצְרָיִם אַרְאֶנּוּ נִפְלָאוֹת׃ יִרְאוּ
גוֹיִם וְיֵבֹשׁוּ מִכֹּל גְּבוּרָתָם יָשִׂימוּ יָד עַל־פֶּה
17 אָזְנֵיהֶם תֶּחֱרַשְׁנָה׃ יְלַחֲכוּ עָפָר כַּנָּחָשׁ כְּזֹחֲלֵי
אֶרֶץ יִרְגְּזוּ מִמִּסְגְּרֹתֵיהֶם אֶל־יְהֹוָה אֱלֹהֵינוּ יִפְחָדוּ
18 וְיִרְאוּ מִמֶּךָּ׃ מִי־אֵל כָּמוֹךָ נֹשֵׂא עָוֹן וְעֹבֵר
עַל־פֶּשַׁע לִשְׁאֵרִית נַחֲלָתוֹ לֹא־הֶחֱזִיק לָעַד אַפּוֹ
19 כִּי־חָפֵץ חֶסֶד הוּא׃ יָשׁוּב יְרַחֲמֵנוּ יִכְבֹּשׁ
עֲוֺנֹתֵינוּ וְתַשְׁלִיךְ בִּמְצֻלוֹת יָם כָּל־חַטֹּאתָם׃
20 תִּתֵּן אֱמֶת לְיַעֲקֹב חֶסֶד לְאַבְרָהָם אֲשֶׁר־נִשְׁבַּעְתָּ
לַאֲבֹתֵינוּ מִימֵי קֶדֶם׃

CHAP. VI.

HEAR ye now what the LORD saith; Arise, contend thou β before the mountains,[a] and let the hills hear thy voice.

2 Hear ye, O mountains, the LORD's controversy, and ye strong foundations of the earth: for[b] the LORD hath a controversy with his people, and he will plead with Israel.

3 O my people, what[c] have I done unto thee? and wherein have I wearied thee? testify against me.

4 For I brought[d] thee up out of the land of Egypt, and redeemed thee out of the house of servants; and I sent before thee Moses, Aaron, and Miriam.

5 O my people, remember now what Balak[f] king of Moab consulted, and what Balaam the son of Beor answered him from Shittim unto Gilgal; that ye may know the righteousness[h] of the LORD.

6 Wherewith shall I come before the LORD, and bow myself before the high God? shall I come before him with burnt-offerings, with calves δ of a year old?

7 Will[i] the LORD be pleased with thousands of rams, or with ten thousands of rivers of oil? shall I give my first-born[n] for my transgression, the fruit of my ζbody for the sin of my soul?

8 He hath shewed thee, O man, what is good; and what[p] doth the LORD require of thee, but to do justly, and to love mercy, and to θ walk humbly with thy God?

9 The LORD's voice crieth unto the city, and λ the man of wisdom shall see thy name: hear ye the rod, and who hath appointed it.

10 μ Are there yet the treasures of wickedness in the house of the wicked, and the ν scant measure that is abominable?[r]

11 Shall I ρ count them pure with the wicked balances, and with the bag of deceitful weights?

12 For the rich men thereof are full of violence, and the inhabitants thereof have spoken lies, and their tongue is deceitful in their mouth.

13 Therefore also will I make thee sick in smiting thee, in making thee desolate[t] because of thy sins.

14 Thou shalt eat, but not be satisfied; and thy casting down shall be in the midst of thee; and thou shalt take hold, but I shalt not deliver; and that which thou deliverest will I give up to the sword.

15 Thou[u] shalt sow, but thou shalt not reap; thou shalt tread the olives, but thou shalt not anoint thee with oil; and sweet wine, but shalt not drink wine.

16 For φthe statutes of Omri[w] are kept, and all the works of the house of Ahab, and ye walk in their counsels; that I should make thee a ψdesolation, and the inhabitants thereof an hissing: therefore ye shall bear the reproach of my people.

CHAP. VII.

WOE is me! for I am as β when they have gathered the summer-fruits, as the grape-gleanings[z] of the vintage: there is no cluster to eat: my soul desired the first-ripe fruit.

2 The γ good man is perished[b] out of the earth; and there is none upright among men: they all lie in wait for blood; they hunt every man his brother with a net.

B. C. 710.

β or, with.
a Eze. 36.1,8.
γ the mischief of his soul.
b Ho. 4. 1.
c Je. 2. 5, 31.
d Je. 9. 4.
e De. 4. 20.
f Nu.XXII. XXV.
g Is. 8. 17.
h Ju. 5. 11.
i Ps. 37. 24.
Pr. 24. 16.
δ sons of a year.
k Ps. 27. 1.
l Ps. 51. 16.
m He. 12. 6,7.
n 2 Ki. 3. 27.
o Ps. 37. 6.
ζ belly.
p De. 10. 12.
η or, And thou wilt see her that is mine enemy,and cover her with shame.
θ humble thyself to walk.
κ she shall be for a treading down.
λ or, thy name shall see that which is.
q Mal. 4. 3.
μ or Is there yet unto every man an house of the wicked.
ν measure of leanness, Am. 8. 5.
r Pr.20.10,23.
π or,even to.
ρ or,be pure.
σ or, after that it hath been.
τ or, rule.
s Ps. 23. 4.
t Ho. 5. 9.
u De.28.38..40
v Ps. 72. 9.
φ or, he doth much keep the.
w 1 Ki.16.25.. 30.
χ or, creeping things.
ψ or, astonishment.
x Ex. 34. 6,7.
y La. 3.31,32.
β the gathering of the summer.
z Ho. 9. 10.
a Ro. 6. 14.
γ or,godly,or merciful.
b Is. 57. 1.
c Je. 50. 20.
d Lu.1.72,73.

3 That they may do evil with both hands earnestly, the prince asketh, and the judge asketh for a reward; and the great man, he uttereth γ his mischievous desire: so they wrap it up.

4 The best of them is as a brier; the most upright is sharper than a thorn hedge: the day of thy watchmen and thy visitation cometh; now shall be their perplexity.

5 Trust[d] ye not in a friend, put ye not confidence in a guide; keep the doors of thy mouth from her that lieth in thy bosom.

6 For the son dishonoureth the father, the daughter riseth up against her mother, the daughter-in-law against her mother-in-law; a man's enemies are the men of his own house.

7 Therefore[g] I will look unto the LORD, I will wait for the God of my salvation; my God will hear me.

8 Rejoice not against me, O mine enemy: when[i] I fall, I shall arise; when I sit in darkness, the LORD shall be a light[k] unto me.

9 I will bear[m] the indignation of the LORD, until he plead my cause, and execute judgment for me: he will bring me forth[o] to the light, and I shall behold his righteousness.

10 η Then she that is mine enemy shall see it, and shame shall cover her which said unto me, Where is the LORD thy God? mine eyes shall behold her: κ now shall she be trodden[q] down as the mire of the streets.

11 In the day that thy walls are to be built, in that day shall the decree be far removed.

12 In that day also he shall come even to thee from Assyria, π and from the fortified cities, and from the fortress even to the river, and from sea to sea, and from mountain to mountain.

13 σ Notwithstanding, the land shall be desolate because of them that dwell therein, for the fruit of their doings.

14 τ Feed thy people with thy[s] rod, the flock of thine heritage, which dwell solitarily in the wood, in the midst of Carmel: let them feed in Bashan and Gilead, as in the days of old.

15 According to the days of thy coming out of the land of Egypt will I shew unto him marvellous things.

16 The nations shall see and be confounded at all their might: they shall lay their hand upon their mouth, their ears shall be deaf.

17 They shall lick[v] the dust like a serpent, they shall move out of their holes like χ worms of the earth: they shall be afraid of the LORD our God, and shall fear because of thee.

18 Who is a God like unto thee, that pardoneth[x] iniquity, and passeth by the transgression of the remnant of his heritage? he retaineth not his anger for ever,[y] because he delighteth in mercy.

19 He will turn again, he will have compassion upon us; he will[a] subdue our iniquities: and thou wilt cast all their sins[e] into the depths of the sea.

20 Thou[d] wilt perform the truth to Jacob, and the mercy to Abraham, which thou hast sworn unto our fathers from the days of old.

נחום

LIBER NAHUM.

וַיִּתְהַלְלוּ הָרֶכֶב יִשְׁתַּקְשְׁקוּן בָּרְחֹבוֹת מַרְאֵיהֶן
כַּלַּפִּידִים בַּבְּרָקִים יְרוֹצֵצוּ ׃ יִזְכֹּר אַדִּירָיו יִכָּשְׁלוּ 6
בַּהֲלִיכָתָם יְמַהֲרוּ חוֹמָתָהּ וְהֻכַן הַסֹּכֵךְ ׃
שַׁעֲרֵי הַנְּהָרוֹת נִפְתָּחוּ וְהַהֵיכָל נָמוֹג ׃ וְהֻצַּב 8
גֻּלְּתָה הֹעֲלָתָה וְאַמְהֹתֶיהָ מְנַהֲגוֹת כְּקוֹל יוֹנִים
מְתֹפְפוֹת עַל־לִבְבֵהֶן ׃ וְנִינְוֵה כִבְרֵכַת־מַיִם מִימֵי 9
הִיא וְהֵמָּה נָסִים עִמְדוּ עֲמֹדוּ וְאֵין מַפְנֶה ׃
בֹּזּוּ כֶסֶף בֹּזּוּ זָהָב וְאֵין קֵצֶה לַתְּכוּנָה כָּבֹד מִכֹּל כְּלִי 10
חֶמְדָּה ׃ בּוּקָה וּמְבוּקָה וּמְבֻלָּקָה וְלֵב נָמֵס 11
וּפִק בִּרְכַּיִם וְחַלְחָלָה בְּכָל־מָתְנַיִם וּפְנֵי כֻלָּם
קִבְּצוּ פָארוּר ׃ אַיֵּה מְעוֹן אֲרָיוֹת וּמִרְעֶה הוּא 12
לַכְּפִרִים אֲשֶׁר הָלַךְ אַרְיֵה לָבִיא שָׁם גּוּר אַרְיֵה
וְאֵין מַחֲרִיד ׃ אַרְיֵה טֹרֵף בְּדֵי גֹרוֹתָיו וּמְחַנֵּק 13
לְלִבְאֹתָיו וַיְמַלֵּא־טֶרֶף חֹרָיו וּמְעֹנֹתָיו טְרֵפָה ׃
הִנְנִי אֵלַיִךְ נְאֻם יְהוָה צְבָאוֹת וְהִבְעַרְתִּי בֶעָשָׁן 14
רִכְבָּהּ וּכְפִירַיִךְ תֹּאכַל חָרֶב וְהִכְרַתִּי מֵאֶרֶץ
טַרְפֵּךְ וְלֹא־יִשָּׁמַע עוֹד קוֹל מַלְאָכֵכֵה ׃

CAP. III. ג

הוֹי עִיר דָּמִים כֻּלָּהּ כַּחַשׁ פֶּרֶק מְלֵאָה לֹא יָמִישׁ 1
טָרֶף ׃ קוֹל שׁוֹט וְקוֹל רַעַשׁ אוֹפָן וְסוּס דֹּהֵר 2
וּמֶרְכָּבָה מְרַקֵּדָה ׃ פָּרָשׁ מַעֲלֶה וְלַהַב חֶרֶב וּבְרַק 3
חֲנִית וְרֹב חָלָל וְכֹבֶד פָּגֶר וְאֵין קֵצֶה לַגְּוִיָּה יְכָשְׁלוּ
בִּגְוִיָּתָם ׃ מֵרֹב זְנוּנֵי זוֹנָה טוֹבַת חֵן בַּעֲלַת כְּשָׁפִים 4
הַמֹּכֶרֶת גּוֹיִם בִּזְנוּנֶיהָ וּמִשְׁפָּחוֹת בִּכְשָׁפֶיהָ ׃ הִנְנִי 5
אֵלַיִךְ נְאֻם יְהוָה צְבָאוֹת וְגִלֵּיתִי שׁוּלַיִךְ עַל־
פָּנָיִךְ וְהַרְאֵיתִי גוֹיִם מַעְרֵךְ וּמַמְלָכוֹת קְלוֹנֵךְ ׃
וְהִשְׁלַכְתִּי עָלַיִךְ שִׁקֻּצִים וְנִבַּלְתִּיךְ וְשַׂמְתִּיךְ כְּרֹאִי ׃ 6
וְהָיָה כָל־רֹאַיִךְ יִדּוֹד מִמֵּךְ וְאָמַר שָׁדְּדָה נִינְוֵה 7
מִי יָנוּד לָהּ מֵאַיִן אֲבַקֵּשׁ מְנַחֲמִים לָךְ ׃ הֲתֵיטְבִי 8
מִנֹּא אָמוֹן הַיֹּשְׁבָה בַּיְאֹרִים מַיִם סָבִיב לָהּ אֲשֶׁר
חֵיל יָם מִיָּם חוֹמָתָהּ ׃ כּוּשׁ עָצְמָה וּמִצְרַיִם וְאֵין 9
קֵצֶה פּוּט וְלוּבִים הָיוּ בְּעֶזְרָתֵךְ ׃ גַּם הִיא לַגֹּלָה 10

מַשָּׂא נִינְוֵה סֵפֶר חֲזוֹן נַחוּם הָאֶלְקֹשִׁי ׃ אֵל 1, 2
קַנּוֹא וְנֹקֵם יְהוָה נֹקֵם יְהוָה וּבַעַל חֵמָה נֹקֵם
יְהוָה לְצָרָיו וְנוֹטֵר הוּא לְאֹיְבָיו ׃ יְהוָה אֶרֶךְ 3
אַפַּיִם וּגְדָל־כֹּחַ וְנַקֵּה לֹא יְנַקֶּה יְהוָה בְּסוּפָה
וּבִשְׂעָרָה דַּרְכּוֹ וְעָנָן אֲבַק רַגְלָיו ׃ גּוֹעֵר בַּיָּם 4
וַיַּבְּשֵׁהוּ וְכָל־הַנְּהָרוֹת הֶחֱרִיב אֻמְלַל בָּשָׁן וְכַרְמֶל
וּפֶרַח לְבָנוֹן אֻמְלָל ׃ הָרִים רָעֲשׁוּ מִמֶּנּוּ וְהַגְּבָעוֹת 5
הִתְמֹגָגוּ וַתִּשָּׂא הָאָרֶץ מִפָּנָיו וְתֵבֵל וְכָל־יֹשְׁבֵי
בָהּ ׃ לִפְנֵי זַעְמוֹ מִי יַעֲמוֹד וּמִי יָקוּם בַּחֲרוֹן 6
אַפּוֹ חֲמָתוֹ נִתְּכָה כָאֵשׁ וְהַצֻּרִים נִתְּצוּ מִמֶּנּוּ ׃
טוֹב יְהוָה לְמָעוֹז בְּיוֹם צָרָה וְיֹדֵעַ חֹסֵי בוֹ ׃ 7
וּבְשֶׁטֶף עֹבֵר כָּלָה יַעֲשֶׂה מְקוֹמָהּ וְאֹיְבָיו יְרַדֶּף 8
חֹשֶׁךְ ׃ מַה־תְּחַשְּׁבוּן אֶל־יְהוָה כָּלָה הוּא עֹשֶׂה 9
לֹא־תָקוּם פַּעֲמַיִם צָרָה ׃ כִּי עַד־סִירִים סְבֻכִים 10
וּכְסָבְאָם סְבוּאִים אֻכְּלוּ כְּקַשׁ יָבֵשׁ מָלֵא ׃ מִמֵּךְ 11
יָצָא חֹשֵׁב עַל־יְהוָה רָעָה יֹעֵץ בְּלִיָּעַל ׃
כֹּה אָמַר יְהוָה אִם־שְׁלֵמִים וְכֵן רַבִּים וְכֵן 12
נָגֹזּוּ וְעָבָר וְעִנִּתִךְ לֹא אֲעַנֵּךְ עוֹד ׃ וְעַתָּה 13
אֶשְׁבֹּר מֹטֵהוּ מֵעָלָיִךְ וּמוֹסְרֹתַיִךְ אֲנַתֵּק ׃
וְצִוָּה עָלֶיךָ יְהוָה לֹא־יִזָּרַע מִשִּׁמְךָ עוֹד מִבֵּית 14
אֱלֹהֶיךָ אַכְרִית פֶּסֶל וּמַסֵּכָה אָשִׂים קִבְרֶךָ
כִּי קַלּוֹתָ ׃

הִנֵּה עַל־הֶהָרִים רַגְלֵי מְבַשֵּׂר מַשְׁמִיעַ שָׁלוֹם חָגִּי 1
יְהוּדָה חַגַּיִךְ שַׁלְּמִי נְדָרָיִךְ כִּי לֹא יוֹסִיף עוֹד לַעֲבָר־
בָּךְ בְּלִיַּעַל כֻּלֹּה נִכְרָת ׃ עָלָה מֵפִיץ עַל־פָּנַיִךְ 2
נָצוֹר מְצֻרָה צַפֵּה־דֶרֶךְ חַזֵּק מָתְנַיִם אַמֵּץ כֹּחַ
מְאֹד ׃ כִּי שָׁב יְהוָה אֶת־גְּאוֹן יַעֲקֹב כִּגְאוֹן 3
יִשְׂרָאֵל כִּי בְקָקוּם בֹּקְקִים וּזְמֹרֵיהֶם שִׁחֵתוּ ׃ מָגֵן 4
גִּבֹּרֵיהוּ מְאָדָּם אַנְשֵׁי־חַיִל מְתֻלָּעִים בְּאֵשׁ־פְּלָדֹת
הָרֶכֶב בְּיוֹם הֲכִינוֹ וְהַבְּרֹשִׁים הָרְעָלוּ ׃ 5

NAHUM.

◆

CHAP. I.

THE burden of Nineveh. The book of the vision of Nahum the Elkoshite.

2 γ God *is* jealous,[a] and the LORD revengeth;[b] the LORD revengeth, and ζ *is* furious: the LORD will take vengeance on his adversaries, and he reserveth *wrath* for his enemies.

3 The LORD *is* slow to anger, and great in power, and will not at all acquit *the wicked:* the LORD *hath* his way in the whirlwind and in the storm, and the clouds *are* the dust of his feet.

4 He rebuketh the sea, and maketh it dry, and drieth up all the rivers: Bashan languisheth, and Carmel, and the flower of Lebanon languisheth.

5 The mountains[c] quake at him, and the hills melt, and the earth is burned at his presence, yea, the world, and all that dwell therein.

6 Who can stand before his indignation? and who can σ abide in the fierceness of his anger? his fury is poured out like fire, and the rocks are thrown down by him.

7 The LORD *is* good, a τ strong hold in the day of trouble;[e] and he knoweth them that trust in him.

8 But with an over-running flood he will make an utter end of the place thereof, and darkness shall pursue his enemies.

9 What do ye imagine against the LORD? he will make an utter end: affliction shall not rise up the second time.

10 For while[f] they be folden together *as* thorns, and while they are drunken *as* drunkards, they shall be devoured as stubble fully dry.

11 There is *one* come out of thee, that imagineth evil against the LORD, φ a wicked counsellor.

12 Thus saith the LORD, ψ Though *they be* quiet, and likewise many, yet thus shall they be β cut down, when he shall pass through. Though I have afflicted thee, I will afflict thee no more.

13 For now will I break his yoke from off thee, and will burst thy bonds in sunder.

14 And the LORD hath given a commandment concerning thee, *that* no more of thy name be sown: out of the house of thy gods will I cut off the graven image and the molten image; I will make thy grave; for thou art vile.

15 Behold[h] upon the mountains the feet of him that bringeth good tidings, that publisheth peace! O Judah, δ keep thy solemn feasts, perform thy vows: for ζ the wicked shall no more pass through thee; he is utterly i cut off.

CHAP. II.

HE n that dasheth in pieces is come up before thy face: keep the munition, watch the way, make *thy* loins strong, fortify *thy* power mightily.

2 For the LORD hath turned away the θ excellency of Jacob, as the excellency of Israel: for the emptiers have emptied them out, and marred their vine branches.

3 The shield of his mighty men is made red, the valiant men *are* λ in scarlet: the chariots *shall be* with μ flaming torches in the day of his preparation, and the firtrees shall be terribly shaken.

4 The chariots shall rage in the streets,

B. C. 713.

β *their show.*
γ or, *The LORD is a jealous God, and a revenger.*
a Ex. 20. 5.
δ or, *gallants.*
b Ps. 94. 1.
ζ *that hath fury.*
η *covering,* or, *coverer.*
θ or, *molten.*
κ or, *that which was established,* or, *there was a stand made.*
λ *discovered.*
μ or, *from the days that she hath been.*
ν or, *cause them to turn*
c Ps. 68. 8.
π or, *and their infinite store.*
ρ *vessels of desire.*
σ *stand up,* Re. 6. 17.
τ *strength.*
e Ps. 27. 5.
f 1 Th. 5. 2,3.
φ *counsellor of Belial.*
g Eze. 24. 9.
χ *city of bloods.*
ψ or, *If they would have been at peace, so should they have been many, and so should they have been shorn, and he should have passed away.*
β *shorn.*
γ *flame of the sword,* & *the lightning of the spear.*
h Is. 52. 7.
δ *feast.*
ζ *Belial.*
i Is. 29. 7, 8.
η or, *The disperser,* or, *hammer.*
θ or, *pride.*
κ *No-Amon,* or, *nourishing.*
λ *dyed.*
μ or, *fiery.*
ν *in thy help.*

---

they shall justle one against another in the broad ways: β they shall seem like torches, they shall run like the lightnings.

5 He shall recount his δ worthies: they shall stumble in their walk; they shall make haste to the wall thereof, and the η defence shall be prepared.

6 The gates of the rivers shall be opened, and the palace shall be θ dissolved.

7 And κ Huzzab shall be λ led away captive, she shall be brought up, and her maids shall lead *her* as with the voice of doves, tabering upon their breasts.

8 But Nineveh *is* μ of old like a pool of water; yet they shall flee away. Stand, stand, *shall they cry ;* but none shall ν look back.

9 Take ye the spoil of silver, take the spoil of gold; π for *there is* none end of the store *and* glory out of all the ρ pleasant furniture.

10 She is empty,[d] and void, and waste; and the heart melteth, and the knees smite together, and much pain *is* in all loins, and the faces of them all gather blackness.

11 Where *is* the dwelling of the lions, and the feeding-place of the young lions, where the lion, *even* the old lion, walked, *and* the lion's whelp, and none made *them* afraid?

12 The lion did tear in pieces enough for his whelps, and strangled for his lionesses, and filled his holes with prey, and his dens with ravin.

13 Behold, I *am* against thee, saith the LORD of hosts, and I will burn her chariots in the smoke, and the sword shall devour thy young lions; and I will cut off thy prey from the earth, and the voice of thy messengers shall no more be heard.

CHAP. III.

WOE β to the χ bloody city! it *is* all full of lies *and* robbery; the prey departeth not ;

2 The noise of a whip, and the noise of the rattling of the wheels, and of the pransing horses, and of the jumping chariots.

3 The horseman lifteth up both the γ bright sword and the glittering spear : and *there is* a multitude of slain, and a great number of carcases ; and *there is* none end of *their* corpses ; they stumble upon their corpses :

4 Because of the multitude of the whoredoms of the well-favoured harlot, the mistress of witchcrafts, that selleth nations through her whoredoms, and families through her witchcrafts.

5 Behold, I *am* against thee, saith the LORD of hosts ; and I will discover thy skirts upon thy face, and I will shew the nations thy nakedness, and the kingdoms thy shame.

6 And I will cast abominable filth upon thee, and make thee vile, and will set thee as a gazing-stock.

7 And it shall come to pass, *that* all they that look upon thee shall flee from thee, and say, Nineveh is laid waste: who will bemoan her ? whence shall I seek comforters for thee ?

8 Art thou better than κ populous No, that was situate among the rivers, *that* had the waters round about it, whose rampart *was* the sea, *and* her wall *was* from the sea?

9 Ethiopia and Egypt *were* her strength, and *it was* infinite ; Put and Lubim were ν thy helpers.

573

זֶלְקָה בַשְּׁבִי גַּם עוֹלָלֶיהָ יְרֻטְּשׁוּ בְּרֹאשׁ כָּל־חוּצוֹת 16
וְעַל־נִכְבַּדֶּיהָ יַדּוּ גוֹרָל וְכָל־גְּדוֹלֶיהָ רֻתְּקוּ בַזִּקִּים׃

גַּם־אַתְּ תִּשְׁכְּרִי תְּהִי נַעֲלָמָה גַּם־אַתְּ תְּבַקְשִׁי 17

מָעוֹז מֵאוֹיֵב׃   כָּל־מִבְצָרַיִךְ תְּאֵנִים עִם־בִּכּוּרִים 18

אִם־יִנּוֹעוּ וְנָפְלוּ עַל־פִּי אוֹכֵל׃   הִנֵּה עַמֵּךְ נָשִׁים 13
בְּקִרְבֵּךְ לְאֹיְבַיִךְ פָּתוֹחַ נִפְתְּחוּ שַׁעֲרֵי אַרְצֵךְ אָכְלָה 19
אֵשׁ בְּרִיחָיִךְ׃   מֵי מָצוֹר שַׁאֲבִי־לָךְ חַזְּקִי מִבְצָרָיִךְ 14

בָּאִי בַטִּיט וְרִמְסִי בַחֹמֶר הַחֲזִיקִי מַלְבֵּן׃   שָׁם 15
תֹּאכְלֵךְ אֵשׁ תַּכְרִיתֵךְ חֶרֶב תֹּאכְלֵךְ כַּיָּלֶק הִתְכַּבֵּד

חבקוק

LIBER HABAKUK.

CAP. I. א

הַיָם פְּרָשָׁיו לְאִמְשֹׁל בּוֹ כֻּלֹּה בְּחַכָּה הֶעֱלָה 15   הַמַּשָּׂא אֲשֶׁר חָזָה חֲבַקּוּק הַנָּבִיא׃ 1
יְגֹרֵהוּ בְחֶרְמוֹ וְיַאַסְפֵהוּ בְּמִכְמַרְתּוֹ עַל־כֵּן יִשְׂמַח   עַד־אָנָה 2
וְיָגִיל׃   עַל־כֵּן יְזַבֵּחַ לְחֶרְמוֹ וִיקַטֵּר לְמִכְמַרְתּוֹ כִּי 16   יְהוָה שִׁוַּעְתִּי וְלֹא תִשְׁמָע אֶזְעַק אֵלֶיךָ חָמָס וְלֹא
בָהֵמָּה שָׁמֵן חֶלְקוֹ וּמַאֲכָלוֹ בְּרִאָה׃   הַעַל כֵּן 17   תוֹשִׁיעַ׃   לָמָּה תַרְאֵנִי אָוֶן וְעָמָל תַּבִּיט וָשֹׁד 3
יָרִיק חֶרְמוֹ וְתָמִיד לַהֲרֹג גּוֹיִם לֹא יַחְמוֹל׃   וְחָמָס לְנֶגְדִּי וַיְהִי רִיב וּמָדוֹן יִשָּׂא׃   עַל־כֵּן תָּפוּג 4

CAP. II. ב   תּוֹרָה וְלֹא־יֵצֵא לָנֶצַח מִשְׁפָּט כִּי רָשָׁע מַכְתִּיר

עַל־מִשְׁמַרְתִּי אֶעֱמֹדָה וְאֶתְיַצְּבָה עַל־מָצוֹר וַאֲצַפֶּה 1   אֶת־הַצַּדִּיק עַל־כֵּן יֵצֵא מִשְׁפָּט מְעֻקָּל׃   רְאוּ 5
לִרְאוֹת מַה־יְדַבֶּר־בִּי וּמָה אָשִׁיב עַל־תּוֹכַחְתִּי׃   בַגּוֹיִם וְהַבִּיטוּ וְהִתַּמְּהוּ תְּמָהוּ כִּי־פֹעַל פֹּעֵל
וַיַּעֲנֵנִי יְהוָה וַיֹּאמֶר כְּתֹב חָזוֹן וּבָאֵר עַל־הַלֻּחוֹת 2   בִּימֵיכֶם לֹא תַאֲמִינוּ כִּי יְסֻפָּר׃   כִּי־הִנְנִי מֵקִים אֶת־ 6
לְמַעַן יָרוּץ קוֹרֵא בוֹ׃   כִּי עוֹד חָזוֹן לַמּוֹעֵד וְיָפֵחַ 3   הַכַּשְׂדִּים הַגּוֹי הַמַּר וְהַנִּמְהָר הַהוֹלֵךְ לְמֶרְחֲבֵי־אֶרֶץ
לַקֵּץ וְלֹא יְכַזֵּב אִם־יִתְמַהְמָהּ חַכֵּה־לוֹ כִּי־בֹא 7   לָרֶשֶׁת מִשְׁכָּנוֹת לֹּא־לוֹ׃   אָיֹם וְנוֹרָא הוּא מִמֶּנּוּ
יָבֹא לֹא יְאַחֵר׃   הִנֵּה עֻפְּלָה לֹא־יָשְׁרָה נַפְשׁוֹ 4   מִשְׁפָּטוֹ וּשְׂאֵתוֹ יֵצֵא׃   וְקַלּוּ מִנְּמֵרִים סוּסָיו וְחַדּוּ 8
בּוֹ וְצַדִּיק בֶּאֱמוּנָתוֹ יִחְיֶה׃   וְאַף כִּי־הַיַּיִן בּוֹגֵד 5   מִזְּאֵבֵי עֶרֶב וּפָשׁוּ פָּרָשָׁיו וּפָרָשָׁיו מֵרָחוֹק יָבֹאוּ
גֶּבֶר יָהִיר וְלֹא יִנְוֶה אֲשֶׁר הִרְחִיב כִּשְׁאוֹל נַפְשׁוֹ 9   יָעֻפוּ כְּנֶשֶׁר חָשׁ לֶאֱכוֹל׃   כֻּלֹּה לְחָמָס יָבוֹא מְגַמַּת
וְהוּא כַמָּוֶת וְלֹא יִשְׂבָּע וַיֶּאֱסֹף אֵלָיו כָּל־הַגּוֹיִם 10   פְּנֵיהֶם קָדִימָה וַיֶּאֱסֹף כַּחוֹל שֶׁבִי׃   וְהוּא בַּמְּלָכִים
וַיִּקְבֹּץ אֵלָיו כָּל־הָעַמִּים׃   הֲלוֹא־אֵלֶּה כֻלָּם עָלָיו 6   יִתְקַלָּס וְרֹזְנִים מִשְׂחָק לוֹ הוּא לְכָל־מִבְצָר יִשְׂחָק 11
מָשָׁל יִשָּׂאוּ וּמְלִיצָה חִידוֹת לוֹ וְיֹאמַר הוֹי־   וַיִּצְבֹּר עָפָר וַיִּלְכְּדָהּ׃   אָז חָלַף רוּחַ וַיַּעֲבֹר וְאָשֵׁם
הַמַּרְבֶּה לֹּא־לוֹ עַד־מָתַי וּמַכְבִּיד עָלָיו עַבְטִיט׃ 7   זוּ כֹחוֹ לֵאלֹהוֹ׃   הֲלוֹא אַתָּה מִקֶּדֶם יְהוָה 12
הֲלוֹא פֶתַע יָקוּמוּ נֹשְׁכֶיךָ וְיִקְצוּ מְזַעְזְעֶיךָ וְהָיִיתָ   אֱלֹהַי קְדֹשִׁי לֹא נָמוּת יְהוָה לְמִשְׁפָּט שַׂמְתּוֹ וְצוּר
לִמְשִׁסּוֹת לָמוֹ׃   כִּי־אַתָּה שַׁלּוֹתָ גּוֹיִם רַבִּים 8   לְהוֹכִיחַ יְסַדְתּוֹ׃   טְהוֹר עֵינַיִם מֵרְאוֹת רָע וְהַבִּיט 13
יְשָׁלּוּךָ כָּל־יֶתֶר עַמִּים מִדְּמֵי אָדָם וַחֲמַס־אֶרֶץ   אֶל־עָמָל לֹא תוּכָל לָמָּה תַבִּיט בּוֹגְדִים תַּחֲרִישׁ
קִרְיָה וְכָל־יֹשְׁבֵי בָהּ׃   הוֹי בֹּצֵעַ בֶּצַע רָע 9   בְּבַלַּע רָשָׁע צַדִּיק מִמֶּנּוּ׃   וַתַּעֲשֶׂה אָדָם כִּדְגֵי 14

10 Yet *was* she carried away, she went into captivity; her young children also were dashed *b* in pieces at the top of all the streets; and they cast lots *c* for her honourable men, and all her great men were bound in chains.

11 Thou also shalt be drunken: *d* thou shalt be hid; thou also shalt seek strength because of the enemy.

12 All thy strong holds *shall be like* fig-trees *e* with the first-ripe figs; if they be shaken, they shall even fall into the mouth of the eater.

13 Behold, thy people in the midst of thee *are* women: *g* the gates of thy land shall be set wide open unto thine enemies: the fire shall devour thy bars. *h*

14 Draw thee waters for the siege, fortify thy strong holds: go into clay, and tread the morter, make strong the brick-kiln.

15 There shall the fire devour thee; the

B. C. 713.

a Joel 2. 25.
b Ps.137.8,9.
c Joel 3. 3.
d Je. 25. 17.
      27.
β or,*spread-eth him-self.*
e Re. 6. 13.
f Ps. 76. 6.
g Je. 51. 30.
h Eze. 31. 3,
      &c.
γ or, *valiant ones.*
i 1 Ki. 22. 17.
k Ps. 147. 13.
δ *wrinkling.*
l Re. 18. 2, 3.

sword shall cut thee off, it shall eat thee up like the canker-worm: *a* make thyself many as the canker-worm, make thyself many as the locusts.

16 Thou hast multiplied thy merchants above the stars of heaven: the canker-worm β spoileth, and fleeth away.

17 Thy crowned *are* as the locusts, and thy captains as the great grasshoppers, which camp in the hedges in the cold day, *but* when the sun ariseth they flee away, and their place is not known where they *are.*

18 Thy shepherds slumber, *f* O king of Assyria; *h* thy γ nobles shall dwell *in the dust;* thy people is scattered *i* upon the mountains, and no man gathereth *them.*

19 *There is* no δ healing of thy bruise; thy wound is grievous; all that hear the bruit of thee shall clap the hands over thee: for upon whom *l* hath not thy wickedness passed continually?

HABAKKUK.

CHAP. I.

THE burden which Habakkuk the prophet did see.

2 O LORD, how long shall I cry, and thou *a* wilt not hear! *even* cry out unto thee of violence, and thou wilt not save!

3 Why dost thou shew me iniquity, and cause *me* to behold grievance? for spoiling and violence are before me: and there are *that* raise up strife and contention.

4 Therefore the law is slacked, and judgment doth never go forth: for the wicked doth compass about the righteous; therefore δ wrong judgment proceedeth.

5 Behold ye among the heathen, and regard, and wonder marvellously: for *c* I will work a work in your days, *which* ye will not believe, though it be told *you.*

6 For, lo, I raise up the *d* Chaldeans, *that* bitter and hasty nation, which shall march through the θ breadth of the land, to possess the dwelling-places *that are* not their's.

7 They *are* terrible and dreadful: *u* their judgment and their dignity shall proceed of themselves.

8 Their horses also are swifter than the leopards, and are more ν fierce than the evening wolves: and their horsemen shall spread themselves, and their horsemen shall come from far; they shall fly as the eagle *that* hasteth to eat.

9 They shall come all for violence; ρ their faces shall sup up *as* the east wind, and they shall gather the captivity as the sand.

10 And they shall scoff at the kings, and the princes *shall be* a scorn unto them; they shall deride every strong hold; for they shall heap dust, and take it.

11 Then shall *his* mind change, and he shall pass over, and offend, *imputing* this his power unto his god.

12 *Art* thou not from everlasting, O LORD my God, mine Holy One? we shall not die. O LORD, thou hast ordained them for judgment; and, O mighty τ God, thou hast φ established them for correction.

13 *Thou art* of purer eyes than to behold evil, and canst not look on χ iniquity: wherefore lookest thou upon them that

B. C. 626.

a La. 3. 8.
β or, *moving.*
γ or, *fine net.*
b Is.10.13..15.
δ or,*wrested.*
ζ *fat,* or, *dainty.*
c Is. 29. 14.
d Fulfilled
    2 Ch. 36. 6.
η *fenced place.*
e Ps. 85. 8.
θ *breadths.*
κ or, *in me.*
λ *upon my reproof,* or, *arguing,* or, *when* I am argued *with.*
μ or, *from them shall proceed the judgment of these,* and *captivi-ty of these.*
ν *sharp.*
f Jno. 3. 36.
π or, *How much more.*
ρ or,*the sup-ping of their faces,* or, *their faces shall look to-ward the east.* Heb. *the oppo-sition of their faces toward the east.*
σ or, *Ho, l.e.*
τ *rock.*
φ *founded.*
g Is. 33. 1.
χ or, *griev-ance.*
ψ *bloods.*

deal treacherously, *and* holdest thy tongue when the wicked devoureth *the man that is* more righteous than he?

14 And makest men as the fishes of the sea, as the β creeping things, *that have* no ruler over them?

15 They take up all of them with the angle, they catch them in their net, and gather them in their γ drag: therefore they rejoice and are glad.

16 Therefore they sacrifice unto their net, and burn incense unto their drag; because by them their portion *is* fat, and their meat ζ plenteous.

17 Shall they therefore empty their net, and not spare continually to slay the nations?

CHAP. II.

I WILL stand upon my watch, and set me upon the η tower, and *e* will watch to see what he will say κ unto me, and what I shall answer λ when I am reproved.

2 And the LORD answered me, and said, Write the vision, and make *it* plain upon tables, that he may run that readeth it.

3 For the vision *is* yet for an appointed time, but at the end it shall speak, and not lie: though it tarry, wait for it; because it will surely come, it will not tarry.

4 Behold, his soul *which* is lifted up is not upright in him: but *f* the just shall live by his faith.

5 π Yea also, because he transgresseth by wine, *he* is a proud man, neither keepeth at home, who enlargeth his desire as hell, and *is* as death, and cannot be satisfied, but gathereth unto him all nations, and heapeth unto him all people:

6 Shall not all these take up a parable against him, and a taunting proverb against him, and say, σ Woe to him that increaseth *that which is* not his! how long? and to him that ladeth himself with thick clay!

7 Shall they not rise up suddenly that shall bite thee, and awake that shall vex thee, and thou shalt be for booties unto them?

8 Because *g* thou hast spoiled many nations, all the remnant of the people shall spoil thee; because of men's ψ blood, and *for* the violence of the land, of

10 לְבֵית֔וֹ לָשׂ֣וּם בַּמָּר֗וֹם קִנּ֛וֹ לְהִנָּצֵ֥ל מִכַּף־רָ֖ע ׃ יָעַ֑צְתָּ
בֹּ֣שֶׁת לְבֵיתֶ֔ךָ קְצוֹת־עַמִּ֥ים רַבִּ֖ים וְחוֹטֵ֥א נַפְשֶֽׁךָ ׃
11 כִּי־אֶ֖בֶן מִקִּ֣יר תִּזְעָ֑ק וְכָפִ֖יס מֵעֵ֥ץ יַעֲנֶֽנָּה ׃
12,13 ה֛וֹי בֹּ֥נֶה עִ֖יר בְּדָמִ֑ים וְכוֹנֵ֥ן קִרְיָ֖ה בְּעַוְלָ֑ה ׃ הֲל֗וֹא
הִנֵּ֛ה מֵאֵ֖ת יְהוָ֣ה צְבָא֑וֹת וְיִֽיגְע֤וּ עַמִּים֙ בְּדֵי־אֵ֔שׁ
14 וּלְאֻמִּ֖ים בְּדֵי־רִ֥יק יִעָֽפוּ ׃ כִּ֚י תִּמָּלֵ֣א הָאָ֔רֶץ לָדַ֖עַת
15 אֶת־כְּב֣וֹד יְהוָ֑ה כַּמַּ֖יִם יְכַסּ֥וּ עַל־יָֽם ׃ ה֗וֹי
מַשְׁקֵ֤ה רֵעֵ֙הוּ֙ מְסַפֵּ֣חַ חֲמָתְךָ֔ וְאַ֖ף שַׁכֵּ֑ר לְמַ֥עַן
16 הַבִּ֖יט עַל־מְעוֹרֵיהֶֽם ׃ שָׂבַ֤עְתָּ קָלוֹן֙ מִכָּב֔וֹד שְׁתֵ֥ה
גַם־אַ֖תָּה וְהֵעָרֵ֑ל תִּסּ֣וֹב עָלֶ֗יךָ כּ֚וֹס יְמִ֣ין יְהוָ֔ה
17 וְקִיקָל֖וֹן עַל־כְּבוֹדֶֽךָ ׃ כִּ֣י חֲמַ֤ס לְבָנוֹן֙ יְכַסֶּ֔ךָּ וְשֹׁ֖ד
בְּהֵמ֣וֹת יְחִיתַ֑ן מִדְּמֵ֤י אָדָם֙ וַחֲמַס־אֶ֔רֶץ קִרְיָ֖ה
18 וְכָל־יֹ֥שְׁבֵי בָֽהּ ׃ מָֽה־הוֹעִ֣יל פֶּ֗סֶל כִּ֤י פְסָלוֹ֙ יֹֽצְר֔וֹ
מַסֵּכָ֖ה וּמ֣וֹרֶה שָּׁ֑קֶר כִּֽי־בָטַ֞ח יֹצֵ֤ר יִצְרוֹ֙ עָלָ֔יו
19 לַעֲשׂ֖וֹת אֱלִילִ֥ים אִלְּמִֽים ׃ ה֣וֹי אֹמֵ֤ר לָעֵץ֙
הָקִ֔יצָה ע֖וּרִי לְאֶ֣בֶן דּוּמָ֑ם ה֣וּא יוֹרֶ֔ה הִנֵּה־הוּא
20 תָּפ֣וּשׂ זָהָ֣ב וָכֶ֔סֶף וְכָל־ר֖וּחַ אֵ֣ין בְּקִרְבּֽוֹ ׃ וַיהוָ֖ה
בְּהֵיכַ֣ל קָדְשׁ֑וֹ הַ֥ס מִפָּנָ֖יו כָּל־הָאָֽרֶץ ׃

CAP. III. ג

1 תְּפִלָּ֖ה לַחֲבַקּ֣וּק הַנָּבִ֑יא עַ֖ל שִׁגְיֹנֽוֹת ׃ יְהוָ֗ה
2 שָׁמַ֣עְתִּי שִׁמְעֲךָ֮ יָרֵאתִי֒ יְהוָ֗ה פָּֽעָלְךָ֙ בְּקֶ֤רֶב שָׁנִים֙
חַיֵּ֔יהוּ בְּקֶ֥רֶב שָׁנִ֖ים תּוֹדִ֑יעַ בְּרֹ֖גֶז רַחֵ֥ם תִּזְכּֽוֹר ׃
3 אֱל֙וֹהַ֙ מִתֵּימָ֣ן יָב֔וֹא וְקָד֥וֹשׁ מֵֽהַר־פָּארָ֖ן סֶ֑לָה כִּסָּ֤ה
4 שָׁמַ֙יִם֙ הוֹד֔וֹ וּתְהִלָּת֖וֹ מָלְאָ֥ה הָאָֽרֶץ ׃ וְנֹ֙גַהּ֙ כָּא֣וֹר
5 תִּֽהְיֶ֔ה קַרְנַ֥יִם מִיָּד֖וֹ ל֑וֹ וְשָׁ֥ם חֶבְי֖וֹן עֻזֹּֽה ׃ לְפָנָ֖יו

6 יֵ֥לֶךְ דָּ֑בֶר וְיֵצֵ֥א רֶ֖שֶׁף לְרַגְלָֽיו ׃ עָמַ֣ד ׀ וַיְמֹ֣דֶד
אֶ֗רֶץ רָאָה֙ וַיַּתֵּ֣ר גּוֹיִ֔ם וַיִּתְפֹּֽצְצוּ֙ הַרְרֵי־עַ֔ד שַׁח֖וּ
7 גִּבְע֣וֹת עוֹלָ֑ם הֲלִיכ֥וֹת עוֹלָ֖ם לֽוֹ ׃ תַּ֣חַת אָ֔וֶן
רָאִ֖יתִי אָהֳלֵ֣י כוּשָׁ֑ן יִרְגְּז֕וּן יְרִיע֖וֹת אֶ֥רֶץ מִדְיָֽן ׃
8 הֲבִנְהָרִים֙ חָרָ֣ה יְהוָ֔ה אִ֤ם בַּנְּהָרִים֙ אַפֶּ֔ךָ
אִם־בַּיָּ֖ם עֶבְרָתֶ֑ךָ כִּ֤י תִרְכַּב֙ עַל־סוּסֶ֔יךָ מַרְכְּבֹתֶ֖יךָ
9 יְשׁוּעָֽה ׃ עֶרְיָ֤ה תֵעוֹר֙ קַשְׁתֶּ֔ךָ שְׁבֻע֥וֹת מַטּ֖וֹת אֹ֑מֶר
10 סֶ֑לָה נְהָר֖וֹת תְּבַקַּע־אָֽרֶץ ׃ רָא֙וּךָ֙ יָחִ֣ילוּ הָרִ֔ים
11 זֶ֥רֶם מַ֖יִם עָבָ֑ר נָתַ֤ן תְּהוֹם֙ קוֹל֔וֹ ר֖וֹם יָדֵ֥יהוּ נָשָֽׂא ׃
שֶׁ֥מֶשׁ יָרֵ֖חַ עָ֣מַד זְבֻ֑לָה לְא֤וֹר חִצֶּ֙יךָ֙ יְהַלֵּ֔כוּ לְנֹ֖גַהּ
12 בְּרַ֥ק חֲנִיתֶֽךָ ׃ בְּזַ֖עַם תִּצְעַד־אָ֑רֶץ בְּאַ֖ף תָּד֥וּשׁ
13 גּוֹיִֽם ׃ יָצָ֙אתָ֙ לְיֵ֣שַׁע עַמֶּ֔ךָ לְיֵ֖שַׁע אֶת־מְשִׁיחֶ֑ךָ
מָחַ֤צְתָּ רֹּאשׁ֙ מִבֵּ֣ית רָשָׁ֔ע עָר֛וֹת יְס֖וֹד עַד־צַוָּ֥אר
14 סֶֽלָה ׃ נָקַ֤בְתָּ בְמַטָּיו֙ רֹ֣אשׁ פְּרָזָ֔ו יִסְעֲר֖וּ לַהֲפִיצֵ֑נִי
15 עֲלִ֣יצֻתָ֔ם כְּמוֹ־לֶאֱכֹ֥ל עָנִ֖י בַּמִּסְתָּֽר ׃ דָּרַ֥כְתָּ
16 בַיָּ֖ם סוּסֶ֑יךָ חֹ֖מֶר מַ֥יִם רַבִּֽים ׃ שָׁמַ֣עְתִּי ׀ וַתִּרְגַּ֣ז
בִּטְנִ֗י לְקוֹל֙ צָלֲל֣וּ שְׂפָתַ֔י יָב֥וֹא רָקָ֛ב בַּעֲצָמַ֖י
וְתַחְתַּ֣י אֶרְגָּ֑ז אֲשֶׁ֤ר אָנ֙וּחַ֙ לְי֣וֹם צָרָ֔ה לַעֲל֖וֹת
17 לְעַ֣ם יְגוּדֶֽנּוּ ׃ כִּֽי־תְאֵנָ֣ה לֹֽא־תִפְרָ֗ח וְאֵ֤ין יְבוּל֙
בַּגְּפָנִ֔ים כִּחֵשׁ֙ מַעֲשֵׂה־זַ֔יִת וּשְׁדֵמ֖וֹת לֹא־עָ֣שָׂה
אֹ֑כֶל גָּזַ֤ר מִמִּכְלָה֙ צֹ֔אן וְאֵ֥ין בָּקָ֖ר בָּרְפָתִֽים ׃
18 וַאֲנִ֖י בַּיהוָ֣ה אֶעְל֑וֹזָה אָגִ֖ילָה בֵּאלֹהֵ֥י יִשְׁעִֽי ׃
19 יְהוִ֤ה אֲדֹנָי֙ חֵילִ֔י וַיָּ֤שֶׂם רַגְלַי֙ כָּֽאַיָּל֔וֹת וְעַ֥ל בָּֽמוֹתַ֖י
יַדְרִכֵ֑נִי לַמְנַצֵּ֖חַ בִּנְגִינוֹתָֽי ׃

צפניה

LIBER ZEPHANIÆ.

CAP. I. א

1 דְּבַר־יְהוָ֣ה ׀ אֲשֶׁ֣ר הָיָ֗ה אֶל־צְפַנְיָה֙ בֶּן־כּוּשִׁ֣י בֶן־
גְּדַלְיָ֔ה בֶּן־אֲמַרְיָ֖ה בֶּן־חִזְקִיָּ֑ה בִּימֵ֛י יֹאשִׁיָּ֥הוּ בֶן־אָמ֖וֹן
2 מֶ֣לֶךְ יְהוּדָֽה ׃ אָסֹ֨ף אָסֵ֜ף כֹּ֗ל מֵעַ֛ל פְּנֵ֥י
3 הָאֲדָמָ֖ה נְאֻם־יְהוָֽה ׃ אָסֵ֨ף אָדָ֜ם וּבְהֵמָ֗ה אָסֵ֤ף
ע֣וֹף הַשָּׁמַ֣יִם וּדְגֵ֣י הַיָּ֔ם וְהַמַּכְשֵׁל֖וֹת אֶת־הָרְשָׁעִ֑ים
וְהִכְרַתִּ֣י אֶת־הָֽאָדָ֗ם מֵעַ֛ל פְּנֵ֥י הָאֲדָמָ֖ה נְאֻם־
4 יְהוָֽה ׃ וְנָטִ֤יתִי יָדִי֙ עַל־יְהוּדָ֔ה וְעַ֖ל כָּל־יוֹשְׁבֵ֣י
יְרוּשָׁלָ֑͏ִם וְהִכְרַתִּ֞י מִן־הַמָּק֤וֹם הַזֶּה֙ אֶת־שְׁאָ֣ר
5 הַבַּ֔עַל אֶת־שֵׁ֥ם הַכְּמָרִ֖ים עִם־הַכֹּהֲנִֽים ׃ וְאֶת־

the city, and of all that dwell therein.

9 Woe to him that γ coveteth an evil covetousness in his house, that he may set his nest on high, that he may be delivered from the δ power of evil!

10 Thou hast consulted shame to thy house by cutting off many people, and hast sinned *against* thy soul.

11 For the stone shall cry out of the wall, and the θ beam out of the timber shall κ answer it.

12 Woe to him that buildeth a town with λ blood, and stablisheth a city by iniquity!

13 Behold, *is it* not of the LORD of hosts that the people shall labour in the very fire, and the people shall weary themselves π for very vanity?

14 For the earth shall be filled ρ with the knowledge of the glory of the LORD, as the waters cover the sea.

15 Woe unto him that giveth his neighbour drink, that puttest thy bottle to *him*, and makest *him* drunken also, that thou mayest look on their nakedness!

16 Thou art filled τ with shame for glory: drink thou also, and let thy foreskin be uncovered: the cup*d* of the LORD's right hand shall be turned unto thee, and shameful spewing *shall be* on thy glory.

17 For the violence of Lebanon shall cover thee, and the spoil of beasts, *which* made them afraid, because of men's blood, and for the violence of the land, of the city, and of all that dwell therein.

18 What profiteth the graven image, that the maker thereof hath graven it; the molten image, and a teacher of lies, that the ψ maker of his work trusteth therein, to make dumb idols?

19 Woe unto him that saith to the wood, Awake; to the dumb stone, Arise, it shall teach! Behold, it *is* laid over with gold and silver, and *there is* no breath at all in the midst of it.

20 But the LORD *is* in his holy temple: *f* γ let all the earth keep silence before him.

CHAP. III.

A PRAYER of Habakkuk the prophet upon ζ Shigionoth.

2 O LORD, I have heard thy η speech, *and* was afraid: O LORD, θ revive*g* thy work in the midst of the years, in the midst of the years make known; in wrath remember mercy.

3 God came from λ Teman, and the Holy One from mount Paran. Selah. His glory covered the heavens, and the earth was full of his praise.

4 And *his* brightness was as the light; he had μ horns *coming* out of his hand: and there *was* the hiding of his power.

5 Before him went the pestilence, and

Center notes

B. C. 626.
━━━━━━━
β or, *diseases,* De. 32. 24.
γ or, *gaineth an evil gain.*
δ *palm of the hand.*
a Mi. 5. 3.
ζ *Ethiopia.*
η or, *under affliction,* or, *vanity.*
θ or, *piece,* or *fastening.*
κ or, *witness against.*
λ *bloods.*
μ or, were.
ν *the rivers of the earth.*
π or, *in vain.*
ρ or, *by knowing the.*
b Jos.10.12,13
σ or, *thine arrows walked in the light.*
τ or, *more with shame than with.*
c Phi. 3. 19.
d Je.25.27.29.
e Ps. 110. 6.
φ *making naked.*
χ *were tempestuous.*
ψ *fashioner of his fashion.*
β or, *mud.*
f Ps. 11. 4.
γ *be silent all the earth.*
δ or, *cut them in pieces.*
ζ or, *according to variable songs,* or, *tunes,* called in Hebrew, *Shigionoth.*
η *report,* or, *hearing.*
θ or, *preserve alive.*
g Jno. 10, 10.
κ *lie.*
λ *the south.*
h Job 13. 15.
μ or, *bright beams out of his side.*
ν *Neginoth.* Ps. 4. Title.

burning β coals went forth at his feet.

6 He stood, and measured the earth; he beheld, and drove asunder the nations: and the everlasting mountains were scattered, the perpetual hills did bow: his ways*a* *are* everlasting.

7 I saw the tents of ζ Cushan η in affliction: *and* the curtains of the land of Midian did tremble.

8 Was the LORD displeased against the rivers? *was* thine anger against the rivers? *was* thy wrath against the sea, that thou didst ride upon thine horses *and* thy chariots μ of salvation?

9 Thy bow was made quite naked, *according* to the oaths of the tribes, *even* thy word. Selah. Thou didst cleave ν the earth with rivers.

10 The mountains saw thee, *and* they trembled: the overflowing of the water passed by: the deep uttered his voice, and lifted up his hands on high.

11 The sun *b* *and* moon stood still in their habitation: σ at the light of thine arrows they went, *and* at the shining of thy glittering spear.

12 Thou didst march through the land in indignation, thou didst thresh the heathen in anger.

13 Thou wentest forth for the salvation of thy people, *even* for salvation with thine anointed; thou woundedst the head*e* out of the house of the wicked, by φ discovering the foundation unto the neck. Selah.

14 Thou didst strike through with his staves the head of his villages; they χ came out as a whirlwind to scatter me: their rejoicing *was* as to devour the poor secretly.

15 Thou didst walk through the sea with thine horses, *through* the β heap of great waters.

16 When I heard, my belly trembled; my lips quivered at the voice: rottenness entered into my bones, and I trembled in myself, that I might rest in the day of trouble: when he cometh up unto the people, he will δ invade them with his troops.

17 Although the fig-tree shall not blossom, neither *shall* fruit *be* in the vines; the labour of the olive shall κ fail, and the fields shall yield no meat; the flock shall be cut off from the fold, and *there* *shall be* no herd in the stalls:

18 Yet*h* I will rejoice in the LORD, I will joy in the God of my salvation.

19 The LORD God *is* my strength, and he will make my feet like hind's *feet*, and he will make me to walk upon mine high places. To the chief singer on my ν stringed instruments.

ZEPHANIAH.

CHAP. I.

THE word of the LORD which came unto Zephaniah the son of Cushi, the son of Gedaliah, the son of Amariah, the son of Hizkiah, in the days of Josiah the son of Amon king of Judah.

2 γ I will utterly consume all *things* from off the δ land, saith the LORD.

3 I will consume man and beast; I will consume the fowls of the heaven, and

B. C. 630.
━━━━━━━
β or, *idols.*
γ *By taking away, I will make anend*
a Fulfilled, 624.
2Ki. 23.4,5.
δ *face of the.*

the fishes of the sea, and the β stumblingblocks with the wicked; and I will cut off man from off the land, saith the LORD.

4 I will also stretch out mine hand upon Judah, and upon all the inhabitants of Jerusalem; and I will cut off*a* the remnant of Baal from this place, *and* the name of the Chemarims with the priests;

הַמִּשְׁתַּחֲוִים עַל־הַגַּגּוֹת לִצְבָא הַשָּׁמַיִם וְאֶת־
הַמִּשְׁתַּחֲוִים הַנִּשְׁבָּעִים לַיהֹוָה וְהַנִּשְׁבָּעִים
בְּמַלְכָּם:

6 וְאֶת־הַנְּסוֹגִים מֵאַחֲרֵי יְהֹוָה וַאֲשֶׁר
7 לֹא־בִקְשׁוּ אֶת־יְהֹוָה וְלֹא דְרָשֻׁהוּ: הַס מִפְּנֵי
אֲדֹנָי יֱהֹוִה כִּי קָרוֹב יוֹם יְהֹוָה כִּי־הֵכִין יְהֹוָה
8 זֶבַח הִקְדִּישׁ קְרֻאָיו: וְהָיָה בְּיוֹם
זֶבַח יְהֹוָה וּפָקַדְתִּי עַל־הַשָּׂרִים וְעַל־בְּנֵי הַמֶּלֶךְ
9 וְעַל כָּל־הַלֹּבְשִׁים מַלְבּוּשׁ נָכְרִי: וּפָקַדְתִּי עַל
כָּל־הַדּוֹלֵג עַל־הַמִּפְתָּן בַּיּוֹם הַהוּא הַמְמַלְאִים
10 בֵּית אֲדֹנֵיהֶם חָמָס וּמִרְמָה: וְהָיָה
בַיּוֹם הַהוּא נְאֻם־יְהֹוָה קוֹל צְעָקָה מִשַּׁעַר הַדָּגִים
וִילָלָה מִן־הַמִּשְׁנֶה וְשֶׁבֶר גָּדוֹל מֵהַגְּבָעוֹת:
11 הֵילִילוּ יֹשְׁבֵי הַמַּכְתֵּשׁ כִּי נִדְמָה כָּל־עַם כְּנַעַן
12 נִכְרְתוּ כָּל־נְטִילֵי כָסֶף: וְהָיָה בָּעֵת
הַהִיא אֲחַפֵּשׂ אֶת־יְרוּשָׁלִַם בַּנֵּרוֹת וּפָקַדְתִּי עַל־
הָאֲנָשִׁים הַקֹּפְאִים עַל־שִׁמְרֵיהֶם הָאֹמְרִים בִּלְבָבָם
13 לֹא־יֵיטִיב יְהֹוָה וְלֹא יָרֵעַ: וְהָיָה חֵילָם לִמְשִׁסָּה
וּבָתֵּיהֶם לִשְׁמָמָה וּבָנוּ בָתִּים וְלֹא יֵשֵׁבוּ וְנָטְעוּ
14 כְרָמִים וְלֹא יִשְׁתּוּ אֶת־יֵינָם: קָרוֹב יוֹם־יְהֹוָה
הַגָּדוֹל קָרוֹב וּמַהֵר מְאֹד קוֹל יוֹם יְהֹוָה מַר צֹרֵחַ
15 שָׁם גִּבּוֹר: יוֹם עֶבְרָה הַיּוֹם הַהוּא יוֹם צָרָה
וּמְצוּקָה יוֹם שֹׁאָה וּמְשׁוֹאָה יוֹם חֹשֶׁךְ וַאֲפֵלָה
16 יוֹם עָנָן וַעֲרָפֶל: יוֹם שׁוֹפָר וּתְרוּעָה עַל הֶעָרִים
17 הַבְּצֻרוֹת וְעַל הַפִּנּוֹת הַגְּבֹהוֹת: וַהֲצֵרֹתִי לָאָדָם
וְהָלְכוּ כַּעִוְרִים כִּי לַיהֹוָה חָטָאוּ וְשֻׁפַּךְ דָּמָם
18 כֶּעָפָר וּלְחֻמָם כַּגְּלָלִים: גַּם־כַּסְפָּם גַּם־זְהָבָם
לֹא־יוּכַל לְהַצִּילָם בְּיוֹם עֶבְרַת יְהֹוָה וּבְאֵשׁ קִנְאָתוֹ
תֵּאָכֵל כָּל־הָאָרֶץ כִּי־כָלָה אַךְ־נִבְהָלָה יַעֲשֶׂה
אֵת כָּל־יֹשְׁבֵי הָאָרֶץ:

CAP. II. ב

1,2 הִתְקוֹשְׁשׁוּ וָקוֹשּׁוּ הַגּוֹי לֹא נִכְסָף: בְּטֶרֶם
לֶדֶת חֹק כְּמֹץ עָבַר יוֹם בְּטֶרֶם לֹא־יָבוֹא
עֲלֵיכֶם חֲרוֹן אַף־יְהֹוָה בְּטֶרֶם לֹא־יָבוֹא עֲלֵיכֶם
3 יוֹם אַף־יְהֹוָה: בַּקְּשׁוּ אֶת־יְהֹוָה כָּל־עַנְוֵי הָאָרֶץ
אֲשֶׁר מִשְׁפָּטוֹ פָּעָלוּ בַּקְּשׁוּ־צֶדֶק בַּקְּשׁוּ עֲנָוָה
4 אוּלַי תִּסָּתְרוּ בְּיוֹם אַף־יְהֹוָה: כִּי עַזָּה עֲזוּבָה

---

5 תִּהְיֶה וְאַשְׁקְלוֹן לִשְׁמָמָה אַשְׁדּוֹד בַּצָּהֳרַיִם
יְגָרְשׁוּהָ וְעֶקְרוֹן תֵּעָקֵר: הוֹי יֹשְׁבֵי
חֶבֶל הַיָּם גּוֹי כְּרֵתִים דְּבַר־יְהֹוָה עֲלֵיכֶם כְּנַעַן
6 אֶרֶץ פְּלִשְׁתִּים וְהַאֲבַדְתִּיךְ מֵאֵין יוֹשֵׁב: וְהָיְתָה
7 חֶבֶל הַיָּם נְוֹת כְּרֹת רֹעִים וְגִדְרוֹת צֹאן: וְהָיָה
חֶבֶל לִשְׁאֵרִית בֵּית יְהוּדָה עֲלֵיהֶם יִרְעוּן בְּבָתֵּי
אַשְׁקְלוֹן בָּעֶרֶב יִרְבָּצוּן כִּי יִפְקְדֵם יְהֹוָה אֱלֹהֵיהֶם
8 וְשָׁב שְׁבוּתָם: שָׁמַעְתִּי חֶרְפַּת מוֹאָב וְגִדֻּפֵי
בְּנֵי עַמּוֹן אֲשֶׁר חֵרְפוּ אֶת־עַמִּי וַיַּגְדִּילוּ עַל־גְּבוּלָם:
9 לָכֵן חַי־אָנִי נְאֻם יְהֹוָה צְבָאוֹת אֱלֹהֵי יִשְׂרָאֵל
כִּי־מוֹאָב כִּסְדֹם תִּהְיֶה וּבְנֵי עַמּוֹן כַּעֲמֹרָה מִמְשַׁק
חָרוּל וּמִכְרֵה־מֶלַח וּשְׁמָמָה עַד־עוֹלָם שְׁאֵרִית עַמִּי
10 יְבָזּוּם וְיֶתֶר גּוֹי יִנְחָלוּם: זֹאת לָהֶם תַּחַת גְּאוֹנָם
11 כִּי חֵרְפוּ וַיַּגְדִּלוּ עַל־עַם יְהֹוָה צְבָאוֹת: נוֹרָא
יְהֹוָה עֲלֵיהֶם כִּי רָזָה אֵת כָּל־אֱלֹהֵי הָאָרֶץ
12 וְיִשְׁתַּחֲווּ־לוֹ אִישׁ מִמְּקוֹמוֹ כֹּל אִיֵּי הַגּוֹיִם: גַּם־
13 אַתֶּם כּוּשִׁים חַלְלֵי חַרְבִּי הֵמָּה: וְיֵט יָדוֹ עַל־צָפוֹן
וִיאַבֵּד אֶת־אַשּׁוּר וְיָשֵׂם אֶת־נִינְוֵה לִשְׁמָמָה צִיָּה
14 כַּמִּדְבָּר: וְרָבְצוּ בְתוֹכָהּ עֲדָרִים כָּל־חַיְתוֹ־גוֹי גַּם־
קָאַת גַּם־קִפֹּד בְּכַפְתֹּרֶיהָ יָלִינוּ קוֹל יְשׁוֹרֵר בַּחַלּוֹן
15 חֹרֶב בַּסַּף כִּי אַרְזָה עֵרָה: זֹאת הָעִיר הָעַלִּיזָה
הַיּוֹשֶׁבֶת לָבֶטַח הָאֹמְרָה בִּלְבָבָהּ אֲנִי וְאַפְסִי עוֹד
אֵיךְ הָיְתָה לְשַׁמָּה מַרְבֵּץ לַחַיָּה כֹּל עוֹבֵר עָלֶיהָ
יִשְׁרֹק יָנִיעַ יָדוֹ:

CAP. III. ג

1,2 הוֹי מֹרְאָה וְנִגְאָלָה הָעִיר הַיּוֹנָה: לֹא שָׁמְעָה
בְּקוֹל לֹא לָקְחָה מוּסָר בַּיהֹוָה לֹא בָטָחָה אֶל־
3 אֱלֹהֶיהָ לֹא קָרֵבָה: שָׂרֶיהָ בְקִרְבָּהּ אֲרָיוֹת שֹׁאֲגִים
4 שֹׁפְטֶיהָ זְאֵבֵי עֶרֶב לֹא גָרְמוּ לַבֹּקֶר: נְבִיאֶיהָ
פֹּחֲזִים אַנְשֵׁי בֹּגְדוֹת כֹּהֲנֶיהָ חִלְּלוּ־קֹדֶשׁ חָמְסוּ
5 תּוֹרָה: יְהֹוָה צַדִּיק בְּקִרְבָּהּ לֹא יַעֲשֶׂה עַוְלָה
בַּבֹּקֶר בַּבֹּקֶר מִשְׁפָּטוֹ יִתֵּן לָאוֹר לֹא נֶעְדָּר וְלֹא־
6 יוֹדֵעַ עַוָּל בֹּשֶׁת: הִכְרַתִּי גוֹיִם נָשַׁמּוּ פִּנּוֹתָם
הֶחֱרַבְתִּי חוּצוֹתָם מִבְּלִי עוֹבֵר נִצְדּוּ עָרֵיהֶם מִבְּלִי־
7 אִישׁ מֵאֵין יוֹשֵׁב: אָמַרְתִּי אַךְ־תִּירְאִי אוֹתִי תִּקְחִי
מוּסָר וְלֹא־יִכָּרֵת מְעוֹנָהּ כֹּל אֲשֶׁר־פָּקַדְתִּי עָלֶיהָ

5 And them that worship the host of heaven upon the house-tops;[b] and them[c] that worship *and* that swear *f*by the LORD,[d] and that swear by Malcham;[e]

6 And them that are turned back[f] from the LORD; and *those* that have not sought[g] the LORD, nor inquired for him.

7 Hold[h] thy peace at the presence of the Lord GOD; for[i] the day of the LORD *is* at hand: for the LORD hath prepared a sacrifice, he hath γ bid his guests.[l]

8 And it shall come to pass in the day of the LORD's sacrifice, that I will ζpunish the princes, and the king's children, and all such as are clothed with strange apparel.

9 In the same day also will I punish all those that leap on the threshold, which fill their masters' houses with violence and deceit.

10 And it shall come to pass in that day, saith the LORD, *that there shall be* the noise of a cry from the fish-gate, and an howling from the second, and a great crashing from the hills.

11 Howl, ye inhabitants of Maktesh, for all the merchant-people are cut down; all they that bear silver are cut off.

12 And it shall come to pass at that time, *that* I will search Jerusalem with candles, and punish the men that are η settled[p] on their lees; that say[q] in their heart, The LORD will not do good, neither will he do evil.

13 Therefore their goods shall become a booty, and their houses a desolation: they shall also build houses, but not inhabit *them;* and they shall plant vineyards, but not drink the wine thereof.

14 The great day of the LORD *is* near,[f] *it is* near, and hasteth greatly, *even* the voice of the day of the LORD: the mighty[u] man shall cry there bitterly.

15 That[v] day *is* a day of wrath, a day of trouble and distress, a day of wasteness and desolation, a day of darkness[w] and gloominess, a day of clouds and thick darkness,

16 A day of the trumpet[x] and alarm against the fenced cities, and against the high towers.

17 And I will bring distress upon men, that they shall walk like blind[z] men, because they have sinned against the LORD: and their blood[a] shall be poured out as dust, and their flesh as the dung.

18 Neither[b] their silver nor their gold shall be able to deliver them in the day of the LORD's wrath; but the whole land shall be devoured[c] by the fire of his jealousy: for he shall make even a speedy riddance of all them that dwell in the land.

CHAP. II.

GATHER[d] yourselves together, yea, gather together, O nation not ρ desired;

2 Before the decree bring forth, *before* the day pass as the chaff,[f] before the fierce anger[h] of the LORD come upon you, before[i] the day of the LORD's anger come upon you.

3 Seek[l] ye the LORD, all ye meek of the earth, which have wrought his judgment;[m] seek righteousness, seek meekness: it may be[n] ye shall be hid in the day of the LORD's anger.

4 For Gaza[o] shall be forsaken, and Ashkelon a desolation: they shall drive out Ashdod at the noon-day, and Ekron shall be rooted up.

5 Woe unto the inhabitants of the sea-

coasts, the nation of the Cherethites![a] the word of the LORD *is* against you; O Canaan, the land of the Philistines, I will even destroy thee, that there shall be no inhabitant.

6 And the sea-coast shall be dwellings *and* cottages for shepherds, and folds for flocks.

7 And the coast shall be for the[k] remnant of the house of Judah; they shall feed thereupon: in the houses of Ashkelon shall they lie down in the evening; δfor the LORD their God shall visit[m] them, and turn away[n] their captivity.

8 I have heard the reproach of Moab, and the revilings of the children of Ammon, whereby they have reproached my people, and magnified *themselves* against their border.

9 Therefore, *as* I live, saith the LORD of hosts, the God of Israel, Surely Moab[o] shall be as Sodom, and the children of Ammon as Gomorrah, *even* the breeding of nettles, and salt-pits, and a perpetual desolation: the residue of my people shall spoil them, and the remnant of my people shall possess them.

10 This shall they have for their pride, because they have reproached and magnified *themselves* against the people of the LORD of hosts.

11 The LORD *will be* terrible unto them: for he will θ famish all the gods of the earth, and *men* shall worship him, every one from his place, *even* all the isles of the heathen.

12 Ye Ethiopians[r] also, ye *shall be* slain by my sword.

13 And he will stretch out his hand against the north, and destroy Assyria;[s] and will make Nineveh a desolation, *and* dry like a wilderness.

14 And flocks shall lie down in the midst of her, all the beasts of the nations: both the κ cormorant and the bittern shall lodge in the λ upper lintels of it: *their* voice shall sing in the windows; desolation *shall be* in the thresholds: μ for he shall uncover the cedar-work.

15 This *is* the rejoicing city that dwelt carelessly; that said[y] in her heart, I *am,* and *there is* none beside me: how is she become a desolation, a place for beasts to lie down in! every one that passeth by her shall hiss, *and* wag his hand.

CHAP. III.

WOE to ν her that is filthy and polluted, to the oppressing city!

2 She obeyed not the voice; she received not π correction; she trusted not in the LORD; she drew not near to her God.

3 Her princes within her *are* roaring lions; her judges *are* evening wolves; they gnaw not the bones till the morrow.

4 Her prophets[s] *are* light *and* treacherous persons: her priests have polluted the sanctuary, they have done violence to the law.

5 The[g] just LORD *is* in the midst thereof; he will not do iniquity: σ every morning doth he bring his judgment to light, he faileth not; but the unjust knoweth no shame.[t]

6 I have cut off the nations: their τ towers are desolate; I made their streets waste, that none passeth by: their cities are destroyed, so that there is no man, that there is none inhabitant.

7 I said, Surely[p] thou wilt fear me, thou wilt receive instruction: so their dwelling should not be cut off, howsoever I punished them. but they rose early,[q] *and* corrupted all their doings.

B. C. 630.

a Eze. 25. 16.
b 2 Ki. 23. 12.
Je. 19. 13.
c 2 Ki. 17. 33, 41.
β or, *to.*
d Is. 48. 1.
Ho. 4. 15.
e 1 Ki. 11. 33.
f He. 10. 38.
g He. 2. 3.
h Zec. 2. 13.
i Phi. 4. 5.
k Is. 11. 11.
Mi. 4. 7.
γ *sanctified,* or *prepared*
l Mat. 22. 2, &c.
Re. 19. 17.
δ or, *when.*
m Lu. 1. 68.
ζ *visit upon.*
n Ps. 126. 1, 4.
Je. 29. 14.
o Je. 48. 1, &c.
η *curded,* or, *thickened.*
p Je. 48. 11.
Am. 6. 1.
Re. 2. 23.
q Ps. 94. 7.
θ *make lean.*
r Is. 20. 4.
s Is. 10. 12, 16.
t Joel 2. 1, 11.
u Re. 6. 15..17.
v Is. 22. 5.
Je. 30. 7.
κ or, *pelican.*
λ or, *knops,* or, *chapiters.*
w Am. 5. 18.
μ or, *when he hath uncovered.*
x Je. 4. 19.
y Is. 47. 8.
Re. 18. 7.
z Is. 59. 10.
Ps. 79. 3.
a Je. 9. 22.
ν *craw,* or, *gluttonous.*
b Pr. 11. 4.
Eze. 7. 19.
π or, *instruction.*
c ch. 3. 8.
d Joel 2. 16.
e Je. 23. 11, 32.
ρ or, *desirous.*
f Ho. 13. 3.
g Ec. 3. 16, 17.
h 2 Ki. 22. 13, 17.
23. 26.
2 Ch. 36. 16, 17.
σ *morning by morning.*
i Ps. 95. 7, 8.
k Je. 8. 12.
l Am. 5. 6, 15.
τ or, *corners.*
m Zec. 8. 19.
n Jon. 3. 9.
o Je. 47. 5.
Zec. 9. 5, 6.
p Is. 63. 8.
q Mi. 2. 1, 2.

8 לָכֵן חַכּוּ־לִי נְאֻם־יְהוָה לְיוֹם קוּמִי לְעַד כִּי מִשְׁפָּטִי לֶאֱסֹף גּוֹיִם לְקָבְצִי מַמְלָכוֹת לִשְׁפֹּךְ עֲלֵיהֶם זַעְמִי כֹּל חֲרוֹן אַפִּי כִּי בְּאֵשׁ קִנְאָתִי תֵּאָכֵל כָּל־הָאָרֶץ׃

9 כִּי־אָז אֶהְפֹּךְ אֶל־עַמִּים שָׂפָה בְרוּרָה לִקְרֹא כֻלָּם בְּשֵׁם יְהוָה לְעָבְדוֹ שְׁכֶם אֶחָד׃

10 מֵעֵבֶר לְנַהֲרֵי־כוּשׁ עֲתָרַי בַּת־פוּצַי יוֹבִלוּן מִנְחָתִי׃

11 בַּיּוֹם הַהוּא לֹא תֵבוֹשִׁי מִכֹּל עֲלִילֹתַיִךְ אֲשֶׁר פָּשַׁעַתְּ בִּי כִּי־אָז אָסִיר מִקִּרְבֵּךְ עַלִּיזֵי גַּאֲוָתֵךְ וְלֹא־תוֹסִפִי לְגָבְהָה עוֹד בְּהַר קָדְשִׁי׃

12 וְהִשְׁאַרְתִּי בְקִרְבֵּךְ עַם עָנִי וָדָל וְחָסוּ בְּשֵׁם יְהוָה׃

13 שְׁאֵרִית יִשְׂרָאֵל לֹא־יַעֲשׂוּ עַוְלָה וְלֹא־יְדַבְּרוּ כָזָב וְלֹא־יִמָּצֵא בְּפִיהֶם לְשׁוֹן תַּרְמִית כִּי־הֵמָּה יִרְעוּ וְרָבְצוּ וְאֵין מַחֲרִיד׃

14 רָנִּי בַּת־צִיּוֹן הָרִיעוּ יִשְׂרָאֵל שִׂמְחִי וְעָלְזִי בְּכָל־לֵב בַּת יְרוּשָׁלִָם׃

15 הֵסִיר יְהוָה מִשְׁפָּטַיִךְ פִּנָּה אֹיְבֵךְ מֶלֶךְ יִשְׂרָאֵל יְהוָה בְּקִרְבֵּךְ לֹא־תִירְאִי רָע עוֹד׃

16 בַּיּוֹם הַהוּא יֵאָמֵר לִירוּשָׁלִַם אַל־תִּירָאִי צִיּוֹן אַל־יִרְפּוּ יָדָיִךְ׃

17 יְהוָה אֱלֹהַיִךְ בְּקִרְבֵּךְ גִּבּוֹר יוֹשִׁיעַ יָשִׂישׂ עָלַיִךְ בְּשִׂמְחָה יַחֲרִישׁ בְּאַהֲבָתוֹ יָגִיל עָלַיִךְ בְּרִנָּה׃

18 נוּגֵי מִמּוֹעֵד אָסַפְתִּי מִמֵּךְ הָיוּ מַשְׂאֵת עָלֶיהָ חֶרְפָּה׃

19 הִנְנִי עֹשֶׂה אֶת־כָּל־מְעַנַּיִךְ בָּעֵת הַהִיא וְהוֹשַׁעְתִּי אֶת־הַצֹּלֵעָה וְהַנִּדָּחָה אֲקַבֵּץ וְשַׂמְתִּים לִתְהִלָּה וּלְשֵׁם בְּכָל־הָאָרֶץ בָּשְׁתָּם׃

20 בָּעֵת הַהִיא אָבִיא אֶתְכֶם וּבָעֵת קַבְּצִי אֶתְכֶם כִּי־אֶתֵּן אֶתְכֶם לְשֵׁם וְלִתְהִלָּה בְּכֹל עַמֵּי הָאָרֶץ בְּשׁוּבִי אֶת־שְׁבוּתֵיכֶם לְעֵינֵיכֶם אָמַר יְהוָה׃

חגי

LIBER HAGGAI.

CAP. I. א

1 בִּשְׁנַת שְׁתַּיִם לְדָרְיָוֶשׁ הַמֶּלֶךְ בַּחֹדֶשׁ הַשִּׁשִּׁי בְּיוֹם אֶחָד לַחֹדֶשׁ הָיָה דְבַר־יְהוָה בְּיַד־חַגַּי הַנָּבִיא אֶל־זְרֻבָּבֶל בֶּן־שְׁאַלְתִּיאֵל פַּחַת יְהוּדָה וְאֶל־יְהוֹשֻׁעַ בֶּן־יְהוֹצָדָק הַכֹּהֵן הַגָּדוֹל לֵאמֹר׃

2 כֹּה אָמַר יְהוָה צְבָאוֹת לֵאמֹר הָעָם הַזֶּה אָמְרוּ לֹא עֶת־בֹּא עֶת־בֵּית יְהוָה לְהִבָּנוֹת׃

3 וַיְהִי דְּבַר־יְהוָה בְּיַד־חַגַּי הַנָּבִיא לֵאמֹר׃

4 הַעֵת לָכֶם אַתֶּם לָשֶׁבֶת בְּבָתֵּיכֶם סְפוּנִים וְהַבַּיִת הַזֶּה חָרֵב׃

5 וְעַתָּה כֹּה אָמַר יְהוָה צְבָאוֹת שִׂימוּ לְבַבְכֶם עַל־דַּרְכֵיכֶם׃

6 זְרַעְתֶּם הַרְבֵּה וְהָבֵא מְעָט אָכוֹל וְאֵין־לְשָׂבְעָה שָׁתוֹ וְאֵין־לְשָׁכְרָה לָבוֹשׁ וְאֵין־לְחֹם לוֹ וְהַמִּשְׂתַּכֵּר מִשְׂתַּכֵּר אֶל־צְרוֹר נָקוּב׃

7 כֹּה אָמַר יְהוָה צְבָאוֹת שִׂימוּ לְבַבְכֶם עַל־דַּרְכֵיכֶם׃

8 עֲלוּ הָהָר וַהֲבֵאתֶם עֵץ וּבְנוּ הַבָּיִת וְאֶרְצֶה־בּוֹ וְאֶכָּבֵד אָמַר יְהוָה׃

9 פָּנֹה אֶל־הַרְבֵּה וְהִנֵּה לִמְעָט וַהֲבֵאתֶם הַבַּיִת וְנָפַחְתִּי בוֹ יַעַן מֶה נְאֻם יְהוָה צְבָאוֹת יַעַן בֵּיתִי אֲשֶׁר־הוּא חָרֵב וְאַתֶּם רָצִים אִישׁ לְבֵיתוֹ׃

10 עַל־כֵּן עֲלֵיכֶם כָּלְאוּ שָׁמַיִם מִטָּל וְהָאָרֶץ כָּלְאָה יְבוּלָהּ׃

11 וָאֶקְרָא חֹרֶב עַל־הָאָרֶץ וְעַל־הֶהָרִים וְעַל־הַדָּגָן וְעַל־הַתִּירוֹשׁ וְעַל־הַיִּצְהָר וְעַל אֲשֶׁר תּוֹצִיא הָאֲדָמָה וְעַל־הָאָדָם וְעַל־הַבְּהֵמָה וְעַל כָּל־יְגִיעַ כַּפָּיִם׃

12 וַיִּשְׁמַע זְרֻבָּבֶל בֶּן־שַׁלְתִּיאֵל וִיהוֹשֻׁעַ בֶּן־יְהוֹצָדָק הַכֹּהֵן הַגָּדוֹל וְכֹל שְׁאֵרִית הָעָם בְּקוֹל יְהוָה אֱלֹהֵיהֶם וְעַל־דִּבְרֵי חַגַּי הַנָּבִיא כַּאֲשֶׁר שְׁלָחוֹ יְהוָה אֱלֹהֵיהֶם וַיִּירְאוּ הָעָם מִפְּנֵי יְהוָה׃

13 וַיֹּאמֶר חַגַּי מַלְאַךְ יְהוָה בְּמַלְאֲכוּת יְהוָה לָעָם לֵאמֹר אֲנִי אִתְּכֶם נְאֻם־יְהוָה׃

14 וַיָּעַר יְהוָה אֶת־רוּחַ זְרֻבָּבֶל בֶּן־שַׁלְתִּיאֵל פַּחַת יְהוּדָה וְאֶת־רוּחַ יְהוֹשֻׁעַ בֶּן־יְהוֹצָדָק הַכֹּהֵן הַגָּדוֹל וְאֶת־רוּחַ כֹּל שְׁאֵרִית הָעָם וַיָּבֹאוּ וַיַּעֲשׂוּ מְלָאכָה בְּבֵית־יְהוָה צְבָאוֹת אֱלֹהֵיהֶם׃

15 בְּיוֹם עֶשְׂרִים וְאַרְבָּעָה לַחֹדֶשׁ בַּשִּׁשִּׁי בִּשְׁנַת שְׁתַּיִם לְדָרְיָוֶשׁ הַמֶּלֶךְ׃

CAP. II. ב

1 בַּשְּׁבִיעִי בְּעֶשְׂרִים וְאֶחָד לַחֹדֶשׁ הָיָה דְּבַר־יְהוָה בְּיַד־חַגַּי הַנָּבִיא לֵאמֹר׃

2 אֱמָר־נָא אֶל־זְרֻבָּבֶל בֶּן־שַׁלְתִּיאֵל פַּחַת יְהוּדָה וְאֶל־יְהוֹשֻׁעַ בֶּן־יְהוֹצָדָק הַכֹּהֵן הַגָּדוֹל וְאֶל־שְׁאֵרִית הָעָם לֵאמֹר׃

3 מִי בָכֶם הַנִּשְׁאָר אֲשֶׁר רָאָה אֶת־הַבַּיִת הַזֶּה בִּכְבוֹדוֹ הָרִאשׁוֹן וּמָה אַתֶּם רֹאִים אֹתוֹ עַתָּה הֲלוֹא כָמֹהוּ כְּאַיִן בְּעֵינֵיכֶם׃

4 וְעַתָּה חֲזַק זְרֻבָּבֶל נְאֻם־יְהוָה וַחֲזַק יְהוֹשֻׁעַ בֶּן־יְהוֹצָדָק הַכֹּהֵן הַגָּדוֹל וַחֲזַק כָּל־עַם

8 Therefore wait^a ye upon me, saith the LORD, until the day that I rise up to the prey; for my determination *is* to gather the nations,^c that I may assemble the kingdoms, to pour upon them mine indignation, *even* all my fierce anger: for all the earth^e shall be devoured with the fire of my jealousy.

9 For then will I turn to the people a pure β language, that they may all^f call upon the name of the LORD, to serve him with one δ consent.

10 From beyond the rivers of Ethiopia^g my suppliants, *even* the daughter of my dispersed, shall bring mine offering.

11 In that day shalt thou not be ashamedⁱ for all thy doings, wherein thou hast transgressed against me: for then I will take away out of the midst of thee them that rejoice in thy pride; and thou shalt no more be haughty θ because of mine holy mountain.

12 I will also leave in the midst of thee an afflicted and poor^k people, and they shall trust in the name of the LORD.

13 The remnant of Israel shall not do iniquity,^m nor speak lies;ⁿ neither shall a deceitful tongue be found in their mouth: for they shall feed and lie down, and none shall make *them* afraid.

B. C. 630.

a Pr. 20. 22.
La. 3. 25,26.
b Zec. 2.10;9.9.
c Joel 3. 2.
Mat. 25.32.
d Ro.8.33,34.
Re. 12. 10.
e 2 Pe. 3. 10.
β lip.
f Ac. 2. 4,&c.
γ or, faint.
δ shoulder.
g Ps. 68. 31.
Is. 18. 1, 7.
h Is. 62. 5.
Je. 32. 41.
ζ be silent.
i Ps. 49. 5.
Joel 2.26,27.
η the burden upon it was reproach.
θ in.
κ set them for a.
λ of their shame.
k Ja. 2. 5.
l Am. 9. 14.
m Mat. 13.41.
n Re. 21. 27.

14 Sing,^b O daughter of Zion; shout, O Israel; be glad and rejoice with all the heart, O daughter of Jerusalem.

15 The LORD hath taken away thy judgments, he hath cast out^d thine enemy: the king of Israel, *even* the LORD, *is* in the midst of thee: thou shalt not see evil any more.

16 In that day it shall be said to Jerusalem, Fear thou not; *and to* Zion, Let not thine hands be γ slack.

17 The LORD thy God in the midst of thee *is* mighty; he will save, he will rejoice^h over thee with joy; he will ζrest in his love; he will joy over thee with singing.

18 I will gather *them that are* sorrowful for the solemn assembly, *who* are of thee, *to whom* η the reproach of it *was* a burden.

19 Behold, at that time I will undo all that afflict thee; and I will save her that halteth, and gather her that was driven out; and I will κ get them praise and fame in every land λ where they have been put to shame.

20 At^l that time will I bring you *again*, even in the time that I gather you: for I will make you a name and a praise among all people of the earth, when I turn back your captivity before your eyes, saith the LORD.

HAGGAI.

CHAP. I.

IN the second year^a of Darius the king, in the sixth month, in the first day of the month, came the word of the LORD, β by Haggai the prophet, unto Zerubbabel^b the son of Shealtiel, γ governor of Judah, and to Joshua the son of Josedech,^c the high priest, saying,

2 Thus speaketh the LORD of hosts, saying, This people say, The time is not come, the time that the LORD's house should be built.

3 Then came the word of the LORD by Haggai the prophet, saying,

4 *Is*^g *it* time for you, O ye, to dwell in your cieled houses, and this house *lie* waste?

5 Now, therefore, thus saith the LORD of hosts, δ Considerⁱ your ways.

6 Ye have sown^k much, and bring in little; ye eat,^l but ye have not enough; ye drink, but ye are not filled with drink; ye clothe you, but there is none warm; and he that earneth wages, earneth wages *to put* it into a bag ζ with holes.

7 Thus saith the LORD of hosts, Consider your ways.

8 Go up to the mountain, and bring wood, and build the house; and I will take pleasure in it, and I will be glorified, saith the LORD.

9 Ye lookedⁿ for much, and, lo, *it came* to little; and when ye brought *it* home, I did blow θ upon it. Why? saith the LORD of hosts. Because of mine house that *is* waste, and ye run every man unto his own house.

10 Therefore^q the heaven over you is stayed from dew, and the earth is stayed *from* her fruit.

11 And I called for a drought^s upon the land, and upon the mountains, and upon the corn, and upon the new wine, and upon the oil, and upon *that* which the ground bringeth forth, and upon men, and upon cattle, and upon all the labour of the hands.

B. C. 520.

a Ezr. 4. 24.
5. 1, 2.
β by the hand of.
b Ezr. 3. 2.
γ or, captain.
c 1 Ch. 6. 15.
d Mal. 2. 7.
2 Co. 5. 20.
e Mat. 28. 20.
f 1 Co. 12. 4..
11.
g 2 Sa. 7. 2.
h Ezr. 5. 2, 8.
δ Set your heart on.
i La. 3. 40.
k De. 28. 38.
l Ho. 4. 10.
Mi. 6. 14.
ζ pierced.
η by the hand of.
m Ezr. 3. 12.
n ch. 2.16,17.
θ or, it away.
o Zec. 4. 10.
p Zec. 8. 9.
q De. 28. 23.
Ho. 2. 9.
r ch. 1. 13.
s 1 Ki. 17. 1.
2 Ki. 8. 1.
t Ex. 29. 45, 46.
u Ne. 9. 20.
Ps 51.11,12.
Is.63.11,14.
v Joel 3. 16.
He. 12. 26.

12 Then Zerubbabel the son of Shealtiel, and Joshua the son of Josedech, the high priest, with all the remnant of the people, obeyed the voice of the LORD their God, and the words of Haggai the prophet, (as the LORD their God had sent him,) and the people did fear before the LORD.

13 Then spake Haggai, the LORD's messenger,^d in the LORD's message unto the people, saying, I^e *am* with you, saith the LORD.

14 And the LORD^f stirred up the spirit of Zerubbabel the son of Shealtiel, governor of Judah, and the spirit of Joshua the son of Josedech, the high priest, and the spirit of all the remnant of the people: and they^h came, and did work in the house of the LORD of hosts, their God,

15 In the four and twentieth day of the sixth month, in the second year of Darius the king.

CHAP. II.

IN the seventh *month*, in the one and twentieth *day* of the month, came the word of the LORD η by the prophet Haggai, saying,

2 Speak now to Zerubbabel the son of Shealtiel, governor of Judah, and to Joshua the son of Josedech, the high priest, and to the residue of the people, saying,

3 Who^m *is* left among you that saw this house in her first glory? and how do ye see it now? *is it* not in your eyes in comparison of it as nothing? θ

4 Yet now be strong,^p O Zerubbabel, saith the LORD; and be strong, O Joshua son of Josedech, the high priest; and be strong, all ye people of the land, saith the LORD, and work: for I^t *am* with you, saith the LORD of hosts:

5 *According to* the word^t that I covenanted with you when ye came out of Egypt, so my Spirit^u remaineth among you; fear ye not.

6 For thus saith the LORD of hosts, Yet once, it *is* a little while, and I^v will shake

הָאָרֶץ נְאֻם־יְהֹוָה וַעֲשׂוּ כִּי־אֲנִי אִתְּכֶם נְאֻם
5 יְהוָֹה צְבָאוֹת׃ אֶת־הַדָּבָר אֲשֶׁר־כָּרַתִּי אֶתְכֶם מִן־
בְּצֵאתְכֶם מִמִּצְרַיִם וְרוּחִי עֹמֶדֶת בְּתוֹכְכֶם אַל־
6 תִּירָאוּ׃ כִּי כֹה אָמַר יְהוָֹה צְבָאוֹת
עוֹד אַחַת מְעַט הִיא וַאֲנִי מַרְעִישׁ אֶת־הַשָּׁמַיִם
7 וְאֶת־הָאָרֶץ וְאֶת־הַיָּם וְאֶת־הֶחָרָבָה׃ וְהִרְעַשְׁתִּי
אֶת־כָּל־הַגּוֹיִם וּבָאוּ חֶמְדַּת כָּל־הַגּוֹיִם וּמִלֵּאתִי
8 אֶת־הַבַּיִת הַזֶּה כָּבוֹד אָמַר יְהוָֹה צְבָאוֹת׃ לִי
9 הַכֶּסֶף וְלִי הַזָּהָב נְאֻם יְהֹוָה צְבָאוֹת׃ גָּדוֹל
יִהְיֶה כְּבוֹד הַבַּיִת הַזֶּה הָאַחֲרוֹן מִן־הָרִאשׁוֹן
אָמַר יְהוָֹה צְבָאוֹת וּבַמָּקוֹם הַזֶּה אֶתֵּן שָׁלוֹם
10 נְאֻם יְהוָֹה צְבָאוֹת׃
11 בְּיוֹם עֶשְׂרִים וְאַרְבָּעָה
לְחֹדֶשׁ חַמִּישִׁי וְהָיְתָה פֻּרָּה וְהָיְתָה עֲשָׂרִים
אֶתְכֶם בַּשְּׂדֶפוֹן וּבַיֵּרָקוֹן וּבַבָּרָד אֵת כָּל־מַעֲשֵׂה
12 יְדֵיכֶם וְאֵין־אֶתְכֶם אֵלַי נְאֻם־יְהוָֹה׃
לְבַבְכֶם מִן־הַיּוֹם הַזֶּה וָמָעְלָה מִיּוֹם עֶשְׂרִים
וְאַרְבָּעָה לַתְּשִׁיעִי לְמִן־הַיּוֹם אֲשֶׁר־יֻסַּד הֵיכַל־יְהוָֹה
13 שִׂימוּ לְבַבְכֶם׃ הַעוֹד הַזֶּרַע בַּמְּגוּרָה וְעַד־הַגֶּפֶן
וְהַתְּאֵנָה וְהָרִמּוֹן וְעֵץ הַזַּיִת לֹא נָשָׂא מִן־הַיּוֹם
14 הַזֶּה אֲבָרֵךְ׃ וַיְהִי דְבַר־יְהֹוָה שֵׁנִית אֶל־חַגַּי
בְּעֶשְׂרִים וְאַרְבָּעָה לַחֹדֶשׁ לֵאמֹר׃ אֱמֹר אֶל־זְרֻבָּבֶל
פַּחַת־יְהוּדָה לֵאמֹר אֲנִי מַרְעִישׁ אֶת־הַשָּׁמַיִם
וְאֶת־הָאָרֶץ׃ וְהָפַכְתִּי כִּסֵּא מַמְלָכוֹת וְהִשְׁמַדְתִּי
חֹזֶק מַמְלְכוֹת הַגּוֹיִם וְהָפַכְתִּי מֶרְכָּבָה וְרֹכְבֶיהָ
וְיָרְדוּ סוּסִים וְרֹכְבֵיהֶם אִישׁ בְּחֶרֶב אָחִיו׃ בַּיּוֹם
הַהוּא נְאֻם־יְהֹוָה צְבָאוֹת אֶקָּחֲךָ זְרֻבָּבֶל בֶּן־
שְׁאַלְתִּיאֵל עַבְדִּי נְאֻם־יְהֹוָה וְשַׂמְתִּיךָ כַּחוֹתָם כִּי־
בְךָ בָחַרְתִּי נְאֻם יְהוָֹה צְבָאוֹת׃

זכריה

LIBER ZACHARIÆ.

CAP. I. א

לַעֲשׂוֹת לָנוּ כִּדְרָכֵינוּ וּכְמַעֲלָלֵינוּ כֵּן עָשָׂה אִתָּנוּ׃
7 בְּיוֹם עֶשְׂרִים וְאַרְבָּעָה לְעַשְׁתֵּי־עָשָׂר חֹדֶשׁ
הוּא־חֹדֶשׁ שְׁבָט בִּשְׁנַת שְׁתַּיִם לְדָרְיָוֶשׁ הָיָה
דְבַר־יְהוָֹה אֶל־זְכַרְיָה בֶּן־בֶּרֶכְיָהוּ בֶּן־עִדּוֹא הַנָּבִיא
8 לֵאמֹר׃ רָאִיתִי הַלַּיְלָה וְהִנֵּה־אִישׁ רֹכֵב עַל־סוּס
אָדֹם וְהוּא עֹמֵד בֵּין הַהֲדַסִּים אֲשֶׁר בַּמְּצֻלָה
9 וְאַחֲרָיו סוּסִים אֲדֻמִּים שְׂרֻקִּים וּלְבָנִים׃ וָאֹמַר
מָה־אֵלֶּה אֲדֹנִי וַיֹּאמֶר אֵלַי הַמַּלְאָךְ הַדֹּבֵר בִּי
10 אֲנִי אַרְאֶךָּ מָה־הֵמָּה אֵלֶּה׃ וַיַּעַן הָאִישׁ הָעֹמֵד
בֵּין־הַהֲדַסִּים וַיֹּאמַר אֵלֶּה אֲשֶׁר שָׁלַח יְהוָֹה
11 לְהִתְהַלֵּךְ בָּאָרֶץ׃ וַיַּעֲנוּ אֶת־מַלְאַךְ יְהוָֹה הָעֹמֵד
בֵּין הַהֲדַסִּים וַיֹּאמְרוּ הִתְהַלַּכְנוּ בָאָרֶץ וְהִנֵּה כָל־
12 הָאָרֶץ יֹשֶׁבֶת וְשֹׁקָטֶת׃ וַיַּעַן מַלְאַךְ־יְהוָֹה וַיֹּאמַר

1 בַּחֹדֶשׁ הַשְּׁמִינִי בִּשְׁנַת שְׁתַּיִם לְדָרְיָוֶשׁ הָיָה דְבַר־
יְהוָֹה אֶל־זְכַרְיָה בֶּן־בֶּרֶכְיָה בֶּן־עִדּוֹ הַנָּבִיא לֵאמֹר׃
2,3 קָצַף יְהֹוָה עַל־אֲבוֹתֵיכֶם קָצֶף׃ וְאָמַרְתָּ אֲלֵהֶם
כֹּה אָמַר יְהֹוָה צְבָאוֹת שׁוּבוּ אֵלַי נְאֻם יְהוָֹה
4 צְבָאוֹת וְאָשׁוּב אֲלֵיכֶם אָמַר יְהוָֹה צְבָאוֹת׃ אַל־
תִּהְיוּ כַאֲבֹתֵיכֶם אֲשֶׁר קָרְאוּ־אֲלֵיהֶם הַנְּבִיאִים
הָרִאשֹׁנִים לֵאמֹר כֹּה אָמַר יְהוָֹה צְבָאוֹת שׁוּבוּ נָא
מִדַּרְכֵיכֶם הָרָעִים וּמַעַלְלֵיכֶם הָרָעִים וְלֹא שָׁמְעוּ
5 וְלֹא־הִקְשִׁיבוּ אֵלַי נְאֻם־יְהוָֹה׃ אֲבוֹתֵיכֶם אַיֵּה־הֵם
6 וְהַנְּבִיאִים הַלְעוֹלָם יִחְיוּ׃ אַךְ דְּבָרַי וְחֻקַּי
אֲשֶׁר צִוִּיתִי אֶת־עֲבָדַי הַנְּבִיאִים הֲלוֹא הִשִּׂיגוּ
אֲבֹתֵיכֶם וַיָּשׁוּבוּ וַיֹּאמְרוּ כַּאֲשֶׁר זָמַם יְהוָֹה צְבָאוֹת

the heavens, and the earth, and the sea, and the dry *land ;*

7 And I will shake all nations, and the desire of all nations shall come : *b* and I will fill this house with glory, saith the LORD of hosts.

8 The silver *is* mine,*d* and the gold *is* mine, saith the LORD of hosts.

9 The glory*e* of this latter house shall be greater than of the former, saith the LORD of hosts : and in this place will I give peace,*f* saith the LORD of hosts.

10 In the four and twentieth *day* of the ninth *month*, in the second year of Darius, came the word of the LORD by Haggai the prophet, saying,

11 Thus saith the LORD of hosts, Ask now the priests*i* *concerning* the law, saying,

12 If one bear holy flesh in the skirt of his garment, and with his skirt do touch bread, or pottage, or wine, or oil, or any meat, shall it be holy? And the priests answered and said, No.

13 Then said Haggai, If *one that is* unclean by a dead body touch*l* any of these, shall it be unclean? And the priests answered and said, It shall be unclean.

14 Then answered Haggai, and said, So *o is* this people, and so *is* this nation before me, saith the LORD ; and so *is* every work of their hands ; and that which they offer there *is* unclean.

15 And now, I pray you, consider from this day and upward, from before a stone was laid upon a stone in the temple of the LORD.

B. C. 520.

a ch. 1.6,9.
Zec. 8.10.

b Ge. 49. 10.
Mal. 3. 1.
Lu. 2.27,46.

c De. 28. 22,
1 Ki. 8. 37.
Am. 4. 9.

d 1Ch. 29. 14.

e Jnᵒ. 1. 14.
2Co.3.9,10.

f Ps. 85. 8.
Lu. 2. 14.
Ep. 2. 14.

g Zec. 8. 9,12.

h Hab. 3. 17,
18.

i Le.10.10,11.
De. 33. 10.
Mal. 2. 7.

k ver. 6, 7.

l Nu. 19. 11.

m Da. 2. 44.

n Mi. 5. 10.
Zec. 9. 10.

o Tit. 1. 15.
Jude 23.

p Ca. 8. 6.

16 Since those *days* were, when *one*ᵃ came to an heap of twenty *measures*, there were *but* ten : when *one* came to the press-fat for to draw out fifty *vessels* out of the press, there were *but* twenty.

17 I smote*c* you with blasting, and with mildew, and with hail, in all the labours of your hands ; yet ye *turned* not to me, saith the LORD.

18 Consider now from this day and upward, from the four and twentieth day of the ninth *month*, *even* from the day*g* that the foundation of the LORD's temple was laid, consider *it*.

19 Is the seed yet in the barn? yea, as yet the vine,*h* and the fig-tree, and the pomegranate, and the olive-tree, hath not brought forth : from this day will I bless *you.*

20 And again the word of the LORD came unto Haggai in the four and twentieth *day* of the month, saying,

21 Speak to Zerubbabel, governor of Judah, saying, I will shake*k* the heavens and the earth ;

22 And I will overthrow *m* the throne of kingdoms, and I will destroy the strength of the kingdoms of the heathen : and I *n* will overthrow the chariots, and those that ride in them ; and the horses and their riders shall come down, every one by the sword of his brother.

23 In that day, saith the LORD of hosts, will I take thee, O Zerubbabel my servant, the son of Shealtiel, saith the LORD, and will make thee as a signet ;*p* for I have chosen thee, saith the LORD of hosts.

ZECHARIAH.

CHAP. I.

IN the eighth month, in the second*b* year of Darius, came the word of the LORD unto Zechariah,*c* the son of Berechiah, the son of Iddo the prophet, saying,

2 The LORD hath been *γ* sore displeased*d* with your fathers.

3 Therefore say thou unto them, Thus saith the LORD of hosts, Turn*f* ye unto me, saith the LORD of hosts, and I*g* will turn unto you, saith the LORD of hosts.

4 Be ye not as your fathers, unto whom the former prophets have cried, saying, Thus saith the LORD of hosts, Turn ye now from your evil ways, and *from* your evil doings : but they did not hear, nor hearken unto me, saith the LORD.

5 Your fathers, where *are* they? and the prophets, do they live for ever?

6 But my words and my statutes, which I commanded my servants the prophets, did they not δ take hold*l* of your fathers? and they returned and said, Like as the LORD of hosts thought*m* to do unto us, according to our ways, and according to our doings, so*e* hath he dealt with us.

7 Upon the four and twentieth day of the eleventh month, which *is* the month Sebat, in the second year of Darius, came the word of the LORD unto Zechariah, the son of Berechiah, the son of Iddo the prophet, saying,

8 I saw by night, and, behold,*r* a man riding upon a red horse, and he stood among the myrtle-trees that *were* in the

B. C. 520.

a ch. 6. 2.
b Hag. 1. 1.
β or, *bay.*
c Ezr. 5. 1.
Mat. 23. 35.
γ *with dis-
pleasure.*
d Ps. 103. 20,
21.
He. 1. 14.
e 2Ch. 36. 16.
Ps. 60. 1.
f Je. 25. 5.
Mal. 3. 7.
g Mi. 7. 19.
Lu. 15. 20.
Ja. 4. 8.
h Ps. 102. 13.
Re. 6. 10.
i ch. 7. 5.
Je.25.11,12.
Da. 9. 2.
k Je. 29. 10.
δ or, *over-
take.*
l Ho. 6. 5.
m La. 2. 17.
n ch. 8. 2, 3.
Joel 2. 18.
o La. 1. 18.
p Is. 47. 6.
Ob. 15,17.
q Is. 12. 1.
54. 8.
r Jos. 5. 13.
Re. 6. 4.

bottom ; and behind him *were there*ᵃ red horses, *β* speckled, and white.

9 Then said I, O my lord, what *are* these? And the angel that talked with me said unto me, I will shew thee what these *be.*

10 And the man that stood among the myrtle-trees answered and said,*d* These *are they* whom the LORD hath sent to walk to and fro through the earth.

11 And they answered the angel of the LORD that stood among the myrtle-trees, and said, We have walked to and fro through the earth, and, behold, all the earth sitteth still, and is at rest.

12 Then the angel of the LORD answered and said, O LORD of hosts, how long*h* wilt thou not have mercy on Jerusalem and on the cities of Judah, against which thou hast had indignation these*i* three-score and ten years?

13 And the LORD answered the angel that talked with me *with* good*k* words, *and* comfortable words.

14 So the angel that communed with me said unto me, Cry thou, saying, Thus saith the LORD of hosts, I am jealous *n* for Jerusalem and for Zion with a great jealousy.

15 And I am very sore displeased with the heathen *that are* at ease : for I*p* was but a little displeased, and they helped forward the affliction.

16 Therefore thus saith the LORD, I am returned*q* to Jerusalem with mercies : my house shall be built in it. saith the LORD of hosts, and a line shall be stretched forth upon Jerusalem.

15 וְנִלְווּ גֹויִם רַבִּים אֶל־יְהֹוָה בַּיֹּום הַהוּא וְהָיוּ לִי לְעָם וְשָׁכַנְתִּי בְתֹוכֵךְ וְיָדַעַתְּ כִּי־יְהֹוָה צְבָאֹות שְׁלָחַנִי אֵלָיִךְ ׃

16 וְנָחַל יְהֹוָה אֶת־יְהוּדָה חֶלְקֹו עַל אַדְמַת הַקֹּדֶשׁ וּבָחַר עֹוד בִּירוּשָׁלָ͏ִם ׃

17 הַס כָּל־בָּשָׂר מִפְּנֵי יְהֹוָה כִּי נֵעֹור מִמְּעֹון קָדְשֹׁו ׃

CAP. II. ב

1 וָאֶשָּׂא אֶת־עֵינַי וָאֵרֶא וְהִנֵּה אַרְבַּע קְרָנֹות ׃

2 וָאֹמַר אֶל־הַמַּלְאָךְ הַדֹּבֵר בִּי מָה־אֵלֶּה וַיֹּאמֶר אֵלַי אֵלֶּה הַקְּרָנֹות אֲשֶׁר זֵרוּ אֶת־יְהוּדָה אֶת־יִשְׂרָאֵל וִירוּשָׁלָ͏ִם ׃

3 וַיַּרְאֵנִי יְהֹוָה אַרְבָּעָה חָרָשִׁים ׃

4 וָאֹמַר מָה אֵלֶּה בָּאִים לַעֲשֹׂות וַיֹּאמֶר לֵאמֹר אֵלֶּה הַקְּרָנֹות אֲשֶׁר־זֵרוּ אֶת־יְהוּדָה כְּפִי־אִישׁ לֹא־נָשָׂא רֹאשֹׁו וַיָּבֹאוּ אֵלֶּה לְהַחֲרִיד אֹתָם לְיַדֹּות אֶת־קַרְנֹות הַגֹּויִם הַנֹּשְׂאִים קֶרֶן אֶל־אֶרֶץ יְהוּדָה לְזָרֹותָהּ ׃

5 וָאֶשָּׂא עֵינַי וָאֵרֶא וְהִנֵּה אִישׁ וּבְיָדֹו חֶבֶל מִדָּה ׃

6 וָאֹמַר אָנָה אַתָּה הֹלֵךְ וַיֹּאמֶר אֵלַי לָמֹד אֶת־יְרוּשָׁלַ͏ִם לִרְאֹות כַּמָּה־רָחְבָּהּ וְכַמָּה אָרְכָּהּ ׃

7 וְהִנֵּה הַמַּלְאָךְ הַדֹּבֵר בִּי יֹצֵא וּמַלְאָךְ אַחֵר יֹצֵא לִקְרָאתֹו ׃

8 וַיֹּאמֶר אֵלָו רֻץ דַּבֵּר אֶל־הַנַּעַר הַלָּז לֵאמֹר פְּרָזֹות תֵּשֵׁב יְרוּשָׁלַ͏ִם מֵרֹב אָדָם וּבְהֵמָה בְּתֹוכָהּ ׃

9 וַאֲנִי אֶהְיֶה־לָּהּ נְאֻם־יְהֹוָה חֹומַת אֵשׁ סָבִיב וּלְכָבֹוד אֶהְיֶה בְתֹוכָהּ ׃

10 הֹוי הֹוי וְנֻסוּ מֵאֶרֶץ צָפֹון נְאֻם־יְהֹוָה כִּי כְּאַרְבַּע רוּחֹות הַשָּׁמַיִם פֵּרַשְׂתִּי אֶתְכֶם נְאֻם־יְהֹוָה ׃

11 הֹוי צִיֹּון הִמָּלְטִי יֹושֶׁבֶת בַּת־בָּבֶל ׃

12 כִּי כֹה אָמַר יְהֹוָה צְבָאֹות אַחַר כָּבֹוד שְׁלָחַנִי אֶל־הַגֹּויִם הַשֹּׁלְלִים אֶתְכֶם כִּי הַנֹּגֵעַ בָּכֶם נֹגֵעַ בְּבָבַת עֵינֹו ׃

13 כִּי הִנְנִי מֵנִיף אֶת־יָדִי עֲלֵיהֶם וְהָיוּ שָׁלָל לְעַבְדֵיהֶם וִידַעְתֶּם כִּי־יְהֹוָה צְבָאֹות שְׁלָחָנִי ׃

14 רָנִּי וְשִׂמְחִי בַּת־צִיֹּון כִּי הִנְנִי־בָא וְשָׁכַנְתִּי בְתֹוכֵךְ

יְהֹוָה צְבָאֹות עַד־מָתַי אַתָּה לֹא־תְרַחֵם אֶת־יְרוּשָׁלַ͏ִם וְאֵת עָרֵי יְהוּדָה אֲשֶׁר זָעַמְתָּה זֶה שִׁבְעִים 13 שָׁנָה ׃

13 וַיַּעַן יְהֹוָה אֶת־הַמַּלְאָךְ הַדֹּבֵר בִּי דְּבָרִים טֹובִים דְּבָרִים נִחֻמִים ׃

14 וַיֹּאמֶר אֵלַי הַמַּלְאָךְ הַדֹּבֵר בִּי קְרָא לֵאמֹר כֹּה אָמַר יְהֹוָה צְבָאֹות קִנֵּאתִי לִירוּשָׁלַ͏ִם וּלְצִיֹּון קִנְאָה גְדֹולָה ׃

15 וְקֶצֶף גָּדֹול אֲנִי קֹצֵף עַל־הַגֹּויִם הַשַּׁאֲנַנִּים אֲשֶׁר אֲנִי קָצַפְתִּי מְּעָט וְהֵמָּה עָזְרוּ לְרָעָה ׃

16 לָכֵן כֹּה־אָמַר יְהֹוָה שַׁבְתִּי לִירוּשָׁלַ͏ִם בְּרַחֲמִים בֵּיתִי יִבָּנֶה בָּהּ נְאֻם יְהֹוָה צְבָאֹות וְקָו יִנָּטֶה עַל־יְרוּשָׁלָ͏ִם ׃

17 עֹוד קְרָא לֵאמֹר כֹּה אָמַר יְהֹוָה צְבָאֹות עֹוד תְּפוּצֶנָה עָרַי מִטֹּוב וְנִחַם יְהֹוָה עֹוד אֶת־צִיֹּון וּבָחַר עֹוד בִּירוּשָׁלָ͏ִם ׃

CAP. III. ג

1 וַיַּרְאֵנִי אֶת־יְהֹושֻׁעַ הַכֹּהֵן הַגָּדֹול עֹמֵד לִפְנֵי מַלְאַךְ יְהֹוָה וְהַשָּׂטָן עֹמֵד עַל־יְמִינֹו לְשִׂטְנֹו ׃

2 וַיֹּאמֶר יְהֹוָה אֶל־הַשָּׂטָן יִגְעַר יְהֹוָה בְּךָ הַשָּׂטָן וְיִגְעַר יְהֹוָה בְּךָ הַבֹּחֵר בִּירוּשָׁלָ͏ִם הֲלֹוא זֶה אוּד מֻצָּל מֵאֵשׁ ׃

3 וִיהֹושֻׁעַ הָיָה לָבֻשׁ בְּגָדִים צֹואִים וְעֹמֵד לִפְנֵי הַמַּלְאָךְ ׃

4 וַיַּעַן וַיֹּאמֶר אֶל־הָעֹמְדִים לְפָנָיו לֵאמֹר הָסִירוּ הַבְּגָדִים הַצֹּאִים מֵעָלָיו וַיֹּאמֶר אֵלָיו רְאֵה הֶעֱבַרְתִּי מֵעָלֶיךָ עֲוֹנֶךָ וְהַלְבֵּשׁ אֹתְךָ מַחֲלָצֹות ׃

5 וָאֹמַר יָשִׂימוּ צָנִיף טָהֹור עַל־רֹאשֹׁו וַיָּשִׂימוּ הַצָּנִיף הַטָּהֹור עַל־רֹאשֹׁו וַיַּלְבִּשֻׁהוּ בְּגָדִים וּמַלְאַךְ יְהֹוָה עֹמֵד ׃

6 וַיָּעַד מַלְאַךְ יְהֹוָה בִּיהֹושֻׁעַ לֵאמֹר ׃

7 כֹּה־אָמַר יְהֹוָה צְבָאֹות אִם־בִּדְרָכַי תֵּלֵךְ וְאִם אֶת־מִשְׁמַרְתִּי תִשְׁמֹר וְגַם־אַתָּה תָּדִין אֶת־בֵּיתִי וְגַם תִּשְׁמֹר אֶת־חֲצֵרָי וְנָתַתִּי לְךָ מַהְלְכִים בֵּין הָעֹמְדִים הָאֵלֶּה ׃

8 שְׁמַע־נָא יְהֹושֻׁעַ הַכֹּהֵן הַגָּדֹול אַתָּה וְרֵעֶיךָ הַיֹּשְׁבִים לְפָנֶיךָ כִּי־אַנְשֵׁי מֹופֵת הֵמָּה כִּי־הִנְנִי מֵבִיא אֶת־עַבְדִּי צֶמַח ׃

9 כִּי הִנֵּה הָאֶבֶן אֲשֶׁר נָתַתִּי לִפְנֵי יְהֹושֻׁעַ עַל־אֶבֶן אַחַת שִׁבְעָה עֵינָיִם הִנְנִי מְפַתֵּחַ פִּתֻּחָהּ נְאֻם יְהֹוָה צְבָאֹות וּמַשְׁתִּי אֶת־עֲוֹן הָאָרֶץ־הַהִיא בְּיֹום אֶחָד ׃

10 בַּיֹּום הַהוּא נְאֻם יְהֹוָה צְבָאֹות תִּקְרְאוּ אִישׁ לְרֵעֵהוּ אֶל־תַּחַת גֶּפֶן וְאֶל־תַּחַת תְּאֵנָה ׃

CAP. IV. ד

1 וַיָּשָׁב הַמַּלְאָךְ הַדֹּבֵר בִּי וַיְעִירֵנִי כְּאִישׁ אֲשֶׁר־יֵעֹור מִשְּׁנָתֹו ׃

2 וַיֹּאמֶר אֵלַי מָה אַתָּה רֹאֶה וָאֹמַר רָאִיתִי וְהִנֵּה מְנֹורַת זָהָב כֻּלָּהּ וְגֻלָּהּ עַל־רֹאשָׁהּ וְשִׁבְעָה נֵרֹתֶיהָ עָלֶיהָ שִׁבְעָה וְשִׁבְעָה מוּצָקֹות לַנֵּרֹות אֲשֶׁר עַל־רֹאשָׁהּ ׃

3 וּשְׁנַיִם זֵיתִים עָלֶיהָ אֶחָד מִימִין הַגֻּלָּה וְאֶחָד עַל־שְׂמֹאלָהּ ׃

4 וָאַעַן וָאֹמַר אֶל־הַמַּלְאָךְ הַדֹּבֵר בִּי לֵאמֹר מָה־אֵלֶּה אֲדֹנִי ׃

5 וַיַּעַן הַמַּלְאָךְ הַדֹּבֵר בִּי וַיֹּאמֶר אֵלַי הֲלֹוא יָדַעְתָּ מָה־הֵמָּה אֵלֶּה וָאֹמַר לֹא אֲדֹנִי ׃

6 וַיַּעַן

17 Cry yet, saying, Thus saith the LORD of hosts, My cities through β prosperity shall yet be spread abroad ; and *b* the LORD shall yet comfort Zion, and shall yet choose *e* Jerusalem.

18 Then lifted I up mine eyes, and saw, and, behold, four horns.

19 And I said unto the angel that talked with me, What *be* these? And he answered me, These *are* the horns which have scattered Judah, Israel, and Jerusalem.

20 And the LORD shewed me four carpenters.

21 Then said I, What come these to do? And he spake, saying, These *are* the horns which have scattered *g* Judah, so that no man did lift up his head: but these are come to fray them, to cast out the horns of the Gentiles, which lifted up*h their* horn over the land of Judah to scatter it.

CHAP. II.

I LIFTED up mine eyes again, and looked, and, behold, a man with a measuring-line *k* in his hand.

2 Then said I, Whither goest thou? And he said unto me, To measure *m* Jerusalem, to see what *is* the breadth thereof, and what *is* the length thereof.

3 And, behold, the angel that talked with me went forth, and another angel went out to meet him,

4 And said unto him, Run, speak to this young man, saying, Jerusalem shall be inhabited *n as* towns without walls for the multitude of men and cattle therein.

5 For I, saith the LORD, will be unto her a wall *o* of fire round about, and will be the glory*p* in the midst of her.

6 Ho, ho, *come forth*, and flee*q* from the land of the north, saith the LORD : for I *r* have spread you abroad as the four winds of the heaven, saith the LORD.

7 Deliver*s* thyself, O Zion, that dwellest *with* the daughter of Babylon.

8 For thus saith the LORD of hosts, After the glory hath he sent me unto the nations which spoiled you; for he that toucheth you *t* toucheth the apple of his eye.

9 For, behold, I will shake *u* mine hand upon them, and they shall be a spoil to their servants: and ye shall know that the LORD of hosts hath sent me.

10 Sing*w* and rejoice, O daughter of Zion: for, lo, I come, and I will dwell in the midst of thee, saith the LORD.

11 And many nations*x* shall be joined to the LORD in that day, and shall be my people: and I will dwell*y* in the midst of thee: and thou shalt know that the LORD of hosts hath sent me unto thee.

12 And the LORD shall inherit*z* Judah his portion in the holy land, and shall choose *a* Jerusalem again.

13 Be silent, O all flesh, before the LORD : for he is raised up out of λ his holy habitation.

CHAP. III.

AND he shewed me Joshua*d* the high priest standing before the angel of the LORD, and π Satan *e* standing at his right hand to *p* resist him.

2 And the LORD said unto Satan, The LORD rebuke*f* thee, O Satan : even the LORD that hath chosen Jerusalem rebuke thee: *is* not this a brand*g* plucked out of the fire?

3 Now Joshua was clothed with *h* filthy garments, and stood before the angel.

4 And he answered and spake unto

those that stood before him, saying, Take away the filthy garments from him. And unto him he said, Behold, I *a* have caused thine iniquity to pass *e* from thee, and I will clothe thee with change *d* of raiment.

5 And I said, Let them set a fair*f* mitre upon his head. So they set a fair mitre upon his head, and clothed him with garments. And the angel of the LORD stood by.

6 And the angel of the LORD protested unto Joshua, saying,

7 Thus saith the LORD of hosts, If thou wilt walk in my ways, and if thou wilt keep my γ charge, then thou shalt also judge my house, and shalt also keep my courts ; and I will give thee δ places to walk among these that stand by.

8 Hear now, O Joshua the high priest, thou and thy fellows that sit before thee : for they *are* men ζ wondered at ; for behold, I will bring forth my servant, The BRANCH.*i*

9 For, behold, the stone that I have laid before Joshua ; upon one stone *shall be* seven*l* eyes : behold, I will engrave the graving thereof, saith the LORD of hosts, and I will remove the iniquity of that land in one day.

10 In that day, saith the LORD of hosts, shall ye call every man his neighbour under the vine and under the fig-tree.

CHAP. IV.

AND the angel that talked with me came again, and waked me, as a man that is wakened out of his sleep;

2 And said unto me, What seest thou? And I said, I have looked, and behold a candlestick all *of* gold, with η a bowl upon the top of it, and his seven lamps thereon, and θ seven pipes to the seven lamps, which *are* upon the top thereof ;

3 And two olive-trees by it, one upon the right *side* of the bowl, and the other upon the left *side* thereof.

4 So I answered and spake to the angel that talked with me, saying, What *are* these, my lord?

5 Then the angel that talked with me answered & said unto me, Knowest thou not what these be? And I said, No, my lord.

6 Then he answered and spake unto me, saying, This *is* the word of the LORD unto Zerubbabel, saying, Not*v* by κmight, nor by power, but by my spirit, saith the LORD of hosts.

7 Who *art* thou, O great mountain? before Zerubbabel *thou shalt become* a plain : and he shall bring forth the headstone *thereof with* shoutings, *crying,* Grace, grace, unto it.

8 Moreover the word of the LORD came unto me, saying,

9 The hands of Zerubbabel have laid the foundation*b* of this house, his hands shall also finish*it ; and thou shalt know that the LORD of hosts hath sent me unto you.

10 For who hath despised the day of small things? μ for they shall rejoice, and shall see the ν plummet in the hand of Zerubbabel *with* those seven : they *are* the eyes of the LORD, which run to and fro through the whole earth.

11 Then answered I, and said unto him, What *are* these two olive-trees upon the right *side* of the candlestick, and upon the left *side* thereof?

12 And I answered again, and said unto him, What *be these* two olive-branches, which, σ through the two golden pipes

B. C. 519.

β *good.*
a Ro. 6. 23.
b Is. 51. 3.
c 2 Sa.12. 13.
   Is. 6. 5..7.
d Is. 61. 10.
e Is. 14. 1.
f ch. 6. 11.
γ or, *ordinance.*
δ *walks.*
g Da. 12. 7.
h Ps.75.4,5.
ζ *of wonder,* or, *sign,*
   Is. 8. 18.
i Is. 11. 1.
k Eze.40.3,5.
l Re. 5. 6.
m Re. 11. 1.
   21.15, 16.
n Is. 26. 1, 2.
   Eze.36.10,11.
o ch. 9. 8.
   Is. 4. 5.
η *her.*
p Ps. 3. 3.
   Is. 60. 19.
   Re. 21. 23.
q Ge. 19. 17.
θ or, *seven several pipes to the lamps.*
r De. 28. 64.
   Eze. 17.21.
   Am. 9. 9.
s Is. 48, 20.
   52. 11.
Je. 50. 8.
   51.6,45.
t De. 32. 10.
Ps. 17. 8.
Mat. 25.40,
   45.
u Is. 19. 16.
v Ho. 1. 7.
w Is. 12. 6.
κ or, *army.*
x Is. 54. 1..3.
y 2 Co. 6. 16.
Re. 21. 3.
z De. 32. 9.
a Is. 41. 9.
b Ezr.3.8..13.
c Ezr.6.14,15
λ *the habitation of his holiness,*
   Is. 63. 15.
d Hag. 1. 1.
μ or, *since the seven eyes of the LORD shall.*
v *stone of tin*
π *That is, an adversary.*
e Job 1. 6.
   Ps. 109. 6.
ρ *be his adversary.*
σ *by the hand of.*
f Jude 9, 23.
   Re. 12.9,10.
g Am. 4. 11.
h Is. 64. 6.
Mat. 22.11.
Re.7.13,14.
   19. 8.

וַיֹּ֣אמֶר אֵלַ֔י לֵאמֹ֖ר זֶ֣ה דְבַר־יְהֹוָ֑ה אֶל־זְרֻבָּבֶ֖ל לֵאמֹ֑ר
לֹ֤א בְחַ֙יִל֙ וְלֹ֣א בְכֹ֔חַ כִּ֖י אִם־בְּרוּחִ֑י אָמַ֖ר יְהֹוָ֥ה
7 צְבָאֽוֹת׃　מִֽי־אַתָּ֧ה הַר־הַגָּד֛וֹל לִפְנֵ֥י זְרֻבָּבֶ֖ל
לְמִישֹׁ֑ר וְהוֹצִיא֙ אֶת־הָאֶ֣בֶן הָרֹאשָׁ֔ה תְּשֻׁא֕וֹת
8 חֵ֥ן חֵ֖ן לָֽהּ׃　וַיְהִ֥י דְבַר־יְהֹוָ֖ה
9 אֵלַ֥י לֵאמֹֽר׃　יְדֵ֣י זְרֻבָּבֶ֗ל יִסְּד֞וּ הַבַּ֤יִת הַזֶּה֙
וְיָדָ֣יו תְּבַצַּ֔עְנָה וְיָ֣דַעְתָּ֔ כִּֽי־יְהֹוָ֥ה צְבָא֖וֹת שְׁלָחַ֥נִי
10 אֲלֵיכֶֽם׃　כִּ֣י מִ֣י בַז֮ לְי֣וֹם קְטַנּוֹת֒ וְשָׂמְח֗וּ וְרָא֞וּ
אֶת־הָאֶ֧בֶן הַבְּדִ֛יל בְּיַ֥ד זְרֻבָּבֶ֖ל שִׁבְעָה־אֵ֑לֶּה עֵינֵ֣י
11 יְהֹוָ֔ה הֵ֥מָּה מְשֽׁוֹטְטִ֖ים בְּכָל־הָאָֽרֶץ׃　וָאַ֙עַן֙
וָאֹמַ֣ר אֵלָ֔יו מַה־שְׁנֵ֤י הַזֵּיתִים֙ הָאֵ֔לֶּה עַל־יְמִ֥ין
12 הַמְּנוֹרָ֖ה וְעַל־שְׂמֹאולָֽהּ׃　וָאַ֣עַן שֵׁנִ֔ית וָאֹמַ֖ר
אֵלָ֑יו מַה־שְׁתֵּ֞י שִׁבֲּלֵ֣י הַזֵּיתִ֗ים אֲשֶׁר֙ בְּיַ֗ד שְׁנֵי֙
צַנְתְּר֣וֹת הַזָּהָ֔ב הַמְרִיקִ֖ים מֵעֲלֵיהֶ֥ם הַזָּהָֽב׃
13 וַיֹּ֤אמֶר אֵלַי֙ לֵאמֹ֔ר הֲל֥וֹא יָדַ֖עְתָּ מָה־אֵ֑לֶּה וָאֹמַ֖ר
14 לֹ֥א אֲדֹנִֽי׃　וַיֹּ֕אמֶר אֵ֣לֶּה שְׁנֵ֣י בְנֵֽי־הַיִּצְהָ֑ר הָעֹמְדִ֖ים
עַל־אֲד֥וֹן כָּל־הָאָֽרֶץ׃

<h2 style="text-align:center">CAP. V. ה</h2>

1 וָאָשׁ֕וּב וָאֶשָּׂ֖א עֵינַ֑י וָאֶרְאֶ֕ה וְהִנֵּ֖ה מְגִלָּ֥ה עָפָֽה׃
2 וַיֹּ֣אמֶר אֵלַ֔י מָ֥ה אַתָּ֖ה רֹאֶ֑ה וָאֹמַ֗ר אֲנִ֤י רֹאֶה֙
מְגִלָּ֣ה עָפָ֔ה אָרְכָּהּ֙ עֶשְׂרִ֣ים בָּֽאַמָּ֔ה וְרָחְבָּ֖הּ עֶ֥שֶׂר
3 בָּאַמָּֽה׃　וַיֹּ֣אמֶר אֵלַ֔י זֹ֚את הָֽאָלָ֔ה הַיּוֹצֵ֖את עַל־
פְּנֵ֣י כָל־הָאָ֑רֶץ כִּ֣י כָל־הַגֹּנֵ֗ב מִזֶּה֙ כָּמ֣וֹהָ נִקָּ֔ה
4 וְכָל־הַ֨נִּשְׁבָּ֔ע מִזֶּ֖ה כָּמ֥וֹהָ נִקָּֽה׃　הֽוֹצֵאתִ֗יהָ נְאֻם֙
יְהֹוָ֣ה צְבָא֔וֹת וּבָ֙אָה֙ אֶל־בֵּ֣ית הַגַּנָּ֔ב וְאֶל־בֵּ֛ית
הַנִּשְׁבָּ֥ע בִּשְׁמִ֖י לַשָּׁ֑קֶר וְלָ֙נֶה֙ בְּת֣וֹךְ בֵּית֔וֹ וְכִלַּ֖תּוּ
5 וְאֶת־עֵצָ֥יו וְאֶת־אֲבָנָֽיו׃　וַיֵּצֵ֕א הַמַּלְאָ֖ךְ הַדֹּבֵ֣ר
בִּ֑י וַיֹּ֣אמֶר אֵלַ֔י שָׂ֣א נָ֣א עֵינֶ֔יךָ וּרְאֵ֕ה מָ֖ה הַיּוֹצֵֽאת׃
6 וָאֹמַ֖ר מַה־הִ֑יא וַיֹּ֙אמֶר֙ זֹ֤את הָֽאֵיפָה֙
7 הַיּוֹצֵ֔את וַיֹּ֕אמֶר זֹ֥את עֵינָ֖ם בְּכָל־הָאָ֑רֶץ׃　וְהִנֵּ֛ה
כִּכַּ֥ר עֹפֶ֖רֶת נִשֵּׂ֑את וְזֹאת֙ אִשָּׁ֣ה אַחַ֔ת יוֹשֶׁ֖בֶת
8 בְּת֥וֹךְ הָאֵיפָֽה׃　וַיֹּ֙אמֶר֙ זֹ֣את הָרִשְׁעָ֔ה וַיַּשְׁלֵ֥ךְ
אֹתָ֖הּ אֶל־תּ֣וֹךְ הָֽאֵיפָ֑ה וַיַּשְׁלֵ֛ךְ אֶת־אֶ֥בֶן הָעֹפֶ֖רֶת
9 אֶל־פִּֽיהָ׃　וָאֶשָּׂ֨א עֵינַ֜י וָאֵ֗רֶא וְהִנֵּה֩ שְׁתַּ֨יִם נָשִׁ֜ים
יֽוֹצְא֗וֹת וְר֤וּחַ בְּכַנְפֵיהֶם֙ וְלָהֵ֤נָּה כְנָפַ֙יִם֙ כְּכַנְפֵ֣י
הַחֲסִידָ֔ה וַתִּשֶּׂ֙אנָה֙ אֶת־הָ֣אֵיפָ֔ה בֵּ֥ין הָאָ֖רֶץ וּבֵ֥ין
10 הַשָּׁמָֽיִם׃　וָאֹמַ֕ר אֶל־הַמַּלְאָ֖ךְ הַדֹּבֵ֣ר בִּ֑י אָ֣נָה
11 הֵ֖מָּה מֽוֹלִכ֥וֹת אֶת־הָאֵיפָֽה׃　וַיֹּ֣אמֶר אֵלַ֔י לִבְנֽוֹת־

וַיָּ֣שָׁב וַיְעִירֵ֔נִי כְּאִ֖ישׁ אֲשֶׁר־יֵע֣וֹר מִשְּׁנָתֽוֹ׃ 1
לָ֣הּ בַ֔יִת בְּאֶ֣רֶץ שִׁנְעָ֑ר וְהוּכַ֛ן וְהֻנִּ֥יחָה שָּׁ֖ם עַל־
מְכֻנָתָֽהּ׃

<h2 style="text-align:center">CAP. VI. ו</h2>

1 וָאָשֻׁ֙ב וָאֶשָּׂ֤א עֵינַי֙ וָֽאֶרְאֶ֔ה וְהִנֵּ֨ה אַרְבַּ֤ע מַרְכָּבוֹת֙
יֹֽצְא֔וֹת מִבֵּ֖ין שְׁנֵ֣י הֶֽהָרִ֑ים וְהֶהָרִ֖ים הָרֵ֥י נְחֹֽשֶׁת׃
2 בַּמֶּרְכָּבָ֥ה הָרִֽאשֹׁנָ֖ה סוּסִ֣ים אֲדֻמִּ֑ים וּבַמֶּרְכָּבָ֥ה
3 הַשֵּׁנִ֖ית סוּסִ֥ים שְׁחֹרִֽים׃　וּבַמֶּרְכָּבָ֥ה הַשְּׁלִשִׁ֖ית
סוּסִ֣ים לְבָנִ֑ים וּבַמֶּרְכָּבָה֙ הָרְבִעִ֔ית סוּסִ֥ים בְּרֻדִּ֖ים
4 אֲמֻצִּֽים׃　וָאַ֙עַן֙ וָאֹמַ֔ר אֶל־הַמַּלְאָ֖ךְ הַדֹּבֵ֣ר בִּ֑י
5 מָה־אֵ֖לֶּה אֲדֹנִֽי׃　וַיַּ֣עַן הַמַּלְאָ֔ךְ וַיֹּ֖אמֶר אֵלָ֑י
אֵ֗לֶּה אַרְבַּ֛ע רֻח֥וֹת הַשָּׁמַ֖יִם יוֹצְא֔וֹת מֵֽהִתְיַצֵּ֖ב
6 עַל־אֲד֥וֹן כָּל־הָאָֽרֶץ׃　אֲשֶׁר־בָּ֞הּ הַסּוּסִ֣ים הַשְּׁחֹרִ֗ים
יֹֽצְאִים֙ אֶל־אֶ֣רֶץ צָפ֔וֹן וְהַלְּבָנִ֖ים יָצְא֣וּ אֶל־אַחֲרֵיהֶ֑ם
7 וְהַ֙בְּרֻדִּ֔ים יָצְא֖וּ אֶל־אֶ֥רֶץ הַתֵּימָֽן׃　וְהָאֲמֻצִּ֣ים
יָצְא֗וּ וַיְבַקְשׁוּ֙ לָלֶ֙כֶת֙ לְהִתְהַלֵּ֣ךְ בָּאָ֔רֶץ וַיֹּ֕אמֶר לְכ֛וּ
8 הִתְהַלְּכ֥וּ בָאָ֖רֶץ וַתִּתְהַלַּ֣כְנָה בָּאָ֑רֶץ׃　וַיַּזְעֵ֣ק
אֹתִ֔י וַיְדַבֵּ֥ר אֵלַ֖י לֵאמֹ֑ר רְאֵ֗ה הַיּֽוֹצְאִים֙ אֶל־אֶ֣רֶץ
9 צָפ֔וֹן הֵנִ֥יחוּ אֶת־רוּחִ֖י בְּאֶ֥רֶץ צָפֽוֹן׃　10
וַיְהִ֥י דְבַר־יְהֹוָ֖ה אֵלַ֥י לֵאמֹֽר׃　לָק֙וֹחַ מֵאֵ֣ת הַגּוֹלָ֗ה
מֵחֶלְדַּי֙ וּמֵאֵ֣ת טֽוֹבִיָּ֔ה וּמֵאֵ֖ת יְדַֽעְיָ֑ה וּבָאתָ֤ אַתָּה֙
בַּיּ֣וֹם הַה֔וּא וּבָ֗אתָ בֵּ֚ית יֹֽאשִׁיָּ֣ה בֶן־צְפַנְיָ֔ה אֲשֶׁר־
11 בָּ֖אוּ מִבָּבֶֽל׃　וְלָקַחְתָּ֥ כֶֽסֶף־וְזָהָ֖ב וְעָשִׂ֣יתָ עֲטָר֑וֹת
וְשַׂמְתָּ֗ בְּרֹ֛אשׁ יְהוֹשֻׁ֥עַ בֶּן־יְהוֹצָדָ֖ק הַכֹּהֵ֥ן הַגָּדֽוֹל׃
12 וְאָמַרְתָּ֤ אֵלָיו֙ לֵאמֹ֔ר כֹּ֥ה אָמַ֛ר יְהֹוָ֥ה צְבָא֖וֹת
לֵאמֹ֑ר הִנֵּה־אִ֞ישׁ צֶ֤מַח שְׁמוֹ֙ וּמִתַּחְתָּ֣יו יִצְמָ֔ח
13 וּבָנָ֖ה אֶת־הֵיכַ֥ל יְהֹוָֽה׃　וְה֗וּא יִבְנֶ֤ה אֶת־הֵיכַל֙
יְהֹוָ֔ה וְהֽוּא־יִשָּׂ֣א ה֔וֹד וְיָשַׁ֥ב וּמָשַׁ֖ל עַל־כִּסְא֑וֹ
וְהָיָ֤ה כֹהֵן֙ עַל־כִּסְא֔וֹ וַעֲצַ֣ת שָׁל֔וֹם תִּֽהְיֶ֖ה בֵּ֥ין
14 שְׁנֵיהֶֽם׃　וְהָעֲטָרֹ֗ת תִּֽהְיֶ֤ה לְחֵ֙לֶם֙ וּלְטֽוֹבִיָּ֣ה
וְלִידַֽעְיָ֔ה וּלְחֵ֖ן בֶּן־צְפַנְיָ֑ה לְזִכָּר֖וֹן בְּהֵיכַ֥ל יְהֹוָֽה׃
15 וּרְחוֹקִ֣ים ׀ יָבֹ֗אוּ וּבָנוּ֙ בְּהֵיכַ֣ל יְהֹוָ֔ה וִֽידַעְתֶּ֕ם כִּֽי־
יְהֹוָ֥ה צְבָא֖וֹת שְׁלָחַ֣נִי אֲלֵיכֶ֑ם וְהָיָה֙ אִם־שָׁמ֣וֹעַ
תִּשְׁמְע֔וּן בְּק֖וֹל יְהֹוָ֥ה אֱלֹהֵיכֶֽם׃

<h2 style="text-align:center">CAP. VII. ז</h2>

1 וַיְהִ֗י בִּשְׁנַ֤ת אַרְבַּע֙ לְדָרְיָ֣וֶשׁ הַמֶּ֔לֶךְ הָיָ֥ה דְבַר־יְהֹוָ֖ה
אֶל־זְכַרְיָ֑ה בְּאַרְבָּעָ֛ה לַחֹ֥דֶשׁ הַתְּשִׁעִ֖י בְּכִסְלֵֽו׃
2 וַיִּשְׁלַח֙ בֵּֽית־אֵ֔ל שַׂרְאֶ֕צֶר וְרֶ֥גֶם מֶ֖לֶךְ וַֽאֲנָשָׁ֑יו
3 לְחַלּ֖וֹת אֶת־פְּנֵ֥י יְהֹוָֽה׃　לֵאמֹ֗ר אֶל־הַכֹּֽהֲנִים֙ אֲשֶׁר֙

β empty γthe golden *oil* out of themselves?
13 And he answered me and said,
Knowest thou not what these *be?* And
I said, No, my lord.

14 Then said he, These*b* *are* the two
δ anointed ones, that stand*c* by the Lord
of the whole earth.

CHAP. V.

THEN I turned, and lifted up mine eyes,
and looked, and behold a flying roll.*d*

2 And he said unto me, What seest
thou? And I answered, I see a flying
roll; the length thereof *is* twenty cubits,
and the breadth thereof ten cubits.

3 Then said he unto me, This *is* the
curse that goeth forth over the face of the
whole earth : for every one *η* that stealeth
shall be cut off *as* on this side according
to it; and every one that sweareth shall be
cut off *as* on that side according to it.

4 I will bring it forth, saith the LORD of
hosts, and it shall enter*i* into the house of
the thief, and into the house of him that
sweareth*m* falsely by my name : and it
shall remain in the midst of his house,
and*n* shall consume it with the timber
thereof and the stones thereof.

5 Then the angel that talked with me
went forth, and said unto me, Lift up
now thine eyes, and see what *is* this that
goeth forth.

6 And I said, What *is* it? And he said,
This *is* an ephah that goeth forth. He
said moreover, This *is* their resemblance
through all the earth.

7 And, behold, there was lifted up a
θ talent of lead : and this *is* a*r* woman
that sitteth in the midst of the ephah.

8 And he said, This *is* wickedness.
And he cast it into the midst of the ephah;
and he cast the weight of lead upon the
mouth thereof.

9 Then lifted I up mine eyes, and look-
ed, and behold there came out two women,
and the wind *was* in their wings; for
they had wings like the wings of a stork;
and they lifted up the ephah between the
earth and the heaven.

10 Then said I to the angel that talked
with me, Whither do these bear the ephah?

11 And he said unto me, To build it
an house in the land of Shinar :*s* and it
shall be established, and set there upon
her own base.

CHAP. VI.

AND I turned, and lifted up mine eyes,
and looked, and, behold, there came four
chariots out from between two mountains;
& the mountains *were* mountains of brass.

2 In the first chariot *were* red*v* horses,
and in the second chariot black horses,

3 And in the third chariot white horses, &
in the fourth chariot grisled & *π*bay horses.

4 Then I answered & said unto the angel
that talked with me, What*are*these,mylord?

5 And the angel answered and said unto
me, These *are* the *ρ*spirits of the
heavens, which go forth*w* from standing*x*
before the Lord of all the earth.

6 The black horses which *are* therein
go forth into the north country : and the
white go forth after them : and the gris-
led go forth toward the south country.

7 And the bay went forth, and sought to
go, that they might walk*y* to & fro through
the earth : and he said, Get ye hence, walk
to and fro through the earth. So they
walked to and fro through the earth.

8 Then cried he upon me, and spake

[center column references]

B. C. 519.

β *empty out*
of them-
selves oil
into *the*
gold.
γ *the* gold.
a Is. 1. 24.
Eze. 16. 42,
63.
b Re. 11. 4.
δ *sons of oil.*
c ch. 6. 5.
d Eze. 2. 9.
e Le. 8. 9
f ch. 3. 8.
ζ or, *branch*
up from
underhim.
g 1 Co. 3. 9.
Ep. 2.20..22
He. 3. 3.
1 Pe. 2. 4,5.
η or, *of this*
people that
stealeth
holdeth
himself
guiltless as
it doth.
h Is. 22. 24.
Re.5.11..13.
i Ps. 110. 4.
He.4.14..16
7. 24,25.
k Ro. 5. 1.
Col. 1. 2.
l Mal. 3. 5.
*m*Le. 19. 12.
n Le. 14. 45.
o Mar.14. 9.
p Ep.2.13,19.
q Ro. 16. 26.
θ or,*weighty*
piece.
r Re.17.1,&c.
κ intreat the
face of.
s Ge. 10. 10.
t ch. 1. 12.
*u*Mat.6.16..18
λ or,*be not*
ye they that
v ch. 1. 8.
Re. 6.2..5.
μ or,*Are not*
these.
v by the
hand of.
π or, *strong.*
ρ or, *winds.*
w He. 1. 14.
x ch. 4. 14.
1Ki. 22. 19.
Da. 7. 10.
Lu. 1. 19.
o judge
judgment
of truth.
y ch. 1. 10.
Job 1. 7.
τ gave a
backsliding
shoulder.
φ made
heavy,
Is. 6. 10.
z Ne. 9. 29.
Eze. 11. 19.
x by the
hand of.

---

unto me, saying, Behold, these that go
toward the north country have*a* quieted
my spirit in the north country.

9 And the word of the LORD came
unto me, saying,

10 Take of *them of* the captivity, *even*
of Heldai, of Tobijah, and of Jedaiah,
which are come from Babylon, and come
thou the same day, and go into the house
of Josiah the son of Zephaniah;

11 Then take silver and gold, and make
crowns,*e* and set *them* upon the head of
Joshua the son of Josedech, the high priest,

12 And speak unto him, saying, Thus
speaketh the LORD of hosts,saying,Behold
the man whose name *is* The BRANCH :*f*
and he shall ζgrow up out of his place,and
he shall build*g* the temple of the LORD :

13 Even he shall build the temple of the
LORD; and he*h*shall bear the glory, &shall
sit and rule upon his throne; and he shall
be a priest*i* upon his throne: and the coun-
sel of peace*k* shall be between them both.

14 And the crowns shall be to Helem,
and to Tobijah, and to Jedaiah, and to
Hen the son of Zephaniah, for a memo-
rial*o* in the temple of the LORD.

15 And they *that are* far off*p* shall come
and build in the temple of the LORD;
and ye shall know that the LORD of hosts
hath sent me unto you. And *this* shall
come to pass, if ye will diligently *q* obey
the voice of the LORD your God.

CHAP. VII.

AND it came to pass in the fourth year
of king Darius, *that* the word of the LORD
came unto Zechariah in the fourth *day*
of the ninth month, *even* in Chisleu;

2 When they had sent unto the house
of God Sherezer and Regem-melech, and
their men, to *κ* pray before the LORD,

3 *And* to speak unto the priests which
were in the house of the LORD of hosts,
and to the prophets, saying, Should I
weep in the fifth month, separating my-
self, as I have done these so many years?

4 Then came the word of the LORD of
hosts unto me, saying,

5 Speak unto all the people of the land,
and to the priests, saying, When ye fast-
ed and mourned in the fifth and seventh
month, even those seventy years,*t* did ye
at all fast unto me,*u* *even* to me?

6 And when ye did eat, and when ye
did drink, λ did not ye eat *for* yourselves,
and drink *for* yourselves?

7 *μShould* ye not *hear* the words which
the LORD hath cried *v* by the former pro-
phets,when Jerusalem was inhabited and
in prosperity, and the cities thereof round
about her, when *men* inhabited the south
and the plain?

8 And the word of the LORD came
unto Zechariah, saying,

9 Thus speaketh the LORD of hosts, say-
ing, *σ* Execute true judgment, and shew
mercy and compassions every man to his
brother :

10 And oppress not the widow, nor
the fatherless, the stranger, nor the poor;
and let none of you imagine evil against
his brother in your heart.

11 But they refused to hearken, and
τ pulled away the shoulder, and *φ* stop-
ped their ears, that they should not hear.

12 Yea, they made their hearts *as* an
adamant-stone,*z* lest they should hear
the law, and the words which the LORD of
hosts hath sent in his spirit χby the former

לְבֵית־יְהֹוָה צְבָאוֹת וְאֶל־הַנְּבִיאִים לֵאמֹר הַאֶבְכֶּה בַּחֹדֶשׁ הַחֲמִשִׁי הִנָּזֵר כַּאֲשֶׁר עָשִׂיתִי זֶה כַּמֶּה שָׁנִים׃

4 וַיְהִי דְּבַר־יְהֹוָה צְבָאוֹת אֵלַי לֵאמֹר׃ 5 אֱמֹר אֶל־כָּל־עַם הָאָרֶץ וְאֶל־הַכֹּהֲנִים לֵאמֹר כִּי־צַמְתֶּם וְסָפוֹד בַּחֲמִישִׁי וּבַשְּׁבִיעִי וְזֶה שִׁבְעִים שָׁנָה הֲצוֹם צַמְתֻּנִי אָנִי׃ 6 וְכִי תֹאכְלוּ וְכִי תִשְׁתּוּ הֲלוֹא אַתֶּם הָאֹכְלִים וְאַתֶּם הַשֹּׁתִים׃ 7 הֲלוֹא אֶת־הַדְּבָרִים אֲשֶׁר קָרָא יְהֹוָה בְּיַד הַנְּבִיאִים הָרִאשֹׁנִים בִּהְיוֹת יְרוּשָׁלַ͏ִם יֹשֶׁבֶת וּשְׁלֵוָה וְעָרֶיהָ סְבִיבֹתֶיהָ וְהַנֶּגֶב וְהַשְּׁפֵלָה יֹשֵׁב׃ 8 וַיְהִי דְּבַר־יְהֹוָה אֶל־זְכַרְיָה לֵאמֹר׃ 9 כֹּה אָמַר יְהֹוָה צְבָאוֹת לֵאמֹר מִשְׁפַּט אֱמֶת שְׁפֹטוּ וְחֶסֶד וְרַחֲמִים עֲשׂוּ אִישׁ אֶת־אָחִיו׃ 10 וְאַלְמָנָה וְיָתוֹם גֵּר וְעָנִי אַל־תַּעֲשֹׁקוּ וְרָעַת אִישׁ אָחִיו אַל־תַּחְשְׁבוּ בִּלְבַבְכֶם׃ 11 וַיְמָאֲנוּ לְהַקְשִׁיב וַיִּתְּנוּ כָתֵף סֹרָרֶת וְאָזְנֵיהֶם הִכְבִּידוּ מִשְּׁמוֹעַ׃ 12 וְלִבָּם שָׂמוּ שָׁמִיר מִשְּׁמוֹעַ אֶת־הַתּוֹרָה וְאֶת־הַדְּבָרִים אֲשֶׁר שָׁלַח יְהֹוָה צְבָאוֹת בְּרוּחוֹ בְּיַד הַנְּבִיאִים הָרִאשֹׁנִים וַיְהִי קֶצֶף גָּדוֹל מֵאֵת יְהֹוָה צְבָאוֹת׃ 13 וַיְהִי כַאֲשֶׁר־קָרָא וְלֹא שָׁמֵעוּ כֵּן יִקְרְאוּ וְלֹא אֶשְׁמָע אָמַר יְהֹוָה צְבָאוֹת׃ 14 וְאֵסָעֲרֵם עַל כָּל־הַגּוֹיִם אֲשֶׁר לֹא־יְדָעוּם וְהָאָרֶץ נָשַׁמָּה אַחֲרֵיהֶם מֵעֹבֵר וּמִשָּׁב וַיָּשִׂימוּ אֶרֶץ־חֶמְדָּה לְשַׁמָּה׃

CAP. VIII. ח

1 2 וַיְהִי דְּבַר־יְהֹוָה צְבָאוֹת לֵאמֹר׃ כֹּה אָמַר יְהֹוָה צְבָאוֹת קִנֵּאתִי לְצִיּוֹן קִנְאָה גְדוֹלָה וְחֵמָה גְדוֹלָה קִנֵּאתִי לָהּ׃ 3 כֹּה אָמַר יְהֹוָה שַׁבְתִּי אֶל־צִיּוֹן וְשָׁכַנְתִּי בְּתוֹךְ יְרוּשָׁלָ͏ִם וְנִקְרְאָה יְרוּשָׁלַ͏ִם עִיר־הָאֱמֶת וְהַר־יְהֹוָה צְבָאוֹת הַר הַקֹּדֶשׁ׃ 4 כֹּה אָמַר יְהֹוָה צְבָאוֹת עֹד יֵשְׁבוּ זְקֵנִים וּזְקֵנוֹת בִּרְחֹבוֹת יְרוּשָׁלָ͏ִם וְאִישׁ מִשְׁעַנְתּוֹ בְּיָדוֹ מֵרֹב יָמִים׃ 5 וּרְחֹבוֹת הָעִיר יִמָּלְאוּ יְלָדִים וִילָדוֹת מְשַׂחֲקִים בִּרְחֹבֹתֶיהָ׃ 6 כֹּה אָמַר יְהֹוָה צְבָאוֹת כִּי יִפָּלֵא בְּעֵינֵי שְׁאֵרִית הָעָם הַזֶּה בַּיָּמִים הָהֵם גַּם־בְּעֵינַי יִפָּלֵא נְאֻם יְהֹוָה צְבָאוֹת׃ 7 כֹּה אָמַר יְהֹוָה צְבָאוֹת הִנְנִי מוֹשִׁיעַ אֶת־עַמִּי מֵאֶרֶץ מִזְרָח וּמֵאֶרֶץ מְבוֹא הַשָּׁמֶשׁ׃ 8 וְהֵבֵאתִי אֹתָם וְשָׁכְנוּ בְּתוֹךְ יְרוּשָׁלָ͏ִם וְהָיוּ־לִי לְעָם וַאֲנִי אֶהְיֶה לָהֶם לֵאלֹהִים בֶּאֱמֶת וּבִצְדָקָה׃ 9 כֹּה אָמַר יְהֹוָה צְבָאוֹת תֶּחֱזַקְנָה יְדֵיכֶם הַשֹּׁמְעִים בַּיָּמִים הָאֵלֶּה אֵת הַדְּבָרִים הָאֵלֶּה מִפִּי הַנְּבִיאִים אֲשֶׁר בְּיוֹם יֻסַּד בֵּית־יְהֹוָה צְבָאוֹת הַהֵיכָל לְהִבָּנוֹת׃ 10 כִּי לִפְנֵי הַיָּמִים הָהֵם שְׂכַר הָאָדָם לֹא נִהְיָה וּשְׂכַר הַבְּהֵמָה אֵינֶנָּה וְלַיּוֹצֵא וְלַבָּא אֵין־שָׁלוֹם מִן־הַצָּר וַאֲשַׁלַּח אֶת־כָּל־הָאָדָם אִישׁ בְּרֵעֵהוּ׃ 11 וְעַתָּה לֹא כַיָּמִים הָרִאשֹׁנִים אֲנִי לִשְׁאֵרִית הָעָם הַזֶּה נְאֻם יְהֹוָה צְבָאוֹת׃ 12 כִּי־זֶרַע הַשָּׁלוֹם הַגֶּפֶן תִּתֵּן פִּרְיָהּ וְהָאָרֶץ תִּתֵּן אֶת־יְבוּלָהּ וְהַשָּׁמַיִם יִתְּנוּ טַלָּם וְהִנְחַלְתִּי אֶת־שְׁאֵרִית הָעָם הַזֶּה אֶת־כָּל־אֵלֶּה׃ 13 וְהָיָה כַּאֲשֶׁר הֱיִיתֶם קְלָלָה בַּגּוֹיִם בֵּית יְהוּדָה וּבֵית יִשְׂרָאֵל כֵּן אוֹשִׁיעַ אֶתְכֶם וִהְיִיתֶם בְּרָכָה אַל־תִּירָאוּ תֶּחֱזַקְנָה יְדֵיכֶם׃ 14 כִּי כֹה אָמַר יְהֹוָה צְבָאוֹת כַּאֲשֶׁר זָמַמְתִּי לְהָרַע לָכֶם בְּהַקְצִיף אֲבֹתֵיכֶם אֹתִי אָמַר יְהֹוָה צְבָאוֹת וְלֹא נִחָמְתִּי׃ 15 כֵּן שַׁבְתִּי זָמַמְתִּי בַּיָּמִים הָאֵלֶּה לְהֵיטִיב אֶת־יְרוּשָׁלַ͏ִם וְאֶת־בֵּית יְהוּדָה אַל־תִּירָאוּ׃ 16 אֵלֶּה הַדְּבָרִים אֲשֶׁר תַּעֲשׂוּ דַּבְּרוּ אֱמֶת אִישׁ אֶת־רֵעֵהוּ אֱמֶת וּמִשְׁפַּט שָׁלוֹם שִׁפְטוּ בְּשַׁעֲרֵיכֶם׃ 17 וְאִישׁ אֶת־רָעַת רֵעֵהוּ אַל־תַּחְשְׁבוּ בִּלְבַבְכֶם וּשְׁבֻעַת שֶׁקֶר אַל־תֶּאֱהָבוּ כִּי אֶת־כָּל־אֵלֶּה אֲשֶׁר שָׂנֵאתִי נְאֻם־יְהֹוָה׃ 18 וַיְהִי דְּבַר־יְהֹוָה צְבָאוֹת אֵלַי לֵאמֹר׃ 19 כֹּה־אָמַר יְהֹוָה צְבָאוֹת צוֹם הָרְבִיעִי וְצוֹם הַחֲמִישִׁי וְצוֹם הַשְּׁבִיעִי וְצוֹם הָעֲשִׂירִי יִהְיֶה לְבֵית־יְהוּדָה לְשָׂשׂוֹן וּלְשִׂמְחָה וּלְמֹעֲדִים טוֹבִים וְהָאֱמֶת וְהַשָּׁלוֹם אֱהָבוּ׃ 20 כֹּה אָמַר יְהֹוָה צְבָאוֹת עֹד אֲשֶׁר יָבֹאוּ עַמִּים וְיֹשְׁבֵי עָרִים רַבּוֹת׃ 21 וְהָלְכוּ יֹשְׁבֵי אַחַת אֶל־אַחַת לֵאמֹר נֵלְכָה הָלוֹךְ לְחַלּוֹת אֶת־פְּנֵי יְהֹוָה וּלְבַקֵּשׁ אֶת־יְהֹוָה צְבָאוֹת אֵלְכָה גַּם־אָנִי׃ 22 וּבָאוּ עַמִּים רַבִּים וְגוֹיִם עֲצוּמִים לְבַקֵּשׁ אֶת־יְהֹוָה צְבָאוֹת בִּירוּשָׁלָ͏ִם וּלְחַלּוֹת אֶת־פְּנֵי יְהֹוָה׃ 23 כֹּה אָמַר יְהֹוָה צְבָאוֹת בַּיָּמִים הָהֵמָּה אֲשֶׁר יַחֲזִיקוּ עֲשָׂרָה אֲנָשִׁים מִכֹּל לְשֹׁנוֹת הַגּוֹיִם וְהֶחֱזִיקוּ בִּכְנַף אִישׁ יְהוּדִי לֵאמֹר נֵלְכָה עִמָּכֶם כִּי שָׁמַעְנוּ אֱלֹהִים עִמָּכֶם׃

CAP. IX. פ

1 מַשָּׂא דְבַר־יְהֹוָה בְּאֶרֶץ חַדְרָךְ וְדַמֶּשֶׂק מְנֻחָתוֹ

prophets: therefore*a* came a great wrath from the LORD of hosts.

13 Therefore it is come to pass, *that* as he cried, and they would not hear;*c* so they cried, and I would not hear, saith the LORD of hosts:

14 But I scattered *d* them with a whirlwind among all the nations whom*e* they knew not: thus the land was desolate after them, that no man passed through nor returned; for they laid the *β* pleasant land *k* desolate.

CHAP. VIII.

AGAIN the word of the LORD of hosts came *to me,* saying,

2 Thus saith the LORD of hosts, I*l* was jealous for Zion with great jealousy, and I was jealous for her with great fury.

3 Thus saith the LORD, I am returned unto Zion, and will dwell in the midst of Jerusalem; and Jerusalem shall be*o* called, A city of truth; and the mountain of the LORD*p* of hosts, The holy*q* mountain.

4 Thus saith the LORD of hosts,*r* There shall yet old men and old women dwell in the streets of Jerusalem, and every man with his staff in his hand for *η* very age.

5 And the streets of the city shall be full of boys and girls playing in the streets thereof.

6 Thus saith the LORD of hosts, If it be *θ* marvellous in the eyes of the remnant of this people in these days, should *t* it also be marvellous in mine eyes? saith the LORD of hosts.

7 Thus saith the LORD of hosts, Behold, I*u* will save my people from the east country, and from the *κ* west country;

8 And*w* I will bring them, and they shall dwell in the midst of Jerusalem; and*x* they shall be my people, and I will be their God, in*y* truth and in righteousness.

9 Thus saith the LORD of hosts, Let your hands be strong,*z* ye that hear in these days these words by the mouth of the prophets, which *were* in the day*a* *that* the foundation of the house of the LORD of hosts was laid, that the temple might be built.

10 For before these days *λ* there was no hire for man, nor any hire for beast; neither *was there any* peace to him that went out or came in, because of the affliction: for*b* I set all men every one against his neighbour.

11 But now*c* I *will* not *be* unto the residue of this people as in the former days, saith the LORD of hosts.

12 For the seed *shall be* *ν* prosperous; the vine shall give her fruit, and*e* the ground shall give her increase, and the heavens shall give their dew; and I will cause the remnant of this people to possess all*f* these *things.*

13 And it shall come to pass, that*g* as ye were a curse among the heathen, O house of Judah, and house of Israel; so will I save you, and ye shall be a blessing: fear not, *but* let your hands be strong.

14 For thus saith the LORD of hosts,*k* As I thought to punish you, when your fathers provoked me to wrath, saith the LORD of hosts, and I repented not:

15 So again have I thought in these days to do well unto Jerusalem, and to the house of Judah: fear ye not.*l*

16 These *are* the things that ye shall do, Speak*m* ye every man the truth to his neighbour; *σ* execute the judgment of truth and peace in your gates:

B. C. 518.
---
a Da. 9. 11.
b Pr. 3. 29.
c Je. 14. 12.
   Mi. 3. 4.
d De. 4. 27.
e De.28.33,64.
f Je. 52. 6,12.
g Je. 41. 1, 2.
h Je. 52. 4.
β land of desire.
i Es. 8. 17.
γ or,solemn, or, set times.
k Da. 8. 9.
l ch.1.14.16.
m Ps.122.1,&c
δ going, or, *continually* Ho. 6. 3.
ζ intreat the face of, ch. 7. 2.
n Is.60.3,&c.
o Is.1. 21,26.
p Is. 2, 2, 3.
q Je. 31. 23.
r Is.65.20,22.
η multitude of days.
θ or, *hard,* or,*difficult.*
s Am.1. 3..8.
t Ro.4.20,21.
u Is.11.11,12.
   43. 5, 6.
v Eze. xxvi.
   xxviii.
κ country of the going down of the sun, Mal. 1. 11.
w ch. 13. 9.
x Je.31.1,33.
y Je. 4. 2.
z Hag.2.4,&c.
a Ezr. 5. 1, 2.
λ or,*the hire of man became nothing.*
μ bloods.
b Mat.10.34.,
     36.
c Is. 11. 13.
ν of peace, Ps. 72. 3.
d Ps. 34. 7.
e Ps. 67. 6, 7.
f 1 Co. 3. 21.
g Je. 42. 18.
h Jn⁰. 12. 14,
     15.
i Is. 45. 21.
π or, *saving himself.*
k Je.31. 28.
l Lu. 12. 32.
ρ or, *whose covenant is by blood,* Ex. 24. 8.
He. 13. 20.
m Ep. 4. 25.
n Is. 61. 1.
σ Judge truth, and the judgment of peace.

17 And let none of you imagine*b* evil in your hearts against his neighbour; and love no false oath: for all these *are things* that I hate, saith the LORD.

18 And the word of the LORD of hosts came unto me, saying,

19 Thus saith the LORD of hosts, The fast of the fourth*f* *month,* and the fast of the fifth, and the fast of the seventh,*g* and the fast of the tenth,*k* shall be to the house of Judah joy*i* and gladness, and *γ* cheerful feasts: therefore love the truth and peace.

20 Thus saith the LORD of hosts, *It shall* yet *come to pass,* that there shall come peo ple, and the inhabitants of many cities:

21 And the inhabitants of one *city* shall go to another, saying, Let*m* us go *δ* speedily to *ζ* pray before the LORD, and to seek the LORD of hosts; I will go also.

22 Yea, many*n* people and strong nations shall come to seek the LORD of hosts in Jerusalem, and to pray before the LORD.

23 Thus saith the LORD of hosts, In those days *it* shall *come to pass,* that ten men shall take hold, out of all languages of the nations, even shall take hold of the skirt of him that is a Jew, saying, We will go with you; for we have heard *that* God *is* with you.

CHAP. IX.

THE burden of the word of the LORD in the land of Hadrach, and*s* Damascus *shall be* the rest thereof: when the eyes of man, as of all the tribes of Israel, *shall be* toward the LORD.

2 And Hamath also shall border thereby; Tyrus,*v* and Zidon, though it be very wise.

3 And Tyrus did build herself a strong hold, and heaped up silver as the dust, and fine gold as the mire of the streets.

4 Behold, the LORD will cast her out, and he will smite her power in the sea; and she shall be devoured with fire.

5 Ashkelon shall see *it,* and fear; Gaza also *shall see it,* and be very sorrowful; and Ekron, for her expectation, shall be ashamed; and the king shall perish from Gaza, and Ashkelon shall not be inhabited.

6 And a bastard shall dwell in Ashdod; & I will cut off the pride of the Philistines.

7 And I will take away his *μ* blood out of his mouth, and his abominations from between his teeth; but he that remaineth, even he, *shall be* for our God; and he shall be as a governor in Judah, and Ekron as a Jebusite.

8 And I will encamp*d* about mine house because of the army, and because of him that passeth by, and because of him that returneth; and no oppressor shall pass through them any more: for now have I seen with mine eyes.

9 Rejoice*h* greatly, O daughter of Zion; shout, O daughter of Jerusalem; behold, thy King cometh unto thee; he*i* *is* just, and *π* having salvation; lowly, and riding upon an ass, and upon a colt the foal of an ass.

10 And I will cut off the chariot from Ephraim, and the horse from Jerusalem, and the battle-bow shall be cut off: and he shall speak peace unto the heathen; and his dominion *shall be* from sea *even* to sea, and from the river *even* to the ends of the earth.

11 As for thee also, *ρ* by the blood of thy covenant I have sent forth thy prison ers*n* out of the pit wherein *is* no water.

12 Turn you to the strong hold, ye pri soners of hope: even to-day do I declare

[עמודה ימנית — זכריה ט]

2 כִּי לַיהוָה עֵין אָדָם וְכֹל שִׁבְטֵי יִשְׂרָאֵל׃ וְגַם־חֲמָת תִּגְבָּל־בָּהּ צֹר וְצִידוֹן כִּי חָכְמָה מְאֹד׃

3 וַתִּבֶן צֹר מָצוֹר לָהּ וַתִּצְבָּר־כֶּסֶף כֶּעָפָר וְחָרוּץ כְּטִיט חוּצוֹת׃

4 הִנֵּה אֲדֹנָי יוֹרִשֶׁנָּה וְהִכָּה בַיָּם חֵילָהּ וְהִיא בָּאֵשׁ תֵּאָכֵל׃

5 תֵּרֶא אַשְׁקְלוֹן וְתִירָא וְעַזָּה וְתָחִיל מְאֹד וְעֶקְרוֹן כִּי הֹבִישׁ מֶבָּטָהּ וְאָבַד מֶלֶךְ מֵעַזָּה וְאַשְׁקְלוֹן לֹא תֵשֵׁב׃

6 וְיָשַׁב מַמְזֵר בְּאַשְׁדּוֹד וְהִכְרַתִּי גְּאוֹן פְּלִשְׁתִּים׃

7 וַהֲסִרֹתִי דָמָיו מִפִּיו וְשִׁקֻּצָיו מִבֵּין שִׁנָּיו וְנִשְׁאַר גַּם־הוּא לֵאלֹהֵינוּ וְהָיָה כְּאַלֻּף בִּיהוּדָה וְעֶקְרוֹן כִּיבוּסִי׃

8 וְחָנִיתִי לְבֵיתִי מִצָּבָה מֵעֹבֵר וּמִשָּׁב וְלֹא־יַעֲבֹר עֲלֵיהֶם עוֹד נֹגֵשׂ כִּי עַתָּה רָאִיתִי בְעֵינָי׃

9 גִּילִי מְאֹד בַּת־צִיּוֹן הָרִיעִי בַּת יְרוּשָׁלִַם הִנֵּה מַלְכֵּךְ יָבוֹא לָךְ צַדִּיק וְנוֹשָׁע הוּא עָנִי וְרֹכֵב עַל־חֲמוֹר וְעַל־עַיִר בֶּן־אֲתֹנוֹת׃

10 וְהִכְרַתִּי־רֶכֶב מֵאֶפְרַיִם וְסוּס מִירוּשָׁלִַם וְנִכְרְתָה קֶשֶׁת מִלְחָמָה וְדִבֶּר שָׁלוֹם לַגּוֹיִם וּמָשְׁלוֹ מִיָּם עַד־יָם וּמִנָּהָר עַד־אַפְסֵי־אָרֶץ׃

11 גַּם־אַתְּ בְּדַם־בְּרִיתֵךְ שִׁלַּחְתִּי אֲסִירַיִךְ מִבּוֹר אֵין מַיִם בּוֹ׃

12 שׁוּבוּ לְבִצָּרוֹן אֲסִירֵי הַתִּקְוָה גַּם־הַיּוֹם מַגִּיד מִשְׁנֶה אָשִׁיב לָךְ׃

13 כִּי־דָרַכְתִּי לִי יְהוּדָה קֶשֶׁת מִלֵּאתִי אֶפְרַיִם וְעוֹרַרְתִּי בָנַיִךְ צִיּוֹן עַל־בָּנַיִךְ יָוָן וְשַׂמְתִּיךְ כְּחֶרֶב גִּבּוֹר׃

14 וַיהוָה עֲלֵיהֶם יֵרָאֶה וְיָצָא כַבָּרָק חִצּוֹ וַאדֹנָי יְהוִה בַּשּׁוֹפָר יִתְקָע וְהָלַךְ בְּסַעֲרוֹת תֵּימָן׃

15 יְהוָה צְבָאוֹת יָגֵן עֲלֵיהֶם וְאָכְלוּ וְכָבְשׁוּ אַבְנֵי־קֶלַע וְשָׁתוּ הָמוּ כְּמוֹ־יָיִן וּמָלְאוּ כַּמִּזְרָק כְּזָוִיּוֹת מִזְבֵּחַ׃

16 וְהוֹשִׁיעָם יְהוָה אֱלֹהֵיהֶם בַּיּוֹם הַהוּא כְּצֹאן עַמּוֹ כִּי אַבְנֵי־נֵזֶר מִתְנוֹסְסוֹת עַל־אַדְמָתוֹ׃

17 כִּי מַה־טּוּבוֹ וּמַה־יָפְיוֹ דָּגָן בַּחוּרִים וְתִירוֹשׁ יְנוֹבֵב בְּתֻלוֹת׃

CAP. X.   י

1 שַׁאֲלוּ מֵיְהוָה מָטָר בְּעֵת מַלְקוֹשׁ יְהוָה עֹשֶׂה חֲזִיזִים וּמְטַר־גֶּשֶׁם יִתֵּן לָהֶם לְאִישׁ עֵשֶׂב בַּשָּׂדֶה׃

2 כִּי הַתְּרָפִים דִּבְּרוּ־אָוֶן וְהַקּוֹסְמִים חָזוּ שֶׁקֶר וַחֲלֹמוֹת הַשָּׁוְא יְדַבֵּרוּ הֶבֶל יְנַחֵמוּן עַל־כֵּן נָסְעוּ כְמוֹ־צֹאן יַעֲנוּ כִּי־אֵין רֹעֶה׃

3 עַל־הָרֹעִים חָרָה אַפִּי וְעַל־הָעַתּוּדִים אֶפְקוֹד כִּי־פָקַד יְהוָה צְבָאוֹת אֶת־עֶדְרוֹ אֶת־בֵּית יְהוּדָה וְשָׂם אוֹתָם כְּסוּס הוֹדוֹ בַּמִּלְחָמָה׃

4 מִמֶּנּוּ פִנָּה מִמֶּנּוּ יָתֵד

[עמודה שמאלית — זכריה י, המשך]

5 וְהָיוּ כְגִבֹּרִים בּוֹסִים בְּטִיט חוּצוֹת בַּמִּלְחָמָה וְנִלְחֲמוּ כִּי יְהוָה עִמָּם וְהֹבִישׁוּ רֹכְבֵי סוּסִים׃

6 וְגִבַּרְתִּי אֶת־בֵּית יְהוּדָה וְאֶת־בֵּית יוֹסֵף אוֹשִׁיעַ וְהוֹשְׁבוֹתִים כִּי רִחַמְתִּים וְהָיוּ כַּאֲשֶׁר לֹא־זְנַחְתִּים כִּי אֲנִי יְהוָה אֱלֹהֵיהֶם וְאֶעֱנֵם׃

7 וְהָיוּ כְגִבּוֹר אֶפְרַיִם וְשָׂמַח לִבָּם כְּמוֹ־יָיִן וּבְנֵיהֶם יִרְאוּ וְשָׂמֵחוּ יָגֵל לִבָּם בַּיהוָה׃

8 אֶשְׁרְקָה לָהֶם וַאֲקַבְּצֵם כִּי פְדִיתִים וְרָבוּ כְּמוֹ רָבוּ׃

9 וְאֶזְרָעֵם בָּעַמִּים וּבַמֶּרְחַקִּים יִזְכְּרוּנִי וְחָיוּ אֶת־בְּנֵיהֶם וָשָׁבוּ׃

10 וַהֲשִׁיבוֹתִים מֵאֶרֶץ מִצְרַיִם וּמֵאַשּׁוּר אֲקַבְּצֵם וְאֶל־אֶרֶץ גִּלְעָד וּלְבָנוֹן אֲבִיאֵם וְלֹא יִמָּצֵא לָהֶם׃

11 וְעָבַר בַּיָּם צָרָה וְהִכָּה בַיָּם גַּלִּים וְהֹבִישׁוּ כֹּל מְצוּלוֹת יְאֹר וְהוּרַד גְּאוֹן אַשּׁוּר וְשֵׁבֶט מִצְרַיִם יָסוּר׃

12 וְגִבַּרְתִּים בַּיהוָה וּבִשְׁמוֹ יִתְהַלָּכוּ נְאֻם יְהוָה׃

CAP. XI.   יא

1 פְּתַח לְבָנוֹן דְּלָתֶיךָ וְתֹאכַל אֵשׁ בַּאֲרָזֶיךָ׃

2 הֵילֵל בְּרוֹשׁ כִּי־נָפַל אֶרֶז אֲשֶׁר אַדִּרִים שֻׁדָּדוּ הֵילִילוּ אַלּוֹנֵי בָשָׁן כִּי יָרַד יַעַר הַבָּצִיר׃

3 קוֹל יִלְלַת הָרֹעִים כִּי שֻׁדְּדָה אַדַּרְתָּם קוֹל שַׁאֲגַת כְּפִירִים כִּי שֻׁדַּד גְּאוֹן הַיַּרְדֵּן׃

4 כֹּה אָמַר יְהוָה אֱלֹהָי רְעֵה אֶת־צֹאן הַהֲרֵגָה׃

5 אֲשֶׁר קֹנֵיהֶן יַהֲרְגֻן וְלֹא יֶאְשָׁמוּ וּמֹכְרֵיהֶן יֹאמַר בָּרוּךְ יְהוָה וַאעְשִׁר וְרֹעֵיהֶם לֹא יַחְמוֹל עֲלֵיהֶן׃

6 כִּי לֹא אֶחְמוֹל עוֹד עַל־יֹשְׁבֵי הָאָרֶץ נְאֻם־יְהוָה וְהִנֵּה אָנֹכִי מַמְצִיא אֶת־הָאָדָם אִישׁ בְּיַד־רֵעֵהוּ וּבְיַד מַלְכּוֹ וְכִתְּתוּ אֶת־הָאָרֶץ וְלֹא אַצִּיל מִיָּדָם׃

7 וָאֶרְעֶה אֶת־צֹאן הַהֲרֵגָה לָכֵן עֲנִיֵּי הַצֹּאן וָאֶקַּח־לִי שְׁנֵי מַקְלוֹת לְאַחַד קָרָאתִי נֹעַם וּלְאַחַד קָרָאתִי חֹבְלִים וָאֶרְעֶה אֶת־הַצֹּאן׃

8 וָאַכְחִד אֶת־שְׁלֹשֶׁת הָרֹעִים בְּיֶרַח אֶחָד וַתִּקְצַר נַפְשִׁי בָּהֶם וְגַם־נַפְשָׁם בָּחֲלָה בִי׃

9 וָאֹמַר לֹא אֶרְעֶה אֶתְכֶם הַמֵּתָה תָמוּת וְהַנִּכְחֶדֶת תִּכָּחֵד וְהַנִּשְׁאָרוֹת תֹּאכַלְנָה אִשָּׁה אֶת־בְּשַׂר רְעוּתָהּ׃

10 וָאֶקַּח אֶת־מַקְלִי אֶת־נֹעַם וָאֶגְדַּע אֹתוֹ לְהָפֵיר אֶת־בְּרִיתִי אֲשֶׁר כָּרַתִּי אֶת־כָּל־הָעַמִּים׃

11 וַתֻּפַר בַּיּוֹם הַהוּא וַיֵּדְעוּ כֵן עֲנִיֵּי הַצֹּאן הַשֹּׁמְרִים אֹתִי כִּי דְבַר־יְהוָה הוּא׃

12 וָאֹמַר אֲלֵיהֶם אִם־טוֹב בְּעֵינֵיכֶם הָבוּ שְׂכָרִי וְאִם־לֹא חֲדָלוּ וַיִּשְׁקְלוּ אֶת־שְׂכָרִי שְׁלֹשִׁים כָּסֶף׃

13 וַיֹּאמֶר

that I will render double[a] unto thee:
13 When I have bent Judah for me, filled the bow with Ephraim, and raised up thy sons, O Zion, against thy sons, O Greece, & made thee as the sword of a mighty man.

14 And the LORD shall be seen over them, and his arrow[b] shall go forth as the lightning: and the Lord GOD shall blow the trumpet, and shall go with whirlwinds[c] of the south.

15 The LORD of hosts shall defend them; and they shall devour, and subdue [d] with sling-stones; and they shall drink, *and* make a noise as through wine; and they shall [ζ] be filled like bowls, *and* as[e] the corners of the altar.

16 And the LORD their God shall save them in that day as the flock of his people : for[g] *they shall be as* the stones of a crown, lifted up as an ensign[h] upon his land.

17 For how great *is* his goodness, and how great *is* his beauty! corn shall make the young men [θ]cheerful,&new wine[yₑ]maids.

CHAP. X.

ASK ye of the LORD rain[i] in the time of the latter rain ; *so* the LORD shall make [λ] bright clouds, and give them showers of rain, to every one grass in the field.

2 For the [v]idols have spoken vanity, and the diviners have seen a lie,&have told false dreams ; they comfort in vain :[l] therefore they went their way as a flock, they were [ρ]troubled, because *there was* no shepherd.

3 Mine anger was kindled against the shepherds,[n] and I [σ] punished the goats : for the LORD of hosts hath visited his flock the house of Judah, and hath made them as his goodly horse[o] in the battle.

4 Out of him came forth the corner,[p] out of him the nail,[q] out of him the battle-bow, out of him every oppressor together.

5 And they shall be as mighty *men*,which tread down[r] *their enemies* in the mire of the streets in the battle : and they shall fight, because the LORD *is* with them, and [ψ]the riders on horses shall be confounded.

6 And I will strengthen the house of Judah, and I will save the house of Joseph, and I will bring them again to place them : for[u] I have mercy upon them : and they shall be as though I had not cast them off : for I *am* the LORD their God, and will hear them.

7 And *they* of Ephraim shall be like a mighty *man*, and their heart shall [v] rejoice as through wine : yea, their children shall see *it*, and be glad ; their heart shall rejoice in the LORD.

8 I will hiss for them, and gather them ; for I have redeemed them : and they shall increase as they have increased.

9 And I will sow[w] them among the people : and they shall remember[x] me in far countries : and they shall live with their children, and turn again.

10 I will bring them again also out of the land of Egypt,and gather them out of Assyria : and I will bring them into the land of Gilead and Lebanon, and[z] *place* shall not be found for them.

11 And he shall pass through the sea with affliction, and shall smite the waves in the sea, and all the deeps of the river shall dry up ; and the pride of Assyria shall be brought down, and the sceptre of Egypt shall depart away.

12 And I will strengthen them in the LORD ; and they shall walk[a] up and down in his name, saith the LORD.

B. C. 518.

a Is. 40. 2.
β or, *gallants.*
γ or, *defenced forest.*
b Ps. 144. 6.
c Is. 21. 1.
d Jn°.21.15..17
δ or, *the stones of the sling.*
ε or, *fill both the.*
e Le.4.18,25.
f De.29.19..21.
g Is. 62. 3.
h Is. 11. 12.
η make to be found.
θ or, *grow,* or, *speak.*
i De.11.13,14.
κ or, *verily the poor.*
k Mat. 11. 5.
λ or, *lightnings,*
Je. 10. 13.
*μ*or,*Binders.*
v or, *teraphim,*
Ju. 17. 5.
l Job 13. 4.
m Ho. 5. 7.
π was straitened for.
ρ or,*answered that.*
*n*Eze 34.7,&c
σ visited upon.
τ his fellow, or, *neighbour.*
o Ca. 1. 9.
*p*Nu.24.17.19.
q Is. 22. 23.
φ or, *the poor, &c. certainly knew.*
r Mal. 4. 3.
χ it be *good in your eyes*
ψ or, *they shall make the riders on horses ashamed.*
s Ex. 21. 32.
Mat. 26. 15.
*f*Mat.27.3..10.
u Is. 54. 7..10.
*ξ*or,*Binders.*
γ or, *hidden.*
v ch. 9. 15.
*w*Ro.11.11..15
x De.30.1..3.
δ or, *bear.*
*y*Jn°.10.12,13.
z Is. 49. 20.
ζ or,*slumber,* or, *poison.*
η or,*and also against Judah shall he bewitch shall be in siege against Jerusalem.*
a Col. 2. 6.

CHAP. XI.

OPEN thy doors, O Lebanon, that the fire may devour thy cedars.

2 Howl, fir-tree ; for the cedar is fallen ; because the [β]mighty is spoiled; howl, O ye oaks of Bashan ; for the [γ] forest of the vintage is come down.

3 There *is* a voice of the howling of the shepherds ; for their glory is spoiled : a voice of the roaring of young lions ; for the pride of Jordan is spoiled.

4 Thus saith the LORD my God.[d] Feed the flock of the slaughter,

5 Whose possessors slay them, and hold themselves not guilty ; and they that sell them say, Blessed[f] *be* the LORD ; for I am rich : and their own shepherds pity them not.

6 For I will no more pity the inhabitants of the land, saith the LORD : but, lo, I will [n] deliver the men every one into his neighbour's hand, and into the hand of his king ; and they shall smite the land, and out of their hand I will not deliver *them.*

7 And I will feed the flock of slaughter, [κ] *even* you, O poor[k] of the flock. And I took unto me two staves ; the one I called Beauty, and the other I called [μ] Bands : and I fed the flock.

8 Three shepherds also I cut off in one month ;[m] and my soul [π] loathed them, and their soul also abhorred me.

9 Then said I, I will not feed you : that that dieth, let it die ; and that that is to be cut off, let it be cut off ; and let the rest eat every one the flesh of [τ]another.

10 And I took my staff, *even* Beauty, and cut it asunder, that I might break my covenant which I had made with all the people.

11 And it was broken in that day : and [φ] so the poor of the flock that waited upon me knew that it *was* the word of the LORD.

12 And I said unto them, If [χ]ye think good, give *me* my price ; and if not, forbear. So they weighed for my price thirty[s] *pieces* of silver.

13 And the LORD said unto me, Cast it unto the potter :[t] a goodly price that I was prized at of them. And I took the thirty *pieces* of silver, and cast them to the potter in the house of the LORD.

14 Then I cut asunder mine other staff, *even* [β] Bands, that I might break the brotherhood between Judah and Israel.

15 And the LORD said unto me, Take unto thee yet the instruments of a foolish shepherd :

16 For, lo, I will raise up a shepherd in the land,*which* shall not visit those that be [γ]cut off, neither shall seek the young one, nor heal that that is broken, nor [δ]feed that that standeth still ; but he shall eat the flesh of the fat, and tear their claws in pieces.

17 Woe to the idol shepherd that leaveth[y] the flock ! the sword *shall be* upon his arm, and upon his right eye : his arm shall be clean dried up, and his right eye shall be utterly darkened.

CHAP. XII.

THE burden of the word of the LORD for Israel, saith the LORD, which stretcheth forth the heavens, and layeth the foundation of the earth, and formeth the spirit of man within him.

2 Behold, I will make Jerusalem a cup of [ζ]trembling unto all the people round about, [η] when they shall be in the siege both against Judah, *and* against Jerusalem.

3 And in that day will I make Jerusalem

562

יְהֹוָה אֵלַי הַשְׁלִיכֵהוּ אֶל־הַיּוֹצֵר אֶדֶר הַיְקָר אֲשֶׁר
יָקַרְתִּי מֵעֲלֵיהֶם וָאֶקְחָה שְׁלֹשִׁים הַכֶּסֶף וָאַשְׁלִיךְ
14 אֹתוֹ בֵּית יְהֹוָה אֶל־הַיּוֹצֵר: וָאֶגְדַּע אֶת־מַקְלִי הַשֵּׁנִי
אֵת הַחֹבְלִים לְהָפֵר אֶת־הָאַחֲוָה בֵּין יְהוּדָה וּבֵין
15 יִשְׂרָאֵל: וַיֹּאמֶר יְהֹוָה אֵלַי עוֹד קַח־לְךָ כְּלִי
16 רֹעֶה אֱוִלִי: כִּי הִנֵּה־אָנֹכִי מֵקִים רֹעֶה בָּאָרֶץ
הַנִּכְחָדוֹת לֹא־יִפְקֹד הַנַּעַר לֹא־יְבַקֵּשׁ וְהַנִּשְׁבֶּרֶת
לֹא יְרַפֵּא הַנִּצָּבָה לֹא יְכַלְכֵּל וּבְשַׂר הַבְּרִיאָה יֹאכַל
17 וּפַרְסֵיהֶן יְפָרֵק: הוֹי רֹעִי הָאֱלִיל עֹזְבִי הַצֹּאן חֶרֶב
עַל־זְרוֹעוֹ וְעַל־עֵין יְמִינוֹ זְרֹעוֹ יָבוֹשׁ תִּיבָשׁ וְעֵין
יְמִינוֹ כָּהֹה תִכְהֶה:

CAP. XII. יב

1 מַשָּׂא דְבַר־יְהֹוָה עַל־יִשְׂרָאֵל נְאֻם־יְהֹוָה נֹטֶה שָׁמַיִם
2 וְיֹסֵד אָרֶץ וְיֹצֵר רוּחַ־אָדָם בְּקִרְבּוֹ: הִנֵּה אָנֹכִי שָׂם
אֶת־יְרוּשָׁלַ͏ִם סַף־רַעַל לְכָל־הָעַמִּים סָבִיב וְגַם עַל־
3 יְהוּדָה יִהְיֶה בַמָּצוֹר עַל־יְרוּשָׁלָ͏ִם: וְהָיָה בַיּוֹם־
הַהוּא אָשִׂים אֶת־יְרוּשָׁלַ͏ִם אֶבֶן מַעֲמָסָה לְכָל־
הָעַמִּים כָּל־עֹמְסֶיהָ שָׂרוֹט יִשָּׂרֵטוּ וְנֶאֶסְפוּ עָלֶיהָ
4 כֹּל גּוֹיֵי הָאָרֶץ: בַּיּוֹם הַהוּא נְאֻם־יְהֹוָה אַכֶּה כָל־
סוּס בַּתִּמָּהוֹן וְרֹכְבוֹ בַּשִּׁגָּעוֹן וְעַל־בֵּית יְהוּדָה
אֶפְקַח אֶת־עֵינַי וְכֹל סוּס הָעַמִּים אַכֶּה בַּעִוָּרוֹן:
5 וְאָמְרוּ אַלֻּפֵי יְהוּדָה בְּלִבָּם אַמְצָה לִי יֹשְׁבֵי יְרוּשָׁלַ͏ִם
6 בַּיהֹוָה צְבָאוֹת אֱלֹהֵיהֶם: בַּיּוֹם הַהוּא אָשִׂים אֶת־
אַלֻּפֵי יְהוּדָה כְּכִיּוֹר אֵשׁ בְּעֵצִים וּכְלַפִּיד אֵשׁ בְּעָמִיר
וְאָכְלוּ עַל־יָמִין וְעַל־שְׂמֹאול אֶת־כָּל־הָעַמִּים סָבִיב
7 וְיָשְׁבָה יְרוּשָׁלַ͏ִם עוֹד תַּחְתֶּיהָ בִּירוּשָׁלָ͏ִם: וְהוֹשִׁיעַ

בֵּית־דָּוִיד לְבָד וּנְשֵׁיהֶם לְבָד מִשְׁפַּחַת בֵּית־נָתָן
13 לְבָד וּנְשֵׁיהֶם לְבָד: מִשְׁפַּחַת בֵּית־לֵוִי לְבָד
וּנְשֵׁיהֶם לְבָד מִשְׁפַּחַת הַשִּׁמְעִי לְבָד וּנְשֵׁיהֶם לְבָד:
14 כֹּל הַמִּשְׁפָּחוֹת הַנִּשְׁאָרוֹת מִשְׁפָּחֹת מִשְׁפָּחֹת לְבָד
וּנְשֵׁיהֶם לְבָד:

CAP. XIII. יג

1 בַּיּוֹם הַהוּא יִהְיֶה מָקוֹר נִפְתָּח לְבֵית דָּוִיד וּלְיֹשְׁבֵי
2 יְרוּשָׁלָ͏ִם לְחַטַּאת וּלְנִדָּה: וְהָיָה בַיּוֹם הַהוּא
נְאֻם יְהֹוָה צְבָאוֹת אַכְרִית אֶת־שְׁמוֹת הָעֲצַבִּים
מִן־הָאָרֶץ וְלֹא יִזָּכְרוּ עוֹד וְגַם אֶת־הַנְּבִיאִים וְאֶת־
3 רוּחַ הַטֻּמְאָה אַעֲבִיר מִן־הָאָרֶץ: וְהָיָה כִּי־יִנָּבֵא
אִישׁ עוֹד וְאָמְרוּ אֵלָיו אָבִיו וְאִמּוֹ יֹלְדָיו לֹא תִחְיֶה
כִּי שֶׁקֶר דִּבַּרְתָּ בְּשֵׁם יְהֹוָה וּדְקָרֻהוּ אָבִיהוּ וְאִמּוֹ
4 יֹלְדָיו בְּהִנָּבְאוֹ: וְהָיָה בַּיּוֹם הַהוּא יֵבֹשׁוּ הַנְּבִיאִים
אִישׁ מֵחֶזְיֹנוֹ בְּהִנָּבְאֹתוֹ וְלֹא יִלְבְּשׁוּ אַדֶּרֶת שֵׂעָר
5 לְמַעַן כַּחֵשׁ: וְאָמַר לֹא נָבִיא אָנֹכִי אִישׁ־עֹבֵד
6 אֲדָמָה אָנֹכִי כִּי אָדָם הִקְנַנִי מִנְּעוּרָי: וְאָמַר
אֵלָיו מָה הַמַּכּוֹת הָאֵלֶּה בֵּין יָדֶיךָ וְאָמַר אֲשֶׁר
7 הֻכֵּיתִי בֵּית מְאַהֲבָי: חֶרֶב עוּרִי עַל־
רֹעִי וְעַל־גֶּבֶר עֲמִיתִי נְאֻם יְהֹוָה צְבָאוֹת הַךְ אֶת־
הָרֹעֶה וּתְפוּצֶיןָ הַצֹּאן וַהֲשִׁבֹתִי יָדִי עַל־הַצֹּעֲרִים:
8 וְהָיָה בְכָל־הָאָרֶץ נְאֻם־יְהֹוָה פִּי־שְׁנַיִם בָּהּ יִכָּרֵתוּ
9 יִגְוָעוּ וְהַשְּׁלִשִׁית יִוָּתֶר בָּהּ: וְהֵבֵאתִי אֶת־
הַשְּׁלִשִׁית בָּאֵשׁ וּצְרַפְתִּים כִּצְרֹף אֶת־הַכֶּסֶף
וּבְחַנְתִּים כִּבְחֹן אֶת־הַזָּהָב הוּא יִקְרָא בִשְׁמִי וַאֲנִי
אֶעֱנֶה אֹתוֹ אָמַרְתִּי עַמִּי הוּא וְהוּא יֹאמַר יְהֹוָה
אֱלֹהָי:

CAP. XIV. יד

1 הִנֵּה יוֹם־בָּא לַיהֹוָה וְחֻלַּק שְׁלָלֵךְ בְּקִרְבֵּךְ:
2 וְאָסַפְתִּי אֶת־כָּל־הַגּוֹיִם אֶל־יְרוּשָׁלַ͏ִם לַמִּלְחָמָה
וְנִלְכְּדָה הָעִיר וְנָשַׁסּוּ הַבָּתִּים וְהַנָּשִׁים תִּשָּׁגַלְנָה
וְיָצָא חֲצִי הָעִיר בַּגּוֹלָה וְיֶתֶר הָעָם לֹא יִכָּרֵת מִן־
3 הָעִיר: וְיָצָא יְהֹוָה וְנִלְחַם בַּגּוֹיִם הָהֵם כְּיוֹם
4 הִלָּחֲמוֹ בְּיוֹם קְרָב: וְעָמְדוּ רַגְלָיו בַּיּוֹם־הַהוּא
עַל־הַר הַזֵּיתִים אֲשֶׁר עַל־פְּנֵי יְרוּשָׁלַ͏ִם מִקֶּדֶם וְנִבְקַע
הַר הַזֵּיתִים מֵחֶצְיוֹ מִזְרָחָה וָיָמָּה גֵּיא גְּדוֹלָה
5 מְאֹד וּמָשׁ חֲצִי הָהָר צָפוֹנָה וְחֶצְיוֹ־נֶגְבָּה: וְנַסְתֶּם
גֵּיא־הָרַי כִּי־יַגִּיעַ גֵּי־הָרִים אֶל־אָצַל וְנַסְתֶּם כַּאֲשֶׁר
נַסְתֶּם מִפְּנֵי הָרַעַשׁ בִּימֵי עֻזִּיָּה מֶלֶךְ־יְהוּדָה וּבָא
6 יְהֹוָה אֱלֹהַי כָּל־קְדֹשִׁים עִמָּךְ: וְהָיָה

a burdensome stone[a] for all people : all that burden themselves with it shall be cut in pieces, though all the people of the earth be gathered together against it.

4 In that day, saith the LORD, I will smite every horse[b] with astonishment, and his rider with madness ; and I will open mine eyes upon the house of Judah, and will smite every horse of the people with blindness.

5 And the governors of Judah shall say in their heart, [β] The inhabitants of Jerusalem *shall be* my strength in the LORD of hosts their God.

6 In that day will I make the governors of Judah like a hearth of fire among the wood, and like a torch of fire in a sheaf ; and they shall devour all the people round about, on the right hand and on the left : and Jerusalem shall be inhabited again in her own place, *even* in Jerusalem.

7 The LORD also shall save the tents of Judah first, that the glory of the house of David, and the glory of the inhabitants of Jerusalem do not magnify *themselves* against Judah.

8 In that day shall the LORD defend the inhabitants of Jerusalem ; and he that is [γ] feeble[f] among them at that day shall be as David ; and the house of David *shall be* as God,[g] as the angel of the LORD before them.

9 And it shall come to pass in that day, *that* I will seek to destroy[i] all the nations that come against Jerusalem.

10 And[k] I will pour upon the house of David, and upon the inhabitants of Jerusalem, the spirit of grace[l] and of supplications ;[m] and they shall look upon me whom they have pierced, and they shall mourn[n] for him, as one mourneth for *his* only *son*, and shall be in bitterness for him, as one that is in bitterness for *his* first-born.

11 In that day shall there be a[o] great mourning in Jerusalem,as the mourning of Hadadrimmon in the valley of Megiddon.[p]

12 And the land shall mourn [ζ]every family apart ; the family of the house of David apart, and their wives apart ; the family of the house of Nathan[q] apart, and their wives apart ;

13 The family of the house of Levi apart, and their wives apart ; the family of [θ] Shimei apart, and their wives apart ;

14 All the families that remain, every family apart, and their wives apart.[t]

CHAP. XIII.

IN that day there shall be a[u] fountain opened to the house of David, and to the inhabitants of Jerusalem, for sin and for [π]uncleanness.

2 And it shall come to pass in that day, saith the LORD of hosts, *that* I will cut off[v] the names of the idols out of the land, and they shall no more[w] be remembered ; and also I will cause the prophets and the unclean spirit[x] to pass out of the land.

3 And it shall come to pass, *that* when any shall yet prophesy, then his father and his mother that begat him shall say unto him, Thou shalt not live ; for thou speakest lies in the name of the LORD : and his father and his mother that begat him shall[y] thrust him through when he prophesieth.

4 And it shall come to pass in that day, *that* the prophets shall be ashamed every[a] one of his vision, when he hath prophesied ; neither shall they wear a [χ] rough garment to [ψ]deceive :

5 But he shall say, I *am* no prophet, I *am* an husbandman ; for man taught me to keep cattle from my youth.

6 And *one* shall say unto him, What *are* these wounds in thine hands ? Then he shall answer, *Those* with which I was wounded *in* the house of my friends.

7 Awake, O sword, against my shepherd, and against the man *that is* my[e] fellow, saith the LORD of hosts : smite[d] the shepherd,and the sheep shall be scattered ; and I will turn mine hand upon the little ones.

8 And it shall come to pass, *that* in all the land, saith the LORD, two parts therein shall be cut off, *and* die ; but the third shall be left therein.

9 And I will bring the third part through the fire, and will refine them as silver is refined, and will try them as gold[g] is tried : they shall call on my name, and I will hear them ; I will say, It *is* my people ; and they shall say, The LORD *is* my God.

CHAP. XIV.

BEHOLD, the day of the LORD cometh, and thy spoil shall be divided in the midst of thee.

2 For I will gather all nations against Jerusalem to battle ; and the city[k] shall be taken, and the houses rifled, and the women ravished ; and half of the city shall go forth into captivity, and the residue of the people shall not be cut off from the city.

3 Then shall the LORD go forth, and fight against those nations, as when he fought in the day of battle.

4 And his feet shall stand in that day upon the mount of Olives, which *is* before Jerusalem on the east ; and the mount of Olives shall cleave in the midst thereof toward the east and toward the west, *and there shall be* a very great valley : and half of the mountain shall remove toward the north, and half of it toward the south.

5 And ye shall flee *to* the valley of [δ]the mountains ; *n* for the valley of the mountains shall reach unto Azal : yea, ye shall flee, like as ye fled from before the earthquake[r] in the days of Uzziah, king of Judah ; and[s] the LORD my God shall come, *and* all the saints with thee.

6 And it shall come to pass in that day, *that* [κ] the light shall not be [λ]clear, *nor* [μ] dark :

7 But *v* it shall be one day, which shall be known to the LORD, not day, nor night : but it shall come to pass, *that* at evening time it shall be light.

8 And it shall be in that day, *that* living waters shall go out from Jerusalem ; half of them toward the [ρ] former sea, and half of them toward the hinder sea : in summer and in winter shall it be.

9 And the LORD shall be king over all the earth : in that day shall there be one LORD, and his name one.

10 All the land shall be [σ]turned as a plain, from Geba to Rimmon, south of Jerusalem : and it shall be lifted up, and [τ]inhabited in her place, from Benjamin's gate unto the place of the first gate, unto the corner gate, and *from* the tower of Hananeel unto the king's wine-presses.

11 And *men* shall dwell in it, and there shall be no more[z] utter destruction ; but Jerusalem shall be safely inhabited.

12 And this shall be the plague wherewith the LORD will smite all the people that

---

Center reference column:

B. C. 518.

a Mat. 21.44.
b Eze. 38. 4.
c Phi. 2. 6.
d Mat. 26.31.
β or, There is *strength* *to me and to the inhabitants,* Joel 3. 16.
e Job 23. 10. 1 Pe. 1.6,7.
γ *fallen,* or, *abject,* Mi. 7. 8.
f He. 11. 34.
g Jn°. 17.21.. 23.
h Mat.23.37, 38.
i Is. 54. 17.
k Je. 31. 9.
l Ps. 51. 12.
m Ro. 8. 26.
n Mat. 24.30. Jn°. 19. 34. Re. 1. 7.
o Ac. 2. 37.
p 2Ch.35.22.. 25.
δ or, *my.*
ζ *families,* *families.*
η or, *when he shall touch the valley of the mountains to the place he separated.*
q 2 Sa. 5. 14.
r Is. 29. 6. Am. 1. 1.
s Jude 14,15.
θ or,*Simeon,* as LXX.
κ That is, it shall not be clear in some places and dark in other places of the world
λ *precious.*
μ *thickness.*
t Pr. 9. 12.
v or, *the day shall be one*
u He. 9. 14. Re. 1. 5. 7.13,14.
π *separation for uncleanness.*
ρ or,*eastern,* Joel 2. 20.
v Ex. 23. 13. Ps. 16. 4.
w Is. 2. 18,20.
x Lu. 11. 20.
σ or, *compassed.*
τ or, *shall abide.*
y De. 13. 6,9.
z Re. 21. 4.
a Mi 3. 6, 7.
φ or, *abide.*
χ *garment of hair.*
ψ *lie.*

583

7 וְהָיָה יוֹם־אֶחָד הוּא יִוָּדַע לַיהוָה לֹא־יוֹם וְלֹא־לָיְלָה וְהָיָה לְעֵת־עֶרֶב יִהְיֶה־אוֹר׃

8 וְהָיָה בַּיּוֹם הַהוּא יֵצְאוּ מַיִם־חַיִּים מִירוּשָׁלִַם חֶצְיָם אֶל־הַיָּם הַקַּדְמוֹנִי וְחֶצְיָם אֶל־הַיָּם הָאַחֲרוֹן בַּקַּיִץ וּבַחֹרֶף יִהְיֶה׃

9 וְהָיָה יְהוָה לְמֶלֶךְ עַל־כָּל־הָאָרֶץ בַּיּוֹם הַהוּא יִהְיֶה יְהוָה אֶחָד וּשְׁמוֹ אֶחָד׃

10 יִסּוֹב כָּל־הָאָרֶץ כָּעֲרָבָה מִגֶּבַע לְרִמּוֹן נֶגֶב יְרוּשָׁלִָם וְרָאֲמָה וְיָשְׁבָה תַחְתֶּיהָ לְמִשַּׁעַר בִּנְיָמִן עַד־מְקוֹם שַׁעַר הָרִאשׁוֹן עַד־שַׁעַר הַפִּנִּים וּמִגְדַּל חֲנַנְאֵל עַד יִקְבֵי הַמֶּלֶךְ׃

11 וְיָשְׁבוּ בָהּ וְחֵרֶם לֹא יִהְיֶה־עוֹד וְיָשְׁבָה יְרוּשָׁלִַם לָבֶטַח׃

12 וְזֹאת תִּהְיֶה הַמַּגֵּפָה אֲשֶׁר יִגֹּף יְהוָה אֶת־כָּל־הָעַמִּים אֲשֶׁר צָבְאוּ עַל־יְרוּשָׁלִָם הָמֵק בְּשָׂרוֹ וְהוּא עֹמֵד עַל־רַגְלָיו וְעֵינָיו תִּמַּקְנָה בְחֹרֵיהֶן וּלְשׁוֹנוֹ תִּמַּק בְּפִיהֶם׃

13 וְהָיָה בַּיּוֹם הַהוּא תִּהְיֶה מְהוּמַת־יְהוָה רַבָּה בָּהֶם וְהֶחֱזִיקוּ אִישׁ יַד רֵעֵהוּ וְעָלְתָה יָדוֹ עַל־יַד רֵעֵהוּ׃

14 וְגַם־יְהוּדָה תִּלָּחֵם בִּירוּשָׁלִָם וְאֻסַּף חֵיל כָּל־הַגּוֹיִם סָבִיב זָהָב וָכֶסֶף וּבְגָדִים לָרֹב׃

15 וְכֵן תִּהְיֶה מַגֵּפַת הַסּוּס הַפֶּרֶד הַגָּמָל וְהַחֲמוֹר וְכָל־הַבְּהֵמָה אֲשֶׁר יִהְיֶה בַּמַּחֲנוֹת הָהֵמָּה כַּמַּגֵּפָה הַזֹּאת׃

16 וְהָיָה כָּל־הַנּוֹתָר מִכָּל־הַגּוֹיִם הַבָּאִים עַל־יְרוּשָׁלִָם וְעָלוּ מִדֵּי שָׁנָה בְשָׁנָה לְהִשְׁתַּחֲוֺת לְמֶלֶךְ יְהוָה צְבָאוֹת וְלָחֹג אֶת־חַג הַסֻּכּוֹת׃

17 וְהָיָה אֲשֶׁר לֹא־יַעֲלֶה מֵאֵת מִשְׁפְּחוֹת הָאָרֶץ אֶל־יְרוּשָׁלִַם לְהִשְׁתַּחֲוֺת לְמֶלֶךְ יְהוָה צְבָאוֹת וְלֹא עֲלֵיהֶם יִהְיֶה הַגָּשֶׁם׃

18 וְאִם־מִשְׁפַּחַת מִצְרַיִם לֹא־תַעֲלֶה וְלֹא בָאָה וְלֹא עֲלֵיהֶם תִּהְיֶה הַמַּגֵּפָה אֲשֶׁר יִגֹּף יְהוָה אֶת־הַגּוֹיִם אֲשֶׁר לֹא יַעֲלוּ לָחֹג אֶת־חַג הַסֻּכּוֹת׃

19 זֹאת תִּהְיֶה חַטַּאת מִצְרָיִם וְחַטַּאת כָּל־הַגּוֹיִם אֲשֶׁר לֹא יַעֲלוּ לָחֹג אֶת־חַג הַסֻּכּוֹת׃

20 בַּיּוֹם הַהוּא יִהְיֶה עַל־מְצִלּוֹת הַסּוּס קֹדֶשׁ לַיהוָה וְהָיָה הַסִּירוֹת בְּבֵית יְהוָה כַּמִּזְרָקִים לִפְנֵי הַמִּזְבֵּחַ׃

21 וְהָיָה כָּל־סִיר בִּירוּשָׁלִַם וּבִיהוּדָה קֹדֶשׁ לַיהוָה צְבָאוֹת וּבָאוּ כָּל־הַזֹּבְחִים וְלָקְחוּ מֵהֶם וּבִשְּׁלוּ בָהֶם וְלֹא־יִהְיֶה כְנַעֲנִי עוֹד בְּבֵית־יְהוָה צְבָאוֹת בַּיּוֹם הַהוּא׃

מלאכי
LIBER MALACHIÆ.

CAP. I. א

1 מַשָּׂא דְבַר־יְהוָה אֶל־יִשְׂרָאֵל בְּיַד מַלְאָכִי׃

2 אָהַבְתִּי אֶתְכֶם אָמַר יְהוָה וַאֲמַרְתֶּם בַּמָּה אֲהַבְתָּנוּ הֲלוֹא־אָח עֵשָׂו לְיַעֲקֹב נְאֻם־יְהוָה וָאֹהַב אֶת־יַעֲקֹב׃

3 וְאֶת־עֵשָׂו שָׂנֵאתִי וָאָשִׂים אֶת־הָרָיו שְׁמָמָה וְאֶת־נַחֲלָתוֹ לְתַנּוֹת מִדְבָּר׃

4 כִּי־תֹאמַר אֱדוֹם רֻשַּׁשְׁנוּ וְנָשׁוּב וְנִבְנֶה חֳרָבוֹת כֹּה אָמַר יְהוָה צְבָאוֹת הֵמָּה יִבְנוּ וַאֲנִי אֶהֱרוֹס וְקָרְאוּ לָהֶם גְּבוּל רִשְׁעָה וְהָעָם אֲשֶׁר־זָעַם יְהוָה עַד־עוֹלָם׃

5 וְעֵינֵיכֶם תִּרְאֶינָה וְאַתֶּם תֹּאמְרוּ יִגְדַּל יְהוָה מֵעַל לִגְבוּל יִשְׂרָאֵל׃

6 בֵּן יְכַבֵּד אָב וְעֶבֶד אֲדֹנָיו וְאִם־אָב אָנִי אַיֵּה כְבוֹדִי וְאִם־אֲדוֹנִים אָנִי אַיֵּה מוֹרָאִי אָמַר יְהוָה צְבָאוֹת לָכֶם הַכֹּהֲנִים בּוֹזֵי שְׁמִי וַאֲמַרְתֶּם בַּמֶּה בָזִינוּ אֶת־שְׁמֶךָ׃

7 מַגִּישִׁים עַל־מִזְבְּחִי לֶחֶם מְגֹאָל וַאֲמַרְתֶּם בַּמֶּה גֵאַלְנוּךָ בֶּאֱמָרְכֶם שֻׁלְחַן יְהוָה נִבְזֶה הוּא׃

8 וְכִי־תַגִּשׁוּן עִוֵּר לִזְבֹּחַ אֵין רָע וְכִי תַגִּישׁוּ פִּסֵּחַ וְחֹלֶה אֵין רָע הַקְרִיבֵהוּ נָא לְפֶחָתֶךָ הֲיִרְצְךָ אוֹ הֲיִשָּׂא פָנֶיךָ אָמַר יְהוָה צְבָאוֹת׃

9 וְעַתָּה חַלּוּ־נָא פְנֵי־אֵל וִיחָנֵנוּ מִיֶּדְכֶם הָיְתָה זֹּאת הֲיִשָּׂא מִכֶּם פָּנִים אָמַר יְהוָה צְבָאוֹת׃

10 מִי גַם־בָּכֶם וְיִסְגֹּר דְּלָתַיִם וְלֹא־תָאִירוּ מִזְבְּחִי חִנָּם אֵין־לִי חֵפֶץ בָּכֶם אָמַר יְהוָה צְבָאוֹת וּמִנְחָה לֹא־אֶרְצֶה מִיֶּדְכֶם׃

11 כִּי מִמִּזְרַח־שֶׁמֶשׁ וְעַד־מְבוֹאוֹ גָּדוֹל שְׁמִי בַּגּוֹיִם וּבְכָל־מָקוֹם מֻקְטָר מֻגָּשׁ לִשְׁמִי וּמִנְחָה טְהוֹרָה כִּי־גָדוֹל שְׁמִי בַּגּוֹיִם אָמַר יְהוָה צְבָאוֹת׃

12 וְאַתֶּם מְחַלְּלִים אוֹתוֹ בֶּאֱמָרְכֶם שֻׁלְחַן אֲדֹנָי מְגֹאָל הוּא וְנִיבוֹ נִבְזֶה אָכְלוֹ׃

13 וַאֲמַרְתֶּם הִנֵּה מַתְּלָאָה וְהִפַּחְתֶּם אוֹתוֹ אָמַר יְהוָה צְבָאוֹת וַהֲבֵאתֶם גָּזוּל וְאֶת־הַפִּסֵּחַ וְאֶת־הַחוֹלֶה וַהֲבֵאתֶם אֶת־הַמִּנְחָה הַאֶרְצֶה אוֹתָהּ מִיֶּדְכֶם אָמַר יְהוָה׃

14 וְאָרוּר נוֹכֵל וְיֵשׁ בְּעֶדְרוֹ זָכָר וְנֹדֵר וְזֹבֵחַ מָשְׁחָת לַאדֹנָי כִּי מֶלֶךְ גָּדוֹל אָנִי אָמַר יְהוָה צְבָאוֹת וּשְׁמִי נוֹרָא בַגּוֹיִם׃

CAP. II. ב

1 וְעַתָּה אֲלֵיכֶם הַמִּצְוָה הַזֹּאת הַכֹּהֲנִים׃

2 אִם־לֹא תִשְׁמְעוּ וְאִם־לֹא תָשִׂימוּ עַל־לֵב לָתֵת כָּבוֹד לִשְׁמִי אָמַר יְהוָה צְבָאוֹת וְשִׁלַּחְתִּי בָכֶם אֶת־הַמְּאֵרָה וְאָרוֹתִי אֶת־בִּרְכוֹתֵיכֶם וְגַם אָרוֹתִיהָ כִּי אֵינְכֶם שָׂמִים עַל־לֵב׃

3 הִנְנִי גֹעֵר לָכֶם אֶת־הַזֶּרַע וְזֵרִיתִי פֶרֶשׁ עַל־פְּנֵיכֶם פֶּרֶשׁ חַגֵּיכֶם וְנָשָׂא אֶתְכֶם אֵלָיו׃

have fought against Jerusalem; Their flesh shall consume away while they stand upon their feet, and their eyes shall consume away in their holes, and their tongue shall consume away in their mouth.

13 And it shall come to pass in that day, *that* a great tumult[c] from the LORD shall be among them; and they shall lay hold every one on the hand of his neighbour, and[e] his hand shall rise up against the hand of his neighbour.

14 And [δ]Judah also shall fight [ζ] at Jerusalem; and the wealth[f] of all the heathen round about shall be gathered together, gold, and silver, and apparel, in great abundance.

15 And so shall be the plague of the horse, of the mule, of the camel, and of the ass, and of all the beasts that shall be in these tents, as this plague.

16 And it shall come to pass, *that* every one that is left of all the nations which came against Jerusalem, shall even go[h] up from year to year to worship the King, the LORD of hosts, and to keep

B. C. 587.
a Le.23.33.&c
Ne.8.14.&c
b Is. 60. 12.
c 1 Sa. 14. 15, 20.
β upon whom there is *not*
d De. 11. 10.
e Eze. 38.21.
γ or, *sin.*
δ or,*thou also* O *Judah.*
ζ or,*against.*
f Eze. 39.10, 17.
η or, *bridles.*
g Is. 23.18.
h Is. 66. 23.
i Is. 4. 3. 35. 8.
Joel 3. 17.
Re. 21. 27. 22. 15.
k 1Co.6.9.11.
l Ep.2.19.22.

the feast of tabernacles.[a]

17 And[b] it shall be, *that* whoso will not come up of *all* the families of the earth unto Jerusalem to worship the King,the LORD of hosts, even upon them shall be no rain.

18 And if the family of Egypt go not up, and come not, [β] that *have* no[d] *rain,* there shall be the plague wherewith the LORD will smite the heathen, that come not up to keep the feast of tabernacles.

19 This shall be the [γ] punishment of Egypt, & the punishment of all nations that come not up to keep the feast of tabernacles.

20 In that day shall there be upon the [η] bells of the horses, HOLINESS[g] UNTO THE LORD; and the pots in the LORD's house shall be like the bowls before the altar.

21 Yea, every pot in Jerusalem, and in Judah, shall be holiness unto the LORD of hosts; and all they that sacrifice shall come and take of them, and seethe therein: and[i] in that day there shall be no more the Canaanite[k] in the house[l] of the LORD of hosts.

MALACHI.

CHAP. I.

THE burden of the word of the LORD to Israel [β] by Malachi.

2 I have loved[d] you, saith the LORD: yet ye say, Wherein hast thou loved us? *Was* not Esau Jacob's brother? saith the LORD: yet I loved Jacob,[f]

3 And I hated Esau, and laid[g] his mountains and his heritage waste for the dragons of the wilderness.

4 Whereas Edom saith, We are impoverished, but we will return and build the desolate places; thus saith the LORD of hosts, They shall build, but I will throw down; and they shall call them, The border of wickedness, and,The people against whom the LORD hath indignation for ever.

5 And your eyes shall see, and ye shall say, The LORD will be magnified from [ζ] the border of Israel.

6 A son honoureth *his* father, and a servant his master: if[h] then I *be* a father, where *is* mine honour? and if I *be* a master, where *is* my fear? saith the LORD of hosts unto you, O priests, that despise my name. And ye say, Wherein[i] have we despised thy name?

7 Ye[η] offer polluted bread upon mine altar; and ye say, Wherein have we polluted thee? In that ye say, The[k] table of the LORD is contemptible.

8 And if[l] ye offer the blind [θ] for sacrifice, *is it* not evil? and if ye offer the lame and sick,*is it* not evil? offer it now unto thy governor: will he be pleased with thee, or accept thy person? saith the LORD of hosts.

9 And now, I pray you, beseech [ν] God that he will be gracious unto us: this hath been [π] by your means: will[m] he regard your persons? saith the LORD of hosts.

10 Who *is there* even among you that would shut the doors *for nought?*[o] neither do ye kindle *fire* on mine altar for nought. I have no pleasure in you, saith the LORD of hosts, neither will I accept an offering at your hand.

11 For from[q] the rising of the sun even

B. C. 397.
a Is. 60. 3, 5.
β by the hand of.
b Jn[a].4 21,23.
c Re. 8. 3.
d De. 7. 7, 8. Je. 31. 3.
e Is.66.19,20.
f Ro. 9. 13.
g Je.49.17,18. Eze. 35. 3, &c.
Ob. 10, &c.
γ or, *whereas ye might have blown it away.*
δ or,*in whose flock is.*
ζ from upon, or, *upon.*
h Lu. 6. 36.
i ch 3.7,8,13.
j De.28.15,&c
η or, *bring unto.*
k 1Co.10.21.
l Le.22.20..22 De. 15. 21.
θ to.
κ or,*reprove*
λ scatter.
μ or, *it shall take you away to it.*
ν the face of God.
π from your hand.
m Ro. 2.11. 1 Pe. 1. 17.
n Nu 25.12,13 De.33.8..10.
o 1 Co. 9. 13.
p Je. 23. 22.
q Is. 59. 19.
r Le. 10.11.

unto the going down of the same, my name *shall be* great among the Gentiles;[a] and in every[b] place incense[c] *shall be* offered unto my name, and a pure offering:[c] for my name *shall be* great among the heathen, saith the LORD of hosts.

12 But ye have profaned it, in that ye say, The table of the LORD *is* polluted; and the fruit thereof, *even* his meat, *is* contemptible.

13 Ye said also, Behold, what a weariness *is it!* γ and ye have snuffed at it, saith the LORD of hosts: and ye brought *that which was* torn, and the lame, and the sick; thus ye brought an offering: should I accept this of your hand? saith the LORD.

14 But cursed *be* the deceiver, [δ] which hath in his flock a male, and voweth, and sacrificeth unto the LORD a corrupt thing: for I *am* a great King, saith the LORD of hosts, and my name *is* dreadful among the heathen.

CHAP. II.

AND now, O ye priests, this commandment *is* for you.

2 If ye will not hear, and if ye will not lay *it* to heart, to give glory unto my name, saith the LORD of hosts, I will even send a curse upon you, and I will curse your blessings; yea, I have cursed them already, because ye do not lay *it* to heart.

3 Behold, I will [κ] corrupt your seed, and [λ] spread dung upon your faces, *even* the dung of your solemn feasts, and [μ] *one* shall take you away with it.

4 And ye shall know that I have sent this commandment unto you, that my covenant might be with Levi, saith the LORD of hosts.

5 My covenant[n] was with him of life and peace; and I gave them to him *for* the fear wherewith he feared me, and was afraid before my name.

6 The law of truth was in his mouth, and iniquity was not found in his lips: he walked with me in peace and equity,[p] and did turn many away from iniquity.

7 For[r] the priest's lips should keep

וְיָדַעְתֶּ֕ם כִּ֚י שִׁלַּ֣חְתִּי אֲלֵיכֶ֔ם אֵ֖ת הַמִּצְוָ֣ה הַזֹּ֑את 4   לַמִּשְׁפָּ֔ט וָֽהָיִ֜יתִי עֵ֣ד מְמַהֵ֗ר בַּמְכַשְּׁפִים֙ וּבַֽמְנָאֲפִ֔ים

לִֽהְי֤וֹת בְּרִיתִי֙ אֶת־לֵוִ֔י אָמַ֖ר יְהֹוָ֣ה צְבָא֑וֹת 5   וּבַנִּשְׁבָּעִ֣ים לַשֶּׁ֑קֶר וּבְעֹֽשְׁקֵ֣י שְׂכַר־שָׂכִיר֩ אַלְמָנָ֨ה

הַֽחַיִּים֙ וְהַשָּׁל֔וֹם וָאֶתְּנֵֽם־ל֥וֹ מוֹרָ֖א   וְיָת֤וֹם וּמַטֵּי־גֵר֙ וְלֹ֣א יְרֵא֔וּנִי אָמַ֖ר יְהֹוָ֥ה צְבָאֽוֹת׃

תּוֹרַ֤ת אֱמֶת֙ הָיְתָ֣ה בְּפִ֔יהוּ 6   כִּ֛י אֲנִ֥י יְהֹוָ֖ה לֹ֣א שָׁנִ֑יתִי וְאַתֶּ֥ם בְּנֵֽי־יַֽעֲקֹ֖ב לֹ֥א

בְּשָׁל֤וֹם וּבְמִישׁוֹר֙ הָלַ֣ךְ אִתִּ֔י וְרַבִּ֖ים הֵשִׁ֣יב מֵֽעָוֺ֑ן 7   כְלִיתֶֽם׃ לְמִֽימֵי֩ אֲבֹֽתֵיכֶ֨ם סַרְתֶּ֤ם מֵֽחֻקַּי֙ וְלֹ֣א

כִּֽי־שִׂפְתֵ֤י כֹהֵן֙ יִשְׁמְרוּ־דַ֔עַת וְתוֹרָ֖ה יְבַקְשׁ֣וּ מִפִּ֑יהוּ כִּ֛י מַלְאַ֥ךְ יְהֹוָֽה־ 8   שְׁמַרְתֶּ֔ם שׁ֣וּבוּ אֵלַ֗י וְאָשׁ֨וּבָה֙ אֲלֵיכֶ֔ם אָמַ֖ר יְהֹוָ֣ה

צְבָא֖וֹת הֽוּא׃ וְאַתֶּם֙ סַרְתֶּ֣ם מִן־הַדֶּ֔רֶךְ הִכְשַׁלְתֶּ֥ם 9   צְבָא֑וֹת הֲיִקְבַּ֨ע אָדָ֜ם

רַבִּ֖ים בַּתּוֹרָ֑ה שִֽׁחַתֶּם֙ בְּרִ֣ית הַלֵּוִ֔י אָמַ֖ר יְהֹוָ֥ה   אֱלֹהִ֗ים כִּ֤י אַתֶּם֙ קֹֽבְעִ֣ים אֹתִ֔י וַֽאֲמַרְתֶּ֖ם בַּמֶּ֣ה

צְבָאֽוֹת׃ וְגַם־אֲנִ֞י נָתַ֧תִּי אֶתְכֶ֛ם נִבְזִ֥ים וּשְׁפָלִ֖ים לְכָל־ 10   קְבַֽעֲנ֑וּךָ הַמַּֽעֲשֵׂ֖ר וְהַתְּרוּמָֽה׃ בַּמְּאֵרָה֙ אַתֶּ֣ם

הָעָ֑ם כְּפִ֗י אֲשֶׁ֤ר אֵֽינְכֶם֙ שֹׁמְרִ֣ים אֶת־דְּרָכַ֔י וְנֹֽשְׂאִ֥ים   נֵֽאָרִ֔ים וְאֹתִ֖י אַתֶּ֣ם קֹֽבְעִ֑ים הַגּ֖וֹי כֻּלּֽוֹ׃ הָבִ֣יאוּ אֶת־

פָּנִ֖ים בַּתּוֹרָֽה׃ הֲל֨וֹא אָ֤ב אֶחָד֙ לְכֻלָּ֔נוּ הֲל֛וֹא 10   כָּל־הַמַּֽעֲשֵׂ֜ר אֶל־בֵּ֣ית הָֽאוֹצָ֗ר וִיהִ֤י טֶ֨רֶף֙ בְּבֵיתִ֔י

אֵ֥ל אֶחָ֖ד בְּרָאָ֑נוּ מַדּ֗וּעַ נִבְגַּד֙ אִ֣ישׁ בְּאָחִ֔יו לְחַלֵּ֖ל   וּבְחָנ֤וּנִי נָא֙ בָּזֹ֔את אָמַ֖ר יְהֹוָ֣ה צְבָא֑וֹת אִם־לֹ֧א

בְּרִ֖ית אֲבֹתֵֽינוּ׃ בָּגְדָ֣ה יְהוּדָ֔ה וְתֽוֹעֵבָ֥ה נֶֽעֶשְׂתָ֖ה 11   אֶפְתַּ֣ח לָכֶ֗ם אֵ֚ת אֲרֻבּ֣וֹת הַשָּׁמַ֔יִם וַֽהֲרִֽיקֹתִ֥י לָכֶ֛ם

בְּיִשְׂרָאֵ֖ל וּבִ֣ירֽוּשָׁלָ֑͏ִם כִּ֣י ׀ חִלֵּ֣ל יְהוּדָ֗ה קֹ֤דֶשׁ יְהֹוָה֙   בְּרָכָ֖ה עַד־בְּלִי־דָֽי׃ וְגָֽעַרְתִּ֤י לָכֶם֙ בָּֽאֹכֵ֔ל וְלֹֽא־יַשְׁחִ֥ת

אֲשֶׁ֣ר אָהֵ֔ב וּבָעַ֖ל בַּת־אֵ֥ל נֵכָֽר׃ יַכְרֵ֨ת יְהֹוָ֜ה לָאִ֤ישׁ 12   לָכֶם֙ אֶת־פְּרִ֣י הָֽאֲדָמָ֔ה וְלֹֽא־תְשַׁכֵּ֥ל לָכֶ֛ם הַגֶּ֖פֶן

אֲשֶׁ֣ר יַֽעֲשֶׂ֗נָּה עֵ֤ר וְעֹנֶה֙ מֵֽאָֽהֳלֵ֣י יַֽעֲקֹ֔ב וּמַגִּ֥ישׁ   בַּשָּׂדֶ֔ה אָמַ֖ר יְהֹוָ֥ה צְבָאֽוֹת׃ וְאִשְּׁר֥וּ אֶתְכֶ֖ם כָּל־

מִנְחָ֖ה לַֽיהֹוָ֥ה צְבָאֽוֹת׃ וְזֹאת֙ שֵׁנִ֣ית תַּֽעֲשׂ֔וּ כַּסּ֤וֹת 13   הַגּוֹיִ֑ם כִּֽי־תִהְי֤וּ אַתֶּם֙ אֶ֣רֶץ חֵ֔פֶץ אָמַ֖ר יְהֹוָ֥ה

דִּמְעָה֙ אֶת־מִזְבַּ֣ח יְהֹוָ֔ה בְּכִ֖י וַֽאֲנָקָ֑ה מֵאֵ֥ין ע֛וֹד   צְבָאֽוֹת׃ חָֽזְק֥וּ עָלַ֛י דִּבְרֵיכֶ֖ם אָמַ֣ר יְהֹוָ֑ה

פְּנ֣וֹת אֶל־הַמִּנְחָ֔ה וְלָקַ֥חַת רָצ֖וֹן מִיֶּדְכֶֽם׃ וַֽאֲמַרְתֶּ֖ם 14   וַֽאֲמַרְתֶּ֕ם מַה־נִּדְבַּ֖רְנוּ עָלֶֽיךָ׃ אֲמַרְתֶּ֕ם שָׁ֖וְא

עַל־מָ֑ה עַ֡ל כִּֽי־יְהֹוָה֩ הֵעִ֨יד בֵּֽינְךָ֜ וּבֵ֣ין ׀ אֵ֣שֶׁת נְעוּרֶ֗יךָ וְיֵ֣שׁ   עֲבֹ֣ד אֱלֹהִ֑ים וּמַה־בֶּ֗צַע כִּ֤י שָׁמַ֨רְנוּ֙ מִשְׁמַרְתּ֔וֹ וְכִ֤י

אֲשֶׁ֤ר אַתָּה֙ בָּגַ֣דְתָּה בָּ֔הּ וְהִ֥יא חֲבֶרְתְּךָ֖ וְאֵ֥שֶׁת   הָלַ֨כְנוּ֙ קְדֹ֣רַנִּ֔ית מִפְּנֵ֖י יְהֹוָ֥ה צְבָאֽוֹת׃ וְעַתָּ֕ה אֲנַ֖חְנוּ

בְּרִיתֶֽךָ׃ וְלֹֽא־אֶחָ֣ד עָשָׂ֗ה וּשְׁאָ֥ר ר֨וּחַ֙ ל֔וֹ וּמָה֙ 15   מְאַשְּׁרִ֣ים זֵדִ֑ים גַּם־נִבְנוּ֙ עֹשֵׂ֣י רִשְׁעָ֔ה גַּ֧ם בָּֽחֲנ֛וּ

הָֽאֶחָ֔ד מְבַקֵּ֖שׁ זֶ֣רַע אֱלֹהִ֑ים וְנִשְׁמַרְתֶּם֙ בְּר֣וּחֲכֶ֔ם   אֱלֹהִ֖ים וַיִּמָּלֵֽטוּ׃ אָ֧ז נִדְבְּר֛וּ יִרְאֵ֥י יְהֹוָ֖ה אִ֣ישׁ אֶל־

וּבְאֵ֥שֶׁת נְעוּרֶ֖יךָ אַל־יִבְגֹּֽד׃ כִּֽי־שָׂנֵ֣א שַׁלַּ֗ח אָמַ֞ר 16   רֵעֵ֑הוּ וַיַּקְשֵׁ֤ב יְהֹוָה֙ וַיִּשְׁמָ֔ע וַ֠יִּכָּתֵ֠ב סֵ֣פֶר זִכָּר֤וֹן לְפָנָיו֙

יְהֹוָ֤ה אֱלֹהֵ֣י יִשְׂרָאֵ֔ל וְכִסָּ֤ה חָמָס֙ עַל־לְבוּשׁ֔וֹ אָמַ֖ר   לְיִרְאֵ֣י יְהֹוָ֔ה וּלְחֹֽשְׁבֵ֖י שְׁמֽוֹ׃ וְהָ֣יוּ לִ֗י אָמַר֙ יְהֹוָ֣ה

יְהֹוָ֣ה צְבָא֑וֹת וְנִשְׁמַרְתֶּ֥ם בְּרֽוּחֲכֶ֖ם וְלֹ֥א תִבְגֹּֽדוּ׃ 18   צְבָא֔וֹת לַיּ֕וֹם אֲשֶׁ֥ר אֲנִ֖י עֹשֶׂ֣ה סְגֻלָּ֑ה וְחָֽמַלְתִּ֣י עֲלֵיהֶ֔ם

הֽוֹגַעְתֶּ֤ם יְהֹוָה֙ בְּדִבְרֵיכֶ֔ם וַֽאֲמַרְתֶּ֖ם בַּמֶּ֣ה 17   כַּֽאֲשֶׁר֙ יַחְמֹ֣ל אִ֔ישׁ עַל־בְּנ֖וֹ הָֽעֹבֵ֥ד אֹתֽוֹ׃ וְשַׁבְתֶּם֙ וּרְאִיתֶ֔ם בֵּ֥ין צַדִּ֖יק לְרָשָׁ֑ע בֵּ֚ין עֹבֵ֣ד אֱלֹהִ֔ים לַֽאֲשֶׁ֖ר

הוֹגָ֑עְנוּ בֶּֽאֱמָרְכֶ֗ם כָּל־עֹ֨שֵׂה רָ֜ע ט֣וֹב ׀ בְּעֵינֵ֣י יְהֹוָ֗ה 19   לֹ֥א עֲבָדֽוֹ׃ כִּֽי־הִנֵּ֤ה הַיּוֹם֙ בָּ֔א בֹּעֵ֖ר כַּתַּנּ֑וּר וְהָי֨וּ

וּבָהֶ֖ם ה֣וּא חָפֵ֑ץ א֥וֹ אַיֵּ֖ה אֱלֹהֵ֥י הַמִּשְׁפָּֽט׃   כָל־זֵדִ֜ים וְכָל־עֹשֵׂ֤ה רִשְׁעָה֙ קַ֔שׁ וְלִהַ֨ט אֹתָ֜ם הַיּ֣וֹם

הִנְנִ֤י שֹׁלֵ֨חַ֙ מַלְאָכִ֔י וּפִנָּה־דֶ֖רֶךְ לְפָנָ֑י וּפִתְאֹם֩ יָב֨וֹא 1   הַבָּ֗א אָמַר֙ יְהֹוָ֣ה צְבָא֔וֹת אֲשֶׁ֧ר לֹֽא־יַֽעֲזֹ֛ב לָהֶ֖ם

אֶל־הֵֽיכָל֜וֹ הָֽאָד֣וֹן ׀ אֲשֶׁר־אַתֶּ֣ם מְבַקְשִׁ֗ים וּמַלְאַ֨ךְ 20   שֹׁ֣רֶשׁ וְעָנָ֑ף וְזָֽרְחָ֨ה לָכֶ֜ם יִרְאֵ֤י שְׁמִי֙ שֶׁ֣מֶשׁ

הַבְּרִ֞ית אֲשֶׁר־אַתֶּ֤ם חֲפֵצִים֙ הִנֵּה־בָ֔א אָמַ֖ר יְהֹוָ֥ה   צְדָקָ֔ה וּמַרְפֵּ֖א בִּכְנָפֶ֑יהָ וִֽיצָאתֶ֥ם וּפִשְׁתֶּ֖ם כְּעֶגְלֵ֥י

צְבָאֽוֹת׃ וּמִ֤י מְכַלְכֵּל֙ אֶת־י֣וֹם בּוֹא֔וֹ וּמִ֥י הָֽעֹמֵ֖ד 21   מַרְבֵּֽק׃ וְעַסּוֹתֶ֣ם רְשָׁעִ֔ים כִּֽי־יִהְי֣וּ אֵ֔פֶר תַּ֖חַת כַּפּ֣וֹת

בְּהֵרָֽאוֹת֑וֹ כִּי־הוּא֙ כְּאֵ֣שׁ מְצָרֵ֔ף וּכְבֹרִ֖ית מְכַבְּסִֽים׃   רַגְלֵיכֶ֑ם בַּיּוֹם֙ אֲשֶׁ֣ר אֲנִ֣י עֹשֶׂ֔ה אָמַ֖ר יְהֹוָ֥ה צְבָאֽוֹת׃

וְיָשַׁ֞ב מְצָרֵ֣ף וּמְטַהֵר֮ כֶּסֶף֒ וְטִהַ֤ר אֶת־בְּנֵֽי־לֵוִי֙ וְזִקַּ֣ק 22   זִכְר֕וּ תּוֹרַ֖ת מֹשֶׁ֣ה עַבְדִּ֑י אֲשֶׁר֩ צִוִּ֨יתִי אוֹת֤וֹ בְחֹרֵב֙

אֹתָ֔ם כַּזָּהָ֖ב וְכַכָּ֑סֶף וְהָיוּ֙ לַֽיהֹוָ֔ה מַגִּישֵׁ֥י מִנְחָ֖ה 23   עַל־כָּל־יִשְׂרָאֵ֔ל חֻקִּ֖ים וּמִשְׁפָּטִֽים׃ הִנֵּ֤ה אָֽנֹכִי֙ שֹׁלֵ֣חַ

בִּצְדָקָֽה׃ וְעָֽרְבָה֙ לַֽיהֹוָ֔ה מִנְחַ֥ת יְהוּדָ֖ה וִירֽוּשָׁלָ֑͏ִם 24   לָכֶ֔ם אֵ֖ת אֵֽלִיָּ֣ה הַנָּבִ֑יא לִפְנֵ֗י בּ֚וֹא י֣וֹם יְהֹוָ֔ה הַגָּד֖וֹל

כִּימֵ֣י עוֹלָ֔ם וּכְשָׁנִ֖ים קַדְמֹֽנִיֹּֽת׃ וְקָֽרַבְתִּ֣י אֲלֵיכֶם֮ 25   וְהַנּוֹרָֽא׃ וְהֵשִׁ֤יב לֵב־אָבוֹת֙ עַל־בָּנִ֔ים וְלֵ֥ב בָּנִ֖ים

עַל־אֲבוֹתָ֑ם פֶּן־אָב֕וֹא וְהִכֵּיתִ֥י אֶת־הָאָ֖רֶץ חֵֽרֶם׃

knowledge, and they should seek the law at his mouth : for he *is* the *a* messenger of the LORD of hosts.

8 But ye are departed out of the way; ye *e* have caused many to β stumble at the law; ye have corrupted *d* the covenant of Levi, saith the LORD of hosts.

9 Therefore have I also made you contemptible and base before all the people, according as ye have not kept my ways, but have γ been partial in the law.

10 Have *b* we not all one father? hath not one God created us? why do we deal treacherously every man against his brother, by profaning the covenant of our fathers?

11 Judah hath dealt treacherously, and an abomination is committed in Israel and in Jerusalem; for Judah hath profaned the holiness of the LORD which he δ loved, *i* and hath married the daughter of a strange god.

12 The LORD will cut off *l* the man that doeth this, the master and the scholar, out of the tabernacles of Jacob,and him that offereth an offering unto the LORD of hosts.

13 And *m* this have ye done again,covering the altar of the LORD with tears,with weeping, and with crying out, insomuch that he regardeth not the offering any more,or receiveth *it* with good will at your hand.

14 Yet ye say, Wherefore? Because the LORD hath been witness between thee and the wife of thy youth, against whom thou hast dealt treacherously : yet *is* she thy companion, and the wife of thy covenant.

15 And did not he make one?*o* Yet had he the μ residue of the spirit. And wherefore one? That he might seek a ν godly seed.*p* Therefore take heed to your spirit, and let none deal ρ treacherously against the wife of his youth.

16 For *p* the LORD,the God of Israel,saith that σhe hateth τ putting away : for one covereth violence with his garment, saith the LORD of hosts: therefore take heed to your spirit, that ye deal not treacherously.

17 Ye have wearied *v* the LORD with your words : yet ye say, Wherein have we wearied *him*? When ye say, Every one that doeth evil *is* good in the sight of the LORD, and he delighteth in them; or, Where *is* the God of judgment?

CHAP. III.

BEHOLD, I *y* will send my messenger, and he shall prepare the way before me : & the LORD, whom ye seek, shall suddenly come *a* to his temple, even the messenger of the covenant, whom ye delight in : behold,he shall come, saith the LORD of hosts.

2 But who may abide the day of his coming? and who *a* shall stand when he appeareth? for he *is* like a refiner's *e* fire, and like fuller's soap.

3 And he shall sit *as* a refiner and purifier of silver; and he shall purify the sons of Levi, and purge them as gold and silver, that they may offer *h* unto the LORD an offering in righteousness.

4 Then shall the offering of Judah and Jerusalem be pleasant unto the LORD,as in the days of old, and as in χ former years.

5 And I will come near to you to judgment; and I will be a swift witness against the sorcerers, and against the adulterers,*k* and against false swearers, and against those that ψ oppress the hireling *l* in *his* wages, the widow,and the fatherless, and that turn aside the stranger *from his right*, and fear not me, saith the LORD of hosts

---

B. C. 397.

a Ac. 16.17.
2 Co.5.20.
b Ps.78.38,57.
La. 3. 22.
c 1Sa.2.17,30.
Lu. 11.45,
  46.
β or, fall in.
d Ne.13. 29.
e Zec. 1.3.
f Mat. 23.27.
γ accepted faces, or, lifted up the face against.
g 1 Co.8.6.
h Ne. 13. 10.
  12.
δ or, ought to love.
i Ezr. 9.1,2.
ζ empty out.
k 2 Ch.31.10.
l Jos.23 12,13.
η or,him that waketh,and him that answereth.
θ corrupt.
m Ps.78. 34..
  37.
n Ps.73.11,12.
Zep. 1. 12.
κ observation.
o Mat.19.4,5.
λ in black.
μ or, excellency.
ν seed of God.
π built.
p 1 Co. 7. 14.
q Ps. 95. 9.
ρ or, unfaithfully.
r Ep. 5. 19.
s De. 24. 1.
t Re. 20. 12.
σ or if he hate her, put her away, Mat. 19. 8.
τ to put away.
u Tit. 2. 14.
1 Pe. 2. 9.
v Is. 43.24.
Am. 2.13.
φ or, special treasure.
w Is. 62.3.
x Ps. 58. 11.
y Lu. 1. 76.
  7. 27.
z 2 Pe. 3. 10.
a Lu. 2. 27.
b Mal. 3. 12.
c Mat. 25.10.
Re. 6. 17.
d ch. 3. 16.
e1Co.3.13..15.
f Lu. 1.78.
g Ho.14.5..7.
h 1 Pe. 2.5.
χ or,ancient.
i Mat. 11.14.
  17. 10..13.
k He. 13. 4.
ψ or, defraud.
l Ja. 5. 4.

---

6 For I *am* the LORD, I change not; therefore *b* ye sons of Jacob are not consumed.

7 Even from the days of your fathers ye are gone away from mine ordinances, and have not kept *them*. Return *e* unto me, and I will return unto you, saith the LORD of hosts. But *f* ye said, Wherein shall we return?

8 Will a man rob God? Yet ye have robbed me. But ye say, Wherein have we robbed thee? In tithes *h* and offerings.

9 Ye *are* cursed with a curse : for ye have robbed me, *even* this whole nation.

10 Bring ye all the tithes into the storehouse, that there may be meat in mine house, and prove me now herewith, saith the LORD of hosts, if I will not open you the windows of heaven, and ζ pour you out a blessing, that *k there shall* not *be room enough to receive it*.

11 And I will rebuke the devourer for your sakes, and he shall not θ destroy the fruits of your ground; neither shall your vine cast her fruit before the time in the field, saith the LORD of hosts.

12 And all nations shall call you blessed : for ye shall be a delightsome land, saith the LORD of hosts.

13 Your words *m* have been stout against me, saith the LORD: yet ye say, What have we spoken *so much* against thee?

14 Ye have said, It *is* vain to serve God; and what profit *is it* that we have kept his κ ordinance, and that we have walked λ mournfully before the LORD of hosts?

15 And now we call the proud happy; yea, they that work wickedness are πset up; yea, *they that* tempt*q* God are even delivered.

16 Then they that feared the LORD spake*r* often one to another; and the LORD hearkened, and heard *it*, and a book*t* of remembrance was written before him for them that feared the LORD, and that thought upon his name.

17 And they shall be mine,*u* saith the LORD of hosts, in that day when I make up my φjewels;*w* and I will spare them,as a man spareth his own son that serveth him.

18 Then shall ye return, and *x* discern between the righteous and the wicked; between him that serveth God, and him that serveth him not.

CHAP. IV.

FOR, behold, the day*a* cometh, that shall burn as an oven; and all the proud, yea, and all that do wickedly, shall be stubble : and the day that cometh shall burn*b* them up, saith the LORD of hosts, that it shall leave them neither root nor branch.

2 But unto you*d* that fear my name shall the Sun*f* of righteousness arise with healing in his wings; and ye shal go forth, and grow*g* up as calves of the stall.

3 And ye shall tread down the wicked; for they shall be ashes under the soles of your feet in the day that I shall do *this*, saith the LORD of hosts.

4 Remember ye the law of Moses my servant, which I commanded unto him in Horeb for all Israel, *with* the statutes and judgments.

5 Behold, I will send you Elijah *i* the prophet before the coming of the great and dreadful day of the LORD:

6 And he shall turn the heart of the fathers to the children, and the heart of the children to their fathers, lest I come and smite the earth with a curse.